NOUVEAU
LAROUSSE UNIVERSEL

II

NOUVEAU LAROUSSE UNIVERSEL

38 378 articles
2 772 illustrations en noir
140 cartes en noir
96 pages en couleurs,
dont 14 hors-texte cartographiques

II

LIBRAIRIE LAROUSSE
17, rue du Montparnasse, et boulevard Raspail, 114, Paris VIe

Le présent volume appartient à la dernière édition (revue et corrigée) de cet ouvrage. La date du copyright mentionnée ci-dessous ne concerne que le dépôt à Washington de la *première* édition.

ISBN 2-03-000620-3

ABRÉVIATIONS employées dans cet ouvrage

Abrév.	Abréviation, abréviatif, abréviativement.
Absol.	Absolu, absolument.
Abusiv.	Abusivement.
Acad.	Académie, académique.
Acad. fr.	Académie française.
Acoust.	Acoustique.
Actuellem.	Actuellement.
Adj.	Adjectif.
Adj. dém.	Adjectif démonstratif.
Adj. indéf.	Adjectif indéfini.
Adj. interr.	Adjectif interrogatif.
Adj. num. cardin.	Adjectif numéral cardinal.
Adj. num. ordin.	Adjectif numéral ordinal.
Adj. poss.	Adjectif possessif.
Adjectiv.	Adjectivement.
Admin.	Administration.
Admin. ecclés.	Administration ecclésiastique.
Adv.	Adverbe.
Adverb.	Adverbial, adverbialement.
Aéron.	Aéronautique.
Affl.	Affluent.
Aggl.	Aggloméré.
Agric.	Agriculture.
Agron.	Agronomie.
a. l.	Année de lumière.
Alchim.	Alchimie.
Allem.	Allemand.
Allem. occid.	Allemagne occidentale.
Allem. or.	Allemagne orientale.
Allum.	Allumettes.
Allus.	Allusion.
Allus. hist.	Allusion historique.
Allus. littér.	Allusion littéraire.
Allus. myth.	Allusion mythologique.
Alp.	Alpinisme.
Alphab.	Alphabétique.
Alt.	Altitude.
Altér.	Altération.
Améric.	Américain.
Ameubl.	Ameublement.
Anal.	Analytique. Analogie, analogique.
Anat.	Anatomie.
Anc.	Ancien, anciennement.
Anesth.	Anesthésiologie.
Angl.	Anglais.
Anthropol.	Anthropologie.
Antiq.	Antiquité.
Antiq. égypt.	Antiquité égyptienne.
Antiq. gr.	Antiquité grecque.
Antiq. hébr.	Antiquité hébraïque.
Antiq. mexic.	Antiquité mexicaine.
Antiq. orient.	Antiquité orientale.
Antiq. rom.	Antiquité romaine.
Antonom.	Antonomase.
Aphor.	Aphorisme.
Apic.	Apiculture.
Apr.	Après.
Ar.	Arabe.
Arbor.	Arboriculture fruitière.
Archéol.	Archéologie.
Archit.	Architecture.
Archit. hydraul.	Architecture hydraulique.
Ardois.	Ardoisières.
Arg.	Argot.
Arg. scol.	Argot scolaire.
Arm.	Armement.
Arr.	Arrondissement.
Art.	Article.
Art culin.	Art culinaire.
Art divin.	Art divinatoire.
Art dram.	Art dramatique.
Art vétér.	Art vétérinaire.
Arts décor.	Arts décoratifs.
Arts graph.	Arts graphiques.
Arts ménag.	Arts ménagers.
Ascét.	Ascétisme.
Astrol.	Astrologie.
Astron.	Astronomie.
Astronaut.	Astronautique.
Atom.	Atomistique.
Augment.	Augmentatif.
Auj.	Aujourd'hui.
Austr.	Austral.
Autom.	Automobile.
Autref.	Autrefois.
Auxil.	Auxiliaire.
Av.	Avant.
Avic.	Aviculture.

Bactériol.	Bactériologie.
Balist.	Balistique.
Banq.	Banque.
Basq.	Basque.
Bibl. nat.	Bibliothèque nationale.
Biblio, Bibliogr.	Bibliographie.
Bijout.	Bijouterie.
Biochim.	Biochimie.
Biogéogr.	Biogéographie.
Biol.	Biologie.
Bonnet.	Bonneterie.
Bot.	Botanique.
Bouch.	Boucherie.
Bouddh.	Bouddhisme.
Boulang.	Boulangerie.
Bourrell.	Bourrellerie.
Bours.	Bourse.
Brasser.	Brasserie.
Brésil.	Brésilien.
Brod.	Broderie.
Bur.	Machines et articles de bureau.
Bx-arts	Beaux-arts.

C.	Code. Canton.
C. civ.	Code civil.
C. comm.	Code de commerce.
C. forest.	Code forestier.
C. just. mil.	Code de justice militaire.
C. pén.	Code pénal.
C. proc. civ.	Code de procédure civile.
C. proc. pén.	Code de procédure pénale.
C. trav.	Code du travail.
Calligr.	Calligraphie.
Canot.	Canotage.
Cant.	Canton.
Caoutch.	Industrie du caoutchouc.
Capit.	Capitale.
Caractérol.	Caractérologie.
Cardiol.	Cardiologie.
Carr.	Carrières.
Carross.	Carrosserie.
Cartogr.	Cartographie.
Castill.	Castillan.
Cathol.	Catholique.
Celt.	Celtique.
Céram.	Céramique.
Cf.	Conférez.
Chancell.	Chancellerie.
Chap.	Chapitre.
Chapell.	Chapellerie.
Charcut.	Charcuterie.
Charp.	Charpente.
Charronn.	Charronnerie.
Chass.	Chasse.
Chauss.	Chaussure.
Ch. de f.	Chemins de fer.
Chev.	Chevalerie.
Chim.	Chimie.
Chim. anc.	Chimie ancienne.
Chim. biol.	Chimie biologique.
Chim. gén.	Chimie générale.
Chim. org.	Chimie organique.
Chim. phys.	Chimie physique.
Chin.	Chinois.
Chirom.	Chiromancie.
Chirurg.	Chirurgie.
Chirurg. dent.	Chirurgie dentaire.
Ch.-l.	Chef-lieu.
Chorégr.	Chorégraphie.
Chronol.	Chronologie.
Ciném.	Cinéma.
Circonscr.	Circonscription.
Cirq.	Cirque.
Class.	Classique.
Climatol.	Climatologie.
Coiff.	Coiffure.
Coll.	Collection.
Coll. part.	Collection particulière.
Collectiv.	Collectivement.
Comm.	Commerce. Commune.
Compar.	Comparatif, comparativement, comparé.
Comptab.	Comptabilité.
Conchyl.	Conchyliologie.
Condit.	Conditionnement, emballage. Conditionnel.
Confect.	Confection.
Conj.	Conjonction. Conjugaison, conjugue.
Constr.	Construction.
Constr. rur.	Constructions rurales.
Contr.	Contraire.
Contract.	Contraction, contracté.
Cordonn.	Cordonnerie.
Corps gr.	Corps gras.
Corrupt.	Corruption.
Cosmét.	Cosmétologie.
Cost.	Costume.
Cout.	Coutume, coutumier. Couture.
Créd.	Crédit.
Cristallogr.	Cristallographie.
Crust.	Crustacés.
Cryptogr.	Cryptographie.
Cuis.	Cuisine.
Cybern.	Cybernétique.
Cycl.	Cyclisme.
Cytol.	Cytologie.

Dan.	Danois.
Décorat.	Décoration.
Décr.	Décret.
Déf.	Défectif.
Démocr.	Démocratique.
Démogr.	Démographie.
Dénigr.	Dénigrement.
Départ.	Département.
Dermatol.	Dermatologie.
Dess.	Dessin.
Dialect.	Dialectal.
Dict.	Dictionnaire.
Didact.	Didactique.
Diét.	Diététique.
Dimin.	Diminutif.
Diplom.	Diplomatique.
Dir.	Direct.
Distr.	District.
Dogmat.	Dogmatique.
Dout.	Douteux.
Dr.	Droit.
Dr. admin.	Droit administratif.
Dr. anc.	Droit ancien.
Dr. canon	Droit canon.
Dr. civ.	Droit civil.
Dr. comm.	Droit commercial.
Dr. cout.	Droit coutumier.
Dr. ecclés.	Droit ecclésiastique.
Dr. féod.	Droit féodal.
Dr. fisc.	Droit fiscal.
Dr. intern.	Droit international.
Dr. mar.	Droit maritime.
Dr. pén.	Droit pénal.
Dr. publ.	Droit public.
Dr. rom.	Droit romain.
Dr. rur.	Droit rural.
Dr. du trav.	Droit du travail.

E.	Est.
Eaux et for.	Eaux et forêts.
Ebénist.	Ebénisterie.
Ecclés.	Ecclésiastique.
Echin.	Echinodermes.
Ecol.	Ecologie.
Econ. dom.	Economie domestique.
Econ. d'expl.	Economie d'exploitation.
Econ. de l'entr.	Economie de l'entreprise.
Econ. fin.	Economie financière.
Econ. forest.	Economie forestière.
Econ. polit.	Economie politique.
Econ. rur.	Economie rurale.
Ecrit. sainte	Ecriture sainte.
Ed.	Edition, édité.
Educ. nat.	Education nationale.
Educ. phys.	Education physique.
Egypt.	Egyptien.
Electr.	Electricité.
Electro-acoust.	Electro-acoustique.
Electrobiol.	Electrobiologie.
Electrodynam.	Electrodynamique.
Electrol.	Electrologie.
Electrom.	Electrométrie.
Electromagnét.	Electromagnétisme.
Electron.	Electronique.
Electroradiol.	Electroradiologie.
Electrost.	Electrostatique.
Electrotechn.	Electrotechnique.
Elev.	Elevage.
Ellipt.	Elliptique, elliptiquement.
Emball.	Emballage.
Embryol.	Embryologie.

ABRÉVIATIONS (suite)

Empr.	Emprunt, emprunté.
En b. part.	En bonne part.
Encycl.	Encyclopédie.
Endocrinol.	Endocrinologie.
E.-N.-E.	Est-Nord-Est.
En mauv. part.	En mauvaise part.
Enseign.	Enseignement.
Entom.	Entomologie.
Entr.	Entreprise (organisation de l').
Env.	Environ.
Equip. ménag.	Equipement ménager.
Equit.	Equitation.
Erpétol.	Erpétologie.
Escr.	Escrime.
E.-S.-E.	Est-Sud-Est.
Esp.	Espagnol.
Esthét.	Esthétique.
Ethnogr.	Ethnographie.
Ethnol.	Ethnologie.
Ethol.	Ethologie.
Etym.	Etymologie, étymologique.
Europ.	Européen.
Ex.	Exemple.
Explét.	Explétif.
Expl. sal.	Exploitations salinières.

F. ou *Fém.*	Féminin.
Fam.	Familier, familièrement.
Fauconn.	Fauconnerie.
Féod.	Féodal, féodalité.
Fig.	Figuré, figurément.
Fin.	Finances.
Fl.	Fleuve.
Flam.	Flamand.
Flor.	Flore.
For.	Forage.
Fortif.	Fortification.
Franç.	Français.
Fr.-maçonn.	Franc-maçonnerie.
Frigor.	Industrie du froid.
Fut.	Futur.

Gaél.	Gaélique.
Gant.	Ganterie.
Gasc.	Gascon.
Généal.	Généalogie.
Génét.	Génétique.
Génit.	Génitif.
Géod.	Géodésie.
Géogn.	Géognosie.
Géogr.	Géographie, géographique.
Géogr. anc.	Géographie ancienne.
Géogr. écon.	Géographie économique.
Géogr. hum.	Géographie humaine.
Géogr. phys.	Géographie physique.
Géol.	Géologie.
Géomorphol.	Géomorphologie.
Géophys.	Géophysique.
Germ.	Germanique.
Gothiq.	Gothique.
Gouvern.	Gouvernement.
Gr.	Grec.
Gramm.	Grammaire.
Grav.	Gravure.
Gymn.	Gymnastique.
Gynécol.	Gynécologie.

H.	Hommes.
H. ou *Hab.*	Habitants.
Haut.	Hauteur.
Hébr.	Hébreu, hébraïque.
Helminth.	Helminthologie.
Hématol.	Hématologie.
Hérald.	Héraldique.
Hind.	Hindou.
Hippiatr.	Hippiatrique.
Hippol.	Hippologie.
Hist.	Histoire.
Hist. anc.	Histoire ancienne.
Hist. colon.	Histoire coloniale.
Hist. ecclés.	Histoire ecclésiastique.
Hist. gr.	Histoire grecque.
Hist. des instit.	Histoire des institutions.
Hist. mil.	Histoire militaire.
Hist. nat.	Histoire naturelle.
Hist. relig.	Histoire religieuse.
Hist. rom.	Histoire romaine.
Histol.	Histologie.
Holland.	Hollandais.
Homéopath.	Homéopathie.
Hongr.	Hongrois.
Horlog.	Horlogerie.
Hortic.	Horticulture.
Hydrodyn.	Hydrodynamique.
Hydrogr. fluv.	Hydrographie fluviale.
Hydrol.	Hydrologie.
Hydrost.	Hydrostatique.
Hydrothérap.	Hydrothérapie.
Hyg.	Hygiène.
Hygrom.	Hygrométrie.

Ibid.	Ibidem.
Ichtyol.	Ichtyologie.
Iconogr.	Iconographie.
Iconol.	Iconologie.
Id.	Idem.
Immunol.	Immunologie.
Imparf.	Imparfait.
Impér.	Impératif.
Impers.	Impersonnel, impersonnellement.
Imprim.	Imprimerie.
Ind.	Indicatif. Indien. Indirect.
Indécl.	Indéclinable.
Indéf.	Indéfini.
Indiv.	Individus.
Industr.	Industrie.
Industr. agric.	Industries agricoles.
Industr. du gaz	Industrie du gaz.
Infin.	Infinitif.
Instit. polit.	Institutions politiques.
Instr. agric.	Instruments agricoles.
Instr. publ.	Instruction publique.
Interj.	Interjection, interjectif.
Interjectiv.	Interjectivement.
Intransitiv.	Intransitivement.
Inus.	Inusité.
Invar.	Invariable.
Invariablem.	Invariablement.
Invert.	Invertébrés.
Irland.	Irlandais.
Ironiq.	Ironique, ironiquement.
Irrég.	Irrégulier, irrégulièrement.
Ital.	Italien. Italique.

Jap.	Japonais.
Jard.	Jardinage.
J.-C.	Jésus-Christ.
Joaill.	Joaillerie.
Journal.	Journalisme.
Jur.	Juridique. Jurisprudence.
Just. mil.	Justice militaire.

Langue class.	Langue classique.
Langue littér.	Langue littéraire.
Larg.	Largeur.
Lat.	Latin. Latitude.
Législ.	Législation.
Législ. fin.	Législation financière.
Législ. soc.	Législation sociale.
Limnol.	Limnologie.
Ling.	Lingerie.
Linguist.	Linguistique.
Littér.	Littérature, littéraire.
Littéral.	Littéralement.
Liturg.	Liturgie.
Loc.	Locution.
Loc. adj.	Locution adjective.
Loc. adv.	Locution adverbiale.
Loc. conj.	Locution conjonctive.
Loc. div.	Locutions diverses.
Loc. fam.	Locution familière.
Loc. impers.	Locution impersonnelle.
Loc. interj.	Locution interjective.
Loc. part.	Locution participiale.
Loc. prép.	Locution prépositive.
Loc. prov.	Locution proverbiale.
Loc. triv.	Locution triviale.
log.	Logarithme.
Log.	Logique.
Logist.	Logistique.
Long.	Longitude. Longueur.
Lum.	Lumière et éclairage.

M.	Masculin. Monsieur.
Mgr	Monseigneur.
Mme	Madame.
Mach. agric.	Machines agricoles.
Magnét.	Magnétisme.
Magnit.	Magnitude.
Malacol.	Malacologie.
Mamm.	Mammalogie.
Manut.	Manutention.
Mar.	Marine.
Mar. anc.	Marine ancienne.
Mar. mil.	Marine militaire.
Maréch.	Maréchalerie.
Masc.	Masculin.
Matér.	Matériaux.
Math.	Mathématiques.
Mat. plast.	Matières plastiques.
Max.	Maximum, maximal.
Mécan.	Mécanique.
Mécan. des fl.	Mécanique des fluides.
Méd.	Médecine, médecin.
Méd. lég.	Médecine légale.
Méd. du trav.	Médecine du travail.
Médiév.	Médiéval.
Menuis.	Menuiserie.
Méridion.	Méridional.
Métall.	Métallurgie.
Métallogr.	Métallographie.
Métaph.	Métaphysique.
Météorol.	Météorologie.
Métriq.	Métrique.
Métrol.	Métrologie.
Meun.	Meunerie.
Microbiol.	Microbiologie.
Microbiol. agric.	Microbiologie agricole.
Microgr.	Micrographie.
Mil.	Militaire.
Min.	Mines et minières.
Minér.	Minéralogie.
Minim.	Minimum, minimal.
Mobil.	Mobilier.
Mod.	Modes.
Mœurs et cout.	Mœurs et coutumes.
Moll.	Mollusques.
Monn.	Monnaies.
Mor.	Morale, moralement.
Morphol.	Morphologie.
Motocycl.	Motocyclisme.
Mus.	Musique.
Music-h.	Music-hall.
Mycol.	Mycologie.
Myth.	Mythologie, mythologique.
Myth. germ.	Mythologie germanique.
Myth. gr.	Mythologie grecque.
Myth. rom.	Mythologie romaine.
Myth. scand.	Mythologie scandinave.
Myth. sém.	Mythologie sémite.

N.	Nom. Nord. Neutre.
Navig.	Navigation.
Navig. fl.	Navigation fluviale.
N. B.	Nota bene.
N.-D.	Notre-Dame.
N.-E.	Nord-Est.
Néerl.	Néerlandais.
Néol.	Néologisme.
Neurol.	Neurologie.
Neutral.	Neutralement.
N. f.	Nom féminin.
N. f. pl.	Nom féminin pluriel.
N. m.	Nom masculin.
N. m. pl.	Nom masculin pluriel.
N.-N.-E.	Nord-Nord-Est.
N.-N.-O.	Nord-Nord-Ouest.
N.-O.	Nord-Ouest.
No	Numéro.
Norm.	Normand.
Norv.	Norvégien.
N. pr.	Nom propre.
Numism.	Numismatique.

O.	Ouest.
Obstétr.	Obstétrique.
Occult.	Occultisme.
Océanogr.	Océanographie.
Œnol.	Œnologie.
Oisell.	Oisellerie.
O.-N.-O.	Ouest-Nord-Ouest.
Onomatop.	Onomatopée, onomatopéique.
Ophtalmol.	Ophtalmologie.
Opt.	Optique.
Ordinairem.	Ordinairement.
Orfèvr.	Orfèvrerie.
Organ.	Organisation.
Orig.	Origine.
O. R. L.	Oto-rhino-laryngologie.
Ornith.	Ornithologie.
Orthogr.	Orthographe, orthographique.
Orthop.	Orthopédie.
O.-S.-O.	Ouest-Sud-Ouest.
Ostréic.	Ostréiculture.

P.	Page.
Paléobot.	Paléobotanique.
Paléogr.	Paléographie.
Paléont.	Paléontologie.
Paléont. hum.	Paléontologie humaine.
Paléozool.	Paléozoologie.
Papet.	Industrie du papier.
Par allus.	Par allusion.
Par anal.	Par analogie.
Parasitol.	Parasitologie.
Par compar.	Par comparaison.
Par exagér.	Par exagération.
Par extens.	Par extension.
Parfum.	Parfumerie.
Par iron.	Par ironie.
Par méton.	Par métonymie.
Par oppos.	Par opposition.
Par plaisant.	Par plaisanterie.
Part.	Partie. Participe.
Partic.	Particule. Particulier, particulièrement.
Part. pass.	Participe passé.
Part. prés.	Participe présent.
Passem.	Passementerie.
Pathol.	Pathologie.
Pâtiss.	Pâtisserie.
Peauss.	Cuirs ; peaux et pelleterie.
Pêch.	Pêche.
Pédag.	Pédagogie.
Pédiatr.	Pédiatrie.
Pédol.	Pédologie.
Peint.	Peinture. Peintures et couleurs.
Péjor.	Péjoratif, péjorativement.
Pers.	Persan. Personne, personnel.
Pétr.	Industrie du pétrole.
Pétrochim.	Pétrochimie.
Pétrogr.	Pétrographie.
Peu us.	Peu usité.
Pharm.	Pharmacie. Pharmacologie.
Philat.	Philatélie.
Philol.	Philologie.
Philos.	Philosophie.
Philos. scolast.	Philosophie scolastique.
Phonét.	Phonétique.
Photogr.	Photographie.
Physiol.	Physiologie.
Physiol. végét.	Physiologie végétale.
Physiopathol.	Physiopathologie.
Phys., Physiq.	Physique.
Phys. méd.	Physique médicale.
Phys. nucl.	Physique nucléaire.
Phytopathol.	Phytopathologie.
Piscic.	Pisciculture.
Pl. ou *Plur.*	Pluriel.
Plaisamm.	Plaisamment.
Pl.-q.-parf.	Plus-que-parfait.
Pneumol.	Pneumologie.
Poét.	Poétique, poétiquement.
Polit.	Politique.
Polon.	Polonais.
Pop.	Populaire, populairement. Population.
Portug.	Portugais.
Poss.	Possessif.
Post.	Postes.
Pr.	Propre.
Précéd.	Précédent.
Précisém.	Précisément.
Préf.	Préfixe. Préfecture.
Préhist.	Préhistoire.
Prép.	Préposition, prépositif.
Prés.	Présent.
Prestidig.	Prestidigitation.
Primitiv.	Primitivement.
Princ.	Principal.
Princip.	Principauté.
Principalem.	Principalement.
Priv.	Privatif, privativement.
Probablem.	Probablement.
Procéd.	Procédure.
Pron.	Pronom, pronominal, pronominalement.
Pron. dém.	Pronom démonstratif.
Pron. indéf.	Pronom indéfini.
Pron. interr.	Pronom interrogatif.
Pron. pers.	Pronom personnel.
Pron. poss.	Pronom possessif.
Pron. rel.	Pronom relatif.
Prononc.	Prononciation.
Proprem.	Proprement.
Prosod.	Prosodie.
Proth.	Prothèse.
Protoz.	Protozoaires.
Prov.	Province. Proverbe, proverbial, proverbialement.
Provenç.	Provençal.
Psychanal.	Psychanalyse.
Psychiatr.	Psychiatrie.
Psychogénét.	Psychogénétique.
Psychol.	Psychologie.
Psycholinguist.	Psycholinguistique.
Psychopathol.	Psychopathologie.
Psychopédag.	Psychopédagogie.
Psychophys.	Psychophysique.
Psychophysiol.	Psychophysiologie.
Pyrotechn.	Pyrotechnie.

Quelquef.	Quelquefois.

Rad.	Radical.
Radiodiff.	Radiodiffusion.
Radiol.	Radiologie.
Radiotechn.	Radiotechnique.
R. dr.	Rive droite.
Récipr.	Réciproque, réciproquement.
Réfl.	Réfléchi.
Rel.	Reliure.
Relat.	Relatif, relation.
Relig.	Religion.
Relig. cathol.	Religion catholique.
Relig. hébr.	Religion hébraïque.
Relig. prot.	Religion protestante.
Rem.	Remarque.
Républ.	République.
Rés.	Gommes, colles, résines.
R. g.	Rive gauche.
Rhét.	Rhétorique.
Riv.	Rivière.
Rom.	Romain.
Roum.	Roumain.
Roy.	Royaume.
Rubr.	Rubrique.
Rur.	Rural.

S.	Siècle. Sud.
Sanskr.	Sanskrit.
Sap.-pomp.	Sapeurs-pompiers.
Savonn.	Savonnerie.
Sc.	Sciences, scientifique.
Sc. occult.	Sciences occultes.
Scand.	Scandinave.
Scolast.	Scolastique.
Sculpt.	Sculpture.
S.-E.	Sud-Est.
Sell.-garn.	Sellerie - garniture.
Sell.-maroq.	Sellerie - maroquinerie.
Séméiol.	Séméiologie.
Septentr.	Septentrion, septentrional.
Séricic.	Sériciculture.
Sérol.	Sérologie.
Sigill.	Sigillographie.
Signif.	Signifie, signifiant.
Simplem.	Simplement.
Sing.	Singulier.
S.-O.	Sud-Ouest.
Sociol.	Sociologie.
Sorcell.	Sorcellerie.
Spécialem.	Spécialement.
Spécif.	Spécifique.
Spect.	Spectacles.
Spectrosc.	Spectroscopie.
Spéléol.	Spéléologie.
Spong.	Spongiaires.
S. S.	Sécurité sociale.
S.-S.-E.	Sud-Sud-Est.
S.-S.-O.	Sud-Sud-Ouest.
Statist.	Statistiques.
Stratigr.	Stratigraphie.
Styl.	Stylistique.
Subj.	Subjonctif.
Substantiv.	Substantivement.
Sucr.	Industrie du sucre.
Suéd.	Suédois.
Suff.	Suffixe.
Suiv.	Suivant.
Sup.	Supin. Supérieur.
Superf.	Superficie.
Superl.	Superlatif.
Superst.	Superstition.
Sylvic.	Sylviculture.
Symb.	Symbole.
Symbol.	Symbolique.
Syn.	Synonyme.
Syr.	Syrien. Syriaque.

T.	Terme. Tome.
Tab.	Tabacs.
Technol.	Technologie.
Tecton.	Tectonique.
Télécomm.	Télécommunications.
Télév.	Télévision.
Tératol.	Tératologie.
Territ.	Territoire.
Text.	Textiles.
Théâtr.	Théâtre.
Théol.	Théologie.
Thérap.	Thérapeutique.
Therm.	Thermique.
Thermodyn.	Thermodynamique.
Thermom.	Thermométrie.
Tiss.	Tissage.
Tonnell.	Tonnellerie.
Topogr.	Topographie.
Toxicol.	Toxicologie.
Trad.	Traduction, traduit.
Transitiv.	Transitivement.
Trav. fém.	Travaux féminins.
Trav. publ.	Travaux publics.
Triv.	Trivial.
Trivialem.	Trivialement.
Typol.	Typologie.

Urban.	Urbanisme.
Urol.	Urologie.
Usuell.	Usuellement.

V.	Verbe. Vers. Ville. Voir.
Vann.	Vannerie.
V. impers.	Verbe impersonnel.
V. intr.	Verbe intransitif.
V. pr.	Verbe pronominal.
V. tr.	Verbe transitif.
V. tr. ind.	Verbe transitif indirect.
Végét. inf.	Végétaux inférieurs (sauf champignons).
Véner.	Vénerie.
Verr.	Verrerie.
Versific.	Versification.
Vitic.	Viticulture.
Vitr.	Vitrail.
Vol.	Volume.
Vulg.	Vulgaire, vulgairement.
Vx	Vieux.
W.	Ouest.
Yacht.	Yachting.
Zool.	Zoologie.
Zootechn.	Zootechnie.

N. B. — L'astérisque (*) renvoie au mot qu'il suit. Quand il précède une étymologie, il indique qu'il s'agit d'une forme hypothétique.

illustrations et cartes en couleurs

entre les pages

8-9 **IMPRESSIONNISME**

16-17 **INDE**
INDE et **PĀKISTĀN,** carte physique et politique
art de l'**INDE**

32-33 **INDUSTRIE** dans le monde
INSECTES

40-41 art de l'**ISLĀM**

48-49 **ITALIE,** carte physique et politique
art de l'**ITALIE**
ITALIE

56-57 **JAPON,** carte physique et politique
art du **JAPON**

184-185 **MARINE**

224-225 **MÉTALLURGIE**
MÉTAUX

240-241 **MINES**
MODE

272-273 **MOBILIER**
le **MONDE** moderne, carte
MOSAÏQUE monumentale
MOTEUR
MUSCLES

280-281 **NAVIRES**
système **NERVEUX** central

320-321 la vie dans l'**OCÉAN**
OCÉANIE, carte physique et politique

328-329 **OISEAUX**

336-337 **ORIENT** ancien, carte
art de l'**ORIENT** ancien

368-369 **PAPILLONS**

376-377 **PARIS**
école de **PARIS**

384-385 **PAYS-BAS,** carte physique et politique
art des **PAYS-BAS**
PAYS-BAS

entre les pages

392-393 **PÉTROLE**

416-417 **PIERRES** précieuses et pierres fines
PLANTES

440-441 **POISSONS**

456-457 art de la **PORCELAINE**
POPULATION mondiale, carte
art de la **POTERIE**

464-465 art **PRÉCOLOMBIEN**
art de la **PRÉHISTOIRE**

528-529 **RENAISSANCE**

536-537 les **REPTILES**
RESPIRATION et thorax

552-553 la peinture **ROMANE**
art **ROMANTIQUE**

568-569 **ROME,** carte de l'empire romain
art **ROMAIN**

632-633 **SIGNALISATION** routière et signalisation ferroviaire
système **SOLAIRE**

656-657 **SPORTS**

672-673 **SUISSE**
SUISSE, carte physique et politique
art **SUISSE**

696-697 le **TAPIS**
la **TAPISSERIE**

720-721 **TÉLÉVISION**
TÊTE et cou

736-737 **TIMBRES**
TISSUS animaux et végétaux

792-793 **U. R. S. S.**
U. R. S. S., carte physique et politique
art **RUSSE**

832-833 **VITRAIL**

I i

i [i] n. m. Neuvième lettre de l'alphabet et la troisième des voyelles. ‖ *Math.* Dans la théorie des nombres complexes, unité dite « imaginaire *i* », dont, par définition, le carré i^2 est égal à — 1. ● *Mettre les points sur les « i »,* s'exprimer de façon claire et minutieuse. ‖ **— I,** chiffre romain qui vaut *un.* ‖ Symbole chimique de l'*iode.*

Iablonovyï (*monts*), massif montagneux de la Sibérie orientale (1 645 m).

Iacopo di Pietro d'Agnolo della Quercia, sculpteur italien, né à Quercia Grossa, près de Sienne (v. 1367-1438). Il travailla à Lucques (tombeau d'Ilaria del Carretto), à Sienne (*Fonte Gaia,* dont il ne reste plus que des fragments), à Bologne (panneaux du portail de San Petronio) et à Florence (décoration de la *Porta della Mandorla* à la cathédrale). Subissant la tradition gothique, il s'en est peu à peu dégagé.

Iacopone da Todi (Iacopo DEI BENEDETTI, dit), poète italien, né à Todi (Ombrie) [1230-1306]. Ses « laudes » dialoguées forment la première ébauche du théâtre sacré italien.

Iago, personnage de l'*Othello* de Shakespeare. Il provoque, par la jalousie qu'il éveille dans l'âme d'Othello, le meurtre de Desdémone.

Iakoutie ou **Yakoutie,** république autonome de l'U. R. S. S. (R. S. F. S. de Russie), en Sibérie orientale ; 3 103 200 km^2 ; 664 000 h. (*Iakoutes*). Cap. *Iakoutsk* ou *Yakoutsk* (108 000 h.). Base aérienne.

ïambe [jɑ̃b] n. m. (lat. *iambus*). *Métr. anc.* Pied de vers composé d'une brève et d'une longue. ‖ — Pl. Pièce de vers satirique.

Ïambes, poème satirique écrit par A. Chénier (1794) pendant son séjour à la prison Saint-Lazare.

ïambique adj. Composé d'ïambes : *poésie ïambique.*

Iapygie, contrée de l'Italie ancienne, en Apulie, en grande partie colonisée par les Grecs.

Iaroslav (978-1054), grand-prince de Kiev de 1017 à 1054. Il étendit son autorité jusqu'à la Baltique et consolida le christianisme en Russie.

Iaroslavl', v. de l'U. R. S. S. (R. S. F. S. de Russie), sur la Volga supérieure ; 517 000 h. Industries textiles et chimiques. Raffinage du pétrole.

Iași, Iashi, Iassy ou **Jassy,** v. de Roumanie, en Moldavie ; 179 400 h. Université. Monuments du XVIIe s. Industries textiles et chimiques.

Iaxarte, fl. de Sogdiane, tributaire du lac d'Aral. (Auj. le *Syr-Daria.*)

Ibadan, v. du sud-ouest du Nigeria ; 727 600 h. Université. Centre commercial.

Ibagué, v. de Colombie, à l'ouest de Bogotá ; 163 700 h. Industries alimentaires.

ibère [ibɛr] et **ibérique** [iberik] adj. et n. Qui est de l'Ibérie. (On dit quelquefois IBÉRIEN, ENNE.)

Ibères, peuple qui occupa l'Europe occidentale dès le néolithique. Les Ibères se répandirent de l'Irlande à la Sicile, mais se fixèrent surtout en Espagne.

Ibérique ou **Celtibérique** (*chaîne*), massif montagneux d'Espagne, séparant la Castille du bassin de l'Ebre.

Ibérique (*péninsule*), partie sud-ouest de l'Europe, partagée entre l'Espagne et le Portugal.

ibéris [-ris] n. m. Plante dont certaines espèces sont cultivées comme ornementales sous le nom de *thlaspi* ou *téraspic.* (Famille des crucifères.)

Ibert (Jacques), compositeur français, né à Paris (1890-1962), auteur de ballets (*Diane de Poitiers,* 1934), d'opéras-comiques (*le Roi d'Yvetot,* 1927), d'opéras bouffes (*Angélique,* 1926), de musique de chambre, de partitions symphoniques. Il a été directeur de l'Académie de France à Rome (1936).

Iberville (Pierre LE MOYNE D'). V. LE MOYNE D'IBERVILLE.

ibidem [ibidɛm] adv. (mot lat.). Au même endroit. (Abrév. : *ibid.*)

ibis [ibis] n. m. (lat. *ibis,* empr. au gr.). Oiseau de l'ordre des échassiers, à bec long et courbé vers le bas. (L'ibis sacré, que les Egyptiens vénéraient parce qu'il apparaissait avec les crues du Nil et détruisait les serpents, possède un plumage blanc, sauf la tête, le cou et une partie des ailes, qui sont noirs.)

Ibiza, une des îles Baléares, au sud-ouest de Majorque ; 36 000 h. Ch.-l. *Ibiza.* Tourisme. Salines.

ibn [ibn], mot arabe signif. *fils.* (On dit aussi BEN.)

Ibn Baṭṭūṭa, voyageur et géographe arabe, né à Tanger (1304-1377). Il visita l'Afrique du Nord, le sud de la Russie, une partie de l'Asie et atteignit la Chine.

Ibn Khaldūn ('Abd al-Raḥmān), historien arabe, né à Tunis (1332-1406). Il a laissé une immense chronique, où il raconte l'histoire de la période antéislamique et des empires musulmans. Elle est précédée de *Prolégomènes,* où il expose les lois historiques du développement et de la chute des empires.

Ibn Sa'ūd 'Abd al-'Azīz III, roi de l'Arabie Saoudite. V. 'ABD AL-'AZĪZ III IBN SA'ŪD.

Ibn Sa'ūd, nom des princes de la dynastie des Wahhābites de Riyād, en Arabie, fondée par Muḥammad ibn Sa'ūd, mort en 1766.

Ibos, importante ethnie africaine située au sud-est du Nigeria et comprenant en 1966 entre 10 et 12 millions de représentants. La langue des Ibos appartient au groupe des langues guinéennes. Les Ibos ont été fortement christianisés, ce qui a contribué à l'occidentalisation de certains aspects de leur culture (formation d'une « classe » moyenne : cadres administratifs, commerçants, professions libérales). Leurs oppositions avec les Yoroubas et surtout les Haoussas les ont amenés à entrer en lutte avec le gouvernement du Nigeria (1966) et à constituer, jusqu'en 1970, un Etat séparatiste, la *république de Biafra*.*

Ibrāhīm Ier, fondateur de la dynastie des Arhlabides (m. en 812). Il gouverna l'Afrique du Nord.

Ibrāhīm, né à Constantinople (1616-1648), sultan ottoman (1640-1648).

Ibrāhīm bey (1735-1816), chef des Mamelouks d'Egypte (1795-1816). Il s'opposa à l'extension de l'influence française en Egypte. Eliminé par les Turcs (1811), il échappa cependant aux massacres organisés par Méhémet Ali et se réfugia à Dongola, dans le nord du Soudan.

Ibrāhīm pacha ou **Ibrahim paşa,** grand vizir ottoman, né à Parga (1493-1536). Nommé grand vizir par le sultan Süleyman (1523), dont il épousa la sœur (1524), il rétablit l'ordre en Egypte (1524-1525), vainquit les Hongrois à Mohács (1526) et reprit Bagdad à la Perse (1534). Il fut étranglé sur ordre du Sultan.

ibis

Ibrāhīm pacha, né à Cavalla (1789-1848), vice-roi d'Egypte (1848), fils de Méhémet Ali. Celui-ci l'ayant envoyé écraser l'insurrection grecque, il prit Navarin (1825) et Missolonghi (1826), mais, vaincu sur mer à Navarin par les Alliés (1827), il dut se retirer. Sa victoire de Konya (1832) sur les Turcs donnait la Syrie à l'Egypte, mais celle-ci dut l'abandonner sous la pression des Alliés. Ibrāhīm pacha succéda à son père, contraint d'abdiquer en 1848, et mourut la même année.

Ibsen (Henrik), écrivain norvégien, né à Skien (1828-1906). Il quitte l'école à quinze ans pour devenir aide-pharmacien, voyage au Danemark et en Allemagne, puis entre comme auteur au Théâtre national de Bergen. Ses premiers drames se rattachent à la tradition romantique (*la Fête à Solhaug,* 1856). Directeur du théâtre norvégien de Christiania (1857), il obtient, après le succès des *Prétendants à la couronne* (1863), une bourse de voyage : il reste quatre ans en Italie avant de se fixer à Dresde et il ne retourne en Norvège qu'en 1891. Les vicissitudes politiques scandinaves marquent un drame épique (*Brand,* 1866) et une fantaisie poétique (*Peer Gynt,* 1867), dans lesquels s'incarne le génie national norvégien. Mais, après *Empereur et Galiléen* (1873), Ibsen, sous l'influence de Georg Brandes, évolue vers un théâtre d'inspiration sociale et morale (*Maison de poupée,* 1879 ; *les Revenants,* 1882), unissant à la peinture réaliste de l'existence quotidienne l'inquiétude métaphysique qui étreint ses héros devant le « mensonge de la vie » : *le Canard sauvage* (1884), *Hedda Gabler* (1890), *Solness le Constructeur* (1892), *Quand nous nous réveillerons d'entre les morts* (1899).

Ibycos, poète et musicien grec, né à Rhegion au VIe s. av. J.-C., auteur d'hymnes.

icaquier [ikakje] n. m. Arbrisseau américain de la famille des rosacées dont le fruit (icaque) est comestible.

Icare. *Mythol. gr.* Fils de Dédale, avec lequel il s'enfuit du Labyrinthe de Crète au moyen d'ailes attachées avec de la cire. Mais il s'était trop approché du Soleil, la cire fondit et Icare tomba dans la mer.

Ibsen
une scène
de « Maison de poupée »

Phot. Jacques Six, « l'Illustration ».

iceberg dans l'Atlantique Nord

Icare, ballet de S. Lifar, rythmes (orchestrés par S. Szyfer) et chorégraphie de S. Lifar, décors de P. Larthe, créé à l'Opéra de Paris en 1935 par le choréauteur. — Il a été repris en 1962, dans des décors de Picasso.

Icarie ou **Ikariá,** île grecque de la mer Egée, à l'ouest de Samos ; 10 600 h.

icarien [ikarjɛ̃], **enne** [-ɛn] adj. (d'*Icare*). *Jeux icariens,* exercices de voltige acrobatique.

iceberg [isbɛrg *ou* ajsbɛrg] n. m. (mot angl. empr. au norvég.). Dans les régions polaires, masse de glace détachée des glaciers ou de l'inlandsis, et dont la portion émergée peut atteindre 200 m de haut, les quatre cinquièmes restant immergés.

ice-cream [ajskrim] n. m. (mot angl.). Crème glacée. ‖ Pl. des *ice-creams.*

icelui [isəlɥi], **icelle** [isɛl], pl. **iceux** [isø], **icelles** [isɛl] adj. et pr. dém. (du lat, *ecce ille,* voici lui), Celui-là, celle-là (vx). [Ne s'emploie que dans la langue juridique : *icelle dame ; dans la maison d'icelui.*]

Ichikawa, v. du Japon (Honshū) ; 236 000 h. Textiles.

Ichinomiya, v. du Japon (Honshū) ; 210 000 h.

ichneumon [iknømɔ̃] n. m. (gr. *ikhneumôn,* fureteur). Espèce de mangouste de la taille d'un chat, honorée jadis en Egypte parce qu'elle détruisait les reptiles. ‖ Insecte qui pond ses œufs dans les larves d'autres insectes. (Ordre des hyménoptères.)

ichor [ikɔr] n. m. (gr. *ikhôr,* sang des dieux). *Géol.* Emanation minéralisatrice du magma, qui imprègne les roches voisines et les métamorphise.

ichthys [iktis] n. m. Transcription en caractères romains du monogramme grec du Christ, qui est composé des premières lettres des mots : *Iêsous CHristos THeou Uios Sôtêr* (Jésus-Christ, fils de Dieu, sauveur). [Ces lettres réunies forment le mot grec *ichthus,* qui signifie « poisson » ; de là vient que le *poisson* fut souvent pris comme symbole du Christ.]

ichtyocolle [iktjɔkɔl] n. f. (gr. *ikhthus,* poisson, et *colle*). Colle de poisson fabriquée avec la vessie natatoire de différents poissons, surtout l'esturgeon.

ichtyol [iktjɔl] n. m. (gr. *ikhthus,* poisson). Huile sulfureuse employée dans le traitement de diverses maladies de la peau.

ichtyologie [iktjɔlɔʒi] n. f. Partie de la zoologie qui traite des poissons.

ichtyologique adj. Qui appartient à l'ichtyologie.

ichtyologiste n. Spécialiste de l'ichtyologie.

ichtyophage adj. et n. Qui se nourrit principalement de poisson : *peuplade ichtyophage.*

ichtyornis [iktjɔrnis] n. m. (gr. *ikhthus,* poisson, et *ornis,* oiseau). Oiseau fossile du crétacé de l'Amérique du Nord, de la taille d'un pigeon.

ichtyosaure [iktjɔzɔr] n. m. (gr. *ikhthus,* poisson, et *sauros,* lézard). Reptile fossile à aspect de requin, qui vivait au jurassique et atteignait 10 m de long.

ici [isi] adv. de lieu (lat. *ecce hic,* voici ici). Dans le lieu où l'on se trouve. ‖ Dans ce pays : *les gens d'ici.* ‖ Dans le temps présent : *d'ici à demain.* ● *Ici-bas,* dans ce monde. (Contr. LÀ-HAUT.) ‖ *Par ici,* de ce côté-ci.

icône [ikon] n. f. (russe *ikona,* empr. au gr. *eikôn,* image). Dans l'Eglise russe et l'Eglise grecque, peinture religieuse sur bois, représentant le Christ, la Vierge ou les saints.

Iconium, nom anc. de *Konya** (Turquie).

iconoclasme n. m. Doctrine des iconoclastes.

iconoclaste [ikɔnɔklast] n. et adj. (gr. *eikôn,* image, et *klazein,* briser). Membre d'une secte hérétique qui, dans l'Empire byzantin, au VIIIe s., prohibait et détruisait les images saintes. ‖ *Fam.* Personne qui se montre sans respect pour les traditions.

iconographe n. Personne qui s'occupe d'iconographie.

iconographie n. f. (gr. *eikôn,* image, et *graphein,* décrire). Description des représentations figurées se rapportant aux sujets les plus divers. ‖ Répertoire de ces représentations. (Des ouvrages tels que ceux d'Emile Mâle [*l'Art religieux du XIIe siècle en France,* 1922] relèvent autant de l'iconologie* que de l'iconographie dans ces deux acceptions.) ‖ Recueil de portraits (vx).

iconographique adj. Relatif à l'iconographie.

iconolâtre [ikɔnɔlɑtr] n. Personne qui adore les images.

iconolâtrie n. f. Adoration des images.

iconologie [ikɔnɔlɔʒi] n. f. (gr. *eikôn,* image, et *logos,* description). Etude et interprétation du sujet dans l'œuvre d'art. ‖ Science des attributs des dieux de la mythologie (vx). ‖ Répertoire d'attributs et de symboles employés dans les représentations figurées (vx). [Un exemple en est l'*Iconologie* de Cesare Ripa, 1593.]

iconoscope n. m. Tube de prise de vues équipant les caméras de télévision.

iconostase n. f. Dans les églises de rite grec, cloison en bois percée de trois portes, séparant la nef du sanctuaire, réservé au clergé, et supportant des icônes.

iconothèque n. f. (gr. *eikôn,* image, et *thêkê,* armoire). Dans un musée, une bibliothèque, un cabinet d'estampes, lieu réservé à la conservation de collections d'imagerie.

icosaèdre [ikɔzaɛdr] n. m. (gr. *eikosi,* vingt, et *edra,* face). *Math.* Solide à vingt faces planes. (L'icosaèdre régulier a pour faces vingt triangles équilatéraux égaux.)

icosagone adj. (gr. *eikosi,* vingt). Qui a vingt angles : *figure icosagone.* ‖ — N. m. Polygone qui a vingt angles et, par conséquent, vingt côtés.

ictère [iktɛr] n. m. (gr. *ikteros*). *Méd.* Jaunisse, due à la présence dans le sang et dans les tissus, et notamment dans la peau, de pigments biliaires.

— ENCYCL. Les *ictères par rétention* sont dus soit à une obstruction des voies biliaires (calcul, tumeur, inflammation), soit à une hépatite (la bile est bien sécrétée, mais elle n'est plus excrétée et reflue dans le sang). Dans les deux cas, le taux de la bilirubine sanguine s'élève au-dessus de 20 mg par litre ; c'est une bilirubine conjuguée par le foie à l'acide glycuronique, ce qui la rend soluble dans l'eau. Elle peut passer dans les urines, qui sont alors très foncées. (On a longtemps réservé aux seuls ictères par obstruction le qualificatif d'*ictères par rétention.*)

Les *ictères hémolytiques* sont dus à une destruction massive de globules rouges (hémolyse), s'accompagnant d'une présence dans le sang de bilirubine insoluble dans l'eau (non conjuguée par le foie) et ne passant pas dans les urines, qui restent claires.

ictérique adj. Relatif à l'ictère : *teint ictérique.* ‖ — Adj. et n. Atteint de la jaunisse.

Ictinos, architecte grec (milieu du Ve s. av. J.-C.). Principal architecte du Parthénon, il est l'auteur du temple d'Apollon Epikourios à Bassæ.

ictus [iktys] n. m. (mot lat. signif. *coup*). Affection subite qui frappe le malade comme un coup. ● *Ictus émotif,* choc produit par une émotion violente, qui se traduit par une perte de conscience passagère.

Ida, nom grec de deux chaînes de montagnes, l'une en Mysie (Asie Mineure), dans le voisinage de Troie, l'autre en Crète.

Idaho, un des Etats unis d'Amérique dans les Rocheuses ; 715 000 h. Cap. *Boise.* L'Etat, au relief montagneux, est peu peuplé (moins de 4 h. de densité moyenne) ; ses terres sont consacrées principalement aux cultures du blé et de la pomme de terre, à l'élevage, en dehors de l'exploitation forestière. Le sous-sol fournit du plomb, du zinc et de l'argent.

ide [id] n. m. Poisson d'eau douce de couleur rouge, élevé dans les étangs. (Long. 40 cm ; famille des cyprinidés.)

idéal [ideal], **e, als** ou **aux** [-o] adj. (lat. *idealis*). Qui n'existe que dans l'imagination : *monde idéal.* ‖ Qui possède la suprême perfection ; parfait : *beauté idéale.*

idéal n. m. Perfection que l'esprit imagine sans pouvoir y atteindre complètement : *l'artiste doit viser à l'idéal.* ‖ Ce à quoi on aspire : *réaliser son idéal.*

idéalement adv. De façon idéale.

idéalisation n. f. Action ou pouvoir d'idéaliser ; son résultat.

idéaliser v. t. Donner un caractère, une perfection idéale à une personne, à une chose : *idéaliser un personnage, un modèle.*

idéalisme n. m. Recherche d'un idéal. ‖ Doctrine philosophique qui nie la réalité des choses distinctes du « moi » et n'en admet que l'idée : *l'idéalisme kantien.* ‖ Poursuite de l'idéal dans les arts : *l'idéalisme s'oppose au réalisme.*

idéaliste n. et adj. Partisan de l'idéalisme. ‖ Qui poursuit un idéal parfois chimérique.

idéalité n. f. Caractère de ce qui est idéal.

idéation n. f. *Psychol.* Formation de l'idée.

idéatoire adj. *Psychol.* Relatif à l'idée : *activité idéatoire.*

idée [ide] n. f. (lat. *idea*). Notion que l'esprit se forme de quelques chose : *l'idée du beau, du bien.* ‖ Aperçu élémentaire, approximatif : *il nous en a donné une idée.* ‖ Inspiration, conception littéraire ou artistique : *auteur qui manque d'idées ; une idée de génie.* ‖ Intention arrêtée : *changer d'idée.* ‖ Opinion, appréciation : *avoir une haute idée de quelqu'un ; idées politiques.* ‖ Caprice, fantaisie : *vivre à son idée.* ‖ *Fam.* Pensée, esprit : *j'ai dans l'idée qu'il ne viendra pas.* ● *Avoir idée, une idée, l'idée de,* penser, connaître, se représenter. ‖ *Idée fixe,* pensée dominante, dont on est obsédé. ‖ *Idée générale,* concept. ‖ — Pl. Visions chimériques : *se faire des idées.* ● *Avoir de la suite dans les idées* (Fam.), être persévérant, opiniâtre.

icônes

école italo-byzantine
« Vierge de la Miséricorde »
musée de Recklinghausen

école serbe
« Saint Étienne Detchanski »
monastère de Dečani

école russe
« le Prophète Élie »
Moscou

Phot. U. S. Cost Guard, Edit. Aurel Bongers, Stanimirovitch, X.

idem [idɛm] adv. (mot lat.). Le même. (S'emploie pour éviter des répétitions et s'abrège ainsi : *id.*)

identification n. f. Action d'identifier : *l'identification d'un accusé, d'un navire.* ‖ Action de considérer deux choses comme identiques : *l'identification de la pensée et de l'être.* ‖ Action de s'identifier : *l'identification de l'artiste avec son œuvre.*

identifier [idɑ̃tifje] v. t. Rendre ou déclarer identique : *identifier deux genres.* ‖ Trouver l'identité de : *l'anthropométrie permet d'identifier les criminels.* ‖ Déterminer la nature d'une chose : *identifier des plantes.* ● *Identifier un nom de lieu,* trouver le nom moderne qui correspond au nom ancien. ‖ **— S'identifier [à, avec]** v. pr. Se pénétrer des sentiments d'un autre : *un romancier s'identifie à ses personnages.*

identique [idɑ̃tik] adj. (du lat. *idem,* le même). Qui ne fait qu'un avec un autre, ou qui est compris sous la même idée : *propositions identiques.* ‖ Tout à fait semblable : *des êtres identiques.*

identiquement adv. De façon identique.

identité [idɑ̃tite] n. f. (du lat. *idem,* le même). Ce qui fait qu'une chose est de même nature qu'une autre. ‖ Ensemble des circonstances qui font qu'une personne est bien telle personne déterminée : *vérifier l'identité de quelqu'un ; une pièce d'identité.* ‖ *Math.* Egalité (qui se note ≡) dont les deux membres prennent des valeurs numériques égales pour tout système de valeurs attribuées aux lettres. (L'*identité* diffère de l'*équation,* qui n'est vérifiée que pour certaines valeurs attribuées aux lettres.) ● *Carte d'identité,* pièce officielle, comportant photographie et empreintes digitales. ‖ *Identité judiciaire,* service ayant pour objet de classer le signalement anthropométrique des personnes mises en état d'arrestation. ‖ *Plaque d'identité,* plaque métallique portée en opérations par les militaires. ‖ *Principe d'identité,* principe fondamental de la logique traditionnelle, selon lequel « une chose est identique à elle-même » (« *a* est *a* »).

idéogramme [ideɔgram] n. m. (gr. *idea,* idée, et *gramma,* signe). Signe qui exprime l'idée, et non les sons du mot représentant cette idée : *les caractères égyptiens étaient des idéogrammes.*

idéographie n. f. (gr. *idea,* idée, et *graphein,* écrire). Représentation directe des idées par des signes qui en figurent l'objet.

idéographique adj. Qui concerne l'idéographie : *écriture idéographique.*

idéologie n. f. (gr. *idea,* idée, et *logos,* science). Science des idées. ‖ Ensemble d'idées propres à un groupe, à une époque, et traduisant une situation historique. ‖ *Péjor.* Doctrine qui prône un idéal irréalisable.

idéologique adj. Relatif à l'idéologie.

idéologue n. Personne qui s'attache de manière systématique à une doctrine philosophique ou sociale. ‖ Rêveur qui poursuit un idéal irréalisable. ‖ — Pl. Nom donné à un groupe de philosophes (Destutt de Tracy, Cabanis) qui, à la fin du XVIIIe s. et au début du XIXe, continuent la tradition du sensualisme de Condillac.

idéo-moteur, trice adj. Syn. de PSYCHOMOTEUR. ● *Processus idéo-moteur,* processus par lequel toutes nos représentations se prolongent en mouvements plus ou moins achevés : *certains vertiges résultent d'un processus idéo-moteur inadéquat.*

ides [id] n. f. pl. (mot lat.). Quinzième jour du mois de mars, de mai, de juillet et d'octobre, et treizième jour des autres mois, dans le calendrier romain : *César fut assassiné aux ides de mars.*

Idfū. V. EDFOU.

I. D. H. E. C., sigle de *Institut des hautes études cinématographiques,* école fondée à Paris en 1943, ouverte par concours aux étudiants français et étrangers, préparant aux diverses spécialités de la profession cinématographique.

Ídhra. V. HYDRA.

idiolecte n. m. Ensemble des habitudes verbales d'un individu.

idiomatique adj. Relatif aux idiomes.

idiome [idjom] n. m. (gr. *idiôma,* idiotisme). Langue propre à une nation : *idiome français.*

idiopathie [idjɔpati] n. f. (gr. *idios,* propre, et *pathos,* maladie). Maladie qui a son existence propre et n'est point la conséquence d'une autre.

idiopathique adj. Qui a rapport à l'idiopathie : *maladie idiopathique.*

idiosyncrasie [-sɛ̃krazi] n. f. (gr. *idios,* propre, *sun,* avec, et *krasis,* tempérament). Réaction individuelle, propre à chaque homme.

idiot [idjo], **e** [-ɔt] adj. et n. (gr. *idiotês,* sot). Stupide, dépourvu d'intelligence, de bon sens. ‖ Arriéré, dont l'âge mental ne dépasse pas 3 ans (Q. I. inférieur à 20). [Syn. DÉBILE PROFOND.] ‖ — Adj. Qui marque la stupidité : *un air idiot.*

Idiot (*l'*), roman de Dostoïevski (1868). Le prince Muichkine, descendant dégénéré d'une noble famille, échoue dans l'application de son idéal de bonté et de sacrifice à l'égard de Nastasia Philippovna, jeune demi-mondaine qu'il veut tirer de la médiocrité morale où elle est contrainte de vivre.

idiotie [idjɔsi] n. f. Insuffisance de développement mental en rapport avec des lésions ou des malformations cérébrales, entraînant l'incapacité d'acquisition du langage et l'inaptitude à prendre soin de soi-même. (C'est le degré le plus grave de l'arriération.) ‖ Absence totale d'intelligence. ‖ *Fam.* Acte, parole qui dénote un esprit borné ; action inconsidérée : *faire, dire des idioties.*

branches d'if portant des fruits

idiotisme n. m. (du gr. *idios,* particulier). Expression ou construction particulière à une langue : *les idiotismes du français sont des gallicismes.*

Idistaviso, plaine de Germanie, sur la Weser, chez les Chérusques, où Germanicus battit Arminius en 16 apr. J.-C.

Idjil (*Kedia d'*), massif de Mauritanie, à l'est de Fort-Gouraud. Minerai de fer.

Idlewild, quartier de New York, dans Queens. Aéroport international J. F. Kennedy.

idoine [idwan] adj. (lat. *idoneus*). Convenable, propre à quelque chose : *trouver la solution idoine à une difficulté.*

idolâtre [idɔlɑtr] adj. et n. (gr. *eidolatrês*). Qui adore les idoles. ‖ Qui aime avec excès : *cette mère est idolâtre de ses enfants.*

idolâtrer v. t. Aimer avec passion.

idolâtrie n. f. Adoration des idoles. ‖ Amour excessif.

idolâtrique adj. Relatif à l'idolâtrie.

idole [idɔl] n. f. (gr. *eidôlon,* image). Figure, statue représentant une divinité qu'on adore. ‖ Personne à laquelle on prodigue des louanges, des flatteries, ou que l'on aime passionnément : *il est l'idole du peuple.* ‖ Se dit de certaines vedettes de la chanson.

Idoménée, roi légendaire de Crète, petit-fils de Minos, un des héros de la guerre de Troie.

Idoménée, roi de Crète, opéra de Campra (1712) et opéra italien de Mozart (1781).

Idrīs Ier (Muḥammad Idrīs al-Mahdī al-Sanūsī), né à Djaraboub en 1890, premier roi de Libye. Chef des Senousis (1917), il fut choisi comme roi en 1950 par l'Assemblée nationale du nouvel Etat libyen. Il fut renversé par un coup d'Etat militaire en 1969.

Idrīsī ou **Edrisi** (Abū 'Abd Allāh Muḥammad **al-**), géographe arabe, né à Ceuta (v. 1099-entre 1165 et 1186). Ses cartes servirent de base aux travaux ultérieurs.

Idrīsides, dynastie musulmane fondée au Maroc par Idrīs Ier (m. en 792). La décadence commença à la mort d'Idrīs II (793-828).

Idumée ou **Édom,** pays qui comprenait le sud de la Judée et une partie du nord de l'Arabie Pétrée. (Hab. *Iduméens* ou *Édomites.*)

Iduméens. V. ÉDOMITES.

idylle [idil] n. f. (ital. *idillio,* empr. au gr. *eidullion*). Petit poème du genre bucolique ou pastoral, et généralement amoureux : *les idylles de Théocrite.* (Syn. : ÉGLOGUE, PASTORALE.) ‖ *Fig.* Amour tendre.

saint Ignace de Loyola

— ENCYCL. L'*idylle,* dont le nom grec signifie « petit tableau », ne fut d'abord qu'une petite pièce de vers peignant une scène de mœurs. Mais le succès des *Idylles* de Théocrite, où des bergers chantent leurs amours et leur vie rustique, imposa à cette forme de poésie le caractère pastoral et bucolique, qui se prolongea à travers la pastourelle médiévale et les « bergeries » de la Pléiade jusqu'au « groupe des Idylles » de *la Légende des siècles* de Hugo.

Idylles (*les*), poèmes de Théocrite (IIIe s. av. J.-C.). Ces courtes pièces, écrites soit en dorien, soit en ionien et en éolien, comprennent des chansons amoureuses, des poèmes rustiques, des mimes dialogués ou en forme de monologues.

Idylles, poèmes de Gessner (1756). Ces petits tableaux de la vie pastorale, en prose poétique, eurent une grande influence sur le sentimentalisme préromantique.

Idylles du roi (*les*), de Tennyson (1859-1885), suite de dix poèmes inspirés par les légendes médiévales de la Table ronde.

idyllique adj. Propre à l'idylle. ‖ Merveilleux, idéal : *description idyllique.*

Iekaterinbourg, anc. nom de *Sverdlovsk*.*

Iekaterinodar, anc. nom de *Krasnodar*.*

Iekaterinoslav, anc. nom de *Dniepropetrovsk*.*

Ielgava ou **Jelgava,** anc. **Mitau,** v. de l'U. R. S. S. (Lettonie), anc. cap. de la Courlande russe ; 34 100 h.

Ielisavetgrad, anc. nom de *Kirovograd*.*

Ielisavetpol'. V. KIROVABAD.

Iéna, en allem. **Jena,** v. d'Allemagne orientale, sur la Saale ; 83 500 h. Instruments de précision et d'optique. Université fondée en 1558. Victoire de Napoléon sur les Prussiens en 1806.

Ienikale, anc. nom de *Kertch'*.*

Ienisseï, fl. de l'U. R. S. S., en Sibérie ; 3 800 km. Né en Mongolie, l'Ienisseï s'écoule vers le nord, séparant la plaine de la Sibérie occidentale des plateaux de la Sibérie centrale ou orientale (selon les auteurs), avant de rejoindre l'océan Arctique (mer de Kara) par un long estuaire. Aux hautes eaux d'été (il est gelé en hiver), il reçoit ses principaux affluents à droite, notamment les trois Toungouskas (la Toungouska supérieure, plus connue sous le nom d'Angara* ; la Toungouska moyenne, ou Toungouska pierreuse ; la Toungouska inférieure). Son aménagement hydro-électrique est en cours. Une gigantesque centrale est construite à Krasnoïarsk.

Iessenine ou **Essenine** (Sergheï Aleksandrovitch), poète russe, né à Konstantinovo (gouvern. de Riazan') [1895-1925]. Chantre du paysan russe et de la vie villageoise (*Transfiguration,* 1919 ; *l'Accordéon,* 1920), il accueillit d'abord avec enthousiasme la révolution d'Octobre, mais ne put se plier aux exigences du régime soviétique et se suicida.

Ievtouchenko (Ievgheni Aleksandrovitch), poète soviétique, né à Zima (Sibérie) en 1933. Il incarne le désir de liberté des jeunes générations (*Babi Iar,* 1961).

if [if] n. m. (gaulois *ivos*). Arbre à feuillage persistant et à baies rouges, souvent cultivé, mais poussant spontanément dans les montagnes calcaires. (Il peut atteindre 15 m de haut et vivre plusieurs siècles ; sous-embranchement des gymnospermes ; famille des taxacées.) ‖ Instrument servant à égoutter les bouteilles.

If, îlot de la Méditerranée, à 2 km de Marseille. Château fort bâti sous François Ier en 1524 et qui servit très longtemps de prison d'Etat.

Ife, v. du sud-ouest du Nigeria ; 150 800 h. Université. Centre religieux des Yoroubas.

Ifni, anc. enclave espagnole dans le sud du Maroc ; 50 700 h. Ch.-l. *Sidi Ifni.* Elle fut concédée à l'Espagne en 1860 ; en 1958, elle devint province espagnole. La souveraineté réclamée par le Maroc a été obtenue en 1969.

Ifrīqiya, nom donné par les Arabes à l'est de l'Afrique du Nord (Tunisie et est du Constantinois).

igame [igam] n. m. Sigle de *Inspecteur Général de l'Administration en Mission Extraordinaire.*

igamie n. f. Circonscription administrée par un igame.

Igarka, port de l'U. R. S. S. (R. S. F. S. de Russie), sur le bas Ienisseï, dans l'Arctique ; 30 000 h.

Ighil Izane, anc. **Relizane,** v. d'Algérie (Mostaganem) ; 35 400 h.

igloo [iglu] n. m. (mot esquimau). Hutte que les Esquimaux construisent avec des blocs de neige.

Igls, station de sports d'hiver d'Autriche (Tyrol), près d'Innsbruck (alt. 900-1 970 m).

Ignace (*saint*), évêque et martyr (m. v. 107). Evêque d'Antioche (v. 69), il fut conduit à Rome et livré aux bêtes. — Fête le 1er février.

Ignace de Loyola (*saint*), fondateur de la Compagnie de Jésus, né à Azpeitia (Espagne) [1491 ?-1556]. Gentilhomme basque, il se convertit au cours d'une convalescence. Il fit des études classiques en Espagne, puis à Paris, où il recruta quelques jeunes gens ; avec sept d'entre eux, il se voua à Dieu à Montmartre (1534) ; ordonné prêtre comme eux (1537), il jeta les bases de la Compagnie de Jésus*, qu'il mit au service de la papauté et de la réforme catholique. En 1540, Paul III donna aux jésuites une constitution. Premier général de son ordre (1541), Ignace vit celui-ci se développer rapidement en

Phot. Brunel, Giraudon.

Europe et dans les missions. Il a laissé un guide de méditations systématiques, les *Exercices spirituels,* où s'exprime une doctrine basée sur la sanctification personnelle, l'abnégation et la recherche de la gloire de Dieu. Canonisé en 1622. — Fête le 31 juillet.

igname [iɲam] n. f. (mot esp.). Plante cultivée dans les régions chaudes pour ses tubercules riches en amidon. (Famille des dioscoréacées.)

ignare [iɲar] adj. (lat. *ignarus*). Ignorant, sans instruction.

Ignatiev (Nikolaï, *comte*), général et diplomate russe, né à Saint-Pétersbourg (1832-1908). Il fut ambassadeur en Chine (1860), ministre plénipotentiaire à Constantinople (1864), ministre de l'Intérieur d'Alexandre III (1881-1882).

igné [igne], **e** adj. (lat. *igneus;* de *ignis,* feu). Qui a les qualités du feu : *matière ignée.* ‖ Qui fait intervenir l'action du feu : *méthode ignée.*

ignifugation n. f. Action d'ignifuger ; son résultat.

ignifuge adj. et n. m. Propre à rendre ininflammables les objets combustibles : *le silicate de potassium est un ignifuge.*

ignifuger [ignifyʒe *ou* iɲi] v. t. (conj. **1**). Rendre ininflammable : *les décors de théâtre doivent être ignifugés.*

ignimbrite n. f. (lat. *ignis,* feu, et *imber,* pluie). Roche d'origine volcanique, à peine consolidée, indurée ou très intimement soudée jusqu'à former une roche compacte à aspect d'obsidienne.

ignipuncture [-pɔ̃ktyr] n. f. Cautérisation par une aiguille longue et fine, qu'on fait chauffer à blanc.

ignition n. f. (du lat. *ignis,* feu). Etat des corps en combustion.

ignitron n. m. *Electr.* Tube redresseur à gaz, dont la cathode est formée de mercure, et dans lequel l'amorçage est renouvelé, au début de l'une des alternances, grâce à une électrode spéciale. (Les ignitrons sont utilisés pour la soudure, la commande des laminoirs et la traction ferroviaire.)

ignoble [iɲɔbl] adj. Qui est d'une bassesse repoussante : *conduite ignoble.* (Syn. : ABJECT, BAS, INFÂME, MÉPRISABLE, SORDIDE.)

ignoblement adv. De façon ignoble.

ignominie [iɲɔmini] n. f. Déshonneur extrême : *la trahison est une ignominie.* (Syn. : ABAISSEMENT, DÉSHONNEUR, HONTE, INFAMIE, OPPROBRE.)

ignominieusement adv. Avec ignominie.

ignominieux, euse adj. Qui cause de l'ignominie : *supplice ignominieux.*

ignorance n. f. Défaut général de connaissances ; manque de savoir. ‖ Défaut de connaissance d'un objet déterminé : *l'ignorance des usages du monde.*

ignorant, e adj. et n. Qui n'a point de savoir. ‖ Qui n'est pas instruit de certaines choses : *ignorant d'une nouvelle.*

ignorantin adj. et n. m. Nom que l'on donnait par dérision aux frères des Ecoles chrétiennes.

ignoré, e adj. Inconnu, obscur.

ignorer [iɲɔre] v. t. (lat. *ignorare*). Ne pas savoir, ne pas connaître : *nul n'est censé ignorer la loi.* ‖ Ne pas connaître par expérience ; ne pas pratiquer : *ignorer le malheur, le mensonge.*

Igny (91430), comm. de l'Essonne (arr. de Palaiseau), sur la Bièvre ; 8 419 h. Ecole d'horticulture.

Igorots, ethnie des Philippines, dans le nord de l'île de Luçon, dont le système social traditionnel a une relation fonctionnelle avec les cultures en étage à flanc de montagne qu'ils ont édifiées.

Iguaçu, en esp. **Iguazú,** riv. du Brésil, affl. du Paraná (r. g.), limite entre le Brésil et l'Argentine ; 1 320 km. Magnifiques chutes.

iguane [igwan] n. m. (esp. *iguano,* empr. à la langue des Caraïbes). Reptile saurien de l'Amérique tropicale, atteignant 1,50 m de long, portant une crête dorsale d'écailles pointues, herbivore. (Sa chair est très estimée.)

iguanodon [igwanɔdɔ̃] n. m. Reptile dinosaurien de l'époque crétacée, long de 10 m, à station bipède, herbivore.

igue [ig] n. f. Dans les Causses, puits naturel aboutissant à un cours d'eau souterrain.

Ihara ou **Ibara** (Saikaku), écrivain japonais, né à Ōsaka (1641-1693). Il est, dans la littérature de son pays, le créateur du roman de mœurs, réaliste et satirique (*Une femme de plaisir,* 1686).

Iholdy (64640), ch.-l. de c. des Pyrénées-Atlantiques (arr. de Bayonne) ; 522 h.

I. H. S., abrév. des mots latins *Iesus, Hominum Salvator* (Jésus, sauveur des hommes), qu'on trouve souvent sur les monuments chrétiens.

IJ (*golfe de l'*), golfe de l'IJselmeer, près d'Amsterdam.

Ijevsk, v. de l'U. R. S. S. (R. S. F. S. de Russie), cap. de la rép. autonome des Oudmourtes ; 422 000 h. Métallurgie.

IJmuiden, v. des Pays-Bas (Hollande-Septentrionale) ; 22 100 h. Port de pêche. Sidérurgie. Aluminium.

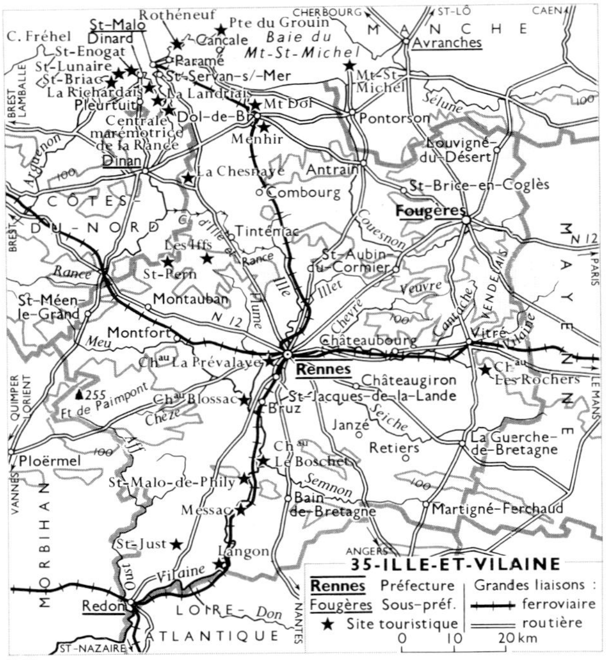

IJsel ou **Yssel,** bras nord du delta du Rhin (Pays-Bas), qui finit dans l'IJselmeer.

IJselmeer, lac des Pays-Bas, formé par la partie du Zuiderzee qui n'a pas été asséchée.

il, pr. pers. masc. de la 3e pers.

Il ne faut jurer de rien, comédie en 3 actes, en prose, d'Alfred de Musset (1836).

Ilahābad. V. ALLAHĀBAD.

ilang-ilang [ilɑ̃ilɑ̃] n. m. Arbre cultivé en Indonésie et à Madagascar pour ses fleurs, utilisées en parfumerie. (Famille des anonacées.) [On écrit aussi YLANG-YLANG.]

Ildefonse (*saint*), né à Tolède (v. 607-667), archevêque de Tolède. — Fête le 23 janvier.

île [il] n. f. (lat. *insula*). Etendue de terre entourée d'eau de tous côtés.

Ile-aux-Moines (L') [56780], comm. du Morbihan (arr. de Vannes), formée par la principale des îles du golfe du Morbihan ; 711 h. Villégiature.

Ile-Bouchard (L') [37220], ch.-l. de c. d'Indre-et-Loire (arr. de Chinon), sur la Vienne ; 1 609 h.

Ile-de-France, pays de l'anc. France (cap. *Paris*), constitué en province au XVe s. et correspondant aux huit départements actuels de la région parisienne et à des parties de l'Oise et de l'Aisne.

Ile-d'Yeu (L') [85350], ch.-l. de c. de la Vendée (arr. des Sables-d'Olonne), formé par l'*île d'Yeu ;* 4 786 h. (2 431 aggl.). Conserves alimentaires. Pétain y fut détenu de 1945 à sa mort (1951).

iléo-cæcal, e, aux adj. Relatif à la fois à l'iléon et au cæcum : *valvule iléo-cæcale.*

iléon [ileɔ̃] n. m. (du gr. *eilein,* enrouler). Troisième partie de l'intestin grêle, entre le jéjunum et le gros intestin.

Ile-Rousse (L') [20220], ch.-l. de c. de la Corse (arr. de Calvi) ; 1 867 h. (*Isolani*). Petit port. Tourisme.

Ilesha, v. du Nigeria ; 192 300 h.

iléus [ileys] n. m. Obstruction de l'intestin : *l'iléus produit les coliques de miserere.* (Syn. OCCLUSION INTESTINALE.)

Il faut qu'une porte soit ouverte ou fermée, « proverbe » d'A. de Musset (1845).

Ili, rivière de l'Asie centrale (Chine et U. R. S. S.), tributaire du lac Balkhach ; 1 384 km.

Iliade (*l'*), poème épique en 24 chants, attribué à Homère. C'est le récit d'un épisode de la guerre de Troie : Achille, qui s'était retiré sous sa tente après une querelle avec Agamemnon, revient au combat pour venger son ami Patrocle, tué par Hector. Après avoir vaincu Hector, Achille traîne son cadavre autour du tombeau de Patrocle, puis le rend à Priam, venu réclamer le corps de son fils. Poème guerrier, *l'Iliade* contient aussi des scènes grandioses (funérailles de Patrocle) et émouvantes (adieux d'Hector et d'Andromaque).

iguane

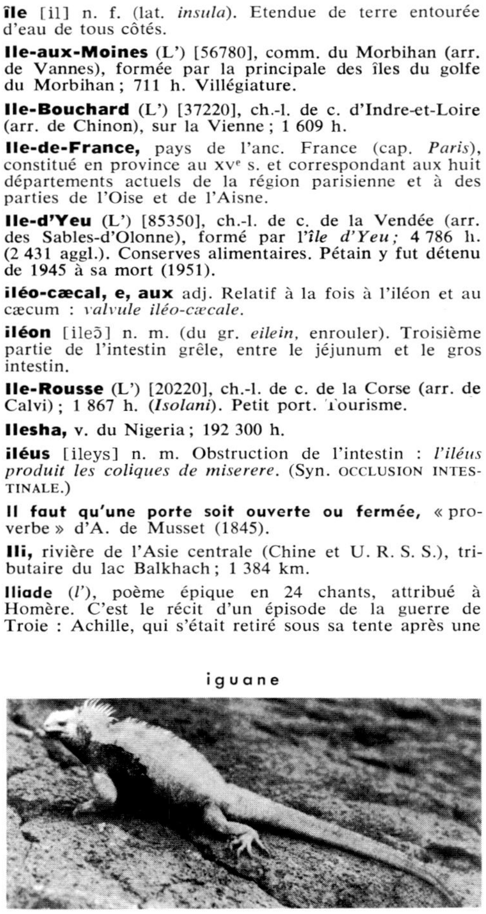

iliaque [iljak] adj. (du lat. *ilia,* flancs). Relatif aux flancs. ● *Fosse iliaque,* l'une des deux régions latéro-inférieures de la cavité abdominale, contenant les uretères, le cæcum et l'appendice, le côlon pelvien, les ovaires et les trompes utérines. ‖ *Os iliaque,* l'un des deux os formant la ceinture pelvienne, résultant de la soudure de l'ilion, de l'ischion et du pubis.

ilien, enne adj. et n. Habitant d'une île.

ilion [iljɔ̃] n. m. L'un des trois éléments de l'os iliaque, large et plat, formant la saillie de la hanche.

Ilion, un des noms de *Troie*.*

Iliouchine (Sergheï Vladimirovitch), ingénieur soviétique (Diljalevo, près de Vologda, 1894). Il réalisa un chasseur et des avions commerciaux.

Ill, riv. d'Alsace ; 208 km. Née dans le Jura, l'Ill arrose Mulhouse, Sélestat, Strasbourg, et se jette dans le Rhin (r. g.).

Illampu, sommet des Andes boliviennes ; 6 550 m. C'est le point culminant de la Cordillère orientale.

Ille, petite riv. de Bretagne, affl. de la Vilaine à Rennes (r. dr.) ; 45 km.

Ille-et-Vilaine (*dép. d'*) [**35**], dép. de l'ouest de la France, formé d'une partie de la Bretagne ; préf. *Rennes,* s.-préf. *Fougères, Redon, Saint-Malo ;* 4 arr., 50 cant., 361 comm. ; 6 992 km² ; 652 722 h. Occupant la partie orientale de la Bretagne, le dép. s'étend sur le riche *bassin de Rennes,* bordé au nord par une zone de basses collines qui dominent une région côtière, basse et sableuse, à l'est de Cancale (partiellement aménagée en polders : *marais de Dol*), plus élevée et rocheuse à l'ouest. Employant le tiers de la population active, l'agriculture demeure importante, fondée sur les cultures du blé, du pommier à cidre, des plantes fourragères (associées à un élevage bovin important) et, localement, des légumes. L'industrie (occupant environ 30 p. 100 de la population active) est représentée surtout à Rennes (automobiles, imprimerie, électronique, raffinage du pétrole), Fougères (chaussures) et Redon (briquets). Plus que la pêche et l'ostréiculture (Cancale), le tourisme estival anime les villes de la côte d'Emeraude : Dinard et Saint-Malo, de part et d'autre de la Rance (dont l'estuaire est barré par une usine marémotrice).

illégal [illegal], **e, aux** [-go] adj. (du lat. *lex, legis,* loi). Contraire à la loi : *mesure illégale.*

illégalement adv. De façon illégale.

illégalité n. f. Vice de ce qui est contraire à la loi : *illégalité d'une convention.* ‖ Acte illégal : *commettre une illégalité.*

illégitime [illeʒitim] adj. (lat. *illegitimus*). Qui ne remplit pas les conditions requises par la loi : *union illégitime.* ‖ Né de parents qui ne sont pas unis par le mariage : *enfant illégitime.* ‖ Qui n'est pas fondé, justifié : *prétention illégitime.*

illégitimement adv. De façon illégitime.

illégitimité n. f. Défaut de légitimité : *l'illégitimité d'un titre.*

Ille-sur-Têt (66130), comm. des Pyrénées-Orientales (arr. de Prades) ; 5 262 h.

Phot. W. W.

illettré [illetre], **e** adj. Qui ne sait ni lire ni écrire.

Illich (Ivan), essayiste d'origine autrichienne, né à Vienne en 1926. Fondateur d'une université libre à Cuernavaca (Mexique), il critique âprement les systèmes d'éducation (*Une société sans école,* 1971), puis la société industrielle (*la Convivialité,* 1973).

illicite [illisit] adj. (lat. *illicitus*). Défendu par la morale ou par la loi : *gain illicite.*

illicitement adv. De manière illicite.

illico [illiko] adv. (mot lat.). *Fam.* Sur-le-champ, immédiatement : *partir illico.*

Illiers-Combray (28120), ch.-l. de c. d'Eure-et-Loir (arr. de Chartres), sur le Loir ; 3 117 h. (*Islériens*).

illimité [illimite], **e** adj. Sans limites.

illisiblement adv. De façon illisible.

illite [illit] n. f. Minéral argileux potassique à structure feuilletée.

Illinois, un des Etats unis d'Amérique, sur le lac Michigan ; 10 700 000 h. Cap. *Springfield.* C'est un Etat au relief monotone, aux sols souvent limoneux, où dominent les cultures du maïs et du soja, ainsi que l'élevage bovin et porcin. Le sous-sol fournit du charbon. L'activité industrielle se concentre dans l'agglomération de Chicago, qui, débordant sur l'Etat d'Indiana, regroupe près de la moitié de la population de l'Etat.

illisibilité n. f. Caractère de ce qui est illisible.

illisible [illizibl] adj. Qu'on ne peut lire : *écriture illisible.* || Dont on ne peut supporter la lecture : *roman illisible.*

Illkirch-Graffenstaden (67400), ch.-l. de c. du Bas-Rhin (arr. d'Erstein) ; 12 337 h. Constructions électriques.

illogique [illɔʒik] adj. Qui n'est pas conforme à la logique : *conclusion illogique.* || Qui manque d'esprit de suite : *esprit illogique.*

illogiquement adv. De façon illogique.

illogisme n. m. Caractère de ce qui est illogique, sans esprit de suite.

illumination n. f. Eclairage des monuments publics. || *Fig.* Lumière soudaine dans l'esprit ; inspiration.

Illuminations, recueil de poèmes en prose d'A. Rimbaud (1886).

illuminé, e n. et adj. Visionnaire en matière de religion.

illuminer [illymine] v. t. (lat. *illuminare*). Eclairer d'une vive lumière. || Orner d'illuminations. || *Fig.* Eclairer l'esprit, l'âme. || **— S'illuminer** v. pr. Prendre un certain éclat : *à cette nouvelle, son visage s'illumina.*

illuminisme n. m. Doctrine de certains mystiques.

illusion [illyzjɔ̃] n. f. (lat. *illusio ;* de *illudere,* se jouer de). Erreur des sens ou de l'esprit, qui fait prendre l'apparence pour la réalité : *le mirage est une illusion de la vue.* || Pensée, espoir chimérique : *se nourrir d'illusions.* || — Syn. : APPARENCE, UTOPIE. ● *Illusion de Delbœuf,* effet primaire de champ, qui fait apparaître inégaux deux cercles égaux dont l'un est situé dans un autre plus grand. || *Illusion du déjà vu,* paramnésie non pathologique. (V. RECONNAISSANCE [*fausse*].) || *Illusion de Müller-Lyer,* effet primaire de champ, qui fait apparaître inégales deux droites égales, dont les extrémités sont complétées par deux petits segments, ayant sur l'une une forme concave, sur l'autre une forme convexe. || *Illusion d'optique* ou *illusion optico-géométrique* (Psychol.), déformation subie par la perception d'une figure géométrique, d'une forme par rapport au fond. (V. *encycl.*) || *Se faire illusion,* se tromper.
— ENCYCL. *Psychol.* Les *illusions optico-géométriques* se manifestent dans la perception de figures sous forme de surestimation ou de sous-estimation systématiques de longueur, de surface, de direction ou d'incurvation. Elles se produisent aussi bien chez l'homme que chez l'animal : on a pu étudier l'illusion de Müller-Lyer chez le vairon. Les illusions optico-géométriques existent chez tous les sujets humains, mais d'une façon très variable d'un sujet à l'autre et d'une illusion à l'autre pour le même sujet. A partir de l'étude de l'illusion de Delbœuf, Piaget a formulé une théorie explicative des illusions optico-géométriques, s'appliquant d'une façon plus générale à la perception : la perception complète d'une figure résulte de perceptions partielles correspondant aux centrations successives du regard, l'élément centré étant surestimé. On distingue les *illusions primaires,* dont le montant quantitatif diminue avec l'âge en conservant les mêmes caractéristiques qualitatives, et les *illusions secondaires,* dont le montant quantitatif augmente avec l'âge (l'âge à partir duquel une mesure expérimentale est possible étant 4 ou 5 ans) ; le maximum des illusions secondaires se situe vers la 10e année en général. La plupart des illusions optico-géométriques sont des illusions primaires dues à des *effets de champ**.

Illusions perdues (*les*), roman d'H. de Balzac, divisé en trois parties (*les Deux Poètes,* 1837 ; *Un grand homme de province à Paris,* 1839 ; *les Souffrances de l'inventeur,* 1843). Lucien de Rubempré, jeune poète d'Angoulême, espère, grâce à sa maîtresse provinciale, faire la conquête de Paris. Mais la misère, les critiques et les dettes le conduisent au désespoir et au suicide, lorsqu'il rencontre, sous l'habit du prêtre espagnol Carlos Herrera, l'ancien forçat Vautrin, à qui il se vend corps et âme.

illusionner [illyzjɔne] v. t. Produire de l'illusion, tromper : *chercher à illusionner quelqu'un.* || **— S'illusionner** v. pr. Se faire illusion ; se leurrer, se tromper : *les parents s'illusionnent parfois sur leurs enfants.*

illusionnisme n. m. Art de produire des phénomènes paraissant en contradiction avec les lois naturelles.

illusionniste n. Personne qui exécute des expériences d'illusionnisme.

illusoire [illyzwar] adj. Qui cherche à tromper : *proposition illusoire.* || Qui est illusion ; qui ne se réalise pas : *espoir illusoire.*

illusoirement adv. D'une façon illusoire.

illustrateur n. m. Artiste qui dessine les illustrations d'ouvrages.

illustration n. f. Action de rendre illustre ; état de ce qui est illustre : *contribuer à l'illustration de la patrie.* || Image figurant dans le texte d'un livre, d'un journal.

illustre [illystr] adj. (lat. *illustris*). Qui est d'un mérite éclatant : *famille illustre.* (Syn. : BRILLANT, CÉLÈBRE, ÉMINENT, FAMEUX, RENOMMÉ.)

illustré, e adj. Orné de gravures : *livre illustré.*

illustré n. m. Journal, revue contenant des récits accompagnés de dessins.

illustrer v. t. (lat. *illustrare*). Rendre illustre, célèbre : *auteur qui illustre son pays par ses ouvrages.* || Orner d'images un texte.

Illustre-Théâtre (l'), troupe de comédiens dans laquelle Molière débuta comme acteur.

illustrissime adj. Titre donné à certaines personnes élevées en dignité.

illuvial [illyvjal], **e, aux** [-o] adj. Qui résulte de l'illuviation.

illuviation n. f. Processus d'accumulation dans un horizon du sol, dû à la migration d'éléments d'un autre horizon.

illuvium [illyvjɔm] n. m. Accumulation, sous forme de concrétions ou de croûtes, de produits dissous dans l'horizon d'un sol.

Illyés (Gyula), poète hongrois, né à Rácegres en 1902. Admirateur à la fois de la culture française et de l'âme populaire de son pays, il unit dans ses recueils l'influence des surréalistes aux traditions du terroir (*Terre lourde,* 1928 ; *Ceux des pusztas,* 1936).

Illyrie, région balkanique montagneuse, proche de l'Adriatique, comprenant l'Istrie, la Carinthie, la Carniole.
● *Histoire.* Les Grecs fondèrent des colonies sur la côte d'Illyrie dès le VIIe s. av. J.-C. Cette côte fut infestée de pirates, contre lesquels Rome intervint victorieusement au IIIe s. av. J. C. En 167 av. J.-C., un commandement militaire y fut établi ; Rome le transforma en province (*Illyricum*) en 27 av. J.-C. En 1815, un royaume d'Illyrie fut créé par le congrès de Vienne ; il fut disloqué en 1849. Auj., l'Illyrie est partagée entre l'Italie, la Yougoslavie et l'Autriche.

illyrien [illirjɛ̃], **enne** [-ɛn] adj. et n. De l'Illyrie.

Illyriennes (*Provinces*), circonscription administrative de l'Empire français (1809-1814), comprenant notamment la Dalmatie, l'Istrie, la Carniole, le Frioul. Cap. *Laibach* (Ljubljana).

Illzach (68110), comm. du Haut-Rhin (arr. de Mulhouse) ; 10 783 h.

Ilmen', lac de l'U. R. S. S., près de Novgorod, qui a pour émissaire le Volkhov ; 1 100 km².

ilménite [ilmenit] n. f. (de *Ilmen,* nom géogr.). Oxyde naturel de fer et de titane, que l'on trouve dans certains schistes cristallins.

Iloilo, v. des Philippines (île de Panay) ; 201 000 h.

Ilorin, v. du Nigeria ; 241 800 h. Textiles.

îlot [ilo] n. m. Petite île. || Groupe de maisons dans une ville : *îlot insalubre.* || *Mar.* Bloc formé par la superstructure d'un porte-avions. ● *Îlots de Langerhans* (Anat.), petits groupes de cellules endocrines disséminées dans le pancréas et sécrétant l'insuline.

ilote [ilɔt] n. m. (gr. *heilôs, heilôtos*). Serf de l'Etat, à Sparte. || *Fig.* Homme réduit au dernier degré d'abaissement, d'abjection. (On écrit aussi, dans le premier sens, HILOTE.)

ilotisme n. m. Condition d'ilote. || *Fig.* Etat d'abjection et d'ignorance. (On écrit aussi, dans le premier sens, HILOTISME.)

Imabari, v. du Japon (Shikoku) ; 106 000 h.

illusions d'optique

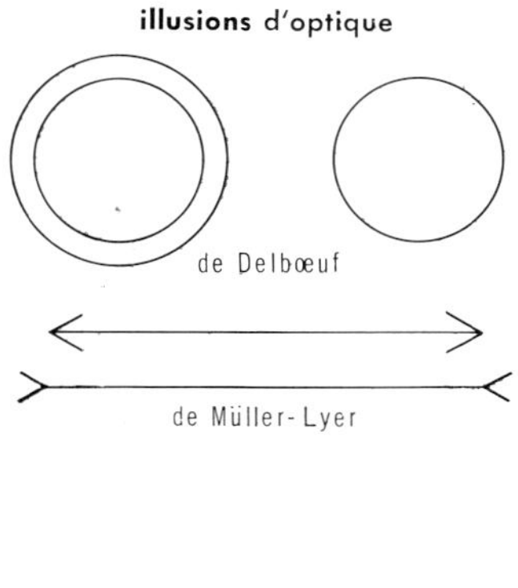

image [imaʒ] n. f. (lat. *imago*). Représentation d'une personne ou d'une chose par la peinture, la sculpture, le dessin, etc. || Petite estampe représentant un sujet religieux ou autre. || Reproduction visuelle d'un objet donnée par un miroir, un instrument d'optique. (V. *encycl.*) || Représentation des personnes, des objets dans l'esprit : *cette image me suit en tous lieux.* || Ressemblance ; ce qui imite, reproduit : *cet enfant est l'image de son père ; la chasse est l'image de la guerre.* || Métaphore, procédé par lequel on rend les idées plus vives, en prêtant à l'objet une forme plus sensible : *mot qui fait image.* || *Math.* Dans la théorie des ensembles, dans une application d'un ensemble E sur un ensemble E', élément *e'* de E' qui correspond à l'élément *e* de E. ● *Image de marque,* représentation favorable que se donne, vis-à-vis du public, une firme, une institution, une personnalité.
— ENCYCL. *Opt.* Lorsque les rayons lumineux issus d'un même point subissent des réflexions ou des réfractions, il peut arriver que les rayons émergents passent par un même point, qui est l'*image* du point de concours des rayons incidents. Cette image est *réelle* lorsqu'elle se trouve sur la partie des rayons effectivement suivie par la lumière ; on peut alors la former sur un écran. Elle est *virtuelle* lorsqu'elle se trouve sur leurs prolongements ; elle est alors vue par un œil placé sur ces rayons.

Images de voyages (*Reisebilder*), par Heine (1826-1831), ouvrage plein de rêveries spirituelles, fantaisistes ou douloureuses (*le Tambour Legrand, le Voyage dans le Harz*).

imagé, e adj. Orné d'images, de métaphores : *style imagé.*

imager v. t. (conj. **1**). Orner d'images, de métaphores.

imagerie n. f. Fabrique, commerce d'images : *l'imagerie d'Epinal.*

imagier n. m. Marchand qui vend des estampes, des images. || Au Moyen Age, peintre ou sculpteur.

imaginable adj. Qui peut être imaginé : *scène facilement imaginable.*

imaginaire adj. Qui n'existe que dans l'imagination ; chimérique : *un bien imaginaire.* ● *Malade imaginaire,* personne qui se croit malade sans l'être. || *Nombre* ou *quantité imaginaire* (Math.), expression de la forme $a + bi$, dans laquelle a et b sont des nombres réels et i l'unité imaginaire définie par l'égalité $i^2 = -1$. (On dit aussi NOMBRE OU QUANTITÉ COMPLEXE.) [Les *quantités imaginaires* s'introduisent à partir de la résolution de l'équation du second degré. Les formules de résolution comportant des radicaux de quantités négatives, les nombres imaginaires ont été inventés pour ne pas laisser ces cas en dehors de la théorie.] || — N. m. Domaine de l'imagination : *dans certains troubles mentaux, l'imaginaire prend le pas sur le réel.* || — N. f. *Math.* Expression algébrique qui comprend un radical du second degré portant sur un nombre négatif.

imaginatif, ive adj. et n. Qui imagine aisément : *esprit imaginatif.*

imagination n. f. Faculté de se représenter des objets par la pensée : *avoir l'imagination vive.* || Faculté d'inventer, de créer, de concevoir : *artiste qui a beaucoup d'imagination.* || Ce qu'on imagine : *imaginations invraisemblables.* || Opinion sans fondement, absurde : *c'est une pure imagination.*

imaginative n. f. *Fam.* Faculté d'imaginer.

imaginer [imaʒine] v. t. (lat. *imaginari*). Se représenter quelque chose dans l'esprit : *imaginer un colosse de six pieds.* || Inventer : *Torricelli imagina le baromètre.* || **— S'imaginer** v. pr. Se figurer, croire sans fondement : *il s'imagine être un savant.*

imagisme n. m. Nom donné, dans la littérature anglaise et américaine, à une école poétique apparue dans les années 1910-1920 et qui considérait le poème comme une image pure de tout appareil intellectuel ou sentimental. (Cette esthétique a été particulièrement illustrée par Ezra Pound, Amy Lowell, Hilda Doolittle et Richard Aldington.)

imago [imago] n. m. (mot lat. signif. *image*). Stade de l'insecte arrivé à son complet développement et capable de se reproduire.

imago [imago] n. f. *Psychanal.* Image chargée de valeur affective, que se fait l'individu de lui-même.

imām [imam] ou **iman** [imɑ̃] n. m. (mot turc). Ministre de la religion mahométane. || Titre de certains souverains musulmans.

imāmat ou **imanat** n. m. Dignité d'imān.

I. M. A. O., sigle de *inhibiteurs de la mono-amino-oxydase,* groupe de médicaments psychotropes employés contre les dépressions.

Imatra, v. de Finlande ; 31 000 h. Centrales hydro-électriques. Métallurgie.

Imbaba. V. EMBABÈH.

imbattable [ɛ̃batabl] adj. Qui ne peut être battu : *coureur, record imbattable.*

imbécile [ɛ̃besil] adj. et n. (lat. *imbecillus,* faible). Dépourvu d'intelligence ; stupide, sot. || Arriéré dont l'âge mental se situe entre 3 et 7 ans (Q. I. compris entre 20 et 50). [Syn. DÉBILE MOYEN.] || — Adj. Qui marque l'imbécillité : *rire imbécile.*

imbécilement adv. Avec imbécillité.

imbécillité n. f. Sottise, bêtise : *faire des imbécillités.* || Débilité mentale caractérisant l'imbécile.

imberbe [ɛ̃bɛrb] adj. (lat. *imberbis*). Qui est sans barbe.

imbiber [ɛ̃bibe] v. t. (lat. *imbibere*). Mouiller, pénétrer d'un liquide : *imbiber d'eau une éponge.*

imbibition n. f. Action d'imbiber, de s'imbiber.

imbrication n. f. Etat de choses superposées qui se recouvrent en partie, à la façon des tuiles d'un toit.

imbriqué, e adj. (lat. *imbricatus*). Se dit des choses qui se recouvrent en partie les unes les autres, comme les tuiles ou les ardoises d'un toit; entremêlé, enchevêtré.

imbriquer v. t. Disposer des choses de façon à les faire chevaucher.

imbroglio [ɛ̃brɔljo] n. m. (mot ital.). Confusion, embrouillement : *démêler un imbroglio.* ‖ Pièce de théâtre dont l'intrigue est très compliquée.

Imbros, en turc **Imroz,** île turque de la mer Egée, non loin des Dardanelles; 13 000 h.

imbrûlable adj. Qui ne peut pas brûler.

imbrûlé, e adj. et n. m. Se dit d'un corps combustible qui, dans une combustion, s'est incomplètement combiné à l'oxygène de l'air.

imbu [ɛ̃by], **e** adj. (part. pass. de l'anc. fr. *imboire*). Rempli, pénétré (ne se dit qu'au *fig.*) : *imbu de préjugés.*

imbuvable adj. Qu'on ne peut pas boire. ‖ Qui est mauvais à boire : *l'eau de mer est imbuvable.* ‖ *Fam.* Insupportable : *un homme imbuvable.*

Imérina, partie la plus élevée du plateau central de Madagascar, habitée par les *Mérinas.*

Im-Fout, barrage, sur le bas Oum er-Rebia, au Maroc.

imitable adj. Qui peut être imité.

imitateur, trice adj. et n. Qui imite; qui est porté à imiter : *le singe est naturellement imitateur.*

imitatif, ive adj. De la nature de l'imitation : *harmonie imitative.*

imitation n. f. Action d'imiter; son résultat : *avoir la manie de l'imitation.* ‖ Matière ouvrée qui imite une matière plus riche : *bronze d'imitation; bijoux en imitation.* ‖ *Mus.* Terme désignant une écriture fondée sur la répétition d'un court motif traité dans le syle contrapuntique. (L'imitation peut être régulière, si elle répète exactement les intervalles précédemment énoncés, et irrégulière, si cette correspondance n'est pas observée. On l'écrit par mouvement semblable ou par mouvement contraire. Elle est à la base du canon, du contrepoint et de la fugue.) ‖ *Absol.*, avec une majusc. *Imitation de Jésus-Christ.* (V. art. suiv.) ‖ **— A l'imitation de** loc. prép. Sur le modèle de.

Imitation de Jésus-Christ, ouvrage de piété du XVᵉ s., écrit en latin et attribué au moine Thomas a Kempis.

imiter [imite] v. t. (lat. *imitari*). Faire ou s'efforcer de faire exactement ce que fait une personne, un animal : *imiter ses camarades.* ‖ Reproduire exactement : *imiter une signature.* ‖ Prendre pour modèle : *imiter ses ancêtres.* ‖ Chercher à prendre le style, la manière d'un auteur, d'un peintre, etc. ‖ Produire le même effet que : *le cuivre doré imite l'or.*

immaculé [immakyle], **e** adj. (lat. *immaculatus*). Sans tache : *blancheur immaculée.* ‖ *Fig.* Sans souillure morale : *innocence immaculée.* ● *Immaculée Conception* (Théol.), v. CONCEPTION.

immanence n. f. Etat de ce qui est immanent.

immanent [immanɑ̃], **e** [-ɑ̃t] adj. (lat. *immanens*). Dont l'être s'identifie à un autre être. (Dans la philosophie de Spinoza, Dieu est immanent au monde.) ● *Justice immanente,* justice qui résulte du cours naturel des choses et qui se manifeste un jour ou l'autre.

immanentisme n. m. Doctrine métaphysique selon laquelle la présence du divin est ressentie par l'homme, mais ne peut faire l'objet d'aucune connaissance claire.

immangeable [ɛ̃-] adj. Qui n'est pas bon à manger : *ragoût immangeable.*

immanquable [ɛ̃-] adj. Qui ne peut manquer d'arriver. ‖ Que l'on ne peut manquer : *cible immanquable.*

immanquablement adv. Infailliblement, à coup sûr.

immarcescible [immarsɛsibl] adj. (du lat. *marcescere,* se flétrir). *Littér.* Qui ne peut se flétrir : *gloire immarcescible.*

immatérialisme n. m. Système des philosophes qui nient l'existence de la matière : *l'immatérialisme de Berkeley.*

immatérialiste adj. et n. Qui appartient à l'immatérialisme.

immatérialité n. f. Qualité, état de ce qui est immatériel : *l'immatérialité de l'âme.*

immatériel, elle adj. Qui n'a pas de consistance matérielle : *l'esprit est immatériel.*

immatriculation n. f. Action d'immatriculer; état de ce qui est immatriculé : *immatriculation d'un soldat, d'une automobile, etc.*

immatriculer v. t. (du lat. *matrix, matricis,* registre). Inscrire sur la matricule, sur un registre public.

immature adj. *Hist. nat.* Qui n'a pas encore atteint la maturité.

immaturité n. f. Etat de ce qui n'est pas mûr (au *pr.* et au *fig.*).

immédiat [immedja], **e** [-at] adj. (bas lat. *immediatus,* de *medius,* au milieu). Qui est ou qui agit sans intermédiaire, direct : *successeur immédiat; cause immédiate.* ‖ Qui a lieu sans intervalle : *soulagement immédiat.* ● *Analyse immédiate* (Chim.), séparation des constituants d'un mélange.

immédiatement adv. A l'instant même.

immédiateté n. f. *Philos.* Caractère de ce qui est immédiat.

Immelmann (Max), officier aviateur allemand, né à Dresde (1890-1916). As de la chasse, il a donné son nom à une figure de voltige aérienne.

immémorial [immemɔrjal], **e, aux** [-o] adj. Qui remonte à une époque sortie de la mémoire à cause de son ancienneté : *usage immémorial.*

immense [immɑ̃s] adj. (lat. *immensus*). Qui est presque sans bornes, sans mesure : *la mer immense.* ‖ Considérable, énorme : *fortune immense.* ‖ — Syn. : COLOSSAL, ILLIMITÉ, INFINI.

immensément adv. De façon immense.

immensité n. f. Grandeur infinie : *l'immensité des cieux.* ‖ Très vaste étendue : *l'immensité des mers.*

immerger [immɛrʒe] v. t. (lat. *immergere*) [conj. 1]. Plonger dans un liquide. ‖ Laisser tomber dans la mer : *immerger le corps d'un matelot décédé en cours de route.*

immérité, e adj. Que l'on n'a pas mérité : *reproche immérité.*

immersion [immɛrsjɔ̃] n. f. (lat. *immersio*). Action de plonger un corps dans un liquide; résultat de cette action : *l'immersion d'un sous-marin.* ‖ *Astron.* Entrée d'un astre dans l'ombre portée d'un autre astre.

immeuble [immœbl] n. m. (lat. *immobilis,* immobile). Maison, et, *spécialem.*, habitation à plusieurs étages : *vendre un immeuble.* ‖ *Dr.* Bien qui ne peut être déplacé (*immeuble par nature*) ou que la loi considère comme tel (*immeuble par destination*). ‖ — Adj. : *biens immeubles.*

immigrant, e adj. et n. Qui vient de l'étranger dans un pays pour l'habiter.

immigration n. f. Action de venir dans un pays pour s'y établir.

immigré, e adj. et n. Qui a quitté son pays pour s'établir dans un autre.

immigrer [immigre] v. i. (lat. *immigrare*). Venir dans un pays pour s'y fixer.

imminence [imminɑ̃s] n. f. Qualité de ce qui est imminent : *l'imminence du danger.*

imminent, e adj. (lat. *imminens*). Qui menace pour un avenir prochain : *ruine imminente.* ‖ Très prochain : *départ imminent.*

immiscer (s') [simmise] v. pr. (lat. *immiscere*) [conj. 1]. Se mêler mal à propos et sans droit : *s'immiscer dans les affaires d'autrui.*

immixtion [immiksjɔ̃] n. f. (du lat. *miscere,* mêler). Action de s'ingérer dans les affaires d'autrui, notamment dans une succession.

immobile [immɔbil] adj. (lat. *immobilis*). Qui ne se meut pas.

immobilier, ère adj. Qui est composé, qui s'occupe de biens immeubles. ● *Saisie immobilière,* qui a pour objet un immeuble.

immobilisation n. f. Action d'immobiliser; résultat de cette action : *l'immobilisation du corps.* ‖ *Dr.* Elément de l'actif d'une entreprise (bâtiments, terrains, machines et matériel, brevets, fonds de commerce, etc.). ‖ Procédé thérapeutique consistant à maintenir certaines parties du corps (notamment en cas de fracture, entorse, etc.) par un plâtre ou des bandages.

immobiliser v. t. Rendre immobile : *immobiliser un membre fracturé.* ‖ Priver des moyens d'agir : *immobiliser des troupes.* ‖ Investir des disponibilités.

immobilisme n. m. Opposition systématique à tout progrès, à toute innovation.

immobilité n. f. Etat d'une personne, d'une chose qui ne se meut pas, qui n'avance pas.

immodéré, e adj. Qui dépasse la mesure : *un prix immodéré; des propos immodérés.*

immodérément adv. De façon immodérée; avec excès.

immodeste adj. Qui manque de modestie, de pudeur : *tenue immodeste.*

immodestement adv. De façon immodeste.

immodestie n. f. Manque de pudeur.

immolateur n. m. Celui qui immole.

immolation n. f. Action d'immoler.

immoler [immɔle] v. t. (lat. *immolare*). Offrir en sacrifice : *immoler des agneaux.* ‖ Faire périr, massacrer : *la guerre immole d'innombrables victimes.* ‖ *Fig.* Sacrifier : *il est immolé aux intérêts de sa famille.*

immonde [immɔ̃d] adj. (lat. *immundus;* de *mundus,* net). Extrêmement sale : *un taudis immonde.* ‖ Impur, selon certaines religions : *d'après la loi de Moïse, le porc est un animal immonde.* ‖ *Fig.* Ignoble, dégoûtant : *des propos immondes.*

immondices n. f. pl. (lat. *immunditiae*). Ordures entassées dans les rues.

immoral, e, aux adj. Qui n'a aucun principe de morale; qui vit contrairement à la morale : *un homme immoral.* ‖ Contraire à la morale : *ouvrage immoral.*

immoralement adv. De façon immorale.

immoralisme n. m. Tendance à rejeter les valeurs morales communément admises.

immoraliste n. et adj. Partisan de l'immoralisme.

immoralité n. f. Opposition aux principes de la morale : *l'immoralité d'un livre.* ‖ Chose immorale.

immortaliser [immɔrtalize] v. t. Rendre immortel dans la mémoire des hommes.

immortalité n. f. (lat. *immortalitas;* de *mors, mortis,* mort). Qualité, état de ce qui est immortel : *l'immortalité de l'âme.* ‖ *Fig.* Vie perpétuelle dans le souvenir des hommes : *aspirer à l'immortalité.*

immortel, elle adj. (lat. *immortalis*). Qui n'est point sujet à la mort : *les dieux immortels.* ‖ *Fig.* Dont le souvenir reste : *gloire immortelle.*

immortel n. m. *Fam.* Académicien. ‖ — N. m. pl. *Les Immortels,* les dieux du paganisme.

immortelle n. f. Nom donné à plusieurs plantes dont les fleurs persistent longtemps (*statices,* ou immortelles bleues; *hélichrysums,* à fleurs jaunes). ‖ Fleur de ces plantes.

immortellement adv. De façon immortelle.

immatriculation des voitures automobiles

LETTRES DISTINCTIVES DE NATIONALITÉ

A	Autriche	GBG	Guernesey	PI	Philippines
AL	Albanie	GBJ	Jersey	PL	Pologne
AND	Andorre	GBY	Malte	PY	Paraguay
AUS	Australie	GBZ	Gibraltar	R	Roumanie
B	Belgique	GCA	Guatemala	RA	Argentine
BG	Bulgarie	GH	Ghāna	RCA	République centrafricaine
BR	Brésil	GR	Grèce	RCB	Congo (Brazzaville)
BUR	Birmanie	H	Hongrie	RCH	Chili
C	Cuba	HKJ	Jordanie	RH	Haïti
CA	Cameroun	I	Italie	RI	Indonésie
CDN	Canada	IL	Israël	RL	Liban
CGO	Congo (Kinshasa)	IND	Inde	RM	République malgache
CH	Suisse	IR	Iran (Perse)	RMM	Mali
CI	Côte-d'Ivoire	IRL	Irlande (Eire)	RSM	Saint-Marin
CL	Ceylan	IRQ	Iraq	RSR	Rhodésie
CO	Colombie	IS	Islande	RT	Togo
CR	Costa Rica	J	Japon	RWA	Rwanda (Ruanda)
CS	Tchécoslovaquie	JA	Jamaïque	S	Suède
CY	Chypre	JOR	Jordanie	SCV	Cité du Vatican
D	Allemagne	K	Cambodge	SF	Finlande
DK	Danemark	KWT	Koweït	SGP	Singapour
DOM	république Dominicaine	L	Luxembourg	SN	Sénégal
DY	Dahomey	LAO	Laos	SU	Union des républiques socialistes soviétiques
DZ	Algérie	MA	Maroc	SYR	Syrie
E	Espagne	MC	Monaco	T	Thaïlande
EAK	Kenya	MEX	Mexique	TN	Tunisie
EAT	Tanzanie	MW	Malawi (ex-Nyassaland)	TR	Turquie
EAU	Ouganda	N	Norvège	U	Uruguay
EC	Equateur	NIC	Nicaragua	USA	Etats-Unis d'Amérique
ET	Egypte	NIG	Niger	VN	Viêt-nam
F	France et territoires français d'outre-mer	NL	Pays-Bas	WAG	Gambie
FL	Liechtenstein	NZ	Nouvelle-Zélande	WAN	Nigeria
GB	Grande-Bretagne et Irlande du Nord	P	Portugal, Angola, Mozambique	YU	Yougoslavie
GBA	Aurigny	PA	Panamá	YV	Venezuela
		PAK	Pākistān	ZA	Afrique du Sud
		PE	Pérou		

immotivé, e adj. Qui n'est pas motivé : *accusation immotivée.*

immuabilité n. f. V. IMMUTABILITÉ.

immuable [immɥabl] adj. Qui n'est point sujet à changer : *les lois humaines ne sont pas immuables.*

immuablement adv. De façon immuable.

immunisant, e adj. Qui immunise : *sérum immunisant.*

immunisation n. f. Action d'immuniser.

immuniser [immynize] v. t. (du lat. *immunis,* exempt). Rendre réfractaire à une maladie. ‖ *Fig.* Soustraire à une influence nocive.

immunité n. f. (*in* privatif, et lat. *munus, muneris,* charge). Exemption d'impôts, de devoirs, de charges, etc. : *les immunités féodales.* ‖ *Biol.* Résistance naturelle ou acquise d'un organisme vivant à un agent infectieux (microbes) ou toxique (venins, toxines de champignons). [V. *encycl.*] ‖ Privilège attribué à certaines personnes : *les membres du corps diplomatique bénéficient d'une immunité de juridiction.*
— ENCYCL. L'*immunité* d'un organisme vis-à-vis d'une maladie donnée est naturelle (propre à l'espèce et existant dès la naissance) ou acquise. Dans ce dernier cas, elle est obtenue soit par une première atteinte de la maladie, soit par vaccination. Il existe une immunité humorale, constituée par la présence dans le sang d'anticorps, et une immunité tissulaire, siégeant dans les cellules elles-mêmes. L'immunité humorale peut être transmise d'un sujet à un autre par le sérum : c'est le principe de la sérothérapie.

immunodépresseur adj. et n. m. *Méd.* Se dit d'un médicament ou d'une méthode capables de diminuer, voire de supprimer, les réactions immunologiques spécifiques d'un organisme vis-à-vis d'un antigène. (Ils sont utilisés en particulier lors des greffes d'organes.)

immunogène adj. *Méd.* Se dit d'une substance capable de produire l'immunité.

immunologie n. f. Partie de la biologie et de la médecine qui étudie les phénomènes d'immunité.

immunologique adj. Relatif à l'immunologie.

immunotransfusion n. f. Transfusion, à un sujet atteint d'une maladie infectieuse, du sang d'un autre sujet immunisé contre cette maladie.

immutabilité ou **immuabilité** n. f. (*in* privatif, et lat. *mutare,* changer). Qualité de ce qui est immuable. ‖ Caractère des conventions juridiques qui ne peuvent être modifiées par la volonté des contractants : *l'immutabilité des conventions matrimoniales a été atténuée en 1966.*

Imola, v. d'Italie (Emilie); 51 300 h. Faïenceries.

impact [ɛ̃pakt] n. m. (lat. *impactus;* de *impingere,* heurter). Collision de deux ou plusieurs corps. ‖ *Fig.* Influence décisive des événements sur le déroulement de l'histoire. ‖ Tout effet direct, contrecoup d'une action : *un impact publicitaire de grande ampleur.* ● *Impact d'un test psychologique,* son objectif, ce qu'il est censé mesurer. ‖ *Point d'impact,* point où la trajectoire d'un projectile rencontre le terrain ou l'objectif.

impaction [ɛ̃paksjɔ̃] n. f. Rupture d'un os avec enfoncement d'un côté et saillie de l'autre.

impair [ɛ̃pɛr], **e** adj. (lat. *impar*). Qu'on ne peut pas diviser en deux entiers égaux. ● *Fonction impaire,* fonction qui change de signe en même temps que la variable. ‖ *Nombre impair,* nombre qui n'est pas exactement divisible par deux, comme *13, 21,* etc. (Les nombres impairs sont ceux qui se terminent par 1, 3, 5, 7 et 9.) ‖ *Organes impairs* (Anat.), organes qui n'ont pas de symétrique (estomac, foie, etc.).

impair n. m. *Fam.* Maladresse : *commettre un impair.*

impalpable adj. (de *palper*). Si fin, si ténu qu'on ne le sent pas au toucher : *une poudre impalpable.*

impanation n. f. Doctrine des luthériens, qui croient à l'existence simultanée du pain et du corps du Christ dans l'eucharistie.

impardonnable adj. Qui ne mérite pas de pardon : *faute impardonnable.*

imparfait, e adj. Qui a des défauts : *ouvrage imparfait.*

imparfait n. m. *Gramm.* Temps passé du verbe, qui indique la répétition, l'habitude, ou qui marque une action qui n'était pas achevée quand une autre a eu lieu. (Ex. : *je lisais quand vous êtes entré.*)

imparfaitement adv. De façon imparfaite.

imparidigité, e adj. Se dit de tout mammifère à sabots ayant un nombre impair de doigts à chaque patte (cheval, rhinocéros, etc.).

imparipenné, e adj. *Bot.* Se dit des feuilles pennées terminées par une foliole impaire.

imparisyllabique adj. et n. m. *Gramm.* Se dit des mots latins qui ont au génitif singulier une syllabe de plus qu'au nominatif.

imparité n. f. Caractère de ce qui est impair.

impartageable adj. Qui ne peut être partagé.

impartial, e, aux adj. Qui ne sacrifie point la justice, la vérité à des considérations particulières; équitable, objectif : *historien, jugement impartial.*

impartialement adv. Sans partialité.

impartialité n. f. Caractère, qualité de celui ou de ce qui est impartial.

impartir [ɛ̃partir] v. t. (lat. *impertiri,* accorder). Attribuer, accorder : *impartir un délai.*

impasse [ɛ̃pɑs] n. f. (*in* privatif, et *passer*). Voie à une seule entrée. ‖ *Jeux.* Tentative pour faire une levée avec une carte inférieure à celle que possède l'adversaire, en tablant sur la position de cette carte. ● *Etre dans une impasse* (Fig.), être dans une situation qui semble ne pas offrir d'issue favorable. ‖ *Impasse budgétaire,* fraction des dépenses de l'Etat que l'on espère couvrir non par les ressources budgétaires, mais par des ressources de trésorerie.

impassibilité n. f. Caractère ou état de celui qui est impassible.

impassible [ɛ̃passibl] adj. (du lat. *passus,* ayant souffert). Insensible à la douleur ou aux émotions : *rester impassible en présence d'un danger.*

impassiblement adv. Avec impassibilité.

impatiemment [-sjamɑ̃] adv. Avec impatience.

impatience [ɛ̃pasjɑ̃s] n. f. Manque de patience; incapacité de supporter une personne ou une chose, de se contraindre ou d'attendre : *témoigner de l'impatience.* ‖ — Pl. Espèce d'irritation nerveuse : *avoir des impatiences dans les jambes.*

impatient, e adj. (du lat. *patiens,* souffrant). Qui manque de patience : *un malade impatient.* ‖ Qui désire avec un empressement inquiet : *être impatient de partir.*

impatientant, e adj. Qui impatiente.

impatiente n. f. *Bot.* Autre nom de la BALSAMINE.

impatienter v. t. Faire perdre patience : *vous nous impatientez avec vos raisonnements.* ‖ — **S'impatienter** v. pr. Perdre patience.

impatronisation n. f. Action de s'impatroniser.

impatroniser (s') [sɛ̃patrɔnize] v. pr. S'établir avec autorité quelque part; s'y poser en maître.

impavide [ɛ̃pavid] adj. (du lat. *pavidus,* peureux). Sans peur, intrépide, inébranlable.

impayable [ɛ̃pejabl] adj. *Fam.* Comique ou ridicule : *aventure impayable.*

impayé, e adj. Qui n'a pas été payé.

impeccabilité n. f. Etat de celui qui est incapable de pécher, de faillir.

impeccable [ɛ̃pekabl] adj. (du lat. *peccare,* pécher). *Théol.* Incapable de pécher, de faillir. ‖ Sans défaut, irréprochable : *tenue impeccable.*

impeccablement adv. De façon irréprochable, sans défaut.

impécuniosité n. f. Manque d'argent.

impédance [ɛ̃pedɑ̃s] n. f. *Electr.* Quotient de la valeur de la tension efficace (ou maximale) à laquelle on soumet un circuit par l'intensité efficace (ou maximale) du courant alternatif qui le traverse : *l'impédance est pour les courants alternatifs l'équivalent de la résistance pour les courants continus.* [Dans le cas d'un circuit sans dérivations de résistance R, d'inductance L et de capacité C, parcouru par un courant sinusoïdal de pulsation ω, l'impédance a pour expression

$$Z = \sqrt{R^2 + \left(L\omega - \frac{1}{C\omega}\right)^2}\ ]$$

impedimenta [ɛ̃pedimɛ̃ta] n. m. pl. (mot lat. signif. *bagages*). Autref., bagages et charrois qui retardaient la marche des armées. ‖ Auj., ce qui entrave l'activité, le mouvement.

impénétrabilité n. f. Propriété en vertu de laquelle deux corps ne peuvent occuper en même temps le même lieu dans l'espace. ‖ *Fig.* Caractère de ce qui ne peut être compris.

impénétrable adj. (du lat. *penetrare,* pénétrer). Qui ne peut être pénétré, traversé : *cuirasse impénétrable.* ‖ — *Fig.* Qu'on ne peut expliquer : *mystère impénétrable.* ‖ Dont on ne peut deviner les sentiments.

impénitence n. f. *Théol.* Endurcissement dans le péché. ● *Impénitence finale,* impénitence dans laquelle on meurt.

impénitent, e adj. (du lat. *paenitere,* se repentir). Qui est endurci dans le péché. ‖ Qui ne se repent pas. ‖ *Fam.* Qui persiste dans une habitude : *un buveur impénitent.*

impensable adj. Qui ne peut être pensé; qu'on ne peut envisager.

impenses [ɛ̃pɑ̃s] n. f. pl. (lat. *impensa*). *Dr.* Dépenses faites sur un immeuble par une personne qui en a la jouissance sans en être propriétaire.

imper [ɛ̃pɛr] n. m. *Fam.* Abrév. de *imperméable.*

impératif [ɛ̃peratif], **ive** [-iv] adj. (du lat. *imperare,* commander). Qui a le caractère du commandement, impétueux : *ton impératif.*

impératif n. m. *Gramm.* Mode du verbe qui exprime l'action avec commandement, exhortation, etc. ‖ Principe qui a le caractère d'obligation impérieuse : *être soumis à des impératifs économiques.* ● *Impératif catégorique,* selon Kant, commandement obligatoire en matière de morale.

impérativement adv. De façon impérative : *parler impérativement.*

impératrice [ɛ̃peratris] n. f. Femme d'un empereur : *l'impératrice Joséphine.* ‖ Femme qui gouverne un empire : *Catherine II, impératrice de Russie.*

imperceptibilité n. f. Caractère de ce qui est imperceptible.

imperceptible adj. Qui échappe à nos sens; et, *spécialem.,* qui est trop petit pour être vu. ‖ Qui échappe à notre attention : *progrès imperceptible.*

imperceptiblement adv. De façon imperceptible.

imperdable adj. Qui ne peut se perdre : *pari imperdable.*

imperfectible adj. Qui ne peut se perfectionner.

imperfection n. f. Etat de ce qui n'est pas parfait. ‖ Vice, défaut : *les imperfections d'un ouvrage.*

imperforation n. f. *Méd.* Etat d'une partie naturelle qui devrait être ouverte et qui est fermée : *imperforation de l'anus.*

imperforé, e adj. Qui n'est pas percé, ouvert, et qui devrait l'être.

Imperia, v. d'Italie (Ligurie), sur le golfe de Gênes; 35 000 h. Centre touristique.

impérial [ɛ̃perjal], **e, aux** [-o] adj. (du lat. *imperium,* empire). Qui appartient à un empereur ou à un empire : *dignité impériale.* ● *Couronne impériale* (Bot.), nom usuel de la *fritillaire.* ‖ *Villes impériales,* nom donné dans l'empire germanique aux villes ayant une administration particulière et ne relevant que de l'empereur.

impériale n. f. Etage supérieur d'une diligence, d'un tramway, d'un autobus, d'une voiture à voyageurs. ‖ Petite touffe de barbe sous la lèvre inférieure. ‖ Sorte de jeu de cartes qui se joue ordinairement à deux avec un jeu de trente-deux cartes.

impérialement adv. En empereur, de façon impériale.

impérialisme n. m. Visées d'expansion d'un Etat dans le domaine continental, colonial, maritime ou économique. ‖ Politique d'un Etat qui tend à mettre certaines populations ou certains Etats sous sa dépendance politique ou économique.

impérialiste n. et adj. Partisan du gouvernement impérial. ‖ Favorable à la politique d'expansion nationale.

impériaux n. m. pl. Nom donné aux soldats de l'Empire germanique depuis le XVe s. jusqu'au début du XIXe s.

impérieusement adv. De façon impérieuse.

impérieux [ɛ̃perjø], **euse** [-øz] adj. (lat. *imperiosus;* de *imperium,* empire). Autoritaire; qui commande avec énergie : *un ton impérieux.* ‖ *Fig.* Irrésistible, pressant : *nécessité impérieuse.*

Imperio (Pastora), danseuse et chanteuse espagnole, née à Séville ou à Grenade v. 1890, créatrice de *l'Amour sorcier* de M. de Falla (1915).

impérissable adj. Qui ne saurait périr. ‖ Qui dure très longtemps : *gloire, victoire impérissable.*

impéritie [ɛ̃perisi] n. f. (lat. *imperitia;* de *peritus,* expérimenté). Inhabileté, défaut d'expérience.

imperméabilisation n. f. Opération qui imperméabilise un tissu.

imperméabiliser v. t. Rendre imperméable : *imperméabiliser un tissu.*

imperméabilité n. f. Qualité de ce qui est imperméable.

imperméable adj. Se dit des corps qui ne se laissent pas traverser par l'eau : *l'argile est imperméable.* ‖ *Fig.* Qui ne se laisse pas imprégner : *imperméable à certaines influences.*

imperméable n. m. Vêtement imperméable.

impersonnalité n. f. Caractère de ce qui est impersonnel.

impersonnel, elle adj. Qui n'appartient à personne en propre : *la raison est impersonnelle.* ‖ Peu original, banal : *style impersonnel.* ‖ *Gramm.* Se dit d'un verbe qui ne se conjugue qu'à la 3e pers. du sing., représentant un sujet neutre indéterminé, comme : *il faut, il pleut, il neige, il tonne,* etc. ● *Modes impersonnels,* l'infinitif et le participe, ainsi nommés parce qu'ils n'ont pas de terminaisons pour marquer les personnes.

impersonnellement adv. De façon impersonnelle.

impertinemment adv. Avec impertinence : *répondre impertinemment.*

impertinence n. f. Manière irrespectueuse de parler, d'agir : *rien n'égale son impertinence.* ‖ Parole, action déplacée ou offensante : *dire, faire des impertinences.*

impertinent [ɛ̃pɛrtinɑ̃], **e** [-ɑ̃t] adj. et n. (du lat. *pertinens,* qui convient). Qui parle, agit d'une manière offensante. ‖ — Adj. Qui témoigne de l'irrespect : *ton impertinent.*

imperturbabilité n. f. Etat de celui ou de ce qui est imperturbable.

imperturbable [ɛ̃pɛrtyrbabl] adj. (du lat. *perturbare,* troubler). Que rien ne peut troubler, ébranler, émouvoir.

imperturbablement adv. De façon imperturbable.

impétigineux [ɛ̃petiʒinø], **euse** [-øz] adj. Qui ressemble à l'impétigo ou qui en a les caractères.

impétigo [ɛ̃petigo] n. m. (mot du lat. méd.; de *impetere,* attaquer). Affection contagieuse de la peau, due au streptocoque ou au staphylocoque, caractérisée par l'éruption de pustules qui, en se desséchant, forment des croûtes épaisses. (Syn. fam. GOURME.)

impétrant, e n. Personne qui obtient un titre, un diplôme, une charge, etc.

impétration n. f. Action par laquelle on obtient une grâce, un bénéfice.

impétrer [ɛ̃petre] v. t. (lat. *impetrare,* obtenir) [conj. **5**]. Obtenir de l'autorité compétente.

impétueusement adv. Avec impétuosité.

impétueux [ɛ̃petɥø], **euse** [-øz] adj. (lat. *impetuosus;* de *impetus,* impulsion). Qui se meut d'un mouvement violent et rapide : *vent, torrent impétueux.* || *Fig.* Vif, emporté, fougueux : *caractère impétueux.*

impétuosité n. f. Caractère de ce qui est impétueux : *l'impétuosité d'une attaque.* || Caractère de ce qui est animé d'un mouvement violent : *l'impétuosité des flots.* || *Fig.* Fougue, vivacité : *agir avec impétuosité.*

Imphāl, v. de l'Inde, cap. du territoire de Manipur; 67 700 h. Centre commercial.

Imphy (58160), comm. de la Nièvre (arr. de Nevers); 5 183 h. (*Imphytois*). Métallurgie.

impie [ɛ̃pi] adj. et n. (lat. *impius*). Qui méprise la religion. || — Adj. Contraire à la religion : *discours impie.*

impiété n. f. Mépris pour la religion. || Action, parole impie : *faire, dire des impiétés.* || Manque de respect : *l'impiété d'un fils.*

impitoyable adj. Qui est sans pitié : *juge impitoyable.* || Qui ne fait grâce de rien : *critique impitoyable.*

impitoyablement adv. Sans pitié.

implacabilité n. f. Caractère d'une personne, d'une chose implacable.

implacable adj. (du lat. *placare,* apaiser). Qui ne peut être apaisé : *haine implacable.*

implacablement adv. De façon implacable.

implant [ɛ̃plɑ̃] n. m. Comprimé médicamenteux ou fragment de tissu destiné à une implantation.

implantation n. f. Action d'implanter ou de s'implanter; résultat de cette action. || Manière dont les cheveux sont plantés. || Intervention chirurgicale consistant à placer sous la peau une substance lentement résorbable : *une implantation hormonale.*

implanter v. t. (ital. *implantare,* placer). Insérer, fixer dans : *certains végétaux implantent leurs racines à une profondeur considérable.* || *Fig.* Etablir, introduire : *implanter de nouvelles usines dans une région.* || **— S'implanter** v. pr. *Fam.* S'introduire, se fixer : *s'implanter dans une famille.*

implexe [ɛ̃plɛks] adj. (lat. *implexus,* compliqué). Se dit des ouvrages littéraires, dramatiques, où les circonstances sont nombreuses et compliquées.

implication [ɛ̃plikasjɔ̃] n. f. Etat d'une personne impliquée dans une affaire criminelle. || *Log.* Liaison de deux propositions par *si... alors,* du type « s'il est vrai que A = B et B = C, alors A = C ». (La première proposition est appelée *antécédent,* la seconde *conséquent.*) [Syn. IMPLICATION MATÉRIELLE.] || *Math.* Relation entre deux propriétés telle que l'exactitude de la première entraîne celle de la seconde. ● *Implication formelle* ou *stricte,* connecteur de la logique modale signifiant qu'il n'est pas possible que le conséquent soit faux et l'antécédent vrai.

implicite [ɛ̃plisit] adj. (lat. *implicitus*). Qui est contenu dans une proposition sans être exprimé en termes précis, formels : *clause implicite.*

implicitement adv. De façon implicite : *proposition implicitement contenue dans une autre.*

impliquer [ɛ̃plike] v. t. (lat. *implicare,* envelopper). Engager, mêler : *impliquer quelqu'un dans une accusation.* || Renfermer, contenir en soi : *l'amitié implique la sincérité.* || *Log.* Entraîner une implication formelle, matérielle.

implorant, e adj. Qui implore : *regards implorants.*

imploration n. f. Action d'implorer.

implorer [ɛ̃plɔre] v. t. Demander humblement : *implorer le pardon.*

implosion [ɛ̃plozjɔ̃] n. f. Irruption brutale et rapide d'un fluide dans une enceinte qui se trouve à une pression nettement moindre que la pression du milieu extérieur.

impluvium [ɛ̃plyvjɔm] n. m. (mot lat.). Dans l'atrium des maisons romaines, espace ouvert aux eaux de pluie, qui tombaient dans un bassin. || Ce bassin.

impolarisable adj. Se dit d'une pile électrique qui ne peut être polarisée.

impoli, e adj. et n. Qui manque de politesse : *visiteur impoli.*

impoliment adv. Avec impolitesse.

impolitesse n. f. Manque de politesse. || Action, parole impolie.

impolitique adj. Malhabile sur le plan politique : *mesure impolitique.*

impondérabilité n. f. Qualité de ce qui ne peut être pesé.

impondérable adj. et n. Se dit de toute chose qui n'a pas de poids décelable (tels la lumière, l'électricité, un corps très léger). || — N. m. *Fig.* Circonstance difficile à évaluer, à prévoir : *les impondérables de la politique.*

impondéré, e adj. Qui manque de poids, de mesure.

impopulaire adj. Qui n'est pas conforme aux désirs, aux intérêts d'une partie importante de la population : *loi impopulaire.* || Qui n'est pas en faveur auprès du peuple : *ministre impopulaire.*

impopularité n. f. Etat de ce qui est impopulaire : *l'impopularité d'une mesure fiscale.* || Défaut de popularité : *impopularité d'un gouvernement.*

importable adj. Qu'il est permis ou possible d'importer : *marchandise importable.*

importance [ɛ̃pɔrtɑ̃s] n. f. Caractère d'une chose considérable, soit par elle-même, soit par les suites qu'elle peut avoir : *affaire de haute importance.* || Autorité, crédit, influence : *sa place lui donne beaucoup d'importance dans le monde.* || Vanité, haute opinion de soi-même : *prendre un ton d'importance.* ● *Se donner des airs d'importance,* vouloir passer pour avoir de l'influence, de la puissance. || **— D'importance** loc. adj. Important, considérable : *une affaire d'importance.* || Loc. adv. Extrêmement, très fort : *il a été rossé d'importance.*

important, e adj. Qui est considérable, de conséquence : *avis important.* || Qui jouit d'une certaine autorité; qui joue un rôle considérable : *un personnage important.* || Qui est fat, vaniteux : *se donner des airs importants.*

important n. m. Le point essentiel : *l'important est de...* || Homme vain : *faire l'important.*

importateur, trice adj. et n. Qui fait le commerce d'importation.

importation n. f. Action d'importer. || — Pl. Marchandises importées.

importer [ɛ̃pɔrte] v. t. (de l'angl. *to import*). Introduire dans un pays des marchandises, de la main-d'œuvre, etc., provenant de pays étrangers. || *Fig.* Introduire : *importer une mode.*

importer v. t. ind. (lat. *importare,* apporter) [ne s'emploie qu'à l'inf. et aux 3es pers.]. Avoir de l'importance, présenter de l'intérêt : *que vous importe son opinion?* || — V. impers. *Il importe,* il est important, il convient. ● *Qu'importe?,* de quel intérêt cela peut-il être? || — Pr. indéf. **N'importe qui,** la première personne venue. || **N'importe quoi,** une chose quelconque.

importun [ɛ̃pɔrtœ̃], **e** [-yn] adj. et n. (lat. *importunus,* difficile à aborder). Qui ennuie par ses assiduités, ses demandes, etc. : *éloigner un importun.* || Qui gêne, qui incommode par son action répétée ou hors de propos : *une question importune.*

importunément adv. De façon importune.

importuner [ɛ̃pɔrtyne] v. t. Fatiguer, incommoder, ennuyer : *importuner quelqu'un de sollicitations.*

importunité n. f. Caractère de ce qui est importun : *l'importunité de certaines questions.* || Action, assiduité importune : *poursuivre quelqu'un de ses importunités.*

imposable adj. Qui peut être imposé : *revenu imposable.*

imposant, e adj. Qui est propre à attirer des égards, du respect : *figure imposante.* || Considérable : *des forces imposantes.*

imposé, e adj. et n. Soumis à l'impôt.

imposer [ɛ̃poze] v. t. (du lat. *impositus,* placé sur). Charger, frapper d'un impôt : *imposer des contribuables.* || Mettre un impôt sur : *imposer les boissons.* || Faire subir par contrainte, par autorité; infliger : *imposer sa volonté, de dures conditions.* ● *Imposer les mains,* dans la liturgie, mettre les mains sur quelqu'un pour le bénir. || *Imposer une page,* en faire l'imposition, en typographie. || *Imposer silence,* faire taire. || — V. t. ind. *En imposer à,* inspirer le respect, la soumission, la crainte : *il en impose à ses subordonnés.* || **— S'imposer** v. pr. Se faire accepter par une sorte de contrainte ou par le respect qu'on inspire : *s'imposer dans une société.* || Avoir un caractère de nécessité : *cette visite s'impose.*

imposeur n. et adj. m. Ouvrier typographe chargé de l'imposition.

imposition n. f. Mise en place des pages de composition typographique dans les formes, en observant des blancs déterminés et de telle façon que le cahier obtenu après pliage de la feuille imprimée présente une pagination suivie. (Lorsque la composition est serrée dans un châssis, l'ensemble des pages ainsi groupées constitue la *forme d'imposition.*) || Syn. de IMPÔT, CONTRIBUTION. || Détermination technique de l'assiette d'un impôt. ● *Imposition des mains,* action du prêtre, du pasteur, etc., qui impose les mains.

impossibilité n. f. Caractère de ce qui est impossible : *impossibilité d'agir.* || Chose impossible : *impossibilité matérielle.*

impossible adj. Qui ne peut être; qui ne peut se faire : *la guerre lui paraît impossible.* || Très difficile : *il lui est impossible de se taire.* || *Fam.* Bizarre, extravagant : *des goûts impossibles.* || *Fam.* Très pénible, très désagréable : *mettre quelqu'un dans une situation impossible.* || *Fam.* Insupportable : *un enfant impossible.* || — N. m. Ce qui est presque impossible : *tenter l'impossible.* || **— Par impossible** loc. adv. Dans un cas considéré comme improbable.

imposte [ɛ̃pɔst] n. f. (ital. *imposta*). Pierre en saillie couronnant un pilier et sur laquelle repose l'extrémité d'un arc. || Partie fixe ou mobile de la menuiserie d'une porte ou d'une fenêtre, au-dessus des battants, et qui est souvent vitrée.

imposteur [ɛ̃pɔstœr] n. m. (du lat. *imponere,* tromper). Homme qui trompe par de fausses apparences, par des mensonges.

imposture n. f. Action de tromper par de fausses apparences ou de fausses imputations : *toute sa vie n'a été qu'une imposture.*

impôt [ɛ̃po] n. m. (lat. *impositum,* placé sur). Contribution exigée pour assurer le fonctionnement de l'Etat et des collectivités locales. ● *Impôt direct,* celui qui est perçu directement par l'administration : *les salaires sont soumis à l'impôt direct.* || *Impôt indirect,* celui qui est perçu, notamment, sur les biens de consommation, comme les carburants. || *Impôt progressif,* impôt dont le taux croît en même temps que la matière imposable. || *Impôt proportionnel,* impôt dont le taux reste constant. || *Impôt de quotité,* impôt calculé en appliquant un taux préalable à la matière imposable. || *Impôt de répartition,* impôt direct calculé en divisant le montant attendu de la contribution entre les contribuables concernés. || *Impôt du sang,* obligation du service militaire.

impotence n. f. Etat de l'homme impotent.

impotent [ɛ̃pɔtɑ̃], **e** [-ɑ̃t] adj. et n. (lat. *impotens,* impuissant). Qui est privé de l'usage d'un membre. || Qui ne se meut qu'avec difficulté.

impraticabilité n. f. Caractère, état de ce qui est impraticable.

impraticable adj. Où l'on ne peut pas passer : *chemin impraticable.*

imprécation [ɛ̃prekasjɔ̃] n. f. (du lat. *precari,* prier, souhaiter). Souhait de malheur contre quelqu'un.

imprécatoire adj. Qui a la forme d'une imprécation : *formule imprécatoire.*

imprécis, e adj. Qui manque de précision; vague : *portrait imprécis.*

imprécision n. f. Manque de précision : *rester dans l'imprécision.*

imprégnable adj. Qui peut être imprégné.

imprégnation n. f. Action d'imprégner; état qui en résulte : *imprégnation des bois, des esprits.*

imprégner [ɛ̃preɲe] v. t. (bas lat. *impraegnare,* féconder) [conj. **5**]. Faire pénétrer une substance dans un corps : *imprégner une étoffe d'un liquide gras.* ● *Etre imprégné de* (Fig.), être imbu, pénétré de : *être imprégné de préjugés.*

imprenable [ɛ̃prənabl] adj. Qui ne peut être pris ou qui est très difficile à prendre, en parlant de villes, de fortifications. ● *Vue imprenable,* vue qui ne peut pas être masquée par des constructions nouvelles.

impréparation n. f. Manque de préparation.

imprésario [ɛ̃presarjo] n. m. (ital. *impresario,* de *impresa,* entreprise). Celui qui est chargé des intérêts d'un acteur, d'un groupe d'artistes.

imprescriptibilité n. f. Caractère d'un droit qui ne peut s'éteindre par l'effet de la prescription.

imprescriptible [ɛ̃prɛskriptibl] adj. Qui n'est pas susceptible de prescription; qui ne peut être caduc : *les droits imprescriptibles de l'homme.*

impression n. f. (du lat. *impressus,* pressé sur). Opération par laquelle on transporte sur les étoffes, les papiers, les poteries, etc., les caractères disposés dans les formes, les dessins préparés sur les planches, les cylindres ou les pierres lithographiques. (V. *encycl.*) || Empreinte : *l'impression d'un cachet.* || Action d'imprimer : *l'impression d'un livre.* || Edition : *la dernière impression d'un livre.* || Couche de couleur détrempée à l'huile, appliquée sur un mur, une boiserie, etc., pour les préserver de l'humidité. || Effet produit sur les sens, le cœur, l'esprit : *impression de froid; ressentir une vive impression.* ● *Avoir l'impression de* ou *que,* avoir la sensation, le sentiment de ou que; croire, s'imaginer : *avoir l'impression de tomber, que l'on se trompe.* || *Bonne, mauvaise impression,* sentiment favorable ou défavorable. || *Faire impression sur,* agir vivement sur.

— ENCYCL. *Text.* L'*impression* sur tissus comprend les opérations suivantes : préparation de la couleur épaissie, application sur le tissu, fixation de la couleur et dégommage. L'impression proprement dite se fait à la *planche,* où l'on utilise une gravure en relief sur des blocs de bois, et surtout au *rouleau,* qui a permis le grand développement de l'industrie de l'impression. Les rouleaux d'impression sont cylindriques; leur surface extérieure, en bronze, est gravée en creux. Une machine à imprimer comprend un tambour à axe horizontal entouré de plusieurs rouleaux gravés. Le tissu à imprimer passe entre le tambour et les rouleaux, qui correspondent aux diverses couleurs employées; après séchage du tissu, les colorants sont fixés, et l'excédent est éliminé par l'opération de dégommage.

impressionnabilité n. f. Caractère d'une personne, d'une chose impressionnable.

impressionnable adj. Qui peut être impressionné : *plaque impressionnable.* || *Fig.* Facile à toucher, à émouvoir : *les femmes sont plus impressionnables que les hommes.*

impressionnant, e adj. Qui impressionne; étonnant : *spectacle impressionnant.*

impressionner [ɛ̃presjɔne] v. t. Produire une impression matérielle : *la lumière impressionne la plaque photographique.* || *Fig.* Emouvoir, toucher : *spectacle qui impressionne.*

impressionnisme n. m. Forme d'art qui consiste à rendre l'impression ressentie et laisse de côté toute description des détails. || Système esthétique qui consiste à prendre les impressions ressenties comme principe de création ou de critique.

Paul Cézanne : *Bouquet au petit Delft* (vers 1873-1875).

Claude Monet : *la Grenouillère* (1869).

La révolution picturale qu'accomplirent les peintres impressionnistes fut très mal accueillie par les contemporains. Ce fut par dérision qu'un journaliste employa le mot « impressionniste » en rendant compte, en avril 1874, de la première exposition du groupe dans laquelle Monet exposait une toile intitulée *Impression, soleil levant*.

L'impressionnisme s'annonçait déjà chez les paysagistes anglais comme Constable et Turner, chez Delacroix, Corot et les peintres de Barbizon, chez Boudin, premier maître de Monet, et Jongkind, qui en furent les précurseurs directs. Il se place dans la ligne du réalisme, ses adeptes voulant saisir les choses par une appréhension immédiate, sans le secours de l'intelligence, qui trie, classe, élabore, entendant parvenir ainsi à une plus grande vérité. Les impressionnistes souhaitent fixer le paysage tel que l'œil le voit dans un moment donné, tel qu'il ne sera plus l'instant d'après. Ainsi Monet peindra-t-il le même sujet, meules ou cathédrale de Rouen, à différentes heures du jour, chacune avec sa lumière et son coloris particuliers. Ces peintres, Degas mis à part, sont donc conduits à travailler principalement en plein air. Le monde se réduit pour eux à des sensations optiques, à un papillotement de la lumière dans lequel les formes tendent à s'évanouir. Bouleversant la technique, se fondant sur la décomposition de la lumière par le prisme, rencontre avec les théories du chimiste Chevreul plus que conséquence de celles-ci, ils utilisèrent les trois couleurs primaires et leurs dérivés immédiats. Ils s'aperçurent que deux couleurs juxtaposées se confondaient

Camille Pissarro : *les Toits rouges* (1877).

Auguste Renoir : *Chemin montant dans les hautes herbes* (vers 1876-1878).

Alfred Sisley : *les Bords du canal, à Moret.*

Phot. Giraudon (2), Sabre, Mayer, Lauros-Giraudon.

Édouard Manet : *la Serveuse de bocks* (vers 1878-1879).

Berthe Morisot : *Jeune Femme en toilette de bal* (vers 1879-1880).

Edgar Degas : *le Tub* (1886).

Claude Monet : *la Cathédrale de Rouen harmonie brune, effet du soir* (1894).

pour l'œil, et qu'une couleur et sa complémentaire, rapprochées, s'exaltaient mutuellement, alors que mélangées elles se détruisent. Ils peignirent donc par touches séparées.

Il n'est guère possible de parler d'école à propos de l'impressionnisme, les tempéraments des artistes réunis sous cette étiquette étaient trop différents, de même que, en définitive, leurs conceptions de la peinture. Seul, Monet poussera l'expérience jusqu'au bout avec ses *Nymphéas*. Il s'agit plutôt d'une tendance, d'un idéal, que possédaient en commun ces jeunes artistes, réunis d'abord autour de Manet dont *le Déjeuner sur l'herbe*, qui fit scandale au « Salon des Refusés » de 1863, avait excité l'enthousiasme. Le Salon des Refusés avait été organisé à la demande des artistes novateurs dont les œuvres étaient presque systématiquement rejetées, chaque année, par le jury de sélection du Salon officiel.

Pissarro, Monet et Sisley rencontrèrent à Londres, en 1870, Paul Durand-Ruel, qui devint le marchand du groupe. Mais la peinture des impressionnistes ne se vendant pas, ils décidèrent de faire une exposition, qui s'ouvrit le 15 avril 1874 dans les locaux du photographe Nadar. Y participaient : Degas, Pissarro, Cézanne, Monet, Renoir, Sisley, Berthe Morisot, élève de Manet et bientôt sa belle-sœur. Cette manifestation ne rencontra qu'incompréhension et moqueries. Elle fut suivie de sept autres, qui n'eurent guère plus de succès. Manet ne participa à aucune d'entre elles, préférant tenter sa chance, en vain, dans les milieux de l'art officiel. La dernière exposition, en 1886, ne réunissait plus, parmi les vétérans, que Degas, Pissarro et Morisot, mais Seurat s'était joint à eux et Gauguin les avait rejoints dès la cinquième exposition, en 1880. Cézanne s'était retiré dès la deuxième en 1876. Chacun de ces artistes évolua selon sa propre nature, et l'on peut dire que Monet, Pissarro, Sisley furent les plus purs représentants de l'impressionnisme. D'autres peintres de moindre importance, mais partageant les mêmes idées, comme Guillaumin, Lebourg ou Caillebotte — qui, fortuné, aidait ses camarades et légua soixante-sept de leurs peintures à l'État —, exposaient avec le groupe.

Ces peintres affectionnaient les bords des rivières : Monet, Manet, Renoir travaillèrent à Argenteuil, Renoir à Chatou également, Sisley à Marly et à Moret-sur-Loing, Pissarro, Guillaumin, Cézanne, sur les bords de l'Oise : ce sont là quelques-uns des sites qu'ils ont rendus célèbres. Ayant beaucoup lutté et presque tous beaucoup souffert, les impressionnistes sont depuis longtemps reconnus comme des maîtres d'une importance capitale dans l'histoire de l'art moderne, et leur influence a été considérable hors de France.

Claude Monet : *Étang aux nymphéas* (1904).

Paul Gauguin : *Maison dans un jardin* (1884).

Armand Guillaumin : *le Hameau de Peschadoire*.

Phot. Giraudon (7).

impressionniste n. et adj. Personne qui pratique l'impressionnisme.

imprévisible adj. Qu'on ne peut prévoir.

imprévision [ɛ̃previzjɔ̃] n. f. Manque de prévision. ● *Théorie de l'imprévision*, théorie, élaborée par les tribunaux administratifs, selon laquelle les clauses financières d'un contrat de longue durée peuvent être révisées en raison d'un bouleversement de la situation économique (d'une guerre notamment).

imprévoyance n. f. Défaut de prévoyance.

imprévoyant [ɛ̃prevwajɑ̃], **e** [-ɑ̃t] adj. et n. Qui manque de prévoyance.

imprévu [ɛ̃prevy], **e** adj. et n. Qui arrive sans avoir été prévu : *faire la part de l'imprévu.*

imprimable adj. Qui mérite d'être imprimé ; qui peut l'être.

imprimante n. f. Organe de sortie des données d'un calculateur électronique, généralement constitué d'une machine qui imprime à l'aide de caractères.

imprimatur [ɛ̃primatyr] n. m. inv. (mot lat. signif. *qu'il soit imprimé*). Permission d'imprimer un ouvrage, donnée par l'autorité ecclésiastique ou rectorale.

imprimé n. m. Livre, papier imprimé.

imprimer [ɛ̃prime] v. t. (lat. *imprimere*). Faire, laisser une empreinte sur quelque chose : *imprimer ses pas dans la neige.* ‖ *Arts graph.* Reporter sur un papier, un tissu, etc., des caractères ou des dessins gravés et portés par des formes ou des clichés enduits d'encre : *imprimer un livre.* ‖ Communiquer : *imprimer un mouvement de rotation à un volant.* ‖ *Fig.* Faire impression dans l'esprit, dans le cœur ; inspirer : *imprimer la crainte, le respect.* ● *Circuit imprimé*, circuit électrique constitué par une matière conductrice qui a été coulée sur une plaque isolante.

imprimerie n. f. Art d'imprimer. (V. *encycl.*) ‖ Etablissement où l'on imprime.

— ENCYCL. C'est à Gutenberg que revient l'honneur d'avoir conçu, vers 1436, l'ensemble du procédé d'impression typographique : confection de matrices, fonderie de caractères, composition des textes, impression sur presse à bras. Puis d'autres procédés sont nés, répondant à des besoins nouveaux ou issus de possibilités nouvelles : la *taille-douce*, l'*eau forte*, où les éléments imprimants sont en creux, la *lithographie*, où les éléments imprimants et non imprimants sont sur le même plan, la *photogravure*, utilisant des procédés photomécaniques qui ont rendu possible l'impression d'illustrations en noir et en couleurs, l'*offset* et l'*héliogravure*. A ces techniques de l'imprimerie qui déposent de l'encre sur le papier, par contact ou pression, il faut ajouter les procédés imprimant « sans contact », comme la *Xérographie*.

v. texte et illustrations p. suivante

Imprimerie nationale, établissement de l'Etat assurant l'impression des actes administratifs de la République française et de divers ouvrages publiés pour le compte de l'Etat et de quelques particuliers autorisés. Son origine remonte à François Iᵉʳ, qui désigna « un imprimeur du Roy » en 1538, et à la création, par Louis XIII, d'un petit atelier typographique au Louvre (1620). L'Imprimerie nationale est rattachée depuis 1910 au ministère des Finances et jouit d'un budget annexe. Elle grave et fond elle-même des caractères français et étrangers. Elle est également chargée de la conservation des collections de caractères historiques ou étrangers.

imprimeur n. et adj. m. Personne qui dirige une imprimerie. ‖ Ouvrier employé dans une imprimerie.

improbabilité n. f. Caractère de ce qui est improbable. ‖ Chose improbable.

improbable adj. Qui n'a point de probabilités, de chances de se réaliser.

improbateur, trice adj. Qui désapprouve : *geste improbateur.*

improbation n. f. (du lat. *probare*, approuver). Action de ne pas approuver. (Syn. DÉSAPPROBATION.)

improbité n. f. Défaut de probité.

improductif, ive adj. Qui ne produit rien : *les jachères sont des terres improductives.*

improductivité n. f. Caractère, état de ce qui est improductif.

impromptu [ɛ̃prɔ̃pty] adj. (lat. *in promptu*, sur-le-champ). Fait sur-le-champ, non préparé, improvisé : *dîner impromptu.* ‖ — N. m. Pièce de vers improvisée. ‖ Pièce musicale de forme libre. (Contrairement à ce que laisserait croire l'étymologie, l'impromptu peut exister dans une construction ternaire stricte [Schubert, Chopin].)

Impromptu de Versailles (*l'*), comédie en 1 acte et en prose de Molière (1663). L'auteur se représente dirigeant ses comédiens et répond aux attaques suscitées par le succès de *l'Ecole de femmes* (1662).

imprononçable adj. Qui ne peut être prononcé.

impropre adj. (lat. *improprius*). Qui ne convient pas. ‖ Qui n'exprime pas exactement la pensée : *mot impropre.*

improprement adv. De façon impropre : *s'exprimer improprement.*

impropriété n. f. Qualité de ce qui est impropre, en parlant du langage.

improuvable adj. Qui ne peut être prouvé.

improvisateur, trice adj. et n. Qui improvise.

improvisation n. f. Action, art d'improviser : *être doué pour l'improvisation.* ‖ Vers, discours, morceau de musique qu'on improvise : *une brillante improvisation.* ‖ En jazz, action de jouer, à partir d'un thème et d'une structure harmonique donnés, des variations originales.

improviser [ɛ̃prɔvize] v. t. et i. (ital. *improvvisare*). Composer sur-le-champ des vers, un discours ou un morceau de musique sur un thème donné. ‖ *Fam.* Trouver une solution imprévue, dans une action organisée.

improviste (à l') loc. adv. (de l'ital. *improvvisto*). D'une façon inattendue, subitement : *arriver à l'improviste.*

imprudemment adv. Avec imprudence.

imprudence n. f. Défaut de prudence. ‖ Action contraire à la prudence : *malade qui commet des imprudences.* ‖ — Syn. : ÉTOURDERIE, IMPRÉVOYANCE, TÉMÉRITÉ. ‖ *Dr.* Faute involontaire, consistant généralement en un manque de précautions, qui peut entraîner la mise en cause de la responsabilité civile et même pénale de son auteur : *l'auteur d'un accident peut être poursuivi pour blessures par imprudence.*

imprudent, e adj. et n. Qui manque de prudence : *nageur imprudent.*

impubère adj. (lat. *impubes*). Qui n'a pas encore atteint l'âge de puberté.

impubliable adj. Qu'on ne peut publier.

impudemment [-damɑ̃] adv. Avec impudence.

impudence n. f. Effronterie, insolence extrême qui indigne : *il a eu l'impudence de soutenir une chose qu'il sait fausse.* ‖ Action, parole impudente.

impudent [ɛ̃pydɑ̃], **e** [-ɑ̃t] adj. et n. (lat. *impudens ;* de *pudere*, avoir honte). Insolent, cynique : *un impudent menteur ; un discours impudent.*

impudeur n. f. Manque de pudeur, de retenue. ‖ Impudence extrême.

impudicité n. f. Caractère d'une personne ou d'une chose impudique. ‖ Action, parole impudique.

impudique adj. et n. Qui est sans pudeur : *un homme impudique.* ‖ Qui blesse la pudeur, la chasteté : *gestes impudiques.*

impudiquement adv. De façon impudique.

impuissance n. f. Manque de force, de moyens pour faire une chose. ‖ Qui est incapable d'accomplir l'acte sexuel par défaut d'érection chez l'homme ou par malformation génitale chez la femme. (L'impuissance ne constitue ni une cause de nullité du mariage ni un motif de désaveu de paternité.)

impuissant, e adj. et n. Qui manque du pouvoir, de la force nécessaire pour faire quelque chose : *il a été impuissant à persuader son patron.* ‖ Qui est incapable d'accomplir l'acte sexuel.

impulser v. t. Pousser quelque chose dans un certain sens.

impulsif, ive adj. (du lat. *impulsus*, poussé vers). Qui donne ou produit l'impulsion : *force impulsive.* ‖ — Adj. et n. Qui agit sans volonté réfléchie.

impulsion [ɛ̃pylsjɔ̃] n. f. Force qui provoque le mouvement d'un corps. ‖ Mouvement que cette force communique. ‖ Groupe d'oscillations à très haute fréquence, utilisées en électronique, qui se succèdent périodiquement dans le temps. ‖ Force qui pousse quelqu'un à faire un acte : *céder aux impulsions de son cœur.* ‖ Besoin impérieux, souvent irrésistible, poussant certains sujets à des actes irraisonnés, dangereux ou criminels.

impulsivité n. f. Disposition d'un sujet, acquise ou spontanée, à être la proie d'impulsions.

impunément adv. Sans encourir de punition : *voler impunément.* ‖ Sans conséquence fâcheuse : *se moquer impunément de quelqu'un.*

impuni, e adj. (lat. *impunitus*). Qui demeure sans punition : *trop de crimes restent impunis.*

impunité n. f. Manque de punition : *l'impunité encourage le crime.*

impur, e adj. Qui n'est pas pur ; qui est altéré par quelque mélange : *des eaux impures.* ‖ Impudique, immoral : *des désirs impurs.*

impureté n. f. Ce qu'il y a d'impur, d'étranger dans une chose : *l'impureté de l'air.* ‖ Souillure morale, impudicité : *vivre dans l'impureté.*

imputabilité n. f. Caractère de ce qui est imputable. ‖ Possibilité de considérer une personne comme l'auteur d'une infraction.

imputable adj. Qui peut, qui doit être attribué : *un abus imputable à une mauvaise administration.* ‖ Qui doit être prélevé : *somme imputable sur une réserve.*

imputation n. f. Accusation, souvent portée sans preuve. ‖ Réduction de la part d'un héritier du fait d'un paiement ou d'une libéralité antérieurs. ‖ Application d'une dépense au chapitre du budget qui doit régulièrement la supporter.

imputer [ɛ̃pyte] v. t. (lat. *imputare*, porter en compte). Attribuer à quelqu'un, à quelque chose la responsabilité de : *imputer un vol à un domestique.* ‖ Porter au compte de : *imputer une dépense sur un chapitre du budget.*

imputrescibilité n. f. Qualité de ce qui est imputrescible.

imputrescible adj. Qui ne peut se putréfier : *l'injection de créosote rend le bois presque imputrescible.*

In, symbole chimique de l'*indium.*

in [ɛ̃ *devant une consonne,* in *devant une voyelle ou un* h *muet*], préfixe privatif d'origine latine, qui indique soit suppression ou négation, soit mélange, position inférieure ou supérieure. (Prend la forme *il* devant un radical commençant par un *l ; im,* devant un *b,* un *m* ou un *p ; ir,* devant un *r.*)

inabordable adj. Où l'on ne peut aborder ; inaccessible : *côte inabordable.* ‖ — *Fig.* A qui l'on ne peut pas parler : *homme inabordable.* ‖ D'un prix excessif : *denrée inabordable.*

inabrité, e adj. Qui n'est point protégé par un abri : *mouillage inabrité.*

inabrogeable adj. Qu'on ne peut abroger.

inaccentué, e adj. Qui n'est pas accentué : *pronom inaccentué.* (Syn. ATONE.)

inacceptable adj. Qu'on ne peut, qu'on ne doit pas accepter.

inacceptation n. f. Refus d'accepter.

inaccessibilité n. f. Caractère, état de ce qui est inaccessible.

inaccessible adj. Dont l'accès est impossible : *cime inaccessible.* ‖ — *Fig.* Qui n'est pas atteint par certains sentiments : *inaccessible à la pitié.* ‖ Qu'on ne peut comprendre, connaître : *science inaccessible.*

inaccompli, e adj. Non accompli.

inaccomplissement n. m. Défaut d'accomplissement.

inaccordable adj. Qu'on ne peut accorder : *demande inaccordable.* ‖ Qu'on ne peut mettre d'accord : *intérêts inaccordables.*

inaccoutumé, e adj. Qui n'est pas habitué : *être inaccoutumé à un travail.* ‖ Qui n'a pas coutume de se faire, d'arriver : *honneur inaccoutumé.*

inachevé, e adj. Qui n'a pas été achevé.

inachèvement n. m. Etat de ce qui n'est pas achevé.

inactif, ive adj. Qui n'a point d'activité ; inerte : *rester inactif.* ‖ Qui n'est pas efficace : *un remède inactif.*

inactinique adj. (du gr. *aktis, aktinos,* rayon). *Phys.* Se dit de la lumière qui n'a pas d'action chimique.

inaction n. f. Absence d'action, de travail.

inactivité n. f. Défaut d'activité. ‖ Etat de repos, suspension de fonctions : *fonctionnaire en inactivité.*

inactuel, elle adj. Qui n'est pas d'actualité.

inadaptation n. f. Défaut d'adaptation.

inadapté, e adj. et n. Qui n'est pas adapté.

inadéquat, e adj. Qui n'est pas adéquat ; qui ne convient pas.

inadmissibilité n. f. Etat de ce qui ne peut ou ne doit pas être admis.

inadmissible adj. Qu'on ne saurait admettre ; impardonnable : *négligence inadmissible.*

inadvertance n. f. (du lat. *advertere*, tourner son attention vers). Défaut d'attention : *il a fait cela par inadvertance.* ‖ Action faite par inattention : *commettre des inadvertances.*

inaliénabilité n. f. Caractère d'un bien qui ne peut être ni transféré à un autre propriétaire ni grevé d'hypothèque ou de servitude.

inaliénable adj. Qu'on ne peut vendre ou hypothéquer.

inaliénation n. f. Etat de ce qui n'est pas aliéné : *inaliénation d'un droit.*

inalliable adj. Se dit des métaux qu'on ne peut allier l'un avec l'autre.

inalpage n. m. Syn. de ESTIVAGE.

inaltérabilité n. f. Qualité de ce qui est inaltérable, incorruptible.

inaltérable adj. Qui ne peut être altéré : *l'or est inaltérable à l'air.* ‖ *Fig.* Qui ne peut être amoindri : *amitié inaltérable.*

inaltéré, e adj. Qui n'a subi aucune altération.

inamical, e, aux adj. Contraire à l'amitié ; discourtois ; hostile : *un geste inamical.*

inamissible adj. *Théol.* Qui ne peut se perdre : *grâce inamissible.*

inamovibilité n. f. Prérogative du magistrat du siège qui ne peut être privé de ses fonctions avant d'avoir atteint l'âge de la retraite.

inamovible adj. Qui ne peut être destitué par voie administrative : *juge inamovible.* ‖ Se dit également des emplois ou fonctions à vie.

inanimé, e adj. Sans vie ou qui paraît tel : *corps inanimé ; tomber inanimé.*

inanité [inanite] n. f. (lat. *inanitas ;* de *inanis,* vide). Etat de ce qui est vain, inutile : *l'inanité de certains efforts.* (Syn. : INUTILITÉ, NÉANT, VANITÉ.)

inanition n. f. Privation totale ou partielle d'aliments ; son résultat : *mourir d'inanition.*

inapaisable adj. Qui ne peut être apaisé.

inapaisé, e adj. Qui n'a pas été ou qui ne s'est pas apaisé.

IMPRIMERIE

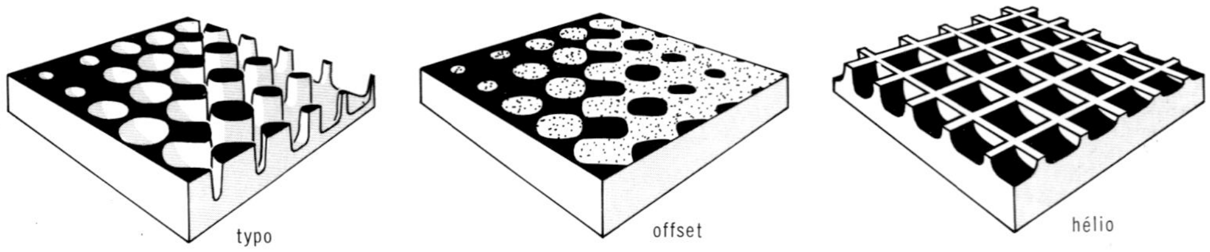

Représentation schématique des formes d'impression.

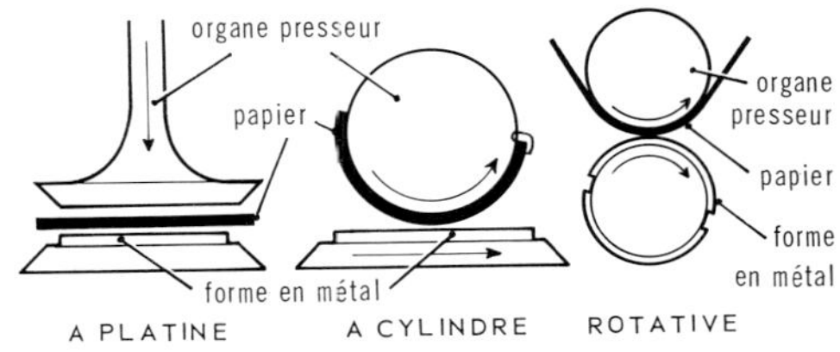

Principe des presses à imprimer.

PROCÉDÉS D'IMPRESSION

Les trois grands procédés industriels d'impression sont : la *typographie*, l'*offset* et l'*héliogravure*.

- *Typographie*. La forme d'impression qui porte en relief l'image imprimante est encrée par des rouleaux et transfère directement son encre au papier, qu'un dispositif de pression appuie contre elle.
- *Offset*. Dans ce procédé fondé sur l'antagonisme entre l'eau et les encres grasses, la *forme* (plaque de métal) d'impression n'a pas de relief : ses parties constituant l'image imprimante acceptent l'encre, que les zones non imprimantes, mouillées, repoussent. Le transfert de l'encre au papier s'opère par un double décalque, de la plaque sur un blanchet de caoutchouc d'abord, de ce blanchet sur le papier ensuite.
- *Héliogravure*. Ce procédé utilise des formes d'impression gravées en creux. Les creux sont remplis d'encre liquide, la surface essuyée, et l'encre des creux transférée directement sur le papier.

FORMES D'IMPRESSION

Éléments individuels groupés ou assemblés, plaques d'un seul morceau, cylindres ou segments de cylindre, les formes d'impression comprennent du *texte* que l'on obtient par le travail de composition et des *illustrations* réalisées par photogravure.

COMPOSITION

La *composition typographique* utilise des *caractères d'imprimerie* en métal. Depuis la fin du XIXe s., des machines à composer mécaniques produisent des caractères isolés (Monotype) ou en lignes entières d'un seul bloc (Linotype, Intertype). Sur ces dernières, la frappe des touches d'un clavier commande l'assemblage des matrices où sera coulé le métal. L'ensemble Monotype se compose de deux machines : le clavier, qui produit une bande perforée; la fondeuse, commandée par cette bande. Le *metteur en pages* assemble les paquets de caractères, lignes et autres éléments, filets, vignettes, etc., mettant en place les clichés d'illustrations, pour constituer des colonnes, des tableaux, des pages, suivant les indications de la maquette et du bon à tirer. Le travail d'*imposition* consiste ensuite à grouper les pages en tenant compte de la manière dont le papier imprimé sera plié et façonné. La *composition photographique*, ou *composition froide*, substitue aux caractères en métal des films photographiques à partir desquels sont obtenus par photogravure les clichés d'impression. Les éléments électroniques de certaines machines permettent une production de masse dans des délais extrêmement réduits.

PHOTOGRAVURE

Se servant de *méthodes photographiques* et de *procédés photomécaniques* pour la confection des clichés et des plaques d'impression, la photogravure comprend, d'une part, la photographie de reproduction qui, partant de l'original, fournit sur films les éléments à reproduire, d'autre part, la copie de ces films sur métal ou autre matériau qui, gravé ou préparé, constitue le cliché ou la plaque. À la traditionnelle gravure chimique par morsure du métal à l'acide sont venues s'adjoindre la gravure par enlèvement ou par dépôt électrolytique, la gravure mécanique par l'action du burin d'un graveur électronique, l'obtention d'un relief par dépouillement d'un plastique photosensible. Les retouches de correction ou d'interprétation nécessaires sont faites manuellement ou, de plus en plus, mécaniquement, photographiquement, électroniquement, etc.

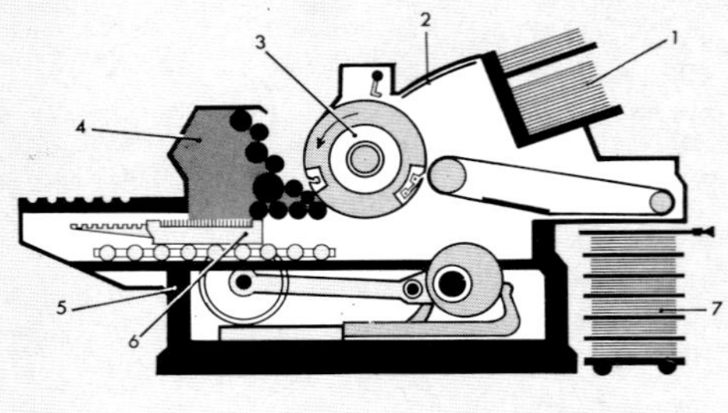

Presse à cylindre : 1. Pile de marge; 2. Marge; 3. Cylindre de pression; 4. Système d'encrage; 5. Bâti de la machine; 6. Marbre et forme d'impression; 7. Pile de sortie.

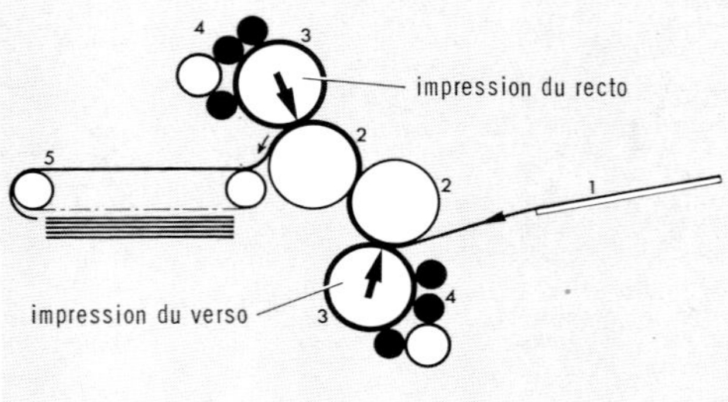

Rotative à feuilles à retiration : 1. Margeur; 2. Cylindres de pression; 3. Cylindres porte-clichés; 4. Dispositif d'encrage; 5. Sortie des feuilles imprimées.

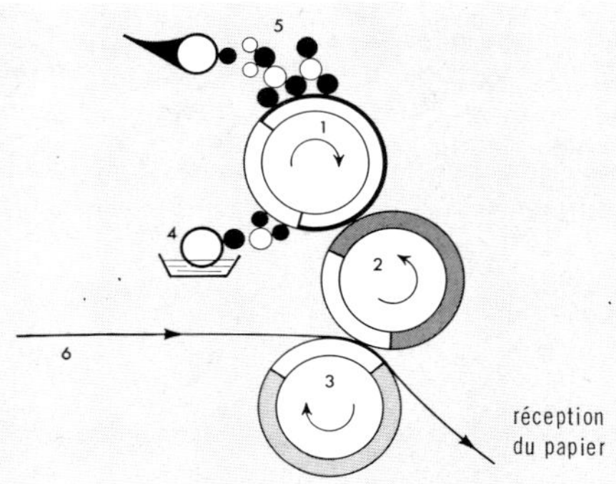

Schéma d'une presse offset : 1. Plaque; 2. Blanchet; 3. Cylindre de pression; 4. Mouillage; 5. Encrage; 6. Marge du papier.

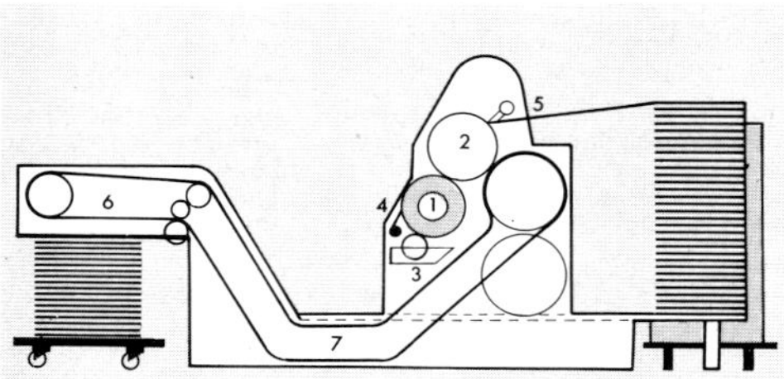

Machine hélio à feuilles : 1. Cylindre gravé; 2. Cylindre de pression; 3. Encrier; 4. Racle; 5. Pile de marge; 6. Réception; 7. Sécheur.

- *Similigravure*. L'image imprimée est constituée par un quadrillage de petits points, dont la surface varie en fonction de la tonalité à reproduire. On l'obtient par interposition d'une trame, lors de la photographie (film négatif pour la typographie, film positif pour l'offset).
- *Clichés pour impressions en couleurs* ou *quadrichromie*. La sélection photographique ou électronique des originaux en couleurs, avec interposition de filtres colorés, produit quatre clichés des couleurs jaune, rouge, bleue, et du noir. À l'impression, la superposition ou la juxtaposition des quatre encres reproduit l'image de l'original.

CLICHERIE

La duplication des clichés d'impression typo se fait soit par *stéréotypie*, avec prise d'empreinte sur le cliché type de photogravure ou sur le texte composé, puis par coulée de métal ou moulage de caoutchouc ou de plastique dans cette empreinte, soit par *galvanoplastie*, avec prise d'empreinte, puis dépôt électrolytique de cuivre sur l'empreinte.

PRESSES TYPOGRAPHIQUES

- Les *presses à platine*, dans lesquelles toute la surface de la forme est appuyée sur la feuille de papier, sont utilisées pour imprimer des petits formats et pour des travaux de découpage ou de gaufrage.
- Les *presses à cylindre* et à marbre plan, dites « machines plates », ont un cylindre qui appuie la feuille sur la forme. L'impression s'effectue sur une bande de contact parallèle à l'axe du cylindre. Selon le mouvement mécanique et le déplacement relatif du cylindre et du marbre portant la forme, il existe un certain nombre de types de ces presses. L'alimentation en feuilles est assurée par des margeurs automatiques. A la sortie, les feuilles imprimées sont empilées automatiquement. Les presses dites « en blanc » impriment un seul côté de la feuille, alors que les presses à retiration en impriment les deux côtés.
- Les *rotatives*, dans lesquelles la forme est cylindrique, le papier passant entre le cylindre de forme et un cylindre de pression, impriment une bande de papier qui se déroule d'une bobine montée à l'entrée de la machine; à la sortie, la bande peut être coupée en feuilles, pliée en cahiers, subir un façonnage. Les éléments et groupes d'impression des rotatives peuvent être disposés pour imprimer plusieurs couleurs et pour amener simultanément plusieurs bandes de papier dans la plieuse de sortie.

PRESSES OFFSET

Les presses offset, qui sont toutes du type rotatif, ont trois cylindres. Le cylindre supérieur porte la plaque, successivement mouillée et encrée par des rouleaux; le cylindre intermédiaire est muni d'un blanchet en caoutchouc et le cylindre inférieur appuie la feuille contre le blanchet. L'offset convenant particulièrement aux travaux en couleurs, les machines à feuilles peuvent avoir autant d'éléments d'impression que l'on désire imprimer de couleurs en un seul passage. Il en va de même des rotatives, l'appellation *rotative offset* étant réservée, en France, aux rotatives à bobines.

PRESSES HÉLIO

La forme d'impression est un cylindre ou, plus rarement, une plaque enroulée sur un cylindre. Ces presses se divisent en machines à feuilles, peu nombreuses, et rotatives à bobines, de plus en plus répandues pour l'impression de périodiques, de catalogues, d'emballages. L'encre hélio est très liquide et le papier imprimé passe dans des sécheurs.

inaperçu, e adj. Qui échappe aux regards : *passer inaperçu.*

inappétence n. f. Défaut d'appétit; dégoût pour les aliments : *la fièvre est généralement accompagnée d'inappétence.* (Syn. ANOREXIE.)

inapplicable adj. Qui ne peut être appliqué : *loi inapplicable.*

inapplication n. f. Défaut d'application au travail, d'attention.

inappliqué, e adj. Qui manque d'application, de soin, d'attention : *écolier inappliqué.*

inappréciable adj. Qui ne peut être évalué : *différence inappréciable.* || Qu'on ne saurait trop estimer : *talent, faveur, service inappréciable.*

inapprécié, e adj. Qui n'est pas apprécié.

inapprivoisable adj. Qu'on ne peut apprivoiser : *le tigre est inapprivoisable.*

inapte adj. et n. Qui manque d'aptitude, de capacité : *inapte aux affaires.*

inaptitude n. f. Défaut d'aptitude, incapacité totale. (L'inaptitude au travail, lorsqu'elle est reconnue entre 60 et 65 ans, donne droit aux retraites qui ne sont normalement attribuées qu'à ce dernier âge.)

Inari, lac de la Laponie finlandaise; 1 085 km².

inarrangeable adj. Qu'on ne peut arranger : *affaire inarrangeable.*

inarticulé, e adj. Qui n'est point articulé : *pousser des cris inarticulés.*

inassimilable adj. Qu'on ne peut assimiler.

inassouvi, e adj. Qui n'est point assouvi : *faim, vengeance inassouvie.*

inassouvissement n. m. Etat de ce qui n'est pas ou ne peut pas être assouvi.

inattaquable adj. Qu'on ne peut attaquer : *poste, droit inattaquable.*

inattendu, e adj. Qu'on n'attendait pas; qui surprend : *une visite inattendue.*

inattentif, ive adj. Qui ne prête pas attention : *gardien inattentif.*

inattention n. f. Manque d'attention : *l'étourderie est l'extrême inattention.* ● *Faute, erreur d'inattention,* faute due au manque d'attention.

inaudible adj. Qui ne peut être perçu par l'ouïe : *vibrations inaudibles.*

inaugural, e, aux adj. Qui concerne l'inauguration : *séance inaugurale d'un congrès.*

inaugurateur, trice n. Personne qui inaugure.

inauguration n. f. Cérémonie par laquelle on consacre un temple, on procède officiellement à la mise en service d'un bâtiment, à l'ouverture d'une exposition, etc.

inaugurer [inɔgyre] v. t. (lat. *inaugurare,* prendre les augures en commençant un acte). Faire l'inauguration d'un temple, d'un monument, d'un établissement, d'une exposition, etc. : *inaugurer une église, une statue.* || *Fig.* Marquer le début : *événement qui inaugura une ère de troubles.* || *Fam.* Se servir d'une chose pour la première fois.

inauthenticité n. f. Manque d'authenticité.

inauthentique adj. Qui n'est pas authentique.

inavouable adj. Qui ne peut être avoué.

inavoué, e adj. Qui n'est pas avoué.

inca [ɛ̃ka] adj. Relatif aux Incas*.

incalculable adj. Qu'on ne peut calculer : *le nombre des étoiles est incalculable.* || Difficile ou impossible à apprécier : *des pertes incalculables.*

incandescence n. f. Etat d'un corps devenu lumineux sous l'effet d'une température élevée.
— ENCYCL. L'*incandescence* est une transformation d'énergie thermique en énergie rayonnante. Lorsqu'on élève progressivement la température d'un corps, il émet d'abord des rayons infrarouges, puis des rayons lumineux, dont la longueur d'onde va en diminuant.

incandescent [ɛ̃kɑ̃dɛsɑ̃], **e** [-ɑ̃t] adj. (lat. *incandescens,* qui est en feu). Qui est en incandescence : *un charbon incandescent.* || *Fig.* Plein d'animation : *une foule incandescente.*

incantation [ɛ̃kɑ̃tasjɔ̃] n. f. (du lat. *incantare,* prononcer des formules magiques). Emploi de paroles magiques.

incantatoire adj. Relatif à l'incantation : *formule incantatoire.*

incapable adj. et n. Qui n'est pas en état de faire une chose : *il est incapable de marcher.* || Qui n'a pas l'aptitude pour : *il est incapable de gouverner;* se prend aussi en bonne part : *incapable de lâcheté.* || *Absol.* Qui manque de capacité, d'aptitude, d'habileté : *un homme tout à fait incapable.* || — N. *Incapable majeur* (Dr.), personne dont la capacité juridique est réduite ou supprimée du fait de l'altération de ses facultés mentales ou corporelles. (L'incapable majeur peut être *sous sauvegarde de justice, en tutelle* ou *en curatelle.*)

incapacité n. f. Défaut de capacité. || *Dr.* Inaptitude légale à jouir d'un droit ou à l'exercer sans assistance ou sans autorisation : *l'incapacité des mineurs et des interdits a été établie en vue de les protéger.* ● *Incapacité de*

ruines de Machupicchu

travail, état d'une personne qu'un accident ou une maladie empêche de travailler d'une façon temporaire ou permanente, partiellement ou totalement.

incarcération n. f. Action d'incarcérer; son résultat : *l'incarcération d'un criminel.*

incarcérer [ɛ̃karsere] v. t. (du lat. *carcer,* prison) [conj. **5**]. Mettre en prison : *incarcérer un malfaiteur.* (Syn. : ÉCROUER, EMPRISONNER.)

incarnadin, e adj. D'une couleur plus faible que l'incarnat ordinaire.

incarnat [ɛ̃karna], **e** [-at] adj. (ital. *incarnato;* de *carne,* chair). Qui est d'un rouge de chair.

incarnat n. m. Couleur incarnate : *l'incarnat de son teint.*

incarnation n. f. Action de s'incarner; son résultat. || Selon les théologiens catholiques, acte par lequel la deuxième personne de la Trinité est devenue homme en Jésus-Christ.

Incarnation (Marie GUYARD, dite **Marie de l'**). V. MARIE DE L'INCARNATION (*mère*).

incarné, e adj. Qui a pris un corps de chair : *le Verbe incarné.* ● *Ongle incarné,* ongle qui s'enfonce dans la chair, surtout au pied, et y détermine une plaie.

incarner [ɛ̃karne] v. t. (du lat. *caro, carnis,* chair). Donner une forme matérielle à; être l'image vivante de : *magistrat qui incarne la justice.* || — **S'incarner** v. pr. Prendre un corps de chair, en parlant d'une divinité : *le Verbe s'est incarné; Vishnu s'est incarné plusieurs fois.* || Prendre le caractère, l'esprit d'une personne; jouer le rôle de : *cet acteur s'incarne dans...*

incartade [ɛ̃kartad] n. f. (ital. *inquartata,* sorte de coup d'épée). Ecart de conduite, folie, extravagance : *faire mille incartades.*

Incas, nom donné aux souverains de l'Empire quechua du Pérou avant la découverte de l'Amérique. L'Empire inca fut fondé au début du XIIIᵉ s., dans la vallée de Cuzco, par un chef de clan. L'*Inca,* empereur et chef religieux, dominait cet Empire, dont la Constitution, malgré une organisation apparemment socialiste, était despotique. Après la mort de l'Inca, le pouvoir passait à un héritier ou, à défaut, à un membre du clan sacré que constituait sa famille; sa momie était conservée dans le monumental temple du Soleil, à Cuzco, capitale somptueuse que reliait au pays un remarquable réseau de routes. L'Empire inca fut détruit par les Espagnols (Pizarro) au XVIᵉ s.

incassable adj. Qui ne peut se casser : *jouet incassable.*

Ince (Thomas Harper), metteur en scène et producteur de cinéma américain, né à Newport (1882-1924). Il est avec Griffith l'un des premiers grands metteurs en scène du cinéma. On lui doit les principes fondamentaux de la dramaturgie du film. Groupant autour de lui plusieurs cinéastes, il tourne lui-même ou supervise de nombreux films à partir de 1911, parmi lesquels *la Bataille de Gettysburg* (1913) et *Civilisation* (1916).

incendiaire n. Auteur volontaire d'un incendie. || — Adj. Destiné à provoquer un incendie : *projectile incendiaire.* || *Fig.* Propre à enflammer les esprits : *propos incendiaires.*

incendie [ɛ̃sɑ̃di] n. m. (lat. *incendium*). Grand feu qui se propage et fait des ravages.

incendié, e adj. Détruit par un incendie : *ville incendiée.* || — N. et adj. Personne dont la propriété a été la proie de l'incendie : *accorder des secours aux incendiés.*

incendier [ɛ̃sɑ̃dje] v. t. Brûler, consumer par le feu : *incendier une forêt.* ● *Incendier quelqu'un* (Pop.), l'accabler de reproches, d'injures.

incération [ɛ̃serasjɔ̃] n. f. (lat. *in,* dans, et *cera,* cire). Action d'incorporer de la cire à une autre substance.

art inca

kuom bois laqué forme félin région de Cuzco

vase anthropomorphe en céramique beige

vase en céramique peinte polychrome

incertain [ɛ̃sɛrtɛ̃], **e** [-ɛn] adj. Qui n'est pas sûr, pas déterminé : *fait incertain; à une époque incertaine.* || Vague, confus : *une couleur incertaine.* || Qui doute; qui est indécis, irrésolu : *il est incertain de ce qu'il doit faire.* || Variable : *temps incertain.*

incertain n. m. Chose incertaine : *quitter le certain pour l'incertain.* || En matière de changes, cours d'une monnaie étrangère exprimé en unités de la monnaie nationale.

incertitude n. f. Etat d'une personne irrésolue, incertaine : *être dans l'incertitude.* || Défaut de certitude : *l'incertitude d'une nouvelle.* || Variabilité : *incertitude du temps.* || Inconstance : *l'incertitude de la fortune.* ● *Principe d'incertitude,* principe énoncé par Heisenberg, selon lequel, en microphysique, il est impossible d'attribuer à une particule, à un instant donné, une position et une quantité de mouvement déterminées. || — Pl. Hésitations.

incessamment adv. Sans délai, au plus tôt : *venez me voir incessamment.*

incessant [ɛ̃sesɑ̃], **e** [-ɑ̃t] adj. Qui ne cesse pas; qui dure constamment : *cris incessants.*

incessibilité n. f. Qualité des biens incorporels qui ne peuvent être cédés ni donnés en gage : *l'incessibilité et l'insaisissabilité des salaires et des prestations familiales.*

incessible [ɛ̃sesibl] adj. Qui ne peut être ni cédé ni mis en gage.

inceste [ɛ̃sɛst] n. m. (lat. *incestus;* de *castus,* chaste). Union illicite entre parents à un degré pour lequel le mariage est interdit. || — Adj. et n. Qui s'est rendu coupable d'inceste.

incestueusement adv. De façon incestueuse.

incestueux, euse adj. et n. Coupable d'inceste. || — Adj. Entaché d'inceste : *union incestueuse.* || Qui provient d'un inceste : *un enfant incestueux.*

inchangé, e adj. Qui n'a subi aucun changement : *situation inchangée.*

inchavirable adj. Qui ne peut chavirer.

inchoatif [ɛ̃kɔatif], **ive** [-iv] adj. et n. m. *Gramm.* Se dit d'un verbe qui exprime un commencement d'action, comme *vieillir, verdir, s'endormir,* etc.

Inchon ou **Chemulpo,** v. de la Corée du Sud, à l'ouest de Séoul; 486 000 h. Sidérurgie.

incidemment [ɛ̃sidamɑ̃] adv. De façon incidente; par hasard : *parler incidemment d'un projet.*

incidence n. f. Direction suivant laquelle un corps en rencontre, en frappe un autre. || *Fig.* Répercussion : *il*

un des premiers westerns réalisé par Ince

est difficile d'évaluer l'incidence de cet acte. ● *Angle d'incidence,* angle que fait la direction d'un corps en mouvement ou d'un rayon lumineux avec la normale à une surface au point de rencontre. (L'angle d'incidence *i* est égal à l'angle de réflexion *r,* formé par le rayon réfléchi IB avec cette même normale.) ‖ *Point d'incidence,* point de rencontre du corps en mouvement ou du rayon incident avec la surface.

incident, e adj. (du lat. *incidere,* tomber sur). Qui tombe sur une surface réfléchissante ou réfringente : *rayon incident.* ‖ — *Fig.* Accessoire, occasionnel : *remarque incidente.* ‖ Qui survient au cours d'un fait principal, d'une affaire, etc.

incident [ɛ̃sidɑ̃] n. m. Evénement de peu d'importance qui survient au cours d'un fait principal, d'une affaire, d'une entreprise, etc. : *un heureux incident le tira d'embarras.* ‖ Contestation accessoire au cours d'un procès.

incinération n. f. Action de réduire en cendres : *l'incinération du bois.* (L'incinération des pailles, pratiquée après la moisson, nettoie le terrain et restitue au sol les matières minérales qu'elles contenaient; mais l'enfouissement sauvegarde la matière organique génératrice d'humus.) ‖ Etat de ce qui est réduit en cendres. ● *Incinération des cadavres,* V. CRÉMATION.

incinérer [ɛ̃sinere] v. t. (lat. *incinerare ;* de *cinis, cineris,* cendre) [conj. **5**]. Mettre, réduire en cendres : *incinérer un cadavre.*

incipit [ɛ̃sipit] n. m. invar. (mot lat. signif. *il commence*). Premiers mots d'un ouvrage.

incirconcis adj. et n. m. Qui n'est pas circoncis.

incirconcision n. f. Etat de celui qui n'est pas circoncis.

incise [ɛ̃siz] n. f. Petite phrase formant un sens à part et intercalée au milieu d'une autre. (Ex. : *L'homme,* DIT-ON, *est raisonnable.*)

inciser [ɛ̃size] v. t. (du lat. *incisus,* coupé). Faire une incision : *inciser l'écorce d'un arbre.* (Syn. : COUPER, ENTAILLER, FENDRE.)

incisif, ive adj. Pénétrant, mordant : *style incisif ; critique incisive.*

incision n. f. Coupure allongée ; entaille faite par un instrument tranchant : *faire une incision avec un bistouri.* ‖ Opération consistant à enlever un fragment d'écorce à une branche à fleur ou à fruit.

incisive n. f. Dent différenciée propre à certains reptiles fossiles et à la plupart des mammifères, définie par son implantation en avant de la canine et souvent caractérisée par son aptitude à trancher, d'où son nom.
— ENCYCL. Les mammifères placentaires n'ont jamais plus de trois *incisives* par demi-mâchoire, sauf les ruminants supérieurs (bovidés, chez qui la canine inférieure a pris la forme et les fonctions d'une quatrième incisive). Les incisives sont aptes à trancher lorsqu'elles s'opposent directement entre elles (homme) ou à un bourrelet corné (vache). Lorsqu'elles sont *proclives,* c'est-à-dire inclinées vers l'avant, elles sont plutôt faites pour pincer et arracher l'herbe (cheval, mouton, certains singes). Chez les rongeurs, il n'en existe généralement qu'une paire fonctionnelle par mâchoire, mais elles ont une croissance et une usure continues, une très longue racine et un tranchant biseauté apte à détacher des copeaux de matière végétale, notamment de bois, à la façon d'un rabot. Chez les éléphants, elles n'existent qu'en haut et constituent les *défenses.* Chez les porcs, les incisives inférieures, longues et horizontales, servent à déterrer les aliments souterrains. Le cas le plus singulier est celui du narval mâle, chez qui l'incisive supérieure gauche, démesurée, forme une défense cannelée.

incitateur, trice adj. et n. Qui incite.

incitation n. f. Action d'inciter : *incitation au meurtre.*

inciter [ɛ̃site] v. t. (lat. *incitare*). Pousser à ; engager vivement à : *inciter au bien, à la révolte.*

incivil, e adj. Qui manque de civilité, de politesse : *homme, langage incivil.*

incivique adj. Qui manque de civisme, qui n'est pas digne d'un citoyen.

incivisme n. m. Absence de civisme.

inclassable adj. Qu'on ne peut pas classer.

inclémence n. f. Rigueur de la température : *l'inclémence de l'hiver.*

inclément, e adj. Se dit d'une température, d'un climat rigoureux.

inclinaison n. f. Etat de ce qui est incliné. ‖ Obliquité de deux lignes, de deux surfaces ou de deux corps l'un par rapport à l'autre. ‖ Angle formé par le plan de l'orbite d'une planète avec le plan de l'écliptique. ● *Inclinaison magnétique,* angle que forme avec le plan horizontal une aiguille aimantée suspendue librement par son centre de gravité.

inclination n. f. Action de pencher la tête ou le corps en signe d'acquiescement ou de respect : *saluer d'une légère inclination.* ‖ — *Fig.* Disposition, tendance naturelle à quelque chose : *inclination au bien.* ‖ Penchant à aimer ; affection, amour : *mariage d'inclination.*

incliner [ɛ̃kline] v. t. (lat. *inclinare,* pencher). Baisser, pencher légèrement : *le vent incline la cime des arbres.* ‖ — V. i. Etre penché : *tige qui incline vers le sol.* ‖ *Fig.* Avoir du penchant : *incliner à la miséricorde.* ‖ **— S'incliner** v. pr. Se pencher ; se courber par respect, par crainte : *s'incliner profondément devant quelqu'un.* ‖ *Fig.* Se soumettre : *s'incliner devant un argument.*

inclure [ɛ̃klyr] v. t. (du lat. *inclusus,* enfermé) [conj. **62**]. Renfermer, insérer : *inclure une note dans une lettre.*

inclus, e adj. Enfermé, contenu dans. ● *Ci-inclus,* V. JOINT.

inclusif, ive adj. *Linguist.* Se dit, dans certaines langues, du pronom personnel de la première personne du pluriel.

inclusion n. f. Action d'inclure. ‖ Etat d'une chose incluse. ‖ *Math.* Propriété d'un ensemble A dont tous les éléments font partie d'un autre ensemble B. (On dit que A est inclus dans B.) ● *Inclusion dans la paraffine,* introduction, dans de la paraffine fondue, de fragments de tissus animaux ou végétaux. (Ce procédé permet, après refroidissement de la paraffine, de pratiquer des coupes fines de ces tissus.)

inclusivement adv. Y compris : *jusqu'à telle date inclusivement.*

incoagulable adj. Qui ne peut se coaguler.

incoercibilité n. f. Caractère de ce qui est incoercible.

incoercible [ɛ̃kɔɛrsibl] adj. Qu'on ne peut comprimer, contenir : *fluide incoercible ; rire incoercible.*

incognito [ɛ̃kɔɲito] adv. (mot ital. ; du lat. *incognitus,* inconnu). Sans être connu, sous un nom supposé : *voyager incognito.* ‖ — N. m. *Garder l'incognito,* ne pas vouloir être connu.

incohérence n. f. Etat de ce qui est incohérent.

incohérent, e adj. Qui manque de liaison : *assemblage incohérent.* ‖ Qui manque de suite, de logique : *paroles incohérentes.*

incollable adj. et n. Se dit d'un produit alimentaire traité pour ne pas coller pendant la cuisson : *un riz incollable.* ‖ *Fam.* Qui peut répondre à toutes sortes de questions.

incolore [ɛ̃kɔlɔr] adj. Qui n'est point coloré : *l'eau est incolore.*

incomber [ɛ̃kɔ̃be] (**à**) v. t. ind. (lat. *incumbere,* peser sur). Reposer sur ; revenir obligatoirement à : *cette tâche lui incombe.*

incombustibilité n. f. Qualité de ce qui est incombustible.

incombustible adj. Qui ne peut être brûlé : *l'amiante est incombustible.*

incomestible adj. Qui ne peut être mangé.

income-tax [inkəmtaks] n. m. (mot angl.). Dans les pays anglo-saxons, impôt sur le revenu.

incommensurabilité n. f. Caractère de ce qui est incommensurable.

incommensurable [ɛ̃kɔmmɑ̃syrabl] adj. *Math.* Se dit de deux grandeurs qui n'ont point de commune mesure : *le périmètre du cercle est incommensurable avec son diamètre.* ‖ D'une étendue sans bornes ; qui ne peut être mesuré : *espace incommensurable.*

incommensurablement adv. De façon incommensurable.

incommodant, e adj. Qui gêne, incommode : *l'odeur incommodante du phénol.*

incommode adj. Qui cause de la gêne : *position incommode.* ‖ Dont on ne peut se servir avec facilité : *outil, vêtement incommode.* ● *Etablissements incommodes, insalubres et dangereux,* établissements industriels dont l'exploitation et le voisinage présentent des inconvénients, et qui sont, par suite, soumis à une réglementation administrative spéciale.

incommoder [ɛ̃kɔmɔde] v. t. Causer de la gêne, du malaise : *être incommodé par le bruit.*

incommodité n. f. Etat de gêne, de malaise.

incommunicabilité n. f. *Philos.* Impossibilité de communiquer : *l'incommunicabilité des consciences.*

incommunicable adj. Qu'on ne peut communiquer ; dont on ne peut faire part.

incommutabilité n. f. *Dr.* Qualité de ce qui est incommutable.

incommutable adj. *Dr.* Qui ne peut être légitimement dépossédé. ‖ Qui ne peut changer de propriétaire.

incomparable adj. A qui ou à quoi rien ne peut être comparé : *une beauté incomparable.*

incomparablement adv. Sans comparaison possible.

incompatibilité n. f. Impossibilité de s'accorder : *incompatibilité d'humeur.* ‖ *Dr.* Impossibilité légale d'exercer simultanément certaines fonctions : *il y a incompatibilité entre les fonctions de député et celles de préfet.* ● *Incompatibilité des équations,* cas où les équations ne peuvent être vérifiées par un même système de valeurs des inconnues.

incompatible adj. Qui n'est pas compatible ; qui ne peut s'accorder avec : *caractères incompatibles.* ‖ *Dr.* Se dit de fonctions qui ne peuvent être réunies aux mains d'une même personne. ● *Equations incompatibles,* équations qui présentent le caractère d'incompatibilité.

incompétence n. f. Défaut de compétence. ‖ Manque de connaissances suffisantes.

incompétent, e adj. Qui n'a pas qualité pour apprécier : *tribunal incompétent.* ‖ Qui n'a pas les connaissances voulues pour décider ou parler de quelque chose : *un critique incompétent.*

incomplet, ète adj. Qui n'est pas complet ; qui manque de quelque chose.

incomplètement adv. De façon incomplète.

incomplétude n. f. *Sentiment d'incomplétude,* sentiment d'insuffisance éprouvé par certains psychasthéniques.

incompréhensibilité n. f. Etat de ce qui est incompréhensible.

incompréhensible adj. Qu'on ne peut comprendre : *raisonnement incompréhensible.* ‖ Difficile à expliquer : *texte incompréhensible.* ‖ Dont on ne peut expliquer la conduite, les paroles : *caractère incompréhensible.*

incompréhensif, ive adj. Qui ne comprend pas.

incompréhension n. f. Incapacité de comprendre, d'être compris.

incompressibilité n. f. Qualité de ce qui est incompressible.

incompressible adj. Dont le volume ne peut être réduit par augmentation de la pression : *l'eau est à peu près incompressible.* ‖ Qui ne peut être réduit : *dépenses incompressibles.*

incompris, e adj. et n. Qui n'est pas apprécié à sa valeur : *un génie incompris.*

inconcevable adj. Qu'on ne peut concevoir, comprendre ; inimaginable, extraordinaire : *vous me dites une chose inconcevable.*

inconcevablement adv. De façon inconcevable.

inconciliable adj. Que l'on ne peut concilier (se dit des choses qui s'excluent mutuellement).

inconditionné, e adj. Qui n'est pas soumis à une condition ; absolu.

inconditionnel, elle adj. Impératif, absolu. ‖ Qui n'admet ou ne suppose aucune condition. ● *Stimulus inconditionnel,* stimulus qui déclenche une réaction immédiate, naturelle et régulière chez un être vivant (par ex., la poudre de viande qui, posée sur la langue du chien, le fait saliver). ‖ — Adj. et n. Qui se soumet sans discussion aux décisions d'un homme, d'un parti.

inconditionnellement adv. De façon inconditionnelle.

inconduite n. f. Défaut de moralité dans la conduite habituelle.

Inconel [ɛ̃kɔnɛl] n. m. (marque déposée). Alliage de nickel (80 p. 100), de chrome (14 p. 100) et de fer (6 p. 100).

inconfort n. m. Manque de confort.

inconfortable adj. Qui n'est pas confortable.

incongelable adj. Non congelable.

incongru, e adj. (du lat. *congruere,* s'accorder). Qui pèche contre les règles du savoir-vivre, de la bienséance.

incongruité n. f. Action ou parole contraire à la bienséance.

incongrûment adv. De façon incongrue.

inconnaissable adj. et n. m. Qui ne peut être connu.

inconnu, e adj. Qui n'est point connu : *une personne inconnue.* ‖ Qu'on n'a point encore éprouvé : *sensations inconnues.* ‖ Qui n'a pas de célébrité : *auteur inconnu.* ‖ — N. Personne que l'on ne connaît pas.

inconnu n. m. Chose qu'on ignore : *aller du connu à l'inconnu.*

inconnue n. f. *Math.* Quantité cherchée dans la solution d'un problème : *la lettre* x *désigne généralement l'inconnue.*

inconsciemment adv. De façon inconsciente.

inconscience n. f. Etat d'esprit qui ne permet plus de se rendre compte de la portée de certains actes. ‖ Absence de jugement.

inconscient, e adj. et n. Qui n'est pas conscient ; qui n'a pas conscience de ses actes. ‖ — Adj. Dont on n'a pas conscience : *beaucoup de phénomènes physiologiques importants sont inconscients.*

inconscient n. m. Ensemble des processus dynamiques qui agissent sur le comportement, mais qui, en eux-mêmes, échappent à la conscience. (La psychanalyse a dégagé certains mécanismes par lesquels il se manifeste, par ex. le déplacement*.)

inconséquemment adv. Avec inconséquence.

inconséquence n. f. Défaut de lien, de suite dans les idées ou les actes : *agir par inconséquence.* ‖ Chose dite ou faite sans réflexion.

inconséquent, e adj. Qui parle, agit à la légère : *un jeune homme inconséquent.* ‖ Fait ou dit à la légère : *démarche inconséquente.*

inconsidéré, e adj. (lat. *inconsideratus,* irréfléchi). Fait ou dit sans réflexion : *démarche inconsidérée.*

inconsidérément adv. Etourdiment : *s'engager inconsidérément dans une spéculation.*

inconsistance n. f. Défaut de consistance : *l'inconsistance d'une pâte.* ‖ *Fig.* Manque de logique, de fermeté : *l'inconsistance des idées.*

inconsistant, e adj. Qui manque de consistance, de solidité. ‖ *Fig.* Qui manque de logique, de suite.

inconsolable adj. Qui ne peut se consoler : *veuve inconsolable.*

inconsolé, e adj. Qui n'est pas consolé : *mère inconsolée.*

inconsommable adj. Qui ne peut être consommé.

inconstance n. f. Facilité à changer d'opinion, de résolution, de conduite : *son inconstance lui a fait perdre des amis.* ‖ Instabilité, mobilité : *l'inconstance du temps, de la fortune, etc.*

inconstant, e adj. et n. Sujet à changer : *se montrer inconstant dans ses résolutions ; un vent inconstant.*

inconstatable adj. Qu'on ne peut constater : *propos inconstatables.*

inconstitutionnalité n. f. Etat de ce qui est inconstitutionnel.

inconstitutionnel, elle adj. Contraire à la constitution.

inconstitutionnellement adv. De façon inconstitutionnelle.

incontestabilité n. f. Qualité de ce qui est incontestable.

incontestable adj. Qui ne peut être mis en doute ; indéniable : *preuve incontestable.*

incontestablement adv. De façon incontestable.

incontesté, e adj. Qui n'est pas contesté, discuté : *droit incontesté.*

incontinence n. f. Défaut de continence, de chasteté. ‖ *Méd.* Emission involontaire, mais consciente, de l'urine, des matières fécales, etc. (L'incontinence d'urine inconsciente s'appelle *énurésie.*) ● *Incontinence de langage,* manque de modération dans les paroles.

incontinent, e adj. Qui n'est pas chaste. ‖ Qui manque de modération. ‖ Qui perd ses urines, ses matières fécales.

incontinent adv. (lat. *in continenti,* dans un temps continu). Aussitôt, immédiatement (vx).

incontrôlable adj. Qu'on ne peut contrôler.

incontrôlé, e adj. Qui n'est pas contrôlé : *représailles incontrôlées.*

inconvenance n. f. Manque de convenance. ‖ Action ou parole inconvenante.

inconvenant, e adj. Qui blesse les convenances : *une attitude inconvenante.*

inconvénient [ɛ̃kɔ̃venjɑ̃] n. m. (du lat. *conveniens,* qui convient). Désavantage attaché à une chose ; conséquence fâcheuse : *les avantages ne compensent pas toujours les inconvénients.*

inconvertible adj. Qui ne peut être échangé, remplacé. ‖ Qui est immuable.

incoordination n. f. Absence de coordination.

incorporable adj. Qu'on peut incorporer.

incorporation n. f. Phase finale de l'appel du contingent, dans laquelle les recrues rejoignent leurs unités. ‖ Etat des choses incorporées.

incorporéité [ɛ̃kɔrpɔreite] n. f. Qualité des êtres incorporels.

incorporel, elle adj. (du lat. *corpus, corporis,* corps). Qui n'a point de corps : *Dieu est incorporel.* ‖ *Dr.* Se dit des biens qui n'ont pas d'existence matérielle : droit d'usufruit, droit d'auteur, etc.

incorporer [ɛ̃kɔrpɔre] v. t. (du lat. *corpus, corporis,* corps). Faire entrer dans un tout ; mêler intimement : *incorporer de l'huile à* (ou *avec*) *de la cire.* ‖ Procéder à l'incorporation : *incorporer un conscrit.*

incorrect, e adj. Qui n'est pas correct.

incorrectement adv. De façon incorrecte : *s'exprimer incorrectement.*

incorrection n. f. Manquement aux règles de la correction, de la bienséance ; faute : *incorrection dans la conduite, les manières, etc.*

incorrigibilité n. f. Défaut de celui ou de ce qui est incorrigible.

incorrigible adj. Qu'on ne peut corriger : *enfant incorrigible.*

incorrigiblement adv. De façon incorrigible.

incorruptibilité n. f. (du lat. *corruptus,* corrompu). Qualité de ce qui ne peut se corrompre. ‖ Qualité de celui qui est incorruptible.

incorruptible adj. Qui ne se corrompt pas. ‖ Incapable de se laisser corrompre pour agir contre son devoir : *magistrat incorruptible.*

incorruptiblement adv. De façon incorruptible.

incrédibilité n. f. (du lat. *credere,* croire). Ce qui fait qu'on ne peut croire une chose.

incrédule adj. et n. Qui ne croit pas aux dogmes religieux. ‖ Qui se laisse difficilement convaincre.

incrédulité n. f. Répugnance à croire. ‖ Manque de foi, de croyance.

incréé, e adj. Qui existe sans avoir été créé ; éternel.

increvable adj. Qui ne peut pas être crevé : *un pneu increvable.* ‖ *Pop.* Infatigable : *cheval increvable.*

incriminable adj. Qui peut être incriminé.

incrimination n. f. Action d'incriminer ; état d'une personne incriminée.

incubateur

incriminer [ɛ̃krimine] v. t. (du lat. *crimen, criminis,* accusation). Mettre en cause, attaquer, blâmer par des accusations, des reproches : *incriminer la conduite de quelqu'un.*

incristallisable adj. Qui ne peut cristalliser.

incrochetable adj. Qu'on ne peut crocheter : *serrure incrochetable.*

incroyable adj. Qui ne peut être cru ou qui est difficile à croire : *un récit incroyable.* ‖ Très grand, extraordinaire : *être d'une paresse incroyable.*

incroyable n. m. Sous le Directoire, jeune homme à la tenue vestimentaire recherchée et excentrique, et au langage affecté.

incroyablement adv. Extraordinairement : *un homme incroyablement riche.*

incroyance n. f. Etat d'une personne, d'un groupe qui n'a pas de croyance religieuse.

incroyant, e adj. et n. Qui n'a pas la foi religieuse.

incrustant, e adj. Qui a la propriété de couvrir les corps d'une croûte minérale, formée généralement de carbonate de calcium : *les sources incrustantes de Saint-Allyre.*

incrustation n. f. Action d'incruster. ‖ Motif de broderie ou de dentelle appliqué par un point très serré sur un fond de tissu destiné à être lui-même découpé. ‖ Enduit pierreux qui se forme autour des corps ayant séjourné dans une eau chargée de sels calcaires. ‖ Dépôt plus ou moins dur que laisse une eau calcaire.

incruster [ɛ̃kryste] v. t. (du lat. *crusta,* croûte). Enchâsser dans la matière d'un objet des fragments d'une autre matière pour former des ornements : *incruster de la nacre dans l'ébène.* ‖ Couvrir d'une couche pierreuse. ‖ **— S'incruster** v. pr. Adhérer fortement à une surface. ‖ Se couvrir d'incrustations. ‖ *Fam.* Demeurer dans un lieu plus que de raison.

incubateur, trice adj. Se dit d'un organe où se fait l'incubation : *la poche incubatrice de l'hippocampe.*

incubateur adj. et n. m. Se dit de tout appareil dans lequel s'opère l'incubation artificielle : *appareils incubateurs.* (On désigne plus spécialement sous ce nom les couveuses artificielles de grande capacité utilisées surtout par les accouveurs.) ‖ Appareil permettant d'élever les nouveau-nés prématurés dans des conditions de température, d'humidité, d'oxygénation convenables. (Syn. COUVEUSE.)

incubation n. f. (du lat. *incubare,* être couché sur). Hébergement des œufs des animaux au voisinage du corps des parents ou dans une cavité de celui-ci, en vue de leur assurer la protection, parfois aussi la chaleur ou la nutrition. (V. *encycl.*) ‖ *Méd.* Temps qui s'écoule entre l'introduction d'un agent infectieux dans un organisme et l'apparition des premiers symptômes de la maladie qu'il détermine.

— ENCYCL. Chez les oiseaux, l'*incubation,* ou *couvaison,* consiste pour les parents à se coucher à tour de rôle sur les œufs pour leur prodiguer la chaleur de leur corps. De nombreux amphibiens incubent leurs œufs, jusqu'à l'éclosion et même au-delà, dans des cavités incubatrices dorsales ou ventrales de la mère (pipa) ou du père (rhinoderme). Chez les poissons, les œufs sont parfois couvés dans la bouche du père ou de la mère (cichlidés), sous le ventre (siluridés, syngnathes) ou dans une poche incubatrice du mâle (hippocampe). Dans certains cas, les œufs ou les jeunes prélèvent leur nourriture dans le sang du parent incubateur, et on se trouve (par convergence) dans une situation analogue à la placentation des mammifères, avec cette différence que l'œuf a d'abord été pondu au-dehors, puis repris : à cet égard le séjour des jeunes marsupiaux dans la poche de la mère est une véritable incubation, bien que le jeune n'y entre pas à l'état d'œuf.

incubation

espèces	durée d'incubation (jours)
albatros	60
autruche	45
canard sauvage	26
faisan	25
fauvette	13
hirondelle	15
moineau	13
oie cendrée	28
perdrix rouge	24
pigeon ramier	17
vautour fauve	51

incube n. m. et adj. (lat. *incubus*). Démon masculin, esprit malfaisant. (Le démon féminin est dit *succube.*)

incuber [ɛ̃kybe] v. t. Opérer l'incubation de : *certains poissons incubent leurs œufs dans la cavité buccale.*

inculcation n. f. Action d'inculquer.

inculpable adj. Que l'on peut inculper.

inculpation n. f. Accusation officielle d'un délit ou d'un crime.

inculpé, e n. Personne contre laquelle est dirigée une procédure d'instruction à la suite d'un crime ou d'un délit. (Syn. : ACCUSÉ, PRÉVENU.)

inculper [ɛ̃kylpe] v. t. (lat. *inculpare ;* de *culpa,* faute). Ouvrir une procédure d'instruction contre une personne présumée coupable d'un crime ou d'un délit.

inculquer [ɛ̃kylke] v. t. (lat. *inculcare,* fouler, presser). Imprimer une chose dans l'esprit de quelqu'un : *inculquer une vérité.*

inculte [ɛ̃kylt] adj. (lat. *incultus*). Qui n'est point cultivé : *terrain inculte.* ‖ Peu soigné : *barbe inculte.* ‖ *Fig.* Sans culture intellectuelle ou morale : *esprit inculte.*

incultivable adj. Qui ne peut être cultivé.

incultivé, e adj. Qui n'est pas cultivé.

incunable [ɛ̃kynabl] adj. et n. m. (lat. *incunabulum,* berceau). Se dit d'un ouvrage qui date de l'origine de l'imprimerie (antérieur à 1500).

incurabilité n. f. Etat de celui ou de ce qui est incurable.

incurable [ɛ̃kyrabl] adj. (du lat. *curare,* soigner). Qui ne peut être guéri.

incurablement adv. De façon incurable : *être incurablement paresseux.*

incurie [ɛ̃kyri] n. f. (*in* priv., et lat. *cura,* soin). Manque de soin ; négligence : *faire preuve d'incurie.*

incurieux, euse adj. Qui ne montre pas de curiosité ; indifférent.

incuriosité n. f. Manque de curiosité à l'égard de ce qu'on ignore

incursion [ɛ̃kyrsjɔ̃] n. f. (du lat. *incurrere,* courir sur). Invasion de gens de guerre en pays étranger : *les incursions des Normands.*

incurvation n. f. Action d'incurver ; état de ce qui est incurvé.

incurver [ɛ̃kyrve] v. t. Courber de dehors en dedans.

incuse [ɛ̃kyz] n. et adj. f. (lat. *incusa*). Se dit d'une médaille, d'une monnaie ancienne dont une face est frappée en relief et l'autre en creux.

inde [ɛ̃d] n. m. (lat. *indicum,* de l'Inde). Couleur bleue extraite des feuilles de l'indigotier.

Inde, région de l'Asie méridionale, constituée par un vaste triangle bordé au nord par l'Himalaya, qui la sépare du Tibet, et rattachée, à l'est, à la péninsule indochinoise. Elle comprend la ***république de l'Inde,*** le ***Pākistān,*** le ***Bhoutan,*** le ***Népal*** et le ***Bangla Desh.***

Histoire.

● *L'Inde ancienne.* Les sites de la vallée de l'Indus marquent la localisation de la plus ancienne civilisation connue en Inde (2500-1200 av. J.-C.). Les deux sites principaux de la civilisation de l'Indus sont Harappā et Mohenjo-Dāro, caractérisés par un urbanisme très développé (constructions en brique), un artisanat évolué (poteries, outils en métal) et un bel art animalier. Il est probable que cette civilisation a été influencée par celle de la Mésopotamie. L'Inde fut ensuite peu à peu submergée par des Aryiens ou *Ārya,* venus de l'ouest, marqués par la civilisation iranienne ; leur apport consista essentiellement dans le cheval, la métallurgie du fer, une langue indo-européenne (le sanskrit), un système social fondé sur les castes, une culture poussée et une tradition religieuse dont l'ensemble est connu par les *Veda.* Au VIe s. av. J.-C., deux réformateurs fondèrent des religions nouvelles : Çākyamuni fonda le bouddhisme, et Jina le jaïnisme. A cette époque, Perses et Grecs commençaient à pénétrer en Inde ; à côté de voyageurs comme Mégasthènes vinrent des envahisseurs : Cyrus, qui prit le Kāpiça ; Darios Ier, qui occupa le bas Indus (v. 517) ; Alexandre le Grand, qui parcourut les rives de l'Indus, triompha du roi Pōros (v. 326), laissa des garnisons en Inde et y fonda des colonies ; cependant, son œuvre ne lui survécut pas. Au IVe s. av. J.-C., la partie est de l'Uttar Pradesh et une partie du Bihar actuels devinrent un grand Etat sous l'impulsion des Maurya, dynastie fondée par Chandragupta, qui régna de 313 à 289 av. J.-C. et dont la capitale était Pātaliputra ; cette dynastie culmina sous le règne d'Açoka (v. 264-v. 226 av. J.-C.), qui, converti au bouddhisme, édicta de nombreuses ordonnances moralisatrices. Son empire s'étendit à l'Inde presque entière. La disparition de la dynastie Maurya fut suivie d'un nouveau morcellement de l'Inde ; à côté

Doc. Ets P. Lecieux.

de dynasties autochtones comme les Kānva et l'Empire āndhra, dans le Deccan, des Grecs se taillèrent des principautés dans le Pendjab et en Bactriane; une école d'art gréco-bouddhique fleurit alors à Gandhāra.
Au IIe s. av. J.-C., les Indo-Scythes, ou Çaka, venus d'Iran, s'installèrent dans tout le nord-ouest de l'Inde, éliminant les principautés grecques, puis (Ier s. av. J.-C.) chassant du pays āndhra la dynastie Çātakarni, qui s'établit dans le Deccan. Un siècle plus tard, des Çaka sortit la dynastie des Kushāna (capitale Mathurā), dont l'histoire fut dominée par le règne de l'empereur Kanishka (IIe s.) : celui-ci se montra à la fois très attaché au bouddhisme et attiré par la civilisation occidentale; les rapports culturels et commerciaux avec Rome se développèrent beaucoup. L'Empire kushāna tomba sous les coups du roi perse Châhpuhr Ier (IIIe s. apr. J.-C.), tandis que la dynastie des Pāndya se rendait peu à peu indépendante dans le Sud. La dynastie nationale des Gupta réunifia progressivement l'Inde. Des souverains comme Chandragupta Ier (v. 320-335), Samudragupta (335-v. 375) et surtout Chandragupta II (v. 375-414) déployèrent un faste inouï. Ce fut l'âge d'or des lettres et des arts en Inde. Le bouddhisme se répandit alors dans toute l'Asie, entraînant avec lui l'influence de la civilisation indienne. Mais, au début du VIe s., les Huns Hephtalites détruisirent l'Empire gupta, qui fut morcelé. L'Inde ne fut momentanément réunifiée que par un ancien vassal de Gupta, le roi Harsha (v. 605-647), qui se heurta, au sud, au puissant royaume des Chālukya : celui-ci s'étendait sur la plus grande partie du Deccan.
Parmi les royaumes qui se formèrent après la mort d'Harsha, il faut signaler : le royaume bouddhiste, très florissant, des Pāla, dans le Bengale et le Bihār (VIIIe-XIIe s.); le royaume des Chandella (IXe-XIIIe s.) dans l'Inde centrale, dont les souverains favorisèrent le brahmanisme. Au sud, les Chālukya, les Chola, les Pandya connurent, du VIIIe au XIIIe s., une civilisation brillante, caractérisée surtout par le développement de l'art religieux monumental.

● *L'Inde musulmane.* Dès le VIIe s., les musulmans avaient menacé la côte occidentale de l'Inde; ils étaient installés dans le Sind au VIIIe s. En 933, le Turc Alp-Tegīn fonda le royaume de Rhaznī : il triompha des Indiens de Kaboul et s'installa à Kaboul et à Peshāwar, portes de l'Inde; Maḥmūd de Rhaznī (999-1030), fondateur de la dynastie des Rhaznévides, s'empara du Pendjab (1026). Régna ensuite la dynastie musulmane des Rhūrides, fondée par Muḥammad de Ghor (ou de Rhūr) [1173-1206]; celui-ci élimina les Rhaznévides et fonda le sultanat de Delhi (1193), qui s'étendit jusqu'au Bengale. A Delhi, l'Empire musulman de l'Inde fut aux mains, successivement, de trois dynasties turques belliqueuses : la dynastie des esclaves (1206-1290), les Khalji (1290-1320) et les Tughluq (1320-1398). Leur domination fut emportée par l'invasion tartare de Tīmūr Lang (Tamerlan), qui s'empara de Delhi (1398) et dévasta l'Inde. Le seul royaume hindou un peu puissant qui avait subsisté était celui de Vijayanagar (1336-1565).
L'Inde retrouva son unité avec l'Empire moghol. Bāber (1483-1530), descendant de Tīmūr, s'installa à Delhi; son fils se fit battre par les Afghans, mais son petit-fils, Akbar (1556-1605), rétablit l'unité de l'Empire, auquel il donna une administration structurée. C'est Chāh Jahān (1627-1658) qui porta l'Empire moghol à son apogée; mais la masse hindouiste resta misérable.

● *Les Européens en Inde.* Cependant, les Européens s'étaient, depuis le XVe s., intéressés à l'Inde fabuleuse. Les Portugais y établirent des comptoirs (Goa, 1510) et s'assurèrent le monopole du commerce; le zèle des missionnaires entraîna la décadence des comptoirs portugais, que fuirent les Indiens, mais qui subsisteront jusqu'à nos jours. A partir de 1600, Hollandais, Anglais et Français installèrent aussi des comptoirs en Inde, fondant des compagnies commerciales florissantes. En fait, la compétition opposa surtout les Anglais et les Français; leur ambition fut favorisée par la décadence de l'Empire moghol, amorcée sous le fanatique Aurangzeb (1658-1707). Le Français Dupleix, gouverneur de 1742 à 1754, étendit la zone de protectorat français (Hyderābād, Carnatic, etc.), mais il rencontra l'opposition victorieuse de l'Anglais Clive. Si bien que le traité de Paris de 1763 ne laissa à la France que cinq comptoirs (Pondichéry, Chandernagor, Kārikāl, Mahé, Yanaon). Warren Hastings, gouverneur de 1772 à 1785, reprit l'œuvre de Clive; en 1765, battu par les Anglais, le Moghol Chāh Alem (1759-1806) leur abandonna le pouvoir.
Sous les gouverneurs Cornwallis (1786-1793), John Shore (1793-1798), Wellesley (1798-1805), l'implantation des Anglais en Inde progressa rapidement, malgré la résistance des Mahrāttes et du sultan de Mysore, Tippoo Sahib, soutenus par la France. La mainmise britannique se poursuivit tout au long du XIXe s., partageant l'Inde entre des Etats protégés et des possessions directes. En 1833, un gouvernement général de l'Inde remplaça, à la tête du pays, la Compagnie des Indes, qui fut supprimée en 1858, en même temps que l'Empire moghol : une vice-royauté des Indes fut alors instaurée. C'est que les Anglais éprouvaient le besoin de resserrer leurs forces après les révoltes qu'ils avaient essuyées (les Mahrāttes en 1817, les Afghans en 1842, les Sikhs en 1844-1848, les Cipayes en 1857).
Avec un corps de fonctionnaires civils limité (*Indian Civil Service*), les Anglais se maintinrent facilement en Inde : ils admirent des Indiens aux emplois civils, développèrent l'économie (chemins de fer), mais l'essor relatif du pays leur profita plus qu'aux Indiens. En 1877, la reine Victoria fut proclamée impératrice des Indes; la mainmise britannique s'étendit à l'Afghānistān (1879) et à la Birmanie (1886). Malgré les efforts de lord Ripon (1880-1884) pour favoriser le gouvernement local, des mouvements nationalistes se manifestèrent. Dès 1885, le *Congrès national indien* réclama l'indianisation de l'Administration; en 1906 fut fondée la *Ligue musulmane,* tandis que les Indiens demandaient le *Home Rule.* Les Britanniques réprimèrent violemment les mouvements autonomistes. Entre les deux guerres mondiales, ils durent compter avec l'opposition efficace du mahātmā Gandhi (1869-1948), fondée sur la non-violence. Si plusieurs conférences, dites de *la Table ronde* (1930-1932), échouèrent, les Anglais finirent par accorder à l'Inde une certaine autonomie (Constitution de 1935) : l'Inde eut désormais des Assemblées locales et un Parlement. Durant la Seconde Guerre mondiale, les positions nationalistes se durcirent en Inde; le Congrès réclama le départ des Anglais (1942-1943), tandis que la *Ligue musulmane* demandait la formation d'un Etat musulman séparé. Finalement, en 1947, la « partition » de l'Inde devint un fait accompli, reconnu par la Grande-Bretagne : l'*Union indienne,* peuplée d'hindous, et le *Pākistān,* musulman (séparé en deux parties), devinrent indépendants.
Des échanges de population se firent dans des conditions parfois dramatiques (assassinat de Gandhi à Delhi, 1948), et des conflits éclatèrent au sujet de la délimitation des territoires. (V. INDE [*république de l'*] et PĀKISTĀN.)

Inde (*république de l'*), en hindī **Bharat,** Etat de l'Asie méridionale, membre du Commonwealth; 3 268 000 km^2; 563 millions d'hab. Cap. *New Delhi;* v. pr. *Bombay, Calcutta.* La république est formée de 21 Etats (Āndhra Pradesh, Assam, Bengale-Occidental, Bihār, Gujerāt, Hariana, Himāchal Pradesh, Jammu-et-Cachemire, Kerala, Madhya Pradesh, Mahārāshtra, Manipur, Meghalaya, Karnātaka, Nagaland, Orissā, Pendjab, Rājasthān, Tamilnād, Tripura, Uttar Pradesh) et de 8 territoires (îles Andaman et Nicobar, Arunachal Pradesh, Dadra et Nagar Haveli, Delhi, Goa [avec Daman et Diu], les îles Laquedives [avec Minicoy et les Amindivi], Mizoram, Pondichéry). Langue officielle : *hindī.*

Géographie.

● *Géographie physique.* En dehors de sa partie septentrionale appartenant partiellement à l'Himalaya* (Cachemire, Himāchal Pradesh, dépendances de l'Assam), l'Inde est un pays de plaines et de plateaux. Au pied des avant-monts himalayens (les *Siwālik*), précédée (au moins à l'est) par une étroite bande marécageuse (le *teraï*), se développe, sur une longueur de 1 500 km (du Pendjab au golfe du Bengale) et une largeur de 200 à 400 km, la plus vaste plaine d'alluvions modernes du monde (terminée par un vaste delta construit avec le Brahmapoutre), édifiée par le Gange et ses affluents (Jamna, Gogra, etc.). Au sud des monts Aravalli et des vallées de la Jamna, puis du Gange commencent les plateaux du Deccan, portion de socle précambrien qui occupe l'ensemble de la péninsule. Au-dessus d'étroites plaines littorales (plaine de Malabār, sur la mer d'Oman; plaine de Coromandel, sur le golfe du Bengale), le socle a été faillé et relevé. Deux escarpements (les *Ghāts*) dominent des plateaux intérieurs, où granites et gneiss affleurent au sud et à l'est, recouverts au nord-ouest par des épanchements basaltiques, secondaires et tertiaires.
Le climat de l'Inde (et toute la géographie du pays, d'ailleurs) est dominé par le phénomène de la mousson*, qui partage l'année en deux saisons; une saison sèche (l'hiver), de novembre à avril; une saison humide (l'été), de mai à octobre. La latitude (l'Inde s'étire du 8e au 40e parallèle nord), l'exposition et la disposition des reliefs expliquent les importants contrastes pluviométriques existant sur le territoire. Le littoral occidental et le Nord-Est (delta du Gange, Assam), frappés de plein fouet par des vents humides et situés au pied des reliefs élevés, sont abondamment arrosés. Bombay et Calcutta reçoivent annuellement plus de 1 500 mm de pluie (plus des neuf dixièmes de mai à octobre). La plus grande partie des plateaux intérieurs du Deccan, abritée par la barrière des Ghāts occidentaux, reçoit en revanche moins de 1 m de pluies (750 mm à Hyderābād). Les précipitations sont inférieures à 500 mm et même à 250 mm dans le Nord-Ouest (désert de Thar, en bordure du Pākistān), à l'abri de la mousson humide. Les températures sont déterminées surtout par la latitude. Dans la péninsule (limitée au nord par le tropique), la température varie relativement peu au cours de l'année, se maintenant toujours au-dessus de 20 °C. L'amplitude augmente dans la plaine du Gange (à Allahābad, la moyenne de janvier est de 18 °C; celle de mai, mois le plus chaud précédant la mousson pluvieuse, dépasse largement 30 °C). La végétation naturelle a été très dégradée par l'action de l'homme; champs permanents et friches pâturées ont remplacé la savane de l'intérieur; la forêt est pratiquement limitée aux versants des reliefs abondamment arrosés et impropres à l'agriculture. Au point de vue pédologique se juxtaposent les sols alluviaux de textures variées, les sols noirs (*régurs*), formés notamment sur les plateaux basaltiques, les sols salés du Nord-Ouest et les sols ferralitiques (latérite) d'une partie du Deccan.

● *Géographie humaine et économique.* L'Inde est l'Etat le plus peuplé du monde, après la Chine; elle compte plus de 570 millions d'hab. La répartition de cette population est étroitement liée à la pluviométrie. La densité moyenne est de 170 h. au kilomètre carré, mais elle dépasse 300 h. dans la majeure partie de la plaine du Gange, en aval de Bénarès et dans de nombreux secteurs du littoral. En revanche, elle s'abaisse à moins de 100 h. dans la plus grande partie de l'intérieur du Deccan; elle est inférieure à 50 h. dans le nord-ouest de la péninsule, semi-désertique. La population s'accroît aujourd'hui de plus de 1 million d'unités par mois. Le taux de natalité approche 40 p. 1 000 et le taux de mortalité est inférieur à 15 p. 1 000.
L'agriculture est étroitement tributaire des conditions climatiques, c'est-à-dire du volume très variable, d'une année à l'autre, des pluies de mousson, qui règle pratiquement celui de la production, malgré l'extension des surfaces irriguées (environ 30 millions d'hectares, soit près du quart de la superficie cultivée). L'irrigation permet une seconde récolte, la récolte *rabi,* de saison sèche, s'ajoutant à la récolte *kharif,* réalisée avec le seul apport des pluies pendant la saison humide. Le riz est le fondement de l'alimentation. Plus de 60 p. 100 des terres lui sont consacrées dans la basse vallée et le delta du Gange, dans la quasi-totalité des plaines côtières. Il n'est absent que dans la moitié occidentale de l'intérieur du Deccan et dans le Nord-Ouest, pas assez arrosés. La production annuelle est de l'ordre de 60 Mt, récoltées sur plus de 36 Mha. Le blé est la céréale des régions sèches du Pendjab et de l'Uttar Pradesh. 19 Mha en fournissent 26 Mt. Le millet est surtout répandu dans l'intérieur du Deccan (10 Mt sur plus de 20 Mha). La pêche n'apporte qu'une contribution modeste à l'alimentation. Pour des raisons religieuses, il en est de même de l'élevage, malgré la possession du troupeau bovin numériquement le plus important du monde (175 millions de têtes).
Héritage de la période coloniale, l'agriculture dite *commerciale* tient une place importante, mais, en fait, aujourd'hui, les productions (sauf le thé) sont presque entièrement destinées au marché intérieur. Le coton (plus de 1 Mt) est cultivé surtout dans le Gujerāt, le Mahārāshtra et le Madhya Pradesh, la canne à sucre dans le Bihār et l'Uttar Pradesh, le thé dans l'Assam, le café et le caoutchouc (hévéa) dans le Kerala, les arachides dans le Tamilnād, le jute dans le Bengale-Occidental et le poivre sur la côte de Malabār. Près des trois quarts de la population sont employés dans l'agriculture, qui n'entre que pour 50 p. 100 dans la formation du produit intérieur brut.
Cette disproportion est partiellement liée à une série de maux dont souffre depuis longtemps l'agriculture indienne. A la grande sensibilisation aux conditions naturelles, particulièrement nettes dans la zone rizicole, s'ajoute une faiblesse chronique de la productivité, qui résulte du manque d'instruction technique, de l'inertie des masses paysannes, de la persistance presque générale d'une structure sociale semi-féodale. La capacité d'irrigation n'est utilisée que partiellement. Une amorce de réforme agraire n'a supprimé que les inégalités les plus marquantes (démembrement des terres de très grands propriétaires absentéistes), sans entamer profondément une réforme de l'usure, conduisant à l'endettement des paysans. Les essais de mise en place de conseils de village élus, pour faire disparaître réellement la hiérarchie des castes, ont été peu concluants.
L'industrie emploie environ 15 p. 100 de la population active et fournit près du cinquième du produit intérieur brut. Elle se caractérise par l'essor de quelques branches et une grande concentration géographique. La sidérurgie (plus de 7 Mt d'acier) s'est développée récemment avec l'aide étrangère, qui a contribué à créer les unités de Durgapur, de Rourkela et de Bilhai. Les usines sont groupées dans le Nord-Est, à proximité du gisement houiller de la Dāmodar (77 Mt de charbon pour l'ensemble de l'Inde) ou des gisements de minerai de fer (21 Mt) du sud de Jamshedpur. Palliant la presque totale pénurie de pétrole et de gaz naturel, le charbon est de loin la principale source d'énergie et assure la majeure partie d'une faible production d'électricité (environ 60 TWh). Le sous-sol recèle, en revanche, d'abondants gisements de manganèse et de mica, un peu de bauxite (alimentant une industrie de l'aluminium à Alwaye, dans le Kerala, et à Sambalpur, dans l'Orissa). L'industrie cotonnière est l'une des plus puissantes du monde (plus de 1 Mt de filés), représentée surtout dans des régions productrices de coton, autour de Bombay. La métallurgie de transformation est peu diversifiée; l'industrie chimique vise surtout à satisfaire les besoins de l'agriculture, mais est loin d'y parvenir.
La balance commerciale est traditionnellement et lourdement déficitaire. Le taux de couverture des importations est de l'ordre de 60 p. 100 seulement. Les machines et biens d'équipement représentent plus du tiers des importations, les compléments alimentaires près du quart et les matières premières industrielles 15 p. 100. Dans les exportations dominent les produits alimentaires (grâce au thé, qui, à lui seul, assure 15 p. 100 du total des exportations) et surtout les textiles (coton et jute). Les Etats-Unis, la Grande-Bretagne et l'Allemagne occidentale sont les principaux partenaires commerciaux de l'Inde.
Le niveau de vie est l'un des plus bas du monde. Le revenu individuel moyen est inférieur à 100 dollars par an (il représente environ le trentième du revenu français). Le problème fondamental de l'alimentation n'est pas résolu. Les disponibilités alimentaires quotidiennes par habitant sont inférieures à 2 000 calories. La consommation annuelle de viande par habitant est de 1 kg (75 kg en France); le pourcentage des calories d'origine animale dans la ration alimentaire globale est de 6 (plus de 35 en France). En 1972, la consommation annuelle d'énergie par habitant était inférieure à 0,2 t de charbon-équivalence (environ 5 t en France), celle d'acier inférieure à 2 kg (500 kg en France). Au dernier recensement officiel (1971), près de 70 p. 100 de la population adulte étaient analphabètes.
Cette stagnation du niveau de vie, avec persistance du risque de famine, est liée à de multiples causes, parmi lesquelles émerge la trop rapide croissance démographique. Celle-ci limite d'une manière évidente les investissements productifs. Elle accentue le déficit déjà important de la balance commerciale (augmentation des importations de denrées alimentaires). Elle aggrave un exode rural vers des villes hypertrophiées (en 1971, près de 150 villes dépassaient 100 000 h., et Bombay, Calcutta et Delhi comptaient chacune plus de 3,5 millions d'hab.),

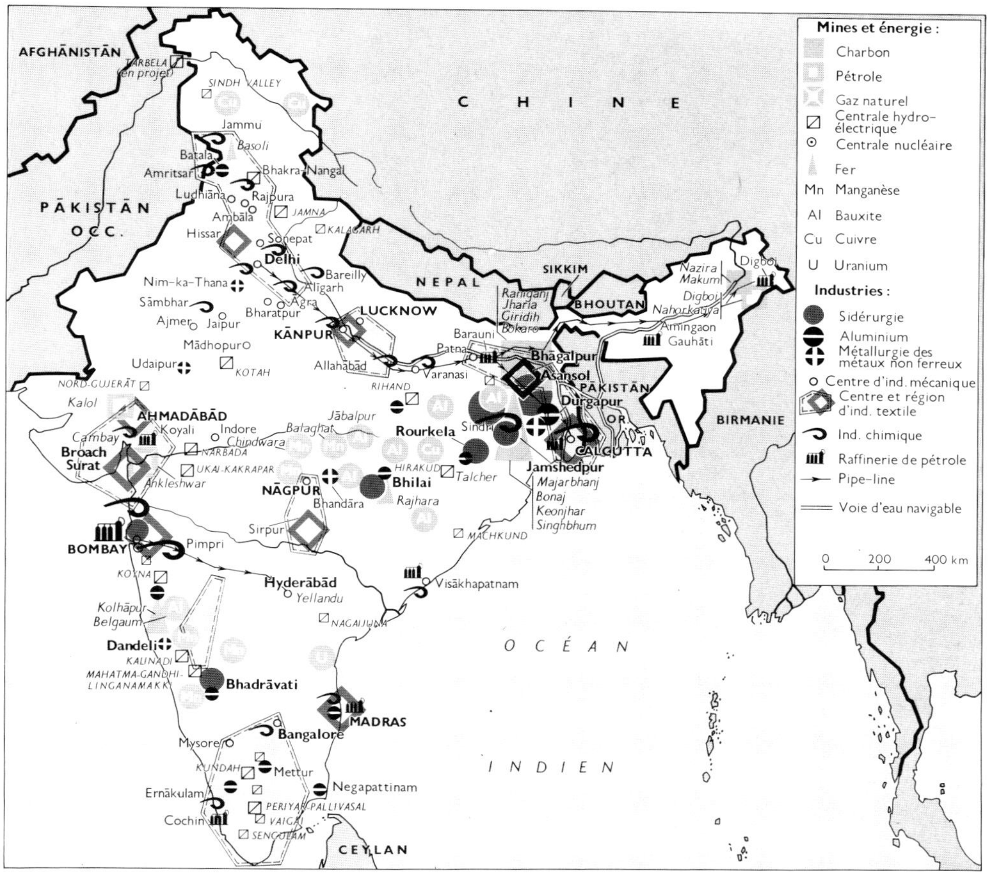

où sévit le sous-emploi (10 millions de chômeurs). Le succès du contrôle des naissances est compromis par le manque d'éducation des paysans, qui, malgré l'urbanisation, constituent encore la masse de la population. Il apparaît pourtant comme le préalable indispensable au décollage d'une économie dont l'évolution récente est préoccupante. La croissance du secteur industriel est limitée sectoriellement (métallurgie lourde, textile) et géographiquement (Calcutta et Dāmodar, Bombay, plus secondairement Madras). Ce secteur est trop étroitement tributaire de l'apport de capitaux et de techniciens étrangers (Américains, Soviétiques, Britanniques, Allemands de l'Ouest, Japonais). La planification, introduite en 1951, n'a pas été très efficace. (Elle est, il est vrai, plus indicative qu'impérative, ce qui en limite sérieusement la portée dans un pays en voie de développement.) Les conflits frontaliers latents, avec la Chine et le Pākistān, grèvent le budget de dépenses non productives.

Histoire.

L'*Union indienne*, créée en 1947, se construisit sous la direction de Nehru et du parti du Congrès ; la Constitution de 1949 fit de l'Inde une République fédérale (16 Etats et 6 Territoires), membre du Commonwealth, avec un président élu pour cinq ans, un ministre responsable et deux Assemblées élues ; les castes furent abolies. Le parti du Congrès triompha lors des premières élections (1951), mais la gravité de la situation économique et la poussée nationaliste amenèrent le gouvernement de Nehru (1947-1964) d'une part à absorber les établissements français (1956) et portugais (1961), et, d'autre part, à adhérer au plan de Colombo (1950-1951) et à établir un plan économique quinquennal (1951). Des troubles se manifestèrent au Kerala (1959-1960), où, après un gouvernement communiste, les élections ramenèrent le parti du Congrès au pouvoir. Grâce à Nehru, l'Inde joua un rôle important dans le tiers monde (Bandung). Cependant, les séquelles de la « partition » continuèrent à rendre difficiles les relations de l'Inde avec le Pākistān ; le problème du Cachemire, en particulier, provoqua un premier conflit (1947-1949), qui se termina par une trêve et par l'occupation *de facto* de la partie septentrionale du Cachemire par les Indiens. Un second conflit, dont le Cachemire fut encore l'enjeu, opposa l'Inde au Pākistān en 1965. D'autre part, la République indienne a connu de constantes difficultés de frontières avec la Chine ; en 1954, un accord sino-indien reconnut *de facto* l'occupation du Tibet par la Chine. A partir de 1959, la Chine émit des revendications au sujet du Népal, où elle voudrait substituer son influence à celle de l'Inde, et au sujet du Ladākh (ligne McMahon) ; en 1962, Nehru obtint le repli des troupes chinoises, mais non l'abandon par la Chine de ses revendications territoriales : des incidents éclatent périodiquement sur ces confins. En 1964, le Premier ministre Nehru mourut ; il fut remplacé par Lal Bahadur Shastri, qui décéda en 1966. C'est la fille de Nehru, Indira Gandhi, qui lui a succédé. Le parti du Congrès reste au pouvoir, décidé à surmonter les divisions religieuses, à accentuer le caractère laïque de l'Etat et à appliquer délibérément une politique de planification économique. Cependant, en 1971, le « Nouveau Congrès », issu d'une scission du parti du Congrès (1969), et favorable à Indira Gandhi, obtient une large majorité aux élections, tandis qu'un nouveau conflit armé avec le Pākistān aboutit à la création de la République du Bangladesh. Mais, en 1973, le Nouveau Congrès subit de sérieux échecs lors de consultations locales.

indébrouillable adj. Qui ne peut être débrouillé : *affaire indébrouillable.*

indécachetable adj. Qu'on ne peut décacheter : *lettre indécachetable.*

indécemment adv. De façon indécente.

indécence n. f. Caractère de ce qui est indécent : *l'indécence des manières.* ‖ Action, parole contraire à la décence, à la pudeur.

indécent, e adj. Qui est contraire à la décence, à l'honnêteté, à la bienséance : *parole indécente.* ‖ Qui manque de pudeur, en parlant d'une personne.

indéchiffrable adj. Qu'on ne peut lire, déchiffrer, deviner : *écriture indéchiffrable.*

indéchirable adj. Qui ne peut être déchiré.

indécis [ɛ̃desi], **e** [-iz] adj. (du lat. *decisus,* tranché). Qui ne sait pas se décider ; irrésolu : *homme indécis.* ‖ Qui n'est pas décidé ; douteux, incertain : *question, victoire indécise.* ‖ Vague, difficile à reconnaître : *formes indécises.*

indécision n. f. Etat, caractère d'un homme indécis ; incertitude. (Syn. : HÉSITATION, INDÉTERMINATION, IRRÉSOLUTION, PERPLEXITÉ.)

indéclinable adj. *Gramm.* Qui ne se décline pas.

indécollable adj. Impossible à décoller.

indécomposable adj. Qui ne peut être décomposé : *les corps simples sont indécomposables.*

indécrottable adj. Qu'on ne peut décrotter. ‖ *Fam.* Incorrigible ; impossible à améliorer : *un paresseux indécrottable.*

indéfectibilité n. f. Qualité, caractère de ce qui est indéfectible.

indéfectible [ɛ̃defɛktibl] adj. (du lat. *deficere,* faire défaut). Qui ne peut défaillir ou cesser d'être : *attachement indéfectible.*

indéfectiblement adv. De façon indéfectible.

indéfendable adj. Qui ne saurait être défendu : *théorie indéfendable.*

indéfini, e adj. (du lat. *finire,* délimiter). Qu'on ne peut délimiter : *espace indéfini.* ‖ Qu'on ne peut définir ; vague : *tristesse indéfinie.* ● *Articles, adjectifs, pronoms indéfinis,* mots qui déterminent ou représentent les noms d'une manière vague, générale. (*Quelqu'un, chacun, personne, rien,* etc., sont des pronoms indéfinis. *Quelque, chaque,* etc., sont des adjectifs indéfinis.) ‖ *Passé indéfini,* anc. nom du *passé composé.*

indéfiniment adv. De façon indéfinie. ‖ Pendant un temps qui semble sans limite : *répéter indéfiniment la même chose.*

indéfinissable adj. Qu'on ne saurait définir : *un terme indéfinissable.* ‖ Qu'on ne peut s'expliquer : *trouble indéfinissable.*

indéformable adj. Qui ne peut être déformé : *chapeau indéformable.*

indéfrichable adj. Impossible à défricher : *sol indéfrichable.*

indéfrisable adj. et n. f. Se dit d'une ondulation de cheveux permanente obtenue par la réaction chimique d'un liquide sur les mèches roulées en papillotes.

indéhiscence n. f. *Bot.* Etat de ce qui est indéhiscent.

indéhiscent [ɛ̃deisɑ̃], **e** [-ɑ̃t] adj. *Bot.* Qui ne s'ouvre pas, en parlant de certains fruits secs (akènes).

indélébile adj. (du lat. *delere,* détruire). Ineffaçable : *encre indélébile.* ‖ Que le temps ne détruit pas : *souvenirs indélébiles.*

indélébilité n. f. Caractère de ce qui est indélébile : *l'indélébilité d'une encre.*

indélibéré, e adj. Fait sans délibération, sans réflexion : *acte indélibéré.*

indélicat, e adj. Qui manque de délicatesse ; malhonnête : *procédé indélicat.*

indélicatement adv. Sans délicatesse.

indélicatesse n. f. Manque de délicatesse dans les sentiments ; action indélicate, malhonnêteté : *commettre une indélicatesse.*

indémaillable adj. Dont les mailles ne peuvent se défaire. ‖ — N. m. Mode de tissage du tissu à mailles, où une maille cassée n'entraîne pas le coulage des autres mailles.

indemne [ɛ̃dɛmn] adj. (*in* priv., et lat. *damnum,* dommage). Qui n'a pas éprouvé de dommage : *sortir indemne d'un accident.*

indemnisable adj. Qui peut ou doit être indemnisé : *tout propriétaire exproprié pour cause d'utilité publique est indemnisable.*

indemnisation n. f. Action d'indemniser ; dédommagement.

indemniser [ɛ̃dɛmnize] v. t. Dédommager des frais, des pertes.

indemnitaire n. Personne qui reçoit une indemnité.

indemnité n. f. Somme allouée pour dédommager d'un préjudice : *indemnité pour cause d'expropriation.* ‖ Elément d'une rémunération ou d'un salaire, destiné à compenser une augmentation du coût de la vie ou à rembourser une dépense imputable à l'exercice de la profession. ● *Indemnité journalière,* somme versée à un assuré social, malade ou victime d'un accident du travail, qui doit interrompre son activité professionnelle pour recevoir des soins. ‖ *Indemnité parlementaire,* émoluments des députés et des sénateurs. ‖ *Indemnité de résidence,* élément de la rémunération d'un fonctionnaire non soumis à retenue pour la retraite.

indémontable adj. Qui ne peut être démonté.

indémontrable adj. Qu'on ne peut démontrer : *les postulats sont indémontrables.*

indène [ɛ̃dɛn] n. m. Hydrocarbure C_9H_8 extrait des huiles légères des goudrons de houille.

indéniable adj. Qu'on ne peut dénier ; certain, incontestable : *preuve indéniable.*

indénouable adj. Qui ne peut être dénoué.

indentation [ɛ̃dɑ̃tasjɔ̃] n. f. Echancrure analogue à celles que produisent les dents dans un objet que l'on mord : *les indentations de la côte bretonne.*

indépendamment de loc. prép. Sans égard à ; en faisant abstraction de : *indépendamment de ce qui arrive.* ‖ En outre, en plus de : *indépendamment de ces avantages.*

indépendance n. f. Situation d'une personne, d'une collectivité, qui n'est pas soumise à une autre autorité : *l'Inde a recouvré son indépendance.* ‖ *Log.* Caractère d'un système axiomatique où chaque axiome n'est pas susceptible d'être déduit des autres. (C'est une notion de métalogique.)

Indépendance américaine (*guerre de l'*), conflit qui opposa, de 1775 à 1782, l'Angleterre à ses treize colonies d'Amérique du Nord et qui, avec l'appui de la France, aboutit à la reconnaissance de leur indépendance sous le nom d'*Etats-Unis* d'Amérique.* La lutte, d'abord juridique et économique, se transforma en 1775 en une révolte armée : Washington fut désigné par le Congrès américain comme chef des *Insurgents* (1775) ; en 1776 fut proclamée l'indépendance des Etats révoltés. Aidé par les Français (La Fayette), Washington vainquit les Anglais (Saratoga, 1777) ; en 1781, les troupes franco-américaines contraignirent les Anglais à capituler à Yorktown. Le traité de Versailles (1783) ratifia l'indépendance des Etats-Unis.

indépendant, e adj. Qui ne relève de personne ; libre de toute dépendance : *un peuple indépendant.* ‖ Qui aime à ne dépendre de personne ; qui hait la sujétion : *caractère indépendant*. ‖ Se dit d'une chose qui n'a pas de rapport avec une autre : *point indépendant de la question*. ● *Variable indépendante* (Math.), variable susceptible de prendre n'importe quelle valeur, quelle que soit celle des autres variables.

indépendantiste adj. et n. Au Canada, partisan de l'indépendance du Québec.

indéracinable adj. Qu'on ne peut déraciner (au *pr*. et au *fig*.) : *préjugés indéracinables*.

indéréglable adj. Qui ne peut se dérégler.

Indes (*Compagnie française des*), association privilégiée constituée en 1719. La *Compagnie d'Occident*, créée par Law en 1717, recueillit en 1719 les privilèges consentis jusqu'alors aux Compagnies des Indes orientales, de la Chine et du Sénégal, et prit le nom de *Compagnie des Indes*. Réorganisée en 1722, elle se consacra exclusivement, à partir de 1731, à ses intérêts africains et indiens. Malgré la valeur de ses gouverneurs généraux (Lenoir, Dumas, Dupleix), elle ne put se maintenir face à sa rivale, la Compagnie anglaise, et perdit son monopole en 1769. Recréée en 1785 par Louis XVI, elle fut supprimée par la Convention (1794).

Indes (*empire des*), nom donné de 1877 à 1947 aux possessions britanniques de l'Hindoustan. (V. INDE.)

Indes (*mer des*). V. INDIEN (*océan*).

Indes galantes (*les*), opéra-ballet de Rameau, livret de Fuzelier, représenté pour la première fois à Paris, à l'Académie royale de musique, en 1735. Une reprise eut lieu en 1952, à l'Opéra de Paris.

Indes occidentales, nom donné à l'Amérique par Christophe Colomb, qui croyait avoir atteint l'Asie.

Indes occidentales (*Compagnie française des*), association privilégiée fondée par Colbert en 1664. Elle détenait le monopole de l'exploitation des domaines africains (du cap Vert au cap de Bonne-Espérance) et américains (de la Louisiane à l'Acadie, aux Guyanes et aux Antilles). Malgré les privilèges régaliens et les avantages fiscaux qu'elle reçut, elle échoua et fut dissoute en 1674.

Indes occidentales (*Compagnie hollandaise des*), association privilégiée créée en 1621 avec le monopole du commerce sur les côtes orientales de l'Amérique, de Terre-Neuve au détroit de Magellan, et sur les côtes occidentales d'Afrique, au sud du tropique du Cancer. Elle fit de Surinam, Curaçao et Saint-Eustache les bases d'un lucratif commerce interlope. Dissoute en 1674, une seconde compagnie lui succéda (1674-1791). Elle se consacra essentiellement à la traite des Noirs.

Indes-Occidentales (*fédération des*), fédération formée, de 1958 à 1962, par les Antilles britanniques. En 1967, de nouveaux accords ont été signés par les gouvernements des îles qui forment les « Etats associés des Indes-Occidentales » : Antigua, Saint Kitts, Nevis et Anguilla, la Dominique, Sainte-Lucie, Grenade et Saint-Vincent.

Indes orientales, nom donné aux anciennes colonies néerlandaises constituant auj. l'Indonésie.

Indes orientales (*Compagnie anglaise des*), compagnie à charte fondée en 1600 pour commercer avec les pays de l'océan Indien. Eliminée de l'Insulinde par les Hollandais, elle concentra son activité sur l'Inde continentale, en particulier Madras, acquis en 1639, Bombay (1668) et Calcutta (1690). Soutenue par le gouvernement, elle évinça ses rivales hollandaise et française. Elle perdit cependant ses privilèges commerciaux en 1833, et, après la révolte des cipayes*, tous ses pouvoirs furent transférés à la Couronne (1858).

Indes orientales (*Compagnie française des*), association privilégiée créée en 1664 par Colbert, avec Lorient comme port d'attache. Elle détenait le monopole du commerce dans les océans Pacifique et Indien. Elle renonça dès 1668 à Madagascar, qu'elle avait reçu en pleine propriété. Elle installa son siège à Pondichéry, créa les comptoirs de Surat (1667), de Chandernagor (1690) et de Calicut (1701). Mais ses privilèges lui furent progressivement retirés à partir de 1682, et elle fut absorbée par la Compagnie des Indes de Law en 1719.

Indes orientales (*Compagnie hollandaise des*), association privilégiée fondée en 1602. Elle évinça le Portugal des mers des Indes et devint l'une des plus puissantes compagnies de commerce et de colonisation de l'Ancien Régime. Elle effectuait notamment le commerce du coton, de la laque, de la porcelaine, du riz de Java et des Célèbes, et des épices (muscades de Banda, girofles d'Amboine, cannelle de Ceylan et poivre). La guerre anglo-hollandaise (1780-1784) ruina la Compagnie, qui fut dissoute en 1798.

indescriptible adj. Qui ne peut être décrit, exprimé : *joie indescriptible*.

indésirable adj. et n. (angl. *undesirable*). Se dit d'un individu dont on n'accepte pas la présence dans un pays, dans un milieu.

indestructibilité n. f. Caractère de ce qui est indestructible.

indestructible adj. Qui ne peut être détruit : *monument indestructible*.

indestructiblement adv. De façon indestructible.

indéterminable adj. Qui ne peut être déterminé.

indétermination n. f. Caractère de ce qui n'est pas déterminé. ‖ Manque de décision, de résolution.

indéterminé, e adj. Qui n'est pas déterminé, précisé : *espace indéterminé*. ‖ — Syn. : IMPRÉCIS, INDISTINCT. ● *Forme indéterminée*, expression qui ne peut être calculée telle quelle pour une valeur particulière de la variable, sa détermination exigeant un calcul spécial. ‖ *Système indéterminé* (Math.), système de *m* équations du premier degré, dont le nombre P des inconnues est supérieur à *m*. (Pour résoudre un tel système, on choisit P — *m* inconnues arbitraires et on détermine les autres de façon que les équations soient satisfaites. On obtiendra ainsi une infinité de groupes de solutions.)

indéterminisme n. m. Système philosophique d'après lequel le cours naturel des choses n'est soumis à aucune loi, à aucune causalité intelligible, qu'il s'agisse des actes humains ou des faits naturels.

index [ɛ̃dɛks] n. m. (mot lat. signif. *indicateur*). Deuxième doigt de la main, le plus proche du pouce. ‖ Aiguille d'un cadran. ‖ Table alphabétique placée à la fin d'un livre. ● *Mettre une personne, une chose à l'index*, l'exclure, la signaler comme dangereuse.

Index, catalogue des livres dont l'autorité pontificale interdit la lecture aux fidèles. L'Index, après avoir dépendu de la congrégation de l'Index (1751-1917), puis du Saint-Office, a été supprimé en 1966.

indexation n. f. Action d'indexer.

indexer v. t. Introduire dans un index ; établir l'index de. ‖ Prévoir la variation du montant d'une prestation ou d'un prix en fonction des variations de valeur d'une marchandise, de salaires ou de prix : *indexer une retraite sur le coût de la vie*.

Indiana, un des Etats unis d'Amérique, sur le lac Michigan ; 4 918 000 h. Cap. *Indianapolis*. Le relief est indécis, empâté par les dépôts glaciaires quaternaires. L'agriculture est fondée sur la culture du maïs, qui explique partiellement l'essor d'un important élevage (porcins et bovins). Le sous-sol recèle du charbon ; de grandes carrières de pierre de taille sont exploitées. En dehors d'Indianapolis, l'activité industrielle est concentrée sur les rives du lac Michigan, où l'important centre sidérurgique de Gary fait partie de l'agglomération de Chicago.

Indianapolis, v. des Etats-Unis, cap. de l'Etat d'*Indiana* ; 510 000 h. Université. Institut d'art. Circuit pour courses automobiles.

indianisme [ɛ̃djanism] n. m. Science de la langue et de la civilisation de l'Inde.

indianiste n. Savant versé dans l'indianisme.

indic [ɛ̃dik] n. m. *Pop.* Indicateur de police.

indican [ɛ̃dikɑ̃] n. m. Substance qui existe dans l'indigo et aussi dans les urines à l'état normal.

indicateur [ɛ̃dikatœr], **trice** [-tris] adj. Qui indique, qui fait connaître.

indicateur n. m. Livre ou brochure qui sert de guide : *l'indicateur des rues de Paris*. ‖ Appareil qui sert à indiquer : *un indicateur de vitesse, de pression*. ‖ Individu qui renseigne la police en échange d'un privilège ou d'une rémunération. ● *Indicateur coloré*, substance qui indique, par un net changement de couleur, l'achèvement d'une réaction chimique.

indicatif, ive adj. Qui indique, annonce : *symptôme indicatif*.

indicatif n. m. *Gramm.* Mode du verbe qui exprime l'état, l'existence ou l'action d'une manière certaine. (V. *encycl.*) ‖ Musique, bruitage que répète une station de radiodiffusion ou de télévision, au début d'une émission, à fin d'identification. ● *Indicatif d'appel*, appellation conventionnelle formée de lettres et de chiffres, identifiant le lieu d'origine ou l'expéditeur d'un message télégraphique ou radiophonique.

— ENCYCL. *Gramm.* L'*indicatif* est le mode des faits certains ou auxquels on confère la plus grande certitude : *il se soucie de son avenir ; il a travaillé toute sa vie ; il partira demain en voyage*. C'est le mode de la réalité ; il s'oppose en cela au *subjonctif*, mode subjectif : *je sais qu'il viendra ; je désire qu'il vienne*.
Le mode indicatif comprend : un présent, un futur, un imparfait, un passé simple, un passé composé, un passé antérieur et un plus-que-parfait.

● Le présent exprime une action qui se produit (ou un état qui existe) au moment où l'on parle : *on voit, de la fenêtre, la foule qui s'agite dans la rue*. Le présent peut exprimer : 1° une idée générale, valable de tout temps : *l'honnête homme ne fait pas de tort à son prochain ;* 2° une action qui se répète habituellement : *il se lève le matin à 6 heures ;* 3° une action passée, que l'on veut rendre plus vivante (présent de narration) : *il se promenait tranquillement sur la route, soudain survient une voiture ;* 4° une action qui se produit dans un futur proche : *il arrive dans un instant*.

● Le futur exprime une action qui doit ou peut se produire dans l'avenir : *nous verrons bientôt revenir les beaux jours*. Le futur peut exprimer : 1° un ordre : *vous prendrez ce médicament à jeun le matin ;* 2° une action présente, quant on veut atténuer l'expression de la pensée : *je vous demanderai de vouloir bien m'écouter quelques instants*. Le futur prochain s'exprime fréquemment au moyen du semi-auxiliaire *aller* suivi de l'infinitif : *il va vous dire ce qu'il a vu et entendu*.

● L'imparfait exprime la durée de l'action, dont il ne marque ni le début ni la fin : *il marchait fébrilement le long du quai en attendant le départ du train*. L'imparfait peut indiquer : 1° une action passée qui se répète (imparfait de répétition ou d'habitude) : *tous les soirs il rentrait à 7 heures, se mettait à table et lisait fort avant dans la soirée ;* 2° une action passée qui se produit en même temps qu'une autre exprimée au passé simple (imparfait de simultanéité) : *il dormait profondément quand on vint le réveiller ;* 3° dans un récit, le déroulement d'une action passée (imparfait de narration) : *une fumée noire s'élevait de la ville, et, par instants, on distinguait le rougeoiement de l'incendie ;* 4° au passé, les aspects habituels d'un être ou d'une chose : *ses cheveux tombaient en larges boucles sur ses épaules ;* 5° dans une proposition conditionnelle, la condition mise à la réalisation de l'idée exprimée par la principale : *il accepterait de venir chez vous si vous l'invitiez ;* 6° le regret : *si seulement il était plus poli !* ; 7° le fait qu'une action était près d'être réalisée au moment où on l'interrompt : *Vous ici ? — Je n'y serai pas longtemps ; je m'en allais ;* 8° le fait qu'une action, un état possibles dans le passé ne se sont pas réalisés : *si l'équipe s'était montrée plus combative, elle était victorieuse*.

● Le passé simple exprime une action achevée qui s'est produite à un moment bien déterminé du passé ; il diffère en cela de l'imparfait, qui exprime la durée : *nous entendions sans cesse du bruit au grenier ; nous y montâmes*. Le passé simple est le temps du récit (dans une chronique historique ou dans un roman) : *l'on n'entendait que le tic-tac d'une grande horloge dressée à l'autre bout du vestibule, sous une panoplie : un timbre sonna ; un valet entra* (Flaubert). Le passé simple est réservé à la langue écrite ; dans la langue parlée, on emploie le passé composé.

● Le passé composé indique un fait achevé à une époque indéterminée du passé : *depuis quelques années, ce romancier a écrit beaucoup de romans*. Le passé composé peut exprimer aussi une action qui s'est passée à un moment déterminé, mais ce moment est compris dans un espace de temps qui n'est pas encore achevé : *il est rentré de voyage cette semaine*. Il sert aussi à marquer, avec la valeur du futur antérieur, un fait non encore accompli, mais présenté comme s'il l'était déjà : *attendez un peu, nous avons fini dans un instant*.

● Le passé antérieur exprime une action passée qui s'est produite immédiatement avant une autre action passée. Il se trouve généralement dans des propositions subordonnées après les conjonctions de temps *quand, lorsque, dès que, aussitôt que, après que*, etc. : *quand il eut fini son discours, toute la salle se mit à applaudir*. Il s'emploie aussi dans des propositions principales pour exprimer la rapidité d'une action : *En quelques mois, il eut dépensé sa part d'héritage*.

● Le plus-que-parfait exprime une action qui s'est produite avant une autre action passée, mais, à la différence du passé antérieur, il peut s'être écoulé un temps assez long entre les deux actions : *il avait connu l'aisance, il était maintenant dans une profonde misère*. Il s'emploie après *si* dans les propositions conditionnelles pour exprimer un fait qui ne s'est pas réalisé dans le passé ou le regret : *si vous aviez voulu, vous auriez pu arriver à l'heure*.

● Le futur antérieur exprime une action future qui doit ou peut se produire avant une autre action future : *quand vous aurez fini votre travail, vous pourrez partir*. Il exprime aussi un fait qui, à tel moment de l'avenir, sera accompli : *dans quelques mois, il aura appris à lire*.

indication n. f. Action par laquelle on indique ; renseignement : *fausse indication*. ‖ Ce qui indique, fait connaître : *fournir des indications*. ‖ *Méd.* Opportunité d'un traitement : *l'indication d'un antibiotique*.

indice [ɛ̃dis] n. m. (lat. *indicium*, dénonciation). Signe apparent et probable qu'une chose existe : *les indices d'un crime*. ‖ Rapport entre certaines mensurations du corps, permettant de caractériser des animaux ou des races. ‖ *Math.* Signe attribué à une lettre représentant les différents éléments d'un ensemble. ‖ Rapport entre des quantités ou des prix, qui en montre l'évolution : *l'indice des prix de détail*. ● *Indice de performance* (Autom.), forme de handicap ayant pour objet de donner des chances sensiblement égales à des voitures de cylindrées différentes dans des courses contre la montre.

indiciaire adj. Qui est rattaché à un indice.

indicible [ɛ̃disibl] adj. (du lat. *dicere*, dire). Qu'on ne peut exprimer ; ineffable : *charme indicible*.

indiciblement adv. De façon indicible.

indiction [ɛ̃diksjɔ̃] n. f. Convocation à jour fixe d'un concile.

indien [ɛ̃djɛ̃], **enne** [-ɛn] adj. et n. De l'Inde. ‖ Relatif aux indigènes de l'Amérique.

Indien (*océan*), anc. **mer des Indes,** mer située entre l'Afrique, l'Asie et l'Australie ; 75 millions de kilomètres carrés. Moins vaste que le Pacifique ou l'Atlantique (son extension vers le nord, même avec les dépendances [mer Rouge, golfe Persique], ne dépasse guère le tropique du Cancer), l'océan Indien est divisé en trois bassins par une dorsale à plusieurs branches. Cette dorsale commence au sud de l'Arabie ; dirigée vers le sud-sud-est, elle se divise vers le 20e de lat. sud en deux branches : l'une part vers le sud-ouest (portant l'île du Prince-Edouard) ; l'autre passe au sud de l'Australie. Des rides annexes parsèment l'océan : ride Laquedives-Chagos ; banc Nazareth, qui porte les Seychelles, l'île Maurice et la Réunion ; ride des Kerguelen ; haut-fond des îles Andaman, qui se prolonge vers le sud, le long du 90e méridien. Les plaines abyssales sont de superficie restreinte et rejetées à la périphérie : plaines de Ceylan, de l'Inde, des Somalies, de Mozambique et de l'Australie occidentale.

Indien (TERRITOIRE BRITANNIQUE DE L'OCÉAN), colonie groupant d'anciennes dépendances de l'île Maurice et des Seychelles ; 1 500 h.

Indiens, habitants de l'Inde. (Le jour où Colomb crut avoir découvert dans l'Amérique un prolongement de l'Inde, on donna le nom général d'*Indiens* aux peuples indigènes des Amériques ; dans ce sens, on dit plutôt aujourd'hui *Amérindiens*.)

Chandigarh : la Haute Cour (archit. Le Corbusier).

Paysage des Ghâts occidentaux.

Cueillette du thé.

Village du Bengale.

Culture du riz.

Phot. J.-L. Nou, Dinkins-Rapho, Louis Frédéric-Rapho, Serraillier-Rapho, J.-L. Nou.

INDE ET PĀKISTĀN
AFGHĀNISTĀN
IRAN
PĀKISTĀN
BALOUTCHISTAN
QUETTA
KALAT
Makrān
KARACHI
HYDERĀBĀD
KHAIRPUR
MULTĀN
BAHĀWALPUR
D.I. KHAN
SARGODHA
LAHORE
RAWALPINDI
PENDJAB
HARIANA
HIMĀCHAL PRADESH
JAMMU ET CACHEMIRE
UTTAR
RĀJASTHĀN
Désert de Thar
GUJERĀT
KŪTCH
KĀTHIĀWĀR
MAHĀRĀSHTRA
MYSORE
KERALA
TAMIL NAD
DĀDRA ET NAGAR HAVELI
GOA, DAMĀN ET DIU
ILES LAQUEDIVES, MINICOY ET AMINDIVI
OMAN
TRUCIAL STATES
MASCATE
GOLFE D'OMAN
MER D'OMAN
OCÉAN
Tropique du Cancer
Canal du 9e degré
Canal du 8e degré
NEW DELHI
DELHI
CHANDIGARH
JAIPUR
AHMADĀBĀD
BOMBAY
BANGALORE
TRIVANDRUM
R. = RAWALPINDI
CACHEMIRE (adm. pakistanaise)
CHINE
Ligne de démarcation (janvier 1949)
Karakoram
Zones contestées
0
500 km

C H I N E
T I B E T
Gangri
Nyenchen-Tanglha
SSEU-TCH'OUAN
Tchamdo
Gartok
Lhassa
Tsangpo
Chigatse
Gyangtse
Namcha Barwa
7755
7315
7816
7132
Dhaulagiri
8172
8126
Gosāinthān
8013
8880
Everest
8585
Kangchenjunga
Kulakangri
7755
Makalu
8515
NÉPAL
KATMANDOU
Mahābhārat
Lekh
PUNAKHA
Thimbu
BHOUTAN
Gangtok
Kalimpong
Darjeeling
NORTH EAST FRONTIER AGENCY
Brahmapoutre
Dibrugarh
Jorhāt
Tezpur
Nowgong
Gauhāti
Mīkīr Hills
ASSAM
PL. DE SHILLONG
SHILLONG
NAGALAND
KOHIMA
Mts Naga
Mts Barail
Silchar
Imphal
MANIPUR
Mts Kachin
Mékong
Salouen
Yang-tseu-kiang
Hia-kouan
YUN-NAN
Pilībhīt
Bareilly
Shāhjahānpur
Sītāpur
Hardoi
Bahraich
Gonda
Bara Banki
Basti
Faizābād
Gorakhpur
LUCKNOW
Sultānpur
Azamgarh
Ballia
Fatehpur
Jaunpur
Allahābād
Mirzāpur
Vindhyachal
Varanasi (Bénarès)
Ghāzīpur
Arrah
PATNA
Gange
Gandak
Motihāri
Darbhanga
Mujaraffarpur
Manghyr
Bhāgalpur
Purnea
Bihār
Nalanda
Gayā
BIHĀR
Dumka
Berhampore
Kaimur
Rewa
Satna
Sidhi
Daltonganj
Hazāribāgh
Dhanbad
Dāmodar
Asansol
Sūri
Durgapur
Purūlia
Bānkura
Burdwān
Chandernagor
Howrah
CALCUTTA
Ranchi
PRADESH
PLATEAU DU CHOTA NĀGPUR
Jamshedpur
Chaibāsa
SINGHBUM
Rourkela
Midnapore
Kharagpur
Baripāda
Balasore
BENGALE OCCIDENTAL
Jalpaiguri
Cooch Behār
RAJSHAHI
Rangpur
Dinajpur
English Bāzār
Bogra
Rajshahi
Pābna
Kushtia
Krishnanagar
Jessore
Naihāti
Bhātpāra
Khulna
KHULNA
Barisal
Faridpur
Dhubri
Tura
DACCA
Nasirābād
Sylhet
Kishorganj
Tangail
Dacca
Nārāyanganj
Comilla
Maudi Noākhāli
TRIPURA
Agartala
BANGLADESH
Chittagong
CHITTAGONG
Rangāmāti
Patuākhali
Chaîne de l'Arakan
Chindwin
Irrawaddy
Mandalay
Maymyo
Mongwa
Pakokku
Myingyan
PLATEAU CHAN
BIRMANIE
Meiktila
Taunggyi
Magwe
Pyinmana
Toungoo
Prome
Chiangmai
THAÏLANDE
Tanem Taunggyi
Henzada
Pegu
RANGOON
Bassein
Myaungmya
Wakema
Golfe de Martaban
Moulmein
Mudon
Chaîne du Tenasserim
Tavoy
I. Tavoy
Archipel
Mergui
Isthme de Kra
Murwāra
Jabalpur
Sahdol
Monts Maikal
Mandla
Mbikāpur
1127
Bilāspur
Chhattīsgarh
Raipur
Bālāghāt
Bhilai
Durg
Mahānadi
PLATEAU DU BASTAR
Jagdalpur
DE L'ORISSĀ
Keonjhar
Sambalpur
ORISSĀ
Bolāngir
Baudh
Dhenkānāl
Cuttack
BHUBANESWAR
Konārak
Puri
Bhawānipatna
Chatrapur
Berhampur
Koraput
Srīkākulam
1680
Vizianagaram
Vishākhapatnam
Rajahmundry
Kākināda
Yanaon (Yanam) (PONDICHÉRY)
Elūru
Vijayawāda
Guntūr
Bandar (Masulipatam)
Nellore
CÔTE DE COROMANDEL
MADRAS
Saidapet
PONDICHÉRY
Pondichéry
Cuddalore
Cauvery
Kārikāl (PONDICHÉRY)
Nagapattinam
Strait
Jaffna
Trincomalee
CEYLAN
GOLFE DU BENGALE
Détroit de Preparis
I. Preparis
I. Cocos
Détroit des Iles Cocos
MER D'ANDAMAN
Andaman du Nord
Andaman central
Andaman du Sud
Port Blair
Détroit de Duncan
Petite Andaman
ILES ANDAMAN ET NICOBAR
Canal du 10e degré
Car-Nicobar
Camorta
Nankaori
Katchall
ILES NICOBAR
Cl. de Sombrero
Petite Nicobar
Grande Nicobar
Détroit de Malacca
INDIEN
84°
88°
92°
96°

ART DE L'INDE

Au cours de son histoire, l'Inde a reçu des apports artistiques importants venus du nord-ouest (Perse, Grèce, islām), alors qu'elle-même exerçait une action considérable sur les arts des pays situés à l'est.

La période historique commence avec les conquêtes de Darios à la fin du VIe s. av. J.-C., à peu près dans le même temps que naît le bouddhisme. Mais il ne nous reste pas de témoignages de l'art indien avant la fin du IVe s. av. J.-C. De cette époque au Ier s. av. J.-C. règne le *style de Sānchī*. Les *stūpa* se multiplient. Des sanctuaires sont creusés dans les falaises (Ajantā), **ainsi que des monastères. Des colonnes marquant les lieux saints, surmontées d'animaux symboliques en ronde bosse, sont érigées. La sculpture, naturaliste, manifeste une vie intense. Les bas-reliefs d'un style savant sont nombreux.**

Du Ier s. av. J.-C. au Ve s. apr. J.-C. se développent trois écoles différentes. Le *style gréco-bouddhique*, grec par la plastique, bouddhique par les sujets représentés (Bouddha, **IIe s. [1]), règne principalement dans la région du Gandhāra, au nord-ouest. Le *style de Mathurā* se rencontre dans le Centre et le Nord** (deux montants de « barrière » bouddhique : personnages féminins, Mathurā, IIe s. [2]), **conservant la tradition naturaliste du style de Sānchī, et *celui d'Amarāvatī*, caractérisé par le mouvement et la grâce, au sud du pays.**

Du Ve au Xe s. s'étend l'*époque* dite *classique* des dynasties gupta et post-gupta, durant laquelle l'art indien atteint son apogée. Les artistes ont parfaitement assimilé le style gréco-bouddhique, dont l'influence s'étend, comme celle du style d'Amarāvatī. C'est le triomphe de la grâce, des attitudes infléchies, de l'harmonie, de l'équilibre. À partir du milieu du VIIe s., l'art se fait plus majestueux. Les sanctuaires à l'air libre apparaissent : temples de Kapoteçvara, de Sānchī, de Mahābalipuram (**temple du Rivage, VIIIe s. [5]). En même temps, des sanctuaires creusés dans les falaises constituent de vastes ensembles :** Ajantā, **décorée de fresques** (Bodhisattva, **VIe s., caverne I** [3]), Aurangābād, Ellorā (Kailasā, **temple de Çiva, VIIIe s. [4]), qui offre d'admirables bas-reliefs (VIIe-VIIIe s.). La décoration prolifère.**

À partir du Xe s., on assiste à une scission nette dans l'art indien. Au nord, la sculpture *brahmanique* est pleine de charme, avec une tendance à l'érotisme (Bhubaneswar, Konarak, Khajurāho), **cependant que la sculpture *bouddhique* se montre svelte et gracieuse ; les types architecturaux se multiplient et tendent vers la démesure. Au sud-est, l'*art dravidien*, né de l'art post-gupta, s'individualise, se différencie** (Çiva Natarāja, roi de la danse, **bronze, XIIe s.** [6]) ; **l'édifice se complique et se surcharge, présentant d'immenses corridors et des salles à piliers ornées d'animaux fantastiques (Madura).**

Au XIIIe s., l'*islamisme* pénètre en Inde (mosquées à Delhi), puis s'implante avec l'Empire moghol (XVIe-XVIIIe s.). Les constructions se multiplient, d'inspiration persane comme à la mosquée de Lahore, **indo-persane dans le** Tādj Mahall d'Āgra **(v. art musulman). La peinture d'album apparaît. Les traditions et l'inspiration nationales se maintiennent un certain temps** (Krishna en berger joueur de flûte, **bois sculpté, Inde du Sud, XVIIe s.** [7]), **puis une longue décadence coïncide avec la domination européenne.**

1

3

2

4

7

6

5

Phot. Brunel, Dräyer, Brunel, Rapho, M. L. de B. - Atlas-Photo, Rijksmuseum, Larous - Giraudon

indienne n. f. Etoffe de coton légère, blanche ou écrue, puis colorée par impression.

indifféremment adv. Sans faire de différence : *manger de tout indifféremment.*

indifférence n. f. Etat d'une personne indifférente : *traiter ses amis avec indifférence.*

indifférencié, e adj. Se dit d'une chose dans laquelle aucune différence n'a été faite : *un ensemble indifférencié.* ● *Filiation indifférenciée* (Ethnol.), système de filiation dans lequel les lignées maternelle et paternelle ont socialement les mêmes fonctions.

indifférent, e adj. Qui ne présente aucun motif de préférence : *ce chemin ou l'autre m'est indifférent.* ‖ Qui est de peu d'importance, qui présente peu d'intérêt : *parler de choses indifférentes.* ‖ — Adj. et n. Que rien ne touche, n'émeut : *enfant indifférent.*

indifférentisme n. m. Indifférence érigée en système, en politique ou en religion.

indifférer [ɛ̃difere] v. t. *Fam.* Etre indifférent à : *cela m'indiffère.*

indigénat [ɛ̃diʒena] n. m. Qualité, état d'indigène.

indigence [ɛ̃diʒɑ̃s] n. f. (lat. *indigentia*). Grande pauvreté : *mourir dans l'indigence.*

indigène [ɛ̃diʒɛn] adj. et n. Né dans le pays qu'il habite. (Syn. : ABORIGÈNE, AUTOCHTONE.) ‖ Se dit d'une plante originaire de la région où elle vit. (On oppose les essences forestières *indigènes* aux essences *exotiques*.) ‖ Originaire d'un pays d'outre-mer.

indigent [ɛ̃diʒɑ̃], **e** [-ɑ̃t] n. et adj. (lat. *indigens*; de *indigere*, avoir besoin). Personne privée de ressources suffisantes, et susceptible de recevoir des secours ou de bénéficier de dégrèvements fiscaux.

indigeste adj. (du lat. *digestus*, digéré). Difficile à digérer : *mets indigestes.* ‖ *Fig.* Confus, embrouillé : *compilation indigeste.*

indigestion n. f. Ensemble de troubles (nausées, vomissements, malaises, diarrhée) provoqué par un repas trop abondant ou des aliments de mauvaise qualité. ● *Avoir une indigestion de quelque chose* (Fam.), en avoir trop, jusqu'à en être dégoûté.

Indighirka, fl. de Sibérie, tributaire de l'océan Arctique ; 1 800 km.

indignation n. f. Sentiment de colère et de mépris qu'excite un outrage, une action injuste.

indigne adj. (lat. *indignus*). Qui n'est pas digne de quelque chose ; qui ne mérite pas : *indigne de pardon.* ‖ Méchant, odieux : *traitement indigne.* ‖ Méprisable ; qui déshonore : *conduite indigne.* ‖ Frappé d'indignité.

indignement adv. De façon indigne.

indigner [ɛ̃diɲe] v. t. Exciter, provoquer la colère, la révolte de : *sa conduite indigne tout le monde.* ‖ **— S'indigner** v. pr. Eprouver de l'indignation.

indignité n. f. Caractère d'une personne, d'une chose indigne : *exclure quelqu'un pour cause d'indignité.* ‖ Action odieuse : *commettre des indignités.* ‖ Peine comportant la privation de certains droits civils ou civiques.

indigo [ɛ̃digo] n. m. (mot esp.). Matière colorante d'un beau bleu, extraite des feuilles de l'indigotier et fabriquée également par synthèse. ‖ Couleur bleue.

indigotier n. m. Plante vivace de la famille des papilionacées, dont les feuilles fournissent l'indigo et dont la culture, jadis prospère dans les régions chaudes, est aujourd'hui abandonnée presque partout.

indigotine n. f. Composé défini de formule $C_{16}H_{10}O_2N_2$, constituant la majeure partie des principes colorants de l'indigo naturel.

indiquer [ɛ̃dike] v. t. (lat. *indicare*). Montrer, désigner une personne ou une chose : *indiquer quelque chose du doigt.* ‖ Dénoter, être l'indice de : *cela indique une grande rouerie.* ‖ Enseigner, faire connaître à quelqu'un ce qu'il cherche : *indiquer une rue.*

indirect, e adj. Qui ne conduit pas au but directement ; détourné : *itinéraire indirect*; et, au *fig.* : *critique, louange indirecte.* ‖ *Gramm.* Se dit du complément d'objet qui est introduit par une préposition : *les verbes transitifs indirects sont suivis d'un complément d'objet indirect.* ‖ Se dit d'une proposition subordonnée interrogative introduite par un verbe comme *dire, savoir, penser*, etc. (Ex. : *il ne savait pas pourquoi il était venu.*) ● *Tir indirect*, tir dans lequel l'objectif est invisible de l'emplacement de la pièce.

indirectement adv. De façon indirecte, détournée.

indiscernable adj. Qu'on ne peut distinguer d'une autre chose.

indisciplinable adj. Indocile ; qu'on ne peut discipliner, gouverner.

indiscipline n. f. Manque de discipline ; désobéissance : *faire preuve d'indiscipline.*

indiscipliné, e adj. Rebelle à toute discipline : *esprit indiscipliné.*

indiscret, ète adj. et n. Qui manque de discrétion, de réserve : *un regard indiscret.* ‖ Qui ne sait point garder un secret : *un ami indiscret.* ‖ Qui révèle ce qu'on devrait taire : *une parole indiscrète.*

indiscrètement adv. De façon indiscrète.

indiscrétion n. f. Manque de discrétion ; révélation d'un secret. ‖ Action, parole indiscrète : *commettre des indiscrétions.*

indiscutable adj. Qui n'est pas discutable, qui s'impose par son évidence.

indiscutablement adv. De façon indiscutable.

indiscuté, e adj. Qui n'est pas mis en discussion.

indispensable [ɛ̃dispɑ̃sabl] adj. Dont on ne peut se dispenser : *devoir indispensable.* ‖ Dont il est impossible de se passer : *outil indispensable.* ‖ — N. m. Le nécessaire : *faire l'indispensable.*

indispensablement adv. Nécessairement.

indisponibilité n. f. Etat de celui ou de ce qui est indisponible.

indisponible adj. Dont on ne peut pas disposer.

indisposé, e adj. Légèrement malade, mal à l'aise.

indisposer v. t. Altérer légèrement la santé. ‖ *Fig.* Rendre peu favorable : *on l'a indisposé contre moi.*

indisposition n. f. Léger malaise. ‖ *Fam.* La menstruation.

indissociable adj. Qui ne peut être séparé en plusieurs éléments : *une politique de progrès social est indissociable d'une politique de développement économique.*

indissolubilité n. f. Qualité de ce qui est indissoluble : *l'indissolubilité du mariage religieux.*

indissoluble [ɛ̃disɔlybl] adj. Qui ne peut être délié, désuni : *attachement indissoluble.*

indissolublement adv. De façon indissoluble.

indistinct, e adj. Qui n'est pas bien distinct ; confus, perçu confusément : *voix indistincte.*

indistinctement adv. De façon indistincte : *prononcer indistinctement.* ‖ Sans faire de différence : *calomnier indistinctement amis et ennemis.*

indium [ɛ̃djɔm] n. m. Métal blanc (In) de numéro atomique 49, fusible à 155 °C, que l'on retire des blendes de Freiberg (Saxe).

individu [ɛ̃dividy] n. m. (lat. *individuum*, ce qui est indivisible). Personne considérée isolément, par rapport à une collectivité : *l'individu et la société.* ‖ Personne indéterminée ou dont on parle avec mépris : *quel est cet individu?* ‖ *Biol.* Etre vivant aux contours nettement délimités, muni d'une structure au moins partiellement unitaire et, le plus souvent, de *parties vitales* dont la destruction entraîne la mort de tout le reste. (V. *encycl.*)
— ENCYCL. *Biol.* L'*individu* peut être défini comme l'ensemble vivant qui résulte du développement d'un seul *zygote*, ou œuf fécondé animal ou végétal, et de la réalisation normale du programme génétique inscrit dans ses chromosomes. Sa forme idéale est l'adulte en bonne santé, dont la description sert de type pour définir l'espèce. Mais divers événements survenus au cours de la vie peuvent compliquer le problème : par *multiplication asexuée*, une plante ou un polypier peut former de nombreux individus, provenant en définitive du même œuf et qui sont plus ou moins spécialisés ou dépendant les uns des autres (colonies animales), ou totalement indépendants (tiges de mousse). Le *parasitisme* et la *symbiose* font dépendre vitalement un individu de son contact intime avec un autre individu d'espèce différente. Les expériences d'*amputation* réalisent une véritable multiplication artificielle lorsque chaque fragment reforme un individu entier. Enfin, chez les protistes, les éponges et les algues inférieures (*volvox*), on ne sait pas toujours si c'est la cellule ou le groupe de cellules qui représente l'individu. La notion d'individu ne s'applique pleinement qu'aux espèces supérieures.

individualisation n. f. Action d'individualiser ; résultat de cette action.

individualisé, e adj. Qui se distingue des autres : *groupe fortement individualisé.*

individualiser v. t. Distinguer, considérer une personne, une chose isolément.

individualisme n. m. Tendance à ne songer qu'à soi. ‖ Tendance à s'affranchir de toute solidarité avec son groupe social, à développer outre mesure la valeur et les droits de l'individu.

individualiste adj. Qui appartient à l'individualisme : *les théories individualistes.* ‖ — Adj. et n. Partisan de l'individualisme. ‖ Qui ne songe qu'à soi.

individualité n. f. Ce qui constitue ou caractérise l'individu. ‖ Originalité propre à une personne. ‖ Individu isolé.

individuation n. f. Ce qui crée la spécificité de l'individu par rapport aux autres (en parlant d'une chose, d'une notion abstraite).

individuel [ɛ̃dividɥɛl], **elle** adj. Qui appartient en propre à l'individu : *qualité individuelle.* ‖ Qui concerne une seule personne : *liberté individuelle; le travail individuel.* ‖ — N. *Sports.* Athlète n'appartenant à aucun club, à aucune équipe.

individuellement adv. De façon individuelle, séparément : *travailler individuellement; individuellement, ses enfants sont charmants.* (Contr. COLLECTIVEMENT.)

indivis [ɛ̃divi], **e** [-iz] adj. (lat. *indivisus*, qui n'est pas séparé). Qui n'est pas divisé ; qui est possédé à la fois par plusieurs personnes : *succession indivise.* ‖ Qui possède une propriété non divisée : *héritiers indivis.* ‖ **— Par indivis** loc. adv. Sans partage, en commun : *maison possédée par indivis.*

indivisaire n. Personne se trouvant dans l'indivision.

indivisément adv. Par indivis.

indivisibilité n. f. Caractère, qualité de ce qui ne peut être divisé.

indivisible adj. Qui ne peut être divisé, distingué en parties.

indivision n. f. Copropriété dans laquelle il n'y a pas division matérielle des parts : *nul n'est tenu de rester dans l'indivision.*

indo-aryen, enne adj. Se dit des langues européennes actuellement parlées dans l'Inde. (Les principales sont le hindī, l'ourdou, le mahrātte, le bengali, le pendjābī, la goujrātī, l'oriyā et l'assamais.)

Indochine, grande péninsule du sud-est de l'Asie, entre l'Inde et la Chine, limitée au sud par le golfe du Bengale, le détroit de Malacca et la mer de Chine méridionale. Elle comprend la Birmanie, la Thaïlande, la partie continentale de la Malaysia, le Cambodge, le Laos, le Viêt-nam du Nord et le Viêt-nam du Sud.

Indochine française, nom donné après 1888 à la réunion des colonies ou protectorats français de Cochinchine, Cambodge, Annam et Tonkin, auxquels s'ajoutèrent le Laos en 1893, le territoire de Kouang-tcheou-wan en 1900. (V. CAMBODGE, LAOS et VIÊT-NAM.)

Indochine française (*campagne* et *guerre d'*), ensemble des opérations menées par les forces françaises, d'abord, de 1940 à 1945, contre les forces japonaises pendant la Seconde Guerre mondiale, puis, à partir de 1946, contre le mouvement nationaliste et révolutionnaire du Viêt-minh, qui se voit reconnaître en 1954, par les accords de Genève, la souveraineté sur le Nord Viêt-nam.
● *1940-1945.* Profitant de la défaite française de 1940, les Japonais occupent partiellement le Tonkin (sept. 1940), puis la Cochinchine (juill. 1941) à l'occasion d'un conflit entre la France et le Siam, auxquels Tōkyō impose son arbitrage. Pendant quatre ans, l'amiral Decoux parvient tant bien que mal à maintenir la présence de la France. Mais, le 9 mars 1945, les Japonais massacrent ou internent les garnisons françaises, sur l'ensemble du territoire indochinois, à l'exception de celles qui réussissent à gagner la Chine. Le 5 octobre 1945, les premières troupes françaises du général Leclerc débarquent à Saigon et commencent à relever les Britanniques, qui, à la suite des accords de Potsdam, occupent le pays au sud du 16e parallèle depuis la capitulation japonaise, tandis que les Chinois occupent le Nord.
● *1946-1954.* Leclerc négocie le retour des Français au Tonkin avec les Chinois et avec le Viêt-nam, dont Hô Chi Minh a proclamé l'indépendance (févr.-mars 1946). Les hostilités s'ouvrent après le bombardement d'Haiphong par les Français (nov.) et l'attaque par surprise de leurs garnisons du Tonkin (19 déc.). En 1947, les offensives françaises n'arrivent pas à détruire les forces du Viêt-minh. A partir de l'été 1949, les forces communistes chinoises viennent border la frontière du Tonkin, et, en 1950, les Français doivent évacuer leurs garnisons de la frontière chinoise. Envoyé avec les pleins pouvoirs (1950-1952), de Lattre réussira à briser l'offensive du Viêt-minh contre Hanoi (janv. et nov. 1951) et obtient l'appui de forces vietnamiennes mobilisées par Bao-Daï. Son successeur, Salan, bloque à Na Sam (nov.-déc. 1952) une nouvelle offensive adverse. Navarre, qui succède à Salan en 1953, crée le camp retranché de Diên Biên Phu, qui, aussitôt investi par les forces du Viêt-minh aux ordres de Giap, succombe sous leurs attaques le 7 mai 1954. Les pourparlers d'armistice, engagés le 28 juin dans le cadre de la conférence de Genève (ouverte le 26 avril), aboutissent, le 27 juillet, à un accord séparant le Viêt-nam en deux parties, de part et d'autre du 17e parallèle. Hanoi et Haiphong sont évacuées par la France en 1955, et Saigon en 1956. Cette guerre a coûté 100 000 tués et 114 000 blessés aux forces de l'Union française.

Indochine (*médaille commémorative de la campagne d'*), décoration française créée en 1953 pour les combattants de cette campagne. Ruban jaune liséré et rayé de vert.

indochinois, e adj. et n. De l'Indochine.

indocile adj. et n. Qui ne se laisse pas diriger, conduire : *enfant indocile.*

indocilité n. f. Caractère de celui qui est indocile, difficile à instruire.

indo-européen, enne adj. et n. m. Se dit d'un groupe de langues parlées actuellement en Europe et dans une partie des autres continents, auquel les linguistes ont donné une origine commune. ‖ Se dit de cette langue originelle et des peuples qui l'ont parlée.

Indo-Gangétique (*plaine*), région de l'Inde et du Pākistān, formée par les plaines de l'Indus et du Gange, au nord du Deccan.

indole [ɛ̃dɔl] n. m. *Chim.* Composé obtenu par distillation de l'indigo blanc sur de la poudre de zinc, et qui existe dans certaines essences de fleurs.

indolemment [ɛ̃dɔlamɑ̃] adv. Avec indolence.

indolence n. f. Nonchalance, indifférence, apathie : *il est d'une indolence désespérante.* ‖ *Méd.* Caractère d'une lésion qui n'est pas douloureuse.

indolent [ɛ̃dɔlɑ̃], **e** [-ɑ̃t] adj. (du lat. *dolere*, souffrir). Qui évite de se donner de la peine. ‖ Qui marque la mollesse, l'apathie : *un air indolent.*

indolore [ɛ̃dɔlɔr] adj. Qui ne cause aucune douleur : *tumeur, plaie indolore.*

indomptable adj. Qu'on ne peut dompter, maîtriser : *caractère indomptable.*

indompté [ɛ̃dɔ̃te], **e** adj. Qu'on n'a pu encore dompter. ‖ *Fig.* Qu'on ne peut contenir, réprimer : *orgueil indompté.*

Indonésie (*Etat unitaire de la république d'*), en indonésien **Indonesia**, république d'Asie du Sud-Est; 1 900 000 km²; 124 millions d'hab. (*Indonésiens*). Cap. *Djakarta*. Langue : *indonésien*.

Géographie.

● *Géographie physique*. Correspondant à la majeure partie de l'Insulinde, l'Indonésie est un archipel qui s'étend d'ouest en est sur 5 000 km, du nord au sud sur 2 000 km et dont l'insularité est de plus en plus marquée vers l'est. Les quatre îles de l'Ouest (Sumatra, Bornéo [partie indonésienne seulement], Java et les Célèbes [Sulawesi]) représentent les deux tiers de la superficie totale. Les îles sont montagneuses, et les plaines étendues sont rares (plaines septentrionales de Java, grande plaine orientale de Sumatra, plaines méridionales de Bornéo). Autour de la plate-forme sous-marine de la Sonde (qui porte Bornéo) se développent deux arcs montagneux : un arc interne, de terrains tertiaires et quaternaires, couronnés de volcans actifs (nombreux à Java, où quatorze volcans dépassent 3 000 m), et un arc externe, de terrains tertiaires, sans volcanisme. La latitude et, secondairement, l'insularité expliquent l'extension d'un climat chaud et humide. Partout, à Medan et Padang (Sumatra), à Djakarta (Java), à Balikpapan (Bornéo), à Menado (Célèbes), à Kupong (Timor), les moyennes thermiques mensuelles oscillent toute l'année entre 24 et 26 °C. Le volume des précipitations varie davantage, en liaison avec la latitude et l'orientation par rapport aux vents de mousson. Sumatra, Bornéo et les Célèbes ont un climat équatorial à pluies pratiquement ininterrompues pendant toute l'année (leur hauteur oscille généralement entre 2 et 5 m). Java, non coupé par l'équateur, a un climat à dominante tropicale. Djakarta reçoit 1 800 mm de pluie par an, mais il existe un minimum marqué de mai à octobre (« hiver » de l'hémisphère austral), encore plus net à Kupang par 10° de lat. sud. Aussi, la forêt, toujours verte et couvrant les grandes îles équatoriales, cède-t-elle fréquemment la place à la savane dans les îles méridionales, en particulier à Java, où cette savane a, toutefois, été largement étendue par l'action de l'homme, particulièrement intense ici du fait de la densité du peuplement.

● *Géographie humaine et économique*. La densité moyenne de la population n'est que de 64 h. au kilomètre carré (chiffre modeste dans l'Asie des moussons, plus élevé toutefois dans le cadre limité de l'Asie du Sud-Est), mais cette notion n'a ici qu'une valeur très relative du fait de l'existence de vastes régions presque vides, en raison surtout de conditions naturelles défavorables. Les parties indonésiennes de Bornéo (Kalimantan) et de la Nouvelle-Guinée (Irian) couvrent la moitié du territoire, mais ne comptent guère ensemble que 5 à 6 millions d'hab. En revanche, sur les quelque 130 000 km² de Java* vivent environ 70 millions d'hab. La densité moyenne y dépasse 500 h. et est de l'ordre de 750 h. au kilomètre carré cultivé. Ce contraste est l'un des problèmes majeurs de l'Indonésie, constamment aggravé par une croissance démographique rapide (2 p. 100 par an). Chaque année, l'Indonésie s'accroît de plus de 2 millions d'hab. Cette surcharge explique l'intensité de l'exode des ruraux et la croissance de villes (dont trois, toutes situées à Java, dépassent le million d'hab. : Djakarta, Surabaya et Bandung); ces villes sont incapables d'utiliser les ruraux qui arrivent. L'Indonésie est en effet un pays où l'agriculture constitue le fondement de l'économie. Le riz est la base de l'alimentation. Près de 8 millions d'hectares en fournissent 20 Mt, obtenues surtout à Java, où la culture revêt l'aspect d'un véritable jardinage, occupant toutes les plaines fertilisées par les dépôts volcaniques et s'étageant le long des versants. Deux récoltes annuelles sont obtenues à Java sur le quart des terres cultivées. Le maïs domine à Madura et dans quelques îles de la Sonde (Timor). Le manioc est la troisième grande culture vivrière. Héritage de la période coloniale, les plantations commerciales ont une grande importance, notamment la canne à sucre (Java), le thé (ouest de Java et Sumatra), le café (Java), le tabac (Java et Sumatra) et surtout le caoutchouc (Sumatra et Java). L'agriculture occupe environ les deux tiers de la population active et assure plus de la moitié du produit intérieur brut.

A peine le cinquième de celui-ci est fourni par l'industrie, où prédominent encore les activités extractives. L'archipel est pauvre en charbon, mais recèle en revanche, à Sumatra et à Bornéo, d'abondants gisements de pétrole (66 Mt par an) et de gaz naturel. L'étain, extrait principalement au large de Sumatra (îles de Bangka et de Belitung), est la deuxième ressource minière (en net déclin cependant), et la bauxite (provenant de l'île de Bintan, près de Singapour) la troisième. Indice du faible développement industriel, la consommation d'énergie est très modérée. Les activités de transformation sont pratiquement limitées à la transformation des produits du sol (rizeries, sucreries, manufactures de tabac, etc.) et du sous-sol (raffineries de pétrole), en dehors d'usines textiles, travaillant notamment le coton importé.

La balance commerciale est à peu près équilibrée, mais sa composition révèle encore le sous-développement de l'économie. Les produits manufacturés constituent plus des deux tiers des importations. Le pétrole (premier produit d'exportation) et le caoutchouc assurent ensemble 80 p. 100 des exportations. Les Etats-Unis, le Japon, la Grande-Bretagne, l'Allemagne occidentale, les Pays-Bas et l'Australie constituent les principaux partenaires commerciaux du pays.

La République indonésienne a pris comme devise *Unité dans la diversité*. Cette diversité existe tant sur le plan physique (morcellement du pays en de multiples îles ou îlots) que sur le plan ethnique. Les populations sont variées : Papous de la Nouvelle-Guinée, Proto-Malais (représentés principalement par les Bataks de Sumatra, les Dayaks de Kalimantan, les Toradjas des Célèbes et les Alfours des Moluques), Deutéro-Malais, islamisés (sauf les Balinais), Malais proprement dits, Javanais, etc. Cette diversité se retrouve dans la densité du peuplement, la localisation des ressources (Sumatra possède la majeure partie des gisements de pétrole et des plantations d'hévéas). L'unité existe surtout au niveau du sous-développement économique, particulièrement préoccupant. L'économie de plantation est en crise (crise largement liée à la confiscation trop rapide des plantations étrangères, que la main-d'œuvre locale n'a pu rentablement exploiter). L'extraction de l'étain est en déclin (la nationalisation en est l'une des causes principales); le caoutchouc, le tabac et le thé souffrent de la concurrence des produits étrangers. Le surpeuplement s'aggrave à Java, et les transferts de population de cette île vers Sumatra et Bornéo sont minimes, bien inférieurs au croît démographique, qui limite les investissements productifs et impose un recours accentué à l'aide étrangère.

Histoire.

D'abord habitées par des négroïdes, les îles qui formeront l'Indonésie sont occupées, par vagues successives, par des Indonésiens venus d'Indochine. Leur civilisation s'épanouit particulièrement à Java et à Sumatra; elle s'enrichit de l'apport de l'hindouisme et du bouddhisme. Aux VIIIᵉ et IXᵉ s., le pays est dominé par le royaume de Çrīvijaya; le Çrīvijaya de Java est éliminé au XIIIᵉ s. par Kritanagara, souverain de l'est de Java. Son gendre, après avoir refoulé les Mongols, fonde l'empire maritime de Madjapahit, qui domine l'archipel durant deux siècles. Mais de nombreux vassaux lui échappent en embrassant l'islām (XIIIᵉ-XVᵉ s.), religion qui refoule l'hindouisme dans l'île de Bali. Au début du XVIᵉ s., attirés par les épices, les Portugais relayent en Indonésie les marchands indiens et arabes, et s'assurent le monopole du commerce indonésien. Ils sont pratiquement éliminés par la Compagnie hollandaise des Indes orientales (1602), qui disparaît, ruinée, en 1798. Après une courte domination anglaise (1809-1814), qui reste cependant durable dans le nord de Bornéo, les Hollandais font progressivement passer leur vaste zone d'influence dans leurs cadres territoriaux et administratifs, parfois au prix de guerres pénibles (Sumatra 1838-1908; Bali 1906-1908), et généralisent un système de cultures forcées auquel reste attaché le nom de Van den Bosch. Malgré une humanisation du régime colonial, un vigoureux nationalisme indonésien se manifeste au début du XXᵉ s. Cependant, il faut l'occupation japonaise (1942-1945) et le bouleversement des structures pour que l'indépendance, puis la République indonésienne soient proclamées (1945); le gouvernement néerlandais résiste longtemps, par la force même. En 1949, les Nations unies créent une *Union néerlando-indonésienne*, mais les tendances séparatistes des îles entretiennent une perpétuelle agitation. En 1954, l'Indonésie devient pleinement indépendante, mais le gouvernement central du docteur Sukarno, président de la République depuis 1945, doit compter avec des essais de dissidence; en 1960, il renforce son autorité : le système rigoureux ainsi établi se détend dès 1963. L'Indonésie entre en conflit avec les Néerlandais au sujet de la Nouvelle-Guinée occidentale (Irian*) et avec la fédération de Malaysia. En 1965, sous la pression de l'armée, Sukarno interdit le parti communiste, et les généraux Suharto et Nasution mènent une

culture à Java

rizières à Sumatra

Indonésie

rizières en terrasses à Bali

Phot. Almasy, Atlas-Photo, Indisch Instituut.

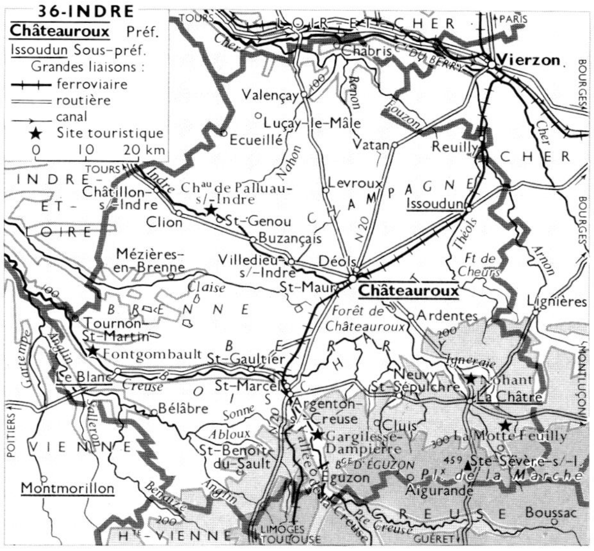

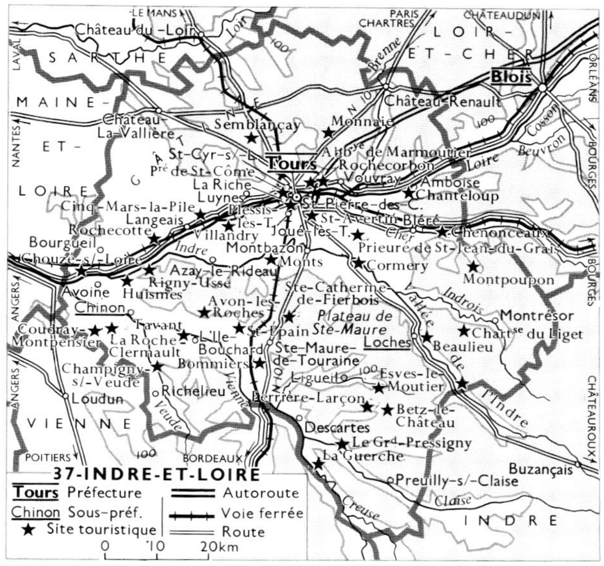

répression sanglante contre ses sympathisants (faisant plus de 150 000 morts). En 1966, Sukarno doit remettre ses pouvoirs au général Suharto. Celui-ci, qui a l'appui de l'armée, reçoit du Parlement, en mars 1967, le titre de président intérimaire de la République, titre qui devient définitif en mars 1968. Suharto entreprend une vaste épuration intérieure et modifie la politique extérieure : il renoue des relations diplomatiques avec la Malaysia et rompt avec la Chine. En 1969, la partie occidentale de la Nouvelle-Guinée est définitivement intégrée à l'Indonésie.

indonésien [ɛ̃dɔnezjɛ̃], **enne** [-ɛn] adj. et n. De l'Indonésie. ‖ — N. m. Langue officielle de l'Indonésie.

indophénol n. m. Nom générique de matières colorantes bleues obtenues en faisant agir un phénate alcalin sur une amine.

Indore, v. de l'Inde (Madhya Pradesh) ; 484 000 h.

in-douze [ɛ̃duz] adj. inv. Se dit d'une feuille d'impression qui, présentant 4 plis, dont un roulé, forme 12 feuillets ou 24 pages. ‖ Se dit du format obtenu avec cette feuille : *édition in-douze*. ‖ — N. m. inv. Livre de format in-douze.

Indra, le plus grand des dieux védiques, maître de la Foudre et dieu des Guerriers.

Indre, riv. de France, affl. de la Loire (r. g.) ; 265 km. Elle arrose La Châtre, Châteauroux, Loches.

Indre (*dép. de l'*) [**36**], dép. du centre de la France ; préf. *Châteauroux ;* s.-préf. *Le Blanc, La Châtre, Issoudun ;* 4 arr., 26 cant., 248 comm. ; 6 906 km² ; 247 178 h. S'étendant sur les confins du Bassin parisien et du Massif central, le dép. occupe la partie occidentale du *Berry**, découpée par les vallées de la Creuse et de l'Indre. L'agriculture, employant près du tiers de la population active, est fondée sur les cultures céréalières et l'élevage ovin (*Champagne berrichonne*), et sur l'élevage bovin (*Boischaut*). L'industrie (environ 30 p. 100 de la population active) joue un rôle peu important ; elle est représentée surtout à Châteauroux (textiles), qui est la seule ville dépassant 20 000 h., et Issoudun (constructions mécaniques et électriques). Déjà peu peuplé, le dép. subit une constante émigration.

Indre (44610), ou **Basse-Indre,** comm. de la Loire-Atlantique (arr. de Nantes), sur la Loire ; 4 295 h. Produits chimiques. Etablissement industriel de la marine dans l'ancienne île d'*Indret*.

Indre-et-Loire (*dép. d'*) [**37**], dép. du sud-ouest du Bassin parisien, constitué par la Touraine* ; préf. *Tours ;* s.-préf. *Chinon, Loches ;* 3 arr., 30 cant., 278 comm. ; 6 158 km² ; 437 870 h. La vallée de la Loire (*val de Touraine*) et les basses vallées du Cher, de l'Indre et de la Vienne constituent les secteurs vitaux du dép. Elles portent de riches cultures fruitières et légumières, des vignobles (Vouvray), et sont jalonnées de châteaux (Amboise, Azay-le-Rideau, Chenonceaux, Chinon), hauts lieux touristiques. Les plateaux, crayeux ou siliceux, dominant ces vallées sont le domaine d'une agriculture souvent médiocre. L'industrie emploie le tiers de la population active (le quart pour l'agriculture). Elle est surtout représentée dans l'agglomération de Tours (produits chimiques, pneumatiques, constructions mécaniques et ferroviaires), qui groupe plus des deux cinquièmes de la population totale du dép. Ce dernier possède la première centrale nucléaire française (Avoine).

Indret. V. INDRE, comm. de la Loire-Atlantique.

indri [ɛ̃dri] n. m. Genre de lémuriens arboricoles et végétariens, vivant à Madagascar. (Les indris dépassent 1 m de longueur.)

indu [ɛ̃dy], **e** adj. (préf. négatif *in*, et *dû*). Qui est contre la règle, l'usage, la raison : *rentrer à une heure indue*. ‖ Qui n'est point dû : *somme indue*.

indu n. m. Ce qui n'est pas dû : *la restitution de l'indu*.

indubitable [ɛ̃dybitabl] adj. (du lat. *dubitare*, douter). Dont on ne peut douter ; certain.

indubitablement adv. Certainement, assurément.

inductance [ɛ̃dyktɑ̃s] n. f. *Inductance propre* (Electromagn.), pour un circuit filiforme fermé, quotient du flux d'induction Φ, à travers toutes les spires, créé par le courant qui traverse ce circuit, par l'intensité I de ce courant : $L = \Phi/I$. ‖ *Inductance mutuelle*, quotient du flux d'induction magnétique que le courant d'un circuit détermine dans un autre circuit par l'intensité du courant dans le premier circuit. ‖ *Inductance de protection* (Electromagn.), bobine d'inductance disposée dans un circuit parcouru par un courant alternatif pour limiter l'intensité de ce courant ou en modifier la phase.

inducteur, trice adj. *Electr.* Se dit de ce qui produit le phénomène d'induction : *courant inducteur*.

inducteur n. m. Aimant ou électro-aimant destiné à fournir le champ magnétique créateur de l'induction.

inductif, ive adj. Qui procède par induction : *méthode inductive*. ‖ *Electr.* Qui possède une inductance.

induction n. f. (du lat. *inductio ;* de *inductus*, qui a été conduit). Raisonnement qui va du particulier au général. (L'induction joue un rôle fondamental dans les sciences expérimentales.) ‖ *Embryol.* Action de certaines régions embryonnaires (comme l'organisateur de la lèvre du blastopore) qui provoque la différenciation des régions voisines dans un sens déterminé. ● *Induction électromagnétique*, production de courant électrique dans un

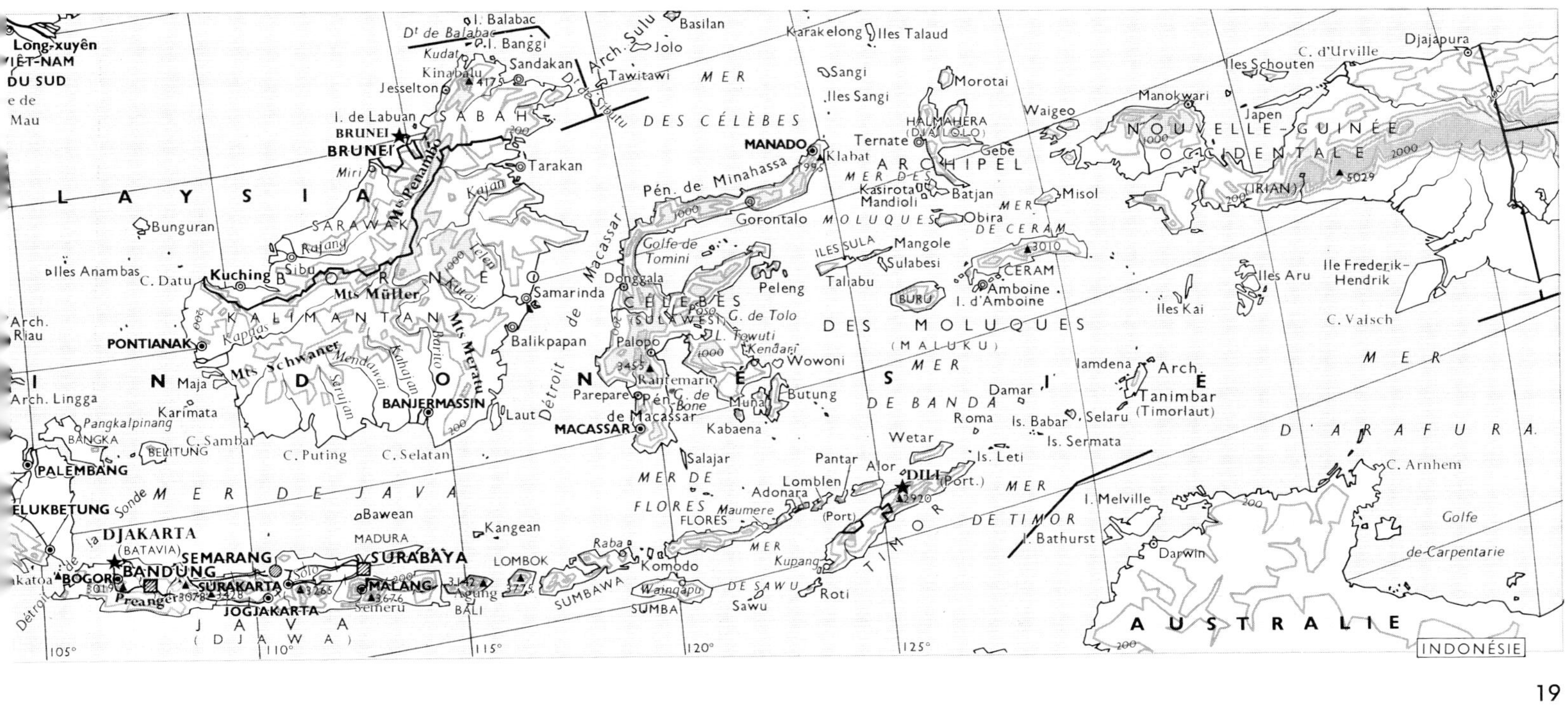

circuit par suite de la variation du flux d'induction magnétique qui le traverse. (V. *encycl.*) || *Induction magnétique*, grandeur caractérisant la densité du flux magnétique qui traverse une substance. || *Moteur à induction*, moteur électrique à courant alternatif sans collecteur, dont une partie seulement, rotor ou stator, est reliée au réseau, l'autre partie travaillant par induction.
— ENCYCL. *Electromagnét.* Le phénomène d'induction électromagnétique, dont les lois fondamentales ont été énoncées par Faraday et Lenz, est à la base du fonctionnement de tous les générateurs usuels de courant électrique (alternateurs, dynamos), des moteurs électriques (moteurs à induction) et de presque tous les couplages de circuits (transformateurs, radio-électricité).
Les lois en sont les suivantes. Etant donné un circuit placé dans un champ magnétique tel que le flux d'induction Φ à travers le circuit varie : 1° il se produit dans le circuit une force électromotrice induite $E = -\frac{d\Phi}{dt}$; si le circuit est fermé, celle-ci engendre un courant induit ; 2° le sens de ce courant est tel que son flux propre s'oppose à la variation du flux inducteur (loi de Lenz). En métallurgie, on utilise les fours à induction pour le chauffage des pièces métalliques dans les opérations de fusion et de trempe.

induire [ɛ̃dɥir] v. t. (lat. *inducere*. conduire à) [conj. **64**]. Amener à, pousser à : *induire en tentation*. || Etablir par voie de conséquence : *de là j'induis que...* || *Electr.* Produire les effets de l'induction. ● *Induire en erreur*, tromper à dessein.

induit [ɛ̃dɥi] adj. m. Se dit d'un courant électrique produit par induction.

induit n. m. Organe d'une machine électrique dans lequel se produisent des courants induits.

indulgence n. f. Facilité à pardonner les fautes d'autrui : *montrer de l'indulgence*. || *Théol. cathol.* Rémission totale (*indulgence plénière*) ou partielle (*indulgence partielle*) de la peine temporelle due aux péchés pardonnés.

Indulgences (*querelle des*), conflit qui s'éleva entre le dominicain Tetzel et l'augustin Martin Luther, au début du XVIe s., à l'occasion de la promulgation d'une indulgence par le pape Léon X. Ce conflit fut au point de départ de la révolte de Luther contre l'Eglise de Rome.

indulgencier v. t. Attacher une indulgence à un objet de piété : *indulgencier un chapelet*.

indulgent [ɛ̃dylʒɑ̃], **e** [-ɑ̃t] adj. (lat. *indulgens*). Qui est porté à excuser, à pardonner.

induline [ɛ̃dylin] n. f. Nom générique de colorants bleus dérivés de l'aniline.

indult [ɛ̃dylt] n. m. Privilège accordé par le pape.

indûment adv. De façon indue : *détenir indûment une somme*.

induration n. f. *Méd.* Durcissement anormal d'un tissu. || Partie indurée.

induré, e adj. Devenu dur : *lésion indurée*.

indurer [ɛ̃dyre] v. t. Rendre dur.

Indus, anc. **Sind,** fl. de l'Asie méridionale, qui se jette dans la mer d'Oman en formant un vaste delta ; 3 040 km. Né sur le plateau tibétain, l'Indus longe au nord l'Himalaya, entaille les montagnes du Cachemire, avant de pénétrer au Pākistān. Il se dirige alors vers le sud, entre dans la plaine du Pendjab et du Sind, qu'il fertilise (barrage de Sukkur et de Kotri) avec les eaux des « cinq rivières » (Sutlej, Beās, Rāvi, Chenāb et Jhelum), qu'il reçoit par la Panjnad. Les bords de l'Indus connurent une brillante civilisation non indo-européenne aux IIIe et IIe millénaires av. J.-C. (Mohenjo-Dāro [Sind], Harappā [Pendjab]).

industrialisation n. f. Action d'industrialiser ; son résultat.

industrialiser v. t. Donner le caractère industriel à quelque chose : *industrialiser l'agriculture*. || **— S'industrialiser** v. pr. Prendre un caractère industriel.

industrialisme n. m. Système qui considère l'industrie comme le principal but de l'homme en société.

industrie [ɛ̃dystri] n. f. (lat. *industria*, activité). Ensemble des activités, des métiers, qui produisent des richesses par la mise en œuvre des matières premières.
— ENCYCL. Au sens strict défini plus haut, l'*industrie* ne concerne que les branches correspondant à la transformation de matières premières du sol ou du sous-sol. Au sens large, elle englobe les activités concernant l'extraction des produits du sous-sol. On oppose ainsi les *industries extractives* à l'*industrie de transformation*. L'importance de l'industrie, déterminée par divers critères (valeur de la production globale, répartition par branches, main-d'œuvre employée), a mesuré depuis plus d'un siècle la puissance économique des Etats, fournissant, pour les plus développés, la majeure partie du produit intérieur brut. Aujourd'hui, l'importance de l'industrie tend à diminuer (en même temps qu'à l'intérieur du secteur industriel s'accentue la prépondérance des branches de transformation, de plus en plus diversifiées). Dans les pays aux plus hauts niveaux de vie (Etats-Unis, Canada), l'industrie emploie moins de personnel que les activités de service, qui fournissent aussi une part supérieure en valeur de la production nationale. C'est en ce sens que l'on peut écrire que l'industrie, suivant l'agriculture et précédant les services, constitue le second âge du développement d'une économie.

industriel, elle adj. Qui concerne l'industrie : *école industrielle*. || Qui appartient à l'industrie ou qui en provient : *richesses industrielles d'un pays*. ● *Art industriel*, celui qui n'est pas pratiqué à la main, mais à la machine. || *Centre industriel*, lieu où règne une grande activité industrielle. || *En quantité industrielle*, abondamment. || *Psychologie industrielle*, celle dont l'objectif est l'amélioration des conditions du travail et de l'adaptation de l'individu à celui-ci.

industriel n. m. Chef d'une entreprise transformant des matières premières en produits ouvrés ou semi-ouvrés.

industriellement adv. De façon industrielle.

industrieux, euse adj. Qui a de l'adresse, de l'habileté : *la fourmi, l'abeille industrieuse*.

Indutiomare, chef des Trévires (m. en 54 av. J.-C.), célèbre par sa résistance à César.

induvie [ɛ̃dyvi] n. f. (lat. *induvium*, enveloppe). *Bot.* Organe de dissémination du fruit, provenant du périanthe de la fleur, comme les aigrettes des akènes des composées.

Indy (Vincent D'), compositeur français, né à Paris (1851-1931). Disciple de C. Franck, il est l'auteur d'opéras (*Fervaal*, 1897), de pages symphoniques (*Wallenstein*, 1873-1881 ; *Symphonie sur un chant montagnard français*, 1886) et de musique de chambre. Il fut un des fondateurs de la *Schola cantorum*. Son enseignement a laissé une influence durable (*Traité de composition*).

inébranlable adj. Qui ne peut être ébranlé : *roc inébranlable*. || Ferme ; qui ne se laisse pas abattre : *courage inébranlable*.

inébranlablement adv. Fermement ; de façon inébranlable.

inéchangeable adj. Qui ne peut être échangé : *marchandise inéchangeable*.

inédit [inedi], **e** [-it] adj. et n. m. (lat. *ineditus*). Qui n'a pas été imprimé, publié : *poème inédit*. || Nouveau, original : *spectacle inédit*.

inéducable adj. Qu'on ne peut éduquer.

ineffable [inefabl] adj. (lat. *ineffabilis ;* de *in* priv., et *fari*, parler). Qui ne peut être exprimé, indicible : *joie ineffable*.

ineffablement adv. De façon ineffable.

ineffaçable adj. Qui ne peut être effacé : *une tache ineffaçable*. || Que l'on ne peut faire disparaître : *souvenir ineffaçable*.

ineffaçablement adv. De façon ineffaçable.

inefficace adj. Qui ne produit point d'effet : *remède, moyen inefficace*.

inefficacité n. f. Manque d'efficacité.

inégal, e, aux adj. Qui n'est point égal à une autre chose : *lignes inégales*. || Qui n'est pas uni, raboteux : *terrain inégal*. || Qui n'est pas régulier : *mouvement inégal*. || — *Fig.* Changeant, bizarre : *humeur inégale*. || Dont la qualité n'est pas constante : *œuvre inégale*.

inégalable adj. Qui ne peut être égalé.

inégalement adv. De façon inégale.

inégalité n. f. Caractère de ce qui n'est pas égal : *l'inégalité des âges, des conditions*. || Caractère de ce qui n'est pas uni : *inégalité d'un terrain*. || Caractère de ce qui est variable, changeant : *l'inégalité de la conduite, du caractère*. || Relation mathématique où figurent deux quantités inégales séparées par le signe $>$ (plus grand que) ou $<$ (plus petit que). [L'ouverture est tournée du côté de la quantité la plus grande.] ● *Inégalité au sens large*, relation comprenant à la fois la possibilité d'une inégalité stricte et d'une égalité ($a \leqslant b$).

inélégamment adv. Sans élégance.

inélégance n. f. Défaut d'élégance.

inélégant, e adj. Qui manque d'élégance : *personne inélégante ; un geste inélégant*.

inéligibilité n. f. Etat, condition d'une personne inéligible : *la qualité d'étranger est une cause d'inéligibilité*.

inéligible adj. Qui n'a pas les qualités requises pour être élu à une fonction publique.

inéluctabilité n. f. Qualité de ce qui est inéluctable.

inéluctable adj. (du lat. *eluctari*, surmonter en luttant). Qui ne peut être évité, empêché : *nécessité inéluctable*.

inéluctablement adv. De façon inéluctable : *navire inéluctablement perdu*.

inemployable adj. Qui ne peut être employé.

inemployé, e adj. Qui n'est pas employé : *argent inemployé*.

inénarrable adj. Qui ne peut être raconté ; extraordinaire : *aventure inénarrable*. || Comique, amusant : *elle était coiffée d'un chapeau inénarrable*.

inepte [inɛpt] adj. (lat. *ineptus*, qui n'est pas apte). Sot, absurde : *une réponse inepte*.

ineptie [inɛpsi] n. f. Absurdité, sottise : *son intervention a été une ineptie. Dire des inepties*.

inépuisable adj. Qu'on ne peut épuiser : *une source inépuisable ; bonté inépuisable*.

inépuisablement adv. De façon inépuisable.

inépuisé, e adj. Qui n'est pas épuisé.

inéquation n. f. Inégalité entre deux expressions algébriques contenant des variables, et qui n'est satisfaite que pour certaines valeurs de ces variables.

inéquitable adj. Qui n'est pas équitable.

inerme [inɛrm] adj. (lat. *inermis*, sans armes). *Bot.* Qui n'a ni aiguillon ni épines. || *Zool.* Sans crochets : *ténia inerme*.

inerte [inɛrt] adj. (lat. *iners*, incapable). Sans mouvement, sans activité : *masse inerte*. || Inactif, paresseux : *esprit inerte*.

inertie [inɛrsi] n. f. (lat. *inertia*, incapacité). Etat de ce qui est inerte : *l'inertie des corps inorganiques*. || Manque d'activité, d'énergie : *tirer quelqu'un de son inertie*. ● *Force d'inertie* (Mécan.), résistance que les corps opposent au mouvement, et qui résulte de leur masse ; et, au *fig.*, résistance passive, qui consiste surtout à ne pas obéir : *opposer la force d'inertie*. || *Inertie utérine* (Méd.), contraction insuffisante de l'utérus pendant ou après l'accouchement. || *Moment d'inertie d'un point matériel par rapport à un axe*, produit de la masse de ce point par le carré de sa distance à l'axe. || *Moment d'inertie d'un système par rapport à un axe*, somme des moments d'inertie de tous les points matériels qui le composent. || *Principe d'inertie*, principe au terme duquel tout point matériel qui n'est soumis à aucune force est soit au repos, soit animé d'un mouvement rectiligne uniforme.

Inès de Castro, fille d'un noble castillan, née en Castille (v. 1320-1355). Elle avait épousé secrètement l'infant Pierre de Portugal et fut assassinée sur l'ordre d'Alphonse IV. Sa mort et son couronnement posthume ont inspiré les artistes et les écrivains, notamment Camões (dans un épisode des *Lusiades*), Vélez de Guevara, Henry de Montherlant (*la Reine morte*).

inescomptable adj. Qui ne peut être escompté : *billet inescomptable*.

inespéré, e adj. Inattendu ; qu'on n'espérait pas : *chance inespérée*.

inesthétique adj. Qui n'est pas esthétique.

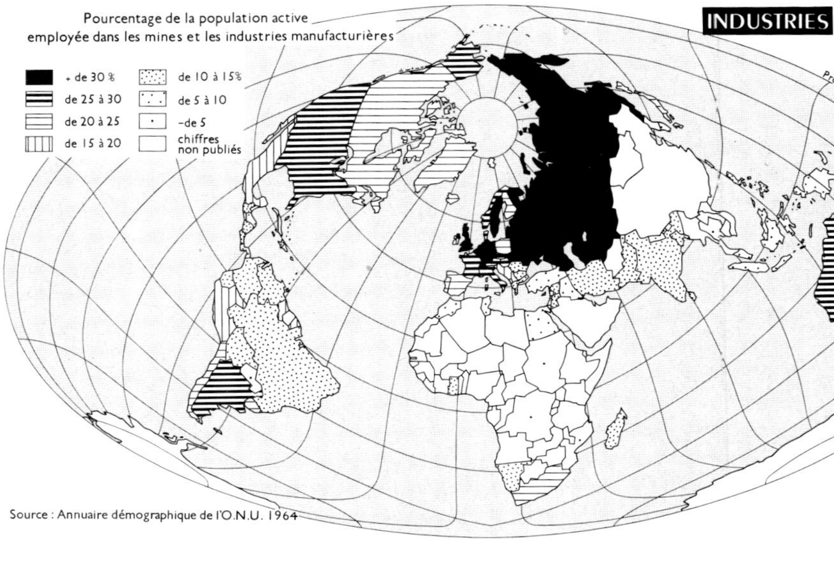

inestimable adj. Qu'on ne peut assez estimer : *la franchise est une qualité inestimable.*

inétendu, e adj. Qui n'a pas d'étendue : *le point géométrique est inétendu.*

inévitable adj. Qu'on ne peut éviter.

inévitablement adv. De façon inévitable.

inexact, e adj. Qui contient des erreurs ; faux : *calcul, renseignement inexact.* ‖ Qui manque de ponctualité : *employé inexact.*

inexactement adv. De façon inexacte : *rapporter inexactement un entretien.*

inexactitude n. f. Manque de ponctualité. ‖ Caractère de ce qui est erroné : *l'inexactitude d'un récit.* ‖ Erreur commise par manque de précision : *une biographie remplie d'inexactitudes.*

inexaucé, e adj. Qui n'a pas été exaucé : *vœu inexaucé.*

inexcitabilité n. f. Etat de ce qui est inexcitable.

inexcitable adj. Qu'on ne peut exciter.

inexcusable adj. Qui ne peut être excusé.

inexécutable adj. Qui ne peut être exécuté : *projet inexécutable.*

inexécuté, e adj. Qui n'a pas été exécuté.

inexécution n. f. Manque d'exécution : *l'inexécution d'un contrat.*

inexercé, e adj. Qui n'est pas exercé : *soldats braves, mais inexercés.*

inexigibilité n. f. Caractère de ce qui est inexigible.

inexigible adj. Qui ne peut être exigé : *dette présentement inexigible.*

inexistant, e adj. Qui n'existe pas : *monstre inexistant.* ‖ *Fam.* Qui est nul, sans valeur : *travail inexistant.*

inexistence n. f. Absence d'existence : *constater l'inexistence de toute vie politique.* ‖ Inanité : *l'inexistence d'un argument.*

inexorabilité n. f. Etat, caractère de ce qui est inexorable : *l'inexorabilité du sort.*

inexorable [inɛgzɔrabl] adj. (lat. *inexorabilis ;* de *in* priv., et *exorare,* obtenir par prière). Qui ne peut être fléchi : *juge inexorable.* ‖ Dur, trop sévère : *loi inexorable.*

inexorablement adv. De façon inexorable.

inexpérience n. f. Manque d'expérience : *l'inexpérience de la jeunesse.*

inexpérimenté, e adj. Qui n'a pas d'expérience : *ouvrier inexpérimenté.* ‖ Dont on n'a pas fait l'expérience : *procédé inexpérimenté.*

inexpert, e adj. Qui manque d'habileté.

inexpiable adj. Qui ne peut être expié : *crime inexpiable.* ● *Guerre inexpiable,* guerre de Carthage contre ses mercenaires révoltés.

inexpié, e adj. Qui n'a pas été expié.

inexplicable adj. Qui ne peut être expliqué : *énigme inexplicable.* ‖ Bizarre, étrange : *homme, caractère inexplicable.*

inexplicablement adv. De façon inexplicable.

inexpliqué, e adj. Qui n'a pas reçu d'explication satisfaisante.

inexploitable adj. Qui n'est pas susceptible d'être exploité : *gisement inexploitable.*

inexploité, e adj. Qui n'est pas exploité.

inexplorable adj. Qui ne peut être exploré.

inexploré, e adj. Que l'on n'a point encore exploré : *terre inexplorée.*

inexplosible adj. Qui ne peut faire explosion.

inexpressif, ive adj. Dépourvu d'expression : *physionomie inexpressive.*

inexprimable adj. Qu'on ne peut exprimer : *bonheur inexprimable.*

inexprimé, e adj. Qui n'a pas été exprimé.

inexpugnable [inɛkspygnabl] adj. (lat. *inexpugnabilis ;* de *in* priv., et *expugnare,* prendre par force). Qui ne peut être forcé, pris d'assaut : *forteresse inexpugnable.* ‖ *Fig.* Qui résiste à toutes les attaques : *vertu inexpugnable.*

inextensibilité n. f. Qualité de ce qui est inextensible.

inextensible adj. Qui ne peut être allongé : *fil inextensible.*

in extenso [inɛkstɛ̃so] loc. adv. (mots lat. signif. *en entier*). Tout au long, en entier : *publier un discours « in extenso ».*

inextinguible [inɛkstɛ̃gibl *ou* -gɥibl] adj. Qu'on ne peut éteindre : *feu inextinguible.* ‖ Qu'on ne peut apaiser, arrêter : *rire inextinguible.*

inextirpable adj. Qu'on ne peut extirper.

in extremis [inɛkstremis] loc. adv. (mots lat. signif. *à l'extrémité*). Au dernier moment, à la dernière limite : *sauvé « in extremis ».*

inextricable adj. (du lat. *extricare,* débarrasser). Qui ne peut être démêlé : *affaire inextricable.*

inextricablement adv. De façon inextricable.

infaillibilité [ɛ̃fajibilite] n. f. Impossibilité de se tromper. ● *Infaillibilité pontificale,* dogme proclamé en 1870 par le concile du Vatican, d'après lequel le pape, dans l'exercice solennel de son ministère enseignant, ne peut se tromper en matière de foi.

infaillible adj. Qui ne peut ni se tromper ni tromper les autres : *nul n'est infaillible.* ‖ Qui ne peut manquer de se produire ; certain : *succès infaillible.* ‖ Qui a des résultats assurés : *remède infaillible.*

infailliblement adv. Inévitablement, nécessairement.

infaisable adj. Qui ne peut être fait.

infalsifiable adj. Qui ne peut être falsifié.

infamant, e adj. Qui porte infamie : *la peine de réclusion est une peine infamante.*

infâme [ɛ̃fɑm] adj. (lat. *infamis ;* de *in* priv., et *fama,* réputation). Qui est flétri par la loi ou par l'opinion publique ; abject, avilissant : *infâme trahison.* ‖ Qui cause de la répugnance : *infâme taudis.*

infamie n. f. Caractère de ce qui est infâme : *l'infamie d'un crime.* ‖ Action vile, honteuse : *commettre une infamie.* ‖ — Pl. Propos injurieux : *dire des infamies de quelqu'un.*

infant [ɛ̃fɑ̃], **e** [-ɑ̃t] n. (esp. *infante ;* du lat. *infans,* enfant). Titre donné aux enfants puînés des rois de Portugal et d'Espagne.

infanterie [ɛ̃fɑ̃tri] n. f. Ensemble des troupes combattant à pied : *disposer d'une bonne infanterie.*

— ENCYCL. Très bien organisée, instruite et armée dans l'Antiquité, où elle constituait l'essentiel des armées, l'*infanterie* n'est d'abord représentée en France que par la « piétaille » des seigneurs, puis par les « gens de pied », auxiliaires dédaignés de la noble cavalerie. Il faut attendre le XVe s. pour que soit créé le corps des *francs archers** et le XVIe s. pour que les deux premiers régiments d'infanterie, celui de Picardie et celui du Piémont, soient constitués. Armée de piques et d'arcs ou d'arbalètes, puis de mousquets, l'infanterie est à la fin du XVIIe s. dotée du fusil à baïonnette. Bien que la cadence du tir soit encore très lente, l'efficacité du feu rend à cette infanterie une place de plus en plus importante dans le corps de bataille. Elle compte bientôt dans ses rangs des *grenadiers**, puis des fusiliers, appelés *chasseurs**, et elle reçoit un règlement de manœuvre inspiré de celui de l'infanterie prussienne. Désorganisée par la Révolution, elle est transformée par l'*amalgame**. Napoléon affecte des *voltigeurs** dans toutes les unités afin de pouvoir utiliser aussi bien l'*infanterie de ligne* que l'*infanterie légère* qu'il a organisée avec les corps francs et les chasseurs. Il forme aussi avec les *tirailleurs** un certain nombre de régiments, et cette appellation est reprise, après la conquête de l'Algérie, pour désigner les unités indigènes créées après la mise sur pied des régiments de *zouaves**. L'apparition du fusil rayé, du chassepot, puis des fusils et de l'artillerie modernes transforme la tactique de l'infanterie, qui, jusqu'à la Première Guerre mondiale, va évoluer entre deux conceptions : l'une offensive, fondée sur la possibilité de progresser en dépit du feu ; l'autre défensive, fondée sur la puissance invincible du feu.

La Première Guerre mondiale va consacrer la prépondérance de l'infanterie, « reine des batailles », en même temps qu'elle va entraîner la transformation des unités qui la composent. Toutes homogènes au départ, celles-ci comprennent à la fin des unités spécialisées en raison des matériels toujours plus diversifiés dont elles sont peu à peu dotées (fusils mitrailleurs, mitrailleuses, mortiers, lance-flammes, moyens de transmissions, etc.). Cette évolution, poursuivie entre les deux guerres, n'a fait que s'accélérer depuis avec les nouvelles techniques (canons sans recul, missiles lance-roquettes, radars, matériels de lutte contre les gaz et la radio-activité, etc.). D'autre part, grâce aux moyens de transport terrestres ou aériens, l'infanterie est désormais largement affranchie de sa traditionnelle servitude de la marche à pied.

De toute façon, qu'elle soit *à pied, aéroportée*, héliportée*, mécanisée*, motorisée** ou *parachutée**, elle assure la conquête, l'occupation et la défense du terrain. Sa position en fin de combat matérialise le succès ou l'échec d'une opération.

infanticide n. m. (lat. *infans, infantis,* enfant, et *caedere,* tuer). Meurtre d'un enfant, et, *spécialem.,* d'un nouveau-né. ‖ — N. Personne coupable du meurtre d'un enfant.

infantile [ɛ̃fɑ̃til] adj. Relatif à l'enfant en bas âge : *maladie infantile.* ‖ *Péjor.* Digne d'un enfant : *un comportement infantile.*

infantiliser v. t. Rendre infantile, maintenir chez les adultes une mentalité infantile : *cette émission de jeux télévisés infantilise le public.*

infantilisme n. m. Persistance anormale des caractères de l'enfance à l'âge adulte. ‖ Arrêt du développement d'un individu, dû à une insuffisance endocrinienne (hypophysaire ou thyroïdienne) ou à une anomalie génétique. ● *Infantilisme affectif,* persistance, à l'état adulte, d'un comportement affectif propre à l'enfant. (L'infantilisme affectif est souvent dû à des erreurs d'éducation [enfants trop protégés par la mère].)

infarctus [ɛ̃farktys] n. m. (lat. *in,* dans, et *farcire,* remplir de farce). *Méd.* Lésion nécrotique d'un tissu, due à un trouble circulatoire et s'accompagnant le plus souvent d'une infiltration de sang.

— ENCYCL. L'*infarctus* résulte de l'oblitération d'un vaisseau par artérite, par thrombose ou par embolie. Toute la zone irriguée par le vaisseau en aval de l'obstacle est le siège d'une nécrose. Si la lésion n'est pas trop étendue, la zone atteinte est remplacée progressivement par du tissu conjonctif, qui forme une cicatrice.

L'*infarctus du myocarde* est dû à l'oblitération d'une branche des artères coronaires. Il se manifeste par une douleur thoracique parfois très violente, parfois minime. Son diagnostic est fourni par l'électrocardiogramme. L'infarctus du myocarde nécessite un traitement et un repos prolongés.

L'*infarctus pulmonaire* est dû le plus souvent à une embolie au cours d'une phlébite. On observe également des infarctus au niveau des autres viscères.

Le traitement des infarctus a été très amélioré par l'emploi des anticoagulants.

infatigable adj. Que rien ne fatigue.

infatigablement adv. Sans se lasser.

infatuation n. f. Satisfaction excessive et ridicule que l'on a de soi.

infatué [ɛ̃fatɥe], **e** adj. (du lat. *fatuus,* sot). Qui est content de soi : *un homme très infatué.*

infécond, e adj. Stérile, aride (au *pr.* et au *fig.*) : *sol infécond ; esprit infécond.*

infécondité n. f. Stérilité.

infect [ɛ̃fɛkt], **e** adj. (du lat. *inficere,* souiller). Qui exhale de mauvaises odeurs ; fétide : *marais infect.* ‖ *Fam.* Qui excite le dégoût : *livre infect.* ‖ *Fam.* Très mauvais : *boisson infecte.*

infectant, e adj. Qui produit l'infection.

infecter v. t. Gâter, corrompre : *la chaleur infecte les eaux stagnantes.* ‖ Contaminer par des germes infectieux : *elle s'est infecté le doigt.* ‖ Remplir d'émanations puantes, malsaines. ‖ Souiller moralement.

infectieux, euse adj. Qui produit l'infection : *germe infectieux.* ‖ Qui résulte ou s'accompagne d'infection : *la rougeole est une maladie infectieuse.*

infection [ɛ̃fɛksjɔ̃] n. f. Pénétration et développement dans un organisme d'agents infectieux, microbes ou virus, produisant des troubles d'intensité et de gravité variables. (V. *encycl.*) ‖ Grande puanteur. (Syn. : FÉTIDITÉ, PESTILENCE.)

— ENCYCL. L'*infection* peut être limitée à ce qui est proche de la porte d'entrée des germes : c'est l'infection locale, qui provoque une inflammation plus ou moins aiguë ; elle peut s'étendre au voisinage, suscitant une réaction de défense, notamment au niveau des ganglions lymphatiques (adénopathie) ; enfin elle peut se généraliser à tout l'organisme, réalisant la septicémie. L'action nocive des germes microbiens se fait par les toxines qu'ils excrètent (exotoxines) ou qui restent dans les corps microbiens (endotoxines). L'organisme réagit à l'infection par l'inflammation et par des réactions de défense des humeurs et des tissus, dont l'ensemble constitue l'immunité.

v. tableau p. suivante

inféodation n. f. Action d'inféoder.

inféodé, e adj. Affilié, rattaché : *inféodé à un parti.*

inféoder [ɛ̃feɔde] v. t. (de *féodal*). Donner une terre pour qu'elle soit tenue en fief. ‖ — **S'inféoder** v. pr. Se lier étroitement ; s'affilier : *s'inféoder à un chef.*

infère [ɛ̃fɛr] adj. (lat. *inferus*). *Bot.* Se dit d'un ovaire situé au-dessous des points d'insertion des sépales, pétales et étamines, comme chez l'iris, le pommier. (On dit aussi ADHÉRENT.) [Contr. SUPÈRE.]

inférence n. f. Opération intellectuelle par laquelle on passe d'une vérité à une autre vérité, jugée telle en raison de son lien avec la première : *la déduction est une inférence.* ● *Inférence statistique,* ensemble des méthodes permettant de formuler en termes probabilistes un jugement sur une population, à partir des résultats observés sur un échantillon extrait au hasard de cette population.

inférer [ɛ̃fere] v. t. (lat. *inferre,* alléguer) [conj. **5**]. Tirer une conséquence d'un fait, d'un principe.

inférieur [ɛ̃ferjœr], **e** adj. (lat. *inferior,* qui est situé plus bas). Placé au-dessous : *mâchoire inférieure.* ‖ Plus bas, plus rapproché de la mer : *Rhône inférieur.* ‖ — *Fig.* Moindre en dignité, en mérite, en organisation : *rang inférieur ; animal inférieur.* ‖ Dont la valeur est plus faible : *qualité inférieure.* ‖ — N. Subordonné : *il faut être courtois avec ses inférieurs.*

inférieurement adv. Au-dessous.

inférioriser v. t. Rendre inférieur.

infériorité n. f. Désavantage en ce qui concerne le rang, la force, le mérite, etc. : *se trouver en état d'infériorité par rapport à d'autres personnes.* ● *Complexe d'infériorité,* état psychologique morbide dans lequel le sujet, ayant la conviction intime d'être inférieur à ceux qui l'entourent, adopte une attitude inadéquate ou déviante : agressivité, hostilité, défi, apathie, timidité, etc.

infermentescible adj. Qui n'est pas susceptible de fermenter.

infernal [ɛ̃fɛrnal], **e, aux** [-o] adj. (du lat. *infernus,* lieu d'en bas). Qui a ou annonce beaucoup de méchanceté, de noirceur : *ruse infernale.* ‖ *Fam.* Insupportable : *un enfant infernal.* ‖ Se dit d'un grand bruit : *vacarme infernal.* ‖ Se disait des esprits appartenant à l'enfer. ● *Machine infernale,* engin explosif. ‖ *Pierre infernale,* nitrate d'argent.

inférovarié [ɛ̃ferɔvarje], **e** adj. Se dit des végétaux dans lesquels l'ovaire est infère.

infertile adj. Qui n'est pas fertile.

infertilité n. f. Stérilité.

Maladies infectieuses causées par des bactéries

Maladie	Agent causal	Durée de l'incubation
scarlatine	streptocoque	trois à cinq jours
rhumatisme articulaire aigu	streptocoque hémolytique (probablement)	très variable
méningite cérébro-spinale	méningocoque (il s'agit d'un diplocoque intracellulaire)	deux à quatre jours
peste	bacille de Yersin ou *Pasteurella pestis* (bâtonnet court, gram négatif)	deux à dix jours
tularémie	*Pasteurella tularensis* (bâtonnet gram négatif)	un à dix jours
tuberculose	bacille de Koch (— BK humain), bacille de Koch (— BK bovin)	très variable (minimum un à deux mois)
lèpre	bacille de Hansen (ressemble au bacille de Koch)	très longue (quelques mois à cinq ans)
fièvres typhoïde et paratyphoïdes	— bacille d'Eberth — bacilles paratyphiques A, B, C	quinze jours
dysenterie bacillaire	bacille du groupe des *shigella*	un à sept jours
choléra	vibrion cholérique	un à six jours
leptospirose ictéro-hémorragique	spirochète d'Inada et Ido (filament spiralé)	six à douze jours
syphilis	tréponème (filament spiralé très mobile)	quinze jours à un mois
tétanos	bacille de Nicolaier	deux jours à deux mois (en moyenne dix jours)

Maladies infectieuses causées par des virus

Maladie	Agent causal	Durée de l'incubation
variole	virus fragile (présent dans les croûtes)	huit à vingt et un jours
varicelle	virus voisin de celui du zona	deux à trois semaines
zona	virus neurotrope	
herpès	virus	
rougeole	virus très fragile	dix à douze jours
rubéole	virus	quatorze jours
oreillons	virus	vingt et un jours
rage	virus neurotrope (présent dans la salive de l'animal enragé)	un à deux mois
poliomyélite	petit virus résistant	une à deux semaines
grippe	virus (souches A_1, A_2, B_1, D et virus paragrippaux)	trois à cinq jours

infestation n. f. Présence, dans un organisme, de parasites provoquant ou non des troubles pathologiques.

infester [ɛ̃fɛste] v. t. (du lat. *infestus*, ennemi). Ravager, tourmenter par des irruptions, des actes de brigandage : *les pirates infestaient ces côtes*. ‖ Abonder dans un lieu, en parlant des animaux nuisibles : *les rats infestent certains navires*. ‖ Envahir un organisme, en parlant des parasites.

infidèle adj. Qui manque à ses engagements, spécialement dans le mariage : *infidèle à ses promesses*. ‖ Inexact, qui n'exprime pas la vérité, la réalité : *récit infidèle*. ‖ — N. Nom donné à celui qui ne professe pas la religion considérée comme vraie.

infidèlement adv. De façon infidèle.

infidélité n. f. Manque de fidélité, spécialement dans le mariage : *l'infidélité d'un mari*. ‖ Manque d'exactitude, de vérité : *l'infidélité d'un historien*. ‖ Action infidèle : *commettre une infidélité*.

infiltrat n. m. Opacité pulmonaire homogène circonscrite et peu étendue, visible à la radiographie. (L'infiltrat est surtout une image de début de la tuberculose pulmonaire.)

infiltration n. f. Passage lent d'un liquide à travers les interstices d'un corps : *l'infiltration de l'eau dans le bois*. ‖ *Méd.* Syn. de INFILTRAT. ‖ Envahissement de certains tissus, et notamment du tissu cellulaire, par un liquide organique. ‖ *Mil.* Mode de progression utilisant au maximum les accidents du terrain et les zones non battues par le feu adverse. ‖ Action de pénétrer, de s'insinuer; résultat de cette action.

infiltrer (s') [sɛ̃filtre] v. pr. Passer comme par un filtre à travers les pores d'un corps solide : *l'eau s'infiltre dans le sable*. ‖ Avancer par infiltration, pénétrer : *s'infiltrer à travers les positions ennemies*. ‖ S'insinuer, pénétrer : *les préjugés s'infiltrent aisément dans une société*.

infime [ɛ̃fim] adj. Très petit : *une somme infime*.

infini [ɛ̃fini], **e** adj. (lat. *infinitus*). Qui est sans limites : *l'espace est infini*. ‖ Très grand, considérable : *je vous sais un gré infini*. ● *Ensemble infini*, ensemble dont le nombre des éléments n'est pas limité. ‖ *Quantité infinie*, quantité variable qui devient et reste, en valeur absolue, supérieure à toute limite fixée arbitrairement.

infini n. m. Ce que l'on suppose sans limites. ‖ *Math.* Syn. de QUANTITÉ INFINIE (symb. : ∞ ; $+\infty$ ou $-\infty$ suivant le signe). ‖ **— A l'infini** loc. adv. Sans bornes, sans fin. ‖ *Math.* A une distance infiniment grande : *point à l'infini*.

infiniment adv. Extrêmement : *plaire infiniment*. ● *Infiniment grand* (Math.), grandeur variable dont la valeur peut devenir supérieure à tout nombre donné à l'avance. ‖ *Infiniment petit* (Math.), grandeur variable dont la valeur peut devenir inférieure à tout nombre donné à l'avance.

infinité n. f. Qualité de ce qui est infini : *l'infinité de Dieu*. ‖ Un très grand nombre : *une infinité de gens*.

infinitésimal [ɛ̃finitezimal], **e, aux** [-o] adj. (lat. *infinitus*, et suffixe *-ésimal* des ordinaux). Extrêmement petit. ● *Calcul infinitésimal* (Math.), ensemble du calcul différentiel et du calcul intégral. (V. *encycl.*) ‖ ● *Grandeur infinitésimale*, élément de grandeur considéré comme composé de parties infiniment petites.

— ENCYCL. *Math.* Le *calcul infinitésimal* a pour origine les recherches relatives aux quadratures et l'étude des tangentes aux courbes. Fermat a donné les principes du calcul infinitésimal en trouvant la méthode de développement d'une fonction suivant les puissances de l'accroissement de la variable.

infinitif [ɛ̃finitif], **ive** [-iv] adj. (lat. *infinitus*, indéfini). *Gramm.* Qui est de la nature de l'infinitif : *proposition infinitive*.

infinitif n. m. *Gramm.* Mode du verbe qui exprime l'action d'une manière indéterminée.

infinitude n. f. Qualité de ce qui est infini : *l'infinitude du temps*.

infirmatif, ive adj. *Dr.* Qui infirme : *arrêt infirmatif d'un jugement de première instance*.

infirmation n. f. Action d'infirmer. ‖ *Dr.* Annulation en appel d'une décision.

infirme adj. et n. (lat. *infirmus*, faible). Qui a quelque infirmité.

infirmer [ɛ̃firme] v. t. *Dr.* Déclarer nul. ‖ *Fig.* Affaiblir, démentir : *infirmer un témoignage*.

infirmerie n. f. Local où l'on isole et soigne les malades, dans les communautés, les casernes, les collèges, etc.

infirmier [ɛ̃firmje], **ère** [-ɛr] n. Personne qui soigne les malades à l'infirmerie, à l'hôpital, à domicile, etc.

infirmité n. f. Perte, complète ou non, d'une fonction particulière du corps.

infixe [ɛ̃fiks] n. m. (lat. *infixus*, inséré). *Gramm.* Elément qui s'insère au milieu d'un mot pour en modifier le sens ou la valeur.

inflammabilité n. f. (du lat. *inflammare*, enflammer). Caractère de ce qui est inflammable.

inflammable [ɛ̃flamabl] adj. Qui s'enflamme facilement. ‖ *Fig.* Qui se passionne aisément.

inflammation n. f. Action par laquelle une matière combustible s'enflamme ; son résultat. ‖ *Méd.* Réaction pathologique qui s'établit à la suite d'une agression traumatique, chimique ou microbienne de l'organisme, et qui se caractérise par de la chaleur, de la rougeur, de la douleur et de la tuméfaction.

inflammatoire adj. Qui tient de l'inflammation ; qui se traduit par une inflammation.

inflation [ɛ̃flasjɔ̃] n. f. (du lat. *inflare*, enfler). Déséquilibre économique caractérisé par une hausse générale des prix, et qui provient de l'excès de pouvoir d'achat de la masse des consommateurs (particuliers, entreprises, Etat) par rapport à la quantité des biens et des services mis à leur disposition. ‖ Augmentation excessive : *inflation de fonctionnaires*.

inflationniste adj. Qui est cause ou marque d'inflation : *tension inflationniste*.

infléchi, e adj. Se dit du timbre d'une voyelle qui a subi une modification sous l'influence d'un phonème voisin ou par analogie morphologique : *l'o infléchi* (ö).

infléchir v. t. Courber, incliner. ‖ Modifier le comportement de quelqu'un. ‖ **— S'infléchir** v. pr. Se courber, dévier.

inflexibilité n. f. Caractère de ce qui est inflexible. ‖ *Fig.* Extrême fermeté de l'esprit ou du caractère.

inflexible adj. Qui ne peut être plié, courbé. ‖ Qui ne change pas d'avis, qui ne fait aucune concession : *se montrer inflexible dans ses résolutions*. ‖ Qui ne se laisse pas gagner par les sentiments, la pitié : *rester inflexible aux prières et aux menaces*.

inflexiblement adv. De façon inflexible.

inflexion n. f. Action de plier, d'incliner : *saluer en faisant une légère inflexion du corps*. ‖ Changement, modification : *l'inflexion d'une attitude politique*. ‖ *Math.* Changement de sens de la courbure d'une courbe plane. ‖ Modification d'origine phonétique ou morphologique du timbre d'une voyelle. (Graphiquement, la lettre peut rester la même après inflexion. Ainsi, l'inflexion de la deuxième et de la troisième personne du singulier de certains verbes allemands se marque dans la langue écrite par un changement de voyelle ou par un tréma sur une voyelle identique.) ● *Inflexion de voix*, changement de ton, d'accent dans la voix. ‖ *Point d'inflexion*, point où une courbe traverse sa tangente.

infliger [ɛ̃fliʒe] v. t. (lat. *infligere*, heurter) [conj. **1**]. Frapper d'une peine pour une faute, pour un crime : *infliger un châtiment*. ‖ Imposer quelque chose de pénible : *il m'a infligé sa présence*.

inflorescence [ɛ̃flɔrɛsɑ̃s] n. f. (lat. *inflorescere*, fleurir). Ensemble des fleurs portées par l'extrémité d'un même rameau et voisines les unes des autres. (V. illustr. FLEUR.)

influençable adj. Qui se laisse influencer : *caractère influençable*.

influence n. f. Action qu'une personne exerce sur une autre : *avoir une grande influence sur un enfant*. (Syn. : ASCENDANT, AUTORITÉ, CRÉDIT, EMPRISE, MAINMISE, PRESTIGE.) ‖ Action qu'une chose exerce sur une personne ou sur une autre chose : *influence de l'opinion publique; influence du climat sur le tempérament*. ● *Electrisation par influence*, charge électrique prise par un conducteur placé au voisinage d'un autre conducteur électrisé. ‖ *Ligne d'influence* (Constr. et Trav. publ.), courbe représentant un des éléments de réduction (compression, torsion, etc.) en un point particulier.

influencer [ɛ̃flyɑ̃se] v. t. (conj. **1**). Exercer une influence sur : *la Lune influence les marées; influencer ses camarades*.

influent, e adj. Qui a de l'autorité, du prestige : *un personnage influent*.

influenza [ɛ̃flyɑ̃za *ou* -ɛ̃za] n. f. (mot ital. signif. *influence*). Autre nom de la GRIPPE.

influer [ɛ̃flye] v. i. (lat. *influere*, couler dans). Exercer une action : *le climat influe sur la santé*.

influx [ɛ̃fly] n. m. (lat. *influxus*, influence). *Influx nerveux*, phénomène de nature électrique, par lequel l'excitation d'une fibre nerveuse se propage dans le nerf.

— ENCYCL. La vitesse de propagation de l'*influx nerveux* varie de 10 à 100 m par seconde selon les nerfs et les espèces. Il ne s'agit donc pas d'un courant électrique, mais de phénomènes de *polarisation* et de *dépolarisation* entre le cylindraxe et la gaine, qui s'établissent de proche en proche. L'influx est *centrifuge* quand il va des centres nerveux vers les organes (nerfs moteurs) et *centripète* lorsqu'il va des organes vers les centres nerveux (nerfs sensitifs).

in-folio [ɛ̃fɔljo] adj. inv. (mots lat. signif. *en feuille*). Se dit d'une feuille d'impression qui, ayant été pliée une fois, forme 2 feuillets ou 4 pages. ‖ Se dit du format de cette feuille. ‖ — N. m. inv. Livre de format in-folio.

informateur, trice n. Personne qui donne des renseignements.

informaticien, enne n. et adj. Personne qui s'occupe d'informatique. ‖ Personne dont le métier est la conception, la construction, la programmation et l'entretien des machines à traiter l'information. ● *Ingénieur informaticien*, ingénieur qui s'occupe de l'informatique et de ses applications.

informatif, ive adj. Qui informe : *une publicité informative.*

information n. f. Renseignement, nouvelle donnés par un journal, par la radio ou la télévision. ‖ Sorte d'enquête que l'on mène pour constater un fait (en ce sens, s'emploie ordinairement au pl.) : *aller aux informations.* ‖ *Dr.* Ensemble des actes qui ont pour objet de faire la preuve d'une infraction et d'en connaître les auteurs. ‖ *Inform.* Facteur qualitatif désignant la position d'un système, et éventuellement transmis par ce système à un autre. (V. *encycl.*) ● *Quantité d'information*, mesure quantitative de l'incertitude d'un message en fonction du degré de probabilité de chaque signal composant ce message. ‖ *Traitement de l'information*, v. TRAITEMENT.

— ENCYCL. *Inform.* La transmission de l'*information* se fait au moyen de signaux tels que les sons ou l'écriture et nécessite l'emploi d'un « code » où les éléments d'information sont représentés par des symboles : l'alphabet français est composé de 26 lettres ; le morse ne comporte que deux signes, le trait et le point, qui permettent de représenter toutes les lettres par des groupements différents. Dans le cas le plus simple, le choix des symboles est limité à deux possibilités (0 et 1, par exemple), qui forment l'unité d'information, base du calcul binaire utilisé dans les machines à calculer électroniques, ou ordinateurs, pour les opérations logiques. Les signaux qui véhiculent l'information peuvent être de nature absolument quelconque ; ils sont le plus souvent représentés par des courants électriques. Dans le système binaire, le symbole 0 représente l'absence de courant et le symbole 1 correspond au passage du courant.

informationnel, elle adj. Relatif à l'information : *chiffrer la valeur informationnelle d'un message.*

informatique n. f. Science du traitement automatique et rationnel de l'information considérée comme le support des connaissances et des communications : *la seconde moitié du XX*e *s. est marquée par la révolution apportée par l'informatique.* (V. pages suivantes.)

informatiser v. t. Gérer au moyen de l'informatique.

informe [ɛ̃fɔrm] adj. (lat. *informis*, affreux). Sans forme déterminée : *masse informe.* ‖ De formes lourdes et disgracieuses : *animal informe.* ‖ Imparfait, incomplet : *ouvrage informe.*

informé n. m. Information juridique : *jusqu'à plus ample informé.*

informel, elle adj. et n. Se dit d'artistes qui tendent à explorer des états de sensibilité sans recourir à l'usage de formes structurées. ‖ Se dit de leurs œuvres.

informer [ɛ̃fɔrme] v. t. (lat. *informare*, donner une forme). Avertir, renseigner : *je vous informe que votre demande a été transmise.* ‖ — V. i. *Dr.* Faire une information, une instruction : *informer contre quelqu'un.* ‖ **— S'informer [de]** v. pr. S'enquérir, se renseigner.

informulé, e adj. Non formulé.

infortune n. f. Revers de fortune, adversité : *vivre dans l'infortune.* ‖ — Pl. Evénements malheureux : *conter ses infortunes.*

infortuné, e adj. et n. Se dit d'une personne malheureuse.

infraction [ɛ̃fraksjɔ̃] n. f. (du lat. *infractus*, brisé). Toute violation d'une loi, d'un ordre, d'un traité, etc.

infranchissable adj. Que l'on ne peut franchir : *mur infranchissable.*

infrangible adj. (*in* priv., et du lat. *frangere*, briser). Qui ne peut être brisé.

infrarouge adj. Se dit des radiations obscures moins réfrangibles que le rouge.

— ENCYCL. *Mil.* Les progrès de la technique de détection par *infrarouge* sont maintenant largement utilisés dans les armées modernes. La nuit ne constitue plus un obstacle aussi gênant qu'autrefois pour le combattant. En effet, des lunettes de conduite des véhicules et particulièrement des chars ont été mises au point, et des lunettes de visée permettent de tirer la nuit avec une bonne précision.

— *Physiq.* Les radiations infrarouges, découvertes en 1800 par W. Herschel, constituent ce qu'on nommait « chaleur rayonnante obscure ». Emises par tous les corps chauds, mais plus souvent par des tubes luminescents ou des lampes à incandescence sous-voltées, elles forment un spectre s'étendant entre le spectre visible et les ondes radio millimétriques. On les utilise pour le chauffage, la cuisson des aliments, le séchage des peintures, la photographie, l'émission de signaux invisibles, ainsi que pour leur action thérapeutique.

infrason ou **infra-son** [ɛ̃frasɔ̃] n. m. Vibration de même nature que le son, mais de fréquence inférieure à celle des sons audibles.

infrasonore ou **infra-sonore** adj. Relatif aux infrasons.

infrastructure n. f. Ensemble des travaux relatifs à tout ce qui nécessite, pour un ouvrage (routes, voies ferrées, etc.), des fondations. ‖ Ensemble des installations territoriales (services, écoles, bases, etc.) indispensables à la création et à l'emploi de forces militaires. ‖ *Sociol.* Base matérielle d'une société (situation géographique, économie, etc.), par oppos. à *superstructure.* ● *Infrastructure aérienne*, ensemble des installations au sol indispensables aux avions pour remplir leurs missions.

infréquentable adj. Qu'on ne peut pas fréquenter, avec lequel on ne veut pas avoir de liens : *sa grossièreté le rend infréquentable.*

infroissabilité n. f. Propriété qu'ont certains tissus de ne pas se froisser.

infroissable adj. Qui ne peut se chiffonner : *un tissu infroissable.*

infructueux, euse adj. Qui ne donne pas de résultat utile : *effort infructueux.*

infumable adj. Qui est désagréable à fumer.

infundibulum [ɛ̃fɔ̃dibylɔm] n. m. (mot lat. signif. *entonnoir*). Région de l'encéphale, en forme d'entonnoir, située au-dessus de l'hypophyse. ‖ Partie d'organe en forme d'entonnoir.

infus, e adj. *Science infuse*, science que l'on possède sans l'avoir acquise par l'étude ou par l'expérience.

infuser [ɛ̃fyze] v. t. (du lat. *infusus*, versé dans). Mettre une substance dans un liquide chaud pour le parfumer : *infuser du thé dans l'eau bouillante.* ‖ — V. i. ou **s'infuser** v. pr. Donner son arôme, en parlant d'une plante aromatique : *laisser le tilleul infuser.*

infusibilité n. f. Caractère de ce qui est infusible.

infusible adj. Qu'on ne peut fondre.

infusion n. f. Liquide dans lequel on a mis une plante aromatique à macérer à chaud : *infusion de tilleul.*

infusoires n. m. pl. (du lat. *infusus*, répandu dans). Anc. nom des protozoaires de l'embranchement des ciliés, qui se développent dans des infusions végétales.

ingagnable adj. Qui ne peut être gagné.

ingambe [ɛ̃gɑ̃b] adj. (ital. *in gamba*, en jambe). Qui a les jambes lestes : *vieillard encore ingambe.*

Ingeborg ou **Ingeburge.** V. ISAMBOUR.

Ingegneri (Marcantonio), compositeur italien, né à Vérone (?) [v. 1545-1592], auteur d'œuvres polyphoniques religieuses et profanes.

Ingelmunster, comm. de Belgique (Flandre-Occidentale) ; 10 000 h.

Ingen-Housz (Johannes), physicien hollandais, né à Breda (1730-1799). Il est l'auteur d'une célèbre expérience sur les conductibilités thermiques des solides et d'une étude de la nutrition des végétaux.

ingénier (s') [sɛ̃ʒenje] v. pr. (du lat. *ingenium*, esprit). Chercher, tâcher de trouver un moyen pour réussir : *s'ingénier à plaire.*

ingénierie n. f. (de *ingénieur*). *Industr.* Fonction d'un bureau d'études qui effectue l'étude complète d'un projet industriel, d'un aménagement hydraulique, d'un système de transport, etc. ‖ Ensemble des bureaux d'études propres à remplir cette fonction. (Mot préconisé par l'Administration pour remplacer ENGINEERING.)

ingénieur [ɛ̃ʒenjœr] n. m. (de l'anc. fr. *engin*, machine de guerre). Personne que ses connaissances rendent apte à occuper des fonctions scientifiques ou techniques actives, en vue de créer, organiser ou diriger des travaux qui en découlent, ainsi qu'à y tenir un rôle de cadre. ● *Ingénieur civil*, ingénieur qui n'appartient pas au corps des ingénieurs de l'Etat. ‖ *Ingénieur de l'Etat*, ingénieur appartenant à un corps de l'Etat. ‖ *Ingénieur de marine*, officier chargé de la conduite des machines à bord des navires de guerre. ‖ *Ingénieur militaire*, fonctionnaire des services techniques de l'armée. ‖ *Ingénieur du son*, ingénieur électricien spécialisé dans la technique du son.

ingénieur-conseil n. m. Personne dont le métier est de donner, à titre personnel, des conseils, d'établir des projets, des expertises, de préparer et de suivre des travaux dans les activités qui relèvent du métier d'ingénieur. ‖ Pl. des *ingénieurs-conseils*.

ingénieusement adv. De façon ingénieuse.

ingénieux, euse adj. (lat. *ingeniosus*). Plein d'esprit, d'invention, d'adresse : *un homme ingénieux n'est jamais pris au dépourvu.* ‖ Se dit de toute chose qui témoigne de l'adresse de l'inventeur : *machine ingénieuse.*

ingéniosité n. f. Qualité de celui qui est ingénieux. ‖ Qualité de ce qui témoigne de l'adresse : *l'ingéniosité d'un mécanisme.*

ingénu [ɛ̃ʒeny], **e** adj. (lat. *ingenuus*, né libre). D'une innocence franche : *jeune homme ingénu ; air ingénu.* ‖ — N. Personne ingénue.

Ingénu (*l'*), conte de Voltaire (1767). Un jeune Français, né au Canada, est jeté en pleine société française des lumières, et vit avec étonnement le contraste entre sa logique et sa bonté naturelles, et, d'autre part, le chaos et la corruption de cette société.

ingénue n. f. *Théâtr.* Rôle de jeune fille naïve.

ingénuité n. f. Naïveté, simplicité : *l'ingénuité d'un enfant, d'une réponse.*

ingénument adv. De façon ingénue et naïve.

ingérence n. f. Action de s'ingérer.

Ingres
portrait de Mme Marcotte de Sainte-Marie
Louvre

ingérer [ɛ̃ʒere] v. t. (lat. *se ingerere*, s'introduire dans) [conj. 5]. Introduire par la bouche dans l'estomac : *ingérer des aliments.* ‖ **— S'ingérer** v. pr. Se mêler d'une chose sans en avoir le droit, l'autorisation : *s'ingérer dans les affaires d'autrui.*

ingestion [ɛ̃ʒɛstjɔ̃] n. f. Action d'ingérer, d'introduire dans l'estomac.

Inghelbrecht (Désiré Emile), chef d'orchestre et compositeur français, né à Paris (1880-1965), fondateur de l'orchestre national de la Radiodiffusion française (1934).

Ingolstadt, v. de l'Allemagne occidentale (Bavière), sur le Danube ; 67 700 h. Château (XVe-XVIe s.). Enceinte fortifiée. Automobiles. Raffinage du pétrole.

Ingouches, peuple du Caucase oriental.

ingouvernable adj. Qu'on ne peut gouverner : *peuple ingouvernable.*

ingrat [ɛ̃gra], **e** [-at] adj. et n. (lat. *ingratus*). En parlant d'une personne, d'un aspect désagréable : *figure ingrate.* ‖ Qui n'a point de reconnaissance : *fils ingrat.* ‖ En parlant d'une chose, qui ne répond pas aux efforts ; infructueux : *sol ingrat.* ‖ Qui fournit peu d'idées : *sujet ingrat.* ● *Age ingrat*, début de l'adolescence.

ingratement adv. Avec ingratitude.

ingratitude n. f. Manque de reconnaissance. ● *Payer d'ingratitude*, manquer de reconnaissance.

ingrédient [ɛ̃gredjɑ̃] n. m. (lat. *ingrediens*). Ce qui entre dans la composition d'un mélange.

Ingres (Dominique), peintre français, né à Montauban (1780-1867). Elève de David, fervent admirateur de Raphaël, il maintint la tradition du classicisme, donnant au dessin la primauté sur la couleur. « Une chose bien dessinée est toujours assez bien peinte », disait-il. Les dessins au crayon qu'il exécuta, d'une grande pureté de lignes, constituent une part importante de son œuvre. Il brossa de grandes compositions un peu froides (*le Vœu de Louis XIII*, cathédrale de Montauban ; *l'Apothéose d'Homère*, Louvre), mais il fit montre d'une sensualité raffinée dans ses nus (*la Baigneuse dite « de Valpinçon », la Petite Baigneuse, la Grande Odalisque, le Bain turc*, Louvre) et fut surtout un très grand portraitiste, faisant avec le portrait de *Bertin l'Aîné* (Louvre) celui de toute une classe sociale (*la Belle Zélie*, Rouen ; *Mme de Senonnes*, Nantes).

Ingrie, anc. prov. de Finlande, cédée à la Russie en 1721.

inguérissable adj. Qui ne peut être guéri.

inguinal [ɛ̃gɥinal], **e, aux** [-o] adj. (du lat. *inguen, inguinis*, aine). Relatif à l'aine : *canal inguinal ; ganglions inguinaux.* ● *Canal inguinal*, canal situé au-dessus du pli de l'aine et long de 4 cm environ, livrant passage au cordon spermatique chez l'homme et au ligament rond chez la femme. (La hernie inguinale [à travers le canal inguinal] est très fréquente.)

ingurgitation n. f. Action d'introduire un liquide dans la gorge.

ingurgiter [ɛ̃gyrʒite] v. t. (du lat. *gurges, gurgitis*, gouffre). Faire descendre dans son gosier. ‖ *Fam.* Avaler gloutonnement et en quantité.

inhabile adj. Qui manque d'habileté. ‖ *Dr.* Privé de certains droits par la loi.

inhabilement adv. De façon inhabile.

inhabileté n. f. Manque d'habitude, maladresse.

inhabilité n. f. *Dr.* Incapacité légale.

inhabitable adj. Qui ne peut être habité.

Phot. Giraudon.

INFORMATIQUE

Science du traitement automatique de l'information, l'informatique doit son prodigieux développement actuel à l'emploi des calculateurs électroniques ou ordinateurs.
Un ordinateur se présente comme un ensemble d'unités spécialisées, dites « unités périphériques », rassemblées autour d'une unité centrale, dite « unité de traitement ».

● L'*unité de traitement* se compose de circuits arithmétiques et logiques, d'une mémoire dite « principale » et de canaux. Les *circuits logiques et de calcul* correspondent aux différentes instructions, une centaine en général, que peut effectuer l'ordinateur et dont les combinaisons constituent des programmes. Ces circuits sont réalisés au moyen de cartes enfichables en circuits imprimés. La *mémoire principale* est à accès instantané : c'est une mémoire dont le support d'information et les moyens d'accès ne subissent aucun mouvement lors de l'enregistrement ou de la consultation, et autorisent ainsi un accès à l'information sans autre délai que celui de l'impulsion électrique de commande. Les informations qui y sont enregistrées sont localisées en un point défini par des coordonnées qui permettent la lecture immédiate de la seule information recherchée. Cette mémoire centrale enregistre les programmes à effectuer et reçoit les données nécessaires à leur exécution; elle est aussi la plaque tournante de toute opération arithmétique ou logique, puisque les informations à traiter transitent toutes par elle. Les premiers ordinateurs utilisaient des tubes cathodiques comme mémoire centrale, puis des tambours magnétiques; très vite, les ferrites, ou tores magnétiques, les ont remplacés : perfectionnées sans cesse, elles sont à l'heure actuelle pratiquement les seules adoptées. Les *canaux* mettent en relation la mémoire centrale et les unités spécialisées. Le temps du cycle opératoire de base, équivalant généralement à la vitesse d'exécution d'une opération élémentaire portant sur la plus petite unité d'information, définit, avec la capacité de la mémoire et le nombre de canaux, la puissance de l'ordinateur. Les plus petits ont un cycle de base de quelques microsecondes et une mémoire de quelques milliers de caractères; les plus puissants ont un cycle de base de quelques nanosecondes et une mémoire qui peut dépasser un million de caractères. L'opérateur communique avec cet ensemble par l'intermédiaire d'un *pupitre de commande* directement relié à l'unité centrale et généralement associé à une machine à écrire.

● Les *unités périphériques* sont des unités d'entrée, des unités de mémoire auxiliaire et des unités de sortie.

— Les *unités d'entrée* peuvent être des machines à écrire, des lecteurs de cartes perforées, des lecteurs de rubans perforés, des dérouleurs de bandes magnétiques, des claviers, ou encore des convertisseurs de données analogiques en données numériques. Ces unités contiennent toutes les données qui sont nécessaires au calculateur pour réaliser son programme. Dans certains cas, le programme lui-même est délivré à l'ordinateur par ces unités au fur et à mesure de son déroulement.

— Les *unités de mémoire auxiliaire* peuvent être des bandes magnétiques, des disques magnétiques, des tambours magnétiques, des cellules magnétiques ou des cartes magnétiques.

— Les *unités de sortie* sont constituées par des machines à écrire, et notamment par celle du pupitre de commande, par des perforateurs de cartes, par des perforateurs de rubans, des imprimantes rapides, et, fonctionnant en enregistrement, des dérouleurs de bandes magnétiques, des tambours et des disques magnétiques, des convertisseurs de données numériques en données analogiques. Ces unités recueillent les résultats élaborés par le calculateur. Unités d'entrée, unités de mémoire auxiliaire et unités de sortie ne constituent pas les seules unités périphériques qui peuvent être connectées à une unité de traitement. Il est aussi possible d'utiliser des lecteurs optiques de caractères imprimés ou manuscrits, des lecteurs de caractères codés magnétiques, des traceurs de courbes, des tubes d'affichage cathodique, des haut-parleurs ou combinés téléphoniques restituant artificiellement la voix humaine à partir de données numériques, etc. Un ordinateur peut également être relié à des postes d'interrogation-réponse situés à des distances plus ou moins grandes : c'est le domaine de la télé-informatique. Un tel réseau de transmission des informations utilise le réseau téléphonique normal, tout aussi bien que les lignes spécialisées des transmissions par faisceaux hertziens ou même par satellites.

Tous les ordinateurs fonctionnent en système binaire, c'est-à-dire sur un système de numération à base 2 qui n'utilise que les chiffres 0 et 1. Toutes les informations, qu'elles soient numériques ou alphabétiques, doivent donc être réduites à une succession de questions auxquelles on ne doit pouvoir répondre que par oui ou par non, traduit par 1 ou par 0. Le traitement de l'information commence par son analyse exécutée par un analyste. Le résultat de ce travail est alors confié à un programmeur, qui définit l'origine de l'information et les unités chargées de la diriger vers l'ordinateur (opérations d'entrée) et de la conserver en mémoire (opérations de mémorisation); il établit ensuite la liste des opérations à effectuer pour chaque catégorie d'information en combinant les différentes instructions du répertoire de l'ordinateur, puis il fixe les modes d'enregistrement des résultats ou de conservation des données traitées (opérations de sortie). L'ensemble de ce travail constitue un *programme*. Les instructions qui le composent et qui correspondent aux opérations les plus élémentaires (lecture d'un facteur, transfert d'un facteur d'une position de mémoire à une autre, addition de deux facteurs, comparaison entre deux facteurs, etc.) sont matérialisées par les différents circuits de l'unité de traitement de l'ordinateur. L'ensemble de ces instructions constitue le langage de la machine. La programmation a pour but de traduire dans le langage machine les problèmes posés par l'homme à la machine. La programmation directe en langage machine ne s'effectue plus guère que pour la mise au point ou la définition des nouveaux ordinateurs. Les programmeurs utilisent des langages simplifiés, FORTRAN ou COBOL par exemple, qui constituent des adaptations du langage humain, mais sont assimilables par la machine. Le programme est enregistré sur un support d'information (carte perforée, bande perforée, bande magnétique ou disque magnétique amovible), qui permet une lecture automatique et une réutilisation indéfinie. Les données à traiter et le programme sont alors confiés à un opérateur, qui met l'ordinateur sous tension électrique, charge le programme dans l'unité d'entrée correspondant au support d'information adopté pour celui-ci, puis, installé au pupitre de commande, met l'ordinateur en marche. Des voyants, des boutons de commande ou des interrupteurs permettent à l'opérateur de contrôler la marche de l'ordinateur et le bon déroulement du programme : sa seule intervention manuelle est de pourvoir à l'alimentation des unités d'entrée en données à traiter, et au remplacement du papier sur les imprimantes ou au remplacement des bandes sur les dérouleurs de sortie. En cours de travail, l'opérateur peut, en utilisant le clavier de la machine à écrire associée à l'unité de traitement, consulter la mémoire pour vérifier le déroulement normal du programme ou pour obtenir un résultat intermédiaire qui est frappé par la machine à écrire.

D'abord réservés aux grandes entreprises, les ordinateurs atteignent maintenant la quasi-totalité des activités humaines en raison de la diminution constante des prix de revient. Les applications de l'informatique vont des applications purement scientifiques (calculs mathématiques ou technologiques) aux applications industrielles (commandes numériques de machines-outils, commandes de processus industriels, surveillances et alarmes, etc.), en passant par toutes les applications de gestion (tenue de stocks, établissement de prix de revient, établissement des bulletins de paye, facturation, etc.). L'informatique joue également un rôle en médecine, dans le commerce, à la Bourse, etc.

Lecteur de bande perforée.

Lecteur optique.

Matrice de tores magnétiques.

Circuits arithmétiques et logiques d'un ordinateur.

Unité de mémoire à disques magnétiques avec sa pile de 6 disques magnétiques amovibles, pouvant contenir jusqu'à 3 000 000 de caractères.

Dérouleur de bandes magnétiques.

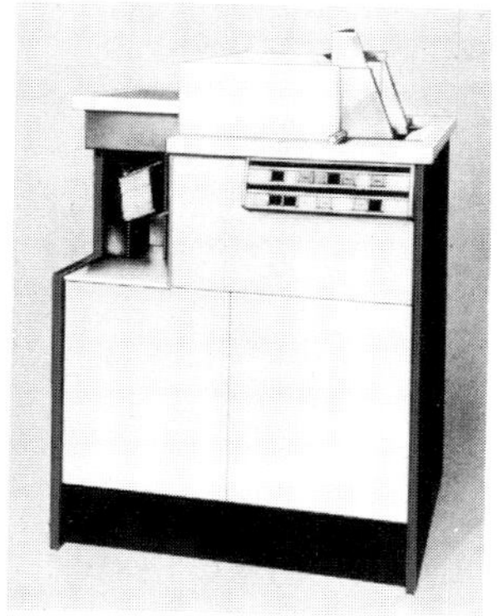

Perforateur de cartes.

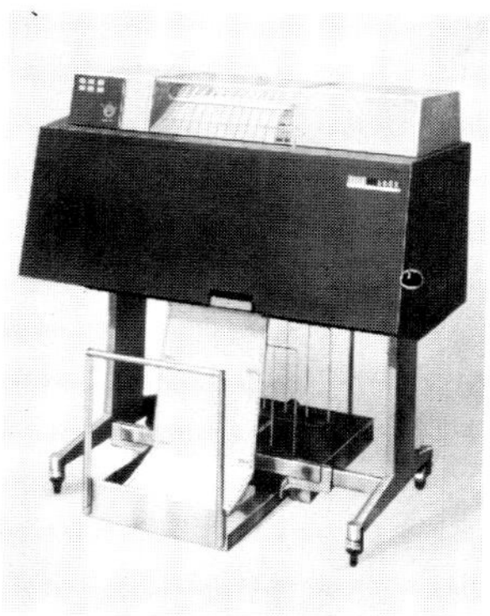

Imprimante rapide.

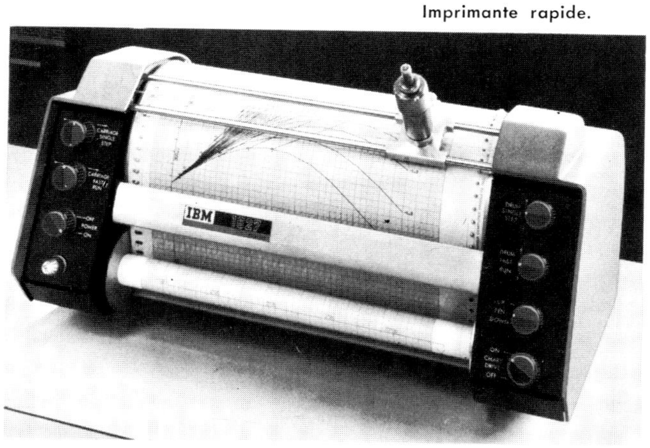

Traceur de courbes.

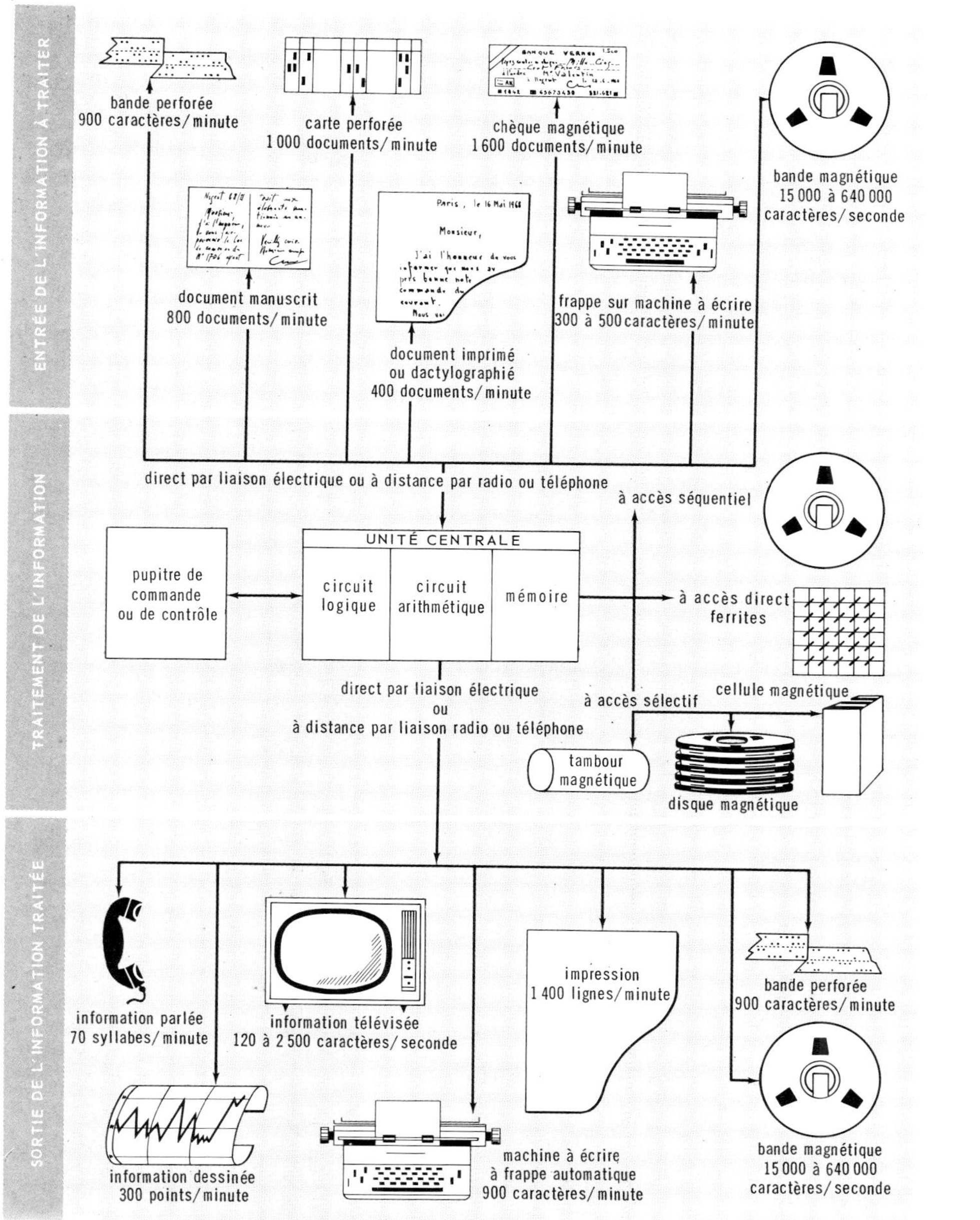

Schéma général d'un ordinateur.

Ensemble des unités composant un ordinateur.

1. Dérouleurs de bandes magnétiques.
2. Unité de contrôle de transmission.
3. Pupitre.
4. Unité centrale (*unité de traitement*).
5. Dérouleurs de bandes magnétiques.
6. Lecteur-perforateur de cartes.
7. Imprimante à clavier.
8. Imprimante rapide.
9. Mémoire à disques magnétiques.

Phot. Jean Coquin, IBM, UNIVAC.

inhabité, e adj. Qui n'est pas habité : *maison inhabitée.*

inhabituel, elle adj. Qui n'est pas habituel.

inhalateur, trice adj. Qui sert à des inhalations.

inhalateur n. m. Appareil inhalateur.

inhalation n. f. Absorption par les voies respiratoires d'un gaz, d'une vapeur ou d'un aérosol.

inhaler [inale] v. t. (lat. *inhalare,* souffler sur). Aspirer : *inhaler de l'éther.*

inharmonieux, euse adj. Qui n'est pas harmonieux ; désagréable à l'oreille.

inhérence n. f. Etat de ce qui est inhérent : *l'inhérence d'une qualité.*

inhérent [inerɑ̃], **e** [-ɑ̃t] adj. (lat. *inhaerens,* étant attaché à). Lié d'une manière intime et nécessaire à : *responsabilité inhérente à une fonction.*

inhiber [inibe] v. t. (lat. *inhibere,* retenir). Mettre opposition à l'activité. ‖ Suspendre un processus physiologique ou psychologique : *la digestion peut être inhibée par l'émotion.*

inhibiteur, trice ou **inhibitif, ive** adj. De nature à ralentir ou à arrêter un mouvement, une fonction.

inhibition n. f. Action d'inhiber. ‖ Diminution de l'activité d'un neurone, d'une fibre musculaire ou d'une cellule sécrétrice, sous l'action d'un influx nerveux ou d'une hormone. ‖ Arrêt réflexe du fonctionnement de divers organes à la suite d'une forte excitation nerveuse (« knock-out » des boxeurs).

inhospitalier, ère adj. Qui n'exerce point l'hospitalité : *peuple inhospitalier.* ‖ Où les étrangers sont mal accueillis : *terre inhospitalière.*

inhospitalièrement adv. De façon inhospitalière.

inhumain, e adj. Qui manque d'humanité, de générosité : *maître inhumain ; action inhumaine.* (Syn. : BARBARE, CRUEL, FÉROCE, IMPITOYABLE, IMPLACABLE, INEXORABLE.)

inhumainement adv. De façon inhumaine.

inhumanité n. f. Caractère inhumain.

inhumation n. f. Action de déposer un cadavre dans la terre.

inhumer [inyme] v. t. (lat. *in,* dans, et *humus,* terre). Mettre en terre, avec certaines cérémonies, un corps humain.

inimaginable adj. Qui dépasse tout ce qu'on pourrait imaginer ; extraordinaire, incroyable : *une aventure inimaginable.*

inimitable adj. Qui ne peut être imité.

inimitié [inimitje] n. f. (du lat. *inimicitia*). Sentiment durable d'hostilité ; haine, aversion.

ininflammabilité n. f. Qualité de ce qui n'est pas inflammable.

ininflammable adj. Qui ne peut être enflammé : *gaz ininflammable.*

Inini, riv. de la Guyane française. — L'*arrondissement de l'Inini* a pour ch.-l. *Saint-Laurent-du-Maroni.*

inintelligemment adv. Sans intelligence.

inintelligence n. f. Manque d'intelligence, de compréhension ; bêtise.

inintelligent, e adj. Qui manque d'intelligence : *élève inintelligent.*

inintelligibilité n. f. Caractère de ce qui est inintelligible.

inintelligible adj. Qu'on ne peut comprendre : *langage inintelligible.*

inintelligiblement adv. De façon inintelligible.

inintéressant, e adj. Qui est sans intérêt.

ininterrompu, e adj. Qui n'est pas interrompu.

inique [inik] adj. (*in* priv., et lat. *aequus,* juste). Qui n'observe pas l'équité : *juge inique.* ‖ Qui va contre l'équité : *jugement inique.*

iniquement adv. De façon inique.

iniquité [inikite] n. f. Injustice excessive. ‖ Acte coupable, péché.

initial [inisjal], **e, aux** [-o] adj. (du lat. *initium,* début). Qui est au commencement : *vitesse initiale d'un projectile ; erreur initiale.* ● *Cellules initiales* ou, substantiv., *initiales* (Bot.), cellules situées à l'extrémité des racines et des tiges, et qui se multiplient rapidement.

initiale n. f. Première lettre d'un mot, du nom, du prénom d'une personne : *signer un article de ses initiales.*

initialement adv. Au début, à l'origine.

initiateur, trice adj. et n. Qui initie.

initiation [inisjasjɔ̃] n. f. Cérémonies par lesquelles on était admis à la connaissance de certains mystères dans les religions anciennes, et qui accompagnent aujourd'hui l'admission dans différentes sociétés secrètes. ‖ Action de donner à quelqu'un la connaissance de certaines choses qu'il ignorait : *initiation à la philosophie.*

initiative [inisjativ] n. f. Action de celui qui propose ou qui fait le premier quelque chose : *prendre l'initiative d'une mesure.* ‖ Qualité de celui qui est porté à agir, à entreprendre spontanément : *avoir de l'initiative.* ● *Initiative législative,* droit de soumettre à la discussion

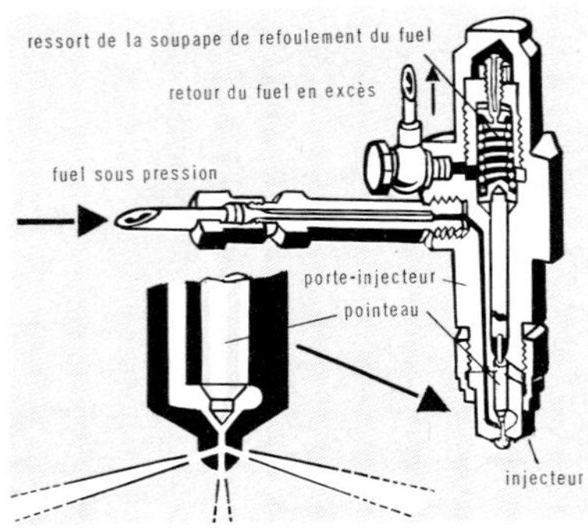

injecteur

et au vote des assemblées parlementaires le texte d'une *proposition de loi* (initiative des parlementaires) ou un *projet de loi* (initiative du gouvernement). ‖ *Initiative populaire,* droit reconnu aux citoyens de certains Etats étrangers de soumettre au Parlement des propositions de loi, à condition de réunir un certain nombre de signatures à l'appui de leur demande. ‖ *Prendre l'initiative,* devancer dans une affaire.

initié, e adj. et n. Qui est au courant de certaines pratiques ; instruit d'un secret, d'un art.

initier [inisje] v. t. (lat. *initiare,* commencer). Dans les religions anciennes, admettre à la participation de certains mystères. ‖ Admettre à la connaissance, à la participation des pratiques secrètes d'une association. ‖ Mettre au courant d'une science, d'un art, d'une profession, etc.

injecté, e adj. Coloré par l'afflux du sang : *face injectée ; yeux injectés.*

injecter [ɛ̃ʒɛkte] v. t. Introduire sous pression : *on injecte de la créosote dans du bois pour le rendre imputrescible.* ‖ Ajouter d'une manière massive quelque chose afin de soutenir : *plusieurs milliards vont être injectés dans l'économie de ce pays.* ‖ — **S'injecter** v. pr. Devenir coloré par l'afflux du sang : *ses yeux s'injectèrent.*

injecteur, trice adj. Propre aux injections.

injecteur n. m. *Technol.* Appareil au moyen duquel on opère l'introduction forcée d'un fluide dans une machine ou dans un mécanisme. ‖ Appareil employé pour l'alimentation en eau des machines à vapeur.

injectif, ive adj. *Math.* Se dit d'une application d'un ensemble dans un autre ensemble telle qu'il n'existe pas deux éléments ayant même image. [Si on désigne cette application par f la relation $f(a) = f(b)$ entraîne $a = b$.]

injection n. f. (lat. *injectio,* action de lancer). Action d'introduire sous pression. ‖ Liquide que l'on injecte. ‖ Introduction, sous pression, de liquides dans les cavités naturelles ou dans les tissus organiques vivants ou morts : *injection de morphine.* ‖ Action de placer un satellite artificiel sur une orbite. ‖ *Math.* Application injective. ● *Moteur à injection,* moteur à combustion interne, dans lequel le carburant est injecté directement dans les cylindres sans l'intermédiaire d'un carburateur.

injonctif, ive adj. Qui contient une injonction.

injonction [ɛ̃ʒɔ̃ksjɔ̃] n. f. Ordre précis, formel : *des injonctions pressantes.*

injouable adj. Qui ne peut être joué : *pièce injouable.*

injure [ɛ̃ʒyr] n. f. (lat. *injuria,* injustice). Parole offensante. ● *Injure grave* (Dr.), attitude, acte ou parole d'une personne mariée, qui, outrageant pour son conjoint, constitue un motif de divorce ou de séparation de corps.

injurier v. t. Offenser par des paroles blessantes.

Innocent III
mosaïque du XIIe s., *musée Braschi, Rome*

injurieusement adv. De façon injurieuse.

injurieux, euse adj. Outrageant, offensant : *soupçon injurieux.*

injuste adj. Qui n'a point de justice : *homme injuste.* ‖ Contraire à la justice, à l'équité : *sentence injuste.* ‖ — N. m. Ce qui est injuste : *l'homme a presque naturellement la notion du juste et de l'injuste.*

injustement adv. De façon injuste.

injustice n. f. Manque de justice. ‖ Acte contraire à la justice : *réclamer contre une injustice.*

injustifiable adj. Qu'on ne saurait justifier : *conduite injustifiable.*

injustifié, e adj. Qui n'est pas ou n'a pas été justifié : *méfiance injustifiée.*

Inkerman, v. de Crimée, faubourg de Sébastopol', à l'embouchure de la Tchiornaïa. Victoire franco-anglaise sur les Russes de Menchikov pendant la guerre de Crimée (5 nov. 1854).

inlandsis [inlɑ̃dsis] n. m. (mot scand. ; de *in,* dans, *land,* pays, et *is,* glace). V. GLACIER.

inlassable adj. Qu'on ne peut lasser.

inlassablement adv. De façon inlassable.

Inn, riv. alpestre de l'Europe centrale, affl. du Danube (r. dr.). Née en Suisse (Grisons), elle arrose *Innsbruck ;* 525 km. Sa vallée supérieure (Engadine) présente d'admirables sites.

innavigable adj. Où l'on ne peut naviguer : *cours d'eau innavigable.*

inné [inne], **e** adj. (lat. *in,* dans, et *natus,* né). Que nous apportons en naissant : *penchants innés.* ● *Idées innées,* idées qui, selon certains philosophes, ne proviendraient pas de l'expérience, mais seraient en notre esprit dès notre naissance.

innéisme n. m. Doctrine philosophique fondée sur la croyance aux idées innées.

innéiste n. et adj. Partisan de l'innéisme.

innéité n. f. Caractère de ce qui est inné : *on a soutenu l'innéité des principes rationnels dans l'esprit humain.*

innervation n. f. Mode de distribution des nerfs dans une région ou dans un autre organe.

innerver [innɛrve] v. t. Atteindre un organe, en parlant d'un nerf : *le grand hypoglosse innerve la langue.*

innocemment [-samɑ̃] adv. Avec innocence, sans dessein de mal faire.

innocence n. f. Etat de celui qui ne commet pas le mal sciemment : *vivre dans l'innocence.* ‖ Absence de culpabilité : *proclamer l'innocence d'un accusé.* ‖ Simplicité ; pureté : *abuser de l'innocence de quelqu'un.* ‖ Personnes innocentes : *protéger l'innocence.*

innocent [inɔsɑ̃], **e** [-ɑ̃t] adj. et n. (*in* priv., et lat. *nocens,* qui nuit). Qui ignore le mal ; pur et candide : *âme innocente.* ‖ Qui n'est pas coupable : *tout accusé devrait être considéré comme innocent tant qu'il n'a pas été reconnu coupable par le tribunal.* ‖ Qui est crédule, naïf : *vous êtes bien innocent de le croire.* ‖ Simple d'esprit : *faire l'innocent.* ● *Saints Innocents,* enfants qui furent massacrés en Judée sur l'ordre d'Hérode, qui espérait faire périr Jésus parmi eux. (Fête le 28 décembre.)

Innocents (*cimetière, marché* et *fontaine des*). A Paris, l'ancien cimetière des Innocents (1186-1786) fut remplacé par un marché (1786-1855), qui, lui-même, céda la place à un square. On y rétablit l'ancienne fontaine des Innocents par Jean Goujon et Pierre Lescot, en l'augmentant d'un quatrième côté, dû à Pajou.

Innocent Ier (*saint*), né à Albano (m. en 417), pape de 401 à 417. Il ne put empêcher le sac de Rome par Alaric (410) ; il condamna le pélagianisme. — Fête le 28 juillet. — INNOCENT II (Gregorio *Papareschi*), né à Rome (m. en 1143), pape de 1130 à 1143. L'Empereur lui opposa successivement deux antipapes, Anaclet II, puis Victor IV, qu'Innocent put éliminer. — INNOCENT III (Giovanni *Lotario,* comte *de Segni*), né à Anagni (1160-1216), pape de 1198 à 1216. Sous son règne, l'autorité du pape sur la chrétienté atteignit son apogée ; Innocent III l'imposa aux clercs comme aux souverains. Mais la quatrième croisade et l'expédition contre les albigeois exigèrent des efforts imprévus (1204-1208). Le pape couronna empereur Otton de Brunswick (1209), mais, celui-ci s'étant retourné contre lui, il l'excommunia et le remplaça par Frédéric II (1215). En France, il se heurta à l'esprit indépendant de Philippe Auguste. Protecteur des ordres mendiants, Innocent III favorisa la réforme cléricale ; le quatrième concile de Latran (1215) fut le couronnement de son pontificat. — INNOCENT IV (Sinibaldo *Fieschi*), né à Gênes (1195-1254), pape de 1243 à 1254. Pour lutter contre l'empereur Frédéric II, il convoqua le premier concile de Lyon, qui excommunia et déposa l'Empereur (1245). Par la suite, le pape lutta contre Conrad IV et Manfred. — INNOCENT V (*bienheureux*) [Pierre *de Tarentaise*], né à Champagny (v. 1225-1276), pape en 1276. Dominicain, cardinal-évêque d'Ostie (1273), il ne régna que quelques mois. Son culte a été confirmé en 1898. — Fête le 22 juin. — INNOCENT VI (Etienne *Aubert*), né à Beyssac-en-Corrèze (m. en 1362), pape de 1352 à 1362. Pape d'Avignon, il reprit ses domaines italiens. — INNOCENT VII (Cosimo *de'Migliorati*), né à Sulmona (1336-1406), pape de 1404 à 1406. Devant les protestations du pape d'Avignon Benoît XIII, il se retira à Viterbe. Le grand schisme continua. — INNOCENT VIII (Giovanni Battista *Cybo*),

Phot. Held.

né à Gênes (1432-1492), pape de 1484 à 1492. Il pratiqua le népotisme, mais lutta contre la sorcellerie. — INNOCENT IX (Giovanni Antonio *Facchinetti*), né à Bologne (1519-1591), pape en 1591. Il ne régna que deux mois. — INNOCENT X (Giambattista *Pamphili*), né à Rome (1574-1655), pape de 1644 à 1655. Il ramena une certaine austérité à la cour pontificale et condamna les cinq propositions de l'*Augustinus* (1653). — INNOCENT XI (*bienheureux*) [Benedetto *Odescalchi*], né à Côme (1611-1689), pape de 1676 à 1689. Il combattit le népotisme et le luxe romain. Il prit position contre le molinisme et mena une longue lutte contre Louis XIV au sujet de la régale. Béatifié en 1956. — INNOCENT XII (Antonio *Pignatelli*), né à Spinazzola (1615-1700), pape de 1691 à 1700. Il condamna le jansénisme (1696) et le quiétisme (1699), et créa la Congrégation pour la discipline et la réforme des réguliers (1698). — INNOCENT XIII (Michelangiolo *Conti*), né à Rome (1655-1724), pape de 1721 à 1724. Il se montra hostile aux jésuites comme aux jansénistes.

innocenter v. t. Déclarer innocent : *innocenter un inculpé faute de preuves.*

innocuité [inɔkɥite] n. f. (du lat. *innocuus,* qui n'est pas nuisible). Qualité, caractère d'une chose qui ne peut pas nuire : *l'innocuité d'un remède.*

innombrable adj. Qui ne peut se compter, très nombreux.

innomé, e adj. Qui n'a pas encore reçu de nom. (On écrit aussi INNOMMÉ, E.) ● *Contrats innomés* (Dr. rom.), contrats qui n'avaient pas reçu du droit civil de dénomination particulière.

innominé, e adj. (lat. *innominatus*). Qui n'a pas encore reçu de nom particulier. ● *Os innominé,* os iliaque.

innommable adj. Qui ne peut pas être nommé. ‖ *Fig.* Vil, bas, dégoûtant : *crime innommable.*

innovateur, trice n. Personne qui innove.

innovation n. f. Introduction de quelque nouveauté dans le gouvernement, les mœurs, une science, etc. ; son résultat : *les vieillards se défient des innovations ; heureuse innovation.*

innover [innɔve] v. i. (du lat. *novus,* nouveau). Faire une innovation. ‖ — V. t. Faire un changement dans : *innover une mode.*

Innsbruck, v. d'Autriche, cap. du Tyrol, sur l'*Inn ;* 107 900 h. Station touristique et de sports d'hiver. L'église des Franciscains (Hofkirche, 1553-1563) conserve le tombeau de Maximilien Ier, intéressant monument de la Renaissance. Maisons anciennes. Château impérial, remanié en 1770. Centre industriel et nœud de voies de communication.

Ino. *Myth. gr.* Déesse marine, fille de Cadmos et d'Harmonia, et épouse d'Athamas. Elle servit de nourrice au jeune Dionysos.

inobservable adj. Qui ne peut être observé : *comète inobservable.* ‖ Qui ne peut être exécuté : *recommandations inobservables.*

inobservance n. f. Manque habituel à observer des prescriptions religieuses ou morales.

inobservation n. f. Manque d'obéissance aux lois, aux règlements. ‖ Inexécution des engagements qu'on a contractés.

inobservé, e adj. Qui n'a pas été observé.

inoccupation n. f. Etat d'une personne ou d'une chose inoccupée.

inoccupé, e adj. Sans occupation. ‖ Qui n'est pas possédé ou habité : *logement inoccupé.*

in-octavo [inɔktavo] adj. inv. (lat. *in,* en, et *octavus,* huitième). Se dit d'une feuille d'impression qui, ayant été pliée trois fois, forme 8 feuillets ou 16 pages. ‖ Se dit du format ainsi obtenu. (On écrit aussi IN-8°.) ‖ — N. m. inv. Livre de ce format.

inoculabilité n. f. Qualité de ce qui est inoculable.

inoculable adj. Qui peut être inoculé : *la rage est inoculable.*

inoculation n. f. Introduction dans l'organisme d'un germe vivant, d'un virus, d'un venin, d'un vaccin, d'un sérum.

inoculer [inɔkyle] v. t. (lat. *inoculare,* greffer). Communiquer un virus, un vaccin, etc., par inoculation : *inoculer la rage à un chien.* ‖ *Fig.* Transmettre par contagion morale ; communiquer : *inoculer une doctrine.*

inocybe [inɔsib] n. m. Champignon basidiomycète, de couleur ocre.

inodore [inɔdɔr] adj. (*in* priv., et lat. *odorus,* odorant). Sans odeur.

inoffensif, ive adj. Qui ne fait de mal à personne : *un animal inoffensif.* ‖ Qui est sans effet nuisible : *remède inoffensif.*

inondable adj. Qui peut être inondé.

inondation n. f. Débordement des eaux, recouvrant une étendue de pays.

inondé, e adj. et n. Qui a souffert de l'inondation : *régions inondées.*

inonder [inɔ̃de] v. t. (lat. *in,* dans, et *unda,* onde). Submerger un terrain par un débordement d'eaux. ‖ Mouiller, tremper : *inonder de ses larmes.* ‖ *Fig.* Submerger, envahir : *inonder un pays de produits étrangers.*

Inönü (ISMET PACHA, dit **Ismet**), homme politique turc, né à Izmir (1884-1973). Il participa à la révolution jeune-turque en 1908. Chef d'état-major en 1915, il combattit en Syrie contre les Anglais en 1917 et fut nommé sous-secrétaire d'Etat à la Guerre en 1918. Ayant rallié le mouvement nationaliste de Mustafa Kemal (1920), il fut placé à la tête des troupes envoyées contre les Grecs et remporta la victoire d'Inönü (janv. 1921), dont il fut autorisé, en 1934, à porter le nom. Il fut ministre des Affaires étrangères en 1922, signa le traité de Lausanne en 1923. Premier ministre (1923-1924 et 1925-1937), président du parti du Peuple depuis 1938, il succéda à Atatürk comme président de la République (1938). Après avoir proclamé la neutralité de la Turquie, il déclara finalement la guerre à l'Allemagne (1945). Il abandonna la présidence après la victoire du parti démocrate en 1950 et dirigea l'opposition jusqu'en 1960, puis fut Premier ministre de 1961 à 1965.

inopérable adj. Qui ne peut être opéré.

inopérant, e adj. Qui est sans effet : *mesures inopérantes.*

inopiné [inɔpine], **e** adj. (*in* priv., et lat. *opinatus,* imaginé). Qui arrive sans qu'on y ait pensé : *bonheur inopiné.* (Syn. : IMPRÉVU, INATTENDU.)

inopinément adv. De façon inopinée.

inopportun, e adj. Qui n'est pas opportun, non à propos : *proposition inopportune.*

inopportunément adv. De façon inopportune : *arriver inopportunément.*

inopportunité n. f. Caractère de ce qui n'est pas opportun : *l'inopportunité d'une démarche.*

inopposabilité n. f. *Dr.* Impossibilité d'utiliser un moyen de défense.

inopposable adj. Qui ne peut être opposé : *exception inopposable.*

inorganique adj. Se dit des corps dépourvus de vie, non organisés, qui ne peuvent s'accroître que par juxtaposition, tels les minéraux.

inorganisé, e adj. et n. Qui n'est pas organisé, qui n'appartient pas à un parti, à un syndicat.

inoubliable adj. Que l'on ne peut oublier.

inouï [inwi], **e** adj. (*in* priv., et lat. *auditus,* entendu). Tel qu'on n'a jamais entendu rien de pareil. (Syn. : ÉTONNANT, ÉTRANGE, EXTRAORDINAIRE.)

Inowrocław, v. de Pologne, au sud-est de Bydgoszcz ; 50 500 h. Sel et soude. Machines agricoles.

inoxydable adj. Qui résiste à l'oxydation : *l'or est inoxydable.*

in-pace [inpase] ou **in pace** (Acad.) n. m. inv. (mots lat. signif. *en paix*). Prison, cachot, souterrain d'un couvent, destiné à enfermer jusqu'à leur mort des coupables scandaleux.

in partibus [inpartibys] (sous-entendu *infidelium*) loc. adj. (mots lat. signif. *dans les pays des infidèles*). Se dit d'un évêque titulaire dont le diocèse est situé en pays musulman ou païen.

in petto [inpɛto] loc. adv. (mots lat. signif. *dans la poitrine, dans le cœur*). A part soi, intérieurement, en secret : *protester « in petto ».* ● *Cardinal « in petto »,* cardinal dont le pape ajourne la nomination.

in-plano [inplano] adj. inv. (mots lat. signif. *en plan*). Se dit d'une feuille d'impression ne formant qu'un feuillet ou deux pages. ‖ Se dit du format obtenu avec cette feuille. ‖ — N. m. inv. Livre du format in-plano, et composé de grands feuillets n'ayant pas été pliés.

inqualifiable adj. Qui ne peut être qualifié assez sévèrement ; indigne : *conduite inqualifiable.*

inquart [ɛ̃kar] n. m., **inquartation** [-tasjɔ̃] ou **quartation** n. f. Opération par laquelle on ajoute à l'or allié au cuivre, et qu'on veut passer à la coupelle, trois fois environ son poids d'argent.

in-quarto [ɛ̃- *ou* inkwarto] adj. inv. (mots lat. signif. *en quart*). Se dit d'une feuille d'impression qui, ayant été pliée deux fois, forme 4 feuillets ou 8 pages. ‖ Se dit du format obtenu avec cette feuille. (On écrit aussi IN-4°.) ‖ — N. m. inv. Livre de ce format.

inquiet [ɛ̃kjɛ], **ète** [-ɛt] adj. (*in* priv., et lat. *quietus,* tranquille). Qui est agité par la crainte, l'incertitude : *être inquiet sur la santé de quelqu'un.* ‖ Qui témoigne de l'appréhension : *regard inquiet.*

inquiétant, e adj. Qui cause de l'inquiétude : *un état inquiétant.*

inquiéter v. t. (conj. 5). Rendre inquiet : *cette nouvelle m'inquiète.* ‖ **— S'inquiéter** v. pr. Se préoccuper, se soucier de : *il s'inquiète de tout.*

inquiétude n. f. Trouble, agitation d'esprit.

inquisiteur [ɛ̃kizitœr] n. m. Membre d'un tribunal de l'Inquisition. ‖ — Adj. m. Qui se livre à des investigations, scrutateur : *regard inquisiteur.*

inquisition n. f. (lat. *inquisitio ;* de *inquirere,* rechercher). Recherche, perquisition rigoureuse mêlée d'arbitraire. ‖ Autref., tribunal ecclésiastique chargé de réprimer l'hérésie. (Prend une majuscule en ce sens.)

Inquisition, ensemble des tribunaux distincts de l'Ordinaire, permanents, chargés par la papauté de lutter contre l'hérésie. La multiplication des hérésies populaires à partir du XIIe s. amena les papes à s'opposer à celles-ci. Innocent III appliqua la procédure inquisitoriale contre les albigeois. Pour lutter contre les progrès de cette hérésie dans le Languedoc, Grégoire IX organisa (v. 1231) un tribunal spécial, qu'il confia aux dominicains. L'action de ce tribunal s'étendit peu à peu sur presque tout le reste de la chrétienté. Le trait principal de sa procédure, qui s'appliquait aussi à la répression des faits d'apostasie, de sorcellerie et de magie, était le secret le plus absolu de l'information judiciaire. La tournée inquisitoriale comportait essentiellement l'interrogatoire systématique de la population ; la prison perpétuelle et le bûcher étaient des peines fréquentes, les hérétiques non repentants et les relaps étant livrés au bras séculier. L'Inquisition survécut longtemps (jusqu'en 1834) en Espagne et au Portugal, où elle s'exerça surtout contre les juifs et les marranes.

inquisitorial, e, aux adj. Se dit de tout acte arbitraire : *mesure inquisitoriale.*

inracontable adj. Que l'on ne peut raconter.

I. N. R. I., inscription fixée par Pilate sur la Croix, comprenant les initiales des quatre mots latins : *Iesus Nazarenus Rex Iudaeorum* (Jésus Nazaréen roi des Juifs).

insaisissabilité n. f. Caractère de ce qui est insaisissable.

insaisissable adj. Qui ne peut être appréhendé : *voleur insaisissable.* ‖ *Fig.* Qui ne peut être compris, apprécié, perçu : *différence insaisissable.* ‖ *Dr.* Que la loi défend de saisir : *les prestations familiales, pensions de guerre et rentes sur l'Etat sont incessibles et insaisissables.*

In-Salah, oasis du Sahara algérien (dép. des Oasis) ; 17 400 h.

insalifiable adj. Qui ne peut fournir un sel : *base insalifiable.*

insalissable adj. Qui ne peut se salir.

insalivation n. f. Imprégnation des aliments par la salive.

insalubre adj. Malsain, nuisible à la santé : *logement insalubre.*

insalubrité n. f. Etat de ce qui est insalubre : *insalubrité d'un climat.*

insane [ɛ̃san] adj. (lat. *insanus*). Déraisonnable, fou.

insanité n. f. Parole, action qui dénote un manque de jugement, de bon sens. ‖ Parole, action qui choque la bienséance, les convenances.

insatiabilité n. f. Appétit excessif, qui ne peut se rassasier. ‖ *Fig.* Désir immodéré : *l'insatiabilité des richesses.*

insatiable [ɛ̃sasjabl] adj. (du lat. *satiare,* rassasier). Qui ne peut être rassasié, assouvi : *soif insatiable de l'or.*

insatiablement adv. De façon insatiable.

insatisfaction n. f. Manque de contentement, de satisfaction.

insatisfait, e adj. Qui n'est pas satisfait.

inscriptible adj. Qui peut être inscrit. ‖ *Math.* Que l'on peut inscrire dans un périmètre donné ou dans une surface donnée, particulièrement dans un cercle ou dans une sphère : *tout polygone régulier est inscriptible.*

inscription [ɛ̃skripsjɔ̃] n. f. (du lat. *inscriptus,* inscrit). Caractères gravés sur le marbre, sur la pierre, etc., pour consacrer un souvenir : *inscription cunéiforme.* ‖ Action d'inscrire son nom sur un registre ; résultat de cette action. ● *Inscription hypothécaire,* mention faite, aux registres du conservateur des hypothèques, de l'hypothèque dont une propriété est grevée. ‖ *Inscription maritime,* institution française destinée à recenser les marins professionnels afin d'assurer l'exercice de leurs droits et l'accomplissement de leurs obligations, notamment celle de servir militairement dans la Marine nationale ; administration chargée d'opérer ce recensement. ‖ *Prendre ses inscriptions,* se faire inscrire sur le registre de la faculté dans laquelle on étudie.

inscrire [ɛ̃skrir] v. t. (lat. *inscribere,* écrire sur). Graver sur la pierre, le marbre, etc. : *inscrire un nom sur une tombe.* ‖ Faire mention de quelque chose sur un registre, sur une liste, etc. : *inscrire une adresse dans un carnet.* ‖ *Math.* Tracer une figure à l'intérieur d'une autre : *inscrire un triangle dans un cercle.* ‖ **— S'inscrire** v. pr. Ecrire son nom sur un registre, sur une liste de souscription. ‖ Etre placé au milieu d'autres : *les négociations s'inscrivent dans le cadre de la diplomatie secrète.* ● *S'inscrire en faux* (Dr.), soutenir en justice qu'une pièce produite par la partie adverse est fausse ; et, *par ext.,* nier.

inscrit [ɛ̃skri], **e** [-it] adj. *Math.* Se dit d'un polygone dont tous les sommets sont sur une courbe donnée, ou d'une courbe tangente à tous les côtés d'un polygone donné. ● *Angle inscrit,* angle dont le sommet se trouve sur la circonférence d'un cercle.

inscrit n. m. Personne inscrite sur une liste électorale : *nombre d'inscrits n'ayant pas voté.* ● *Inscrit maritime,* marin français se livrant professionnellement à la navigation, et immatriculé comme tel sur les registres du service de l'Inscription maritime.

inscrivant, e n. *Dr.* Personne qui requiert l'inscription d'une hypothèque.

insculper [ɛ̃skylpe] v. t. (lat. *insculpere*). Marquer d'un poinçon.

insécable adj. Qui ne peut être coupé ou partagé : *l'atome a été longtemps considéré comme insécable.*

insectarium [ɛ̃sɛktarjɔm] n. m. Etablissement où l'on élève et conserve les insectes.

insecte [ɛ̃sɛkt] n. m. (lat. *insectus,* coupé). Animal de l'embranchement des arthropodes, caractérisé par l'existence de trois paires de pattes articulées insérées sur un *thorax* qui, en outre, porte le plus souvent une ou deux paires d'ailes.
— ENCYCL. En dépit du nombre immense de ses représentants (environ 1 million d'espèces, dont beaucoup comptent des centaines de milliards d'individus), la classe des *insectes* présente une grande homogénéité. Le corps d'un insecte est en effet nettement divisé en trois parties, dont chacune, outre des caractères communs avec d'autres classes d'arthropodes, montre des caractères propres aux insectes :
1° La *tête* porte une seule paire d'antennes, une paire d'yeux composés, auxquels s'ajoutent souvent trois yeux simples, ou *ocelles,* et trois paires de pièces buccales diversement conformées et souvent complétées par des pièces impaires ;
2° Le *thorax,* toujours formé de trois anneaux, porte toujours trois paires de pattes ; le premier anneau, ou *prothorax,* ne porte jamais d'ailes ; le deuxième anneau, ou *mésothorax,* peut porter une paire d'ailes motrices ou une paire d'élytres protecteurs ; le troisième anneau, ou *métathorax,* peut porter une seconde paire d'ailes motrices ou un simple appareil d'équilibration (balancier des diptères) ;
3° L'*abdomen* n'a pas d'appendices pairs ; il présente des stigmates, orifice des trachées respiratoires, et souvent une tarière de ponte chez la femelle.
Aucun insecte adulte ne peut respirer l'oxygène dissous dans l'eau : les rares formes d'eau douce qui plongent font provision de bulles d'air, et il n'existe qu'*un seul insecte marin* (*halobates*) qui vit sur les algues flottantes. Chez les insectes, les sexes sont séparés, et la fécondation est interne ; la parthénogenèse est fréquente (pucerons), et il y a des cas de viviparité, mais la ponte d'œufs fécondés est le cas le plus général. L'éclosion de l'œuf fournit une *larve,* souvent profondément différente de l'adulte et parfaitement adaptée à un autre mode de vie que celui-ci, tant par l'alimentation (chenille et papillon) que par le milieu respiratoire (larve aquatique de la libellule). Dans les groupes supérieurs, la transformation de la larve en un adulte ailé et reproducteur (imago) exige une *nymphose,* c'est-à-dire le passage par une période d'inactivité externe, au cours de laquelle le corps se remanie profondément. On parle alors de *métamorphoses complètes.* De toute façon, l'insecte grandit par *mues,* accompagnées de métamorphoses plus ou moins marquées, et l'aptitude parfaite au vol et à la reproduction n'est acquise qu'après la dernière mue, chez l'adulte, dont la vie est souvent beaucoup plus brève que celle de la larve.
Les auteurs récents classent les insectes en quatre sous-classes : les *amétaboles,* très primitifs, sans métamorphoses, peu nombreux (lépisme); les *paurométaboles,* dont la métamorphose est extrêmement progressive (orthoptères, blattes, hémiptéroïdes) ; les *hémimétaboles,* à larve aquatique très différente de l'adulte, mais sans nymphose cependant (éphémères, libellules) ; enfin les *holométaboles,* caractérisés par leur nymphose et qui groupent la grande majorité des espèces : névroptères (fourmi-lion), mécoptéroïdes (papillons, mouches, moustiques, puces, phryganes, etc.), coléoptères, hyménoptères.
Dans leur ensemble, les insectes sont beaucoup plus nuisibles qu'utiles à l'espèce humaine.

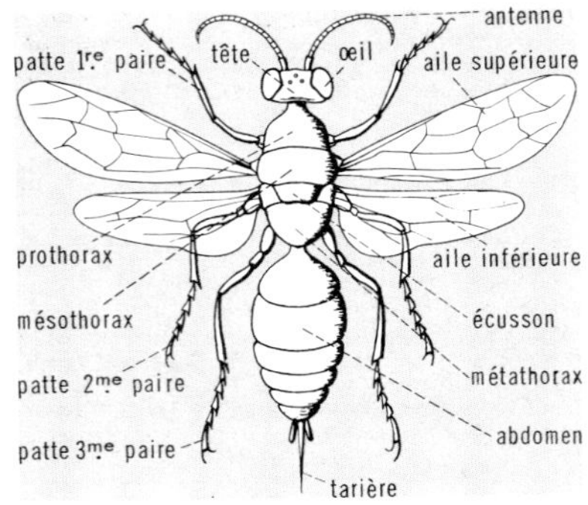

insecte

insecticide adj. et n. m. Se dit d'une substance destinée à tuer les insectes.
— ENCYCL. La monoculture et l'importation d'insectes exotiques (doryphore) non accompagnés de leurs ennemis naturels ont énormément accru les ravages causés par les insectes sur les récoltes sur pied (fruits, céréales, légumes, plantes industrielles), tandis que le rôle de vecteur joué par les insectes dans les maladies endémiques (paludisme, maladie du sommeil, fièvre jaune) ou épidémiques (typhus, peste) était mis en évidence. Les premiers produits *insecticides* (pyrèthre, roténone) et plus encore le D. D. T. ont obtenu des résultats décisifs. Mais plusieurs inconvénients graves sont apparus récemment : la sélection spontanée des souches d'insectes résistantes (accoutumance) ; la disparition des oiseaux insectivores, sur lesquels on comptait pour prendre le relais de la lutte chimique ; enfin la baisse de la pollinisation (luzerne par exemple), due à la disparition des insectes butineurs. On s'oriente actuellement soit vers un retour à la lutte biologique (coccinelles contre pucerons par exemple), soit vers des insecticides hautement spécifiques, capables, par exemple, d'empêcher la métamorphose et la reproduction dans des espèces déterminées.

insectivore adj. Se dit d'un animal qui se nourrit principalement ou exclusivement d'insectes, comme le lézard, l'hirondelle. ‖ — N. m. pl. Ordre de mammifères comprenant des formes terrestres à nombreuses dents pointues, se nourrissant principalement d'insectes.
— ENCYCL. Les *insectivores* sont des animaux de petite taille, aux pattes plantigrades terminées par cinq doigts griffus ; beaucoup d'entre eux sont hibernants : ils dorment pendant toute la saison froide, faute de trouver de quoi se nourrir. Les types sont très divers : hérisson, taupe, desman, tanrec, tupaïa, galéopithèque, musaraigne. Outre des insectes, beaucoup mangent d'autres animaux (reptiles, vers, œufs d'oiseaux) et même des produits végétaux.
Les chauves-souris ont la même denture que les insectivores, mais on a formé pour elles un ordre distinct (chiroptères) à cause de leur adaptation au vol.

insécurité n. f. Manque de sécurité.

in-seize [ɛ̃sɛz] adj. inv. Se dit d'une feuille d'impression qui, ayant été pliée 4 fois, forme 16 feuillets ou 32 pages. ‖ Se dit du format obtenu avec cette feuille. (On écrit aussi IN-16.) ‖ — N. m. inv. Livre de format in-seize.

inselberg [insɛlbɛrg] n. m. (mot allem. signif. *montagne-île*). Dans les régions tropicales et désertiques, butte qui se dresse au-dessus de plaines d'érosion : *les inselbergs de l'Afrique australe.* ‖ Pl. des *inselbergs* ou *inselberge.*

inséminateur, trice adj. et n. Qui pratique une insémination.

insémination n. f. Procédé de fécondation artificielle.
— ENCYCL. L'*insémination artificielle* est maintenant de pratique courante chez les animaux domestiques et plus particulièrement dans l'espèce bovine, pour laquelle il existe des centres d'insémination où sont entretenus des taureaux de haute lignée. Les inséminateurs (obligatoirement titulaires d'une licence délivrée par le ministère de l'Agriculture) introduisent dans le vagin de la vache le sperme préalablement récolté ; celui-ci est utilisé dans les trois jours qui suivent sa récolte, mais il peut, dans certaines conditions, être conservé plusieurs années.

inséminer [ɛ̃semine] v. t. Procéder à l'insémination artificielle.

insensé, e adj. et n. Qui a perdu la raison. ‖ — Adj. Contraire au bon sens ; extravagant : *propos insensés.*

insensibilisation n. f. Abolition de la sensibilité. ‖ Anesthésie locale.

insensibiliser v. t. Rendre insensible : *insensibiliser un malade qu'on veut opérer.*

insensibilité n. f. Défaut de sensibilité physique ou morale.

insensible adj. Qui n'éprouve pas les sensations habituelles : *être insensible au froid, à la chaleur ; un membre insensible.* ‖ Qui n'est point touché de pitié ; indifférent : *cœur insensible.* ‖ Imperceptible : *progrès insensible.*

insensiblement adv. Peu à peu ; de façon insensible.

inséparable adj. Intimement uni, en parlant des personnes : *des amis inséparables.* ‖ Qui ne peut être séparé, en parlant des choses.

inséparablement adv. De façon à ne pouvoir être séparés : *amis inséparablement unis.*

insérable adj. Qui peut être inséré.

insérer [ɛ̃sere] v. t. (lat. *inserere,* introduire) [conj. **5**]. Introduire, faire entrer ; placer parmi d'autres : *insérer un feuillet dans un livre ; insérer une clause dans un traité.* ‖ **— S'insérer** v. pr. Trouver place : *la fiction s'insère parfois dans le réel.*

insermenté [ɛ̃sɛrmɑ̃te] adj. m. *Prêtre insermenté,* syn. de PRÊTRE RÉFRACTAIRE. ‖ — N. m. : *un insermenté.*

insert n. m. Plan cinématographique destiné à mettre en valeur un détail descriptif utile à la compréhension d'une scène.

insertion [ɛ̃sɛrsjɔ̃] n. f. Action d'insérer : *insertion d'une annonce dans un journal.* ‖ Attache d'une partie sur une autre : *l'insertion des feuilles sur la tige.* ● *Insertion de* m *moyens différentiels ou arithmétiques entre deux nombres donnés* a *et* b (Math.), formation de la progression arithmétique dont les termes extrêmes sont *a* et *b,* et qui contient $(m + 2)$ termes. ‖ *Insertion de* m *moyens proportionnels ou géométriques entre deux nombres donnés* a *et* b (Math.), formation de la progression géométrique dont les termes extrêmes sont *a* et *b,* et qui renferme $(m + 2)$ termes.

insidieusement adv. De façon insidieuse.

insidieux [ɛ̃sidjø], **euse** [-djøz] adj. (lat. *insidiosus ;* de *insidiae,* embûches). Qui constitue un piège, une embûche : *une question insidieuse.* ‖ Se dit de maladies à début progressif, et dont les symptômes n'apparaissent que lorsque l'affection a déjà évolué : *le début des cancers est presque toujours insidieux.*

insight [insajt] n. m. (mot angl. signif. *intuition*). Diminution du nombre d'erreurs commises par un animal au cours des expériences d'apprentissage. (Certains psychologues l'expliquent par une restructuration du champ perceptif de l'animal.)

insigne [ɛ̃siɲ] adj. (lat. *insignis*). Signalé, remarquable (en bonne ou en mauv. part) : *faveur insigne.*

insigne n. m. (lat. *insignia,* enseignes). Signe d'une dignité, d'une fonction : *les insignes de la royauté ; insigne de pilote, de grade, etc.* ‖ Signe distinctif des membres d'une association.

insignifiance n. f. Etat de ce qui est insignifiant, sans valeur.

insignifiant [ɛ̃siɲifjɑ̃], **e** [-ɑ̃t] adj. Qui ne signifie rien : *phrase insignifiante.* ‖ Sans importance, sans valeur : *homme insignifiant.*

insincérité n. f. Manque de sincérité.

insinuant, e adj. Qui a l'adresse et le talent de s'insinuer ; engageant : *manières insinuantes.*

insinuation n. f. Manière subtile de faire accepter ses pensées : *procéder par insinuation.* ‖ Ce que l'on fait entendre sans l'exprimer formellement ; allusion : *une insinuation mensongère.*

insinuer [ɛ̃sinɥe] v. t. (lat. *insinuare ;* de *in,* dans, et *sinus,* repli). Faire entrer dans l'esprit d'une manière détournée, par adresse : *insinuer une doctrine, une calomnie.* ‖ **— S'insinuer** v. pr. S'introduire, se glisser, se faire admettre avec adresse : *s'insinuer dans les bonnes grâces de quelqu'un.*

insectivores

tupaïa

desman

hérisson

taupe

musaraigne

Phot. Larousse, Michel Bertin, Merlet - Atlas-Photo, Atlas-Photo, John Markham.

insipide [ɛ̃sipid] adj. (*in* priv., et lat. *sapidus,* qui a du goût). Qui n'a point de saveur, de goût : *l'eau est insipide.* ‖ Sans agrément, sans esprit : *une conversation insipide.*

insipidité n. f. Etat de ce qui est insipide : *insipidité de l'eau, d'un roman, d'un spectacle.*

insistance n. f. Action d'insister.

insistant, e adj. Qui insiste.

insister [ɛ̃siste] v. i. (lat. *insistere,* s'appuyer sur). Persévérer à demander une chose : *insister pour être reçu.* ‖ Appuyer, s'étendre longuement : *insister sur un point.*

insociabilité n. f. Caractère de celui ou de celle qui est insociable.

insociable adj. Avec qui il est difficile de vivre : *son chagrin l'a rendu insociable.*

insolation [ɛ̃sɔlasjɔ̃] n. f. (du lat. *insolare,* exposer au soleil). Action des rayons du soleil qui frappent un objet. ‖ Ensemble des accidents dus à une exposition excessive au soleil. (Ils comprennent les brûlures de la peau [coup de soleil] et des troubles nerveux pouvant être graves [céphalée, vertiges, malaises du coup de chaleur].) ‖ Nombre d'heures pendant lesquelles le soleil a brillé durant un jour, un mois ou une année déterminés.

insolemment [ɛ̃sɔlamɑ̃] adv. Avec insolence : *répondre insolemment.*

insolence n. f. (lat. *insolentia,* manque d'habitude). Effronterie, hardiesse excessive, manque de respect : *une réponse qui va jusqu'à l'insolence.* ‖ Parole, action insolente.

insolent [ɛ̃sɔlɑ̃], **e** [-ɑ̃t] adj. et n. (lat. *insolens,* qui n'a pas l'habitude, orgueilleux). Effronté; qui manque de respect : *insolent au dernier point.* ‖ Arrogant, impertinent : *air, ton insolent.* ‖ — Adj. Qui choque par quelque chose d'insolite : *bonheur insolent.*

insoler [ɛ̃sɔle] v. t. Exposer au soleil : *insoler une épreuve photographique.*

insolite [ɛ̃sɔlit] adj. (*in* priv., et lat. *solitus,* habituel, ordinaire). Contraire à l'usage, aux règles, à l'habitude : *une expression insolite.*

insolubiliser v. t. Rendre insoluble.

insolubilité n. f. Etat de ce qui est insoluble.

insoluble adj. Qui ne peut être dissous : *la résine est insoluble dans l'eau.* ‖ *Fig.* Qu'on ne peut résoudre : *problème insoluble.*

insolvabilité n. f. Etat de la personne ou de la société qui n'a pas les moyens de faire face à ses engagements.

insolvable adj. et n. Qui n'a pas de quoi payer : *débiteur insolvable.*

insomnie [ɛ̃sɔmni] n. f. (*in* priv., et lat. *somnus,* sommeil). Privation, absence de sommeil. (L'insomnie peut être caractérisée par une difficulté à s'endormir ou par des réveils fréquents ou prolongés au cours de la nuit.)

insomnieux, euse adj. Relatif à l'insomnie. ‖ — Adj. et n. Qui est atteint d'insomnie, quelle qu'en soit la cause. (On dit quelquefois INSOMNIAQUE.)

insondable adj. Qu'on ne peut sonder : *gouffre insondable.* ‖ *Fig.* Qu'on ne peut pénétrer : *mystère insondable.*

insonore adj. Qui n'est pas sonore. ‖ Qui étouffe les bruits.

insonorisation n. f. Action d'insonoriser.

insonoriser v. t. Rendre insonore : *insonoriser un local.*

insonorité n. f. Manque de sonorité.

insouciance n. f. Caractère de celui qui est insouciant ; indifférence.

insouciant [ɛ̃susjɑ̃], **e** [-ɑ̃t] adj. Qui ne se soucie, ne s'affecte de rien.

insoucieux, euse adj. Qui n'a pas de souci : *insoucieux du lendemain.*

insoumis, e adj. Non soumis : *peuple insoumis.*

insoumis n. m. Militaire en état d'insoumission.

insoumission n. f. Défaut de soumission. ‖ Situation de celui qui ne répond pas à une convocation régulière de l'autorité militaire. (L'insoumission est un délit prévu par le Code de justice militaire. En temps de paix comme en temps de guerre, des peines sévères sanctionnent celui qui, astreint aux obligations du service national, n'a pas obéi dans les délais fixés par la loi à un ordre de route régulièrement notifié.)

insoupçonnable adj. Qu'on ne peut soupçonner.

insoupçonné, e adj. Qui n'est pas soupçonné.

insoutenable adj. Qu'on ne peut soutenir, défendre : *opinion insoutenable.*

inspecter [ɛ̃spɛkte] v. t. (du lat. *inspectare,* examiner). Examiner pour contrôler : *inspecter une école.* ‖ Examiner avec une grande attention : *inspecter une maison.*

inspecteur, trice n. Titre donné aux agents de divers services publics chargés de la surveillance et du contrôle : *inspecteur des mines, des ponts et chaussées, du travail,* etc.

inspection n. f. Action de surveiller, de contrôler, d'inspecter. ‖ Fonction d'inspecteur. ‖ Corps de fonctionnaires ayant pour mission de surveiller, de contrôler : *inspection générale des Finances; inspection générale de la Sécurité sociale.* ‖ *Méd.* Partie de l'examen clinique formée par l'ensemble des renseignements fournis par la vue.

inspectorat n. m. Charge d'inspecteur ; durée de cette charge.

inspirant, e adj. Qui est propre à inspirer : *souvenir, exemple inspirant.*

inspirateur, trice adj. et n. Qui sert à l'inspiration : *muscles inspirateurs.* ‖ Qui donne des conseils, des suggestions.

inspiration n. f. (de *inspirer*). Action de faire pénétrer de l'air dans ses poumons : *l'homme adulte, au repos, fait 16 inspirations par minute.* ‖ — *Fig.* Conseil, suggestion : *agir par l'inspiration de...* ‖ Etat de l'esprit lorsqu'il est ou semble être sous l'influence d'une puissance surnaturelle : *inspiration divine; inspiration des prophètes.* ‖ Faculté créatrice : *poète sans inspiration.* ‖ Chose inspirée : *les inspirations du génie.*

inspiré, e adj. et n. Qui agit sous l'influence d'une inspiration mystique, poétique. ‖ — Adj. Qui trahit une inspiration de ce genre : *vers inspirés.*

inspirer [ɛ̃spire] v. t. (lat. *inspirare,* souffler dans). Faire pénétrer dans la poitrine : *inspirer de l'air.* ‖ — *Fig.* Suggérer : *inspirer une bonne, une mauvaise action.* ‖ Faire naître dans le cœur, dans l'esprit un sentiment, une pensée, un dessein : *inspirer le respect, de la haine.* ‖ Faire naître l'enthousiasme créateur : *la Muse inspire les poètes.* ‖ **— S'inspirer [de]** v. pr. Se servir des idées, des œuvres d'autrui : *s'inspirer de ses lectures.*

instabilité n. f. Défaut de stabilité, de permanence : *instabilité des choses humaines.*

instable adj. Qui manque de solidité, de stabilité. ‖ Se dit d'un équilibre détruit par la moindre perturbation, d'une combinaison chimique pouvant se décomposer spontanément. ‖ — Adj. et n. Qui n'a pas de suite dans les idées.

installateur n. m. Spécialiste assurant l'installation d'un appareil (chauffage central, appareils sanitaires, etc.).

installation n. f. Action par laquelle on installe ou on est installé : *installation d'un magistrat.* ‖ Action de mettre en place un appareil, un réseau électrique, téléphonique, etc. : *procéder à l'installation du chauffage central.* ‖ Ensemble de ces appareils, de ce réseau : *réparer l'installation électrique.*

installer [ɛ̃stale] v. t. (de *stalle*). Mettre solennellement en possession d'une dignité, d'un emploi, etc. : *installer le président d'un tribunal.* ‖ Placer, établir quelqu'un dans un endroit : *installer sa famille en province.* ‖ Mettre en place : *installer un moteur.* ‖ **— S'installer** v. pr. S'établir en un endroit : *s'installer à Paris.*

instamment [ɛ̃stamɑ̃] adv. Avec instance.

instance [ɛ̃stɑ̃s] n. f. (lat. *instantia ;* de *instare,* presser vivement). Sollicitation pressante : *céder aux instances de quelqu'un.* (Dans ce sens s'emploie surtout au pl.) ‖ *Dr.* Série des actes d'une procédure ayant pour objet de saisir un tribunal d'une contestation, d'instruire la cause et d'obtenir un jugement : *introduire une instance; tribunal d'instance ; tribunal de grande instance.*

instant [ɛ̃stɑ̃] n. m. Moment très court. ● *Un instant* (Ellipt.), attendez un instant. ‖ — Loc. adv. **A chaque instant,** continuellement. ‖ **A l'instant,** à l'heure même, tout de suite. ‖ **Dans un instant,** bientôt. ‖ **— Dès l'instant que** loc. conj. Puisque.

instant, e adj. (lat. *instans*). Pressant : *prières instantes.*

instantané [ɛ̃stɑ̃tane], **e** adj. Qui ne dure qu'un instant. ‖ Qui se produit soudainement : *mort presque instantanée.*

instantané n. m. *Phot.* Temps de pose correspondant à une fraction de seconde. ‖ Image ainsi obtenue.

instantanéité n. f. Qualité de ce qui est instantané.

instantanément adv. De façon instantanée : *obéir instantanément.*

instar de (à l') [alɛ̃stardə] loc. prép. (lat. *ad instar,* à la ressemblance). A la manière, à l'exemple de : *à l'instar des Anciens.*

instaurateur, trice n. Personne qui élève un monument, fonde une institution, etc.

instauration n. f. Etablissement : *l'instauration d'un gouvernement.*

instaurer [ɛ̃stɔre] v. t. (lat. *instaurare*). Etablir, fonder : *instaurer un usage.*

instigateur, trice n. Celui, celle qui incite, qui pousse à faire une chose : *l'instigateur d'un complot.* (Le plus souvent en mauv. part.)

instigation [ɛ̃stigasjɔ̃] n. f. (du lat. *instigare,* pousser). Incitation, suggestion : *obéir aux instigations de quelqu'un.*

instillation n. f. Action d'instiller.

instiller [ɛ̃stile] v. t. (du lat. *stilla,* goutte). Verser goutte à goutte.

instinct [ɛ̃stɛ̃] n. m. (lat. *instinctus,* excité). Facteur qui coordonne certains réflexes innés de l'homme et des animaux, et les asservit à une fin biologiquement utile : *l'instinct de conservation ; l'instinct sexuel.* (V. *encycl.*) ‖ Chez l'homme, syn. de PULSION. ‖ **— D'instinct, par instinct** loc. adv. Par une sorte d'intuition, sans réflexion : *il a agi plutôt par instinct que par raison.*

— ENCYCL. Les comportements animaux sont souvent totalement efficaces pour assurer la vie et la reproduction par des moyens compliqués et indirects en dépit de circonstances défavorables. On serait tenté, notamment chez les insectes, de parler d'*intelligence* si l'expérimentation n'avait mis en évidence le fait suivant : les épreuves qui mettent l'*instinct* en échec ne sont pas du tout les mêmes que celles qui mettent en échec l'intelligence. Il s'agit de deux modalités psychiques différentes, en dépit de l'analogie du résultat. C'est ainsi que l'intelligence se révèle toujours inégale entre individus de même espèce, tandis que l'instinct est le même chez tous. Mais la notion d'instinct est, scientifiquement parlant, d'un maniement difficile.

instinctif [ɛ̃stɛ̃ktif], **ive** [-iv] adj. Qui naît de l'instinct : *mouvement instinctif.*

instinctivement adv. Par instinct.

instinctuel, elle adj. Qui se rapporte à l'instinct : *le caractère instinctuel d'une pulsion élémentaire.*

instituer [ɛ̃stitɥe] v. t. (lat. *instituere,* établir). Etablir une chose nouvelle : *Richelieu institua l'Académie française.* ● *Instituer un héritier,* nommer un héritier par testament.

institut [ɛ̃stity] n. m. (lat. *institutum ;* de *instituere,* établir). Société savante ou littéraire. ‖ Nom de certains établissements de recherche scientifique, d'enseignement : *Institut océanographique ; Institut catholique de Paris.* ‖ Titre porté par les congrégations de religieux non clercs. ● *Institut de beauté,* établissement où l'on dispense les soins du visage et du corps à des fins esthétiques. ‖ *L'Institut de France* ou, absol., *l'Institut,* la réunion des cinq Académies.

Institut (*palais de l'*), édifice construit sur l'emplacement de l'hôtel de Nesle, à Paris, grâce à la somme que Mazarin avait léguée à sa mort (1661) pour créer le collège des Quatre-Nations, destiné à des jeunes gens venant des quatre provinces annexées par la France au traité des Pyrénées. Il fut élevé par les architectes Le Vau, qui dessina les plans, Lambert et d'Orbay, qui dirigèrent les travaux. Il est depuis 1806 affecté à l'Institut de France.

Institut catholique de Paris, établissement libre d'enseignement supérieur, créé en 1876.

Institut de France, ensemble des cinq Académies : française, des inscriptions et belles-lettres, des sciences, des beaux-arts, des sciences morales et politiques. (V. ACADÉMIE, tableau à la fin de l'ouvrage.)

Institut géographique national (I. G. N.), organisme chargé de dresser les cartes topographiques en France et dans de nombreux Etats étrangers.

Institut national de la statistique et des études économiques (I. N. S. E. E.), établissement public français chargé de centraliser les statistiques et de mener à bien certaines études de conjoncture et de prospective économique et sociale.

Institut Pasteur. V. PASTEUR (*Institut*).

Institutes, manuel de droit romain rédigé sur l'ordre de Justinien en 533.

instituteur, trice n. Personne chargée d'instruire les enfants dans l'enseignement du premier degré.

institution n. f. Action d'instituer, d'établir : *institution d'un ordre religieux.* ‖ Ensemble de règles établies en vue de la satisfaction d'intérêts collectifs : *l'Etat, le Parlement, une fondation, la tutelle, la prescription, la faillite sont des institutions.* ‖ Maison d'éducation et d'instruction : *une institution de jeunes filles.* ● *Institution d'héritier* (Dr.), désignation d'un héritier par testament ou — parfois — par contrat de mariage. ‖ — N. f. pl. Lois fondamentales d'un pays : *ne pas respecter les institutions.*

Institution de la religion chrétienne, ouvrage de Calvin, exposant les doctrines des protestants français (publié en latin en 1536, en français en 1541).

institutionnalisation n. f. Action d'institutionnaliser : *l'institutionnalisation des conversations entre les pouvoirs publics et les syndicats.*

institutionnaliser v. t. Donner à quelque chose le caractère d'une institution : *les syndicats américains sont institutionnalisés.*

institutionnalisme n. m. Tendance à multiplier les institutions, les organismes de contrôle, etc., notamment dans les domaines politique et économique.

institutionnel, elle adj. Relatif aux institutions.

instructeur n. et adj. m. Gradé ou officier chargé de faire l'instruction militaire. ● *Juge instructeur,* juge chargé d'instruire un procès.

instructif, ive adj. Qui instruit : *conversation, lecture instructive.*

instruction n. f. (lat. *instructio*). Enseignement, éducation : *en France, l'instruction primaire est gratuite, laïque et obligatoire.* ‖ Savoir, notions acquises : *avoir de l'instruction.* ‖ Partie unitaire d'un programme de machine à traiter l'information, indiquant une opération à effectuer. ● *Instruction judiciaire,* procédure qui met une affaire, un procès en état d'être jugé. ‖ *Instruction militaire,* formation de tous ordres donnée aux militaires, et notamment aux recrues, pour leur permettre de remplir les missions qui leur sont confiées. ‖ *Instruction de perfectionnement,* instruction militaire facultative des cadres de réserve. ‖ *Instruction publique,* instruction donnée par l'Etat. ‖ — Pl. Ordres, explications pour la conduite d'une affaire, d'une entreprise : *se conformer aux instructions données.* || Ordres et renseignements donnés à un ambassadeur, à un envoyé quelconque : *instructions secrètes.*

instruire [ɛ̃stʀɥiʀ] v. t. (lat. *instruere,* bâtir) [conj. **64**]. Former l'esprit de quelqu'un par des leçons, des connaissances : *instruire la jeunesse.* || Donner connaissance de quelque chose : *instruisez-moi de ce qui se passe.* ● *Instruire une cause, une affaire,* la mettre en état d'être jugée. || **— S'instruire** v. pr. Développer son instruction.

instruit, e adj. Qui a des connaissances variées ou profondes.

instrument [ɛ̃stʀymɑ̃] n. m. (lat. *instrumentum*). Outil, machine, appareil servant à exécuter quelque chose ou à faire quelque opération : *instrument aratoire; instrument de mesure.* || *Mus.* Appareil propre à produire des sons musicaux. || *Fig.* Ce qui est employé pour atteindre un résultat : *servir d'instrument à la vengeance de quelqu'un.*

instrumentaire adj. *Témoin instrumentaire* (Dr.), personne qui assiste un officier public dans les actes pour la validité desquels la présence de témoins est nécessaire.

instrumental, e, aux adj. Qui sert d'instrument. ● *Conditionnement instrumental* (Psychol.), conditionnement dans lequel l'animal effectue une tâche au moyen d'un instrument. || *Musique instrumentale,* musique écrite pour des instruments de musique.

instrumentalisme n. m. *Philos.* Doctrine qui considère l'intelligence et les théories comme des outils destinés à l'action.

instrumentation n. f. *Mus.* Art qui permet d'affecter à tel ou tel instrument les diverses parties d'une composition musicale.

instrumenter v. i. *Dr.* Faire des contrats, des procès-verbaux et autres actes publics : *les huissiers doivent instrumenter en personne.* || *Mus.* Confier chaque partie d'une œuvre musicale à un instrument.

instrumentiste n. Musicien qui joue d'un instrument.

insu [ɛ̃sy] n. m. (*in* priv., et *su*). Ne s'emploie que dans la loc. prép. **à l'insu de,** sans qu'on le sache : *sortir à l'insu de tous.*

insubmersibilité n. f. Qualité de ce qui est insubmersible.

insubmersible adj. Qui ne peut s'enfoncer complètement dans l'eau.

insubordination n. f. Désobéissance : *esprit d'insubordination.*

insubordonné, e adj. Qui a, qui montre l'esprit d'insubordination.

insuccès n. m. Manque de succès, échec.

insuffisamment adv. De façon insuffisante.

insuffisance n. f. Manque de suffisance : *l'insuffisance de la production industrielle, agricole.* || Incapacité : *reconnaître son insuffisance.* || *Méd.* Diminution qualitative ou quantitative du fonctionnement d'un organe. || — Syn. : CARENCE, DÉFAUT, DÉFICIENCE, MANQUE, PAUVRETÉ.

insuffisant, e adj. Qui ne suffit pas : *nourriture insuffisante.* || Dont les résultats ne suffisent pas : *élève insuffisant.* || — Syn. : DÉFECTUEUX, IMPARFAIT, INCAPABLE, INCOMPLET.

insufflateur n. m. Instrument servant à insuffler dans le larynx et dans les narines de l'air ou des médicaments pulvérulents.

insufflation n. f. Action d'insuffler : *l'insufflation de l'air dans la bouche peut rappeler les noyés à la vie.* || *Méd.* Action d'introduire un gaz dans une cavité du corps. (V. *encycl.*)

— ENCYCL. L'*insufflation tubaire* (insufflation dans une des trompes utérines) est utilisée dans un but diagnostique et thérapeutique (stérilité). L'*insufflation pleurale,* qui consiste en l'introduction d'air entre les deux feuillets de la plèvre (pneumothorax), est pratiquement abandonnée.

insuffler [ɛ̃syfle] v. t. (lat. *insufflare*). Introduire, à l'aide du souffle ou d'un appareil spécial, un gaz, une vapeur dans quelque cavité du corps : *insuffler de l'air dans la bouche d'un asphyxié.* || *Fig.* Donner, inspirer : *insuffler du courage.*

insulaire [ɛ̃sylɛʀ] adj. et n. (du lat. *insula,* île). Qui se rapporte à une île : *faune, peuplade insulaire.* || Habitant d'une île.

insularité n. f. Etat d'un pays formant une île : *l'insularité de la Grande-Bretagne.* || Ensemble des phénomènes géographiques caractéristiques des îles.

Insulinde, partie insulaire de l'Asie du Sud-Est (Indonésie et Philippines).

insuline [ɛ̃sylin] n. f. (du lat. *insula,* île). Hormone hypoglycémiante sécrétée par les îlots de Langerhans du pancréas.

— ENCYCL. L'*insuline* est préparée à partir de pancréas de bœuf, de porc ou de cheval; elle abaisse le taux de la glycémie en favorisant l'utilisation du glucose par la cellule et possède également une action sur le métabolisme des lipides et des protides. Elle est essentiellement utilisée pour le traitement du diabète avec acidose et s'administre en injections sous-cutanées. Il existe dans le commerce des solutés d'insuline ordinaire, ayant une action rapide et relativement courte (8 heures), et des insulines retard, dont l'action, suivant la variété, s'échelonne entre 12 et 26 heures (insuline zinc, insulines associées à la protamine en présence de zinc, etc.), permettant de réduire le nombre des injections. Une dose trop forte d'insuline peut entraîner un coma par hypoglycémie.

insulinothérapie n. f. Traitement de certaines maladies par l'insuline (traitement du diabète, et, en psychiatrie, de la schizophrénie par coma provoqué [cure de Sakel]).

insultant, e adj. Qui constitue une insulte, une offense : *mépris, propos insultant.*

insulte n. f. Outrage en actes ou en paroles.

insulté, e adj. et n. Qui a reçu une insulte : *réconcilier l'insulteur et l'insulté.*

insulter [ɛ̃sylte] v. t. (lat. *insultare,* sauter sur). Attaquer par des paroles blessantes. || — V. t. ind. [**à**]. *Fig.* Braver avec insolence : *le luxe insulte à la misère publique.*

insulteur n. m. Auteur d'une insulte.

insupportable adj. Qu'on ne peut supporter : *douleur insupportable.* || Très désagréable, turbulent : *un enfant insupportable.*

insupportablement adv. De façon insupportable.

insurgé, e adj. et n. Qui s'est mis en état d'insurrection : *les insurgés vendéens.*

insurger (s') [sɛ̃syʀʒe] v. pr. (lat. *insurgere,* se lever contre). Se révolter, se soulever : *s'insurger contre des abus.*

insurmontable adj. Qui ne peut être surmonté : *dégoût insurmontable.*

insurpassable adj. Qui ne peut être surpassé.

insurrection [ɛ̃syʀɛksjɔ̃] n. f. (du lat. *insurrectus,* qui s'est levé contre). Soulèvement en armes contre le pouvoir établi.

insurrectionnel, elle adj. Qui tient de l'insurrection, qui en a le caractère : *mouvement insurrectionnel.*

intact [ɛ̃takt], **e** adj. (lat. *intactus;* de *tangere,* toucher). A quoi l'on n'a pas touché; dont on n'a rien retranché : *somme intacte.* || *Fig.* Pur, irréprochable : *réputation intacte.*

intaille [ɛ̃tɑj] n. f. (ital. *intaglio,* entamure). Pierre dure gravée en creux.

intangibilité n. f. Caractère intangible.

intangible adj. Qui doit rester intact : *droit, liberté intangible.*

intarissable adj. Qui ne peut être tari : *source intarissable.* || — *Fig.* Qui ne s'épuise pas : *gaieté intarissable.* || Qui abonde en paroles : *causeur intarissable.*

intarissablement adv. De façon intarissable.

intégrable adj. *Math.* Qui peut être intégré : *fonctions intégrables.*

intégral [ɛ̃tegʀal], **e, aux** [-o] adj. (du lat. *integer,* entier). Entier, complet : *paiement intégral.*

intégrale n. f. *Math.* Fonction solution d'une différentielle. ● *Intégrale curviligne* (Math.), intégrale dont le domaine d'intégration est une courbe ou une portion de courbe. || *Intégrale d'une équation différentielle* (Math.), toute fonction satisfaisant à cette équation.

intégrale n. f. Edition complète des œuvres d'un écrivain, d'un musicien : *enregistrer l'intégrale des sonates de Beethoven.*

intégralement adv. En totalité.

intégralité n. f. Etat d'une chose complète : *l'intégralité d'une somme.*

intégrant, e adj. *Partie intégrante,* qui contribue à l'intégralité d'un tout, comme les bras, les jambes, dans le corps humain.

intégrateur adj. et n. m. Se dit d'un appareil qui effectue une intégration, c'est-à-dire qui totalise des indications continues. || Machine de calcul scientifique de la famille des machines analogiques, adaptée à la résolution des intégrales, à la mesure des moments d'inertie, etc. || *Cybern.* Se dit d'un dispositif qui transforme une grandeur d'entrée en une grandeur de sortie proportionnelle à l'intégrale de cette grandeur d'entrée. (Ce dispositif peut équiper un régulateur, une machine.)

intégration n. f. Action d'intégrer : *l'intégration d'une fonction.* || *Physiol.* Coordination des activités de plusieurs organes, en vue d'un fonctionnement harmonieux, réalisée par divers centres nerveux. (Syn. ACTION INTÉGRATIVE.) || Fusion d'entreprises situées à des stades différents du processus de production. (Syn. CONCENTRATION VERTICALE.) || Nomination d'un fonctionnaire dans un cadre parallèle au sien, et où il est statutairement possible d'accéder à des grades plus élevés. || *Math.* Calcul de l'intégrale d'une différentielle ou d'une équation différentielle. (V. *encycl.*) ● *Intégration raciale,* égalité de droits pour tous les citoyens d'un même pays, quelle que soit leur race.

— ENCYCL. *Math.* L'*intégration* de la fonction $f(x)$ sur l'intervalle (a, b) revient à calculer l'aire limitée par la courbe $y = f(x)$, représentative de la fonction $f(x)$, l'axe des x et les parallèles à l'axe des y aux extrémités de l'intervalle (a, b). Ce calcul s'effectue en divisant le domaine d'intégration en domaines partiels. Toute fonction continue sur (a, b) est intégrable sur cet intervalle. On définit de la même façon les intégrales doubles, triples ou multiples.

intégrationniste adj. Relatif à l'intégration raciale. || — N. Partisan de l'intégration raciale.

intègre [ɛ̃tɛgʀ] adj. (lat. *integer,* entier). D'une probité absolue, incorruptible : *juge intègre.*

intègrement adv. D'une manière intègre.

intégrer [ɛ̃tegʀe] v. t. (conj. **5**). Faire entrer dans un ensemble, dans un groupe. || *Math.* Déterminer l'intégrale d'une quantité différentielle : *intégrer une fonction.*

intégrisme n. m. Disposition d'esprit de certains catholiques qui, prétendant maintenir l'intégrité de la doctrine, répugnent à s'adapter aux conditions de la société moderne.

intégriste adj. et n. Qui appartient à l'intégrisme.

intégrité [ɛ̃tegʀite] n. f. Etat d'une chose qui a toutes ses parties : *l'intégrité d'une somme.* || *Fig.* Qualité d'une personne intègre : *essayer de corrompre l'intégrité de quelqu'un.*

intellect [ɛ̃tɛllɛkt] n. m. (lat. *intellectus;* de *intelligere,* comprendre). Intelligence, entendement.

intellection n. f. (lat. *intellectio*). Acte par lequel l'esprit conçoit.

intellectualisme n. m. Doctrine philosophique qui affirme la prééminence de l'intelligence sur les sentiments et la volonté.

intellectualiste adj. et n. Qui appartient à l'intellectualisme.

intellectualité n. f. Qualité de ce qui est intellectuel.

intellectuel, elle adj. Qui est du ressort de l'intelligence : *la vie intellectuelle; un travail intellectuel.* || Qui concerne, qui définit l'intelligence : *quotient intellectuel.* || — N. Personne qui s'occupe, par goût ou par profession, des choses de l'esprit.

intellectuellement adv. De façon intellectuelle.

intelligemment adv. Avec intelligence.

intelligence [ɛ̃teliʒɑ̃s] n. f. Faculté de connaître, de comprendre : *l'intelligence distingue l'homme de l'animal.* || Aptitude à comprendre; connaissance approfondie : *avoir l'intelligence des affaires.* || *Psychol.* Aptitude hypothétique, variable suivant les individus, à faire preuve d'un ensemble complexe d'activités, dont le résultat se marque globalement par un comportement plus efficient. (V. *encycl.*) || Adresse, habileté : *s'acquitter d'une mission avec intelligence.* || Bonne entente, union de sentiments : *vivre en parfaite intelligence.* || Entente, relations secrètes : *entretenir des intelligences avec l'ennemi.* ● *Etre d'intelligence avec,* s'entendre, être d'accord : *ils sont d'intelligence pour vous tromper.*

— ENCYCL. *Psychol.* L'*intelligence,* comme ensemble coordonné d'activités, est aujourd'hui un concept très critiqué par les psychologues, sensibles à l'hétérogénéité des manifestations auxquelles le nom d'*intelligence* est donné. Pendant longtemps, on a pensé que seule l'activité conceptuelle et logique de l'homme, élaborée à partir du langage, était intelligente, tandis que les autres comportements adaptatifs résultaient de l'activité instinctive. Mais, depuis le début du XXe s., on a établi d'une façon certaine l'existence d'autres formes d'intelligence. Il n'y a pas une espèce d'intelligence, variable en degrés, mais, selon toute probabilité, plusieurs sortes d'intelligence, qui varient selon les êtres et les espèces. Aussi a-t-on proposé (Thorndike) de distinguer au moins trois grands types d'intelligence : l'*intelligence abstraite* ou *conceptuelle,* caractérisée par l'aptitude à utiliser le matériel verbal et symbolique; l'*intelligence pratique,* qui se trouve à l'aise dans le concret, lorsqu'il faut manipuler des objets; l'*intelligence sociale,* enfin, qui implique la compréhension des êtres humains et la facilité à s'entendre avec eux. Les enfants (et les débiles mentaux) ont une intelligence essentiellement pratique. Cette faculté de résoudre des problèmes concrets se retrouve aussi chez les animaux supérieurs. Jusqu'à une époque récente, on pensait que l'intelligence était l'apanage des êtres humains, les animaux ne pouvant être guidés que par leurs « instincts ». Les ruses les plus extraordinaires des bêtes sauvages étaient tenues pour des comportements innés, préformés, ne mettant en œuvre aucune « intelligence » : cette croyance n'est plus admise aujourd'hui. On a pu filmer (F. Rossif, dans son œuvre consacrée aux animaux) un renard affamé simulant la mort pour attirer des corbeaux, dont il fit son repas ensuite. Certains travaux expérimentaux russes sur les chimpanzés ont établi d'une manière certaine que les singes supérieurs sont capables de confectionner des instruments (enfiler des bambous les uns dans les autres pour fabriquer une longue perche afin d'atteindre une banane placée hors de leur portée; redresser un fil de fer enroulé sur lui-même pour pousser un appât coincé dans un long tube mince; etc.). Le chimpanzé est même capable d'apprendre à parcourir un labyrinthe compliqué, nécessitant l'utilisation d'une symbolique non verbale (qui, pour les hommes, pourrait se formuler de la manière suivante : deux tours à gauche, deux tours à droite, puis un tour à gauche, etc., jusqu'à une douzaine de rotations), et de réussir des épreuves pratiques accessibles à l'enfant normal à partir de 9 ou 10 ans seulement (Gottschaldt).

En pratique, au niveau de l'homme, la psychologie se trouve dans l'incapacité de définir avec précision la notion d'intelligence. On admet depuis Spearman, en psychologie différentielle, l'existence de facteurs généraux et de facteurs spécifiques à chaque aptitude considérée, qui sont induits à partir de batteries de tests de niveau

(Wechsler-Bellevue, Binet-Simon, Terman-Merrill), mais leurs perspectives sont trop particulières et excluent en général le comportement social et l'intuition d'autrui. La psychologie expérimentale cherche davantage à définir certaines formes d'activité intellectuelle (raisonnement, induction, etc.) en partant de situations expérimentales concrètes en face desquelles sont placés les individus ; la psychogénétique, avec Piaget, a essayé de définir à la fois génétiquement et structurellement l'évolution des activités intellectuelles de l'enfant, qui passe par différents stades : sensori-moteur (coordination des acquisitions motrices et activité progressivement orientée), préopératoire, puis opératoire (stade des opérations concrètes auquel succède le stade des opérations formelles, caractérisé par l'abstraction et la généralisation).

Intelligence Service, organisme britannique chargé de recueillir des renseignements de toutes sortes intéressant le gouvernement.

intelligent, e adj. Doué d'intelligence, capable de comprendre : *l'homme est un être intelligent.* || Qui comprend facilement : *enfant intelligent.* || Adroit, habile : *intelligent dans les affaires.* || Qui indique l'intelligence : *regard intelligent.* || — Syn. : CLAIRVOYANT, ÉCLAIRÉ, ENTENDU, INGÉNIEUX, JUDICIEUX, PERSPICACE, SENSÉ.

intelligentsia [ɛ̃teliʒɛsja] n. f. (mot russe). Classe des intellectuels dans un pays donné.

intelligibilité n. f. Qualité, caractère d'une chose intelligible.

intelligible [ɛ̃telliʒibl] adj. Qui peut être facilement entendu ou compris : *parler à haute et intelligible voix ; discours intelligible.* || *Philos.* Qui n'existe qu'en idée : *Platon oppose le monde intelligible au monde sensible.*

intelligiblement adv. De façon intelligible : *s'exprimer intelligiblement.*

intempérance n. f. Manque de modération dans le manger ou le boire : *l'intempérance ruine la santé.* || *Fig.* Excès en tout genre : *intempérance de langage.*

intempérant, e adj. Qui fait preuve d'intempérance.

intempérie [ɛ̃tɑ̃peri] n. f. (lat. *intemperies ;* de *tempus,* temps). Mauvais temps : *braver les intempéries.*

intempestif [ɛ̃tɑ̃pɛstif], **ive** [-iv] adj. (lat. *intempestivus ;* de *in* priv., et *tempestas,* saison). Qui n'est pas fait dans un moment opportun : *arrivée intempestive.*

intempestivement adv. De façon intempestive.

intemporalité n. f. Caractère de ce qui est intemporel.

intemporel, elle adj. Qui échappe au temps. || Eternel.

intenable adj. Où l'on ne peut se tenir, se défendre : *place intenable.* || *Fam.* Qu'on ne peut supporter : *une chaleur intenable.* || *Fam.* Qui ne peut tenir en place : *un enfant intenable.*

intendance [ɛ̃tɑ̃dɑ̃s] n. f. Service de l'intendant. || Division territoriale à laquelle un intendant était préposé sous l'Ancien Régime. (Syn. GÉNÉRALITÉ.) ● *Intendance militaire,* service chargé de pourvoir aux besoins des militaires et à l'administration de l'armée. (V. *encycl.*) || *Intendance universitaire,* corps de fonctionnaires chargés de l'administration financière des lycées, des collèges, et pourvoyant aux besoins matériels de ces établissements.

— ENCYCL. L'*intendance militaire,* qui est le service de l'armée de terre dont les origines sont les plus anciennes, a été organisée sous ce vocable en 1817 par le roi Louis XVIII. Elle a de très nombreuses attributions, que l'on peut classer en deux catégories : comme service pourvoyeur, elle est chargée de fournir aux troupes l'alimentation, l'habillement ainsi que les matériels de couchage, d'ameublement, de chauffage et d'éclairage ; comme service administrateur, elle ordonnance et vérifie les dépenses des formations militaires, assure le paiement de la solde ainsi que celui des traitements ou indemnités de tous ordres, intervient dans la liquidation des pensions, reçoit les actes d'engagement, dresse les actes d'état civil aux armées, etc. Enfin, de nombreux représentants du Service de l'intendance étudient et mettent au point dans différents ministères les problèmes du temps de guerre et notamment ceux du ravitaillement de la nation.

intendant n. m. (du lat. *intendens,* qui surveille). Aux XVIIe et XVIIIe s., officier qui, dans le cadre d'une généralité des finances, était l'agent tout-puissant du pouvoir royal. (En 1666, ces fonctionnaires devinrent *intendants de police, justice et finances.*) || Personne chargée de régir des biens, une maison. || Fonctionnaire chargé de l'administration financière d'un établissement d'enseignement. ● *Intendant militaire,* fonctionnaire du service de l'intendance militaire. (V. *encycl.*)

— ENCYCL. Les *intendants militaires,* formés à l'Ecole supérieure de l'intendance, sont recrutés par concours parmi les officiers du grade de capitaine. Ils bénéficient d'une hiérarchie particulière : intendant militaire adjoint (capitaine) ; intendant militaire de 3e, 2e, 1re classe (commandant, lieutenant-colonel, colonel) ; intendant général de 2e, 1re classe (général de brigade, de division). Les intendants sont assistés par les officiers d'administration du Service de l'intendance.

intendante n. f. Femme d'un intendant. || Fonctionnaire femme chargée de l'intendance d'un établissement d'enseignement.

intense [ɛ̃tɑ̃s] adj. (lat. *intensus,* tendu). D'une grande force : *chaleur intense.* || Considérable : *activité intense.*

intensément adv. De façon intense.

intensif, ive adj. Qui a le caractère de l'intensité : *production intensive.* ● *Culture intensive,* système de culture qui consiste à faire donner à un terrain un rendement très grand (par oppos. à *culture extensive*).

intensification n. f. Action d'intensifier.

intensifier v. t. Rendre plus fort, plus actif : *intensifier le commerce.*

intensité n. f. Expression de la valeur numérique d'une grandeur : *intensité d'une force.* || *Electr.* Quantité d'électricité que débite un courant continu pendant l'unité de temps.

intensivement adv. De façon intensive.

intenter [ɛ̃tɑ̃te] v. t. (lat. *intentare,* diriger). Entreprendre contre quelqu'un, formuler devant la justice : *intenter un procès.*

intention [ɛ̃tɑ̃sjɔ̃] n. f. (lat. *intentio,* action de diriger). Dessein délibéré d'accomplir tel ou tel acte : *l'intention ne suffit pas à créer le délit.* || Volonté, désir : *l'intention de votre père est que...* || **— A l'intention de** loc. prép. En l'honneur de : *donner une fête à l'intention de quelqu'un.*

intentionnalité n. f. *Philos.* Caractère orienté, adapté à l'avenir immédiat, de certains contenus de la conscience.

intentionné, e adj. Qui a une certaine intention (toujours accompagné des adverbes *bien* ou *mal*).

intentionnel, elle adj. Qui est fait avec intention : *erreur intentionnelle.*

intentionnellement adv. Avec intention : *changer intentionnellement d'itinéraire.*

inter [ɛ̃tɛr] n. m. Abrév. fam. de *interurbain.*

interaction n. f. Influence réciproque : *l'interaction de la théorie et de la pratique.* || *Psychol.* Phénomène qui permet à une collection d'individus de se constituer comme groupe, et qui consiste dans le fait que le comportement de chaque individu devient stimulus pour un autre.

interallié, e adj. Commun à plusieurs alliés.

interaméricain, e adj. Qui est commun à l'ensemble du continent américain : *une conférence économique interaméricaine.*

interarabe adj. Commun à l'ensemble des pays arabes.

interarmées adj. inv. Commun à plusieurs armées (de terre, de mer ou de l'air) : *un état-major interarmées.*

interarmes adj. inv. Commun à plusieurs armes (infanterie, artillerie, etc.) de l'armée de terre : *une école interarmes.*

interastral, e, aux adj. Qui existe entre les astres : *espace interastral.*

interattraction n. f. Attraction qu'exercent des individus les uns sur les autres, et qui les pousse à se grouper.

intercalaire adj. Inséré, ajouté : *feuillet intercalaire.* || Se dit du jour intercalé au mois de février dans les années bissextiles (29 févr.). || — N. m. Fiche spéciale permettant de séparer des groupes de fiches ou de cartes perforées à l'intérieur d'un même fichier.

intercalation n. f. Action d'intercaler ; résultat de cette action : *l'intercalation d'un nombre.* || Addition, après coup, d'un mot ou d'une ligne à l'intérieur d'un acte, d'un article dans un acte, d'un objet dans un ensemble, etc.

intercaler [ɛ̃tɛrkale] v. t. Insérer parmi d'autres choses : *intercaler un mot dans un texte.*

intercéder [ɛ̃tɛrsede] v. i. (lat. *intercedere*) [conj. **5**]. Intervenir en faveur de quelqu'un : *intercéder en faveur d'un condamné.*

intercellulaire adj. Qui se trouve entre les cellules animales, végétales. ● *Substance intercellulaire* (Méd.), substance qui comprend de fines fibrilles de collagène entre lesquelles il y a une substance intermédiaire composée de protéines liées à des sucres complexes (hétérosides). [Elle est abondante dans l'os (osséine) et dans le cartilage (chondrine), où elle est différenciée.]

intercepté, e adj. *Math.* Compris entre. (L'angle au centre a même mesure que l'arc intercepté entre ses côtés.)

intercepter [ɛ̃tɛrsɛpte] v. t. (du lat. *interceptus,* pris au passage). Arrêter au passage : *les nuages interceptent les rayons du soleil.* || S'emparer par surprise de ce qui est envoyé à quelqu'un : *intercepter une lettre ; intercepter un messager.*

intercepteur n. m. Avion de chasse très rapide, spécialement conçu pour s'opposer, en les attaquant, aux incursions d'appareils ennemis.

interception n. f. Interruption du cours direct d'une chose : *interception de la lumière.* || Attaque, par avions de chasse ou par missiles, d'appareils adverses : *l'interception d'un raid de bombardiers.* (V. CHASSE.)

intercesseur n. m. Celui qui intercède.

intercession [ɛ̃tɛrsesjɔ̃] n. f. (lat. *intercessio*). Action d'intercéder. || Prière en faveur de quelqu'un. || Action de s'engager à garantir le paiement de la dette d'une autre personne.

interchangeabilité n. f. Caractère de ce qui est interchangeable.

interchangeable adj. Se dit de choses qui peuvent être mises à la place les unes des autres : *pièces interchangeables.*

intercirculation n. f. *Ch. de f.* Circulation entre les compartiments des voitures et entre les voitures d'un train, assurée par des couloirs et des passerelles (munies ou non de soufflets).

interclasse n. m. Intervalle qui sépare deux heures de classe.

interclasseuse n. f. Machine permettant la fusion de deux groupes de cartes perforées.

interclubs adj. inv. et n. m. inv. Se dit d'une compétition où sont opposées les équipes de plusieurs clubs.

intercommunal, e, aux adj. Qui concerne plusieurs communes.

intercommunication n. f. Liaison d'alarme entre les voitures d'un train et la locomotive, assurée par le signal d'alarme agissant sur la conduite du frein automatique. || Communication établie entre plusieurs interlocuteurs.

interconnecter v. t. Mettre en relation deux ou plusieurs centres de production ou de consommation d'électricité afin de permettre les échanges d'énergie d'un centre à un autre, chaque centre générateur pouvant alimenter plusieurs centres récepteurs.

interconnexion n. f. Action d'interconnecter.

— ENCYCL. L'*interconnexion* d'un réseau électrique permet d'assurer : 1° la *continuité du service :* lorsqu'une avarie apparaît sur une ligne de transport de force, le répartiteur dispose d'autres circuits pour alimenter le centre intéressé ; 2° la *mise en commun des réserves et une production plus économique :* les ressources et les besoins ne sont pas les mêmes pour toutes les régions à la même heure et à la même époque de l'année ; un réseau interconnecté permet l'utilisation optimale des différentes centrales ; 3° la *facilité de l'extension de la puissance des centrales électriques :* une centrale peut retarder l'accroissement de ses installations pendant qu'une autre installe une unité supplémentaire. Le fonctionnement d'un réseau interconnecté pose de nombreux problèmes techniques, tels que le réglage de la répartition des charges actives et de la fréquence, le réglage de la tension et de la puissance réactive, la stabilité statique, le fonctionnement en régime troublé.

intercontinental, e, aux adj. Qui est situé ou qui a lieu entre des continents : *lignes aériennes intercontinentales.*

intercostal, e, aux adj. Qui est entre les côtes : *muscles intercostaux.* ● *Douleur intercostale,* névralgie d'un nerf intercostal, siégeant entre deux côtes.

intercotidal, e, aux adj. V. INTERTIDAL.

intercurrent [ɛ̃tɛrkyrɑ̃], **e** [-ɑ̃t] adj. (lat. *inter,* entre, et *currens,* qui court). Qui survient pendant la durée d'une autre chose : *maladie intercurrente.*

interdépartemental, e, aux adj. Commun à plusieurs départements.

interdépendance n. f. Dépendance mutuelle.

interdépendant, e adj. Se dit des choses dépendant les unes des autres.

interdiction n. f. Défense, prohibition : *interdiction d'un genre de commerce.* || Défense perpétuelle ou temporaire faite à une personne de remplir ses fonctions : *prêtre, fonctionnaire frappé d'interdiction.* ● *Interdiction judiciaire,* mesure juridique par laquelle un individu majeur était privé de la gestion de ses biens du fait de l'altération de ses facultés mentales. (Elle est remplacée depuis 1968 par la *mise en tutelle.*) || *Interdiction légale,* privation de l'exercice des droits civils, constituant une peine accessoire attachée à toute peine afflictive et infamante. || *Interdiction de séjour,* peine frappant certains condamnés à qui est interdit l'accès de certaines localités. || *Tir d'interdiction* (Mil.), tir destiné à interdire à l'ennemi l'accès de certains points importants du terrain.

interdigital, e, aux adj. Placé entre les doigts : *espace interdigital.*

interdire [ɛ̃tɛrdir] v. t. (lat. *interdicere*) [conj. **68,** sauf à la 2e pers. du pl. de l'ind. prés. et de l'impér. prés. : *vous interdisez ; interdisez*]. Défendre quelque chose à quelqu'un : *le médecin lui a interdit l'usage du vin.* || Priver quelqu'un du droit d'exercer ses fonctions : *interdire un prêtre.* || *Dr.* Oter à quelqu'un la libre disposition de ses biens.

interdisciplinaire adj. Relatif à plusieurs disciplines, à plusieurs sciences : *des recherches interdisciplinaires.*

interdit, e adj. et n. Qui est sous le coup de l'interdiction : *prêtre interdit.* || — Adj. Qui ne sait que répondre, qui perd contenance : *demeurer interdit.*

interdit [-di] n. m. Sentence défendant à un clerc l'exercice des fonctions de son ordre, ou interdisant de célébrer le culte dans un lieu déterminé. || *Ethnogr.* Rite négatif par lequel on doit s'abstenir d'un acte pour des raisons religieuses. ● *Jeter l'interdit sur,* défendre d'une manière absolue (au *pr.* et au *fig.*).

intéressant, e adj. Qui offre de l'intérêt ; digne d'attention : *nouvelle intéressante.* || *Fam.* Avantageux : *acheter à un prix intéressant.* || Qui inspire de l'intérêt, excite la sympathie : *personne intéressante.* ● *Etat intéressant, position intéressante* (Fam.), état d'une femme enceinte.

intéressé, e adj. Qui a intérêt à une chose : *être intéressé à une affaire.* || Trop attaché à ses intérêts, au gain. ● *Service intéressé,* rendu par intérêt. || — N. Personne qui a intérêt à une chose, qui est concernée par une chose : *prévenir les intéressés.*

intéressement n. m. Participation aux bénéfices, à la prospérité d'une entreprise.

intéresser [ɛ̃terese] v. t. (de *intérêt*). Avoir de l'importance pour : *cela m'intéresse.* ‖ Concerner spécialement : *loi qui intéresse les industriels.* ‖ Inspirer de l'intérêt, de la bienveillance, de la compassion : *ce jeune homme m'intéresse.* ‖ Captiver l'esprit, exciter la curiosité, l'attention : *cette lecture m'intéresse.* ‖ Faire entrer quelqu'un dans une affaire en lui attribuant une part dans les bénéfices : *intéresser un employé dans une entreprise.* ‖ — **S'intéresser** v. pr. Avoir de l'intérêt pour : *s'intéresser aux questions économiques.*

intérêt [ɛ̃terɛ] n. m. (du lat. *interest,* il importe). Ce qui importe, qui est utile à quelqu'un : *agir dans l'intérêt d'un ami.* ‖ Attachement exclusif à ce qui est avantageux; amour de soi, égoïsme : *c'est l'intérêt qui le guide.* ‖ Sollicitude, bienveillance : *ressentir un vif intérêt pour quelqu'un.* ‖ Ce qui, dans un ouvrage, charme l'esprit ou le cœur : *histoire pleine d'intérêt.* ‖ Droit éventuel à des bénéfices : *avoir des intérêts dans une entreprise.* ‖ Somme que l'on paie pour l'usage de l'argent ou des valeurs d'autrui. ● *Intérêt composé,* intérêt perçu sur un capital formé du capital primitif accru de ses intérêts accumulés jusqu'à l'époque de l'échéance. [Le capital *a,* placé au taux *r* pour 1 F, devient au bout de *n* années : $A = a(1 + r)^n$.] ‖ *Intérêt simple,* intérêt perçu sur le capital primitif non accru de ses intérêts. (L'intérêt simple *i* du capital *a,* placé pendant le temps *t,* au taux de *r,* est :

$$i = \frac{art}{100}.)$$

interférence n. f. *Phys.* Phénomène résultant de la superposition de deux mouvements vibratoires de même fréquence. (V. *encycl.*) ‖ *Fig.* Conjonction : *l'interférence des faits démographiques et politiques.*
— ENCYCL. *Phys.* Les *interférences* lumineuses, découvertes par Th. Young, sont obtenues par superposition de rayons issus d'une même source, mais ayant suivi des chemins différents. Dans la zone de superposition, on observe des franges d'interférence, bandes alternativement brillantes et sombres. Les colorations des lames minces sont dues à un phénomène d'interférence entre les lumières réfléchies sur leurs deux faces.

interférent, e adj. Qui présente le phénomène de l'interférence.

interférer [ɛ̃tɛrfere] v. i. (lat. *inter,* entre, et *ferre,* porter) [conj. **5**]. Produire des interférences : *des rayons qui interfèrent.*

interféromètre n. m. Appareil de mesure par interférences lumineuses.

interfluve [ɛ̃tɛrflyv] n. m. *Géogr.* Relief séparant deux vallées.

interfolier [ɛ̃tɛrfɔlje] v. t. Insérer des feuillets blancs entre les pages d'un livre.

interglaciaire adj. Se dit des périodes de l'ère quaternaire comprises entre deux glaciations.

intergroupe n. m. Groupement constitué entre les membres d'une assemblée délibérante, appartenant à divers groupes politiques : *constituer l'intergroupe pour la défense des intérêts bretons.*

intérieur [ɛ̃terjœr], **e** adj. (lat. *interior*). Qui est au-dedans, dans l'espace compris entre les limites d'un corps : *cour intérieure.* ‖ *Fig.* Qui se rapporte à l'âme, à la nature morale : *sentiment intérieur.* ● *Angle intérieur,* angle dont le sommet se trouve à l'intérieur d'un cercle. ‖ *Point intérieur à un ensemble,* dans le plan, point dont tous les points infiniment voisins appartiennent à cet ensemble.

intérieur n. m. La partie de dedans : *l'intérieur du corps.* ‖ Partie centrale d'un pays : *envoyer des prisonniers à l'intérieur.* ‖ Le pays lui-même (par oppos. aux *pays étrangers*). ‖ Domicile privé : *un intérieur richement meublé.* ● *Femme d'intérieur,* femme qui sait tenir sa maison. ‖ *Homme, femme d'intérieur,* qui n'aime pas sortir, qui reste au milieu des siens. ‖ *Ministère de l'Intérieur,* administration chargée de la tutelle des collectivités locales et de la direction de la police.

intérieurement adv. Au-dedans. ‖ *Fig.* Dans l'âme, à part soi : *se révolter intérieurement.*

intérim [ɛ̃terim] n. m. inv. (lat. *interim,* pendant ce temps-là). Espace de temps pendant lequel une fonction est remplie par un autre que par le titulaire : *assurer l'intérim.* ‖ — **Par intérim** loc. adv. Provisoirement : *ministre par intérim.*

intérimaire n. Personne qui, provisoirement, exerce des fonctions à la place du titulaire. ‖ — Adj. Qui a lieu, qui s'exerce par intérim : *fonctions intérimaires.*

interindividuel, elle adj. Qui concerne les rapports entre plusieurs individus : *psychologie interindividuelle.*

intériorité n. f. Caractère de ce qui est intérieur.

interjectif, ive adj. Qui tient lieu d'une interjection : *locution interjective.*

interjection [ɛ̃tɛrʒɛksjɔ̃] n. f. (lat. *interjectio,* parenthèse). Mot qui sert à exprimer d'une manière énergique et concise un sentiment violent, une émotion, un ordre, comme *ah! hélas! chut!*

interjeter v. t. (conj. **4**). *Interjeter appel* (Dr.), demander un second jugement.

Interlaken, comm. de Suisse (Berne), entre les lacs de Thoune et de Brienz; 4 700 h. Centre touristique.

interlignage n. m. Action ou manière d'interligner.

interligne n. m. Espace entre deux lignes d'impression ou d'écriture. ‖ Ecriture entre ces deux lignes.

interligne n. f. *Arts graph.* Lame de métal qui sert à espacer les lignes.

interligner [ɛ̃tɛrliɲe] v. t. Ecrire dans les interlignes. ‖ *Arts graph.* Séparer par des interlignes.

interlinéaire adj. Ecrit dans l'interligne.

interlock [ɛ̃tɛrlɔk] n. m. Machine à tricoter un tissu à mailles. ‖ Sous-vêtement tricoté sur cette machine.

interlocuteur [ɛ̃tɛrlɔkytœr], **trice** [-tris] n. (lat. *inter,* entre, et *loqui,* parler). Personne qui converse avec une autre, qui est en pourparlers avec une autre.

interlocutoire adj. et n. m. Se dit d'un jugement qui, avant de statuer sur le fond, ordonne des mesures propres à préparer la solution de l'affaire.

interlope [ɛ̃tɛrlɔp] adj. (de l'angl. *interlopper,* navire trafiquant en fraude). Se dit d'un navire marchand qui trafique en fraude. ‖ *Fig.* Equivoque, suspect : *commerce interlope.*

interloquer [ɛ̃tɛrlɔke] v. t. (lat. *interloqui,* interrompre). Mettre dans l'embarras par un effet de surprise : *cette réponse l'a interloqué.* ‖ Soumettre à un interlocutoire.

interlude [ɛ̃tɛrlyd] n. m. Morceau de musique entre deux actes, deux scènes, dans une pièce dramatique. ‖ Petite pièce musicale servant de transition entre deux fragments d'une œuvre plus considérable. ‖ Divertissement dramatique, musical ou filmé entre deux parties d'un spectacle, d'une émission de télévision, etc.

intermède [ɛ̃tɛrmɛd] n. m. (ital. *intermedio;* du lat. *intermedius,* qui est au milieu). Divertissement entre deux pièces d'une représentation théâtrale : *intermède comique.* ‖ Temps intermédiaire.

intermédiaire [ɛ̃tɛrmedjɛr] adj. (lat. *inter,* entre, et *medius,* qui est au milieu). Qui est entre deux, qui tient le milieu : *espace intermédiaire.*

intermédiaire n. m. Personne qui s'interpose : *servir d'intermédiaire.* ‖ Entremise, voie : *apprendre une nouvelle par l'intermédiaire d'un correspondant.*

interminable [ɛ̃tɛrminabl] adj. Qui ne saurait être terminé : *ouvrage interminable.* ‖ Qui dure longtemps : *guerre interminable.*

interminablement adv. De façon interminable.

interministériel, elle adj. Relatif à plusieurs ministères : *arrêté interministériel.*

intermission n. f. Syn. de INTERMITTENCE.

intermittence [ɛ̃tɛrmitɑ̃s] n. f. Caractère de ce qui est intermittent : *l'intermittence du pouls.* ‖ Intervalle qui sépare deux accès de fièvre. ● *Par intermittence,* par moments, de façon discontinue.

intermittent, e adj. (du lat. *intermittere,* discontinuer). Qui s'arrête et reprend par intervalles : *travail intermittent.* (Syn. : DISCONTINU, IRRÉGULIER, SACCADÉ.) ● *Fièvre intermittente,* syn. de FIÈVRE PALUDÉENNE. ‖ *Pouls intermittent,* pouls dont les pulsations se produisent à des intervalles inégaux.

intermoléculaire adj. Qui est entre les molécules : *espace intermoléculaire.*

intermonde n. m. *Philos.* Espaces vides, où les philosophes épicuriens plaçaient la demeure des dieux.

internat [ɛ̃tɛrna] n. m. Ecole où les élèves sont nourris et logés. ‖ Situation d'un élève interne. ‖ Ensemble des internes : *l'internat d'un lycée.* ‖ Fonctions des internes en médecine, dans les hôpitaux. ‖ Durée de ces fonctions. ● *Maître d'internat,* dans les lycées et collèges, surveillant chargé du maintien de la discipline dans les études et dortoirs réservés aux pensionnaires.

international, e, aux adj. Qui a lieu, qui se passe entre nations : *arbitrage international.* ‖ — N. Sportif, sportive qui prend part à des épreuves internationales.

internationale n. f. Association générale d'ouvriers appartenant à diverses nations, unis pour faire valoir leurs revendications. (La Ire Internationale fut fondée à Londres [1864], la IIe à Paris [1889], la IIIe, par Lénine, à Moscou [1919], la IVe, par Trotski, en 1938.)

Internationale (*l'*), chant révolutionnaire; poème de Pottier (1871), musique de Degeyter. *L'Internationale* est devenue le chant de ralliement des travailleurs révolutionnaires.

internationalisation n. f. Action de rendre international; son résultat.

internationaliser v. t. Donner un caractère international.

internationalisme n. m. Doctrine selon laquelle les divers intérêts nationaux doivent être subordonnés à un intérêt général supranational. ‖ Identité de buts communs à certaines classes sociales ou à certains groupements politiques de diverses nations.

internationaliste n. et adj. Partisan de l'internationalisme.

internationalité n. f. Etat, caractère de ce qui est international.

interne [ɛ̃tɛrn] adj. (lat. *internus*). Qui est au-dedans : *maladie interne.* ‖ *Anat.* Se dit d'un organe situé plus près du plan sagittal médian du corps qu'un autre organe ou qu'un repère donné. ● *Angles internes* (Math.), angles formés par une sécante avec deux droites parallèles, et situés entre ces deux droites. ‖ — N. Elève d'un lycée, d'un collège, logé et nourri dans l'établissement. ● *Interne des hôpitaux,* étudiant en médecine qui, après avoir été reçu à un concours spécial, seconde le chef de service dans un hôpital.

interné, e adj. et n. Enfermé dans un asile, dans un lieu d'où l'on ne peut sortir : *un aliéné interné; les internés politiques.*

internement n. m. Action d'interner; résultat de cette action.

interner [ɛ̃tɛrne] v. t. Priver de liberté sans motif d'ordre pénal : *interner un adversaire politique.* ‖ Enfermer dans un asile d'aliénés.

internonce n. m. Représentant du pape dans les pays non catholiques.

interocéanique adj. Qui est entre deux océans.

intéroceptif [ɛ̃terɔsɛptif], **ive** [-iv] adj. Se dit de la sensibilité qui recueille ses informations dans le corps et plus particulièrement auprès des organes des fonctions végétatives (la sensibilité intéroceptive donne par exemple les sensations de bien-être, de soif, etc.). [Les sensations intéroceptives s'opposent aux *extéroceptives* et aux *proprioceptives.*]

interosseux [ɛ̃tɛrɔsø], **euse** [-øz] adj. Situé entre les os.

interpellateur, trice n. Personne qui interpelle, qui adresse une interpellation.

interpellation n. f. Action d'interpeller. ‖ Demande d'explication adressée à un ministre par un membre du Parlement, et sanctionnée par un ordre du jour. ‖ Sommation, faite par un juge, un notaire, un huissier, d'avoir à dire, à faire quelque chose.

interpeller [ɛ̃tɛrpəle] v. t. (lat. *interpellare,* interrompre). Adresser la parole à quelqu'un pour lui demander quelque chose : *interpeller un passant.* ‖ Sommer quelqu'un de répondre, lui demander de s'expliquer sur un fait.

interpénétration n. f. Pénétration mutuelle.

interpénétrer (s') v. pr. Se pénétrer mutuellement.

Interphone n. m. (nom déposé). Installation téléphonique équipée de haut-parleurs et permettant la conversation entre plusieurs interlocuteurs.

interplanétaire adj. Relatif à l'espace qui se trouve entre les planètes : *fusée interplanétaire.*

Interplay, ballet en 1 acte, argument et chorégraphie de Jerome Robbins, musique de Morton Gould, décors de Carl Kent, créé à New York en 1945 au Ziegfield Theatre, Concert Varieties. Synthèse des langages classique et moderne, ce ballet eut une grande influence sur les chorégraphes contemporains.

Interpol, dénomination de l'*Organisation internationale de police criminelle.*

interpolateur, trice n. Celui, celle qui interpole.

interpolation n. f. Action d'interpoler. ‖ Ce qui a été interpolé : *les interpolations sont nombreuses dans les textes anciens.* ‖ *Math.* Intercalation, dans une suite de valeurs connues, d'un ou de plusieurs termes directement déterminés par le calcul. ‖ Recherche, à partir de cas particuliers donnés, d'une loi fonctionnelle généralement valable dans un certain domaine de variations. (Toute détermination d'une loi naturelle à partir d'un certain nombre d'observations a le caractère d'une interpolation.)

interpoler [ɛ̃tɛrpɔle] v. t. (lat. *interpolare,* remettre à neuf). Dans un ouvrage, introduire des passages, des chapitres entiers qui n'en font pas partie. ‖ *Math.* Effectuer une interpolation.

interposer v. t. Placer entre : *interposer un écran.* ‖ *Fig.* Faire intervenir comme médiateur : *interposer son autorité.* ‖ — **S'interposer** v. pr. Se placer entre : *quand la Lune s'interpose entre la Terre et le Soleil, il y a éclipse de Soleil.* ‖ Intervenir comme médiateur.

interposition n. f. Situation d'un corps entre deux autres. ‖ *Fig.* Intervention d'une autorité supérieure. ● *Interposition de personnes* (Dr.), acte par lequel une personne prête son nom à une autre pour lui faciliter des avantages qu'elle ne pourrait pas obtenir directement : *l'interposition, dûment prouvée, annule les avantages concédés.*

interprétable adj. Qui peut être interprété : *convention aisément interprétable.*

interprétariat n. m. Fonction d'interprète.

interprétateur, trice adj. et n. Qui interprète, qui explique.

interprétatif, ive adj. Qui explique : *loi, jugement interprétatif.* ● *Test interprétatif,* syn. de TEST PROJECTIF*.

interprétation n. f. Action d'interpréter; explication : *interprétation d'un texte, d'un songe.* ‖ Traduction, commentaire critique : *interprétation d'une œuvre.* ‖ Action de rendre sensible à un auditeur le contenu d'une partition : *une bonne interprétation musicale.* ‖ Façon dont une œuvre dramatique, musicale ou chorégraphique est jouée ou dansée. ● *Interprétation photographique,* indication, sur un calque, des renseignements découverts sur une photographie aérienne, en vue de leur exploitation.

interprète [ɛ̃tɛrprɛt] n. (lat. *interpres, interpretis*). Personne qui traduit oralement les mots d'une langue dans une autre langue. ‖ Personne qui est chargée de déclarer, de faire connaître les volontés, les intentions d'une autre : *soyez mon interprète auprès de mon ami.* ‖ Personne qui présente, exprime de telle ou telle façon une œuvre artistique.

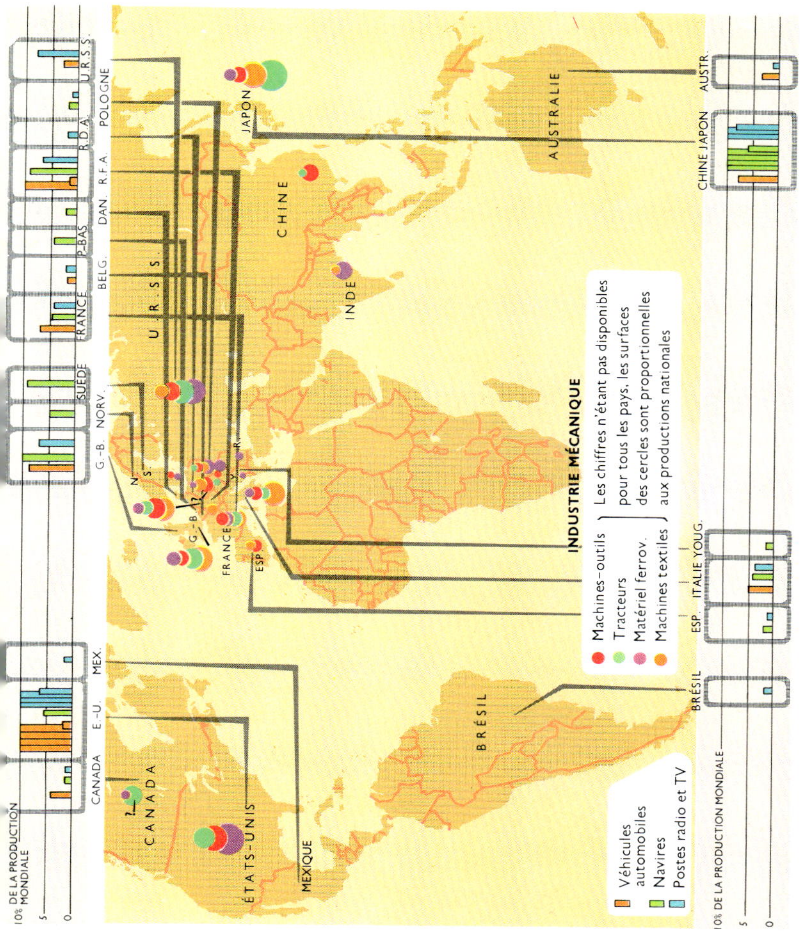

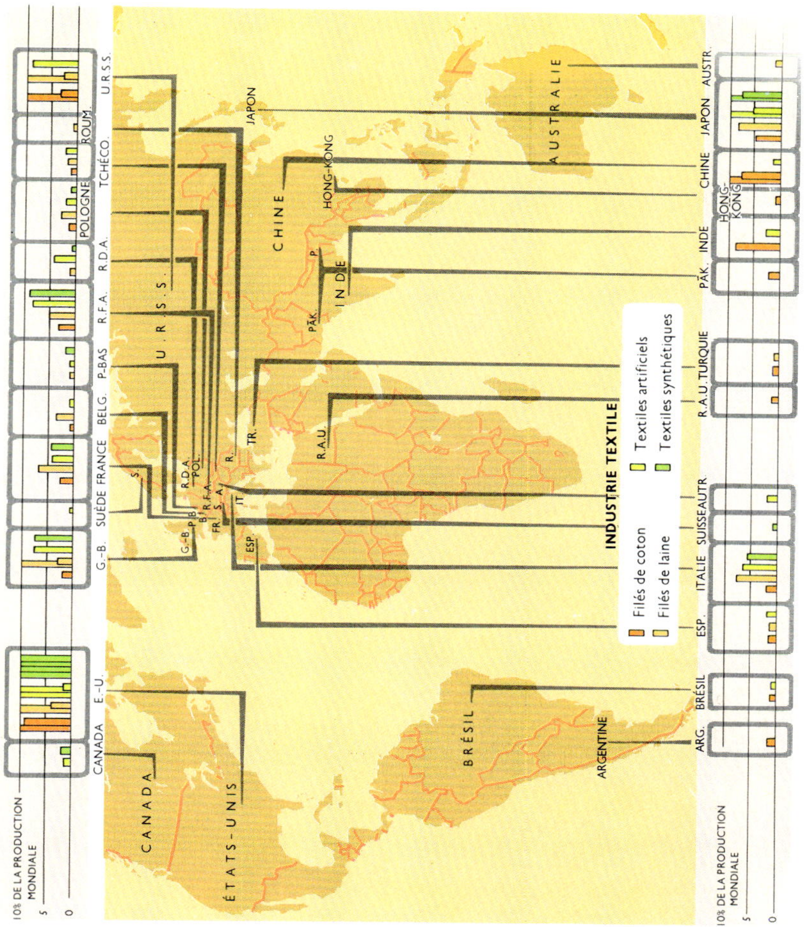

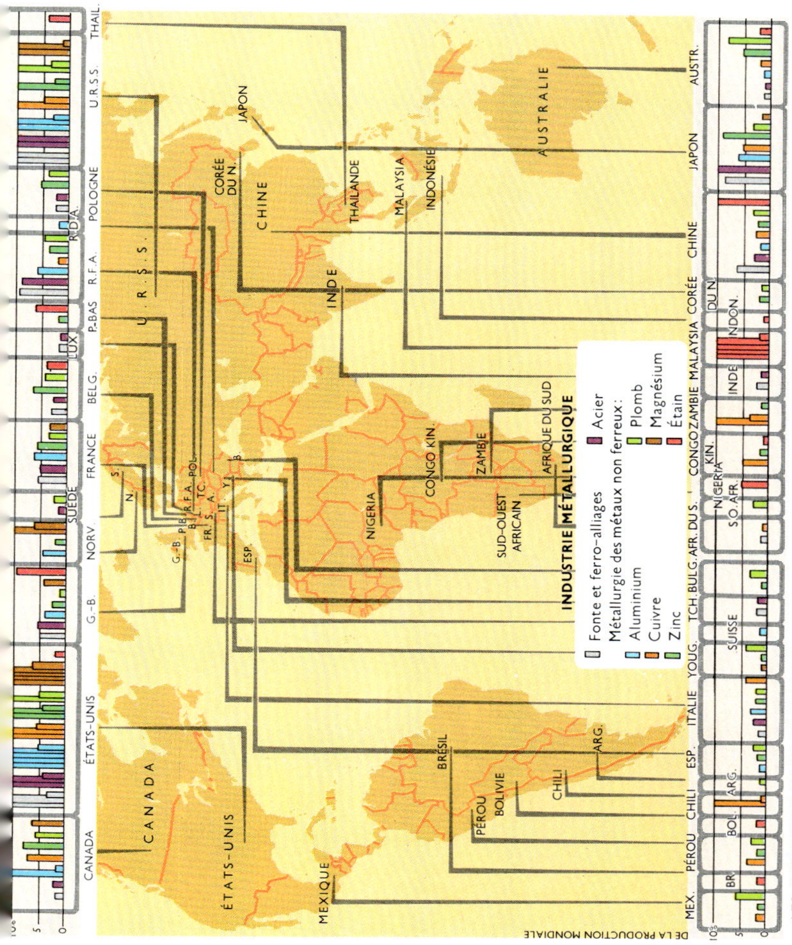

LES INDUSTRIES DANS LE MONDE

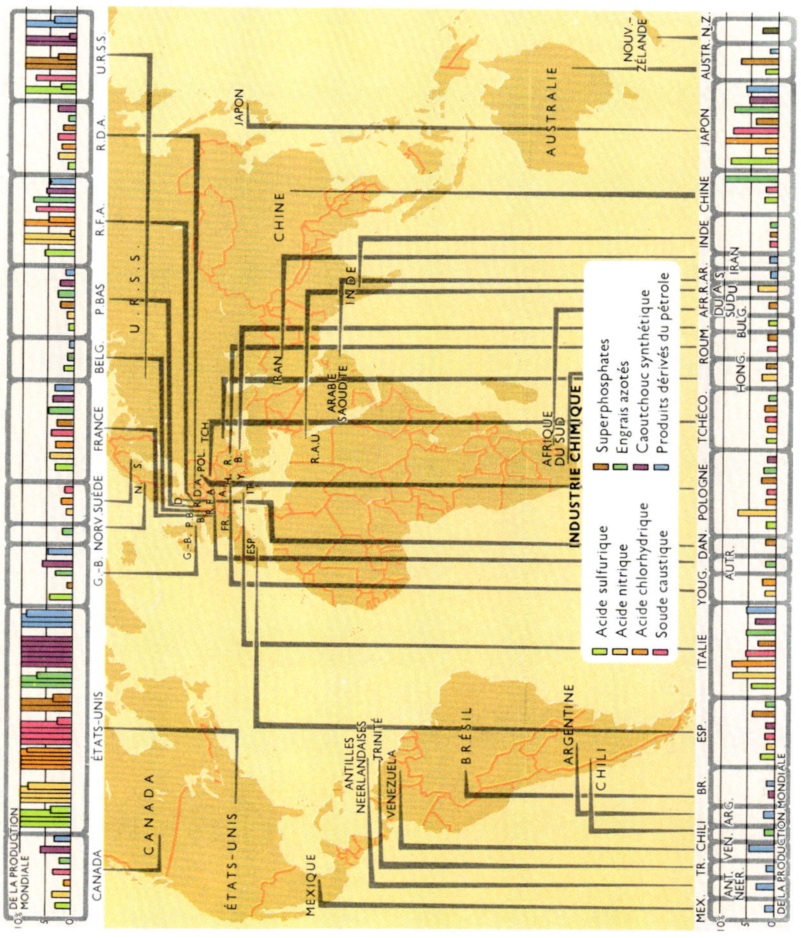

INSECTES vivant dans...

... les arbres

lucane mâle ou cerf-volant

cigale

perce-bois

punaise pentatome

... les lieux habités

mouche à damier

... les zones arides

criquet migrateur

... le sol

grillons mâle et femelle

fourmis : ouvrières, sexués ailés, larves, nymphes

fourmi (reine)
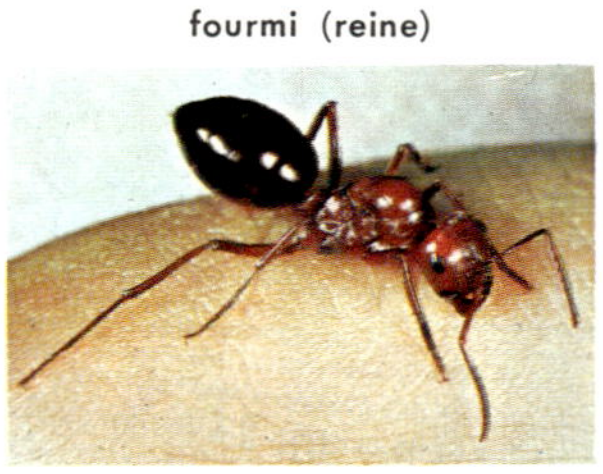

chenille de noctuelle

... les prairies et les champs

calosome

cicindèle

fourmi

doryphore

téphrite

lucilie

... les étangs et les mares

libellule

dytique mâle

hydrophile

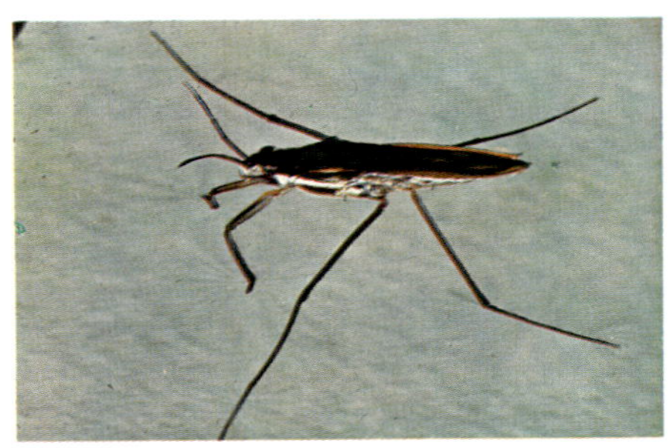
gerris

larves et nymphes de moustiques
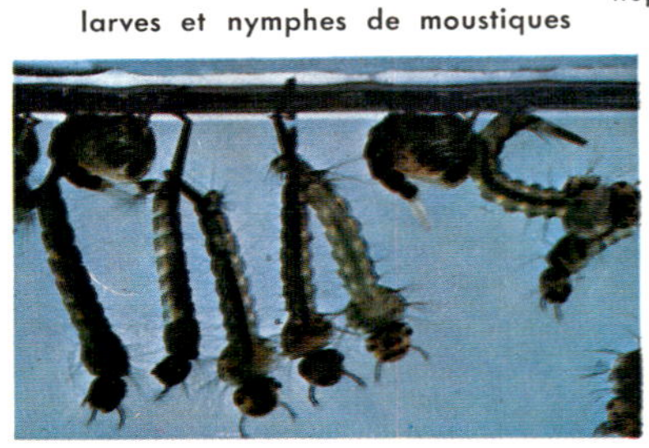

nèpe

Phot. Six (15), Noailles, Six (6).

interpréter [ɛ̃tɛrprete] v. t. (conj. **5**). Expliquer ce qui est obscur : *interpréter un rêve.* ‖ Donner à une chose telle ou telle signification : *interpréter une loi.* ‖ Prendre en bonne ou en mauvaise part : *mal interpréter les intentions de quelqu'un.* ‖ Jouer un rôle dans une pièce ; exécuter un morceau de musique. ‖ **— S'interpréter** v. pr. Etre traduit, expliqué : *cette réponse peut s'interpréter de plusieurs façons.*

interprofessionnel, elle adj. Commun à plusieurs ou à toutes les professions : *le salaire minimum interprofessionnel garanti.*

interpsychologie n. f. Psychologie qui étudie les rapports entre individus, mais se refuse à considérer leur groupe comme un tout ayant des caractères spécifiques.

interrègne n. m. Intervalle pendant lequel un Etat est sans chef.

Interrègne (*le Grand*), période de l'histoire allemande (1250-1273) caractérisée par l'effritement de l'Empire devant l'incapacité des princes à s'accorder pour donner un successeur à Frédéric II. Le Grand Interrègne se termina par l'élection de Rodolphe de Habsbourg.

interrogateur, trice adj. et n. Qui interroge : *regard interrogateur.*

interrogatif, ive adj. Qui exprime une interrogation : *pronom interrogatif.*

interrogation n. f. (lat. *interrogatio*). Question, demande : *répondre à une interrogation.* ● *Interrogation directe*, interrogation posée directement. (Ex. : *qui est venu?*) ‖ *Interrogation indirecte*, interrogation posée par l'intermédiaire d'un verbe comme *savoir, demander.* (Ex. : *je me demande qui est venu.*) ‖ *Point d'interrogation*, signe de ponctuation qui marque l'interrogation (?).

interrogativement adv. Par interrogation.

interrogatoire n. m. Questions qu'un magistrat adresse à un accusé, et réponses de celui-ci : *subir un interrogatoire.* ‖ Procès-verbal consignant ces demandes et ces réponses : *l'accusé signe son interrogatoire.*

interroger [ɛ̃terɔʒe] v. t. (lat. *interrogare*) [conj. **1**]. Adresser, poser des questions à quelqu'un, à un candidat dans un examen. ‖ *Fig.* Consulter, examiner : *interroger l'histoire, sa conscience.*

interroi n. m. A Rome, magistrat qui gouvernait entre deux consulats.

interrompre [ɛ̃terɔ̃pr] v. t. (conj. **46**). Rompre la continuité d'une chose : *interrompre un courant électrique.* ‖ Couper la parole à quelqu'un : *interrompre une personne qui parle.* ‖ **— S'interrompre** v. pr. Cesser de faire une chose, s'arrêter au cours d'une action.

interrupteur, trice adj. Qui interrompt.

interrupteur n. m. Appareil qui sert à interrompre ou à rétablir un courant électrique en ouvrant ou en fermant son circuit.

interruption [ɛ̃terypsjɔ̃] n. f. (du lat. *interruptus*, interrompu). Action d'interrompre : *travailler sans interruption.* ‖ Paroles prononcées pour interrompre : *de bruyantes interruptions.*

intersecté [ɛ̃tɛrsɛkte], **e** adj. *Archit.* Entrelacé, entrecroisé : *arcatures intersectées.* ‖ *Math.* Coupé : *ligne intersectée.*

intersection n. f. (lat. *intersectio* ; de *secare*, couper). *Math.* Ensemble des points ou des éléments communs à deux ou plusieurs lignes, surfaces ou volumes. ‖ *Topogr.* Méthode de détermination des coordonnées d'un point inaccessible, en le visant d'un certain nombre de points connus. ● *Intersection de classes K et L* (Log.), classe constituée d'éléments appartenant à la fois à la classe K et à la classe L ; l'opération elle-même (symbolisée par K ∩ L). [Syn. PRODUIT DES CLASSES K ET L.] ‖ *Intersection de deux ensembles A et B*, ensemble des éléments communs à A et à B. ‖ *Intersection de deux relations* (Log.), jonction entre deux relations s'exprimant par « et ». (Elle se vérifie si — et seulement si — les deux relations se vérifient à la fois.) [Syn. PRODUIT DE DEUX RELATIONS.] ‖ *Intersection de deux routes*, endroit où elles se croisent. ‖ *Point d'intersection*, endroit où deux lignes se coupent.

intersidéral, e, aux adj. *Astron.* Se dit de ce qui est situé entre les astres.

intersigne n. m. Fait que l'on considère superstitieusement comme l'annonce d'un événement survenu loin de nous.

interstellaire adj. *Astron.* Qui est situé entre les étoiles. ● *Matière interstellaire*, ensemble des matériaux extrêmement diffus existant dans l'espace situé entre les étoiles de notre galaxie, et dont la masse totale est une fraction non négligeable de celle de la matière rassemblée dans les étoiles.

interstice [ɛ̃tɛrstis] n. m. (du lat. *interstare*, se trouver entre). Petit espace vide entre les parties d'un tout : *les interstices d'un parquet.*

interstitiel [ɛ̃tɛrstisjɛl], **elle** adj. *Méd.* Se dit des formations cellulaires situées entre les cellules parenchymateuses des organes : *tissu interstitiel.*

intersubjectif, ive adj. Qui se produit entre deux personnes, deux sujets.

intersyndical, e, aux adj. Etabli entre divers syndicats : *groupement intersyndical.*

intertidal [ɛ̃tɛrtidal], **e, aux** [-o] adj. (préf. lat. *inter*, entre, et angl. *tide*, marée). *Zone intertidale*, zone comprise entre les niveaux des marées les plus hautes et ceux des plus basses. (On dit aussi ZONE INTERCOTIDALE.)

intertrigo [ɛ̃tɛrtrigo] n. m. *Méd.* Dermatose siégeant dans les plis de la peau.

intertropical, e, aux adj. Qui se trouve entre les tropiques : *la zone intertropicale.*

interurbain [ɛ̃tɛryrbɛ̃], **e** [-ɛn] adj. (lat. *inter*, entre, et *urbs, urbis*, ville). Etabli entre des villes différentes.

interurbain n. m. Téléphone interurbain. (Par abrév., *fam.*, l'INTER.)

intervalle [ɛ̃tɛrval] n. m. (lat. *intervallum*, ce qui est entre deux palissades). Distance d'un point à un autre : *intervalle entre deux murs.* ‖ Espace de temps entre deux époques, deux périodes : *l'intervalle de deux règnes s'appelle « interrègne ».* ‖ *Mil.* Espace vide entre deux hommes, deux unités, compté parallèlement au front. ‖ *Acoust.* et *Mus.* Rapport des fréquences de deux sons (intervalle de seconde, de tierce, de quarte, de quinte, etc.). ● *Intervalle de confiance* (Statist.), seuil de signification des données d'un échantillon. ‖ *Intervalle fermé* (a, b) [Math.], ensemble formé des nombres *a* et *b* et des nombres compris entre *a* et *b.* ‖ *Intervalle ouvert* (a, b) [Math.], ensemble des nombres compris entre *a* et *b*, *a* et *b* exceptés. ‖ *Intervalle de variation* (Statist.), écart entre les deux mesures extrêmes d'un petit échantillon. ‖ **— Par intervalles** loc. adv. De temps à autre.

intervenant, e adj. et n. Qui intervient dans un procès.

intervenir [ɛ̃tɛrvənir] v. i. (conj. **16 ;** prend toujours l'auxil. *être*). Prendre part volontairement : *intervenir dans une négociation.* ‖ Se rendre médiateur, interposer son autorité : *intervenir dans un différend.* ‖ Se produire incidemment (à la forme personnelle ou à la forme impersonnelle) : *un événement est intervenu* ou *il intervint un événement.*

intervention [ɛ̃tɛrvɑ̃sjɔ̃] n. f. Action d'intervenir dans une affaire, un procès, etc. ‖ *Méd.* Traitement actif, opération : *intervention chirurgicale.* ● *Force d'intervention* (Mil.), v. FORCE.

interventionnisme n. m. Doctrine préconisant une intervention soit de l'Etat dans les affaires privées, soit d'une nation dans un conflit entre d'autres pays.

interventionniste n. et adj. Partisan d'une intervention politique, militaire, économique, etc.

interversion n. f. Modification, renversement de l'ordre habituel : *l'interversion des mots dans une phrase.*

intervertir v. t. (lat. *inter*, entre, et *vertere*, tourner). Modifier, renverser l'ordre de : *intervertir les rôles.*

interview [ɛ̃tɛrvju] n. f. (mot angl.). Entretien avec une personne en vue de l'interroger sur ses actes, ses idées, etc., et, généralement, de divulguer la teneur de l'entretien : *solliciter une interview.*

interviewé, e adj. et n. Se dit d'une personne soumise à une interview.

interviewer [-vjuve] v. t. Soumettre à une interview.

interviewer [-vjuvœr] n. m. Journaliste, enquêteur qui soumet une personne à une interview.

intestat [ɛ̃tɛsta] adj. et n. (*in* priv., et lat. *testari*, tester). Qui n'a pas fait de testament : *mourir intestat.* ‖ **— Ab intestat** loc. adv. V. à son ordre alphabétique.

intestin [ɛ̃tɛstɛ̃] n. m. (lat. *intestinum* ; de *intestinus*, intérieur). Portion du tube digestif de l'homme et des animaux, située en aval de l'estomac, allant de l'estomac à l'anus, et spécialisée dans la digestion des aliments, dans leur absorption et dans le rejet des déchets.

— ENCYCL. *Méd.* L'*intestin* comprend deux parties : l'intestin grêle (de 6 à 8 m de long et de 2 à 3 cm de diamètre chez l'homme) et le gros intestin (de 1,40 à 1,70 m de long et 7 cm de diamètre), qui lui fait suite. L'intestin grêle se divise en duodénum, jéjunum et iléon ; le gros intestin se divise en cæcum, côlon (ascendant, transverse, descendant, sigmoïde) et rectum. Deux sphincters, le *pylore* et l'*anus*, ferment l'intestin à ses deux extrémités. Chaque partie de l'intestin a une fonction particulière : le duodénum, sous l'action du chyme gastrique, sécrète une hormone (la sécrétine) qui déclenche l'écoulement de bile et de suc pancréatique dans l'intestin ; le jéjunum fournit le suc intestinal, qui, dans le milieu alcalin créé par la bile, achève seul, à l'aide de ses enzymes ou par l'intermédiaire du suc pancréatique, la digestion des protides et des sucres ; la partie inférieure du jéjunum et l'iléon sont le siège de la pénétration des métabolites dans le sang et la lymphe : le gros intestin fait subir par l'action de ses bactéries une fermentation et une putréfaction aux résidus alimentaires, et les matières fécales s'y forment.

— *Biol.* La surface interne du tube intestinal est accrue en superficie par une *valvule spirale* (poissons non osseux), par des *villosités* (mammifères), etc. De nombreux replis augmentent en outre la longueur de l'*intestin* chez les espèces herbivores. Il peut y avoir des branches récurrentes (oursins, insectes hémiptéroïdes), des cæcums (poissons osseux, rongeurs, oiseaux), etc.

intestin [ɛ̃tɛstɛ̃], **e** [-in] adj. Qui se passe dans un corps social ; intérieur : *divisions intestines.*

intestinal, e, aux adj. Qui appartient aux intestins : *canal intestinal.* ● *Suc intestinal*, suc digestif sécrété par les glandes du duodénum et du jéjunum, contenant de nombreux enzymes agissant sur toutes les catégories d'aliments organiques (amylase, maltase, invertase, lactase sur les glucides ; lipase sur les lipides ; érepsine et autres protéases sur les protides). ‖ *Vers intestinaux*, animaux parasites (*ténia, ascaride, oxyure*, etc.), que l'on trouve dans l'intestin de l'homme et des animaux.

intimation n. f. Action d'intimer ; sommation. ‖ Signification juridique.

intime [ɛ̃tim] adj. (lat. *intimus*, superlatif de *interior*). Intérieur et profond : *la nature intime d'un être.* ‖ Qui existe au plus profond de nous : *conviction intime.* ‖ Qui a et pour qui l'on a une affection très forte : *ami intime.* ‖ Qui est tout à fait privé : *la vie intime d'une personne.* ● *Sens intime*, sentiment de ce qui se passe au-dedans de nous. ‖ — N. Ami très cher.

intimé, e adj. et n. Cité en justice, particulièrement en cour d'appel.

intimement adv. Profondément : *intimement persuadé ; intimement unis.*

intimer [ɛ̃time] v. t. (lat. *intimare*, introduire, notifier). Signifier, déclarer avec autorité : *intimer un ordre.* ‖ Appeler en justice ; assigner devant une juridiction supérieure. ‖ — Syn. : CITER, ENJOINDRE, ORDONNER.

intimidable adj. Que l'on peut intimider ; qui est facilement intimidé.

intimidant, e adj. Qui intimide : *regard intimidant.*

intimidateur, trice adj. Propre à intimider : *propos intimidateurs.*

intimidation n. f. Action d'intimider ; résultat de cette action : *agir par intimidation.*

intimider [ɛ̃timide] v. t. Inspirer de la gêne, de l'appréhension.

intimiste adj. Se dit de la poésie et des poètes qui expriment sur un ton confidentiel les sentiments les plus secrets de l'âme. ‖ Se dit aussi des peintres qui représentent des scènes intimes et familières.

intimité n. f. Caractère de ce qui est intime, secret : *dans l'intimité de sa conscience.* ‖ Liaison, amitié : *vivre dans l'intimité de quelqu'un.* ● *Dans l'intimité*, entre intimes.

intitulé n. m. Titre d'un livre, d'un chapitre, d'une loi, d'un jugement, etc.

intituler [ɛ̃tityle] v. t. (du lat. *titulus*, inscription). Donner un titre à un ouvrage. ‖ **— S'intituler** v. pr. Se donner le titre de : *il s'intitule duc de.*

intolérable adj. Qu'on ne peut supporter, souffrir : *douleur intolérable.* ‖ Insupportable ; importun : *voisinage intolérable.*

intolérance n. f. (*in* priv., et lat. *tolerare*, supporter). En matière politique, religieuse, attitude haineuse, agressive, à l'égard de ceux avec lesquels on diffère d'opinion, de croyance. ‖ *Méd.* Impossibilité, pour l'organisme, de supporter certains médicaments, certains aliments ou certaines substances.

intolérant, e adj. et n. Qui fait preuve d'intolérance.

intolérantisme n. m. Sentiment, manière de voir des intolérants (peu us.).

intonation [ɛ̃tɔnasjɔ̃] n. f. (du lat. *intonare*, faire retentir). Ton varié de la voix, que l'on prend en parlant, en lisant : *avoir des intonations désagréables.* ‖ *Mus.* Manière d'entonner soit avec la voix, soit avec un instrument. ‖ En plain-chant, courte phrase musicale par laquelle débute une pièce.

intouchable [ɛ̃tuʃabl] n. et adj. Dans l'Inde, hors-caste, paria, que l'on ne pouvait toucher sans souillure. ‖ *Fam.* Qui ne peut être l'objet d'aucune critique, d'aucune sanction.

intoxicant, e adj. Qui produit l'empoisonnement : *gaz intoxicant.*

intoxication n. f. Introduction ou accumulation spontanée d'un poison dans l'organisme : *l'asphyxie par oxyde de carbone est une intoxication.* ‖ *Fig.* Action d'influencer d'une manière insidieuse les esprits pour les rendre sensibles à certains thèmes de propagande.

— ENCYCL. Les *intoxications exogènes* résultent de l'introduction dans l'organisme de substances toxiques, d'origine alimentaire (alcool, conserves avariées), médicamenteuse (morphine) ou industrielle (plomb, mercure, etc.). Les *intoxications endogènes* résultent de l'accumulation dans l'organisme de déchets (urée, créatine, créatinine) au cours d'affections du rein ou de formations de substances toxiques par troubles métaboliques (acétone dans le diabète, acide urique, etc.).

intoxiquer [ɛ̃tɔksike] v. t. (lat. *intoxicare*). Empoisonner, imprégner de substances toxiques.

intra-atomique adj. Contenu dans l'atome : *énergie intra-atomique.*

intracellulaire adj. Qui se trouve ou se produit dans une cellule.

intradermique adj. Dans l'épaisseur du derme : *injection intradermique.*

intradermo-réaction n. f. Injection intradermique d'une substance pour laquelle on veut étudier la sensibilité de l'organisme : *l'intradermo-réaction à la tuberculine.* (On dit abréviativement INTRADERMO.)

intrados [ɛ̃trado] n. m. Surface intérieure et concave d'un arc, d'une voûte, d'une aile d'avion (par oppos. à *extrados*).

intraduisible adj. Qu'on ne peut traduire : *texte intraduisible.*

intraitable adj. Qui ne se laisse pas manier facilement : *un caractère intraitable.* ‖ Se dit de celui à qui on ne peut faire entendre raison ; exigeant : *il est intraitable sur ce point.*

intramontagnard, e adj. Situé à l'intérieur d'un massif, d'une chaîne de montagnes : *bassin intramontagnard.*

intra-muros [ɛ̃tramyros] loc. adv. (mots lat. signif. *en dedans des murs*). Dans l'intérieur de la ville.

intramusculaire adj. Qui est ou se fait à l'intérieur d'un muscle : *injection intramusculaire.*

intransigeance n. f. Caractère de celui ou de ce qui est intransigeant.

intransigeant [ɛ̃trɑ̃ziʒɑ̃], **e** [-ɑ̃t] adj. et n. (esp. *intransigente ;* du lat. *transigere,* transiger). Qui ne fait aucune concession.

intransitif, ive adj. *Gramm.* Se dit des verbes qui expriment un état ou une action ne passant pas du sujet sur un complément d'objet, comme *paraître, devenir, dîner, dormir,* etc.

intransitivement adv. *Verbe employé intransitivement,* verbe transitif employé sans complément d'objet.

intransitivité n. f. Caractère d'un verbe intransitif.

intransmissible adj. Qui ne peut se transmettre.

intransportable adj. Qu'on ne peut transporter.

intranucléaire adj. *Phys.* Qui est à l'intérieur du noyau.

intraveineux, euse adj. Qui est ou se fait à l'intérieur des veines : *injection intraveineuse.*

intrépide [ɛ̃trepid] adj. et n. (*in* priv., et lat. *trepidus,* tremblant). Qui ne craint pas le péril : *un soldat intrépide.* ‖ Qui ne se laisse pas rebuter par les obstacles ; tenace, obstiné : *solliciteur intrépide.*

intrépidement adv. Avec intrépidité.

intrépidité n. f. Courage, fermeté inébranlable dans le péril : *combattre avec intrépidité.*

intrication [ɛ̃trikasjɔ̃] n. f. Action de s'entremêler ; état de ce qui est entremêlé.

intrigant [ɛ̃trigɑ̃], **e** [-ɑ̃t] adj. et n. Qui se mêle d'intrigues : *homme intrigant.*

intrigue n. f. Machination secrète qu'on emploie pour obtenir quelque avantage ou pour nuire à quelqu'un : *mener une intrigue.* ‖ Enchaînement de faits et d'actions qui forment la trame d'une pièce de théâtre, d'un roman.

intriguer [ɛ̃trige] v. t. (ital. *intrigare ;* du lat. *intricare,* embarrasser). Exciter vivement la curiosité : *sa conduite m'intrigue.* ‖ — V. i. Se livrer à des intrigues.

intrinsèque [ɛ̃trɛ̃sɛk] adj. (lat. *intrinsecus,* au-dedans). Qui est propre et essentiel : *qualité, mérite intrinsèque.* ‖ Qui existe par soi-même, en dehors de toute convention : *la valeur intrinsèque d'une pièce de monnaie est sa valeur d'après le poids du métal précieux au cours commercial.* ‖ — Contr. EXTRINSÈQUE.

intrinsèquement adv. De façon intrinsèque ; essentiellement.

introducteur, trice n. Celui, celle qui introduit : *l'introducteur des ambassadeurs.* ‖ Personne qui introduit en un endroit une chose qui y était inconnue : *Parmentier fut l'introducteur en France de la pomme de terre.*

introductif, ive adj. *Dr.* Qui sert de commencement à une procédure : *requête introductive d'instance.*

introduction n. f. Action d'introduire. ‖ Ce qui introduit à la connaissance d'une chose : *introduction à la chimie.* ‖ Avertissement explicatif en tête d'un ouvrage. ● *Lettre d'introduction,* lettre qui facilite à une personne l'accès auprès de quelqu'un à qui elle est adressée.

Introduction à la vie dévote. V. VIE DÉVOTE (*Introduction à la*).

introduire [ɛ̃trɔdɥir] v. t. (lat. *introducere*) [conj. **64**]. Faire entrer quelqu'un : *introduire un visiteur.* ‖ Faire entrer une chose dans une autre : *introduire une sonde dans une plaie.* ‖ *Fig.* Faire adopter par l'usage : *introduire une mode.* ‖ **— S'introduire** v. pr. Entrer, pénétrer : *voleurs qui s'introduisent dans une maison.*

introït [ɛ̃trɔit] n. m. (lat. *introitus,* entrée). Prière que récite le prêtre ou que chante le chœur au commencement de la messe.

introjection [ɛ̃trɔʒɛksjɔ̃] n. f. *Psychanal.* Mécanisme d'identification par lequel l'individu imite inconsciemment certains comportements d'autrui et les intègre à sa propre personnalité.

intromission n. f. (du lat. *intromittere,* introduire dans). Action par laquelle un corps est introduit dans un autre.

intronisation n. f. Action d'introniser : *l'intronisation d'un évêque.*

introniser [ɛ̃trɔnize] v. t. (gr. *enthronizein ;* de *thronos,* trône épiscopal). Installer sur le trône un roi, un évêque, etc. ‖ *Fig.* Etablir, faire régner : *introniser une mode.*

introrse [ɛ̃trɔrs] adj. *Bot.* Se dit d'une anthère dont les fentes en déhiscence sont tournées vers l'intérieur de la fleur. (Contr. EXTRORSE.)

introspectif, ive adj. Relatif à l'introspection.

introspection [ɛ̃trɔspɛksjɔ̃] n. f. (du lat. *introspicere,* regarder dans l'intérieur). Etude de la conscience par elle-même. (La valeur scientifique de l'introspection est très discutable, étant donné son caractère subjectif.)

introuvable adj. Qu'on ne peut trouver : *le merle blanc est presque introuvable.* ‖ *Chambre introuvable,* V. CHAMBRE.

hôtel des Invalides
la cour d'honneur
v. également
art classique

introversion n. f. (lat. *intro,* dans, et *vertor,* je suis tourné). *Psychol.* Fait d'être attentif à soi plus qu'au monde extérieur.

introverti [ɛ̃trɔvɛrti], **e** adj. Qui présente de l'introversion : *caractère introverti.*

intrus [ɛ̃try], **e** [-tryz] adj. et n. (du lat. *intrudere,* introduire de force). Qui s'introduit quelque part sans avoir qualité pour y être admis.

intrusion n. f. Action de s'introduire sans droit dans une société, dans un emploi. ‖ *Géol.* Mise en place de matière minérale d'origine profonde par pénétration à l'intérieur de roches préexistantes, sans venue au jour.

intuitif, ive adj. Que l'on a par intuition : *connaissance intuitive.* ‖ Doué d'intuition : *une nature intuitive.* ‖ — Adj. et n. Qui agit par intuition.

intuition [ɛ̃tɥisjɔ̃] n. f. (du lat. *intueri,* regarder). Connaissance claire, directe, immédiate de la vérité sans l'aide du raisonnement. ‖ Pressentiment ; faculté de prévoir, de deviner : *avoir l'intuition de l'avenir.*

intuitionnisme n. m. Système philosophique qui donne la préférence à l'intuition sur le raisonnement : *le bergsonisme est un intuitionnisme.*

intuitivement adv. Par intuition.

intumescence n. f. (du lat. *intumescere,* gonfler). Gonflement : *l'intumescence de la rate.* ‖ Action par laquelle une chose s'enfle.

intumescent [ɛ̃tymɛsɑ̃], **e** [-ɑ̃t] adj. Qui commence à enfler.

intussusception [ɛ̃tysysɛpsjɔ̃] n. f. (lat. *intus,* dedans, et *suscipere,* recevoir). *Biol.* Terme employé autrefois pour désigner l'incorporation, par les cellules animales ou végétales, des aliments nécessaires à leur croissance. (Il s'agit de l'*absorption* sous la forme la plus simple, à laquelle on peut opposer les modes d'absorption impliquant des mouvements observables : phagocytose et pinocytose.)

Inuit, nom que se donnent les *Esquimaux*.*

inule [inyl] n. f. Plante de la famille des composées, à fleurs jaunes.

inuline [inylin] n. f. *Chim.* Glucide voisin de l'amidon, soluble dans l'eau, insoluble dans l'alcool, que mettent en réserve plusieurs composées (dahlia, topinambour).

inusable [inyzabl] adj. Qui ne peut s'user.

inusité, e adj. Qui n'est point usité.

inutile adj. Qui ne sert à rien.

inutilement adv. De façon inutile.

inutilisable adj. Qu'il est impossible d'utiliser : *machine inutilisable.*

inutilisé, e adj. Qu'on n'utilise pas ; rendu inutile : *ressources inutilisées.*

inutilité n. f. Manque d'utilité : *reconnaître l'inutilité d'un effort.* ‖ — Pl. Choses inutiles : *discours rempli d'inutilités.*

invagination [ɛ̃vaʒinasjɔ̃] n. f. (lat. *in,* dans, et *vagina,* gaine). *Méd.* Reploiement d'un organe creux sur lui-même, comme un doigt de gant retourné : *l'invagination de l'intestin cause son occlusion.*

invaginer (s') v. pr. Croître par invagination.

invaincu, e adj. Qui n'a jamais été vaincu : *armée invaincue.*

invalidation n. f. Action d'invalider ; résultat de cette action : *prononcer l'invalidation d'une élection.*

invalide adj. (lat. *invalidus,* faible). Infirme, qui ne peut travailler. ‖ — N. m. Soldat que l'âge ou les blessures ont rendu incapable de servir, et qui est nourri aux frais de l'Etat à l'hôtel des Invalides.

Invalides (*hôtel des*), monument édifié à Paris pour abriter l'Institution nationale des Invalides. Commencé sur les plans de Libéral Bruant, il fut construit en grande partie par Jules Hardouin-Mansart, qui y ajouta, en 1680, la chapelle Saint-Louis. Celle-ci est surmontée d'un dôme dont la flèche s'élève à 110 m et sous lequel ont été déposées, en 1840, les cendres de Napoléon Ier. On y trouve aussi les sépultures du duc de Reichstadt et de plusieurs maréchaux (Turenne, Foch, Lyautey, Juin). L'hôtel des Invalides abrite le musée de l'Armée.

Invalides (*Institution nationale des*), institution créée en 1670 par Louis XIV quand il décida de construire l'hôtel des Invalides pour y loger tous les soldats blessés, estropiés ou vieillis dans le service. Au début du XXe s., sa suppression fut décidée, mais la Première Guerre mondiale et ses conséquences eurent pour effet de la maintenir et de lui donner sa forme actuelle. Relevant du secrétariat d'Etat aux Anciens Combattants, l'Institution nationale des Invalides est placée sous les ordres d'un officier général du cadre de réserve, invalide lui-même. Elle reçoit comme pensionnaires des mutilés, des blessés ou des malades atteints d'une invalidité au moins égale à 80 p. 100 ou d'anciens militaires âgés de plus de soixante ans. Ces pensionnaires versent pour leurs frais d'entretien une somme proportionnelle à leur pension.

Invalides de la marine (*Etablissement des*), organisme créé par Colbert en 1673 et chargé du paiement des pensions aux anciens inscrits maritimes.

invalider v. t. Déclarer nul : *invalider un testament.* ● *Invalider un député,* annuler son élection.

invalidité n. f. Manque de validité : *invalidité d'un contrat, d'un mandat.* ‖ Etat d'une personne dont la capacité de travail est réduite d'une façon importante. ● *Assurance invalidité,* branche des assurances sociales prenant en charge les salariés atteints d'une invalidité d'au moins 66 p. 100 et leur versant à cet effet une pension. (Les non-salariés agricoles n'ont droit à une pension qu'en cas d'invalidité à 100 p. 100.)

Invar [ɛ̃var] n. m. (nom déposé). Acier au nickel, dont le coefficient de dilatation est pratiquement négligeable.

invariabilité n. f. Etat, caractère de ce qui est invariable.

invariable adj. Qui ne change pas : *l'ordre invariable des saisons.* ‖ *Gramm.* Se dit des mots dont la terminaison ne subit aucun changement.

invariablement adv. De façon invariable ; toujours, immanquablement.

invariance n. f. *Math.* Caractère de ce qui est invariant.

invariant, e adj. *Math.* Se dit d'une grandeur, d'une expression, d'une relation, d'une propriété, etc., qui se conservent pour un groupe de transformations. ‖ Se dit d'un système physico-chimique en équilibre, dont la variance est nulle.

invariant n. m. Quantité numérique attachée à un être mathématique, qui reste invariable lorsque celui-ci est soumis à un ensemble de transformations. ‖ Ce qui ne varie pas, ce qui est constant : *un invariant économique.*

invasion [ɛ̃vazjɔ̃] n. f. (du lat. *invadere,* envahir). Irruption faite dans un pays par une force militaire : *les invasions des Barbares.* ‖ Occupation générale d'un endroit : *invasion de rats.* ‖ *Méd.* Irruption d'une maladie épidémique dans une contrée. ‖ Période qui s'écoule entre les premiers symptômes d'une maladie aiguë et la période d'état. ‖ *Fig.* Diffusion soudaine : *l'invasion des idées nouvelles.*

invective n. f. (du lat. *invehi,* s'emporter contre). Parole amère et violente ; injure : *proférer des invectives contre quelqu'un.*

invectiver [ɛ̃vɛktive] v. i. et t. Dire des invectives : *invectiver contre quelqu'un ; invectiver quelqu'un.*

invendable adj. Qu'on ne peut vendre.

invendu, e adj. et n. m. Qui n'a pas été vendu : *liquider les invendus.*

inventaire [ɛ̃vɑ̃tɛr] n. m. (du lat. *inventus,* trouvé). Etat, dénombrement, par écrit et par articles, des biens, meubles, titres, papiers d'une personne : *faire l'inventaire d'une succession.* ‖ Evaluation des marchandises en magasin et des diverses valeurs, afin de constater les pro-

Phot. Lauros-Giraudon.

fits et les pertes : *le commerçant doit faire au moins une fois l'an son inventaire.* ● *Par* ou *sous bénéfice d'inventaire* (Fig.), sous réserve de vérification.

inventer [ɛ̃vɑ̃te] v. t. (du lat. *inventus*, trouvé). Trouver, créer le premier quelque chose de nouveau : *Gutenberg inventa la première presse à imprimer vers 1436.* ‖ Imaginer une chose que l'on donne comme réelle : *inventer un expédient.*

inventeur, trice n. Personne qui invente. ‖ Personne qui découvre, retrouve : *l'inventeur d'un trésor.*

inventif, ive adj. Qui a le génie, le talent d'inventer : *esprit inventif.*

invention n. f. Action d'inventer, de créer quelque chose de nouveau ; découverte : *l'invention de la machine à coudre est due à Thimonnier, en 1825.* ‖ Chose inventée : *une heureuse invention.* ‖ Découverte, surtout en parlant de certaines reliques : *l'invention de la Sainte Croix.* ‖ Mensonge inventé pour tromper : *ce sont de pures inventions.* ‖ *Mus.* Courte composition musicale de style contrapuntique, pour instrument à clavier. ‖ *Rhét.* Action de trouver les arguments et les idées dont on peut faire usage pour traiter un sujet.

inventorier [ɛ̃vɑ̃tɔrje] v. t. Faire l'inventaire de : *inventorier une succession.*

invérifiable adj. Qui ne peut être vérifié : *assertion invérifiable.*

Inverness, v. d'Ecosse, ch.-l. de comté, sur le golfe de Moray ; 29 800 h.

inversable adj. Qui ne peut verser : *voiture inversable.*

inverse [ɛ̃vɛrs] adj. (lat. *inversus*). Renversé ; opposé à la direction actuelle ou naturelle des choses : *dans un miroir, les objets apparaissent dans un sens inverse.* ● *Eléments inverses* (Math.), dans un ensemble muni d'une loi de composition, éléments dont la composition donne l'élément inverse. ‖ *Figures inverses* (Math.), figures transformées l'une de l'autre dans une inversion. ‖ *Nombres inverses l'un de l'autre* (Math.), nombres dont le produit est égal à l'unité. ‖ *Rapports inverses* (Math.), rapports formés des mêmes termes, mais renversés, celui qui figure au numérateur dans l'un étant au dénominateur dans l'autre. ‖ *Relief inverse* (Géogr.), relief dans lequel la dénivellation topographique est en sens inverse de la déformation tectonique : *un synclinal perché est un relief inverse.* ‖ — N. m. Le contraire : *faire l'inverse de ce qui est commandé.* ● *Inverse d'un nombre* (Math.), fraction ayant ce nombre pour dénominateur et l'unité pour numérateur : $\frac{1}{4}$ *est l'inverse de 4.* (Zéro n'a pas d'inverse.)

inversement adv. D'une manière inverse.

inverser [ɛ̃vɛrse] v. t. (du lat. *inversus*, retourné). Donner une position ou une direction inverse : *inverser l'ordre des mots dans une proposition.* ‖ Changer le sens d'un courant électrique.

inverseur n. m. Appareil servant à changer le sens de circulation d'un courant électrique, le sens de marche d'un ensemble mécanique. ‖ Dispositif placé sur la robinetterie d'une baignoire et permettant de diriger l'eau soit vers le col de cygne de la baignoire, soit vers la douche. ● *Inverseur de poussée*, dispositif qui, dans un propulseur à réaction, permet, en changeant la direction des gaz, de modifier l'orientation de la poussée.

inversion n. f. *Gramm.* Toute construction où l'on donne aux mots un autre ordre que l'ordre considéré comme normal ou habituel : *inversion du sujet dans les phrases interrogatives.* ‖ *Math.* Transformation géométrique ponctuelle, qui, étant donné un point fixe O, appelé *pôle de l'inversion*, fait correspondre à tout point M de l'espace un point M′ situé sur la droite OM et tel que le produit des rayons vecteurs OM et OM′ soit égal à un nombre constant *k* appelé *puissance de l'inversion : l'inversion conserve les angles.* ‖ *Chim.* Transformation du saccharose en glucose par hydrolyse. ● *Inversion de relief* (Géogr.), phénomène par lequel un relief conforme à la structure évolue en relief inverse : *le synclinal perché est une forme d'inversion de relief.* ‖ *Inversion sexuelle*, syn. de HOMOSEXUALITÉ. ‖ *Inversion de température*, en montagne, phénomène selon lequel l'air froid, plus lourd, s'accumule dans les vallées et les bassins, tandis que l'air des sommets est relativement plus chaud.

invertébré, e adj. et n. m. Se dit des animaux sans colonne vertébrale, comme les insectes, les crustacés, les mollusques, les vers, les oursins, etc.

inverti [ɛ̃vɛrti], **e** adj. Se dit du saccharose transformé en glucose par hydrolyse.

inverti n. m. Syn. de HOMOSEXUEL.

invertine [ɛ̃vɛrtin] n. f. Syn. de SUCRASE et de SACCHARASE.

invertir v. t. (lat. *invertere*, retourner). Renverser symétriquement : *les miroirs invertissent les objets.*

investigateur [ɛ̃vɛstigatœr], **trice** [-tris] adj. et n. (lat. *investigator, -trix ;* de *in*, sur, et *vestigium*, trace). Qui fait des recherches suivies. ‖ Qui examine avec soin : *jeter des regards investigateurs.*

investigation n. f. Recherche attentive et suivie : *poursuivre ses investigations.*

investir [ɛ̃vɛstir] v. t. (lat. *investire*, entourer). Mettre, avec certaines formalités, en possession d'un pouvoir, d'une autorité quelconque. ‖ Entourer de troupes une place de guerre : *César investit Alésia.* ● *Investir quelqu'un de sa confiance*, se fier à lui entièrement.

investir v. t. (de l'angl. *to invest*). Placer des fonds : *investir des capitaux dans une entreprise.*

investissement n. m. Action d'investir une ville, une place forte.

investissement n. m. (angl. *investment*). Nouveau moyen de production. ‖ Placement de fonds.

investisseur adj. m. et n. m. Se dit d'organismes chargés de la gestion de fonds destinés à être investis.

investiture n. f. Mise en possession d'un fief, d'une dignité ecclésiastique, d'un pouvoir quelconque. ‖ Acte par lequel un parti politique désigne un candidat à une fonction élective. ‖ Acte par lequel (dans certains pays et notamment en France de 1946 à 1954) le Parlement, en sa principale assemblée, donnait mission à un homme d'Etat de constituer le gouvernement.

Investitures (*querelle des*), conflit entre la papauté et le Saint Empire (1059-1122) au sujet de la collation des titres ecclésiastiques. Elle fut vive surtout sous le pontificat de Grégoire VII et sous le règne de l'empereur Henri IV, et aboutit, après de longues luttes (Canossa, 1077), au concordat de Worms (1122), établissant le principe de la séparation des pouvoirs spirituel et temporel.

invétéré [ɛ̃vetere], **e** adj. Fortifié par le temps, enraciné : *mal invétéré.* ‖ Qui a laissé vieillir, s'enraciner en soi telle manière d'être, telle habitude : *un buveur invétéré.*

invétérer (s') v. pr. (lat. *inveterari ;* de *vetus*, vieux) [conj. **5**]. S'affermir par le temps : *laisser s'invétérer une mauvaise habitude.*

invincibilité n. f. Caractère, qualité de ce qui est invincible.

invincible [ɛ̃vɛ̃sibl] adj. Qu'on ne saurait vaincre : *armée invincible.* ‖ *Fig.* Que l'on ne peut réfuter, surmonter : *argument, sommeil invincible.*

invinciblement adv. De façon invincible.

inviolabilité n. f. Qualité de ce qui est inviolable : *les locaux des ambassades jouissent de l'inviolabilité.*

inviolable [ɛ̃vjɔlabl] adj. Qu'on ne doit jamais violer, enfreindre : *serment, droit inviolable.* ‖ Que la loi ou le droit des gens mettent à l'abri de toute action violente, de toute poursuite : *la personne des ambassadeurs est inviolable.*

inviolablement adv. De façon inviolable : *secret inviolablement gardé.*

inviolé, e adj. Qui n'a pas été violé, outragé, enfreint : *sanctuaire inviolé ; loi inviolée.*

invisibilité n. f. Etat de ce qui est invisible : *l'invisibilité de l'air.*

invisible adj. Qui échappe à la vue par sa nature, sa petitesse ou sa distance : *certaines étoiles sont invisibles à l'œil nu.* ‖ Qui se dérobe et ne veut pas être vu : *un homme invisible.*

invisiblement adv. De façon invisible.

invitant, e adj. Syn. de INVITEUR : *puissance invitante.*

invitation n. f. Action d'inviter ; son résultat : *recevoir maintes invitations.*

invitatoire n. m. *Liturg.* Antienne qui se chante à matines.

invite n. f. Ce qui invite à faire quelque chose ; appel indirect, adroit : *répondre à l'invite de quelqu'un.*

invité, e n. Personne qui a reçu une invitation.

inviter [ɛ̃vite] v. t. (lat. *invitare*). Prier de venir en un lieu, d'assister à ; convier à : *inviter quelqu'un à dîner.* ‖ — *Fig.* Engager, inciter à quelque chose : *le beau temps invite à la promenade.* ‖ Ordonner, sommer : *inviter quelqu'un à se taire.*

inviteur, euse adj. et n. Qui invite.

invivable adj. *Fam.* Avec qui on ne peut vivre.

invocateur, trice adj. et n. Qui invoque.

invocation [ɛ̃vɔkasjɔ̃] n. f. (du lat. *invocare*, supplier). Action d'invoquer. ‖ Prière du poète à une divinité, à une muse, pour demander l'inspiration. ‖ *Liturg.* Dédicace, protection : *église placée sous l'invocation de la Vierge.*

invocatoire adj. Qui appartient à l'invocation : *formule invocatoire.*

involontaire adj. Fait sans le consentement de la volonté : *erreur involontaire.*

involontairement adv. Sans le vouloir.

involucelle [ɛ̃vɔlysɛl] n. m. Petit involucre.

involucre [ɛ̃vɔlykr] n. m. (lat. *involucrum*, enveloppe). *Bot.* Ensemble de bractées, d'organes foliacés, rapprochés autour de la base d'une fleur ou d'une inflorescence, spécialement d'une ombelle ou d'un capitule.

involuté, e adj. (du lat. *volutus*, enveloppé). *Bot.* Roulé en dedans : *dans le bourgeon, les jeunes feuilles du poirier sont involutées.*

involution [ɛ̃vɔlysjɔ̃] n. f. *Biol.* Régression d'un organe, soit chez un individu (l'involution de l'utérus après l'accouchement dure douze jours), soit dans une espèce, suivant un des mécanismes de l'évolution. ‖ *Math.* Correspondance projective, biunivoque et réciproque, entre les points d'une droite, entre les droites d'un faisceau ou entre les points ou les tangentes d'une conique. ‖ Ensemble des couples ainsi mis en correspondance. ‖ *Philos.* Passage de l'hétérogène à l'homogène, du divers au même, du multiple à l'un : *l'involution s'oppose à la différenciation.*

invoquer [ɛ̃vɔke] v. t. (lat. *invocare*). Appeler à son aide par une prière : *invoquer Dieu.* ‖ *Fig.* Citer en sa faveur : *invoquer un témoignage.*

invraisemblable adj. Qui n'est pas vraisemblable : *événement invraisemblable.* ‖ *Fam.* Extraordinaire, bizarre : *chapeau invraisemblable.*

invraisemblablement adv. De façon invraisemblable.

invraisemblance n. f. Défaut de vraisemblance. ‖ Chose invraisemblable : *récit plein d'invraisemblances.*

invulnérabilité n. f. Etat de celui, de celle ou de ce qui est invulnérable.

invulnérable adj. Qui ne peut être blessé : *se croire invulnérable.*

Inzinzac (56650 Inzinzac Lochrist), comm. du Morbihan (arr. de Lorient) ; 4 714 h. (390 aggl.).

Io. *Myth. gr.* Fille d'Inachos, aimée par Zeus, changée par lui en génisse et gardée par Argos.

Ioannina ou **Jannina,** v. de Grèce, en Epire, sur le *lac de Ioannina ;* 35 000 h.

Iochkar-Ola, v. de l'U. R. S. S. (R. S. F. S. de Russie), au nord-ouest de Kazan' ; 166 000 h. Industries agricoles.

iodate n. m. Sel de l'acide iodique.

iode [jɔd] n. m. (gr. *iodês*, violet). Corps simple (I) de numéro atomique 53, en paillettes grises à éclat métallique, de densité 4,93, fusible à 114 °C, et qui répand, quand on le chauffe, des vapeurs violettes.
— ENCYCL. *Méd.* L'*iode* est employé pour son action antiseptique sous forme de solution alcoolique (teinture d'iode) et pour son action modificatrice des métabolismes dans les affections de la thyroïde et dans les rhumatismes (solutions d'iodures, dérivés organiques).

iodé, e adj. Qui contient de l'iode : *eau iodée.*

iodhydrique [jɔdidrik] adj. m. Se dit d'un acide (HI) formé par la combinaison d'iode et d'hydrogène.

iodique adj. m. Se dit d'un acide (HIO_3) produit par l'oxydation de l'iode.

iodisme n. m. Intoxication par l'iode.

iodler v. i. V. JODLER.

iodoforme n. m. Composé (CHI_3) que l'on obtient en faisant agir l'iode sur l'alcool, et employé surtout comme antiseptique.

iodure n. m. Sel de l'acide iodhydrique.

ioduré, e adj. Qui contient un iodure : *sirop ioduré.* ‖ Couvert d'une couche d'iodure : *plaque photographique iodurée.*

Iole. *Myth. gr.* Fille d'Eurytos, roi d'Œchalie, enlevée et épousée par Héraclès.

ion [jɔ̃] n. m. (mot angl. ; du gr. *ion*, allant). Particule chargée électriquement et formée d'un atome ou d'un groupe d'atomes ayant gagné ou perdu un ou plusieurs électrons.
— ENCYCL. On distingue les ions électrolytiques et les ions gazeux.
Ions électrolytiques. En solution aqueuse, les molécules des acides, des bases ou des sels sont spontanément dissociées en ions, qui sont des particules chargées positivement ou négativement. Dans un champ électrique, les ions positifs se dirigent vers la cathode (cations), et les ions négatifs vers l'anode (anions).
Ions gazeux. Sous l'influence de certains agents ionisants (rayons X, rayons U. V.), les gaz deviennent conducteurs d'électricité. Il y a modification de certains atomes du gaz, qui sont appelés *ions.* Ces ions sont positifs ou négatifs suivant qu'ils rassemblent autour de leur noyau plus ou moins d'électrons.

Ion. *Myth. gr.* Héros grec, ancêtre mythique des Ioniens.

Ionesco (Eugène), auteur dramatique français d'origine roumaine, né à Slatina en 1912. Ses premières comédies,

Ionesco, une scène des « Chaises »

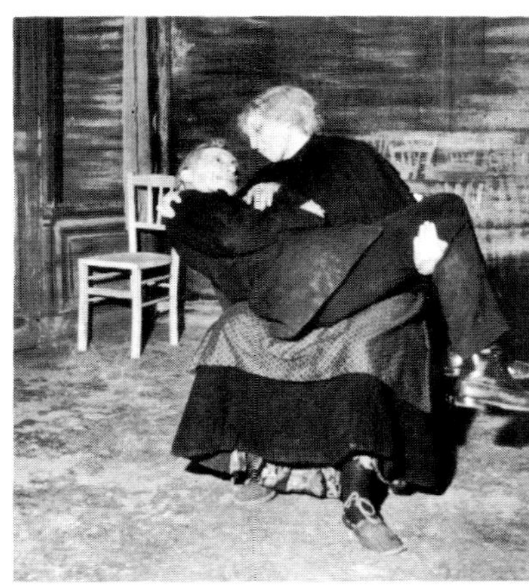

Phot. Lipnitzki.

où un langage distendu démasque chez ses personnages le vide des idées que les mots prétendent couvrir, où les objets s'animent, écrasent des êtres dérisoires, dévoilent l'absurdité de l'existence et des rapports sociaux (*la Cantatrice chauve,* 1950; *la Leçon,* 1950; *les Chaises,* 1952). Son exploration du langage s'accompagne ensuite de la recherche d'une nouvelle possibilité de communication humaine dans des pièces où la parodie se charge de symbolisme (*Rhinocéros,* 1960; *Le roi se meurt,* 1962; *le Piéton de l'air,* 1963; *la Soif et la faim,* 1966). [Acad. fr., 1970.]

Ionie, pays de l'anc. Asie Mineure, sur la mer Egée, entre Milet et Phocée, habité par les Grecs émigrés; v. pr. *Milet, Samos, Ephèse, Colophon, Chio.* (Hab. *Ioniens.*) Les Ioniens créèrent de nombreuses colonies dans la mer Egée et dans la mer Noire. L'Ionie fut, aux VIIe-VIe s. av. J.-C., un grand centre de rayonnement de la civilisation grecque.

ionien [jɔnjɛ̃], **enne** [-ɛn] adj. et n. De l'Ionie : *les villes ioniennes.* ● *Dialecte ionien,* ou *ionien* n. m., un des principaux dialectes de la langue grecque, qu'on parlait dans l'Ionie. ‖ *Ecole ionienne,* école de philosophie grecque des VIIe et VIe s. av. J.-C., qui s'est attachée à ramener toutes choses à un principe unique : l'eau pour Thalès, l'infini pour Anaximandre, l'air pour Anaximène.

Ionienne (*mer*), partie de la Méditerranée qui s'étend entre l'Italie du Sud et la Grèce.

Ioniennes (*îles*), groupe d'îles situées le long de la côte ouest de la Grèce; 2 307 km²; 212 600 h. Occupées successivement à partir du XIe s. par les Normands de Sicile, par les rois de Naples et par Venise, elles furent annexées à l'Empire français de 1807 à 1809, passèrent sous protectorat anglais après 1815 et furent rendues à la Grèce en 1864. Les principales sont *Corfou, Zante, Céphalonie, Leucade, Ithaque, Cythère.*

ionique adj. Qui se rapporte aux ions : *dissociation ionique.*

ionique adj. De l'Ionie. ● *Ordre ionique,* un des cinq ordres de l'architecture grecque, caractérisé surtout par un chapiteau orné de deux volutes latérales : *colonne ionique.*

ionisation n. f. Production d'ions dans un gaz ou dans un électrolyte. (L'ionisation est employée en thérapeutique pour introduire des ions dans l'organisme. Elle consiste en l'application sur la peau de solutions salines soumises à un champ électrique.) ● *Chambre d'ionisation,* appareil formant un condensateur à gaz. ‖ *Courant d'ionisation,* courant dû au transport des charges, réalisé par les ions dans les gaz. ‖ *Energie d'ionisation,* énergie minimale qu'il faut fournir à un atome ou à une molécule pour lui arracher un électron. (Cette énergie s'évalue en électrons-volts.)

ioniser v. t. Provoquer l'ionisation.

ionone n. f. Substance chimique à odeur de violette très prononcée et, pour cette raison, très employée en parfumerie.

ionosphère [jɔnɔsfɛr] n. f. Ensemble des régions de la haute atmosphère (approximativement entre 60 et 600 km), où l'air est fortement ionisé et, par conséquent, conducteur de l'électricité.

Iorga (Nicolae), homme politique et historien roumain, né à Botoşani (1871-1940). Fondateur du journal *le Peuple roumain* et de l'université populaire de Văleni (1908), il fut professeur à la Sorbonne et recteur de la faculté des lettres de Bucarest. Ayant créé avec Alexandre C. Cuza un parti qui réclamait la réforme agraire et le suffrage universel, il mena une campagne pour que son pays se rangeât pendant la Première Guerre mondiale aux côtés des Alliés. Président de l'Assemblée, puis président du Conseil (1931-1932), il devint le conseiller du roi, mais, hostile au mouvement de la Garde de Fer, il fut assassiné près de Sinaia. Il a laissé des ouvrages d'histoire (*Histoire des Roumains,* 1935-1939), des poèmes, des drames historiques et des récits autobiographiques (*Une vie d'homme telle qu'elle fut,* 1934).

sir Muhammad **Iqbāl**

Ios ou **Nió,** une des Cyclades, entre Náxos et Santorin, où serait mort Homère.

iota [jɔta] n. m. Neuvième lettre de l'alphabet grec (ι), correspondant à notre *i.* ● *Il n'y manque pas un iota* (Fig.), il n'y manque rien.

iotacisme n. m. Emploi fréquent du son *i,* particulier au grec moderne.

Iowa, un des Etats unis d'Amérique, sur le Mississippi; 2 761 000 h. Cap. *Des Moines.* Formé en majeure partie de basses plaines inclinées vers le Mississippi, l'Iowa est une grande région agricole où dominent la culture du maïs et l'élevage bovin et porcin.

ipécacuana [ipekakwana] et, par abrév., **ipéca** [ipeka] n. m. (mot portug., empr. à une langue du Brésil). Racine d'un arbrisseau du Brésil, de la famille des rubiacées. (L'ipéca contient des alcaloïdes [en particulier l'émétine] qui lui confèrent des propriétés vomitives [à forte dose] et expectorantes [à faible dose].)

Iphicrate, stratège athénien, né à Rhamnonte (v. 415-354 av. J.-C.). Il fut vainqueur des Spartiates en 390.

Iphigénie. *Myth. gr.* Fille d'Agamemnon et de Clytemnestre. Son père la sacrifia à Artémis afin de fléchir les dieux, qui retenaient par des vents contraires la flotte grecque à Aulis. Suivant une autre tradition, la déesse substitua à Iphigénie une biche et fit de la jeune fille sa prêtresse en Tauride. — Cette légende a fourni à Euripide le thème de deux tragédies (*Iphigénie à Aulis, Iphigénie en Tauride*); c'est de la première que s'est inpiré Racine dans son *Iphigénie en Aulide* (1674). Au XVIIIe s., Gluck a écrit la musique d'une *Iphigénie en Aulide* (1774), tragédie lyrique sur des paroles de Du Rollet, et d'une *Iphigénie en Tauride* (1779), sur des paroles de Guillard. Goethe a donné en 1787 une tragédie classique intitulée *Iphigénie en Tauride.*

Ipoh, v. de Malaysia (Malaisie), cap. de l'Etat de Perak; 125 800 h — A proximité, grands gisements d'étain.

ipomée [ipɔme] n. f. V. VOLUBILIS.

ipséité [ipseite] n. f. (du lat. *ipse,* soi-même). *Philos.* Ce qui fait qu'un être est lui-même et non un autre.

ipso facto [ipsofakto], expression lat. signif. *par le fait même* et utilisée dans la langue juridique.

Ipsos ou **Ipsus,** bourg de l'anc. Phrygie, où fut livrée une grande bataille entre les généraux d'Alexandre le Grand (301 av. J.-C.).

Ipswich, port de Grande-Bretagne, ch.-l. du comté du Suffolk oriental; 120 800 h. Machines agricoles.

Iqbāl (*sir* Muḥammad), écrivain et philosophe musulman de l'Inde, né à Sialkot (Pendjab) [1873-1938]. Son œuvre, écrite en ourdou (*l'Appel de la cloche,* 1924; *l'Aile de Gabriel,* 1935), en persan (*Message de l'Orient,* 1923) et en anglais (*The Reconstruction of Religions thought in Islam,* 1934), a exercé une profonde influence sur les créateurs de l'Etat pakistanais.

Iquique, port du Chili septentrional; 51 600 h. Pêche. Engrais.

Iquitos, v. du Pérou, port actif sur le Marañón; 58 100 h. Industries alimentaires. Raffinage du pétrole.

Ir, symbole chimique de l'*iridium.*

Irak. V. IRAQ.

irakien ou **iraqien** [irakjɛ̃], **enne** [-jɛn] adj. et n. De l'Iraq. ‖ — N. m. Dialecte arabe parlé en Iraq.

Iran, royaume de l'Asie du Sud-Ouest; 1 648 000 km²; 31 300 000 h. (*Iraniens*). Cap. *Téhéran.* Langue : *persan.*

Géographie.

Entre l'Arabie et la dépression aralo-caspienne, l'Iran est un pays de hautes terres. A la périphérie s'étirent des chaînes de montagnes d'âge secondaire et tertiaire : Elbourz, partiellement volcanique (5 604 m au mont Demāvend, point culminant du pays) au-dessus de la Caspienne; monts du Zagros, dominant le golfe Persique; massifs de l'Arménie au nord-ouest, premiers contreforts de l'Hindū Kūch à l'est. L'intérieur est formé de surfaces plus planes (le *Plateau iranien*), dont l'altitude n'est qu'exceptionnellement inférieure à 500 m. Le Plateau iranien est parsemé de marécages salés, dont l'existence est liée à la disposition périphérique des montagnes, qui entrave l'écoulement vers l'océan Indien ou la Caspienne et qui explique aussi un climat semi-désertique, dû principalement à la latitude et à la position du pays à l'abri de la mousson humide. A Téhéran, les moyennes thermiques mensuelles oscillent entre 4 et 27 °C (avec des extrêmes marqués), et les précipitations sont inférieures à 250 mm, avec un minimum estival très net. A Ispahan, les moyennes thermiques sont identiques, et les précipitations encore plus faibles (120 mm). La faiblesse des pluies n'autorise, dans la majeure partie du pays, qu'une végétation discontinue d'armoises et de graminées, et conditionne une économie à prépondérance agricole. L'agriculture fournit près du tiers du produit intérieur brut. L'intérieur est le domaine d'une culture extensive du blé (principale céréale) et d'un important élevage ovin. La vie rurale est plus animée au contact des montagnes et des plaines, jalonnées d'oasis (où sont d'ailleurs installées de nombreuses villes : Ispahan, Chīrāz, Hamadhān). L'irrigation permet d'ajouter à la culture du blé celles du coton, des arbres fruitiers, etc. Les produits du sol (coton) et de l'élevage (laine) alimentent une industrie textile à caractère surtout artisanal (production de tapis) : c'est là l'activité industrielle dominante en dehors de l'extraction du pétrole.

Le pétrole est aujourd'hui le fondement de l'économie du pays. Les gisements jalonnent le pied du Zagros (Ahwāz, Haft Kal, Gach Saran, Darius). La production est de l'ordre de 300 Mt. La quasi-totalité est exportée en brut par l'île Kharg ou, après raffinage, par Ābādān. Le pétrole, brut ou raffiné, représente plus de 90 p. 100 des exportations, dirigées surtout vers les pays de l'Europe occidentale (Grande-Bretagne, Pays-Bas, France) et le Japon. Les ressources apportées par cette immense richesse naturelle jouent un rôle capital dans le financement de l'industrialisation. En 1971, à la veille des grandes transformations économiques du pays, on comptait seulement une voiture de tourisme pour 90 h., un téléviseur pour 120 h., un médecin pour plus de 3 000 h. Le taux d'analphabétisme était estimé à 50 p. 100 au

Iran

puits de pétrole dans le Sud

Phot. X, Anglo-Iranian Oil.

Iran

chemin de fer transiranien

village près de Suse

moins. La consommation individuelle d'énergie primaire restait faible, malgré l'abondance du pétrole (près de 1 t de charbon-équivalence), ainsi que celle d'électricité (250 kWh). L'élévation du niveau de vie était en effet entravée par la structure sociale semi-féodale du pays, que combat la réforme agraire. Elle l'était aussi par une croissance démographique limitant les investissements productifs. La population s'accroît à un rythme annuel de 3 p. 100 par an, en raison d'un taux de natalité voisin de 40 p. 1 000.

Histoire.

En 1925, la Perse* prit le nom d' « Iran », mais l'histoire de la période moderne de ce pays s'ouvrit au début du xxe s., lorsque la Perse devint un objet de convoitise à la fois pour l'Angleterre et pour la Russie : les Anglais fondèrent la Banque impériale de Perse, obtinrent des concessions pour l'exploitation minière et la recherche de pétrole. Les Russes construisirent des voies ferrées.
Une convention signée en 1907 délimita des zones d'influence entre ces deux puissances. La découverte d'importantes réserves pétrolières en 1909 accrut les rivalités. L'Amirauté britannique acheta la majorité des actions de l'Anglo-Persian Oil Company. Après avoir dissous le Parlement (1921), le général Rīza khān renversa la dynastie des Qādjārs et se proclama chāh, fondant ainsi la dynastie des Pahlavi (1925). Il s'efforça de se rendre indépendant à l'égard des intérêts étrangers. L'Allemagne devint le premier client de l'Iran. En 1941, l'U. R. S. S. et la Grande-Bretagne occupèrent le pays, et le chāh dut abdiquer en faveur de son fils Muḥammad Rīza.
En 1945, l'U. R. S. S., qui encourageait une révolte dans l'Azerbaïdjan, qu'elle occupait encore, fut contrainte par l'O. N. U. de retirer ses troupes. Cependant, les interventions étrangères favorisèrent le développement d'un mouvement nationaliste. Mossadegh, chef du parti du Front national, fut porté au pouvoir après l'assassinat du Premier ministre Razmara (1951) et nationalisa les pétroles iraniens. Le chāh ressaisit le pouvoir en 1953. Un nouvel accord pétrolier intervint en 1954, qui ménageait les intérêts iraniens et étrangers. En 1955, l'Iran adhéra au pacte de Bagdad. En 1963 est entrée en application une réforme agraire qui cherchait à mettre fin à la grande propriété, et, la même année, le droit de vote a été accordé aux femmes. En 1967, le chāh a été solennellement couronné en même temps que son épouse. Tout en poursuivant ses réformes (nationalisation de l'usage des eaux, aménagement du territoire, etc.), le chāh réprime durement toute opposition à son régime. A l'extérieur, la puissance grandissante de son pays lui permet de jouer un rôle important sur la scène internationale. En mars 1975, à l'initiative du gouvernement algérien, il amorce une réconciliation avec l'Iraq.

iranien [iranjɛ̃], **enne** [-jɛn] adj. et n. De l'Iran. ● *Langues iraniennes,* l'avestique et les langues qui en dérivent (persan, pachto, etc.).

Iraq ou **Irak,** Etat de l'Asie du Sud-Ouest ; 444 000 km²; 10 millions d'h. (*Iraqiens* ou *Irakiens*). Cap. *Bagdad.* Langue : *arabe.*

Géographie.

Les chaînons du Zagros et le rebord du plateau désertique de la Chamiyé encadrent la Mésopotamie, vaste dépression, correspondant, au moins à l'aval, au remblaiement d'un golfe marin par les alluvions du Tigre et de l'Euphrate. A l'abri des dépressions méditerranéennes, à l'écart de la mousson humide, l'Iraq est une région sèche et chaude. A Bagdad et à Bassora, la hauteur annuelle des précipitations est inférieure à 200 mm, et la sécheresse de l'été est absolue. Dans les mêmes villes, les moyennes thermiques mensuelles de mai à septembre dépassent 30 °C (les moyennes de janvier sont de l'ordre de 10 °C).
L'Ouest, désertique, est le domaine d'un élevage nomade d'ovins et de chameaux. Au pied du rebord montagneux septentrional, une augmentation des précipitations (près de 400 mm à Mossoul) autorise les cultures du blé et de l'orge notamment. Toutefois, la Mésopotamie, valorisée par l'irrigation, est la partie vitale du pays (au point de vue agricole), avec les cultures du riz, du coton, du tabac, du maïs et des dattiers surtout. Si l'agriculture englobe encore la majeure partie de la population active, elle fournit à peine le sixième du produit intérieur brut.
Celui-ci est assuré pour près de moitié par l'industrie, c'est-à-dire, ici, essentiellement par l'extraction du pétrole. Les gisements jalonnent le pied de l'extrémité du Zagros (Mossoul, Kirkūk, Nafṭ Khane). La production annuelle est de l'ordre de 100 Mt, largement exportée en brut par les ports, syriens et libanais, de Bāniyās et de Tripoli, auxquels les gisements irakiens sont reliés par oléoducs. Les fortes redevances perçues expliquent le solde largement positif de la balance commerciale.
En 1974, le pétrole a représenté, en valeur, plus de 95 p. 100 des exportations, dirigées principalement vers l'Europe occidentale (Grande-Bretagne, France, Italie).
Les revenus du pétrole n'ont pas permis jusqu'à présent d'améliorer beaucoup un niveau de vie qui est bas. En 1971, il y avait une voiture de tourisme pour 140 h., un téléviseur pour 30 h., un médecin seulement pour plus de 3 500 h. La consommation individuelle d'énergie était seulement de 0,65 t de charbon-équivalence. La population s'accroît à un rythme annuel de 2 p. 1 000. Elle est concentrée dans la Mésopotamie. Les deux plus grandes villes, Bagdad et Mossoul, jalonnent la vallée du Tigre ; la troisième, Bassora, est le principal port irakien.

Iraq

la palmeraie de Bassora

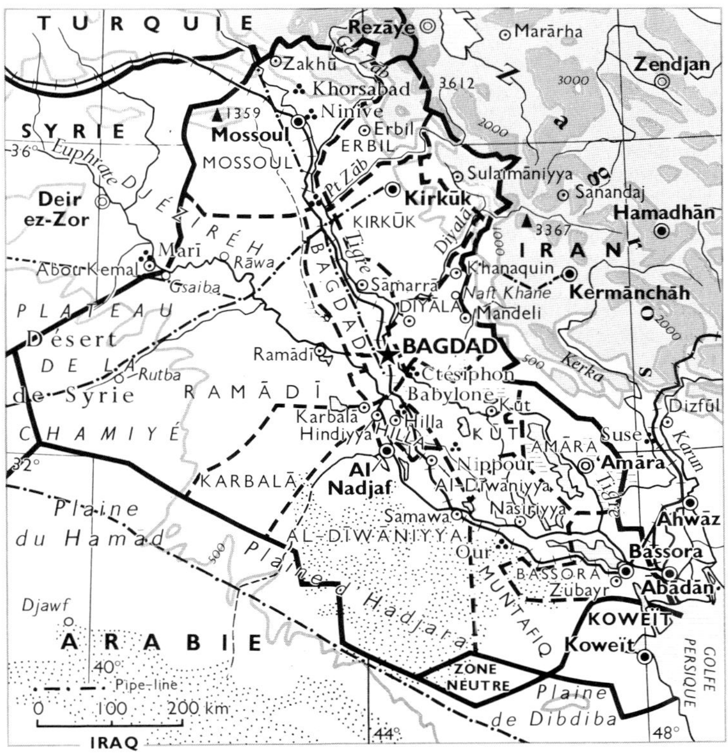

Phot. Régie générale des Chemins de fer, abbé de Vaumas (2).

une vue de Bassora

le barrage de Warrar sur l'Euphrate

Histoire.

L'histoire de l'Iraq ancien est celle de la Mésopotamie*. Lors de la conquête arabe et de l'implantation de l'islām (634-641), le pays prend le nom d'« Irāq al-'Arabi » et demeure sous la domination 'abbāsside (VIIIe-XIIIe s.), mais est dévasté par Hūlāgū (1258-1259), puis par Tīmūr (1387-1401). De 1499 à 1508, les Séfévides se rendent maîtres de l'Iraq, mais se heurtent à l'opposition des Turcs, qui, victorieux en 1658, font entrer l'Iraq dans l'Empire ottoman, dont ce pays fera partie jusqu'en 1918 tout en poursuivant une existence assez indépendante. (De 1707 à 1831, notamment, l'autorité des sultans passe aux gouverneurs mamelouks de Bagdad.) A la suite de l'entrée en guerre de l'Empire ottoman aux côtés de l'Allemagne (1914), les troupes anglo-indiennes s'emparent de Bagdad (1917) et de Kirkūk (1918), et, à l'issue de la conférence de San Remo (1920), l'Iraq est placé sous mandat britannique. Un mouvement nationaliste provoque une révolte des Bédouins dans le Sud.

Un Conseil arabe de l'Etat est créé, et, en 1921, l'Iraq devient un royaume avec l'émir Fayṣāl ibn Ḥusayn comme roi ; mais l'influence britannique y demeure forte. A partir de 1933, par suite de la politique anglaise en Palestine, l'influence de l'Allemagne s'accroît. En 1941, lorsque 'Abd al-Ilāh, favorable à l'Axe, est choisi comme régent par son neveu Fayṣāl II, l'Angleterre occupe l'Iraq, qui entre en guerre aux côtés des Alliés (1943). L'impopularité de l'alliance anglaise maintient un climat de troubles, notamment à Bagdad en 1952.

Le pacte de Bagdad et la proclamation de la Fédération arabe entre l'Iraq et la Jordanie (1958) provoquent une violente réaction d'hostilité. Fayṣāl II est assassiné, et un comité militaire, dirigé par le général Kassem, prend le pouvoir et proclame la république. Kassem accepte l'appui des communistes, quitte la zone sterling et se retire du pacte de Bagdad (1959). Il conclut un accord économique avec l'U. R. S. S. Kassem se heurte à la révolte des Kurdes (1962) et à celle des partisans de la Ligue arabe, qui le font assassiner (févr. 1963). Son successeur, le maréchal Aref, se rapproche de l'Egypte et abolit la loi martiale en vigueur depuis 1958. Après sa mort accidentelle (1966), son frère lui succède. En juillet 1968, un coup d'Etat militaire place le général Bakr à la présidence de la République. En 1972, le gouvernement nationalise l'Iraq Petroleum Company. En 1974, les hostilités reprennent avec les Kurdes, ceux-ci rejetant l'autonomie qui leur était proposée. La fin du soutien iranien les amène pourtant à déposer définitivement les armes en avril 1975.

irascibilité n. f. Disposition à s'irriter.

irascible [irasibl] adj. (lat. *irascibilis;* de *irasci,* se mettre en colère). Prompt à se mettre en colère : *caractère irascible.*

ire [ir] n. f. (lat. *ira*). *Poét.* et *vx.* Colère.

Irène, née à Athènes (v. 752-803), impératrice d'Orient (797-802). Régente sous son fils Constantin VI, elle se débarrassa de ce dernier (797). Elle rétablit le culte des images. Canonisée par l'Eglise orthodoxe.

Irène, la dernière tragédie de Voltaire (1778).

Irénée (*saint*), évêque de Lyon, né en Asie Mineure (v. 130-v. 208). Disciple de saint Polycarpe, il succéda à saint Pothin comme évêque de Lyon ; il mourut peut-être martyr. Toute l'œuvre théologique de saint Irénée est dominée par sa lutte contre les gnostiques (***Traité contre les hérésies***). — Fête le 3 juillet.

Irian, nom de la partie indonésienne de la Nouvelle*-Guinée.

Iriarte (Tomás DE), écrivain et compositeur espagnol, né à La Orotava (Tenerife) [1750-1791]. Défenseur du classicisme, il exerça une grande influence sur les milieux littéraires de Madrid (***Fables littéraires,*** 1782). Il introduisit le « mélodrame » en Espagne et composa un grand poème musical (*la Música,* 1779).

iridacées [iridase] n. f. pl. (de *iris*). Famille de plantes monocotylédones aux fleurs souvent décoratives, comme l'*iris,* le *glaïeul,* le *crocus.*

iridectomie [iridɛktɔmi] n. f. (gr. *iris,* et *ektomê,* excision). *Méd.* Résection partielle de l'iris. (Elle se pratique soit pour des raisons optiques [taies, opacités], soit pour des raisons de technique chirurgicale dans les opérations du glaucome et de la cataracte.)

iridié adj. m. Qui contient de l'iridium : *platine iridié.*

iridium [iridjɔm] n. m. (du lat. *iris, iridis,* arc-en-ciel). Métal (Ir) blanc, de numéro atomique 77, extrêmement dur et résistant à l'action des agents chimiques, fondant vers 2 400 °C et contenu dans certains minerais de platine.

Irigny (69540), comm. du Rhône (arr. de Lyon), sur le Rhône ; 3 697 h. Constructions mécaniques.

iris [iris] n. m. (mot grec). *Anat.* Membrane colorée de l'œil, située derrière la cornée et devant le cristallin, et percée d'un orifice, la pupille. (L'iris joue le rôle d'un diaphragme.) ‖ *Bot.* Plante type de la famille des iridacées, souvent cultivée pour ses fleurs ornementales et odorantes, et dont le rhizome peut être employé en parfumerie. ‖ Poudre de senteur, faite avec le rhizome d'iris.

Iris. *Myth. gr.* Messagère ailée des dieux, dont l'écharpe à sept couleurs fut assimilée à l'arc-en-ciel.

irisable adj. Susceptible d'irisation.

irisation n. f. Propriété dont jouissent certains corps de disperser la lumière en rayons colorés comme l'arc-en-ciel. ‖ Reflets ainsi produits.

irisé, e adj. Qui présente les couleurs de l'arc-en-ciel : *verre irisé.*

iriser [irize] v. t. Faire apparaître l'irisation ; donner les couleurs de l'arc-en-ciel. ‖ **— S'iriser** v. pr. Se revêtir des couleurs de l'arc-en-ciel.

iritis [iritis] n. f. *Méd.* Inflammation de l'iris.

Irkoutsk, v. de l'U. R. S. S., en Sibérie orientale, sur l'Angara, auprès du lac Baïkal ; 401 000 h. Grande centrale hydro-électrique. Aluminium. Industries chimiques.

irlandais [irlɑ̃dɛ], **e** [-ɛz] adj. et n. De l'Irlande. ‖ — N. m. Langue celtique parlée en Irlande.

Irlande, la plus occidentale des îles Britanniques, divisée en ***Irlande du Nord,*** ou ***Ulster,*** partie du Royaume-Uni, et en ***république d'Irlande,*** ou ***Eire ;*** 83 900 km² ; **4 405 000 h.** (***Irlandais***).

Histoire.

L'Irlande est d'abord envahie par les Celtes Gaëls (IVe s. av. J.-C.) ; ceux-ci y constituent des royaumes parmi lesquels s'impose peu à peu celui de Connacht : Niall aux Neuf Otages (fin du IVe s. apr. J.-C.) le conduit à son apogée. Vers la même époque, l'île est convertie au christianisme par saint Patrick ; la civilisation celte connaît ensuite (VIe-VIIe s.) un grand épanouissement. D'Irlande partent pour l'Europe de nombreux missionnaires. Du VIIIe au Xe s., les Norvégiens établissent un protectorat de fait sur l'Irlande. C'est ensuite le tour des Normands, dont les incursions sont favorisées par l'anarchie irlandaise ; en 1171, Richard de Pembroke hérite du royaume de Leinster ; mais, quatre ans plus tard, le roi d'Angleterre Henri II fait reconnaître sa suzeraineté sur toute l'île, qui, désormais, voit son sort lié à celui de l'Angleterre. Cependant, les Irlandais se montrent récalcitrants à l'égard des Anglais ; malgré le système de la « plantation » (colonisation rurale), les Tudors n'arrivent pas à soumettre l'île rebelle. Le fossé s'élargit lorsque l'Angleterre, au XVIe s., se sépare de Rome ; la farouche fidélité de l'Irlande au catholicisme sera désormais un des principaux éléments de résistance aux Anglais protestants. De nombreuses révoltes appellent la répression au XVIe et au XVIIe s. L'Irlande s'appuie dès lors, systématiquement, sur les adversaires de l'Angleterre : l'Espagne et surtout la France. Fidèle aux Stuarts chassés du trône britannique (XVIIIe s.), l'Irlande est mise à sac par les Anglais au XVIIIe s. Elle espère un moment en la Révolution française : l'échec des débarquements français et de la révolte de 1798 aboutit en 1800 à l'*acte d'Union,* qui fait de l'Irlande une partie intégrante du Royaume-Uni. Véritable colonie d'exploitation, l'Irlande, appauvrie, connaît cependant une satisfaction lorsque, grâce à O'Connell, est proclamée l'émancipation des catholiques (1829). La famine de 1846-1848 accélère l'émigration, vers les Etats-Unis notamment : la population est réduite de moitié (de 8 à 4 millions) en cinquante ans, tandis que les propriétaires anglais accroissent leurs domaines. Les Irlandais s'organisent alors en sociétés secrètes (Fenians, 1858), tandis que certains de leurs chefs, comme Parnell, luttent pour l'autonomie (*Home Rule*). Au début du XXe s., la grande réforme économique et sociale, amorcée en 1881 par Gladstone, commence à porter fruit. Cependant, le *Home Rule* est constamment éludé : les Irlandais profitent de la Première Guerre mondiale pour se révolter (Pâques 1916) ; le parti autonomiste du *Sinn Fein* triomphe aux élections de 1918. En 1921, après deux ans de guérillas, l'Irlande obtient son autonomie, mais le nord-est du pays, l'Ulster, à majorité protestante, reste lié à la Grande-Bretagne. Doté d'une Constitution en 1937, le dominion irlandais accède à l'indépendance totale en 1949.

Phot. A. I., abbé de Vaumas, Cartier-Bresson (Magnum-Photos).

Irlande (*république d'*) ou **Eire,** Etat de l'Europe occidentale, occupant la majeure partie de l'*île d'Irlande;* 70 300 km²; 2 921 000 h. (*Irlandais*). Cap. *Dublin.* Langues : *irlandais* et *anglais.*

Géographie.

La république d'Irlande est formée, à la périphérie, de moyennes montagnes primaires développées surtout au sud (monts du Kerry, culminant à 1 041 m au Carrantuohill), entourant une vaste dépression centrale au soubassement constitué surtout de calcaires carbonifères. L'ensemble a été affecté par les glaciations quaternaires, qui ont provoqué la formation de cirques et d'auges dans la montagne, empâté le relief de la cuvette avec des formations morainiques qui expliquent les innombrables lacs intérieurs (*loughs*) et le drainage malaisé par le Shannon. A l'extrémité occidentale de l'Europe, l'Irlande possède un climat océanique typique. A Valentia, les moyennes thermiques mensuelles oscillent entre 8 et 16 °C (l'amplitude thermique annuelle est seulement de 8 °C). La hauteur des précipitations dépasse 1 400 mm. Celles-ci sont à peu près également réparties sur l'ensemble de l'année, avec toutefois un maximum hivernal et un minimum de printemps-été. L'humidité surabondante et la fréquence des vents expliquent la rareté de l'arbre et la prépondérance des surfaces herbacées et, dans les secteurs particulièrement mal drainés, des tourbières.

Après une longue période de déclin démographique, la population irlandaise s'accroît depuis quelques années, à un rythme modeste il est vrai (l'excédent naturel, dû au maintien d'un taux de natalité relativement élevé [plus de 20 p. 1 000], compensant largement une émigration qui s'est ralentie). Ce renversement de la tendance démographique est lié à l'essor récent d'une industrie longtemps sommeillante.

Aujourd'hui, l'industrie fournit le tiers du produit intérieur brut. Elle a été stimulée en 1958 par le *Development Economic Act,* qui a ouvert le pays à la concurrence internationale et aux capitaux étrangers. L'Irlande a d'abord cherché à élargir une base énergétique étroite, fondée sur de faibles productions de charbon et surtout de tourbe. Mais elle doit importer annuellement plus de 2 Mt de pétrole (raffinées à Cork). Les trois quarts d'une production d'électricité dépassant 4 TWh sont d'origine thermique. Les industries de transformation dominent : industries alimentaires (grande brasserie à Dublin), montage d'automobiles (Cork), électronique, textiles, etc.

En 1966, l'agriculture ne fournissait plus que 20 p. 100 du produit intérieur brut, mais elle employait encore près du tiers de la population active et alimentait une grande partie des exportations. Les terres cultivées représentent moins du cinquième de la superficie du pays, et les pâturages près de la moitié. L'élevage (bovin et ovin) domine, particulièrement dans les monts Kerry (production laitière) et l'Est (élevage de bovins pour la viande). Les cultures (avoine, blé, orge, betterave à sucre) occupent une place importante dans le Sud et le Sud-Est (comtés de Tipperary, Wexford et Wicklow).

La balance commerciale est traditionnellement et lourdement déficitaire. Parmi les importations dominent les machines et les biens d'équipement, les matières premières industrielles (pétrole, fibres textiles) et les compléments alimentaires. En 1966, les produits de l'agriculture représentaient plus de 50 p. 100 des exportations (bétail sur pied, viande et produits laitiers). Le déficit commercial est partiellement comblé par le tourisme (près de 200 000 visiteurs étrangers en 1965) et les envois de fonds des émigrés. La Grande-Bretagne fournit la moitié des importations de l'Irlande, dont elle absorbe en revanche près des trois quarts des exportations.

Le niveau de vie est nettement moins élevé que dans le reste de l'Europe occidentale, mais il tend à croître. Le produit individuel moyen est de l'ordre de 1 550 dollars, mais il subsiste encore de nettes inégalités sociales et régionales.

Histoire.

L'histoire de la république d'Irlande, ou *Eire,* est, depuis son origine, dominée par la personnalité de Eamon De Valera, chef du *Fianna Fáil,* qui incarne le vieil esprit d'indépendance. Premier ministre jusqu'en 1948, De Valera doit d'abord céder le gouvernement à John Costello, chef du *Fine Gaël;* il lui succède de 1951 à 1954, puis en 1957. En 1959, il est élu président de la République; à la tête du gouvernement depuis cette date, Seán F. Lemass démissionne en 1966 et est remplacé par John Lynch, nouveau leader du *Fianna Fáil.* En 1973, le Fianna Fáil perd les élections anticipées. Liam Cosgrave (Fine Gael) devient Premier ministre. Peu après, un protestant, Erskine Childers, est élu président de la République. La même année, l'Eire entre dans le Marché commun.

Irlande du Nord ou **Ulster,** partie septentrionale de l'Irlande, qui appartient au Royaume-Uni; 13 600 km²; 1 484 000 h. Cap. *Belfast.*

● *Géographie.* L'Irlande du Nord est formée de moyennes montagnes primaires au nord-ouest et au sud, de plateaux basaltiques à l'est, dominant des dépressions souvent occupées par des lacs partiellement d'origine glaciaire (*lough Neagh, lough Erne*). L'agriculture occupe une grande partie de la population active. La culture de l'avoine domine largement; celles du lin et de la pomme de terre n'ont qu'une importance secondaire. Les troupeaux bovin, ovin et porcin dépassent chacun 1 million de têtes. L'industrie, réduite, est concentrée dans l'agglomération de Belfast (constructions navales et aéronautiques, raffinage du pétrole, travail du lin). Londonderry, seule autre ville dépassant 20 000 h., est spécialisée dans la chemiserie et possède également quelques industries chimiques.

● *Histoire.* V. ULSTER.

Irlande (*mer d'*), bras de mer entre l'Angleterre et l'Irlande.

Iroise (*mer d'*), passage dangereux entre les îles de Sein et d'Ouessant. ‖ Nom donné aussi à la partie de l'Atlantique s'étendant au large de la Bretagne et de la Cornouailles britannique. (On y effectue des recherches pétrolières.)

irone [irɔn] n. f. Principe odorant de la racine d'iris.

ironie [irɔni] n. f. (gr. *eirôneia,* interrogation). Raillerie qui consiste à dire le contraire de ce qu'on veut faire entendre : *ce compliment n'est qu'une ironie.* ‖ Moquerie sarcastique : *ironie amère.* ● *Ironie socratique,* enseignement par interrogations, dont Socrate avait coutume.

ironique adj. Où il y a de l'ironie : *sourire ironique.* ‖ Qui emploie l'ironie : *esprit ironique.*

ironiquement adv. Par ironie.

ironiser [irɔnize] v. i. Prendre un ton ironique, railler.

ironiste n. Personne qui parle ou qui écrit avec ironie : *Swift est un admirable ironiste.*

Ironside (*sir* William Edmund), maréchal britannique, né à Ironside (comté d'Aberdeen) [1880-1959]. Après avoir participé à la guerre des Boers, dirigé l'expédition alliée sur Arkhangelsk (1919) et commandé les troupes alliées à Constantinople, il fut placé à la tête des troupes britanniques du Moyen-Orient (1936), devint gouverneur de Gibraltar (1938) et chef d'état-major impérial (1939-1940).

iroquois [irɔkwa], **e** [-waz] adj. et n. Qui appartient au peuple de ce nom. ‖ — N. m. *Fig.* Homme qui a des habitudes bizarres : *quel iroquois!*

Iroquois, Indiens établis jadis au sud-est des lacs Erié et Ontario, et formant alors une confédération de cinq tribus, dite *des Cinq-Nations,* qui lutta contre les Français jusqu'en 1700, entravant l'avance de ces derniers vers le sud. Les cinq tribus comprenaient : les Mowaks, les Oneidas, les Onondagas, les Cayugas et les Senecas.

irrachetable adj. Qu'on ne peut racheter : *fonds irrachetable.*

irradiation n. f. Action d'irradier, d'être irradié. ‖ Emission de rayons lumineux ou corpusculaires. ‖ Expansion de lumière qui environne les astres et les fait paraître plus grands qu'ils ne sont. ‖ Exposition à un rayonnement radio-actif, à la lumière ou à d'autres formes de radiations. ● *Irradiation douloureuse,* propagation d'une douleur à partir de son point d'apparition.

irradier [iradje] v. i. ou **irradier (s')** v. pr. (du lat. *radius,* rayon). Se propager en s'écartant d'un centre, en rayonnant : *les rayons d'un foyer lumineux irradient de tous côtés.* ‖ — V. t. Exposer à certaines radiations.

irraisonnable adj. Qui n'est pas doué de raison.

irraisonné, e adj. Qui n'est pas raisonné.

irrationalisme n. m. Système philosophique qui donne la préférence à l'irrationnel sur le rationnel. (Pour l'irrationalisme, le monde n'est pas entièrement accessible à la connaissance claire; il contient un résidu inintelligible et inexplicable.)

irrationaliste adj. et n. Qui soutient ou qui caractérise l'irrationalisme : *la métaphysique de Bergson est irrationaliste.*

irrationalité n. f. Caractère de ce qui est irrationnel : *l'irrationalité d'un principe.*

irrationnel, elle adj. Contraire à la raison : *conduite irrationnelle.* ‖ *Math.* Se dit d'un nombre qui ne présente aucune partie aliquote commune avec l'unité.

— ENCYCL. *Math.* Un nombre *irrationnel* est algébrique s'il est racine d'une équation algébrique à coefficients entiers; il est *transcendant* s'il n'est racine d'aucune équation de ce genre. Les nombres irrationnels forment un ensemble dénombrable, quoique partout dense; avec les nombres rationnels, ils forment l'ensemble des nombres réels.

Irrawaddy ou **Irraouaddi,** fl. d'Asie, qui draine la Birmanie et rejoint l'océan Indien; 2 250 km.

irréalisable adj. Qui ne peut se réaliser.

irréalité n. f. Caractère de ce qui n'est pas réel.

irrecevabilité n. f. Caractère de ce qui n'est pas recevable. ‖ Moyen de défense de l'administration ou d'un plaideur, qui tend à éviter une décision sur le fond : *l'absence d'intérêt à agir est une cause d'irrecevabilité.*

irrecevable adj. Qui n'est pas acceptable; qui ne peut être accepté : *témoignage irrecevable.*

irréconciliable adj. Qui ne peut se réconcilier.

irrécouvrable adj. Qui ne peut être recouvré : *créance irrécouvrable.*

irrécusable adj. Qui ne peut être récusé : *témoignage irrécusable.*

irrédentisme [iredɑ̃tism] n. m. (de *Italia irredenta,* Italie non délivrée). Après 1870, mouvement de revendication italien sur les terres non « rachetées » (Trentin, Istrie, Dalmatie), puis, par extension, sur l'ensemble des territoires considérés comme italiens.

irrédentiste n. Partisan de l'irrédentisme.

irréductibilité n. f. Qualité, caractère de ce qui est irréductible.

irréductible adj. Qu'on ne peut ramener à une expression, à une forme plus simple. ‖ *Chir.* Qui ne peut être remis en place : *fracture irréductible.* ‖ *Fig.* Qui ne

Irlande

◀ ferme dans le comté de Kerry

le port de Cork

IRLANDE

Phot. X.

transige pas; qu'on ne peut fléchir : *ennemi irréductible.* ● *Fraction irréductible,* fraction dont le numérateur et le dénominateur sont premiers entre eux.

irréductiblement adv. De façon irréductible.

irréel, elle adj. Qui n'est pas réel.

irréfléchi, e adj. Qui ne réfléchit pas : *homme irréfléchi.* ‖ Qui n'est pas réfléchi : *action irréfléchie.*

irréflexion n. f. Défaut de réflexion, étourderie.

irréformable adj. Qui ne peut être réformé : *arrêt irréformable.*

irréfragable [irefragabl] adj. (du lat. *refragari,* s'opposer). Qu'on ne peut récuser, contredire : *autorité irréfragable.*

irréfutable adj. Qui ne peut être réfuté : *témoignage irréfutable.*

irréfuté, e adj. Qui n'a pas été réfuté.

irrégularité n. f. Manque de régularité : *l'irrégularité d'un bâtiment, de la conduite.* ‖ Chose faite en violation des règlements : *les irrégularités d'une comptabilité.*

irrégulier, ère adj. Qui n'est pas symétrique, pas uniforme : *polygone irrégulier.* ‖ Non conforme aux règles morales : *conduite irrégulière.* ‖ Non conforme à une réglementation : *une procédure irrégulière.* ‖ Qui n'est pas exact : *employé irrégulier.* ‖ *Bot.* Se dit d'un calice ou d'une corolle dont les pièces ne sont pas égales. ‖ *Gramm.* Se dit des mots dont la déclinaison ou la conjugaison s'écartent d'un type considéré comme normal.

irrégulier n. m. Partisan qui, en temps de guerre, coopère à l'action d'une armée régulière.

irrégulièrement adv. De façon irrégulière.

irréligieusement adj. Avec irréligion.

irréligieux, euse adj. Qui n'a pas de religion : *homme irréligieux.* ‖ Qui blesse la religion : *discours irréligieux.*

irréligion n. f. (lat. *irreligio*). Manque de conviction religieuse.

irréligiosité n. f. Caractère de ce qui est irréligieux.

irrémédiable adj. A quoi on ne peut remédier : *désastre irrémédiable.*

irrémédiablement adv. Sans recours, sans remède : *malade irrémédiablement perdu.*

irrémissible adj. Qui ne mérite point de pardon : *faute irrémissible.*

irrémissiblement adv. Sans rémission, sans miséricorde.

irremplaçable adj. Qu'on ne peut remplacer.

irréparable adj. Qui ne peut être réparé.

irrépréhensible adj. Qu'on ne saurait blâmer; où il n'y a rien à reprendre : *conduite irrépréhensible.*

irrépressible [irepresibl] adj. Qu'on ne peut réprimer : *force irrépressible.*

irréprochable adj. Qui ne mérite point de reproche : *écolier irréprochable.* ‖ En quoi il n'y a aucun défaut : *travail irréprochable.*

irréprochablement adv. De façon irréprochable.

irrésistible [irezistibl] adj. A qui ou à quoi l'on ne peut résister : *éloquence irrésistible.*

irrésistiblement adv. De façon irrésistible.

irrésolu, e adj. Qui n'a pas reçu de solution. ‖ Qui se décide difficilement à agir.

irrésolument adv. De façon irrésolue.

irrésolution n. f. Incertitude, état de celui qui demeure irrésolu.

irrespect n. m. Manque de respect.

irrespectueusement adv. De façon irrespectueuse.

irrigation de laitues près de Perpignan

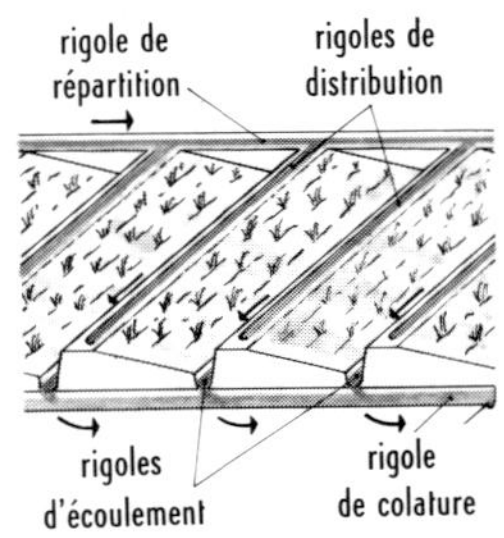

Irving

irrespectueux, euse adj. Qui manque de respect; qui blesse le respect : *propos irrespectueux.*

irrespirable adj. Non respirable; empuanti : *l'air de cette pièce est irrespirable.*

irresponsabilité n. f. Etat de celui qui n'est pas responsable de ses actes : *plaider l'irresponsabilité d'un accusé.* ‖ Principe constitutionnel selon lequel tout acte du chef de l'Etat doit être contresigné par un ministre, seul responsable devant le Parlement.

irresponsable adj. Qui n'est pas responsable de ses actes : *enfant irresponsable.*

irrétrécissable adj. Qui ne peut se rétrécir : *étoffe irrétrécissable au lavage.*

irrévérence n. f. Manque de respect. ‖ Parole, action irrévérencieuse.

irrévérencieusement adv. Avec irrévérence.

irrévérencieux, euse adj. Qui manque de respect : *remarque irrévérencieuse.*

irréversibilité n. f. Caractère de ce qui est irréversible.

irréversible adj. Qui n'est pas réversible. ‖ Qu'on ne peut suivre que dans une seule direction : *la marche de l'histoire est irréversible.* ‖ *Chim.* Se dit d'une réaction qui se poursuit jusqu'à son achèvement et qui n'est pas limitée par la réaction inverse.

irrévocabilité n. f. Etat de ce qui est irrévocable, définitif.

irrévocable adj. Qui ne peut être révoqué.

irrévocablement adv. De façon irrévocable : *date irrévocablement fixée.*

irrigable adj. Qui peut être irrigué.

irrigateur n. m. *Méd.* Instrument servant à faire des injections ou des irrigations.

irrigation n. f. Technique qui consiste, dans les régions sèches, à amener de l'eau par des procédés divers. (V. *encycl.*) ‖ *Méd.* Action d'arroser une partie malade. — Encycl. Aux procédés traditionnels par *déversement* à partir de rigoles, par *infiltration* à partir de raies ménagées entre les billons ou les planches d'un terrain perméable, par *submersion* en terrains plats, on tend à substituer l'*irrigation par aspersion* qui évite, notamment, le lessivage du sol.

irriguer [irige] v. t. (du lat. *rigare,* arroser). Arroser, en parlant d'une terre, d'un organe.

irritabilité n. f. Etat de celui ou de ce qui est irritable. ‖ *Biol.* Propriété que possède une cellule ou un être de réagir aux excitations extérieures.

irritable adj. Qui s'irrite aisément : *un caractère irritable.* ‖ *Biol.* Qui réagit.

irritant, e adj. Qui met en colère : *reproches irritants.* ‖ Qui détermine une irritation : *sels irritants.* ‖ — N. m. Substance, médicament irritant.

irritant, e adj. (du lat. *irritus,* vain, nul). *Dr.* Qui annule : *clause irritante.*

irritatif, ive adj. *Méd.* Qui irrite : *épine irritative.*

irritation n. f. Etat d'une personne en colère : *être en proie à une vive irritation.* ‖ Action de ce qui irrite les organes, les nerfs, etc.; résultat de cette action.

irriter [irite] v. t. (lat. *irritare*). Mettre en colère : *un rien l'irrite.* ‖ Augmenter, exciter : *irriter les passions.* ‖ *Méd.* Causer de la douleur, de l'inflammation dans un organe : *cela irrite l'estomac.*

irruption [irypsjɔ̃] n. f. (lat. *irruptio;* de *irrumpere,* entrer brusquement). Entrée soudaine des ennemis dans un pays. ‖ Brusque entrée, en général. ‖ Débordement de la mer, d'un fleuve.

Irtych, riv. de l'U. R. S. S., en Sibérie, affl. de l'Ob' (r. g.); 2 970 km. Né dans l'Altaï, l'Irtych draine une partie de la plaine de la Sibérie occidentale, alimentant quelques centrales hydrauliques (Oust-Kamenogorsk).

Irún, v. d'Espagne (prov. de Guipúzcoa), sur la Bidassoa, en face d'Hendaye; 29 800 h.

Irving (Washington), écrivain américain, né à New York (1783-1859). Considéré comme le premier « homme de lettres » américain, il collabora au *Salmagundi,* pour lequel il écrivit ses *Esquisses* (1819). Après avoir dépeint les mœurs des colons hollandais dans son *Histoire de New York par Diedrich Knickerboker* (1809), il parcourut l'Europe et fut ambassadeur en Espagne (1842-1846). Il a laissé également de nombreux ouvrages historiques (*Histoire de la conquête de Grenade,* 1829; *Vie de Washington,* 1855-1859) et des récits inspirés par ses voyages (*Contes de l'Alhambra,* 1832).

Isaac, fils d'Abraham et de Sara, sauvé par un ange au moment où son père allait le sacrifier. Il épousa Rébecca, dont il eut Esaü et Jacob. (Bible.)

Isaac Jogues (*saint*), missionnaire jésuite français, né à Orléans (1607-1646). Il fut massacré par les Iroquois. — Fête le 18 octobre.

Isaac Ier Comnène (v. 1005-1061), empereur d'Orient de 1057 à 1059. Il abdiqua en faveur de Constantin X. — Isaac II Ange (v. 1155-1204), empereur d'Orient (1185-1195 et 1203-1204), détrôné par son frère Alexis III en 1195, rétabli en 1203 par les Vénitiens et renversé de nouveau avec son fils Alexis IV (1204). Alexis V les fit assassiner.

Isaac (Jules), historien français, né à Rennes (1877-1963), auteur de manuels scolaires et d'études sur les origines de l'antisémitisme.

Isaak (Heinrich), compositeur flamand (v. 1445-1517), auteur d'œuvres polyphoniques. Il a vécu à Florence et à Vienne.

Isabeau ou **Isabelle de Bavière,** née à Munich (1371-1435), reine de France. Elle épousa Charles VI en 1385 et fut plusieurs fois régente. Elle passa des Armagnacs aux Bourguignons avant de reconnaître le roi d'Angleterre, son gendre, comme héritier légitime du trône de France (traité de Troyes, 1420).

isabelle [izabɛl] adj. inv. (du nom d'*Isabelle* la Catholique, qui aurait fait le vœu de ne point changer de chemise tant que la ville de Grenade ne serait pas prise). D'une couleur café au lait : *des robes isabelle.* ● *Cheval isabelle,* de couleur isabelle, avec les crins et les extrémités noirs. ‖ — N. m. Couleur isabelle. ‖ Cheval de couleur isabelle.

Isabelle d'Angoulême (1186-1246), reine d'Angleterre, épouse (1200) de Jean sans Terre, roi d'Angleterre, puis (1220) d'Hugues X de Lusignan, comte de la Marche.

Isabelle d'Anjou (1169-1205), reine de Jérusalem et de Chypre (1192-1205).

Isabelle d'Autriche (Claire Eugénie), née à Ségovie (1566-1633), gouvernante des Pays-Bas (1599-1633), fille de Philippe II et d'Elisabeth de France. Elle épousa l'archiduc Albert d'Autriche (1598), à qui elle apporta les Pays-Bas et la Franche-Comté.

Isabelle de France (*bienheureuse*), née à Paris (1225-1270), sœur de Saint Louis, fondatrice du monastère de Longchamp. — Fête le 31 août.

Isabelle de France, née à Paris (1292-1358), fille de Philippe IV le Bel. Elle épousa en 1308 Edouard II, roi d'Angleterre. Elle fut régente sous Edouard III.

Isabelle de Hainaut, née à Lille (1170-1190). Elle épousa en 1180 Philippe Auguste, roi de France, et fut la mère de Louis VIII.

Phot. Shell française, Lauros-Giraudon.

Grande Mosquée des Omeyyades, à Damas (705). Cour à arcades revêtues de mosaïques byzantines.

Miḥrāb et minbar (IXe s.) de la Grande Mosquée de Kairouan.

Minaret de la Kutūbiyya, à Marrakech (XIIe s.).

Vue du Caire et de la cour de la mosquée d'Ibn Ṭūlūn (IXe s.), avec le bassin d'ablutions (XIIIe s.).

L'Alhambra de Grenade (XIVe s.), exemple de décoration intérieure.

Iwan latéral dans la cour principale de la mosquée du Chah, à Ispahan (XVIIe s.), à décor émaillé.

Phot. André Martin, Percheron, Atlas-Photo, X, Lauros - Atlas-Photo, Everts-Rapho.

ART DE L'ISLĀM

Le Tādj Maḥall (XVIIe s.), à Āgra, chef-d'œuvre indo-musulman de l'époque moghole.

Mosquée du Sultan-Ahmet, ou « Mosquée Bleue », à Istanbul (début du XVIIe s.). Décor intérieur en carreaux de faïence.

Plat persan en céramique à décor lustré (IXe s.).

Aiguière en cuivre gravé (Perse, XIIIe s.).

Carreaux de revêtement à reflets métalliques (Perse [Veramin], XIIIe s.).

Mahomet meurt en 632 et l'expansion de l'islām commence. Son art, qui finit par se développer sur un immense territoire allant de la péninsule Ibérique à l'Inde, ne peut naturellement se présenter sous une forme monolithique. Il offre, au contraire, de nombreuses variétés. Ayant beaucoup emprunté aux arts qu'il rencontre, surtout à celui de Byzance, l'islām crée néanmoins des formes d'expression qui lui sont propres, et dont les constantes se retrouvent d'un bout à l'autre de son empire. Il est marqué par un sens inné de l'abstraction et de la stylisation.

La mosquée est essentiellement un bâtiment destiné à abriter la communauté durant la prière, orienté de telle sorte que les fidèles regardent vers La Mecque. L'un des murs est percé d'une sorte d'abside en réduction, le *miḥrāb,* qui en indique la direction (qibla). D'une manière générale, la mosquée comprend une cour entourée de portiques, parallèle à la salle de prières, elle-même divisée en plusieurs nefs par un grand nombre de colonnes. Il est fait usage de l'arc outrepassé. La couverture est parfois à plafonds, mais presque toujours à coupoles. Le plus fréquemment détaché de la mosquée proprement dite, s'élève le minaret, tour du haut de laquelle les muezzins appellent les fidèles à la prière. La *medersa,* collège théologique, se rapproche de la mosquée par son architecture, ses bâtiments entourant une cour rectangulaire. Les palais, eux aussi, se composent autour de cours intérieures.

La très abondante décoration, tantôt sculptée dans la pierre elle-même, tantôt en stuc et plaquée sur l'architecture, relevée de couleurs vives, insensible à la recherche des volumes, manifeste une imagination exubérante. Elle s'exerce dans un domaine limité, l'islām refusant la représentation des êtres vivants, non d'ailleurs en vertu d'une interdiction dictée par le Coran, et non sans exceptions. Partant de motifs végétaux, les artistes musulmans les interprètent et les stylisent de telle manière, créant des arabesques et des entrelacs, qu'ils finissent par s'éloigner considérablement des modèles. Ils utilisent aussi des motifs purement géométriques, incorporant souvent à leurs décorations des signes de l'écriture. Mais tout cela ne va pas, par la répétition, sans une certaine monotonie. Ces motifs décoratifs se retrouvent dans de délicats ouvrages de menuiserie, tels les *minbars,* ou chaires à prêcher. Élégance et légèreté, mais aussi une certaine sécheresse abstraite, caractérisent l'art décoratif de l'islām. L'emploi de pierres de différentes couleurs ou de revêtements de carreaux de faïence émaillée utilisés comme des mosaïques, donne souvent à son architecture une apparence très colorée.

Si l'islām ignore la sculpture autre qu'ornementale, l'art de la miniature se développa en Perse. Vivifié par les apports chinois que transmirent les Mongols au XIIIe s., il connut alors son âge d'or, et sa qualité se maintint longtemps encore après que les Séfévides eurent succédé aux Mongols. La Perse fut un ardent foyer artistique et nous lui devons les plus beaux tapis, tissés notamment au XVIe s.

L'islām s'est encore distingué dans les techniques de la céramique, du métal, du tissage des étoffes, du verre.

Le roi Khosrô devant le palais de Chirin (miniature persane du XVIe s.).

Tapis du type d'Usak (Turquie) [fin du XVIe s.].

Phot. Atlas-Photo, Giraudon (2), Fleming, Giraudon, Mathieu-Atlas-Photo, Giraudo

Isabelle de Portugal, née à Lisbonne (1503-1539), impératrice du Saint Empire romain germanique, fille de Manuel Ier, épouse de Charles Quint (1526) et mère de Philippe II d'Espagne.

Isabelle Ire la Catholique, née à Madrigal de las Altas Torres (1451-1504), reine de Castille (1474-1504), fille de Jean II et d'Isabelle de Portugal. Mariée en 1469 avec Ferdinand d'Aragon, elle succéda à son frère Henri IV sur le trône de Castille aux dépens de la fille, peut-être illégitime, de celui-ci, la Beltraneja. Elle vainquit Alphonse V de Portugal à Toro (1476) et à Albuera, près de Mérida (1479), et lui imposa le traité d'Alcáçovas (1479). Elle organisa l'Inquisition et acheva la Reconquista dans ses Etats (Grenade, 1492). Conjointement avec Ferdinand, elle reçut du pape Alexandre VI le titre de « Roi Catholique ». Sous son règne, la Castille et l'Aragon formèrent une sorte de monarchie dualiste qui préluda à l'unification de l'Espagne.

Isabelle-la-Catholique (*ordre royal d'*), ordre royal créé en 1815 pour récompenser tous les services rendus à l'Espagne. Ruban moiré à bordure jaune.

Isabelle II (Marie-Louise, dite), née à Madrid (1830-1904), reine d'Espagne (1833-1868), fille de Ferdinand VII et de Marie-Christine de Bourbon-Sicile. La loi salique ayant été abolie par la pragmatique sanction, elle accéda au trône aux dépens de son oncle don Carlos (1833). Elle gouverna sous la régence de sa mère jusqu'en 1841, puis sous celle d'Espartero (1841-1843). Elle épousa en 1846 son cousin François d'Assise, duc de Cadix, confia le gouvernement à Narváez (1847-1851) et imposa un catholicisme intransigeant. Une réaction populaire la contraignit à accorder une Constitution libérale (1855). Lorsque son prestige eut été renforcé par une expédition au Maroc (1860) et un projet de rétablissement au Mexique, elle revint à une politique réactionnaire. Le soulèvement de la flotte de Cadix l'obligea à fuir en France (1868), où elle abdiqua en faveur de son fils Alphonse XII.

Isabey (Jean-Baptiste), peintre et miniaturiste français, né à Nancy (1767-1855). Ses miniatures sur ivoire connurent un éclatant succès sous l'Empire (portrait de Napoléon Ier et des membres de sa famille). Il dessina les costumes du sacre, fut maître de dessin de l'impératrice Marie-Louise, dirigea l'atelier des peintres à la manufacture de Sèvres. — Son fils EUGÈNE, né à Paris (1804-1886), peintre et lithographe, influencé par Bonington et son ami Paul Huet, a peint de nombreux paysages, surtout des marines et des scènes de genre. Il fut peintre officiel de l'expédition d'Alger, protégea Jongkind et annonça dans ses lithographies l'impressionnisme.

Isaïe, le premier des quatre grands prophètes juifs au VIIIe s. av. J.-C. Le livre d'Isaïe, inscrit au canon des Ecritures, remarquable par la vigueur du style et l'éclat de la poésie, est probablement l'œuvre de plusieurs auteurs.

isallobare [izalɔbar] n. f. Sur une carte météorologique, ligne reliant les stations où la pression atmosphérique a varié de la même quantité entre deux observations consécutives.

Isambert (François), jurisconsulte et homme politique français, né à Aunay-sous-Auneau (1792-1857), auteur d'un recueil des anciennes lois françaises de 420 à 1789.

Isambour, Ingeborg ou **Ingeburge,** princesse de Danemark (v. 1176-1236), fille de Valdemar Ier, femme de Philippe Auguste (1193), qui la répudia.

Isar, riv. de l'Allemagne occidentale, affl. du Danube (r. dr.); 352 km. Il passe à Munich.

isard [izar] n. m. (mot basque). Chamois des Pyrénées.

isatis [izatis] n. m. Plante de la famille des crucifères, appelée aussi *pastel* ou *guède,* et dont les feuilles donnaient un colorant bleu. ‖ Renard des régions arctiques, appelé aussi *renard bleu* ou *renard polaire,* dont la fourrure gris bleuté devient blanche en hiver.

Isaure (Clémence), dame toulousaine qui aurait vécu au XIVe s. et fondé le consistoire du Gai Savoir, devenu ensuite l'académie des *jeux Floraux.* Elle est en réalité l'incarnation humaniste, puis romantique, de la poésie mystique des troubadours.

Isaurie, anc. contrée d'Asie Mineure, sur la côte méridionale. Les Isauriens furent soumis par les Romains en 75 av. J.-C.

isba [isba] n. f. (mot russe). Habitation en bois de sapin de divers peuples du nord de l'Europe ou de l'Asie.

Isbergues (62330), comm. du Pas-de-Calais (arr. de Béthune); 5 761 h. Eglise du XVe s. (châsse de *sainte Isbergue*). Pèlerinage. Cokerie. Métallurgie. Confection.

Iscariote, surnom de l'apôtre *Judas**.

ischémie [iskemi] n. f. (gr. *iskhein,* arrêter, et *haima,* sang). *Méd.* Arrêt de la circulation sanguine dans une zone localisée de l'organisme.
— ENCYCL. L'*ischémie* est due à l'oblitération d'une artère par une thrombose, une embolie ou une compression; elle a pour conséquence une suppression de l'apport d'oxygène aux tissus. Si le manque d'irrigation est trop prolongé, les organes subissent une mortification. Les cellules du cerveau notamment sont très rapidement détruites.

ischémique [iskemik] adj. Relatif à l'ischémie.

Ischgl, station de sports d'hiver d'Autriche, dans le Tyrol (alt. 1 400-2 785 m).

Ischia, île volcanique d'Italie, à l'entrée du golfe de Naples; 32 000 h. Tourisme.

ischiatique [iskjatik] adj. Qui appartient à l'ischion.

Isabelle Ire
la Catholique
chapelle royale
de Grenade

isard

ischion [iskjɔ̃] n. m. (mot gr.). *Anat.* Un des trois os qui forment l'os coxal, ou os iliaque.

Ise (*baie d'*), baie des côtes d'Honshū (Japon), sur laquelle est située Nagoya. Sanctuaires.

Isée, orateur grec du IVe s. av. J.-C. Il tint à Athènes une école de déclamation, où il eut pour élève Démosthène.

Isengrin ou **Ysengrin,** nom du loup dans le *Roman de Renart.*

Iseo (*lac d'*), lac d'Italie (Lombardie), traversé par l'Oglio.

Iseran, massif et col des Alpes. Le col (2 770 m) fait communiquer les vallées de l'Arc et de l'Isère.

Isère, riv. des Alpes du Nord; 290 km. Née au pied de l'Iseran, près de la frontière italienne, l'Isère draine la Tarentaise et la majeure partie du Sillon* alpin (combe de Savoie et Grésivaudan), arrose Grenoble et Romans avant de rejoindre le Rhône (r. g.). Sa vallée supérieure (Tarentaise) est une importante artère industrielle (hydro-électricité, électrométallurgie et électrochimie, papeteries, etc.); les cultures sont surtout développées dans le Sillon alpin.

Isère (*dép. de l'*) **[38]**, dép. du sud-est de la France; préf. *Grenoble;* s.-préf. *La Tour-du-Pin, Vienne;* 3 arr., 50 cant., 538 comm.; 8 237 km²; 768 450 h. (*Isérois* ou *Iserans*). Le sud-est du dép., formé par une partie des *Alpes du Nord,* s'oppose au nord-ouest, constitué par les collines et les plateaux argileux et sableux du *bas Dauphiné.* L'agriculture emploie moins du septième de la population active : élevage bovin et exploitation forestière dans la *Grande-Chartreuse* et le *Vercors;* cultures de la vigne et des arbres fruitiers dans la vallée du Rhône, en aval de Lyon et dans le *Grésivaudan,* où elles sont associées aux céréales, au tabac et à l'élevage bovin. L'industrie, largement dominante, utilise plus de la moitié de la population active. Liée à l'hydro-électricité dans les Alpes (Monteynard), elle est surtout représentée par l'électrochimie et l'électrométallurgie (Vizille, Allevard, Froges, Brignoud), par la papeterie (Pontcharra, Lancey, Domène), en dehors de l'agglomération de Grenoble, qui concentre le tiers de la population totale; c'est ici que l'industrie est le plus diversifiée (métallurgie, produits chimiques, textiles et alimentaires, ganterie, industries du bâtiment). Le tourisme, surtout hivernal, anime localement la montagne (Alpe d'Huez). Dans le bas Dauphiné, sous l'influence de Lyon surtout, se sont développées les industries textiles (Vienne) et chimiques (Le Péage-de-Roussillon).

Iserlohn, v. de l'Allemagne occidentale (Rhénanie-du-Nord-Westphalie); 57 100 h. Métallurgie.

Iseut, héroïne d'une légende médiévale qui se rattache au cycle breton. (V. TRISTAN ET ISEUT.)

Ishtar. V. ASHTART.

isiaque [izjak] adj. Qui a rapport à Isis.

Isidore de Séville (*saint*), docteur de l'Eglise, né à Carthagène (v. 560-636). Successeur de son frère Léandre sur le siège de Séville (601), il présida l'important concile de Tolède, qui organisa l'Eglise d'Espagne, et prit des mesures contre les Wisigoths ariens. Il fut l'un des plus grands érudits de son temps. — Fête le 4 avril.

Isigny-le-Buat (50540), ch.-l. de c. de la Manche (arr. d'Avranches); 267 h. (64 aggl.).

Isigny-sur-Mer (14230), ch.-l. de c. du Calvados (arr. de Bayeux); 3 367 h. Beurre. Confiserie.

Isis, en égypt. **Esi,** déesse égyptienne, épouse d'Osiris, mère d'Horus. Elle était protectrice de la famille; on associa son culte, qui se répandit hors d'Egypte, à celui d'Osiris. Elle est parfois représentée avec les attributs de la vache. A l'époque hellénistique, elle se confondit avec Déméter.

Iskăr ou **Isker,** riv. de Bulgarie, affl. du Danube (r. dr.); 300 km.

Iskenderun, anc. **Alexandrette,** port du sud-est de la Turquie; 81 600 h. Superphosphates.

islām [islam] n. m. (mot arabe signif. *soumission à Dieu*). Religion et civilisation des musulmans. ‖ Le monde musulman (généralement avec une majuscule en ce sens).
— ENCYCL. Fondé au VIIe s. en Arabie par Mahomet, l'*islām* fut porté par la guerre, dès le VIIIe et le IXe s., en Asie jusqu'à l'Indus, sur les rives de la Méditerranée, sur les rivages africains de l'Atlantique et jusqu'en

Isis, bas-relief
du temple de Kalābchah,
province d'Assouan

massif volcanique

geysers

Espagne. La décadence du califat fit perdre à l'islām son unité, mais il avait déjà été arrêté en Europe par la victoire chrétienne de Poitiers (732) et par la résistance byzantine sous les murs de Constantinople. Toutefois, la conversion des Turcs l'introduisit en Europe orientale après la prise de Constantinople (1453). D'autre part, l'islām se répandit en Extrême-Orient et dans l'Afrique noire.

L'islām est un monothéisme très strict : Allāh est le Dieu unique, increé, dont Mahomet est le dernier prophète. Le culte est très simple : obligation de réciter la profession de foi, les cinq prières quotidiennes précédées d'ablutions purificatoires, pèlerinage à La Mecque une fois dans la vie, aumône légale, guerre sainte contre les infidèles menaçant une terre musulmane. Il n'y a pas de clergé : l'imām n'a pas de caractère sacerdotal, mais il existe des ulémas et des ordres religieux. Les confréries jouent un grand rôle politique, tandis que des circonstances historiques et religieuses ont divisé les musulmans entre deux doctrines : le sunnisme orthodoxe et le chī'isme. L'islām n'est pas seulement une religion ; c'est aussi une loi, dont la source est le *Coran*, et qui règle tout le comportement du musulman. L'islām donne à ses fidèles, au nombre de 450 millions environ, une organisation juridique, sociale et familiale en dépendance étroite du Coran.

Islāmābād, nouvelle capitale du Pākistān, construite près de Rawalpindi.

islamique adj. Qui appartient à l'islām : *la civilisation islamique.*

islamisation n. f. Conversion à l'islām : *l'islamisation de l'Afrique noire.*

islamisme n. m. Doctrine de l'islām.

islandais [islɑ̃dɛ], **e** [-ɛz] adj. et n. De l'Islande. ‖ — N. m. En Bretagne, pêcheur de morue. ‖ Langue du groupe nordique parlée en Islande.

Islande, en islandais **Island,** île et république de l'Atlantique Nord, au sud-est du Groenland ; 103 000 km² ; 200 000 h. (*Islandais*). Cap. *Reykjavik*. Langue : *islandais.*

Géographie.

L'Islande est formée d'un empilement de laves surtout basaltiques accumulées depuis le début du tertiaire, surmonté localement de cônes volcaniques parfois recouverts de glace (la glace occupe environ 12 000 km², surtout dans le Sud-Est : Vatnajökull). Le volcanisme est responsable de l'abondance des geysers. A proximité du cercle polaire, l'Islande possède un climat froid, tempéré par l'insularité (influence adoucissante de l'Atlantique). A Reykjavik, les moyennes thermiques mensuelles oscillent entre — 1 (janv.) et 11 °C (juill.). Les précipitations, relativement abondantes (près de 900 mm), tombent en toutes saisons, avec un minimum estival. La prairie cède la place à la toundra dans les secteurs moins abrités. Les conditions naturelles expliquent la rareté des cultures (quelques champs de pommes de terre, cultures maraîchères sous serres chauffées par les sources chaudes qui assurent le chauffage urbain) et la prédominance de l'élevage ovin, fondement de l'économie avec la pêche (morue et hareng), qui alimente les conserveries, seuls établissements industriels notables. La balance commerciale est à peu près équilibrée. Parmi les importations dominent les biens d'équipement, les matières premières industrielles (pétrole) et les compléments alimentaires. Les produits de la pêche représentent 90 p. 100 des exportations. La Grande-Bretagne, les Etats-Unis, l'Allemagne occidentale et l'U. R. S. S. sont, dans l'ordre, les principaux partenaires commerciaux de l'Islande. La majeure partie du commerce extérieur passe par Reykjavik, agglomération qui regroupe près de la moitié de la population totale.

Cette population s'accroît à un rythme rapide, proche de 1,5 p. 100 par an, en raison d'un taux de natalité relativement élevé (voisin de 20 p. 1 000) et d'un très bas taux de mortalité (7 p. 1 000). Elle jouit d'un niveau de vie très élevé grâce à la valeur de la production (environ 2 500 dollars par personne) et à l'intensité des échanges (les exportations représentent la moitié du produit national brut). En 1970, il y a une voiture de tourisme pour 5 h., un téléphone pour 3 h. La consommation individuelle d'énergie est de l'ordre de 4,5 t de charbon-équivalence et celle d'électricité de 7 000 kWh.

Islande

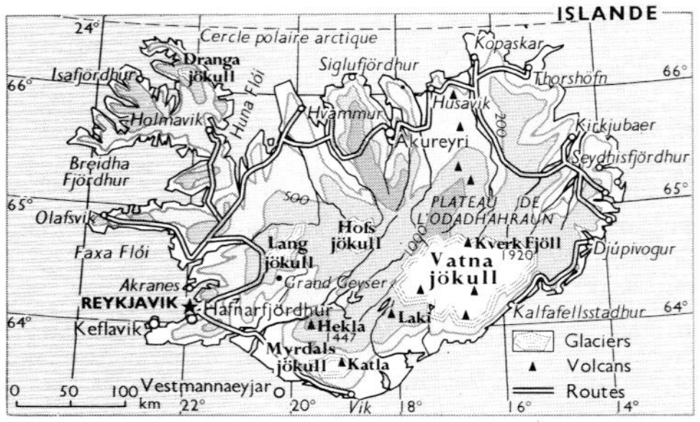

Histoire.

Après les moines irlandais (VIIIᵉ s.), les Vikings abordèrent l'Islande (IXᵉ s.). L'émigration scandinave, favorisée par le roi norvégien Harald Iᵉʳ, fit monter le nombre d'habitants à 40 000 environ à la fin du Xᵉ s. L'île fut christianisée aux XIᵉ et XIIᵉ s., passa en 1262 sous la tutelle des rois de Norvège et, en 1380, avec la Norvège, sous le sceptre du Danemark, qui lui imposa la réforme luthérienne (1550) ; elle resta danoise en 1814 après le rattachement de la Norvège à la Suède. L'Islande obtint son autonomie en 1904 et son indépendance en 1918, tout en conservant le même roi que le Danemark, dont elle s'est définitivement séparée en 1944 pour prendre la forme républicaine. Occupée par les Alliés pendant la Seconde Guerre mondiale, l'Islande adhéra au pacte de l'Atlantique Nord (1949) et permit l'installation d'une base américaine à Keflavik (1951).

Isle (*l'*) [il], riv. de France, qui arrose Périgueux et se jette dans la Dordogne (r. dr.) ; 235 km.

Isle-Adam (L') [95290], ch.-l. de c. du Val-d'Oise (arr. de Pontoise), sur l'Oise ; 6 969 h. (*Adamois*). Eglise des XVᵉ et XVIᵉ s. Forêt.

Isle-d'Abeau (L') [38300 Bourgoin Jallieu], comm. de l'Isère (arr. de Vienne), près de Bourgoin-Jallieu ; 684 h. Cette commune doit être le centre d'une ville nouvelle.

Isle-en-Dodon (L') [31230], ch.-l. de c. de la Haute-Garonne (arr. de Saint-Gaudens) ; 2 046 h.

Isle-Jourdain (L') [32600], ch.-l. de c. du Gers (arr. d'Auch) ; 4 016 h. (2 745 aggl.) [*Lislois*]. Patrie de saint Bertrand de Comminges et de Claude Augé.

Isle-Jourdain (L') [86150], ch.-l. de c. de la Vienne (arr. de Montmorillon) ; 1 265 h.

Isle-sur-la-Sorgue (L') [84800], ch.-l. de c. de Vaucluse (arr. d'Avignon) ; 10 223 h. (6 619 aggl.). Produits chimiques.

Isle-sur-le-Doubs (L') [25250], ch.-l. de c. du Doubs (arr. de Montbéliard), sur le Doubs ; 3 366 h.

Isle-sur-Serein (L') [89440], ch.-l. de c. de l'Yonne (arr. d'Avallon) ; 450 h. (*Islois*). Château en ruine (XVᵉ s.).

Isly (l'), riv. du Maroc oriental, à l'ouest d'Oujda, sous-affl. de la Tafna. Victoire remportée par Bugeaud le 14 août 1844 sur les Marocains, qui avaient accueilli Abd el-Kader après la perte de sa smala.

Ismaël (mot hébr. signif. *Dieu entend*), fils d'Abraham et de sa servante Agar. Chassé avec sa mère dans le désert, il fut sauvé par un ange. Il est l'ancêtre des *Ismaélites.*

ismaéliens ou **ismaïliens** n. m. pl. Membres d'une secte chī'ite extrémiste, qui admet comme dernier imām Ismā'īl († 762).

ismaélite [ismaelit] adj. et n. Se dit des Arabes qui prétendaient descendre d'Ismaël, fils d'Abraham et d'Agar.

Ismā'īl, septième imām des ismaéliens, mort à Médine en 762.

Ismā'īl Iᵉʳ, né à Ardabīl (1487-1524), chāh de Perse (1502-1524), fondateur des Séfévides et propagateur du chī'isme. — ISMĀ'ĪL II (m. en 1578), chāh de Perse de 1576 à 1578.

Ismā'īl pacha, né au Caire (1830-1895), vice-roi (1863-1867), puis khédive d'Egypte (1867-1879), fils d'Ibrāhīm pacha. Il commanda l'armée du Soudan, où il réprima une insurrection (1861). Devenu khédive (1867), il inaugura le canal de Suez (1869) et obtint pour lui-même des droits régaliens et pour l'Egypte une indépendance de fait. Il se lança alors dans une politique de modernisation qui obéra lourdement les finances de l'Etat. Ismā'īl dut vendre ses actions du canal de Suez aux Anglais (1875) et accepter un contrôle financier franco-anglais (1878). Un mouvement nationaliste déclenché par 'Arabī pacha l'obligea à se retirer à Constantinople.

Ismaïlia, v. d'Egypte, sur le lac Timsah et le canal de Suez, au centre de l'isthme ; 156 300 h.

Ismène. *Myth. gr.* Fille d'Œdipe, sœur d'Antigone.

Isnard (Maximin), Conventionnel girondin, né à Grasse (1755-1825). Il se rallia à Napoléon, puis à Louis XVIII.

isobare [izɔbar] adj. (gr. *isos,* égal, et *baros,* pesanteur). D'égale pression. ‖ — N. f. Sur une carte, ligne qui joint les points d'égale pression atmosphérique.

isobathe [izɔbat] adj. (gr. *isos,* égal, et *bathos,* profondeur). De même profondeur. ‖ — N. f. Sur une carte bathymétrique, ligne qui joint les points d'égale profondeur du fond des mers et des océans.

isocarde [izɔkard] n. m. Mollusque bivalve vivant à une certaine distance des côtes de l'Europe occidentale, et dont la coquille a la forme d'un cœur. (Long. 6 cm.)

isocarène adj. *Mar.* Se dit des volumes d'une coque, égaux mais de formes différentes, qui se trouvent immergés aux divers degrés d'inclinaison d'un navire.

isocèle [izɔsɛl] adj. (gr. *isos,* égal, et *skelos,* jambe). *Math.* Qui a deux côtés égaux. ● *Trapèze isocèle,* trapèze dont les côtés non parallèles sont égaux. ‖ *Triangle isocèle,* triangle ayant deux côtés égaux. ‖ *Trièdre isocèle,* trièdre ayant deux faces égales.

isochimène [izɔkimɛn] adj. (gr. *isos,* égal, et *kheimainein,* être froid). Qui a la même température moyenne en hiver. ‖ — N. f. Ligne isochimène.

isochore [izɔkɔr] adj. Qui correspond à un même volume : *transformation isochore.*

isochromatique adj. (gr. *isos,* égal, et *khrôma,* couleur). Dont la teinte est uniforme.

isochrone [izɔkrɔn] ou **isochronique** [-nik] adj. (gr. *isos,* égal, et *khronos,* temps). De durée égale : *les petites oscillations d'un pendule sont isochrones.*

isochronisme n. m. Qualité de ce qui est isochrone, c'est-à-dire de durée égale. ‖ Etat de deux cellules nerveuses ou musculaires ayant même chronaxie.

isoclinal, e, aux adj. *Pli isoclinal* (Géol.), celui dont les deux flancs sont parallèles.

isocline [izɔklin] adj. Qui a la même inclinaison. (On dit aussi ISOCLINIQUE.) ● *Ligne isocline,* ligne reliant des points de la surface terrestre où l'inclinaison magnétique est la même. ‖ — N. f. Ligne isocline.

Isocrate, orateur athénien (436-338 av. J.-C.). Professeur à la mode, il critiquait les sophistes et proposait à ses élèves de grands sujets politiques. Il célébra les conceptions intellectuelles du monde grec (*Panégyrique d'Athènes,* 380 ; *Panathénaïque,* 342-339) et se fit le champion de l'unité hellénique, même au prix d'une alliance avec la Macédoine (*A Philippe,* 346).

isodynamie [izɔdinami] n. f. Equivalence entre les aliments du point de vue de l'énergie potentielle qu'ils apportent. (11 g de lipides fournissent par oxydation autant de calories que 24 g de glucides ou que 25 g de protides.)

isodynamique adj. Se dit d'une ligne reliant des points de la surface terrestre où l'intensité horizontale du champ magnétique terrestre a la même valeur. ‖ *Mécan.* Dont la force est égale des deux côtés. ‖ *Physiol.* Relatif à l'isodynamie.

Phot. Borneau-Images et Textes, Ellen Dahlberg-Rapho.

isoédrique [izɔedrik] adj. (gr. *isos,* égal, et *edra,* face). *Minér.* Dont les facettes sont semblables.

isoète [izɔɛt] n. m. (gr. *isos,* égal, et *êtos,* année). Petite plante aquatique très simple, se reproduisant à l'aide de sporanges unisexués. (Ordre des lycopodiales, embranchement des ptéridophytes.)

isogame [izɔgam] adj. *Bot.* Qui présente une reproduction par isogamie.

isogamie n. f. (gr. *isos,* égal, et *gamos,* mariage). Reproduction sexuée par fusion de deux gamètes d'aspect identique. (Contr. HÉTÉROGAMIE.)
— ENCYCL. L'*isogamie* n'exclut nullement l'existence de deux sexes, attestée par l'impossibilité d'obtenir expérimentalement la fusion de deux gamètes de même « signe », mais elle rend impossible toute distinction entre les formes mâle et femelle de l'espèce. On l'observe chez les champignons, chez les algues (en particulier chez les conjuguées) et chez divers protistes. La notion d'isogamie est appelée à disparaître le jour où les minimes différences qui servent de base à l'attirance ou à la répulsion sexuelles chez les gamètes auront été découvertes.

isogamique adj. Relatif à l'isogamie.

isoglosse [izɔglɔs] adj. Se dit de lieux situés sur le même domaine linguistique et présentant plusieurs phénomènes grammaticaux identiques.

isogone [izɔgɔn] adj. (gr. *isos,* égal, et *gônia,* angle). Qui a des angles égaux : *triangles isogones.* || Se dit d'une ligne reliant des points de la surface terrestre de même déclinaison magnétique.

isohyète [izɔjɛt] adj. (gr. *isos,* égal, et *huetos,* pluie). D'égale pluviosité. || — N. f. Sur une carte météorologique, ligne qui joint les points d'une région où les précipitations moyennes sont les mêmes pour une période considérée.

isohypse [izɔips] adj. (gr. *isos,* égal, et *hupsos,* hauteur). D'égale altitude. || — N. f. Syn. de COURBE DE NIVEAU*.

isoionique [izɔjɔnik] adj. Qui contient la même quantité d'ions.

isolable adj. Qui peut être isolé.

isolant, e adj. Qui est mauvais conducteur de la chaleur ou de l'électricité : *support isolant.* ● *Langues isolantes,* langues où les phrases sont formées de mots invariables, ordinairement monosyllabiques, et où les rapports grammaticaux ne sont marqués que par la place des termes. (Le chinois, l'annamite, le siamois, le birman et le tibétain sont des langues isolantes.)

isolant n. m. Corps non conducteur de la chaleur ou de l'électricité : *le verre est un isolant.*

isolat [izɔla] n. m. Ensemble humain, de caractère géographique, social ou religieux, à l'intérieur duquel s'opèrent les unions consensuelles.

isolateur, trice adj. Se dit des substances ayant la propriété d'isoler.

isolateur n. m. Support en matière isolante d'un conducteur électrique. (V. *encycl.*) ● *Isolateur de section,* dispositif utilisé en traction électrique dans les lignes caténaires pour permettre un sectionnement électrique lorsque celui-ci n'est pas à lame d'air.
— ENCYCL. Les *isolateurs* sont en porcelaine, en verre, en matière plastique ou en agglomérés; les caractéristiques qui les définissent sont : la tension de contournement à sec, la tension de contournement sous pluie, la tension de perforation et l'effort de rupture sous contrainte mécanique.

isolation n. f. Action de réaliser un isolement (notamment du point de vue acoustique ou électrique).

isolationnisme n. m. Politique d'un pays qui s'isole des pays voisins.

isolationniste n. et adj. Partisan de l'isolationnisme.

isolé, e adj. (ital. *isolato,* séparé de tout). Seul, séparé des autres hommes : *vivre isolé.* || Peu fréquenté, éloigné des habitations : *un endroit isolé.* || Unique, pris à part : *un cas isolé.* || *Electr.* Protégé du contact de tout corps conducteur de l'électricité : *câble isolé.*

isolé n. m. Militaire détaché temporairement de son unité.

isolement n. m. Etat d'une personne qui vit isolée : *fuir l'isolement.* || Mise dans un local spécial d'un individu dont la maladie peut retentir sur les sujets voisins, s'il n'en est pas séparé. (L'isolement est pratiqué dans les maladies contagieuses et les maladies mentales.) || Etat d'un corps isolé du point de vue électrique ou calorifique. || Mesure prise pour empêcher le passage de l'électricité ou de la chaleur par conduction.

isolément adv. De façon isolée; à part : *agir isolément.*

isoler [izɔle] v. t. (de l'adj. *isolé*). Séparer une chose des objets environnants : *isoler un monument.* || Mettre quelqu'un à l'écart des autres hommes : *isoler un malade contagieux.* || *Fig.* Abstraire, considérer à part : *isoler une phrase de son contexte.* || Protéger une personne, une chose, contre les influences thermiques. || *Chim.* Dégager de ses combinaisons : *isoler un métal.* || *Electr.* Oter au corps qu'on électrise ou qui sert de conducteur électrique tout contact avec ce qui pourrait lui enlever son électricité.

isologue [izɔlɔg] adj. *Chim.* Se dit des corps ayant une composition analogue.

isoloir n. m. Cabine où l'électeur prépare son bulletin de vote.

isomère [izɔmɛr] adj. et n. m. (gr. *isos,* égal, et *meros,* partie). Qui a même composition chimique et même masse moléculaire, mais dont la structure atomique et les propriétés diffèrent.

isomérie n. f. Caractère des corps isomères.

isomérique adj. Relatif à l'isomérie.

isométrie n. f. *Math.* Transformation isométrique.

isométrique [izɔmetrik] adj. *Minér.* Dont les dimensions sont égales : *cristaux isométriques.* || Se dit d'un procédé de myographie dans lequel on enregistre les variations de tension du muscle excité, sa longueur restant la même. || *Math.* Se dit d'une transformation ponctuelle qui conserve la distance de deux points quelconques. ● *Perspective isométrique,* perspective dont les axes de comparaison sont égaux.

isomorphe [izɔmɔrf] adj. Qui affecte la même forme. || *Math.* Se dit de deux ensembles dans lesquels une bijection confère la même structure pour certaines opérations définies dans chacun d'eux. || *Minér.* Se dit de corps pouvant former des cristaux mixtes en proportions quelconques.

isomorphisme n. m. Caractère des corps isomorphes. || *Math.* Caractère de deux ensembles isomorphes. (L'isomorphisme établit entre deux ensembles une identité de structure.)

isonomie [izɔnɔmi] n. f. (gr. *isos,* égal, et *nomos,* loi). Conformité dans le mode de cristallisation.

Isonzo, fl. d'Italie, qui rejoint le golfe de Trieste; 138 km. Pendant la Première Guerre mondiale, les bords du fleuve ont été le théâtre de nombreux combats, et notamment de la prise de Gorizia par le duc d'Aoste en 1916 et de l'offensive austro-allemande vers Caporetto (oct. 1917).

isopérimètre adj. et n. m. *Math.* Se dit des figures à périmètres égaux. (V. *encycl.*) ● *Méthode des isopérimètres,* une des méthodes qui permettent de calculer le nombre π.
— ENCYCL. La considération des *isopérimètres* a conduit à un certain nombre de problèmes et de résultats; par exemple, de toutes les courbes fermées de même longueur, la circonférence est celle qui entoure l'aire maximale (problème des isopérimètres).

isopodes [izɔpɔd] n. m. pl. Ordre de crustacés marins, d'eau douce ou terrestres, caractérisés par leur forme aplatie, leurs sept paires de pattes marcheuses identiques, leur appareil respiratoire abdominal, tels que l'aselle et le cloporte.
— ENCYCL. L'ordre des *isopodes* présente une grande diversité dans le mode et le milieu de vie des espèces : *ligies* et *sphéromes* vivent sur les rivages marins et respirent dans l'air ou dans l'eau selon l'état de la marée; les *aselles* fréquentent les rivières, les grottes et les eaux souterraines, tandis que les *cryptonisciens* sont des parasites d'animaux marins, extrêmement déformés par leur mode de vie, et que les *cloportes* abondent dans les caves, les forêts et les lieux humides. Les *hemilepistus* vivent dans le sol des steppes de l'Asie centrale, en populations immenses, se rendant utiles parce qu'ils fertilisent le sol à la façon des vers de terre, mais aussi nuisibles parce qu'ils broutent les plantes.

isostasie [izɔstazi] n. f. (gr. *isos,* égal, et *stasis,* arrêt). Théorie selon laquelle les divers compartiments de l'écorce terrestre se maintiendraient dans un équilibre relatif grâce aux différences des densités, les parties continentales étant moins denses que les secteurs correspondant aux grands bassins océaniques.

isostatique adj. Relatif à l'isostasie : *mouvement isostatique.* || *Mécan.* Se dit d'une ligne ou d'une surface en tous les points de laquelle l'équilibre reste le même.

isosyllabique [izɔsillabik] adj. Qui a le même nombre de syllabes.

isotherme [izɔtɛrm] adj. (gr. *isos,* égal, et *thermos,* chaud). De même température. || — N. f. Sur une carte météorologique, ligne qui joint les points de température moyenne identique pour une période considérée.

isotonie [izɔtɔni] n. f. *Phys.* Equilibre moléculaire de deux solutions séparées par une membrane perméable et qui ont la même pression osmotique.

isotonique adj. *Phys.* Se dit d'une solution qui, ayant même concentration moléculaire qu'une autre, a la même pression osmotique que celle-ci. ● *Solution isotonique* (Méd.), solution de même concentration moléculaire que le plasma du sang.

isotope [izɔtɔp] adj. et n. m. (gr. *isos,* égal, et *topos,* lieu). Se dit d'éléments chimiques identiques, ne différant que par les masses de leurs atomes. (V. *encycl.*) ● *Isotope radio-actif,* isotope employé en médecine. (V. *encycl.*)
— ENCYCL. Les *isotopes* ont des atomes dont les noyaux comportent le même nombre de protons, mais diffèrent par le nombre de neutrons. Ayant les mêmes électrons périphériques, ils ont des propriétés chimiques identiques et ne constituent qu'un même élément chimique. On les distingue en portant le nombre de masse en haut et à gauche du symbole de l'élément (exemples : ^{16}O, ^{18}O). En physique nucléaire, les divers isotopes d'un même élément peuvent avoir des propriétés très différentes. Beaucoup, obtenus artificiellement, sont radio-actifs; mélangés aux atomes naturels, ils permettent de « marquer » les molécules et de les suivre dans leurs transformations, d'où des applications nombreuses dans l'industrie et en biochimie.
— *Méd.* Un *isotope radio-actif* a dans l'organisme la même destinée métabolique qu'un isotope non radio-actif et, lorsqu'il est convenablement choisi, il est fixé de manière importante par un organe déterminé (l'iode radio-actif, par exemple, est capté par la glande thyroïde). Cette propriété est utilisée à des fins diagnostiques et thérapeutiques. Dans un but de diagnostic, la fixation du corps radio-actif est décelée à l'aide d'appareils détectant les radiations émises, et une véritable image cartographique de l'organe exploré peut être dressée et ses anomalies étudiées. En thérapeutique, les éléments radio-actifs sont également employés pour traiter, grâce aux radiations qu'ils émettent, certaines maladies et certaines tumeurs des organes sur lesquels ils se fixent.

isotopique adj. Relatif aux isotopes : *une usine de séparation isotopique.*

isotrope [izɔtrɔp] adj. et n. m. (gr. *isos,* égal, et *tropos,* manière). Se dit des corps dont les propriétés physiques sont identiques dans toutes les directions.

Ispahan, v. d'Iran, au sud de Téhéran, anc. cap. du pays; 339 900 h. Monuments des XIe, XIIe et du XVe au XVIIIe s. (Grande Mosquée, palais des Quarante-Colonnes et palais des Huit-Paradis). Soieries. Tapis.

Israël, nom donné à *Jacob* après sa lutte contre l'ange. — *Par ext.,* nom donné au peuple juif, descendant d'Israël. (V. ISRAÉLITES.)

Israël (*royaume d'*), un des deux royaumes qui se formèrent par suite du schisme dans le peuple d'Israël à la mort de Salomon (v. 931/930-722 av. J.-C.). [V. HÉBREUX.]

Israël, Etat du Proche-Orient; 21 000 km²; 3 180 000 h. (*Israéliens*). Cap. *Jérusalem.* Langues : *hébreu* et *arabe.*

Géographie.

● *Géographie physique.* L'Etat d'Israël correspond à la partie occidentale de l'ancienne Palestine sous mandat britannique. Israël atteint le Jourdain au nord, où des plateaux et des moyennes montagnes (1 208 m au mont Meiron) s'abaissent graduellement vers la Méditerranée. Au centre, la partie israélienne de la Palestine se réduit à une bande côtière dont la largeur est souvent inférieure à 50 km. Le sud du pays correspond au Néguev, plaine accidentée de reliefs volcaniques et de petits massifs cristallins faillés. Le Nord possède un climat de type méditerranéen. A Haïfa, les moyennes thermiques mensuelles oscillent entre 14 et 28 °C. La hauteur des précipitations approche 700 mm, avec un maximum hivernal très net et une sécheresse estivale presque totale. Les précipitations se raréfient vers le sud (alors qu'augmentent, au contraire, les températures). Le Néguev, abrité des

Ispahan la place royale au fond la grande mosquée

Phot. Cl. Maillard.

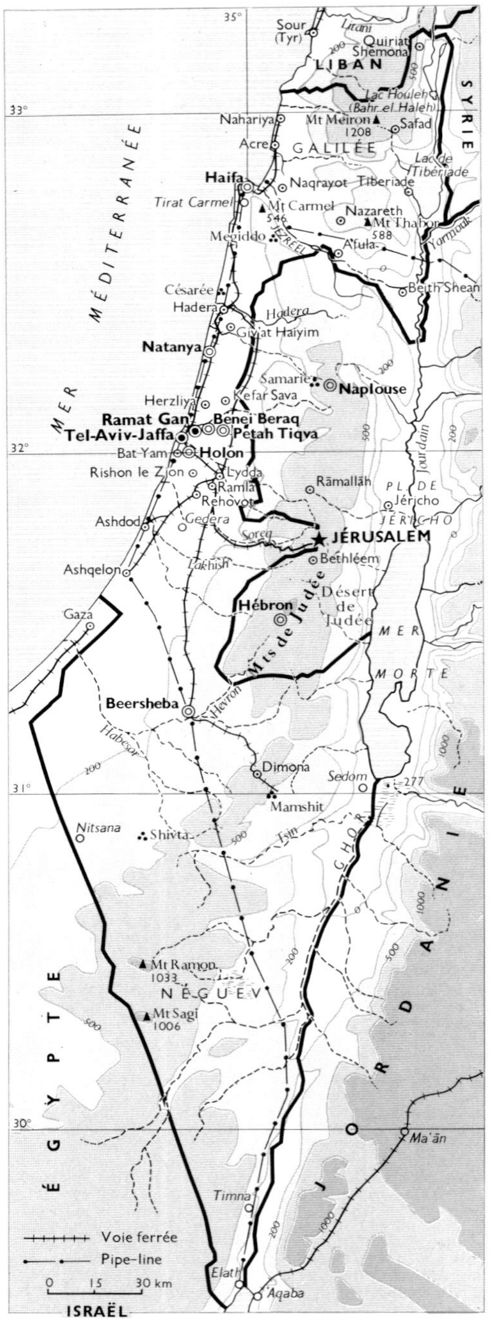

dépressions méditerranéennes, est franchement désertique; les précipitations y sont souvent inférieures à 100 mm par an.

● *Géographie humaine et économique.* Le peuplement juif (par immigration) débuta à la fin du XIXe s., mais on ne comptait que 60 000 Juifs en 1918. L'action de Theodor Herzl (aidé par le Fonds national juif) fut décisive, et la population atteignait 500 000 h. en 1940. L'augmentation s'est poursuivie à une cadence rapide après la Seconde Guerre mondiale, et, aujourd'hui, Israël compte plus de 3,1 millions d'h. La population continue à s'accroître, mais l'excédent actuel, dû à un taux de natalité relativement élevé (25 p. 1 000), est actuellement la principale cause. Le nombre annuel d'immigrants est aujourd'hui de l'ordre de 40 000. La population est presque totalement juive; la minorité arabe ne représente que 12 p. 100 de cette population, urbanisée à plus de 80 p. 100. Les trois principales villes (Tel-Aviv avec Jaffa, Jérusalem et Haïfa), qui comptent chacune plus de 100 000 h., regroupent ensemble plus du quart de la population totale.

Le sous-sol ne recèle pas de combustibles solides, et la production de pétrole est insignifiante (3 Mt doivent être annuellement importées et raffinées à Haïfa). Il fournit seulement du sel gemme, de la potasse (à Sedom, près de la mer Morte), des phosphates (nord du Néguev) et un peu de cuivre (à Timna, au nord d'Elath). La production d'électricité (près de 8,5 TWh) est entièrement d'origine thermique. L'importance de l'industrie, qui fournit plus du tiers du produit intérieur brut, résulte du développement de branches spécialisées, permis par la présence d'une main-d'œuvre habile et l'afflux de capitaux étrangers. Les produits pharmaceutiques, les textiles, l'optique, les constructions électriques sont surtout représentés à Tel-Aviv et à Haïfa, cependant que Natanya est le centre de la taille des diamants.

L'agriculture voit son importance décroître. En 1972, occupant environ 10 p. 100 de la population active, elle fournissait moins du dixième du produit intérieur brut. Elle se caractérise sur le plan structural par des formes d'exploitation d'abord collectivistes (kibboutz), puis plus individualistes (*moshav ovdim* et *moshav chitoufi*). Sur le plan des productions émergent le blé, l'orge, la vigne, l'olivier et les agrumes. Les cultures, initialement limitées à la moitié septentrionale, ont été étendues à une partie du Néguev grâce à l'irrigation. L'élevage et la pêche n'apportent qu'un faible appoint à une production alimentaire déficitaire, malgré le caractère intensif de l'agriculture.

La balance commerciale est depuis toujours déficitaire et, si le taux de couverture des importations tend à augmenter, il n'est encore que de l'ordre de 60 p. 100 en 1972. Les recettes du tourisme international (600 000 visiteurs en 1971) sont loin de combler totalement la différence. Parmi les importations dominent les matières premières industrielles (diamants bruts, fer, acier, pétrole et fibres textiles), les biens d'équipement et les compléments alimentaires. Les diamants taillés représentent en valeur plus du tiers des exportations, et les fruits plus de 20 p. 100. Les Etats-Unis, la Grande-Bretagne et l'Allemagne occidentale sont, dans l'ordre, les principaux partenaires commerciaux d'Israël, dont la majeure partie du commerce extérieur passe par les ports d'Haïfa, d'Ashdod et d'Elath.

Dans le cadre méditerranéen, le niveau de vie est élevé, et le revenu individuel moyen est de l'ordre de 1 500 dollars. Toutefois, l'équipement en biens de consommation durable est encore réduit. En 1965, il existait seulement une voiture de tourisme pour 35 h., un téléphone pour 5 h., un téléviseur pour 9 h. Si plus de 80 p. 100 des logements possèdent une salle de bains, la densité d'occupation par pièce est encore supérieure à 1. Les disponibilités en produits naturels de base sont assez élevées : près de 3 t de charbon-équivalence pour l'énergie, plus de 2 500 kWh pour l'électricité, etc.

Histoire.

L'Etat d'Israël (14 mai 1948) est né de la volonté manifestée par les sionistes, dès la fin du XIXe s., de redonner un foyer national aux Juifs dispersés par la Diaspora. Les pionniers (haloutzim) des premières vagues d'émigration (Alyoth) [1882-1903 ; 1904-1914] créent plusieurs colonies agricoles et forgent une certaine idéologie du travail attachée aux valeurs terriennes et communautaires. Le congrès sioniste, réuni à Bâle en 1897 sur l'initiative du Hongrois Theodor Herzl, propose pour la première fois la création d'un Etat juif, apportant aussi une solution mondiale de caractère économique et politique au problème juif. Theodor Herzl crée dans ce but la Banque nationale juive et le Fonds national juif pour l'achat de terres en Palestine. La Déclaration Balfour (2 nov. 1917), confirmant la création en Palestine d'un « Foyer national juif » sous mandat de la Grande-

implantation d'un village

Israël

désert du Néguev

élevage de bovins en Galilée

Phot. Degeorges-Laborde, Paul Popper - Atlas-Photo, Office du tourisme israélien.

Bretagne, auprès de laquelle l'Agence juive représente les intérêts du peuple juif (1922), accélère l'immigration sioniste. La convention de Haïfa crée (1920) un organisme chargé d'organiser le travail des émigrés, la Histadrouth, dont Ben Gourion est, dès 1921, secrétaire général. Les vagues d'émigration qui suivent sont suscitées par l'entreprise d'extermination des Juifs engagée par les nazis. Mais la puissance mandataire ayant, du fait de l'opposition arabe, édicté une rigoureuse politique de restriction à l'immigration, celle-ci se fait souvent dans des conditions dramatiques. Soutenue par la Haganah, elle se poursuit clandestinement (épisode de l'*Exodus*, 1947).
La Grande-Bretagne porte le problème juif devant les Nations unies, qui recommandent (nov. 1947) le partage de la Palestine en un Etat arabe et un Etat juif, Jérusalem devenant zone internationale, sous leur contrôle. Tandis qu'une guerre éclate entre Juifs et Arabes, un comité exécutif présidé par Ben Gourion proclame l'indépendance de l'Etat d'Israël (14 mai 1948), qui est reconnu par les principales puissances mondiales. Le jeune Etat résiste avec succès à l'offensive des pays de la Ligue arabe. L'armistice n'intervient qu'en 1949. Un Parlement israélien est élu le 25 janvier 1949, et Chaïm Weizmann devient président de la République (1949).
Depuis la création de l'Etat, le parti Mapaï (parti socialiste israélien) dirige la vie politique. Ses chefs, Moshe Sharett (1953-1955), Ben Gourion (1948-1953 et 1955-1963), Levi Eshkol (1963-1969), Golda Meir (1969-1974), puis Itzhak Rabin (à partir de 1974) se succèdent au gouvernement, tandis que ce sont ses candidats qui sont choisis pour occuper la présidence de la République (Ben Zvi [1952-1963], Zalman Shazar [1963-1973] et Ephraïm Katzir depuis 1973). A la même date de la promulgation de l'indépendance, la « loi du retour » donne à tout Juif le droit d'immigrer en Israël et la qualité de citoyen israélien.
Aussi de nouvelles vagues d'immigrants arrivent en Israël, mais, par leur origine, elles diffèrent de celles qui ont précédé la fondation de l'Etat. Alors que, de 1919 à 1945, 89,6 p. 100 venaient d'Europe et d'Amérique, et 10,4 p. 100 d'Asie et d'Afrique, les proportions sont respectivement de 46,9 p. 100 et de 53,1 p. 100 de 1948 à 1959, si bien qu'en 1948 80 p. 100 de la population israélienne sont originaires d'Europe alors qu'en 1963 plus de 60 p. 100 sont des « Orientaux » : l'un des problèmes que doit résoudre Israël demeure celui de la fusion des communautés.
Le plus grave problème demeure cependant celui des relations de l'Etat avec les pays arabes. Le refus égyptien de laisser le libre accès du canal de Suez aux navires israéliens provoque la campagne israélienne du Sinaï (1956). En 1964, Israël, en l'absence d'accord concernant l'utilisation des eaux du Jourdain, décide, pour sa part, d'en faire usage. En 1967, une grave tension internationale naît de l'opposition de l'Egypte à la libre utilisation du golfe d'Aqaba par Israël. Au cours d'une guerre éclair (juin 1967), les troupes israéliennes occupent la presqu'île du Sinaï, l'enclave de Gaza, la Jordanie jusqu'au Jourdain (Cisjordanie) et, en Syrie, les hauteurs dominant la rive orientale du lac de Tibériade. La partie jordanienne de Jérusalem est annexée par les vainqueurs, action qui est condamnée par l'O. N. U. L'occupation d'importants territoires arabes par Israël rend la situation aiguë au Moyen-Orient. Les actions armées de groupes palestiniens menées depuis ces territoires, ou venant de l'extérieur, sont parallèles aux représailles israéliennes. En octobre 1973, une nouvelle guerre oppose Israël à la Syrie et à l'Egypte. Après des revers initiaux, Israël lance une offensive sur la rive ouest du canal de Suez. Un cessez-le-feu est suivi d'un retrait israélien, qui rend à l'Egypte le contrôle des deux rives du canal.

israélien [israeljɛ̃], **enne** [-ɛn] adj. et n. De l'État d'Israël.

israélite [israelit] adj. Qui appartient à la religion juive. ‖ — N. Descendant de Jacob, ou *Israël*, appelé aussi *Juif* ou *Hébreu*.

Issarlès (*lac d'*), lac volcanique du Massif central, dans l'Ardèche, le plus profond de France (128 m) après celui du Bourget.

Issas, population de l'Afrique du Nord-Est, sous-groupe des Somalis.

Issenheim (68810), comm. du Haut-Rhin (arr. de Guebwiller) ; 2 117 h. Couvent où Grünewald peignit son célèbre polyptyque (musée de Colmar).

Issigeac (24560), ch.-l. de c. de la Dordogne (arr. de Bergerac) ; 709 h. Château des évêques de Sarlat. Vignobles.

Issoire (63500), ch.-l. d'arr. du Puy-de-Dôme, dans la *Limagne d'Issoire ;* 14 118 h. (*Issoiriens*). Eglise du XIIe s., chef-d'œuvre du roman auvergnat. Ecole des apprentis techniciens de l'armée. Métallurgie (aluminium). — L'arr. a 9 cant., 117 comm., 61 610 h.

Issos ou **Issus,** anc. v. d'Asie Mineure (Cilicie), où Darios III Codoman fut vaincu par Alexandre le Grand en 333 av. J.-C.

Issoudun (36100), ch.-l. d'arr. de l'Indre ; 15 692 h. (*Issoldunois*). Métallurgie. Constructions électriques. Engrais. — L'arr. a 4 cant., 51 comm., 38 954 h.

issu [isy], **e** adj. (anc. fr. *issir ;* du lat. *exire,* sortir). Sorti, né de : *issu d'une famille campagnarde.*

issue [isy] n. f. Lieu par où l'on sort : *garder toutes les issues d'une maison.* ‖ — *Fig.* Moyen de sortir d'embarras : *se ménager des issues.* ‖ Evénement final, conclusion : *issue d'un combat.* ‖ — N. f. pl. Produits autres que la farine, obtenus au cours de la mouture des céréales (sons, remoulages, recoupes, repasses, fleurages, etc.). ‖ — **A l'issue de** loc. prép. Au sortir de ; à la fin de : *à l'issue de la séance.*

Is-sur-Tille (21120), ch.-l. de c. de la Côte-d'Or (arr. de Dijon) ; 3 448 h. Nœud ferroviaire.

Issyk-Koul', lac de l'U. R. S. S. (Kirghizistan) ; 6 200 km².

Issy-les-Moulineaux (92130), ch.-l. de c. des Hauts-de-Seine, au sud-ouest de Paris ; 51 666 h. (*Isséens*). — L'héliport dit « d'Issy-les-Moulineaux » est sur le territoire de la Ville de Paris.

Issy-l'Évêque (71760), ch.-l. de c. de Saône-et-Loire (arr. d'Autun) ; 1 315 h. Eglise des XIe et XIIe s.

Istanbul, anc. **Constantinople** et **Byzance,** port de Turquie, sur le Bosphore et la mer de Marmara ; 2 247 000 h. La ville doit son histoire à sa position de carrefour entre l'Europe et l'Asie, la mer Noire et la Méditerranée. Elle s'est développée de part et d'autre de la Corne d'Or, petite baie profonde de la rive européenne. Au sud se situent les principaux monuments (Sainte-Sophie, mosquée du sultan Ahmet Süleymaniye). Au nord s'étend la ville commerçante et cosmopolite (Beyoğlu). Des faubourgs asiatiques longent le Bosphore (Üsküdar). Istanbul, la plus grande ville de Turquie, en est aussi le premier port et la métropole intellectuelle (université), commerciale et industrielle.

isthme [ism] n. m. (gr. *isthmos,* passage étroit). Langue de terre resserrée entre deux mers et réunissant deux terres : *l'isthme de Panamá.* ‖ Partie rétrécie d'une région ou d'un organe anatomiques : *isthme de la thyroïde.*

isthmique adj. *Jeux Isthmiques,* jeux de la Grèce ancienne, célébrés dans l'isthme de Corinthe tous les quatre (puis tous les deux) ans, en l'honneur de Poséidon.

Istiqlāl, parti nationaliste marocain issu en 1937 d'une scission du parti de l'Action marocaine, principal élément de la lutte pour l'indépendance.

Istres (13800), ch.-l. de c. des Bouches-du-Rhône (arr. d'Aix-en-Provence), sur l'étang de Berre ; 14 518 h. (8 713 aggl.) [*Istréens*]. Ecole militaire d'aviation. Constructions aéronautiques. Salines.

Istrie, région de Yougoslavie (Croatie). Presqu'île calcaire baignée par l'Adriatique. Colonie romaine prospère, l'Istrie fut envahie par les Barbares avant d'être englobée dans le Saint Empire (duché de Carinthie, 976). Soumise (sauf Trieste) à Venise du XIe au XVIIIe s., elle fut cédée à l'Autriche en 1797, incorporée au royaume d'Italie en 1806, puis aux Provinces Illyriennes en 1809. Elle redevint autrichienne en 1815 ; l'Italie qui la réclamait comme province irrédente, l'obtint en 1920 (traité de Rapallo). En février 1947, l'Istrie devint yougoslave (sauf Trieste, qui eut un statut particulier).

italianisant, e n. Personne qui s'occupe de langue et de littérature italiennes.

italianiser [italjanize] v. t. Donner un caractère italien. ‖ Donner aux mots une forme, une terminaison italienne. ‖ — V. i. Affecter des manières d'être ou de parler italiennes.

italianisme n. m. Manière de parler propre à la langue italienne. ‖ Goût des choses italiennes.

Italie, en ital. **Italia,** république de l'Europe méridionale ; 301 200 km² ; 54 millions d'hab. (*Italiens*). Cap. *Rome.* Langue : *italien.*

Géographie.

● *Géographie physique.* Au point de vue géographique, physiquement et humainement, s'opposent une Italie du Nord et une Italie du Sud (*Mezzogiorno*). L'Italie du Nord englobe le Piémont*, la Ligurie*, la Lombardie*, la Vénétie*, le Trentin* et l'Emilie*. L'Italie du Sud comprend les Abruzzes*, la Campanie*, les Pouilles*, le Basilicate*, la Calabre* et les îles (Sicile* et Sardaigne*). La Toscane* et le Latium* constituent une région intermédiaire qui, physiquement toutefois, appartient à l'Italie du Sud. Sur ce plan, celle-ci correspond à la péninsule italienne (et à la Sicile), dont les Apennins* constituent l'épine dorsale. Elle est morcelée par un relief accidenté en petites zones plus ou moins cloisonnées, où les plaines, étroites et discontinues, ne se développent qu'en bordure d'un littoral souvent rocheux sur la mer Tyrrhénienne, surtout bas et sablonneux sur l'Adriatique. L'Italie du Nord correspond à la plaine du Pô et à sa bordure alpine. La plaine du Pô est une fosse d'avant-pays alpin remblayée, où la topographie varie : succession de terrasses au nord, vaste glacis de l'Emilie au sud, plaine alluviale récente et delta du Pô à l'est. La bordure alpine est étroite, ne s'élargissant qu'à l'est du lac Majeur. On peut y distinguer : les *Alpes piémontaises,* très découpées ; les *Alpes lombardes,* plus massives, lieu d'élection des lacs glaciaires (lac de Côme, lac de Garde) ; les *Alpes vénitiennes,* où prédominent les roches calcaires, à l'origine des reliefs ruiniformes des *Dolomites.*
Au point de vue climatique, l'Italie du Nord connaît un climat à tendance continentale. A Milan, les moyennes thermiques mensuelles varient entre 2 (janv.) et 23 °C (juill.). Les précipitations sont assez abondantes (près de 1 m) et assez régulièrement réparties sur l'ensemble de l'année, avec toutefois deux légers maximums (printemps et automne). Forêts et prairies rappellent l'Europe de l'Ouest. L'Italie du Sud a une végétation et un climat de type méditerranéen (où toutefois les hivers peuvent être rudes dans l'intérieur). A Naples, les moyennes thermiques mensuelles varient entre 9 et 24 °C. Les précipitations sont encore relativement abondantes (près de 900 mm, mais, fréquemment, moins de 700 mm plus au sud et dans les îles), avec un minimum estival marqué.
● *Géographie humaine et économique.* La population a plus que doublé depuis l'unification, c'est-à-dire en un siècle. Sa croissance est d'autant plus spectaculaire que ses effets ont été tempérés par une émigration continue ; celle-ci particulièrement élevée au début du XXe s. (près de 900 000 départs en 1913), est de l'ordre de 300 000 unités aujourd'hui (partiellement compensée par 200 000 arrivées) et est dirigée surtout vers la Suisse et l'Allemagne occidentale. Le taux de natalité avoisine 16 p. 1 000 en moyenne (le taux de mortalité est proche de 10 p. 1 000), mais il est sensiblement plus élevé dans le Sud que dans le Nord. D'importants courants intérieurs, imposés par la structure géographique de l'économie, rétablissent l'équilibre et expliquent une répartition assez égale de la population. La majeure partie de la population vit aujourd'hui dans les villes, dont plus de quarante dépassent 100 000 h. et quatre (Rome, Milan, Naples et Turin) le million d'hab.
L'industrie est aujourd'hui le fondement de l'économie. Elle emploie 45 p. 100 de la population active et assure 40 p. 100 du produit intérieur brut (avec la construction). Elle est développée principalement dans la plaine du Pô, dont Milan est la métropole, et limitée souvent à quelques points du littoral dans l'Italie péninsulaire et les îles. L'industrie a connu récemment un essor spectaculaire : sa production, en valeur, a doublé durant la dernière décennie. Quelques firmes (Fiat dans l'automobile, Olivetti dans les machines de bureaux, Montecatini-Edison dans la chimie) ont une envergure mondiale.
Son développement n'est toutefois pas dû à une assise énergétique nationale accrue. L'Italie est pauvre en pétrole (quelques gisements en Sicile, près de Raguse et de Gela), encore plus en charbon et en lignite. En revanche, le gaz naturel abonde (14,4 milliards de mètres cubes, fournis surtout par Cortemaggiore), et les conditions naturelles ont favorisé les aménagements hydrauliques, qui assurent le tiers d'une production d'électricité de l'ordre de 140 TWh. Celle-ci est constituée pour une faible part (4 TWh en 1966), mais croissante, par les centrales nucléaires, dont trois sont en service (Latina, Trino, Sessa Aurunca sur le Garigliano). Toutefois, la production nationale d'énergie primaire couvre moins du sixième de la consommation, et l'Italie importe annuellement 125 Mt de pétrole (dont une partie est réexportée après traitement dans les raffineries de Gênes, Venise, Trieste, Milan, Tarente, etc.). Comme le charbon, le fer doit être presque totalement importé (5 Mt de minerai) pour alimenter une sidérurgie active (20 Mt d'acier), implantée notamment à Tarente, Bagnoli (près de Naples), Corniglianо Ligure (près de Gênes), Milan.
La sidérurgie alimente partiellement une métallurgie de

Istanbul : le pont de Galata

Phot. ambassade de Turquie.

transformation, à l'intention de laquelle émerge l'industrie automobile. Celle-ci, dont Turin est la capitale, fournit 1,8 million de véhicules (plus de 90 p. 100 de voitures de tourisme), dont plus du quart est exporté. Gênes, Livourne et Trieste sont les centres d'industrie de la construction navale, moins dynamique. La mécanique de précision et l'électronique sont représentées à Milan, Rome, Turin, Gênes, etc. La métallurgie des non-ferreux traite principalement la production nationale : plomb et zinc de Sardaigne, bauxite du Gargano. Le sous-sol recèle aussi du mercure (mont Amiata). Indépendamment des dérivés directs du pétrole, l'industrie chimique fournit des grands acides (Turin, Novare), de la soude (Monfalcone [Vénétie]), des engrais (Novare, Merano), des colorants et des produits pharmaceutiques (Milan), des matières plastiques (Ferrare, Terni), des textiles artificiels et synthétiques (Piémont et Lombardie, autour de Turin et de Milan).

L'industrie cotonnière est représentée surtout dans le Piémont et la Lombardie, le travail de la laine en Sardaigne et dans le Latium, celui de la soie en Lombardie et en Vénétie. Les industries alimentaires tiennent une grande place : pâtes alimentaires (Campanie et surtout Sicile), sucreries et conserveries (Emilie et Vénétie), etc. Les industries d'art sont représentées à Florence (maroquinerie), Venise (cristallerie), Murano (verrerie artistique), Carrare (marbre), Rome (cinéma).

En 1971, l'agriculture employait à peine le cinquième de la population active et fournissait seulement 11,5 p. 100 du produit intérieur brut. Sur ce plan s'opposent encore l'Italie du Sud (juxtaposant latifundia [Pouilles notamment] à l'exploitation archaïque et extensive et petites exploitations à polyculture intensive de la Toscane, de la Campanie, des Marches) et l'Italie du Nord (grande culture de la plaine du Pô, en Lombardie notamment). Sur le plan des productions, les cultures arbustives et fruitières constituent les deux piliers de l'agriculture. L'Italie est le premier producteur mondial d'huile d'olive (avec l'Espagne) et de vin (avec la France, de 60 à 70 Mhl). Elle fournit d'importantes quantités de fruits (agrumes du Mezzogiorno). A la différence de l'arboriculture, assez dispersée, la grande culture céréalière est localisée dans la plaine du Pô, qui fournit la majeure partie de l'importante production de blé (10 Mt), des productions de maïs et de riz. L'Italie du Nord élève encore 70 p. 100 du troupeau bovin (les ovins sont plus nombreux dans le Mezzogiorno) et fournit la quasi-totalité des betteraves sucrières. La pêche, développée surtout sur le littoral de l'Adriatique, n'offre qu'un appoint alimentaire secondaire. L'agriculture ne satisfait pas entièrement les besoins du pays sur le plan alimentaire; elle est notamment déficiente en viande et en céréales.

La balance commerciale reste déficitaire. Parmi les exportations dominent, dans l'ordre, les machines (25 p. 100), les textiles, les produits chimiques, les produits alimentaires et les automobiles (chaque rubrique représentant entre 15 et 10 p. 100 du montant global des exportations). Les produits alimentaires représentent près du quart des importations, les matières premières industrielles une part légèrement supérieure et les machines 15 p. 100. Environ 40 p. 100 de ce commerce extérieur (passant en partie par Gênes, principal port du pays) s'effectuent avec les autres Etats du Marché commun (France et surtout Allemagne occidentale) et plus de 10 p. 100 avec les Etats-Unis. La position de la balance commerciale est améliorée par les envois des émigrés et surtout par un important tourisme, favorisé par le climat et la multiplicité des sites naturels ou historiques (lacs glaciaires des Alpes, paysages ensoleillés de l'Italie méridionale, villes-musées de Rome, Florence, etc.). Il y a eu 11 millions de visiteurs étrangers en 1971 (sans compter un nombre égal d'excursionnistes pour la journée). Les recettes du tourisme correspondent, selon les années, à 10 à 15 p. 100 du total des exportations.

L'Italie a connu depuis 1950 un développement économique spectaculaire. Le produit national, depuis cette date, s'est accru en moyenne de 5 p. 100 par an, taux que la croissance démographique a ramené à 4 p. 100 par habitant. Le niveau de vie moyen est encore largement inférieur à celui des autres pays du Marché commun, mais s'en rapproche du fait d'une expansion généralement plus rapide. En 1970, pour 1 000 habitants, on comptait 187 voitures de tourisme, 181 postes de télévision, 171 téléphones. Toutefois, la situation restait peu brillante dans le domaine du logement : la densité d'occupation par pièce est au moins égale à l'unité, et le rythme de construction est insuffisant (moins de 400 000 logements nouveaux en 1971. Les disponibilités théoriques en produits industriels de base sont de l'ordre de 3,6 t de charbon-équivalence pour l'énergie, de 2 800 kWh pour l'électricité et de 400 kg pour l'acier. Cependant, d'importantes disparités de niveau de vie subsistent et ôtent de la valeur à ce tableau d'ensemble. Le problème de l'aménagement du territoire demeure, malgré les efforts récemment déployés. Les incitations gouvernementales, les avantages offerts par des sociétés de financement et de développement (*Cassa per il Mezzogiorno* [Caisse du Midi]), plus récemment par des sociétés industrielles étatiques (I. R. I. et E. N. I.) n'ont encore donné que des résultats partiels. Les implantations industrielles réalisées (sidérurgie, automobile et pétrochimie notamment) sont pratiquement limitées aux ports (Naples, Tarente et Brindisi sur le continent, Gela et Syracuse en Sicile). La part du Mezzogiorno dans la formation du produit national n'a guère varié depuis 1950 (elle est toujours voisine de 20 p. 100) et sa situation excentrique dans le Marché commun n'incite pas à l'optimisme.

Histoire.

● *La Préhistoire et l'Antiquité.* Au IIe millénaire, la civilisation des terramares (Pô) apporte le bronze; celle des Villanoviens, au Ier millénaire, correspond à la diffusion du fer. A partir du VIIIe s. av. J.-C., les Grecs fondent des colonies en Sicile et en Italie du Sud (Grande-Grèce); en même temps s'installent en Italie continentale les Etrusques, d'origine probablement asiatique. L'Empire étrusque connaît son apogée aux VIe et Ve s. av. J.-C. Mais, en s'alliant à Carthage contre les Phocéens de Marseille, les Etrusques permettent aux Puniques de contrôler la Sicile et la Sardaigne; eux-mêmes peuvent étendre leur domination dans la plaine du Pô. Au Ve s. av. J.-C., les Celtes commencent à s'installer dans cette plaine : c'est l'origine de la Gaule Cisalpine. Un siècle plus tard, Rome entreprend la conquête de l'Italie; celle-ci devient complète en 42 av. J.-C., avec l'incorporation de la Gaule Cisalpine. L'histoire de l'Italie se confond désormais avec celle de Rome*.

● *Les invasions.* A la mort de l'empereur Théodose (395 apr. J.-C.), l'Occident, avec l'Italie, passe à son fils Honorius, qui fait de Milan sa capitale. Les invasions barbares (Wisigoths, Huns, Vandales), au Ve s., ravagent l'Italie et aboutissent, en 476, à la déposition du dernier empereur d'Occident, Romulus Augustule, par Odoacre, qui est proclamé roi d'Italie. Dès 488, le chef ostrogoth Théodoric attaque Odoacre, avec l'approbation de l'empereur d'Orient Zénon, et l'écrase (493); il devient alors le maître de l'Italie (493-526) grâce surtout à l'Eglise, qu'il favorise. Les successeurs de Théodoric ne peuvent maintenir la domination des Ostrogoths sur l'Italie, si bien que la péninsule est en grande partie reconquise, de 535 à 553, par Bélisaire et Narsès, généraux de l'empereur d'Orient Justinien Ier : Ravenne devient la capitale de l'Italie byzantine. Mais cette reconquête est éphémère. Dès 568, de nouveaux Barbares, les Lombards, s'installent en Italie du Nord; peu après, ils fondent les duchés de Spolète et de Bénévent. Tandis que les Byzantins sont partout refoulés, l'Italie se morcelle territorialement. Le pays a alors trois capitales : Rome, où siège le pape; Ravenne, où demeure l'exarque, représentant de l'empereur d'Orient; Pavie, où est fixé le roi lombard. Devant la carence du pouvoir impérial, la défense de la péninsule est prise en main par l'Eglise romaine : Grégoire Ier le Grand (590-604) négocie la conversion des Lombards ariens, tandis que la papauté s'allie avec les premiers Carolingiens. En 751, l'exarchat de Ravenne tombe sous les coups du Lombard Aistolf, contre lequel le pape Etienne II demande secours à Pépin le Bref. Celui-ci reprend l'exarchat (756) et en fait don au pape (patrimoine de Saint-Pierre) : c'est là l'origine des Etats de l'Eglise. En 773, le pape Adrien Ier fait un semblable appel à Charlemagne contre Didier, roi des Lombards; victorieux de Didier en 774, Charlemagne se proclame roi des Lombards et renouvelle la donation de Pépin.

● *L'époque carolingienne.* En 800, Charlemagne est sacré à Rome empereur d'Occident; dès lors, la péninsule passe sous le protectorat carolingien (sauf les possessions byzantines : Venise, l'Apulie, etc.); cependant, l'Italie reste en relations culturelles et commerciales avec l'Orient et même avec le monde arabe. Le IXe s. voit de nouvelles invasions barbares : Normands, Magyars, Sarrasins. En 843, l'Italie est adjugée à Lothaire Ier; en 855, elle constitue le lot de Louis II. Les empereurs Charles le Chauve (875-877) et Charles le Gros (881-887) ayant renoncé à défendre l'Italie, le titre impérial se dégrade, comme le prestige de la couronne d'Italie; l'effacement de la papauté et la naissance de la féodalité précipitent le morcellement politique de la péninsule.

● *L'Italie impériale.* En 962, Jean XII couronne empereur le roi de Germanie Otton Ier : ainsi naît le *Saint Empire romain germanique.* Le *privilegium Ottonis* fait de l'Empereur le maître de la papauté. Il faudra attendre un décret de Nicolas II, en 1059, pour voir supprimer le contrôle impérial sur l'élection pontificale. Pour mieux se libérer de l'Empereur, la papauté s'appuie sur les Normands, qui peuvent s'installer en Sicile. Cependant, l'Empereur veut reprendre le contrôle de Rome et de l'Italie : la *querelle des Investitures* (1059-1122) se termine par le concordat de Worms, qui établit le principe de la séparation des pouvoirs spirituel et temporel.

La fin des invasions favorise en Italie la naissance et l'essor d'une Italie commerçante et urbaine (XIe-XIIe s.) : Pise, Gênes et Venise, sur les côtes, Sienne, Milan, Lucques, Crémone et Florence, à l'intérieur, voient s'épanouir une classe bourgeoise qui obtient, parfois par la force, l'octroi de chartes communales.

En 1155, le couronnement de Frédéric Ier Barberousse fait rebondir la querelle de l'Empire avec la papauté, soutenue par les villes lombardes. La *lutte du sacerdoce et de l'Empire* (1154-1250) se termine par le triomphe de la papauté, dont le pouvoir atteint son apogée sous Innocent III (1198-1216). Celui-ci, profitant des dissensions en Allemagne entre guelfes et gibelins, s'efforce de libérer l'Italie de l'influence allemande : mais l'Italie du Nord est ravagée par la guerre civile, les guelfes soutenant le pape, et les gibelins l'Empereur. Une brève lutte entre la papauté et l'empereur Frédéric II se termine par la déposition de ce dernier († 1250). Mais le fils de Frédéric, Manfred, s'est maintenu en Sicile, d'où il menace l'Italie péninsulaire : Charles d'Anjou, soutenu par le pape, l'élimine, mais établit ensuite sa domination sur la majeure partie de l'Italie (1268).

● *Le morcellement politique et la Renaissance.* L'Italie du Sud est alors, durant deux siècles, disputée par les puissances étrangères. La dynastie angevine peut se maintenir en Italie du Sud (Naples), mais les Aragonais s'installent en Sicile (1282). Après les grands règnes, à Naples, de Robert le Sage (1309-1343) et de Jeanne Ire (1343-1382), l'Italie du Sud connaît l'anarchie, dont la tire Alphonse V d'Aragon, qui, en 1442, réunifie les « Deux-Siciles ». Mais, dès 1458, la Sicile et Naples sont de nouveau séparés. Peu à peu l'Italie du Sud et la Sicile, ainsi déchirées, vont devenir des pays misérables.

Dans les cités de l'Italie du Nord, la lutte des guelfes et des gibelins a provoqué la formation de véritables dynasties princières (podestats) appuyées sur des « condottieri », tandis que s'y développe la Pré-Renaissance. Quatre riches cités ont fini par s'imposer : *Florence*, qui conquiert Pise en 1406 et domine la Toscane sous les Médicis ; *Gênes*, qui domine la mer Tyrrhénienne et a des comptoirs dans tout l'Orient ; *Venise*, qui étend ses domaines de terre ferme jusqu'aux abords de Milan et conserve une situation privilégiée dans tout le bassin oriental de la Méditerranée ; *Milan*, devenu duché sous les Visconti, puis sous les Sforza.

Dans les Etats pontificaux, l'administration papale se heurte à l'opposition des habitants. En 1309, la papauté s'installe à Avignon, si bien que la baisse de son autorité en Italie profite à l'Empereur. En 1378 éclate le Grand Schisme*, qui divise l'Italie sur la personne du pape et contribue à la détacher de la cause pontificale. Le pape ne se réinstalle définitivement à Rome qu'en 1443.

L'Italie est, au XVe s. et dans la première moitié du XVIe s., le foyer principal d'un extraordinaire mouvement artistique et culturel, inspiré de l'antiquité gréco-latine, la *Renaissance**, qui trouve appui auprès des princes et des papes. Mais ce mouvement coïncide avec un morcellement politique extrême et avec les interventions continuelles de l'étranger. Les guerres d'Italie*, qui mettent surtout aux prises la France, l'Espagne et la maison d'Autriche, aboutissent au traité du Cateau-Cambrésis (1559), qui confirme la prépondérance espagnole en Italie.

● *La prépondérance espagnole.* Cette prépondérance dure deux siècles : elle correspond à la décadence économique du pays, due surtout à l'implantation turque en Méditerranée orientale et au déplacement des voies maritimes vers l'Atlantique. Mais si Florence, Gênes et Venise déclinent, Milan devient le centre actif de la Lombardie autrichienne, tandis que s'enrichit l'Etat-caserne du roi de Piémont-Sardaigne (maison de Savoie). En 1713 (traité d'Utrecht), la Sicile est cédée au duc de Savoie, tandis que l'empereur Charles VI devient maître de la Sardaigne, de Naples et du Milanais. Bientôt Charles VI oblige le duc de Savoie à échanger la Sicile contre la Sardaigne. En 1734, les Bourbons s'installent en Sicile, et en 1748 à Parme. Eliminés du sud de la péninsule, les Habsbourg renforcent leur autorité dans le Nord (Toscane, Lombardie).

● *L'Italie française.* Vient la Révolution française, qui est saluée avec joie par les patriotes italiens, partisans de l'unification de l'Italie et de la libéralisation de son gouvernement. En 1797, à l'issue de sa foudroyante campagne d'Italie, Bonaparte détruit la république de Venise et crée, sur le modèle français, les républiques Ligurienne (Gênes) et Cisalpine (Lombardie) ; ces dispositions sont confirmées par le traité de Campoformio (18 oct. 1797). En 1798, Rome est occupée par les Français, et le pape Pie VI fait prisonnier. A côté de l'éphémère république Romaine, est créée, à Naples, la république Parthénopéenne (1799) : les Bourbons doivent se réfugier en Sicile. Cependant, les défaites des Français devant les Austro-Russes (1799) font perdre à la France une grande partie de ses positions en Italie ; celles-ci sont rétablies par Bonaparte, Premier consul, en 1800 (Marengo). Ce dernier restaure la république Cisalpine (devenue République italienne) et la république Ligurienne, annexe le Piémont et fait de la Toscane le royaume d'Etrurie. Quand il devient empereur des Français (1804), Napoléon prend, à Milan, la couronne d'Italie (1805) : il confie la vice-royauté à Eugène de Beauharnais. Dans les années qui suivent, Napoléon met sous sa coupe toute l'Italie ; il incorpore la république Ligurienne à la France et intègre la Vénétie au royaume d'Italie (1805) ; Lucques est attribuée à Elisa Bonaparte. En 1806, Joseph Bonaparte est désigné comme roi de Naples ; Murat le remplace en 1808. A la suite du Blocus continental, l'Empereur annexe Rome et les Etats pontificaux, faisant Pie VII prisonnier (1809). En organisant l'Italie « à la française », Napoléon amorce dans la péninsule une double révolution libérale et nationale.

● *La marche vers l'unité.* Après l'effondrement du régime français (1814), le congrès de Vienne restaure les anciennes monarchies et maintient l'Italie comme « expression géographique ». L'influence autrichienne s'exerce, directement ou indirectement, sur l'Italie du Nord et du Centre, à l'exception du royaume de Piémont-Sardaigne, foyer du libéralisme et du sentiment national italien. En 1820 et en 1831, diverses insurrections sont écrasées grâce à l'intervention des Habsbourg. En 1848, l'occupation de Ferrare par la garnison autrichienne déclenche un vaste mouvement révolutionnaire : tandis que le Piémont et Rome se donnent un régime constitutionnel, des insurrections anti-autrichiennes éclatent partout. Mais Charles-Albert, roi de Piémont, est battu à la tête des insurgés (Custozza, juill. 1848, puis Novare, mars 1849) : il abdique en faveur de Victor-Emmanuel II, tandis que l'ordre et le *statu quo* sont partout rétablis par l'Autriche.

Dès lors, Victor-Emmanuel II et son ministre Cavour travaillent à faire l'unité italienne autour du Piémont. Il leur faut, pour cela, un appui extérieur : ils finissent par arracher l'intervention de la France, qui, ayant battu les Autrichiens à Magenta et à Solférino (1859), obtient la Lombardie pour le Piémont (traité de Zurich). En 1860, des soulèvements à Parme, à Modène, à Bologne et en Romagne aboutissent à la réunion de ces territoires au Piémont, tandis que la France récupère la Savoie et Nice ; en octobre de la même année, l'action de Garibaldi aboutit à l'annexion des Deux-Siciles par le Piémont ; il en est de même pour une bonne partie des Etats pontificaux. Ces annexions aboutissent, en 1861, à la création du royaume d'Italie (14 mars) avec Florence comme capitale ; l'entrée en guerre contre l'Autriche, aux côtés de la Prusse, vaut à l'Italie d'annexer la Vénétie (1866).

La question romaine n'est réglée qu'en 1870, quand, après le départ des troupes françaises, les Italiens pénètrent dans Rome, qui est proclamée capitale du royaume ; le pape Pie IX refuse les garanties offertes par Victor-Emmanuel et interdit aux catholiques toute participation à la vie politique.

● *Les premières réformes économiques et sociales.* Aussi, de 1876 à 1887, l'Italie est-elle gouvernée par la gauche, qui introduit des réformes de structure (instruction obligatoire, élargissement du droit de vote, etc.). En 1878, Humbert Ier succède à son père Victor-Emmanuel II. De 1887 à 1896, la vie politique italienne est dominée par Crispi, qui échoue dans sa politique coloniale (Ethiopie, 1896) et ne peut juguler la crise économique qui aggrave la misère endémique de l'Italie du Sud et de la Sicile ; l'émigration prend des proportions inquiétantes. Les années 1898-1900 sont marquées par l'anarchie et les insurrections de la faim ; en 1900, Humbert Ier est assassiné : son fils Victor-Emmanuel III lui succède. Presque constamment chef du gouvernement de 1903 à 1914, Giolitti rétablit l'ordre et l'équilibre économique, inspire une importante législation sociale et instaure le suffrage universel ; mais ces mesures ne désarment pas un mouvement socialiste de plus en plus fort. A l'extérieur, Giolitti — malgré le renouvellement de la Triplice — rétablit avec la France des liens d'amitié, fortement distendus au temps de Crispi. Une guerre menée contre la Turquie vaut à l'Italie la Tripolitaine, la Cyrénaïque et le Dodécanèse (1912).

Les élections de 1914 ayant favorisé les catholiques (rentrés dans l'arène politique) et les socialistes, Giolitti se retire. D'abord neutre au début de la Première Guerre mondiale, l'Italie entre en guerre aux côtés des Alliés en 1915, contre l'Autriche. (V. GUERRE MONDIALE [*Première*].) Le traité de Versailles (1919) accorde à l'Italie la plus grande partie des terres réclamées (le Trentin, Trieste) ; grâce à D'Annunzio, elle peut aussi annexer Fiume en 1924.

● *L'Italie fasciste.* L'après-guerre est marqué par une très grave crise morale et sociale ; la bourgeoisie, inquiète, accorde son soutien au parti fasciste de Mussolini. Celui-ci, à la suite de la marche sur Rome, en 1922, s'empare du pouvoir et instaure un pouvoir autoritaire. Il règle l'irritante question romaine (accords du Latran, 1929), prend d'importantes mesures économiques et sociales, réduit l'opposition au silence et pratique à l'extérieur une politique de prestige. En 1935-1936, il s'empare de l'Ethiopie ; devant l'hostilité des puissances occidentales, il se rapproche de l'Allemagne hitlérienne (axe Rome-Berlin) ; frappée de sanctions, l'Italie quitte la S. D. N. (1937) et accorde une aide militaire à l'Espagne franquiste. En avril 1939, Mussolini occupe l'Albanie ; en 1940, il attaque la France, déjà vaincue (juin), puis la Grèce (oct.). [V. GUERRE MONDIALE (*Seconde*).] L'effondrement du régime fasciste se dessine en 1943, quand les Alliés débarquent en Italie ; en 1944, Rome est libérée ; le 25 avril 1945, Mussolini est abattu.

Humbert II devient lieutenant général, puis succède à son père, Victor-Emmanuel III, qui a abdiqué (1946) ; mais son règne est éphémère, un référendum ayant fait pencher la majorité vers la république : celle-ci est proclamée en juin 1946.

● *L'Italie républicaine.* Le remarquable relèvement politique et économique du pays est assuré par De Gasperi, chef du parti démocrate-chrétien (1945-1953) ; cependant, le traité de Paris (1947) prive l'Italie de toutes ses colonies. A partir de 1946, des régions autonomes sont créées (Sicile, Sardaigne, Val d'Aoste, Trentin-Haut Adige et Frioul-Vénétie Julienne). En 1949, l'Italie adhère au pacte de l'Atlantique Nord. Le « miracle italien » se poursuit sous les successeurs de Gasperi, en laissant cependant s'accentuer les inégalités régionales ; en 1954, l'Italie récupère Trieste. Une longue période d'instabilité politique (1955-1962) se termine par la formation, en 1963, d'un ministère d'union nationale (démocrates-chrétiens et socialistes) présidé par Aldo Moro. Ce ministère tombe en 1968 et est remplacé par un cabinet démocrate-chrétien présidé par Giovanni Leone, puis par un cabinet de coalition présidé par Mariano Rumor. C'est à Rome, en 1957, qu'est née la *Communauté économique européenne*, à laquelle l'Italie a immédiatement adhéré.

L'Italie subit depuis lors une longue période d'instabilité gouvernementale, marquée par une succession rapide de gouvernements à majorité démocrate-chrétienne. De graves troubles sociaux accompagnent la dégradation de l'économie. En mai 1974, une importante loi autorisant le divorce est confirmée par référendum.

Littérature.

● *Le Moyen Age.* Attesté au Xe s. dans une formule de témoignage lors d'un procès civil, puis, plus d'un siècle plus tard, dans une inscription sur une mosaïque du dôme de Ferrare, l'idiome italien vulgaire n'atteint à la dignité de langue de culture qu'au début du XIIIe s. Les premiers textes, rédigés en ombrien, en lombard, en toscan et en sicilien, ne doivent pas être considérés comme dialectaux, car il n'existe pas à cette époque de parler directeur : le toscan ne jouera ce rôle qu'à la fin du XIIIe s., grâce au développement politique et économique de Florence et à la prééminence reconnue à Dante, à Pétrarque et à Boccace.

Au début du XIIIe s., alors que le nord de la péninsule voit apparaître des poètes qui se rattachent au mouvement littéraire provençal, comme le Mantouan Sordello, Frédéric II de Hohenstaufen et son fils Manfred encouragent dans leur royaume de Sicile le développement d'un lyrisme courtois, plus érudit avec Giacomo da Lentini, Pietro Della Vigna, Guido Delle Colonne, plus naïf avec Cielo d'Alcamo (*Contrasto*, v. 1230-1250). Cette tradition gagne ensuite l'Italie centrale et septentrionale, où, sous l'influence de la vie universitaire et des querelles politiques, Guittone d'Arezzo et Chiaro Davanzati l'enrichissent de thèmes satiriques et moraux. Ce souci d'une philosophie des valeurs qui unit amour et noblesse de cœur caractérise l'œuvre de Guido Guinizelli, précurseur du *dolce stil nuovo*, tandis que Guido Cavalcanti s'inspire de la pensée averroïste pour décrire la passion comme un bouleversement tragique de l'âme. Si la poésie spirituelle transpose en accents lyriques les expériences mystiques de saint François d'Assise (*Cantique au soleil* [ou *des créatures*]) et de Jacopone da Todi, la littérature allégorique et didactique est illustrée par le *Livre du trésor* (v. 1265) de Brunetto Latini et le *Livre de Marco Polo* (1298) du célèbre voyageur qui nourrira pendant des siècles l'imagination populaire.

Cependant, la nouvelle lyrique amoureuse s'unit à la spiritualité thomiste pour faire de l'aventure intellectuelle de Dante un des sommets de l'esthétique médiévale (*Vita nuova*, v. 1294 ; *la Divine Comédie*, v. 1304-1321). Alliant tous les genres et tous les styles, mêlant les héros antiques et les personnages de son temps, l'œuvre de Dante, qui inaugure la floraison littéraire toscane, clôt l'époque où l'univers antique était saisi comme frère du monde contemporain. Désormais domine la conscience d'une opposition entre passé et présent, qui fait des auteurs classiques l'objet d'une réflexion historique et d'une critique philologique. Pétrarque, chantre élégiaque et érudit inquiet (*les Triomphes*, v. 1356 ; *Canzoniere*), et Boccace (*Décaméron*, 1348-1353), qui sont à l'origine de l'humanisme, vont offrir à l'âge nouveau les modèles parfaits de la sensibilité et du style.

● *L'humanisme et la Renaissance.* Phénomène italien avant d'être européen, l'humanisme se manifeste d'abord avec le pédagogue Vittorino da Feltre, le philologue Lorenzo Valla, le savant passionné Pic de La Mirandole, par une soif d'érudition. Le monde acquiert la dimension historique qui manquait au Moyen Age, tandis que la pensée platonicienne s'impose grâce aux traductions et aux commentaires de Marsile Ficin.

La prose, qui garde dans son vocabulaire et sa syntaxe un aspect latinisant, sert essentiellement à la composition de traités didactiques, avec Leon Battista Alberti et Léonard de Vinci. La poésie se découvre une veine burlesque avec Luigi Pulci (*Morgant*, 1481) et une inspiration précieuse avec Laurent de Médicis et Angelo Ambrogini, dit Politien (*Stances pour le tournoi*, 1478).

● *Le XVIe s.* La révolution florentine du dominicain Jérôme Savonarole, puis le sac de Rome (1527) par les troupes de Charles Quint marquent la fin de la Renaissance italienne. Tandis que le centre de gravité de la culture européenne passe au-delà des Alpes, le concile de Trente fixe les termes d'une nouvelle doctrine et d'une stricte discipline. Si la pratique du mécénat permet aux cours princières d'abriter le génie licencieux de l'Arétin (*Ragionamenti*, 1532-1534), la littérature, comme la religion, se soumet à la norme et prétend à une responsabilité morale. Baldassare Castiglione brosse le portrait de l'homme cultivé et raffiné (*le Courtisan*, 1528). L'histoire et la politique sont l'objet de la réflexion amère de Machiavel (*le Prince*, 1513 ; *Histoire de Florence*, 1521-1525) ou de l'analyse lucide de Guichardin (*Histoire d'Italie*, 1537-1540). L'individualisme de l'époque s'attache aux biographies (*Vies des meilleurs peintres, sculpteurs et architectes*, de Giorgio Vasari), aux mémoires (Benvenuto Cellini), à l'esprit satirique et licencieux des contes de Matteo Bandello. Le théâtre, malgré la verve padouane d'Angelo Beolco, dit Ruzzante, subit le poids des règles aristotéliciennes, et Trissino donne avec sa *Sophonisbe* (v. 1515) la première tragédie classique. La seule forme dramatique vivante reste la *commedia dell'arte*. Si Pietro Bembo érige en principe d'art l'imitation de la pensée et de la langue de Pétrarque, la poésie de la Renaissance va paradoxalement s'inspirer de thèmes chevaleresques et médiévaux pour atteindre à son expression la plus parfaite avec Matteo Maria Boiardo (*Roland amoureux,* 1483), l'Arioste (*Roland furieux,* 1516-1532) et le Tasse (*la Jérusalem délivrée,* 1581). Cette sensibilité romanesque se prolonge dans le raffinement précieux de la poésie pastorale de Battista Guarini (*le Berger fidèle,* 1595).

● *Le XVIIe s.* Faisant de la recherche du nouveau un des projets fondamentaux de l'art, le XVIIe s. italien considère que la somme de la sagesse et du savoir appartient non aux Anciens, mais aux Modernes. Rejet des règles reçues et de l'ordre traditionnel, goût de l'étrange et de l'effet caractérisent la poésie baroque de Giambattista Marino (*Adonis,* 1623), le pathétique de Federico Della Valle (*la Reine d'Ecosse,* 1629) et de Carlo Dottori (*Aristodème,* 1675), le mélodrame d'Ottavio Rinuccini (*Ariane à Naxos,* 1608). Cet affranchissement de l'esprit trouve son expression philosophique avec Giordano Bruno, Paolo Sarpi, Tommaso Campanella (*la Cité du soleil,* v. 1602) et surtout l'œuvre de Galilée (*Dialogue sur les deux grands systèmes du monde,* 1632).

● *Le XVIIIe s.* Fruit de la confrontation cosmopolite, dans les foyers intellectuels de Naples et de Milan, d'idées où confluent cartésianisme, sensualisme et encyclopédisme, l'*illuminismo* fait briller dans tous les domaines de la littérature les « lumières de la raison et de la philosophie », qu'illustrent Giambattista Vico (*Principes d'une science nouvelle,* 1725-1744), Cesare Beccaria (*Des délits et des peines,* 1764), Giuseppe Baretti, rédacteur du *Fouet littéraire* (1763-1765). La poésie, à l'instigation de l'académie de l'Arcadie, réagit d'abord contre le marinisme avec Métastase, qui attache son nom au mélodrame (*Didon abandonnée,* 1724; *Attilius Regulus,* 1740), puis elle retrouve le sens d'une mission civique avec Giuseppe Parini (*la Journée,* 1763). Cette volonté morale soutient aussi les efforts de Carlo Goldoni, qui oppose à la comédie traditionnelle de Pietro Chiari et de Carlo Gozzi (*l'Amour des trois oranges,* 1761) un théâtre de mœurs fondé sur l'observation réaliste de la vie (*Arlequin, serviteur de deux maîtres,* 1745; *la Locandiera,* 1753; *le Bourru bienfaisant,* 1771). La fin du XVIIIe s. est dominée par la personnalité de Vittorio Alfieri, dont l'œuvre dramatique tout entière est une exaltation de la liberté et un appel à la grandeur morale (*Saül,* 1782; *la Conjuration des Pazzi,* 1789).

● *Le XIXe s. et l'époque contemporaine.* Dès le début du XIXe siècle, la littérature accentue son caractère national. Ugo Foscolo crée le premier héros romantique italien (*les Dernières Lettres de Jacopo Ortis,* 1802). Le romantisme s'allie d'ailleurs étroitement au patriotisme avec Silvio Pellico (*Mes prisons,* 1832), se réclame de la raison et de la vérité avec Alessandro Manzoni (*le Cinq Mai,* 1821; *les Fiancés,* 1825-1842) et s'attache au problème des rapports de l'homme et de la nature avec Giacomo Leopardi (*Poésies lyriques,* 1824-1835). Romantisme et *Risorgimento* restent unis, comme le montre Francesco De Sanctis (*Histoire de la littérature italienne,* 1870-1872), jusqu'à ce que le groupe de la *Scapigliatura* (la Bohème) ouvre la littérature italienne aux influences françaises et naturalistes. Si la poésie traditionnelle, pénétrée de classicisme, survit avec Giosue Carducci (*Rimes nouvelles,* 1861-1887) et Giovanni Pascoli (*Myricae,* 1891), le *vérisme* propose avec Giovanni Verga une vision sceptique et pessimiste de la vie régionale italienne (*les Malavoglia,* 1881; *Maître Don Gesualdo,* 1889), tandis qu'Antonio Fogazzaro passe de l'observation réaliste au mysticisme sentimental (*Petit Monde d'autrefois,* 1895). Mais, très vite, les écrivains italiens s'efforcent d'échapper au provincialisme. Le *futurisme* de Marinetti (*Mafarka le Futuriste,* 1909) et la critique de Benedetto Croce (*Bréviaire d'esthétique,* 1913) inaugurent un mouvement de rénovation qui s'incarne dans le « décadentisme » de Gabriele D'Annunzio (*l'Enfant de volupté,* 1889; *Laudes du ciel, de la mer, de la terre et des héros,* 1902-1912), l'analyse psychologique de Luigi Pirandello (*Chacun sa vérité,* 1917), l'introspection d'Italo Svevo (*la Conscience de Zeno,* 1923). La poésie se tourne vers un idéal de contemplation et d'hermétisme avec Eugenio Montale (*Os de seiche,* 1925), Salvatore Quasimodo (*Eau et terres,* 1930), Guiseppe Ungaretti (*Sentiment du temps,* 1933).

Cependant, les luttes politiques et la guerre, vigoureusement évoquées par Malaparte (*Kaputt,* 1944), conduisent un grand nombre d'écrivains à se vouloir témoins de leur temps. Si le roman psychologique reste vivant avec Alberto Moravia (*les Indifférents,* 1929; *le Mépris,* 1954), Cesare Pavese (*le Bel Eté,* 1949), Elio Vittorini (*les Femmes de Messine,* 1949), les problèmes sociaux, la résistance au fascisme, les difficultés d'adaptation à la vie moderne des provinces du Sud forment les thèmes des récits d'Ignazio Silone (*Fontamara,* 1930), de Corrado Alvaro (*Gens d'Aspremont,* 1930), de Carlo Levi (*Le Christ s'est arrêté à Eboli,* 1945), de Vasco Pratolini (*Un héros de notre temps,* 1949), de Francesco Jovine, de Carlo Cassola.

Mais alors que Dino Buzzati (*le Désert des Tartares,* 1940; *le K.,* 1966) et Italo Calvino (*le Baron perché,* 1957) mêlent à l'expérience du réel une inspiration fantastique, les préoccupations des auteurs contemporains vont à la forme et à la matière même de l'écriture. Le problème des rapports de la langue italienne et des parlers dialectaux est posé par Carlo Emilio Gadda (*l'Affreux Pastis de la rue des Merles,* 1957) et Pier Paolo Pasolini (*Poésie dialectale du XXe s.,* 1952; *Une vie violente,* 1959). L'inquiétude qui anime les jeunes romanciers est moins celle de Tomasi di Lampedusa (*le Guépard,* 1958), qui porte sur le sens de la destinée humaine, que celle qui naît de l'interrogation sur la signification de la création littéraire. La jeune génération proclame la faillite du néo-réalisme et s'ouvre à l'influence des mouvements littéraires européens, particulièrement français. Les disciplines scientifiques modernes, la sociologie, la linguistique, l'ethnologie servent de références à la nouvelle école, éprise de recherches stylistiques avec Leonardo Sciascia, Oreste del Buono, Elemire Zolla, Edoardo Sanguineti (*Capriccio italiano,* 1964).

iule

Italie (*campagnes d'*), nom donné à plusieurs campagnes militaires qui se déroulèrent en Italie aux XIXe et XXe s. Les deux premières furent conduites par Bonaparte contre les Autrichiens en 1796-1797, puis en 1800; elles furent illustrées par les victoires de Montenotte, Mondovi, Lodi, Arcole (1796), Rivoli (1797) et Marengo (1800). Une nouvelle campagne fut menée en 1859 par les forces françaises de Napoléon III, victorieuses à Magenta et à Solferino, pour libérer l'Italie du Nord des Autrichiens. Enfin, après les combats qui se déroulèrent sur le front italien de 1915 à 1918, une dernière campagne fut entreprise en Italie de 1943 à 1945 par les Alliés, qui, débarqués en Sicile, chassèrent les Allemands de la péninsule. C'est au cours de ces combats qu'aux côtés des Britanniques, des Américains et des Polonais se distinguera en Italie le corps expéditionnaire français du général Juin, vainqueur au Garigliano.

Italie (*guerres d'*), guerres qui, au début de l'âge moderne, ont eu l'Italie pour théâtre d'opérations. Dans la première période (1494-1515), les rois de France vont guerroyer en Italie pour la succession du royaume de Naples (Charles VIII), et, en outre, du Milanais (Louis XII et François Ier). Ils ont pour adversaires le roi d'Aragon, puis le pape; les villes italiennes changent de camp au gré de leurs intérêts. Dans la seconde période (1515-1559), l'Italie est encore le plus souvent le champ de bataille, mais la lutte est devenue générale (opposition entre la France et la maison d'Autriche). L'Angleterre même se mêle à la lutte. Le traité du Cateau-Cambrésis (1559) n'est qu'une trêve : la France abandonne l'Italie, mais conserve des forteresses alpines qu'elle n'évacuera qu'au traité de Vervins (1598).

Italien (Théâtre-). V. COMÉDIE-ITALIENNE.

italien [italjɛ̃], **enne** [-ɛn] adj. et n. De l'Italie. ‖ — N. m. Langue romane parlée en Italie.

Italiotes ou **Italiques,** populations primitives de l'Italie centrale : *Latins, Ombriens, Samnites,* etc. Leurs langues se divisaient en deux groupes, l'osco-ombrien et le latin.

italique adj. Relatif à l'Italie ancienne : *les langues italiques.*

Ivan le Terrible, par Antokolski

italique adj. et n. f. Se dit d'un caractère d'imprimerie légèrement incliné vers la droite, comme l'écriture ordinaire, et créé à Venise, vers 1500, par Alde Manuce.

item [itɛm] adv. (mot lat.). De même, de plus. (S'emploie surtout dans les comptes, les énumérations.)

item n. m. Question, épreuve d'un test psychologique. ‖ Dans l'enseignement programmé, ensemble organisé des informations, des rappels de certaines notions déjà apprises et des suggestions, et qui précède la question posée, à laquelle l'élève doit répondre pour passer à l'item suivant. (On dit aussi ÉLÉMENT.)

itératif [iteratif], **ive** [-iv] adj. (du lat. *iterare,* recommencer). Fait ou répété plusieurs fois : *sommation itérative.*

itératif n. m. Syn. de FRÉQUENTATIF.

itération n. f. Action de faire répéter, de faire de nouveau.

itérativement adv. Pour la seconde, la troisième, la quatrième fois.

Ithaque, une des îles Ioniennes; 8 000 h. Ch.-l. *Itháki.* D'après les poèmes homériques, ce fut le royaume d'Ulysse.

Ithôme (*mont*). *Géogr. anc.* Mont fortifié, en Messénie. Il fut longtemps le siège de la résistance que les Messéniens opposèrent aux Lacédémoniens.

ithos [itɔs] n. m. (du gr. *êthos,* morale). Anc. terme désignant la partie de la rhétorique qui traite des mœurs, de la morale.

itinéraire [itinerɛr] n. m. (du lat. *iter, itineris,* chemin). Route à suivre dans un voyage : *établir son itinéraire.* ‖ — Adj. Qui concerne les chemins : *mesures itinéraires.*

itinérant, e adj. et n. m. Qui se déplace pour exercer une certaine fonction : *prédicateur itinérant.* ● *Culture itinérante,* déplacement des zones de culture (souvent accompagné d'une migration de l'habitat), caractéristique des régions tropicales, où le sol s'épuise rapidement. ‖ *Exposition itinérante,* exposition qui a lieu successivement dans plusieurs lieux différents.

Iton, riv. de France, qui arrose Evreux et se jette dans l'Eure (r. g.); 118 km.

itou [itu] adv. (anc. fr. *itel;* du lat. *hic talis*). *Pop.* Aussi, de même : *et moi itou.*

Ittihad (Al-). V. CHA'AB (*Al-*).

Iturbide (Agustín DE), général et homme d'Etat mexicain, né à Valladolid (auj. Morelia) [1783-1824]. Général espagnol, il réprima avec vigueur le soulèvement de Hidalgo et Morelos (1810). Il s'imposa au vice-roi Juan O-Donojú et devint président du Conseil de régence. Il réunit un Congrès constituant qui le nomma empereur sous le nom d'Agustín Ier (1822). Le soulèvement républicain de Santa Anna l'obligea à abdiquer (1823). Il fut fusillé l'année suivante.

Iturée, pays de l'anc. Asie antérieure, au nord-est de la Palestine.

iule [jyl] n. m. (gr. *ioulos*). Mille-pattes se nourrissant de végétaux et s'enroulant en spirale en cas de danger.

Ivajlo (m. en 1280), roi de Bulgarie (1277-1279). Ayant mené la révolte contre les Byzantins, il fut proclamé tsar, mais il dut bientôt se réfugier chez les Mongols.

Ivan Ier Danilovitch Kalita (v. 1304-1341), grand-prince de Moscou et de Vladimir (1328-1340). Les Mongols de la Horde d'Or, dont il reconnut la suzeraineté, lui confèrent le titre de grand-prince de Moscou. Il s'assura l'hégémonie sur les autres principautés russes. — IVAN II *Ivanovitch le Doux* (1326-1359), grand-prince de Moscou et de Vladimir (1353-1359), fils du précédent. Il se laissa dominer par les boyards. — IVAN III *Vassilievitch le Grand,* né à Moscou (1440-1505), grand-prince de Moscou et de toute la Russie (1462-1505), fils et successeur de Basile II. Il réunit les principautés russes septentrionales en un seul Etat dont Moscou fut le centre. Il annexa notamment Iaroslavl' (1463) et Novgorod (1478), et mit fin à la suzeraineté mongole sur les provinces russes. Il ouvrit la Russie aux influences byzantines et italiennes. — IVAN IV *Vassilievitch le Terrible* (1530-1584), tsar de Russie (1533-1584), fils de Basile III. Orphelin en 1538, il inaugura son règne personnel en 1547 et fut le premier des grands-princes russes à prendre officiellement le titre de tsar. La même année, il épousa la princesse Anastasia Romanov. Il s'efforça tout d'abord d'enlever le contrôle du gouvernement aux grandes familles. Il réunit les premiers états généraux russes (1549-1550), organisa le premier noyau d'armée permanente et chercha appui auprès de l'Eglise. Il entreprit alors de grandes expéditions extérieures. Il détruisit le khānat de Kazan' (1552), conquit Astrakhan' (1554) et engagea la guerre contre la Suède et la Lituanie à propos de la Livonie (1560). Il inaugura ensuite un gouvernement tyrannique et un régime de terreur contre l'aristocratie et l'Eglise. En 1582, il dut abandonner la Livonie à la Pologne et la région de Narva à la Suède. — IVAN V *Alexeïevitch* (1666-1696), tsar de Russie (1682-1689), successeur de son frère Fédor (ou Fiodor) III. Il fut écarté du pouvoir en faveur de son demi-frère Pierre (le Grand); mais une révolte des Streltsy l'imposa aux côtés de ce dernier (1682); Pierre, sept ans plus tard, écarta définitivement Ivan V. — IVAN VI *Antonovitch,* né à Saint-Pétersbourg (1740-1764), tsar de Russie (1740 à 1741), fils de la grande-duchesse Anna Leopoldovna. Il fut renversé, après un an de règne, au profit d'Elisabeth, fille de Pierre le Grand. Catherine II le fit probablement étrangler.

Ivanhoé, roman historique de Walter Scott (1820).

Phot. Margioco, X.

S U I S S E
A U T R I C H E
H O N G R I E
Y O U G O S L A V I E
BERNE
Lausanne
GRAZ
Klagenfurt
LAC BALATON
Ljubljana
ZAGREB
Rijeka
Split
SARAJEVO
Mur
Drave
Save
Kupa
Una
Urbas
Neretva
Danube
Rhône
Rhin
Col du Brenner
Passo di Resia
Hochfeiler
Gr. Glockner 3798
Alpes Carniques
C. du St-Gothard
C. du Simplon
C. du Gd-St-Bernard
Mt Cervin 4478
Mt Blanc 4807
Mt Rose 4633
Gd-Paradis 4061
C. du Mt-Cenis
Mt Viso 3841
C. de Larche
Pta Argentera 3297
Col de Tende
VAL D'AOSTE
Aoste
Domodossola
Bernina 4052
Ortles 3899
Palla Bianca 3736
Presanella 3556
Adamello 3554
Mt Cristallo
Marmolada 3342
Dolomites
TRENTIN-HAUT-ADIGE
Bolzano
Merano
Trente
Belluno
Udine
FRIOUL
Gorizia
Monfalcone
TRIESTE
VÉNÉTIE JULIENNE
VÉNÉTIE
Vicence
Trévise
VÉRONE
PADOUE
Mestre
VENISE
Lido
Murano
Chioggia
Rovigo
Adria
ISTRIE
Alpes Bergamasques
Sondrio
Côme
Varèse
Monza
Bergame
BRESCIA
Busto Arsizio
Biella
Novare
MILAN
Sesto S. Giovanni
Lodi
L O M B A R D I E
Mantoue
Cremone
Pavie
Voghera
Plaisance
Vercelli
TURIN
Chieri
Casale
Asti
Alexandrie
Tortona
Alba
Bra
Saluces
Fossano
Cuneo
Mondovi
Novi Ligure
Sestri Ponente
GÊNES
Savone
Rapallo
Chiavari
La Spezia
Portofino
Noli
Alassio
Imperia
Bordighera
San Remo
Vintimille
MONACO
NICE
Cannes
GOLFE DE GÊNES
Parme
Reggio nell' Em.
Modène
Carpi
Ferrare
BOLOGNE
Comacchio
Ravenne
Lugo
Faenza
Imola
Forli
Cesena
Rimini
S.-MARIN
Pesaro
Fano
Urbino
Senigallia
Ancône
Jesi
Osimo
Macerata
Civitanova Marche
Porto San Giorgio
Fermo
S. Benedetto del Tronto
Ascoli Piceno
Teramo
Mt Cimone 2163
Mt Maggiorasca 1803
Alpes Apuanes 1946
Carrare
Massa
Viareggio
Lucques
Pise
Livourne
Marina di Pisa
Pistoia
Prato
Fiesole
FLORENCE
Empoli
Pontedera
S. Miniato
Pratomagno 1592
Mt Falterona 1654
Arezzo
Volterra
S. Gimignano
Sienne
Collines Métallifères
T O S C A N E
Cecina
Larderello
Montepulciano
Chianciano Terme
Cortone
LAC TRASIMÈNE
Pérouse
Assise
Foligno
Gubbio
Città di Castello
Mt Catria 1702
O M B R I E
Spolète
Todi
Orvieto
Terni
Rieti
Grosseto
Mt Amiata 1734
Piombino
I. Capraia
I. d'Elbe
Portoferraio
Mt Capanne 1019
I. Pianosa
I. Montecristo
I. Giglio
Mt Argentario 635
Orbetello
L. DE BOLSENA
Viterbe
Tarquinia
Civitavecchia
Cap Linaro
Bracciano
ROME
Tivoli
Ostie
Fregene
Lido di Roma
Albano Laziale
Velletri
Anzio
Latina
Terracina
Mt Circeo 541
Frosinone
Cassino
Fondi
Gaète
G. de Gaète
Mondragone
Iles Pontines
A B R U Z Z E S
Pescara
Chieti
Ortona
Lanciano
Vasto
L'Aquila
Sulmona
Avezzano
Celano
Mt Vettore 2478
Mt Terminillo
Mt Velino 2487
Gran Sasso 2914
Mt Corno
Maiella
Mt Sirente 2349
Mt Meta 2247
MOLISE
Campobasso
Isernia
I. Palagruza
I. Pianosa
Iles Tremiti
Sannicandro
L. DI LESINA
L. DI VARANO
Vieste
Testa del Gargano
Gargano
Mt Calvo 1056
Monte San Angelo
Manfredonia
G. de Manfredonia
S. Severo
Torremaggiore
Lucera
Foggia
Cerignola
Barletta
Andria
Molfetta
BARI
Mola di Bari
Monopoli
Fasano
Corato
Conversano
Putignano
Gravina in P.
Gioia
Alberobello
Ostuni
Brindisi
Grottaglie
Francavilla-Fontana
Lecce
TARENTE
Manduria
Galatina
Nardo
Gallipoli
Otranto
C. Sta Maria di Leuca
Metaponte
Matera
Massafra
Canosa
Melfi
Mt Vulture 1330
Potenza
BASILICATE (LUCANIE)
Pisticci
Sinni
Eraclea
Agri
GOLFE DE TARENTE
C A M P A N I E
Bénévent
Caserte
Capoue
Aversa
Herculanum
Ariano Irpino
Avellino
NAPLES
Pouzzoles
Vésuve
Pompéi
Ischia
Portici
Torre del Greco
Torre Annunziata
Castellammare di Stabia
Sorrente
Capri
Amalfi
Salerne
Eboli
Paestum
Agropoli
Cap Licosa
CILENTO
Sala Consilina
Mt Cervati 1899
Cap Palinuro
G. de Policastro
Mt del Papa 2007
Mt Pollino 2271
Castrovillari
Sybaris
Corigliano Calabro
Rossano
Scalea
Paola
Cosenza
Botte Donato 1929
San Giovanni in Fiore
La Sila
Crotone
Cap Colonne
Nicastro
Catanzaro
Marina di Catanzaro
Squillace
Golfe de Squillace
Golfe de San Eufemia
Tropea
C. Vaticano
Vibo Valentia
Gioia Tauro
Palmi
Rosarno
Cittanova
Bagnara Calabra
Scilla
Montalto 1947
Aspromonte
Reggio de Calabre
C. Spartivento
Melito di Porto Salvo
Stromboli
Iles Éoliennes
Panarea
Salina
Filicudi
Alicudi
Lipari
Vulcano
Ustica
C. di Milazzo
Milazzo
Tyndare
MESSINE
Détr. de Messine
Mts Nebrodi
Mts Péloritains
Taormina
Etna 3295
Acireale
CATANE
G. de Catane
C. Sta Croce
Augusta
Syracuse
Noto
C. Murro di Porco
Pachino
C. Passero
Modica
Raguse
Mts Iblei
Scicli
Vittoria
Gela
Licata
Agrigente
Porto Empedocle
Eraclea Minoa
Sciacca
Sélinonte
Mazara del Vallo
Marsala
Trapani
Erice
Sègeste
Alcamo
Calatafimi
Corleone
Castelvetrano
Monreale
PALERME
Solunte
Bagheria
Cefalu
Termini
Rocca Busambra 1615
Madonie 1977
Mistretta
Randazzo
Bronte
Adrano
Paterno
Nicosia
Enna
Piazza Armerina
Caltanissetta
Aragona
Caltagirone
Lentini
Floridia
Riesi
Ravanusa
S I C I L E
C. Gallo
Carini
C. S. Vito
Golfe de Castellammare
Iles Égates
I. Levanzo
I. Marettimo
I. Favignana
Pantelleria
C O R S E
Bastia
Ajaccio
Bouches de Bonifacio
I. Maddalena
I. Caprera
Pta Caprara
Pta Falcone
Arsinara
G. de l'Asinara
Porto Torres
GALLURA
Tempio Pausania
Olbia
G. di Olbia
Mt Limbara 1362
TURRITANO
Sassari
LOGUDORO
Alghero
Ozieri
Mts d'Ala
Bonorva
Nuoro
SARDAIGNE
C. Comino
Dorgali
G. di Orosei
Macomer
Mt Ferru 1050
C. Mannu
Oristano
G. di Oristano
C. della Frasca
Mts du Gennargentu
Pta La Marmora 1834
Lanusei
Mt S. Vittoria 1213
CAMPIDANO
Mt Linas 1236
Iglesias
IGLESIENTE
Carbonia
I. S. Pietro
I. di S. Antioco
C. Sperone
C. Teulada
Monserrato
Quartu S. Elena
CAGLIARI
Golfe de Cagliari
C. Carbonara
C. S. Spartivento
MER ADRIATIQUE
MER TYRRHÉNIENNE
MER MÉDITERRANÉE
MER IONIENNE
C. Blanc
Bizerte
C. Bon
'Annaba (Bône)
TUNISIE
TUNIS
ALGÉRIE
ITALIE
0
50
100 km
8°
10°
12°
14°
16°
18°
38°
40°
42°
44°
46°

Politiquement morcelée après l'effondrement de l'Empire romain, l'Italie a donné naissance à de nombreuses écoles régionales, entre autres à Florence, Rome, Sienne, Bologne, Venise. Il existe néanmoins des traits généraux caractérisant l'art italien, toujours intimement mêlé à la vie publique, soumis à l'architecture, sensible aux grands courants des idées.

La forte imprégnation byzantine subie par la péninsule (Ravenne, Rome, Venise, le monastère bénédictin du Mont-Cassin) laissa des traces profondes, dont des peintres comme *Cimabue*, au XIIIe s., *Duccio* et *Cavallini*, à la fin du XIIIe et au début du XIVe s., ne s'étaient pas encore dégagés.

L'architecture romane se développa surtout en Lombardie et en Toscane. La Lombardie possède des monuments importants de l'art préroman (*Sant'Ambrogio* de Milan, rebâtie vers 1100 ; *San Pietro in Ciel d'Oro* de Pavie, 1132) et voit s'élever au XIIe s. *San Zeno* de Vérone, les cathédrales de Modène, Ferrare et Parme. En Toscane, à Pise, la cathédrale (XIe s., façade du XIIe) et le campanile (XIIe-XIVe s.) constituent, avec le baptistère et le Campo Santo gothique, un ensemble remarquable. Florence possède la charmante basilique *San Miniato al Monte* (XIe s., façade du XIIe [1]).

Le style gothique, d'origine française, ne s'acclimata jamais parfaitement, son verticalisme ne correspondant pas au tempérament italien, qui le transforma sensiblement. On lui doit la cathédrale de Sienne, celle d'Orvieto, celle de Milan plus tardivement, le château de Ferrare, le *Palazzo Vecchio* de Florence, le *Palazzo Pubblico* de Sienne, le Palais des Doges et la *Ca' d'Oro* à Venise. Les premiers grands sculpteurs furent les Pisano. *Nicola Pisano* exécuta la chaire du baptistère de Pise (1255-1260) [2] et celle de la cathédrale de Sienne (1266), son fils *Giovanni* la chaire de la cathédrale de Pise (1301-1311) ; *Andrea Pisano* travailla vers 1335 aux reliefs du campanile de Florence, conçu par le peintre *Giotto*.

La peinture gothique est caractérisée par le développement de la fresque, qui remplaça la mosaïque byzantine. *Giotto* (1266-1337) fut le véritable fondateur de la peinture italienne. Son sens plastique monumental, dramatique, son goût de l'humain annoncent déjà la Renaissance (fresques de l'Arena de Padoue [*le Baiser de Judas* (3)], de la basilique d'Assise, de Santa Croce à Florence). Il eut de nombreux élèves ou imitateurs, les « giottesques » : *Orcagna*, *Taddeo* et *Agnolo Gaddi*, *Andrea Buonaiuti*. Nous trouvons à Sienne *Simone Martini*, *Pietro* et *Ambrogio Lorenzetti*, suivis, au XVe s., à Florence, par *Fra Angelico*, *Fra Filippo Lippi*, *Benozzo Gozzoli*, et, à Vérone, par *Pisanello*.

On fait débuter vers 1400 la Renaissance, qui devait assurer à l'art italien une incontestable prééminence en Europe. Elle fut l'œuvre, aux XVe et XVIe s., de quantité d'artistes poursuivant, chacun selon son tempérament, le même idéal de perfection. Au XVe s., Florence fut le véritable foyer de la Renaissance avec les architectes *Brunelleschi* (*vieille sacristie de l'église San Lorenzo*, 1520-1528 [4]) et *Alberti*, les sculpteurs *Ghiberti*, *Donatello*, *Verrochio*, les peintres *Uccello*, *Andrea del Castagno*, *Ghirlandajo*, *Botticelli*. *Piero della Francesca* a travaillé surtout à Urbino, *Melozzo da Forli* à Rome, *Signorelli* dans les Marches et en Ombrie, *Mantegna* à Padoue et à Mantoue. À Venise, *Giovanni Bellini* a profité de la leçon d'*Antonello da Messina*. Au début du XVIe s., Rome reprend le flambeau, en attendant que Venise la relaie. *Bramante* conçoit le plan de Saint-Pierre de Rome, que reprend *Michel-Ange*. *Jules Romain* élève le *palais du Te* à Mantoue ; *Andrea Palladio* construit églises, palais et villas en Vénétie (*palais Chiericati*, à Vicence, 1551 [5]). *Michel-Ange* surpasse tous les autres sculpteurs (*la Nuit*, du tombeau de Julien de Médicis, église San Lorenzo de Florence, entre 1520 et 1534 [6]). Parmi les peintres, citons les plus illustres : *Léonard de Vinci*, *le Corrège*, *Raphaël* (Vierge avec saint Sixte et sainte Barbe, dite *Madone sixtine*, 1513 [7]), ainsi que *Giorgione*, *Titien*, *le Tintoret* et *Véronèse* (*l'Enlèvement d'Europe*, Venise, palais ducal [8]), gloires de l'école vénitienne. Au classicisme de la Renaissance, fait d'ordre et

1

2

3

4

5

6

Phot. Scala (5), Tetrel.

de raison, voire, au XVIe s., de raffinements et de caprices « maniéristes », succéda cet art de pompe et de mouvement qu'est le baroque. De nouveau l'architecture reconquit la suprématie qu'elle avait perdue au profit de la peinture. Rome, où *Vignola* construisit à partir de 1568 l'église du Gesù, fut le centre où s'élabora le style baroque. *Maderno* agrandit Saint-Pierre, éleva sa façade (1606-1617); *le Bernin* ajouta la colonnade de la place (1655-1667). *Francesco Borromini* fut sans doute le plus grand architecte baroque (San Carlo alle Quattro Fontane, à Rome). *Longhena* bâtit l'église della Salute et le palais Pesaro à Venise, *Guarini* travailla à Turin. *Le Bernin*, le plus représentatif des artistes baroques, est aussi un sculpteur sensuel et d'une incroyable virtuosité (*Sainte Thérèse en extase*, Rome, église Santa Maria della Vittoria, 1644-1651 [9]).

En peinture, les *Carrache* fondèrent à Bologne la première académie, où les élèves recevaient un enseignement éclectique. Nommons *le Dominiquin, l'Albane, le Guide, le Guerchin*; mais le peintre dont l'influence fut la plus forte, par son réalisme, par ses inventions dans les éclairages, est un artiste mort en 1610, Michelangelo Amerighi, dit *le Caravage* (*le Repas à Emmaüs* [10]).

Au XVIIIe s., l'art italien paraît essoufflé. Seule Venise trouve un nouveau lustre avec des peintres comme *Giambattista Tiepolo, Francesco Guardi* (*la Fête de l'Ascension* sur la place Saint-Marc [11]), *Canaletto, Longhi*. Dans la première moitié du XIXe s. s'instaure le néo-classicisme. Au XXe s., les nouvelles techniques de l'architecture permettent des réalisations comme la gare de Florence, à Rome le forum Mussolini, la Cité universitaire et la gare, à Milan l'*université Bocconi* par *Giuseppe Pagano*, l'immeuble *Montecatini* (1951) et le gratte-ciel *Pirelli* par *Gio Ponti*. Parmi les peintres, il faut indiquer *Amedeo Modigliani*, qui appartint à l'école de Paris, les futuristes *Boccioni, Carra, Russolo, Balla* et *Severini*, ainsi que *De Chirico, Morandi, Magnelli*; parmi les sculpteurs, *Marino Marini* et *Giacomo Manzu*. Les tendances contemporaines sont richement représentées en Italie.

11

10

9

7

8

Phot. Giraudon, Scala (2), Held, Giraudon.

La Campanie,
environs de Naples.

Canazei, dans le Trentin.

L'autoroute du Soleil.

Le Gennargentu,
sommet de la Sardaigne.

Paysage des Abruzzes.

Pétrochimie à Gela, en Sicile.

Sidérurgie à Tarente.

Phot. E. N. I. T., Titus (3), Bottin, Titus, Snam Progetti.

Ivanovo, v. de l'U. R. S. S. (R. S. F. S. de Russie), au nord-est de Moscou ; 419 000 h. Centre cotonnier.

ive [iv] ou **ivette** [-ɛt] n. f. *Bot.* Espèce de bugle à fleurs jaunes.

Ivens (Joris), metteur en scène de cinéma hollandais, né à Nimègue en 1898. Il est l'auteur de nombreux documentaires de caractère poétique qui recèlent de généreux témoignages sociaux : *Pluie* (1928), *Zuyderzee* (1930), *Komsomol* (1932), *Borinage* (1933), *Terre d'Espagne* (1937), *le Chant des fleuves* (1954), *La Seine a rencontré Paris* (1957), *A Valparaiso* (1963), *le Mistral* (1964), *le Ciel, la Terre* (1965), *le 17ᵉ Parallèle* (1967), *le Peuple et ses fusils* (1968), *Loin du Vietnam* (1969).

Ives (Charles), compositeur américain, né à Danbury (Connecticut) [1874-1954]. Un des pionniers du langage musical actuel, il est l'auteur de la *Concord Sonata.*

ivoire [ivwar] n. m. (du lat. *ebur, eboris*). Substance osseuse dure, riche en sels de calcium, qui forme la plus grande partie des dents. (On utilise l'ivoire de l'éléphant et aussi celui du rhinocéros et de l'hippopotame.) ‖ Objet sculpté dans de l'ivoire : *le Louvre possède d'admirables ivoires.* ‖ *Fig.* Blancheur comparable à celle de l'ivoire : *l'ivoire du cou.* ● *Ivoire végétal,* v. COROZO.

ivoirien, enne adj. et n. De la Côte-d'Ivoire.

ivoirin [-rɛ̃], **e** [-in] adj. Qui est d'ivoire ou semblable à l'ivoire. (On dit aussi ÉBURNÉEN, ENNE.)

ivraie [ivrɛ] n. f. (du lat. *ebriacus,* ivre). Genre de plantes de la famille des graminacées, dont une espèce, l'*ivraie enivrante,* est toxique, ses graines mélangées à celles des céréales pouvant provoquer des empoisonnements chez l'homme et les animaux. (Deux autres espèces, connues sous les noms de *ray-grass anglais* et *ray-grass d'Italie,* entrent dans les mélanges utilisés pour la création des prairies et pour l'engazonnement des pelouses, et constituent de bons fourrages.) ‖ *Fig.* Chose mauvaise qui se mêle aux bonnes et leur nuit. ● *Séparer le bon grain de l'ivraie,* séparer les bons des méchants, le bien du mal.

ivre [ivr] adj. (lat. *ebrius*). Qui a le cerveau troublé par l'action du vin, de l'alcool. ‖ *Fig.* Egaré, exalté par les passions : *ivre d'orgueil.* ● *Ivre mort, ivre morte,* ivre au point d'avoir perdu connaissance.

Ivrée, en ital. **Ivrea,** v. d'Italie (Piémont), sur la Doire Baltée ; 23 700 h. Amphithéâtre romain. Machines à écrire et à calculer.

ivresse n. f. Etat d'une personne ivre. ‖ *Fig.* Transport, excitation : *ivresse de la joie.*

ivrogne, esse n. (du lat. pop. *ebrionia,* ivrognerie). Personne qui s'enivre souvent.

ivrognerie n. f. Habitude de s'enivrer.

Ivry-la-Bataille (27540), comm. de l'Eure (arr. d'Evreux), sur l'Eure ; 2 183 h. (*Ivryens*). Ruines médiévales. Matières plastiques. Le futur Henri IV y vainquit Mayenne et les ligueurs en 1590.

ivoire

diptyque de Boèce
Musée chrétien, Brescia

Vierge à l'enfant (XVᵉ s.)
Musée départemental, Rouen

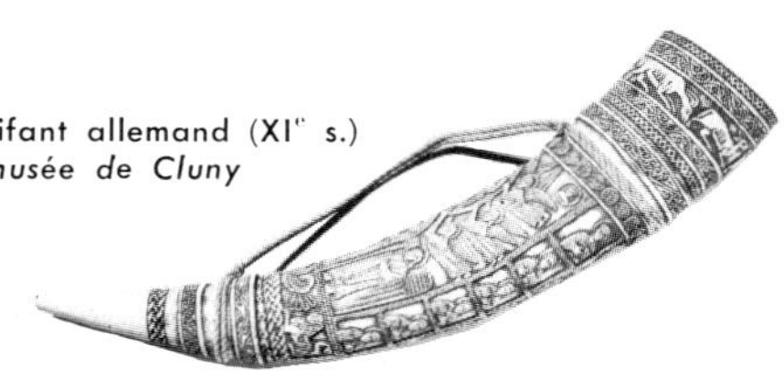

olifant allemand (XIᵉ s.)
musée de Cluny

coffret byzantin (Xᵉ s.)
musée de Cluny

Ivry-sur-Seine (94200), ch.-l. de c. du Val-de-Marne, sur la Seine (r. g.) ; 60 616 h. (*Ivryens*). Hospice. Centre industriel important.

Iwaszkiewicz (Jarosław), écrivain polonais, né à Kalnik (Ukraine) en 1894. Il s'efforce de concilier les principes de l'esthétique classique et les aspirations sociales et humaines de la Pologne nouvelle dans ses poèmes, ses drames et surtout ses nouvelles (*les Boucliers rouges,* 1934 ; *la Mère Marie des Anges,* 1943 ; *Lis des marais et autres récits,* 1960). Il a publié également un récit autobiographique (*le Livre de mes souvenirs,* 1968) et réuni plusieurs essais critiques (*Causeries sur les livres,* 1968 ; *les Hommes et les livres,* 1971).

Iwo, v. du sud-ouest du Nigeria ; 183 900 h.

Iwo Jima ou **Iwo Shima,** île du Pacifique, au nord des Mariannes, conquise par les Américains sur les Japonais en février 1945.

Ixelles, en néerl. **Elsene,** comm. de Belgique (Brabant), dans la banlieue sud-est de Bruxelles ; 91 500 h. Industries diverses.

ixia [iksja] n. f. (mot lat.). Genre d'iridacées bulbeuses, cultivées pour leurs belles fleurs.

Ixion. *Myth. gr.* Roi des Lapithes, auquel Zeus avait accordé asile dans l'Olympe. Ayant manqué de respect à Héra, il fut attaché à une roue enflammée tournant éternellement.

ixode [iksɔd] n. m. (gr. *ixôdês,* gluant). Nom scientifique de la *tique.* (Les ixodes transmettent dans diverses régions du globe des maladies infectieuses comme la spirochétose, la tularémie.)

Iyeyasu (1542-1616), fondateur de la dynastie shōgunale des Tokugawa* au Japon. Il se proclama shōgun héréditaire après la victoire de Sekigahara (1600) ; il détruisit la puissance des daimyō et ferma le Japon à toute influence étrangère.

Izegem, comm. de Belgique (Flandre-Occidentale) ; 22 800 h. Toiles. Tabac. Chaussures.

Izernore (01580), ch.-l. de c. de l'Ain (arr. de Nantua) ; 520 h. (292 aggl.). Vestiges gallo-romains.

Izieux, anc. comm. de la Loire, incorporée à Saint-Chamond en 1962.

Izmir, anc. **Smyrne,** port de Turquie, sur la mer Egée ; 417 400 h. Centre commercial. Textiles (coton). Industries chimiques.
● *Histoire.* V. SMYRNE.

Izmit, v. de Turquie, sur la mer de Marmara ; 123 000 h. Pneumatiques. C'est l'anc. *Nicomédie**.

Izoard (*col de l'*), col des Alpes (Hautes-Alpes), entre le Queyras et le Briançonnais ; 2 360 m.

'Izrā'īl ou **Azraël,** nom de l'ange de la mort dans l'islām. ('Izrā'īl sépare l'âme du corps de celui qui vient de mourir.)

Phot. Giraudon (4).

J j

j [ʒi] n. m. Dixième lettre de l'alphabet et la septième des consonnes : « *j* » *est une fricative sonore.* ‖ — **J,** symbole du *joule,* unité de travail et d'énergie, et unité de quantité de chaleur. ‖ **J** désigne aussi l'équivalent mécanique de l'unité de quantité de chaleur, qui vaut 4,185 joules par calorie. ● *Jour J,* jour où doit se déclencher une action, une attaque, une guerre. ‖ — **j,** symbole du *jour,* unité de temps.

Jabalpur ou **Jubbulpore,** v. de l'Inde centrale (Madhya Pradesh) ; 414 700 h. Métallurgie. Produits textiles et chimiques.

jabiru [ʒabiry] n. m. Oiseau échassier des régions chaudes, voisin de la cigogne. (Haut. 1,50 m.)

jable n. m. (empr. au gaul.). Rainure pratiquée dans les douves des tonneaux, pour y enchâsser le fond. ‖ Partie de la douve qui dépasse le fond du tonneau.

jabler [ʒɑble] v. t. Faire des jables.

jabloir n. m. ou **jabloire** n. f. Outil de tonnelier, servant à faire le jable des tonneaux.

Jablonec nad Nisou, v. de Tchécoslovaquie (Bohême) ; 30 000 h. Verrerie.

jaborandi [ʒabɔrɑ̃di] n. m. Remède sudorifique, habituellement tiré de pilocarpes de l'Amérique du Sud.

jabot [ʒabo] n. m. (empr. à un patois auvergnat). Poche œsophagienne ou gastrique de divers animaux (oiseaux, insectes), depuis laquelle les aliments peuvent être régurgités après avoir subi un début de digestion. (V. *encycl.*) ‖ Volant de lingerie en mousseline ou en dentelle, s'adaptant à l'encolure et garnissant le plastron d'une blouse ou d'une robe.
— ENCYCL. Les oiseaux peuvent rejeter le contenu de leur *jabot* (pelotes ingluviales) pour s'alléger lorsqu'ils sont poursuivis ou pour nourrir leurs petits avec des graines prédigérées. Le jabot des pigeons, tant mâles que femelles, sécrète même une sorte de lait pour les nouveau-nés. Quant au jabot des insectes sociaux (abeilles, fourmis, termites), c'est un « estomac social » où s'élabore un aliment (miel par exemple) qui est transmis d'un individu à l'autre. Le miel des abeilles, notamment, est élaboré dans le jabot de plusieurs ouvrières avant d'être mis en réserve dans les rayons.
Le jabot des araignées est un estomac aspirateur dont l'extension permet la succion des proies.

jaboter [ʒabɔte] v. i. et t. Piailler, chanter, en parlant des oiseaux. ‖ *Fam.* Bavarder ensemble.

jacaranda [ʒakarɑ̃da] n. m. (mot brésilien). Arbre des régions chaudes, de la famille des bignoniacées. (Il fournit un très beau bois.)

jacasse n. f. (de *jaque,* geai). Autre nom de la PIE. ‖ *Fam.* Femme qui parle beaucoup.

jacasser [ʒakase] v. i. Crier, en parlant de la pie. ‖ *Fam.* Bavarder, parler avec volubilité.

jacasserie n. f. ou **jacassement** n. m. *Fam.* Bavardage.

jacasseur, euse n. *Fam.* Celui, celle qui jacasse.

jacée [ʒase] n. f. (lat. *jacea*). Espèce de centaurée à fleurs mauves, des prés et des chemins.

jachère [ʒaʃɛr] n. f. (bas lat. *gascaria*). Etat d'une terre labourable qu'on laisse temporairement sans produire de récolte. ‖ Cette terre elle-même.
— ENCYCL. La *jachère,* pratiquée autrefois pour laisser reposer la terre et la débarrasser des parasites, est de plus en plus souvent abandonnée depuis l'emploi des engrais, des pesticides et des herbicides.

jacinthe [ʒasɛ̃t] n. f. (gr. *Huakinthos,* personnage mythologique). Plante bulbeuse dont on cultive une espèce de l'Asie Mineure pour ses fleurs en grappes ornementales. (Famille des liliacées.) [Syn. HYACINTHE.] ● *Jacinthe des bois,* V. ENDYMION.

jack [dʒak] n. m. (mot angl.). Douille métallique associée à plusieurs ressorts plats isolés entre eux et isolés de la douille, utilisée en téléphonie pour la connexion de conducteurs.

Jackson, v. des Etats-Unis, cap. du Mississippi, sur la Pearl River ; 167 000 h. Textiles.

Jackson (Andrew), homme politique américain, né à Waxhaw (Caroline du Sud) [1767-1845]. Sénateur démocrate en 1823, il fut élu triomphalement président de la République en 1828 et réélu en 1832. Il se montra énergique dans la sauvegarde de l'Union et donna au pouvoir exécutif une grande autorité. Cependant, il ne put éviter une grave crise financière (1837-1839). Son influence resta prépondérante sous son successeur Van Buren, si bien que la période 1825-1840 a pu être appelée *l'ère de Jackson.*

Jackson (Mahalia), chanteuse noire américaine, née à La Nouvelle-Orléans (1911-1972). Elle dirige en 1927 un quartette vocal, se consacrant uniquement à l'interprétation de chants sacrés. Ses premiers enregistrements datent de 1935, mais ce n'est qu'une dizaine d'années plus tard qu'elle est reconnue comme l'une des plus grandes chanteuses de « gospel songs ».

jacinthe

jabiru

Jacksonville, v. des Etats-Unis (Floride) ; 201 000 h. Métallurgie. Papeterie. Tourisme.

Jacob, patriarche hébreu, fils d'Isaac et de Rébecca, père de douze fils, qui furent les ancêtres des douze tribus d'Israël. Il finit ses jours en Egypte, où son fils Joseph était devenu ministre du pharaon.

Jacob (Georges), ébéniste français, né à Cheny (Bourgogne) [1739-1814]. Il a joué dans le domaine des arts décoratifs un rôle très important sous Louis XV, Louis XVI et pendant le Directoire. Ses ateliers produisirent une grande quantité de meubles, parfois inspirés des styles anglais. — Son fils, FRANÇOIS HONORÉ (1770-1841), sous le nom de **Jacob-Desmalter,** continua son œuvre. Il travailla avec les architectes Percier et Fontaine. Ebéniste de l'empereur, il reçut de nombreuses commandes pour les châteaux impériaux, ainsi que pour des cours étrangères.

Jacob (Max), écrivain français, né à Quimper (1876-1944). Il mena, en compagnie de Picasso et de Modigliani, une existence de bohème et se révéla dans ses poèmes en prose et ses récits un précurseur du surréalisme (*Œuvres mystiques et burlesques du frère Matorel mort au couvent de Barcelone,* 1911 ; *le Cornet à dés,* 1917). Converti au catholicisme, il se retira à Saint-Benoît-sur-Loire ; c'est là que les Allemands vinrent l'arrêter. Emmené à Drancy, il y mourut avant son transfert dans un camp de concentration. Il a laissé des gouaches qui peignent les rues de Paris et des scènes de la vie du théâtre.

Jacob (François), médecin et biologiste français (Nancy 1920). Avec Monod, il démontre l'existence de l'A. R. N. messager, et reçoit avec lui et Lwoff le prix Nobel de physiologie et médecine (1965).

jacobée [ʒakɔbe] n. f. (du lat. *Jacobus,* Jacques). Espèce de séneçon, commune dans les bois et les prés, appelée aussi *fleur de Saint-Jacques.*

Jacobi (Moritz Hermann VON), physicien allemand, né à Potsdam (1801-1874). Il est l'inventeur du retour par la terre en télégraphie et de la galvanoplastie.

Jacobi (Carl VON), mathématicien allemand, né à Potsdam (1804-1851), frère du précédent. Il a surtout étudié les fonctions elliptiques, dont, comme Abel et exactement à la même époque, il découvrit la plus importante propriété, leur double périodicité.

jacobin [ʒakɔbɛ̃], **e** [-in] n. Nom donné autrefois, en France, aux religieux et religieuses de la règle de saint Dominique, dont le premier couvent était situé rue Saint-Jacques.

jacobin, e n. Membre d'un club républicain qui, durant la Révolution, tenait ses séances dans l'ancien couvent des Jacobins. (V. art. suiv.) ‖ Partisan ardent de la démocratie. ‖ — Adj. : *opinions jacobines.*

Jacobins (*club des*), société politique qui fut formée à Versailles, en 1789, par quelques constituants bretons. Il prit le nom de « Société des amis de la Constitution », et s'installa à Paris, dans l'ancien couvent des Dominicains (Jacobins) de la rue Saint-Honoré. D'abord modéré, le club des Jacobins devint peu à peu l'organe directeur des Montagnards et particulièrement de Robespierre, dont il soutint jusqu'au bout la politique.
Fermé après Thermidor (11 nov. 1794), il ressuscita un moment sous le nom de « club du Panthéon » (1795) ; dissous en 1796, reconstitué en 1797 sous le nom de « club du Manège », il fut fermé définitivement le 13 août 1799.

jacobinisme n. m. Doctrine démocratique et centralisatrice professée sous la Révolution par les Jacobins, ou Montagnards. ‖ Opinion démocratique avancée.

jacobites, autre appellation des monophysites syriens, tirée du nom de Jacques Baradée, évêque d'Antioche au VIe s.

jacobites, nom donné en Angleterre, après la révolution de 1688, aux partisans de Jacques II et de la maison des Stuarts.

jacobus [ʒakɔbys] n. m. (mot lat.). Anc. monnaie d'or d'Angleterre, frappée sous Jacques Ier et valant une guinée environ.

jacquard [ʒakar] n. m. Métier à tisser inventé par Jacquard. ‖ Tricot fait à la main ou à la machine et s'inspirant du tissu Jacquard. (Il présente des dessins compliqués.)

Jacquard (Joseph-Marie), mécanicien français, né à Lyon (1752-1834). On lui doit l'invention du métier à tisser qui porte son nom et qu'il réalisa en perfectionnant le métier de Vaucanson, auquel il adjoignit notamment le dispositif de sélection par cartons perforés, imaginé précédemment par Falcon.

Jacqueline ou **Jacoba de Bavière,** née au Quesnoy (1401-1436), duchesse en Bavière, comtesse de Hainaut, de Hollande, de Frise et de Zélande. En 1428, elle reconnut le duc de Bourgogne comme héritier.

Jacquemart de Hesdin, miniaturiste français, né à Hesdin, actif entre 1384 et 1409. On lui attribue un carnet d'esquisses de la collection Pierpont Morgan à New York, mais la paternité des *Grandes Heures du duc de Berry,* à la Bibliothèque nationale, lui a été retirée.

Jacquemont (Victor), voyageur et naturaliste français, né à Paris (1801-1832). Il voyagea en Amérique du Nord, dans l'Inde et au Tibet.

jacquerie [ʒakri] n. f. (de *jacques,* nom pop. donné aux paysans). Nom donné à des révoltes de paysans français (les *jacques*). [La plus célèbre éclata en 1358, après la défaite de Poitiers.]

Phot. Lauros - Atlas-Photo, Dragesco - Atlas-Photo.

Jacques (*saint*), dit **le Majeur,** né à Bethsaïde (m. en 44), fils de Zébédée, frère de saint Jean l'Evangéliste, un des douze apôtres. Une légende en fait l'apôtre de l'Espagne ; il mourut martyr à Jérusalem. — Fête le 25 juillet.

Jacques (*saint*), dit **le Juste** ou **le Mineur** (m. en 62), un des douze apôtres, fils d'Alphée. La tradition le regarde comme le premier évêque de Jérusalem, où il mourut martyr. — Fête le 11 mai.

Jacques Ier le Conquérant, né à Montpellier (1208-1276), roi d'Aragon (1213-1276), fils du roi Pierre II. Il conquit successivement les Baléares (1229-1235), les royaumes de Valence (1231-1238) et de Murcie (1265), mais renonça à toute prétention outre-Pyrénées (sauf Montpellier). — JACQUES II *le Juste* (v. 1260-1327), roi d'Aragon (1291-1327) et de Sicile (1285-1295), fils de Pierre III. En 1295, il céda le gouvernement de la Sicile à son frère Frédéric. Il obtint l'investiture pour la Corse et la Sardaigne.

Jacques Ier Stuart, né à Dunfermline (1394-1437), roi d'Ecosse (1406/1424-1437). Il fut fait prisonnier par les Anglais avant la mort de son père ; pendant ce temps (1406-1424), l'Ecosse fut gouvernée par le régent Albany. Devenu maître du pouvoir, il écrasa l'opposition féodale, mais fut assassiné. — JACQUES II (1430-1460), roi d'Ecosse (1437-1460), fils et successeur de Jacques Ier. S'étant débarrassé des féodaux qui dominaient le pays (1450-1455), il lutta contre les Anglais, à qui il prit plusieurs places fortes. — JACQUES III (1451-1488), roi d'Ecosse (1460-1488), fils et successeur de Jacques II. Son mariage avec Marguerite de Danemark lui rapporta les îles Orcades et Shetland. — JACQUES IV (1473-1513), roi d'Ecosse (1488-1513), fils et successeur de Jacques III. En 1503, il épousa Marguerite Tudor, fille d'Henri VII : mais les prétentions d'Henri VIII d'Angleterre à l'égard de l'Ecosse amenèrent Jacques IV à renouer l'alliance française (1512) et à reprendre la guerre contre l'Angleterre (1513). Il fut tué au cours de la bataille de Flodden. — JACQUES V, né à Linlithgow (1512-1542), roi d'Ecosse (1513-1542), fils de Jacques IV. Il régna d'abord sous la régence d'Albany (1514-1524), puis d'Angus, chef de parti anglophile (1524-1528). Il reprit ensuite la politique traditionnelle francophile et catholique. Il épousa Madeleine de France, fille de François Ier (1537), puis Marie de Lorraine, fille de Claude de Guise (1538), dont il eut une fille, Marie Stuart. A la fin de son règne, il vit la défaite écossaise contre les Anglais à Solway Moss (1542). — JACQUES VI, roi d'Ecosse (1567-1625). V. JACQUES Ier, roi d'Angleterre. — JACQUES VII, roi d'Ecosse (1685-1688). V. JACQUES II, roi d'Angleterre.

Jacques Ier, né à Edimbourg (1566-1625), roi d'Angleterre et d'Irlande (1603-1625) et roi d'Ecosse (Jacques VI) [1567-1625], fils de Marie Stuart. Jouet des factions rivales, il fut emprisonné par le parti protestant (1582-1583) et, pendant sa minorité, connut une succession de régences. Il rétablit l'autorité monarchique en Ecosse. Il succéda à Elisabeth en 1603. Attaché à l'anglicanisme, il persécuta également catholiques et puritains. Mais il se rendit impopulaire par son autoritarisme et par la faveur accordée à Buckingham. Il échoua dans sa tentative de rapprochement avec l'Espagne. — JACQUES II, né à Londres (1633-1701), roi d'Angleterre et d'Irlande, et roi d'Ecosse (Jacques VII) [1685-1688], frère et successeur de Charles II. Duc d'York (1643) et grand amiral (1660-1673), il enleva la Nouvelle-Amsterdam aux Hollandais et vainquit Ruyter. Sa conversion au catholicisme lui attira l'opposition des « whigs », et, à deux reprises, il faillit perdre ses droits de succession au trône. Il succéda néanmoins à son frère en 1685, mais accrut son impopularité par sa politique favorable aux catholiques, son mépris du Parlement, qu'il ne convoqua jamais, et son alliance avec Louis XIV. L'opposition soutint les entreprises de Guillaume de Nassau, stathouder de Hollande et gendre du roi. Lorsque Guillaume débarqua en Angleterre (1688), Jacques II s'enfuit en France, où il termina sa vie.

Jacques Ier, né à Montpellier (1243-1311), roi de Majorque (1276-1311), fils de Jacques Ier le Conquérant, roi d'Aragon. Il régna sur le royaume de Majorque, constitué par son père avec les Baléares, le Roussillon, la Cerdagne et Montpellier. — JACQUES II, né à Catane (1315-1349), roi de Majorque (1324-1349). Il perdit les Baléares, le Roussillon et vendit Montpellier au roi de France.

Jacques Édouard Stuart, connu sous le nom du **Prétendant** ou du **Chevalier de Saint-George,** né à Londres (1688-1766). Fils de Jacques II, il fut reconnu roi par Louis XIV, mais il échoua dans ses tentatives pour recouvrer son trône.

Jacques de Vitry, prélat et historien français, né à Vitry-sur-Seine (v. 1170-1240) ; auteur de l'*Historia orientalis seu Hierosolymitana.*

Jacques de Voragine (*bienheureux*), hagiographe italien, né à Gênes (v. 1228-1298), auteur de la *Légende dorée.* — Fête le 13 juillet.

Jacques le Fataliste et son maître, roman de Diderot, écrit en 1773, publié en 1796. Inspiré de Sterne, ce roman sentimental et humoristique mêle, à travers les anecdotes, les monologues d'auteur, les apostrophes au lecteur, le récit des amours d'un domestique et les discussions philosophiques sur la liberté humaine.

Jacques-Cartier, v. du Canada (Québec), réunie à Longueuil en 1969.

jacquet [ʒakɛ] n. m. (dimin. de *Jacques*). Jeu analogue au trictrac, joué avec des pions et des dés sur une tablette divisée en quatre compartiments.

jacquier [ʒakje] n. m. V. JAQUIER.

Jacques Ier d'Angleterre
peinture anonyme
galerie Palatine
Florence

Jacques II d'Angleterre
peinture anonyme
ancien collège
des Ecossais, Paris

jactance [ʒaktɑ̃s] n. f. (lat. *jactantia ;* de *jactare,* vanter). Action, habitude de se vanter : *parler avec jactance.*

jaculatoire [ʒakylatwar] adj. *Oraison jaculatoire,* prière courte et fervente.

jade [ʒad] n. m. (esp. *ijada*). Pierre fine d'un vert plus ou moins foncé, à l'éclat laiteux, très utilisée en Chine. (Le jade comprend deux espèces : la *jadéite* et la *néphrite.*) ‖ Objet sculpté dans cette matière.

Jade, golfe de la côte de l'Allemagne occidentale (Basse-Saxe), où est bâti le port de Wilhelmshaven.

jadéite n. f. L'une des espèces de jade.

Jadida (El-), anc. **Mazagan,** port du Maroc, sur l'Atlantique ; 40 000 h. Occupé par les Portugais de 1502 à 1769.

jadis [ʒadis] adv. (lat. *jam diu*). Autrefois, dans le passé.

Jadotville. V. LIKASI.

Jaén, v. d'Espagne (Andalousie) ; 65 700 h. La ville possède une belle cathédrale (XVIe s.) conservant des stalles et un riche trésor, des églises de styles gothique, mudéjar et Renaissance. Industries chimiques.

Jaffa ou **Yafo,** anc. port de Palestine (Israël), réuni à Tel-Aviv. Commerce d'agrumes. La ville fut prise par Bonaparte en 1799.

Jaffna, port de Ceylan ; 100 000 h.

Jagellon, famille lituanienne, d'où sortit une dynastie lituano-polonaise qui régna en Pologne, en Bohême et en Hongrie (XIVe-XVIe s.).

jaguar [ʒagwar] n. m. (d'un mot tupi-guarani). Mammifère carnassier de l'Amérique du Sud, voisin de la panthère, à taches ocellées. (Long. 1,30 m.)

Jahn (Friedrich Ludwig), homme politique allemand, né à Lanz (1778-1852). Il organisa à Berlin des exercices de gymnastique à des fins de propagande contre l'oppression napoléonienne.

Jahvé. V. YAHVÉ.

jaillir [ʒajir] v. i. (empr. au gaul.). Sortir impétueusement, en parlant d'un liquide, d'un gaz : *le sang jaillissait de la blessure.* ‖ Sortir, pénétrer soudainement, vivement : *une vive lumière jaillit de l'obscurité.* ‖ Se manifester vivement : *du choc des opinions jaillit la vérité.*

jaillissant, e adj. Qui jaillit : *eaux jaillissantes.*

jaillissement n. m. Action de jaillir : *jaillissement d'une source ; jaillissement des idées.*

jaïn ou **jaïna** adj. Qui appartient au jaïnisme. ‖ — Adj. et n. Qui professe le jaïnisme.

jaïnisme [ʒainism] n. m. Une des religions de l'Inde. — ENCYCL. Fondé au VIe s. av. J.-C. par le *Jina* (le Victorieux), le *jaïnisme* fut, comme le bouddhisme, une réforme dirigée contre le brahmanisme. C'est dans le Rājputāna et le Gujerāt que furent édifiés les principaux sanctuaires.
La doctrine du jaïnisme mène l'âme vers le nirvāna ; la transmigration universelle amène les croyants à respecter tout ce qui vit. La communauté jaïna est réduite aujourd'hui à un million et demi d'adeptes.

jaguar

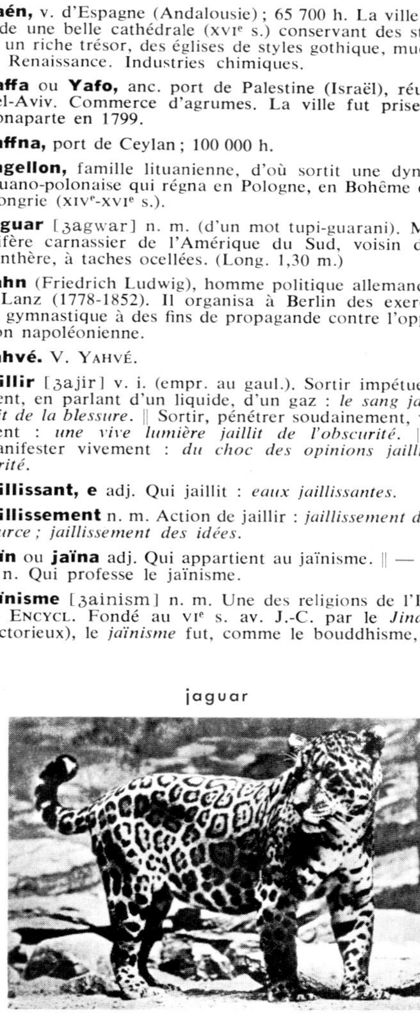

Jaipur, v. de l'Inde, cap. du Rājasthān ; 533 200 h. Université. Industries textiles et mécaniques. Mica. Anc. centre de la civilisation rājpute.

jais [ʒɛ] n. m. (lat. *gagates,* pierre de Gages [Lycie]). Variété de lignite d'un noir brillant. (Syn. JAYET.) ‖ Couleur noire : *des yeux de jais.*

Jakobson (Roman), linguiste américain d'origine russe, né à Moscou en 1896, un des fondateurs de la phonologie, auteur des *Essais de linguistique générale.* Ses travaux ont également porté sur la structure linguistique de la poésie.

jalap [ʒalap] n. m. (esp. *jalapa*). Genre de convolvulacées de l'Amérique septentrionale, dont la racine a des propriétés purgatives énergétiques. (L'eau-de-vie allemande est une teinture de jalap.)

Jalapa ou **Jalapa Enríquez,** v. du Mexique, à l'est de Mexico ; 72 000 h.

jale [ʒal] n. f. Sorte de grande jatte ou de baquet.

jaleos [xaleos] n. m. pl. (mot esp.). Exclamations et battements de mains accompagnant les danses et les chants flamencos.

Jalgaon, v. de l'Inde (Mahārāshtra) ; 80 400 h.

Jaligny-sur-Besbre (03220), ch.-l. de c. de l'Allier (arr. de Vichy) ; 827 h. Château du XVIe s.

Jallieu, anc. comm. de l'Isère (arr. de La Tour-du-Pin), près de Bourgoin, ville à laquelle elle est auj. rattachée. Industries textiles et mécaniques.

jalon [ʒalɔ̃] n. m. Piquet servant à établir des alignements, à marquer des distances. ‖ *Fig.* Indications préliminaires, points de repère : *poser les jalons d'un travail.*

jalon-mire n. m. Poteau surmonté d'une mire, réglable ou non, et que l'on fiche dans le sol pour effectuer un tracé ou une étude sur le terrain. ‖ Pl. des *jalons-mires.*

jalonnement n. m. Action, manière de jalonner : *le jalonnement du terrain.* ● *Jalonnement d'un itinéraire,* procédé consistant à placer des repères de place en place pour en indiquer le tracé.

jalonner [ʒalɔne] v. i. Placer des jalons de distance en distance (au *pr.* et au *fig.*). ‖ — V. t. Planter des jalons : *jalonner un terrain.* ‖ Etre placé de distance en distance : *des bornes jalonnent cette route.* ‖ Déterminer, marquer la direction : *bouées qui jalonnent un chenal.*

jalonneur n. m. Homme chargé de jalonner.

jalousement adv. De façon jalouse.

jalouser [ʒaluze] v. t. Porter envie à, être jaloux de : *jalouser ses camarades.*

jalousie n. f. Chagrin, dépit de voir un autre posséder un bien qu'on voudrait pour soi : *la jalousie le tourmente.* ‖ Crainte que la personne aimée ne s'attache à une autre. ‖ Persienne formée d'une série de planchettes enfilées sur des chaînettes et dont l'angle peut être modifié.

jaloux [ʒalu], **ouse** [-luz] adj. et n. (lat. *zelosus ;* du gr. *zêlos,* zèle). Très attaché à : *jaloux de son autorité.* ‖ Qui éprouve du dépit ; envieux : *jaloux du bonheur d'autrui.* ‖ Dont l'affection pour quelqu'un est ombrageuse, soupçonneuse : *amitié jalouse.* ‖ Tourmenté par la crainte de l'infidélité.

Jaloux (Edmond), écrivain français, né à Marseille (1878-1949). Il est l'auteur de romans idéalistes et de nombreux essais de critique littéraire (*l'Esprit des livres,* 1923). [Acad. fr.]

jamaïquain [ʒamaikɛ̃], **e** [-ɛn] adj. et n. De la Jamaïque.

Phot. Alinari-Giraudon, Zoological Society, New York, Giraudon.

la Jamaïque
Port Antonio

Henry James

Jamaïque (la), l'une des Antilles, formant un Etat membre du Commonwealth, au sud de Cuba ; 11 424 km² ; 1 959 000 h. (*Jamaïquains*). Cap. *Kingston*. Langue : *anglais*.

Géographie.

C'est une île montagneuse dans sa partie centrale et formée surtout de plaines à sa périphérie. Le Nord et la montagne, frappés par l'alizé, sont abondamment arrosés. Le Sud, abrité, est beaucoup plus sec (moins de 700 mm à Kingston). Les températures sont constamment élevées, oscillant très faiblement autour de 25 °C.

Le climat a favorisé le développement des plantations coloniales : canne à sucre, fruits (bananes), café, etc. Cette économie explique la prépondérance numérique des Noirs. La population est dense (plus de 150 h. au kilomètre carré en moyenne) et s'accroît à un rythme rapide, de l'ordre de 2 p. 100 par an. L'agglomération de Kingston en regroupe près du quart.

La balance commerciale est déficitaire, malgré l'exploitation d'importants gisements de bauxite, dont la Jamaïque est le premier producteur mondial. Une partie de la bauxite est exportée brute, une autre partie est auparavant valorisée en alumine. Le tourisme, malgré son importance, compense à peine le déficit de la balance commerciale.

Histoire.

L'île, alors peuplée d'Arawaks, fut découverte par Christophe Colomb en 1494. De riches Espagnols s'y installèrent. Ils introduisirent des esclaves d'Afrique et exterminèrent les autochtones. La valeur stratégique de l'île attira les Anglais, qui en prirent officiellement possession par le traité de Madrid (1670) et en firent un centre de contrebande en direction de l'Amérique espagnole.

Le XIXe s. fut troublé par la révolte des esclaves (1831), suivie de leur émancipation (1833), et par l'abolition du tarif protecteur (1846), qui entraîna une crise économique et une révolte des Noirs (1865). Il demeure cependant, grâce à l'exportation du sucre, de l'indigo et du cacao, une période de prospérité. La Jamaïque reçut le statut de colonie en 1866. Elle obtint son autonomie interne en 1959 et sa pleine indépendance en 1962. Intégrée à la Fédération des Indes-Occidentales en 1958, elle s'en retira en 1961, provoquant la dissolution de la Fédération en 1962.

En 1969, l'île devient membre de l'Organisation des Etats américains.

jamais [ʒamɛ] adv. (anc. fr. *ja*, et *mais*, dans le sens de *plus*). En un temps quelconque : *si jamais vous venez...* ‖ **— Ne... jamais,** en aucun temps : *cela ne s'est jamais vu.* ‖ **— A jamais, pour jamais** loc. adv. Toujours.

jambage n. m. Trait vertical ou légèrement incliné d'un *m*, d'un *n*, etc. ‖ Assise en pierre de taille ou en maçonnerie, servant de support à une construction. ‖ Montant vertical d'une baie de porte ou de croisée. ● *Jambage de cheminée*, maçonnerie verticale qui s'élève jusqu'à hauteur du manteau d'une cheminée.

jambe [ʒɑ̃b] n. f. (bas lat. *gamba*). Partie des membres inférieurs comprise entre le genou et le pied. (Le squelette de la jambe est formé du tibia et du péroné.) ‖ *Fam.* Le membre inférieur tout entier : *avoir de grandes jambes.* ‖ Pilier de pierre placé dans les murs pour les lier et les fortifier, ou pour supporter les poutres. ● *A toutes jambes*, très vite. ‖ *Cela lui fait une belle jambe* (Fam.), se dit par ironie de ce qui n'apporte aucun avantage à quelqu'un. ‖ *Jambe de force*, pièce de bois inclinée, supportant les extrémités d'une poutre pour la décharger. ‖ *Jouer des jambes, prendre ses jambes à son cou*, s'enfuir au plus vite. ‖ *Par-dessous* ou *par-dessus la jambe*, avec désinvolture. ‖ *Traîner la jambe*, marcher en tirant une jambe, l'une après l'autre, par fatigue ou à cause d'une blessure.

Jambes, comm. de Belgique (Namur), sur la Meuse ; 15 400 h. Métallurgie. Miroiterie.

jambette n. f. Petite jambe. ‖ Pièce de bois verticale pour soutenir une partie de la charpente.

jambier n. m. et adj. m. *Anat.* Muscle de la jambe : *le jambier postérieur.*

jambière n. f. Guêtre enveloppant la jambe. ‖ Partie de l'armure qui protégeait la jambe.

Jamblique, écrivain grec, né en Syrie (IIe s. apr. J.-C.). Il est l'auteur du roman *les Babyloniques* (v. 170-180), connu par un résumé de Photius, et qui mêle aux aventures galantes les superstitions et la magie orientales.

Jamblique, en gr. **Iamblikhos,** philosophe grec de l'école néo-platonicienne, né à Chalcis, Cœlésyrie (v. 250-330). Il enseigna à Apamée et y fonda l'école néo-platonicienne de Syrie. On a conservé cinq de ses livres sur la philosophie pythagoricienne, dont une *Vie de Pythagore* et le *Protreptique*. Thaumaturge plus que philosophe, il pense que l'homme, au moyen de rites, de formules symboliques, peut entrer en rapport avec la divinité.

jambon [ʒɑ̃bɔ̃] n. m. Cuisse ou épaule, salée ou fumée, du porc ou du sanglier.

jambonneau [-bɔno] n. m. Partie de la jambe du porc située au-dessous du jambon ou de l'épaule. ‖ Mollusque gastropode marin, à coquille triangulaire, pouvant atteindre 50 cm de long.

jamboree [ʒɑ̃bɔri] n. m. (mot de l'Inde). Réunion internationale des scouts.

jambosier n. m. Myrtacée de l'Inde, cultivée pour ses fruits rafraîchissants (jamboses).

James (*baie*), vaste baie dans le prolongement de la baie d'Hudson (Canada).

James (William), philosophe américain, né à New York (1842-1910). Il est, avec Peirce, un des fondateurs du pragmatisme. Il fit de nombreux voyages, notamment en Amazonie, avant de devenir docteur en médecine (Harvard, 1869). Il fut nommé en 1885 professeur de philosophie à l'université Harvard. On lui doit notamment un mémoire sur *le Sentiment de l'effort* (1880), *Principes de psychologie* (1891), *les Variétés de l'expérience religieuse* (1902), *le Pragmatisme* (1907).

James (Henry), écrivain anglais d'origine américaine, né à New York (1843-1916), frère du précédent. Par ses dons de psychologue et sa technique romanesque raffinée, il s'apparente d'abord à Hawthorne, puis joue de son appartenance à deux mondes contrastés pour définir une philosophie de la vie qui s'achève en méditation sur l'art de vivre et la culture européenne (*Daisy Miller*, 1879 ; *Washington Square*, 1881 ; *Portrait d'une dame*, 1881 ; *le Secret de Maisie*, 1897 ; *Tour d'écrou*, 1898 ; *les Ambassadeurs*, 1903).

Jamestown, ch.-l. de l'île de Sainte-Hélène, sur la côte nord-ouest ; 1 500 h.

Jammes (Francis), écrivain français, né à Tournay (Hautes-Pyrénées) [1868-1938]. Son goût de la poésie naïve et de la simplicité rustique (*De l'Angélus de l'aube à l'Angélus du soir*, 1898) s'unit à une sensibilité romanesque et mélancolique (*Clara d'Ellébeuse*, 1899 ; *Almaïde d'Etremont*, 1901), puis, après son retour à la foi catholique, à une sentimentalité religieuse (*les Géorgiques chrétiennes*, 1911-1912) pour donner une forme moderne au thème idyllique de l'innocence retrouvée dans le décor de la nature.

Jammu, v. de l'Inde, cap., avec Srīnagar, de l'Etat de *Jammu-et-Cachemire* (3 939 000 h.) ; 124 600 h.

Jamna, Jumna ou **Yamunā** (la), riv. de l'Inde, qui arrose Delhi et Āgra avant de rejoindre le Gange (r. dr.) à Allāhabad ; 1 370 km.

Jāmnagar, v. de l'Inde (Gujerāt) ; 200 900 h.

jam session [dʒamseʃən] n. f. (angl. *jam*, foule, et *session*, réunion). Terme de jazz qui désigne une réunion de musiciens dans le but d'improviser en toute liberté.

Jamshedpur, v. de l'Inde (Bihār), à l'ouest de Calcutta ; 402 500 h. Centre métallurgique.

Jamyn (Amadis), poète français, né à Chaource (Aube) [1540-1593]. Disciple de Ronsard, il continua l'œuvre d'Hugues Salel en mettant en vers français les treize derniers chants de *l'Iliade* et entreprit la traduction de *l'Odyssée*.

jan [ʒɑ̃] n. m. Chacune des deux tables du trictrac.

Janáček (Leoš), compositeur tchèque, né à Hukvaldy (1854-1928). Il s'est inspiré surtout du folklore et a laissé des opéras (*Jenufa*, 1903 ; *le Rusé Petit Renard*, 1923) et une *Messe glagolitique* (1927).

Jancsó (Miklós), cinéaste hongrois, né à Vác en 1921, auteur des *Sans-espoir* (1965), *Rouges et Blancs* (1967), *Silence et cri* (1968), *Psaume rouge* (1971).

Janequin (Clément), compositeur français, né à Châtellerault (v. 1480-1558), un des plus grands maîtres de la polyphonie. Prêtre, il fait ses études musicales dans le monde bordelais, et est un temps maître de chapelle de la cathédrale d'Angers avant de venir s'installer à Paris. Son œuvre comporte environ 300 chansons polyphoniques à 3 et 4 voix, ainsi que des psaumes de David et des cantiques spirituels. Il aime user d'onomatopées dans certaines chansons pittoresques (*la Guerre, le Chant des oiseaux, les Cris de Paris, l'Alouette*). Chef de l'école parisienne de la chanson narrative, grivoise ou lyrique, il s'attache aux recherches rythmiques, fait alterner le binaire et le ternaire, et, à la fin de sa vie, exploite le chromatisme italien.

Janet (Pierre), psychologue français, né à Paris (1859-1947). Il devint en 1890 directeur du laboratoire de psychologie pathologique à la clinique de la Salpêtrière, et, en 1902, professeur au Collège de France. Pierre Janet a donné une vive impulsion à la psychologie expérimentale. On lui doit : *l'Automatisme psychologique* (1889), *les Accidents mentaux des hystériques* (1893), *Névroses et idées fixes* (1898), *l'Etat mental des hystériques* (1911), *les Médications psychologiques* (1919), etc.

jangada [ʒɑ̃gada] n. f. Grand radeau du Brésil.

Janicule, l'une des collines de Rome, sur la r. dr. du Tibre.

Janin (Jules), écrivain français, né à Saint-Etienne (1804-1874). Il tint pendant quarante ans le feuilleton dramatique du *Journal des débats*, dans lequel il se montra favorable aux nouveautés romantiques (*Histoire de la littérature dramatique*, 1858). [Acad. fr.]

janissaire [ʒanisɛr] n. m. (du turc *ğeni çeri*, nouvelle milice). Soldat d'un corps d'infanterie turque (XIVe-XIXe s.).

— Encycl. Créés au XIVe s. pour remplacer les hordes irrégulières qui formaient l'armée ottomane, les *janissaires* furent d'abord recrutés parmi les enfants chrétiens enlevés à leurs familles ou fournis en tribut par les peuples vaincus. Relevant directement du sultan et élevés dans l'islamisme, ils constituaient par leur fanatisme et leur discipline une troupe de mercenaires très efficace, qui permit notamment à la Turquie de conquérir l'Europe jusqu'à Vienne. Au XVIIe s., leur recrutement fut ouvert à leurs enfants ainsi qu'aux Turcs, et ils devinrent peu à peu une garde prétorienne de moindre valeur. Principalement préoccupés de faire et de défaire les sultans, les janissaires ne purent empêcher le démantèlement de l'Empire turc. Leurs défaites en Europe et leur révolte conduisirent le sultan Mahmut II à les faire massacrer presque tous en 1826 et à supprimer l'institution.

Jan Mayen (*île*), île norvégienne de l'Arctique, au nord-ouest de l'Islande ; 2 340 m. Station météorologique.

Jannina. V. Ioannina.

Jannings (Emil), acteur allemand, né à Rorschach (Suisse) ou à Brooklyn (New York) [1884 ou 1886-1950]. Il débute au théâtre avec Max Reinhardt à Berlin, puis, de 1920 à 1945, domine le cinéma allemand : *les Frères Karamazov* (1921), *Danton* (1921), *le Dernier des hommes* (1924), *Tartuffe* (1925), *Variété* (1925), *Faust* (1926), *l'Ange bleu* (1930), *Président Kruger* (1941).

Phot. Aérofilms, X.

Janniot (Alfred), sculpteur français, né à Paris (1889-1969). Il a décoré de hauts-reliefs et de bas-reliefs de nombreux monuments, dont le musée d'Art moderne, à Paris ; il a élevé la fontaine du Soleil et le monument aux Morts à Nice.

Janot, type comique du XVIIIe s. ; il personnifiait la bêtise grotesque.

Jansen (Zacharias), inventeur hollandais, né à La Haye (1580-1628 ou 1638). Il paraît avoir fabriqué la première lunette d'approche. On lui attribue parfois l'invention du microscope.

jansénisme [ʒɑ̃senism] n. m. Doctrine tirée de l'*Augustinus,* ouvrage de *Jansénius,* qui tendait à limiter la liberté humaine en partant du principe que la grâce est accordée à certains êtres dès leur naissance, et refusée à d'autres.
— ENCYCL. Le *jansénisme* est issu des conflits sur la grâce qui opposèrent, au XVIe s., les augustiniens et les molinistes. Jusque-là, les théologiens faisaient très large la part de l'initiative divine ; au XVIe s., les jésuites (Molina) s'efforcèrent d'accorder davantage à la liberté humaine. Les doctrines molinistes furent violemment attaquées par les théologiens de Louvain (Baïus 1567) et, soixante ans plus tard, par Jansénius (1628-1636), qui devint évêque d'Ypres en 1635.
En 1640, deux ans après la mort de Jansénius, parut un ouvrage théologique de ce dernier, l'*Augustinus,* qui réveilla la dispute. Les rigoristes (jansénistes) s'appuyèrent sur l'abbé de Saint-Cyran, les Arnauld et les religieuses de Port-Royal : ils ne purent cependant éviter la condamnation par Rome (1642, 1653) de cinq propositions que la Sorbonne prétendait extraites de l'*Augustinus* et qui permettaient de penser que Jansénius niait le libre arbitre et restreignait la rédemption aux seuls prédestinés.
En dépit des protestations jansénistes et de l'apport polémique de Pascal (*les Provinciales,* 1656), la situation du jansénisme s'aggrava sous Louis XIV : Port-Royal fut détruit en 1709 ; l'oratorien Quesnel, qui avait pris la tête du parti, fut condamné par la bulle *Unigenitus* (1713). Au XVIIIe s., le jansénisme se lia au gallicanisme. En Hollande, il fut à l'origine d'une Eglise dissidente (1724), encore existante. (V. VIEUX-CATHOLIQUES.)

janséniste adj. Relatif au jansénisme. ‖ — N. et adj. Partisan du jansénisme.

janséniste adj. Se dit d'une reliure pleine, sans ornement.

Jansénius (Corneille JANSEN, dit), théologien hollandais, évêque d'Ypres, né à Acquoy, près de Leerdam (1585-1638). Son principal ouvrage, posthume, l'*Augustinus,* dans lequel il exposait à son point de vue les doctrines de saint Augustin sur la grâce, le libre arbitre et la prédestination, donna lieu à la doctrine dite *jansénisme.*

Janssen (Jules), astronome et physicien français, né à Paris (1824-1907). En 1876, il créa à Montmartre un observatoire d'astrophysique, transféré à Meudon en 1877. Il fit également installer un observatoire près du sommet du mont Blanc. Il obtint l'une des premières photographies de comète (1881).

jante [ʒɑ̃t] n. f. (du gaul. *cambo,* courbe). Cercle extérieur d'une roue.

Janus, l'un des anciens dieux de Rome, représenté avec deux visages opposés. On voyait en lui un ancien roi du Latium. Il était le dieu des Portes, ayant, comme elles, une double face. A Rome, le temple de Janus n'était fermé qu'en temps de paix.

janvier [ʒɑ̃vje] n. m. (lat. *januarius*). Premier mois de l'année depuis la réforme de Numa, qui le fit passer du onzième rang au premier.

Janvier (*saint*), évêque de Bénévent, né à Naples (v. 250-v. 305). Le « miracle de saint Janvier » (liquéfaction, à jours fixes, de son sang coagulé) ne semble pas remonter au-delà du XIVe s. — Fête le 19 septembre.

Janville (28310), ch.-l. de c. d'Eure-et-Loir (arr. de Chartres), dans la Beauce ; 1 577 h. (*Janvillois*).

Janzé (35150), ch.-l. de c. d'Ille-et-Vilaine (arr. de Rennes) ; 4 414 h. (2 911 aggl.) [*Janzéens*]. Zoo.

Japhet, troisième fils de Noé, après Sem et Cham. Il serait l'ancêtre des Indo-Européens.

japon [ʒapɔ̃] n. m. Porcelaine, papier, ivoire, etc., fabriqués au Japon : *de beaux japons.*

Japon, en japonais **Nippon** (« pays du Soleil-Levant »), empire insulaire de l'Asie orientale ; 369 000 km^2; 108 millions d'hab. (*Japonais*). Cap. *Tōkyō.* Langue : *japonais.*

Géographie.

● *Géographie physique.* Le Japon est un archipel montagneux comprenant 1 042 îles, dont les principales sont, du nord au sud, *Hokkaidō* (anc. Yeso), *Honshū* (anc. Hondo), *Shikoku* et *Kyū shū.* Il correspond à l'émergence d'arcs tectoniques actifs. Au sud-est d'une dépression médiane jalonnée par la mer Intérieure et le lac Biwa se développe une zone externe constituée de roches plissées et où le volcanisme est rare. Au nord-ouest s'étire une zone interne, granitique et volcanique. Au nord de Tōkyō, la dépression disparaît, et les deux zones sont directement juxtaposées. Les failles ont joué un rôle capital dans la structure. Elles dessinent notamment un grand fossé tectonique (la « Fossa Magna »), qui coupe Honshū transversalement à la latitude de Tōkyō. Ce fossé est jalonné de grands volcans (dont le Fuji-Yama, culminant à 3 778 m, est le plus élevé) ; c'est une zone particulièrement instable, séismique et très volcanique. Les plaines sont rares, discontinues et peu étendues (plaine d'Ōsaka et bassin de Kyōto, plaine de Nagoya et surtout plaine de Tōkyō, la plus grande de toutes, mais qui ne compte que 10 000 km^2). Le littoral (plus de 30 000 km de côtes) est très découpé sur le Pacifique et la mer Intérieure ; il est souvent rectiligne sur la mer du Japon.
Le climat se caractérise d'abord par son humidité. L'insularité modifie les caractères de la mousson : il pleut en toutes saisons. A Hakodate (Hokkaidō), à Tōkyō, à Nagasaki (Kyū shū), les précipitations dépassent largement 1 m (avec un maximum estival). Les températures varient avec la latitude (influence aggravée par celle des courants marins : courant froid de l'Oya-shio au nord, courant chaud du Kuro-shio au sud), et on passe progressivement du climat subtropical de Kyū shū au climat tempéré froid de Hokkaidō. A Nasagaki, les températures oscillent entre 6 et 26 °C ; à Hakodate, pendant trois mois, la température moyenne est inférieure à 0 °C. A Tōkyō, par 35° de lat., l'hiver est froid. La moyenne de janvier est de 2,5 °C, et il y a 65 jours de gelée par an. L'archipel est ravagé périodiquement par les typhons, notamment entre septembre et novembre, et est affecté par les tsunamis. L'humidité a favorisé le développement d'une végétation qui a été respectée et dont le mélange d'essences tropicales et tempérées s'explique par l'extension en latitude et l'étagement en altitude.
● *Géographie humaine et économique.* La population japonaise a plus que triplé en moins d'un siècle, passant de 32 millions d'hab. en 1872 à environ 100 millions aujourd'hui ; mais le rythme de progression s'est bien ralenti depuis la Seconde Guerre mondiale. Avant 1940, le Japon avait un taux de natalité voisin de ceux des autres pays de l'Asie des moussons, de l'ordre de 30 à 35 p. 1 000. En 1971, ce taux était inférieur à 20 p. 1 000 (19,3) et était analogue à ceux de l'Europe occidentale. La réduction du taux de natalité est intervenue pour enrayer la menace de surpeuplement. La réussite de la politique du contrôle des naissances est liée à divers facteurs : niveau d'instruction des masses relativement élevé, forte urbanisation, acceptation d'une telle politique, etc. En raison d'un très bas taux de mortalité 6,6, p. 1 000), la population s'accroît encore largement de 1 million d'unités par an, mais la modification de la répartition par groupes d'âges doit progressivement annuler cette croissance.
La densité moyenne est très élevée, supérieure à 280 h. au kilomètre carré, mais la population se répartit assez inégalement. L'île d'Hokkaidō, au climat rude et au peuplement japonais récent, n'a qu'une densité de 66 h. au kilomètre carré. Cette densité s'élève à 208 à Shikoku et à 287 à Kyū shū ; elle dépasse 350 à Honshū, qui regroupe près des quatre cinquièmes de la population japonaise. Plus des deux tiers de cette population sont aujourd'hui urbanisés. Environ 130 villes dépassent 100 000 h. Parmi elles, Tōkyō, Ōsaka, Nagoya, Yokohama, Kyōto, Kōbe et Kita Kyū shū dépassent chacune 1 million d'hab.
En 1971, l'industrie occupait 36 p. 100 de la population active et assurait 49 p. 100 du produit intérieur brut. Sa naissance est liée à l'avènement de l'ère Meiji (1867) ; en un siècle, le Japon est devenu la troisième puissance industrielle mondiale. L'Etat, puis les propriétaires fonciers et les commerçants ont financé le développement d'une industrie moderne en faisant appel aux techniciens étrangers. Les entreprises se sont groupées en trusts, les *zaibatsu* (à côté desquels subsistent un grand nombre de petits établissements familiaux). Puissamment intégrée financièrement, l'industrie est aussi concentrée géographiquement : régions de Fukuoka-Kita Kyū shū (sidérurgie), d'Ōsaka-Kōbe (métallurgie et textiles) et surtout de Tōkyō-Yokohama (métallurgie, textiles, chimie et électronique). Le Japon souffre d'un important déficit énergétique. La production d'hydrocarbures est insignifiante. Celle de charbon (22,5 Mt extraites à Hokkaidō et Kyū shū) ne satisfait que les trois quarts des besoins nationaux. La pluviosité et le relief ont favorisé en revanche les aménagements hydrauliques, qui fournissent plus du tiers d'une production d'électricité dépassant 410 TWh. La pénurie de pétrole local est palliée par des importations massives (plus de 250 Mt) en provenance du Moyen-Orient et d'Indonésie. Le sous-sol recèle des gisements de cuivre, de plomb et de zinc, mais il est pauvre en fer, et 65 Mt de ce minerai sont importées annuellement (Inde, Malaysia, Chili et Venezuela) pour satisfaire les besoins d'une sidérurgie très puissante.
Celle-ci est la troisième du monde (97 Mt d'acier) ; elle est implantée surtout à Kita Kyū shū (Yahata et Tobata), à Kīsarazū (près de Tōkyō), à Muroran (Hokkaidō, etc.).
La sidérurgie alimente partiellement une métallurgie de transformation, à l'intérieur de laquelle dominent deux branches, la construction navale et l'industrie automobile.
Le Japon assure près de la moitié de la production mondiale de navires : 12,8 millions de tonneaux lancés en 1972 (dont les deux tiers de pétroliers). Plus de la moitié de la production exportée, mais le Japon possède déjà la cinquième flotte marchande mondiale (33,3 millions de tonneaux en 1972). Kōbe, Nagasaki, Yokohama et Kure possèdent les plus importants chantiers navals. Tōkyō, Ōsaka, Nagoya, Hamamatsu, Hiroshima, Toyota et Kawasaki sont les centres d'une industrie automobile qui lance aujourd'hui plus de 6 millions de véhicules par an (avec prépondérance des véhicules utilitaires) et s'est hissée au deuxième rang mondial.
La métallurgie des non-ferreux est active, particulièrement celle du cuivre, du zinc et de l'aluminium (malgré l'absence sur place de bauxite).
Dans le domaine des industries de pointe, le Japon possède aussi une place privilégiée. Dans celui de l'électronique, il occupe le premier rang mondial pour la production de postes récepteurs de radio, le deuxième pour celle des récepteurs de télévision. Le Japon est aussi le deuxième producteur mondial (derrière les Etats-Unis) de matières plastiques, de pneumatiques, de fibres artificielles et synthétiques. Il est encore l'un des grands producteurs mondiaux de soie et de filés de coton et de laine ; Nagoya et surtout Ōsaka sont les grands centres textiles. L'industrie chimique est plus disséminée.
En 1971, l'agriculture employait encore le sixième de la population active, mais elle ne fournissait plus que 6,5 p. 100 du revenu intérieur brut, part qui décroît sans cesse. La forte densité de population et la faible étendue des superficies cultivées (le sixième de la surface totale)

Japon
repiquage
du riz

Phot. ambassade du Japon.

construction d'un pétrolier à Nagasaki
industries portuaires à Kōbe
train de laminoirs à Yahata

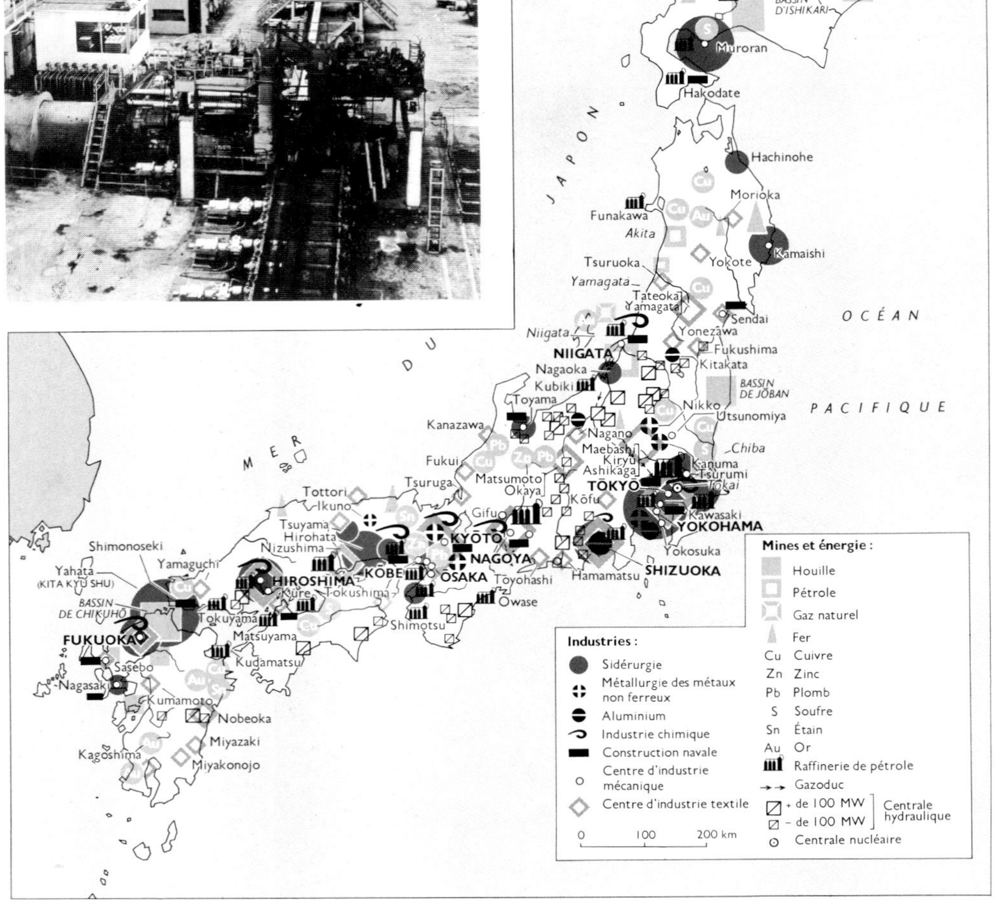

expliquent le caractère intensif de cette agriculture, qui revêt souvent, comme dans la Chine, voisine, l'aspect d'un véritable jardinage, avec, toutefois ici, emploi massif d'engrais pour obtenir les meilleurs rendements. Les exploitations sont petites : les trois quarts ont moins de 1 ha, et 1 p. 100 seulement dépasse 5 ha. Plus des quatre cinquièmes du sol sont en faire-valoir direct.

Le riz est le fondement de l'alimentation, mais la production (15 Mt) ne satisfait pas entièrement les besoins. A côté des rizières s'étendent les champs de légumes, de canne à sucre, de coton et de tabac. Les cultures fruitières occupent les levées de terre entre les champs. Celles du mûrier (en déclin) et du théier couvrent les pentes des collines et des moyennes montagnes. L'élevage est peu important (il n'existe guère de place pour les prairies ou les cultures fourragères); la pêche, en revanche, assure un complément alimentaire appréciable. La production (hareng, sardine, thon, morue, etc.) est de l'ordre de 10 Mt. Nagasaki, Fukuoka, Shimonoseki et Hachinohe sont les principaux ports de pêche.

Le commerce extérieur se développe. En 1971, les exportations représentaient 10 p. 100 en valeur du produit national brut. La balance commerciale est devenue excédentaire grâce à la vocation exportatrice d'une industrie en essor rapide. Les biens d'équipement (navires notamment) représentent approximativement, en valeur, le tiers des exportations, et l'ensemble des produits métallurgiques et textiles près du cinquième chacun. Parmi les importations dominent les combustibles, les matières premières industrielles et les compléments alimentaires. Les Etats-Unis sont, de loin, le principal partenaire commercial du Japon. Aujourd'hui se développent rapidement les échanges avec la Chine.

Le niveau de vie moyen est intermédiaire entre celui de l'Europe occidentale et celui du reste de l'Asie des moussons. Il tend à s'élever rapidement, mais le très fort accroissement d'investissements explique que sa croissance ne soit pas parallèle à celle de la production. En 1970, le produit individuel moyen pouvait être estimé à 2 150 dollars. Pour 1 000 h., il existait, la même année, 85 voitures de tourisme, environ 250 postes de télévision. Dans le domaine du logement, la densité d'occupation par pièce est encore supérieure à l'unité. Les disponibilités théoriques par habitant en produits industriels de base sont égales à celles des pays de l'Europe occidentale (sauf pour l'énergie : environ 3,5 t de charbon-équivalence) : 4 100 kWh d'électricité, 1 t d'acier, etc.

Histoire.

● *La pénétration de la culture chinoise.* Selon la légende, le Japon a été fondé en 660 av. J.-C. par l'empereur Jimmu tennō, descendant de la déesse Amaterasu (le Soleil); en fait, ce n'est qu'à partir du Ve s. de notre ère qu'existe, dans l'archipel nippon, une confédération de « royaumes ». Au VIIIe s., la civilisation chinoise et le bouddhisme y pénètrent largement. La période de Nara (710-794) voit le clan des Fujiwara et le moine Dōkyō devenir les conseillers politiques du *mikado* (empereur). En 794, la capitale du Japon est installée à Heian (future Kyōto); la maison impériale est alors puissante, mais, à la fin du IXe s., elle est affaiblie par le clan Fujiwara, à qui, sous le règne de Seiwa (850-880), elle cède la régence. Au XIe s., devant la corruption favorisée par les Fujiwara, les empereurs reprennent la totalité de leur

Phot. Office franco-japonais d'études économiques (3).

pouvoir. D'une aristocratie territoriale et militaire émergent deux familles, les Taira et les Minamoto, qui s'opposent en une lutte acharnée. En 1184-1185, les Taira sont finalement éliminés par leurs rivaux.

● *Les dictatures militaires.* En 1192, le chef des Minamoto, Yoritomo, établit un gouvernement militaire, le shōgunat, à Kamakura, se proclame généralissime et place des gouverneurs dans chaque province ; le régime impérial se maintient à Kyōto, mais sans pouvoir réel. Dès 1200, le clan Hōjō élimine les Minamoto et conserve le pouvoir jusqu'en 1333 ; il triomphe des invasions mongoles en 1274 et 1281, mais celles-ci ruinent les finances : l'empereur Go-Daigo (1318-1339) en profite pour rétablir le régime impérial, mais il se heurte à Ashikaga Takauji, qui se proclame shōgun et nomme un nouvel empereur. Ainsi est créé un schisme qui prend fin en 1392 ; après un siècle d'anarchie, le dernier shōgun Ashikaga est déposé en 1573. Les XVe et XVIe s. sont marqués par la puissance croissante des grands daimyō (seigneurs féodaux) et des monastères bouddhiques ; parallèlement se développe une bourgeoisie urbaine dont la richesse est fondée sur le négoce et les activités bancaires. En 1542, l'archipel nippon est atteint pour la première fois par des marchands européens (Portugais, puis Espagnols) ; derrière eux viennent les missionnaires catholiques, dont le plus célèbre est saint François Xavier (1549). Le christianisme fait de rapides progrès. A ce moment, le Japon connaît une ère de pacification, grâce surtout à Hideyoshi († 1598), qui entreprend la conquête de la Corée, mais son échec est suivi de troubles.

● *L'époque du shōgunat autoritaire (les Tokugawa).* En 1600, Tokugawa Iyeyasu élimine les daimyō dissidents ; en 1616, il s'impose comme *shōgun* héréditaire : il transporte sa capitale à Edo (appelé aussi Yedo), organise un Etat centralisé, fortement structuré, et soumet les daimyō. Au début du XVIIe s., les Japonais se lancent dans le grand commerce maritime, tandis que les Hollandais et les Anglais installent des comptoirs au Japon. Le shōgunat, de plus en plus autoritaire, prend ombrage de l'intrusion des étrangers ; la xénophobie devient une règle essentielle de son gouvernement. Dès 1617, les missionnaires sont expulsés, et les chrétiens persécutés (massacre de 37 000 d'entre eux à Kyū shū, en 1637) ; le christianisme est pratiquement éliminé.

Bientôt les Espagnols (1624) sont expulsés à leur tour ; les Hollandais restent tolérés à Nagasaki, puis (1640) dans l'îlot de Dejima. A partir de 1633, il est interdit aux Japonais de quitter l'archipel. C'est en vain qu'à la fin du XVIIIe s. et au début du XIXe Russes et Anglais demandent l'ouverture du Japon. En 1853, cependant, une mission américaine (Perry) est reçue par le shōgun ; en 1858, le port de Yokohama est ouvert au commerce américain ; bientôt des avantages semblables sont octroyés à la France, à l'Angleterre, à la Russie, aux Pays-Bas. Cela provoque d'ailleurs, dans le pays, une vague de xénophobie (1859-1865) ; le shōgunat est accusé de faiblesse, et l'empereur apparaît comme seul capable de défendre le Japon contre les étrangers. En 1867, le dernier shōgun Tokugawa remet ses pouvoirs au jeune empereur Meiji (Mutsu-Hito).

● *L'ère Meiji.* Le nouvel empereur s'installe dans l'ancienne capitale shōgunale, Edo, qui devient Tōkyō ; le pays s'ouvre largement à l'influence occidentale. De nombreux spécialistes venus d'Europe adaptent les structures japonaises à celles de l'Occident. Dès 1868, un rescrit d'Empire donne les fondements du nouveau régime.

Grâce à des réformateurs comme Kido et Iwakura, un pouvoir centralisé se substitue à l'ancien système féodal (1869-1878) ; l'armée et l'enseignement sont modernisés. En 1877, la victoire du gouvernement impérial sur les samurai révoltés, à Satsuma, renforce son autorité.

En 1885, le régime administratif médiéval est aboli, et un Premier ministre, Hitō Hirobumi, est nommé. Le 11 février 1889 est promulguée une Constitution qui, à l'exemple de l'Occident, établit une monarchie parlementaire ; cependant, le Japon reste en fait une monarchie absolue, servie par une bureaucratie de hauts fonctionnaires. La création d'un réseau ferré et de grandes industries favorise la concentration financière et industrielle (*zaibatsu*). Une série de tractations diplomatiques avec les grandes puissances (1858-1894) met fin au régime d'exterritorialité des étrangers et accorde au Japon le droit de fixer lui-même ses taxes d'importation.

Le Japon pratique très vite une politique extérieure expansionniste, que rend possible une très rapide adaptation de la nation et de l'armée aux progrès modernes. La vieille rivalité sino-japonaise en Corée est réglée à la suite d'un court conflit qui voit la victoire totale du Japon sur la Chine (1894) et se termine par le traité de Shimonoseki (avr. 1895) : celui-ci donne au Japon Formose (T'ai-wan), les îles Pescadores et la péninsule de Leao-tong (Mandchourie) ; cependant, les puissances exigent du Japon la cession de ce dernier territoire à la Russie. Après avoir participé à l'expédition contre les Boxers, en Chine (1900), et assuré ses arrières diplomatiques par une alliance avec l'Angleterre (1902), le Japon veut éliminer la Russie de l'Extrême-Orient. La guerre russo-japonaise (1904-1905) est marquée par d'importantes victoires nippones : prise de Port-Arthur, bataille de Moukden, destruction de la flotte russe à Tsushima. La médiation des Etats-Unis aboutit à la signature du traité de Portsmouth (1905), qui rétrocède au Japon Leao-tong, lui donne Port-Arthur et des droits sur la Mandchourie, et lui permet d'établir son protectorat sur la Corée (1907), avant de l'annexer (1910).

● *L'expansion japonaise jusqu'en 1945.* En 1912, Taishō tennō succède à l'empereur *Meiji* Mutsu-Hito. Sur le plan intérieur, son règne (1912-1921) est marqué par la rivalité des conservateurs — au pouvoir de 1914 à 1916 (Okuma) — et des libéraux (Hara, 1918-1921). Durant la Première Guerre mondiale, le Japon se range aux côtés des Alliés, occupe les possessions allemandes du Pacifique et s'empare (nov. 1914) de la base navale allemande de Ts'ing-tao, en Chine. En 1916, un traité d'alliance avec la Russie a comme but le partage éventuel de la Chine. Le traité de Versailles (1919) donne au Japon mandat sur les anciennes possessions allemandes en Extrême-Orient ; la conférence navale de Washington (1921) limite les armements du Japon, mais celui-ci garde ses droits sur le Kouang-tong et la Mandchourie.

Régent en 1921, empereur en 1926, Hiro-Hito renforce le pouvoir central malgré l'adoption du suffrage universel (1925). La politique expansionniste reste au premier plan des préoccupations nationales, la Chine étant à la fois le débouché privilégié de l'économie nippone et le principal objet de convoitise. Par ailleurs, les grands trusts favorisent la conquête de marchés en Europe et dans les colonies européennes. Peu à peu, cependant, l'influence de l'état-major supplante celle des économistes ; la crise mondiale de 1930 pousse décidément le Japon vers l'expansion par la force. En 1931-1932, l'armée japonaise occupe toute la Mandchourie ; un Etat protégé, le Mandchoukouo, est créé. La S. D. N. ayant désapprouvé cette annexion camouflée, le Japon se retire de l'Assemblée (1933). A Tōkyō, l'assassinat du Premier ministre Inukai (1932) assure la prédominance au parti militaire ; en 1936, celui-ci obtient de l'empereur l'adhésion du Japon au Pacte antikomintern. La Chine est alors « grignotée » par les Japonais : intervention japonaise à Chang-hai (1932), occupation du Jehol (1933), pénétration au Ho-pei (1935). En 1937-1938, le Japon est en guerre ouverte avec le gouvernement chinois ; il crée une « Fédération autonome de la Mongolie intérieure », d'obédience nippone. En 1938, les Japonais occupent Chang-hai et Nankin, et installent en Chine un gouvernement collaborateur.

La Seconde Guerre mondiale permet au Japon de mettre pleinement en œuvre son programme d'expansion sur le continent asiatique et dans le Pacifique. Le 27 septembre 1940, il s'allie avec l'Allemagne et l'Italie ; bientôt une grande partie de l'Indochine française est occupée par les Japonais. L'attaque de l'aviation japonaise contre la base américaine de Pearl Harbor (7 déc. 1941), si elle diminue considérablement le potentiel militaire des Etats-Unis, entraîne ceux-ci dans la guerre contre le Japon. Alors que l'invasion de la Birmanie par les Japonais isole la Chine (janv. 1942), la conquête des Philippines, de la Malaisie, de Singapour et de l'Indonésie, l'installation en Nouvelle-Guinée et dans plusieurs archipels océaniens font des Japonais, au cours de l'année 1942, les maîtres du Sud-Est asiatique et du Pacifique. Mais, à partir de 1943, la contre-offensive généralisée des Américains et de leurs alliés, sur mer et sur terre, renverse lentement les forces au détriment des Japonais. (V. GUERRE MONDIALE [*Seconde*]). Le bombardement atomique d'Hiroshima (6 août 1945) et de Nagasaki (9 août) contraint le Japon à la capitulation (2 sept.). Le général MacArthur, commandant en chef des troupes d'occupation, impose au Japon, vaincu, mais resté fidèle à l'empereur, une Constitution parlementaire et engage le pays dans la voie d'une démocratisation intense (enseignement, économie, justice).

● *Le Japon après le guerre.* La reprise économique est favorisée par la guerre de Corée (1950-1951) et par la signature, avec les Alliés (l'U. R. S. S. ne signe qu'en 1956), du traité de San Francisco (8 sept. 1951), qui redonne au Japon sa pleine souveraineté sur ses quatre îles principales. (Okinawa, sous administration américaine, ne lui est rendue qu'en 1972.) Sur le plan intérieur, après un passage des socialistes (1947-1949), puis de la droite (1949-1952) au pouvoir, le gouvernement reste dominé par une forte majorité libérale. Après une période d'expansion, qui a fait du Japon la troisième puissance économique du monde, le gouvernement doit faire face à une récession liée à la crise de l'énergie, aux problèmes de la dégradation de l'environnement et à une opposition de gauche virulente, très antiaméricaine. A l'extérieur, l'entrée du Japon à l'O. N. U. (1956), le traité d'alliance nippo-américain (1960), puis le rétablissement des relations avec la Chine (1972) et les nouvelles relations avec les producteurs de pétrole (1974) renforcent la position du Japon dans le monde.

Littérature.

La littérature japonaise, issue du folklore, s'est affinée en devenant le privilège d'une aristocratie, puis a atteint le peuple par le théâtre et le roman. Mis à part trois périodes, celle de l'initiation aux classiques chinois (VIIIe s.), celle de l'aventure maritime et marchande du XVIe s., et celle de l'ouverture à l'Occident (XIXe s.), elle s'est développée dans l'isolement. Si l'évolution de l'épopée et du roman est assez proche de celle que ces modes d'écriture ont connue en Occident, le théâtre et la poésie en revanche ont donné naissance à des formes originales comme le *nō* ou le *haiku*.

Les premières poésies recueillies dans des compilations semi-historiques (*Kojiki*, 712 ; *Nihongi*, 720) voisinent avec des poèmes plus récents dans le *Manyō-shū* (*Collection de dix mille feuilles* ou *de dix mille règnes*, v. 760), qui inaugure la tradition des anthologies poétiques. Dès cette époque apparaît l'élément fondamental de la métrique japonaise, le verset composé de groupes de cinq et de sept syllabes. Alors que les lettrés s'adonnent aux lettres chinoises, ce sont les dames de la Cour qui vont illustrer la langue japonaise, à l'époque classique de Heian, dans deux genres désormais célèbres, le *nikki*, « journal intime », et le *monogatari*, « récit romancé ». Si le haut fonctionnaire Ki no Tsurayuki rédige par ordre impérial une anthologie poétique officielle (*Kokin shū*, 905), il prend un pseudonyme féminin pour écrire son *Tosa nikki* (*Journal de Tosa*, 935). C'est une princesse Fujiwara qui donne le chef-d'œuvre du journal intime avec le *Kagerō nikki* (*Journal d'un éphémère*, v. 974), tandis que la Cour du début du XIe s., raffinée et précieuse, s'enthousiasme pour le *Genji monogatari* de Murasaki Shikibu et pour la première manifestation des *zuihitsu*, « écrits au fil du pinceau », genre qui mêle les anecdotes, les portraits, les épigrammes, les méditations, et qu'illustre le *Makura no sōshi* (*Notes de chevet*) de Sei Shōnagon.

L'époque Kamakura (XIIe-XIIIe s.) voit les arts de la guerre éclipser les exercices littéraires : Kamo no Chōmei, dans son *Hōjōki* (*Notes de [ma] cellule*, v. 1212), dont l'esthétique empruntée au bouddhisme zen a marqué pour toujours la pensée et les arts japonais, et Yoshida Kenkō, dans le *Tsurezuregusa* (*Au fil de l'ennui*, v. 1340), expriment leur nostalgie du passé. Mais la vanité guerrière donne naissance à l'épopée (*Hogen monogatari* et *Heiji monogatari*, v. 1200 ; *Heike monogatari*, v. 1220), dont les épisodes fourniront une mine inépuisable de sujets de théâtre, d'abord au *nō*, dont Zeami fixe l'esthétique et le répertoire, ensuite au *bunraku* (théâtre de marionnettes) et enfin au *kabuki*.

A partir du XVIIe s., le public littéraire s'élargit. Le roman de mœurs apparaît avec Ihara Saikaku (*Vie d'une femme de plaisir*, 1686), que prolongera la verve picaresque de Jippensha Ikku (*Hizakurige*, 1802-1822) et allégorique de Kyokutei Bakin (*Histoire des huit chiens de Satomi de Nansō*, 1814-1841), tandis que Ueda Akinari donne une forme nouvelle aux légendes fantastiques traditionnelles (*Contes de pluie et de lune*, 1776). Alors que Matsuo Bashō fonde une école originale de *haiku*, le théâtre connaît un développement remarquable avec les drames historiques ou bourgeois de Chikamatsu Monzaemon (*les Combats de Coxinga*, 1716 ; *Double Suicide par amour à Sonezaki*, 1703) et les pièces populaires pour le *kabuki* de Takeda Izumo (*Chūshingura*, 1748). La querelle qui met aux prises les lettrés fidèles aux études chinoises (*kangakusha*) et les partisans d'une renaissance de la culture proprement japonaise (*wagakusha*) tourne à l'avantage des seconds avec Motoori Norinaga, dont les travaux contribuent à préparer la chute du shōgunat.

Le début de l'ère Meiji voit prononcer la condamnation de la littérature de l'ancien Japon au même titre que celle de l'économie traditionnelle et du régime politique aboli. D'autre part, l'intérêt pour l'Occident porte d'abord sur les techniques industrielles et militaires, et les recherches esthétiques passent au second plan. Bientôt, cependant, des écrivains vont trouver dans l'imitation des lettres européennes un moyen de tirer la littérature nationale de son enlisement. La langue écrite et la langue parlée sont unifiées, en principe, dès 1878, et Futabatei Shimei publie le premier roman moderne (*Ukigumo*, 1887). Mais le mouvement de renouveau littéraire, conduit par Tsubouchi Shōyō (*l'Essence du roman*, 1885), ne se développe vraiment qu'après la guerre russo-japonaise. Si Natsume Sōseki reste un écrivain romantique (*Lumière et ombre*, 1916), la période de la « mêlée des écoles » oppose les naturalistes avec Shimazaki Tōson (*Forfaiture*, 1906) aux partisans de Mori Ōgai (*l'Oie sauvage*, 1913), adeptes de la beauté formelle, et aux écrivains d'inspiration déjà sociale comme Arishima Takeo. Après la fondation du cercle *Shirakaba*, « le Bouleau blanc », par Mushanokōji Saneatsu, et du cercle intellectualiste *Richi*, une nuance d'idéalisme vient modérer le réalisme des romanciers comme Tanizaki Junichirō (*Neige fine*, 1948), Shiga Naoya, Nagai Kafu. L'essai et le conte, illustré par Akutagawa Ryūnosuke (*Rashōmon*, 1915), sont toujours en faveur. Au théâtre, sous l'impulsion de Tsubouchi Shōyō et de ses traductions de Shakespeare, naît un art dramatique libéré des traditions, mais sans grande originalité jusqu'à Kinoshita Junji (*Yūzuru*, 1949). Le *kabuki* conserve d'ailleurs un grand succès populaire.

Après la Seconde Guerre mondiale, on constate d'abord le retour des écrivains de gauche et la reprise de l'activité de ceux qu'on appelle les « écrivains accomplis » (*Kisei Sakka*), tel Kawabata Yasunari (*Nuée d'oiseaux blancs*, 1953). La tendance de la génération actuelle est de s'interroger sur la responsabilité de la guerre : c'est notamment le thème favori du « groupe littéraire d'après-guerre » (*Sengo Bungaku*), avec Ooka Shōhei et Mishima Yukio (*le Bruit de la marée*). Cependant, la réflexion sur la littérature revient au premier plan des débats des revues comme *Bungaku* (« Littérature »), *Bungaku kai* (« le Monde littéraire »). Le « troisième groupe des hommes nouveaux » se montre particulièrement soucieux de recherches formelles avec Ishihara Shintaro, Oe Kenzaburō et Abe Kobo, tandis que des critiques comme Ito Sei (*les Grands Ecrivains modernes japonais*, 1967) se consacrent à l'analyse des problèmes de la création littéraire.

Japon (*mer du*), dépendance de l'océan Pacifique, entre l'Extrême-Orient soviétique, la Corée et le Japon.

japonais, e adj. et n. Du Japon. ‖ — N. m. Langue parlée au Japon.

japonisant n. m. Spécialiste de la langue et de la civilisation japonaises.

jappement n. m. Action ou manière de japper.

japper [ʒape] v. i. Aboyer, principalement en parlant des petits chiens ou du chacal. (Les gros chiens *aboient* ; les chiens de chasse *crient* ou *donnent de la voix*.)

jappeur, euse adj. et n. Qui a l'habitude de japper.

Japurá, riv. de Colombie et du Brésil, affl. de l'Amazone (r. g.) ; 2 800 km.

jaquemart [ʒakmar] n. m. (de l'anc. provenç. *Jaqueme* ; de *Jacques*). Figure de métal représentant un personnage qui frappe les heures avec un marteau sur la cloche d'une horloge. ‖ Jouet d'enfant, formé de deux personnages frappant sur une enclume.

jardins

arabe : le Generalife (Grenade)

à la française : château de Villandry

japonais

en rocaille

Jaques-Dalcroze (Emile), compositeur et éducateur suisse, né à Vienne (Autriche) [1865-1950]. Auteur de mélodies populaires, il est l'inventeur d'un système d'éducation musicale, la *gymnastique* rythmique* (ou *rythmique*). Fondateur d'une école à Hellerau, près de Dresde (1911), puis d'un institut à Genève, il exerça une grande influence sur la danse moderne. Il a publié *la Rythmique* (1907), *le Rythme, la musique et l'éducation* (1920).

jaquette [ʒakɛt] n. f. (de *Jacques,* sobriquet du paysan). Vêtement d'homme à longs pans arrondis. ‖ Vêtement de femme plus ou moins ajusté à la taille, et qui se porte par-dessus le corsage. ‖ Chemise de protection d'un livre broché ou relié.

jaquier ou **jacquier** n. m. Arbre de la famille des moracées, appelé aussi *arbre à pain,* cultivé dans les régions tropicales pour ses fruits riches en amidon.

jar ou **jars** [ʒar] n. m. (abrév. de *jargon*). *Pop.* Argot.

Jaraïs, tribu montagnarde du Viêt-nam et du Laos, appartenant au groupe moï.

jarde [ʒard] n. f. ou **jardon** [-dɔ̃] n. m. (ital. *giarda,* empr. à l'arabe). Tumeur calleuse à la face externe du jarret d'un cheval.

jardin [ʒardɛ̃] n. m. (du francique **gard*). Lieu, ordinairement clos, où l'on cultive des fleurs (*parterre*), des légumes (*potager*), des arbres (*fruitier* ou *verger*), etc. : *Le Nôtre a dessiné les jardins de Versailles.* ‖ *Fig.* Pays fertile : *la Touraine est le jardin de la France.* ‖ *Théâtr.* Côté de la scène, à droite de l'acteur. (S'oppose à *cour.*) ● *Jardin d'enfants,* école où l'on occupe les jeunes enfants à des jeux éducatifs. ‖ *Jardin d'hiver,* pièce munie de beaucoup de fenêtres, aménagée pour la culture des plantes d'appartement.

jardinage n. m. Art de cultiver les jardins.

jardiner [ʒardine] v. i. S'adonner au jardinage. ‖ — V. t. *Jardiner un bois,* l'émonder.

jardinet [-nɛ] n. m. Petit jardin.

jardineux, euse adj. Se dit d'une pierre fine qui offre des points opaques.

jardinier, ère n. Personne qui cultive les jardins. ‖ — Adj. Relatif aux jardins : *plante jardinière.*

jardinière n. f. *Jardinière d'enfants,* personne chargée des jeunes enfants dans un jardin d'enfants.

jardinière n. f. Meuble d'ornement qui supporte ou contient une caisse dans laquelle on cultive des fleurs. ‖ Voiture à deux ou à quatre roues, des maraîchers. ‖ Mets composé de différents légumes coupés en petits morceaux. ‖ Autre nom du CARABE DORÉ, insecte très utile.

jardiniste n. Dessinateur de jardins.

jardon n. m. V. JARDE.

Jargeau (45150), ch.-l. de c. du Loiret (arr. d'Orléans), sur la Loire; 2 843 h. (*Gergoliens*). Eglise (Xe-XVIe s.). Victoire de Jeanne d'Arc sur les Anglais (1429).

jargon [ʒargɔ̃] n. m. Langage corrompu, inintelligible : *parler un étrange jargon.* ‖ Langage propre à une profession, à un milieu : *jargon des philosophes.* ‖ Cri du jars.

jargon n. m. Variété de zircon jaune fumé.

jargonaphasie [ʒargɔnafazi] n. f. Trouble de l'aphasie caractérisé par la substitution de termes inintelligibles ou inadéquats aux mots appropriés.

jargonner v. i. *Fam.* Parler un jargon. ‖ Crier, en parlant du jars.

Jarnac (16200), ch.-l. de c. de la Charente (arr. de Cognac), sur la Charente ; 4 831 h. (*Jarnacais*). Eaux-de-vie. Eglise (XIIe-XIIIe s.) [tombeaux des Jarnac]. Victoire des catholiques, commandés par le duc d'Anjou (Henri III), sur les protestants, commandés par Condé (1569).

Jarnac (Guy CHABOT, *baron* DE), capitaine français (1509-apr. 1572). En 1547, il vainquit en duel La Châtaigneraie par un coup imprévu au jarret. D'où l'expression *coup de Jarnac,* désignant un coup décisif, et surtout inattendu.

Jarnages (23140), ch.-l. de c. de la Creuse (arr. de Guéret) ; 512 h. (*Jarnageois*). Eglise (XIIIe-XVe s.).

jarnicoton! [ʒarnikɔtɔ̃] interj. (altér. de *Je renie Coton* [confesseur d'Henri IV]). Juron plaisant.

Jarny (54800), comm. de Meurthe-et-Moselle (arr. de Briey) ; 9 480 h. (*Jarnysiens*). Minerai de fer. Matériel de chauffage.

jarosse [ʒarɔs] ou **jarousse** [-rus] n. f. Autre nom de la GESSE CULTIVÉE.

jarovisation [ʒarɔvizasjɔ̃] n. f. (du russe *jarovse,* blé de printemps). Méthode permettant de transformer des blés d'hiver en blés de printemps par un traitement spécial de la semence. (Syn. : PRINTANISATION, VERNALISATION.)

jarre [ʒar] n. f. (provenç. *jarra,* empr. à l'arabe). Grand vase de grès pour conserver l'huile, les poissons et les viandes en salaison.

jarre n. m. Poil plus long et plus gros mélangé à la fourrure des animaux.

Jarres (*plaine des*), région du Laos, au nord de Xieng Khouang.

jarret [ʒarɛ] n. m. (du gaulois *garr,* jambe). Partie de la jambe située derrière l'articulation du genou. ‖ Endroit où se plie la jambe de derrière des quadrupèdes.

jarreté, e adj. Se dit d'un quadrupède qui a les jambes de derrière tournées en dedans : *jument jarretée.*

jarretelle [ʒartɛl] n. f. Ruban de caoutchouc servant à maintenir le bas attaché à la gaine en le tendant.

jarretière [ʒartjɛr] n. f. Bracelet de tissu élastique entourant le bas et le maintenant tiré. ‖ Cordage employé dans l'artillerie. ‖ Amarrage de forme particulière, employé dans la marine.

Jarretière (*Très noble ordre de la*), le plus ancien et le plus élevé en dignité des ordres de chevalerie britanniques. Il fut fondé vers 1346 par le roi Edouard III, qui lui donna pour devise : « Honni soit qui mal y pense. » Les chevaliers portent l'insigne de l'ordre au genou gauche et la reine au bras. L'ordre a pour chef le souverain et ne compte que 26 membres, dont le prince de Galles.

Jarrie (LA) [17220], ch.-l. de c. de la Charente-Maritime (arr. de La Rochelle) ; 1 056 h. (718 aggl.).

Jarry (Alfred), écrivain français, né à Laval (1873-1907). Bohème impénitent, mêlant dans sa vie la naïveté au cynisme et l'enthousiasme à la mystification, il pensa avoir établi la science de l'insolite, la « pataphysique » (*Gestes et opinions du docteur Faustroll, pataphysicien,* 1911). Sa vision satirique et angoissée du monde s'incarne dans *Ubu* roi* (1896), première manifestation du « théâtre de l'absurde ».

jars [ʒar] n. m. (du francique *gard*). Mâle de l'oie. (Cri : le jars *jargonne.*)

Jarville-la-Malgrange (54140), comm. de Meurthe-et-Moselle (arr. de Nancy) ; 12 809 h. Métallurgie. Constructions mécaniques.

Phot. X (2), Giraudon, Fuchs-coll. Truffaut.

HEI-LONG-KIANG
U. R. S. S.
CHINE
KI-LIN
Lac Khanka
Lessozavodsk
Iman
Spassk-Dalnii
Meou-tan-kiang
Souci-fen-ho
Tetiokhe
Tetiokhe-Pristan'
Sikhote Alin'
Arseniev
Kavalerovo
Oussouriisk
Artem
Vladivostok
Olga
Soutchan
Yen-ki
Possiet
Nakhodka
Valentin
Sokolovka
Najin
CORÉE DU NORD
Nanam
Chongjin
MER DU JAPON
CORÉE DU SUD
I. Oki
I. Tsu
HOKKAIDŌ
Dt de La Pérouse
C. Sôya
Wakkanai
SOYA
Esashi
MER D' OKHOTSK
Teshio
Nayoro
Mombetsu
Abashiri
Shari
Rumoi
Massif central
Asahigawa
2290
2077
Optateshike
KASAI
Bibai
Iwamizawa
Yūbari
Ishikari
Otaru
Sapporo
Iwanai
Kutchan
Sibiritsu
1960
Ikeda
Kushiro
Obihiro
TOKACHI
Mts Hidaka
HIDAKA
IBURI
Hiroo
Urakawa
C. Erimo
Baie d' Uchiura
Muroran
OSHIMA
Dt d' Okushiri
Okushiri
Esashi
Péninsule d' Oshima
Kikonai
Hakodate
Détroit de Tsugaru
Ōhata
C. Shiriya
Ōminato
Noheji
Aomori
Fukaura
Hirosaki
Hachinohe
Kosaka
Noshiro
Ōdate
Fukuoka
Kuji
Mts Kitakami
Funakawaminato
Tsuchizaki
Morioka
Akita
Miyako
Hanamaki
IWATE
Honjō
Yokote
Kamaishi
Ōfunato
Sakata
Ichinoseki
Shinjō
Kesennuma
Tsuruoka
Atsumi
MIYAGI
Furukawa
Ishinomaki
Sendai
Oragawa
Shiogama
Baie de Sendai
Murakami
I. Sado
Shibata
Yamagata
Yonezawa
Niigata
Sanjō
2105
2024
Fukushima
Nagaoka
Wakamatsu
Kashiwazaki
Kōriyama
Naoetsu
Mts Abukuma
Taira
Takada
Onahama
Jōban
Ōtsu
Hitachi
Ōta
Mito
IBARAKI
Nikkō
Utsunomiya
Nagano
Kiryū
Ashikaga
Maebashi
Takasaki
Tone
Kawagoe
Ōmiya
Urawa
Sawara
Ichikawa
Chiba
Chōshi
TŌKYŌ
Kawasaki
YOKOHAMA
Yokosuka
Katsuura
Tateyama
Fujisawa
Odawara
Fuji Yama
3778
Numazu
Shimizu
Shizuoka
Ōshima
Izu-shichitō
Miyake
Kōfu
Mts Akaishi
3192
Hamamatsu
Fujieda
Toyohashi
Okazaki
NAGOYA
Gifu
Ichinomiya
Seto
Iida
Okaya
Mts de Chubu
3063
2956
3190
Mts Hida
Matsumoto
Takayama
Ōno
Hagiwara
Toyama
Himi
2933
2578
Wajima
Pen. de Noto
Nanao
Baie de Toyama
Takaoka
Kanazawa
Komatsu
Fukui
Takefu
Tsuruga
Hikone
Ogaki
Yokkaichi
Tsu
Matsuzaka
Uji Yamada
Baie d' Ise
Owase
Shingū
Kushimoto
Détroit de Kii
Nara
KYŌTO
Ōtsu
L. Biwa
Maizuru
ŌSAKA
Sakai
Kishiwada
Wakayama
KŌBE
Amagasaki
Akashi
Awaji
Himeji
Tottori
Kurayoshi
Tsuyama
Yonago
Matsue
Izumo
Kizuki
SHIMANE
Mts Chugoku
Hamada
1269
Okayama
Kurashiki
Onomichi
Mihara
Fukuyama
Kure
Hiroshima
Hagi
Yamaguchi
Tokuyama
Ube
Shimonoseki
Nagato
Miya
Dt de Shimonoseki
KITAKYŪSHŪ
Moji
Bofu
Wakamatsu
Yahata
Kokura
MER INTÉRIEURE
Takamatsu
Tokushima
Niihama
1981
1955
Matsuyama
Yawatahama
Kōchi
Aki
Uwajima
Kubokawa
SHIKOKU
Golfe de Bungo
Nakatsu
Fukuoka
Tagawa
Beppu
Ōita
Saeki
Sasebo
Saga
1788
Ōmuta
Isahaya
Nagasaki
Kumamoto
Nobeoka
Amakusa
Yatsushiro
KYŪSHŪ
Hitoyoshi
Minamata
Miyazaki
Kagoshima
Kanoya
Aburatsu
Détroit d' Ōsumi
Yaku
Tanega
HONSHŪ
OCÉAN PACIFIQUE
HONSHŪ
1- TOCHIGI
2- GUMMA
3- SAITAMA
4- KANAGAWA
5- ISHIKAWA
6- YAMANASHI
7- AICHI
8- SHIGA
9- HYOGO
SHIKOKU
2- EHIME
1- KAGAWA
JAPON
Les préfectures portent le nom de leur chef-lieu (souligné)
0
100
200 km
130°
132°
134°
136°
138°
140°
44°
42°
40°
38°
36°
34°
32°

ART DU JAPON

Triade de Çākyamuni, au Hōryūji, par un artiste sino-coréen, 623 apr. J.-C.

Le kondō (sanctuaire) du monastère du Tōshōdai-ji, près de Nara (VIIe-VIIIe s.).

« Gardien » à l'entrée du Tōdai-ji de Nara, statue de bois géante, v. 1195.

Le Kinkaku-ji, ou Pavillon d'or, près de Kyōto.

- La préhistoire voit se développer une culture dite *Jōmon* (poterie à impression de cordes, figurines rituelles assez frustes) qui cède la place, aux environs de notre ère, à la culture de transition *Yayoi*.
- *Période des grandes sépultures* (IIIe-VIe s.). Elle présente, à l'imitation de la Corée, des tumulus entourés de pieux de terre cuite dont la partie supérieure s'orne de représentations humaines et animales.
- *Époque Asuka* (VIe-VIIe s.). C'est celle de l'introduction du bouddhisme. Le plus ancien monastère subsistant, le Hōryūji, montre la prépondérance de l'architecture chinoise ; les sculptures, en bois ou en bronze, sont du style chinois des Wei du Nord.
- *Époque de Nara* (VIIe-VIIIe s.). Première capitale fixe, Nara est aussi le centre de la création artistique. Sous l'influence du style chinois des T'ang, la statuaire gagne en modelé, en réalisme, en ferveur. Elle est réalisée en bois, en bronze (grand Bouddha du Tōdai-ji), en argile ou en laque. La peinture, murale ou sur soie, dépend également des modèles chinois.
- *Époque Heian* (IXe-XIIe s.). La Cour, brillante, s'établit à Heian-Kyō (auj. Kyōto). Des caractères japonais se font jour en architecture (liaison avec le cadre naturel) et en peinture avec le succès, au XIIe s., du *yamato-e*, style national dont les rouleaux, ou *e-makimonos*, décrivent avec vivacité les paysages japonais, illustrent des romans célèbres. La peinture bouddhique est gracieuse et chatoyante. En sculpture, l'atelier de Jōchō (XIe s.) pratique l'assemblage en plusieurs pièces des statues de bois.
- *Époque Kamakura* (XIIIe-XIVe s.). Adaptation des styles antérieurs, non sans quelques influences de la Chine des Song.
- *Époque Muromachi* (XVe-XVIe s.). L'introduction du *zen*, issu du taoïsme, fait connaître la peinture chinoise à l'encre, dont *Sesshū* (1420-1506) fut le grand maître. L'école des *Tosa* s'attarde dans les formules du yamato-e, celle des Kanō, fondée par *Kanō Motonobu* (1476-1559), montre une tendance décorative. *Kakemonos, fusamas* (portes à glissière) et paravents sont les supports de ces peintures. L'art du sculpteur trouve refuge dans les masques de nō.
- *Époque Momoyama* (XVIe-XVIIe s.). Influence des Ming. Construction de châteaux forts en bois aux salles ornées de sculptures polychromes et de peintures éclectiques dues à l'école des Kanō ; des scènes de genre sont peintes pour la classe montante des marchands.
- *Époque d'Edo* (du XVIIe s. jusqu'en 1867). La cour d'Edo (auj. Tōkyō) accorde ses faveurs aux Kanō, dont l'art se sclérose. De grands décorateurs, comme *Kōrin* (1658-1716), qui influence potiers, laqueurs et dessinateurs d'étoffes, travaillent pour les riches marchands. L'*ukiyo-e*, popularisé par l'estampe et voué aux scènes et paysages de la vie quotidienne, s'épanouit au XVIIIe s. avec *Harunobu, Shunshō, Utamaro*, au XIXe avec *Hokusai* et *Hiroshige*.
- Aujourd'hui, l'art japonais se partage entre la tradition et les styles venus de l'Occident.

Fragment d'un rouleau de la fin du XIIe s., consacré à la vie d'un moine (d'après une reproduction).

Portrait d'un grand personnage, attribué à Fujiwara Takanobu, fin du XIIe s.

Utamaro : *Courtisane au miroir*, estampe sur bois.

Phot. Shogakkan (3), Lauros - Giraudon, Shogakkan (2), Held.

jas [ʒɑ] n. m. (du lat. *jugum*, joug). *Mar.* Barre transversale d'une ancre, fixe ou mobile, et pouvant dans ce dernier cas se placer le long de la verge. ‖ En Provence, bergerie.

jaser [ʒɑze] v. i. (onomat.). Babiller doucement : *il ne fait que jaser; jaser comme une pie.* ‖ *Fam.* Parler avec médisance : *on jase des uns et des autres.* ‖ Crier, en parlant des oiseaux parleurs tels que la pie, le merle, le perroquet, etc.

jaseran [ʒazrɑ̃] n. m. (de *Al-Djazā'ir*, nom arabe d'Alger). Chaîne d'or à mailles très fines, pour suspendre au cou des croix, des médaillons, etc.

jaseur, euse n. Personne qui aime à jaser; babillard.

jaseur n. m. Oiseau passereau des régions boréales, venant parfois en France.

jasmin [ʒasmɛ̃] n. m. (arabe *yāsemīn*). Arbuste à fleurs jaunes ou blanches très odorantes, cultivé dans le Midi pour la parfumerie. (Famille des oléacées.) ‖ La fleur même. ‖ Le parfum qu'on en tire.

Jasmin (Jacques BOÉ, dit), poète français d'expression occitane, né à Agen (1798-1864). Perruquier de profession, il entreprit de redonner vie à la langue des troubadours (*les Papillotes*, 1835-1863).

Jason. *Myth. gr.* Héros thessalien, fils d'Eson, roi d'Iolcos. Dépouillé du trône paternel par Pélias, il conduisit les Argonautes à la conquête de la Toison d'or, en Colchide. De ces contrées éloignées, il ramena Médée, qu'il épousa.

Jaspar (Henri), homme politique belge, né à Schaerbeek (1870-1939), ministre des Affaires étrangères (1920-1924) et Premier ministre de 1926 à 1931.

jaspe [ʒasp] n. m. (lat. *jaspis*). Roche siliceuse de la famille des calcédoines, colorée en jaune, en rouge, en brun, en noir, et employée en bijouterie.

jasper v. t. Bigarrer de diverses couleurs pour imiter le jaspe : *jasper une boiserie.*

Jasper Place, anc. v. du Canada (Alberta), dans les Rocheuses, rattachée à Edmonton. — A proximité, le *parc national Jasper* est un grand site touristique.

Jaspers (Karl), philosophe et psychiatre allemand, né à Oldenburg (1883-1969). Il enseigne à Heidelberg et à Bâle, et peut être considéré comme un des principaux philosophes existentialistes; il définit l'homme par une « tension » et un « déchirement » entre l'attachement à la terre et l'« appel de la transcendance » de Dieu. Il a écrit : *Psychologie des conceptions du monde* (1919), *Philosophie* (1932), *Raison et existence* (1935), *la Bombe atomique et l'avenir de l'humanité* (1957), *la Croyance philosophique face à la révélation* (1962), *Espoir et souci* (1965).

jaspiner [ʒaspine] v. i. *Arg.* Causer, bavarder.

jaspure n. f. Action ou manière de jasper; son résultat.

Jassy. V. IAȘI.

jatte [ʒat] n. f. (lat. *gabata*, plat). Vase rond et sans rebord. ‖ Son contenu.

Jaucourt (Louis, *chevalier* DE), érudit français, né à Paris (1704-1779). Il fut, aux côtés de Diderot, un des collaborateurs les plus actifs de l'*Encyclopédie.*

Jaufré Rudel, prince DE BLAYE, troubadour du XIIe s. Sa chanson d'un « amor de lonh » (amour lointain) est à l'origine de la légende de *la Princesse lointaine.*

jauge [ʒoʒ] n. f. (empr. au francique). Capacité que doit avoir un récipient destiné à mesurer une liqueur ou des grains : *ce boisseau ne fait pas la jauge.* ‖ Capacité totale ou partielle d'un navire de commerce, évaluée au moyen de certaines règles bien précises. (L'unité de jauge est le tonneau, qui vaut 2,83 m³. Dans la navigation de plaisance, les yachts sont répartis en séries.) ‖ Evaluation de cette capacité. ‖ Règle graduée servant à mesurer la capacité d'un récipient, d'un réservoir. ‖ Instrument servant au contrôle des dimensions intérieures d'une pièce femelle (alésage). [Un *calibre* à mâchoires sert au contrôle d'une dimension extérieure d'une pièce mâle (diamètre d'un arbre).] ‖ *Text.* Unité servant à déterminer la densité des aiguilles dans une machine de bonneterie, donc la finesse des tricots que l'on peut obtenir avec cette machine. ‖ Tranchée dans laquelle on dispose de jeunes plants côte à côte : *mettre des arbustes en jauge.* ● *Robinet de jauge,* chacun des robinets placés sur un réservoir ou un générateur de vapeur, à diverses hauteurs, de part et d'autre du niveau normal.

paysage de **Java**

jaugeage [-ʒaʒ] n. m. Action de jauger.

jauger v. t. (conj. 1). Mesurer avec la jauge. ‖ Mesurer la capacité ou le volume : *jauger une barrique.* ‖ *Mar.* Mesurer la capacité d'un bâtiment. ‖ Déterminer la grosseur d'un fil à la jauge. ‖ *Fig.* Apprécier la valeur de quelqu'un : *je l'ai jaugé tout de suite.* ‖ — V. i. Avoir une capacité de : *navire qui jauge 1 200 tonneaux.*

jaugeur n. m. Spécialiste de la vérification des contenances.

Jaulmes (Gustave Louis), peintre décorateur français, né à Lausanne (1873-1959). On lui doit des tapisseries et de grandes compositions murales pour de nombreux bâtiments (foyer du théâtre de Chaillot, 1937).

jaunâtre adj. Qui tire sur le jaune; d'un jaune atténué.

jaune [ʒon] adj. (lat. *galbinus*, vert pâle). Qui est d'une couleur placée, dans le spectre solaire, entre le vert et l'orangé, et qui est celle de l'or, du citron, du soufre, etc. ● *Corps jaune,* masse blanc jaunâtre qui se développe à la surface de l'ovaire après la ponte ovulaire et qui sécrète la progestérone. (S'il y a fécondation, le corps jaune s'hypertrophie et persiste plusieurs mois; dans le cas contraire, il s'atrophie à la menstruation suivante.) ‖ *Fièvre jaune,* maladie infectieuse, due à un virus et transmise par un moustique (la stégomyie) dont les aires sont l'Amérique du Sud et l'Afrique tropicale. (Elle se manifeste par une teinte jaune de la peau et une atteinte sévère de l'état général; la vaccination préventive est obligatoire pour les voyages dans les régions atteintes.) [Syn. VOMITO NEGRO.] ‖ *Nain jaune,* sorte de jeu de cartes. ‖ *Race jaune* ou *mongole,* race humaine de l'Asie orientale, qui présente une coloration jaune de la peau. ‖ — N. m. Couleur jaune : *étoffe d'un jaune clair.* ‖ Matière qui sert à teindre ou à colorier en jaune : *jaune de Mars, de Naples, de chrome,* etc. ● *Jaune d'œuf,* partie centrale de l'œuf des oiseaux, surmontée par le germe et riche en lécithine, en protéine (vitelline) et en vitamines A et D. ‖ — N. Personne de race jaune. (En ce sens, prend une majuscule.) ‖ *Fam.* Nom donné aux briseurs de grève. ‖ — Adv. *Rire jaune,* rire avec contrainte pour dissimuler son dépit.

Jaune (*fleuve*). V. HOUANG-HO.

Jaune (*mer*), dépendance de l'océan Pacifique, entre la Chine et la Corée.

jaunet, ette adj. Un peu jaune : *fleur jaunette.*

jaunet n. m. *Fam.* Pièce d'or.

jaunir v. t. Teindre en jaune, rendre jaune : *le soleil jaunit les moissons.* ‖ — V. i. Devenir jaune : *dans l'ictère, la peau jaunit.*

jaunissage n. m. Opération qui, dans la dorure en détrempe, consiste à appliquer une couleur jaune dans tous les endroits où l'ouvrier doreur ne peut introduire des feuilles d'or.

jaunissant, e adj. Qui jaunit.

jaunisse n. f. Coloration jaune de la peau, due à la présence de pigments biliaires dans le sang et les tissus : *les maladies de foie entraînent souvent des jaunisses.* (Syn. ICTÈRE.)

jaunissement n. m. Action de rendre ou fait de devenir jaune.

Jauréguiberry (Jean Bernard), amiral français, né à Bayonne (1815-1887). Membre de la délégation de Tours en 1870, il se distingua à Coulmiers et à Patay sous les ordres de Chanzy, puis à la bataille du Mans (1871). Il fut ministre de la Marine (1879-1880 et 1882-1883).

Jaurès (Jean), homme politique français, né à Castres (1859-1914). Agrégé de philosophie (1881), professeur au lycée d'Albi, il fut chargé de cours (1883-1885), puis maître de conférences (1889-1893) à l'université de Toulouse. En 1892, il soutint brillamment sa thèse de doctorat *De la réalité du monde sensible.* Député du Tarn (1885-1889), il siégea au centre gauche, puis évolua vers la gauche et fut député socialiste de Carmaux (1893-1898). Il tenta d'unifier les diverses tendances socialistes, créa le parti socialiste français (1901), opposé au parti socialiste de France de J. Guesde et Vaillant, et fut constamment réélu député à partir de 1902. Il fonda le journal *l'Humanité* (1904) et devint le chef du parti socialiste unifié (1905). Pour favoriser le maintien de la paix, il s'opposa au service militaire à long terme et proposa dans *l'Armée nouvelle* (1911) une forte organisation des réserves. Il souleva ainsi l'hostilité des patriotes et des modérés, et notamment de Clemenceau. A la veille de la déclaration de guerre, il fut assassiné (31 juill. 1914). Sa dépouille fut solennellement transférée au Panthéon en 1924.
Jaurès a dirigé une *Histoire socialiste (1789-1900)* [1901-1908].

java [ʒava] n. f. Danse populaire à trois temps, dansée dans les bals musettes.

Java, île d'Indonésie; 130 000 km²; 70 millions d'hab. (*Javanais*).
● *Géographie.* Entre Sumatra et les petites îles de la Sonde, Java s'étire sur une longueur de 1 000 km, alors que sa largeur oscille seulement entre 100 et 200 km. C'est une île montagneuse, juxtaposant plissements récents au sud, volcanisme actif au centre, plaines alluviales quaternaires (discontinues) au nord. A moins de 10° de lat. sud, Java ne possède pas un climat équatorial. Si la température se maintient constamment aux environs de 25 °C, il existe une saison relativement sèche, de mai à octobre (hiver austral). La forêt cède souvent la place à la savane, considérablement étendue par l'action de l'homme. L'intensité de celle-ci est liée à la densité du peuplement. Sur un peu plus du quinzième de la superficie de l'Indonésie, Java concentre les deux tiers de la population du pays. La densité moyenne dépasse 500 h. au kilomètre carré. L'agriculture revêt l'aspect d'un véritable jardinage, surtout sur les sols volcaniques, les plus fertiles souvent. 9 millions d'hectares (70 p. 100 de la surface de l'île) sont mis en valeur et portent fréquemment

Alfred **Jarry** à Corbeil en 1898

jasmin

Jean **Jaurès** au cours d'un meeting socialiste

Phot. Doc. Sirot, Fuchs-coll. Truffaut, Laborde, Doc. musée Jaurès, Castres.

deux récoltes par an. Le riz est cultivé exclusivement sur 3,5 millions d'hectares. D'importantes superficies sont aussi consacrées aux cultures dites « commerciales » et aux plantations : hévéas, canne à sucre, tabac, théiers, etc. L'industrie ne tient qu'une place très secondaire, même dans les trois villes qui dépassent chacune le million d'hab. : Djakarta, Surabaya, Bandung. Du fait de l'impossibilité d'accroître les superficies cultivées et d'intensifier l'exploitation, la poursuite d'une croissance démographique qui fait augmenter la population de l'île de près de 1,5 million de personnes par an apparaît catastrophique.

● *Histoire.* Occupée très anciennement, l'île de Java fut hindouisée dès le début de notre ère. Maîtres du pays aux VIIIe et IXe s., les Çailendra furent de grands bâtisseurs, comme la dynastie de Mataram au Xe s. Au XIVe s., le royaume de Madjapahit s'assura la prépondérance de Java, puis de l'archipel. L'islām se répandit aux XVe et XVIe s. Arrivèrent ensuite Portugais et Hollandais ; ces derniers étendirent leur influence à toute l'île à partir du comptoir de Batavia, fondé en 1619. La Compagnie des Indes orientales mit en valeur le pays, notamment sous le gouverneur Daendels. Après la révolte sanglante du prince de Jogjakarta (1825-1830), le gouverneur Van den Bosch développa à Java un système de cultures forcées. Une certaine autonomie fut accordée en 1918 à l'île, qui, après l'occupation japonaise (1942-1945), constitua l'élément principal du territoire de la République indonésienne.

Java (*mer de*), partie de l'océan Indien entre Java, Sumatra et Bornéo.

javanais [ʒavanɛ], **e** [-ɛz] adj. et n. De Java. ‖ — N. m. Langue du groupe indonésien.

javanais n. m. Forme d'argot qui consiste à intercaler dans les mots les syllabes *av* ou *va*, de manière à les rendre incompréhensibles pour les non-initiés.

Javari (le), affl. de l'Amazone (r. dr.), frontière entre le Pérou et le Brésil ; 1 050 km.

javart [ʒavar] n. m. (racine pop. *gava*, gorge). Tumeur au bas de la jambe du cheval, du bœuf, etc.

Javel (*eau de*) [odʒavɛl] n. f. (de *Javel*, nom de lieu). Solution aqueuse d'hypochlorite et de chlorure de sodium, utilisée comme décolorant et désinfectant.

javelage n. m. Action, manière de javeler.

javelé, e adj. *Avoines javelées,* celles dont le grain est devenu noir et pesant par la pluie qui les a mouillées tandis qu'elles étaient en javelles.

javeler [ʒavle] v. t. (conj. **3**). Mettre en javelles. ‖ — V. i. En parlant d'un blé en javelles, prendre la couleur jaune.

javeleur, euse n. et adj. Personne qui javelle.

javeleuse n. f. Machine qui coupe le blé et le met en javelles.

javeline [ʒavlin] n. f. (de *javelot*). Dard long et mince.

javelle [ʒavɛl] n. f. (lat. pop. **gabella*, d'orig. gaul.). Petit tas de céréales coupées qu'on laisse sur le sillon jusqu'à ce qu'on les lie en gerbes. ‖ Petit tas de sel.

javellisation n. f. Procédé de stérilisation de l'eau, à laquelle on ajoute la quantité juste suffisante d'eau de Javel pour oxyder les matières organiques.

javelliser [ʒavelize] v. t. Stériliser l'eau par addition d'eau de Javel.

javelot [ʒavlo] n. m. (empr. au gaul.). Petite lance qu'on projetait avec la main ou avec une machine. ‖ Instrument de lancer, en forme de lance, employé en athlétisme. (La longueur et le poids minimaux du javelot sont de 2,60 m et 800 g pour les hommes, et de 2,20 m et 600 g pour les femmes.)

Javie (La) [04390], ch.-l. de c. des Alpes-de-Haute-Provence (arr. de Digne) ; 257 h.

Jaworzno, v. de Pologne, en Silésie ; 59 100 h. Houille. Sidérurgie.

Jayadeva, poète indien du XIIe s., auteur du poème mystique *Gītā-Govinda.*

jayet [ʒajɛ] n. m. Minér. Syn. de JAIS.

Jazy (Michel), athlète français, né à Oignies (Pas-de-Calais) en 1936. Spécialiste de demi-fond, il a été le meilleur athlète français depuis 1945. Deuxième du 1 500 mètres olympique en 1960, il a été champion d'Europe sur cette distance en 1962 et champion d'Europe du 5 000 mètres en 1966. Il a aussi détenu le record du monde du mile.

jazz [dʒaz] n. m. (mot anglo-amér.). Musique d'origine négro-américaine, constituée par une mélodie syncopée qui contraste avec la permanence rythmique de la batterie.

— ENCYCL. On retrouve dans le *jazz* des éléments populaires occidentaux (polkas, marches militaires) et des éléments du folklore négro-américain issus de la musique africaine et influencés par les cantiques chrétiens (blues, spirituals, chants de travail). L'éclosion du jazz se situe au début du XXe s., à La Nouvelle-Orléans. Il est vocal ou instrumental. L'improvisation et l'arrangement s'y mêlent. L'élément rythmique (swing) et le traitement de la matière sonore caractérisent le jazz de toutes les époques. Vers 1925 se répand un jazz commercial, caricature du jazz authentique. Depuis 1945, le jazz s'est imposé au monde entier.

jazz-band [dʒazbɑ̃d] n. m. Orchestre d'origine américaine, comprenant un groupe d'instruments qui assure la permanence rythmique (piano, batterie, etc.), et des ins-

Michel Jazy à Belgrade, en 1962

truments mélodiques, surtout trompette et saxophone. ‖ Pl. des *jazz-bands.*

jazzman [dʒazman] n. m. Joueur de jazz. ‖ Pl. des *jazzmen.*

Jdanov (Andreï Aleksandrovitch), homme politique soviétique, né à Marioupol' (1896-1948), membre du præsidium du Soviet suprême (1937).

Jdanov, anc. **Marioupol',** port de l'U.R.S.S. (Ukraine), sur la mer d'Azov ; 417 000 h. Métallurgie.

je [ʒə] (lat. *ego*), pron. pers. de la première personne du sing. des deux genres.

jean [dʒin] n. m. Variante pour BLUE-JEAN.

Jean ou **Jean-Baptiste** (*saint*). V. JEAN-BAPTISTE.

Jean l'Evangéliste (*saint*), apôtre du Christ (m. v. 100). Fils de Salomé et de Zébédée, frère de Jacques le Majeur, il était pêcheur galiléen. Il devint le disciple préféré de Jésus et fut présent dans toutes les grandes circonstances de la vie du Christ. Après la Pentecôte, il s'installa à Ephèse avant d'être exilé dans l'île de Patmos. Il est l'auteur du 4e Evangile, de trois épîtres et de l'Apocalypse. — Fête le 27 décembre.

Jean Bosco (*saint*), prêtre italien, né à Becchi (1815-1888). Prêtre à Turin (1841), il s'intéressa au sort des enfants pauvres et à leur formation professionnelle ; c'est pour leur service qu'il fonda la congrégation masculine des Salésiens et la congrégation féminine des Salésiennes. Canonisé en 1934. — Fête le 31 janvier.

Jean de Brébeuf (*saint*), jésuite et missionnaire français en Nouvelle-France (Canada), né à Condé-sur-Vire (1593-1649), missionnaire chez les Hurons, martyrisé par les Iroquois. — Fête le 26 septembre.

Jean de Capistran (*saint*), franciscain, né à Capistrano (Abruzzes) [1386-1456]. Il a défendu Belgrade contre les Turcs. — Fête le 28 mars.

Jean Chrysostome (*Bouche d'or*) [*saint*], docteur de l'Eglise, né à Antioche (v. 340-407). Patriarche de Constantinople en 398, il s'éleva contre les dérèglements de la Cour et des clercs. L'impératrice Eudoxie le fit déposer deux fois. Prédicateur prestigieux, il a laissé surtout des homélies. Il est l'un des Pères de l'Eglise grecque. — Fête le 27 janvier.

Jean de la Croix (*saint*), docteur de l'Eglise, né à Fontiveros (prov. d'Ávila, Espagne) [1542-1591]. Religieux carme (1563), il entreprit, avec sainte Thérèse d'Ávila, la réforme de l'ordre du Carmel. Les religieux qui le suivirent se dénommèrent *carmes déchaux.* Jean de la Croix a laissé de nombreux traités mystiques. Canonisé en 1726. Docteur en 1926. — Fête le 24 novembre.

Jean XXIII

Jean Damascène (*saint*), docteur de l'Eglise grecque, né à Damas (m. v. 749). Il combattit l'hérésie iconoclaste. — Fête le 27 mars.

Jean de Dieu (*saint*), religieux portugais, né à Montemor-o-Novo (1495-1550). Il fonda une congrégation de frères hospitaliers. — Fête le 8 mars.

Jean Eudes (*saint*), prêtre français, né à Ri (Normandie) [1601-1680], fondateur de la Société des prêtres de Jésus-et-Marie (*Eudistes*). — Fête le 19 août.

Jean Fisher (*saint*), cardinal anglais, né à Beverley (v. 1469-1535), décapité sous le règne d'Henri VIII pour s'être opposé au divorce du roi. — Fête le 22 juin.

Jean François Régis (*saint*), religieux français, né à Fontcouverte (Languedoc) [1597-1640]. Religieux jésuite, il fut un missionnaire très populaire dans le Velay et le Vivarais. Canonisé en 1737. — Fête le 16 juin.

Jean de Lalande (*saint*), né à Dieppe, un des martyrs canadiens massacrés avec Isaac Jogues par les Iroquois en 1646. — Fête le 18 octobre.

Jean de Matha (*saint*), né à Faucon (Provence) [1160-1213], fondateur de l'ordre des Trinitaires, voué au rachat des captifs. — Fête le 8 février.

Jean Népomucène (*saint*), prélat tchèque, né à Nepomúk, en Bohême (v. 1330-v. 1393). Il fut considéré, sur la foi d'un récit du XVIIe s., comme le martyr du secret de la confession. Canonisé en 1729. — Fête le 16 mai.

Jean Ier (*saint*), né en Toscane (v. 470-526), pape de 523 à 526. Il couronna l'empereur Justin à Constantinople. — Fête le 27 mai. — JEAN II (*Mercurius*), né à Rome (v. 470-535), pape de 533 à 535. Il fut le premier pape à abandonner son nom de famille pour celui d'un saint. — JEAN III (*Catelinus*), né à Rome (m. en 574), pape de 561 à 574. Il lutta contre le schisme en Afrique. — JEAN IV, né à Salone (v. 580-642), pape de 640 à 642. Il condamna le monothélisme. — JEAN V, né à Antioche (m. en 686), pape de 685 à 686. Il s'émancipa de la tutelle byzantine. — JEAN VI, né en Grèce (m. en 705), pape de 701 à 705. Il s'opposa aux Lombards. — JEAN VII, né en Grèce (m. en 707), pape de 705 à 707. Il obtint des Lombards la restitution d'une partie du patrimoine de Saint-Pierre. — JEAN VIII, né à Rome (v. 820-882), pape de 872 à 882. Il sacra empereur Charles le Chauve (875), puis Charles le Gros (881) ; devant l'incapacité de ces derniers à réduire les Sarrasins installés en Campanie, il fit appel à l'empereur d'Orient. — JEAN IX, né à Tibur (840-900), pape de 898 à 900. Il réhabilita la mémoire du pape Formose et affirma l'autorité du pape dans les pays slaves. — JEAN X, né à Tossignano (860-928), pape de 914 à 928. Elu grâce à Théodora, il encourut le courroux de Marozia, princesse toscane (v. 892-v. 937), et mourut en prison. — JEAN XI, né à Rome (906-935), pape de 931 à 935. Fils de Marozia, il laissa celle-ci gouverner sous son nom. — JEAN XII (*Ottaviano*), né à Rome (937-964), pape de 955 à 964. Petit-fils de Marozia, il déshonora l'Eglise par ses mœurs et son impiété. — JEAN XIII (m. en 972), pape de 965 à 972. Quoique élu sous l'influence d'Otton Ier, il encouragea la réforme clunisienne. — JEAN XIV (Pietro *Canepanova*) [m. en 984], pape de 983 à 984. Il fut élu grâce à Otton II ; il mourut en prison. — JEAN XV, né à Rome (m. en 996), pape de 985 à 996. Il procéda à la première canonisation, celle de saint Ulrich d'Augsbourg (993). — JEAN XVI (Giovanni *Filagato*) [m. en 1013]. Quoique antipape (997-998) [Grégoire V étant le pape légitime], il est compté dans la série des papes Jean. — JEAN XVII (*Siccone*), né à Rome (m. en 1003), pape en 1003. Son action fut paralysée par les factions romaines. — JEAN XVIII (*Fasano*), né à Rome (m. en 1009), pape de 1004 à 1009. Il rétablit l'union avec Byzance. — JEAN XIX (*Romanus*) [m. en 1032], pape de 1024 à 1032. La simonie ravagea l'Eglise durant son pontificat. — JEAN XXI (Pietro *di Giuliano*), né à Lisbonne (v. 1220-1277), pape de 1276 à 1277. Il a laissé un important manuel de dialectique. — JEAN XXII (Jacques *Duèse* ou *d'Euze*), né à Cahors (1245-1334), pape de 1316 à 1334. Comme Clément V, il s'établit à Avignon. Il fortifia et centralisa l'administration pontificale, notamment en matière fiscale ; il combattit les « spirituels » franciscains, qui lui opposaient leur idéal de pauvreté absolue. L'empereur Louis de Bavière, soutenu par eux, fit élire un antipape, Nicolas V (1323) ; d'autre part, des théoriciens comme Marsile de Padoue s'élevèrent, sous son règne, contre la théocratie pontificale. — JEAN XXIII (Baldassare *Cossa*), né à Naples (v. 1370-1419), antipape de 1410 à 1415. Il succéda, lors du Grand Schisme, au pape de Pise Alexandre V. Le concile de Constance le déposa (1415) ; il redevint cardinal un peu avant sa mort. — JEAN XXIII (Angelo Giuseppe *Roncalli*), né à Sotto il Monte, près de Bergame (1881-1963), pape de 1958 à 1963. Nonce à Paris (1944), puis patriarche de Venise (1953), il fut élu pape à la mort de Pie XII. Il a marqué l'histoire de l'Eglise par le rayonnement humain et œcuménique de sa personne, par un enseignement vraiment universel (encyclique *Pacem in terris,* 1963) et par la convocation, en 1962, du deuxième concile du Vatican.

Jean Ier Tzimiskès, né à Hiérapolis, Arménie (925-976), empereur d'Orient (969 à 976). Aidé de l'impératrice Théophano, il fit assassiner Nicéphore II ; mais il éloigna Théophano et épousa Theodora, sœur de Romain II. Il annexa la Bulgarie orientale. — JEAN II COMNÈNE (1088-1143), empereur d'Orient (1118-1143), fils et successeur d'Alexis Ier. Il réduisit les Petchenègues, population mongole établie sur les bords de la mer Noire, et rétablit l'autorité de Byzance sur la Syrie et l'Asie Mineure. — JEAN III DOUKAS VATATZÈS, né à Didymotique (Thrace) [1193-1254], empereur d'Orient (1222-1254), gendre et successeur de Théodore Ier Lascaris. Il s'efforça vainement de reconstituer l'Empire byzantin,

Phot. Presse-Sports, Keystone.

détruit par les croisés en 1204. — JEAN IV DOUKAS LASCARIS, né v. 1250, empereur d'Orient (1258-1261). Le pouvoir appartint en fait à des régents. — JEAN V PALÉOLOGUE (1332-1391), empereur d'Orient (1341-1354, 1355-1376, 1379-1391), fils d'Andronic III. Plusieurs fois détrôné, il ne put secouer la tutelle ottomane malgré son alliance avec le pape (1369) et Venise (1371). — JEAN VI CANTACUZÈNE, né à Constantinople (v. 1293-1383), empereur d'Orient (1341-1355). Régent à la mort d'Andronic III, il fut reconnu empereur principal pour dix ans. Partisan de l'hésychasme, il dut compter avec une forte opposition orthodoxe et avec les prétentions du tsar de Serbie ; il inaugura dans l'Empire le système des apanages ; il dut lutter contre Jean V Paléologue. Ayant été battu par celui-ci, il abdiqua et se retira au Mont-Athos, puis à Mistra. — JEAN VII PALÉOLOGUE (1366-v. 1420), empereur d'Orient (1399-1402). Il gouverna en l'absence de son oncle Manuel II et fut chassé à son retour. — JEAN VIII PALÉOLOGUE (1390-1448), empereur d'Orient (1425-1448). Pour mieux combattre les Turcs, il conclut avec le pape l'union des Eglises (concile de Florence, 1439) ; mais la défaite de Varna (1444) livra l'Empire aux Turcs.

Jean sans Terre, né à Oxford (1167-1216), roi d'Angleterre de 1199 à 1216, cinquième fils d'Henri II et d'Aliénor d'Aquitaine. Pendant sa jeunesse, il entra en rébellion contre son père avec l'appui du roi de France, Philippe Auguste. Après la mort de son frère Richard Cœur de Lion, il assassina son neveu Arthur de Bretagne, légitime héritier du trône (1203). Cité par Philippe Auguste devant la Cour des pairs pour avoir enlevé Isabelle d'Angoulême, il fut déclaré déchu de ses fiefs français (Maine, Normandie, etc.), qu'il essaya vainement de reprendre. Il se réconcilia avec le pape et lui inféoda ses royaumes (1213). Mais ses alliés, au nombre desquels était l'empereur germanique Otton IV, furent battus à Bouvines (1214), et il fut lui-même défait à La Roche-aux-Moines la même année. A son retour en Angleterre, il dut accorder la *Grande Charte* aux barons et à la bourgeoisie rendus furieux par sa politique.

Jean Ier, né à Perpignan (1350-1395), roi d'Aragon de 1387 à 1395. — JEAN II (1397-1479), roi de Navarre (1425-1479) et d'Aragon (1458-1479), fils cadet de Ferdinand Ier. Il assura la prééminence de la Couronne, vainquit les Catalans révoltés et prépara le règne brillant de son fils Ferdinand, à qui il fit épouser Isabelle de Castille.

Jean Ier de Luxembourg l'Aveugle (1296-1346), roi de Bohême (1310-1346), fils de l'empereur Henri VII. Il fut tué dans les rangs français à la bataille de Crécy, où, malgré sa cécité, il avait vaillamment combattu.

Jean sans Peur, né à Dijon (1371-1419), duc de Bourgogne (1404-1419), fils de Philippe le Hardi. Il entra en lutte contre Louis, duc d'Orléans, qu'il fit assassiner en 1407. Chef du parti des Bourguignons, soutenu par les Cabochiens, il s'empara de Paris après Azincourt. A quelque temps de là, des tentatives de rapprochement eurent lieu entre le Dauphin (Charles VII) et lui, mais il fut assassiné sur le pont de Montereau par des conseillers du Dauphin.

Jean Ier le Posthume, roi de France et de Navarre, né et mort à Paris en novembre 1316. Fils posthume de Louis X le Hutin, il aurait été tué, à l'âge de 4 jours, par son oncle Philippe de France, qui devint roi (Philippe V). — JEAN II *le Bon,* né au château du Gué de Maulny (1319-1364), roi de France de 1350 à 1364, fils et successeur de Philippe VI de Valois. Les premiers temps de son règne furent signalés par ses démêlés avec Charles le Mauvais, roi de Navarre, et par des embarras financiers nécessitant plusieurs convocations d'états généraux. Vaincu à Poitiers par le Prince Noir (1356), il fut emmené à Londres. Pendant sa captivité eurent lieu à Paris la tentative révolutionnaire d'Etienne Marcel et la Jacquerie. Après avoir signé les préliminaires de Brétigny et le traité de Calais (1360), il revint en France, laissant deux de ses fils en otage. Il donna en apanage à son fils Philippe le Hardi le duché de Bourgogne, fondant ainsi la seconde maison de Bourgogne. Il mourut à Londres, où il avait été reprendre la place de son fils Louis d'Anjou, qui s'était évadé.

Jean de Brienne (v. 1148-1237), roi de Jérusalem (1210-1225), empereur latin d'Orient (1231-1237). Epoux de Marie de Montferrat, reine de Jérusalem, il se fit couronner empereur à la mort de Robert Ier.

Jean, né au château de Colmarberg en 1921, souverain du grand-duché de Luxembourg. Il succéda à sa mère, la grande-duchesse Charlotte, en 1964.

Jean Ier Albert, né à Cracovie (1459-1501), roi de Pologne (1492-1501), fils de Casimir IV. Il déclara la guerre à la Moldavie et fut battu en Bucovine (1497). — JEAN II ou JEAN-CASIMIR. V. CASIMIR V. — JEAN III SOBIESKI, né à Olesko (Galicie) [1624-1696], roi de Pologne et de Lituanie (1674-1696). Il se distingua dans les guerres contre Charles X de Suède (1654-1660) et vainquit les Ottomans à Chocim (Khotine) [1673]. Il succéda à Michel Korybut comme roi de Pologne. Sur la colline du Kahlenberg (1683), il arrêta les Turcs, qui assiégeaient Vienne, et signa avec les Russes le traité de Moscou (1686).

Jean Ier le Grand, né à Lisbonne (1357-1433), roi de Portugal (1385-1433), fils naturel de Pierre Ier. Par sa victoire d'Aljubarrota (1385), il assura l'indépendance du Portugal face à la Castille. Il favorisa les expéditions de son fils Henri le Navigateur. — JEAN II *le Parfait,* né à Lisbonne (1455-1495), roi de Portugal (1481-1495), fils d'Alphonse V. Sous son règne fut signé le traité de Tordesillas (1494). — JEAN III *le Pieux,* né à Lisbonne (1502-1557), roi de Portugal (1521-1557), fils de Manuel Ier. Il introduisit l'Inquisition au Portugal. — JEAN IV *le*

Jean VI Cantacuzène miniature byzantine du XIVe s.

Jean sans Terre miniature du XIIIe s. *British Museum*

Jean II le Bon école française du XIVe s. *Louvre*

Fortuné, né à Vila Viçosa (1604-1656), roi de Portugal (1640-1656), fils de Théodore II, duc de Bragance. Encouragé par sa femme, Marie-Louise de Guzmán, il revendiqua le trône de Portugal comme héritier de sa grand-mère Catherine de Portugal et fut proclamé roi avec l'assentiment des Cortes. Il vainquit les Espagnols à Montijo (1644), accomplit d'importantes réformes intérieures et reconquit le Brésil et l'Angola sur les Hollandais. — JEAN V *le Magnanime,* né à Lisbonne (1689-1750), roi de Portugal (1706-1750), fils de Pierre II. Epoux de Marie-Anne d'Autriche, il fut engagé aux côtés des Habsbourg dans la guerre de Succession d'Espagne et signa la paix d'Utrecht (1713).

Jean III Vasa, né au château de Stegebord (1537-1592), roi de Suède (1568-1592), deuxième fils de Gustave Vasa. Il évinça son frère Erik XIV ; il amorça un retour de la Suède au catholicisme.

Jean (**Prêtre-**), personnage fabuleux du Moyen Age, chef d'un Etat chrétien, identifié soit au khān des Mongols, soit au négus.

Jean de Chelles, architecte français du XIIIe s. Il a travaillé à Notre-Dame de Paris.

Jean des Entommeures (*frère*), personnage de Rabelais : moine joyeux et batailleur, pour qui Gargantua fait construire l'abbaye de Thélème.

Jean Hyrcan. V. HYRCAN.

Jean de Leyde (Jan BEUKELS, dit), chef des anabaptistes de Münster, né à Leyde (1509-1536), mort dans d'horribles tortures.

Jean de Meung [mœ̃] ou **de Meun** (Jean CLOPINEL ou CHOPINEL, dit), écrivain français, né à Meung-sur-Loire (v. 1240-1305). Clerc érudit, traducteur de Végèce et de Boèce, il est l'auteur de la seconde partie du *Roman** *de la Rose.*

Jean de Salisbury, philosophe scolastique, né à Salisbury (1115-1180), évêque de Chartres, ami de saint Thomas Becket.

Jean d'Udine. V. GIOVANNI DA UDINE.

Jean Bodel, trouvère de la région d'Arras (m. v. 1210). Auteur de fabliaux, d'une chanson de geste en tirades d'alexandrins sur les guerres saxonnes de Charlemagne (*la Chanson des Saisnes*), il fit représenter à Arras le premier jeu* de langue française consacré à un saint (*Jeu de saint Nicolas,* 1200). Il mourut lépreux.

Jean Bon Saint-André (André JEANBON, *baron*), homme politique français, né à Montauban (1749-1813). Pasteur, député à la Convention, membre du Comité de salut public (1793), il fut chargé de la marine militaire et envoyé à Brest (1793-1794), puis à Toulon (1794-1795). Il fut ensuite consul général à Alger, puis à Smyrne (1798). En 1802, Napoléon le choisit comme préfet du Mont-Tonnerre, à Mayence.

Jean II Kalojan Asen (m. en 1207), roi de Bulgarie (1197-1207). Il reconnut la suzeraineté du Saint-Siège. Il échoua dans son expédition contre l'Empire latin de Constantinople. — JEAN III ASEN II (m. en 1241), roi de Bulgarie (1218-1241). Il restaura le pouvoir royal, battit le despote d'Epire (Klokotnica, 1230), imposa sa suzeraineté à la Serbie et rompit l'union religieuse avec Rome.

Jean de Montfort (1293-1345), duc de Bretagne, frère du duc Jean III. Il prétendit au duché contre sa nièce, Jeanne de Penthièvre.

Jean Renart, écrivain français du début du XIIIe s. Il fit passer dans ses romans d'aventures le meilleur de la veine des fabliaux (*l'Escoufle,* v. 1200 ; *Guillaume de Dole,* v. 1210 ; *le Lai de l'ombre,* v. 1221) et fut le premier écrivain à insérer des chansons dans le cours d'un récit.

Jean-Baptiste (*saint*), dit **le Précurseur,** fils de Zacharie et d'Elisabeth (m. en 28 ou 29 apr. J.-C.). Très jeune, il se retira dans le désert. En 27, il annonça, sur les bords du Jourdain, que le royaume de Dieu était proche ; il baptisa Jésus, qu'il désigna comme « l'Agneau de Dieu ». Ayant reproché sa conduite à Hérode Antipas, il fut décapité. — Fêtes le 24 juin (naissance) et le 29 août (martyre).

Jean-Baptiste de La Salle (*saint*), prêtre français, né à Reims (1651-1719). Chanoine de Reims, il fonda dans cette ville l'institut des Frères des écoles chrétiennes pour l'instruction des enfants pauvres (1680-1682) ; il l'installa à Paris, puis en province. Il a laissé de nombreux écrits, inspirés de la spiritualité sulpicienne et d'une pédagogie efficace (*les Devoirs du chrétien,* 1703 ; *la Conduite des écoles,* 1717). Canonisé en 1900. — Fête le 15 mai.

Jean-Baptiste Marie Vianney (*saint*), prêtre français, né à Dardilly, près de Lyon (1786-1859). De 1818 à sa mort, il fut curé du petit village d'Ars-sur-Formans, dans les Dombes. Sa prédication, sa charité et son austérité attirèrent à lui les foules. Canonisé en 1925. — Fête le 9 août.

Jean-Christophe, roman de Romain Rolland (1904-1912). C'est l'histoire d'un musicien de génie dont les expériences et les rêves sont ceux de l'auteur.

jean-le-blanc n. m. inv. Autre nom du CIRCAÈTE, oiseau rapace.

Jeanmaire (Renée, dite **Zizi**), danseuse française, née à Paris en 1924. Rendue célèbre par sa création de *Carmen* (de R. Petit, 1949), elle poursuit sa carrière au music-hall, au cinéma, à la télévision et au théâtre (*la Dame de chez Maxim's,* 1965).

Jeanne d'Arc (*sainte*), dite **la Pucelle d'Orléans,** héroïne française, née à Domrémy (1412-1431). Elle appartenait à une famille de paysans. Très pieuse, elle entendit des voix qui l'engageaient à délivrer la France, ravagée par l'invasion anglaise. Robert de Baudricourt, capitaine de Vaucouleurs, ne voulut pas d'abord déférer à son désir d'être conduite auprès de Charles VII ; il n'y consentit qu'à l'époque du siège d'Orléans (1429). Jeanne vit le roi de France à Chinon, réussit à le convaincre de sa mission, fut mise à la tête d'une petite troupe armée, obligea les Anglais à lever le siège d'Orléans, les vainquit à Patay et fit sacrer Charles VII à Reims (17 juillet), mais elle échoua devant Paris. A Compiègne, elle tomba aux mains des Bourguignons (23 mai 1430). Jean de Luxembourg la vendit aux Anglais. Ceux-ci, l'ayant déclarée sorcière, la firent juger par un tribunal ecclésiastique présidé par l'évêque de Beauvais, Pierre Cauchon. Elle s'y défendit avec autant d'habileté que de simplicité et de courage. Déclarée hérétique et relapse, elle fut brûlée vive le 30 mai 1431 à Rouen. En 1450, un procès aboutit à une réhabilitation solennelle, qui fut proclamée en 1456. Jeanne a été béatifiée en 1909 et canonisée en 1920. — Fête religieuse le 30 mai ; fête nationale le dimanche qui suit le 8 mai.
Jeanne d'Arc a inspiré de nombreuses œuvres littéraires, en particulier le poème de Christine de Pisan (*Ditié de Jeanne d'Arc,* 1429), la tragédie de Schiller (*la Pucelle d'Orléans,* 1801), la trilogie dramatique *Jeanne d'Arc* de Charles Péguy (1897), la *Sainte Jeanne* de G. B. Shaw (1926), *l'Alouette* de J. Anouilh (1953) et *Jeanne au bûcher,* oratorio de P. Claudel, musique d'A. Honegger (1937).

Jeanne de France ou **de Valois** (*sainte*) [1464-1505], fille de Louis XI, épouse de Louis XII, qui la répudia. Elle fonda les Annonciades de Bourges. — Fête le 4 février.

Phot. Lauros-Giraudon, Giraudon, Lauros-Giraudon.

Jeanne III d'Albret par François Clouet *musée Condé Chantilly*

Jeanne la Folle et son fils Charles Quint par Cranach *coll. part.*

Jeanne Seymour, par Holbein, *musée de La Haye*

Jeanne Ire de Navarre, reine de France et de Navarre, née à Bar-sur-Seine (1273-1305), épouse de Philippe IV le Bel, roi de France.

Jeanne Ire d'Anjou, née à Naples (1326-1382), reine de Naples de 1343 à 1382. Elle se maria quatre fois et fut mise à mort en 1382 sur l'ordre de son cousin et héritier Charles d'Anjou. — JEANNE II, née à Naples (1371-1435), reine de Naples de 1414 à 1435. Elle désigna pour lui succéder René d'Anjou, qu'elle avait adopté.

Jeanne II de Navarre (1311-1349), reine de Navarre (1328-1349), fille de Louis X, roi de France, et mère de Charles II le Mauvais.

Jeanne III d'Albret, née à Saint-Germain-en-Laye (1528-1572), reine de Navarre (1555-1572), fille d'Henri II d'Albret et de Marguerite de France. Comtesse de Foix et Bigorre, vicomtesse de Béarn, elle épousa Antoine de Bourbon (1548). Elle maintint l'indépendance de la Navarre entre la France et l'Espagne. Elle imposa le protestantisme dans son royaume (1567), défendit La Rochelle (1568) et repoussa une invasion catholique dans ses Etats (1570).

Jeanne la Folle, née à Tolède (1479-1555), reine de Castille (1504-1555), épouse de l'archiduc d'Autriche Philippe le Beau et mère de Charles Quint.

Jeanne Grey (lady DUDLEY), née à Bradgate (Leicestershire) [v. 1537-1554], reine d'Angleterre (10-19 juill. 1553). Arrière-petite-fille d'Henri VII, elle fut désignée par Edouard VI pour lui succéder, mais fut éliminée par la réaction loyaliste qui porta Marie Tudor sur le trône. Elle fut condamnée à mort et exécutée.

Jeanne de Penthièvre (1319-1384), duchesse de Bretagne. Elle fut en compétition avec Jean de Montfort, à qui elle céda ses droits par le traité de Guérande (1365).

Jeanne Seymour, née à Wolf Hall (Wiltshire) [1509-1537], troisième femme d'Henri VIII, roi d'Angleterre. Holbein fit d'elle un célèbre portrait (Vienne).

Jeanne-Françoise Frémyot de Chantal (*sainte*), née à Dijon (1572-1641), fondatrice, avec saint François de Sales, de l'ordre de la Visitation. — Fête le 21 août.

jeannette [ʒanɛt] n. f. Petite croix d'or suspendue au cou. ‖ Petite planche à repasser montée sur un pied, utilisée pour le repassage des manches ou autres pièces de vêtement que l'on ne peut repasser à plat.

Jeannin (Pierre), dit **le Président Jeannin,** magistrat et diplomate français, né à Autun (1540-v. 1622). Avocat, puis conseiller et président (1581) au parlement de Dijon, il fut député du Tiers aux états de Blois (1576), puis à ceux de Paris (1593). Il participa aux négociations du traité de Vervins (1598) et à celles du traité de Lyon (1601). Conseiller d'Etat, il négocia une alliance avec la Hollande (1608) et la trêve de douze ans entre les Pays-Bas et l'Espagne (1609). Il fut surintendant des Finances (1616-1619). Il est l'auteur de *Négociations* (publiées en 1656), considérées longtemps comme le bréviaire du diplomate.

Jeannine (*lac*), lac du Canada, dans le Nouveau-Québec. — A proximité, importants gisements de minerai de fer (traité à Gagnon).

Jeannot et Colin, conte de Voltaire (1764).

Jean-Paul. V. RICHTER.

Jeans (*sir* James Hopwood), astronome, mathématicien et physicien anglais, né à Londres (1877-1946). Il vérifia le principe d'équipartition de l'énergie et détermina les vitesses moyennes des molécules. Il démontra l'inexactitude de la théorie cosmogonique de Laplace et lui substitua une théorie nouvelle sur la formation des galaxies. Le premier, il présenta au grand public les théories de la relativité et des quanta, la transmutation des éléments et la notion d'énergie atomique.

Jébuséens ou **Jébusiens,** peuple pré-israélite de Canaan, soumis par David.

jéciste [ʒesist] adj. et n. Qui appartient à la Jeunesse étudiante chrétienne (J. E. C.).

jectisse [ʒɛktis] ou **jetisse** [ʒətis] adj. f. (de *jeter*). Se dit des terres remuées ou rapportées. ● *Pierres jectisses,* pierres qui peuvent se poser à la main dans toutes sortes de constructions.

Jeep [dʒip] n. f. (nom déposé; prononc. de *G. P.,* initiales de *General Purpose,* tous usages). Véhicule automobile tout terrain, de liaison et de reconnaissance. — ENCYCL. Créée par une société américaine, la *Jeep* fut adoptée en 1942 par l'armée des Etats-Unis, qui en équipa très largement ses unités et celles des forces alliées pendant la Seconde Guerre mondiale. Avec son moteur de 60 ch et ses quatre roues qui peuvent être rendues motrices, ce véhicule robuste, rapide (100 km/h) et d'un entretien facile a rendu de très grands services. Des modèles analogues ont été ensuite construits à l'étranger, et notamment en France (1951). Souvent pourvue d'un équipement radio et d'un armement léger, voire de missiles (SS 10, SS 11), la Jeep sert aussi, grâce à sa remorque, au transport des munitions ou du ravitaillement.

Jefferson (Thomas), homme d'Etat et architecte américain, né à Shadwell (Virginie) [1743-1826]. Député au congrès de Philadelphie, il rédigea la Déclaration d'indépendance (1776). Il fut ambassadeur à Paris (1785-1789), puis secrétaire aux Affaires étrangères (1790), mais il se sépara de Washington et fonda le parti républicain (antifédéraliste). Il fut vice-président (1797-1801), puis président (1801-1809) des Etats-Unis. Il inaugura la nouvelle capitale, Washington, acheta la Louisiane à la France pour 15 millions de dollars (1803). Il se heurta ensuite aux difficultés économiques nées de la guerre en Europe. Il refusa un troisième mandat, mais fit élire son ami le républicain Madison (1808).

Jefferson City, v. des Etats-Unis, cap. du Missouri, sur le Missouri; 28 100 h.

Jeffreys (George), magistrat anglais, né à Acton Park (1648-1689). Grand chancelier d'Angleterre sous Charles II et Jacques II, il se fit détester pour la cruauté et l'iniquité de ses condamnations pendant les *Assises sanglantes.* Il mourut à la Tour de Londres.

Jegun (32360), ch.-l. de c. du Gers (arr. d'Auch); 1 161 h. (594 aggl.).

Jehan de Paris, roman anonyme, en prose, de la fin du XVe s. Jehan, roi de France, qui se fait passer pour un simple bourgeois de Paris, éclipse le roi d'Angleterre auprès de l'infante de Castille.

Jehan de Saintré (*Histoire et plaisante chronique du petit*) **et de la jeune dame des Belles-Cousines,** roman d'Antoine de La Sale (1451). Il glorifie l'idéal chevaleresque et le culte courtois de la dame à l'occasion du récit d'une trahison féminine.

Jehol. V. JO-HO.

Jéhoram. V. JORAM.

Jéhovah, prononciation inexacte du nom donné à Dieu par les Hébreux. (V. YAHVÉ.)

Jéhovah (*Témoins de*), secte religieuse fondée aux Etats-Unis en 1874 par C. Taze Russell.

Jéhu, dixième roi d'Israël (v. 841-814 av. J.-C.). Il détrôna et mit à mort Joram, dont il était le général, et lutta contre le culte de Baal.

jéjunum [ʒeʒynɔm] n. m. (lat. *jejunum intestinum,* intestin à jeun). Partie de l'intestin grêle qui fait suite au duodénum.

Jelačić de Bužim (Josip) ou bien **Jelatchitch** ou **Iellatchitch,** général croate, né à Petrovaradin (1801-1859). Nommé ban de Croatie-Slavonie en 1848, il fut destitué pour avoir convoqué à Zagreb une diète régionale. Devant l'intransigeance des Hongrois dirigés par Kossuth, l'empereur rétablit comme ban Jelačić, qui était venu lui témoigner personnellement son loyalisme. Il fut chargé par lui de la répression de la révolution hongroise, dont il se chargea avec Windischgraetz.

Jelenia Góra, en allem. **Hirchberg,** v. de Pologne, au sud-ouest de Wrocław; 52 000 h. Industries métallurgiques et chimiques.

Jelgava. V. IELGAVA.

Jellicoe (John), amiral britannique, né à Southampton (1859-1935). A la tête de la Grand Fleet (1914-1916), il livra la bataille du Jutland (1916) contre la flotte allemande et devint premier lord de la Mer (1916-1917). Il fut gouverneur de la Nouvelle-Zélande (1920).

je-m'en-fichisme [ʒmɑ̃fiʃism] ou **je-m'en-foutisme** [ʒmɑ̃futism] n. m. inv. *Pop.* Insouciance.

je-m'en-fichiste ou **je-m'en-foutiste** n. et adj. *Pop.* Qui fait preuve d'insouciance.

Jemeppe, comm. de Belgique (Liège), faubourg de Liège; 12 200 h. Métallurgie.

Jemmapes, auj. **Jemappes** [ʒemap], comm. de Belgique (Hainaut); 12 900 h. Métallurgie. Victoire de Dumouriez sur les Autrichiens en 1792.

Jena. V. IÉNA.

je-ne-sais-quoi ou **je ne sais quoi** (Acad.) n. m. inv. Chose qu'on ne saurait définir : *le je-ne-sais-quoi de son expression.*

Jenner (Edward), médecin anglais, né à Berkeley (Gloucestershire) [1749-1823]. Il découvrit que le cow-pox des vaches était transmissible à l'homme sous la forme d'une maladie bénigne, la *vaccine,* qui l'immunisait contre la variole; il fut ainsi le créateur de la vaccination antivariolique.

jennérien [ʒenerjɛ̃], **enne** [-ɛn] adj. Se dit du vaccin et de la vaccination antivarioliques, mis au point par l'Anglais Jenner au XVIIIe s.

Jennings (Herbert Spencer), zoologiste et psychologue américain, né à Tonica, Illinois (1868-1947), promoteur d'une théorie béhavioriste en psychologie animale.

jenny [ʒeni] n. f. (mot angl. signif. *Jeannette*). Machine à filer le coton, dont le principe fut imaginé par James Hargreaves et qui fut perfectionné par Arkwright, puis par Crompton. (C'est l'ancêtre du métier à filer renvideur.)

Jensen (Johannes Vilhelm), écrivain danois, né à Farsø (Jylland) [1873-1950]. Auteur d'essais d'anthropologie, il entreprit dans ses romans la glorification des races « gothiques », anglo-saxonnes et germaniques, et s'efforça de créer une nouvelle morale païenne (*le Long Voyage,* 1908-1921; *Fêtes de l'année,* 1925). [Prix Nobel de littérature, 1944.]

Jephté, l'un des Juges d'Israël (XIIe s. av. J.-C.). Avant d'attaquer les Ammonites, il fit le vœu d'offrir à Dieu en holocauste la première personne qui viendrait le saluer après sa victoire. Or, ce fut sa fille unique qui accourut la première, et Jephté dut l'immoler.

jérémiade [ʒeremjad] n. f. (par allusion aux *Lamentations* de Jérémie). Plainte, lamentation persistante, importune.

Jérémie, un des quatre grands prophètes d'Israël, de la tribu de Benjamin, né à Anatot (v. 650-v. 580 av. J.-C.). Il conseilla à ses concitoyens la soumission envers les rois de Babylone et annonça, dans ses prophéties, les heurs et les malheurs d'Israël. Il fut persécuté, mais les événements lui donnèrent raison. Le recueil biblique des « Lamentations », qui lui est, à tort, attribué, commémore la destruction de Jérusalem en 587 av. J.-C.

jerez n. m. V. XÉRÈS.

Jerez de la Frontera, anc. **Xeres,** v. d'Espagne (prov. de Cadix); 150 100 h. Restes des anciennes murailles et alcazar (XIe-XIIIe s.). Eglises gothiques (San Miguel, XVe s.). Le Consistorio possède une admirable façade plateresque (XVIe s.). Vieilles maisons, palais. Aux environs, chartreuse (XVe-XVIIIe s.) dont l'église est richement décorée de retables baroques. Vins de renommée mondiale.

Jéricho, en ar. **Arīḥā,** v. de Jordanie. Reconstruite de multiples fois depuis le VIIe millénaire, l'ancienne Jéricho fut abandonnée au IVe s. av. J.-C. Le site nouveau de Jéricho, à moins de 3 km, date d'Hérode. La date de la destruction de la Jéricho biblique, dont Josué aurait fait tomber les murailles au son des trompettes, est située entre 1400 et 1260 av. J.-C.

jerk [dʒɛrk] n. m. (mot angl. signif. *saccade, secousse*). Danse de société, à la mode à partir de 1965.

jéroboam n. m. Grosse bouteille de champagne d'une contenance de quatre bouteilles (soit plus de trois litres).

Phot. Giraudon, Lauros-Giraudon, Hanfstaengl-Giraudon.

Jéroboam Ier (m. en 910 av. J.-C.), fondateur et premier souverain du royaume d'Israël (930-910 av. J.-C.). — JÉROBOAM II (m. v. 743 av. J.-C.), roi d'Israël de 783 à 743 av. J.-C.

Jérôme (*saint*), docteur de l'Eglise latine, né à Stridon (Dalmatie) [v. 347-420]. Il quitta Rome pour l'Orient après avoir été baptisé (v. 372). En 385, il s'établit définitivement à Bethléem, où il se consacra à l'érudition en même temps qu'à l'ascétisme et à la direction religieuse de groupes cénobitiques. Il a laissé de nombreux ouvrages exégétiques, historiques et théologiques; mais son œuvre essentielle est la *Vulgate*, traduction latine de la Bible. — Fête le 30 septembre.

Jérôme de Prague, disciple de Jan Hus, né à Prague (v. 1380-1416), brûlé vif à Constance.

jerrican [dʒerikan] ou **jerricane** [ʒɛrikan] n. m. (de *Jerry*, surnom donné aux Allemands par les Anglais, et angl. *can*, bidon). Récipient portatif, utilisé notamment pour la manutention et la distribution des produits pétroliers. (L'Administration préconise JERRICANE.)

jersey [ʒɛrzɛ] n. m. (de l'île de *Jersey*). Tissu à mailles, réalisé sur un métier.

Jersey, la plus grande et la plus méridionale des îles Anglo-Normandes; 116 km²; 63 000 h. Cap. *Saint-Hélier*. A 25 km du Cotentin, Jersey est un important centre touristique. La relative douceur du climat a favorisé les cultures maraîchères (pomme de terre, tomate) et florales, juxtaposées à l'élevage bovin.

Jersey City, v. des Etats-Unis (New Jersey), sur l'Hudson, en face de New York; 276 100 h. Industries variées.

jersiais, e adj. et n. Relatif à Jersey ou à ses habitants. ‖ Habitant ou originaire de cette île. ● *Race jersiaise*, race bovine de petite taille, originaire de l'île de Jersey et réputée pour la richesse de son lait en matière grasse (60 g par litre).

Jérusalem, anc. cap. de la Judée, puis de la Palestine, auj. cap. de l'Etat d'Israël; env. 275 000 h.
● *Histoire*. Le site de Jérusalem fut occupé par les Jébuséens au début du IIe millénaire. David s'en empara et en fit sa capitale. Le magnifique Temple bâti par Salomon fut ruiné par Nabuchodonosor en 587 av. J.-C.; il fut reconstruit, moins luxueusement, au retour des habitants déportés à Babylone (587-538 av. J.-C.). Hérode entreprit des travaux considérables au Temple (20-19 av. J.-C.), mais celui-ci fut définitivement détruit par les Romains, en même temps que la ville, en 70 apr. J.-C. Dès lors, les Juifs vinrent se lamenter sur les ruines du Temple et, plus tard, au mur des Lamentations, reste de l'enceinte hérodienne. Après l'échec de l'insurrection de Simon Bar-Kokheba (132), les Romains établirent sur les ruines de Jérusalem une colonie, qui fut interdite aux Juifs. Avec l'Empire chrétien, Jérusalem devint un centre de pèlerinage. Constantin fit édifier la première basilique du Saint-Sépulcre. La ville fut tour à tour prise par les Perses (614), les Arabes (637), les croisés (1099), Saladin (1187) et Frédéric II (1229). En 691, le calife ʻAbd al-Malik avait édifié sur l'emplacement du Temple la mosquée d'al-Aqsā. Si les Mamelouks, comme leurs prédécesseurs, travaillèrent à embellir la ville, l'époque ottomane (1516) fut une période de décadence. Prise par les Anglais en 1917, Jérusalem devint la capitale de la Palestine sous mandat britannique (1922). En 1949, la ville resta partagée entre l'Etat d'Israël et la Jordanie. En 1967, lors de la troisième guerre israélo-arabe, la ville a été entièrement annexée par Israël, action qui a été condamnée par l'O. N. U.

Jérusalem (*royaume latin de*), fondé en 1099 par les croisés et détruit en 1291 par les Mamelouks.

Jérusalem céleste, dans le style mystique, séjour des élus.

Jérusalem délivrée (*la*), poème épique du Tasse, composé en grande partie entre 1570 et 1575 et publié en 1581. A la célébration historique et édifiante de la première croisade et de la famille d'Este, l'auteur mêle de nombreux épisodes romanesques, délicats ou pathétiques : les amours de Renaud et d'Armide, la passion malheureuse d'Herminie pour Tancrède, la mort de Clorinde.

Jeseníky, massif montagneux de Tchécoslovaquie, entre la Bohême et la Silésie; 1 490 m.

Jesselton. V. KOTA KINABALU.

jésuite [ʒezɥit] n. m. Membre de la Compagnie de Jésus, fondée par Ignace de Loyola. ‖ *Péjor*. Personne hypocrite. ‖ — Adj. *Style jésuite*, style artistique de la Contre-Réforme.

jésuitique adj. Qui concerne les jésuites. ‖ *Péjor*. Hypocrite et astucieux.

jésuitiquement adv. De façon jésuitique.

jésuitisme n. m. Système moral et religieux des jésuites. ‖ *Péjor*. Hypocrisie, astuce.

jésus [ʒezy] n. m. Représentation du Christ enfant : *un jésus de cire*. ‖ Gros saucisson. ‖ — Adj. inv. *Papier jésus*, format de papier normalisé aux dimensions 56 × 72 cm. (Il existe aussi à Paris un papier jésus de dimensions courantes 56 × 76 cm.) [On dit aussi, substantiv., DU JÉSUS.]

Jésus ou **Jésus-Christ,** selon les chrétiens, le fils de Dieu et le Messie prédit par les prophètes. Sa vie et son œuvre nous sont connues par les Evangiles. Jésus naquit à Bethléem v. l'an 749 de la fondation de Rome, soit en l'an 6 ou 5 avant l'ère qui porte son nom. Menacé par la tyrannie ombrageuse d'Hérode, il échappa au massacre, fut emmené en Egypte par Joseph et Marie — sa mère — et, à son retour, s'établit à Nazareth, où il passa sa jeunesse. Il commença à trente ans à prêcher sa doctrine en Galilée, puis à Jérusalem, où il fut en butte à l'hostilité croissante des pharisiens. Jésus ne se présentait pas comme le fondateur d'une religion nouvelle; il portait la loi de Moïse et la prédication des prophètes à leur plénitude; il n'annonçait pas un royaume charnel, mais un royaume spirituel. Un de ses apôtres, Judas, le trahit pour trente pièces d'argent. Après avoir célébré la Cène et institué l'eucharistie, Jésus comparut devant le grand prêtre des Juifs, Caïphe, puis devant la justice romaine, représentée par Ponce Pilate. Condamné par le premier, abandonné par le second, abreuvé d'outrages, il monta au Calvaire, où il mourut crucifié entre deux larrons. Enseveli par les saintes femmes, il ressuscita trois jours plus tard et, au bout de quarante jours, s'éleva au ciel. Après la Pentecôte, les apôtres partirent répandre sa doctrine (le christianisme) dans le monde.

Jérusalem
le mont
des Oliviers

vache jersiaise

Jésus (*Vie de*), par Ernest Renan (1863). Point de départ d'une série d'études sur les *Origines du christianisme*, ce livre s'inspire des théories rationalistes sur l'impossibilité du miracle et l'inauthenticité des Evangiles.

Jésus (*Compagnie* ou *Société de*), ordre fondé en 1540 par saint Ignace de Loyola pour la conversion des hérétiques et le service de l'Eglise. Très fortement hiérarchisé, l'ordre est gouverné par un préposé général élu. Son apostolat est très divers : d'abord équipe missionnaire, la Compagnie de Jésus fut amenée très tôt (1547) à s'occuper d'enseignement. Instrument efficace de la Réforme catholique aux XVIe et XVIIe s., la Compagnie eut à lutter contre le jansénisme, puis, au XVIIIe s., contre les régalistes et les gallicans, qui obtinrent sa suppression (1759-1773). Elle fut rétablie en 1814, mais eut à faire face à diverses persécutions au XIXe s.

jet [ʒɛ] n. m. Action de jeter, de lancer : *le jet d'une pierre*. ‖ Emission de rayons : *jet de lumière*. ‖ Mouvement d'un fluide qui s'échappe soudain : *jet d'eau*. ‖ Action de faire couler la matière en fusion dans le moule. ‖ Traverse inférieure du châssis d'une fenêtre, ayant une feuillure à l'intérieur, curviligne à l'extérieur, afin de faciliter l'écoulement de l'eau de pluie. ‖ *Bot*. Poussée droite et vigoureuse d'un végétal. ‖ *Technol*. En termes de fonderie, syn. de MASSELOTTE. ● *Arme de jet*, arme propre à être lancée ou à lancer des projectiles. ‖ *Jet à la mer*, opération consistant à jeter à la mer tout ou partie de la cargaison afin d'alléger le navire. ‖ *Premier jet*, ébauche, esquisse. ‖ *Du premier jet*, du premier coup, sans qu'il soit nécessaire d'y revenir.

jet [dʒɛt] n. m. (mot angl.). Ensemble des gaz chauds éjectés à l'arrière d'une tuyère de turboréacteur ou de fusée. ‖ Avion à réaction.

jetage n. m. Sécrétion s'écoulant du nez d'animaux atteints de la morve, de la gourme, etc.

jeté n. m. Bande d'étoffe ou de broderie que l'on met sur une table en guise d'ornement. ‖ En tricot, brin jeté sur l'aiguille avant de prendre une maille, ce qui fait une maille de plus. ‖ *Chorégr*. Saut lancé, exécuté d'une jambe sur l'autre : *jeté battu; grand jeté*. ‖ *Sports*. En haltérophilie, mouvement amenant la barre de l'épaule au bout des bras tendus verticalement.

jetée n. f. Chaussée, généralement en maçonnerie, qui s'avance dans la mer et protège un port contre la violence des lames. ‖ Bâtiment allongé reliant une aérogare à un poste de stationnement d'avion.

jeter [ʒəte] v. t. (lat. *jactare*; de *jacere*, jeter) [conj. **3**]. Lancer : *jeter une pierre*. ‖ Pousser avec violence, renverser : *jeter quelqu'un à terre*. ‖ Lancer hors de soi, émettre : *animal qui jette son venin; enfants qui jettent des cris*. ‖ Se débarrasser de : *jeter des fruits gâtés*. ‖ Produire des bourgeons : *la vigne commence à jeter*. ‖ — *Fig*. Faire naître, inspirer : *jeter le trouble dans les esprits*. ‖ Mettre dans une certaine manière d'être : *jeter dans l'embarras, dans le doute*. ● *Jeter l'ancre*, la faire tomber dans la mer pour arrêter le navire. ‖ *Jeter son argent par les fenêtres*, faire de folles dépenses. ‖ *Jeter un coup d'œil*, regarder vivement. ‖ *Jeter à la face, à la figure*, reprocher. ‖ *Jeter feu et flamme*, se livrer à de grands emportements de colère. ‖ *Jeter les fondements d'un édifice*, les établir. ‖ *Jeter le froc aux orties*, renoncer à la vie ecclésiastique. ‖ *Jeter un pont sur une rivière*, l'y construire. ‖ *Jeter de la poudre aux yeux*, éblouir par ses propos ou ses manières, en faire accroire. ‖ *Jeter les yeux sur quelqu'un*, le choisir pour un poste de confiance. ‖ *Le sort en est jeté*, le parti en est pris. ‖ **— Se jeter** v. pr. Se précipiter : *se jeter aux pieds de quelqu'un*. ‖ Confluer, en parlant d'une rivière : *la Saône se jette dans le Rhône*. ● *Se jeter dans les bras de quelqu'un*, y chercher un appui.

jeteur, euse n. Personne qui jette : *jeteur de sorts*.

jeton n. m. Pièce ronde et plate, en ivoire, en matière plastique ou en métal, pour marquer et payer au jeu. ‖ Pièce de métal servant de monnaie fiduciaire. ● *Faux comme un jeton* (Fam.), hypocrite. ‖ *Jeton de présence*, somme forfaitaire allouée aux membres des conseils d'administration des sociétés anonymes et de certaines compagnies, présents aux réunions de ces organismes, soit à titre de remboursement de frais, soit en rémunération de leurs fonctions.

jet-stream [dʒɛtstrim] n. m. (mot angl.). Courant d'ouest très rapide, qu'on observe entre 10 000 m et 15 000 m, entre les 30e et 45e parallèles des deux hémisphères. (S'écoulant en général sur plusieurs milliers de kilomètres avec une grande stabilité, le jet-stream présente un certain intérêt pour l'aviation civile. Sa vitesse peut temporairement dépasser 500 km/h [elle diminue avec l'élévation en latitude].)

Jette, comm. de Belgique (Brabant), au nord de Bruxelles; 38 000 h. Industries métallurgiques et chimiques.

jeu [ʒø] n. m. (lat. *jocus*). Action de jouer; récréation, divertissement : *se livrer aux jeux de son âge*. ‖ Ce qui sert à jouer : *acheter un jeu de dames*. ‖ Amusement soumis à des règles : *jeu de barres*. ‖ Divertissement intéressé où l'on risque de l'argent : *une dette de jeu*. ‖ Ensemble des cartes d'un joueur : *avoir un beau jeu*. ‖ Divertissement public composé d'exercices sportifs : *les jeux Olympiques*. ‖ Au tennis, division d'un set : *faire trois jeux de suite*. ‖ Manière de toucher des instruments de musique : *cette pianiste a un jeu agréable*. ‖ Manière dont un acteur interprète un rôle : *un jeu séduisant*. ‖ Facilité de se mouvoir : *donner du jeu à une porte*. ● *Avoir beau jeu*, être dans des conditions favorables. ‖ *Cela n'est pas de jeu*, ce n'est pas conforme aux règles, à ce qui était convenu. ‖ *Ce n'est qu'un jeu pour lui*, il le fait facilement. ‖ *Faire le jeu de quelqu'un*, l'avantager involontairement. ‖ *Jeu d'enfant*, chose très facile. ‖ *Jeu d'esprit*, petit jeu qui exige de l'esprit, de l'invention. ‖ *Jeu de mots*, équivoque, plaisanterie fondée sur la ressemblance des mots. ‖ *Jeux de mains*, jeux où l'on se frappe légèrement. ‖ *Jeux de mains, jeux de vilain*, les jeux de mains ne conviennent qu'à des gens mal élevés. ‖ *Jeu d'orgue*, suite ou série de tuyaux correspondant à un même timbre. (Les jeux d'orgue sont de deux catégories : les jeux à bouche et les jeux à anches.) ‖ *Jeu de physionomie*, expression particulière et significative du visage. ‖ *Jouer*

Phot. Roger-Viollet, Justin.

gros jeu, risquer beaucoup. ‖ *Maison de jeu*, établissement public où l'on joue de l'argent. ‖ *Mettre quelqu'un en jeu*, le mêler à son insu dans une affaire. ‖ *Mise en jeu*, emploi, usage. ‖ *Se faire un jeu de*, le faire facilement. ‖ *Se piquer au jeu*, s'obstiner à jouer malgré les pertes; et, au *fig.*, ne pas se laisser décourager par les obstacles, les insuccès. ‖ *Théorie des jeux*, théorie visant à éclairer un sujet économique, placé dans des situations données, sur les possibilités qu'elles lui ouvrent, et à l'aider à construire l'ensemble des stratégies possibles pour lui et ses partenaires de jeu. ‖ *Tirer son épingle du jeu*, se dégager adroitement d'une mauvaise affaire. ‖ — **D'entrée de jeu** loc. adv. Tout de suite, dès le début : *d'entrée de jeu, le ministre fixe son objectif.* ‖ — Pl. Tableau de commande des éclairages d'un théâtre. ● *Jeux Olympiques*, V. OLYMPIQUE.

Jeu de l'amour et du hasard (*le*), comédie de Marivaux, eu 3 actes, en prose (1730). Dorante et Silvia, que leurs parents ont décidé de marier, ont pris, pour mieux s'observer, l'un le vêtement de son valet Arlequin, l'autre celui de sa suivante Lisette. Malgré les quiproquos qui en résultent, l'amour rapproche les deux jeunes gens.

Jeu de cartes, ballet en 3 « donnes » de Janine Charrat, musique d'Igor' Stravinski, décors et costumes de Pierre Roy, créé à Paris au théâtre des Champs-Elysées en 1945 par les Ballets des Champs-Elysées.

Jeu de paume (*musée du*), annexe du département des peintures du musée du Louvre, consacrée aux peintres impressionnistes, à leurs précurseurs et à ceux qu'ils ont contribué à former. C'est l'ancien jeu de paume du château des Tuileries, construit en 1862.

Jeu de paume (*serment du*), serment que prêtèrent, le 20 juin 1789, les députés du Tiers Etat « de ne pas se séparer avant d'avoir donné une Constitution à la France ». Le roi leur ayant interdit l'accès de la salle des Menus-Plaisirs, ils s'étaient transportés dans une salle voisine, celle du Jeu de paume.

jeu [ʒø] n. m. Intervalle calibré ménagé entre les surfaces de deux pièces en contact d'un assemblage. (V. *encycl.*) ‖ Manque de serrage de deux pièces en contact : *cet axe a du jeu.* ‖ Fonctionnement régulier : *le jeu d'une pompe ;* et, au *fig.* : *le jeu des institutions.* ‖ Série complète d'objets de même espèce : *un jeu de clefs.* — ENCYCL. Entre les surfaces de deux pièces ajustées et qui font partie d'un ensemble mécanique, il doit exister un *jeu*. Ce jeu est positif quand les dimensions de la partie femelle de l'assemblage sont plus grandes que les dimensions correspondantes de la partie mâle : la pièce mâle peut alors se déplacer dans la pièce femelle. Il est négatif dans le cas contraire, et sa valeur absolue s'appelle *serrage :* la pièce mâle est solidaire de la pièce femelle. Lorsque le jeu est positif, l'ajustement peut être *libre, tournant, glissant, juste.* Lorsque le jeu est négatif, l'ajustement peut être *serré* ou *bloqué*. Un assemblage dans lequel une pièce tourne ou se déplace dans une autre doit avoir un jeu suffisant. Sinon, la pièce mâle s'échauffe et se dilate, ce qui diminue le jeu et réduit le passage du lubrifiant jusqu'à ce que celui-ci soit interrompu : on aboutit alors au *grippage*.

jeu [ʒø] n. m. Au Moyen Age, pièce de théâtre.

Jeu d'Adam, drame semi-liturgique du milieu du XIIe s. Ce texte, dialogué en dialecte normand et en vers octosyllabiques, constitue la première manifestation dramatique véritable, en langue vulgaire, du Moyen Age.

Jeu de la feuillée, œuvre dramatique d'Adam de la Halle. Cette suite de scènes burlesques et féeriques, représentée à Arras vers 1276, peut être considérée comme la première des *sotties** et l'ancêtre des « revues » satiriques modernes.

Jeu du prince des sots, trilogie dramatique par P. Gringore (1512), qui comprend une sottie, une moralité et une farce, dans lesquelles l'auteur soutient la politique de Louis XII à l'égard du pape Jules II.

Jeu de Robin et Marion, pièce d'Adam de la Halle, composée à Naples vers 1282. C'est la transposition scénique de deux sortes de chansons de trouvère, la pastourelle et la bergerie, avec des intermèdes musicaux.

jeux Floraux, nom donné au concours poétique annuel institué à Toulouse en 1323 par un groupe de poètes désireux de maintenir les traditions du lyrisme courtois. De là le titre de « mainteneurs » conféré aux membres de la compagnie, d'abord appelée *Consistoire du Gai Savoir*. Une légende, née vers la fin du XVIe s. et faisant de Clémence Isaure, dame toulousaine, la créatrice de ces jeux, contribua à la popularité du concours, dont les prix sont des fleurs d'orfèvrerie. Au XVIe s., la compagnie prit le nom de *Collège de rhétorique*, se passionna pour la Pléiade et n'admit plus, à ses concours, que la langue française. En 1694, Louis XIV érigea la compagnie en *académie des jeux Floraux*. Celle-ci favorisa le mouvement romantique en couronnant Victor Hugo et en accueillant Chateaubriand et les auteurs du Cénacle. En 1895, remontant, à l'instigation de Mistral, à ses anciennes traditions, l'académie admit de nouveau la langue d'oc à ses concours.

jeudi [ʒødi] n. m. (lat. *Jovis dies*, jour de Jupiter). Cinquième jour de la semaine. ● *Jeudi saint*, jeudi de la semaine sainte. ‖ *Semaine des quatre jeudis* (Fam.), temps qui n'arrivera jamais.

Jeumont (59460), comm. du Nord (arr. d'Avesnes-sur-Helpe), sur la Sambre ; 10 178 h. Métallurgie.

jeun (à) [aʒœ̃] loc. adv. (lat. *jejunus*). Sans avoir rien mangé ni bu depuis le réveil.

jeune [ʒœn] adj. (lat. *juvenis*). Qui n'est pas avancé en âge : *jeune homme; jeune fille.* ‖ Qui a encore la vigueur et l'agrément de la jeunesse : *on peut être jeune à quarante ans.* ‖ Qui n'a point l'esprit mûri ; crédule : *il sera donc toujours jeune?* ‖ Cadet : *Durand jeune et Cie.* ‖ Qui appartient à la jeunesse : *jeune expérience.* ‖ *Fam.* En parlant des choses, qui est insuffisant, un peu juste : *un déjeuner un peu jeune.* ‖ — N. m. Jeune homme, personne jeune. ‖ Animal non encore adulte.

Jeune Captive (*la*), élégie d'A. Chénier, écrite pendant sa captivité et inspirée par Mlle de Coigny.

Jeune Homme et la mort (*le*), ballet en 2 tableaux de Jean Cocteau, chorégraphie de Roland Petit, sur la *Passacaille en do mineur* de J.-S. Bach, décors et costumes de Georges Wakhevitch, créé à Paris en 1946 au théâtre des Champs-Elysées par les Ballets des Champs-Elysées.

jeûne [ʒøn] n. m. Abstinence d'aliments : *un long jeûne affaiblit.* (V. *encycl.*) ‖ Abstinence d'aliments par esprit de mortification.
— ENCYCL. Le *jeûne* peut être poursuivi sans graves dangers pendant quelques jours, à condition de boire suffisamment. On observe d'abord une utilisation des réserves graisseuses de l'organisme (d'où l'intérêt dans le traitement de certaines obésités), puis celle des protéines (à ce moment, le jeûne devient aléatoire, selon la résistance du sujet).

jeunement adv. *Véner.* Nouvellement : *cerf dix cors jeunement.*

jeûner v. i. (lat. *jejunare*). Observer le jeûne prescrit par l'Eglise catholique. ‖ S'abstenir d'aliments.

jeunesse n. f. Partie de la vie de l'homme entre l'enfance et l'âge viril : *l'éclat de la jeunesse.* ‖ Etat d'une personne jeune. ‖ Les jeunes gens : *l'instruction de la jeunesse.* ‖ Premiers temps des choses : *jeunesse du monde.* ‖ *Fig.* Energie, vigueur, fraîcheur : *garder une jeunesse de cœur, d'esprit.*

Jeunesse agricole chrétienne (J. A. C. et J. A. C. F.), mouvement d'action catholique destiné aux jeunes ruraux, fondé à Paris en 1929. En 1964, il a pris le nom de *Mouvement rural de la jeunesse chrétienne.*

Jeunesse étudiante chrétienne (J. E. C. et J. E. C. F.), mouvement d'action catholique appliqué aux milieux étudiants, fondé en 1929.

Jeunesse ouvrière chrétienne (J. O. C. et J. O. C. F.), mouvement d'action catholique créé en 1925 par l'abbé Cardijn, en vue de la rechristianisation du monde ouvrier.

Jeunesses musicales, mouvement d'éducation musicale populaire destiné à mettre la musique à la portée de tous par des concerts commentés. Il a été fondé en 1939 par Cuvelier en Belgique et Nicoly en France.

jeunet, ette adj. *Fam.* Très jeune, inexpérimenté : *il est encore bien jeunet pour faire ce métier.*

jeûneur, euse n. Celui, celle qui jeûne.

jeunot, otte adj. et n. *Fam.* Un peu jeune.

Jézabel (IXe s. av. J.-C.), femme d'Achab, roi d'Israël, et mère d'Athalie. Elle fut tuée par ordre de Jéhu.

Jhānsi, v. de l'Inde (Uttar Pradesh) ; 183 800 h. Métallurgie.

Jhelum (la), l'une des « cinq rivières » du Pendjab, affl. de la Chenāb (r. dr.) ; 715 km.

jigger [dʒigœr] n. m. (mot angl.). Transformateur pour coupler les circuits radio-électriques.

Jilolo. V. HALMAHERA.

Jiménez (Juan Ramón), poète espagnol, né à Moguer (Huelva) [1881-1958]. D'abord influencé par Rubén Darío et le symbolisme (*Ames de violette*, 1901 ; *la Solitude sonore*, 1908), il évolue, à l'écart de tout engagement philosophique ou social, vers un art dépouillé qui se veut une tentative d'expression idéale de la pensée (*Eternités*, 1917 ; *Unité*, 1925). [Prix Nobel, 1956.]

Jiménez de Cisneros. V. CISNEROS.

Jinja, v. de l'Ouganda ; 38 000 h. Fonderie de cuivre. Textiles.

Jinnah (Muḥammad 'Alī), homme d'Etat pakistanais, né à Karāchi (1876-1948). Il peut à juste titre être considéré comme le fondateur du Pākistān. Il publia en 1928 les garanties constitutionnelles réclamées par les musulmans. Il admit, en 1937, l'idée d'un Etat musulman indépendant de l'Inde et fut nommé premier gouverneur de cet Etat (1947).

Jitomir, v. de l'U. R. S. S. (Ukraine), à l'ouest de Kiev ; 161 000 h. Métallurgie. Combats en 1941 et 1943.

jiu-jitsu [dʒjydʒitsy] n. m. (japonais *jūjitsu*, art de la souplesse). Méthode de lutte japonaise qui est à la fois un système d'entraînement physique et un art de se défendre sans arme. (Ses règles sont beaucoup moins strictes que celles du judo*.)

Jivaros, Indiens vivant aux confins de l'Amazonie, sur le versant oriental des Andes. Ils faisaient subir à la tête de l'ennemi décapité un traitement qui la réduisait à la grosseur d'un poing.

Joab, personnage biblique, neveu et général du roi David ; il réprima la révolte d'Absalon.

Joachaz [-kaz], 11e roi d'Israël (814-798 av. J.-C.), fils de Jéhu.

Joachaz, 17e roi de Juda (VIIe s. av. J.-C.), détrôné par le pharaon Néchao.

Joachim (*saint*), époux de sainte Anne et père de la Vierge Marie. — Fête le 16 août.

Joachim Ier ou **Éliacin,** 18e roi de Juda, frère aîné et successeur de Joachaz (fin du VIIe s. av. J.-C.). — JOACHIM II, 19e roi de Juda (598-597 av. J.-C.). Nabuchodonosor l'emmena à Babylone.

Joachim de Flore, mystique italien né à Celico (Calabre) [v. 1130-1202]. Révolté par les abus ecclésiastiques, il élabora une doctrine théologico-historique qui annonçait le règne de l'Esprit et qui influença fortement le mouvement des spirituels. La célèbre *Introduction à l'Evangile éternel* n'est qu'une compilation interpolée de ses œuvres.

Joad, grand prêtre des Juifs (IXe s. av. J.-C.). Il éleva secrètement le jeune Joas, soustrait à la fureur d'Athalie, le fit proclamer roi et fit assassiner la reine.

joaillerie n. f. Art de mettre en valeur les pierres fines et précieuses, en utilisant à des fins décoratives leur éclat, leur forme, leur couleur. ‖ Commerce du joaillier. ‖ Articles vendus par le joaillier.

joaillier [ʒoaje], **ère** [-ɛr] adj. et n. Personne qui fait ou vend des joyaux.

Joanne (Adolphe), géographe français, né à Dijon (1813-1881), auteur de *Guides* et d'un *Dictionnaire géographique et administratif de la France.*

João Pessoa, v. du Brésil, cap. de l'Etat de Paraíba, sur le Paraíba ; 203 000 h. Université. Industries textiles.

Joas, 8e roi de Juda (IXe s. av. J.-C.), fils d'Ochosias. Echappé au massacre de sa famille ordonné par Athalie, il fut placé sur le trône par le grand prêtre Joad. Il se débarrassa de la tutelle de celui-ci.

Joas, 12e roi d'Israël (v. 798-783 av. J.-C.). Il battit le roi de Juda Amasias et démolit les remparts de Jérusalem.

job [dʒɔb] n. m. (mot angl.). *Fam.* Emploi rémunéré.

Job, personnage biblique. Il est connu par le livre qui porte son nom et qui fut rédigé au Ve s. av. J.-C. Riche et puissant, il fut éprouvé par Dieu, tomba dans la misère, mais fit preuve d'une résignation exemplaire.

jobard [ʒɔbar], **e** [-ard] adj. et n. (anc. fr. *jobe;* sans doute de *Job*). *Fam.* Très naïf, qui se laisse duper facilement.

jobarderie ou **jobardise** n. f. Crédulité, naïveté. ‖ Paroles d'un jobard.

jobelin [ʒɔblɛ̃] n. m. Argot des gueux au XVe s.

Jobourg (*nez de*), cap du dép. de la Manche, sur le raz Blanchart, en face de l'île d'Aurigny.

Jocaste. *Myth. gr.* Femme de Laïos, roi de Thèbes, et mère d'Œdipe. Elle épousa ce dernier sans savoir qu'il était son fils. Après l'exil d'Œdipe, instruite de la vérité, elle se tua.

Jocelyn, poème de Lamartine (1836). Journal en vers d'un prêtre, ce poème devait être le dernier d'une vaste épopée philosophique dont le début est *la Chute d'un ange.*

jociste [ʒɔsist] adj. et n. Qui appartient à la Jeunesse ouvrière chrétienne (J. O. C.).

jockey [ʒɔkɛ] n. m. (mot angl.). Professionnel qui monte les chevaux de course. ‖ Sellette munie de triangles auxquels ont attache les rênes, et que l'on emploie pour dresser les chevaux. ‖ Pl. des *jockeys.*

jocko [ʒɔko] n. et adj. m. *Pain jocko,* sorte de pain long.

Joconde (la), chef-d'œuvre de Léonard de Vinci, peint v. 1502-1506, acquis par François Ier. C'est sans doute le portrait de Mona Lisa del Giocondo (Louvre).

jocrisse [ʒɔkris] n. m. (de *Jocrisse;* v. art. suiv.). Benêt qui se laisse duper.

Jocrisse, personnage traditionnel de la farce, niais et crédule.

Jodelet (Julien BEDEAU, dit), acteur comique français (v. 1590-1660). Il joua au théâtre du Marais (1610), à l'hôtel de Bourgogne (1634), puis entra dans la troupe de Molière (1659).

Jodelle (Etienne), poète français, né à Paris (1532-1573), membre de la Pléiade. Sa tragédie *Cléopâtre captive* (1553) marque le point de départ d'une forme dramatique nouvelle, d'où sortira la tragédie classique.

Jodhpur, v. de l'Inde (Rājasthān) ; 270 400 h. Textiles.

jodhpurs [ʒɔdpur] n. m. pl. (de l'hindoustanī). Pantalon long, serré à partir du genou et utilisé pour monter à cheval.

Jodl (Alfred), général allemand, né à Würzburg (1890-1946). Chef du bureau des opérations de la Wehrmacht de 1938 à 1945, il fut condamné à mort et exécuté.

jodler ou **iodler** [jɔdle] v. i. (allem. *jodeln*). Chanter à la manière des Tyroliens, qui vocalisent sans paroles, en passant sans transition de la voix de poitrine à la voix de tête. (On dit aussi IOULER.)

Joël, un des douze prophètes (Ve s. av. J.-C.). Le livre qui porte son nom prédit le Jugement dernier.

Jœuf (54240), comm. de Meurthe-et-Moselle (arr. de Briey) ; 12 305 h. (*Joviciens*). Sidérurgie et métallurgie.

Joffre (Joseph), maréchal de France, né à Rivesaltes (1852-1931). Sorti de Polytechnique dans le génie, il se distingue, à partir de 1885, au Tonkin, au Soudan et à Madagascar. Nommé chef d'état-major général de l'armée en 1911 et commandant des armées du Nord et du Nord-Est à la déclaration de la guerre (2 août 1914), il dirige la retraite après les premiers revers et remporte la victoire de la Marne. Après avoir dirigé la « course à la mer », puis les grandes attaques de 1915, il est nommé commandant en chef de toutes les armées françaises (2 déc.) et dégage Verdun par l'offensive de la Somme (juill.-oct. 1916). Remplacé par Nivelle (déc. 1916) et nommé maréchal de France, il est chargé d'une mission aux Etats-Unis (1917) qui prépare l'engagement des troupes américaines. Membre de l'Académie française, il a laissé des *Mémoires* publiés en 1932.

Joffrey (Robert), danseur, chorégraphe et pédagogue américain, né à Seattle en 1930. Directeur de sa propre école (1953), puis de l'une des meilleures compagnies américaines de ballet (1954), il est l'auteur d'une version du *Pas des déesses* (1954), de *Gamelan* (1963).

Jogjakarta, v. d'Indonésie (Java); 312 700 h. Métallurgie. Textiles.

Jogues (*saint* Isaac). V. ISAAC JOGUES.

Johannesburg, v. de l'Afrique du Sud (Transvaal); 1 365 500 h. Aéroport. Zoo. La ville est née, en 1886, de l'exploitation des gisements aurifères du Witwatersrand*. Elle est aujourd'hui la ville la plus peuplée de la République (la troisième d'Afrique). Capitale financière, c'est encore un grand centre commercial et industriel.

Johannot (Tony), peintre et graveur français, né à Offenbach (1803-1852). Un des meilleurs dessinateurs romantiques, il illustra de plus de 3 000 vignettes quelque 150 volumes, dont certains de Goethe, de Lamartine, de Nodier et de George Sand.

John Bull. V. BULL.

Johnson (Samuel), écrivain anglais, né à Lichfield (Staffordshire) [1709-1784]. Poète satirique (*la Vanité des désirs humains*, 1749), romancier, critique (*Vies des poètes anglais les plus célèbres*, 1779-1781), il se fit le défenseur du classicisme et exerça par son *Dictionnaire de la langue anglaise* (1755) et ses entretiens, rapportés par son ami Boswell, une véritable dictature littéraire.

Johnson (Andrew), homme politique américain, né à Raleigh (Caroline du Nord) [1808-1875]. Rallié au parti républicain, il devint vice-président des Etats-Unis en 1864; l'année suivante, l'assassinat du président Lincoln le porta à la présidence. Il acheta l'Alaska à la Russie (1867).

Johnson (Lyndon Baines), homme politique américain, né près de Stonewall (Texas) [1908-1973]. Démocrate, il est sénateur du Texas de 1948 à 1960, puis est élu vice-président des Etats-Unis. En 1963, l'assassinat du président Kennedy le porte à la présidence; il est facilement réélu en 1964. Sa politique est dominée par deux graves questions : le problème noir et la guerre du Viêt-nam. En 1969, le républicain Nixon lui succède.

Johnson (Daniel), homme politique canadien, né à Danville (prov. de Québec) [1915-1968]. Chef de l'Union nationale (1961), il fut Premier ministre du Québec de 1966 à sa mort.

Jo-ho ou **Jehol,** anc. prov. de Chine, partagée entre le Ho-pei et le Leao-ning.

Johore, Etat de la Malaysia (Malaisie); 1 278 300 h. Cap. *Johore Bharu* (74 900 h.).

joie [ʒwa] n. f. (du lat. *gaudium*, joie). Vive impression de plaisir que la possession d'un bien réel ou imaginaire fait éprouver : *tressaillir de joie.* (Syn. : ALLÉGRESSE, DÉLICE, GAIETÉ, JUBILATION, LIESSE.) ● *Feu de joie*, feu allumé dans les réjouissances publiques. ‖ *S'en donner à cœur joie* (Fam.), jouir pleinement de quelque chose.

Joigny (89300), ch.-l. de c. de l'Yonne (arr. d'Auxerre), sur l'Yonne; 10 628 h. (*Joviniens*). Eglise des XVe-XVIIe s.

joindre [ʒwɛ̃dr] v. t. (lat. *jungere*). [conj. **55**]. Rapprocher deux choses de manière qu'elles se touchent : *joindre deux morceaux de bois.* ‖ Servir à réunir : *rue qui joint deux avenues.* ‖ Ajouter, allier : *joindre l'utile à l'agréable.* ‖ Atteindre : *joindre quelqu'un.* ● *Joindre les deux bouts* (*de l'année*), arriver péniblement à faire les frais d'une entreprise, de son ménage, etc. ‖ — V. i. Etre amené en contact : *ces fenêtres ne joignent pas bien.* ‖ **— Se joindre** v. pr. S'unir, s'associer. ‖ Se retrouver : *nous n'avons pu nous joindre.*

joint n. m. Articulation, endroit où se touchent deux os. ‖ *Ch. de f.* Dispositif qui réunit et rend solidaires les extrémités voisines de deux rails contigus. ‖ *Constr.* Intervalle rempli de liant, qui sépare des pierres, des moellons ou des briques juxtaposés ou superposés. ‖ *Mécan.* Articulation entre deux pièces. ‖ Garniture d'un assemblage : *joint étanche.* ‖ *Technol.* Ligne formée par la réunion de deux pièces. ‖ Surface de contact de deux pièces appliquées l'une contre l'autre. ‖ Point de raccordement de deux tuyauteries, de deux appareils. (V. *encycl.*) ● *Joint de Cardan* ou *joint universel*, mode d'articulation entre deux arbres, qui permet de transmettre un mouvement de rotation sous un angle quelconque. ‖ *Joint de dilatation*, raccordement télescopique ou en accordéon, permettant la dilatation et la contraction. ‖ *Joint élastique*, joint composé d'une pièce de caoutchouc adhérant à des plateaux solidaires des arbres à relier. ‖ *Joint homocinétique*, joint universel double formé de deux joints de Cardan accouplés. (V. *encycl.*) ‖ *Joint de Oldham*, mécanisme permettant de transmettre un mouvement de rotation entre deux arbres parallèles dont les axes sont très voisins. ‖ *Trouver le joint* (Fam.), trouver la meilleure manière de résoudre une difficulté.

— ENCYCL. *Technol.* Il existe deux sortes de joints. Les *joints d'étanchéité* servent à rendre étanches les canalisations et les carters de mécanisme. Ils doivent offrir une étanchéité absolue au fluide, une facilité de démontage éventuel et une grande résistance à la corrosion. Les *joints d'accouplement* permettent de réunir deux arbres situés dans le prolongement l'un de l'autre, mais non exactement alignés sur le même axe. Le *joint homocinétique* permet une synchronisation parfaite dans la rotation de deux arbres qui font entre eux un angle quelconque. Dès l'apparition des voitures automobiles à roues avant indépendantes, on a mis au point des joints qui, bien que n'étant pas homocinétiques pour tous les angles de braquage ou toutes les hauteurs relatives des arbres par rapport au sol, sont cependant d'un emploi acceptable. Ce type de joint léger, de faibles dimensions, d'un entretien aisé, est universellement adopté en construction mécanique moderne.

Johannesburg

général Joffre en 1913

Samuel Johnson par Reynolds *Nat. Portrait Gallery Londres*

Lyndon B. Johnson

Joinville présente ses Mémoires à Louis X miniature du XIVe s. *B. N.*

joint [ʒwɛ̃], **e** [-ɛ̃t] adj. Uni, lié; qui est en contact : *sauter à pieds joints.* ● *Ci-joint*, ajouté, réuni à ceci. — *Gramm.* Les participes INCLUS et JOINT, dans *ci-inclus*, *ci-joint*, sont invariables : 1° au commencement d'une phrase : *ci-joint votre lettre; ci-inclus la copie;* 2° dans une phrase, si le nom suit sans être précédé ni de l'article ni d'un adjectif déterminatif : *vous trouverez ci-joint quittance; vous avez ci-inclus copie de la lettre.* Dans tous les autres cas, ils s'accordent : *les pièces ci-jointes; vous avez ci-incluse la copie de la lettre.*

joint [ʒwɛ̃] n. m. (d'un mot amér.). Cigarette faite de hachisch, de marihuana, etc., et que plusieurs fumeurs se passent de l'un à l'autre.

jointé, e adj. *Vétér. Cheval court-jointé, long-jointé*, qui a le paturon trop court, trop long.

jointif, ive adj. Qui joint : *lattes jointives.*

jointoiement [-twamɑ̃] n. m. Action de jointoyer.

jointoyer [ʒwɛ̃twaje] v. t. (conj. **2**). Remplir avec du mortier ou du ciment les joints d'une maçonnerie.

jointoyeur n. m. Maçon plus spécialement chargé de faire les joints.

jointure n. f. Joint, articulation : *la jointure de deux pierres; la jointure du genou.*

Joinville (52300), ch.-l. de c. de la Haute-Marne (arr. de Saint-Dizier); 4 890 h. (*Joinvillois*). Château bâti par Claude de Lorraine (1546). Métallurgie.

Joinville (Jean, *sire* DE), chroniqueur français (v. 1224-1317). Sénéchal de Champagne, il accompagna Saint Louis en Egypte en 1248. Bien que devenu l'ami du roi, il refusa, en 1270, de prendre part à l'expédition de Tunis. A la demande de la reine Jeanne de Navarre, épouse de Philippe le Bel, il écrivit une pittoresque histoire de Saint Louis (1309), intitulée *Mémoires*, un des premiers grands livres de prose française.

Joinville (François D'ORLÉANS, *prince* DE), amiral français, né à Neuilly-sur-Seine (1818-1900), troisième fils de Louis-Philippe.

Joinville-le-Pont (94340), ch.-l. de c. du Val-de-Marne (arr. de Nogent-sur-Marne), sur la Marne; 17 836 h. (*Joinvillais*). Ecole normale supérieure d'éducation physique. Studios cinématographiques.

Jókai (Mór), publiciste et écrivain hongrois, né à Komárom (1825-1904). Proscrit, puis député et rédacteur en chef de plusieurs quotidiens, il a subi dans ses romans l'influence du romantisme français (*le Nabab hongrois*, 1854).

joker [ʒɔkɛr] n. m. Dans certains jeux, carte qui prend la valeur que lui donne celui qui la possède dans son jeu.

joli [ʒɔli], **e** adj. (anc. scandin. *jôl*). Agréable à voir, bien fait : *un joli bébé.* ‖ Considérable, avantageux : *un joli revenu.* ‖ Piquant, amusant : *un joli tour.* ‖ — Contr. : IGNOBLE, LAID, VILAIN. ● *Faire le joli cœur*, chercher à paraître agréable.

joli n. m. Ce qui est joli.

joliesse n. f. Caractère de ce qui est joli : *la joliesse d'un visage.*

joliet, ette adj. Assez joli, mignon.

Joliet ou **Jolliet** (Louis), explorateur français, né à Québec (1645-1700). Il explora la région des Grands Lacs, le Mississippi et le Labrador.

Phot. The Aircraft Operating Co. of Africa, Harlingue, Nat. Portrait Gallery, U. S. I. S., B. N.

Joliette, v. du Canada (Québec), sur l'Assomption; 19 200 h. Evêché. Centre industriel.

joliment adv. Bien; de façon agréable, spirituelle. ‖ *Par iron.* Très mal, sévèrement : *se faire joliment recevoir.* ‖ *Fam.* Beaucoup, très : *être joliment content.*

Joliot-Curie (Irène), physicienne française, née à Paris (1897-1956), fille de Pierre et Marie Curie, femme de Fr. Joliot. En collaboration avec son mari, elle est l'auteur de travaux sur la radio-activité naturelle et artificielle, dont la découverte leur valut le prix Nobel de chimie pour 1935. Citons aussi ses recherches relatives à l'action des neutrons sur les éléments lourds. Elle fut sous-secrétaire d'Etat à la Recherche scientifique (1936) et directrice de l'Institut du radium (1946).

Joliot-Curie (Frédéric), physicien français, né à Paris (1900-1958). Préparateur de Marie Curie, dont il épousa la fille Irène en 1926, il effectua, souvent avec celle-ci, de nombreuses recherches de physique atomique. Tous deux participèrent à l'identification du neutron et découvrirent en 1934 la radio-activité artificielle, ce qui leur valut le prix Nobel de chimie pour 1935. En 1937, Joliot-Curie fut nommé professeur au Collège de France. Il apporta une preuve physique du phénomène de fission de l'uranium; il étudia les réactions en chaîne et les conditions de réalisation d'une pile atomique à uranium et à eau lourde. Interrompus par l'Occupation, ses travaux reprirent lorsqu'il fut nommé, en 1946, haut-commissaire à l'Energie atomique; il dirigea la construction de la première pile atomique française (1948). En 1956, à la mort de sa femme, il devint titulaire de la chaire de physique nucléaire qu'elle occupait à la Sorbonne. Inscrit au parti communiste, il fut élu président du Conseil mondial de la paix. (Acad. des sc., 1943.)

Jolivet (André), compositeur français, né à Paris (1905-1974). Professeur de composition au Conservatoire national supérieur de musique (1966), on lui doit des œuvres pour piano (*Mana,* 1935), un oratorio (*la Vérité de Jeanne,* 1956), des concerts et des symphonies.

Jolliet (Louis). V. JOLIET (Louis).

Jomini (Henri, *baron* DE), général et écrivain suisse, né à Payerne (1779-1869). Officier à l'état-major de Ney (1804), promu général (1810), il dirigea la section historique de la Grande Armée (1812). Puni par Berthier pour négligence, il passa au service des Russes, devint aide de camp du tsar Alexandre Ier (1813) et conseiller militaire de Nicolas Ier (1828). Il créa l'Académie militaire russe (1837) et rentra en France en 1843. Il a écrit de nombreux ouvrages sur Frédéric II et Napoléon, ainsi qu'un *Précis de l'art de la guerre* (1836).

Jommelli (Niccolo), compositeur italien, né à Aversa (1714-1774), auteur d'opéras et de musique religieuse.

Jonas, un des douze petits prophètes (VIIIe s. av. J.-C.). D'après la Bible (Livre de Jonas), il fut miraculeusement rendu à la vie après avoir séjourné trois jours dans le ventre d'un gros poisson. Il s'agit là d'une fiction didactique du Ve s. av. J.-C.

jonc [ʒɔ̃] n. m. (lat. *juncus*). Plante des lieux humides, à tiges et feuilles cylindriques, de la famille des joncacées. ‖ Canne faite d'une tige de rotang, ou *jonc d'Inde.* ‖ Bague sans chaton, dont le cercle est partout de même grosseur.

joncacées n. f. pl. Famille de plantes monocotylédones, comprenant les *joncs,* la *luzule.*

jonchaie [ʒɔ̃ʃɛ], **jonchère** [-ɛr] ou **joncheraie** [ʒɔ̃ʃrɛ] n. f. Lieu où croissent des joncs.

jonchée n. f. Quantité d'objets qui jonchent le sol : *une jonchée de feuilles.* ‖ Petit fromage de crème ou de lait caillé, fabriqué dans un panier de jonc.

joncher [ʒɔ̃ʃe] v. t. (de *jonc*). Répandre çà et là : *joncher la terre de fleurs.* ‖ Etre épars sur, couvrir : *des feuilles mortes jonchent le sol.* ‖ Répandre en grande quantité sur : *joncher la terre de cadavres.*

jonchets [ʒɔ̃ʃɛ] n. m. pl. Bâtonnets de bois, d'os, etc., mis en tas et qu'il faut, dans un jeu, recueillir un à un, sans faire remuer les autres. (Syn. HONCHETS.)

jonction [ʒɔ̃ksjɔ̃] n. f. (lat. *junctio*). Action de joindre, d'unir; de se joindre : *la jonction de deux armées.* ● *Point de jonction,* endroit où deux choses se joignent, se confondent.

Jones (Inigo), architecte anglais, né à Londres (1573-1652). Il étudia Palladio au cours d'un séjour en Italie et introduisit ensuite en Angleterre les formes simples du classicisme. Il a construit de nombreux édifices, dont Queen's House, à Greenwich (1616-1635), et Banqueting House, à Whitehall (1619-1622).

Jones (James), écrivain américain, né à Robinson (Illinois) en 1921. Profondément marqué par son expérience de la guerre, il cherche à échapper à l'absurdité de l'existence dans des romans qui tiennent à la fois du document naturaliste et de l'épopée (*Tant qu'il y aura des hommes,* 1951; *la Mer à boire,* 1967).

Jongen (Joseph), compositeur belge, né à Liège (1873-1953), directeur du Conservatoire de Bruxelles, auteur de *la Légende de saint Nicolas* (1933) et de diverses partitions symphoniques.

Jongkind (Johann Barthold), peintre et graveur néerlandais, né à Latrop (1819-1891). Isabey le fit venir en France, où il demeura, faisant cependant quelques voyages en Hollande. Précurseur de l'impressionnisme, excellent dessinateur, il s'attacha à rendre l'atmosphère lumineuse qui baigne les objets. Peintre paysagiste, il est surtout connu par ses aquarelles d'une grande décision, limpides, ne disant que l'essentiel. Il mourut fou à Grenoble.

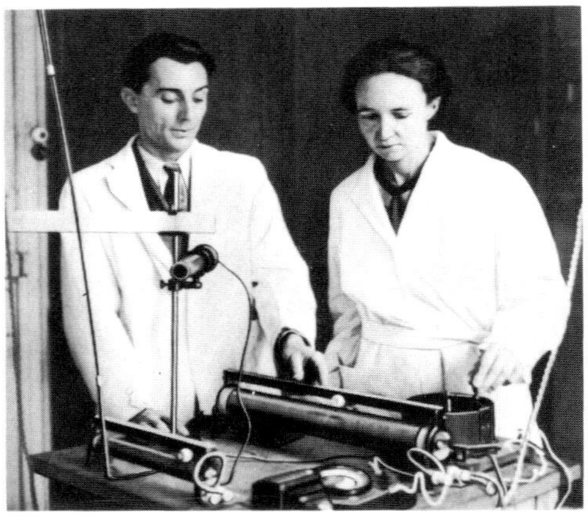

Frédéric et Irène **Joliot-Curie,** en 1932

Ben Jonson

jongler [ʒɔ̃gle] (**avec**) v. i. Lancer en l'air, les uns après les autres, divers objets que l'on relance à mesure qu'on les reçoit. ‖ Faire des tours d'adresse, de passe-passe. ● *Jongler avec les difficultés,* les surmonter facilement.

jonglerie n. f. Tour d'adresse ou de passe-passe. ‖ *Fig.* Hypocrisie, charlatanisme.

jongleur n. m. (lat. *joculator,* rieur). Au Moyen Age, musicien et chanteur ambulant qui récitait les chansons de geste, puis des poésies lyriques et des fabliaux, en s'accompagnant d'un instrument de musique, le plus souvent une vielle. ‖ Auj., personne qui pratique l'art de jongler. (Le fém. est JONGLEUSE, en ce sens.)

Jönköping, v. de Suède, sur le lac Vätter; 107 800 h. Fabriques d'allumettes. Papeteries. Constructions mécaniques et électriques.

jonque [ʒɔ̃k] n. f. (empr. au malais). Bateau de mer et de rivière servant, en Extrême-Orient, au transport des marchandises ou à la pêche.
— ENCYCL. La *jonque* n'a pas de quille. Son avant est carré, sans étrave, et il glisse sur l'eau au lieu de la diviser. Le gouvernail peut s'amener au-dessus de la coque, servant ainsi de dérive. Les plus grandes jonques peuvent atteindre 50 m et avoir cinq mâts. Ceux-ci sont gréés de voiles au tiers renforcées par des lattes de bambou qui les raidissent parfaitement.

Jonquière, v. du Canada (Québec), dans la région du Saguenay; 29 700 h.

jonquille [ʒɔ̃kij] n. f. (esp. *junquillo*). Narcisse à haute collerette, à feuilles cylindriques comme celles des joncs, cultivé pour ses fleurs jaunes. ‖ — N. m. et adj. inv. Couleur blanc et jaune : *rubans jonquille.*

Jonson (Benjamin), connu sous le nom de **Ben Jonson,** auteur dramatique anglais, né à Westminster (1572 ou 1573-1637). Maçon, puis soldat, il se tourne vers le théâtre, où il connaît le succès en 1598 avec une pièce, *Chacun dans son caractère,* jouée par la troupe de Shakespeare. Poète-lauréat en 1619, il compose des « masques » pour la cour de Charles Ier (*le Masque de la noirceur,* 1605), donne des tragédies, des pastorales, mais doit sa célébrité et son influence à ses comédies « de caractère » (*Volpone ou le Renard,* 1605).

Jonte (la), riv. du Massif central, affl. du Tarn (r. g.); 40 km.

Jonzac (17500), ch.-l. d'arr. de la Charente-Maritime, sur la Seugne; 4 096 h. (*Jonzaçais*). Château des XIVe-XVIe s. Vins mousseux. Eau-de-vie. — L'arr. a 7 cant., 119 comm., 57 404 h.

Jooss (Kurt), danseur et chorégraphe allemand, né à Wasseralfingen (Wurtemberg) en 1901. Assistant de R. von Laban, il élabora une synthèse de l'expressionnisme et de la danse académique, illustrée par des œuvres comme *la Table verte* et *la Grande Ville* (1932).

Joram ou **Jéhoram,** 5e roi de Juda (849-843 av. J.-C.), époux d'Athalie.

Joram, 9e roi d'Israël (851-843 av. J.-C.). Il fut tué par Jéhu.

Jorasses (**Grandes-**), sommets du massif du Mont-Blanc; 4 206 m à la pointe Walker.

Jorat, partie sud-occidentale du plateau suisse, dominant le lac Léman.

Jordaens (Jacob), peintre flamand, né à Anvers (1593-1678). Elève de Van Noort, il subit fortement l'influence de Rubens. De tempérament flamand par excellence, il demeure profondément naturaliste, même dans ses nombreux tableaux d'autel. Il peint des scènes et des types

Jongkind « Honfleur » *musée des Beaux-Arts Alger*

Jordaens « les Quatre Évangélistes » *Louvre*

Phot. Giraudon, Keystone, British Council, Giraudon.

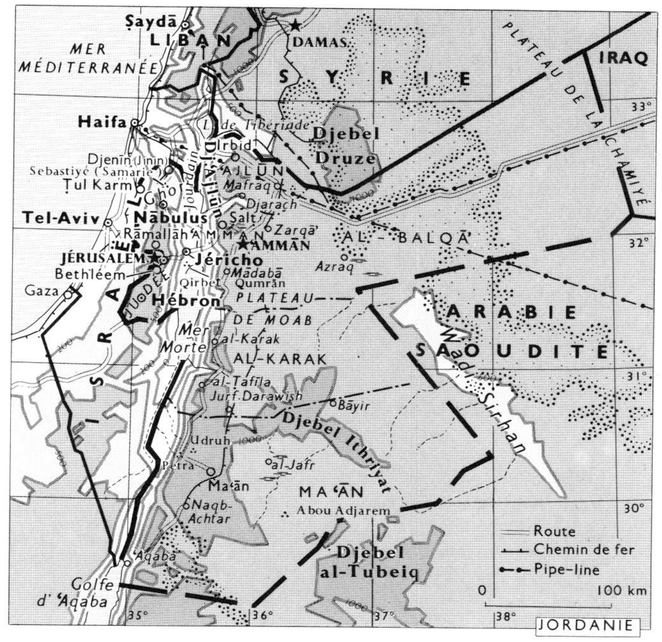

vallée du Jourdain

Jordanie

nomades de la tribu Ta'amrah

populaires, exprimant la joie simple et sensuelle de vivre (*la Fécondité*, Bruxelles; *les Quatre Evangélistes*, Louvre; *Le roi boit!*, Bruxelles).

Jordan (Camille), mathématicien français, né à Lyon (1838-1922). Surtout connu pour ses travaux en analyse, il compléta les recherches d'Evariste Galois, notamment en élucidant le problème le plus important dans ce domaine : la résolution d'une équation par radicaux.

Jordanie (*royaume Hāchémite de*), Etat de l'Asie occidentale, à l'est d'Israël; 96 622 km²; 2 145 000 h. (*Jordaniens*). Cap. *'Ammān*. Langue : *arabe*.

Géographie.

La Jordanie est formée de deux régions très différentes. A l'ouest, le Ghor est une dépression tectonique occupée par la vallée du Jourdain. Avec les hautes terres qui l'entourent, le Ghor est la partie vitale du pays. La très relative abondance des précipitations (450 mm à 'Ammān), complétées parfois par l'irrigation, y autorise les cultures : blé, orge, vigne, olivier, agrumes même. La population y est dense : plus de 100 h. en moyenne au kilomètre carré (chiffre relevé, il est vrai, par la présence des principales villes, dont la capitale). L'est de la Jordanie est un désert. Les précipitations sont inférieures à 100 mm. L'élevage nomade des ovins est la seule forme d'exploitation de cette région, qui occupe plus des quatre cinquièmes du pays, mais ne compte que 3 p. 100 de sa population.
L'industrie est pratiquement inexistante (en dehors de la transformation des produits du sol et de l'extraction des phosphates en bordure de la mer Morte). La balance commerciale est très lourdement déficitaire (le taux de couverture des importations est régulièrement inférieur à 20 p. 100). Sans industrie, cultivant moins du douzième de sa superficie, devant faire face à une rapide croissance de sa population (de l'ordre de 3 p. 100 par an), la Jordanie est un pays pauvre, à l'avenir incertain.

Histoire.

Lorsque l'Etat d'Israël fut proclamé (14 mai 1948), la Transjordanie*, membre de la Ligue arabe, occupa une partie de l'ancienne Palestine sous mandat britannique, où vinrent se réfugier les Arabes qui avaient quitté le secteur israélien. Elle prit le nom de royaume Hāchémite de Jordanie et, conformément à l'armistice de 1949, réunit une province orientale (l'ancienne Transjordanie) et une province occidentale (partie arabe de la Palestine, la Cisjordanie). Le roi Abdullah fut assassiné à Jérusalem en 1951. La Constitution fut modifiée dans un sens libéral (2 janv. 1952), et Ḥusayn proclamé roi par le Parlement, en remplacement de son père, Ṭalāl, destitué (1952). Les réfugiés arabes, hostiles à toute collaboration avec l'Angleterre, entretinrent un climat de troubles. La Jordanie n'adhéra pas au pacte de Bagdad (1955) et, après avoir rompu ses liens militaires avec l'Angleterre et exilé le général Glubb pacha (1956), conclut un accord avec l'Egypte. En 1957, avec l'aide des Bédouins, Ḥusayn forma un gouvernement d'union nationale, exigea le départ des troupes syriennes et, en réplique à l'union de la Syrie et de l'Egypte, s'unit à l'Iraq (Fédération arabe [févr. 1958], dont l'existence ne survécut pas à la révolution irakienne [juill. 1958].) Fidèle à sa politique d'équilibre, il obtint le départ des troupes britanniques (oct. 1958). Les relations entre la Jordanie et la Ligue arabe ont connu depuis lors des moments de grave tension (en 1960, lors d'un attentat manqué contre Ḥusayn; en décembre 1966, lorsque la Jordanie refuse de permettre le stationnement des troupes arabes le long de la frontière israélo-jordanienne). Entre-temps, un accord frontalier accordant à la Jordanie le territoire côtier du golfe d''Aqaba intervint avec l'Arabie Saoudite (1965). A l'intérieur de la Jordanie, Ḥusayn, accusé d'avoir trahi la cause arabe, dut vaincre des manifestations d'hostilité (fin 1966). Assuré d'une aide américaine accrue (1967), il rompit avec la R. A. U. Toutefois, lors de la crise de juin 1967, il signa un accord militaire avec Nasser et, dès l'ouverture des hostilités, déclara la guerre à Israël. Toute la partie jordanienne située à l'ouest du Jourdain fut occupée par les troupes israéliennes. En 1970, de nombreux affrontements opposent l'armée royale à des éléments palestiniens. En 1974, le roi Ḥusayn renonce, au profit des Palestiniens, à sa souveraineté sur les territoires situés à l'ouest du Jourdain.

jordanien [ʒɔrdanjɛ̃], **enne** [-ɛn] adj. et n. De la Jordanie.

j'ordonne (*Monsieur, Madame, Mademoiselle*). *Fam.* Se dit de personnes qui aiment à donner des ordres.

jōruri n. m. Genre littéraire japonais. (V. *encycl.*). ‖ Art de manœuvrer les marionnettes.
— Encycl. A l'origine, le nom de *jōruri* est celui de l'héroïne d'un récit épique et romanesque (*Histoire en douze actes de Jōruri*, v. 1510). Psalmodiée par les chanteurs, avec accompagnement de *biwa*, puis de *shamisen*, l'histoire de Jōruri, aimée de Minamoto Yoshitsune, connut un immense succès : associée au théâtre de poupées, elle donna naissance à un genre dramatique populaire, l'*ayatsuri-jōruri* ou, simplement, *jōruri*.

Josabeth (IXe s. av. J.-C.), fille de Joram et femme du grand prêtre Joad. Elle préserva Joas, son neveu, des fureurs d'Athalie.

Josaphat, 4e roi de Juda (870-849 av. J.-C.). Il vainquit les Moabites, les Iduméens et les Ammonites; il fut célèbre pour sa piété.

Josaphat (*vallée de*), entre Jérusalem et le mont des Oliviers, arrosée par le Cédron. Suivant la tradition chrétienne, les morts y seront rassemblés au jour du Jugement dernier.

joseph [ʒozɛf] adj. et n. m. (du prénom de l'inventeur *Joseph Montgolfier*). Se dit d'un papier mince utilisé pour filtrer les liquides.

Joseph, fils de Jacob et de Rachel, personnage biblique dont l'histoire est racontée dans la Genèse. Vendu par ses frères et conduit en Egypte, il devint ministre d'un pharaon et fit venir les Israélites.

Joseph (*saint*), époux de Marie, mère de Jésus. Il était de la famille de David. Père nourricier de Jésus, il assista à sa naissance, l'emmena avec Marie en Egypte, puis à Nazareth, où, selon la tradition, il exerça un métier manuel (charpentier). Son culte ne devint populaire qu'au XIXe s. — Fêtes le 19 mars et le 1er mai.

Joseph d'Arimathie (*saint*) [Ier s.], disciple de Jésus-Christ, qui, suivant la tradition, et avec l'aide de Nicodème, détacha de la croix le corps du Christ et l'ensevelit. — Fête le 17 mars.

Joseph (François Le Clerc du Tremblay, dit **le P.**), surnommé **l'Eminence grise,** capucin français, né à Paris (1577-1638), confident et conseiller de Richelieu. Son influence fut prédominante de 1630 à 1635.

Joseph Ier, né à Vienne (1678-1711), roi de Hongrie (1687), roi des Romains (1690), archiduc d'Autriche et empereur (1705-1711), fils de Léopold Ier. Il poursuivit la guerre de Succession d'Espagne, conquit l'Italie du Nord et la Bavière, qu'il ne put annexer. Il fit des concessions aux protestants de Silésie (1707), ce qui permit un rapprochement avec la Suède. En Hongrie, il écrasa la

Phot. X, Almasy.

Joseph II
empereur d'Allemagne
école autrichienne du XVIIIe s.
château de Versailles

l'impératrice **Joséphine**
par Prud'hon
détail
Louvre

révolte de Ferenc Rákóczi et apaisa la noblesse en reconnaissant le calvinisme et le droit des Etats (1711). — JOSEPH II, né à Vienne (1741-1790), empereur germanique et corégent des Etats des Habsbourg (1765-1790), fils de François Ier et de Marie-Thérèse, et frère de Marie-Antoinette. En 1760, il épousa Isabelle de Parme, qui mourut ainsi que leur fille en 1763. Sa seconde femme, Marie-Josèphe de Bavière, mourut sans enfants en 1767. Elu empereur à la mort de son père, nommé corégent par sa mère, il ne gouverna en fait qu'après la mort de celle-ci en 1780. Imbu des doctrines du « despotisme éclairé », il entreprit dès lors d'appliquer ses idées au gouvernement de ses Etats. Par l'édit de tolérance (1781), il accorda la liberté du culte à toutes les religions. Il réglementa avec minutie les manifestations du catholicisme afin de restreindre l'autorité du pape dans ses Etats. Il s'efforça de faire de la monarchie autrichienne, qui groupait des peuples hétérogènes, un Etat unitaire. Pour cela, il introduisit une division administrative uniforme en provinces et en cercles, et imposa l'allemand comme langue officielle (1784-1785). Il établit l'égalité sociale et le mariage civil, abolit le servage (1781-1785) et favorisa le développement économique en accordant un régime de libre concurrence industrielle et commerciale. Mais sa politique extérieure, ambitieuse et qui se révéla malheureuse, ruina en partie son œuvre intérieure. L'opposition de la Prusse et de la France l'empêcha d'échanger les Pays-Bas contre la Bavière (1765). Entraîné par Catherine II dans une guerre contre l'Empire turc (1788), il vit l'invasion du territoire autrichien. Ses échecs encouragèrent la révolte de la Hongrie, où Joseph II dut renoncer à appliquer ses réformes. Il se heurta de même à la résistance des Pays-Bas (1787), qui proclamèrent la déchéance des Habsbourg (1789).

Joseph de Habsbourg, archiduc d'Autriche, né à Alcsúth (Hongrie) en 1872. Promu feld-maréchal, il commanda les troupes austro-hongroises en Italie (1917). En 1919, devenu chef des forces contre-révolutionnaires en Hongrie, il plaça Horthy à la tête de l'armée hongroise; mais il dut démissionner peu après sous la pression des Alliés.

Joseph Ier, né à Lisbonne (1714-1777), roi de Portugal de 1750 à 1777. Il laissa en fait le pouvoir au marquis de Pombal et, en 1776, confia la régence à sa femme.

Joseph, roi d'Espagne. V. BONAPARTE.

Joseph Calasanz (*saint*), religieux espagnol, né à Peralta de la Sal (Aragon) [1556-1648]. Il fonda la congrégation enseignante des *Clercs réguliers des écoles pies* (1597). Canonisé en 1767. — Fête le 27 août.

Josèphe (Flavius). V. FLAVIUS JOSÈPHE.

Joséphine (Marie-Josèphe TASCHER DE LA PAGERIE, *impératrice*), née à Trois-Ilets (Martinique) [1763-1814]. Venue en France en 1779, elle épousa le vicomte Alexandre de Beauharnais, dont elle eut deux enfants (le prince Eugène et la reine Hortense). Devenue veuve, elle rencontra Bonaparte dans les salons de Mme Tallien, l'épousa en 1796 et prit sur lui un réel ascendant. N'ayant pas donné d'enfant à l'empereur, elle fut répudiée en 1809. Largement dotée, elle se retira à Malmaison et dans le domaine de Navarre, près d'Evreux.

joséphisme n. m. (de *Joseph II*, empereur). Politique religieuse de certains princes du XVIIIe s., qui, à l'exemple de l'empereur Joseph II, intervinrent dans la discipline intérieure de l'Eglise nationale, afin d'affaiblir la souveraineté pontificale.

Josias (m. en 609 av. J.-C.), 16e roi de Juda (640-609 av. J.-C.). Prince pieux, il fut tué à la bataille de Meggido, gagnée par Néchao.

Josquin Des Prés. V. DES PRÉS.

Josselin (56120), ch.-l. de c. du Morbihan (arr. de Pontivy), sur l'Oust; 2 821 h. (*Josselinais*). C'est près de Josselin qu'eut lieu le *combat des Trente*. Le château est un des plus beaux exemples d'architecture civile flamboyante (1490-1505). Eglise Notre-Dame-du-Roncier (XVe s.); église Sainte-Croix à nef du XIe s.

Josué, chef des Hébreux après Moïse, et conquérant de la terre de Canaan. C'est lui qui, d'après la Bible, combattit Adonisédech, roi de Jérusalem, et ordonna au soleil de s'arrêter pour lui permettre d'achever sa victoire. Le livre biblique qui porte son nom raconte la conquête de Canaan et son partage entre les tribus d'Israël.

jota [xɔta] n. f. (mot esp.). Chanson et danse populaires espagnoles à trois temps, avec accompagnement de castagnettes : *jota aragonaise*.

Jotunheim, massif de la Norvège méridionale, portant le point culminant de la Scandinavie; 2 468 m.

jouable adj. Qui peut être joué.

joual [ʒwal] n. m. (du mot *cheval*). Parler populaire des francophones du Québec, de Montréal en particulier.

Jouarre (77640), comm. de Seine-et-Marne (arr. de Meaux); 2 536 h. Bâtiments du XVIIIe s. d'une ancienne abbaye bénédictine de femmes; crypte du VIIe s., abritant des sarcophages sculptés. Eglise du XVe s.

joubarbe [ʒubarb] n. f. (lat. *Jovis barba*, barbe de Jupiter). Plante vivace poussant sur les toits, les murs, les rochers, dont les rosettes de feuilles ressemblent à de petits artichauts. (Famille des crassulacées.)

Joubert (Joseph), écrivain français, né à Montignac (Périgord) [1754-1824]. Ami et conseiller de Chateaubriand, qui se fit l'éditeur de son œuvre, il a laissé des *Pensées, essais, maximes* (1828 et 1842), où il se révèle « un Platon avec l'âme de La Fontaine ».

Joubert (Barthélemy), général français, né à Pont-de-Vaux (1769-1799). Nommé successivement général en chef des armées de Hollande (1797), de Mayence et d'Italie (1798), il conquit le Piémont et fut tué à Novi.

Joubert (Petrus Jacobus), général des Boers, né dans la colonie du Cap (1831?-1900). Membre du triumvirat formé avec Pretorius et Kruger, il commanda les forces boers contre les Britanniques à Majuba Hill (1881).

joue [ʒu] n. f. (lat. pop. *gauta, orig. pré-celtique). Partie latérale du visage, limitée par la tempe, l'œil, le nez, la bouche, le menton et l'oreille. (V. *encycl.*) ‖ Partie latérale de la tête d'un animal. ‖ Dans un canapé ou un fauteuil, espace, vide ou rembourré, au-dessous de l'accotoir. ‖ Partie renflée de chaque côté de l'avant d'un navire. ● *Mettre en joue*, viser avec une arme à feu.
— ENCYCL. La *joue* forme la paroi latérale de la cavité buccale et possède à sa face profonde de petits muscles qui, par leurs contractions, fournissent au visage ses nuances d'expression. Le visage peut être le siège d'affections diverses : fluxions d'origine dentaire, kystes, lipomes, eczéma, érysipèle, angiome, etc.

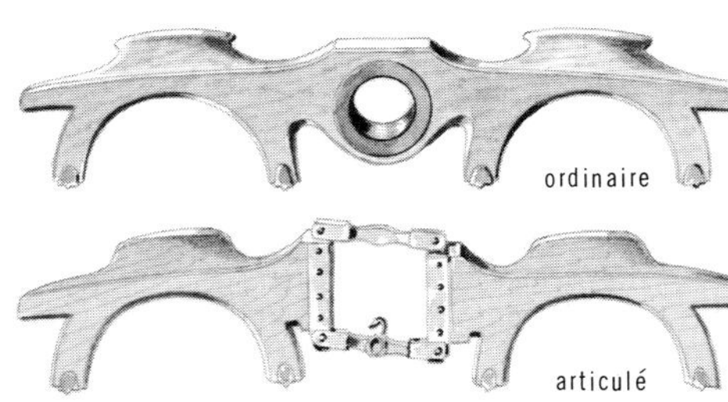

jougs

joubarbe

jouée [ʒwe] n. f. Epaisseur du mur dans l'ouverture d'une baie de porte ou de fenêtre. ‖ Cloison latérale, généralement sculptée en bas relief, d'une rangée de stalles de chœur.

Joué-lès-Tours (37300), ch.-l. de c. d'Indre-et-Loire (arr. de Tours); 17 998 h. (*Jocondiens*). Vins rouges. Caoutchouc. Métallurgie.

jouer [ʒwe] v. i. (lat. *jocare*). Se récréer, se divertir : *tous les enfants aiment à jouer.* ‖ Tirer des sons d'un instrument de musique : *jouer du violon.* ‖ Traiter légèrement, sans ménagement : *jouer avec sa santé.* ● *Jouer du couteau, du revolver*, se battre au couteau, au revolver. ‖ *Jouer de malheur*, ne pas réussir. ‖ *Jouer sur les mots*, user de mots à double sens. ‖ — V. t. Mettre comme enjeu : *jouer une grosse somme.* ‖ Lancer, jeter, avancer : *jouer une bille, une boule, une carte.* ‖ Exécuter un morceau de musique : *jouer une valse.* ‖ Représenter au théâtre, au cinéma : *jouer une comédie;* et, intransitivement : *jouer dans un film.* ‖ — *Fig.* Exposer : *jouer sa vie.* ‖ Simuler : *jouer la surprise.* ‖ Chercher à imiter : *jouer l'homme d'importance.* ● *Jouer un rôle*, le représenter au théâtre, au cinéma : *jouer le rôle d'Athalie;* et, au *fig.*, remplir un emploi, une fonction; avoir une certaine influence : *il joua un grand rôle dans ces événements.* ‖ — V. t. ind. [**à**]. Se livrer au jeu de : *jouer aux osselets.* ● *Jouer à la baisse*, spéculer en Bourse sur la baisse des marchandises ou des valeurs mobilières. ‖ *Jouer à la Bourse*, effectuer des opérations de Bourse en vue d'un gain spéculatif résultant des variations de cotation des valeurs mobilières ou des marchandises. ‖ **— Se jouer [de]** v. pr. *Faire quelque chose en se jouant*, le faire aisément. ‖ *Se jouer des difficultés*, en triompher. ‖ *Se jouer des lois*, les mépriser. ‖ *Se jouer de quelqu'un*, se moquer de lui.

jouer [ʒwe] v. i. Fonctionner aisément : *ce ressort joue bien.* ‖ Avoir du jeu, ne pas joindre exactement : *boiserie qui joue.*

jouet [ʒwɛ] n. m. Objet destiné à amuser un enfant. ‖ — *Fig.* Personne dont on se moque : *être le jouet de ses camarades.* ‖ Ce qui est abandonné à l'action d'une force : *être le jouet du destin.* ● *Servir de jouet à quelqu'un*, être en butte à ses railleries.

joueur, euse n. Personne qui joue, qui folâtre : *une joueuse infatigable.* ‖ Qui joue d'un instrument : *un joueur de violon.* ‖ Qui a la passion du jeu : *ce joueur se ruine.* ‖ Qui pratique un sport : *joueur de football.* ● *Beau joueur*, qui reste impassible dans la perte comme dans le gain. ‖ — Adj. Qui aime à s'amuser : *un enfant joueur.*

Joueur (*le*), comédie en 5 actes et en vers, de Regnard (1696).

Joueur (*le*), roman (1866) de Dostoïevski, dont Prokofiev a tiré un opéra, composé en 1916 et remanié en 1926, et qui a été porté plusieurs fois à l'écran, notamment par Cl. Autant-Lara.

joufflu [ʒufly], **e** adj. (de *joue* et *gifle*). *Fam.* Qui a des joues pleines et rebondies : *un bébé joufflu.*

Jouffroy (Théodore), philosophe français, né aux Pontets (Doubs) [1796-1842]. Il fit connaître en France la philosophie écossaise de Dugald Stewart et de Reid.

Jouffroy d'Abbans (Claude François, *marquis* DE), ingénieur français, né à Roches-sur-Rognon (Champagne) [1751-1832]. Il fut le premier à avoir pratiquement réussi à faire marcher un bateau à l'aide de la vapeur (1776), qui évolua sur le Doubs, à Baume-les-Dames. Malheureusement, il ne reçut pas de ses contemporains l'appui qu'il était en droit d'attendre, et il mourut dans l'oubli et la pauvreté.

joug [ʒu] n. m. (lat. *jugum*). Pièce de bois qu'on attache sur la tête des bœufs, pour les atteler. ‖ Pique placée horizontalement sur deux autres fichées en terre, et sous laquelle les Romains faisaient passer les ennemis vaincus. ‖ *Fig.* Contrainte matérielle ou morale : *tenir quelqu'un sous le joug.* (Syn. : ASSERVISSEMENT, LIEN, SERVITUDE, SUJÉTION.) ● *Secouer le joug*, chercher à se libérer.

Jougne (25370 Les Hôpitaux Neufs), comm. du Doubs (arr. de Pontarlier); 815 h. (305 aggl.). Station de sports d'hiver près de la frontière suisse.

Jouguet (Emile), mathématicien français, né à Bessèges (1871-1943). On lui doit des vues pénétrantes sur la mécanique en liaison avec la thermodynamique, sur les mouvements des fluides et sur la propagation des ondes, notamment dans le domaine des phénomènes d'explosion.

Jouhandeau (Marcel), écrivain français, né à Guéret en 1888. Mêlant le mysticisme et l'ironie, l'observation réaliste et l'introspection, il recherche le secret de son salut ou de sa damnation dans ses romans (*Monsieur Godeau intime*, 1926), ses chroniques (*Chaminadour*, 1934-1941), ses essais (*De l'abjection*, 1939) et ses récits autobiographiques (*Journaliers*, 1961-1973).

Jouhaux (Léon), syndicaliste français, né à Paris (1879-1954). Secrétaire général de la C. G. T. à partir de 1909, il se rallia à l'Union nationale (1914) et accepta la reconstitution de l'unité syndicale en 1936. Il participa aux accords de Matignon (1936). Arrêté par les Allemands, il fut déporté (1943). Après sa libération, il fut élu vice-président de la Fédération syndicale mondiale. Président du Conseil économique à partir de 1947, il dirigea, à partir d'avril 1948, la C. G. T.-F. O. Il fut vice-président de la Fédération internationale des syndi-

Phot. Giraudon (2), Chapon.

cats libres (1949) et président du Conseil international du mouvement européen. (Prix Nobel de la paix, 1951.)

jouir [ʒwir] **(de)** v. t. ind. (du lat. *gaudere*). Goûter un grand plaisir dans la possession de : *jouir de sa victoire.* ‖ Avoir la possession d'une chose dont on tire des avantages : *jouir d'une bonne santé.*

jouissance n. f. Plaisir extrême tiré de la possession de quelque chose. ‖ Plaisir des sens. ‖ Libre usage d'une chose ou d'un droit. ‖ Usufruit; action de percevoir les fruits d'une terre, de toucher les intérêts d'une rente, les dividendes d'une action. ● *Action de jouissance,* action dont le capital a été remboursé et qui ne donne droit qu'à une certaine part dans les bénéfices.

jouisseur, euse n. Celui, celle qui ne cherche qu'à se procurer des plaisirs matériels.

joujou [ʒuʒu] n. m. Petit jouet d'enfant. ‖ Objet petit et mignon. ‖ Mécanique merveilleuse. ‖ Pl. des *joujoux.*

Joukov (Gheorghi Konstantinovitch), maréchal soviétique, né à Strelkovka, près de Kalouga (1896-1974). Ancien officier de l'armée tsariste rallié à la révolution en 1917, il devint chef d'état-major de l'armée rouge en 1940 et sauva Moscou en 1941. En 1942-1943, il dirigea la défense de Stalingrad, puis, en 1944-1945, conquit Varsovie et entra à Berlin, où il signa, pour l'U. R. S. S., l'acte de capitulation des armées allemandes (8 mai). Ministre de la Défense (1955), il fut mis à la retraite par Khrouchtchev (1957).

Joukovski (Vassili Andreïevitch), poète russe, né près de Michenkoïé (gouvern. de Toula) [1783-1852]. Il célébra la résistance à l'invasion napoléonienne (*le Chantre dans le camp des guerriers russes,* 1813; *le Barde au Kremlin,* 1816) et fit connaître au public russe, par ses traductions, le romantisme anglais et allemand. Il suggéra au tsar Alexandre II, dont il fut le précepteur, la libération des serfs et intervint en faveur des écrivains persécutés.

Joukovski (Nikolaï Iegorovitch), aérodynamicien russe, né à Orekhovo (gouvern. de Vladimir) [1847-1921]. Il construisit l'un des premiers tunnels aérodynamiques (1902) et fonda en 1905, à Koutchino (près de Moscou), le premier institut d'aérodynamique d'Europe.

joule [ʒul] n. m. (du nom du physicien anglais *J. P. Joule*). Unité de travail et d'énergie (symb. : J), équivalant au travail produit par une force de 1 newton dont le point d'application se déplace de 1 mètre dans la direction de la force. ‖ Unité de quantité de chaleur équivalant à l'énergie dépensée en 1 seconde par un courant de 1 ampère passant à travers une résistance de 1 ohm. (Il vaut 10^7 ergs ou 0,102 kgm.)

Joule (James Prescott), physicien anglais, né à Salford, près de Manchester (1818-1889). En 1841, il formula les lois sur le dégagement de chaleur produit par le passage d'un courant électrique dans un conducteur. L'année suivante, il détermina, grâce à une expérience célèbre, l'équivalent mécanique de la calorie. Il calcula la vitesse moyenne des molécules gazeuses et étudia la détente adiabatique des gaz.

Joule (*effet*), échauffement produit par le passage d'un courant électrique dans un conducteur homogène. (La loi de Joule, énoncée en 1841 par Joule et relative à ce phénomène, donne la valeur de l'énergie calorifique dégagée $W = RI^2t$, où R est la résistance du conducteur, *i* l'intensité du courant et *t* sa durée de passage.)

Joule (*loi de*), loi aux termes de laquelle l'énergie interne d'un gaz parfait ne dépend que de sa température.

jour [ʒur] n. m. (lat. pop. *diurnus,* de jour). Clarté, lumière du soleil : *le jour commence à poindre.* ‖ Clarté quelconque : *le jour bleuâtre de la lune.* ‖ Manière dont les objets sont éclairés. ‖ Ouverture par où passe la lumière : *mur où il y a des jours.* ‖ Clair pratiqué dans une étoffe soit en tirant les fils du tissu, soit en écartant ces fils avec une grosse aiguille. ‖ Temps pendant lequel le soleil éclaire l'horizon. ‖ *Astron.* Temps correspondant à la durée d'une rotation terrestre et se subdivisant en vingt-quatre heures, qui ont des durées légèrement différentes suivant l'astre (réel ou fictif) auquel on se réfère. (V. *encycl.*) ‖ Epoque, circonstance : *il attend le jour où les événements seront plus favorables.* ‖ Epoque actuelle : *les nouvelles du jour.* ‖ Jour où une dame reçoit. ‖ *Fig.* Aspect, apparence : *présenter l'affaire sous son jour le plus favorable.* ● *A jour,* en règle jusqu'au jour où l'on se trouve : *mettre à jour des livres de comptes.* ‖ *Au jour le jour,* sans s'inquiéter de l'avenir. ‖ *Demi-jour,* faible clarté. ‖ *Donner le jour,* enfanter. ‖ *Du jour au lendemain,* en peu de temps. ‖ *Faux jour,* lumière qui éclaire mal les objets, qui trompe la vue. ‖ *Jour astronomique,* jour (qui peut être *vrai, sidéral* ou *moyen*) compté de 0 à 24 heures à partir du passage supérieur au méridien de l'astre (réel ou fictif) auquel on se réfère. ‖ *Jour civil,* jour (qui peut être *vrai, sidéral* ou *moyen*) compté de 0 à 24 heures à partir du passage inférieur au méridien de l'astre (réel ou fictif) auquel on se réfère, soit à partir de minuit s'il s'agit de jour solaire. ‖ *Jour demi-férié,* jour qui n'est pas férié, mais au cours duquel il n'est cependant pas possible d'exiger un paiement. ‖ *Jour sidéral,* intervalle de temps compté entre deux passages consécutifs du point vernal au méridien d'un lieu. (V. *encycl.*) ‖ *Jour solaire moyen,* ou, par abrév., *jour moyen,* durée d'une rotation terrestre en se référant au Soleil moyen. ‖ *Jour utile,* jour au cours duquel un acte juridique peut encore être accompli : *lorsqu'un délai expire un dimanche ou un jour férié, le lendemain est un jour utile.* ‖ *Jour vrai,* durée d'une rotation terrestre en se référant au Soleil vrai. ‖ *Mettre au jour,* sortir de terre un objet qui y était enfoui : *mettre au jour des poteries grecques.* ‖ *Percé à jour,* percé de part en part; et, au *fig.,* deviné, pénétré : *son secret est percé à jour.* ‖ *Ravir le jour,* perdre la vie. ‖ *Un jour, un beau jour,* à une certaine

maréchal Joukov en 1945

époque, passée ou future. ‖ *Voir le jour,* naître. ‖ — Pl. Vie humaine : *sauver les jours de quelqu'un.* ● *Les beaux jours,* époque du printemps. ‖ *De nos jours,* dans le temps où nous vivons.

— Encycl. *Astron.* Le *jour sidéral* est variable et ne constitue pas un étalon de temps. Sa durée moyenne est de 23 h 56 mn 4,09 s; sa variation peut atteindre 0,01 s en plus ou en moins. Dans tous les calculs astronomiques, le jour commence au passage supérieur au méridien de l'astre de référence considéré. Pour les usages de la vie courante (qui ne se réfèrent qu'au Soleil), c'est du passage inférieur que l'on part, soit de minuit. Les heures sont comptées actuellement de 0 à 24 heures. L'habitude de diviser le jour en deux périodes de douze heures s'est conservée dans certains pays anglo-saxons, chez lesquels les heures sont dites *a.m.,* abréviation de *ante meridiem,* ou *p.m.,* abréviation de *post meridiem.*

Jourdain (le), fl. du Proche-Orient; 360 km. Né au Liban (sur le versant occidental de l'Anti-Liban), le Jourdain s'écarte vers le sud. Il pénètre en Israël, traverse le lac de Tibériade avant de rejoindre la mer Morte. Il sert partiellement de frontière entre Israël et la Syrie, puis la Jordanie, ce qui explique le conflit qui a opposé, pour l'utilisation de ses eaux, Israël aux Etats arabes.

Jourdain (Frantz), dit aussi **Frantz-Jourdain,** architecte français d'origine belge, né à Anvers (1847-1935). Il pratiqua l'architecture du fer et fut un des fondateurs du Salon d'automne. — Son fils Francis, artiste décorateur, peintre et mémorialiste, né à Paris (1876-1958), a pratiqué le fonctionnalisme avec mesure.

Jourdain (*Monsieur*), principal personnage du *Bourgeois gentilhomme* de Molière. Drapier enrichi, il est entraîné à des actions de plus en plus ridicules par son désir de se transformer en « homme de qualité ».

Jourdan (Mathieu Jouve), dit **Jourdan Coupe-Tête,** révolutionnaire français, né à Saint-Just (1749-1794). Il se signala en Provence par ses atrocités et fut guillotiné.

Jourdan (Jean-Baptiste), maréchal de France, né à Limoges (1762-1833), vainqueur à Fleurus (1794), général de l'armée française en Espagne (1808-1814), et enfin gouverneur des Invalides sous Louis-Philippe.

journade n. f. Saie à longues manches, qui se portait par-dessus les armes à la fin du XVe s.

journal [ʒurnal] n. m. (lat. *diurnalis,* journalier). Ecrit où l'on relate les faits jour par jour : *tenir le journal de sa vie.* ‖ Publication périodique qui donne des nouvelles politiques, littéraires, scientifiques, etc. ‖ Anc. mesure de superficie correspondant à la quantité de terrain qu'un homme pouvait labourer dans un jour. ● *Journal de mer,* cahier rédigé par un capitaine, qui y relate le voyage qu'il vient d'effectuer. ‖ *Journal parlé, filmé, télévisé,* actualités transmises par la radio, présentées au cinéma, à la télévision. ‖ *Journal de passerelle,* registre sur lequel chaque officier de quart, à bord d'un navire, inscrit divers renseignements concernant la navigation. (Syn. livre de bord.) ‖ *Livre journal* ou *journal,* registre sur lequel un commerçant inscrit, jour par jour, ses diverses opérations comptables.

Louis Jouvet dans « Tartuffe »

Journal d'un curé de campagne, de G. Bernanos (1936). Le jeune curé d'Ambricourt note ses efforts dramatiques pour conduire des âmes révoltées vers la rédemption.

Journal des débats (*le*), quotidien français fondé en 1789. Vers 1800, il eut une grande influence grâce aux frères Bertin et parut jusqu'en 1944, en gardant sous tous les régimes une tendance modérée et libérale.

Journal officiel de la République française, publication officielle qui a succédé en 1848 au *Moniteur universel.* Le *Journal officiel* publie chaque jour les lois, décrets, actes, documents administratifs émanant du gouvernement, des renseignements économiques, etc., ainsi que le compte rendu des débats des deux Assemblées.

Journal des savants, le plus ancien recueil littéraire français (1665). Rédigé par les membres de l'Académie des inscriptions, ce journal publie des travaux d'érudition.

Journal de Trévoux, ou *Mémoires pour servir à l'histoire des sciences et des arts,* publié à partir de 1701 à Trévoux (Bourgogne). Rédigé par les jésuites et dirigé par le P. Berthier de 1745 à 1762, il combattit les encyclopédistes. Après l'expulsion des jésuites, il se transforma et prit le nom de *Journal des sciences et des beaux-arts.*

journalier, ère adj. Qui se fait chaque jour.

journalier n. m. Homme payé à la journée.

journalisme n. m. Profession du journaliste. ‖ Ensemble des journaux ou des journalistes.

journaliste n. Personne qui fait profession d'écrire dans des journaux.

journalistique adj. De journal : *style journalistique.*

journée [ʒurne] n. f. Espace de temps qui s'écoule depuis le lever jusqu'au coucher du soleil : *une journée bien remplie.* ‖ Travail fait pendant un jour : *la journée de huit heures.* ‖ Salaire d'un ouvrier pour ce travail. ‖ Jour marqué par quelque événement : *la journée de Valmy.* ● *Homme, femme de journée,* employés pour des travaux manuels et payés à la journée. ‖ *Journée continue,* organisation du travail qui consiste à réduire la pause de midi.

journellement adv. Tous les jours. ‖ De façon fréquente, continue.

joute n. f. (de *jouter*). Combat courtois à cheval, d'homme à homme, avec la lance. ‖ *Fig.* Lutte spectaculaire : *joute oratoire.* ● *Joute nautique, joute lyonnaise,* divertissement où deux hommes, debout chacun sur l'arrière d'une barque, cherchent à se faire tomber à l'eau en se poussant avec une longue perche.

jouter [ʒute] v. i. (du lat. *juxta,* auprès de). Pratiquer une joute.

jouteur n. m. Personne qui joute : *un habile jouteur.* ‖ *Fig.* Personne qui lutte, rivalise avec quelqu'un : *un rude jouteur.*

Jouve (Pierre Jean), écrivain français, né à Arras en 1887. D'abord influencé par le symbolisme et l'esthétique du groupe de l'Abbaye (*Présences,* 1912), il connaît une longue crise morale et s'oriente vers une nouvelle conception poétique qui, à la lumière de la psychanalyse, approfondit dans des romans (*Aventure de Catherine Crachat,* 1947) et des recueils de vers (*le Paradis perdu,* 1929; *Sueur de sang,* 1934; *Diadème,* 1949; *Moires,* 1962) la double nature de l'homme, prisonnier de ses instincts, mais attiré par la spiritualité.

jouvence [ʒuvɑ̃s] n. f. Jeunesse (vx).

jouvenceau [-vɑ̃so] n. m. (bas lat. *juvenculus*). Adolescent.

jouvencelle n. f. (bas lat. *juvencella*). Jeune fille.

Jouvenel. V. Juvénal.

Jouvenet (Jean-Baptiste), peintre français, né à Rouen (1644-1717). Il fut l'un des grands peintres religieux français. Il subit les influences de Poussin et de Rubens, qu'il tenta d'accorder. Parfois un peu théâtral dans l'expression de ses personnages, mais sachant aussi trouver des accents touchants, il a exécuté de vastes décorations, notamment à la chapelle du palais de Versailles, à l'église des Invalides, au parlement de Rouen. Citons, parmi ses œuvres : *Jésus guérissant un paralytique* (Notre-Dame), et *la Pêche miraculeuse* (Louvre).

Jouvet (Louis), acteur, metteur en scène et directeur de théâtre français, né à Crozon (Finistère) [1887-1951]. Il fut au théâtre du Vieux-Colombier le plus proche collaborateur de Jacques Copeau. Directeur de la Comédie des Champs-Elysées en 1927, puis de l'Athénée en 1934, il participa au Cartel* et exerça une influence profonde sur le théâtre de l'entre-deux-guerres. Il a renouvelé quelques personnages classiques (Arnolphe, Don Juan) et contribué à la renommée de Jules Romains et surtout de Giraudoux. Au cinéma, il a joué, entre autres, *la Kermesse héroïque* (1935), *Drôle de drame* (1937), *Carnet de bal* (1937), *Hôtel du Nord* (1938), *Quai des Orfèvres* (1947).

Joux (*fort de*), fort du Doubs, près de Pontarlier, à 1 050 m d'altitude, commandant les routes vers Neuchâtel et Lausanne.

Joux (*vallée de*), partie suisse de la haute vallée de l'Orbe, qui y forme le *lac de Joux.*

jouxte prép. (lat. *juxta*). Près de (vx).

jouxter [ʒukste] v. t. Etre situé à côté de, avoisiner (vx et littér.).

Jouy-en-Josas (78350), comm. des Yvelines (arr. de Versailles), sur la Bièvre; 6 546 h. (4 461 aggl.) [*Jovaciens*]. Oberkampf y avait installé des ateliers d'impression sur

Phot. Document. franç., Lipnitzki.

toile (*toiles de Jouy*). Institut national de recherches agronomiques (zootechnie). Ecole des hautes études commerciales.

Jove (Paul), historien italien, né à Côme (1483-1552), auteur de célèbres *Histoires*.

jovial [ʒɔvjal], **e, als** ou **aux** [-o] adj. (lat. *jovialis*, qui concerne Jupiter). Gai, joyeux : *humeur joviale.* ‖ Qui exprime la gaieté : *figure joviale.*

jovialement adv. De façon joviale.

jovialité n. f. Humeur joviale, disposition à la gaieté.

jovien [ʒɔvjɛ̃], **enne** [-ɛn] adj. (du lat. *Jovis*, génitif de *Jupiter*). Relatif à la planète Jupiter.

Jovien, né à Singidunum (Mésie) [v. 331-364], empereur romain de 363 à 364. Il fit la paix avec les Perses.

joyau [ʒwajo] n. m. (de l'anc. fr. *joel*; de *jeu*). Objet fait de matière précieuse, qui sert à la parure. ‖ Objet de grand prix.

Joyce (James), écrivain irlandais de langue anglaise, né à Rathgar, faubourg de Dublin (1882-1941). Issu d'une vieille famille catholique, il effectue ses premières études chez les jésuites, puis s'inscrit à l'University College, à Dublin. Il se tient à l'écart des luttes politiques et commence à publier quelques poèmes et des articles de revues (*le Nouveau Drame d'Ibsen*, 1900). Rejetant à la fois sa famille, sa foi et les aspirations gaéliques de ses compatriotes, il quitte en 1904 l'Irlande, qui restera au cœur de toute son œuvre. Poète (*Musique de chambre*, 1907), il conçoit un vaste recueil de nouvelles (*Gens de Dublin*, 1914), qui forme avec *Dedalus, portrait de l'artiste jeune* (1914) une introduction à l'œuvre maîtresse, *Ulysse** (1922), d'abord interdite en Grande-Bretagne et aux Etats-Unis. Joyce vit à Trieste, puis à Zurich et à Paris, où il donne les fragments (*Anna Livia Plurabelle*, 1931) d'un livre nouveau, essai d'« écriture absolue » qui paraît sous sa forme définitive en 1939, *Finnegans Wake*. Son œuvre, douée d'un symbolisme multiple et dont le personnage principal est en définitive le langage, a renouvelé la conception même de la littérature.

Joyeuse (07260), ch.-l. de c. de l'Ardèche (arr. de Largentière), dans le Vivarais ; 1 403 h. (1 003 aggl.) [*Joyeusains*]. Château Renaissance. Soieries.

Joyeuse (Anne, *duc* DE), favori d'Henri III (1561-1587), amiral de France, tué à la bataille de Coutras. — Son frère FRANÇOIS (1562-1615), cardinal français, négocia la réconciliation d'Henri IV avec Rome et présida les états généraux de 1614. — HENRI, frère des précédents (1567-1608), chef ligueur, puis maréchal de France.

joyeusement adv. Avec joie, dans la joie.

Joyeuses Commères de Windsor (*les*), comédie de Shakespeare (1599).

joyeuseté n. f. *Fam.* Plaisanterie, mot pour rire.

joyeux [ʒwajø], **euse** [-øz] adj. Qui a de la joie. ‖ Qui respire ou qui inspire la joie : *visage joyeux.*

joyeux n. m. *Arg. mil.* Surnom donné naguère aux soldats des bataillons d'infanterie légère d'Afrique.

József (Attila), poète hongrois, né à Budapest (1905-1937). Malgré une enfance vouée à la misère, il acquiert une grande culture, traduit Villon et Apollinaire, et débute dans la revue *Nyugat* à l'âge de dix-sept ans. Membre du mouvement ouvrier clandestin, objet de persécutions perpétuelles, il se suicide, laissant une œuvre qui domine le lyrisme hongrois moderne (*le Mendiant de la beauté*, 1922 ; *Il n'y a pas de pardon*, 1936).

Juan (*golfe*), golfe de la côte des Alpes-Maritimes.

Juan (*Don*). V. DON JUAN.

Juan d'Autriche (*don*), prince espagnol, né à Ratisbonne (1545-1578), fils naturel de Charles Quint. Commandant de l'escadre de la Sainte Ligue, il détruisit la flotte turque à Lépante (1571). En 1576, il fut nommé gouverneur général des Pays-Bas. Par l'Edit perpétuel (1577), il dut accepter d'évacuer les provinces du Sud.

Juan d'Autriche (*don*), prince espagnol, né à Madrid (1629-1679), fils naturel de Philippe IV. Il fut gouverneur des Flandres en 1656 et ministre de Charles II.

Juan Carlos de Bourbon (*don*), prince espagnol, né à Rome en 1938, petit-fils d'Alphonse XIII. En 1969, il a été désigné par le général Franco comme son successeur, avec le titre de roi.

Juan Fernández (*îles*), archipel chilien du Pacifique, à l'ouest du Chili ; 800 h. Théâtre des aventures du matelot anglais A. Selkirk, qui y séjourna de 1704 à 1709 et qui a servi de type à *Robinson Crusoé*.

Juan de Fuca, détroit qui sépare l'île de Vancouver (Canada) des Etats-Unis.

Juan-les-Pins (06160), localité des Alpes-Maritimes (comm. d'Antibes). Station balnéaire.

Juárez García (Benito), homme d'Etat mexicain, né à San Pablo Guelatao (1806-1872). Président de la République mexicaine en 1861, il lutta contre Maximilien et l'expédition française.

Juba Ier (m. en 46 av. J.-C.), roi de Numidie, du parti de Pompée. Battu par César à Thapsus (46), il se donna la mort. — Son fils JUBA II (v. 52 av. J.-C. - v. 24 apr. J.-C.), roi de Mauritanie (25 av. J.-C. - v. 24 apr. J.-C.), se fit attribuer par Auguste la Numidie, puis la Mauritanie. Il est l'auteur, en grec, d'ouvrages d'histoire.

jubarte [ʒybart] n. f. Cétacé des mers arctiques, appelé aussi *baleine à bec.* (Long. 5 m.) [Syn. MÉGAPTÈRE.]

Jubbulpore. V. JABALPUR.

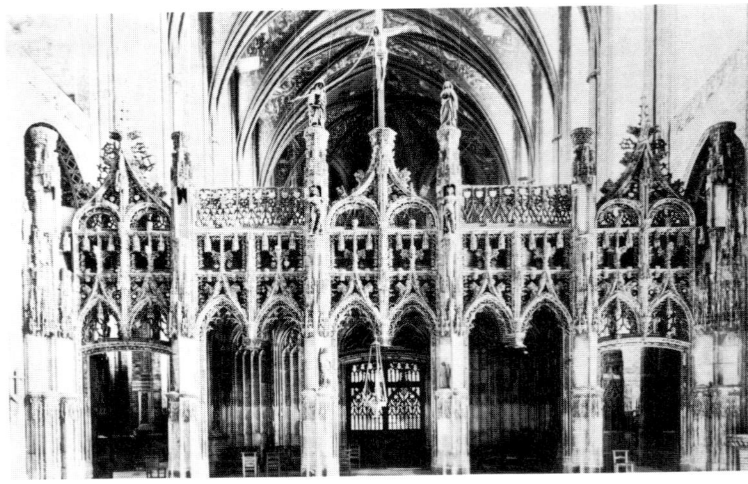

jubé de la cathédrale d'Albi

James Joyce

jubé [ʒybe] n. m. (premier mot latin de la prière *Jube, Domine, benedicere*, « Daignez bénir, Seigneur », qu'on chantait au *jubé*). Tribune en forme de galerie, très ornée, séparant le chœur de la nef. (On cessa d'en construire à partir du XVIIe s.)

jubilaire adj. Qui a rapport au jubilé, au cinquantenaire.

jubilation n. f. *Fam.* Joie vive et expansive : *avoir un air de jubilation.*

jubilé [ʒybile] n. m. (lat. *jubilaeus*, de l'hébr. *yōbēl*, son du cor). Dans la religion hébraïque, année consacrée à Dieu et au repos tous les cinquante ans. ‖ Dans la religion catholique, indulgence plénière et générale accordée par le pape en certaines occasions, qui donne lieu à de grandes fêtes. ‖ Cinquantenaire d'un mariage, de l'exercice d'une fonction, d'un mandat parlementaire, etc.

jubiler [ʒybile] v. i. (lat. *jubilare*). *Fam.* Eprouver, manifester une joie très vive.

Juby (*cap*), promontoire du sud-ouest du Maroc.

Júcar (le), fl. d'Espagne, qui se jette dans la Méditerranée ; 506 km.

juchée n. f. Lieu où se perchent les faisans.

jucher [ʒyʃe] v. i. (empr. au francique). Se mettre sur une branche, sur une perche pour dormir, en parlant des poules et de quelques oiseaux. ‖ *Fam.* Loger très haut. ‖ — V. t. Placer très haut. ‖ — **Se jucher** v. pr. Se percher.

juchoir n. m. Perche ou bâton préparé pour faire jucher la volaille. ‖ Etagère sur laquelle on place les lapins destinés à l'engraissement.

Juda, fils de Jacob, tige d'une des tribus d'Israël.

Juda (*royaume de*), royaume issu du schisme qui suivit la mort de Salomon (v. 931 av. J.-C.), et qui fut détruit en 586 av. J.-C.

judaïcité n. f. Fait d'être juif.

judaïque [ʒydaik] adj. (du lat. *judaeus*, juif). Qui appartient aux juifs : *la loi judaïque.*

judaïser v. i. Pratiquer les cérémonies judaïques.

judaïsme n. m. Religion des juifs.
— ENCYCL. Le fondateur de la religion juive est Abraham, la religion d'Abraham étant devenue celle des enfants d'Israël. Ceux-ci, les Hébreux*, quittèrent l'Egypte sous la direction de Moïse, qui leur donna une loi, le Décalogue, reçue de Dieu sur le mont Sinaï. Installés dans le pays de Canaan, ou Terre promise (auj. Israël), ils y prospérèrent pendant des siècles jusqu'à la destruction de Jérusalem par les Romains (70 de notre ère) ; alors, au culte du Temple (sacrifices) se substitua le culte synagogal (prières) qui avait déjà été institué en Babylonie après la fin du royaume de Juda, au VIe s. av. J.-C.

Les sources de la religion juive sont la Loi écrite, ou Bible (*Tora* ou Pentateuque, *Nebiim* ou Prophètes, *Ketoubim* ou Hagiographes) et la Loi orale, la *Mishna*, accompagnée de ses commentaires, la *Gemârâ : Mishna* et *Gemârâ* forment le Talmud.
C'est le grand théologien juif Maïmonide (1135-1204) qui a fixé les 13 articles de foi du *judaïsme ;* les principaux dogmes sont les suivants : Dieu est unique et il est le Créateur et la Providence du monde ; Moïse, le plus grand de tous les prophètes, a reçu de Dieu la Loi telle que les juifs la possèdent ; Dieu enverra le Messie annoncé et il rappellera les morts à la vie. Les plus importants commandements de Dieu, dont l'observance correspond à l'accomplissement de la volonté divine, ont été promulgués par le Décalogue et peuvent se résumer dans l'amour de Dieu et du prochain. C'est la loi de Moïse qui servit de législation au peuple d'Israël.
Les jours fériés et chômés du judaïsme sont : le sabbat ou samedi ; les fêtes du pèlerinage, Pâque (*Pessah*), Pentecôte (*Chabouoth*), les Tabernacles (*Souccoth*) ; toutes ces fêtes perpétuent un souvenir historique. Les solennités austères sont : le jour de l'an (*Roch Hachana*) et le Grand Pardon (*Yom Kippour*).
La liturgie israélite prescrit trois offices quotidiens pour les jours ouvrables : matin (*chaharith*), après-midi (*minha*) et soir (*arbith*). Les sabbats et jours de fêtes comportent un office supplémentaire du matin (*moussaf*). Chaque service public s'achève par la proclamation de l'espérance d'Israël.

judas [ʒyda] n. m. Traître. ‖ *Constr.* Petite ouverture pratiquée dans une porte, une cloison, et qui permet de voir ce qui se passe de l'autre côté, sans être vu. ● *Baiser de Judas*, baiser de traître.

Judas Iscariote (c.-à-d. « né à Kerioth »), celui des douze apôtres qui trahit Jésus à prix d'argent et qui, accablé de remords, se pendit. Son nom est devenu synonyme de « traître ».

Judas Maccabée. V. MACCABÉE.

Jude (*saint*) ou **Thaddée,** l'un des douze apôtres, frère de Jacques le Mineur. On lui attribue une épître canonique. — Fête le 28 octobre.

Judée, partie de la Palestine entre la mer Morte et la Méditerranée. Le nom fut appliqué, après la captivité de Babylone, à la région correspondant au royaume de Juda. La Judée fut le cœur du pays juif.

judéo-chrétien, enne adj. Qui est commun aux valeurs morales du judaïsme et du christianisme : *la conception judéo-chrétienne du mariage.*

judéo-christianisme n. m. Doctrine des premiers temps du christianisme, et d'après laquelle l'initiation au judaïsme était nécessaire pour entrer dans l'Eglise de Jésus-Christ.

judéo-espagnol n. m. Dialecte parlé par les juifs d'Espagne, qui subsiste dans certaines communautés.

Judicaël (*saint*) [m. v. 637], roi des Bretons. Il finit sa vie dans un cloître. — Fête le 16 décembre.

judicature [ʒydikatyr] n. f. Etat, charge de juge. ‖ Fonction de juge en Israël : *la judicature de Jephté.*

judiciaire [ʒydisjɛr] adj. (lat. *judiciarius*). Qui est relatif à la justice : *pouvoir judiciaire.* ‖ Fait par autorité de justice : *vente judiciaire.* ● *Acte judiciaire*, acte fait en présence du juge et sous sa surveillance. ‖ *Combat, duel judiciaire*, combat ordonné ou autorisé par les juges au Moyen Age, et où les contestants soutenaient leur droit en se battant l'un contre l'autre.

judiciairement adv. En forme judiciaire ; par un acte de la justice.

judicieusement adv. De façon judicieuse : *répondre judicieusement.*

judicieux [ʒydisjø], **euse** [-jøz] adj. (du lat. *judicium*, jugement). Qui a le jugement bon : *esprit judicieux.* ‖ Qui dénote du jugement : *avis judicieux.*

Judith, héroïne juive qui, pour sauver la ville de Béthulie, séduisit Holopherne, le général ennemi, et, profi-

Phot. Neurdein, Gisèle Freund.

5e mouvement de hanche

2e mouvement d'épaule — **judo** — 10e mouvement de hanche

tant de son sommeil, lui coupa la tête. Son histoire est racontée dans le livre biblique deutérocanonique qui porte son nom.

Judith de Bavière (v. 800-843), seconde femme de Louis le Pieux, empereur d'Occident, et mère de Charles le Chauve.

judo [ʒydo] n. m. (du japonais *jūdō ;* de *jū,* souple, et *dō,* méthode). Sport de combat où la souplesse joue un rôle prépondérant.
— ENCYCL. Le *judo,* dérivé du jiu-jitsu*, est né au Japon à la fin du XIXe s. et fut introduit aux jeux Olympiques en 1964 (à Tōkyō). Il se pratique le plus souvent en salle (*dojo*), sur un tapis (*tatami*). Le judoka revêt une sorte de large pyjama (*kimono* ou *judogi*) pour un combat qui dure de 3 à 20 minutes et qui se termine par une immobilisation de l'adversaire pendant 30 secondes ou par une projection au sol de l'adversaire sur le dos, ou par l'abandon de l'adversaire, ou par décision de l'arbitre. Le judogi est serré par une ceinture dont la couleur indique le grade de son possesseur (ceinture blanche pour les débutants, puis jaune, orange, verte, bleue, marron et noire). Depuis 1961, plusieurs catégories de poids sont reconnues : léger, moins de 63 kg ; mi-moyen, de 63 à 70 kg ; moyen, de 70 à 80 kg ; mi-lourd, de 80 à 93 kg ; lourd, plus de 93 kg.

judoka n. Personne qui pratique le judo.

juerga [xwɛrga] n. f. (mot espagnol). Séance de chants et de danses flamencos.

jugal [ʒygal], **e, aux** [-o] adj. De la joue : *os jugaux.*

juge [ʒyʒ] n. m. (lat. *judex, judicis*). Magistrat chargé de rendre la justice. ‖ Personne prise pour arbitre dans un différend quelconque : *je vous fais juge.* ‖ Officiel chargé d'assurer la régularité d'un sport. ● *Juges consulaires,* magistrats composant les tribunaux de commerce. ‖ *Juge d'instruction,* magistrat chargé de rechercher les crimes et les délits, de faire arrêter les prévenus, de recueillir les preuves relatives à la cause. ‖ *Juge de paix,* anc. dénomination du juge d'instance.

jugé n. m. *Au jugé,* d'après une estimation rapide : *tirer au jugé.*

jugeable adj. Qui peut être jugé.

jugement n. m. Faculté de l'entendement qui compare et qui juge : *avoir le jugement sain.* ‖ Opinion, sentiment, appréciation : *je m'en rapporte à votre jugement.* ‖ Décision, sentence émanée d'un tribunal : *prononcer un jugement.* ● *Jugement par défaut,* jugement rendu contre une partie qui n'a pas comparu à l'audience. ‖ *Jugement dernier,* jugement solennel par lequel Dieu, suivant la religion catholique, doit statuer, à la fin du monde, sur le sort de tous les hommes. ‖ *Jugement de Dieu,* v. ORDALIE.

jugeote [ʒyʒɔt] n. f. *Fam.* Jugement, bon sens.

juger [ʒyʒe] v. t. (lat. *judicare*) [conj. **1**]. Trancher un différend en qualité de juge ou d'arbitre : *juger un procès.* ‖ Enoncer une opinion : *mal juger quelqu'un.* ‖ Etre d'avis, penser, estimer : *il a jugé nécessaire de protester.* ‖ Imaginer : *jugez combien je fus surpris.* ‖ — V. t. ind. [**de**]. Apprécier, avoir telle ou telle opinion, porter tel ou tel jugement sur : *juger de la distance ; juger d'une personne sur l'apparence.* ‖ S'imaginer, se faire une idée de : *vous pouvez juger de ma joie.*

Juges, chez les Hébreux, chefs militaires provisoires d'une ou de plusieurs tribus. Ils se succédèrent depuis la mort de Josué jusqu'à l'institution de la royauté par Samuel au profit de Saül.

Juges (*Livre des*), un des livres canoniques de la Bible, contenant l'histoire d'Israël à l'époque des Juges.

jugeur, euse n. Personne qui juge légèrement, sans les connaissances nécessaires.

juglandacées [ʒyglɑ̃dase] n. f. pl. Famille d'arbres apétales, dont le type est le *noyer.*

Juglar (Clément), médecin et économiste français, né à Paris (1819-1905). Il constata la périodicité des crises économiques.

maréchal **Juin**

Jugon (22270), ch.-l. de c. des Côtes-du-Nord (arr. de Dinan) ; 415 h. (*Jugonais*). Château fort.

jugulaire [ʒygylɛr] adj. (du lat. *jugulum,* gorge). Qui concerne la gorge : *veine, ganglion jugulaire.* ‖ — N. f. Une des grosses veines du cou. (Les veines jugulaires sont au nombre de 4 de chaque côté du cou : jugulaires antérieure, externe, interne et postérieure ; elles se jettent dans la veine sous-clavière ou le tronc brachiocéphalique veineux.)

jugulaire [ʒygylɛr] n. f. Courroie passant sous le menton, pour maintenir sur la tête un casque, un shako, etc.

juguler [ʒygyle] v. t. (lat. *jugulare*). Arrêter dans son développement : *juguler une maladie.*

Jugurtha (v. 160-av. J.-C. - apr. 104), roi de Numidie (118-105 av. J.-C.). Il lutta contre les Romains, fut vaincu par Marius, dont il orna le triomphe (104 av. J.-C.), et périt en prison. L'histoire de la *Guerre de Jugurtha* a été racontée par Salluste.

juif [ʒɥif], **ive** [-iv] n. (lat. *judaeus*). Personne qui appartient au peuple juif, Israélite : *un Juif polonais* (avec une majusc. dans ce cas). ‖ Personne qui professe la religion judaïque : *un juif pratiquant.* ● *Juif errant,* personnage légendaire qui, selon une tradition populaire, aurait été condamné à marcher sans s'arrêter jusqu'à la fin du monde, pour avoir injurié Jésus portant sa croix. ‖ — Adj. Relatif aux juifs : *religion juive.*

Juif errant (*le*), d'Eugène Sue (1844-1845), un des premiers grands romans-feuilletons.

Juillac (19350), ch.-l. de c. de la Corrèze (arr. de Brive) ; 1 452 h. (715 aggl.).

juillet [ʒɥijɛ] n. m. (du lat. *julius*). Septième mois de l'année, ainsi nommé de *Jules* César, né dans ce mois.

juillet 1789 (*journée du 14*), journée révolutionnaire provoquée par la concentration des troupes royales autour de Paris et de Versailles, et par le renvoi de Necker. Dès le 13, les électeurs du tiers état avaient organisé un comité permanent à l'Hôtel de Ville et une milice bourgeoise. Le 14, ils demandaient des armes au gouverneur de la Bastille, Launay, qui refusa et fit tirer sur la foule. Mais, vers 5 heures du soir, il dut capituler devant l'émeute et fut massacré. La prise de la forteresse obligea Louis XVI à renvoyer les troupes et à rappeler Necker. En province, elle provoqua une double révolution, municipale et paysanne (la Grande Peur). La chute de la prison d'Etat fut par la suite considérée comme la victoire de l'insurrection populaire sur l'arbitraire royal. Le 14 juillet fut choisi comme fête nationale de la France en 1880.

juillet 1830 (*journées du 27 au 29*), dites **les Trois Glorieuses,** journées révolutionnaires parisiennes qui amenèrent la chute de Charles X. Elles furent provoquées par quatre ordonnances prises par le roi le 25 juillet et concernant la presse, le régime électoral et dissolvant la Chambre. Des barricades se dressèrent dans Paris dès le 27. La capitale, mal défendue par le maréchal Marmont, tomba facilement aux mains des insurgés. Charles X, qui s'était replié à Rambouillet, abdiqua (2 août) et s'exila (16 août), mais, dès le 31 juillet, la victoire populaire avait été escamotée par Louis-Philippe d'Orléans.

Juillet (*colonne de*), sur la place de la Bastille, à Paris. Colonne en bronze de 50 mètres de hauteur, élevée en commémoration de la révolution de juillet 1830.

Juillet (*monarchie de*), régime issu des journées de juillet 1830, qui portèrent Louis-Philippe sur le trône, où il se maintint jusqu'à la révolution de 1848. Les débuts du nouveau régime furent difficiles. Tandis que l'autorité royale demeurait menacée par les légitimistes, les républicains et les bonapartistes, le peuple souffrait du chômage, de la faim et, à Paris, d'une épidémie de choléra (1832). Parmi les partisans du régime se dessinaient deux tendances, celle du « mouvement » favorable aux réformes et celle de la « résistance » opposée à toute évolution. Après dix ans d'instabilité ministérielle (Laffitte, 1830-1831 ; Casimir Perier, 1831-1832 ; Broglie, 1832 ; Soult, 1832-1834 ; Thiers, 1836 ; Molé-Guizot, 1836-1837 ; Molé, 1837-1839 ; Thiers, 1840), le ministère Guizot (1840-1848) ouvrit une ère de stabilité qui se transforma en immobilisme. L'opposition libérale déclencha alors une révolution qui provoqua la chute du régime. Aux grands problèmes politiques s'ajouta celui de la liberté de l'enseignement, qui ranima la lutte entre les catholiques et l'opposition. Quant à l'agitation sociale, elle crût en même temps que le développement économique. La monarchie de Juillet, avec la victoire de Bugeaud en Algérie (1844), fut marquée par le début de la colonisation ; le régime engagea la France en Afrique noire, dans l'océan Indien et en Océanie. Du point de vue diplomatique, elle demeura isolée, entre l'Angleterre, d'une part, l'Autriche, la Prusse et la Russie, de l'autre.

Juilly (77230 Dammartin en Goële), comm. de Seine-et-Marne (arr. de Meaux) ; 1 301 h. (798 aggl.) [*Juliaciens*]. Collège fondé par les oratoriens (1638).

juin [ʒɥɛ̃] n. m. (lat. *junius,* le mois consacré à *Junon*). Sixième mois de l'année.

juin 1792 (*journée du 20*), journée révolutionnaire parisienne organisée pour obliger le roi à retirer son veto aux décrets concernant la déportation hors du royaume des prêtres réfractaires et la formation d'un camp de 20 000 gardes nationaux sous Paris, et pour exiger le rappel des ministres girondins. Tandis que la foule envahissait les Tuileries, Louis XVI, acculé contre une fenêtre, coiffa le bonnet rouge, mais refusa de rapporter son veto.

juin 1848 (*journées de*), insurrection parisienne provoquée par le licenciement ou l'enrôlement dans l'armée des travailleurs des Ateliers nationaux. Aux cris de « Du pain ou du plomb », « La liberté ou la mort », les quartiers est de Paris se hérissèrent de barricades les 22 et 23 juin. Le 23, la Commission exécutive confia les pleins pouvoirs au général Cavaignac, qui disposa, pour réprimer l'émeute, de la garde nationale des quartiers de l'Ouest, de la garde mobile et de l'armée. L'affrontement, véritable guerre civile, dura du 23 au 26 juin ; toutes les tentatives de conciliation furent vaines. Mgr Affre, archevêque de Paris, fut tué faubourg Saint-Antoine. Les insurgés furent écrasés, mais, de part et d'autre, les pertes furent lourdes. Les journées de juin 1848 creusèrent un fossé profond entre la bourgeoisie et les ouvriers.

Juin (Alphonse), maréchal de France, né à Bône (1888-1967). Major de la promotion de Saint-Cyr à laquelle appartient Charles de Gaulle, grièvement blessé en 1915, aide de camp de Lyautey au Maroc, chef de cabinet militaire de la Résidence de France à Rabat en 1931, il est fait prisonnier à la tête de la 15e division en 1940. Libéré

Phot. Lauros - Atlas-Photo (3), E. C. A.

en 1941, il remplace Weygand comme commandant en chef en Afrique du Nord. Rallié à Giraud en 1942, il commande les forces françaises en Tunisie (1942-1943), puis le corps expéditionnaire français en Italie (1944) et remporte la victoire du Garigliano, qui ouvre les portes de Rome (juin 1944). Chef d'état-major de la Défense nationale (1944-1946), résident général au Maroc (1947-1951), il reçoit son bâton de maréchal en 1952. Il est commandant des forces atlantiques du secteur Centre-Europe de 1951 à 1956. (Acad. fr., 1952.)

Juiz de Fora, v. du Brésil (Minas Gerais); 135 700 h. Textiles.

jujube [ʒyʒyb] n. m. (gr. *zizuphon,* jujubier). Fruit sucré du jujubier. ‖ Suc, pâte extraite du jujube : *le jujube est bon pour la toux.*

jujubier n. m. Arbre cultivé dans le Midi pour ses fruits, ou *jujubes.* (Haut. jusqu'à 8 m; famille des rhamnacées.) [Syn. ZIZYPHE.]

juke-box [dʒukbɔks] n. m. (mot anglo-américain). Électrophone automatique que l'on met en marche avec une pièce de monnaie et qui comprend un choix de disques.

julep [ʒylɛp] n. m. (arabe *djulāb,* empr. au persan). Anc. nom des *potions.* ‖ Auj., nom donné à des mélanges à base de sucre et de fleur d'oranger, qui servent d'excipients dans les potions. ● *Julep gommeux,* julep additionné de gomme et destiné à homogénéiser une suspension.

Jules Ier (*saint*), né à Rome (v. 280-352), pape de 337 à 352. Il protégea saint Athanase d'Alexandrie, que persécutaient les ariens. — Fête le 12 avril. — JULES II (Giuliano *Della Rovere*), né à Albissola, près de Savone (1443-1513), pape de 1503 à 1513. Légat en France, il succéda à Pie III. Préoccupé de problèmes temporels, il lutta d'abord contre Venise comme membre de la ligue de Cambrai (1508), fit ensuite la paix avec elle (1510) et forma contre Louis XII la Sainte Ligue (1512). Il réunit le cinquième concile de Latran. Entouré d'une cour fastueuse, il se montra mécène généreux : Bramante, Michel-Ange et Raphaël furent ses plus illustres protégés. — JULES III (Giovan Maria *de' Ciocchi del Monte*), né à Rome (1487-1555), pape de 1550 à 1555. Il clôtura le concile de Trente.

Julia (*gens*), illustre famille de Rome, à laquelle appartenait C. Julius César, et qui prétendait descendre d'Iule, fils d'Enée.

Julia (Gaston), mathématicien français, né à Sidi-Bel-Abbès en 1893. Ses recherches ont porté sur la théorie des nombres, la géométrie et l'analyse.

Juliana (Louise Emma Marie Wilhelmine), née à La Haye en 1909, reine des Pays-Bas depuis 1948. Elle a épousé en 1937 le prince Bernard de Lippe-Biesterfeld.

Julie (*sainte*), martyre (Ve s.), particulièrement vénérée en Corse. — Fête le 22 mai.

Julie, née à Ottaviano (39 av. J.-C.-14 apr. J.-C.), fille d'Auguste, célèbre pour ses mœurs déréglées. Elle épousa successivement Marcellus, Agrippa et Tibère.

Julie, en lat. **Julia Domna,** née à Emèse (v. 158-217), d'origine syrienne, seconde épouse de Septime Sévère. Elle joua un important rôle politique. — Sa sœur JULIE, en lat. *Julia Maesa* ou *Moesa,* née à Emèse (m. en 226), fut la grand-mère d'Elagabal.

Julie ou la Nouvelle Héloïse, ou *Lettres de deux amants d'une petite ville au pied des Alpes,* roman épistolaire de J.-J. Rousseau (1761). Transposition des amours malheureuses de l'auteur avec Mme d'Houdetot, ce « rêve de volupté redressé en instruction morale » dénonce les conventions sociales et exprime la passion avec une sincérité qui sera celle des romantiques.

julien [ʒyljɛ̃], **enne** [-ɛn] adj. *Année julienne,* année de 365,25 jours. ‖ *Calendrier julien,* calendrier que réforma Jules César en 46 av. J.-C. ‖ *Ere* ou *période julienne,* espace de 7 980 années juliennes, dans lequel l'an 4714 du monde correspond à l'an 1 de l'ère chrétienne.

Julien de Brioude (*saint*), soldat romain, né à Vienne (Dauphiné), martyrisé à Brioude en 304. — Fête le 28 août.

Julien l'Hospitalier (*saint*), d'après une légende célèbre, chasseur à qui un cerf aurait prédit qu'il tuerait ses parents. Ce crime ayant été commis par méprise, Julien fonda un hôpital. — Fête le 12 février.

Julien, dit **l'Apostat,** né à Constantinople (331-363), empereur romain (361-363), neveu de Constantin Ier. Il abjura le christianisme et se fit initier au culte de Mithra. Nommé César en 355, il s'établit à Lutèce et triompha plusieurs fois des Germains. Proclamé Auguste par les légions, il favorisa une brillante renaissance païenne. Il mourut au cours d'une campagne contre les Perses.

Juliénas [-nɑ] (69840), comm. du Rhône (arr. de Villefranche-sur-Saône), dans le Beaujolais; 694 h. (183 aggl.). Vins rouges renommés.

julienne n. f. (du nom propre *Julien*). Plante à fleurs violettes ou rouges, cultivée comme ornementale. (Famille des crucifères.) ‖ Potage fait avec plusieurs sortes de légumes coupés en dés et servis dans le liquide.

Juliers, en allem. **Jülich,** v. de l'Allemagne occidentale (Rhénanie-du-Nord-Westphalie), autref. cap. d'un duché érigé en 1356, puis réuni au duché de Clèves en 1521; 14 300 h. Centre de recherches nucléaires.

Jullian (Camille), historien français, né à Marseille (1859-1933), auteur d'une *Histoire de la Gaule* (1907-1928). [Acad. fr.]

Jules II, par Raphaël, *Offices, Florence*

Juliana ▲ **▼ Jung**

Jullundur, v. de l'Inde (Pendjab); 281 600 h. Textiles (soie).

jumbo [dʒœmbo] n. m. (mot amér.). Chariot à portique supportant des perforatrices pour le forage des trous de mine dans le percement des souterrains.

jumeau [ʒymo], **elle** [-ɛl] adj. et n. (lat. *gemellus*). Se dit de deux ou plusieurs enfants nés d'un même accouchement. (V. *encycl.*) ‖ Se dit, d'une part, de deux muscles du mollet et, d'autre part, de deux muscles de la région fessière; de deux fruits joints ensemble; de deux objets semblables.
— ENCYCL. *Biol.* Au sens strict, les seuls *vrais jumeaux* sont les jumeaux univitellins, c'est-à-dire deux individus issus chacun de l'une des deux cellules identiques résultant de la première division de l'œuf fécondé, ou zygote. Ces deux individus sont eux-mêmes identiques dans leur génotype (patrimoine génétique) et presque identiques dans leur phénotype (aspect extérieur). Leur étude comparative permet de délimiter l'influence du milieu sur le développement, influence que cette étude montre généralement très réduite. On appelle *faux jumeaux* les jeunes issus de deux ou de plusieurs ovules pondus au cours du même cycle et fécondés simultanément; biologiquement, ces jeunes ne sont pas plus semblables que leurs frères et sœurs issus de mêmes parents. Ils peuvent notamment être de sexe différent. L'état de deux jumeaux est la *gémellité.* Lorsque celle-ci, au lieu d'être exceptionnelle, est habituelle (comme c'est le cas chez le tatou), on la nomme *polyembryonie.* Les vrais jumeaux, contrairement aux faux jumeaux, se partagent le même placenta.

Jumeaux (63570), ch.-l. de c. du Puy-de-Dôme (arr. d'Issoire); 947 h.

jumel [ʒymɛl] adj. m. (du nom de l'ingénieur français qui découvrit cette variété et la mit en culture en Egypte). Se dit d'une variété de coton d'Egypte.

jumelage n. m. Action de jumeler. ‖ Association de deux villes de pays différents, destinée à susciter des échanges culturels. ‖ *Mil.* Affût commun à plusieurs armes, permettant le tir simultané : *un jumelage de mitrailleuses.*

jumelé, e adj. Disposé par couples : *fenêtres jumelées; villes jumelées.* ● *Roues jumelées,* roues pourvues chacune d'un pneumatique individuel, montées par paire de chaque côté de l'essieu de certains véhicules lourds.

jumeler [ʒymle] v. t. (conj. **3**). Accoupler côte à côte : *jumeler des poutres.* ‖ *Fig.* Joindre par des liens culturels : *jumeler deux villes.*

jumelles [ʒymɛl] n. f. pl. Ensemble de deux pièces semblables, entrant dans la composition d'une machine ou d'un outil. ‖ Double lorgnette. (Dans ce sens, s'emploie aussi au singulier : JUMELLE MARINE.) ● *Jumelles à prismes,* association de deux lunettes à prismes.

jument [ʒymɑ̃] n. f. (lat. *jumentum,* bête de somme). Femelle du cheval. ● *Jument poulinière,* jument que l'on destine à la reproduction.

jumenterie n. f. Haras pour juments poulinières.

jumentés n. m. pl. Anc. nom des mammifères de la famille des *équidés.*

Jumet, comm. de Belgique (Hainaut); 28 600 h. Houille. Métallurgie. Verrerie.

Jumièges (76118), comm. de la Seine-Maritime (arr. de Rouen), sur la Seine; 1 305 h. (475 aggl.). Ruines d'une abbaye célèbre (XIe-XVIIe s.).

Jumilhac-le-Grand (24630), ch.-l. de c. de la Dordogne (arr. de Nontron); 1 654 h. Château du XIVe s.

Jumna. V. JAMNA.

jumping [dʒœmpiŋ] n. m. (créé à partir d'un mot angl.). Compétition hippique dont le saut est l'élément essentiel. (Le jumping consiste dans le passage d'obstacles dans un temps limité ou le franchissement de tous les obstacles dans le minimum de temps; la chute d'un obstacle entraîne une pénalisation en points ou en secondes.)

Jumruk-čal. V. BOTEV.

Juneau, cap. de l'Alaska; 6 800 h. Pêche.

Jung (Carl Gustav), psychologue et psychiatre suisse né à Kesswill (Thurgovie) [1875-1961]. Élève de Janet à la Salpêtrière (1902), puis de Freud (après 1907), il rompit avec ce dernier pour fonder une nouvelle école. Il voyagea beaucoup et enseigna à Zurich, puis à Bâle. Il a ajouté à la notion de l'inconscient personnel de Freud celle d'un *inconscient collectif,* dont il a analysé le contenu ainsi que les rapports avec l'individu. Il a mis en évidence la notion d'*archétypes,* « images anciennes qui appartiennent au trésor commun de l'humanité », que l'on retrouve dans toutes les mythologies et dans les doctrines ésotériques, telles que l'alchimie, et qui expriment l'inconscient collectif; celui-ci appartient à tous les individus d'un groupe social. Ses études ont contribué au développement de la psychanalyse et de la caractérologie : *les Types psychologiques* (1920), *les Rapports entre le moi et l'inconscient, Sur l'énergie de l'âme* (1928), *la Psychologie du transfert* (1946).

Jungfrau (la), sommet des Alpes bernoises (Oberland bernois), en Suisse, dans le massif de l'Aar, au-dessus d'Interlaken; 4 166 m. Station d'altitude et de sports d'hiver, sur le *plateau du Jungfraujoch* (3 457 m). Laboratoires de recherches scientifiques en haute montagne.

jungle [ʒœ̃gl *ou* ʒɔ̃gl] n. f. (hindī *jangal*). Dans les pays de mousson très arrosés, végétation très épaisse et exubérante, où les hautes herbes se mêlent en un fouillis verdoyant à des fougères, des bambous, des palmiers. ● *Loi de la jungle* (Fam.), triomphe du plus fort sur le plus faible.

jungle ou **jungle style** n. m. (terme anglo-amér.). Style de jazz évocatif et expressionniste, caractéristique de l'orchestre de Duke Ellington pendant les années 1930-1940.

Junín, bourg du Pérou, dans les Andes, à l'est de Lima; 8 000 h. Victoire de Bolívar sur les Espagnols en 1824.

Junín, v. de l'Argentine (prov. de Buenos Aires); 60 000 h.

junior [ʒynjɔr] adj. m. (mot lat. signif. *plus jeune*). Puîné, cadet : *Laurent junior.* ‖ *Sports.* Se dit d'un concurrent qui n'est pas encore adulte (senior, 21 ans) et qui a passé l'âge d'être cadet (17 ans).

Juniville (08310), ch.-l. de c. des Ardennes (arr. de Rethel); 718 h.

junker [junkœr] n. m. En Allemagne, jeune noble; gentilhomme terrien.

Junkers (Hugo), ingénieur allemand, né à Rheydt (1859-1935). Il fit franchir à la construction aéronautique un pas décisif lorsqu'en 1915 il construisit le premier avion entièrement métallique. Pendant la Première Guerre mondiale, ses usines de Dessau fabriquèrent de nombreux appareils militaires.

Junon, divinité italique, épouse de Jupiter, fille de Saturne, déesse du Mariage, assimilée à l'*Héra* grecque.

junonien [ʒynɔnjɛ̃], **enne** [-ɛn] adj. Propre à Junon.

Junot (Andoche), duc D'ABRANTÈS, général français, né à Bussy-le-Grand (Bourgogne) [1771-1813]. Aide de camp de Bonaparte pendant la première campagne d'Italie, il fit partie de l'expédition d'Egypte et prit Lisbonne en 1807. Il se tua dans un accès de folie. — Sa femme, Laure **Permon,** duchesse *d'Abrantès,* née à Montpellier (1784-1838), est l'auteur de *Mémoires* (1831-1835).

junte [ʒɔ̃t *ou* ʒœt] n. f. (esp. *junta;* de *junto,* joint). Nom donné en Espagne et au Portugal à divers conseils administratifs. ‖ Nom donné à certains gouvernements d'origine insurrectionnelle, en Amérique du Sud.

Phot. Alinari-Giraudon, Hemelberg, Camera Press-Holmes-Lebel.

jupe [ʒyp] n. f. (arabe *djubba*, vêtement long en laine). Partie de l'habillement féminin, qui descend de la ceinture à mi-jambes, selon une longueur variable avec la mode. ‖ Dans les véhicules à coussin d'air, paroi souple limitant une chambre dans laquelle une certaine surpression permet la sustentation du véhicule. ● *Jupe d'un piston,* surface latérale d'un piston, qui assure son guidage à l'intérieur du cylindre.

jupe-culotte n. f. Jupe formant culotte, l'entrejambe étant dissimulé par un pli. ‖ Pl. des *jupes-culottes.*

Jupille-sur-Meuse, comm. de Belgique (Liège); 11 400 h. Industrie métallurgique et textile.

Jupiter, le père et le maître des dieux, dans la mythologie latine (assimilé au *Zeus* grec). Il renversa son père, Saturne, vainquit les Titans, donna à Neptune la mer, à Pluton l'enfer, et garda pour lui le ciel et la Terre. Il était le dieu du Ciel, de la Lumière diurne, du Temps qu'il fait, de la Foudre et du Tonnerre. Il régnait à Rome sur le Capitole, qui lui était consacré. Il reçut de nombreuses épithètes cultuelles : *Jupiter Stator, Jupiter Capitolin,* etc. Par ailleurs, les croyances syncrétistes ont donné naissance à *Jupiter Ammon, Jupiter Dolichenos.*

Jupiter, la cinquième des planètes principales du système solaire dans l'ordre croissant des distances au Soleil et la plus grosse (diamètre : 142 000 km). Sa surface présente des zones claires et sombres, distribuées parallèlement à l'équateur et parsemées de nombreuses taches foncées ou brillantes. Jupiter possède douze satellites.

jupon n. m. Jupe de dessous.

jupon-culotte n. m. Pièce de lingerie formée d'un jupon doublé d'une culotte. ‖ Pl. des *jupons-culottes.*

Jura (le), chaîne de montagnes de France et de Suisse, qui se prolonge en Allemagne occidentale par des plateaux calcaires.
Le *Jura allemand,* non plissé, est formé d'un plateau calcaire au climat rude, souvent recouvert par la lande et dont l'altitude s'abaisse du sud (*Jura souabe*) vers le nord (*Jura franconien*).
Entre le Rhin et le Rhône, le *Jura franco-suisse* est un croissant de montagnes calcaires, long de plus de 250 km, large au maximum d'une soixantaine de kilomètres. Il est formé d'une partie orientale, plissée (la « Montagne »), plus élevée au sud (1 723 m au Crêt de la Neige) qu'au nord, et d'une partie occidentale, tabulaire (le « Plateau »). Le Jura a ici un climat dont la rudesse s'explique par la continentalité, aggravée par l'altitude. Les températures moyennes de janvier sont inférieures à 0 °C, et il y a de 80 à 100 jours de gel par an. Les précipitations sont abondantes, de l'ordre de 1 500 mm, et une partie tombe sous forme de neige, qui recouvre la montagne plusieurs mois par an. Le climat est favorable à la forêt et à la prairie. Le Jura français est entaillé par les affluents et les sous-affluents de la Saône et du Rhône : Doubs et Loue, Ain et Bienne, Valserine, etc. Les vallées, longitudinales et transversales (cluses*), sont les sites des villes, d'importance moyenne, mais où l'industrie est active. Saint-Claude est le grand centre français de la fabrication des pipes. Morez est la capitale de la lunetterie, et Oyonnax celle des matières plastiques. L'horlogerie est implantée plus au nord, autour de Morteau et de Maîche. Pontarlier possède des industries alimentaires, et Champagnole de la métallurgie. Cette industrie s'est parfois développée initialement comme ressource d'appoint pour les paysans, travaillant alors l'hiver des matières premières locales (racines de bruyère pour les pipes). Aujourd'hui, le genre de vie mixte a disparu.
L'agriculture se maintient sous la forme d'un élevage orienté de plus en plus vers la fourniture de lait pour la fabrication de gruyère. Celle-ci a donné lieu très tôt à la formation de coopératives (les fruitières*). La culture

Jupiter bronze *Musée historique Berne*

de la vigne est aujourd'hui concentrée sur le rebord du plateau jurassien, au nord de Lons-le-Saunier (Arbois, Poligny). L'exploitation forestière complète surtout les revenus des communes. Celles-ci bénéficient aussi localement du développement du tourisme (sports d'hiver aux Rousses; tourisme surtout estival autour des lacs de Nantua et de Saint-Point; thermalisme à Divonne-les-Bains et Salins-les-Bains; etc.).

Jura (*dép. du*) **[39]**, dép. formé d'une partie de la Franche-Comté; préf. *Lons-le-Saunier;* s.-préf. *Dole, Saint-Claude;* 3 arr., 34 cant., 580 comm.; 5 055 km²; 233 547 h. (*Jurassiens*). En dehors du Nord, occupant une partie des plateaux peu peuplés de la haute Saône, couverts de forêts ou de cultures de céréales, le dép. s'étend sur la *montagne jurassienne,* tabulaire à l'ouest, plissée à l'est; l'exploitation de la forêt, l'élevage bovin (fromages) et, localement, le vignoble (Arbois, Poligny) y constituent les ressources essentielles. L'industrie, utilisant les deux cinquièmes de la population active, est surtout développée dans la montagne, autour de Saint-Claude et de Morez (travail du bois, horlogerie, lunetterie), ainsi que le tourisme (Les Rousses).

jurançon [ʒyrɑ̃sɔ̃] n. m. Vin rouge ou blanc récolté dans la région de Jurançon et produit par plusieurs cépages. ‖ Cépage blanc des Pyrénées-Atlantiques, qui, en dépit de son nom, n'entre pas dans la fabrication des vins de Jurançon.

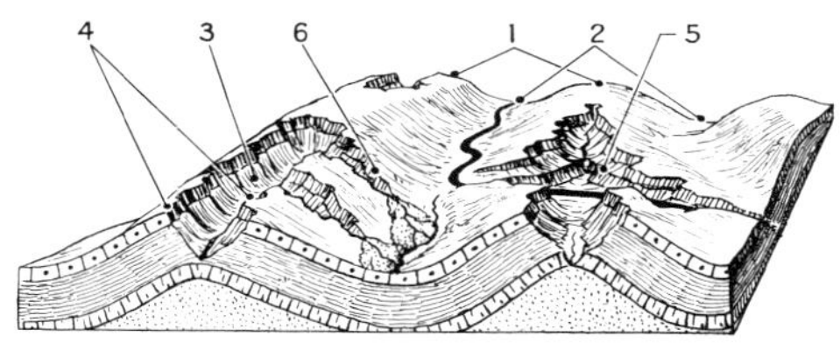

relief **jurassien** : 1, anticlinal (mont); 2, synclinal (val); 3, combe; 4, crêts; 5, cluse; 6, ruz.

Jurançon (64110), comm. des Pyrénées-Atlantiques (arr. de Pau), sur le gave de Pau; 7 609 h. Vin. Confection.

jurande [ʒyrɑ̃d] n. f. Dans les corporations de l'Ancien Régime, charge de juré.

jurassien, enne adj. et n. Du Jura. ● *Relief jurassien,* type de relief développé dans une structure sédimentaire plissée, où alternent couches dures et couches tendres. — ENCYCL. Le *relief jurassien* est constitué par une série de formes dont l'évolution est classique et dont les noms ont été empruntés au parler local. Les anticlinaux constituent les *monts,* qui dominent les *vals,* correspondant aux synclinaux. Les *ruz* entaillent les flancs des anticlinaux. L'évolution géomorphologique donne naissance à des formes dérivées. Des dépressions peuvent être creusées au sommet des anticlinaux. Ce sont les *combes,* limitées par les *crêts,* tandis que des *cluses* peuvent entailler perpendiculairement les anticlinaux.

jurassique [ʒyrasik] n. m. *Géol.* Période de l'ère secondaire, entre le trias et le crétacé, marquée par le dépôt, en particulier dans le Jura (d'où son nom), d'épaisses couches calcaires. ‖ — Adj. Qui appartient au jurassique.

jurat [ʒyra] n. m. Au Moyen Age, nom de certains magistrats municipaux dans plusieurs villes du midi de la France.

juratoire adj. *Caution juratoire* (Dr.), serment, fait en justice, de représenter sa personne ou un objet.

juré, e adj. Qui a prêté serment : *expert juré.* ● *Ennemi juré,* ennemi irréconciliable.

juré n. m. Chacun des citoyens qui composent le jury de cour d'assises.

jurement n. m. Parole offensante pour Dieu ou ce qui est sacré.

jurer [ʒyre] v. t. (lat. *jurare*). Prendre à témoin la Divinité ou une autorité que l'on juge sacrée : *jurer ses grands dieux.* ‖ Affirmer, promettre par serment : *ils se sont juré une amitié éternelle.* ‖ Affirmer fortement, comme avec serment : *on jurerait son portrait.* ‖ — V. i. Blasphémer, prononcer des jurons : *jurer sans cesse.* ‖ Faire disparate, détonner : *le vert jure avec le bleu.*

jureur n. m. Sous la Révolution, prêtre ayant prêté serment à la Constitution civile du clergé.

juridiction [ʒyridiksjɔ̃] n. f. (lat. *juris dictio,* droit de rendre la justice). Pouvoir, droit de juger. ‖ Ressort ou étendue de territoire où le juge exerce ce pouvoir : *la juridiction de la Cour de cassation s'étend à toute la France.* ● *Degré de juridiction,* chacun des tribunaux devant lesquels une affaire peut être portée.

juridictionnel, elle adj. Relatif à la juridiction d'un pays.

juridique adj. Qui se fait en justice. ‖ Qui est dans les formes judiciaires : *acte juridique.*

juridiquement adv. De façon juridique, du point de vue du droit : *arrêt juridiquement motivé.*

Jurien de La Gravière (Jean Edmond), amiral français, né à Brest (1812-1892). Il commanda les forces françaises envoyées au Mexique (1861), devint aide de camp de Napoléon III (1864) et protégea la fuite de l'impératrice Eugénie (1870). [Acad. fr., 1888.]

Jurieu (Pierre), théologien protestant français, né à Mer (1637-1713), célèbre par ses polémiques avec Bossuet et ses ouvrages sur les persécutions dont les protestants furent victimes.

Jurin (James), médecin et physicien anglais, né à Londres (1684-1750). Il a donné en 1718 la valeur de la hauteur d'ascension des liquides dans les tubes capillaires.

Jura paysage près d'Ornans

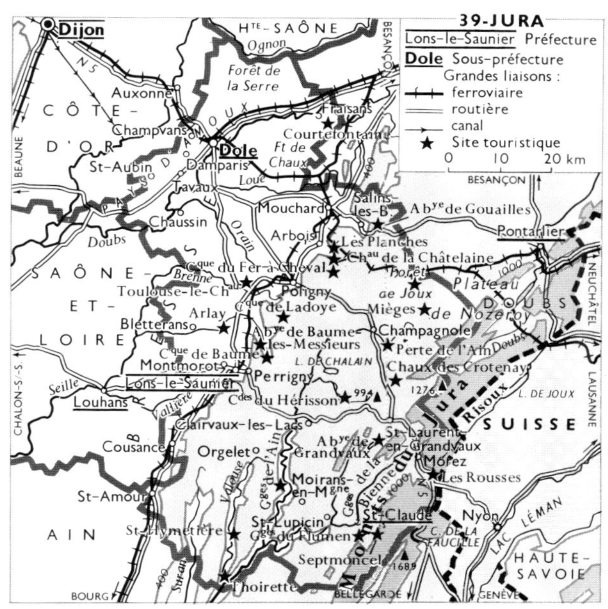

jurisconsulte [ʒyriskɔ̃sylt] n. m. (lat. *juris consultus,* versé dans le droit). Personne connaissant les lois et faisant profession de donner son avis sur des questions de droit (vx).

jurisprudence [ʒyrisprydɑ̃s] n. f. (lat. *juris prudentia,* science du droit). Interprétation de la loi par les tribunaux. ‖ Ensemble des décisions des tribunaux sur une matière. ● *Faire jurisprudence,* faire autorité.

jurisprudentiel, elle adj. Qui se rapporte à la jurisprudence.

juriste n. Personne qui connaît, qui pratique le droit.

juron [ʒyrɔ̃] n. m. Expression habituelle dont on se sert pour jurer.

jury [ʒyri] n. m. (mot angl.). Commission de simples citoyens qui remplissent occasionnellement et temporairement des fonctions judiciaires. (En France, depuis le premier Empire, seul fonctionne le *jury de jugement* en matière criminelle ; les magistrats qui constituent la cour d'assises siègent avec le jury pour se prononcer sur la culpabilité du prévenu et, si celle-ci est reconnue, sur la peine à lui infliger.) ‖ Commission chargée d'un examen particulier : *jury d'exposition ; jury d'agrégation.*

jus [ʒy] n. m. (lat. *jus*). Suc tiré d'une chose par pression, coction ou par un autre procédé : *jus de viande, de citron.* ‖ *Arg. mil.* Café noir. ‖ *Pop.* Courant électrique.

jusant [ʒyzɑ̃] n. m. (de l'anc. fr. *jus,* en bas). Marée descendante.

jusqu'au-boutisme n. m. *Fam.* Attitude de ceux qui préconisent des mesures extrêmes ou qui poussent à terminer de force une entreprise.

jusqu'au-boutiste adj. et n. *Fam.* Se dit d'une personne (ou de son comportement) caractérisée par le jusqu'au-boutisme.

jusque [ʒysk] prép. (de l'anc. fr. *enjusque ;* du lat. *inde,* de là, et *usque,* jusque). Indique l'arrivée à un terme que l'on ne dépasse pas : *de Paris jusqu'à Rome.* ‖ Marque le terme atteint ou dépassé ; même, y compris : *il est allé jusqu'à le frapper ; aimer jusqu'à ses ennemis.* ‖ **— Jusqu'à ce que** loc. conj. Jusqu'au moment où : *je resterai jusqu'à ce que vous reveniez.* ‖ **— Jusque-là** loc. adv. Jusqu'à ce lieu ; jusqu'à ce moment-là.

— L'*e* de *jusque* s'élide devant une voyelle ; *jusque* s'écrit aussi quelquefois avec un *s* à la fin, surtout en poésie : *jusques à quand ?*

jusquiame [ʒyskjam] n. f. (gr. *huoskuamos,* fève de porc). Plantes des décombres, à feuilles visqueuses et à fleurs jaunâtres rayées de pourpre. (Famille des solanacées.)

— Encycl. Les graines de *jusquiame* sont vénéneuses ; pulvérisées, elles servent à l'extraction de l'hyosciamine. Les feuilles sont couramment utilisées en thérapeutique, préparées sous diverses formes : poudre, teinture, etc. Les propriétés de la jusquiame ressemblent à celles de la belladone.

Jussey (70500), ch.-l. de c. de la Haute-Saône (arr. de Vesoul) ; 2 412 h.

Jussieu (de), famille de botanistes français, qui a compté parmi ses membres : Antoine, né à Lyon (1686-1758), auteur d'un *Traité des vertus des plantes ;* — Bernard, né à Lyon (1699-1777), frère du précédent, créateur du jardin botanique du Trianon ; — Joseph, né à Lyon (1704-1779), frère des précédents ; — Antoine Laurent, né à Lyon (1748-1836), neveu des trois précédents, directeur du Muséum et du Jardin des Plantes, créateur de la classification « naturelle » des plantes ; — Adrien, né à Paris (1797-1853), fils du précédent.

jussion [ʒysjɔ̃] n. f. (lat. *jussio,* ordre). Sous la monarchie, ordre donné par le souverain aux magistrats d'une cour souveraine pour leur prescrire d'enregistrer un édit.

justaucorps [ʒystokɔr] n. m. Sorte de pourpoint serré à la taille, muni de basques et de manches, en usage au XVIIe s. ‖ Maillot de danseuse couvrant le buste et le bassin.

juste [ʒyst] adj. (lat. *justus*). Qui juge et agit selon l'équité : *homme juste.* ‖ Conforme à la justice, équitable : *sentence juste.* ‖ Conforme à la raison, à la vérité : *pensée, raisonnement juste.* ‖ Fondé, légitime : *juste colère.* ‖ Qui apprécie bien : *coup d'œil juste.* ‖ Qui est exact : *balance juste.* (V. justesse.) ‖ Etroit, court : *souliers trop justes.* ‖ — Syn. : droit, équitable, justifié. ‖ — N. m. Homme qui observe les lois de la morale ou de la religion. ‖ Ce qui est juste : *notion du juste et de l'injuste.* ‖ — Adv. Avec justesse : *chanter juste.* ● *Frapper juste,* à l'endroit voulu. ‖ — Loc. adv. **Au juste,** exactement, précisément : *je voudrais savoir au juste quel âge il a.* ‖ **Comme de juste** (Fam.), comme cela se doit.

Juste (les Betti, dits), famille de sculpteurs originaires des environs de Florence et venus en Touraine à la suite des guerres d'Italie. Antoine, né à Corbignano, près de Settignano (1479-1519), et Jean, né à San Martino a Mensola (1485-1549), sculptèrent le mausolée de Louis XII à Saint-Denis.

justement adv. Avec justice : *trancher justement un différend.* ‖ Précisément : *nous parlions justement de lui quand il est arrivé.*

juste-milieu n. m. Conduite également éloignée de deux extrêmes contraires.

justesse n. f. Qualité de ce qui est juste, exact, tel qu'il doit être : *justesse de la voix, d'une expression.* ‖ Manière de faire une chose avec exactitude, avec précision : *répondre avec justesse.* ‖ *Phys.* Qualité d'une balance qui conserve la position d'équilibre quand on place deux masses égales dans ses plateaux. ● *De justesse,* de fort peu : *gagner de justesse.*

Jussieu

Justinien Ier
détail d'une mosaïque de San Vitale à Ravenne

justice [ʒystis] n. f. (lat. *justitia*). Vertu morale qui fait rendre à chacun ce qui lui est dû : *pratiquer la justice.* ‖ Bon droit : *avoir la justice de son côté.* ‖ Action ou pouvoir de prononcer sur les droits de chacun, de punir ou de récompenser : *l'administration de la justice.* ‖ Ensemble des tribunaux, des magistrats : *la justice française.* ● *Basse justice,* celle qui ne s'appliquait qu'à des affaires de peu d'importance. ‖ *Haute justice,* celle qui donnait aux seigneurs le droit de prononcer des peines capitales. ‖ *Justice économique ou sociale,* objectif d'une politique économique menée en vue d'assurer entre les individus et les familles une égalité — au moins relative — en matière de satisfaction des besoins. ‖ *Justice militaire,* ensemble des juridictions particulières au personnel des armées. (En 1965, un nouveau Code de justice militaire applicable aux trois armées [terre, mer et air] a été promulgué. Ce Code, entré en vigueur en 1966, a unifié et ordonné la législation répressive militaire, simplifié l'organisation des juridictions des forces armées et modelé la procédure pénale militaire sur celle du droit commun.) ‖ *Rendre la justice,* l'administrer, l'établir. ‖ *Rendre justice à quelqu'un,* reconnaître ses droits, son mérite.

justiciable adj. et n. Qui doit répondre devant certains juges : *les ministres sont justiciables de la Haute Cour.*

justicier adj. et n. m. *Féod.* Qui avait le droit de rendre la justice sur ses terres : *seigneur haut justicier.* ‖ Qui aime à faire régner la justice : *Saint Louis fut un roi justicier.*

justifiable adj. Qui peut être justifié.

justifiant, e adj. *Théol.* Qui rend juste intérieurement : *grâce justifiante.*

justificateur, trice adj. Qui tend à justifier : *témoignage justificateur.*

justificatif, ive adj. Qui sert à justifier ou à prouver : *pièces justificatives.* ‖ — N. m. : *un justificatif.*

justification n. f. Action de justifier, de se justifier. ‖ Preuve d'une chose par titre ou par témoins : *la justification d'un fait.* ‖ *Théol.* Acte par lequel Dieu fait passer une âme de l'état de péché à l'état de grâce. ‖ *Arts graph.* Longueur d'une ligne.

justifier [ʒystifje] v. t. (lat. *justificare*). Démontrer, prouver l'innocence : *justifier sa conduite.* ‖ Faire voir qu'une chose n'était pas fausse, mal fondée : *les événements ont justifié nos prévisions.* ‖ *Théol.* Mettre au nombre des justes. ‖ **— Se justifier** v. pr. Prouver son innocence.

Justin (*saint*), apologiste et martyr, né à Flavia Neapolis (Samarie) [v. 100 - v. 165]. Philosophe païen converti au christianisme, il a écrit notamment des *Apologies* et un *Dialogue avec Tryphon.* — Fête le 13 avril.

Justin, historien latin du IIe s., qui a abrégé l'*Histoire universelle* de Trogue Pompée.

Justin Ier, né à Bederiana (Illyrie) [v. 450 - 527], empereur d'Orient (518-527). Il associa au pouvoir son neveu Justinien ; il persécuta les monophysites. — Justin II (m. en 578), empereur d'Orient (565-578), neveu et successeur de Justinien Ier. Son règne vit l'avance des Barbares et notamment des Perses.

Justine (*sainte*), vierge et martyre (Ier ou IIIe s.), patronne de Venise. — Fête le 7 octobre.

Justinien Ier, né à Tauresium, près de l'actuelle Skopje (482-565), empereur byzantin (527-565). Il succéda à Justin Ier, qui l'avait associé au pouvoir. Lui-même fut bien secondé par son épouse, Théodora. Après avoir signé avec les Perses la « paix perpétuelle » (532), il écrasa à Constantinople la sédition Nika. Ses généraux Bélisaire et Narsès entreprirent pour lui la reconquête de l'Occident (Afrique, Italie, sud-est de l'Espagne). Cependant, les Perses l'attaquèrent de nouveau : Justinien dut leur payer tribut, tandis que les Barbares danubiens ravageaient les Balkans. Adversaire du paganisme et du monophysisme, il imposa sa volonté à la papauté. Son règne correspond à une période brillante pour Constantinople, qui lui doit notamment la basilique Sainte-Sophie. Justinien entreprit, par ailleurs, de grands travaux de codification juridique (*Code Justinien, Novelles, Digeste, Institutes*). — Justinien II (669-711), empereur byzantin (685-695 et 705-711). Un moment déchu, il fut rétabli dans son pouvoir grâce au khān des Bulgares. Il périt assassiné.

jute [ʒyt] n. m. (mot angl. ; du bengali *jhuto*). Textile grossier servant à faire de la toile de sac, et tiré des tiges du corchorus, plante de la famille des tiliacées, cultivée dans l'Inde et le Pākistān oriental.

juter [ʒyte] v. i. (de *jus*). *Fam.* Rendre du jus.

Jutes, peuple germanique qui s'établit dans l'île de Bretagne au Ve s.

juteux, euse adj. Qui a beaucoup de jus : *pêche juteuse.* ‖ *Pop.* Fructueux, qui rapporte beaucoup d'argent : *organiser un petit trafic bien juteux ; une affaire juteuse.*

juteux n. m. *Arg. mil.* Adjudant.

Jütland, nom allem. du **Jylland***. Importante bataille navale anglo-allemande en 1916.

Juvénal, en lat. **Decimus Junius Juvenalis,** poète latin, né à Aquinum (v. 60-v. 140). Il est l'auteur de *Satires**, dans lesquelles il attaque les vices de son époque et oppose à la Rome dissolue de son temps l'image de la République vertueuse idéalisée par Cicéron et Tite-Live.

Juvénal ou **Jouvenel des Ursins** (Jean), magistrat français, né à Troyes (1360-1431), prévôt des marchands en 1389. En 1408, il fit donner la régence du royaume à Isabeau de Bavière. — Son fils Jean II, né à Paris (1388-1473), est l'auteur d'une *Chronique de Charles VI.* — Guillaume, né à Paris (1401-1472), frère de Jean II, fut chancelier de France en 1445.

juvénat [ʒyvena] n. m. (du lat. *juvenis,* homme jeune). Stage accompli par certains religieux destinés au professorat, et pendant lequel ils refont leurs études classiques.

juvénile [ʒyvenil] adj. Qui appartient à la jeunesse : *ardeur juvénile.*

juvénilité n. f. Caractère de ce qui est juvénile.

Juvigny-le-Tertre (50520), ch.-l. de c. de la Manche (arr. d'Avranches) ; 691 h. (427 aggl.) [*Juvignasiens*].

Juvigny-sous-Andaine (61140 Bagnoles de l'Orne), ch.-l. de c. de l'Orne (arr. d'Argentan) ; 983 h. (502 aggl.). Mégalithes. Restes d'un château du XVe s.

Juvisy-sur-Orge (91260), ch.-l. de c. de l'Essonne (arr. d'Evry) ; 12 513 h. (*Juvisiens*). Centre ferroviaire.

juxtalinéaire [ʒyksta-] adj. (lat. *juxta,* à côté, et *linea,* ligne). Se dit d'une traduction où le texte et la version occupent deux colonnes contiguës (une ligne de celle-ci correspondant à une ligne de celui-là).

juxtaposé, e adj. Se dit des propositions ou des phrases qui ne sont liées les unes aux autres par aucune coordination ou subordination.

juxtaposer v. t. Poser une chose immédiatement à côté d'une autre : *juxtaposer deux couleurs.*

juxtaposition n. f. Action de juxtaposer. ‖ Situation d'une chose placée à côté d'une autre sans que rien les sépare.

Juzennecourt (52330 Colombey les Deux Eglises), ch.-l. de c. de la Haute-Marne (arr. de Chaumont) ; 193 h. (*Juzennecourtois*).

Jylland, en allem. **Jütland,** péninsule du nord de l'Europe, qui forme la partie continentale du Danemark ; 25 656 km² ; 1 879 200 h. C'est un pays plat et bas (l'altitude n'y atteint jamais 200 m), constitué de terrains glaciaires et fluvio-glaciaires. Le Sud et l'Est portent des cultures et des prairies. Le Nord et l'Ouest sont encore souvent le domaine de la lande et de la forêt.

Jyväskylä, v. de la Finlande centrale ; 54 100 h. Sports d'hiver.

Phot. Larousse, Anderson-Giraudon.

K k

k [ka] n. m. Onzième lettre de l'alphabet et la huitième des consonnes : *un* K *majuscule ; un* k *minuscule*. (La consonne *k* est une gutturale sourde.) ‖ **— k,** symbole de *kilo*. ‖ **— K,** symbole chimique du *potassium*. ‖ Symbole du *Kelvin*.

ka n. m. V. KAON.

K2, Dapsang ou **Godwin Austen,** l'un des plus hauts sommets de l'Himalaya, dans le Karakoram ; 8 620 m.

Ka'ba ou **Kaaba,** petit édifice de forme cubique, sanctuaire de la principale mosquée de La Mecque. Dans sa paroi est scellée la Pierre noire apportée par Gabriel à Abraham.

Kabardins ou **Kabardes,** population du Caucase septentrional.

kabbale n. f. V. CABALE.

Kaboul, cap. de l'Afghānistān, dans le nord-est du pays, sur la *rivière de Kaboul* (500 km), affl. de l'Indus (r. dr.) ; 310 000 h. Université. Constructions mécaniques. Textiles. Travail du cuir.

kabuki [kabuki] n. m. (mot jap. signif. *chant, danse, personnage*). Genre théâtral japonais où le dialogue alterne avec des parties psalmodiées ou chantées, et avec des intermèdes de ballet.
— ENCYCL. Reprenant les thèmes épiques du répertoire japonais, les histoires classiques et glorieuses du nō* et du jōruri*, mais les mettant en scène à grand spectacle, le *kabuki* est le genre le plus réaliste et le plus populaire du théâtre japonais. Les premières représentations, pantomimes mêlées de danses et d'intermèdes burlesques, furent interdites à plusieurs reprises, et, en 1629, l'accès de la scène fut interdit aux femmes. A la fin du XVIIe s., le kabuki se renouvela en imitant le répertoire et le rythme du théâtre de marionnettes, puis il dut à des auteurs comme Takeda Izumo, Tsuruya Namboku et Kawatake Mokuami de retrouver auprès du public, qui se plaisait à ses surprises et à ses péripéties, une faveur qui dure encore aujourd'hui. Le kabuki est joué par des acteurs uniquement masculins, sur une scène immense, pourvue d'une machinerie complexe et qui déborde sur la salle par le *hanamichi*, passage sur lequel les acteurs vont et viennent au milieu des spectateurs. Le kabuki a gardé de la tradition du théâtre de marionnettes un récitant caché, qui joue le rôle du chœur, tandis qu'un orchestre (flûtes, shamisen, tambours) assure le bruitage.

kabyle [kabil] adj. De Kabylie. ‖ — N. Habitant de Kabylie. (Les Kabyles, islamisés de longue date, ont conservé une organisation sociale remarquable, fondée sur l'assemblée de village et un droit coutumier fort.)

Kabylie, nom qui désigne plusieurs massifs du Tell algérien. On distingue d'ouest en est : la *Grande Kabylie* (2 308 m au Djurdjura), entre les oueds Isser et Soumman ; la *Kabylie des Babors*, en arrière du golfe de Bougie, entre la Soumman et l'oued el-Kebir ; la *Kabylie de Collo*, à l'ouest de Skikda. On donne parfois le nom de *Kabylie orientale* au massif de l'Edough et aux hauteurs entourant la plaine d'‘Annaba. (Hab. *Kabyles*.)

Kāchān, v. de l'Iran, au centre du plateau de l'Iran ; 60 500 h. Tapis.

Kachgar, v. de Chine (Sin-kiang) ; 91 000 h.

Kachins, ethnie habitant dans les monts Naga et *Kachin*, en Birmanie.

Kádár (János), homme politique hongrois, né à Kapolv (dép. de Somogy) en 1912. Secrétaire, en 1943, du Comité central du parti communiste hongrois, il est devenu en 1955 Premier secrétaire. Il a été chef du gouvernement de 1956 à 1958 et de 1961 à 1965.

Kadhafi (Mu'ammar **al-),** homme d'Etat libyen, né à Surt en 1942, chef de l'Etat depuis 1972. Il préconise l'unité arabe et le retour aux valeurs traditionnelles de l'islām.

kadi n. m. V. CADI.

Kadiïevka, v. de l'U. R. S. S. (Ukraine), dans le Donbass ; 138 000 h. Métallurgie.

Kaduna, v. du Nigeria septentrional ; 173 800 h. Textiles.

Kaesong, v. de la Corée du Nord ; 88 700 h.

Kāfiristān. V. NŪRISTĀN.

Kafka (Franz), écrivain tchèque de langue allemande, né à Prague (1883-1924). Il mena une existence médiocre de bureaucrate, minée par la maladie. Après sa mort au sanatorium de Kierling, près de Vienne, son ami le romancier Max Brod assura la publication de ses récits (*le Procès*, 1925 ; *le Château*, 1926) et de son *Journal intime* (1948), dans lesquels il exprime le désespoir de l'homme devant l'absurdité de l'existence.

kafkaïen [kafkajɛ̃], **enne** [-ɛn] adj. Relatif à l'œuvre de Kafka : *un personnage kafkaïen*. ‖ Se dit d'une situation inquiétante par son absurdité, son illogisme : *le caractère kafkaïen de certaines démarches administratives*.

Kafka

Kagera (la), riv. d'Afrique, tributaire du lac Victoria, considérée comme la branche mère du Nil ; 400 km.

Kagoshima, port du Japon, dans l'île de Kyū shū ; 406 000 h.

Kahn (Gustave), écrivain français, né à Metz (1859-1936). Membre du groupe symboliste, l'un des fondateurs de *la Vogue*, il donna, dans la préface de ses *Palais nomades* (1887), la théorie du vers libre, qu'il illustra par ses recueils (*le Livre d'images*, 1897). Il est également l'auteur de romans, de biographies et d'essais critiques.

Kahn (Louis), architecte américain, né dans l'île de Sarema (Estonie) [1901-1974]. Son œuvre, à la fois révolutionnaire et empreinte de néo-classicisme, utilise volontiers pour matériaux la brique et le béton, qu'il laisse à l'état brut.

K'ai-fong, v. de Chine (Ho-nan) ; 450 000 h. Industries chimiques et textiles.

Kaïnardji. V. KUTCHUK-KAÏNARDJI.

kaïnite [kainit] n. f. *Minér.* Sel double constitué par du sulfate de magnésium et du chlorure de potassium hydratés naturels.

Kairouan, v. de Tunisie, à l'ouest de Sousse ; 40 000 h. Remparts. La ville fut la capitale de l'Ifrīqiyya à l'époque des Arhlabides. Sa décadence se précipita après l'invasion hilālienne. La grande mosquée à dix-sept nefs (IXe s.) est un très bel exemple de l'architecture islamique : remarquable chaire à prêcher, la plus ancienne du monde musulman aujourd'hui connue (IXe s.).

kaiser [kajzœr] n. m. (lat. *Caesar*). Mot allem. signif. *empereur*. (Il fut appliqué en France plus particulièrement à Guillaume II.)

Kaiser (Henry), industriel américain, né à Sprout Brook (New York) [1882-1967]. Spécialiste de la fabrication de grands ouvrages en béton (Boulder Dam, barrages de Bonneville et de Grand Coulee), il fonda la Permanent

Kaboul

Kairouan

Phot. Almasy, Larousse, Ray-Delvert.

Cement Corporation, qui devint la première firme au monde pour la production du ciment. En 1940, il appliqua la préfabrication à la construction navale.

Kaiserslautern, v. de l'Allemagne occidentale (Rhénanie-Palatinat) ; 86 200 h. Automobiles.

kakatoès n. m. V. CACATOÈS.

kakemono [kakemɔno] n. m. (mot japon.). Peinture japonaise, exécutée sur un rouleau de soie ou de papier en forme de rectangle allongé et qui se suspend verticalement.

kaki [kaki] n. m. (hindī *khākī,* couleur de poussière). Fruit du plaqueminier, à pulpe molle et sucrée, ayant l'aspect d'une tomate. (Syn. : FIGUE CAQUE, PLAQUEMINE.) ‖ — Adj. inv. Brun-jaune (couleur de la tenue de campagne de nombreuses armées).

Kakināda ou **Cocanāda,** v. de l'Inde (Āndhra Pradesh) ; 130 500 h.

kala-azar [kalaazar] n. m. Maladie parasitaire due à un protozoaire (leishmania), et qui sévit en Orient et dans le bassin méditerranéen.
— ENCYCL. Le *kala-azar* se manifeste par de la fièvre, une augmentation de volume de la rate et une anémie L'évolution, grave, comporte des ulcérations et des hémorragies digestives, ainsi qu'une atteinte du foie. Le réservoir de virus est le chien, touché comme l'homme ; le germe est transmis par la piqûre d'un insecte du genre phlébotome.

Kalahari (le), désert de l'Afrique australe, entre le Zambèze et le fleuve Orange. C'est une haute plaine, sableuse ou gréseuse, parsemée de marécages salés au nord et qui s'étend sur la majeure partie du Bostwana.

Kalamata, port de Grèce (Messénie) ; 38 000 h.

kaléidoscope [kaleidɔskɔp] n. m. (gr. *kalos,* beau, *eidos,* aspect, et *skopein,* regarder). Appareil formé d'un tube opaque, contenant plusieurs miroirs, disposés de façon que de petits objets colorés placés dans le tube y produisent des dessins variés.

Kalevala (le), épopée populaire finnoise, par Elias Lönnrot, composée de fragments recueillis de la bouche des bardes caréliens (1835-1849).

Kalgan, en chin. **Tchang-kia-k'eou,** v. de Chine (Ho-pei) ; 229 000 h. Industrie textile.

Kalgoorlie, v. de l'Australie occidentale ; 21 500 h. Mines d'or. Métallurgie.

kali [kali] n. m. (arabe *qali,* soude). Plante du littoral, à feuilles épineuses, riche en soude. (Famille des salsolacées.)

Kālī, épouse de Çiva, déesse de la Mort.

Kālidāsa, poète indien du Iᵉʳ s. apr. J.-C. selon la tradition, mais que des travaux récents situent plutôt aux IVᵉ-Vᵉ s. Poète de cour, il est l'auteur d'élégies, de poèmes épiques, de comédies et du drame de *Çakuntalā**.

Kalimantan, nom indonésien de **Bornéo.**

Kalinine, anc. **Tver',** v. de l'U. R. S. S. (R. S. F. S. de Russie), sur la Volga ; 345 000 h. Textiles. Constructions ferroviaires.

Kalinine (Mikhaïl Ivanovitch), homme d'Etat soviétique, né à Verchnïaïa Troïka, près de Tver' (1875-1946). Il participa activement à la révolution d'Octobre et fut président du praesidium du Conseil suprême de l'U. R. S. S. de 1937 à 1946.

Kaliningrad, anc. **Königsberg,** port de l'U. R. S. S. (R. S. F. S. de Russie), autref. en Prusse-Orientale ; 297 000 h. Cathédrale (XIVᵉ s.). Port de pêche et de commerce. Violents combats lors de la prise de la ville par les Soviétiques en 1945.

Kalisz, v. de Pologne, au sud-est de Poznań ; 81 200 h.

Kalmar ou **Calmar,** port de la Suède méridionale ; 52 700 h. — L'*Union de Kalmar* réunit sous un même sceptre le Danemark, la Suède et la Norvège (1397). Cette union fut rompue en 1521 lors de l'insurrection suédoise conduite par Gustave Vasa.

Kalmouks, peuple mongol de l'U. R. S. S. entre le Don et la Volga, et en Sibérie.

Kalmthout, comm. de Belgique (Anvers) ; 12 300 h.

Kalouga, v. de l'U. R. S. S. (R. S. F. S. de Russie), sur l'Oka ; 211 000 h. Métallurgie.

Kama (la), riv. de l'U. R. S. S., affl. de la Volga (r. g.) ; 2 000 km. Installations hydro-électriques.

Kāma, dieu de l'Amour dans la mythologie hindoue. — Le *Kāma-sūtra,* traité des règles de l'amour, fut écrit en sanskrit entre le IVᵉ et le VIIᵉ s.

Kamakura, v. du Japon (Honshū) ; 136 000 h. Bouddha du XIIIᵉ s.

Kamarhati, v. de l'Inde (Bengale-Occidental) ; 190 700 h.

Kambas ou **Bakambas,** ethnie africaine du Kenya, dont la langue appartient au groupe bantou.

Kamenev (Lev ROSENFELD, dit), homme politique soviétique, né à Moscou (1883-1936). Lors de la révolution d'Octobre, il fut hostile au soulèvement armé. Allié à Staline et à Zinoviev contre Trotski, il prit ensuite parti pour ce dernier. Impliqué dans un procès de trahison, il fut exécuté.

Kamensk-Ouralski, v. de l'U. R. S. S. (R. S. F. S. de Russie), au pied de l'Oural ; 163 000 h. Minerai de fer et de bauxite. Métallurgie.

kaki ▲ ▼ kangourou

Kamerlingh Onnes (Heike), physicien néerlandais, né à Groningen (1853-1926). Il créa le laboratoire du froid à l'université de Leyde (1882), y réalisa en 1908 la liquéfaction de l'hélium et découvrit la supraconduction. (Prix Nobel de physique, 1913.)

kami [kami] n. m. (mot japon. signif. *supérieur*). Nom générique donné aux êtres surnaturels dans le Japon ancien.

kamichi [kamiʃi] n. m. (d'une langue indigène du Brésil). Oiseau échassier atteignant 80 cm de haut, propre à l'Amérique du Sud.

kamikaze [kamikɑze] n. m. (mot japon. signif. *tempête providentielle*). Avion chargé d'explosifs, employé par les Japonais à la fin de la Seconde Guerre mondiale et piloté par un volontaire. (Syn. AVION-SUICIDE.)
— ENCYCL. C'est à partir d'octobre 1944, et notamment pendant la bataille de Leyte, que, pour tenter de remédier à l'amenuisement de leur flotte aérienne normale, les Japonais eurent recours à ce procédé de combat désespéré qu'était l'emploi des *kamikazes.* Destinés à s'écraser sur le pont des navires à couler, les kamikazes, au nombre d'un millier environ, causèrent de très lourdes pertes à la marine américaine (250 navires coulés ou endommagés).

Kampala, cap. de l'Ouganda ; 80 000 h.

Kamtchadales, ethnie vivant dans le Kamtchatka, actuellement russifiée.

Kamtchatka (le), péninsule de l'extrémité orientale de l'U. R. S. S. entre les mers de Béring et d'Okhotsk. C'est une terre montagneuse et volcanique (4 750 m à la Klioutchevskaïa), au climat rude, où l'exploitation minière (charbon) et la pêche sont les ressources principales d'une population peu dense.

Kanáris ou **Canaris** (Konstantin), amiral et homme politique grec, né à Psarā (1790-1877). Il joua un grand rôle dans la guerre de l'Indépendance et fut plusieurs fois chef du gouvernement (1848-1849, 1864-1865, 1877).

Kanazawa, v. du Japon (Honshū) ; 322 000 h. Métallurgie et textiles.

Kandahar ou **Qandahār,** v. de l'Afghānistān ; 195 000 h. Anc. cap. du pays. Centre commercial.

Kandersteg, station de sports d'hiver de Suisse, dans l'Oberland bernois (alt. 1 200-2 000 m).

Kandinsky (Vassili), peintre français d'origine russe, né à Moscou (1866-1944). Fondateur du mouvement artistique *Der blaue Reiter* à Munich, il peignit en 1910 sa première œuvre abstraite, devenant ainsi un des principaux initiateurs de cette esthétique. Il fut professeur au Bauhaus de Walter Gropius, retourna à plusieurs reprises dans son pays, et se fixa définitivement en France en 1933. Il a exercé une forte influence sur de nombreux peintres. Il a écrit *Du spirituel dans l'art* (1912) [musée national d'Art moderne]. (V. illustr. ART ABSTRAIT*.)

kandjar [kɑ̃dʒar], **kandjlar** [-dʒlar] ou **kanglar** [-glar] n. m. (arabe *khandjar*). Poignard oriental à grand pommeau et à lame étroite et recourbée.

Kandy, v. et anc. cap. de Ceylan ; 72 000 h. Centre religieux.

Kane (Paul), peintre canadien, né dans le comté de Cork (Irlande) [1810-1871], auteur de tableaux et de dessins sur la vie indienne.

Kangchenjunga ou **Kanchenjunga,** l'un des plus hauts sommets de l'Himalaya, entre le Sikkim et le Népal ; 8 585 m. Après de nombreuses tentatives, il a été gravi pour la première fois en 1955.

K'ang-hi, empereur de Chine de la dynastie Ts'ing (1662-1722). Il établit son protectorat sur la Mongolie orientale.

kangourou [kɑ̃guru] n. m. (angl. *kangaroo,* empr. à une langue australienne). Mammifère marsupial d'Australie, herbivore et sauteur. (Famille des dipodidés.)
— ENCYCL. Le *kangourou* peut atteindre 1,50 m de longueur, queue non comprise, et peser 100 kg. Il se caractérise par son puissant appareil de saut, formé par la queue et par les pattes postérieures, à trois segments d'égale longueur, et qui lui permet de bondir jusqu'à 10 m en longueur. La gestation intra-utérine ne dure que quarante jours ; puis le jeune est nourri pendant deux mois dans la poche marsupiale de la mère ; enfin il effectue ses premières sorties, d'abord brèves et espacées.

Kankan, v. de la Guinée ; 29 100 h.

Kano, v. du Nigeria, anc. cap. du royaume de Sokoto ; 342 600 h. Arachides.

Kānpur ou **Cawnpore,** v. de l'Inde (Uttar Pradesh), sur le Gange ; 1 011 700 h. Métallurgie. Textiles. Travail du cuir. Constructions aéronautiques.

Kansas (le), riv. des Etats-Unis, affl. du Missouri (r. dr.) ; 274 km.

Kansas, un des Etats unis d'Amérique (Centre-Nord-Ouest) ; 2 237 000 h. Cap. *Topeka.* L'Etat est formé par un glacis s'élevant progressivement vers l'ouest, en même temps que se raréfient les précipitations. Le Kansas est à prépondérance agricole (cultures du maïs, du sorgho et surtout du blé ; élevage bovin). Le sous-sol fournit du charbon et du pétrole.

Kansas City, nom donné à deux villes jumelles des Etats-Unis (Missouri et Kansas) [respectivement 495 400 h. et 121 900 h.], sur le Missouri. Grand marché agricole. Industries métallurgiques, chimiques et alimentaires.

Kan-sou, prov. de la Chine septentrionale ; 12 800 000 h. Cap. *Lan-tcheou.* En bordure de la Mongolie, le Kan-sou est une région de hautes terres, où l'économie se diversifie largement en fonction de la raréfaction progressive des précipitations vers le nord-ouest. Aux cultures du blé, du millet, du coton et du tabac succède, vers l'ouest, une zone steppique, parsemée d'oasis, prolongée vers le nord par un véritable désert. Lan-tcheou est la principale ville de la province, dont le sous-sol recèle du pétrole.

Kant (Emmanuel ou, en allem., Immanuel), philosophe allemand (Königsberg 1724 - *id.* 1804). Il ne quitta point sa ville natale. Né d'une famille modeste, il entra en 1732 au collège Frédéric, alors dirigé par un partisan de la secte piétiste qui prêchait la régénération intérieure par la méditation personnelle de l'Ecriture. A l'université, il reçut l'enseignement de Martin Knutzen, piétiste et disciple de Wolff. Il fut précepteur (1746-1755), puis, devenu docteur (1755), il fut nommé professeur de logique et de métaphysique (1770). Sa vie fut consacrée à l'étude, à l'enseignement et à la méditation.
On distingue deux grandes périodes dans le développement de la philosophie de Kant :
1° La *période précritique* (les écrits publiés avant 1770), où Kant s'efforce de résoudre des questions de physique et de philosophie (*Réflexions sur la véritable nature des forces vives,* 1746) ou de résoudre le problème de l'origine du monde (*Histoire naturelle et théorie générale du ciel,* 1755). Les écrits de cette période sont plus lyriques que rigoureux ;

Kant

Phot. Lauros - Atlas-Photo, Fitzpatrick-ambassade d'Australie, Roger-Viollet.

2° La *période critique* (à partir de la *Dissertation de 1770*), qui représente la philosophie de Kant proprement dite. Elle pose le problème de l'origine, de la nature et des limites de notre connaissance. Son ouvrage le plus célèbre, la *Critique* de la raison pure* (1781), en apportera la solution systématique, en énonçant les principes de l'*idéalisme transcendantal*. L'ouvrage est divisé en une *esthétique transcendantale*, ou théorie des sensations, et une *logique transcendantale ;* celle-ci comprend une *analytique*, ou théorie des jugements de réalité, et une *dialectique*, ou théorie des raisonnements formels.
La théorie de la connaissance est complétée par une théorie de l'action morale, avec les *Fondements* de la métaphysique des mœurs* (1785) et la *Critique* de la raison pratique* (1788), où est développée la théorie de l'impératif catégorique. La morale de Kant est une morale rigoriste, selon laquelle l'homme doit agir par pur respect du devoir. Enfin, la théorie de l'action est elle-même complétée par une théorie de l'œuvre d'art et de la vie au sens biologique, dans la *Critique* du jugement* (1790).
Outre les ouvrages cités, les œuvres principales de Kant sont : *Prolégomènes à toute métaphysique future...* (1783), *la Religion dans les limites de la simple raison* (1794), *Projet de paix perpétuelle* (1795), *la Métaphysique des mœurs* (1797), *Anthropologie* (1798), *Logique* (1800), *Opus posthumum* (trad. partielle, 1950).

Kantara (El-), comm. d'Algérie (Batna), à l'ouest de l'Aurès ; 4 700 h. Gorges fameuses, « portes du désert », donnant accès à une belle oasis.

Kan-tcheou, v. de Chine (Kiang-si) ; 200 000 h.

kantien [kɑ̃tjɛ̃], **enne** [-ɛn] adj. Relatif à la philosophie de Kant.

kantisme n. m. Doctrine philosophique de Kant.

Kao-hiong ou **Kaosiung,** port de la côte sud-ouest de Formose ; 747 200 h. Raffinerie de pétrole. Aluminium.

Kaolack, port du Sénégal, sur le Saloum ; 69 600 h. Exportation d'arachides. Huileries.

kaoliang [kaɔljɑ̃] n. m. Variété de sorgho.

kaolin [kaɔlɛ̃] n. m. (de *Kao-ling*, colline de Chine). Argile réfractaire, blanche et friable, qui entre dans la composition de la porcelaine.

kaolinisation [-linizasjɔ̃] n. f. Transformation en kaolin du feldspath des roches cristallines.

kaon [kaɔ̃] ou **ka** n. m. Particule élémentaire (K), ayant une charge électrique positive ou négative égale à celle de l'électron et dont la masse vaut 965 fois celle de l'électron.

Kapellen, comm. de Belgique (Anvers) ; 12 600 h.

Kapilavastu, cap. du Royaume des Çākya (Inde) et ville natale du bouddha Çākyamuni.

Kapitsa (Piotr Leonidovitch), physicien soviétique, né à Kronchtadt en 1894. Il inventa un appareil permettant la liquéfaction de l'hélium, grâce auquel il étudia les très basses températures. Il fut le principal créateur de l'explosif thermonucléaire soviétique.

Kaplan (Viktor), ingénieur autrichien, né à Mürzzuschlag (1876-1934). Il s'est consacré au perfectionnement des turbines-hélices, imaginant notamment les hélices à pas variable auxquelles son nom est resté attaché.

Kaplan (Jacob), grand rabbin de France, né à Paris en 1895. Il a été élu à cette charge en 1955.

Kapnist (Vassili Vassilievitch), écrivain russe, né à Oboukhovka (1757-1823). Il est l'auteur de poésies morales et d'une comédie (*la Chicane*, 1798), féroce satire des mœurs judiciaires.

kapok [kapɔk] n. m. (mot angl. empr. au malais). Duvet végétal, très léger et imperméable, qui entoure les graines de certains arbres des pays chauds (fromager, kapokier), et que l'on utilise pour les ceintures de sauvetage ou pour les coussins.

kapokier n. m. Arbre de l'Asie tropicale, de la famille des malvacées, qui produit le kapok.

Kaposvár, v. de Hongrie ; 54 000 h. Textiles.

kappa [kapa] n. m. Dixième lettre de l'alphabet grec (κ), correspondant au *k* français.

Kara (*mer de*), mer de l'océan Arctique, entre la Nouvelle-Zemble et le continent.

Kapitsa

Karāchi ▲

▼ troupeau de moutons **karakuls** en Ouzbékistan

Kara-Bogaz, golfe en voie de dessèchement sur la côte est de la Caspienne, dans le Turkménistan (U. R. S. S.). Salines.

Karabük, v. du nord de la Turquie ; 64 800 h. Centre sidérurgique.

Karāchi, port du Pākistān, sur la mer d'Oman ; 1 912 000 h. Capitale du Pākistān jusqu'en 1959-1960, Karāchi s'est développé, en bordure du delta de l'Indus, comme port de commerce. La ville est aujourd'hui un centre intellectuel (université) et commercial, le plus grand port et le principal centre industriel du pays (métallurgie, textiles), et une importante escale aérienne vers l'Asie méridionale et orientale.

Karadžić (Vuk), écrivain serbe, né à Tršić (Serbie) [1787-1864]. Philologue, il épura la langue serbe, réforma l'orthographe et recueillit les chants populaires de son pays.

Karafuto, nom japonais de la partie méridionale de l'île de Sakhaline.

Karaganda, v. de l'U. R. S. S. (Kazakhstan), au cœur du *bassin houiller de Karaganda ;* 522 000 h. Sidérurgie.

Karageorges (Djordje Petrović), fondateur de la dynastie yougoslave des Karadjordjević, né à Viševac (Šumadija) [1752 ?-1817]. Victorieux des Turcs à Mišar (1806), il se fit proclamer prince héréditaire des Serbes (1808), mais, ayant perdu le soutien du tsar (1812), il fut contraint de fuir en Autriche lors de l'invasion des Turcs en 1813. De retour en Serbie (1817) il fut assassiné sur ordre de Miloš Obrenović. — Son fils Alexandre, né à Topola (1806-1885), fut prince de Serbie de 1842 à 1858.

Karakalpaks, peuple de l'Asie soviétique, au sud de la mer d'Aral, habitant une République autonome, la *Karakalpakie*, dépendant de l'Ouzbékistan, dont il représente environ les deux cinquièmes du point de vue de la population.

Karakoram ou **Karakorum,** massif du Cachemire, portant des sommets très élevés (K2, Hidden Peak) et de très grands glaciers.

Kara-Koum, partie la plus aride de la dépression aralo-caspienne (U. R. S. S.).

karakul [karakyl] ou **caracul** n. m. (de *Kara-Koul'*, en Asie centrale). Race de moutons de l'Asie centrale, à toison longue et ondulée. ‖ Cette fourrure. (La peau bouclée des agneaux karakuls est utilisée en fourrure sous le nom d'*astrakan ;* les boucles ayant tendance à se dérouler rapidement, les agneaux sont sacrifiés dans les quelques jours qui suivent la naissance.) [V. aussi BREITSCHWANZ.]

Karamzine (Nikolaï Mikhaïlovitch), écrivain et publiciste russe, né à Mikhaïlovka (gouvern. de Simbirsk) [1766-1826]. Influencé par le sentimentalisme de Rousseau dans ses romans (*la Pauvre Lise*, 1792) et ses récits de voyages (*Lettres d'un voyageur russe*, 1791-1792), fondateur du *Messager de l'Europe* (1802), il est l'auteur du premier grand ouvrage historique publié en Russie (*Histoire de l'Etat russe*, 1816-1829).

Kara-sou, nom de nombreuses rivières de l'Asie centrale et de Turquie.

karaté n. m. Méthode de combat, d'origine japonaise, ne faisant appel pour l'attaque ou la défense qu'à des moyens naturels.

Karavelov (Ljuben), écrivain bulgare, né à Koprivštica (entre 1834 et 1837-1879). Journaliste, auteur de nouvelles, il joua un rôle déterminant dans le Comité central révolutionnaire de Bucarest.

Karawanken, massif des Alpes orientales (Autriche et Yougoslavie).

Karbalā' ou **Kerbela,** v. de l'Iraq, au sud-ouest de Bagdad ; 60 800 h. Sanctuaire des Chī'ites.

Kardiner (Abram), ethnologue et psychanalyste américain, né à New York en 1891. Il s'est efforcé de concilier la psychanalyse et l'anthropologie sociale, et a élaboré la notion de *personnalité de base*, qu'il conçoit comme une intégration des normes sociales au niveau du subconscient.

Karens, ethnie habitant le Tenasserim, en Birmanie. Originaires des confins de la Chine et de la Thaïlande, les Karens ont été orientés peu à peu vers le sud par les Chans, puis se sont installés dans les montagnes. Ils possèdent une forte cohésion sociale et politique, souvent en conflit avec l'Administration birmane.

Kariba, site de la vallée du Zambèze, entre la Zambie et la Rhodésie. Important aménagement hydro-électrique.

Karibs, famille linguistique et ethnique d'Amérique du Sud, qu'on trouve principalement aux Antilles (Caraïbes) et dans les Guyanes (où ils repoussèrent les Arawaks).

Karieras, ethnie appartenant à l'ensemble australien*. Ils se caractérisent par une règle matrimoniale décrite chez eux pour la première fois, et appelée pour cette raison *système kariera*. Cette règle prescrit le mariage entre cousins croisés et prohibe le mariage entre cousins parallèles.

Kārikāl, port de l'Inde (Tamilnād), anc. comptoir français ; 60 500 h.

karité [karite] n. m. (mot ouolof). Arbre du Soudan, dont les graines fournissent une matière grasse comestible, le *beurre de karité*.

Karkemish, v. de la Syrie ancienne, sur l'Euphrate. Le pharaon d'Egypte Néchao II y fut battu par Nabuchodonosor, roi de Babylone (VIIᵉ s. av. J.-C.).

Karkonosze (« monts des Géants »), en allem. **Riesengebirge,** bordure nord-est de la Bohême ; 1 603 m.

Karlfeldt (Erik Axel), poète suédois, né à Folkärna (Dalécarlie) [1864-1931]. Il transposa dans ses recueils l'âme populaire et la naïveté des peintures des artistes paysans de sa province (*Chanson de Fridolin*, 1898 ; *Cor d'automne*, 1927). [Prix Nobel de littérature, 1931.]

Karl-Marx-Stadt, anc. **Chemnitz,** v. de l'Allemagne orientale (Saxe) ; 300 000 h. Industrie textile. Métallurgie lourde et de transformation.

Karlovy Vary, en allem. **Carlsbad** ou **Karlsbad,** v. de Tchécoslovaquie (Bohême) ; 43 500 h. Eaux thermales. Cristallerie. Textiles.

Karlowitz, auj. **Karlovci,** v. de Yougoslavie (Serbie), sur le Danube ; 6 000 h. En 1699, traité entre la Turquie, l'Autriche, la Pologne, la Russie et Venise. La Turquie y abandonnait une grande partie de ses conquêtes en Europe.

Karlskoga, v. de la Suède centrale ; 37 200 h. Mines de fer. Métallurgie.

Karlskrona, port militaire de la Suède, sur la Baltique ; 32 500 h.

Phot. Bureau soviétique d'information, Picou - Afrique-Photo, A. P. N.

Karnak
cour du temple
de Ramsès III
piliers osiriaques
et colonne
papyriforme
v. également Égypte

Karlsruhe, v. de l'Allemagne occidentale (Bade-Wurtemberg), anc. cap. du pays de Bade, fondée en 1715, sur un plan inspiré de Versailles, au pied de la Forêt-Noire; 252 200 h. Château (1751-1776). Siège de la Cour suprême de la République fédérale. Raffinage du pétrole.

Karlstad, v. de Suède, sur le lac Väner; 72 500 h. L'indépendance de la Norvège y fut reconnue (1905).

karma [karma] ou **karman** [-mɑ̃] n. m. Dans les religions de l'Inde, sujétion à l'enchaînement des causes.

Karman (*méthode*), technique d'avortement par aspiration, efficace et sans danger pendant le premier mois de la grossesse.

Karnak ou **Carnac,** village de la Haute-Egypte, sur la rive est du Nil, près de Louxor, à l'emplacement de Thèbes. Ruines du plus important ensemble d'édifices religieux d'Egypte (XVe s. av. J.-C.-Ier s. apr.). La salle hypostyle du prestigieux temple d'Amon (commencé sous la XIe dynastie, agrandi à partir de la XVIIIe jusqu'à l'époque ptolémaïque) est longue de 102 m, profonde de 53 m, et compte 134 colonnes, dont certaines ont 23 m de hauteur; elle fut édifiée sous Séthi Ier.

Karnātaka, nom porté par l'Etat indien de Mysore depuis 1973.

Károlyi de Nagykároly (Mihály), homme politique hongrois, né à Budapest (1875-1955), président de la République (1919) avant le coup de force de Béla Kun.

Karpates. V. CARPATES.

karpatique adj. V. CARPATIQUE.

Karr (Alphonse), écrivain français, né à Paris (1808-1890). Romancier d'inspiration romantique, il donna dans sa revue satirique, *les Guêpes*, un tableau satirique de la vie politique et littéraire sous la monarchie de Juillet.

Karrer (Paul), chimiste suisse, né à Moscou (1889-1971). Auteur de travaux sur la structure des vitamines, il réalisa la synthèse de plusieurs d'entre elles. (Prix Nobel de chimie, 1937.)

Karroo ou **Karoo,** ensemble de plateaux étagés de l'Afrique du Sud.

Kars, v. de la Turquie orientale; 32 000 h. Place forte.

Karsavina (Tamara), danseuse russe, naturalisée anglaise, née à Saint-Pétersbourg en 1885. Etoile des Ballets russes, créatrice des œuvres de Fokine (*l'Oiseau de feu*, 1910; *le Spectre de la rose*, 1911), elle interpréta le répertoire classique (*Giselle, le Lac des cygnes*).

Karst, en ital. **Carso,** en slovène **Kras,** nom allem. d'une région de plateaux calcaires du nord de la Yougoslavie.

relief **karstique** :
1, résurgence; 2, grottes;
3, réseau souterrain; 4, dolines;
5, sotch; 6, cañon;
7, vallée sèche; 8, poljé;
9, nappe phréatique.

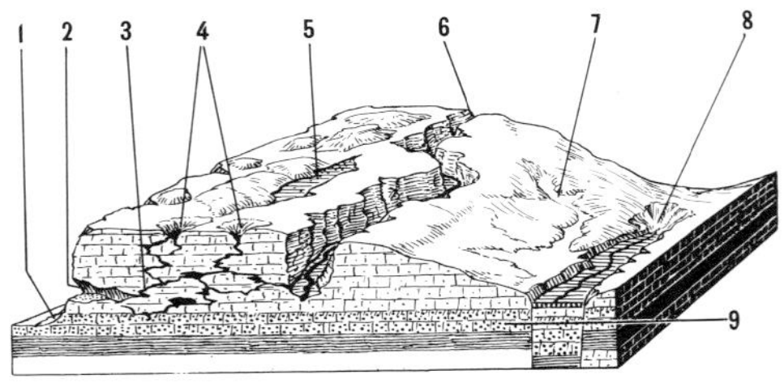

karstique [karstik] adj. Relatif au Karst. ● *Relief karstique* ou *relief calcaire*, type de relief propre aux régions dans lesquelles les roches calcaires forment d'épaisses assises et résultant de l'action (en grande partie souterraine) d'eaux dissolvantes. (Le modelé karstique est caractérisé par l'association de formes de surface [lapies*, dolines*, poljés*], de formes souterraines [cavernes résultant généralement de l'élargissement de diaclases] et de formes fluviales subaériennes alimentées par les résurgences*.)

kart [kart] n. m. (mot angl.). Petit véhicule automobile de compétition, à embrayage automatique, sans boîte de vitesses, ni carrosserie, ni suspension.

karting [kartiŋ] n. m. (mot angl.). Sport pratiqué avec le kart.

Karviná, v. de Tchécoslovaquie, près d'Ostrava; 77 100 h. Centre industriel.

Kasaï (le) ou **Kassaï,** riv. du Congo, affl. du Congo (r. g.); 1 940 km.

Kasavubu (Joseph), homme politique congolais, né au Mayombé (1917-1969). Il négocia l'indépendance de la république du Congo-Kinshasa, dont il fut président de 1960 à 1965.

Kashmīr. V. CACHEMIRE.

Kassel, v. de l'Allemagne occidentale (Hesse), anc. cap. de la Hesse, sur la Fulda; 213 800 h. Optique. Constructions mécaniques.

Kasserine, localité de la Tunisie méridionale. Combats en 1943 et 1944 entre les Allemands et les Britanniques.

Kassites, peuple asianique qui domina Babylone jusqu'à son élimination par les Elamites (XVIIe-XIIe s. av. J.-C.).

Kastler (Alfred), physicien français, né à Guebwiller en 1902. Ses principaux travaux ont été consacrés à l'optique physique, à laquelle il a apporté des développements nouveaux. Il a mis au point en 1950, avec son collaborateur J. Brossel, une méthode qui permet de réaliser une inversion des populations d'électrons dans un atome; ce procédé, connu sous le nom de *pompage optique* et conçu pour l'étude des propriétés physiques des corps, devait trouver une application importante dans les amplificateurs masers et les émetteurs lasers; il sert également dans les magnétomètres et l'horloge atomique. (Prix Nobel de physique, 1966.)

Katak. V. CUTTACK.

Katanga, auj. **Shaba,** extrémité méridionale du Zaïre. Grande région minière (cuivre et uranium) dont le centre est Lubumbashi (anc. Elisabethville).
● *Histoire.* Le pays prit vie lors de la création, par Léopold II, en 1891, de la Compagnie du Katanga, dont les mines de cuivre furent activement exploitées. A partir de 1894, un Comité spécial reçut la gestion du pays : des compagnies minières se constituèrent, dont la principale fut celle du Haut-Katanga, pour le cuivre (1906). Après la proclamation de l'indépendance du Congo, le Katanga fit sécession de 1960 à 1963.

Katar. V. QAṬAR (*Al-*).

kathakali n. m. Drame dansé de l'Inde. (Né au Kerala au cours du XVIIe s., le kathakali, le plus important des cinq styles classiques de la danse traditionnelle de l'Inde, puise ses sources dans la littérature sanskrite. Dans sa forme théâtrale, le kathakali s'inspire de deux grandes épopées indiennes, le Rāmāyana et le Mahābhārata.)

Kāthiāwār, presqu'île de l'Inde, sur le golfe d'Oman.

Katmandou ou **Kātmāndu,** cap. du Népal; 193 300 h.

Katona (József), écrivain hongrois, né à Kecskemét (1791-1830), créateur de la tragédie nationale magyare (*Bán Bánk*, 1815).

Katowice, de 1953 à 1956 **Stalinogród,** v. de Pologne (Silésie); 303 300 h. Mines de houille et de zinc. Métallurgie. Industries chimiques.

Kattegat. V. CATTÉGAT.

Katyn', village de l'U. R. S. S. (R. S. F. S. de Russie), à l'ouest de Smolensk, où les Allemands découvrirent en 1943 les cadavres de 4 500 officiers polonais. Une commission d'enquête soviétique conclut, en 1944, que ce meurtre était le fait des Allemands, tandis qu'une enquête américaine l'attribua en 1953 aux Soviétiques.

Kaunas, en russe **Kovno,** en polon. **Kowno,** v. de l'U. R. S. S. (Lituanie), sur le Niémen; 306 000 h.

Kaunda (Kenneth David), homme d'Etat zambien, né à Chinsali en 1924, président de la République depuis l'indépendance de son pays (1964).

Kaunitz-Rietberg (Wenzel Anton, *comte*, puis *prince* VON), homme d'Etat autrichien, né à Vienne (1711-1794). Alors qu'il était ambassadeur à Versailles (1750-1753), il rédigea un *Mémoire sur la cour de France*. Rentré à Vienne, il fut nommé chancelier d'Etat (1753). Désormais et pendant quarante ans, sous les règnes de Marie-Thérèse, de Joseph II et de Léopold II, il dirigea la politique extérieure de l'Autriche. Il signa avec la France le traité de Versailles (1756), mais, après les victoires prussiennes au cours de la guerre de Sept Ans, il dut céder la Silésie (traité d'Hubertsbourg, 1763). Réconcilié avec la Prusse, il obtint la Galicie lors du partage de la Pologne (1772) et obligea Catherine II à faire la paix avec les Turcs (1774). A l'intérieur, il engagea l'Autriche dans une politique de centralisation administrative et de germanisation, et inspira la politique religieuse de Joseph II. Il entretint l'influence autrichienne à la cour de Louis XVI au début de la Révolution.

Kautsky (Karl), socialiste allemand, né à Prague (1854-1938), secrétaire d'Etat aux Affaires étrangères après novembre 1918. On lui doit l'édition de la dernière partie du *Capital* de K. Marx.

Kaválla. V. CAVALLA.

Kaverī (le) ou **Cauvery,** fl. de l'Inde, tributaire du golfe du Bengale; 760 km.

kawa [kawa] n. m. Espèce de poivrier de la Polynésie. ‖ — N. f. Boisson enivrante, que les Polynésiens fabriquent avec la racine de cette plante.

Kawabata (Yasunari), écrivain japonais, né à Ōsaka en 1899. Son œuvre, qui mêle réalisme et fantastique, est une méditation sur la souffrance et la mort. (Prix Nobel de littér., 1968.)

Kawagoe, v. du Japon (Honshū); 148 000 h.

Kawaguchi, v. du Japon (Honshū); 284 000 h. Sidérurgie. Textiles.

Kawalerowicz (Jerzy), metteur en scène de cinéma polonais, né à Gvozdets (Ukraine), en 1922. On lui doit *Cellulose* (1953), *l'Ombre* (1956), *Train de nuit* (1959), *Mère Jeanne des Anges* (1961), *Pharaon* (1965).

Kawasaki, v. du Japon (Honshū); 910 000 h.

kayak [kajak] n. m. (mot esquimau). Canot de pêche en peaux de phoque cousues et tendues sur une carcasse en bois, et utilisé par les Esquimaux. ‖ Canot semblable en toile huilée ou goudronnée, utilisé pour la promenade sportive en rivière ou la compétition sportive. (Le kayak se manœuvre avec une pagaie double.)

Kayes, v. du Mali; 30 000 h. Port sur le haut Sénégal, relié par chemin de fer à Bamako et à Dakar.

Kayl, v. du Luxembourg, près d'Esch-sur-Alzette; 6 500 h. Métallurgie.

▲ karting

kayak ▶

Phot. Giraudon, Keystone, Expédit. polaires franç.

Kayseri, v. de Turquie, au sud-est d'Ankara ; 168 000 h. Textiles. C'est l'anc. *Césarée de Cappadoce*. Citadelle.

Kaysersberg (68240), ch.-l. de c. du Haut-Rhin (arr. de Ribeauvillé) ; 2 979 h. Eglise des XIIe et XVe s. ; hôtel de ville Renaissance. Filature de coton. Vignobles.

Kazakhstan, république fédérée de l'U. R. S. S., entre la mer Caspienne et la Chine ; 2 715 100 km² ; 12 400 000 h. Cap. *Alma-Ata*. Grand comme cinq fois la France, mais quatre fois moins peuplé, le Kazakhstan s'étend à l'ouest sur une partie de la dépression aralo-caspienne et à l'est sur le socle reliant l'Oural à l'Altaï. L'ensemble a un climat continental avec une sécheresse très prononcée. Le Sud, semi-désertique, est le domaine de l'élevage ovin (race karakul en particulier) ; des secteurs irrigués (notamment par le Syr-Daria) portent des cultures (coton). Dans le Nord se sont développées récemment les cultures céréalières (mise en valeur de « terres vierges »). L'industrie s'est implantée sur le bassin houiller de Karaganda, près du Kouzbass, alimentée parfois par les aménagements hydro-électriques (Oust-Kamenogorsk). Le sous-sol fournit, outre le charbon, d'importantes quantités de cuivre (Djezkazgan, bordure du Balkhach) et de pétrole (bassin de l'Emba).

Kazan', v. de l'U. R. S. S. (R. S. F. S. de Russie), cap. de la République autonome des Tatars, sur la Volga ; 869 000 h. Université. Forteresse du XVIe s. Musée. Industries chimiques. Métallurgie. Textiles.

Kazan (Elia KAZANJOGLOUS, dit **Elia**), metteur en scène de cinéma américain d'origine grecque, né à Constantinople en 1909. Acteur au « Group Theatre », puis metteur en scène de théâtre à New York, il aborde la mise en scène de cinéma en 1943, collabore avec L. Strasberg à l' « Actor's Studio » et donne leur chance à de jeunes acteurs (J. Dean, M. Clift, M. Brando). Parmi ses principaux films, on peut citer : *Boomerang* (1946), *Un tramway nommé Désir* (1951), *Viva Zapata* (1952), *Sur les quais* (1954), *A l'est d'Eden* (1955), *Baby Doll* (1956), *Un homme dans la foule* (1957), *America America* (1963), *l'Arrangement* (1969), *les Visiteurs* (1971).

Kazantzákis (Níkos), écrivain grec, né à Héraklion (1885-1957). Dans ses poèmes (*Serpent et Lys,* 1906), ses essais philosophiques, ses drames et ses romans (*Alexis Zorba,* 1946 ; *le Christ recrucifié,* 1954), il use des thèmes antiques et populaires pour définir une sagesse moderne et universelle.

Kazbek, un des points culminants du Caucase ; 5 047 h.

Kazvin. V. QAZVĪN.

Kchessinskaïa (Mathilde), danseuse russe d'origine polonaise, née à Ligovo, près de Saint-Pétersbourg (1872-1971), l'une des plus grandes interprètes russes du répertoire classique. Elle a publié *Souvenirs de la Kchessinskaia* (1960).

Keaton (Joseph Francis KEATON, dit **Buster**), acteur de cinéma américain, né à Piqua (Kansas) [1896-1966]. A l'époque du muet, il créa le type du comique au visage impassible, réalisa et interpréta des films remarquables par leur poésie et leur sens du gag : *les Lois de l'hospitalité* (1923), *Sherlock Junior* (1924), *la Croisière du «Navigator»* (1924), *le Mécano de la «General»* (1926), *Cadet d'eau douce* (1928), *le Cameraman* (1928).

Keats (John), poète anglais, né à Londres (1795-1821). Fils d'un palefrenier londonien, orphelin de mère, il abandonne ses études de chirurgie pour se consacrer à la poésie. S'il est encouragé par Leigh Hunt et Shelley, la critique accueille très mal ses premiers poèmes (*Endymion,* 1818). Atteint de tuberculose, il donne un nouveau recueil, qui contient ses chefs-d'œuvre (*la Veille de la Sainte-Agnès, Ode à un rossignol, Ode à une urne grecque*), et meurt au cours d'un voyage en Italie. Son œuvre, qui retient les thèmes traditionnels du romantisme, sentiment panthéiste de la nature, goût de l'étrange et des légendes médiévales, mysticisme et libéralisme, se distingue par un sensualisme esthétique qui s'efforce d'atteindre à la fois le Beau et le Vrai.

Kecskemét, v. de Hongrie, au sud-est de Budapest ; 69 300 h. Industrie du cuir.

Kedah, un des Etats de la Malaysia (Malaisie) ; 873 600 h. Cap. *Alor Star.*

Kediri, v. d'Indonésie (Java) ; 146 100 h.

Keeling (*îles*). V. COCOS.

keepsake [kipsɛk] n. m. (mot angl. signif. *souvenir*). Album, imprimé ou manuscrit, orné de gravures, de dessins ou d'aquarelles, qu'on offrait en cadeau, en France, à l'époque romantique.

Keesom (Willem Hendrik), physicien néerlandais, né dans l'île de Texel (1876-1956). Auteur d'expériences sur les très basses températures, il reconnut l'existence de deux sortes d'hélium liquide.

Keewatin, région du Canada (Territoires du Nord-Ouest), au nord du Manitoba.

Kef (LE), ville de Tunisie ; 23 200 h.

kéfir ou **képhir** [kefir] n. m. Boisson gazeuse originaire du Caucase, fabriquée par les montagnards à partir du lait de vache, soit entier, soit partiellement ou totalement écrémé. (La fermentation est obtenue à 20 °C par l'action de levures [*Saccharomyces kefir*], de streptocoques lactiques et de bacilles lactiques : ces trois variétés de microbes forment une zooglée [*grains de kéfir* ou *millet du prophète*]. Le kéfir contient environ 0,7 p. 100 d'acide lactique et 0,68 p. 100 d'alcool.)

Keflavik, v. d'Islande. Base aérienne.

Kégresse (Adolphe), ingénieur français, né à Héricourt (1879-1943). Technicien de l'automobile, il imagina la propulsion par chenilles et l'introduisit dans l'armée russe, qui fut la seule, en 1914, à posséder des engins à chenilles.

Kehl, v. de l'Allemagne occidentale (Bade-Wurtemberg), en face de Strasbourg ; 13 200 h.

Keighley, v. d'Angleterre (Yorkshire) ; 55 900 h. Industries textiles et mécaniques.

Keihin (le), conurbation du Japon, regroupant Tōkyō, Yokohama et leurs banlieues.

Keiser (Reinhard), compositeur allemand, né à Teuchern, près de Weissenfels (1674-1739). Elève de Cousser, il implanta en Allemagne la tradition de Lully. Il fut un des créateurs, à Hambourg, de l'opéra classique allemand.

Keita (Modibo), homme d'Etat malien, né à Bamako en 1915, président de la République de 1960 à 1968.

Keitel (Wilhelm), maréchal allemand, né à Helmscherode (Harz) [1882-1946]. Membre de l'état-major allemand depuis 1925, il fut mis par Hitler, en 1938, à la tête du commandement suprême de la Wehrmacht avec rang de ministre. Serviteur aveugle du Führer pendant toute la Seconde Guerre mondiale, il signa la capitulation du Reich à Berlin en 1945. Condamné à mort par le tribunal de Nuremberg, il fut exécuté.

Kekkonen (Urho Kaleva), homme d'Etat finlandais, né à Pielavesi en 1900, président de la République depuis 1956.

Kekule von Stradonitz (August), chimiste allemand, né à Darmstadt (1829-1896). Il innova l'emploi des formules développées en chimie organique, créa en 1857 la théorie de la quadrivalence du carbone, fit l'hypothèse des liaisons multiples et proposa en 1865 la formule hexagonale du benzène.

Kelantan, un des Etats de la Malaysia (Malaisie) ; 636 800 h. Cap. *Kota Bharu.*

Keller (Gottfried), écrivain suisse d'expression allemande, né à Zurich (1819-1890). Après des études à Heidelberg, où il subit l'influence du philosophe Feuerbach, il songe à devenir peintre, mais se consacre à la littérature. Ses romans (*Henri le Vert,* 1855) et ses nouvelles (*les Gens de Seldwyla,* 1856 ; *Martin Salander,* 1886) mêlent l'observation réaliste à l'évocation des légendes et des croyances populaires.

Kellermann (François Christophe), duc DE VALMY, maréchal de France, né à Strasbourg (1735-1820). Chef de l'armée du centre, il fut vainqueur à Valmy (1792) ; il commanda ensuite l'armée des Alpes. — Son fils FRANÇOIS ETIENNE, général, né à Metz (1770-1835), combattit en Italie, en Espagne (1809-1811), puis se distingua à Lützen et à Waterloo.

Kellogg (Frank Billings), homme d'Etat américain, né à Potsdam (New York) [1856-1937]. Secrétaire d'Etat, il attacha son nom à la négociation du Pacte international de renonciation à la guerre (1928). [Prix Nobel de la paix, 1929.]

Kelso, v. de Grande-Bretagne (Ecosse), sur la Tweed ; 4 100 h. Anc. abbatiale romane.

kelvin [kɛlvin] n. m. Unité de base de température (symb. : K), équivalant à la fraction 1/273,16 de la température thermodynamique du point triple de l'eau.
— ENCYCL. Le *kelvin,* défini par la XIIIe Conférence générale des poids et mesures d'octobre 1967, sert pour exprimer aussi bien une température (un degré de l'échelle) qu'une différence ou un intervalle de température. On dira ainsi que la température du point d'ébullition de l'eau est de 373,15 kelvins, que celle de son point de congélation est de 273,15 kelvins et que la différence entre les deux est de 100 kelvins, et non plus de 100 degrés.

Kelvin (*lord*). V. THOMSON (*sir* William).

Kazakhstan : barrage sur la Tchou

Keats, par William Hilton

Elia **Kazan** une scène d'« Un tramway nommé Désir »

Buster **Keaton** (à droite) dans une scène de « Goodnight, nurse »

Phot. X, Nat. Gallery, Londres, X, doc. Simon and Schuster, New York.

Kennedy à la tribune de l'O. N. U.

Kemal pacha Atatürk. V. MUSTAFA KEMAL PAŞA.

Kembs (68680), comm. du Haut-Rhin (arr. de Mulhouse); 2 009 h. (895 aggl.). Barrage et centrale hydro-électrique sur le Grand Canal d'Alsace.

Kemerovo, v. de l'U. R. S. S. (R. S. F. S. de Russie), en Sibérie occidentale; 385 000 h. Houille. Industries chimiques.

Kemmel (*mont*), hauteur de Belgique, près d'Ypres (151 m). Objectif d'une violente offensive allemande en avril 1918, il fut reconquis par les Anglais en septembre.

Kemp (Robert), critique littéraire et dramatique français, né à Paris (1879-1959). [Acad. fr.]

Kempis (Thomas **a**). V. THOMAS A KEMPIS.

Kempten, v. de l'Allemagne occidentale (Bavière) sur l'Iller; 44 000 h. Industries du bois.

Kenadsa, agglomération du Sahara algérien, près de Béchar. Anc. bassin houiller.

Kendall (Edward Calvin), biochimiste américain, né à South Norwalk (Connecticut) en 1886; prix Nobel (1950) pour ses recherches sur les hormones corticosurrénales.

Kenitra, anc. **Port-Lyautey,** port du Maroc, au nord de Rabat; 86 000 h. Industries chimiques. Conserves.

Kenkō (Yoshida KANEYOSHI, dit), écrivain japonais (1283-1350). Prêtre et poète de cour, puis moine bouddhiste itinérant, il a déploré, dans son essai *Tsurezuregusa* (*les Heures oisives*), la disparition de la civilisation courtoise.

Kennedy (John Fitzgerald), homme politique américain, né à Brookline, près de Boston (1917-1963). Membre démocrate de la Chambre des représentants (1946), puis du Sénat (1952), il succède à Eisenhower en 1961, devenant ainsi le premier président catholique des Etats-Unis. Sa rencontre avec Khrouchtchev à Vienne en 1961 ne permet pas de résoudre le problème de Berlin. Son intervention contre le régime de Fidel Castro à Cuba (1961) et son opposition à la présence sur l'île de missiles soviétiques à tête nucléaire (1962) provoquent une période de tension internationale. Une détente intervient avec la signature du traité de Moscou (1963), qui met fin à une partie des essais nucléaires. Sur le plan intérieur, il se heurte à une recrudescence des conflits raciaux et préconise une politique d'intégration des Noirs. Il est assassiné au cours d'un voyage officiel au Texas.

Kennedy, nom donné à l'aéroport international de New York, à Idlewild.

Kennedy (*cap*), anc., et à nouveau depuis 1972, **cap Canaveral,** flèche sableuse de la côte est de la Floride. Base de lancement de missiles et d'engins spatiaux.

Kénogami, v. du Canada (Québec), dans la région du Saguenay; 11 500 h.

kénotron [kenɔtrɔ̃] n. m. (du gr. *kenos,* vide). Appareil électronique pour le redressement des courants alternatifs de faible intensité et de haute ou très haute tension.

Kensington, quartier de Londres, à l'ouest de *Hyde Park.* Château royal. Musée (beaux-arts, arts et métiers).

Kent, le plus ancien royaume de l'heptarchie anglo-saxonne; cap. *Canterbury.* — Comté d'Angleterre, sur le pas de Calais; ch.-l. *Maidstone;* 1 193 900 h.

Kentucky, un des Etats unis d'Amérique (centre sud-est); 3 183 000 h. Cap. *Frankfort.* Appuyé aux Appalaches à l'est, l'Etat est formé de plateaux entaillés par les affluents de l'Ohio. La principale culture est celle du tabac. Le sous-sol fournit d'importantes quantités de pétrole, de gaz naturel et surtout de charbon.

Kenya, république de l'Afrique orientale, sur l'océan Indien; 583 000 km²; 12 480 000 h. Cap. *Nairobi.* Langues : *anglais* et *bantou.*

Géographie.

Le Kenya juxtapose deux régions bien différentes. La moitié nord-est est formée d'une large plaine littorale (au nord de l'embouchure du Galana), dominée par des plateaux sédimentaires auxquels succèdent des affleurements du socle. La moitié sud-ouest est constituée, en arrière de l'étroite plaine littorale, par des plateaux continentaux surmontés de massifs volcaniques (donnant les points culminants du pays : 5 194 m au mont *Kenya*) entaillés par une partie du grand fossé de l'Afrique orientale, jalonnée notamment par le lac Magadi et le lac Rodolphe. Traversé par l'équateur, le Kenya ne possède cependant pas un climat très arrosé. La majeure partie des plateaux reçoit de 400 à 600 mm de pluies et est couverte de savanes. Les précipitations augmentent avec l'altitude (plus de 900 mm à Nairobi), qui modère relativement les températures (oscillant autour de 25 °C à Nairobi).

La population est formée de groupes variés, parmi lesquels émergent les Bantous et les Masaïs. Elle se concentre principalement dans le sud de la plaine côtière, en bordure du lac Victoria, du mont Kenya et des monts Aberdare. Le faible nombre des Européens (40 000) est sans rapport avec l'importance de leur poids économique. Cette population s'accroît à un rythme rapide, proche de 3 p. 100 par an.

L'agriculture est le fondement de l'économie. Liée à la colonisation et partiellement encore aux mains des Européens, l'agriculture commerciale est développée : café en premier lieu, cultivé notamment sur les pentes du mont Kenya et des monts Aberdare, puis thé. La canne à sucre, le sisal, la banane sont surtout cultivés sur la plaine côtière. Parmi les cultures vivrières dominent le maïs et le blé, produits surtout sur les plateaux par les Européens. L'élevage (bovins et ovins) a une grande importance, principalement dans la savane, mais revêt parfois encore une valeur plus sociale que proprement économique.

mont Kenya ▲ **Kenya** ▼ barrage sur la rivière Mathioya

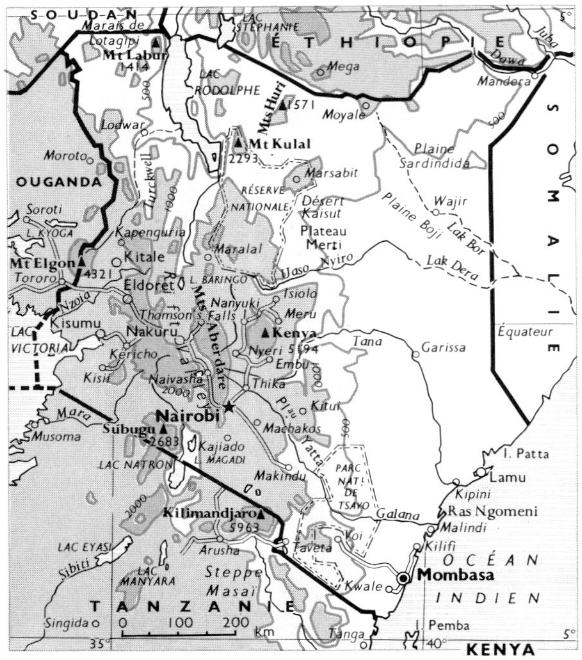

Phot. Keystone, Loriquet - Afrique-Photo, Camera Press - cliché Holmes.

La pauvreté du sous-sol ne favorise pas l'industrialisation, limitée à la transformation des produits de l'agriculture ou à la satisfaction de besoins purement locaux (brasserie à Nairobi), en dehors de la raffinerie de pétrole de Mombasa. Mombasa est la deuxième ville du pays (après Nairobi) et son principal port. Le commerce extérieur se caractérise d'abord par un constant déficit, par la prépondérance aux exportations des produits de l'agriculture (plus de 50 p. 100 pour l'ensemble café-thé-sisal), enfin par l'importance des échanges avec la Grande-Bretagne (30 p. 100 des importations, plus de 20 p. 100 des exportations) et l'Allemagne occidentale.

Histoire.

Les Portugais contrôlèrent à partir du XVIe s. la côte du Kenya, occupée depuis le VIIe s. par les Arabes. En 1887, les Anglais obtinrent d'importantes concessions, qui furent transférées à la Couronne en 1920, à l'exception de la région côtière, qui demeura un protectorat.
De 1952 à 1956, le Kenya fut troublé par la révolte nationaliste des Mau-Mau. Après avoir reçu l'autonomie interne en mai 1963, le Kenya devint (déc. 1963) un Etat indépendant au sein du Commonwealth. Depuis 1964, c'est une république. En 1969, le Kenya a créé, avec l'Ouganda et la Tanzanie, la Communauté économique d'Afrique orientale.

Kenyatta (Kamau JOHNSTONE, dit **Jomo**), homme politique du Kenya, né à Ichaweri v. 1893. Fondateur d'un parti nationaliste (1945), il fut emprisonné (1953-1959) comme instigateur de la révolte des Mau-Mau. Il est président de la République du Kenya depuis 1964.

képhir. V. KÉFIR.

képi [kepi] n. m. (suisse allem. *Käppi;* de *Kappe,* bonnet). Coiffure militaire d'origine française, légère et munie d'une visière.
— ENCYCL. Le *képi* ne fut, à l'origine, pendant la conquête de l'Algérie (1830), qu'un shako allégé, et sa forme s'est progressivement modifiée. Coiffure traditionnelle de l'armée de terre française, il n'est plus porté que par les officiers et les sous-officiers. Les couleurs du bandeau et du fond varient suivant les armes et services. Le képi des officiers porte autour du bandeau un nombre de tresses correspondant à celui des galons de leur grade. Celui des généraux comporte une ou deux rangées de feuilles de chêne brodées sur le bandeau.

Kepler (Johannes), astronome allemand, né près de Weil (Wurtemberg) [1571-1630]. Il doit être considéré comme l'un des créateurs de l'astronomie moderne. Il fut le disciple et l'assistant de Tycho Brahé. A la mort de celui-ci, il fit quantité d'observations, notamment sur la planète Mars, du mouvement de laquelle il entreprit une étude précise et systématique.
Ses recherches l'amenèrent à énoncer les lois qui ont immortalisé son nom et d'où Newton sut dégager le principe de l'attraction universelle : 1° chaque planète décrit dans le sens direct une ellipse dont le Soleil est un des foyers (1609); 2° les aires balayées par le rayon vecteur allant du centre du Soleil au centre de la planète sont proportionnelles aux temps employés à les décrire (1609); 3° les carrés des temps des révolutions planétaires sont proportionnels aux cubes des grands axes de leurs orbites (1619).

Kerala, Etat de l'Inde méridionale; 19 298 000 h. Cap. *Trivandrum.* S'étendant sur le sud de la plaine côtière de Malabār et l'extrémité méridionale des Ghāts occidentaux, le Kerala est une région chaude et humide. L'agriculture y est intensive (riz, cocoteraie, épices, caféiers, théiers, hévéas), mais la production vivrière ne satisfait pas les besoins d'une population très dense.

kératine [keratin] n. f. (du gr. *keras, keratos,* corne). Scléroprotéine imperméable à l'eau, riche en soufre, et substance fondamentale des poils, des ongles, des cornes, des sabots, des plumes.

kératinisé, e adj. Chargé de kératine.

kératite [keratit] n. f. Inflammation de la cornée. (Les kératites peuvent avoir une cause externe [infection directe ou consécutive à un traumatisme] ou une cause interne, une affection générale [syphilis, tuberculose, troubles métaboliques].)

kératoplastie n. f. Greffe de la cornée.

kératose [keratoz] n. f. (du gr. *keras, keratos,* corne). Affection de la peau, caractérisée par un épaississement de la couche cornée. (La *kératose* se manifeste aux points de frottements [durillons, cors] ou d'une façon diffuse [kératose pilaire (autour des poils)], kératose sénile.)

Kerbela. V. KARBALĀ'.

Kerenski (Aleksandr Feodorovitch), homme politique russe, né à Simbirsk (auj. Oulianovsk) [1881-1970]. Avocat, député social-révolutionnaire à la Douma de 1912, devenu ministre de la Justice (mars 1917), il fut en désaccord avec le ministre des Affaires étrangères Milioukov. Ministre de la Guerre (mai 1917), il subit la contre-offensive victorieuse des Allemands en Galicie. Chef du gouvernement provisoire (juill. 1917), il s'appuya d'abord sur les contre-révolutionnaires, contre les bolchevistes, puis se rapprocha de ces derniers, par qui il fut rapidement débordé. Il s'enfuit de Petrograd après la révolution d'Octobre et se réfugia aux Etats-Unis.

Kerguelen (*îles*), anc. **îles de la Désolation,** archipel français du sud de l'océan Indien. Il est formé de trois cents îles, dont une terre principale qui occupe environ 6 000 km² (plus de 90 p. 100 de la superficie de l'archipel) et compte une station permanente de recherches scientifiques. Découvert en 1772 par Kerguelen de Trémarec, l'archipel fut reconnu par Cook en 1776.

képis
de gauche à droite : sous-officier, lieutenant d'administration, commandant, adjudant

Kerguelen de Trémarec (Yves Joseph DE), navigateur français, né à Quimper (1734-1797). Il découvrit en 1772 les îles *Kerguelen.*

Kerkennah, petit archipel tunisien en face de Sfax. Eponges. Palmeraies.

Kerkrade, v. des Pays-Bas (Limbourg); 50 900 h.

Kerll (Johann Kaspar VON), compositeur allemand, né à Adorf (1627-1693). Elève de Carissimi, il a écrit des opéras et de la musique instrumentale et fut organiste de la Cour impériale.

Kermān ou **Kirmān,** v. de l'Iran méridional; 85 400 h. Commerce de la laine. Tapis.

Kermānchāh ou **Kirmānchāh,** v. d'Iran (Kurdistān); 166 700 h. Raffinage du pétrole.

kermès [kεrmεs] n. m. (arabe *al-kirmiz;* d'orig. persane). Autre nom de la COCHENILLE. ‖ *Bot.* Espèce de chêne méditerranéen à feuilles épineuses persistantes. ‖ *Pharm.* Médicament expectorant à base de sels d'antimoine.

kermesse [kεrmεs] n. f. (flam. *kerkmisse,* messe de l'église). Fête de charité en plein air. ‖ Grande fête populaire, dans les Flandres et aux Pays-Bas.

Kerner (Justinus), écrivain allemand, né à Ludwigsburg (Wurtemberg) [1786-1862]. Il constitua avec Uhland, Schwab et Mörike l' « école de Souabe » et s'intéressa aux phénomènes d'hypnotisme.

kérosène [kerozεn] n. m. (gr. *keros,* cire, et suffixe *-ène*). Liquide pétrolier légèrement jaune, distillant entre 150 et 300 °C, obtenu comme intermédiaire entre l'essence et le gas-oil à partir du pétrole brut.

Kerouac (Jack), écrivain américain, né à Lowell (Massachusetts) [1922-1969]. Il fut l'un des chefs de file de la « beat generation » (*Sur la route,* 1957; *les Anges vagabonds,* 1965).

Keroularios (Michel), en franç. **Cérulaire,** né à Constantinople (v. 1000-1059), patriarche de Constantinople de 1043 à 1059. Excommunié par Léon IX pour n'avoir pas reconnu la suprématie papale (1054), il réunit un synode qui jeta l'anathème contre Rome, rendant ainsi le schisme définitif. En 1057, il fut un moment maître de Constantinople, mais Isaac Comnène Ier l'exila.

Johannes Kepler

lord Keynes

Kerr (John), physicien écossais, né à Ardrossan (comté d'Ayr) [1824-1907]. Il a découvert en 1875 la biréfringence des isolants électrisés (*phénomène de Kerr*).

kerria [kerja] n. m. Arbuste ornemental, d'origine japonaise, à fleurs jaune d'or. (Famille des rosacées.)

Kersaint (Armand, *comte* DE), homme politique français, né au Havre (1742-1793). Il conquit les établissements anglais du Surinam. Conventionnel girondin, vice-amiral en 1793, il mourut sur l'échafaud.

Kertch', v. de l'U. R. S. S. (Ukraine), en Crimée, sur le *détroit de Kertch';* 128 000 h. Pêche. Métallurgie. Constructions navales. Combats acharnés en 1941 et 1942.

Kessel (Joseph), écrivain et journaliste français, né à Clara (Argentine) en 1898. Il est l'auteur de reportages et de romans qui célèbrent l'action et l'aventure héroïque (*l'Equipage,* 1923; *le Lion,* 1958). [Acad. fr.]

Kessel-Lo, comm. de Belgique (Brabant), près de la Dyle; 21 800 h.

Kesselring (Albert), maréchal allemand, né à Markstedt (Bavière) [1885-1960]. Chef d'état-major de l'armée de l'air allemande en 1936, il commanda le front italien en 1943-1944, puis le front de l'ouest en février 1945. Il est l'auteur de Mémoires (*Soldat jusqu'au dernier jour,* 1953).

ketch [kεtʃ] n. m. Cotre à tapecul, dans lequel le mât, plus grand que celui des yawls ordinaires, est en avant du gouvernail.

ketchup [kεtʃœp] n. m. (mot angl.). Condiment anglais, à base de tomates assaisonnées d'épices.

Ketteler (Wilhelm Emanuel VON), prélat allemand, né à Harkotten (1811-1877). Evêque de Mayence (1850), il organisa le parti catholique allemand (Centre) et fut l'un des initiateurs du socialisme chrétien.

Kettering, v. de Grande-Bretagne (Northamptonshire); 38 600 h. Chaussures.

Keynes (John Maynard, *lord*), économiste et financier britannique, né à Cambridge (1883-1946). Sa doctrine a eu une profonde influence sur les gouvernements des Etats occidentaux. Selon lui, les gouvernements doivent tout mettre en œuvre pour assurer le plein emploi de la main-d'œuvre grâce à une redistribution des revenus telle que le pouvoir d'achat des consommateurs croisse proportionnellement au développement des moyens de production.

keynésien [kenezjε̃], **enne** [-εn] adj. Relatif aux théories de l'économiste *Keynes.*

Key West, v. des Etats-Unis (Floride); 34 000 h. Station balnéaire.

kg, symbole du *kilogramme.*

kgf, symbole du *kilogramme-force.*

kgm, symbole du *kilogrammètre.*

kg/m³, symbole du *kilogramme par mètre cube.*

kgp, symbole du *kilogramme-poids.*

Khabarovsk, v. de l'U. R. S. S. (R. S. F. S. de Russie), dans l'Extrême-Orient, sur l'Amour; 420 000 h. Raffinage du pétrole.

Khadīdja (m. en 619 à La Mecque), première femme de Mahomet.

khâgne [kaɲ] n. f. V. CAGNE.

khâgneux, euse adj. et n. V. CAGNEUX.

Khakasses, population turque de l'U. R. S. S., habitant un territoire autonome de la R. S. F. S. de Russie, à l'est du Kazakhstan.

khalife n. m. V. CALIFE.

khān [kɑ̃] n. m. (turc *han*). Titre princier turco-mongol.

khānat n. m. Fonction, juridiction d'un khān. ‖ Pays soumis à cette juridiction : *le khānat de Boukharie.*

Kharagpur, v. de l'Inde (Bengale-Occidental); 153 100 h. Centre ferroviaire.

Kharbin. V. PIN-KIANG.

Khārezm ou **Khawārezm,** anc. Etat de l'Asie centrale, qui, détaché de l'Empire perse, connut une grande activité caravanière sous la Horde d'Or. Les Russes y établirent leur protectorat en 1873.

Khārezmī (Muḥammad ibn Mūsā **al-**), mathématicien arabe de la fin du VIIIe s. et du début du IXe s. Il vécut à la cour 'abbāsside. Il indiqua les premières règles de calcul algébrique.

Kharg (*île*), île iranienne du golfe Persique. Grand port pétrolier.

khāridjisme [karidʒism] n. m. Doctrine de la secte musulmane des khāridjites, les partisans d''Alī, qui se séparèrent de lui après l'arbitrage de Mu'āwiyya.

khāridjite adj. (arabe *khārigī;* de *khāradja,* sortir). Relatif au khāridjisme, une des plus anciennes sectes de l'islām. ‖ — N. Adepte du khāridjisme.

Kharkov, v. de l'U. R. S. S., anc. cap. de l'Ukraine, sur un affl. du Donets; 1 223 000 h. Usines de tracteurs, de locomotives, de machines agricoles et de moteurs.

Phot. E. C. A., B. N., ambassade de Grande-Bretagne.

Khartoum

Khrouchtchev (à gauche) et Michel Debré

Textiles. Occupée par les Allemands en 1918, puis enjeu de violentes batailles de 1941 à 1944.

Khartoum, cap. du Soudan, au confl. du Nil Blanc et du Nil Bleu; 312 500 h. La ville est en fait formée de trois agglomérations : *Khartoum* proprement dit, *Omdourman* et *Khartoum North.*

Khatchatourian (Aram), compositeur soviétique, né à Tiflis en 1903. Son œuvre symphonique et de musique de chambre est d'inspiration patriotique et folklorique. On lui doit le ballet *Gayané.*

Khaybar (*passe de*), défilé entre le Pākistān et l'Afghānistān.

Khayyām ('Umar), poète et mathématicien persan, né à Nīshāpur (m. v. 1123). Il collabora à la réforme du calendrier, entreprise en 1074 par le sultan seldjoukide Malik chāh, et établit une classification des équations. Son angoisse et son pessimisme lui ont fait célébrer dans des *Quatrains* la jouissance immédiate de la vie.

Khazars, peuple d'origine turque, qui, du VIIe au XIe s., domina sur la basse Volga.

khédival ou **khédivial, e, aux** adj. Du khédive : *ordre khédival.*

khédivat n. m. Dignité de khédive.

khédive [kediv] n. m. Titre porté par le vice-roi d'Egypte de 1867 à 1914.

Khenchela, v. d'Algérie (Batna), au nord-est de l'Aurès; 25 000 h.

Kherson, port de l'U. R. S. S. (Ukraine), sur le Dniepr inférieur; 261 000 h. Constructions navales.

khi [ki] n. m. Vingt-deuxième lettre de l'alphabet grec (χ), correspondant à *kh.*

Khingan (Grand), massif montagneux de Chine, entre le désert de Gobi et la plaine de la Chine du Nord-Est; 2 091 m. — Le **Petit Khingan** sépare cette plaine du bassin de l'Amour.

Khiouma ou **Dago,** île de l'U. R. S. S. (Estonie), dans la Baltique.

Khmelnitski (Bogdan) [1593-1657], hetman des Cosaques d'Ukraine, qu'il souleva contre la Pologne (1648).

khmer, khmère [kmɛr] adj. Relatif aux Khmers, peuple du Cambodge : *art khmer.*

khmère (*République*), nom officiel du Cambodge depuis 1970.

Khmers, peuple de la péninsule indochinoise qui est à l'origine du Cambodge. Il fonda un empire, dont l'apogée se situe du IXe au Xe s. apr. J.-C. et qui connut une brillante civilisation, artistique en particulier. (V. ANGKOR et CAMBODGE.)

Khokand. V. KOKAND.

khôl [kol] n. m. V. KOHOL.

Khosrô Ier Anôcharvân ou **Chosroês Parviz,** roi sassanide de Perse (531-579). Il combattit Justinien Ier, battit les Huns Hephtalites et s'empara du Yémen (570). Sa réputation de justice était grande en Orient. — KHOSRÔ II *Abharvêz,* roi de Perse (590-628). Il conquit presque tout l'Orient byzantin et notamment Jérusalem (614), mais Héraclius lui fit rendre ses conquêtes. Il fut assassiné à l'instigation de son fils.

art khmer

sculpture des VIIe-VIIIe s. provenant de Phnom-Da *coll. part.*

tête de Lokeçvara style du Bayon fin XIIe-XIIIe s. *musée Guimet*

bas-relief d'Angkor Vat, *détail* de la frise des Apsaras, *musée Guimet*

Khotan, en chin. **Ho-t'ien,** v. de Chine (Sin-kiang); 134 000 h. Oasis.

Khotine, en polon. **Choczin,** en roum. **Hotin,** v. de l'U. R. S. S. (Ukraine), sur le Dniestr; 8 000 h. Victoire de Jean Sobieski sur les Turcs en 1673.

Khouribga, v. du Maroc, sur les plateaux du Tadla; 40 800 h. Grands gisements de phosphates.

Khrouchtchev (Nikita Sergheïevitch), homme politique soviétique né à Kalinovka (prov. de Koursk) [1894-1971]. Membre, depuis 1934, du comité central du parti communiste de l'U. R. S. S., il devint (1938) secrétaire du comité central d'Ukraine, puis (1939) membre du *Politburo.* Après la mort de Staline, il fut élu Premier secrétaire du parti communiste en U. R. S. S. (1953); il entreprit alors (XXe Congrès, 1956) une politique de déstalinisation. Ayant écarté les membres du groupe « antiparti », puis les maréchaux Joukov (1957) et Boulganine (1958), il devint président du Conseil des ministres de l'U. R. S. S. Il centra sa politique économique sur la croissance du niveau de vie et le progrès de l'agriculture; à l'extérieur, il se heurta à l'hostilité croissante de la Chine et pratiqua avec les Etats-Unis une politique de coexistence pacifique. Il dut abandonner ses fonctions le 15 octobre 1964.

Khulna, v. du Bangla Desh; 128 000 h.

Khurāsān ou **Khorassan,** région du nord-est de l'Iran. V. pr. *Mechhed.*

Khurramchāhr ou **Khorramchar,** port d'Iran, près du Chaṭṭ al-'Arab; 82 000 h.

Khursabād ou **Khorsabad,** village d'Iraq où, à partir de 1843, a été dégagée la ville de Dour-Sharroukîn, bâtie par Sargon II au VIIIe s. av. J.-C.

Khūzistān, ou **Khouzistan,** région d'Iran, sur le golfe Persique. Pétrole.

Kia-mou-sseu, v. de Chine (Hei-long-kiang); 146 000 h.

Kiang-si, prov. du sud-est de la Chine, au sud du Yang-tseu-kiang; 18 610 000 h. Cap. *Nan-tch'ang.* Région de plaines et de collines, au climat subtropical, le Kiang-si est une province surtout agricole. Au riz et au coton succèdent, vers le sud, les plantations de théiers, puis la canne à sucre, le tabac et même les agrumes.

Kiang-sou, prov. de la Chine orientale sur la mer de Chine orientale; 45 230 000 h. Cap. *Nankin.* C'est une région basse, formée partiellement par les alluvions du Yang-tseu et de la Houai. La province est l'un des greniers de la Chine : blé, kaoliang, millet, maïs et soja au nord de la Houai, auxquels s'ajoute le riz vers le sud. L'industrie s'est surtout développée en fonction de la présence de l'artère navigable du Yang-tseu et de la façade maritime. Beaucoup plus que Nankin, Chang-hai est la métropole économique de la région.

Kiao-tcheou, v. de Chine (Chan-tong), qui avait donné son nom à un territoire cédé à bail aux Allemands en 1898 (v. pr. *Ts'ing-tao*).

Kia-yi, v. de Formose; 191 100 h.

kibboutz [kibuts] n. m. Ferme collective en Israël. ‖ Pl. des *kibboutzim.*

kichenotte [kiʃnɔt] n. f. V. QUICHENOTTE.

Kichinev, v. de l'U. R. S. S., cap. de la Moldavie; 357 000 h. Métallurgie.

kid n. m. Fourrure lustrée du chevreau.

Kidderminster, v. de Grande-Bretagne (Worcestershire); 40 800 h. Tapis.

kidnapper [kidnape] v. t. (anglo-amér. *to kidnap*). Enlever une personne pour s'en servir comme otage ou pour en tirer une rançon.

kidnappeur [-ər] n. m. Celui qui commet un kidnapping.

kidnapping [-piŋ] n. m. Enlèvement d'une personne : *une tentative de kidnapping.*

kief [kjɛf] n. m. Repos absolu, chez les Orientaux.

Phot. Pierre - Afrique-Photo, X, Giraudon, Lavaud, Associated Press.

Kiev

le Kilimandjaro

Kiel, port de l'Allemagne occidentale, cap. du Schleswig-Holstein, sur la Baltique ; 270 400 h. Constructions navales. Pêcheries. — Le *canal de Kiel,* de Kiel à l'embouchure de l'Elbe, unit la Baltique et la mer du Nord.

Kielce, v. de Pologne, au sud de Varsovie ; 126 000 h. Beaux monuments. Industries métallurgiques et chimiques.

Kierkegaard (Sören Aabye), philosophe et théologien danois (Copenhague 1813 - *id.* 1855). Il passa toute sa vie dans sa ville natale, hormis quelques jours à Berlin. Après une jeunesse insouciante (vie esthétique), il revint à la morale (vie éthique) et se fiança ; il rompit un an après et soutint une thèse de doctorat sur *le Concept de l'ironie* (1841). De 1840 à 1855, il publia une trentaine d'ouvrages. Le plus considérable, *Ou bien... ou bien* (1843), oppose à la vie esthétique la vie éthique et exalte au-dessus de toutes deux la vie religieuse, à laquelle Kierkegaard était parvenu. Sa philosophie a profondément inspiré l'existentialisme (Heidegger, Jaspers, K. Barth, J.-P. Sartre). On lui doit notamment : *le Journal du séducteur* (1843), *le Concept d'angoisse* (1844), *Etapes sur le chemin de la vie* (1845), *Post-scriptum aux « Miettes philosophiques »* (1846), *la Maladie mortelle* (1849), etc.

kieselguhr [kizɛlgur] n. m. (mot allem. féminin). Masse de silice hydratée, formée par les squelettes de diatomées, très poreuse et absorbante : *le kieselguhr est employé dans la fabrication de la dynamite.*

kiesérite [kiserit] n. f. *Minér.* Sulfate hydraté naturel de magnésium.

Kiesinger (Kurt Georg), homme politique allemand, né à Ebingen (Bade-Wurtemberg), en 1904. Chrétien-démocrate, il a été chancelier de l'Allemagne fédérale de 1966 à 1969.

Kiev, v. de l'U. R. S. S., cap. de l'Ukraine, dans le nord de l'Ukraine, sur le Dniepr ; 1 632 000 h. La plus grande ville de l'Ukraine, Kiev en est aussi le centre intellectuel (université) et, hors du Donbass, la principale cité industrielle (constructions mécaniques). Cathédrale Sainte-Sophie (1017-1037), de style byzantin.
● *Histoire.* Christianisée au Xe s., siège d'un métropolite au XIe s., Kiev fut, jusqu'à la prise la ville par les Mongols (1240), la véritable capitale des Russes. En 1774, elle devint la capitale de la Petite Russie. Occupée par les Allemands en 1918, par les Polonais en 1920, la ville fut prise de nouveau par les Allemands en septembre 1941 et reconquise par l'armée rouge en novembre 1943.

Kievo-Petcherskaïa Lavra, le plus ancien monastère de la Russie, fondé près de Kiev au XIe s., et dont les ateliers ont exercé une grande influence sur l'art de ce pays. Reliques.

kif [kif] n. m. Chanvre indien mélangé au tabac.

kif-kif adj. inv. (expr. arabe). *Fam.* Pareil.

Kigali, cap. du Ruanda ; 15 000 h.

Kikouyous ou **Kikuyus,** peuple bantou du Kenya.

Kilimandjaro, auj. **pic Uhuru,** massif volcanique de l'Afrique orientale, dans le nord de la Tanzanie, constituant le point culminant du continent ; 5 963 m. La première ascension a été réalisée par l'Allemand H. Meyer en 1889.

Ki-lin ou **Ki-rin,** prov. de la Chine du Nord-Est ; 12 550 000 h. Cap. *Tch'ang-tch'ouen.* En bordure de la Corée du Nord, la province juxtapose une partie méridionale montagneuse et boisée, où l'exploitation forestière et la chasse constituent, à côté de la mise en valeur du potentiel hydraulique, les principales ressources, et une partie occidentale plus basse, cultivée en soja, en kaoliang, en maïs et en blé.

Ki-lin ou **Ki-rin,** v. de Chine (prov. de Kilin), sur le Soungari ; 512 000 h.

Killy (Jean-Claude), skieur français, né à Saint-Cloud en 1943. Champion du monde de la descente et du combiné en 1966, vainqueur de la coupe du Monde de ski alpin en 1967 et 1968, il a réédité cette dernière année l'exploit de Sailer, en remportant les trois titres olympiques (descente, slalom géant et slalom spécial) à Grenoble.

Kilmarnock, v. de Grande-Bretagne (Ecosse, Ayr) ; 46 000 h. Tapis. Constructions mécaniques.

kilo [kilo] (gr. *khilioi,* mille), préfixe (symb. : k) qui, placé devant une unité de mesure, la multiplie par mille.

kilo n. m. Abrév. de *kilogramme.* || Pl. des *kilos.*

kilogramme n. m. Unité de masse (symb. : kg), dans le système international d'unités SI, équivalant à la masse du prototype en platine iridié qui a été sanctionné par la Conférence générale des poids et mesures tenue à Paris en 1889, et qui est déposé au pavillon de Breteuil à Sèvres. ● *Kilogramme par mètre cube,* unité de masse volumique (symb. : kg/m^3), équivalant à la masse volumique d'un corps dont la masse est 1 kilogramme et le volume 1 mètre cube.

kilogramme-poids ou **kilogramme-force** n. m. Anc. unité de force (symb. : kgp, kgf), équivalant à la force avec laquelle une masse de 1 kilogramme est attirée par la Terre.

kilogrammètre n. m. Anc. unité pratique de travail (symb. : kgm), égale au travail produit par 1 kilogramme-force dont le point d'application se déplace de 1 mètre dans la direction de la force.

kilométrage n. m. Action de kilométrer. || Mesure en kilomètres.

kilomètre n. m. Unité pratique de distance (symb. : km), valant 1 000 mètres : *la lieue française vaut quatre kilomètres.* ● *Kilomètre carré,* unité de surface (symb. : km^2), égale à la surface d'un carré de 1 kilomètre de côté, soit un million de mètres carrés. (1 km^2 vaut 100 ha.) || *Kilomètre cube,* unité de volume (symb. : km^3), égale au volume d'un cube de 1 kilomètre de côté, soit un milliard de mètres cubes.

Kierkegaard

Jean-Claude Killy

kilométrer v. t. Marquer les distances kilométriques : *kilométrer une route.*

kilométrique adj. Relatif au kilomètre : *borne kilométrique.*

Ki-long, port de Formose ; 268 800 h.

kilotonne n. f. Unité de masse (symb. : kt), valant 1 000 tonnes. || Unité servant à évaluer la puissance d'un projectile nucléaire en comparant l'énergie produite par l'explosion de ce projectile à l'énergie produite par l'explosion de 1 000 tonnes de trinitrotoluène (T. N. T.).

kilowatt n. m. Unité de puissance (symb. : kW), égale à 1 000 watts. (Le kilowatt vaut environ 1,36 ch, soit 102 kgm/s.)

kilowatt-heure n. m. Unité d'énergie ou de travail (symb. : kWh), équivalant au travail exécuté pendant une heure par une machine dont la puissance est de 1 kilowatt. || Pl. des *kilowatts-heures.*

kilt [kilt] n. m. Jupe courte des Ecossais.

Kimberley, v. de l'Afrique du Sud (Le Cap) ; 95 100 h. Diamants.

Kim Il-sung, maréchal et homme politique nord-coréen, né à Mangyongdae, près de Pyongyang, en 1912, Premier ministre de la Corée du Nord depuis 1948.

kimono [kimɔno] n. m. (mot japon.). Ample tunique portée au Japon par les personnes des deux sexes. || Vêtement de femme, sans couture aux emmanchures.

Kinabalu, point culminant de Bornéo (Sabah) et de l'Insulinde ; 4 175 m.

kinase [kinɑz] n. f. (du gr. *kinein,* stimuler). Substance chimique qui rend active une diastase, comme l'entérokinase, la thrombokinase.

Kinechma, v. de l'U. R. S. S. (R. S. F. S. de Russie), sur la Volga ; 94 000 h. Textiles. Engrais.

kinescope [kinɛskɔp] n. m. (gr. *kinesis,* mouvement, et *skopein,* regarder). Caméra cinématographique qui enregistre les images cathodiques de la télévision, en vue de la répétition ultérieure d'une émission en direct.

kinésique [kinezik] adj. V. KINESTHÉSIQUE.

kinésithérapeute n. Praticien exerçant professionnellement le massage thérapeutique et la kinésithérapie.

kinésithérapie n. f. *Méd.* Mobilisation du rachis, des membres ou des segments de membres en vue de leur rendre souplesse et force.
— ENCYCL. La *kinésithérapie* est dite *passive* lorsque le praticien fait effectuer lui-même les mouvements au patient ; elle est dite *active* lorsque ce dernier les exécute lui-même. La kinésithérapie, aidée par la mécanothérapie et les massages, permet une récupération fonctionnelle plus rapide et plus complète dans les séquelles de traumatisme et les suites de paralysie, ainsi que dans les affections rhumatismales.

kinesthésie [kinɛstezi] n. f. (gr. *kinein,* se mouvoir, et *aisthêsis,* sensation). Ensemble des sensations de mouvement que nous procure notre corps.

kinesthésique ou **kinésique** adj. Qui concerne la kinesthésie : *l'effort musculaire donne une sensation kinesthésique.*

King (William Lyon MACKENZIE). V. MACKENZIE KING.

King (Ernest Joseph), amiral américain, né à Lorain (Ohio) [1878-1956], chef d'état-major de la marine américaine de 1942 à 1945.

King (Martin Luther), pasteur américain de race noire, né à Atlanta (1929-1968). Il chercha à obtenir par des méthodes de « non-violence » l'intégration des Noirs. Il fut assassiné. (Prix Nobel de la paix, 1964.)

king-charles [kiŋʃarl] n. m. inv. (de l'angl. *king Charles spaniel,* épagneul du roi Charles). Petit chien du groupe des épagneuls.

Kingersheim (68260), comm. du Haut-Rhin (arr. de Mulhouse) ; 5 920 h.

Kingsley (Charles), écrivain anglais, né à Holne (Devon) [1819-1875], un des promoteurs du mouvement socialiste chrétien.

Phot. A. P. N., ambassade du Danemark, Presse-Sports, Afrique-Photo.

Kinshasa

Kita kyū shū

Kingston, v. du Canada (Ontario), sur le Saint-Laurent ; 59 000 h. Ecole militaire. Archevêché. Université. Port fluvial. Textiles synthétiques. Aluminium.

Kingston, cap. et port de la Jamaïque, sur la côte méridionale de l'île ; 456 600 h. Aéroport. Centre commercial, industriel et touristique.

Kingston-upon-Hull, v. de Grande-Bretagne (Yorkshire), sur la rive nord de l'estuaire de la Humber ; 303 000 h. Eglise du XIVe s. Port de pêche et de commerce. Industries chimiques.

Kingston-upon-Thames, agglomération de la banlieue sud-ouest de Londres.

Kingstown. V. DÚN LAOGHAIRE.

kinkajou [kɛ̃kaʒu] n. m. (empr. à une langue de l'Amérique du Sud). Mammifère carnassier des forêts de l'Amérique du Sud. (Long. 35 cm, sans la queue.)

Kinshasa, anc. **Léopoldville,** cap. du Zaïre, sur le Pool Malebo (anc. Stanley Pool, lac formé par le fleuve Congo), en face de Brazzaville ; 1 million d'hab. Centre administratif, commercial et industriel.

Kin-tcheou, v. de Chine (Leao-ning) ; 350 000 h.

kiosque [kjɔsk] n. m. (du turc *kiösk*). Pavillon ouvert de tous côtés, qui décore les terrasses ou les jardins. ‖ Abri établi pour la vente des journaux, des fleurs sur la voie publique. ‖ Superstructure servant de passerelle sur un sous-marin.

Kipling (Rudyard), écrivain anglais, né à Bombay (1865-1936). Journaliste à Lahore, il s'inspira, dans ses premiers récits (*Simples Contes des collines,* 1887 ; *Livre de la jungle,* 1894), de la vie et des paysages de l'Inde, puis il célébra dans ses poèmes et ses romans les qualités viriles et l'impérialisme anglo-saxon (*Capitaines courageux,* 1897 ; *Kim,* 1901). [Prix Nobel, 1907.]

kir n. m. (du nom du chanoine *Kir,* qui fut maire de Dijon). Apéritif constitué par un mélange de liqueur de cassis et de vin blanc.

Kirchhoff (Gustav Robert), physicien allemand, né à Königsberg (1824-1887). En 1859, il énonça les lois du rayonnement en imaginant le concept de *corps noir,* puis il inventa le spectroscope, à l'aide duquel il créa, avec Bunsen, l'analyse spectrale. On lui doit aussi les lois des courants dérivés.

Kirchner (Ernst Ludwig), peintre allemand, né à Aschaffenburg (1880-1938). Il fut l'un des fondateurs du mouvement Die Brücke, et l'un des représentants les plus typiques de l'expressionnisme*. (V. illustr. EXPRESSIONNISME.)

Kirghiz, importante population de l'Asie centrale. L'existence des Kirghiz est attestée dès le Ier s. av. J.-C. ; ils ont été turquisés au Moyen Age.

Kirghizistan ou **Kirghizie,** république fédérée de l'U. R. S. S., en bordure de la Chine ; 198 500 km² ; 2 700 000 h. (*Kirghiz*). Cap. *Frounze.* S'étendant en majeure partie sur le T'ien-chan occidental, c'est une région montagneuse coupée de bassins d'effondrement, dont l'un est occupé par le lac Issyk-Koul', un autre correspondant à l'extrémité du bassin de la Ferghana*.

Ki-rin. V. KI-LIN.

Kirkby, v. de Grande-Bretagne (Lancashire) ; 56 000 h.

Kirkcaldy, port de Grande-Bretagne (Ecosse) ; sur le Forth ; 52 700 h.

Kirkūk, v. de l'Iraq, au nord de Bagdad ; 176 800 h. Gisement et raffinage du pétrole.

Kirov, anc. **Viatka,** v. de l'U. R. S. S. (R. S. F. S. de Russie), sur la *Viatka,* affl. de la Kama (r. dr.) ; 332 000 h.

Kirovabad, anc. **Ielisavetpol',** v. de l'U. R. S. S. (Azerbaïdjan), en Transcaucasie ; 190 000 h. Textiles. Alumine.

Rudyard **Kipling**

Kirchhoff

Kirovograd, anc. **Ielisavetgrad,** v. de l'U. R. S. S. (Ukraine) ; 189 000 h.

Kirovsk, v. de l'U. R. S. S. (R. S. F. S. de Russie), dans la presqu'île de Kola ; 53 000 h. Phosphates.

kirsch [kirʃ] n. m. (de l'allem. *Kirschwasser ;* de *Kirsch,* cerise, et *Wasser,* eau). Eau-de-vie extraite des cerises et des merises. (Le kirsch doit son parfum spécial à l'acide prussique qu'il contient. On le produit surtout dans la Forêt-Noire et dans les Vosges.)

Kiruna, v. de Suède, en Laponie ; 28 200 h. Mines de fer à haute teneur.

Kiryū, v. du Japon (Honshū) ; 127 000 h. Textiles.

Kisangani, anc. **Stanleyville,** v. du Zaïre, sur le Congo ; 150 000 h. Centre commercial.

Kīsarazū, v. du Japon (Honshū), près de Tōkyō ; 37 700 h. Grande aciérie.

Kisfaludy (Sándor), poète hongrois, né à Sümeg (1772-1844). Prisonnier de guerre en Provence (1796), il y découvrit Pétrarque et la poésie française, qui inspirèrent ses recueils lyriques (*les Amours de Himfy,* 1801-1807) et ses contes romantiques. — Son frère, KÁROLY, né à Tét (1788-1830), peintre et écrivain, fondateur de la revue *Aurora* (1822), fut l'initiateur de la littérature dramatique (*les Prétendants,* 1819) et du romantisme en Hongrie.

Kishiwada, port du Japon (Honshū) ; 134 000 h. Pêche.

Kisling (Moïse), peintre français d'origine polonaise, né à Cracovie (1891-1953). Il fut une des figures les plus représentatives du Montparnasse de l'entre-deux-guerres. Il a pratiqué un art précis, un peu sec, coloré, et a exécuté des portraits et des nus sensuels (*Jeune Femme au châle polonais,* musée d'Art moderne).

Kisselevsk, v. de l'U. R. S. S. (R. S. F. S. de Russie), dans le Kouzbass ; 142 000 h.

Kissinger (Henry), homme politique américain, né à Fürth (Allemagne) en 1923, chef du Département d'Etat (Affaires étrangères) depuis 1973. (Prix Nobel de la paix, 1973.)

Kistnā (la), fl. de l'Inde péninsulaire, tributaire du golfe du Bengale ; 1 280 km.

Kita kyū shū, port du Japon, dans le nord de l'île de Kyū shū ; 1 052 000 h. Kita kyū shū est né en 1962 de la fusion des villes de *Kokura,* de *Moji,* de *Tobata,* de *Wakamatsu* et de *Yahata.* C'est un grand centre industriel (sidérurgie et surtout métallurgie). Base de pêche.

Kitchener, v. du Canada (Ontario) ; 93 300 h.

Kitchener (*lord* Herbert), maréchal britannique, né à Bally Longford (Kerry) [1850-1916]. Il réorganisa l'armée égyptienne et occupa Fachoda en 1898. Il commanda les forces anglaises à la fin de la guerre des Boers, devint résident général en Egypte, puis ministre de la Guerre de 1914 à 1916. Il créa l'armée des volontaires britanniques engagée sur le front français.

kitchenette [kitʃənɛt] n. f. (de l'angl. *kitchen,* cuisine). Petite cuisine. (L'Administration préconise CUISINETTE.)

Kitimat, localité du Canada (Colombie britannique). Importante usine d'aluminium, alimentée en énergie par la centrale hydro-électrique de Kemano.

kitsch [kitʃ] adj. inv. (mot allem.). Se dit d'une œuvre d'art, d'un décor, d'un mobilier au mauvais goût provocant.

Kitzbühel, v. d'Autriche (Tyrol) ; 7 700 h. Station de sports d'hiver (alt. 762-2 000 m).

K'iu Yuan, poète chinois (343-v. 290 av. J.-C.). Ministre destitué à la suite d'une calomnie, il se jeta dans une rivière. Les Chinois ont attaché à sa mémoire une de leurs fêtes les plus célèbres, la fête nautique du 5e jour de la 5e lune. Les œuvres de K'iu Yuan, dont le poème *Li Sao* (« Douleur de l'éloignement »), sont incorporées au recueil des *Elégies du pays de Tch'ou.*

Kivi (Aleksis STENVALL, dit **Aleksis**), écrivain finlandais d'expression finnoise, né à Palojoki (prov. d'Uusimaa) [1834-1872]. Sa pauvreté l'empêcha de continuer ses études à l'université d'Helsinki. Après avoir composé deux tragédies (*Kullervo,* 1864 ; *Lea,* 1869) et une comédie (*les Cordonniers de Nummi,* 1864), il donna avec son roman *les Sept Frères* (1870) un tableau de l'âme finnoise et des mœurs paysannes considéré aujourd'hui comme le plus grand classique finlandais.

Kivu (*lac*), lac du Zaïre oriental.

kiwi [kiwi] n. m. Autre nom de l'APTÉRYX.

Kizil Irmak (le), fl. de Turquie, tributaire de la mer Noire ; 1 400 km.

Kjølen ou **Kjölen,** massif montagneux du nord de la Scandinavie ; 2 135 m au *Kebnekaise.*

Kladno, v. de Tchécoslovaquie (Bohême) ; 50 800 h. Métallurgie.

Klagenfurt, v. d'Autriche (Carinthie) ; 73 200 h. Industries métallurgiques et chimiques. Electronique.

Phot. Almasy, S. I. C., Tōkyō, Manuel, X.

Klaipeda, anc. en allem. **Memel,** port de l'U. R. S. S. (Lituanie), sur la Baltique ; 125 000 h.

Klaproth (Martin Heinrich), chimiste et minéralogiste allemand, né à Wernigerode (1743-1817). Il découvrit le zirconium, l'uranium, le titane et le cérium.

Klaxon [klaksɔn] n. m. (nom déposé). Marque de fabrique d'un avertisseur sonore pour automobile.

klaxonner v. i. Se servir d'un avertisseur sonore d'automobile.

Kléber (Jean-Baptiste), général français, né à Strasbourg (1753-1800). Engagé volontaire en 1792, il assista au siège de Mayence, commanda en Vendée, se distingua à Fleurus et fut mis à la tête de l'armée du Rhin. En Egypte, il commanda après le départ de Bonaparte. Victorieux à Héliopolis, il fut assassiné par un fanatique.

Klee (Paul), peintre allemand, né à Münchenbuchsee, près de Berne (1879-1940). Il exposa avec le groupe *Der blaue Reiter,* professa au Bauhaus de Weimar et de Dessau. D'abord influencé par Van Gogh, Cézanne et Matisse, puis par le cubisme, il trouva son style au cours d'un voyage en Tunisie (1914). Son art, d'une grande pureté et d'un grand raffinement, cherche moins à représenter le monde qu'à exprimer des sentiments, une spiritualité. D'une constante invention formelle, il crée un univers onirique et gracieux, se rattachant tantôt au surréalisme, tantôt à l'abstraction. Klee a exercé une forte influence sur nombre de peintres contemporains. (V. illustr. ART ABSTRAIT*.)

Klein (Felix), mathématicien allemand, né à Düsseldorf (1849-1925). Fondateur de l'institut de mathématiques appliquées de Göttingen, il fut, dans les dernières années du XIXe s. et les premières années du XXe s., le chef incontesté de l'école mathématique allemande.

Klein (Melanie), psychanalyste autrichienne, née à Vienne (1882-1960). Elle étudia les phantasmes des enfants.

Kleist (Ewald Christian VON), poète lyrique allemand, né à Zeblin (Poméranie) [1715-1759]. Blessé mortellement à la bataille de Kunersdorf, il avait donné dans *le Printemps* (1749) une expression nouvelle au sentiment de la nature. C'est à lui que Lessing adressa ses *Lettres sur la littérature.*

Kleist (Heinrich VON), écrivain allemand, né à Francfort-sur-l'Oder (1777-1811). Petit-neveu d'Ewald von Kleist, il embrasse comme lui la carrière militaire, mais démissionne en 1799. Il voyage alors en France et en Suisse, compose une comédie, *la Cruche cassée,* et tente d'unir la tragédie grecque au drame shakespearien dans *Robert Guiscart, duc des Normands* (1803). Arrêté comme espion par les autorités françaises lors de l'invasion napoléonienne de 1806, il est interné au fort de Joux ; libéré, il s'installe à Dresde, où il fréquente les cercles romantiques, écrit des nouvelles, une comédie (*Amphitryon,* 1807), des tragédies (*Katherine de Heilbronn,* 1808-1810) et deux drames patriotiques inspirés par les malheurs de sa patrie (*la Bataille d'Hermann,* 1808 ; *le Prince de Hombourg,* 1810), mais qu'il ne peut faire représenter. Ruiné et découragé, il entraîna avec lui dans la mort une jeune amie, Henriette Vogel.

Kleist (Paul VON), maréchal allemand, né à Braunfels (1881-1954). Un des créateurs de l'arme blindée allemande, il conduisit en 1940 la percée du front français des Ardennes. Il se distingua ensuite dans les Balkans (1941) et devant Stalingrad. Il mourut en captivité.

Klenze (Leo VON), architecte allemand, né à Bockenem (1784-1864). Il a construit la Glyptothèque de Munich.

klephte [klɛft] n. m. Montagnard grec qui vivait surtout de brigandage et s'attaquait aux troupes turques.

kleptomane [klɛptɔman] n. Personne atteinte de kleptomanie.

kleptomanie n. f. (gr. *kleptein,* voler, et *mania,* folie). Manie qui pousse certaines personnes à voler.

Klinger (Friedrich Maximilian VON), poète allemand, né à Francfort-sur-le-Main (1752-1831). Son drame *Sturm und Drang* (1776) a donné son nom à la période de la littérature allemande qui inaugure la réaction contre le classicisme.

Klingsor, magicien qui apparaît dans le *Parzival* de Wolfram von Eschenbach et dans le *Parsifal* de Wagner.

Klondike, riv. du Canada, affl. du Yukon (r. dr.) ; 180 km. Gisements d'or exploités en 1896, mais aujourd'hui épuisés.

Klopstock (Friedrich Gottlieb), poète allemand, né à Quedlinburg (1724-1803). Luthérien convaincu, il consacra près de trente années de sa vie à la composition d'un poème épique en vingt chants, *la Messiade* (1748-1773), qui célèbre la rédemption de l'homme par le sacrifice du Christ. Cosmopolite, vivant à Zurich et au Danemark, citoyen d'honneur de la République française, auteur d'*Odes* (1771) sentimentales et pathétiques, il se fit dans ses drames consacrés à Hermann (Arminius) l'initiateur d'une littérature puisant aux sources nationales (*la Bataille d'Arminius,* 1769 ; *Arminius et les Princes,* 1784 ; *la Mort d'Arminius,* 1787).

Klosters, comm. de Suisse (Grisons) ; 3 200 h. Station de sports d'hiver (alt. 1 250-2 834 m).

Kluck (Alexander VON), général allemand, né à Münster (1846-1934). Il conduisit la Ire armée allemande en direction de Paris en août-septembre 1914 ; cette manœuvre fut stoppée par la victoire française de la Marne.

Kluge (Hans VON), maréchal allemand, né à Poznań (1882-1944). Commandant la IVe armée allemande en Pologne et en France (1940), puis un groupe d'armées sur le front russe, il remplaça Rundstedt en juillet 1944 à la tête du front de l'Ouest. Son échec à Mortain provoqua son rappel, et il se suicida.

général Kléber
par Ansiaux, *détail, château de Versailles*

Klein

klystron [klistrɔ̃] n. m. Tube à vide pour l'entretien d'oscillations électromagnétiques de longueur d'onde centimétrique.

km, symbole du *kilomètre.*

km², symbole du *kilomètre carré.*

km³, symbole du *kilomètre cube.*

km/h, symbole du *kilomètre par heure,* unité de vitesse.

Kniaseff (Boris), danseur, chorégraphe et pédagogue d'origine russe, né à Saint-Pétersbourg en 1900. Créateur de la « barre à terre » (exercices d'entraînement exécutés couché sur le sol), il a dirigé plusieurs écoles où il a formé de nombreuses étoiles internationales.

knickerbockers ou **knickers** [nikœrbɔkœrs] n. m. pl. (mot angl.). Culotte large, serrée au genou, dite aussi *culotte de golf.* ‖ Culotte de sport serrée au genou.

Knobelsdorff (Georg VON), architecte allemand, né à Kuckädel (1699-1753). Son œuvre principale est l'Opéra de Berlin, de style néo-classique (1741-1743).

Knob Lake, localité du Canada (Québec), aux confins du Labrador. Grand gisement de fer. Le minerai est transporté par chemin de fer vers le port de Sept-Iles*.

Knock ou le Triomphe de la médecine, comédie en 3 actes de J. Romains (1923).

knock-down [nɔkdawn] n. m. inv. (mot angl. ; de *knock,* coup, et *down,* par terre). Etat d'un boxeur envoyé à terre, mais qui n'est pas encore mis hors de combat.

knock-out [nɔkawt] n. m. inv. (mot angl. ; de *knock,* coup, et *out,* dehors). Mise hors de combat de l'adversaire à la boxe. ‖ — Adj. inv. Qui ne peut continuer le combat ; assommé : *mettre quelqu'un knock-out.* (Abrév. : K.-O.)

Knokke, comm. de Belgique (Flandre-Occidentale) ; 14 300 h. Station balnéaire.

Knolles (*sir* Robert), général anglais, né dans le Cheshire (v. 1325-1407), un des chefs des « Grandes Compagnies ».

knout [knut] n. m. (russe *knut*). Supplice du fouet, en Russie. ‖ Le fouet lui-même.

Knox (John), réformateur écossais, né près de Haddington (1505 ou 1513-1572). Prêtre (1530), il passa à la Réforme (1546), qu'il prêcha en Angleterre. Réfugié sur le continent au temps de Marie Tudor, il traduisit la Bible en anglais. Il rentra en Ecosse en 1559 et contribua à l'établissement du presbytérianisme dans ce royaume.

Knox (FORT), camp militaire des Etats-Unis (Kentucky) au S.-O. de Louisville. Un abri contient les réserves d'or des Etats-Unis.

Knoxville, v. des Etats-Unis (Tennessee) ; 111 800 h. Textiles. Métallurgie.

Knud ou **Knut,** nom de plusieurs souverains scandinaves ; les plus célèbres sont : KNUD ou KNUT Ier *le Grand* (955-1035), roi d'Angleterre (1016/1017-1035), de Danemark (1018-1035) et de Norvège (1028-1035). Il établit au Danemark les premiers diocèses et les premiers ateliers monétaires. A sa mort son empire se disloqua ; — KNUD II *le Saint* (1040-1086), roi de Danemark (1080-1086), fils de Sven II Estridsson. Il favorisa l'extension de l'Eglise ; il fut massacré dans l'église Saint-Alban d'Odense. Patron du Danemark. Fête le 19 janvier ; — KNUD III *Magnusson* (m. en 1157), roi de Danemark (1146-1157), fils de Magnus Nilsson. Il lutta contre Sven III pour la succession de la Scanie et du Sjaelland. Il fut assassiné par son rival ; — KNUD IV *Valdemarsson* (1163-1202), roi de Danemark (1182-1202), fils et successeur de Valdemar le Grand. Il abandonna le pouvoir à l'évêque Absalon. En 1200, il se fit octroyer le pouvoir absolu ; — KNUD *Eriksson* (m. en 1196), roi de Suède (1167-1196), fils d'Erik le Saint. Il introduisit la culture allemande en Suède et secoua le joug danois.

Knutange (57240), comm. de la Moselle (arr. de Thionville-Ouest) ; 4 433 h. Métallurgie.

koala [kɔala] n. m. (mot angl. d'orig. australienne). Mammifère grimpeur de l'ordre des marsupiaux, vivant en Australie. (Long. 80 cm.)

Aleksis Kivi monument à Helsinki

Kleist : « le Prince de Hombourg » interprété par Gérard Philipe

koala

Phot. Association du tourisme finlandais, Giraudon, X, Agnès Varda, Australian Office.

kob n. m. V. COB.

Kōbe, v. du Japon (Honshū) ; 1 151 000 h. Grand centre industriel (sidérurgie, chantiers navals).

kobold [kɔbɔlt] n. m. En Allemagne, lutin, esprit familier, souvent considéré comme gardien des métaux précieux de la terre.

Koch (Robert), médecin allemand, né à Clausthal (Hanovre) [1843-1910]. Il découvrit le bacille tuberculeux en 1882, ainsi que le bacille virgule, agent du choléra, et prépara la tuberculine. (Prix Nobel de médecine, 1905.)

Koch [kɔk] (*bacille de*), nom donné au bacille de la tuberculose.

Kochanowski (Jan), poète polonais, né à Sycyna (1530-1584). Traducteur des Psaumes, auteur d'épigrammes en latin et d'un pamphlet (*Gallo crocitanti*), riposte à l'*Adieu à la Pologne* de Desportes, il est avec son recueil d'élégies (*Thrènes*), inspirées par la mort de sa fille, le véritable créateur de la poésie lyrique dans son pays.

Köchel (baron Ludwig VON), musicographe autrichien, né à Stein (Basse-Autriche) [1800-1877]. Il a établi un catalogue chronologique et thématique de l'œuvre de Mozart, auquel on se réfère par les lettres K. V. ou K. (*Chronologisch-Thematisches Verzeichnis sämmtlicher Tonwerke W. A. Mozarts,* 1862).

Kocher (Theodor Emil), chirurgien suisse, né à Berne (1841-1917). Il montra le rôle que joue l'iode dans le fonctionnement du corps thyroïde et créa la chirurgie des goitres. On lui doit également les pinces hémostatiques à griffes, dites « pinces de Kocher » et une méthode de réduction des luxations de l'épaule. (Prix Nobel de médecine, 1909.)

Kōchi, v. du Japon (Shikoku) ; 205 000 h.

Kock (Paul DE), écrivain français, né à Passy (1793-1871). Il se fit dans ses vaudevilles et ses romans le peintre grivois et moqueur des milieux bourgeois (*la Pucelle de Belleville,* 1834).

Kodály (Zoltán), compositeur hongrois, né à Kecskemét (1882-1967), auteur d'œuvres symphoniques et chorales. Il a étudié scientifiquement le folklore de son pays et en a fait profiter sa production. Parmi ses nombreuses partitions, citons le *Te Deum,* le *Psalmus hungaricus,* les *Danses de Galánta,* une sonate pour violoncelle seul.

Kodok. V. FACHODA.

Kœchlin (Charles), compositeur et théoricien français, né à Paris (1867-1950), auteur d'un *Traité d'orchestration,* de nombreuses œuvres symphoniques (*le Livre de la jungle, la Cité nouvelle, le Docteur Fabricius*), d'œuvres chorales (*Symphonie d'hymnes*) et de musique de chambre.

Koekelberg, comm. de Belgique (Brabant) ; 17 400 h. Industries chimiques. Cuirs.

Kœnig (Marie Pierre), général français, né à Caen (1898-1970). Rallié à de Gaulle en 1940, il commande en 1942 les Forces françaises engagées en Libye et est vainqueur à Bir Hakeim. En 1944, il est mis à la tête des Forces françaises de l'Intérieur et devient gouverneur de Paris (1945-1949). Député en 1951 et en 1956, il est ministre de la Défense en 1954-1955.

Kœnigs (Gabriel), mathématicien français, né à Toulouse (1858-1931). On lui doit surtout la création d'un laboratoire de mécanique qui l'amena à s'occuper spécialement de la thermodynamique, des moteurs et de l'organisation scientifique des méthodes d'essai.

Koenigsmarck. V. KÖNIGSMARCK.

Koersel. V. COURSEL.

Koestler (Arthur), écrivain anglais d'origine hongroise, né à Budapest en 1905. Ses romans peignent l'individu aux prises avec les conceptions politiques du monde moderne (*le Zéro et l'infini,* 1945).

Koffka (Kurt), psychologue américain, né à Berlin (1886-1941), l'un des fondateurs du gestaltisme avec Wertheimer et Köhler.

Kōfu, v. du Japon (Honshū) ; 217 000 h. Textiles. Verrerie.

Köhler (Wolfgang), psychologue américain d'origine allemande, né à Revel' (auj. Tallin) [1887-1967], fondateur du gestaltisme, avec Koffka et Wertheimer (Institut de psychologie de Berlin). Ses travaux ont porté notamment sur l'apprentissage animal.

Kohlrausch (Rudolf), physicien allemand, né à Göttingen (1809-1858). Il mesura avec Weber le rapport des unités électrostatiques et électromagnétiques (1832), et définit la résistivité (1848). — Son fils FRIEDRICH, né à Rinteln (1840-1910), établit la conductivité des électrolytes et mesura les mobilités des ions (1874).

kohol [kɔɔl], **koheul** ou **khôl** n. m. (arabe *kohl,* collyre d'antimoine). Substance noirâtre et parfumée dont les Orientaux frottent leurs sourcils et leurs paupières.

Kokand, anc. **Khokand,** v. de l'U. R. S. S. (Ouzbékistan) ; 133 000 h. Textiles. Constructions mécaniques.

Ko-kieou, v. de Chine (Yun-nam) ; 159 700 h.

Kokoschka (Oskar), peintre d'origine autrichienne, né à Pöchlarn en 1886, un des plus importants représentants de l'école expressionniste allemande. Il a peint des portraits d'une grande violence et des compositions d'un lyrisme exacerbé. Il se réfugia à Londres en 1938 et se fit naturaliser britannique. (V. illustr. EXPRESSIONNISME.)

Kokura, partie de Kita kyū shū*.

kola [kɔla] ou **kolatier** [-tje] n. m. V. COLA.

Kola (*presqu'île de*), péninsule de l'U. R. S. S., au nord de la Carélie. Fer. Phosphates.

Kolār Gold Fields, v. de l'Inde (Karnātaka), dans le Deccan ; 167 600 h. *Mines d'or.*

Kolarovgrad. V. ŠUMEN.

Kolhāpur, v. de l'Inde (Mahārāshtra) ; 245 200 h.

kolinski [kɔlɛ̃ski] n. m. Fourrure de putois ou de loutre de Sibérie.

kolkhoz [kɔlkoz] ou **kolkhoze** n. m. (mot russe). En U. R. S. S., coopérative agricole de production, qui a la jouissance perpétuelle de la terre qu'elle occupe et la propriété collective des moyens de production.

kolkhozien, enne n. et adj. Habitant d'un kolkhoz.

Kollár (Jan), poète slovaque de langue tchèque, né à Mošovce (1793-1852). Il recueillit et publia les chants populaires slovaques, et fit l'apologie du panslavisme (*la Fille de Slava,* 1824-1852).

Kolomna, v. de l'U. R. S. S. (R. S. F. S. de Russie), sur la Moskova ; 131 000 h. Locomotives.

Koltchak (Aleksandr Vassilievitch), amiral russe (1874-1920). Il s'opposa à la révolution en 1917 et fut l'un des chefs des armées blanches en Sibérie, où il fut fusillé par les bolcheviks.

Kolwezi, v. du Zaïre, dans le Shaba (Katanga) ; 45 300 h. Centre minier.

Koch

général Koniev (à droite) en 1943 ▲ ▼ Raymond Kopa

Kolyma (la), fl. sibérien de l'U. R. S. S., tributaire de l'océan Arctique ; 2 600 km.

Komintern (abrév. de KOMmounistitcheski INTERNacional, Internationale communiste), nom donné par les communistes russes à la IIIe Internationale. Dissous en 1943, cet organisme fut remplacé en 1947 par le *Kominform,* dissous à son tour en 1956.

Komis. V. ZYRIANES.

Kommounarsk, anc. **Vorochilovsk,** v. de l'U. R. S. S. (Ukraine), dans le Donbass ; 123 000 h. Métallurgie.

Komotini. V. COMOTINI.

Kompong Cham, v. du Cambodge, sur le Mékong ; 31 000 h. Textiles. Pneumatiques.

Kompong Som. V. SIHANOUKVILLE.

Komsomolsk-sur-l'Amour, v. de l'U. R. S. S. (R. S. F. S. de Russie), en Extrême-Orient, sur l'*Amour ;* 218 000 h. Sidérurgie. Métallurgie.

Konakry. V. CONAKRY.

Kongos, ethnie africaine, appelée également *Bakongos**.

Koniev (Ivan), maréchal soviétique, né à Lodeïno (1897-1973). Il se distingua devant Moscou en 1941 et à Kharkov en 1943. A la tête d'un groupe d'armées, il conquit la Silésie et libéra Prague. Ministre adjoint de la Défense (1950-1955), il commanda les forces du pacte de Varsovie (1956-1960).

Königsberg. V. KALININGRAD.

Königshütte, nom allem. de **Chorzów.**

Königsmarck (Hans Christoffer, *comte* VON), général suédois d'origine allemande, né à Kötzlin (1600-1663). — Sa petite nièce AURORA, née à Stade (1662-1728), fut la favorite d'Auguste II de Pologne, dont elle eut un fils, Maurice de Saxe. — FILIP CHRISTOPH, né à Stade (1665-1694), frère de la précédente, soupçonné d'avoir séduit Sophie Dorothée, femme de George de Hanovre, fut assassiné.

Köniz, v. de Suisse (Berne) ; 30 200 h.

Konkouré (le), riv. de la Guinée. Installation hydroélectrique projetée.

Konoe ou **Konoye** (Fuminaro, *prince*), homme d'Etat japonais, né à Tōkyō (1891-1945), chef du gouvernement de 1937 à 1939 et de 1940 à 1941. Il se donna la mort après la défaite nippone.

Konstantinovka, v. de l'U. R. S. S. (Ukraine) ; 106 000 h. Métallurgie.

Konya, v. de Turquie ; 122 700 h.

konzern [kɔntsɛrn] n. m. (mot allem.). Entente formée par plusieurs entreprises économiques, plus étroite que le cartel, mais sans constituer une fusion complète.

Kopa (Raymond KOPASZEWSKI, dit **Raymond**), footballeur français, né à Nœux-les-Mines en 1931. Plusieurs fois champion de France (avec Reims) et vainqueur de la coupe d'Europe des Clubs (avec le Real Madrid), quarante-cinq fois international, Kopa, au poste d'avant-centre en retrait, a été le meilleur joueur français après 1945. Il a largement compensé un gabarit modeste par un art exceptionnel du dribble.

kopeck [kɔpɛk] n. m. Unité monétaire divisionnaire de l'U. R. S. S., valant 1/100 de rouble. ‖ Anc. unité monétaire principale de la Russie.

Kopeïsk, v. de l'U. R. S. S. (R. S. F. S. de Russie), à l'est de l'Oural ; 157 000 h. Lignite.

koppa [kɔpa] n. m. Anc. lettre de l'alphabet grec, conservée comme signe de numération valant 90.

Köprülü, famille d'origine albanaise, dont cinq membres furent, de 1656 à 1710, vizirs de l'Empire ottoman.

Koraïchites. V. QURAYCHITES.

Korčula ou **Kortchula,** en ital. **Curzola,** île yougoslave de l'Adriatique.

Korda (*sir* Alexander), metteur en scène de cinéma anglais d'origine hongroise, né à Pusztaturpaszto, près de Túrkeve (1893-1956). Il est l'auteur de : *Marius* (1931), *la Vie privée de Henri VIII* (1933), *Rembrandt* (1937).

Kordofan, région du Soudan, à l'ouest du Nil Blanc.

korê [kɔrɛ] ou **corê** n. f. Statue de l'art grec ancien, représentant une jeune fille.

Kōriyama, v. du Japon (Honshū) ; 240 000 h.

Körner (Karl Theodor), poète allemand, né à Dresde (1791-1813). Auteur de pièces à succès qui firent de lui le poète officiel du Burgtheater de Vienne, il participa au soulèvement national de 1813 (*Lyre et épée,* 1814) et fut tué au combat.

Kornilov (Lavr Gheorgievitch), général russe, né à Oust-Kamenogorsk (1870-1918). Nommé généralissime de l'armée russe par Kerenski (août 1917), il tenta de marcher sur Petrograd, mais fut arrêté. Libéré, il reprit la lutte avec les armées blanches, mais fut tué au combat.

Korolenko (Vladimir Galaktionovitch), écrivain russe, né à Jitomir (1853-1921). Auteur de récits qui décrivent la vie des petites gens de province, il a évoqué dans son autobiographie (*Histoire de mon contemporain,* 1906-1922) l'aventure de l'« intelligentsia » russe.

korrigan [kɔrigɑ̃], **e** [-an] n. En Bretagne, esprit malfaisant, nain ou fée.

Kortrijk, nom flam. de **Courtrai.**

Phot. X, A. P. N., Presse-Sports.

Kosciusko (*mont*), point culminant de l'Australie, dans la Cordillère australienne ; 2 228 m.

Kościuszko (Tadeusz), patriote polonais, né à Mereczowszczyźna (Lituanie) [1746-1817]. Engagé volontaire dans la guerre d'indépendance américaine, il rejoignit en 1783 les rangs des révolutionnaires en Pologne et devint le chef de la résistance contre la Russie. Après le second partage de la Pologne, il souleva Cracovie (1794) et chassa les Prussiens de Varsovie. Mais, battu par les forces russo-prussiennes à Maciejowice (10 oct. 1794), il fut gardé prisonnier jusqu'en 1796. Il se fixa alors à Paris. Il intervint en faveur de la Pologne au congrès de Vienne (1815).

Košice ou **Koshice,** en hongr. **Kassa,** en allem. **Kaschau,** v. de Tchécoslovaquie (Slovaquie) ; 142 200 h. Belle cathédrale. Sidérurgie.

Kosovo polje, plaine de Yougoslavie où, en 1389, se déroula la bataille de Kosovo, qui mit fin à l'indépendance de la Serbie. — La région de *Kosovo-Metohija,* ou *Kosmet,* territoire autonome de la Yougoslavie, a 1 089 000 h. Cap. *Priština* ou *Prishtina.*

Kossel (Albrecht), biochimiste allemand, né à Rostock (1853-1927), auteur de travaux sur la formation de l'urée. (Prix Nobel, 1910.)

Kossuth (Lajos), homme politique hongrois, né à Monok (comitat de Zemplén) [1802-1894]. Avocat, fondateur en 1841 de la gazette de Pest (*Pesti Hirlap*), premier journal rédigé en magyar, il fut élu député du comitat de Pest (1847). Il fut l'un des chefs du mouvement nationaliste magyar qui voulait l'indépendance à l'égard de l'Autriche et la domination des Magyars sur les minorités slave et roumaine. Il joua un rôle prépondérant lors de la révolution de 1848 ; ministre des Finances dans le cabinet Batthyány (mars), puis président du Comité de défense (oct.), il fut, en fait, le maître de la Hongrie. Après les premières victoires hongroises contre les Autrichiens, qui avaient envahi la Hongrie (déc.), il fit voter la déchéance des Habsbourg et l'indépendance (1849). L'intervention russe et la capitulation hongroise à Világos l'obligèrent à fuir en Turquie, d'où il gagna Londres (1851), puis Turin.

Kossyguine (Alekseï Nikolaïevitch), homme politique soviétique, né à Saint-Pétersbourg en 1904. Premier vice-président du Conseil des ministres de l'U. R. S. S. à partir de 1960, il a remplacé Khrouchtchev à la tête de ce conseil en 1964.

Kostroma, v. de l'U. R. S. S. (R. S. F. S. de Russie), sur la Volga ; 205 000 h. Textiles.

Koszalin, v. de Pologne (Poméranie) ; 64 400 h. Industries alimentaires.

Kotah, v. de l'Inde (Rājasthān) ; 205 400 h.

Kota Kinabalu, anc. **Jesselton,** v. de Malaysia, cap. du Sabah ; 41 800 h.

Kotas, ethnie dravidienne du sud de l'Inde.

Kotka, port de Finlande, à l'ouest de Vyborg ; 32 600 h.

Kotlas, v. de l'U. R. S. S. (R. S. F. S. de Russie), au nord-ouest de Kirov ; 37 000 h. Industries du bois.

Kotor, en ital. **Cattaro,** port de Yougoslavie (Monténégro), sur l'Adriatique, dans le golfe des *bouches de Kotor ;* 7 500 h.

Kotzebue (August VON), écrivain allemand, né à Weimar (1761-1819). Il vécut longtemps en Russie et se signala par son hostilité à la politique napoléonienne. Les activités d'espionnage auxquelles il se livra contre la France d'abord, puis contre la jeunesse libérale, lui valurent d'être assassiné par un étudiant allemand. Il a laissé deux cent seize drames et comédies nourris du sentimentalisme et de l'esprit bourgeois de la fin du XVIIIe s. (*Misanthropie et repentir*, 1789). — Son fils OTTO, né à Revel' (auj. Tallin) [1787-1846], explora la Polynésie et l'Arctique.

Kouang-si, région autonome de la Chine méridionale ; 19 390 000 h. Cap. *Nan-ning.* Situé au nord-est du Viêt-nam du Nord, le Kouang-si est une région de collines, correspondant approximativement aux bassins supérieur et moyen du Si-kiang. L'Est est la partie la plus riche, qui porte notamment des cultures de riz et de canne à sucre, ainsi que des plantations de théiers.

Kouang-tcheou, nom chinois de **Canton***.

Kouang-tcheou-wan, territoire de Chine (Kouang-tong), cédé à bail à la France et restitué à la Chine en 1943.

Kouang-tong, prov. de la Chine du Sud, sur la mer de Chine méridionale ; 37 960 000 h. Cap. *Canton.* C'est une région de collines s'élevant au-dessus d'une plaine côtière élargie par le delta du Si-kiang, sur lequel s'est établi Canton. La pêche et le cabotage animent la côte. La province (qui englobe l'île de Hai-nan) porte de riches cultures (riz, canne à sucre, café, plantations de théiers et de mûriers), favorisées par le climat tropical humide.

Kouan-tong, presqu'île au sud de la Mandchourie, cédée à bail à la Russie, puis au Japon (1905-1945) [à l'U. R. S. S. de 1945 à 1954] ; le ch.-l. était *Dairen* (Dalny), auj. dans le Leao-ning.

Kouban' (le), fl. de l'U. R. S. S., tributaire de la mer d'Azov ; 900 km. C'est l'*Hypanis* des Anciens. Les Allemands y formèrent une tête de pont qui résista à l'armée rouge en 1943.

koubba [kuba] n. f. (arabe *qubba*). En Afrique du Nord, monument élevé en souvenir d'un personnage vénéré.

Kościuszko

Kossuth

Koutouzov

Koubilaï. V. KŪBĪLAY.

Kouei-lin, v. de Chine (Kouang-si) ; 145 000 h.

Kouei-tcheou, prov. de la Chine méridionale ; 16 890 000 h. Cap. *Kouei-yang.* Situé à l'est du Yun-nan, le Kouei-tcheou est une région de moyennes montagnes, dont l'altitude est de l'ordre de 1 000 m et qui est à prépondérance rurale (cultures du riz, du maïs et de la patate douce ; élevage bovin).

Kouei-yang, v. de Chine, cap. du Kouei-tcheou ; 504 000 h.

Kouen-louen, chaîne de montagnes de Chine, séparant le plateau tibétain du Sin-kiang.

Kouen-ming ou **Kunming,** anc. **Yun-nan-fou,** v. de Chine, cap. du Yun-nan ; 880 000 h. Fonderie de cuivre. La ville fut pendant la Seconde Guerre mondiale le point de départ de la route de Birmanie.

kouffa n. m. V. COUFFA.

Koufra, groupe d'oasis de Libye, s'étendant sur 20 000 km². Ce groupe d'oasis fut conquis en février 1941 par les forces libres de Leclerc.

kouglof [kuglɔf] n. m. (mot alsacien ; de l'allem. *Kugel,* boule). Sorte de gâteau alsacien fait d'une pâte levée, en forme de couronne. (On écrit aussi GOUGELHOF.)

Kouïbychev, anc. **Samara,** v. de l'U. R. S. S. (R. S. F. S. de Russie), sur la Volga ; 1 047 000 h. Port fluvial. Centrale hydro-électrique. Métallurgie. Raffinage du pétrole et industries chimiques.

Kou K'ai-tche, peintre chinois (344-406).

Koukou-nor ou **Ts'ing-hai,** lac de Chine, au nord-est du Tibet, à 3 070 m d'altitude.

koulak [kulak] n. m. En U. R. S. S., avant la collectivisation des terres, paysan riche.

Kouldja, en chin. **Yi-ning,** v. de Chine (Sin-kiang) ; 108 000 h.

Koumassi ou **Kumasi,** v. du Ghāna, anc. cap. des Achantis ; 230 500 h. Constructions mécaniques (tracteurs).

koumys, koumis ou **koumiss** [kumis] n. m. Lait fermenté, originaire de l'Asie centrale, fabriqué à partir du lait de jument. (La fermentation est obtenue entre 30 et 37 °C par l'action de levures [*Torula*] et d'un bacille lactique thermophile [*Bacterium bulgaricum*]. Le koumys peut contenir de 1 à 3 p. 100 d'alcool.)

Kouo-min-tang (« parti national du Peuple »), parti chinois fondé par Sun* Yat-sen en 1911. Il gouverna le pays jusqu'à sa dissolution par Yuan* Che-k'ai (1913). Il fut réorganisé en 1923. A la mort de Sun Yat-sen (1925), l'aile modérée passa sous la direction de Chang Kaï-chek.

Kouo Mo-jo, écrivain et homme politique chinois, né dans le Sseu-tch'ouan en 1892, auteur de poèmes, de récits autobiographiques, de travaux historiques.

Koura (la), fl. de l'U. R. S. S., tributaire de la Caspienne ; 1 515 km.

Kourgan, v. de l'U. R. S. S. (R. S. F. S. de Russie), en Sibérie occidentale, sur le Tobol' ; 244 000 h.

Kouriles, archipel soviétique d'Asie, longue chaîne d'îles, du Kamtchatka à l'île d'Hokkaidō. Pêcheries et conserveries.

Kouropatkine (Alekseï Nikolaïevitch), général russe (1848-1925). Commandant en chef en Mandchourie pendant la guerre russo-japonaise, il fut battu à Moukden en 1905.

Kouro-shivo. V. KURO-SHIO.

Kourou (le), fl. de la Guyane française, au nord-ouest de Cayenne. Près de son embouchure, base de lancement de satellites artificiels et de missiles.

Koursk, v. de l'U. R. S. S. (R. S. F. S. de Russie), au nord de Kharkov ; 284 000 h. Important gisement de fer. Elle fut l'objet de violents combats en 1943.

Koustanaï, v. de l'U. R. S. S. (Kazakhstan) ; 123 000 h.

Koutaïssi, v. de l'U. R. S. S. (Géorgie), sur le Rion ; 161 000 h. Automobiles. Textiles.

Koutouzov ou **Koutousov** (Mikhaïl Illarionovitch), prince DE SMOLENSK, feld-maréchal russe, né à Saint-Pétersbourg (1745-1813). Il fit les campagnes de Pologne, de Turquie et de Crimée, fut vaincu à Austerlitz et commanda l'armée russe pendant la campagne de Russie.

Kouzbass, anc. **Kouznetsk,** important bassin houiller de l'U. R. S. S., dans le sud-est de la Sibérie occidentale. La houille est à l'origine du développement de l'industrie lourde (représentée à Novo-Kouznetsk, Prokopievsk, Leninsk-Koutznetski, Kemerovo, etc.), faisant de la région la troisième base métallurgique de l'U. R. S. S. (après le Donbass et l'Oural).

Kovalevskaïa (Sofia), mathématicienne russe, née à Moscou (1850-1891). Elle étudia particulièrement les équations aux dérivées partielles, ainsi que la théorie de l'anneau de Saturne, surtout la stabilité de cet anneau.

Kovno. V. KAUNAS.

Kovrov, v. de l'U. R. S. S. (R. S. F. S. de Russie), au nord-est de Moscou ; 123 000 h. Métallurgie.

Koweït ou **Kuwait,** Etat de l'Arabie, sur la côte nord-ouest du golfe Persique ; 570 000 h. Cap. *Koweït* (295 000 h.). Plaine désertique traditionnellement consacrée à un élevage nomade et à la pêche sur le littoral, le

le port de Koweït

Phot. Arch. phot., Hunting Aerosurveys, Londres, Schemboche, Lauros-Giraudon.

Koweït : derrick à Burgan

Koweït a vu son économie transformée par l'exploitation de très riches gisements de pétrole. L'Etat est le sixième producteur mondial de pétrole (le troisième du Moyen-Orient, après l'Arabie Saoudite et l'Iran), avec 138 Mt en 1973. La plus grande partie de ce pétrole est exportée à l'état brut par Mīnā' al-Aḥmadī (le reste est raffiné à Mīnā al-Aḥmadī et à Mina Abdullah). La production et la commercialisation (dirigée essentiellement vers l'Europe occidentale et le Japon) sont de plus en plus largement sous le contrôle de l'Etat.
● *Histoire.* La ville de Koweït, fondée au XVIIe s., fut au XVIIIe s. une importante escale entre la Méditerranée et l'Orient. Protectorat britannique à partir de 1914, Koweït devint indépendant en 1961. L'Iraq, qui avait alors manifesté des prétentions sur le nouvel Etat, reconnut son existence en 1963. Le plus méridional des territoires neutres a été partagé entre le Koweït et l'Arabie Saoudite en 1964. Au cheikh Abdullah al-Sālim al-Ṣabbāḥ, mort en 1965, a succédé son fils Ṣālah al-Sālim al-Ṣabbāḥ. Depuis 1969, le Koweït soutient financièrement l'effort de guerre arabe contre Israël.

Kowloon, v. et territoire situés en face de Hongkong, cédés aux Anglais par la Chine en 1861 ; 1 475 500 h.

Kozhicode ou **Kozhikode.** V. CALICUT.

Kr, symbole chimique du *krypton.*

Kra, isthme qui unit la presqu'île de Malacca au continent.

Kraainem. V. CRAINHEM.

krach [krak] n. m. (mot allem. signif. *craquement*). Débâcle financière.

Krafft ou **Kraft** (Adam), sculpteur allemand, né à Nuremberg (v. 1460-1508 ou 1509). Il fut le dernier représentant du gothique à Nuremberg (chemin de croix du cimetière Saint-Jean, musée de Nuremberg).

kraft [kraft] n. m. (mot allem.). Papier d'emballage foncé, très résistant. ● *Pâte kraft,* pâte à papier obtenue par le procédé au sulfate.

Kragujevac, v. de Yougoslavie (Serbie) ; 52 800 h. Automobiles.

Kraichgau (le), région de l'Allemagne occidentale, entre l'Odenwald et la Forêt-Noire.

krak [krak] n. m. (de l'arabe *karāk,* château fort). Ensemble fortifié construit par les croisés. (Il en existe en Palestine et en Syrie : *krak des Chevaliers; krak de Montréal; krak de Moab.*) [On écrit aussi CRAC.]

Krakatọa ou **Krakatau** (*île*), île de l'Indonésie, partiellement détruite en 1883 par l'explosion de son volcan, le *Perbuatan.*

Kraków, nom polonais de **Cracovie.**

Kramatorsk, v. de l'U. R. S. S. (Ukraine), dans le Donbass ; 151 000 h. Sidérurgie et constructions mécaniques.

Krasicki (Ignacy), prélat et écrivain polonais, né à Dubiecko (1735-1801). Prince-évêque de Warmja (1766-1772), il devint archevêque de Gniezno en 1795. Esprit souple et curieux, il est, par ses poèmes héroï-comiques (*la Guerre des moines,* 1778), son épopée (*la Campagne de Chocim,* 1780), ses romans (*Pan Podstoli,* 1778), ses *Fables et Apologues* (1779), le meilleur représentant en Pologne du « siècle des Lumières ».

Krasiński (Zygmunt, *comte*), poète polonais, né à Paris (1812-1859). Il rêva toute sa vie, qu'il passa en Italie et en France, à la libération de sa patrie. Il ne voulut pas signer ses poèmes dramatiques (*la Non Divine Comédie,* 1835) et lyriques (*Psaumes de l'avenir,* 1845) d'un nom que son père, général dans l'armée russe, avait rendu odieux aux Polonais et se rendit célèbre comme le *Poète anonyme de la Pologne.*

Krasnodar, anc. **Iekaterinodar,** v. de l'U. R. S. S. (R. S. F. S. de Russie), au nord du Caucase ; 465 000 h. Industries alimentaires. Raffinage du pétrole.

Krasnoïarsk, v. de l'U. R. S. S. (R. S. F. S. de Russie), sur l'Ienisseï ; 648 000 h. Grande centrale hydro-électrique. Métallurgie. Aluminium. Raffinage du pétrole. Industries du bois.

Krasnokamsk, v. de l'U. R. S. S. (R. S. F. S. de Russie), à l'ouest de l'Oural ; 54 000 h. Papeterie.

Krasny, anc. **Krasnoïe Selo,** v. de l'U. R. S. S. (R. S. F. S. de Russie) ; 14 100 h. — A l'E., château de Ropcha, résidence de la tsarine Elisabeth.

Krauss (Werner), acteur allemand, né à Gestungshausen (Bavière) [1884-1951]. Il fut l'un des grands interprètes de cinéma expressionniste allemand : *le Cabinet du Dr Caligari* (1919), *les Frères Karamazov* (1921), *Tartuffe* (1925), *la Rue sans joie* (1925), *l'Etudiant de Prague* (1926), *le Juif Süss* (1940).

Krefeld, v. de l'Allemagne occidentale (Rhénanie-du-Nord-Westphalie), sur le Rhin ; 228 700 h. Textiles (velours et soieries). Métallurgie.

Krementchoug, v. de l'U. R. S. S. (Ukraine), sur le Dniepr ; 148 000 h. Port fluvial. Centrale hydro-électrique. Industries alimentaires.

Kremikovci, nouveau centre sidérurgique de Bulgarie, près de Sofia.

Kremlin (le), quartier central et forteresse de Moscou, dominant la rive gauche de la Moskova et entouré d'une enceinte de 2,25 km. A l'intérieur se trouvent de nombreux monuments, dont les principaux furent construits sous le règne d'Ivan III (1462-1505) : églises de la Dormition, de l'Archange Michel et de l'Annonciation, de style byzantin ; palais à Facettes italianisant. Nicolas Ier fit bâtir le Grand Palais au XIXe s.

Kremlin-Bicêtre (LE) [94270], ch.-l. de c. du Val-de-Marne, au sud de Paris ; 21 270 h. Sur le territoire de cette commune un C. H. U. est en construction, en grande partie sur les terrains de l'ancien hospice de vieillards.

Kretschmer (Ernst), psychiatre allemand, né à Wüstenrot (Wurtemberg) [1888-1964]. Il est l'auteur d'une typologie.

Kreutzberg (Harald), danseur, chorégraphe et pédagogue allemand, né à Reichenberg (auj. Liberec) [Tchécoslovaquie] (1902-1968). Elève de R. von Laban, disciple de Mary Wigman, il fut l'un des meilleurs représentants de la danse expressionniste allemande. Depuis 1955, il dirigeait une école à Berne.

Kreutzer (Rodolphe), violoniste et compositeur français, né à Versailles (1766-1831). Professeur au Conservatoire, il a été un des chefs de l'école française de violon. Beethoven lui dédia sa sonate en *la.* On lui doit quarante études pour violon.

kreuzer [krɔjtsœr] n. m. (de l'allem. *Kreuz,* croix). Anc. monnaie divisionnaire de l'Autriche-Hongrie.

Kreuzlingen, comm. de Suisse (Thurgovie), sur le lac de Constance ; 14 500 h. Aluminium.

Krieger ou **Kriger** (Victorina), danseuse soviétique, née à Moscou en 1896, fondatrice du Théâtre d'art du ballet à Moscou en 1929, devenu par la suite le Ballet du théâtre lyrique Stanislavski et Nemirovitch-Dantchenko.

Krieghoff (Cornelius), peintre allemand, né à Düsseldorf (1812-1872), auteur de nombreux portraits et de paysages canadiens. Il était aussi musicien.

Kriens, comm. de Suisse (Lucerne) ; 16 800 h.

Krishna ou **Krichna** (« le Noir »), incarnation du dieu indien Vishnu.

Krivoï-Rog, v. de l'U. R. S. S. (Ukraine), sur l'Ingoulet ; 573 000 h. Importantes mines de fer. Sidérurgie et métallurgie. Les Allemands s'y retranchèrent et y résistèrent cinq mois aux attaques soviétiques en 1943-1944.

Krleža (Miroslav), écrivain yougoslave, né à Zagreb en 1893. Ses poèmes, ses drames (*les Glembajevi,* 1929) et ses récits (*le Retour de Filip Latinović,* 1932) composent une protestation passionnée contre l'absurdité du monde moderne.

Kroeber (Alfred Louis), ethnologue américain, né à Hoboken (New Jersey) [1876-1960]. Auteur de travaux sur l'Amérique, il a développé une conception de l'ethnologie fondée sur les rapports interpersonnels.

Krogh (August), physiologiste danois, né à Grenå (1874-1949). Il étudia les échanges respiratoires et le rôle des capillaires dans la circulation. (Prix Nobel de physiologie et de médecine, 1920.)

Królewska-Huta. V. CHORZÓW.

Kronchtadt ou **Kronstadt,** île et base navale de l'U. R. S. S., dans le golfe de Finlande, à l'ouest de Leningrad. Monuments du XVIIIe s. Mutineries de marins en 1905 et 1921.

Kronos. V. CRONOS.

kronprinz [krɔnprints] n. m. (mot allem.). Titre que portait, en Allemagne et en Autriche, l'héritier de la couronne impériale ou royale.

Kropotkine (Piotr Alekseïevitch, *prince*), révolutionnaire russe, né à Moscou (1842-1921). Théoricien de l'anarchie (*Paroles d'un révolté,* 1885 ; *la Conquête du pain,* 1888), il se réfugia en France, puis en Angleterre.

kroumir [krumir] n. m. Chausson en basane que l'on porte dans des sabots.

Kroumirie, région des confins algéro-tunisiens. (Hab. *Kroumirs.*)

Krous, peuple de la Côte-d'Ivoire.

Krüdener (Barbara Juliane DE VIETINGHOFF, *baronne* DE), femme de lettres russe, née à Riga (1764-1824). Auteur d'un roman autobiographique (*Valérie,* 1803), elle se convertit au contact des Frères moraves et exerça une influence considérable sur le tsar Alexandre Ier.

Kruger (Paul), homme politique sud-africain, né à Vaalbank, près de Colesberg (colonie du Cap) [1825-1904]. Opposé à l'annexion du Transvaal par la Grande-Bretagne (1877), il prit la tête d'un parti patriote qui organisa l'insurrection des Boers (1880) et obtint la création de la république du Transvaal (1881), qu'il présida (1883, 1888, 1893, 1898), se refusant à toute collaboration avec les Britanniques.

Kruger

le **krak** des Chevaliers, en Syrie

Phot. Fox Photos Ltd, Roger-Viollet, Paul Boyer.

Krugersdorp, v. de l'Afrique du Sud (Transvaal); 100 500 h. Or.

Krupp, famille d'industriels allemands. ALFRED, né à Essen (1812-1887), fut le premier, après avoir mis au point un nouveau type d'acier fondu, à couler en une seule pièce un tube de canon lourd (1847). A sa mort, il laissa l'une des plus puissantes entreprises industrielles de l'époque, employant plus de 20 000 ouvriers. — Son fils, FRIEDRICH ALFRED, né à Essen (1854-1902), acquit les gigantesques chantiers navals « Germania Werft » de Tegel (1902) et doubla le capital légué par son père, employant à sa mort 43 000 ouvriers. — La fille du précédent, BERTHA, née à Essen (1886-1957), prit la succession de l'entreprise et épousa en 1906 GUSTAV, baron **von Bohlen und Halbach,** né à La Haye (1870-1950), qui fut un ferme soutien du régime national-socialiste dès 1933.

Krušné Hory. V. ERZGEBIRGE.

Krylov (Ivan Andreïevitch), écrivain russe, né à Moscou (1769-1844). Il doit sa célébrité aux trois cents fables qu'il publia de 1809 à 1843 et dont beaucoup sont imitées de La Fontaine. Ces fables ont fourni de nombreux proverbes à la sagesse populaire russe.

krypton [kriptɔ̃] n. m. (du gr. *kruptos,* caché). Un des gaz rares (Kr) qui existent dans l'atmosphère. (Numéro atomique 36.) [Peu conducteur de la chaleur, le krypton est employé dans certaines lampes électriques à incandescence.]

ksar [ksar] n. m. (arabe *qṣar*). Village fortifié des oasis sahariennes. ‖ Pl. des *ksour.*

Ksar el-Kébir, en esp. **Alcazarquivir,** v. du Maroc septentrional; 36 000 h.

Kshatriya, mot sanskrit désignant les membres de la caste noble et guerrière de l'Inde.

Ksour (*mont des*), massif de l'Atlas présaharien (Algérie).

Kuala Lumpur, cap. de la Malaysia et de l'Etat de Selangor; 477 000 h. Centre commercial. Raffinerie de pétrole.

Kūbīlāy ou **Koubilaï** (1214-1294), empereur mongol (1260-1294), petit-fils de Gengis khān. Après avoir établi sa capitale à Pékin, il acheva la conquête de la Chine. Il se montra tolérant à l'égard du bouddhisme et du christianisme.

Kuching, v. de Malaysia, dans l'île de Bornéo, cap. du Sarawak; 54 700 h.

kūfique adj. et n. m. V. COUFIQUE.

Kuhlmann (Frédéric), chimiste et industriel français, né à Colmar (1803-1881). Il entreprit la préparation de l'acide sulfurique par le procédé de contact (1833) et découvrit la possibilité de transformer l'ammoniac en acide nitrique par oxydation catalytique sur le platine (1838).

Kuhn (Richard), chimiste allemand, né à Vienne (1900-1967). Ses recherches sur les vitamines et les caroténoïdes lui ont valu le prix Nobel de chimie pour 1938.

Kuhnau (Johann), compositeur allemand, né à Geising (Saxe) [1660-1722]. Cantor de Saint-Thomas de Leipzig, on lui doit une œuvre abondante pour le clavier, notamment des *Sonates bibliques* pour piano-forte.

Ku Klux Klan, société secrète nord-américaine, créée en 1865 et essentiellement dirigée contre l'intégration des Noirs.

Kulturkampf (« lutte pour la civilisation »), lutte menée par Bismarck contre les catholiques (1871-1878) afin d'affaiblir le parti du centre, accusé de favoriser le particularisme des Etats, celui de la Bavière notamment. Après avoir rompu avec le Vatican (1872), Bismarck fit voter, de 1873 à 1875, les « lois de Mai », qui supprimaient les petits séminaires, expulsaient toutes les congrégations non hospitalières, etc. Mais il dut ensuite transiger. Les « lois de Mai » furent progressivement abandonnées à partir de 1880. Le Kulturkampf n'aboutit finalement qu'à consolider le parti catholique.

Kum. V. QUM.

Kumagaya, v. du Japon (Honshū); 105 000 h.

Kumasi. V. KOUMASSI.

kummel [kymɛl] n. m. (allem. *Kümmel,* cumin). Liqueur alcoolique aromatisée avec du cumin et fabriquée surtout en Allemagne et en Russie.

Kun (Béla), révolutionnaire hongrois, né à Szilágycseh (1886-1937). Il s'empara du pouvoir pendant cent trente-trois jours en 1919, mais fut battu par les Roumains. Réfugié en U. R. S. S., il fut exécuté pour déviationnisme. Il a été réhabilité en 1958.

Kurosawa
une scène de « Rashomon »

Kunckel ou **Kunkel von Löwenstern** (Johann), chimiste allemand, né à Hütten, près de Rendsburg (1638-1703). Il retrouva le procédé de Brand pour préparer le phosphore et découvrit l'ammoniac.

Kundt (August), physicien allemand, né à Schwerin (1839-1894). Il est l'auteur d'une expérience mettant en évidence les ondes stationnaires dans un gaz.

Kunersdorf, auj. **Kunowice,** village de Pologne, à l'est de Francfort-sur-l'Oder. Frédéric II y fut vaincu par les Austro-Russes en 1759.

Kunming. V. KOUEN-MING.

Kuopio, v. de Finlande; 64 800 h. Scieries.

Kupka (François), peintre tchèque, né à Opočno (1871-1957). Fixé à Paris en 1894, il fit partie du groupe de la « Section d'or » avec Jacques Villon et fut influencé par les fauves et les cubistes. Il peignit sa première œuvre abstraite en 1911. Une salle lui est consacrée au musée national d'Art moderne.

Kurashiki, v. du Japon (Honshū); 332 000 h. Industries textiles.

kurde [kyrd] n. m. Langue du groupe iranien parlée par les Kurdes.

Kurdistān (le), région de hauts plateaux et de montagnes de l'Asie occidentale, partagée entre la Turquie, l'Iran, l'Iraq et la Syrie, et habitée par plus de 3 millions de *Kurdes.* De 1961 à 1975, les Kurdes ont été en état d'insurrection contre le gouvernement de Bagdad.

Kure, port du Japon (Honshū); 219 000 h. Constructions navales.

Kurichi, v. de l'Inde (Tamilnād); 119 400 h.

Kurnool, v. de l'Inde (Āndhra Pradesh); 114 400 h.

Kuroki (Tamesada, *comte*), général japonais, né à Satsuma (1844-1923). Pendant la guerre russo-japonaise (1904-1905), il gagna la bataille du Yalou et se distingua à Moukden.

Kurosawa (Akira), metteur en scène de cinéma japonais, né à Tōkyō en 1910. Il est l'auteur de : *Rashomon* (1950), *l'Idiot* (1951), *Vivre* (1952), *les Sept Samouraïs* (1954), *le Trône de sang* (ou *Macbeth* ou *le Château de l'araignée,* 1957), *les Bas-Fonds* (1957), *Barberousse* (1965).

une rue de Kyōto

Kuro-shio ou **Kouro-shivo,** courant chaud de l'océan Pacifique, qui baigne la côte orientale du Japon.

Kusch (Polykarp), physicien américain, né à Blankenburg (Allemagne) en 1911. Il reçut le prix Nobel de physique en 1955 pour sa détermination du moment magnétique de l'électron.

Kushiro, v. du Japon (Hokkaidō); 195 000 h. Pêche. Conserveries.

Küsnacht, comm. de Suisse (Zurich); 12 600 h.

Kusser (Johann). V. COUSSER.

Kutchuk-Kaïnardji, auj. **Kainarža,** village de Bulgarie (Dobroudja), où fut signé en 1774 un traité russo-turc donnant à la Russie de grands avantages en mer Noire.

Kuwait. V. KOWEÏT.

Kvarner, en ital. **Quarnero,** golfe de l'Adriatique (Yougoslavie), au fond duquel est situé Rijeka.

Kwangju, v. de la Corée du Sud; 403 700 h.

kwas ou **kvas** [kvas] n. m. Boisson faite avec de l'orge fermentée, en usage dans les pays slaves.

Kyd (Thomas), auteur dramatique anglais, né à Londres (1558-1594). La seule pièce qu'il signa est *Pompée le Grand et Cornélie* (1595), imitée de Robert Garnier. Mais il collabora certainement à d'autres drames, comme la *Tragédie espagnole* (1586) et *le Fratricide puni* (1589), qui font de lui un des initiateurs du théâtre élisabéthain.

kymrique [kimrik] n. m. et adj. Idiome celtique du pays de Galles.

Kyokutei Bakin (Takizawa KAI, dit), écrivain japonais, né à Tōkyō (1767-1848). Rōnin (samouraï sans seigneur), il eut une existence bohème jusqu'à son mariage avec une riche veuve qui lui permit de se consacrer à la littérature. Il connut le succès grâce à d'interminables romans allégoriques (*Histoire des huit chiens de Satomi,* 1814-1841).

Kyöngsong. V. SÉOUL.

Kyōto, v. du Japon, dans le sud de l'île de Honshū, près du lac Biwa; 1 410 000 h. Ancienne résidence impériale, centre artistique et culturel. Kyōto juxtapose aujourd'hui des branches modernes (constructions aéronautiques et électriques, chimie) et des activités plus traditionnelles (porcelaines, soieries, travail de la laque).

kyrie ou **kyrie eleison** [kirjeeleisɔn] n. m. (gr. *Kurie,* seigneur, *eleêson,* aie pitié). *Relig. cath.* Invocation que fait l'officiant au commencement de la messe, après l'introït. ‖ Musique composée sur ces paroles.

kyrielle [kirjɛl] n. f. (de *kyrie*). *Fam.* Longue suite : *une kyrielle d'injures.*

kyste [kist] n. m. (du gr. *kustis,* vessie). Tumeur dont le contenu est liquide ou semi-liquide : *kyste de l'ovaire.* (V. *encycl.*) ‖ *Zool.* Forme de résistance et de dissémination de nombreux protozoaires, à paroi épaisse et protectrice.

— ENCYCL. Il existe de nombreuses variétés de *kystes :* kystes glandulaires, provenant de la dilatation d'un organe glandulaire (kystes sébacés, pancréatiques); kystes formés par une prolifération tumorale (kyste végétant de l'ovaire); kystes congénitaux, dus à l'enclavement d'une portion d'ectoderme dans divers organes.
Ces formations kystiques, de nature bénigne, peuvent provoquer des troubles par compression des organes voisins, par infection ou par torsion; parfois elles sont le siège d'une dégénérescence maligne.

kystique adj. De la nature du kyste : *tumeur kystique.*

Kyū shū ou **Kyūshū,** la plus méridionale des grandes îles du Japon; 12 937 000 h. L'île est formée de moyennes montagnes (l'altitude n'atteint jamais 2 000 m) partiellement volcaniques. La latitude explique le caractère subtropical du climat, aux précipitations abondantes (près de 2 000 mm à Nagasaki), surtout en été, aux hivers doux (6 °C en janvier à Nagasaki) et aux étés chauds (24 °C en juillet). La culture du riz domine dans les vallées et sur les bas versants. La pêche est très active sur un littoral, très découpé. Le sous-sol fournit d'importantes quantités de charbon, qui alimentent des industries implantées principalement à Fukuoka et à Kita kyū shū (sidérurgie), les principales villes de l'île, dont l'importance explique partiellement la très forte densité moyenne de population (plus de 300 h. au kilomètre carré).

Kyzylkoum, désert de l'U. R. S. S. (Kazakhstan et Ouzbékistan).

Kyzyl-Orda, v. de l'U. R. S. S. (Kazakhstan); 123 000 h.

Phot. X, Almasy.

L l

l [ɛl] n. m. Douzième lettre de l'alphabet, et la neuvième des consonnes : *un* L *majuscule ; un* l *minuscule.* (*L* est une consonne liquide.) ‖ **— L,** chiffre romain, vaut *cinquante*. ‖ **— l,** symbole du *litre*.

la [la] art. f. sing. V. LE.

la pr. pers. f. sing. V. LE.

la n. m. inv. *Mus.* Note de musique. ‖ Sixième degré de la gamme de *do*. ‖ Signe qui la représente.

là [la] adv. (lat. *illac*). En cet endroit, en cette situation (par oppos. à l'endroit où l'on est) : *asseyez-vous là.* ‖ En ce temps : *d'ici là.* ‖ Se met à la suite, et avec un trait d'union, des pronoms démonstratifs et des substantifs précédés eux-mêmes de l'adj. dém. CE (*cet, cette, ces*) pour rendre la désignation plus précise : *cet homme-là.* ‖ Se met aussi avant quelques adverbes de lieu : *là-dessus, là-bas,* etc. ‖ — Loc. adv. **De là,** de ce lieu-là. ‖ **Jusque-là,** jusqu'à ce lieu, jusqu'à ce moment-là. ‖ **Par-ci, par-là,** de côté et d'autre ; de temps en temps. ‖ **Par là,** par ce lieu, par ce moyen. ‖ **— Là, là !** loc. interj. Pour apaiser, consoler : *là, là ! rassurez-vous.*

La, symbole chimique du *lanthane*.

Laaland. V. LOLLAND.

labadens [labadɛ̃s] n. m. (du nom d'un personnage de Labiche). *Fam.* Camarade de collège.

Labadie (Jean DE), réformateur et mystique calviniste, né à Bourg (Guyenne) [1610-1674]. Sa doctrine tendait à ramener les Eglises protestantes au christianisme primitif.

Laban (Rudolf VON), chorégraphe et théoricien de la danse autrichien d'origine hongroise, né à Bratislava (1879-1958). Initiateur de la danse expressionniste, il eut d'abord une grande influence en Allemagne et en Suisse (où il fonda plusieurs écoles), puis en Europe centrale et en Angleterre (où il se fixa en 1938). Il a élaboré un système de notation de la danse qu'il a exposé dans ses ouvrages : *Schifttanz : Methodik, Orthographie, Erläuterungen* (1928), *Principles of Dance Movement Notation* (1956).

labanotation n. f. Terme employé depuis 1953 aux Etats-Unis pour désigner le système de notation de la danse élaboré par R. von Laban.

La Barre (Jean François LEFEBVRE, *chevalier* DE), gentilhomme français, né à Abbeville (1747-1766). Accusé d'avoir mutilé un crucifix, il fut décapité, et son corps fut livré aux flammes. Voltaire réclama sa réhabilitation, qui fut décrétée par la Convention.

labarum [labarɔm] n. m. (mot lat. signif. *étendard*). Etendard impérial sur lequel Constantin aurait fait mettre, après sa victoire sur Maxence, une croix et le monogramme du Christ (312).

Labastide-Clairence (64240 Hasparren), ch.-l. de c. des Pyrénées-Atlantiques (arr. de Bayonne) ; 821 h.

Labastide-Murat (46240), ch.-l. de c. du Lot (arr. de Gourdon), sur le causse de Gramat ; 687 h. (437 aggl.). Patrie du maréchal Murat, qui y fit construire le château.

Labat (Jean-Baptiste), dominicain et voyageur français, né à Paris (1663-1738). Missionnaire aux Antilles, il a écrit la relation de ses voyages (*le Nouveau Voyage aux îles de l'Amérique,* 1722).

labdanum [labdanɔm] ou **ladanum** [ladanɔm] n. m. Gomme-résine utilisée en parfumerie.

Labé (Louise), surnommée **la Belle Cordière,** femme poète française, née à Lyon (1524-1566). Elle mit fin à une jeunesse aventureuse en épousant un riche cordier et réunit dans son hôtel de Lyon une société brillante. Son *Débat de Folie et d'Amour* et ses poésies, imitées de Pétrarque, expriment avec sincérité une passion sensuelle.

La Bédoyère (Charles HUCHET, *comte* DE), général français, né à Paris (1786-1815). Il se rallia à Napoléon, qu'il était chargé d'arrêter à Grenoble au retour de l'île d'Elbe. Il fut fusillé.

label [labɛl] n. m. (mot angl. signif. *étiquette*). Marque spéciale créée par un syndicat professionnel et apposée sur un produit destiné à la vente, pour en certifier l'origine, les conditions de fabrication.

labelle [labɛl] n. m. (lat. *labellum,* petite lèvre). Pétale supérieur de la corolle des orchidées.

labeur [labœr] n. m. (lat. *labor*). Travail pénible et prolongé. ‖ *Arts graph.* Ouvrage de longue haleine.

labferment n. m. Syn. de PRÉSURE.

labiacées [labjase] n. f. pl. (du lat. *labium,* lèvre). Vaste famille (près de 4 000 espèces) de plantes à fleurs gamopétales, caractérisée par une tige à section carrée, une corolle à deux lèvres, un ovaire à quatre loges et souvent par des propriétés aromatiques. (Syn. LABIÉES.)

labarum

Labiche
« la Poudre aux yeux »
à la
Comédie-Française
avec Berthe Bovy
et Georges Chamarat

— ENCYCL. Les *labiacées* sont généralement des plantes basses (herbes ou sous-arbrisseaux) ; beaucoup d'entre elles sont parfumées. Elles figurent parmi les plantes les plus communes en France, les unes dans les forêts (bugle, lierre terrestre, germandrée, lamier blanc), les autres dans les lieux humides (menthe), les garrigues ensoleillées (thym, lavande, romarin) ou les prairies (sauge). Citons aussi la marjolaine, la mélisse, la brunelle, la ballote et le crosne.
On cultive surtout la lavande, dont l'essence sert en parfumerie et qui couvre de grandes étendues en Provence.

labial [labjal], **e, aux** [-o] adj. (du lat. *labium,* lèvre). Qui appartient aux lèvres. ● *Consonne labiale,* ou *labiale* n. f., consonne qui se prononce avec un mouvement des lèvres comme *b, p, f, v, m.* ‖ *Muscle labial* (Anat.), qui a rapport aux lèvres.

Labiche (Eugène), auteur dramatique français, né à Paris (1815-1888). Ses comédies de mœurs et ses vaudevilles, écrits souvent avec des collaborateurs, prêtent à ses personnages, bourgeois bien portants et bien nantis, une prudence sans panache et une philosophie terre à terre (*Un chapeau de paille d'Italie,* 1851 ; *le Voyage de M. Perrichon,* 1860 ; *la Poudre aux yeux,* 1861 ; *la Cagnotte,* 1864). [Acad. fr.]

labié [labje], **e** adj. (du lat. *labium,* lèvre). Se dit d'une corolle gamopétale et zygomorphe dont le bord est découpé en deux lobes principaux, placés l'un au-dessus de l'autre comme deux lèvres.

Labienus (Titus) [v. 98-45 av. J.-C.], principal lieutenant de César en Gaule.

labile [labil] adj. (lət. *labilis ;* de *labi,* glisser). Se dit des composés chimiques peu stables, notamment à la chaleur, telles certaines protéines, les vitamines, etc.

Labisse (Félix), peintre français, né à Douai en 1905. Il peint des compositions d'allure surréaliste et a créé de nombreux décors de théâtre, notamment pour l'Opéra, le Théâtre-Français, la compagnie Madeleine Renaud-Jean-Louis Barrault.

La Boétie [-bɔesi] (Etienne DE), écrivain français, né à Sarlat (1530-1563). Traducteur de Xénophon et de Plutarque, il fut l'ami de Montaigne, qui conserva ses vingt-neuf sonnets et son *Discours sur la servitude volontaire,* ou *Contr'un,* nourri des idées antiques sur la liberté.

laborantin [labɔrɑ̃tɛ̃], **e** [-in] n. Personne employée à des recherches ou à des travaux de laboratoire.

laboratoire [labɔratwar] n. m. (du lat. *laborare,* travailler). Local disposé pour faire des recherches scientifiques, des essais industriels, des travaux photographiques, etc. ● *Examens de laboratoire,* tous examens de chimie, de sérologie, de bactériologie, de cytologie, d'histologie, etc., effectués pour préciser un diagnostic médical ou pour contrôler un traitement.

Laborde (Alexandre, *comte* DE), archéologue français, né à Paris (1774-1842), auteur de relations de voyages. — Son fils LÉON, marquis **de Laborde,** archéologue français, né à Paris (1807-1869), étudia les monuments de l'Asie Mineure et explora la vallée du Nil ; il publia un célèbre rapport sur les arts appliqués, à l'Exposition internationale de Londres en 1855.

laborieusement adv. Avec beaucoup de peine et de travail.

laborieux [labɔrjø], **euse** [-øz] adj. (lat. *laboriosus ;* de *labor,* travail). Qui travaille beaucoup : *homme laborieux.* ‖ Qui coûte beaucoup de peine : *recherches laborieuses.* (Syn. : ARDU, DIFFICILE, MALAISÉ, PÉNIBLE, RUDE.)

labour [labur] n. m. Façon culturale qu'on donne aux terres en les retournant avec une bêche, une charrue. ‖ — Pl. Terres labourées : *marcher dans les labours.*
— ENCYCL. Le *labour* a divers objets : défrichement, destruction des mauvaises herbes, enfouissement des engrais, ameublissement et aération du sol, etc. On distingue les labours légers (ou superficiels), les labours moyens (ou ordinaires) et les labours profonds. Les labours sont exécutés à plat, en planches ou en billons.

Labour (*terre de*), anc. prov. de l'Italie méridionale (Campanie), qui fut aussi appelée *province de Caserte.* V. pr. *Caserte*.

labourable adj. Propre à être labouré : *terres labourables.*

labourage n. m. Action, manière de labourer la terre.

Labourd, anc. prov. du Pays basque, entre l'Adour, la Bidouze et les Pyrénées.

La Bourdonnais (Bertrand François MAHÉ, *comte* DE), marin français, né à Saint-Malo (1699-1753). Gouverneur général des Mascareignes (1735), il assura le développement économique de l'île de France (île Maurice). Commandant d'escadre, il prit Mahé (1741), combattit les Anglais en Inde (1746) et prit Madras (1746). Il ne fit pas démanteler la ville, malgré les ordres de Dupleix, qui le renvoya en France et le fit embastiller (1748-1751).

labourer v. t. (lat. *laborare,* se donner de la peine). Retourner la terre avec la charrue, la bêche, la pioche, etc. ‖ Creuser des sillons dans : *pré labouré par les taupes.* ‖ *Fig.* Ecorcher profondément en maints endroits : *la balle lui a labouré le visage.*

laboureur n. m. Personne qui laboure, qui cultive la terre.

Laboureur (Jean Emile), graveur français, né à Nantes (1877-1943). Il a fortement contribué au renouveau de

Phot. Bernand.

la gravure en France, gravant sur bois et sur métal. D'abord influencé par le cubisme, son style devint plus souple. Il a laissé une œuvre abondante et illustré de nombreux livres de Gide, de Proust, de Colette et de Giraudoux.

Labour Party (en franç. *parti travailliste*), parti socialiste britannique, créé en 1906.

labrador [labradɔr] n. m. Feldspath plagioclase, répandu dans certaines roches comme la diorite.

Labrador (le), presqu'île du Canada, partagée entre les provinces du Québec et de Terre-Neuve, entre l'Atlantique, la baie d'Hudson et l'estuaire du Saint-Laurent, et longée à l'est par un courant marin froid, le *courant du Labrador*. Le Labrador, au climat rude, est le domaine de la toundra au nord, qui cède la place, vers le sud, à la grande forêt de conifères. L'intérêt économique de la région vient d'abord de l'exploitation de son sous-sol aux roches anciennes (le Labrador appartient au bouclier canadien) fortement minéralisées. Le Labrador fournit aujourd'hui la majeure partie de la production canadienne de fer, extrait à Knob Lake (Schefferville), en bordure des lacs Wabush, Jeannine et Carol, et transporté par voie ferrée aux ports du Saint-Laurent (Sept-Iles). A l'extraction de fer s'est récemment ajouté l'aménagement partiel de l'énorme potentiel hydraulique dans le sud de la région (travaux sur la Manicouagane et la rivière aux Outardes).
● *Histoire*. Probablement atteint par les Vikings au XIe s., le Labrador fut officiellement découvert par les frères Cabot en 1497, puis visité par Jacques Cartier (1534). Il fut cédé aux Anglais en 1763. En 1927, les frontières entre Terre-Neuve et le Québec furent délimitées.

labre [labr] n. m. (lat. *labrum*, lèvre). Lèvre supérieure, chez les insectes, les mammifères.

labre n. m. (lat. *labrum*, lèvre). Poisson marin vivant près des côtes rocheuses, paré de couleurs vives, comestible. (Long. jusqu'à 60 cm ; nom usuel : *vieille*.)

Labrède (33650), ch.-l. de c. de la Gironde (arr. de Bordeaux) ; 1 786 h. (538 aggl.). Château des XIIIe, XVe et XVIe s., où naquit Montesquieu. Vignobles.

Labrit (40420), ch.-l. de c. des Landes (arr. de Mont-de-Marsan) ; 757 h. (454 aggl.). Appelé jadis **Albret**, ce fut la capitale du duché de ce nom.

La Brosse (Gui DE), médecin de Louis XIII, né à Rouen (m. en 1641). Botaniste, il conseilla la création du Jardin des Plantes, qu'il aménagea.

Labrouste (Henri), architecte français, né à Paris (1801-1875). Professeur à l'Ecole nationale supérieure des beaux-arts et à l'Ecole polytechnique, il fut le premier à utiliser la fonte et le fer dans la structure d'un vaste bâtiment, la bibliothèque Sainte-Geneviève, à Paris (1843).

Labruguière (81290), ch.-l. de c. du Tarn (arr. de Castres), sur le Thoré ; 5 333 h. (3 701 aggl.). Eglise du XVe s. Château du XVIe s. Mobilier.

La Bruyère [-bryjɛr *ou* -brɥijɛr] (Jean DE), écrivain français, né à Paris (1645-1696). Fils d'un contrôleur des rentes de la Ville de Paris, il achète en 1673 une charge de trésorier général de France au bureau des finances de la généralité de Caen, mais l'abandonne en 1684 pour enseigner l'histoire à Louis de Bourbon, petit-fils du Grand Condé. Il en profite pour observer la petite cour de Chantilly, qui lui inspire l'idée des *Caractères* de Théophraste traduits du grec, avec les caractères et les mœurs de ce siècle* (1688). Le livre ayant connu un grand succès grâce aux nombreux portraits dont les lecteurs cherchaient les clés, l'auteur enrichit ses propres chapitres et relègue la traduction de Théophraste à la fin des huit éditions qu'il donne de 1688 à 1696. Reçu à l'Académie française en 1693, il indigne les tenants des Modernes par son éloge des partisans des Anciens, mais son style elliptique, nerveux, qui contraste avec la phrase périodique classique, est un des premiers signes de l'esprit du XVIIIe s.

labyrinthe [labirɛ̃t] n. m. (gr. *laburinthos*, palais des haches). Edifice composé d'un grand nombre de pièces disposées de telle manière qu'on n'en trouvait que très difficilement l'issue. ‖ Dallage en méandres du pavement de certaines cathédrales du Moyen Age, que les fidèles suivaient à genoux comme un chemin de croix, et où les maîtres d'œuvre inscrivaient leur nom. ‖ *Anat.* Ensemble des cavités de l'oreille interne, contenant les organes de l'ouïe (limaçon) et de l'équilibration (canaux semi-circulaires). ‖ *Jard.* Petit bois coupé d'allées tellement entrelacées qu'on peut s'y égarer facilement. ‖ *Fig.* Complication où l'esprit s'égare : *le labyrinthe de la procédure*.
● *Test du labyrinthe*, test de niveau constitué par un labyrinthe imprimé que le sujet doit suivre avec un crayon.

Labyrinthe, demeure du Minotaure, en Crète, selon la légende ; en réalité, palais de Minos à Cnossos. ‖ — Ville funéraire et temple de la pyramide d'Amménémès III, près du Fayoum.

labyrinthodontes n. m. pl. (gr. *laburinthos*, labyrinthe, et *odous, odontos*, dent). Groupe d'amphibiens fossiles du trias, dont les dents portaient des replis sinueux compliqués. (Leur taille pouvait dépasser plusieurs mètres.) ‖ Sing. un *labyrinthodonte*.

lac [lak] n. m. (lat. *lacus*). Etendue d'eau stagnante entourée de terres. (V. *encycl.*) ● *Etre dans le lac* (Fam.), être ruiné, perdu sans remède. ‖ *Tomber dans le lac*, V. LACS.
— ENCYCL. Le *lac* se différencie généralement de l'étang et du marais par une plus vaste étendue et une plus grande profondeur. Les lacs peuvent être classés selon

labre

leur origine. C'est ainsi que l'on distingue : les *lacs tectoniques*, les *lacs glaciaires*, les *lacs de cratère*, les *lacs de barrage*, etc. En dehors de la mer Caspienne, que l'on peut considérer comme un lac (n'ayant aucune liaison avec les océans), les plus vastes lacs du monde sont les Grands Lacs américains (lac Supérieur, lac Huron, lac Michigan), quelques lacs africains (Victoria, Tanganyika, Malawi), la mer d'Aral et le Baïkal, qui tous dépassent 30 000 km². En Europe, seul le lac Ladoga dépasse 10 000 km². Quant au lac Léman, sa superficie n'atteint même pas 600 km², et la surface du lac du Bourget, le plus vaste de France, est inférieure à 50 km².
● *Flore et faune des lacs*. Un lac large et profond présente toute la diversité de milieux que peut offrir une mer sans marées, la seule différence étant que l'eau n'y est pas salée. Bordé de roseaux sur ses rivages à faible pente, un lac porte à sa surface des algues flottantes (« fleurs d'eau ») ; il possède une faune pélagique vivant en pleine eau ; une faune benthique rampe sur la vase du fond et, lorsque le lac dépasse 200 m de profondeur, on y trouve une faune abyssale (lac Baïkal). Certains lacs hébergent des espèces qui leur sont propres (méduse du Tanganyika) et dont l'origine marine témoigne de leur communication ancienne avec les océans. Dans les régions froides, l'eau des lacs peut être le siège de courants de convection verticaux et saisonniers qui brassent la masse aquatique beaucoup plus complètement que ce n'est le cas dans une mer, et l'équilibre biologique d'un lac est généralement assez précaire.

Lac (*le*), une des *Méditations* de Lamartine (1818), mise en musique par Niedermeyer.

Lac des cygnes (*le*), ballet de M. Petipa et L. Ivanov, musique de Tchaïkovski, créé à Saint-Pétersbourg en 1895. Ce ballet, dont la première version, de J. Reisinger, fut donnée en 1877 à Moscou, fut remanié par de nombreux chorégraphes : K. Sergheïev (1934), G. Balanchine (1951), V. Bourmeister (1953, 1960).

La Bruyère, école française du XVIIe s.
musée Condé, Chantilly

laçage [lasaʒ] ou **lacement** [lasmɑ̃] n. m. Action ou manière de lacer.

La Caille (*abbé* Nicolas Louis DE), astronome et mathématicien français, né à Rumigny (1713-1762). Après avoir entrepris de grands travaux géodésiques, il participa à la vérification de la méridienne (1739). Au cours d'une expédition au cap de Bonne-Espérance (1750-1754), il fit une révision générale du ciel austral. Conjointement avec Lalande à Berlin, il effectua la première détermination précise de la parallaxe de la Lune (1751).

La Calprenède (Gautier DE COSTES DE), écrivain français, né au château de Toulgou-en-Périgord, près de Sarlat (v. 1610-1663). Il dut son succès moins à ses tragédies et tragi-comédies qu'à ses romans, qui mêlent les exploits héroïques et les galanteries raffinées (*Cassandre*, 1642-1660 ; *Cléopâtre*, 1647-1658).

Lacan (Jacques), médecin français, né à Paris en 1901, chef d'une importante école de psychanalyse.

Lacanau (33680), comm. de la Gironde (arr. de Bordeaux), sur l'*étang de Lacanau* ; 1 973 h. (983 aggl.). Station balnéaire à *Lacanau-Océan*.

Lacapelle-Marival (46120), ch.-l. de c. du Lot (arr. de Figeac) ; 1 912 h. (659 aggl.). Château (XIIIe-XVIIe s.).

Lacaune (*monts de*), hauts plateaux du sud du Massif central ; 1 260 m.

Lacaune (81230), ch.-l. de c. du Tarn (arr. de Castres) ; 3 420 h. (2 508 aggl.). Eaux minérales.

Lacaze (Marie Jean Lucien), amiral français, né à Pierrefonds (1860-1955). Commandant une division de l'escadre de la Méditerranée en 1914, ministre de la Marine de 1915 à 1917, il s'attacha au problème de la lutte anti-sous-marine. (Acad. fr., 1936.)

Lacaze-Duthiers (Henri DE), zoologiste français, né à Montpezat (1821-1901), auteur de travaux sur l'anatomie des mollusques et fondateur des laboratoires de Roscoff et de Banyuls.

laccase [lakɑz] n. f. Diastase oxydante qui existe dans la laque, la betterave, la carotte, les fruits, etc.

laccolite [lakɔlit] n. f. (gr. *lakkos*, fosse, et *lithos*, pierre). Intumescence du relief, provoquée par des phénomènes volcaniques qui n'ont pas atteint la surface : *les laccolites du Colorado*.

lacé [lase] n. m. (de *lacer*). Entrelacement de grains de verre, dont on orne les lustres.

Lacédémone. V. SPARTE.

lacédémonien [lasedemɔnjɛ̃], **enne** [-ɛn] adj. et n. De Lacédémone, ou Sparte.

Lacépède (Etienne DE LA VILLE, *comte* DE), naturaliste français, né à Agen (1756-1825). Il continua l'*Histoire naturelle* de Buffon. Il présida la Législative et, en 1801, le Sénat. Napoléon Ier le nomma grand chancelier de la Légion d'honneur.

lacer [lase] v. t. (lat. *laqueare* ; de *laqueus*, lacet) [conj. **1**]. Serrer, maintenir, fermer avec un lacet.

lacération n. f. Action de lacérer.

lacérer [lasere] v. t. (lat. *lacerare*, déchirer) [conj. **5**]. Mettre en pièces, déchirer : *lacérer un livre*.

lacerie [lasri] n. f. Tissu fin fait avec des pailles.

lacertiliens [lasɛrtiljɛ̃] n. m. pl. Ordre de reptiles actuels et fossiles comprenant les lézards et les animaux voisins, dont la peau est couverte de replis écailleux et qui sont dépourvus des caractéristiques des serpents. (Ils ont des paupières mobiles, une mâchoire inférieure inextensible, un sternum et généralement des pattes.) ‖ Sing. un *lacertilien*. (Syn. SAURIENS.)
— ENCYCL. Les principaux *lacertiliens* sont : les *lézards*, dont la queue se détache en cas de rupture et peut repousser ; les *geckos*, aux doigts munis de ventouses adhésives ; les *agames*, aux dents de plusieurs sortes et à la queue parfois épineuse (fouette-queue) ; les *iguanes* d'Amérique, parfois grands (jusqu'à 1,40 m) ; les *hélodermes*, à la morsure venimeuse ; les grands *varans* des

le lac Blanc, dans les Alpes

Phot. Baufle, Giraudon, Arch. du Club alpin.

fleuves asiatiques et du Nil (jusqu'à 3 m de long); les *caméléons,* grimpeurs et aux pattes préhensiles; les *scinques* et les *seps,* aux pattes courtes; les *orvets,* totalement dépourvus de pattes.

lacet [lasɛ] n. m. (de *lacs*). Cordon qu'on passe dans des œillets pour serrer les corsets, les souliers, etc. ‖ Série de zigzags : *route en lacet.* ‖ Mouvement d'oscillation latérale d'un véhicule. ‖ Lacs pour prendre le gibier. ‖ Nœud coulant.

laceur, euse n. Personne qui fait des filets pour la chasse, pour la pêche.

lâchage n. m. Action de lâcher. ‖ *Fam.* Action d'abandonner quelqu'un.

La Chaise ou **La Chaize** (François D'AIX DE), dit **le P. La Chaise,** jésuite français, né au château d'Aix (Forez) [1624-1709], confesseur de Louis XIV. Son nom est resté attaché au principal cimetière de Paris, créé sur l'emplacement de ses jardins.

La Chalotais (Louis René DE CARADEUC DE), magistrat français, né à Rennes (1701-1785), procureur général au parlement de Bretagne. Adversaire des jésuites, chef de l'opposition parlementaire, il lutta contre le duc d'Aiguillon, gouverneur de Bretagne.

La Châtaigneraie (François DE VIVONNE DE), gentilhomme français (1519-1547), favori d'Henri II; il mourut à la suite du célèbre duel avec Jarnac.

Lachaud (Charles Alexandre), avocat français, né à Treignac (Corrèze) [1818-1882]. Il plaida en particulier dans les affaires Lafarge et Bazaine.

La Chaussée (Pierre Claude NIVELLE DE), auteur dramatique français, né à Paris (1692-1754). Il est le créateur de la « comédie larmoyante », fondée sur la sympathie pour les infortunes humaines et qui annonce la comédie de mœurs du XIXe s. (*le Préjugé à la mode,* 1735; *Mélanide,* 1741). [Acad. fr.]

lâche [lɑʃ] adj. (de *lâcher*). Qui n'est pas tendu, pas serré : *corde, nœud lâche.*

lâche [lɑʃ] adj. et n. Qui manque de courage, poltron : *homme lâche.* ‖ — Adj. Honteux, vil et méprisable : *action lâche.*

lâché, e adj. Fait avec négligence ou abandon : *dessin lâché.*

Lachelier (Jules), philosophe français, né à Fontainebleau (1832-1918), auteur d'une thèse : *Du fondement de l'induction* (1871).

lâchement adv. Sans cœur; avec poltronnerie.

lâcher [lɑʃe] v. t. (lat. *laxare*). Détendre, desserrer : *lâcher un cordage.* ‖ Cesser de retenir : *lâcher sa proie.* ‖ *Fig.* Laisser échapper : *lâcher une sottise.* ‖ *Fam.* Quitter brusquement : *lâcher ses amis.* ● *Lâcher pied,* s'enfuir.

lâcher n. m. Action de laisser aller : *un lâcher de pigeons.*

Lachésis. *Myth. gr.* L'une des trois Parques.

lâcheté [lɑʃte] n. f. Manque de courage. ‖ Action indigne : *commettre une lâcheté.*

lâcheur, euse n. *Fam.* Personne qui abandonne ceux avec qui elle était engagée.

Lachine, v. du Canada (Québec), près de Montréal; 43 200 h.

La Cierva y Codorníu (Juan DE), ingénieur espagnol, né à Murcie (1896-1936). Il établit le premier trimoteur espagnol (1917). Inventeur de l'autogire, il réussit avec l'un de ses appareils, en 1934, le décollage sur place, sans roulement au sol, réalisant ainsi l'envol vertical absolu.

lacinié [lasinje], **e** adj. (lat. *laciniatus,* découpé). *Bot.* Se dit d'un organe qui offre des découpures profondes et étroites.

lacis [lasi] n. m. (de *lacer*). Réseau de fils ou de vaisseaux entrelacés : *un lacis de fils de fer; un lacis veineux.*

lack ou **lakh** [lak] n. m. Mot indien signif. *cent mille : un lack de roupies.*

Laclos (Pierre CHODERLOS DE), officier et écrivain français, né à Amiens (1741-1803). Sous-lieutenant d'artillerie en 1761, il fut, pendant la Révolution, un agent de Philippe d'Orléans, fit partie du club des Jacobins, inventa le « boulet creux », devint chef d'état-major de l'armée des Pyrénées, puis gouverneur général des Etablissements français de l'Inde (1792). Arrêté comme suspect en 1793, libéré au 9-Thermidor, il fut général de brigade en 1800 et mourut à Tarente, dont il devait assurer la défense. Malgré la place importante qu'occupa l'armée dans sa vie, Laclos doit sa gloire à un unique roman, *les Liaisons* dangereuses* (1782).

Lacombe (Albert), prêtre oblat canadien, né à Saint-Sulpice (Québec) [1827-1916]. Missionnaire, colonisateur et administrateur, il contribua puissamment au développement des contrées de la Prairie canadienne.

La Condamine (Charles DE), géodésien français, né à Paris (1701-1774). Il détermina avec Bouguer la longueur d'un arc de méridien de 1 degré sur l'équateur même, au sud de Quito (1735). Il étudia un projet de mesure universelle et proposa d'adopter pour unité la longueur du pendule battant la seconde à l'équateur. (Acad. fr.)

Laconie, anc. contrée du sud-est du Péloponnèse.

laconique [lakɔnik] adj. Concis, bref, à la manière du style des habitants de la Laconie : *réponse laconique.*

laconiquement adv. En peu de mots : *répondre laconiquement.*

Choderlos de **Laclos** par Boilly *château de Versailles*

Lacordaire par Chassériau *Louvre, détail*

laconisme n. m. Façon de parler remarquable par la brièveté et l'énergie.

Lacordaire (Henri), religieux français, né à Recey-sur-Ource (Côte-d'Or) [1802-1861]. Ayant recouvré la foi en 1823, il devint prêtre en 1827. Il collabora avec La Mennais à l'*Avenir* et combattit en faveur de la liberté de l'enseignement. En 1832, il se sépara de son ami La Mennais, qui n'avait pas accepté la condamnation pontificale. Après avoir prêché le carême à Notre-Dame de Paris (1835 et 1836), il entra dans l'ordre des Dominicains, qu'il restaura en France; il prêcha de nouveau plusieurs avents et carêmes à Paris. Député à la Constituante en 1848, il consacra ses dernières années à l'enseignement au collège de Sorèze. (Acad. fr., 1860.)

Lacq (64170 Artix), comm. des Pyrénées-Atlantiques (arr. de Pau), sur la r. dr. du gave de Pau; 702 h. Importantes exploitations de gaz naturels, exportés par pipelines dans de nombreuses régions. Production de soufre, sous-produit des gaz. Industries chimiques.

Lacretelle (Pierre Louis DE), dit **l'Aîné,** jurisconsulte français, né à Metz (1751-1824). [Acad. fr.] — Son frère JEAN CHARLES DOMINIQUE, dit *le Jeune,* historien, né à Metz (1766-1855), est l'auteur d'une *Histoire de France pendant les guerres de Religion* (1814-1816). [Acad. fr.]

Lacretelle (Jacques DE), écrivain français, né au château de Cormatin (Saône-et-Loire) en 1888, auteur de romans psychologiques (*Silbermann,* 1922). [Acad. fr.]

lacrima-christi [lakrimakristi] n. m. (mots lat. signif. *larme du Christ*). Vin muscat provenant des vignes cultivées au pied du Vésuve. ‖ Cépage qui le produit.

Lacroix (Alfred), minéralogiste français, né à Mâcon (1863-1948). Auteur de travaux sur la vulcanologie, les roches éruptives, le métamorphisme, il a découvert de nombreux minéraux et s'est occupé des météorites.

La Cruz (Ramón DE). V. CRUZ.

lacrymal [lakrimal], **e, aux** [-o] adj. (du lat. *lacryma,* larme). *Anat.* Relatif aux larmes. ‖ Qui produit des larmes : *glande lacrymale.* ● *Conduits lacrymaux,* petits canaux, au nombre de deux pour chaque œil, partant de l'angle interne de l'œil et se réunissant dans le sac lacrymal, d'où les larmes sont évacuées dans le nez par le canal lacrymo-nasal.

lacrymogène adj. Qui fait pleurer : *gaz lacrymogène.*

lacrymo-nasal adj. m. *Canal lacrymo-nasal,* conduit reliant le sac lacrymal aux fosses nasales.

lacs [lɑ] n. m. (lat. *laqueus*). Nœud coulant pour prendre du gibier. ‖ Sorte de lacet, large et résistant, employé en chirurgie ou en obstétrique pour effectuer les tractions : *traction par lacs.* ● *Tomber dans le lacs* (Fam.), ne pas réussir : *projet, affaire qui tombe dans le lacs.* (On écrit parfois TOMBER DANS LE LAC.)

lactaire [laktɛr] n. m. (du lat. *lac, lactis,* lait). Champignon des bois, à chapeau souvent coloré et à lames, dont la chair brisée laisse écouler un lait blanc ou coloré. (Beaucoup d'espèces sont comestibles; d'autres sont à rejeter en raison de leur âcreté.) [Classe des basidiomycètes; famille des agaricacées.] (V. illustr. CHAMPIGNONS.)

lactalbumine n. f. Protéine du lait.

Lactance, apologiste chrétien, né près de Cirta (v. 260-v. 325). Son œuvre était surtout destinée à confondre les persécuteurs des chrétiens.

lactarium [laktarjɔm] n. m. (mot lat.). Centre de collection du lait de femme.

lactase [laktɑz] n. f. (du lat. *lac, lactis,* lait). Diastase qui convertit le lactose en glucose et galactose.

lactate n. m. *Chim.* Sel de l'acide lactique : *lactate de fer.*

lactation n. f. (du lat. *lactare,* allaiter). Formation, sécrétion et excrétion du lait. ‖ Quantité de lait produite par une femelle domestique entre deux parturitions : *courbe de lactation.* ‖ Action d'allaiter un enfant.

lacté [lakte], **e** adj. (du lat. *lac, lactis,* lait). Qui consiste en lait : *régime lacté.* ‖ Qui ressemble au lait : *suc lacté.* ‖ Qui contient du lait : *farine lactée.* ● *Veines lactées,* vaisseaux lymphatiques de l'intestin. (Ils sont ainsi nommés, car ils prennent une teinte blanchâtre pendant la digestion.) [Syn. CHYLIFÈRES.] ‖ *Voie lactée,* bande blanche, floue, à contours irréguliers, qui fait le tour complet de la sphère céleste et que l'on observe dans le ciel pendant les nuits sereines. (La Voie lactée n'est que l'apparence de la Galaxie, à laquelle appartient le système solaire, et qui est une sorte de disque aplati vu par un observateur situé à l'intérieur, non loin du plan médian.)

lactescence [laktesɑ̃s] n. f. Qualité d'un liquide qui ressemble au lait.

lactescent, e adj. (lat. *lactescens,* qui devient laiteux). Qui contient un suc laiteux. ‖ Qui est blanc laiteux : *les lueurs lactescentes de l'aube.*

lactifère adj. *Anat.* Qui porte, conduit le lait : *vaisseaux lactifères.*

lactique adj. *Chim.* Se dit d'un acide-alcool CH_3—CHOH—COOH, qui apparaît lors de la fermentation des hexoses sous l'action des bactéries lactiques, et lors de la décomposition du glycogène pendant la contraction musculaire. ● *Ferments lactiques,* bactéries que renferme le lait non stérilisé et qui, en transformant le lactose en acide lactique, provoquent la coagulation du lait. (On les emploie par voie buccale dans le traitement des affections de l'intestin et dans la prévention des accidents dus aux antibiotiques.)

lactodensimètre n. m. Appareil pour mesurer la densité du lait. (Syn. : LACTOMÈTRE, PÈSE-LAIT.)

lactoflavine n. f. (lat. *lac, lactis,* lait, et *flavus,* jaune). Autre nom de la VITAMINE B_2, que l'on trouve dans le lait.

lactomètre n. m. Syn. de LACTODENSIMÈTRE.

lactose [laktoz] n. m. *Chim.* Sucre de formule $C_{12}H_{22}O_{11}$, contenu dans le lait, et dédoublable en glucose et en galactose.

lactosérum n. m. Syn. de PETIT-LAIT.

lacunaire adj. Qui présente des lacunes. ‖ *Pathol.* Se dit d'une personne qui a des lacunes. ● *Système lacunaire,* ensemble des cavités discontinues qui remplissent les interstices des cellules, des tissus et des organes.

lacune [lakyn] n. f. (lat. *lacuna*). Espace vide dans l'intérieur d'un corps. ‖ Interruption dans un texte : *manuscrit rempli de lacunes.* ‖ *Géol.* Absence d'une couche de terrain dans une série stratigraphique. ‖ *Pathol.* Absence de souvenirs liés entre eux. ‖ *Fig.* Ce qui manque pour compléter une chose : *les lacunes d'une éducation.*

lacuneux, euse adj. Qui contient des lacunes. ● *Tissu lacuneux* (Bot.), tissu vivant occupant la face inférieure des feuilles des plantes dicotylédones et caractérisé par de larges espaces sans cellules (lacunes), qui favorisent une circulation rapide des gaz résultant de la transpiration et de la photosynthèse.

lacustre [lakystr] adj. (lat. *lacustris;* de *lacus,* lac). Qui vit sur les bords ou dans les eaux d'un lac : *plante lacustre.* ● *Cité lacustre,* village construit sur pilotis, dans les temps préhistoriques, en bordure des lacs et des lagunes.

lad [lad] n. m. (mot angl.). Garçon d'écurie qui soigne les chevaux de course.

ladanum n. m. V. LABDANUM.

ladin [ladɛ̃] n. m. Nom donné à un groupe de dialectes appartenant à la famille des langues romanes et parlés dans les régions rhétiques

Ladislas, nom porté par plusieurs rois de Hongrie, de Bohême et de Pologne; les plus célèbres furent : LADISLAS Ier ÁRPAD (*saint*) [v. 1040-1095], roi de Hongrie (1077-1095); il annexa la Croatie et fonda l'évêché de Zagreb. Fête le 27 juin; — LADISLAS Ier (ou IV) *Łokietek* (1260-1333), duc (1305-1320), puis roi de Pologne (1320-1333); il lutta contre les Teutoniques et fut le véritable unificateur du pays; — LADISLAS II (ou V) JAGELLON (1348-1434), grand-duc de Lituanie (1377-1392), roi de Pologne (1386-1434); il se fit catholique en épousant l'héritière de Pologne; il battit les Teutoniques à Grunwald (1410); — LADISLAS *le Magnanime* (v. 1376-1414), roi de Sicile (Naples) et de Hongrie (1390-1414). Il chassa Louis II d'Anjou, mais celui-ci, protégé par le pape, le battit à Rocca Secca.

Ladoga (*lac*), grand lac du nord-ouest de l'U. R. S. S., que la Neva fait communiquer avec le golfe de Finlande; 18 000 km².

Ladoumègue (Jules), athlète français, né à Bordeaux (1906-1973). Spécialiste de demi-fond, à la foulée d'une ampleur exceptionnelle, il détint les records du monde du 1 000 m, du 1 500 m et du mile. Deuxième du 1 500 m aux jeux Olympiques en 1928, il fut disqualifié en 1932 sous l'accusation de professionnalisme.

Phot. Giraudon (2).

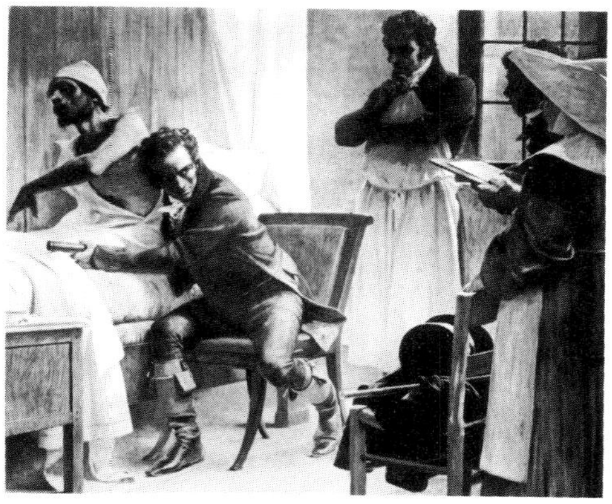

« **Laennec** ausculte un phtisique »
par Chartran, *Sorbonne*

comtesse de **La Fayette**
gravure de Desrochers

Jean de **La Fontaine**
par Rigaud, *coll. part.*

La Fayette au Champ-de-Mars
détail, musée Carnavalet

sir
Louis H.
Lafontaine

Jules Ladoumègue

ladre [ladr] n. et adj. (du lat. *Lazarus,* nom, dans la parabole de l'Evangile, du pauvre couvert d'ulcères, assis à la porte du mauvais riche). Lépreux (vx). || Se dit d'un porc ou d'un bœuf qui a des cysticerques de ténia dans ses muscles ou sous la langue. || *Fig.* Personne excessivement avare : *c'est un vieux ladre.* (Syn. : LÉSINEUX, PARCIMONIEUX, SORDIDE.) || — N. m. *Taches de ladre,* parties de la peau du cheval dépourvues de coloration et recouvertes de poils très fins, autour des yeux et des naseaux.

ladrerie [ladrəri] n. f. Anc. nom de la *lèpre.* || Hôpital où l'on recevait les lépreux. || Maladie du porc ou du bœuf ladre. || *Fam.* Avarice sordide : *ladrerie d'Harpagon.*

lady [lɛdi] n. f. (mot angl.). Femme de haut rang, en Angleterre. || Femme distinguée en général. || Pl. des *ladies.*

Laeken, anc. comm. de Belgique (Brabant), réunie à Bruxelles en 1921. Château royal (1782-1784).

Laennec (René Théophile Hyacinthe), médecin français, né à Quimper (1781-1826). Médecin de l'hôpital Necker en 1806, il est surtout connu pour sa découverte du stéthoscope, qui permet l'auscultation de la poitrine (*Traité d'auscultation médiate,* 1819). Par les corrélations qu'il sut découvrir entre les lésions observées et les symptômes, Laennec est le créateur de la méthode anatomo-clinique. Nommé à la chaire de clinique interne à la Charité, il mourut de phtisie. (Acad. de méd., 1820.)

Laërte, roi d'Ithaque, père d'Ulysse.

Lafargue (Paul), homme politique français, né à Santiago de Cuba (1842-1911), disciple et gendre de Karl Marx.

La Fayette (Gilbert DE), maréchal de France (v. 1380-1462), un des compagnons d'armes de Jeanne d'Arc et conseiller du roi.

La Fayette (Louise MOTIER DE), née en Auvergne (v. 1615-1665), fille d'honneur de la reine Anne d'Autriche. Elle fut aimée de Louis XIII et mourut au couvent.

La Fayette ou **Lafayette** (Marie-Madeleine PIOCHE DE LA VERGNE, *comtesse* DE), femme de lettres française, née à Paris (1634-1693). Elle tint salon rue de Vaugirard, où elle reçut les plus grands écrivains de son temps : son amie Mme de Sévigné, Ménage, La Fontaine et surtout La Rochefoucauld, auquel la lia une amitié célèbre qui ne prit fin qu'à la mort de l'auteur des *Maximes.* Elle écrivit elle-même et publia sous le nom de Segrais ses deux premiers récits (*la Princesse de Montpensier,* 1662 ; *Zaïde,* 1670), puis donna avec *la Princesse* de Clèves* (1678) le premier roman moderne. Elle est également l'auteur d'une *Histoire d'Henriette d'Angleterre* (publiée en 1720), de *Mémoires de la cour de France pour les années 1688 et 1689* (publiées en 1731) et de nouvelles historiques.

La Fayette (Marie Joseph Paul Yves Roch Gilbert MOTIER, *marquis* DE), homme politique français, né à Chavaniac (Auvergne) [1757-1834]. En 1777, il part pour l'Amérique aider les « insurgents », qui le nomment major général. Il combat en Virginie (1778) et à Yorktown (1781). De retour en France, il est promu maréchal de camp. Ami de Necker, il fréquente à Paris la société libérale. Député de la noblesse de Riom (1789), il propose une déclaration européenne des Droits de l'homme et est placé à la tête de la garde nationale de Paris. Il donne l'ordre de démolir la Bastille et calme la fureur populaire lors de la « journée » du 5 octobre. Il désapprouve la fuite à Varennes, mais, nommé lieutenant général, fait ouvrir le feu sur les manifestants du Champ-de-Mars (17 juill. 1791). Il pousse le roi à la guerre dans l'espoir de lui rendre son prestige. Commandant l'armée du Nord, il s'élève contre la suspension de Louis XVI. Décrété d'accusation par l'Assemblée, il passe à l'ennemi (19 août 1792). Rentré en France après Brumaire et rayé de la liste des émigrés (1800), il refuse tout poste officiel. Il se rend aux Etats-Unis en 1824, où il reçoit un accueil triomphal. Commandant de la garde nationale lors de la Révolution de 1830, il reçoit le duc d'Orléans à l'Hôtel de Ville de Paris (31 juill.), puis milite dans la gauche dynastique.

La Ferronnays (Auguste FERRON, *comte* DE), diplomate français, né à Saint-Malo (1777-1842). Il fut ministre des Affaires étrangères (1828-1829).

La Ferté-Senneterre (ou **-Sennecterre**) [Henri DE], maréchal de France, né à Paris (1600-1681). Il se distingua à Rocroi et pendant la Fronde, où il soutint la royauté.

Laferté-sur-Amance (52500 Fayl-Billot), ch.-l. de c. de la Haute-Marne (arr. de Langres) ; 257 h.

La Feuillade (Georges D'AUBUSSON DE), diplomate français (1612-1697), ambassadeur à Madrid et à Venise. — Son frère FRANÇOIS fut maréchal de France sous Louis XIV (1625-1691). — LOUIS (1673-1725), maréchal de France, fils du précédent, fut battu devant Turin pendant la guerre de Succession d'Espagne (1706).

Laffemas (Barthélemy DE), sieur DE BEAUSEMBLANT, économiste français, né à Beausemblant (Dauphiné) [1545-v. 1612]. Il favorisa, sous le règne d'Henri IV, l'établissement de nombreuses industries et fut contrôleur général du commerce à partir de 1602. — Son fils ISAAC, né à Beausemblant (v. 1587-1657), lieutenant civil de Paris sous Richelieu, jugea sans pitié les nobles rebelles.

Laffitte (Jacques), financier français, né à Bayonne (1767-1844). Gouverneur de la Banque de France (1814-1819), député libéral (1816 ; 1827), il prit part à la révolution de 1830 et fut président du Conseil et ministre des Finances (1830-1831), puis devint le chef de l'opposition de gauche.

Laffrey (38220 Vizille), comm. de l'Isère (arr. de Grenoble) ; 238 h. C'est là que Napoléon Ier, revenant de l'île d'Elbe, rencontra le détachement chargé de lui barrer la route de Grenoble (1815).

La Fontaine (Jean DE), poète français, né à Château-Thierry (1621-1695). Maître des Eaux et Forêts (1652), il écrit des ballades et des madrigaux, devient le protégé de Fouquet et, au moment de la disgrâce du surintendant, témoigne de sa douleur et de son courage dans l'*Elégie aux nymphes de Vaux* (1661). Il trouve cependant une nouvelle protection en Madame, veuve de Gaston d'Orléans, et publie ses premiers recueils de *Contes* (1665-1671), ainsi que les six premiers livres des *Fables** (1668). La suppression de ses charges et la mort de la duchesse d'Orléans le laissent sans ressources, lorsque Mme de La Sablière le recueille (1672-1693). De cette époque datent deux nouvelles séries de *Contes* (1671-1674) et les livres VII à XI des *Fables* (1678-1679), qui lui ouvrent les portes de l'Académie française ; mais il devra attendre l'approbation de Louis XIV (1684), qui lui préfère Boileau. La Fontaine prend parti pour les Anciens contre les Modernes (*Epître à Huet,* 1687) et dédie au duc de Bourgogne un dernier livre de *Fables* (1694), alors qu'il a trouvé chez le financier d'Hervart un dernier asile. Sensuel et aimant les chastes bergeries, volage et célébrant la fidélité, courtisan mais ayant le culte de l'amitié, sa vie est l'image même de la variété de son œuvre, qui unit en une harmonie parfaite l'art et le naturel.

La Fontaine (Mlle FONTAINE, dite **de**), danseuse française (1655/1665-1738). Elle fut la première femme autorisée à tenir un rôle en scène (*le Triomphe de l'Amour,* 1681).

Lafontaine (*sir* Louis Hippolyte), homme politique canadien, né à Boucherville (1807-1864). Défenseur des droits de la langue française au Parlement, il forma, avec Baldwin, le premier ministère parlementaire (1848-1851).

Laforce, ch.-l. de c. V. FORCE (LA).

La Force (Jacques NOMPAR, *duc* DE), maréchal de France (1558-1652), protestant, compagnon d'Henri IV. Il se soumit à Louis XIII contre l'octroi du maréchalat. — Son fils Henri NOMPAR DE CAUMONT, duc **de La Force,** né à La Force (1582-1678), se distingua dans le parti protestant au siège de Montauban (1621), puis fit sa soumission au roi.

La Force (Auguste NOMPAR DE CAUMONT, *duc* DE), historien français, né à Dieppe (1878-1961), auteur d'ouvrages sur le XVIIe s. (Acad. fr., 1925).

Laforgue (Jules), poète français, né à Montevideo (1860-1887). Lecteur de l'impératrice Augusta à Berlin

Phot. Rol, Electrophoto, Braun, X (3).

Lagos
le Parlement

(1881-1886), il revint à Paris pour mourir de la tuberculose. Il n'avait fait paraître que deux recueils (*les Complaintes,* 1885 ; *l'Imitation de Notre-Dame la Lune,* 1886), mais ses amis publièrent les contes en prose des *Moralités légendaires* (1887) et le recueil des *Derniers Vers* (1890). Alliant le dandysme à l'obsession de la mort, en un style précieux et impressionniste, il fut un des créateurs du vers libre.

Lafrançaise (82130), ch.-l. de c. de Tarn-et-Garonne (arr. de Montauban), au-dessus de la rive droite du Tarn ; 2 481 h. (938 aggl.).

La Fresnaye [-frɛnɛ] (Roger DE), peintre français, né au Mans (1885-1925). Il fit partie du groupe de Puteaux, participa au Salon de la Section d'Or et pratiqua un cubisme modéré, évitant toute systématisation. Il était d'une grande sensibilité et se montra coloriste raffiné. Son œuvre, devenue plus classique à la fin de sa vie, exerça une forte influence. Il a illustré des ouvrages de Gide, de Rimbaud et de Claudel (*le Cuirassier, l'Homme assis,* musée national d'Art moderne).

La Galissonnière (Roland Michel DE), marin français, né à Rochefort (1693-1756), gouverneur du Canada de 1747 à 1749. Il conduisit l'escadre à Minorque et vainquit l'amiral Byng (1756).

lagan [lagɑ̃] n. m. Epave ou débris flottants.

La Gardie (Magnus DE), comte DE SAVENSBURG, homme d'Etat suédois, né à Reval (1622-1686), conseiller de Charles XI.

Lagash, anc. v. de Mésopotamie, près du confluent actuel du Tigre et de l'Euphrate. Les fouilles, pratiquées à partir de 1877, y ont fait découvrir la civilisation sumérienne du IIIe millénaire av. J.-C.

Lagerkvist (Pär), écrivain suédois, né à Växjö (1891-1974). Admirateur de Baudelaire, de Rimbaud et de Strindberg, il exprime dans ses poèmes (*Angoisse,* 1916), ses drames et ses romans (*le Bourreau,* 1933 ; *le Nain,* 1944 ; *Barabbas,* 1950 ; *la Sibylle,* 1956) son désespoir devant la cruauté du monde. (Prix Nobel, 1951.)

Lagerlöf (Selma), femme de lettres suédoise, née à Mårbacka (Svealand) [1858-1940]. Son premier roman (*la Saga de Gösta Berling,* 1891) marqua la renaissance du romantisme suédois, puis elle fit revivre dans ses récits pour enfants (*le Merveilleux Voyage de Nils Holgersson à travers la Suède,* 1906-1907) et ses romans un passé à la fois réel et fantastique (*le Charretier de la mort,* 1912 ; *Charlotte Löwensköld,* 1925 ; *Anna Svärd,* 1928). [Prix Nobel, 1909.]

Laghouat, v. d'Algérie (dép. des Oasis); 35 000 h. Oasis.

Lagides, dynastie qui eut pour fondateur un des lieutenants d'Alexandre, Ptolémée, fils de Lagos ; elle régna sur l'Egypte de 306 à 30 av. J.-C.

Lagnieu (01150), ch.-l. de c. de l'Ain (arr. de Belley), dans le Bugey ; 4 162 h. Verrerie. Tréfilerie.

Lagny (77400), ch.-l. de c. de Seine-et-Marne (arr. de Meaux) ; 16 282 h. (*Laniaques* ou *Latignaciens*). Eglise du XIIIe s. Industries diverses.

lagon [lagɔ̃] n. m. Etendue d'eau fermée vers le large par un récif corallien.

lagopède [lagɔpɛd] n. m. (gr. *lagôs,* lièvre, et lat. *pes, pedis,* pied). Oiseau gallinacé habitant les hautes montagnes et le nord de l'Europe. (Le lagopède des Alpes est entièrement blanc en hiver ; le lagopède d'Ecosse, ou *grouse,* n'a pas le plumage blanc hivernal.)

Lagor (64150 Mourenx), ch.-l. de c. des Pyrénées-Atlantiques (arr. de Pau) ; 1 511 h.

La Gorce (Pierre DE), historien français, né à Vannes (1846-1934), auteur d'une *Histoire de la seconde République* (1887), d'une *Histoire du second Empire* (1898-1906) et d'une *Histoire religieuse de la Révolution française* (1909-1923). [Acad. fr., 1914.]

Lagord (17140), comm. de la Charente-Maritime (arr. de La Rochelle) ; 4 125 h.

Lagos, cap. du Nigeria, sur le golfe de Bénin ; 841 700 h. Archevêché. Université. Débouché de la région occidentale la plus peuplée du pays, Lagos est, avec Port Harcourt, le principal port du Nigeria.

Lagerkvist

Louis de Lagrange

lagotriche [lagɔtriʃ] n. m. Singe de l'Amérique du Sud, appelé aussi *singe laineux.* (Long. 50 cm, sans la queue.)

La Grange (Charles VARLET, *sieur* DE), acteur français, né à Amiens (v. 1639-1692). Son *Extrait des recettes et des affaires de la Comédie depuis Pâques de l'année 1659 jusqu'au 1er septembre 1685, appartenant au sieur de Lagrange, comédien du roi,* connu sous le nom de *registre de La Grange,* constitue un document précieux pour l'histoire de la troupe de Molière et du Théâtre-Français à ses débuts.

Lagrange (*comte* Louis), mathématicien français, né à Turin (1736-1813). Son œuvre scientifique est considérable : méthode des isopérimètres, calcul des variations, dans lequel il introduisit un symbolisme plus adéquat, calcul intégral, mécanique, analyse qu'il s'efforça de fonder, dès 1772, sur une notion plus générale de la fonction et, en particulier, sur l'emploi des développements en série de Taylor. Il définit les fonctions dérivées, qu'il fut le premier à noter $f'(x)$, $f''(x)$, etc. Il présida la commission chargée d'établir un nouveau système des poids et mesures.

Lagrange (Albert), en relig. **frère Joseph-Marie,** dominicain français, né à Bourg-en-Bresse (1855-1938). Fondateur (1890) de l'Ecole pratique d'études bibliques de Jérusalem, il a exercé sur l'exégèse biblique une influence considérable.

Lagrange (Léo), homme politique français, né à Bourg-sur-Gironde (1900-1940). Sous-secrétaire d'Etat aux Sports et Loisirs (1936-1937 et 1938), il favorisa les loisirs populaires. Il mourut au champ d'honneur.

Lagrasse (11220), ch.-l. de c. de l'Aude (arr. de Carcassonne) ; 665 h. Bâtiments d'une abbaye bénédictine (Xe-XVIIIe s.). Eglise du XIVe s.

Lagrenée (Jean Louis François), peintre français, né à Paris (1724-1805). Peintre d'inspiration mythologique ou traitant des sujets à la mode de la comédie larmoyante, il travailla à Saint-Pétersbourg pour la tsarine, puis au Petit Trianon pour Marie-Antoinette.

La Guardia, l'un des aéroports de New York, du nom de F. H. *La Guardia,* qui fut maire de New York de 1933 à 1945.

Laguerre (Edmond), mathématicien français, né à Bar-le-Duc (1834-1886). Créateur de la géométrie de direction, il fit également d'importantes études sur les équations algébriques, les fractions continues et les formes quadratiques.

Laguiole (12210), ch.-l. de c. de l'Aveyron (arr. de Rodez), dans l'Aubrac ; 1 344 h. (816 aggl.) [*Laguiolais*].

laguis [lagi] n. m. Cordage terminé par un nœud qui se serre par le seul poids du corps qu'il entoure.

lagunaire adj. Relatif aux lagunes : *niveau lagunaire.*

lagune [lagyn] n. f. (ital. *laguna*). Etendue d'eau marine retenue derrière un cordon littoral : *les lagunes de la côte languedocienne.*

— ENCYCL. *Biol.* Une *lagune* est une sorte de cimetière naturel. Les lagunes fossiles (gypse de Montmartre) présentent côte à côte les restes des animaux terrestres qui sont venus y boire et s'y sont noyés (sarigue, paléothérium), ceux des poissons de mer que les tempêtes y ont jetés et ceux des poissons des eaux douces que les cours d'eau y ont apportés. Rares sont en effet les espèces qui peuvent supporter les changements rapides de volume, de température et de salinité des lagunes ; la faune vivante des lagunes, contrairement à leur faune morte, est très pauvre en espèces, mais très riche en individus, notamment en petits crustacés tels qu'*Artemia salina.*

Laharpe ou **La Harpe** (Jean François DELHARPE ou DELAHARPE, dit DE), écrivain français, né à Paris (1739-1803). Auteur d'un recueil d'*Héroïdes* (1759) et de tragédies (*Warwick,* 1763), critique littéraire au *Mercure,* il ouvrit en 1786 un cours de littérature suivi par le public mondain et dont il publia l'essentiel dans son *Lycée ou Cours de littérature ancienne et moderne* (1799). [Acad. fr.]

Laharpe (Frédéric César DE), homme politique suisse, né à Rolle (Vaud) [1754-1838]. Il obtint l'émancipation du canton de Vaud.

La Hire (Etienne DE VIGNOLLES, dit), capitaine français, né à Vignolles (Gascogne) [v. 1390-1443]. Il fut l'un des compagnons de Jeanne d'Arc.

La Hire (Philippe DE), astronome et mathématicien français, né à Paris (1640-1718). Avec Picard, il travailla à la carte de France (1678). Il installa le premier instrument méridien de l'Observatoire de Paris et fut, en géométrie, le continuateur de Descartes. Il participa à la fondation de l'Académie royale d'architecture.

La Hontan (Louis Armand DE LOM D'ARCE, *baron* DE), voyageur et écrivain français, né à Mont-de-Marsan (1666-v. 1715), auteur de récits relatant ses voyages au Canada.

Lahore, v. du Pākistān, dans le Pendjab, près de la frontière indienne ; 1 296 500 h. Cité historique et intellectuelle (université), Lahore est la deuxième ville du pays (après Karāchi) et l'un des principaux centres industriels (métallurgie, textiles). Mosquées et mausolées de l'époque moghole.

Lahti, v. de Finlande ; 79 000 h. Industries du bois. Centre touristique.

lai [lɛ] n. m. (empr. au gaul.). Au Moyen Age, petit poème narratif ou lyrique, à vers courts, généralement de huit syllabes, à rimes plates : *les lais de Marie de France.*

lai [lɛ], **e** adj. et n. (lat. *laicus,* du gr. *laos,* peuple). *Frère lai,* frère servant qui n'est point destiné aux ordres sacrés. ‖ *Sœur laie,* sœur converse.

Laibach, anc. nom allem. de **Ljubljana.** — Le *congrès de Laibach* fut réuni en 1821 sur l'initiative de Metternich. Le principe d'intervention extérieure contre la révolution napolitaine y fut admis.

laïc adj. et n. V. LAÏQUE.

laîche [lɛʃ] n. f. (germ. **liska*). Plante vivace, très commune au bord des eaux, dans les marais, où elle forme des touffes ayant l'aspect de grandes herbes à feuilles coupantes. (Les laîches, ou *carex,* de la famille des cypéracées, ont des tiges de section triangulaire.)

laïcisation n. f. Action de laïciser : *laïcisation des hôpitaux, de l'enseignement.*

laïciser [laisize] v. t. Remplacer un personnel religieux par un personnel laïque : *laïciser une école.* ‖ Eliminer tout principe de caractère religieux : *laïciser les institutions, l'administration d'un pays.*

laïcisme n. m. Doctrine des partisans de la laïcisation des institutions.

laïciste adj. et n. Partisan du laïcisme.

laïcité n. f. Système qui exclut les Eglises de l'exercice du pouvoir politique ou administratif, et en particulier de l'organisation de l'enseignement.

laid [lɛ], **e** [lɛd] adj. (du francique **laid*). Désagréable à la vue. ‖ *Fig.* Contraire à la bienséance, au devoir : *il est laid de mentir.* ‖ — Syn. : DÉFIGURÉ, DIFFORME, VILAIN.

laidement adv. D'une façon laide.

laideron n. f. ou m. Jeune fille, jeune femme laide.

laideur n. f. Etat de celui ou de ce qui est laid : *la laideur d'un visage ; la laideur du vice.*

laie [lɛ] n. f. (empr. au francique). Femelle du sanglier.

laie n. f. (du francique *laida*). Sentier rectiligne percé dans une forêt.

laie n. f. (orig. obscure). Marteau à deux têtes du tailleur de pierre, pour l'ébauche des pierres tendres.

Laigle. V. AIGLE (L').

Phot. Geher - Afrique-Photo, Albert Bonnier, Larousse.

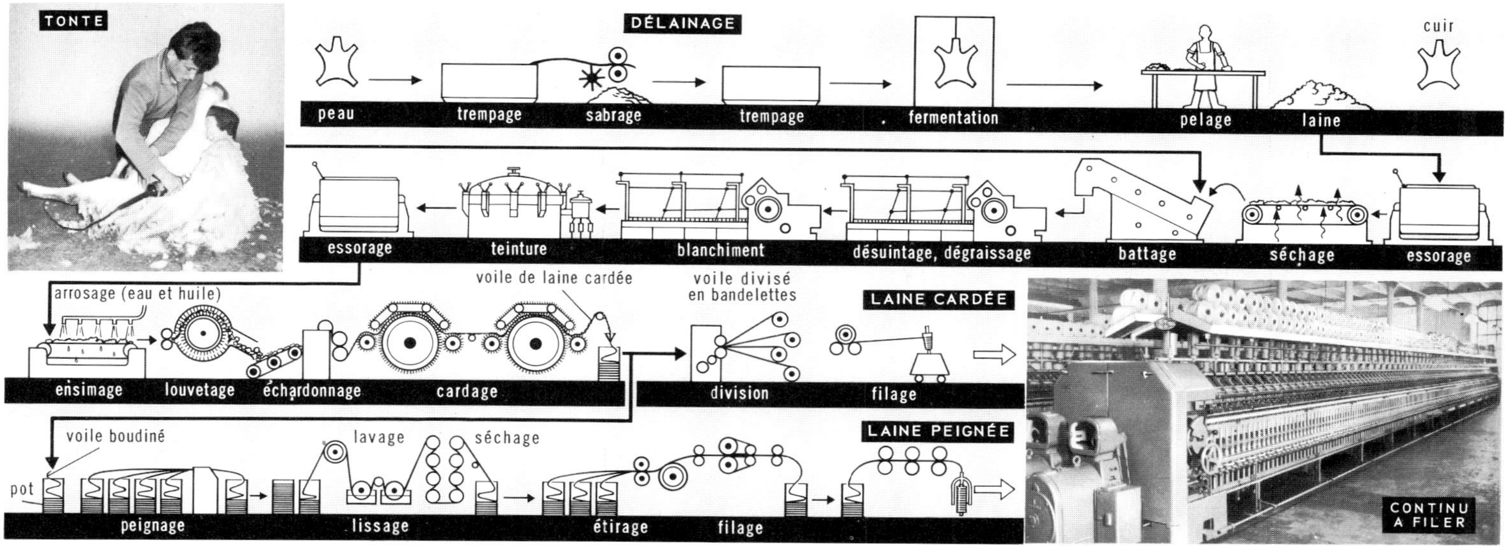

fabrication de la **laine**

Laignes (21330), ch.-l. de c. de la Côte-d'Or (arr. de Montbard) ; 1 073 h. (*Laignois*).

lainage n. m. Etoffe de laine. ‖ Vêtement en laine. ‖ Toison des moutons. ‖ Façon donnée aux draps pour faire ressortir le poil.

laine [lɛn] n. f. (lat. *lana*). Toison du mouton et d'autres ruminants, lorsque les qualités du poil en permettent l'usage textile : *la laine est souple, tenace et élastique.* (V. *encycl.* et planisphère TEXTILES.) ‖ Etoffe tissée avec de la laine. ● *Laine de bois,* matière textile que l'on fabrique avec les feuilles des pins maritimes. ‖ *Laine crue,* laine qui n'est point apprêtée. ‖ *Laine à dos,* laine qui est lavée à l'eau froide sur le dos de l'animal vivant. ‖ *Laine de laitier* ou *laine minérale,* produit préparé par projection de vapeur d'eau sur un jet de laitier fondu et utilisé comme isolant calorifique. ‖ *Laine lavée à chaud,* laine qui est lavée à l'eau tiède sur place, après la tonte. ‖ *Laine mère,* laine provenant directement de la laine des moutons adultes. ‖ *Laine morte,* laine qu'on prend sur l'animal après sa mort. ‖ *Laine de verre,* fibre de verre d'un diamètre de 15 à 20 microns, d'une longueur de quelques centimètres, notamment utilisée pour l'isolation thermique. ‖ *Se laisser manger la laine sur le dos,* se dit du mouton auquel la pie arrache des brins de laine ; et, au *fig.*, se laisser dépouiller.
— ENCYCL. Les poils, généralement doux et frisés, recouvrant en partie ou en totalité le corps de certains mammifères herbivores (moutons, chèvres d'Angora, du Tibet, etc., et divers camélidés : alpaga, lama, vigogne, chameau, etc.) forment une toison utilisée comme matière textile. Le terme *laine,* sans autre précision, désigne la laine de mouton, dont la production est, de beaucoup, la plus importante. La laine est produite par la sécrétion des bulbes pileux situés sous la peau de l'animal. La densité de la laine sur le mouton varie, suivant les races, de 1 200 poils au centimètre carré pour les laines les plus grossières à 9 000 poils au centimètre carré pour les laines les plus fines. Les glandes sébacées et sudoripares sécrètent également le *suint,* qui contribue à agglutiner les poils de la laine et qui forme de 15 à 75 p. 100 du poids de la laine brute. La longueur des filaments de laine est comprise entre 35 et 350 mm, les laines fines étant généralement courtes. La finesse est la caractéristique la plus importante de la laine, dont elle fixe la qualité et le prix. La laine possède une aptitude au feutrage qui permet de confectionner des étoffes sans filature ni tissage. Cette propriété est également utilisée pour le *foulage* des draps.

lainer v. t. Donner du velouté, du duveté aux draps.

laineur, euse n. Ouvrier, ouvrière qui laine le drap.

laineuse n. f. Machine utilisée pour lainer les tissus.

laineux, euse adj. Fourni de laine. ‖ Qui a l'apparence de la laine : *poil laineux.* ● *Plante laineuse,* couverte de poils.

lainier, ère adj. Qui concerne la laine : *l'industrie lainière.* ‖ — N. Marchand de laine. ‖ Ouvrier en laine.

laïque [laik] ou **laïc, ïque** adj. et n. (lat. *laicus ;* du gr. *laikos,* qui appartient au peuple). Qui n'appartient pas au clergé : *juridiction laïque ; un laïque.* ● *Ecole laïque,* ensemble des écoles publiques distribuant un enseignement qui ne contient pas d'éducation religieuse.

laird [lɛr] n. m. Maître d'un manoir, en Ecosse.

lais [lɛ] n. m. pl. (de *laisser*). *Dr.* Terrains que la mer, en se retirant, laisse à découvert de façon permanente et qui appartiennent au domaine public.

Laïs, nom porté par plusieurs courtisanes grecques, souvent confondues.

Laissac (12310), ch.-l. de c. de l'Aveyron (arr. de Rodez) ; 1 275 h.

laisse [lɛs] n. f. Corde, lanière servant à mener un chien. ● *Tenir quelqu'un en laisse,* le diriger à sa fantaisie.

laisse n. f. (de *laisser*). Ligne atteinte par la mer sur une plage : *laisse de haute mer.* ‖ Suite de vers, généralement isosyllabiques et souvent monorimes, qui constitue une section d'un poème médiéval ou d'une chanson de geste.

laissées [lese] n. f. pl. Fientes des sangliers ou autres bêtes noires. (Syn. FUMÉES.)

laissé-pour-compte n. m. Article non vendu resté en magasin. ‖ *Fam.* Personne dont on n'a pas voulu. ‖ Pl. des *laissés-pour-compte.*

laisser [lese] v. t. (lat. *laxare,* détendre). Tenir d'une façon lâche, relâcher : *laisser la bride sur le cou à son cheval.* ‖ Ne pas pouvoir intervenir pour empêcher une action ; permettre : *laisser tomber un vase ; je les ai laissés sortir.* ‖ Ne pas emmener avec soi : *laisser ses enfants à la maison.* ‖ Ne pas emporter ; oublier de prendre avec soi : *laisser son manteau au vestiaire.* ‖ Abandonner une personne dans l'état où elle est : *laisser un ami dans la misère.* ‖ Abandonner la direction de : *laisser une rue sur sa gauche.* ‖ Ne pas changer la place, la situation, l'état de : *laisser quelqu'un à la porte ; laisser un champ en friche.* ‖ Confier : *je vous laisse ce soin.* ‖ Confier, à charge de remettre : *laisser une lettre à la concierge.* ‖ Quitter en mourant : *laisser de grands biens.* ‖ Faire durer après soi : *laisser une bonne réputation.* ‖ Léguer, transmettre : *laisser sa fortune aux pauvres.* ‖ Perdre : *il y laissa sa vie.* ‖ Réserver : *laissons cela pour demain.* ‖ Consentir à vendre pour : *laisser du tissu à moitié prix.* ‖ — Syn. : ABDIQUER, CÉDER, DÉLAISSER, DÉSERTER, LÂCHER, LIVRER, SACRIFIER. ● *C'est à prendre ou à laisser,* il faut accepter la chose ainsi ou y renoncer. ‖ *Laisser à désirer,* ne pas satisfaire entièrement. ‖ *Laisser faire, laisser dire,* ne pas se soucier de ce que font, de ce que disent les autres. ‖ *Laisser à penser,* ne pas expliquer quelque chose que l'on juge suffisamment évident, compris ; donner lieu à réflexion. ‖ *Laisser pour compte,* refuser une marchandise commandée. ‖ *Laisser quelqu'un tranquille,* ne pas le tourmenter. ‖ *Ne pas laisser de,* ne pas cesser de, ne pas manquer de (avec une idée adversative) : *cette réponse ne laisse pas de l'étonner ; cette chose, bien que contestée, ne laisse pas d'être vraie.* ‖ — **Se laisser** v. pr. *Se laisser aller,* se relâcher, s'abandonner à ses penchants. ‖ *Se laisser dire,* entendre dire, mais sans y croire beaucoup. ‖ *Se laisser faire,* ne pas opposer de résistance.

laisser-aller n. m. inv. Sorte d'abandon, de négligence dans la tenue, dans les manières.

laisser-courre n. m. inv. ou **laissé-courre** n. m. *Véner.* Lieu ou moment où l'on découple les chiens.

laissez-passer n. m. inv. Permis de circuler donné par écrit. (Syn. SAUF-CONDUIT.)

lait [lɛ] n. m. (lat. *lac, lactis*). Liquide produit par les femelles des mammifères, aliment complet qui assure la subsistance du jeune au début de sa vie. (V. *encycl.*) ‖ Tout ce qui ressemble au lait : *lait d'amande, de coco, de chaux.* ‖ Liquide blanchâtre qui se trouve au-dessus des œufs à la coque, lorsqu'ils sont cuits à point. ● *Boire du lait* (Fam.), éprouver une vive satisfaction. ‖ *Frères, sœurs de lait,* enfants qui ont été nourris du lait de la même femme. ‖ *Lait en poudre,* lait déshydraté, écrémé ou non, sucré ou non, pouvant être reconstitué par adjonction d'eau. ‖ *Lait de poule,* jaune d'œuf battu dans du lait chaud avec du sucre.
— ENCYCL. Chez les mammifères, l'unique aliment du nouveau-né est le *lait,* liquide physiologique (comme le sang) sécrété par les glandes mammaires de la femelle ; c'est donc un aliment complet et, pour l'enfant ou le jeune animal, plus complet qu'aucun autre ; il est adapté, pour chaque espèce, aux besoins spécifiques de la croissance. (V. tableau page suivante.)
Le lait est un mélange très complexe de *matières grasses* à l'état d'émulsion, de *protéines* à l'état de suspension colloïdale, de *sucres spécifiques* à l'état de solution vraie, d'*eau* (dont l'importance pour la croissance est considérable) ; il contient en outre du *calcium,* du *phosphore,* des *vitamines* et des *enzymes.*
Dans la nature, le lait passe directement de la mère à sa progéniture, et le problème de sa conservation ne se pose pas. Utilisé par l'homme, le lait est périssable : aussi a-t-on cherché à le rendre *stable* et *sain* en le pasteurisant ou en le stérilisant, en le faisant cailler pour

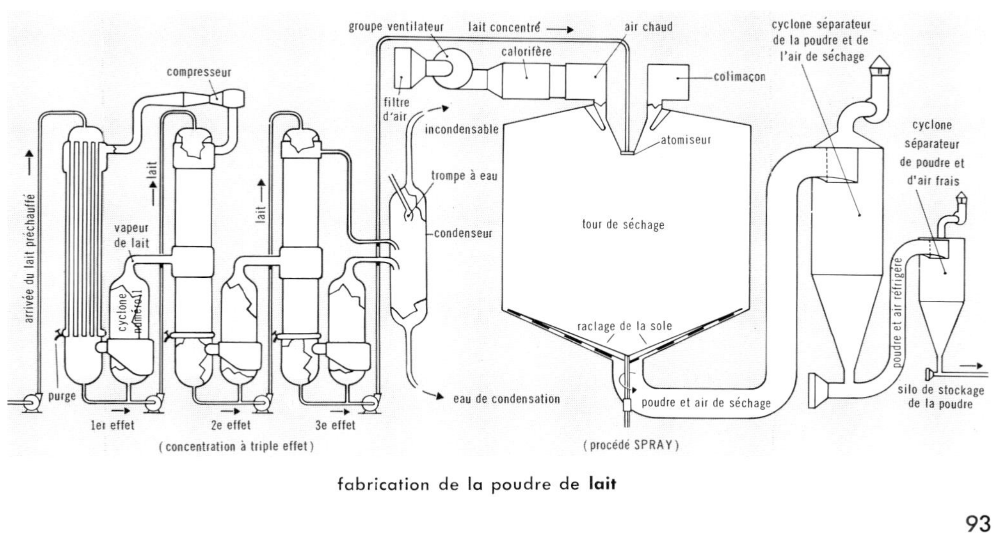

fabrication de la poudre de **lait**

Phot. Larousse, Cayez.

g/100 g	Matières grasses	Extrait sec dégraissé	Protéines (Nx 6,38)	Lactose	Calcium	Calories pour 100 g	Nombre de jours nécessaires pour doubler le poids de naissance
femme	4,62	8,97	1,23	6,94	0,03	73	nourrisson, 180 jours
vache							
Frisonne	3,50	8,65	3,25	4,60	0,115	62	
Guernesey	4,65	9,10	3,65	4,70	0,130	75	veau, 50 jours
bufflone							
(Inde)	7,45	9,32	3,78	4,90	0,190	100	
chèvre	4,5	8,7	3,3	4,4	0,13	71	chevreau, 20 jours
brebis	7,5	10,9	5,6	4,4	0,2	105	agneau, 15 jours
jument	1,6	8,5	2,2	6	0,09	47	poulain, 60 jours
ânesse	1,5	8,6	2,1	6,2		70	
yak	7	10,9	5,2	4,6		100	
lama	3,2	10,3	3,9	5,3		65	
renne	22,5	14,2	10,3	2,4		250	

lama

en faire du fromage, en le concentrant (lait condensé), en le séchant (lait en poudre) ou en le transformant en beurre.
La production annuelle de lait en France est d'environ 250 millions d'hectolitres.
— *Méd.* Chez la femme, la montée de lait commence après l'accouchement ; elle débute par l'excrétion d'un liquide épais, le colostrum, puis la sécrétion lactée s'établit et atteint progressivement jusqu'à 1 litre par vingt-quatre heures. L'alimentation du nourrisson au lait maternel est la plus favorable à son développement pendant les trois ou quatre premiers mois de la vie ; si l'enfant est nourri au lait de vache, ce dernier doit être coupé d'eau et sucré en raison de sa composition différente. Les laits industriels (laits secs, concentrés sucrés, concentrés non sucrés, homogénéisés) sont adaptés aux besoins du nourrisson et doivent être employés suivant des directives précises.

laitage [lɛtaʒ] n. m. Le lait et tout ce qui se fait avec le lait : *se nourrir de laitage.*

laitance ou **laite** n. f. Substance blanche et molle qui se trouve dans les poissons mâles et qui est formée par les éléments reproducteurs.

laité, e adj. Qui a de la laite, ou laitance : *hareng laité.*

laiterie n. f. Etablissement où l'on reçoit du lait en vue de sa distribution directe à la consommation (lait pasteurisé, lait stérilisé) ou de sa transformation (lait concentré sucré ou non, lait en poudre, fromage, caséine, beurre).

laiteron n. m. Plante de la famille des composées, contenant un latex blanc et à fleurs jaunes. (C'est une excellente nourriture pour les porcs et les lapins.)

laiteux, euse adj. Qui ressemble au lait : *liquide laiteux.* ‖ Qui a la couleur du lait : *blanc laiteux.*

laitier, ère n. Commerçant détaillant en produits laitiers. ‖ — Adj. Qui concerne le lait et ses dérivés : *industrie laitière.* ● *Vache laitière,* vache qui est élevée pour la production du lait.

laitier n. m. Sous-produit métallurgique essentiellement formé de silicates.
— ENCYCL. Les *laitiers* sont destinés à rassembler les impuretés provenant du minerai ou des matières premières ajoutées dans des opérations métallurgiques. Ils sont obtenus par additions convenables dans les charges et sont formés principalement de bases alcalino-terreuses, surtout chaux et alumine, ce qui les distingue des scories, composées principalement d'oxydes de fer et de manganèse. Les laitiers sont formés au cours des fusions d'élaboration et viennent surnager à la surface du métal en fusion.

laiton [lɛtɔ̃] n. m. (empr. à l'arabe *latun,* cuivre). Alliage de cuivre et de zinc (jusqu'à 46 p. 100) : *les laitons sont ductiles et malléables.*
— ENCYCL. Les *laitons* contenant de 10 à 38 p. 100 de zinc sont travaillés à froid ; ceux qui comportent moins de 10 ou plus de 38 p. 100 de zinc sont façonnés à chaud. Les *laitons ordinaires,* contenant jusqu'à 20 p. 100 de zinc, sont utilisés en bijouterie et en orfèvrerie. Le *laiton d'emboutissage,* à 33 p. 100 de zinc et particulièrement malléable, est utilisé pour l'emboutissage profond des douilles de cartouches ou de lampes. Les *laitons de décolletage,* contenant jusqu'à 4 p. 100 de zinc et plus, sont généralement additionnés de 1 p. 100 de plomb pour permettre leur usinage rapide sur machines-outils automatiques. Les *laitons spéciaux,* outre du zinc, contiennent de l'étain, de l'aluminium, du fer, du nickel ou du manganèse, et sont utilisés sous forme de produits façonnés ou de pièces de fonderie.

laitonner v. t. Garnir de fils de laiton : *laitonner un chapeau de femme.*

laitue [lety] n. f. (lat. *lactuca;* de *lac, lactis,* lait). Plante potagère de la famille des composées, qu'on mange ordinairement en salade, mais qui peut aussi être cuite. (On connaît de nombreuses variétés de laitues : laitues à couper, qui ne forment pas de pomme ; laitues pommées [batavia, laitues beurre, laitues grasses] ; laitues romaines à pomme haute ; laitue scarole ; laitue vireuse. On sème à partir de mars les laitues de printemps, d'avril les laitues d'été, de juillet les laitues d'automne, de septembre les laitues d'hiver.)

laïus [lajys] n. m. *Fam.* Discours, allocution.

laïusser v. i. *Fam.* Faire un laïus.

laïusseur, euse adj. et n. *Fam.* Qui a l'habitude de tenir de longs discours.

laize [lɛz] n. f. (du lat. *latus,* large). Largeur d'une étoffe entre ses deux lisières. (Syn. LÉ.)

laitue

La Jonquière (Pierre Jacques DE TAFFANEL, *marquis* DE), marin français, né au château de La Jonquière, à Graulhet (1685-1752). En 1747, il livra aux Anglais une bataille au cap Finisterre et, en 1749, fut nommé gouverneur du Canada.

Lajtha (László), compositeur et ethnographe hongrois, né à Budapest (1892-1963). Il est l'auteur d'une œuvre abondante de musique symphonique et de chambre qui s'alimente aux sources de la Transylvanie et de la Hongrie et qui est sensible aux influences françaises.

Lakanal (Joseph), homme politique français, né à Serres (comté de Foix) [1762-1845]. Conventionnel, il fit adopter la loi sur l'instruction publique (1794) et les décrets organisant les trois degrés d'instruction. Député aux Cinq-Cents (1795-1797).

Lake Success, faubourg de New York. Siège de l'O. N. U. de 1946 à 1951.

lakh n. m. V. LACK.

lakiste [lakist] n. et adj. (de l'angl. *lake,* lac). Se dit des poètes anglais de la fin du XVIIIe et du début du XIXe s. — dont les principaux sont Wordsworth, Coleridge, Southey — qui habitaient ou fréquentaient le district des lacs au nord-ouest de l'Angleterre, et qui se distinguent par leur goût pour les descriptions de la nature et de la vie familière.

Lalande (*saint* Jean DE). V. JEAN DE LALANDE (*saint*).

La Lande (Michel Richard DE). V. DELALANDE (Michel Richard).

Lalande (Joseph Jérôme LEFRANÇOIS DE), astronome français, né à Bourg-en-Bresse (1732-1807). Il mesura la parallaxe de la Lune à Berlin, pendant que La Caille opérait au cap de Bonne-Espérance (1751). En 1760, il fut chargé de la rédaction de la *Connaissance des temps.* Sa volumineuse *Bibliographie astronomique* (1804) est une chronique de la science de son temps.

Lalande (André), philosophe français, né à Dijon (1867-1963), principal rédacteur d'un *Vocabulaire technique et critique de la philosophie.*

La Laurencie (Lionel DE), musicologue français, né à Nantes (1861-1933), auteur d'un monumental ouvrage scientifique : *l'Ecole française de violon de Lully à Viotti* (3 vol., 1922-1924). Il a été l'un des fondateurs de la Société française de musicologie (1917).

Lalbenque [-bɛ̃k] (46230), ch.-l. de c. du Lot (arr. de Cahors) ; 876 h. (362 aggl.).

Lalemant (*saint* Gabriel). V. GABRIEL LALEMANT (*saint*).

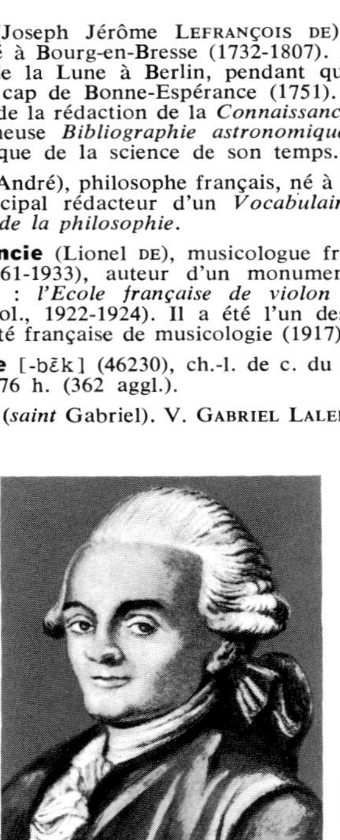
Lefrançois de Lalande

lamantin

Lalinde (24150), ch.-l. de c. de la Dordogne (arr. de Bergerac), sur la Dordogne ; 3 291 h. (1 625 aggl.) [*Lindois*]. Papeterie. Anc. bastide.

Lalique (René), décorateur français, né à Hay (Marne) [1860-1945]. Il se consacra au verre moulé et édifia notamment les anciennes fontaines du rond-point des Champs-Elysées, la salle à manger du paquebot *Normandie.* Il est représenté au musée des Arts décoratifs.

Lallaing (59167), comm. du Nord (arr. de Douai) ; 8 795 h. Houille.

lallation [lalasjɔ̃] n. f. Ensemble des émissions vocales des nourrissons.

Lally (Thomas, *baron* DE TOLLENDAL, *comte* DE), officier français d'origine irlandaise, né à Romans (Dauphiné) [1702-1766]. Après s'être brillamment illustré dans les guerres de Succession de Pologne et d'Autriche, il fut envoyé aux Indes, où il se heurta aux indigènes et à ses officiers. Il perdit Surat et Masulipatnam (1759), et capitula dans Pondichéry assiégé (1761). Rappelé en France, il fut condamné à mort par le parlement et exécuté. — Son fils Gérard, marquis **de Lally-Tollendal,** né à Paris (1751-1830), et Voltaire firent campagne pour sa réhabilitation, qui fut obtenue en 1778. (Acad. fr., 1816.)

Lalo (Edouard), compositeur français, né à Lille (1823-1892). Son œuvre, d'inspiration surtout romantique (*Concerto* pour violoncelle, 1877) ou folklorique (*Symphonie espagnole,* 1873), vaut par la richesse de l'orchestration. Il est l'auteur du ballet *Namouna* (1882) et de la légende bretonne du *Roi d'Ys* (1888).

Lalouvesc (07520), comm. de l'Ardèche (arr. de Tournon) ; 593 h. Station d'altitude (1 050 m). Pèlerinage au tombeau de saint François Régis (basilique du XIXe s.).

lama [lama] n. m. (mot du Tibet). Prêtre ou religieux bouddhiste, chez les Mongols et les Tibétains. ● *Grand lama* ou *dalaï-lama,* chef suprême de la religion bouddhique.

lama n. m. (mot esp. empr. à une langue du Pérou). Mammifère ruminant de la cordillère des Andes, dont il existe deux races sauvages (*guanaco* et *vigogne*) et deux races domestiques (*alpaga* et *lama* proprement dit). [Le lama appartient à la famille des camélidés, mesure 2,50 m de long et peut vivre 20 ans. On l'utilise comme bête de somme et on l'élève pour sa chair et sa laine.]

Lama (20218 Ponte Leccia), ch.-l. de c. de la Corse (arr. de Bastia), dominant l'Ostriconi ; 403 h.

lamaïsme [lamaism] n. m. Forme particulière du bouddhisme au Tibet et en Mongolie.

lamaïste n. Adepte du lamaïsme.

Lamalou-les-Bains (34240), comm. de l'Hérault (arr. de Béziers) ; 2 530 h. Station thermale aux eaux bicarbonatées, sodiques, calciques, ferrugineuses, arsenicales, carbogazeuses et radio-actives (de 17 à 49 °C), employées dans les affections nerveuses (séquelles de poliomyélite, d'hémiplégies, névralgies) et dans les rhumatismes chroniques.

lamanage [lamanaʒ] n. m. Mouvement d'un navire à l'intérieur d'un port avec un pilote à bord. ‖ Opération d'amarrage d'un navire à quai, qui fait l'objet d'une concession.

lamaneur n. et adj. m. (de l'anc. néerl. *lotsman,* pilote). Ouvrier employé dans un port pour l'amarrage des navires.

lamantin [lamɑ̃tɛ̃] n. m. (de l'esp. *manati*). Mammifère herbivore de l'ordre des siréniens, au corps massif atteignant 3 m de long et pesant jusqu'à 500 kg, vivant dans les fleuves de l'Afrique et de l'Amérique tropicales.

Phot. Lauros - Atlas-Photo, Boyer, Dragesco, Coopération.

Lamarche (88320), ch.-l. de c. des Vosges (arr. de Neufchâteau); 1 201 h. Eglise des XIIe-XIIIe s. Couvent de Trinitaires (XVe s.).

La Marche (Olivier DE), écrivain français (v. 1426-1502). Chroniqueur des ducs de Bourgogne, il est également l'auteur de poèmes et d'un roman allégorique, qui célèbre l'héroïsme de Charles le Téméraire (*le Chevalier délibéré,* 1483).

La Marck (Guillaume DE), surnommé **le Sanglier des Ardennes** (v. 1446-1485). Il fut l'instrument de la politique de Louis XI lors de la révolte des Liégeois.

Lamarck (Jean-Baptiste DE MONET, *chevalier* DE), naturaliste français, né à Bazentin (Picardie) [1744-1829]. Il se fit connaître par un ouvrage intitulé *Flore française* (1778). Il publia l'*Encyclopédie botanique* et l'*Illustration des genres* (1783-1817). Il créa le système de la division dichotomique et fut nommé au Muséum professeur du cours sur les animaux à sang blanc, qu'il a appelés « animaux sans vertèbres ». Par ses deux ouvrages la *Philosophie zoologique* (1809) et l'*Histoire naturelle des animaux sans vertèbres* (1815-1822), il apparaît comme le fondateur de deux théories : la *génération spontanée* et le *transformisme,* que reprit Darwin.

lamarckisme [lamarkism] n. m. (de *Lamarck,* naturaliste français, promoteur de la théorie au début du XIXe s.). Doctrine évolutionniste professée en premier lieu par Lamarck et selon laquelle l'évolution des espèces résulte de la transmission héréditaire des caractères adaptatifs acquis par les individus à la suite des efforts qu'ils poursuivent pour mieux vivre dans un milieu hostile.

— ENCYCL. Ce n'est qu'en France et pendant la seconde moitié du XIXe s. que le *lamarckisme* a régné sur la biologie, en dépit de l'échec constant des tentatives sans cesse renouvelées pour établir expérimentalement l'hérédité des caractères acquis. La variation est suffisamment expliquée par le jeu des mutations chromosomiques, et les merveilles (incontestables) de l'adaptation sont assez justifiées par la sélection naturelle (Darwin) et la préadaptation (Cuénot) pour que l'on puisse, au moins provisoirement, écarter toute idée de « codage », c'est-à-dire d'inscription, dans le patrimoine génétique, d'événements survenus aux cellules non reproductrices. Toutefois, certains faits de phénocopie (ressemblance entre un caractère héréditaire et un caractère adaptatif) restent des plus troublants; de même que certaines expériences récentes sur le conditionnement transmissible chez les planaires.

La Marmora (Alfonso FERRERO), général et homme politique italien, né à Turin (1804-1878). Il sauva Charles-Albert lors de l'émeute de Milan (1848) et organisa l'armée. Commandant des forces sardes en Crimée (1855) et pendant la campagne d'Italie (1859), président du Conseil (1864), il conclut l'alliance italo-prussienne (1866). Lieutenant du roi à Rome après l'annexion de 1870, il se retira ensuite de la vie publique.

Lamarque (Maximilien), général et homme politique français, né à Saint-Sever (1770-1832). Il fut l'un des orateurs de l'opposition libérale à la Chambre des députés. Ses obsèques furent l'occasion de l'émeute des 5 et 6 juin 1832.

Lamartine (Alphonse DE), poète français, né à Mâcon (1790-1869). Après une enfance dans la propriété familiale de Milly, des études à Lyon et à Belley, il voyage en Italie, entre dans les gardes du corps et fait à Aix-les-Bains la connaissance de Mme Charles, qu'il retrouve à Paris en 1817. Son premier recueil lyrique (*Méditations poétiques,* 1820) lui assure une immense célébrité, et la jeune génération romantique le salue comme son maître. Mais son ambition va à une carrière diplomatique qu'il abandonne à l'avènement de Louis-Philippe. Il revient à la poésie (*les Harmonies poétiques et religieuses,* 1830; *Jocelyn,* 1836; *la Chute d'un ange,* 1838), voyage en Orient, puis met son talent au service des idées libérales (*Histoire des Girondins,* 1847). Membre du gouvernement provisoire et ministre des Affaires étrangères en 1848, il défend le drapeau tricolore contre le drapeau rouge, mais perd de son influence après les journées de juin. Candidat malheureux aux élections présidentielles, il songe à se retirer en Turquie et n'écrit plus que des récits autobiographiques (*Confidences,* 1849; *Graziella,* 1852) et, pour payer ses dettes, un *Cours familier de littérature* (1856-1869). Il mourut presque oublié. (Acad. fr.)

lamartinien [lamartinjɛ̃], **enne** [-ɛn] adj. Propre à Lamartine. ‖ Qui imite la poésie de Lamartine.

lamaserie n. f. Couvent de lamas, au Tibet.

Lamastre (07270), ch.-l. de c. de l'Ardèche (arr. de Tournon), dans le nord du Vivarais; 3 409 h. (2 683 aggl.). Bonneterie. Chaussures.

Lamb (Charles), écrivain anglais, né à Londres (1775-1834). Poète, dramaturge, conteur, il doit sa popularité aux essais, signés ELIA, qu'il publia de 1820 à 1825 dans le *London Magazine* et qui restent un des meilleurs exemples de l' « humour ».

Lamb (Willis Eugene), physicien américain, né à Los Angeles en 1913. Il est l'auteur de découvertes sur la structure du spectre de l'hydrogène. (Prix Nobel de physique, 1955.)

Lamballe (22400), ch.-l. de c. des Côtes-du-Nord (arr. de Saint-Brieuc); 6 119 h. (*Lamballais*). Anc. cap. du Penthièvre. Eglise Notre-Dame (XIIe-XIVe s.); anc. prieuré.

Lamballe (Marie-Thérèse Louise DE SAVOIE-CARIGNAN, *princesse* DE), née à Turin (1749-1792), amie dévouée de Marie-Antoinette, victime des massacres de Septembre (1792).

Lamarck
miniature, coll. part.

Lamartine
par Devéria, *B. N.*

Jean Henri **Lambert**
lithographie

Lambaréné, v. du Gabon, sur l'Ogooué; 4 000 h. Centre hospitalier créé par le docteur A. Schweitzer.

lambda [lɑ̃bda] n. m. Onzième lettre de l'alphabet grec (λ), correspondant au *l* français.

lambeau [lɑ̃bo] n. m. (du francique **labba,* morceau d'étoffe). Morceau de chair, d'étoffe arrachée : *vêtement tout en lambeaux.* ‖ *Fig.* Fragment, partie d'une phrase, d'un texte. ● *Tomber en lambeaux,* s'en aller par morceaux.

lambel [lɑ̃bɛl] n. m. *Hérald.* Brisure placée en chef, et qui consiste en un bâton péri en fasce, d'où pendent des *denticules,* ordinairement au nombre de trois.

Lambersart (59130), comm. du Nord (arr. de Lille), près de Lille; 27 290 h. (*Lambersartois*). Filatures et tissages de coton.

Lambert (Michel), compositeur français, né à Champigny, près de Vivonne (Poitou) [v. 1610-1696]. Il fut maître de musique de la chambre du roi, chanteur et professeur de chant, et auteur d'airs de cour. Il était le beau-père de Lully, qu'il a beaucoup secondé dans la création de l'opéra français.

Lambert (John), général anglais, né près de Kirkby Malham (Yorkshire) [1619-1684]. Lieutenant de Cromwell, il se révolta ensuite contre le Parlement.

Lambert (Anne Thérèse DE MARGUENAT DE COURCELLES, *marquise* DE), femme de lettres française, née à Paris (1647-1735). Elle tint un salon célèbre et écrivit des traités moraux, des romans et, pour ses enfants, *l'Avis d'une mère à sa fille et à son fils* (1728).

Lambert (Jean Henri), mathématicien français, né à Mulhouse (1728-1777). Ses travaux portent sur les sujets les plus divers. En particulier, il démontra l'incommensurabilité de π (1768), édifia la trigonométrie sphérique (1770), découvrit la série qui porte son nom (1772) et fit des recherches sur le postulat des parallèles. L'un des créateurs de la photométrie, il en donna la loi fondamentale.

Lambert (*hôtel*), résidence historique située dans l'île Saint-Louis, à Paris, construite en 1640 par Le Vau pour le président Lambert de Thorigny et décorée par Lesueur de peintures dont certaines sont au Louvre. La galerie d'Hercule est ornée de stucs par Le Brun et Van Obstal.

Lambesc (13410), ch.-l. de c. des Bouches-du-Rhône (arr. d'Aix-en-Provence), au pied de la Trévaresse; 2 822 h. (*Lambesquais*). Conserves de légumes.

Lambèse, auj. **Tazoult,** comm. d'Algérie (Batna), au nord de l'Aurès; 5 100 h. Importantes ruines romaines.

lambic [lɑ̃bik] n. m. Bière forte de Belgique.

lambin [lɑ̃bɛ̃], **e** [-in] adj. et n. (peut-être de *Lambin,* nom propre, autre forme de *Lambert*). *Fam.* Qui agit avec lenteur.

Lambin (Denis), humaniste français, né à Montreuil-sur-Mer (1516-1572). Il édita les auteurs latins.

lambiner v. i. *Fam.* Agir lentement. ‖ Perdre son temps à des futilités.

lamblia n. m. (du médecin tchèque W. *Lambl*). Flagellé parasite de l'intestin de l'homme, et qui peut parfois entraîner son inflammation.

lambliase [lɑ̃blijɑz] n. f. Maladie due aux lamblias, caractérisée par une entérocolite avec diarrhée.

lambourde [lɑ̃burd] n. f. (du haut allem. *lado,* planche.) Poutre fixée le long d'un mur pour recevoir les solives. ‖ Pièce de bois reposant sur les solives et sur laquelle est cloué le parquet. ‖ *Hortic.* Rameau terminé par des boutons à fruits.

lambrequin [lɑ̃brəkɛ̃] n. m. (du néerl. *lamperkijn,* de *lamper,* voile). Ornement en étoffe, en bois ou en tôle découpée, pour couronner un heaume, un pavillon, une marquise, un ciel de lit, etc. ‖ — Pl. *Hérald.* Bandes d'étoffe descendant en rinceaux du heaume qui timbre un écu d'armes.

Lambres-lès-Douai (59500 Douai), comm. du Nord (arr. de Douai), sur la Scarpe; 5 159 h. Chaudronnerie.

lambris [lɑ̃bri] n. m. (du lat. *labrusca,* vigne sauvage). Revêtement de menuiserie, de marbre, de stuc, etc., sur les parois intérieures d'une pièce. ‖ Revêtement d'un plafond. ‖ Enduit de plâtre posé sur un lattis jointif, sous les chevrons d'un comble. ‖ — Pl. *Lambris dorés,* habitation opulente.

lambrissage n. m. Ouvrage du menuisier ou du maçon qui a lambrissé.

lambrisser [lɑ̃brise] v. t. Revêtir d'un lambris les murs d'un appartement. ‖ Couvrir de plâtre. ● *Chambre lambrissée,* chambre dont le plafond ou les murs sont inclinés suivant la pente du toit.

lambruche [lɑ̃bryʃ] ou **lambrusque** [-brysk] n. f. (lat. *labrusca*). Vigne redevenue sauvage.

lambswool [lamswul] n. m. (mot anglais signif. *laine d'agneau*). Laine très légère donnée par des agneaux de moins de huit mois. ‖ *Par extens.* Tissu fabriqué avec cette laine.

lame [lam] n. f. (lat. *lamina*). Morceau de métal, de verre, plat et très mince. ‖ Petite plaque de verre rectangulaire sur laquelle on dépose les objets à examiner au microscope. ‖ Fer d'une épée, d'un couteau, d'un canif, etc. ‖ Outil à large arête coupante. ‖ Vague de la mer : *navire secoué par une lame.* ● *C'est une fine lame* (Fig.), se dit d'un homme qui manie bien l'épée. ‖ *Lame criblée,* partie de l'os ethmoïde séparant fosses nasales et boîte crânienne, par les pores de laquelle passent les filets nerveux olfactifs. ‖ *Lame de fond,* vague de grande intensité qui s'élève subitement du fond de la mer. ‖ *Lame perpendiculaire,* partie de l'os ethmoïde séparant les deux fosses nasales. ‖ *Lame spirale,* crête du limaçon osseux, qu'elle sépare en deux rampes (tympanique et vestibulaire). ‖ *Lame vertébrale,* partie osseuse formant l'arc postérieur des vertèbres, entre l'apophyse articulaire et l'apophyse épineuse.

lamé, e adj. et n. m. Se dit d'un tissu orné de minces lames d'argent, ou dont le tissage est fait avec un fil de métal.

Lamé (Gabriel), ingénieur et mathématicien français, né à Tours (1795-1870). Le premier, il eut l'idée de la statique graphique (1826), qui fut réellement créée en 1860 par K. Culmann. Il participa à l'établissement des chemins de fer de Paris à Saint-Germain et de Paris à Versailles.

Lamech, nom de deux patriarches antédiluviens, dont l'un fut le père de Noé.

La Meilleraye (Charles, *duc* DE), maréchal de France, né à Paris (1602-1664). Il se distingua à de nombreux sièges pendant la guerre de Trente Ans.

lamellaire [lamɛlɛr] adj. Se dit d'une cassure qui présente des facettes brillantes.

lamelle [lamɛl] n. f. (lat. *lamella*). Petite lame. ● *Lamelle moyenne,* couche interne de matières pectiques, située entre deux couches de cellulose, dans la membrane des cellules végétales : *le rouissage provoque la gélification des lamelles moyennes.*

lamellé, e ou **lamelleux, euse** adj. Garni de lamelles. ‖ Qui se laisse diviser en lames : *l'ardoise est une roche lamelleuse.*

lamellibranches n. m. pl. Autre nom des mollusques de la classe des bivalves*.

lamellicornes n. m. pl. Anc. subdivision des insectes coléoptères, groupant ceux dont les antennes portent des lamelles (scarabées, hanneton, cétoine). ‖ Sing. un *lamellicorne.*

lamelliforme adj. En forme de lamelle.

lamellirostre adj. Qui a le bec garni sur ses bords de lamelles transversales. ‖ — N. m. pl. Anc. nom des oiseaux de l'ordre des ansériformes, dont la langue et les deux mandibules du bec sont bordées de lamelles cornées jouant le rôle de filtre.

La Mennais (Jean-Marie DE), prêtre français, né à Saint-Malo (1780-1860). S'étant voué à l'instruction populaire, il fonda en Bretagne la congrégation des frères de l'Instruction chrétienne (dits « de Ploërmel »).

La Mennais ou **Lamennais** (Félicité Robert DE), écrivain français, né à Saint-Malo (1782-1854), frère du précédent. Ultramontain, il lutta contre le gallicanisme, notamment dans *Réflexions sur l'état de l'Eglise de France* (1808). Devenu prêtre (1816), il se fit connaître par son *Essai sur l'indifférence en matière de religion* (1817-1823). Après la révolution de 1830, il fonda le journal *l'Avenir.* Sa retraite de La Chesnaie devint le rendez-vous

Phot. Le Charles, Lauros-Giraudon, Larousse.

et le séminaire de pensée de la jeunesse libérale catholique. Mais ses idées ayant été réprouvées par Grégoire XVI (encyclique *Mirari vos*, 1832), il rompit avec l'Église et la plupart de ses amis : son livre *Paroles d'un croyant* (1834) fit l'effet d'un manifeste. Il versa dès lors dans un socialisme humanitaire (*le Livre du peuple*, 1838). Il fut élu député en 1848.

Lament for Ignacio Sánchez Mejías, ballet de Doris Humphrey, inspiré par le poème homonyme de Federico García Lorca, musique de N. Lloyd, décors de Michel Czaja, costumes de P. Lawrence, créé à Bennington College (Massachusetts), en 1946, par la compagnie de Doris Humphrey. Un des chefs-d'œuvre du ballet américain contemporain.

lamentable [lamɑ̃tabl] adj. Qui porte à la pitié : *une situation lamentable*. ‖ *Fam.* Mauvais : *une composition lamentable*.

lamentablement adv. De façon lamentable.

lamentation n. f. Plainte accompagnée de gémissements et de cris.

Lamentations. V. JÉRÉMIE.

lamenter (se) [səlamɑ̃te] v. pr. (lat. *lamentari*). Se plaindre, se désoler.

Lamentin (LE) [97232], comm. de la Martinique ; 18 592 h. — Comm. de la Guadeloupe (97129) [Basse-Terre] ; 8 919 h.

lamento [lamɛnto] n. m. (mot ital.). Complainte.

Lameth (Théodore, *comte* DE), général et homme politique français, né à Paris (1756-1854). Député du Jura à la Législative, il vota contre la guerre (1792). Général de brigade en 1793, il fut destitué. Il fut député de la Somme aux Cent-Jours. — Son frère Charles, comte **de Lameth,** général et homme politique, né à Paris (1757-1832), servit dans la guerre de l'Indépendance américaine. Député de la noblesse à l'Assemblée constituante, il fit voter après Varennes des sanctions contre le roi. Général de brigade (1792), il démissionna après le 10-Août. Il combattit en Espagne dans l'armée napoléonienne. — Alexandre, comte **de Lameth,** né à Paris (1760-1829), frère des précédents, aide de camp de Rochambeau en Amérique, député à la Constituante, forma avec Barnave et Du Port un « triumvirat » contre Mirabeau. Après la fuite à Varennes, il rompit avec le chef des Jacobins et, avec son frère Charles, fut un des fondateurs du club des Feuillants (1791). Il se rapprocha ensuite de la Cour et émigra avec La Fayette (1792). Interné par les Autrichiens (1797), il rentra en France après le 18-Brumaire. Il siégea parmi les libéraux à la Restauration.

La Mennais

lamier blanc

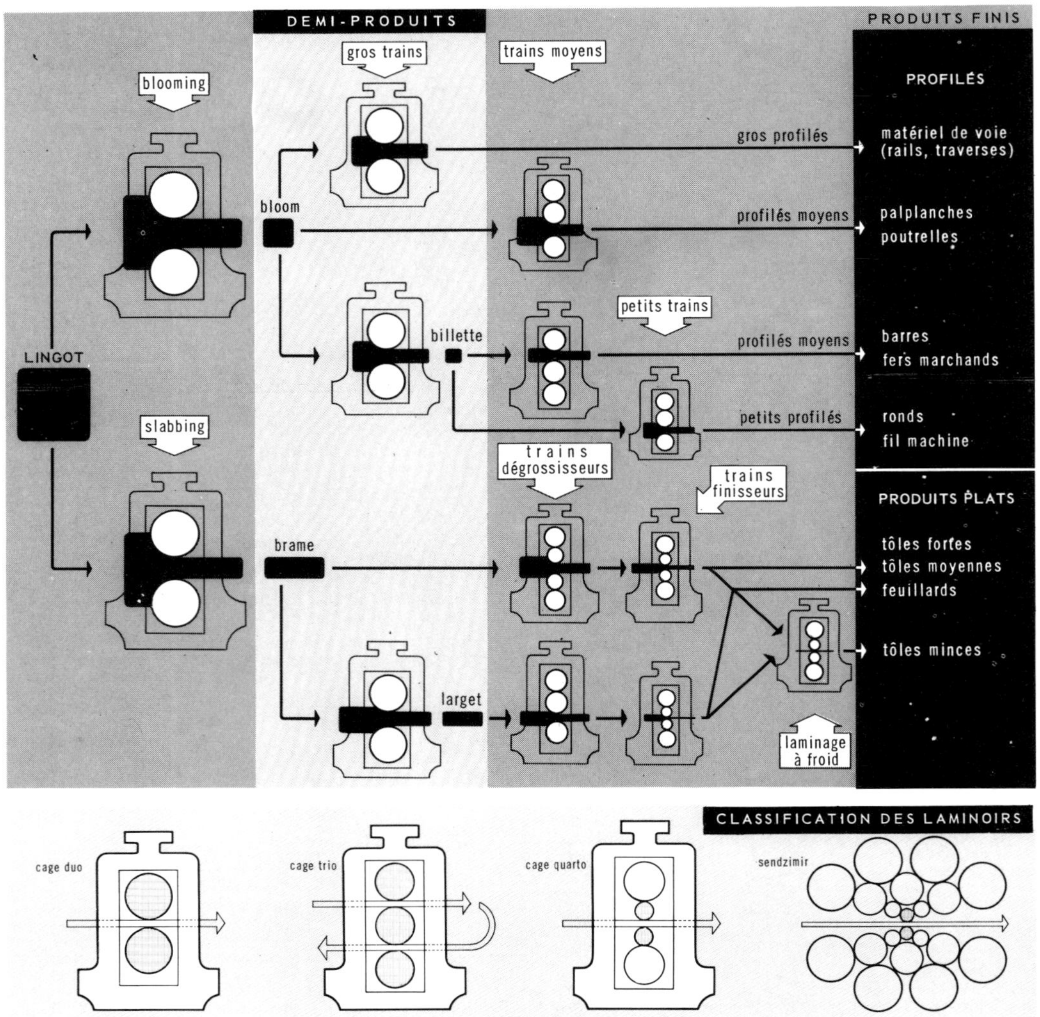

laminage

La Mettrie (Julien OFFROY DE), médecin et philosophe français (Saint-Malo 1709 - Berlin 1751). Il fit ses études chez les jésuites, fut médecin des gardes-françaises (1742) et prit part aux batailles de Fontenoy et de Dettingen. La publication de son ouvrage matérialiste *Histoire naturelle de l'âme* (1745) lui fit perdre sa place ; il trouva refuge auprès de Frédéric II. La Mettrie appliquait aux hommes la théorie cartésienne de l'animal-machine. Outre des ouvrages de médecine (*Traité du vertige*, 1737 ; *Traité de la petite vérole*, 1740), on lui doit *Réflexions philosophiques sur l'origine des animaux* (1750).

Lami (Eugène), peintre français, né à Paris (1800-1890). Il débuta comme peintre militaire, mais le meilleur de son œuvre est dans ses dessins et ses aquarelles, précieux témoignages sur la vie et les mœurs de son temps.

Lamía, v. de Grèce, en Phtiotide, près du *golfe de Lamía ;* 38 500 h. Elle a donné son nom à la *guerre lamiaque*, qui eut lieu entre la Grèce et la Macédoine après la mort d'Alexandre (323-322 av. J.-C.), et qui se termina par l'écrasement des Grecs.

lamie [lami] n. f. (lat. *lamia*). Monstre ou démon fabuleux des Anciens. ‖ Requin, appelé aussi *taupe* ou *touille*, atteignant 4 m de long.

lamier [lamje] n. m. (lat. *lamium*). Plante de la famille des labiacées, commune au bord des chemins et dans les bois, appelée couramment *ortie blanche, jaune, rouge*.

laminage n. m. Action de laminer : *l'acier se prête au laminage*. (V. *encycl.*) ‖ Résultat de cette action. ● *Laminage de la vapeur,* chute de pression de la vapeur à la suite de son passage à travers un orifice étroit.

— ENCYCL. Le *laminage* est une opération métallurgique continue, au cours de laquelle le produit est engagé entre les cylindres du laminoir et entraîné par l'effet du frottement. Pour obtenir les fortes réductions de section, courantes en pratique, il est nécessaire d'opérer par passes successives en utilisant des cages de laminoir placées les unes derrière les autres. Le laminage se pratique le plus souvent à chaud, afin de donner à la matière la ductilité optimale. L'acier est laminé entre 950 °C et 1 150 °C environ. Lorsque l'acier a une faible épaisseur, moins de 2 mm par exemple, on le lamine à froid. Cette technique est également utilisée lorsque l'on désire une précision d'épaisseur ou une qualité de surface que ne peut donner le laminage à chaud ; toutefois, l'écrouissage limite l'importance des variations de section à chaque passe. Il est souvent nécessaire de procéder à des recuits intermédiaires. On obtient des produits finis de haute qualité et de présentation parfaite avec des laminoirs à cylindres rectifiés.

laminaire [laminɛr] n. f. Algue brune des côtes rocheuses, dont le thalle peut atteindre plusieurs mètres de long. (On la récolte pour l'utiliser comme engrais ou en tirer de l'iode, de la soude, de la potasse. Les pédicules de la laminaire, séchés, raclés et tournés, sont employés en médecine pour dilater progressivement le canal du col de l'utérus ou certains trajets fistuleux, en raison de leur propriété de sextupler de volume en milieu aqueux.) [V. illustr. OCÉAN.]

laminaire adj. Composé de lamelles parallèles. ● *Régime laminaire,* régime d'écoulement d'un fluide, qui s'effectue par glissement des couches de fluide les unes sur les autres sans échange de particules entre elles. (V. *encycl.*)

— ENCYCL. Les *écoulements laminaires* ne s'observent que dans les conduites de faible diamètre pour des liquides très visqueux ou dans des tubes capillaires pour des fluides quelconques, et que dans l'écoulement de l'huile en lame mince dans les paliers et glissières. Dans les autres cas, l'écoulement est turbulent.

laminectomie n. f. Résection des lames vertébrales, premier temps de toute intervention neurochirurgicale sur la moelle épinière.

laminer [lamine] v. t. (de *lame*). Faire subir à un produit une déformation par compression entre deux cylindres, pour modifier, d'une part, sa constitution interne profondément et, d'autre part, sa forme en l'allongeant, afin de l'amener à des dimensions se rapprochant de la forme finale d'utilisation. ‖ Rétrécir une veine fluide.

lamineur n. m. Ouvrier employé au laminage des métaux. ‖ — Adj. m. : *cylindre lamineur*.

lamineux, euse adj. *Tissu lamineux* (Anat.), tissu conjonctif en lames parallèles.

laminoir n. m. Machine à l'aide de laquelle on peut réduire la section d'un produit par passage entre deux cylindres. (V. *encycl.*) ● *Passer au laminoir* (Fig.), être soumis à de dures épreuves ; soumettre à de dures épreuves.

— ENCYCL. Un *laminoir* se compose de cylindres en fonte ou en acier à axes horizontaux, dont les extrémités, formant tourillons, reposent dans de vastes coussinets supportés par un bâti vertical, appelé « cage ». Celle-ci est constituée par deux montants en forme de cadre massif en acier moulé, fixés sur un entablement et réunis par des entretoises. L'entraînement du laminoir se fait par un moteur électrique, éventuellement un réducteur à engrenages et une cage à pignons permettant d'attaquer simultanément les cylindres. Les laminoirs sont classés d'après la disposition des cylindres dans la cage. Les *cages duo* comprennent deux cylindres, attaqués par

Phot. Larousse, Lauros - Atlas-Photo.

Eugène **Lami**
« Chantilly au XVIIIe s., déjeuner de chasse »
musée Condé, Chantilly

un moteur réversible, permettant d'exécuter les passes successives dans la même cage. Les *cages trio* groupent trois cylindres, les passes se donnant successivement entre le cylindre supérieur et le cylindre médian, puis entre le cylindre médian et le cylindre inférieur sans inversion du sens de rotation du moteur. Les *cages double duo* se composent de deux cages duo travaillant en sens inverse. Les *cages quarto* possèdent deux cylindres de travail, soutenus extérieurement par de gros cylindres d'appui pour éviter une flexion excessive.

Lamoignon (Guillaume DE), magistrat français, né à Paris (1617-1677). Premier président au parlement de Paris (1658), il présida au procès de Fouquet, mais fut, sur ordre de Colbert, remplacé par le chancelier Séguier, moins impartial. Il intervint dans un sens humanitaire lors de la réforme de la législation en 1667 et 1670. — Son frère Nicolas **de Lamoignon de Bâville**. V. BÂVILLE. — GUILLAUME, petit neveu du précédent, né à Paris (1683-1772), premier président à la Cour des aides (1746), succéda à d'Aguesseau comme chancelier (1750). Il démissionna en 1786. Il est le père de Lamoignon de Malesherbes*.

Lamoricière (Louis JUCHAULT DE), général français, né à Nantes (1806-1865). Il se distingua à la tête des zouaves à Constantine (1837), à l'Isly et reçut en 1847 la soumission d'Abd el-Kader. Ministre de la Guerre après les journées de juin 1848, il fut banni pour son opposition à l'Empire. Au service du pape en 1860, il fut battu par les Italiens à Castelfidardo et capitula à Ancône.

La Mothe-Houdancourt (Philippe), duc DE CARDONA et duc DU FAYEL, maréchal de France (1605-1657). Il se distingua au Piémont et fut vice-roi de Catalogne.

La Mothe Le Vayer (François DE), écrivain et philosophe français, né à Paris (1588-1672). Précepteur du duc d'Orléans, puis de Louis XIV, il s'opposa à Vaugelas et aux puristes (*Considérations sur l'éloquence française de ce temps,* 1637), et fut un des principaux représentants du scepticisme au XVIIe s. (*Quatre Dialogues faits à l'imitation des Anciens,* 1630). [Acad. fr.]

La Motte (Jeanne DE SAINT-REMY, *comtesse* DE), née au château de Fontette (Champagne) [1756-1791]. Elle fut impliquée dans l'Affaire du collier.

Lamotte-Beuvron (41600), ch.-l. de c. de Loir-et-Cher (arr. de Romorantin-Lanthenay), dans la Sologne; 4 174 h. Château des XVIe-XVIIIe s.

La Motte-Fouqué (Friedrich, *baron* DE), écrivain allemand, né à Brandebourg (1777-1843). D'abord officier, il écrivit des drames, des romans et surtout un conte romantique (*Ondine,* 1811) qui inspira Giraudoux.

La Motte-Picquet (Toussaint, *comte* PICQUET DE LA MOTTE, connu sous le nom de), marin français, né à Rennes (1720-1791). Il se signala à la prise de la Grenade, puis à la Martinique contre les Anglais, et fut nommé en 1781 lieutenant général des armées navales.

Lamourette (Adrien), prélat et homme politique français, né à Frévent (Boulonnais) [1742-1794]. Membre de la Législative, il demanda, face au péril extérieur, l'union de tous les députés, qu'il amena à se donner l'accolade (7 juillet 1792); la scène est restée célèbre sous le nom de *baiser Lamourette.*

Lamoureux (Charles), violoniste et chef d'orchestre français, né à Bordeaux (1834-1899). Il fonda en 1881 les *Nouveaux Concerts,* qui prirent plus tard son nom.

lampadaire [lɑ̃padɛr] n. m. Support vertical portant un appareil d'éclairage.

lampant [lɑ̃pɑ̃], **e** [-ɑ̃t] adj. (du provenç. *lampan; de lampa,* briller). Se dit d'un liquide pouvant alimenter une lampe. ● *Pétrole lampant,* mélange d'hydrocarbures, obtenu par distillation du pétrole brut.

lamparo [lɑ̃paro] n. m. (mot provenç.). Lampe ou phare utilisé par les pêcheurs, surtout en Méditerranée, pour attirer le poisson.

lampas [lɑ̃pɑ *ou* -pɑs] n. m. (de *lamper*). Tissu de soie décoré de grands dessins et destiné à l'ameublement. ‖ *Vétér.* Engorgement de la membrane qui tapisse le palais des jeunes chevaux.

lampassé, e adj. (de *lampas*). *Hérald.* Se dit de tout quadrupède dont la langue est d'un émail particulier.

lampe [lɑ̃p] n. f. (lat. *lampas, lampadis*). Appareil destiné à produire de la lumière et à servir à l'éclairage. (V. *encycl.*) ‖ Ustensile produisant une flamme et destiné au chauffage : *lampe à alcool.* ‖ Tube à vide et à plusieurs électrodes servant, en radio, à émettre, détecter, amplifier ou redresser les courants oscillants : *lampe diode, triode.* ● *Lampe éclair,* ampoule donnant une lumière très brève, mais très intense. ‖ *Lampe à incandescence,* lampe dans laquelle la lumière est due à l'incandescence, dans un espace vide d'air ou dans un gaz inerte, d'un conducteur fin sous l'action du courant qui le traverse. ‖ *Lampe à iode,* source lumineuse constituée par un filament de tungstène placé dans une ampoule de quartz remplie d'iode à l'état gazeux. ‖ *Lampe lumière du jour,* lampe donnant une lumière dont la composition spectrale se rapproche de celle de la lumière du jour. ‖ *Lampe de sûreté,* lampe pouvant être utilisée dans une atmosphère capable d'exploser. ‖ *Lampe à vapeur de mercure,* tube contenant de la vapeur de mercure, et qui, traversé par un courant électrique, émet une vive lumière bleuâtre.
— ENCYCL. Les *lampes d'éclairage* utilisent la combustion d'un liquide aspiré par une mèche (lampe à huile, à pétrole) ou celle d'un gaz ou d'une vapeur (lampe à essence, gaz d'éclairage), ou l'incandescence d'un filament conducteur dans une ampoule vide d'air ou remplie d'un gaz (lampe électrique à incandescence), ou, enfin, la décharge électrique dans une atmosphère déterminée (lampe à vapeur de mercure, tube au néon, lampe à vapeur de sodium), éventuellement combinée avec un revêtement fluorescent producteur de lumière blanche (lampe fluorescente). Si, dans une lampe à vide, on dispose une plaque entre les branches du filament façonné en forme de U et porté à l'incandescence, on constate le passage d'un courant allant de la plaque au filament. Ce phénomène, dit « d'Edison », est mis à profit dans les lampes utilisées pour les émetteurs et les récepteurs de radio et de télévision, ainsi que pour d'autres appareils électroniques; mais à l'heure actuelle, ces lampes sont concurrencées par les transistors.

Lampedusa, île italienne de la Méditerranée, entre Malte et la Tunisie; 4 800 h. Pêche.

lampée [lɑ̃pe] n. f. *Pop.* Grande gorgée de liquide qu'on avale d'un coup : *une lampée de vin.*

lamper [lɑ̃pe] v. t. (autre forme du mot *laper*). *Pop.* Boire avidement par lampées.

lampion [lɑ̃pjɔ̃] n. m. (ital. *lampione,* grande lampe). Petit récipient dans lequel on met une matière combustible avec une mèche, pour les illuminations. ‖ Lanterne vénitienne.

lampiste [lɑ̃pist] n. m. Personne chargée, dans un établissement ou une exploitation industrielle, de l'entretien et des petites réparations des lampes et lanternes. ‖ *Fam.* Employé subalterne : *s'en prendre au lampiste.*

lampisterie n. f. Lieu où l'on garde et répare les appareils d'éclairage.

lampourde [lɑ̃purd] n. f. Plante de la famille des composées, vivant dans les décombres et dont une espèce, appelée *glouteron* ou *herbe aux écrouelles,* est dépurative.

Lamprecht (Karl), historien allemand, né à Jessen (1856-1915), un des maîtres de l'histoire allemande.

lamprillon [lɑ̃prijɔ̃] n. m. Larve de la lamproie commune dans le sable des rivières.

lamproie [lɑ̃prwa] n. f. (bas lat. *lampreda*). Vertébré aquatique cyclostome, de forme cylindrique et allongée. (La lamproie de mer remonte les fleuves au printemps. Sa peau est nue et gluante; sa chair est délicate; elle atteint 1 m de long. D'autres espèces ne quittent pas les eaux douces.)

Lampsaque, anc. v. d'Asie Mineure (Mysie), sur l'Hellespont. (Auj. *Lapseki.*)

lampyre [lɑ̃pir] n. m. (lat. *lampyris;* du gr. *lampein,* briller). Insecte coléoptère, dont la femelle est connue sous le nom de *ver luisant.*

Lamure-sur-Azergues (69870), ch.-l. de c. du Rhône (arr. de Villefranche-sur-Saône); 1 046 h. (543 aggl.).

Lamy (François), officier et explorateur français, né à Mougins (1858-1900). Il commanda l'escorte de la mission Foureau de la Méditerranée au Tchad, qu'il pacifia, mais fut tué au combat à Kousseri. Il a donné son nom à la ville de *Fort-Lamy.*

Lanark, comté du centre de l'Ecosse, le plus peuplé du pays; 1 563 000 h. Ch.-l. *Lanark* (8 400 h.). V. pr. *Glasgow.*

Lancashire, comté de Grande-Bretagne, dans le nord-ouest de l'Angleterre; 5 198 000 h. Ch.-l. *Preston.* Entre la chaîne des Pennines et la mer d'Irlande, le Lancashire groupe, sur moins de 5 000 km², plus de 5 millions d'hab. La densité du peuplement est liée à l'essor de l'industrie du coton, qui, développée au XIXe s., atteignit son apogée avant la Première Guerre mondiale (600 000 salariés en 1913), et à la présence d'un important gisement houiller faisant de l'ensemble du Lancashire l'une des grandes régions industrielles de la Grande-Bretagne. Le coton est en crise depuis un demi-siècle, et l'extraction houillère a aussi reculé. La région de Manchester*, métropole cotonnière, a été durement touchée, et le développement d'autres activités (constructions mécaniques, chimie) a peine à maintenir le niveau d'emploi. L'agglomération de Liverpool*, moins orientée vers les textiles, a moins souffert du déclin des industries clés.

Lancaster, v. d'Angleterre (Lancashire); 48 900 h.

Lancaster, v. du Canada (Nouveau-Brunswick); 15 800 h.

Lancaster, forme francisée de **Lancaster.**

Lancastre (*maison de*), maison anglaise dont les plus célèbres titulaires sont issus de Jean de Gand, quatrième fils d'Edouard III. Elle fut la rivale de la maison d'York dans la guerre des Deux-Roses (elle portait dans ses armes la rose rouge). Elle a fourni à l'Angleterre les rois Henri IV, Henri V et Henri VI, qui fut détrôné par York.

Lancastre (Jean DE GAND, *duc* DE), né à Gand (1340-1399), quatrième fils d'Edouard III. Il gouverna en fait l'Angleterre durant les dernières années de son père.

Lancastre (Jean DE), duc DE BEDFORD (1389-1435), troisième fils du roi d'Angleterre Henri IV. Lieutenant général du royaume durant les séjours en France de son frère Henri V (1415, 1417-1419), il devint, à la mort de ce dernier, régent et tuteur d'Henri VI. Au congrès d'Arras (1435), il assista à la ruine de sa politique anglaise sur le continent. Il fut un bibliophile éclairé.

lance [lɑ̃s] n. f. (lat. *lancea*). Arme offensive à long manche et à fer pointu. (V. *encycl.*) ‖ Long bâton garni d'un tampon, pour jouter sur l'eau. ‖ Tube métallique adapté à l'extrémité d'un tuyau de pompe et servant à diriger le jet d'eau. ‖ Groupe de quelques cavaliers des compagnies d'ordonnance (XIVe s.). ● *Rompre une lance, des lances avec quelqu'un* (Fig.), soutenir une discussion avec lui.
— ENCYCL. La *lance,* qui était au Moyen Age l'arme des cavaliers, disparut des combats du XVIe au XVIIIe s., tout en demeurant une arme de carrousel. Elle fut de nouveau utilisée à partir du XIXe s. par certains corps de cavalerie. En France notamment, elle arma les lanciers du premier et du second Empire, puis les dragons de 1890 à la Première Guerre mondiale. (V. illustr. ARMES* BLANCHES.)

lance-bombes, lance-flammes, lance-fusées, lance-grenades, lance-roquettes, lance-torpilles n. m. inv.

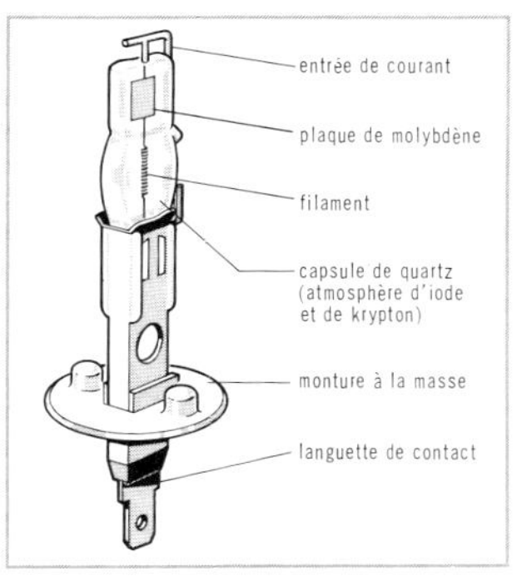

lampe à iode

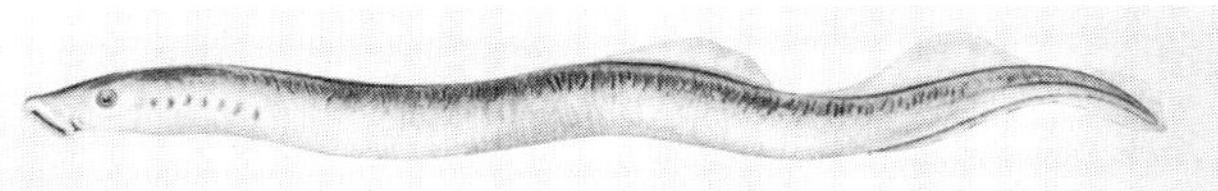

lamproie

détail de la bouche

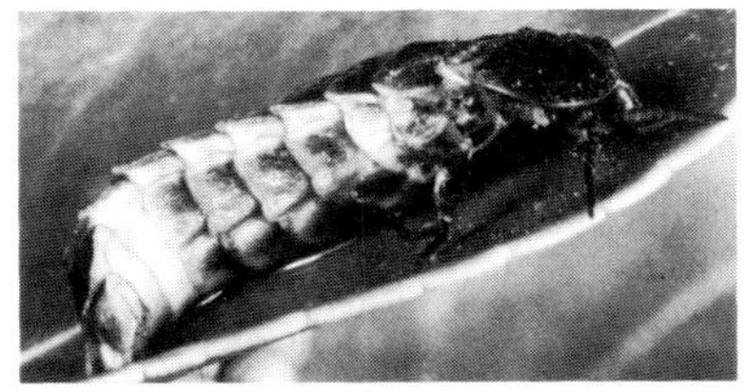

lampyre

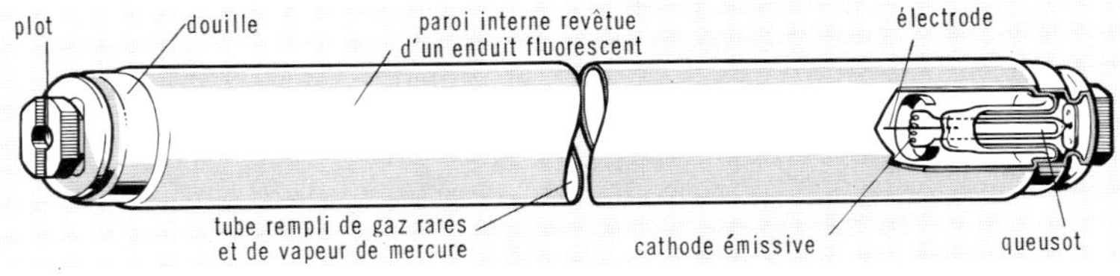

lampe fluorescente

Phot. Giraudon, Lauros - Atlas-Photo, X, Jacques Six.

Mil. Appareil pour lancer des bombes, des liquides enflammés, des fusées, des grenades, des roquettes, des torpilles.

lancée [lɑ̃se] n. f. Elan de ce qui est lancé. ● *Sur sa lancée,* en profitant de la force donnée par l'élan initial.

lance-engins n. m. invar. ou adj. Terme générique par lequel est fréquemment désigné un matériel militaire permettant le lancement de missiles : *un sous-marin nucléaire lance-engins.*

Lancelot (Claude), l'un des Messieurs de Port-Royal, né à Paris (v. 1615-1695). Il contribua à la fondation des Petites Ecoles de Port-Royal et écrivit une *Grammaire générale et raisonnée,* dite *Grammaire de Port-Royal.*

Lancelot du Lac, un des chevaliers de la Table ronde. Elevé par la fée Viviane au fond d'un lac, il s'éprit de la reine Guenièvre, femme du roi Artus, et subit par amour pour elle toutes sortes d'épreuves contées par Chrétien de Troyes dans *Lancelot ou le Chevalier à la charrette* (v. 1168).

lancement n. m. Action de lancer : *le lancement du poids.* ‖ Mise à l'eau d'un navire sur chantier ou hissé sur une cale, par glissement sur un plan incliné. ‖ Action de produire, de faire connaître : *lancement d'un journal, d'un artiste.*

lancéolé [lɑ̃seɔle], **e** adj. (du lat. *lancea,* lance). *Bot.* Se dit d'un organe terminé en forme de lance : *feuille lancéolée.* ● *Gothique lancéolé* (Archit.), caractérisé par des ornements en forme de lancettes.

lance-pierres n. m. inv. Jouet d'enfant pour lancer des cailloux.

lancer [lɑ̃se] v. t. (de *lance*) [conj. **1**]. Jeter avec force : *lancer une flèche, des pierres.* ‖ Envoyer avec force contre quelqu'un : *lancer son venin, un coup de pied; lancer une épigramme.* ‖ Faire partir : *lancer des chiens sur un lièvre.* ‖ Mettre à l'eau : *lancer un navire.* ‖ Emettre vivement : *lancer un cri, un appel.* ‖ Mettre en vedette, faire connaître : *lancer un écrivain* ‖ Mettre en bonne voie : *lancer une affaire.* ● *Lancer un cerf* (Véner.), le faire sortir de l'endroit où il est. ‖ **— Se lancer** v. pr. Se produire hardiment, s'engager dans : *se lancer dans le monde, dans la littérature.*

lancer [lɑ̃se] n. m. *Sports.* Jet d'un poids, d'un disque, etc., d'une ligne avec hameçon. ● *Pêche au lancer,* mode de pêche qui consiste à envoyer l'appât au loin au moyen d'une canne pourvue d'un moulinet.

lancette n. f. Instrument de chirurgie en forme de canif, qui sert à ouvrir une veine, un abcès, etc. ‖ *Archit.* Arc en tiers-point surhaussé ressemblant à une pointe de lance.

lanceur, euse n. Personne qui lance : *un lanceur de javelot; un lanceur d'affaires.*

lancier [lɑ̃sje] n. m. Soldat d'un corps de cavalerie armé de la lance. (V. *encycl.*) ● *Quadrille des lanciers,* ou *les lanciers,* variante du quadrille, dansée en France vers 1856.
— Encycl. En France, les premières unités de *lanciers* furent constituées en 1801, mais Napoléon ne créa le corps des lanciers qu'en 1811 en y affectant notamment un certain nombre de régiments polonais. Par tradition et jusqu'à la suppression du corps en 1871, les lanciers conservèrent ensuite des uniformes « à la polonaise » et en particulier la coiffure appelée *chapska*.*

lancinant, e adj. Qui se fait sentir par élancements aigus : *douleur lancinante.* ‖ *Fig.* Qui obsède, tourmente : *un souvenir, un désir lancinant.*

lancinement n. m. Action de lanciner.

lanciner [lɑ̃sine] v. i. (lat. *lancinare*). Se faire sentir par élancements : *une douleur qui lancine.* ‖ *Fig.* Obséder, tourmenter.

lançon [lɑ̃sɔ̃] n. m. *Zool.* Autre nom de l'Équille.

Lancret (Nicolas), peintre français, né à Paris (v.1690-1743). Elève de Gillot, il travailla dans le goût de Watteau, dont il reçut les conseils. Fréquentant le monde du théâtre, il fit les portraits de la Camargo et de Mlle Sallé. Ses scènes galantes et autres tableaux de genre connurent un grand succès (*les Saisons,* Louvre).

landais [lɑ̃dɛ], **e** [-ɛz] adj. et n. Des Landes.

landammann [lɑ̃daman] n. m. Titre du premier magistrat, dans quelques cantons de Suisse.

landau [lɑ̃do] n. m. (de *Landau,* v. d'Allemagne). Voiture hippomobile suspendue, à quatre roues, et ayant à l'intérieur deux banquettes se faisant vis-à-vis et disposées parallèlement aux essieux. (V. illustr. voitures* hippomobiles.) ‖ Voiture d'enfant à capote. ‖ Pl. des *landaus.*

Landau, v. de l'Allemagne occidentale (Rhénanie-Palatinat); 28 100 h. Industries textiles. Ville impériale depuis le XIIIe s., souvent assiégée ou défendue par les Français aux XVIIe et XVIIIe s.

Landauer (Edmond), industriel belge, né à Bruxelles (1883-1934). Théoricien réputé en organisation, il a adapté les principes de Taylor à l'état d'esprit européen.

landaulet n. m. Petit landau. ‖ Forme ancienne de carrosserie automobile, où le compartiment arrière, séparé de celui du conducteur par une baie vitrée, est carrossé en coupé transformable en voiture découverte.

lande [lɑ̃d] n. f. (du gaul. *landa*). Formation végétale de la zone tempérée, composée principalement de bruyères, de genêts et d'ajoncs, résultant de la dégradation de la forêt de chênes (sous climat océanique), d'origine naturelle (excès de perméabilité ou d'imperméabilité) ou humaine (défrichement, incendie, etc.).

Landé (Jean-Baptiste). V. Landet.

Lander (Alfred Bernhardt Stevnsborg, dit **Harald**), danseur, chorégraphe et maître de ballet d'origine danoise, naturalisé français, né à Copenhague (1905-1971), rénovateur du ballet danois. Il collabora avec de nombreuses compagnies de ballet et fut attaché comme chorégraphe et maître de ballet aux Opéras de Paris et de Hambourg, ainsi qu'au Théâtre royal de Copenhague. Auteur de nombreux ballets, il a signé notamment *Quarrtsiluni* (1942), *Etude* (1948; puis *Etudes,* 1952), *Concerto aux étoiles* (1956).

Landerneau (29220), ch.-l. de c. du Finistère (Nord) [arr. de Brest], sur l'estuaire de l'Elorn; 14 067 h. (*Landernéens*). Anc. cap. du Léon. Engrais.
— Les locutions *Il y aura du bruit dans Landerneau, On en parlera à Landerneau* caractérisent une nouvelle de peu d'importance, mais de nature à piquer la curiosité publique.

Landes, région du Bassin aquitain, sur l'Atlantique, entre le Bordelais et l'Adour. Le tourisme estival, la pêche, l'ostréiculture (Arcachon, Capbreton, Hossegor, Mimizan, Seignosse) animent localement le littoral, rectiligne, bordé de cordons de dunes qui enserrent des étangs. L'intérieur est une vaste plaine triangulaire, dont les sables s'agglutinent parfois en un grès dur, l'alios, qui retient l'eau en marécages insalubres. Cette plaine, autrefois déshéritée, a été transformée à la fin du XVIIIe s. (Brémontier) et sous le second Empire (Chambrelent) par des plantations de pins (fixant les dunes littorales avant de coloniser l'intérieur) et par drainages systématiques. La construction des chemins de fer a permis l'exploitation de la forêt. Mais celle-ci a été souvent dévastée par les incendies, et, surtout, les produits d'exportation (poteaux de mines, gemme) ont subi de graves crises de mévente. Une société d'économie mixte (*Compagnie d'aménagement des Landes de Gascogne*) a tenté récemment une diversification des ressources en développant les cultures et l'élevage, surtout par le rachat des terres en friche. Le sous-sol recèle le principal gisement français de pétrole (Parentis) et un peu de lignite (Arjuzanx).

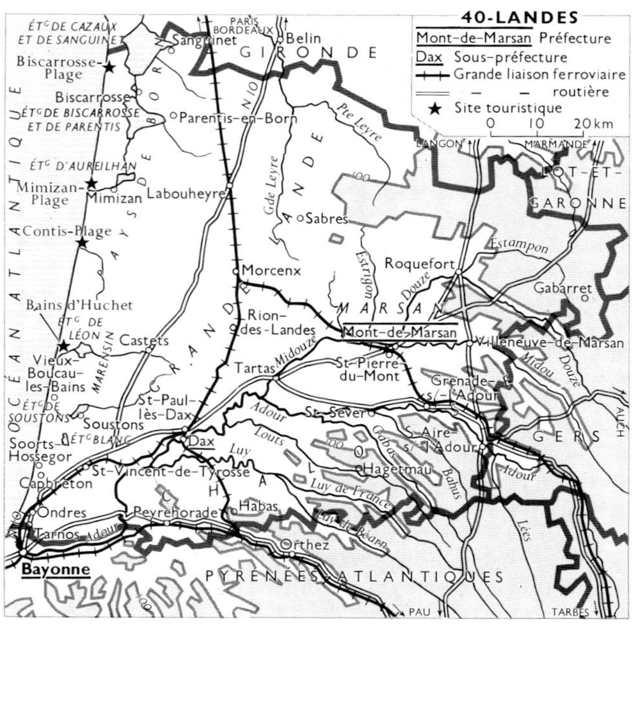

Landes (*dép. des*) [**40**], dép. du bassin d'Aquitaine, sur l'Atlantique; préf. *Mont-de-Marsan;* s.-préf. *Dax;* 2 arr., 30 cant., 332 comm.; 9 364 km²; 277 400 h. (*Landais*). Ce dép., où le secteur primaire emploie environ les deux cinquièmes de la population active, s'étend, au nord de l'Adour, sur la région des *Landes* (v. art. ci-dessus); au sud, la *Chalosse* est une région de collines où l'on pratique la polyculture (blé, maïs, vigne, porcs, chevaux, volaille). Un centre d'expérimentation des missiles a été créé en 1962 entre Biscarrosse et Mimizan.

Landet ou **Landé** (Jean-Baptiste), danseur et chorégraphe français (m. en 1746 ou 1748). Il fonda en 1738 une école de danse à Saint-Pétersbourg, origine de l'école du Théâtre-Impérial.

landgrave [lɑ̃dgrav] n. m. (allem. *Land,* terre, et *Graf,* comte). En Allemagne, jadis, titre de quelques princes souverains. ‖ Magistrat qui rendait la justice au nom de l'empereur.

landgraviat n. m. Dignité du landgrave. ‖ Pays soumis à un landgrave.

landier [lɑ̃dje] n. m. (du gaulois *andero,* taureau). Gros chenet de cuisine, en fer. ‖ Autre nom de l'*ajonc.*

Landivisiau (29230), ch.-l. de c. du Finistère (Nord) [arr. de Morlaix]; 6 433 h. (*Landivisiens*). Marché.

Landivy (53190 Fougerolles du Plessis), ch.-l. de c. de la Mayenne (arr. de Mayenne); 1 525 h. Marché.

landolphia [lɑ̃dɔlfja] n. f. Plante apocynacée de Madagascar, dont le latex fournit du caoutchouc.

Landouzy (Louis), médecin français, né à Reims (1845-1917). Professeur de thérapeutique, puis doyen de la faculté de médecine de Paris, il a fait des travaux sur les affections nerveuses, la syphilis et la tuberculose.

Landowska (Wanda), claveciniste polonaise, née à Varsovie (1877-1959). Elle est à l'origine de la résurrection du clavecin en Europe et en Amérique, où elle résida après 1939. Elle a écrit *la Musique ancienne* (1908).

Landowski (Paul), sculpteur français, né à Paris (1875-1961). Artiste académique, il a reçu de nombreuses commandes officielles de monuments, dont le plus connu est la *Sainte Geneviève,* du pont de la Tournelle à Paris. — Son fils Marcel, né à Pont-l'Abbé en 1915, compositeur, a été nommé directeur de la musique en France en 1966. Il est l'auteur de partitions lyriques et d'œuvres symphoniques.

Landrecies (59550), ch.-l. de c. du Nord (arr. d'Avesnes-sur-Helpe), sur la Sambre canalisée; 4 899 h. (4 218 aggl.). Ville forte. Hôtel de ville (XVIIIe s.). Bonneterie. Verrerie. Patrie de Dupleix.

Landri (*saint*), évêque de Paris (m. en 656). On lui attribue la fondation de l'Hôtel-Dieu. — Fête le 10 juin.

Landry (Adolphe), économiste et homme politique français, né à Ajaccio (1874-1956). Promoteur de la lutte contre la dénatalité, il est l'auteur d'un *Traité de démographie* (1945).

Land's End, cap. de l'extrémité sud-ouest de l'Angleterre (Cornwall).

Landshut, v. de l'Allemagne occidentale (Bavière), sur l'Isar; 50 700 h. Eglise (XIVe-XVe s.). Hôtel de ville (XIVe s.). Palais Renaissance.

Landskrona, port de Suède, sur l'Øresund; 29 100 h. Chantiers navals.

Landsteiner (Karl), biologiste autrichien, né à Vienne (1868-1943). Il découvrit les groupes sanguins (1900), ainsi que le facteur Rhésus (1940), et fit des travaux d'immunologie et de microbiologie. (Prix Nobel de médecine, 1930.)

Landsting, Chambre haute qui composa, avec le *Folketing,* le Parlement danois, ou *Rigsdag,* de 1849 à 1953.

landsturm [lɑ̃tʃturm] n. m. (mot allem.). Dans les pays germaniques, subdivision du recrutement militaire, comprenant les réservistes âgés.

landtag [lɑ̃ttag] n. m. (mot allem.). Assemblée délibérante dans la plupart des pays allemands et autrichiens.

landwehr [lɑ̃dvɛr] n. f. (mot allem.). Dans les pays germaniques, subdivision du recrutement militaire, comprenant la première réserve.

Lanessan (Jean-Marie Antoine de), naturaliste et homme politique français, né à Saint-André-de-Cubzac (1843-1919), gouverneur général de l'Indochine (1891-1894), puis ministre de la Marine.

Lanester (56600), comm. du Morbihan (arr. de Lorient), près de Lorient; 20 086 h. (*Lanestériens*).

Laneuveville - devant - Nancy (54410), comm. de Meurthe-et-Moselle (arr. de Nancy), sur la Meurthe; 4 896 h. Chartreuse de Bosserville. Cartonnerie.

Lanfranc, archevêque de Canterbury, né à Pavie (v. 1005-1089), primat d'Angleterre après la conquête de l'Angleterre par les Normands.

Lang (Fritz), metteur en scène de cinéma autrichien naturalisé américain, né à Vienne en 1890. Il tourna en

Allemagne des œuvres de style expressionniste : *les Trois Lumières* (1921), *le Docteur Mabuse* (1922), *les Nibelungen* (1924), *Métropolis* (1926). Emigré aux Etats-Unis, il donna ensuite *Furie* (1936), *J'ai le droit de vivre* (1937), *la Femme au portrait* (1944), *Règlement de comptes* (1953), *les Contrebandiers de Moonfleet* (1955).

langage [lɑ̃gaʒ] n. m. (de *langue*). Faculté que les hommes ont de communiquer entre eux et d'exprimer leur pensée au moyen de signes vocaux, qui peuvent éventuellement être transcrits. (V. *encycl.*) ‖ Manière de parler, par rapport aux expressions, au style : *langage obscur, incorrect.* ‖ Voix, cri, chant des animaux : *le langage des bêtes.* ‖ Manière de s'exprimer au moyen de symboles, de formes artistiques, etc. : *le langage du cinéma.* ● *Langage animal,* v. *encycl.* ‖ *Langage machine,* instructions données à un calculateur électronique, directement assimilables par lui, et lui permettant de réaliser les opérations du programme. (Les principaux sont l'*algol,* le *cobol* et le *fortran.*)

— ENCYCL. Une théorie linguistique implique un certain modèle de fonctionnement du *langage,* et on peut en retenir actuellement deux principaux. La méthode distributionnelle* considère la langue comme une combinaison d'éléments à des niveaux successifs; à chaque rang, l'unité minimale est constituée d'éléments du niveau inférieur. On envisage ainsi successivement le rang du phonème*, du morphème* et de la phrase. Au-delà, le discours est constitué de phrases selon des règles spécifiques d'organisation. La phrase comporte deux constituants, qui sont eux-mêmes constitués de morphèmes, lesquels sont formés de phonèmes. Ces derniers sont définis par un ensemble de traits distinctifs. L'analyse des unités de chaque rang se fait selon leur distribution ou leur répartition au niveau supérieur : on dégage ainsi des relations entre les unités sur le plan de la chaîne parlée (sur un axe syntagmatique); les mots qui ont les mêmes distributions constituent des classes (sur un axe paradigmatique). Autrement dit, le modèle distributionnel, perfectionné par celui des constituants, renvoie à un modèle de fonctionnement où chaque unité détermine l'unité suivante, sélectionnée dans une classe paradigmatique. Celui-ci correspond au modèle mathématique des chaînes de Markov ; il considère la production du langage comme relevant d'un automate à états finis (c'est-à-dire dont chaque état détermine l'état suivant dans un cycle fini d'états).
La grammaire générative oppose deux modèles distincts : un modèle dit « de compétence », qui définit le savoir linguistique, l'ensemble des règles qui permettent d'engendrer et d'expliciter toutes les phrases d'une langue et rien que celles-ci, et un modèle de performance, où entrent les facteurs définissant le sujet psychologique, la situation et le milieu socio-culturel, et qui permet de réaliser effectivement les phrases. Le modèle de compétence, pour pouvoir rendre compte de la production continue de phrases inédites, doit être composé de deux parties. L'une est générative* et définit la phrase de base (phrase nucléaire), formée d'une suite de symboles, et les structures profondes ; autrement dit, c'est la description syntaxique des propositions fondamentales directement en rapport avec l'interprétation sémantique. L'autre est la partie transformationnelle* ; elle comporte l'application à ces phrases d'un ensemble d'opérations de transformation (passif, emphatique, interrogatif) pouvant entraîner des réductions de deux phrases à une seule (transformation nominale, relative, etc.). Ces opérations sont récursives, c'est-à-dire qu'elles peuvent se répéter sans limitations. Les limitations ne relèvent que du modèle de performance, et en particulier des facteurs de mémoire, de vigilance et de forme de communication écoutée ou parlée. Lorsque les propositions de base ont subi ces transformations, on applique aux suites transformées (ou structures de surface) des règles morphophonologiques* qui réalisent les phrases. Un tel modèle correspond à des grammaires algébriques dites « contextuelles » ; le fonctionnement du langage repose sur une syntaxe qui comporte un certain nombre de caractéristiques universelles inhérentes à l'homme en tant que sujet parlant.

— *Psychol.* Une intelligence et un développement moteur suffisants sont nécessaires à l'enfant pour lui permettre d'apprendre à parler : normalement les premiers mots sont prononcés à 20 mois, et des phrases rudimentaires vers 3 ans ; une véritable conversation devient possible à 6 ou 7 ans.
Une surdité existant dès la naissance entraîne une mutité ; une diminution de l'audition provoque un retard dans l'apparition de la parole. Des malformations des organes de la phonation, une arriération ou certaines maladies mentales (débilité mentale, schizophrénie) causent des troubles du *langage ;* les affections lésant le cerveau au niveau des centres du langage ont l'aphasie pour conséquence.

— *Zool.* Des groupes déterminés de sons ou d'ultrasons émis par un individu animal dans des circonstances invariables sont reçus par d'autres animaux de la même espèce comme des signaux en fonction desquels ils modifient leur comportement, notamment en y répondant. Le rôle de tels signaux dans les fonctions qui assurent la vie de l'espèce (protection contre les ennemis, découverte de la nourriture, rapprochement des sexes, migrations collectives, etc.) est capital ; il a été baptisé, peut-être de façon abusive, *langage animal.* Le contenu des signaux cesse d'être purement émotif lorsqu'il véhicule des informations mémorisées et porte sur des grandeurs mesurables. A cet égard, l'abeille qui rentre à la ruche et dont la « danse » permet à ses compagnes de savoir où se trouve le gisement de fleurs à butiner exerce une fonction d'information identique à la fonction du langage. Le fait que le message, ici, soit visuel et non acoustique ne change rien au problème. Des faits analogues ont été récemment

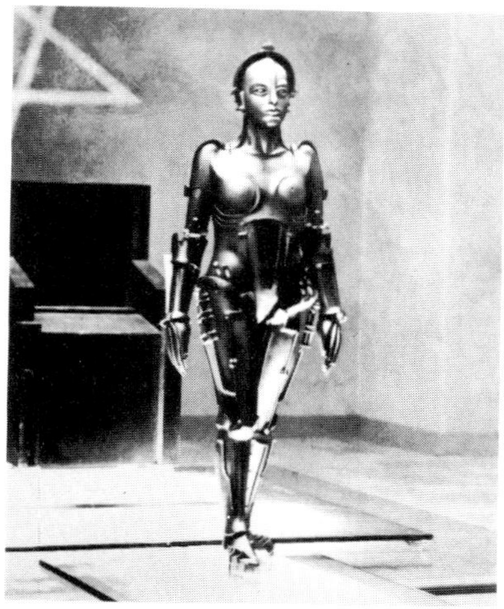

Fritz **Lang,** une scène de « Métropolis »

Langevin

observés chez le dauphin. Le perfectionnement récent des techniques d'enregistrement a permis de découvrir que les échanges de messages étaient beaucoup plus nombreux et variés qu'on ne le croyait, notamment chez les insectes et chez les animaux marins.

lange [lɑ̃ʒ] n. m. (du lat. *laneus,* de laine). Morceau de laine ou d'étoffe épaisse, qui sert à envelopper un enfant nouveau-né.

Lange (Friedrich Albert), philosophe allemand, né à Wald (1828-1875), auteur d'une *Histoire du matérialisme* (1866).

Lange (Oskar), économiste et diplomate polonais, né à Tomaszów (1904-1965). Emigré aux Etats-Unis en 1934, et naturalisé américain (1943), il reprit la nationalité polonaise en 1945. Il représenta son pays à Washington (1945-1946) et au Conseil de sécurité de l'O. N. U. (1946-1948). Président de l'Association centrale des coopératives, il a joué un rôle important dans la planification de l'économie polonaise.

Langeac (43300), ch.-l. de c. de la Haute-Loire (arr. de Brioude), sur l'Allier ; 5 097 h. Matières plastiques.

Langeais (37130), ch.-l. de c. d'Indre-et-Loire (arr. de Chinon), sur la Loire ; 3 907 h. (3 050 aggl.). Le château a été bâti par Jean Bourré entre 1450 et 1460 ; d'aspect extérieur encore féodal, il est plus aimable sur la cour ; il est garni de meubles, de tapisseries, d'objets d'art, et est la propriété de l'Institut de France. Maisons de la Renaissance. Musée de la tapisserie.

langer [lɑ̃ʒe] v. t. Entourer de langes : *langer un enfant.*

Langevin (Paul), physicien français, né à Paris (1872-1946). Auteur d'une théorie du magnétisme, de travaux sur l'ionisation des gaz, la biréfringence électrique et magnétique, la relativité et l'inertie de l'énergie, il a créé, pendant la Première Guerre mondiale, la technique de production des ultra-sons, qu'il employa à la détection des sous-marins.

Langhans (Carl Gotthard), architecte allemand, né à Landeshut (Silésie) [1732-1808]. D'abord baroque, il se convertit à un strict classicisme. Il est l'auteur de la porte de Brandebourg à Berlin.

Langlade, autre nom de la PETITE MIQUELON*.

Langland ou **de Langley** (William), poète anglais, né dans le Herefordshire (v. 1332-v. 1400). Son poème allégorique *la Vision de Pierre le laboureur,* dont il existe trois versions, mais dont seule la première (1362) serait authentique, présente un tableau satirique de la société de son temps et exerça une profonde influence sur l'opinion publique, dont le mécontentement éclata dans la révolte des Travailleurs (1381).

Langle de Cary (Fernand DE), général français, né à Lorient (1849-1927). Ancien professeur à l'Ecole de guerre et ancien membre du Conseil supérieur de la guerre, il commanda la IVe armée des Ardennes à la Marne (1914), puis en Champagne (1915), et fut mis à la tête du groupe d'armées du Centre (1915-1916).

Langmuir (Irving), ingénieur chimiste et physicien américain, né à Brooklyn (1881-1957). Auteur de théories sur la valence électrochimique et la catalyse hétérogène, il mesura la température de fusion de solides réfractaires, inventa les ampoules électriques à atmosphère gazeuse (1913), découvrit l'hydrogène atomique et étudia le givrage des avions. (Prix Nobel de chimie, 1932.)

Langnau, comm. de Suisse (Berne) ; 9 200 h. Industrie textile.

Langogne (48300), ch.-l. de c. de la Lozère (arr. de Mende) ; 4 767 h. (*Langonais*). Eglise du XIe s.

Langon (33210), ch.-l. d'arr. de la Gironde, sur la Garonne ; 5 665 h. (*Langonnais*). Riche musée. Vignobles. — L'arr. a 13 cant., 169 comm., 79 250 h.

langoureusement adv. De façon langoureuse.

langoureux [lɑ̃gurø], **euse** [-øz] adj. Qui marque de la langueur : *air, ton langoureux.*

langouste [lɑ̃gust] n. f. (provenç. *langosta ;* du lat. *locusta,* sauterelle). Genre de crustacés de l'ordre des décapodes, atteignant 40 cm de long, à fortes antennes, mais sans pinces, vivant sur les fonds rocheux de toutes les mers, très apprécié pour sa chair. (V. illustr. CRUSTACÉS.)

langoustier n. m. Filet en forme de balance profonde, avec lequel on prend les langoustes. ‖ Bateau spécialement équipé pour la pêche à la langouste.

langoustine n. f. Crustacé décapode voisin du homard, long de 15 cm, à longues pinces crénelées, que l'on trouve dans l'Océan.

Langreo, v. d'Espagne (Asturies) ; 65 600 h. Houille. Sidérurgie.

Langres (52200), ch.-l. d'arr. de la Haute-Marne, sur le *plateau de Langres,* qui sert de limite de partage des eaux entre les tributaires de la Manche et ceux de la Méditerranée ; 11 835 h. (8 945 aggl.) [*Langrois*]. Evêché. Cathédrale Saint-Mammès (roman et gothique naissant, façade du XVIIIe s.), conservant un intéressant trésor. Restes de fortifications (porte romaine, tours des XIVe et XVIe s.). Hôtel du Breuil-de-Saint-Germain, abritant un riche musée. Constructions mécaniques. Patrie de Diderot. — L'arr. a 10 cant., 207 comm., 52 023 h.

Langrune-sur-Mer (14830), comm. du Calvados (arr. de Caen) ; 950 h. Station balnéaire.

Lang Son, v. du Viêt-nam du Nord (Tonkin), près de la frontière chinoise ; 7 400 h. Occupée en février 1885, puis évacuée par les troupes françaises de Négrier face aux Chinois ; cette affaire, mal interprétée en France, provoqua la chute du ministre Jules Ferry. Les Français s'y battirent contre les Japonais en 1940 et en 1945, puis contre le Viêt-minh en 1953.

Langton (Etienne), prélat anglais (v. 1150-1228). Archevêque de Canterbury et cardinal, il participa à l'établissement de la *Grande Charte.*

langue [lɑ̃g] n. f. (lat. *lingua*). *Anat.* Organe charnu situé dans la cavité buccale, servant à la gustation et intervenant par ses mouvements dans la déglutition et la parole. (V. *encycl.*) ‖ Organe musculeux contenu dans la bouche des animaux vertébrés et des mollusques, ou figurant parmi les pièces buccales des insectes hyménoptères, et caractérisé par ses multiples rôles dans l'identification, la capture et le conditionnement des proies. (V. *encycl.*) ‖ Ensemble des unités du langage parlé ou écrit propres à une communauté : *la langue anglaise.* ‖ Ensemble du vocabulaire et de la syntaxe propres à certaines époques, à certains écrivains, à certaines professions, etc. : *la langue du XVIe s., de Victor Hugo, du barreau.* ● *Avaler sa langue,* garder le silence. ‖ *Avoir la langue trop longue,* ne pas savoir garder un secret. ‖ *Langue glaciaire,* partie d'un glacier de montagne en aval du névé. ‖ *Langue maternelle,* langue du pays où l'on est né. ‖ *Langue mère,* langue considérée relativement aux langues qui en sont dérivées. ‖ *Langue morte,* langue qu'on ne parle plus : *le latin est une langue morte.* ‖ *Langue verte,* ensemble de locutions imagées, tirées du vocabulaire des faubourgs, des boulevards, des ateliers, etc. ‖ *Langue vivante,* langue actuellement parlée. ‖ *Mauvaise langue,* personne qui aime à médire. ‖ *Prendre langue,* entrer en pourparlers. ‖ *Tenir sa langue,* garder un secret. ‖ *Tirer la langue à quelqu'un,* le narguer.

— ENCYCL. *Anat.* La *langue* est un organe musculeux, ovoïde, attaché par sa partie postérieure au plancher buccal ; elle comprend une charpente fibreuse faite de deux membranes, l'une sagittale (septum lingual) et l'autre frontale, insérée en bas sur l'os hyoïde, sur lesquelles viennent se réunir 17 muscles provenant de l'os hyoïde, du maxillaire inférieur et de l'apophyse styloïde, implantée sur le rocher. La langue est recouverte d'une muqueuse : sur la face supérieure, celle-ci présente de nombreuses saillies, qui constituent les papilles linguales (les plus volumineuses, au nombre de 9, sont disposées en arrière sur une rangée en forme de V) ; sur la face inférieure, elle est soulevée par un repli médian nommé « frein de la langue », qui limite les mouvements de l'organe. La muqueuse recouvre les ramifications des nerfs glosso-pharyngien et lingual, qui sont les nerfs du goût. Les glossites, le cancer sont les principales maladies de la langue.

— *Anat. compar.* Aucun organe n'exerce des fonctions aussi variées que la langue, tant dans l'ensemble du règne animal qu'au sein d'une même espèce.
● *Fonctions sensorielles directes* ou *indirectes.* La *gustation** est la fonction propre de la langue. Mais celle-ci jouit d'une grande sensibilité *tactile* chez l'homme et

Phot. U. F. A., Silvestre.

la Grande-Motte — Languedoc — vignobles et vergers à Frontignan

divers animaux. Chez les pics, elle contient des corpuscules de Herbst qui lui permettent de recueillir l'écho des *vibrations* produites dans le bois de l'arbre par les coups de bec de l'oiseau. Chez les serpents, c'est l'*olfaction* qu'elle assure, en recueillant des échantillons du sol et en les portant aux organes de Jacobsen du palais. Ses sensations *thermiques* sont précises.
● *Fonctions phonatrices.* Comme les mots l'indiquent assez, la langue est chez l'homme l'organe du *langage* articulé. Chez les roussettes (chauves-souris), elle est l'organe d'émission des ultra-sons, permettant l'écholocation.
● *Fonctions de capture des proies.* De nombreux reptiles et amphibiens insectivores, des mammifères édentés mangeurs de fourmis, etc., ont une langue gluante et protractile qui saisit les proies, les englue et les ramène dans la bouche (ex. : caméléon, spélerpès, pangolin). Chez les espèces nectarivores, la langue peut servir à l'aspiration des sucs (colibri) ou à leur léchage (abeille). Enfin, nombreux sont les animaux qui, comme le chat, peuvent laper les liquides en creusant leur langue à la façon d'une cuiller.
● *Conditionnement des proies.* Les espèces qui prennent leur nourriture dans l'eau peuvent se servir de leur langue pour refouler l'excès d'eau et ne conserver que les résidus solides (baleine, canard). Des pointes cornées capables de broyer les proies couvrent la langue des mollusques gastropodes et céphalopodes (une langue de ce type est appelée une *radula*). La langue du chat porte des rugosités analogues, et celle de l'oie est bordée de véritables dents cornées. Même molle, la langue sert toujours à replacer les aliments entre les dents, et sa partie arrière assure la déglutition.
● *Léchage.* Chez les mammifères, la « toilette » faite à coups de langue assure des fonctions très diverses (destruction des parasites de la peau, soins aux nouveau-nés, etc.), tandis que, chez les oiseaux aquatiques, elle contribue à rendre le plumage imperméable en étalant partout l'huile sécrétée par les glandes du croupion.

langue-de-bœuf n. f. Nom usuel de la *fistuline.* ‖ Pl. des *langues-de-bœuf.*

Languedoc, pays de l'ancienne France, au sud de la Guyenne et au nord du Roussillon; cap. *Toulouse.* Il tire son nom de la langue de ses habitants (langue d'oc), qui en faisait l'unité. Le comte de Toulouse en fut le plus puissant féodal. Après l'écrasement des albigeois, le Languedoc passa sous l'autorité directe des rois de France (XIIIe s.), mais garda ses coutumes et privilèges. Il a formé les départements de la Haute-Garonne, de l'Aude, du Tarn, de l'Hérault, du Gard, de l'Ardèche, de la Lozère et de la Haute-Loire. (Hab. *Languedociens.*)
— Sur le plan administratif, le Languedoc désigne une région de programme constituée par les départements suivants : Aude, Gard, Hérault, Lozère et Pyrénées-Orientales. Sur le plan géographique, le Languedoc correspond à la partie du Midi méditerranéen limitée par les Corbières, le Massif central et la Camargue. La région juxtapose des plateaux calcaires, en grande partie dénudés, les *garrigues,* et une plaine accidentée de collines, qui est constituée de hautes terrasses pliocènes, aux sols caillouteux, et d'une partie basse, humide, jalonnée, en bordure du littoral, par des étangs lagunaires (étangs de Thau, de Mauguio, etc.).
Les garrigues, peu peuplées, sont, en dehors des surfaces abandonnées aux militaires, des terres de parcours pour un élevage ovin, destiné à la fourniture de lait aux caves de Roquefort-sur-Soulzon. La population se concentre aujourd'hui dans la plaine, dont l'essor date du XIXe s. avec le recul progressif d'une polyculture vivrière devant la vigne. Celle-ci, stimulée par l'apparition de la voie ferrée, élargissant le marché, a d'abord couvert la haute plaine. La crise du phylloxéra (après 1860) a favorisé le développement de la vigne dans la basse plaine (l'insecte n'attaquant pas les vignes établies dans le sable fin ou pouvant être partiellement submergées). L'ensemble de la plaine languedocienne est ainsi devenu une région de monoculture de la vigne, surtout dans le département de l'Hérault. Le développement des principales villes (Montpellier, Nîmes, Béziers) a directement été lié à l'essor du vignoble. Celui-ci, orienté principalement dans la fourniture de vins de masse, fournit annuellement de 20 à 25 millions d'hectolitres (plus du tiers de la production nationale). L'exploitation est relativement diversifiée. Si 85 p. 100 des vignerons disposent de moins de 5 ha, ils ne possèdent que 40 p. 100 du vignoble. Plus de 20 p. 100 de celui-ci sont cultivés par des grands propriétaires (souvent absentéistes) ou appartiennent à des sociétés. La survie des petits vignerons est liée à l'existence d'un réseau très dense de coopératives de vinification.
Mais, aujourd'hui, la viticulture souffre d'une grave crise de débouchés, et la prospérité d'une région fondée sur une monoculture est très menacée. Pour diversifier l'économie rurale du Languedoc a été créée la Compagnie nationale d'aménagement du bas Rhône et du Languedoc, qui vise par l'irrigation à diversifier la production agricole en développant les cultures fruitières et maraîchères. Toutefois, les résultats sont assez décevants : les nouvelles cultures se sont surtout développées dans le Gard, moins monocultural, et principalement sur des terres inexploitées auparavant. La prépondérance de la vigne ne paraît pas être entamée. Une autre action d'aménagement est entreprise, qui tend à développer le tourisme balnéaire sur un littoral depuis longtemps plus ou moins déserté en raison de la prolifération des moustiques, de l'insalubrité des étangs littoraux, de la violence des vents. Six grandes unités touristiques doivent être aménagées d'ici 1980 : la Grande-Motte, le cap d'Agde, l'embouchure de l'Aude, Gruissan, Leucate-Barcarès et Saint-Cyprien.

Languedoc (*canal du*). V. MIDI (*canal du*).

languette n. f. Petite langue. ‖ Objet qui rappelle la forme d'une petite langue : *languette de soulier.* ‖ Lame mobile qui produit les vibrations dans les instruments à anche : *languette de hautbois.* ‖ Aiguille du fléau d'une balance. ‖ Tenon continu d'une planche, destiné à entrer dans une rainure.

langueur [lɑ̃gœr] n. f. (lat. *languor*). Abattement maladif et prolongé des forces : *maladie de langueur.* ‖ Sorte d'abattement moral, apathie.

langueyer [lɑ̃gejɛ] v. t. (conj. **2**). Examiner la langue d'un porc pour s'assurer s'il est sain ou s'il est ladre. ‖ Garnir les tuyaux d'orgue de languettes métalliques.

Languidic (56440), comm. du Morbihan (arr. de Lorient); 5 416 h. (834 aggl.). Abattage de volailles.

languier [lɑ̃gje] n. m. Pièce d'orfèvrerie en forme d'arbre.

languir [lɑ̃gir] v. i. (lat. *languere*). Etre dans un état d'affaiblissement physique ou d'abattement moral : *il ne fait que languir.* ‖ *Fig.* Souffrir de la continuité, de la durée d'un supplice, d'un besoin, d'une attente, etc. : *languir dans une prison; languir de froid, d'ennui.* ‖ *Par anal.* Dépérir, s'étioler : *cet arbre languit.* ‖ Traîner en longueur : *l'affaire languit.* ‖ N'être pas animé : *la conversation languit.*

languissamment adv. De façon languissante : *s'étendre languissamment.*

languissant, e adj. Abattu, langoureux : *enfant languissant.* ‖ *Fig.* Sans activité : *commerce languissant.*

lanice [lanis] adj. Qui provient de la laine. ● *Bourre lanice,* partie grossière de la laine.

lanière [lanjɛr] n. f. (du francique **nastila*). Courroie ou bande longue et étroite, de cuir ou d'une matière quelconque.

lanifère [lanifɛr] ou **lanigère** [-ʒɛr] adj. (lat. *lana,* laine, et *fero* ou *gero,* je porte). Qui porte de la laine ou un duvet cotonneux. ● *Puceron lanigère,* espèce de puceron recouvert d'une sécrétion cireuse simulant la laine, et qui s'attaque aux pommiers.

Lanjuinais (Jean Denis, *comte*), homme politique français, né à Rennes (1753-1827). Avocat à Rennes, député du Tiers en 1789, il fut l'un des fondateurs du Club breton (futur club des Jacobins) et joua un rôle prépondérant dans l'élaboration de la Constitution civile du clergé (1790). Après Thermidor, il poursuivit une carrière politique brillante. Il fut fait comte d'Empire en 1808.

lanlaire [lɑ̃lɛr], vieux refrain qui n'est plus usité que dans l'expression : *envoyer faire lanlaire,* envoyer promener celui qui importune.

Lanmeur (29227), ch.-l. de c. du Finistère (Nord) [arr. de Morlaix]; 1 979 h. (1 137 aggl.) [*Lanmeuriens*]. Chapelle (XIIe-XVIe s.). Pardon.

Lann-Bihoué, aéroport de Lorient. Importante base aéronavale.

Lanneau de Marey (Pierre-Victor DE), religieux théatin français, né à Bard (Bourgogne) [1758-1830]. En 1798, il fonda à Paris le collège Sainte-Barbe.

Lannemezan (65300), ch.-l. de c. des Hautes-Pyrénées (arr. de Bagnères-de-Bigorre); 8 841 h. Hôpital psychiatrique. Usine d'aluminium. Industries chimiques.
— Le *plateau de Lannemezan,* au pied des Pyrénées, est un immense cône de déjections fluvio-glaciaires, d'où divergent la Baïse, le Gers, la Gimone et la Save.

Lannes (Jean), duc DE MONTEBELLO, maréchal de France, né à Lectoure (1769-1809). Enrôlé dans un bataillon de volontaires en 1792, général trois ans après, il fit l'expédition d'Egypte, favorisa le coup d'Etat du 18-Brumaire, se distingua à Montebello et à Marengo, prit Saragosse (1809) et fut mortellement blessé à Essling.

Lannilis [lanilis] (29214), ch.-l. de c. du Finistère (Nord) [arr. de Brest], dans le Léon; 3 616 h. (2 269 aggl.).

Lannion (22300), ch.-l. d'arr. des Côtes-du-Nord, port sur le Léguer; 13 797 h. (*Lannionnais*). Centre national d'études des télécommunications (C. N. E. T.). — L'arr. a 7 cant., 61 comm., 82 255 h.

Lannoy (59390 Lys lez Lannoy), ch.-l. de c. du Nord (arr. de Lille); 1 182 h. Sidérurgie. Tapis.

Lannoy (Charles DE), général espagnol, né à Valenciennes (v. 1487-1527), vice-roi de Naples et généralissime des troupes espagnoles. Il vainquit François Ier à Pavie (1525) et négocia le traité de Madrid.

lanoline [lanɔlin] n. f. Graisse de consistance solide, jaune ambré, retirée du suint du mouton et employée comme excipient pour de nombreuses pommades.

Lanouaille (24270), ch.-l. de c. de la Dordogne (arr. de Nontron); 1 025 h. (503 aggl.).

La Noue (François DE), dit **Bras de Fer,** gentilhomme français calviniste, né à Nantes (1531-1591). Il combattit avec Henri IV à Ivry. Il est l'auteur de *Discours politiques et militaires* (1585).

Lanrezac (Charles), général français, né à Pointe-à-Pitre (Guadeloupe) [1852-1925]. Professeur à l'Ecole de guerre en 1905, il commanda la Ve armée à Charleroi et à Guise en 1914. Joffre le remplaça par Franchet d'Esperey à cause de sa mésentente avec French.

Lansing, v. des Etats-Unis, cap. du Michigan; 129 000 h. Université. Automobiles.

Lanslebourg-Mont-Cenis (73480), ch.-l. de c. de la Savoie (arr. de Saint-Jean-de-Maurienne), sur l'Arc; 1 034 h.

Lanslevillard (73480 Lanslebourg Mont Cenis), comm. de la Savoie (arr. de Saint-Jean-de-Maurienne), dans la haute Maurienne; 429 h. Station de sports d'hiver.

Lanson (Gustave), professeur français, né à Orléans (1857-1934). Il appliqua la méthode historique et comparative à l'étude des œuvres littéraires (*Histoire de la littérature française,* 1894).

lansquenet [lɑ̃skənɛ] n. m. (de l'allem. *Landsknecht,* serviteur du pays). Fantassin allemand mercenaire (XVe-XVIe s.). ‖ Sorte de jeu de cartes importé d'Allemagne.

Lanta (31570), ch.-l. de c. de la Haute-Garonne (arr. de Toulouse); 874 h. (299 aggl.).

lantanier [lɑ̃tanje] n. m. Arbuste parfois utilisé dans la décoration. (Famille des verbénacées.)

Lan-tcheou, v. de Chine, cap. du Kan-sou, sur le Houang-ho; 700 000 h. Raffinage du pétrole. Textiles.

lanterne [lɑ̃tɛrn] n. f. (lat. *lanterna*). Ustensile fait ou garni d'une matière transparente, dans lequel on met une lumière à l'abri du vent. ‖ Construction circulaire percée de baies et placée au-dessus d'un édifice pour en éclairer l'intérieur. ‖ *Mécan.* Pignon, de forme cylindrique, dont les dents sont constituées par des barreaux

Phot. Geay-Lauros - Atlas-Photo, Roubier.

Laon

réunissant deux plateaux parallèles. ● *Eclairer la lanterne de quelqu'un*, le renseigner. ‖ *Lanterne d'Aristote*, appareil masticateur des oursins. ‖ *Lanterne magique*, instrument d'optique à l'aide duquel on projette sur un écran l'image agrandie de figures peintes sur verre et qui, perfectionné, a donné naissance à la *lanterne à projections*. ‖ *Lanterne des morts*, pilier creux, en pierre, dans lequel on plaçait une lanterne et qui indiquait l'emplacement d'un cimetière, d'un tombeau. ‖ *Lanterne rouge*, le dernier d'un concours, d'une course. ‖ *Lanterne sourde*, lanterne dont on cache la lumière à volonté. ‖ *Lanterne vénitienne*, lanterne en papier translucide et colorié, employée dans les illuminations. ‖ *Mettre à la lanterne*, à la Révolution, pendre quelqu'un aux potences des lanternes. ‖ *Tour lanterne* ou, simplem., *lanterne*, dans une grande église romane ou gothique, clocher s'élevant à la croisée du transept et comportant à sa base une série d'ouvertures destinées à l'éclairage de l'édifice.

Lanterne (*la*), publication satirique créée par Henri Rochefort en 1868 : elle fut l'un des plus terribles instruments de lutte contre le second Empire. Après diverses transformations, elle disparut en 1928.

lanterneau ou **lanternon** n. m. Petite lanterne au sommet d'un dôme ou au-dessus d'une cage d'escalier.

lanterner [lɑ̃tɛrne] v. i. Flâner, perdre son temps. ‖ — V. t. Tenir en suspens par de vaines promesses.

lanthane [lɑ̃tan] n. m. Métal (La) du groupe des terres rares, de numéro atomique 57.

Lantosque (06450), ch.-l. de c. des Alpes-Maritimes (arr. de Nice) ; 1 104 h. (621 aggl.).

lanturlu [lɑ̃tyrly] n. m. Mot qui indique une réponse évasive ou un refus méprisant.

Lanvéoc (29160 Crozon), comm. du Finistère (Sud) [arr. de Brest], sur la rade de Brest ; 2 463 h. (1 139 aggl.). Siège de l'Ecole navale depuis 1945.

Lanvin (Jeanne), couturière française, née à Paris (1867-1946). En 1889, elle fonda sa première maison faubourg Saint-Honoré et innova en ouvrant un rayon pour enfants. Sa maison a connu depuis lors une très grande activité et s'est adaptée aux besoins de notre temps en créant un rayon de prêt-à-porter.

Lanvollon (22290), ch.-l. de c. des Côtes-du-Nord (arr. de Saint-Brieuc) ; 1 249 h. (916 aggl.).

Lanzarote, l'une des îles Canaries ; 30 000 h.

Lao Che (Chou K'ING-TCH'OUEN, dit), écrivain chinois, né à Pékin (1898-1966). Professeur à Londres, à Pékin, puis à l'université Harvard, il se fixa définitivement dans son pays en 1949 et apparut comme une des principales figures de la littérature moderne et populaire par ses romans (*Journal de la cité des chats*, 1933 ; *Monsieur Wen, docteur ès lettres*, 1940) et son théâtre. Maltraité lors des émeutes provoquées par la « révolution culturelle », il se suicida.

Laocoon. *Myth. gr.* Fils de Priam et d'Hécube, prêtre d'Apollon à Troie, étouffé avec ses fils par deux serpents monstrueux. Cet épisode est le sujet d'un célèbre groupe de sculpture antique (Ier s. av. J.-C.) [Vatican].

Laodice, nom porté par plusieurs princesses de l'époque hellénistique.

Laodicée, v. d'Asie Mineure (Phrygie), près de l'actuelle Denizli. — V. de la côte de Syrie. (Auj. *Lattaquié*.)

Laomédon, roi de Troie, père de Priam.

Laon [lɑ̃] (02000), anc. cap. du Laonnois, ch.-l. du dép. de l'Aisne, sur une butte allongée ; 28 613 h. (*Laonnois*). La cathédrale, une des premières cathédrales gothiques de France (fin du XIIe s.-début du XIIIe s.), est remarquable par son chœur, ses tours, sa rosace garnie de vitraux du XIIIe s. Eglise Saint-Martin (XIIe-XIIIe s.) ; chapelle des Templiers (XIIe s.) ; palais de justice (en partie du XIIIe s.) ; remparts et portes. Musée. — L'arr. a 11 cant., 284 comm., 165 831 h.

Laos, royaume de l'Indochine, à l'ouest du Viêt-nam ; 236 000 km² ; 3 millions d'h. (*Laotiens*). Cap. *Vientiane* (la résidence royale est *Luang Prabang*). Langue : *laotien*.

Géographie.

Le pays juxtapose une partie septentrionale montagneuse (2 817 m au Pou Bia), entaillée par des profondes vallées, et une partie méridionale formée de plateaux gréseux ou basaltiques (Boloven), inclinés vers la vallée du Mékong. Situé dans le domaine de la mousson, le Laos a un climat pluvieux en été (1 300 mm de précipitations par an à Luang Prabang), où les moyennes thermiques oscillent généralement entre 20 et 30 °C.

Les Laotiens proprement dits constituent environ la moitié de la population. Dans les plaines alluviales du Mékong (dont celle de Vientiane est la plus vaste), ils se livrent principalement à la culture du riz, fondement de l'alimentation. La montagne est peuplée par différents groupes, dont celui des Méos, qui pratiquent une culture sur brûlis (maïs, pavot à opium) et élèvent le bétail. Les deux grandes ressources commerciales sont l'étain de Phon Tiou et le café des Boloven. Elles ne suffisent pas à équilibrer une balance commerciale très fortement déficitaire. La Thaïlande et le Japon sont les principaux partenaires commerciaux de ce pays pauvre, qui souffre de son isolement (absence de façade maritime) et du compartimentage du relief.

Histoire.

Le Laos fit partie jusqu'au XIIIe s. du royaume du Cambodge. Il dépendit ensuite du Siam. Au XIVe s. se constitua un Laos indépendant dont le premier souverain fut le Thaï Fa Ngoum (1353-1373). A la fin du XVIe s., il fut quelque temps vassal de la Birmanie. Les Européens l'atteignirent au XVIIe s.

Le Laos fut divisé ensuite en deux royaumes, celui de Vieng Chan et celui de Luang Prabang, qui tombèrent successivement sous la suzeraineté du Siam. En 1893, un traité franco-siamois établit le protectorat de la France sur le Laos. Devenu Etat autonome en 1949, ce pays acquit son indépendance en 1953, mais, malgré les accords de Genève (1954), il demeura troublé par l'action du Viêt-minh, soutenu à l'intérieur du pays par le Pathet Lao. Un accord intervenu en 1962 entre les partisans du roi, ceux du Pathet Lao et les neutralistes permit la formation d'un gouvernement de coalition. A partir de 1964, un partage de fait s'établit entre les forces de la gauche, qui contrôlent des territoires étendus, et le gouvernement central, soutenu par les Américains. En 1973, un gouvernement d'Union nationale est mis en place après la signature d'un accord de paix entre le gouvernement du prince Souvanna Phouma et le prince Souphannouvong, le chef du Pathet Lao.

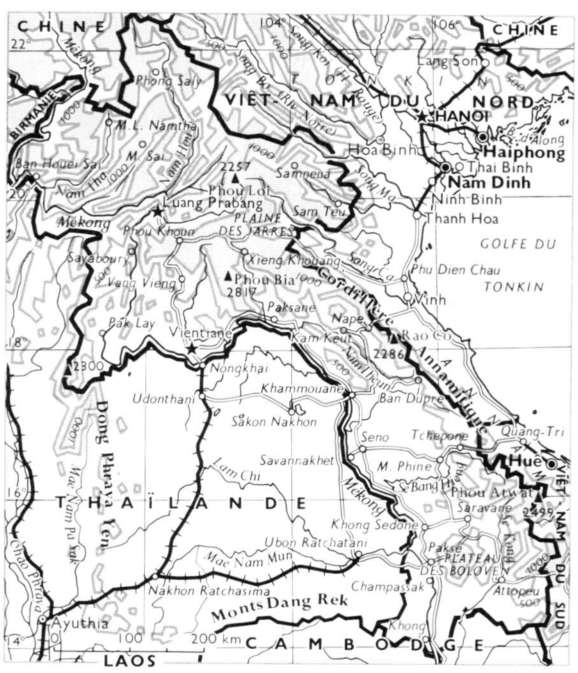

Laos

rivière Nam-Hou au nord de Luang Prabang

marché à Vientiane

La Pérouse par Rude

Laplace

laotien [laɔsjɛ̃], **enne** [-ɛn] adj. et n. Du Laos.

Lao-tseu ou **Lao-tan,** philosophe chinois (VIe s. ou Ve s. av. J.-C.?). Il aurait été archiviste à la cour des Tcheou, puis, rebuté par la décadence de son époque, serait parti vers l'Occident. En franchissant la frontière du royaume, il aurait dicté le *Tao-tö king* au gardien, avant de disparaître. Ce « livre de la voie et de la vertu » aurait, selon les taoïstes, donné naissance au bouddhisme.

La Palice (Jacques DE CHABANNES, *seigneur* DE), maréchal de France (v. 1470-1525), tué à Pavie. Ses soldats composèrent en son honneur une chanson où se trouvaient ces vers :

Un quart d'heure avant sa mort,
Il était encore en vie...

Ce qui voulait dire que jusqu'à sa dernière heure La Palice s'était bien battu ; mais, peu à peu, le sens de ces deux vers se perdit, et l'on n'en voulut retenir que la naïveté.

lapalissade [lapalisad] n. f. Affirmation, réflexion d'une évidence niaise, comme celles de la chanson sur M. de La Palice.

Lapalisse (03120), ch.-l. de c. de l'Allier (arr. de Vichy), sur la Besbre, affl. de la Loire ; 3 586 h. (*Lapalissois*). Château Renaissance (chapelle du XVe s.).

laparotomie [laparɔtɔmi] n. f. (gr. *lapara,* flanc, et *tomê,* section). *Chir.* Ouverture de l'abdomen.

La Pasture (Rogier DE). V. VAN DER WEYDEN (Rogier).

La Patellière (Amédée DUBOIS DE), peintre français, né à Nantes (1890-1932). Il garda de son enfance l'amour de la vie rustique, qu'il peignit volontiers. On lui doit aussi des nus, des natures mortes, des compositions imaginaires, en teintes sourdes, savamment éclairés, aux formes massives, empreints de poésie (*le Repos dans le cellier,* musée national d'Art moderne).

lapement n. m. Action de laper.

laper [lape] v. i. et t. (onomat.). Boire en prenant le liquide avec la langue, en parlant des animaux.

lapereau [lapro] n. m. Jeune lapin.

La Pérouse (Jean François DE GALAUP, *comte* DE), navigateur français, né près d'Albi (1741-1788). Chargé, par Louis XVI, d'un voyage de découverte (1785), il partit avec deux frégates, la *Boussole* et l'*Astrolabe,* et fit naufrage sur les récifs de Vanikoro.

Laperrine (Henry), général français, né à Castelnaudary (1860-1920). Compagnon du P. de Foucauld, il commanda et pacifia de 1902 à 1910 le territoire des Oasis et créa les compagnies sahariennes. En 1916, Lyautey lui donna le commandement des territoires sahariens. Placé à la tête de la division d'Alger en 1919, il périt dans un accident d'aviation.

lapiaz n. m. V. LAPIÉ.

Lapicque (Louis), physiologiste français, né à Epinal (1866-1952). Il a défini la chronaxie* et étudié l'excitabilité des neurones.

lapidaire [lapidɛr] n. m. (du lat. *lapis, lapidis,* pierre). Ouvrier qui taille des pierres précieuses autres que le diamant. ‖ Petite meule rapide utilisée pour polir.

lapidaire adj. Qui concerne les pierres précieuses ou la taille de ces pierres. ● *Musée lapidaire,* collection publique de sculptures. ‖ *Style lapidaire,* style des inscriptions gravées sur la pierre, le marbre, etc. ; et, au *fig.,* style d'une concision extrême.

lapidation n. f. Action de lapider. ‖ Supplice de celui qu'on lapide. ‖ Action de jeter des pierres.

lapider [lapide] v. t. (du lat. *lapis, lapidis,* pierre). Tuer à coups de pierre. ‖ Attaquer, poursuivre à coups de pierre.

lapidification n. f. Transformation d'une roche meuble en pierre.

lapidifier [lapidifje] v. t. Convertir en pierres.

lapié [lapje] ou **lapiaz** [lapjɑz] n. m. (mot du Jura). Ciselure superficielle due au ruissellement dans les roches calcaires.

lapilli [lapili] n. m. pl. Petits fragments de projections volcaniques.

lapin [lapɛ̃] n. m. Mammifère rongeur sauvage (*lapin de garenne*) et domestique (*lapin de choux*), caractérisé par ses grandes oreilles et par la subsistance d'une deuxième paire d'incisives à la mâchoire supérieure (sous-ordre des lagomorphes). [La femelle est la *lapine.*] (Cri : le lapin *clapit.*) [V. *encycl.*] ‖ Chair comestible du lapin : *manger un civet de lapin.* ‖ Fourrure de cet animal : *porter du lapin.* ‖ *Fam.* Homme rusé, brave et résolu : *c'est un fameux lapin.* ● *Poser un lapin* (Fam.), ne pas venir à un rendez-vous.

— ENCYCL. Le *lapin* sauvage vit en groupes nombreux dans des landes ou des clairières (*garennes*), où il creuse de vastes terriers collectifs. Le lapin de garenne peut peser 1,5 kg et avoir par an 3 ou 4 portées de 4 à 10 petits chacune ; le lapin domestique atteint parfois 10 kg et a 6 ou 7 portées annuelles de 10 à 15 petits chacune. La reproduction rapide et abondante du lapin fait de lui un véritable fléau là où manquent ses ennemis naturels (en Australie, un seul couple a produit 13 millions d'individus en trois ans). La myxomatose a réduit considérablement le nombre des lapins. En 1952, cette maladie s'est répandue en France, où elle a fait des ravages dans les chasses et aussi dans les clapiers.
La production du lapin domestique, ou *cuniculiculture*,* présente en France un intérêt considérable : la consommation de viande de lapin y est presque aussi importante que celle du mouton (100 000 t contre 125 000, sans compter la consommation de l'éleveur lui-même). [V. illustr. RONGEURS.]

lapine n. f. Femelle du lapin.

lapiner [lapine] v. i. Mettre bas, en parlant de la lapine.

lapinière n. f. Endroit où l'on élève des lapins.

lapinisme n. m. *Fam.* Fécondité excessive.

lapis [lapis] ou **lapis-lazuli** [-lazyli] n. m. ou **lazurite** [lazyrit] n. f. (lat. *lapis,* pierre, et *lazulli,* du persan *lāzawar*). Pierre fine d'un bleu d'azur, qui est du silicate d'aluminium et de sodium contenant du soufre à l'état très divisé, employée en bijouterie et en tabletterie.

Lapithes, peuple mythologique de Thessalie, célèbre par son combat contre les Centaures ; il fut exterminé par Héraclès.

Laplace (Pierre Simon, *marquis* DE), astronome, mathématicien et physicien français, né à Beaumont-en-Auge (Normandie) [1749-1827]. Ses travaux se rapportent surtout à la mécanique céleste et au calcul des probabilités. Son *Exposition du système du monde* (1796) contient sa célèbre hypothèse cosmogonique selon laquelle le système solaire proviendrait d'une nébuleuse primitive entourant comme d'une atmosphère un noyau fortement condensé, à température très élevée, et tournant autour d'un axe passant par son centre ; le refroidissement des couches extérieures aurait engendré des anneaux successifs, dont chacun aurait donné naissance, par condensation en un de ses points, à une planète qui, par le même processus, aurait à son tour formé des satellites. Le noyau central aurait constitué le Soleil. En physique, il fit avec Lavoisier les premières mesures calorimétriques relatives aux chaleurs massiques et aux réactions chimiques (1780). Il établit la formule des transformations adiabatiques d'un gaz et formula une théorie de la capillarité, ainsi que les lois fondamentales de l'électromagnétisme. (Acad. fr., 1816.)

Lapleau (19550), ch.-l. de c. de la Corrèze (arr. de Tulle) ; 586 h. (348 aggl.).

Laplume (47310), ch.-l. de c. de Lot-et-Garonne (arr. d'Agen) ; 1 078 h. (509 aggl.). Château (XVIe s.).

lapon [lapɔ̃], **e** [-ɔn] adj. et n. De la Laponie. ‖ — N. m. Langue finno-ougrienne parlée en Laponie.

Laponie, région la plus septentrionale de l'Europe, au nord du cercle polaire, partagée entre la Norvège, la Suède, la Finlande et l'U. R. S. S. Décimés par les Finnois à partir du IXe s., les Lapons furent rattachés à la couronne suédoise au XVIe s. Divers traités, au XVIIe s., confirmèrent le partage politique de la Laponie entre la Suède, la Russie et le Danemark. Les Lapons, qui sont aujourd'hui environ 35 000, tirent leurs ressources de l'élevage, de plus en plus sédentarisé, du renne.

La Popelinière ou **La Pouplinière** (Alexandre Joseph LE RICHE DE), financier français, né à Paris (1692-1762), fermier général, protecteur des lettres et des arts. En engageant dans son orchestre ou en plaçant à sa tête des compositeurs tels que J. W. Stamitz, Rameau et Gossec, il a contribué, en France, à l'élaboration de la symphonie.

Lapoutroie (68650), ch.-l. de c. du Haut-Rhin (arr. de Ribeauvillé) ; 1 712 h. Tissage du coton. Horlogerie.

Lapparent (Albert COCHON DE), géologue et géographe français, né à Bourges (1839-1908), auteur d'un *Traité de géologie* (1882). — Son fils JACQUES, né à Paris (1883-1948), est l'auteur de *Leçons de pétrographie* (1923).

Laprade (Victor RICHARD DE), écrivain français, né à Montbrison (1812-1883), poète et philosophe d'inspiration chrétienne. (Acad. fr.)

Laprade (Pierre), peintre français, né à Narbonne (1875-1931). Il étudia dans l'atelier de Bourdelle à Montauban, voyagea en Italie et en Hollande. Peintre intimiste, raffiné, il est l'auteur de nombreux paysages de jardins, de scènes d'intérieur, et de natures mortes d'une poésie aimable. Il a donné des décors notamment aux ballets suédois et exécuté des illustrations pour de nombreux ouvrages (*les Blés,* musée national d'Art moderne).

Laprade (Albert), architecte urbaniste français, né à Buzançais en 1883. Après avoir participé aux travaux d'urbanisme de Casablanca, il a construit les usines et les barrages de Génissiat, de Donzère, et assaini, à Paris, le quartier du Marais.

laps [laps] n. m. (lat. *lapsus,* chute). *Laps de temps,* espace de temps.

lapsi n. m. pl. (lat. *lapsus,* tombé). Se disait des chrétiens de l'Eglise primitive retournés au paganisme par crainte des tortures.

lapsus [lapsys] n. m. (mot lat.). Faute, erreur, inadvertance commise en parlant (*lapsus linguae*) ou en écrivant (*lapsus calami*).

laquage n. m. Action de laquer. ‖ Etat de ce qui est laqué. ‖ Opération qui permet d'obtenir du sang laqué.

laquais [lakɛ] n. m. (esp. *lacayo*). Valet de pied qui porte la livrée. ‖ *Fig.* Homme d'un caractère bas et servile.

laque [lak] n. f. (arabe *lakk*). Gomme-résine rouge-brun, fournie par plusieurs plantes d'Orient de la famille des anacardiacées. ‖ Matière alumineuse colorée, employée en peinture. ‖ Produit capillaire constitué par une solution filmogène à base de résine de synthèse et qui, vaporisé sur la chevelure, la recouvre d'un film protecteur contre l'humidité et la maintient en place. ‖ Beau vernis de Chine, noir ou rouge. ‖ — N. m. Objet laqué.

laqué, e adj. *Sang laqué,* sang dont les globules rouges ont été hémolysés par addition d'eau et qui fournit une solution d'hémoglobine.

Laquedem (Isaac), nom donné en Flandre au Juif errant.

Laquedives (*îles*), en angl. **Laccadive Islands,** archipel indien de la mer d'Oman.

laquer v. t. Couvrir d'une couche de laque : *laquer un étui.*

laqueur n. m. Ouvrier qui décore des ouvrages en bois par application de laques et de vernis.

laqueux, euse adj. De la nature de la laque : *vernis laqueux.*

La Quintinie (Jean DE), agronome français, né à Chabanais (Charente) [1626-1688].

Lara (*maison de*), une des plus anciennes et des plus célèbres familles de Castille. C'est à l'un de ses membres, Gonzalo GUSTIOS, comte **de Lara,** que se rapporte la légende des *sept infants de Lara,* attirés dans une embuscade par leur oncle Rodrigue, puis massacrés, légende qui a fourni la matière de tout un cycle du romancero et de nombreux poèmes et œuvres dramatiques.

Larache, port du Maroc, sur l'Atlantique ; 30 800 h.

Laragne-Montéglin (05300), ch.-l. de c. des Hautes-Alpes (arr. de Gap) ; 3 723 h.

laraire [larɛr] n. m. Chez les Romains, chapelle des dieux lares.

Larbaâ-Nath-Iraten, anc. **Fort-National,** v. d'Algérie (Tizi-Ouzou), en Grande Kabylie ; 20 700 h.

Larbaud (Valery), écrivain français, né à Vichy (1881-1957). Grand voyageur à l'esprit raffiné, il fit connaître à l'étranger la littérature française contemporaine et révéla au public français des écrivains comme S. Butler, Conrad et surtout Joyce, qu'il traduisit et dont il imita le « monologue intérieur » dans *Amants, heureux amants* (1926). Son cosmopolitisme se manifeste dans ses récits (*Fermina Marquez,* 1911 ; *A. O. Barnabooth, poésies et journal intime,* 1913) et ses essais critiques (*Ce vice impuni, la lecture,* 1925).

larbin [larbɛ̃] n. m. *Fam.* Domestique, valet.

Larchant (77132), comm. de Seine-et-Marne (arr. de Melun), dans le Gâtinais ; 524 h. Pèlerinage. Eglise des XIIe, XIIIe et XIVe s.

Larche (19600), ch.-l. de c. de la Corrèze (arr. de Brive) ; 812 h. (474 aggl.).

Larche (*col de*) ou **de l'Argentière,** col des Alpes (Alpes-de-Haute-Provence), aux sources de l'Ubaye, conduisant de Barcelonnette à Cuneo (Italie) ; 1 997 m.

larcin [larsɛ̃] n. m. (lat. *latrocinium*). Vol de peu d'importance, fait adroitement et sans violence. ‖ Chose volée : *vendre son larcin.* ‖ *Fig.* Plagiat.

lard [lar] n. m. (lat. *lardum*). Partie profonde de la peau de certains animaux (en particulier du porc), char-

Phot. Giraudon, B. N.

gée de matières grasses. ● *Faire du lard* (Fam.), engraisser par suite de l'inaction. ‖ *Gras à lard,* très gras.

larder [larde] v. t. Piquer une viande de petits morceaux de lard : *larder un rôti de bœuf.* ‖ — *Fig.* Percer : *larder de coups d'épée.* ‖ Poursuivre de traits piquants : *larder d'épigrammes.*

Larderello, village d'Italie (Toscane). Vapeurs naturelles (*soffioni*) utilisées pour la production d'énergie.

lardoire n. f. Sorte de brochette creuse ou en gouttière, pour larder.

lardon n. m. Petit morceau de lard pour accommoder un plat. ‖ *Pop.* Enfant.

lardonner [lardɔne] v. t. Couper, tailler en lardons.

lare [lar] n. m. (lat. *lar, laris;* d'un mot étrusque qui signifiait *chef*). Nom des dieux protecteurs du foyer domestique, chez les Romains. ‖ — Pl. *Fig.* Foyer domestique : *revoir ses lares.* ‖ — Adj. : *les dieux lares.*

Laredo, station balnéaire d'Espagne, sur le golfe de Gascogne, à l'est de Santander ; 5 000 h.

La Renaudie (Godefroi DE BARRI DE), gentilhomme périgourdin (m. en 1560), chef des conjurés protestants d'Amboise.

La Révellière-Lépeaux (Louis Marie DE), homme politique français, né à Montaigu (Vendée) [1753-1824]. Conventionnel, il siégea parmi les Girondins et vota la mort du roi. Il présida le Conseil des Anciens, puis devint directeur (1795). Il lutta contre la réaction royaliste en 1797 et prépara avec Barras et Rewbell le coup d'Etat du 18-Fructidor (4 sept.). Il démissionna le 18 juin 1799. Il se maintint dans l'opposition à l'Empire. Ses *Mémoires* ont été publiés en 1895.

La Reynie (Gabriel Nicolas DE), premier lieutenant de police de Paris, né à Limoges (1625-1709). A partir de 1667, il contribua à l'organisation de la police et à l'assainissement de Paris.

largable [largabl] adj. Qui peut être largué, détaché : *réservoir largable en vol.*

largage n. m. Action de larguer, notamment à partir d'un aéronef.

large [larʒ] adj. (lat. *largus*). Qui a une certaine étendue dans le sens perpendiculaire à la longueur : *une rivière large de plusieurs mètres.* ‖ Ample, qui ne serre pas : *un vêtement large.* ‖ — *Fig.* Peu scrupuleux : *conscience large.* ‖ Généreux, libéral : *c'est un homme large.* ‖ Indulgent, sans préjugés : *un esprit large; des idées larges.* ‖ Considérable : *faire de larges concessions.*

large n. m. Largeur : *un mètre de large.* ‖ *Mar.* Pleine mer : *gagner le large.* ‖ *Math.* Se dit d'une relation d'inclusion ou d'inégalité n'excluant pas l'égalité. (Contr. STRICT.) ● *En long et en large,* en longueur et en largeur. ‖ *Prendre le large,* s'éloigner du rivage en mer ; et, au *fig.* et *fam.,* s'enfuir. ‖ — **Au large** loc. adv. Spacieusement : *être au large à une table.* ‖ — **Au large!** loc. ellipt. Eloignez-vous ! ‖ — **Au large de** loc. prép. En pleine mer ; dans les parages de.

largement adv. De façon large.

Largentière (07110), ch.-l. d'arr. de l'Ardèche ; 3 139 h. Château (XVe s.). Soieries. Mine de plomb et de zinc. — L'arr. a 10 cant., 111 comm., 45 048 h.

largesse n. f. Libéralité, distribution abondante et gratuite : *profiter de la largesse de quelqu'un.* ‖ Don généreux : *répandre ses largesses.*

largeur n. f. Etendue, dans le sens perpendiculaire à la longueur. ‖ *Fig.* Ampleur, caractère de ce qui n'est pas mesquin, pas étroit : *la largeur de ses idées; largeur de vue.*

larghetto [largeto] adv. (mot ital.). *Mus.* Indique un mouvement un peu moins lent que *largo.* ‖ — N. m. Morceau exécuté dans ce tempo.

Largillière ou **Largillierre** (Nicolas DE), peintre français, né à Paris (1656-1746). Formé à Anvers, il subit l'influence de Rubens, passa en Angleterre, puis revint en France. Essentiellement portraitiste, il peignit des représentants de la haute bourgeoisie, du corps de ville, mettant en valeur les accessoires, les beaux tissus et rendant parfaitement le mouvement de la vie (*la Famille du peintre,* Louvre ; *la Belle Strasbourgeoise,* musée de Strasbourg).

largo [largo] adv. (mot ital.). *Mus.* Indique un mouvement ample et large. ‖ — N. m. Morceau exécuté dans ce tempo.

Largo Caballero (Francisco), homme politique espagnol, né à Madrid (1869-1946). Socialiste militant, il contribua à l'avènement de la République et fut ministre du Travail en 1931. Au début de la guerre civile (1936-1937), il dirigea un gouvernement révolutionnaire. Après la victoire de Franco, il s'exila en France.

largue [larg] adj. (forme provenç. de *large*). *Mar.* Qui n'est pas tendu : *cordage largue.* ● *Vent largue,* vent oblique par rapport à la route du navire.

largue n. m. Allure d'un navire qui reçoit le vent à peu près par le travers, par l'arrière.

larguer [large] v. t. (du provenç. *larga*). *Aéron.* et *Mar.* Détacher, lâcher, laisser aller, en parlant d'une amarre, d'un objet. ‖ *Fig.* Abandonner.

Lariboisière (Jean Ambroise BASTON, *comte* DE), général français, né à Fougères (1759-1812). Il se distingua à Essling, Wagram, la Moskova. — Son fils CHARLES, né à Fougères (1788-1868), épousa Elisa **Roy,** qui devait

Largillière
portrait de Philippe Néricault,
dit Destouches
musée de Bourg-en-Bresse

fonder à Paris, rue Ambroise-Paré, l'hôpital Lariboisière (1846).

larigot [larigo] n. m. (orig. obscure). Flûte ancienne. ‖ Jeu d'orgue qui sonne une octave au-dessus du *nasard.*

larigot (à tire-) loc. adv. (refrain d'une chanson). *Fam.* Beaucoup : *boire à tire-larigot.*

Lárissa, v. de Grèce (Thessalie) ; 72 800 h. Archevêché. Vestiges d'un temple et d'un théâtre antiques. Sucrerie.

Lāristān, pays montagneux de l'Iran, bordé au sud par le golfe Persique.

Larivey (Pierre DE), écrivain français, né à Troyes (v. 1540-v. 1619). Il introduisit en France le style et les types de la comédie italienne dans des comédies en prose (*les Esprits,* 1579 ; *les Tromperies,* 1611) qui inspirèrent Molière et Regnard.

larme [larm] n. f. (lat. *lacrima*). Liquide salé, produit par deux glandes situées sous les paupières, au-dessus des globes oculaires, qui humecte la conjonctive et pénètre dans les fosses nasales par les caroncules lacrymales. ‖ *Fam.* Petite quantité de vin ou de liqueur : *je n'en veux qu'une larme.* ● *Avoir des larmes dans la voix,* être ému en parlant. ‖ *Larme de cerf,* liquide onctueux qui remplit les cavités existant au-dessous des yeux du cerf. ‖ *Larmes de crocodile,* larmes hypocrites. ‖ *Pleurer à chaudes larmes, fondre en larmes,* pleurer abondamment. ‖ *Rire aux larmes, jusqu'aux larmes,* rire très fort.

larme-de-Job n. f. Plante cultivée dans le Midi, à grains luisants en forme de larme. (Famille des graminées.) ‖ Pl. des *larmes-de-Job.*

larmier n. m. (de *larme*). Moulure droite disposée en saillie au sommet d'un ensemble décoratif, qu'elle préserve de la pluie grâce à une petite rainure qui arrête les filets d'eau et les fait tomber directement sur le sol. ‖ Angle interne de l'œil. ‖ Orifice situé au-dessous de l'angle interne de l'œil des cerfs et de quelques autres ruminants mâles, et par où s'écoule un liquide gras et odorant. ‖ Tempe du cheval.

larmoiement [larmwamɑ̃] n. m. Ecoulement involontaire de larmes.

Larmor-Plage (56260), comm. du Morbihan (arr. de Lorient) ; 5 877 h. Station balnéaire. Eglise des XVe-XVIe s.

larmoyant, e adj. Qui fond en larmes. ‖ Qui excite les larmes : *un ton larmoyant.*

larmoyer [larmwaje] v. i. (conj. **2**). Pleurnicher, verser des larmes.

La Rochefoucauld, famille poitevine, dont le membre le plus connu est François VI, duc **de La Rochefoucauld,** né à Paris (1613-1680). Mêlé très jeune aux intrigues de la Cour, il se compromit pour Mlle de Hautefort et Mme de Chevreuse, et fut entraîné dans la Fronde par la duchesse de Longueville. Grièvement blessé au combat de la porte Saint-Antoine, il obtint son pardon du roi et mena une vie purement mondaine, fréquentant les salons de Mme de Sablé et surtout de Mme de Lafayette, qu'il conseilla dans la composition de ses romans et qui adoucit l'amertume de ses réflexions sur la nature humaine. Si ses *Mémoires contenant les brigues pour le gouvernement à la mort de Louis XIII* parurent sans son aveu en 1662, il donna plusieurs éditions de ses *Réflexions ou Sentences et Maximes morales* (1664-1678), dans lesquelles il s'inspire des débats sur la doctrine augustinienne pour exprimer son dégoût d'un monde où les meilleurs sentiments sont en fin de compte dictés par l'intérêt.

La Rochefoucauld-Doudeauville (Ambroise Polycarpe, *duc* DE), homme politique français, né à Paris (1765-1841). Ministre sous Charles X, il créa l'Ecole de Grignon.

La Rochefoucauld-Liancourt (François, *duc* DE), philanthrope et homme politique français, né à La Roche-Guyon (1747-1827). Il fonda à Liancourt une école qui est à l'origine de l'Ecole des arts et métiers de Châlons.

La Rochejaquelein (Henri DU VERGIER, *comte* DE), chef vendéen, né au château de la Durbellière (Poitou) [1772-1794]. Il souleva les Mauges (mars 1793), remporta une victoire à Chantonnay (sept.), mais, battu à Cholet (oct.), il se replia sur la Loire. Général en chef après la mort de Lescure, il fut tué dans un engagement. — Son frère Louis **du Vergier,** marquis **de La Rochejaquelein,** né à Saint-Aubin-de-Baubigné (Vendée) [1777-1815], servit dans l'armée de Condé, puis avec les Anglais à Saint-Domingue. Il dirigea pendant les Cent-Jours l'insurrection vendéenne. — Auguste **du Vergier,** comte **de La Rochejaquelein,** né à Saint-Aubin-de-Baubigné (1783-1868), frère des précédents, fut l'un des complices de la duchesse de Berry lorsqu'elle tenta de provoquer un soulèvement légitimiste en Vendée en 1832.

Laroche-Saint-Cydroine (89400 Migennes), comm. de l'Yonne (arr. d'Auxerre) ; 1 003 h. Centre ferroviaire de *Laroche-Migennes.*

Laroquebrou (15150), ch.-l. de c. du Cantal (arr. d'Aurillac), sur la Cère ; 1 193 h. Eglise gothique.

Laroque-Timbaut (47340), ch.-l. de c. de Lot-et-Garonne (arr. d'Agen) ; 1 040 h. Chapelle du XVe s.

Larousse (Pierre), grammairien et lexicologue français, né à Toucy (Yonne) [1817-1875]. Il composa d'abord de nombreux ouvrages pédagogiques, qui renouvelaient les méthodes de l'enseignement primaire, puis il entreprit la rédaction du *Grand Dictionnaire universel du XIXe siècle,* en 15 volumes (1866-1876).

Larousse du XXe siècle, dictionnaire encyclopédique universel en 6 volumes, publié de 1927 à 1933 sous la direction de Paul Augé, et complété par un *Supplément* en 1953.

Larousse encyclopédique (GRAND), dictionnaire encyclopédique en 10 volumes, publié de 1960 à 1964. Il a été complété par deux suppléments, en 1968 et 1975.

Larra (Mariano José DE), écrivain espagnol, né à Madrid (1809-1837). Il publia dans différents journaux des articles qui composent un tableau satirique des mœurs de l'Espagne et donna des romans et des drames d'inspiration romantique (*Macías,* 1834).

Larrey (Dominique Jean, *baron*), chirurgien militaire, né à Beaudéan, près de Bagnères-de-Bigorre (1766-1842). Chirurgien en chef de la Grande Armée, professeur au Val-de-Grâce, chirurgien de l'hôpital du Gros-Caillou et des Invalides, il a publié plusieurs ouvrages sur la chirurgie militaire. — Son fils HIPPOLYTE, né à Paris (1808-1895), fut chirurgien de Napoléon III et médecin-chef de l'armée lors de la campagne d'Italie (1859).

larron [larɔ̃], **onnesse** [-ɔnɛs] n. (lat. *latro*). Voleur. ● *Le bon et le mauvais larron,* les deux voleurs qui, selon les Evangiles, furent mis en croix avec Jésus-Christ, et dont le premier se convertit avant de mourir. ‖ *S'entendre comme larrons en foire,* être d'accord pour jouer quelque mauvais tour.

larron n. m. Trou, fissure par où fuit l'eau d'un canal.

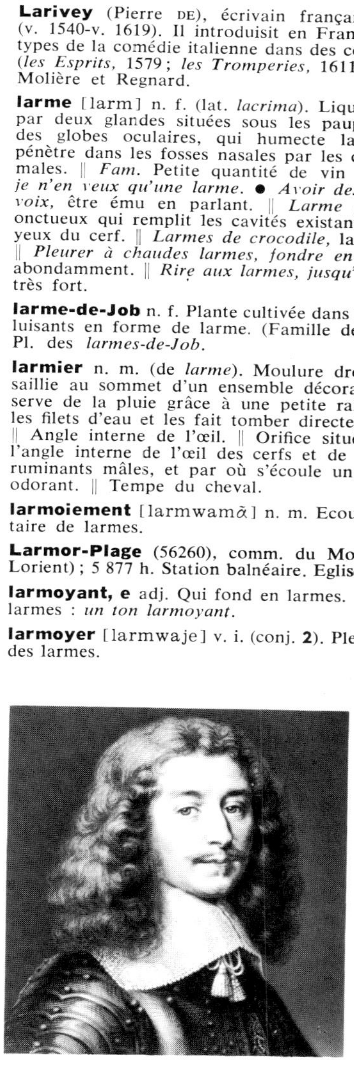

La Rochefoucauld
gravure
de Tony Goutière

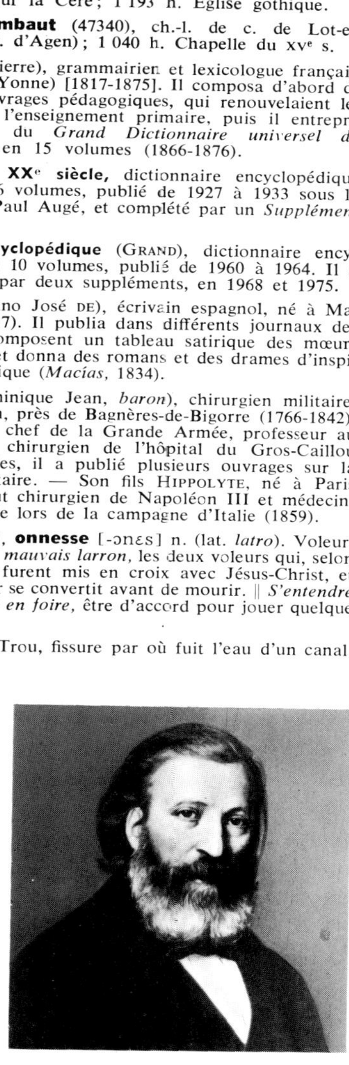

Pierre Larousse

Phot. Bulloz, Lauros-Giraudon, Larousse.

Lartet (Edouard), géologue et préhistorien français, né à Saint-Guiraud (Gers) [1801-1871], l'un des fondateurs de la préhistoire.

Laruns [-œs] (64440), ch.-l. de c. des Pyrénées-Atlantiques (arr. d'Oloron-Sainte-Marie), sur le gave d'Ossau ; 1 856 h.

larvaire adj. Relatif à la larve ou à son état : *les formes larvaires des insectes.*

larve [larv] n. f. (lat. *larva*, fantôme). Forme active, très différente de l'adulte, présentée par de nombreux animaux au sortir de l'œuf. (V. *encycl.*) || Nom donné à des spectres d'hommes morts tragiquement ou de criminels, que les Romains supposaient errer sur la terre pour tourmenter les vivants.
— Encycl. La *larve*, différente de l'adulte par sa forme, son alimentation, sa locomotion, son mode respiratoire ou son type de symétrie, se rencontre dans presque tous les groupes aquatiques (cœlentérés, échinodermes [pluteus], annélides, mollusques [trochophore], crustacés [nauplius], poissons apodes [leptocéphale], amphibiens [têtard], etc.) et se retrouve chez les insectes (larves de libellule et de phrygane, chenilles, asticots, vers blancs, etc.). Souvent, la larve vit plus longtemps que l'adulte, et il arrive qu'elle lui soit supérieure en poids et en volume. La métamorphose, souvent accompagnée d'une forte mortalité, peut exiger une période de repos, ou *nymphose* (insectes supérieurs).
Il est exceptionnel qu'un animal puisse se reproduire à l'état larvaire : cette *pédogenèse* a alors lieu sans fécondation, sauf lorsqu'elle résulte d'une perte de l'accession à l'état adulte (axolotl).
Les espèces terrestres de tous les embranchements (sauf les insectes) ont un développement « condensé » et ne présentent pas d'état larvaire.
Les larves peuvent parasiter l'homme et l'animal, et y provoquer des troubles importants ; elles siègent dans la peau, le tissu sous-cutané, l'anus, etc.

larvé, e adj. Se dit de toute maladie qui se présente sous une forme anormale, et dont les accès sont peu fréquents et bénins. || *Fig.* Masqué, latent : *une révolution larvée.*

laryngé [larɛ̃ʒe], **e** et **laryngien** [-ʒjɛ̃], **enne** [-ɛn] adj. (du gr. *larunx, larungos*, gorge). Relatif au larynx : *miroir laryngé.*

laryngectomie n. f. Ablation chirurgicale du larynx.

laryngite n. f. Inflammation du larynx.
— Encycl. La *laryngite* se manifeste par des modifications de la voix et par une toux rauque ; elle peut se compliquer de spasmes ou d'œdème de la glotte, entraînant de la suffocation. La laryngite aiguë est due à un excès vocal, à une affection grippale ou à une maladie éruptive ; la laryngite chronique est le plus souvent causée par le froid ou des excès de boisson ou de tabac, mais elle peut également être en rapport avec une tuberculose ou une tumeur maligne du larynx.

laryngologie [larɛ̃gɔlɔʒi] n. f. Etude du larynx et de ses affections.

laryngologiste ou **laryngologue** n. Médecin spécialiste en laryngologie.

laryngoscope n. m. Appareil avec lequel on peut observer le larynx.
— Encycl. Un simple miroir laryngé donne la possibilité d'éclairer et de voir une image réfléchie du larynx ; le *laryngoscope*, qui est un tube à éclairage incorporé, permet d'observer directement le larynx. On peut ainsi y pratiquer certaines interventions (extraction de corps étranger, électrocoagulation).

laryngoscopie n. f. Exploration de l'intérieur du larynx.

laryngotomie n. f. Ouverture chirurgicale du larynx.

larynx [larɛ̃ks] n. m. (gr. *larunx*). Organe de la phonation, servant aussi au passage de l'air, situé à la partie antérieure du cou, entre la trachée et le pharynx.
— Encycl. Le *larynx* est placé sous l'os hyoïde ; il se compose de cinq pièces cartilagineuses (le cartilage thyroïde, le plus volumineux, dont l'arête antérieure forme la saillie de la pomme d'Adam, le cartilage cricoïde, l'épiglotte et les deux cartilages aryténoïdes). Certains de ces cartilages sont réunis par des replis membraneux qui constituent les cordes vocales. Ces dernières entrent en vibration sous l'action de l'air expiré pour émettre les sons et limitent l'orifice de la glotte. L'épiglotte ferme l'orifice supérieur du larynx pendant la déglutition. De nombreux muscles fixent l'organe au squelette voisin ; d'autres, intérieurs, servent à tendre les cordes vocales, à dilater ou à contracter la glotte.
Les inflammations de la muqueuse du larynx sont très fréquentes (laryngites) ; des tumeurs peuvent également s'y développer. Toutes les maladies du larynx altèrent plus ou moins la voix.

Larzac (*causse de*), haut plateau calcaire du sud du Massif central, dans la région des Grands Causses. Elevage des moutons. Camp militaire.

las! [lɑs] interj. (de *las*, adj.). Syn. de hélas !

las [lɑ], **lasse** [lɑs] adj. (lat. *lassus*). Qui éprouve une grande fatigue physique. || Qui ne peut plus supporter ; ennuyé, dégoûté : *il est las de vous entendre.* ● *De guerre lasse*, à bout de résistance.

La Sablière (Marguerite Hessein, *dame* de), femme de lettres française, née à Paris (1636-1693). D'une riche famille protestante, elle reçut l'enseignement de Sauveur et de Roberval, et réunit chez elle une société lettrée et galante. Elle donna asile à La Fontaine, qui lui dédia son discours de réception à l'Académie française. Aimée, puis abandonnée par le marquis de La Fare, elle abjura le protestantisme et finit ses jours dans la dévotion.

Cavelier de La Salle
médaille de A. G. Guilloux

lasagne [lazaɲ] n. f. (ital. *lasagna*). Pâte alimentaire taillée en forme de rubans larges.

La Sale (Antoine de), écrivain français (1388-apr. 1461). Attaché au service des ducs d'Anjou, puis précepteur de Jean de Calabre, fils aîné du roi René, il composa plusieurs ouvrages didactiques (*le Paradis de la reine Sibylle*, 1440) et un récit qui présente d'une manière originale les thèmes fondamentaux de l'amour et de la chevalerie (*Histoire et plaisante chronique du Petit Jehan* de Saintré*, 1451). On lui a attribué sans preuve *les Cent Nouvelles* nouvelles* et *les Quinze* Joyes de Mariage*.

Lasalle (30460), ch.-l. de c. du Gard (arr. du Vigan) ; 1 201 h. (946 aggl.). Confection.

Lasalle, v. du Canada (Québec) ; 48 300 h.

La Salle (*saint* Jean-Baptiste de). V. Jean-Baptiste de La Salle (*saint*).

La Salle (René Robert Cavelier de), voyageur français, né à Rouen (1643-1687). Après avoir visité les Grands Lacs, il descendit le Mississippi jusqu'au golfe du Mexique (1681-1682), reconnaissant ainsi la Louisiane. Il fut tué au cours d'une seconde expédition. Son compagnon Joutel a publié *le Journal historique du dernier voyage de feu M. de La Salle* (1723).

Lasalle (Antoine, *comte* de), général français, né à Metz (1775-1809). Remarquable cavalier, il se distingua notamment à Stettin et à Lübeck. Il fut tué à Wagram.

lascar [laskar] n. m. (persan *laskhar*, soldat). *Fam.* Individu rusé, qui aime à jouer des tours.

Lascaris, famille byzantine qui s'illustra au Moyen Age, et qui a fourni plusieurs empereurs de Nicée.

Lascaris ou **Laskaris** (Jean ou Janus), surnommé **Rhyndacenus,** érudit grec, né à Constantinople (v. 1445-v. 1534), réfugié à Florence auprès de Laurent de Médicis.

Las Casas (Bartolomé de), prélat espagnol, né à Séville (1474-1566). Dominicain, il prit la défense des Indiens dans des ouvrages qu'il adressa au roi d'Espagne (*Très Brève Relation de la destruction des Indes*, 1542). Il fut évêque de Chiapa, au Mexique, de 1544 à 1547.

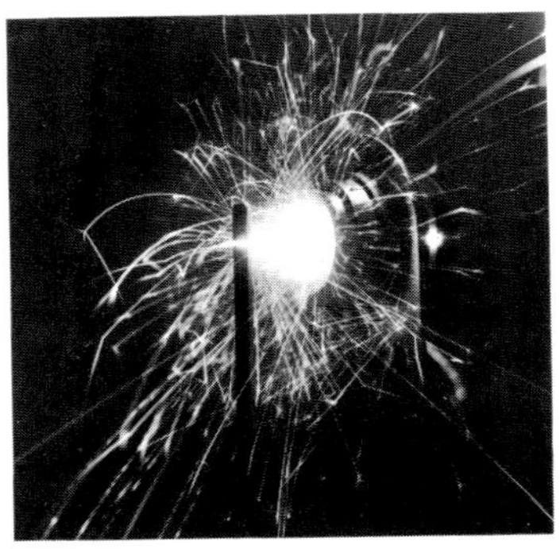
laser à rubis
éclair de 400 microsecondes

Las Cases (Emmanuel, *comte* de), historien français, né au château de Las Cases, près de Revel (1766-1842). Il accompagna Napoléon Ier dans l'exil et rédigea le *Mémorial de Sainte-Hélène* (1823).

Lascaux (*grotte de*), grotte de la comm. de Montignac (Dordogne). Découverte en 1940 dans un parfait état de conservation, étudiée par l'abbé Breuil, elle présente l'un des plus beaux ensembles d'art préhistorique qui soient (peintures et gravures d'animaux de l'époque magdalénienne). [V. illustr. préhistoire.]

lascif [lasif], **ive** [-iv] adj. (lat. *lascivus*). Fort enclin à la luxure. || Qui excite à la luxure ou est inspiré par elle : *danse lascive.*

lascivement adv. De façon lascive.

lascivité n. f. Penchant, excitation à la luxure.

laser [lazɛr] n. m. (angl. l[*ight*] a[*mplification by*] s[*timulated*] e[*mission of*] r[*adiations*]). Source lumineuse pouvant produire des éclairs très intenses de lumière cohérente, utilisée dans le domaine des télécommunications, en biologie, etc.
— Encycl. Le *laser à rubis* comporte un bâtonnet de rubis synthétique argenté à ses extrémités. Ce cristal est soumis à la lumière d'un flash vert, qui déplace les électrons des atomes de chrome sur des orbites instables. Un faible rayon rouge, agissant par résonance, fait retomber ces électrons sur leur orbite stable, ce qui provoque l'émission d'un éclair rouge, très intense, de lumière cohérente. Il existe également des *lasers à gaz* et à semi-conducteurs, produisant des ondes lumineuses entretenues, qu'il est possible de moduler.
— *Méd.* Le *laser* est employé en ophtalmologie pour la photocoagulation de la rétine et en dermatologie pour la destruction de tumeurs de la peau. En biologie cellulaire, on l'emploie pour pratiquer des interventions dans une cellule ou même au niveau d'un élément de la cellule.

Lashley (Karl Spencer), neuropsychologue américain, né à Davis (Virginie) [1890-1958]. Il a étudié chez l'animal les liaisons entre les organes des sens et leur projection corticale.

Lassalle (Ferdinand), socialiste allemand, né à Breslau (1825-1864). Lié avec Proudhon et Karl Marx, il participa au mouvement révolutionnaire de 1848. Il fixa son programme en 1862 : il préconisait l'association productive des travailleurs aidés par le gouvernement. Il reprit la loi du salaire nécessaire de Ricardo, qu'il qualifia de *loi d'airain*. Il fut tué en duel.

lassant, e adj. Qui lasse ; ennuyeux.

Lassay (53110), ch.-l. de c. de la Mayenne (arr. de Mayenne) ; 1 806 h. Château (xve-xvie s.).

lasser [lɑse] v. t. (lat. *lassare*). Rendre las, fatiguer. || *Fig.* Excéder, ennuyer : *lasser quelqu'un par ses questions.* || — **Se lasser** v. pr. *Se lasser à*, se fatiguer à : *on se lasse à rester debout.* || *Se lasser de*, s'ennuyer ; se dégoûter de : *on se lasse de voir toujours les mêmes choses.*

Lasseube (64290 Gan), ch.-l. de c. des Pyrénées-Atlantiques (arr. d'Oloron-Sainte-Marie) ; 1 565 h.

Lassigny (60310), ch.-l. de c. de l'Oise (arr. de Compiègne) ; 723 h. Combats en 1918. Produits de beauté.

lassitude n. f. (lat. *lassitudo*). Fatigue résultant d'un travail excessif du corps ou de l'esprit. || *Fig.* Dégoût, ennui.

lasso [laso] n. m. (mot esp.). Corde ou longue lanière de cuir tressé, terminée par un nœud coulant et utilisée pour capturer les animaux.

Lassus (Roland de), musicien de l'école franco-belge, né à Mons (1531-1594), auteur de motets, messes, *Magnificat*, *Passions*, chansons polyphoniques, madrigaux, chefs-d'œuvre de polyphonie vocale. Il fut l'un des plus grands musiciens de son temps et vécut à la cour de Bavière, après avoir fait de nombreux séjours en Italie et voyagé en France et en Angleterre.

Lassus (Jean-Baptiste), architecte français, né à Paris (1807-1857). Il a contribué à répandre le goût du néo-gothique. Il a restauré Saint-Séverin, la Sainte-Chapelle et construit à Paris l'église Saint-Jean-Baptiste de Belleville. Il collabora avec Viollet-le-Duc.

laser
avec objectif transformant
le faisceau lumineux
parallèle
en faisceau divergent
et l'hologramme
sur son banc de lecture

Phot. Cintract, Laboratoire central de télécommunications, R. Bouillot - C. S. F.

Lastex [lastɛks] n. m. (marque déposée). Filé de latex recouvert de fibres textiles (coton, rayonne, Nylon, etc.).

La Suze (Henriette DE COLIGNY, *comtesse* DE), femme de lettres française, née à Paris (1618-1673). Petite-fille de l'amiral de Coligny, célèbre pour son salon et ses démêlés avec son mari, elle composa des élégies qui se distinguent de la littérature précieuse à la mode par la sincérité de la passion (*Poésies,* 1666).

Las Vegas, v. des Etats-Unis (Nevada); 64 400 h. Centre touristique (jeux de hasard). — V. du Nouveau-Mexique; 24 600 h. Centre de recherches nucléaires.

Latakieh. V. LATTAQUIÉ.

latanier [latanje] n. m. Palmier des Mascareignes : *le latanier est cultivé comme plante d'appartement.*

Latécoère (Pierre), industriel français, né à Bagnères-de-Bigorre (1883-1943). Lors de la Première Guerre mondiale, il construisit des avions Salmson pour l'armée. Il créa la ligne aérienne reliant Toulouse à Barcelone (1918), puis à Dakar (1924) et à l'Amérique du Sud (1930).

latence n. f. Etat de ce qui est caché. ‖ *Psychol.* Délai entre un stimulus et la réponse ou la réaction du sujet. (La latence est fonction de facteurs physiologiques [réactions chimiques de la rétine, par exemple, et surtout disponibilité des circuits nerveux] et psychiques [vigilance, motivations du sujet]; elle est notablement allongée par la fatigue, l'alcool, certaines carences vitaminiques, etc.) [Syn. TEMPS DE RÉACTION.]

latent [latɑ̃], **e** [-ɑ̃t] adj. (lat. *latens;* de *latere,* être caché). Qui n'est pas apparent; qui ne se manifeste pas au-dehors. ‖ Se dit de l'image photographique d'un film impressionné, mais non développé. ‖ Se dit des maladies sans symptômes apparents. ● *Œil latent,* œil à fruit, qui, dans les arbres cultivés, demeure en état d'attente. ‖ *Structure latente d'un groupe,* ensemble des facteurs expliquant ce groupe, tels que les révèlent les tests et les traduisent les sociogrammes, les matrices sociométriques.

latéral [lateral], **e, aux** [-o] adj. (du lat. *latus, lateris,* flanc). De côté, sur le côté; relatif au côté d'une chose : *porte latérale.* ‖ *Math.* Se dit de la surface d'un solide géométrique, abstraction faite des surfaces des bases.

latéralement adv. Sur le côté.

latéralisation n. f. Acquisition de la latéralité.

latéralisé, e adj. *Bien, mal latéralisé,* se dit d'un enfant dont l'activité motrice correspond bien ou mal à la dominance d'un hémisphère cérébral sur l'autre.

latéralité n. f. Dominance fonctionnelle d'un côté du corps sur l'autre. (Dans la majorité des cas, c'est l'hémisphère gauche qui est dominant [ce qui entraîne un comportement de « droitier »]. Les retards de la latéralisation chez l'enfant, qui se marquent par une persistance de l'ambidextrie, accompagnent un certain retard psychomoteur.)

latere (a) [alatere]. V. LÉGAT *a latere.*

latérisation n. f. Transformation d'un sol en latérite par migration (lessivage) de la silice.

latérite [laterit] n. f. (du lat. *later,* brique). Sol rougeâtre de la zone tropicale, caractérisé par la présence d'alumine libre et d'oxyde de fer. (La latérite est fréquemment exploitée comme minerai de fer ou d'alumine.)

latéritique adj. Qui appartient à la latérite : *argile latéritique.*

latérisation n. f. Formation de latérite.

latex [latɛks] n. m. (mot lat. signif. *liqueur*). Liquide blanc, plus rarement jaune ou orangé, sécrété par certains végétaux (hévéa, pissenlit, laitue, grande éclaire). [On tire le caoutchouc du latex de l'hévéa et de certains pissenlits.]
— ENCYCL. L'industrie du *latex* emploie comme matières élastiques de base des dispersions aqueuses d'élastomères naturels ou de synthèse, vulcanisables ou déjà vulcanisés. Ce sont : 1° les *latex naturels* ou *négatifs,* dont les particules sont chargées électronégativement; 2° les *latex positifs,* obtenus par inversion de la charge électrique des précédents au moyen de savons cationiques; 3° les *latex artificiels,* obtenus à partir de caoutchoucs ou de régénérés; 4° les *dispersions aqueuses* d'élastomères de synthèse, appelées communément, mais improprement, « latex ». Le plus utilisé des latex naturels est le latex d'hévéa. Les latex positifs sont employés pour renforcer les fibres textiles, sur lesquelles ils se fixent sans donner pour autant un enduit continu. Surtout intéressants pour leurs propriétés adhésives, les latex artificiels servent à enduire les câblés de rayonne viscose pour la fabrication des pneumatiques.

Roland de Lassus
gravure de Johann Sadeler

Phot. Lauros-Giraudon.

Latham (Hubert), aviateur français, né à Paris (1883-1912). Il apprit seul, en 1909, à piloter le monoplan *Antoinette.* Il échoua en tentant, le premier, la traversée de la Manche, mais porta le record français de durée à 1 h 7 mn et atteignit l'altitude de 1 000 m (1910).

lathyrisme [latirism] n. m. Intoxication par la farine de gesse.

laticifère [latisifɛr] n. m. Tissu végétal sécrétant du latex. ‖ — Adj. : *vaisseaux laticifères.*

laticlave [latiklav] n. m. (du lat. *latus clavus,* large bande). Bande pourpre que les sénateurs romains portaient sur leur robe. ‖ La robe elle-même.

latifundiste n. m. *Péjor.* Grand propriétaire terrien.

latifundium [latifɔ̃djɔm] n. m. (mot lat.). Grande propriété, sous-exploitée, cultivée par des ouvriers agricoles pour le compte d'un propriétaire non résidant. ‖ Pl. des *latifundia.*

Latimer (Hugh), évêque de Worcester, né à Thurcaston (v. 1490-1555). Chapelain d'Henri VIII, il passa à la Réforme; il fut exécuté sous Marie Tudor.

latimeria n. m. Nom générique du *cœlacanthe.*

latin [latɛ̃], **e** [-in] adj. et n. (lat. *latinus*). Originaire du Latium : *le peuple latin.* ‖ — Adj. *Bâtiment latin,* bateau gréant des voiles latines envergées sur des antennes. ‖ *L'Eglise latine,* l'Eglise romaine. ‖ *Langue latine,* langue des anciens Romains. ‖ *Littérature latine,* v. *encycl.* ‖ *Nations latines,* celles dont la langue dérive du latin (France, Italie, Espagne, etc.). ‖ *Quartier latin,* quartier de Paris, sur la rive gauche de la Seine, où se trouvent les principales facultés et écoles. ‖ *Rite latin,* rite de l'Eglise romaine. ‖ *Voile latine,* voile en forme de triangle.
— ENCYCL. *Littérature latine.*
● Liée à la fortune de Rome, la littérature latine n'apparaît cependant qu'assez tard, lorsque le domaine de la Cité s'est déjà étendu à toute l'Italie péninsulaire. A cette époque, Rome dispose d'un double héritage littéraire : 1° les chants liturgiques en l'honneur des dieux et les couplets récités dans les banquets à la gloire des ancêtres, reste de l'influence étrusque; 2° les grands thèmes de la littérature grecque, que les Romains découvrent à l'occasion de leurs contacts avec les colonies helléniques de l'Italie du Sud. C'est au milieu du Ve s. av. J.-C. que la tradition place la rédaction des premiers textes juridiques. Une commission de dix magistrats, les décemvirs, formule dans la *Loi des douze tables* les principes fondamentaux de la Cité. Un siècle plus tard, le patricien Appius Claudius Caecus fait publier comme censeur un recueil de lois privées et donne avec ses *Maximes* la première expression de la sagesse romaine.
● C'est à l'ancien esclave Livius Andronicus, pris à Tarente en 272 av. J.-C. et élevé « à la grecque » par son maître, qu'est due la première œuvre littéraire : usant du vers saturnien dans sa traduction de *l'Odyssée,* il allie la tradition nationale du mime et de la danse aux thèmes de la dramaturgie hellénistique pour faire représenter, en 240, la première tragédie régulière de langue latine. Mais le nationalisme romain s'affirme avec plus de force encore dans les tragédies et les comédies de Naevius, qui compose la première épopée dont Rome soit l'héroïne principale (*la Guerre punique*). La littérature latine se dégage de l'emprise hellénique : à la tragédie (*cothurnata*) et à la comédie (*palliata*) de caractère grec répondent la tragédie (*praetexta*) et la comédie (*togata*) à personnages romains. C'est d'ailleurs le théâtre qui, au milieu des plus grandes difficultés politiques et militaires, permettra à Rome de prendre une conscience plus nette de ses valeurs morales. Si Quintus Fabius Pictor, pour réfuter les arguments de la propagande d'Hannibal auprès des royaumes hellénistiques, écrit en grec une *Histoire romaine,* c'est dans les comédies de Plaute que s'incarnent l'ironie et la ténacité nationales, mises à rude épreuve pendant la deuxième guerre punique (*Amphitryon, Aulularia, les Ménechmes, le Soldat fanfaron, le Carthaginois,* entre 210 et 184).
● Après la chute de Carthage, Rome s'ouvre peu à peu aux influences de l'Orient. Cette évolution, ou plutôt ce retour aux sources, a pour adversaire Caton le Censeur, défenseur de la vie paysanne (*De agricultura*), hostile aux admirateurs de la Grèce partisans d'expéditions lointaines et, cependant, découvreur d'Ennius, qui emploie l'hexamètre dactylique, rythme grec par excellence, pour composer son épopée des *Annales,* racontant en dix-huit livres toute l'histoire de Rome. L'influence de l'hellénisme est particulièrement sensible chez les écrivains qui forment le « cercle des Scipions » : Térence, qui crée la comédie intime et le « drame bourgeois » (*l'Andrienne, l'Heautontimoroumenos,* v. 162); Lucilius, qui fait de la satire un instrument de critique morale.
Longtemps considérée comme un art de sophiste et une école de mensonge, l'éloquence, à qui Tiberius et Caius Gracchus avaient donné une teinte nationale, prend dans la vie politique et littéraire une importance décisive grâce à Cicéron (*les Verrines,* 70; *Catilinaires,* 63), qui entreprend également de vulgariser la pensée philosophique grecque (*Tusculanes,* 45; *De la nature des dieux,* 45; *Des devoirs,* 44-43). L'esprit alexandrin pénètre cependant la poésie de Catulle (*les Noces de Thétis et de Pélée*), tandis que la doctrine d'Epicure inspire l'épopée cosmogonique de Lucrèce (*De la nature,* v. 55). La prose, didactique avec Varron (*De la langue latine*) et Cornelius Nepos, offre deux modèles opposés avec la sobriété de César (*Commentaires sur la guerre des Gaules,* 51) et la recherche artiste de Salluste (*la Guerre de Jugurtha*).
● Le début de l'Empire voit, malgré Tite-Live, qui brosse le portrait définitif du peuple romain (*Histoire de Rome,* 27 av. J.-C. - 17 apr. J.-C.), l'affadissement de la prose, tandis que dans la poésie s'incarne le génie national, porté aux dimensions du mythe avec Virgile (*l'Enéide,* 29-19), contenu dans les limites d'une morale et d'une esthétique de la mesure avec Horace (*Satires,* 35-30; *Epîtres,* 30-8), exalté dans les élégies amoureuses de Properce et de Tibulle ou dans le lyrisme d'Ovide (*les Héroïdes,* 20 av. J.-C. - 8 apr. J.-C.; *les Tristes,* 8-18).
● Au lendemain du siècle d'Auguste, la vie intellectuelle est dominée par la pensée stoïcienne et par le style des rhéteurs, qui unit le pathétique à l'édification morale et dont l'œuvre philosophique (*Lettres à Lucilius*) et dramatique (*Médée*) de Sénèque constitue le meilleur exemple. Cette recherche de l'effet marque aussi bien l'épopée révoltée de Lucain (*la Pharsale*) que la verve satirique de Perse et de Pétrone (*Satiricon*). Désormais, la littérature latine se partage en deux courants : l'un, érudit avec Quintilien (*Sur la formation de l'orateur*) et Pline l'Ancien (*Histoire naturelle*), fait le bilan des connaissances scientifiques et philosophiques de l'époque, et médite sur leur expression; l'autre, mondain, se manifeste par la poésie précieuse de Valerius Flaccus, de Silius Italicus, de Stace (*la Thébaïde,* v. 90; *Silves*) ou par le scepticisme critique d'un Martial (*Epigrammes*) et d'un Juvénal (*Satires*), que domine l'œuvre nostalgique de Tacite (*la Germanie,* v. 98; *Histoires; Annales,* v. 115-117).
● Si le règne des Antonins assure la prospérité matérielle, il ne peut assurer la survie littéraire de l'Occident face aux provinces hellénistiques. Suétone tire des archives impériales les anecdotes des *Vies des douze Césars* (122-128), mais le grec est la langue de Plutarque, d'Epictète et de l'empereur Marc Aurèle, et c'est la province d'Afrique qui garde avec le plus de vigueur et d'originalité la tradition des lettres latines, que Fronton et Apulée (*Métamorphoses*) décorent des prestiges et des croyances merveilleuses et mystiques de l'Orient.
● Le déclin de la littérature latine se poursuit jusqu'au début du IVe s., où se multiplient les écoles de rhéteurs, qui enseignent à composer des discours d'apparat. La Gaule joue dans ce domaine un rôle de premier plan. Tandis qu'Ausone mêle les symboles chrétiens aux divinités de l'Olympe, Symmaque défend la tradition païenne et Macrobe (*Saturnales*) commente les œuvres du passé. Ammien Marcellin est le dernier grand historien de Rome, et Claudien, tour à tour panégyriste, satiriste et poète épique, célèbre les derniers efforts de Stilicon pour contenir l'invasion barbare (*la Guerre contre les Goths*).
● Cependant, alors que le Gaulois Rutilius Namatianus quitte Rome, où il a été préfet en 414, et exprime en distiques élégiaques son attachement à la Ville, dont la grandeur appartient déjà au passé, le latin trouve une nouvelle carrière dans l'expression de la pensée chrétienne. Les communautés chrétiennes de Rome et d'Afrique ne commencèrent à user de la langue latine qu'au milieu du IIe s., et la latinisation de la liturgie ne fut complète qu'à la fin du IVe s. Nourris de rhétorique païenne, ajoutant aux thèmes apologétiques hérités des Pères grecs le goût de la prédication et des problèmes de discipline, les auteurs chrétiens de langue latine sont d'abord des écrivains de combat : Tertullien (*Prescription des hérétiques*), Minucius Felix (*Octavius*), saint Cyprien, Arnobe (*Contre les païens*), Lactance (*Institutions divines*). Puis, à partir de la « paix de l'Eglise » (313) et à l'occasion de la querelle de l'arianisme, domine le souci de l'orthodoxie avec saint Hilaire (*De la Trinité*), saint Ambroise, créateur de la poésie hymnique chantée par les fidèles, saint Jérôme, qui établit la Vulgate, tandis que saint Augustin découvre dans sa propre aventure intellectuelle l'image du cheminement de la grâce à l'intérieur du monde antique (*Confessions,* 397-398; *la Cité de Dieu,* 413-426). Si la poésie d'inspiration chrétienne, malgré Prudence (*Louange des martyrs*) et Paulin de Nola (*Natalicia*), est plus élégante que vigoureuse, les Invasions développent, au milieu de l'écroulement de l'Empire, le désir d'apporter aux fidèles une consolation à leurs maux et de conserver l'héritage philosophique et littéraire du passé : Boèce (*Consolation philosophique,* 524) sera ainsi pour le haut Moyen Age l'initiateur de la pensée antique, et Isidore de Séville, dernier Père de l'Occident (*le Livre des étymologies*), est déjà la première incarnation de l'humanisme médiéval.

latin n. m. La langue latine, appartenant à la famille des langues indo-européennes. ● *Bas latin,* latin parlé ou écrit après la chute de l'Empire romain et durant le Moyen Age. ‖ *Latin de cuisine,* jargon formé de mots français à désinence latine. ‖ *Latin populaire,* latin parlé par les classes populaires, différent du latin littéraire (ou classique) des écrivains, et qui a donné naissance, à la basse époque, aux diverses langues romanes. ‖ *Y perdre son latin* (Fam.), ne rien comprendre à une chose.

latin de Constantinople (EMPIRE), Etat fondé par les croisés sur les ruines de l'empire d'Orient (1204-1261). Le premier empereur fut Baudouin de Flandre et de Hainaut, qui fut battu par les Bulgares. L'Empire latin continua les traditions byzantines, mais l'Eglise latine fut installée à côté de l'Eglise grecque, si bien que les tentatives d'unir les deux Eglises échouèrent. Après la mort de Pierre de Courtenay (1217), l'Empire déclina. L'action des Bulgares et des empereurs de Nicée le réduisit à la ville de Constantinople, dont s'empara par surprise Michel Paléologue (1261).

Latina, v. d'Italie, ch.-l. de prov., dans les anciens marais Pontins; 65 600 h. — A proximité, centrale nucléaire.

Latini (Brunetto), écrivain italien, né à Florence (v. 1220-v. 1294). Guelfe exilé en France, où il fut connu sous le nom de BRUNET LATIN, il composa en langue d'oïl

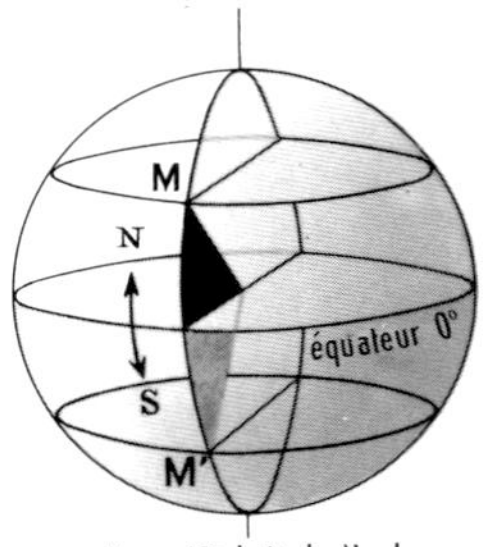

M = 45° latitude Nord
M' = 45° latitude Sud

latitude

son *Livre du Trésor* (v. 1265), compilation des connaissances scientifiques de son temps.

latinisant, e adj. Se dit des personnes qui, vivant dans un pays où se pratique le rite grec, pratiquent le culte de l'Eglise latine.

latinisation n. f. Action de latiniser un mot, une région, un peuple.

latiniser [latinize] v. t. Donner une forme ou une terminaison latine à un mot. ‖ Donner le caractère latin à un peuple.

latinisme n. m. Tour de phrase propre à la langue latine.

latiniste n. Personne versée dans la langue et la littérature latines.

latinité n. f. Manière de parler ou d'écrire en latin : *la latinité de Cicéron.* ● *Basse latinité,* langue des auteurs latins après la chute de l'Empire romain.

latino-américain, e adj. De l'Amérique latine. ● *Art latino-américain,* art de l'Amérique latine.

Latins, nom des habitants du *Latium.*

Latinus, roi du Latium et héros éponyme des Latins. Il figure dans *l'Enéide* comme roi de Lavinium.

latitude [latityd] n. f. (lat. *latitudo, -dinis,* largeur). Distance angulaire comptée, pour un lieu ou un astre donné, à partir d'un plan équatorial de référence, perpendiculairement à ce plan, de 0 à ± 90°, positivement vers le nord. (V. *encycl.*) ‖ Lieu considéré sous le rapport du climat, de la température : *l'homme ne peut vivre sous toutes les latitudes.* ‖ *Fig.* Liberté, pouvoir d'agir à son gré : *laisser toute latitude à quelqu'un.* ● *Basses latitudes,* latitudes voisines de l'équateur. ‖ *Cercle de latitude,* cercle parallèle à l'équateur et formé par tous les points d'égale latitude. ‖ *Hautes latitudes,* latitudes voisines du pôle.
— ENCYCL. La *latitude* d'un point de la surface terrestre se détermine par la mesure de hauteurs d'étoiles dont les coordonnées sont connues (ascension droite et déclinaison). En mesurant la hauteur d'une étoile au moment de son passage au méridien, on obtient la latitude du lieu en faisant la somme ou la différence de la déclinaison de l'étoile et de la hauteur méridienne mesurée. La latitude varie peu avant et après le passage de l'étoile au méridien. Des variations périodiques des latitudes dues au déplacement de l'axe de rotation de la Terre par rapport à la Terre elle-même ont été mises en évidence et sont calculées par les astronomes. La position d'un astre par rapport à l'équateur céleste est déterminée par la déclinaison, quantité sensiblement constante.

latitudinaire adj. et n. Partisan d'une doctrine religieuse étendant le salut à tout le genre humain.

Latium, région de l'Italie centrale, sur la mer Tyrrhénienne, formée des provinces de Frosinone, de Latina, de Rieti, de Rome et de Viterbe ; 4 501 400 h. Entre l'Italie du Nord et le Mezzogiorno, le Latium juxtapose une partie montagneuse, surtout calcaire, des collines volcaniques (monts Albains, Lepini, etc.) et une plaine littorale, sableuse ou argileuse, parfois recouverte de dépôts volcaniques. Longtemps partiellement marécageuse et insalubre, la plaine a été mise en valeur (assèchement des marais Pontins notamment) et porte des cultures de céréales et de plantes fourragères (nécessitées par l'essor de l'élevage bovin à proximité de Rome). L'olivier est présent partout jusqu'à 600 ou 700 m d'altitude ; le vignoble est cultivé surtout sur les basses pentes des monts Albains (Frascati). Rome regroupe dans son agglomération 60 p. 100 de la population de la région.

latomie [latɔmi] n. f. (lat. *latomia,* empr. au gr., formé de *lâs,* pierre, et *temnein,* couper). Carrière de pierre ou de marbre. (Le mot ne désigne guère que les latomies de la Syracuse antique, qui servaient de prison et que l'on peut visiter de nos jours.)

Latone. *Myth.* Mère d'Apollon et d'Artémis ; assimilée à la déesse grecque Lêtô.

lato sensu, mots lat. signif. *au sens large.*

Latouche (Hyacinthe THABAUD DE LATOUCHE, connu sous le nom de **Henri de**), écrivain français, né à La Châtre (1785-1851). Romantique, mais ne ménageant pas ses critiques aux poètes du Cénacle, précurseur du journalisme moderne avec les *Mémoires de Mme Manson* (1818) relatant l'affaire Fualdès, il conseilla les débuts de Balzac et de George Sand, et donna en 1819 la première édition des poésies d'André Chénier. Il inspira une passion célèbre à Marceline Desbordes-Valmore.

Latouche-Tréville (Louis, *comte* DE), amiral français, né à Rochefort (1745-1804). Il participa à l'expédition de Saint-Domingue.

cathédrale de Mexico

● Suivant de près les conquérants espagnols, les grands ordres religieux ne tardèrent pas à s'installer en Amérique, et commencèrent à construire. Les jésuites jouèrent un rôle important dans la floraison des églises et des couvents, qui se multiplièrent, la cathédrale étant l'édifice majeur dans lequel se résume tout l'art de l'Amérique latine. Les édifices, dont les plans viennent directement d'Espagne, ressemblent de fort près à ceux de la mère patrie, plateresques durant la première moitié du XVe s., reflétant la Renaissance espagnole pendant l'autre moitié. *Francisco Becerra* (1545-1605), qui partit en 1573 pour le Nouveau Monde, travailla à la cathédrale de Puebla et de Cuzco, construisit des églises à Quito, à Mexico.
● Au XVIIe s., l'importance des artistes locaux, indiens ou métis, grandit, cependant que se développe l'art baroque, dont l'abondance et la richesse se déploient à l'intérieur des églises. Cet apport indigène contribue à donner une physionomie originale à l'art latino-américain. La plus grande cathédrale de l'Amérique latine, celle de Mexico, commencée en 1573, ne fut terminée que deux siècles plus tard. A Lima, au Pérou, la cathédrale est mise en chantier en 1629, et celle de Córdoba, en Argentine, en 1697. En Bolivie, San Lorenzo de Potosí est une des meilleures réussites du style « métis », hispano-indien. Les palais sont influencés par l'art andalou. La peinture se réfère surtout à Murillo et Zurbarán.
● Le XVIIIe siècle voit s'accentuer les caractères du baroque, l'ornementation, exubérante, se surchargeant d'apports indigènes. Le monument le plus représentatif de ce style fut élevé à Tepotzotlán, au Mexique. Au Pérou, Trujillo est un centre, lui aussi, « ultra-baroque ». Au Brésil, *António Francisco Lisboa,* connu sous le surnom de « l'Aleijadinho » (1730-1814), sculpte l'ensemble des prophètes de l'église de Congonhas do Campo. Les peintres mexicains *José Ibarra* (1688-1756) et *Miguel Cabrera* (1695-1768) peignent des scènes religieuses dans l'esprit de Murillo, alors que le Colombien *Gregorio Vazquez* (1638-1711) fait preuve de personnalité. L'architecture civile s'enrichit de palais somptueux, reflets des palais andalous.
● L'accession à l'indépendance des différents pays de l'Amérique latine amène, au XIXe s., une réaction contre l'art rocaille, assimilé à l'art espagnol : un néo-classicisme puis l'influence européenne règnent en architecture. L'influence de David pénètre en Argentine grâce au peintre *Debret,* au Mexique par l'entremise de *Charles Pringuet.*
● Au XXe s., le Brésil, avec l'architecte *Niemeyer* (né en 1907), élève de Le Corbusier, se place à l'avant-garde de l'architecture, créant de toutes pièces sa capitale, Brasília, dont *Lúcio Costa* dessine le plan. Au Mexique, la Cité universitaire construite après la guerre dans la capitale, selon les données les plus modernes, allie dans ses décorations les souvenirs précolombiens au réalisme social. Les peintres mexicains *Diego Rivera* (1886-1957), *Orozco* (1883-1949), *Siqueiros* (né en 1898), *Tamayo* (né en 1899) ont acquis une réputation internationale.

maison de la Périchole à Lima

Phot. Roger-Viollet, Photothèque du musée de l'Homme.

ART LATINO-AMÉRICAIN

façade de la cathédrale
de Zacatecas (Mexique)

en haut, à droite,
tête d'un Prophète de l'église
de Congonhas do Campo

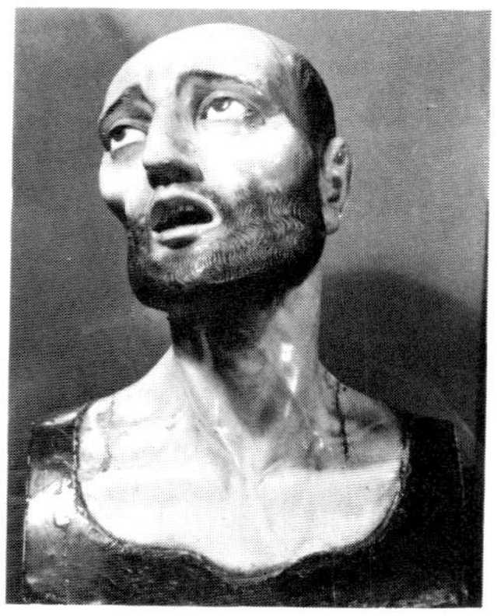

buste de
san Diego
d'Alcalá
XVIIe s.
musée d'Art
religieux (Mexico)

retable de Santa Clara
à Queretaro (1730)

Siqueiros
« Mère paysanne », 1929

fresque
de
Diego
Rivera
« Réforme
et
baptême
des
Indiens »
Palais
national
(Mexico)

Quentin de **La Tour**
portrait de Mme Carlin, *musée de Lille*

La Tour (Georges DE), peintre français, né à Vic-sur-Seille (v. 1593-1652). Il subit certainement l'influence du Caravage, bien que n'ayant sans doute pas accompli le voyage d'Italie. Il a peint surtout des scènes religieuses, alliant à la pureté du style une familiarité qui en fait des scènes de la vie quotidienne. Il joue des effets d'éclairages, le plus souvent nocturnes. Ses principales œuvres sont : *la Veilleuse* (Louvre, v. 1628), *l'Adoration des bergers* (Louvre), *Saint Jérôme pénitent* (Stockholm, Grenoble), *la Nativité* (musée de Rennes), *le Reniement de saint Pierre* (Nantes, 1650). [V. illustr. ART CLASSIQUE*.]

La Tour (Maurice QUENTIN DE), pastelliste français, né à Saint-Quentin (1704-1788). Portraitiste de la Cour, des artistes et des gens de plume, il sacrifie les accessoires décoratifs au profit du visage de ses modèles, lui faisant exprimer toute la vivacité des caractères. On conserve au Louvre ses portraits de *Louis XV,* de *Marie Leszczyńska,* de *la Marquise de Pompadour,* de *d'Alembert,* etc.

Latour-d'Auvergne, ch.-l. de c. V. TOUR-D'AUVERGNE (*La*).

La Tour d'Auvergne, famille d'Auvergne, originaire du village de La Tour, et qui se divisa en plusieurs branches, d'où sortirent les comtes d'Auvergne, les ducs de Bouillon et d'Albret, les vicomtes de Turenne, etc.

La Tour d'Auvergne (Théophile Malo Corret DE), officier français, né à Carhaix (1743-1800). Il s'illustra pendant les guerres de la Révolution, ne voulut accepter que le grade de capitaine des grenadiers et refusa même le titre de *premier grenadier de la République,* que Bonaparte voulut lui donner en 1800. Il fut tué à Oberhausen (Bavière).

Latour-de-Carol (66800 Saillagouse), comm. des Pyrénées-Orientales (arr. de Prades); 411 h. (297 aggl.). Station d'altitude (1 248 m).

Latour-de-France (66130 Ille sur Têt), ch.-l. de c. des Pyrénées-Orientales (arr. de Perpignan) ; 1 047 h.

La Tour du Pin, vieille famille noble du Dauphiné, qui donna des chefs de guerre, des hommes d'Eglise, des diplomates et des hommes de lettres.

La Tour du Pin Chambly (René, *marquis* DE), sociologue français, né à Arrancy (Aisne) [1834-1924]. Après la guerre de 1870-1871, il quitta l'armée, où il était officier (1881), et se consacra à l'apostolat auprès de la classe ouvrière ; il fonda, avec Albert de Mun, les cercles catholiques d'ouvriers. Dans son principal ouvrage, *Vers un ordre social chrétien* (1907), il préconisa un retour au régime représentatif et corporatif.

La Tour Maubourg (Marie Victor Nicolas DE FAY, *vicomte,* puis *marquis* DE), né à La Motte-Galaure (Drôme) [1768-1850], ministre de la Guerre de 1819 à 1821.

Latran (*accords du*), accords passés en 1929 entre le Saint-Siège et le gouvernement italien, reconstituant la souveraineté du pape sur l'Etat du Vatican.

Latran (*conciles du*), nom donné à cinq conciles œcuméniques qui se tinrent en la basilique du Latran (1123, 1139, 1179, 1215, 1512-1517).

Latran (*palais* et *église du*), palais de Rome qui fut pendant dix siècles la résidence des souverains pontifes ; l'église Saint-Jean-de-Latran, qui se trouve près du palais, fut construite par Constantin en 324 et plusieurs fois remaniée ; c'est une des cinq basiliques patriarcales de Rome.

Latreille (André), naturaliste français, né à Brive-la-Gaillarde (1762-1833), un des fondateurs de l'entomologie.

La Trémoille (DE) [-tremuj], famille poitevine, dont les plus importants représentants sont : GEORGES (1382-1446), favori du roi Charles VII, qui le nomma grand chambellan. Il prit part à la Praguerie (1444) ; — LOUIS, petit-fils du précédent, né à Thouars (1460-1525), qui fut

Phot. INAH Mexique, Walter Reuter, Roger-Viollet, Sa de Moreira, Giraudon, musée national des Beaux-Arts, Mexico, Giraudon.

tué à Pavie ; — CLAUDE, né à Thouars (1566-1604), qui combattit aux côtés d'Henri de Condé, puis d'Henri IV.

latrie [latri] n. f. (gr. *latreia*). Adoration. ● *Culte de latrie*, culte qui n'est dû qu'à Dieu seul.

latrines [latrin] n. f. pl. (lat. *latrina*). Lieux d'aisances.

Latronquière (46210), ch.-l. de c. du Lot (arr. de Figeac) ; 672 h. (507 aggl.).

lattage n. m. Action de latter. ‖ Surface recouverte de lattes.

Lattaquié ou **Latakieh,** port de Syrie, sur la Méditerranée ; 86 000 h.

latte n. f. (empr. au francique). Morceau de bois long, étroit et mince, dont on se sert dans les constructions. ‖ Sabre droit de cavalerie.

latter [late] v. t. Faire un lattis.

Lattes (34000 Montpellier), comm. de l'Hérault (arr. de Montpellier) ; 2 379 h. Vestiges d'une cité qui fut l'une des plus importantes du littoral vers 700 av. J.-C.

lattice [latis] n. f. Structure logico-mathématique composée d'un ensemble non vide et d'un groupe de trois opérations. (On dit aussi TREILLIS.)

lattis [lati] n. m. Ensemble de lattes clouées sur des supports et qui reçoivent un enduit, une couverture.

Lattre de Tassigny (Jean DE), maréchal de France, né à Mouilleron-en-Pareds (Vendée) [1889-1952]. Promu général en 1939, il se distingue à la tête de la 14e division d'infanterie sur l'Aisne en 1940. Lors de la rupture de l'armistice par les Allemands en 1942, il est arrêté, condamné, mais réussit à s'évader et à rejoindre Alger en 1943. En 1944, il conduit la Ire armée française de Saint-Tropez au Rhin et au Danube, et signe à Berlin, au nom de la France, l'acte de la capitulation des armées allemandes (1945). Chef d'état-major et inspecteur général de l'armée (1945), commandant des forces terrestres de l'Union occidentale (1948), il est envoyé en Indochine comme haut-commissaire et commandant en chef en 1950. Il rétablit la situation militaire, organise l'armée vietnamienne, mais meurt terrassé par la maladie. Maréchal à titre posthume, il avait publié ses Mémoires en 1949 sous le titre *Histoire de la Ire armée française.*

Latude (Jean Henry DE), aventurier, né à Montagnac (Hérault) [1725-1805]. A la suite de machinations contre Mme de Pompadour, il fut enfermé à la Bastille, à Vincennes, au Châtelet, à Charenton. Il s'évada plusieurs fois, mais resta prisonnier trente-cinq ans.

La Tuque. V. TUQUE (LA).

Laubardemont (Jean MARTIN DE), magistrat français, né à Bordeaux (v. 1590-1653). Conseiller d'Etat (1631), il fut l'agent dont Richelieu se servit pour perdre Urbain Grandier, Cinq-Mars et de Thou.

Laube (Heinrich), écrivain allemand, né à Sprottau (Silésie) [1806-1884]. Directeur du Hofburgtheater de Vienne (1849-1867), il fut par ses écrits politiques et ses drames (*Struensee,* 1847) le porte-parole de la « Jeune-Allemagne ».

Laubeuf (Maxime), ingénieur français, né à Poissy (1864-1939). Il s'est surtout intéressé aux problèmes posés par la navigation sous-marine. On lui doit les plans et la construction du type de bâtiment mis en service en 1904 sous le nom de *submersible,* ancêtre du sous-marin moderne.

Laud (William), prélat anglican, né à Reading (1573-1645). Favori et Premier ministre de Charles Ier avec Strafford, il persécuta les puritains ; en Ecosse, il se heurta à une telle opposition que Charles Ier l'abandonna ; il mourut sur l'échafaud.

laudanisé, e adj. Qui contient du laudanum : *cataplasme laudanisé.*

laudanum [lodanɔm] n. m. (altér. du lat. *ladanum,* résine du ciste). Médicament liquide à base d'opium : *l'emploi du laudanum est dangereux chez les enfants.*

laudatif [lodatif], **ive** [-iv] adj. (du lat. *laudare,* louer). Qui célèbre, glorifie, vante : *article laudatif.*

laudes [lod] n. f. pl. (lat. *laudes,* louanges). Partie de l'office religieux qui suit matines.

Laue (Max VON), physicien allemand, né à Pfaffendorf, près de Coblence (1879-1960). Il a découvert la diffraction des rayons X par les cristaux (1912), qui a démontré le caractère ondulatoire de ces rayons et fait connaître la structure des milieux cristallins. (Prix Nobel de physique, 1914.)

Lauenburg, anc. Etat d'Allemagne, voisin du Schleswig-Holstein. Cédé en 1816 au Danemark par la Prusse en échange de la Poméranie, il lui fut enlevé en 1864 (guerre des Duchés) par la Prusse et l'Autriche, puis cédé par celle-ci à la Prusse en 1865.

Laughton (Charles), acteur anglais, né à Scarborough (1899-1962). A la scène comme à l'écran (*la Vie privée d'Henry VIII,* 1933 ; *les Révoltés du « Bounty »,* 1935 ; *Chaussure à son pied,* 1954), il imposa une forte personnalité. Il mit lui-même en scène *la Nuit du chasseur* (1955).

Laumes (LES) [21150], écart de la comm. de Venarey (Côte-d'Or, arr. de Montbard). — Aux environs, vestiges d'Alésia.

Launay (Bernard JORDAN DE), gouverneur de la Bastille, né à Paris (1740-1789), massacré lors de la prise de cette forteresse.

Launceston, port d'Australie (Tasmanie) ; 60 500 h.

général de Lattre de Tassigny

Wilfrid Laurier

lauracées [lɔrase] n. f. pl. Famille de plantes dicotylédones dialypétales, comprenant des arbres et des arbustes des régions chaudes (*laurier, camphrier, cannelier*).

Lauragais ou **Lauraguais,** petit pays du Languedoc, entre le bas Languedoc et le bassin d'Aquitaine (reliés par le *seuil du Lauragais,* ou seuil de Naurouze*).

Laure, dame provençale célébrée par Pétrarque dans son *Canzoniere.* On pense pouvoir l'identifier avec Laure de Noves (v. 1308-1348).

laure [lɔr] n. f. (gr. *laura*). Monastère de l'Eglise grecque, notamment au mont Athos et en Russie.

lauré, e adj. Orné de lauriers : *tête laurée.*

lauréat [lo- *ou* lɔrea], **e** [-at] n. et adj. (lat. *laureatus,* couronné de laurier). Personne qui a remporté un prix, une récompense dans un concours.

Laurel (Arthur Stanley JEFFERSON, dit **Stan**), acteur comique du cinéma américain, né à Ulverston (Lancashire, Grande-Bretagne) [1890-1965]. Vers 1927, il devint le partenaire d'Oliver HARDY, né à Atlanta (Géorgie) [1892-1957]. Parmi leurs grands succès, on peut citer : *Fra Diavolo* (1933), *Têtes de pioche* (1939), *les As d'Oxford* (1941).

Laurencin (Marie), femme peintre française, née à Paris (1885-1956). Amie de Guillaume Apollinaire, elle fréquenta les cubistes. Usant d'un style un peu précieux, elle a peint des jeunes femmes, en teintes douces et raffinées. Elle a donné des modèles d'art décoratif et des décors pour les Ballets russes, et elle a exécuté des illustrations pour de nombreux livres. On conserve au musée national d'Art moderne : *Femme à la colombe* (1919), *Deux Têtes de femmes* (1935), *la Répétition* (1936), *Portrait de femme en rouge* (1941).

Laurens [-rɑ̃s] (Jean-Paul), peintre français, né à Fourquevaux (Haute-Garonne) [1838-1921]. Il est l'auteur de grandes peintures murales de style académique (Panthéon, Hôtel de Ville de Paris, Capitole de Toulouse).

Laurens (Henri), sculpteur français, né à Paris (1885-1954). D'abord fortement marqué par l'esthétique cubiste, il s'en est dégagé, créant, toujours à partir du réel, des formes plus souples, auxquelles il imprime sa propre conception de l'harmonie. On lui doit aussi des gravures et des illustrations. Après la dernière guerre, il a exercé une forte influence sur de jeunes sculpteurs. Le musée national d'Art moderne conserve une part très considérable de son œuvre.

Laurent (*saint*), martyr, né en Espagne (v. 210-258). Diacre de l'Eglise de Rome, il refusa de livrer les biens qui lui étaient confiés et fut torturé sur un gril de fer rougi au feu. — Fête le 10 août.

Laurent (Augustin), chimiste français, né à La Folie, près de Langres (1807-1853). Protagoniste de la notation atomique, il fut l'un des auteurs de la théorie des substitutions.

Laurent Justinien ou **Giustiniani** (*saint*), prélat italien, né à Venise (1381-1456), patriarche de Venise (1451), auteur d'ouvrages d'ascétisme écrits en latin. — Fête le 5 septembre.

Laurentides, ligne de hauteurs du Canada oriental, limitant au sud le bouclier canadien. Tourisme. Parc national.

laurier [lo- *ou* lɔrje] n. m. (du lat. *laurus,* laurier). Genre d'arbres, type de la famille des lauracées, de la région méditerranéenne, dont les feuilles persistantes sont utilisées comme condiment. (On dit aussi LAURIER-SAUCE.) ‖ — Pl. *Fig.* Gloire : *se couvrir de lauriers.* ● *Cueillir des lauriers,* remporter des victoires. ‖ *S'endormir sur ses lauriers,* s'arrêter dans une carrière glorieusement commencée. ‖ *Se reposer sur ses lauriers,* jouir d'un repos mérité par des succès éclatants.

Laurier (Wilfrid), homme d'Etat canadien, né à Saint-Lin (Québec) [1841-1919]. Chef du parti libéral, Premier ministre de 1896 à 1911, il renforça l'autonomie du Canada et favorisa la mise en valeur du pays.

laurier-cerise n. m. Prunier à feuilles persistantes, comme le laurier, et à fruits comestibles. ‖ Pl. des *lauriers-cerises.*

Laurière (87370 St Sulpice Laurière), ch.-l. de c. de la Haute-Vienne (arr. de Limoges) ; 800 h.

laurier-rose n. m. Arbuste de la famille des apocynacées, cultivé pour ses fleurs ornementales roses ou blanches. ‖ Pl. des *lauriers-roses.*

laurier-tin n. m. Viorne de la région méditerranéenne, à fleurs blanches ou rosées, et dont les feuilles persistantes rappellent celles du laurier. ‖ Pl. des *lauriers-tins.*

Laurion, région de la Grèce centrale (Attique). Gisements d'argent qui firent l'objet d'une intense exploitation au Ve s. av. J.-C.

Lauriston (Jacques Alexandre Bernard LAW, *comte,* puis *marquis* DE), maréchal de France, né à Pondichéry (1768-1828). Aide de camp de Bonaparte en Italie, il combattit au cap Finisterre, à la Martinique (1805), fut commissaire impérial en Dalmatie (1806) et gouverneur général de Venise (1807). Il intervint en Espagne, puis en Autriche (1809), fit la campagne de Russie, puis celle d'Allemagne (1813). Il se mit au service des Bourbons à la Restauration et fut nommé pair de France (1815). Secrétaire d'Etat de la Maison du roi (1820-1824), il fut créé maréchal (1823) et nommé ministre d'Etat et grand veneur (1824).

Lausanne, v. de Suisse, ch.-l. du cant. de Vaud, sur la rive nord du lac Léman ; 137 400 h. (*Lausannois*). Lausanne s'est rapidement développée depuis la fin du XIXe s. (33 000 h. seulement en 1890), et l'agglomération

fleurs de laurier

Marie Laurencin
« Femmes au chien », *coll. part.*

Phot. U. S. I. S., Jidébé, Canadian Inform. Service, Lauros-Giraudon.

compte aujourd'hui près de 200 000 h. L'industrie s'est assez récemment implantée (mécanique de précision, alimentation, industries du bois, imprimerie), mais Lausanne demeure d'abord un centre administratif, commercial, intellectuel (université) et touristique. Cathédrale du XIIe s.

Lausanne (*traité de*), traité conclu entre les Alliés et la Turquie, en 1923, qui concernait le régime des Détroits et celui des capitulations, ainsi que la révision du traité de Sèvres.

Laussedat (Aimé), officier et savant français, né à Moulins (1819-1907). On lui doit notamment l'application de la chambre claire au lever des plans et l'invention de la métrophotographie.

Lautaret (*col du*), col des Alpes (2 058 m) qui relie l'Oisans au Briançonnais.

Lauter (la), riv. sur la frontière franco-allemande, affl. du Rhin (r. g.) ; 82 km.

Lauterbourg (67630), ch.-l. de c. du Bas-Rhin (arr. de Wissembourg), sur la *Lauter ;* 2 261 h. Restes de remparts. Eglise du XVe s.

Lauterbrunnen, comm. de Suisse (Berne) ; 3 200 h. Station climatique.

Lautréamont (Isodore DUCASSE, dit **le comte de**), écrivain français, né à Montevideo (1846-1870). Fils du chancelier de la légation de France en Uruguay, il se fixa à Paris (1867), après des études secondaires à Tarbes et à Pau, et fit paraître une plaquette anonyme contenant le premier des *Chants* de Maldoror* (1868), dont l'édition complète fut imprimée l'année suivante. Le caractère étrange de son œuvre et sa mort prématurée l'ont fait ranger parmi les « poètes maudits » et revendiquer par les surréalistes comme un de leurs précurseurs.

Lautrec (81440), ch.-l. de c. du Tarn (arr. de Castres) ; 1 563 h. (*Lautrécois*). Eglise des XVe, XVIIe et XVIIIe s.

Lautrec (Odet de FOIX, *vicomte* DE), maréchal de France (1485-1528), gouverneur du Milanais. Battu à La Bicoque, il reçut cependant le commandement de l'armée d'Italie en 1527 et mourut au siège de Naples.

Lauzerte (82110), ch.-l. de c. de Tarn-et-Garonne (arr. de Castelsarrasin) ; 1 888 h. (904 aggl.) [*Lauzertins*].

Lauzès (46360), ch.-l. de c. du Lot (arr. de Cahors) ; 187 h. (122 aggl.).

Lauzet-Ubaye (LE) [04340], ch.-l. de c. des Alpes-de-Haute-Provence (arr. de Barcelonnette) ; 253 h.

Lauzon, v. du Canada (Québec), sur le Saint-Laurent ; 12 900 h.

Lauzun (47410), ch.-l. de c. de Lot-et-Garonne (arr. de Marmande) ; 1 043 h. (493 aggl.). Eglise en partie du XIe s. Château du XVIe s.

Lauzun (Antonin NOMPAR DE CAUMONT LA FORCE, *duc* DE), officier français, né à Lauzun (1633-1723). Capitaine des gardes du corps, il sollicita de Louis XIV l'autorisation d'épouser Mlle de Montpensier, mais les jalousies qu'il éveilla à la Cour le firent enfermer à la Bastille (1671), puis à Pignerol. Libéré en 1680, il épousa peut-être Mlle de Montpensier (1681). Il retrouva la faveur royale en facilitant l'entrée en France de la reine d'Angleterre et du prince de Galles en 1688.

Lauzun (*hôtel*), demeure parisienne, dans l'île Saint-Louis, construite par Le Vau à partir de 1656 et achetée par le duc de Lauzun en 1682. D'une grande simplicité extérieure, les appartements sont richement décorés. Propriété de la Ville de Paris depuis 1928.

lavable adj. Qui peut être lavé : *tissu lavable*.

lavabo [lavabo] n. m. (mot lat. signif. *je laverai*). *Liturg.* Prière que le prêtre récite en lavant ses doigts pendant la messe. ‖ Cuvette murale pour soins de propreté. ‖ Local contenant une ou plusieurs de ces cuvettes.

lavage n. m. Action de laver ; son résultat. ● *Lavage du cerveau* (Fam.), ensemble de procédés employés pour faire admettre à un individu des idées, des opinions ou des doctrines différentes de celles qu'il avait précédemment. ‖ *Lavage d'estomac,* introduction dans l'estomac, puis évacuation d'un liquide par une sonde, soit pour expulser un toxique, soit pour prélever et analyser son contenu.

Laval (53000), ch.-l. du dép. de la Mayenne, sur la Mayenne, à 292 km à l'ouest de Paris ; 49 052 h. (*Lavallois*). Evêché. Vieux château (XIVe-XVe s. ; donjon du XIIe s.). Château Neuf (Renaissance). Vieilles maisons. Pont du XIIIe s. Belles églises romanes et gothiques. Musée de peintres naïfs. Matériel téléphonique. Electronique. Constructions mécaniques. Textiles. Patrie d'Ambroise Paré, du Douanier Rousseau, d'Alfred Jarry. — L'arr. a 9 cant., 91 comm., 108 290 h.

Laval, v. du Canada (Québec), dans la banlieue de Montréal ; 196 100 h.

Laval (François DE **Montmorency-**), prélat français, né à Montigny-sur-Avre (1623-1708). Vicaire apostolique en Nouvelle-France (1658), il créa l'armature ecclésiastique du pays et fut le premier évêque de Québec (1674). Il a été béatifié en 1960.

Laval (Pierre), homme politique français, né à Châteldon (Puy-de-Dôme) [1883-1945]. Avocat, député socialiste (1914-1919), puis indépendant (1924-1927), il dirige différents ministères à partir de 1926. Sénateur de la Seine (1927-1936) et du Puy-de-Dôme (1936-1940), il est président du Conseil de janvier 1931 à janvier 1932, puis de juin 1935 à janvier 1936. Il signe avec Mussolini le traité de Rome (1935) et l'accord de Stresa, dirigé contre Hitler, mais cet accord est rapidement dénoncé. Il conclut par ailleurs avec Moscou et Prague un pacte d'assistance mutuelle (1935). A l'intérieur, il lutte contre l'inflation par des décrets-lois qui le rendent impopulaire et provoquent le rassemblement des forces de gauche. Après la défaite de 1940, il s'oppose au départ du gouvernement pour l'Afrique du Nord et devient ministre d'Etat du maréchal Pétain (23 juin). Vice-président du Conseil (12 juill.), il préconise la collaboration avec l'Allemagne et rencontre Hitler à Montoire (22 oct.), ce qui provoque son arrestation (13 déc.). Il est libéré sur l'intervention d'Abetz et, à la demande des Allemands, remplace Darlan comme chef de gouvernement (18 avr. 1942). Il accentue la politique de collaboration ; lors de l'arrivée des Alliés, il rejoint les ministres de Vichy à Belfort, puis à Sigmaringen (sept. 1944). Il gagne l'Autriche (28 avr. 1945), puis Barcelone et enfin Innsbruck, où les Américains le livrent aux autorités françaises (1er août). Condamné à mort (9 oct.), il tente de s'empoisonner et est fusillé dans la prison de Fresnes (15 oct.).

duc de **Lauzun**
par sir Peter Lely
coll. part.

François
de Montmorency-
Laval

La Valette (Jean PARISOT DE), grand maître de l'ordre de Malte (1494-1568). Avec 8 000 hommes, il résista à l'armée de 40 000 hommes de Soliman II (mai-sept. 1565). Avec les dons des princes chrétiens, il fonda, en 1566, la ville qui porte son nom.

La Valette (Louis DE NOGARET D'EPERNON, *cardinal* DE), prélat français, né à Angoulême (1593-1639). Archevêque de Toulouse (1613), il se dévoua à Richelieu.

La Valette (Charles Jean Marie Félix, *marquis* DE), diplomate français, né à Senlis (1806-1881). Ambassadeur en Turquie (1851-1853), il négocia l'affaire des Lieux saints.

lavallière [lavaljɛr] n. f. (de Mlle de *La Vallière*). Cravate formée d'un large nœud flottant. ‖ — Adj. *Maroquin lavallière,* maroquin couleur feuille-morte.

La Vallière (Louise DE LA BAUME LE BLANC, *duchesse* DE), favorite de Louis XIV, née à Tours (1644-1710). Demoiselle d'honneur de Madame, belle-sœur du roi, elle devint la maîtresse de Louis XIV en 1661 et lui donna quatre enfants, dont deux vécurent : Mlle de Blois et le comte de Vermandois. Elle fut créée duchesse de Saint-Christophe et de Vaujours en 1667. Elle se retira au couvent de Sainte-Marie de Chaillot en 1671, puis, après un nouveau séjour à la Cour, chez les carmélites (1674).

lavande [lavɑ̃d] n. f. (ital. *lavanda,* qui sert à laver). Plante vivace de la famille des labiacées, croissant sur les coteaux secs et rocailleux de la région méditerranéenne, dont la culture s'est développée pour l'essence que l'on extrait des fleurs bleues en épi. ‖ *Cin.* V. PELLICULE *lavande*.

lavandière [lavɑ̃djɛr] n. f. Femme qui lave le linge à la main. ‖ Autre nom de la BERGERONNETTE, ou HOCHEQUEUE.

lavandin n. m. Hybride de lavande très utilisé en parfumerie.

Lavandou (LE) [83980], comm. du Var (arr. de Toulon) ; 3 272 h. Station balnéaire.

Lavardac (47230), ch.-l. de c. de Lot-et-Garonne (arr. de Nérac), sur la Baïse ; 2 379 h. (1 858 aggl.).

Lavardin (41800 Montoire sur le Loir), comm. de Loir-et-Cher (arr. de Vendôme) ; 268 h. (166 aggl.). Restes d'un château fort des XIe, XIIe et XVe s. L'église romane Saint-Genest conserve des fresques du XIIe au XVIe s.

Lavardin (Jean DE), maréchal de France (1551-1614). Compagnon d'enfance d'Henri IV, protestant passé au catholicisme après la Saint-Barthélemy, il fut vaincu à Coutras (1587).

Lavardin (Charles Henri, *marquis* DE) [1644-1701], ambassadeur français à Rome lors de la querelle de Louis XIV avec Innocent XI.

La Varende (Jean MALLARD, *vicomte* DE), écrivain français, né au Chamblac (Eure) [1887-1959], auteur de romans dont les héros restent fidèles à un idéal chevaleresque (*Nez-de-Cuir,* 1936).

lavaret [lavarɛ] n. m. Poisson du lac du Bourget, long de 30 cm, appartenant au genre corégone.

lavasse [lavas] n. f. *Fam.* Soupe ou sauce dans laquelle on a mis trop d'eau.

Lavater (Johann Caspar), philosophe, poète et théologien protestant suisse, né à Zurich (1741-1801), inventeur de la *physiognomonie*.

lavatory [lavatɔri] n. m. (mot angl.). Cabinets de toilette publics. ‖ Pl. des *lavatories.*

La Vauguyon (Antoine, *duc* DE), général français, né à Tonneins (1706-1772). Il se distingua à Fontenoy. — Son fils PAUL FRANÇOIS, né à Paris (1746-1828), fut diplomate et pair de France sous la Restauration.

La Vaulx (*comte* Henry DE), aéronaute français, né à Bierville (Seine-Maritime) [1870-1930]. Il fut l'un des fondateurs de l'Aéro-Club de France (1898) et créa la Fédération aéronautique internationale (1906). Il réussit un très grand nombre de vols en ballon, notamment Paris-Brest-Litovsk, Paris-Korostychev, et surtout le premier vol en ligne droite de Paris à Hull, en Grande-Bretagne.

Lavaur (81500), ch.-l. de c. du Tarn (arr. de Castres), sur l'Agout ; 7 987 h. (6 049 aggl.) [*Vauréens*]. Anc. cathédrale (XIVe s.). Laine.

lave [lav] n. f. (ital. *lava,* empr. au lat. *labes,* éboulement). Matière visqueuse émise par un volcan. (On distingue les *laves acides,* peu fluides, qui se refroidissent vite, et les *laves basiques,* fluides, qui s'étalent en larges nappes.) ● *Lave torrentielle,* masse boueuse qui s'écoule dans le lit d'un torrent.

Lausanne

lavande

Phot. Bulloz, O. N. S. T., X, S. P. I. E. A.

Lavoisier, *Académie des sciences*

John **Law**, *National Portrait Gallery*

lavé [lave], **e** adj. Délayé : *couleurs trop lavées.* ‖ Fait avec des couleurs à l'eau : *dessin habilement lavé.*

Lavedan (le), pays des Pyrénées (haute vallée du gave de Pau).

lave-dos n. m. inv. Brosse munie d'un long manche pour se laver le dos.

lave-glace n. m. *Autom.* Appareil envoyant un jet de liquide sur le pare-brise pour le laver. ‖ Pl. des *lave-glaces.*

Lavelanet (09300), ch.-l. de c. de l'Ariège (arr. de Foix) ; 8 799 h. (*Lavelanétiens*). Textiles (laine).

lave-mains n. m. inv. Petit réservoir d'eau à l'entrée d'une sacristie, d'un réfectoire.

lavement n. m. Action de laver. ‖ Solution médicamenteuse destinée à être injectée dans le rectum. ‖ L'injection elle-même. ● *Lavement des pieds* (Liturg.), cérémonie qui a lieu le jeudi saint en souvenir de Jésus, qui, d'après saint Jean, lava les pieds à ses apôtres la veille de sa mort.

Laventie (62840), ch.-l. de c. du Pas-de-Calais (arr. de Béthune) ; 2 909 h.

lave-pont n. m. Balai dont la brosse de chiendent, très dure, sert à laver le sol. ‖ Pl. des *lave-ponts.*

laver [lave] v. t. (lat. *lavare*). Enlever avec un liquide ce qui salit ; nettoyer avec de l'eau. ‖ *Fig.* Faire disparaître : *laver un outrage.* ● *Laver un dessin,* opérer un lavis. ‖ *Laver une injure dans le sang,* la venger par un meurtre. ‖ *Laver la tête à quelqu'un* (Fam.), le réprimander sévèrement. ‖ *Machine à laver,* appareil destiné au lavage du linge ou de la vaisselle et actionné par un moteur électrique. (V. *encycl.*) ‖ — **Se laver** v. pr. Se nettoyer avec de l'eau. ● *Se laver les mains de quelque chose,* décliner toute responsabilité à ce sujet.
— ENCYCL. Les *machines à laver le linge* sont de deux sortes : soit du type vertical, dans lequel le linge est agité par un élément en mouvement (pulsateur, hélice rotative, agitateur) ; soit du type à tambour rotatif, dans lequel le linge est brassé. Certaines machines sont munies d'un programmateur permettant de régler à l'avance les différents cycles de lavage ; pendant l'essorage, le tambour tourne à une vitesse dix fois supérieure à celle à laquelle il tourne pendant le lavage.

Lavéra (13117), écart de la comm. de Martigues (Bouches-du-Rhône), sur le golfe de Fos. Grand port pétrolier (point de départ de l'oléoduc Lavéra-Strasbourg-Karlsruhe). Raffinage du pétrole et industries chimiques.

Laveran (Alphonse), médecin militaire et bactériologiste français, né à Paris (1845-1922). Il a découvert l'hématozoaire du paludisme. (Prix Nobel de physiologie et de médecine, 1907.)

La Vérendrye (Pierre GAULTIER DE VARENNES DE), explorateur canadien, né à Trois-Rivières (Nouvelle-France) [1685-1749]. Avec ses trois fils et son neveu, il reconnut l'intérieur du continent. Deux de ses fils atteignirent les Rocheuses (1731-1743).

laverie n. f. Atelier où s'opère le lavage des minerais et des combustibles minéraux. ‖ Etablissement équipé de machines à laver pour traiter séparément le linge de chaque client.

lave-tête n. m. inv. Récipient monté sur pied, alimenté en eau, et dans lequel les coiffeurs lavent les cheveux.

lavette n. f. Petite brosse ou petite éponge fixée à un manche et servant à laver la vaisselle. ‖ Carré de tissu-éponge servant à se laver. ‖ *Pop.* Personne sans énergie.

laveur, euse n. Personne qui lave : *un laveur de carreaux.*

laveur n. m. Appareil pour nettoyer certains produits industriels.

lave-vaisselle n. m. inv. Appareil qui lave et sèche automatiquement la vaisselle.

La Vieuville (Charles, *marquis,* puis *duc* DE), né à Paris (1582-1653). Surintendant des Finances sous Louis XIII, il fut l'adversaire de Richelieu.

Lavigerie (Charles), prélat français, né à Bayonne (1825-1892). Evêque de Nancy (1863), archevêque d'Alger (1867), il fonda la congrégation des *Pères blancs d'Afrique* pour l'apostolat. Cardinal en 1882, archevêque de Carthage (1884), il se voua à la disparition de l'esclavage en Afrique. En 1890, il accepta de cautionner l'appel de Léon XIII en faveur du ralliement des catholiques à la République (*Toast d'Alger,* 1890).

La Vigerie (Emmanuel D'ASTIER DE), écrivain et homme politique français, né à Paris (1900-1969). Il fonde en 1940 le mouvement de résistance de la zone Sud, puis le journal *Libération* (1941-1964). Il dirige en 1943 les Mouvements unis de la Résistance et devient membre du Conseil national de la Résistance. Il est ministre de l'Intérieur dans le gouvernement provisoire et député de 1945 à 1958.

Lavinium, v. du Latium, dont Enée était regardé comme le fondateur.

lavis [lavi] n. m. (de *laver*). Dessin recouvert de légers aplats d'encre de Chine, de sépia ou d'aquarelle.

Lavisse (Ernest), historien français, né au Nouvion-en-Thiérache (1842-1922). Professeur à la Sorbonne (1888), puis directeur de l'Ecole normale supérieure (1904-1919), il a contribué à la rénovation des études historiques. Il a dirigé une *Histoire de France* (10 vol. ; 1900-1912), une *Histoire contemporaine de la France* (9 vol. ; 1920-1922) et, avec Rambaud, une *Histoire générale du IVe s. à nos jours* (12 vol. ; 1853-1900). [Acad. fr., 1892.]

Lavit (82120), ch.-l. de c. de Tarn-et-Garonne (arr. de Castelsarrasin) ; 1 078 h. (822 aggl.).

lavoir n. m. Lieu public où on lave le linge. ‖ Bac de ciment où on lave le linge. ‖ Atelier de lavage et de triage du minerai ou du charbon.

Lavoisier (Antoine Laurent DE), chimiste français, né à Paris (1743-1794). En introduisant l'usage de la balance en chimie, en énonçant les lois de conservation de la masse et des éléments, il peut être considéré comme le créateur de la chimie moderne. On lui doit la connaissance de la composition de l'air (1777), de l'eau et du gaz carbonique (1781), la découverte du rôle de l'oxygène dans les combustions et la respiration. Il est, avec Laplace, l'auteur des premières mesures calorimétriques. Avec Guyton de Morveau, Fourcroy et Berthollet, il a créé en 1787 une nomenclature chimique rationnelle, fondée sur le concept d'élément. Député suppléant, il fit partie de la commission chargée d'établir le système métrique. Il fut guillotiné avec les fermiers généraux, dont il faisait partie.

Lavoûte-Chilhac (43380), ch.-l. de c. de la Haute-Loire (arr. de Brioude), sur l'Allier ; 365 h.

Lavreince (Niklas LAFRENSEN, dit **Nicolas**), peintre suédois, né à Stockholm (1737-1807). Il séjourna à Paris de 1774 à 1791 et connut un grand succès commercial avec les petites scènes galantes qu'il peignait à la gouache.

La Vrillière (Louis PHELYPEAUX, *comte* DE SAINT-FLORENTIN et DE), homme d'Etat français, né à Paris (1672-1725), secrétaire du Conseil de régence (1715), ministre de la Maison du roi. — Son fils LOUIS, né à Paris (1705-1777), exerça les mêmes fonctions, puis fut disgracié par Louis XVI.

lavure n. f. Eau qui a servi à laver la vaisselle. ● *Lavure de vaisselle* (Fam.), potage trop étendu d'eau, insipide.

Law (John), financier écossais, né à Edimbourg (1671-1729). Dans ses *Considérations sur le numéraire et le commerce* (1705), il élabora un système financier et bancaire dans lequel il attribuait à l'Etat la responsabilité du développement de la richesse du pays, qu'il fondait sur la monnaie. Il préconisa la création d'un papier-monnaie et d'une banque d'Etat. Grâce à l'appui du Régent, il créa en France une banque privée (1716), liée étroitement à l'Etat et à la Compagnie d'Occident. Son *système* connut un succès rapide, et la spéculation se développa considérablement (rue Quincampoix*). Law obtint d'importantes plus-values et fut largement imité en Europe. Cependant, la réalisation brusque que certains actionnaires firent de leurs actions et billets provoqua une panique générale (févr. 1720). Contrôleur général et surintendant des Finances depuis janvier 1720, Law dut s'enfuir devant l'émeute (déc. 1720).

Lawfeld, auj. **Laaffelt,** village de Belgique (Limbourg), près de Maastricht. Victoire du maréchal de Saxe sur Cumberland (1747).

lawn-tennis [lɔntenis] n. m. (angl. *lawn,* pelouse). V. TENNIS.

Lawrence (*sir* Thomas), peintre anglais, né à Bristol (1769-1830). Il fut l'élève de Reynolds et devint le portraitiste à la mode, prenant pour modèles les grands personnages et les représentants de la gentry. Ses portraits sont des œuvres habiles, au coloris brillant, plus plaisantes que profondes (*Portrait d'homme,* Louvre).

Lawrence (David Herbert), écrivain anglais, né à Eastwood (Nottinghamshire) [1885-1930]. Dénonçant, dans ses romans, la civilisation industrielle moderne, qui altère les instincts vitaux, il exalte les élans primitifs de la nature et la liberté de l'acte sexuel (*le Maraudeur,* 1912 ; *Amants et fils,* 1913 ; *le Serpent à plumes,* 1926 ; *l'Amant de lady Chatterley,* 1928).

Lawrence (Thomas Edward), orientaliste, agent politique et écrivain anglais, né à Tremadoc (pays de Galles) [1888-1935]. Archéologue passionné par le Moyen-Orient, il entre à l'Intelligence Service en 1914 et conçoit le projet d'édifier aux dépens de l'Etat ottoman un Empire arabe allié à la Grande-Bretagne. Il appuie avec succès l'action des troupes d'Allenby, mais voit son rêve s'écrouler lorsque l'émir Fayṣāl est chassé de Syrie par les Français. Déçu, il s'engage comme simple soldat dans la R. A. F. et meurt dans un accident. Il a réfléchi sur le sens mystique de son aventure dans *les Sept Piliers de la sagesse* (1926).

Lawrence (Ernest Orlando), physicien américain, né à Canton (South Dakota) [1901-1958]. Il est l'auteur de travaux sur l'effet photo-électrique, l'émission thermo-électronique, la physique biologique, mais il est surtout connu pour son invention du cyclotron (1931). (Prix Nobel de physique, 1939.)

lawrencium [lorɑ̃sjɔm] n. m. (de *Lawrence* n. pr.). Elément chimique transuranien, de numéro atomique 103.

laxatif [laksatif], **ive** [-iv] adj. et n. m. (du lat. *laxare,* relâcher). Se dit d'un purgatif léger, comme le miel, les pruneaux.

laxisme [laksism] n. m. (du lat. *laxus,* large). Système théologique, philosophique ou politique présentant une tendance excessive à la conciliation.

laxiste adj. et n. Qui concerne ou qui soutient le laxisme.

laxité n. f. (du lat. *laxus,* lâche). Etat de ce qui est lâche, distendu : *la laxité d'un tissu, d'une corde.*

Laxness (Halldór Kiljan GUDJONSSON), écrivain islandais, né à Laxness, près de Reykjavik, en 1902. Il prit le nom de Laxness dès son premier écrit. Attiré d'abord par le mysticisme (*le Grand Tisserand de Cachemire,* 1927), il s'intéresse au surréalisme, puis exalte l'endurance du

sir Thomas **Lawrence**
portrait des enfants Fluyder
musée d'Art de São Paulo

David H. **Lawrence**

Ernest O. **Lawrence**

Phot. Giraudon, Fleming, Giraudon, Elliot and Fry, Keystone.

peuple islandais dans des romans d'inspiration sociale (*Salka Valka*, 1931-1932; *la Cloche d'Islande*, 1943-1946; *le Paradis retrouvé*, 1960). [Prix Nobel 1955.]

Laxou [laksu *ou* laʃu] (54520), comm. de Meurthe-et-Moselle (arr. de Nancy); 16 610 h. (*Laxoviens*).

Lay (le), fl. côtier de la Vendée, qui se jette dans le pertuis Breton; 125 km. Mytiliculture dans l'estuaire.

layer [leje] v. t. (conj. **2**). Tracer un sentier dans une forêt. ‖ Marquer les arbres à conserver dans une coupe.

layer v. t. (conj. **2**). Dresser avec la laie le parement d'une pierre.

layetier [lɛjtje] n. m. Autref., ouvrier spécialiste de la confection des caisses et des emballages en bois.

layette [lɛjɛt] n. f. (de l'anc. fr. *laie*, tiroir). Trousseau d'un enfant nouveau-né.

layeur [lɛjœr] n. m. Celui qui trace des laies.

layon [lɛjɔ̃] n. m. Sentier de chasse pratiqué dans les tirés.

Lazare (*saint*), frère de Marthe et de Marie, ressuscité par Jésus. Une légende en a fait le premier évêque de Marseille. — Fête le 17 décembre.

Lazare (Bernard), écrivain et journaliste français, né à Nîmes (1865-1903). D'origine israélite, il contribua puissamment à la révision du procès de Dreyfus (1896).

lazaret [lazarɛ] n. m. (ital. *lazzaretto*; de *lazzaro*, ladre). Etablissement isolé dans une rade, où l'on garde en quarantaine les équipages et les passagers venant de pays infectés par des maladies contagieuses.

lazariste [lazarist] n. m. Nom donné aux membres de la Société des prêtres de la Mission, fondée en 1625 par saint Vincent de Paul, parce qu'ils s'établirent en 1632 au prieuré Saint-Lazare.

Lazarsfeld (Paul Felix), sociologue et psychologue américain d'origine autrichienne, né à Vienne en 1901. Son œuvre a une importance capitale sur le développement de la sociologie : il a contribué à formaliser les définitions et à les rendre utilisables sur le terrain par l'enquête. Surtout il a mis au point une technique mathématique de l'analyse des composantes d'une attitude, l'*analyse des structures latentes*. Il a écrit notamment *le Choix du peuple* (1948), *Vocabulaire des sciences sociales* (1955).

lazurite n. f. V. LAPIS.

lazzarone [ladzarɔne] n. m. (mot napolitain). Nom sous lequel on désignait, à Naples, les hommes de la dernière classe du peuple. ‖ Pl. des *lazzaroni*.

lazzi [ladzi *ou* lazi] n. m. (mot ital.). Plaisanterie, bouffonnerie moqueuse et un peu libre. ‖ Pl. des *lazzi* ou *lazzis*.

Lazzini (Joseph), danseur et chorégraphe français, né à Nice en 1926. Créateur d'un style chorégraphique très personnel, synthèse des vocabulaires moderne et académique, il dirige le ballet de l'Opéra de Marseille depuis 1959. On lui doit quelques-unes des meilleures œuvres du ballet contemporain : *Suite transocéane* (1963), *$E = mc^2$* (1964), une version du *Fils prodigue* (1966), *Ecce homo* (1968).

L. C. I. n. m. (abrév. des mots anglais *Landing Craft Infantry*). Chaland de débarquement pour l'infanterie.

le [lə], **la** [la], **les** [le], art. définis servant à déterminer les noms. ‖ — Pron. pers. complément, de la troisième personne, servant à désigner les personnes et les choses.

lé [le] n. m. (lat. *latus*, large). Largeur d'une étoffe entre ses deux lisières. (Syn. LAIZE.)

leader [lidœr] n. m. (mot angl. signif. *guide*). Personne la plus en vue d'un parti politique. ‖ Personne qui oriente l'activité ou qui assure la cohésion d'un groupe. ‖ Article de fond d'un journal politique. ‖ *Aéron.* Avion guide d'un dispositif aérien. ‖ Son chef de bord. ‖ *Sports.* Concurrent, équipe qui se trouve en tête d'une compétition.

leadership [-ʃip] n. m. (mot angl.). Commandement, hégémonie.

Leahy (William Daniel), amiral américain, né à Hampton (1875-1959). Chef d'état-major de la marine (1937-1939), gouverneur de Porto Rico, il fut ambassadeur à Vichy (1940-1942), puis chef de l'état-major particulier de Roosevelt (1942-1945).

Leakey (Louis Seymour Bazett), préhistorien anglais, né à Kabete (Kenya) [1903-1972]. Il découvrit le zinjanthrope* en 1959.

Leamington, v. d'Angleterre (Warwickshire), sur la *Leam*; 43 200 h. Station thermale.

Lean (David), metteur en scène de cinéma anglais, né à Croydon en 1908. Il est l'auteur de : *Brève Rencontre* (1945), *Oliver Twist* (1948), *le Pont de la rivière Kwai* (1957), *Lawrence d'Arabie* (1962), *Docteur Jivago* (1966).

Léandre (*saint*), prélat espagnol, né à Carthagène (m. v. 600). Archevêque de Séville, il convertit le roi wisigoth Reccared au catholicisme. — Fête le 27 février.

Léandre, personnage d'amoureux de la comédie italienne.

Leang K'ai, peintre chinois, adepte de la secte bouddhiste *tch'an*. Il fut un des artistes les plus libres de l'époque Song. Actif aux environs de 1200, il exerça une grande influence sur les peintres japonais.

Leao-ning ou **Liao-ning,** prov. de la Chine du Nord-Est; 24 090 000 h. Cap. *Chen-yang*. La province est constituée d'une plaine centrale drainée par le *Leao* et entourée par les hauteurs constituant le Jo-ho et la péninsule de *Leao-tong*. La plaine porte des cultures alimentaires (kaoliang, millet) et industrielles (soja, tabac). Les montagnes recèlent d'importants gisements miniers (charbon, fer) qui ont favorisé l'implantation de la métallurgie lourde (Ngan-chan).

Leao-tong, golfe chinois de la mer Jaune, fermé à l'est par la *péninsule de Leao-tong*.

Leao-yang, v. de Chine (Leao-ning); 102 000 h.

Leao-yuan, v. de Chine (Ki-lin); 120 000 h.

Lear (*le Roi*). V. ROI LEAR (*le*).

leasing [liziŋ] n. m. (mot angl.). Système de financement dans lequel l'industriel fait acheter le matériel ou les immeubles dont il a besoin par une entreprise spécialisée, qui les lui loue ensuite dans le cadre d'un contrat de location-vente. (On dit aussi CRÉDIT-BAIL.)

Léautaud (Paul), écrivain français, né à Paris (1872-1956). Secrétaire de la rédaction du *Mercure de France* (1908-1940), il tint, sous le pseudonyme de Maurice **Boissard**, la chronique dramatique de *la Nouvelle Revue française*, puis des *Nouvelles littéraires*. La publication de son *Journal littéraire* (1954-1965) révéla son ironie glacée de philosophe sceptique.

Léauté (Henry), ingénieur français, né à Belize (Honduras britannique) [1847-1916]. Ses principaux travaux concernent la mécanique appliquée, notamment les transmissions à distance et la régulation du mouvement des machines. Vigoureux partisan des rapports étroits entre la science et l'industrie, il se spécialisa à partir de 1893 dans l'électricité.

Le Bas (Philippe), homme politique français, né à Frévent (1765-1794). Membre du Comité de sûreté générale, ami de Robespierre, il fit preuve d'une grande énergie auprès des armées du Rhin et de Sambre-et-Meuse. Arrêté au 9-Thermidor, il se suicida.

Le Bas (Hippolyte), architecte français, né à Paris (1782-1867). Il est l'auteur de l'église Notre-Dame-de-Lorette à Paris, de style néo-classique.

Lebaudy (Paul), industriel français, né à Enghien (1858-1937). Il consacra, avec son frère PIERRE, une grande partie de sa fortune aux recherches aéronautiques et fit construire le premier dirigeable militaire français, *le Jaune* (1902). Avec le *Morning-Post*, dirigeable anglais établi sur ses plans, Capazza effectua la première traversée de la Manche (1910).

Lebbeke, comm. de Belgique (Flandre-Orientale); 13 000 h. Textiles.

Lebeau (Joseph), homme d'Etat belge, né à Huy (1794-1865), un des promoteurs de la révolution de 1830. Il fut président du Conseil en 1840-1841.

Lebedev (Piotr Nikolaïevitch), physicien russe, né à Moscou (1866-1912). En 1901, il a découvert la pression de radiation.

Lebègue (Nicolas), compositeur et organiste français, né à Laon (1631-1702). Organiste de la Chapelle royale et de Saint-Merry de Paris, il a laissé trois livres d'orgue et deux livres de clavecin.

lebel [ləbɛl] n. m. (du nom de l'inventeur). Fusil à répétition, de calibre 8 mm, mis au point en 1886. Plusieurs fois modifié (en 1893, 1915, 1934), il fut utilisé par l'armée jusqu'en 1940.

Lebel (Nicolas), officier français, né à Saint-Mihiel (1838-1891). Il contribua à faire adopter le fusil qui porte son nom.

Le Bel (Achille), chimiste français, né à Pechelbronn (1847-1930). Auteur de la théorie du carbone tétraédrique, il a expliqué en 1874 l'activité optique des composés organiques par la présence d'un carbone asymétrique.

Lebesgue (Henri), mathématicien français, né à Beauvais (1875-1941). L'un des plus éminents représentants d'une grande époque des mathématiques françaises, il s'est surtout intéressé à la théorie des fonctions de variables réelles, élargissant notamment la notion d'intégrale, qui a ainsi ouvert un champ très vaste d'applications.

Leblanc (Nicolas), chimiste français, né à Ivoy-le-Pré (Berry) [1742-1806]. Il a découvert en 1790 un procédé de préparation du carbonate de sodium (soude artificielle).

Lebœuf (Edmond), maréchal de France, né à Paris (1809-1888). Il se distingua en Italie (1859), devint ministre de la Guerre (1870), puis major général de l'armée. Il fut fait prisonnier à Metz.

Le Bon (Joseph), homme politique français, né à Arras (1765-1795). Député à la Convention, il fut nommé représentant en mission dans le nord de la France (1793). Sa rigueur le fit condamner à mort après Thermidor.

Lebon (Philippe), ingénieur français, né à Brachay (Champagne) [1767-1804]. Il fut le premier à utiliser de façon pratique le gaz provenant de la distillation du bois, pour l'éclairage et le chauffage (1797-1799). On lui doit aussi un projet de moteur à gaz avec pompes d'alimentation et inflammation par une machine électrique (1801).

Lebourg (Albert), peintre français, né à Montfort-sur-Risle (1849-1928). Paysagiste, il se mit à peindre en plein air alors qu'il était professeur à Alger. Il exposa avec les impressionnistes. Analyste de la lumière, il exprime dans sa peinture une poésie calme (le *Pont-Neuf*, Petit Palais, Paris).

Le Brix (Joseph), officier de marine et aviateur français, né à Baden (Morbihan) [1899-1931]. Avec Costes, il réussit le tour du monde aérien par Rio de Janeiro, San Francisco et Tōkyō (1927-1928) et conquit huit records mondiaux en 1931.

Le Brun ou **Lebrun** (Charles), peintre français, né à Paris (1619-1690). Les monuments antiques, Raphaël et Poussin le marquèrent lors de son séjour à Rome. Doué d'un tempérament robuste et d'une grande puissance de travail, soutenu par Louis XIV et Colbert, il exerça une véritable dictature sur tous les arts de son époque. Directeur de l'Académie royale de peinture et de sculpture et de la Manufacture des meubles de la Couronne, il jouissait d'un pouvoir considérable. Professant que la nature doit être corrigée pour rejoindre le Beau, idéal des Anciens, il a réalisé un œuvre peint important. Décorateur du Louvre et de Versailles, il a su composer un cadre en harmonie avec la grandeur du siècle de Louis XIV. Mais il y avait en lui plus de rhétorique que de sensibilité. Les dernières années de sa vie furent assombries par une demi-disgrâce. Il est l'auteur des décorations de la galerie d'Apollon au Louvre, de la galerie des Glaces, de l'escalier des Ambassadeurs, des salons de la Guerre et de la Paix à Versailles. Le musée du Louvre conserve de ses peintures : *le Chancelier Séguier, Sainte Madeleine repentante*, les quatre compositions monumentales de l'*Histoire d'Alexandre*. (V. illustr. ART CLASSIQUE*.)

Lebrun (Ponce Denis ECOUCHARD), poète français, né à Paris (1729-1807). La forme lyrique et précise à la fois de ses odes, dont la plus célèbre est consacrée *Au vaisseau « le Vengeur »*, lui valut le surnom de **Pindare**. Bien qu'il n'hésitât pas à accabler ses confrères de ses épigrammes, il fut tour à tour un serviteur docile de la royauté, de la Révolution et de l'Empire. (Acad. fr.)

Lebrun (Charles François), duc DE PLAISANCE, homme politique français, né à Saint-Sauveur-Lendelin (Normandie) [1739-1824]. Secrétaire de Maupeou (1770-1774), qu'il suivit dans sa disgrâce, il fut membre du Conseil des Anciens (1795), puis consul avec Bonaparte et Cambacérès (1799). Il fut créé architrésorier et prince en 1804, et duc de Plaisance en 1808. Gouverneur général en Hollande, il en fut chassé par l'invasion. Aux Cent-Jours, il devint grand maître de l'Université.

Lebrun (Elisabeth VIGÉE, *dame*). V. VIGÉE-LEBRUN.

Lebrun (Albert), homme d'Etat français, né à Mercy-le-Haut (Meurthe-et-Moselle) [1871-1950]. Polytechnicien, plusieurs fois ministre, en particulier dans le cabinet Clemenceau (1917-1920), il devint président du Sénat en 1931 et fut élu président de la République en 1932, et réélu en 1939. Il céda la direction de l'Etat au maréchal Pétain en juillet 1940.

lécanie n. f. Cochenille indirectement très nuisible à l'oranger, au pêcher, à la vigne, au laurier, à l'olivier, etc.

lécanore [lekanɔr] n. f. (du gr. *lekanê*, bassin). Genre de lichens formant des croûtes sur les pierres et les écorces.

Lecce, v. d'Italie (Pouilles); 82 600 h. Raisins. Tabac.

Lecco, v. d'Italie (Lombardie), sur le *lac de Lecco*, branche sud-est du lac de Côme; 52 000 h. Textiles et métallurgie.

Lech (le), riv. de l'Allemagne occidentale et d'Autriche, affl. du Danube (r. dr.); 265 km.

léchage n. m. Action de lécher.

Le Chapelier (Isaac René Guy), homme politique français, né à Rennes (1754-1794). Avocat, député du Tiers (1789) et l'un des fondateurs du club des Jacobins, il rapporta, le 14 juin 1791, la loi dite loi Le Chapelier, qui, en conformité avec la suppression des corporations, interdit toute association entre gens de même métier et toute coalition. Accusé d'avoir émigré à cause d'un voyage effectué en Angleterre en 1792, Le Chapelier fut exécuté.

Le Chatelier (Henry), chimiste et métallurgiste français, né à Paris (1850-1936). Il étudia les mélanges explosifs et fit les premières études scientifiques des métaux et alliages, créant l'analyse thermique et la métallographie microscopique. Il énonça la loi générale de déplacement des équilibres physico-chimiques et établit les premières connaissances précises sur la composition des ciments. Propagateur en France de la doctrine de Taylor, il s'intéressa à l'organisation des entreprises.

lèche [lɛʃ] n. f. *Fam.* Tranche fort mince d'un produit alimentaire : *lèche de pain.* ● *Faire de la lèche* (Fam.), flatter bassement.

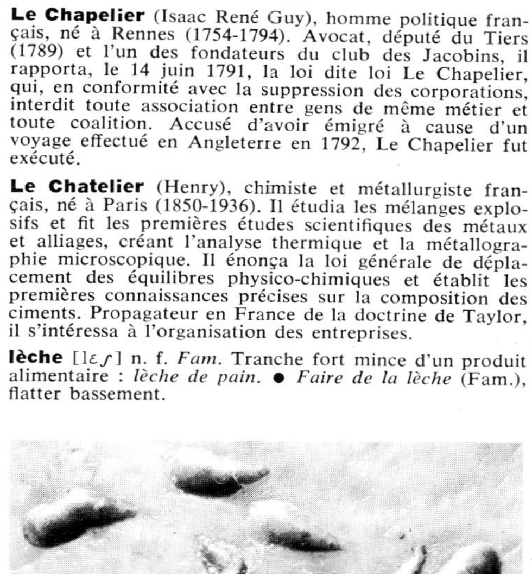

lécanies

Phot. Aldo Margiocco.

général **Leclerc**
gravure de Thibauld
Bibl. nat.

général
Leclerc
le 23 août 1944

léché, e adj. *Fam.* Exécuté minutieusement : *portrait léché.* ● *Ours mal léché,* personne mal élevée, grossière.

lèchefrite [lɛʃfrit] n. f. (de *lèche,* et de l'anc. fr. *froie,* frotte). Ustensile de cuisine placé sous la broche ou le gril pour recevoir le jus et la graisse.

lécher [leʃe] v. t. (empr. au francique) [conj. **5**]. Passer la langue sur quelque chose : *lécher un plat.* ‖ Effleurer légèrement : *les vagues lèchent le rocher.* ‖ *Fam.* Exécuter avec un soin minutieux : *lécher un tableau.* ● *Lécher les pieds de quelqu'un,* avoir une attitude servile à son égard. ‖ *Lécher les vitrines* (Fam.), regarder longuement les étalages des magasins.

Léchère (La), station thermale des Alpes françaises (Savoie), en basse Tarentaise. Ses eaux, sulfatées calciques et sodiques (51 à 55 °C), sont employées dans les affections veineuses (varices, séquelles de phlébites), les troubles circulatoires et les affections métaboliques.

lécherie n. f. Gourmandise.

lécheur, euse n. Personne gourmande, très friande. ‖ *Fam.* Vil flatteur. ‖ — Adj. m. *Insecte lécheur,* insecte dont l'appareil buccal comporte une langue pour lécher le nectar des fleurs. (L'abeille et les hyménoptères voisins sont des insectes lécheurs.)

Lech-Oberlech, station de sports d'hiver d'Autriche (Vorarlberg), dans la vallée du Lech (alt. 1 450-2 360 m).

lécithine [lesitin] n. f. (du gr. *lekithos,* jaune d'œuf). Lipide phosphoré, abondant dans le jaune d'œuf, le système nerveux, que l'organisme fabrique à partir des graisses neutres, de la choline et de l'acide phosphorique.

Leclair (Jean-Marie), violoniste et compositeur français, né à Lyon (1697-1764). Figure prédominante de l'école de violon du XVIIIe s. français (sonates, concertos), il a travaillé avec Locatelli à Amsterdam et fut au service de l'infant Philippe d'Espagne à Chambéry et du duc de Gramont à Paris. Il fit représenter *Scylla et Glaucus* à l'Opéra de Paris (1746). Il mourut assassiné.

Leclanché (Georges), ingénieur français, né à Paris (1839-1882). On lui doit la pile électrique (1877) à laquelle son nom est resté attaché, utilisant comme électrolyte le chlorure d'ammonium et comme dépolarisant le bioxyde de manganèse.

Leclerc (Charles), général français, né à Pontoise (1772-1802), premier mari de Pauline Bonaparte. Il commanda l'expédition victorieuse de Saint-Domingue, mais y mourut de la fièvre jaune.

Leclerc (Philippe de Hauteclocque, dit), maréchal de France, né à Belloy-Saint-Léonard (1902-1947). Fait prisonnier deux fois, deux fois évadé en 1940, il rejoint de Gaulle à Londres, concourt au ralliement du Cameroun à la France libre. Attaquant les Italiens à Koufra et au Fezzan, il fait en 1943 sa jonction avec les troupes britanniques à Tripoli et participe à la campagne de Tunisie. A la tête de la 2e division blindée, il entre à Paris (1944), s'empare de Saverne, libère Strasbourg et occupe Berchtesgaden. Commandant supérieur des forces françaises en Indochine (1945), il signe au nom de la France l'acte de capitulation du Japon et réinstalle nos troupes à Hanoi. Inspecteur des troupes d'Afrique du Nord, il périt dans un accident d'aviation et est nommé maréchal à titre posthume en 1952.

Lécluse (Charles de), botaniste français, né à Arras (1526-1609). Il introduisit en Europe la pomme de terre.

Lecocq (Charles), compositeur français, né à Paris (1832-1918), habile auteur d'opérettes : *la Fille de Mme Angot* (1872), *le Petit Duc* (1878).

Lecomte du Noüy [-nwi] (Pierre), biologiste français, né à Paris (1883-1947), auteur de *l'Homme et sa destinée* (1948).

leçon [ləsɔ̃] n. f. (lat. *lectio,* lecture). Enseignement donné en public ou en particulier sur une science, un art : *suivre les leçons d'un professeur.* ‖ Ce que le maître donne à apprendre : *réciter sa leçon.* ‖ Enseignement, règle de conduite : *les leçons de l'expérience.* ‖ Avertissement, réprimande : *donner, recevoir une bonne leçon.* ‖ Forme particulière d'un texte, lorsque les versions qu'on en possède divergent.

Leconte de Lisle (Charles Marie Leconte, dit), poète français, né à Saint-Paul (la Réunion) [1818-1894]. Après des études et des voyages qui le destinent à une carrière commerciale, il est conquis par les idées fouriéristes. Mais, après son échec aux élections de 1848, il se consacre à la poésie. Réagissant contre le lyrisme romantique, il prône une poésie impersonnelle, qui, tenant compte des progrès scientifiques, retrouve les grands mythes successifs de l'humanité (*Poèmes antiques,* 1852; *Poèmes barbares,* 1862; *Poèmes tragiques,* 1884). C'est autour de lui, lors des hautaines leçons qu'il donnait chaque samedi dans son appartement du boulevard Saint-Michel, que se constitua l'école parnassienne. (Acad. fr.)

Lecoq de Boisbaudran (Paul Emile, dit **François**), chimiste français, né à Cognac (1838-1912). Il découvrit le gallium (1875) grâce à l'analyse spectrale.

Le Corbusier (Edouard Jeanneret-Gris, dit), architecte et urbaniste français d'origine suisse, né à La Chaux-de-Fonds (1887-1965). Il renouvela la conception de l'architecture en la considérant en fonction de la vie sociale. Défenseur ardent du fonctionnalisme, il eut le souci de composer des volumes simples. Il a exprimé ses conceptions de l'architecture en elle-même et dans son rôle au sein de la vie sociale dans une vingtaine d'ouvrages, qui ont exercé une influence considérable dans le monde entier (*la Ville radieuse,* 1935; *la Charte d'Athènes...,* 1944; *le Modulor,* 1950). Sa réalisation la plus caractéristique est l'Unité d'habitation de grandeur conforme pour 1 600 h., à Marseille. Dans sa chapelle de Notre-Dame-du-Haut à Ronchamp, les effets de courbes et de lumière jouent un grand rôle. Le Corbusier a conçu le plan d'urbanisme de Chandigarh (1954). [V. également ARCHITECTURE* CONTEMPORAINE.]

Lecourbe (Claude), général français, né à Besançon (1759-1815). Il se distingua dans les gorges du Saint-Gothard contre Souvorov et assura la victoire de Masséna à Zurich.

Lecouvreur (Adrienne), actrice française, née à Damery, près d'Epernay (1692-1730). Entrée à la Comédie-Française en 1717, elle dut sa célébrité à son talent pathétique et à sa passion pour Maurice de Saxe.

Lecques (Les), station balnéaire du Var (comm. de Saint-Cyr-sur-Mer).

lecteur, trice n. Personne qui lit pour son compte : *un écrivain doit intéresser ses lecteurs.* ‖ Personne qui lit à haute voix, devant d'autres personnes. ‖ Collaborateur qui lit les manuscrits envoyés à un éditeur. ‖ Clerc qui a reçu le deuxième des ordres mineurs. ‖ Professeur étranger adjoint. ‖ Appareil qui transforme en impulsions électriques les sons enregistrés sur un disque, un ruban magnétique, etc.

Lectoure (32700), ch.-l. de c. du Gers (arr. de Condom), au-dessus du Gers; 4 522 h. (2 650 aggl.) [*Lectourois*]. Anc. cap. de l'Armagnac. Eglise du XVe s.

lecture [lɛktyr] n. f. (du lat. *lectus,* lu). Action de lire : *sa lecture est parfaite.* ‖ Action de prendre connaissance : *achever la lecture d'une lettre.* ‖ Ce qu'on lit : *des lectures édifiantes.* ‖ Art de lire : *enseigner la lecture aux enfants.* ‖ Délibération d'une assemblée législative sur un projet ou sur une proposition de loi.

Leczinsky. V. Leszczyński.

Léda. *Myth. gr.* Femme de Tyndare. Elle fut aimée de Zeus, qui prit la forme d'un cygne et dont elle eut Castor et Pollux, Hélène et Clytemnestre.

Le Dain ou **Le Daim** (Olivier Necker, dit **Olivier**), barbier et confident de Louis XI. Il fut pendu en 1484 en raison des haines accumulées contre lui.

Le Dantec (Félix), biologiste français, né à Plougastel-Daoulas (1869-1917). Il fit au Laos et au Brésil des études sur la fièvre jaune (1889-1892), enseigna à Lyon et à Paris, puis s'adonna à la spéculation philosophique. Ardent défenseur du lamarckisme, il est l'auteur de la notion d'assimilation fonctionnelle.

Lede, comm. de Belgique (Flandre-Orientale); 10 300 h.

Ledeberg, comm. de Belgique (Flandre-Orientale); 10 600 h.

Lédignan (30350), ch.-l. de c. du Gard (arr. d'Alès); 752 h.

Ledoux (Claude Nicolas), architecte français, né à Dormans (1736-1806). Précurseur du fonctionnalisme, il a construit le théâtre de Besançon, les salines d'Arc-et-Senans et les pavillons de l'octroi de Paris.

Ledru (Philippe), dit **Comus,** physicien et prestidigitateur français, né à Paris (1731-1807).

Ledru-Rollin (Alexandre Auguste Ledru, dit), homme politique français, né à Paris (1807-1874). Avocat, député (1841), il siégea à l'extrême gauche des radicaux et attaqua la politique de Guizot. Il fonda le journal *la Réforme* (1843), qui fit campagne pour obtenir le suffrage universel. Au cours de la campagne des banquets (1847-1848), il réclama la république démocratique et sociale. Ministre de l'Intérieur dans le gouvernement provisoire (1848), il organisa les premières élections au suffrage universel. Candidat à la présidence de la République, il n'obtint pas les voix socialistes et fut battu. Député à la Législative (1849), il manifesta contre l'expédition d'Oudinot à Rome, puis s'enfuit à Londres, où il se lia avec Mazzini et Kossuth. Il ne fut autorisé à rentrer en France qu'en 1871.

Lee (Robert Edward), général américain, né à Stratford (Virginie) [1807-1870]. Chef des armées sudistes pendant la guerre de Sécession, il fut vainqueur à Richmond (1862) et à Chancellorsville (1863). Marchant sur Washington, il fut vaincu à Gettysburg (1863) et capitula à Appomatox après une longue résistance (1865).

Leeds [lɛds], v. de Grande-Bretagne (Yorkshire); 509 300 h. Centre lainier. Métallurgie.

Leers (59115), comm. du Nord (arr. de Lille); 5 848 h.

Leeuwarden, v. des Pays-Bas, ch.-l. de la Frise; 86 800 h. Industries mécaniques et alimentaires.

Leeuwenhoek (Antonie Van). V. Van Leeuwenhoek.

Leeuw-Saint-Pierre, en néerl. **Sint Pieters Leeuw,** comm. de Belgique (Brabant); 16 200 h.

Leeward Islands. V. Sous-le-Vent (*îles*).

Le Corbusier
Marseille
1952

Phot. Lauros-Giraudon, U. S. I. S., Lucien Hervé.

Lefebvre (François Joseph), duc DE DANTZIG, maréchal de France, né à Rouffach (1755-1820). Il se distingua à Fleurus et fit capituler Dantzig (1807). — Sa femme, Catherine **Hubscher,** ancienne blanchisseuse, fut popularisée par Sardou sous le nom de MADAME SANS-GÊNE.

Lefebvre (Georges), historien français, né à Lille (1874-1959). Sa thèse sur *les Paysans du Nord pendant la Révolution* (1924) a fait date et ouvert la voie à une jeune école historique, attentive aux faits économiques et sociaux. Il fut professeur à la Sorbonne à partir de 1935.

Lefèvre (René), aviateur français, né à Vénizel en 1903, pionnier de la traversée de l'Atlantique Nord.

Lefèvre (Théo), homme politique belge, né à Gand (1914-1973). Membre du parti social-chrétien, il fut Premier ministre de 1961 à 1965.

Lefèvre d'Etaples (Jacques), théologien et humaniste français, né à Etaples (v. 1450-1537). Après des études de grec à Paris et un voyage en Italie, il enseigne la philosophie au collège du Cardinal-Lemoine. Editeur d'Aristote et du pseudo-Denys, il subit l'influence de la spiritualité rhénane et entreprend d'appliquer à la Vulgate (*Commentaires sur les épîtres de saint Paul,* 1512) les méthodes philologiques chères aux premiers humanistes. Vicaire général de l'évêque de Meaux (1523), il constitue un « cénacle » qui travaille à la réforme du clergé et publie la première version française moderne des Ecritures (1523-1530). Mais, menacé par la Sorbonne, il se réfugie à Strasbourg et, après un court retour en France, où il devient précepteur des enfants de François Ier, il se retire à Nérac (1530) auprès de Marguerite de Navarre.

Leffrinckoucke (59240 Dunkerque), comm. du Nord (arr. de Dunkerque); 3 192 h. Matériel ferroviaire.

Le Flô (Adolphe), général français, né à Lesneven (1804-1887). Député en 1848, banni par le prince-président en 1851, il fut ministre de la Guerre du gouvernement de la Défense nationale (1870-1871). Ambassadeur en Russie (1871-1879), il s'employa à y neutraliser la politique de Bismarck.

Leforest [-rɛ] (62790), ch.-l. de c. du Pas-de-Calais (arr. de Lens), au nord de Douai; 7 989 h. Houille.

Lefranc de Pompignan. V. POMPIGNAN.

Lefuel (Hector), architecte français, né à Versailles (1810-1881). Il acheva le nouveau Louvre.

légal [legal], **e, aux** [-o] adj. (lat. *legalis,* de *lex, legis,* loi). Conforme à la loi : *moyen légal.*

légalement adv. Suivant les lois.

légalisation n. f. Déclaration par laquelle un officier public atteste l'authenticité des signatures apposées sur un acte.

légaliser v. t. Certifier l'authenticité des signatures apposées sur un acte. ‖ Rendre légal.

légalisme n. m. Souci de respecter minutieusement la loi.

légaliste n. Partisan de la légalité.

légalité n. f. Qualité de ce qui est légal : *la légalité d'un acte.* ‖ Ensemble des choses prescrites par la loi : *rester dans la légalité.*

légat [lega] n. m. (lat. *legatus,* envoyé). Chez les Romains, commissaire du sénat; délégué d'un proconsul; délégué de l'empereur dans une province; commandant d'une légion. ‖ Représentant du pape. ● *Légat « a latere »,* cardinal chargé par le pape d'une mission spéciale.

Legat (Nicolas), danseur et chorégraphe russe, né à Saint-Pétersbourg (1869-1937). Il forma à son école les meilleurs danseurs russes et anglais de l'époque.

légataire [legatɛr] n. (du lat. *legare,* léguer). Bénéficiaire d'un legs. ● *Légataire universel,* légataire à qui le testateur a légué la totalité de ses biens disponibles.

Légataire universel (*le*), comédie de Regnard (1708).

légation [legasjɔ̃] n. f. Mission entretenue par un gouvernement dans un pays où il n'a pas d'ambassade. ‖ Hôtel occupé par le personnel de cette mission. ‖ Charge de légat, dans les anciens Etats de l'Eglise. ‖ Etendue de pays soumise à un légat.

legato [legato] adv. (mot ital.). *Mus.* Dans une partition musicale, terme qui indique à l'exécutant que les sons doivent se succéder sans interruption.

lège [lɛʒ] adj. (néerl. *leeg,* vide). Se dit d'un navire sans chargement ni cargaison, ou n'ayant que du lest.

Legé (44650), ch.-l. de c. de la Loire-Atlantique (arr. de Nantes); 3 629 h. (1 093 aggl.).

légendaire adj. De la nature des légendes : *récit légendaire.* ‖ Popularisé par la tradition : *le chapeau légendaire de Napoléon Ier.*

légende [leʒɑ̃d] n. f. (lat. *legenda,* ce qui doit être lu). Récit à caractère merveilleux, où les faits historiques sont déformés par l'imagination populaire ou par l'invention poétique : *la légende de Roland.* ‖ *Péjor.* Invention fabuleuse.

Légende dorée (*la*), nom donné au XVe s. au recueil de Vies de saints composé par Jacques de Voragine vers 1260.

Légende des siècles (*la*), recueil de poèmes de Victor Hugo, comportant trois séries (1859, 1877, 1883). C'est une épopée évoquant l'évolution de l'humanité à travers ses différentes civilisations.

Fernand **Léger**
« Nature morte aux clés »
musée d'Art moderne

légende [leʒɑ̃d] n. f. Explication jointe à une photographie, à un dessin, à un plan ou à une carte géographique.

légender v. t. Mettre une légende à une illustration.

Le Gendre (Adrien Marie), mathématicien français, né à Paris (1752-1833). Il participa à la préparation des grandes opérations géodésiques entreprises sous la Révolution, lors de l'adoption du système métrique, améliorant toutes les méthodes suivies jusqu'alors. On lui doit également de nombreux travaux en arithmétique et en analyse mathématique.

Legendre (Louis), homme politique français, né à Versailles (1752-1797). Boucher à Paris, député montagnard à la Convention, il fut l'un des chefs de la réaction thermidorienne.

léger [leʒe], **ère** [-ɛr] adj. (du lat. *levis*). Qui ne pèse guère; qu'on remue aisément : *terre légère.* ‖ Peu épais, peu dense : *tissu léger; vapeur légère.* ‖ Facile à digérer : *aliment léger.* ‖ Qui a peu de force : *thé léger.* ‖ Frugal : *repas léger.* ‖ Dispos : *se sentir léger.* ‖ Vif, agile : *danse légère.* ‖ Délicat : *touche légère.* ‖ — *Fig.* Aisé à supporter : *peines légères.* ‖ Inconsidéré : *propos légers.* ‖ Peu important : *faute légère.* ‖ Superficiel : *esprit léger.* ‖ Hardi, un peu osé : *anecdote légère.* ‖ Inconstant, volage : *femme légère.* ● *Avoir la main légère,* être prompt à frapper; opérer adroitement, en parlant d'un chirurgien. ‖ *Cœur léger,* sans souci. ‖ *Poésies légères,* sur des sujets peu importants. ‖ *Sommeil léger,* que le moindre bruit interrompt. ‖ — **A la légère** loc. adv. Légèrement; inconsidérément : *être vêtu à la légère; parler à la légère.*

Léger (*saint*), évêque d'Autun, né en Neustrie (v. 616-678). Il eut les yeux crevés par ordre d'Ebroïn. — Fête le 2 octobre.

Léger (Fernand), peintre français, né à Argentan (1881-1955). D'abord dessinateur d'architecture, il commença par pratiquer l'impressionnisme, puis subit l'influence de Cézanne et celle des cubistes. Lors de la Première Guerre mondiale, il trouva son style personnel, inspiré des formes mécaniques, simplificateur, cherchant la synthèse. Abandonnant l'expression du mouvement, il mit l'accent sur le *contraste* plastique, tant des formes que des couleurs posées en aplats. Son art, parfois hermétique, prit un ton plus populaire après 1945. Il a composé une grande mosaïque pour l'église d'Assy, illustré des livres et s'est intéressé au cinéma. Un musée lui est consacré à Biot. Parmi ses œuvres, on peut citer : *la Noce* (1911-1912), *Femmes dans un intérieur* (1922), *Composition* (1929), *la Danseuse bleue* (1930), *Composition aux trois perroquets* (1935), *Adieu New York* (1946), *les Loisirs* (*Hommage à Louis David*) [1948-1949].

coqs **Leghorn**

légèrement adv. De façon peu pesante : *être vêtu légèrement.* ‖ Sans appuyer : *marcher légèrement.* ‖ Inconsidérément : *agir légèrement.* ‖ Sans gravité : *blesser légèrement.*

légèreté n. f. Qualité de ce qui est léger, peu épais, peu pesant, peu massif : *la légèreté d'une plume, de l'aluminium.* ‖ Agilité : *légèreté du cerf.* ‖ — *Fig.* Irréflexion, inconsistance : *légèreté de caractère.* ‖ Imprudence : *légèreté de conduite.*

legging [legiŋ] n. f. (mot angl.). Jambière de cuir ou de forte toile, cambrée d'une seule pièce.

leghorn [legɔrn] n. f. (nom angl. de la ville de *Livourne*). Race anglaise de poules, sélectionnée à partir de la poule italienne de Livourne, excellente pondeuse; elle existe blanche, noire et dorée.

légiférer [leʒifere] v. i. (du lat. *legifer,* qui établit des lois) [conj. **5**]. Faire des lois.

légion [leʒjɔ̃] n. f. (lat. *legio*). Corps de troupes de l'armée romaine. (V. *encycl.*) ‖ Grand nombre d'êtres vivants : *une légion de solliciteurs.* ● *Légion étrangère,* formation de l'armée française composée de soldats, en majorité étrangers, volontaires pour le service de la France. (V. *encycl.*)

— ENCYCL. Le terme de *légion* désignait à l'origine l'armée tout entière, c'est-à-dire les citoyens-soldats, puisqu'il n'y avait pas d'armée permanente. Toutefois, ce terme prit très tôt le sens de « corps d'armée ». D'ordinaire, il y avait 4 légions (2 par consul), mais on en levait davantage en cas de nécessité (jusqu'à 25 pendant la deuxième guerre punique). Au IIIe s. av. J.-C., l'effectif de la légion était de 300 cavaliers et de 4 200 fantassins; ceux-ci étaient répartis en compagnies, appelées *manipules.* Chaque manipule comptait deux centuries (60 hommes environ). La légion était formée uniquement de citoyens, répartis selon leur fortune. Les plus riches servaient dans la cavalerie, les autres dans l'infanterie. Ceux qui ne possédaient rien, les prolétaires, étaient exclus de l'armée. A chaque légion étaient associés des contingents alliés. A partir de Marius, les légions devinrent une armée de métier, divisée en 10 cohortes.

— *Légion étrangère.* Elle a été créée en 1831 en Algérie par Louis-Philippe et elle s'est illustrée depuis sur tous les champs de bataille où la France a été présente. Elle comprend des régiments d'infanterie, de cavalerie, de parachutistes, ainsi qu'un certain nombre d'unités spécialisées. Ses drapeaux et étendards portent la devise « Honneur et Fidélité ». Très attachés à leurs glorieuses traditions (fête anniversaire du combat de Camerone, hymne « le Boudin », etc.), les légionnaires portent le képi blanc, la ceinture bleue et les épaulettes aux couleurs de l'arme, qui sont le vert et le rouge. En 1962, le dépôt central de la Légion, qui se trouvait à Sidi-bel-Abbès, a été transféré à Aubagne.
En Espagne, il existe aussi une Légion étrangère, créée en 1920 et appelée *Tercio.*

Légion d'honneur (*ordre de la*), ordre national français, institué en 1802 par Bonaparte en récompense de services militaires et civils. Le chef de l'Etat est le grand maître de l'ordre, dont il porte le grand collier. Il y a cinq classes ou grades : grand-croix, grand officier, commandeur, officier, chevalier. Ruban rouge. La discipline de l'ordre est régie par une grande chancellerie, dont le premier titulaire fut Lacépède. En 1962, un nouveau « Code de la Légion d'honneur et de la médaille militaire » a été adopté. Il a eu notamment pour but de rehausser le prestige de l'ordre, dont le nombre de membres devait être progressivement réduit à 125 000, les conditions d'accès étant beaucoup plus difficiles.

légionnaire n. m. Soldat d'une légion romaine. ‖ Militaire de la Légion étrangère. ‖ — N. Membre de l'ordre de la Légion d'honneur.

législateur [leʒislatœr], **trice** [-tris] n. (du lat. *legem ferre,* proposer une loi). Celui, celle qui donne des lois à un peuple : *Lycurgue fut le législateur de Sparte.* ‖ *Fig.* Personne qui trace les règles d'une science, d'un art : *le législateur du Parnasse.*

législateur n. m. Pouvoir public qui a mission de faire des lois. ‖ Chacun des membres de ce pouvoir. ‖ La loi en général : *le législateur a voulu que...*

législatif, ive adj. Qui fait les lois. ‖ Qui a rapport à la loi : *acte législatif.* ‖ Qui a le privilège de faire des lois : *pouvoir législatif.* ● *Assemblée législative,* v. ASSEMBLÉE. ‖ *Corps législatif,* v. CORPS.

législation n. f. Action de légiférer. ‖ Ensemble des lois : *législation française.* ‖ Science des lois, des codes : *faire un cours de législation.*

législativement adv. Selon les lois.

législature n. f. Corps législatif en activité. ‖ Période pour laquelle est élue une assemblée législative.

légiste n. m. (du lat. *lex, legis,* loi). Celui qui connaît ou étudie les lois. ‖ Nom donné à chacun des conseillers des rois capétiens, qui développèrent l'absolutisme royal contre la féodalité. ‖ — Adj. *Médecin légiste,* médecin chargé d'expertises en matière légale.

Phot. Giraudon, Justin.

légitimation n. f. Action de légitimer. ‖ *Dr.* Acte par lequel on rend légitime un enfant naturel. (En règle générale, la légitimation résulte du mariage des parents de l'enfant né de ceux-ci avant le mariage et subsiste même après la dissolution de celui-ci.)

légitime [leʒitim] adj. (lat. *legitimus*). Qui a les qualités requises par la loi. ‖ Se dit de l'union conjugale consacrée par la loi, et des enfants qui en naissent : *mariage légitime; enfant légitime.* ‖ Juste, équitable : *demande légitime.* ● *Légitime défense,* état de celui qui, pour se défendre, accomplit un acte interdit par la loi pénale. ‖ — N. f. *Pop.* Epouse.

légitimé, e adj. et n. Qui bénéficie d'une légitimation : *fils légitimé.*

légitimement adv. Conformément à la loi, à l'équité : *fortune légitimement acquise.*

légitimer v. t. Faire reconnaître pour authentique un pouvoir, un titre, etc. ‖ Justifier : *rien ne légitime une mauvaise action.* ‖ Conférer, par le mariage, la légitimité à un enfant naturel : *les enfants incestueux et adultérins peuvent parfois être légitimés.*

légitimiste n. et adj. Défenseur du principe de la dynastie légitime, partisan des droits de la naissance pour l'accession au trône. ‖ En France, partisan de la branche aînée des Bourbons, détrônés en 1830 au profit de la branche d'Orléans.

légitimité n. f. Qualité de ce qui est légitime : *contester la légitimité d'un droit.* ‖ Etat d'un enfant légitime. ‖ Hérédité de la royauté par droit de naissance.

Legnano, v. d'Italie (Lombardie), sur l'Olona ; 42 500 h. Industries textiles. Victoire des Milanais sur Frédéric Barberousse (1176).

Legnica, anc. en allem. **Liegnitz,** v. de Pologne, en basse Silésie ; 73 000 h. Monuments anciens. Métallurgie (cuivre). Textiles.

Legouvé (Ernest), écrivain français, né à Paris (1807-1903). Auteur de poèmes et de romans, il connut le succès au théâtre avec *Adrienne Lecouvreur* (1849), qu'il écrivit en collaboration avec Scribe. (Acad. fr.)

Legrenzi (Giovanni), musicien vénitien, né à Clusone (1626-1690). Maître de chœur de Saint-Marc, compositeur de musique instrumentale et vocale, et un des promoteurs de la sonate à trois, il a également poursuivi les recherches orchestrales de Monteverdi tant à l'église qu'au théâtre.

Legros (Pierre), sculpteur français, né à Chartres (1629-1714). Il a travaillé au château de Versailles.

legs [lɛ *ou* lɛg] n. m. (anc. fr. *lais;* de *laisser*). Disposition faite par testament au bénéfice d'une personne. ● *Legs à titre particulier,* legs d'un ou de plusieurs biens déterminés. ‖ *Legs à titre universel,* legs qui porte sur un ensemble de biens, soit une quote-part de la succession, soit une quotité fixe de tous les meubles ou de tous les immeubles. ‖ *Legs universel,* legs qui porte sur la totalité de la succession ou, tout au moins, de la quotité disponible, lorsque le légataire universel est en concours avec des héritiers réservataires.

léguer [lege] v. t. (lat. *legare*) [conj. **5**]. Donner par testament. ‖ *Fig.* Transmettre : *léguer ses vertus à ses enfants.*

Legueult (Raymond), peintre français, né à Paris (1898-1971). Coloriste raffiné, il exprime le bonheur de vivre dans des compositions d'une intimité heureuse, peintes avec une souple liberté. Il a composé des cartons de tapisserie.

Léguevin (31490), ch.-l. de c. de la Haute-Garonne (arr. de Toulouse) ; 1 622 h. (1 097 aggl.).

légume [legym] n. m. (lat. *legumen*). Produit alimentaire d'origine végétale. (Les légumes sont fournis par divers organes : racine de la carotte, tige et bourgeon de l'asperge, tubercule de la pomme de terre, feuilles du poireau, fleurs du chou-fleur, fruit du haricot [haricot vert], graines du haricot, du pois.) ‖ Plante potagère. ‖ Autre nom de la *gousse,* fruit des légumineuses. ‖ — N. f. *Grosse légume* (Fam.), personnage important.

légumier, ère adj. Où l'on cultive des légumes : *jardin légumier.*

Leibniz, par Coypel
musée de Brunswick

Leipzig
place Karl-Marx

légumier n. m. Plat creux, avec couvercle, dans lequel on sert des légumes.

légumine n. f. Substance protidique existant dans certaines graines (pois, haricot).

légumineuses n. f. pl. Ordre de plantes à fleurs, comportant environ 14 000 espèces caractérisées par leur fruit en gousse.

— ENCYCL. On répartit les *légumineuses* entre trois familles : mimosacées, césalpiniacées et papilionacées, ces dernières groupant à elles seules la majorité des espèces. Les mimosacées comprennent notamment le robinier, l'acacia, le mimosa, ou sensitive. Parmi les césalpiniacées, nous citerons l'arbre de Judée. Les papilionacées présentent un intérêt particulier (tant du fait de leur nombre que de leurs utilisations multiples) : 1° comme légumes (haricots, pois, fèves, lentilles) ; 2° comme producteurs d'huile (soja, arachide, avec, comme sous-produits, les tourteaux pour l'alimentation du bétail) ; 3° comme fourrages (trèfle, luzerne, sainfoin, mélilot, vesces, gesses, féverolles) ; 4° comme fertilisants (les racines des légumineuses présentent des nodosités* qui contiennent des bactéries ayant la propriété de fixer l'azote atmosphérique, donc enrichissantes en cet élément).

Lehár (Franz), compositeur d'opérettes austro-hongrois, né à Komárno (1870-1948), auteur de *la Veuve joyeuse* (1905).

Le Houx (Jean), avocat et poète français, né à Vire (v. 1551-1616). Il a rajeuni et complété les chansons (dites *vaudevires*) composées par O. Basselin.

lei [lɛj] n. m. Pl. de *leu.*

Leibl (Wilhelm), peintre allemand, né à Cologne (1844-1900). Lié avec Courbet à la suite d'un séjour qu'il fit à Paris, il en subit l'influence. Il fut le chef de file de l'école réaliste en Allemagne.

Leibniz (Gottfried Wilhelm), philosophe et mathématicien allemand, né à Leipzig (1646-1716). Il soutint une thèse de doctorat en droit (1666) et ne cessa, de toute sa vie, de s'occuper de politique ; il fut mêlé à toutes les négociations diplomatiques (notamment auprès de Louis XIV et de Pierre le Grand). Théologien, il examina avec Bossuet les possibilités d'une fusion entre les Eglises catholique et réformée. Mathématicien, le premier, il entrevit vers 1664 les bases du calcul différentiel, qu'il constitua définitivement en 1676. Il énonça également les principes du calcul infinitésimal (1684). Il construisit une machine multiplicatrice. Il fut également géologue, chimiste et historien, mais il fut grand surtout comme philosophe. Les *Méditations sur la connaissance, la vérité et les idées* (1684) soutiennent, contre Descartes, que l'essence des corps ne consiste pas dans l'étendue, mais dans la force. Les *Nouveaux Essais sur l'entendement humain* (1704) défendent, contre Locke, la théorie des idées innées. Les *Essais de théodicée* (1710) tentent de concilier l'existence du mal avec la bonté divine. La *Monadologie* (1714) donne un tableau d'ensemble de sa doctrine, qui est un idéalisme spiritualiste et dynamique ; elle montre que tous les êtres sont constitués de substances simples (*monades*) entre lesquelles il y a une harmonie préétablie. Leibniz en conclut avec optimisme que « tout est pour le mieux dans le meilleur des mondes possibles ».

Leicester, v. d'Angleterre, ch.-l. du comté du même nom ; 283 000 h. Eglises gothiques. Industries textiles, mécaniques et chimiques. Chaussures.

Leicester (Robert DUDLEY, *comte* DE), courtisan anglais (v. 1532-1588), favori d'Elisabeth Ire.

Leicester (*comte* DE). V. MONTFORT (Simon *de*).

Leigh, v. d'Angleterre (Lancashire) ; 46 200 h. Houille. Centre cotonnier.

Leigné-sur-Usseau (86330 St Gervais Trois Clochers), ch.-l. de c. de la Vienne (arr. de Châtellerault) ; 327 h.

Leine (la), riv. de l'Allemagne occidentale, affl. de l'Aller (r. g.) ; 281 km. Elle arrose Hanovre.

Leinster, prov. orientale de la république d'Irlande ; 1 414 400 h. V. pr. *Dublin.*

Leipzig, v. de l'Allemagne orientale, en Saxe, sur l'Elster Blanche ; 594 000 h. Deuxième cité de l'Allemagne orientale, centre intellectuel (université, bibliothèque, Opéra) et commercial (foire internationale), Leipzig est d'abord une grande ville industrielle : métallurgie (matériel d'extraction du lignite voisin, matériel de transport, machines agricoles), industries alimentaires, confection, pelleterie et industrie du livre, etc. Victoire de Gustave-Adolphe sur les Impériaux en 1631. Bataille entre Français et Alliés en 1813, dite « bataille des Nations ».

leishmania [lɛʃmanja] n. f. (de *Leishman,* qui découvrit ce parasite). Protozoaire parasite des globules blancs humains, de l'embranchement des flagellés. (Les leishmanias sont surtout connues dans les pays chauds et sont transmises par des insectes, les *phlébotomes;* elles déterminent des maladies graves.)

leishmaniose n. f. Affection causée par les leishmanias.
— ENCYCL. Il existe des *leishmanioses* viscérales, dont la plus importante est le kala-azar, et des leishmanioses cutanées, tels le bouton d'Alep, ou bouton d'Orient, et la leishmaniose forestière américaine, qui aboutissent à un ulcère de la peau avec réaction du système lymphatique.

légumineuses

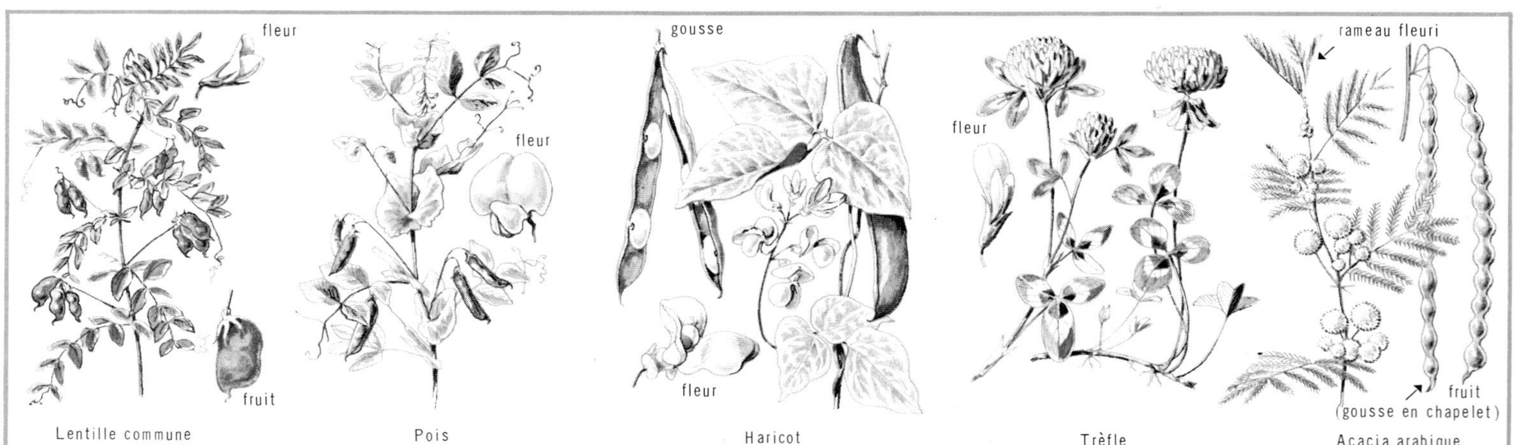

Phot. musée de Brunswick, Deutsche Fototek.

Leitha (la), riv. qui divisait naguère l'Autriche-Hongrie en *Cisleithanie* et *Transleithanie.* Elle se jette dans le Danube (r. dr.) ; 178 km.

leitmotiv [lajtmɔtiv] n. m. (mot allem.). *Mus.* Motif musical conducteur. (Pour Wagner, qui en a fait la base de son système dramatique, le leitmotiv est un thème qui évoque une idée, un sentiment, un état ou un personnage déterminé, et qui reparaît périodiquement.) ‖ Phrase, formule qui revient à plusieurs reprises dans une œuvre littéraire, dans un discours, etc. ‖ Pl. des *leitmotive.*

Leiv Eriksson ou **Leiv l'Heureux,** Viking norvégien, né en Islande (v. 970-v. 1021). Il aurait atteint en l'an 1000 le continent américain.

Le Jeune (Claude), compositeur français, né à Valenciennes (v. 1530-1600). L'un des plus grands musiciens du XVIe s., il est l'auteur de motets, de psaumes et de chansons polyphoniques écrites suivant les lois de la musique « mesurée à l'antique », d'après les théories d'Antoine de Baïf. Parmi ses plus célèbres recueils, on peut citer *le Dodécacorde* (1598) et *le Printemps* (1603).

Lek (le), branche septentrionale du Rhin inférieur, aux Pays-Bas.

Lekain (Henri Louis CAIN, dit), acteur français, né à Paris (1729-1778). Il fut à la Comédie-Française l'interprète de Voltaire ; il introduisit plus de naturel dans la déclamation et plus d'exactitude dans la mise en scène. Il a laissé des *Mémoires.*

Lekeu (Guillaume), compositeur belge, né à Heusy (1870-1894), auteur de musique de chambre (*Sonate* pour violon) ou symphonique.

Lelio, type d'amoureux dans la comédie italienne.

Lely (Pieter VAN DER FAES, dit **sir Peter**), portraitiste anglais d'origine hollandaise, né à Soest, près d'Utrecht (1618-1680). Fixé à Londres en 1641, il succéda à Van Dyck, dont il s'inspira, en tant que portraitiste de la Cour.

Lemaire de Belges (Jean), poète et chroniqueur d'expression française, né à Belges (auj. Bavay), près de Valenciennes (1473 - apr. 1515). Disciple des rhétoriqueurs Molinet et Guillaume Crétin, il fut au service de Pierre de Bourbon, puis devint le poète et l'historiographe de Marguerite d'Autriche, pour qui il composa la *Couronne margaritique* (1504) et les *Epîtres de l'amant vert* (1505). Il passa ensuite à la cour d'Anne de Bretagne. Il orienta la poésie vers l'art pur, utilisant le premier la forme italienne des tierces rimes. Il entreprit également une histoire mythologique des peuples d'Europe (*Illustrations de Gaule et singularités de Troie,* 1509-1512) et tenta de trouver une solution au débat sur les qualités littéraires du français et de l'italien dans *la Concorde des deux langages* (1513).

Lemaire (Philippe Joseph Henri), sculpteur français, né à Valenciennes (1798-1880), auteur du fronton de l'église de la Madeleine à Paris.

Lemaistre (Antoine), avocat et écrivain janséniste, né à Paris (1608-1658). — Son frère ISAAC, dit **Lemaistre de Sacy,** né à Paris (1613-1684), fut le directeur spirituel des religieuses de Port-Royal. Son édition de la Bible, dite « édition de Mons », suscita de violentes polémiques.

Lemaître (Antoine Louis Prosper, dit **Frédérick**), acteur français, né au Havre (1800-1876). Il triompha dans le drame romantique et le mélodrame (*l'Auberge des Adrets*).

Lemaître (Jules), écrivain français, né à Vennecy (Loiret) [1853-1914]. Conteur, auteur dramatique, il pratiqua dans ses articles de critique littéraire et dramatique un impressionnisme sceptique (*les Contemporains,* 1885-1889; *Impressions de théâtre,* 1888-1920). Il se mêla à la vie politique et dirigea la Ligue de la patrie française. (Acad. fr.)

Lemaître (Mgr Georges), astrophysicien belge, né à Charleroi (1894-1966). Ses études les plus connues portent sur les théories de la relativité générale et surtout sur une de ses applications essentielles, l'expansion de l'Univers.

Leman (Gérard), général belge, né à Liège (1851-1920). Avec 35 000 hommes, il défendit le camp retranché de Liège, attaqué en 1914 par 120 000 Allemands.

Léman (*lac*), lac d'Europe, au nord des Alpes de Savoie, traversé par le Rhône. Situé à 375 m d'altitude, il est long de 72 km et a une superficie de 582 km². La rive nord appartient à la Suisse, et la majeure partie de la rive sud à la France. D'origine à la fois tectonique et glaciaire, à la forme de croissant, le Léman exerce une influence adoucissante sur le climat de ses rives, dont il explique la mise en valeur agricole (vignoble en Suisse), urbaine et touristique (Genève, Lausanne, Vevey, Montreux en Suisse, Thonon-les-Bains et Evian-les-Bains en France).

Le May (Pamphile), écrivain canadien d'expression française, né à Lotbinière (Québec) [1837-1918]. Il est l'auteur de contes et de poèmes rustiques (*les Gouttelettes,* 1904).

Lemberg, nom allemand de *Lvov.*

Lembeye [-bɛj] (64350), ch.-l. de c. des Pyrénées-Atlantiques (arr. de Pau) ; 874 h.

Lemelin (Roger), écrivain canadien d'expression française, né à Québec en 1919. Ses romans font une peinture satirique des mœurs de la société moderne de son pays (*les Plouffe,* 1948).

Lemercier (Jacques), architecte français, né à Pontoise (v. 1585-1654). Après avoir séjourné à Rome, il devint

vignobles au-dessus du lac **Léman**

au fond les Rochers de Naye

l'architecte de Louis XIII et de Richelieu, pour qui il exécuta de nombreux et importants travaux : le pavillon de l'Horloge au Louvre, la Sorbonne, le Palais-Cardinal (aujourd'hui Palais-Royal, entièrement transformé), le château et la ville de Richelieu. On lui doit encore l'église Saint-Roch à Paris. Il succéda à François Mansart dans les travaux du Val-de-Grâce.

Lemercier (Népomucène), écrivain français, né à Paris (1771-1840). Il critiqua le romantisme, mais orienta la tragédie vers les sujets nationaux (*Pinto,* 1800 ; *Charlemagne,* 1816 ; *Clovis,* 1830). [Acad. fr.]

Lémery (Nicolas), médecin et chimiste français, né à Rouen (1645-1715). Il a écrit un cours de chimie et un dictionnaire des drogues. Le mélange de limaille de fer et de soufre, qui s'enflamme au contact de l'eau, porte encore le nom de « volcan de Lémery ».

lemme [lɛm] n. m. (gr. *lêmma,* proposition prise d'avance). *Math.* Proposition préliminaire dont la démonstration facilite celle d'un théorème subséquent.

lemming [lemiŋ] n. m. (mot norvégien). Mammifère de l'ordre des rongeurs, vivant dans des terriers, en Scandinavie, et effectuant des migrations massives vers le Sud. (Long. 10 cm.)

lemnacées [lɛmnase] n. f. pl. Famille de monocotylédones ayant pour type la *lentille d'eau.*

lemniscate [lɛmniskat] n. f. *Math.* Lieu des points dont le produit des distances à deux points fixes est constant.

Lemnos, île grecque de la mer Egée.

Lemoine (Jean), cardinal français, né à Crécy-en-Ponthieu (v. 1250-1313). Il fonda à Paris un collège qui porta longtemps son nom.

Le Moiturier (Antoine), sculpteur français, né à Avignon (v. 1425-v. 1500). Il travailla au *tombeau de Jean sans Peur et de Marguerite de Bavière* à Dijon. On lui attribue un chef-d'œuvre : *le tombeau de Philippe Pot* (Louvre).

Lemonnier (Camille), écrivain belge d'expression française, né à Ixelles (1844-1913). Passionné d'écriture artiste et de vérité naturaliste (*Happe-chair,* 1886), il évolua vers une esthétique plus dépouillée (*le Vent dans les moulins,* 1901).

Lémovices, peuple gaulois établi, à l'époque romaine, dans le *Limousin* actuel.

Lemoyne (Jean-Baptiste), sculpteur français, né à Paris (1704-1778). Il fut le sculpteur favori de Louis XV. Ses monuments furent détruits à la Révolution, mais les nombreux bustes que nous conservons constituent une précieuse galerie des personnages importants de son temps : *Mlle Clairon* (Comédie-Française), *Montesquieu* (Bordeaux), *le Chancelier Maupeou, Marie-Antoinette.*

Le Moyne ou **Le Moine** (François), peintre français, né à Paris (1688-1737). Il a surtout exécuté de grandes décorations (coupole de la chapelle de la Vierge à l'église Saint-Sulpice, à Paris ; plafond du salon d'Hercule au château de Versailles). Son œuvre annonce Boucher, qui fut son élève. Dans la querelle qui opposait les partisans de Rubens à ceux de Poussin, il prit parti pour les premiers.

Le Moyne de Bienville (Jean-Baptiste), administrateur français, né à Ville-Marie (auj. Montréal) [1680-1768], qui joua un rôle important dans la fondation de la Louisiane.

Le Moyne d'Iberville (Pierre), marin et explorateur français, né à Ville-Marie (auj. Montréal) [1661-1706]. Il combattit les Anglais au Canada et fonda la colonie de la Louisiane (1698), dont il fut le premier gouverneur (1704).

lémures [lemyr] n. m. pl. (lat. *lemures*). Chez les Romains, âmes des morts.

lémuriens n. m. pl. (du lat. *lemures,* âmes des morts). Sous-ordre de mammifères primates, qui comprend de petites espèces ayant gardé quelques caractères primitifs tels que des griffes, des mamelles abdominales, un museau allongé et velu, enfin des yeux énormes en rapport avec une activité surtout nocturne. (Syn. : PROSIMIENS.)

— ENCYCL. Nombreux et universellement répandus à l'ère tertiaire, les *lémuriens* ont mal supporté la concurrence des singes et ne se trouvent plus, actuellement, qu'en petit nombre en Afrique équatoriale et dans le Sud-Est asiatique — ils n'abondent qu'à Madagascar, où il n'y a pas de singes. Ils vivent dans les arbres, possèdent un pouce opposable et des doigts souvent très longs et parfois munis de ventouses. Ils se nourrissent principalement d'insectes et de fruits. Les principaux types sont : les makis, les loris de l'Inde, les galagos d'Afrique, les sifakas, l'indri, l'aye-aye et le tarsier d'Indonésie, ce dernier étant parfois classé dans un sous-ordre spécial.

Lena (la), fl. de l'U. R. S. S., en Sibérie ; 4 270 km. Née à proximité du lac Baïkal, la Lena longe les chaînes de la Sibérie orientale, passant à Iakoutsk avant de rejoindre l'océan Arctique (mer des Laptev) par un vaste delta.

Le Nain, nom de trois frères : ANTOINE (v. 1588-1648), LOUIS (1593-1648) et MATHIEU (1607-1677), peintres français, nés à Laon. Il est parfois difficile d'attribuer à chacun ce qui est son œuvre. ANTOINE donna surtout des petites scènes de genre minutieuses. — LOUIS, le plus grand des trois, qui fit le voyage de Rome avec son cadet, caravagesque, fut le peintre de la vie rustique, prenant ses sujets dans la réalité la plus humble, prêtant à ses figures de paysans une gravité austère. Il est un des maîtres du réalisme français (*le Repas des paysans, la Charrette, la Famille des paysans,* Louvre). [V. illustr. ART CLASSIQUE*.] — MATHIEU se spécialisa dans les scènes de genre et les portraits (*les Joueurs de trictrac,* Louvre).

Le Nain de Tillemont (Louis Sébastien), historien français, né à Paris (1637-1698). Elève des solitaires de Port-Royal, il est l'auteur de *Mémoires pour servir à l'histoire ecclésiastique des six premiers siècles.*

Lenapes. V. DELAWARES.

Lenard (Philipp), physicien allemand, né à Presbourg (1862-1947). Il observa que les rayons cathodiques pouvaient sortir du tube producteur, et il établit les lois de l'effet photo-électrique. (Prix Nobel de physique, 1905.)

Lenau (Nikolaus Niembsch VON STREHLENAU, dit **Nikolaus**), poète autrichien, né à Csátad, près de Temesvár (Hongrie) [auj. Lenauheim, en Roumanie] (1802-1850). Il traduisit l'ennui de sa jeunesse instable dans les *Chants des joncs* (1832), puis tenta de vivre aux Etats-Unis ; mais il revint bientôt dans son pays, où sa passion pour Sophie von Löwenthal lui inspira ses plus beaux poèmes d'amour. Il fit cependant de *Faust* (1836), dans un grand poème narratif et dramatique, un héros révolté. Il finit par sombrer dans la folie.

Lencloître (86140), ch.-l. de c. de la Vienne (arr. de Châtellerault) ; 1 754 h. (1 250 aggl.). Anc. abbatiale des XIIe et XVe s.

Lenclos (Anne, dite **Ninon de**), femme de lettres française, née à Paris (1620-1705). Célèbre pour sa beauté et son esprit, elle eut des liaisons avec les hommes les plus illustres de son temps et tint un salon fréquenté par les libres penseurs. Elle a laissé des *Lettres,* et on lui attribue un court écrit, *la Coquette vengée* (1659).

lendemain [lɑ̃dmɛ̃] n. m. (de l'anc. fr. *l'endemain*). Jour qui suit celui où l'on est, ou celui dont on parle. ● *Du jour au lendemain,* dans un intervalle très court : *changer d'idée du jour au lendemain.*

lendit [lɑ̃di] n. m. (pour *l'endit ;* du lat. *indictum,* ce qui est fixé). Importante foire qui se tenait au Moyen Age dans la plaine Saint-Denis et où l'Université faisait provision de parchemin.

L'Enfant (Pierre Charles), architecte français, né à Paris (1754-1825). Il dressa les plans de la ville de Washington.

Lenglen (Suzanne), joueuse française de tennis, née à Paris (1899-1938). Championne du monde dès l'âge de quinze ans, elle domina le tennis féminin mondial pendant une dizaine d'années (remportant notamment six fois le tournoi de Wimbledon), lui apportant un caractère athlétique inconnu jusqu'alors.

lénifiant, e adj. Apaisant, calmant.

Phot. Serraillier-Rapho.

Lénine, assis au centre
à l'état-major de Petrograd, 1917
par V. Arechnikov

Leningrad
perspective Moscovski

lénifier [lenifje] v. t. (du lat. *lenis,* doux). Adoucir au moyen d'un lénitif. ‖ *Fig.* Atténuer, adoucir.

Leninabad, anc. **Khodjent,** v. de l'U. R. S. S. (Tadjikistan) ; 103 000 h. Textiles (soie).

Leninakan, anc. **Alexandropol',** v. de l'U. R. S. S. (Arménie) ; 164 000 h. Textiles.

Lénine (Vladimir Ilitch OULIANOV, dit), homme d'Etat russe, né à Simbirsk (auj. Oulianovsk) [1870-1924]. Etudiant en droit à l'université de Saint-Pétersbourg, il entre en contact avec les cercles marxistes et devient disciple de Plekhanov*, qu'il rencontre en Suisse en 1895. Exilé en Sibérie (1897-1900), il épouse une militante marxiste, Nadejda Kroupskaïa, et publie *le Développement du capitalisme en Russie* (1899). A sa libération, il se réfugie en Suisse (1900), où il participe à la fondation du journal l'*Iskra* (*l'Etincelle*). Au congrès de Bruxelles-Londres (1903), il se sépare de Plekhanov et, imposant ses thèses, selon lesquelles la dictature du prolétariat doit être obtenue par la lutte politique sans aucune compromission avec la bourgeoisie, il devient le chef des bolcheviks (majoritaires) par opposition aux mencheviks (minoritaires), qui suivent Plekhanov. Il regagne la Russie lors de la révolution de 1905, dont l'échec le renforce dans sa conviction que le prolétariat russe, dans lequel il inclut désormais les masses paysannes, est capable de réaliser seul la révolution politique et d'entreprendre aussitôt la révolution sociale. Expulsé de Russie en 1907, il voyage en Europe, séjournant le plus souvent en Suisse et à Paris ; il rédige alors contre les révisionnistes sociaux-démocrates allemands *Matérialisme et empiriocriticisme* (1909). Il fait publier à Saint-Pétersbourg le journal la *Pravda.* Lorsque la guerre éclate en 1914, il dénonce en elle une lutte entre impérialismes rivaux (*l'Impérialisme, stade suprême du capitalisme,* 1917) et assigne comme tâche aux révolutionnaires de transformer la guerre entre nations en guerre entre classes. Il joue un rôle majeur au sein de l'aile gauche de la IIe Internationale (conférences de Zimmerwald [1915] et de Kienthal [1916]). Après la chute du tsarisme, il parvient à rentrer en Russie (avr. 1917). Il fait alors connaître dans la *Pravda* les « thèses d'avril » (paix immédiate, pouvoir aux Soviets, usines aux ouvriers et terres aux paysans). Traqué par le gouvernement provisoire après les émeutes de Petrograd, il se cache en Finlande, où il écrit *l'Etat et la Révolution* (1917), puis, revenu définitivement à Petrograd en octobre 1917, il lance le mot d'ordre « Maintenant ou jamais » et fait décider par le congrès central du parti, où les bolcheviks sont majoritaires, l'insurrection générale et armée. Installé à l'Institut Smolnyï, il dirige le coup de force victorieux (24-25 oct. ou 6-7 nov. [nouveau calendrier]). Nommé président du Conseil des commissaires du peuple, il prend immédiatement une série de décrets pour rendre la révolution irréversible. Il réclame une paix immédiate sans annexion et sans contribution (8 nov.), supprime les grands domaines, établit le contrôle ouvrier sur toutes les industries (14 nov.) et reconnaît la légalité et la souveraineté des peuples de Russie. Pour combattre la contre-révolution, il crée une commission extraordinaire, « la Tcheka » (déc. 1917), et l'armée rouge (janv. 1918). Il obtient finalement que soit mis fin à la guerre (traité de Brest-Litovsk, 3 mars 1918). Par la Constitution de 1918, il délègue au Conseil des commissaires du peuple les pouvoirs du congrès panrusse des Soviets. Après avoir installé la capitale à Moscou et y avoir transféré le gouvernement (1918), il met en place une politique dite « communisme de guerre » (1918-1921), qui, par sa rigueur, lui permet de triompher des armées blanches et de mettre fin à l'intervention étrangère qui les soutient. Mais les énormes sacrifices exigés pour faire ainsi triompher la révolution désorganisent totalement la vie économique. En 1920, la production industrielle n'est plus que le septième de la production de 1913. Une terrible famine (1921) suivie de la révolte des marins de Kronchtadt (mars 1921) oblige Lénine à admettre la nécessité d'une « pause » dans l'instauration du socialisme. Ainsi est mise en place une nouvelle politique économique, la N. E. P., qui fait des concessions provisoires au capitalisme privé (mars 1921). Devenu le chef du mouvement révolutionnaire mondial (création à Moscou, en 1919, de la IIIe Internationale), Lénine réagit contre les déviations de gauche dans son propre parti (*le Gauchisme, maladie infantile du communisme,* 1920). Frappé d'hémiplégie en 1922, il doit renoncer peu à peu à toute activité.

Lénine (*ordre de*), ordre soviétique civil et militaire créé en 1930 en faveur des citoyens qui se sont distingués dans l'édification de l'Etat socialiste.

Lénine (*pic*), autref. **pic Kaufmann,** un des plus hauts sommets de l'U. R. S. S., dans le Transalaï (Pamir) ; 7 134 m.

Lénine (*prix*), prix fondés par le gouvernement soviétique (1956) pour remplacer les prix Staline et destinés à récompenser savants, artistes et écrivains de l'U. R. S. S. Trente prix peuvent être distribués tous les deux ans. Les prix Lénine de la paix sont destinés à des personnalités du monde entier.

Leningrad, jusqu'en 1924 **Petrograd,** autref. et jusqu'en 1914 **Saint-Pétersbourg,** port de l'U. R. S. S. (R. S. F. S. de Russie), à l'embouchure de la Neva ; 3 706 000 h. Etablie au milieu des marécages de la Neva, par 60° de lat. nord, la ville fut d'abord, pour la Russie, une fenêtre sur la Baltique. Aujourd'hui, port maritime (le premier de l'U. R. S. S.) et surtout grande ville industrielle (métallurgie de transformation, textiles, chimie, etc.), venant immédiatement après Moscou par son poids démographique et économique, Leningrad était déjà dans le passé une ville d'aspect monumental (perspective Nevski [auj. avenue du 25-Octobre]), un grand centre intellectuel (université) et artistique (musée de l'Ermitage*, l'un des plus importants du monde).
● *Histoire.* Etablie par Pierre le Grand en 1703, la ville se développa surtout sous Anna Ivanovna (1730-1740) et sous Elisabeth (1741-1762). Elle fut le théâtre de la révolte décabriste (1825), et c'est à Leningrad qu'Alexandre II fut assassiné (1881). La révolution de 1905 fut marquée par les événements sanglants du Dimanche rouge (1905). La ville fut profondément marquée par la révolution de 1917. Le transfert de la capitale à Moscou (1918) n'affecta que momentanément l'essor de la ville. Celle-ci soutint un dur siège contre les Allemands de 1941 à 1943.
● *Beaux-arts.* La fondation de Saint-Pétersbourg marque un tournant dans l'histoire de l'art russe, qui se détache de l'art byzantin pour se rapprocher de celui de l'Europe occidentale. Son plan fut tracé par l'architecte français A. Leblond, sur le modèle de Versailles ; les principales constructions du XVIIIe s. sont l'œuvre des Italiens Rastrelli (palais d'Hiver), Rinaldi (palais de Marbre) et Quarenghi (théâtre de l'Ermitage), ainsi que du Français Vallin de La Mothe (Académie des beaux-arts, Petit Ermitage).

léninisme [leninism] n. m. Doctrine de Lénine, considérée dans son apport original par rapport au marxisme.

Leninsk-Kouznetski, v. de l'U. R. S. S. (R. S. F. S. de Russie), dans le Kouzbass ; 138 000 h. Centre minier et métallurgique.

lénitif, ive adj. et n. m. (du lat. *lenis,* doux). Qui calme, adoucit : *un remède lénitif.*

Lenoir (Alexandre), archéologue français, né à Paris (1761-1839). Il recueillit nombre d'œuvres que les troubles de la Révolution exposaient à être détruites. Ces œuvres furent réunies au dépôt des Petits-Augustins, qui, en 1796, devint le premier musée des Monuments français.

Lenoir (Etienne), ingénieur français d'origine wallonne, né à Mussy-la-Ville (grand-duché de Luxembourg, alors dépendant des Pays-Bas) [1822-1900]. Il prit le premier brevet de moteur à explosion (1860). En 1863, il réalisa un moteur monocylindrique fonctionnant suivant le cycle à quatre temps de Beau de Rochas.

Lenoir-Dufresne (Joseph), industriel français, né à Alençon (1768-1806). Avec Richard (qui, en souvenir de leur association ajouta à son nom celui de Lenoir, après la mort de ce dernier), il introduisit en France la filature du coton au moyen de la *mule jenny,* connue alors seulement en Angleterre.

Le Nôtre (André), architecte et dessinateur français de jardins, né à Paris (1613-1700). Petit-fils et fils de jardiniers, il étudia près de Simon Vouet et de François Mansart. Il dessina pour Fouquet le parc de Vaux-le-Vicomte qui, avec ses perspectives encore fermées, représente la première étape dans l'évolution de son style. Au château de Versailles, il créa le *jardin à la française,* qui fut imité dans toute l'Europe, ouvrant les perspectives sur les lointains, créant des jeux d'eau. Il dessina de nombreux jardins, en France (Chantilly, Sceaux, etc.) et dans le reste de l'Europe.

Lenotre (Théodore GOSSELIN, dit **G.**), historien français, né près de Metz (1857-1935), auteur d'ouvrages anecdotiques sur la Révolution. (Acad. fr., 1932.)

Lens (62300), ch.-l. d'arr. du Pas-de-Calais ; 42 019 h. (*Lensois*). Ancienne place forte, Lens s'est développée au XIXe s. comme l'un des grands centres de l'extraction houillère, qui a donné naissance à la métallurgie, principale activité industrielle devant le textile. La ville est le centre d'une agglomération de plus de 300 000 h., qui s'étend de Liévin à Hénin-Liétard, d'Arras à Loos-en-Gohelle. Victoire de Condé, qui amena la paix de Westphalie (1648). Théâtre de combats au cours de la Première Guerre mondiale, durant lesquels la ville fut détruite. — L'arr. a 7 cant., 39 comm., 364 496 h.

lent [lɑ̃], **e** [-ɑ̃t] adj. (lat. *lentus,* souple). Qui n'agit pas avec promptitude : *esprit lent.* ‖ Qui se fait avec lenteur : *exécution lente.* ‖ Dont l'effet est progressif : *l'alcool est un poison lent.*

lente [lɑ̃t] n. f. (lat. *lens, lendis*). Œuf que le pou dépose sur les cheveux.

lentement adv. Avec lenteur.

lenteur n. f. Manque de célérité, d'activité, de vivacité dans les mouvements : *marcher, parler avec lenteur.* ‖ *Fig.* Caractère de celui qui ne conçoit pas vite : *lenteur d'esprit.*

lenticelle [lɑ̃tisɛl] n. f. (du lat. *lens, lentis,* lentille). *Bot.* Pore traversant le liège d'une écorce et permettant la respiration des tissus sous-jacents.

lenticulaire [lɑ̃tikylɛr] ou **lenticulé** [-kyle], **e** adj. De la forme d'une lentille : *verre lenticulaire.*

lentigo [lɑ̃tigo] n. m. *Méd.* Petites taches pigmentaires de la peau. (Syn. : ÉPHÉLIDE, TACHE DE ROUSSEUR.)

lentille [lɑ̃tij] n. f. (lat. *lenticula,* petite lentille). Plante à graines alimentaires, de la famille des papilionacées. (V. *encycl.*) ‖ La graine elle-même. ‖ *Géol.* Formation d'étendue limitée en raison de l'érosion ou de la localisation de la sédimentation. ● *Lentille d'eau,* plante très petite, à deux ou à trois feuilles de la taille d'une lentille, vivant souvent en grand nombre à la surface des eaux stagnantes. (Famille des lemnacées.) ‖ *Lentille de pendule,* masse métallique, de forme ronde, suspendue à l'extrémité inférieure du balancier. ‖ — Pl. Taches de rousseur sur la peau.
— ENCYCL. La *lentille* comestible (*Lens esculenta* ou *Ervum lens*), cultivée depuis l'Antiquité la plus reculée sur le pourtour méditerranéen et dans les terres sableuses de l'Orient, est une plante annuelle à fleurs blanches, dont la gousse, large et courte, renferme deux graines de couleur blonde, très nutritives. Les variétés les plus cultivées en France sont : *large blonde, petite à la reine, petite rouge, verte du Puy.*

lentille [lɑ̃tij] n. f. Verre taillé en forme de lentille, servant dans les instruments d'optique. (Les lentilles de verre à bords minces sont convergentes [elles font converger des rayons primitivement parallèles] ; les lentilles à bords épais sont divergentes. Lorsqu'une lentille mince est traversée par des rayons voisins de son axe, elle fournit d'un point objet une image ponctuelle.) ‖ Dispositif électromagnétique qui remplace les verres optiques dans le microscope électronique. [V. illustr.

Phot. Doc. Association France-U. R. S. S., A. P. N.

Deux maquettes réalisées par IBM d'après les dessins présentés au centre

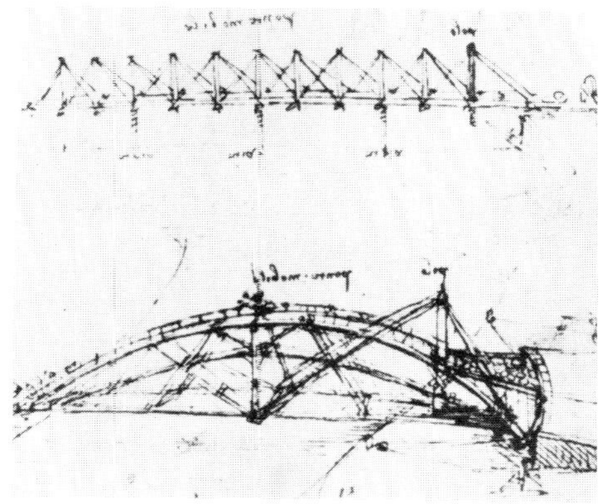

Léonard de Vinci
V. également Renaissance

à *gauche,* un pont muni de roues latérales
ci-dessous, un pont tournant, à usage militaire

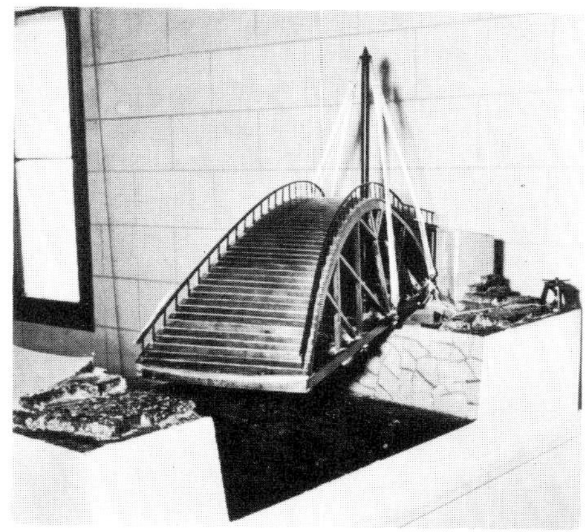

INSTRUMENTS D'OPTIQUE*.] ● *Lentille cornéenne,* disque de matière plastique, concave d'un côté, convexe de l'autre, que l'on applique directement sur la cornée pour corriger les vices de réfraction de l'œil. (V. VERRE, *verres de contact.*)

lentillon n. m. Variété de lentille.

Lentini, v. d'Italie (Sicile), près du *lac de Lentini;* 32 400 h. C'est l'ancienne *Leontium,* anéantie au XIIe s. par un séisme.

lentisque [lɑ̃tisk] n. m. (lat. *lentiscus*). Arbrisseau cultivé dans le Proche-Orient et dont le tronc fournit une résine appelée *mastic* et employée comme masticatoire. (Famille des anacardiacées; genre *pistachier.*)

lento [lɛnto] adv. (mot ital.). *Mus.* Lentement et gravement.

Lenz (Jakob Michael Reinhold), écrivain allemand, né à Sesswegen (Livonie) [1751-1792]. Il fut par ses drames l'un des principaux représentants du « Sturm* und Drang » (*le Précepteur,* 1774; *les Soldats,* 1776).

Lenz (Heinrich), physicien balte, né à Dorpat (1804-1865). Il a énoncé en 1833 la loi donnant le sens des courants induits et observé l'accroissement de la résistance électrique des métaux chauffés.

Leoben, v. d'Autriche (Styrie), dans la haute vallée de la Mur; 36 300 h. Métallurgie. Là furent signés en 1797 les préliminaires du traité de Campoformio.

León, région du nord-ouest de l'Espagne, constituée aujourd'hui par les *provinces de León, de Salamanque* et *de Zamora;* 1 297 000 h.
● *Géographie.* Elle juxtapose des paysages variés, s'étendant au nord sur une partie du versant méridional des monts Cantabriques, qui recèle un peu de houille, au centre et au sud sur une partie de la Meseta, domaine d'une céréaliculture très extensive. Le peuplement est clairsemé. La densité de population atteint à peine 40 h. au kilomètre carré. L'émigration est importante vers Madrid et les régions industrielles du nord.
● *Histoire.* La région fut conquise aux IXe-Xe s. par les rois des Asturies, qui prirent le titre de rois de León (914). Le *royaume de León* correspondait aux villes de León, de Zamora et de Salamanque. Il fut réuni définitivement à la Castille en 1230.

León, v. d'Espagne, cap. de la région et ch.-l. de la province du même nom; 89 000 h. Monuments du Moyen Age et de la Renaissance. Industries textiles.

León, v. du Mexique central; 324 000 h. Métallurgie.

León, v. du Nicaragua; 61 600 h.

Léon (*pays de*), pays de l'extrémité nord-ouest de la Bretagne (Finistère). Grandes cultures maraîchères. (Hab. *Léonais* ou *Léonards.*)

Léon Ier le Grand (*saint*), né à Volterra (?) [m. en 461], pape de 440 à 461. Archidiacre de Rome (430), il fut élu pape alors qu'il était en Gaule. Il obtint d'Attila qu'il évacuât l'Italie et obligea les Vandales à respecter Rome (455). Il riposta par le concile de Chalcédoine au « brigandage d'Ephèse » (451). Il fut proclamé docteur de l'Eglise en 1754. — Fête le 11 avril. — LÉON II (*saint*), né en Sicile (?) [m. en 683], pape de 682 à 683. Il mit fin au schisme de Ravenne. — Fête le 28 juin. — LÉON III (*saint*), né à Rome (750-816), pape de 795 à 816. Molesté, il se réfugia auprès de Charlemagne; de retour à Rome, il couronna celui-ci empereur. — Fête le 11 juin. — LÉON IV (*saint*), né à Rome (?) [m. en 855], pape de 847 à 855. Pour protéger Saint-Pierre de Rome des incursions sarrasines, il créa la *cité léonine,* qui fut fortifiée (852). Il couronna empereur Louis II le Jeune. — Fête le 19 juillet. — LÉON V, né à Ardea (?) [m. en 903], pape en 903. Il ne régna qu'un mois et mourut en prison. — LÉON VI, né à Rome (?) [m. en 928], pape en 928. Son règne fut dominé par Marozia, une princesse toscane qui l'avait fait placer sur le trône pontifical pour remplacer Jean X, qu'elle avait fait mettre à mort. — LÉON VII, né à Rome (?) [m. en 939], pape de 936 à 939. Il favorisa la réforme clunisienne. — LÉON VIII, né à Rome (?) [m. en 965], pape de 963 à 965. Les partisans de Jean XII le chassèrent de Rome, mais, en 964, il fut rétabli par Otton. Sa légitimité est douteuse. — LÉON IX (*saint*) [Bruno d'*Egisheim-Dagsburg*], né à Egisheim (Alsace) [1002-1054], pape de 1049 à 1054. Evêque de Toul, il fut élu pape au concile de Worms. Avec l'aide d'Hildebrand (le futur Grégoire VII), il entreprit une vaste réforme ecclésiastique. Il condamna la simonie de Bérenger de Tours. Cependant, à la fin de son règne — et un peu à cause de son intransigeance — se produisit le schisme de l'Eglise orthodoxe (1054). Il commanda une armée pour lutter contre les envahisseurs normands, mais fut battu. — Fête le 19 avril. — LÉON X (Jean *de Médicis*), né à Florence (1475-1521), pape de 1513 à 1521. Il était le fils de Laurent le Magnifique. Elu pape, il pratiqua le népotisme. Sur le plan politique, il se rapprocha de la France et signa avec François Ier le concordat de 1516. Mais il soutint les interventions de Charles Quint en Italie. Il clôtura le Ve concile de Latran (1517). Le besoin d'argent l'amena à accorder des indulgences aux fidèles qui aidaient de leurs dons la construction de Saint-Pierre (1515); cet abus fut l'origine immédiate de la réforme de Luther, qu'il condamna par la bulle *Exsurge Domine* (1520). Léon X fut un mécène éclairé, qui protégea Lascaris, Raphaël, le Sodoma et Michel-Ange. — LÉON XI (Alexandre *de Médicis*), né à Florence (1535-1605), pape en 1605. Il ne régna que 26 jours. — LÉON XII (Annibale *Sermattei Della Genga*), né à Genga, près de Spolète (1760-1829), pape de 1823 à 1829. Pape des *zelanti,* il organisa le jubilé de 1825 et négocia de nombreux concordats. — LÉON XIII (Vincenzo Gioacchimo *Pecci*), né à Carpineto Romano (1810-1903), pape de 1878 à 1903. Archevêque de Pérouse (1846), cardinal (1853), il succéda à Pie IX en 1878. A l'extérieur, il maintint une politique de conciliation (politique du ralliement en France, fin du *Kulturkampf* en Allemagne). Mais il condamna la franc-maçonnerie et le socialisme, et mit en garde contre l'américanisme. Il signa plusieurs encycliques sur la société moderne, dont *Rerum novarum* (1891), relative à la condition ouvrière et à l'instauration d'un ordre social chrétien. On doit aussi à Léon XIII le renouveau des études exégétiques, historiques et thomistes.

autoportrait, Offices

Léon Ier le Grand, empereur d'Orient de 457 à 474. — LÉON II, empereur d'Orient (474). — LÉON III *l'Isaurien,* né à Germanicea (Commagène) [v. 675-741], empereur d'Orient (717-741). Il rétablit la situation de l'Empire en battant les Arabes. — LÉON IV *le Khazar* (750-780), empereur d'Orient (775-780). — LÉON V *l'Arménien* (m. en 820), empereur d'Orient (813 à 820). — LÉON VI *le Philosophe* (866-912), empereur d'Orient (886-912), auteur d'un recueil de lois appelé les *Basiliques.*

Léon l'Africain, géographe arabe, né à Grenade (v. 1483-m. apr. 1554), auteur d'une *Description de l'Afrique* (1550).

léonais [leɔnɛ], **e** [-ɛz] et **léonard** [leɔnar], **e** [-ard] adj. et n. Du pays de Léon, en Bretagne. ‖ — N. m. Parler breton du pays de Léon.

Léonard de Noblac (*saint*), ermite (m. v. 559). Il vécut à Noblac (Limousin), où sa cellule devint le noyau d'un monastère, puis un lieu de pèlerinage. — Fête le 6 novembre.

Léonard (Nicolas Germain), écrivain français, né à Basse-Terre (Guadeloupe) [1744-1793], auteur d'élégies et de romans sentimentaux.

Léonard de Vinci, peintre, sculpteur, ingénieur, architecte et savant italien, né à Vinci, près de Florence (1452-1519). Verrocchio lui enseigna la peinture et le dessin. Il était aussi bien doué pour l'investigation scientifique, l'invention que pour tous les arts, et la peinture ne fut qu'une des multiples manifestations de son activité. Il est le génial inventeur d'une nouvelle manière de peindre, le *sfumato.* Rompant avec la tradition qui voulait que les volumes fussent nettement délimités, il fondit les contours dans l'atmosphère, créant ainsi un univers vaporeux qui rend sensible l'inexprimable. Il vécut d'abord à Florence, puis, en 1482 ou 1484, se rendit à Milan, où il offrit à Ludovic le More ses services d'ingénieur militaire, d'architecte et de peintre. En 1499, il alla à Mantoue, puis revint à Florence. De retour à Milan en 1506, il accepta, en 1515, de suivre François Ier en Touraine, où il mourut. Il demeure peu de ses peintures (*la Cène,* Santa Maria delle Grazie, Milan; *l'Adoration des Mages,* Offices, Florence; *la Madone Benois,* Ermitage, Leningrad; *la Joconde, la Vierge aux rochers, l'Annonciation, Bacchus, Saint Jean-Baptiste,* Louvre). Ses dessins sont tour à tour d'une précision scientifique ou empreints d'une grande puissance visionnaire. Il a

Léon X
par Raphaël
détail
palais Pitti
Florence

Léon XIII

Phot. palais de la Découverte, Brogi-Giraudon, Anderson - Roger-Viollet, Goupil.

laissé de nombreux *Carnets* (accompagnés de dessins) traitant des sujets les plus variés (mathématiques, perspective, anatomie, optique, mécanique, fortifications, hydraulique) et est considéré comme le plus représentatif et le plus puissant des esprits encyclopédiques de la Renaissance.

Leoncavallo (Ruggero), compositeur italien, né à Naples (1858-1919), un des maîtres du vérisme italien, auteur de *Paillasse* (1892).

Leone (Giovanni), homme d'Etat italien, né à Naples en 1908. Démocrate-chrétien, il a été élu président de la République en 1971.

Leoni (Leone), sculpteur, fondeur et médailleur italien, né à Menaggio (v. 1509-1590), auteur du mausolée de Jacques de Médicis à la cathédrale de Milan, d'après les dessins de Michel-Ange. — Son fils POMPEO, né à Pavie (v. 1533-1608), travailla pour Philippe II d'Espagne (tombeaux de l'Escorial).

Léonidas Ier (m. en 480 av. J.-C.), roi de Sparte (490-480 av. J.-C.), le héros des Thermopyles, qu'il défendit contre les Perses et où il périt avec 300 hoplites. — LÉONIDAS II (v. 315-236 av. J.-C.), roi de Sparte, avec Agis IV (247-236 av. J.-C.).

léonin [leɔnɛ̃], **e** [-in] adj. (du lat. *leo, leonis,* lion). Propre au lion. ‖ *Fig.* Se dit d'un partage, d'un contrat où une personne se réserve la plus grosse part : *marché léonin; contrat léonin.*

léonin, e adj. (de *Léon,* poète du XIIe s.). Se dit des vers dont les deux hémistiches riment ensemble.

Leonov (Leonide Maksimovitch), écrivain soviétique, né à Moscou en 1899. Ses romans et son théâtre peignent l'établissement de la société nouvelle en Russie, à travers les difficultés économiques et les épreuves de la guerre (*les Blaireaux,* 1925; *l'Invasion,* 1942).

léontine [leɔ̃tin] n. f. Chaîne de montre pour dame.

léonure [leɔnyr] n. m. *Bot.* V. AGRIPAUME.

léopard [leɔpar] n. m. (lat. *leo,* lion, et *pardus,* panthère). Nom donné à la panthère tachetée d'Afrique. (Long. 1,20 m.) [V. illustr. PANTHÈRE.] ‖ Fourrure de cet animal, très précieuse en pelleterie.

léopardé, e adj. Dont la peau est tachetée comme celle du léopard.

Leopardi (Giacomo, *comte*), écrivain italien, né à Recanati (Marches) [1798-1837]. Il acquiert dès sa jeunesse une vaste érudition, mais perd rapidement la santé : à vingt ans, il est à demi aveugle. Déçu par l'amour et la politique, il s'enfonce dans une solitude désespérée et passe des rêves d'héroïsme (*A l'Italie,* 1818) à l'expression de la douleur et de l'angoisse (*Poésies lyriques,* 1824-1835; *Chant nocturne,* 1831; *le Genêt,* 1836).

Léopold Ier, né à Vienne (1640-1705), roi de Hongrie (1655-1705), archiduc d'Autriche (1657), empereur (1658-1705), roi de Bohême (1658-1705), fils et successeur de Ferdinand III. Il se laissa dominer par son précepteur jésuite, puis par ses ministres. Il eut à faire face à une double menace : à l'ouest, celle de la France, aux dépens de laquelle il s'efforça de récupérer l'Alsace et revendiqua la succession des Habsbourg de Madrid; à l'est, celle des Turcs, auxquels il dut céder des forteresses hongroises (1663-1664). Après le siège de Vienne, sauvée grâce à Jean Sobieski (1683), Léopold Ier adhéra à la Sainte Ligue (1684), et ses généraux reconquirent la Hongrie, que la paix de Karlowitz (1699) laissa à l'Autriche, à l'exception du banat de Temesvár. Il rompit avec Louis XIV en 1700 à propos de la succession au trône d'Espagne et soutint les droits de son fils, l'archiduc Charles, engageant ainsi l'Allemagne dans la guerre (1702). — LÉOPOLD II, né à Vienne (1747-1792), grand-duc de Toscane (Léopold Ier) [1765-1790], empereur, archiduc d'Autriche, roi de Bohême et de Hongrie (1790-1792), fils de François Ier et de Marie-Thérèse, frère de Marie-Antoinette et de Joseph II. En Toscane, il imposa sa domination à l'Eglise, supprima l'Inquisition (1787) et favorisa les tendances jansénistes du clergé. Lorsqu'il eut succédé à son frère comme empereur, il supprima une partie des réformes du règne précédent. Il reconquit les Pays-Bas (1790) et écrasa la révolution de Liège (1791). Par le traité de Reichenbach (1790), il obtint la neutralité de la Prusse et signa la paix de Sistova (1791) avec la Turquie. Après la déclaration de Pillnitz, il signa un accord militaire avec la Prusse (1792), rejeta l'ultimatum français, mais mourut avant que n'éclate la guerre avec la France.

Léopold Ier, né à Cobourg (1790-1865), roi des Belges (1831-1865), fils de François de Saxe-Cobourg. Il épousa en 1816 la princesse Charlotte, héritière d'Angleterre, qui mourut peu après. En 1830, il refusa la couronne de Grèce. Le 4 juin 1831, il fut élu roi des Belges par le Congrès national belge; en 1832, il épousa Louise-Marie d'Orléans, fille de Louis-Philippe. En politique intérieure, Léopold Ier imposa, jusqu'en 1857, des cabinets unionistes. A l'extérieur, il s'efforça de tenir la balance égale entre la France et l'Angleterre contre les Pays-Bas. — LÉOPOLD II, né à Bruxelles (1835-1909), roi des Belges (1865-1909), chef de l'Etat indépendant du Congo (1885-1908), fils et successeur de Léopold Ier. Malgré un tempérament autoritaire, il se montra libéral dans son gouvernement. Il créa l'Etat indépendant du Congo, qu'il légua par testament à la Belgique en 1890. Mais l'administration de ce domaine de la Couronne fit l'objet de vives critiques; en 1908, le Parlement en vota l'annexion à la Belgique. — LÉOPOLD III, né à Bruxelles en 1901, roi des Belges (1934-1951), fils d'Albert Ier et d'Elisabeth de Bavière. Lors de l'invasion de la Belgique par les Allemands (10 mai 1940), il soutint la résistance, mais fit déposer les armes le 28 mai et se déclara prisonnier des Allemands. Le Parlement belge, réfugié à Paris, le déclara incapable de régner. Déporté en Allemagne en 1944 et libéré en mai 1945, Léopold III s'installa en Suisse, tandis que son frère Charles exerçait la régence. Rentré en Belgique (22 juill. 1950) à l'issue d'un plébiscite favorable, il subit l'offensive des gauches et de la Wallonie, et dut abdiquer en faveur de son fils Baudouin (juill. 1951). Veuf de la reine Astrid depuis 1935, il épousa en 1941 Mlle Liliane Baels.

Leopardi
par Domenico Morelli
Bibl. nat.

Léopold Ier
par Winterhalter
château de Versailles

Léopold II

Léopold (*ordre de*), ordre belge civil et militaire créé en 1832. Cinq classes. Ruban rouge ponceau moiré.

Léopold II (*ordre de*), ordre belge créé en 1900 et particulier à l'ancien Etat du Congo belge. Ruban bleu avec raie médiane verticale noire.

Léopoldsburg, comm. de Belgique (Limbourg); 9 700 h.

Léopoldville. V. KINSHASA.

Léotychidas (m. en 469 av. J.-C.), roi de Sparte (491-469), vainqueur des Perses à la bataille navale de Mycale (479 av. J.-C.).

Léovigild ou **Liuvigild** (m. en 586), dernier roi arien des Wisigoths d'Espagne (567 ou 568-586).

Lépante, v. de Grèce, sur le *détroit de Lépante,* qui fait communiquer le golfe de Patras et le golfe de Corinthe; 5 500 h. Port autref. important, près duquel don Juan d'Autriche gagna une grande bataille navale sur les Turcs (1571).

Lepaute (Jean André), horloger français, né à Mogues (principauté de Sedan) [1720-1787 ou 1789]. Il construisit pour la plupart des observatoires d'Europe un grand nombre de pendules d'une précision jusqu'alors inconnue.

Lepautre (Antoine), architecte et graveur français, né à Paris (v. 1621-1691). Architecte du roi et contrôleur des bâtiments du duc d'Orléans, il a élevé l'hôtel de Beauvais à Paris. — Son neveu PIERRE, sculpteur, né à Paris (1660-1744), prit à Rome le goût du baroque, travailla pour Marly. Il est l'auteur d'*Enée et Anchise* (jardin des Tuileries).

Lepechinskaïa (Olga Vassilievna), danseuse soviétique, née à Kiev en 1916, professeur à l'école de danse du Bolchoï. Elle fut jusqu'à sa retraite une des plus grandes figures du ballet soviétique.

Le Peletier de Saint-Fargeau (Louis Michel), homme politique français, né à Paris (1760-1793). Président de l'Assemblée constituante en 1790, puis élu à la Convention, il fut assassiné par un royaliste pour avoir voté la mort de Louis XVI.

Lepère (Auguste), graveur français, né à Paris (1849-1918). Il rendit un caractère d'art original à la gravure.

Lépicié (Bernard), graveur et historien d'art français, né à Paris (1698-1755). Il a gravé d'après les maîtres de son temps, écrit les *Vies des premiers peintres du Roy.* — Son fils NICOLAS BERNARD, né à Paris (1735-1784), fut peintre de genre et de la réalité familière (*le Lever de Fanchon,* Saint-Omer).

Lépide ou **Lepidus.** V. AEMILIUS LEPIDUS.

lépidocyclines n. f. pl. Foraminifères* fossiles.

lépidodendron [lepidɔdɛ̃drɔ̃] n. m. (gr. *lepis, lepidos,* écaille, et *dendron,* arbre). Arbre de l'ère primaire, qui atteignait 25 à 30 m de haut. (Embranchement des cryptogames vasculaires.)

lépidolite [lepidɔlit] n. m. Mica lithinifère, principal minerai d'où l'on retire le lithium.

lépidoptères [lepidɔptɛr] n. m. pl. (gr. *lepis, lepidos,* écaille, et *pteron,* aile). Autre nom de l'ordre des *papillons**. ‖ Sing. un *lépidoptère.*

lépidosirène ou **lepidosiren** [-sirɛn] n. m. Poisson de l'Amazonie, qui se retire dans un terrier creusé dans la vase pour y mener une vie ralentie pendant la saison sèche, et qui respire par des branchies et par des poumons. (Long. 1,20 m; ordre des dipneustes.)

lépidostée [lepidɔste] n. m. Poisson des rivières et des lacs des Etats-Unis. (Long. 1,50 m; ordre des holostéens.)

Lépine (51000 Châlons sur Marne), comm. de la Marne (arr. de Châlons-sur-Marne); 329 h. Eglise Notre-Dame-de-l'Epine (XVe-XVIe s.). Pèlerinage.

Lépine (Stanislas), peintre français, né à Caen (1836-1892). Paysagiste, élève de Corot, il est considéré comme un des précurseurs de l'impressionnisme.

Lépine (Louis), administrateur français, né à Lyon (1846-1933). Préfet de police (1893-1897 et 1899-1912), il réglementa la circulation, créa les brigades cyclistes et la brigade fluviale, et organisa un concours auquel il a laissé son nom.

Lépine (*concours*), exposition annuelle d'inventions, dotée de nombreux prix destinés à récompenser les créations d'artisans et d'inventeurs français. Elle est organisée sous ce nom, depuis 1902, par l'Association des inventeurs et fabricants français, à la suite du Concours national de jouets et d'articles de Paris, tenu à Paris en 1901 grâce à Louis Lépine.

Lépine (Jean), médecin français, né à Paris (1876-1967). Professeur, puis doyen de la faculté de Lyon, il a étudié les traitements de choc dans les maladies mentales. — Son fils PIERRE, né à Lyon en 1901, chef du service des virus à l'Institut Pasteur, a mis au point le vaccin français contre la poliomyélite.

lépiote [lepjɔt] n. f. Champignon à lames, à chapeau couvert d'écailles, à anneau, mais sans volve, croissant dans les bois, les prés. (La *coulemelle,* comestible, est la lépiote élevée.) [Classe des basidiomycètes; famille des agaricacées.] (V. illustr. CHAMPIGNONS.)

lépisme [lepism] n. m. Insecte à corps gris argenté, vivant dans les maisons. (Long. 1 cm; ordre des thysanoures; nom usuel : *petit poisson d'argent.*)

Le Play (Frédéric), économiste et ingénieur français, né à La Rivière-Saint-Sauveur, près d'Honfleur (1806-1882). Traditionaliste et conservateur, il se montra partisan d'une forte organisation, dans une optique religieuse, de la famille et de la propriété. Il a résumé ses thèses dans un ouvrage, *la Réforme sociale* (1864), qui exerça une grande influence sur les idées patronales en matière sociale, auxquelles on a donné le nom, devenu péjoratif, de « paternalisme ». Il fut un pionnier dans le domaine des enquêtes sociales, en recourant notamment à l'analyse du budget familial.

léporide [lepɔrid] n. m. Hybride hypothétique du lièvre et du lapin.

léporidés n. m. pl. (du lat. *lepus, leporis,* lièvre). Famille de mammifères rongeurs, comprenant les *lièvres* et les *lapins.*

lèpre [lɛpr] n. f. (lat. *lepra*). Maladie infectieuse chronique due au bacille de Hansen, affectant surtout la peau et le système nerveux. (V. *encycl.*) ‖ *Fig.* Vice qui s'étend comme la lèpre.

— ENCYCL. La *lèpre* est connue depuis l'Antiquité; elle se répandit en Europe au moment des croisades. Actuellement, il persiste des foyers endémiques en Asie, en Afrique et en Amérique du Sud, et quelques cas en Europe. Au niveau de la peau, la lèpre peut revêtir deux types différents : le *type lépromateux,* avec plaques rouges et infiltrats du tissu sous-cutané, dits « lépromes », et le *type tuberculoïde,* où les lésions forment des tuméfactions importantes qui s'étendent de proche en proche, pouvant aboutir à l'ulcération. L'atteinte nerveuse suit une atteinte de la peau parfois discrète; elle se manifeste par des névralgies, des troubles de la sensibilité (anesthésie de certains territoires cutanés), des atrophies musculaires et des tuméfactions des nerfs, qui sont gros, noueux. La lèpre évolue lentement; l'incubation peut durer de plusieurs mois à plusieurs années. Les ressemblances entre le bacille de Hansen et le bacille de Koch

Phot. X, Lauros-Giraudon, Russell and Sons.

permettent d'employer pour la lèpre les traitements antituberculeux.

lépreux, euse adj. et n. Qui a la lèpre. ‖ Couvert de taches imitant la lèpre : *des murs lépreux.*

Le Prieur (Yves), officier de marine français, né à Lorient (1855-1963). On lui doit notamment les premières roquettes, qui abattirent de nombreux ballons d'observation allemands au cours de la Première Guerre mondiale, des bombes à flotteurs contre sous-marins, un correcteur de route pour avion (Navigraphe), mais surtout le scaphandre autonome (1926), qui permet de réaliser des plongées sans aucun lien avec la surface.

Leprince (Jean-Baptiste), peintre et graveur français, né à Metz (1734-1786). D'un séjour qu'il fit en Russie, il rapporta des tableaux mettant en scène un Orient russe fantaisiste et qui firent sensation. Il a donné à la manufacture de Beauvais les cartons de la tenture des *Jeux russiens.* — Sa sœur Jeanne Marie **Leprince de Beaumont,** née à Rouen (1711-1780), composa des contes pour la jeunesse (*la Belle et la Bête*).

Leprince-Ringuet (Louis), physicien français, né à Alès en 1901. Professeur au Collège de France, spécialiste des rayons cosmiques, il a déterminé la masse de plusieurs types de mésons et participé à la découverte des hypérons. (Acad. fr.)

lépromateux, euse adj. Relatif au léprome.

léprome [leprom] n. m. Tumeur nodulaire caractéristique de la lèpre.

léproserie n. f. Hôpital pour les lépreux : *il existait en Europe, au XIII*e *s., près de 20 000 léproseries.*

Leptis Magna, colonie phénicienne, puis romaine, de l'Afrique du Nord. Importantes ruines romaines où furent trouvées des copies des plus belles œuvres classiques grecques. (Auj. *Lebda,* à l'est de Tripoli.)

leptocéphale [lɛptɔsefal] n. m. (gr. *leptos,* mince, et *kephalê,* tête). Larve de l'anguille, transparente, en forme de feuille, qui traverse l'Atlantique vers les côtes européennes, pendant trois ans. (Long. max. 6 à 7 cm.)

leptolithique [lɛptolitik] adj. et n. m. (gr. *leptos,* grêle, et *lithos,* pierre). Nom donné par l'abbé Breuil au paléolithique supérieur.

lepton n. m. Particule élémentaire ne subissant pas d'interactions nucléaires, mais seulement électromagnétiques, faibles et gravitationnelles (électron, neutrino...).

leptospire [lɛptɔspir] n. m. (gr. *leptos,* mince, et *spire*). Protozoaire en forme de spirale, responsable de maladies fébriles graves, les leptospiroses.

leptospirose n. f. Affection due au leptospire.
— Encycl. La *leptospirose ictéro-hémorragique* se contracte par bains de rivière ou par contact avec des déjections de rats, ces animaux constituant le réservoir de virus du germe. Elle se manifeste par une fièvre élevée avec réaction méningée, suivie d'un ictère (jaunisse) et accompagnée d'hémorragies. L'atteinte du foie et des reins explique la gravité du pronostic. La *leptospirose grippo-typhosique,* dont le réservoir de virus est le campagnol, a des symptômes analogues, avec atteinte plus marquée des méninges. La *leptospirose caniculaire,* ou maladie des jeunes porchers, a des signes analogues, mais moins graves.

lepture [lɛptyr] n. m. Capricorne vivant sur les ombellifères et dont la larve creuse le bois des souches des conifères. (Famille des cérambycidés.)

lequel [ləkɛl], **laquelle** [lakɛl], **lesquels** [lekɛl], **lesquelles** pron. relat. composé. Qui, que : *le bateau sur lequel nous naviguions.* ‖ — Pron. interrog. Quel (parmi plusieurs) : *voici deux étoffes, laquelle choisissez-vous?* — Se contracte, au masc. sing. et au pl. des deux genres, avec les prépositions *à* et *de,* pour donner *auquel, duquel, auxquels, auxquelles, desquels, desquelles.*

Léré (18240), ch.-l. de c. du Cher (arr. de Bourges); 923 h. (555 aggl.). Eglise romane et gothique.

Leriche (René), chirurgien français, né à Roanne (1879-1955). Il étudia particulièrement les troubles du système nerveux végétatif.

Le Ricolais (Robert), architecte français, né à La Roche-sur-Yon en 1894. Il a, le premier, préconisé de remplacer par des câbles d'acier les matériaux de charpente.

Lérida, v. d'Espagne (Catalogne), sur la Sègre ; 72 000 h. Cathédrale romano-gothique (1203-1278) présentant un bel ensemble de sculptures.

Lérins [lerɛ̃s], nom d'un groupe d'îles de la Méditerranée (Alpes-Maritimes). Les deux principales îles sont Sainte-Marguerite et Saint-Honorat.

Lerma (Francisco de Sandoval y Rojas, *duc* de), homme d'Etat espagnol (1552-1623), ministre du roi d'Espagne Philippe III.

Lermontov (Mikhaïl Iourievitch), poète russe, né à Moscou (1814-1841). Officier, il est exilé comme simple soldat au Caucase pour avoir réclamé le châtiment du meurtrier de Pouchkine (*la Mort du poète,* 1837). Rappelé, puis de nouveau banni, il est tué en duel par son ami Martinov. Imitant d'abord Pouchkine et Byron (*le Boyard Orcha,* 1835), il unit ensuite la tradition des bylines (*le Chant du tsar Ivan Vassilievitch,* 1838) à l'inspiration romantique (*le Novice,* 1840; *le Démon,* 1841). Il est aussi l'auteur d'un roman, *Un héros de notre temps* (1839-1840), composé de cinq nouvelles reliées par le personnage de Petchorine, héros inadapté et désespéré.

Lerne, marais d'Argolide. V. Hydre.

Leroi-Gourhan (André), ethnologue et préhistorien français, né à Paris en 1911.

Lermontov

Lesage, gravure de Desrochers

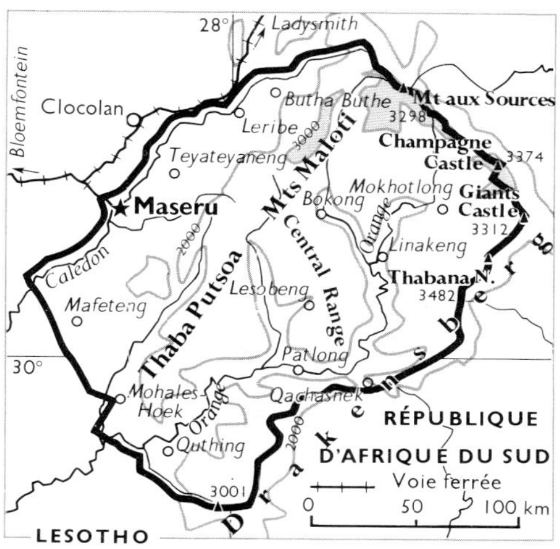

lérot [lero] n. m. (de *loir*). Petit loir gris, à taches noires, à odeur désagréable.

Leroux (Pierre), socialiste français, né à Bercy (1797-1871), saint-simonien, député à la Constituante, puis à la Législative.

Le Roy, famille d'horlogers français. Julien, né à Tours (1686-1759), horloger du roi (1739), perfectionna les engrenages, ainsi que l'échappement à cylindre imaginé par Graham. — Son fils aîné, Pierre, né à Paris (1717-1785), est à l'origine de la chronométrie moderne. On lui attribue notamment la découverte de l'isochronisme du spiral.

Le Roy (Edouard), philosophe et mathématicien français, né à Paris (1870-1954). Il est l'auteur d'une philosophie qui cherche à unir science et religion. On lui doit *Dogme et critique* (1906), *le Problème de Dieu* (1929), etc. (Acad. fr.)

les [lɛ *ou* le] art. et pron. pl. V. le.

lès. V. lez.

Lesage (Alain René), écrivain français, né à Sarzeau (1668-1747). Son premier succès dramatique (*Crispin rival de son maître,* 1707) l'encouragea à fournir le théâtre de la foire Saint-Germain de pièces nombreuses, dont l'une, *Turcaret* ou le Financier* (1709), fut reprise par les comédiens-français sur l'ordre de la Cour. Il s'assura une gloire de romancier avec un récit présentant sous une couleur espagnole un tableau satirique des mœurs parisiennes (*le Diable* boiteux,* 1707) et ne cessa plus d'exploiter ce procédé (*Gil* Blas de Santillane,* 1715-1735 ; *l'Histoire de Guzman d'Alfarache,* 1732 ; *le Bachelier de Salamanque,* 1736).

Lesage (Jean), homme politique canadien, né à Montréal en 1912, Premier ministre libéral du Québec de 1960 à 1966.

Lesbie, nom poétique de la maîtresse de Catulle.

lesbien [lɛsbjɛ̃], **enne** [-ɛn] adj. et n. De Lesbos. ‖ Se dit des femmes homosexuelles.

Lesbos ou **Mytilène,** île grecque de la mer Egée, près du littoral turc ; 140 300 h. (*Lesbiens*). Ch.-l. *Mytilène* (25 800 h.). Oliveraies.

Lescar (64230), ch.-l. de c. des Pyrénées-Atlantiques (arr. de Pau) ; 3 383 h. (2 613 aggl.). Anc. évêché. Cathédrale du XIIe s. (remaniée).

Lescot (Pierre), architecte français, né à Paris (1515-1578). Ami de François Ier et des humanistes du temps, il travailla en association avec Jean Goujon, notamment lorsqu'il construisit l'hôtel Carnavalet à Paris et l'aile sud-ouest de la cour Carrée du Louvre, modèle de l'architecture de la Renaissance italianisante en France. On lui doit encore la fontaine des Innocents à Paris.

Lesdiguières (François de Bonne, *duc* de), connétable de France, né au château des Diguières (Saint-Bonnet-en-Champsaur) [1543-1626]. Chef des huguenots du Dauphiné (1577), il prit Embrun et Gap (1589), puis Grenoble (1590). Il imposa la paix de Lyon (1601) au duc Charles-Emmanuel de Savoie. Gouverneur du Dauphiné (1591), il y rétablit l'ordre et redressa l'économie. Il fut créé maréchal (1609), puis duc (1611). Converti au catholicisme, il fut fait connétable (1622).

lèse [lɛz] adj. f. (lat. *laesa,* blessée). Mot qui se place devant certains substantifs féminins pour indiquer que la chose exprimée par le substantif a été attaquée, violée : *crime de lèse-majesté, de lèse-humanité.*

lèse-majesté n. f. Attentat à la majesté souveraine : *crime de lèse-majesté.*

léser [leze] v. t. (du lat. *laesus,* blesser) [conj. **5**]. Faire tort à : *léser les intérêts d'autrui.* ‖ Produire une lésion.

lésine, lésinerie n. f. (ital. *lesina,* alêne, par allusion à un ouvrage de la fin du XVIe s., de Vialardi, dans lequel certains personnages avares poussaient le goût de l'économie jusqu'à réparer leurs chaussures eux-mêmes). Ladrerie, épargne excessive dans les plus petites choses.

lésiner [lezine] v. i. Agir avec une économie de moyens excessive.

lésineur, euse adj. et n. Qui lésine.

lésion [lezjɔ̃] n. f. (lat. *laesio ;* de *laedere,* blesser). Perturbation apportée dans la texture des organes, comme plaie, contusion, inflammation, tumeur, etc. : *blessé atteint de lésions internes.* (En pratique courante, on oppose *lésion* et *trouble fonctionnel ;* en réalité les deux sont le plus souvent associés.) ‖ *Dr.* Préjudice qu'éprouve une partie dans un contrat onéreux. (Pour un mineur, tout contrat est annulable pour cause de lésion.)

lésionnaire adj. *Dr.* Qui a un caractère de lésion : *condition lésionnaire.*

lésionnel, elle adj. Qui se rapporte à une lésion.

Lesneven [lɛsnəvɛ̃], ch.-l. de c. du Finistère (Nord) [arr. de Brest] ; 6 586 h. (*Lesneviens*).

Lesotho, anc. **Basutoland,** Etat de l'Afrique australe, enclave dans la république d'Afrique du Sud ; 30 343 km² ; 1 million d'h. Cap. *Maseru.*

● *Géographie.* Formé, à l'ouest, de plateaux d'une altitude moyenne de 1 500 m, le Lesotho appartient, à l'est, à la chaîne du Drakensberg, où l'altitude dépasse souvent 2 500 m. La population, bantoue, est dense, compte tenu des conditions naturelles, et se consacre essentiellement aux cultures du maïs et du sorgho, ainsi qu'à l'élevage (ovins et bovins). Une partie de cette population va travailler temporairement vers les mines du Transvaal.

● *Histoire.* C'est en 1966 que le Basutoland est devenu indépendant sous le nom de Lesotho. Sa force constitutionnelle est celle d'une royauté. Mais, en 1970, le Premier ministre, Leabua Jonathan, suspend la Constitution et se fait attribuer des pouvoirs spéciaux : la fonction royale devient alors purement honorifique.

Lesparre-Médoc (33340), ch.-l. d'arr. de la Gironde ; 3 645 h. (2 881 aggl.) [*Lesparrains*]. Vins. — L'arr. a 4 cant., 32 comm., 37 478 h.

Lespérou. V. Espérou.

Lespinasse (Julie de), née à Lyon (1732-1776). Demoiselle de compagnie de Mme du Deffand, elle ouvrit à son tour un salon où se réunirent les encyclopédistes.

Lespugue (31350 Boulogne sur Gesse), comm. de la Haute-Garonne (arr. de Saint-Gaudens) ; 137 h. (82 aggl.). Station préhistorique où fut trouvée la statuette en ivoire dite *Vénus de Lespugue* (musée de l'Homme).

Lesquin (59810), comm. du Nord (arr. de Lille), au sud-est de Lille ; 4 394 h. Aéroport. Appareils ménagers.

Lessay (50430), ch.-l. de c. de la Manche (arr. de Coutances), sur l'Ay ; 1 375 h. Anc. abbatiale des XIe-XIIe s., endommagée pendant la Seconde Guerre mondiale.

Lesse (la), riv. de Belgique, qui se jette dans la Meuse (r. dr.) ; 84 km.

Lesseps [lesɛps] (Ferdinand Marie, *vicomte* de), diplomate et administrateur français, né à Versailles (1805-1894). Consul au Caire à partir de 1833, il se lia d'amitié avec le prince héritier Sa'īd et s'intéressa aux projets de canal reliant la Méditerranée à la mer Rouge. Envoyé en 1849 auprès d'Oudinot pour négocier un arbitrage entre le pape et la République romaine, il échoua dans cette mission. Disgracié, il abandonna la carrière. Rappelé en Egypte par Sa'īd, devenu souverain (1854), il en obtint l'Acte de concession qui lui permit de créer la Compagnie universelle du canal maritime de Suez, qui jouissait du monopole de son exploitation, contre abandon de 15 p. 100 des bénéfices à l'Egypte pendant 99 ans. Malgré l'hostilité de l'Angleterre, il vint à bout de son entreprise, et le canal fut inauguré le 17 novembre 1869 par l'impératrice Eugénie. Lesseps s'intéressa ensuite (1876) à un

Phot. X, Larousse.

projet de canal dans l'isthme de Panamá, pour lequel il négocia avec la Colombie et fonda une compagnie (1880), qui fit faillite en 1889. (Acad. fr., 1884.)

Lessines, v. de Belgique (Hainaut) ; 9 000 h. Carrières de porphyre.

Lessing (Gotthold Ephraim), écrivain allemand, né à Kamenz (Saxe) [1729-1781]. Influencé par les idées des philosophes français, il voulut cependant libérer le théâtre allemand de l'imitation de la tragédie française (*Lettres sur la littérature,* 1759-1765). Après avoir publié un recueil de *Fables* (1759), il s'essaya à la comédie sérieuse (*Minna von Barnhelm,* 1767) et, prenant Shakespeare pour modèle (*Dramaturgie* de Hambourg,* 1767-1769), proposa une nouvelle discipline esthétique (*Laokoon,* 1766-1768) et éthique (*Education du genre humain,* 1780), qu'il illustra par ses drames bourgeois et philosophiques (*Emilia Galotti,* 1772 ; *Nathan le Sage,* 1779).

lessivage n. m. Action de lessiver. ‖ Elimination d'un corps soluble au moyen d'un traitement par l'eau. ‖ *Pédol.* Migration, vers l'horizon* inférieur du sol, des éléments solubles ou colloïdaux. (C'est le facteur essentiel de l'évolution du sol en région tempérée.)

lessive [lɛsiv] n. f. (du lat. *lix, licis,* cendre). Solution alcaline que l'on obtient en versant de l'eau chaude sur du linge recouvert d'un lit de carbonate de sodium ou de cendre. ‖ Produit commercial détersif. ‖ Linge qui doit être lessivé : *forte lessive.* ‖ Action de lessiver : *faire la lessive.*

lessiver v. t. Nettoyer au moyen de la lessive. ‖ Laver avec de l'eau alcaline.

lessiveuse n. f. Récipient en tôle galvanisée, servant à faire bouillir le linge.

lest [lɛst] n. m. (néerl. *last*). Matière pesante (pierre, gueuse de fonte, grenaille d'acier, etc.) embarquée sur un véhicule quand l'absence de cargaison en rend la conduite difficile. ‖ Sable que l'aéronaute emporte dans la nacelle du ballon, et qu'il jette pour l'alléger. ● *Jeter du lest* (Fig.), faire un sacrifice pour rétablir une situation compromise. ‖ *Navire sur lest,* bâtiment qui navigue sans fret.

lestage n. m. Action de lester.

leste [lɛst] adj. (ital. *lesto,* bien équipé). Léger, agile dans ses mouvements : *ce vieillard est encore leste.* ‖ *Fig.* Qui dépasse les convenances, grivois : *propos lestes.* ● *Avoir la main leste,* être prompt à frapper.

lestement adv. D'une manière leste.

lester v. t. Garnir de lest un bâtiment, la nacelle d'un ballon, etc. ‖ — **Se lester** v. pr. *Fam.* Prendre une nourriture substantielle.

L'Estoile (Pierre DE), chroniqueur français, né à Paris (1546-1611), auteur de *Mémoires journaux,* notes prises au jour le jour de 1574 à 1610.

Le Sueur (Hubert), sculpteur français, né à Paris (fin du XVIe ou déb. du XVIIe s.-1670). C'est en Angleterre, où il vécut surtout, que son œuvre est la plus importante (*Statue équestre de Charles Ier,* 1633, érigée à Londres [Charing Cross]).

Le Sueur (Eustache), peintre français, né à Paris (1617-1655). Elève de Simon Vouet, admirateur de Raphaël, il fit montre d'un sens raffiné dans la décoration du *Cabinet des Muses* de l'hôtel Lambert (transférée en partie au Louvre) et d'une grande profondeur de sentiment

Lesueur
« l'Adoration des bergers »
musée des Beaux-arts, La Rochelle

Ferdinand
de Lesseps

Lessing

religieux dans un cycle de vingt-deux tableaux, la *Vie de saint Bruno* (1645-1648 ; Louvre).

Lesueur (Jean François), compositeur français de musique religieuse et dramatique, né à Drucat, près d'Abbeville (1760-1837). Maître de chapelle de Notre-Dame, directeur de la musique de la Chapelle impériale, inspecteur, puis professeur au Conservatoire, il a formé Berlioz et Gounod.

Leszczyński, famille polonaise originaire de Posnanie, illustrée notamment par le roi Stanislas* et par sa fille Marie* **Leszczyńska.**

let [lɛt] adj. inv. (mot angl.). Au tennis et au Ping-Pong se dit d'une balle qui touche le filet avant de tomber dans les limites du court ou de la table.

létal [letal], **e, aux** [-o] adj. (du lat. *letum,* mort). *Génét.* Se dit d'un gène qui, à l'état homozygote, entraîne la mort plus ou moins précoce de l'individu qui le porte. ‖ *Méd.* Se dit de toute cause qui entraîne la mort du fœtus avant l'accouchement : *facteur létal.* ● *Dose létale,* dose d'un produit toxique rapportée au poids corporel, qui entraîne la mort du sujet.

létalité n. f. Mortalité : *établir des tables de létalité.* ‖ Caractère d'un gène létal.

letchi n. m. V. LITCHI.

Le Tellier (Michel), seigneur de CHAVILLE, homme d'Etat français, né à Paris (1603-1685). Maître des requêtes au Conseil d'Etat (1638), il réprima le soulèvement des « va-nu-pieds » normands (1639). Il succéda en 1643 à Sublet de Noyers comme secrétaire d'Etat à la Guerre et ministre au Conseil, et fut le principal conseiller de la régente Anne d'Autriche pendant les exils de Mazarin. Louis XIV le conserva jusqu'à sa mort comme ministre d'Etat. Louvois, fils de Le Tellier, obtint dès 1655 la survivance de la charge de secrétaire d'Etat à la Guerre. Le Tellier demeure le vrai créateur de l'armée monarchique et le principal instigateur des réformes militaires du règne de Louis XIV. Chancelier de France (1677), il généralisa l'enseignement du droit coutumier français (édit de 1679), réglementa la discipline des magistrats et le rôle des intendants. Il rédigea l'édit de Fontainebleau « portant révocation de l'édit de Nantes » (1685). Bossuet prononça son oraison funèbre.

Le Tellier (Michel), jésuite français, né près de Vire (Normandie) [1643-1719]. Dernier confesseur de Louis XIV, il obtint de celui-ci la destruction de Port-Royal des Champs.

léthargie [letarʒi] n. f. (gr. *lêthargia ;* de *lêthê,* oubli). Sorte de sommeil maladif très profond, continu, sans fièvre ni infection : *tomber en léthargie.* ‖ *Fig.* Torpeur, nonchalance extrême : *tirer quelqu'un de sa léthargie.*

léthargique adj. Qui tient de la léthargie : *sommeil léthargique.* ‖ *Fig.* Extrêmement nonchalant, indolent.

Lethbridge, v. du Canada (Alberta) ; 37 200 h. Houille.

Léthé, un des fleuves des Enfers, dont les eaux apportaient l'oubli aux âmes des morts.

Léto. *Myth. gr.* Mère d'Artémis et d'Apollon, appelée *Latone* par les Romains.

lette [lɛt] n. m. Langue baltique parlée en Lettonie. (On dit aussi LETTON.)

letton [lɛtɔ̃], **onne** [-ɔn] adj. et n. De Lettonie.

Lettonie, en letton **Latvija,** république fédérée de l'U. R. S. S., sur la Baltique ; 63 700 km² ; 2 285 000 h. (*Lettons*). Cap. *Riga.*

● *Géographie.* C'est une région de terres boisées et partiellement recouverte de dépôts glaciaires. Le climat, frais et humide, est favorable à l'arbre (feuillus et conifères), ainsi qu'à la prairie. L'exploitation forestière et l'élevage constituent deux des principales ressources d'un pays surtout agricole. L'industrie (métallurgie, industries alimentaires) est surtout concentrée à Riga, qui rassemble plus du quart de la population totale.

● *Histoire.* Le pays fut occupé très tôt par des Baltes, qui refoulèrent les Finnois. L'expansion du christianisme au XIIe s. fut favorisée par les croisades des chevaliers germaniques. La Lettonie suivit ensuite le sort de la Livonie ; selon les époques, elle fut incorporée à la Pologne, à la Suède ou à la Russie. En novembre 1918, la Lettonie se proclama indépendante ; elle réalisa la réforme agraire, qui amoindrit la puissance des barons baltes. Occupée par les Soviétiques en juin 1940, la Lettonie devint, la même année, république fédérale de l'U. R. S. S.

Lettow-Vorbeck (Paul VON), général allemand, né à Sarrelouis (1870-1964). Commandant en 1914 les troupes de l'Afrique-Orientale allemande, il réussit à s'y maintenir jusqu'en 1918 malgré de nombreuses forces alliées.

lettrage n. m. Action de marquer avec les lettres : *lettrage d'un catalogue.*

lettre [lɛtr] n. f. (lat. *littera*). Chacun des caractères de l'alphabet : *l'alphabet français a vingt-six lettres.* ‖ Caractère typographique représentant une de ces lettres : *lettre italique.* ‖ Sens étroit et littéral, dans les expressions où ce mot est opposé à *esprit : préférer l'esprit à la lettre ; la lettre tue l'esprit.* ● *A la lettre,* en se conformant strictement : *exécuter un ordre à la lettre.* ‖ *En toutes lettres,* sans abréviation, avec des mots et non des chiffres.

lettre [lɛtr] n. f. (même étymol. qu'à l'art. précéd.). Communication par écrit : *une lettre de faire-part ; mettre une lettre à la poste.* ● *Lettre d'avis,* document informant d'une expédition. ‖ *Lettre de cachet,* lettre fermée, scellée du sceau royal, employée sous l'Ancien Régime pour convoquer les grands corps ou pour donner un ordre d'incarcération. ‖ *Lettre de change,* ou *traite,* effet de commerce transmissible, par lequel un créancier (tireur) donne l'ordre à son débiteur (tiré) de payer la somme qu'il lui doit, à une date déterminée, à l'ordre de lui-même ou à l'ordre d'un tiers (bénéficiaire). [Lorsque le tiré s'engage à payer l'effet à son échéance, on dit que la lettre de change est *acceptée.* Tous ceux qui ont signé, accepté, endossé ou avalisé la lettre de change sont solidairement tenus au paiement.] ‖ *Lettre de marque,* ou *commission en guerre,* lettre patente que l'Etat donnait en temps de guerre au capitaine d'un navire armé en course. ‖ *Lettre morte* (Fig.), chose dont on ne tient pas compte. ‖ *Lettre de service,* document ministériel conférant à un officier des attributions particulières. ‖ *Lettre de voiture,* écrit rédigé en vue de prouver le contrat de transport.

Lettre à d'Alembert sur les spectacles, par J.-J. Rousseau (1758). C'est une riposte à l'article « Genève » de l'*Encyclopédie,* dans lequel d'Alembert souhaitait que la cité de Calvin ouvrît un théâtre. Rousseau oppose à la tragédie, qui excite les passions, et à la comédie, qui ridiculise la vertu, les plaisirs simples et champêtres et les fêtes qui réunissent le peuple dans une joie commune. Cette attaque contre les idées et les hommes de son siècle consacra la rupture de Rousseau avec les philosophes.

Lettre écarlate (*la*), roman de Nathaniel Hawthorne (1850).

Lettre sur les aveugles à l'usage de ceux qui voient, opuscule de Diderot (1749). Partant d'une récente opération réussie sur l'œil par Réaumur, Diderot subordonne nos idées aux sensations et propose une explication matérialiste de l'origine du monde.

Lettres de mon moulin (*les*), recueil de contes, par Alphonse Daudet (1866). Ils ont presque tous pour décor la Provence. Les plus célèbres sont : *la Chèvre de M. Seguin, l'Arlésienne, l'Elixir du R. P. Gaucher, les Trois Messes basses.*

Lettres écrites de France et d'Italie, par P. L. Courier, écrites de 1804 à 1812 et revues en 1824 pour l'impression.

Lettres familières écrites d'Italie, par le président De Brosses, rédigées d'après les notes postérieurement au voyage qu'il fit en Italie en 1739 et 1740.

Lettres persanes, ouvrage de Montesquieu (1721). C'est la correspondance imaginaire de deux Persans, Rica et Usbek, venus en Europe et à Paris, et dans laquelle l'écrivain fait la critique des mœurs parisiennes, de la politique, de la religion et de la société française.

Lettres philosophiques sur l'Angleterre, ou *Lettres anglaises,* par Voltaire (1734). Il y vante la liberté de conscience et la liberté politique qui règnent en Grande-Bretagne.

Lettres portugaises, nom donné à cinq lettres d'amour passionné, attribuées à Mariana Alcoforado, religieuse portugaise, et adressées au comte de Chamilly. Présentées comme une traduction (1669), elles ont sans doute été écrites directement en français par Guilleragues (1628-1685).

Lettres sur la danse et les ballets, par Jean-Georges Noverre (1760).

lettré [letre], **e** adj. et n. Qui a du savoir ; instruit dans les belles-lettres.

Phot. Giraudon, Nadar, X.

lettres [lɛtr] n. f. pl. Ensemble des connaissances et des études littéraires : *faculté des lettres.* ● *Avoir des lettres,* être cultivé. ‖ *Homme de lettres, femme de lettres,* personnes adonnées exclusivement à la littérature.

lettrine n. f. (ital. *letterina ;* du lat. *littera,* lettre). Petite lettre placée à côté d'un mot pour indiquer un renvoi. ‖ Lettre ornée, placée au début d'un chapitre ou d'un paragraphe.

lettrisme n. m. Théorie artistique et littéraire qui fait consister la poésie et la beauté dans la seule sonorité ou dans le seul aspect des lettres disposées en un certain ordre.

leu [lø] n. m. Forme ancienne du mot *loup,* usitée dans la locution familière *à la queue leu leu,* qui signifie « à la file, à la suite les uns des autres », comme marchent les loups.

leu n. m. Unité monétaire principale de la Roumanie, divisée en 100 banis. ‖ Pl. des *lei.*

Leu *(saint).* V. LOUP *(saint).*

Leucade, une des îles Ioniennes (Grèce), auj. rattachée à la terre.

leucanie [løkani] n. f. Papillon du groupe des noctuelles, dont la chenille vit sur les graminées.

Leucate *(étang de)* ou **de Salses,** sur la côte méditerranéenne (Aude et Pyrénées-Orientales). La région est en cours d'aménagement touristique.

leucémie [løsemi] n. f. (gr. *leukos,* blanc, et *haima,* sang). Maladie tumorale des organes formateurs des globules blancs (moelle osseuse, ganglions lymphatiques, rate), qui se manifeste par la présence dans le sang de nombreux globules blancs immatures.

— ENCYCL. On distingue la *leucémie aiguë* et les *leucémies chroniques,* lymphoïde ou myéloïde. Dans la première, les éléments circulants sont des cellules souches, indifférenciées ; dans les secondes, il s'agit soit de lymphoblastes (précurseurs des lymphocytes), soit de myélocytes et de myéloblastes (précurseurs des polynucléaires). Toutes les leucémies se manifestent par de la fièvre, une atteinte sévère de l'état général et une anémie. La leucémie lymphoïde s'accompagne de gros ganglions, et la leucémie myéloïde d'une grosse rate.
Le traitement des leucémies comporte l'emploi des corticoïdes, des cytolytiques, de la radiothérapie et des transfusions.

leucémique adj. et n. Atteint de leucémie.

Leucippe, philosophe grec, fondateur de la théorie atomiste (Ve s. av. J.-C.).

leucite [løsit] n. m. (du gr. *leukos,* blanc). *Bot.* Syn. de PLASTE.

leucocyte [løkɔsit] n. m. (gr. *leukos,* blanc, et *kutos,* cavité). Globule blanc du sang et de la lymphe, assurant la défense contre les microbes. (Chaque millimètre cube de sang en contient 7 000.)

— ENCYCL. Les *leucocytes* se divisent en leucocytes *granuleux* ou *granulocytes* ou *polynucléaires* et en leucocytes *hyalins* ou *mononucléaires.* Les polynucléaires ont un noyau à plusieurs lobes (ce qui a longtemps fait croire qu'ils avaient plusieurs noyaux, d'où leur nom) et contiennent dans leur cytoplasme des granulations neutrophiles (neutrocytes), éosinophiles (éosinocytes) ou basophiles (basocytes) ; ils sont formés dans la moelle osseuse. Les mononucléaires se divisent en lymphocytes (petits et grands), formés dans les ganglions lymphatiques, et en monocytes, formés par le tissu réticulo-endothélial (rate).
Les leucocytes jouent un rôle essentiel dans la défense de l'organisme contre les agressions (notamment microbiennes) et dans l'élimination des déchets formés dans les tissus.

leucocytose n. f. Augmentation du nombre des globules blancs (leucocytes) du sang, ces globules restant normaux.

leucopénie [løkɔpeni] n. f. Diminution du nombre des globules blancs (leucocytes) du sang.

Leucopetra (le), localité de Grèce, près de Corinthe, où le consul romain Lucius Mummius vainquit la ligue Achéenne (146 av. J.-C.).

leucoplasie [løkɔplazi] n. f. Transformation pathologique d'une muqueuse, qui se recouvre d'une couche cornée (comme la peau normale) et qui, étant constamment humide, prend un aspect blanchâtre : *leucoplasie buccale.*

leucorrhée [løkɔre] n. f. Ecoulement blanchâtre provenant des voies génitales de la femme. (Il est dû à l'infection ou à des troubles endocriniens.)

leucose [løkoz] n. f. Prolifération anormale des leucocytes, décelable soit par l'examen du sang (leucémie), soit par l'examen du contenu des ganglions lymphatiques et de la moelle osseuse.

Leuctres, v. de l'anc. Béotie. Victoire d'Epaminondas, général des Thébains, sur les Spartiates (371 av. J.-C.).

leude [lœd] n. m. Sujet d'un roi mérovingien, lié à lui par un lien de fidélité personnelle.

leur [lœr] pron. pers. de la 3e pers. du pl. (lat. *illorum,* d'eux). A eux, à elles : *un enfant qui aime ses parents leur obéit.* (Se place immédiatement devant le verbe et ne prend jamais d'*s.*)

leur adj. poss. (lat. *illorum,* d'eux). D'eux, d'elles : *les enfants doivent du respect à leurs parents.* ‖ — Pron. poss. *Le leur, la leur, les leurs,* l'être, la chose, les êtres, les choses d'eux, d'elles : *les gens sages gardent leurs amis, les fous perdent les leurs.* ‖ — N. m. *Le leur,* ce qui est à eux, à elles : *ils y mettent du leur.* ‖ — N. m. pl. *Les leurs,* leurs parents, leurs amis, leurs alliés.

Le Verrier par Daverdoingt Observatoire de Paris

leurre [lœr] n. m. (empr. au francique). Morceau de cuir rouge façonné en forme d'oiseau, auquel on attachait un appât et que l'on jetait en l'air pour faire revenir le faucon. ‖ Appât factice attaché à un hameçon. ‖ *Fig.* Artifice, amorce pour tromper : *la loterie est un leurre.* ● *Méthode des leurres* (Psychol. animale), méthode qui consiste à présenter un leurre à un animal en faisant varier quantitativement certaines caractéristiques du leurre (taille, couleur), de façon à mesurer par l'intensité des réactions de l'animal laquelle, parmi les caractéristiques théoriquement perçues par lui, est celle qui, dans le champ perceptif, est déterminante de la réaction de l'animal.

leurrer [lœre] v. t. Dresser à revenir au leurre : *leurrer un faucon.* ‖ *Fig.* Attirer par quelque espérance trompeuse : *il s'est laissé leurrer.* ‖ **— Se leurrer** v. pr. Se laisser tromper : *se leurrer d'une illusion.*

Leuthen, auj. **Lutynia,** village de Pologne (Silésie) ; 700 h. Victoire de Frédéric II sur les Autrichiens (1757).

lev [lev] n. m. Unité monétaire bulgare. ‖ Pl. des *leva.*

levage n. m. Action de lever : *le levage de la pâte.* ● *Appareil de levage,* appareil, engin pour le soulèvement ou la descente des fardeaux.

levain [ləvɛ̃] n. m. (de *lever*). Substance propre à provoquer la fermentation dans un corps. ‖ *Spécialem.* Morceau de pâte aigrie, qui, mêlé à la pâte du pain, la fait lever et fermenter. ‖ *Fig.* Germe de quelque passion violente : *levain de haine.*

Levallois-Perret (92300), ch.-l. de c. des Hauts-de-Seine (arr. de Nanterre) ; 59 212 h. *(Levalloisiens).*

Levant, nom donné aux pays de la côte orientale de la Méditerranée.

Levant *(île du),* une des îles d'Hyères. Centre naturiste. Centre d'essais des missiles de la marine.

levant [ləvɑ̃] n. m. Point du monde où le soleil paraît se lever. ‖ — Adj. m. *Soleil levant,* soleil qui se lève.

levantin, e adj. et n. Natif des pays du Levant.

Le Vau (Louis), architecte français, né à Paris (1612-1670). Il construisit les hôtels Lauzun et Lambert dans l'île Saint-Louis, et fut nommé architecte du Louvre et des Tuileries. Fouquet lui demanda de bâtir le château de Vaux-le-Vicomte, prototype du style classique, qui lui valut la célébrité. Il commença les travaux du château de Versailles, dont il avait établi le plan général, et y travailla jusqu'à la fin de sa vie. Il a encore construit le château de Sucy-en-Brie, le château de Meudon, l'hôpital de la Salpêtrière ; il a donné les plans du collège des Quatre-Nations (Institut de France).

levé, e adj. *Au pied levé,* sans préparation, à l'improviste. ‖ *Temps levé* (Chorégr.), temps de préparation précédant un pas difficile. ‖ *Tête levée, front levé,* avec résolution, sans rien craindre. ‖ *Voter par assis et levé,* manifester son vote en restant assis ou en se levant.

levé n. m. *Topogr.* Etablissement d'un plan. (On écrit aussi LEVER.)

levée [ləve] n. f. Action d'enlever, de retirer : *la levée des scellés.* ‖ Moment où une assemblée clôt ses délibérations du jour : *levée de la séance.* ‖ Action de ramasser ; perception ; collecte : *levée des impôts.* ‖ Action de retirer les lettres d'une boîte pour les faire parvenir à destination. ‖ Enrôlement : *levée de troupes.* ‖ Cartes jouées et placées en paquet devant celui qui a gagné le coup : *faire deux levées.* ‖ Digue parallèle à la rive d'un cours d'eau pour en retenir les eaux : *se promener sur la levée.* ● *Levée de boucliers,* acte d'opposition ou attaque concertée contre une autorité quelconque. ‖ *Levée de jugement* (Dr.), acte par lequel un plaideur se fait délivrer une copie d'un jugement. ‖ *Levée en masse,* appel de tous les hommes valides pour la défense du pays. ‖ *Levée d'option,* acte par lequel le bénéficiaire d'une promesse de vente déclare se porter acquéreur.

Levens [levɛ̃s] (06720), ch.-l. de c. des Alpes-Maritimes (arr. de Nice) ; 1 299 h. (707 aggl.).

lever [ləve] v. t. (lat. *levare*) [conj. **5**]. Mettre plus haut : *lever un poids.* ‖ Redresser ce qui était incliné : *lever la tête.* ‖ Retirer ce qui était posé ; ôter : *lever les scellés.* ‖ Couper une partie sur un tout, prélever : *lever une cuisse de poulet.* ‖ Enrôler, recruter : *lever une armée.* ‖ Percevoir : *lever des impôts.* ‖ Dessiner : *lever un plan.* ● *Faire lever un lièvre,* le faire partir. ‖ *Lever l'ancre,* appareiller. ‖ *Lever une difficulté,* la faire cesser. ‖ *Lever les épaules,* témoigner du mépris par un mouvement d'épaules. ‖ *Lever un interdit, une excommunication,* en faire cesser les effets. ‖ *Lever le masque,* agir ouvertement, sans se cacher. ‖ *Lever le pied,* s'enfuir secrètement. ‖ *Lever un plan,* mesurer les dimensions d'un terrain pour le reproduire à petite échelle sur le papier. ‖ *Lever la séance,* la clore. ‖ *Lever le siège,* mettre fin aux opérations d'un siège ; et, au *fig.,* s'en aller. ‖ *Lever les yeux sur quelqu'un,* le regarder. ‖ — V. i. Sortir de terre, pousser : *les blés lèvent.* ‖ Fermenter : *la pâte lèvera.* ‖ **— Se lever** v. pr. Se mettre debout. ‖ Sortir du lit. ‖ Apparaître à l'horizon, en parlant d'un astre. ● *Le vent se lève,* il commence à souffler. ‖ *Se lever de table,* la quitter.

lever n. m. Moment où l'on se lève. ‖ Moment où un astre apparaît au-dessus de l'horizon. ‖ Syn. de LEVÉ. ● *Lever de rideau,* petite pièce en un acte par laquelle on commence une soirée théâtrale.

Leverkusen, v. de l'Allemagne occidentale (Rhénanie-du-Nord-Westphalie) ; 107 000 h. Industries chimiques.

Le Verrier (Urbain), astronome français, né à Saint-Lô (1811-1877). Etudiant les perturbations jusqu'alors inexpliquées que l'on constatait dans le mouvement de la planète Uranus, il en attribua la raison à l'existence d'une planète inconnue, située dans l'écliptique et dont il détermina l'orbite, puis calcula la position. Le 23 septembre 1847, le directeur de l'observatoire de Berlin, Galle, observa effectivement, au point indiqué, un astre inconnu que l'on appela Neptune. Cette découverte fut l'événement astronomique le plus important du XIXe s. Il fut directeur de l'Observatoire de Paris.

Levertin (Oscar), écrivain suédois, né à Gryt (1862-1906). Poète, critique et romancier *(les Maîtres d'Œsteraas,* 1900), il s'opposa à l'esthétique naturaliste.

Levet (18340), ch.-l. de c. du Cher (arr. de Bourges) ; 992 h. (707 aggl.).

Lévezou, plateau du Massif central, entre les vallées du Tarn et de l'Aveyron.

Lévi, troisième fils de Jacob. Il donna son nom à l'une des tribus d'Israël, celle qui fournissait les ministres de l'autel, ou *lévites.*

Léviathan, monstre de la mythologie phénicienne, mentionné dans la Bible.

Léviathan *(le),* ouvrage de Hobbes (1651), où se trouvent développés les principes de l'auteur : sensualisme, matérialisme, utilitarisme, despotisme.

Levi-Civita (Tullio), mathématicien et physicien italien, né à Padoue (1873-1941). L'un des plus éminents savants italiens de notre époque, il est surtout célèbre pour avoir créé avec G. Ricci le calcul différentiel absolu.

Levie (20170), ch.-l. de c. de la Corse (arr. de Sartène) ; 3 457 h.

levier [ləvje] n. m. Barre rigide pouvant basculer autour d'un point fixe (point d'appui ou pivot), pour remuer, soulever les fardeaux. (V. *encycl.*) ‖ *Fig.* Moyen d'action ; ce qui sert à surmonter quelque résistance : *l'intérêt est un puissant levier.*

— ENCYCL. *Mécan.* Dans un *levier,* la distance de chaque force au point d'appui est son bras de levier. On distingue trois genres de leviers : 1° appui entre les deux forces (balance romaine) ; 2° résistance entre l'appui et la force motrice (casse-noix) ; 3° force motrice entre la résistance et l'appui (pincettes). Il y a équilibre lorsque la somme algébrique des moments des forces par rapport à l'axe est nulle.

Levier (25270), ch.-l. de c. du Doubs (arr. de Pontarlier) ; 1 610 h.

lévigation [levigasjɔ̃] n. f. Action de léviger.

léviger [leviʒe] v. t. (lat. *levigare,* rendre lisse) [conj. **1**]. Réduire en poudre une substance, en la délayant dans un liquide qui la laisse ensuite déposer.

Levinson (André), écrivain russe, né à Saint-Pétersbourg (1887-1933). Un des novateurs de la critique chorégraphique, il fut le défenseur de la tradition classique face aux tendances modernes suscitées par les Ballets russes de S. de Diaghilev. Il est l'auteur de biographies de danseurs *(Marie Taglioni, La Argentina, Serge Lifar)* et d'ouvrages sur la danse *(la Danse d'aujourd'hui,* 1929 ; *les Visages de la danse,* 1933).

lévirat [levira] n. m. Loi hébraïque qui obligeait un homme à épouser la veuve de son frère mort sans héritier.

lévirostre [levirɔstr] adj. et n. m. Se dit d'un oiseau passereau au bec long et pointu, comme le *martin-pêcheur,* le *guêpier.*

Lévis, v. du Canada (Québec), sur la rive droite du Saint-Laurent, en face de Québec ; 15 600 h.

Lévis (François Gaston, *duc* DE), maréchal de France, né au château d'Ajac (Languedoc) [1720-1787]. Il défendit le Canada après la mort de Montcalm et battit Murray à Sainte-Foy (1760).

Lévis-Mirepoix (Antoine Pierre Marie, *duc* DE), historien français, né à Léran (Ariège) en 1884. (Acad. fr.)

Lévi-Strauss (Claude), ethnologue français, né à Bruxelles en 1908. Après sa thèse sur *les Structures élémentaires de la parenté* (1949), il devient directeur d'études à l'Ecole pratique des hautes études (1950), puis professeur au Collège de France (1959). Il a écrit *Tristes Tropiques* (1955), *le Totémisme aujourd'hui* (1962), *la*

Phot. Lauros-Giraudon.

Pensée sauvage (1962), *le Cru et le cuit* (1964), *Du miel aux cendres* (1966), *l'Origine des manières de table* (1968), *l'Homme nu* (1971). C'est la rencontre avec la problématique linguistique, envisagée par Jakobson dans la perspective structuraliste*, qui a orienté Lévi-Strauss vers une remise en question des théories fonctionnalistes de Radcliffe-Brown et de Malinowski : cette perspective, sur le plan de la parenté*, l'a conduit à expliquer les rapports de fonctionnement entre les membres du groupe social non plus seulement sur le plan d'une finalité empirique, mais en eux-mêmes, c'est-à-dire comme répondant, sur le plan synchronique, à une structure de type mathématique. Le modèle structural se retrouve dans la mythologie conçue comme un système linguistique, où les versions d'un même mythe fonctionnent comme des variantes combinatoires, concomitantes au récit et qui le modifient dans son extension. Les mythes sont, d'autre part, mis en relation avec l'expérience sensorielle quotidienne, où jouent des oppositions binaires simples (salé/sucré; cru/cuit; etc.) qui constituent des structures aux modes hiérarchisés : Lévi-Strauss souligne ainsi la relation entre deux modèles structuraux à deux niveaux distincts. Sur un plan plus général, il n'y a pas d'opposition théorique entre une structure ainsi envisagée et le plan de la diachronie : mais, alors que les oppositions sont constituantes de la structure observée synchroniquement, elles ne sont que transitoires dans une perspective dialectique. (V. aussi ANTHROPOLOGIE* *sociale et culturelle.*) [Acad. fr.]

lévitation [levitasjɔ̃] n. f. *Spirit.* Action de soulever un corps par la seule puissance de la volonté.

lévite [levit] n. m. (de l'hébreu *lévi,* membre de la tribu de Lévi). Chez les Israélites, ministre du culte, de la tribu de Lévi.

lévite n. f. Redingote un peu longue.

Lévitique (le), livre de l'Ancien Testament (Pentateuque). Il concerne le sacerdoce, le rituel du culte, et contient des préceptes religieux et moraux.

Levitski (Dimitri Grigorievitch), peintre russe, né à Kiev (1735-1822), auteur de portraits (dont un de *Diderot*).

lévogyre [levɔʒir] adj. Se dit d'une substance qui fait tourner vers la gauche le plan de polarisation de la lumière : *le fructose est lévogyre.* (Contr. DEXTROGYRE.)

levraut [ləvro] n. m. Jeune lièvre.

lèvre [lɛvr] n. f. (lat. *labrum*). Partie extérieure de la bouche, qui couvre les dents. (V. *encycl.*) ● *Lèvre d'une faille* (Géol.), compartiment d'une faille. (Le bord le plus élevé s'appelle *lèvre soulevée,* tandis que la partie effondrée s'appelle *lèvre abaissée.*) ‖ — Pl. Bords d'une plaie. ‖ Replis membraneux de l'appareil génital externe féminin. ‖ *Bot.* Lobes de certaines fleurs. ● *Avoir le cœur sur les lèvres,* avoir des nausées. ‖ *Du bout des lèvres,* avec dédain. ‖ *Se mordre les lèvres,* s'empêcher de rire; se repentir d'une chose. ‖ *Sourire du bout des lèvres,* sourire à contrecœur.
— ENCYCL. Les *lèvres* supérieure et inférieure se réunissent de chaque côté au niveau de la commissure; leur bord supérieur, libre, doit sa teinte rose à la muqueuse buccale, qui déborde dessus légèrement; leur face postérieure est reliée aux arcades alvéolaires par un repli muqueux médian appelé « frein ». Les lèvres ont une grande mobilité grâce au jeu de plusieurs muscles (risorius, orbiculaire, triangulaire des lèvres).

levrette [ləvrɛt] n. f. Femelle du lévrier. ‖ Variété petite du lévrier d'Italie.

levretté, e adj. Qui a la taille mince comme un lévrier : *épagneul levretté.*

levretter v. i. Mettre bas, en parlant de la femelle du lièvre.

lévrier [levrije] n. m. (de *lièvre*). Chien à longues jambes, propre à la chasse du lièvre. (Fém. : *levrette.*) [V. illustr. CHIENS.]

levron [ləvrɔ̃], **onne** [-ɔn] n. Lévrier de moins de six mois. ‖ Sorte de lévrier de petite taille.

Levroux (36110), ch.-l. de c. de l'Indre (arr. de Châteauroux); 3 136 h. (2 552 aggl.). Eglise du XIIIe s.

lévulose [levyloz] n. m. *Chim.* Syn. de FRUCTOSE.

levure [ləvyr] n. f. (de *lever*). Nom générique désignant les divers champignons unicellulaires souvent utilisés par l'homme depuis la plus haute antiquité, qui provoquent la levée de la pâte destinée à faire le pain ou la fermentation alcoolique des solutions sucrées, en particulier les saccharomyces, employés en brasserie, vinification, cidrerie, distillerie. ● *Levure chimique,* corps qui, mis à la place de la levure, en panification ou en pâtisserie, produit apparemment le même résultat. (Elle est constituée, en général, d'un corps capable de libérer du gaz carbonique sous l'action d'un acide ou de la chaleur.)

Levy (Maurice), ingénieur et mathématicien français, né à Ribeauvillé (1838-1910). Il appliqua la théorie mathématique de l'élasticité à l'étude des systèmes articulés (1873) et développa les principes de la statique graphique pour l'appliquer aux constructions (1874).

Lévy-Bruhl (Lucien), philosophe français, né à Paris (1857-1939). Auteur d'études sur la morale sociologique, il a écrit *la Morale et la science des mœurs* (1903), *les Fonctions mentales dans les sociétés inférieures* (1910), *la Mentalité primitive* (1922). En adhérant aux conceptions de Durkheim, il a émis une conception historiciste des fonctions mentales, qui repose sur l'idée philosophique d'un progrès positiviste et scientiste. Dans ses *Carnets* (publiés après sa mort en 1949), il a remis en question certaines de ses idées et s'est rapproché d'une notion classificatrice permanente des fonctions mentales, préparant certaines hypothèses de l'anthropologie sociale structuraliste.

Lévi-Strauss en 1966

Michel de **L'Hospital**
école française du XVIe s., *musée Condé, Chantilly*

Lewin (Kurt), psychosociologue américain d'origine allemande, né à Mogilno (Bydgoszcz) [1890-1947]. Partant de la notion de tension, créée au sein de l'individu par l'apparition d'un besoin, il a énoncé une théorie dynamique du comportement, susceptible de nombreuses vérifications expérimentales. Il a fondé son système de psychologie sociale sur la topologie mathématique, et s'est particulièrement intéressé à la dynamique* des groupes. Il a écrit *Théorie de la personnalité* (1935), *Principes de la psychologie topologique* (1936), *la Résolution des conflits avec le groupe* (1948).

Lewis (Matthew Gregory), écrivain anglais, né à Londres (1775-1818). Son récit fantastique et licencieux *Ambrosio ou le Moine* (1795) contribua à lancer en Europe la mode du « roman noir ».

Lewis (Sinclair), écrivain américain, né à Sauk Center (Minnesota) [1885-1951]. Il fit dans ses romans une peinture satirique de la bourgeoisie américaine et de ses préoccupations sociales et religieuses (*Main Street,* 1920; *Babbitt,* 1922; *Arrowsmith,* 1925; *Elmer Gantry,* 1927). [Prix Nobel, 1930.]

Lewis (Clarence Irving), logicien américain, né à Stonehans (Massachusetts) en 1888. Il a jeté les bases de la logique modale.

lexème [lɛksɛm] n. m. Mot ou partie de mot servant de support à la signification.

lézards verts

lexical [lɛksikal], **e, aux** [-o] adj. Qui concerne le lexique.

lexicalisation n. f. Action de lexicaliser.

lexicaliser v. t. Enregistrer un mot dans un dictionnaire.

lexicographe n. Auteur de dictionnaires.

lexicographie n. f. Science de la composition des dictionnaires.

lexicographique adj. Relatif à la lexicographie.

lexicologie n. f. Etude scientifique du vocabulaire, considéré dans son histoire, dans son fonctionnement, etc.

lexicologique adj. Relatif à la lexicologie.

lexicologue n. Spécialiste de la lexicologie.

lexique [lɛksik] n. m. (gr. *lexikon;* de *lexis,* mot). Dictionnaire abrégé. ‖ Ensemble des mots d'une langue, ou propres à un écrivain : *le lexique de Virgile.*

Lexy (54720), comm. de Meurthe-et-Moselle (arr. de Briey), près de Longwy; 2 627 h. Métallurgie.

Leyde, en néerl. **Leiden,** v. des Pays-Bas (Hollande-Méridionale), sur le Vieux-Rhin; 102 400 h. Université fondée en 1575; bibliothèque; collections scientifiques et d'antiquités; typographie immortalisée par les Elzévir. Patrie de Rembrandt.

Leyde (Jean DE). V. JEAN *de Leyde.*

Leygues [lɛjg] (Georges), homme politique français, né à Villeneuve-sur-Lot (1857-1933). Plusieurs fois ministre de la Marine, il s'attacha à développer la flotte de guerre.

Leyre (la), fl. des Landes, qui rejoint le bassin d'Arcachon; 80 km.

Leysin, comm. de Suisse (Vaud); 4 200 h. Station climatique. Centre de sports d'hiver (alt. 1 250-2 175 m).

Leyte, île des Philippines, au nord de Mindanao; 1 223 000 h. Occupée par les Japonais en 1942, elle fut reconquise par les Américains après des opérations aéronavales qui, du 24 au 26 octobre 1944, coûtèrent à la marine japonaise 5 cuirassés, 4 porte-avions, 10 croiseurs.

lez ou **lès** [lɛ] prép. (lat. *latus,* côté). Près de (uniquement dans les noms de lieux) : *Plessis-lez-Tours.*

lézard [lezar] n. m. (lat. *lacertus*). Reptile saurien commun près des vieux murs, dans les bois, les prés. (Le lézard ocellé peut atteindre 60 cm de long. Il est insectivore et se déplace avec agilité.) ● *Faire le lézard* (Fam.), se chauffer paresseusement au soleil.

lézarde [lezard] n. f. Fente ou crevasse dans un ouvrage de maçonnerie, par suite de tassement ou de mauvaise liaison des matériaux. ‖ Galon des sous-officiers.

lézarder v. i. *Fam.* Faire le lézard.

lézarder v. t. Produire des lézardes. ‖ **— Se lézarder** v. pr. Se fendre, se crevasser, en parlant des murs.

Lézardrieux (22740), ch.-l. de c. des Côtes-du-Nord (arr. de Lannion); 1 842 h. (1 255 aggl.). Port.

Lezay (79120), ch.-l. de c. des Deux-Sèvres (arr. de Niort); 2 132 h. (1 022 aggl.) [*Lezéens*].

Lézignan-Corbières (11200), ch.-l. de c. de l'Aude (arr. de Narbonne); 7 710 h. (*Lézignannais*). Vins.

Lezoux (63190), ch.-l. de c. du Puy-de-Dôme (arr. de Thiers); 4 101 h. Fabrication de poteries depuis l'époque gallo-romaine.

Lhassa, v. de Chine, cap. du Tibet, à 3 600 m d'alt., sur un affl. du Brahmapoutre; 70 000 h. Métropole religieuse du bouddhisme tibétain et chinois. Anc. résidence du dalaï-lama.

L'Herbier (Marcel), metteur en scène de cinéma français, né à Paris en 1890. Pionnier du cinéma, fondateur de l'Institut des hautes études cinématographiques, il est l'auteur de : *El Dorado* (1922), *l'Inhumaine* (1923), *Feu Mathias Pascal* (1925), *la Nuit fantastique* (1942).

L'Hermite (Tristan), conseiller de Louis XI, qui le fit grand chambellan et l'employa comme agent diplomatique.

Lhomond (*abbé* Charles François), grammairien français, né à Chaulnes (1727-1794), auteur de textes latins pour débutants (*De viris illustribus urbis Romae*).

L'Hospital [lɔpital] (Michel DE), magistrat et homme d'Etat français, né à Aigueperse (1505 ou 1506-1573). Professeur de droit civil à l'université de Padoue, il fut envoyé par le roi aux Grands Jours de justice de Moulins (1540), de Riom (1542) et de Tours (1546), et devint président du conseil de Marguerite de Valois en 1550. Membre du Conseil privé (1553), il fut choisi comme chancelier en 1560. Il s'efforça d'apaiser les conflits entre catholiques et protestants. Il réunit le colloque de Poissy*, autorisa le culte protestant de jour en dehors des villes closes (édit de janvier 1562), mais se heurta au fanatisme des catholiques, qui déclenchèrent le massacre de Wassy, et l'édit de janvier fut rapporté. Par l'ordonnance d'Orléans (1561), il mit en application les idées développées dans son *Traité de la réformation de la justice,* tendant à simplifier le fonctionnement des tribunaux. Pour faire face aux difficultés financières du royaume, il lutta contre la prévarication et limita le taux de l'intérêt à 5 %. Après avoir parcouru le royaume de 1564 à 1566 pour étudier les réformes nécessaires, il publia l'ordonnance de Moulins (1566), qui restreignait le droit de remontrance des parlements et unifiait la justice. Devenu impopulaire, il se retira en 1568 et donna sa démission de chancelier en 1573.

Phot. Harry Meerson, Giraudon, J. Boyer.

L'Hospital (Guillaume DE), marquis DE SAINTE-MESME, mathématicien français, né à Paris (1661-1704). Son traité de calcul différentiel, paru en 1696, fut le premier exposé complet du calcul infinitésimal et renferme notamment la règle dite *de L'Hospital.*

Lhote (André), peintre et écrivain d'art français, né à Bordeaux (1885-1962). Autodidacte, il commença par la sculpture décorative sur bois. Puis il se rattacha au cubisme. Il a produit une œuvre abondante et très méditée. Professeur dans l'académie qu'il avait fondée, théoricien écrivant régulièrement dans *la Nouvelle Revue française,* auteur de nombreux livres, il a exercé une forte influence sur l'art contemporain. Il a peint notamment *Femme à sa toilette* (1923), *Léda* (1930), *la Vie de famille* (1946), qui sont au musée national d'Art moderne. Il est représenté aussi au musée de Bordeaux.

Lhuis [lɥi] (01680), ch.-l. de c. de l'Ain (arr. de Belley), dans le Bugey ; 597 h.

Li, symbole chimique du *lithium.*

li [li] n. m. Anc. mesure itinéraire chinoise, valant 576 m environ.

Lia, fille aînée de Laban et épouse de Jacob.

liage [ljaʒ] n. m. Action de lier.

liais [ljɛ] n. m. (empr. au gaul.). Pierre calcaire dure, d'un grain très fin.

liaison [ljɛzɔ̃] n. f. (de *lier*). Union, jonction de plusieurs corps ensemble. ‖ *Chim.* Union de deux atomes dans une combinaison. ‖ *Constr.* Disposition des matériaux (briques, pierres ou moellons) entrant dans une construction, de manière que le milieu des uns porte sur les joints des autres. ‖ *Cuis.* Ingrédient servant à lier, à épaissir les sauces. ‖ Prononciation qui consiste à faire entendre la dernière consonne d'un mot, habituellement muette, avec la voyelle initiale du mot suivant. (Ex. : *les oiseaux* [lɛzwazo].) ‖ *Mécan.* Toute cause, autre que le système des forces extérieures appliquées, qui influe sur les changements d'état d'un corps matériel. ‖ Condition particulière à laquelle est assujetti un corps mobile. ‖ *Mil.* Art d'assurer la continuité des relations entre chefs et subordonnés, entre armes différentes ou entre unités voisines : *officier de liaison.* ‖ *Mus.* Trait réunissant deux notes écrites sur le même degré et indiquant que la seconde ne doit pas être attaquée de nouveau. ‖ Signe expressif indiquant que l'on ne doit pas détacher les notes les unes des autres. ‖ — *Fig.* Enchaînement des parties d'un tout : *liaison dans les idées.* ‖ Action de se lier avec quelqu'un ; relations amoureuses : *liaison durable.* ‖ — Syn. : AFFINITÉ, AMITIÉ, ATTACHEMENT, CONNEXION, LIEN, PARENTÉ.

Liaisons dangereuses (*les*), roman épistolaire de Choderlos de Laclos (1782). La marquise de Merteuil utilise son ancien amant, le comte de Valmont, pour pervertir Cécile de Volanges, déjà éprise du chevalier Danceny. Communiant secrètement dans l'éthique du libertinage, ils entretiennent une confession mutuelle où perce une rivalité. Valmont se laisse cependant prendre au charme de la présidente de Tourvel, jeune femme vertueuse et sensible. Mais ne voulant pas s'avouer un sentiment dont il a honte, il poursuit la conquête de la présidente, puis abandonne sa victime, qui meurt de douleur. Mme de Merteuil rompt avec Valmont, le fait tuer en duel par son nouvel amant, Danceny, mais perd sa fortune et sa beauté. Cécile de Volanges entre au couvent. Danceny se retire à Malte. Cette peinture d'un monde corrompu, où l'univers sensible du rousseauisme fait contrepoids à celui du libertinage et laisse subsister un doute sur le sens du drame, souleva les contemporains contre l'auteur, mais la postérité accorda à Laclos la gloire qu'il avait souhaitée et prévue.

André **Lhote** «le 14-Juillet» *musée d'Art moderne*

liaisonner v. t. Mettre en liaison les pierres d'un ouvrage. ‖ Remplir les joints de mortier.

Liakhov (*îles*), archipel soviétique de l'océan Arctique, non loin de l'embouchure de la Lena.

Liancourt (60140), ch.-l. de c. de l'Oise (arr. de Clermont) ; 5 087 h. Constructions mécaniques.

liane [ljan] n. f. (de *lier*). Tige ligneuse grimpante ou volubile. ‖ Plante possédant une telle tige : *la glycine est une liane.*

liant [ljɑ̃], **e** [-ɑ̃t] adj. Souple, flexible, malléable : *du bois liant.* ‖ *Fig.* Doux, sociable : *caractère, esprit liant.*

liant n. m. Matière ajoutée à une autre pour en agglomérer les parties composantes. ‖ Elasticité : *le liant de l'acier.* ‖ *Fam.* Affabilité : *avoir du liant.*

Liao-ning. V. LEAO-NING.

liard [ljar] n. m. (du nom propre *Liard*). Anc. monnaie française de bronze qui valait trois deniers, le quart d'un sou.

lias [ljɑs] n. m. (de *liais*). *Géol.* Nom du jurassique inférieur.

liasique [-zik] adj. Qui se rapporte au lias : *des terrains liasiques.*

liasse [ljas] n. f. Paquet de papiers, de billets liés ensemble : *liasse de lettres.*

libage [libaʒ] n. m. Moellon, généralement dur, dont on se sert pour les fondations d'un mur.

Liban (*djebel*), montagne de la république du Liban, autref. fameuse par ses cèdres magnifiques ; 3 083 m.

Liban, république de l'Asie occidentale, sur la Méditerranée ; 10 400 km² ; 3 millions d'h. (*Libanais*). Cap. *Beyrouth.* Langue : *arabe.*

Géographie.

● *Géographie physique.* La chaîne calcaire du Liban occupe la majeure partie de ce pays à peine plus grand qu'un département français. Elle domine à l'ouest une plaine littorale étroite et discontinue, bordant un littoral rectiligne, mais coupé de promontoires favorables à l'établissement de ports. A l'est, elle s'élève au-dessus de la dépression synclinale de la Bekaa, limitée par le massif de l'Anti-Liban. Le climat méditerranéen n'intéresse que la façade côtière et le versant de la chaîne du Liban. A Beyrouth, les moyennes thermiques mensuelles oscillent entre 15 et 30 °C. Les précipitations sont assez abondantes (près de 900 mm), la sécheresse de l'été est totale. Elles se raréfient considérablement dans la Bekaa, qui est déjà une steppe.

● *Géographie humaine et économique.* La population doit son originalité à la coexistence de groupes religieux variés (chrétiens maronites, Grecs catholiques et orthodoxes, Arméniens, musulmans sunnites, chī'ites, Druzes, etc.). Cette population s'accroît aujourd'hui à un rythme rapide, de l'ordre de 2,5 p. 100 par an, ce qui pose le problème du surpeuplement. La densité moyenne avoisine en effet 250 h. au kilomètre carré. Elle est de plus localement élevée, notamment dans certains secteurs littoraux, sites des principales villes, Tripoli et surtout Beyrouth, dont l'agglomération regroupe le quart de la population totale.
L'agriculture fournit moins du cinquième du produit intérieur brut. Elle est surtout développée dans la plaine littorale, sur les versants de la montagne du Liban, et bénéficie souvent de l'irrigation. Le blé est la principale culture céréalière. Parmi les autres cultures émergent la vigne, les fruits (agrumes, bananes), l'olivier et le tabac. L'intensité de l'exploitation et la densité de peuplement expliquent le recul de la forêt de cèdres sur les pentes du Liban, qui n'en conserve que de rares îlots. En dehors de la transformation des produits de l'agriculture, l'industrie

chaîne du Liban à Bayt al-Dīn

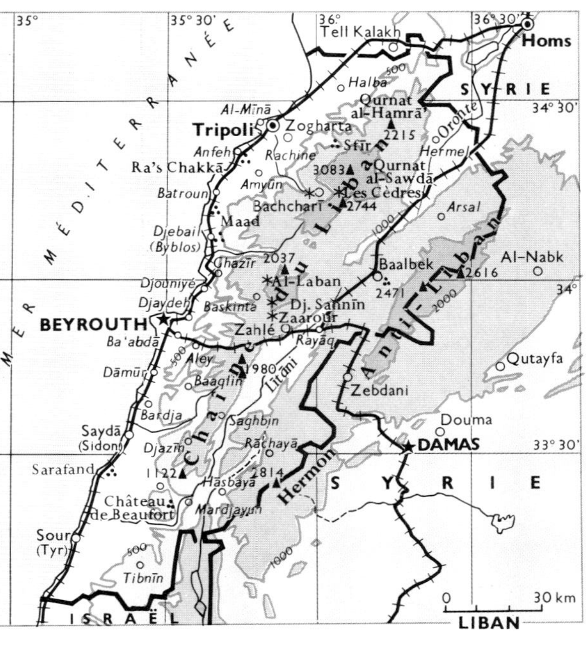

cultures en terrasses sur la Méditerranée

Phot. X, Lauros-Giraudon, Manoug.

est pratiquement absente. La principale source de revenu de l'Etat est constituée par les opérations du secteur tertiaire : redevances perçues sur les oléoducs aboutissant à Tripoli et à Ṣaydā (où ont été implantées deux raffineries), prêt du pavillon libanais à des armateurs et revenus du commerce de transit, accueil de sociétés financières, envois des émigrés, ressources d'un tourisme en essor, etc. Ces opérations, qui expliquent le rôle international du pays hors de rapport avec son poids géographique ou démographique, comblent plus ou moins le déficit très lourd du commerce extérieur (le taux de couverture des importations est aujourd'hui inférieur à 20 p. 100). Le commerce s'effectue surtout avec la Grande-Bretagne, les Etats-Unis et le Marché commun (France en tête, devançant l'Allemagne occidentale) pour les importations, et avec les autres Etats de l'Asie occidentale pour les exportations.

Histoire.

Dans l'Antiquité, le Liban faisait partie de la Phénicie*. Il connut alors une civilisation brillante (Baalbek, Tyr, Sidon et Byblos). Il appartint ensuite à l'Empire grec des Séleucides, puis à l'Empire byzantin. Des communautés maronites s'y formèrent à partir du VIIe s. A la même époque, des tribus arabes s'installèrent dans le sud du pays, où elles formèrent, à partir du XIe s., le groupe puissant des Druzes. A la fin du XIe s., les croisés conquirent le Liban, dont le Nord fut rattaché au royaume chrétien de Tripoli et le Sud à celui de Jérusalem. La région fut reprise ensuite par les mamelouks d'Egypte, puis, au début du XVIe s., par l'Empire ottoman. Les structures sociales et politiques du Liban moderne apparurent au cours des XVIIe et XVIIIe s., notamment sous l'impulsion des émirs Fakhr al-Dīn (1585-1635) et Bachīr Chihāb (1784-1840). La conquête de la Syrie par Méhémet Ali (1832) provoqua un soulèvement nationaliste libanais. Les Druzes, qui vivaient jusque-là en bonne entente avec les maronites, entreprirent d'exterminer ces derniers (massacres de 1842-1846 et surtout de 1860). La France intervint en faveur des maronites. Son action aboutit à l'accession du Liban à l'autonomie (1861), sous gouvernement chrétien, au sein de l'Empire ottoman ; en 1864, des accords internationaux garantirent cette autonomie. En 1916, le Liban fut occupé par les forces alliées et placé sous administration militaire française. La S. D. N. confirma en 1922 le mandat français. Le Liban obtint en 1926 une Constitution de régime républicain, qui fut suspendue en 1939, le pacte franco-libanais qui la garantissait n'ayant pas été approuvé par le Parlement français. Un accord franco-libanais conclu en 1943 fixa la fin du mandat français au 1er janvier 1944. Le maintien des troupes françaises et anglaises après cette date provoqua des incidents sanglants (1945). L'évacuation devint effective en décembre 1945. Tandis que les relations entre la France et le Liban s'amélioraient, celles entre la Syrie et le Liban se dégradaient, et, en 1950, prit fin l'union économique et douanière syro-libanaise. En 1958, une guerre civile opposa musulmans et chrétiens, et les partisans de Rachīd Karāmī et de la République arabe unie à ceux du président Chamon (élu en 1952). La crise aboutit à l'élection du général Chehab à la présidence de la République et de R. Karāmī à la présidence du Conseil, qui reste à ce poste jusqu'en 1970 malgré deux interruptions (1964 et 1968). Ch. Hélou est président de la République de 1964 à 1970. S. Frangié lui succède. Mais les gouvernements de Saeb Salam (1970-1973), Amīn al-Ḥāfiz (1973), Takkieddine Solh (1973-1974) et Rachid Solh, à partir de 1974, doivent faire face à de graves tensions sociales, liées à la situation économique et aux problèmes posés par la présence au Liban de nombreux réfugiés et résistants palestiniens.

libanais [libanɛ], **e** [-ɛz] adj. et n. Du Liban.

libation [libasjɔ̃] n. f. (lat. *libatio* ; de *libare*, verser un liquide). Action de répandre du vin ou un autre liquide, faite par les Anciens en l'honneur des dieux. ‖ *Fig.* Action de boire largement : *faire d'amples libations*.

Libby (Willard Frank), chimiste américain, né à Grand Valley (Colorado) en 1908. Il est l'auteur de la méthode de datation des objets anciens fondée sur le dosage du carbone 14. (Prix Nobel de chimie, 1960.)

libelle [libɛl] n. m. (lat. *libellum*, dimin. de *liber*, livre). Petit écrit diffamatoire.

libellé n. m. Rédaction d'un acte judiciaire ou administratif : *le libellé d'un jugement, d'un exploit.*

libeller [libɛlle] v. t. Rédiger dans les formes légales : *libeller une demande.*

libelliste n. m. Auteur de libelles.

libellule [libɛllyl] n. f. (du lat. *libella*, niveau, par allusion au vol plané de l'insecte). Insecte à quatre ailes membraneuses, volant rapidement près des eaux en capturant de menus insectes, et dont la larve est aquatique. (Ordre des odonates ; long. jusqu'à 5 cm ; les petites libellules sont appelées *demoiselles*.) [V. illustr. INSECTES.]

liber [libɛr] n. m. (mot lat. désignant la pellicule située entre l'écorce et l'aubier). Tissu végétal assurant par ses tubes criblés la conduction de la sève élaborée et se trouvant dans la partie profonde de l'écorce du tronc et des branches.

libérable [liberabl] adj. Qui peut être libéré. ‖ Qui va être rendu à la vie civile : *militaire libérable.*

libéral [liberal], **e, aux** [-o] adj. Favorable à la liberté : *idées libérales.* ● *Arts libéraux*, arts qui étaient autrefois l'apanage de gens de condition libre : *la peinture, la sculpture sont des arts libéraux.* ‖ *Catholicisme libéral*, tendance des catholiques qui voient le progrès de l'Eglise dans une acceptation des *libertés modernes* accordées par la Révolution française. (V. *encycl.*) ‖ *Profession libérale*, profession indépendante et d'ordre intellectuel (avocat, médecin, ingénieur-conseil, etc.). ‖ — N. Partisan de la liberté individuelle en matière politique et économique.

— ENCYCL. *Hist.* Le précurseur du *catholicisme libéral* en France fut Félicité de La Mennais (1782-1854), dont les disciples, notamment Lacordaire et Montalembert, répandirent les idées. En 1848, ils espérèrent réconcilier démocratie et catholicisme, mais la réaction des années 50 provoqua chez les catholiques une grave division, qui s'est perpétuée. La constitution d'un courant catholique intransigeant (Veuillot), la question romaine et le premier concile du Vatican (1870) alimentèrent cet antagonisme. Le catholicisme libéral — qui devait se confondre de plus en plus avec le catholicisme social — se développa au XXe s. sous l'impulsion, notamment, du *Sillon* et des démocrates-chrétiens.

libéralement adv. Avec libéralité ; avec libéralisme : *interpréter libéralement une loi.*

libéralisation n. f. Action de libéraliser.

libéraliser v. t. Rendre plus libéral, plus libre : *libéraliser un régime, les échanges économiques.*

libéralisme n. m. Doctrine des partisans de la libre entreprise, qui s'oppose au socialisme et au dirigisme ; plus particulièrement, théorie selon laquelle l'Etat n'a pas à intervenir dans les relations économiques qui existent entre individus, classes ou nations. ‖ Largeur de vues.

libéralité n. f. Disposition à donner, générosité (vieilli) : *agir avec libéralité.* ‖ Don fait par une personne généreuse : *faire des libéralités.*

libérateur, trice n. et adj. Qui délivre une personne d'un grand péril, un peuple de la servitude : *Moïse fut le libérateur des Hébreux.*

libération [liberasjɔ̃] n. f. Action de rendre libre ; mise en liberté : *libération d'un condamné.* ‖ Délivrance d'une occupation ennemie. (V. art. suiv.) ‖ Renvoi de militaires dans leurs foyers : *libération du contingent.* ‖ *Dr.* Acquittement d'une dette. ‖ *Phys.* Dégagement de l'énergie qui lie entre elles les particules d'un noyau atomique : *transmutation avec libération d'énergie.* ● *Libération conditionnelle*, mesure par laquelle le condamné est libéré avant l'expiration de sa peine. ‖ *Vitesse de libération*, vitesse minimale que doit posséder nécessairement un mobile à la sortie de l'atmosphère pour quitter le champ d'attraction terrestre.

Libération, délivrance par les Alliés et la Résistance des pays occupés pendant la Seconde Guerre mondiale.

Libération (*ordre de la*), ordre national français créé en 1940 par le général de Gaulle pour récompenser ceux qui se sont particulièrement distingués dans la libération de la France et de ses territoires d'outre-mer pendant la Seconde Guerre mondiale.

libératoire adj. Qui a pour effet de libérer d'une obligation : *le pouvoir libératoire de la monnaie.*

Libercourt (62820), comm. du Pas-de-Calais (arr. de Lens) ; 10 726 h. Métallurgie.

Libère (*saint*), né à Rome (m. en 366), pape de 352 à 366. — Fête le 23 septembre.

libéré, e adj. et n. Dégagé d'une obligation, d'une peine, d'une servitude.

Liberec, v. de Tchécoslovaquie (Bohême) ; 71 000 h. Constructions mécaniques.

libérer [libere] v. t. (lat. *liberare*) [conj. **5**]. Décharger de quelque obligation : *libérer quelqu'un d'une dette.* ‖ Mettre en liberté : *libérer un prisonnier.* ‖ Supprimer toute entrave à : *libérer les échanges économiques.* ‖ Renvoyer dans ses foyers : *libérer une classe.* ‖ Délivrer un pays de l'occupation ennemie. ‖ **— Se libérer** v. pr. Acquitter une dette, une obligation.

Libéria ou **Liberia** (le), Etat de l'Afrique occidentale, sur l'Atlantique ; 111 370 km² ; 1 570 000 h. (*Libériens*). Cap. *Monrovia.* Langue : *anglais.*

Géographie.

Le Libéria est formé d'une plaine côtière large d'une vingtaine de kilomètres, à laquelle succède une zone de basses collines, puis des plateaux s'élevant vers le nord. Le climat est constamment chaud (environ 25 °C) et très humide (près de 5 m de précipitations à Monrovia). En dehors d'un littoral souvent sableux et lagunaire, envahi par la mangrove, la forêt dense recouvre le pays. Elle est toutefois trouée par des plantations : caféiers, cacaoyers et surtout hévéas. Plus de 80 p. 100 de la production sont assurés par une compagnie américaine établie près de Monrovia. Le riz, les produits du palmier, le manioc et l'igname sont les principales cultures vivrières. La structure de l'économie a été récemment bouleversée par le développement de l'extraction du fer, qui fait du pays le premier producteur africain. Plus de 13 Mt sont extraites annuellement des gisements de Bomi Hills, de la rivière Mano, de Bong Range et du mont Nimba. Le fer assure aujourd'hui près des trois quarts des exportations (20 p. 100 pour le caoutchouc). Il explique le solde positif de la balance commerciale. Des revenus supplémentaires sont procurés par le prêt du pavillon libérien à un ensemble de navires, surtout pétroliers, jaugeant plus de 22,5 millions de tonneaux (ce qui place officiellement la flotte marchande du Libéria au premier rang mondial). 40 p. 100 du commerce extérieur s'effectuent avec les Etats-Unis, dont la prépondérance dans les échanges et la mainmise sur l'économie s'expliquent par l'histoire.

Histoire.

La partie occidentale de la côte africaine située au nord de cap des Palmes fut atteinte v. 500 av. J.-C. par le Carthaginois Hannon. Des marchands dieppois y fondèrent des comptoirs au début du XVe s. Pedro de Cintra, navigateur portugais, y parvint en 1461. La région prit alors le nom de Côte-des-Graines, ou Côte-du-Poivre.

Libéria

Monrovia

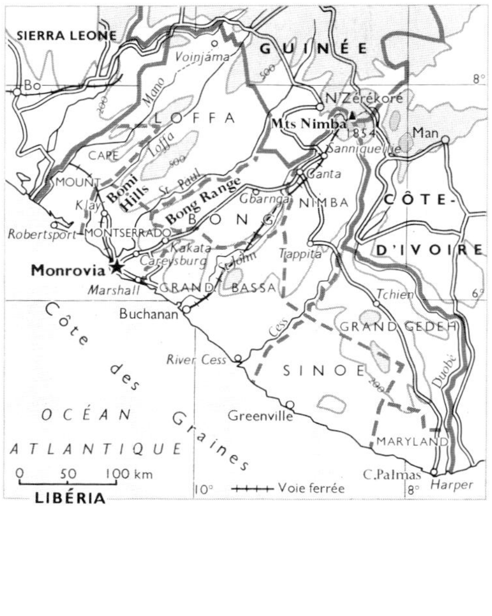

défrichage de la forêt

Phot. K. L. M., Almasy.

Elle fut choisie au début du XIXe s. par des sociétés philanthropiques américaines désireuses de créer des établissements permanents pour les esclaves noirs libérés. Les premières installations eurent lieu en 1822. L'Etat, proclamé indépendant dès 1847, fut reconnu par les grandes puissances en 1848 sous le nom de *Libéria*. Il se fondit en 1857 avec le Maryland, établissement de même type fondé au cap des Palmes en 1833. Les capitaux américains jouent un rôle important dans la vie économique du Libéria. Ainsi, en 1926, la compagnie Firestone obtint la concession de 400 000 ha (plantation d'hévéas) pour 99 ans. En 1942, le Libéria signa un accord militaire avec les Etats-Unis et, en 1944, il déclara la guerre à l'Allemagne et au Japon. Président de la République de 1943 jusqu'à sa mort (1971), William Tubman a été remplacé par William Tolbert.

libérien, enne adj. et n. Du Libéria.

libérien [liberjɛ̃], **enne** [-ɛn] adj. *Bot.* Relatif au liber : *fibres libériennes.*

libéro-ligneux, euse adj. *Bot.* Composé de bois et de liber : *faisceau libéro-ligneux.*

libertaire [libɛrtɛr] n. et adj. Partisan de la liberté absolue, de l'anarchie : *théories libertaires.*

liberté [libɛrte] n. f. (lat. *libertas*). Pouvoir d'agir ou de ne pas agir, de choisir. ‖ Indépendance : *engager sa liberté.* ‖ Etat opposé à la captivité : *mettre un prisonnier en liberté ;* à la servitude : *rendre la liberté à un esclave ;* à la contrainte : *parler en toute liberté.* ‖ Droit que l'on s'accorde : *prendre la liberté de contredire quelqu'un.* ● *Liberté de conscience,* droit d'avoir ou de ne pas avoir une croyance religieuse. ‖ *Liberté des conventions,* pouvoir qu'a chaque individu capable de conclure tout contrat privé sous la seule réserve du respect de l'ordre public et des bonnes mœurs. ‖ *Liberté du culte,* droit de pratiquer librement la religion de son choix. ‖ *Liberté individuelle,* droit qu'a chaque citoyen d'aller et venir sans entraves sur le territoire national, d'être en sécurité sur ce territoire (notamment de n'être privé de sa liberté que dans certains cas déterminés par la loi), de pouvoir en sortir et y rentrer. ‖ *Liberté naturelle,* droit que l'homme possède par nature d'agir sans contrainte extérieure. ‖ *Liberté d'opinion, de penser,* droit pour chacun d'exprimer ses pensées, ses croyances. ‖ *Liberté de réunion,* pouvoir accordé aux individus de délibérer des sujets de leur choix dans un local ouvert à tous sans avoir à solliciter une autorisation préalable. ‖ *Liberté syndicale,* pouvoir accordé aux individus de constituer des syndicats, d'adhérer ou non à un syndicat. ‖ — Pl. Immunités et franchises : *les libertés municipales.* ‖ Manières d'agir trop hardies : *prendre des libertés avec quelqu'un.*

liberticide adj. Qui détruit la liberté ou les libertés : *loi liberticide.*

libertin [libɛrtɛ̃], **e** [-in] adj. et n. (lat. *libertinus,* affranchi). Déréglé dans sa conduite. ‖ Autref., affranchi de la discipline de la foi religieuse, libre penseur : *Pascal écrivit contre les libertins.*

libertinage [-tinaʒ] n. m. Manière de vivre libertine. ‖ Autref., incrédulité religieuse.

liberty [libɛrti] n. m. et adj. invar. (du nom de l'inventeur). Tissu de soie ou de coton imprimé d'un semis de fleurs dans un style naïf.

liberum veto [liberɔmveto] n. m. Veto que, dans la Diète polonaise antérieure aux partages de la Pologne, chaque député pouvait opposer à toute décision de la Diète.

libidineux, euse adj. Lascif.

libido [libido] n. f. (mot lat. signif. *volupté*). *Psychanal.* Energie fondamentale de l'être vivant, qui se manifeste par la sexualité. (Freud en fait l'expression de l' « instinct de vie » [*Eros*] et l'oppose à l' « instinct de mort » [désir d'autodestruction ou *Tanatos*].)

libouret [liburɛ] n. m. Ligne à main pour pêcher en mer.

Libourne (33500), ch.-l. d'arr. de la Gironde, au confl. de la Dordogne et de l'Isle ; 23 621 h. (19 981 aggl.) [*Libournais*]. Eglise du XVe s. Hôtel de ville du XVIe s. Musée. Vignobles. Métallurgie. — L'arr. a 9 cant., 133 comm., 114 651 h.

libraire [librɛr] n. (lat. *librarius ;* de *liber,* livre). Commerçant en livres, ouvrages imprimés, etc.

libraire-éditeur n. m. Libraire qui achète les manuscrits des auteurs ou signe avec eux des conventions pour faire imprimer et vendre leurs ouvrages. ‖ Pl. des *libraires-éditeurs.*

librairie n. f. Profession, magasin du libraire. ‖ Commerce de livres.

libration [librasjɔ̃] n. f. (lat. *libratio,* mouvement régulier). *Astron.* Balancement apparent de la Lune autour de son axe.

libre [libr] adj. (lat. *liber*). Qui a le pouvoir d'agir ou de ne pas agir : *l'homme se sent libre.* ‖ Qui ne subit pas la domination étrangère, indépendant : *pays libre.* ‖ Qui ne dépend de personne : *il entend rester libre et ne veut prendre aucun engagement.* ‖ Qui n'est pas marié : *cette jeune personne est libre.* ‖ Exempt de toute contrainte, de toute gêne : *on est très libre dans cette maison.* ‖ Exempt de préoccupations : *avoir l'esprit libre.* ‖ Qui n'est pas entravé : *commerce libre.* ‖ Qui n'offre pas d'obstacles : *voie libre.* ● *Avoir le champ libre,* avoir la liberté de faire une chose. ‖ *Avoir ses entrées libres chez quelqu'un,* pouvoir entrer à toute heure chez lui. ‖ *Chansons libres,* licencieuses. ‖ *Entrée libre,* facilité d'entrer sans avoir à payer ou à acheter. ‖ *Libre arbitre* (Philos.), liberté absolue, qui se traduirait par la possibilité de suspendre indéfiniment son choix. ‖ *Libre à vous de* (Impers.), il vous est permis de. ‖ *Libre de,* débarrassé, affranchi de : *libre de tout préjugé.* ‖ *Libre de* (devant un infinitif), qui peut, à qui il est possible de : *vous êtes libre d'accepter ou de refuser.* ‖ *Libre penseur,* personne qui s'est affranchie de tout dogme religieux. ‖ *Papier libre,* papier non timbré. ‖ *Traduction libre,* où le texte n'est pas exactement suivi. ‖ *Vers libres,* de différentes mesures.

libre-échange n. m. Commerce entre nations, sans prohibitions ni droits de douane. (S'oppose à *protectionnisme.*)

libre-échangiste n. et adj. Partisan du libre-échange : *Cobden fut le chef des libre-échangistes ; politique libre-échangiste.*

librement adv. Sans contrainte : *vivre librement.* ‖ Avec franchise : *parler librement.*

libre-service n. m. Service que le client assure lui-même dans certains restaurants ou magasins. (Syn. SELF-SERVICE.) ‖ Pl. des *libres-services.*

librettiste [libretist] n. m. Auteur d'un livret : *Da Ponte est le librettiste du « Don Giovanni » de Mozart.*

libretto [librɛto] n. m. (mot ital. signif. *petit livre*). *Chorégr.* et *Mus.* Syn. de LIVRET. ‖ Pl. des *librettos* ou *libretti.*

Libreville, cap. du Gabon, sur l'estuaire du Gabon ; 53 300 h. Libreville fut fondée en 1849 par des esclaves libérés. Industries du bois.

Liburnie, partie de l'anc. Illyrie, le long de l'Adriatique.

Libye (la), république de l'Afrique du Nord, qui s'étend sur les anciennes provinces de la Tripolitaine, de la Cyrénaïque et du Fezzan ; 1 759 500 km² ; 2 millions d'h. (*Libyens*). Cap. *Tripoli* (*El-Beida* est la future capitale). Langue : *arabe.*

Géographie.

A l'exception des extrémités septentrionales de la Tripolitaine et de la Cyrénaïque, sur la Méditerranée, où les précipitations oscillent entre 200 et 400 mm, la Libye est un pays désertique, grand comme plus de trois fois la France, s'étendant sur une des parties les plus arides du Sahara. La population, juxtaposant Berbères, Touaregs, Arabes, Tedas, se livre à un élevage nomade des ovins et des chameaux en dehors des oasis (Koufra notamment), intensément mises en valeur (blé, orge, palmier-dattier). Les conditions naturelles expliquent l'extrême faiblesse du peuplement (à peine 1 h. en moyenne au kilomètre carré). 25 p. 100 de la population se concentrent dans les villes de Tripoli et de Benghazi.
La structure de l'économie a été récemment transformée par la découverte de grands gisements de pétrole, qui font du pays le premier producteur africain (plus de 80 Mt). Les gisements de Zelten, de Dahra, de Raguba et d'Hōfra sont reliés par des oléoducs à Marsa el-Brega, à El-Sider ou à Ras Lanuf. Les ventes de pétrole représentent aujourd'hui 99 p. 100 des exportations, dont elles expliquent le solde largement positif. Elles sont dirigées presque exclusivement vers les Etats du Marché commun (Allemagne occidentale surtout) et la Grande-Bretagne.

Histoire.

Le terme de *Libye* était appliqué par les Grecs à l'ensemble du littoral méditerranéen, du delta du Nil à l'Atlantique. Dioclétien (IIIe s.) créa une province de Libye-Supérieure en Cyrénaïque et de Libye-Inférieure en Marmarique. A l'époque médiévale, l'actuelle Libye reconnaissait une certaine allégeance à l'Empire ottoman. Le terme de *Libye* réapparut au XXe s. Il fut donné par les Italiens au territoire qu'ils acquirent sur les Turcs en 1912. Les Italiens luttèrent de 1922 à 1931 contre les Bédouins révoltés et intégrèrent en 1939 la Libye au territoire national italien.
De 1940 à 1943, des combats y opposèrent les forces britanniques aux forces germano-italiennes. A l'issue de la campagne de Libye, la France fut chargée d'administrer le Fezzan, et l'Angleterre la Tripolitaine et la Cyrénaïque. La Libye fut reconnue indépendante en 1951. Elle forma un Etat fédéral sous l'autorité du roi Muḥammad Idrīs al-Sanūsī et adhéra à la Ligue arabe en 1953. La réforme constitutionnelle de 1963 fit de la Libye un Etat unitaire composé de dix provinces. Le 1er septembre 1969, un coup d'Etat militaire, dirigé par le colonel Kadhafi, renverse la royauté et établit une république de tendance socialiste. En 1971, la Libye constitue l'Union des républiques arabes avec l'Egypte et la Syrie.

Libye (*désert de*), partie orientale du Sahara, entre le Tibesti et la vallée du Nil.

libyen [libjɛ̃], **enne** [-ɛn] adj. et n. De Libye.

lice [lis] n. f. (francique **listja*). Nom donné d'abord aux palissades de bois dont on entourait les places ou châteaux fortifiés ; puis au terrain lui-même ainsi entouré, et qui servait aux joutes, aux tournois ; enfin à tout champ clos préparé pour des exercices, des joutes en plein air. ‖ Bordure marquant le bord intérieur d'une piste. ●

Libye

une oasis

Phot. Grandin-Multiphoto.

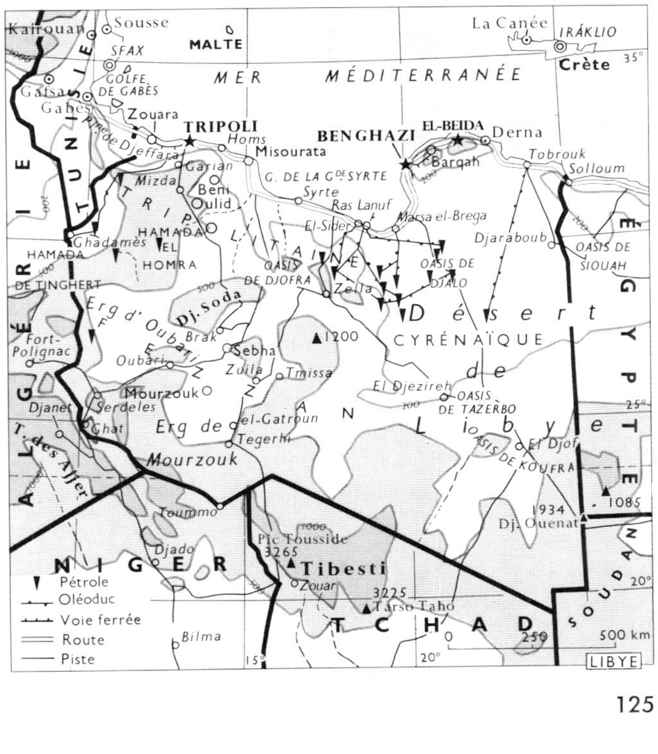

Entrer en lice (Fig.), entreprendre une lutte, une discussion.

lice n. f. Femelle d'un chien de chasse.

lice n. f. V. LISSE.

licence [lisɑ̃s] n. f. (lat. *licentia,* liberté d'agir). Liberté trop grande, contraire au respect, aux bienséances : *prendre des licences avec quelqu'un.* ‖ Dérogation aux règles de la syntaxe : *licence grammaticale.* ‖ Grade universitaire : *licence ès lettres; licence ès sciences.* ‖ Permission accordée par les pouvoirs publics en vue de l'exercice de certaines professions, ainsi que pour l'importation ou l'exportation de divers produits. ‖ Autorisation d'exploiter un brevet. ‖ Certificat d'enregistrement d'une personne physique ou morale, lui permettant de prendre part à une compétition sportive. ● *Licence poétique,* dérogation aux règles ordinaires de la grammaire ou de la versification.

licencié, e n. et adj. Qui a obtenu une licence : *licencié en droit.*

licenciement [lisɑ̃simɑ̃] n. m. Action de licencier : *licenciement de personnel.*

licencier [lisɑ̃sje] v. t. Congédier des ouvriers, des écoliers, des troupes, etc.

licencieusement adv. De façon licencieuse.

licencieux [lisɑ̃sjø], **euse** [-øz] adj. Contraire à la décence, à la pudeur : *vers licencieux; conduite licencieuse.*

Lichas. *Mythol. grecque.* Compagnon d'Héraclès.

Li Che-min (m. en 649), empereur de Chine (626-649), fondateur de la dynastie des T'ang. Il rétablit le protectorat chinois en haute Asie.

lichen [likɛn] n. m. (du gr. *leikhein,* lécher). Végétal vivant sur le sol, les arbres, les pierres, formé d'un thalle aplati ou rameux, où vivent associés un champignon et une algue. (Les lichens forment une classe des thallophytes et résistent à des conditions extrêmes de température, de sécheresse.) ● *Lichen plan* (Méd.), dermatose prurigineuse faite de petites papules rosées, planes, brillantes, à jour frisant. (Le lichen plan siège sur le tronc, les membres, le cuir chevelu ; il peut également se développer sur les muqueuses, où les papules sont de couleur blanc nacré.)

licher [liʃe] v. t. *Pop.* Boire : *licher du lait.*

Lichine (David), danseur et chorégraphe américain d'origine russe, né à Rostov-sur-le-Don (1910-1972). Un des meilleurs interprètes masculins de sa génération, il a signé la chorégraphie de plusieurs ballets : *Graduation Ball* (*le Bal des cadets,* 1940), *la Création* et *la Rencontre* (1948), *la Corrida* (1956).

Lichtenberg (Georg Christoph), écrivain et physicien allemand, né à Oberramstadt, près de Darmstadt (1742-1799). Professeur à l'université de Göttingen, il attaqua le système de Lavater. Il se révéla un critique d'art remarquable dans son *Explication détaillée des gravures de Hogarth* (1794-1799) et donna avec ses *Aphorismes* (1800-1806) un des chefs-d'œuvre de la littérature humoristique.

licier [lisje] n. m. V. LISSIER.

Licinius Crassus Dives (Marcus), homme politique romain (v. 115-53 av. J.-C.). Consul avec Pompée en 70, il fit ensuite partie, avec César et Pompée, du premier triumvirat.

Licinius Lucullus (Lucius), général romain (v. 106-v. 57 av. J.-C.). Il dirigea avant Pompée la guerre contre Mithridate et, à son retour, se rendit célèbre par son luxe ostentatoire.

Licinius Murena (Lucius), consul romain en 62 av. J.-C. Accusé de brigue, il fut défendu par Cicéron (*Pro Murena*).

Licinius Stolon (Caius), tribun du peuple à Rome en 376 et 367 av. J.-C. Il présenta des lois destinées à réconcilier patriciens et plébéiens.

licitation [lisitasjɔ̃] n. f. (lat. *licitatio*). *Dr.* Vente par enchère, faite à un seul acquéreur par les copropriétaires d'un bien qui ne pourrait être partagé sans dépréciation : *vendre une maison par licitation.*

licite [lisit] adj. (lat. *licitus;* de *licet,* il est permis). Permis par la loi : *un moyen licite.*

licitement adv. De façon licite.

liciter [lisite] v. t. Vendre par licitation : *liciter un immeuble.*

licol n. m. V. LICOU.

licorne [likɔrn] n. f. (altér. du lat. *unicornis,* à une seule corne). Animal fabuleux, à corps de cheval, auquel les Anciens supposaient une corne au milieu du front.

licou [liku] ou **licol** [likɔl] n. m. (de *lier*). Lien (corde ou courroie) qu'on met au cou des bêtes de somme, pour les attacher ou les promener. ‖ Elément du harnachement d'un cheval.

licteur [liktœr] n. m. (lat. *lictor*). Officier qui marchait devant les principaux magistrats de l'ancienne Rome et qui portait une hache entourée d'un faisceau de verges. (Il avait une fonction surtout honorifique.)

Lidice, village de Tchécoslovaquie (Bohême), à l'ouest de Prague. En 1942, à la suite de l'assassinat, le 27 mai, du chef nazi Heydrich, « protecteur » de la Bohême-Moravie, et sur l'ordre de Hitler, les Allemands fusillèrent 184 hommes, internèrent les femmes et les enfants et rasèrent le village.

Lido, île allongée, près de Venise, qui abrite la *rade du Lido.* Importante station balnéaire. Palais du festival cinématographique de Venise.

lie [li] n. f. (orig. celtique). Dépôt qui se forme dans un liquide et qui tombe au fond du récipient. ● *La lie du peuple,* la plus vile populace.

Lie (Jonas), écrivain norvégien, né à Eker, près de Drammen (1833-1908). Son art impressionniste exerça une grande influence sur le roman scandinave (*le Pilote et sa femme,* 1874).

Lie (Sophus), mathématicien norvégien, né à Nordfjordeid (1842-1899). Il est surtout célèbre pour avoir reconnu l'importance de l'idée de groupe continu de transformation, ou « groupe de Lie », dont il donna la théorie et de nombreuses applications.

Liebermann (Max), peintre allemand, né à Berlin (1847-1935). Paysagiste, il fut influencé par l'impressionnisme français.

Liébert (Philippe), sculpteur canadien, né à Nemours (Gâtinais) [1732-1804]. Il décora de nombreuses églises dans un style voisin de celui de la Régence.

Liebig (Justus, *baron* VON), chimiste allemand, né à Darmstadt (1803-1873). Auteur de la méthode classique d'analyse des composés organiques, il créa la théorie des cycles du carbone et de l'azote dans la nature. Il isola le titane, découvrit le chloroforme et le chloral, prépara le fulminate d'argent et imagina en 1840 la fabrication des superphosphates.

Liebknecht (Wilhelm), homme politique allemand, né à Giessen (1826-1900). Publiciste gagné aux idées socialistes, il émigre en 1848. Fixé à Londres en 1850, il y vécut dans l'intimité de Karl Marx. En 1867, il fut élu au Reichstag de la Confédération de l'Allemagne du Nord et, en 1869, fonda le parti social-démocrate. Député au Reichstag (1874-1900), il devint le chef du socialisme allemand après le congrès de Gotha (1875). — Son fils KARL, né à Leipzig (1871-1919), dirigea l'insurrection spartakiste (1919) et fut assassiné dans sa prison.

Liechtenstein, principauté indépendante de l'Europe centrale, entre l'Autriche (Tyrol) et la Suisse (Saint-Gall) ; 159 km²; 21 000 h. Cap. *Vaduz.* Industries textiles. Elevage. Tourisme.

● *Histoire.* Les seigneuries de Vaduz et de Schellenberg furent érigées en principautés par l'empereur Charles VI au profit de la famille comtale des Liechtenstein en 1719. Cette principauté fut rattachée à la Confédération du Rhin (1806-1814), puis à la Confédération germanique (1815-1866). Elle fut ensuite, et jusqu'en 1918, incluse dans l'union douanière autrichienne. Depuis le 1er janvier 1924, elle est rattachée à la Suisse dans les domaines monétaire, douanier et diplomatique. Cette convention a été renouvelée en 1945.

lied [lid] n. m. (mot allem.). Chant ou mélodie dans les pays germaniques. (Il peut être de caractère populaire, savant [XIXe s.] ou religieux. En Allemagne, les plus grands maîtres du lied, après Beethoven, ont été Schubert, Schumann, Brahms, Wolf, Mahler et Strauss. En règle générale, dans la musique instrumentale, la « forme lied » comporte deux sections.) ‖ Pl. des *lieder.*

Liedekerke, comm. de Belgique (Brabant) ; 10 300 h.

lie-de-vin adj. inv. Mauve.

liège [ljɛʒ] n. m. (du lat. *levis,* léger). Substance élastique, imperméable et légère existant sous l'écorce de tous les arbres, mais particulièrement épaisse chez le *chêne-liège**, dont on l'extrait pour en faire des bouchons, des flotteurs, des revêtements imperméables, etc.

Liège, v. de Belgique, ch.-l. de la prov. de ce nom, au confl. de la Meuse et de l'Ourthe ; 152 500 h. (*Liégeois*). Evêché. Université. Musées. Observatoire. Port fluvial (relié à Anvers par le canal Albert). Centre industriel (houille, sidérurgie et métallurgie, chimie, pneumatiques, verrerie).

● *Histoire.* La ville, déjà prospère à l'époque carolingienne, devint le siège d'un évêché dès 720. Au XVe s., les Liégeois durent lutter contre les prétentions de la maison de Bourgogne : Jean sans Peur (1408), puis Charles le Téméraire (1468) les battirent, mais la neutralité de Liège fut reconnue en 1492. La ville échappa au déclin économique des Pays-Bas. En 1581, en passant à l'Electeur de Cologne, elle perdit sa neutralité. A partir de 1793, elle suivit le sort du reste de la Belgique.

● *Beaux-arts.* Liège conserve de nombreux édifices religieux et civils : la collégiale Saint-Barthélemy (consacrée au XIe s.), qui possède de célèbres fonts baptismaux (1107-1118) ; l'église Sainte-Croix (Xe-XVe s.), qui conserve un riche trésor ; la cathédrale Saint-Paul (XIIIe-XVIe s.) ; le palais des Princes-Evêques (XVIe s.).

Liège (*province de*), prov. de l'est de la Belgique ; 1 019 100 h. ; ch.-l. *Liège ;* 4 arr. (*Huy, Liège, Verviers* et *Waremme*). La province juxtapose des régions diverses. L'Est constitue l'extrémité septentrionale la plus élevée (692 m au signal de Botrange) de l'Ardenne. En dehors de la région de Verviers, traditionnel centre du travail de la laine, l'exploitation forestière, l'élevage, parfois le tourisme constituent les principales ressources (il en est de même dans la partie liégeoise du *Condroz,* au sud-ouest). Au nord-ouest, la *Hesbaye* est un plateau limoneux, domaine de la grande culture céréalière et betteravière. Au nord-est, le *pays de Herve,* vallonné et bocager, est consacré à l'élevage, et possède aussi des vergers. Mais la partie vitale de la province est constituée par une vallée encaissée, la *vallée de la Meuse.* La métallurgie occupe une place prépondérante dans la région de Huy. C'est aussi le cas, avec une tout autre ampleur, dans l'agglomération de Liège, de Seraing à Herstal, où elle est alimentée par l'exploitation d'un important gisement houiller. L'agglomération liégeoise regroupe plus de 40 p. 100 de la population de la province.

liégé, e adj. Garni de liège.

liégeois [ljeʒwa], **e** [-waz] adj. et n. De Liège. ● *Café* ou *chocolat liégeois,* glace au café ou au chocolat, semi-liquide, servie avec de la crème Chantilly.

liégeux, euse adj. De la nature du liège.

Liegnitz. V. LEGNICA.

liement [limɑ̃] n. m. Action de lier.

lien [ljɛ̃] n. m. (lat. *ligamen*). Tout ce qui sert à lier. ‖ — Pl. Chaînes d'un prisonnier. ‖ *Fig.* Tout ce qui attache, unit : *les liens du sang.*

Lieou Chao-k'i ou **Liu Shao-chi,** homme politique chinois, né à Yin-chan (Ho-nan) en 1898. Président de la République populaire chinoise en 1959, il est accusé de révisionnisme pendant la « Révolution culturelle » (1966) et démis de ses fonctions en 1968.

Lieou-tcheou, v. de Chine (Kouang-si) ; 158 800 h. Sidérurgie.

Liepaïa ou **Liepaja,** anc. **Libau,** port de l'U. R. S. S. (Lettonie), sur la Baltique ; 77 000 h. Métallurgie.

lier [lje] v. t. (lat. *ligare*). Attacher avec un lien : *lier un fagot.* ‖ Joindre : *le ciment lie les pierres.* ‖ Epaissir : *lier une sauce.* ‖ — *Fig.* Contracter : *lier amitié avec quelqu'un.* ‖ Unir : *l'intérêt nous lie.* ● *Lier conversation,* engager, entamer la conversation. ‖ *Lier ses idées,* les enchaîner les unes aux autres. ‖ *Lier les mains,* réduire à l'inaction, à l'impuissance. ‖ *Lier les notes* (Mus.), les rendre par une seule émission de voix, de souffle, par un seul coup d'archet. ‖ **— Se lier** v. pr. Former une liaison : *se lier avec quelqu'un.* ‖ S'obliger, s'astreindre : *se lier par un serment.*

Liernais (21430), ch.-l. de c. de la Côte-d'Or (arr. de Beaune) ; 646 h. (251 aggl.).

lierne [ljɛrn] n. f. Nervure de la voûte gothique, unissant la clef de voûte au sommet des arcs doubleaux ou formerets, souvent interrompue par les tiercerons. ‖ *Constr.* Pièce de bois ou barre métallique servant de liaison.

Liège la basilique Saint-Martin

Phot. Lauros - Atlas-Photo.

lierre [ljɛr] n. m. (de *l'ierre ;* du lat. *hedera*). Plante ligneuse vivant fixée aux murs ou aux arbres par des racines-crampons, à feuilles persistantes et à baies noires : *le lierre peut vivre plusieurs siècles.* (Famille des araliacées.) ● *Lierre terrestre,* nom usuel du *gléchome.*

Lierre, en néerl. **Lier,** v. de Belgique (Anvers) ; 28 600 h. Instruments de musique. Broderies et dentelles.

liesse [ljɛs] n. f. (du lat. *laetitia*). Joie, réjouissance collective : *une foule en liesse.*

Liesse (02350), anc. **Notre-Dame-de-Liesse,** comm. de l'Aisne (arr. de Laon) ; 1 677 h. (1 360 aggl.). Pèlerinage. Eglise du XIVe s. (beau jubé).

Liestal, comm. de Suisse, ch.-l. du canton de Bâle-Campagne ; 11 000 h. Hôtel de ville du XVe s. Métallurgie.

lieu n. m. Poisson de l'Océan et de la Manche, voisin du merlan. (Long. 50 cm à 1 m ; famille des gadidés.) [Syn. COLIN.]

lieu [ljø] n. m. (lat. *locus*). Partie déterminée de l'espace : *deux corps ne peuvent occuper le même lieu en même temps.* ‖ Localité, endroit, pays : *lieu charmant.* ‖ Endroit, temps convenable pour dire, faire quelque chose : *ce n'est pas le lieu de parler de cela.* ● *Avoir lieu,* arriver, s'accomplir. ‖ *Avoir lieu de,* avoir des raisons pour : *il a lieu de se féliciter.* ‖ *Donner lieu,* fournir l'occasion. ‖ *En temps et lieu,* au moment et à l'endroit qu'il convient. ‖ *Il y a lieu de,* il est permis, opportun de : *il y a lieu de se réjouir.* ‖ *Lieu d'asile,* où l'on était autrefois à l'abri de certaines poursuites. ‖ *Lieu géométrique* (Math.), ensemble de points jouissant, à l'exclusion de tout autre point, d'une propriété déterminée et caractéristique (cette expression tend à faire place au mot *ensemble*) : *la bissectrice d'un angle est le lieu géométrique des points également distants des deux côtés de cet angle.* ‖ *Mauvais lieu,* maison de débauche. ‖ *N'avoir ni feu ni lieu,* être extrêmement pauvre, sans asile. ‖ *Tenir lieu de,* remplacer. ‖ — Pl. *Lieux communs,* réflexions générales ou banales, idées rebattues. ‖ *Les Lieux saints,* au Moyen Age, nom donné à la Palestine, où vécut Jésus. ‖ *Lieux d'aisances,* latrines. ‖ **— En premier, en second lieu** loc. adv. Premièrement, secondement. ‖ **— Au lieu de** loc. prép. A la place de, plutôt que de : *employer un mot au lieu d'un autre ; dormir au lieu d'écouter.* ‖ **— Au lieu que** loc. conj. Tandis que.

lieu-dit [ljødi] n. m. Endroit d'une commune qui porte un nom particulier. ‖ Pl. des *lieux-dits.*

lieue [ljø] n. f. (empr. au gaul.). Mesure linéaire ancienne, de valeur variable. ‖ Au Canada, mesure linéaire équivalant à 3 milles. ● *Lieue kilométrique,* lieue de 4 km. ‖ *Lieue marine,* vingtième partie du degré compté sur un grand cercle de la Terre, soit trois milles ou environ 5,556 km. ‖ *Lieue de poste,* lieue de 3,898 km. ‖ *Lieue de terre* ou *lieue commune,* lieue de 25 au degré, c'est-à-dire de 4,445 km.

lieur [ljœr], **lieuse** [ljøz] n. Celui, celle qui lie des gerbes de blé, des bottes de foin, etc. (Dans ce dernier cas, on dit plutôt BOTTELEUR.)

lieuse n. f. Dispositif qu'on adapte sur une moissonneuse et qui a pour objet de lier les gerbes de céréales, ou sur une moissonneuse-batteuse pour lier la paille.

lieutenance n. f. Emploi, grade de lieutenant : *acheter une lieutenance.*

lieutenant [ljøtnɑ̃] n. m. (lat. *locum tenens,* qui tient un lieu). Celui qui seconde et remplace le chef. ‖ Officier dont le grade se situe entre celui de sous-lieutenant et celui de capitaine. ● *Lieutenant criminel,* magistrat établi dans un siège royal pour connaître de toutes les affaires criminelles. ‖ *Lieutenant général,* grade de l'ancienne armée, qui correspondait à celui du général de division actuel. (Ce terme est encore employé dans de nombreuses armées étrangères.) ‖ *Lieutenant général du royaume,* personne que le roi désignait pour exercer temporairement le pouvoir à sa place. (Le comte d'Artois en 1814, le duc d'Orléans en 1830 furent créés chacun lieutenant général du royaume.) ‖ *Lieutenant de police,* magistrat qui dirigeait la police à Paris et dans les principales villes du royaume. ‖ *Lieutenant de vaisseau,* officier de marine dont le grade correspond à celui de capitaine dans l'armée de terre.

lieutenant-colonel n. m. Officier dont le grade se situe entre celui de commandant et celui de colonel. ‖ Pl. des *lieutenants-colonels.*

lieutenante n. f. Autref., femme d'un magistrat qui avait le titre de lieutenant : *Madame la lieutenante criminelle.*

Lieuvin (le), région herbagère et céréalière de Normandie, entre la Risle et la Touques.

Liévin (62800), ch.-l. de c. du Pas-de-Calais (arr. de Lens) ; 35 853 h. (*Liévinois*). Houille.

lièvre [ljɛvr] n. m. (lat. *lepus, leporis*). Mammifère de l'ordre des rongeurs, à longues pattes postérieures permettant une course rapide, qui a les pointes des oreilles noires et gîte dans des dépressions du sol : *la femelle du lièvre se nomme* HASE. (Cri : le lièvre *vagit.*) [Le lièvre est un gibier apprécié.] ‖ Coureur chargé de mener un train rapide au début d'une course, pour faciliter la réalisation d'une performance. ● *Courir deux lièvres à la fois,* poursuivre deux buts différents. ‖ *Lever un lièvre,* soulever une question, une difficulté. ‖ *Mémoire de lièvre,* mémoire courte, peu fidèle.

Lifar (Serge), danseur et chorégraphe français d'origine russe, né à Kiev en 1905. Attaché aux Ballets russes de S. de Diaghilev, puis danseur, chorégraphe et maître de ballet à l'Opéra de Paris (1930-1945 ; 1947-1958 ; 1962-1963), il a composé de très nombreux ballets, parmi lesquels : *Icare* (1935), *Joan de Zarissa* (1942), *Suite en blanc* (1943), *Chota Roustaveli* et *Dramma per musica* (1946), *Roméo et Juliette* (1949), *les Noces fantastiques* (1955), *Chemin de lumière* (1957). Promoteur du ballet néo-classique, il est l'auteur du *Manifeste du chorégraphe* (1935), d'un *Traité de danse académique* (1949), d'une *Histoire du ballet russe* (1950), d'un *Traité de chorégraphie* (1952).

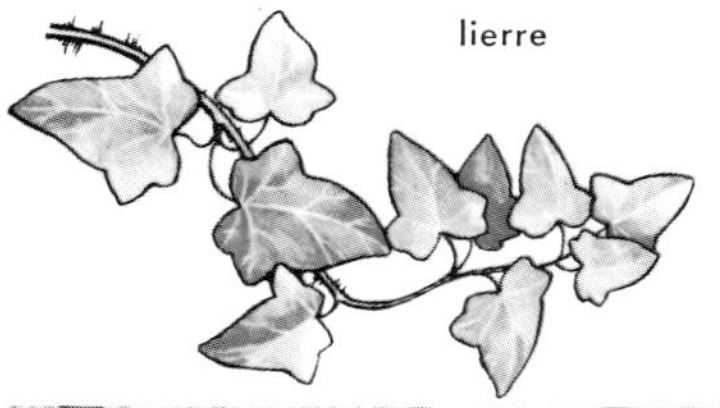
lierre

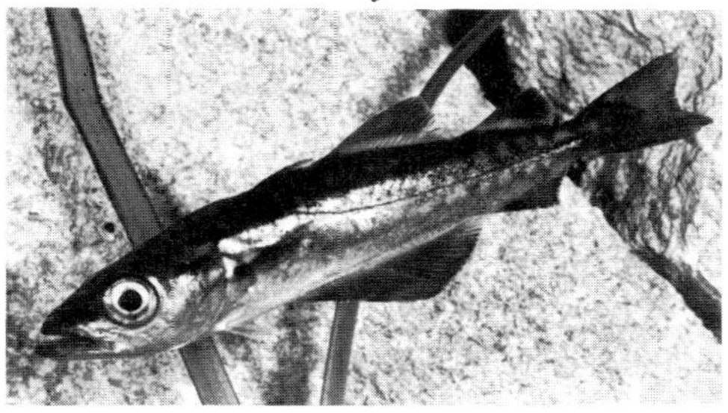
lieu

Liffol-le-Grand (88350), comm. des Vosges (arr. de Neufchâteau) ; 3 119 h. Meubles.

Liffré (35340), ch.-l. de c. d'Ille-et-Vilaine (arr. de Rennes) ; 2 939 h. (1 327 aggl.). Belle forêt. Aux environs, château ruiné.

liftier [liftje] n. m. (de l'angl. *lift,* ascenseur). Garçon chargé de la manœuvre d'un ascenseur.

lifting [liftiŋ] n. m. (mot angl.). Intervention de chirurgie esthétique qui consiste à faire glisser et à tendre la peau pour effacer les rides.

ligament [ligamɑ̃] n. m. (lat. *ligamentum ;* de *ligare,* lier). Ensemble de fibres conjonctives serrées et résistantes, orientées dans le même sens, qui relient les os au niveau des articulations, ou maintiennent en place des organes : *ligaments suspenseurs du cristallin.*

ligamenteux, euse adj. De la nature du ligament : *tissu ligamenteux.*

ligature [ligatyr] n. f. (du lat. *ligare,* lier). Opération qui consiste à serrer un lien, une bande autour d'une partie du corps ou d'objets divers. ‖ Le lien lui-même. ‖ *Arts graph.* Réunion de plusieurs lettres en un seul signe graphique, comme *œ, fi, fl, ff.* ‖ *Hortic.* Action d'entourer d'un lien une plante, une greffe, etc.

ligaturer v. t. Attacher, serrer avec une ligature : *ligaturer une artère.*

lige [liʒ] adj. (du germ. **let,* libre). Se disait, sous le régime féodal, de celui qui était étroitement obligé envers son seigneur, et de l'hommage dû à celui-ci. ● *Homme lige* (Fig.), personne absolument dévouée à son protecteur.

Liget (*chartreuse du*), chartreuse en ruine, située en Touraine (Indre-et-Loire, arr. de Loches), près de Montrésor. Eglise du XIIe s. — Aux environs, la chapelle Saint-Jean-Baptiste-du-Liget conserve un remarquable ensemble de fresques romanes (XIIe s.).

Serge **Lifar**

lièvre

Ligeti (György), compositeur autrichien d'origine hongroise, né à Dicsoszentmarton (auj. Tîrnăveni, Transylvanie) en 1923. Dépassant le langage sériel, il est l'auteur d'œuvres orientées vers la primauté des timbres, le statisme et le continu.

ligie [liʒi] n. f. Crustacé voisin des cloportes, vivant sur les côtes, à la limite des hautes mers. (Long. 3 cm.)

lignage n. m. Nombre de lignes imprimées, dactylographiées.

ligne [liɲ] n. f. (lat. *linea*). Figure dont un fil très fin donne l'image : *un point qui se déplace engendre une ligne.* ‖ Ce qui forme une limite, une séparation : *passer la ligne de démarcation.* ‖ En mathématiques, ensemble de points dépendant continûment d'un paramètre. ‖ Ensemble de points desservis par un même moyen de transport ; ce service de transport : *pilote de ligne.* ‖ Direction continue vers un but déterminé : *aller en droite ligne.* ‖ Suite de mots écrits ou imprimés suivant une même direction. ‖ Suite d'ouvrages, d'objets : *une ligne de forts.* ‖ Terme commercial désignant une série de produits ou d'articles se complétant dans leur utilisation et unis par des qualités communes (produits de maquillage assortis par le coloris et le parfum). ‖ Limite du dispositif d'une armée prête à combattre. ‖ Retranchement : *forcer les lignes adverses.* ‖ Fortifications permanentes et continues, destinées à protéger une frontière : *ligne Maginot ; ligne Siegfried.* ‖ Fil de crin, de soie ou de Nylon, avec hameçon au bout, pour pêcher. ‖ Cordeau pour aligner : *ligne de charpentier, de maçon, etc.* ‖ Anc. mesure française de longueur, représentant la douzième partie du pouce, soit 2,25 mm environ. ‖ Mesure canadienne de longueur, représentant la seizième partie du pouce. ‖ *Télév.* Surface d'analyse de l'image à transmettre ou de l'image reçue, et constituée par la juxtaposition de points élémentaires. ‖ — *Fig.* Série de générations successives de parents. (La ligne est *directe* lorsque les parents descendent les uns des autres, *collatérale* lorsque les parents ne descendent pas les uns des autres.) ‖ Règle : *ligne de conduite.* ● *Aller, mettre à la ligne,* laisser une ligne inachevée et en commencer une autre. ‖ *Avoir de la ligne* (Fam.), avoir une silhouette fine, élégante. ‖ *Bâtiment de ligne* (Mar.), grand navire de guerre, puissamment armé, formant l'élément principal d'une escadre. ‖ *En première ligne,* au plus près de l'ennemi. ‖ *La ligne,* autrefois, ensemble des régiments d'infanterie du corps de bataille. (L'infanterie de ligne française comprenait, en 1914, 173 régiments.) ‖ *Ligne blanche,* bande tendineuse séparant les deux muscles droits de l'abdomen sur la ligne médiane. ‖ *Ligne électrique,* ensemble des conducteurs destinés à transporter l'énergie électrique suivant un même parcours. (V. *encycl.*) ‖ *Ligne équinoxiale,* ou simplement *la ligne,* l'équateur. ‖ *Ligne de foi* (Mil. et Phys.), ligne fixe servant de repère dans un instrument de visée. ‖ *Ligne de fond* (Pêch.), ligne sans flotteur, qui repose au fond de l'eau et est garnie, de distance en distance, de fils courts portant des hameçons. (Syn. : TRAÎNÉE, VERMILLE.) ‖ *Ligne d'horizon* (Bx-arts), intersection du plan d'un tableau et du plan horizontal contenant l'œil du peintre. ‖ *Ligne latérale* (Zool.), chez les poissons, rangée longitudinale d'écailles perforées, qui abrite un organe sensoriel percevant les ébranlements mécaniques. ‖ *Ligne de niveau,* section d'une surface par un plan horizontal. ‖ *Ligne des nœuds* (Astron.), ligne d'intersection du plan de l'orbite d'un astre avec un plan pris pour référence. ‖ *Monter en ligne,* aller au combat.
— ENCYCL. *Electr.* Les *lignes* aériennes de transport d'énergie sont constituées par des conducteurs en cuivre ou en aluminium, avec, pour certains, une âme en acier. Elles sont supportées par des pylônes métalliques qui peuvent dépasser 40 m de hauteur et dont l'espacement varie entre 250 et 500 m ; ces pylônes peuvent supporter deux ternes sous 225 kV ou un terne sous 400 kV. Dans les zones urbaines, le câble souterrain à très haute tension remplace les conducteurs aériens.

Ligne (Charles Joseph, *prince* DE), maréchal autrichien, né à Bruxelles (1735-1814). Il fut l'incarnation du cosmopolitisme du XVIIIe s. et écrivit de nombreux ouvrages en français (*Mémoires et mélanges historiques*).

Ligné (44850), ch.-l. de c. de la Loire-Atlantique (arr. d'Ancenis) ; 1 664 h.

Phot. Jacques Six, Lido, Rödle.

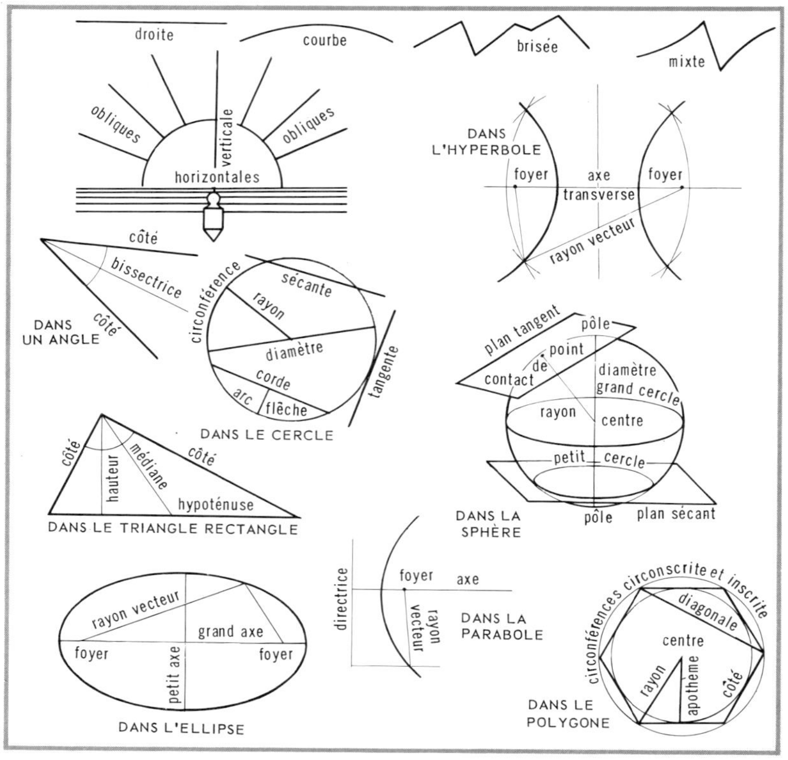

lignes

lilas

Ligurie
San Remo

lignée [liɲe] n. f. Descendance, race : *laisser une nombreuse lignée.*

lignerolle [liɲərɔl] n. f. Petite ligne, un peu plus grosse que le fil à voiles.

ligneul n. m. (lat. pop. *lineolum*). Fil enduit de poix, à l'usage des cordonniers et des bourreliers.

ligneux, euse [liɲø, -øz] adj. (du lat. *lignum,* bois). De la nature du bois : *tige ligneuse.* (Se dit des arbustes et des arbrisseaux, par oppos. à *herbacé.*) ‖ Qui appartient au bois : *vaisseau ligneux ; fibre ligneuse.*

lignicole [liɲikɔl] adj. Qui habite dans le bois mort : *insectes lignicoles.*

Lignières (18160), ch.-l. de c. du Cher (arr. de Saint-Amand-Mont-Rond) ; 1 856 h. Eglise (XIIe-XVIe s.). Château du XVIIe s.

lignification n. f. Phénomène par lequel les membranes de certaines cellules végétales s'imprègnent de *lignine* et prennent une apparence ligneuse.

lignifié [liɲifje], **e** adj. Imprégné de lignine.

lignifier (se) v. pr. Se changer en bois.

lignine [liɲin] n. f. Substance organique qui imprègne les cellules, les fibres et les vaisseaux du bois, et les rend imperméables et inextensibles.

lignite [liɲit] n. m. (du lat. *lignum,* bois). Roche combustible contenant 70 p. 100 de carbone, ayant souvent l'aspect du bois fossile. (Le lignite a une valeur calorifique trois fois moindre que celle de la houille.)

lignocaïne n. f. Anesthésique local, s'exerçant à la fois sur les surfaces muqueuses et dans la profondeur.

lignomètre n. m. *Arts graph.* Règle graduée servant, en typographie, à compter les lignes de composition.

Lignon (le), riv. du Forez, affl. de la Loire (r. g.) ; 59 km. Il fut illustré par *l'Astrée.*

Ligny, comm. de Belgique (Namur) ; 2 000 h. Napoléon Ier y battit les Prussiens de Blücher le 16 juin 1815.

Ligny-en-Barrois (55500), ch.-l. de c. de la Meuse (arr. de Bar-le-Duc), sur l'Ornain ; 6 258 h. (*Linéens*). Verres de lunettes. Chaussures.

Ligny-le-Châtel (89230 Pontigny), ch.-l. de c. de l'Yonne (arr. d'Auxerre), sur le Serein ; 962 h. (*Linéens*). Eglise (XIIe-XVIe s.). Restes de remparts.

ligot [ligo] n. m. Petite botte de bûchettes enduites de résine à un bout, pour allumer le feu.

ligotage n. m. Action de ligoter.

ligoter [ligɔte] v. t. (du lat. *ligare,* lier). Attacher solidement.

ligue [lig] n. f. (ital. *liga ;* du lat. *ligare,* lier). Union formée entre plusieurs princes ; confédération entre plusieurs Etats. ‖ Association de citoyens en vue d'une action déterminée : *Ligue des droits de l'homme.* ● *La Ligue,* confédération des catholiques, en France, à la fin du XVIe s.

Ligue (*Sainte*) ou la **Ligue,** confédération catholique fondée par le duc de Guise en 1576 pour défendre la religion catholique contre les calvinistes et, par contre-coup, pour renverser Henri III et placer les Guises, chefs des *ligueurs,* sur le trône de France. Henri IV, en abjurant le calvinisme, mit fin à la Ligue, discréditée par son alliance avec Philippe II d'Espagne.

Ligue arabe. V. ARABE (*Ligue*).

Ligue française de l'enseignement. V. ENSEIGNEMENT (*Ligue française de l'*).

Ligueil (37240), ch.-l. de c. d'Indre-et-Loire (arr. de Loches) ; 2 302 h. (1 833 aggl.). Eglise (XIIe-XVe s.).

liguer v. t. Unir dans une même ligue, coaliser. ‖ — **Se liguer** v. pr. Former une ligue.

ligueur, euse n. Membre d'une ligue. ‖ Personne qui faisait partie de la Ligue sous Henri III et Henri IV.

Ligugé (86240), comm. de la Vienne (arr. de Poitiers), sur le Clain ; 1 675 h. (1 298 aggl.). Le premier monastère français y fut fondé en 361 par saint Martin ; auj. abbaye bénédictine. Textiles.

ligule [ligyl] n. f. (lat. *ligula,* languette). Petite lame saillante que porte la feuille, chez les graminacées, à la jonction du limbe et de la gaine.

ligulé, e adj. Se dit des fleurs dont les pétales sont tous soudés en une seule languette (*ligule*). [Dans la famille des composées, l'inflorescence est faite uniquement de fleurs ligulées chez les *liguliflores* et ne présente de fleurs ligulées que sur le pourtour chez les *radiées.*]

liguliflores n. f. pl. Sous-famille de composées dont les capitules comportent des fleurs toutes semblables, à corolle en languette à cinq dents, comme le *pissenlit,* la *chicorée,* le *salsifis.* ‖ Sing. une *liguliflore.*

Liguori. V. ALPHONSE-MARIE DE LIGUORI (*saint*).

Ligures, peuple ancien établi sur la côte méditerranéenne entre Marseille et La Spezia, réduit par les Romains au début du IIe s. av. J.-C.

Ligurie, région du nord de l'Italie, sur le golfe de Gênes, correspondant aux *provinces de Gênes,* d'*Imperia,* de *Savone* et de *La Spezia ;* 1 859 400 h. (*Liguriens*).
● *Géographie.* La région a un relief accidenté, correspondant à l'extrémité nord-ouest de l'Apennin (*Apennin ligure*), et qui retombe brutalement sur un littoral jalonné de terrasses et de plaines deltaïques discontinues. Abritée, la côte bénéficie d'un climat doux (à Gênes, les moyennes thermiques mensuelles oscillent entre 8 et 24 °C), aux précipitations assez abondantes (environ 1 250 mm), avec un minimum estival. C'est là que se concentre la vie humaine. Les cultures (fleurs, légumes) occupent les parties basses et les premières pentes des versants. Le tourisme anime de nombreuses stations (San Remo). L'activité industrielle est surtout développée dans l'agglomération de Gênes*, qui regroupe près de la moitié de la population de la province, ce qui explique la forte densité moyenne (350 h. au kilomètre carré).

ligurien [ligyrjɛ̃], **enne** [-ɛn] adj. et n. De la Ligurie.

Ligurienne (*république*), Etat substitué à la république de Gênes en 1797 et incorporé à l'Empire français en 1805.

Li Hong-tchang, homme d'Etat chinois, né dans le Ho-pei (1823-1901). Il négocia les traités de T'ien-tsin (1884) et de Shimonoseki (1895), et réconcilia en 1900 la Chine avec les grandes puissances occidentales.

Likasi, anc. **Jadotville,** v. du Zaïre dans le sud du pays ; 102 200 h.

lilas [lilɑ] n. m. (du persan *lilac*). Arbuste originaire du Moyen-Orient, cultivé pour ses grappes de fleurs mauves ou blanches, odorantes. (Famille des oléacées.) ‖ La fleur elle-même. ‖ — Adj. inv. Mauve : *robe lilas.*

Lilas (LES) [93260], comm. de la Seine-Saint-Denis (arr. de Bobigny) ; 16 314 h. (*Lilasiens*).

liliacées n. f. pl. (du lat. *lilium,* lis). Importante famille de plantes monocotylédones, comprenant plus de 2 000 espèces d'herbes vivaces dont la fleur présente six pièces périanthaires colorées (tépales), six étamines, un ovaire libre à trois loges. (Les principaux types sont la tulipe, le lis, la scille, l'ornithogale, l'ail, l'oignon, le poireau, l'endymion, la jacinthe, l'hémérocalle, l'aphyllanthes, le sceau-de-salomon, le muguet, l'asperge, le fragon, le smilax.) ‖ Sing. une *liliacée.*

lilial [liljal], **e, aux** [-o] adj. Relatif au lis : *blancheur liliale.*

Liliencron (Detlev, *baron* VON), écrivain allemand, né à Kiel (1844-1909). Auteur du poème *Chevauchées d'un aide de camp* (1883) et de *Nouvelles de guerre* (1895), il survit surtout grâce à son épopée humoristique *Poggfred* (1896-1898).

Lilienthal (Otto), ingénieur allemand, né à Anklam (1848-1896). Il fut un des pionniers du vol à voile (1891-1896), dont l'idée lui fut donnée par l'observation des oiseaux. Il se jetait dans le vide, muni de larges surfaces alaires. Il se tua au cours de sa 2 000e glissade aérienne.

liliiflores n. f. pl. Ordre de plantes monocotylédones comprenant environ 5 000 espèces réunies dans les familles des liliacées, des iridacées, des amaryllidacées, des dioscoréacées et des joncacées. (Ces plantes se caractérisent notamment par leur périanthe, souvent formé de deux verticilles de pièces colorées appelées *tépales.*)

Lille, ch.-l. du dép. du Nord, sur la Deûle, à 223 km au nord de Paris ; 194 948 h. (*Lillois*). Evêché. Université. Faculté catholique. Musées. Cité commerciale (foire internationale), financière (Bourse), intellectuelle (université), industrielle (métallurgie, chimie, textiles). Lille est le centre d'une agglomération voisine de 500 000 h. (près de 900 000 h. avec Roubaix et Tourcoing). Elle bénéficie aussi de la suppression partielle de la frontière avec la Belgique, de l'achèvement de l'autoroute du Nord, qui la relie à Paris, et de sa promotion au rang de métropole régionale. Toutefois, elle souffre de la prédominance d'industries à faible taux de développement (grosse métallurgie) ou même en crise (textiles) et d'un environnement aujourd'hui moins dynamique (déclin de l'extraction de la houille). Entre 1954 et 1968, la population de l'agglomération s'est accrue de moins de 20 p. 100. — L'arr. a 22 cant., 128 comm., 1 057 690 h.
● *Histoire.* Dès le XIe s., Lille se présente à la fois comme une ville fortifiée et comme une place de commerce. Capitale des comtes de Flandre, elle reçoit une charte en 1066 ; elle est déjà alors une grande cité drapière. Disputée par les Flamands et les rois de France aux XIIIe et XIVe s., elle devient, en 1383, l'une des capitales des ducs de Bourgogne. En 1477, elle passe à

Phot. Lauros - Atlas-Photo, E. N. I. T.

l'Espagne ; Louis XIV la conquiert en 1667 et Vauban la fortifie aussitôt. En 1792, la ville, qui est la capitale de la Flandre wallonne, soutient victorieusement le siège des Autrichiens. Chef-lieu du département du Nord en 1804, centre industriel (coton, lin, métallurgie) de première catégorie, centre universitaire, Lille joue au XIXe s. un rôle important dans la vie économique de la France. En 1914, la ville est prise par les Allemands après un bombardement qui dévaste le quartier du centre ; en juin 1940, elle est l'enjeu d'une des batailles les plus meurtrières de la campagne de France.
● *Beaux-arts.* De son passé, la ville conserve quelques monuments, comme l'église Saint-Maurice (XIVe-XVe s.), l'ancienne Bourse (XVIIe s.), la citadelle construite par Vauban. Le musée des Beaux-Arts est l'un des plus riches de France (écoles flamande, hollandaise, espagnole, etc.).

Lillebonne (76170), ch.-l. de c. de la Seine-Maritime (arr. du Havre) ; 9 758 h. (*Lillebonnais*). Donjon du XIIIe s. Textiles. Caoutchouc. Vestiges de l'antique *Juliobona* (théâtre).

Lillers [-ɛr] (62190), ch.-l. de c. du Pas-de-Calais (arr. de Béthune) ; 9 560 h. (7 975 aggl.) [*Lillerois*]. Eglise romane (XIIe s.). Métallurgie. Bonneterie.

Lilliput [-pyt], pays imaginaire où aborde Gulliver, dans *les Voyages de Gulliver*, de Swift ; les hommes n'y ont pas plus de six pouces de haut.

lilliputien [lilipysjɛ̃], **enne** [-ɛn] adj. et n. (de *Lilliput*). De très petite taille.

Lillo (George), auteur dramatique anglais, né à Londres (1693-1739). Le succès de ses drames moraux et bourgeois (*le Marchand de Londres ou Histoire de George Barnwell,* 1731 ; *Marina,* 1738) encouragea Diderot à tenter en France une expérience analogue.

Li Long-mien, un des maîtres de la peinture chinoise (v. 1040-1106). Ses portraits lui valurent une grande renommée.

Lilybée, v. carthaginoise de l'anc. Sicile. (Auj. *Marsala.*)

Lima, cap. du Pérou, sur le río Rimac, près du Pacifique ; 1 716 000 h. Fondée en 1535 par Pizarro, la ville s'est considérablement développée au XIXe s. Elle comptait à peine 150 000 h. en 1900. Aujourd'hui, dans son aire métropolitaine, qui englobe le port de Callao, elle regroupe plus du sixième de la population péruvienne. A la traditionnelle fonction commerciale et intellectuelle (université San Marcos) s'est ajoutée l'industrie (produits alimentaires et textiles, constructions mécaniques).

limace [limas] n. f. (lat. *limax*). Mollusque gastropode, dont la petite coquille est cachée sous le manteau : *la limace commune dévaste les jardins.*

limaçon [limasɔ̃] n. m. Nom usuel de l'*escargot.* ‖ *Anat.* Partie de l'oreille interne, enroulée en spirale comme une coquille d'escargot, où l'on distingue : le *limaçon osseux,* cavité creusée dans l'os, et le *limaçon membraneux,* contenu dans le précédent et portant les récepteurs auditifs ou organes de Corti.

limage [limaʒ] n. m. Action ou manière de limer.

Limagnes (les), petites plaines du Massif central, drainées par l'Allier et constituant le cœur de l'Auvergne. Ce sont de petits fossés tectoniques, sites de la vie urbaine (Clermont-Ferrand, Brioude, Riom, Issoire, etc.), reliés entre eux par des gorges. On distingue généralement la *Limagne de Brioude,* la *Limagne d'Issoire* et la *Limagne de Clermont,* ou *Grande Limagne.* (Le nom de Limagne est parfois d'ailleurs réservé à cette dernière.)

limaille [limɑj] n. f. Parcelles de métal détachées par le frottement de la lime : *limaille de fer.*

liman [limɑ̃] n. m. (du gr. *leimon,* terrain humide). Lagune constituée par un cordon littoral fermant un estuaire : *la côte à limans de la mer Noire.*

limande [limɑ̃d] n. f. Poisson plat comestible, vivant dans la Manche et l'Atlantique. (Long. 40 cm ; famille des pleuronectidés.)

limace ▲ ▼ limande

Limassol, port de Chypre ; 47 000 h.

Limay (78520), ch.-l. de c. des Yvelines (arr. de Mantes-la-Jolie), sur la Seine ; 6 615 h. (*Limayens*). Eglise Saint-Aubin (XIIe-XVIe s.).

limbaire adj. *Bot.* Relatif au limbe d'une corolle.

limbe [lɛ̃b] n. m. (lat. *limbus,* bord). Bord extérieur et gradué d'un cercle, d'un théodolite, d'un instrument de mesure. ‖ Bord d'un astre. ‖ *Bot.* Partie élargie de la feuille. ‖ Partie étalée d'un pétale ou d'un sépale.

limbes n. m. pl. *Théol.* Séjour des âmes des justes avant la venue de Jésus-Christ, et de celles des enfants morts sans baptême. ‖ *Fig.* Etat vague : *les limbes de la pensée.*

Limbourg, en néerl. **Limburg,** prov. du nord-ouest de la Belgique ; 638 600 h. ; ch.-l. *Hasselt ;* 3 arr. (*Hasselt, Maaseik, Tongres*). Le Nord correspond partiellement au bassin houiller de la Campine. Il est fortement industrialisé (sidérurgie et construction automobile à Genk, traitement des métaux non ferreux ou chimie à Lommel, à Overpelt, etc.), bénéficiant aussi de la desserte du canal Albert. Le Sud prolonge la Hesbaye limoneuse. La grande culture céréalière et betteravière y domine.

Limbourg, prov. méridionale des Pays-Bas ; 980 300 h. Ch.-l. *Maastricht.*

Limbourg (Pol, Hennequin et Hermann), peintres français du début du XVe s. Ils enluminèrent les *Très Riches Heures du duc de Berry* (musée de Chantilly).

lime [lim] n. f. (lat. *lima*). Outil d'acier trempé, de formes diverses, dont la surface est entaillée de dents, et qui sert à détacher par frottement des parcelles de matière. ‖ *Zool.* Mollusque lamellibranche commun dans les mers.

Lima

lime ou **limette** [limɛt] n. f. (arabe *lima*). Petit citron.

Limeil-Brévannes (94450), comm. du Val-de-Marne (arr. de Créteil) ; 11 456 h. Centre hospitalier.

limer v. t. (lat. *limare*). Polir, dégrossir, etc., avec la lime. ‖ *Fig.* Polir, retoucher : *limer des vers.*

Limerick, en gaél. **Luimneach,** port de la république d'Irlande (Munster), au début de l'estuaire du Shannon ; 55 900 h.

limes [limɛs] n. m. (mot lat. signif. *chemin* et *limite*). Sous l'Empire romain, zone de fortifications plus ou moins continue bordant la frontière d'une province.

limeur, euse n. et adj. Celui, celle qui se sert de la lime.

limicole [limikɔl] adj. (lat. *limus,* fange, et *colere,* habiter). Qui habite les marécages.

limier [limje] n. m. (de l'anc. fr. *liem,* celui qu'on mène à la laisse). Gros chien de chasse, avec lequel le veneur quête et détourne la bête. ‖ *Fam.* Policier : *un fin limier.*

liminaire [liminɛr] adj. (du lat. *limen, liminis,* seuil). Qui est au début d'un livre, d'un poème : *pensée liminaire.*

liminal, e, aux adj. (du lat. *limen,* seuil). Qui concerne le seuil ou le point de départ de quelque chose : *la psychophysique étudie l'excitation liminale.*

limitable adj. Susceptible d'être limité.

limitatif, ive adj. Qui limite : *clause limitative.*

limitation n. f. Fixation, restriction : *obtenir un congé sans limitation de temps.*

limite [limit] n. f. (lat. *limes, limitis*). Ligne qui marque la fin d'une étendue : *limite de la mer.* ‖ Ligne commune à deux Etats ou à deux terrains contigus. ‖ Borne d'une action, d'une influence : *toute puissance a des limites.* ‖ *Math.* Valeur fixe dont une grandeur variable devient et reste aussi voisine qu'on le veut. ● *Limite d'âge,* âge au-delà duquel on ne peut exercer une fonction. ‖ *Limite d'élasticité* (Mécan.), contrainte ou charge au-delà de laquelle les déformations qu'elle entraîne pour une pièce deviennent permanentes et dangereuses. (On dit aussi LIMITE ÉLASTIQUE.) ‖ — Adj. Que l'on ne peut dépasser : *prix limite.*

limité, e adj. Qui ne doit durer qu'un certain temps : *congé limité.*

limiter v. t. Donner des limites : *limiter un pays.* ‖ Former la limite de : *les Pyrénées limitent la France au sud-ouest.* ‖ *Fig.* Restreindre dans certaines limites : *limiter ses dépenses.*

limiteur n. m. *Technol.* Dispositif ayant pour objet d'empêcher qu'une grandeur, par sa variation au-delà d'une certaine valeur, puisse avoir des conséquences dangereuses.

limitrophe [limitrɔf] adj. Qui est sur les limites : *le Portugal est limitrophe de l'Espagne.*

limivore adj. Se dit des animaux qui prélèvent leur nourriture dans la vase marine ou fluviale.

limnée [limne] n. f. Mollusque gastropode d'eau douce, à coquille spiralée et pointue, et à respiration pulmonaire. (Long. jusqu'à 5 cm.)

limnologie [limnɔlɔʒi] n. f. (gr. *limnê,* lac, et *logos,* science). Science qui étudie tous les phénomènes physiques et biologiques se rapportant aux lacs.

limogeage [limɔʒaʒ] n. m. *Fam.* Action de limoger.

limoger [limɔʒe] v. t. (de la ville de *Limoges*). *Fam.* Priver un officier, un fonctionnaire de son emploi.

Limoges, ch.-l. du dép. de la Haute-Vienne, sur la Vienne, à 375 km au sud de Paris ; 135 917 h. (*Limougeauds*). Evêché. Académie. La ville actuelle résulte de la fusion (à la fin du XVIIIe s.) de deux agglomérations

Lille

Limoges

Phot. Alain Perceval, X, Lauros - Atlas-Photo, X, Geay-Lauros - Atlas-Photo.

longtemps rivales : l'ancienne *Cité,* établie sur la rive droite de la Vienne, autour de la cathédrale, et dominée par la *Ville,* qui reste la partie la plus active. L'industrie de la porcelaine a atteint son apogée durant la deuxième moitié du XIXe s. et a connu une renommée mondiale. Elle a subi un certain déclin, tout en conservant une production de qualité. L'évolution a été identique pour la chaussure. L'expansion de la ville est recherchée par le développement d'autres branches (constructions mécaniques et électriques, industries du bois). Patrie de Vergniaud, Jourdan, Bugeaud, Sadi Carnot, A. Renoir. — L'arr. a 16 cant., 109 comm., 250 095 h.

● *Beaux-arts.* Le musée national Adrien-Dubouché possède une remarquable collection de porcelaines. Le musée municipal conserve des émaux limousins du XIIe s. à nos jours. La ville possède des vestiges d'arènes gallo-romaines et d'un amphithéâtre, un pont du XIIIe s., la cathédrale Saint-Etienne (XIIIe-XVIe s.) dont le chœur date du gothique flamboyant, l'église Saint-Michel-des-Lions (XIVe-XVIe s.).

Limogne (46260), ch.-l. de c. du Lot (arr. de Cahors), près du *causse de Limogne ;* 614 h. (328 aggl.).

limon [limɔ̃] n. m. (du lat. *limus*). Roche sédimentaire détritique, de granulométrie intermédiaire entre celles des sables et des argiles, constituant des sols légers et fertiles lorsque la teneur en calcaire est suffisante (lœss*).

limon n. m. (de l'arabe *lima*). Citron juteux.

limon n. m. (empr. au gaul.). Chacune des deux branches de la limonière d'une voiture. ‖ *Constr.* Pièce de bois, de métal ou de pierre, taillée en biais, qui supporte la balustrade et les marches d'un escalier.

Limón (José), danseur et chorégraphe américain d'origine mexicaine, né à Culiacán (Sinaloa) [1908-1972]. Ayant abandonné la carrière de peintre, il est devenu un des plus importants danseurs américains contemporains et un pédagogue réputé. Directeur de sa propre compagnie et de son école, il est l'auteur de : *The Moor's Pavane* (1949), *There is a Time* (1956), *Missa Brevis* (1958), *The Winged* (1967), *Orfeo et Carlota* (1972).

limonade n. f. Boisson acidulée, composée de suc de citron ou de limon, d'eau et de sucre : *limonade gazeuse.*

limonadier, ère n. Commerçant en boissons au détail, généralement consommées sur place.

limonage n. m. Action de couvrir de limon des terres incultes pour les engraisser et les rendre productives. (On dit aussi LIMONEMENT.)

limonène [limɔnɛn] n. m. Carbure d'hydrogène, de la famille des terpènes.

Limonest [-nɛ] (69760), ch.-l. de c. du Rhône (arr. de Lyon), près de la Saône ; 1 915 h. (763 aggl.).

limoneux, euse adj. Plein de boue, de limon : *terrain limoneux.*

limonier [limɔnje] n. m. et adj. Cheval qu'on met aux limons.

limonier n. m. Sorte de citronnier.

limonière n. f. Brancard d'une voiture, formé de deux longues pièces de bois. ‖ Voiture à quatre roues, qui a un brancard à deux limons.

limonite [limɔnit] n. f. (de *limon*). Oxyde ferrique naturel hydraté, de couleur rouille ou ocre jaune, abondant dans les minerais oolithiques de Lorraine.

limoselle [limozɛl] n. f. Plante vivant dans les endroits humides. (Famille des scrofulariacées.)

Limosin, famille d'émailleurs français originaires de Limoges. Les plus connus sont : FRANÇOIS, JEAN, JOSEPH, MARTIN et LÉONARD Ier (v. 1505-1577), le plus marquant, à qui l'on doit la série des *Douze Apôtres,* des portraits, en tout plus de 1 800 pièces. Formé à Fontainebleau par le Primatice, il dirigea la manufacture royale des émaux de Limoges. — LÉONARD II (v. 1550-v. 1625), fils de Martin, émailleur en noir, fut un bon technicien.

Limours [-mur] (91470), ch.-l. de c. de l'Essonne (arr. de Palaiseau) ; 2 347 h. (*Limouriens*).

limousin [limuzɛ̃], **e** [-in] adj. et n. De Limoges ou du Limousin.

limousin n. m. Ouvrier maçon.

Limousin (le), partie nord-ouest du Massif central. Au centre, la « Montagne », partie la plus élevée (978 m au plateau de Millevaches), est un pays de landes d'ajoncs et de bruyères, en voie de dépeuplement ; c'est un domaine d'élevage ovin extensif. A la périphérie s'étendent des plateaux granitiques, valorisés aujourd'hui par l'élevage bovin et entaillés par de profondes vallées (Vienne, Creuse, Vézère, Corrèze), sites des principales villes (Tulle, Uzerche, Guéret et surtout Limoges, qui, seule, dépasse 30 000 h.). Le sous-sol fournit environ la moitié de la production française d'uranium (traitement à Bessines-sur-Gartempe du minerai extrait à La Crouzille). — Le nom désigne une région de programme groupant les départements suivants : Corrèze, Creuse et Haute-Vienne.

● *Histoire.* L'ancien pays des Lémovices, occupé par les Romains au Ier av. J.-C., fut évangélisé dès le IIIe s. apr. J.-C. par saint Martial. D'abord dans la mouvance de l'Aquitaine, le Limousin entra au XIIe s. dans le domaine anglo-angevin. Perdu par les Anglais au XIVe s., il ne fut définitivement rattaché à la Couronne qu'en 1607, par Henri IV. L'intendance du Limousin connut au XVIIIe s. deux remarquables titulaires : Tourny (1730-1743) et Turgot (1761-1774).

limousinage n. m. (de *Limousin* n. pr.). Maçonnerie faite de moellons réunis par du mortier.

Limousin
les monts de Châlus

limousine n. f. (fém. de *Limousin*). Manteau de laine commune que portent les bergers limousins. ‖ Anc. carrosserie automobile où seuls les voyageurs de l'arrière sont complètement protégés, les places avant n'étant abritées que par le pare-brise.

limousiner v. t. Construire en limousinage : *limousiner un mur.*

Limoux (11300), ch.-l. d'arr. de l'Aude, sur l'Aude ; 11 329 h. (9 150 aggl.) [*Limouxins*]. Vin blanc mousseux, la *blanquette de Limoux.* Chaussures. — L'arr. a 8 cant., 150 comm., 46 543 h.

limpide [lɛ̃pid] adj. (lat. *limpidus*). Dont la transparence n'est troublée par rien : *une eau limpide.* ‖ Pur, brillant : *œil limpide.* ‖ *Fig.* Exempt d'obscurité : *style limpide.*

limpidité n. f. Qualité de ce qui est limpide : *limpidité de l'eau, du regard.*

Limpopo (le), fl. de l'Afrique australe, tributaire de l'océan Indien ; 1 600 km.

limule [limyl] n. m. (orig. inconnue). Articulé marin (mer des Antilles, Pacifique), atteignant 30 cm de long, comestible, appelé à tort (car ce n'est pas un crustacé) *crabe des Moluques.*

lin [lɛ̃] n. m. (lat. *linum*). Plante herbacée, type de la famille des linacées, cultivée soit pour ses graines, soit pour ses fibres. (La graine fournit une farine dont on fait des cataplasmes émollients et une huile siccative employée pour la préparation des peintures, des vernis ainsi que pour la fabrication des linoléums ; le tourteau, sous-produit de l'extraction de l'huile, est utilisé pour l'alimentation du bétail. La culture du lin pour ses fibres se pratiquait surtout dans le nord de la France. Après une diminution de 50 p. 100 en un siècle, due en particulier à la concurrence d'autres fibres textiles, notamment synthétiques, une certaine reprise se manifeste, facilitée par la réputation des lins français.) [V. *encycl.*] ‖ Toile faite avec les fibres de cette plante.

— ENCYCL. Le *lin* produit une fibre textile qui est très appréciée en raison de ses qualités de résistance et d'usage. Arrachées mécaniquement et séchées sur le terrain, les tiges sont engrangées, puis battues pour en extraire les graines. Elles sont alors soumises au traitement du *rouissage* et du *teillage,* qui permet d'en extraire les fibres. Fondé sur des réactions de chimie biologique, le rouissage met en œuvre des bactéries qui sécrètent certaines enzymes agissant sur les matières pectiques pour les solubiliser. Il se fait suivant diverses techniques : *à terre,* en exposant pendant quelques semaines les tiges de lin sur le sol ; *à l'eau courante,* en plongeant quelques jours les tiges dans des rivières ; enfin, *en cuve,* en immergeant les tiges de lin dans de grands bacs en béton. Le teillage est une action purement mécanique, qui, par des chocs violents appliqués sur les tiges de lin, sépare les faisceaux fibreux des autres parties végétales (écorce et bois). On obtient ainsi le lin teillé, qui est directement utilisé par les filatures. Le lin est utilisé pour le tissage de toiles soit pur, soit en combinaison avec le coton (tissus métis). Il est aussi employé pour la fabrication de fils à coudre.

Lin (*saint*) [m. en 76], pape de 67 à 76. — Fête le 23 septembre.

linacées [linase] n. f. pl. Famille de plantes dicotylédones qui a pour type le *lin.*

linaigrette [linɛgrɛt] n. f. Plante des marais aux petits fruits secs entourés d'une houppe cotonneuse. (Famille des cypéracées.)

linaire [linɛr] n. f. (de *lin* [les feuilles de certaines espèces ressemblant à celle du lin]). Plante herbacée dont les fleurs portent un éperon. (Famille des scrofulariacées.)

Linares, v. d'Espagne (Andalousie) ; 60 100 h. Mine et fonderie de plomb.

Linas (91310 Montlhéry), comm. de l'Essonne (arr. de Palaiseau), près de Montlhéry ; 2 552 h. Autodrome dit « de Montlhéry » ; laboratoire d'essais routiers.

linceul [lɛ̃sœl] n. m. (lat. *linteolus,* petit morceau de toile de lin). Toile dans laquelle on ensevelit les morts. ‖ *Fig.* Ce qui enveloppe : *un linceul de neige.*

linçoir [lɛ̃swar] n. m. Solive parallèle à un mur d'appui, et sur laquelle viennent s'assembler les solives du plancher.

Lincoln, v. des Etats-Unis, cap. du Nebraska ; 141 000 h. Université.

Lincoln, v. d'Angleterre, ch.-l. du *Lincolnshire ;* 77 000 h. Sa cathédrale (XIIIe s.) est le plus bel exemple de l'architecture ogivale anglaise dans sa première période (sculptures du XIIIe s.). Industries diverses.

Lincoln (Abraham), homme d'Etat américain, né près de Hodgenville (Kentucky) [1809-1865]. Il combattit les Indiens (1832), fut député de l'Illinois (1834-1842) et avocat (1837). Sénateur (1847-1849), il soutint les abolitionnistes et se rendit célèbre par le discours qu'il prononça en 1854 contre l'extension de l'esclavage aux Etats du Nord-Ouest. Il adhéra au nouveau parti républicain en 1856 et fut choisi comme candidat à la présidence de l'Union en 1860. Son élection provoqua la sécession des Etats du Sud (1861). Après s'être efforcé vainement d'éviter la guerre civile, il proclama l'émancipation des esclaves (1863). Réélu en 1864, il fut assassiné par un fanatique cinq jours après la victoire nordiste.

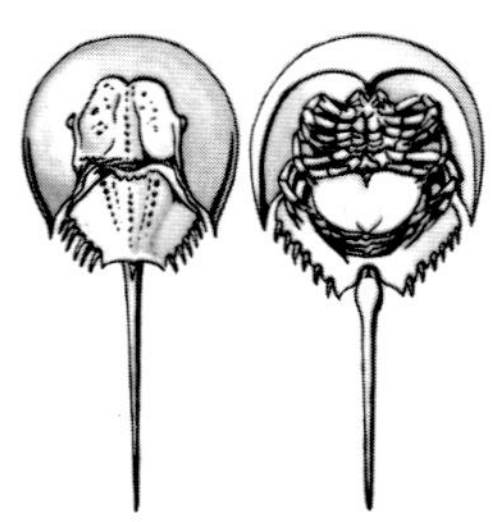

limule

lin

Lincoln

Phot. X, Larousse.

Lindbergh atterrissant à Londres en 1927

Max Linder dans une scène de « Sept Ans de malheur »

Lindau, v. de l'Allemagne occidentale (Bavière), dans une île du lac de Constance ; 23 600 h. Centre touristique.

Lindbergh (Charles), aviateur américain, né à Detroit (1902-1974). A bord de son appareil monoplan, le *Spirit of Saint Louis,* il réussit, seul à bord, la première traversée sans escale de l'Atlantique (20-21 mai 1927), d'Amérique en France (5 800 km en 33 h 30 mn).

Linde (Karl VON), inventeur et industriel allemand, né à Berndorf (Franconie) [1842-1934]. Son nom est resté attaché aux recherches fondamentales sur les très basses températures. On lui doit la première machine de réfrigération à compression et la liquéfaction de l'air par compression et détente avec refroidissement intermédiaire.

Lindemann (Ferdinand VON), mathématicien allemand, né à Hanovre (1852-1939). Il démontra en 1882 la transcendance du nombre π, mettant ainsi un point final à la controverse de la quadrature du cercle.

Linder (Gabriel LEUVIELLE, dit **Max**), acteur de cinéma français, né à Saint-Loubès (Gironde) [1883-1925]. Il fut le premier grand acteur comique du cinéma français et tourna de nombreux courts métrages, et quelques longs métrages parmi lesquels *Sept Ans de malheur* (1921) et *l'Etroit Mousquetaire* (1922).

Lindet (Robert), homme politique français, né à Bernay (1746-1825). Conventionnel, il rédigea le « Rapport sur les crimes imputés à Louis Capet ».

Línea (LA), v. d'Espagne (Andalousie) ; 60 700 h. Centre commercial à la frontière du territoire de Gibraltar.

linéaire [lineɛr] adj. (du lat. *linea,* ligne). Qui se rapporte aux lignes. ‖ Se dit d'une mesure de longueur par oppos. à *mesure de superficie* ou *de volume : mesures linéaires.* ‖ *Electr.* Se dit d'un élément qui obéit à la loi d'Ohm. (Dans une résistance linéaire, la chute de tension est proportionnelle à l'intensité du courant qui la parcourt.) ‖ *Math.* Dont la variation peut être représentée par une ligne droite. ‖ Se dit d'un style d'écriture musicale qui relève du contrepoint. ● *Amortissement linéaire,* amortissement d'un prêt au moyen de versements réguliers (mensuels ou trimestriels) d'un montant égal pendant toute la période de remboursement. ‖ *Dessin linéaire,* dessin où les lignes, les traits sont seuls marqués. ‖ *Equation différentielle linéaire,* équation différentielle dans laquelle la fonction inconnue et ses dérivées ne figurent qu'au premier degré. ‖ *Expression linéaire par rapport à une lettre,* expression dans laquelle cette lettre n'entre qu'au premier degré. ‖ *Fonction linéaire,* fonction dont chacune des variables n'y figure qu'au premier degré, les produits des variables entre elles étant également exclus. ‖ *Forme linéaire de plusieurs variables,* fonction homogène et du premier degré par rapport à ces variables. ‖ *Moteur linéaire,* moteur électrique destiné à mouvoir un véhicule, dont l'induit est fixe, tandis que l'inducteur, monté sur le véhicule, se déplace parallèlement à l'induit.

linéal [lineal], **e, aux** [-o] adj. Relatif aux lignes d'un dessin.

linéament n. m. (du lat. *linea,* ligne). Trait, ligne délicate qu'on observe sur le visage. ‖ Premier rudiment d'un être ; première trace d'une chose : *les linéaments d'un dessin.*

linéature n. f. En télévision, nombre de lignes contenues dans une image complète.

Line Islands (« îles de la Ligne [l'équateur] »). V. SPORADES ÉQUATORIALES.

liner [lajnœr] n. m. (mot angl.). Paquebot de grande ligne.

Ling (Per Henrik), poète suédois, né à Ljunga (1776-1839). Auteur de poèmes épiques et de drames, il fut également le fondateur de la *gymnastique suédoise.*

linge [lɛ̃ʒ] n. m. (du lat. *lineus,* de lin). Etoffe de coton, de lin, de Nylon, etc., servant aux divers usages de toilette, d'hygiène, de ménage, etc. ● *Etre blanc comme un linge,* être très pâle.

linger [lɛ̃ʒe], **ère** [-ɛr] adj. et n. Qui fabrique ou vend du linge.

lingère n. f. Ouvrière assurant l'entretien et la réparation du linge d'une maison.

lingerie n. f. Commerce de linge. ‖ Lieu où l'on range le linge. ‖ Ensemble des diverses pièces composant les sous-vêtements d'une personne.

Lingolsheim (67380), comm. du Bas-Rhin (arr. d'Erstein) ; 8 287 h.

Lingons, anc. peuple de la Gaule, dans le pays de Langres.

lingot [lɛ̃go] n. m. Morceau de métal solidifié après fusion : *lingot d'or.* ‖ Projectile cylindrique. ‖ *Arts graph.* Chacune des pièces de métal servant à remplir les blancs d'une forme.

lingotière n. f. Moule dans lequel on coule le métal en fusion pour en faire un lingot.

lingual [lɛ̃gwal], **e, aux** [-o] adj. (du lat. *lingua,* langue). Qui a rapport à la langue : *muscle lingual.* ● *Consonnes linguales,* ou, substantiv., *linguales,* celles qu'on articule avec la langue : *d, t, l, n, r.*

linguatule [-gwatyl] n. f. Animal articulé voisin des arachnides, apode, parasite des cavités respiratoires de certains vertébrés. (Long. 10 cm.)

linguiste [lɛ̃gɥist] n. Spécialiste de linguistique.

linguistique adj. (du lat. *lingua,* langue). Relatif à l'étude scientifique du langage humain et des langues.

linguistique n. f. Science du langage humain. ‖ Etude scientifique des langues, en particulier étude des phénomènes intéressant leur évolution et leur développement, leur répartition dans le monde, leurs rapports entre elles, etc.

— ENCYCL. On distingue : la *linguistique descriptive,* qui décrit les langues existantes et énonce les méthodes de description ; la *linguistique historique,* qui a aussi un objectif méthodologique ; enfin, la *linguistique générale,* qui cherche à établir une typologie des langues, en étudiant les conditions de fonctionnement sur un état donné (*linguistique synchronique*) et dans une évolution (*linguistique diachronique*). La linguistique, dont le développement est récent, malgré l'ancienneté de certaines recherches, a eu recours à divers modèles explicatifs apparus à différentes époques, et qui paraissent avoir aujourd'hui diverses puissances explicatives. Ce sont en particulier le modèle *distributionnel* (Bloomfeld), qui étudie la distribution des éléments dans une langue, et le modèle *structural,* qui définit les éléments situés à un niveau donné de l'énoncé (par exemple, celui des morphèmes), en rapport et en opposition les uns avec les autres, et recevant leur « signification » de cette opposition. La grammaire *générative* (Chomsky) est l'objectif d'une linguistique qui cherche à définir les règles finies, à partir desquelles un nombre infini de phrases peut être engendré (par ex., *règles de transformations*). Ses méthodes de description sont empruntées à la logique moderne (*arbres*), et ses applications ont visé à constituer une *linguistique appliquée* (analyse documentaire*, traduction automatique).

linotte

linier [linje], **ère** [-ɛr] adj. Qui a rapport au lin : *industrie linière.*

linière n. f. Champ de lin.

liniment [linimɑ̃] n. m. (du lat. *linire,* oindre). Médicament onctueux, dont une matière grasse est l'excipient, et avec lequel on fait des frictions.

Linköping, v. de la Suède méridionale ; 104 600 h. Constructions automobiles et aéronautiques. Cité historique.

links [links] n. m. pl. (mot angl.). Parcours d'un golf.

Linné (Carl VON), naturaliste et médecin suédois, né à Råshult (1707-1778). Il a donné une classification des plantes en 24 classes, fondée sur les caractères tirés du nombre et de la disposition des étamines, et qui est entièrement abandonnée, et une classification du règne animal. Sa nomenclature binominale par *genres* et *espèces* fait encore autorité. Il a écrit notamment *Genera plantarum* (1737) et *Espèces de plantes* (1753).

linnéen [lineɛ̃], **enne** [-ɛn] adj. Relatif à Linné, à ses travaux.

linoléum [linɔleɔm] n. m. (mot angl. ; du lat. *linum,* lin, et *oleum,* huile). Tapis servant à revêtir les planchers, composé d'une toile de jute recouverte d'un mélange d'huile de lin et de poudre de liège agglomérée et comprimée.

linon [linɔ̃] n. m. (de *lin*). Batiste, toile de lin fine.

linotte [linɔt] n. f. (de *lin*). Oiseau passereau à dos brun et à poitrine rouge, granivore, chanteur. (Long. 15 cm ; famille des fringillidés.) ● *Tête de linotte* (Fig.), personne très étourdie.

Linotype n. f. (angl. *line of types,* ligne de caractères) [marque déposée]. Machine à composer les lettres d'imprimerie en fondant les caractères par lignes complètes. (Elle réunit clavier et fondeuse, par différence avec la Monotype*.) [V. illustr. IMPRIMERIE.]

linotypie n. f. Composition à la Linotype.

linotypiste n. *Arts graph.* Personne chargée de composer, sur le clavier d'une Linotype, les textes destinés à l'impression.

Lin Piao, homme politique chinois, né à Houa-ngan (Hou-pei) [1908-1971]. L'un des principaux collaborateurs de Mao Tsö-tong, il joua un grand rôle dans la « révolution culturelle ».

Linselles (59126), comm. du Nord (arr. de Lille), au nord de Lille ; 5 848 h. Textiles.

linteau [lɛ̃to] n. m. (du lat. *liminaris,* du seuil). Pièce de bois, de métal ou de pierre, posée au-dessus de l'ouverture d'une baie.

linters [lintɛr] n. m. pl. Fibres très courtes formées de cellulose pure et restant fixées sur les graines de certains cotonniers après l'égrenage.

Linth (la), rivière de Suisse, qui draine le *Linthal,* tributaire du lac de Zurich ; 53 km.

Linwood, v. de Grande-Bretagne (Ecosse). Construction automobile. Aluminium.

Linz, v. d'Autriche, cap. de la Haute-Autriche, sur le Danube ; 204 000 h. Centre sidérurgique et métallurgique. Raffinerie de pétrole.

lion [ljɔ̃], **lionne** [ljɔn] n. (lat. *leo*). Grand mammifère carnassier de la famille des félidés, au pelage fauve orné d'une crinière chez le mâle, confiné maintenant dans les savanes d'Afrique après avoir vécu dans le

Phot. Daily Mail-Forbin, Atlas-Photo, X.

Proche-Orient et même en Europe, et qui s'attaque, la nuit, aux zèbres, aux antilopes, aux girafes. (Long. 2 m; longévité : 40 ans. Cri : le lion *rugit*.) [V. illustr. CARNASSIERS.] || *Fig.* Homme brave et courageux. ● *Lion de mer*, espèce de phoque à crinière. || *La part du lion*, la plus considérable.

Lion (*golfe du*), golfe de la Méditerranée, à l'ouest du delta du Rhône.

Lion, constellation boréale composée de vingt-cinq étoiles visibles à l'œil nu. — Cinquième signe du zodiaque, correspondant à la période du 23 juillet au 25 août.

Lion néerlandais (*ordre du*), fondé en 1815 par Guillaume Ier. Ruban bleu foncé, avec liséré orange.

lionceau [ljɔ̃so] n. m. Petit du lion.

Lion-d'Angers (LE) [49220], ch.-l. de c. de Maine-et-Loire (arr. de Segré); 2 215 h. Eglise en partie romane.

lionne n. f. Femelle du lion.

Lionne (Hugues DE), marquis de BERNY, homme d'Etat français, né à Grenoble (1611-1671). Conseiller d'Etat (1643), il participa aux négociations des traités de Westphalie (1648) et des Pyrénées (1659). Ministre d'Etat, membre du Conseil d'en haut, il succéda à Brienne comme secrétaire d'Etat aux Affaires étrangères (1663). Il engagea la France dans la guerre de Dévolution (1666).

Lion-sur-Mer (14780), comm. du Calvados (arr. de Caen); 1 613 h. Station balnéaire.

Lioran, écart de la comm. de Laveissière (Cantal). — Le *tunnel du Lioran* (1 172 m) est utilisé par la voie ferrée de Clermont-Ferrand à Aurillac.

Liotard (Jean Etienne), peintre suisse, né à Genève (1702-1789). Il travailla en France, en Italie, en Angleterre, en Hollande, et même à Constantinople. Petit-maître charmant, il a laissé des peintures à l'huile et des portraits au pastel (*la Petite Chocolatière*, Dresde).

Lioubertsy, v. de l'U. R. S. S. (R. S. F. S. de Russie), près de Moscou; 120 000 h. Matériel agricole.

Liouville (Joseph), mathématicien français, né à Saint-Omer (1809-1882). L'un des plus grands analystes français du XIXe s., il fut le premier à démontrer l'existence des nombres transcendants.

Lipari (*île*), la principale des îles Eoliennes*, qui donne souvent son nom à l'ensemble de l'archipel. Pierre ponce.

lipase [lipɑz] n. f. (du gr. *lipos*, graisse). Diastase contenue dans plusieurs sucs digestifs et qui hydrolyse les lipides.

Lipchitz ou **Lipschitz** (Jacques), sculpteur américain, né à Drouskininkaï (auj. en Lituanie) [1891-1973]. Il vint à Paris en 1912, fréquenta les cubistes et se convertit à leur esthétique tout en gardant sa personnalité profondément lyrique. Il se fixa aux Etats-Unis à partir de 1941. (*Portrait de Gertrude Stein, le Chant des voyelles*, musée national d'Art moderne.)

Lipetsk, v. de l'U. R. S. S. (R. S. F. S. de Russie), sur le Voronej; 290 000 h. Métallurgie.

lipide [lipid] n. m. (du gr. *lipos*, graisse). Nom donné aux substances organiques usuellement appelées *graisses*, insolubles dans l'eau, solubles dans le benzène et l'éther. (Dans les lipides complexes, la matière grasse est liée à des métalloïdes et engagée dans des molécules protidiques [phospholipides].)

Li Po ou **Li T'ai-po,** poète chinois (v. 701-762). Il traite avec originalité les thèmes traditionnels.

lipoïde [lipɔid] n. m. Nom donné à certains lipides complexes.

lipoïdique adj. Qui ressemble aux graisses. || Qui s'accompagne de perturbations du métabolisme des corps gras : *néphrose lipoïdique*.

lipome [lipom] n. m. (gr. *lipos*, graisse, et suff. *ome*). Tumeur bénigne provenant du tissu graisseux.

liposoluble adj. Soluble dans les graisses ou les huiles : *vitamines liposolubles*.

lipothymie [lipɔtimi] n. f. (gr. *leipein*, laisser, et *thumos*, esprit). Courte perte de connaissance, sans arrêt du cœur ni de la respiration.

lipotrope [lipɔtrɔp] adj. Se dit de substances qui se fixent sur les graisses, ou qui en facilitent le métabolisme : *facteur lipotrope*.

lippe [lip] n. f. (du néerl. *lippe*, lèvre). Lèvre inférieure grosse et avancée. ● *Faire la lippe* (Fam.), faire la moue, bouder.

Lippe, anc. principauté de l'Allemagne septentrionale (1789-1918).

lippée n. f. Bouchée (vx). ● *Franche lippée* (Fam.), bon repas qui ne coûte rien.

Lippi (Filippo, dit **Fra Filippo**), peintre italien, né à Florence (v. 1406-1469). Admirateur de Masaccio, il affirma l'avènement du réalisme dans la peinture florentine. Ses œuvres, empreintes de grâce, se souviennent encore, par l'abondance des détails, des miniaturistes. Ses fresques de la cathédrale de Prato sont peintes plus largement. Botticelli se forma près de lui. Parmi ses œuvres, citons la *Pala Barbadori* (Louvre), *Couronnement de saint Jean* (Offices). — Son fils FILIPPINO, né à Prato (v. 1457-1504), fut l'élève de Botticelli, dont il s'inspira.

Lippmann (Gabriel), physicien français, né à Hollerich, Luxembourg (1845-1921). Il inventa l'électromètre capillaire, prévit la réversibilité de l'effet piézo-électrique et imagina une méthode interférentielle pour la photographie en couleurs (1891). [Prix Nobel de physique, 1908.]

Lipchitz
« l'Acrobate à cheval », *coll. part.*

lippu, e adj. Qui a de grosses lèvres.

Lipse (Juste), en flam. **Joost Lips,** humaniste flamand, né à Overijse (1547-1606). Il se convertit au luthéranisme, puis rentra dans la communion catholique et enseigna à Louvain. Partisan du mouvement anticicéronien, il recommanda l'étude de Salluste et de Tacite, et exprima dans de nombreux traités sa philosophie stoïcienne.

liquation [likwasjɔ̃] n. f. (du lat. *liquare*, rendre liquide). Séparation, par échauffement, de deux métaux alliés, mais de fusibilité différente.

liquéfaction n. f. Passage d'un gaz à l'état liquide. (On peut liquéfier tous les gaz par refroidissement et par compression, sous réserve que la température soit inférieure au point critique. Les principaux modes de refroidissement employés sont la détente du gaz préalablement comprimé et l'évaporation sous vide d'un gaz liquéfié.)

liquéfiable adj. Qu'on peut liquéfier.

liquéfiant, e adj. Propre à produire la liquéfaction.

liquéfier [likefje] v. t. (lat. *liquefacere*). Rendre liquide. || **— Se liquéfier** v. pr. Devenir liquide.

liqueur [likœr] n. f. (lat. *liquor*, liquide). Substance liquide (vx). || Boisson à base d'eau-de-vie ou d'alcool. ● *Vins de liqueur*, vins doux et capiteux.

liquidable adj. Qui peut être liquidé.

liquidambar [likidɑ̃bar] n. m. Arbre de l'Asie Mineure et de l'Amérique, dont on tire diverses résines (styrax liquide, ambre liquide).

liquidateur, trice adj. et n. Qui liquide. || Chargé d'une liquidation : *liquidateur judiciaire*.

liquidatif, ive adj. Qui opère la liquidation : *un acte liquidatif de société*.

liquidation n. f. Opération qui a pour objet de régler des comptes : *liquidation d'une pension, des dépens, de l'impôt*. || Vente à bas prix de marchandises, en vue d'un écoulement rapide. || A la Bourse, règlement des négociations par livraison des titres achetés ou par paiement des différences. || Action de faire disparaître en donnant une solution, de résoudre : *liquidation d'un problème, d'une situation*. ● *Liquidation judiciaire*, dénomination ancienne du *règlement judiciaire*. || *Liquidation des biens*, situation du commerçant qui, ayant déposé son bilan, n'a pu obtenir de concordat de ses créanciers. (Avant 1967, elle portait le nom de FAILLITE.)

liquide [likid] adj. (lat. *liquidus*). Qui coule ou tend à couler. || Se dit d'un état de la matière présenté par les corps n'ayant pas de forme propre, mais dont le volume est invariable. || — N. m. Tout ce qui est à l'état liquide. || Boisson, aliment liquide. ● *Liquide céphalo-rachidien* (Anat.), humeur limpide sécrétée par les plexus choroïdes du cerveau, et emplissant les ventricules encéphaliques et le canal de l'épendyme, ainsi que les espaces de l'arachnoïde. || *Liquide de Knop*, solution aqueuse de sels minéraux, permettant le développement complet d'une plante verte. || *Liquide de Raulin*, solution aqueuse de sucre, d'acide tartrique et de sels minéraux, permettant le développement complet de végétaux hétérotrophes (moisissures). || *Liquide de Ringer*, solution saline, isotonique par rapport au suc cellulaire, qui permet l'entretien des cellules et la survie d'organes isolés. || — N. f. et adj. Consonne du type *r* et *l*.

liquide adj. (ital. *liquido*). Déterminé dans son montant : *une créance liquide*. || Qui n'est grevé d'aucune charge. ● *Argent liquide*, argent immédiatement disponible.

liquider [likide] v. t. Régler, fixer à un chiffre une somme contestée : *liquider un compte*. || Réaliser en percevant les créances et en payant les dettes : *liquider une affaire*. || Faire une liquidation commerciale. || Ecouler des marchandises à bas prix. || Résoudre, régler : *liquider une situation difficile*. | *Fam.* Se débarrasser de : *liquider une visite, un importun*.

liquidien adj. m. Relatif à un liquide. || De nature liquide : *épanchement liquidien de la plèvre*.

liquidité n. f. Caractère de ce qui est liquide, de ce dont on peut disposer immédiatement ou presque.

liquoreux [likɔrø], **euse** [-øz] adj. Se dit des vins qui ont une douceur particulière.

liquoriste n. Personne qui fait ou vend des liqueurs.

lire n. f. Unité monétaire principale de l'Italie, divisée en 100 centesimi.

lire [lir] v. t. (lat. *legere*) [conj. **69**]. Connaître et savoir assembler les lettres : *enfant qui lit couramment*. || Parcourir des yeux ce qui est écrit ou imprimé, en prononçant ou non les mots. | Prendre connaissance du contenu d'un écrit : *lire une lettre*. || Faire connaître à d'autres : *lire une pièce dans une assemblée*. || *Fig.* Pénétrer quelque chose de caché : *lire dans la pensée, dans les yeux de quelqu'un*.

Liré (49530), comm. de Maine-et-Loire (arr. de Cholet), près de la Loire; 2 054 h. (468 aggl.). Vignobles. Patrie de J. du Bellay.

lis ou **lys** [lis] n. m. (lat. *lilium*). Genre de liliacées à fleur blanche et odorante. || Cette fleur elle-même. ● *Fleur de lis*, meuble héraldique qui était l'emblème de la royauté en France. || *Teint de lis* (Fig.), très blanc.

lisage [lizaʒ] n. m. (de *lire*). Analyse d'un dessin pour tissu mis en carte, pour procéder au perçage des cartons. || Métier servant à cette opération.

Lisboa (Antônio Francisco). V. ALEIJADINHO.

Lisbonne, en portug. **Lisboa,** cap. du Portugal, dans l'Estrémadure, à l'embouchure du Tage; 822 000 h. Archevêché. Bibliothèques. Musées. Cathédrale en partie romane. Château de São Jorge. L'essor de la ville, établie sur la rive nord de l'estuaire du Tage, est lié à celui du port, qui effectue la majeure partie du commerce extérieur portugais (trafic de 7 Mt). L'agglomération regroupe aujourd'hui plus de 1 200 000 h. (environ 15 p. 100 de la population portugaise) et s'étend sur les deux rives du Tage, reliées par le pont du 25-Avril. La fonction industrielle y est relativement diversifiée : chantiers navals de Rocha de Obidos, raffinerie de pétrole et pétrochimie de Cabo Ruivo, cimenterie d'Alhandra, chimie de Barreiro, sidérurgie de Seixal, etc. — Lisbonne fut ravagée par un tremblement de terre en 1755 et reconstruite par Pombal.

lise [liz] n. f. Sable mouvant des bords de la mer.

lisérage n. m. Fil d'or, d'argent, de soie ou de laine, dont on entoure un dessin de broderie.

liséré n. m. Ruban étroit dont on borde un vêtement. || Raie étroite bordant une étoffe d'une autre couleur.

lisérer [lizere] v. t. (de *lisière*) [conj. **5**]. Border d'un liséré ou d'un lisérage.

liseron [lizrɔ̃] n. m. (dimin. de *lis*). Plante volubile de la famille des convolvulacées, fréquente dans les haies et les cultures, où elle épanouit ses fleurs à corolle en entonnoir, souvent blanches. (Nom scientifique : *convolvulus;* noms usuels : *volubilis, belle-de-jour*.) [V. illustr. FLEURS.]

lis

Lisbonne
avenue de la Liberté
et parc Édouard-VII

Phot. Bulloz, Vilmorin-Andrieux, Casa de Portugal.

lisette [lizɛt] n. f. Soubrette de comédie, intrigante et délurée.

liseur [lizœr], **euse** [-øz] adj. et n. Se dit d'une personne qui aime à lire.

liseuse n. f. Petit coupe-papier qui sert à marquer la page d'un livre où l'on arrête sa lecture. ‖ Couvre-livre. ‖ Petit vêtement féminin d'intérieur, chaud et léger, qui couvre le buste et les bras, et que l'on met pour lire au lit.

Lisfranc de Saint-Martin (Jacques), chirurgien français, né à Saint-Paul-en-Jarez (Loire) [1790-1847]. Il introduisit en France la désarticulation tarso-métatarsienne, dite, depuis, *de Lisfranc.*

lisibilité n. f. Qualité de ce qui est lisible : *la lisibilité d'une écriture, d'un essai philosophique.*

lisible adj. Aisé à lire : *écriture lisible.* ‖ Qui peut être lu sans fatigue, sans ennui.

lisiblement adv. De façon lisible : *une lettre écrite lisiblement.*

lisière [lizjɛr] n. f. Bord d'une pièce de tissu qui en limite de chaque côté la largeur. ‖ Limite, bord : *la lisière d'un champ.* ● *Tenir en lisières,* diriger, mener ; exercer une tutelle.

Lisieux (14100), ch.-l. d'arr. du Calvados, sur la Touques ; 25 223 h. (*Lexoviens*). La ville est le centre d'un pèlerinage né du culte de sainte Thérèse de l'Enfant Jésus. L'ancienne cathédrale Saint-Pierre date des XIIe-XVe s. La ville possède aussi les églises Saint-Jacques (vitraux du XVIe s.) et Saint-Désir (XVIIIe s.). En 1929, une vaste basilique de style romano-byzantin a été construite pour le pèlerinage. Industries métallurgiques. — L'arr. a 12 cant., 228 comm., 129 210 h.

Lisle-sur-Tarn [lil-] (81310), ch.-l. de c. du Tarn (arr. d'Albi) ; 3 376 h. (1 724 aggl.). Vins.

lisoir [lizwar] n. m. *Ch. de f.* Pièce de frottement recevant une partie du poids d'une machine ou d'une voiture et la transmettant à un bissel ou à un bogie par l'intermédiaire de ressorts.

Lissa, auj. **Vis,** île de la côte de Yougoslavie (Croatie). Ch.-l. *Vis.* Le 20 juillet 1866, la flotte autrichienne de Tegetthoff y battit la flotte italienne de Persano.

lissage n. m. Action de lisser ; résultat de cette action. ‖ *Technol.* Action de disposer les lisses d'un métier à tisser suivant le genre d'étoffe que l'on veut obtenir. ● *Lissage de points* (Math.), opération par laquelle on substitue à un ensemble de points, traduisant le résultat d'une série d'observations d'un phénomène physique, une courbe de lissage continue et sans point anguleux : *lissage d'une série mathématique.*

Lissajous (Jules), physicien français, né à Versailles (1822-1880). Il étudia la composition de plusieurs mouvements vibratoires par un procédé optique (1873).

lisse [lis] adj. Qui n'offre pas d'aspérités : *l'écorce du hêtre est lisse.*

lisse n. f. *Mar.* Rambarde. ‖ Membrure longitudinale placée entre les couples pour contreventer ceux-ci.

lisse ou **lice** [lis] n. f. (lat. *licium,* fil de trame). Fil de métal ou de lin portant un maillon dans lequel passe le fil de chaîne, sur un métier à tisser. ● *Basse lisse,* lisse disposée dans le plan horizontal. ‖ *Haute lisse,* lisse disposée dans le plan vertical.

lissé n. m. Degré de cuisson du sucre, qui convient pour la préparation des entremets et de la confiserie.

lisser [lise] v. t. (lat. *lixare,* repasser). Rendre lisse, polir : *lisser une étoffe.*

lisseuse n. f. Machine employée pour lisser les cuirs, le papier, le carton, etc.

lissier ou **licier** [lisje] n. m. Ouvrier qui monte les lisses d'un métier à tisser. (Les *haute-lissiers* travaillent aux métiers de haute lisse et les *basse-lissiers* s'occupent à ceux de basse lisse.)

lissoir n. m. Instrument servant à lisser le papier, le ciment, etc.

Lissous ou **Li-Tzous,** ethnie du sud de la Chine (Yunnan), qui comprenait plus de 400 000 représentants en 1967.

List (Friedrich), économiste allemand, né à Reutlingen (1789-1846). Il eut le premier l'idée du Zollverein et défendit le protectionnisme.

liste [list] n. f. (du germ. *lista*). Suite de noms : *liste de jurés.* ● *Liste civile,* dotation annuelle d'un chef d'Etat. ‖ *Liste électorale,* liste des électeurs. ‖ *Liste de mariage,* liste de cadeaux choisis chez un commerçant par un futur jeune ménage et que peuvent acquérir leurs amis à leur intention. ‖ *Liste noire,* liste de personnes, d'établissements commerciaux, etc., avec lesquels on recommande de cesser toute relation.

listel [listɛl], **listeau** [listo] ou **liston** [listɔ̃] n. m. (ital. *listello*). Petite moulure carrée et unie qui en surmonte ou en accompagne une plus grande. ‖ Cercle proéminent à la circonférence des monnaies.

Lister (Joseph, *baron*), chirurgien anglais, né à Upton (Essex) [1827-1912], créateur de l'asepsie chirurgicale.

listing [listiŋ] n. m. (mot angl.). Document présentant, dans un domaine donné, une liste, le plus complète possible, de personnes ou de choses.

Liszt (Franz), compositeur et pianiste hongrois, né à Raiding (en hongr. Doborján), dans le Burgenland (1811-1886). Artiste puissant, plein de fougue, virtuose incomparable, il a joué, dans l'art du piano, le même rôle que Paganini dans l'art du violon. Il fut, après Berlioz, l'un des propagateurs du poème symphonique et l'un des plus grands maîtres de l'orchestration. Son langage harmonique annonce ceux de Moussorgski, de Debussy, de Ravel et de Bartók. Ses voyages continuels en Europe en ont fait le type même de l'artiste international, qui a dominé le XIXe s. Il fut le beau-père de Wagner. Il est l'auteur de poèmes symphoniques (les *Préludes,* 1850), de deux concertos pour piano (1849), de symphonies avec chœur (*Faust,* 1854 ; *Dante,* 1856), d'une célèbre sonate et d'*Etudes d'exécution transcendante* pour piano (1838), d'oratorios (*Christus,* 1866), de messes (*Messe de Gran,* 1855) et de pages pour orgue.

la cathédrale de Lisieux

lit [li] n. m. (lat. *lectus*). Meuble sur lequel on se couche pour se reposer ou pour dormir : *un lit de noyer.* ‖ Tout lieu où l'on peut se coucher, s'étendre : *lit de gazon.* ‖ Mariage : *enfant du premier lit, du second lit.* ‖ Intervalle rempli de liant, qui sépare horizontalement les morceaux de deux assises de construction. ‖ Couche d'une chose étendue sur une autre : *lit de sable, de cailloux,* etc. ‖ *Fig.* Chenal creusé par un cours d'eau et où il s'écoule. ● *Faire le lit,* le préparer pour qu'on puisse s'y coucher. ‖ *Faire lit à part,* coucher séparément. ‖ *Garder le lit,* être retenu au lit par une maladie. ‖ *Lit-cage,* lit de fer pliant. ‖ *Lit de camp,* châssis pliant et portatif, dont le fond est garni de sangles ou de grosse toile. ‖ *Lit clos,* lit breton fermé comme une armoire. ‖ *Lit de justice,* siège qu'occupait le roi dans les séances solennelles du parlement et, dans la suite, ces séances elles-mêmes. ‖ *Lit majeur,* étendue qu'occupe un cours d'eau lors des crues. ‖ *Lit mécanique,* lit muni d'un dispositif permettant de soulever facilement le malade. ‖ *Lit mineur,* partie du lit occupée lors des étiages. ‖ *Lit de repos,* lit très bas, chaise longue pour se reposer pendant le jour. ‖ *Lit de table,* lit sur lequel les Anciens se couchaient pour manger. ‖ *Lit du vent* (Mar.), direction dans laquelle souffle le vent.

Līṭānī (NAHR **al-**), fl. du Liban, qui draine la Bekaa ; 170 km. Aménagements hydro-électriques.

litanies [litani] n. f. pl. (gr. *litaneia,* prière). Prières formées d'une suite de courtes invocations, que les fidèles récitent ou chantent en l'honneur de Dieu, de la Vierge et des saints. ‖ — Sing. et *fam.* Longue et ennuyeuse énumération : *une litanie de réclamations.* ● *C'est toujours la même litanie,* la même répétition ennuyeuse.

litchi [litʃi], **li-tchi** ou **letchi** [lɛtʃi] n. m. Arbre originaire de Chine, de la famille des sapindacées, dont le fruit est sucré et comestible. ‖ Ce fruit.

liteau [lito] n. m. (de *lit*). Raie colorée qui, vers les extrémités, traverse le linge de table d'une lisière à l'autre : *serviettes à liteaux.* ‖ Baguette de bois servant d'appui à une cloison ou supportant une tablette (Syn. TASSEAU.) ‖ Baguette de sapin utilisée en couverture.

Franz Liszt, par Miklós Barabás
Pinacothèque historique, Budapest

liteau n. m. (de *lit*). Lieu où se repose le loup pendant le jour.

litée n. f. Réunion d'animaux dans un même repaire : *litée de marcassins.*

liter v. t. Superposer les poissons salés dans les barils ou les caques.

literie n. f. Ensemble des objets qui composent un lit (matelas, couvertures, etc.).

lithām [litam] n. m. (mot arabe). Voile dont les femmes musulmanes, les Touaregs, etc., se couvrent la face.

litharge [litarʒ] n. f. (gr. *litharguros,* pierre d'argent). Oxyde de plomb (PbO) rouge-orangé, qui, fondu et cristallisé, sert à préparer des couvertes pour poteries.

lithergol n. m. Ensemble d'un liquide et d'un solide, dont on utilise la réaction pour la propulsion de certaines fusées.

lithiase [litjɑz] n. f. (du gr. *lithos,* pierre). *Méd.* Formation de calculs dans les canaux excréteurs des glandes (v. *encycl.*). ● *Lithiase urinaire,* syn. de GRAVELLE.
— ENCYCL. La *lithiase rénale* se manifeste par la précipitation dans les urines de substances qui y sont normalement dissoutes. Il y a formation de sable, de graviers ou de calculs, constitués, suivant les cas, d'urates, de phosphates ou d'oxalates. Des hématuries, des lombalgies et des coliques néphrétiques sont les principales conséquences de cette affection. La radiographie de l'arbre urinaire met le plus souvent les calculs en évidence. Une intervention chirurgicale peut parfois se révéler nécessaire. La *lithiase biliaire* résulte d'une modification de la composition de la bile, qui s'épaissit, et de troubles de l'évacuation de la vésicule biliaire. Ces anomalies entraînent la production de calculs. La lithiase biliaire provoque fréquemment des crises de coliques hépatiques et se complique parfois de cholécystite et de phénomènes infectieux. L'obstruction du canal cholédoque par un calcul occasionne un ictère. Le traitement médical est souvent suffisant, mais le recours à la chirurgie peut s'imposer.

lithiasique adj. Relatif à la lithiase : *affection lithiasique.* ‖ — Adj. et n. Atteint de lithiase.

lithine [litin] n. f. (du gr. *lithos,* pierre). Oxyde ou hydroxyde de lithium.

lithiné, e adj. Qui contient de la lithine.

lithinifère adj. Qui contient du lithium.

lithium [litjɔm] n. m. Métal alcalin (Li), de numéro atomique 3, très léger (d = 0,55) et fusible à 180 °C.

lithobie [litɔbi] n. f. (gr. *lithos,* pierre, et *bios,* vie). Mille-pattes carnassier, brun, vivant sous les pierres, les feuilles mortes. (Long. 3 cm.)

lithodome [litɔdɔm] n. m. Mollusque lamellibranche de la Méditerranée, perforant les pierres, et dont l'aspect le fait appeler usuellement *datte de mer.* (On dit aussi LITHOPHAGE.)

lithographe n. m. *Arts graph.* Ouvrier qui imprime par les procédés de la lithographie.

lithographie n. f. (gr. *lithos,* pierre, et *graphein,* écrire). *Arts graph.* Reproduction par l'impression des dessins tracés au moyen d'un corps gras sur une pierre calcaire : *la lithographie fut découverte en 1796 par Senefelder.* (V. *encycl.*) ‖ Gravure imprimée par ce procédé : *collection de lithographies.* ‖ Atelier d'un lithographe.
— ENCYCL. La *lithographie* est l'art de dessiner sur la pierre des images que l'on imprimera grâce à l'antagonisme entre l'eau et les corps gras. L'encre sur les régions portant un dessin et l'eau sur les régions vierges pénètrent légèrement dans les pores de la pierre et s'y accrochent sans se mélanger. Le dessin peut être fait directement sur la pierre ou bien sur un autre support, puis reporté sur la pierre. Le report est un moyen de multiplier les images ; il est réalisé à l'aide d'une presse à report ou de procédés photomécaniques. L'*offset,* qui est un procédé photomécanique dérivant directement de la lithographie, est actuellement l'un des trois grands procédés d'impression.

lithographier [litɔgrafje] v. t. Imprimer par les procédés de la lithographie.

lithographique adj. Relatif à la lithographie : *pierre lithographique.* ● *Calcaire lithographique,* variété de calcaire à grain très fin et homogène, utilisé en lithographie.

lithologie [litɔlɔʒi] n. f. V. PÉTROGRAPHIE.

lithophage [litɔfaʒ] adj. Qui ronge la pierre : *coquillages lithophages.* ‖ — N. m. Autre nom du LITHODOME.

lithophanie [litɔfani] n. f. (gr. *lithos,* pierre, et *phainein,* apparaître). Procédé qui permet des effets de transparence dans la porcelaine, le verre opaque, etc. (La lithophanie a été inventée par le Français Bourgoin en 1827.)

lithopone [litɔpɔn] n. m. Mélange de sulfate de baryum et de sulfure de zinc, non toxique, employé en peinture en remplacement de la céruse.

lithosphère [litɔsfɛr] n. f. Partie solide de l'écorce terrestre.

lithotritie [litɔtriti] n. f. Opération chirurgicale qui consiste à broyer un calcul dans la vessie.

lithotypographie n. f. Art de reproduire en lithographie une planche imprimée avec les caractères typographiques ordinaires.

litière [litjɛr] n. f. (de *lit*). Paille qu'on répand dans les étables et sur laquelle se couchent les animaux. ‖ Chaise couverte, portée par des hommes ou par des bêtes de somme à l'aide de deux brancards. ● *Faire litière d'une chose,* n'en faire aucun cas.

Phot. Cartel publicitaire - Labo Byla, Larousse.

litige [litiʒ] n. m. (du lat. *lis, litis,* procès). Contestation donnant lieu à procès ou à arbitrage. ‖ Toute sorte de contestation : *point en litige.*

litigieux, euse adj. Qui peut être contesté : *point litigieux.* ‖ Qui se plaît dans les contestations : *esprit litigieux.*

litorne [litɔrn] n. f. Grive à tête et croupion gris, vivant en France pendant l'hiver. (Long. 27 cm.)

litote [litɔt] n. f. (gr. *litotês,* simplicité). Expression qui consiste à dire moins pour faire entendre plus, comme *je ne vous hais pas* pour signifier *je vous aime beaucoup ; pas mal* pour signifier *bien.*

litre [litr] n. m. (gr. *litra,* poids de douze onces). Unité de capacité pour les liquides et les matières sèches et équivalant à 1 décimètre cube (symb. : l). [Le litre est le volume d'un kilogramme d'eau distillée à la température de 4 °C, sous la pression de 76 cm de mercure.] ‖ Contenu du litre : *un litre de vin.*

litron n. m. (du gr. *litra,* poids de douze onces). Anc. mesure de capacité valant un seizième de boisseau.

littéraire [literɛr] adj. (du lat. *litterae,* belles-lettres). Qui concerne la littérature : *journal littéraire.* ● *Le monde littéraire,* ceux qui cultivent les lettres. ‖ — Adj. et n. Qui est doué pour les lettres : *un élève plus littéraire que scientifique.*

littérairement adv. Du point de vue littéraire.

littéral [literal], **e, aux** [-o] adj. (du lat. *littera,* lettre). Selon le sens strict des mots : *traduction littérale d'un auteur.* ● *Arabe littéral,* arabe écrit, par oppos. à l'*arabe parlé.* ‖ *Grandeurs littérales* (Math.), grandeurs exprimées par des lettres.

littéralement adv. A la lettre : *traduire littéralement.* ‖ *Fam.* Absolument, tout à fait : *il est littéralement incapable.*

littérateur [literatœr] n. m. Personne qui s'occupe de littérature.

littérature n. f. Ensemble des productions littéraires d'un pays, d'une époque. ‖ Carrière des lettres, profession d'homme de lettres : *se lancer dans la littérature.*

Little Rock, v. des Etats-Unis, cap. de l'Arkansas ; 132 000 h. Bauxite.

littoral [litɔral], **e, aux** [-o] adj. (du lat. *litus, litoris,* rivage). Qui appartient au bord de la mer : *montagnes littorales.*

littoral n. m. Etendue de pays, le long des côtes, des bords de la mer. (V. CÔTE.)

— ENCYCL. *Hist. nat.* On distingue trois zones formant le *littoral :* la zone littorale terrestre, ou *supratidale,* que la marée n'atteint qu'exceptionnellement ou jamais ; la zone *intertidale,* où se « balancent » les marées, et qui, de ce fait, est tantôt couverte et tantôt découverte ; enfin, la zone *infratidale,* qui ne se découvre jamais. La zone supratidale présente souvent un sol purement sableux (plages, dunes) ou imprégné de sel (prés salés) et reçoit des apports marins sous forme d'embruns et de nappes souterraines salées, ce qui appauvrit beaucoup sa flore, ne laissant subsister (paradoxalement) que des espèces adaptées à la sécheresse, sauf si le climat est extrêmement pluvieux. La zone infratidale ne reçoit du continent que l'eau douce et l'argile des estuaires, et ne diffère par ailleurs des autres zones océaniques que par une plus faible profondeur. La zone intertidale, elle, se divise en nombreux horizons diversement peuplés, selon que les espèces supportent de rester émergées plus ou moins longtemps entre deux marées. Sur les côtes rocheuses, cependant, les flaques de retrait de la marée peuvent abriter à un niveau élevé des espèces qui ne supportent pas la moindre émersion. Enfin, dans l'épaisseur des plages de sable, les animaux fouisseurs rencontrent des régions inégalement sèches ou inégalement salées. De nombreuses espèces sont propres au littoral et exigent des conditions de vie que les biotopes des rivages sont seuls capables de réunir.

littorine [litɔrin] n. f. (du lat. *litus, litoris,* rivage). Mollusque très abondant sur les côtes européennes à marée basse, et dont une espèce comestible est appelée *bigorneau* ou *vignot.* (Long. 1 à 3 cm ; classe des gastropodes.)

Littré (Emile), lexicographe français, né à Paris (1801-1881). Interne des hôpitaux, il entreprit une traduction des *Œuvres d'Hippocrate* (1839-1861). Il fut élu en 1838 à l'Académie des inscriptions et chargé de la continuation de l'*Histoire littéraire de la France.* Disciple indépendant d'Auguste Comte, il écrivit plusieurs ouvrages de philosophie (*Origines organiques de la morale,* 1870) et appliqua le positivisme au domaine de la linguistique dans son *Dictionnaire* de la langue française* (1863-1873). Député de la Seine (1871), il fut nommé en 1875 sénateur inamovible. (Acad. fr.)

Lituanie, en lituanien **Lietuva,** république fédérée de l'U. R. S. S., sur la Baltique ; 65 200 km² ; 3 026 000 h. (*Lituaniens*). Cap. *Vilnious.*

● *Géographie.* C'est une région de collines morainiques et de petites plaines argileuses ; elle est parsemée de nombreux lacs. Le climat, continental, reste frais et pluvieux. La forêt est surtout développée dans l'Est, où domine l'élevage. Le Centre possède des cultures céréalières et betteravières. L'industrie, presque exclusivement liée à l'agriculture, est représentée principalement dans les villes de Vilnious, de Kaunas et dans le port de Klaipeda.

● *Histoire.* Unifiée au XIIIe s., la Lituanie engloba, lors de sa plus grande extension, au XVe s., la Biélorussie, une grande partie de l'Ukraine et plusieurs régions de Grande-Russie. Lorsqu'elle échut à la Pologne, elle passa de l'obédience grecque à l'obédience latine. La Lituanie fut polonaise jusqu'en 1795 ; elle passa alors presque entièrement à la Russie. L'Etat indépendant de Lituanie fut proclamé en 1918 et reconnu en 1920 par les Soviétiques ; le nouvel Etat annexa en 1923 le territoire de Memel. Occupée par les Russes (juin 1940), la Lituanie devint, le 21 juillet 1940, une république soviétique.

lituanien [litɥanjɛ̃], **enne** [-ɛn] adj. et n. De la Lituanie. ‖ — N. m. Langue baltique parlée en Lituanie.

liturgie [lityrʒi] n. f. (gr. *leitourgia ;* de *leitos,* public, et *ergon,* œuvre). Ordre des cérémonies et des prières déterminé par l'autorité spirituelle compétente : *liturgie romaine.* (V. *encycl.*) ‖ Chez les anciens Grecs, service public dont l'exécution était confiée aux classes les plus riches des cités : *l'équipement des trirèmes, l'organisation des spectacles publics, etc., étaient de coûteuses liturgies.*

— ENCYCL. La *liturgie* est le culte officiel et public que l'on rend à Dieu. Mais, alors qu'en Orient le terme de *liturgie* désigne toujours la messe, en Occident il s'applique à toutes les fonctions du culte.

La *liturgie romaine* s'appuie sur de nombreux signes extérieurs : *formules* (acclamations, lectures, psaumes), *substances* (pain, vin, huile, sel), *attitudes* et *gestes* (génuflexions, signes de croix). Par ailleurs, elle recourt à un certain nombre de livres liturgiques, dont les plus courants sont le *missel* et le *bréviaire.* De la diversité qui caractérisait l'Eglise gallicane, il ne reste que quelques liturgies locales (Lyon, Espagne) ou propres à quelques ordres religieux. Depuis 1955, une importante réforme liturgique est en cours, que les décisions du deuxième concile du Vatican (1962-1965) ont encore accélérée. Elle porte notamment sur la simplification des cérémonies et des rubriques, sur l'emploi (étendu en 1967 au canon de la messe) de la langue vulgaire, sur la participation accrue et vivante des fidèles à la liturgie.

Les *liturgies orientales* sont beaucoup plus diversifiées ; on en compte huit principales : la plus répandue (Grèce, Russie) est celle de saint Jean Chrysostome. Par rapport à la liturgie romaine, ces liturgies — qui emploient le grec ancien et diverses langues locales — sont beaucoup plus solennelles : elles font une grande part à la foule des fidèles.

Les *liturgies protestantes* varient avec les Eglises. Luther n'a rien édicté de positif en ce domaine, mais il centra la liturgie sur la prédication et le chant choral. Zwingli et Calvin simplifièrent considérablement le culte, le fondant sur les Ecritures.

liturgique adj. Relatif à la liturgie.

Litvinov (Maksim Maksimovitch), homme politique soviétique, né à Białystok (1876-1951), commissaire aux Affaires étrangères de 1930 à 1939, ambassadeur à Washington de 1941 à 1943.

Liu-chouen, nom chinois de *Port-Arthur*.*

liure [ljyr] n. f. (de *lier*). Câble servant à maintenir des fardeaux sur une charrette.

Liu Shao-chi. V. LIEOU CHAO-K'I.

Liu-ta, conurbation de Chine, regroupant Ta-lien (Dairen), Liu-chouen (Port-Arthur) et Kin. Le terme désigne souvent la seule agglomération de Ta-lien.

Liutprand (m. en 744), roi des Lombards de 713 à 744.

Liutprand, historien et prélat italien (v. 920-972), auteur d'une chronique qui va de 887 à 950.

livarot [livaro] n. m. Fromage de lait de vache, à pâte molle et à croûte lavée, fabriqué dans la région de Livarot (Calvados).

Livarot (14140), ch.-l. de c. du Calvados (arr. de Lisieux), dans le pays d'Auge ; 2 842 h. Fromages renommés.

livèche [livɛʃ] n. f. Plante originaire de Perse, cultivée pour ses graines dépuratives et stimulantes. (Famille des ombellifères.)

Liverdun (54460), comm. de Meurthe-et-Moselle (arr. de Toul) ; 3 876 h. Eglise du XIIe s. Produits réfractaires.

Livernon (46320 Assier), ch.-l. de c. du Lot (arr. de Figeac) ; 324 h. (111 aggl.).

Liverpool, v. de Grande-Bretagne (Lancashire), sur l'estuaire de la Mersey ; 705 000 h. Port d'importance régionale (trafic avec l'Irlande) jusqu'au XVIIe s. (5 000 h. en 1700), Liverpool s'est développé aux XVIIIe et XIXe s. avec l'essor du commerce avec les Indes occidentales et l'apparition de l'industrie cotonnière dans le Lancashire. Aujourd'hui, Liverpool est le deuxième port de Grande-Bretagne (importation de pétrole surtout) et une grande ville industrielle. Dans l'agglomération, qui regroupe près de 1,5 million d'hab., se dispersent chantiers de constructions navales, aciéries, chimie, constructions automobiles, usines alimentaires.

Livet-et-Gavet (38220 Vizille), comm. de l'Isère (arr. de Grenoble), sur la Romanche, 2 322 h. Electrochimie.

livide [livid] adj. (lat. *lividus*). De couleur plombée, bleuâtre et tirant sur le noir : *des lèvres livides* (vieilli). ‖ Extrêmement pâle, terreux : *un teint livide.* ‖ — Syn. : BLÊME, EXSANGUE.

lividité n. f. Etat de ce qui est livide. ● *Lividités cadavériques,* taches violacées qui apparaissent sur tous les cadavres dans les heures qui suivent la mort, dans les régions déclives.

Livie (v. 55 av. J.-C.-29 apr. J.-C.), femme d'Auguste, mère de Tibère et de Drusus. Elle intrigua pour faire adopter Tibère par Auguste.

living-room [liviŋrum] n. m. (mot angl. signif. *pièce où l'on vit*). Pièce de séjour dans un appartement. ‖ Pl. des *living-rooms.*

Livingstone (David), missionnaire et explorateur écossais, né à Blantyre (1813-1873). Il explora l'Afrique centrale et australe, et combattit le trafic des esclaves.

Livius Andronicus, poète latin (IIIe s. av. J.-C.). Esclave venu tout jeune de Tarente, lorsque la ville fut prise par les Romains (272 av. J.-C.), il vécut à Rome, où son maître, le sénateur Livius Salinator, lui fit donner une éducation « à la grecque » et l'affranchit. Traducteur de l'*Odyssée,* il fit représenter en 240 la première tragédie régulière de langue latine.

Livius Drusus (Marcus), tribun du peuple à Rome en 122 av. J.-C., antagoniste de C. Gracchus. — Son fils MARCUS LIVIUS, tribun du peuple, fut assassiné en 91 av. J.-C., et sa mort fut le signal de la *guerre sociale.*

Livonie, anc. prov. baltique de la Russie. Les chevaliers Porte-Glaive s'installèrent en Livonie au XIIIe s. et formèrent la *Confédération livonienne.* Au XVIIe et au XVIIIe s., la province fut morcelée au profit des Polonais

litorne

Livingstone
Bibl. nat.

Liverpool

Phot. Hosking, Black Star-Rapho, Larousse.

et des Suédois, puis des Russes. Depuis 1920, la Livonie forme les républiques de Lettonie et d'Estonie.

Livourne, en ital. **Livorno,** en angl. **Leghorn,** port d'Italie (Toscane), sur la Méditerranée ; 172 000 h. Métallurgie. Raffinage du pétrole et industries chimiques.

livrable adj. Qui peut être livré.

Livradois (le), région de l'Auvergne, comprenant les *monts du Livradois* (1 210 m) et le *bassin d'Ambert.*

livraison n. f. Action de livrer à l'acquéreur une chose vendue. (La livraison constitue l'obligation du vendeur dans le contrat de vente.) ‖ Partie d'un ouvrage délivré aux souscripteurs au fur et à mesure de l'impression.

livre [livr] n. m. (lat. *liber*). Assemblage de feuilles imprimées et réunies en un volume relié ou broché. ‖ Ouvrage en prose ou en vers, de quelque étendue : *livre bien écrit.* ‖ Division d'un ouvrage : *les douze livres de « l'Enéide ».* ‖ Registre : *avoir un livre d'adresses.* ‖ Registre sur lequel un commerçant inscrit ses opérations. ● *Grand livre,* registre dont la tenue n'est pas obligatoire, et où le commerçant inscrit ses opérations dans un ordre méthodique — et non pas chronologique — afin de connaître sa situation à l'égard de chacun de ses clients. ‖ *Grand livre de la dette publique,* v. GRAND-LIVRE. ‖ *Livre de bord* (Mar.), expression fausse pour *journal de mer.* ‖ *Livre d'heures,* v. HEURES. ‖ *Livre jaune,* recueil de documents diplomatiques distribué au Parlement français sous couverture jaune. (Le Parlement britannique reçoit des *livres bleus* [documents diplomatiques] ou *blancs* [documents financiers].) ‖ *Livre de raison,* sorte de journal tenu jadis par certains chefs de famille. ‖ — **A livre ouvert** loc. adv. Sans préparation, à la première lecture : *traduire à livre ouvert.*

Livre de la jungle *(le),* titre de deux recueils de récits de R. Kipling (1894-1895), consacrés aux aventures de Mowgli, le « petit d'homme », au milieu des animaux de la jungle.

livre n. f. (lat. *libra*). Monnaie réelle dont la valeur a varié suivant les temps et les lieux, et qui a été remplacée par le franc. ‖ Nom parfois donné au franc, quand on parle de revenus : *avoir vingt mille livres de rente.* ‖ Unité monétaire principale de l'Egypte (£EG), de l'Eire (£IR), d'Israël (£IL), du Liban (£LIB), du Nigeria (£NIG), de la Gambie et de la Sierra Leone (£WA), de la Rhodésie (£R), de la Syrie (£SYR) et de la Turquie (£TQ). ‖ Anc. unité de masse de valeur variable, dont le nom est encore donné abusivement au demi-kilogramme. (En France, elle représentait 489,5 g.) ‖ Mesure de masse anglaise (symb. : lb) valant 453,592 g. (Au Canada, la livre a la même valeur.) ● *Livre sterling,* unité monétaire principale (£) de la Grande-Bretagne et de l'Irlande du Nord. (Elle est auj. divisée en 100 new pence et non plus en shillings et en pence.)

livrée [livre] n. f. Costume que portent les domestiques d'une grande maison ou les employés de certaines maisons de commerce. ‖ Pelage de certains animaux ; plumage de certains oiseaux.

livrer [livre] v. t. (lat. *liberare;* délivrer). Mettre une personne ou une chose à la discrétion ou en la possession de quelqu'un : *livrer une commande.* ‖ Engager : *livrer bataille.* ‖ Mettre en la puissance, soumettre à l'action de : *livrer un coupable à la justice.* ‖ Abandonner : *livrer une ville au pillage.* ‖ Remettre par trahison : *livrer une place à l'ennemi.* ‖ — **Se livrer [à]** v. pr. S'abandonner : *se livrer à la joie.* ‖ Se consacrer : *se livrer à l'étude.*

livresque [livrɛsk] adj. Qui provient uniquement des livres : *science livresque.*

livret [livrɛ] n. m. Petit livre ; petit registre : *livret de caisse d'épargne.* ‖ *Chorégr.* Sujet d'une œuvre chorégraphique. ‖ *Mus.* Texte mis en musique pour le théâtre. (Syn. LIBRETTO.) ● *Livret de famille,* livret remis gratuitement, lors de la célébration du mariage, aux deux époux, et destiné à recevoir, par extraits, les actes de l'état civil intéressant la future famille. ‖ *Livret individuel,* extrait du livret matricule, remis à l'intéressé et indiquant seulement sa situation militaire. ‖ *Livret matricule,* livret établi et détenu pour chaque Français par l'autorité militaire, où sont consignés les renseignements d'ordre militaire sur l'intéressé (états de service, spécialités, etc.). ‖ *Livret scolaire,* livret mentionnant les aptitudes de l'élève, ses notes et places de composition, et qui doit être présenté à certains examens. ‖ *Livret universitaire,* livret individuel dont doit être muni tout étudiant d'une faculté.

livreur, euse n. Employé, employée de commerce qui livre les marchandises aux acheteurs.

Livron-sur-Drôme (26250), comm. de la Drôme (arr. de Valence) ; 5 616 h. Industries chimiques.

Livry-Gargan (93190), ch.-l. de c. de la Seine-Saint-Denis (arr. du Raincy), au nord-est de Paris ; 32 100 h. Industries diverses.

lixiviation [liksivjasjɔ̃] n. f. (du lat. *lixivium,* lessive). *Chim.* et *Industr.* Extraction des matières solubles d'un mélange à l'aide de dissolvants appropriés.

Lizard *(cap),* cap constituant l'extrémité sud de la Grande-Bretagne.

Lizy-sur-Ourcq (77440), ch.-l. de c. de Seine-et-Marne (arr. de Meaux) ; 2 388 h. Eglise du XVᵉ s. Château du XVIᵉ s. Halles du XVIIᵉ s. Alliages.

Ljubljana, en allem. **Laibach,** v. de Yougoslavie, cap. de la Slovénie ; 182 000 hab. Château (XIIᵉ-XVIᵉ s.). Cathédrale (XVIIIᵉ s.). Eglises et palais des XVIIᵉ et XVIIIᵉ s. Centre de recherches nucléaires. Industries diverses.

Llano Estacado, haute plaine des Etats-Unis, dans l'ouest du Texas.

llanos [ʎanos] n. m. pl. Grande plaine herbeuse de l'Amérique du Sud.

Llivia, village et enclave de territoire espagnol dans le département français des Pyrénées-Orientales ; 12 km² ; 755 h.

Llobregat (le), fl. côtier d'Espagne (Catalogne), tributaire de la Méditerranée ; 190 km.

Lloyd [lɔjd] n. m. Nom adopté par diverses compagnies maritimes ou d'assurances.
— Au XVIIᵉ s., Edward Lloyd, propriétaire d'un estaminet de Londres où se réunissaient les armateurs, courtiers et assureurs de la Cité, notait les mouvements de tous les bateaux. En 1727, les assureurs maritimes se constituèrent en société et donnèrent à leur association le nom de *Lloyd.* En 1871, celle-ci fut consacrée légalement par un acte du Parlement britannique. La *Lloyd's Corporation* n'est d'ailleurs pas une compagnie d'assurance, mais un regroupement d'assureurs, dont elle vérifie le sérieux et la solvabilité.

Lloyd (Harold), acteur de cinéma américain, né à Burchard (Nebraska) [1893-1971]. Il interpréta de nombreux films sous la direction de Mack Sennett, puis, créant un personnage maladroit à grosses lunettes d'écaille, devint, après Chaplin et Keaton, le troisième grand comique américain (*Monte là-d'ssus,* 1923).

Lloyd George (David), 1ᵉʳ comte **Lloyd-George of Dwyfor,** homme d'Etat britannique, né à Manchester (1863-1945). Elu député libéral en 1890, il se fit l'avocat du radicalisme et du non-conformisme religieux, ainsi que du nationalisme gallois. Président du bureau du Commerce (1905-1908) dans le cabinet Campbell-Bannerman, il fut chancelier de l'Echiquier (1908-1915). Il fit voter une loi importante sur les assurances sociales (1911) et, après s'être heurté à l'opposition des conservateurs, qui refusaient de voter le budget en 1911, il restreignit les pouvoirs des lords. Ministre des Munitions (1915-1916), il fut ensuite ministre de la Guerre, puis Premier ministre (1916-1922). Avec un cabinet de guerre restreint, il mena le pays avec fermeté jusqu'à la victoire, acceptant l'unité de commandement des armées alliées sous les ordres de Foch (1918). Il joua ensuite un rôle primordial dans les négociations du traité de Versailles. Il mit fin à la crise irlandaise de 1920-1921 en reconnaissant l'Etat libre d'Irlande. Abandonné par la majorité conservatrice, il démissionna (1922).

lm, symbole du *lumen.*

loader [lowdœr] n. m. (de l'angl. *to load,* charger). Matériel lourd de travaux publics, assurant de façon continue l'excavation d'un terrain et le chargement des déblais sur un tapis roulant.

Loanda. V. LUANDA.

Loango, localité du Congo-Brazzaville, au nord de Pointe-Noire, anc. cap. d'un grand royaume indigène.

Loangos ou **Bavilis,** ethnie gabonaise vivant près de l'estuaire du Congo.

lob [lɔb] n. m. (mot angl.). Dans divers sports (tennis, football, etc.), trajectoire assez élevée de la balle ou du ballon, qui passe au-dessus d'un adversaire pour retomber rapidement derrière lui.

lobaire adj. *Anat.* Qui se rapporte à un lobe.

Lobatchevski (Nikolaï Ivanovitch), mathématicien russe, né à Makarev, près de l'actuelle Gorki (1792-1856). Il est surtout connu pour avoir découvert et exposé (1826-1855) la géométrie non euclidienne, dite « géométrie hyperbolique », déjà pressentie par Gauss. En 1823, le Hongrois János Bolyai exposait la même géométrie sous le nom de « géométrie absolue ». Contrairement à Gauss et à Bolyai, Lobatchevski ne concevait l'existence d'une géométrie vraie qu'en liaison avec un système de mesure permettant d'en faire l'application.

Lobau *(île),* île du Danube, près de Vienne.

Lobau (Georges MOUTON, *comte* DE). V. MOUTON.

lobby [lɔbi] n. m. (mot angl. signif. *couloir*). Syn. de GROUPE DE PRESSION*. ‖ Pl. des *lobbies.*

lobe [lɔb] n. m. (gr. *lobos,* lobe de l'oreille). *Anat.* Partie arrondie et saillante d'un organe quelconque : *les lobes du cerveau, du poumon.* ‖ *Archit.* Partie de cercle employée comme ornement dans la confection des rosaces et arcs en forme de rosaces. ‖ *Bot.* Division profonde et généralement arrondie des organes foliacés ou floraux. ● *Lobe de l'oreille,* partie molle et arrondie à laquelle on attache les boucles d'oreilles.

Lobatchevski

lobé, e adj. Divisé en lobes : *feuille lobée.*

lobectomie [lɔbɛktɔmi] n. f. Opération chirurgicale qui consiste à enlever un lobe d'un organe (foie, poumon, etc.).

lobélie [lɔbeli] n. f. (de *Lobel,* médecin flamand de la fin du XVIᵉ s.). Plante des régions exotiques, cultivée pour ses fleurs colorées et pour son action stimulante sur la respiration. (Famille des campanulacées.)

lober v. t. Faire un lob.

Lobito, port de l'Angola ; 31 600 h. Exportation du cuivre du Shaba.

Lob-nor, lac peu profond de Chine, dans le Sin-kiang, où aboutit le Tarim ; 2 000 km².

lobotomie [lɔbɔtɔmi] n. f. Opération neurochirurgicale consistant à sectionner des fibres nerveuses à l'intérieur du cerveau.

lobulaire ou **lobulé, e** adj. Relatif au lobule. ‖ Qui est formé de lobules.

lobule [lɔbyl] n. m. Petit lobe. ‖ Subdivision d'un lobe : *lobule pulmonaire, hépatique.*

lobuleux, euse adj. Qui est divisé en lobules : *corps lobuleux.*

local [lɔkal], **e, aux** [-o] adj. (du lat. *locus,* lieu). Particulier à un lieu : *coutume locale.* ‖ Relatif à un endroit déterminé : *douleur locale.* ‖ *Méd.* Qui concerne une partie limitée du corps : *maladie locale, anesthésie locale.* ‖ — Contr. GÉNÉRAL. ● *Couleur locale* (Littér. et Bx-arts), reproduction exacte et pittoresque des usages, des costumes, des caractères, etc., d'un pays ou d'une époque.

local n. m. Lieu, partie d'un bâtiment qui a une destination déterminée : *local commercial.*

localement adv. De façon locale.

localisation n. f. Action de localiser. ‖ *Mil.* Action de situer la position d'un aéronef ami ou adverse pour le guider ou l'intercepter. ‖ Fait d'être localisé. ● *Localisation cérébrale* (Neurol.), territoire précis du cerveau, correspondant à une fonction donnée et dont la lésion entraîne une perturbation de cette fonction. (Les recherches modernes de physiopathologie ont permis de déterminer la localisation de la plupart des grandes fonctions, ainsi que les multiples relations qui existent entre elles et qui donnent au fonctionnement du cerveau son caractère unitaire.)

localiser [lɔkalize] v. t. Déterminer la place de : *localiser une sensation.* ‖ Limiter ; circonscrire en un lieu déterminé : *localiser un incendie.*

localité [lɔkalite] n. f. Lieu quelconque, considéré dans ce qu'il peut avoir de particulier.

Locarno, station touristique de Suisse (Tessin), sur le lac Majeur, au pied des Alpes ; 14 100 h. Accord signé en 1925 par la France, la Belgique, l'Angleterre, l'Allemagne et l'Italie, en vue du maintien de la paix.

locataire [lɔkatɛr] n. (du lat. *locare,* louer). Qui prend à loyer une terre, une maison, un appartement. ● *Locataire principal,* personne qui donne en location, en tout ou en partie, à une autre personne, un local dont elle n'est pas propriétaire, mais locataire.

Locatelli (Pietro Antonio), violoniste italien, né à Bergame (1695-1764), novateur dans la technique du violon, compositeur de sonates et de concertos, dont certains, riches d'accents dramatiques, annoncent le poème symphonique (*les Plaintes d'Ariane*).

locatif, ive adj. Qui concerne le locataire. ● *Réparations locatives,* réparations qui sont à la charge du locataire. ‖ *Risques locatifs,* responsabilité encourue par le locataire pour les dommages qu'il peut causer par sa faute à l'immeuble qu'il occupe. ‖ *Valeur locative,* revenu que peut apporter un immeuble en location.

locatif [lɔkatif] n. m. (du lat. *locus,* lieu). *Linguist.* Cas qui, dans certaines langues, exprime le lieu où l'action se passe.

location n. f. (lat. *locatio ;* de *locare,* louer). Action de donner ou de prendre à louage : *location d'un logement, d'une loge de théâtre.* ‖ Prix du loyer : *location fort chère.*

location-vente n. f. Contrat de crédit par lequel le locataire devient propriétaire du bien loué en versant, pendant la durée du bail, des loyers supérieurs à la normale. ‖ Pl. des *locations-ventes.*

loch [lɔk] n. m. (néerl. *log,* poutre). *Mar.* Appareil servant à mesurer la vitesse apparente d'un navire.

loch [lɔk] n. m. (mot écossais). Lac très allongé, établi au fond des vallées, caractéristique de l'hydrographie de l'Ecosse : *le loch Ness.*

loche [lɔʃ] n. f. (gaulois *leuka,* blancheur). Poisson de rivière à corps allongé, atteignant 15 à 30 cm, voisin des cyprinidés. ‖ Poisson marin de la famille des gadidés. (Long. 25 cm.) ‖ Autre nom de la LIMACE.

Loches (37600), ch.-l. d'arr. d'Indre-et-Loire, sur l'Indre ; 6 473 h. (5 829 aggl.) [*Lochois*]. La cité est dominée par le château, qui comprend, à l'intérieur d'une enceinte close de remparts, le donjon (XIᵉ-XIIᵉ s.), la collégiale

Phot. Larousse.

Saint-Ours (XIIe s.) et le Logis du roi (XIVe-XVe s.) où se trouvent le tombeau d'Agnès Sorel et l'oratoire d'Anne de Bretagne. Dans la ville même, l'église Saint-Antoine conserve un triptyque de l'école de Jean Fouquet. Patrie d'Alfred de Vigny. — L'arr. a 6 cant., 67 comm., 54 304 h.

Loches (*paix de*). V. MONSIEUR (*paix de*).

Locke (John), philosophe anglais, né à Wrington (Somerset) [1632-1704]. Il fut étudiant à Oxford, puis membre de la Société royale (1668) et médecin du comte Shaftesbury. Sa théorie de la connaissance, exposée dans l'*Essai sur l'entendement humain* (mars 1690), est une critique de la théorie cartésienne des idées innées et place la source de nos connaissances dans l'expérience, c'est-à-dire dans la sensation aidée de la réflexion. Ses *Lettres sur la tolérance* (1689) lui attirèrent la haine des fanatiques. On lui doit en outre deux *Traités du gouvernement civil* (1690), un traité, *Pensées sur l'éducation* (1693), et un essai pour concilier la religion naturelle et le christianisme primitif, *le Christianisme raisonnable* (1695).

John Locke, par W. Smart, *Bibl. nat.*

lock-out [lɔkawt] n. m. inv. (angl. *to lock out*, mettre à la porte). Fermeture des ateliers par la direction pour amener à composition leurs ouvriers ou employés qui menacent de faire grève.

Locle (LE), v. de Suisse (Neuchâtel); 15 200 h. Grand centre horloger.

Locmariaquer [-kɛr] (56740), comm. du Morbihan (arr. de Lorient), sur le golfe du Morbihan; 1 265 h. (566 aggl.). Monuments mégalithiques. Ostréiculture.

Locminé (56500), ch.-l. de c. du Morbihan (arr. de Pontivy); 2 826 h. Chapelle et ossuaire (XVIe s.).

locomobile [lɔkɔmɔbil] adj. (lat. *loco*, d'un lieu, et *mobile*). Qui peut se mouvoir pour changer de place. ‖ — N. f. Machine à vapeur montée sur roues non motrices.

locomoteur, trice adj. Qui opère la locomotion : *machine locomotrice*. ‖ Relatif à la locomotion : *ataxie locomotrice*.

locomotion [lɔkɔmɔsjɔ̃] n. f. Action de se déplacer d'un point à un autre.

locomotive [lɔkɔmɔtiv] n. f. Machine à vapeur, électrique, à moteur thermique ou à air comprimé, etc., montée sur roues et destinée à remorquer un convoi de voitures ou de wagons sur une voie ferrée : *Stephenson construisit la première locomotive*. ‖ *Fig.* Personnalité qui joue le rôle d'un élément moteur dans un milieu, un groupe, une association quelconque, par son prestige, son talent, son activité.

— ENCYCL. ● *Locomotive à vapeur*. Longtemps le seul engin de traction sur voie ferrée, elle comprend trois parties principales : la chaudière, où se produit la vapeur sous pression; le mécanisme, ou machine à vapeur proprement dite; le véhicule, composé du châssis et des roues. On distingue chaque type de locomotive par un nombre dont les chiffres indiquent, à partir de la gauche, le nombre des essieux porteurs avant, le nombre des essieux couplés, le nombre des essieux porteurs arrière. Les locomotives à vapeur les plus puissantes en France sont les 241-P, de 3 300 ch et pesant 130 t. Sur le réseau français, la traction à vapeur est progressivement remplacée par la traction électrique ou Diesel.

● *Locomotive électrique*. Elle utilise l'énergie du réseau de distribution, qu'elle capte au moyen d'un pantographe (ligne d'alimentation aérienne) ou d'un frotteur (rail conducteur). On distingue les locomotives électriques au moyen de chiffres et de lettres majuscules : le rang alphabétique de la lettre indique le nombre d'essieux moteurs, les chiffres adjoints le nombre d'essieux directeurs. Les locomotives électriques peuvent atteindre une puissance de 6 000 ch.

● *Locomotive à moteur Diesel*. Elle est intéressante en raison de son rendement global élevé, de la possibilité d'arrêt et de mise en marche immédiats, de son entière autonomie. Entre le moteur Diesel et les essieux, la transmission peut se faire électriquement; le moteur Diesel entraîne une génératrice à courant continu alimentant des moteurs électriques accouplés aux essieux moteurs. (Une machine diesel-électrique peut avoir une puissance de 8 000 ch.) Il existe des machines à transmission hydraulique (locomotives de manœuvres) et à transmission mécanique (autorails).

locomotrice n. f. Engin de traction ferroviaire de moyenne puissance, actionné par un moteur thermique ou électrique.

locotracteur n. m. Engin de traction sur rail actionné par un moteur thermique de faible puissance.

Locquirec (29241), comm. du Finistère (Nord) [arr. de Morlaix]; 965 h. (522 aggl.). Station balnéaire.

Locride, contrée de la Grèce continentale ancienne, séparée par la Phocide en deux parties : la *Locride orientale*, sur la mer Egée; la *Locride occidentale*, sur le golfe de Corinthe. (Hab. *Locriens*.)

Locronan (29136 Plogonnec), comm. du Finistère (Sud) [arr. de Châteaulin]; 672 h. (428 aggl.). Ville pittoresque avec des maisons Renaissance. Célèbre pardon.

Loctudy (29125), comm. du Finistère (Sud) [arr. de Quimper]; 3 428 h. Station balnéaire. Pêche.

loculaire [lɔkylɛr], **loculé** [-le], **e** ou **loculeux** [-lø], **euse** [-øz] adj. (du lat. *locus*, lieu). *Bot.* Qui est partagé en plusieurs loges.

locuste [lɔkyst] n. f. (lat. *locusta*, sauterelle). Nom scientifique du *criquet migrateur*.

Locuste, empoisonneuse romaine (m. en 68 apr. J.-C.), instrument d'Agrippine contre Claude, et de Néron contre Britannicus. Galba la fit mettre à mort.

locuste

locuteur [lɔkytœr], **trice** [-tris] n. *Linguist.* Sujet parlant; personne qui formule un énoncé.

locution n. f. (lat. *locutio*; de *loqui*, parler). Expression, forme particulière de langage : *locution vicieuse, proverbiale, familière*. ‖ *Gramm.* Groupe de mots qui équivaut à un seul mot : *locution adverbiale, conjonctive*.

Lodelinsart, comm. de Belgique (Hainaut); 11 000 h. Verrerie. Métallurgie.

loden [lɔdɛn] n. m. Lainage épais et feutré, fabriqué en Alsace et dans le Tyrol : *un manteau de loden*.

Lodève (34700), ch.-l. d'arr. de l'Hérault, sur la Lergue, affl. de l'Hérault; 7 942 h. (*Lodévois*). Draps. — L'arr. a 5 cant., 72 comm., 43 685 h.

Lodi, v. d'Italie (Milan), sur l'Adda; 38 200 h. Victoire de Bonaparte sur les Autrichiens en 1796.

lods [lo] n. m. pl. (du bas lat. *laudes*, promesses). *Lods et ventes*, redevance que le seigneur percevait sur le prix des héritages vendus.

Lods (Marcel), architecte et urbaniste français, né à Paris en 1891. Auteur, en collaboration avec Eugène Beaudouin, de la cité de la Muette à Drancy, il a établi les plans de la reconstruction de Sotteville-lès-Rouen.

Łódź, v. de Pologne, au sud-ouest de Varsovie; 761 800 h. Deuxième ville de Pologne, c'est le principal centre textile du pays (coton et confection surtout). Combats russo-allemands en 1914.

Loèche-les-Bains, comm. de Suisse (Valais); 600 h. Station thermale.

lœss [løs] n. m. (mot allem.). Variété de limon, sans stratification, dont la fertilité est liée à la richesse en calcaire.

Lœwendahl. V. LOWENDAL.

Loewi (Otto), pharmacologue allemand, né à Francfort-sur-le-Main (1873-1961). Il étudia la pharmacologie des substances actives sur les systèmes nerveux autonomes. (Prix Nobel de physiologie et de médecine, 1936.)

lof [lɔf] n. m. (du néerl. *loef*). *Mar.* Côté d'un navire qui se trouve frappé par le vent. ● *Venir au lof*, se rapprocher du lit du vent. ‖ *Virer lof pour lof*, virer vent arrière.

lofer v. i. *Mar.* Rapprocher l'avant d'un bateau du lit du vent, en se servant du gouvernail.

Lofoten (*îles*), archipel des côtes de Norvège; 30 000 h. Pêcheries (hareng, morue) en déclin.

Logan (*mont*), point culminant du Canada (Yukon), à la frontière de l'Alaska; 6 050 m.

logarithme [lɔgaritm] n. m. (gr. *logos*, rapport, et *arithmos*, nombre). *Logarithme d'un nombre réel positif dans un système de base a positive*, ou, plus simplement, *logarithme* (Math.), exposant de la puissance à laquelle il faut élever *a* pour retrouver le nombre considéré (symb. : $\log_a$). ‖ *Logarithme naturel* (ou *népérien*) *d'un nombre*, logarithme de ce nombre dans un système dont la base est le nombre *e* (symb. : Log). ‖ *Logarithme vulgaire* (ou *décimal*) *d'un nombre*, logarithme de ce nombre dans un système dont la base est 10 (symb. : log).

— ENCYCL. Le *logarithme* d'un nombre comprend une partie entière, la *caractéristique*, et une partie décimale, la *mantisse*.

● La caractéristique est positive ou négative; pour un nombre supérieur à 1, elle se compose d'autant d'unités que ce nombre contient de chiffres entiers moins 1; pour un nombre inférieur à 1 dont le premier chiffre significatif est placé au P^{ième} rang après la virgule, elle est égale à — P.

● La mantisse est toujours positive; elle est donnée par une table de logarithmes. Le logarithme de 1 est égal à 0 quelle que soit la base du logarithme. Le cologarithme d'un nombre est le logarithme de l'inverse de ce nombre.

logarithmique adj. Qui a rapport aux logarithmes : *calcul logarithmique*.

loge [lɔʒ] n. f. (du francique **laubja*). Galerie extérieure couverte, élevée au-dessus du sol et formée de colonnes. ‖ Logement destiné à l'habitation d'un concierge. ‖ Compartiment cloisonné dans une salle de spectacle : *louer une loge*. ‖ Petite pièce dans laquelle se maquillent et s'habillent les artistes. ‖ Réunion de francs-maçons; lieu où ils s'assemblent. ‖ Dans les écoles des beaux-arts et les conservatoires de musique, atelier ou studio où est isolé chacun des élèves participant à certains concours : *monter en loge*. ‖ *Bot.* Compartiment de l'ovaire ou du fruit. (Un ovaire à trois loges est qualifié de *triloculaire*, etc.) ● *Être aux premières loges* (Fam.), être bien placé pour suivre quelque chose.

Loges (les), galeries ouvrant sur la cour Saint-Damase, au Vatican, et qui ont été ornées de 52 fresques exécutées par Raphaël et ses élèves.

locomotives *v. également chemins* de fer*

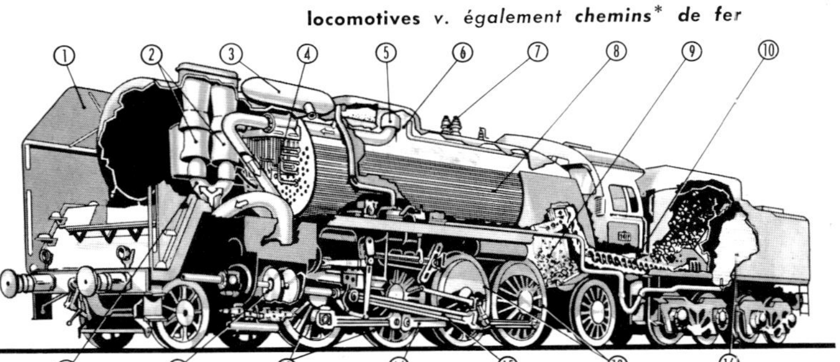

1. Écran lève-fumée; 2. Échappement double; 3. Réchauffeur d'eau; 4. Surchauffeur; 5. Régulateur; 6. Dôme de vapeur; 7. Soupape de sûreté; 8. Chaudière tubulaire; 9. Foyer; 10. Chargement mécanique du charbon; 11. Sortie de vapeur; 12. Cylindre; 13. Roues motrices; 14. Bielle d'accouplement; 15. Bielle motrice; 16. Réservoir d'eau (34 m³)

1. Moteur compresseur alimentant les freins à air; 2. Disjoncteur; 3. Pantographe; 4. Gaine de ventilation des moteurs; 5. Moteur-ventilateur; 6. Avertisseur sonore; 7. Boîte à essieux; 8. Cylindre de frein pneumatique; 9. Coffre d'accumulateurs; 10. Moteur de traction; 11. Pivot oscillant; 12. Roue dentée élastique; 13. Pignon moteur; 14. Sablière.

Phot. Boyer, Noailles.

LOCOMOTION ANIMALE

AU SEIN D'UNE SUBSTANCE HOMOGÈNE

AIR : *VOL*

oiseau

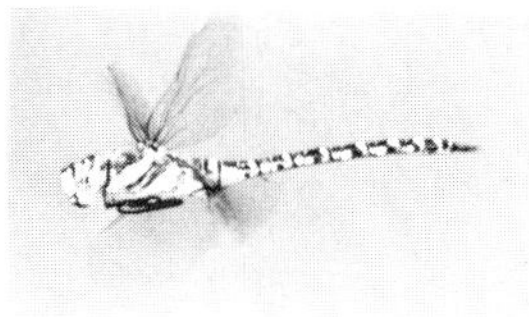

libellule

chauve-souris

TERRE OU LIMON : *FOUISSAGE*

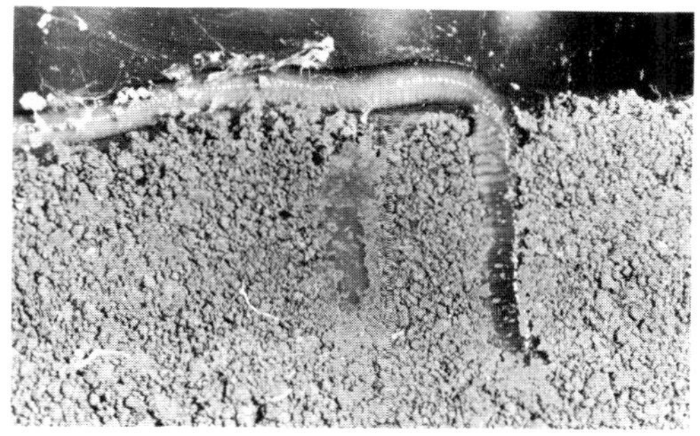

lombric

EAU : *NAGE*

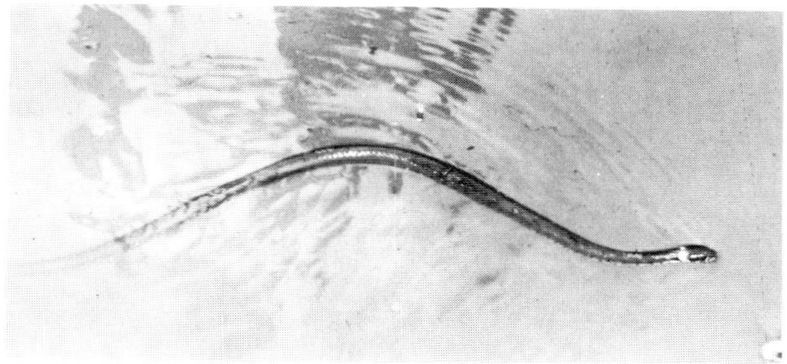

couleuvre

poisson

poulpe

À LA LIMITE DE DEUX MILIEUX

SUR LA SURFACE DE L'EAU

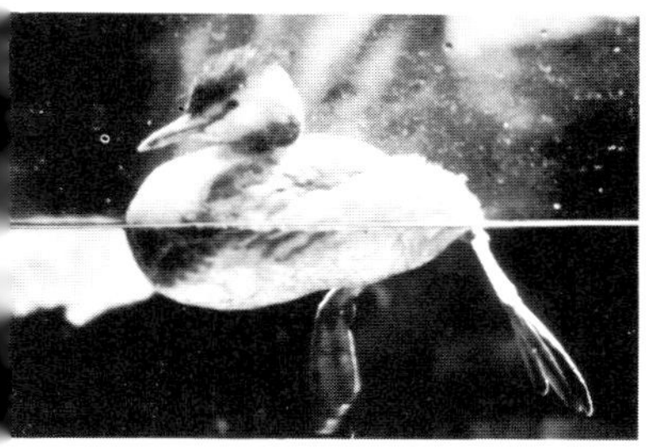

grèbe

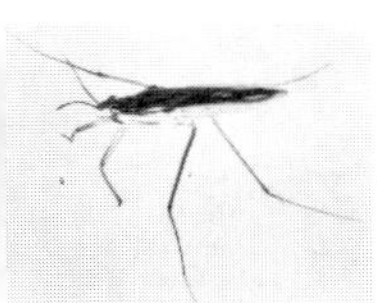

gerris

limnée

SOUS LA SURFACE DE L'EAU

SUR LA TERRE FERME

COURSE : cheval

SAUT : kangourou

MODALITÉS DIVERSES

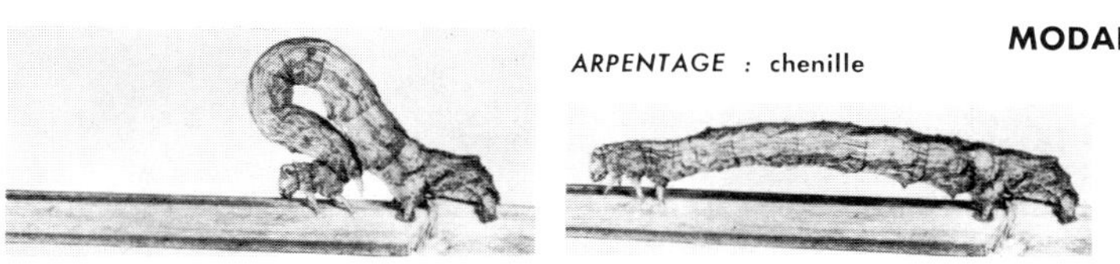

ARPENTAGE : chenille

REPTATION : serpent

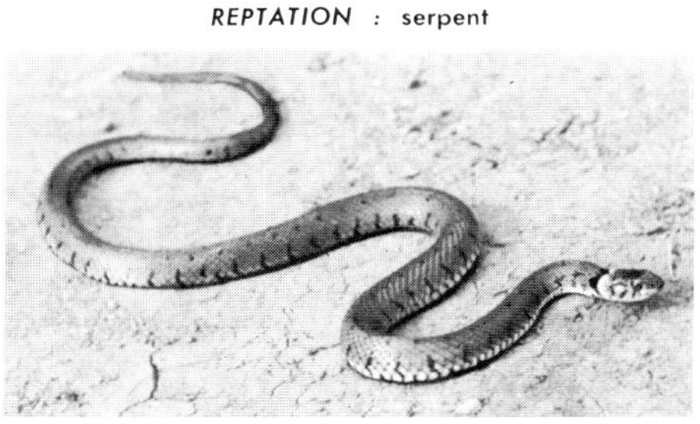

HALAGE : moule

DANS LES ARBRES

BRACHIATION : gibbon

GRIMPER : sajou capucin

Phot. Ormond, Noailles, Lauros - Atlas-Photo, Jacques Six (2), Noailles, Cauvin, Jacques Six (3), Dragesco - Atlas-Photo, Fronval, Machatschek, Noailles, Fronval, X, Ylla-Rapho, Jacana.

logeable [lɔʒabl] adj. Où l'on peut loger commodément : *maison logeable.*

logement n. m. Action de loger : *politique du logement.* ‖ Lieu où l'on demeure habituellement.

loger [lɔʒe] v. i. (conj. **1**). Habiter : *où logez-vous?* ● *Loger à la belle étoile* (Fam.), coucher en plein air. ‖ — V. t. Donner un logement permanent ou passager. ‖ Introduire, placer : *loger une balle dans la cible.*

logette n. f. Petite loge.

logeur, euse n. Personne qui loue des chambres meublées.

loggia [lɔdʒja] n. f. (mot ital. signif. *loge*). *Archit.* Petite loge sans colonnes.

logiciel n. m. Syn., préconisé par l'Administration, de SOFTWARE.

logicien, enne n. Spécialiste de la logique. ‖ Personne qui construit une logique. ‖ Personne qui raisonne avec méthode : *un impitoyable logicien.*

logicisme n. m. Philosophie fondée sur la prépondérance de la logique. ‖ Système logique de B. Russell.

logique adj. Conforme à la logique ; cohérent. ● *Lois logiques,* ensemble des formules représentant un enchaînement de propositions dans un discours vrai en tout état de cause, c'est-à-dire indépendamment de la vérité ou de la fausseté des propositions qui y figurent.

logique [lɔʒik] n. f. (gr. *logikê;* de *logos,* raison). Science du raisonnement : *Aristote a formulé les principes de la logique traditionnelle.* ‖ Ouvrage qui enseigne cette science : *la « Logique » d'Aristote.* ‖ Disposition à raisonner juste : *logique naturelle.* ‖ Raisonnement, méthode : *cet ouvrage manque de logique.* ‖ *Fig.* Manière particulière de raisonner : *la logique des passions.* ● *Logique moderne, logique mathématique* ou *logique symbolique,* terme générique par lequel on désigne un ensemble assez disparate de systèmes logiques apparus depuis le milieu du XIXe s., caractérisés néanmoins par les traits communs suivants : 1° l'existence d'un système syntaxique* où n'intervient que la forme et non le sens des entités analysées (*formalisation*), une interprétation éventuelle étant postérieure à la construction du système formel ; 2° l'utilisation d'un appareil symbolique n'appartenant pas au langage ordinaire (*symbolisation*) ; 3° la distinction rigoureuse entre la langue analysée (*langue objet*) et la langue au moyen de laquelle on opère l'analyse (*métalangue*). [V. *encycl.*]

— ENCYCL. On peut distinguer trois périodes dans le développement de la *logique moderne.*

Dans une première période, vers 1850, on assiste à une tentative d'application à la logique des méthodes des mathématiques, sans que la logique soit considérée comme le moyen de fonder les mathématiques. L'œuvre la plus importante de cette période est celle de Boole : *The Mathematical Analysis of Logic* (1847), où l'auteur développe une algèbre de la logique.

Dans une seconde période, la logique devient la science des fondements des mathématiques et utilise des méthodes comparables à celles des mathématiques. Toutefois, beaucoup d'éléments intuitifs interviennent, et la distinction entre système syntaxique et système sémantique est mal faite. L'œuvre de G. Frege, *Die Begriffsschrift* (1879), qui ouvre cette période, est d'une importance capitale, car non seulement elle fonde véritablement la logique moderne, mais de plus elle présente des qualités de précision et de rigueur que seuls atteignent les travaux les plus modernes. Frege est notamment le premier à introduire une distinction nette entre variables et constantes, entre lois et règles, entre langue et métalangue. Cependant, le système de Frege présentait un vice fondamental en ce sens qu'on pouvait y construire une antinomie ; c'est-à-dire qu'il présentait une contradiction interne. C'est Bertrand Russell qui remarqua ce fait en 1905, ce qui l'amena à construire un système, la « théorie de types », qui évite cette contradiction. L'ouvrage de Russell et Whitehead, *Principia mathematica* (1913), représente l'aboutissement de cette période.

Cependant, des courants de recherche divergents se manifestent, notamment : les logiques plurivalentes*, développées par J. Łukasiewicz et H. Reichenbach ; les logiques modales, où sont formalisées les notions de possibilité et de nécessité ; l'*intuitionnisme,* qui n'admet que les entités constructibles et qui a été développé par L. E. J. Brouwer et A. Heyting.

La troisième période, inaugurée par D. Hilbert, voit s'opérer une distinction nette entre syntaxe et sémantique, et se résorber les divergences de la période précédente. Elle est marquée par des travaux de K. Gödel, de A. Tarski, R. Carnap, P. Cohen en sémantique et de M. Shönfinkel, H. B. Curry, J. B. Rosser en syntaxe.

Logique (*Grande*), ouvrage de Hegel (1812-1816), qui, malgré son titre, est une œuvre métaphysique.

Logique d'Aristote. V. ORGANON.

Logique de Port-Royal *ou Art de penser,* ouvrage composé par Arnauld et Nicole pour l'éducation du jeune duc de Chevreuse (1662). C'est un exposé complet de la logique dite « ancienne » (syllogisme).

logiquement adv. De façon logique.

logis [lɔʒi] n. m. (de *loger*). Maison, logement habituel : *rentrer au logis.* ‖ Logement qu'on occupe en passant. ● *Corps de logis,* partie d'un bâtiment qui en forme la masse principale ou qui est détachée de cette masse. ‖ *La folle du logis* (Fam.), l'imagination.

Logis-Neuf (LE), section de la comm. de La Coucourde (Drôme). Centrale hydro-électrique sur une dérivation du Rhône.

logiste n. *Bx-arts.* Élève admis à monter en loge.

logisticien, enne adj. et n. Qui s'occupe de logistique.

logistique [lɔʒistik] n. f. (gr. *logisticos,* relatif à l'art du calcul). Logique mathématique ; nom donné à la logique moderne comme science combinatoire.

logistique n. f. (même étym. qu'à l'art. précéd.). Partie de l'art militaire ayant trait aux problèmes de transport et de ravitaillement des armées.

— ENCYCL. Activité la plus complexe de l'art militaire, la *logistique* est devenue un facteur essentiel des possibilités d'action du commandement, et son rôle ne cesse de devenir plus important. D'une part, le tonnage des matériels utilisés à la guerre est en constante augmentation ; de 1914 à 1945, le tonnage nécessaire à l'entrée en campagne d'un fantassin est passé de 4 à 26 tonnes, par exemple. D'autre part, avec l'apparition des armes nucléaires, il faut prévoir que des destructions massives anéantiront certaines fabrications et certains stocks et que la précarité des communications rendra les transports plus rares, plus lents et moins sûrs. La logistique doit donc se préoccuper de moyens non seulement toujours plus nombreux et plus diversifiés, mais aussi plus difficiles à réunir, à répartir et à renouveler. Les solutions qu'elle apporte à ces problèmes conditionnent pour une large part la tactique et la stratégie.

logistique adj. Relatif à la logistique militaire : *les bases sont les supports logistiques des armées en campagne.*

logographe [lɔgɔgraf] n. m. (gr. *logos,* discours, et *graphein,* écrire). Chez les Grecs, écrivain en prose. ‖ Orateur écrivant des plaidoyers pour des particuliers.

logogriphe n. m. (gr. *logos,* parole, et *griphos,* filet). Sorte d'énigme dans laquelle on compose, avec les lettres d'un mot, d'autres mots qu'il faut deviner, aussi bien que le mot principal. (Ainsi, avec le mot *orange,* on peut former *ange, orge, orage, onagre, organe, rage, rang,* etc.)

logomachie [-maʃi] n. f. (gr. *logos,* discours, et *makhê,* combat). Dispute de mots : *les discussions scolastiques tournaient souvent en pure logomachie.*

Logone (le), riv. de l'Afrique équatoriale, affl. du Chari (r. g.) ; 900 km.

logopédie n. f. (gr. *logos,* parole, et *pais, paidos,* enfant). Science qui a pour but de corriger les défauts de prononciation chez les enfants.

logorrhée [-re] n. f. (gr. *logos,* parole, et *rhein,* couler). Flot de paroles désordonnées, qui caractérise certains troubles mentaux.

logorrhéique adj. Qui a les caractéristiques de la logorrhée.

logos [lɔgɔs] n. m. (mot gr.). Chez Platon, Dieu en tant que source des idées. ‖ *Théol.* Verbe de Dieu, deuxième personne de la Trinité.

logotype [lɔgɔtip] n. m. Groupe de lettres, abréviations, etc., fondues en un seul bloc pour accélérer la composition typographique.

Logroño, v. d'Espagne (Vieille-Castille), sur l'Ebre ; 68 000 h.

Lohengrin, héros d'une légende germanique rattachée au cycle des romans courtois sur la quête du Graal. Cette légende a inspiré à R. Wagner l'opéra *Lohengrin,* dont il écrivit le livret et la musique (1850).

loi [lwa] n. f. (lat. *lex ;* de *ligare,* lier). Règle nécessaire ou obligatoire : *se soumettre à une loi.* ‖ Acte de l'autorité souveraine, qui règle, ordonne, permet ou défend : *promulguer une loi.* (V. *encycl.*) ‖ Ensemble de ces actes : *nul n'est censé ignorer la loi.* ‖ Enoncé d'une propriété physique vérifiée de façon précise : *les lois de la chute des corps.* ‖ Obligation de la vie sociale : *les lois de l'honneur, de la politesse.* ‖ Commandement imposé à quelqu'un : *la loi du vainqueur.* ● *Loi divine,* ensemble des préceptes que Dieu a donnés aux hommes par la révélation. ‖ *Loi de finances,* loi comportant l'évaluation globale des dépenses de l'Etat et du rendement des impôts et des taxes, ainsi que l'autorisation, pour le gouvernement, de recouvrer ces derniers. ‖ *Lois de la guerre,* ensemble des règles (traitement des blessés, des prisonniers, etc.) admises par de nombreux Etats, qui se sont engagés à les respecter en cas de guerre. ‖ *Loi martiale,* loi de 1789 qui autorisait l'intervention de la force armée en cas de troubles intérieurs. (Elle est remplacée aujourd'hui par les lois sur l'*état de siège* et l'*état d'urgence.*) ‖ *Loi morale,* loi qui nous ordonne de faire le bien et d'éviter le mal. ‖ *Loi naturelle,* ensemble des règles de conduite fondées sur la nature même de l'homme et de la société. ‖ *La loi nouvelle,* religion de Jésus-Christ. ‖ *Loi organique,* loi relative à l'organisation des pouvoirs publics, mais sans caractère constitutionnel. ‖ *Loi de programme* ou *d'engagement,* loi autorisant le gouvernement à engager certaines dépenses dont le règlement est échelonné sur plusieurs exercices budgétaires annuels. ‖ *Loi de règlement,* loi fixant définitivement les dépenses et les recettes de l'Etat d'un exercice clos. ‖ *Se faire une loi de,* s'imposer l'obligation de.

— ENCYCL. *Droit.* La *loi* est promulguée par le chef de l'Etat lorsqu'elle a été adoptée par le Parlement (mode normal) ou par le peuple (voie référendaire exceptionnelle).

Ont force de loi et doivent être exécutés comme tels sans qu'un citoyen ou un tribunal puisse en contester la validité ou la constitutionnalité, les textes suivants une fois qu'ils ont été légalement promulgués et publiés : les lois adoptées par le peuple (consulté par voie de référendum) ou par le Parlement, les ordonnances prises par le gouvernement dans le cadre d'une délégation spéciale et temporaire du Parlement ou — pour les seules lois de finances — lorsque le Parlement ne s'est pas prononcé dans le délai constitutionnel, ainsi que les décisions prises par le président de la République dans l'exercice des pouvoirs exceptionnels. Ont également force de loi les règlements pris par le gouvernement, mais la validité peut être contestée devant les tribunaux administratifs.

Les domaines respectifs de la loi et du règlement sont déterminés par la Constitution de 1958. Ils peuvent être modifiés par une simple loi organique.

Le Parlement ne peut légiférer en matière administrative et le gouvernement ne peut user de son pouvoir réglementaire dans le domaine de la loi.

L'élaboration d'une loi proprement dite (loi adoptée par le Parlement) comporte plusieurs phases :

1° La rédaction d'un texte qui est déposé sur le bureau de l'Assemblée nationale ou du Sénat ; lorsque ce texte émane de l'administration et du gouvernement, il y a *projet de loi* (c'est toujours le cas pour les lois de finances et celles-ci sont toujours soumises en premier examen à l'Assemblée nationale) ; lorsqu'il émane d'un parlementaire il y a *proposition de loi ;*

2° Le texte est examiné par une commission de l'Assemblée qui a été saisie ;

3° Le texte du projet de loi est soumis aux délibérations de cette assemblée dont les membres ont au même titre que les ministres le droit d'amendement ;

4° Le texte adopté par cette assemblée est examiné par l'autre assemblée dans les mêmes conditions ;

5° Si un texte identique est adopté par les deux assemblées, il est transmis au président de la République pour promulgation ; cependant, ce dernier, le Premier ministre et le président de chaque assemblée peuvent consulter le Conseil constitutionnel sur sa conformité à la Constitution ; le président de la République peut également demander au Parlement une seconde lecture du texte ou de certains de ses articles. Le délai normal de promulgation est de quinze jours ;

6° Quand les textes adoptés par les deux assemblées ne sont pas identiques, une navette s'établit entre elles, c'est-à-dire que de nouveaux débats s'ouvrent au sein de chacune d'elles dans le cas où, à l'issue de ces délibérations, le désaccord persiste entre elles, le Premier ministre peut demander la nomination d'une commission mixte paritaire chargée d'élaborer un texte commun soumis aux deux assemblées ; si ces dernières ne se mettent pas d'accord sur ce texte commun (éventuellement modifié par les seuls amendements acceptés par le gouvernement) ou si la commission mixte n'a pu aboutir à un texte commun, le gouvernement peut demander à l'Assemblée nationale de passer outre aux objections du Sénat ;

7° Le texte, s'il est alors adopté, est transmis au président de la République pour promulgation.

loi n. f. (de *aloi*). Titre auquel les monnaies doivent être fabriquées.

loi-cadre n. f. Loi qui définit un certain principe, en laissant le soin au gouvernement d'en préciser la portée exacte dans les décrets d'application. ‖ Pl. des *lois-cadres.*

Loigny-la-Bataille (28140 Orgères en Beauce), comm. d'Eure-et-Loir (arr. de Châteaudun), dans la Beauce ; 287 h. Les Prussiens y battirent le 2 décembre 1870 la Ire armée de la Loire. Les zouaves pontificaux du général de Sonis s'y distinguèrent.

loin [lwɛ̃] adv. (lat. *longe*). A une grande distance : 1° dans l'espace : *arme qui porte loin ;* 2° dans le temps : *remonter bien loin dans l'histoire.* ● *Aller loin* (Fig.), durer longtemps ; atteindre à un certain degré. ‖ *Voir loin,* être doué d'une grande prévoyance. ‖ — Loc. adv. **Au loin,** à une grande distance : *aller au loin.* ‖ **De loin,** d'une grande distance : *prévoir le danger de loin.* ‖ **De loin en loin,** à de grands intervalles. ‖ **— Loin de** loc. prép. A une grande distance : *demeurer loin de Paris.* ‖ Dans des intentions fort éloignées : *je suis loin de vous en vouloir.*

Loing [lwɛ̃] (le), riv. du Bassin parisien, qui arrose Montargis, Nemours et Moret, et se jette dans la Seine (r. g.) ; 166 km. — Le *canal du Loing* accompagne la rivière depuis le confluent sur la Seine jusqu'à Buges, où il se divise en deux : le canal d'Orléans, aujourd'hui désaffecté, et le canal de Briare, qui remonte le cours du Loing jusqu'à Rogny.

lointain [lwɛ̃tɛ̃], **e** [-ɛn] adj. (de *loin*). Qui se trouve à une grande distance dans l'espace ou dans le temps : *un pays lointain ; une époque lointaine.*

lointain n. m. Lieu éloigné : *apercevoir un clocher dans le lointain.*

lointains n. m. pl. Arrière-plan dans un tableau.

loir [lwar] n. m. (lat. *glis, gliris*). Mammifère rongeur hibernant d'octobre à avril, nichant dans les branches des arbres, dont il grignote fruits et graines. (Long. 15 cm.) ● *Dormir comme un loir,* dormir longtemps et profondément.

loir

Phot. Bille.

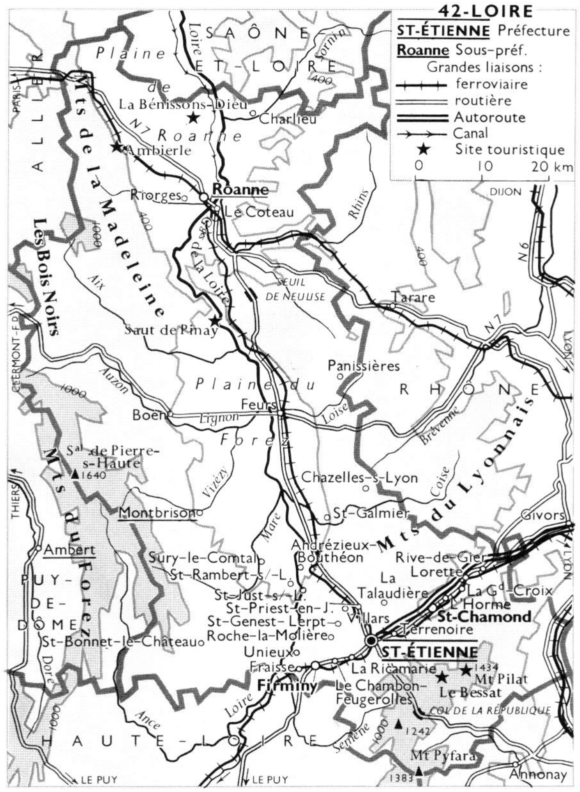

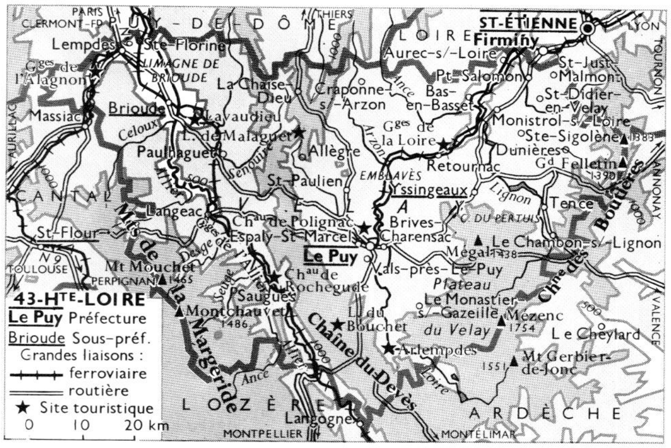

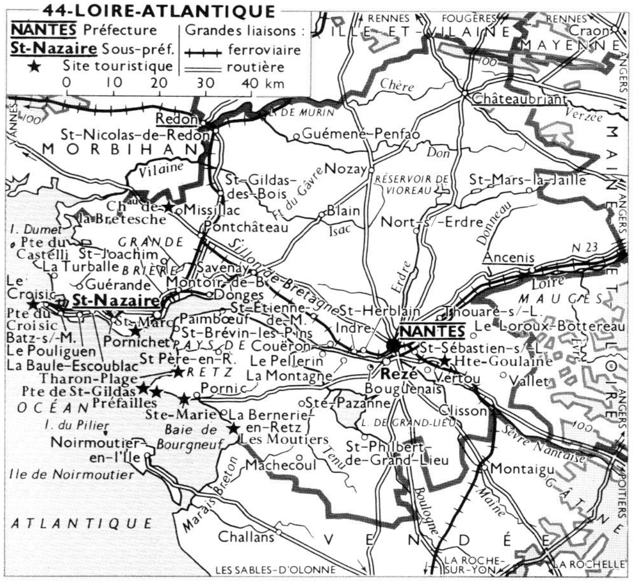

la Loire
à Langeais

Loir (le), riv. du sud-ouest du Bassin parisien, qui arrose Châteaudun, Vendôme, La Flèche, et se jette dans la Sarthe (r. g.) ; 311 km.

Loire (la), le plus long fleuve de France ; 1 012 km. Son bassin, couvrant 115 000 km² (environ le cinquième de la France), s'étend sur l'est du Massif central (*Loire supérieure*), le sud du Bassin parisien (*Loire moyenne*) et le sud-est du Massif armoricain (*Loire inférieure*). La Loire, née à 1 400 m d'alt. près du mont Gerbier-de-Jonc, se dirige d'abord vers le nord, raccordant par des gorges étroites de petits bassins d'effondrement (bassins du Puy et du Forez, plaine de Roanne), avant de recevoir l'Allier (r. g.) en aval de Nevers. Le fleuve, sorti du Massif central, décrit alors une vaste boucle, dont Orléans constitue le sommet. Il coule dans une vallée élargie, encombrée de bancs de sable, et reçoit successivement, après Tours, le Cher, l'Indre, la Vienne (grossie de la Creuse), à gauche, issus du Massif central, et la Maine à droite (en pénétrant dans le Massif armoricain). En aval de Nantes commence le long estuaire qui se termine dans l'Atlantique. La Loire a un régime irrégulier (sauf en aval), aux crues surtout hivernales et aux basses eaux estivales très marquées, qui interdisent toute navigation sur son cours supérieur et moyen. La Loire n'a plus aujourd'hui qu'un rôle économique médiocre, en dehors de son extrémité avale, à partir de Nantes. (V. aussi VAL DE LOIRE.)

— L'expression *Pays de la Loire* désigne une région de programme groupant les départements suivants : Loire-Atlantique, Maine-et-Loire, Mayenne, Sarthe et Vendée.

Loire (*châteaux de la*), ensemble de demeures royales, seigneuriales ou bourgeoises édifiées dans le Blésois et la Touraine, le Berry et l'Anjou, aux XVe et XVIe s. Les principaux sont ceux d'Amboise, de Blois, d'Azay-le-Rideau, de Chenonceaux, de Chambord et de Valençay.

Loire (*dép. de la*) [**42**], dép. de l'est du Massif central ; préf. *Saint-Etienne ;* s.-préf. *Montbrison, Roanne ;* 3 arr., 39 cant., 335 comm. ; 4 774 km² ; 722 400 h. Entre les hautes terres cristallines de la *Madeleine* et du *Forez* à l'ouest (en voie de dépeuplement), du *Beaujolais* et du *Lyonnais* à l'est (où se développe l'élevage bovin), s'allongent le *bassin du Forez* (en partie drainé) et la *plaine du Roannais,* où se concentrent l'essentiel des cultures (blé, plantes fourragères) et des prairies d'élevage. L'industrie emploie plus de la moitié de la population active du dép. Implantée surtout autour du bassin houiller de Saint-Etienne et à Roanne, elle est représentée principalement par la métallurgie et les textiles.

Loire (*dép. de la* **Haute-**) [**43**], dép. de l'est du Massif central ; préf. *Le Puy ;* sous-préf. *Brioude, Yssingeaux ;* 3 arr., 33 cant., 264 comm. ; 4 965 km² ; 208 300 h. En dehors de son extrémité occidentale (à l'ouest de l'Allier), constituée par le rebord granitique de la *Margeride,* le dép. s'étend sur les hautes terres volcaniques du *Velay* (élevage bovin), entaillées par la vallée de la Loire. Celle-ci ouvre le *bassin du Puy,* qui, avec la *Limagne de Brioude,* drainée par l'Allier, est le plus riche secteur agricole (céréales, arbres fruitiers, pommes de terre, lentille verte). L'industrie, employant environ 30 p. 100 de la population active (près des deux cinquièmes pour l'agriculture), tient une place secondaire. Elle est représentée surtout par la dentellerie, au Puy (seule ville dépassant 10 000 h.), et par la petite métallurgie, assez dispersée. Le dép. continue à souffrir de l'émigration.

Loire-Atlantique (*dép. de la*) [**44**], dép. formé d'une partie de la Bretagne ; préf. *Nantes ;* s.-préf. *Ancenis, Châteaubriant, Saint-Nazaire ;* 4 arr., 53 cant., 224 comm. ; 6 893 km² ; 861 500 h. Appartenant au *Massif armoricain,* le dép. est essentiellement formé de collines et de bas plateaux, en dehors du littoral, parfois marécageux (*Grande Brière*). La polyculture (blé, plantes fourragères associées à l'élevage bovin) domine le plus souvent, cédant localement la place au vignoble (muscadet) et aux cultures maraîchères (près de Nantes). L'industrie tient une place exceptionnellement importante pour la Bretagne et occupe environ les deux cinquièmes de la population active ; elle doit ce rôle à l'activité de la basse Loire, entre Nantes et Saint-Nazaire, où sont implantés la métallurgie (constructions navales), des usines chimiques et alimentaires, le raffinage du pétrole, etc. Le tourisme estival anime le littoral (La Baule).

Loiret (le), petite riv. du Bassin parisien, affl. de la Loire (r. g.), au sud d'Orléans ; 12 km. C'est une résurgence de la Loire.

Loiret (*dép. du*) [**45**], dép. du Bassin parisien ; préf. *Orléans ;* s.-préf. *Montargis, Pithiviers ;* 3 arr., 37 cant., 348 comm. ; 6 742 km² ; 430 600 h. Le dép. est formé de régions naturelles variées, aux aptitudes agricoles inégales. A la *Sologne,* pays de landes et de marécages, et à la vaste *forêt d'Orléans* s'opposent la *Puisaye* et le *Gâtinais,* où domine l'élevage, l'extrémité de la *Beauce,* céréalière, et surtout le riche *Val d'Orléans* (pépinières, cultures fruitières et légumières). L'industrie, employant

Phot. Giraudon.

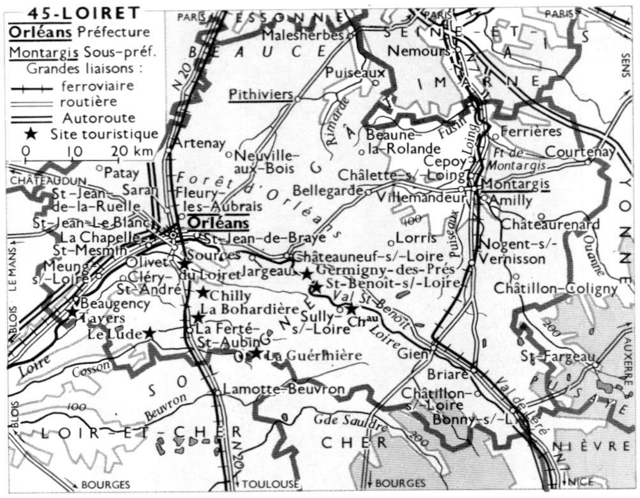

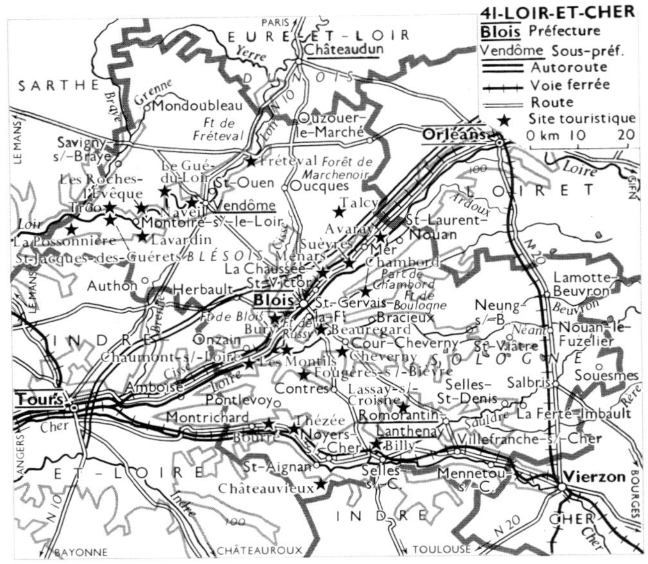

les deux cinquièmes de la population active, tient aujourd'hui une place importante. En dehors de Montargis (pneumatiques) et de Gien (faïenceries), elle est surtout représentée dans l'agglomération d'Orléans (produits alimentaires, constructions mécaniques et électriques), qui concentre plus du tiers de la population totale du dép., en accroissement constant.

Loir-et-Cher (*dép. de*) [**41**], dép. du Bassin parisien; préf. *Blois;* s.-préf. *Romorantin-Lanthenay, Vendôme;* 3 arr., 26 cant., 295 comm.; 6 314 km²; 267 900 h. Le riche *Val de Loire* (pépinières, cultures fruitières et légumières) sépare la *Sologne,* marécageuse, pays de chasses et d'étangs, prolongée à l'ouest par des terres plus sèches (arbres fruitiers, vigne), du *Blésois,* céréalier (dépendance de la Beauce), et de l'extrémité méridionale des collines du *Perche* (polyculture associée à l'élevage). L'agriculture demeure une activité importante, et emploie plus du quart de la population active, moins que l'industrie, représentée par les constructions mécaniques et électriques, l'alimentation et les textiles (en dehors de la centrale nucléaire de Saint-Laurent-des-Eaux). La présence de magnifiques châteaux (*Blois, Chambord, Cheverny*) stimule le tourisme.

Loiron (53320), ch.-l. de c. de la Mayenne (arr. de Laval); 782 h. (321 aggl.).

loisible [lwazibl] adj. Permis : *il vous est loisible de partir.*

loisir [lwazir] n. m. (du lat. *licere,* être permis). Temps dont quelqu'un peut disposer en dehors de ses occupations ordinaires. ‖ Temps suffisant pour faire une chose : *j'ai tout le loisir de répondre.* ‖ — **A loisir** loc. adv. A son aise, sans hâte.

Loison-sous-Lens (62300 Lens), comm. du Pas-de-Calais (arr. de Lens); 5 223 h. (5 186 aggl.).

Loisy (Alfred), exégète français, né à Ambrières (Marne) [1857-1940]. Ecclésiastique, il fut excommunié pour ses idées modernistes (1908). Il est l'auteur d'ouvrages de critique biblique.

Lokeren, v. de Belgique (Flandre-Orientale); 26 600 h. Textiles.

lokoum n. m. V. RAHAT-LOUKOUM.

Lolland ou **Laaland,** île du Danemark, dans la Baltique, séparée de l'île de Falster par un canal étroit; 86 500 h. Ch.-l. *Maribo.*

lollards n. m. pl. Membres d'une association d'hérétiques voués aux soins des malades, connue en Allemagne et aux Pays-Bas dès le XIVᵉ s. — En Angleterre, disciples de Wyclif.

Lolos, ethnie du sud de la Chine. (V. YIS.)

lombago n. m. V. LUMBAGO.

lombaire [lɔ̃bɛr] adj. (du lat. *lumbus,* rein). Relatif aux lombes : *région, douleur lombaire.*

lombalgie [lɔ̃balʒi] n. f. Douleur de la région lombaire. (L'expression *mal aux reins* est synonyme de *lombalgie,* mais les reins proprement dits ne sont que rarement en cause et il s'agit le plus souvent de *lombarthrose* ou de *lumbago.*)

lombard [lɔ̃bar], **e** [-ard] adj. et n. De la Lombardie.

lombarde (*école*), école artistique d'Italie. ● *Architecture.* Au XIᵉ s. et surtout au XIIᵉ s. se développe en Lombardie une école romane qui prouve sa vitalité dans la réfection, vers 1100, de la basilique Saint-Ambroise de Milan. A Pavie, à Côme et à Bergame apparaissent certains traits distinctifs : façades massives allégées par une galerie d'arcades prenant place sous le pignon, envahies par la flore et la faune fantastiques d'une sculpture décorative souvent disposée en bandes horizontales.

● *Peinture.* Plusieurs écoles se succèdent à partir de la seconde moitié du XVᵉ s., dominée, à Milan, par Vicenzo Foppa (1427-1515). Bramante, l'architecte peintre (1444-1514), Bramantino, son élève (v. 1465-1536), Bergognone (actif de 1481 à 1522) et Bernardino Luini (v. 1480-1524) appartiennent à une nouvelle école milanaise, que Léonard de Vinci marque de sa subtilité et de son réalisme. Le style piémontais de Gaudenzio Ferrari (1470-1546) est également imprégné d'éléments ombriens et allemands.

lombarde (*Ligue*), ligue fondée en 1167 par des villes guelfes sous le patronage du pape Alexandre III, pour combattre Frédéric Iᵉʳ Barberousse (Brescia, Bergame, Mantoue, Parme, Lodi, Plaisance). Elle réussit à lui faire signer la paix de Constance (1183).

Lombardie, région du nord de l'Italie, correspondant aux provinces de *Bergame, Brescia, Côme, Crémone, Mantoue, Milan, Pavie, Sondrio* et *Varèse;* 8 128 500 h. (*Lombards*).

● *Géographie.* Région de loin la plus peuplée d'Italie (la densité moyenne approche 350 h. au kilomètre carré), la Lombardie en est aussi la principale base économique, tant industrielle qu'agricole. Deux secteurs s'individualisent. Au nord, les *Alpes lombardes* sont entaillées par les grands affluents du Pô (Tessin, Adda, Oglio, Mincio), qui forment à leur sortie de la montagne les lacs glaciaires subalpins (lac Majeur, lac de Côme, lac d'Iseo, lac de Garde). Séparée des Alpes par une zone discontinue de collines (correspondant au front des anciens glaciers quaternaires), se développe la moyenne plaine du Pô, juxtaposant hautes terrasses et plaine alluviale proprement dite. Abritée des influences atlantiques par l'écran des Alpes occidentales, la Lombardie possède un climat de tendance continentale, adouci toutefois par la latitude et la barrière des Alpes suisses, la protégeant des vents du Nord. A Milan, les moyennes thermiques mensuelles oscillent entre 2 °C (janv.) et 23 °C (juill.), cependant que les précipitations, relativement abondantes (près de 1 m), sont assez régulièrement réparties sur l'ensemble de l'année. Le climat est plus rude dans la montagne, en grande partie délaissée, occupée par une population clairsemée associant polyculture vivrière et sylviculture, en dehors des secteurs, d'ailleurs limités, revivifiés par le tourisme (bordures des lacs essentiellement). Le relief et la pluviosité ont favorisé l'aménagement hydraulique, mais la plus grande partie de l'hydro-électricité produite (près de 10 TWh) est exportée et n'a pas entraîné l'implantation d'une industrie qui s'est développée dans la plaine, essentiellement dans l'agglomération de Milan*. L'agriculture revêt un caractère intensif dans cette plaine, juxtaposant grandes propriétés mécanisées et petites exploitations de moins de 5 ha. La Lombardie fournit plus de 10 p. 100 de la production italienne de blé et le tiers des productions de maïs et de riz. Elle possède le sixième du troupeau bovin et plus du quart du troupeau porcin. La Lombardie ne représente toutefois que 8 p. 100 de la superficie du pays; mais sa primauté est ancienne, tenant initialement à sa position, intermédiaire entre la Méditerranée et l'Europe centrale et septentrionale, au débouché de grands cols alpestres (Simplon, Saint-Gothard), à l'ancienneté de sa vie urbaine (les villes ont longtemps évité la basse plaine, inondable, et se sont souvent situées au contact entre la plaine et la montagne [Varèse, Côme, Bergame, Brescia]). Sa prépondérance est aujourd'hui accentuée par le dynamisme milanais et par sa relative proximité des régions clefs du Marché commun.

Lombardo (Pietro), architecte et sculpteur italien, né à Carona (Lugano) [v. 1435-1515]. Il a construit à Venise l'église Santa Maria dei Miracoli.

Lombards, peuple germanique établi entre l'Elbe et l'Oder, qui, venu de la basse Elbe, envahit l'Italie au VIᵉ s. et y fonda un Etat puissant, dont la capitale était Pavie. Abattus par Charlemagne, les Lombards maintinrent une dynastie à Bénévent jusqu'en 1047.

lombard-vénitien (*royaume*), nom donné de 1815 à 1866 aux provinces italiennes de l'empire d'Autriche (Lombardie et Vénétie).

lombarthrose [lɔ̃bartroz] n. f. Arthrose (inflammation chronique, rhumatismale) des articulations des vertèbres lombaires.

— ENCYCL. La *lombarthrose,* forme particulièrement fréquente de l'arthrose, se manifeste soit par des poussées de lumbago aigu, soit par des douleurs persistantes, des contractures des muscles vertébraux entraînant des limitations de mouvements et par des déformations vertébrales (ostéophytes, dits « becs de perroquet », pincement de disques, cyphose, etc.). La lombarthrose relève du traitement général de l'arthrose, de la rééducation et des cures thermales.

lombes [lɔ̃b] n. f. pl. (lat. *lumbus,* rein). Régions symétriques situées en arrière de l'abdomen, de chaque côté de la colonne vertébrale.

Lombez [-bɛs] (32220), ch.-l. de c. du Gers (arr. d'Auch), sur la Save; 1 333 h. (878 aggl.) [*Lombéziens*]. Anc. cathédrale Sainte-Marie (XIVᵉ-XVIᵉ s.).

Lombok, île d'Indonésie, séparée de Bali par le *détroit de Lombok.*

lombric [lɔ̃brik] n. m. (lat. *lumbricus*). Nom scientifique du *ver de terre,* ver annelé qui creuse des galeries

Lombardie
Isola Comacina
sur
le lac de Côme

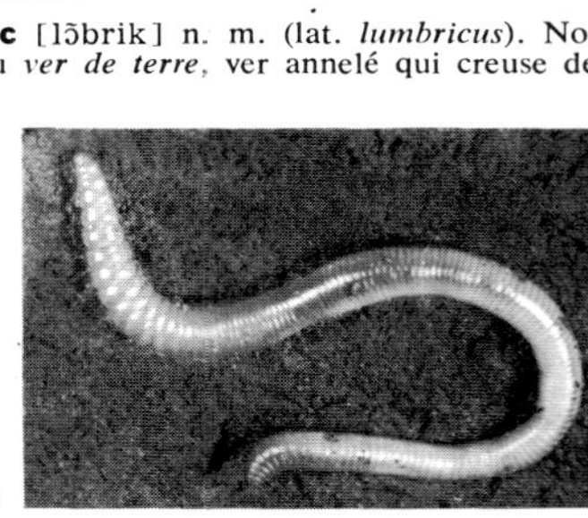

lombric

Phot. E. N. I. T., Jacques Six.

dans le sol humide, dont il se nourrit, et contribue ainsi à son aération. (Long. 30 cm environ.)

Lombroso (Cesare), médecin et criminologiste italien, né à Vérone (1835-1909). Il fut le premier à attirer l'attention sur l'importance des facteurs médicaux dans le domaine de la criminologie en recherchant les causes de la criminalité dans la personnalité physique de l'homme. Son ouvrage *l'Homme criminel* (1876) peut le faire considérer comme le fondateur de l'anthropologie criminelle.

Lomé, cap. du Togo, port sur le golfe de Guinée; 92 700 h. Archevêché.

Loménie de Brienne (Etienne Charles DE), prélat et homme d'Etat français, né à Paris (1727-1794). De famille noble du Limousin, il entra dans l'Eglise et devint évêque de Condom (1760), puis archevêque de Toulouse (1763). Il fit creuser le « canal de Brienne » entre la Garonne et le canal du Midi (1768). Il fut choisi comme président de l'Assemblée des notables et fut nommé contrôleur général des Finances en remplacement de Calonne (1787). Il ne parvint pas à résoudre la crise financière. Le parlement refusa d'enregistrer l'édit concernant la subvention territoriale. Brienne exila le parlement à Troyes (14 août), mais il dut le rappeler devant l'opposition générale. Il négocia un compromis avec lui et proposa le vote d'un emprunt de 420 millions de livres. Le parlement l'ayant refusé, Brienne soutint la politique royale et fit arrêter deux conseillers, puis, après que le parlement eut proclamé les droits de la nation, les deux opposants les plus notoires. L'assemblée du clergé lui ayant refusé l'octroi d'un don gratuit, il fut contraint d'accepter la convocation des états généraux, qui fut fixée au 1er mai 1789. Il fut cependant acculé à la banqueroute et dut céder sa place à Necker (25 août 1788). Archevêque de Sens depuis 1787, il fut nommé cardinal (1788). Arrêté par les patriotes (nov. 1793), il mourut en prison. (Acad. fr.)

Lomme (59160), comm. du Nord (arr. de Lille), à l'ouest de Lille; 29 318 h. (*Lommois*). Industries textiles et alimentaires.

Lommel, comm. de Belgique (Limbourg); 21 000 h. Métallurgie. Constructions électriques. Produits chimiques. Verrerie.

Lomonossov (Mikhaïl Vassilievitch), écrivain et savant russe, né à Michaninskaïa (gouvern. d'Arkhangelsk) [1711-1765]. Fils d'un pêcheur, il gagna Moscou à pied, où un moine le fit admettre à l'Académie slavo-gréco-latine. Après un séjour à Marburg et une période vagabonde en Allemagne, il devint professeur de physique et chimie à l'université de Saint-Pétersbourg. Il a laissé des mémoires sur la foudre, la nature de l'air, l'électricité et la constitution de la matière. Il réforma cependant la poésie russe en adoptant le vers syllabo-tonique, en séparant la langue littéraire de la langue de l'Eglise (*Rhétorique,* 1748; *Grammaire russe,* 1755) et en publiant des odes (*Sur la prise de Khotine,* 1739), des épîtres et des tragédies. En 1755, sur son initiative, fut créée l'université de Moscou.

Lomont (le), partie du Jura (Doubs); 837 m.

Londerzeel, comm. de Belgique (Brabant); 9 100 h. Industries alimentaires. Métallurgie.

Londinières (76660), ch.-l. de c. de la Seine-Maritime (arr. de Dieppe); 1 221 h.

London, v. du Canada (Ontario); 169 600 h. Constructions mécaniques et électriques.

London (John Griffith LONDON, dit **Jack**), écrivain américain, né à San Francisco (1876-1916). Après avoir exercé tous les métiers, il peignit, dans ses romans, des héros ardents et primitifs, épris d'actions violentes (*le Loup des mers,* 1904), ou l'existence mystérieuse des animaux (*Croc-Blanc,* 1907). Devenu célèbre et riche, mais révolté par la société moderne, il se suicida.

Londonderry, port d'Irlande du Nord, sur le Foyle; 56 300 h. Textiles. Chimie. Constructions électriques.

londonien [lɔ̃dɔnjɛ̃], **enne** [-ɛn] adj. et n. De Londres.

Londres, en angl. **London,** cap. de la Grande-Bretagne, sur la Tamise; 3 200 500 h. (*Londoniens*).

● *Géographie.* Londres est le centre d'une agglomération qui correspond approximativement à une unité administrative, le « Grand Londres », regroupant près de 8 millions d'hab., soit à peu près le septième de la population britannique. Indépendamment de son rôle intellectuel (université, musées, théâtres, etc.) et religieux, la ville cumule aujourd'hui les fonctions de capitale politique, de grande place financière et commerciale, et de métropole industrielle. Mais Londres s'est d'abord développée comme organisme portuaire, dans un site de fond d'estuaire, où le lit majeur de la Tamise, marécageux, était dominé par des fragments de terrasses, plus continues au nord, où se localise le noyau historique, la *City.*

La fonction portuaire est encore la plus importante aujourd'hui. Sur une quarantaine de kilomètres, de Londres à Tilbury et Gravesend, s'échelonnent les *docks.* Le trafic est de l'ordre de 60 Mt, avec une nette prépondérance des importations, due aux massives entrées d'hydrocarbures. Le port effectue le cinquième du commerce extérieur en poids et près du tiers en valeur, mais son rôle de port régional est aussi actif (approvisionnement en denrées alimentaires).

L'importance de la fonction portuaire a favorisé le développement de l'industrie, qui occupe le tiers de la population active. La production industrielle est très diversifiée, mais la prépondérance de Londres est marquée dans les productions à haute valeur ajoutée. L'agglomération compte près de la moitié de la main-d'œuvre britannique pour la mécanique de précision, plus du cinquième pour les constructions électriques et l'automobile, etc. Le secteur tertiaire occupe aujourd'hui la majeure partie de la population active (plus de 60 p. 100). Londres concentre près de la moitié du personnel des banques et assurances de la Grande-Bretagne, et domine la presse, les spectacles. Plus de la moitié des grandes firmes britanniques ont leur siège à Londres.

Dès le XVIIe s., Londres était la ville la plus peuplée d'Europe et débordait le cadre étroit de la *City.* La ville s'est développée beaucoup plus vite sur la rive nord, et la localisation du réseau de transports en commun édifié au siècle dernier maintient cette dissymétrie. Londres, surtout après 1945, a essaimé au-delà de la ceinture de forêts qui l'entoure, progressant rapidement le long des axes de circulation. La création de villes nouvelles, le développement de noyaux urbains existants sont entrepris depuis 1945, dans un rayon de 30 à 100 km, pour freiner la croissance de l'agglomération, dont le poids, démographique et économique, devient incompatible avec un aménagement rationnel du territoire.

● *Histoire.* Londres, capitale du royaume d'Essex, prit de l'importance en 866 sous Alfred le Grand. En 1191, elle reçut une charte communale; désormais, l'importance politique et économique de Londres ne cesse de s'étendre, malgré l'énorme incendie de 1666. Au XIXe s., Londres devint la capitale de la finance et du commerce internationaux. Elle fut le siège de nombreuses conférences diplomatiques, qui aboutirent à des accords, conventions ou traités, tels ceux de 1827-1832 (indépendance de la Grèce) et de 1830-1831 (indépendance de la Belgique). C'est là également que se tinrent les conférences impériales. Londres a été très fortement bombardée par l'aviation allemande en 1940, puis, en 1944 et 1945, par les V1 et les V2; les destructions ont été importantes.

● *Beaux-arts.* Parmi les principaux monuments, on peut citer : la tour de Londres (1078); l'église saint Bartholomew the Great dont le chœur (v. 1130-1140) est un bon exemple de la fin du style roman; l'abbatiale de Westminster (XIIIe-XIVe s.); le Guildhall (hôtel de ville), commencé en 1411; la cathédrale Saint Paul, construite par Christopher Wren à partir de 1675. La ville possède de nombreux et célèbres musées renfermant des collections d'une valeur inestimable : British Museum, National Gallery, Tate Gallery, Victoria and Albert Museum, Wallace Collection.

Londres
la Tamise
et le
Tower Bridge

londrès [lɔ̃drɛs] n. m. Cigare havanais, d'abord fabriqué spécialement pour Londres et l'Angleterre.

long [lɔ̃], **longue** [lɔ̃g] adj. (lat. *longus*). Etendu en longueur : *une longue rue; un pont long de cent mètres.* ‖ Qui dure longtemps : *long voyage.* ‖ Qui renferme des longueurs : *discours long.* ‖ Lent : *il est long à comprendre.* ‖ *Anat.* Se dit de certains muscles, pour les distinguer d'autres plus courts : *le long abducteur; le long vaste.* ● *Syllabe longue, voyelle longue,* celle dont la prononciation doit avoir plus de durée que la syllabe ou la voyelle brève. ‖ — N. m. Longueur : *une table de deux mètres de long.* ● *Tomber de tout son long,* de toute sa longueur. ‖ — Adv. *En savoir long,* savoir beaucoup de choses. ‖ — Loc. adv. **A la longue,** avec le temps : *tout s'use à la longue.* ‖ **Au long, tout du long,** complètement : *raconter au long ce qu'on a vu.* ‖ **De long en large,** en tout sens. ‖ **— Le long de** loc. prép. En côtoyant : *le long de la rivière.*

Long (Marguerite), pianiste française, née à Nîmes (1874-1966). Interprète de Debussy, Fauré, Ravel, elle a fondé une école d'enseignement et un concours international avec le violoniste Jacques Thibaud (1946).

longanimité [lɔ̃ganimite] n. f. (lat. *longus,* patient, et *animus,* esprit). Patience à endurer les offenses des autres ou ses propres malheurs.

longazinas n. f. Saucisse mi-sèche aromatisée à l'anis, répandue en Espagne et en Afrique du Nord.

Long Beach, port des Etats-Unis (Californie); 344 000 h. Industries chimiques et mécaniques.

Longchamp (*hippodrome de*), hippodrome créé en 1863 dans le bois de Boulogne.

long-courrier [lɔ̃kurje] adj. et n. m. Qui fait des voyages sur de longues distances : *paquebot long-courrier.* ‖ Pl. des *long-courriers.*

longe [lɔ̃ʒ] n. f. (de *long*). Courroie pour attacher ou conduire un cheval.

longe n. f. (du lat. *lumbus,* rein). Moitié de l'échine d'un veau ou d'un chevreuil, depuis le bas des épaules jusqu'à la queue.

Longeau, anc. ch.-l. de c. de la Haute-Marne. Il a fusionné en 1972 avec Perces-le-Pautel, pour former le nouveau ch.-l. de c. du Vallinot.

Longemer [-mɛr], petit lac des Vosges.

longer [lɔ̃ʒe] v. t. (conj. **1**). Marcher le long de : *longer la rivière.* ‖ S'étendre le long de : *le bois longe la côte.*

longeron [lɔ̃ʒrɔ̃] n. m. Pièce maîtresse de l'ossature d'une machine ou d'un ouvrage métallique. ‖ Chacune des poutres principales d'une aile d'avion.

Longeville-lès-Metz (57000 Metz), comm. de la Moselle (arr. de Metz-Campagne); 4 379 h.

longévité [lɔ̃ʒevite] n. f. (lat. *longus,* long, et *aevum,* âge). Longue durée de la vie : *la longévité des carpes.* ‖ Durée de la vie en général : *tables de longévité.*

Longfellow (Henry Wadsworth), écrivain américain, né à Portland (Maine) [1807-1882]. Professeur, il contribua à répandre la culture européenne aux Etats-Unis et publia des poèmes romantiques (*Evangeline,* 1847).

Longévité maximale.

ESPÈCE	NOMBRE D'ANNÉES	ESPÈCE	NOMBRE D'ANNÉES
bœuf	25	chouette	68
mouton	14	tortue	100 et plus
cheval	60	crocodile	50
chien	20	crapaud	35
chat	20	grenouille	12
porc	15	esturgeon	80
éléphant	75-120	anguille	55
souris	4	carpe	50
passereaux	20	homard	50
oie	40-80	crabe	20
aigle	80	cigale d'Amérique	17
vautour	100	abeille ouvrière	< 1
autruche	30	hanneton	3
perroquet	60-80	anémone de mer	60
pigeon	35	tridacne	100-300
faucon	160	sangsue	20

Phot. Aerofilm Ltd.

Lope de Vega Carpio, « le Chien du jardinier » au théâtre Marigny

Longhi, « la Visite », *coll. part.*

Longhi (Pietro FALCA, dit), peintre italien, né à Venise (1702-1785). Il fut le charmant chroniqueur de la vie quotidienne et familière au XVIIIe s. à Venise. Ses petits tableaux, prestement enlevés, offrent un intérêt documentaire certain (palais Grassi et musée Correr à Venise).

longicorne adj. et n. m. *Zool.* Syn. de CAPRICORNE. ‖ — N. m. pl. V. CÉRAMBYCIDÉS.

longiligne adj. Se dit des individus aux membres allongés et minces. (Contr. BRÉVILIGNE.)

longimétrie n. f. Art de mesurer les distances entre des points qu'on ne peut approcher.

Longin (*saint*), martyr (Ier s.). C'était un soldat romain. On a cru pouvoir l'identifier avec le soldat qui perça le flanc de Jésus crucifié. — Fête le 15 mars.

Longin, philosophe et rhéteur grec (v. 213-273), à qui l'on attribua à tort le *Traité du sublime,* traduit par Boileau. Il fut le ministre de Zénobie, reine de Palmyre.

Long Island, île de la côte atlantique des Etats-Unis, sur laquelle est bâti Brooklyn, quartier de New York.

longitude [lɔ̃ʒityd] n. f. (lat. *longitudo,* longueur). Angle dièdre formé, pour un lieu ou un astre donné, par le plan méridien de ce point avec un plan méridien pris pour origine.
— ENCYCL. Les *longitudes* terrestres sont comptées, à partir d'un méridien origine, positivement vers l'ouest et négativement vers l'est de 0 à 12 heures ou de 0° à 180°. La longitude d'un lieu est égale à la différence entre l'heure locale de ce lieu et l'heure du méridien origine, qui correspond au temps universel (TU). L'heure du méridien origine est transmise plusieurs fois par jour par radio à l'aide de signaux horaires. Le méridien origine est le méridien de Greenwich, adopté en 1911. La longitude du méridien de Paris est de 2° 20′ 13″, 95 Est. La connaissance de la longitude et de la latitude d'un point permet de déterminer parfaitement sa position sur le globe terrestre. Effectuer la mesure de la latitude et de la longitude d'un lieu s'appelle *faire le point.*

longitudes (*Bureau des*), organisme créé en 1795 par la Convention, en vue du perfectionnement des diverses branches de l'astronomie et de leurs applications à la géographie, à la navigation et à la physique du globe.

longitudinal, e, aux adj. Dans le sens de la longueur : *fibres longitudinales.*

longitudinalement adv. En longueur.

long-jointé, e adj. Se dit d'un cheval qui a le paturon trop long : *des juments long-jointées.*

Longjumeau (91160), ch.-l. de c. de l'Essonne (arr. de Palaiseau), dans la vallée de l'Yvette ; 13 030 h. (*Longjumellois*). Anc. relais de poste. Une paix y fut signée en 1568 entre les catholiques et les protestants.

Long-men, grottes de Chine (Ho-nan), décorées de sculptures (Ve s.-VIIIe s.).

Longny-au-Perche (61290), ch.-l. de c. de l'Orne (arr. de Mortagne-au-Perche) ; 1 527 h. Eglise (XVe-XVIe s.).

longotte [lɔ̃gɔt] n. f. Tissu de coton épais et lourd.

longrine [lɔ̃grin] n. f. (ital. *lungarina ;* de *lungo,* long). Grosse pièce de charpente qui en soutient, relie ou renforce plusieurs autres.

longtemps [lɔ̃tɑ̃] adv. Pendant un long espace de temps : *attendre longtemps.*

longue [lɔ̃g] n. f. Syllabe ou voyelle longue.

Longue (*île*), bande de terre de la partie nord de la presqu'île de Crozon (Finistère), sur la rade de Brest. Base de sous-marins nucléaires français.

Longue Marche (la), retraite opérée en 1934-1935 par les troupes communistes de Mao Tsö-tong, cherchant à échapper à Chang Kaï-chek.

Longué (49160), ch.-l. de c. de Maine-et-Loire (arr. de Saumur) ; 4 805 h. (2 875 aggl.).

Longueau (80330), comm. de la Somme (arr. d'Amiens), sur l'Avre ; 5 485 h.

longuement adv. Au long, en détail. ‖ Durant un long temps ; *parler longuement.*

Longuenesse (62500 St Omer), comm. du Pas-de-Calais (arr. de Saint-Omer) ; 5 368 h.

longuet, ette adj. *Fam.* Qui dure un peu trop longtemps : *discours longuet.*

longuet n. m. Petit pain de forme allongée.

Longueuil, v. du Canada (Québec), sur le Saint-Laurent ; 25 600 h.

longueur [lɔ̃gœr] n. f. Dimension d'un objet d'une extrémité à l'autre, dans sa plus grande valeur. ‖ Durée : *la longueur des jours et des nuits.* ‖ *Fig.* Ce qui est diffus et superflu : *des longueurs dans un ouvrage.* ‖ *Sports.* Unité qui sépare les concurrents d'une course, à l'arrivée, et qui est la longueur d'un cheval, d'un canot, etc. ● *A longueur de,* pendant toute la durée : *à longueur de journée.* ‖ *En longueur,* dans le sens de la longueur. ‖ *Tirer, traîner en longueur,* durer longtemps : *procès qui tire en longueur.*

Longueville (Anne, *duchesse* DE), sœur du Grand Condé, née au château de Vincennes (1619-1679). Ennemie déterminée de Mazarin, elle joua un rôle important pendant la Fronde.

Longueville-sur-Scie (76590), ch.-l. de c. de la Seine-Maritime (arr. de Dieppe) ; 801 h.

longue-vue [lɔ̃gvy] n. f. Lunette d'approche. ‖ Pl. des *longues-vues.*

Longus, romancier grec (Lesbos ?, IIIe ou IVe s. apr. J.-C.). On lui attribue le roman pastoral de *Daphnis et Chloé.*

Longuyon (54260), ch.-l. de c. de Meurthe-et-Moselle (arr. de Briey) ; 6 571 h. Métallurgie. Eglise du XIIIe s.

Longvic [lɔ̃vi] (21600), comm. de la Côte-d'Or (arr. de Dijon) ; 5 202 h. Base aérienne militaire. Constructions mécaniques et électriques.

Longwood, résidence de Napoléon Ier à Sainte-Hélène de 1815 à sa mort (1821).

Longwy [lɔ̃wi] (54400), ch.-l. de c. de Meurthe-et-Moselle (arr. de Briey), près de la Chiers ; 21 509 h.

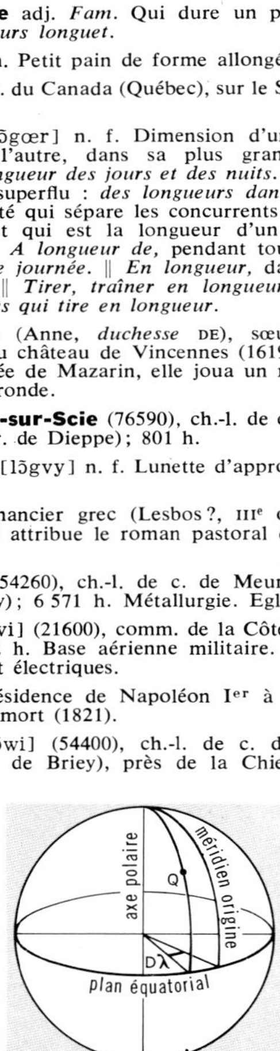

Dλ : différence de longitude du point Q par rapport au méridien origine

longitude

(*Longoviciens*). [L'agglomération compte 52 729 h.] Sidérurgie et métallurgie. Industrie textile.

Lönnrot (Elias), écrivain finlandais, né à Karjalohja (1802-1884). Il recueillit les chants populaires de Carélie et les publia sous le titre de *Kalevala* (1836-1847).

Lons-le-Saunier [lɔ̃-] (39000), ch.-l. du dép. du Jura, sur la Vallières, à 405 km au sud-est de Paris ; 21 715 h. (*Lédoniens*). Eglise Saint-Désiré (en partie du XIe s.). Hôpital du XVIIIe s. Lunetterie. Industries alimentaires et textiles. Etablissement hydrominéral. Patrie de Rouget de Lisle. — L'arr. a 18 cant., 365 comm., 117 835 h.

looch [lɔk] n. m. (arabe *la'ūq,* lécher). Potion adoucissante, destinée à être administrée à petites doses par la bouche.

Loon-Plage (59279), comm. du Nord (arr. de Dunkerque, 4 370 h. Station balnéaire.

looping [lupiɲ] n. m. (mot angl.). Exercice de voltige aérienne consistant à faire une boucle dans un plan vertical.

Loos [los] (59120), comm. du Nord (arr. de Lille), sur la Deûle ; 21 561 h. (*Loossois*). Prison. Produits chimiques et textiles. Imprimerie.

Loos (Adolf), architecte autrichien, né à Brünn (auj. Brno) [1870-1933]. Ce fut un précurseur ; il lutta contre l'ornement gratuit en architecture et publia en 1908 *Ornement et Crime,* manifeste du fonctionnalisme. Sa maison Steiner, à Vienne, préfigure l'architecture actuelle. Il a exercé une forte influence sur les grands architectes modernes.

Loos-en-Gohelle (62750), comm. du Pas-de-Calais (arr. de Lens) ; 7 733 h. (6 716 aggl.). Houille.

Lope de Vega Carpio (Félix), écrivain espagnol, né à Madrid (1562-1635). Il connut l'exil, fit partie de l'expédition de l'Invincible Armada et reçut les ordres en 1614 à Tolède. Mais la majeure partie de sa vie semble avoir été consacrée aux femmes, qu'il évoqua dans ses 1 800 comédies, ses 400 *autos* et dans de nombreux intermèdes et *loas.* Prenant ses sujets dans la Bible, la mythologie, les fables orientales, les chansons populaires et les événements politiques (*Nouvel Art de faire des comédies,* 1609), il créa la formule définitive de la tragi-comédie : trois actes ; trois mille vers ; double interprétation des mêmes événements, l'une comique, l'autre tragique ; unité du lieu scénique sans décors ; unité de temps (les trois heures d'une représentation peuvent embrasser l'histoire entière de l'humanité) : *l'Alcade de Zalamea* (1600), *Peribáñez et le commandeur d'Ocaña* (1614), *le Chien du jardinier* (1618), *Fuenteovejuna* (1618), *la Dorothée* (1632), *le Cavalier d'Olmédo* (1641). Il a laissé également un roman pastoral (*l'Arcadie,* 1598) et des poésies d'inspiration épique (*La Dragontea,* 1598) ou mystique (*le Romancero spirituel,* 1619).

López (Pilar LOPEZ JULVES, dite **Pilar**), danseuse et chorégraphe espagnole, née à Saint-Sébastien en 1912. Sœur de la Argentinita, elle s'est imposée dans la tradition et dans les compositions de la Argentina. Ses œuvres personnelles s'inspirent soit des folklores d'Espagne (*Tres Escenas Andaluzas*) et d'Amérique latine (*Muñecos de Daxaca*), soit du pur classicisme (*Concierto de Aranjúez*).

lophophore [lɔfɔfɔr] n. m. (gr. *lophos,* huppe, et *phoros,* qui porte). Oiseau gallinacé, à plumage éclatant et varié, qui habite l'Himalaya.

lopin [lɔpɛ̃] n. m. (de l'anc. fr. *lope,* masse informe). Petit morceau de terrain.

loquace [lɔkwas *ou* -kas] adj. (lat. *loquax,* bavard). Qui parle beaucoup.

Phot. Giraudon, Lipnitzki.

Lorient

Claude **Lorrain**, « Embarquement de la reine de Saba », *détail, Nat. Gallery, Londres*

loquacité n. f. Habitude de parler beaucoup : *la loquacité féminine.*

loque [lɔk] n. f. (anc. néerl. *locke*, mèche de cheveux). Lambeau d'une étoffe : *un vêtement qui tombe en loques.* ‖ *Fig.* Personne molle, sans force.

loquet [lɔkɛ] n. m. (du germ. *loc*). Barre mobile autour d'un pivot, servant à fermer une porte par la pression d'un ressort ou par son propre poids.

loqueteau n. m. Petit loquet pour la fermeture des châssis, des vasistas, des persiennes, etc.

loqueteux, euse adj. Vêtu de loques : *un mendiant loqueteux.*

Lorain, port des Etats-Unis (Ohio), sur le lac Erié; 75 900 h. Sidérurgie.

loran [lɔrɑ̃] n. m. (de LOng Range Aid to NAvigation, aide à la navigation à grande distance). Procédé de radio-navigation permettant à un aviateur ou à un navigateur de déterminer sa position par rapport à trois stations.

Lorca, v. d'Espagne (Murcie); 58 600 h. Anc. place forte. Vins.

lord [lɔr] n. m. (mot angl.). Titre donné en Angleterre aux pairs du royaume et aux membres de la Chambre haute ou Chambre des lords. ● *Premier lord de l'Amirauté,* appellation donnée jusqu'en 1964 au ministre de la Marine britannique. ‖ *Premier lord de la mer,* chef d'état-major de la marine britannique.

lord-maire n. m. Premier magistrat de plusieurs grandes villes britanniques. ‖ Pl. des *lords-maires.*

lordose [lɔrdoz] n. f. (gr. *lordôsis,* action de se courber). Courbure anormale, à convexité antérieure, de la colonne vertébrale.
— ENCYCL. Dans la *lordose,* les fesses, le bassin, le haut du dos et les épaules sont rejetés en arrière, et la cambrure lombaire est très accentuée. De nombreuses affections peuvent être cause de lordose; certaines comportent des lésions, alors que d'autres (fréquentes chez les enfants) ne sont que des attitudes vicieuses relevant de la rééducation.

Lorelei, rocher dominant la rive droite du Rhin, auquel le poète Cl. Brentano a rattaché la légende d'une ondine attirant les bateaux sur les écueils. H. Heine a popularisé cette légende.

Lorentz (Hendrik Antoon), physicien néerlandais, né à Arnhem (1853-1928). Il est le principal auteur de la théorie électronique de la matière et un précurseur de la théorie de la relativité d'Einstein. (Prix Nobel de physique, 1902.)

Lorenz (Konrad Zacharias), psychologue et zoologiste autrichien, né à Vienne en 1903. Il est l'auteur d'importants travaux sur la perception animale (*le Comportement animal,* 1965). [Prix Nobel, 1973.]

Lorenzaccio, drame d'A. de Musset (1834). Le sujet en est emprunté à l'histoire florentine du XVIe s. : l'assassinat du duc Alexandre de Médicis par son cousin Lorenzo.

Lorenzani (Paolo), compositeur italien, né à Rome (1640-1713). Il a été quelque temps maître de musique de la reine de France Marie-Thérèse et maître de chapelle des Théatins à Paris. Il a écrit des motets.

Lorenzetti (Pietro), peintre italien, né à Sienne (v. 1280-v. 1348). Les fresques qu'il peignit dans la basilique d'Assise, son œuvre principale, conservent une part de la tradition byzantine, mais indiquent aussi, par la plénitude des formes, le réalisme, un renouveau dans l'art toscan. — Son frère AMBROGIO (m. à Sienne v. 1348) est surtout connu par les fresques du palais municipal, à Sienne, les *Allégories du bon et du mauvais gouvernement,* où il montre avec beaucoup de vérité la vie quotidienne de la cité.

lorette [lɔrɛt] n. f. (du nom du quartier *Notre-Dame-de-Lorette,* à Paris). Au début du XIXe s., jeune femme élégante et de mœurs faciles.

Lorette (42420), comm. de la Loire (arr. de Saint-Etienne); 4 967 h. Métallurgie. Textiles.

Lorette, en ital. **Loreto,** v. d'Italie (Ancône); 8 600 h. *Santa Casa* (maison de la Vierge), abritée dans une église en partie construite par Bramante. Pèlerinage.

lorgner [lɔrɲe] v. t. (francique **lurni,* guetter). Regarder du coin de l'œil avec insistance, avec envie : *lorgner une femme.* ‖ *Fig.* et *fam.* Convoiter, prétendre secrètement à : *lorgner une place, une dot.*

lorgnette [-ɲɛt] n. f. Petite lunette d'approche portative. (Syn. JUMELLES.) ● *Regarder par le gros bout de la lorgnette* (Fig.), voir les choses en petit. ‖ *Regarder par le petit bout de la lorgnette* (Fig.), voir les choses en exagérant.

lorgneur, euse n. *Fam.* Celui, celle qui lorgne.

lorgnon n. m. Lunettes maintenues sur le nez par un ressort. (On dit aussi BINOCLE et PINCE-NEZ.)

Lorgues (83510), ch.-l. de c. du Var (arr. de Draguignan), près de l'Argens; 3 658 h. (2 497 aggl.).

lori [lɔri] n. m. Petit perroquet d'Océanie.

loricaire [lɔrikɛr] n. m. (du lat. *lorica,* cuirasse). Poisson originaire de l'Amérique du Sud, voisin du poisson-chat, parfois élevé en aquarium entre 17 et 26 °C. (Long. 10 à 15 cm.)

Lorient (56100), ch.-l. d'arr. du Morbihan, sur la ria formée par les embouchures du Scorff et du Blavet; 68 960 h. (*Lorientais*). Né comme port de commerce au XVIIe s., développé comme base militaire aux XVIIIe et XIXe s., Lorient est aujourd'hui le deuxième port de pêche français. A la fonction militaire maintenue est associé l'arsenal; de la pêche dépend la conserverie, activité industrielle dominante avec les constructions mécaniques et électriques. La ville a été aux trois quarts détruite par les bombardements alliés en 1942-1943 à cause de la présence d'une base sous-marine allemande. Les Allemands y résistèrent jusqu'à l'armistice du 8 mai 1945. — L'arr. a 12 cant., 60 comm., 233 414 h.

Loring (Eugene), danseur, chorégraphe et pédagogue américain, né à Milwaukee (Wisconsin) en 1914. Un des meilleurs représentants du ballet américain contemporain, auteur de *Billy the Kid* (1938), il collabora à de nombreux films et à de nombreuses comédies musicales (*Carmen Jones*). Il a créé un système de notation de la danse.

loriot

Loriol-sur-Drôme (26270), ch.-l. de c. de la Drôme (arr. de Valence), près de la Drôme; 3 441 h. (1 561 aggl.). Nougats. Barrage alimentant une dérivation du Rhône.

loriot [lɔrjo] n. m. (du lat. *aureolus,* d'or). Oiseau passereau jaune et noir (mâle) ou verdâtre (femelle), au chant sonore, vivant dans les bois, les vergers, où il se nourrit de fruits et d'insectes. (Long. 23 cm.) ‖ *Pathol.* Syn. de COMPÈRE*-LORIOT.

loris [lɔris] n. m. Mammifère primate de l'Inde, de mœurs nocturnes. (Long. 20 cm; sous-ordre des lémuriens.)

Lorjou (Bernard), peintre français, né à Blois en 1908. Doué d'un tempérament puissant, il peint de grandes compositions hautes en couleurs, d'un expressionnisme violent. Résolument réaliste, il a pris parti contre l'abstraction (*Canard de Barbarie au crochet,* musée national d'Art moderne).

Lorme (Marion DE) [1611-1650], femme célèbre par sa beauté et ses aventures galantes. (V. MARION DELORME.)

Lormes (58140), ch.-l. de c. de la Nièvre (arr. de Clamecy); 1 610 h. (1 168 aggl.).

Lormont (33310), comm. de la Gironde (arr. de Bordeaux); 10 774 h. Vins rouges.

Loroux-Bottereau (LE) [44430], ch.-l. de c. de la Loire-Atlantique (arr. de Nantes); 3 228 h. (1 584 aggl.).

Lorquin (57790), ch.-l. de c. de la Moselle (arr. de Sarrebourg); 2 073 h.

lorrain [lɔrɛ̃], **e** [-ɛn] adj. et n. De la Lorraine.

Lorrain ou **le Lorrain** (Claude GELLÉE, dit **Claude**), peintre français, né à Chamagne, près de Mirecourt (1600-1682). Il fit sa carrière à Rome, où il se lia avec Poussin. Il a laissé quelques-uns des plus beaux paysages de la peinture mondiale. Observateur subtil des valeurs, il s'est plu à étudier les effets de la lumière, faisant du soleil le véritable objet de ses tableaux et annonçant ainsi ce que devait être un jour l'impressionnisme. Il a exercé une très grande influence sur les peintres anglais (*Port au soleil couchant, Vue du Campo Vaccino à Rome,* Louvre; *l'Embarquement de sainte Ursule,* National Gallery).

Lorraine (la), région de l'est de la France, qui se développe entre la ligne de crête des Vosges à l'est, la Champagne humide à l'ouest, les plateaux de la haute Saône et de la haute Marne au sud, la frontière avec la Belgique, le Luxembourg et l'Allemagne occidentale au nord.
● *Géographie.* Eloignée de l'Océan, à une altitude variant entre 250 et 600 m, la Lorraine possède un climat rude, aux précipitations assez abondantes (généralement plus de 700 mm). Nancy a une température moyenne de janvier de 0 °C; celle de juillet dépasse à peine 18 °C. Il y a 90 jours de gelée par an. Géologiquement, la région correspond à la partie orientale du Bassin parisien, à l'affleurement des terrains sédimentaires les plus anciens (exclusivement secondaires). L'alternance de couches dures (calcaires) et de couches tendres (marnes) explique, avec l'inclinaison des couches vers le centre de la cuvette, la présence de lignes de côtes dégagées par l'érosion, qui compartimentent le relief. D'ouest en est se succèdent ainsi le pays des côtes, la dépression liasique formée dans les marnes et le versant occidental des Vosges (le plateau lorrain).
Le pays des côtes englobe les côtes de Meuse et de Moselle, ainsi que la dépression de la Woëvre, qui les

Phot. Lapie-Photothèque franç., Hosking, National Gallery.

région de Saint-Avold — **Lorraine** — aciérie à Rombas

sépare. Le revers de la côte meusienne s'élève au-dessus des forêts de l'Argonne et de la Champagne humide. Consacré autrefois à une céréaliculture médiocre et à l'élevage du mouton, mais dévasté par la Première Guerre mondiale, il est souvent en friche aujourd'hui. Il est coupé par la vallée méridienne de la Meuse, zone d'élevage, et jalonné de petites villes ou villages aux noms souvent célèbres (Neufchâteau, Domrémy-la-Pucelle, Commercy, Saint-Mihiel et surtout Verdun). Le front de la côte de Meuse est découpé par des entonnoirs de percées conséquentes, empruntées par les voies de communication (notamment par la voie ferrée et la route entre Paris et Strasbourg, ainsi que par le canal de la Marne et le Rhin). Le front de côte, abrité, portait autrefois de nombreux vignobles ; ceux-ci ont été souvent remplacés par des vergers. La Woëvre est cultivée en céréales, là où des placages limoneux surmontent le soubassement marneux; ailleurs se développent des forêts, couverture que l'on retrouve fréquemment sur le revers de la côte de Moselle, dont l'orientation économique rappelle souvent (au sud de l'Orne) celle du revers meusien.

Au pied de la côte de Moselle s'étire une dépression marneuse, qui constitue la principale région agricole de la Lorraine. L'élevage pour les produits laitiers et les cultures maraîchères domine à proximité des concentrations industrielles du Nord. Même les traditionnelles régions céréalières du Vermois et du Xaintois (au sud de Nancy) s'orientent progressivement vers l'élevage (les vergers de mirabelliers ont remplacé ici les vignobles). La dépression se ferme par le Bassigny, entre la côte de Moselle et les plateaux de la haute Saône.

Le plateau lorrain est un glacis incliné où affleurent les classiques formations triasiques : grès bigarrés, calcaires coquilliers et marnes irisées. Les cultures ont largement reculé devant l'élevage. L'agriculture lorraine est organisée dans le cadre de l'openfield avec un habitat groupé (village allongé : village-rue) et juxtapose initialement cultures vivrières, vignobles, élevage communal et exploitation forestière. La forêt recouvre encore environ le tiers du sol et assure de substantiels revenus aux communes. Le vignoble, ruiné par le phylloxera, la concurrence des vins du Midi et la Première Guerre mondiale, a considérablement reculé. Il en a été de même des cultures céréalières qui ont cédé la place aux plantes fourragères et aux prairies, dont l'extension a été nécessitée par l'importance grandissante d'un élevage individuel, lui-même imposé par la constitution de grandes concentrations humaines.

Ces concentrations se sont effectuées avec le développement de l'industrie, secteur clef de l'économie. La grande industrie est fondée sur l'exploitation des produits du sous-sol, née au milieu du XIXᵉ s. A l'est de Nancy, entre la Moselle et la Sarre, s'étend un important gisement de sel, qui fournit la majeure partie de la production française de sel gemme. L'extraction du sel a donné naissance à l'industrie chimique (soude), implantée notamment à Dombasle, Sarralbe, Varangéville et Dieuze. Au nord du plateau lorrain, prolongeant le bassin de la Sarre, se localise un riche gisement houiller, exploité notamment à Merlebach, à Faulquemont et à Petite-Rosselle, et qui fournit près du tiers de la production française. Le charbon alimente des centrales thermiques (Carling, Grosbliederstroff), des cokeries (Carling, Marienau, Thionville), des usines chimiques (Carling notamment). Mais la puissance de l'industrie est encore largement liée à l'exploitation d'un grand gisement de fer, le long de la côte de Moselle. Les principaux centres d'extraction sont les régions de Briey, de Longwy et de Thionville au nord, et, plus secondairement, la région de Nancy au sud. La Lorraine fournit environ 90 p. 100 de la production française de fer. L'extraction d'un minerai pauvre (à peine 35 p. 100 de teneur de fer) s'est développée vers la fin du XIXᵉ s., après la mise au point d'un procédé (Thomas-Gilchrist) permettant d'éliminer du minerai le phosphore, qui rendait la fonte cassante. La présence de fer et de charbon (celui-ci exploité tardivement toutefois) explique l'importance de la sidérurgie, qui assure les deux tiers de la production française d'acier. La sidérurgie s'est implantée dans les vallées de la Chiers (Longwy), de la Fentsch (Ebange, Hayange, Knutange), de l'Orne (Rombas, Gandrange) et de la Moselle (Thionville, Hagondange), ainsi que dans la région de Nancy (Neuves-Maisons, Pompey, Pont-à-Mousson). A côté de ces industries lourdes, la Lorraine possède quelques autres branches d'activité : industries alimentaires de la vallée de la Meuse et de la région de Nancy (brasseries), textiles de la partie vosgienne, faïencerie et verrerie (Sarreguemines, Saint-Louis-lès-Bitche, Baccarat), thermalisme (Vittel, Contrexéville).

L'essor de l'industrie a entraîné une croissance rapide de la population, qui se répartit aujourd'hui très inégalement. Les départements, surtout ruraux, de la Meuse et des Vosges conservent des faibles densités (respectivement moins de 40 et de 70 h. au kilomètre carré). En revanche, la densité moyenne dépasse aujourd'hui 130 h. en Meurthe-et-Moselle et 150 h. en Moselle. Une partie de la population ouvrière est d'origine étrangère (polonaise, italienne, nord-africaine), l'exode rural n'ayant pas suffi à satisfaire les besoins en main-d'œuvre de l'industrie. Parallèlement se sont développées les villes, parmi lesquelles émergent, au-dessus des cités ouvrières, Nancy et Metz. Nancy est une ville universitaire, mais aussi une ville bien intégrée à l'industrie métallurgique et qui possède en outre d'importantes usines alimentaires. Metz doit son importance à sa fonction militaire (en déclin aujourd'hui). Bien que située entre le gisement ferrifère et le bassin houiller, cette ville possède encore peu d'industries. Elle bénéficie pourtant aujourd'hui de la desserte de la Moselle canalisée, dont la vallée doit constituer l'axe majeur de développement de la Lorraine, ainsi qu'en témoigne la constitution d'une métropole d'équilibre bicéphale Nancy-Metz (et même tricéphale, avec Thionville).

La métropole doit ranimer une région qui demeure la principale base métallurgique de France, mais qui n'en est pas moins en crise. La Lorraine paie aujourd'hui la précocité de sa révolution industrielle, une prospérité fondée sur le développement presque exclusif d'activités extractives et d'industries de première transformation, dont le dynamisme est bien ralenti aujourd'hui. La production de fer, souffrant de la croissance étrangère, décroît depuis 1960 ; aussi, de nombreuses mines sont obligées de fermer. La production de houille stagne, ainsi que celle des textiles. Partout interviennent des licenciements qui posent le problème de l'emploi dans une région densément peuplée, où l'arrêt de l'immigration n'a pas entravé la croissance de la population, résultant d'une natalité traditionnellement élevée. Plusieurs milliers de Mosellans travaillent aujourd'hui en Sarre. Leur nombre s'accroîtra ou une émigration massive s'instaurera si ne sont pas implantées les usines d'industries de transformation que peut attirer la présence de main-d'œuvre et de matières premières industrielles, et que peut favoriser une position intermédiaire entre Paris et la Ruhr.

— La Lorraine donne son nom à une région de programme groupant les départements suivants : Meurthe-et-Moselle, Meuse, Moselle et Vosges.

● *Histoire.* Cœur de l'Austrasie et berceau des Carolingiens, la Lorraine (*Lotharingie*) fut donnée à Lothaire en 843 ; en 880, elle passa tout entière à Louis le Germanique. Créé en 895, le duché de Lorraine fut divisé en Basse- et Haute-Lorraine à la fin du Xᵉ s. La Basse-Lorraine échut au XIIᵉ s. aux ducs de Brabant. La Haute-Lorraine, devenue en 1048 le duché de Lorraine, fief d'Empire, passa au XIᵉ s. à la maison d'Alsace, appelée, depuis lors, « maison de Lorraine », puis au XVᵉ s. à la maison capétienne d'Anjou. En 1532, Charles Quint reconnut le duché de Lorraine comme « Etat libre et non incorporable ». Aux XVIᵉ et XVIIᵉ s., la Lorraine fut amputée au profit de la France (Trois-Evêchés, 1552 ; Sarre méridionale, 1661-1681). Le traité de Ryswick rendit la Lorraine au duc Léopold (1697) ; en 1738, les droits du duc furent cédés à Stanislas Leszczyński. A la mort de ce dernier (1766), le duché fut annexé à la France. A la veille de la Révolution, la Lorraine française formait un gouvernement avec *Nancy* pour capitale ; elle servit à constituer les dép. de la Meurthe, de la Meuse, de la Moselle et des Vosges. Une partie des dép. de la Meurthe et de la Moselle fut enlevée à la France par l'Allemagne en 1871 ; mais le traité de Versailles (1919) lui rendit ces territoires.

Lorraine (*maisons de*). Trois maisons ont régné sur le duché de Lorraine : 1° la *maison de Lorraine-Alsace* (1048-1431) ; 2° la *maison de Lorraine-Anjou* (1431-1473) ; 3° la *maison de Lorraine-Vaudémont* (1473-1738).

Lorrez-le-Bocage (77710), ch.-l. de c. de Seine-et-Marne (arr. de Melun) ; 646 h. (482 aggl.).

Lorris (45260), ch.-l. de c. du Loiret (arr. de Montargis) ; 2 208 h. Eglise (XIᵉ-XVᵉ s.). Hôtel de ville (XVIᵉ s.). Cristallerie. Produits laitiers.

Lorris (Guillaume DE). V. GUILLAUME *de Lorris.*

lorry [lɔri] n. m. (mot angl.). Wagonnet plat pour le transport du matériel de construction ou d'entretien des voies ferrées.

lors [lɔr] adv. (lat. *illa hora,* à cette heure). Alors (vx). ‖ **— Dès lors** loc. adv. Dès ce temps-là, par conséquent : *dès lors il me prit en amitié.* ‖ **— Dès lors que** loc. conj. Du moment que ; puisque. ‖ **— Lors de** loc. prép. A l'époque, au moment de : *lors de son mariage.* ‖ **— Lors même que** loc. conj. Quand bien même, même si (avec le conditionnel) : *cela sera ainsi, lors même que vous ne le voudriez pas.*

lorsque [lɔrsk] conj. Indique un rapport de temps ; quand, au moment où. (La voyelle *e* de *lorsque* ne s'élide que devant *il, elle, on, en, un, une.*)

Los ou **Loos** (*îles de*), archipel côtier de la Guinée. Bauxite.

Los Alamos, localité des Etats-Unis (Nouveau-Mexique), centre de recherches nucléaires. La première bombe atomique y fut expérimentée le 16 juillet 1945.

losange [lɔzɑ̃ʒ] n. m. (empr. au gaul.). Quadrilatère dont les quatre côtés sont égaux. ‖ Meuble héraldique symbolisant le fer de lance.

— ENCYCL. Les diagonales d'un *losange* se coupent en leur milieu et sont perpendiculaires l'une à l'autre. Sa surface est égale au produit de sa base par sa hauteur, ou au demi-produit de ses deux diagonales. (V. illustr. SURFACES* et VOLUMES.)

Los Angeles, port des Etats-Unis (Californie) ; 2 660 000 h. Industries chimiques. Constructions aéronautiques et mécaniques. Siège des jeux Olympiques de 1932. — Aux environs, Hollywood est le centre de l'industrie cinématographique américaine.

Loschmidt (Joseph), physicien autrichien, né à Putschirn (1821-1895). Il a déterminé, par une étude de la diffusion, le nombre de molécules existant dans un volume de gaz (1865).

Losey (Joseph), metteur en scène de cinéma américain, né à La Crosse (Wisconsin) en 1909. Il tourne aux Etats-Unis *Haines* (1949) et *le Rôdeur* (1950), puis, à la suite du maccarthysme, émigre en Grande-Bretagne, où il réalise : *Temps sans pitié* (1956), *l'Enquête de l'inspecteur Morgan* (1959), *les Criminels* (1960), *Eva* (1962), *The Servant* (1963), *Pour l'exemple* (1964), *Modesty Blaise* (1965), *Accident* (1966), *Boom* (1967), *le Messager* (1971), *l'Assassinat de Trotski* (1972).

lot [lo] n. m. (francique **hlot,* héritage). Portion d'un tout partagé entre plusieurs : *distribuer des lots ; diviser un terrain en plusieurs lots.* ‖ Ce qui revient, dans une loterie, à chaque billet gagnant : *le gros lot.* ‖ Une certaine quantité de choses, d'objets assortis : *un lot de chaussures.* ‖ *Fig.* Ce qui échoit à chacun par le sort : *la richesse est son lot.*

Lot (le), riv. du Massif central et du bassin d'Aquitaine, affl. de la Garonne (r. dr.) ; 480 km. Il arrose Mende et Cahors.

Lot [lɔt] (*dép. du*) [**46**], dép. du bassin d'Aquitaine, formé par la majeure partie du Quercy ; préf. *Cahors ;* s.-préf. *Figeac, Gourdon ;* 3 arr., 30 cant., 340 comm. ;

Phot. Les Prises de vues aériennes, Compagnie aérienne française.

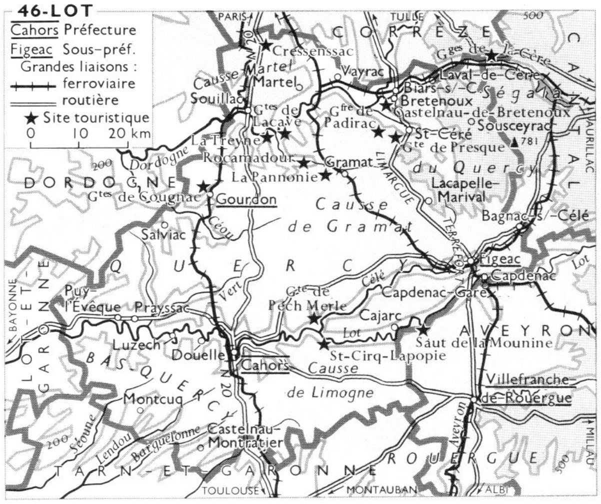

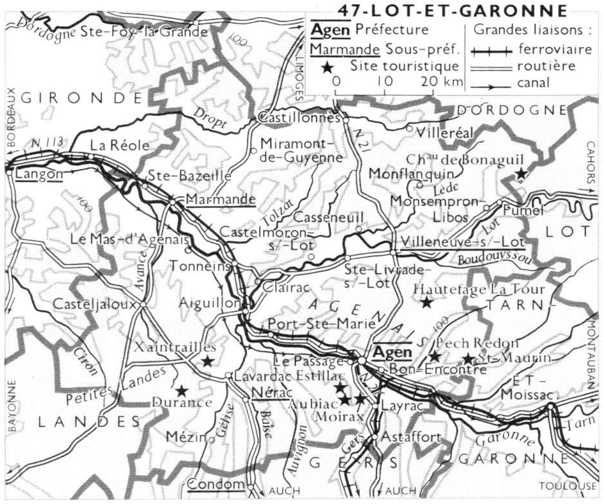

5 228 km²; 151 198 h. En dehors des bassins de *Saint-Céré* et de *Figeac* (ou *Terrefort*) à l'est (portant des cultures céréalières et fruitières) et des collines molassiques du sud-ouest (où domine la traditionnelle polyculture aquitaine), le dép. s'étend sur les *causses du Quercy*, plateaux arides, entaillés par des vallées plus verdoyantes (Dordogne, Lot), où se concentrent les activités agricoles (céréales, tabac, fruits, élevage) et la population (Cahors). La faiblesse de l'urbanisation et de l'industrie, qui n'emploie que le quart de la population active (près de la moitié pour l'agriculture), explique la persistance de l'émigration, que ne peut freiner l'activité touristique (Rocamadour, Padirac).

lote n. f. V. LOTTE.

loterie [lɔtri] n. f. (néerl. *loterije*). Tirage au sort de numéros désignant des billets gagnants et donnant droit à des lots. ‖ *Fig.* Chose ou affaire de hasard : *les biens de ce monde sont une véritable loterie.* ● *Loterie nationale,* loterie instituée depuis 1933 au profit de l'Etat.

Lot-et-Garonne (*dép. de*) [**47**], dép. du bassin d'Aquitaine ; préf. *Agen* ; s.-préf. *Marmande, Nérac, Villeneuve-sur-Lot* ; 4 arr., 39 cant., 326 comm. ; 5 358 km²; 290 592 h. Le dép. est formé de collines molassiques, domaines d'une polyculture à base fruitière (prune, chasselas), entaillées par les larges vallées du Lot et de la Garonne, riches secteurs agricoles (céréales, primeurs, fruits, tabac, élevage bovin), et jalonnées de marchés régionaux (Agen, Marmande, Villeneuve-sur-Lot). L'industrie, peu importante, employant le quart de la population active (plus du tiers dans l'agriculture), est surtout liée à la vie rurale (conserveries, préparation du tabac, engrais).

Loth ou **Lot** (XIXe s. av. J.-C.), neveu d'Abraham et père de Moab et d'Ammon. Sa femme fut changée en statue de sel pour avoir, en quittant Sodome, regardé derrière elle malgré la défense des anges. (Bible.)

Lothaire Ier (795-855), empereur d'Occident (840-855), fils aîné de Louis Ier le Pieux. Roi de Bavière, il fut associé par son père au gouvernement impérial (825). A la mort de Louis le Pieux — qu'il avait cherché à évincer de son vivant —, il voulut garder l'intégralité de l'Empire pour lui-même, mais ses frères lui imposèrent un partage (traité de Verdun, 843) qui ne lui laissa que l'Italie et une bande de territoire allant de la Provence à la Frise. — LOTHAIRE III (v. 825-869), roi de Lotharingie (855-869), fils de l'empereur Lothaire Ier. Il en reçut l'ensemble des territoires appelé la Lotharingie.

Lothaire II (ou **III**) [v. 1060-1137], roi de Germanie et empereur germanique (1125-1137). Il accéda au pouvoir suprême grâce à l'appui de l'Eglise. Il soutint le pape Innocent III contre l'antipape Anaclet II (1133).

Lothaire, né à Laon (941-986), roi de France (954-986), fils de Louis IV d'Outremer. Il subit l'influence de Hugues le Grand, puis se brouilla avec Hugues Capet, qu'il combattit vainement.

Lotharingie. V. LORRAINE.

Lothians (les), région de l'Ecosse au sud du golfe de Forth.

loti [lɔti], **e** adj. *Etre bien, mal loti,* être, ne pas être favorisé dans un partage.

Loti (Julien VIAUD, dit **Pierre**), écrivain français, né à Rochefort (1850-1923). Sa carrière d'officier de marine lui fit connaître les paysages et les civilisations exotiques, qui inspirèrent le style impressionniste de ses romans, baignés dans l'atmosphère du désenchantement (*Aziyadé,* 1879 ; *le Mariage de Loti,* 1882 ; *Pêcheur d'Islande,* 1886 ; *Madame Chrysanthème,* 1887 ; *Ramuntcho,* 1897). [Acad. fr.]

lotier [lɔtje] n. m. (du lat. *lotus,* mélilot). Papilionacée qui croît dans les bois, les prés, les champs.
— ENCYCL. Le genre *lotier* comprend plus de cinquante espèces, pour la plupart plantes herbacées vivaces, dont deux seulement sont intéressantes en France comme plantes fourragères : le *lotier corniculé,* également connu sous les noms de *trèfle cornu, petit-sabot, pied-d'oiseau,* à fleurs jaunes, parfois rougeâtres, très résistant au froid et à la sécheresse et adapté à tous les sols ; le *lotier velu,* ou *lotier des marais,* de taille plus élevée, qui est la seule légumineuse résistant dans des sols régulièrement inondés. Les deux espèces ont une valeur alimentaire élevée et constituent un bon fourrage à consommer vert ou sec : à l'état vert, contrairement à la luzerne, le lotier ne provoque pas la météorisation.

lotion [losjɔ̃] n. f. (lat. *lotio* ; de *lavare,* laver). Eau de toilette parfumée et légèrement alcoolisée, utilisée pour les soins de l'épiderme ou de la chevelure.

lotionner v. t. Frictionner le cuir chevelu ou l'épiderme avec une lotion.

lotir [lɔtir] v. t. Partager par lots : *lotir un terrain pour le vendre.* ‖ Mettre en possession d'un lot.

lotissement n. m. Vente d'une propriété par lots. ‖ Division d'un terrain en parcelles, et vente de ces parcelles en vue de la construction d'habitations. ‖ L'ensemble de ces constructions.

lotisseur n. m. Personne qui lotit un terrain.

loto [lɔto] n. m. (ital. *lotto,* sort). Jeu de hasard qui se joue avec des cartons numérotés dont les joueurs couvrent les cases à mesure que l'on tire d'un sac les 90 numéros correspondants.

Lötschberg (*chemin de fer du*), voie ferrée qui unit Spiez, sur le lac de Thoune, à la ligne du Simplon, dans la vallée du Rhône (Valais). Elle traverse la partie centrale de l'Oberland par un tunnel d'une longueur de 14,611 km, établi à une altitude moyenne de 1 243 m, creusé entre 1906 et 1911, mais ouvert seulement à la circulation en 1913.

lotta [lɔta] n. f. Volontaire féminine de l'armée finlandaise.

lotte ou **lote** [lɔt] n. f. (gaulois **lotta*). Poisson d'eau douce à chair estimée, dont la deuxième nageoire dorsale est très longue. (Long. 30-70 cm ; poids jusqu'à 4 kg ; famille des gadidés.) ● *Lotte de mer,* autre nom de la BAUDROIE.

Lotti (Antonio), compositeur vénitien (v. 1667-1740), maître de chapelle de Saint-Marc, auteur de nombreuses partitions vocales, profanes ou religieuses.

Lotto (Lorenzo), peintre italien, né à Venise (v. 1480-1556). Il fut un des rares peintres vénitiens qui résistèrent à l'influence de Titien. Ses portraits sont d'une grande intensité d'expression. Ses compositions religieuses, complexes, s'apparentent à l'art allemand et annoncent le baroque (*les Aumônes de saint Antoine,* Venise).

lotus [lɔtys] n. m. (mot lat. et gr.). Nom donné à plusieurs espèces de nénuphars. ‖ Nom générique du *lotier.*

Lotze (Rudolf Hermann), philosophe et physiologiste allemand, né à Bautzen (1817-1881), un des fondateurs de la psychophysiologie.

louable [lwabl] adj. Digne de louanges.

louage [lwaʒ] n. m. Contrat par lequel une personne s'engage à laisser à une autre la jouissance d'une chose pendant un certain temps (*louage de chose*), ou à faire quelque chose pour cette autre (*louage d'ouvrage* ou *louage de services*).

louange [lwɑ̃ʒ] n. f. Action de louer quelqu'un pour ses mérites : *dire quelque chose à la louange de quelqu'un.* ‖ Parole ou discours par lequel on fait l'éloge d'une personne ou d'une chose : *combler de louanges.*

louanger v. t. (conj. **1**). Décerner des louanges à quelqu'un.

louangeur, euse adj. et n. Qui loue. ‖ — Adj. Qui contient des louanges : *poésie louangeuse.*

Louang Prabang. V. LUANG PRABANG.

Loubet (Emile), homme d'Etat français, né à Marsanne (1838-1929). Républicain modéré, il fut député (1876-1885), puis sénateur (1885-1899) et ministre des Travaux publics (1887-1888). Il devint président du Conseil (1892), ministre de l'Intérieur (1892-1893), président du Sénat (1896), puis de la République (1899-1906). Sa présidence fut marquée par le vote de la séparation de l'Eglise et de l'Etat (1905), par un rapprochement diplomatique avec l'Italie et par l'Entente cordiale.

louche [luʃ] adj. (lat. *luscus,* borgne). Qui n'a pas un ton franc (en parlant des couleurs, des liquides, etc.). ‖ — *Fig.* Equivoque : *il y a là-dessous quelque chose de louche.* ‖ Suspect : *conduite louche.* ‖ — N. m. Ce qui manque de clarté : *il y a du louche dans cette affaire.*

louche n. f. (francique **lôtja*). Grande cuillère à long manche, pour servir le potage.

loucher v. i. Etre atteint de strabisme. ‖ *Fam.* Regarder avec envie : *loucher sur quelque chose.*

loucherie n. f. Action, habitude de loucher : *une loucherie désagréable.*

louchet [luʃɛ] n. m. Bêche à fer étroit et à manche plus ou moins long, utilisée pour des travaux de terrassement, ouverture de tranchées, extraction de tourbe, etc.

loucheur, euse n. Personne qui louche.

Loudéac (22600), ch.-l. de c. des Côtes-du-Nord (arr. de Saint-Brieuc) ; 8 195 h. (5 001 aggl.) [*Loudéaciens*]. Forêt. Industries alimentaires.

Loudes (43320), ch.-l. de c. de la Haute-Loire (arr. du Puy) ; 831 h. (358 aggl.).

Loudun (86200), ch.-l. de c. de la Vienne (arr. de Châtellerault) ; 7 315 h. (*Loudunais*). Donjon (XIIe s.). Eglises (XIIe-XIIIe s.).

Loue (la), riv. de France, affl. du Doubs (r. g.) ; 125 km. Formée sur les plateaux jurassiens par une résurgence.

Loué (72540), ch.-l. de c. de la Sarthe (arr. du Mans) ; 1 903 h. (1 356 aggl.). Château du XVe s.

louer [lwe] v. t. (lat. *laudare*). Célébrer la grandeur de, glorifier : *louer Dieu.* ‖ Décerner des éloges à quelqu'un, vanter son mérite : *louer un poète.* ‖ — **Se louer [de]** v. pr. Se montrer satisfait de.

louer v. t. (lat. *locare*). Donner, prendre à loyer : *louer une maison.* ‖ Engager moyennant salaire : *louer un garçon de ferme.* ‖ Retenir une place dans un train, un théâtre, etc.

loueur, euse n. Personne qui donne à louage : *loueur de voitures.*

loufoque [lufɔk] adj. et n. m. *Fam.* Déséquilibré, fou.

loufoquerie n. f. *Fam.* Acte, parole de loufoque.

Lougansk, anc. nom de VOROCHILOVGRAD.

lougre [lugr] n. m. (angl. *lugger*). *Mar.* Petit bâtiment fin dans ses formes de l'arrière et renflé par l'avant.

lotte

louchets

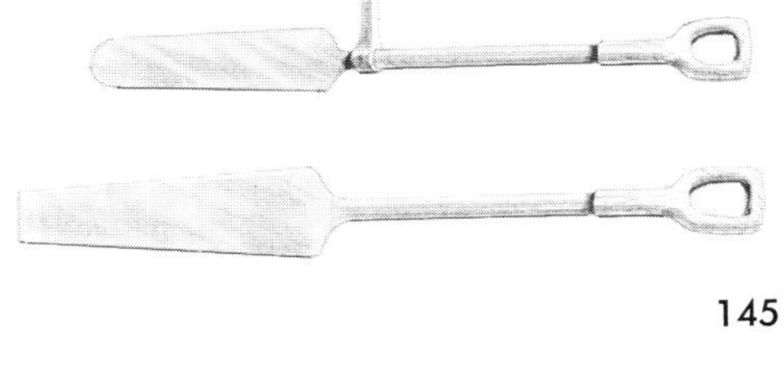

Phot. Noailles.

de gauche à droite
Louis Ier le Pieux
détail d'une châsse
Louis IX
église de Mainneville
Louis XI
école française du XVe s.
Louis XII
les Offices, Florence

Louhans [luɑ̃] (71500), ch.-l. d'arr. de Saône-et-Loire, dans la Bresse, sur la Seille ; 4 358 h. (*Louhannais*). Grand marché. — L'arr. a 8 cant., 82 comm., 55 232 h.

louis [lwi] n. m. Anc. monnaie d'or française, valant 24 livres, à l'effigie de Louis XIII et de ses successeurs. || Pièce d'or française de 20 francs.

Louis (*Saint*). V. LOUIS IX.

Louis de Gonzague (*saint*), novice jésuite italien, né à Castiglione delle Stiviere (1568-1591), patron de la jeunesse. — Fête le 21 juin.

Louis-Marie Grignion de Montfort (*saint*), missionnaire français, né à Montfort-sur-Meu (Bretagne) [1673-1716]. Son action missionnaire dans l'ouest de la France fut décisive. Il fonda la congrégation hospitalière des Filles de la Sagesse et jeta les bases de la Compagnie de Marie et des Frères de Saint-Gabriel. — Fête le 28 avril.

EMPEREURS

Louis Ier le Pieux ou **le Débonnaire,** né à Chasseneuil-du-Poitou (778-840), empereur d'Occident et roi des Francs (814-840), fils de Charlemagne. Il réprima une révolte de son neveu Bernard, roi d'Italie (818), épousa Irmingarde, puis Judith de Bavière (819), et eut, durant son règne, à combattre les révoltes de ses fils Lothaire, Louis et Pépin, jaloux de leur frère Charles, fils de Judith, à qui il avait voulu attribuer une part d'héritage. Il mourut pendant une expédition contre un de ses fils. — LOUIS II (825-875), roi d'Italie dès 844, empereur d'Occident (855-875), fils de Lothaire Ier. Il avait été associé à l'Empire dès 849. — LOUIS III *l'Aveugle,* né à Autun (880-928), roi de Provence (887-928), empereur d'Occident (901-905), fils de Boson de Bourgogne. En 905, Bérenger Ier le fit aveugler. — LOUIS IV de Bavière, né à Munich (1287-1347), roi des Romains (1314-1346), empereur germanique (1328-1346). Le pape Jean XXII refusant de le reconnaître, Louis IV, appuyé sur les « spirituels » franciscains, installa un antipape à Rome : mais le schisme escompté entre Rome et Avignon n'eut pas lieu.

FRANCE

Louis Ier. V. LOUIS Ier *le Pieux,* empereur.

Louis II le Bègue (846-879), roi de France (877-879), fils de Charles le Chauve. Il se révolta contre son père.

Louis III (v. 863-882), roi de France (879-882), fils de Louis II. Il dut abandonner une partie de la Lotharingie à son compétiteur Louis de Germanie et donna à son frère Carloman l'Aquitaine et la Bourgogne.

Louis IV d'Outremer (m. en 954), roi de France (936-954), fils de Charles le Simple. Arrivé au trône grâce à l'appui d'Hugues le Grand, il lutta ensuite contre celui-ci, qu'il vainquit en 948, puis contre les Normands, qu'il rallia.

Louis V le Fainéant (v. 967-987), roi de France (986-987), fils de Lothaire. Avec lui finit la branche française de la dynastie carolingienne.

Louis VI le Gros (v. 1081-1137), roi de France (1108-1137), fils de Philippe Ier. Il rétablit l'ordre dans le domaine royal, affermit sa suzeraineté sur l'Ile-de-France et lutta contre Henri Ier, roi d'Angleterre et duc de Normandie, et contre l'invasion entreprise par l'empereur Henri V.

Louis VII le Jeune (v. 1120-1180), roi de France (1137-1180), fils de Louis VI. Il entra en conflit avec Innocent II, mais prit part à la deuxième croisade, prêchée par saint Bernard (1147-1149); il soutint Alexandre III contre Frédéric Barberousse. La principale menace vint d'Henri II Plantagenêt, qui, en épousant Aliénor d'Aquitaine, femme répudiée de Louis VII, mit la main sur la riche Aquitaine. Contre lui, le roi de France obtint l'appui des comtes de Flandre et de Champagne. Louis VII épousa en secondes noces Constance de Castille (1154) et en troisièmes noces Adèle de Champagne (1160).

Louis VIII le Lion, né à Paris (1187-1226), roi de France (1223-1226), fils de Philippe Auguste. Il vainquit Jean sans Terre (1214) et le poursuivit en Angleterre. Devenu roi, il enleva aux Anglais le Poitou, la Saintonge, l'Angoumois, le Limousin, le Périgord et une partie du Bordelais, participa à la grande croisade contre les albigeois et soumit tout le Languedoc, moins Toulouse.

Louis IX ou **Saint Louis,** né à Poissy (1214-1270), roi de France (1226-1270), fils de Louis VIII et de Blanche de Castille. Il régna d'abord sous la régence de sa mère (1226-1236), qui eut à réprimer une révolte des grands vassaux, termina la guerre contre les albigeois par le traité de Paris (1229) et lui fit épouser Marguerite de Provence (1234). Lors de sa majorité, le comte de la Marche, aidé des Anglais, dirigea contre lui une nouvelle ligue, qu'il écrasa à Taillebourg et à Saintes (1242). Pour libérer la Palestine du sultan d'Egypte, Louis IX prit la croix, débarqua à Damiette en 1249, mais fut battu et fait prisonnier à Mansourah (1250). Ayant racheté sa liberté, il resta en Palestine de 1250 à 1254. De retour en France, il réorganisa ses Etats, fortifia l'autorité royale et réforma la justice en appelant les *légistes* à siéger devant les tribunaux pour conseiller les juges et en créant une commission judiciaire qui fut l'origine du parlement. Il fit construire la Sainte-Chapelle, la Sorbonne et les Quinze-Vingts. Le conflit avec l'Angleterre prit fin par le traité de Paris (1259), par lequel le roi de France obtint la Normandie, l'Anjou, le Maine et le Poitou. En 1270, malgré l'opposition de son entourage, Saint Louis entreprit la huitième croisade et fit voile vers Tunis dans l'espoir de convertir le roi de ce pays, mais il mourut de la peste à peine débarqué devant Carthage. Sa réputation d'intégrité fit de lui en plusieurs occasions l'arbitre de l'Europe chrétienne. — Fête le 25 août.

Louis X le Hutin, né à Paris (1289-1316), roi de Navarre (Louis Ier) [1305-1316] et de France (1314-1316), fils de Philippe IV le Bel. Il fit exécuter sa femme, Marguerite de Bourgogne, entreprit contre les Flamands une expédition inutile et dut accorder aux nobles des chartes fixant leurs droits et immunités.

Louis XI, né à Bourges (1423-1483), roi de France (1461-1483), fils de Charles VII et de Marie d'Anjou. En 1440, il avait pris part aux révoltes des grands contre son père (*Praguerie*); cependant, il s'était vu confier le gouvernement du Dauphiné. Devenu roi, Louis XI renvoya les conseillers de son père et racheta à Philippe le Bon les villes de la Somme ; il ne réussit qu'à soulever contre lui la féodalité, qui forma la *ligue du Bien public* (1465). Il en triompha en 1468, mais il était alors en lutte contre le duc de Bourgogne Charles le Téméraire, qui le retint prisonnier à Péronne et lui imposa de dures conditions (oct. 1468); libéré, Louis XI ne tint pas ses promesses; il neutralisa l'alliance du Téméraire avec Edouard IV d'Angleterre (traité de Picquigny, 1475) et réalisa l'union des cantons suisses, des villes du Rhin et du duc de Lorraine. Charles le Téméraire fut battu à Grandson et à Morat (1476) avant de périr sous les murs de Nancy (1477). Louis XI envahit une partie des territoires du duc de Bourgogne; le traité d'Arras (1482) fit du duché une terre française. Par ailleurs, Louis XI avait hérité de l'Anjou (1480) et de la Provence (1481). Le roi poursuivit la centralisation administrative et la réorganisation de l'armée, commencées par Charles VII, et favorisa le renouveau économique du royaume (soieries, mines, foires). A sa mort, seules la Flandre et la Bretagne échappaient encore à l'influence royale.

Louis XII, né à Blois (1462-1515), duc d'Orléans (1465-1498), roi de France (1498-1515), fils de Charles d'Orléans et de Marie de Clèves. Louis XI le contraignit d'épouser sa fille Jeanne de Valois (1476). Il prit part à la révolte seigneuriale contre la régence d'Anne de Beaujeu (« Guerre folle ») et fut battu et fait prisonnier à Saint-Aubin-du-Cormier (1488). Libéré en 1491, il se rallia à Charles VIII, au service duquel il participa à la première guerre d'Italie (1494-1495). Charles VIII étant mort sans héritier (1498), Louis XII, son cousin et plus proche parent, lui succéda sans difficulté et, afin que la Bretagne n'échappât pas à la France, épousa sa veuve, Anne de Bretagne (1499), après avoir obtenu de Rome l'annulation de son premier mariage. Le roi, qui reçut en 1506 le titre de **Père du peuple,** conserva jusqu'à sa mort (1510) le cardinal Georges d'Amboise comme principal conseiller.
Comme petit-fils de Valentine Visconti, il affirma ses droits sur le Milanais, qu'il conquit (1500), puis, faisant siennes les prétentions de Charles VIII sur le royaume de Naples, il s'en rendit maître avec l'aide de Ferdinand d'Aragon, qui l'en chassa en 1504. Après avoir promis sa fille Claude en mariage à Charles, fils de Philippe le Beau (le futur Charles Quint) [traité de Blois, 1504], il se délia de ses engagements et la fiança à François d'Angoulême, héritier présomptif du trône de France.
Louis XII adhéra à la ligue de Cambrai (1508) et attaqua les Vénitiens, qu'il vainquit à Agnadel (1509). La Sainte Ligue de Jules II (1511) parvint à chasser les Français d'Italie. La France fut envahie par les Anglais et les Suisses, mais le nouveau pape, Léon X, signa la paix. En 1514, Louis XII, veuf d'Anne de Bretagne, épousa Marie d'Angleterre.

Louis XII et Anne de Bretagne (*tombeau de*), par Jean Juste, dans la basilique de Saint-Denis, l'un des chefs-d'œuvre de la Renaissance.

Louis XIII le Juste, né à Fontainebleau (1601-1643), roi de France (1610-1643). Agé de neuf ans à la mort de son père, Henri IV, il régna d'abord sous la régence de sa mère, Marie de Médicis. Poussé par Luynes, il fait assassiner le conseiller de celle-ci, Concini (1617), inaugurant ainsi son règne personnel. Jusqu'en 1621, le pouvoir appartint en réalité à Luynes, qui lutta contre les grands (bataille des Ponts-de-Cé, 1620) et contre les protestants (siège de Montauban, 1621).
En 1624, Louis XIII choisit Richelieu comme chef du Conseil. Caractère autoritaire et dissimulé, Louis XIII avait une haute idée de sa « charge royale » et était jaloux de son autorité. Son mariage (1615) avec Anne d'Autriche fut tardivement suivi de la naissance de Louis Dieudonné (1638) et de Philippe (1640). La longue absence de dauphin explique les intrigues nouées autour de l'héritier du trône, Gaston d'Orléans, frère du roi. A la politique d'alliance avec l'Espagne, choisie par sa mère et le parti dévot, il préféra celle de Richelieu, enclin aux alliances protestantes, et sut l'imposer lors de la journée des Dupes (1630). A l'intérieur, cependant, il brisa le parti dévot. En 1635, il intervint dans la guerre de Trente Ans contre la maison d'Autriche. Par dévotion, il voua, le 10 février 1638, son royaume à la Vierge. Le roi survécut cinq mois à son ministre Richelieu.

Louis XIV le Grand, né à Saint-Germain-en-Laye (1638-1715), roi de France (1643-1715), fils de Louis XIII et d'Anne d'Autriche. Agé de cinq ans à la mort de son père, il régna d'abord sous la régence de sa mère, qui confia le pouvoir à Mazarin*. Jusqu'en 1648, il résida au Palais-Royal, puis, après la fuite à Saint-Germain dans la nuit du 6 janvier 1649, il connut la vie errante de la Cour pendant les troubles de la Fronde. Installé au Louvre à partir de 1652, il eut pour gouverneur le maréchal de Villeroy. Mazarin, qui veillait à son éducation, le fit entrer très jeune au Conseil. Le jeune roi fut sacré à Reims le 7 juin 1654. En 1660, il épousa à Saint-Jean-de-Luz l'infante Marie-Thérèse, qui renonçait à ses droits sur l'héritage espagnol. De ce mariage naquit le Grand Dauphin.
A la mort de Mazarin (1661), Louis XIV affirma sa volonté de gouverner seul et fit arrêter Fouquet, qui espérait la succession du cardinal. Le nouveau souverain, pourvu d'une santé de fer, fit preuve d'une très grande assiduité au travail, tout en laissant libre cours à son goût des plaisirs. Outre des passades, il eut des liaisons affichées : Mlle de La Vallière (1661), qui lui donna trois enfants; Mme de Montespan (1668), dont il eut sept enfants; Mlle de Fontanges (1680). Veuf en 1683, il s'unit par un mariage secret à Mme de Maintenon. Imbu de la croyance en la nature divine de son pouvoir, Louis XIV sut cependant s'entourer de grands ministres. Colbert rétablit l'ordre dans les finances, développa le commerce et l'industrie. De Lionne fit valoir les « droits de la reine » aux Pays-Bas, où Turenne mena la guerre de Dévolution, tandis que Vauban consolidait la frontière du Nord. La paix de Nimègue (1678), qui mit fin à la guerre de Hollande, fit de Louis XIV l'arbitre de l'Europe (1678). En 1682, le roi et la Cour quittèrent Saint-Germain pour Versailles, où ils s'installèrent dans une solennité minutieusement réglée. L'absolutisme royal s'affirma dans le domaine religieux, le roi soutenant contre la papauté la doctrine des libertés de l'Eglise gallicane (affirmation du droit de régale, 1673 ; déclaration des Quatre Articles, 1682) et combattant les jansénistes et les protestants (révocation de l'édit de Nantes, 1685). Dans le même temps, la politique royale s'affirma avec les annexions en forme de « réunions » juridiques. Mais les prétentions françaises sur le Palatinat, la rivalité commerciale avec l'Angleterre et la Hollande provoquèrent une flambée antifrançaise en Europe. A partir de la guerre de la « Ligue d'Augsbourg » (1689-1697), les renoncements s'échelonnèrent de 1693 à 1700. Louis XIV dut plier devant Rome (1693), devant l'Europe (traité de Ryswick, 1697), tandis que l'état intérieur du royaume se dégradait (grande famine, 1693-1694). La fin du siècle fut dominée par des embarras financiers, militaires et religieux. La succession d'Espagne ouvrit en 1700 une longue guerre qui ruina la France et contraignit le roi

Phot. X., Arch. Phot., Wildenstein and Co., Alinari.

de gauche à droite
Louis XIII
par Philippe de Champaigne
Louvre
Louis XIV
par Testelin, *coll. part.*
Louis XV
par Van Loo
musée des Beaux-Arts, Dijon
Louis XVI
d'après Duplessis
musée Condé, Chantilly

à recourir aux financiers (Samuel Bernard). La révolte des protestants dans les Cévennes (1702-1705) fournit une nouvelle source d'embarras. Tandis que le jansénisme était condamné par Rome (1705 et 1713), Port-Royal fut détruit (1709-1710). Le grand hiver de 1709 accrut la misère du royaume, et la mort du Grand Dauphin (1711), puis celle du duc de Bourgogne (1712) assombrirent les dernières années du roi. Les victoires de Vendôme à Villaviciosa (1710), de Villars à Denain (1712) permirent de mettre fin à la guerre par le traité d'Utrecht (1713). A sa mort, le 1er septembre 1715, Louis XIV laissait un royaume affaibli au point de vue économique, financier et démographique, mais agrandi de Lille, de Besançon, de Strasbourg et dont le rayonnement intellectuel était accru.

Louis de France, duc de Bourgogne (1682-1712), avant qu'il devînt dauphin, petit-fils de Louis XIV. Il fut l'élève de Fénelon, qui composa pour lui son *Télémaque ;* il eut pour fils Louis XV.

Louis XV le Bien-Aimé, né à Versailles (1710-1774), roi de France (1715-1774), fils du duc de Bourgogne et de Marie-Adélaïde de Savoie, et arrière-petit-fils de Louis XIV. Il régna d'abord sous la régence de Philippe d'Orléans. L'éducation du jeune roi, installé aux Tuileries à partir de 1716, fut confiée au duc de Villeroy et à Fleury. La Cour regagna Versailles en 1722. Sacré à Reims (25 oct. 1722), Louis XV fut déclaré majeur en 1723. A la mort du duc d'Orléans (1723), il laissa gouverner le duc de Bourbon. En 1725, il épousa Marie Lesczyńska, de sept ans son aînée et dont il eut dix enfants.
En 1726, Louis XV renvoya le duc de Bourbon, mais laissa la direction de l'Etat à son ancien précepteur, le cardinal Fleury (1726-1743). Celui-ci s'efforça de maintenir la paix en Europe par une entente avec l'Angleterre et en laissant se régler la question italienne au profit de l'Espagne. Mais la volonté de Louis XV de soutenir les droits de son beau-père en Pologne l'entraîna dans la guerre de Succession de Pologne, que termina le traité de Vienne (1738). L'excellente gestion financière du contrôleur général Orry permit d'obtenir l'équilibre du budget (1738). La création d'un réseau routier royal favorisa l'expansion économique, que soutinrent la hausse continue des prix à partir de 1732 et la recrudescence de l'activité maritime. Louis XV ayant poursuivi la lutte contre les protestants et les jansénistes, les conflits religieux tendirent à s'apaiser.
Vers 1733 commença l'ère des favorites, parmi lesquelles Mme de Mailly, puis ses trois sœurs, dont la duchesse de Châteauroux.
A la mort de Fleury (1743), le roi manifesta sa volonté de gouverner. En fait, il laissa agir ses ministres, dont il divisa l'autorité politique pour demeurer le maître. En marge des ministres officiels, il organisa le « Secret du roi » (1747-1774), qui intrigua contre l'Autriche, la Saxe et la Russie. En 1744, à la duchesse de Châteauroux succéda la marquise de Pompadour, dont l'influence sur le roi demeura prépondérante jusqu'en 1764. Elle le poussa à soutenir la politique de justice fiscale de Machault d'Arnouville.
La guerre de Succession d'Autriche (1740-1748), qui aboutit à la paix blanche d'Aix-la-Chapelle, greva lourdement le budget de l'Etat. Parallèlement, le roi entra en lutte avec le parlement à propos de l'affaire des billets de confession exigés par l'archevêque de Paris (1752). L'attentat de Damiens (5 janv. 1757), qui fit suite à une guerre de libelles, manifesta la désaffection du peuple à l'égard du roi.
Engagé dans la guerre de Sept Ans (1756-1763), entreprise pour faire échec à la Prusse et à l'Angleterre, Louis XV appela aux Affaires étrangères l'abbé de Bernis (1757-1758), puis Choiseul. Malgré le pacte de Famille (traité franco-espagnol, 1761), il ne put éviter, après avoir cédé la Louisiane occidentale à l'Espagne (1762), la perte du Canada et de l'Inde (traité de Paris, 1763). La mort de la marquise de Pompadour (1764), du Grand Dauphin (1765) et de la reine (1768), et la faveur accordée à la comtesse du Barry marquèrent l'ultime tournant du règne. Accédant à la demande du parlement, le roi fit dissoudre la Compagnie de Jésus (1764), puis remplaça Choiseul par un triumvirat ministériel (1770-1774) : Maupeou, Terray et d'Aiguillon. La résistance parlementaire à la politique royale fut brisée par la suppression du parlement de Paris (1771). D'importantes réformes financières permirent un redressement politique, que complétèrent l'annexion de la Lorraine (1766) et celle de la Corse (1768). Ce redressement, joint à un retour à l'expansion économique (croissance démographique et libéralisme économique des physiocrates), ne parvint cependant pas à briser l'opposition à l'égard du roi.

l'Europe au siècle de Louis XIV

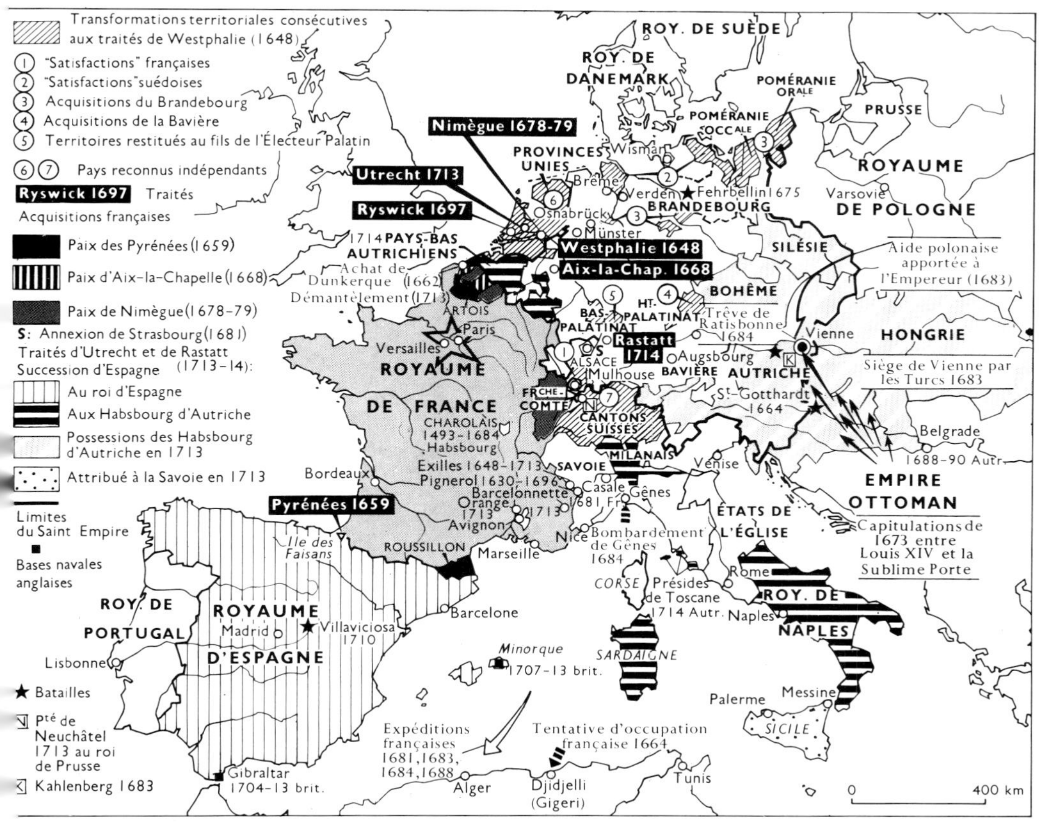

Louis, Dauphin de France, fils de Louis XV et de Marie Leszczyńska, né à Versailles (1729-1765), père de Louis XVI, de Louis XVIII et de Charles X.

Louis XVI, né à Versailles (1754-1793), roi de France (1774-1791), roi des Français (1791-1792), fils du Dauphin Louis et de Marie-Josèphe de Saxe, et petit-fils de Louis XV. Il épousa en 1770 l'archiduchesse Marie-Antoinette, fille de l'empereur François Ier, dont il eut quatre enfants. Son règne fut accueilli avec faveur par l'opinion publique. Le roi fit d'abord appel à Maurepas, qui lui fit choisir d'excellents ministres, tel Saint-Germain à la Guerre. Il rappela le parlement, qui reprit son opposition systématique à l'autorité royale. Contre cette opposition, le roi soutint jusqu'en 1776 les réformes préconisées par Turgot, puis fit ensuite confiance à Necker. Mais celui-ci ayant publié un *Compte rendu au roi* qui révélait au pays les gaspillages de la Cour, le roi le renvoya (1781). L'intervention victorieuse de la France contre les Britanniques dans la guerre de l'Indépendance américaine (1778-1783) et la politique menée par Vergennes restaurèrent le prestige de la France à l'extérieur. Calonne, appelé au ministère en 1783, proposa, pour combattre le déficit qu'aggravera le traité de commerce franco-anglais de 1786, une réforme radicale de la fiscalité (1787), que les notables refusèrent. Le roi le remplaça par Loménie de Brienne (1787), mais ne sut pas faire face à la révolte des privilégiés contre l'autorité royale. Contraint de rappeler Necker (1787) et de promettre la convocation prochaine des états généraux (1788), il perdit cependant sa popularité en résistant à la poussée révolutionnaire de 1789. En se proclamant Assemblée nationale (17 juin 1789) puis Constituante, les députés du Tiers substituèrent leur autorité à celle du roi. L'appel aux régiments étrangers, le renvoi de Necker amenèrent la riposte parisienne du 14 juillet. Lors des journées des 5 et 6 octobre, la famille royale fut contrainte de quitter Versailles et de s'installer aux Tuileries. A la fête de la Fédération (14 juill. 1790), Louis XVI dut jurer fidélité à la Constitution de 1791. Mais il ne se résigna pas. Il refusa la protection de La Fayette et de Mirabeau, et crut pouvoir rétablir son autorité avec l'appui des souverains étrangers. Décidé à se réfugier auprès de l'armée de la Meuse, il s'enfuit vers Metz, mais fut reconnu et arrêté à Varennes (nuit du 20 au 21 juin 1791). Il revint à Paris, ayant perdu toute popularité. Suspendu pendant sa fuite, il fut rétabli par l'Assemblée constituante, mais dut renouveler son serment de fidélité à la Constitution de 1791, qui limitait son pouvoir à un droit de veto suspensif. Il accepta de déclarer la guerre à l'Autriche (20 avr. 1792) : persuadé de la défaite prochaine de la France, il espérait restaurer son autorité en même temps qu'il rétablirait la paix. Après les premiers revers, il renvoya les ministres girondins et subit, impassible, les insultes des émeutiers, qui avaient envahi les Tuileries (20 juin 1792). Le manifeste de Brunswick provoqua une explosion de colère contre le roi considéré comme complice de l'envahisseur. Prisonnier des émeutiers au cours de la journée du 10 août 1792, il fut suspendu par la Législative. La Convention jugea Louis XVI (déc. 1792-janv. 1793), que défendit son ancien ministre Malesherbes. La mort fut votée à une faible majorité, et le roi fut exécuté le 21 janvier 1793. Sa mort fit moins d'impression en France qu'en Europe et servit de prétexte à la formation d'une coalition générale contre la France.

Louis XVII, né à Versailles (1785 - 1795), fils de Louis XVI et de Marie-Antoinette. Dauphin en 1789, enfermé au Temple, il y succomba. Des doutes émis sur sa mort suscitèrent des imposteurs. Le plus célèbre est Naundorff.

Phot. Giraudon (2), Lauros-Giraudon, Giraudon.

Louis XVIII
par Gérard
ambassade d'Allemagne, Paris

Louise de Savoie
d'après Jean Clouet

Louis-Philippe Ier
lithographie d'époque
coll. part.

Louis XVIII, né à Versailles (1755-1824), roi de France (1814-1815; 1815-1824), petit-fils de Louis XV. Il épousa en 1771 Louise de Savoie, dont il n'eut pas d'enfants. Comte de Provence, il souhaita vainement obtenir en 1789 la lieutenance du royaume. Il émigra dès le 20 juin 1791 et rejoignit son frère, le comte d'Artois, à Coblence. A la mort de Louis XVI, il prit le titre de régent, proclama son neveu Louis XVII roi de France et son frère lieutenant général. A l'annonce de la mort de son neveu (1795), il prit le nom de Louis XVIII. Réfugié à Vérone (1794-1796) et à Mitau, puis expulsé de ces villes, il vécut en Suède et, à partir de 1809, en Angleterre. Le rappel des Bourbons à la chute de l'Empire (1814) lui permit de rentrer à Paris (v. RESTAURATION [*première*]). Pendant les Cent-Jours, il se réfugia à Gand. Après la seconde abdication de Napoléon, il dut accepter un régime constitutionnel (charte de 1814) et le traité de Paris (1815) [v. RESTAURATION (*seconde*)]. Très attaché à la tradition monarchique et à la légitimité, il ne rejeta pas cependant tout l'héritage de la Révolution et de l'Empire. Il prononça la dissolution de la Chambre, trop réactionnaire (1816). Il choisit comme principal ministre le duc de Richelieu, puis Decazes. Après l'assassinat du duc de Berry (1820) et la victoire électorale des ultras, il confia le pouvoir à Villèle (1821). En 1823, il engagea la France dans la guerre d'Espagne.

BAVIÈRE

Louis Ier de Wittelsbach, né à Strasbourg (1786-1868), roi de Bavière (1825-1848), fils de Maximilien Ier. Il embellit sa capitale, Munich; le scandale de sa liaison avec Lola Montez l'obligea à abdiquer. — LOUIS II DE WITTELSBACH, né à Nymphenburg (1845-1886), roi de Bavière (1864-1886), fils de Maximilien II. Il encouragea Wagner, fit construire des châteaux romantiques, mais atteint de folie, se noya. — LOUIS III DE WITTELSBACH, né à Munich (1845-1921), roi de Bavière (1913-1918). Il dut abdiquer après la défaite allemande.

GERMANIE

Louis Ier (ou **II**) **le Germanique** (804-876), roi des Francs orientaux (817-843), puis de Germanie (843-876), fils de Louis le Pieux. Le traité de Verdun (843) lui attribua la Germanie, où il créa des duchés « nationaux »; il ne put empêcher le regroupement des Slaves à l'Est. — LOUIS II (ou III) *le Jeune* (822-882), roi de Germanie (876-882), fils et successeur de Louis le Germanique. Il prit la Bavière à son frère Carloman. — LOUIS III (ou IV) *l'Enfant*, né à Œttingen (893-911), roi de Germanie et de Lotharingie (900-911).

HOLLANDE

Louis, roi de Hollande. V. BONAPARTE (Louis).

HONGRIE

Louis Ier le Grand, né à Visegrád (1326-1382), roi de Hongrie (1342-1382) et de Pologne (1370-1382), fils de Charles d'Anjou. Il fonda l'université de Pécs (1367) et tint une cour brillante à Buda. Il annexa la Dalmatie. — LOUIS II, né à Buda (1506-1526), roi de Bohême et de Hongrie (1516-1526); il fut battu et tué à Mohács par les Turcs.

PORTUGAL

Louis Ier, né à Lisbonne (1838-1889), roi de Portugal (1861-1889). Il abolit l'esclavage dans les colonies.

SICILE

Louis Ier, né à Vincennes (1339-1384), duc d'Anjou (1360-1384), roi de Sicile, comte de Provence et de Forcalquier (1383-1384), fils de Jean II de France, désigné par Jeanne Ire de Sicile pour lui succéder. — LOUIS II, né à Toulouse (1377-1417), roi de Naples, de Sicile et de Jérusalem, duc d'Anjou, comte du Maine et de Provence (1384-1417). — LOUIS III (1403-1434), roi titulaire d'Aragon, de Naples, de Sicile, de Jérusalem (1417-1434).

Louis (Louis NICOLAS, dit **Victor**), architecte français, né à Paris (1731-v. 1811). S'inspirant de l'antique, il construisit de nombreux édifices, notamment à Bordeaux. Il éleva dans cette ville le Grand-Théâtre, qui servit souvent de modèle, l'actuelle préfecture, et donna un plan d'aménagement pour la place des Quinconces. Architecte du duc d'Orléans, on lui doit les galeries du Palais-Royal et la salle de théâtre, aujourd'hui Théâtre-Français. Pour Stanislas II, il fit les plans du palais royal de Varsovie.

Louis (Joseph Dominique, *baron*), financier français, né à Toul (1755-1837), ministre des Finances sous la Restauration et la monarchie de Juillet.

Louise de Marillac (*sainte*), née à Paris (1591-1660), fondatrice, avec saint Vincent de Paul, et première supérieure des Filles de la Charité. — Fête le 15 mars.

Louise de Lorraine, reine de France, née à Nomeny (1553-1601), fille de Nicolas de Lorraine. En 1575, elle épousa Henri III.

Louise de Mecklembourg-Strelitz, reine de Prusse, née à Hanovre (1776-1810), fille du duc Charles de Mecklembourg et épouse de Frédéric-Guillaume III, qu'elle poussa à la guerre contre la France.

Louise de Savoie, régente de France, née à Pont-d'Ain (1476-1531), fille de Philippe II, duc de Savoie, et de Marguerite de Bourbon. Elle épousa Charles de Valois et fut la mère de François Ier. Elle fut régente pendant que son fils guerroyait en Italie et était prisonnier en Espagne. En 1529, elle négocia avec Marguerite d'Autriche la paix de Cambrai, ou *paix des Dames*.

Louise, roman musical, livret et musique de G. Charpentier (1900). L'action se situe dans un faubourg parisien.

louise-bonne [lwizbɔn] n. f. Variété de poire douce et fondante. ‖ Pl. des *louises-bonnes*.

Louise-Marie d'Orléans, reine des Belges, fille de Louis-Philippe et de Marie-Amélie, née à Palerme (1812-1850). Elle épousa en 1832 Léopold Ier, roi des Belges.

Louis-Gentil. V. YOUSSOUFIA.

Louisiane, un des Etats unis d'Amérique, sur le golfe du Mexique; 3 603 000 h. Cap. *Baton Rouge*.

● *Géographie*. C'est une région basse, dont le tiers de la surface est occupé par le delta du Mississippi. Le climat, subtropical, a favorisé les cultures de la canne à sucre et du riz. Les richesses du sous-sol (pétrole principalement) ont facilité le développement de l'industrie (pétrochimie). La Nouvelle-Orléans, principal port sur le golfe du Mexique, est la plus grande ville de l'Etat.

● *Histoire*. D'abord exploré par les Espagnols, le pays fut visité par les Français Joliet et Marquette, puis par Cavelier de La Salle (1682), qui lui donna le nom de *Louisiane* en l'honneur de Louis XIV. En 1722, la Nouvelle-Orléans devint la capitale de la colonie. En 1731, la Compagnie d'Occident, qui avait le monopole du commerce avec la Louisiane et de son exploitation, perdit ses privilèges au profit de la Couronne. L'Espagne acquit la partie occidentale en 1762. En 1800, la convention de San Ildefonso (1800) rendit la partie espagnole à la France, mais, par le traité de Paris (1803), Napoléon vendit la Louisiane aux Etats-Unis. Créé en 1812, l'Etat de Louisiane fut ruiné par la guerre de Sécession.

Louis-Philippe Ier, né à Paris (1773-1850), roi des Français (1830-1848), fils de Louis Philippe Joseph d'Orléans (Philippe Egalité) et de Louise Marie de Bourbon-Penthièvre, duc de Valois, puis duc de Chartres (1785). Membre du club des Jacobins, lieutenant général, puis aide de camp de Dumouriez, il passa avec lui à l'ennemi en 1793 et vécut en Suisse, puis à Hambourg (1795), aux Etats-Unis (1797) et en Angleterre (1801-1807). Après son mariage avec Marie-Amélie de Bourbon (1809), il se fixa en Sicile. Rentré en France à la Restauration, il s'installa au Palais-Royal, à l'écart de la Cour. Lors de la révolution de 1830, il fut proclamé lieutenant général du royaume (31 juill.), puis roi des Français (7 août). [V. JUILLET (*monarchie de*).]
Il prêta serment à la charte révisée et s'efforça d'établir un gouvernement personnel. Il choisit ses ministres parmi les partisans du « mouvement » (Laffitte), puis parmi ceux de la « résistance » (Casimir Perier). Ce roi-citoyen rechercha l'appui de la bourgeoisie d'affaires. Il vainquit les tentatives de restauration de la duchesse de Berry (1832), puis de Louis-Napoléon (1836-1840). Il refusa la couronne de Belgique pour son fils (1831) et se contenta d'une « occupation restreinte » en Algérie.
Il échappa à l'attentat de Fieschi en 1835. A partir de 1840, il s'en remit totalement à Guizot. Malgré les insurrections sociales de Paris et de Lyon (1834) et le complot de la *Société des Saisons*, créée par Blanqui et Barbès (1839), il ne sut pas prévoir la crise économique et morale de 1847-1848, qui aboutit à la révolution de 1848. Le 24 février, il dut abdiquer en faveur de son petit-fils, le comte de Paris, et il s'enfuit en Angleterre.

Louisville, v. des Etats-Unis (Kentucky), sur l'Ohio; 395 000 h. Centre commercial et industriel.

loukoum n. m. V. RAHAT-LOUKOUM.

Louksor. V. LOUXOR.

Loulay (17330), ch.-l. de c. de la Charente-Maritime (arr. de Saint-Jean-d'Angély); 764 h.

loulou [lulu] n. m. (de *loup* répété). Petit chien à long poil.

loulou [lulu] n. m. *Pop.* Jeune oisif des faubourgs, voyou. (On dit aussi LOUBARD.)

loup [lu] n. m. (lat. *lupus*). Mammifère carnassier de la famille des canidés, à pelage gris jaunâtre, vivant dans les forêts d'Europe, d'Asie et d'Amérique. (Le loup est devenu très rare en France.) [Cri : le loup *hurle*.] ‖ Nom usuel donné à plusieurs poissons voraces, tels que le bar, l'anarrhique, etc. ‖ Demi-masque de velours ou de satin noir. ‖ Erreur, malfaçon irréparable dans la confection d'un ouvrage. ● *Entre chien et loup* (Fig.), à la nuit tombante. ‖ *Etre connu comme le loup blanc*, être connu de tout le monde. ‖ ***Froid de loup***, très rigoureux. ‖ *Hurler avec les loups*, faire comme les autres. ‖ *Jeune loup*, jeune homme ambitieux, soucieux de faire carrière. ‖ *Loup de mer* (Fig.), vieux marin. ‖ *Marcher à pas de loup*, sans bruit, avec le dessein de surprendre.

Loup (*le*), ballet en 3 tableaux, argument de Jean Anouilh et Georges Neveux, chorégraphie de Roland Petit, musique d'Henri Dutilleux, décors et costumes de Carzou, créé à Paris au théâtre de l'Empire en 1953 par les Ballets des Champs-Elysées.

Loup (le), fl. côtier des Alpes-Maritimes; 48 km.

Loup ou **Leu** (*saint*), évêque de Troyes, né à Toul (v. 383-478). Il défendit Troyes contre Attila. — Fête le 29 juillet.

Loup ou **Leu** (*saint*), archevêque de Sens, né près d'Orléans (573-623). — Fête le 1er septembre.

loup-cervier [lusɛrvje] n. m. (du lat. *cervarius*, qui attaque les cerfs). Autre nom du LYNX. ‖ Pl. des *loups-cerviers*.

loupe [lup] n. f. (francique *lippa*, masse informe). *Opt.* Lentille de verre convergente de faible distance focale. (Le petit objet à examiner est placé entre la loupe et son foyer; et l'œil, situé de l'autre côté, en voit une image virtuelle sous un angle plus grand que lors de la vision à l'œil nu.) ‖ Tumeur produite par le gonflement d'une glande sébacée dont le produit de sécrétion n'est plus évacué. (Syn. KYSTE SÉBACÉ.) ‖ Excroissance ligneuse qui vient sur le tronc et sur les branches de certains arbres. ● *A la loupe*, d'une manière minutieuse : *il regarde tout à la loupe*.

Loupe (LA) [28240], ch.-l. de c. d'Eure-et-Loir (arr. de Nogent-le-Rotrou), dans le Perche; 3 585 h. (*Loupéens*).

louper [lupe] v. t. (de *loup*). *Pop.* Mal exécuter. ‖ Rater par suite d'un retard : *louper un train*.

loup-garou [lugaru] n. m. (de *loup* et *garou*, empr. à l'anglo-saxon *verewolf*, homme-loup). Lutin ou sorcier qui, suivant les gens superstitieux, errait la nuit, transformé en loup. ‖ *Fig.* Homme d'humeur farouche. ‖ Pl. des *loups-garous*.

loupiot [lupjo] n. m. (de *loup*). *Pop.* Enfant, gamin.

Lourches (59156), comm. du Nord (arr. de Valenciennes), sur l'Escaut; 5 595 h. Cokerie. Centrale thermique.

lourd [lur], **e** [lurd] adj. (lat. *luridus*, sombre). Pesant, difficile à porter, à remuer : *lourd fardeau*. ‖ Se dit des marchandises pesant plus d'une tonne au mètre cube. ‖ — *Fig.* Pénible à exécuter, difficile : *lourde tâche*. ‖ Se dit d'un aliment difficile à digérer : *les ragoûts sont lourds*. ‖ Grave : *lourde faute*. ‖ Qui manque de finesse, de pénétration : *esprit lourd*. ‖ Qui manque de délicatesse, de grâce : *plaisanterie lourde*. ● *Avoir la main lourde*, frapper rudement. ‖ *Eau lourde*, oxyde de deutérium (D_2O), liquide analogue à l'eau ordinaire et employé comme ralentisseur dans certaines piles atomiques. ‖ *Temps lourd*, temps qui accable, où l'on respire difficilement.

lourd n. m. En France, marchandise pesant plus de 1 000 kg au mètre cube; à l'étranger, marchandise cubant moins de 1,132 m^3 pour une tonne de 1 016 kg.

lourdaud [lurdo], **e** [-dod] adj. et n. Lent et maladroit. ‖ *Fig.* D'un esprit grossier et lourd.

lourde n. f. *Arg.* Porte.

lourdement adv. Pesamment : *tomber lourdement sur le sol*. ‖ *Fig.* Grossièrement : *se tromper lourdement*.

Lourdes (65100), ch.-l. de c. des Hautes-Pyrénées (arr. d'Argelès-Gazost), sur le gave de Pau; 18 310 h. (*Lourdais*). Appareillage électrique. Lourdes est le centre d'un des pèlerinages les plus fréquentés du monde catholique depuis que, du 11 février au 16 juillet 1858, la Vierge y apparut plusieurs fois à Bernadette Soubirous, à la grotte de Massabielle, sur les bords du gave. Une basilique y fut élevée en 1876; une autre (Saint-Pie-X) a été construite par les architectes Pinsard, Vago et Le Donné en 1958. — La fête de Notre-Dame de Lourdes a été fixée au 11 février.

Phot. Lauros-Giraudon, Giraudon, Lauros-Giraudon.

lourdeur n. f. Pesanteur : *la lourdeur d'un fardeau.* ‖ Caractère de ce qui est lent et embarrassé : *la lourdeur de la marche.* ‖ *Fig.* Manque de vivacité, de légèreté : *la lourdeur de l'esprit, du style.*

loure [lur] n. f. (du lat. *lura,* sacoche). Musette (instrument de musique). ‖ Danse assez lente jouée avec cet instrument.

Lourenço Marques, cap. du Mozambique ; 183 800 h. Port sur la baie Delagoa ; débouché du Transvaal et de la Rhodésie. Raffinerie de pétrole.

lourer v. t. Lier les notes en appuyant sur le premier temps de chaque mesure ou sur la première note de chaque temps : *lourer un passage.*

Louristan. V. LURISTĀN.

Louroux-Béconnais (LE) [49370], ch.-l. de c. de Maine-et-Loire (arr. d'Angers) ; 1 786 h. (671 aggl.).

Lou Siun ou **Lou Sin** (TCHEOU CHOUJEN, dit), écrivain chinois, né à Chao-hing (1881-1936). Premier romancier de la Chine moderne, il a décrit avec réalisme l'âme et la vie des hommes du peuple (*Histoire véridique de Ah Q,* 1921 ; *Contes anciens à notre manière,* 1935).

loustic [lustik] n. m. (allem. *lustig,* gai). *Fam.* Celui qui cherche à faire rire ; farceur.

Lou-tcheou, v. de Chine (Sseu-tch'ouan) ; 289 000 h. Centre minier.

loutre [lutr] n. f. (lat. *lutra*). Mammifère carnassier se nourrissant de poissons et pouvant nager facilement. (La *loutre commune* vit près des cours d'eau, des marais, en Europe, en Asie, en Amérique, et atteint 80 cm de long. La *loutre de mer,* qui peut peser 40 kg, vit dans le Pacifique. La loutre fournit une fourrure au poil épais et soyeux, d'autant plus précieuse qu'elle est rare.) [V. CARNASSIERS.]

Louvain, en néerl. **Leuven,** v. de Belgique (Brabant), sur la Dyle ; 32 200 h. Industries mécaniques, alimentaires et chimiques. La célébrité de Louvain est liée en grande partie à son université catholique, créée en 1426. Nombreux monuments, dont l'hôtel de ville (XVe s.), magnifique construction du gothique flamboyant brabançon, l'église Sainte-Gertrude (XVe-XVIe s., contenant des stalles du XVIe s.), l'église Saint-Pierre (XVe s., retable de Dierick Bouts), l'église baroque Saint-Michel (1650).

louve [luv] n. f. (lat. *lupa*). Femelle du loup.

louve n. f. Instrument à deux branches articulées, pour soulever les matériaux.

Louveciennes (78430), comm. des Yvelines (arr. de Saint-Germain-en-Laye) ; 4 481 h. (*Louveciennois* ou *Luciennois*). Château du XVIIe s., remanié par Gabriel pour Mme du Barry.

Louvel (Louis Pierre), ouvrier sellier, né à Versailles (1783-1820). Assassin du duc de Berry, il mourut sur l'échafaud. Il voulait « exterminer les Bourbons », mais le duc de Bordeaux naquit peu après.

Louvemont-Côte-du-Poivre, comm. de la Meuse (arr. de Verdun). Détruite pendant la Première Guerre mondiale, elle n'est plus habitée.

louver v. t. Soulever avec la louve.

Louverture (Toussaint). V. TOUSSAINT LOUVERTURE.

louvet, ette adj. De la couleur du poil du loup, en parlant de la robe du cheval.

Louvet de Couvray (Jean-Baptiste), homme politique et écrivain français, né à Paris (1760-1797). Célèbre pour son roman *les Amours du chevalier de Faublas* (1787-1790), il fut à la Convention un des porte-parole des Girondins.

louveteau n. m. Loup de quelques semaines. ‖ Jeune scout.

louveter v. i. (conj. **4**). Mettre bas, en parlant de la louve.

Lou Siun

Louvois

Louvain, la bibliothèque

louveterie [luvtri *ou* luvɛtri] n. f. Chasse au loup. ● *Lieutenant de louveterie,* propriétaire qui s'est engagé à tenir un équipage pour la chasse au loup.

louvetier n. m. Autref., officier qui commandait les équipages de louveterie.

Louvière (LA), comm. de Belgique (Hainaut) ; 23 500 h. Houille. Sidérurgie et métallurgie.

Louviers (27400), ch.-l. de c. de l'Eure (arr. d'Evreux), sur l'Eure ; 15 726 h. (*Lovériens*). Eglise (XIIIe-XVIe s.). Draps. Constructions mécaniques et électriques.

Louvigné-du-Désert (35420), ch.-l. de c. d'Ille-et-Vilaine (arr. de Fougères) ; 4 024 h. Granite. Confection.

louvoiement [luvwamɑ̃] n. m. Action de louvoyer.

Louvois (François Michel LE TELLIER, *seigneur* DE CHAVILLE, *marquis* DE), homme d'Etat français, né à Paris (1641-1691). Fils du chancelier Michel Le Tellier, il obtint dès 1655 la survivance du secrétariat d'Etat à la Guerre et devint membre du Conseil des dépêches (1661). Il rétablit l'ordre et la discipline dans les armées, développant le corps des commissaires des guerres, qui assuraient la solde, l'entretien et la police des troupes, et établissant l'ordre du tableau (1675) pour légaliser les droits d'ancienneté. Il fut nommé surintendant général des Postes (1668), garde-veneur et administrateur général des ordres de Saint-Lazare et du Mont-Carmel. Il contribua à la fondation de l'hôtel des Invalides (1670-1674). Il accompagna Louis XIV en Franche-Comté (1674), orienta les négociations de la paix de Nimègue (1678) et négocia la réunion de Strasbourg à la France (1681). En 1689, il acheta la surintendance des Bâtiments, arts et manufactures, ce qui lui donna la direction des travaux de Versailles, des Gobelins, du mécénat et de l'industrie. C'est sur son ordre que le Palatinat fut dévasté (1689). Responsable des provinces frontières, il administra directement la Flandre, l'Alsace, la Franche-Comté. Son bellicisme lui aliéna Mme de Maintenon, qui s'attacha à le perdre auprès du roi. La chute de Mayence (1689) précipita sa disgrâce.

louvoyer [luvwaje] v. i. (de *lof*) [conj. **3**]. *Mar.* Naviguer contre le vent, tantôt sur un bord, tantôt sur l'autre. ‖ *Fig.* Prendre des détours pour atteindre un but.

Louvre (*palais du*), anc. résidence royale, à Paris. A la fin du XIIe s., Philippe Auguste fait construire hors des murs, sur la Seine, un château féodal. Charles V le transforme en résidence. François Ier fait abattre le donjon et commence, par la cour Carrée, la construction du Vieux Louvre, poursuivie par Henri II. Sous Catherine de Médicis et Henri IV sont élevées la Grande Galerie et la Petite Galerie, joignant le Louvre aux Tuileries. Louis XIII fait travailler aux bâtiments de la cour Carrée. Louis XIV les achève et fait bâtir la Colonnade (v. illustr. ART CLASSIQUE*). Napoléon Ier commence le Nouveau Louvre avec l'aile de la rue de Rivoli ; celui-ci sera achevé sous Napoléon III.
De nombreux architectes ont travaillé au palais : P. Lescot, Androuet Du Cerceau, Lemercier, Le Vau, Claude Perrault, Percier, Fontaine, Visconti, Lefuel. Jean Goujon a décoré la section primitive de la cour Carrée (partie sud de la façade occidentale).
Devenu musée en 1791, le Louvre abrite une des plus riches collections publiques du monde. Elle est divisée en six départements : antiquités orientales, antiquités égyptiennes, antiquités grecques et romaines, peintures, sculptures et objets d'art.

Louvroil (59720), comm. du Nord (arr. d'Avesnes-sur-Helpe), sur la Sambre ; 6 891 h. Sidérurgie.

Louxor ou **Louksor,** v. d'Egypte, sur la rive droite du Nil ; 39 900 h. La moderne Louxor recouvre un faubourg de l'antique Thèbes. Importantes ruines, notamment celles d'un sanctuaire d'Amon, précédé de deux obélisques, dont l'un a été transporté à Paris, place de la Concorde, en 1836.

Louÿs [lwis] (Pierre LOUIS, dit **Pierre**), écrivain français, né à Gand (1870-1925). Traducteur de Méléagre

Lourdes
intérieur
de la
basilique
Saint-Pie-X

Louxor
le Ramesseum

V. également
Égypte

et de Lucien, il publia des poèmes en prose (*les Chansons de Bilitis,* 1894) qu'il donna pour l'œuvre d'une poétesse grecque contemporaine de Sappho et fonda sa réputation sur des contes satiriques (*les Aventures du roi Pausole,* 1901) et des romans de mœurs (*Aphrodite,* 1896) où il évoque l'époque alexandrine.

Lovecraft (Howard Philip), écrivain américain, né à Providence (Rhode Island) [1890-1937]. Il est l'un des précurseurs de la science-fiction (*la Couleur tombée du ciel, Démons et Merveilles*).

Lovelace, personnage de l'*Histoire de Clarisse Harlowe,* roman de Richardson ; séducteur cynique.

lover [lɔve] v. t. (de *lof*). *Mar.* Enrouler en spirale : *lover un câble.* ‖ **— Se lover** v. pr. S'enrouler en spirale : *le serpent se love pour s'élancer.*

Lowe (*sir* Hudson), général anglais, né à Galway (1769-1844), geôlier impitoyable de Napoléon à Sainte-Hélène.

Lowell, v. des Etats-Unis (Massachusetts) ; 92 100 h. Textiles.

Lowendal ou **Lœwendahl** (Ulrich Frédéric Valdemar, *comte* DE), maréchal de France d'origine danoise, né à Hambourg (1700-1755). Appelé par Maurice de Saxe, il entra au service de la France en 1744, se distingua à Fontenoy (1745), prit Bergen op Zoom (1747) et fut créé maréchal (1747).

Lowestoft, v. d'Angleterre (Suffolk), sur la mer du Nord ; 45 700 h.

Lowie (Robert), ethnologue américain, né à Vienne (1883-1957). Ses travaux ont porté notamment sur les ethnies nord-américaines et sur les méthodes de l'anthropologie culturelle.

Lowlands (*Basses Terres*), région déprimée du centre de l'Ecosse (par oppos. à *Highlands,* « Hautes Terres »).

loxodromie [lɔksɔdrɔmi] n. f. (gr. *loxos,* courbe, et *dromos,* course). Courbe tracée sur une sphère et coupant tous les méridiens sous le même angle.
— ENCYCL. *Navig.* Un navire suivant une route vraie, c'est-à-dire orientée par rapport au nord géographique et non par rapport au compas, décrit un arc de *loxodromie.* (Si le navire suit un méridien ou l'équateur, sa route est dite *orthodromique.*) Dans la projection de Mercator, qui est une projection conforme, où les méridiens sont représentés par des droites parallèles et équidistantes, et qui sert à établir les cartes marines, la loxodromie est représentée par une droite coupant les méridiens sous un angle constant, qui est l'angle de route suivi par le timonier.

loxodromique adj. Relatif à la loxodromie : *tables loxodromiques.*

loyal [lwajal], **e, aux** [-o] adj. (lat. *legalis,* conforme à la loi). Qui obéit aux lois de la probité, de la droiture : *un homme loyal.* ‖ Inspiré par la probité, par la droiture : *une conduite loyale.* ● *Loyaux coûts,* frais de contrat dépensés en sus du prix par l'acquéreur d'un immeuble.

loyalement adv. Avec bonne foi : *répondre loyalement.*

loyalisme n. m. Autref., fidélité à la Couronne. ‖ Auj., fidélité au régime établi.

loyaliste adj. et n. Fidèle au régime établi. ‖ — Pl. Colons américains qui restèrent fidèles au gouvernement anglais pendant la guerre d'Indépendance.

Lo-yang, v. de Chine (Ho-nan) ; 171 200 h. Tracteurs.

loyauté [lwajote] n. f. Probité, droiture.

Loyauté (*îles*), archipel français de l'Océanie, dépendance de la Nouvelle-Calédonie ; 13 600 h. Coprah.

loyer [lwaje] n. m. (lat. *locarium ;* de *locare,* louer). Prix du louage d'une maison, d'un logement, d'une propriété quelconque : *payer un loyer élevé.* ● *Loyer de l'argent,* taux d'intérêt.

Loyola (*saint* Ignace DE). V. IGNACE DE LOYOLA (*saint*).

Loyson (Charles), dit **le P. Hyacinthe,** prédicateur français, né à Orléans (1827-1912). Religieux carme, il rompit avec l'Eglise catholique (1872) et fonda une Eglise libérale et gallicane.

Lozère (*mont*), point culminant des Cévennes, dans le dép. du même nom ; 1 699 m.

Lozère (*dép. de la*) **[48]**, dép. du sud-est du Massif central ; préf. *Mende ;* s.-préf. *Florac ;* 2 arr., 24 cant., 194 comm. ; 5 168 km² ; 77 300 h. (*Lozériens*). S'étendant sur les terres cristallines de la *Margeride,* des *Cévennes* et du *Gévaudan,* sur le plateau basaltique de l'*Aubrac* et sur une partie des *Grands Causses* (*Sauveterre, Méjean*), le dép. est presque exclusivement rural, voué à l'élevage (bovins et surtout ovins). L'industrie, en dehors de l'aciérie de Saint-Chély-d'Apcher, est liée à l'élevage (mégisseries, fromageries) et à l'exploitation forestière (travail du bois). L'activité touristique (gorges du Tarn, Cévennes) ne ralentit guère l'émigration dans ce dép., le moins peuplé de France.

L.S.D. n. m. (de l'allem. *Lyserg Säure Diethylamid*). Diéthylamide de l'acide lysergique, puissant hallucinogène. (Il a été découvert en 1943 par Hofmann. Son utilisation médicale est strictement contrôlée.)

L.S.T. n. m. (abrév. des mots anglais *Landing Ship Tank*). Navire de débarquement pour char.

Lu, symbole chimique du *lutécium.*

Lualaba (le), nom du cours supérieur du Congo.

Luanda, anc. **São Paulo de Loanda,** ou **Loanda,** en fr. **Saint-Paul-de-Loanda,** cap. de l'Angola, sur l'Atlantique ; 279 900 h. Raffinage du pétrole.

Luang Prabang ou **Louang Prabang,** v. du Laos, sur le haut Mékong, résidence du roi ; 45 000 h. Anc. cap. du *royaume de Luang Prabang.* Centre religieux.

Lübbenau, v. de l'Allemagne orientale (distr. de Cottbus) ; 12 900 h. Grande centrale thermique.

Lubbock, v. des Etats-Unis (Texas) ; 128 700 h. Centre commercial.

Lubbock (*sir* John), lord AVEBURY, naturaliste, homme politique et philosophe anglais, né à Londres (1834-1913). Il a étudié les insectes.

Lübeck, port de l'Allemagne occidentale (Schleswig-Holstein), près de la Baltique ; 242 700 h. Métallurgie. Chimie. Cathédrale romane transformée au XVIe s. Marienkirche (commencée au XIIIe s.). Holstentor (porte fortifiée du XIIIe s.).
● *Histoire.* Fondée en 1143, la ville fut acquise par Henri le Lion en 1158. L'évêché d'Oldenburg y fut transféré en 1160. Ville impériale (1226), Lübeck devint rapidement la ville la plus importante de la Hanse : elle garda ce rang jusqu'au début du XVIe s. Elle fut annexée par la France de 1810 à 1815. Ville libre, elle fut incorporée au Schleswig-Holstein en 1937.

Luberon (le), chaîne calcaire des Alpes du Sud, au nord de la Durance ; 1 125 m.

Lubersac (19210), ch.-l. de c. de la Corrèze (arr. de Brive-la-Gaillarde) ; 2 475 h. Eglise du XIIe s.

lubie [lybi] n. f. *Fam.* Caprice extravagant, fantaisie.

Lubitsch (Ernst), metteur en scène de cinéma allemand, naturalisé américain, né à Berlin (1892-1947). Il réalisa *Carmen,* puis *Madame du Barry* en 1919. En 1922, il partit pour les Etats-Unis, où il tourna de nombreuses comédies : *Parade d'amour* (1930), *la Veuve joyeuse* (1934), *Ninotchka* (1939), *To Be or not To Be* (1942), *Le ciel peut attendre* (1943).

Lübke (Heinrich), homme d'Etat allemand, né à Enkhausen (1894-1972), membre de la C. D. U., président de la République fédérale d'Allemagne de 1959 à 1969.

Lublin, v. de Pologne, au sud-est de Varsovie ; 235 900 h. Textiles. Constructions mécaniques. Les Allemands y installèrent un camp de concentration pendant la Seconde Guerre mondiale. La ville fut le siège du gouvernement provisoire polonais en 1944.

lubricité [lybrisite] n. f. Penchant à la luxure.

lubrifiant, e adj. Qui lubrifie.

lubrifiant n. m. Produit servant à assurer un graissage. (Les lubrifiants sont en majorité des huiles animales, minérales ou végétales. Certains produits solides, tel le graphite, sont également employés comme lubrifiants.)

lubrification n. f. Action de lubrifier ; son résultat.
— ENCYCL. *Mécan.* La *lubrification* d'une machine consiste à interposer entre deux surfaces frottantes de cette machine un film onctueux qui facilite le glissement, donc réduit l'échauffement et l'usure de celles-ci. La lubrification d'un outil de coupe a pour but de refroidir la pointe de l'outil, dont la température peut dépasser 600 °C, pour empêcher une détérioration trop rapide. Elle permet en outre d'obtenir un meilleur fini du travail, l'état de surface étant très nettement amélioré.

lubrifier [lybrifje] v. t. (du lat. *lubricus,* glissant). Graisser, rendre glissant, pour faciliter le fonctionnement.

lubrique [lybrik] adj. (lat. *lubricus,* glissant). Qui a de la lubricité, ou qui est inspiré par la lubricité.

lubriquement adv. Avec lubricité.

Lubumbashi, anc. **Elisabethville,** v. du Zaïre, dans le Shaba (Katanga) ; 233 100 h. Principal centre de l'industrie du cuivre.

Luc (*saint*), l'un des quatre évangélistes (Ier s.). Compagnon de saint Paul, Luc fut influencé par ce dernier dans la composition du troisième Evangile, qu'il écrivit entre 64 et 70, et qui fait une place importante à la Vierge. Il est aussi l'auteur des Actes des Apôtres. Il est le patron des peintres et des médecins. — Fête le 18 octobre.

Luc (LE) [83340], ch.-l. de c. du Var (arr. de Draguignan) ; 4 266 h.

Lucain, poète latin, né à Cordoue (39-65). Neveu de Sénèque le Philosophe, il devint le compagnon d'études et le favori de Néron, mais ses premiers succès poétiques portèrent ombrage aux prétentions littéraires de l'empereur. Entré dans la conspiration de Pison, il fut contraint de se suicider. Il laissait un vaste poème épique inachevé, *la Pharsale*.*

lucane [lykan] n. m. (lat. *lucanus,* cerf-volant). Insecte coléoptère vivant dans les forêts de chênes et de châtaigniers. (Le mâle atteint 8 cm de long et porte d'énormes mandibules qui lui valent son nom usuel de *cerf-volant.*) [V. illustr. INSECTES.]

Lucanie, contrée de l'Italie ancienne, qui s'étendait du golfe de Tarente à la Campanie. (Auj. *Basilicate.*)

lucanien [lykanjɛ̃], **enne** [-ɛn] adj. et n. De Lucanie. ‖ — N. m. Dialecte de l'Italie méridionale.

lucarne [lykarn] n. f. (lat. *lucerna,* lampe). Ouverture pratiquée dans le toit d'une maison pour éclairer et aérer l'espace ménagé sous le comble.

Lucas de Leyde, peintre et graveur hollandais, né à Leyde (1489 ou 1494-1533). Influencé par Dürer, il a laissé une œuvre importante et variée, aussi bien graphique que picturale, d'une juste observation et d'une grande finesse. Il est l'auteur de portraits, de scènes de genre (*les Joueurs d'échecs,* Berlin) et de tableaux d'inspiration biblique (*Loth et ses filles,* Louvre). Ses gravures lui valurent une réputation européenne.

Lucayes (*îles*). V. BAHAMAS.

Luce (*sainte*). V. LUCIE (*sainte*).

Lucé (28110), comm. d'Eure-et-Loir (arr. de Chartres) ; 11 510 h. Aluminium.

Lucenay-l'Évêque (71540), ch.-l. de c. de Saône-et-Loire (arr. d'Autun) ; 536 h. (285 aggl.).

Luc-en-Diois (26310), ch.-l. de c. de la Drôme (arr. de Die) ; 548 h.

Lucens, comm. de Suisse (Vaud) ; 1 600 h. Château médiéval.

lucernaire [lysɛrnɛr] n. m. (du lat. *lucerna,* lampe). Office du soir, célébré à la lueur des lampes.

lucernaire n. f. Méduse en cloche qui est fixée dans les océans.

Lucerne, en allem. **Luzern,** v. de Suisse, ch.-l. du canton du même nom, au bord du *lac des Quatre-Cantons ;* 75 000 h. Collégiale (XIVe-XVIIe s.). Station touristique. — Le canton a 277 000 h. Il entra en 1845 dans l'alliance du *Sonderbund.*

Luchon. V. BAGNÈRES-DE-LUCHON.

lucide [lysid] adj. (lat. *lucidus*). Qui voit, comprend ou exprime clairement les choses : *esprit lucide.* ● *Intervalle lucide,* moment de raison chez une personne dont l'esprit est dérangé.

lucidement adv. De façon lucide.

lucidité n. f. Qualité de celui ou de ce qui est lucide. ‖ Etat mental normal, par opposition à l'affaiblissement dû à la maladie ou à l'âge, ou par rapport à la crise à laquelle un malade mental est en proie.

Lucie ou **Luce** (*sainte*), vierge et martyre, née à Syracuse (v. 283-v. 304). — Fête le 13 décembre.

Lucien (*saint*), évêque de Beauvais au IIIe s. — Fête le 8 janvier.

Lucien d'Antioche (*saint*), prêtre, né à Samosate (v. 235-312), mort martyr à Antioche. — Fête le 7 janvier.

Lucien de Samosate, écrivain grec, né à Samosate (Syrie) [v. 125-v. 192]. Sophiste, il donna des conférences à travers l'Asie Mineure avant de s'établir à Athènes (165-185), puis devint haut fonctionnaire en Egypte, où il mourut. Il a multiplié les traités, les dialogues (*Dialogue des dieux, Dialogue des morts, l'Assemblée des dieux*) et les romans satiriques (*l'Histoire vraie*), dans lesquels il raille les traditions et les préjugés.

Lucien Leuwen, roman inachevé de Stendhal, publié en partie en 1855 sous le titre *le Chasseur vert,* puis en 1894 et en 1929 sous son aspect définitif. Un jeune bourgeois, qui poursuit un amour malheureux, désire cependant servir honnêtement le gouvernement de Louis-Philippe, mais ne rencontre partout que la médiocrité et le vice.

Lucifer, dans le christianisme, un des noms du démon.

Lucifer, évêque de Cagliari (m. v. 370). Il rompit avec l'Eglise romaine, qui, à ses yeux, ne se montrait pas assez sévère à l'égard des ariens.

lucifériens [lysiferjɛ̃] n. m. pl. Nom donné, au Moyen Age, à différents sectaires accusés de rendre un culte à Satan.

lucilie [lysili] n. f. (du lat. *lux, lucis,* lumière). Mouche d'un vert métallique, vivant sur les fleurs et les ordures, et pouvant pondre sur la viande. (V. illustr. INSECTES.)

Lucilius (Caius), poète satirique latin, né à Suessa Aurunca (v. 180-v. 102 av. J.-C.). Pénétré de culture grecque, il fit partie du cercle de Scipion Emilien et donna sa forme originale à la poésie satirique latine.

luciole [lysjɔl] n. f. (ital. *luciola;* de *luce,* lumière). Insecte coléoptère voisin du lampyre et lumineux comme lui. (Long. 1 cm.)

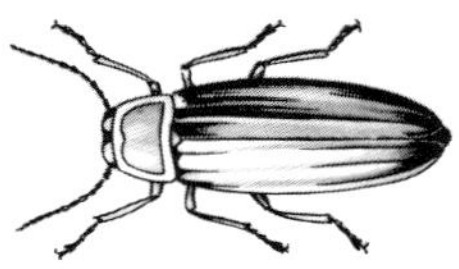

Lucius Ier (*saint*), né à Rome (m. en 254), pape de 253 à 254. Il se montra clément à l'égard des *lapsi.* — Fête le 4 mars. — LUCIUS II (Gerardo *Caccianemici*), né à Bologne (m. en 1145), pape de 1144 à 1145. Il lutta contre l'emprise de la commune de Rome. — LUCIUS III (Ubaldo *Allucingoli*), né à Lucques (m. en 1185), pape de 1181 à 1185. Malgré l'appui de Frédéric Barberousse, il ne put vaincre l'indépendance de la commune de Rome. Il résida le plus souvent à Vérone.

Luckner (Nicolas, *baron*), maréchal de *France, né à Cham (Bavière) [1722-1794]. Il commanda l'armée du Nord en 1792 et mourut sur l'échafaud.

Lucknow, v. de l'Inde, cap. de l'Uttar Pradesh; 724 500 h. Métallurgie. Textiles.

Luçon (85400), ch.-l. de c. de la Vendée (arr. de Fontenay-le-Comte); 8 950 h. (*Luçonnais*). Evêché. Cathédrale (XIIIe-XIVe-XVIIIe s.).

Luçon ou **Luzon,** la plus grande île des Philippines; 108 172 km^2; 16 424 000 h. V. pr. *Manille.* Occupée par les Japonais en 1942, elle fut reconquise par les Américains (1944-1945).

Lucques, en ital. **Lucca,** v. d'Italie (Toscane); 92 000 h. Cathédrale édifiée aux Xe et XIIe s., transformée aux XIVe et XVe s. Eglises de style pisan. Musée. Huileries.
● *Histoire.* Au Moyen Age, Lucques fut la ville la plus importante de Toscane et un grand centre de l'industrie de la soie; commune libre dès 1081, elle prit le parti des guelfes. Plus tard, elle devint le centre d'un duché qui passa aux Bourbons-Parme (1815) et qui fut cédé à la Toscane (1847).

lucratif [lykratif], **ive** [-iv] adj. (lat. *lucrativus*). Qui apporte du gain; bien rémunéré : *emploi lucratif.*

lucrativement adv. De façon lucrative.

lucre [lykr] n. m. (lat. *lucrum*). Profit dont on est avide : *l'amour du lucre.*

Lucrèce (m. en 509 av. J.-C.), dame romaine qui se tua après avoir été outragée par un fils de Tarquin le Superbe, événement qui servit de prétexte pour renverser la royauté à Rome.

Lucrèce, tragédie de Ponsard (1843). Le succès de cette pièce marqua la fin de l'hégémonie du théâtre romantique.

Lucrèce, poète latin, né à Rome (v. 98-55 av. J.-C.). Sa vie est mal connue. Une tradition, rapportée par saint Jérôme, veut que, victime d'un philtre d'amour, il ait écrit dans des éclairs de lucidité son œuvre, dont Cicéron aurait été l'éditeur. Son poème *De natura* rerum* (*De la nature*) est un exposé didactique, à la manière des ouvrages des philosophes-poètes grecs comme Parménide et Empédocle, qui s'efforce d'enseigner le bonheur par la compréhension des lois immuables de l'univers.

Lucrèce Borgia. V. BORGIA.

Luc-sur-Mer (14530), comm. du Calvados (arr. de Caen); 1 976 h. Station balnéaire.

Lucullus. V. LICINIUS LUCULLUS.

Lude (LE) [72800], ch.-l. de c. de la Sarthe (arr. de La Flèche), sur le Loir; 3 817 h. Château du XVIe s. Marché. Electronique.

Ludendorff (Erich VON), général allemand, né à Kruszewnia (Posnanie) [1865-1937]. Elève de Schlieffen, il participe à la prise de Liège (1914). Chef d'état-major de Hindenburg sur le front de l'Est, il devient son adjoint quand celui-ci prend en 1916 la tête des armées allemandes, et il dirige en fait la stratégie du IIe Reich jusqu'à la fin de la Première Guerre mondiale. Il participe au coup d'Etat manqué de Hitler à Munich (1923) et publie en 1935 son livre *la Guerre totale.*

Lüdenscheid, v. de l'Allemagne occidentale (Rhénanie-du-Nord-Westphalie); 58 900 h.

Lüderitz, anc. **Angra Pequeña,** port du Sud-Ouest africain; 3 450 h. Pêcheries.

Ludhiāna, v. de l'Inde (Pendjab); 283 200 h. Industries textiles.

ludion [lydjɔ̃] n. m. (lat. *ludio,* histrion). Petite figurine qui, suspendue à une sphère creuse, descend ou remonte dans un vase rempli d'eau, suivant qu'on appuie ou non sur la membrane élastique qui ferme ce vase.

ludique [lydik] adj. (du lat. *ludus,* jeu). Relatif au jeu : *activité ludique.*

Ludlow (Edmund), parlementaire anglais, né à Maiden Bradley (1617-1692), l'un des juges de Charles Ier. Il commanda en chef en Irlande.

Ludovic Sforza le More, né à Vigevano (1452-1508), duc de Milan (1494-1500). Il obtint le Milanais avec l'aide de la France, mais l'avènement de Louis XII ruina son pouvoir. Capturé à Novare (1500), il fut interné à Loches.

Ludwigsburg, v. de l'Allemagne occidentale (Bade-Wurtemberg), sur le Neckar; 75 600 h.

Ludwigshafen am Rhein, v. de l'Allemagne occidentale (Rhénanie-Palatinat), en face de Mannheim; 174 400 h. Industries chimiques.

luette [lɥɛt] n. f. (pour *l'uette,* dimin. du lat. *uva,* grappe). Appendice charnu, mobile et contractile, qui pend à l'entrée du gosier et contribue à la fermeture des fosses nasales pendant la déglutition : *en touchant la luette, on provoque le vomissement ou la nausée.*

lueur [lɥœr] n. f. (du lat. *lucere,* luire). Clarté faible ou éphémère : *les premières lueurs de l'aube.* ‖ *Fig.* Manifestation passagère : *une lueur de raison.*

Lugné-Poe

luffa [lyfa] n. m. Genre de cucurbitacées grimpantes d'Afrique et d'Asie, dont la pulpe fibreuse, desséchée, constitue l'*éponge* ou *torchon végétal.*

Luftwaffe (mot allem. signif. *arme aérienne*), nom donné depuis 1935 à l'aviation militaire allemande.

Lugano, v. de Suisse (Tessin), sur le *lac de Lugano;* 20 900 h. Station climatique. Tabac.

Lugdunum, nom latin de *Lyon.*

luge [lyʒ] n. f. (empr. au gaul.). Petit traîneau utilisé pour glisser sur la neige.

luger v. i. Aller en luge.

lugeur, euse n. Personne qui pratique le sport de la luge.

Lugné-Poe [lyɲepo] (Aurélien Marie), acteur, directeur de théâtre et écrivain français, né à Paris (1869-1940). Fondateur du théâtre de l'Œuvre (1893), il fit connaître en France les grands dramaturges étrangers modernes (Ibsen, Strindberg, Hauptmann, Gorki) et apporta son soutien aussi bien aux symbolistes et aux décadents (Maeterlinck, Claudel, Jarry) qu'aux auteurs d'inspiration humanitaire (Romain Rolland). Il a laissé un ouvrage sur *Ibsen* (1936) et un recueil de souvenirs (*la Parade,* 1930-1946).

Lugny (71260), ch.-l. de c. de Saône-et-Loire (arr. de Mâcon); 916 h. (336 aggl.). Vins blancs.

Lugo, v. d'Espagne (Galice); 62 400 h. Remparts romains.

Lugones (Leopoldo), homme politique et écrivain argentin, né à Río Seco (prov. de Córdoba) [1874-1938]. Poète (*les Montagnes d'or,* 1897) et romancier (*la Guerra gaucha,* 1905), il fut l'un des représentants du mouvement moderniste et exerça une influence considérable sur la littérature de son pays.

lugubre [lygybr] adj. (du lat. *lugere,* être en deuil). Qui exprime ou inspire une sombre tristesse; funèbre : *mine lugubre ; des plaintes lugubres.*

lugubrement adv. De façon lugubre.

lui [lɥi] pron. pers. de la 3e pers. du sing., des deux genres.

Luini (Bernardino), peintre italien, né à Luino (v. 1480-1532). Se rattachant aux maîtres lombards et ombriens, il subit aussi l'influence de Léonard de Vinci. Il a peint des sujets religieux (*la Madona del Roseto,* Brera, Milan), des scènes mythologiques, a exécuté de grandes fresques à Saronno et à Lugano.

luire [lɥir] v. i. (lat. *lucere*) [conj. **63**]. Briller de sa lumière propre, éclairer : *le soleil luit.* ‖ Réfléchir la lumière : *arme qui luit.* ‖ *Fig.* Apparaître, se manifester comme une lueur : *il vit luire un faible espoir.*

luisance n. f. Eclat, brillant.

luisant [lɥizɑ̃], **e** [-ɑ̃t] adj. Qui luit. ● *Ver luisant,* le lampyre.

Luisillo (Luis PÉREZ-DÁVILA, dit), danseur et chorégraphe espagnol, né au Mexique en 1927. Excellent interprète de tous les styles de danse espagnole, il s'inspire dans ses œuvres tant du flamenco (*Luna de sangre,* d'après García Lorca, 1952) que de la grande tradition classique (*La Espera,* 1959; *Boléro* [de Ravel], 1967).

Lukács (György), écrivain et philosophe hongrois né à Budapest (1885-1971). Professeur à l'université de Budapest, académicien, ministre de l'Education nationale en 1956 dans le gouvernement Nagy, il a été emprisonné après la révolte hongroise, puis libéré. Ses ouvrages en font un des penseurs les plus originaux du marxisme : *l'Evolution du drame moderne* (1912), ***Histoire et conscience de classe*** (1923), ***Existentialisme ou marxisme*** (1948), ***la Destruction de la raison*** (1955).

Łukasiewicz (Jan), logicien polonais, né à Lemberg (auj. Lvov) [1878-1956]. Il est l'un des premiers, avec Post, à avoir construit une logique plurivalente.

Luleå, port de Suède, sur le golfe de Botnie, à l'embouchure du *Lule älv;* 58 900 h. Exportation du fer. Aciérie.

Lulle (*bienheureux* Raymond), théologien espagnol, né à Palma (v. 1233-1315). Il étudia l'arabe, se livra à l'alchimie et se voua à la conversion de l'Afrique islamisée;

Lucas de Leyde
« les Fiancés »
musée des Beaux-Arts
Strasbourg

Phot. Giraudon, Pathé-Journal.

il chercha en vain à obtenir du pape et de Frédéric II une croisade contre les musulmans. On l'a surnommé **le Docteur illuminé.** Son *Ars magna* (v. 1275) est l'un des livres les plus curieux de la scolastique. Clément XI a confirmé son culte. — Fête le 29 mars.

Lully ou **Lulli** (Jean-Baptiste), violoniste et compositeur français, né à Florence (1632-1687). Il passa la plus grande partie de sa vie en France. Devenu surintendant de la Musique, il obtint une sorte de monopole de la production musicale. Son œuvre est surtout dramatique. Oubliant son origine italienne, il se fit le défenseur du style français. Il fut le créateur de l'opéra français et composa une douzaine de tragédies lyriques (*Cadmus et Hermione*, 1673; *Alceste*, 1674; *Thésée*, 1675; *Atys*, 1676; *Isis*, 1677; *Bellérophon*, 1679; *Armide*, 1686), des ballets, des divertissements pour les comédies de Molière (*le Bourgeois gentilhomme*, 1670), enfin de la musique religieuse, plus proche de l'art italien (*Miserere*, 1664; *Te Deum*, 1677; *Dies irae*).

Luluabourg, v. du Zaïre, sur le *Lulua* (affl. du Kasaï); 141 000 h. Centre commercial.

lumachelle [lymaʃɛl] n. f. Roche calcaire contenant de nombreuses coquilles de mollusques, souvent de la même espèce.

lumbago [lɔ̃bago] ou **lombago** n. m. (du lat. *lumbus*, rein). Douleur lombaire, due à une atteinte des articulations des vertèbres lombaires par traumatisme (direct ou indirect) ou par rhumatisme (arthrite ou arthrose).
— ENCYCL. Le *lumbago*, quelle que soit sa cause, correspond à une inflammation des articulations intervertébrales et des régions voisines. Cette inflammation provoque un gonflement qui irrite et comprime les nerfs rachidiens à leur émergence par les trous de conjugaison, entraînant, outre la douleur locale, des névralgies (sciatique, crurale) et des contractures des muscles vertébraux. Les lumbagos se traitent par le repos et les antalgiques, et, après amélioration, par la rééducation. On cherche à en éliminer la cause, si celle-ci est accessible (arthrite, arthrose). Les cures thermales sont souvent utiles en cas de lumbago chronique.

Lumbres (62380), ch.-l. de c. du Pas-de-Calais (arr. de Saint-Omer); 3 879 h.

lumen [lymɛn] n. m. (mot lat. signif. *lumière*). Unité de flux lumineux (symb. : lm), équivalant au flux lumineux émis dans 1 stéradian par une source ponctuelle uniforme placée au sommet de l'angle solide et ayant une intensité de 1 candela.

lumière [lymjɛr] n. f. (du lat. *lumen, luminis*, lumière). Ce qui éclaire les objets et les rend visibles. (La lumière est constituée par des ondes électromagnétiques, et sa vitesse de propagation dans le vide est d'environ 300 000 km/s; on peut aussi la considérer comme un flux de particules énergétiques dénuées de masse, les *photons*.) ‖ Clarté que le soleil répand sur la terre. ‖ Objet qui sert à éclairer : *apportez de la lumière.* ‖ Orifice d'entrée et de sortie de la vapeur dans le cylindre d'une machine à vapeur. ‖ Orifice d'admission ou d'échappement des gaz pratiqué dans les parois des cylindres de certains moteurs à explosion fonctionnant sans soupapes. ‖ Ouverture pratiquée dans le canon d'une arme à feu, et par laquelle on enflammait la charge. ‖ Dans les instruments d'optique à pinnules, petit trou par lequel on voit l'objet observé. ‖ Trou percé dans un outil. ‖ *Peint.* Effets de la lumière imités dans un tableau : *habile distribution de la lumière et des ombres.* ‖ — *Fig.* Se dit de tout ce qui éclaire l'esprit : *la lumière de la raison, de la foi.* ‖ Connaissance des choses; intelligence, savoir : *ses lumières sont petites.* ‖ Homme de mérite, de savoir éminent : *c'est la lumière de son siècle.* ● *Faire, apporter, jeter la lumière sur,* révéler les tenants et les aboutissants d'une affaire, d'un problème. ‖ *Habit de lumière*, costume du toréro consacré. ‖ *Lumière cendrée*, lumière solaire réfléchie par la Terre, qui permet de distinguer le disque entier de la Lune lorsque celle-ci se montre seulement sous la forme de croissant. ‖ *Lumière noire* ou *lumière de Wood*, rayons ultraviolets, invisibles, provoquant la fluorescence de certains corps. ‖ *Mettre en lumière*, publier, signaler. ‖ *Siècle des lumières*, le XVIIIe siècle. ‖ *Voir la lumière*, naître.

Lumière (*les frères*), savants français. AUGUSTE, biologiste et industriel, né à Besançon (1862-1954), constamment associé aux travaux de son frère, orienta ses recherches personnelles sur les problèmes de l'anaphylaxie, du rhumatisme et de la floculation des colloïdes.

Lully, école française du XVIIe s.
musée Condé, Chantilly

Auguste et Louis **Lumière**

— LOUIS, chimiste et industriel, né à Besançon (1864-1948), améliora, avec son frère, la photographie, réalisant notamment le premier cinématographe (1895), la plaque trichrome pour la photographie des couleurs (1903), la photostéréosynthèse (1920). En 1935, grâce aux anaglyphes, il obtint le relief cinématographique.

lumignon [lymiɲɔ̃] n. m. (du lat. *lumen, luminis*, lumière). Bout de la mèche d'une bougie allumée. ‖ Petit bout de chandelle. ‖ Petite lumière.

luminaire n. m. Cierge, torche dont on se sert à l'église pour le service divin. ‖ Ensemble des appareils et des sources de lumière utilisés pour un éclairage.

luminance n. f. Quotient de l'intensité lumineuse émise par une surface, par l'aire apparente de cette surface, pour un observateur lointain. (Syn. BRILLANCE.)

luminescence n. f. Emission de lumière à basse température.
— ENCYCL. *Opt.* La *luminescence* est la propriété que possèdent de nombreuses substances d'émettre de la lumière sous l'effet d'une excitation. Celle-ci peut être d'origine lumineuse, notamment sous forme de rayons ultraviolets; c'est la *photoluminescence*, dite *fluorescence* ou *phosphorescence* selon que le phénomène est instantané ou manifeste une rémanence. L'excitation peut être mécanique (*triboluminescence*), thermique (*thermoluminescence* ou *cryoluminescence*), électrique (*électroluminescence*), chimique (*chimioluminescence*) ou biologique (*bioluminescence*).

luminescent [lyminɛsɑ̃], **e** [-ɑ̃t] adj. Qui émet des rayons lumineux sans chaleur. ● *Eclairage luminescent*, obtenu avec des tubes fluorescents.

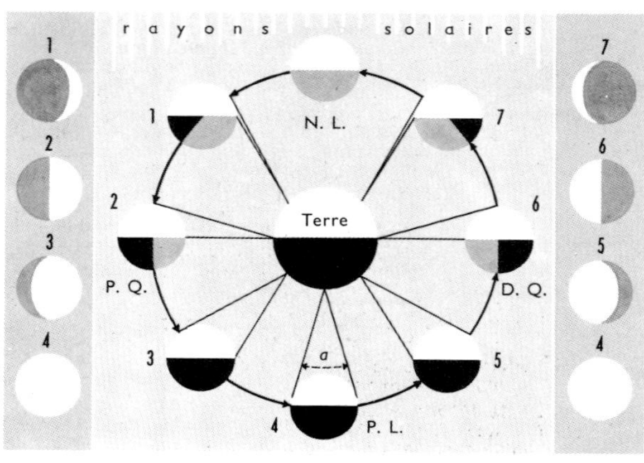

phases de la **Lune**

Au centre, positions successives de la Lune au cours d'une révolution autour de la Terre.

A gauche et à droite, aspect de la Lune vue de la Terre aux mêmes phases. A mesure que la Lune se déplace autour de la Terre (1, 2, 3, 4), on découvre plus largement (angle *a*) la partie tournée vers nous de son globe éclairé par le Soleil; ensuite (5, 6, 7), les mêmes apparences se reproduisent inversement. Vue de la Lune, la Terre présente des phases identiques, mais de sens opposé : au moment de la Nouvelle Lune, celle-ci voit la Terre dans son plein et en reçoit un éclairement considérable (lumière cendrée), rendant visible la partie du globe lunaire non éclairée par le Soleil.

lumineusement adv. De façon lumineuse; avec une grande clarté.

lumineux, euse adj. Qui émet de la lumière : *corps lumineux.* ‖ D'une vérité frappante : *idée lumineuse.*

luminisme n. m. Tendance à accentuer, dans un tableau, le contraste des ombres et des lumières.

luministe n. et adj. Peintre qui pratique le luminisme.

luminosité n. f. Qualité de ce qui est lumineux : *la luminosité d'un ciel.*

Lumitype n. f. (nom déposé) [de *lumière*, et du gr. *tupos*, empreinte]. *Imprim.* Machine à composer photographique, imaginée en 1944 par les ingénieurs français Higonnet et Moyroud, et permettant la production de textes en caractères typographiques sur film.

lumpenproletariat [lumpənprɔletarja] n. m. (mot allem.). Dans la terminologie marxiste, partie la plus misérable du prolétariat, que son extrême aliénation écarte de la prise de conscience révolutionnaire. (Syn. SOUS-PROLÉTARIAT.)

Lumumba (Patrice), homme politique congolais, né à Katako-Kombé (prov. du Kasaï) [1925-1961]. Premier ministre en 1960, il prôna l'unité du pays; destitué, il fut transféré au Katanga, où il fut assassiné.

Luna (Álvaro DE), connétable de Castille, né à Cañete (1388-1453), ministre et favori du roi Jean II. La noblesse obtint sa disgrâce. Il fut décapité.

lunaire adj. Qui concerne la lune : *mois lunaire.*

lunaire n. f. Plante cultivée comme ornementale pour ses fleurs odorantes et ses fruits, qui ont la forme de disques blanc argenté, pouvant dépasser 5 cm de long. (Noms usuels : *monnaie-du-pape, herbe aux écus;* famille des crucifères.)

lunaison n. f. Espace de temps qui s'écoule entre deux nouvelles lunes consécutives.

Lunas (34650), ch.-l. de c. de l'Hérault (arr. de Lodève); 670 h. (386 aggl.).

lunatique adj. et n. Qui a l'esprit changeant.

lunch [lœʃ] n. m. (mot angl.). En Angleterre, déjeuner léger. ‖ En France, repas froid que l'on sert en buffet à l'occasion d'une réception. ‖ Pl. des *lunchs* ou *lunches.*

Lund, v. de la Suède méridionale; 44 000 h. Université. Importante cathédrale romane (XIe-XIIIe s.).

lundi [lœdi] n. m. (lat. *Lunae dies*, jour de la Lune). Deuxième jour de la semaine.

lundi (*Causeries du*). V. CAUSERIES DU LUNDI.

Lundström (Johan Edvard), industriel suédois, né à Jönköping (1815-1888). On lui doit l'invention de l'allumette de sûreté, dite « suédoise » (1852), dans laquelle le phosphore rouge, disposé sur un frottoir, est séparé du comburant (chlorate de potassium), resté seul sur le bouton de l'allumette avec des combustibles moins vifs (sulfure d'antimoine).

lune [lyn] n. f. (lat. *luna*). Corps céleste tournant autour de la Terre et recevant la lumière du Soleil, qu'il reflète sur la Terre. (En ce sens, s'écrit avec une majuscule.) ● *Clair de lune*, clarté que la Lune envoie à la Terre. ‖ *Demander, promettre la lune*, demander, promettre l'impossible. ‖ *Etre dans la lune*, être distrait. ‖ *Lune d'eau*, nénuphar blanc. ‖ *Lune de miel*, premier mois de mariage. ‖ *Lune rousse*, lunaison qui commence après Pâques, entre le 5 avril et le 6 mai. (La lune rousse est souvent accompagnée de gelées ou de vents froids, qui font roussir les jeunes pousses.) ‖ *Nouvelle lune*, phase de la Lune dans laquelle celle-ci se trouve placée entre le Soleil et la Terre, et nous offre sa face obscure. ‖ *Pleine lune*, phase de la Lune dans laquelle la Terre se trouve placée entre le Soleil et la Lune, et où celle-ci nous montre sa face éclairée tout entière. ‖ *Poisson-lune*, môle. ‖ *Vouloir prendre la lune avec ses dents*, vouloir une chose impossible.
— ENCYCL. La Lune décrit autour de la Terre une orbite elliptique assez excentrique en 29 j 12 h 44 mn. C'est ce que l'on entend par *mois lunaire*, et on appelle *année lunaire* la durée des douze mois lunaires (354 jours). D'autre part, la Lune est animée d'un mouvement de rotation sur elle-même autour d'un axe incliné à 83° 30′ sur le plan de l'orbite. Comme la durée de sa rotation est exactement égale à la durée de sa révolution autour de la Terre, la Lune présente toujours la même face à la Terre. Son volume est 50 fois plus petit que celui de la Terre, dont elle se trouve à une distance moyenne de 353 680 km. Son rayon est de 1 736 km, sa densité 3,3 et sa masse d'environ 1/81 de celle de la Terre. Sa surface présente des cirques de dimensions variées, des plateaux et des montagnes, dont certaines dépassent en altitude les plus hauts sommets terrestres; mais elle n'a point d'atmosphère. Le sol lunaire a été étudié de 1969 à 1972, au cours de six vols de la série « Apollo », qui permirent aux Américains de débarquer sur notre satellite et d'en ramener de nombreux échantillons. La Lune est visible parce qu'elle nous réfléchit les rayons du Soleil, et, suivant la position respective du Soleil et de la Lune par rapport à nous, celle-ci présente des *phases*, ou aspects différents. C'est à l'attraction de la Lune, combinée avec celle du Soleil, que sont dues les marées.

luné, e adj. En forme de croissant. ‖ *Fam.* Qui est dans une certaine disposition d'humeur : *être bien, mal luné.*

Lüneburg, v. de l'Allemagne occidentale (Basse-Saxe), dans les *landes de Lüneburg;* 60 900 h. Industries chimiques.

Lunel (34400), ch.-l. de c. de l'Hérault (arr. de Montpellier), sur le *canal de Lunel;* 10 922 h. (*Lunellois*). Vins.

Phot. Giraudon, X.

Lünen, v. de l'Allemagne occidentale (Rhénanie-du-Nord-Westphalie), dans la Ruhr ; 72 400 h. Houille. Métallurgie (aluminium, cuivre).

lunetier [lyntje], **ère** [-ɛr] adj. Relatif à la fabrication des lunettes : *industrie lunetière.*

lunetier n. m. Fabricant, marchand de lunettes.

lunette [lynɛt] n. f. (de *lune*, à cause de la forme). Instrument d'optique destiné à faire voir d'une manière plus distincte les objets éloignés : *lunette astronomique.* (V. *encycl.*) ‖ Ouverture de la cuvette des w.-c. ‖ Os fourchu formé par les deux clavicules des oiseaux. ‖ *Archit.* Berceau transversal d'une voûte à pénétrations, caractéristique de l'architecture baroque. ‖ Petite fenêtre pratiquée dans un toit. ‖ Petit ouvrage extérieur de fortification. ● *Lunette d'approche*, ou *longue-vue*, lunette qui augmente l'angle sous lequel on voit les objets éloignés, et qui semble donc les rapprocher. ‖ *Lunette d'étambot* (Mar.), orifice percé dans l'étambot pour le passage de l'arbre de l'hélice.

— Encycl. *Opt.* Les objets éloignés sont vus sous des angles trop petits pour qu'on puisse en percevoir les détails. La *lunette*, formée de deux systèmes de lentilles, un objectif et un oculaire, en donne des images que l'œil, placé contre l'oculaire, voit sous des angles plus grands. Le rapport de ces angles est le grossissement de la lunette. (V. INSTRUMENTS D'OPTIQUE*.)

lunetterie n. f. Art ou commerce du lunetier.

lunettes n. f. pl. Paire de verres enchâssés dans une monture disposée de façon à être placée sur le nez, devant les yeux. ● *Serpent à lunettes*, nom usuel du *naja.*

Lunéville (54300), ch.-l. d'arr. de Meurthe-et-Moselle, sur la Meurthe ; 25 367 h. (*Lunévillois*). Château (1702-1706) construit par l'architecte Boffrand. Eglise Saint-Jacques, de style rococo. Importante faïencerie, réputée au XVIIIe s. Métallurgie et textiles. Electronique. Un traité confirmant celui de Campoformio y fut conclu entre la France et l'Autriche (1801). — L'arr. a 9 cant., 164 comm., 81 240 h.

luni-solaire adj. *Astron.* Relatif à la fois à la Lune et au Soleil. ● *Année luni-solaire*, année calculée sur la révolution de la Lune, mise d'accord avec l'année solaire.

lunule n. f. (dimin. du lat. *luna*, lune). Figure géométrique formée de deux arcs de cercle ayant mêmes extrémités et dont la convexité est tournée du même côté. (V. *encycl.*) ‖ Tache blanche en forme de croissant, située à la base de l'ongle, chez l'homme.

— Encycl. *Math.* Bien que la quadrature du cercle entier soit impossible, on a trouvé celle de quelques-unes de ses parties, en particulier celle de la *lunule*, due à Hippocrate de Chios.

lunure n. f. (de *lune*). Défaut dans le bois, consistant en cercles qui apparaissent sur la tranche.

lupanar [lypanar] n. m. (mot lat. ; de *lupa*, fille publique). Maison de tolérance.

lupercales [lypɛrkal] n. f. pl. Fêtes annuelles licencieuses, qui étaient célébrées à Rome le 15 février en l'honneur du dieu *Lupercus*, protecteur des champs et des troupeaux.

Lupercus, dieu de l'Italie ancienne, protecteur des troupeaux contre les loups.

lupin [lypɛ̃] n. m. (lat. *lupinus*, pois de loup). Papilionacée fourragère et ornementale, à fleurs en longues grappes. (Les variétés sauvages sont toxiques ; certaines variétés cultivées peuvent être utilisées comme fourrage, mais c'est surtout comme « engrais vert » qu'elles sont employées.)

lupulin [lypylɛ̃] n. m. ou **lupuline** [-lin] n. f. (lat. *lupulus*, houblon). Poudre jaune produite par les cônes du houblon, et contenant des résines amères qui aromatisent la bière.

lupuline [lypylin] n. f. Luzerne sauvage à petites fleurs jaunes, très commune dans les champs. (Syn. MINETTE.)

lupus [lypys] n. m. (mot lat. signif. *ulcère*). Affection inflammatoire, à évolution prolongée, de la peau du visage et spécialement du nez.

Luqmān ou **Lokman,** souverain légendaire d'Arabie, à qui l'on attribue des *Fables* imitées d'Esope.

Lurçat (Jean), peintre français, né à Bruyères (Vosges) [1892-1966]. Sa peinture se rattache au surréalisme. Lurçat a joué un rôle très important dans la rénovation de la tapisserie française ; sa grande œuvre est *le Chant du monde*, série de panneaux couvrant 500 m², acquise par la ville d'Angers.

Lurcy-Lévis (03320), anc. **Lurcy-Lévy,** ch.-l. de c. de l'Allier (arr. de Moulins) ; 2 473 h.

Lure (*montagne de*), chaîne des Alpes françaises du Sud, au sud-ouest de Sisteron ; 1 827 m.

Lure (70200), ch.-l. d'arr. de la Haute-Saône ; 8 840 h. (*Lurons*). Constructions mécaniques. Confection. L'arr. a 10 cant., 203 comm., 99 644 h.

lurette [lyrɛt] n. f. (de *heurette*, dimin. de *heure*). *Il y a belle lurette* (Fam.), il y a bien longtemps.

Lurex [lyrɛks] n. m. (nom déposé). Fil enrobé dans une pellicule de polyester qui peut prendre l'aspect du métal.

Luri (20228), ch.-l. de c. de la Corse (arr. de Bastia) ; 820 h. (270 aggl.).

Luristān ou **Louristan,** région de l'Iran, qui fut le site de civilisations de l'âge du bronze et de l'âge du fer. Les fouilles ont livré de remarquables objets de bronze décorés d'animaux sauvages ou fantastiques (Ier millénaire av. J.-C.).

lupin ▲

▼ luth

luron [lyrɔ̃], **onne** [-ɔn] n. *Fam.* Homme joyeux et sans souci ; femme que rien n'effarouche.

Lury-sur-Arnon (18120), ch.-l. de c. du Cher (arr. de Bourges) ; 612 h. Fortifications. Portes du XIIIe s.

Lusace, en allem. **Lausitz,** contrée de l'Allemagne orientale et de Tchécoslovaquie, culminant aux monts de *Lusace* (1 010 m). La Lusace, d'abord habitée par des Sorabes, fut longtemps divisée en basse et haute Lusace, que se disputèrent Allemands et Slaves. En 1635, elle passa à la Saxe, puis fut annexée par la Prusse en 1815.

Lusaka, cap. de la Zambie, dans le sud-est du pays, sur le Kafue ; 238 200 h. Archevêché. Centre ferroviaire.

Lushais, ethnie tibéto-birmane située dans l'Assam et dans la Birmanie. L'unité familiale, où l'oncle maternel joue un rôle fondamental, repose sur un système considéré comme très archaïque : le mariage matrilatéral, avec pour seules prohibitions la mère et la sœur (c'est le père qui choisit l'épouse de son fils).

Lusiades (*les*), poème épique de Camões (1572) ; cette épopée nationale a pour sujet les découvertes des Portugais dans les Indes orientales et pour héros principal Vasco de Gama.

Lusignan (86600), ch.-l. de c. de la Vienne (arr. de Poitiers) ; 2 590 h. Eglise (XIIe-XVe s.).

Lusignan, famille féodale originaire du Poitou, qui fit souche dans l'Orient latin et à Chypre avec Gui **de Lusignan** (1129-1194), et à Jérusalem avec Hugues III **de Poitiers-Lusignan** (m. en 1284).

Lusigny-sur-Barse (10270), ch.-l. de c. de l'Aube (arr. de Troyes) ; 1 012 h.

Lusitania, paquebot britannique qui fut torpillé près des côtes d'Irlande à son retour d'Amérique, le 7 mai 1915, par un sous-marin allemand. 1 200 personnes périrent, dont 124 passagers américains, ce qui provoqua de violentes réactions de l'opinion publique aux Etats-Unis.

Lusitanie, une des divisions de l'Espagne romaine, couvrant, pour une part, l'actuel territoire du Portugal. (Hab. *Lusitains* ou *Lusitaniens.*)

lusitanien [lyzitanjɛ̃], **enne** [-ɛn] ou **lusitain** [lyzitɛ̃], **e** [-ɛn] adj. et n. De la Lusitanie, du Portugal.

Lussac (33570), ch.-l. de c. de la Gironde (arr. de Libourne) ; 1 598 h. (483 aggl.). Vins.

Lussac-les-Châteaux (86320), ch.-l. de c. de la Vienne (arr. de Montmorillon) ; 2 136 h. (1 709 aggl.). Eglise romane. Patrie de Mme de Montespan.

Lussan (30580), ch.-l. de c. du Gard (arr. de Nîmes) ; 268 h.

lustrage n. m. Action de lustrer ; résultat de cette action

lustral [lystral], **e, aux** [-o] adj. (du lat. *lustrare*, purifier). Qui purifie. ● *Eau lustrale*, eau sacrée des Anciens ; eau de baptême.

lustration n. f. Sacrifices, cérémonie par lesquels les païens purifiaient une personne, un champ, une ville.

lustre [lystr] n. m. (ital. *lustro ;* du lat. *lustrare*, éclairer). Eclat que jette une surface : *le lustre du vernis.* ‖ Appareil d'éclairage, suspendu au plafond. ‖ *Fig.* Eclat que donnent la beauté, le mérite, la dignité, etc. : *cette fonction lui donne un certain lustre.*

lustre n. m. (lat. *lustrum*). Sacrifice expiatoire fait à Rome tous les cinq ans. ‖ Auj., espace de cinq ans.

lustré, e adj. Rendu brillant par l'usure, le frottement : *un veston lustré.* ● *Schiste lustré*, schiste prétertiaire, non fossilifère, métamorphisé au néogène, présent dans la zone alpine interne.

lustrer [lystre] v. t. Donner le lustre à une étoffe, à une fourrure, etc.

lustrerie n. f. Fabrication de lustres, d'appareils d'éclairage.

lustrine [lystrin] n. f. (ital. *lustrino ;* de *lustro*, éclat). Droguet de soie. ‖ Etoffe de coton apprêtée : *manches de lustrine.*

Lustucru, type populaire de personnage niais (son nom viendrait de *l'eusses-tu cru ?*).

lut [lyt] n. m. (lat. *lutum*, limon). *Industr.* Ciment utilisé pour faire des joints hermétiques aux divers récipients soumis à l'action du feu.

Lutèce, v. de Gaule, dont l'emplacement correspond au cœur de Paris (île de la Cité).

lutécium [lytesjɔm] n. m. Métal (Lu) du groupe des terres rares, de numéro atomique 71.

lutéine [lytein] n. f. Syn. de PROGESTÉRONE.

luter v. t. Boucher avec du lut.

luth [lyt] n. m. (arabe *al'ūd*). Instrument de musique à cordes pincées, dont le corps est en forme de demi-poire, avec une table plate percée d'une rosace et un manche divisé en demi-tons par des *frettes* se terminant par un chevillier recourbé à angle droit. (Dans sa période d'apogée, au XVIIe s., le luth a atteint cinq chœurs de cordes doubles [soit dix cordes] et une onzième corde dans l'aigu. Il existe, dans la famille des luths, des instruments de tailles différentes. Certains seront dotés d'un second chevillier pour cordes très graves jouées à vide et porteront le nom de *luth théorbé* [v. THÉORBE].) [V. illustr. INSTRUMENTS À CORDES*.]

luth [lyt] n. m. Tortue marine des mers chaudes, dont la carapace, sans écailles cornées, est incluse dans une peau coriace comme du cuir. (Il peut atteindre 2,40 m de longueur et peser 600 kg.)

Luther (Martin), théologien et réformateur allemand, né à Eisleben (Thuringe) [1483-1546]. Fils de paysans aisés, il est reçu en 1505 maître en philosophie. Il entre ensuite chez les Augustins, où il reçoit la prêtrise (1507) avant de devenir docteur en théologie (1512). Il enseigne à l'université de Wittenberg et est même un moment vicaire général de son ordre en Allemagne. Anxieusement, il cherche l'équilibre dans l'étude des épîtres de saint Paul ; il apprend ainsi que l'homme est pécheur, mais qu'il est justifié par la foi. Révolté par le spectacle offert par la prédication du dominicain Tetzel au sujet des indulgences, il affiche, le 31 octobre 1517, sur les portes de l'église du château de Wittenberg, les 95 thèses qui contiennent en germe la Réforme. Il en appelle au pape, qui l'invite à se rétracter. Luther brûle publiquement la bulle *Exsurge Domine* (1520) : il est excommunié. La même année, il publie trois grands écrits réformateurs : le *Manifeste à la noblesse allemande*, qui insiste sur le sacerdoce universel des chrétiens et sur la possibilité d'interpréter librement l'Ecriture ; *la Captivité de*

Martin Luther rédigeant en allemand une traduction du Nouveau Testament

Phot. Landau, Researchers-Jane Burton, Roger-Viollet.

lutte

Babylone, dans laquelle il ne maintient comme sacrements que le baptême et la Cène, et définit sa doctrine eucharistique de la *consubstantiation;* enfin, le *Petit Traité de la liberté chrétienne.* A l'Eglise visible (Rome), Luther oppose une Eglise invisible; à la doctrine romaine, fondée sur l'Ecriture et la Tradition, il oppose l'autorité de l'Ecriture seule et la théologie paulinienne de la justification par la foi sans l'intervention des œuvres. Après avoir refusé de se rétracter devant la diète de Worms (1521), Luther, mis au ban de l'Empire, se cache au château de la Wartburg, où il traduit le Nouveau Testament en allemand. Rentré à Wittenberg (1522), il dénonce les abus des anabaptistes, publie deux catéchismes (1529) et organise un culte où l'essentiel est donné à la prédication, à la lecture de la Bible et au chant choral. En 1525, il laisse les princes allemands écraser les paysans révoltés; la même année, il épouse une ancienne religieuse, Katharina von Bora. La confession de foi luthérienne est résumée dans la *Confession d'Augsbourg* (1530) et dans les *Articles de Smalkalde* (1537). A sa mort, le luthéranisme* et la Réforme avaient gagné une partie importante de l'Europe. Des *Propos de table* de Luther, hauts en couleur, ont été publiés.

luthéranisme [lyteranism] n. m. Doctrine de Luther. ‖ Religion des luthériens. (V. *encycl.*)

— ENCYCL. Le *luthéranisme* est moins un système théologique qu'un mouvement religieux dirigé contre la religion décadente du XVIe s. Appuyé par les princes allemands membres de la ligue de Smalkalde (1531), le luthéranisme s'implanta en Allemagne du Nord et du Centre, en Alsace du Nord et en Scandinavie. Au XVIIIe s., le piétisme fut une réaction contre la sclérose du luthéranisme. A son tour, par son affadissement, il provoqua dans le luthéranisme un mouvement de renouveau appelé *réveil.* Alors que les Eglises luthériennes d'Amérique se multipliaient, celles d'Europe se regroupaient; en 1947 fut fondée la *Fédération luthérienne mondiale,* qui est membre du Conseil œcuménique des Eglises. En 1960 on comptait 80 millions de luthériens dans le monde, dont la moitié en Allemagne.

lutherie n. f. Profession de luthier.

luthérien, enne n. Adepte de la doctrine de Luther. ‖ — Adj. Conforme à la doctrine de Luther : *religion luthérienne.*

luthier n. m. Fabricant d'instruments de musique à cordes. (Les principaux groupements de luthiers en Europe se développèrent en Italie [Brescia, Crémone], en France [Lyon, Paris, Mirecourt], en Allemagne [Hambourg], dans le Tyrol bavarois et dans les Pays-Bas [Amsterdam].)

luthiste n. m. Joueur de luth.

Luthuli (Albert John), homme politique zoulou, de nationalité sud-africaine, né dans le Natal (1899-1967), adversaire de la ségrégation raciale. (Prix Nobel de la paix, 1960.)

lutin [lytɛ̃], **e** [-in] adj. Eveillé, espiègle : *figure lutine.*

lutin n. m. (anc. fr. *netun;* du lat. *Neptunus,* Neptune). Esprit follet, démon familier. ‖ *Par anal.* Enfant espiègle.

lutiner v. t. Taquiner une femme en prenant des privautés à son égard.

Luton, v. d'Angleterre (Bedfordshire), près de Londres; 131 500 h. Constructions mécaniques (automobiles) et aéronautiques.

lutrin [lytrɛ̃] n. m. (du lat. *lectrum*). Pupitre élevé dans le chœur d'une église, pour porter les livres de chant liturgique.

lutte [lyt] n. f. Combat de deux personnes, corps à corps et sans armes. ‖ — *Fig.* Effort fait par deux personnes, deux peuples, deux factions, etc., pour se vaincre mutuellement : *entrer en lutte avec quelqu'un; luttes politiques, religieuses.* ‖ Action de deux forces agissant en sens contraire : *la lutte du devoir contre la passion.* ● *Lutte pour la vie,* fait biologique constaté par Darwin et qui consiste dans la lutte directe entre les animaux et, surtout, dans une lutte pour l'espace par la fécondité, l'adaptation au milieu, etc.

lutter v. i. (lat. *luctare*). Combattre corps à corps. ‖ Se disputer une victoire. ‖ *Fig.* Faire effort pour vaincre un obstacle, atteindre un résultat : *lutter contre la tempête.*

Lutterbach (68460), comm. du Haut-Rhin (arr. de Mulhouse); 4 213 h. Brasserie.

lutteur, euse n. Personne qui pratique la lutte. ‖ Personne qui prend part aux luttes d'opinions.

Lützen, v. de l'Allemagne orientale, au sud-ouest de Leipzig; 5 600 h. Théâtre de deux batailles; l'une en 1632, où fut tué Gustave-Adolphe; l'autre en 1813, où Napoléon Ier battit les Russes et les Prussiens.

lux [lyks] n. m. (mot lat. signif. *lumière*). Unité d'éclairement (symb. : lx), équivalant à l'éclairement d'une surface qui reçoit normalement, d'une manière uniformément répartie, un flux lumineux de 1 lumen par mètre carré.

luxation n. f. Déboîtement, déplacement d'un os de son articulation. (V. *encycl.*) ‖ Déplacement d'un organe hors de sa place normale : *luxation du cristallin.*

— ENCYCL. Les *luxations* peuvent être d'origine traumatique ou congénitale. Dans le premier cas, une force violente ou mal dirigée déboîte les surfaces articulaires d'une articulation quelconque (luxation vraie) ou les écarte seulement en laissant un point de contact (subluxation). Dans le second cas, surtout fréquent à la hanche, la luxation n'existe pas dès la naissance (mais on constate des prédispositions anatomiques), et ce n'est parfois qu'à l'usage (à la marche) qu'elle se révèle. Des signes précis permettent son diagnostic très précoce, et des mesures préventives peuvent l'empêcher de se manifester.

luxe [lyks] n. m. (lat. *luxus*). Somptuosité excessive, faste : *le luxe de la table.* ‖ *Fig.* Abondance, profusion : *un grand luxe de précautions.*

Luxembourg (*grand-duché de*), Etat de l'Europe occidentale; 2 600 km²; 335 000 h. (*Luxembourgeois*). Cap. *Luxembourg.* Langues parlées : un dialecte *germanique,* l'*allemand* et le *français.*

Géographie.

● *Géographie physique.* Le Luxembourg juxtapose deux régions physiquement et humainement bien différentes. L'*Ösling,* au nord, appartient au plateau ardennais. C'est une région relativement accidentée (l'altitude y dépasse parfois 500 m), entaillée par de profondes vallées (dont la Sûre), souvent forestière et au climat frais et humide. Au sud, le *Gutland* (« Bon Pays ») prolonge la Lorraine des côtes. C'est une région de terrasses secondaires, où l'alternance des couches inclinées gréseuses et calcaires, d'une part, argileuses et marneuses, d'autre part, explique l'existence d'un relief de côtes. Le Gutland a une teinte déjà méridionale, mais les moyennes mensuelles de janvier avoisinent 0 °C, et celles de juillet n'atteignent pas 20 °C, cependant que les précipitations, de l'ordre de 800 mm, tombent en partie sous forme de neige, qui recouvre le sol de un à deux mois par an.

● *Géographie humaine et économique.* La densité de population est de l'ordre de 125 h. au kilomètre carré en moyenne, mais elle est plus élevée dans le Gutland, en particulier dans les cantons du Luxembourg et d'Esch-sur-Alzette, qui regroupent environ 70 p. 100 de la population totale. La ville de Luxembourg concentre à elle seule le quart de la population du pays. Celle-ci s'accroît à un rythme très lent, inférieur à 0,5 p. 100 par an. Le taux de natalité est bas (14,8 p. 1 000 en 1967), et celui de mortalité est encore relativement élevé (12,3 p. 1 000). L'accroissement de population s'explique d'ailleurs largement par l'importance de l'immigration. La population étrangère (Italiens surtout) constitue environ 15 p. 100 de la population totale et représente plus du quart de la population active industrielle.

Le secteur secondaire emploie environ 45 p. 100 de la population active et assure un pourcentage équivalent du produit intérieur brut. Il doit son importance à deux branches liées ensemble, l'extraction du fer et la sidérurgie, localisées dans le Gutland (dont elles expliquent largement le peuplement plus dense). Le bassin ferrifère, à l'extrémité sud-ouest du pays, prolonge le bassin lorrain. La production avoisine 6 Mt par an. Elle alimente une sidérurgie qui doit totalement importer le coke (surtout d'Allemagne occidentale). Au total, les industries métallurgiques, implantées à Esch-sur-Alzette, Rumelange, Differdange, Pétange, Rodange, Dudelange, etc., emploient près de la moitié de la main-d'œuvre industrielle. Le Luxembourg fournit près de 5 Mt d'acier. Les autres industries n'ont qu'une importance très relative. Le textile a beaucoup décliné avec le recul de l'élevage ovin. La faïencerie s'est maintenue (à Luxembourg et Wasserbillig), ainsi que les industries alimentaires. La crise actuelle, survenue dans la sidérurgie, à la production stagnante, et surtout dans les mines de fer, a précipité une certaine diversification industrielle, avec le développement de la chimie (textiles synthétiques à Echternach, matières plastiques à Luxembourg, pneumatiques près d'Ettelbrück). Cette diversification apparaît encore souhaitable, compte tenu de la persistance de l'exode rural.

L'agriculture emploie encore environ 10 p. 100 de la population active, mais ne fournit guère que 6 p. 100 du produit intérieur brut. Sur le plan structurel, elle se caractérise par la prédominance du faire-valoir direct (les deux tiers de la surface exploitée), par la croissance de la taille moyenne de l'exploitation, résultant de la diminution de leur nombre : depuis 1950, le nombre des exploitations a diminué d'un tiers; la superficie moyenne par exploitation est passée de 12 à 18 ha, cependant que les exploitations de plus de 20 ha occupent aujourd'hui les deux tiers du sol. Sur le plan des productions dominent les céréales (blé, suivi de l'avoine, de l'orge et du seigle), la pomme de terre. La vigne occupe environ 1 200 ha dans la vallée de la Moselle (près du tiers de la production est exportée). Près de la moitié de la superficie agricole est consacrée aux herbages. L'élevage de la volaille et des bovins progresse; celui des porcs et surtout des chevaux a reculé. Les produits animaux assurent aujourd'hui plus de 80 p. 100 du revenu agricole brut.

Le commerce extérieur s'effectue dans le cadre de l'Union économique belgo-luxembourgeoise. Plus de 90 p. 100 des exportations sont constituées par les produits de la

sidérurgie et de la métallurgie (dont le Luxembourg écoule plus de 95 p. 100 de la production). Ce monolithisme des ventes présente le même danger que celui de la structure de l'industrie, dont il découle évidemment, même dans un marché intérieur aujourd'hui largement élargi. L'expansion économique, ralentie depuis 1950 (2 p. 100 seulement en moyenne), n'empêche pas un niveau de vie élevé. Il existe une voiture de tourisme pour 5 h., un téléphone pour 4 h., un téléviseur pour 8 h. Les disponibilités théoriques par hab. en produits industriels de base, elles sont exceptionnellement élevées : 5 t de charbon-équivalence pour l'énergie, 7 000 kWh d'électricité, plus de 10 t d'acier.

Histoire.

Comté au xe s., duché en 1354, le Luxembourg passa en 1441 à Philippe le Bon, duc de Bourgogne. Espagnol en 1555, autrichien en 1714, français durant la Révolution et l'Empire, le Luxembourg devint grand-duché en 1815 et fut cédé personnellement au roi des Pays-Bas Guillaume Ier dans le cadre de la Confédération germanique. Le traité de 1839 en donna une partie à la Belgique. Après la dissolution de la Confédération, le pays fut neutralisé (1867) et la couronne passa à une autre branche des Nassau. En 1868 fut votée une Constitution à caractère parlementaire. En 1890, la famille de Nassau devint famille régnante. La neutralité luxembourgeoise fut violée au cours des deux guerres mondiales. En 1947, le grand-duché devint membre du Benelux. En 1948, il abandonna son statut de neutralité. Par la suite, il adhéra au pacte de l'Atlantique Nord (1949) et participa aux accords de l'Europe des Six. En 1964, Charlotte, grande-duchesse depuis 1919, a abdiqué en faveur de son fils Jean. En 1974, une coalition de libéraux et de socialistes remplace au gouvernement le parti chrétien-social, au pouvoir depuis 1919.

Luxembourg, cap. du grand-duché de Luxembourg, sur l'Alzette ; 77 000 h. Cathédrale de style baroque. Centre intellectuel, administratif et financier. Industries métallurgiques et chimiques.

Luxembourg, prov. du sud-est de la Belgique ; 219 400 h. Ch.-l. *Arlon ;* 5 arr. (*Arlon, Bastogne, Marche-en-Famenne, Neufchâteau, Virton*). La province s'étend presque entièrement sur l'Ardenne*, ce qui explique la faiblesse relative de l'occupation humaine (densité inférieure à 50 h. par km²), de l'urbanisation (seul Arlon dépasse 10 000 h.) et de l'activité économique (élevage, exploitation de la forêt, tourisme).

Luxembourg, familles qui ont possédé le duché de Luxembourg et dont sont issus plusieurs empereurs germaniques, des rois de Bohême et de Hongrie.

Luxembourg (Louis DE), comte DE SAINT-POL et DE LIGNY, connétable de France sous Louis XI (1418-1475), décapité pour crime de trahison.

Luxembourg (François Henri DE MONTMORENCY-BOUTEVILLE, *duc* DE), maréchal de France, né à Paris (1628-1695). Il décida de la victoire de Cassel, fut victorieux à Saint-Denis (1678), Fleurus (1690), Steinkerque (1692) et Neerwinden (1693), où il prit tant de drapeaux que le prince de Conti l'appela *le Tapissier de Notre-Dame*.

Luxembourg (*palais du*), palais de Paris, que Marie de Médicis fit construire par Salomon de Brosse (de 1615 à 1620) dans un style qui lui rappelât les palais italiens. Rubens décora la grande galerie de peintures relatant la vie de la reine (auj. au Louvre). Le Luxembourg a été affecté au Sénat en 1879. La bibliothèque est ornée de peintures par Delacroix. Grand jardin public.

Luxemburg (Rosa), socialiste allemande, née à Zamość (Ruthénie) [1870-1919]. Elle prit part à la révolution russe de 1905, fit partie du groupe clandestin *Spartakus* (1917) et dirigea avec Liebknecht l'insurrection spartakiste de janvier 1919. Elle mourut en prison. Elle a écrit : *Accumulation du capital* (1913), *la Révolution russe* (1922).

luxer [lykse] v. t. (lat. *luxare*). Faire sortir un os de sa place naturelle.

Luxembourg capitale du grand-duché

Luxeuil-les-Bains (70300), ch.-l. de c. de la Haute-Saône (arr. de Lure) ; 10 054 h. (*Luxoviens*). Ville d'eaux gallo-romaine à l'origine, où saint Colomban établit au XIe s. un monastère devenu puissant au Moyen Age. Ancienne abbatiale et cloître des XIIIe et XIVe s. Station thermale aux eaux chlorurées sodiques très chaudes (de 44 à 62 °C), employées dans les affections gynécologiques (ovarites, annexites, dysménorrhées) et dans les affections veineuses (convalescences de phlébites, ulcères variqueux). Métallurgie. Textiles. Industrie du bois.

luxmètre n. m. (lat. *lux,* lumière, et *mètre*). Appareil servant à mesurer l'éclairement d'une surface.

luxueusement adv. De façon luxueuse.

luxueux [lyksɥø], **euse** [-øz] adj. Où se déploie le luxe : *ameublement luxueux.*

luxure [lyksyr] n. f. (lat. *luxuria,* surabondance). Abandon aux plaisirs charnels.

luxuriance n. f. Etat de ce qui est luxuriant.

luxuriant [lyksyrjɑ̃], **e** [-ɑ̃t] adj. (lat. *luxurians,* surabondant). Qui pousse avec abondance : *végétation luxuriante.*

luxurieux, euse adj. Adonné à la luxure. ‖ Qui dénote la luxure. ‖ — Syn. : LASCIF, SENSUEL, VOLUPTUEUX.

Luynes (37230), comm. d'Indre-et-Loire (arr. de Tours), à l'ouest de Tours ; 1 948 h. (1 095 aggl.). Château (XIIIe-XVIIe s.). Eglise et halles du XVe s.

Luynes (*famille* D'ALBERT DE), famille provençale qui compte parmi ses membres des hommes de guerre, des prélats, des hommes politiques, etc. Le plus célèbre est CHARLES, connétable de France, né à Pont-Saint-Esprit (1578-1621). Page et confident de Louis XIII, il poussa celui-ci au meurtre de Concini (1617), qu'il remplaça dans la faveur royale. Devenu le véritable maître du royaume, il vainquit les partisans de Marie de Médicis aux Ponts-de-Cé (1620), puis signa le traité d'Angers, qui réconciliait le roi et sa mère. Le rétablissement du catholicisme en Béarn (1620) provoqua l'insurrection des protestants. Luynes, nommé connétable (1621), les vainquit à Saumur et à Saint-Jean-d'Angély, mais échoua devant Montauban. Il mourut à la veille de sa disgrâce. Il avait épousé Marie de Rohan, qui, remariée, devint la duchesse de Chevreuse.

Luzarches (95270), ch.-l. de c. du Val-d'Oise (arr. de Montmorency) ; 2 045 h. Eglise (XVIe s.). Restes d'une enceinte et d'un château fort.

Luzarches (Robert DE). V. ROBERT DE LUZARCHES.

Luzech [-zɛʃ] (46140), ch.-l. de c. du Lot (arr. de Cahors), dans un méandre du Lot ; 1 415 h. (1 044 aggl.). Donjon du XIIe s. Musée archéologique.

Luzenac (09250), comm. de l'Ariège (arr. de Foix), au confl. de l'Ariège et du *torrent de Luzenac ;* 956 h. Importante carrière de talc.

luzerne

luzerne [lyʒɛrn] n. f. (du provenç. *luzerno*). Importante plante fourragère (famille des papilionacées).
— ENCYCL. Les *luzernes,* importées de Médie en Grèce par Alexandre le Grand, sont acclimatées aujourd'hui dans toute l'Europe. La luzerne commune (*Medicago sativa*) est une plante vigoureuse, à longue racine pivotante, fournissant 3 à 6 coupes pendant plusieurs années, après quoi on l'enfouit comme engrais vert. Excellent fourrage sec, la luzerne peut provoquer la météorisation lorsqu'elle est consommée en vert. La luzerne est sujette aux attaques de divers parasites : cuscute, orobanche, rhizoctone.

Luxembourg

la Moselle luxembourgeoise

Esch-sur-Alzette

Phot. Office nat. du tourisme (Luxembourg), Pross-Off. nat. du tourisme (Luxembourg), Union des Villes et Centres touristiques (Luxembourg), S. P. I. E. A.

luzernière n. f. Champ de luzerne.

Luzon. V. Luçon.

Luz-Saint-Sauveur [lyz-] (65120), ch.-l. de c. des Hautes-Pyrénées (arr. d'Argelès-Gazost), sur le gave de Pau ; 1 104 h. (731 aggl.) [*Luzéens*]. Installation hydro-électrique. Etablissement thermal à *Saint-Sauveur*.

luzule [lyzyl] n. f. Plante des prés et des bois, à feuilles plates et velues, de la famille des joncacées.

Luzy (58170), ch.-l. de c. de la Nièvre (arr. de Château-Chinon) ; 2 664 h. (2 186 aggl.).

Lvov, en polon. **Lwów,** en allem. **Lemberg,** v. de l'U. R. S. S. (Ukraine), près de la Pologne ; 553 000 h. Industries textiles et métallurgiques. Lvov appartint à l'Autriche de 1772 à 1918. Prise par les Russes en 1914, reconquise par les Autrichiens en 1915, la ville fut polonaise de 1919 à 1939. Incorporée à l'U. R. S. S. en 1939, elle fut occupée par les Allemands de 1941 à 1944.

Lwoff (André), médecin et biologiste français, né à Ainay-le-Château (Allier) en 1902, prix Nobel de physiologie et de médecine en 1965 (avec Jacob et Monod) pour ses travaux de biochimie et de génétique.

lx, symbole du *lux,* unité d'éclairement.

Lyallpur, v. du Pākistān occidental ; 425 200 h. Industries alimentaires et textiles.

Lyautey (Louis *Hubert*), maréchal de France, né à Nancy (1854-1934). Lié d'amitié à Albert de Mun, il s'enthousiasme pour les idées du catholicisme social et publie en 1891, dans *la Revue des Deux Mondes,* une étude célèbre sur le rôle social de l'officier dans le service militaire universel. Envoyé au Tonkin (1894), il devient l'adjoint de Gallieni, qu'il rejoint ensuite à Madagascar (1897). Général en 1906, il est nommé en 1912 résident général au Maroc et pose les jalons de son œuvre civilisatrice dans le protectorat, qu'il réussit à maintenir et à développer pendant toute la Première Guerre mondiale ; il fait un court séjour à Paris comme ministre de la Guerre (déc. 1916-avr. 1917). Promu maréchal de France en 1921, il est rappelé à Paris en pleine guerre du Rif (1925). De 1927 à 1931, il prépare et organise l'Exposition coloniale de Paris. Inhumé d'abord à Rabat, son corps a été ramené aux Invalides en 1961. Lyautey a publié de nombreux ouvrages et plusieurs études. Il a créé une sorte d'humanisme militaire et colonial fondé sur le respect des croyances et des coutumes. (Acad. fr.)

Lycabette (le), colline de l'Attique, partie de la chaîne du Pentélique.

lycanthrope [likɑ̃trɔp] adj. et n. (gr. *lukos,* loup, et *anthrôpos,* homme). Atteint de lycanthropie.

lycanthropie n. f. Folie dans laquelle le malade s'imagine être changé en loup.

lycaon [likaɔ̃] n. m. Mammifère carnassier d'Afrique, intermédiaire entre le chien et l'hyène, à pelage fauve rayé de noir. (Long. 90 cm.)

Lycaon, roi d'Arcadie, foudroyé par Zeus pour lui avoir sacrifié un enfant.

Lycaonie, anc. pays de l'Asie Mineure, dont les villes principales étaient Iconium et Laodicée.

lycée [lise] n. m. (gr. *lukeion*). Autref., gymnase situé hors d'Athènes, près de l'Ilissos, et où enseignait Aristote. ‖ Auj., établissement d'enseignement du second degré, dépendant de l'Etat et dirigé par un proviseur.

Lycée, nom d'un quartier d'Athènes où Aristote donnait ses leçons.

lycéen [liseɛ̃], **enne** [-ɛn] n. Elève d'un lycée.

lycène [lisɛn] n. m. Papillon diurne, à ailes bleues chez le mâle, à vol vif, et dont la chenille vit sur les légumineuses.

lychnis [liknis] n. m. (du gr. *lukhnos,* lampe). Plante de la famille des caryophyllacées, dont une espèce à graines toxiques, la nielle des blés, croît dans les moissons.

Lycie, anc. région de l'Asie Mineure, entre la Carie et la Pamphylie.

Lycomédès, roi des Dolopes, à Scyros. Thétis cacha chez lui Achille.

Lycon, orateur grec (vᵉ s. av. J.-C.), qui rédigea l'acte d'accusation contre Socrate.

lycope [likɔp] n. m. Plante des lieux humides, appelée aussi *patte-de-loup,* de la famille des labiacées.

lycoperdon [likɔpɛrdɔ̃] n. m. Champignon en forme de poire retournée, blanc, poussant en été et en automne dans les bois et les prés. (Groupe des gastromycètes ; nom usuel : *vesse-de-loup.*)

Lycophron de Chalcis, poète grec, né à Chalcis (v. 320-v. 250 av. J.-C.). Son poème *Alexandra,* qui rapporte les prédictions de Cassandre sur les héros troyens et grecs, est d'une obscurité qui est restée proverbiale.

lycopode [likɔpɔd] n. m. (gr. *lukos,* loup, et *pous, podos,* pied). Cryptogame vasculaire connu sous les noms usuels de *pied-de-loup* et de *mousse terrestre.* ● *Poudre de lycopode,* poudre d'un jaune pâle, formée par les spores de la plante et employée à divers usages (soit à l'enrobage des pilules pharmaceutiques, soit comme dessèchant pour la toilette des nouveau-nés, ou encore, en raison de son inflammabilité, pour simuler les éclairs au théâtre).

lycopodiales n. f. pl. Ordre de cryptogames vasculaires comprenant les lycopodes et les sélaginelles actuels, les lépidodendrons et les sigillaires de l'ère primaire.

maréchal Lyautey

lynx

lycose [likoz] n. f. Genre d'araignées coureuses construisant des terriers et dont une espèce est la *tarentule.* (V. illustr. ARACHNIDES.)

Lycra n. m. (nom déposé). Fil élastomère créé en 1960 et qui, enrobé de fils de nature différente, confère au tissu une grande élasticité.

Lycurgue, législateur mythique de Sparte. Il aurait visité divers pays et, après ces voyages, aurait entrepris une réforme complète de l'Etat.

Lycurgue, orateur et homme politique athénien (v. 396-323 av. J.-C.). Partisan de la politique de Démosthène, il dirigea avec intégrité les finances d'Athènes de 338 à 326. Alexandre voulut se le faire livrer, mais le peuple ne le permit pas. On possède de lui un discours *Contre Léocrate.*

lyddite [lidit] n. f. Explosif dérivé de l'acide picrique.

Lydgate (John), poète anglais, né à Lydgate (Suffolk) [v. 1370-v. 1449]. Auteur prolixe et érudit, il contribua à enrichir la langue anglaise par ses poèmes historiques et satiriques, adaptés le plus souvent d'œuvres françaises ou italiennes (*la Chute des princes,* 1430-1438).

Lydie, anc. pays de l'Asie Mineure, sur la mer Egée, entre la Mysie et la Carie. Crésus, le plus riche et le dernier de ses rois, fut vaincu par les Perses.

lydien [lidjɛ̃], **enne** [-ɛn] adj. et n. De la Lydie.

Lyell (*sir* Charles), géologue écossais, né à Kinnordy (1797-1875), auteur de *Principes de géologie* (1833).

Lyly (John), écrivain anglais, né à Canterbury (v. 1553-1606). Auteur de comédies mythologiques (*Midas,* 1592), il fit dans ses romans allégoriques (*Euphues ou l'Anatomie de l'esprit,* 1579 ; *Euphues et son Angleterre,* 1580) la critique de la société londonienne, influencée par les modes italiennes, en un style précieux qui devint le modèle de l'euphuisme*.

lymphangite [lɛ̃fɑ̃ʒit] n. f. Inflammation des vaisseaux lymphatiques.
— Encycl. La *lymphangite* est due à la propagation, dans les vaisseaux lymphatiques, de microbes qui ont pu y pénétrer par une porte d'entrée souvent minime (excoriation, petite écorchure) ; elle a l'aspect soit d'une plaque rouge (lymphangite réticulaire par inflammation des petits capillaires), soit d'un cordon rouge (lymphangite tronculaire par inflammation d'un gros tronc lymphatique). Elle s'accompagne souvent de fièvre. La désinfection de la région infectée et des compresses tièdes assurent en général la guérison, mais un traitement par les antibiotiques est parfois nécessaire.

lymphatique adj. Relatif à la lymphe. ‖ Se dit de l'appareil circulatoire contenant la lymphe, et des organes annexes : *ganglions lymphatiques.* ● *Vaisseau lymphatique,* vaisseau dans lequel circule la lymphe. (V. *encycl.*) ‖ — Adj. et n. Atteint de lymphatisme : *tempérament lymphatique.*
— Encycl. Les *vaisseaux lymphatiques,* microscopiques, issus des organes, rejoignent des troncs lymphatiques qui, après être passés par les ganglions de voisinage, se jettent dans des collecteurs (canal thoracique, grande veine lymphatique) ; ceux-ci ramènent la lymphe dans la circulation générale en s'abouchant dans les veines sous-clavières, qui aboutissent au système de la veine cave supérieure.

lymphatisme n. m. Tempérament caractérisé par la blancheur de la peau, la mollesse des muscles, un certain degré d'asthénie, et généralement une augmentation de volume des ganglions lymphatiques. (Le lymphatisme est considéré comme un état constitutionnel, auquel s'associent souvent des troubles de la nutrition [carence en vitamines, en certains sels minéraux, etc.].)

lymphe [lɛ̃f] n. f. (lat. *lympha,* eau). Tissu animal liquide, limpide et incolore, composé chez l'homme de 97 p. 100 de plasma et de 3 p. 100 de leucocytes (8 000 par millimètre cube). [On distingue la *lymphe circulante,* contenue dans l'appareil lymphatique, et la *lymphe interstitielle,* qui exsude des capillaires sanguins et imprègne toutes les cellules ; dans l'intestin grêle, la lymphe se charge de presque toutes les graisses absorbées, d'un peu d'eau et de sels minéraux.]

lymphocyte n. m. (de *lymphe,* et gr. *kutos,* cellule). Variété de leucocytes (globules blancs) mesurant de 6 à 8 microns, à gros noyaux, fabriqués par les ganglions lymphatiques et les organes lymphoïdes. (Le lymphocyte joue un rôle important dans les mécanismes de l'immunité. Il intervient dans la production des anticorps que l'organisme oppose aux agressions microbiennes, mais aussi aux tissus greffés.)

lymphocytose n. f. Augmentation du nombre des lymphocytes contenus dans le sang.

lymphogranulomatose n. f. Maladie des ganglions lymphatiques et des tissus lymphoïdes, caractérisée par une prolifération cellulaire.
— Encycl. La *lymphogranulomatose maligne* (maladie de Hodgkin) est une maladie grave ; elle se manifeste par une tuméfaction des ganglions superficiels (cou, aisselle, aine) et profonds (médiastin), par de la fièvre et des démangeaisons. La biopsie des ganglions permet de déceler la présence de cellules monstrueuses caractéristiques (cellules de Sternberg).
La *lymphogranulomatose bénigne* (maladie de Besnier-Boeck-Schaumann) est caractérisée par des nodosités cutanées ou pulmonaires et par une augmentation fréquente du volume des ganglions.
La *lymphogranulomatose inguinale* (maladie de Nicolas-Favre) est une maladie vénérienne due à un virus ; elle consiste en une adénopathie inguinale aboutissant à une suppuration et à la formation de fistules.

lymphographie n. f. Radiographie des vaisseaux lymphatiques après injection d'un liquide opaque aux rayons X. (Elle permet de déceler les altérations des vaisseaux et des ganglions lymphatiques [lymphogranulomatose maligne, métastases ganglionnaires des cancers, etc.].)

lymphoïde adj. Se dit d'une variété de tissu conjonctif où se forment les lymphocytes. ● *Organes lymphoïdes,* organes riches en tissu lymphoïde (ganglions lymphatiques, amygdales, follicules clos de l'intestin, thymus, rate).

Lynch (*loi de*), procédure sommaire originaire des Etats-Unis, suivant laquelle la foule saisit un accusé, le juge, le condamne et l'exécute séance tenante.

lynchage n. m. Action de lyncher.

lyncher [lɛ̃ʃe] v. t. Exécuter sommairement d'après la loi de Lynch. ‖ Faire subir à quelqu'un les plus graves sévices (en parlant d'une foule).

Lyndsay ou **Lindsay** (*sir* David), poète écossais, né à Haddington (v. 1490-1555). Auteur de la *Satire des trois états,* il détermina un fort courant en faveur de la Réforme.

Lynn, port des Etats-Unis (Massachusetts) ; 94 500 h. Appareillage électrique. Chaussures.

lynx [lɛ̃ks] n. m. (gr. *lunx,* loup-cervier). Mammifère carnassier de la famille des félidés, de la taille d'un grand chat, à vue perçante et de mœurs sanguinaires, vivant en Europe (*loup-cervier* des Alpes), en Afrique, en Asie (*caracal*) et en Amérique.

Lyon, ch.-l. du dép. du Rhône, au confluent du Rhône et de la Saône, à 476 km au sud-est de Paris ; 535 000 h. (*Lyonnais*). Archevêché. Cour d'appel. Académie.
● *Géographie.* La colline de Fourvière, sur la rive droite de la Saône, a été le site initial de Lyon, qui, jusqu'au xixᵉ s., s'est développé essentiellement entre la Saône et le Rhône (quartiers de Perrache au sud, de la Croix-Rousse au nord). La ville s'est étendue alors vers l'est, au-delà du Rhône (quartiers de la Guillotière et des Brotteaux) pour ne plus former qu'une seule agglomération avec Villeurbanne. Aujourd'hui, Lyon est la troisième ville et la deuxième agglomération de France (1 083 000 h.). Son essor a été dû initialement à sa position, qui favorisa l'essor de la fonction commerciale. Celle-ci fit naître l'industrie au xviiiᵉ s. avec le travail de la soie. Aux xixᵉ et xxᵉ s. s'implantèrent la métallurgie de transformation et la chimie. Ces deux branches très diversifiées sont aujourd'hui de loin les principales activités industrielles de l'agglomération (construction automobile à Vénissieux, industries chimiques à Lyon même, à Saint-Fons et à Pierre-Bénite notamment), devant les textiles, l'électronique, les industries alimentaires, etc. Importante place financière, ville universitaire, siège d'une grande foire internationale, Lyon apparaît comme la plus achevée des nouvelles métropoles d'équilibre,

Phot. Goldner, Dragesco.

rayonnant sur la bordure orientale du Massif central, les plaines de la Saône et le bas Dauphiné. Sa position doit encore être valorisée par l'achèvement de l'aménagement du Rhône (le trafic du port est aujourd'hui de l'ordre de 2 Mt) et par la réalisation, plus hypothétique, d'une grande liaison fluviale Rhône-Rhin. Le dynamisme actuel de Lyon est démontré par l'évolution démographique récente. Entre 1954 et 1968, si la population de la ville seule ne s'est accrue que de 10 p. 100, celle de l'agglomération a augmenté d'environ 40 p. 100. — L'arr. a 28 cant., 162 comm., 1 184 571 h.

● *Histoire.* Colonie romaine fondée en 43 av. J.-C., Lyon (*Lugdunum*) devint, sous Auguste, la capitale administrative de la province lyonnaise, puis rapidement la capitale religieuse et la ville la plus prospère des Gaules. Ville du Saint Empire (1032), elle bénéficia en fait d'une large autonomie. Le réveil du commerce européen favorisa son essor. En 1245, puis en 1274 se tinrent à Lyon d'importants conciles œcuméniques. Annexée en 1307 au royaume de France, Lyon reçut une charte communale en 1320; la population marchande s'installa alors entre la Saône et le Rhône. Au XVe s., les rois de France, et particulièrement Louis XI, encouragèrent l'industrie de la soie et l'imprimerie; les foires de Lyon acquirent une réputation internationale. Au XVIIIe s., l'industrie de la soie s'épanouit. La ville se montra favorable aux Girondins et aux royalistes, et subit en 1793 les exactions des Jacobins. Dans la première moitié du XIXe s., notamment en 1831, elle fut le théâtre de plusieurs révoltes liées aux difficultés vitales rencontrées par les ouvriers en soie, ou *canuts*. Elle s'accrut progressivement au-delà du Rhône. Elle fut un actif centre de résistance entre 1940 et 1944.

● *Beaux-arts.* Lyon est riche de nombreux monuments, dont la cathédrale gothique Saint-Jean (XIIe-XVe s.), la basilique Saint-Martin d'Ainay (consacrée en 1107), l'église Saint-Nizier (XVe-XVIe s.), l'hôtel de ville (XVIIe s.), des hôtels particuliers et de vieilles demeures, notamment du XVIe s. La place Bellecour date du XVIIIe s., et la basilique Notre-Dame de Fourvière du XIXe s. Importants musées, en particulier celui des Beaux-Arts et le musée historique des Tissus. Centre d'une vie littéraire originale depuis le XVIe s., Lyon possède une riche bibliothèque ouverte au public en 1765.

lyonnais [ljɔnɛ], **e** [-ɛz] adj. et n. De Lyon.

Lyonnais (*monts du*), massif de l'est du Massif central; 937 m.

Lyonnaise, une des divisions de la Gaule romaine; elle forma quatre provinces distinctes au Bas-Empire.

Lyons-la-Forêt [-ɔ̃s-] (27480), ch.-l. de c. de l'Eure (arr. des Andelys); 880 h. (557 aggl.). Forêt.

lyophilisation [ljɔfilizasjɔ̃] n. f. (du gr. *luein*, dissoudre). Dessiccation spéciale que l'on fait subir à certaines substances pouvant être altérées par l'action du temps.
— ENCYCL. Après avoir pris un très grand essor en médecine et dans l'industrie pharmaceutique, la *lyophilisation* tend à se développer pour la conservation des denrées alimentaires, dont la plupart des propriétés (texture, qualités nutritionnelles notamment) ne sont pas altérées par le traitement : il consiste essentiellement en une surgélation, suivie d'une dessiccation primaire sous vide pour sublimer la glace, puis d'une dessiccation seconde (ou désorption) pendant laquelle le produit est chauffé sous vide pour éliminer une partie de l'eau résiduelle.

Lyot (Bernard), astronome français, né à Paris (1897-1952). Spécialiste de l'observation de la couronne solaire, il réalisa le coronographe (1931), qui permet de photographier la couronne solaire en dehors des éclipses, ainsi qu'un spectromètre coronal (1950), que l'on peut utiliser sous un ciel voilé.

lyre [lir] n. f. (lat. *lyra,* empr. au gr.). Instrument de musique à cordes pincées, en usage chez les Anciens. ‖ *Fig.* Génie poétique. ‖ Nom usuel du *ménure*.

Lyre (la), petite constellation boréale, contenant l'une des étoiles les plus brillantes du ciel, *Véga,* et la nébuleuse circulaire, dite « planétaire », M 57, qui est le prototype de ce genre d'objet céleste.

lyrique adj. (de *lyre*). Qui est plein d'enthousiasme, d'exaltation : *il devient lyrique quand il parle de son auteur préféré.*

lyrique n. m. Poète qui compose des poésies personnelles, des odes, etc. ‖ Le genre lyrique. ‖ — Adj. *Artiste lyrique,* acteur ou actrice qui chante. ‖ *Drame lyrique,* drame accompagné de musique et de chant. ‖ *Poésie lyrique,* autref., poésie qui se chantait sur la lyre; auj., genre de poésie où le poète exprime ses émotions et ses sentiments personnels.

lyrisme n. m. Inspiration lyrique : *le lyrisme de Lamartine.* ‖ Exaltation des sentiments personnels (souv. iron.) : *faire preuve de lyrisme.*

lys n. m. V. LIS.

Lys dans la vallée (*le*), roman d'H. de Balzac (1835). Il se présente sous la forme de deux lettres; la première, qui compose presque tout le roman, est la confession de Félix de Vandenesse à Nathalie de Manerville, qu'il est sur le point d'épouser : il lui révèle l'amour platonique qui le liait à une femme vertueuse, Mme de Mortsauf, vivant dans un château de la vallée de l'Indre et qui est morte de douleur en apprenant sa liaison avec la marquise Dudley. La seconde lettre est la réponse ironique de Nathalie, qui rend à Félix sa liberté.

Lys (la), en néerl. **Leie,** riv. de France et de Belgique, affl. de l'Escaut (r. g.) à Gand; 214 km. Elle arrose Aire, Armentières, Courtrai. La Lys est canalisée à partir d'Aire. — Combats en 1914 et en 1918.

Łysa Góra, l'un des points culminants (593 m) des *Łysogóry* (*monts Chauves*), dans le sud de la Pologne.

Lysandre, général spartiate (m. en 395 av. J.-C.). Il défit les Athéniens à l'embouchure de l'Aigos-Potamos et prit Athènes (405 av. J.-C.).

lyse [liz] n. f. *Méd.* Destruction d'éléments organiques (tissus ou cellules) sous l'action d'agents physiques, chimiques ou biologiques.

Lysias, orateur athénien (v. 440-v. 380 av. J.-C.). Fils d'un armurier syracusain, il étudia la rhétorique à Thourioi, puis l'enseigna à Athènes. Persécuté et ruiné par les Trente, qui mirent à mort son frère Polémarque, il se fit logographe et, après la restauration du régime démocratique, poursuivit en justice l'un des tyrans, faisant dans son plaidoyer célèbre (*Contre Eratosthène*) le tableau de la terreur que les Trente avaient fait régner. Il est resté le modèle de l'atticisme.

lysimaque [lizimak] n. f. (du médecin grec *Lysimaque*). Plante des lieux humides, à fleurs jaunes. (Famille des primulacées.)

Lysimaque, roi de Thrace, né à Pella (v. 360-281 av. J.-C.). Lieutenant d'Alexandre, il hérita du royaume de Thrace. Il fut tué par Séleucos.

lysine [lizin] n. f. Acide aminé indispensable à la croissance. ‖ Substance organique (enzyme) pouvant effectuer la lyse d'un élément cellulaire ou tissulaire, ou d'un germe microbien.

Lysippe, sculpteur grec, né à Sicyone (v. 390 av. J.-C.). Le canon qu'il fixe au corps humain est plus élancé que celui des premiers classiques. Il s'attache davantage au réalisme et au mouvement, préparant ainsi l'art hellénistique. Il fut le portraitiste d'Alexandre.

Lysistrata, comédie d'Aristophane en faveur de la paix (411 av. J.-C.).

Lys-lès-Lannoy (59390), comm. du Nord (arr. de Lille), sur la frontière belge; 10 410 h. Textiles.

lytique adj. Qui provoque la lyse : *agent lytique.*

Lytton (Edward George BULWER-LYTTON, *baron*), romancier et homme d'Etat anglais, né à Londres (1803-1873), auteur des *Derniers Jours de Pompéi* (1834).

Lyon

Phot. Alain Perceval.

Mm

m [ɛm] n. m. Treizième lettre de l'alphabet, et la dixième des consonnes. (La consonne *m* est une nasale.) ‖ **— M,** chiffre romain, vaut *mille.* ‖ Symbole du préfixe *méga.* ‖ Symbole du *maxwell.* ‖ Rapport (appelé *module*) des logarithmes décimaux aux logarithmes népériens et valant 0,434. ‖ **— m,** symbole du *mètre.* ‖ Symbole du préfixe *milli.* ‖ **M.,** abrév. de *monsieur.* ‖ **m^2,** symbole du *mètre carré.* ‖ **m^3,** symbole du *mètre cube.*

ma adj. poss. fém. V. MON.

Maaseik, v. de Belgique (Limbourg), sur la Meuse; 8 400 h. Dentelles. Constructions mécaniques.

Maastricht ou **Maëstricht,** v. des Pays-Bas, ch.-l. du Limbourg, sur la Meuse; 95 000 h. La ville contient un bel ensemble de constructions médiévales : la cathédrale Saint-Servais (XIe-XIIe s.), la basilique Notre-Dame (romane et gothique), des maisons anciennes. Métallurgie. Textiles. Poteries.

Mab (*la reine*), personnage de la féerie anglaise. Shakespeare en a donné la plus séduisante peinture dans *Roméo et Juliette.*

Mabillon (Jean), bénédictin français, né à Saint-Pierremont (1632-1707), moine de la congrégation de Saint-Maur, à Paris. On lui doit les *Acta sanctorum ordinis sancti Benedicti* et un traité de diplomatie, *De re diplomatica.*

Mably (42300 Roanne), comm. de la Loire (arr. de Roanne), dans la plaine du Roannais; 5 313 h.

Mably (Gabriel BONNOT DE), philosophe et historien français, né à Grenoble (1709-1785), frère de Condillac. Auteur du *Droit public de l'Europe fondé sur les traités* (1748) et d'*Observations sur l'histoire de France* (1765), il est considéré comme un précurseur du socialisme communautaire.

maboul [mabul], **e** adj. et n. (arabe *mahbūl,* illuminé). *Pop.* Fou.

maboulisme n. m. *Pop.* Folie.

Mabuse (Jan GOSSART ou GOSSAERT, dit), peintre flamand, né à Maubeuge v. 1478 ou à Wijk bij Duurstede v. 1472 (m. v. 1533/1536). Il subit l'influence de Dürer, mais, premier peintre flamand à faire le voyage d'Italie, fut marqué par ce séjour. Peintre de nus (*Adam et Eve,* Berlin), de scènes mythologiques, de portraits (*Diptyque Carondelet,* Louvre), de sujets religieux (*Saint Luc faisant le portrait de la Vierge,* Prague; *Vierges à l'enfant,* Munich, Bruxelles), il annonce le baroque.

macabre [makabr *ou* -kɑbr] adj. (orig. obscure). Funèbre, ou qui a trait à des choses funèbres : *plaisanterie macabre; découverte macabre.* ● *Danse macabre,* au Moyen Age, ronde infernale, peinte ou sculptée, dansée par des morts de toutes les conditions et de tous les âges, rois ou sujets, riches ou pauvres, vieillards ou enfants.

macache [makaʃ] adv. (arabe *makānch,* il n'y a pas). *Pop.* Exprime une négation.

macadam [makadam] n. m. (du nom de l'inventeur, *McAdam*). Système de revêtement des chaussées avec de la pierre concassée et du sable, que l'on agglomère au moyen de rouleaux compresseurs. (Syn. EMPIERREMENT.) ‖ Route ainsi empierrée : *rouler sur le macadam.*

McAdam (John Loudon), ingénieur écossais, né à Ayr (1756-1836). Il fut le premier à mettre en œuvre le système de revêtement des routes à l'aide de pierres cassées, système auquel son nom est resté attaché.

macadamisage n. m. Action ou manière de macadamiser; résultat de cette action.

macadamiser v. t. Recouvrir de macadam.

Macaire d'Egypte (*saint*) [v. 301-391], solitaire au désert de Scété. — Fête le 15 janvier.

Macaire, prélat russe (v. 1482-1563). Métropolite de Moscou, il fut le conseiller le plus écouté du tsar Ivan IV le Terrible et le réformateur de l'Eglise russe.

Macaire (Robert), personnage de *l'Auberge* des Adrets* (1823), qui dut sa popularité à la création qu'en fit Frédérick Lemaître et aux lithographies de Daumier (*Caricaturana,* 1836-1838). C'est le type du filou apte à se métamorphoser et à changer d'identité.

Macao, territoire portugais, sur la côte méridionale de la Chine, près de l'embouchure du Si-kiang; 175 000 h. Possession portugaise depuis 1557, important port au XVIIIe s., Macao a décliné avec l'essor de la colonie britannique de Hongkong au XIXe s.

Macapá, v. du Brésil, ch.-l. du territoire de l'Amapá; 81 000 h.

macaque [makak] n. m. (portug. *macaco,* empr. au bantou). Singe d'Asie voisin des cercopithèques, mesurant de 50 à 60 cm de long sans compter la queue. (Le macaque rhésus, de l'Inde, est utilisé dans les laboratoires et a permis la découverte du facteur* Rhésus.) ‖ *Fig.* Homme très laid.

macaque et son petit

macareux

macareux [makarø] n. m. Oiseau des mers arctiques, au bec aplati bleu et rouge, voisin des pingouins. (Long. 35 cm; autre nom : *calculot.*)

macaron [makarɔ̃] n. m. (ital. *maccarone,* macaroni). Pâtisserie croquante, ronde ou ovale, faite de pâte d'amande ou de sucre. ‖ *Fam.* Rosette de décoration ou insigne circulaire quelconque.

macaroni [makarɔni] n. m. inv. (mot ital.). Pâte alimentaire de semoule de blé dur, moulée en tubes et prête à l'emploi culinaire.

macaronique adj. *Poésie macaronique,* poésie burlesque, où les mots sont mêlés de latin ou prennent une terminaison latine.

MacArthur (Douglas), général américain, né à Fort Little Rock (Arkansas) [1880-1964]. Aide de camp de Th. Roosevelt (1906-1908), puis deux fois blessé pendant la Première Guerre mondiale, qu'il termine comme général de brigade, il devient commandant de West Point (1919). Chef d'état-major de l'armée (1930), puis commandant des forces militaires aux Philippines au moment de l'agression japonaise (1941), il ne quitte l'archipel pour l'Australie que sur l'ordre de F. Roosevelt (mars 1942). Commandant en chef des forces du Pacifique Sud-Ouest (1943), puis de toutes les forces alliées du Pacifique (1945), il joue un rôle capital dans la victoire sur le Japon, où il commande ensuite les troupes d'occupation. Chef des forces alliées engagées en Corée avec l'accord de l'O. N. U. (1950), il est relevé de son commandement par Truman et remplacé par Ridgway (1951).

Macassar, Makassar ou **Makasar,** port d'Indonésie (Célèbes), sur le *détroit de Macassar* (entre Bornéo et les Célèbes); 384 200 h. Pêche. Industries alimentaires.

Macaulay (Thomas Babington MACAULAY, *baron*), historien et homme politique britannique, né à Rothley Temple (Leicestershire) [1800-1859]. Député whig (1830), il fut envoyé (1834-1838) en Inde pour rédiger un nouveau code de lois. Il est l'auteur d'une *Histoire d'Angleterre* (5 vol.; 1848-1861) d'une grande valeur littéraire.

Mac Avoy (Edouard), peintre français, né à Bordeaux en 1905, auteur de grands portraits synthétiques (*Pierre Larousse, Jean XXIII, Picasso*).

Macbeth (m. en 1057), roi d'Ecosse de 1040 à 1057. Il parvint au trône par l'assassinat de Duncan Ier, mais il fut tué par le fils de ce dernier.

Macbeth, drame de Shakespeare (1605). Trois sorcières ont prédit la royauté à Macbeth pour lui-même, et à son ami Banquo pour ses fils. Poussé par sa femme, Macbeth assassine le roi Duncan, son hôte, puis il supprime Banquo, son complice. Mais le remords s'empare de lui, et il croit voir surgir devant lui le spectre de Banquo. Quant à lady Macbeth, elle s'imagine que ses mains restent teintes du sang de Duncan. Cette hallucination l'entraîne au suicide, tandis que Macbeth périt dans un combat.

McBurney (*point de*), point situé sur l'abdomen, dans la projection de l'appendice, et siège d'une douleur précise en cas d'appendicite.

Maccabée ou **Macabée** (Mattathias), prêtre juif (m. v. 165 av. J.-C.), tige des Asmonéens et chef de la résistance contre Antiochos IV Epiphane en 166 av. J.-C. — JUDAS (v. 200-160 av. J.-C.), fils du précédent. Vainqueur d'Antiochos IV Epiphane à Emmaüs et à Hébron, il tomba en combattant contre Démétrios Sôter. — Son frère JONATHAS, grand prêtre des Juifs, assassiné en 143 av. J.-C. — SIMON, frère des deux précédents, assassiné par son gendre l'an 134 av. J.-C. Il avait obtenu en 142 la reconnaissance de l'indépendance de la Judée.

Maccabées (*Livre des*), nom donné à quatre livres de l'Ancien Testament, dont les deux premiers seuls sont considérés comme canoniques par l'Eglise catholique. Le deuxième raconte le martyre, sous Antiochos IV, de sept frères et de leur mère, vénérés par l'Eglise le 1er août.

macchabée [makabe] n. m. *Pop.* Cadavre.

McClellan (George Brinton), général américain, né à Philadelphie (1826-1885). Pendant la guerre de Sécession, il commanda l'armée du Potomac (1861), s'empara de Richmond, sauva Washington en battant Lee (1862), qu'il négligea de poursuivre. Relevé de son commandement, il échoua aux élections présidentielles de 1864.

M'Clintock (*sir* Francis Leopold), marin irlandais, né à Dundalk (1819-1907), explorateur des régions arctiques.

McClure (*sir* Robert John LE MESURIER), amiral anglais, né à Wexford (Irlande) [1807-1873]. Bloqué par les glaces de septembre 1851 au printemps 1854, il dut abandonner son bateau et rentra après avoir découvert le passage du Nord-Ouest entre la baie d'Hudson et le détroit de Béring. Ce passage sera franchi pour la première fois en bateau par Amundsen (1903-1906).

McCormick (Cyrus Hall), industriel américain, né dans le comté de Rockbridge (Virginie) [1809-1884]. Il imagina de nombreuses machines agricoles, notamment un nouveau type de moissonneuse, pour la fabrication de laquelle il fonda une manufacture à Chicago en 1847.

McCullers (Carson Smith), femme de lettres américaine, née à Columbus (Géorgie) [1917-1967]. Ses romans, marqués par le freudisme, traitent de la solitude de l'être humain (*Le cœur est un chasseur solitaire,* 1940; *Frankie Addams,* 1946; *la Ballade du café triste,* 1951).

Macdonald (Alexandre), maréchal de France, né à Sedan (1765-1840). Après Wagram, il fut nommé duc de

Phot. Black Star-Rapho, Hörnel-Rapho.

général
Douglas MacArthur

sir John Alexander
Macdonald

Machiavel, par Santi di Tito
Palazzo Vecchio, Florence

Tarente. Il négocia avec les Alliés l'abdication de Napoléon.

Macdonald (*sir* John Alexander), homme politique canadien, né à Glasgow (1815-1891). Un des fondateurs de la Confédération du Canada de 1867, il présida le premier cabinet canadien (1867-1873) et revint au pouvoir de 1878 à 1891.

MacDonald (James Ramsay), homme politique britannique, né à Lossiemouth (comté de Moray) [1866-1937]. Il joua un rôle important dans la création du parti travailliste (1900). Député travailliste (1906), il devint leader du parti (1911) et prit la direction du premier gouvernement socialiste formé au Royaume-Uni (1924), puis du second (1929). Il eut alors à faire face aux difficultés nées de la crise économique mondiale. De 1931 à 1935, il présida un gouvernement d'union nationale.

Macé (Jean), écrivain français, né à Paris (1815-1894), fondateur de la Ligue française de l'enseignement.

macédoine [masedwan] n. f. (du n. propre *Macédoine*). Mets composé de plusieurs sortes de fruits ou de légumes coupés en morceaux. ‖ *Fig.* Amas de choses disparates.

Macédoine, région de la péninsule des Balkans. Pays essentiellement montagneux, ouvert par des bassins, dont le plus vaste est celui du Vardar, la Macédoine est aujourd'hui partagée entre la Bulgarie, la Grèce (1 896 000 h.; v. pr. *Thessalonique*) et la Yougoslavie, dont elle constitue l'une des républiques fédérées (1 551 000 h.; cap. *Skopje*).
● *Histoire*. Longtemps considérée comme un pays barbare par les Grecs, la Macédoine ne fut unifiée qu'au VIe s. av. J.-C., mais elle conservait encore les structures politiques de la Grèce homérique. Les rois de Macédoine revendiquaient la qualité de Grecs : ainsi Alexandre Ier (498-454 av. J.-C.) obtint de participer aux jeux Olympiques. La Macédoine fit des progrès décisifs sur le plan militaire et sur la voie de l'hellénisation durant le règne d'Archélaos (413-399 av. J.-C.), mais il fallut attendre le règne de Philippe II (356-336 av. J.-C.) pour voir le royaume doté d'une armée puissante et notamment d'une infanterie lourde, la *phalange*. Après avoir battu les Illyriens, Philippe occupa la Thessalie et la Chalcidique, battit les Athéniens et les Thébains à Chéronée (338), devenant en fait le maître de la Grèce. Son fils Alexandre III, dit *le Grand* (336-323 av. J.-C.), poursuivit et développa son œuvre; après avoir maté les Grecs révoltés (335), il entreprit une vaste expédition en Orient (où il détruisit l'Empire perse achéménide), laissant la Macédoine et la Grèce à Antipatros. Après la mort de ce dernier (319 av. J.-C.), l'héritage macédonien d'Alexandre fut disputé par plusieurs de ses généraux; après une période d'anarchie, Antigonos Gonatas fonda une dynastie stable, celle des Antigonides (276-168 av. J.-C.), qui poursuivit en Grèce une politique de domination. De ce fait, Philippe V de Macédoine (221-179 av. J.-C.) provoqua l'intervention de Rome, qui, après trois guerres successives (216-168 av. J.-C.), finit par avoir raison de sa résistance et de son fils Persée (179-168 av. J.-C.) [victoire de Paul Emile sur Persée à Pydna, 168]. Devenue province romaine, puis byzantine, la Macédoine fut envahie par les Barbares, puis par les Slaves; aux IXe et Xe s., les Bulgares l'occupèrent. Thessalonique fut au XIIIe s. le centre d'un éphémère Etat latin. Dès 1371, les Turcs s'installèrent en Macédoine, qui, de leur fait, connut une longue régression politique et économique. Ce n'est qu'au XIXe s. qu'elle sortit de son marasme : elle fut alors revendiquée par les Bulgares, les Serbes et les Grecs, et travaillée par des mouvements révolutionnaires. Les Turcs ripostèrent par des massacres et, malgré une intervention austro-russe (1903), accentuèrent la politique d'intégration de la Macédoine à la Turquie. Cette politique provoqua la réaction des Etats chrétiens des Balkans, qui fit de la Macédoine l'enjeu des deux guerres balkaniques (1912-1913) [v. BALKANS]. Celles-ci se terminèrent par son partage entre la Serbie, la Grèce et la Bulgarie (traité de Bucarest, 1913).
La Macédoine fut le théâtre d'opérations qui, de 1915 à 1918, opposèrent les forces alliées (françaises, britanniques, grecques, italiennes et serbes) aux forces austro-germano-bulgares et qui se terminèrent par la victoire décisive des premières en septembre et octobre 1918. Sarrail commanda les forces alliées d'octobre 1915 à décembre 1917; Guillaumat lui succéda jusqu'à juin 1918, date à laquelle Franchet d'Esperey prit le commandement. Le traité de Neuilly (1929) et les fluctuations territoriales liées à la Seconde Guerre mondiale ne modifièrent que légèrement les dispositions du partage de 1913. Occupées en 1941 par les Bulgares, aidés des Allemands, les régions grecques et yougoslaves de la Macédoine furent restituées officiellement en 1947.

macédonien [masedɔnjɛ̃], **enne** [-ɛn] adj. et n. De la Macédoine.

Maceió, port du Brésil, ch.-l. de l'Etat d'Alagoas, sur l'Atlantique; 237 000 h. Industries métallurgiques, textiles et alimentaires.

macérateur n. m. Récipient où s'opère une macération.

macération n. f. Opération consistant à faire tremper dans un liquide un corps pour en extraire les produits solubles, ou un produit alimentaire pour le parfumer ou le conserver. ‖ *Méd.* Etat des tissus (notamment de la peau) maintenus au contact de l'eau ou d'un pansement humide. ‖ — Pl. *Fig.* Mortifications, jeûnes, austérités que l'on s'inflige par esprit de pénitence.

macérer [masere] v. t. (lat. *macerare*, consumer) [conj. **5**]. Faire tremper une substance dans un liquide : *macérer des roses dans l'alcool*. ‖ — V. i. : *faire macérer des oignons dans le vinaigre*.

macfarlane [makfarlan] n. m. (du n. du créateur, *MacFarlane*). Manteau sans manches, avec des ouvertures pour les bras et une pèlerine descendant jusqu'à la ceinture.

Mach (Ernst), physicien et philosophe autrichien, né à Turas (Moravie) [1838-1916]. Il mit en évidence le rôle de la vitesse du son en aérodynamique et fit une étude critique des principes de la mécanique newtonienne. Il est, avec Avenarius, à l'origine de la théorie philosophique appelée *empiriocriticisme**.

Mach [mak] (*nombre de*) ou **mach,** rapport de la vitesse d'un mobile ou de la vitesse d'écoulement d'un fluide à la vitesse locale du son. (Cette unité n'est pas une véritable unité de vitesse, car la vitesse du son est proportionnelle à la racine carrée de la température. Un avion volant à mach 1 au voisinage du sol, par une température de 15 °C, a une vitesse de 1 225 km/h.)

Machado (Antonio), poète espagnol, né à Séville (1875-1939). Il s'est fait le chantre de l'Andalousie et de la Castille dans des recueils qui unissent les thèmes décadents à l'inspiration folklorique (*Solitudes*, 1903; *les Paysages de Castille*, 1912; *Nouvelles Chansons*, 1917-1920).

Machado de Assis (Joaquim Maria), écrivain brésilien, né à Rio de Janeiro (1839-1908). Poète parnassien, mais romancier réaliste (*Dom Casmurro*, 1900), il fut le principal fondateur de l'Académie brésilienne des lettres.

machaon [makaɔ̃] n. m. (de *Machaon*, personnage mythologique). Papillon diurne, à ailes jaunes tachetées de noir, de rouge et de bleu, mesurant jusqu'à 9 cm d'envergure et appelé usuellement *grand porte-queue*. (La chenille du machaon vit sur les ombellifères [carotte].) [V. illustr. PAPILLONS.]

Machault (08310 Juniville), ch.-l. de c. des Ardennes (arr. de Vouziers); 575 h.

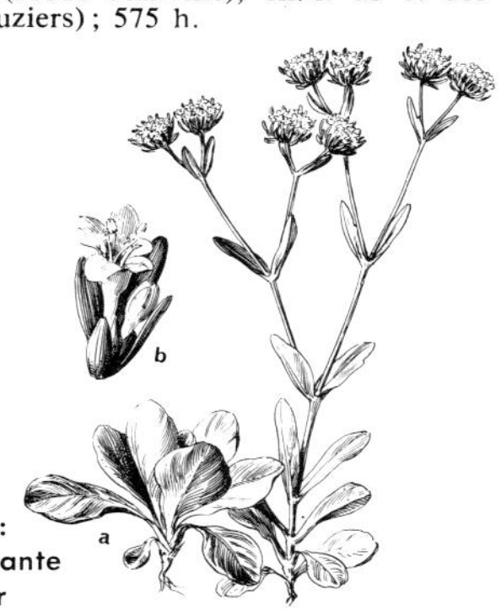

mâche :
a) jeune plante
b) fleur

Machault d'Arnouville (Jean-Baptiste DE), homme politique et financier français, né à Paris (1701-1794). Il fut contrôleur général des Finances (1745-1754), garde des Sceaux (1750) et ministre secrétaire d'Etat de la Marine (1754-1757). Le premier, il essaya, en établissant un impôt du *vingtième* sur tous les revenus, nobles et roturiers, de mettre en vigueur le principe de l'égalité devant l'impôt.

Machaut (Guillaume DE). V. GUILLAUME DE MACHAUT.

mâche [maʃ] n. f. (de *mâcher*). Plante potagère du genre *valérianelle*. (On la cultive dans les jardins comme salade d'hiver.) [Syn. : BOURSETTE, DOUCETTE.]

mâche-bouchon ou **mâche-bouchons** n. m. Appareil pour assouplir les bouchons, afin d'en faciliter l'introduction dans le goulot des bouteilles. ‖ Pl. des *mâche-bouchons*.

Machecoul (44270), ch.-l. de c. de la Loire-Atlantique (arr. de Nantes); 4 362 h. (2 301 aggl.). Ruines du château de Gilles de Rais (XIVe s.). Constructions mécaniques. Massacre de 300 Bleus par les vendéens en 1793.

mâchefer [maʃfɛr] n. m. (de l'anc. fr. *macher*, écraser). Scorie provenant de la combustion de charbon produisant des cendres à demi fusibles.

mâcher [maʃe] v. t. (lat. *masticare*). Broyer avec les dents. ‖ Couper sans netteté, en déchirant les fibres : *outil qui mâche le bois*. ● *Mâcher la besogne à quelqu'un*, lui préparer son travail. ‖ *Ne pas mâcher ses mots*, dire crûment son opinion.

machette [maʃɛt] n. f. (mot esp.). Nom donné parfois au sabre d'abattis.

Machiavel, en ital. **Niccolo Machiavelli,** homme politique et écrivain italien, né à Florence (1469-1527). Issu d'une famille noble mais peu fortunée, il devient en 1498 secrétaire de la seconde chancellerie de Florence. Jusqu'en 1512, il accomplit de nombreuses missions diplomatiques, au cours desquelles il forme sa pensée politique (*Images des choses d'Allemagne*, écrites en 1508 et publiées en 1532). Mais, suspect aux Médicis après la victoire remportée à Prato par les Espagnols, il est emprisonné. Libéré, il consacre sa retraite à des réflexions politiques (*Discours sur la première décade de Tite-Live*, 1513-1519) et stratégiques (*l'Art de la guerre*, 1521) et entreprend de définir une méthode de gouvernement qui convienne à l'Italie troublée du XVIe s. (*le Prince**, écrit en 1513 et publié en 1531). Il tente cependant de se rapprocher des Médicis, et le futur pape Clément VII lui confie la rédaction d'une *Histoire de Florence* (1521-1525). L'œuvre de Machiavel comporte également des *Lettres*, des poèmes (*les Décennales*, 1506-1509), des essais (*Vie de Castruccio Castracani da Lucca*, 1520), des comédies (*La Mandragore*, 1520) et des nouvelles (*Belphégor*, 1549).

machiavélique [makjavelik] adj. Conforme à la doctrine de Machiavel, considérée comme la négation de toute morale : *politique machiavélique*. ‖ *Fig.* Perfide, sans scrupule : *habileté machiavélique*.

machiavélisme [makjavelism] n. m. Système politique de Machiavel, considéré souvent comme négatif de toute loi morale. ‖ *Fig.* Conduite déloyale et perfide.

mâchicoulis [maʃikuli] n. m. (anc. fr. *macher*, écraser, et *coulis*, action de couler). Ouverture pratiquée à la base d'un ouvrage de maçonnerie construit en encorbellement au sommet d'une muraille de fortifications médiévales et permettant de projeter sur l'assaillant pierres, huile ou poix bouillantes. (Les mâchicoulis sont disposés sur le côté externe du chemin de ronde.)

machin [maʃɛ̃], **e** [-in] n. (de *machine*). *Pop.* Nom par lequel on désigne une personne, une chose que l'on ne peut pas ou ne veut pas désigner autrement : *j'ai vu... Machin*.

machinal, e, aux adj. Se dit d'un mouvement naturel où la volonté n'a point de part.

machinalement adv. De façon machinale : *secouer machinalement la tête*.

machinateur n. m. Celui qui trame quelque machination.

machination n. f. Intrigues, menées secrètes pour faire réussir un complot, un mauvais dessein.

machine [maʃin] n. f. (lat. *machina*, empr. au gr.). Ensemble de mécanismes combinés pour recevoir une forme définie d'énergie, la transformer et la restituer sous une forme plus appropriée, ou pour produire un effet donné : *machine à écrire*. ‖ *Fig.* Homme qui obéit aveuglément à l'impulsion d'autrui : *l'esclave n'était qu'une machine*. ‖ Ensemble des organes qui constituent le corps de l'homme ou d'un animal : *la machine animale*. ‖ Ensemble des moyens qui concourent à un effet d'ensemble : *la machine de l'Etat*. ● *Animal-machine* (Philos.), animal conçu comme totalement dépourvu d'âme et mû par de purs mécanismes, dans la philosophie de Descartes. ‖ *Machine à bois*, machine-outil pour le travail du bois. ‖ *Machine électrique*, appareil qui transforme un travail mécanique en énergie électrique. ‖ *Machine de guerre*, terme générique désignant, dans l'Antiquité et au Moyen Age, toutes sortes de matériels de guerre employés dans le combat de siège. (V. *encycl.*) ‖ *Machine infernale*, tout engin contenant un explosif et des projectiles, destiné à répandre la mort par son explosion. ‖ *Machine simple* (Phys.), appareil destiné à transmettre une force en en modifiant la direction ou l'intensité (poulie, levier, treuil, etc.). ‖ *Machine à sous*, jeu de hasard constitué par un appareil dans lequel on introduit une pièce de monnaie et qui en redonne parfois plusieurs. ‖ *Machine à vapeur*, machine dans laquelle on utilise la force d'expansion de la vapeur d'eau (V. VAPEUR.)

Phot. A. F. P., Canadian Inform. Service, Roger-Viollet.

— ENCYCL. Dans l'Antiquité et au Moyen Age, les *machines de guerre* ont joué un grand rôle soit pour enfoncer des murailles, soit pour lancer des projectiles (au XIVe s., le canon fut d'abord conçu pour lancer des boulets de pierre contre une muraille). Les armées de la Renaissance avaient des ingénieurs spécialement chargés de la construction des machines de guerre, et Léonard de Vinci a laissé des croquis de plusieurs de ces machines, dont il préconisait l'emploi. Fixes ou mobiles, inertes ou mécaniques, généralement lourdes et compliquées, celles-ci utilisaient la torsion (*catapulte**), les ressorts (*baliste**) ou les contrepoids (*bélier**).

Machine (LA) [58260], ch.-l. de c. de la Nièvre (arr. de Nevers) ; 5 749 h. Houille.

machine-outil n. f. Machine destinée à façonner la matière et mettant en œuvre un outillage mû mécaniquement. || Pl. des *machines-outils*.
— ENCYCL. Une *machine-outil* travaille soit par déformation de la matière (machine à dresser les tôles, cisaille, emboutisseuse, poinçonneuse, plieuse), soit par enlèvement de métal ; on a alors : 1° les machines à mouvement circulaire continu, soit de la pièce (tour), soit de l'outil (fraiseuse, perceuse, aléseuse) ; 2° les machines à mouvement rectiligne alternatif, soit de la pièce (raboteuse), soit de l'outil (étau-limeur, mortaiseuse, brocheuse) ; 3° les machines à outil abrasif, dans lesquelles l'outil est constitué par une meule, une toile enduite d'émeri, etc. La mise en œuvre du bois réclame l'emploi de nombreuses machines-outils : machines à débiter, à corroyer, à façonner, à finir, etc. Certaines machines reproduisent le mouvement de l'outil manuel correspondant ; mais, le plus souvent, l'outil a une position fixe, et c'est la pièce de bois qui se déplace.

machiner v. t. Former en secret, préparer des intrigues : *machiner une trahison*.

machinerie n. f. Ensemble de machines employées à un travail. || Endroit où sont les machines d'un navire, etc.

machine-transfert n. f. Machine-outil à postes multiples, dans laquelle les pièces à usiner restent fixes pendant l'usinage, puis se déplacent mécaniquement de poste en poste pendant les opérations intermédiaires. || Pl. des *machines-transferts*.
— ENCYCL. Dans une *machine-transfert*, l'avance des pièces à usiner et le mouvement des outils dans chaque poste sont réalisés automatiquement suivant un cycle d'usinage préétabli. Les installations de transfert permettent d'exécuter les usinages les plus compliqués avec une grande rapidité, une grande précision et le minimum de main-d'œuvre. De telles installations ont été créées par l'industrie automobile et conviennent à l'usinage des pièces de très grandes séries, comme les blocs-moteurs d'automobiles.

machinisme n. m. Emploi généralisé de machines substituées à la main-d'œuvre : *le machinisme a transformé l'industrie moderne*.

machiniste n. m. Conducteur de machines. || Conducteur d'autobus. || Ouvrier chargé de mettre en place et de démonter les décors et les accessoires de théâtre et de cinéma.

machmètre [mak-] n. m. Instrument servant à mesurer le nombre de Mach à bord d'un avion, c'est-à-dire le rapport de sa vitesse à celle du son dans l'atmosphère où il se déplace.

mâchoire [maʃwar] n. f. (de *mâcher*). Pièce dure de la bouche des animaux, portant des dents ou des indentations et faisant face à une pièce semblable dont elle peut se rapprocher ou s'éloigner grâce à une articulation mobile. (V. *encycl.*) [Chez l'homme, la *mâchoire supérieure* est formée de deux os, les maxillaires, soudés entre eux et aux os voisins ; la *mâchoire inférieure* ne comporte qu'un maxillaire, articulé au crâne par une paire de condyles.] || *Technol.* Pièce double dont les deux parties peuvent se rapprocher ou s'éloigner à volonté pour serrer et maintenir un objet, comme dans les tenailles, les étaux, etc. ● *Mâchoire de frein*, pièce métallique portant à sa périphérie la garniture de frein, et qui assure le ralentissement ou l'arrêt d'un mouvement par frottement.
— ENCYCL. La notion de *mâchoires* s'applique mal aux invertébrés, chez qui elle désigne les pièces dures les plus diverses de la bouche : « bec de perroquet » des poulpes, rebord corné des escargots, pièces dentelées des néréides ou des sangsues, maxilles et maxillules des crustacés, maxilles des insectes. Chez les vertébrés, au contraire, à l'exception du petit groupe primitif des agnathes (lamproie), il y a toujours deux mâchoires : l'une (mâchoire inférieure), souvent appelée *mandibule*, est toujours mobile et articulée au reste du squelette par une paire de *condyles mandibulaires ;* l'autre (mâchoire supérieure) peut être très semblable à la mandibule (même formule dentaire) ou en différer quelque peu, et son mode de fixation au squelette est variable, tout au moins chez les poissons et, surtout, chez les reptiles (les serpents peuvent se désarticuler largement les mâchoires pour ingérer des proies plus grosses qu'eux). Le rebord des mâchoires forme l'*arcade dentaire*, creusée d'alvéoles chez les crocodiles et chez les mammifères. La forme des condyles mandibulaires est en rapport avec les mouvements habituels de mastication, la forme de la table d'usure des molaires et le régime alimentaire dominant de l'animal. En règle générale, la mâchoire supérieure déborde l'inférieure. Chez les oiseaux et les tortues, les mâchoires sont enveloppées d'un étui corné et forment un bec*.

mâchonnement n. m. Action de mâchonner. || *Méd.* Mouvement des mâchoires, semblable à celui que fait une personne qui mâche, et qu'on observe dans certaines affections cérébrales.

Mackenzie King

Mac-Mahon
gravure de A. Maurin

mâchonner [maʃone] v. t. Mâcher lentement, difficilement : *les tortues mâchonnent leurs aliments*. || Mordre à plusieurs reprises un objet qu'on tient entre les dents : *mâchonner son crayon*. || *Fig.* Articuler d'une manière indistincte : *mâchonner des injures*.

mâchouiller [maʃuje] v. t. *Fam.* Mâchonner mécaniquement, avec négligence.

Machupicchu, site du Pérou, au nord-ouest de Cuzco. Importants vestiges précolombiens de l'époque inca.

mâchure n. f. (de l'anc. fr. *macher*, écraser, altéré d'après *mâcher*). Partie du drap, du velours, où le poil est endommagé.

mâchurer v. t. (origine obscure). Barbouiller de noir.

mâchurer v. t. (de *mâchure*). Meurtrir, déchirer, mettre en lambeaux : *mâchurer son mouchoir*.

Macias Nguema (*île*), anc. **Fernando Poo**, île de la Guinée-Equatoriale ; 40 500 h.

Maciejowice, v. de Pologne, au sud-est de Varsovie ; 3 150 h. Souvorov y battit Kościuszko le 10 octobre 1794.

Macina, région du Mali, traversée par le Niger (cultures du riz et du coton).

macis [masi] n. m. (du lat. *macir*, écorce aromatique). Capsule, écorce de la noix muscade utilisée comme condiment.

Mack (Karl), baron VON LEIBERICH, général autrichien, né à Nennslingen (1752-1828). Cerné dans Ulm par Napoléon Ier, il se rendit avec 30 000 hommes sans combattre. Il fut condamné en conseil de guerre, puis gracié.

Mackensen (August VON), maréchal allemand, né à Haus Leipnitz, près de Wittenberg (1849-1945). Professeur d'histoire militaire de Guillaume II, il devint, pendant la Première Guerre mondiale, commandant des troupes austro-allemandes en Galicie (1915), en Serbie (1915) et en Roumanie (1916). Il fut battu en Macédoine par Franchet d'Esperey (sept. 1918). Il cautionna de son autorité morale le parti nazi auprès de la Reichswehr.

Mackenzie, fl. du Canada ; 4 100 km. Né dans les Rocheuses sous le nom d'*Athabaska*, il s'écoule vers le nord, pénètre dans le lac Athabaska, d'où il ressort sous le nom de *rivière de l'Esclave*, traverse le grand lac de l'Esclave, avant de prendre enfin le nom de *Mackenzie* et de rejoindre l'océan Arctique.

Mackenzie (William Lyon), homme politique canadien, né à Springfield (Ecosse) [1795-1861]. Il dirigea la rébellion de 1837 dans le haut Canada.

Mackenzie King (William Lyon), homme politique canadien, né à Kitchener (Ontario) [1874-1950]. Député libéral (1908), il devint leader de ce parti en 1919. Premier ministre (1921-1930), il obtint de Londres une large autonomie pour son pays et, en 1926, fit reconnaître pour les dominions l'égalité avec la métropole dans le Commonwealth. De nouveau Premier ministre (1935-1948), il décida l'entrée en guerre du Canada (1939) et obtint en 1947 la reconnaissance d'une citoyenneté canadienne propre.

McKinley (*mont*), point culminant de l'Amérique du Nord (Alaska) ; 6 187 m. Parc national.

McKinley (William), homme politique américain, né à Niles (Ohio) [1843-1901]. Avocat, député républicain au Congrès (1877-1890), il fit adopter un tarif douanier protectionniste (1890). Gouverneur de l'Ohio (1891), il devint président des Etats-Unis (1897). Il poursuivit ses réformes financières (étalon-or, tarif protectionniste de 1897) et mena une politique d'expansion, faisant annexer les îles Hawaii (1897-1898), Porto Rico et les Philippines (1898). Réélu en 1900, il fut assassiné.

mackintosh [makintoʃ] n. m. (du nom de l'inventeur, Charles *Mackintosh*, 1766-1843). Manteau imperméable.

maclage n. m. Opération qui consiste à brasser le bain de verre dans le creuset, pour rendre ses parties homogènes.

Maclaurin (Colin), mathématicien écossais, né à Kilmodan (comté d'Argyll) [1698-1746]. L'un des disciples les plus éminents de Newton, il étudia particulièrement la géométrie pure, l'algèbre et le calcul infinitésimal. Dans son *Traité des fluxions* (1742) figure la formule du développement d'une fonction quelconque suivant les puissances croissantes et entières de la variable, formule à laquelle son nom est resté attaché.

macle n. f. (germ. **maskila*). Association de deux ou plusieurs cristaux de même espèce, mais orientés différemment, avec interpénétration partielle.

maclé, e adj. Qui présente des macles : *cristal maclé*.

Macleod (John James Rickard), médecin écossais, né près de Dunkeld (comté de Perth) [1876-1935]. Il partagea le prix Nobel de physiologie et de médecine en 1923 avec F. G. Banting pour la découverte de l'insuline.

macler [makle] v. t. Opérer le maclage.

Maclou ou **Malo** (*saint*), né à Llancarvan (Galles) [m. v. 640], fondateur, dit-on, de l'évêché d'Alet après avoir été moine en Armorique. — Fête le 15 novembre.

McLuhan (Marshall), essayiste canadien, né à Edmonton en 1911. Dans *The Gutenberg Galaxy* (1962), il remet en cause le rôle du livre face aux nouveaux mass media.

Mac-Mahon (Edme Patrice Maurice, *comte* DE), duc DE MAGENTA, maréchal de France et homme politique français, né à Sully (1808-1893). Saint-cyrien (1827), il participa aux campagnes d'Algérie et se distingua en Crimée lors de la prise de la tour de Malakoff (1855) et en Italie en enlevant Magenta aux Autrichiens (1859). Il reçut alors le bâton de maréchal et le titre de duc. Il fut gouverneur général de l'Algérie de 1864 à 1870. Commandant en chef du 1er corps d'armée du Rhin en 1870, il fut battu à Wissembourg (4 août) et à Frœschwiller (6 août). Envoyé au secours de Bazaine, il fut encerclé à Sedan (1er sept.). Blessé et fait prisonnier, il fut libéré à la demande de Thiers, qui le plaça à la tête de l'armée de Versailles, destinée à lutter contre la Commune. Après la chute de Thiers (1873), il accepta de présider la République et vit ses pouvoirs confirmés pour sept ans après l'échec du comte de Chambord. Devant la majorité républicaine de la Chambre issue des élections du 20 février 1876, il accepta de choisir Dufaure comme président du Conseil, mais provoqua (16 mai 1877) la démission de Jules Simon, qui fut remplacé par le duc de Broglie. De nouvelles élections ayant confirmé la majorité républicaine de la Chambre (oct. 1877), puis donné une majorité républicaine au Sénat (janv. 1879), Mac-Mahon donna sa démission (30 janv.).

Macmillan (Harold), homme politique, éditeur et économiste britannique, né à Londres en 1894. Député conservateur (1924-1929 et 1931-1945), il porta son intérêt particulièrement sur les problèmes sociaux et les relations diplomatiques. Ministre du Logement (1951-1954), puis de la Défense (1954-1955), il fut secrétaire d'Etat aux Affaires étrangères dans le cabinet Eden (1955), puis chancelier de l'Echiquier (1955-1957). Il succéda à Anthony Eden comme Premier ministre en 1957 ; il eut à faire face aux problèmes liés à la transformation de l'Empire. Il fit les premiers pas vers une candidature de la Grande-Bretagne à la C. E. E., mais, devant les réticences françaises, resserra les liens anglo-américains. Malade, critiqué à propos d'un scandale où son ministre de la Guerre était impliqué, il se retira en 1963.

McMillan (Edwin Mattison), physicien américain, né à Redondo Beach (Californie) en 1907. Il découvrit le neptunium (1940) et le plutonium (1941), et fut l'un des inventeurs du synchrotron (1946). [Prix Nobel, 1951.]

mâcon [makɔ̃] n. m. Vin issu des cépages du Mâconnais.

Mâcon (71000), ch.-l. du dép. de Saône-et-Loire, sur la Saône, à 402 km au sud-est de Paris ; 35 264 h. (*Mâconnais*). Anc. cap. du *Mâconnais*. Vestige de l'anc. cathédrale (XIIe-XIIIe s.). Hôtel de ville du XVIIIe s. Port fluvial. Centre commercial et industriel (constructions mécaniques, motocyclettes, allumettes, etc.). Patrie de Lamartine. — L'arr. a 9 cant., 129 comm., 97 514 h.

maçon [masɔ̃] n. m. (germ. **makjo*). Ouvrier qualifié exécutant la partie du gros œuvre du bâtiment appelée « maçonnerie », ainsi que les enduits de revêtement. || Abrév. de FRANC-MAÇON.

maçon, onne adj. Se dit des animaux qui se construisent une habitation avec de la terre, de la cire, etc. : *abeille maçonne*.

maçonnage n. m. Travail de maçon. || Travail de l'animal qui se construit une habitation.

Phot. Canadian Nat. Film Board, X.

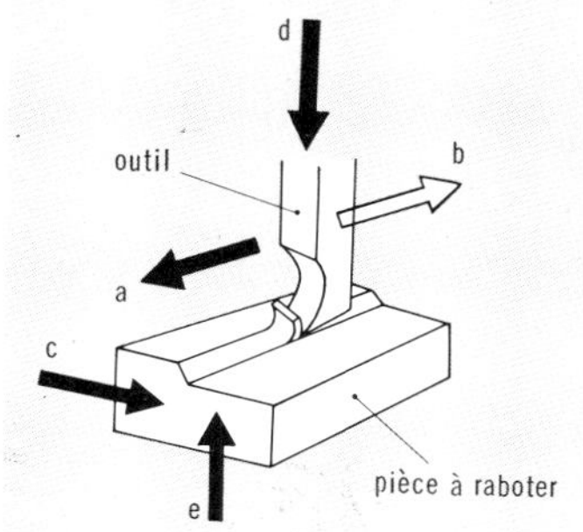

Mouvements dans le rabotage sur étau-limeur.

a, course d'usinage de l'outil; b, retour rapide de l'outil; c, mouvement d'avance par déplacement transversal de la pièce, après chaque passe d'usinage; d, mouvement d'approche en profondeur de l'outil; e, mouvement d'approche en profondeur de la pièce.

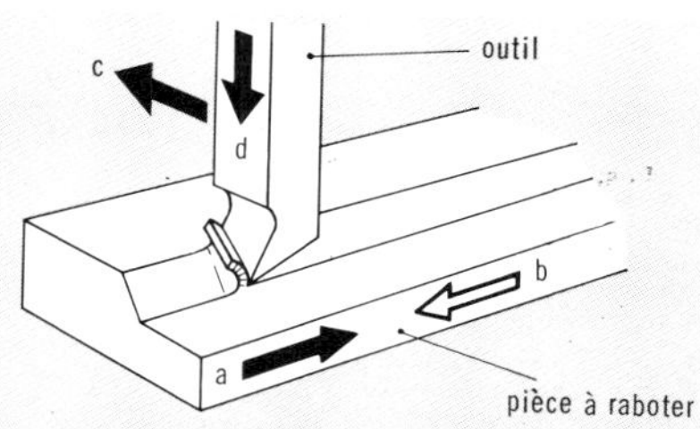

Mouvements dans le rabotage.

a, course d'usinage de la pièce; b, retour rapide de la pièce; c, mouvement d'avance de l'outil; d, mouvement d'approche en profondeur de l'outil.

Raboteuse.

Étau-limeur.

Mortaiseuse.

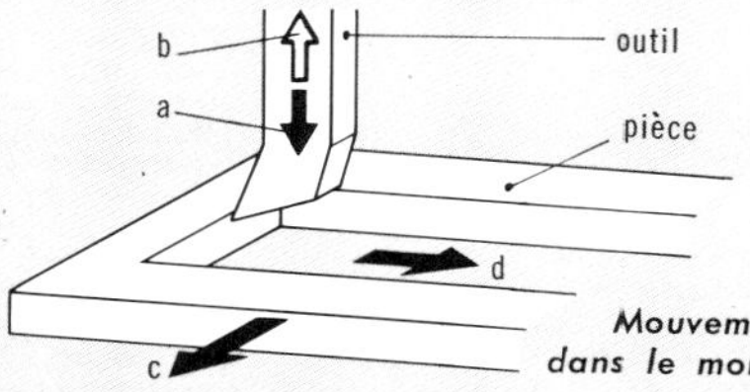

Mouvements dans le mortaisage

a, course d'usinage de l'outil; b, retour de l'outil; c, mouvement d'avance de la pièce; d, mouvement d'approche en profondeur de la pièce.

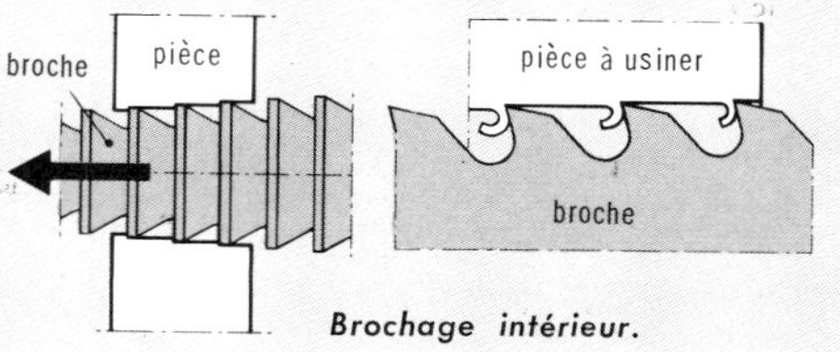

Brochage intérieur.

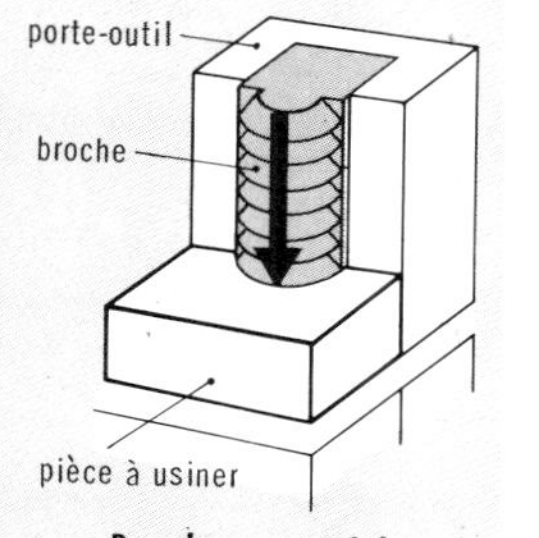

Brochage extérieur.

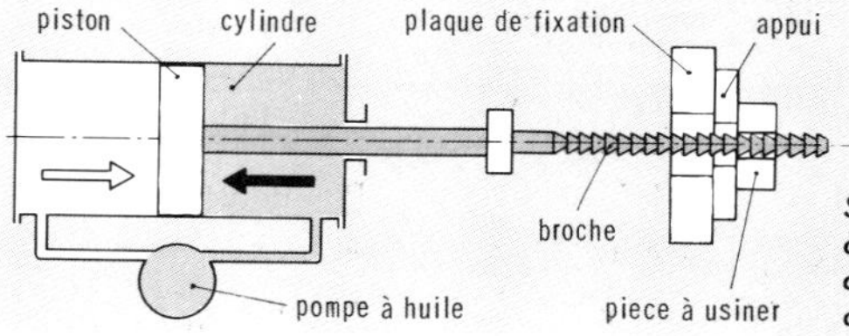

Schéma d'une machine à brocher horizontale avec entraînement hydraulique.

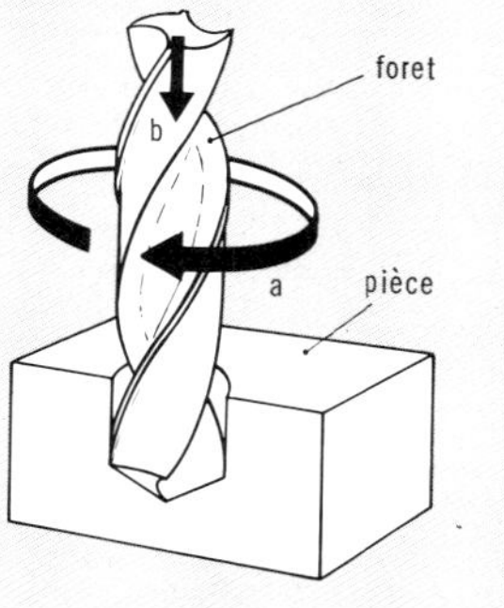

Mouvements dans le perçage sur perceuse.

a, mouvement de coupe de l'outil; b, mouvement d'avance de l'outil.

Perceuse.

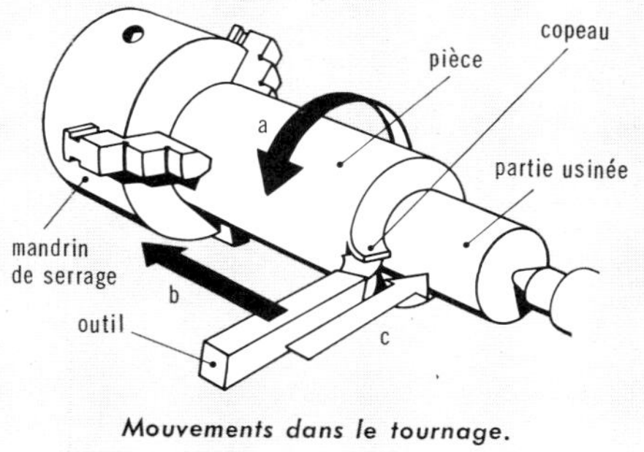

Mouvements dans le tournage.

a, mouvement de rotation de la pièce ou mouvement de coupe; b, mouvement d'avance par déplacement latéral de l'outil le long de la pièce, ou avance axiale; c, mouvement d'approche en profondeur de l'outil, ou avance radiale.

Tour parallèle.

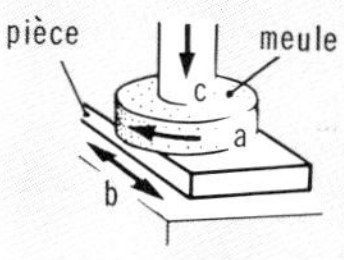

Rectification plane frontale.

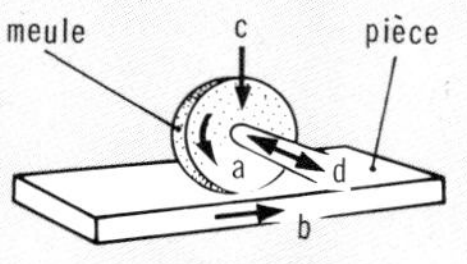

Rectification plane tangentielle.

a, mouvement de coupe de la meule; b, mouvement d'avance de la pièce; c, avance en profondeur; d, avance latérale de la meule.

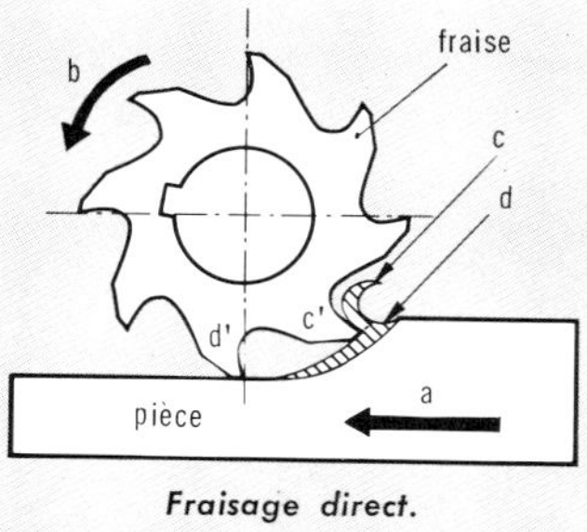

Fraisage direct.

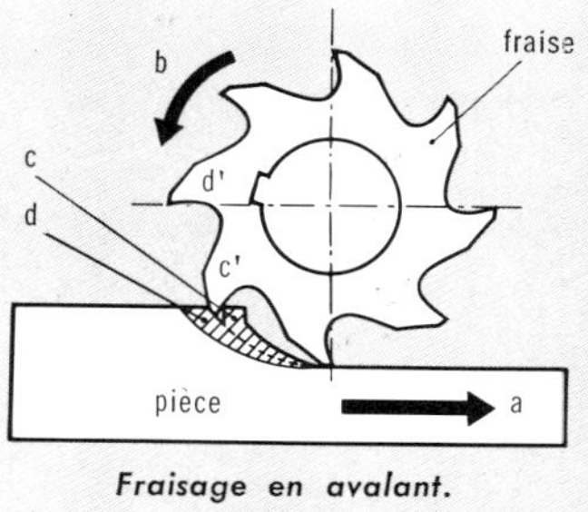

Fraisage en avalant.

a, mouvement d'avance de la pièce; b, mouvement de coupe de la fraise; c, copeau enlevé par la dent c'; d, copeau enlevé par la dent d'.

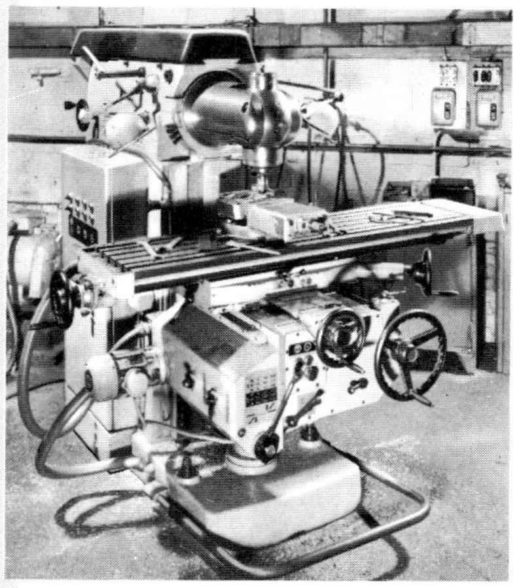

Fraiseuse verticale.

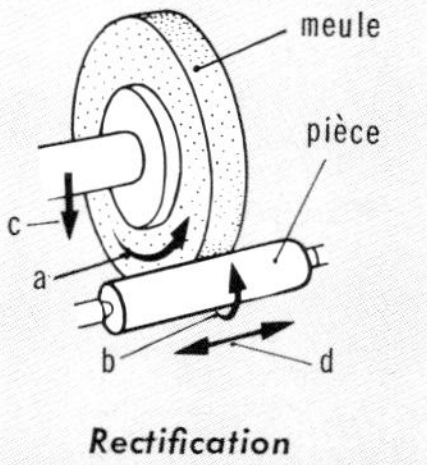

Rectification cylindrique extérieure.

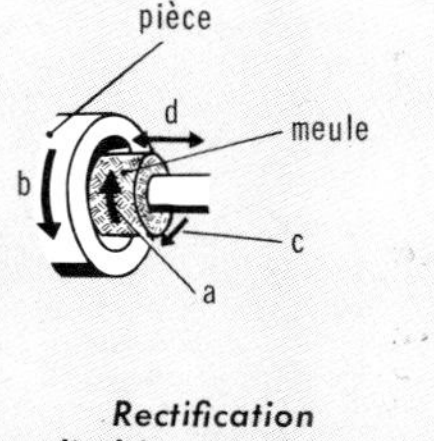

Rectification cylindrique intérieure.

a, mouvement de coupe de la meule; b, mouvement de rotation de la pièce; c, avance en profondeur de la meule pour régler la profondeur de coupe; d, avance latérale par mouvement longitudinal de la pièce ou de la meule.

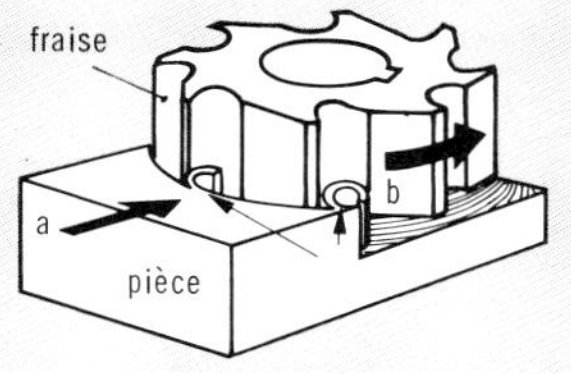

Fraisage frontal

a, mouvement d'avance de la pièce; b, mouvement de coupe de la fraise.

mâconnais, e adj. et n. De Mâcon.

Mâconnais, partie de la bordure nord-est du Massif central; 761 m. Elevage et viticulture.

maçonner v. t. Construire en pierres, moellons, briques, etc. ‖ Revêtir d'une maçonnerie. ‖ Boucher au moyen d'une maçonnerie : *maçonner une fenêtre.* ‖ — V. i. En parlant d'un animal, faire du maçonnage.

maçonnerie n. f. Ouvrage composé de matériaux (briques, pierres, moellons, etc.) unis par un liant (mortier, plâtre, ciment, etc.) : *la maçonnerie d'une maison.* ‖ Abrév. de FRANC-MAÇONNERIE.

maçonnique adj. Qui appartient à la franc-maçonnerie.

Mac Orlan (Pierre DUMARCHEY, dit), écrivain français, né à Péronne (1882-1970). Peintre vagabond, familier de la bohème montmartroise de la Belle Epoque, il a donné dans ses romans un caractère épique aux aventures exotiques ou quotidiennes (*le Quai des brumes,* 1927). [Acad. Goncourt.]

Macpherson (James), écrivain écossais, né à Ruthven (comté d'Inverness) [1736-1796]. Il publia des poèmes, qu'il présenta comme des traductions de l'œuvre du barde gaélique Ossian (*Fragments de poésie ancienne,* 1760; *Fingal,* 1761; *Temora,* 1763) et qui exercèrent une influence considérable sur la littérature romantique.

macramé [makrame] n. m. (du génois *macrame,* nœud). Dentelle assez lourde, faite de ficelle tressée et nouée.

macre [makr] n. f. (germ. **maskila*). Plante aquatique des étangs, à fleurs blanches, et dont le fruit, ou *châtaigne d'eau,* à quatre cornes épineuses, est comestible.

macreuse [makrøz] n. f. (empr. au normand ; du néerl. *meerkol*). Canard à plumage sombre, des régions boréales. (Il passe l'hiver sur les côtes de France, où il se nourrit de coquillages.)

macreuse n. f. Viande maigre qu'on trouve sur l'os à moelle de l'épaule du bœuf.

Macrin, né à Césarée (auj. Cherchell) [164-218], empereur romain de 217 à 218.

Macrobe, écrivain latin (fin du IVe-début du Ve s. apr. J.-C.). Il est l'auteur d'un commentaire du *Songe de Scipion* de Cicéron et des *Saturnales,* dialogues sur les différents aspects du génie de Virgile.

macrobiotique adj. et n. f. (du gr. *makros,* long, et *bios,* vie). Se dit d'une cuisine végétarienne utilisant les céréales (80 p. 100), les légumes et les fruits.

macrocéphale [makrɔsefal] adj. Qui a une grosse tête.

macrocosme n. m. *Philos.* L'univers, par opposition à l'homme, considéré comme un monde en raccourci, ou MICROCOSME.

macrocyste [-sist] ou **macrocystis** [-sistis] n. m. Algue brune des mers froides, dont le thalle peut atteindre 200 m.

macro-économie n. f. Branche de la science économique étudiant les seules grandeurs et variables agrégées, et ignorant de ce fait les comportements individuels.

macro-instruction n. f. Ordre donné en langage symbolique à l'ordinateur, et destiné à engendrer une séquence d'instructions en langage machine.

macromoléculaire adj. Se dit d'une substance chimique à masse moléculaire élevée.

macromolécule n. f. Très grosse molécule, obtenue en général par polymérisation.

macrophage [-faʒ] n. m. et adj. *Histol.* Globule blanc détruisant des éléments de grande taille (cellules étrangères, globules rouges âgés) : *les mononucléaires sont des macrophages.*

macrophotographie n. f. Photographie des petits objets donnant une image plus grande que nature.

macropode [-pɔd] n. m. Poisson brillamment coloré, originaire du sud-est de l'Asie, long de 7 cm, souvent élevé en aquarium. (Le mâle fabrique avec un mucus un nid flottant et surveille les œufs, puis les jeunes.)

macroscélide [-ɔselid] n. m. Mammifère insectivore d'Afrique, dont le museau porte une trompe mobile. (Long. 12 cm, sans la queue.)

macroscopique adj. Qui se voit à l'œil nu.

macrosporange [makrɔspɔrɑ̃ʒ] n. m. *Bot.* Sporange produisant des macrospores.

macrospore n. f. Spore qui, chez certains cryptogames, germe en donnant un prothalle femelle.

macroures n. m. pl. Division des crustacés décapodes comprenant des espèces dont l'abdomen est bien développé (*écrevisse, homard, langouste*). ‖ Sing. un *macroure.*

Macta (la), région marécageuse d'Algérie, formée par la réunion du Sig et de l'Habra.

macula [makyla] n. f. (mot lat.). Dépression de la rétine, appelée aussi *tache jaune,* située au pôle postérieur de l'œil, et où l'acuité visuelle est maximale.

maculage n. m. ou **maculation** n. f. Action de maculer, de tacher ; son résultat.

maculature n. f. Feuille maculée à l'impression.

macule n. f. (lat. *macula*). Tache : *papier couvert de macules.* ‖ Papier d'emballage grossier. ‖ *Méd.* Tache rouge sur la peau, due à une dilatation des capillaires sanguins.

maculer [makyle] v. t. (lat. *maculare*). Barbouiller de noir des estampes, des feuilles imprimées. ‖ Couvrir de taches : *maculer ses vêtements.* ‖ — V. i. Se tacher : *ce papier macule.*

Madách (Imre), écrivain hongrois, né à Alsósztregova (1823-1864), auteur du poème dramatique *la Tragédie de l'homme* (1861).

Madagascar, république constituée par une grande île de l'océan Indien, séparée de l'Afrique par le canal de Mozambique ; 587 000 km²; 6 750 000 h. (*Malgaches*). Cap. *Tananarive.* Langues : *malgache* et *français.*

Géographie.

● *Géographie physique.* S'étirant sur 1 600 km du nord au sud, large de 600 km au maximum, Madagascar est formée de trois ensembles topographiques. Au centre, les hautes terres juxtaposent collines et montagnes granitiques, souvent latéritiques, parfois surmontées de terrains volcaniques. Ces hauteurs dominent par un vigoureux escarpement de faille (falaises de Betsimisaraka) une plaine côtière étroite bordant un littoral souvent rectiligne. L'ouest de l'île est constitué d'un relief de plateaux et de collines, calcaires et gréseux, s'abaissant régulièrement vers un littoral plus découpé. Le climat est déterminé par la latitude tropicale et l'exposition à l'alizé pluvieux du sud-est. L'Est est abondamment arrosé en toutes saisons. A Tamatave, la hauteur annuelle des précipitations dépasse 3 000 mm, et le mois le plus sec (octobre) reçoit encore 100 mm. Les moyennes thermiques mensuelles ne sont jamais inférieures à 20 °C. La végétation naturelle est la forêt tropicale, que les brûlis ont fait reculer au profit de la savoka (forêt secondaire basse et dense à bambous). Sur les hautes terres, l'altitude modère les températures, cependant qu'une saison sèche apparaît. A Tananarive, les moyennes thermiques oscillent entre 14 et 21 °C; les précipitations sont inférieures à 1 400 mm et sont pratiquement absentes de mai à septembre (hiver austral). La prairie et la savane, plus ou moins parsemée d'arbres, dominent largement. Le rythme et le volume des précipitations du Nord-Ouest, sédimentaire, s'apparentent à ceux des hautes terres centrales (les températures y sont plus élevées en raison de l'altitude plus basse). En revanche, le sud-ouest de Madagascar, abrité de l'alizé pluvieux, est sec. A Tuléar, les précipitations sont inférieures à 400 mm. Des taillis souvent épineux (*bush*) recouvrent de grandes surfaces.

● *Géographie humaine et économique.* Plus vaste que la France, Madagascar est sept à huit fois moins peuplée. La population est d'origine malayo-polynésienne, africaine et arabe. Elle se fractionne en tribus (Mérinas, Betsiléos, Betsimisarakas, etc.) dont l'individualisme diminue avec le brassage actuel de la population. Celle-ci comporte des minorités : française (40 000), comorienne (35 000), indienne et chinoise. Elle se développe aujourd'hui à un rythme très rapide, de l'ordre de 3 p. 100 par an. La densité moyenne est faible (11 h. au kilomètre carré). Elle dépasse ce chiffre notamment dans l'Imérina central, la région de Fianarantsoa, autour de Tananarive, et les deltas des fleuves de l'Ouest (Betsiboka, Mangoky). L'urbanisation n'intéresse que le cinquième de la population totale, et seule Tananarive dépasse 50 000 h.
Les cultures couvrent moins de 5 p. 100 de la superficie totale (mais les pâturages, près de 60 p. 100). Le riz, cultivé dans toute l'île, est le fondement de l'alimentation. L'irrigation permet l'obtention de deux récoltes de riz par an. Les autres cultures vivrières (manioc, patate, maïs, mil), en cultures sèches ou sur brûlis, n'ont qu'une valeur d'appoint. Il n'en est pas de même des plantations, héritées de la colonisation. Le café est cultivé sur la côte orientale jusqu'à 800 m d'altitude, la canne à sucre dans les régions de Majunga et de Nossi-Bé, la vanille dans le Nord-Est, le giroflier sur la côte orientale, l'arachide dans les provinces de Majunga et de Tuléar, le sisal dans le Sud, le raphia près de Majunga et le coton près de Tuléar. L'élevage bovin (près de 8 millions de têtes) est surtout développé dans le Sud et l'Ouest (où il revêt un caractère particulièrement extensif).
L'industrie est pratiquement limitée à l'activité minière. Le graphite est extrait dans les régions d'Antsirabé, de Tamatave et de Vatomandry, le mica dans le Sud (Ambovombé, Bekily). Ces deux produits assurent en valeur plus de 80 p. 100 de la production minière. L'industrie de transformation est seulement représentée par des établissements alimentaires et textiles, et par un peu de mécanique légère.
La balance commerciale est déficitaire. Les produits alimentaires assurent plus de 70 p. 100 des exportations (le quart pour le café seul). Parmi les importations dominent largement les articles manufacturés. La France demeure encore le principal partenaire commercial du pays. La majeure partie du commerce extérieur passe par les ports de Tananarive et de Majunga.

Histoire.

L'île n'a pas connu de peuplement préhistorique et, l'étude de la protohistoire malgache n'étant qu'à ses débuts, il est difficile de dater les premières vagues de peuplement. Toutefois, on s'accorde à trouver trois souches principales au peuplement de Madagascar : indonésienne, africaine et islamique. Des apports récents sont liés à la traite. Ceux d'origine arabe, les moins importants, sont les mieux connus : les Arabes se sont installés sans doute au XIIe s. à Vohémar et à Mananjara. L'île n'est découverte par les Européens qu'à la fin du XVe s. En 1643, les Français créent sur la côte sud-ouest l'établissement de Fort-Dauphin, mais l'abandonnent dès 1674. Au XVIIe s., deux grands royaumes sakalaves se constituent dans l'ouest de l'île. Au XVIIIe s., le royaume des Betsimisarakas est fondé sur la côte est. Les Français tentent, à la fin du XVIIIe s., de s'implanter à Foulpointe et à Tamatave. Ils en sont chassés par les Anglais à l'époque napoléonienne et ne conservent que l'île de Sainte-Marie, acquise dès 1750. A l'intérieur se développe un royaume indigène, l'Imérina, avec Tananarive pour capitale. Au cours du XIXe s., il domine les deux tiers de l'île. Radama II (1861-1863) facilite la pénétration européenne et accorde au Français Lambert une charte concédant de larges prérogatives économiques. La conversion des souverains malgaches au protestantisme en 1869 est suivie de celle d'une grande partie de la population. De 1865 à 1870, le Français Grandidier parcourt l'île et en dresse la carte. Un traité passé en 1885 stipule l'installation d'un résident français à Tananarive. Une expédition française conduite par le général Duchesne en 1894 aboutit à la signature, par la reine Ranavalona III, d'un traité de protectorat. Mais une insurrection se déclenche alors, amenant le gouvernement français à annexer l'île (1896). Après avoir exilé la reine, Gallieni pacifie et organise la nouvelle colonie (1895-1905). Ses successeurs s'attachent à en développer l'économie : le chemin de fer Tananarive-Tamatave est achevé en 1913, et celui de Fianarantsoa-Manakara en 1936. Une campagne pour l'assimilation se transforme rapidement en mouvement nationaliste. En 1942, Madagascar, qui a suivi le gouvernement de Vichy, est occupée par les Anglais et les Sud-Africains, qui y demeurent jusqu'en 1946. Un gouvernement fédéraliste est alors instauré, mais les nationalistes fomentent sur la côte est une insurrection, qui échoue (1947). Le parti nationaliste (M. D. R. M.) est dissous, et ses chefs sont arrêtés. En 1956, un gouvernement malgache est formé sous la présidence de Tsiranana, et la République malgache est proclamée le 14 octobre 1958. Elle obtient son indépendance en 1960. En 1972, un soulèvement renverse Tsiranana, qui est remplacé par le général Ramanantsoa. En février 1974, les difficultés économiques et les antagonismes ethniques provoquent une grave crise. Ramanantsoa remet ses pouvoirs au général Ratsimandrava. Après l'assassinat de ce dernier (févr.), un directoire militaire, présidé par Gilles Andrianazo, gouverne le pays.
En 1973, Madagascar avait quitté la zone franc, tandis que les forces militaires françaises étaient évacuées. De 1965 à 1973, l'île fit partie de l'Organisation commune africaine et malgache (O. C. A. M.).

madame [madam] n. f. (de *ma* et *dame*). Titre accordé autrefois aux dames de qualité et donné aujourd'hui aux femmes mariées et, de plus en plus, à toutes les femmes. (En abrégé, *Mme*.) ‖ Maîtresse de maison (employé surtout par les domestiques) : *Madame est servie.* ‖ Titre que l'on donnait, à la cour de France, aux filles du roi, du dauphin, et à la femme de Monsieur, frère du roi (en ce sens, s'écrit avec une majuscule) : *la mort de Madame Elisabeth.* ● *Jouer à la madame* (Fam.), affecter des airs de grande dame. ‖ Pl. *mesdames.*

Madagascar port de Majunga

Phot. Agence de Madagascar.

Madame Bovary, roman de Gustave Flaubert, publié en 1856 dans la *Revue de Paris* et l'année suivante en volume. Emma, fille d'un paysan aisé et élevée dans un couvent élégant, devient l'épouse d'un homme médiocre, Charles Bovary, simple officier de santé. Romanesque et fière, elle cherche à s'évader de son existence ennuyeuse et devient la maîtresse d'un propriétaire campagnard, puis d'un clerc de notaire ; mais déçue et accablée de dettes, elle s'empoisonne. Dans cette œuvre, qui lui valut un procès célèbre et où il soumet son génie stylistique à de multiples difficultés techniques, Flaubert a voulu réagir contre les illusions du romantisme, dont il était lui-même atteint.

Madame Butterfly, drame lyrique en 3 actes, livret de Illica et Giacosa, musique de Puccini (1904).

Madame Sans-Gêne, pièce en 4 actes, de V. Sardou et E. Moreau (1893), dont l'héroïne est la maréchale Lefebvre.

madapolam [madapɔlam] n. m. (du nom d'une v. de l'Hindoustan). Tissu de coton blanc, à armure toile, à grain très marqué, intermédiaire entre le calicot et la percale.

Madariaga (Salvador DE), diplomate et écrivain espagnol, né à La Corogne en 1886, de tendances libérales.

madécasse [madekas] adj. et n. De Madagascar : *la population madécasse*. (On dit plutôt MALGACHE.)

Madeira (le), riv. d'Amérique du Sud, affl. de l'Amazone (r. dr.) ; 3 240 km (en y incluant le Mamoré, une de ses branches mères avec le río Beni).

madeleine [madlɛn] n. f. Gâteau léger, fait de farine, d'œufs, de sucre, de citron, etc. ‖ Nom donné à des variétés de fruits (raisin, poire, prune, pêche) dont la maturité est atteinte vers la Sainte-Madeleine (22 juillet).

Madeleine (*grotte de la*), station préhistorique de la Dordogne (comm. de Tursac), près de la Vézère.

Madeleine (*îles de la*), archipel du golfe du Saint-Laurent (Canada, prov. de Québec). Pêche.

Madeleine (*monts de la*), hauteurs du Massif central, entre la Loire et l'Allier ; 1 165 m.

Madeleine (LA) [59110], comm. du Nord (arr. de Lille), dans la banlieue nord de Lille ; 23 203 h. (*Madeleinois*). Industries textiles et chimiques.

Madeleine (*église de la*), à Paris, construite de 1764 à 1842 par les architectes Contant d'Ivry, Guillaume Couture et Vignon.

Madeleine-Sophie Barat (*sainte*), religieuse française, née à Joigny (1779-1865), fondatrice de la congrégation enseignante des Dames du Sacré-Cœur (1801). — Fête le 25 mai.

Madelin (Louis), historien français, né à Neufchâteau (1871-1956). Il a publié une *Histoire du Consulat et de l'Empire* (1937-1954). [Acad. fr.]

Madelon (*la*), chanson créée à Paris en mai 1914 (paroles de Louis Bousquet, musique de Camille Robert) et popularisée par les soldats français et alliés de la Première Guerre mondiale.

madelonnettes [madlɔnɛt] n. f. pl. Religieuses dont les maisons servaient d'asile à des pécheresses repentantes.

mademoiselle [madmwazɛl] n. f. (de *ma* et *demoiselle*). Titre donné aux filles non mariées. (En abrégé, *Mlle*.) ‖ Autref., titre donné non seulement à une fille, mais à une femme mariée dont le mari n'était pas noble. ‖ Titre de la fille aînée du frère puîné du roi. (En ce sens, s'écrit avec une majuscule.) ● *La Grande Mademoiselle*, la duchesse de Montpensier, fille de Gaston d'Orléans, frère de Louis XIII. ‖ Pl. *mesdemoiselles*.

Mademoiselle Julie, drame de Strindberg (1888). La fière Mlle Julie devient, une nuit de la Saint-Jean, la maîtresse d'un valet qui abuse ensuite de l'ascendant pris sur elle.

Mademoiselle de Maupin, roman de Théophile Gautier (1835), dont la préface célèbre l'esthétique de « l'art pour l'art ».

madère [madɛr] n. m. Vin de l'île de Madère.

Madère, île portugaise de l'Atlantique, à l'ouest du Maroc ; 740 km² ; 269 000 h. Au centre d'un petit archipel, Madère est une île volcanique et montagneuse. Le climat, doux, y a favorisé les cultures de la canne à sucre, les plantations de bananiers et surtout la vigne. Le tourisme s'y développe aujourd'hui.

Maderna (Bruno), musicien italien naturalisé allemand, né à Venise (1920-1973), auteur de musique expérimentale. Ses recherches musicales s'apparentent au mouvement atonal et aléatoire.

Madère : Porto da Cruz

Maderno (Carlo), architecte du Tessin, né à Capolago (canton de Lugano) [1556-1629]. Il construisit de nombreux palais à Rome. Paul V le chargea d'achever Saint-Pierre de Rome : il rejeta les plans de Bramante et de Michel-Ange, substituant à la croix grecque la croix latine, plus appropriée à la liturgie.

Madhya Pradesh, État de l'Inde, dans le nord du Deccan ; 36 942 000 h. Cap. *Bhopāl*. De part et d'autre de la vallée de la haute et moyenne Narbada, l'État est le plus vaste de l'Inde. L'agriculture (riz, blé, coton) y domine largement, mais le sous-sol fournit du manganèse et aussi de la houille (qui a favorisé le développement de la sidérurgie [Bhilai]).

Madian, région d'Arabie, entre le golfe d''Aqaba et Médine.

plateau de l'Horombé, région d'Ihosy ▲

▼ rizières sur les plateaux de l'Imérina

MADAGASCAR

Phot. Coopération, Aubert de la Rüe, Roger-Viollet.

Madras

Madrid : *au centre,* la Plaza Mayor

Madison, v. des Etats-Unis, cap. du Wisconsin ; 170 100 h. Université.

Madison (James), homme d'Etat américain, né à Port Conway (Virginie) [1751-1836]. Membre de la Convention constitutionnelle de Virginie, destinée à organiser la résistance à l'autorité britannique (1775-1779), il suscita la conférence d'Annapolis (1786) et la convention de Philadelphie (1787), et prit une part importante à la rédaction de la Constitution. Député au Congrès (1789-1799), il créa avec Jefferson le parti républicain. Secrétaire d'Etat de Jefferson, il lui succéda comme président de l'Union (1809-1817). La guerre qu'il engagea contre l'Angleterre pour des motifs commerciaux (1812-1814) provoqua de lourdes difficultés économiques. Madison dut consolider la dette publique et renforcer les mesures protectionnistes.

Madiun, v. d'Indonésie (Java) ; 123 400 h.

madone [madɔn] n. f. (ital. *madonna,* madame). Image de la Vierge : *les madones de Raphaël.* ● *La Madone,* la Vierge elle-même.

Madonna di Campiglio, station de sports d'hiver d'Italie, dans le Trentin (alt. 1 550-2 200 m).

madrague [madrag] n. f. (provenç. *madraga ;* de l'arabe *mazraba,* enceinte). Grande enceinte de filets pour la pêche du thon.

madras [madrɑs] n. m. (de *Madras,* n. propre). Etoffe à chaîne de soie et trame de coton, de couleurs vives, dont on fait des mouchoirs, des fichus, des écharpes. ‖ Coiffure formée d'un foulard en étoffe de ce genre, surtout portée par les femmes de couleur (Antilles).

Madras, v. de l'Inde, cap. de l'Etat du Tamilnād, sur la côte de Coromandel ; 2 047 700 h. Comptoir maritime, Madras s'est moins développée que Bombay et Calcutta. C'est toutefois l'une des plus grandes villes de l'Inde, l'un des principaux ports et un centre d'industries textiles et chimiques. Important musée.

Madre (*sierra*), nom des deux rebords montagneux qui limitent le plateau mexicain au-dessus du Pacifique et du golfe du Mexique.

madré [madre], **e** adj. et n. (de l'anc. fr. *masdre,* bois veiné, empr. au francique). Qui sait plus d'un tour : *c'est un madré compère.*

madrépores [madrepɔr] n. m. pl. (ital. *madrepora ;* de *madre,* mère, et *poro,* pore). Ordre de cœlentérés renfermant des polypes isolés ou coloniaux, possédant un squelette calcaire, ou polypier, et qui, très abondants dans les mers chaudes, forment près des côtes des récifs coralliens ou des îles circulaires (atolls). [Syn. HEXACORALLIAIRES.] ‖ Sing. un *madrépore.*

madréporique adj. Relatif aux madrépores. ‖ Composé de madrépores : *îlot madréporique.*

Madrid, cap. de l'Espagne, en Nouvelle-Castille, au sud de la sierra de Guadarrama, sur le Manzanares ; 3 030 200 h. (*Madrilènes*). La ville s'est développée assez lentement jusqu'au milieu du XIXe s. : elle comptait alors moins de 300 000 h. Un plan d'extension en damier fut élaboré en 1860, et la population passa à 600 000 h. en 1910. Elle a presque quintuplé en soixante ans. L'accroissement actuel pose des problèmes d'urbanisme et d'emploi. Malgré le développement récent de l'industrie (constructions aéronautiques, montage d'automobiles, chimie, etc.), Madrid demeure surtout une ville tertiaire où dominent les fonctions intellectuelle (université), artistique (musées), religieuse (archevêché) et surtout politique. Au cœur de la péninsule, la ville doit maintenir l'unité d'un pays dont les régions périphériques, maritimes, sont les plus développées économiquement.
● *Histoire.* Forteresse arabe conquise en 1083 par Alphonse VI de Castille, Madrid ne devint capitale qu'à partir de 1561. La ville fut embellie au XVIIIe s. En 1808, elle fut le théâtre d'un soulèvement contre les Français, qui fut le point de départ de la guerre d'Espagne. Défendue par l'armée républicaine du général Miaja lors de la guerre civile (1936-1939), elle fut l'enjeu de violents combats et se rendit le 28 mars 1939.
● *Beaux-arts.* La ville possède de nombreux monuments : Capilla del Obispo (1520) ; église et couvent des Descalzas Reales (XVIe s.) ; Plaza Mayor (1619) ; cathédrale San Isidro ; couvent San Plácido (1641), dont l'église renferme des tableaux et des peintures ; Palais royal (1738-1764) ; Hospicio municipal (1722-1723), devenu musée de la ville. Madrid est très riche en œuvres d'art, réparties dans plusieurs musées, en particulier dans celui du Prado, l'un des plus riches du monde.

madrier [madrije] n. m. (du lat. *materia*). Planche de très forte section transversale, employée dans diverses constructions.

madrigal [madrigal] n. m. (ital. *madrigale*). Petite pièce de vers exprimant une pensée fine, tendre ou galante : *débiter des madrigaux.* ‖ *Mus.* Aux XVIe et XVIIe s., composition musicale polyphonique *a cappella,* ou monodique avec accompagnement, et qui cherche à traduire les moindres inflexions d'un poème. (Ce genre a été en faveur notamment en Italie et en Angleterre.)

madrilène [madrilɛn] adj. et n. De Madrid.

madrure [madryr] n. f. (de *madré*). Tache sur la peau d'un animal, sur le bois.

Madura ou **Madoura,** île d'Indonésie, au nord de Java ; 2 447 000 h.

Madurai, v. de l'Inde (Tamilnād) ; 486 500 h. Grand temple brahmanique (XVIIe s.). Université.

Maebashi, v. du Japon (Honshū) ; 225 000 h. Industries textiles.

Maël-Carhaix [maɛlkarɛ] (22340), ch.-l. de c. des Côtes-du-Nord (arr. de Guingamp) ; 2 230 h. (996 aggl.).

maelström ou **malstrom** [malstrɔm] n. m. Gouffre, tourbillon.

Maelström ou **Malstrøm,** chenal de la mer de Norvège, où se produisent de rapides courants tourbillonnaires, près des îles Lofoten.

Maelwael (Johan). V. MALOUEL (Jean).

Maelzel ou **Mälzel** (Johann Nepomuk), mécanicien autrichien, né à Ratisbonne (1772-1838). Il construisit en 1816 le métronome, dont le principe était dû à Winkel.

maërl [maɛrl] ou **merl** [mɛrl] n. m. Sable calcaire utilisé comme amendement en Bretagne.

maestoso [maɛstozo] adv. (mot ital.). *Mus.* Lentement et majestueusement. (Ce terme est souvent associé à une indication de mouvement : *allegro maestoso.*)

maestria [maɛstrija] n. f. (mot ital.). *Bx-arts.* Grandeur et fierté dans l'exécution. ‖ *Fam.* Habileté et vivacité dans la réalisation d'une entreprise.

Maëstricht. V. MAASTRICHT.

maestro [maɛstro] n. m. (mot ital. signif. *maître*). En Italie, titre honorable donné à un musicien. (En France, ce terme est employé avec une intention ironique.) ‖ Pl. des *maestros.*

Maeterlinck [mɛtɛrlɛ̃k] (Maurice), écrivain belge d'expression française, né à Gand (1862-1949). Après des poèmes d'inspiration symboliste (*Serres chaudes,* 1889) ou populaire (*Douze Chansons,* 1896), il entreprit d'évoquer, dans son théâtre, des personnages aux états d'âme mystérieux, en proie à des forces obscures et malveillantes (*la Princesse Maleine,* 1889 ; *Pelléas et Mélisande,* 1892) ou évoluant dans un monde de féerie (*Monna Vanna,* 1902 ; *l'Oiseau bleu,* 1908). Il manifesta également dans ses essais son attrait pour les secrets de la vie de la nature (*la Vie des abeilles,* 1901 ; *la Vie des fourmis,* 1930). [Prix Nobel, 1911.]

Maeterlinck

Maffei (Scipione, *marquis* DE), écrivain italien, né à Vérone (1675-1755), critique réputé et auteur d'une tragédie, *Mérope* (1713), que Voltaire imita.

mafflu [mafly], **e** adj. et n. (de l'anc. fr. *mafler,* manger beaucoup). *Fam.* Qui a de grosses joues.

mafia ou **maffia** [mafja] n. f. (mot ital.). Association secrète de malfaiteurs.

magasin [magazɛ̃] n. m. (arabe *makhāzin,* lieu de dépôt). Lieu où l'on range et conserve des marchandises, des provisions : *magasin à blé.* ‖ Etablissement de commerce : *magasin d'épicerie.* ‖ Cavité aménagée dans une arme à répétition pour l'approvisionnement en cartouches. ● *Magasins généraux,* entrepôts qui gardent des marchandises données en gage à un créancier et représentées par un warrant. ‖ *Magasin à succursales multiples,* grand magasin ayant dans différents quartiers ou dans différentes villes plusieurs centres de vente.

magasinage n. m. Action de mettre en magasin. ‖ Séjour d'une marchandise en magasin. ‖ Droits que l'on paie pour ce dépôt en magasin. ‖ Au Canada, action de magasiner.

magasiner v. intr. Au Canada, parcourir les magasins pour faire des achats ou regarder les étalages.

magasinier n. m. Employé chargé d'assurer la distribution d'objets et de tenir des états de stock.

magazine [magazin] n. m. (mot angl. ; du franç. *magasin*). Revue périodique, souvent illustrée, traitant des sujets les plus divers.

Magdala, anc. bourg de Palestine, au bord du lac de Tibériade. Patrie de Marie-*Madeleine.*

Magdalena (le), fleuve de l'Amérique du Sud (Colombie), tributaire de la mer des Antilles ; 1 700 km.

magdalénien [magdalenjɛ̃], **enne** [-ɛn] adj. et n. m. (de l'abri préhistorique de la *Madeleine,* à Tursac, Dordogne). Se dit de la dernière période du paléolithique supérieur. (Le magdalénien succéda, en Europe occidentale, à l'aurignacien et correspond à la fin de la glaciation de Würm. Son outillage, caractéristique d'un peuple de pêcheurs et de chasseurs de rennes, comprend des lames et des burins de pierres, des objets variés en os ou en ivoire. Ses peintures murales atteignent leur apogée dans les grottes d'Altamira et de Lascaux.)

Magdeburg, v. de l'Allemagne orientale, sur l'Elbe ; 270 700 h. Port fluvial. Métallurgie. Industries chimiques. Place forte saxonne, rebâtie par Otton le Grand. Archevêché au Xe s. Plusieurs fois détruite, elle fut une des principales villes hanséatiques et devint prussienne en 1648.

mage [maʒ] n. m. (lat. *magus,* empr. au gr.). Savant en astrologie et prêtre de la religion de Zoroastre, chez les Mèdes et les Perses. ‖ — Adj. m. *Les Rois mages,* personnages qui vinrent, guidés par une étoile, adorer Jésus à Bethléem. (Une tradition postérieure leur a donné les noms de *Melchior, Gaspard* et *Balthazar.*)

mage adj. m. (provenç. *maje ;* du lat. *major,* plus grand). *Juge mage* (Dr. anc.), lieutenant du sénéchal dans certaines provinces.

Magellan (Fernand DE), en portug. **Fernão de Magalhães,** navigateur portugais, né à Sabrosa (Trás-os-Montes) [1480-1521]. Il sert aux Indes, où il prend part à la prise de Malacca, puis en Afrique pour le compte du Portugal. Il passe au service de Charles Quint, qui l'encourage dans ses projets de chercher au sud de l'Amérique un passage vers les Moluques et les Indes orientales. Il quitte l'Espagne le 20 septembre 1519, atteint le Río de La Plata le 12 janvier 1520, hiverne en Patagonie et traverse, du 21 octobre au 28 novembre, le détroit qui porte désormais son nom, puis l'océan Pacifique en se dirigeant vers le nord-ouest. Il découvre l'archipel des Philippines (16 mars 1521), mais est tué au cours d'un engagement dans l'île de Mactan. Un seul de ses vaisseaux parvient, en faisant le tour de l'Afrique, à rentrer en Espagne (1522).

Phot. Atlas-Photo, X., Office nat. espagnol de tourisme.

Magellan (*détroit de*), bras de mer entre l'extrémité sud de l'Amérique et la Terre de Feu.

Magendie (François), physiologiste français, né à Bordeaux (1783-1855). Prédécesseur de Claude Bernard au Collège de France, il prouva la différence de fonction des nerfs moteurs et des nerfs sensitifs. Il a publié de 1821 à 1831 le *Journal de physiologie expérimentale.*

Magenta, v. d'Italie (Lombardie); 18 400 h. Victoire française sur les Autrichiens (1859).

Maghreb [c'est-à-dire le *Couchant*], nom que les Arabes donnent à l'extrémité septentrionale de l'Afrique : Maroc, Algérie, Tunisie.

maghrébin [magrebɛ̃], **e** [-in] adj. Relatif au Maghreb.

maghzen n. m. V. MAKHZEN.

magicien, enne n. Personne qui pratique la magie. ‖ Celui, celle qui produit des choses étonnantes et inattendues : *ce musicien est un vrai magicien.*

magie [maʒi] n. f. (lat. *magia,* empr. au gr.). Art prétendu de produire par certaines pratiques des effets contraires aux lois naturelles. ‖ *Fig.* Effet surprenant, comparable à ceux de la magie : *la magie des mots.* ● *Magie noire,* magie qui avait pour objet l'évocation des démons.

Maginot (André), homme politique français, né à Paris (1877-1932). Ministre de la Guerre (1922-1924, 1926-1929, 1930, 1931-1932), il fut à l'origine de la loi de janvier 1930 sur les fortifications de l'Est. La *ligne Maginot,* construite de 1927 à 1936, s'étendait de Montmédy au Rhin. Certains de ses ouvrages, en raison des protections qu'ils peuvent offrir en cas de guerre atomique, sont encore utilisés.

magique adj. Qui tient de la magie : *pouvoir magique.* ‖ *Fig.* Qui étonne, enchante; merveilleux : *spectacle magique.* ● *Carré magique,* tableau dont les cases contiennent des nombres répartis de manière à fournir la même somme dans chaque ligne, chaque colonne, chaque diagonale.

magiquement adv. De façon magique.

magister [maʒistɛr] n. m. (mot lat. signif. *maître*). Autref., maître d'école de village. ‖ *Fam.* Pédant : *faire le magister.* ‖ Pl. des *magisters.*

magistère [maʒistɛr] n. m. *Alch.* Composition à laquelle on attribuait autrefois des propriétés merveilleuses. ‖ *Fig.* Autorité doctrinale, morale ou intellectuelle : *exercer un magistère; le magistère de l'Eglise.* ‖ Dignité de grand maître de l'ordre de Malte.

magistral, e, aux adj. (du lat. *magister,* maître). Qui tient du maître; impérieux, imposant : *ton magistral.* ‖ Qui porte la marque de la supériorité, de l'excellence : *une œuvre magistrale.* ● *Médicament magistral,* médicament qui se confectionne en pharmacie d'après l'ordonnance, par oppos. au *médicament officinal,* tout préparé.

magistralement adv. De façon magistrale : *parler magistralement.*

magistrat [maʒistra] n. m. Tout fonctionnaire ou officier civil investi d'une autorité juridictionnelle (membres des tribunaux et des cours, etc.), administrative (maire, sous-préfet, préfet, etc.) ou politique (ministre, président de la République, etc.). ● *Magistrat militaire,* nom donné, depuis 1967, aux magistrats civils du corps judiciaire détachés au ministère des Armées pour assurer le service de la justice militaire.

magistrature n. f. Dignité, charge de magistrat : *exercer la magistrature.* ‖ Temps pendant lequel un magistrat exerce ses fonctions. ‖ Corps des magistrats. ● *Magistrature assise,* ensemble des magistrats qui siègent comme juges. ‖ *Magistrature debout,* les membres du parquet, le ministère public.

magma [magma] n. m. (mot gr. signif. *pâte pétrie*). Masse pâteuse, épaisse et visqueuse. ‖ Masse fondue qui, en se consolidant, donne une roche endogène. ‖ *Fig.* Mélange inextricable.

magmatique adj. Relatif au magma.

Magnac-Laval (87190), ch.-l. de c. de la Haute-Vienne (arr. de Bellac); 2 721 h. Eglise du XIIe s.

magnan [maɲɑ̃] n. m. (mot provenç.). Nom du *ver à soie,* dans le midi de la France.

Magnan (Bernard Pierre), maréchal de France, né à Paris (1791-1865). Après avoir participé aux campagnes d'Espagne (1823) et d'Algérie (1830), et combattu les insurrections de Paris (juin 1848) et de Lyon (juin 1849), il reçut le commandement de l'armée de Paris (1851) et prit une part active au coup d'Etat du 2-Décembre.

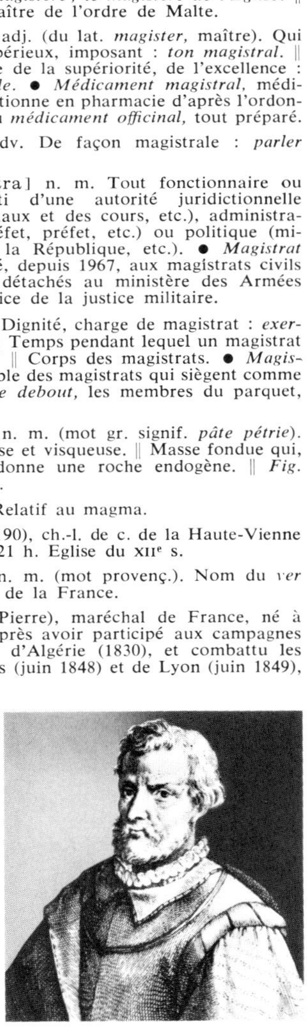

Magellan

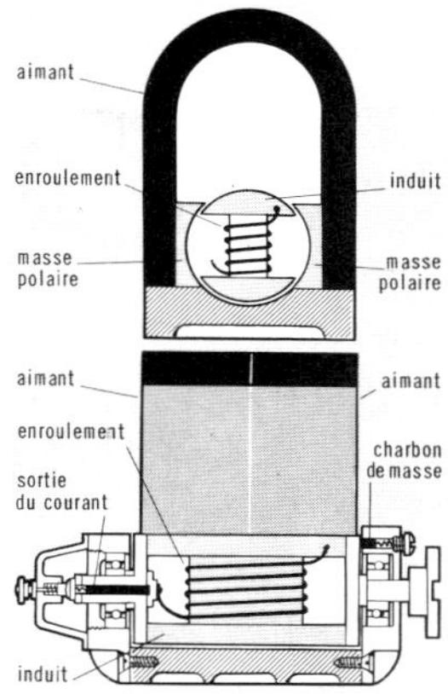

magnéto

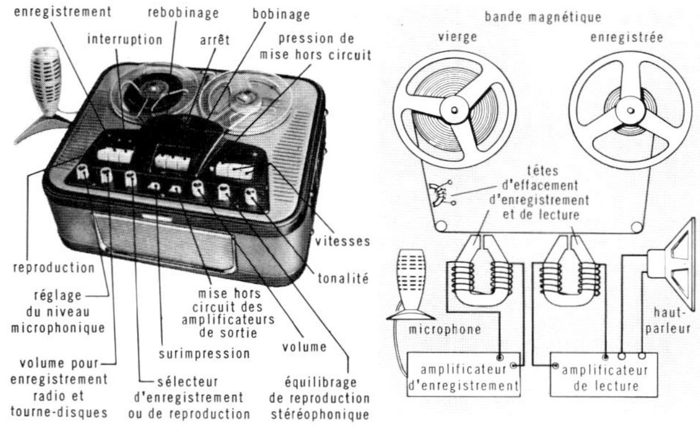

magnétophone

magnanarelle n. f. Nom provençal des femmes qui s'occupent de l'élevage des vers à soie.

magnanerie n. f. Bâtiment destiné à l'élevage des vers à soie. (V. SÉRICICULTURE.) ‖ Art d'élever les vers à soie.

Magnani (Anna), artiste de théâtre et de cinéma italienne, née à Alexandrie (1908-1973). Elle interpréta au cinéma : *Rome ville ouverte* (1945), *Amore* (1948), *le Carrosse d'or* (1952), *la Rose tatouée* (1955), *Mamma Roma* (1962).

magnanier, ère n. Personne qui tient une magnanerie.

magnanime [maɲanim] adj. (lat. *magnus,* grand, et *animus,* esprit). Qui pardonne facilement; bienveillant : *se montrer magnanime.* ‖ Noble, élevé : *cœur magnanime; action, pensée magnanime.*

magnanimement adv. Avec magnanimité : *traiter magnanimement un vaincu.*

magnanimité n. f. Grandeur d'âme; noblesse des sentiments.

Magnard (Albéric), compositeur français, né à Paris (1865-1914), auteur de symphonies, de poèmes symphoniques et de tragédies lyriques (*Guercœur,* 1897-1900).

magnat [magna] n. m. (du lat. *magnus,* grand). Autref., grand de l'Etat, en Pologne et en Hongrie. ‖ Personnage important de l'industrie, de la finance, etc.

Magne ou **Maïna,** région de la Laconie (Péloponnèse). [Hab. *Maïnotes.*]

Magnence, né à Amiens (v. 303-353), empereur romain de 350 à 353.

magnésie [maɲezi] n. f. (du lat. *magnes* [*lapis*], [pierre] d'aimant). *Chim.* Oxyde ou hydroxyde de magnésium. [La *magnésie anhydre* MgO est une poudre blanche fondant vers 2 500 °C, que l'eau transforme en *magnésie hydratée* $Mg(OH)_2$. La magnésie est antiacide, et laxative ou purgative à forte dose.]

Magnésie du Méandre, colonie thessalienne d'Ionie, puissante à l'époque hellénistique. Ruines près du village de *Tekke.* Bas-reliefs d'une frise au Louvre.

Magnésie du Sipyle, v. de Lydie, sur l'Hermos, où Antiochos III fut battu par Scipion en 189 av. J.-C. (Auj. *Manisa,* en Turquie.)

magnésien, enne adj. Qui contient du magnésium : *sel magnésien.*

magnésite n. f. Nom scientifique de l'*écume de mer.*

magnésium [maɲezjɔm] n. m. Métal solide (Mg), de numéro atomique 12, de densité 1,7, blanc argenté, pouvant brûler à l'air avec une flamme éblouissante. (On l'emploie pour la production d'alliages légers.)
— ENCYCL. Le *magnésium* existe dans la nature, principalement à l'état d'oxyde (magnésie), de carbonate simple (giobertite), de carbonate double de magnésium et de calcium (dolomie), de chlorure double de magnésium et de potassium (carnallite) ou de silicates divers (magnésite, talc, amiante). On le prépare par des procédés thermiques de réduction ou par voie électrolytique. L'affinité magnésium-oxygène en fait un agent de réduction et d'épuration. Le magnésium sert à la désoxydation de bains en fonderie de cuivre et d'alliages cuivreux. Il est utilisé en photographie (flash au magnésium), en pyrotechnie et en fonderie d'acier pour la désulfuration à la coulée. A résistance égale, les alliages de magnésium, de densité inférieure à 2, ont un poids inférieur de 20 p. 100 à celui des alliages d'aluminium. A l'état moulé, laminé, forgé ou filé à la presse, ces alliages peuvent également subir un traitement thermique de revenu pour améliorer certaines de leurs caractéristiques mécaniques.

magnétique [maɲetik] adj. (bas lat. *magneticus;* de *magnes,* aimant minéral). Doué des propriétés de l'aimant : *corps magnétique.* ‖ Qui concerne le magnétisme : *champ magnétique.* ‖ *Fig.* Qui a une influence puissante et mystérieuse : *regard magnétique.*

magnétisable adj. Qui peut être magnétisé : *un sujet magnétisable.*

magnétisant, e adj. Qui provoque l'aimantation : *champ magnétisant.*

magnétisation n. f. Action, manière de magnétiser; son résultat.

magnétiser [maɲetize] v. t. Communiquer les propriétés de l'aimant. (Syn. AIMANTER.) ‖ Communiquer le magnétisme animal. ‖ Soigner par l'hypnotisme. ‖ *Fig.* Exercer une attraction puissante et mystérieuse sur : *l'orateur magnétisait la foule.*

magnétiseur, euse n. Personne qui magnétise.

magnétisme n. m. Partie de la physique dans laquelle on étudie les propriétés des aimants. (V. *encycl.*) ‖ *Fig.* Attraction exercée par une personne sur une autre. ● *Magnétisme animal,* influence vraie ou supposée qu'une personne peut exercer sur une autre, au moyen de mouvements appelés *passes.* ‖ *Magnétisme terrestre,* champ magnétique assez régulier au niveau de la surface de la Terre, dont le pôle magnétique Nord varie lentement d'année en année. (V. *encycl.*)
— ENCYCL. Il existe trois sortes de magnétisme : le *ferromagnétisme,* présenté par le fer, le nickel et le cobalt, substances qui peuvent prendre une forte aimantation; le *paramagnétisme* (oxygène, platine, sodium), caractérisé par une faible aimantation; le *diamagnétisme,* que possèdent la plupart des corps qui prennent une faible aimantation de sens contraire à celle du fer et sont repoussés par l'aimant.
— *Magnétisme terrestre.* A la surface de la Terre règne un champ magnétique dont la direction est définie par la position d'équilibre d'une aiguille aimantée mobile autour de son centre de gravité. On le détermine par ses « coordonnées », qui sont la déclinaison, l'inclinaison et la composante horizontale du vecteur induction. Ces coordonnées varient avec le lieu et avec le temps.

magnétite n. f. Oxyde naturel de fer Fe_3O_4, doué de magnétisme, bon minerai de fer (gisement de Kiruna, en Suède).

magnéto [maɲeto] n. f. Génératrice de courant électrique où l'induction est produite par un champ magnétique créé par un aimant permanent.
— ENCYCL. Une *magnéto* comporte un inducteur fixe constitué par des aimants juxtaposés en forme de fer à cheval et un induit en tôles isolées sur lequel sont enroulées quelques spires de gros fil formant le circuit primaire. Le circuit secondaire, comportant un grand nombre de spires de fil fin, est enroulé sur le premier. La magnéto, qui était autrefois employée pour le démarrage des moteurs à explosion, est remplacée par l'allumage par batterie, qui donne un courant d'intensité supérieure.

magnéto-électrique adj. Qui tient à la fois des phénomènes magnétiques et électriques.

magnétohydrodynamique adj. Se dit de l'énergie obtenue à partir d'un gaz ionisé à très haute température. ‖ — N. f. Science qui traite de la dynamique des fluides conducteurs (par ex., un gaz ionisé à très haute température) en présence d'un champ magnétique.
— ENCYCL. Les *générateurs magnétohydrodynamiques,* objets de nombreuses recherches, doivent permettre la transformation directe d'énergie calorifique en électricité. Ils comportent une chambre de combustion suivie d'une tuyère placée dans l'entrefer d'un électro-aimant. L'addition de corps facilement ionisables (métal alcalin) au gaz très chaud transforme ce dernier en plasma, qui traverse le champ magnétique avec une grande vitesse. Les ions positifs et les électrons du plasma, séparés par le champ, sont recueillis sur deux électrodes.

magnétomètre n. m. Instrument employé pour comparer l'intensité des champs et des moments magnétiques.

magnétométrie n. f. Mesure des grandeurs magnétiques. ‖ Etude du sol, des composantes du champ magnétique terrestre.

magnétophone n. m. Appareil d'enregistrement et de restitution des sons, par aimantation rémanente d'un ruban recouvert d'oxyde magnétique.
— ENCYCL. Un *magnétophone* comporte trois têtes magnétiques constituées par des électro-aimants et devant lesquelles défile le ruban magnétique : la tête d'effacement, la tête d'enregistrement et la tête de lecture. Les vitesses de défilement du ruban sont comprises entre 4,75 et 76 cm/s. La gamme des fréquences qui peuvent être enregistrées et reproduites est d'autant plus élevée que la vitesse est plus grande. Le magnétophone est utilisé pour l'enregistrement de la parole et de la musique.

magnétoscope n. m. Procédé d'enregistrement des images de télévision sur une bande en plastique recouverte d'une substance magnétique.

magnétosphère n. f. Partie externe du domaine de l'environnement terrestre, située entre le sommet de l'ionosphère et la frontière supérieure, appelée « magnétopause », de cet environnement la séparant de l'espace interplanétaire, et à l'intérieur de laquelle se trouve confiné le champ magnétique de la Terre, qui y exerce une action physique prépondérante.

magnétostatique n. f. Etude des phénomènes se produisant dans les milieux aimantés continus idéaux.

magnétostriction n. f. Changement de dimensions d'un corps ferromagnétique, sous l'influence de son aimantation. (Ce phénomène est utilisé pour la production et la détection des ultrasons.)

magnétron n. m. *Télécomm.* Tube à vide, générateur ou amplificateur de courants de très haute fréquence.
— ENCYCL. Dans un *magnétron,* le flux d'électrons est commandé par un champ électrique et un champ magnétique. Cet appareil, utilisé pour des ondes centimétriques et décimétriques, permet d'atteindre des puissances de plusieurs mégawatts. Il est employé dans le radar et les émetteurs des relais hertziens.

magnificat [maɲifikat] n. m. inv. (mot lat.). Cantique par lequel la Vierge exprima sa reconnaissance à Dieu lors de sa visite à Elisabeth, sa cousine.

magnificence [maɲifisɑ̃s] n. f. Qualité de ce qui est magnifique; splendeur, éclat : *la magnificence d'un palais.* ‖ Générosité, somptuosité : *une magnificence ruineuse.*

magnifier [maɲifje] v. t. (lat. *magnificare ;* de *magnus,* grand). Exalter la grandeur, glorifier : *magnifier un exploit.*

magnifique adj. (lat. *magnificus*). Qui a de l'éclat, de la beauté : *palais magnifique.* ‖ Très beau en son genre : *temps magnifique.* ‖ Glorieux, plein de grandeur : *titre magnifique.*

magnifiquement adv. Avec magnificence : *traiter magnifiquement ses hôtes.*

Magnitogorsk, v. de l'U. R. S. S. (R. S. F. S. de Russie), au pied de l'Oural central; 364 000 h. Gisements de fer. Grand centre sidérurgique.

magnitude [maɲityd] n. f. Quantité qui sert à caractériser l'éclat apparent d'un astre. (La magnitude s'exprime par un nombre qui diminue quand l'éclat augmente.) [On disait précédemment GRANDEUR.]
— ENCYCL. *Astron.* La fixation de l'échelle des magnitudes est due à Hipparque; les étoiles les plus brillantes sont numérotées 1, et celles qui sont à la limite de visibilité à l'œil nu sont numérotées 6. Pour fixer le zéro de l'échelle des magnitudes, on a observé un grand nombre d'étoiles faibles, dont on a admis qu'elles avaient la magnitude moyenne 7. Certaines étoiles très brillantes (Sirius, Véga) ont alors des magnitudes inférieures à l'unité.

Magnol (Pierre), médecin et botaniste français, né à Montpellier (1638-1715). Il conçut l'idée du classement des plantes par familles. Linné a donné son nom (*magnolia*) à un genre d'arbres d'Amérique et d'Asie.

magnolia [maɲɔlja] n. m. (du botaniste *Magnol*). Arbre originaire d'Asie et d'Amérique. (Les magnolias sont d'admirables végétaux; leur port élégant, leurs feuilles alternes, luisantes, fermes, et leurs opulentes fleurs les font rechercher pour l'ornement des parcs.)

magnum [magnɔm] n. m. Grosse bouteille (généralement de champagne) contenant environ 1,6 litre.

Magnus, nom porté par plusieurs rois de Suède, de Danemark et de Norvège du XIe au XIIIe s. Les plus marquants furent : MAGNUS Ier *le Bon* (1024-1047), roi de Norvège (1035-1047) et de Danemark (1042-1047), qui réalisa l'unité dano-norvégienne; — MAGNUS VI *Lagaböte* (« le Législateur ») [1238-1280], roi de Norvège (1263-1280), qui promulgua un code commun à tout le royaume; — MAGNUS VII *Eriksson* (1316-1374), roi de Norvège (1319-1343) et de Suède (1319-1365), qui réalisa pour un temps l'union de la péninsule scandinave.

Magny (Olivier DE), poète français, né à Cahors (v. 1529-v. 1561). Il imita le pétrarquisme (*les Amours,* 1553; *Odes,* 1559) et l'épicurisme (*les Gayetez,* 1554) de Ronsard, et éprouva durant un séjour à Rome la même déception que du Bellay (*les Soupirs,* 1557).

Magny-en-Vexin (95420), ch.-l. de c. du Val-d'Oise (arr. de Pontoise); 3 450 h. Eglise (XVe-XVIe s.).

Magog, dans la Bible, terme qui désigne les nations païennes coalisées contre le peuple de Dieu.

Magog, v. du Canada (Québec), dans les cantons de l'Est; 13 800 h.

Magon, nom de plusieurs généraux carthaginois, dont le plus célèbre (m. en mer en 203 av. J.-C.) fut le frère d'Hannibal.

magot [mago] n. m. (de *Magot,* nom de chef oriental). Singe sans queue, du genre *macaque,* vivant en Afrique du Nord et à Gibraltar. (Long. 75 cm.) ‖ Figurine représentant un personnage pittoresque : *magot de la Chine.* ‖ Homme laid.

magot n. m. (anc. fr. *mugot,* lieu où l'on conserve les fruits). *Fam.* Argent caché : *chercher le magot.*

magouille n. f. *Fam.* Lutte d'influence, combinaison douteuse entre des groupes, des organisations quelconques, ou entre des personnes à l'intérieur d'un groupe.

magnolia

Magritte (René), peintre belge, né à Lessen (1898-1967). Surréaliste, il a peint minutieusement, de façon réaliste, des personnages ou des objets dont le rapprochement devient inquiétant. Il a exécuté de grandes décorations murales (palais des Beaux-Arts de Charleroi) et illustré des livres (*les Chants de Maldoror,* de Lautréamont; *les Nécessités de la vie,* d'Eluard).

Maguelonne ou **Maguelone,** hameau de la côte du Languedoc (Hérault), au sud de Montpellier. Ville importante au Moyen Age, détruite par Louis XIII en 1633. Anc. cathédrale (XIe-XIIe s.).

magyar [maʒjar], **e** adj. Relatif aux Magyars.

Magyars, peuple finno-ougrien qui s'est établi dans les plaines de Pannonie au IXe s.

Mahābhārata, épopée sanskrite de plus de 200 000 vers, qui retrace les guerres des Kaurava contre les Pandava, les exploits de Krichna et d'Arjuna.

mahaleb [maalɛb] n. m. Cerisier des régions montagneuses de l'Europe, à fruits amers, de la taille des pois.

mahārājah ou **mahārādjah** [maaradʒa] n. m. inv. Titre signifiant *grand roi,* et que l'on donne aux princes feudataires de l'Inde. ‖ Fém. inv. une *mahārāni.*

Mahārāshtra, Etat de l'Inde, dans l'ouest du Deccan; 50 335 000 h. Cap. *Bombay.* L'Etat est un grand producteur de canne à sucre et surtout de coton, qui alimente une importante industrie textile à Bombay*.

mahātmā [maatma] n. m. inv. (mot sanskrit signif. *grande âme*). Titre donné dans l'Inde à des personnalités spirituelles de premier plan : *le mahātmā Gandhi.*

Mahaut. V. MATHILDE.

mahdī [madi] n. m. Membre de la famille du Prophète, qui, selon certains croyants sunnites, doit revenir à la fin des temps.

Mahler

Maïakovski

Mahdī, nom que prit le cheik Muḥammad Aḥmad 'Abd Allāh en 1881; celui-ci fomenta au Soudan une révolte contre les Anglo-Egyptiens et prit Khartoum (1885). La révolte mahdiste fut réprimée par Kitchener en 1898.

mahdiste adj. Relatif au mahdī : *une importante insurrection mahdiste a bouleversé le Soudan en 1881.*

Mahé, v. de l'Inde (Kerala), sur la côte de Malabār; 18 300 h. Anc. établissement français.

Maḥfūẓ (Nadjīb), écrivain égyptien, né au Caire en 1912. Il évoque dans ses romans la vie des quartiers populaires de sa ville natale (*Rue du Pilon,* 1947; *le Voleur et les chiens,* 1962).

mah-jong [maʒɔ̃] n. m. (mots chin. signif. *je gagne*). Sorte de jeu de dominos d'origine chinoise.

Mahler (Gustav), compositeur et chef d'orchestre autrichien, né à Kalischt (Moravie) [1860-1911], auteur de lieder et de neuf amples symphonies (1888-1909).

Maḥmūd de Rhaznī (969-1030), souverain afghan (999-1030). Fondateur de la dynastie des Rhaznévides, il envahit l'Inde, annexa le Pendjab et occupa le bassin de l'Indus; il obtint de nombreuses conversions à l'islām.

Mahmut Ier (1696-1754), sultan ottoman (1730-1754), successeur d'Ahmet III. Il embellit Constantinople et accorda à la France les capitulations de 1740. — MAHMUT II (1784-1839), sultan ottoman (1808-1839). Il essaya de s'opposer à l'expansion russe dans les territoires danubiens. En même temps, il lutta contre la désagrégation de l'Empire : il fit massacrer les janissaires en 1826, mais il dut reconnaître l'indépendance de la Grèce en 1830. En conflit avec le pacha d'Egypte Méhémet Ali, il fut écrasé par ce dernier à Nisibe (1839); il mourut peu après.

Mahomet ou **Muḥammad** (« le Loué »), prophète de l'islām, né à La Mecque (v. 570 ou 580-632). Issu d'une famille de la tribu de Quraych, il est orphelin de bonne heure; son oncle, qui l'élève, lui donne l'occasion de voyager avec les caravanes. Il épouse une veuve, Khadīdja; il en aura quatre filles, dont Fāṭima, souche des 'Alides. Instruit du judaïsme et du christianisme, il médite longtemps une réforme religieuse et sociale de la nation arabe, fondée sur le monothéisme et sur l'abandon à la volonté divine (*islām*). Il groupe de nombreux partisans dans le petit peuple, à La Mecque, mais, mal vu par l'aristocratie de cette ville, il se réfugie à Médine, où on l'appelle : cette émigration (*hégire*) constitue le point de départ de l'ère musulmane (622). Mahomet s'impose dès lors comme chef politique et religieux. En 630, il prend La Mecque, qui devient la ville sainte de l'islām; dès lors, les conversions et les soumissions de tribus se multiplient; à la mort du prophète, toute l'Arabie est musulmane. (V. CORAN, ISLĀM.)

Mahomet ou le Fanatisme, tragédie de Voltaire (1741).

Mahomet, sultans turcs. V. MEHMET et MUḤAMMAD.

mahométan [maɔmetɑ̃], **e** [-an] adj. et n. Syn. anc. de MUSULMAN, E.

mahométisme n. m. Syn. anc. de ISLAMISME.

Mahón, port des Baléares; 16 600 h.

mahonia [maɔnja] n. m. Arbrisseau à feuilles épineuses, à fleurs jaunes et à baies bleues, originaire de l'Amérique du Nord, souvent cultivé dans les parcs. (Haut. 1 à 2 m; famille des berbéridacées.)

mahonne [maɔn] n. f. (esp. *mahona ;* de l'arabe). *Mar.* Chaland de port, sans moyens propres de propulsion.

mahrātte [marat] n. m. Langue indo-aryenne parlée dans la région de Bombay.

Mahrāttes, peuple de l'Inde, habitant le Mahārāshtra.

mai [mɛ] n. m. (lat. *Maius mensis,* mois de la déesse Maia). Cinquième mois de l'année. ‖ Arbre enrubanné que l'on plantait le 1er mai en l'honneur de quelqu'un.

Maia. *Myth. gr.* Fille d'Atlas, mère d'Hermès et l'une des Pléiades.

Maïakovsky (Vladimir Vladimirovitch), écrivain soviétique, né à Bagdadi (auj. Maïakovski) [Géorgie] (1893-1930). Orphelin, il adhéra très jeune au parti bolcheviste. Après avoir participé au mouvement futuriste (*le Nuage en pantalon,* 1912), il s'engagea dans l'action politique, secondant par l'affiche la propagande soviétique et exaltant la révolution dans un vers libre nouveau (*150 000 000,* 1920; *Octobre,* 1927). Il fit cependant dans son théâtre un tableau satirique des difficultés économiques et sociales du nouveau régime (*la Punaise,* 1920; *les Bains,* 1929). Déçu dans sa vie publique et privée, il se suicida.

Maiano (Benedetto DA). V. BENEDETTO DA MAIANO.

Maîche (25120), ch.-l. de c. du Doubs (arr. de Montbéliard); 3 827 h. Hôtels du XVIe s. Horlogerie.

Maïdanek, localité de la banlieue de Lublin (Pologne). Camp de concentration allemand pendant la Seconde Guerre mondiale.

Maidstone, v. d'Angleterre, ch.-l. du comté de Kent; 59 800 h. Industries alimentaires.

Maiduguri, v. du nord-est du Nigeria; 162 300 h.

maie [mɛ] n. f. (lat. *magis, magidis,* sorte de plat). Huche qui servait autrefois à pétrir et à conserver le pain. ‖ Table du pressoir.

Maïeul ou **Mayol** (*saint*), né à Avignon (v. 906-994), quatrième abbé de Cluny. — Fête le 11 mai.

maïeur ou **mayeur** [majœr] n. m. (lat. *major,* plus grand). Syn. de MAIRE, au Moyen Age. ‖ En Belgique, bourgmestre rural.

Phot. Parcs, jardins et espaces verts de la Ville de Paris, Stella-Presse, Bibl. nat. de Vienne, X.

maïeutique [majøtik] n. f. (gr. *maieutikê*, art de faire accoucher). Dans la philosophie socratique, art de faire découvrir à l'interlocuteur, par une série de questions, les vérités qu'il porte en lui.

Maignelay-Montigny (60420), ch.-l. de c. de l'Oise (arr. de Clermont); 1 401 h.

maigre [mɛgr] adj. (lat. *macer*). Qui a très peu de graisse : *poulet maigre*. || Qui ne contient ni viande ni graisse : *des aliments maigres*. || Peu abondant, peu délicat : *un maigre repas*. || Peu fertile : *terre maigre*. || *Fig.* Qui manque d'ampleur : *maigre développement littéraire*. ● *Jours maigres*, jours pendant lesquels l'Eglise catholique interdit la viande. || — N. m. Chair sans graisse : *servez-moi du maigre*. || Aliments maigres : *le maigre n'exclut pas le gibier d'eau*. || Syn. de ÉTIAGE. || Grand poisson de mer, de la famille des sciénidés. ● *Faire maigre*, ne pas manger de viande aux jours prescrits par l'Eglise. || — N. Personne maigre.

maigrelet, ette adj. Un peu maigre.

maigrement adv. De façon peu abondante : *dîner maigrement*.

maigreur n. f. Etat d'un corps maigre. || *Fig.* Manque d'abondance, de ressources, d'ampleur, etc. : *la maigreur d'un sol, d'un sujet*.

maigrichon, onne ou **maigriot, otte** adj. *Fam.* Un peu maigre.

maigrir v. i. Devenir maigre. || — V. t. Faire paraître maigre, mince.

Maïkop, v. de l'U. R. S. S. (R. S. F. S. de Russie), dans le Caucase septentrional; 82 000 h. Gisements pétrolifères. Papier.

mail [maj] n m. (lat. *malleus*, marteau). Petit maillet muni d'un long manche flexible, dont on se servait pour pousser une boule de bois au jeu du mail. || Ce jeu luimême. || Promenade publique (où l'on jouait au mail).

mail-coach [mɛlkotʃ] n. m. (mot angl.). Berline anglaise, à quatre chevaux, avec plusieurs rangs de banquettes sur le dessus de la voiture. (V. illustr. VOITURES* HIPPOMOBILES.) || Pl. des *mail-coaches*.

Mailer (Norman Kingsley), écrivain américain, né à Long Branch (New Jersey) en 1923. Il brosse dans ses romans un tableau satirique de la société contemporaine, transformant en mythes les névroses de l'Américain moderne (*les Nus et les morts*, 1948; *Un rêve américain*, 1964; *les Armées de la nuit*, 1968).

maillage [majaʒ] n. m. Disposition en réseau : *le maillage des voies de communication*.

Maillane (13910), comm. des Bouches-du-Rhône (arr. d'Arles); 1 472 h. Eglise du XIIe s. Patrie de Mistral.

maille [mɑj] n. f. (lat. *macula*, tache, maille de tissu). Chacune des boucles que forme le fil, la soie, la laine, etc., dans les tissus tricotés, dans les filets. || Chacun des annelets de fer dont on faisait les armures au Moyen Age : *cotte de mailles*. || Elément d'une chaîne d'ancre. (Syn. CHAÎNON.) || *Zool.* Tache apparaissant sur le plumage des jeunes perdreaux et des jeunes faucons. (Syn. MAILLURE.) || Taie ronde qui se forme sur la prunelle des yeux. ● *Maille à l'endroit, à l'envers*, maille dont la courbe supérieure est en avant ou en arrière du tricot.

maille n. f. (lat. pop. *medialia*; du lat. *medius*, demi). Anc. monnaie de cuivre, de très petite valeur : *n'avoir ni sou ni maille*. ● *Avoir maille à partir*, se disputer pour peu de chose; avoir un démêlé quelconque.

maillé, e adj. Couvert d'une armure de mailles : *chevalier maillé*. || A plumage marqué de mailles (perdreau ou faucon).

Maillé (Urbain DE), marquis DE BRÉZÉ, maréchal de France, né à Brézé (1597-1650). Il se distingua dans les Pays-Bas et occupa la rive gauche du Rhin. — Son fils JEAN ARMAND, duc *de Brézé*, amiral (1619-1646), battit la flotte espagnole devant Carthagène (1643).

Maillebois (Nicolas DESMARETS, *marquis* DE). V. DESMARETS.

maillechort [majʃɔr] n. m. (des noms des inventeurs, *Maillot* et *Chorier*). Alliage de cuivre, de nickel et de zinc, imitant l'argent.

— ENCYCL. Les *maillechorts* sont utilisés en raison de leur malléabilité (rubans), de leur facilité d'usinage, de leur poli, de leur résistance à la corrosion atmosphérique (vaisselle, orfèvrerie) et de leur résistance électrique (fils de rhéostats).

mailler v. t. Faire avec des mailles : *mailler un filet*. ● *Mailler une chaîne* (Mar.), fixer une chaîne sur une autre ou sur une boucle au moyen d'une manille. || *Mailler une voile*, la lancer sur une autre. || — V. i. Commencer à avoir des mailles, en parlant des perdreaux.

maillet [majɛ] n. m. Marteau à deux têtes, en bois très dur.

mailleton [majtɔ̃] n. m. Bouture ou bourgeon de l'année.

Maillezais (85420), ch.-l. de c. de la Vendée (arr. de Fontenay-le-Comte); 919 h. (593 aggl.). Anc. évêché; anc. cathédrale (XIe-XIVe s.).

mailloche [majɔʃ] n. f. (de *mail*). Gros maillet de bois. || Baguette terminée par une boule garnie de peau, et servant à battre de la grosse caisse.

Maillol (Aristide), sculpteur français, né à Banyuls-sur-Mer (1861-1944). Il commence par la peinture et se lie avec les nabis. Il sculpte ensuite le bois et ne vient au modelage qu'en 1900, à quarante ans. Quel que soit le sujet, il représente toujours des corps de jeunes femmes nues, aux formes amples et simplifiées, mi-vivantes, mi-déesses. Ce grand sculpteur retrouve tout naturellement un sentiment païen de la nature, ayant de nombreuses affinités avec les sculpteurs grecs de l'Antiquité (*Monument aux morts*, Céret; *la Pensée*, hôtel de ville de Perpignan : *l'Action enchaînée*, Puget-Théniers; *la Rivière*, musée national d'Art moderne). On lui doit des illustrations pour Virgile, Ovide et Ronsard. Un important ensemble de statues de Maillol (donation Dina Vierny, l'ancien modèle de l'artiste) a été érigé dans le jardin des Tuileries à Paris.

maillon [majɔ̃] n. m. Petite maille. || Anneau d'une chaîne. || *Mar.* Partie d'une chaîne entre deux manilles d'assemblage, d'une longueur de 30 m.

maillot [majo] n. m. (de *maille*). Langes dont on enveloppe un enfant. || Vêtement souple couvrant une partie du corps : *un maillot de bain*. ● *Maillot académique* (Chorégr.), maillot d'une seule pièce qui enserre le corps, des pieds jusqu'au cou, ainsi que les bras.

maillotin [majɔtɛ̃] n. m. Pressoir à olives.

Maillotins, nom donné aux Parisiens insurgés sous Charles VI, parce qu'ils étaient armés de maillets, pris à l'Arsenal (1382).

maillure [majyr] n. f. Tache dans le bois. || *Zool.* Syn. de MAILLE.

Mailly (Louise, *comtesse* DE), favorite de Louis XV (1710-1751).

Mailly (Jean DE), architecte et urbaniste français, né à Paris en 1911. Il est un des trois auteurs du Centre national des industries et des techniques (rond-point de la Défense), et il a donné les plans de la reconstruction de Toulon.

Mailly-le-Camp (10230), comm. de l'Aube (arr. de Troyes); 2 102 h. (1 423 aggl.). Grand camp d'instruction militaire, créé de 1902 à 1905.

Maimonide (Moïse), médecin, théologien et philosophe juif, né à Cordoue (1135-1204). Il se fixa comme médecin à la cour des Fāṭimides. Il a cherché à montrer l'accord entre la foi et la raison. Il fut l'un des premiers intermédiaires entre Aristote et les docteurs de la scolastique.

main [mɛ̃] n. f. (lat. *manus*). Partie du corps humain qui s'étend depuis le poignet jusqu'à l'extrémité des doigts. (V. *encycl.*) || Partie correspondante du membre antérieur des vertébrés tétrapodes. || Distance de la largeur d'une main. || Ensemble de 25 feuilles de papier, ou vingtième de rame. || Rapport de la force d'un papier (poids en grammes par mètre carré) à son épaisseur (en millièmes de millimètre). ● *Agir sous main*, clandestinement. || *A main armée*, les armes à la main. || *Avoir le cœur sur la main*, être très bon, très généreux. || *Avoir une belle main*, une belle écriture. || *Avoir la haute main*, commander. || *Avoir la main*, aux cartes, être le premier à jouer. || *Avoir la main heureuse*, réussir souvent. || *Avoir les mains liées*, ne pouvoir agir. || *Avoir sous la main*, à sa portée. || *Battre des mains*, applaudir. || *Coup de main*, action militaire locale menée par surprise en vue d'obtenir des renseignements sur l'ennemi. || *De longue main*, depuis longtemps. || *De la main à la main*, sans passer par un intermédiaire. || *De main de maître*, avec habileté. || *De main en main*, d'une personne à l'autre. || *Demander, obtenir la main de quelqu'un*, demander, obtenir une personne en mariage. || *Donner à pleines mains*, libéralement. || *En un tour de main*, en un instant. || *Etre en bonnes mains*, être confié à une personne capable. || *Faire main basse*, piller, voler. || *Forcer la main*, contraindre. || *Lever la main sur quelqu'un*, s'apprêter à le frapper. || *Main courante*, partie d'une rampe d'escalier ou d'un balcon sur laquelle la main s'appuie. || *Main de justice*, main d'ivoire à trois doigts levés, placée à l'extrémité du bâton royal, symbole de la justice royale. || *Main à main*, exercices d'équilibre et de force entre deux artistes, l'un étant le porteur, l'autre le voltigeur. || *Main de ressort*, pièce sur laquelle s'articule l'extrémité d'un ressort. || *Mettre la dernière main*, terminer. || *Mettre la main à l'œuvre*, commencer une chose. || *Mettre la main à la pâte*, travailler soi-même. || *Mettre la main sur quelqu'un*, l'arrêter; *sur une chose*, la découvrir. || *Ne pas y aller de main morte*, frapper rudement. || *Passer la main*, renoncer à ses prérogatives. || *Première main*, première ouvrière d'une maison de couture. || *Prendre en main*, se charger de. || *Prêter la main*, aider. || *Reprendre en main*, redresser une situation compromise. || *Tendre la main*, demander l'aumône; faire une offre de réconciliation. || *Tenir de première main*, de la source même.

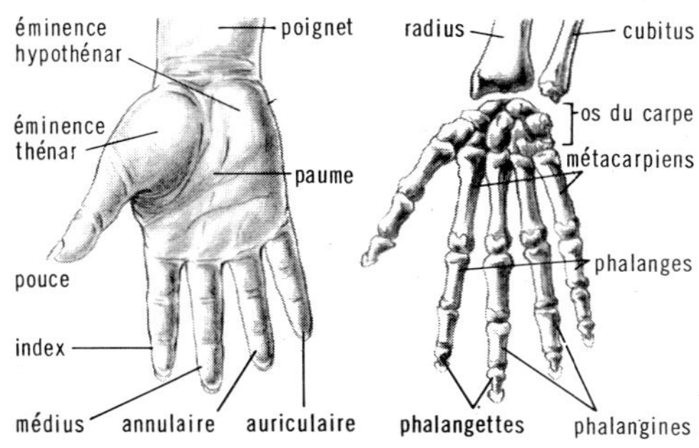

main

— ENCYCL. Le squelette de la *main* comprend le carpe (8 os courts), le métacarpe (5 métacarpiens) et les phalanges (2 pour le pouce, 3 pour chacun des autres doigts). Les muscles qui commandent les mouvements de la main sont, d'une part, des muscles situés dans l'avant-bras et agissant par des tendons fins et longs, et, d'autre part, des muscles propres situés dans la main, entre les métacarpiens (interosseux), ou groupés près du pouce (éminence thénar) ou du 5e doigt (éminence hypothénar). La main humaine exécute des mouvements très complexes : flexion, extension, pronation, supination, opposition du pouce aux autres doigts.

Mains sales (*les*), pièce de J.-P. Sartre (1948), qui traite de la signification de l'action politique à travers le conflit des morales bourgeoise et révolutionnaire.

Main (le), riv. de l'Allemagne occidentale, affl. du Rhin (r. dr.), qu'il rejoint à Mayence; 524 km. Arrosant notamment Würzburg et Francfort, le Main constitue l'artère majeure de la liaison entre le Rhin et le Danube.

Maïna. V. MAGNE.

Mainard ou **Maynard** (François), poète français, né à Toulouse (v. 1582-1646). Secrétaire, à Paris, de la reine Marguerite, il fut nommé président au présidial d'Aurillac et souffrit de cet exil provincial (*Lettres*, 1653). Dans ses épigrammes et ses odes, il se montre un fidèle disciple de Malherbe (*A la Belle Vieille*). [Acad. fr.]

main-d'œuvre n. f. Façon, travail de l'ouvrier dans la confection d'un ouvrage. || Ensemble des ouvriers nécessaires pour l'exécution d'un travail donné. || Pl. des *mains-d'œuvre*.

Maine (la), riv. de France, affl. de la Loire (r. dr.), formée par la Sarthe (grossie du Loir) et la Mayenne; 10 km. Elle arrose Angers.

Maine (le), anc. prov. de France, érigée en comté en 955. Duché, le Maine fut réuni à la Couronne sous Louis XI, en 1481; cap. *Le Mans*. Au point de vue géographique, on distingue : à l'ouest, le *bas Maine* partie, en fait, la plus élevée, qui appartient au Massif armoricain (dép. de la Mayenne); à l'est, le *haut Maine*, extrémité occidentale du Bassin parisien, qui constitue la majeure partie du département de la Sarthe, et dont le cœur est Le Mans. Le Maine est une région d'aspect bocager, où l'élevage est partout présent, les cultures tenant une place relativement plus importante dans le haut Maine.

Maine, un des Etats unis d'Amérique, en Nouvelle-Angleterre; 973 000 h. Cap. *Augusta*. A la frontière canadienne, sur l'Atlantique, le Maine est constitué par une pénéplaine dominée par des reliefs résiduels. La pomme de terre est la principale culture, et l'industrie du papier, liée à l'exploitation forestière, l'activité industrielle dominante. Portland, sur l'Atlantique, est la seule ville dépassant 50 000 h. Séparé du Massachusetts, le Maine devint en 1820 le 23e Etat de l'Union.

Maine (Louis Auguste DE BOURBON, *duc* DU), fils légitimé de Louis XIV et de Mme de Montespan, né à Saint-Germain (1670-1736). — Sa femme, **Louise de Bourbon-Condé,** née à Paris (1676-1753), petite-fille du Grand

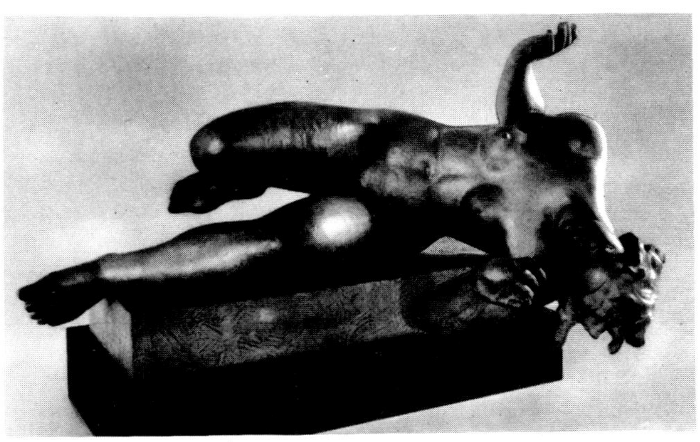

Maillol
« la Rivière »
musée d'Art moderne

Phot. Lauros-Giraudon.

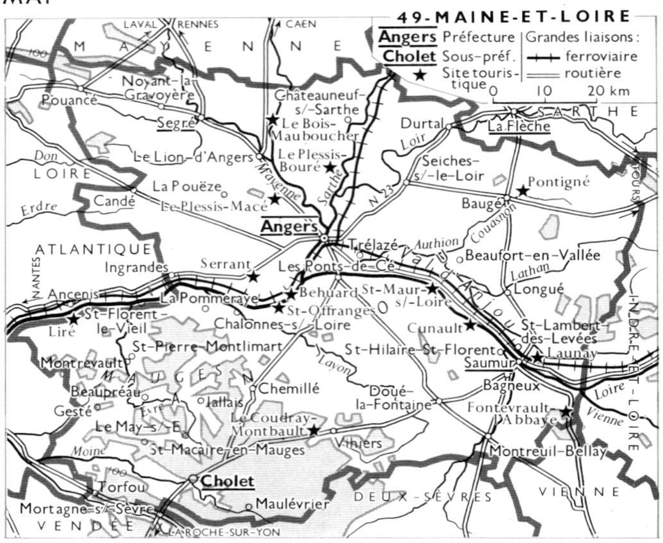

château de Maintenon

Condé, tint à Sceaux une cour brillante. Elle entraîna le duc dans la conspiration de Cellamare.

Maine de Biran (François Pierre GONTIER, dit), philosophe français, né à Bergerac (1766-1824). Sa philosophie est un spiritualisme qui fonde la réalité de nos perceptions immédiates sur le sentiment de l'effort.

Maine-et-Loire (*dép. de*) [**49**], dép. formé presque exclusivement de l'Anjou ; préf. *Angers ;* s.-préf. *Cholet, Saumur, Segré ;* 4 arr., 40 cant., 377 comm. ; 7 131 km² ; 584 709 h. Au sud-ouest, les collines bocagères des *Mauges* sont une région de polyculture associée à l'élevage bovin. Elles se prolongent, entre Layon et Loire, par des coteaux portant des vignobles. Les régions de Baugé et du *Segréen,* où domine l'élevage bovin, sont séparées des premières par la riche vallée de la Loire, où se juxtaposent cultures fruitières et légumières, vignes et prairies d'élevage. L'industrie, employant plus du tiers de la population active, est surtout représentée par l'extraction du fer (Segré) et des schistes ardoisiers (Trélazé), la métallurgie, le textile, les produits alimentaires et l'électronique (Cholet et surtout Angers).

main-forte n. f. Assistance donnée à quelqu'un et, surtout, à l'autorité : *prêter main-forte.*

Mainfroi. V. MANFRED.

Mainland, nom des principales îles des Shetland et des Orcades.

mainlevée n. f. Acte qui arrête les effets d'une saisie, d'une opposition, d'une hypothèque.

mainmise n. f. Action de mettre la main sur : *la mainmise de quelqu'un sur une société.*

mainmorte n. f. *Féod.* Etat des serfs qui étaient privés de la faculté de disposer de leurs biens par testament. || Etat des biens appartenant à des personnes morales (communes, communautés, hospices, etc.).

maint [mɛ̃], **e** [mɛ̃t] adj. Indique un grand nombre indéterminé : plus d'un (au sing.), plusieurs (au pl.) : *en mainte occasion ; maintes fois.*

maintenance [mɛ̃tnɑ̃s] n. f. *Mil.* Action ayant pour objet de recompléter en matériel et en personnel les unités éprouvées par le combat. || Ensemble des moyens (personnel et matériel) nécessaires à cette action. || Entretien d'un matériel au cours de son utilisation.

maintenant [mɛ̃tnɑ̃] adv. (de *main* et *tenant*). A présent. || **— Maintenant que** loc. conj. En ce moment où.

mainteneur n. m. Celui qui maintient. || Dignitaire des jeux Floraux de Toulouse.

maintenir [mɛ̃tnir] v. t. (lat. *manu tenere,* tenir à la main). Tenir fixe, en état de stabilité : *poutre qui maintient la charpente.* || Conserver dans le même état, entretenir, défendre : *maintenir les lois existantes.* || Affirmer, soutenir : *je maintiens que cela est vrai.* || **— Se maintenir** v. pr. Rester dans le même état : *se maintenir en bonne santé.*

Maintenon (28130), ch.-l. de c. d'Eure-et-Loir (arr. de Chartres), sur l'Eure ; 3 400 h. (2 859 aggl.). Château du XVIe s. (parc par Le Nôtre).

Maintenon (Françoise D'AUBIGNÉ, *marquise* DE), née à Niort (1635-1719). Elle était la petite-fille d'Agrippa d'Aubigné. Elle vécut à la Martinique jusqu'à la mort de son père en 1645. Elle abjura le protestantisme, épousa le poète Scarron en 1652 et tint un salon renommé. Devenue veuve (1660), elle fréquenta les hôtels de Richelieu et d'Albret, et elle fut chargée à partir de 1669 d'élever les enfants que Louis XIV avait eus de Mme de Montespan. Elle reçut le marquisat de Maintenon (1674) et devint dame d'atour de la Dauphine (1680). Après la mort de la reine Marie-Thérèse, un mariage secret l'unit au roi. Elle jouit désormais d'une grande autorité à la Cour, intervenant dans les questions religieuses et encourageant la guerre (1701). Elle créa la Maison royale de

Mme de **Maintenon**, par Mignard, *détail château de Versailles*

Saint-Louis à Saint-Cyr (1686), destinée à l'éducation des jeunes filles nobles sans fortune, et s'y retira à la mort du roi (1715). Elle a écrit des instructions pour les maîtres et les élèves ; ses *Lettres* ont été publiées.

maintien [mɛ̃tjɛ̃] n. m. Action de faire durer ; conservation : *le maintien des traditions.* || Manière de tenir le corps et le visage : *maintien modeste.* || — Syn. : ATTITUDE, CONTENANCE, PRESTANCE, TENUE. ● *Maintien dans les lieux,* démembrement du droit de propriété qui permet à l'occupant de bonne foi d'un logement de continuer à y résider nonobstant la volonté contraire du propriétaire. || *Maintien de l'ordre,* ensemble des mesures de sécurité prises pour prévenir ou réprimer des troubles. (V. *encycl.*)

— ENCYCL. En France, le *maintien de l'ordre* est une mission de défense civile confiée au ministre de l'Intérieur. Exceptionnellement, en période d'état de siège*, l'autorité militaire peut en être chargée. Cette mission est assurée essentiellement par la police et par la gendarmerie, mais, comme cette dernière et complémentairement en cas de nécessité, les autres forces armées peuvent être appelées à y participer sur demande de concours ou réquisition de l'autorité civile.
La participation des forces armées au maintien de l'ordre fait l'objet de prescriptions mises au point en 1961.

Mainz, nom allem. de *Mayence.*

maire [mɛr] n. m. (lat. *major,* plus grand). Premier officier municipal d'une ville, d'une commune : *les maires sont élus par le conseil municipal.* (V. *encycl.*) ● *Maire du palais,* dignitaire qui gouvernait sous le nom des rois mérovingiens et qui, au VIIIe s., les supplanta.

— ENCYCL. Les fonctions du *maire* sont doubles : il représente la commune et, à ce titre, prépare et exécute les délibérations du conseil municipal ; il est agent du pouvoir central et, à ce titre, est responsable de la publication et de l'exécution des lois et règlements, de l'état civil, du maintien de l'ordre, etc. Il y a dans chaque commune un maire et un ou plusieurs adjoints élus parmi les membres du conseil municipal. Le préfet de Paris et le préfet de police, assistés des vingt maires d'arrondissement, désignés par décrets, remplissent les fonctions habituellement dévolues au maire.

mairesse n. f. *Fam.* Femme d'un maire.

Maire (Edmond), syndicaliste français, né à Epinay-sur-Seine en 1931, secrétaire général de la C. F. D. T. depuis 1971.

Mairet (Jean), poète dramatique français, né à Besançon (1604-1686). Résident de Franche-Comté à la cour de France, il devint suspect à Mazarin, qui l'exila, et ne rentra en faveur qu'après la paix des Pyrénées. Il fit représenter plusieurs pièces inspirées de la galanterie précieuse (*Chryséide et Arimant,* 1625 ; *les Galanteries du duc d'Ossonne,* 1632) et donna avec *Sophonisbe** (1634) la première tragédie respectant la règle des trois unités.

mairie n. f. Maison où sont les bureaux du maire : *les mariages se célèbrent à la mairie.* (On dit souvent HÔTEL DE VILLE.) || Administration municipale. || Fonction de maire.

mais adv. (lat. *magis*). *N'en pouvoir mais* (vieilli), être accablé de fatigue ; ne pouvoir rien à quelque chose : *je n'en peux mais, tant j'ai couru.*

mais [mɛ] conj. (de *mais* adv.). Marque : 1° l'opposition : *cet enfant est intelligent, mais paresseux ;* 2° le renforcement : *il est joli, mais très joli ;* 3° l'approbation : *mais vous avez raison ;* 4° une simple transition : *mais revenons à notre sujet ;* 5° une nuance particulière (surprise, doute, etc.) dans certaines phrases exclamatives ou interrogatives : *mais qu'est-ce qui vous prend ? ;* etc. ● *Mais aussi, mais encore, mais de plus,* indique l'addition d'une idée à une autre idée (dans ce cas, répond à *non seulement* dans un premier membre de phrase).

maïs [mais] n. m. (mot esp., empr. à une langue haïtienne). Céréale de la famille des graminées, cultivée dans le sud de l'Europe et en Amérique pour ses gros grains comestibles, riches en amidon.

— ENCYCL. Malgré ses surnoms de *blé d'Espagne, de Turquie* (turquet), *de l'Inde,* le *maïs* est originaire de l'Amérique du Sud. Près de la moitié de la production mondiale, dépassant 300 millions de tonnes, provient des Etats-Unis ; l'U. R. S. S. vient ensuite avec plus de 20 millions de tonnes. En France, sa culture, primitivement localisée dans les régions méridionales et spécialement l'Aquitaine, s'est considérablement développée et s'est étendue au nord de la Loire grâce aux maïs hybrides : la production atteint aujourd'hui 8 millions de tonnes. (V. illustr. CÉRÉALES.)

maïserie [maizri] n. f. Usine où l'on traite le maïs.

maison [mɛzɔ̃] n. f. (lat. *mansio ;* de *manere,* demeurer). Construction destinée à l'habitation humaine : *bâtir une maison.* || Ce qui a rapport aux affaires domestiques ; ménage : *une maison bien tenue.* || Etablissement commercial : *maison de vins en gros.* || Race, descen-

maïs
pied en fleur
et épi

Phot. Lauros-Giraudon, Giraudon.

dance : *la maison des Bonaparte.* ‖ — Syn. : DEMEURE, DOMICILE, LOGIS, RÉSIDENCE. ‖ Terme servant à désigner de nombreux établissements pénitenciaires : *maison d'arrêt ; maison centrale ; maison de correction ; maison de justice ; etc.* ● *De bonne maison,* de maison honorable. ‖ *Maison mère,* principal établissement d'un ordre religieux, dont dépendent les autres communautés. ‖ *Maison du roi, de l'empereur,* sous l'Ancien Régime, la Restauration, le premier et le second Empire, ensemble des personnes civiles (*maison civile*) et militaires (*maison militaire*) attachées à la personne du souverain. (V. *encycl.*) ‖ — Adj. *Fam.* Fait à la maison ; de bonne qualité : *tarte maison.*

— ENCYCL. La *Maison du roi* avait pris une extension considérable sous Louis XIV et elle constituait une collectivité très importante. A la fin du règne de Louis XV, la maison civile, chargée de vingt-deux services (chapelle, bouche, chambre, écuries, etc.), comprenait encore près de 4 000 personnes. La maison militaire était divisée en Garde du dedans du Louvre (gardes du corps écossais et français, cent-suisses, gardes de la prévôté de l'hôtel, etc.) et en Garde du dehors du Louvre (gendarmes de la garde, mousquetaires gris et noirs, gardes française et suisse, etc.). Disparue avec la Révolution, la Maison du roi reparut avec les Bourbons, mais Louis-Philippe la supprima. Napoléon Ier et Napoléon III créèrent également une Maison impériale.

Maison (Nicolas Joseph), maréchal de France et homme politique, né à Epinay-sur-Seine (1771-1840). Après s'être distingué dans les campagnes de l'Empire, il se rallia à Louis XVIII et reçut le titre de marquis. Commandant l'expédition de Grèce (1828), il devint ministre des Affaires étrangères de Louis-Philippe (1830), ambassadeur à Vienne et à Saint-Pétersbourg, et enfin ministre de la Guerre (1835-1836).

Maison-Blanche. V. DAR EL-BAÏDA.

Maison-Blanche (la), résidence des présidents des Etats-Unis à Washington, édifiée à partir de 1792.

Maison carrée, petit temple romain de style corinthien, d'une grande élégance de proportions, élevé à Nîmes (16 av. J.-C.).

Maison-Carrée. V. HARRACH (*El-*).

maisonnée n. f. *Fam.* Ensemble des personnes d'une famille vivant dans la même maison.

maisonnette n. f. Petite maison.

Maisonneuve (Paul DE CHOMEDEY DE), gentilhomme français, né à Neuville-sur-Vanne (1612-1676). En 1642, il fonda, au Canada, Ville-Marie, qui devait devenir Montréal. Victime d'intrigues, il quitta le Canada en 1665.

Maisons-Alfort (94700), ch.-l. de c. du Val-de-Marne (arr. de Créteil), entre la Marne et la Seine ; 53 671 h. Ecole vétérinaire.

Maisons-Laffitte (78600), ch.-l. de c. des Yvelines (arr. de Saint-Germain-en-Laye), sur la Seine ; 24 335 h. (*Mansonniens* ou *Maisonnais*). Hippodrome. Château bâti par Mansart de 1642 à 1651 (musée).

maistrance [mɛstrɑ̃s] n. f. (de *maistre,* anc. forme de *maître*). Ensemble des sous-officiers de la Marine nationale.

Maistre (Joseph *comte* DE), philosophe, écrivain et homme politique français, né à Chambéry (1753-1821). Membre de la cour de justice de Savoie (1774), il émigra devant l'invasion française à Lausanne (1793), puis en Sardaigne (1799). De 1802 à 1817, il représenta Charles-Emmanuel IV à Saint-Pétersbourg, où il se lia avec Alexandre Ier. Adversaire de la Révolution française et de l'esprit philosophique, catholique ultramontain, il opposa à la raison des idéologues la foi, l'autorité du pape et l'intuition de la conscience intellectuelle, et fit du déroulement de l'histoire la manifestation permanente de la Providence divine (*Considérations sur la France,* 1796 ; *Du pape,* 1819 ; *les Soirées de Saint-Pétersbourg,* 1821). — Son frère XAVIER, né à Chambéry (1763-1852), officier dans l'armée sarde, poursuivit sa carrière dans l'armée russe et composa de petits récits qui unissent l'imagination romantique à l'esprit du XVIIIe s. (*Voyage autour de ma chambre,* 1795 ; *la Jeune Sibérienne,* 1825).

maître [mɛtr] n. m. (lat. *magister*). Celui qui commande, gouverne : *un maître sévère.* ‖ Celui qui a des serviteurs. ‖ Celui qui possède, propriétaire : *le maître de la maison.* ‖ Celui qui enseigne : *suivre les leçons d'un savant maître.* ‖ Personne d'un savoir, d'un art supérieur : *s'inspirer des maîtres.* ‖ Titre donné aux avocats et aux officiers ministériels : *maître Un tel ; par-devant maître X... ;* aux personnes titulaires de certaines charges : *maître des requêtes.* ‖ Titre d'un artisan dans un métier où subsistent des traditions de corporation et qui a été admis à la maîtrise. ● *Maître d'armes,* celui qui enseigne l'escrime. ‖ *Maître assistant,* membre de l'enseignement supérieur qui organise les travaux pratiques et contribue aux travaux de recherche. ‖ *Maître auxiliaire,* professeur autorisé à assurer l'intérim d'un emploi vacant de professeur titulaire. ‖ *Maître de chapelle,* celui qui est chargé de diriger le chant dans une église. ‖ *Maître couple,* section droite du cylindre engendré par un solide en mouvement. ‖ *Maître à danser,* autref., professeur de danse. ‖ *Maître de forges,* propriétaire d'un établissement sidérurgique dont il assume personnellement l'administration. ‖ *Maître imprimeur,* chef d'entreprise dirigeant une imprimerie. ‖ *Passer maître,* obtenir le titre de maître ; et, au *fig.,* être très habile dans un art, un métier, etc. ‖ *Second maître de 2e et de 1re classe, maître, premier maître, maître principal* (Mar.), sous-officiers de la Marine nationale, de grades correspondant à ceux de sergent, sergent-chef, sergent-major, adjudant et adjudant-chef de l'armée de terre. ‖ — Adj. Habile, énergique, puissant : *un maître fripon.* ‖ Qui a de l'empire sur soi : *maître de ses passions.* ‖ Qui a la faculté de faire quelque chose : *maître de choisir sa carrière.* ‖ Au jeu, se dit de la plus forte carte qui reste d'une couleur et de celui qui la possède : *valet maître ; être maître à carreau.*

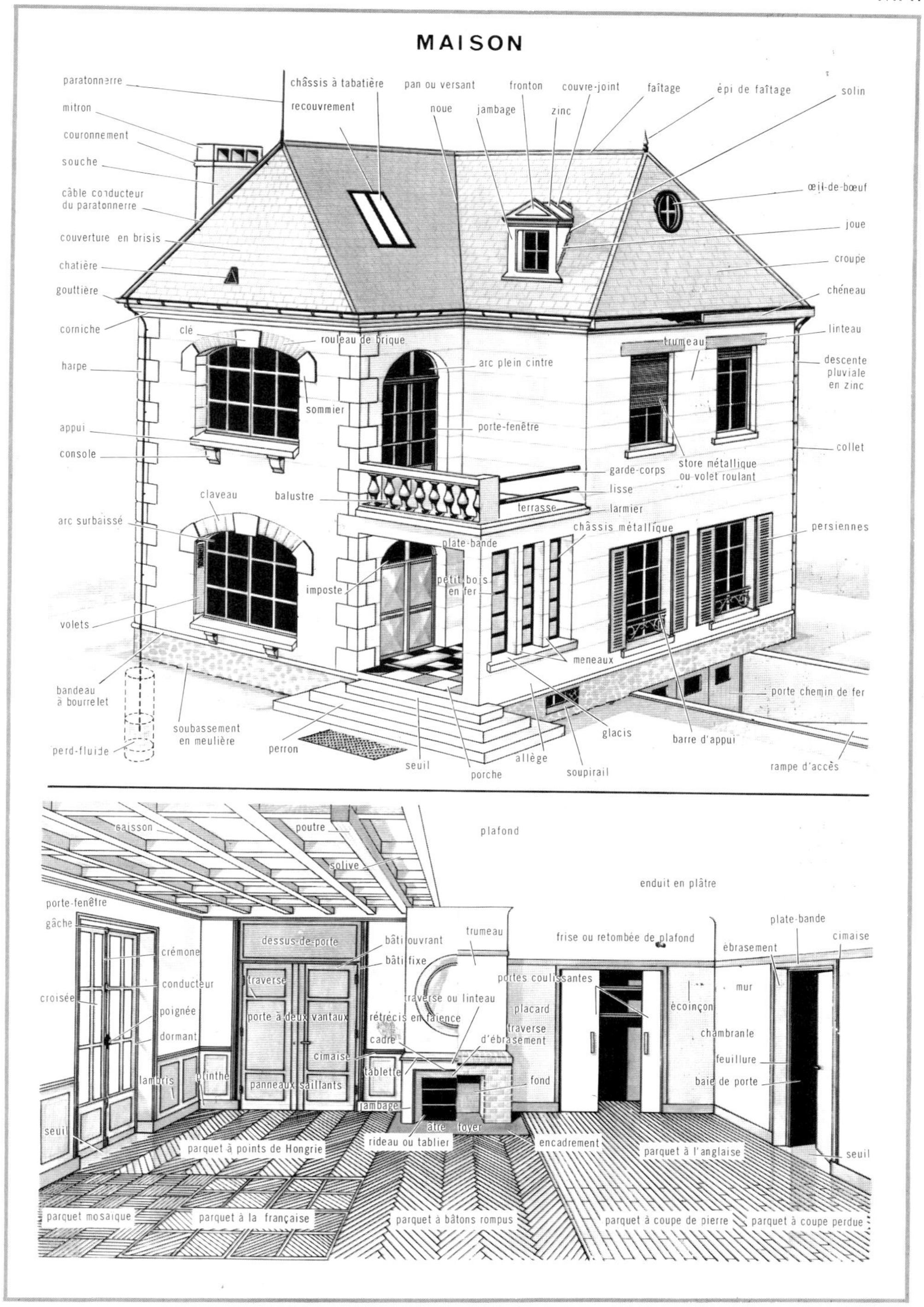

Maître de Flémalle. V. FLÉMALLE.

Maître de Moulins. V. MOULINS.

Maître Jacques, personnage de *l'Avare,* de Molière ; il est tout à la fois le cocher et le cuisinier d'Harpagon. Son nom a passé dans la langue pour désigner un homme à tout faire.

Maîtres chanteurs de Nuremberg (*les*), comédie musicale de Richard Wagner (1868).

maître-à-danser n. m. Compas d'épaisseur, utilisé pour la mesure des diamètres intérieurs. ‖ Pl. des *maîtres-à-danser.*

maître-autel n. m. Autel principal d'une église. ‖ Pl. des *maîtres-autels.*

maîtresse n. f. (fém. de *maître*). A presque toutes les acceptions de *maître.* ‖ Femme qui accorde ses faveurs à un homme qui n'est pas son mari. ‖ — Adj. Principale : *poutre maîtresse.* ● *Maîtresse femme,* femme qui dirige ses affaires avec compétence et autorité.

maîtrisable adj. Que l'on peut maîtriser : *passion peu maîtrisable.*

maîtrise n. f. Domination incontestée : *acquérir la maîtrise d'un marché économique.* ‖ Domination de soi : *conserver sa maîtrise devant un danger.* ‖ Ecole où l'on forme les enfants au chant de la musique sacrée. ‖ Ensemble des chantres d'une église. ‖ Grade universitaire de l'enseignement supérieur. ‖ Situation d'un maître au sein d'une corporation ou d'un autre corps analogue. ‖ Ensemble des contremaîtres et des chefs d'équipe. ● *Agent de maîtrise,* agent qui surveille et dirige l'exécution des travaux effectués par les ouvriers. ‖ *Maîtrise de l'air, de la mer,* supériorité militaire, aérienne ou navale, acquise sur un adversaire dans un espace et un temps déterminés. ‖ *Maîtrise de soi,* contrôle sur la manifestation de ses émotions.

maîtriser [mɛtrize] v. t. Contenir par la force, dompter : *maîtriser un animal furieux.* ‖ *Fig.* Se rendre maître de : *maîtriser ses passions.* ‖ — **Se maîtriser** v. pr. Rester, redevenir maître de soi.

Maizières-lès-Metz (57210), ch.-l. de c. de la Moselle (arr. de Metz-Campagne) ; 9 834 h. Cimenterie.

Maizuru, port du Japon (Honshū), sur la mer du Japon ; 91 200 h.

Majano (Benedetto DA). V. BENEDETTO DA MAIANO.

majesté [maʒɛste] n. f. (lat. *majestas*). Grandeur suprême : *la majesté divine.* ‖ Le Christ, la Vierge, le saint ou la sainte représentés assis sur un trône. (On dit aussi Christ, Vierge, saint ou sainte *en majesté.*) ‖ Air de grandeur propre à inspirer le respect : *allure pleine de majesté.* ‖ Titre particulier des empereurs et des rois : *Sa Majesté l'Impératrice.* (En abrégé S. M.) ● *Sa Majesté Catholique,* le roi d'Espagne. ‖ *Sa Majesté Très Chrétienne,* le roi de France.

majestueusement adv. Avec majesté : *cortège qui s'avance majestueusement.*

majestueux, euse adj. Qui a de la majesté : *démarche majestueuse.*

majeur [maʒœr], **e** adj. (lat. *major*). Plus grand, plus considérable : *la majeure partie.* ‖ Qui a l'âge de la majorité : *fille majeure.* ‖ Important : *affaire majeure.* ‖ *Mus.* V. GAMME, MODE, TON. ● *Cas de force majeure,* événement qu'on ne peut éviter et dont on n'est pas responsable. ‖ *Tierce majeure* (Jeux), l'as, le roi et la dame d'une même couleur. ‖ *Tierce majeure* (Mus.), composée de deux tons.

majeur n. m. Le troisième et le plus long des doigts de la main. (On dit aussi MÉDIUS.)

Majeur (*lac*), lac de la bordure sud des Alpes, entre l'Italie et la Suisse ; 212 km². Il renferme les îles Borromées. Tourisme.

majeure n. f. *Log.* Première proposition d'un syllogisme.

majolique [maʒɔlik] ou **maïolique** [majɔlik] n. f. (ital. *majolica,* de l'île de Majorque). Faïence italienne recouverte d'une glaçure stannifère, d'origine hispano-arabe et introduite en Italie au XVᵉ s.

ma-jong [maʒɔ̃] n. m. Autre orthographe de MAH-JONG.

major [maʒɔr] n. m. (esp. *mayor,* empr. au lat. *major,* plus grand). Sous l'Ancien Régime, officier supérieur du grade de chef de bataillon. ‖ Auj., officier supérieur chargé de l'administration d'un corps de troupes. ‖ Anc. appellation des médecins militaires. ‖ *Arg. scol.* Premier d'une promotion. ● *Major général,* officier général adjoint à un membre du haut commandement.

majoral n. m. Chacun des cinquante membres du consistoire du félibrige. ‖ Pl. des *majoraux.*

majorat [maʒɔra] n. m. Bien inaliénable attaché à la possession d'un titre de noblesse, et qui était transmis, avec le titre, au fils aîné d'une famille.

majoration n. f. Action de majorer ; augmentation : *des majorations de prix.*

majordome n. m. (ital. *maggiordomo ;* du lat. *major domus,* chef de la maison). Chef des domestiques d'une grande maison.

majorer [maʒɔre] v. t. Augmenter la valeur d'une chose, le montant d'une facture ou d'un impôt : *majorer des prix, des produits.*

majorette n. f. Jeune fille en uniforme qui, à la manière américaine, parade dans des fêtes.

Majorien (m. en 461), empereur d'Occident de 456 à 461, tué par ordre de Ricimer.

majoritaire adj. et n. Qui appartient à la majorité ; qui s'appuie sur une majorité : *gouvernement majoritaire.* ‖ — Adj. Se dit d'un système de vote où la majorité l'emporte.

majorité n. f. (du lat. *major,* plus grand). Age auquel, selon la loi, une personne acquiert la pleine capacité d'exercer ses droits, ou est reconnue responsable de ses actes : *l'âge de la majorité civile, civique et pénale est de 18 ans.* ‖ Le plus grand nombre : *la majorité des blessés survivent.* ‖ Groupement de voix donnant à une personne, à un gouvernement ou à un parti la supériorité sur ses concurrents. ● *Majorité absolue,* majorité réunissant plus de la moitié des suffrages exprimés. ‖ *Majorité constitutionnelle,* majorité absolue des membres de l'Assemblée nationale et non plus des suffrages exprimés par les députés. ‖ *Majorité relative* ou *simple,* groupement de voix plus important que celui des concurrents. ‖ *Majorité qualifiée,* majorité pour laquelle la loi exige que soient réunis plus de suffrages que pour la majorité absolue (les 2/3 des voix, par ex.). ‖ *Majorité silencieuse,* partie majoritaire d'une population qui n'exprime pas d'opinion.

Majorque, en esp. **Mallorca,** la plus grande des Baléares ; 363 200 h. Ch.-l. *Palma de Majorque.* L'île, au relief montagneux (1 445 m au *Puig Mayor*), vit de quelques cultures et, surtout, du tourisme.

● *Histoire.* Le royaume de Majorque (1276-1344), détaché de la couronne d'Aragon, comprenait les Baléares, le Roussillon, la Cerdagne et Montpellier. Sa capitale était Perpignan. L'Aragon finit par s'en emparer, la France acquérant Montpellier.

majorquin [maʒɔrkɛ̃], **e** [-kin] adj. et n. De Majorque.

Majunga, port du nord-ouest de Madagascar ; 43 000 h.

majuscule [maʒyskyl] adj. et n. f. (lat. *majusculus,* un peu plus grand). Se dit de lettres plus grandes que les autres et de forme différente.

makis

Makālu (le), sommet de l'Himalaya central, au sud-est de l'Everest ; 8 515 m. Conquis par l'expédition française de J. Franco (1955).

Makarenko (Anton Semionovitch), pédagogue soviétique, né à Bielopolie (Ukraine) [1888-1939]. Il se consacra à l'éducation et à la réadaptation des adolescents.

Makarios III (Mouskos), prélat et homme d'Etat chypriote, né à Āno Panagkia, près de Páfos, en 1913. Prêtre en 1946, il devient évêque de Kition (1948) avant d'être élu archevêque et ethnarque de Chypre (1950). Partisan de l'indépendance, il prêche la résistance passive aux Anglais. Après la proclamation de l'indépendance de Chypre (1959), il est élu chef de l'Etat chypriote. S'il résiste aux tentatives turques, il se montre également l'adversaire de l'*Enôsis* (union à la Grèce). Aussi, un coup d'Etat de la garde nationale, encadrée par des officiers grecs, le contraint-il à se réfugier à l'étranger (juill. 1974) ; mais il revient au pouvoir en décembre de la même année.

Makassar ou **Makasar.** V. MACASSAR.

Makassars, importante ethnie vivant dans le sud des Célèbes. La langue des Makassars appartient au groupe malayo-polynésien.

Makatea, île de la Polynésie française.

Makeïevka ou **Makeevka,** v. de l'U. R. S. S. (Ukraine) ; 414 000 h. Centre métallurgique du Donbass.

Makhatchkala, v. de l'U. R. S. S. (R. S. F. S. de Russie), cap. de la république autonome du Daghestan, sur la Caspienne ; 186 000 h. Raffinage du pétrole. Conserveries de poisson.

makhzen [maxzɛn] ou **maghzen** n. m. (arabe *makhzan*). Au Maroc, gouvernement du sultan. ‖ Dans l'Algérie ancienne, corps de cavalerie fourni par certaines tribus.

maki [maki] n. m. (mot malgache). Mammifère primate du sous-ordre des lémuriens, à museau allongé et à longue queue, abondant à Madagascar. (Long. 50 cm, sans la queue.)

makila [makila] n. m. (mot basque signif. *bâton*). Canne ferrée dont la poignée contient une pointe.

Makus, ethnie du nord du Brésil.

mal [mal] n. m. (lat. *malum*). Ce qui est contraire à la morale, au bien : *rendre le bien pour le mal.* ‖ Dommage, perte, calamité : *les maux de la guerre.* ‖ Inconvénient : *le mal est qu'il s'absente souvent.* ‖ Douleur physique : *mal de dents.* ‖ Peine, travail : *on a trop de mal ici.* ‖ Médisance ou calomnie : *dire du mal de quelqu'un.* ● *Faire du mal à quelqu'un,* se comporter méchamment à son égard. ‖ *Mal blanc* (Méd.), nom usuel du *panaris.* ‖ *Mal de cœur,* nausée, d'origine gastrique et non cardiaque. ‖ *Mal de mer,* malaises causés par les oscillations des bateaux. ‖ *Mal des montagnes, mal de l'altitude, mal des aviateurs,* malaises causés par la raréfaction de l'oxygène en altitude. ‖ *Mal de Pott,* autre nom de la *tuberculose de la colonne vertébrale.* ‖ *Mal sacré, mal divin, mal caduc, haut mal,* anc. nom de l'*épilepsie.* ‖ *Mal de tête,* douleur siégeant au niveau du front. (Syn. CÉPHALÉE.) ‖ *Prendre une chose en mal,* s'en offenser. ‖ *Tourner une chose en mal,* lui donner un mauvais sens. ‖ — Adj. Mauvais, funeste. (En ce sens, n'est plus employé que dans les expressions *bon an, mal an ; bon gré, mal gré.* [V. AN et GRÉ.])

mal adv. (lat. *male*). D'une manière défectueuse : *écrire mal.* ● *Etre bien mal, au plus mal,* en danger de mort. ‖ *Etre mal avec quelqu'un,* être brouillé avec lui. ‖ *N'être pas mal* (Fam.), être bien de sa personne. ‖ *Pas mal* (Fam.), en assez grande quantité. ‖ *Prendre mal une chose,* s'en offenser. ‖ *Se trouver mal,* tomber en défaillance. ‖ *Se trouver mal d'une chose,* en ressentir les inconvénients. ‖ *Trouver mal,* trouver mauvais.

malabar [malabar] adj. et n. *Pop.* Grand, fort.

Malabār (*côte de*), partie de la côte sud-ouest du Deccan (Inde).

Malabo, anc. **Santa Isabel,** cap. de la Guinée-Equatoriale, sur la côte nord de l'île Macias Nguema (anc. Fernando Poo) ; 37 200 h.

malabre adj. Se dit de certains chrétiens de la côte de Malabār.

Malacca (*presqu'île de*) ou **presqu'île Malaise,** presqu'île au sud de l'Indochine, entre la mer de Chine méridionale et l'océan Indien, unie au continent par l'isthme de Kra, et séparée de Sumatra par le *détroit de Malacca.* Région au climat tropical, montagneuse, la presqu'île est partagée entre la Birmanie et la Malaysia*.

Malacca ou **Malaka,** v. de la Malaysia (Malaisie), sur le *détroit de Malacca ;* 70 000 h. — L'*Etat de Malacca* a 404 000 h.

Malachie [-ʃi *ou* -ki] (*saint*), primat d'Irlande, né à Armagh (v. 1094-1148). La *Prophétie sur les papes,* qu'on lui attribue est apocryphe. — Fête le 3 novembre.

Malachie (*livre de*), livre prophétique de l'Ancien Testament, en fait anonyme (v. 430 av. J.-C.).

malachite [malakit] n. f. (du gr. *malakos,* mou). Carbonate basique naturel de cuivre, pierre d'un beau vert vif que l'on peut tailler et polir pour la bijouterie et la tabletterie.

malacologie [malakɔlɔʒi] n. f. (du gr. *malakos,* mou, et *logos,* science). Etude des mollusques.

malacoptérygiens [malakɔpteriʒjɛ̃] n. m. pl. (gr. *malakos,* mou, et *pterux,* nageoire). Groupe de poissons osseux à nageoires molles ou flexibles, comme le *saumon,* la *carpe,* la *morue,* etc. (C'était l'une des deux sections des téléostéens.)

malacostracés [malakɔstrase] n. m. pl. Sous-classe de crustacés comprenant les ordres les plus élevés en organisation : décapodes, amphipodes, isopodes.

malade [malad] adj. et n. (du lat. *male habitus,* mal disposé). Qui éprouve quelque altération dans sa santé. ‖ Qui a tel ou tel organe en mauvaise santé : *malade du cœur.* ‖ — *Fig.* Qui est en fâcheux état : *industrie malade.* ‖ Affecté de quelque trouble dans ses facultés intellectuelles ou morales : *esprit malade.*

Malade imaginaire (*le*), comédie en 3 actes et en prose, de Molière (1673). Le robuste Argan se soigne comme s'il était malade. Sa femme, ses médecins et ses apothicaires en font leur proie. Il veut marier sa fille Angélique à un jeune médecin pédant, mais, grâce à la servante Toinette, les hypocrites sont démasqués et Angélique peut épouser Cléante, qu'elle aime.

Maladeta ou **Maladetta** (*massif de la*), massif des Pyrénées espagnoles (Aragon) ; 3 404 m au *pic d'Aneto* (point culminant des Pyrénées). — Le *pic de la Maladeta* a 3 312 m.

maladie [maladi] n. f. Altération dans la santé, dans l'équilibre des êtres vivants (animaux et végétaux) : *maladie endémique, épidémique.* (V. *encycl.*) ‖ — *Fig.* Passion excessive, manie : *il a la maladie de collectionner les papillons.* ‖ Etat de ce qui est gâté : *maladie du vin.* ● *Assurance maladie,* une des assurances sociales. (L'assuré peut prétendre à la prise en charge totale ou partielle du coût des soins dispensés à certains membres de sa famille ou à lui-même, ainsi qu'à une indemnité journalière pendant la durée des arrêts de travail prescrits par le médecin traitant.) ‖ *Faire une maladie* (Fam.), être très contrarié de. ‖ *Maladie professionnelle* état pathologique d'un salarié, résultant de l'exercice d'une profession déterminée. (V. ACCIDENT *du travail.*) — ENCYCL. Une *maladie* est caractérisée par sa cause, ses symptômes, son évolution et les moyens thérapeutiques qu'on peut lui opposer. Elle se distingue ainsi du *syndrome* (ensemble de symptômes pouvant être provoqués par des causes diverses) et de l'*affection,* qui est l'atteinte d'un organe ou d'une fonction, sans préjuger de la cause ni de ses symptômes. On distingue les *maladies aiguës* (à manifestations brutales et de courte durée) et les *maladies chroniques* (moins intenses, mais durant plus longtemps). L'étude des maladies est la *pathologie ;* la recherche de la nature et de la cause d'une maladie constitue le *diagnostic ;* les prévisions concernant son évolution constituent le *pronostic.* On peut classer les maladies, suivant leurs causes, en maladies infectieuses, parasitaires, toxiques, métaboliques, génétiques et d'origine psychique. Certaines maladies ont encore une cause inconnue, mais l'ensemble de leurs symptômes, leur évolution et la possibilité de leur opposer un traitement efficace en font des entités, telles certaines tumeurs (leucémies), certains troubles nerveux ou mentaux.

maladif, ive adj. Sujet à être malade : *tempérament maladif.* ‖ *Fig.* Dont les manifestations ressemblent à celles des troubles mentaux ; maniaque : *curiosité maladive.*

maladivement adv. De façon maladive.

maladrerie [maladrəri] n. f. (de *ladre,* lépreux). Hôpital de lépreux, au Moyen Age.

maladresse [maladrɛs] n. f. Défaut d'adresse : *la maladresse d'un chasseur.* ‖ Action maladroite : *commettre des maladresses.*

maladroit [maladrwa], **e** [-at] adj. et n. Qui manque d'adresse : *ouvrier maladroit.* ‖ *Fig.* Qui manque d'habileté dans son attitude, dans son action : *un flatteur maladroit ; démarches maladroites.*

Phot. Schneider-Rapho.

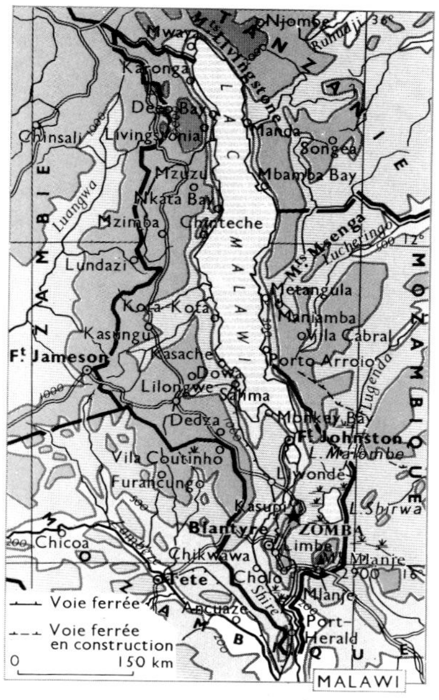

la capitale, **Zomba**

maladroitement adv. De façon maladroite : *intriguer maladroitement.*

malaga [malaga] n. m. Raisin récolté aux environs de la ville de Málaga ; vin fait avec ce raisin : *boire un verre de malaga.*

Málaga, port d'Espagne (Andalousie), sur la Méditerranée ; 317 000 h. Forteresses mauresques (XIVe s.). Cathédrale (XVIe-XVIIIe s.). Important centre de céramique aux XIIIe-XIVe s. Vins. Raisins secs. Produits chimiques. Patrie de Pablo Picasso.

malaire [malɛr] adj. (du lat. *mala,* joue). Relatif à la joue : *os malaire.*

malais [malɛ], **e** [-ɛz] adj. et n. De la Malaisie. ‖ — N. m. Langue parlée dans la péninsule de Malacca et devenue la langue commerciale du Sud-Est asiatique.

Malais, important groupe ethnique, fortement caractérisé du point de vue anthropologique, et qui occupe la presqu'île de Malacca et plusieurs régions de l'Indonésie. Leur type, très marqué, est caractérisé par un teint variant du jaune clair au cuivré, des cheveux noirs et raides, une taille petite, un crâne court, une face aux pommettes saillantes, des yeux horizontaux ou légèrement obliques, un nez court et des lèvres épaisses.

malaise [malɛz] n. m. (de *mal* et *aise*). Sensation d'un trouble physiologique : *éprouver un malaise.* ‖ *Fig.* Etat d'inquiétude, de trouble : *le malaise social.*

malaisé, e adj. Qui n'est pas facile, pas commode à faire.

malaisément adv. Avec difficulté.

Malaisie (*fédération de*), fédération de l'Asie du Sud-Est, qui s'étend sur la *presqu'île Malaise* ou de Malacca* (auj. partie de la Malaysia*).

● *Histoire.* Le peuplement de la *péninsule Malaise* date de l'époque néolithique. Les habitants actuels de la Malaisie sont, dans leur majorité, issus de la fusion d'un groupe dominant originaire de la Chine du Sud, d'Indiens (surtout Tamils) et de Thaïs. Des tribus aborigènes protomalaises occupent encore certaines régions basses.
La péninsule Malaise fut atteinte très tôt par des commerçants indiens venant du Coromandel, son hindouisation étant attestée dès le IVe s. Jusqu'au Ve s., elle fut la suzeraineté de l'Empire indo-malais de Çrivijaya. Au XIVe s., tandis que les Javanais occupaient le sud de la péninsule, le nord devenait vassal du Siam. C'est à cette époque que l'islām pénétra en Malaisie. Les premiers Européens qui atteignirent la péninsule furent les Portugais, qui s'emparèrent de Malacca en 1511. Les Hollandais les supplantèrent à partir de 1641 et devinrent les maîtres jusqu'à l'époque des guerres napoléoniennes.
Malacca fut reconnu à l'Angleterre en 1824 et forma, avec Singapour et Penang, le gouvernement des Détroits (1867), tandis que les sultanats malais, placés sous protectorat britannique, formaient la fédération des Etats malais, d'une part, et les Etats malais non fédérés, d'autre part.
Les Japonais envahirent la péninsule pendant la Seconde Guerre mondiale. La fédération de Malaisie (comprenant toute la Malaisie à l'exception de Singapour) fut créée en 1946 et reçut le statut de colonie anglaise. Elle devint en 1957 un Etat indépendant au sein du Commonwealth. Le premier roi de la fédération fut Abdul Rahman (1957-1960). En 1963 fut créée la fédération de Malaysia*.

Malakoff (92240), ch.-l. de c. des Hauts-de-Seine (arr. d'Antony) ; 36 297 h. (*Malakoffiots*).

Malakoff, ouvrage qui, en 1855, était le point central de la défense de Sébastopol'. Il fut pris d'assaut par la division française de Mac-Mahon, ce qui entraîna la chute de la ville.

Malan (Daniel), homme politique sud-africain, né à Riebeek West (1874-1959). Premier ministre de 1948 à 1954, il fit appliquer rigoureusement la ségrégation raciale (*apartheid*).

malandre [malɑ̃dr] n. f. (lat. *malandria*). Mal qui vient au pli du jarret des chevaux. ‖ Nœud pourri dans les bois de construction, qui empêche leur emploi après équarrissage.

malandreux, euse adj. Qui a des malandres : *cheval, bois malandreux.*

malandrin [malɑ̃drɛ̃] n. m. (ital. *malandrino,* voleur). Nom donné, au XIVe s., à des bandits qui ravagèrent la France. ‖ Vagabond, voleur.

Malang, v. d'Indonésie (Java) ; 341 500 h.

Malaparte (Kurt SUCKERT, dit **Curzio**), écrivain italien, né à Prato (1898-1957). Engagé volontaire dans la légion garibaldienne en 1918, correspondant de guerre sur les fronts ukrainien et finlandais en 1941, membre du parti fasciste, puis admirateur du régime communiste chinois, il doit à sa vie aventureuse le goût du cynisme brutal qui anime ses récits (*Kaputt,* 1944 ; *la Peau,* 1949 ; *Ces sacrés Toscans,* 1956), son théâtre (*Das Kapital,* 1949) et ses recueils de souvenirs (*Journal d'un étranger à Paris,* publié en 1966). Il a également mis en scène le film *le Christ interdit* (1950).

malappris [malapri], **e** [-iz] adj. et n. Grossier, mal élevé : *un enfant malappris.*

malard [malar] n. m. (de *mâle*). Mâle des canes sauvages ou domestiques.

Mälaren ou **Mälar,** lac de la Suède centrale, au débouché duquel est bâti Stockholm.

malaria [malarja] n. f. (ital. *mala aria,* mauvais air). Anc. nom du *paludisme.*

Malatesta (« *Mauvaise Tête* »), célèbre famille de condottieri italiens, originaire de Rimini, qui contrôla du XIIe au XIVe s. une grande partie de la marche d'Ancône et de la Romagne. Le plus célèbre membre de cette famille fut SIGISMONDO PANDOLFO, né à Rimini (1417-1468).

Malatya, v. de Turquie, près de l'Euphrate ; 130 300 h. C'est l'antique *Mélitène.*

Malaucène (84340), ch.-l. de c. de Vaucluse (arr. de Carpentras), au pied du mont Ventoux ; 1 940 h. (1 376 aggl.). Eglise (XIVe-XVIIIe s.). Ruines d'un château fort. Papeterie.

Malaunay (76770), comm. de la Seine-Maritime (arr. de Rouen) ; 4 230 h. Textiles.

malavisé [malavize], **e** adj. et n. Qui agit sans discernement.

Malawi, anc. **Nyassaland,** Etat de l'Afrique orientale, sur la rive occidentale du *lac Malawi ;* 127 368 km² ; 4 550 000 h. Cap. *Zomba.* Langue : *anglais.*

Géographie.

L'Etat est formé de hauts plateaux retombant par des escarpements de faille abrupts sur le lac Malawi, qui occupe un fossé tectonique se prolongeant par la vallée du Shire. La majeure partie de la population, composée de Bantous (hormis environ 13 000 Asiatiques et 10 000 Européens), se groupe dans le Sud, aux conditions naturelles plus favorables. Les moyennes thermiques mensuelles oscillent entre 18 et 24 °C (à Zomba), et les précipitations, abondantes (près de 1 400 mm), tombent presque exclusivement d'octobre à avril (sécheresse de l'hiver austral).
Le Malawi est un pays rural (2 p. 100 seulement de la population vivent dans les deux agglomérations de plus de 10 000 h. : Blantyre-Limbe et Zomba). L'économie est fondée sur quatre cultures : le tabac, le thé, l'arachide et le coton, qui, ensemble, assurent plus de 80 p. 100 des exportations. Le maïs, le manioc, le sorgho et le mil sont les principales cultures vivrières. La balance commerciale est déficitaire (le taux de couverture des importations est de l'ordre des deux tiers). 45 p. 100 des exportations sont dirigées vers la Grande-Bretagne, qui fournit en échange plus du quart des importations (produits manufacturés essentiellement).

Histoire.

Le nom de Malawi a été pris par l'ancien Nyassaland au moment de son indépendance. La République a été proclamée en 1966, mais le pays reste membre du Commonwealth.

Malawi (*lac*), anc. **lac Nyassa,** grand lac de l'Afrique orientale, à l'ouest du Mozambique ; 26 000 km².

malaxage n. m. Action de malaxer.

malaxer [malakse] v. t. (lat. *malaxare,* amollir). Pétrir une substance pour la ramollir, pour lui donner de l'homogénéité : *malaxer du beurre.* ‖ Masser.

malaxeur n. et adj. m. Appareil servant à malaxer.

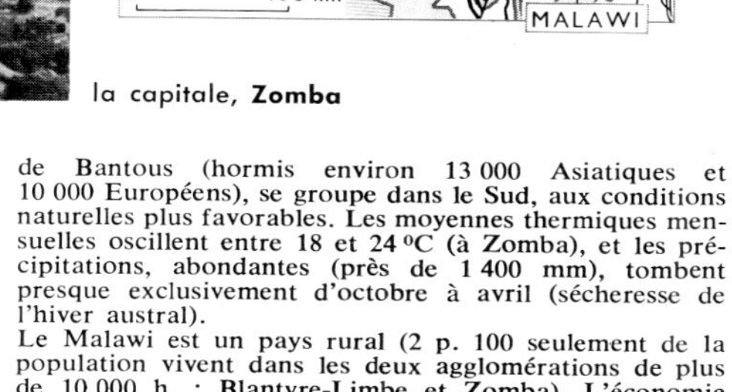

malayālam n. m. Langue dravidienne parlée dans l'Etat indien du Kerala et pratiquée par plus de 16 millions de personnes.

malayo-polynésien [malajopɔlinezjɛ̃], **enne** [-ɛn] adj. Se dit d'un groupe de langues parlées en Océanie, dans le sud-est de l'Asie et à Madagascar.

Malaysia, fédération formant un Etat membre du Commonwealth, créée en 1963 et regroupant la fédération de Malaisie et les territoires de Sabah et de Sarawak ; 333 676 km² ; 10 670 000 h. Cap. *Kuala Lumpur.* Langue : *malais.*

Géographie.

● *Géographie physique.* L'Etat s'étend sur la partie méridionale de la péninsule Malaise et sur la partie septentrionale de l'île de Bornéo (à l'exception de Brunei*).

Phot. Holmes - Camera-Press.

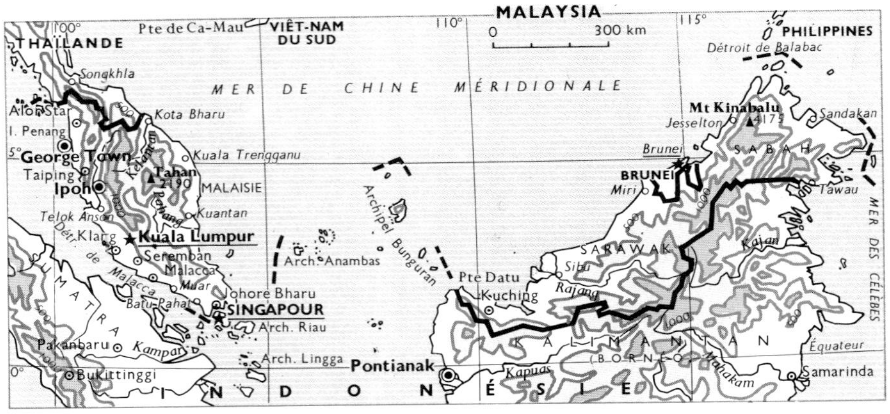

plantation d'hévéas dans l'île de Bornéo

ci-contre, mine d'étain
et saignée de l'hévéa dans la région
de Kuala Lumpur

La péninsule Malaise est constituée de chaînes méridiennes disposées en échelons, séparées par d'amples dépressions et dominant une plaine littorale, presque continue et relativement développée à l'ouest, et discontinue à l'est. Elle est moins vaste que l'ensemble formé par le Sarawak et le Sabah, qui se compose d'une large plaine littorale en partie marécageuse, d'une zone de collines dont l'altitude dépasse rarement 300 m, et de chaînes récentes formant frontière avec la partie indonésienne de Bornéo. Entre 1 et 8° de lat. nord, l'ensemble de la Malaysia a un climat constamment chaud et humide. A Kuala Lumpur et à Sandakan, la hauteur annuelle des précipitations dépasse 2 500 mm, et aucun mois n'est sec. La température se maintient constamment au-dessus de 25 °C. La végétation naturelle, largement conservée (surtout à Bornéo), est la forêt dense. La mangrove occupe tout le littoral de la côte ouest de la péninsule Malaise.

● *Géographie humaine et économique.* 85 p. 100 de la population se concentrent dans la péninsule Malaise, où la densité moyenne dépasse 60 h. au kilomètre carré. La quasi-totalité de la production vient aussi de cette péninsule Malaise, dont l'économie est fondée sur deux produits, le caoutchouc et l'étain, pour lesquels le pays occupe le premier rang mondial. L'hévéa couvre près des deux tiers des superficies cultivées de la péninsule ; il est répandu sur la côte occidentale, qui juxtapose grandes exploitations, parfois propriétés d'Européens, et petites exploitations (moins de 10 ha). L'étain est extrait aux environs de Kuala Lumpur et d'Ipoh. Plus récemment s'est développée l'extraction du fer (sur la côte orientale). En 1965, le caoutchouc assurait plus de 40 p. 100 des exportations, l'étain plus de 25 p. 100, et le fer 5 p. 100 seulement. Parmi les importations, à côté des produits manufacturés, dont l'achat est imposé par l'absence d'industrie de transformation, dominent les compléments alimentaires. L'achat de ceux-ci résulte de la faible importance accordée aux cultures vivrières, dont le riz est la principale. La balance commerciale est traditionnellement excédentaire, mais la relative prospérité apparaît fragile. Les plantations d'hévéas sont souvent vieillies et ont des rendements faibles. La concurrence du caoutchouc synthétique est de plus en plus sévère. Les réserves d'étain ne sont pas considérables, et la commercialisation du métal est souvent difficile.

Histoire.

La Malaysia a été constituée le 16 septembre 1963 par l'union de la fédération de Malaisie, de l'Etat de Singapour et des anciennes colonies britanniques de Sarawak et de Nord-Bornéo (Sabah). Singapour a quitté la fédération en 1965. La Malaysia est membre du Commonwealth et des Nations unies.

Malbaie (La), en angl. **Murray Bay,** localité du Canada (Québec), sur la rive nord-ouest de l'estuaire du Saint-Laurent. Centre touristique.

malbâti, e adj. et n. Mal fait, en parlant d'une personne : *un grand malbâti.* (S'écrit aussi en deux mots quand il est adjectif.)

malchance n. f. Mauvaise chance, suite de malheurs.

malchanceux, euse adj. et n. En butte à la mauvaise chance.

Malcolm Ier (m. en 954), roi d'Alba (Ecosse) [943-954]. Il s'allia à Edmond, roi des Anglo-Saxons, moyennant la cession du Cumberland. — Malcolm II (m. en 1034), roi d'Ecosse (1005-1034). Il réalisa l'unité de l'Ecosse et annexa les Lothians. — Malcolm III *Canmore* (m. en 1093), roi d'Ecosse (1057-1093). Il vainquit Macbeth et épousa une princesse anglo-saxonne, Marguerite. — Malcolm IV *la Jeune Fille* (1141-1165), roi d'Ecosse (1153-1165). En 1157, il dut restituer les comtés anglais du Nord.

malcommode adj. Qui n'est pas pratique : *un siège malcommode.*

Maldegem, comm. de Belgique (Flandre-Orientale) ; 14 200 h.

Maldives (*îles*), archipel de l'océan Indien, au sud-ouest de Ceylan, formant, depuis 1965, un Etat indépendant, membre du Commonwealth ; 300 km² ; 101 000 h. Cap. *Male.* Situé près de l'équateur, l'archipel est formé d'environ 2 000 atolls et récifs coralliens, dont le dixième seulement est habité. Les Maldives vivent des cocoteraies et de la pêche, mais l'économie doit être soutenue par la Grande-Bretagne.

maldonne n. f. Erreur dans la distribution des cartes. ● *Il y a maldonne* (Fam.), c'est un malentendu.

Male, cap. des Maldives ; 12 000 h.

mâle [mɑl] adj. (lat. *masculus*). Propre au sexe fécondant (ou aux organes fécondants des individus bisexués) chez les êtres vivants des deux règnes. (V. *encycl.*) ‖ *Fig.* Qui annonce de la force, de l'énergie : *une voix mâle.* ‖ *Technol.* Se dit d'une partie d'un instrument, d'un organe qui entre dans un autre. ● *Fleur mâle,* fleur qui ne porte que des étamines. ‖ *Hormone mâle,* la testostérone. (Elle est employée comme stimulant des métabolismes et de l'activité, comme préventif des troubles de la sénescence et contre les hémorragies génitales de la femme dues à des troubles endocriniens.) ‖ — N. m. Individu animal ou végétal qui ne porte que les organes du sexe mâle : *chez les cerfs, le mâle seul porte des bois.* ‖ L'homme, par oppos. à la femme : *la couronne de France était héréditaire de mâle en mâle.*

— Encycl. L'évolution biologique, tant végétale qu'animale, s'accompagne d'une différenciation sexuelle croissante. Celle-ci, chez les êtres pluricellulaires, atteint d'abord les cellules reproductrices : les gamètes *mâles,* ou *spermatozoïdes* (appelés aussi *anthérozoïdes* chez les végétaux), sont petits, munis d'un organe de natation (flagelle) et produits en grand nombre par les *testicules* chez les animaux et par les *anthéridies* ou, de façon moins directe, par les *étamines* chez les plantes. Continue ou saisonnière, leur production n'est, en tout cas, jamais cyclique. Le gamète mâle ne dispose d'aucune réserve nutritive et il meurt rapidement s'il ne féconde pas un gamète femelle, à moins d'être tenu en vie suspendue dans un congélateur

La plupart des espèces animales et quelques espèces végétales sont *gonochoriques* ou *unisexuées,* c'est-à-dire que les adultes y ont un seul sexe. On distingue alors des *individus mâles.* Lorsque, en outre, comme c'est le cas des espèces animales terrestres, la fécondation est interne, le mâle est muni d'un organe d'accouplement (*pénis*). Mais les différences anatomiques entre mâle et femelle peuvent porter sur les parties du corps les plus variées. On compte ainsi parmi ces *caractères sexuels secondaires* la queue du paon, les bois du cerf, la défense du narval, etc. Certains animaux marins n'ont que des *mâles nains,* vivant en parasite de la femelle. Dans d'autres espèces, où la reproduction est surtout parthénogénétique, les mâles sont rares (*spanandrie*). L'incubation des œufs par le mâle dans des organes spéciaux est connue chez quelques poissons (hippocampe) et amphibiens (rhinoderme).

Mâle (Emile), historien d'art français, né à Commentry (1862-1954). Il fut chargé d'un cours d'histoire de l'art chrétien à la Sorbonne, puis titulaire de la chaire d'histoire de l'art. Il a publié de nombreux ouvrages relatifs notamment à l'iconographie* de l'art religieux en France. (Acad. fr.)

Malebranche (Nicolas de), philosophe français, né à Paris (1638-1715). Entré à l'Oratoire en 1660, il fut ordonné prêtre en 1664. Il eut avec Bossuet et Arnauld une longue querelle sur la question de la grâce. En philosophie, il partit de la théorie de Descartes, qu'il interpréta dans le sens d'un rationalisme inspiré, voire mystique ; rejetant les idées innées, il voit tout en Dieu, explique l'existence des corps par la Révélation, et les actions qui se font dans l'univers par la théorie des causes occasionnelles, professe l'optimisme et fonde la morale sur l'idée d'ordre. Son principal ouvrage est *De la recherche de la vérité* (1674-1675). Citons encore un *Traité de la nature et de la grâce* (1680), les *Méditations chrétiennes et métaphysiques* (1683), les *Entretiens sur la mort* (1696).

malédiction [malediksjɔ̃] n. f. (du lat. *maledicere,* maudire). Action de maudire. ‖ Paroles par lesquelles on fait des vœux pour qu'il arrive malheur à quelqu'un. ‖ Malheur, fatalité : *la malédiction est sur moi.*

maléfice [malefis] n. m. (lat. *maleficium,* mauvaise action). Sortilège au moyen duquel on prétend nuire aux hommes, aux animaux, etc.

Phot. Almasy (3).

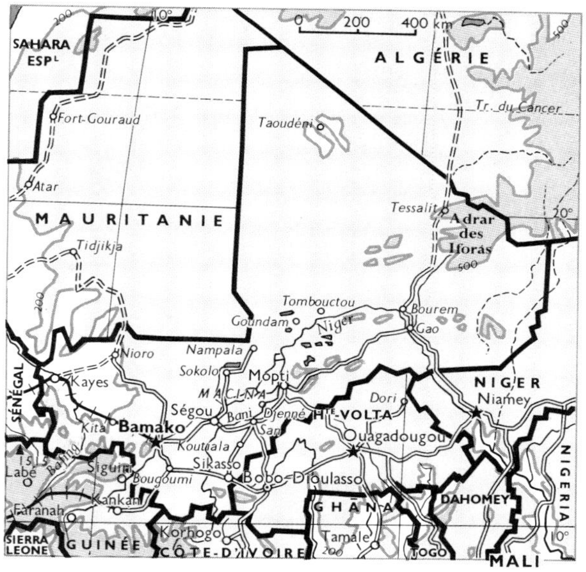

ci-dessus
la zone soudanaise

la savane

maléfique adj. *Astrol.* Qui a une influence surnaturelle et maligne.

Malegaon, v. de l'Inde (Mahārāshtra); 243 500 h. Sucrerie.

malencontreusement adv. De façon malencontreuse.

malencontreux [malɑ̃kɔ̃trø], **euse** [-øz] adj. (de *mal,* et anc. fr. *encontre,* rencontre). Qui cause de l'ennui ; qui vient mal à propos : *circonstance malencontreuse.*

Malenkov (Gheorghi), homme politique soviétique, né à Orenbourg en 1902. Il succéda à Staline comme président du Conseil (1953-1955).

mal-en-point loc. adj. inv. En mauvais état de santé, de fortune. ‖ Dans une mauvaise situation : *voici un blessé bien mal-en-point.* (On écrit aussi MAL EN POINT.)

malentendant adj. et n. m. Se dit des personnes dont l'acuité auditive est diminuée. (On traite souvent, à tort, de sourds des gens qui ne sont que malentendants.)

malentendu [malɑ̃tɑ̃dy] n. m. Parole, action mal interprétée ou mal comprise : *faire cesser un malentendu.*

Malesherbes (45330), ch.-l. de c. du Loiret (arr. de Pithiviers) ; 3 013 h. (2 654 aggl.). Eglise (XIIe-XVe s.). Château du XVIIIe s.

Malesherbes [malzɛrb] (Chrétien Guillaume DE LAMOIGNON DE), magistrat français, né à Paris (1721-1794). Secrétaire de la Maison du roi, il tenta quelques réformes, mais dut démissionner. Il défendit le roi devant la Convention et fut exécuté sous la Terreur. (Acad. fr.)

Malestroit [maletrwa] (56140), ch.-l. de c. du Morbihan (arr. de Vannes) ; 2 483 h. Eglise (XVe-XVIe s.).

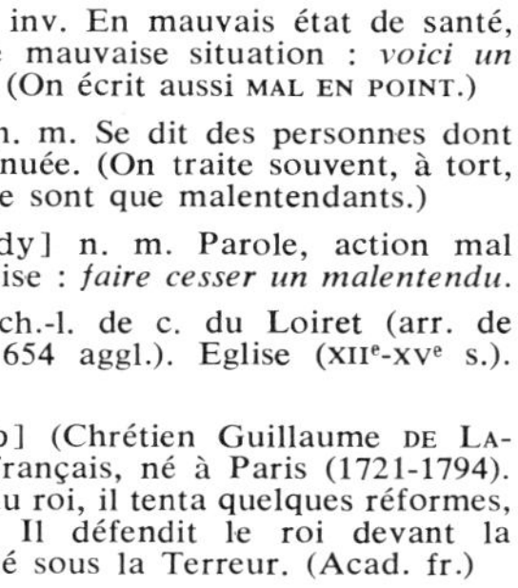

Malebranche

Malet (Claude François DE), général français, né à Dole (1754-1812). Il organisa une conspiration en annonçant la mort de l'Empereur alors que celui-ci était en Russie (22-23 octobre 1812). Il fut fusillé.

Malevitch ou **Malievitch** (Kazimir), peintre russe, né à Kiev (1878-1935). Un des initiateurs de l'art abstrait, il a fondé en Russie le mouvement du « suprématisme », exposant dès 1913 un *Carré noir sur fond blanc,* puis en 1914 un *Carré blanc sur fond blanc* (musée d'Art moderne de New York). [V. illustr. ART ABSTRAIT*.]

malfaçon n. f. Défaut dans un ouvrage, imputable à l'ignorance, à la négligence ou à la malveillance.

malfaire [malfɛr] v. i. (N'est usité qu'au prés. de l'inf.) Faire de mauvaises actions.

malfaisant [malfəzɑ̃], **e** [-ɑ̃t] adj. Qui se plaît à nuire : *esprit malfaisant.* ‖ Nuisible : *animaux malfaisants.*

malfaiteur [malfɛtœr], **trice** [-tris] n. Personne qui commet des actions criminelles.

malfamé [malfame], **e** adj. Qui a mauvaise réputation (en parlant des choses) : *maison, rue malfamée.* (On écrit aussi MAL FAMÉ.)

Malfilâtre (Jacques Charles Louis DE CLINCHAMP DE), poète français, né à Caen (1732-1767), auteur d'*Eglogues* dans le goût antique.

malformation n. f. Vice de conformation congénital, plus ou moins remédiable.

— ENCYCL. La plupart des *malformations* résultent de troubles ou de maladies affectant l'embryon dans les trois premiers mois de la grossesse. De nombreuses malformations bénéficient actuellement de traitements chirurgicaux efficaces (becs-de-lièvre, pieds bots, malformations cardiaques, etc.).

Malfray (Charles), sculpteur français, né à Orléans (1887-1940). Influencé par Rodin, soutenu par Maillol, il a modelé des formes amples et ramassées d'une grande puissance expressive. Il est l'auteur du *Monument aux morts* d'Orléans.

malgache [malgaʃ] adj. et n. De Madagascar. ‖ — N. m. Langue parlée à Madagascar.

Malgovert, lieu-dit des Alpes (Savoie), sur l'Isère. Centrale hydro-électrique.

malgré [malgre] prép. Contre le gré, la volonté de : *faire quelque chose malgré soi.* ‖ En dépit de, nonobstant : *sortir malgré la pluie.* ‖ **— Malgré que,** loc. conj. qui marque une idée de concession, d'opposition : quoique, bien que. (Locution condamnée par certains grammairiens.)

malhabile adj. Qui manque d'habileté, de capacité : *ouvrier malhabile.*

malhabilement adv. De façon malhabile.

Malherbe (François DE), poète français, né à Caen (1555-1628). Secrétaire d'Henri d'Angoulême, gouverneur de Provence, il commença par écrire des poèmes dans le goût baroque du temps (*les Larmes de saint Pierre,* 1587). Distingué par le cardinal du Perron, il fut présenté à la Cour en 1605 par Vauquelin des Yveteaux et devint rapidement poète officiel et chef d'école. Rompant avec l'humanisme de la Pléiade, combattant les « burlesques » et les « satiriques », corrigeant les pièces de Montchrestien et critiquant les poésies profanes de Desportes, il imposa un idéal poétique de clarté et de rigueur qui est à l'origine du goût classique (*Consolation à Dupérier,* v. 1600).

malheur [malœr] n. m. (de *mal* et *heur*). Mauvaise fortune, mauvaise destinée : *triompher du malheur.* ‖ Evénement fâcheux, funeste : *il lui est arrivé malheur.* ● *Jouer de malheur,* avoir une mauvaise chance persistante. ‖ *Malheur à...!,* puisse-t-il arriver malheur à... ‖ *Porter malheur,* avoir une influence fatale. ‖ **— Par malheur** loc. adv. Malheureusement.

malheureusement adv. De façon malheureuse.

malheureux, euse adj. Qui n'est pas heureux : *un enfant malheureux.* ‖ Qui est funeste, désastreux : *une entreprise malheureuse.* ‖ Digne de pitié, misérable : *situation malheureuse.* ‖ Qui annonce le malheur : *un air malheureux.* ‖ Qui porte malheur ; qui cause du malheur : *jour malheureux.* ‖ Qui inspire de l'aversion : *physionomie malheureuse.* ‖ Sans valeur, sans importance : *un malheureux coin de terre.* ● *Avoir la main malheureuse,* ne pas gagner au jeu ; casser tout ce qu'on touche. ‖ *Malheureux comme les pierres,* extrêmement malheureux. ‖ — N. Personne dans l'indigence : *soulager les malheureux.* ‖ Homme méprisable : *c'est un malheureux.*

malhonnête adj. et n. Qui n'a ni probité ni honneur. ‖ Qui manque à la correction ou à la décence : *enfant, livre malhonnête.*

malhonnêtement adv. De façon malhonnête : *se conduire malhonnêtement.*

malhonnêteté n. f. Manque de probité. ‖ Impolitesse.

Mali, empire constitué du XIIIe au XVIIe s. par les Mandingues, entre le haut Sénégal et le haut Niger.

Mali, Etat de l'Afrique occidentale, au sud de l'Algérie ; 1 204 000 km² ; 5 140 000 h. (*Maliens*). Cap. *Bamako.* Langue officielle : *français.*

Géographie.

● *Géographie physique.* Le Mali est un pays bas, accidenté seulement au nord-est (Adrar des Iforas), où l'influence du relief s'efface devant celle du climat. Au-delà du 20e parallèle, le Mali appartient au Sahara désertique : les précipitations sont inférieures à 100 mm ; les moyennes thermiques mensuelles dépassent 30 °C de mai à septembre et ne descendent pas au-dessous de 15 °C. En deçà du 20e parallèle, les précipitations augmentent légèrement. Elles sont de l'ordre de 200 mm à Tombouctou, avec un net maximum estival, et les températures sont toujours aussi élevées. Au sud de Nampala, avec l'abaissement en latitude, les précipitations augmentent nettement et provoquent une légère chute des températures de l'été. A Bamako, la hauteur annuelle des précipitations est de 1 000 mm. Plus des quatre cinquièmes tombent de juin à septembre. Seuls deux ou trois mois (avant les pluies) dépassent 30 °C.

● *Géographie humaine et économique.* Le climat explique la répartition d'une population formée de groupes variés et la structure d'une économie presque exclusivement rurale. Au nord de la boucle du Niger, la densité moyenne de la population est inférieure à 1 h. au kilomètre carré. C'est le domaine des pasteurs (Touaregs, Maures et Peuls), éleveurs d'ovins, de chameaux et

Phot. Afrique-Photo, Naud - Afrique-Photo, X.

de bovins. La densité est égale ou supérieure à 10 h. dans les régions de Ségou, de Sikasso, de Mopti et de Bamako (seule ville dépassant 30 000 h.), peuplées de groupes noirs (Bambaras, Toucouleurs, Markas, etc.). L'irrigation à partir du Niger (région de la Macina notamment) a permis le développement des cultures, dont les principales sont celles du mil, du riz, de l'arachide, du manioc et du coton. Le Mali souffre de l'absence presque totale d'industrie, ce qui explique partiellement le profond déséquilibre de la balance commerciale. Le taux de couverture des importations (produits manufacturés et compléments alimentaires) est inférieur à 40 p. 100. Les produits de l'élevage et de la pêche fluviale assurent ensemble plus de la moitié des exportations; le coton et l'arachide en représentent le tiers. Défavorisé par les conditions naturelles (dont l'absence de façade maritime), faisant face à un accroissement de population de l'ordre de 3,5 p. 100 par an, plus rapide que celui de la production, le Mali doit faire appel à l'aide étrangère, à celle des Etats-Unis et de la France principalement.

Histoire.

La République soudanaise, qui était une république autonome depuis 1958, s'unit au Sénégal en janvier 1959 pour former la fédération du Mali. Mais le président du Sénégal, Senghor, et le président du Soudan, Modibo Keita, ne parvenant pas à s'entendre sur la répartition des pouvoirs et sur une doctrine commune, l'union prit fin dès août 1960. Le Soudan prit alors seul le nom de Mali. Rompant les accords de coopération signés avec la France, le nouvel Etat s'engagea dans les voies du socialisme révolutionnaire. Mais un accord monétaire fut signé avec la France en février 1967. A la suite d'une crise, tous les pouvoirs furent confiés, en août 1967, à un Conseil national présidé par Modibo Keita, lui-même renversé en 1968 par une junte militaire dirigée par Moussa Traoré.

Malibran (María de la Felicidad GARCÍA, *dame*), cantatrice d'origine espagnole, née à Paris (1808-1836). Fille du chanteur Manuel García et sœur de Pauline Viardot-García, elle a fait une carrière internationale et a excellé dans le répertoire du théâtre italien.

malice [malis] n. f. (lat. *malitia,* méchanceté). Penchant à dire ou à faire de petites méchancetés piquantes, des taquineries : *jeux pleins de malice.*

malicieusement adv. Avec malice : *sourire malicieusement.*

malicieux, euse adj. et n. Qui a de la malice; malin, taquin.

Malicorne-sur-Sarthe (72270), ch.-l. de c. de la Sarthe (arr. de La Flèche); 1 795 h. Faïenceries. Eglise (XIIe s.). Château (XVIIe s.).

malien [maljɛ̃], **enne** [-ɛn] adj. et n. Du Mali.

Malievitch (Kazimir). V. MALEVITCH.

malignement adv. Avec malignité.

malignité [malinite] n. f. (lat. *malignitas,* méchanceté). Caractère de ce qui est mauvais, pernicieux : *la malignité du péché.* ‖ Caractère des maladies à évolution fatale. ‖ Inclination à faire, à penser, à dire du mal : *la malignité des hommes.* ‖ Méchanceté mesquine : *la malignité publique.*

malin [malɛ̃], **igne** [-liɲ] adj. (lat. *malignus,* méchant). Enclin à dire ou à faire des choses malicieuses : *un enfant malin.* ‖ Qui décèle une malice railleuse : *un sourire malin.* ‖ Fin, rusé, habile : *il est trop malin pour agir ainsi.* ● *Ce n'est pas malin* (Fam.), ce n'est pas difficile. ‖ *L'esprit malin,* le démon. ‖ *Tumeur maligne* (Méd.), tumeur généralement cancéreuse, persistante, puis envahissant les tissus voisins, souvent indolore au début. (Le fém. *maline* appartient à la langue parlée.) ‖ — N. Rusé, astucieux : *quel malin!*

malin n. m. *Le Malin,* le démon.

Malines, en néerl. **Mechelen,** v. de Belgique (Anvers), sur la Dyle; 65 800 h. Archevêché créé en 1559 (son titulaire, métropolitain de la Belgique, partage ce titre avec Bruxelles depuis 1962). De nombreux monuments anciens font de Malines une ville d'art : la cathédrale Saint-Rombaut (XIIIe-XVe s.), les Halles (XIVe s.), l'hôtel de ville (XIVe-XVIe s.), la Grand-Place (façades des XVIe et XVIIe s.), le palais de justice (XVIe s.), ainsi que plusieurs églises baroques. Dentelles renommées. Tapisserie d'art. Constructions mécaniques.

Malines (*conversations de*), entretiens animés par le cardinal Mercier et lord Halifax en vue d'un rapprochement entre catholiques et anglicans (1920-1926). Si elles n'ont pas eu d'effet immédiat, ces conversations ont marqué une date dans l'histoire de l'œcuménisme.

Malines (*ligue de*), ligue conclue contre la France en 1513 entre le pape, Maximilien Ier, Ferdinand le Catholique et l'Angleterre.

malingre [malɛ̃gr] adj. (de *malade,* et anc. fr. *mingre,* chétif). Qui est d'une constitution délicate : *enfant malingre.*

Malinkés, ethnie qui, comme les Dioulas et les Bambaras, appartient au groupe ethnique et linguistique mandingue. Les Malinkés se trouvent notamment en Guinée, où leur nombre dépasse 520 000 (1967), en Gambie et au Sénégal, où leur nombre est nettement inférieur (env. 80 000 au Sénégal en 1967).

malinois [malinwa] n. m. (de *Malines,* v. de Belgique). Chien de berger belge à poil dur.

Malinovski (Rodion), maréchal soviétique, né à Odessa (1898-1967). Pendant la Première Guerre mondiale, il combattit dans la brigade russe envoyée sur le front

maréchal Malinovski

français en 1917, puis dans la Légion étrangère française. Rentré en Russie en 1919, il adhéra au parti communiste. Pendant la Seconde Guerre mondiale, il se distingua à Stalingrad, puis, à la tête du second front d'Ukraine (1943), il reprit Odessa (1944), occupa la Roumanie, prit Budapest et Vienne (1945). Commandant en chef des forces soviétiques (1956), il remplaça Joukov comme ministre de la Défense en 1957.

Malinowski (Bronisław), ethnologue britannique d'origine polonaise, né à Cracovie (1884-1942). Il a notamment étudié les ethnies des îles Trobriand et les tribus indiennes du Mexique. Il est le promoteur du fonctionnalisme en ethnologie (*Crime and Custom in Savage Society,* 1926; *la Vie sexuelle des sauvages du nord-ouest de la Mélanésie,* 1929).

malintentionné, e adj. et n. Qui a de mauvaises intentions : *être malintentionné à l'égard de quelqu'un.*

Malipiero (Gian Francesco), compositeur italien, né à Venise (1882-1973), auteur d'œuvres symphoniques, de musique de chambre, de partitions dramatiques et d'oratorios. On lui doit l'édition intégrale des œuvres de Monteverdi. Il a dirigé longtemps le conservatoire de Venise.

malique [malik] adj. m. (du lat. *malum,* pomme). *Chim.* Se dit d'un diacide-alcool qui se trouve dans les pommes et dans les fruits acides.

Mallarmé (Stéphane), poète français, né à Paris (1842-1898). Au sortir d'une adolescence marquée par la mort de sa mère et de sa sœur, par la lecture des *Fleurs du mal* et un séjour à Londres, il devient professeur d'anglais à Tournon, à Besançon, puis à Paris. Obsédé cependant par le désir de trouver une expression poétique au « rêve » qu'il poursuit, méditant l'exemple de Baudelaire et d'Edgar Poe, il s'efforce de « peindre non la chose, mais l'effet qu'elle produit ». Le premier *Parnasse contemporain,* paru en 1866, contenant dix de ses poèmes, ne lui apporte même pas une petite notoriété, pas plus que la scène d'*Hérodiade,* publiée en 1871. En 1874, l'éditeur Lemerre refuse *l'Après-midi d'un faune.* Mais le roman *A rebours* de Huysmans, qui contient l'éloge de l'auteur d'*Hérodiade,* et les *Poètes maudits* de Verlaine lui apportent la célébrité. La génération des poètes de vingt ans, hostile à l'école parnassienne, se rassemble tous les mardis soirs, rue de Rome, chez Mallarmé, qui ne donne que quelques sonnets (*le Tombeau d'Edgar Poe,* 1876) et des articles aux revues nouvelles, mais qui laisse entrevoir la naissance du « Livre » absolu, dont *Un coup* de dés jamais n'abolira le hasard* (1897) forme le premier mouvement. La mort brutale du poète fixe dans « un état d'attente illimitée et de rêve infini » une œuvre qui apparaît, malgré sa brièveté, comme une de celles qui ont déterminé l'évolution de la littérature au cours du XXe s.

malle [mal] n. f. (empr. au francique). Coffre en bois, en cuir, en osier, etc., où l'on enferme les objets que l'on emporte en voyage. ● *La malle,* se disait pour la *malle-poste.*

malléabilisation n. f. Action de rendre malléable. (La malléabilisation confère aux fontes blanches des propriétés voisines de celles de l'acier.)

malléabiliser v. t. Faire la malléabilisation.

malléabilité n. f. *Technol.* Qualité de ce qui est malléable : *la malléabilité du plomb.*

Stéphane Mallarmé

malléable [malleabl] adj. (du lat. *malleatus,* battu au marteau). *Technol.* Susceptible d'être réduit en feuilles minces, sans se déchirer, par martelage ou par passage au laminoir. ‖ *Fig.* Souple, que l'on peut plier à ses volontés : *caractère malléable.*

malléolaire adj. Relatif aux malléoles : *fracture malléolaire.*

malléole [malleɔl] n. f. (lat. *malleolus,* petit marteau). Chacune des apophyses de la région inférieure du tibia et du péroné formant la cheville. (*Malléole externe,* celle du péroné; *malléole interne,* celle du tibia.)

malle-poste n. f. Voiture qui faisait surtout le service des dépêches. ‖ Pl. des *malles-poste.*

Mallet du Pan (Jacques), écrivain et publiciste suisse d'expression française, né à Céligny (Genève) [1749-1800]. Chargé de mission par Louis XVI, il devint le porte-parole des émigrés auprès des gouvernements opposés à la Révolution française, puis il se fixa en Angleterre, où il fonda le *Mercure britannique.*

Mallet-Stevens (Robert), architecte français, né à Paris (1886-1945). Marqué par le cubisme, il recherche un style mouvementé, l'agencement de volumes dépouillés se composant en décrochement (immeubles de la rue Mallet-Stevens à Paris).

mallette [malɛt] n. f. Petite valise.

Malmaison. V. RUEIL-MALMAISON.

Malmédy, comm. de Belgique (Liège); 6 500 h. Ch.-l. d'un district rattaché à la Prusse de 1815 à 1919 et remis à la Belgique après la Première Guerre mondiale.

malmener [malməne] v. t. (conj. **4**). Traiter brutalement, en actions et en paroles : *on ne doit malmener personne.* ‖ Faire essuyer un échec : *malmener l'ennemi.*

Malmesbury (James Harris, *comte* DE), diplomate anglais, né à Salisbury (1746-1820). Il conclut la Triple-Alliance de 1788 (Grande-Bretagne, Prusse, Provinces-Unies).

malmignate ou **malmignatte** [malmiɲat] n. f. Araignée à abdomen noir tacheté de rouge, commune en Corse et en Italie, et dont la morsure est dangereuse. (Long. 15 mm.)

Malmö, port de la Suède méridionale, sur l'Øresund; 265 500 h. Chantiers navals.

malnutrition n. f. Situation d'un individu ou d'une population dont la ration alimentaire quotidienne, bien que suffisante par les calories qu'elle fournit, n'assure pas une bonne santé parce qu'il y manque un ou plusieurs éléments indispensables.

— ENCYCL. La *malnutrition* frappe la majorité des humains (au moins les trois quarts de l'humanité). Ses formes les plus sévères et les plus anciennement connues sont les *avitaminoses* (pellagre, scorbut, béri-béri, xérophtalmie, etc.) et les *carences minérales* (manque d'iode [entraînant le crétinisme], de fer, de calcium, etc.). Mais la diététique moderne souligne l'importance des *carences en protéines d'origine animale* dans toutes les régions sous-développées. La plus redoutable de ces carences est le *kwashiorkor.* Ce qui caractérise de telles carences, c'est qu'un accroissement de la ration de glucides, par exemple, loin de guérir le malade, ne fait qu'aggraver son état, en augmentant le *déséquilibre alimentaire.* D'où le nom d'*aliments protecteurs* donné aux protéines animales et à quelques aliments végétaux exceptionnels.

Malo (*saint*). V. MACLOU (*saint*).

malodorant, e adj. Qui a une mauvaise odeur, puant.

Malo-les-Bains, anc. comm. du Nord, intégrée à Dunkerque en 1971; 15 223 h. (*Malouins*). Station balnéaire.

Malon (Benoît), homme politique français, né à Prétieux (Loire) [1841-1893]. Ouvrier teinturier, il adhéra à la Ire Internationale. Membre de la Commune, il dut se réfugier en Suisse. Rentré en France (1880), il publia *le Socialisme intégral* (1891).

Malot (Hector), écrivain français, né à La Bouille (Seine-Maritime) [1830-1907]. Critique littéraire et romancier réaliste (*les Aventures de Romain Kalbris,* 1869), il doit sa célébrité à ses récits destinés à la jeunesse (*Sans famille,* 1878).

malotru [malɔtry], **e** n. et adj. (lat. *male astrucus,* né sous une mauvaise étoile). Grossier, mal élevé.

Malouel (Jean) ou **Maelwael** (Johan), peintre flamand, né à Nimègue (v. 1370-1419). Il travailla à Paris pour Isabeau de Bavière, puis à Dijon pour les ducs de Bourgogne. Il fit le portrait de Jean sans Peur, exécuta avec Bellechose le *retable de saint Denis* (Louvre).

malouin [malwɛ̃], **e** [-in] adj. et n. De Saint-Malo.

Malouines (*îles*), anc. nom français des *îles Falkland.*

Malpighi (Marcello), médecin et anatomiste italien, né à Crevalcore (Bologne) [1628-1694]. Il fut un des premiers à utiliser le microscope pour l'étude des tissus vivants. Il décrivit les glomérules du rein qui portent son nom, ainsi que le corps muqueux qui constitue la couche profonde de la peau (*couche de Malpighi*).

malpighie [malpigi] n. f. Plante de l'Amérique tropicale, dont une espèce à fruits comestibles est appelée *cerisier des Antilles.*

Malplaquet, hameau du dép. du Nord (comm. de Taisnières-sur-Hon). Marlborough et le Prince Eugène y battirent le maréchal de Villars (1709).

Phot. Doc. du musée de la Guerre, Dornac-Larousse.

malpropre adj. et n. Qui manque de propreté : *des mains malpropres.* ‖ — *Fig.* Immoral : *propos malpropres.* ‖ Malhonnête, contraire au devoir : *conduite malpropre.* ‖ — Adj. Mal exécuté : *travail malpropre.*

malproprement adv. Avec malpropreté : *se tenir, se conduire malproprement.*

malpropreté n. f. Défaut de propreté. ‖ *Fig.* Indécence, malhonnêteté.

Malraux (André), écrivain et homme politique français, né à Paris en 1901. Attiré à la fois par la littérature et par l'Orient (*Lunes en papier,* 1921 ; *Ecrit pour une idole à trompe,* 1921), il voyage au Cambodge et au Laos, puis gagne la Chine, où, à Canton, le spectacle de la révolution communiste le confirme dans sa croyance au déclin du système de pensée européen (*la Tentation de l'Occident,* 1926) et de la valeur absolue de l'action comme moyen d'assurer la dignité et la liberté humaines (*les Conquérants,* 1928 ; *la Voie royale,* 1930 ; *la Condition humaine,* 1933). Il adhère au Comité mondial antifasciste, participe à Moscou au premier congrès des écrivains soviétiques, puis s'engage en Espagne dans les rangs républicains (*l'Espoir,* 1937). Il prend part à la Seconde Guerre mondiale, à la Résistance, commande en 1944 la brigade « Alsace-Lorraine » et consigne sa double expérience de l'action et de l'écriture dans *les Noyers de l'Altenburg* (1943). Il entreprend alors une carrière politique liée à celle du général de Gaulle et devient ministre de l'Information (1945-1946), délégué national à la propagande du Rassemblement du peuple français (1947), puis ministre d'Etat chargé des Affaires culturelles (1959-1969). Il abandonne cependant la littérature romanesque pour s'attacher à l'étude comparative des formes de l'art (*les Voix du silence,* 1947-1951 ; *le Musée imaginaire de la sculpture mondiale,* 1952-1954 ; *la Métamorphose des dieux,* 1957) et réfléchir sur la valeur éthique et esthétique de sa vie (*Antimémoires,* 1967). Il quitte la vie politique après la démission du général de Gaulle (1969), qu'il évoque dans *les Chênes qu'on abat* (1971).

malsain, e adj. Qui n'est pas sain, en parlant des personnes. ‖ Nuisible à la santé : *air malsain.* ‖ *Fig.* Dangereux pour la morale : *livre malsain.*

malséance [malseɑ̃s] n. f. Caractère de ce qui est malséant.

malséant, e adj. Qui n'est pas convenable ; déplacé : *tenue malséante.*

malsonnant, e adj. Contraire à la bienséance : *paroles malsonnantes.*

malstrom n. m. V. MAELSTRÖM.

Malstrøm. V. MAELSTRÖM.

malt [malt] n. m. (mot angl.). Orge germée artificiellement, séchée et réduite en farine pour faire de la bière.

maltage n. m. Opération de conversion de l'orge en malt. (V. schéma de fabrication de la bière*.)

maltais [maltɛ], **e** [-ɛz] adj. et n. De Malte.

maltase [maltɑz] n. f. Diastase du suc intestinal, qui hydrolyse le maltose.

Malte, île principale d'un petit archipel de la Méditerranée (comprenant en outre Gozo, Comino et Filfola), entre la Sicile et l'Afrique, qui constitue un Etat indépendant ; 316 km² (246 pour l'île de Malte seule) ; 330 000 h. (*Maltais*). Cap. *La Valette.*

Géographie.

Malte, formée de terrains calcaires et au climat doux, est un pays agricole où dominent les cultures : céréales, légumes et fruits. La balance commerciale est fortement déficitaire, malgré le développement du tourisme.

Histoire.

Colonie phénicienne, l'île de Malte fut occupée par les Grecs et les Carthaginois ; les Romains s'y installèrent dès 218 av. J.-C. Conquise par les Arabes en 870 apr. J.-C., l'île, islamisée, fut prise par Roger de Sicile en 1090 ; annexe de la Sicile, elle fut cédée par Charles Quint aux chevaliers de Saint-Jean de Jérusalem, obligés de fuir Rhodes (1522). Ces derniers la fortifièrent. Bonaparte s'en empara en 1798, mais les Anglais s'en rendirent maîtres dès 1800. A partir de 1918, un mouvement autonomiste de plus en plus fort agita l'île, qui joua, durant la Seconde Guerre mondiale, un rôle capital. Etat membre du Commonwealth depuis 1962, l'île de Malte est indépendante depuis 1964.

Malte (*fièvre de*), maladie infectieuse due à une *brucella.* (Syn. : BRUCELLOSE, MÉLITOCOCCIE.)

Malte (*ordre hospitalier et militaire de*). Ordre issu de celui des *Hospitaliers de Saint-Jean de Jérusalem,* fondé en 1099. Après la chute de Jérusalem (1187), les chevaliers s'installèrent à Saint-Jean-d'Acre, puis à Chypre (1291), à Rhodes (1308) et enfin à Malte (1530), où ils résistèrent aux assauts de Soliman II (1565), mais d'où ils furent expulsés par Bonaparte (1798). Installé à Rome en 1834, l'ordre est reconnu par la France en 1924, puis reçoit du Saint-Siège une nouvelle Constitution en 1961 : les chevaliers constituent un ordre souverain qui est dirigé par un grand maître et dont les activités charitables sont nombreuses et variées, qu'il exerce grâce à ses nombreux hôpitaux et à une flotte aérienne sanitaire. Plusieurs branches se sont instituées à côté de l'ordre de Malte.

Malte-Brun (Konrad), géographe danois, né à Thisted (1775-1826). Il vécut en France. Auteur d'une *Géographie universelle,* il fonda la Société de géographie en 1821.

André Malraux

malter v. t. Faire subir le maltage.

malterie n. f. Fabrique de malt.

Malterre (André), syndicaliste français, né à Corbeil en 1909, président de la Confédération générale des cadres depuis 1956.

Malthus (Thomas Robert), économiste anglais, né près de Guildford (1766-1834), auteur de l'*Essai sur le principe de population* (1798), où, présentant l'augmentation constante de la population comme un danger pour la subsistance du monde, il recommande la restriction volontaire des naissances.

malthusianisme n. m. (du nom de l'économiste anglais *Malthus*). Restriction volontaire de la procréation. ‖ ● *Malthusianisme économique,* ralentissement volontaire de la production.

malthusien [maltyzjɛ̃], **enne** [-ɛn] adj. Qui concerne, qui partage les doctrines de Malthus. ‖ — Adj. et n. Qui est opposé à l'expansion économique.

maltose [maltoz] n. m. Sucre donnant par hydrolyse deux molécules de glucose, et qu'on obtient lui-même par hydrolyse de l'amidon.

maltôte [maltot] n. f. (de *mal,* et anc. fr. *tolte,* imposition). Taxe levée par les rois de France à titre extraordinaire, et considérée comme illégale par le peuple. ‖ Impôt perçu illégalement.

maltraiter v. t. Traiter durement, avec violence.

malure [malyr] n. m. Petit oiseau (fauvette australienne) aux brillantes couleurs métalliques.

Malus (Etienne Louis), physicien français, né à Paris (1775-1812). Il a découvert la polarisation de la lumière (1808) et étudié la double réfraction.

malvacées [malvase] n. f. pl. (du lat. *malva,* mauve). Famille de plantes dicotylédones dialypétales, des régions tempérées et chaudes, renfermant des arbres (*fromager*), des arbustes (*hibiscus, cotonnier*) et des plantes herbacées (*mauve*). ‖ Sing. une *malvacée.*

malveillance [malvɛjɑ̃s] n. f. Dessein de nuire : *incendie attribué à la malveillance.* ‖ Mauvais vouloir à l'égard de quelqu'un : *la malveillance d'un examinateur.*

malveillant, e adj. et n. Porté à vouloir, à souhaiter du mal à autrui.

malvenu, e adj. Qui manque de droit pour intervenir, pour faire quelque chose : *héritier malvenu à se plaindre.*

malversation [malvɛrsasjɔ̃] n. f. (du lat. *male versari,* se comporter mal). Détournement de fonds dans l'exercice d'une charge.

Malvézy, écart de la comm. de Narbonne (Aude). Usine de concentration de l'uranium.

malvoisie [malvwazi] n. m. ou f. Vin de Malvoisie (Grèce) doux et liquoreux. ‖ Nom donné à divers cépages rouges ou blancs, donnant des vins liquoreux plus connus sous le nom de *muscats.*

Malvoisie, en gr. **Monembasia,** presqu'île de la Grèce (Laconie). Vins.

Mälzel (Johann Nepomuk). V. MAELZEL.

Malzéville (54220), comm. de Meurthe-et-Moselle (arr. de Nancy) ; 9 103 h. Eglise du XVIe s.

Malzieu-Ville (LE) [48140], ch.-l. de c. de la Lozère (arr. de Mende) ; 794 h.

Mamaia, station balnéaire de Roumanie.

mamamouchi [mamamuʃi] n. m. Nom donné par Molière, dans *le Bourgeois gentilhomme,* à une prétendue dignité turque.

maman [mamɑ̃] n. f. Mère, dans le langage des enfants et quelquefois des grandes personnes.

Mambrin, roi maure que son armet, ou casque, enchanté, rendait invulnérable. Ce talisman doit surtout sa célébrité à la mention qu'en a faite l'auteur de *Don Quichotte.*

mamelle [mamɛl] n. f. (lat. *mamilla ;* de *mamma,* mamelle). Glande placée sur la face ventrale du tronc des femelles des mammifères, se développant à la puberté et sécrétant après la gestation le lait qui nourrira les jeunes.
— ENCYCL. Les *mamelles* sont surmontées d'un mamelon, ou tétin, entouré d'une zone colorée, l'aréole.
Dans l'espèce humaine, les mamelles, au nombre de deux, sont placées à la face antérieure du thorax et comprennent 10 à 20 lobes, dont la sécrétion aboutit au mamelon par les canaux galactophores. Elles peuvent être le siège d'inflammations (mastites, mammites) ou de tumeurs bénignes ou malignes.
Les mamelles des animaux femelles ne diffèrent pas profondément de celles de la femme, si ce n'est par le nombre (six paires chez la truie), la forme du mamelon (trayons allongés des vaches et des chèvres), la position (mamelles abdominales ou inguinales de la plupart des groupes), enfin par la composition chimique du lait*.

mamelon [mamlɔ̃] n. m. Bout de la mamelle. ‖ Toute éminence arrondie ; butte.

mamelonné, e adj. Qui porte des proéminences en forme de mamelon.

mamelouk [mamluk] n. m. (arabe *mamlūk*). Soldat appartenant à une milice qui joua à plusieurs reprises un rôle important dans l'histoire de l'Egypte. (V. *encycl.*) ● *Mamelouks de la garde impériale,* corps formant un escadron rattaché à la garde impériale. (Il fut créé par Bonaparte pendant la campagne d'Egypte et fut officialisé en 1804. Il disparut après l'Empire.)
— ENCYCL. Les *mamelouks* étaient des esclaves grecs ou le plus souvent turcs. Ils devinrent tout-puissants à partir du XIIIe s. L'un d'eux mit fin à la dynastie ayyūbide (1254) et fonda celle des Mamelouks Baḥrites, remplacée à son tour par celle des Mamelouks Burdjites en 1382. A partir du XVIe s., ils fusionnèrent avec les Turcs Ottomans et devinrent de plus en plus indépendants du sultan de Constantinople. Bonaparte vainquit les Mamelouks à la bataille des Pyramides en 1798. Méhémet Ali les fit massacrer en 1811.

mamelu, e adj. *Pop.* Qui a de grosses mamelles.

Mamer, comm. du Luxembourg ; une section (*Capellen*) constitue un ch.-l. de cant. du grand-duché ; 2 500 h.

Mamers [mamɛrs] (72600), ch.-l. d'arr. de la Sarthe, sur la Dive ; 6 325 h. (*Mamertins*). Eglise (XIIIe-XVIe s.). Appareils ménagers. — L'arr. a 10 cant., 134 comm., 75 262 h.

Mamert (*saint*) [m. v. 475], évêque de Vienne (Gaule), instigateur de la procession des Rogations. — Fête le 11 mai.

Mamertins. *Géogr. anc.* Mercenaires établis à Messine (IIIe s. av. J.-C.).

m'amie [mami] n. f. Abrév. fam. de *ma amie,* qu'on écrit souvent *ma mie.*

mamillaire [mamillɛr] n. f. Cactacée à surface couverte de mamelons épineux.

mammaire [mammɛr] adj. (du lat. *mamma,* mamelle). Relatif aux mamelles : *glandes mammaires.*

mammalogie [mammalɔʒi] n. f. Partie de la zoologie qui traite des mammifères.

mammifère [mamifɛr] adj. (lat. *mamma,* mamelle, et *ferre,* porter). Qui a des mamelles.

mammifères n. m. pl. Classe de vertébrés supérieurs caractérisés par une respiration pulmonaire, une température constante et élevée, une reproduction vivipare, l'allaitement des jeunes par les mamelles de leur mère, une

Malte : La Valette

Phot. Karsh - Camera-Press, Roger-Viollet.

MAMMIFÈRES ONGULÉS

Chaque doigt est terminé par un sabot ou onglon enveloppant. Régime herbivore ou omnivore. Classés selon la structure de la patte.

Un doigt principal : IMPARIDIGITÉS

PÉRISSODACTYLES :

rhinocéros

cheval

tapir

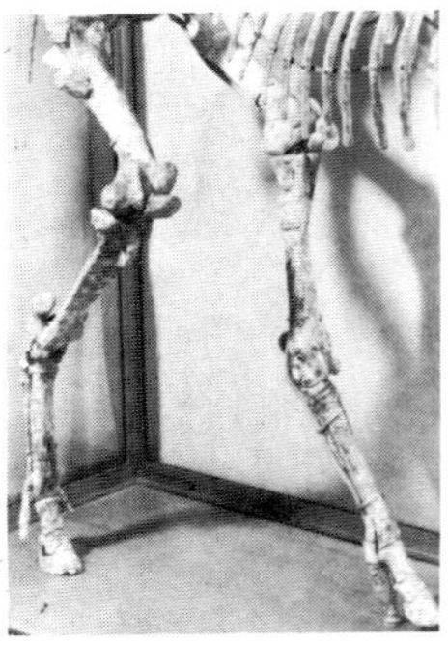

pattes postérieures de l'hipparion

Deux doigts principaux : PARIDIGITÉS

PORCINS :

hippopotame

sanglier

PROBOSCIDIEN :

éléphant

HYRACOÏDE :

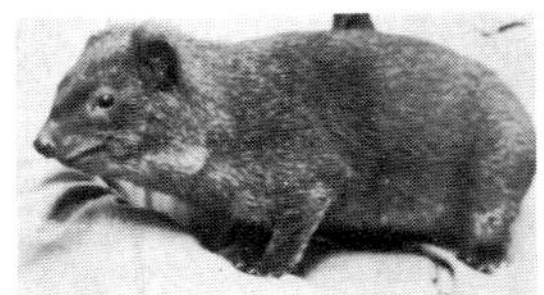

daman

MAMMIFÈRES MARINS

Trois ordres de mammifères sont exclusivement aquatiques et le plus souvent marins : les pinnipèdes, les siréniens, les cétacés. L'enhydre ou loutre marine est un carnassier. ▶

PINNIPÈDES

otarie

morse

phoque

SIRÉNIENS

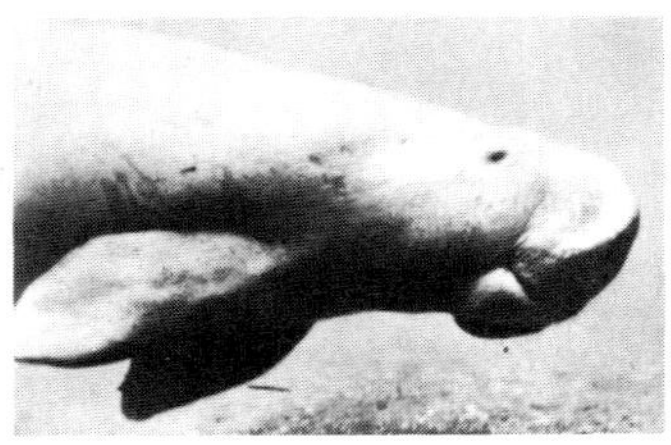

dugong

lamantin

loutre marine

Phot. Lénars - Atlas-Photo, Researchers - James Simon, Lauros - Atlas-Photo, Sting, Dragesco - Atlas-Photo, Lauros - Atlas-Photo (2), Peter-Jacana, Dragesco, Popper - Atlas-Photo, Lauros - Atlas-Photo, Catala, Mattison.

dromadaire

girafe

renne

chameau

Deux doigts principaux : PARIDIGITÉS

RUMINANTS :

v. également les tableaux ***antilopes*** *et* ***bovidés***

élan

chevrotain

lama

antilocarpe

chamois

CÉTACÉS

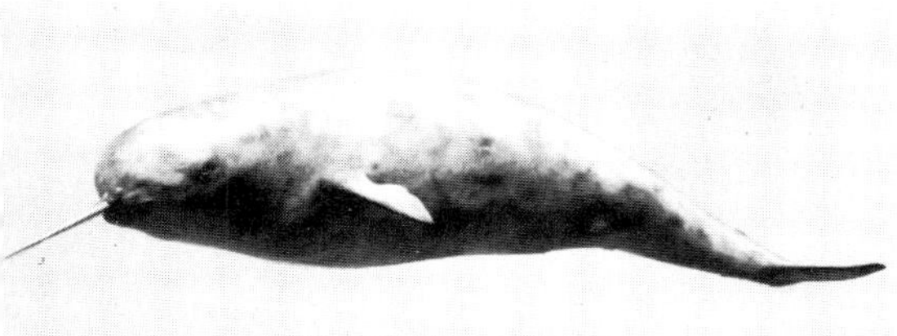

narval

cachalot

baleine

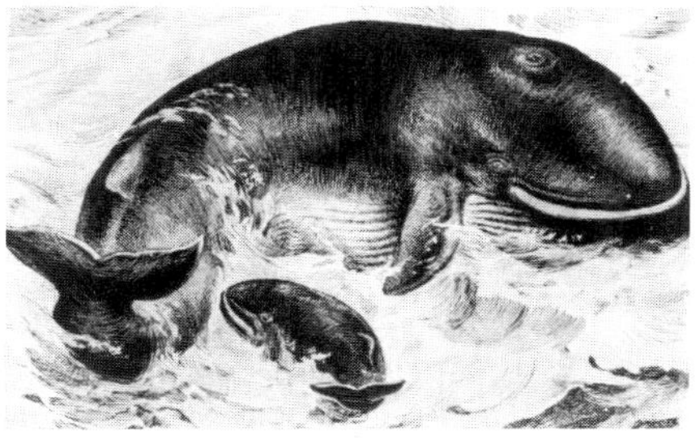

rorqual

dauphin

orque

Phot. Tairraz - Atlas-Photo, Baufle, Mission biologique au Gabon, Dragesco - Atlas-Photo, Collin-Delavaud - Atlas-Photo, Terrasse, Perrin - Atlas-Photo, Terrasse, Marconato - Atlas-Photo, Popper - Atlas-Photo, Tierbilder Okapia, Atlas-Photo.

peau couverte de poils et, généralement, des dents de plusieurs sortes, implantées dans des alvéoles.
— ENCYCL. Les *mammifères* ne constituent que 2 500 espèces actuelles, mais les formes fossiles sont beaucoup plus nombreuses. Avant que l'un d'entre eux, l'homme, ne dominât le monde, certains s'étaient déjà taillé sur les continents une place importante au détriment des grands reptiles et avaient fourni aux océans leurs espèces géantes (baleine), tandis que d'autres (chauve-souris) avaient rejoint les oiseaux dans l'espace aérien. Cette supériorité réside avant tout dans l'appareil reproducteur : viviparité et allaitement réduisent à peu de chose la mortalité des jeunes. En outre, l'homéothermie permet à la plupart des espèces de garder en toute saison leur vivacité dans l'attaque et la défense. Enfin, le développement psychique et la vie familiale ou sociale sont pour les mammifères un facteur important de survie.

mammite [mamit] n. f. Inflammation de la mamelle. (Elle s'observe fréquemment chez les vaches, ainsi que chez les brebis et les truies.)

mammographie n. f. Radiographie de la glande mammaire : *la mammographie facilite le diagnostic des tumeurs du sein.*

Mammon, mot araméen qui sert, dans l'Evangile, à personnifier les richesses mal acquises.

Mammoth Cave, système de grottes des Etats-Unis (Kentucky), l'un des plus étendus du globe (74 km).

mammouth [mamut] n. m. (mot russe, empr. à une langue sibérienne). Eléphant fossile du quaternaire, dont on a retrouvé des cadavres entiers dans les glaces de Sibérie. (Couvert d'une toison laineuse, il possédait d'énormes défenses recourbées et mesurait 3,50 m de haut.)

mamours [mamur] n. m. pl. (de *ma* et *amour,* forme ancienne des mots *mon amour,* restée dans le langage familier et que l'on adressait à une femme ou à un enfant). Flatteries, caresses : *faire des mamours à quelqu'un.*

mam'selle ou **mam'zelle** [mamzɛl] n. f. Abrév. fam. du mot *mademoiselle.*

Man (*île de*), île anglaise de la mer d'Irlande ; 570 km^2 ; 48 200 h. V. pr. *Douglas.* Tourisme. En 1765, elle fut achetée par la Couronne à une famille anglaise. Elle est colonie de la Couronne britannique depuis 1829.

mana [mana] n. m. (mot polynésien signif. *force*). Puissance occulte, telle que l'envisagent certaines religions primitives, et qui serait, selon les sociologues, à l'origine de notre idée de cause.

Manaar ou **Mannar** (*golfe de*), golfe de l'océan Indien, entre Ceylan et l'Inde.

manade [manad] n. f. (esp. *manada,* troupeau). Troupeau de taureaux, de chevaux, en Camargue.

Manado. V. MENADO.

management [manazmɑ̃] n. m. (mot angl.). Science de la technique de direction et de gestion de l'entreprise.

manager [manedʒœr *ou* manadʒɛr] n. m. (mot angl. ; de *to manage,* diriger). Celui qui dirige une entreprise, qui gère les intérêts d'un champion professionnel, etc.

Managua, cap. du Nicaragua, près du *lac Managua* (1 134 km^2). Archevêché. Raffinerie de pétrole. Elle a été en grande partie détruite par un tremblement de terre en 1972.

Manãma, cap. de la principauté de Bahreïn ; 79 100 h.

manant [manɑ̃] n. m. (du lat. *manere,* rester). Autref., habitant d'un village ; vilain, roturier. ‖ *Péjor.* Auj., homme grossier, mal élevé.

Manassé, patriarche juif, fils aîné de Joseph. Il donna son nom à l'une des tribus d'Israël.

Manassé, roi de Juda de 687 à 642 av. J.-C. Il fut emmené à Ninive par Assurbanipal.

Manaus, anc. **Manáos,** port du Brésil, cap. de l'Etat d'Amazonas, sur le rio Negro, près du confluent avec l'Amazone ; 200 000 h. Raffinage du pétrole.

Mance (Jeanne), dame française, née à Langres (1606-1673). Elle arriva au Canada avec Maisonneuve et fonda l'hôtel-Dieu de Montréal.

manceau [mɑ̃so], **elle** [-sɛl] adj. et n. De la ville, de la région du Mans.

mancelle [mɑ̃sɛl] n. f. Courroie ou chaîne qui joint les attelles du collier d'un cheval à la limonière.

mancenille [mɑ̃snij] n. f. Fruit du mancenillier, qui ressemble à une petite pomme d'api.

mancenillier n. m. (dimin. de l'esp. *manzana,* pomme). Arbre de la famille des euphorbiacées, originaire des Antilles et de l'Amérique équatoriale, dit *arbre-poison, arbre de mort.* (Son suc, caustique, est très vénéneux.)

manche [mɑ̃ʃ] n. m. (lat. *manicum ;* de *manus,* main). Partie par laquelle on tient un instrument : *manche de couteau.* ‖ Os apparent des côtelettes et des gigots. ● *Manche à balai,* levier au moyen duquel on commande la montée ou la descente d'un avion.

manche n. f. (lat. *manica ;* de *manus,* main). Partie du vêtement qui couvre le bras. ‖ Au jeu, une des parties liées que l'on est convenu de jouer. ‖ *Géogr.* Bras de mer resserré entre deux terres. ● *Avoir quelqu'un dans sa manche,* avoir du crédit auprès de lui. ‖ *C'est une autre paire de manches* (Fam.), c'est quelque chose de tout différent. ‖ *Faire la manche* (Pop.), mendier. ‖ *Manche à air,* tube en toile placé au sommet d'un mât pour indiquer la direction du vent ; grand conduit métallique servant à aérer l'intérieur d'un navire. ‖ *Tirer la manche à quelqu'un,* le solliciter.

Manchester
la cathédrale

Manche (la), en angl. **the Channel,** bras de mer formé par l'Atlantique, entre la France et l'Angleterre. Appartenant entièrement au plateau continental, la Manche est une mer où la profondeur ne dépasse qu'exceptionnellement 100 m. Elle est le siège de marées, plus fortes sur la côte française (baie du Mont-Saint-Michel) que sur le littoral anglais. Ses rives sont jalonnées de ports (dont Le Havre et Southampton sont les plus importants), ce qui explique, avec son rôle de voie de passage vers la mer du Nord par le pas de Calais, un trafic maritime intense. Le franchissement du pas de Calais par un tunnel dit « tunnel sous la Manche » a été décidé.

Manche (la), partie sud-est de la Nouvelle-Castille (Espagne), région dénudée et aride que Cervantès a immortalisée dans son *Don Quichotte.*

Manche (*dép. de la*) [**50**], dép. formé d'une partie de la Normandie ; préf. *Saint-Lô ;* s.-préf. *Avranches, Cherbourg, Coutances ;* 4 arr., 51 cant., 638 comm. ; 5 947 km^2 ; 451 900 h. Appartenant au Massif armoricain et s'étendant sur la péninsule du *Cotentin* et l'extrémité occidentale du *Bocage normand,* le dép. est formé de deux régions de collines, séparées par une zone déprimée entre Carentan et Lessay. Presque exclusivement rurale (l'agriculture emploie les deux cinquièmes de la population active), l'économie est orientée vers l'élevage bovin (les pommiers sont cependant souvent associés aux herbages). La pêche et le tourisme estival ne fournissent que des ressources d'appoint. L'industrie est représentée par quelques usines de textiles et de petite métallurgie, des chantiers navals et des constructions électriques.

mancheron n. m. Chacune des deux poignées d'une charrue. ‖ Manche très courte ne recouvrant que le haut du bras.

Manchester, v. de Grande-Bretagne (Lancashire), sur l'Irwell, affl. de la Mersey ; 616 500 h. Université. Aéroport. Musée. Cathédrale en partie du XVe s. Grand centre de l'industrie textile (coton) au XIXe s. (et au début du XXe s.), valorisé par la construction de la voie ferrée vers 1830 et par la création d'un canal maritime sur la Mersey en 1894-1895, Manchester, alors deuxième ville de Grande-Bretagne, a vu ensuite sa fonction décliner avec le recul, au moins relatif, de son industrie traditionnelle. Aujourd'hui, Manchester est d'abord une ville tertiaire, jouant le rôle de capitale régionale, où la métallurgie de transformation a relégué le travail du coton au deuxième rang.

Manchester, v. des Etats-Unis (New Hampshire) ; 87 600 h. Textiles. Métallurgie.

manchette n. f. Bande de toile, de tissu, adaptée aux poignets d'une chemise. ‖ Garniture en papier blanc découpé, que l'on met sur les manches des côtelettes ou

manches à air

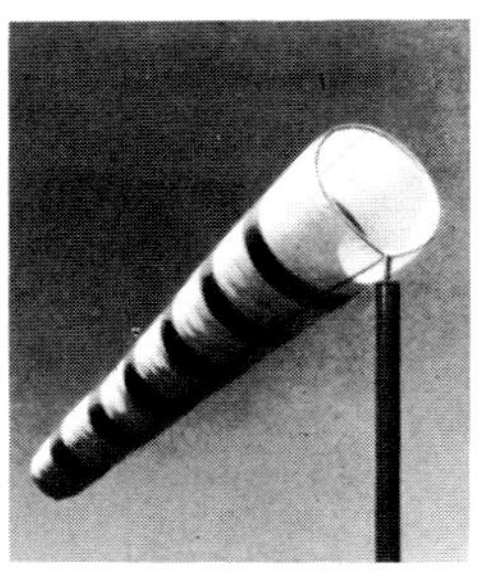

d'aéronautique

de marine

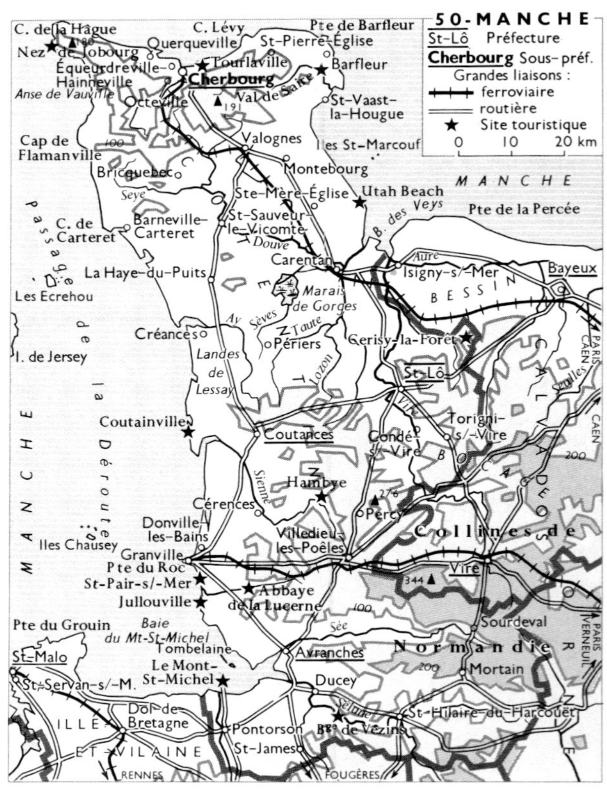

Phot. Fleming, X, Lorelle-Keystone.

des gigots. ‖ Coup donné avec l'avant-bras. ‖ Titre en gros caractères en tête de la première page d'un journal. ‖ Note ou addition marginale.

manchon n. m. Fourrure en forme de rouleau creux, dans laquelle on met les mains pour les garantir du froid. ‖ *Technol.* Fourreau à parois épaisses pour opérer la liaison de deux arbres de transmission ou de deux tuyaux. ‖ Gaine en amiante imprégnée de sels métalliques (thorium et cérium), qu'on place sur une flamme pour en augmenter l'éclat. ‖ Rouleau de feutre sur lequel se fait le papier.

manchot [mɑ̃ʃo], **e** [-ɔt] adj. et n. (du lat. *mancus*, estropié). Estropié ou privé d'une main ou d'un bras. ● *N'être pas manchot* (Fam.), être adroit, fort.

manchot n. m. Oiseau palmipède des régions antarctiques, dont les membres antérieurs, impropres au vol, sont utilisés comme nageoires. (Le manchot royal atteint 1 m de haut et vit en société.) [Famille des sphéniscidés.]

mancie [mɑ̃si] n. f. (gr. *manteia*). Divination obtenue par quelque procédé que ce soit (chiromancie, géomancie, astromancie, etc.).

Mancini, famille italienne. Les plus célèbres de ses représentants furent les nièces de Mazarin, qui avaient suivi celui-ci en France et parmi lesquelles il faut citer : LAURE, duchesse de Mercœur, née à Rome (1636-1657); — Sa sœur OLYMPE, comtesse de Soissons, née à Rome (1639-1708), et qui fut la mère du prince Eugène de Savoie; — MARIE, princesse Colonna, née à Rome (1640-1715), sœur des premières, et qui inspira une vive passion à Louis XIV.

Manco Cápac, fondateur légendaire de l'empire des Incas (XIe s.).

Mandalay, v. de la haute Birmanie, sur l'Irrawaddy; 392 000 h. Nombreux monastères et temples bouddhiques. Centre commercial.

mandant [mɑ̃dɑ̃] n. m. (de *mander*). Celui qui, par un mandat, donne à un autre pouvoir d'agir en son nom : *un député et ses mandants.*

mandarin [mɑ̃darɛ̃] n. m. (mot portug., empr. au sanskrit ou au malais). Titre donné autrefois aux fonctionnaires publics en Chine. ‖ *Péjor.* Personnage important et influent.

Mandarin merveilleux (*le*), suite symphonique de Béla Bartók, donnée en première audition à Cologne en 1926. Les plus importantes versions chorégraphiques ont été signées par Aurel Milloss (1942), Todd Bolender (1951), Dimitri Parlić (1958) et Joseph Lazzini (1963).

mandarinat n. m. Dignité de mandarin, qui s'acquérait au concours.

mandarine [mɑ̃darin] n. f. (esp. *mandarina;* de *mandarin*). Fruit, doux et parfumé, du mandarinier. (V. illustr. FRUITS.)

mandarinier n. m. Arbrisseau voisin de l'oranger, dont les fruits, comestibles, sont les mandarines. (Famille des rutacées.)

mandat [mɑ̃da] n. m. (lat. *mandatum*). Pouvoir qu'une personne donne à une autre d'agir en son nom : *s'acquitter fidèlement d'un mandat.* ‖ Titre remis par le service des postes pour faire parvenir une somme à un correspondant. ‖ Ordre de payer, adressé par un propriétaire de fonds à celui qui en est dépositaire. (V. *encycl.*) ‖ Fonctions, obligations déléguées par le peuple ou par une classe de citoyens : *mandat de député.* ● *Mandat d'amener,* ordre de faire comparaître devant un juge. ‖ *Mandat d'arrêt, de dépôt,* ordre d'arrêter, de conduire quelqu'un en prison. ‖ *Mandat impératif,* système de représentation politique dans lequel l'élu est tenu de se prononcer dans le sens des instructions reçues de ses mandants. (Aux Etats-Unis, les délégués élus pour désigner le président de la République ont généralement un mandat impératif.) ‖ *Mandat légal,* mandat conféré par la loi, qui désigne la personne recevant pouvoir de représentation.
— ENCYCL. Le *mandat commercial,* simple invitation à payer, porte généralement, à la différence de la *traite,* la mention *non acceptable* et la clause *retour sans frais.* Le mandat ne vaut que comme simple promesse, mais son emploi a l'avantage d'éviter les frais de protêts que peut entraîner la lettre de change.

Mandat (Jean GAILLIOT, *marquis* DE), officier français, né à Paris (1731-1792), commandant de la garde nationale de Paris en 1792, tué au 10-Août.

mandataire [mɑ̃datɛr] n. (lat. *mandatarius*). Celui qui a mandat ou procuration pour agir au nom d'un autre : *être le mandataire de quelqu'un.* ● *Mandataire aux Halles,* personne agréée par le tribunal de commerce, intermédiaire entre les producteurs de province et les détaillants de Paris.

mandat-carte n. m. Mandat postal transmis sous forme de carte postale et généralement payable à domicile. ‖ Pl. des *mandats-cartes.*

mandat-contributions n. m. Mandat-carte spécial pour le paiement des contributions. ‖ Pl. des *mandats-contributions.*

mandatement n. m. Action de mandater.

mandater [mɑ̃date] v. t. Libeller un mandat pour le paiement d'une somme. ‖ Donner à quelqu'un le pouvoir d'agir en son nom.

mandat-lettre n. m. Mandat postal muni d'un coupon double pour clore la correspondance de l'expéditeur. ‖ Pl. des *mandats-lettres.*

mandchou [mɑ̃tʃu], **e** adj. et n. De la Mandchourie.

manchots

Manessier
« Jeux dans la neige », *musée Guggenheim, N.Y.*

Mandchoukouo (le), nom pris par la Mandchourie lorsqu'elle a été séparée de la Chine par le Japon, de 1932 à 1945.

Mandchourie, anc. nom d'une partie de la Chine, formant auj. la majeure partie de la « Chine du Nord-Est ». (Hab. *Mandchous.*) V. pr. *Chen-yang* (*Moukden*) et *Pin-kiang* (*Harbin*).
● *Histoire.* Les Mandchous, établis en Mandchourie depuis une époque très ancienne, déferlèrent sur la Chine à partir du milieu du XVIIe s. La dynastie mandchoue des Ts'ing régna sur la Chine de 1644 à 1912. En 1689, le traité de Nertchinsk fixa la frontière russo-mandchoue à l'Amour. Le tracé de celle-ci fut modifié en 1860, afin de permettre la constitution d'un territoire maritime russe. En 1896, la Russie obtint le droit d'établir une voie ferrée à travers la Mandchourie et, en 1897, la concession du territoire de Port-Arthur et de Ta-lien (Dairen). A l'issue de la guerre russo-japonaise, le Japon bénéficia des droits accordés antérieurement à la Russie (traité de Portsmouth, 1905); cependant, l'influence russe sur une partie de la Mandchourie se maintint jusqu'en 1924. En 1931, les Japonais occupèrent militairement la Mandchourie et y établirent l'Etat vassal de Mandchoukouo (1932). Le chef du pouvoir exécutif fut l'ancien empereur de Chine P'ou-Yi, élu président à vie, puis empereur sous le nom de Kang-teh (1934). En 1945, les troupes soviétiques occupèrent la Mandchourie, qui fut ensuite remise à la Chine.

mandéen [mɑ̃deɛ̃], **enne** [-deɛn] adj. et n. m. Se dit d'une secte du Proche-Orient qui mêle au culte de saint Jean-Baptiste des théories gnostiques. (Son apogée se situe dans les premiers siècles de notre ère.)

Mandel (Georges), homme politique français, né à Chatou (1885-1944). Chef du cabinet de Clemenceau (1917), député de la Gironde (1919-1924; 1928-1940), il se vit confier plusieurs portefeuilles ministériels, en particulier celui des P. T. T. (1934-1936), et devint ministre de l'Intérieur dans le cabinet Paul Reynaud (mai 1940). Le gouvernement de Vichy le fit traduire devant la cour de Riom (1940). Remis aux Allemands (1942), il fut livré aux miliciens, qui l'assassinèrent.

Mandelieu-la-Napoule (06210), comm. des Alpes-Maritimes (arr. de Grasse), près de Cannes; 6 245 h.

mandement n. m. Ecrit adressé par un évêque à ses diocésains, et par lequel il leur donne des instructions.

mander [mɑ̃de] v. t. (lat. *mandare*). Donner l'ordre de venir : *mander quelqu'un.*

Marie Mancini
par Mignard

Mandeure (25350 Beaulieu Mandeure), comm. du Doubs (arr. de Montbéliard); 5 550 h. Vestiges romains.

mandibulaire adj. Relatif à la mandibule.

mandibule [mɑ̃dibyl] n. f. (du lat. *mandere,* mâcher). Mâchoire inférieure de l'homme et des vertébrés. ‖ Chacune des pièces buccales de la première paire chez les crustacés, les insectes, les mille-pattes.

mandille [mɑ̃dij] n. f. (esp. *mandil*). Manteau court, à trois pièces, que portaient les laquais, les huissiers, les personnes de basse condition.

Mandingues, groupe d'ethnies en Afrique occidentale, qui constitua l'empire du Mali aux XIVe-XVIe s. Les Mandingues sont divisés en castes. Ils comprennent notamment les Bambaras, les Soussous et les Dioulas.

mandole n. f. Instrument de musique de la famille du luth, à quatre cordes doubles, au manche court, mais sans chevillier renversé. (On l'appelle aussi MANDORE.)

mandoline [mɑ̃dɔlin] n. f. (ital. *mandolino*). Petite mandole.

mandoliniste n. Joueur, joueuse de mandoline.

mandore n. f. Syn. de MANDOLE.

mandorle [mɑ̃dɔrl] n. f. (ital. *mandorla*). Gloire en forme d'amande, où apparaît le Christ triomphant.

mandragore [mɑ̃dragɔr] n. f. (lat. *mandragoras,* empr. au gr.). Plante des régions chaudes, dont la racine, tubérisée et bifurquée, rappelle la forme d'un corps humain. (Famille des solanacées. On la croyait jadis douée de nombreuses vertus et on l'utilisait en sorcellerie.)

mandrill [mɑ̃dril] n. m. (d'une langue de Guinée). Singe d'Afrique à museau bariolé de bleu et de rouge. (Long. 80 cm.)

mandrin [mɑ̃drɛ̃] n. m. Appareil servant à tenir sur une machine-outil soit une pièce à travailler, soit un outil. ‖ Outil pour percer, pour emboutir une pièce, pour agrandir ou égaliser un trou. ‖ Tube creux servant au bobinage du papier.

Mandrin (Louis), chef de brigands, né à Saint-Etienne-de-Geoirs en 1724, roué vif à Valence en 1755.

mandrinage n. m. Action de mandriner.

mandriner v. t. Mettre une pièce en forme par introduction d'un mandrin.

manducation [mɑ̃dykasjɔ̃] n. f. (du lat. *manducare,* manger). Action de manger.

manécanterie [manekɑ̃tri] n. f. Ecole de chant liturgique et profane.

manège [manɛʒ] n. m. (ital. *maneggio*). Exercices que l'on fait faire à un cheval pour le dresser. ‖ Lieu où se font ces exercices. ‖ Lieu où l'on forme les cavaliers. ‖ Appareil formé d'un arbre vertical et portant une perche horizontale à laquelle on attelle un animal pour faire mouvoir une machine. ‖ Installation du même genre dont le dispositif est variable, mais qui sert à communiquer le mouvement à des animaux ou à des véhicules simulés (chevaux, lions) : *un manège de chevaux de bois; faire tourner des enfants sur un manège.* ‖ *Chorégr.* Suite de mouvements effectués autour de la scène, sur pointes ou demi-pointes (déboulé, piqué), ou en sautant (grand jeté). ‖ *Fig.* Manière de se comporter; conduite adroite, rouée : *je me méfie de ce manège.*

Mané-Katz (Mané KATZ, dit), peintre français, né à Krementchoug (Ukraine) [1894-1962]. Expressionniste, il est l'auteur de scènes de la vie des ghettos, ainsi que de paysages et de tableaux de fleurs.

Phot. C. N. R. S. - Sous-Comité antarctique, Hanfstaengl-Giraudon, Giraudon.

mânes [man] n. m. pl. (lat. *manes*). Chez les Romains, âmes des morts, considérées comme des divinités. ‖ *Ironiq. : invoquer les mânes de ses ancêtres.*

Manès, fondateur du *manichéisme,* né en Perse au début du IIIe s. apr. J.-C., mort en 273. Manès, pour expliquer la coexistence du bien et du mal, attribuait, comme Zoroastre, la création à deux principes en lutte l'un contre l'autre : l'un, essentiellement bon, symbolisé par la lumière ; l'autre, essentiellement mauvais, figuré par les ténèbres.

Manessier (Alfred), peintre français, né à Saint-Ouen (Somme) en 1911. Partant de la figuration, il en est venu à l'abstraction qui lui semble plus apte à traduire le sentiment religieux. Coloriste raffiné, il a fortement contribué au renouvellement de l'art sacré (*la Couronne d'épines,* musée national d'Art moderne). Il a exécuté de nombreux vitraux.

Manet (Edouard), peintre et graveur français, né à Paris (1832-1883). Fils de magistrat, il fut l'élève de Thomas Couture, copia les œuvres des maîtres au Louvre et admira les peintres du Siècle d'or espagnol. Il a apporté une vision et une technique neuves par ses sujets, sa volonté de peindre la vie, l'emploi de couleurs franches et la nervosité de la touche. Son naturalisme, loin d'être la reproduction précise de ce qu'il voit, manifeste une volonté de simplification, de synthèse. En butte à l'hostilité des critiques et du public, il suscita l'admiration de ceux qui deviendront les impressionnistes. Son *Déjeuner sur l'herbe* (1863), puis son *Olympia* (1865 [musée du Jeu de paume]) firent scandale. En 1866, *le Fifre* (Louvre) fut refusé au Salon. Il peignit alors des scènes de la vie contemporaine, dont *l'Exécution de Maximilien.* Le succès, au Salon de 1873, du *Bon Bock* (Philadelphie) l'imposa enfin. On lui doit encore des gravures. Il a exercé une influence considérable (*le Balcon,* 1869 ; *la Blonde au sein nu,* musée du Jeu de paume, Paris ; *le Bar des Folies-Bergère,* 1882, collection Courtauld, Londres). [V. illustr. SECOND EMPIRE* et IMPRESSIONNISME.]

Manéthon, prêtre et historien égyptien du IIIe s. av. J.-C. Il a classé les pharaons en 31 dynasties.

maneton [mantɔ̃] n. m. Partie d'un arbre de vilebrequin ou d'une manivelle, sur laquelle est articulée la tête de bielle.

manette [manɛt] n. f. Levier de commande manuelle de certains organes de machines.

Manfred (1232-1266), roi de Sicile de 1258 à 1266, fils légitimé de l'empereur Frédéric II. Il défendit son royaume contre Charles Ier d'Anjou et périt à la bataille de Bénévent.

Mangalore ou **Mangalur,** v. de l'Inde (Karnātaka) ; 193 300 h. Industries alimentaires.

manganate [mɑ̃ganat] n. m. Sel de l'acide manganique, acide non isolé.

manganèse [mɑ̃ganɛz] n. m. (lat. *magnesia,* pierre d'aimant). Métal grisâtre (Mn), de numéro atomique 25, très dur et très cassant, qui existe dans la nature à l'état d'oxyde. (Il est utilisé surtout dans la fabrication des aciers spéciaux.)
— ENCYCL. Le *manganèse* s'obtient à l'état pur par : *réduction aluminothermique* de l'oxyde mélangé de poudre d'aluminium (procédé Goldschmidt) ; *réduction d'oxydes de manganèse* par le charbon, au four électrique (procédé Moissan, abandonné en raison de la forte carburation du métal) ; *électrolyse* de chlorure ou de sulfate de manganèse ; *distillation sous vide* du manganèse aluminothermique. Ces deux derniers procédés permettent d'atteindre une pureté de 99,80 à 99,98 p. 100. Le manganèse n'a pas d'utilisation à l'état pur. On l'utilise pour la fabrication d'alliages ferreux et cuivreux, et sous forme de ferromanganèse ou de spiegel pour la désulfuration de la fonte au haut fourneau et la désoxydation de l'acier au cours de la conversion de la fonte en acier. Le manganèse entre également dans la composition des aciers au manganèse, des aciers mangano-siliceux, des aciers inoxydables au manganèse, de l'acier Hadfield, dont la teneur en manganèse est de 13 à 14 p. 100 et qui possède, après traitement, de remarquables propriétés de résistance au choc et surtout à l'usure.

manganeux adj. m. Se dit de l'oxyde de manganèse MnO.

manganique adj. m. Se dit de l'anhydride MnO_3 et de l'acide correspondant.

manganite n. m. Nom générique des sels dérivant de l'oxyde acide de manganèse MnO_2. ‖ — N. f. Oxyde naturel de manganèse hydraté.

mangeable [mɑ̃ʒabl] adj. Qu'on peut manger.

mangeaille [mɑ̃ʒaj] n. f. Nourriture de certains animaux domestiques. ‖ *Fam.* Ce qu'on mange.

mangeoire [mɑ̃ʒwar] n. f. Auge où mangent les bêtes de somme, les animaux de basse-cour.

mangeotter [mɑ̃ʒɔte] v. t. *Fam.* Manger sans appétit, avec nonchalance.

manger [mɑ̃ʒe] v. t. (lat. *manducare*) [conj **1**]. Mâcher et avaler : *manger du pain, des fruits.* ‖ Entamer, ronger : *la rouille mange le fer.* ‖ *Fig.* Dissiper : *manger son bien.* ‖ *Absol.* Prendre ses repas : *manger au restaurant.* ● *Il y a à boire et à manger,* se dit d'un liquide trop épais ; se dit d'une affaire où il y a des inconvénients et des avantages. ‖ *Manger la consigne* (Fam.), l'oublier. ‖ *Manger ses mots,* les mal prononcer. ‖ *Manger de la vache enragée,* subir de rudes privations. ‖ *Manger des yeux,* regarder avidement. ‖ — N. m. Ce qu'on mange : *le boire et le manger.* ● *Perdre le boire et le manger,* se laisser accabler par quelque occupation, quelque chagrin.

général Mangin

mange-tout ou **mangetout** n. et adj. m. inv. Haricot ou pois dont la cosse se mange avec le grain.

mangeur, euse n. Celui, celle qui mange.

mangeure [mɑ̃ʒyr] n. f. Endroit mangé d'un pain, d'une étoffe, etc.

Mangin (Louis), botaniste français, né à Paris (1852-1937). Il étudia les cryptogames.

Mangin (Charles), général français, né à Sarrebourg (1866-1925). Il participa à la mission Congo-Nil de Marchand (1898) et se distingua au Tonkin (1901-1904), en Afrique occidentale (1907-1911) et au Maroc (1912). Pendant la Première Guerre mondiale, il s'illustra à Verdun (1916) en reprenant Douaumont et Vaux. Après avoir été mis en disponibilité à la suite de l'échec du Chemin des Dames (1917), il stoppa l'offensive allemande sur le Matz (juin 1918) et déclencha, à la tête de la Xe armée, la contre-offensive de Villers-Cotterêts (18 juill.). Après la guerre, il commanda l'armée du Rhin à Mayence et fut envoyé en mission en Amérique du Sud (1920-1921).

manglier [mɑ̃glije] n. m. Arbre muni de racines-échasses, poussant dans les marais littoraux des régions chaudes. (Syn. : RHIZOPHORE, PALÉTUVIER.)

mangonneau [mɑ̃gɔno] n. m. (du gr. *manganon,* machine de guerre). Machine de guerre du Moyen Age, qui lançait des traits et des pierres.

mangoustan [mɑ̃gustɑ̃] n. m. Fruit du mangoustanier, dont la pulpe est un comestible délicat.

mangoustanier n. m. (portug. *mangustão,* empr. au malais). Arbre originaire de Malaisie et d'Insulinde, et dont les fruits sont les mangoustans. (Famille des guttifères.)

mangouste [mɑ̃gust] n. f. (esp. *mangosta,* empr. à une langue de l'Inde). Mammifère carnassier d'Asie et d'Afrique (à part une espèce d'Europe, l'ichneumon). [La mangouste, qui atteint 50 cm de long, attaque les serpents, même venimeux, et est immunisée contre leur venin.]

mangrove [mɑ̃grɔv] n. f. (mot angl.). Dans les régions côtières intertropicales, formation végétale caractérisée par des forêts impénétrables de palétuviers, qui fixent leurs fortes racines dans les baies aux eaux calmes, où se déposent boues et limons.

mangue [mɑ̃g] n. f. (portug. *manga,* empr. à une langue de Malabār). Drupe du manguier, dont la pulpe est comestible. (V. illustr. FRUITS.)

manguier n. m. Arbre de l'Asie et de l'Amérique tropicales, produisant les mangues. (Famille des anacardiacées.)

Mangychlak (*presqu'île de*), plateau désertique de l'U. R. S. S. (Kazakhstan). Pétrole.

Manhattan, île des Etats-Unis, entre l'Hudson, l'East River et la rivière de Harlem, constituant le centre de la ville de New York ; 2 millions d'hab.

maniabilité n. f. Qualité de ce qui est maniable.

maniable [manjabl] adj. Aisé à manier : *instrument maniable.* ‖ *Fig.* Traitable, souple : *cet homme n'est pas maniable.*

maniaco-dépressif, ive adj. et n. Se dit de psychoses caractérisées par une alternance d'excitation et de dépression, et des malades ainsi atteints.

maniaque [manjak] adj. Relatif à la manie : *délire maniaque.* ‖ — Adj. et n. Possédé d'une manie : *quel maniaque !*

manichéen [maniʃeɛ̃ *ou* manikeɛ̃], **enne** [-ɛn] adj. Relatif au manichéisme, doctrine de Manès. ‖ — N. Partisan de cette doctrine.

manichéisme n. m. Se dit de toute doctrine fondée, comme celle de Manès, sur la coexistence des deux principes opposés du bien et du mal. ‖ Attitude qui s'inspire de cette conception dualiste du bien et du mal.
— ENCYCL. Manès poussa à l'extrême le dualisme marcionite (luttes éternelles du principe bon et du principe mauvais). Le *manichéisme,* qui divisait les fidèles en *néophytes* et en *parfaits,* se répandit en Asie jusqu'en Chine, en Afrique et aussi en Europe (VIe-XIe s.), où plusieurs doctrines hétérodoxes, notamment celle des albigeois, ou cathares, furent teintées de manichéisme.

manicle [manikl] ou **manique** [-nik] n. f. (du lat. *manus,* main). Gant dont certains ouvriers (cordonniers, bourreliers) se protègent les mains quand ils emploient du fil poissé.

manicordion [manikɔrdjɔ̃] ou **manicorde** [-kɔrd] n. m. Anc. instrument de musique, ancêtre du clavicorde, muni d'un clavier dont les touches formaient levier et étaient destinées à frapper les cordes par en dessous.

Manicouagane (la) ou **Manicouagan,** riv. du Canada (Québec), qui rejoint l'estuaire du Saint-Laurent (r. g.) ; 500 km. Importants aménagements hydro-électriques en cours.

manie [mani] n. f. (lat. *mania,* folie, empr. au gr.). Habitude bizarre, ridicule : *il a la manie de se regarder constamment dans la glace.* ‖ Goût porté à l'extrême : *la manie des citations.* ‖ *Psychopathol.* Etat de surexcitation du psychisme, caractérisé par l'exaltation de l'humeur et un déchaînement des pulsions instinctuelles et affectives.

maniement [manimɑ̃] n. m. Action de manier, de se servir de : *le maniement d'un outil.* ‖ *Fig.* Action de diriger, de conduire, d'administrer : *le maniement des esprits, des affaires.* ‖ Protubérance graisseuse qui se forme chez un animal de boucherie, et dont on peut apprécier la localisation et le volume à la main, sur le sujet vivant, pour connaître son état d'engraissement : *les maniements du bœuf.* ‖ Cette opération elle-même. ● *Maniement d'armes,* mouvements réglementaires effectués par les soldats avec leurs armes, autref. pour s'en servir au combat, auj. pour défiler, pour rendre les honneurs, etc.

manier [manje] v. t. (du lat. *manus,* main). Prendre, toucher avec la main : *manier une étoffe.* ‖ Pétrir avec la main une certaine quantité de beurre et de farine pour les mélanger. ‖ Se servir de : *manier un outil, le pinceau, la parole, l'ironie.*

manière [manjɛr] n. f. Façon, méthode particulière d'être ou de faire quelque chose : *je m'y prendrai d'une autre manière.* ‖ Façon d'agir habituelle : *chacun a sa manière.* ‖ Façon de peindre, de composer, particulière à un artiste : *la manière de Raphaël.* ● *C'est une manière de parler,* il ne faut pas prendre cela au pied de la lettre. ‖ *Manière de voir, de penser,* jugement, opinion. ‖ — Pl. Façons habituelles de parler et d'agir en société : *avoir des manières rudes.* ‖ Aisance dans la façon de se présenter, de se tenir : *acquérir des manières.* ● *Faire des manières* (Fam.), agir, parler sans simplicité ; se faire prier. ‖ — Loc. prép. **A la manière de,** à l'imitation de. ‖ **De manière à,** de façon à. ‖ **— De manière que, de telle manière que** loc. conj. De sorte que : *il agit de manière que l'on voit* (ou *voie*) *ses intentions.*

maniéré, e adj. Affecté dans ses manières : *femme maniérée.* ‖ *Fig.* Recherché : *style maniéré.*

maniérisme n. m. Manque de naturel, affectation en matière artistique et littéraire. ‖ Comportement gestuel affecté, chez certains schizophrènes. ‖ *Bx-arts.* Art précieux et tourmenté, caractérisé par le raffinement, l'allongement des corps et la complication allant parfois jusqu'au bizarre, qui se manifesta aux XVIe et XVIIe s. en Italie, puis en France (école de Fontainebleau*) et dans d'autres pays. (Parmi les artistes se rattachant à cette tendance, citons : Jules Romain, le Parmesan, le Rosso, le Primatice.)

maniériste adj. et n. Qui appartient au maniérisme.

manieur n. m. Celui qui manie. (Ne s'emploie guère que par dénigrement, dans l'expression *manieur d'argent,* financier.)

manifestant, e n. Personne qui prend part à une manifestation.

manifestation n. f. Action de manifester : *manifestation de la pensée.* ‖ Mouvement populaire, rassemblement destiné à exprimer publiquement un sentiment, une opinion politique.

manifeste adj. (lat. *manifestus*). Qui est d'une totale évidence : *erreur manifeste.* (Syn. : CERTAIN, CLAIR, NOTOIRE, PUBLIC.)

manifeste n. m. Déclaration écrite par laquelle un souverain, un chef de parti, un groupe de personnalités, etc., rend compte de sa conduite dans le passé et définit les objectifs qu'il se propose pour l'avenir. ‖ *Mar.* Liste complète et détaillée de tous les colis et marchandises formant la cargaison d'un navire.

Manifeste du parti communiste, ouvrage de Karl Marx et Friedrich Engels, publié en 1848 et exposant le programme du communisme marxiste. Il se termine par l'appel suivant : « Prolétaires de tous les pays, unissez-vous ! »

manifestement adv. De façon manifeste : *une date manifestement fausse.*

manifester [manifɛste] v. t. Faire connaître : *manifester sa joie, sa volonté.* ‖ — V. i. Faire une démonstration collective publique. ‖ **— Se manifester** v. pr. Se faire connaître : *Dieu se manifeste par ses œuvres.*

manifold [manifɔld] n. m. (mot angl.). Carnet de notes, de factures, etc., permettant d'établir, au moyen de papier carbone, des copies de documents.

manigance n. f. *Fam.* Petite manœuvre secrète.

manigancer [manigɑ̃se] v. t. (conj. **1**). *Fam.* Tramer secrètement : *manigancer un mauvais coup.*

maniguette [manigɛt] n. f. Graine, de saveur poivrée, de l'amome. (Syn. GRAINE DE PARADIS.)

manille [manij] n. f. (esp. *malilla*). Jeu de cartes qui se joue à quatre, deux contre deux. ‖ Le dix de chaque

Phot. Meley.

couleur, au jeu de manille. ● *Manille aux enchères,* manille où chaque joueur annonce le nombre de points qu'il pense faire.

manille n. m. Cigare estimé, qui provient de Manille (Philippines). || Chapeau d'une paille particulière, fabriqué à Manille. ● *Chanvre de Manille,* V. ABACA.

manille n. f. Etrier métallique muni d'un boulon, servant à relier entre elles deux longueurs de chaîne.

Manille, port des Philippines, dans l'île de Luçon, au fond de la *baie de Manille;* 1 499 000 h. Principal centre intellectuel, commercial et industriel des Philippines.

manilleur n. m. Joueur de manille.

manillon n. m. L'as de chaque couleur, au jeu de manille.

Manin (Daniele), avocat et patriote italien, né à Venise (1804-1857). Il lutta contre la domination autrichienne et devint président de la république de Venise en 1848.

manioc [manjɔk] n. m. (mot tupi). Genre d'euphorbiacées, comprenant de grandes herbes d'Amérique, dont la racine fournit une fécule nourrissante, appelée *cassave,* qui sert à faire le *tapioca.*

manipulateur, trice n. Personne qui manipule : *un manipulateur de produits chimiques.*

manipulateur n. m. Appareil employé dans la télégraphie électrique pour transmettre les dépêches en alphabet Morse par l'établissement et la rupture du courant.

manipulation n. f. Action d'exécuter des opérations manuelles en chimie, en pharmacie, etc. : *la manipulation de la dynamite est dangereuse.* || *Fig.* Manœuvre destinée à tromper : *manipulation électorale.* ● *Manipulation des foules,* usage d'une propagande massive quelconque. || *Manipulation vertébrale,* mobilisation forcée, brève et mesurée, des articulations d'un segment de la colonne vertébrale à des fins thérapeutiques.

manipule [manipyl] n. m. (lat. *manipulus,* poignée). Le tiers d'une cohorte romaine. || *Liturg.* Ornement que le prêtre porte au bras gauche quand il célèbre la messe.

manipuler [manipyle] v. t. Arranger, mêler, pétrir, etc., certaines substances chimiques ou pharmaceutiques : *manipuler les drogues.* || Manœuvrer avec la main : *manipuler un appareil.*

Manipur, Etat de l'est de l'Inde ; 954 000 h. Cap. *Imphāl.*

manique n. f. V. MANICLE.

Manitoba (le), prov. du Canada, dans la Prairie ; 963 000 h. Cap. *Winnipeg.* Le Nord, sur la baie d'Hudson, appartenant au bouclier canadien, est une région au climat rude, domaine de la toundra et de la grande forêt de conifères. L'activité humaine est concentrée dans la moitié méridionale, parsemée de grands lacs (lac Winnipeg, lac Winnipegosis, *lac Manitoba*) et au climat plus clément, qui a permis la grande culture du blé, commercialisé à Winnipeg, seule grande ville de la province. L'aménagement partiel du potentiel hydraulique a favorisé le développement d'une industrie valorisant surtout les richesses du sous-sol (nickel, cuivre, zinc, pétrole, etc.).

Manitoba (*lac*), lac du Canada, dans le sud de la *province de Manitoba* (qui lui doit son nom) ; 4 800 km².

manitou [manitu] n. m. (mot empr. à une langue indigène du Canada). *Grand manitou* (Fam.), personnage puissant. || Pl. des *manitous.*

Manitou, le Grand Esprit, chez les Indiens de l'Amérique du Nord.

manivelle [manivɛl] n. f. (lat. *manicula,* mancheron de charrue). Levier coudé à angle droit, à l'aide duquel on imprime un mouvement de rotation continu à l'arbre sur lequel il est placé. || Organe de machine servant à transformer un mouvement rectiligne alternatif en un mouvement circulaire continu. || Partie du pédalier d'une bicyclette qui porte la pédale. ● *Premier tour de manivelle,* première séance de prise de vues d'un film.

Manizales, v. de Colombie, sur le Cauca ; 222 000 h.

Manlius Capitolinus, consul romain en 392 av. J.-C. (m. en 384). Il aurait sauvé le Capitole, assiégé par les Gaulois (390 av. J.-C.).

Manlius Torquatus (Titus), consul romain en 235, en 224 et en 215 av. J.-C., dictateur en 208 av. J.-C. Il battit les Carthaginois en Sardaigne.

Mann (Heinrich), écrivain allemand, né à Lübeck (1871-1950). D'abord influencé par l'esthétisme décadent, il devint dans ses romans un observateur satirique de la société allemande moderne (*le Professeur Unrat,* 1905 [qui a fourni le thème du film *l'Ange bleu,* 1930] ; *le Sujet,* 1918 ; *la Jeunesse et la maturité du roi Henri IV,* 1935-1938). Après la chute de la république de Weimar, il s'exila aux Etats-Unis. — Son frère THOMAS, écrivain allemand, né à Lübeck (1875-1955), entreprend d'abord, dans des romans d'inspiration satirique et sociale, d'analyser deux conceptions opposées de l'existence : le culte de l'action et la vie de l'esprit (*les Buddenbrooks,* 1901 ; *Tonio Kröger,* 1903 ; *la Mort à Venise,* 1913). Opposé au pacifisme de son frère, il s'affirme nationaliste, mais la fin de la Première Guerre mondiale le voit évoluer vers la méditation et le recueillement (*la Montagne magique,* 1924). A l'avènement de Hitler, il s'exile en France, en Suisse, puis en Californie, et consacre ses récits à la défense des valeurs spirituelles et morales (*Joseph et ses frères,* 1933-1943 ; *Docteur Faustus,* 1947), donnant par l'étude de ses conflits intérieurs l'image même de l'ambiguïté et du déchirement de l'Allemagne moderne. (Prix Nobel, 1929.)

de gauche à droite,
Heinrich **Mann**
Thomas **Mann**
maréchal **Mannerheim**

Mannar (*golfe de*). V. MANAAR (*golfe de*).

manne [man] n. f. (hébreu *man*). Nourriture miraculeuse que Dieu envoya du ciel aux Israélites dans le désert. || Aliment abondant et peu cher. || Matière concrète et sucrée qui exsude de plusieurs espèces de frêne. ● *Manne des pêcheurs,* éphémère qui abonde près des rivières en fin d'été et qui peut être utilisé comme appât.

manne n. f. (anc. néerl. *manne*). Grand panier d'osier à deux anses, pour les fruits, la vaisselle, le linge, etc.

mannequin [mankɛ̃] n. m. (flam. *mannekijn,* petit panier). Panier long, étroit et à claire-voie.

mannequin n. m. (anc. néerl. *mannekijn,* petit homme). Figure de bois à membres articulés, à l'usage des peintres, des sculpteurs. || Forme humaine en bois, en osier, etc., sur laquelle les couturières composent et essaient les modèles et les vêtements. || Jeune femme qui, dans les maisons de couture, présente sur elle-même les nouveaux modèles. || *Fig.* Homme sans caractère, que l'on peut faire agir comme on veut.

mannequiner [mankine] v. t. *Bx-arts.* Disposer d'une manière raide et peu naturelle : *mannequiner ses personnages.*

Mannerheim (Carl Gustaf, *baron*), maréchal et homme d'Etat finlandais, né à Villnäs, près de Turku (1867-1951). Commandant les troupes finlandaises de libération après la révolution russe de 1917, il vainquit les Rouges à Tampere et fut élu régent en 1918. Pendant la Seconde Guerre mondiale, il devint l'âme de la résistance finlandaise à l'U. R. S. S. (1939-1940), qu'il combattit encore aux côtés de l'Allemagne (1941-1944). Il fut président de la République de 1944 à 1946.

mannette [manɛt] n. f. Petit panier à deux anses.

Mannheim, v. de l'Allemagne occidentale (Bade-Wurtemberg), sur le Rhin ; 325 400 h. Château du XVIIIᵉ s. Port fluvial. Constructions mécaniques et électriques. Automobiles. Chimie. Raffinage du pétrole.

Manning (Henry Edward), prélat britannique, né à Totteridge (Hertfordshire) [1808-1892]. Ministre anglican converti au catholicisme (1850), il devint prêtre, puis archevêque de Westminster (1867) et cardinal (1875). Il se préoccupa surtout de la formation des séminaristes et du sort des Irlandais. Son audience aida les catholiques anglais à recouvrer leurs droits civiques.

mannite [manit] n. f. Substance organique six fois alcool, à goût sucré, existant dans la manne du frêne.

manodétendeur [manɔdetɑ̃dœr] n. m. Dispositif permettant d'abaisser la pression d'un fluide comprimé, en vue de son utilisation.

manœuvrabilité n. f. Qualité de ce qu'on peut manœuvrer : *la manœuvrabilité d'un avion.*

manœuvrable adj. Se dit d'un bateau, d'un véhicule, facile à manœuvrer.

manœuvre [manœvr] n. f. Action, manière de régler, de diriger le fonctionnement d'une machine, d'un appareil, d'un véhicule : *manœuvre d'une pompe.* || Art de conduire les troupes sur le terrain : *un général habile à la manœuvre.* || Exercice militaire. || Art de gouverner un navire. || Filin de l'ensemble du gréement courant d'un navire. || *Fig.* Moyens employés pour arriver à la fin voulue : *déjouer les manœuvres d'un adversaire.* ● *Faire une fausse manœuvre,* se comporter d'une manière malhabile. || *Manœuvres électorales,* moyens destinés à influencer des votes. || *Manœuvres frauduleuses,* moyens employés pour surprendre la confiance d'un tiers.

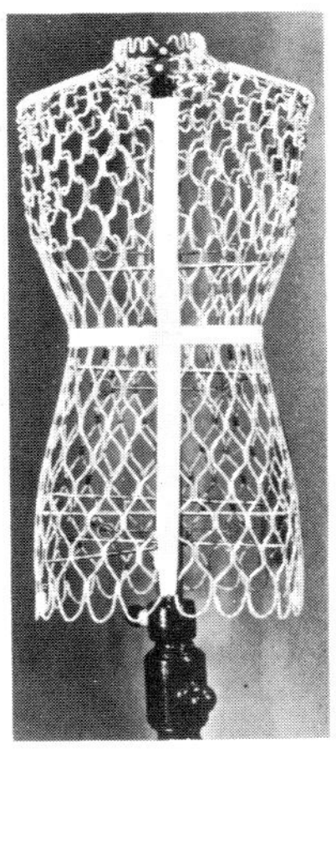

mannequin
réglable

manœuvre n. m. Salarié affecté à des travaux ne nécessitant pas de connaissances professionnelles spéciales. ● *Manœuvre spécialisé,* manœuvre chargé d'un travail pour lequel il a reçu une instruction particulière.

manœuvrer [manœvre] v. t. (lat. *manu operare,* travailler avec la main). Faire exécuter des mouvements à : *manœuvrer un navire, une pompe.* || *Fig.* Manier, diriger pour arriver à ses fins : *se laisser manœuvrer par un intrigant.* || — V. i. Exécuter des exercices d'instruction militaire : *la troupe a bien manœuvré.* || *Fig.* Prendre des mesures pour réussir : *manœuvrer sourdement.*

manœuvrier, ère n. Celui qui est habile à faire manœuvrer des troupes ou des navires. || Membre d'une assemblée, qui, par son habile tactique, obtient qu'elle se prononce dans un certain sens. || Personne qui sait persuader les autres d'agir dans son intérêt : *cette femme est une habile manœuvrière.*

manoir [manwar] n. m. (du lat. *manere,* rester). Habitation d'une certaine importance, entourée de terres.

Manoir (Yves DU), rugbyman français, né à Vaucresson (1904-1928). Demi d'ouverture, huit fois international, il fut tué dans un accident d'avion. Son nom a été donné au stade olympique de Colombes et à une épreuve annuelle du rugby français.

Manolete (Manuel Rodríguez SÁNCHEZ, dit), matador espagnol, né à Cordoue (1917-1947). Dans la ligne de Belmonte*, il fit preuve d'une technique caractérisée par l'économie des mouvements, la pureté des lignes, la stylisation des attitudes. Il fut tué lors de sa 508ᵉ corrida.

Manolo (Manuel HUGUE Y MARTÍNEZ, dit), sculpteur espagnol, né à Barcelone (1872-1945). Ami des cubistes, bien qu'il n'en fût pas un lui-même, il forma avec Picasso et Juan Gris l' « école de Céret » (*la Catalane,* Céret).

manomètre [manɔmɛtr] n. m. (gr. *manos,* peu dense, et *metron,* mesure). Instrument mesurant la pression d'un fluide. (Il existe des manomètres à liquides, à air libre ou à air comprimé, et des manomètres métalliques.)

manométrie n. f. Mesure des pressions.

manométrique adj. Qui concerne la manométrie : *capsule manométrique.*

Manon Lescaut, roman de l'abbé Prévost (1731). *L'Histoire du chevalier Des Grieux et de Manon Lescaut* n'est originairement qu'un épisode des *Mémoires d'un homme de qualité.* C'est la peinture de la déchéance lucide d'un homme épris d'une jeune fille à la fois naïve et perfide, amorale jusqu'à sa dernière chute qui opère sa conversion. — C'est de ce roman qu'est tiré le sujet de l'opéra-comique *Manon,* paroles de H. Meilhac et Ph. Gilles, musique de Massenet (1884). Sur le même sujet, Puccini a écrit un drame lyrique (1893).

manoque [manɔk] n. f. Botte de feuilles de tabac.

Manosque (04100), ch.-l. de c. des Alpes-de-Haute-Provence (arr. de Forcalquier) ; 16 828 h. (13 352 aggl.) [*Manosquins*]. Eglise des XIIᵉ-XIIIᵉ s. Vestiges de remparts. Patrie d'Elémir Bourges et de J. Giono.

manouvrier [manuvrije] n. m. Homme de corvée (vx).

manquant, e adj. et n. Qui manque, qui est en moins : *remplacer les manquants.*

manque n. m. (de *manquer*). Défaut, absence : *manque d'argent.* || Défaillance, insuffisance : *ressentir cruellement ses manques.* || A la roulette, une des six chances simples comprenant tous les numéros de 1 à 18 inclus. ● *A la manque* (Pop.), mauvais, défectueux. || *État de manque,* pour un drogué, état d'anxiété et de malaise physique qui accompagne l'impossibilité d'utiliser la drogue. || *Manque à gagner,* perte portant sur un bénéfice manqué. || — **Manque de** loc. prép. Faute de.

manqué, e adj. Défectueux : *ouvrage manqué.* || Qui n'est pas devenu ce qu'il devait ou prétendait être : *projet, avocat manqué.* ● *Garçon manqué* (Fam.), se dit d'une fillette, d'une jeune fille ayant l'allure et les goûts d'un garçon.

manquement n. m. Action de manquer à un devoir ; faute : *manquement à la morale.*

Phot. Manuel, X (2), U. S. I. S.

Le Mans

manquer [mɑ̃ke] v. i. (ital. *mancare*, être insuffisant). Faire défaut : *les vivres manquaient.* ‖ Mourir, disparaître : *s'il venait à manquer, sa famille serait ruinée.* ‖ Etre absent : *plusieurs élèves manquent aujourd'hui.* ‖ — V. impers. Etre en moins : *il manque dix élèves.* ‖ — V. t. ind. **[à]**. Faire défaut à : *les forces lui manquent.* ‖ Se soustraire, se dérober à : *manquer à son devoir, à sa parole.* ‖ Ne pas venir, ne pas assister à : *manquer à une séance.* ‖ Ne pas respecter : *manquer à un supérieur.* ● *Le pied lui a manqué*, il a failli tomber. ‖ — V. t. ind. **[de]**. Ne pas avoir en quantité suffisante : *manquer d'argent.* ‖ Etre sur le point de : *il a manqué de se noyer*, ou, ellipt., *il a manqué se noyer.* ● *Ne pas manquer de*, ne pas oublier de : *je ne manquerai pas de le lui dire.* ‖ — V. t. Ne pas réussir : *manquer une affaire.* ‖ Laisser échapper : *manquer une occasion.* ‖ Ne pas atteindre : *manquer un lièvre.* ‖ Ne pas se trouver à, ne pas se rencontrer avec : *manquer un rendez-vous.*

Man Ray, peintre, photographe et cinéaste américain, né à Philadelphie en 1890. Surréaliste, il est représenté au musée d'Art moderne de New York.

Manresa, v. d'Espagne (Barcelone) ; 52 200 h. Pneumatiques.

Manrique (Jorge), poète espagnol, né à Paredes de Nava (v. 1440-1479). Son élégie *Sur la mort de son père* fait de lui l'un des premiers poètes lyriques des cancioneros du XVe s.

Mans [mɑ̃] (LE), ch.-l. du dép. de la Sarthe, au confluent de la Sarthe et de l'Huisne, à 217 km à l'ouest de Paris ; 147 651 h. (*Manceaux*). Evêché. La ville doit son développement à la voie ferrée, qui en a fait un important centre commercial et industriel à mi-chemin entre la région parisienne et la Bretagne. Le Mans comptait moins de 18 000 h. en 1830 ; la population de l'agglomération est presque dix fois plus élevée aujourd'hui. La ville joua un rôle pionnier dans l'industrie automobile (la course la plus célèbre du monde, les Vingt-Quatre Heures du Mans, s'y dispute annuellement). Aujourd'hui, les constructions mécaniques (matériel agricole) devancent encore le textile, l'électronique, etc. — L'arr. a 19 cant., 171 comm., 309 381 h.
● *Histoire.* Anc. capitale des Cénomans, Le Mans fut longtemps sous l'autorité de ses évêques, qui furent dépossédés, après les invasions normandes, par les comtes du Maine. La ville devint française en 1481. En 1793, Marceau y écrasa les restes de l'armée vendéenne. Les Allemands y battirent la IIe armée de la Loire de Chanzy en janvier 1871. La ville souffrit de bombardements pendant la Seconde Guerre mondiale. — Patrie de Henri II d'Angleterre, R. de La Fresnaye, J. Caillaux.
● *Beaux-arts.* La ville possède des vestiges de l'enceinte gallo-romaine, la cathédrale Saint-Julien (admirable abside du XIIIe s.), l'église Notre-Dame-de-la-Couture (XIe-XIIIe s.), l'église Notre-Dame-du-Pré (XIe s.), l'hôtel de ville (XVIIIe s.), la préfecture (XVIIIe s.), ainsi que de vieilles maisons et plusieurs musées.

mansarde [mɑ̃sard] n. f. (de Fr. *Mansart*). Pièce située sous un comble brisé, avec un mur en pente et un plafond bas.

mansardé, e adj. Qui est disposé en mansarde : *chambre mansardée.* ‖ Formé de mansardes : *étage mansardé.*

Mansart (François), architecte français, né à Paris (1598-1666). Il fut le véritable fondateur du style classique en France. Il commença à travailler avec de Brosse au château de Coulommiers, construisit à Paris l'hôtel de La Vrillière (Banque de France), l'hôtel Tubeuf (Bibliothèque nationale) et la façade de l'hôtel Carnavalet, et commença le Val-de-Grâce. Il éleva le château de Maisons et une des ailes du château de Blois. — Son petit-neveu par alliance, Jules HARDOUIN, dit **Hardouin-Mansart,** né à Paris (1646-1708), fit une carrière rapide et extrêmement brillante. Il construisit à vingt-huit ans le château de Clagny pour Mme de Montespan, et devint l'architecte favori de Louis XIV. Il a dominé son époque, bâtissant de très nombreux et très importants édifices, agrandissant notamment le château de Versailles (galerie des Glaces, grandes ailes, Orangerie, Grand Trianon, grandes écuries) et créant entièrement Marly. A Paris, il éleva le dôme des Invalides, de nombreux hôtels particuliers, la place des Victoires et la place Vendôme.

manse [mɑ̃s] n. m. (du lat. *manere*, résider). Au Moyen Age, unité d'exploitation agricole comprenant la maison d'habitation et son jardin, ainsi que les champs répartis dans les diverses soles du terroir.

Mansfeld (Ernst, *comte* VON), homme de guerre allemand, né à Luxembourg (1580-1626). Au début de la guerre de Trente Ans, il fut au service de l'Union évangélique. Wallenstein le vainquit à Dessau (1626).

Mansfield, v. d'Angleterre (Nottinghamshire) ; 53 200 h. Textiles. Eglise (XIIIe-XVe s.).

Mansfield (Kathleen MANSFIELD BEAUCHAMP, dite **Katherine**), femme de lettres britannique d'origine néo-zélandaise, née à Wellington (Nouvelle-Zélande) [1888-1923]. Elle épousa George Bowden (1909), puis John Middleton Murry (1918) et passa en France les dernières années de sa vie sous l'influence de Gurdjeff. Célèbre pour ses nouvelles (*Félicité*, 1920 ; *la Garden Party*, 1922 ; *le Nid de colombes*, 1923), elle a laissé également des *Lettres* (1915-1922) et un *Journal* (1914-1922).

Mansholt (Sicco Leendert), homme politique néerlandais, né à Ubrum en 1908. Vice-président de la Commission exécutive de la Communauté économique européenne jusqu'en 1972, il a préconisé la modernisation des agricultures européennes et la diminution du nombre des agriculteurs. Il attire également l'attention sur les dangers d'une croissance économique incontrôlée.

mansion [mɑ̃sjɔ̃] n. f. *Théâtr.* Au Moyen Age, chaque partie du décor servant de cadre à une scène de théâtre.

Mansle [mɑ̃l] (16230), ch.-l. de c. de la Charente (arr. d'Angoulême) ; 1 461 h.

Mansourah, v. d'Egypte, près de la Méditerranée ; 191 500 h. Saint Louis y fut fait prisonnier en 1250 et dut payer une forte rançon.

Manstein (Eric VON LEWINSKI VON), maréchal allemand, né à Berlin (1887-1973). Neveu de Hindenburg, adjoint de Fritsch au commandement de l'armée de terre (1936-1938), chef d'état-major de Rundstedt (1939-140), il fut l'auteur du plan d'opérations contre la France adopté par Hitler en 1940. Il conquit la Crimée en 1942, mais échoua dans le dégagement de Stalingrad. Ecarté par Hitler en 1944, fait prisonnier par les Anglais en 1945, il fut condamné pour crimes de guerre en 1949 et libéré en 1953. Il a publié ses Mémoires (*Victoires perdues*) en 1955.

mansuétude [mɑ̃sɥetyd] n. f. (lat. *mansuetudo*). Douceur, bonté, indulgence : *regard plein de mansuétude.*

Manṣūr (Abū Dja'far **al-**) [m. en 775], deuxième calife 'abbāsside (754-775), fondateur de Bagdad en 762.

Manṣūr (Muḥammad ibn Abī Amīr, surnommé **Al-**), homme d'Etat et chef militaire de l'Espagne islamique (m. en 1002). Il conduisit des expéditions militaires contre les chrétiens d'Espagne.

mante [mɑ̃t] n. f. (provenç. *manta*). Manteau de femme, ample et sans manches. ‖ Insecte abondant dans le Midi, à pattes antérieures ravisseuses, lui permettant d'attraper des proies. (Long. 5 cm ; ordre des orthoptères ; noms usuels : *mante religieuse, mante prie-Dieu.*)

manteau [mɑ̃to] n. m. (lat. *mantellum*, voile). Vêtement ample de dessus, pour homme ou pour femme. ‖ Partie de la cheminée en saillie au-dessus de l'âtre. ‖ Chez les mollusques, membrane sécrétant la coquille. ‖ *Géol.* Partie du globe terrestre, intermédiaire entre le noyau et l'écorce, épaisse de près de 3 000 km, d'une densité voisine de 5. ‖ *Hérald.* Ornement extérieur de l'écu, formé d'une draperie doublée d'hermine. ● *Manteau d'Arlequin* (Théâtr.), encadrement intérieur de la scène, formé de deux châssis latéraux sur lesquels repose un châssis horizontal, l'ensemble simulant une draperie. ‖ **— Sous le manteau** loc. adv. *Fig.* Clandestinement.

Mantegna (Andrea), peintre, graveur et dessinateur italien, né à Isola di Carturo (Padoue) [1431-1506]. Gendre de Iacopo Bellini et élève de Squarcione, il fut fortement influencé par Donatello et se passionna pour les bas-reliefs et la sculpture antiques. Son style s'en ressent : le dessin est net, les volumes sont très en relief et les couleurs restent froides, ses tableaux évoluant peu à peu vers la monochromie. Un des initiateurs de la Renaissance, il a exercé une influence considérable dans toute l'Italie (*la Chambre des époux*, palais ducal, Mantoue ; *le Parnasse*, Louvre).

mantelé [mɑ̃tle], **e** adj. Se dit des animaux dont le dos est d'une couleur différente de celle du corps.

mantelet [mɑ̃tlɛ] n. m. Manteau court que portent les femmes. ‖ *Mar.* Volet à rabattement, fermant un sabord.

mantelure n. f. Poil du dos d'un chien, dont la couleur diffère du reste du corps.

François **Mansart** : façade de l'hôtel Carnavalet

Hardouin-Mansart : les grandes écuries du château de Versailles

Phot. Alain Perceval, Larousse, Arch. phot.

Mantes-la-Jolie (78200), anc. **Mantes-Gassicourt,** ch.-l. d'arr. des Yvelines, sur la Seine (r. g.) ; 26 295 h. (*Mantais*). [L'agglomération compte près de 60 000 h.] Collégiale (XIIe-XIIIe s.). Constructions mécaniques. Caoutchouc. — L'arr. a 7 cant., 115 comm., 152 686 h.

Mantes-la-Ville (78200 Mantes la Jolie), comm. des Yvelines (arr. de Mantes-la-Jolie) ; 14 636 h.

Manteuffel (Edwin, *baron* VON), maréchal prussien, né à Dresde (1809-1885). Il prit part aux campagnes de 1864 et de 1866 contre l'Autriche-Hongrie, et de 1870 contre la France. Il gouverna l'Alsace-Lorraine de 1880 à 1885.

mantille [mɑ̃tij] n. f. (lat. *mantilla*). Longue écharpe de dentelle que les femmes portent sur la tête.

Mantinée, anc. v. d'Arcadie, célèbre par la victoire qu'y remporta sur les Spartiates le Thébain Epaminondas, qui y trouva la mort (362 av. J.-C.).

mantique [mɑ̃tik] n. f. (gr. *mantikê*). Art de la divination.

mantisse n. f. (lat. *mantissa,* addition). *Math.* Partie décimale, toujours positive, d'un logarithme décimal.

mantouan [mɑ̃twɑ̃], **e** [-an] adj. et n. De Mantoue.

Mantoue, en ital. **Mantova,** v. d'Italie (Lombardie), entourée de trois lacs formés par le Mincio ; 66 000 h. Place forte. Evêché. Industries chimiques.

● *Histoire.* L'autorité de son évêque fut peu à peu amenuisée au profit du mouvement communal (XIIIe s.), puis du podestat des Gonzague, qui en firent une place fortifiée et un centre artistique. En 1708, Mantoue devint autrichienne. C'est autour de cette ville que Bonaparte, en 1797, organisa sa victoire en Italie.

● *Beaux-arts.* Le palais ducal, élevé du XIIIe au XVIIe s., contient des fresques de Mantegna. La ville possède de nombreux monuments, comme le palais du Te (XVIe s., fresques de Jules Romain), les églises Sant'Andrea (d'après Alberti, XVe s.) et San Lorenzo (rotonde du XIe s.).

Manuce, en ital. **Manuzio,** famille d'imprimeurs italiens, plus connus sous le nom de **Alde.** ALDE *l'Ancien,* abrév. de *Tebaldo Manuzio,* né à Bassiano (v. 1449-1515), s'établit à Venise (1489) et fonda une imprimerie que rendirent célèbres ses éditions *princeps* des chefs-d'œuvre grecs et latins. Il inventa le caractère penché, dit *aldino* ou *italique* (1500), pour lequel il obtint des privilèges de Venise et des papes. Il imagina le format in-octavo, plus maniable que les formats in-folio et in-quarto, employés précédemment. Très érudit, il organisa des cours publics pendant lesquels il expliquait les auteurs grecs et latins. Enfin, il créa une académie, afin d'obtenir une critique et une plus grande correction des œuvres qu'il publiait. — Son fils PAUL, né à Venise (1512-1574), s'attacha davantage à la littérature latine et publia les œuvres de Pétrarque. En 1561, le pape Pie IV l'appela à Rome et lui confia l'impression des Pères de l'Eglise, d'après les manuscrits de la bibliothèque Palatine. — ALDE *le Jeune,* né à Venise (1547-1597), fils du précédent, prit la direction de l'imprimerie vaticane en 1590. Parmi les nombreux ouvrages qu'il édita figurent notamment les œuvres du Tasse et une publication de Cicéron.

manucure [manykyr] n. (lat. *manus,* main, et *curare,* soigner). Personne chargée des soins esthétiques des mains.

manuel [manɥɛl], **elle** adj. (lat. *manualis* ; de *manus,* main). Qui se fait avec la main : *travail manuel.* ‖ — Adj. et n. Qui travaille avec ses mains : *travailleur manuel.*

manuel n. m. Livre qui expose les notions essentielles d'un art, d'une science, etc. : *un manuel d'histoire.*

Manuel Ier Comnène (v. 1122-1180), empereur byzantin (1147-1180), fils et successeur de Jean II. Il se rapprocha de l'Occident et contrôla temporairement (1155-1156) l'Italie normande. Il étendit son autorité sur les Etats latins d'Orient et sur la Serbie. Mais il se heurta aux Vénitiens et fut battu par les Turcs (1176). — MANUEL II PALÉOLOGUE (1348-1425), empereur byzantin (1391-1425), fils et successeur de Jean V. Il ne put relever l'Empire, réduit à la ville de Constantinople et au despotat de Morée. Après le siège de Constantinople par Murat II (1422), il dut se reconnaître son vassal.

Manuel Ier le Grand ou **le Fortuné,** né à Alcochete (1469-1521), roi de Portugal (1495-1521). Il chercha vainement à obtenir l'héritage espagnol. Il jeta les bases de l'Empire portugais ; grand bâtisseur, il donna son nom à un style célèbre, dit *manuélin.* — MANUEL II, né à Lisbonne (1889-1932), roi de Portugal (1908-1910). Après deux ans de règne, la révolution l'obligea à se réfugier en Grande-Bretagne.

Manuel (Louis Pierre), homme politique français, né à Montargis (1751-1793). Procureur général de la Commune de Paris, il s'opposa à l'exécution de Louis XVI et fut guillotiné.

Manuel (Jacques Antoine), homme politique français, né à Barcelonnette (1775-1827). Député libéral, il fut expulsé de la Chambre pour son opposition à la guerre d'Espagne en 1823.

manuélin [manɥelɛ̃], **ine** adj. Se dit de l'ornementation plaquée sur l'architecture portugaise aux XVIe et XVIIe s., particulièrement sous le règne de Manuel.

manuellement adv. Avec la main.

manufacturable adj. Qui peut être fabriqué industriellement : *produit manufacturable.*

manufacture [manyfaktyr] n. f. (lat. *manufactura,* travail à la main). Vaste établissement industriel : *manufacture de tabac.* ‖ Fabrication en grand de certains produits de l'industrie. ● *Manufacture royale, impériale, nationale,* titres donnés, sous les divers régimes, aux manufactures appartenant à l'Etat.

Mao Tsö-tong en 1966

Manzoni

manufacturer v. t. Fabriquer en usine : *manufacturer des tissus.*

manufacturier, ère n. Propriétaire d'une manufacture. ‖ — Adj. Relatif à la fabrication : *industrie manufacturière.*

manumission [manymisjɔ̃] n. f. A Rome et au Moyen Age, affranchissement légal d'un esclave, d'un serf.

manuscrit [manyskri], **e** [-it] adj. (lat. *manu scriptus,* écrit à la main). Ecrit à la main : *pièce manuscrite.*

manuscrit n. m. Ouvrage écrit à la main.

manutention [manytɑ̃sjɔ̃] n. f. (du lat. *manu tenere,* tenir avec la main). Manipulation de marchandises. (V. *encycl.*) ‖ Local où celle-ci a lieu. ‖ Autref., entrepôt de l'intendance militaire où était fabriqué notamment le pain.

— ENCYCL. La *manutention* se différencie du transport, qui s'applique à de plus longs déplacements. On cherche de plus en plus à organiser et à mécaniser les manutentions, qui, n'ajoutant absolument rien à la valeur intrinsèque d'un objet, en grèvent inutilement, et de façon très importante, le prix de revient.

manutentionnaire n. Personne effectuant des manipulations de matériel ou de marchandises.

manutentionner v. t. Confectionner, manier, en parlant des marchandises et, *spécialem.,* du pain des troupes, du tabac, etc.

manuterge [manytɛrʒ] n. m. (lat. *manus,* main, et *tergere,* essuyer). Petit linge avec lequel le prêtre s'essuie les doigts à la messe, au *Lavabo.*

Manyō-shū, premier recueil officiel de poésies japonaises (808). Il rassemble des poèmes, œuvres d'empereurs et de courtisans, composés du IVe au VIIIe s.

Manytch (le), riv. de l'U. R. S. S., dans le Caucase. Une branche (*Manytch oriental*) coule vers la Caspienne, et une autre branche (*Manytch occidental*) se jette dans le Don (r. g.).

Manzanares (le), riv. d'Espagne, sous-affl. du Tage ; 85 km. Il passe à Madrid.

manzanilla [mɑ̃zaniʎa] n. m. Vin liquoreux d'Espagne, aromatique et légèrement amer.

Manzanillo, port du sud de Cuba ; 95 900 h.

Manzat (63410), ch.-l. de c. du Puy-de-Dôme (arr. de Riom) ; 1 481 h. (538 aggl.).

Manzoni (Alessandro), écrivain italien, né à Milan (1785-1873). Après une jeunesse mondaine, au cours de laquelle il afficha des opinions républicaines, il revint au catholicisme. Empruntant au romantisme son inspiration chrétienne (*Hymnes sacrés,* 1812-1822) et son patriotisme passionné, qu'il exprima dans ses odes (*le Cinq Mai,* 1821) et ses drames (*le Comte de Carmagnole,* 1816-1819 ; *Adelchi,* 1820-1822), il donna un roman historique, *les Fiancés* (1825-1842), qui fut un modèle de pensée et de style pour les écrivains italiens du XIXe s.

Maoris, ethnie de Nouvelle-Zélande. Les Maoris étaient peut-être 150 000 quand débuta la colonisation anglaise dans l'île (1840) : ils se rebellèrent alors et ne furent soumis qu'en 1862. Leur nombre, alors très diminué, s'est progressivement relevé grâce aux mesures de protection qui ont favorisé leur accroissement naturel (82 000 en 1936 ; 200 000 en 1967). Les Maoris ont développé un art très original, caractérisé par un décor en spirale, qu'on retrouve dans les petites statuettes de la fécondité (*tiki*), et propre à toutes les cultures océaniennes.

Mao Touen (CHEN YEN-PING, dit), écrivain et homme politique chinois, né dans le district de Tong-yang (prov. du Tchö-kiang) en 1896. L'un des fondateurs, en 1930, de la Ligue des écrivains de gauche, il fut le ministre de la Culture de la République populaire jusqu'en 1966. Considéré comme le premier historien de la révolution, il peint dans ses essais, son théâtre et ses romans (*Eclipse,* 1927 ; *l'Arc-en-ciel,* 1929 ; *Minuit,* 1932) les transformations de la société chinoises depuis la fin de l'Empire.

Mao Tsö-tong ou **Mao Tsé-toung,** homme d'Etat chinois, né à Chao-chan (Hou-nan) en 1893. Dès 1918, à Pékin, il fonde une société pour l'étude du marxisme. Après la défaite des communistes du Kouo-min-tang, il organise l'armée rouge et applique la réforme agraire dans le Hou-nan. En 1931, le congrès panchinois des soviets l'élit président de la République soviétique chinoise, mais, pour échapper aux nationalistes de Chang Kaï-chek, il doit parcourir le territoire qui sépare le Kiang-si du Chen-si (« Longue Marche », 1934-1935). Dirigeant du parti communiste chinois, il soutient cependant Chang Kaï-chek dans la lutte de la Chine contre les Japonais (1936-1945) ; dès 1946, il reprend la guerre civile, qui, en 1949, aboutit à la victoire totale (sauf à Formose) des forces communistes. Le 1er octobre 1949, la République populaire chinoise est proclamée à Pékin : Mao Tsö-tong en est le premier chef de gouvernement (1949-1954) avant de devenir président de la République (1954-1958). Il est président du comité central du parti communiste et, depuis 1975, chef des armées. S'appuyant sur la jeunesse et les « gardes rouges », il anime à partir de 1966 la « Révolution culturelle », qui combat le réformisme. Ses enseignements politiques sont résumés dans un « petit livre rouge ». Poète, Mao Tsötong est l'auteur de plusieurs ouvrages, notamment *De la guerre révolutionnaire en Chine* (1936).

maoïsme n. m. Doctrine qui s'inspire de la pensée de Mao Tsö-tong.

maoïste adj. et n. Qui se réclame du maoïsme.

mappemonde [mapmɔ̃d] n. f. (lat. *mappa mundi,* nappe du monde). Carte représentant le globe terrestre divisé en deux hémisphères. ● *Mappemonde céleste,* carte plane de la voûte céleste, sur laquelle figurent les constellations.

maqueraison n. f. Saison de la pêche du maquereau (l'été, en Bretagne).

maquereau [makro] n. m. (du néerl. *makelaer*). Poisson de mer à chair estimée, à dos bleu-vert zébré de noir, s'approchant des côtes au printemps et en été, objet d'une pêche industrielle en vue de la conserverie. (Long. : jusqu'à 40 cm ; famille des scombridés.) [V. illustr. POISSONS.]

maquereau, maquerelle [-krɛl] n. *Pop.* Personne qui vit de la prostitution des femmes.

maquette [makɛt] n. f. (ital. *macchietta,* petite tache). Petit modèle en cire ou en terre glaise d'une sculpture en ronde bosse. ‖ Reproduction à échelle réduite, mais fidèle dans ses proportions et son aspect, d'un appareil, d'un décor, etc. ‖ Représentation schématique ou précise d'un imprimé ou d'une mise en page.

maquettiste n. Professionnel capable d'exécuter d'après un dessin, à une échelle donnée, toute reproduction en bois, en cire, en matière plastique, etc. ‖ Artiste spécialisé dans l'établissement de projets de typographie, d'illustration, de mise en page.

maquignon [makiɲɔ̃] n. m. Marchand de chevaux. ‖ — N. Adroit entremetteur d'affaires diverses. (En ce sens, le fém. est *maquignonne.*)

maquignonnage n. m. Métier de maquignon. ‖ *Fig.* Manœuvres frauduleuses employées dans les transactions, dans les négociations.

maquignonner v. t. User d'artifices pour cacher les défauts d'un cheval. ‖ *Fig.* Chercher à faire réussir une affaire par des moyens douteux.

maquillage n. m. Action de maquiller ou de se maquiller ; résultat de cette action.

maquiller [makije] v. t. Farder afin de dissimuler les imperfections d'un visage et de mettre en valeur ses qualités esthétiques. ‖ *Fig.* Altérer pour donner une apparence trompeuse : *maquiller les faits.*

maquilleur, euse n. Spécialiste du maquillage.

maquis [maki] n. m. (ital. *macchia,* fourré). Dans les régions méditerranéennes, association végétale touffue et dense qui caractérise les sols siliceux des massifs anciens, et qui est composée d'arbustes (chênes verts, chênes-lièges), de myrtes, de bruyères, d'arbousiers et de lauriers-roses. ‖ *Par anal.* Lieu retiré où se réunissaient les résistants à l'occupation allemande au cours de la Seconde Guerre mondiale. ‖ Groupe de ces résistants : *le maquis du Vercors.* ‖ *Fig.* Complication inextricable : *le maquis de la procédure.* ● *Prendre le maquis,* s'y réfugier.

maquisard [-kizar] n. m. Celui qui a pris le maquis au cours de la Seconde Guerre mondiale.

Mar (*serra do*), extrémité sud du Plateau brésilien.

marabout [marabu] n. m. (portug. *marabuto,* empr. à l'arabe). Religieux musulman, sanctifié par l'ascétisme. ‖ Petite mosquée. ‖ Bouilloire de métal, à gros ventre. ‖

Phot. Parimage, Guigoni-Bossi.

Tente conique. ‖ Oiseau échassier d'Asie et d'Afrique, au bec énorme et dont le cou, déplumé, est enfoncé entre les ailes. ‖ Plume de cet oiseau.

Maracaibo, v. du Venezuela, à l'extrémité nord-ouest du *lac de Maracaibo,* formé par la mer des Antilles ; 690 350 h. Centre de l'industrie pétrolière du pays.

Maracay, v. du Venezuela, à l'ouest de Caracas ; 192 900 h.

maraîcher [marɛʃe], **ère** [-ɛr] n. (de *marais*). Jardinier cultivant en grand des terrains dits *marais,* qui produisent des légumes. ‖ — Adj. Relatif à la production des légumes : *culture maraîchère.*

maraîchin [marɛʃɛ̃], **e** [-in] adj. Relatif aux Marais vendéen et breton. ‖ — N. Habitant de ces régions.

marais [marɛ] n. m. (francique **marisk*). Région basse où sont accumulées, sur une faible épaisseur, des eaux stagnantes, et qui est caractérisée par une végétation particulière (aunes, roseaux, plantes aquatiques, etc.) : *les marais de Saint-Gond.* ‖ Terrain où l'on cultive des légumes et des primeurs. ● *Marais salants,* exploitation de caractère agricole, où le sel est produit par évaporation des eaux de la mer sous l'action du soleil et du vent.

Marais (le), quartier de Paris (IIIe et IVe arrond.) où s'élevèrent, au XVIe et surtout au XVIIe s., de nombreux hôtels particuliers (Carnavalet, Lamoignon, Sully, ensemble de la place des Vosges).

Marais (*théâtre du*), l'un des premiers théâtres de Paris, au XVIIe s. Né vers 1600 d'une troupe de comédiens nomades fixée un moment au Marais-du-Temple, près de la place de Grève, le théâtre du Marais, célèbre dès 1629, s'installa en 1634 dans un jeu de paume de la rue Vieille-du-Temple. Grâce à des acteurs comme Jodelet, Mondory, Floridor, il fut le rival redoutable de l'Hôtel de Bourgogne et compta parmi ses auteurs Mairet, Scudéry, Scarron et surtout Corneille, dont il créa *le Cid.* Détruit en 1644 par un incendie, le théâtre fut aussitôt reconstruit. En 1673, la troupe du Marais fut, par décret royal, réunie à la troupe de Molière.

Marais (Marin), violiste du roi et compositeur français, né à Paris (1656-1728), auteur des opéras *Alcyone* (1706) [connu pour sa célèbre « Tempête »] et *Sémélé* (1709).

Marais breton, région de la Loire-Atlantique et de la Vendée, au sud de la pointe Saint-Gildas.

Marais poitevin, région de la Vendée et de la Charente-Maritime, en bordure de la baie de l'Aiguillon.

Marajó, grande île du Brésil, située à l'embouchure de l'Amazone.

Marange-Silvange (57300 Hagondange), comm. de la Moselle (arr. de Metz-Campagne) ; 5 033 h.

Maranhão, Etat du nord-est du Brésil, sur l'Atlantique ; 3 461 000 h. Cap. *São Luís do Maranhão.* De climat chaud et relativement humide (en dehors du Sud-Est, aride), l'Etat vit principalement de l'élevage et de l'exploitation des palmeraies.

Marañón (le), riv. du Pérou, l'une des branches mères de l'Amazone ; 1 800 km.

Marañón y Posadillo (Gregorio), médecin et écrivain espagnol, né à Madrid (1888-1960). Il fut un des créateurs de l'endocrinologie ; devenu député, il fit preuve d'idées libérales qui lui valurent l'hostilité des deux partis pendant et après la guerre d'Espagne. Il est l'auteur d'études sur Philippe II, Tibère, Olivares, Tolède et Don Juan.

Marans [marɑ̃] (17230), ch.-l. de c. de la Charente-Maritime (arr. de La Rochelle), sur la Sèvre Niortaise ; 4 004 h. (3 206 aggl.) [*Marandais*]. Anc. port. Aviculture (*race de Marans*).

maranta [marɑ̃ta] n. m. Plante des régions tropicales, cultivée pour ses rhizomes dont on tire *l'arrow-root.* (Classe des monocotylédones.)

marasme [marasm] n. m. (gr. *marasmos,* consomption). Arrêt d'activité : *le commerce est dans le marasme.* ‖ Nom d'un champignon commun.

marasque [marask] n. f. (ital. *marasca*). Variété de cerise, dite aussi *griotte de Marasca,* avec laquelle on fabrique le marasquin.

marasquin n. m. (ital. *maraschino*). Liqueur faite avec la marasque.

Marat (Jean-Paul), homme politique français, né à Boudry (canton de Neuchâtel) [1743-1793]. D'origine sarde, il séjourna en Angleterre, où il publia des ouvrages philosophico-politiques et adhéra à la franc-maçonnerie (1774). De retour en France, il fut médecin des gardes du corps du comte d'Artois (1777-1783). A partir de septembre 1789, il publia le journal *l'Ami du peuple,* dans lequel il dénonça violemment le complot aristocratique. Ses attaques contre Necker, puis contre le roi après la fuite à Varennes l'obligèrent à des exils à Londres (janv.-mai 1790, puis déc. 1791-mai 1792). De retour à Paris, il y devint très populaire. Il joua un rôle important dans la préparation de la journée du 10-Août, puis au cours des massacres de septembre 1792. Elu député de Paris à la Convention, il poussa le peuple à la violence et affirma la nécessité d'une dictature. Il cessa la publication de *l'Ami du peuple* (21 sept. 1792) pour commencer celle du *Journal de la République française* (25 sept.) et obtint de l'Assemblée le vote par appel nominal, qui décida de la condamnation à mort de Louis XVI. En 1793, il appela la province à soutenir Paris contre les Girondins. Ces derniers le firent décréter d'accusation par la Convention (13 avr. 1793) ; acquitté, il prit une part décisive dans la chute des Girondins (2 juin 1793).

marabout

Il fut assassiné par Charlotte Corday, admiratrice des Girondins (13 juill.). Objet d'un véritable culte de la part des « sans-culottes », il devint rapidement le symbole des excès révolutionnaires. Ses restes transférés au Panthéon, en septembre 1794, en furent retirés en 1795.

marathon [maratɔ̃] n. m. Course à pied de grand fond (42,195 km sur route). ‖ *Fig.* Négociation longue et difficile, débats laborieux.

Marathon, village de l'Attique, à 40 km d'Athènes, célèbre par la victoire remportée par le général athénien Miltiade sur les Perses en 490 av. J.-C. Un coureur, dépêché à Athènes pour annoncer la victoire, serait mort d'épuisement à son arrivée.

marâtre [marɑtr] n. f. (lat. *matrastra,* femme du père). Femme du père, par rapport aux enfants qui ne sont pas nés d'elle. ‖ Mère dénaturée, sans indulgence.

maraud [maro], **e** [-od] n. (n. du *matou,* dans l'Ouest). Celui, celle qui ne mérite que le mépris.

maraudage n. m. ou **maraude** n. f. (de *maraud*). Vol de denrées commis par des gens de guerre. ‖ Vol de récoltes, de fruits, de légumes encore sur pied, etc. ● *Taxi en maraude,* taxi qui circule lentement en quête de clients, au lieu de stationner.

marauder [marode] v. i. Aller à la maraude. ‖ Commettre un petit larcin.

maraudeur, euse n. Celui, celle qui se livre à la maraude. ‖ Chauffeur de taxi qui cherche des clients sans s'astreindre au stationnement.

maravédis [maravedi] n. m. (arabe *mūrabiṭī*). Anc. monnaie espagnole valant un centime et demi. ● *N'avoir pas un maravédis,* être fort pauvre.

Marboré (*massif du*), massif des Pyrénées centrales, culminant au *mont Perdu* (3 353 m) et atteignant 3 260 m au *pic de Marboré.*

Marbot (Jean-Baptiste Antoine Marcellin, *baron* DE), général français, né à Altillac (Quercy) [1782-1854]. Il fit les campagnes de l'Empire et écrivit des *Mémoires.*

marbre [marbr] n. m. (lat. *marmor*). Calcaire métamorphisé, assez dur, souvent veiné de couleurs variées, capable de recevoir un beau poli, et qui est très employé dans les arts. (V. *encycl.*) ‖ Objet de marbre : *le marbre d'une cheminée.* ‖ Monument, statue en marbre : *les marbres de nos jardins.* ‖ *Arts graph.* Table sur laquelle on place les pages pour les monter ou pour les imposer, et les formes pour les corriger. ‖ Table de presse sur laquelle on place la forme dont on doit tirer l'épreuve. ‖ Composition en attente de mise en pages, pour un journal ou un périodique. ‖ Surface en fonte dure, parfaitement plane, servant à vérifier la planéité d'une surface, ou utilisée comme plan de référence dans le traçage. ● *Cœur de marbre,* froid et insensible. ‖ *Marbre artificiel,* stuc mélangé de couleurs, qui imite le marbre. — ENCYCL. Le *marbre* est constitué par une roche finement cristallisée, dont les grains sont formés de calcite (carbonate de calcium) ou de dolomite (carbonate double de calcium et de magnésium), ou du mélange des deux. Il se classe parmi les calcaires les plus denses (2 700 kg/m^3) et les plus résistants (charge de rupture de 1 200 à 1 500 kg/cm^2). Certaines pierres calcaires denses, compactes et qui prennent le poli sont appelées *pierres marbrières.* Dans les carrières, le marbre est détaché de la masse du gisement par un sciage au fil hélicoïdal, entraînant un abrasif et de l'eau. Les blocs ainsi extraits sont débités en tranches dans des usines spécialisées. Ces tranches subissent ensuite les travaux de finition : *mise à dimension* ou *débitage, façonnage* selon la forme des pièces à exécuter (moulage, tournage) et *polissage.* Les cavités naturelles du marbre sont comblées, avec des produits spéciaux, par le *masticage.*

marbré, e adj. Qui a l'apparence du marbre, qui est veiné comme le marbre : *figure marbrée par le froid ; livre dont les plats sont marbrés.*

marbrer v. t. Imiter par la peinture les veines du marbre. ‖ Imprimer des marques semblables aux veines du marbre : *les coups lui avaient marbré le dos.*

marbrerie n. f. Art, atelier du marbrier.

marbreur, euse n. Personne dont le métier est de marbrer du papier.

marbrier, ère adj. Relatif au marbre, à l'industrie du marbre.

marbrier n. m. Spécialiste qui travaille le marbre.

marbrière n. f. Carrière d'où l'on tire le marbre.

marbrure n. f. Marque semblable à un marbre veiné, qui se voit sur la peau.

Marburg, v. de l'Allemagne occidentale (Hesse), sur la Lahn ; 48 300 h. Université. Château (XIIIe-XVe s.). Eglise du XIIIe s. (Elisabethkirche). Produits chimiques.

marc [mar] n. m. (francique *marca*). Anc. mesure française de masse, valant huit onces, soit 244,75 g. ‖ Monnaie d'or ou d'argent usitée en différents pays avec des valeurs variables. ● *Au marc le franc,* se dit d'un partage fait entre les intéressés au prorata de leurs créances ou de leurs intérêts dans une affaire. ‖ *Marc d'or,* impôt qui, sous l'Ancien Régime, frappait les emplois publics.

marc [mar] n. m. (de l'anc. fr. *marcher,* broyer). Résidu des fruits que l'on a pressés pour en extraire le jus : *marc de raisin.* ‖ Résidu de certaines substances que l'on fait infuser, bouillir, etc., pour en obtenir le suc : *marc de café.* ● *Eau-de-vie de marc,* eau-de-vie obtenue en distillant du marc de raisin.

Marc (*saint*), un des quatre évangélistes (Ier s.), compagnon d'apostolat de Paul, puis de Pierre. Il est l'auteur du deuxième des trois Evangiles synoptiques, dont la composition (entre 65 et 70) semble être le résultat d'une combinaison de l'Evangile primitif de Matthieu et de la prédication orale de Pierre. Une tradition fait mourir Marc à Alexandrie vers 67. Son corps aurait été amené à Venise, dont il est le patron. — Fête le 25 avril.

Marc (*saint*) [m. en 336], pape en 336. — Fête le 7 octobre.

Marca (Pierre DE), prélat français, né à Gan (Béarn) [1594-1662], plénipotentiaire français au traité des Pyrénées. Il mourut archevêque de Paris.

marcassin [markasɛ̃] n. m. (de *marquer* [à cause des rayures]). Petit sanglier au-dessous d'un an.

marcassite ou **marcasite** [markasit] n. f. (arabe *marqachīṭā*). Sulfure naturel de fer FeS_2, de couleur jaune, utilisé dans la bijouterie de fantaisie.

Marc Aurèle, né à Rome (121-180), empereur romain (161-180). Son éducation fut fortement marquée par le stoïcisme. Adopté par Antonin (138), nommé césar (139), il épousa Faustine, fille de l'empereur (145). Devenu empereur, il s'associa son demi-frère Commode. Tout en centralisant l'administration, il travailla à hiérarchiser la société, à humaniser la justice et à assainir les finances. Quoique tolérant, il laissa s'organiser la persécution antichrétienne. Il fut aussi un grand soldat ; mais s'il chassa les Parthes de Syrie et de Mésopotamie (166) et les Germains d'Italie (168), et s'il imposa la paix aux Marcomans (171-175), il dut accepter l'installation de Barbares comme colons ou comme soldats. Il a laissé des *Pensées,* écrites en grec, qui sont le reflet d'un stoïcisme à la recherche de la perfection.

Marceau (François Séverin MARCEAU-DESGRAVIERS, dit), général français, né à Chartres (1769-1796). Lieutenant-colonel de la garde nationale, il fut nommé commandant de l'armée de l'Ouest en novembre 1793 et vainquit les chouans au Mans et à Savenay. Muté à l'armée du Nord, il combattit à Fleurus (1794), puis vainquit les Autrichiens à Neuwied (1795). Il fut mortellement blessé près d'Altenkirchen. Il reste célèbre par son humanité et son courage. Ses cendres sont au Panthéon.

Marcel Ier (*saint*), né à Rome (m. en 309), pape de 308 à 309. Il travailla à la conversion des *lapsi* et divisa la ville de Rome en vingt-cinq paroisses. Il mourut martyr. — Fête le 16 janvier. — MARCEL II (Marcello *Cervini*), né à Montepulciano (1501-1555), pape durant quelques jours en 1555.

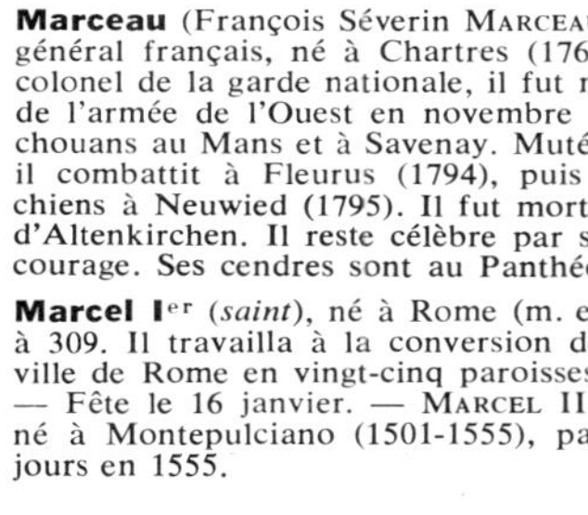

Marat par Joseph Boze *musée Carnavalet*

Marc Aurèle *musée du Capitole Rome*

Phot. Rejot-Rapho, Giraudon, Alinari-Giraudon.

Phot. musée naval de Madrid.

nef de Christophe Colomb, la « Santa Maria »

vaisseau (fin du XVIIe s.) par Van Beecq

frégate du XVIIIe s. par Génillion

galère amirale « la Réale » (1690-1715)

quatre-mâts barque (long-courrier)

galère de Malte

Phot. Larousse (6).

Marcel (Etienne) [v. 1316-1358], prévôt des marchands de Paris. Il joua un rôle considérable aux états généraux de 1355 et 1357, fit une opposition très vive au dauphin Charles (Charles V) et fut pendant quelque temps maître de Paris, auquel il rêvait de donner une Constitution communale. Il fut tué en 1358 par Jean Maillard, au moment où il allait livrer Paris à Charles le Mauvais, roi de Navarre. Il avait tenté de limiter le pouvoir royal par la *Grande Ordonnance* de mars 1357.

Marcel (Gabriel), philosophe et écrivain français, né à Paris (1889-1973). Sa pensée, qu'il exprime dans ses essais (*Etre et Avoir,* 1918-1933 ; *la Métaphysique de Royce,* 1945 ; *la Dignité humaine et ses assises existentielles,* 1964) et son théâtre (*Un homme de Dieu,* 1925 ; *le Dard,* 1936 ; *l'Emissaire,* 1945 ; *la Fin des temps,* 1949 ; *Rome n'est plus dans Rome,* 1951), est une méditation sur l'existence et sur la notion d'autrui, qui mène à celle de Dieu.

Marcellin (*saint*), né à Rome (m. en 304), pape de 296 à 304, martyrisé sous Dioclétien. — Fête le 26 avril.

Marcello (Benedetto), compositeur italien, né à Venise (1686-1739), auteur de concertos, de sonates et de 50 psaumes célèbres. Il a laissé un écrit satirique, *le Théâtre à la mode.*

Marcellus (Marcus Claudius). V. CLAUDIUS MARCELLUS (Marcus).

marcescence n. f. Etat d'une fleur, d'une plante qui dépérit.

marcescent [marsɛsɑ̃], **e** [-ɑ̃t] adj. (du lat. *marcescere,* flétrir). *Bot.* Se dit d'un organe qui se flétrit. ● *Feuilles marcescentes,* feuilles mortes à l'automne, mais qui ne tombent qu'au printemps suivant (chêne).

Marchais (Georges), homme politique français, né à La Hoguette (Calvados) en 1920, secrétaire général du parti communiste français depuis 1972.

Marchal (Henri), archéologue français, né à Paris (1875-1970). On lui doit le dégagement et le rétablissement de la plupart des monuments d'Angkor, dont il fut conservateur à partir de 1916.

marchand [marʃɑ̃], **e** [-ɑ̃d] n. (du lat. *mercatus,* marché). Personne qui fait profession de vendre des marchandises en gros ou au détail. ● *Marchand de biens,* celui qui fait profession d'acheter, pour les revendre, des terrains et des domaines ruraux, ou de servir d'intermédiaire dans des transactions relatives à ces biens, à des immeubles ou à des fonds de commerce. ‖ — Adj. Qui a rapport au commerce : *la valeur marchande d'un objet.* ● *Denrée marchande,* denrée qui est à vendre, ou qui se vend facilement. ‖ *Marine marchande,* ensemble des marins transportant les marchandises. ‖ *Navire, vaisseau marchand,* bâtiment qui ne transporte que des marchandises. ‖ *Prix marchand,* prix auquel les marchands vendent entre eux. ‖ *Qualité marchande,* qualité normale, par comparaison avec *qualité extra, surfine,* etc. ‖ *Ville marchande,* ville qui vit grâce au commerce.

Marchand de Venise (*le*), comédie de Shakespeare (1596).

Marchand (Louis), compositeur et organiste français, né à Lyon (1669-1732), auteur de pièces pour clavecin et pour orgue. Il a été organiste de la Chapelle royale et de Saint-Paul-des-Cordeliers.

Marchand (Jean-Baptiste), général et explorateur français, né à Thoissey (1863-1934). En 1897, il dirigea une mission qui, partie de Loango, sur la côte congolaise, atteignit le Nil à Fachoda (10 juill. 1898). Mais l'arrivée des Britanniques de Kitchener obligea le gouvernement français à ordonner à Marchand l'évacuation de Fachoda (7 nov. 1898). Marchand se distingua durant la Première Guerre mondiale en Argonne, en Champagne, sur la Somme et à Verdun.

Marchand (André), peintre français, né à Aix-en-Provence en 1907. Il s'est surtout inspiré de la Camargue et de l'Italie. Il est l'auteur de lithographies.

marchandage n. m. Action de marchander. ‖ Contrat par lequel un sous-entrepreneur s'engage à faire exécuter un travail par une main-d'œuvre recrutée à cet effet. (Le marchandage est interdit par la loi, car il constitue une exploitation de l'ouvrier par le marchandeur.)

marchander [marʃɑ̃de] v. t. Tâcher d'obtenir à meilleur marché : *marchander du drap.* ‖ Entreprendre à forfait, de seconde main, une partie d'un travail. ‖ *Fig.* Accorder à regret, avec parcimonie : *marchander les éloges.*

marchandeur, euse adj. et n. Qui marchande en achetant.

marchandeur n. m. *Constr.* Sous-entrepreneur qui se borne à fournir à un entrepreneur la main-d'œuvre dont il a besoin.

marchandise n. f. Ce qui fait l'objet d'un commerce : *un magasin rempli de marchandises.* (Les produits alimentaires sont des marchandises appelées également *denrées.*) ● *Faire valoir sa marchandise,* présenter les choses sous un jour favorable.

marchant [marʃɑ̃], **e** [-ɑ̃t] adj. Qui marche : *l'aile marchante d'une troupe.*

marchantia [marʃɑ̃tja] n. f. Plante très commune dans les lieux humides (classe des hépatiques).

Marchaux (25910), ch.-l. de c. du Doubs (arr. de Besançon) ; 379 h.

marche [marʃ] n. f. (de *marcher*). Action de celui qui marche : *ralentir sa marche.* ‖ Exercice athlétique dérivé de la marche ordinaire, qui se différencie de la course

Marconi

par le fait que le pied qui avance doit être en contact avec le sol avant que l'autre pied ait quitté le sol. (Les épreuves de marche se déroulent sur piste ou sur route. Les distances classiques, inscrites aux jeux Olympiques, sont de 20 km sur piste et de 50 km sur route.) ‖ Mouvement qu'exécute une troupe pour se porter à pied d'un point à un autre. ‖ Distance d'un lieu à un autre, évaluée par le temps que met un homme à la parcourir : *village situé à une heure de marche.* ‖ Toute pièce de musique destinée à régler le pas des troupes : *jouer une marche.* ‖ Mouvement régulier, réglé, d'un corps, d'un mécanisme, etc. : *la marche de la lune, d'un navire, d'une horloge.* ‖ *Fig.* Cours, progrès, développement : *la marche de la science, d'une affaire.* ‖ Chacune des surfaces planes sur lesquelles on pose le pied pour monter ou pour descendre un escalier. ‖ Pièce de bois sur laquelle les tisserands posent le pied pour faire mouvoir leur machine. ● *Marche forcée,* marche qui est prolongée au-delà de la durée normale d'une étape. ‖ *Marche d'harmonie* (Mus.), petit groupe d'accords se reproduisant systématiquement à des intervalles égaux : *les concertos de Vivaldi contiennent beaucoup de marches d'harmonie.* ‖ *Ouvrir, fermer la marche,* être dans les premiers ou les derniers rangs d'un défilé.

marche n. f. (francique **marka,* frontière). Autref., province frontière d'un empire.

Marche (la), prov. de l'anc. France, réunie à la Couronne en 1527 et s'étendant sur la partie septentrionale du Limousin. Cap. *Guéret.*

marché [marʃe] n. m. (lat. *mercatus*). Lieu public, en plein air ou couvert, où l'on vend et où l'on achète des marchandises : *marché aux légumes.* ‖ Réunion de marchands rassemblés au même lieu pour vendre : *dans ce quartier, il y a un marché plusieurs fois par semaine.* ‖ Ville où se fait le commerce de certains objets : *Lyon est un grand marché pour les soieries.* ‖ Objets qu'on achète, achats : *faire son marché.* ‖ Débouché économique : *acquérir de nouveaux marchés.* ‖ Convention d'achat et de vente : *marché avantageux, marché public.* ‖ Convention en général : *rompre un marché.* ‖ Etat de l'offre et de la demande. ● *Bon marché,* d'un prix peu élevé. ‖ *Economie de marché,* système d'organisation économique dans lequel les mécanismes naturels assurent seuls l'équilibre permanent de l'offre et de la demande. ‖ *Etre quitte à bon marché,* avec moins de perte qu'on ne le craignait. ‖ *Etude de marché,* étude conjecturale des débouchés d'un produit ou des produits d'une branche d'activité ou même d'un pays. ‖ *Faire bon marché de quelque chose,* lui reconnaître peu de valeur. ‖ *Marché commun,* Communauté* économique européenne. ‖ *Marché ferme,* vente donnant le droit d'exiger la livraison. ‖ *Marché de fournitures,* contrat qui prévoit des livraisons successives de marchandises. ‖ *Marché de gré à gré,* contrat conclu sans adjudication préalable. ‖ *Marché à option,* marché à terme dans lequel le droit d'opter entre la conclusion ou l'abandon du contrat fait l'objet d'un paiement préalable. ‖ *Marché à prime,* vente que les contractants peuvent annuler moyennant le paiement d'une prime convenue. ‖ *Marché à terme,* achat ou vente de marchandises ou de valeurs, qui se dénouera à une date fixée, mais à un prix actuellement convenu. ‖ *Marché du travail,* situation de l'emploi en un lieu, une région, un pays donnés. ‖ *Mettre le marché en main, à la main,* donner le choix de conclure ou de rompre.

Marche-en-Famenne, v. de Belgique (Luxembourg) ; 4 500 h.

Marchenoir (41370), ch.-l. de c. de Loir-et-Cher (arr. de Blois) ; 672 h. Donjon (XIIe s.). Eglise (XIIe-XVe s.). — A proximité, forêt.

marchepied [marʃəpje] n. m. Espèce de degré pour faciliter la montée dans une voiture. ‖ Degré qui conduit à une estrade. ‖ *Fig.* Moyen de parvenir à un poste supérieur : *cet emploi lui a servi de marchepied.*

marcher [marʃe] v. i. (francique *markôn*). Changer de place en déplaçant les pieds l'un après l'autre ; avancer : *marcher rapidement.* ‖ Mettre le pied sur : *marcher sur les doigts de quelqu'un.* ‖ Fonctionner normalement, en parlant d'un service, d'un mécanisme, d'un appareil : *cette montre marche.* ‖ *Fig.* Faire des progrès, prospérer : *affaire qui marche.* ‖ *Fam.* Croire naïvement. ● *Marcher droit,* avoir une conduite irréprochable. ‖ *Marcher sur les pas de quelqu'un,* l'imiter. ‖ — V. t. Pétrir avec les pieds, fouler : *marcher l'argile à potier.*

Marches (les), région de l'Italie centrale, comprenant les prov. d'Ancône, d'Ascoli Piceno, de Macerata et de Pesaro e Urbino ; 1 356 000 h. Entre la Foglia et le Tronto, les Marches s'étendent sur l'Apennin et ses contreforts orientaux, qui dominent une étroite plaine littorale sur l'Adriatique. La montagne est peu peuplée, et la vie se concentre sur les collines de l'intérieur et le littoral. L'agriculture est le fondement presque exclusif de l'économie, associant cultures céréalières, fourragères, fruitières et maraîchères, vignoble et élevage bovin. Son caractère intensif, lié partiellement à la prédominance de la petite exploitation, explique la forte densité de la population (140 h. au kilomètre carré).

marcheur, euse n. Personne qui marche, qui aime à marcher : *un bon marcheur.*

marcheuse n. f. Figurante muette dans un opéra, un music-hall.

Marchienne-au-Pont, comm. de Belgique (Hainaut) ; 20 000 h. Sidérurgie.

Marchiennes (59870), ch.-l. de c. du Nord (arr. de Douai), sur la Scarpe ; 3 375 h.

Marciac (32230), ch.-l. de c. du Gers (arr. de Mirande) ; 1 065 h. (873 aggl.). Anc. bastide (XIIIe s.). Eglise (XIVe-XVIe s.), avec flèche de 70 m.

Marcigny (71110), ch.-l. de c. de Saône-et-Loire (arr. de Charolles) ; 2 406 h. Tour du XVe s.

Marcillac-Vallon (12330), ch.-l. de c. de l'Aveyron (arr. de Rodez) ; 1 505 h. (1 170 aggl.).

Marcillat-en-Combraille (03420), ch.-l. de c. de l'Allier (arr. de Montluçon) ; 1 299 h. (519 aggl.).

Marcilly-le-Hayer (10290), ch.-l. de c. de l'Aube (arr. de Nogent-sur-Seine) ; 464 h.

Marcinelle, comm. de Belgique (Hainaut) ; 26 300 h. Houille. Produits chimiques. Machines. Catastrophe minière en 1956.

Marckolsheim (67390), ch.-l. de c. du Bas-Rhin (arr. de Sélestat) ; 3 328 h. (2 100 aggl.). Usine hydro-électrique sur une dérivation du Rhin.

Marcoing (59159), ch.-l. de c. du Nord (arr. de Cambrai), sur l'Escaut ; 2 064 h.

Marcomans, anc. peuple germain apparenté aux Suèves. Battus par Drusus en 9 av. J.-C., ils s'installèrent au sud du Danube et finirent par faire la paix avec Commode.

Marconi (Guglielmo), physicien italien, né à Bologne (1874-1937). Il réalisa les premières liaisons par ondes hertziennes. Dès 1896, utilisant l'éclateur de Hertz, l'antenne de Popov et le cohéreur de Branly, il avait réussi une transmission sur plusieurs centaines de mètres. (Prix Nobel de physique, 1909.)

marcottage n. m. Procédé de multiplication végétative des plantes, par lequel une tige aérienne est mise en contact avec le sol et s'y enracine, avant d'être isolée de la plante mère : *marcottage naturel des fraisiers, des ronces ; marcottage artificiel de la vigne, des rosiers.*

marcotte n. f. Branche tenant encore à la plante mère, que l'on couche en terre pour qu'elle y prenne racine. (V. BOUTURE, GREFFE.)

marcotter [markɔte] v. t. Pratiquer le marcottage.

Marcoule, lieu-dit du Gard (comm. de Codolet et de Chusclan), sur le Rhône. Centre de production du plutonium.

Marcoussis (91460), comm. de l'Essonne (arr. de Palaiseau) ; 2 637 h. Centre de recherches électriques et électroniques.

Marcoussis (Louis MARKOUS, dit), peintre français d'origine polonaise, né à Varsovie (1883-1941). Il se rattache au cubisme.

Marcq-en-Barœul (59700), ch.-l. de c. du Nord (arr. de Lille) ; 35 331 h. (*Marcquois*). Industries textiles, électriques et alimentaires.

Marcuse (Herbert), philosophe américain d'origine allemande, né à Berlin en 1908, auteur d'une sociologie politique hégélienne (*Raison et Révolution,* 1943), d'une psychologie à base sociologique (dans l'individu se reflètent les mécanismes répressifs de la société) [*Eros et Civilisation,* 1955]. Il observe avec pessimisme les institutions soviétiques (*le Marxisme soviétique,* 1958) et américaines (*l'Homme unidimensionnel,* 1964).

Mar del Plata, v. d'Argentine, sur l'Atlantique ; 280 000 h. Centre touristique et commercial.

mardi [mardi] n. m. (lat. *Martis dies,* jour de Mars). Troisième jour de la semaine. ● *Mardi gras,* dernier jour avant le début du carême.

Mardochée (v. 510 av. J.-C.), Juif exilé à Suse. C'est grâce à lui que sa nièce Esther put déjouer les intrigues menées contre les Juifs à la cour de Perse.

Mardonios, général perse, tué à Platées au cours de la deuxième guerre médique (479 av. J.-C.).

Mardouk, dieu principal de Babylone à partir d'Hammourabi.

mare [mar] n. f. (de *marais*). Petite étendue d'eau dormante. ‖ Flaque : *une mare de sang.*

Maré (Rolf DE), mécène suédois (1888-1964), cofondateur des Ballets suédois (1920) et des Archives internationales de la danse (1931).

marécage [marekaʒ] n. m. (empr. au francique). Terrain humide et bourbeux.

marécageux, euse adj. Plein de marécages : *contrée marécageuse.*

maréchal [mareʃal] n. m. (francique **marhskalk*). *Maréchal de camp,* officier général des armées de l'Ancien Régime et de la Restauration. ‖ *Maréchal de France,* officier général titulaire d'une dignité d'Etat, conférée à

Phot. N. Y. T.

certains commandants en chef victorieux devant l'ennemi. (V. *encycl.*) ‖ *Maréchal des logis, maréchal des logis-chef, maréchal des logis-major,* sous-officier des armes anciennement montées (gendarmerie, cavalerie, train, artillerie), dont le grade correspond à celui de sergent, sergent-chef et sergent-major dans les armes à pied.
— ENCYCL. A l'origine, second du connétable, le *maréchal* fut bientôt un dignitaire de la Couronne. Le nombre des maréchaux passa de deux sous Saint Louis à huit sous Henri III et à vingt sous Louis XIV. Supprimée en 1793, rétablie sous le nom de « maréchal d'Empire » par Napoléon en 1804, la dignité de maréchal de France fut restaurée par la IIIe République en 1875, mais ne fut plus conférée qu'à l'occasion des deux guerres mondiales aux généraux suivants : Joffre en 1916 ; Foch et Pétain en 1918 ; Fayolle, Franchet d'Esperey, Lyautey et Gallieni (à titre posthume) en 1921 ; Maunoury (à titre posthume) en 1923 ; de Lattre de Tassigny et Leclerc de Hautecloque (à titre posthume) et Juin en 1952. L'insigne de commandement des maréchaux est depuis le XVIIe s. un bâton qui, recouvert de velours, fut successivement orné de fleurs de lis, d'abeilles et d'étoiles.

maréchal n. m. V. MARÉCHAL-FERRANT.

maréchalat n. m. Dignité de maréchal.

maréchale n. f. Femme d'un maréchal.

maréchalerie n. f. Atelier, métier du maréchal-ferrant.

maréchal-ferrant ou **maréchal** n. m. Artisan qui ferre les chevaux. ‖ Pl. des *maréchaux-ferrants.*

maréchaussée [mareʃose] n. f. Anc. juridiction des maréchaux de France. ‖ Corps de cavaliers chargé jadis de veiller à la sûreté publique, et qui a pris en 1790 le nom de *gendarmerie.* ‖ Nom donné parfois à la *gendarmerie.*

marée [mare] n. f. (du lat. *mare,* mer). Mouvement régulier et périodique des eaux de la mer, par lequel le niveau monte et descend chaque jour dans un même lieu. ‖ Toute espèce de poisson de mer frais. ‖ *Fig.* Masse considérable : *une marée humaine envahit la place.* ● *Arriver comme marée* (ou *comme mars*) *en carême,* arriver fort à propos. ‖ *Coefficient de marée,* chiffre indiquant pour chaque jour de l'année la valeur relative de la marée. ‖ *Contre vents et marées,* en dépit de tous les obstacles. ‖ *Courant de marée,* courant déterminé par le flux ou le reflux. ‖ *Echelle de marée,* planche verticale placée à poste fixe et portant des graduations sur lesquelles on lit la hauteur de l'eau. ‖ *Marée basse,* fin du jusant, ou bas de l'eau. ‖ *Marée descendante,* jusant, ou reflux. ‖ *Marée haute,* maximum du flot, ou plein d'eau. ‖ *Marée montante,* flot, ou flux. ‖ *Marée de morte-eau,* marée de quadrature, ou petite marée. ‖ *Marée noire,* arrivée sur un rivage de nappes de pétrole provenant d'un navire accidenté : *les marées noires détruisent les faunes et les flores littorales.* ‖ *Marée de vive-eau,* grande marée ou marée de syzygie.
— ENCYCL. La *marée* provoquée sur un point P de la surface d'un astre A par la présence d'un astre voisin S est due non pas à l'attraction exercée par S sur A, mais à la différence des attractions exercées par S sur le centre de l'astre A et sur le point considéré P. Il s'agit d'une action différentielle, appelée « perturbation » en astronomie. Cette attraction différentielle est proportionnelle à la masse de S et inversement proportionnelle au cube de la distance SA. Pour les points de la surface terrestre, la marée est un phénomène semi-diurne. L'action perturbatrice de la Lune sur un point de la surface terrestre est 2,17 fois plus forte que l'action perturbatrice exercée par le Soleil. Les actions de la Lune et du Soleil se combinent au maximum, quand ces deux astres sont en conjonction, pour donner les marées de « vive-eau ». Elles se contrarient au maximum, sans jamais s'annuler, quand ces deux astres sont en quadrature et provoquent les marées de « morte-eau ». La réalité du phénomène est en fait complètement différente suivant les régions considérées et, souvent, suivant les périodes. Il faut, en effet, pour rendre compte de sa complexité, faire intervenir la période propre d'oscillation du bassin dans lequel on observe la marée, période qui varie elle-même avec la topographie du fond, sa profondeur, sa nature, et la forme des rivages. Par suite de phénomènes de résonance, certaines ondes se trouvent amplifiées et d'autres fortement diminuées. On constate ainsi l'absence de marée sur certaines côtes de l'Australie, dans la Baltique ou la Méditerranée, alors que, dans la baie du Mont-Saint-Michel, l'amplitude dépasse 16 m et que, dans la baie de Fundy, au Canada, elle atteint 19,60 m. Le Soleil et la Lune effectuant leur mouvement autour de la Terre, dans des plans orbitaux qui diffèrent entre eux et qui sont également différents du plan de l'équateur correspondant à la rotation terrestre, leurs actions de marée se combinent de façon extrêmement variable d'un jour à l'autre. Le mouvement très complexe qui en résulte peut être considéré comme la superposition d'un grand nombre d'ondes : ondes de *type diurne* (une haute et une basse mer toutes les 24 heures, comme dans les archipels de l'Asie orientale, la mer Rouge et la mer des Antilles) ; ondes de *type semi-diurne* (deux hautes et deux basses mers par 24 heures, comme sur les littoraux de l'Atlantique et de l'océan Indien) ; ondes de *type mixte* (semi-diurne par la succession des hautes et basses mers, mais où la durée de chacune des manifestations est variable ; c'est le type le plus répandu sur les côtes du Pacifique).

marégraphe [maregraf] n. m. Instrument enregistrant la hauteur des marées.

marelle [marɛl] n. f. (de l'anc. fr. *merel,* jeton). Jeu d'enfants qui poussent à cloche-pied un palet dans des cases tracées sur le sol.

Maremme (la), région de l'Italie centrale, le long de la mer Tyrrhénienne.

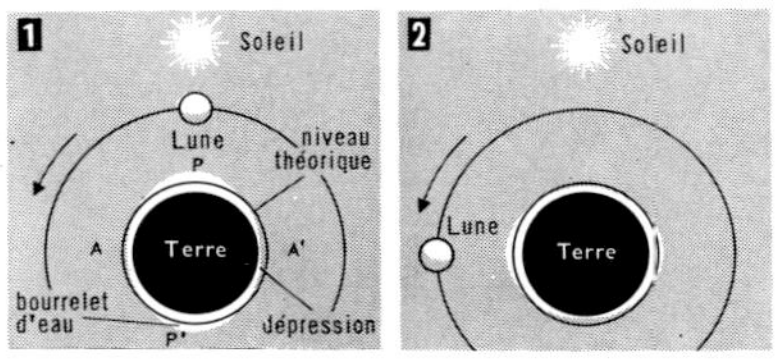

marée

chronophotographe de Marey à plaque fixe 1883

marémoteur, trice adj. Qui utilise la force motrice des marées : *usine, centrale marémotrice.*

marengo [marɛ̃go] n. m. Drap à fond noir, parsemé de petits effets blancs. ‖ **— A la marengo** loc. adv. Se dit d'une manière d'accommoder un poulet ou du veau en le faisant saisir par un feu ardent et en achevant de le cuire dans l'huile, avec des champignons et des truffes.

Marengo, village d'Italie (Piémont), près d'Alexandrie. Bonaparte vainquit les Autrichiens à proximité ; dans cette bataille périt Desaix (14 juin 1800).

Marennes (17320), ch.-l. de c. de la Charente-Maritime (arr. de Rochefort) ; 4 460 h. Parcs à huîtres.

Marenzio (Luca), compositeur italien, né à Coccaglio (v. 1553-1599), l'un des plus illustres madrigalistes de l'Italie. Il a servi la cour de Pologne et celle de Rome, outre ses madrigaux, des motets d'un grand art polyphonique.

Maréotis (*lac*). V. MARIOUT.

Maret (Hugues Bernard), duc de BASSANO, homme politique français, né à Dijon (1763-1839). De 1800 à 1811, il fut secrétaire d'Etat, coordonnant le travail des ministres. Il eut ensuite les Affaires étrangères jusqu'en 1813.

Mareth, localité de Tunisie, au sud-est de Gabès, qui a donné son nom aux fortifications construites par les Français, de 1934 à 1939, entre le chott el-Djerid et la mer. Elles furent reconstruites en 1943 par les Allemands pour arrêter la VIIIe armée britannique ; cette dernière les tourna, et les Allemands durent les évacuer.

Mareuil-Dissais (24340), ch.-l. de c. de la Dordogne (arr. de Nontron) ; 1 773 h. Château (XIVe-XVe s.).

Mareuil-sur-Lay (85320), ch.-l. de c. de la Vendée (arr. de La Roche-sur-Yon) ; 1 556 h. (1 286 aggl.).

Marey (Etienne Jules), médecin français, né à Beaune (1830-1904). Il perfectionna l'enregistrement graphique des phénomènes physiologiques et créa en 1882 la chronophotographie, d'où dérive le cinématographe.

mareyage [marɛjaʒ] n. m. Travail, commerce du mareyeur.

mareyeur, euse n. Commerçant en gros vendant les produits de la mer.

margarine [margarin] n. f. (mot créé avec le gr. *margaron,* perle). Substance grasse comestible, de consistance molle, et faite avec diverses huiles et graisses le plus souvent végétales (arachide, soja, noix de coco, etc.).

Margarita, île des côtes vénézuéliennes.

Margate, v. de Grande-Bretagne (Kent), près du cap Fortland ; 45 700 h. Station balnéaire.

margauder v. i. V. MARGOTER.

Margaux (33460), comm. de la Gironde (arr. de Bordeaux), dans le Médoc ; 1 466 h. Vins renommés.

marge [marʒ] n. f. (lat. *margo, marginis,* bord). Bord, bordure : *la marge d'un fossé.* ‖ Espace blanc autour d'une page imprimée ou écrite. ‖ *Fig.* Facilité, latitude : *laisser de la marge à un collaborateur.* ● *Avoir de la marge,* avoir du temps de reste pour faire une chose. ‖ *Marge bénéficiaire,* différence entre le prix de vente et le prix d'achat d'une marchandise, évaluée en pourcentage du prix de vente. ‖ *Marge continentale* (Océanogr.), ensemble formé par la plate-forme continentale et le talus qui la limite. ‖ *Marge de garantie,* complément de couverture exigé du spéculateur au cours de certaines opérations de Bourse effectuées à terme. ‖ **— En marge** loc. adv. ou **en marge de** loc. prép. En dehors (de), à l'écart (de) : *en marge de la société.*

marguerites

margelle [marʒɛl] n. f. (dimin. de *marge*). Pierre ou assise de pierres qui forme le rebord d'un puits.

marger v. t. (conj. **1**). *Arts graph.* Placer la feuille à imprimer sur la machine, de façon que le blanc des marges soit régulièrement réservé. ‖ Pourvoir d'une marge.

Margeride (*monts de la*), massif granitique du sud-est de l'Auvergne ; 1 554 m au « truc » de Randon.

Margerie (Emmanuel JACQUIN DE), géologue français, né à Paris (1862-1953), auteur, avec de La Noë, d'un ouvrage sur *les Formes du terrain* (1888).

margeur, euse n. Ouvrier, ouvrière qui place les feuilles à imprimer sur la presse mécanique.

margeur n. m. Appareil servant à marger.

Marggraf (Andreas Sigismund), chimiste allemand, né à Berlin (1709-1782). Il obtint le sucre de betterave à l'état solide et découvrit la magnésie et l'alumine.

marginal, e, aux adj. Mis en marge : *note marginale.* ‖ Qui est sur les bords : *récifs marginaux.* ‖ *Fig.* Secondaire, qui n'entre pas dans un système : *occupations marginales.* ● *Entreprise marginale,* entreprise dont le prix de revient est sensiblement égal au prix de vente le plus élevé pratiqué sur le marché, et qui tendrait à disparaître si ce dernier prix s'abaissait. ‖ *Prix marginal,* prix de marché d'une marchandise, lorsqu'il est égal au prix de revient de cette marchandise dans l'entreprise productrice la plus mal équipée ou organisée. ‖ — Adj. et n. m. Personne qui vit en marge de la société.

marginalisme n. m. Théorie économique selon laquelle la valeur d'échange d'un produit donné est déterminée par l'utilité de la dernière unité disponible de ce produit.

margis [marʒi] n. m. *Arg. mil.* Maréchal des logis.

Margny-lès-Compiègne (60200 Compiègne), comm. de l'Oise (arr. de Compiègne) ; 5 601 h. Produits chimiques.

margot [margo] n. f. (dimin. de *Marguerite*). Nom donné quelquefois à la *pie.* ‖ Femme bavarde.

margoter, margotter [margɔte] ou **margauder** [-gode] v. i. Crier, en parlant de la caille.

margotin [margɔtɛ̃] n. m. (de *Margot,* forme fam. de *Marguerite*). Petit fagot de brindilles.

margouillis [marguji] n. m. *Fam.* Gâchis plein d'ordures.

margoulette [margulɛt] n. f. (de *gueule*). *Pop.* Mâchoire, bouche.

margoulin [margulɛ̃] n. m. *Pop.* Marchand, individu peu scrupuleux dans les affaires.

margrave [margrav] n. m. (allem. *Markgraf,* comte de la frontière). Titre des chefs des provinces frontières, ou marches, dans l'ancien Empire germanique.

margrave ou **margravine** n. f. Femme d'un margrave.

margraviat n. m. Etat, dignité de margrave. ‖ Juridiction d'un margrave.

marguerite [margərit] n. f. (lat. *margarita,* perle, empr. au gr.). Nom de plusieurs plantes de la famille des composées, à fleurs centrales jaunes et à fleurs périphériques blanches. (La petite marguerite est aussi appelée *pâquerette.*)

Marguerite (*sainte*), née à Antioche de Pisidie (v. 255-275), vierge et martyre. — Fête le 20 juillet.

Marguerite d'Angoulême, reine de Navarre, née à Angoulême (1492-1549). Sœur de François Ier, elle épousa le duc d'Alençon (1509), puis Henri d'Albret, roi de Navarre (1527). Dans ses châteaux de Pau et de Nérac, elle reçut les humanistes suspects d'hérésie et s'appliqua à la diffusion de l'évangélisme et du platonisme. Ses poèmes (*les Marguerites de la Marguerite des princesses,* 1547), son théâtre et ses contes (*l'Heptaméron**, 1559) mêlent le réalisme pittoresque au spiritualisme mystique.

Marguerite d'Anjou, née à Pont-à-Mousson (1430-1482), fille de René le Bon, roi de Sicile, et épouse d'Henri VI, roi d'Angleterre. Elle s'illustra par le courage qu'elle déploya pendant la guerre des Deux-Roses.

Marguerite d'Autriche, née à Bruxelles (1480-1530), duchesse de Savoie, gouvernante des Pays-Bas. Fille de Maximilien d'Autriche et de Marie de Bourgogne, elle épousa en 1497 don Juan d'Espagne, puis, veuve, Philibert II, duc de Savoie, qui mourut en 1504. Elle fit construire à la mémoire de ce dernier l'église de Brou*. Son père la nomma gouvernante des Pays-Bas (1507-1515) et lui confia l'éducation de Charles Quint. A nou-

Phot. Fraass, X.

veau gouvernante des Pays-Bas (1518-1530), elle négocia la ligue de Cambrai (1508) et la paix des Dames (1529). Dans sa cour de Bourg-en-Bresse, puis de Malines, elle s'entoura de lettrés et d'artistes.

Marguerite de Bourgogne (1290-1315), fille du duc Robert II et épouse de Louis X le Hutin, qui la fit mettre à mort pour adultère.

Marguerite de Constantinople, née à Valenciennes ou Bruges (1202-1280), comtesse de Flandre et de Hainaut (1244-1280). Fille de Baudouin IX, elle épousa Guillaume II de Dampierre (1223). En 1244, elle hérita de la Flandre et du Hainaut. Le problème de sa succession provoqua un long conflit.

Marguerite de France, née à Saint-Germain-en-Laye (1523-1574), fille de François Ier et de Claude de France, femme d'Emmanuel-Philibert, duc de Savoie.

Marguerite de Navarre. V. MARGUERITE D'ANGOULÊME.

Marguerite de Parme, née à Audenarde (1522-1586), gouvernante des Pays-Bas, fille naturelle de Charles Quint et épouse du duc de Parme Octave Farnèse.

Marguerite de Provence (1221-1295), épouse de Louis IX, qu'elle suivit en Egypte.

Marguerite Stuart (v. 1424-1445), fille de Jacques Ier, roi d'Ecosse, première femme de Louis XI.

Marguerite Valdemarsdotter, née à Søborg (1353-1412). Epouse du roi de Suède et de Norvège Haakon VI, elle devint reine en 1387. Elle imposa l'Union de Kalmar aux Etats de Danemark, de Norvège et de Suède. — MARGUERITE II (ou MARGRETHE II), née au château d'Amalienborg en 1940, reine de Danemark en 1972, fille de Frédéric IX.

Marguerite de Valois, dite la **reine Margot,** née à Saint-Germain-en-Laye (1553-1615), reine de Navarre. Fille d'Henri II et de Catherine de Médicis, elle épousa Henri de Navarre en 1572. Mais, nymphomane, elle fut chassée de la Cour en 1583 et enfermée au château d'Usson (1587-1605). Son mariage fut annulé en 1599. Elle a écrit des *Poésies* et des *Mémoires*.

Marguerite, personnage du *Faust* de Goethe. Séduite par Faust, puis abandonnée par lui, elle tue l'enfant né de cette liaison. Condamnée à mort, elle obtient le pardon du ciel.

Marguerite-Marie Alacoque (*sainte*), religieuse française, née à Verosvres (Charolais) [1647-1690]. Entrée dans l'ordre de la Visitation à Paray-le-Monial (1672), elle fut favorisée de visions du Christ, qui lui demanda de répandre le culte de son Sacré-Cœur. Canonisée en 1920. — Fête le 17 octobre.

Margueritte (Jean), général français, né à Manheulles (Meuse) [1823-1870]. Il s'illustra pendant la bataille de Sedan en dirigeant la fameuse charge de cavalerie du plateau d'Illy, où il fut mortellement blessé (2 sept. 1870). — Ses fils PAUL, né à Laghouat (1860-1918), et VICTOR, né à Blida (1866-1942), ont écrit, d'abord en collaboration, puis isolément, de nombreux romans prônant l'émancipation de la femme et le rapprochement des peuples.

Marguerittes (30320), ch.-l. de c. du Gard (arr. de Nîmes) ; 2 572 h.

marguillier [margije] n. m. (lat. *matricularis*, qui tient un registre). Membre du conseil de fabrique chargé d'administrer les biens d'une paroisse.

mari [mari] n. m. (lat. *maritus*). Homme uni à une femme par le mariage.

Māri. *Géogr. anc.* V. du moyen Euphrate. Les fouilles du tell Ḥarīrī ont permis de reconnaître l'importance de cette ville depuis la fin du IVe millénaire jusqu'au IIIe s. av. J.-C. et de mettre au jour, sous la direction d'André Parrot, de nombreuses sculptures, dont certaines sont au Louvre.

Maria Chapdelaine, roman de Louis Hémon (1913). Il décrit l'existence d'une famille de défricheurs canadiens.

mariable adj. En âge et en condition d'être marié : *une fille mariable.*

mariage [marjaʒ] n. m. Union légale d'un homme et d'une femme. ‖ Célébration des noces : *assister à un mariage.* ‖ Un des sept sacrements de l'Eglise catholique. ‖ Sorte de jeu de cartes.
— ENCYCL. La validité du *mariage* est subordonnée à des conditions de fond et de forme. Les époux doivent être pubères et de sexes différents ; ils doivent avoir atteint l'âge requis (15 ans pour les filles, 18 ans pour les garçons) sauf dispense ; aucun d'eux ne doit être bigame ; aucun lien étroit de parenté ou d'alliance ne doit exister entre eux, sauf dispense ; la femme veuve ou divorcée ne peut contracter un nouveau mariage moins de 300 jours après le décès de son précédent mari ou l'ordonnance de domicile séparé ; le consentement des époux doit être clairement exprimé et ne pas être vicié.
L'enfant mineur (même émancipé) a besoin du consentement de ses parents, l'incapable majeur sous tutelle a besoin du consentement de son tuteur. Les époux doivent se marier dans la commune où l'un d'eux a son domicile ou justifie d'une résidence continue d'au moins un mois. Le mariage est célébré par l'officier de l'état civil ; aucun mariage religieux ne peut être célébré avant le mariage civil. Les époux se doivent mutuellement fidélité, assistance et secours. Ils ont le devoir de cohabiter, le mari fixant en principe le domicile conjugal. La femme mariée porte légalement le nom de son mari. Le mariage cesse à la mort d'un des époux, à la suite d'une annulation par le juge ou d'un divorce.

Mariage de Figaro (*le*) *ou la Folle Journée*, comédie en 5 actes et en prose, de Beaumarchais (1784). Elle fait suite au *Barbier de Séville* et nous montre les vains efforts du comte Almaviva pour empêcher Figaro d'épouser Suzanne, qu'il désire séduire. Mais grâce à la complicité de la comtesse, et malgré les incartades de Chérubin, Figaro l'emportera sur le comte. (V. aussi NOCES DE FIGARO [*les*].)

marial [marjal], **e** adj. Relatif à la Vierge Marie.

Mariamne, née à Jérusalem (v. 60-29 av. J.-C.), femme du roi de Judée Hérode le Grand, qui la fit mourir sur de faux soupçons. Ce sujet a été mis sur la scène par L. Dolce, Calderón, A. Hardy, Tristan l'Hermite, Voltaire.

Mariana de la Reina (Juan DE), jésuite espagnol, né à Talavera (1536-1624), auteur d'une *Histoire générale d'Espagne* et du traité *Du roi et de la royauté*.

marianiste [marjanist] n. m. Membre de la Société de Marie fondée en 1817 à Bordeaux par l'abbé Chaminade et destinée à l'enseignement.

Marianne, surnom de la République française.

Marianne (*la Vie de*) *ou les Aventures de la comtesse de...*, roman inachevé de Marivaux (1731-1741), que continua Mme Riccoboni (1755).

Mariannes (*îles*), archipel du Pacifique, à l'est des Philippines, sous l'administration des Etats-Unis depuis 1947, naguère sous mandat japonais (excepté *Guam*) ; 10 500 h. (en excluant Guam*). Cap. *Saipan*. L'archipel compte une quinzaine d'îles volcaniques échelonnées du nord au sud sur près de 1 000 km. Pendant la Seconde Guerre mondiale, l'archipel fut occupé par les Japonais (1941-1942). Une violente bataille aéronavale s'y déroula (juin 1944) à la suite du débarquement américain dans l'île de Saipan.

Mariannes (*fosse des*), fosse très profonde (environ 11 000 m) du Pacifique, en bordure de l'archipel des Mariannes.

Mariánské Lázně, en allem. **Marienbad,** v. de Tchécoslovaquie (Bohême) ; 20 000 h. Station thermale.

Mariazell, v. d'Autriche (Styrie) ; 2 300 h. Centre de pèlerinage. Station de sports d'hiver (alt. 868-1 624 m).

Maribor, v. de Yougoslavie (Slovénie), sur la Drave ; 91 000 h. Constructions mécaniques.

Marica (la). V. MARITZA.

Marie (*sainte*), mère de Jésus. Mariée à un artisan de Nazareth, Joseph, elle reçut de l'archange Gabriel l'annonce qu'elle serait la mère du Messie : l'enfant naîtrait de l'opération du Saint-Esprit. Marie visita Elisabeth : elle exprima son admiration dans le cantique connu sous le nom de *Magnificat*. Quelques mois plus tard, un recensement amena Joseph et Marie à Bethléem, où naquit Jésus. Ainsi s'étaient exprimés les trois mystères essentiels de la vie de Marie : l'Annonciation, la Visitation et la naissance de Jésus. Par ailleurs, les Evangiles ont retenu deux épisodes caractéristiques de la vie de Marie : les noces de Cana et la présence de Marie — corédemptrice — au pied de la Croix.
Le culte de la Vierge Marie s'est précisé dès le IVe s. ; son titre, reconnu alors, de *Mère de Dieu* détermina tous les autres. Pour la théologie catholique, il porte en germe toutes les définitions importantes du XIXe et du XXe s. : l'*Immaculée Conception* et l'*Assomption*. — Les deux plus célèbres pèlerinages à la Vierge sont Lourdes et Fatima. — Fête principale (Assomption) le 15 août.

Marie (*sainte*), épouse de Cléophas, une des saintes femmes qui suivaient Jésus. — Fête le 9 avril.

Marie d'Angleterre (1496-1533), reine de France, fille d'Henri VII Tudor, épouse de Louis XII, puis du duc de Suffolk.

Marie d'Anjou (1404-1463), reine de France, fille de Louis II, duc d'Anjou, épouse de Charles VII.

Marie de Bourgogne, née à Bruxelles (1457-1482), fille unique de Charles le Téméraire. Par son mariage avec Maximilien d'Autriche (1477), les Pays-Bas et la Franche-Comté devinrent possession des Habsbourg.

Marie de Brabant, née à Louvain (1254-1321), reine de France, épouse de Philippe III le Hardi.

Marie Ire de Bragance, née à Lisbonne (1734-1816), reine de Portugal (1777-1816), fille du roi Joseph et femme de son oncle Pierre III. Atteinte de troubles mentaux, elle dut abandonner le pouvoir à son fils, le futur Jean VI (1788). — MARIE II DE BRAGANCE, née à Rio de Janeiro (1819-1853), reine de Portugal (1826-1843), fille de Pierre Ier, empereur du Brésil, et épouse de Ferdinand de Saxe-Cobourg-Gotha.

Marie de France, poétesse française (seconde moitié du XIIe s.). Probablement originaire de Normandie, elle vécut en Angleterre, où elle fut en relation avec la Cour royale. Ses *Lais* sont des récits inspirés des légendes celtiques et où le merveilleux tient une grande place.

Marie de l'Incarnation (*bienheureuse*). V. ACARIE (Mme).

Marie de l'Incarnation (Marie GUYARD, en religion *mère*), religieuse française, née à Tours (1599-1672), fondatrice du couvent des Ursulines au Canada. Ses *Relations* et ses *Lettres* constituent un document important sur l'histoire de la Nouvelle-France.

Marie Leszczyńska, née à Breslau (1703-1768), fille du roi de Pologne Stanislas Leszczyński, reine de France par son mariage avec Louis XV, dont elle eut dix enfants.

Marie de Lorraine, née à Bar (1515-1560), femme de Jacques V et mère de Marie Stuart.

Marie de Médicis, née à Florence (1573-1642), reine de France. Fille de François II, grand-duc de Toscane, elle épousa Henri IV en 1600. Après l'assassinat du roi, elle se fit reconnaître régente pour son fils Louis XIII (1610). Sous l'influence de Leonora Galigaï et de Concini, elle se rapprocha de l'Espagne, mais ne put faire tête aux états généraux de 1614. Conseillé par Luynes, le jeune roi la fit enfermer à Blois (1617). Elle s'évada et prit les armes contre son fils (bataille des Ponts-de-Cé, 1620). Une réconciliation étant intervenue, favorisée par Richelieu, Marie de Médicis entra au Conseil (1622). Jalouse de l'influence de Richelieu, elle ne parvint cependant pas à écarter celui-ci du pouvoir (journée des Dupes, 1630) ; elle s'exila et mourut à Cologne. On lui doit la construction du palais du Luxembourg.

Marie de Sainte-Euphrasie Pelletier (*sainte*), née à Noirmoutier (1796-1868), fondatrice des sœurs du Bon Pasteur d'Angers. — Fête le 24 avril.

Marie Ire Stuart, née à Linlithgow (1542-1587), reine d'Ecosse (1542-1567), fille de Jacques V et de Marie de Lorraine. Fiancée en 1548 au dauphin François, elle fut élevée en France et se maria en 1558, et devint reine de France (couronnement de François II, 1559). Devenue veuve (1560), elle rentra en Ecosse (1561), où elle épousa son cousin lord Darnley (1565), dont elle eut un fils, le futur Jacques VI d'Ecosse et Ier d'Angleterre. Mais Darnley, chef du parti catholique, suscita la haine de l'Ecosse presbytérienne et fut assassiné (1567). Le mariage de la reine avec Bothwell, l'un des responsables du meurtre, provoqua un soulèvement général. Marie

ci-dessous, de gauche à droite
Marguerite d'Angoulême, par François Clouet
musée Condé, Chantilly
Marguerite de Valois, par François Clouet
coll. part.
Marie Leszczyńska, par Nattier
musée des Beaux-Arts, Dijon
Marie de Médicis, école française du XVIe s.
musée des Beaux-Arts, La Rochelle
Marie Stuart, école des Clouet
musée de l'Ermitage, Leningrad

Phot. Giraudon, Bulloz, Lauros-Giraudon, Giraudon, Hanfstaengl-Giraudon.

de gauche à droite
Marie Tudor, par Antonio Moro *Prado, Madrid*
Marie-Antoinette par Mme Vigée-Lebrun *musée de Versailles*
impératrice **Marie-Louise** par Gérard, *Louvre*
Marie-Thérèse d'Autriche école autrichienne du XVIIIe s. *Kunsthistorisches Museum, Vienne*

Stuart, vaincue à Carberry Hill, puis définitivement à Langside (1568), se réfugia en Angleterre auprès de sa rivale Elisabeth. Mise en jugement à la suite d'un complot (1586), elle fut condamnée à mort et exécutée. — MARIE II STUART, née à Londres (1662-1694), fille de Jacques II et épouse (1677) de Guillaume d'Orange. En 1688, elle prit parti contre son père; celui-ci ayant fui la révolution, Marie fut proclamée reine, son mari (Guillaume III) lui étant associé (1689).

Marie Stuart, tragédie d'Alfieri (1789). — Tragédie de Schiller (1800).

Marie Ire Tudor, née à Greenwich (1516-1558), reine d'Angleterre et d'Irlande (1553-1558), fille d'Henri VIII et de Catherine d'Aragon. Elle resta profondément attachée à la religion de sa mère, le catholicisme. Elle dut à l'intervention de Charles Quint d'échapper à la réaction protestante du règne d'Edouard VI et demeura par la suite fidèle à l'amitié espagnole. Devenue reine, elle persécuta brutalement les protestants, ce qui lui valut le surnom de **Marie la Sanglante.** Son mariage avec Philippe II d'Espagne indigna l'opinion. A l'issue d'une guerre désastreuse, elle dut céder Calais à la France (1558).

Marie Tudor, drame de V. Hugo (1833).

Marie (Pierre), médecin français, né à Paris (1853-1940), auteur d'importants travaux de neurologie.

marié, e n. Personne unie à une autre par le mariage : *de jeunes mariés.*

Marie-Adélaïde de Savoie, née à Turin (1685-1712), duchesse de Bourgogne (1697), puis Dauphine de France (1711) par son mariage avec Louis de France, petit-fils de Louis XIV. Elle fut la mère de Louis XV.

Marie-Amélie de Bourbon, née à Caserte (1782-1866), reine des Français par son mariage avec Louis-Philippe, fille de Ferdinand Ier des Deux-Siciles.

Marie-Amélie d'Orléans, née à Twickenham (1865-1951), fille du comte de Paris. Elle épousa le futur roi de Portugal, Charles. Reine en 1889, elle vit assassiner en 1908 son mari et son fils aîné; en 1910, elle dut fuir avec son second fils, Manuel II.

Marie-Antoinette, née à Vienne (1755-1793), reine de France. Fille de l'empereur d'Autriche François Ier et de Marie-Thérèse, elle épousa en 1770 le Dauphin Louis, qui devint roi en 1774. Dans l'opinion, elle représentait l'alliance autrichienne et elle se rendit d'autant plus impopulaire que, sous l'influence de la coterie des Polignac, elle s'opposa à toute tentative de réforme, contribuant en particulier à la chute de Turgot. En 1785, l'Affaire du collier servit de prétexte pour la calomnier. Ayant pris sur le roi un réel ascendant, elle le poussa à résister au besoin par la force à la Révolution de 1789, et elle gagna à la cause royale Mirabeau et Barnave. Elle souhaitait la guerre, espérant de la défaite des armées révolutionnaires une restauration du prestige royal. Elle conserva des relations avec les émigrés et les cours étrangères. Enfermée au Temple après le 10 août 1792, elle fut transférée à la Conciergerie après l'exécution du roi (21 janv. 1793). Elle subit son procès et la mort (16 oct. 1793) avec dignité.

Marie-Caroline, née à Vienne (1752-1814), reine de Naples, fille de l'empereur François Ier et femme de Ferdinand IV.

Marie-Christine de Bourbon, née à Naples (1806-1878), fille du roi des Deux-Siciles, reine d'Espagne par son mariage (1829) avec Ferdinand VII. Régente à la mort de ce dernier (1833), elle dut lutter contre les partisans de don Carlos, frère de Ferdinand VII, qui contestaient à sa fille Isabelle le droit de régner. Elle dut s'exiler une première fois de 1840 à 1843 et définitivement en 1854.

Marie-Christine de Habsbourg-Lorraine, née à Gross-Seelowitz (1858-1929), seconde femme d'Alphonse XII, roi d'Espagne, régente de 1885 à 1902.

Marie-Josèphe de Saxe, née à Dresde (1731-1767), fille d'Auguste III, Electeur de Saxe, épouse du Dauphin Louis (1747), fils de Louis XV. Elle fut la mère de Louis XVI, de Louis XVIII et de Charles X.

Marie-Louise de Habsbourg-Lorraine, née à Vienne (1791-1847), archiduchesse d'Autriche, impératrice des Français (1810), puis duchesse de Parme, Plaisance et Guastalla (1815). Fille de François Ier, empereur d'Autriche, elle épousa en 1810 Napoléon Ier et donna naissance au roi de Rome en 1811. Nommée régente le 30 mars 1813, elle quitta Paris le 29 mars 1814 pour se rendre auprès de son père à Rambouillet, qui lui donna la souveraineté viagère de Parme, Plaisance et Guastalla. Elle se laissa séparer de son fils et devint la maîtresse, puis la femme (1821-1829) du comte de Neipperg, dont elle eut trois enfants. Elle se remaria en 1834 avec le comte de Bombelles.

Marie-Louise (les), nom familier donné aux conscrits des classes 1814-1815, appelés sous les drapeaux dès 1813, l'impératrice Marie-Louise étant régente.

Marie-Louise de Parme, née à Parme (1754-1819), reine d'Espagne par son mariage (1765) avec le futur Charles IV. Elle se laissa mener par son amant Godoy. Comme lui, elle fut réduite à l'exil.

Marie-Madeleine (*sainte*), pénitente (Ier s. apr. J.-C.). Pécheresse convertie par Jésus, elle fut dès lors présente à tous les moments privilégiés de la vie du Christ; elle fut notamment au pied de la Croix et au Tombeau. Une tradition veut que Marie-Madeleine, avec sa sœur Marthe et son frère Lazare, ait débarqué sur les côtes de Provence et qu'elle se soit retirée à la Sainte-Baume, près de Marseille. — Fête le 22 juillet.

Marie-Madeleine de Pazzi (*sainte*), carmélite, née à Florence (1566-1607). — Fête le 29 mai.

Marie-Madeleine Postel (*sainte*), religieuse française, née à Barfleur (1758-1846). En 1807, elle fonda, à Saint-Sauveur-le-Vicomte, la congrégation des Sœurs des écoles chrétiennes. Canonisée en 1925. — Fête le 16 juillet.

Marienau, écart de la comm. de Forbach (Moselle). Importante cokerie.

marier [marje] v. t. Unir par le lien conjugal. ‖ Donner en mariage : *marier sa fille.* ‖ — *Fig.* Joindre : *marier la vigne à l'ormeau.* ‖ Allier : *marier sa voix au son d'un instrument.* ‖ Assortir : *marier des couleurs entre elles.* ‖ **— Se marier** v. pr. Contracter mariage.

marie-salope [marisalɔp] n. f. Chaland destiné à recevoir les vases extraites par la drague. ‖ Drague à vapeur. ‖ Pl. des *maries-salopes.*

Marie-Thérèse, née à Vienne (1717-1780), archiduchesse d'Autriche, impératrice (1740), reine de Hongrie (1741) et de Bohême (1743). Son père, Charles VI, pour lui assurer sa succession, fit rédiger la Pragmatique sanction, destinée à lui assurer la totalité de ses Etats, mais, à la mort de l'empereur (1740), Frédéric II lui enleva la Silésie (1740-1741), et l'Electeur de Bavière, Charles-Albert, se fit élire empereur (1742). Avec l'appui de l'Angleterre et de ses sujets hongrois, elle fit proclamer son mari, François de Lorraine (qu'elle avait épousé en 1736), empereur (1745) sous le nom de François Ier. A l'issue de la guerre de Succession d'Autriche (1740-1748), elle dut abandonner la Silésie, qu'elle ne parvint pas à récupérer pendant la guerre de Sept Ans (1756-1763). A l'intérieur de ses Etats, elle pratiqua un despotisme éclairé, renforçant les organes du gouvernement central, faisant établir un cadastre, réorganisant l'armée après avoir établi la conscription et réduisant l'influence du clergé. Elle eut cinq fils, dont Joseph II et Léopold II, et dix filles, dont Marie-Antoinette. Elle conserva le trône après l'avènement de Joseph II (1765) et participa au premier partage de la Pologne (1772).

Marie-Thérèse (*ordre de*), ordre militaire autrichien fondé en 1758 par Marie-Thérèse d'Autriche après la victoire de Kolin et supprimé en 1919. Ruban blanc bordé de rouge.

Marie-Thérèse d'Autriche, née à Madrid (1638-1683), reine de France par son mariage avec Louis XIV en 1660, fille de Philippe IV, roi d'Espagne.

Mariette (Pierre Jean), collectionneur et graveur français, né à Paris (1694-1774). Sa collection, considérable, fut dispersée après sa mort. Un millier de dessins, acquis par la Couronne, sont conservés au Louvre.

Mariette (Auguste), égyptologue français, né à Boulogne-sur-Mer (1821-1881). Il a retrouvé notamment l'emplacement du serapeum de Memphis et fondé à Boulaq un musée devenu le noyau de celui du Caire.

marieur, euse n. Personne qui aime à s'entremettre pour faire des mariages.

Marie-Victorin (*frère*) [Conrad KIROUAC], religieux canadien, né à Kingsey Falls (Québec) [1885-1944]. Naturaliste, il fonda le jardin botanique de Montréal.

Marignan, en ital. **Melegnano,** v. d'Italie, au sud-est de Milan; 13 200 h. Victoires de François Ier sur les Suisses (1515) et de Baraguay d'Hilliers sur les Autrichiens (1859).

Marignane, ch.-l. de c. des Bouches-du-Rhône (arr. d'Aix-en-Provence), près de l'étang de Berre; 20 227 h. (*Marignanais*). Aéroport de Marseille. Constructions aéronautiques.

Marigny (50570), ch.-l. de c. de la Manche (arr. de Saint-Lô); 1 196 h. Cimetière militaire allemand.

Marigny (Enguerrand DE), homme d'Etat français, né à Lyons-la-Forêt (v. 1260-1315). Grand chambellan de Philippe le Bel, il fut pendu à Montfaucon pour prévarication.

marigot [marigo] n. m. (orig. inconnue). Dans les pays tropicaux, bras de rivière qui se perd dans les terres, ou lieu bas sujet à être inondé.

marihuana [mariwana] ou **marijuana** [mariʒɥana] n. f. Stupéfiant voisin du chanvre indien.

Marillac (Michel DE), ministre français, né à Paris (1563-1632). Maître des requêtes (1595), protégé par Marie de Médicis, il devint garde des Sceaux (1629). Chef du parti dévot, il s'attacha à réformer l'Administration dans un sens opposé à la politique de Richelieu (code Michaud, 1629) et souhaita un rapprochement avec l'Espagne. Il fut exilé après la journée des Dupes*. — Son frère LOUIS, maréchal de France (1573-1632), conspira contre Richelieu, qui le fit décapiter.

marin [marɛ̃], **e** [-in] adj. (lat. *marinus;* de *mare,* mer). Qui appartient à la mer : *monstre marin.* ‖ Qui sert à la navigation sur mer : *carte marine.* ‖ Qui aime la mer. ‖ Qui se rapporte aux marins : *costume marin.* ● *Avoir le pied marin,* savoir marcher sur un bateau malgré le roulis, le tangage, etc.; et, au *fig.,* conserver son sang-froid dans un cas difficile.

marin n. m. Homme employé au service des navires : *les marins sont soumis à l'inscription maritime.* ‖ Vent du sud-est qui souffle de la Méditerranée vers le Languedoc, la Montagne Noire et les Cévennes, et qui apporte d'importantes précipitations.

Marin Ier, né à Gallese (m. en 884), pape de 882 à 884. — MARIN II, né à Rome (m. en 946), pape de 942 à 946.

Marin de Tyr, géographe romain de la fin du Ier s., fondateur de la géographie mathématique.

Marin (John), peintre américain, né à Rutherford (New Jersey) [1870-1953]. Surtout paysagiste, il est l'auteur d'aquarelles très colorées et d'un style dramatique.

marina n. f. Ensemble immobilier du bord de mer, construit en bordure d'installations portuaires où les propriétaires des logements viennent amarrer leurs bateaux de plaisance.

marinade [marinad] n. f. Saumure composée de vinaigre, de sel, d'huile, d'épices, etc., qui sert à conserver certaines viandes et à leur donner un arôme particulier. ‖ Viande marinée. ‖ — N. f. pl. Au Canada, syn. de PICKLES.

marinage [marinaʒ] n. m. Préparation que l'on fait subir à certaines viandes pour les conserver. ‖ Enlèvement des déblais provenant de l'abattage des terres à la suite d'un tir de mine dans le creusement d'une galerie.

marine [marin] n. f. Art de la navigation sur mer. ‖ Service des marins : *entrer dans la marine de l'Etat.* ‖ Tableau qui représente une vue maritime : *peintre de marines.* ‖ Administration maritime. ● *Artillerie, infanterie, troupes de marine,* ensemble des formations chargées de la sécurité des territoires français d'outre-mer. (V. *encycl.*) ‖ *Marine marchande,* ensemble des marins et des navires qui font des transports commerciaux. ‖ *Marine nationale* ou *marine de guerre,* ensemble des navires de guerre et des forces aériennes (aéronavale) destinés à la guerre sur mer. (V. *encycl.*)

— ENCYCL. De tout temps, les *marines de guerre* ont été un facteur capital d'expansion nationale. Ce fut le cas notamment des marines phénicienne, grecque, romaine et musulmane dans l'Antiquité et au Moyen Age, puis, à partir du XVe s., des marines portugaise, espagnole, hollandaise, britannique et française, et enfin, au XXe s., des marines japonaise, américaine et soviétique. En France, il fallut attendre le XVIIe s., avec Richelieu, Colbert et son fils Seignelay, pour qu'une véritable marine de guerre soit organisée grâce à l'aménagement de grands ports de guerre comme Brest et Toulon, grâce à des règlements fixant le recrutement, l'administration et la discipline de la flotte, et enfin grâce à l'essor donné à la construction navale. Cette politique, qui fournit à Louis XIV une marine capable de tenir plusieurs fois en échec sa rivale anglaise, ne fut pas poursuivie, et la flotte nationale

Phot. Anderson-Giraudon, Giraudon, Neurdein, Giraudon.

déclina au profit de la flotte des corsaires, moins coûteuse à armer. Les mesures prises par Choiseul, à la fin du règne de Louis XV, pour redresser cette situation, qui avait entraîné la perte de l'Inde, du Canada et des Antilles, permirent cependant à la France de Louis XVI de participer avec succès à la guerre de l'Indépendance américaine (1778-1783). Mais la marine, désorganisée en 1789, ne put intervenir avec efficacité pendant les guerres de la Révolution et de l'Empire, et la défaite de Trafalgar (1805) consacra son effacement et la prépondérance de la marine britannique, qui demeura incontestée jusqu'à la Seconde Guerre mondiale. Reconstituée peu à peu au XIXe s., bénéficiant par ailleurs des transformations apportées par la propulsion à vapeur, par l'invention de l'hélice et par la construction des premiers cuirassés, la marine de guerre que trouva Napoléon III était la plus moderne de l'époque. Le désastre de 1870 l'empêcha de s'employer sur mer (seules les formations débarquées purent se distinguer); mais, grâce à elle, la France put ensuite réaliser son essor colonial. Dotée de sous-marins à la fin du XIXe s., puis d'une aéronautique navale à partir de 1913, elle fut chargée, pendant la Première Guerre mondiale, du contrôle de la Méditerranée, tandis qu'à terre la brigade des fusiliers marins de l'amiral Ronarch se distinguait dans les Flandres. Reconstruite et modernisée entre les deux guerres, la marine française, qui était en 1939 la quatrième du monde, subit les conséquences de la défaite de 1940. Quelques unités rejoignirent la France libre, mais la plus grande partie de la flotte, bombardée à Mers el-Kébir par les Anglais (1940), dut ensuite se saborder à Toulon pour éviter d'être prise par les Allemands (1942). Après le débarquement en Afrique du Nord, les bâtiments qui s'y trouvaient ainsi que ceux qui s'étaient échappés de Toulon reprirent la lutte aux côtés des Alliés et participèrent notamment aux opérations de débarquement en Normandie, en Corse et en Provence. La Seconde Guerre mondiale se soldait par la disparition des flottes japonaise et allemande, et par la suprématie des marines américaine et soviétique, qui dominent désormais de très loin la marine britannique et les autres marines. Depuis 1960, en France comme dans les autres pays, les flottes se sont considérablement transformées pour tenir compte du fait nucléaire. Les moyens de la marine nationale, qui peuvent être, pour la plupart, utilisés à plusieurs fins, doivent permettre à celle-ci de remplir les trois missions qui lui sont confiées : la protection des voies maritimes, l'intervention dans un conflit limité et la dissuasion. Dans ce dessein, la marine dispose de trois groupes de forces :

— les forces nécessaires à la défense des accès maritimes de la France et des lignes de communication, principalement composées d'escorteurs, de sous-marins, de dragueurs et de chasseurs de mines ;

— les forces d'intervention navales et aéronavales, qui font partie de la force d'intervention interarmées et qui comprennent des porte-aéronefs, des croiseurs de commandement, des frégates lance-engins, des escorteurs, des sous-marins, des bâtiments de débarquement et des bâtiments logistiques ;

— une force nucléaire stratégique, composée de sous-marins nucléaires lance-missiles, dont le *Redoutable,* lancé en 1967, constitue le premier élément.

● *Artillerie, infanterie, troupes de marine.* Les « compagnies de la mer », créées par Richelieu (1622), les « régiments de marine », créés par Colbert (1669) pour assurer les garnisons des vaisseaux, des ports et des colonies, puis les « compagnies franches de la marine » et le « corps royal d'artillerie de marine », créés à la fin du XVIIe s., furent les premières troupes de marine. Mais le corps ne fut organisé de façon stable qu'au milieu du XIXe s. et il s'illustra notamment en 1870, à Bazeilles, contre les Bavarois. Son développement, consécutif à l'extension des possessions d'outre-mer et à la création de formations recrutées parmi les autochtones, entraîna en 1900 la création des « troupes coloniales », véritable armée autonome. Les « troupes coloniales » devinrent, de 1958 à 1961, les « troupes d'outre-mer », avant de reprendre leur premier nom de « troupes de marine » et d'être incorporées, en 1966, à l'armée de terre, à laquelle elles fournissent des unités de toutes armes (artillerie, blindés, infanterie, parachutistes, etc.). Les fantassins et les artilleurs des troupes de marine, familièrement appelés « Marsouins » et « Bigors », ont conservé dans leurs insignes l'ancre de la marine entrelacée d'un cordage.

Marine (*musée de la*), installé au Louvre en 1827 et transféré au palais de Chaillot en 1943. Il abrite une belle collection de modèles et de maquettes de bâtiments de guerre et de commerce.

mariner [marine] v. t. et i. Tremper dans une marinade.

marines [marinz] n. m. pl. (mot angl.). Nom donné aux fusiliers marins dans les armées britanniques et américaines.

Marines (95640), ch.-l. de c. du Val-d'Oise (arr. de Pontoise); 2 048 h. Château du XVIe s.

Marinetti (Filippo Tommaso), écrivain italien, né à Alexandrie (Egypte) [1876-1944]. Il fut l'initiateur du futurisme, dont il lança les premiers manifestes (1909-1911) et qu'il illustra par ses drames satiriques et ses récits (*Mafarka le Futuriste,* 1909).

maringouin [marɛ̃gwɛ̃] n. m. (empr. à une langue du Brésil). Nom usuel de certains moustiques (cousin, etc.), dans les pays chauds et au Canada.

Maringues (63350), ch.-l. de c. du Puy-de-Dôme (arr. de Thiers), dans la Limagne ; 2 373 h. (1 609 aggl.). Eglise (XIIe-XVIe s.). Quincaillerie.

Marini (Marino), sculpteur italien, né à Pistoia en 1901. S'inspirant du style archaïque, il traite avec élégance et vigueur des cavaliers, des chevaux, des nus, des portraits.

Marīnides ou **Mérinides,** dynastie de princes qui chassèrent les Almohades et régnèrent au Maroc de 1269 à 1472.

marinier, ère adj. Qui appartient à la marine. ● *Officier marinier,* sous-officier d'un bâtiment, du cadre de la maistrance.

marinier n. m. Professionnel chargé de la conduite et de l'entretien des bateaux destinés à la navigation intérieure.

marinière n. f. Manière de nager sur le côté. ‖ Blouse de femme très ample, qui se passe sur la tête. ● *A la marinière,* se dit d'une sauce claire à l'oignon et au vin blanc : *moules à la marinière.*

marinisme [marinism] n. m. Préciosité du style, caractérisée par la subtilité, l'outrance des images et l'abus de l'effet, et dont l'écrivain italien Marino a donné l'expression la plus achevée.

Marin La Meslée (Edmond), aviateur français, né à Valenciennes (1912-1945). Premier chasseur français à l'armistice de 1940 (20 avions allemands abattus), il fut tué au combat.

Marino ou **Marini** (Giambattista), poète italien, né à Naples (1569-1625), connu en France sous le nom de **Cavalier Marin.** Après une vie libertine et agitée, il devint à Turin le favori du duc Charles-Emmanuel, puis vint à la cour de Marie de Médicis, où sa poésie, surchargée de métaphores, d'antithèses et de concetti, exerça une influence profonde sur la littérature précieuse (*l'Adonis,* 1623).

marin-pêcheur n. m. Inscrit maritime pratiquant la pêche dans les eaux maritimes, à titre professionnel, à bord d'un navire ou d'une embarcation. ‖ Pl. des *marins-pêcheurs.*

mariole [marjɔl] ou **mariolle** adj. et n. *Pop.* Malin, roublard. ● *Faire le mariole* (Pop.), se faire remarquer.

Marion de Lorme, drame en 5 actes et en vers, de V. Hugo (1831).

marionnette [marjɔnɛt] n. f. (de *Marion* n. pr.). Petite figure de bois ou de carton qu'un homme placé derrière une toile fait mouvoir avec la main ou avec des fils. ‖ *Fig.* Personne frivole, sans caractère, que l'on fait mouvoir à sa guise : *c'est une vraie marionnette.*

Mariotte (*abbé* Edme), physicien français, né en Bourgogne (v. 1620-1684). Il a étudié la déformation élastique des solides, les lois de l'hydrodynamique, découvert le point aveugle de l'œil et énoncé en 1676 la loi de compressibilité des gaz : *A température constante, le volume d'une masse gazeuse varie en raison inverse de sa pression.*

Marioupol'. V. JDANOV.

Mariout (*lac*), anc. **Maréotis,** lagune du littoral égyptien, séparée de la mer par une langue de terre sur laquelle s'élève Alexandrie.

Maris ou **Tchérémisses*,** peuple de l'U. R. S. S., sur la Volga moyenne.

marisque [marisk] n. f. (lat. *marisca,* figue sauvage). Cicatrice fibreuse d'une hémorroïde, au pourtour de l'anus.

Marivaux
école française du XVIIIe s.
château de Versailles

mariste [marist] n. m. Membre de congrégations religieuses vouées à la Vierge.

Maritain (Jacques), philosophe français, né à Paris (1882-1973). Défenseur de l'orthodoxie catholique du néo-thomisme, il a combattu le bergsonisme.

marital [marital], **e, aux** [-o] adj. Qui appartient au mari : *pouvoir marital.*

maritalement adv. Comme des époux : *vivre maritalement.*

maritime [maritim] adj. (lat. *maritimus ;* de *mare,* mer). Qui est près de la mer : *ville maritime.* ‖ Relatif à la mer ou à la navigation sur mer : *expédition maritime.* ● *Plante maritime,* plante que l'on trouve au voisinage de la mer. (Il ne faut pas la confondre avec la *plante marine,* qui vit *dans* la mer.)

Maritimes (PROVINCES), ensemble des provinces canadiennes de la Nouvelle-Ecosse, du Nouveau-Brunswick et de l'île du Prince-Edouard.

maritorne [maritɔrn] n. f. (nom d'une servante d'auberge, dans *Don Quichotte*). *Fam.* Femme laide, malpropre.

Maritza (la) ou la **Marica,** en gr. **Evros,** fl. de Bulgarie et de Grèce, né dans le Rila, tributaire de la mer Egée ; 437 km. C'est l'*Hèbre* des Anciens.

Marius (Caius), général et homme politique romain, né à Cereatae, près d'Arpinum (157-86 av. J.-C.). Issu d'une famille modeste, il rompt avec Metellus, l'un des chefs aristocrates, se pose en champion du peuple, est élu consul et chargé de remplacer Metellus à la tête de l'armée d'Afrique, en guerre contre Jugurtha ; il triomphe du roi des Numides (105). Il accroît ensuite sa popularité en écartant l'invasion germanique par l'écrasement des Teutons à Aix (102) et des Cimbres à Verceil. Mais le parti aristocratique reprend l'avantage avec son chef Sulla, qui, vainqueur en Orient, marche sur Rome, d'où il chasse son rival. Sulla étant reparti pour l'Orient, Marius rentre à Rome, et, aidé de Cinna, fait massacrer ceux qui l'ont proscrit. Il prend le consulat sans réunir les comices, mais il meurt, victime de ses débauches.

marivaudage n. m. Langage raffiné et précieux comme celui de Marivaux.

marivauder [marivode] v. i. Donner un style raffiné, compliqué, à l'expression de ses sentiments (généralement amoureux).

Marivaux (Pierre CARLET DE CHAMBLAIN DE), écrivain français, né à Paris (1688-1763). Auteur de parodies, rédacteur de journaux, il est ruiné par la banqueroute de Law et se consacre au théâtre. Il renouvelle la comédie en la fondant sur l'amour naissant, traduit en un langage délicat qu'on a appelé le « marivaudage » : *la Surprise de l'amour* (1722), *la Double Inconstance* (1723), *le Jeu de l'amour et du hasard* (1730), *la Mère confidente* (1735), *le Legs* (1736), *les Fausses Confidences* (1737), *l'Epreuve* (1740). On lui doit également deux romans, qui sont des chefs-d'œuvre : *la Vie de Marianne* (1731-1741, inachevé), *le Paysan parvenu* (1735). [Acad. fr.]

marjolaine [marʒɔlɛn] n. f. Plante aromatique de la famille des labiacées.

marketing [marketiŋ] n. m. (mot angl.). Etude des activités commerciales qui, à partir de la connaissance des besoins et de la psychologie du consommateur, tend à diriger, en les adaptant, les produits vers leur meilleur marché. (Le marketing comporte l'*étude de marché** et la *promotion des ventes.*)

Markham (*mont*), l'un des points culminants de l'Antarctique ; 4 572 m.

Markov (Andreï Andreïevitch), mathématicien russe (1856-1922). Elève de Tchebychev, il est surtout connu pour ses recherches dans le domaine des probabilités.

Markova (Lilian Alicia MARKS, dite **Alicia**), danseuse anglaise, née à Londres en 1910. Fondatrice, avec A. Dolin, de la compagnie Markova-Dolin (qui devint le London's Festival Ballet en 1950), elle a été une des plus brillantes interprètes du répertoire romantique (*Giselle, le Lac des cygnes, les Sylphides*).

Markstein (le), sommet des Vosges méridionales ; 1 267 m. Sports d'hiver.

Marl, v. de l'Allemagne occidentale (Rhénanie-du-Nord-Westphalie) ; 74 700 h. Centre minier. Caoutchouc synthétique.

Marlborough (John CHURCHILL, *duc* DE), général anglais, né à Musbury (1650-1722). En 1688, il passa au parti de Guillaume d'Orange. A l'avènement de la reine

Alicia Markova

Marlborough
par Van der Werff
palais Pitti
Florence

Phot. Giraudon, Lido, Scala.

Anne (1702), il devint capitaine général des troupes britanniques. Commandant de l'armée des Pays-Bas, il remporta les victoires de Höchstädt, Ramillies et Malplaquet au cours de la guerre de Succession d'Espagne. Son nom est devenu légendaire grâce à la chanson burlesque dont il est le héros sous le nom dénaturé de MALBROUGH.

Marle (02250), ch.-l. de c. de l'Aisne (arr. de Laon); 2 848 h. Sucrerie.

Marles-les-Mines (62540), comm. du Pas-de-Calais (arr. de Béthune); 9 942 h. Houille. Centrale thermique.

marli [marli] n. m. Bord intérieur d'une assiette, d'un plat.

Marlowe (Christopher), écrivain anglais, né à Canterbury (1564-1593). Acteur, poète (*Héro et Léandre,* 1598), il fut par ses tragédies historiques et ses drames le précurseur de Shakespeare (*la Tragique Histoire du docteur Faust,* 1588; *Edouard II,* v. 1592).

Marly (59770), comm. du Nord (arr. de Valenciennes); 13 117 h. Houille. Métallurgie. Textiles.

Marly-la-Machine, écart de la commune de Bougival (Yvelines), célèbre par deux machines hydrauliques qui alimentèrent Versailles en eau : celle qui fut construite sous Louis XIV et celle de Dufrayer, édifiée de 1855 à 1859.

Marly-le-Roi (78160), ch.-l. de c. des Yvelines (arr. de Saint-Germain-en-Laye), près de la Seine; 12 016 h. (*Marlychois*). Louis XIV y avait fait construire par J. Hardouin-Mansart un château entouré de douze pavillons, vendu puis détruit sous la Révolution. — Les *Chevaux de Marly,* par Coustou (place de la Concorde à Paris), proviennent de l'abreuvoir de ce château.

marmaille [marmaj] n. f. (de *marmot*). *Fam.* Troupe de petits enfants.

Marmande (47200), ch.-l. d'arr. de Lot-et-Garonne, sur la Garonne; 16 129 h. (12 145 aggl.) [*Marmandais*]. Eglise des XIIIe-XIVe s. (cloître Renaissance). Centre de production maraîchère. Electromécanique. Manufacture de tabac. — L'arr. a 9 cant., 100 comm., 76 125 h.

Marmara (*mer de*), mer intérieure comprise entre la partie asiatique et la partie européenne de la Turquie. Elle communique avec la Méditerranée orientale (mer Egée) par le détroit des Dardanelles et avec la mer Noire par le Bosphore.

marmelade [marməlad] n. f. (portug. *marmelada;* de *marmelo,* coing). Confiture de fruits presque réduits en bouillie : *marmelade de pommes.* ● *Avoir la figure en marmelade* (Fam.), meurtrie, fracassée.

marmenteau [marmɑ̃to] n. m. et adj. (de l'anc. fr. *merrement,* bois de construction). Bois de haute futaie servant à la décoration, et que l'usufruitier ne peut couper.

marmitage n. m. *Fam.* Bombardement.

marmite [marmit] n. f. Récipient avec couvercle, dans lequel on fait cuire les aliments. ‖ Contenu de la marmite. ‖ *Fam.* Gros obus. ● *Marmite de géants* ou *marmite torrentielle,* cavité que l'érosion d'un cours d'eau creuse, avec l'aide de graviers et de galets, dans une roche assez compacte pour s'user sans s'émietter : *les marmites de géants de la Valserine.* ‖ *Marmite norvégienne,* caisse calorifugée recevant une marmite portée à ébullition, où la cuisson se continue sans feu. ‖ *Marmite de Papin* ou *marmite à pression,* vase clos muni d'une soupape de sûreté, et dans lequel on peut élever l'eau à une température supérieure à celle de l'ébullition à l'air libre.

marmitée n. f. Contenu d'une marmite.

marmiton n. m. Jeune apprenti attaché au service de la cuisine.

Marmolada (la), point culminant des Dolomites (Italie); 3 342 m.

marmonner [marmɔne] v. t. (onomat.). Murmurer entre ses dents : *marmonner des injures.*

Marmont (Auguste Frédéric Louis VIESSE DE), duc DE RAGUSE, maréchal de France, né à Châtillon-sur-Seine (1774-1852). Aide de camp de Bonaparte, il commanda l'armée de Dalmatie et fut créé duc de Raguse (1808), puis maréchal (1809). Il commanda l'armée envoyée en occupation au Portugal (1811) et fut vaincu en Espagne aux Arapiles (1812). Il défendit Paris, dont il négocia la capitulation, mais quittant sa position de l'Essonne, qui couvrait Napoléon, installé à Fontainebleau, il se replia sur la Normandie, ce qui durcit sans doute les positions du tsar.
Créé pair de France (1814), il suivit Louis XVIII à Gand (1815) et commanda la garnison de Paris lors des journées de juillet 1830. Il a publié ses *Mémoires* (9 vol.; 1856-1857).

Marmontel (Jean-François), écrivain français, né à Bort-les-Orgues (1723-1799). Protégé et disciple de Voltaire, il connut le succès dans les salons philosophiques grâce à ses *Contes moraux* (1763) et à ses romans (*Bélisaire,* 1767; *les Incas,* 1777). Il a laissé également un récit autobiographique (*Mémoires d'un père pour servir à l'instruction de ses enfants*). [Acad. fr.]

marmoréen [marmɔreɛ̃], **enne** [-ɛn] adj. (du lat. *marmor,* marbre). Qui tient du marbre : *blancheur marmoréenne.* ‖ *Fig.* Froid, dur comme le marbre : *un cœur marmoréen.*

marmoriser [marmɔrize] v. t. Transformer en marbre.

marmot [marmo] n. m. *Fam.* Petit garçon. ‖ Petite figure grotesque, qui servait souvent de heurtoir.

marmotte [marmɔt] n. f. Mammifère rongeur dont une espèce vit dans les Alpes entre 1 500 et 3 000 m d'altitude, et hiberne plusieurs mois dans un terrier. (Long. 50 cm.) ‖ Boîte à échantillons des commis voyageurs. ● *Dormir comme une marmotte* (Fig.), dormir profondément.

marmottement n. m. Mouvement des lèvres, comme pour parler à voix basse.

marmotter [marmɔte] v. t. *Fam.* Parler confusément et entre les dents : *marmotter des prières.*

marmotte

marmotteur, euse adj. et n. Qui marmotte, qui a l'habitude de marmotter.

marmouset [marmuzɛ] n. m. (de *marmot*). *Fam.* Petit garçon. ‖ Homme de petite taille. ‖ Chenet de fonte, dont une extrémité est ornée d'une figure.

Marmousets, nom sous lequel les ducs de Bourgogne et de Berry, par dépit, désignèrent les conseillers de Charles V demeurés en fonctions sous Charles VI.

Marmoutier (67440), ch.-l. de c. du Bas-Rhin (arr. de Saverne); 1 801 h. Une abbaye y fut fondée au VIe s. Eglise des XIe, XIVe et XVIIIe s.

Marmoutier, abbaye située à 3 km de Tours, fondée par saint Martin (IVe s.). Vestiges de l'abbatiale.

marnage n. m. Elévation de la mer par suite de la marée.

marnage n. m. Incorporation de marne dans une terre arable pour l'amender (5 à 10 t à l'hectare).

Marnay (70150), ch.-l. de c. de la Haute-Saône (arr. de Vesoul); sur l'Ognon; 1 100 h. Eglise (XIVe-XVe s.).

marne [marn] n. f. (lat. pop. **margila,* empr. au gaul.). Roche argileuse contenant une forte proportion (entre 20 et 80 p. 100) de calcaire, et que l'on utilise pour amender les sols acides et pour fabriquer du ciment.

Marne (la), riv. de France, qui prend sa source sur le plateau de Langres, arrose Chaumont, Vitry-le-François, Châlons-sur-Marne, Epernay, Château-Thierry, Meaux, et se jette dans la Seine (r. dr.) à Charenton-le-Pont; 525 km. Le *canal latéral à la Marne* remonte la rivière de Dizy à Vitry-le-François, où il est prolongé par le *canal de la Marne au Rhin,* d'une part, et par le *canal de la Marne à la Saône,* d'autre part.

Marne (*batailles de la*), ensemble des manœuvres et des combats victorieux dirigés par Joffre en septembre 1914, par lesquels il arrêta l'invasion allemande. A la suite d'un infléchissement de l'aile droite allemande, qui s'offrait ainsi à l'action de la VIe armée de Maunoury, formée sous Paris et renforcée par Gallieni, Moltke, contre-attaqué sur tout le front, dut ordonner le repli général de ses forces en direction de l'Aisne.
Le même nom est parfois donné à la contre-offensive de Foch pour résorber la poche de Château-Thierry et de Dormans en juillet 1918.

Marne (*dép. de la*) **[51]**, dép. du Bassin parisien, formé d'une partie de la Champagne, arrosé par la *Marne;* préf. *Châlons-sur-Marne;* s.-préf. *Epernay, Reims, Sainte-Menehould, Vitry-le-François;* 5 arr., 33 cant., 643 comm.; 8 163 km²; 485 400 h. Les plaines crayeuses de la *Champagne pouilleuse,* auj. mises en valeur (céréales), font place, à l'est, aux terres argileuses de la *Champagne humide,* pays de bois et de prairies (élevage laitier). A l'ouest s'élève la côte de l'*Ile-de-France,* qui, autour de Reims et d'Epernay, porte le célèbre *vignoble champenois.* L'industrie, employant environ les deux cinquièmes de la population active, est représentée par le textile, la métallurgie de transformation et l'électronique, les activités liées à la champagnisation, et localisées surtout à Reims, dont l'agglomération concentre le tiers de la population du département.

Marne (*dép. de la Haute-*) **[52]**, dép. du sud-est du Bassin parisien; préf. *Chaumont;* s.-préf. *Langres, Saint-Dizier;* 3 arr., 28 cant., 546 comm.; 6 216 km²; 214 300 h. Le dép. est formé de régions naturelles variées (*Vallage, Bassigny, Châtillonnais, plateau de Langres*), où l'élevage bovin et l'exploitation forestière constituent les fondements d'une économie rurale employant le cin-

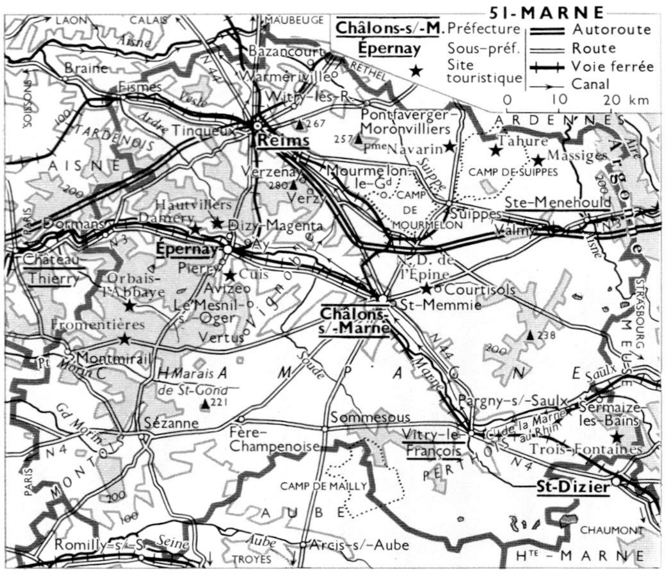

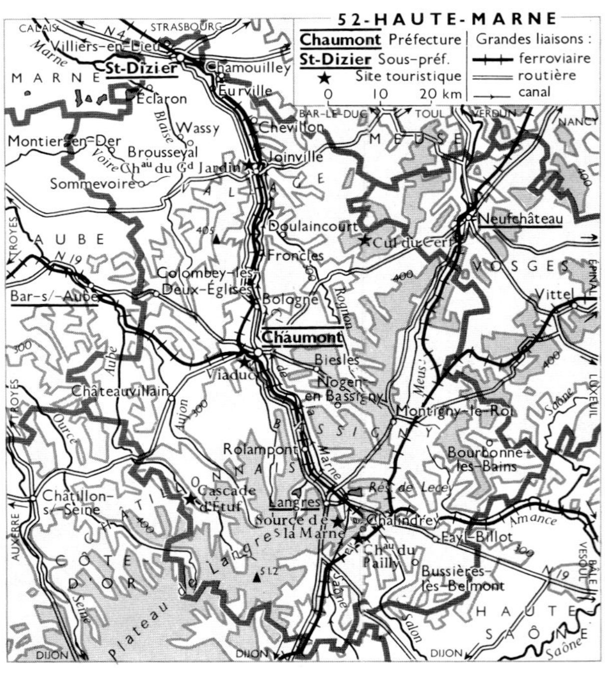

Phot. Popper - Atlas-Photo.

quième de la population active. La *vallée de la Marne* est jalonnée par les principales villes (Saint-Dizier, Chaumont, Langres). L'industrie, employant les deux cinquièmes de la population active, est représentée par la métallurgie de transformation (du matériel agricole à la coutellerie), de tradition ancienne à Saint-Dizier et Nogent-en-Bassigny notamment. Le travail du bois et les industries alimentaires sont plus dispersés.

Marne-la-Vallée, nom donné à la ville nouvelle dont le développement est prévu à l'est de Paris, sur la rive gauche de la Marne.

marner v. t. Incorporer de la marne au sol arable : *on marne les terres trop sableuses.*

marner v. i. En parlant de la mer, monter par l'effet de la marée : *la marée marne à peine en Méditerranée.* ‖ *Pop.* Travailler.

Marnes-la-Coquette (92430), comm. des Hauts-de-Seine (arr. de Nanterre), à l'ouest de Paris ; 1 698 h. Château de Villeneuve-l'Etang, annexe de l'Institut Pasteur.

marneur n. et adj. m. Ouvrier qui marne les terres, ou qui travaille dans une marnière.

marneux, euse adj. De la nature de la marne. ‖ Qui contient de la marne : *sol marneux.*

marnière n. f. Carrière d'où l'on tire la marne.

Maroc, royaume occupant l'extrémité nord-ouest de l'Afrique, sur l'Atlantique et la Méditerranée ; 447 000 km^2 ; 16 310 000 h. (*Marocains*). Langues : *arabe* et *français.*

Géographie.

● *Géographie physique.* Un demi-cercle montagneux (Rif, Moyen Atlas et Haut Atlas) sépare des domaines bien différents.

A l'ouest, le *Maroc atlantique* correspond à un socle ancien, la Meseta, le plus souvent recouvert par des sédiments marins secondaires et tertiaires. L'altitude s'abaisse vers l'Atlantique, et aux plateaux (plateau Zaïan) succèdent les plaines (Doukkala, Chaouïa [le Gharb sépare le socle du Rif plissé]). La hauteur annuelle des précipitations varie généralement entre 400 et 600 mm (davantage vers le nord [Gharb] ou sur les plateaux, dont l'altitude dépasse 1 000 m). A Casablanca, elle est de 425 mm, avec une sécheresse estivale marquée. Les températures sont contrastées, surtout dans l'intérieur. La moyenne mensuelle de janvier est souvent inférieure à 10 °C, et celle de juillet est de l'ordre de 30 °C. En dehors d'îlots forestiers (chêne-liège), la végétation dominante est un boisement de thuyas au nord et une brousse à jujubiers au sud.

A l'est du Rif et du Moyen Atlas, le *Maroc oriental* s'apparente aux hautes plaines algériennes : il correspond à un bombement de calcaires secondaires, porté à plus de 1 000 m d'altitude, limité à l'ouest par la vallée de la Moulouya et au sud par une zone de plissement secondaire prolongeant le Haut Atlas. La barrière montagneuse explique l'aridité du climat. Les précipitations sont toujours inférieures à 400 mm (dans le Dahra, elles sont inférieures à 200 mm). La brousse à jujubiers et le chêne-liège subsistent au nord, cédant la place, au sud du djebel Kouali, à la steppe à alfa.

Au sud du Haut Atlas se juxtaposent l'*Anti-Atlas* (pli de fond du socle, cassé et porté à plus de 3 000 m d'altitude au djebel Siroua, qui doit à son altitude des précipitations de 300 à 400 mm, expliquant la présence de bouquets de chênes verts) et le *Maroc saharien* (au sud de l'Anti-Atlas, du djebel Sagho et du Tafilalet). Celui-ci est franchement aride, avec une hauteur de précipitations inférieure à 100 mm.

Sur la Méditerranée, le *Rif* associe charriages et plissements de sédiments, surtout calcaires, avec intrusion de noyaux du socle. L'altitude y dépasse 2 000 m. Les précipitations sont supérieures à 800 mm dans la majeure partie de la chaîne, surtout à l'ouest et au sud-ouest, exposée aux vents pluvieux de l'Atlantique. La couverture forestière (chêne-liège, chêne vert et cèdre) y est inégalement conservée. Le versant septentrional et l'Est, plus secs, portent des boisements plus clairs de thuyas et de pins d'Alep. Le *Moyen Atlas* est formé d'un plissement de calcaires liasiques et jurassiques dépassant parfois 3 000 m. Le versant occidental, arrosé, porte une couverture forestière proche de celle du Rif humide. Le versant oriental reçoit moins de 500 mm, et sa végétation s'apparente à celle du Rif oriental.

Au sud, le *Haut Atlas* doit son altitude élevée (4 165 m au djebel Toubkal, point culminant du Maghreb) à l'incorporation de noyaux du socle au plissement de la couverture sédimentaire au tertiaire. L'Ouest, plus élevé et plus proche de l'Atlantique, est davantage arrosé (la prairie alpine apparaît encore au-dessus de 3 000 m, succédant au chêne vert et au genévrier). L'Est est plus sec : le pin d'Alep et le genévrier rouge se mêlent au chêne vert. Au sud-ouest du Haut Atlas, dans une fosse de subsidence, se localise la plaine de remblaiement du Sous, au climat semi-désertique (moins de 300 mm de précipitations par an). Ce type de climat se retrouve dans le Haouz, dépression synclinale accidentée de pointements du socle. A Marrakech, le total des précipitations annuelles est de 250 mm, avec un minimum estival. Les moyennes thermiques oscillent entre 13 et 30 °C.

● *Géographie humaine et économique.* En dehors de la minorité européenne (près de 100 000 Français aujourd'hui) et juive (moins de 180 000 personnes), la population est islamisée. Son originalité tient à la présence d'un fort noyau berbérophone (le tiers de la population totale), qui, replié dans des zones de refuge (Rif, Moyen et Haut Atlas), recule toutefois devant l'arabisation atteignant plus de 60 p. 100 de la population. Celle-ci se caractérise encore (mais ne s'individualise pas) par un taux de croissance très rapide. Le taux de natalité est de l'ordre de 40 p. 1 000, et le taux de mortalité est inférieur à 15 p. 1 000. La population augmente annuellement de 400 000 unités. Les conditions naturelles expliquent sa répartition. Si la densité moyenne est voisine de 35 h. au kilomètre carré, elle est largement inférieure à ce chiffre dans le Maroc oriental et dans la montagne, mais supérieure en bordure du littoral atlantique, du bas Sebou à El-Jadida, et au pied du versant atlantique des Atlas. Dans ces dernières régions se localisent d'ailleurs les principales villes : Casablanca et l'agglomération Rabat-Salé, Fès, Meknès et Marrakech. La croissance récente des villes (Casablanca dépasse aujourd'hui 1 500 000 hab.) s'explique davantage par l'immigration massive, dans les faubourgs, de personnes sans ressources, originaires des campagnes, que par le développement du secteur industriel. Le tiers de la population est urbanisé.

En 1970, l'industrie ne fournit que 22 p. 100 du produit intérieur brut (elle en fournissait déjà 20 p. 100 en 1958), et la part du secteur extractif est très importante. Le sous-sol fournit un peu de houille (Djerada) et de pétrole (Sidi-Kacem), mais la production énergétique (même avec le secours de quelques centrales hydrauliques : Bin el-Ouidane et Afourer, Mechra Klila) satisfait seulement le tiers des besoins. Le Maroc produit encore du manganèse (Imini, près de Ouarzazate ; Bou Arfa), du fer (Aït-Amar, près de Casablanca), du plomb (Zellidja), du cobalt, du zinc, du cuivre, etc. Mais le sous-sol recèle surtout des phosphates (Khouribga principalement, ainsi que Youssoufia et Meskala), dont la production, voisine de 15 Mt, place le pays au troisième rang dans le monde, après les États-Unis et l'U. R. S. S. Les activités extractives n'ont pas entraîné le développement parallèle de l'industrie de transformation ; la structure coloniale de l'exploitation en était la cause initiale ; le manque de capitaux et de techniciens en est la raison plus actuelle. Si le phosphate et le plomb sont partiellement valorisés sur place (usines de superphosphates de Casablanca, de Kenitra et surtout de Safi ; fonderie de plomb d'Oued-el-Heimer), les autres minerais sont presque entièrement exportés à l'état de minerais bruts ou de concentrés. En dehors du traitement des phosphates et de la métallurgie primaire, l'industrialisation est limitée pratiquement à la valorisation des produits de l'agriculture (alimentation et textiles, travail du cuir), souvent encore artisanale. Les raffineries de pétrole de Sidi-Kacem et de Mohammedia, et l'usine de montage automobile de Casablanca sont des unités modernes isolées.

L'agriculture emploie encore la majeure partie de la population active, mais elle ne fournit guère que le tiers du produit intérieur brut. Initialement, elle a été caractérisée par la juxtaposition de sédentaires dans les plaines et de nomades dans la montagne et aux confins du désert. La colonisation française a détruit ce cadre en imposant une sédentarisation progressive, en s'appropriant les meilleures terres et en les mettant en valeur, selon des normes qui aboutirent à distinguer un secteur moderne, le secteur européen, à la production surtout

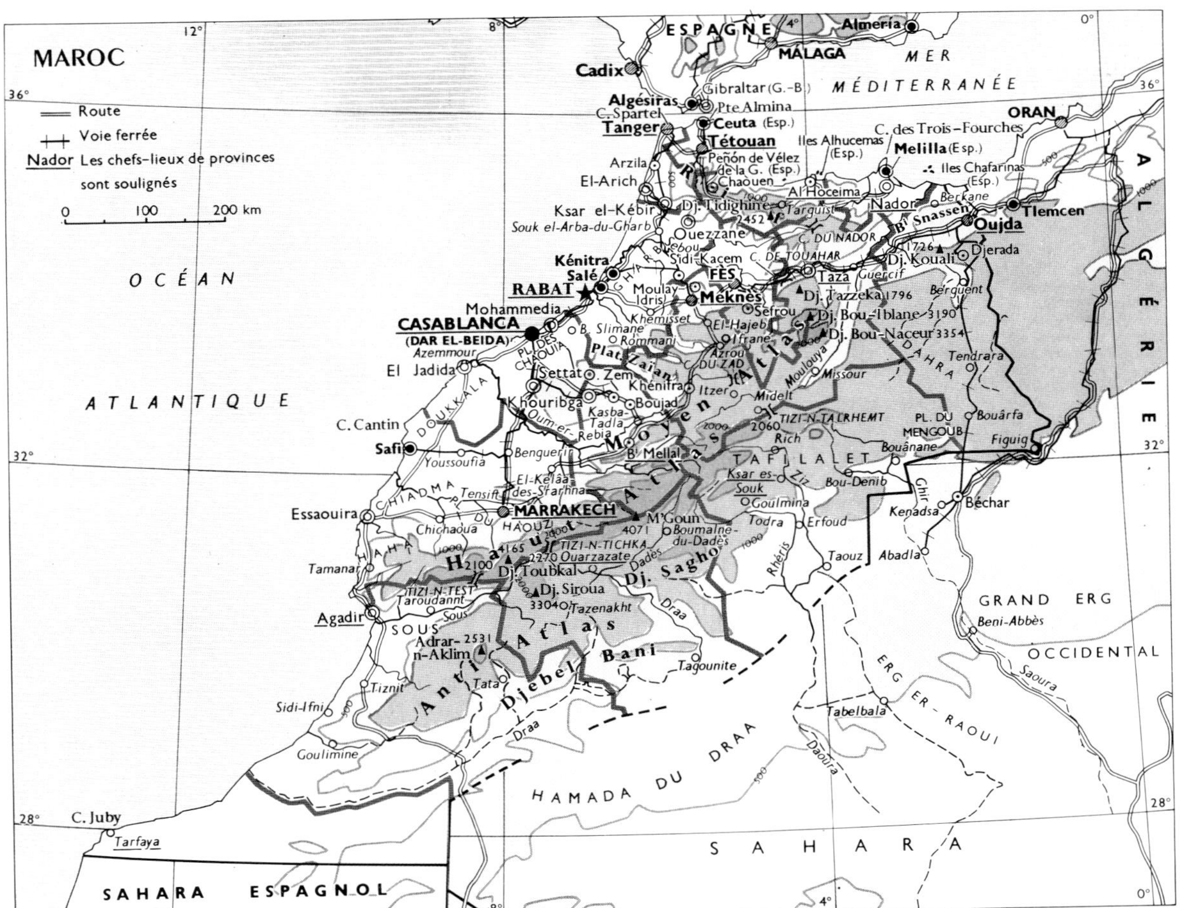

vieux ksar marocain

gorges du Dadès

barrage d'Im-Fout

Maroc

commercialisable, et le secteur marocain, consacré en grande partie aux cultures céréalières et à l'élevage, destinés surtout à l'autoconsommation. L'indépendance n'a que tardivement modifié ce schéma. Mais, aujourd'hui, la totalité des terres cultivées à l'origine par les Européens sont récupérées (soit plus de 200 000 ha). Ces domaines assurent encore la moitié de la production de riz et d'agrumes. L'intégration du secteur traditionnel au secteur moderne est recherchée par la création d'organismes visant à la rénovation des cultures (notamment par l'irrigation) et à la mise en valeur de nouveaux périmètres d'exploitation (développement de la betterave à sucre dans la région de Sidi-Slimane, dans le Tadla et la basse Moulouya). Les céréales occupent la moitié de la superficie cultivée (le sixième de la superficie totale). Le blé provient des plaines atlantiques, du Gharb et de la région de Meknès, l'orge de la plaine du Sous et du Haouz. Les légumes secs (haricot, fève, etc.) assurent un important complément alimentaire. Les cultures maraîchères (destinées en partie à l'exportation) jalonnent le littoral atlantique. La betterave à sucre, le coton (Tadla, basse Moulouya, Gharb, plaine des Doukkala), l'olivier, les agrumes (dans les mêmes régions que le coton, c'est-à-dire là où l'irrigation le permet) et le vignoble (régions de Meknès et de Rabat, plaine des Chaouïa) sont les principales cultures industrielles ou commerciales. La production végétale (exploitation des zones forestières et de la steppe à alfa, fournissant du bois, du liège, etc.) a une importance équivalente à celle de la production animale, propriété presque exclusive des Marocains. Le troupeau ovin (18 millions de têtes) et le troupeau bovin (3,6 millions) utilisent près de 8 millions d'hectares (autant que les cultures). La pêche s'est récemment développée (près de 300 000 t) : Safi, qui possède d'importantes conserveries, en est la principale base.
La balance commerciale est toujours déficitaire depuis 1960, mais le taux de couverture des importations est généralement supérieur à 80 p. 100, et le déficit est partiellement comblé par l'essor du tourisme (près de un million de visiteurs étrangers). En 1971, les produits alimentaires et les matières premières industrielles représentaient plus de 80 p. 100 des exportations (dans l'ordre : phosphates, oranges, légumes, poissons). Les articles manufacturés et les biens d'équipement groupent ensemble la moitié des importations, dont plus de 25 p. 100 sont cependant constituées par des compléments alimentaires. La France est encore le principal partenaire commercial du Maroc, fournissant 30 p. 100 de ses importations, absorbant 45 p. 100 de ses ventes.
Le niveau de vie moyen est bas et n'a guère progressé depuis l'indépendance. Après celle-ci, le produit national s'est bien accru d'environ 25 p. 100, mais cette progression n'a pas été supérieure à l'augmentation de la population. La structure (sinon l'orientation) des échanges démontre bien le sous-développement de l'économie. En fait, l'expansion passe par la mobilisation de l'épargne privée, l'aide étrangère, financière et technique, le ralentissement du rythme d'accroissement de la population et la réforme agraire. L'accroissement récent du prix des phosphates facilite le retour à l'équilibre de la balance des paiements.

Histoire.

Peuplé de Maures au nord et de Gétules au sud, le pays reçoit la civilisation des Phéniciens, qui fondent des villes (XIe-IIIe s. av. J.-C.). En 40 apr. J.-C., le royaume de Mauritanie (fin du IIe s.) est annexé par les Romains, qui créent en 42 la province de Mauritanie Tingitane. L'occupation romaine, qui se limite aux plaines du Nord, sera balayée par le passage des Vandales (429).
Les Berbères constituent des tribus divisées en clans. Les trois principaux groupes de tribus sont : les *Maṣmūda*, sédentaires, surtout dans le Nord et l'Ouest ; les *Ṣanhādja*, chameliers ou transhumants du Sud ; les *Zenāta*, nomades de l'Est. La conversion à l'islām se fait entre 702 et 711, et les premiers convertis se ruent à la conquête de l'Espagne (711), mais l'esprit d'indépendance des Berbères, habitants du pays, se manifeste par le succès de l'hérésie khāridjite, qui provoque un soulèvement général (739). Du morcellement émerge la dynastie arabe des Idrīsides, qui fonde Fès ; mais cette dynastie ne peut se maintenir, pas plus que celle des Fāṭimides, qui la renverse (917). Le pays reste fidèle à la tradition du Prophète (*sunna*) et au régime tribal.
Les Ṣanhādja du désert, devenus la confrérie des Almoravides, se lancent à la conquête du Maghreb. Leur chef, Yusuf Ier ibn Tāchfīn, fondateur de Marrakech (1062), est le véritable créateur du Maroc. L'Empire almoravide inclut Alger et le sud de l'Espagne. Par la suite, la civilisation andalouse conquiert le Maroc. Les Almohades, issus des Maṣmūda de l'Atlas, renversent la puissance almoravide (1146-1147). Le Maroc berbère atteint alors son apogée avec une flotte puissante et le rayonnement de l'artisanat, de l'art et de la pensée (Averroès). Les Almohades triomphent des chrétiens en Espagne (Alarcos, 1195) et des Arabes à l'est (Gafsa, 1187). Mais la défaite de Las Navas de Tolosa (1212) leur porte un coup mortel.
Les querelles de succession favorisent l'intervention de Ferdinand III de Castille au Maroc, pendant que les Banū Marīn (Marīnides), des Zenāta venus de l'est, conquièrent le pays à partir de 1214. Les Marīnides, installés à Fès (1244), puis à Marrakech (1269), ne dominent en fait que les plaines. De 1420 à 1472, ils survivent sous la tutelle des Waṭṭāsides, dynastie zenāta qui, finalement, les remplace et règne de 1472 à 1554.
Contre les Portugais et les Espagnols, qui occupent de nombreux ports, à commencer par Ceuta (1415), des marabouts organisent la guerre sainte, dont profitent les Sa'diens, qui prennent le Sud (1523), puis l'ensemble du pays (1554). La victoire d'Alcaçar-Quivir (1578), où périt Sébastien, roi de Portugal, vaut un grand prestige au Maroc. Le Sa'dien Aḥmad al-Manṣūr (1578-1603) envoie une armée conquérir la boucle du Niger sur les Songhais pour mieux tenir la route de l'or, du sel et des esclaves (1591). Mūlāy Rāchid (1666-1672) fonde une nouvelle dynastie chérifienne, les 'Alawites, qui s'est maintenue jusqu'à nos jours. L'autorité du sultan est ébranlée par la pression des Berbères, qui, du Moyen Atlas, descendent dans les plaines. L'activité économique est dominée par les étrangers : accords commerciaux signés avec l'Angleterre (1760 et 1765), l'Espagne (1767 et 1780), la France (1787). Cependant, les Portugais sont chassés de Mazagan (auj. El-Zadida) [1769], le dernier port occupé par les étrangers.
Le Maroc, dont l'armée est faible, entreprend des guerres malheureuses contre la France (à propos d'Abd el-Kader et de la bataille d'Isly, 1844), et contre l'Espagne (1859-1860). Le Maroc, xénophobe, fermé (exploration de Charles de Foucauld, 1883-1884), rêve d'expulser les chrétiens de ses ports. Mais la France veut étendre sa domination sur le Maroc. Elle se fait concéder le droit de police dans les confins algéro-marocains (1901-1902). Elle désintéresse l'Italie (1900), la Grande-Bretagne (1904), fait entrevoir un partage à l'Espagne, mais se heurte à l'opposition de l'Allemagne (Guillaume II à Tanger, 1905), qui soutient le sultan. La conférence d'Algésiras (1906) met pratiquement le Maroc sous contrôle économique international.
Pendant que Lyautey s'empare d'Oujda (1907), puis du massif des Beni Snassen (1907-1908) dans le Maroc oriental, une division française occupe la région de Casablanca. Après l'incident d'Agadir (1911), terminé par un accord franco-allemand, la France a les mains libres : elle assigne à l'Espagne (1912) une zone nord (Rif) et une zone sud (Ifni, Tarfaya), et impose à Mūlāy Ḥāfiẓ, qui a déposséde son frère (1908), un traité de protectorat (1912). Le statut de Tanger, sous contrôle international, sera réglé en 1923 par la convention de Paris.
Ayant occupé Taza et Khenifra (1914), Lyautey, tout en renvoyant en France 37 bataillons, réussit à tenir l'intérieur du pays durant la Première Guerre mondiale. Agissant avec prudence et lenteur, montrant sa force pour n'avoir pas à s'en servir, il achève la pacification de la zone française dès la fin de 1923 et s'efforce de moderniser le pays. L'occupation européenne, cependant, se heurte à une violente opposition dans le Rif, où Abd el-Krim inflige un désastre à l'armée espagnole (Anoual, 1921) et ne succombe qu'en 1926 devant la coalition franco-espagnole ; les Berbères du Haut Atlas résistent jusqu'en 1933-1934 aux forces françaises.
Malgré Lyautey, premier résident général (1912-1925), le régime de protectorat cède la place à l'administration directe. Le sultan n'a plus que des pouvoirs religieux, et son choix est le fait de Paris : Mūlāy Ḥāfiẓ, contraint d'abdiquer (1912), a été remplacé par son demi-frère, Mūlāy Yūsuf (1912-1927). La colonisation officielle ou privée attribue aux Européens 1 million d'hectares (1/15 des terres utilisables). D'énormes capitaux permettent les grands travaux qui transforment l'économie marocaine : ports, routes, voies ferrées, mines.
La petite bourgeoisie, atteinte par la crise de 1929, commence à faire de l'opposition. Un parti communiste apparaît. Un comité d'Action marocaine se forme (1934) pour demander l'application du traité de protectorat ; il se coupe en deux tendances (1937), qui formeront l'Istiqlāl (1943) et le Parti démocratique de l'indépendance (1946). Dans la zone espagnole a pris naissance la guerre d'Espagne (1937), et Franco a fait des promesses d'autonomie au Maroc espagnol. A la suite de la défaite française de 1940, l'Espagne occupe Tanger (1940-1945), et les partis marocains réclament l'indépendance. Le sultan Muḥammad V (1927-1961) rencontre F. D. Roosevelt à Anfa (1943) et réclame l'indépendance (discours de Tanger, avr. 1947). Le gouvernement français nomme des résidents énergiques, les généraux Juin (1947-1951) et Guillaume (1951-1954). Le prolétariat urbain et la petite bourgeoisie luttent pour l'indépendance nationale et économique.
Le 20 août 1953, les autorités françaises déposent le sultan et le remplacent par Muḥammad ibn 'Arafa. Des massacres, des attentats ensanglantent les villes, et le Rif se soulève. Le gouvernement français, qui a exilé Muḥammad V en Corse, puis à Madagascar, autorise sa restauration (août 1955). Le retour triomphal du sultan (nov.) fait de celui-ci le chef incontesté des Marocains. Il obtient que la France, puis l'Espagne reconnaissent l'indépendance de son pays et fait abolir le statut international de Tanger (1956). Le Maroc, admis à l'O. N. U. et érigé en royaume (1957), réclame l'ouverture de négociations avec l'Algérie, puis revendique la Mauritanie (1958). L'Espagne, qui cède la zone de Tarfaya (avr. 1958), refuse d'abandonner les présides de la côte méditerranéenne, l'enclave d'Ifni et la zone saharienne, qui lui sont réclamés.
Le Maroc indépendant se transforme (publication des deux premiers livres du Code de droit musulman, interdisant les mariages précoces et restreignant la polygamie, déc. 1957), mais il connaît des difficultés politiques. L'Istiqlāl, parti majoritaire, se coupe en deux (1958) ; un groupe de gauche, l'Union des forces populaires, issu de ce démembrement, estime excessive la part prise par le roi dans le gouvernement ; mais, jusqu'à sa mort (févr. 1961), Muḥammad V garde un prestige intact.

Phot. Naud - Afrique-Photo (3).

Son fils, Ḥasan II, lui succède. En 1962, une Constitution institue un régime présidentiel au sein duquel le roi garde un pouvoir très fort, dit « personnalisé », qui lui a permis, en 1965, de suspendre la Constitution. A l'extérieur, le jeune Etat s'est rapproché de la France, mais a eu de graves difficultés territoriales avec l'Algérie (conflit algéro-marocain, 1963). La disparition, à Paris, du leader politique Ben Barka (oct. 1965) provoque des difficultés sur le plan extérieur et altère pour un temps les relations avec la France. Une nouvelle Constitution est adoptée en 1970, mais le roi doit faire face à plusieurs complots qui menacent sa vie.

marocain [marɔkɛ̃], **e** [-ɛn] adj. et n. Du Maroc. ‖ Se dit d'un crêpe de soie ou de fibres synthétiques au grain très marqué.

maroilles [marwal] n. m. (de *Maroilles*). Fromage au lait de vache, de forme carrée, à pâte molle affinée, à croûte lavée de couleur rougeâtre, fabriqué en Thiérache.

Maroilles (59550 Landrecies), comm. du Nord (arr. d'Avesnes-sur-Helpe) ; 1 533 h. Fromages dits *maroilles* ou *marolles*.

Marolles-les-Braults (72260), ch.-l. de c. de la Sarthe (arr. de Mamers) ; 1 916 h. (1 041 aggl.).

Maromme (76150), ch.-l. de c. de la Seine-Maritime (arr. de Rouen) ; 10 219 h. Produits pharmaceutiques.

Maroni (le), fl. séparant la Guyane française du Surinam ; 680 km.

maronite [marɔnit] adj. Se dit d'un rite syrien de l'Eglise catholique. ‖ — N. Fidèle appartenant à ce rite. (Les maronites ont comme fondateur saint Maron, qui se sépara des monophysites ; ils se donnèrent un patriarche dès le VIIIe s. et se rapprochèrent de plus en plus de Rome ; au XIIIe s., ils étaient déjà considérés comme catholiques.)

maronner [marɔne] v. i. *Fam.* Murmurer sourdement ; rager.

maroquin [marɔkɛ̃] n. m. (de *Maroc*). Cuir de chèvre de tannage végétal, teint et fini en vue de son utilisation. ‖ *Fam.* Portefeuille ministériel.

maroquinage n. m. Action de maroquiner.

maroquiner [marɔkine] v. t. Apprêter à la manière du vrai maroquin : *maroquiner du veau.*

maroquinerie n. f. Préparation, commerce du cuir. ‖ Lieu où se vendent des objets en cuir. ‖ Objet en cuir, et spécialement en maroquin.

maroquinier n. et adj. m. Ouvrier procédant au travail et à l'assemblage des peaux souples à la machine. ‖ Marchand de maroquinerie.

Maros. V. MUREȘ.

Marot (Clément), poète français, né à Cahors (1496-1544). Fils de Jean des Mares ou des Marets, dit *Marot,* poète attitré de la cour d'Anne de Bretagne, puis valet de chambre de François Ier, Clément Marot, après une enfance rustique et une courte carrière de clerc de procureur, entre au service de Marguerite d'Alençon, puis succède à son père dans la faveur du roi. Mais, soupçonné de sympathie pour la Réforme, compromis dans l'Affaire des placards*, emprisonné, il est contraint de se réfugier à Nérac, à la cour de Marguerite de Navarre, puis à Ferrare, auprès de Renée de France. Ayant obtenu le pardon du roi, il rentre en France, mais une polémique avec Sagon et une traduction de *Trente Psaumes* (1541) le condamnent à un nouvel exil, à Genève, puis à Turin, où il meurt. Resté fidèle aux formes du Moyen Age, comme le rondeau et la ballade (*l'Adolescence clémentine,* 1532), il s'ouvre cependant aux influences humanistes, compose le premier sonnet français et se révèle dans ses *Elégies,* ses *Epigrammes* et ses *Epîtres* un poète de cour plein d'élégance et d'ironie.

marotique [marɔtik] adj. Qui imite le style de Marot, surtout par l'emploi de mots et de tours vieillis.

marotte [marɔt] n. f. (dimin. de *Marie*). Espèce de sceptre, surmonté d'une tête grotesque garnie de grelots, attribut de la Folie. ‖ Tête de femme, en bois ou en carton, dont se servent les modistes, les coiffeurs. ‖ *Fam.* Idée fixe : *chacun a sa marotte.*

marouette [marwɛt] n. f. Oiseau échassier voisin du râle, nichant au bord des cours d'eau. (Long. 20 cm.)

marouflage n. m. Action de maroufler.

maroufle [marufl] n. m. Fripon, rustre, grossier.

maroufle n. f. Colle pour maroufler.

maroufler [marufle] v. t. Coller une toile peinte sur une surface murale ou un plafond. ‖ Coller de la toile ou de la filasse derrière un panneau de lambris pour empêcher les planches de se disjoindre.

maroute [marut] n. f. Plante de la famille des composées, à odeur fétide, dite aussi *camomille puante.*

Marpurg (Friedrich Wilhelm), compositeur et théoricien allemand, né à Seehof, près de Seehausen (1718-1795). Ses ouvrages théoriques et historiques lui ont acquis une grande réputation.

marquage n. m. Action de marquer.

marquant, e adj. Qui se fait remarquer ; qui est remarquable : *personne, couleur marquante.*

marque [mark] n. f. Signe servant à reconnaître une chose, à la distinguer d'une autre, à identifier une fonction : *faire une marque sur un livre.* ‖ Trace que laisse sur le corps une contusion, un coup, etc. : *les marques d'une brûlure.* ‖ Empreinte qu'un corps laisse sur un autre : *la marque des pas sur la neige.* ‖ Empreinte ineffaçable que le bourreau appliquait, à l'aide d'un fer chaud, sur l'épaule d'un condamné. ‖ Jeton, fiche dont on se sert au jeu. ‖ Repère placé par un athlète pour faciliter un saut, un élan, ou par un joueur de rugby après un arrêt de volée. ‖ Pavillon indiquant le grade du chef présent à bord d'un navire. ‖ — *Fig.* Trait distinctif : *la marque de l'ouvrier, de l'auteur.* ‖ Preuve, témoignage : *donner des marques d'affection.* ● *A vos marques !,* dans les compétitions, ordre donné par le starter pour amener les athlètes sur la ligne de départ. ‖ *De marque,* de première qualité : *vins de marque.* ‖ *Marque de fabrique,* nom, chiffre ou signe spécial à un commerçant ou à un fabricant : *la marque d'un orfèvre.* ‖ *Personne de marque,* personne que sa naissance, sa situation ou son mérite met en relief. ‖ *Taux de marque,* pourcentage qui, appliqué par un détaillant au prix d'achat, donne le prix de vente d'un produit.

Marquenterre (le), plaine maritime de la Picardie, entre les estuaires de la Somme et de la Canche. La côte est jalonnée de petits ports de pêche et de stations balnéaires.

marquer v. t. (du germ. **marka,* signe). Mettre une marque à : *marquer du linge.* ‖ Indiquer : *montre qui marque les secondes.* ‖ Laisser des traces : *marquer ses pas sur la neige.* ‖ Imprimer un signe flétrissant sur l'épaule d'un condamné. ‖ Noter, inscrire : *marquer ses dépenses.* ‖ Indiquer sur un tissu, à tailler ou à assembler, des points de repère à l'aide d'une craie, d'un point de faufil ou d'un papier à décalquer. ‖ — *Fig.* Indiquer, révéler : *voilà qui marque la méchanceté.* ‖ Fixer, assigner : *marquer un jour pour...* ‖ Signaler : *de grands malheurs ont marqué la fin du règne de Louis XIV.* ‖ *Chorégr.* Répéter en esquissant les pas. ● *Marquer un adversaire* (Sports), le surveiller de près. ‖ *Marquer un but, un essai,* réussir un but, un essai. ‖ *Marquer le pas,* Conserver la cadence du pas sans avancer. ‖ — V. i. Se distinguer : *cet homme ne marque point.* ● *Ce cheval marque encore,* il a le creux des canines encore visible, ce qui indique qu'il n'a pas plus de huit ans.

Clément **Marot**
école française du XVIe s., *coll. part.*

marquésan, anne adj. et n. Se dit des habitants des îles Marquises. (Syn. MARQUISIEN, ENNE.)

Marquet (Albert), peintre français, né à Bordeaux (1875-1947). Elève de Gustave Moreau à l'Ecole nationale supérieure des beaux-arts, il se lia avec Matisse. En 1904 et en 1906, il exposa avec les « fauves ». Puis il vint à un art plus modéré, tout en nuances, simplifiant les formes et modulant la lumière. Il voyagea en Europe et séjourna en Afrique du Nord. Il peignit des paysages (notamment des paysages parisiens : quai de la Tournelle, quai du Louvre, etc.), des portraits (*le Sergent de la coloniale,* 1907 ; *Maria Lani,* 1928 ; *Madame Marquet,* 1931) et quelques nus (*les Amies,* 1912), pratiqua l'aquarelle, dessina beaucoup et illustra plusieurs ouvrages. Le musée de Bordeaux conserve un important ensemble de ses œuvres.

marqueter [markəte] v. t. (conj. **4**). Marquer de taches, de couleurs, de dessins variés. ‖ Orner de marqueterie.

marqueterie [markətri *ou* -kɛtri] n. f. Ouvrage d'ébénisterie composé de feuilles de différents bois précieux, de métal, de nacre, d'écaille ou de marbre, plaquées sur un assemblage et formant des dessins variés.

marqueteur n. et adj. m. Ouvrier qui fait des ouvrages de marqueterie.

Marquette (Jacques), jésuite français, né à Laon (1637-1675). Il descendit, avec Joliet, le Mississippi jusqu'au 34e parallèle et fut le premier explorateur du cours de ce fleuve.

Marquette-lez-Lille (59520), comm. du Nord (arr. de Lille) ; 9 007 h. (7 376 aggl.). Matériel agricole et ferroviaire. Minoterie.

marqueur, euse n. Personne qui marque des points ; joueur qui marque un but (au football), un essai (au rugby), etc. ‖ Crayon-feutre formant un trait large.

Marquion (62860), ch.-l. de c. du Pas-de-Calais (arr. d'Arras) ; 859 h.

marquis [marki] n. m. (de *marche,* frontière). Seigneur qui était préposé à la garde d'une marche territoriale. ‖ Titre de noblesse entre ceux de duc et de comte. ‖ *Ironiq.* Homme qui prend des façons de grand seigneur.

marquisat n. m. Titre de marquis. ‖ Terre qui comportait ce titre.

marquise [markiz] n. f. Femme d'un marquis. ‖ *Ironiq.* Femme qui prend des airs d'importance. ‖ Auvent placé au-dessus d'une porte d'entrée, d'un perron, souvent vitré pour garantir de la pluie. ‖ Bague à chaton long.

Marquise (62250), ch.-l. de c. du Pas-de-Calais (arr. de Boulogne-sur-Mer) ; 5 076 h. Marbre.

Marquises (*îles*), archipel volcanique de la Polynésie française, au nord-est de Tahiti ; 4 800 h. (*Marquisiens* ou *Marquésans*). Ch.-l. *Atuana.* Entre 7° et 11° de lat. sud, l'archipel est formé de deux groupes d'îles, dont les principales sont Nuku-Hiva et Hiva-Oa. Les îles du Sud-Est furent découvertes par Mendaña (1595), puis par Cook (1774) ; celles du Nord-Ouest le furent par Marchand (1791), qui prit possession de l'archipel au nom de la France.

marquisien, enne adj. et n. Syn. de MARQUÉSAN, ANNE.

marquoir [markwar] n. m. Instrument de tailleur pour marquer.

marraine [marɛn] n. f. (du lat. *mater,* mère). Femme qui tient un enfant sur les fonts baptismaux. ‖ Personne qui donne un nom à quelque chose : *la marraine d'un navire.* ‖ Dame qui en présente une autre dans une société. ● *Marraine de guerre,* dame servant de correspondante à un soldat pendant une guerre.

Marrakech, v. et anc. cap. du Maroc, sur le Tensift, au pied du Haut Atlas ; 255 000 h. Mosquée Kutūbiyya (XIIe s.), une des plus belles de l'Islām occidental. Porte Bāb Agnāū. Mosquées du XVIe s. Mausolée d'Al-Manṣūr. Industries textiles et alimentaires. Aéroport international.

Marquet « Alger, place du Gouvernement » *musée des Beaux-Arts Alger*

Marrakech place Djema'a el-Fna

Phot. Giraudon (2), Candelier - Lauros - Atlas-Photo.

marranes [maran] n. m. pl. Nom donné, à partir du XIVe s., par les chrétiens aux juifs d'Espagne et du Portugal convertis par contrainte au catholicisme et demeurés fidèles en secret à leur religion. (Leur nombre s'accrut rapidement au cours du XVe s. Ils constituèrent une véritable classe sociale, qui, du XVIe au XVIIIe s., fit preuve d'une grande vitalité intellectuelle et économique. Victimes de l'Inquisition à partir du XVIe s., ils se répandirent en Europe [Bordeaux, Bayonne, Marseille] et en Afrique du Nord musulmane.)

marrant [marɑ̃], **e** [-ɑ̃t] adj. *Pop.* Drôle, amusant.

Marrast (Armand), journaliste et homme politique français, né à Saint-Gaudens (1801-1852). Il fut membre du gouvernement provisoire de 1848 et maire de Paris.

marre [mar] adv. *En avoir marre* (Pop.), en avoir assez; être excédé.

marrer (se) v. pr. *Pop.* Se tordre de rire.

marri [mari], **e** adj. (francique **marrjan*). Fâché, attristé, repentant (vieilli) : *il est tout marri de vous avoir peiné.*

marron [ma- *ou* marɔ̃] n. m. Fruit de l'espèce *châtaigne : oie farcie aux marrons.* ‖ Gros pétard. ‖ Jeton que les personnes chargées de faire des rondes déposent dans une boîte à chacun de leurs passages. ‖ Jeton numéroté, pour contrôler la présence d'un ouvrier, d'un employé. ‖ Couleur marron. ‖ *Pop.* Coup. ● *Marron glacé,* châtaigne confite dans du sucre. ‖ *Marron d'Inde,* graine du marronnier d'Inde, riche en amidon, mais non comestible, dont certaines préparations sont utilisées contre les troubles circulatoires (varices, hémorroïdes). ‖ *Tirer les marrons du feu* (Fig.), courir des risques sans profit personnel. ‖ — Adj. inv. Rouge-brun : *des pardessus marron; une robe marron.*

marron, onne adj. et n. (de l'esp. *cimarron*). Se disait d'un esclave qui s'était enfui (vx) : *négresse marronne.* ‖ *Fig.* Qui exerce une profession sans titre, le plus souvent dans une intention malhonnête : *médecin marron.*

marronnier n. m. Variété de châtaignier qui produit le *marron.* ● *Marronnier d'Inde,* arbre à feuilles composées palmées, originaire des Balkans et souvent planté sur les voies publiques. (Haut. 30 m; longévité : 2 à 3 siècles; famille des hippocastanacées.)

marrube [maryb] n. m. (lat. *marrubium*). Plante aromatique de la famille des labiacées, utilisée comme fébrifuge et dans les affections des voies respiratoires. ● *Marrube noir,* syn. de BALLOTE.

mars [mars] n. m. (lat. *Martius,* Mars). Troisième mois de l'année : *mars a 31 jours.* ‖ Espèce de papillon de jour. ‖ — Pl. Grains qu'on sème en mars.

Mars. *Myth. rom.* Dieu de la Guerre et des Agriculteurs. Les Romains le considéraient comme le fils de Junon et le père de Romulus. Ses prêtres portaient le nom de *saliens.* On l'a identifié avec l'*Arès* des Grecs.

Mars, la quatrième des planètes principales du système solaire, dans l'ordre croissant des distances au Soleil. Sa surface présente à chaque pôle des taches blanches très brillantes. Le reste du globe est occupé par des configurations claires et sombres paraissant reliées entre elles par des lignes sombres, reconnues en 1877 par Schiaparelli, qui les dénomma « canaux ». Mars possède deux satellites minuscules, *Phobos* et *Deimos,* dont les diamètres sont de 10 à 15 km au plus.

Mars (Anne Françoise Hippolyte BOUTET, dite Mlle), actrice française, née à Paris (1779-1847). Elle mit son talent classique, qui la fit triompher dans les rôles d'ingénues, au service du répertoire romantique et créa notamment doña Sol d'*Hernani.*

Marsa el-Brega, port de la Libye (Cyrénaïque). Exportation et raffinage du pétrole.

Marsaille (LA), en ital. **Marsaglia,** village d'Italie (Piémont); 700 h. Catinat y vainquit le duc de Savoie en 1693.

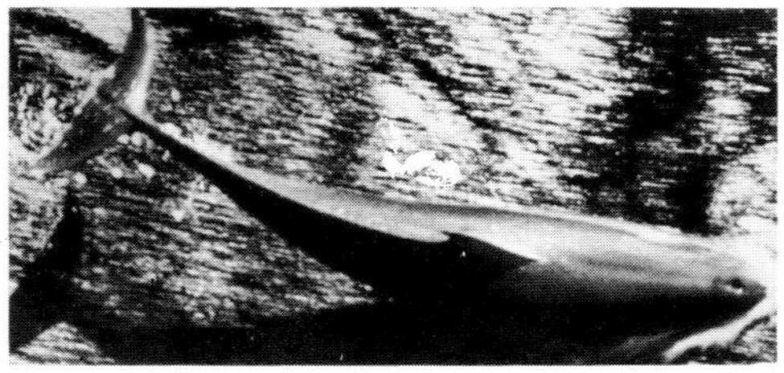

marsouin

Marsais (César CHESNEAU, *sieur* DU), grammairien français, né à Marseille (1676-1756), auteur d'un *Traité des tropes.*

Marsala, port de Sicile; 83 000 h. Vins renommés.

Marsan (le), anc. pays de Gascogne, dans les Landes.

Marsannay-la-Côte (21160), comm. de la Côte-d'Or (arr. de Dijon); 4 110 h. Vins rouges.

Marsanne (26200 Montélimar), ch.-l. de c. de la Drôme (arr. de Valence); 872 h. Forêt. Patrie d'E. Loubet.

marsault [marso] n. m. (du lat. *mas, maris,* mâle, et *salix,* saule). Saule à feuilles elliptiques, qu'on trouve près des eaux.

marseillais [marsɛjɛ], **e** [-ɛz] adj. et n. De Marseille.

Marseillaise (*la*), chant patriotique devenu en 1795, puis en 1879, l'hymne national français. Composé en 1792 pour l'armée du Rhin, ce chant, dû (paroles et musique) à un officier du génie, Rouget de Lisle, en garnison à Strasbourg, reçut le titre de *Chant de guerre pour l'armée du Rhin;* mais les fédérés marseillais l'ayant fait connaître les premiers à Paris, il prit le nom de *Marseillaise,* qui lui est resté. Il est fréquent que la dernière strophe : *Nous entrerons dans la carrière,* etc., soit attribuée par erreur à M.-J. de Chénier.

Marseille, ch.-l. du dép. des Bouches-du-Rhône, sur la Méditerranée, à 797 km au sud de Paris; 893 771 h. (*Marseillais*). Archevêché. Université.

● *Géographie.* Deuxième ville, troisième agglomération (964 412 h.) et le premier port de commerce de France, Marseille déborde aujourd'hui largement son cadre originel urbain et portuaire. Après la saturation du Vieux-Port, la construction de nouveaux bassins au nord a été suivie de la création de l'annexe portuaire de l'étang de Berre* (reliée à la ville par un canal en partie souterrain), précédant elle-même les travaux d'aménagement du golfe de Fos. Ces deux dernières extensions sont liées à l'accroissement du trafic pétrolier, qui représente près de 90 p. 100 du trafic total, ce qui explique le déséquilibre (80 p. 100 pour les entrées) et le volume (62 Mt au total). Le raffinage du pétrole et la pétrochimie se sont établis sur les rives de l'étang de Berre. A Marseille même sont implantées les industries liées au trafic traditionnel (nombreuses usines alimentaires [huileries, sucreries, etc.], savonneries) et à la présence d'un important marché de consommation (cimenterie, constructions mécaniques). L'agglomération, malgré l'obstacle du relief, progresse vers le nord (Septèmes-les-Vallons) entre l'Estaque et l'Etoile, et vers l'est (Aubagne) par la vallée de l'Huveaune. L'accroissement récent de la population (35 p. 100 entre 1954 et 1968) est lié davantage à l'excédent naturel et à l'immigration (retour des colons d'Afrique du Nord) qu'à l'essor économique, que peuvent, toutefois, stimuler l'achèvement de l'autoroute du sud et surtout l'aménagement du Rhône, venant après l'électrification de la voie ferrée et la pose du pipe-line sud-européen, partant de Lavéra. — L'arr. a 15 cant., 21 comm., 990 999 h.

● *Histoire.* Colonie phocéenne, *Massalia* se développa rapidement; dès le Ve s. av. J.-C., elle créa ses propres colonies, dont Nice et Antibes. Devenue romaine, elle fut défavorisée au profit de Narbonne et d'Arles. Mais la fondation du monastère Saint-Victor par Cassien (Ve s. apr. J.-C.) fit d'elle un foyer important de christianisme. La véritable renaissance de la ville date des croisades : celle-ci devint alors un port de transit vers la Terre sainte. Puis la faillite des Angevins en Italie, l'installation des Turcs en Orient et la découverte de l'Amérique provoquèrent de nouveau son déclin. Marseille devint française en 1481. Peu à peu son commerce reprit grâce aux relations avec l'Afrique du Nord (XVIe s.) et l'Espagne (XVIIe s.).

Si Louis XIV enleva à Marseille ses privilèges municipaux, il lui accorda la création d'un port franc (1669). Le XVIIIe s. vit le port de Marseille étendre son influence, malgré les crises économiques et la grande peste de 1720-1722. L'attitude « fédéraliste » de la ville pendant la Révolution fut durement châtiée. Au XIXe s., la politique coloniale — et particulièrement africaine — de la France et le creusement du canal de Suez firent de Marseille le premier port méditerranéen et l'un des grands centres d'affaires de la France.

● *Beaux-arts.* La ville possède des vestiges protohistoriques, grecs et romains, l'église Saint-Victor (XIe-XIVe s., souterrains du Ve s.), les forts Saint-Nicolas et Saint-Jean (XVe-XVIIe s.). L'hôtel de ville est d'époque baroque (XVIIe s.). L'hospice de la Charité date du XVIIe s. (chapelle par Pierre Puget). Notre-Dame-de-la-Garde a été construite sous le second Empire. Marseille a de nombreux musées.

Marseille-en-Beauvaisis (60690), ch.-l. de c. de l'Oise (arr. de Beauvais); 727 h. Matières plastiques.

Marses, anc. peuple de l'Italie, établi aux abords du lac Fucin et soumis par Rome v. 308 av. J.-C.

Marsh (James), chimiste anglais, né à Londres (1794-1846). Spécialiste de chimie analytique, il a inventé un appareil pour doser l'arsenic.

Marshall (*îles*), archipel de l'Océanie, au nord de l'équateur, formé de deux groupes d'îles : les *Ratak* et les *Ralik;* 18 200 h. Possession allemande (1885-1914), puis japonaise (1920-1944), l'archipel fut conquis par les Américains en 1944. Les atolls de Bikini et d'Eniwetok ont été le théâtre d'expériences atomiques (1949-1956).

Marshall (Alfred), économiste anglais, né à Londres (1842-1924). Auteur des *Principes d'économie politique* (1890-1907), il utilisa l'analyse des marginalistes pour une sorte de rénovation de l'école classique.

Marshall (George), général américain, né à Uniontown (Pennsylvanie) [1880-1959]. Après avoir servi aux Philippines, en France, puis en Chine, il fut chef d'état-major de l'armée américaine pendant toute la Seconde Guerre mondiale et exerça une très grande influence sur la conduite de la guerre. Admis à la retraite (1945), il fut ensuite ambassadeur en Chine, puis secrétaire d'Etat (1947-1948) et donna son nom au plan d'aide économique des Etats-Unis à l'Europe adopté en 1948. Il fut rappelé comme secrétaire à la Défense pendant la guerre de Corée (1950). [Prix Nobel de la paix, 1953.]

Marson (51240 La Chaussée sur Marne), ch.-l. de c. de la Marne (arr. de Châlons-sur-Marne); 259 h.

marsouin [marswɛ̃] n. m. (du danois *marswin,* porc de mer). Mammifère cétacé voisin du dauphin, mesurant 1,50 m, très vorace, commun dans l'Atlantique, où il suit souvent les navires. ‖ *Fam.* Soldat de l'infanterie de marine.

Marspich, anc. comm. de la Moselle, intégrée à Hayange en 1971.

Marston (John), auteur dramatique anglais (v. 1575-1634). Poète érotique et satirique (*le Châtiment de la perfidie,* 1598), il se tourna vers le théâtre, où ses tragédies lui valurent les critiques de Ben Jonson, qui, plus tard, collabora avec lui (*Holà! vers l'Orient,* 1605). Après avoir donné plusieurs tragi-comédies (*le Mécontent,* 1604), il entreprit une carrière ecclésiastique.

marronnier

Marseille

Phot. Dr Souler, Frank W. Lane-Rapho, Henrard-Richard.

marsupial [marsypjal], **e, aux** [-o] adj. (du lat. *marsupium*, bourse). Se dit d'un organe en forme de bourse.

marsupiaux n. m. pl. *Zool.* Mammifères primitifs dépourvus de placenta et dont le développement embryonnaire s'achève dans une poche (ou *marsupium*) de la mère, poche où siègent les mamelles et que soutient une paire d'os particuliers, les *os marsupiaux*. (Syn. MÉTATHÉRIENS.) ‖ Sing. un *marsupial*.
— ENCYCL. Très répandus dans le monde entier durant l'ère secondaire et le début du tertiaire (gypse de Montmartre), les *marsupiaux* sont aujourd'hui presque exclusivement cantonnés en Australie et en Nouvelle-Guinée (quelques sarigues vivent en Amérique du Sud). On attribue ce recul à la concurrence victorieuse des mammifères placentaires, apparus après eux. Les marsupiaux présentent en effet diverses infériorités : dents poussant en une seule venue, voies génitales femelles entièrement paires, absence de placenta, naissance prématurée des jeunes, qui achèvent leur incubation dans la poche marsupiale (ce mode de reproduction est dit *paravivipare*). Ils sont extrêmement divers et présentent les convergences les plus frappantes avec les principaux ordres de mammifères euthériens : carnassiers, rongeurs, insectivores, primates, etc. Mais on les divise seulement en deux ordres : les *polyprotodontes*, carnivores ou insectivores (sarigue, thylacine) ; et les *diprotodontes*, herbivores (kangourou, wombat, kaola).

Marsyas. *Myth. gr.* Satyre phrygien habile à jouer de la flûte, et qui osa défier Apollon sur cet instrument. Les Muses ayant déclaré Apollon vainqueur, le dieu l'écorcha vif.

martagon [martagɔ̃] n. m. (mot esp.). Lis des prairies de montagne, à fleurs rose et brun, souvent cultivé.

marte n. f. V. MARTRE.

marteau [marto] n. m. (du lat. *marcus*, marteau ; par l'intermédiaire du lat. pop. *martellus*). Outil de percussion formé d'une tête en acier dur trempé et d'un manche en bois. ‖ Ce qui sert à frapper, à heurter : *marteau d'une porte*. ‖ Premier osselet de l'oreille moyenne, dont le manche est solidaire du tympan et dont la tête s'articule avec l'enclume. ‖ Pièce garnie de feutre appartenant à la mécanique du piano et qui, frappant la corde, la met en vibration. ‖ *Sports.* Sphère métallique (7,257 kg) munie d'un fil d'acier et d'une poignée, que lancent les athlètes. ● *Marteau perforateur*, engin à air comprimé destiné à donner des mouvements de percussion et de rotation à un fleuret exécutant un forage. ‖ *Marteau pneumatique*, outil de percussion dont le travail est fourni par l'air comprimé. ‖ — Pl. *Chorégr.* Mouvements alternatifs des jambes, exécutés par le danseur accroupi, et au cours desquels seuls les talons frappent le sol.

marteau n. m. Requin des mers chaudes, à tête aplatie en deux lobes latéraux portant les yeux.

marteau adj. *Etre marteau* (Pop.), être un peu fou.

marteau-pilon n. m. Gros marteau de forge, fonctionnant à la vapeur, à l'air comprimé, etc. ‖ Pl. des *marteaux-pilons*.

marteau-piolet n. m. Instrument d'alpiniste permettant de poser des pitons ou de tailler la glace. ‖ Pl. des *marteaux-piolets*.

martel [martɛl] n. m. (lat. pop. *martellus*, marteau). Usité seulement au *fig.* dans : *se mettre martel en tête*, se faire du souci.

Martel (46600), ch.-l. de c. du Lot (arr. de Gourdon), près de la Dordogne, sur la bordure sud-est du *causse de Martel ;* 1 515 h. (965 aggl.).

Martel (Edouard), spéléologue français, né à Pontoise (1859-1938), créateur de la spéléologie grâce à ses nombreuses explorations souterraines et à ses ouvrages (*la France ignorée*, 1928-1930).

Martel (Thierry DE), chirurgien français, né à Maxéville (Meurthe-et-Moselle) [1876-1940]. Il a ouvert la voie à la neurochirurgie en France et a créé le trépan de sécurité qui porte son nom.

martelage [martəlaʒ] n. m. Opération consistant à battre les métaux à chaud ou à froid pour les forger et leur donner l'ébauche de leur forme définitive : *le martelage du cuivre*. ‖ Marque faite avec le marteau aux arbres qui doivent être abattus ou réservés.

martèlement [martɛlmɑ̃] n. m. Action de marteler ; son résultat.

marteler [martəle] v. t. (conj. **2**). Frapper à coups de marteau : *marteler le fer sur l'enclume*. ‖ *Fig.* Faire résonner les sons, les mots : *il martèle sa diction*.

marteleur n. et adj. m. Ouvrier qui fait le martelage.

Martellange (Etienne Ange MARTEL, dit), architecte et jésuite français, né à Lyon (1569-1641). Il fut le principal constructeur, influencé par l'église du Gesù à Rome, des chapelles des collèges de l'ordre (Vienne, Le Puy, Dijon, La Flèche, Nevers, etc.). Son influence a été grande sur l'architecture religieuse du XVIIe s.

Martenot (Maurice), ingénieur français, né à Paris en 1898. On lui doit l'instrument de musique électronique à clavier qui porte son nom et qui fut présenté en 1928. La vibration sonore de cet instrument répond aux moindres gestes de l'interprète.

martensite [martɛ̃sit] n. f. Composant de l'acier.

Marthe (*sainte*), sœur de Lazare et de Marie-Madeleine. Elle fut témoin de la résurrection de son frère. Selon une légende, elle aurait débarqué en Provence avec ce dernier et Marie-Madeleine, et aurait dompté la *Tarasque* à Tarascon. Elle est la patronne des servantes. — Fête le 29 juillet.

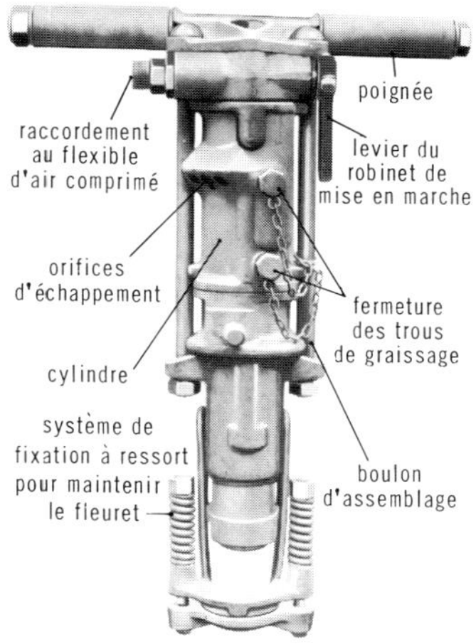

marteau perforateur

Martí (José), écrivain et patriote cubain, né à La Havane (1853-1895). Héros de l'indépendance hispano-américaine, il fut tué à la bataille de Dos Ríos. Il réclama dans ses écrits la libération de sa patrie et l'union des peuples américains de famille ibérique.

martial [marsjal], **e, aux** [-o] adj. (de *Mars*, dieu de la Guerre). Belliqueux ; qui a un air guerrier : *allure martiale*. ● *Cour martiale*, tribunal militaire d'exception, dont la procédure est sommaire.

martial, e, aux adj. *Chim. anc.* Qui contient du fer : *pyrite martiale*. ‖ *Méd.* Qui se rapporte au fer. ● *Carence martiale*, insuffisance alimentaire en fer, cause d'anémies. ‖ *Fonction martiale*, fonction par laquelle le foie met en réserve le fer qu'il tire de l'hémoglobine.

Martial, poète latin, né à Bilbilis (Espagne) [v. 40-v. 104]. Le mordant de ses *Epigrammes* a fait prendre, après lui, à ce type de poésies courtes le sens de raillerie satirique.

Martial (*saint*), apôtre du Limousin et premier évêque de Limoges (IIIe s.). — Fête le 30 juin.

martialement adv. De façon martiale : *troupe qui défile martialement*.

martien [marsjɛ̃], **enne** [-ɛn] n. et adj. Habitant prétendu de la planète Mars. ‖ *Astrol.* Personne qui est sous l'influence de la planète Mars.

Martignac (Jean-Baptiste GAY, *comte* DE), homme politique français, né à Bordeaux (1778-1832). Royaliste modéré, il remplaça Villèle à la tête du gouvernement en 1828 ; il prit un certain nombre de mesures libérales.

Martigny, comm. de Suisse (Valais) ; 8 500 h. Centre touristique. Métallurgie de l'aluminium.

Martigues (13500), ch.-l. de c. des Bouches-du-Rhône (arr. d'Aix-en-Provence) ; 27 947 h. (17 771 aggl.) [*Martégaux* ou *Martigaux*]. Port pétrolier (Lavéra*), près de l'étang de Berre. Conserves de poisson. Raffinage du pétrole. Métallurgie. Patrie de Charles Maurras.

Martin (*cap*), cap de la côte d'Azur, entre Monaco et Menton. Tourisme.

Martin (*saint*), évêque de Tours, né à Sabaria (Pannonie) [v. 316-397]. Soldat romain, baptisé à 18 ans, il fut un moment en garnison à Amiens, où, un jour d'hiver, il aurait partagé son manteau avec un pauvre. Ordonné prêtre par saint Hilaire, puis élu évêque de Tours (371), il fut le véritable fondateur du christianisme dans l'ouest de la Gaule, où il multiplia les monastères (Marmoutier) et les paroisses rurales ; son zèle pour la destruction de l'idolâtrie est resté légendaire. — Fête le 11 novembre.

Martin Ier (*saint*), né à Todi (v. 590-655), pape de 649 à 655. Ayant condamné le monothélisme, il fut exilé par l'empereur Constant II. — Fête le 12 novembre. — MARTIN II et MARTIN III, v. MARIN Ier et MARIN II. — MARTIN IV (Simon *de Brion*) [v. 1210-1285], pape de 1281 à 1285. Garde des sceaux du roi de France Saint Louis, il succéda à Nicolas III. Il favorisa en Italie les intérêts de la maison d'Anjou. — MARTIN V (Oddone *Colonna*), né à Genazzano (1368-1431), pape de 1417 à 1431. Son élection mit fin au grand schisme, mais, sous son règne, la question conciliaire resta pendante.

Martin (Pierre), ingénieur et industriel français, né à Bourges (1824-1915). Il appliqua le principe de la récupération des gaz chauds au four à sole pour la fusion de l'acier. En 1865, il inventa le procédé d'élaboration de l'acier sur sole qui porte son nom, par refusion de déchets d'acier avec addition de fonte pour dilution des impuretés et affinage.

Martin (Henri), peintre français, né à Toulouse (1860-1943). Introducteur du divisionnisme dans l'art officiel, il a exécuté de grandes compositions au Capitole de Toulouse, à l'Hôtel de Ville de Paris et à la Sorbonne.

Martin (Louis), médecin et bactériologiste français, né au Puy (1864-1946). Il fit avec Roux les premières injections de sérum antidiphtérique.

Martin (Frank), compositeur suisse, né à Genève (1890-1974), auteur de musique symphonique (*Petite Symphonie concertante*, 1945), d'oratorios (*Golgotha*, 1948 ; *le Mystère de la Nativité*, 1959), de concertos, de partitions lyriques (*le Vin herbé*, 1940 ; *la Tempête*, 1956).

Martin du Gard (Roger), écrivain français, né à Neuilly-sur-Seine (1881-1958). Passionné par l'étude de la crise de conscience de la jeunesse à la suite de l'Affaire Dreyfus et des luttes politiques de la fin du siècle (*Jean Barois*, 1913), il collabore à la création du Vieux-Colombier (*le Testament du père Leleu*, 1914), puis entreprend dans *les Thibault** (1922-1940) la peinture d'une famille française au début du siècle. Il a laissé un récit inachevé, *le Journal du colonel de Maumort*, ainsi que son propre *Journal*. (Prix Nobel, 1937.)

martin-chasseur n. m. Nom usuel de grands passereaux des forêts tropicales, qui chassent les insectes et les reptiles. ‖ Pl. des *martins-chasseurs*.

Martine (*sainte*), vierge et martyre (m. en 226). Elle fut décapitée à Ostie sous Sévère Alexandre. — Fêtes le 1er et le 30 janvier.

Martine, personnage des *Femmes savantes*, servante dévouée, mais ignorante, qui se signale par son francparler.

Martin-Église (76370 Neuville lès Dieppe), comm. de la Seine-Maritime (arr. de Dieppe) ; 942 h.

martinet [martinɛ] n. m. (de *Martin* n. pr.). Oiseau à pattes très courtes ressemblant à l'hirondelle, mais à ailes plus étroites et à queue moins longue. (Long. 16 cm. Il reste en France de mai au début d'août et chasse les insectes au cours de son vol rapide.)

martinet n. m. (dimin. de *marteau*). Sorte de fouet formé de brins de corde ou de cuir. ‖ Marteau à bascule qui, mis en mouvement par une roue à cames, sert à battre les métaux. ‖ Petit chandelier plat, à manche.

Martínez Barrio (Diego), homme politique espagnol, né à Séville (1883-1962). Président du Conseil en 1933, il fut président de la République espagnole en 1936. Il dut s'exiler en 1939.

Martínez de Campos (Arsenio), maréchal et homme politique espagnol, né à Ségovie (1831-1900). Il combattit l'insurrection carliste et aida Alphonse XII à accéder au trône (1874). Il fut président du Conseil (1879), plusieurs fois ministre de la Guerre et président du Sénat.

Martínez de la Rosa (Francisco de Paula), homme politique et écrivain espagnol, né à Grenade (1787-1862). Plusieurs fois président du Conseil, ambassadeur à Paris et à Rome, il présida les Cortes (1852). Il est l'auteur d'ouvrages historiques et de pièces de théâtre (*la Conjuration de Venise*, 1830).

martingale [martɛ̃gal] n. f. (esp. *almartaga*, bride ; d'orig. arabe). Courroie qui empêche le cheval de donner de la tête. ‖ Demi-ceinture placée à la taille d'une capote, d'un pardessus, etc. ‖ Système de jeu qui prétend assurer un bénéfice certain par une augmentation progressive de la mise.

Martini (Simone), peintre italien, né à Sienne (v. 1284-1344). Influencé par Duccio et l'art français, il pratiqua une peinture élégante exprimant des sentiments délicats. En 1339, il vint à Avignon et travailla pour Notre-Dame des Doms. Il exécuta la *Maesta* du palais public de Sienne, des fresques à Assise et une remarquable *Annonciation* (Offices) qui marque un sommet dans le gothique siennois.

Martini (le *P.* Giambattista), religieux italien, né à Bologne (1706-1784), compositeur et théoricien de la musique. Célèbre pédagogue, il a eu une influence certaine sur Mozart.

Simone **Martini**, « Vierge de l'Annonciation »
musée royal des Beaux-Arts, Anvers

Phot. Giraudon.

Fort-de-France
à droite
Saint-Pierre et la montagne Pelée

Martini (Jean-Paul SCHWARTZENDORF, dit), compositeur français d'origine allemande, né à Freistadt (Palatinat) [1741-1816]. Auteur d'opéras-comiques, on lui doit, en outre, la romance *Plaisir d'amour*.

martiniquais [martinikɛ], **aise** [-ɛz] adj. et n. De la Martinique.

Martinique (*île de la*) [**972**], une des Petites Antilles, formant un département français d'outre-mer ; 1 090 km^2 ; 332 000 h. (*Martiniquais*). Ch.-l. *Fort-de-France*.
● *Géographie*. L'île est formée de massifs volcaniques, culminant à la montagne Pelée (1 397 m) ; les plaines n'ont qu'une faible extension. Le climat, tropical (nuancé par le relief et l'exposition), est caractérisé par l'abondance des précipitations et la permanence de températures élevées. A Fort-de-France, la hauteur annuelle des précipitations dépasse 1 800 mm, et aucun mois n'est sec. Les moyennes thermiques mensuelles oscillent seulement entre 24 et 25 °C.
La colonisation explique le peuplement noir et la structure de l'économie, dominée par la canne à sucre et les plantations de bananiers. La banane, le sucre et le rhum assurent ensemble 85 p. 100 des exportations. Celles-ci couvrent, selon les années, de 35 à 50 p. 100 des importations, qui augmentent avec la population. Celle-ci s'accroît à un rythme de l'ordre de 3 p. 100 par an en raison d'un taux de natalité voisin de 40 p. 1 000. La densité approche 300 h. au kilomètre carré, chiffre énorme, compte tenu du fait que l'industrie est absente (en dehors des établissements liés au travail des produits de l'agriculture : distilleries, conditionnement des fruits) et que 30 p. 100 seulement du sol sont cultivés. Plus de 80 p. 100 des exportations sont dirigées vers la France, qui fournit plus de 70 p. 100 des importations et comble le déficit de la balance commerciale.
● *Histoire*. L'île fut découverte par Christophe Colomb (1502) ; les Français la colonisèrent à partir de 1635. La main-d'œuvre africaine, au XVIIIe s., assura l'exploitation de la canne à sucre. Occupée par les Anglais une première fois en 1762 et une seconde fois durant la Révolution, l'île devint définitivement française en 1814. En 1902, la ville de Saint-Pierre fut détruite par l'éruption de la montagne Pelée. Depuis 1946, la Martinique forme un département français.

Martinozzi (Laura), nièce de Mazarin, née à Fano (1635-1687). Elle épousa en 1655 Alphonse IV de Modène.

martin-pêcheur [martɛ̃pɛʃœr] n. m. Petit passereau au plumage brillant, qui se tient d'ordinaire au bord des cours d'eau. (Long. 16 cm. Le martin-pêcheur plonge avec rapidité pour prendre de petits poissons.) || Pl. des *martins-pêcheurs*. (V. illustr. OISEAUX.)

Martinů (Bohuslav), compositeur américain d'origine tchèque, né à Polička (Bohême) [1890-1959], l'un des maîtres de la musique tchèque contemporaine (opéras, ballets, symphonies, concertos, partitions nombreuses de musique de chambre). Il a utilisé le folklore de son pays. Il a appartenu à l'école de Paris avant de s'installer aux Etats-Unis (1941).

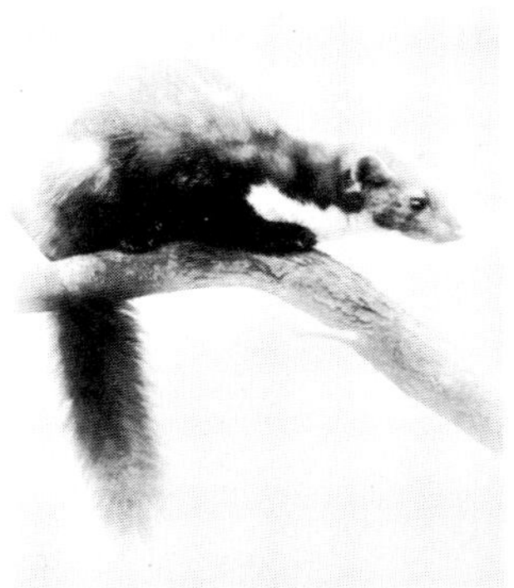

martre

Martonne (Emmanuel DE), géographe français, né à Chabris (Indre) [1873-1955], auteur d'un *Traité de géographie physique* (1909).

martre [martr] ou **marte** [mart] n. f. (germ. **marthor*). Mammifère carnassier à fourrure estimée, dont il existe trois espèces : la *martre ordinaire*, la *fouine* et la *zibeline*.

martyr [martir], **e** adj. et n. (gr. *martus, marturos*, témoin). Qui a souffert la mort plutôt que de renoncer à sa foi, à sa croyance. || Qui souffre beaucoup. ● *Commun des martyrs*, office qu'on récite pour tous les martyrs qui n'ont pas un office propre.

Martyrs (*les*) *ou le Triomphe de la religion chrétienne*, épopée en prose de Chateaubriand (1809). L'œuvre illustre la thèse exposée dans le *Génie du christianisme* et selon laquelle « la religion chrétienne est plus favorable que le paganisme au développement des caractères et au jeu des passions dans l'épopée ».

Martyrs canadiens (les), jésuites massacrés par les Iroquois au pays des Hurons en 1642-1649. Ils furent canonisés en 1930.

martyre n. m. (lat. *martyrium*, empr. au gr.). Mort, tourments endurés pour la foi : *saint Etienne souffrit le martyre*. || Grande douleur physique : *un mal qui fait souffrir le martyre*. || *Fig*. Grande souffrance morale : *cette séparation est pour moi un martyre*.

Martinů

Karl Marx

Martyre de saint Sébastien (*le*), mystère en 5 actes, chorégraphie d'Ida Rubinstein, livret de Gabriele D'Annunzio, musique de Claude Debussy, décors de Léon Bakst, créé sur la scène du Châtelet à Paris en 1911 par Ida Rubinstein. La partition musicale comporte cinq « mansions » ou épisodes écrits pour chœur, solistes et orchestre dans une esthétique raffinée, parfois sensuelle.

martyriser v. t. Faire souffrir le martyre : *Néron fit martyriser un grand nombre de chrétiens*. || Faire souffrir beaucoup : *martyriser des animaux*.

martyrium [martirjɔm] n. m. (mot lat.). Eglise placée sous l'invocation d'un ou de plusieurs martyrs.

martyrologe n. m. Liste ou catalogue des martyrs ou des saints. || Catalogue de victimes.

Marvejols [-vəʒɔl] (48100), ch.-l. de c. de la Lozère (arr. de Mende), sur la Colagne, affl. du Lot ; 5 367 h. Portes du XIVe s. Fromages.

Marvell (Andrew), écrivain anglais, né à Winestead (Yorkshire) [1621-1678]. Auteur de pamphlets attaquant la tyrannie religieuse ou l'esthétique de Dryden, célèbre pour son hymne des *Bermudes*, il se fit sous la Restauration le défenseur de Milton.

Marx (Karl Heinrich), homme politique, philosophe et économiste socialiste allemand, né à Trèves (1818-1883). Après des études de philosophie, au cours desquelles il subit l'influence de Hegel et se lia avec Ludwig Feuerbach, il se tourna vers le journalisme et devint rédacteur en chef de la *Rheinische Zeitung* (1842-1843), fondée par les radicaux de l'opposition, puis de la *Neue Rheinische Zeitung* (1848-1849). La vie de Marx fut celle d'un exilé, errant de ville en ville, de Paris à Bruxelles, puis à Londres. Il fut, avec Engels, le rédacteur du *Manifeste du parti communiste* (1847-1848) et le fondateur de la Ire Internationale (1864). Il a défini sa doctrine dans *le Capital** (1867), que sa mort a laissé inachevé. Parmi ses autres œuvres, il faut citer : *Economie politique et philosophie* (écrit en 1844, publié en 1928-1932), *la Sainte Famille* (1845), *l'Idéologie allemande* (1845-1846), *Misère de la philosophie* (1847), *Contribution à la critique de l'économie politique* (1859).
Opposée aux philosophes idéalistes et dualistes, la philosophie de Marx est un matérialisme dialectique ; elle affirme l'existence d'une matière indépendante de la pensée, celle-ci n'étant que la matière consciente d'elle-même, et explique son développement par une succession de révolutions (bonds qualitatifs), rendues inévitables par la tension et la rupture d'équilibre que créent d'imperceptibles changements quantitatifs peu à peu accumulés. De ce matérialisme dialectique dérive le matérialisme historique, pour lequel l'histoire est déterminée par les contradictions entre les modes de production et les rapports de production (formes de propriété), contradictions qui se traduisent par la lutte des classes. Marx considère que le capitalisme, en concentrant les richesses dans quelques mains, ne pourra résister à l'assaut des travailleurs groupés et organisés, et prévoit l'avènement d'une société prolétarienne fondée sur la collectivisation des moyens de production et d'échange. L'aspect économique du marxisme a pour support la théorie de la valeur : la valeur est l'expression de la quantité de travail contenue dans une marchandise, le travail social étant le temps nécessaire en moyenne à la production d'une marchandise à une époque donnée. La plus-value est constituée par la différence entre la valeur créée par l'ouvrier pendant son temps de travail et le salaire payé ; son taux dans le régime capitaliste est donc, pour Marx, fonction du degré d'exploitation de l'ouvrier ; le système de production capitaliste oppose les détenteurs des moyens de production (capitalistes) au prolétariat, qui aliène ainsi sa force de travail.

Marx Brothers (Chico, Harpo, Groucho, Zeppo), nom pris par les frères MARKS (Leonard, né à New York [1891-1961], Adolph, né à New York [1893-1964], Julius, né à New York en 1895, Herbert, né à New York en 1901,

Phot. Lipnitzki, Mainbourg-Rapho (2), Laus-Rapho, Pinkan et Gehler.

artistes burlesques et acteurs de cinéma. Après 1932, Zeppo se sépara du groupe. Leurs films les plus célèbres furent *Monnaie de singe* (1932), *Soupe au canard* (1933), *Une nuit à l'Opéra* (1935), *Un jour aux courses* (1936), *Une nuit à Casablanca* (1946).

marxien, enne adj. Relatif à Karl Marx : *des études marxiennes.*

marxisant, e adj. Qui tend vers le marxisme : *une idéologie marxisante.*

marxisme [marksism] n. m. Doctrine de Marx* et de ses continuateurs.

marxisme-léninisme n. m. Doctrine politique s'inspirant de Marx et de Lénine.

marxiste adj. Qui a trait au marxisme. ‖ — N. Partisan de cette doctrine.

marxologue n. Spécialiste de l'œuvre de Karl Marx.

Mary, anc. **Merv,** v. de l'U. R. S. S. (Turkménistan), dans une oasis formée par le Mourgab ; 57 000 h. Coton.

Mary (*puy*), sommet du massif du Cantal ; 1 787 m.

maryland [marilɑ̃] n. m. (mot anglo-amér.). Tabac estimé qui vient du Maryland.

Maryland, un des Etats unis d'Amérique, sur l'Atlantique ; 3 691 000 h. Cap. *Annapolis.* Entourant la baie de Chesapeake, l'Etat s'étend sur une partie des Appalaches, domaine de l'élevage bovin, sur le piémont appalachien, consacré aux cultures (tabac, maïs) et sur la plaine côtière, où se localise Baltimore.

mas [mas] n. m. (mot provenç. ; du lat. *mansum,* chose demeurée). Maison de campagne, ferme dans le midi de la France.

Masaccio (Tommaso DI SER GIOVANNI, dit), peintre italien, né à San Giovanni Valdarno (1401-1429). Il marque la fin du gothique, en découvrant de nouvelles dimensions à l'espace, en établissant des formes donnant l'illusion du relief. Ses fresques de l'église Santa Maria del Carmine (*Adam et Eve chassés du Paradis*) constituent une date importante dans l'évolution de l'art. Son influence fut considérable. (V. illustr. RENAISSANCE.)

Masaïs ou **Massaïs,** population du Kenya et de la Tanzanie.

Masan, port de la Corée du Sud, sur le détroit de Corée ; 158 600 h. Constructions mécaniques.

Masaniello (Tomaso ANIELLO, dit), tribun populaire napolitain, né à Naples (1620-1647). Chef des Napolitains révoltés, il fut assassiné.

Masaryk (Tomáš), homme d'Etat tchécoslovaque, né à Hodonín (Moravie) [1850-1937]. Elu président de la jeune République tchécoslovaque (1918), il fut réélu en 1927 et en 1934. Il s'opposa à la politique irrédentiste de l'Allemagne dans son pays et se rapprocha de la France et de l'U. R. S. S. — Son fils JAN, né à Prague (1886-1948), fut ministre des Affaires étrangères après la Libération ; affecté par l'ingérence soviétique, il se serait suicidé.

Mas-Cabardès [maskabardɛs] (11380), ch.-l. de c. de l'Aude (arr. de Carcassonne) ; 388 h.

Mascagni (Pietro), compositeur italien, né à Livourne (1863-1945), auteur de *Cavalleria rusticana* (1890), un des maîtres du vérisme italien.

Mascara, v. d'Algérie (Mostaganem) ; 52 900 h. Vins.

mascarade [maskarad] n. f. (ital. *mascherata*). Déguisement avec des masques. ‖ Troupe de gens masqués. ‖ *Fig.* Déguisement, hypocrisie.

Mascareignes (*îles*), anc. nom de l'archipel, dans l'océan Indien, formé principalement par la *Réunion* (anc. *île Bourbon*) et l'*île Maurice** (anc. *île de France*).

mascaret [maskarɛ] n. m. (mot gascon). Surélévation brusque des eaux, qui se produit dans certains estuaires au moment du flot et qui progresse rapidement vers l'amont sous la forme d'une vague déferlante.

Mascarille, type de valet fripon et intrigant, dans la comédie du XVIIe et du XVIIIe s.

mascaron [maskarɔ̃] n. m. (ital. *mascherone*). Masque sculpté, de caractère fantastique ou grotesque, décorant les clefs ou agrafes des cintres de fenêtre, la panse des vases, les orifices des fontaines, le tablier des portes.

Mascaron (Jules), prédicateur français, né à Marseille (1634-1703). Il prêcha plusieurs fois l'Avent et le Carême à la Cour.

Mascate, en angl. **Muscat,** cap. du sultanat d'Oman ; 6 200 h.

Mascate-et-Oman (*sultanat de*), auj. **sultanat d'Oman,** dans la partie orientale de l'Arabie ; 212 400 km² ; 750 000 h. Cap. *Mascate.*
● *Géographie.* Formé, sur le golfe et la mer d'Oman, d'une plaine côtière dominée par une zone de collines, localement par des montagnes (plus de 3 000 m au djebel Akhdar), le sultanat, aride, est faiblement peuplé. En dehors des oasis et des secteurs littoraux cultivés (palmiers-dattiers, agrumes), le pays est le domaine d'un élevage nomade extensif (ovins et chameaux). Des gisements de pétrole sont exploités depuis 1967 (3 Mt).
● *Histoire.* Le sultanat, établi au XVIIIe s., pratiqua la traite des Noirs en Afrique. Il est associé à la Grande-Bretagne par un traité d'amitié (1891) et porte le nom de *sultanat d'Oman* depuis 1970.

mascotte [maskɔt] n. f. (provenç. *mascoto,* sortilège). *Fam.* Fétiche, porte-bonheur.

Masolino da Panicale
détail d'une fresque de Santa Maria del Carmine

masculin [maskylɛ̃], **e** [-in] adj. (du lat. *masculus,* mâle). Qui appartient au mâle : *sexe masculin.* ● *Mot du genre masculin,* mot qui désigne un être mâle ou tout objet regardé primitivement comme tel. ‖ *Rime masculine,* rime qui ne finit pas par un *e* muet ou par une syllabe muette.

masculin n. m. Le genre masculin.

masculiniser v. t. Donner des manières mâles, masculines. ‖ *Biol.* Transformer plus ou moins complètement une femelle en mâle.

masculinité n. f. Etat, qualité de mâle : *la loi salique est une loi de masculinité.*

Mas-d'Agenais [mas-] (LE) [47430], ch.-l. de c. de Lot-et-Garonne (arr. de Marmande), sur la Garonne ; 1 384 h. Eglise du XIIe s. Halles du XVIe s.

Mas-d'Azil [mas-] (LE) [09290], ch.-l. de c. de l'Ariège (arr. de Pamiers), sur l'Arize, au pied du Plantaurel ; 1 682 h. (1 061 aggl.). Station préhistorique.

Masdjid-i Sulaymān, v. d'Iran (Khūzistān) ; 52 200 h. Pétrole.

maser [mazɛr] n. m. (initiales de *M*icrowave *A*mplification by *S*timulated *E*mission of *R*adiations). Dispositif fonctionnant suivant les mêmes principes que le laser, mais pour des ondes électromagnétiques non visibles. (Amplificateurs de micro-ondes, les masers, qui peuvent être à gaz ou à solides, à cavités résonnantes ou à ondes progressives, se prêtent à l'amplification de signaux très faibles.)

Maseru, v. de l'Afrique australe, cap. du Lesotho ; 17 800 h. Archevêché.

Masevaux (68290), ch.-l. de c. du Haut-Rhin (arr. de Thann) ; 3 473 h. Remparts du XIIIe s. Filature de coton.

Masinissa ou **Massinissa,** roi de Numidie (v. 238-148 av. J.-C.). Il s'allia aux Romains et favorisa la sédentarisation de son royaume.

maskinongé [maskinɔ̃ʒe] n. m. (d'orig. amérindienne). Au Canada, poisson de grande taille apparenté au brochet.

masochisme [mazɔʃism] n. m. (de *Sacher-Masoch,* romancier autrichien). Perversion sexuelle qui fait rechercher le plaisir dans la douleur.

masochiste adj. et n. Qui pratique le masochisme.

Masolino da Panicale (Tommaso DI CRISTOFORO FINI, dit), peintre italien, né à Panicale (1383-v. 1447). Maître de Masaccio, avec qui il travailla aux fresques de Santa Maria del Carmine à Florence, il emprunta à son élève le sens des formes établies dans l'espace, qu'il associa à l'héritage du Trecento.

Maspéro (Gaston), égyptologue français, né à Paris (1846-1916). Il a dégagé notamment le grand Sphinx de Guizèh et publié de nombreux travaux. — Son fils HENRI, sinologue, né à Paris (1883-1945), est l'auteur de *la Chine antique* (1927).

Tomáš Masaryk
en 1928

masquage n. m. Action de masquer.

masque [mask] n. m. (de l'ital. *maschera*). Faux visage de carton, de bois, de cuir, de tissu, etc., dont on se couvre la figure pour se déguiser : *les masques de carnaval.* (Les masques de certains peuples, véritables œuvres d'art, peuvent représenter un homme ou un génie, et ont un rôle symbolique précis.) ‖ Personne masquée : *aller voir les masques.* ‖ Caractère de la physionomie : *le masque mobile d'un acteur.* ‖ Crème, pâte ou gel utilisés en application pour les soins esthétiques du visage. ‖ Moulage de la face, pris sur le vif ou sur le cadavre. ‖ Appareil de protection contre les produits toxiques : *masque à gaz.* ‖ Appareil d'anesthésie que l'on applique sur le nez et la bouche pour administrer les anesthésiques gazeux et l'oxygène. ‖ Appareil des chasseurs sous-marins. ‖ *Escr.* Toile métallique dont on se couvre le visage pour se protéger. ‖ *Mil.* Obstacle artificiel ou naturel servant d'abri contre les vues terrestres ou les tirs ennemis. ‖ *Zool.* Lèvre inférieure de la tête des larves d'odonates (libellules). ‖ *Fig.* Apparence trompeuse : *prendre le masque de la vertu.* ● *Arracher le masque à quelqu'un,* dévoiler sa fausseté. ‖ *Lever le masque,* se montrer tel qu'on est.

masque de fer (*l'Homme au*), personnage demeuré inconnu, qui fut amené dans la forteresse de Pignerol en 1679, puis à la Bastille, où il mourut en 1703, après avoir été contraint, sa vie durant, de porter un masque.

masqué, e adj. Caché à la vue : *visage masqué.* ● *Bal masqué,* bal où l'on va sous un déguisement. ‖ *Tir masqué* (Mil.), tir indirect exécuté par-dessus un masque.

masquer v. t. Mettre un masque à quelqu'un : *masquer des enfants.* ‖ Dérober à la vue : *masquer une fenêtre.* ‖ Recouvrir un mets d'une légère couche de sauce ou de crème. ‖ Cacher sous de fausses apparences : *masquer ses projets.* ‖ *Absol.* Avoir ses voiles frappées par-devant par le vent, en parlant d'un navire. ● *Masquer une voile* (Mar.), la brasser de telle façon que le vent la frappe par-devant.

Massa, v. d'Italie (Toscane), ch.-l. de la prov. de Massa e Carrara ; 62 000 h. Marbre. Mobilier de bureau.

Massachusetts, un des Etats unis d'Amérique, en Nouvelle-Angleterre ; 5 383 000 h. Cap. *Boston.* Le Massachusetts juxtapose une partie appalachienne à l'ouest et une pénéplaine recouverte de dépôts glaciaires à l'est. L'élevage bovin pour le lait est l'activité rurale prédominante. Les constructions mécaniques et électriques, le travail du cuir, l'alimentation et les textiles sont les principales branches industrielles, représentées surtout à Boston, à Worcester, à Springfield et à Cambridge.
● *Histoire.* C'est en 1620 que les Pères pèlerins débarquèrent à New Plymouth. De cette colonie partit en 1773 le mouvement d'indépendance qui est à l'origine des Etats-Unis d'Amérique.

massacrant, e adj. Maussade, insupportable : *humeur massacrante.*

massacre n. m. (ar. *maslakh,* abattoir). Mise à mort de personnes sans défense : *le massacre de la Saint-Barthélemy.* ‖ Grande tuerie de bêtes. ‖ *Fig.* Exécution maladroite : *le massacre d'un opéra.* ‖ Ramure d'un cerf avec une partie du crâne. ● *Jeu de massacre,* jeu forain où l'on renverse avec des balles des poupées à bascule.

massacrer [masakre] v. t. Tuer en masse des gens qui ne se défendent pas : *massacrer des enfants, une population civile.* ‖ *Fam.* Gâter, mutiler, défigurer par une exécution défectueuse : *massacrer un ouvrage.*

massacreur, euse n. Celui qui massacre, qui aime à massacrer. ‖ *Fig.* Celui qui fait mal une chose.

Massada ou **Masada,** forteresse de Palestine, près de la rive ouest de la mer Morte, dernier bastion de la résistance juive (66-73 apr. J.-C.). Fouilles importantes.

massage [masaʒ] n. m. Procédé thérapeutique et hygiénique qui consiste à pratiquer avec les mains des actions diverses sur la surface du corps.
— ENCYCL. Les *massages* comportent l'effleurage, le pétrissage, la friction, la pression, la percussion et les vibrations. Ils ont une action mécanique, en favorisant la circulation locale dans les muscles et les tissus, et une action réflexe, par action sur les terminaisons nerveuses. Le massage est le plus souvent associé à la kinésithérapie, et est utilement complété par l'hydrothérapie.

Massagètes, anc. population d'origine iranienne, établie entre la mer Caspienne et la mer d'Aral, soumise par Alexandre.

Massaïs. V. MASAÏS.

massaliote [masaljɔt] adj. et n. (de *Massalia,* n. grec de *Marseille*). De l'antique Marseille.

Massamba-Debat (Alphonse), homme politique congolais, né à Brazzaville en 1921, président de la République du Congo-Brazzaville depuis 1963. En 1968, il est écarté du pouvoir par un coup d'Etat militaire.

Massaoua, port d'Ethiopie (Erythrée), sur la mer Rouge ; 17 200 h. Salines.

Massat (09320), ch.-l. de c. de l'Ariège (arr. de Saint-Girons) ; 746 h. (467 aggl.).

masse [mas] n. f. (lat. *massa,* masse de pâte). Amas de parties qui font corps ensemble : *masse de pierres.* ‖ Corps solide, compact : *masse de plomb.* ‖ Quantité de matière : *masse d'un corps.* ‖ Totalité : *la masse du sang.* ‖ Ensemble non délimité d'individus, considérés en dehors des structures sociales traditionnelles, et constituant l'objectif socio-culturel de certaines activités comme

Phot. Brogi-Giraudon, Keystone.

la publicité, la culture de masse, les loisirs. || Grande réunion de gens : *manifestation de masse.* || Commun des hommes, peuple (surtout au pl.) : *s'adresser aux masses.* || Ensemble des biens d'une succession, d'une société ou d'un groupement. || Caisse spéciale d'un groupe, à laquelle chacun contribue. || Groupement légal des créanciers d'une personne en faillite ou en règlement judiciaire. || Allocation forfaitaire attribuée à un corps de troupes pour subvenir à ses dépenses : *masse de couchage.* || Ensemble d'un ouvrage d'architecture : *plan de masse.* || Ensemble des pièces conductrices qui, dans une installation électrique, sont mises en communication avec le sol. || Ensemble métallique d'une automobile par où se ferment les circuits de l'équipement électrique : *brancher à la masse.* || Coefficient d'inertie d'un corps. ● *Des masses* (Pop.), beaucoup. || *Masse d'air,* flux d'air qui présente une certaine homogénéité et dont les qualités physiques (pression, température, degré d'humidité) varient suivant la position géographique qu'il occupe : *la rencontre de deux masses d'air constitue un front.* || *Masse critique,* quantité minimale d'une substance fissile pour qu'une réaction en chaîne puisse s'établir spontanément et se maintenir d'elle-même. || *Masse d'un point matériel* (Mécan.), rapport de la force appliquée à ce point à l'accélération qu'elle lui communique. (C'est une grandeur invariable qui correspond à une quantité de matière. L'unité principale de masse est le *kilogramme.*) [V. *encycl.*] || *Masse spécifique* ou *volumique,* quotient de la masse d'un corps par son volume. || *Nombre de masse* (Chim.), nombre total de particules (protons et neutrons) constituant le noyau d'un atome. || *Rapport de masse* (Aéron.), dans une fusée, rapport entre le poids au départ et le poids à l'arrivée. || *Une masse de* (Fam.), une grande quantité de, un grand nombre de. || **— En masse** loc. adv. Tous ensemble : *se rassembler en masse.*

— ENCYCL. *Mécan.* Lorsqu'un point matériel est soumis à une force F, il prend une accélération γ, telle que $F = m\gamma$, où m est sa *masse.* En particulier, si P est le poids d'un corps et g l'accélération de chute libre, cette relation s'écrit $P = mg$. En un même lieu, les masses des corps sont donc proportionnelles à leurs poids, et, dans le langage courant, le terme *poids* est employé à tort dans le sens de « masse ». Les théories relativistes ont conduit à admettre l'identité de la masse et de l'énergie. Lorsqu'un système de corps subit une transformation au cours de laquelle il libère une énergie W, sa masse diminue d'une quantité m, telle de $W = mc^2$, où c est la vitesse de la lumière dans le vide. D'autre part, la masse d'un corps en mouvement augmente avec sa vitesse.

masse [mas] n. f. (du lat. *mateola,* marteau). Bâton à tête d'or ou d'argent, qu'on portait autrefois dans certaines cérémonies. || Gros marteau lourd, sans panne, manié à deux mains. ● *Masse d'armes,* arme formée d'un manche surmonté d'une masse métallique, souvent garnie de pointes.

massé [mase] n. m. Au billard, coup donné sur une bille perpendiculairement à la surface du tapis.

Massé (Victor), compositeur français, né à Lorient (1822-1884), auteur de *Galatée* (1852), et des *Noces de Jeannette* (1853), opéras-comiques.

Massegros (LE) [48500 La Canourgue], ch.-l. de c. de la Lozère (arr. de Florac) ; 226 h.

masselotte [maslɔt] n. f. Métal en excédent qui adhère à une pièce fondue. || Pièce d'un système mécanique agissant par son inertie.

Masséna (André), duc DE RIVOLI, prince D'ESSLING, maréchal de France, né à Nice (1758-1817). Il s'illustra à Rivoli (1797), à Zurich (1799), au siège de Gênes (1800), à Essling (1809) et à Wagram (1809). Napoléon l'avait surnommé L'ENFANT CHÉRI DE LA VICTOIRE.

Massenet (Jules), compositeur français, né à Saint-Etienne (1842-1912). Son art charmeur, séduisant, sensible, dénote un sens réel du théâtre (*Hérodiade,* 1881 ; *Manon,* 1884 ; *Werther,* 1892 ; *Thaïs,* 1894 ; *le Jongleur de Notre-Dame,* 1902 ; *Don Quichotte,* 1910).

massepain [maspɛ̃] n. m. (ital. *marzapane ;* d'orig. arabe). Petit biscuit rond, fait avec des amandes et du sucre.

masser [mase] v. t. (de l'arabe *mass,* palper). Presser, pétrir différentes parties du corps avec les mains pour donner de la souplesse aux muscles.

masser v. t. Disposer en masse, en colonnes serrées : *masser des troupes.* || Au billard, faire un massé. || **— Se masser** v. pr. Se réunir en masse, se grouper : *la foule s'était massée sur la place.*

masséter [masetɛr] n. et adj. m. (gr. *masêter,* masticateur). Muscle masticateur allant de l'arcade zygomatique au maxillaire inférieur. (Il élève celui-ci et contribue à la fermeture de la bouche.)

massette [masɛt] n. f. Plante herbacée vivant au bord des étangs, et dont les fleurs forment un épi compact. (Famille des typhacées.) || Marteau à long manche, employé autrefois par les cantonniers pour casser les pierres.

Massif central, environs de Tulle

Masseube (32140), ch.-l. de c. du Gers (arr. de Mirande) ; 1 591 h. (979 aggl.).

masseur, euse n. Auxiliaire médical qui pratique les massages.

masseur-kinésithérapeute n. Praticien habilité à pratiquer les massages et la kinésithérapie sur prescriptions médicales. (Le diplôme de masseur-kinésithérapeute a été créé en 1946.)

Massey (Vincent), homme d'Etat canadien, né à Toronto (1887-1967), premier gouverneur général du Canada d'origine canadienne (1952-1959).

Massiac (15500), ch.-l. de c. du Cantal (arr. de Saint-Flour) ; 1 961 h. (1 426 aggl.). Antimoine.

massicot [masiko] n. m. Oxyde de plomb (PbO), de couleur jaune.

massicot n. m. (de *Massicot,* n. de l'inventeur). Machine à rogner le papier.

massicoter v. t. Couper, rogner au massicot : *massicoter un livre.*

massier n. m. Huissier qui porte une masse dans certaines cérémonies.

massier [masje] n. m. Dans un atelier de peinture ou de sculpture, élève chargé de recueillir les cotisations (*masse*) et de pourvoir aux dépenses communes.

massif, ive adj. Qui est ou qui paraît épais, pesant : *un monument massif.* || Non plaqué et non creux : *or massif.* || Qui groupe un grand nombre de personnes : *manifestation massive.* || *Fig.* Grossier, lourd : *esprit massif.*

massif [masif] n. m. Construction pleine et solide : *un massif de maçonnerie.* || Bosquet épais : *massif d'arbres.* || Ensemble de plantes fleuries ou d'arbustes, dans un parterre : *un massif de tulipes, de rosiers.* || Ensemble de hauteurs présentant le plus souvent un caractère montagneux : *le massif de l'Aubrac ; le massif du Mont-Blanc.* ● *Massif ancien,* région formée de roches précambriennes ou primaires n'ayant subi que de larges déformations ou des cassures (failles).

Massif armoricain. V. ARMORICAIN (*Massif*).

Massif central, vaste ensemble de hautes terres du centre et du sud de la France. Le Massif central est une montagne hercynienne, pénéplanée au secondaire, « rajeunie » par le contrecoup du plissement alpin au tertiaire, qui l'a basculé vers le nord-ouest.

Les bordures orientale et méridionale ont été fortement soulevées et dominent notamment la vallée du Rhône par de vigoureux escarpements de failles. Le *Morvan* est un plateau granitique dont l'altitude dépasse 900 m, couvert de forêts et de pâturages. Il est limité au sud-est par la *dépression du Creusot,* constituée en fait par les vallées parallèles de l'Arroux et de la Bourbince. La présence de la houille (Blanzy, Montceau-les-Mines) explique le développement de la métallurgie lourde au Creusot. A l'est, le *Charolais,* granitique, est une terre d'élevage pour l'embouche. Au-delà de la vallée de la Grosne, le *Mâconnais* porte des vignobles qui se prolongent au sud dans l'est du *Beaujolais,* aux crus plus renommés (Moulin-à-Vent, Fleurie, Juliénas). La montagne beaujolaise, bocagère, juxtapose élevage et polyculture. L'industrie textile y a connu un grand essor : Tarare travaillait pour Roanne, centre textile au cœur d'un bassin tertiaire où la culture des céréales a reculé devant l'élevage. Entre la Brevenne et le Gier, le *Lyonnais* est plus bas. La proximité de Lyon explique le recul de la polyculture devant les cultures maraîchères et fruitières ainsi que devant l'élevage. Au sud des monts du Lyonnais se localise la *dépression de Saint-Etienne,* valorisée par la présence de houille, qui a donné naissance, à Saint-Etienne, à une métallurgie lourde et de transformation (armurerie, cycles, etc.). Le Furens conduit à la cuvette tertiaire du *Forez,* au fond plat, juxtaposant céréales, élevage bovin et pisciculture. Le *Vivarais* associe un paysage de plateaux granitiques souvent boisés (haut Vivarais), domaine de l'élevage bovin, des cultures céréalières (autour d'Annonay) et des châtaigniers, à des terrains secondaires plus bas, qui portent parfois des vergers bénéficiant d'un climat abrité. Entre l'Ardèche et l'Hérault, les *Cévennes* correspondent à une série de blocs granitiques (Tanargue, Lozère, Bougès, Aigoual) séparés par des vallées encaissées (Chassezac, Cèze et Gardons). Au-dessous des plateaux, froids et dénudés, le versant méditerranéen est découpé en lanières (serres) par les rivières ; l'ensemble des Cévennes est dépeuplé en dehors de sa bordure méridionale, où se localise la région houillère et métallurgique d'Alès.

A l'ouest des Cévennes se développent les *Grands Causses* (causse Comtal, causse de Séverac, causse de Sauveterre, causse Méjean, causse Noir), plateaux dénudés de calcaires secondaires et dont l'élevage du mouton pour la fabrication de fromages affinés dans les caves de Roquefort-sur-Soulzon est la ressource presque exclusive. Le socle réapparaît dans le *Rouergue,* le *Lévezou,* la *Montagne Noire,* l'*Espinouse,* les *monts de Lacaune.* Le blé, la pomme de terre, les plantes fourragères ont fait disparaître le seigle, qui avait donné le nom de *Ségala* au Rouergue. Rodez est le centre commercial de cette région, bordée par des bassins houillers. Celui de *Decazeville,* qui avait fourni l'essor de la métallurgie, est en net déclin. Celui de *Carmaux-Albi* résiste mieux. La verrerie, la chimie et la cimenterie se sont associés à la métallurgie sur le charbon. Dans la vallée du Thoré, Mazamet est la capitale mondiale du délainage (Castres et Graulhet n'appartiennent déjà plus au Massif central).

Au nord du Quercy et du Périgord, partant du bassin d'Aquitaine, le *Limousin,* granitique, vit surtout de l'élevage bovin sur ses plateaux, qui sont dominés par la « Montagne » (qui approche 1 000 m au plateau de Millevaches), véritable château d'eau où naissent la Vienne et les affluents de la Dordogne. Les villes se localisent dans les vallées. La plus grande, Limoges, a un rayonnement mondial par ses porcelaines et national par ses usines de chaussures, activités cependant plus ou moins en crise aujourd'hui. En bordure du Limousin proprement dit se localise la *Marche,* dans laquelle l'élevage bovin pour le lait est prépondérant au-dessus de 400 m, et les céréales prépondérantes au-dessous. Au-delà de la Creuse, la *Combraille* est un pays pierreux, pauvre, où l'activité se concentre au nord-est, dans la région houillère et métallurgique de Saint-Eloy-Commentry, et dans la vallée du Cher (Montluçon).

Le cœur du Massif central est constitué par l'Auvergne et le Velay, où le socle a été haché de fractures qui ont donné naissance au volcanisme. Dans l'*Auvergne* se succèdent du nord au sud la chaîne des Puys ou monts Dôme (1 465 m au puy de Dôme), les monts Dore (1 886 m au Sancy, point culminant du Massif central), le Cantal (1 858 m au Plomb du Cantal). Les massifs, aux sommets arrondis, sont des terres d'un élevage bovin et ovin orienté largement vers la fourniture de produits laitiers. De nombreuses stations thermales (et touristiques) jalonnent l'Auvergne volcanique (Le Mont-Dore, La Bourboule, etc.). A l'est s'étendent les Limagnes, bassins d'effondrement drainés par l'Allier et intensément mis en valeur. Dans la Grande Limagne s'est développé Clermont-Ferrand, capitale de l'Auvergne et

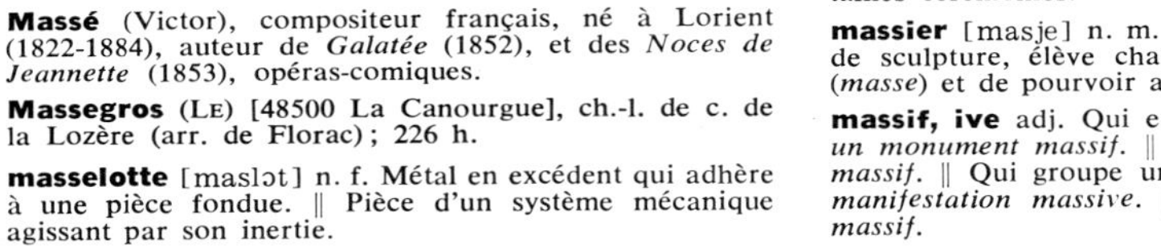

masse d'armes en « bec de corbin » de la seconde moitié du XVIe s. *musée de l'Armée*

Phot. Lauros-Giraudon, Roger-Viollet.

important centre industriel (caoutchouc). Au nord commence le Bourbonnais, animé par le thermalisme (Vichy). A l'est s'étendent les monts granitiques du Livradois et du Forez, séparés par la vallée de la Dore, près de laquelle est situé Thiers, centre de la coutellerie. Au sud, le *Velay*, volcanique, est une région de plateaux basaltiques, dominée à l'est de la Loire par des massifs disséqués par l'érosion (Mézenc, Gerbier-de-Jonc). Le bassin du Puy constitue un véritable verger, où les cultures prédominent. L'Auvergne est prolongée au sud par l'Aubrac, volcanique. Entre ce massif et les monts du Velay, la *Margeride* et le *Gévaudan* sont des blocs granitiques dépeuplés où survit un élevage du mouton associé localement à une médiocre polyculture.
La faiblesse générale du peuplement (moins de 50 h. en moyenne au kilomètre carré) est liée aux conditions naturelles. Au relief escarpé s'ajoute un climat rude, souvent pluvieux. Mais la faible densité actuelle s'explique aussi par une intense émigration depuis plus d'un siècle. La montagne s'est dépeuplée au profit de Paris et des régions industrielles périphériques. Aujourd'hui, celles-ci sont souvent en crise. Les nombreux aménagements hydrauliques fournissent une électricité le plus souvent exportée. Les voies ferrées contournent le massif plutôt qu'elles ne le pénètrent. Défavorisé par l'insuffisance des communications, l'absence de capitale régionale, la fragmentation en multiples « pays », le Massif central doit encore voir s'aggraver la distorsion entre la part de sa superficie (près du sixième de la France) et celle de sa population (à peine le douzième de la population nationale).

Massignon (Louis), orientaliste français, né à Nogent-sur-Marne (1883-1962), auteur d'études sur la religion et la civilisation islamiques.

Massillon (Jean-Baptiste), prédicateur français, né à Hyères (1663-1742), auteur du *Petit Carême*. (Acad. fr.)

Massine (Leonide), danseur et chorégraphe d'origine russe, naturalisé américain, né à Moscou en 1896. Il a été le collaborateur de S. de Diaghilev, puis de nombreuses compagnies. Son abondante œuvre chorégraphique connaît un rayonnement international. Parmi ses meilleures créations, on peut citer : *les Femmes de bonne humeur* (1917), *le Tricorne* (1919), *Choreartium* (1933), *la Symphonie fantastique* (1936), *Laudes Evangelii* (1952), *La Commedia umana* (1957), *le Bal des voleurs* (1963).

Massinger (Philip), auteur dramatique anglais, né à Salisbury (1583-1640). Collaborateur de Fletcher, de Dekker et de Nathan Field (*la Dot fatale*, v. 1620), il composa seul des comédies (*Une façon nouvelle de payer les vieilles dettes*, 1625), des tragédies et des drames romanesques (*le Duc de Milan*, 1618 ; *la Fille d'honneur*, 1621). Il est, avec Ford, le dernier grand poète dramatique de l'époque élisabéthaine.

massique adj. *Phys*. Qui concerne la masse. ● *Volume massique*, quotient du volume d'un corps par sa masse.

Massis (Henri), écrivain français, né à Paris (1886-1970). Fondateur avec Jacques Bainville de *la Revue universelle*, il s'affirme dans ses essais comme un catholique partisan d'un retour à la pensée thomiste et comme un défenseur des valeurs « occidentales » (*Défense de l'Occident*, 1928 ; *Maurras et notre temps*, 1951 ; *Barrès et nous*, 1962). [Acad. fr.]

massivement adv. De façon massive.

mass media [masmedja] n. m. pl. (mots angl.). Techniques de diffusion de la culture de masse, telles que la radio, la télévision, la presse écrite.

Masson (Antoine), physicien français, né à Auxonne (1806-1858). Il découvrit l'extra-courant de rupture (1834) et construisit la première bobine d'induction (1841).

Masson (André), peintre français, né à Balagny-sur-Thérain (Oise) en 1896. D'abord influencé par le cubisme, il adhéra ensuite au mouvement surréaliste, manifestant un sens aigu de l'arabesque graphique. Il a été quelque temps attiré par l'abstraction. Il est l'auteur du plafond de l'Odéon-Théâtre de France (1965).

Masson (Loys), écrivain mauricien d'expression française, né à Rose Hill (1915-1969). Venu en France en 1939, il participe à la Résistance, puis devient rédacteur en chef des *Lettres françaises*. Il abandonne cependant le journalisme pour se consacrer à son œuvre poétique (*Fumées*, 1937 ; *Icare ou le Voyage*, 1950 ; *la Dame de Pavoux*, 1965), romanesque (*l'Etoile et la clef*, 1945 ; *les Anges noirs du trône*, 1967) et dramatique (*la Résurrection des corps*, 1952), qui exalte la nature et la fraternité humaine.

massore [masɔr] n. f. (mot hébr.). Examen critique du texte de la Bible, fait par les massorètes.

massorète n. m. Exégète juif. (Les massorètes, par leurs travaux sur la Bible, en permirent une meilleure lecture [VIe-XIIe s. apr. J.-C.].)

massorétique adj. Dû aux massorètes : *les textes massorétiques*.

Mas-Soubeyran (le), écart de la comm. de Mialet (Gard) [arr. d'Alès], dans les Cévennes. Maison du chef protestant Pierre Laporte, qui reprit le combat contre les troupes royales en 1704. Une grande assemblée protestante s'y tient chaque année.

massue [masy] n. f. (de *masse*, marteau). Bâton noueux, beaucoup plus gros à un bout qu'à l'autre : *la massue d'Hercule*. ‖ Instrument de gymnastique de la même forme. ‖ Arme contondante, en usage de l'Antiquité au XVIe s. ● *Coup de massue* (Fig.), événement fâcheux et soudain.

Massy (91300), ch.-l. de c. de l'Essonne (arr. de Palaiseau) ; 37 224 h. (*Massicois*). Grand ensemble résidentiel.

Leonide **Massine**

matador
exécutant la mise à mort

Massys (Quinten). V. MATSYS.

mastaba [mastaba] n. m. Tombeau égyptien de forme trapézoïdale.

mastic [mastik] n. m. (gr. *mastikhê*, gomme de lentisque). Résine jaunâtre qui découle du lentisque. ‖ Ciment fait de craie pulvérisée et d'huile de lin, servant à boucher des trous ou des joints, à faire adhérer des objets de nature différente, etc.

mastic n. m. En imprimerie, erreur grave dans la composition, l'imposition, etc.

masticage n. m. Action de joindre ou de remplir avec du mastic.

masticateur [mastikatœr], **trice** [-tris] adj. Qui intervient dans la mastication : *muscles masticateurs*. (Certains muscles masticateurs abaissent la mâchoire inférieure [digastriques], d'autres l'élèvent [masséters, temporaux], d'autres la déplacent latéralement [ptérigoïdiens].)

masticateur n. m. Ustensile servant à broyer les aliments.

mastication n. f. Action de broyer, de mâcher les aliments solides.
— ENCYCL. La *mastication* résulte de l'action des dents. Les dents du maxillaire inférieur se rapprochent de celles du maxillaire supérieur et produisent, grâce aux mouvements de latéralité et de propulsion, des effets de dilacération, de déchirement, de broyage sur les aliments. La mastication est complétée par l'insalivation, ou pénétration de la salive dans les aliments mastiqués, qui aboutit à la formation du « bol » alimentaire.

masticatoire n. m. et adj. Médicament qu'on mâche pour exciter la sécrétion de la salive : *le bétel est un masticatoire*. ● *Coefficient masticatoire*, coefficient établi en attribuant à chaque groupe de deux dents antagonistes une valeur de référence et en ajoutant des chiffres obtenus suivant le nombre de dents présentes chez un individu donné. (Le coefficient est de 100 chez un individu adulte ayant ses 32 dents.)

mastiff [mastif] n. m. (mot angl. ; de *mâtin*). Chien à corps trapu, voisin du dogue de Bordeaux.

mastiquer [mastike] v. t. (lat. *masticare*). Mâcher : *mastiquer lentement chaque bouchée*.

mastiquer v. t. (de *mastic*). Coller, joindre, boucher avec du mastic : *mastiquer un trou*.

mastite [mastit] n. f. Inflammation de la mamelle.

mastoc [mastɔk] adj. inv. (de l'allem. *Mastochs*, bœuf à l'engrais). *Fam*. Lourd, épais, grossier.

mastodonte [mastɔdɔ̃t] n. m. (gr. *mastos*, mamelle, et *odous, odontos*, dent). Mammifère fossile de la fin du tertiaire et du début du quaternaire, voisin de l'éléphant, dont il avait la taille, et qui possédait quatre défenses et des molaires mamelonnées. ‖ *Fam*. Personne, chose d'un énorme volume.

mastoïde [mastɔid] adj. (gr. *mastoeidês*, qui a l'apparence d'une mamelle). *Anat*. Se dit de l'éminence placée à la partie inférieure et postérieure de l'os temporal : *apophyse mastoïde*.

mastoïdien, enne adj. Relatif à l'apophyse mastoïde. ● *Cavités mastoïdiennes*, cavités creusées dans l'os temporal, en communication avec la caisse du tympan.

mastoïdite n. f. Inflammation des cavités mastoïdiennes, consécutive à une otite. (La mastoïdite peut être aiguë ou chronique ; la fréquence de cette affection a considérablement régressé depuis qu'on traite les otites par les antibiotiques, associés à la paracentèse.)

mastroquet [mastrɔkɛ] n. m. *Pop*. Marchand de vin au détail.

masturbation n. f. Action de masturber. ‖ Syn. d'ONANISME.

masturber v. t. (lat. *manus*, main, et *stuprare*, polluer). Procurer avec la main des jouissances sexuelles.

m'as-tu-vu [matyvy] n. m. inv. Sobriquet donné aux gens trop vaniteux.

Mas'ūdī (Abū al-Ḥasan 'Alī **al-**), polygraphe musulman, né à Bagdad, m. au Caire v. 956. Grand voyageur, il parcourut l'Inde et la Perse, et compila de nombreux ouvrages (*les Prairies d'or, le Livre de l'avertissement*).

Masulipatam ou **Masulipatnam.** V. BANDAR.

masure [mazyr] n. f. (lat. *mansura*, demeure). Maison misérable, délabrée. ‖ Habitation rurale dans le pays de Caux.

masurium [mazyrjɔm] n. m. *Chim*. Syn. de TECHNÉTIUM.

mat [mat] n. m. (arabe *mat*, mort). Aux échecs, position du roi qui est en échec, sans pouvoir se mettre hors de prise, ce qui termine la partie. ‖ — Adj. Se dit du joueur qui a perdu : *être mat*.

mat [mat], **e** adj. (lat. *mattus*). Qui n'a point d'éclat, de poli : *or mat ; teint mat*. ‖ Qui n'a pas de résonance : *son mat*.

mât [mɑ] n. m. (francique **mast*). *Mar*. Longue pièce de bois ou de métal de section circulaire, destinée à recevoir les vergues portant les voiles, les hunes et le gréement indispensable pour les tenir en place. (V. *encycl.*) ‖ Longue pièce de bois verticale pour s'exercer à la gymnastique, pour hisser des drapeaux, etc. ● *Grand mât*, mât principal d'un voilier, le second à partir de l'avant. ‖ *Mât de charge*, mât servant à embarquer ou à débarquer les marchandises. ‖ *Mât de cocagne*, mât frotté de suif ou de savon, planté en terre les jours de fête publique et en haut duquel sont suspendus des prix à détacher en grimpant jusqu'au sommet. ‖ *Mât de signal* (Ch. de f.), support vertical des signaux et disques le long d'une voie. ‖ *Mât tripode*, mât métallique, dépourvu de haubans et comportant trois pieds écartés.
— ENCYCL. Les navires à voiles ont de un à six *mâts* verticaux et un mât incliné, le beaupré ; mais la mâture la plus commune se compose de trois mâts verticaux (mât de misaine, grand mât, mât d'artimon) et du beaupré. Au-dessus des bas-mâts se trouvent les mâts de hune, que complètent les mâts de perroquet. Sur les navires de commerce à hélice, les mâts supportent les mâts de charge et les feux de route. Pour augmenter la portée des mâts de charge, on les installe sur des mâts à portique, qui reportent en abord leur point de fixation. Sur les grands navires de combat, les mâts militaires armés de canons à tir rapide ont été remplacés par des mâts tripodes.

Matabélé ou **Matabeleland,** partie de l'Afrique australe, en Rhodésie, peuplée par les *Matabélés*. V. pr. *Bulawayo*.

Matadi, port de l'Etat du Zaïre, sur le Zaïre, relié par chemin de fer à Kinshasa ; 60 300 h.

matador [matadɔr] n. m. (mot esp., de *matar*, tuer). Celui qui, dans les courses de taureaux, a reçu l'*alternative* (investiture solennelle l'élevant à ce titre) et qui est chargé de tuer l'animal.

matage [mataʒ] n. m. Façonnage au marteau.

matamore [matamɔr] n. m. (esp. *Matamoros*, tueur de Maures [personnage de la comédie espagnole, qui se vantait à tout propos de ses exploits contre les Maures]). Faux brave : *prendre des allures de matamore*.

Matamoros, v. du Mexique, sur le río Grande del Norte ; 162 700 h.

Matanzas, port de la côte nord de Cuba ; 94 200 h. Exportation de sucre.

Matanzas, centre sidérurgique du Venezuela, près de l'Orénoque.

Matapan (*cap*) ou **Tenare** (*cap*), cap au sud du Péloponnèse. Victoire navale remportée par les Anglais sur les Italiens pendant la Seconde Guerre mondiale (mars 1941).

Mataró, port d'Espagne (Catalogne), sur la Méditerranée ; 41 100 h.

match [matʃ] n. m. (mot angl.). Epreuve sportive disputée entre deux concurrents, deux équipes : *un match de tennis, de football*. ‖ Pl. des *matches* ou des *matchs*.

maté [mate] n. m. (empr. à une langue du Pérou). Arbre de l'Amérique du Sud, voisin du houx. (On fait de ses feuilles une infusion stimulante et diurétique appelée *thé de Paraguay* ou *thé des Jésuites*.)

matefaim [matfɛ̃] n. m. Sorte de crêpe très nourrissante.

matelas [matla] n. m. Grand coussin piqué, servant à garnir un lit, et qui peut être rembourré de laine, de mousse de latex ou de mousse synthétique.

Phot. Serge Lido, Cartier-Bresson - Magnum-Photos.

matelasser v. t. Garnir de coussins rembourrés et piqués.

matelassier, ère n. Personne qui confectionne, répare, carde les matelas.

matelassure n. f. Ce qui sert à rembourrer, à faire des matelas.

Matelles (Les) [34270 St Mathieu de Tréviers], ch.-l. de c. de l'Hérault (arr. de Montpellier) ; 328 h.

matelot [matlo] n. m. (anc. néerl. *mattenoot*, compagnon). Inscrit maritime qui, à bord, a une fonction relative à la conduite et à l'entretien du navire. ‖ Homme de troupe de la Marine nationale. ‖ Chacun des navires d'une ligne, considéré par rapport à celui qu'il précède ou qu'il suit : *matelot d'avant, d'arrière.*

matelotage n. m. *Mar.* Ensemble des connaissances relatives au travail du gabier.

matelote [matlɔt] n. f. Mets composé de poisson, surtout d'anguille, accommodé au vin et aux oignons : *matelote d'anguille, de carpe.*

mater [mate] v. t. Faire mat aux échecs. ● *Mater quelqu'un* (Fig.), le dompter.

mater v. t. Refouler une matière par une série de chocs répétés. ‖ *Orfèvr.* Syn. de MATIR.

mâter [mɑte] v. t. *Mar.* Mettre en place les mâts d'un navire.

mâtereau [mɑtro] n. m. Petit mât de faible diamètre.

matérialisation n. f. Action de matérialiser. ‖ En termes de spiritisme, action de donner à un fantôme une forme matérielle.

matérialiser [materjalize] v. t. (du lat. *materia*, matière). Rendre matériel, sensible : *le peintre matérialise ses rêves.* ‖ Considérer comme matériel : *certains philosophes matérialisent l'âme.* ‖ Réaliser : *matérialiser un projet.* ● *Voie matérialisée*, fraction d'une route délimitée par une ligne jaune en vue d'assurer une meilleure sécurité à la circulation routière.

matérialisme n. m. Position philosophique qui considère la matière comme la seule réalité et qui nie l'existence de l'âme, de l'au-delà et de Dieu. ‖ Manière de vivre de ceux qui ne pensent qu'aux satisfactions du corps.

— Encycl. Le *matérialisme antique* est surtout représenté par Démocrite, Epicure et Lucrèce ; le *matérialisme mécaniste*, par Gassendi, Diderot, Helvétius, d'Holbach, La Mettrie et d'Alembert ; le *matérialisme dialectique*, par Marx, Engels, Lénine, Staline et Mao Tsö-tong. Le matérialisme dialectique ne consiste pas seulement à expliquer l'esprit à partir de la nature ; il est dialectique en ce sens que l'esprit et la nature s'expliquent l'un par l'autre, constituent une totalité originaire dont les formes concrètes vont de l'impression sensorielle à la conscience la plus haute. Il expose donc une genèse qui tente d'expliquer scientifiquement comment la vie naît de la matière et comment l'esprit jaillit de la vie. Comme l'écrit Lénine : « Les concepts sont les produits les plus élevés du cerveau, qui est lui-même le produit le plus élevé de la matière. » Le matérialisme dialectique est particulièrement important pour ses applications comme science de l'histoire (*matérialisme historique*). V. Marx.

matérialiste adj. Qui concerne le matérialisme. ‖ — Adj. et n. Qui soutient le matérialisme : *tout philosophe matérialiste nie l'existence de l'âme comme réalité séparée.*

matérialité n. f. Qualité de ce qui est matériel : *la matérialité de l'âme est combattue par la philosophie spiritualiste.* ‖ Réalité : *établir la matérialité d'un fait.*

matériau [materjo] n. m. sing. (sing. tiré de *matériaux*). Toute matière entrant dans la construction d'un ouvrage de génie civil, de travaux publics, d'architecture, ou dans la fabrication d'une machine.

matériaux [materjo] n. m. pl. (pl. de *matérial*, anc. forme de *matériel*). Pl. de MATÉRIAU : *des matériaux provenant de démolitions.* ‖ Tout ce qu'on rassemble de faits, d'idées pour la composition d'un ouvrage littéraire : *les matériaux d'un dictionnaire.*

matériel [materjɛl], **elle** adj. (lat. *materialis ;* de *materia*, matière). Formé de matière : *substance matérielle.* ‖ — *Fig.* Qui concerne uniquement le corps : *les jouissances matérielles.* ‖ Lourd, grossier : *esprit matériel.* ● *Point matériel*, en mécanique, particule douée de masse et réduite à un point géométrique. ‖ *Temps matériel*, temps nécessaire pour accomplir une action.

matériel n. m. Ensemble des objets de toute nature qui servent à une exploitation, à un établissement : *matériel d'une ferme, d'une usine.* ‖ Ensemble des équipements, véhicules, armes et munitions nécessaires aux forces armées. ‖ Syn. préconisé par l'Administration de HARDWARE. ● *Service du matériel*, service des armées de terre et de l'air chargé de la distribution et de la réparation des matériel. (V. *encycl.*)

— Encycl. Le *service du matériel* de l'armée de terre, qui est issu de l'ancien service de l'artillerie, a été créé pendant la Seconde Guerre mondiale. Les énormes quantités de matériel nécessaires aux armées modernes (armement, munitions, engins de combat ou de transport, matériel d'observation, de décontamination chimique et nucléaire, etc.) en ont fait un service très important. Il comprend notamment des organes de direction dans les états-majors, de nombreux établissements divers (ateliers de réparation, parc de stockage, magasins, dépôts de munitions, etc.) et des formations (bataillons et compagnies de réparation, de munitions, etc.) qui accompagnent les grandes unités au combat. Pour les matériels de toute nature de l'aviation militaire, l'armée de l'air dispose d'un service analogue.

matériellement adv. Positivement, réellement : *chose matériellement impossible.*

maternage n. m. *Psychol.* Ensemble des situations et des processus par lesquels la mère favorise le développement normal de son enfant.

maternel [matɛrnɛl], **elle** adj. (du lat. *mater*, mère). Propre, naturel à une mère : *tendresse maternelle ; allaitement maternel.* ‖ Du côté de la mère : *biens, parents maternels.* ● *Langue maternelle*, langue du pays où l'on est né. ‖ *Maison maternelle*, établissement public où sont reçues, à leur demande, les mères célibataires.

maternelle n. f. Ecole pour les enfants d'âge préscolaire.

maternellement adv. De façon maternelle : *traiter maternellement un enfant.*

maternité n. f. (lat. *maternitas ;* de *mater*, mère). Etat, qualité de mère. ‖ Lien qui unit la mère à ses enfants. ‖ Action de mettre un enfant au monde : *elle a eu trois maternités rapprochées.* ‖ Etablissement hospitalier où s'effectuent les accouchements. ‖ Représentation artistique d'une mère avec son enfant. ● *Allocation de maternité*, l'une des prestations familiales. ‖ *Assurance maternité*, assurance sociale qui prend en charge les frais d'accouchement de la femme assurée ou de l'ayant droit. (La femme assurée personnellement perçoit également une indemnité journalière pendant la période de ses couches.)

math [mat] n. f. pl. Abrév. fam. de *mathématiques : être fort en math.*

Matha (17160), ch.-l. de c. de la Charente-Maritime (arr. de Saint-Jean-d'Angély) ; 2 240 h. (*Mathaliens*). Eglise romane.

Mathan (m. v. 870 av. J.-C.), prêtre de Baal. Il joue un rôle dans l'*Athalie* de Racine.

mathématicien, enne n. Personne qui étudie, qui professe les mathématiques : *Pascal fut un mathématicien précoce.*

mathématique adj. (gr. *mathêmatikos*, qui concerne la science). Qui a trait aux mathématiques : *sciences mathématiques ; logique mathématique.* ‖ *Fig.* Rigoureux : *précision mathématique.*

mathématiquement adv. Selon les règles des mathématiques. ‖ Avec une exactitude rigoureuse.

mathématiques [matematik] n. f. pl. Disciplines étudiant, par le moyen du raisonnement déductif, les propriétés des êtres abstraits (nombres, figures géométriques, etc.) ainsi que les relations qui s'établissent entre eux. ● *Mathématiques élémentaires*, une des classes terminales de l'enseignement secondaire, préparant au titre de bachelier. ‖ *Mathématiques spéciales*, classe de préparation au concours des grandes écoles scientifiques. (V. aussi SPÉCIAL.) ‖ *Mathématiques supérieures*, classe intermédiaire entre les mathématiques élémentaires et les mathématiques spéciales.

matheux [matø], **euse** [-øz] n. *Fam.* Personne qui est douée pour les mathématiques, qui les étudie.

Mathias ou **Matthias** (*saint*) [m. en 61 ou 64], apôtre. Il fut désigné par le sort pour remplacer Judas dans le groupe des apôtres de Jésus. La tradition veut que, après avoir évangélisé la Judée et la Macédoine, il ait été tué par les Juifs près de Jérusalem. — Fête le 24 février.

Mathias, né à Vienne (1557-1619), empereur germanique (1612-1619), fils de Maximilien II. Ayant spolié l'empereur Rodolphe II de Habsbourg, il lui succéda. La désignation de son cousin, Ferdinand de Styrie, farouchement catholique, comme héritier provoqua la révolte des Tchèques (défenestration de Prague, 1618).

Mathias Ier Corvin, né à Kolozsvár (1440-1490), roi de Hongrie (1458-1490). Il agrandit le domaine hongrois de la Lusace, de la Silésie, de la Moravie, de la Styrie et de la Basse-Autriche. Vaillant guerrier, il fut aussi un législateur et un protecteur des lettres : il fonda l'université de Pozsony (auj. Bratislava). — Mathias II, v. Mathias, *empereur.*

Mathieu. V. Matthieu.

Mathieu (Georges), peintre français, né à Boulogne-sur-Mer en 1921. Son art, qu'il appelle l' « abstraction lyrique », se rattache à la peinture gestuelle. Il est fait de signes tracés avec une grande rapidité en pressant le tube de couleur.

Mathieu de Dombasle. V. Dombasle (*Mathieu de*).

Mathieu de la Drôme (Philippe), homme politique et météorologiste français, né à Saint-Christophe (Drôme) [1808-1865], célèbre par ses *Almanachs météorologiques.*

Mathiez (Albert), historien français, né à La Bruyère (Haute-Saône) [1874-1932]. Professeur à la Sorbonne (1926), il se spécialisa, dès le début de ses recherches, dans l'histoire de la Révolution française, consacrant d'importantes études à Robespierre et à la vie économique et sociale. Il a laissé de nombreux travaux, en particulier *la Révolution française* (3 vol., 1922-1924).

Mathilde (*sainte*), née en Westphalie (v. 890-968), épouse du roi de Germanie Henri Ier l'Oiseleur. — Fête le 14 mars.

Mathilde ou **Mahaut de Flandre** (m. en 1083), princesse flamande, devenue duchesse de Normandie et reine d'Angleterre par son mariage avec Guillaume Ier le Conquérant.

Mathilde ou **Mahaut** (1046-1115), comtesse de Toscane (1055-1115), célèbre par la donation d'une partie de ses Etats qu'elle fit au pape Grégoire VII.

Mathilde ou **Mahaut,** née à Londres (1102-1167), épouse de l'empereur germanique Henri V, puis de Geoffroi V le Bel Plantagenêt, comte d'Anjou, dont elle eut un fils, le roi Henri II. Elle lutta contre Etienne de Blois pour la couronne d'Angleterre.

Mathilde ou **Mahaut** (m. en 1329), comtesse d'Artois (1302-1329).

Mathilde (*princesse*). V. Bonaparte.

Mathurā, v. de l'Inde (Uttar Pradesh) ; 133 700 h. Grand centre politique et religieux au début de l'ère

MATHÉMATIQUES
Symboles logiques

VOCABULAIRE	NOTATION	DÉFINITION
implication	$\Longrightarrow$	$A \Longrightarrow B$ A implique B
équivalence	$\Longleftrightarrow$	$A \Longleftrightarrow B$ A est équivalent à B
appartenance	$\in$	$a \in A$ *a* est un élément de A
non-appartenance	$\notin$	$b \notin A$ *b* n'est pas un élément de A
inclusion	$\subset$	$A \subset B$ A est inclus dans B
non-inclusion	$\not\subset$	$M \not\subset B$ M n'est pas contenu dans B
contenance	$\supset$	$B \supset A$ B contient A
non-contenance	$\not\supset$	$B \not\supset M$ B ne contient pas M
intersection	$\cap$	$T = A \cap B$ T est égal à A inter B (T est l'ensemble des éléments qui appartiennent à la fois à A et à B)
réunion	$\cup$	$R = A \cup B$ R est égal à A union B (R est l'ensemble des éléments qui appartiennent soit à A, soit à B)
conjonction	$\wedge$	$A \wedge B$ A et B
disjonction	$\vee$	$A \vee B$ A ou B

1530 L'Allemand Rudolff développe l'emploi des fractions décimales.

1533 Publication du *De triangulis omnimodis* de l'Allemand Regiomontanus : trigonométrie rectiligne et sphérique.

1545 L'Italien Cardan publie la solution de l'équation du troisième degré. — L'Italien Ferrari résout l'équation du quatrième degré.

1556 L'Italien Tartaglia utilise le triangle arithmétique dans le calcul des coefficients du binôme. — L'Espagnol Juan Diez publie à Mexico le *Sumario compendioso,* premier ouvrage mathématique édité dans le Nouveau Monde.

1572 L'Italien Bombelli publie la première étude systématique des nombres imaginaires, dont il amorce la théorie; utilisation des fractions continues.

1582 Le Flamand Stevin publie les premières grandes tables d'intérêts.

1585 Le Flamand Stevin publie une étude systématique des fractions décimales.

1586 Le Flamand Stevin résout le problème de la composition des forces.

1591 Le Français Viète crée le symbolisme algébrique.

1604 L'Allemand Kepler montre que la parabole est la limite de l'ellipse et de l'hyperbole.

1614 L'Ecossais Napier publie sa découverte des logarithmes.

1620 L'Anglais Gunter publie les premières tables logarithmiques à sept décimales.

1621 Le Français Fermat énonce le théorème qui porte son nom.

1622 L'Anglais Oughtred conçoit la règle à calcul (publication d'une description en 1632).

1624 Développement de l'utilisation des logarithmes décimaux par l'Anglais Briggs.

1625 Le Hollandais Metius donne π sous forme de fraction.

1637 Le Français Roberval détermine l'aire d'une arche de cycloïde. — Le Français Descartes crée la géométrie analytique.

1639 Le Français Desargues développe les principes fondamentaux de la géométrie projective. — Le Français Pascal conçoit sa machine à calculer.

1642 Le Français Pascal met au point sa machine à calculer.

1654 Les Français Fermat et Pascal créent le calcul des probabilités.

1655 L'Anglais Wallis donne la formule qui exprime $\frac{\pi}{2}$ sous forme d'un produit infini.

1657 Le Hollandais Huygens publie le premier ouvrage consacré au calcul des probabilités.

1662 Première application de la théorie des probabilités à l'élaboration de tables de mortalité.

1664 L'Anglais Newton généralise la formule du binôme pour les exposants négatifs et fractionnaires.

1668 L'Allemand Mercator étudie le développement en série de : $\log(1 + x)$.

1670 Le Français Mouton propose un système décimal d'unités de mesure fondé sur la longueur de l'arc de 1' du grand cercle de la Terre.

1673 Le Hollandais Huygens définit la force centrifuge. Il fonde l'étude des développées et des développantes. — L'Anglais Wallis établit une première représentation géométrique des nombres imaginaires.

1674 L'Allemand Leibniz commence ses travaux sur le calcul différentiel et intégral.

1676 L'Anglais Newton expose la méthode des fluxions et la généralisation de la forme du binôme.

1684 Publication par l'Allemand Leibniz d'un premier article sur le calcul différentiel et intégral.

1686 Leibniz complète l'exposé de ses méthodes de calcul différentiel et intégral.

1690 Le Suisse Jacques Ier Bernoulli étudie la spirale logarithmique.

1691 Le Suisse Jean Ier Bernoulli emploie les coordonnées polaires. — Le Français Rolle énonce le théorème qui porte son nom.

1693 L'Allemand Leibniz introduit la notion de déterminant. — Premières tables importantes de mortalité par l'Anglais Halley.

1695 L'Allemand Leibniz énonce le théorème des forces vives.

1696 Le Français Guillaume de L'Hospital publie le premier exposé complet de calcul infinitésimal.

1698 Le Suisse Jean Ier Bernoulli définit les courbes géodésiques.

1700 Le Français Parent présente à l'Académie son premier travail sur la géométrie analytique à trois dimensions.

1702 Le Suisse Jean Ier Bernoulli fait intervenir les nombres imaginaires dans le domaine de l'analyse.

1708 Leibniz expose sa théorie des déterminants.

1715 L'Anglais Taylor donne la formule du développement d'une fonction en série.

1719 Le Français Thomas Fantet de Lagny établit la périodicité des fonctions trigonométriques.

1725 Le Français Varignon énonce le théorème des moments.

1730 L'Anglais A. de Moivre utilise la formule qui porte son nom :

$$(\cos x + i \sin x)^n = \cos nx + i \sin nx.$$

1733 Etude des lignes géodésiques sur les surfaces de révolution par le Français A. Clairaut.

1734 Le Suisse Euler introduit la notion d'équation aux dérivés partielles.

1736 Le Suisse Euler introduit les méthodes analytiques dans l'étude de la mécanique.

1737 Le Suisse Euler crée la théorie moderne des fractions continues.

1739 Le Suisse Euler développe en série le nombre e.

1742 L'Ecossais Maclaurin donne la formule de développement en série qui porte son nom.

1744 Le Suisse Euler crée le calcul des variations. — Le Français Maupertuis énonce le principe de moindre action.

1746 Publication de tables de mortalité du Français Deparcieux.

1757 L'Italien Riccati introduit les fonctions hyperboliques.

1768 Le Français Lambert démontre l'incommensurabilité de π. — Le Français Monge crée la géométrie descriptive. — Le Français Lambert et l'Anglais Wallace mettent en évidence la parenté entre fonctions hyperboliques et fonctions trigonométriques.

1770 Le Français Lambert développe la trigonométrie sphérique.

1778 Le Français Borda imagine la division centésimale de l'angle droit.

1781 Travaux du Français Monge sur les congruences de droites.

1783 Le Français L. Carnot étudie les lois du choc. Il énonce la loi de conservation du travail.

1785 Le Français Monge introduit les coordonnées homogènes de la droite.

1793 Travail de Gauss sur la loi de raréfaction des nombres premiers.

1794 Le Français Le Gendre démontre l'incommensurabilité de π^2. — *Leçons de géométrie descriptive* du Français Monge.

1795 La Convention institue le système métrique.

1798 Début de la publication du *Traité de mécanique céleste* du Français Laplace.

1799 Détermination de la valeur légale des étalons du mètre et du kilogramme déposée en Archives nationales.

1803 Le Français Poinsot crée la théorie des couples.

1805 Le Français Le Gendre expose la méthode des moindres carrés.

1807 Travaux du Français Fourier sur le développement des fonctions en séries trigonométriques (séries de Fourier).

1809 L'Allemand Gauss édifie sa théorie des erreurs d'observation.

1810 Le Français Lacroix donne une définition générale de la fonction.

1814 L'Allemand Pfaff établit la première méthode générale d'intégration des équations aux dérivées partielles du premier ordre. — Le Français Cauchy crée la théorie des fonctions de la variable complexe.

1820 L'Anglais Babbage entreprend la réalisation d'une machine destinée à l'établissement des tables mathématiques.

1821 Le Français Cauchy étudie la convergence des séries.

1822 Le Français Poncelet fonde la géométrie projective moderne. — Le Français Cauchy crée la mécanique des corps déformables.

1823 Le Norvégien Abel fonde la théorie des fonctions elliptiques, à la création de laquelle participe aussi, vers la même date, l'Allemand Jacobi.

1824 Etude, par l'Allemand Bessel, des fonctions qui portent son nom.

1825 L'Allemand Dirichlet développe la théorie des nombres.

1826 Le Norvégien Abel complète et précise la notion de convergence des séries. — Première communication du Russe Lobatchevski sur l'élaboration d'une géométrie non euclidienne.

1827 L'Allemand Möbius introduit la notion générale de transformation homographique.

1830 Le Russe Lobatchevski précise sa conception d'une géométrie non euclidienne.

1831 Le Français E. Galois étudie les conditions de résolution des équations par radicaux. Il jette les bases de la théorie des groupes.

1832 Gauss crée l'expression de « nombre complexe » en distinguant entre partie réelle et partie imaginaire. — Le Hongrois Bolyai présente une géométrie non euclidienne.

1833 L'Anglais Babbage conçoit et commence à réaliser une machine analytique, commandée par cartes perforées et capable d'évaluer automatiquement toute formule mathématique.

1834 Le Français Poinsot étudie le mouvement du solide autour d'un point fixe. — L'Irlandais Hamilton définit l'hodographe.

1835 Le Français Coriolis définit l'accélération complémentaire.

1837 Le Français Poisson formule la loi des grands nombres.

1838 L'Anglais Cayley développe l'algèbre des matrices.

1840 Obligation légale du système métrique en France.

1843 L'Irlandais Hamilton crée la théorie des quaternions.

1845 Début des travaux de l'Anglais Cayley sur les invariants.

1846 L'Anglais Cayley envisage l'hypothèse d'espaces à plus de trois dimensions.

1849 L'Irlandais Stokes démontre la formule qui porte son nom.

1851 L'Anglais Babbage présente les éléments de sa machine à calculer. — Le Français Liouville donne la première démonstration d'existence des nombres transcendants.

1854 L'Allemand Riemann crée un nouveau type de géométrie non euclidienne.

1855 Publication de la *Pangéométrie* du Russe Lobatchevski, qui développe dans cet ouvrage sa géométrie non euclidienne.

1857 Important mémoire de l'Allemand Riemann sur les fonctions abéliennes.

1858 Le Français Hermite résout l'équation du cinquième degré en utilisant les fonctions elliptiques. — L'Allemand Möbius découvre la surface qui porte son nom (anneau, ou ruban, de Möbius).

1861 L'Allemand Riemann jette les bases du calcul tensoriel.

1863 L'Anglais Sylvester procède à l'examen géométrique des espaces à n dimensions.

1864 L'Américain Peirce entreprend l'étude des structures algébriques.

1870 Le Norvégien Lie imagine la transformation qui transforme en sphères les droites de l'espace ordinaire.

1873 Le Français Hermite démontre la transcendance du nombre e.

1874 Création de la théorie des ensembles par l'Allemand G. Cantor.

1876 L'Anglais sir William Thomson met au point le premier dispositif d'intégration mécanique d'une équation différentielle.

1877 L'Anglais Galton introduit dans le domaine des probabilités la notion de corrélation, dont il sera le premier à faire l'étude systématique.

1880 L'Allemand Kronecker applique les fonctions elliptiques à la théorie des nombres. — Début des travaux du Français Poincaré sur les fonctions fuchsiennes et kleinéennes.

1882 L'Allemand Lindemann démontre la transcendance du nombre π et l'impossibilité de la quadrature du cercle. — L'Allemand Du Bois-Raymond crée la notion de transfini.

1884 L'Italien Ricci-Curbastro crée le calcul différentiel absolu (calcul tensoriel).

1885 Premiers travaux de l'Italien Volterra sur l'étude systématique et l'élaboration d'une théorie des équations fonctionnelles.

1890 L'Allemand Hilbert dégage les lois fondamentales de la théorie des invariants. — L'Italien Peano conçoit une courbe passant par tous les points intérieurs à un carré.

1891 Publication de la *Nomographie* du Français d'Ocagne.

1895 Début de travaux importants du Français Poincaré sur la topologie.

1896 Le Belge Ch. de La Vallée-Poussin et le Français Hadamard établissent complètement la loi asymptotique de raréfaction des nombres premiers.

1902 Le Français Lebesgue renouvelle la conception de l'intégrale.

1903 Publication d'un mémoire du Suédois Fredholm sur la théorie des équations fonctionnelles.

1904 Début des travaux de l'Allemand Hilbert sur les équations intégrales. — L'Allemand Zermelo énonce l'axiome qui porte son nom.

1906 Le Français Fréchet introduit la notion d'espace abstrait.

1908 Le Balte Minkowski crée le concept d'espace-temps.

1910 L'Allemand Steinitz publie le premier mémoire d'ensemble sur l'algèbre moderne.

1911 Le Français Andoyer établit des tables trigonométriques à 14 décimales.

1912 Publication d'un mémoire du Finlandais Sundman donnant la solution du problème des trois corps.

1914 Débuts de la topologie générale actuelle et développement de la théorie des espaces métriques par l'Allemand Hausdorff.

1916 Les Russes Lusin et Souslin entreprennent le développement de la théorie des ensembles analytiques.

1917 L'Italien Levi-Cevita définit la notion de parallélisme dans les espaces riémanniens.

1922 Le Français Cartan définit les espaces sans courbure.

1923 Travail important du Polonais Banach sur la notion de mesure.

1933 Le Russe Kolmogorof établit une axiomatique du calcul des probabilités.

1937 L'Américain Aiken entreprend la fabrication du calculateur « Mark I » à dispositifs électromécaniques (mise au point achevée en 1945).

1938 Le Français Couffignal préconise l'emploi de la numération binaire dans les machines à calculer.

1939 Le groupe français N. Bourbaki commence la publication de ses *Eléments de mathématique* établis sur une base axiomatique rigoureuse.

1940 L'Américain Birkhoff développe la théorie des treillis.

1945 La Xe Conférence des poids et mesures adopte le système d'unités SI.

1946 Les Américains Manckly et Eckert construisent le calculateur électronique ENIAC.

1948 Début du développement de la cybernétique avec l'Américain Wiener.

1950 Début de la publication de la *Théorie des distributions* du Français L. Schwartz.

1967 La XIIIe Conférence générale des poids et mesures donne une nouvelle définition de la seconde.

chrétienne. Mathurā est considérée comme le lieu de naissance du dieu Krishna. Ce fut le foyer d'une des écoles artistiques les plus importantes de l'Inde, qui connut son apogée au IIe s. apr. J.-C. et continua jusqu'au Ve s.

mathurin [matyrɛ̃] n. m. Religieux de l'ordre (fondé en 1198) des Trinitaires, destiné à faciliter le rachat des chrétiens captifs dans les Etats barbaresques.

Mathusalem ou **Mathusala,** patriarche, fils d'Enoch et grand-père de Noé. Il passe pour avoir vécu 969 ans.

matière [matjɛr] n. f. (lat. *materia*). Substance étendue, divisible, pesante et susceptible de toutes sortes de formes : *la matière est la cause permanente de toutes nos sensations.* ‖ Choses physiques, corporelles : *s'attacher à la matière.* ‖ Substance dont une chose est faite : *la matière d'une statue, d'une peinture.* ‖ — *Fig.* Sujet d'un écrit, d'un discours : *approfondir une matière.* ‖ Cause, prétexte : *il y a là matière à procès.* ● *Comptabilité matières,* comptabilité portant sur les matières premières, les produits semi-finis et les produits fabriqués. ‖ *Entrer en matière,* aborder son sujet. ‖ *Matières fécales,* les excréments évacués par l'anus. ‖ *Matière médicale,* ensemble des substances employées pour fabriquer les médicaments. ‖ *Matière sommaire* (Dr.), affaire civile qui doit être jugée rapidement et à peu de frais. ‖ — **En matière de** loc. prép. En fait de.

Matignon (22550), ch.-l. de c. des Côtes-du-Nord (arr. de Dinan) ; 1 440 h. (886 aggl.) [*Matignonais*].

Matignon (*hôtel*), construit rue de Varenne, à Paris, par Courtonne (1721). Il est le siège du Premier ministre.

Matignon (*accords*), conclus le 7 juin 1936 entre le patronat français et la C. G. T. Ils ont abouti notamment à la reconnaissance du droit syndical, à l'octroi de la semaine de 40 heures et des congés payés.

matin [matɛ̃] n. m. (lat. *matutinum tempus,* temps du matin). Temps compris entre minuit et midi, et ordinairement partie du jour comprise entre le lever du soleil et midi. ● *De bon matin, de grand matin,* de bonne heure. ‖ *Un beau matin,* un jour indéterminé. ‖ — Adv. De bonne heure : *se lever matin.*

mâtin [mɑtɛ̃] n. m. (du lat. *mansuetus,* apprivoisé). Gros chien de garde : *un fort mâtin.*

mâtin, e n. *Fam.* Vif, déluré, taquin : *ah! la petite mâtine!* ‖ — **Mâtin!** interj. exprimant l'étonnement.

matinal [matinal], **e, aux** [-o] adj. Propre au matin : *brise matinale.* ‖ Qui s'est levé matin ; qui a l'habitude de se lever de bonne heure.

matinalement adv. Dès le matin.

mâtiné, e adj. Qui n'est pas de race pure ; croisé : *épagneul mâtiné de dogue.*

matinée [matine] n. f. Temps qui s'écoule depuis le point du jour jusqu'à midi. ‖ Spectacle qui a lieu l'après-midi.

mâtiner [mɑtine] v. t. Faire couvrir une chienne par un chien de race différente.

matines [matin] n. f. pl. Première partie de l'office divin, dite avant le jour.

matinière n. f. Dans les Alpes, brise nocturne de montagne.

matir [matir] v. t. *Orfèvr.* Rendre mate une matière précieuse. (Syn. MATER.)

Matisse (Henri), peintre français, né au Cateau (1869-1954). Elève de Gustave Moreau, il fit de nombreuses copies au Louvre. Il fut influencé par les impressionnistes et par Cézanne. Il pratiqua le divisionnisme et affirma sa personnalité avec *le Luxe* (musée d'Art moderne), peint en 1907. Depuis le Salon d'automne de 1905, il faisait figure de chef de file du groupe des « fauves ». Il ne cherche pas à décrire objectivement la nature, mais, au contraire, à suggérer des sentiments, simplifiant les formes, créant des arabesques décoratives et poussant la couleur à sa plus haute intensité (série des *Odalisques*). Il a laissé de nombreux dessins, des gravures, des illustrations, des sculptures et des *papiers découpés.* Il a décoré la chapelle du Rosaire des Dominicaines de Vence (1950). Son œuvre a exercé une influence considérable sur la peinture contemporaine. Il est représenté, entre autres, au musée national d'Art moderne, aux musées de Cimiez et du Cateau. (V. illustr. FAUVISME.)

matité n. f. Etat de ce qui est mat : *la matité d'un son.*

Mato Grosso, anc. **Matto Grosso,** Etat du Brésil ; 1 231 549 km² ; 1 364 000 h. Cap. *Cuiabá.* En bordure de la Bolivie et du Paraguay, l'Etat s'étend en majeure partie sur le socle cristallin recouvert de sédiments qui forment des plateaux. Les précipitations se raréfient du nord au sud, et la forêt cède la place à la brousse et à la savane. Le peuplement est très faible. L'élevage bovin est la principale ressource de l'Etat.

matoir n. m. Outil en acier trempé, qui sert à mater, à matir.

matois [matwa], **e** [-waz] adj. et n. (orig. arg.). Qui a de la ruse et de la finesse.

Matosinhos, port du Portugal, près de Porto ; 37 700 h. Pêcheries et conserveries.

matou [matu] n. m. Nom usuel du *chat mâle.*

Matour (71520), ch.-l. de c. de Saône-et-Loire (arr. de Mâcon) ; 1 290 h. (542 aggl.). Château (XIIIe-XIVe s.).

Mátra, massif de la Hongrie du Nord.

matraquage n. m. Action de frapper à coups de matraque un groupe de personnes. ● *Matraquage publicitaire,* répétition constante de messages publicitaires, à la radio par exemple.

matraque [matrak] n. f. (arabe *matraq,* gourdin). Bâton noueux en forme de massue. ‖ Instrument contondant, fait d'un cylindre de caoutchouc armé de fer.

matraquer v. t. Frapper avec une matraque.

matraqueur, euse n. et adj. Personne qui matraque.

matras [matra] n. m. (lat. pop. *matara,* javeline). Carreau d'arbalète terminé par une petite masse de fer.

matras [matra] n. m. (arabe *matara*). Vase de verre à long col, employé en chimie.

matriarcal, e, aux adj. Relatif au matriarcat.

matriarcat [matrijarka] n. m. (lat. *mater,* mère, et gr. *arkhê,* commandement). Système social des peuples où les femmes donnent leur nom aux enfants et exercent une autorité prépondérante dans la famille.

matriçage [matrisaʒ] n. m. *Technol.* Opération par laquelle on forme une pièce à l'aide d'une matrice.
— ENCYCL. Le *matriçage* consiste essentiellement à mouler, sous l'action du choc d'une machine à forger ou sous la pression d'une presse à forger, une maquette de métal chauffée au rouge dans une empreinte convenablement déterminée, ou matrice, qui enveloppe complètement la pièce. Si l'empreinte n'emboîte que partiellement la pièce, le procédé prend le nom d'*étampage,* et l'outil se nomme *étampe.* Le matriçage est une méthode de façonnage très économique grâce à sa rapidité. Les pièces matricées présentent, par la continuité de leurs fibres, une solidité supérieure à celle des pièces découpées ; d'un fini assez régulier suivant la qualité du travail, elles sont souvent utilisables brutes de matriçage ou d'étampage. Un grand nombre de pièces en acier et en métaux non ferreux (laiton, bronze, aluminium) utilisées en construction mécanique sont matricées.

matricaire [matrikɛr] n. f. Plante herbacée odorante, dont une espèce est appelée *petite camomille.* (Famille des composées. Elle ressemble beaucoup à l'anthémis.)

matrice [matris] n. f. (lat. *matrix, matricis*). Viscère où a lieu le développement de l'embryon et du fœtus chez les mammifères. (Syn. UTÉRUS.) ‖ *Math.* Tableau rectangulaire d'éléments réels ou complexes comportant *m* lignes et *n* colonnes. (Si le nombre de lignes est égal à celui des colonnes, on a une matrice carrée. Dans une matrice à éléments littéraux, on affecte ces derniers de deux indices inférieurs, le premier indiquant la ligne, le second la colonne sur laquelle il se trouve. Les matrices jouent un très grand rôle dans les mathématiques pures et dans leurs applications, en électricité, pour l'étude des réseaux maillés et la propagation des ondes dans les milieux périodiques.) ‖ Arrangement ordonné d'un ensemble d'éléments statistiques. ‖ *Technol.* Moule métallique, en creux ou en relief, servant à reproduire des objets par estampage. ● *Matrice du rôle des contributions,* registre original d'après lequel sont établis les rôles des contributions.

matricer v. t. Former au moyen de matrices.

matricide [matrisid] n. m. (lat. *mater, -tris,* mère, et *caedere,* tuer). Crime de celui, de celle qui a tué sa mère. ‖ — N. Personne qui a tué sa mère. (Peu us. On dit mieux PARRICIDE.)

matriciel, elle adj. Relatif aux matrices : *calcul matriciel ; les données matricielles de l'impôt.*

matricule [matrikyl] n. f. (lat. *matricula,* petit registre). Registre où sont inscrits tous les individus qui entrent dans un hôpital, dans une prison, dans un régiment, etc. ‖ Inscription sur ce registre. ‖ Extrait de cette inscription, délivré à la personne inscrite. ‖ — Adjectiv. : *registre matricule.*

Matsys, « le Prêteur et sa femme », *Louvre*

matricule n. m. Numéro d'inscription sur la matricule.

matriculer v. t. Inscrire une personne sur une matricule. ‖ Marquer d'un numéro matricule.

matrilinéaire [matrilineɛr] adj. *Ethnol.* Se dit d'un système de filiation et d'organisation sociale dans lequel seule l'ascendance maternelle est prise en ligne de compte.

matrilocal [matrilɔkal], **e** adj. *Ethnol.* Se dit du mode de résidence d'un couple nouveau, dans lequel l'époux vient habiter dans la famille de sa femme.

matrimonial [matrimɔnjal], **e, aux** [-o] adj. (du lat. *matrimonium,* mariage). Qui a rapport au mariage. ● *Régime matrimonial,* statut réglant les intérêts pécuniaires des époux dans leurs rapports entre eux ainsi que dans leurs rapports avec les tiers.
— ENCYCL. La loi a fixé un certain nombre de règles qui s'appliquent nécessairement à tous les époux (*régime matrimonial primaire*). Sous réserve de ne pas contrevenir à ces règles, les époux peuvent déterminer librement les modalités de leur satut matrimonial au moyen d'un contrat notarié. Lorsque aucun contrat n'est établi, les époux sont réputés mariés sous le régime de la communauté légale : les biens meubles et les biens immeubles que les époux possédaient avant le mariage leur restent propres ; les biens acquis à titre onéreux pendant le mariage entrent tous en communauté ; le mari administre seul les biens communs (sauf les biens réservés que la femme administre elle-même) ; il peut en principe disposer de ces mêmes biens, cependant pour certains d'entre eux il lui faut le consentement de sa femme.

matrimonialement adv. Du point de vue du mariage.

matrone [matrɔn] n. f. (lat. *matrona*). *Antiq.* Dame romaine. ‖ Femme âgée et respectable.

Matsudo, v. du Japon (Honshū) ; 206 000 h.

Matsue, v. du Japon (Honshū) ; 115 000 h.

Matsumoto, v. du Japon (Honshū) ; 159 000 h. Marché (soie).

Matsuo Bashō, poète japonais, né à Ueno, dans la province d'Iga (1643-1694). Moine zen, il parcourut le Japon en écrivant des haïku* qui comptent parmi les plus célèbres de la littérature japonaise (*l'Etroit Chemin d'Oku,* 1689).

Matsuyama, v. du Japon (Shikoku) ; 310 000 h. Textiles.

Matsuzaka, v. du Japon (Honshū) ; 105 000 h.

Matsys, Massys ou **Metzys** (Quinten ou Quentin), peintre flamand, né à Louvain (v. 1466-1530). Fondateur de l'école d'Anvers, il introduisit dans la tradition gothique des innovations italiennes. Auteur de grandes compositions religieuses, il fut aussi portraitiste et préluda au développement de la peinture de genre. On peut citer parmi ses œuvres *l'Ensevelissement du Christ* (musée d'Anvers) et *le Prêteur et sa femme* (Louvre).

Mattathias, père des Maccabées.

matte [mat] n. f. (orig. obscure). Substance résultant de la première fusion d'un minerai sulfuré avant son épuration.

Matterhorn, nom allem. du *Cervin**.

Matteucci (Carlo), physicien et homme politique italien, né à Forli (1811-1858). Il a étudié les effets physiologiques de l'électricité.

Mattheson (Johann), compositeur et théoricien allemand, né à Hambourg (1681-1764), auteur d'opéras et d'oratorios. Il a laissé une œuvre critique et théorique qui fait autorité.

Matthias (*saint*). V. MATHIAS.

Matthieu (*saint*), apôtre et évangéliste (Ier s.). Publicain à Capharnaüm, il fut appelé par Jésus à le suivre. Une tradition veut qu'il ait évangélisé l'Ethiopie, où il aurait été martyrisé. Il est l'auteur du premier Evangile synoptique, dont le texte primitif fut probablement rédigé en araméen. Cet Evangile, qui insiste sur le thème du royaume des cieux, renferme notamment le *Sermon sur la montagne,* véritable charte du christianisme. — Fête le 21 septembre.

matthiole [matjɔl] n. f. Plante de la famille des crucifères, dont on cultive une espèce, sous les noms de *giroflée rouge, violier, cocardeau,* pour ses fleurs ornementales.

maturation [matyrasjɔ̃] n. f. (du lat. *maturare,* mûrir). Ensemble des phénomènes par lesquels un fruit arrive à maturité : *la chaleur hâte la maturation.* ‖ Processus conduisant au développement complet d'un phénomène : *maturation des tendances.* ‖ Ensemble des processus neuropsychologiques que l'enfant acquiert par l'apprentissage (propreté, langage, etc.). ● *Maturation des cellules sexuelles* (Cytol.), ensemble de phénomènes par lequel se forment les gamètes et qui comprend essentiellement la méiose, au cours de laquelle ces cellules subissent une réduction de moitié du nombre de leurs chromosomes (de 2*n* à *n*).

mature [matyr] adj. Se dit du poisson prêt à frayer : *truite mature.*

mâture [mɑtyr] n. f. *Mar.* Ensemble des mâts, vergues et cordages d'un navire.

maturité [matyrite] n. f. Etat des fruits quand ils sont mûrs : *raisin parvenu à maturité.* ‖ Période de la vie comprise entre la jeunesse et la vieillesse. ‖ *Fig.* Etat des personnes ou des choses qui ont atteint leur complet développement : *homme parvenu à sa maturité psychologique ; la maturité de l'esprit, du jugement.*

Phot. Giraudon.

Matute (Ana María), femme de lettres espagnole, née à Barcelone en 1926. Elle crée dans ses romans un univers à la fois fantastique et réel qu'animent des enfants hantés par le souvenir de la guerre civile (*les Abel,* 1948; *Marionnettes,* 1954; *Plaignez les loups,* 1962; *Les soldats pleurent la nuit,* 1964).

matutinal [matytinal], **e, aux** [-o] adj. (du lat. *matutinus,* matinal). Relatif au matin (vx).

maubèche [mobɛʃ] n. f. La plus grande espèce de bécasseaux passant sur nos côtes. (Long. 25 cm.)

Maubeuge (59600), ch.-l. de c. du Nord (arr. d'Avesnes-sur-Helpe), sur la Sambre; 32 172 h. (*Maubeugeois*). [L'agglomération compte 91 280 h.] Anc. ville forte (fortifications par Vauban). Métallurgie. Céramique.

Maubourguet (65700), ch.-l. de c. des Hautes-Pyrénées (arr. de Tarbes), sur l'Adour; 2 487 h.

Maucroix (François DE), poète français, né à Noyon (1619-1708), ami de La Fontaine.

maudire [modir] v. t. (lat. *male,* mal, et *dicere,* dire) [conj. comme **finir,** sauf au part. passé]. Appeler le malheur sur quelqu'un : *Noé maudit son fils Cham.* ‖ Exprimer son impatience, sa colère contre quelque chose, contre quelqu'un : *maudire le sort.*

maudit [modi], **e** [-it] adj. Sur qui on a appelé le malheur. ‖ Très désagréable, très mauvais : *temps maudit; maudit métier.* ● *Maudit soit...!,* sorte d'imprécation : *maudit soit le maladroit!* ‖ — N. Personne maudite, réprouvée : *allez, maudits, au feu éternel!* ● *Le maudit,* le démon.

Mauduit (Jacques), compositeur français, né à Paris (1557-1627). Luthiste renommé, il est l'auteur d'œuvres polyphoniques, de chansons « mesurées » et de psaumes.

Mauges (les), partie méridionale de l'Anjou.

Maugham (William Somerset), écrivain anglais, né à Paris (1874-1965). Ses nouvelles, ses romans (*Servitude humaine,* 1915; *le Fil du rasoir,* 1944) et son théâtre (*la Lettre,* 1927) peignent la société anglaise et la vie dans les anciennes colonies de l'océan Indien.

maugréer [mogree] v. i. et t. ind. (de *mal* et *gré*). Manifester de la mauvaise humeur, s'emporter : *maugréer contre quelqu'un.*

Mauguio (34130), ch.-l. de c. de l'Hérault (arr. de Montpellier), près de l'*étang de Mauguio,* sur la Méditerranée; 4 360 h. (3 025 aggl.) [*Melgoriens*].

Mauléon (79700), ch.-l. de c. des Deux-Sèvres (arr. de Bressuire), formé, en 1965, par la réunion de Châtillon-sur-Sèvre et de Saint-Jouin-sous-Châtillon; 2 660 h.

Mauléon-Barousse (65470), ch.-l. de c. des Hautes-Pyrénées (arr. de Bagnères-de-Bigorre); 250 h. (*Mauléonnais*).

Mauléon-Licharre (64130 Mauléon Soule), ch.-l. de c. des Pyrénées-Atlantiques (arr. d'Oloron-Sainte-Marie); 4 885 h. (*Mauléonais*). Anc. cap. du pays de Soule. Chaussures.

Maulnier (Jacques Louis TALAGRAND, dit **Thierry**), écrivain français, né à Alès en 1909. Dans ses essais politiques et littéraires (*Lecture de Phèdre,* 1943; *Cette Grèce où nous sommes nés,* 1964) et dans son théâtre (*la Maison de la nuit,* 1953), il se fait le défenseur d'un idéal de liberté et de culture classique. (Acad. fr.)

Maumusson (*pertuis de*), passage entre l'île d'Oléron et la côte.

Mauna Kea, volcan éteint, point culminant de l'île d'Hawaii (4 208 m), au nord-est du *Mauna Loa,* volcan actif (4 168 m).

Maunoury (Joseph), maréchal de France, né à Maintenon (1847-1923). Rappelé en activité en 1914, il commanda la VIe armée sur l'Ourcq, et son action fut déterminante dans la bataille de la Marne. Blessé sur l'Aisne, il perdit la vue et devint gouverneur de Paris (1915). Il fut nommé maréchal à titre posthume en 1923.

Maupassant (Guy DE), écrivain français, né au château de Miromesnil, Tourville-sur-Arques (Seine-Maritime) [1850-1893]. Encouragé par Flaubert, qui le présenta à Zola, il collabora aux *Soirées* de Médan* en publiant *Boule-de-Suif* (1880). Il entreprit alors une carrière d'écrivain réaliste, évoquant dans ses contes et ses nouvelles la vie des paysans normands et des petits bourgeois, narrant des aventures amoureuses ou les hallucinations de la folie (*la Maison Tellier,* 1881; *Contes de la bécasse,* 1883; *la Petite Roque,* 1886; *le Horla,* 1887). Il publia également des romans où il exprime sa conception désespérée de la vie (*Une vie,* 1883; *Bel-Ami,* 1885; *Pierre et Jean,* 1888; *Fort comme la mort,* 1889). Souffrant de troubles nerveux, il fut interné après une tentative de suicide (1892) à la clinique du Dr Blanche et mourut dans un état voisin de la démence.

Maupeou [mopu] (René Nicolas DE), chancelier de France, né à Paris (1714-1792). Fils d'un garde des Sceaux, il devint premier président du parlement de Paris et chancelier de France (1768). Adversaire de Choiseul, qu'il fit exiler, il s'adjoignit l'abbé Terray (Finances) et le duc d'Aiguillon (Affaires étrangères), constituant ainsi un *triumvirat* antiparlementaire. Ayant exilé le parlement (1771), Maupeou amorça une importante réforme judiciaire (« révolution Maupeou ») qui aurait pu aboutir à une véritable rénovation du pays. Mais, dès son avènement, Louis XVI rétablit le parlement, disgraciant Maupeou (1774).

Maupertuis (Pierre Louis MOREAU DE), mathématicien français, né à Saint-Malo (1698-1759). En 1736, il fut envoyé par l'Académie des sciences en Laponie pour mesurer la longueur d'un arc de méridien de 1°, afin de trancher entre diverses théories sur la forme de la Terre et son aplatissement. En 1744, il reprit la proposition de Fermat pour l'optique et énonça son fameux *principe de moindre action* : « Le chemin que tient la lumière est celui pour lequel la quantité d'action est moindre. » (Acad. fr.)

Maupassant

Mauriac

Maurice de Saxe par Ch. A. Coypel

Maupin (Mlle D'AUBIGNY, *dame*), cantatrice française, née à Marseille (?) [v. 1673-1707]. Contralto, elle a excellé dans la tragédie lyrique de Lully.

Maur (*saint*), abbé (v. 512-584). Disciple de saint Benoît. Une célèbre congrégation bénédictine prit son nom au XVIIe s. — Fête le 15 janvier.

Maurain (Charles), physicien français, né à Orléans (1871-1967). Il a étudié le magnétisme et l'électricité terrestres, la séismologie et la propagation des ondes sonores dans l'atmosphère.

maurandie [mɔrɑ̃di] n. f. Plante herbacée, parfois grimpante, dont les fleurs, à grande corolle, sont recherchées pour orner les tonnelles. (Famille des scrofulariacées.)

maure ou **more** [mɔr] adj. et n. m. Relatif aux Maures*. ‖ Fém. une *Mauresque;* une *femme mauresque.* ● *Tête-de-maure,* couleur brun foncé.

Maure-de-Bretagne (35330), ch.-l. de c. d'Ille-et-Vilaine (arr. de Redon); 2 646 h. (711 aggl.).

Maurepas (Jean Frédéric PHÉLYPEAUX, *comte* DE), homme politique français, né à Versailles (1701-1781). Secrétaire d'Etat à la Maison du roi (1718-1749), puis à la Marine et aux Colonies sous Louis XV (1723-1749), il devint ministre d'Etat sous Louis XVI (1774).

Maures (les), massif côtier de Provence (Var) [780 m], dominant de nombreuses stations balnéaires : Sainte-Maxime, Saint-Tropez, Le Lavandou, etc.

Maures, nom donné par les Romains aux Berbères de l'Afrique septentrionale, et qui, au Moyen Age, fut étendu aux conquérants arabes du Maghreb et de l'Espagne.
— La même désignation est appliquée à un peuple de pasteurs du Sahara occidental.

mauresque ou **moresque** adj. Propre aux Maures.

Maurétanie. V. MAURITANIE.

Mauriac (15200), ch.-l. d'arr. du Cantal, près de la Dordogne; 4 269 h. (3 217 aggl.) [*Mauriacois*]. Marché agricole. — L'arr. a 6 cant., 61 comm., 38 270 h.

Mauriac (François), écrivain français, né à Bordeaux (1885-1970). Auteur de romans (*Genitrix,* 1924; *Thérèse* Desqueyroux,* 1927; *le Nœud* de vipères,* 1932) et de pièces de théâtre (*Asmodée,* 1938; *les Mal Aimés,* 1945) qui peignent la vie provinciale et évoquent les conflits de la chair et de la foi, il exprime également les souffrances du chrétien troublé par les problèmes du monde moderne (*l'Agneau,* 1954; *le Fils de l'homme,* 1959) et soutient avec vigueur les causes qu'il estime conformes à son idéal dans des articles critiques et politiques (*Bloc-Notes,* 1958-1961; *De Gaulle,* 1964), ainsi que dans des recueils de souvenirs (*Rencontre avec Barrès,* 1945; *Mémoires intérieurs,* 1959). [Acad. fr.; prix Nobel, 1952.]

Maurice (*île*), en angl. **Mauritius,** anc. **île de France,** Etat de l'océan Indien, à l'est de Madagascar; 1 865 km²; 822 000 h. Cap. *Port-Louis.*
● *Géographie.* L'île est formée de trois massifs volcaniques dominant une plaine côtière développée surtout au nord et frangée de récifs coralliens. Les précipitations, abondantes, varient selon l'exposition entre 900 et 5 000 mm, et tombent d'octobre à mai (saison chaude de l'hémisphère austral). Les températures descendent rarement au-dessous de 20 °C. La population est, pour les deux tiers, d'origine indienne. Elle se consacre exclusivement à l'agriculture, plus exactement à une monoculture (en dehors de cultures vivrières : maïs, riz, patates, manioc). La canne à sucre occupe 90 p. 100 des surfaces cultivées. Le sucre représente plus de 95 p. 100 des exportations. Il est évident que la structure de l'économie est déséquilibrée, d'autant que plus des trois quarts des ventes sont dirigées vers la Grande-Bretagne (qui fournit le quart des importations). La balance commerciale se détériore, et l'avenir est assombri par l'explosion démographique. La population s'accroît à un rythme annuel supérieur à 3 p. 100 en raison d'un taux de natalité dépassant largement 40 p. 1 000. La densité moyenne dépasse déjà largement 400 h. au kilomètre carré, chiffre évidemment excessif dans un pays exclusivement rural, où, de plus, la moitié seulement de la superficie totale est cultivée.
● *Histoire.* L'île fut découverte par les Portugais en 1507; les Hollandais — qui lui donnèrent le nom de *Maurice* de Nassau — s'y établirent au XVIIe s., puis la quittèrent pour Le Cap. Les Français les remplacèrent à partir de 1715 et lui donnèrent le nom d'*île de France;* l'exploitation en fut assurée en partie par des esclaves. Sous le gouvernement de Mahé de La Bourdonnais (1735-1747), Port-Louis devint un des grands ports de l'océan Indien. Les Anglais attaquèrent l'île, nid de corsaires, durant le premier Empire; malgré la résistance du général Decaen, elle tomba entre leurs mains, mais l'acte de capitulation (3 déc. 1810) garantit aux colons la pratique de leur langue et de leur religion. Le congrès de Vienne fit juridiquement de l'île — redevenue l'île *Maurice* — une possession britannique. A partir de 1835, les esclaves libérés furent remplacés par des Indiens, qui formèrent bientôt la majorité de la population. Après avoir connu une semi-autonomie, l'île est, depuis 1968, indépendante dans le cadre du Commonwealth.

Maurice (*saint*) [IIIe s.]. Il aurait été le chef de la légion thébaine et aurait été massacré avec ses soldats chrétiens. — Fête le 22 septembre.

Maurice, né à Arabissos (Cappadoce) [v. 539-602], empereur byzantin (582-602). Il succéda à son beau-père, Tibère II. Il rétablit l'ordre dans l'Empire, pacifia l'Afrique révoltée (587) et stoppa la progression des Slaves et des Avars.

Maurice de Nassau, né à Dillenburg (1567-1625), stathouder des Provinces-Unies (1584-1625), fils du stathouder Guillaume Ier de Nassau. Il combattit victorieusement la domination espagnole et fit exécuter le grand pensionnaire Oldenbarnevelt.

Maurice, comte **de Saxe,** dit **le Maréchal de Saxe,** général français, né à Goslar (1696-1750), fils naturel d'Auguste II, Electeur de Saxe et roi de Pologne, et d'Aurora von Königsmarck. Vainqueur à Fontenoy, à

île Maurice les montagnes près de Port-Louis

Phot. Nadar, J. L. Curepipe, Lauros - Atlas-Photo, Lauros-Giraudon.

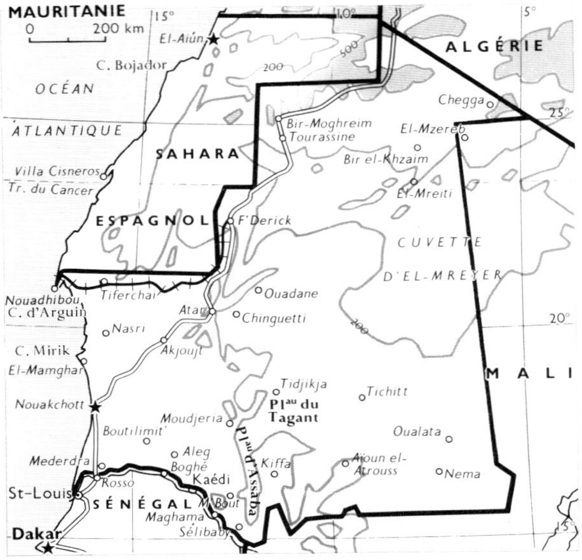

mine de fer près de F'Derick, dans la Kedia d'Idjil

chaîne de l'Adrar, dans la région d'Atar

Raucoux, à Lawfeld, créé maréchal de France en 1744, il fut l'un des plus grands capitaines de son siècle.

Mauricie, partie du Québec (Canada), entre Montréal et Québec, dans la région du Saint-Maurice. V. pr. *Trois-Rivières.* Nombreuses installations hydro-électriques et papeteries.

Maurienne (la), région des Alpes, en Savoie, correspondant à la vallée de l'Arc. Aménagements hydro-électriques. Electrométallurgie et électrochimie.

mauriste n. m. Religieux de la congrégation bénédictine de Saint-Maur. (Cette congrégation [1618-1790] fut à l'origine d'une remarquable activité intellectuelle.)

Mauritanie ou **Maurétanie,** région occidentale de l'Afrique du Nord ancienne. D'abord royaume protégé par les Romains, la Mauritanie devint possession romaine en 40 apr. J.-C. En 42, Claude la divisa en *Mauritanie Césarienne* (à l'est) et *Mauritanie Tingitane* (à l'ouest). Au IIIe s., une *Mauritanie Sitifienne* fut détachée de la Césarienne. Abandonnées aux Vandales en 435, reconstituées par Justinien en 534, ces provinces furent conquises par les Arabes en 709.

Mauritanie (*République islamique de*), république de l'Afrique occidentale, sur l'Atlantique; 1 080 000 km²; 1 260 000 h. (*Mauritaniens*). Cap. *Nouakchott.* Langues : *arabe* et *français.*

Géographie.

● *Géographie physique.* Correspondant en majeure partie à l'extrémité sud-ouest du Sahara, le pays se définit d'abord par la chaleur et par la sécheresse de son climat. A Atar, la hauteur annuelle des précipitations est seulement de 120 mm, et six mois ont une température moyenne égale ou supérieure à 30 °C (la température ne descend pratiquement jamais au-dessous de 20 °C). A Nouadhibou, les précipitations sont encore plus rares (43 mm), la présence de l'Océan modérant les moyennes thermiques mensuelles, qui oscillent seulement entre 20 et 26 °C. Le relief (immense plaine de roches précambriennes parfois recouvertes de sables et dominées par des escarpements souvent gréseux [Hank, plateau d'Assaba]) n'apporte que des nuances à ce schéma.

● *Géographie humaine et économique.* Les conditions naturelles expliquent la faible densité moyenne de population, de l'ordre de 1 h. au kilomètre carré. La population s'accroît pourtant rapidement à un rythme voisin de 4 p. 100 par an en raison d'un très fort taux de natalité, de l'ordre de 50 p. 1 000. Elle est formée pour les deux tiers par des Maures et pour un tiers par des Noirs. Ceux-ci sont localisés surtout dans la vallée inondable du Sénégal.

L'élevage, nomade ou semi-nomade (en dehors du pays noir, où il est associé aux cultures), a été longtemps la base de l'économie. Le troupeau ovin et caprin compte environ 8 millions de têtes (1 500 000 bovins). Les cultures vivrières (mil, maïs, riz) sont localisées dans l'extrémité méridionale, relativement plus arrosée. La pêche fluviale apporte un complément alimentaire appréciable. La pêche maritime au large des côtes mauritaniennes est pratiquée par des flottes étrangères, et le dixième seulement des prises est débarqué dans le pays. Quant aux salines (Idjil, près de F'Derick, anc. Fort-Gouraud), leur production a fortement décliné.

L'extraction minière est aujourd'hui le fondement de l'économie. Quatre produits sont exploités (ou sur le point de l'être) : l'ilménite (sur le littoral), le gypse (près de Nouakchott), le cuivre (région d'Akjoujt) et surtout le fer. Celui-ci est extrait dans la Kedia d'Idjil. La production en métal contenu dépasse 6 Mt. La France est toujours le principal partenaire commercial du pays.

Histoire.

Les Noirs qui habitaient cette partie occidentale du Sahara sont chassés au IVe s. par des Berbères, Zénètes et surtout Ṣanhādja, pasteurs transhumants qui veulent contrôler le transport de l'or du Soudan et du sel du Sahara. La Mauritanie est le berceau du mouvement almoravide qui détruit le Ghāna et conquiert le Maroc (XIe s.). Les Ṣanhādja sont vassalisés et arabisés par les Arabes Ma'qil (XIVe s.). Les Français occupent aux XVIIe et XVIIIe s. les forts d'Arguin et de Portendick. La colonisation française est établie par Faidherbe (1855-1858), Coppolani (1898-1905) et Gouraud (conquête de l'Adrar, 1909).

Constituée en colonie autonome (1920), la Mauritanie devient territoire d'outre-mer en 1946. Elle est réclamée par le Maroc en 1958, mais elle se proclame République islamique de Mauritanie en novembre de la même année et devient indépendante (28 nov. 1960). Le président en est Moktar Ould Daddah, réélu en 1966, puis en 1971. La nouvelle République est admise à l'O. N. U. et se donne une Constitution en 1961. En 1966 éclatent des troubles lors de la promulgation du décret d'application de la loi sur l'enseignement obligatoire de l'arabe, loi qui semble avantager les Maures aux dépens des Noirs. La Mauritanie réaffirme ses prétentions sur le Sahara espagnol, tout en se défendant contre les revendications territoriales émises par le Maroc. En 1974, la société internationale qui exploitait le minerai de fer est nationalisée.

mauritanien, enne adj. et n. De la République islamique de Mauritanie.

Maurois (André) [pseudonyme littéraire, devenu le nom légal d'Emile HERZOG], écrivain français, né à Elbeuf (1885-1967). Il subit l'influence de son professeur de philosophie au lycée de Rouen, Alain, et ne tarda pas à abandonner la direction de l'usine paternelle pour la littérature. Auteur de souvenirs de guerre pleins d'humour (*les Silences du colonel Bramble,* 1918), de romans (*Climats,* 1928), d'essais historiques et littéraires, il doit surtout sa célébrité à ses biographies romancées (*Ariel ou la Vie de Shelley,* 1923; *Olympio ou la Vie de Victor Hugo,* 1954; *Prométhée ou la Vie de Balzac,* 1965). [Acad. fr.]

Mauron (56430), ch.-l. de c. du Morbihan (arr. de Vannes); 3 216 h. (1 285 aggl.) [*Mauronnais*].

Mauron (Charles), critique français, né à Saint-Rémy-de-Provence (1899-1966). Il a créé la psychocritique*, qui exerce une influence importante sur les études littéraires modernes (*Mallarmé l'obscur,* 1938; *l'Inconscient dans l'œuvre et la vie de Racine,* 1954; *Des métaphores obsédantes au mythe personnel,* 1963; *le Dernier Baudelaire,* 1966).

Maurras (Charles), écrivain français, né à Martigues (1868-1952). Il participa à la fondation de l'école romane, puis, monarchiste, s'engagea dans les luttes politiques. Directeur, avec Léon Daudet, de *l'Action française,* il attaqua dans ses récits et ses essais tout ce qui lui paraissait cause de désordre dans l'art ou la vie politique (*le Chemin de Paradis,* 1895; *Enquête sur la monarchie,* 1900-1909; *Anthinea,* 1901; *l'Avenir de l'intelligence,* 1905; *Dictionnaire politique et critique,* 1934). Défenseur du gouvernement de Vichy, il fut, en 1945, condamné à la détention perpétuelle, puis placé (1952) en résidence surveillée dans une clinique de Tours. (Acad. fr.; exclu en 1945.)

Maurs (15600), ch.-l. de c. du Cantal (arr. d'Aurillac); 2 749 h. (1 923 aggl.).

Maury (Jean Siffrein), cardinal français, né à Valréas (1746-1817), député à la Constituante, puis fidèle de Napoléon. (Acad. fr.)

Maurya, dynastie indienne fondée par Chandragupta v. 320 av. J.-C. et renversée v. 185 av. J.-C.

mauser [mozɛr] n. m. (du nom de son fabricant). Fusil mis au point en Allemagne en 1872. (Plusieurs fois perfectionné, il arma l'infanterie allemande jusqu'en 1945 et fut adopté par diverses armées européennes.)

Mausole (m. en 353 av. J.-C.), roi de Carie de 377 à 353 av. J.-C., dont le tombeau est célèbre (le *Mausolée*).

mausolée [mozɔle] n. m. (de *Mausole,* nom propre). Monument funéraire somptueux.

Mauss (Marcel), sociologue et ethnologue français, né à Epinal (1872-1950). Créateur, avec P. Rivet, de l'Institut d'ethnologie, il fut le promoteur de l'école sociologique française (*le Don,* 1926).

maussade [mosad] adj. (de *mal,* et anc. fr. *sade,* agréable). D'humeur chagrine; hargneux : *un homme maussade.* ‖ Désagréable, ennuyeux : *temps maussade.*

maussadement adv. De façon maussade.

maussaderie n. f. Mauvaise humeur.

Mauthausen, localité d'Autriche, près de Linz, sur le Danube. Pendant la Seconde Guerre mondiale, les nazis y établirent un camp d'extermination où périrent environ 120 000 déportés.

mauvais [movɛ], **e** [-ɛz] adj. (lat. pop. *malifatius;* de *malum fatum,* mauvais sort). Qui n'est pas bon : *mauvais pain.* ‖ Qui n'a pas les qualités qu'il devrait avoir : *mauvais père.* ‖ Enclin à faire le mal : *un mauvais garçon; une mauvaise femme.* ‖ Sans talent : *mauvais poète.* ‖ Funeste, sinistre : *mauvais présage.* ‖ Dangereux, nuisible : *mauvais livre.* ‖ Malicieux, mordant : *les femmes*

Phot. Naud - Afrique-Photo, Hoa Qui.

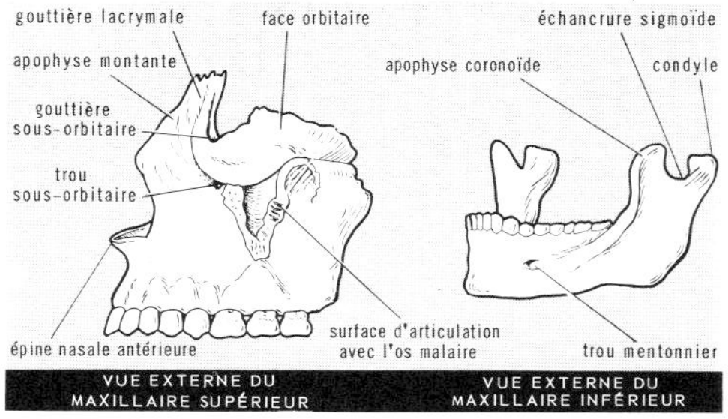

VUE EXTERNE DU MAXILLAIRE SUPÉRIEUR
VUE EXTERNE DU MAXILLAIRE INFÉRIEUR

André Maurois

Maxwell

sont mauvaises pour les femmes. ● *Avoir mauvaise mine,* avoir le visage défait, paraître malade. ‖ *Faire mauvais visage à quelqu'un,* le traiter froidement. ‖ *Les mauvais anges,* les démons. ‖ *Mauvais bruits,* propos défavorables : *faire courir de mauvais bruits sur quelqu'un.* ‖ *Mauvaise tête,* personne sujette à des coups de tête, à des incartades. ‖ *Mer mauvaise,* mer très agitée. ‖ *Prendre en mauvaise part,* prendre dans un sens défavorable. ‖ — N. m. : *discerner le bon du mauvais.*

mauvais adv. *Sentir mauvais,* exhaler une odeur fétide. ‖ *Il fait mauvais,* il fait un vilain temps.

mauve [mov] n. f. (lat. *malva*). Plante, type de la famille des malvacées, à fleurs roses ou violacées, dont l'infusion est laxative et calmante. ‖ — Adj. Violet pâle à reflets blancs : *des tissus mauves.* ‖ — N. m. La couleur mauve.

mauvéine [movein] n. f. *Chim.* Matière colorante dérivée de l'aniline.

Mauvezin (32120), ch.-l. de c. du Gers (arr. de Condom), près de l'Arrats ; 1 857 h.

mauviette [movjɛt] n. f. (de l'anc. fr. *mauve ;* d'orig. francique). Nom usuel de l'*alouette* devenue grasse. ‖ *Fam.* Personne très chétive.

mauvis [movi] n. m. Petite grive dont la chair est estimée. (Long. 22 cm.)

Mauzé-sur-le-Mignon (79210), ch.-l. de c. des Deux-Sèvres (arr. de Niort) ; 2 174 h. Eglise romane. Château Renaissance. Patrie de René Caillié.

Mavrocordato ou **Mavrokordhátos** (Alexandre), homme d'Etat grec, né à Constantinople (1791-1865). Chef de l'insurrection de 1821, il lutta contre les Turcs, présida la première Assemblée nationale et fut président du Conseil.

Maxence (v. 280-312), empereur romain (306-312), fils de Maximien. Il s'insurgea, prit le titre d'auguste (307) et s'empara de l'Italie et de l'Afrique. Il fut battu par Constantin et tué à la bataille du pont Milvius.

Maxéville [maksevil *ou* maʃevil] (54320), comm. de Meurthe-et-Moselle (arr. de Nancy) ; 6 621 h. Industries du bois. Brasserie. Carrières de calcaire.

maxillaire [maksilɛr] adj. (du lat. *maxilla,* mâchoire). Relatif aux mâchoires.

maxillaire n. m. Os de la mâchoire.
— ENCYCL. Chez l'homme, la mâchoire supérieure est constituée par les deux *maxillaires supérieurs,* symétriques, soudés entre eux et qui participent à la constitution de la face (sinus maxillaires, plancher de l'orbite), alors que la mâchoire inférieure est constituée par un seul os, le *maxillaire inférieur,* qui est le seul os mobile de la tête. Les fractures des maxillaires entraînent des déplacements des dents et posent des problèmes thérapeutiques complexes.

maxille n. f. (lat. *maxilla*). Pièce buccale paire des insectes, des crustacés, etc., située en arrière des mandibules. (On dit aussi MÂCHOIRE.)

maxillo-facial, e, aux adj. Relatif aux maxillaires et à la face : *chirurgie maxillo-faciale.*

Maxim, famille d'inventeurs et d'industriels américains. *Sir* HIRAM STEVENS, né à Brockway's Mills, près de Sangerville (Maine) [1840-1916], apporta de nombreux perfectionnements à la fabrication des lampes à filaments de carbone. En 1884, il inventa le fusil Maxim, premier fusil automatique, et créa la Maxim Gun Company, qui devint plus tard la Vickers Limited. Il fut anobli en 1901 par la reine Victoria. — Son frère HUDSON, né à Orneville (Maine) [1853-1927], étudia particulièrement la poudre sans fumée, puis se consacra à la fabrication des explosifs à très grande puissance.

maximal, e, aux adj. Se dit de ce qui est au plus haut degré : *une température maximale.* (S'emploie au lieu de *maximum.*)

maximaliste n. Syn. de BOLCHEVISTE.

maximant, e adj. Se dit, dans la théorie des fonctions, de la valeur de la variable qui rend une fonction maximale.

maxime [maksim] n. f. (lat. *maxima sententia,* sentence générale). Proposition générale énoncée sous la forme d'un précepte : *les maximes de La Rochefoucauld.*

Maximes, titre donné couramment aux *Réflexions ou Sentences et maximes morales,* de La Rochefoucauld (1665). L'auteur tend à rapporter toutes les actions et tous les sentiments à l'amour-propre et à l'intérêt personnel.

Maxime (m. en 388), empereur romain (383-388). Il régna en Gaule et en Espagne, et fut vaincu et tué par Théodose Ier.

Maxime Pétrone (v. 395-455), empereur d'Occident en 455, tué par ses soldats la même année.

Maximien, né en Pannonie (v. 250-310), empereur romain (286-305 et 306-310). Dioclétien se l'associa, dans la tétrarchie, comme césar, puis comme auguste. Il abdiqua en même temps que Dioclétien, mais, ayant repris la pourpre peu après, il fut tué à l'instigation de Constantin.

Maximilien Ier, archiduc d'Autriche, né à Wiener Neustadt (1459-1519), empereur germanique de 1493 à 1519. Roi des Romains en 1486, il succéda à son père, l'empereur Frédéric III, en 1493. C'est lui qui fonda véritablement la puissance des Habsbourg. Ayant épousé la fille du Téméraire, Marie de Bourgogne, il combattit les prétentions de Louis XI et obtint, au traité d'Arras (1482), une bonne partie de l'héritage bourguignon. En 1496, il maria son bel fils Philippe le Beau à Jeanne la Folle, fille des Rois Catholiques, héritière d'Aragon et de Castille. Le traité de Senlis (1493) lui reconnut l'Artois et la Franche-Comté. Si, en Italie, Maximilien se heurta aux ambitions françaises, il établit son autorité en Allemagne, unifia ses Etats héréditaires (Autriche, Styrie, Tyrol). Cependant, il dut reconnaître (1499) l'indépendance des cantons suisses. Son petit-fils Charles Quint, qui lui succéda, allait hériter d'une formidable puissance. — MAXIMILIEN II, né à Vienne (1527-1576), empereur germanique (1564-1576), roi de Bohême et de Hongrie, fils de Ferdinand Ier. Ayant épousé Marie, fille de Charles Quint, il fut d'abord gouverneur en Espagne (1548-1550). Elu roi des Romains en 1562, il succéda à son père, l'empereur Ferdinand Ier, deux ans plus tard. Tout en maintenant la tolérance religieuse à l'intérieur de l'Empire, il lutta contre les Turcs.

Maximilien Ier (Maximilien DE WITTELSBACH), né à Munich (1573-1651), duc, puis Electeur de Bavière (1597-1651). Chef de la Sainte Ligue contre l'Union évangélique, il remporta sur l'Electeur palatin Frédéric la victoire de la Montagne Blanche (1620) ; il occupa alors le Palatinat et obtint l'héritage de Frédéric, y compris la dignité d'Electeur (1623). Cependant battu par Gustave-Adolphe malgré son alliance avec Wallenstein (1631-1632), il dut signer un armistice avec la France et la Suède (1647). Les traités de Westphalie (1648) lui confirmèrent dans ses avantages. — MAXIMILIEN II (Emmanuel DE WITTELSBACH), né à Munich (1662-1726), Electeur de Bavière (1679-1726). En 1691, il devint gouverneur des Pays-Bas espagnols. Il prit part, aux côtés de la France, à la guerre de Succession d'Espagne. — MAXIMILIEN III (Joseph DE WITTELSBACH), né à Munich (1727-1777), Electeur de Bavière (1745-1777). Il finit par reconnaître les droits de Marie-Thérèse à l'Empire. — MAXIMILIEN Ier JOSEPH (Joseph DE WITTELSBACH), né à Schwetzingen (1756-1825), Electeur (1799-1806) puis premier roi de Bavière (1806-1825). Bien qu'ayant dû signer le traité de Lunéville avec la France (1801), il obtint de Napoléon des territoires autrichiens et le titre de roi, mais, en 1813, il se retourna contre son protecteur. — MAXIMILIEN II JOSEPH (Joseph DE WITTELSBACH), né à Munich (1811-1864), roi de Bavière (1848-1864), fils de Louis Ier. Face à l'Autriche et à la Prusse, il défendit les intérêts des petits Etats allemands.

Maximilien (Ferdinand Joseph), archiduc d'Autriche, né à Vienne (1832-1867). Choisi comme empereur du Mexique par Napoléon III, il se rendit impopulaire. Abandonné en 1867 par la France, il fut pris à Querétaro et fusillé.

Maximilien ou **Max de Bade** (prince), homme politique allemand, né à Karlsruhe (1867-1929). Héritier du trône de Bade, il fut nommé chancelier par Guillaume II (3 octobre 1918), mais dut s'effacer devant Ebert (10 novembre).

Maximin (*saint*), évêque de Trèves, né à Silly (Poitou) [v. 285-347]. Il accueillit saint Athanase exilé. — Fête le 29 mai.

Maximin Ier, né en Thrace (173-238), empereur romain (235-238). Il succéda à Sévère Alexandre, mais lui-même fut assassiné à la suite de révoltes en Italie et en Afrique. — MAXIMIN II DAIA (m. en 313), césar (305), puis auguste (308) en Orient, persécuta les chrétiens. Il fut écarté par Licinius.

maximiser v. t. Donner à un fait ou à une idée la plus haute valeur possible. ‖ Porter au plus haut degré.

maximum [maksimɔm] n. m. (mot lat. signif. *le plus grand*). Le plus haut degré qu'une chose puisse atteindre : *c'est le maximum de ce qu'on peut supporter.* ‖ *Math.* Valeur la plus grande que puisse prendre une quantité variable entre certaines limites. (REM. L'Académie des sciences recommande de ne pas utiliser *maximum* comme adjectif et d'employer, dans ce cas, MAXIMAL, E, AUX.) ‖ Pl. des *maximums.* ‖ **— Au maximum** loc. adv. Au plus haut degré.

maxwell [makswɛl] n. m. (du nom du physicien J. C. *Maxwell*). Unité C. G. S. de flux magnétique (symb. : M), équivalant au flux produit par une induction magnétique de 1 gauss à travers une surface de 1 cm^2, normale au champ.

Maxwell (James Clerk), physicien écossais, né à Edimbourg (1831-1879). Il a contribué à l'élaboration de la théorie cinétique des gaz et découvert la magnétostriction. Il est surtout l'auteur de la théorie électromagnétique de la lumière (1865).

māyā [maja] n. f. (mot sanskrit signif. *illusion*). Dans le Vedānta et dans le bouddhisme, ensemble des illusions qui constituent ce monde.

Mayagüez, port de Porto Rico ; 83 900 h. Zone franche.

maya-quiché n. m. et adj. Groupe de langues parlées en Amérique centrale.

Mayas, Indiens de l'Amérique centrale (Honduras, Guatemala et Yucatán). Ils avaient atteint un haut degré de civilisation à l'époque précolombienne. L'Ancien Empire (320-987) eut comme centre la région du Petén

Maximilien Ier
empereur germanique
par Dürer
musée de Vienne

Maximilien II
empereur germanique
par Antonio Moro
Prado, Madrid

art maya

couvercle d'une urne

disque de Chinkultic

tête en stuc

Phot. Piaz (Teddy), B. N., Giraudon, Lauros-Giraudon, Giraudon, Anderson, Strouvé-Ferlet.

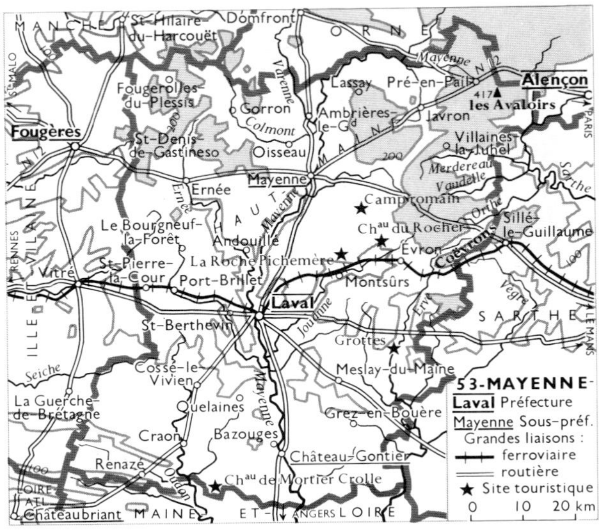

(Guatemala). Le Nouvel Empire (987-1687) s'étendait sur le Yucatán entier et la majeure partie du Honduras. Il subsiste un grand nombre d'œuvres d'art mayas (pyramides, palais, bas-reliefs, fresques, etc.).

Mayence, en allem. **Mainz,** v. d'Allemagne occidentale, cap. de l'État de Rhénanie-Palatinat, sur la rive gauche du Rhin ; 176 700 h. Cathédrale (XIe-XIIIe s.). Musée d'antiquités romaines. Ancien camp romain, la ville devint l'un des premiers foyers du christianisme en Germanie. Saint Boniface en devint archevêque en 745. Au XIIIe s., les archevêques de Mayence devinrent Electeurs. Française sous la Révolution et l'Empire, la ville entra en 1815 dans le duché de Hesse-Darmstadt. De 1919 à 1930, elle fut le quartier général des troupes françaises d'occupation en Rhénanie. — Patrie de Gutenberg.

Mayenne (la), riv. du Maine, qui se joint à la Sarthe pour former la Maine ; 200 km. Elle arrose Mayenne, Laval, Château-Gontier.

Mayenne (*dép. de la*) **[53]**, dép. de l'ouest de la France ; préf. *Laval ;* s.-préf. *Mayenne, Château-Gontier ;* 3 arr., 27 cant., 275 comm. ; 5 171 km² ; 252 800 h. (*Mayennais*). Occupant l'extrémité orientale du Massif armoricain, le dép. s'étend sur le *bas Maine,* pays bocager dont l'altitude décroît vers le sud. L'économie rurale, largement dominante, emploie plus de 40 p. 100 de la population active. Elle est orientée vers l'élevage : bovins (pour le lait et la viande) et, localement, porcins (région de Craon). Les céréales se sont partiellement maintenues dans la partie méridionale du dép. L'industrie, ressource du quart de la population active, tient une place peu importante. Aux activités traditionnelles (textiles, chaussures, imprimerie) se sont ajoutées des branches nouvelles (constructions mécaniques et électriques), à Laval notamment. La faiblesse de l'industrialisation et l'orientation vers l'élevage expliquent la persistance de l'émigration.

Mayenne (53100), ch.-l. d'arr. de la Mayenne, sur la Mayenne ; 12 315 h. (10 010 aggl.) [*Mayennais*]. Château. Eglise romane. Imprimerie. Textiles. Constructions mécaniques. — L'arr. a 12 cant., 111 comm., 88 098 h.

Mayenne (Charles DE LORRAINE, *duc* DE), prince français, né à Alençon (1554-1611). Chef de la Ligue à la mort de son frère Henri de Guise, il fut vaincu à Arques et à Ivry par Henri IV et fit sa soumission en 1595.

Mayer (Julius Robert VON), physicien et médecin allemand, né à Heilbronn (1814-1878). Il proclama l'équivalence de la chaleur et du travail, calcula l'équivalent mécanique de la calorie (1842) et énonça le principe de la conservation de l'énergie.

Mayerling, localité d'Autriche, à 40 km au sud de Vienne. Pavillon de chasse où, le 30 janvier 1889, l'archiduc Rodolphe et la baronne Marie Vetsera furent trouvés morts.

Mayet (72360), ch.-l. de c. de la Sarthe (arr. de La Flèche) ; 3 268 h. (1 983 aggl.).

Mayet-de-Montagne (LE) [03250], ch.-l. de c. de l'Allier (arr. de Vichy) ; 2 252 h. (1 112 aggl.).

Maynard (François). V. MAINARD.

Mayol (*saint*). V. MAÏEUL.

Mayol (Félix), artiste de music-hall et chanteur de café-concert français, né à Toulon (1872-1942).

mayonnaise [majɔnɛz] n. f. (de *Port-Mahon*). Sorte de sauce froide composée de jaune d'œuf et d'huile émulsionnée.

Mayotte, une des Comores ; 374 km² ; 32 500 h. (*Mahorais*). Ch.-l. *Dzaoudzi*. Canne à sucre. Vanille.

Ma Yuan, peintre chinois (actif de 1190 à 1224). Il est l'auteur de paysages lyriques et graves, classés parmi les chefs-d'œuvre de la peinture song.

Mazagan. V. JADIDA (*El-*).

mazagran [mazagrɑ̃] n. m. Café servi dans un verre. ‖ Récipient épais, en forme de verre à pied, pour servir le café.

Mazarin, par Ph. de Champaigne
musée Condé, Chantilly

Mazzini

Mazagran, comm. d'Algérie (dép. de Mostaganem) ; 2 800 h. Siège fameux en 1840, que soutinrent avec succès 130 Français contre 14 000 guerriers d'Abd el-Kader.

Mazamet (81200), ch.-l. de c. du Tarn (arr. de Castres), au pied de la Montagne Noire ; 16 853 h. (*Mazamétains*). Centre de délainage d'importance mondiale. Filature et tissage de la laine. Mégisserie. Mécanique de précision.

Mazār-i Charīf, v. de l'Afghānistān septentrional ; 100 000 h.

Mazarin (Jules), homme d'Etat français, né à Pescina (Abruzzes) [1602-1661]. Sa famille est au service des Colonna. Après des études de droit à Alcalá, puis à Rome, il entre dans l'armée pontificale et devient l'auxiliaire de plusieurs légats du pape en Italie. Mêlé aux intrigues de la succession de Mantoue (1628-1630), il rencontre à Lyon (1630) Richelieu, qui le présente à Louis XIII : dès lors, ce souple et élégant Italien défend la cause française, notamment lors de la paix de Cherasco (1631), qui laisse Pignerol à la France. Vice-légat à Avignon, puis nonce extraordinaire à Paris (1635-1636), il est très apprécié par le roi et son ministre, et devient le parrain du futur Louis XIV. En 1640, Mazarin s'installe définitivement en France. Richelieu — qui voit en lui son successeur — lui fait donner le chapeau de cardinal (1641). Ministre d'Etat, Mazarin dirige le Conseil à la mort de Richelieu. Membre du Conseil de régence après la mort de Louis XIII, il devient également le principal ministre de la régente Anne d'Autriche, dont il est, peut-être, l'époux secret (1645). En fait, le cardinal est maître absolu de la France : la reine ne fait qu'exécuter ses désirs, et le jeune roi Louis XIV reçoit de lui sa formation politique et pratique. Très impopulaire, cet Italien, obséquieux et souple jusqu'à l'hypocrisie, se révèle un grand homme d'Etat.
Cependant, dès le début de la régence, il doit faire face à la « cabale des Importants » et aux révoltes provinciales. D'autre part, il doit trouver de l'argent pour la guerre de Trente Ans ; les impôts qu'il multiplie alors exaspèrent l'opinion publique, touchée par une grave crise économique. S'il arbitre la guerre du Nord (1645) et impose ses vues lors des traités de Westphalie (1648), Mazarin semble débordé par la Fronde* parlementaire, puis princière. Il s'exile habilement (1651-1653), mais l'anarchie et la lassitude favorisent son retour à Paris. Désormais, il est le maître incontesté du royaume. En 1654, il fait sacrer le roi à Reims ; aidé de ministres prestigieux comme Fouquet, Lionne et Le Tellier, il dompte les parlements, rétablit les intendants dans les provinces, soumet les jansénistes de Port-Royal et impose aux ecclésiastiques le formulaire de 1661. Parallèlement, il se constitue une fortune personnelle colossale et marie ses sept nièces (Mancini et Martinozzi) dans la haute noblesse.
Même réussite sur le plan extérieur : il entre dans la ligue du Rhin, formée contre l'Autriche (1658), et impose à l'Espagne le dur traité des Pyrénées (1659), qui est suivi du mariage du souverain avec l'infante Marie-Thérèse (1660).
Mazarin fut un collectionneur et un mécène avisé.

mazarinade [mazarinad] n. f. Chanson ou pamphlet publiés contre Mazarin pendant la Fronde.

Mazarine (*bibliothèque*), bibliothèque publique située dans l'aile gauche du palais de l'Institut, à Paris. Formée sur l'ordre de Mazarin, elle fut ouverte au public en 1643 et rattachée à la Bibliothèque nationale en 1930.

Mazatlán, port du Mexique, sur le Pacifique, à l'entrée du golfe de Californie ; 123 100 h.

mazdéen, enne adj. Qui appartient au mazdéisme.

mazdéisme [mazdeism] n. m. Religion de l'Iran ancien. (Elle fut révélée vers le VIIIe s. av. J.-C. par Ahura-Mazdâ, le dieu du Bien, à Zarathoustra, dont l'enseignement est consigné dans l'Avesta. C'est une religion dualiste, qui oblige l'homme à choisir entre les deux principes qui se disputent le monde, le Bien et le Mal, en attendant le Jugement dernier, qui succédera au triomphe du Bien.)

Mazeppa ou **Mazepa** (Ivan Stepanovitch), hetman des Cosaques d'Ukraine, né près de Kiev (1644-1709). A la suite d'une intrigue, il aurait été attaché sur un cheval sauvage, dont la course l'aurait emporté en Ukraine ; il y fut élu hetman. Il servit d'abord le tsar Pierre le Grand, puis se tourna contre lui et s'allia à Charles XII ; il s'enfuit en Turquie après Poltava et mourut à Bendery.

mazette [mazɛt] n. f. (franc-comtois *mazette,* mésange). Mauvais petit cheval. ‖ — *Fam.* Personne qui manque de force, d'énergie. ‖ Personne qui manque d'adresse, d'habileté : *il joue comme une mazette.*

Mazières-en-Gâtine (79310), ch.-l. de c. des Deux-Sèvres (arr. de Parthenay) ; 902 h. (410 aggl.).

Mazingarbe (62670), comm. du Pas-de-Calais (arr. de Lens) ; 10 060 h. (*Mazingarbois*). Houille. Cokerie. Industries chimiques. Usine d'eau lourde.

mazout [mazut] n. m. (mot russe ; d'orig. arabe). Combustible liquide, visqueux et noirâtre, obtenu comme résidu de la distillation du pétrole brut. (Syn. FUEL-OIL.)

mazouter v. i. *Mar.* Faire le plein des soutes en mazout.

Mazovie, région de Pologne, sur la Vistule moyenne, rattachée à la couronne de Pologne en 1526.

Mazurie, région du nord-est de la Pologne, autref. en Prusse-Orientale. La Mazurie fut conquise au XIIIe s. par les chevaliers Teutoniques. Au XVIIe s., elle passa aux Hohenzollern de Prusse, puis de Brandebourg. Pendant la Première Guerre mondiale, Hindenburg, déjà vainqueur à Tannenberg, y obligea les Russes de Rennenkampf à se replier derrière le Niémen (sept. 1914). Entre les deux guerres mondiales, la Mazurie (à l'exception d'un district rattaché à la Pologne en 1920) fit partie de la portion de territoire allemand isolé du reste de l'Allemagne par le couloir de Dantzig. Elle fit retour à la Pologne en 1945.

mazurka [mazyrka] n. f. (mot polon.). Danse populaire à trois temps, d'origine polonaise (province de Mazurie), comportant des accents souvent placés à contretemps. ‖ Air sur lequel elle s'exécute. (Chopin en a fait un genre savant, d'une grande richesse harmonique.)

Mazzini (Giuseppe), patriote italien, né à Gênes (1805-1872). Membre du carbonarisme (1827), il devient bientôt le chef d'un mouvement unitaire et républicain. En 1831, il doit s'exiler, fonde la *Jeune-Italie* et se fait le champion d'une « troisième Rome », inspiratrice d'une humanité réformée et d'une lutte des peuples contre les princes. Ayant échoué (1833-1836), il se réfugie à Londres, puis à Paris, où la Jeune-Italie devient l'*Association nationale italienne*. Il milite à Milan, puis à Rome dans les rangs révolutionnaires (1848) et devient l'un des triumvirs de la République romaine ; dès le 4 juillet 1849, il doit regagner l'exil. Abandonné par de nombreux partisans gagnés aux méthodes de Cavour, il participe à l'expédition de Sicile (1860). Il meurt à Pise sous un faux nom.

M'Ba (Léon), homme d'Etat gabonais, né à Libreville (1902-1967), président de la république du Gabon de 1961 à 1967.

Mbabane, cap. du Swaziland ; 13 800 h. Etain.

Mbandaka, anc. **Coquilhatville,** v. du Zaïre, sur le Congo ; 51 400 h.

me [mə] pron. pers. de la 1re pers. du sing. Moi, à moi : *je m'inquiète ; il me semble.*

mé [me] ou **més** [mez] préf. privatif ou péjoratif.

mea-culpa [meakylpa] n. m. (mots lat. tirés du *Confiteor* et signif. *par ma faute*). *Faire son mea-culpa,* se repentir, avouer sa faute. (L'Acad. écrit MEÂ-CULPÂ.)

Mead (Margaret), anthropologue américaine, née à Philadelphie en 1901. Elle a effectué des recherches aux îles Samoa, à la Nouvelle-Guinée, à Bali, etc., s'intéressant notamment aux crises d'adolescence et aux rites de passage dans les populations de Samoa.

méandre [meɑ̃dr] n. m. (du gr. *Maiandros,* fl. sinueux d'Asie Mineure). Sinuosité décrite par un cours d'eau : *les méandres du Mississippi.* ‖ Dessin qui l'imite. ‖ *Fig.* Détour : *les méandres de la diplomatie.*

Méandre. V. MENDERES.

méandrine [meɑ̃drin] n. f. *Zool.* Madrépore des mers chaudes, comprenant des polypiers vermiculés.

méat [mea] n. m. (lat. *meatus,* canal). *Anat.* Cavité : *les méats du nez.* ‖ Orifice : *méat urinaire.* ‖ *Bot.* Interstice entre certaines cellules végétales.

Meaulnes (*le Grand*). V. GRAND MEAULNES (*le*).

Méaulte, comm. de la Somme (arr. de Péronne) ; 1 048 h. Constructions aéronautiques.

Meaux [mo] (77100), ch.-l. d'arr. de Seine-et-Marne, sur la Marne ; 31 420 h. (*Meldois*). Restes de remparts gallo-romains. Anc. évêché (XVIIe s.), auj. musée Bossuet.

Phot. Giraudon, X.

Cathédrale Saint-Etienne (XIIIe-XIVe s.), dont les portails sont ornés de sculptures. Métallurgie. Produits chimiques. — L'arr. a 10 cant., 187 comm., 245 939 h.

mec [mɛk] n. m. (dimin. de *mecton,* mot auj. désuet). *Pop.* Homme.

mécanicien, enne n. et adj. Personne qui s'occupe de mécanique. ‖ Spécialiste du réglage, de la conduite et de l'entretien des machines. ‖ Ouvrier qui effectue les réparations courantes d'ensembles mécaniques. ‖ Conducteur de machine, et plus spécialement de locomotive.

mécanicien-dentiste n. m. Technicien qui fabrique les prothèses dentaires. ‖ Pl. des *mécaniciens-dentistes.*

mécanicienne n. f. Couturière à la machine.

mécanique adj. Relatif aux lois du mouvement et de l'équilibre. ‖ Qui exige le travail des mains ou des machines : *les arts mécaniques.* ‖ Machinal : *un geste mécanique.* ‖ Qui agit uniquement suivant les lois du mouvement et des forces (par oppos. à *chimique*) : *l'action mécanique des vents.*

mécanique [mekanik] n. f. (du gr. *mêkhanê,* machine). Science qui a pour objet l'étude des forces ou de leurs actions. (V. *encycl.*) ‖ Combinaison d'organes propres à produire ou à transmettre des mouvements : *la mécanique d'une montre.* ‖ Etude des machines, de leur construction et de leur fonctionnement. ‖ Ouvrage traitant de la mécanique : *la « Mécanique » de Laplace.* ‖ Machine. ● *Mécanique céleste,* science traitant des lois régissant les mouvements des corps célestes. (V. *encycl.*) ‖ *Mécanique ondulatoire,* discipline scientifique, érigée par L. de Broglie en 1924, suivant laquelle les particules en mouvement sont associées à des ondes capables de produire des phénomènes d'interférence et de diffraction.

— ENCYCL. La *mécanique* se présente sous deux aspects à la fois distincts et liés : l'aspect théorique ou rationnel et l'aspect expérimental ou appliqué. La mécanique rationnelle comprend : la *cinématique,* qui s'occupe des mouvements, indépendamment des forces qui les produisent ; la *statique,* qui étudie l'équilibre et l'action des forces sur les corps, en l'absence de tout mouvement ; la *dynamique,* qui étudie les mouvements sous l'action des forces. La mécanique appliquée cherche à rendre compte des phénomènes qu'elle traite en imaginant que ceux-ci réalisent plus ou moins absolument le modèle mathématique fourni par l'édification théorique.

La *mécanique céleste* étudie les mouvements des astres, plus particulièrement des astres du système solaire, par application des lois de la gravitation universelle de Newton, compte non tenu des perturbations introduites par les théories de la relativité générale. Elle étudie aussi des questions plus spéciales à notre globe : précession des équinoxes, nutation, marées, etc.

mécaniquement adv. De façon mécanique : *travail exécuté mécaniquement.*

mécanisation n. f. Action de mécaniser ; son résultat.

mécaniser v. t. Rendre semblable à une machine : *les machines mécanisent l'homme.* ‖ Introduire l'emploi des machines : *mécaniser l'agriculture.* ‖ Doter une formation militaire de véhicules servant à la fois au transport et au combat.

mécanisme n. m. Combinaison d'organes ou de pièces disposés de façon à obtenir un résultat déterminé : *régler un mécanisme ; démonter le mécanisme d'un fusil.* ‖ Jeu des organes : *mécanisme du corps humain.* ‖ *Fig.* Ensemble des structures : *mécanisme du raisonnement, du langage.* ‖ *Philos.* Théorie qui ramène la vie à un ensemble d'organes fonctionnant comme une machine : *le mécanisme de Descartes.*

mécaniste adj. et n. *Philos.* Qui concerne ou qui professe le mécanisme.

mécano [mekano] n. m. *Fam.* Mécanicien.

mécanographe n. et adj. Employé chargé de transcrire, en perforations, des renseignements alphabétiques ou chiffrés sur des cartes spéciales ou sur une bande de papier. ‖ Employé assurant des travaux de calculs industriels ou commerciaux à l'aide de machines comptables.

mécanographie n. f. (gr. *mêkhanê,* machine, et *graphein,* écrire). Utilisation de machines (machines à écrire, comptables, à cartes ou à bandes perforées, duplicateurs) pour l'exécution du travail de bureau.

mécanographique adj. Relatif à la mécanographie : *fichier mécanographique.*

mécanothérapie n. f. (gr. *mêkhanê,* machine, et *therapeuein,* soigner). Traitement de certaines affections ou lésions de l'appareil locomoteur (squelette, articulations, muscles, tendons, etc.) par mobilisation passive ou active au moyen d'appareils mécaniques.

Meccano [mekano] n. m. (marque déposée). Jouet de construction en métal, à pièces interchangeables, fondé sur le système des trous équidistants.

mécénat [mesena] n. m. (de *Mécène*). Protection accordée aux lettres, aux sciences et aux beaux-arts.

mécène [mesɛn] n. m. Protecteur des écrivains, des artistes ou des savants, par allusion à Mécène, conseiller d'Auguste.

Mécène, chevalier romain, né à Arezzo (v. 69-8 av. J.-C.). Il se servit de son crédit auprès d'Auguste pour encourager les lettres et les arts. Virgile, Horace, Properce bénéficièrent de sa protection.

méchage [meʃaʒ] n. m. Action de mécher un tonneau. ‖ Action de drainer un abcès à l'aide d'une mèche.

Méchain (Pierre), astronome français, né à Laon (1744-1804). Avec Cassini et Le Gendre, il vérifia en 1787

La Mecque
la Ka'ba

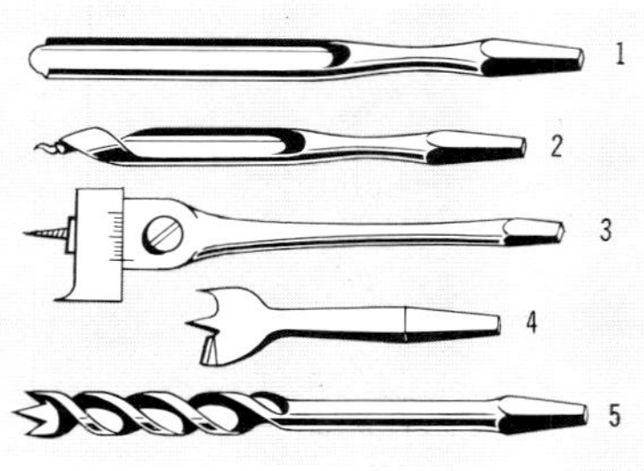

mèches : 1. A bois, dite « cuiller » ; 2. Suisse ; 3. Extensible ; 4. A trois pointes ; 5. Hélicoïdale.

la différence des longitudes des observatoires de Paris et de Greenwich. Avec Delambre, il mesura entre 1792 et 1798 l'arc de méridien compris entre Dunkerque et Barcelone, afin de déterminer la valeur de l'étalon métrique, égal à la dix millionième partie du quart du méridien terrestre, selon ce qu'avait décidé en 1791 l'Assemblée constituante. En 1798, il fut nommé directeur du Bureau des longitudes.

méchamment adv. Avec méchanceté : *se conduire méchamment.*

méchanceté n. f. Penchant à faire du mal : *méchanceté de caractère.* ‖ Action méchante : *faire, dire des méchancetés.*

méchant [meʃɑ̃], **e** [-ɑ̃t] adj. (de l'anc. fr. *meschoir,* mal tomber). Qui fait le mal sciemment, par haine : *un homme méchant.* ‖ Qui exprime la méchanceté : *regards méchants.* ‖ Contraire à la justice : *des propos méchants.* ‖ Mordant : *une épigramme méchante.* ‖ Qui ne vaut rien (en ce sens, précède le nom) : *méchante viande ; méchant poète.* ‖ Désagréable, dangereux : *s'attirer une méchante affaire.* ‖ Maussade : *de méchante humeur.* ‖ — Contr. : BIENVEILLANT, BON, EXCELLENT. ‖ — N. : *fuir les méchants.* ● *Faire le méchant,* s'emporter.

mèche [mɛʃ] n. f. (lat. *myxa,* mèche). Assemblage de fils que l'on met dans une lampe, etc., pour servir de conduit à un liquide combustible. ‖ Bout de ficelle qu'on attache à la lanière du fouet. ‖ Toile imprégnée de soufre, pour désinfecter les tonneaux. ‖ Bouquet de cheveux. ‖ Outil en acier servant à percer des trous. ‖ Axe du gouvernail d'un navire. ‖ Gaine contenant de la poudre noire et servant à mettre le feu à une arme, à une mine ou à un explosif. ‖ *Chir.* Pièce de gaze étroite et longue servant à drainer certaines collections purulentes. ‖ *Mus.* Faisceau de crin de cheval tendu sur le bois de l'archet et destiné à frotter la corde. ● *Mèche lente,* V. BICKFORD. ‖ *Découvrir, vendre la mèche* (Fam.), trouver, livrer un secret.

mèche n. f. (de l'ital. *mezzo,* moyen). *Etre de mèche avec quelqu'un* (Fam.), être son complice. ‖ *Il n'y a pas mèche* (Fam.), il n'y a pas moyen.

Mechelen, nom flam. de *Malines**.

mécher [meʃe] v. t. (conj. **5**). Faire brûler dans un tonneau une mèche soufrée, afin de détruire les ferments et moisissures.

mécheux, euse adj. Qui forme mèche, en parlant des laines brutes.

Mechhed ou **Meched,** v. d'Iran (Khurāsān) ; 410 000 h. Mosquée (sanctuaire chī'ite). Textiles.

Méchithar. V. MÉKHITHAR.

méchoui [meʃwi] n. m. Chez les Arabes, rôti de mouton, de gazelle ou de chamelon.

mechta [mɛʃta] n. f. En Algérie et en Tunisie, hameau.

Mechtilde (*sainte*), religieuse allemande (1241-1299). Religieuse cistercienne à Helfta, elle est célèbre pour les « révélations » qu'elle reçut du Sacré-Cœur. — Fête le 19 novembre.

Mecklembourg, en allem. **Mecklenburg,** région d'Allemagne orientale. Christianisée au XIIe s., la région devint duché souverain en 1348. Celui-ci s'accrut du comté de Schwerin en 1358 ; en 1549, ses princes se firent luthériens. Au début du XVIIIe s., le Mecklembourg se scinda en *Mecklembourg-Schwerin* et en *Mecklembourg-Strelitz,* duchés qui devinrent membres de la Confédération du Rhin (1808), puis, avec la qualité de grands-duchés, de la Confédération germanique (1815). Le dernier grand-duc abdiqua en 1918. Les deux anciens grands-duchés furent réunis en 1934 ; ils disparurent en 1952.

mécompte n. m. Erreur dans un compte. ‖ *Fig.* Espérance trompée : *affaire n'apportant que des mécomptes.*

méconium [mekɔnjɔm] n. m. (gr. *mêkônion,* suc de pavot). Premières matières fécales du nouveau-né.

méconnaissable adj. Qu'on ne peut reconnaître qu'avec peine : *son accident l'avait rendu méconnaissable.*

méconnaissance n. f. Action de méconnaître, d'ignorer.

méconnaître v. t. (préf. *mé*[*s*] et *connaître*) [conj. **58**]. Ne pas estimer une chose à sa juste valeur : *méconnaître l'importance d'une découverte.*

méconnu, e adj. et n. Qui n'est pas apprécié selon son mérite : *un écrivain méconnu.*

mécontent, e adj. et n. Qui n'est pas satisfait : *le parti des mécontents.*

mécontentement n. m. Manque de satisfaction ; irritation.

mécontenter v. t. Rendre mécontent ; exciter le mécontentement.

Mecque (LA), v. d'Arabie Saoudite, cap. du Hedjaz ; 200 000 h. Patrie de Mahomet. Mosquée renfermant la Ka'ba, et vers laquelle les musulmans se tournent en faisant leurs prières. C'est une ville sainte, à laquelle les fidèles de l'islām sont tenus de se rendre en pèlerinage au moins une fois dans leur vie.

mécréant [mekreɑ̃], **e** [-ɑ̃t] n. (préf. *mé*[*s*] et *créant,* part. de *croire*). Personne qui n'a pas la foi.

médaille [medaj] n. f. (ital. *medaglia*). Pièce de métal frappée en mémoire d'une action glorieuse ou en l'honneur d'un personnage illustre. ‖ Pièce de métal donnée en prix dans certains concours, en récompense d'actes de dévouement, etc. ‖ Pièce de métal représentant un sujet de dévotion. ‖ Plaque de métal dont le port est exigé dans certaines professions : *médaille de commissionnaire.*

Médaille d'honneur, la plus haute décoration militaire américaine, décernée au nom du Congrès depuis 1862.

Médaille militaire, décoration française créée en 1852 par Napoléon III. Elle constitue la plus haute distinction accordée pour faits de guerre ou longs services aux sous-officiers et hommes de troupe, ainsi qu'aux officiers généraux ayant commandé en chef. Ruban jaune, liséré vert. Ses conditions d'attribution ont été fixées à nouveau en 1962 lors de la refonte du Code de la Légion d'honneur et de la Médaille militaire.

médaillé, e adj. et n. Qui a reçu, qui porte une médaille : *soldat médaillé.*

médailler v. t. Honorer, décorer d'une médaille : *médailler un sauveteur.*

médailleur n. m. Artiste graveur en médailles.

médaillier n. m. Collection de médailles : *le médaillier national.* ‖ Meuble qui les renferme : *un médaillier de chêne.*

médailliste n. et adj. Ouvrier qui fabrique des médailles. ‖ Syn., vieilli, de NUMISMATE.

médaillon n. m. (ital. *medaglione*). Médaille sans revers qui surpasse en poids et en volume les médailles ordinaires. ‖ Bijou de forme circulaire ou ovale, dans lequel on place un portrait, des cheveux, etc. ‖ Préparation culinaire de forme ronde ou ovale. ‖ Bas-relief représentant, dans un cadre rond ou oval, une tête ou un sujet.

Medan, port de l'Indonésie, dans l'île de Sumatra, sur le détroit de Malacca ; 479 100 h. Commerce actif (tabac, caoutchouc).

Médan (78670 Villennes sur Seine), comm. des Yvelines (arr. de Saint-Germain-en-Laye) ; 596 h. Maison de Zola.

Médard (*saint*), évêque de Noyon et Tournai, né à Salency (Ile-de-France) [v. 456-v. 545]. Il cumula les charges d'évêque de Vermand, puis de Noyon et Tournai. Sur ses restes, on éleva l'abbaye Saint-Médard de Soissons. A son nom sont attachés la création des rosières

Phot. Popper - Atlas-Photo.

et un certain nombre de dictons relatifs au temps. — Fête le 8 juin.

Medawar (Peter Brian), biologiste britannique, né au Brésil en 1915, auteur de travaux sur les greffes. (Prix Nobel, 1960.)

mède [mɛd] adj. et n. De la Médie ; habitant ou originaire de cette contrée.
— ENCYCL. Fixés en Perse au VIIe s. av. J.-C., les *Mèdes* eurent comme capitale Ecbatane. Leur roi Cyaxare occupa Assur en 614 av. J.-C., puis Ninive (612). Cyrus prit le titre de roi des Mèdes et des Perses (546 av. J.-C.).

Mède (LA) [13220 Châteauneuf lès Martigues], écart de la comm. de Martigues* (Bouches-du-Rhône). Raffinage du pétrole et pétrochimie.

Médéa, v. d'Algérie, ch.-l. de dép. au sud-ouest d'Alger ; 48 100 h.

médecin [medsɛ̃] n. m. (de *médecine*). Personne qui exerce la médecine. (En France, la profession de médecin ne peut être exercée que par les titulaires du doctorat d'Etat inscrits à l'ordre des médecins.) ● *Médecin consultant,* médecin appelé en consultation par un confrère qui désire son avis sur un cas précis. ‖ *Médecin légiste,* médecin qui effectue les examens et procède aux expertises prescrits par les autorités judiciaires ou administratives. ‖ *Médecin-lieutenant, médecin-capitaine,* etc., grades des médecins militaires. (Avant 1928, on disait médecin-major, aide-major, etc.) ‖ *Médecin spécialiste,* médecin ayant acquis des connaissances particulières et approfondies d'une des branches de la médecine et qui se consacre exclusivement à l'exercice de celle-ci. ‖ *Médecin traitant,* médecin qui donne ses soins au cours d'une maladie. ‖ *Médecin du travail,* médecin chargé d'examiner régulièrement à titre préventif les personnels des entreprises ou administrations et de donner les avis utiles à l'hygiène et à la salubrité des locaux. ‖ — Adj. : *femme médecin.* (On dit aussi DOCTORESSE.)

Médecin de campagne (*le*), roman d'H. de Balzac (1833).

Médecin de son honneur (*le*), drame de Calderón (1635).

Médecin malgré lui (*le*), comédie en prose, en 3 actes, de Molière (1666).

médecin-conseil n. m. Médecin attaché à une administration publique ou privée et chargé de fournir à celle-ci les renseignements médicaux permettant de prendre des décisions concernant ses assujettis (arrêts de travail, traitements, invalidité, etc.). ‖ Pl. des *médecins-conseils.*

médecine n. f. (lat. *medicina*). Ensemble des activités techniques et scientifiques qui ont pour but la prévention, la guérison ou le soulagement des maladies et des infirmités. (V. *encycl.*) ‖ Profession de médecin : *exercice illégal de la médecine.* ‖ Système médical : *la médecine homéopathique.* ‖ Médicament (vx). ● *Médecine de groupe,* mode d'exercice de la médecine dans lequel plusieurs praticiens de même discipline établissent leur cabinet en un même local et disposent de personnel et de matériel communs. ‖ *Médecine légale,* ensemble des actes effectués par le médecin légiste. ‖ *Médecine du travail,* ensemble des mesures préventives mises en œuvre pour réduire les risques résultant des activités professionnelles. ‖ *Médecine vétérinaire,* celle qui a pour objet le traitement des maladies des animaux.
— ENCYCL. La recherche des moyens capables de guérir les maladies remonte à l'Antiquité, ainsi que le prouvent les documents les plus anciens (code d'Hammourabi [Mésopotamie, 2000 av. J.-C.], papyrus égyptiens [1500-1200 av. J.-C.]) ; la plupart des pratiques sont mystiques et religieuses. Il faut attendre la période hellénique, avec Hippocrate, pour qu'apparaisse, en *médecine,* le début de l'observation objective des faits et des tentatives thérapeutiques raisonnées. Les Romains entretiennent le courant hippocratique et inaugurent la notion d'hygiène publique et de salubrité (thermes, eau potable, alimentation). Le Moyen Age voit, en partie en raison des épidémies de peste, un retour, en Europe, des croyances aux forces maléfiques, alors que les Arabes continuent et transmettent la tradition hellénique. La Renaissance voit l'essor des recherches anatomiques avec Vésale, alors qu'Ambroise Paré pose les jalons de la chirurgie moderne, que la découverte de la circulation par Harvey va assurer d'une base solide. Au XVIIe s., Van Leeuwenhoek emploie le microscope pour l'étude des tissus, ouvrant la voie aux travaux de Bichat sur la structure intime des organes et des tissus au XVIIIe s., alors que Jenner commence la vaccination antivariolique et que Pinel réduit les contraintes imposées aux aliénés. Au début du XIXe s., la chirurgie progresse avec les travaux de Dupuytren, de Lisfranc et de Velpeau, et l'anesthésie générale est découverte par H. Wells, Morton et Simpson. C'est dans la seconde moitié du XIXe s. que commence vraiment, avec les travaux de Pasteur, l'ère scientifique de la médecine. Les causes de la plupart des maladies infectieuses sont découvertes, ainsi que des vaccins contre certaines d'entre elles. Roux poursuit les travaux de Pasteur et découvre les sérums thérapeutiques. A la même époque, l'école de la Salpêtrière, avec Charcot, étudie les maladies du système nerveux, alors que l'hôpital Saint-Louis se spécialise dans celles de la peau.
Le début du XXe s. voit une utilisation de plus en plus grande des sciences physiques et chimiques pour le diagnostic et le traitement des maladies : découverte des rayons X et des antiseptiques, étude des constituants chimiques du sang et de la matière vivante. La Première Guerre mondiale entraîne des progrès dans les traitements des traumatismes et étend les domaines de la chirurgie. Entre les deux guerres se développent la neurochirurgie, l'endocrinologie, et de nombreuses spécialités médicales prennent naissance.
La Seconde Guerre mondiale voit un nouveau bond en avant de la chirurgie, favorisé par la découverte des antibiotiques et les progrès de l'anesthésie et de la réanimation, alors que les méthodes de rééducation et de réadaptation fonctionnelle se développent.
La seconde moitié du XXe s. commence avec l'emploi de la cortisone et des corticoïdes, et voit la multiplication de groupes de médicaments majeurs : anti-inflammatoires, anticoagulants, diurétiques, psychotropes, etc. Les problèmes posés par la syphilis et la tuberculose sont presque tous résolus, et ces maladies ont des taux de morbidité sans cesse décroissants. Les transplantations et les greffes de tissus et d'organes entrent dans une phase d'applications pratiques, ouvrant de vastes horizons, mais le problème des tumeurs reste un des plus difficiles, malgré le nombre et l'importance des recherches entreprises.

médecine-ball [medsinbol] ou **medicine ball** n. m. (mots angl.). Ballon plein et lourd utilisé pour les exercices d'assouplissement.

Médée (*Myth. gr.*), magicienne du cycle des Argonautes. Elle s'enfuit avec Jason ; mais ce dernier l'ayant abandonnée, elle se vengea en égorgeant ses enfants. La légende de Médée a inspiré une tragédie à Euripide (431 av. J.-C.), à Sénèque (Ier s. apr. J.-C.) et à Corneille (1635).

Medellín, v. de la Colombie, dans la Cordillère centrale ; 777 000 h. Centre industriel (textile, métallurgie).

medersa [medɛrsa] n. f. (mot arabe [prononc. maghrébine de *madrasa*]). Etablissement d'enseignement supérieur musulman. ‖ Bâtiment qui l'abrite.

médiale n. f. Valeur d'une distribution statistique qui sépare celle-ci en deux classes égales.

médian [medjɑ̃], **e** [-an] adj. (du lat. *medius,* qui est au milieu). Qui se trouve au milieu : *une ligne médiane.* ‖ *Math.* Se dit, pour une courbe plane ou une surface, de l'ensemble des milieux des cordes parallèles à une direction donnée. (Un tétraèdre a six plans médians : les plans menés par une arête et le milieu de l'arête opposée.) ● *Nerf médian,* principal nerf de la flexion du membre supérieur agissant sur le bras, l'avant-bras et la main. ‖ *Veines médianes,* veines qui sont au nombre de deux à la surface de l'avant-bras.

médiane n. f. *Math.* Droite qui, dans une figure plane, divise en deux parties égales toutes les cordes parallèles à une direction donnée. (V. illustr. LIGNES.) ‖ Dans un triangle, segment de droite qui joint un sommet au milieu du côté opposé. ‖ En statistique, terme qui, dans une série établie par ordre de grandeur, occupe la position centrale.

médianoche [medjanɔʃ] n. m. (esp. *media noche,* minuit). Repas gras qui se faisait à la suite d'un jour maigre après minuit sonné.

médiante [medjɑ̃t] n. f. *Mus.* Troisième degré d'une gamme diatonique.

médiastin [medjastɛ̃] n. m. (lat. *mediastinus,* qui se tient au milieu). Espace compris entre les deux poumons et divisé en deux parties par des replis des plèvres. (Le *médiastin antérieur* contient le cœur et le thymus ; le *médiastin postérieur* renferme l'œsophage, l'aorte et le canal thoracique.)

médiat [medja], **e** [-at] adj. Qui n'a rapport, qui ne touche à une chose que par une autre ; qui est intermédiaire : *juridiction médiate.* ‖ *Log.* Qui admet un moyen terme : *le syllogisme est une inférence médiate.* ● *Auscultation médiate,* auscultation pratiquée par l'intermédiaire du stéthoscope.

médiateur [medjatœr], **trice** [-tris] adj. et n. (du lat. *mediare,* être au milieu). Qui s'entremet pour amener un accord entre deux ou plusieurs personnes : *médiateur de la paix ; puissance médiatrice.* ● *Médiateur chimique,* substance qui est libérée par l'extrémité des fibres nerveuses en activité et qui excite les neurones voisins, les fibres musculaires, la paroi des vaisseaux sanguins. (L'acétylcholine et l'adrénaline sont deux médiateurs chimiques aux effets opposés.) ‖ *Plan médiateur d'un segment* (Math.), plan perpendiculaire à ce segment et passant par son milieu.

médiation n. f. Entremise destinée à produire un accord, un arbitrage : *offrir sa médiation.* ‖ Procédure du droit international public ou du doit du travail qui propose une solution aux parties en litige sans l'imposer comme dans l'arbitrage. ‖ *Philos.* Processus par lequel la pensée tire des données des sens une connaissance.

Laurent Ier de Médicis
par Bronzino, *palais Medici-Riccardi, Florence*

médiatisation n. f. Action de médiatiser ; son résultat. ‖ *Hist.* Incorporation à un Etat vassal d'un pays qui relevait directement de l'empereur germanique.

médiatiser v. t. *Philos.* Utiliser quelque chose comme médiateur : *médiatiser un moyen par rapport à une fin.* ‖ Rendre médiat quelque chose qui est immédiat : *médiatiser la nature par l'idée du beau.*

médiator [medjatɔr] n. m. Petite lame d'écaille au moyen de laquelle on joue de certains instruments à cordes. (Syn. PLECTRE.)

médiatrice n. f. *Math.* Perpendiculaire élevée sur le milieu d'un segment de droite. (V. illustr. LIGNES.)

médical [medikal], **e, aux** [-o] adj. Qui concerne la médecine : *ouvrage médical.* ● *Acte médical,* toute intervention faite par un médecin (consultation, visite, opération).

médicalement adv. Du point de vue médical.

médicament [medikamɑ̃] n. m. (lat. *medicamentum*). Substance employée pour combattre une maladie.
— ENCYCL. Les *médicaments* sont destinés soit à agir sur la cause de l'affection (médicament étiologique), soit sur ses conséquences (médicament symptomatique). Ils peuvent être d'origine végétale, animale, chimique ou bactériologique (vaccins). On les classe aussi d'après leur principale action sur l'organisme. Suivant leur mode d'administration, on distingue les médicaments externes (pommades, lotions), les médicaments actifs par voie digestive (buccale [potions, comprimés, dragées, pilules, poudres] ou rectale [suppositoires]) et les médicaments injectables (par voie intraveineuse, sous-cutanée ou intramusculaire). Les médicaments sont dits *officinaux* lorsqu'ils se trouvent tout préparés dans les pharmacies et *magistraux* lorsqu'ils doivent être composés d'après les indications de l'ordonnance du médecin ; ils sont appelés *spécialités pharmaceutiques* lorsqu'ils sont fabriqués et conditionnés industriellement.

médicamenter v. t. Donner des médicaments à un malade (en mauv. part).

médicamenteux, euse adj. Qui a les propriétés d'un médicament : *plante médicamenteuse.*

médicastre n. m. (ital. *medicastro*). Mauvais médecin, charlatan.

médication n. f. (lat. *medicatio*). Emploi d'agents thérapeutiques pour répondre à une indication déterminée : *la médication de la grippe.*

médicinal [medisinal], **e, aux** [-o] adj. Qui sert de remède : *le ricin est une plante médicinale.*

medicine ball n. m. V. MÉDECINE-BALL.

Medicine Hat, v. du Canada (Alberta) ; 25 600 h. Pétrochimie.

médicinier n. m. Plante tropicale dont les graines fournissent une huile purgative. (Famille des euphorbiacées.)

Médicis, en ital. **Medici,** famille de banquiers qui domina Florence avant d'y régner. La fortune de cette famille date en fait de COSME *l'Ancien,* né à Florence (1389-1464), chef véritable — sans titre spécial — de Florence à partir de 1434. Banquier, homme d'affaires, mécène, Cosme se chargea des emprunts de la cité, qu'il couvrit de monuments somptueux et dont il fit la capitale de l'humanisme. — LAURENT Ier, dit *le Magnifique,* petit-fils du précédent, né à Florence (1449-1492), établit dans cette ville un principat (1469-1492) qui réalisa l'idéal de la Renaissance. Protecteur des arts et des lettres, Laurent fut lui-même un poète. Cependant, la crise économique générale frappa sa famille. — PIERRE, né à Florence (1472-1503), fils du précédent, fut chassé de la ville par Savonarole après deux ans de règne (1492-1494), mais son frère, le cardinal JEAN, né à Florence (1475-1521), rentra dans cette ville grâce aux Espagnols. Devenu pape sous le nom de LÉON X (1513-1521), Jean de Médicis travailla à la fortune de son frère JULIEN, né à Florence (1479-1516), et de son neveu LAURENT II, duc d'*Urbino,* né à Florence (1492-1519), qui fut le père de *Catherine* de Médicis.* Après l'éphémère République florentine (1527-1530), Charles Quint imposa comme duc aux Florentins ALEXANDRE (m. en 1537), qui fut assassiné par un cousin de la branche cadette, LORENZINO (le *Lorenzaccio* de Musset), né à Florence (1513-1548). — Après celui-ci, la couronne passa à COSME Ier, né à Florence (1519-1574), qui devint duc de Florence (1537), puis grand-duc de Toscane (1569). Il instaura une dictature éclairée. Après FERDINAND Ier, né à Florence (1549-1609), grand-duc de Toscane (1587-1609), la décadence des Médicis s'accentua. Ainsi FERDINAND II, né à Florence (1610-1670), grand-duc de Toscane (1621-1670), se laissa dominer par les moines. — Le dernier grand-duc de la lignée fut JEAN-GASTON, né à Florence (1671-1737), grand-duc (1723-1737) ; sa sœur Anne Marie Louise, la PALATINE, née à Florence (1667-1743), légua le trésor des collections familiales à l'Etat toscan. (V. LÉON X, LÉON XI, CLÉMENT VII, CATHERINE, MARIE, TOSCANE.)

Médicis (*villa*), palais (v. 1544) et jardin occupés depuis 1803 par l'Académie de France à Rome.

médico-légal, e, aux adj. Relatif à la médecine légale, qui a pour objet de faciliter la découverte de la vérité par un tribunal pénal ou civil : *expertise médico-légale.* ● *Institut médico-légal,* nom donné à la morgue de Paris, où sont pratiquées les autopsies requises par la justice.

médico-social, e, aux adj. Qui concerne la médecine sociale : *un dispensaire médico-social.*

Phot. Alinari-Giraudon.

Histoire de la médecine

1543 Le Flamand Vésale publie son *De corporis humani fabrica.* — L'Italien Eustachi découvre les capsules surrénales.
1545 Le Français Ambroise Paré, dans sa *Méthode de traicter les playes,* pose les jalons de la chirurgie moderne.
1553 L'Espagnol Michel Servet distingue le cœur droit du cœur gauche.
1610 L'Italien M. A. Severino pratique la trachéotomie dans le croup diphtérique.
1622 L'Italien Aselli découvre les vaisseaux lymphatiques.
1636 L'Anglais Briggs étudie la structure de l'œil.
1647 Découverte des vaisseaux chylifères par le Français Pecquet.
1650 L'Anglais Power découvre les capillaires.
1654 L'Anglais Glisson découvre l'irritabilité des muscles.
1655 Découverte des lymphatiques généraux par le Suédois Rudbeck et des ganglions lymphatiques par le Danois Bartholin.
1661 L'Italien Malpighi découvre les vaisseaux capillaires.
1665 Découverte des globules rouges par l'Italien Malpighi, créateur de l'anatomie microscopique.
1673 Le Hollandais De Graaf découvre le follicule ovarien.
1679 Le Suisse Bonnet fonde l'anatomie pathologique.
1685 *Opera universa* de l'Anglais Sydenham. — En chirurgie : amputations, taille de la vessie, manœuvres obstétricales.
1703 L'Allemand F. Hoffmann fait l'analyse d'eaux minérales.
1726 L'Allemand F. Hoffmann découvre l'action toxique de l'oxyde de carbone.
1733 Premières mesures de la pression artérielle par l'Anglais Hales. — L'Allemand Kratzenstein inaugure le traitement par l'électricité.
1745 Première extraction de la cataracte par le Français Daviel.
1750 Traité de la structure du cœur et découverte des globules blancs par le Français Sénac.
1759 Le Français Astruc publie un *Traité des humeurs et des ulcères.*
1760 La méthode de percussion utilisée pour le diagnostic des maladies internes par l'Allemand Auenbrugger.
1765 Découverte de l'albumine par l'Italien Cotugno. — Progrès de l'anatomie pathologique avec l'Italien Morgagni. — Desault fonde la première clinique chirurgicale de France. — John Hunter, créateur de la pathologie expérimentale en Angleterre.
1777 Le Français Lavoisier découvre le rôle de l'oxygène dans la respiration.
1780 Expériences de l'Italien Spallanzani sur le suc gastrique.
1784 L'Ecossais Fardyle décrit l'hémophilie.
1785 L'Italien Galvani observe l'action de l'électricité sur la contraction musculaire.
1796 Première vaccination antivariolique par l'Anglais Jenner. — Bichat, fondateur de l'anatomie générale, contribue au développement de l'embryologie.
1797 L'Ecossais Rollo découvre l'hyperglycémie chez les diabétiques.
1800 Etablissement de la méthode anatomo-clinique qui relie les signes cliniques et les lésions anatomiques.
1806 L'Allemand Sertürner découvre la morphine.
1811 L'Ecossais Bell découvre la spécialisation des fibres nerveuses.
1812 Le Français Legallois découvre le rôle du centre bulbaire de la respiration.
1813 L'Anglais Bright décrit les néphrites chroniques après la découverte de l'albuminurie par son compatriote Wells.
1816 Le Français Magendie établit la distinction entre nerfs sensitifs et nerfs moteurs.
1817 L'Anglais Parkinson décrit la paralysie agitante.
1818 Découverte de la strychnine par les Français Pelletier et Caventou.
1819 *Traité d'auscultation médiate* par le Français Laennec, le fondateur de la médecine scientifique moderne.
1820 Les Français Pelletier et Caventou découvrent la quinine.
1825 Le Français Lisfranc introduit en France et perfectionne la technique de la désarticulation tarso-métatarsienne.
1839 Définition du protoplasma par le Tchèque Purkinje.
1840 Le Français Bouillaud décrit les cardiopathies rhumatismales.
1844 L'Américain H. Wells réalise le premier essai d'anesthésie chirurgicale par le protoxyde d'azote.
1845 Anesthésie générale à l'éther par les Américains Morton et Waren.
1847 Anesthésie générale au chloroforme par l'Ecossais Simpson. — Application de l'antiseptie à l'obstétrique par le Hongrois Semmelweis. — Mesure de la pression artérielle en clinique par l'Allemand Ludwig.
1848 L'Allemand Fehling recherche le sucre dans les urines.
1850 Le Français Davaine découvre la « bactéridie » du charbon (naissance de la bactériologie).
1853 Le Français Gerhardt prépare l'aspirine.
1855 Le Français Flourens montre le rôle du cervelet dans l'équilibration et la coordination des mouvements. — L'Anglais Addison décrit la maladie qui porte son nom. — Le Français Brown-Séquard étudie la physiologie de la moelle épinière.
1857 L'Allemand Petters recherche l'acétone dans les urines.
1858 L'Allemand Virchow apporte une contribution décisive à la théorie cellulaire dans *Die Cellularpathologie.*
1859 Création du premier sanatorium par l'Allemand Brehmer.
1861 Le Français Pasteur découvre les microbes anaérobies. — Le Français Broca localise l'aphasie.
1863 Découverte du rôle de l'hémoglobine par l'Allemand Hoppe-Seyler.
1865 *Introduction à l'étude de la médecine expérimentale,* de Claude Bernard. — Le Français Villemin démontre la virulence et la transmissibilité de la tuberculose.
1867 L'asepsie et l'antisepsie, réalisées par Pasteur, sont appliquées par l'Anglais Lister.
1869 Le Suisse Reverdin pratique des greffes cutanées.
1870 Les Allemands Fritsch et Hitzig précisent les localisations cérébrales. — Le Français Sée emploie le salicylate de soude dans le rhumatisme articulaire aigu.
1872 Les premières ovariectomies thérapeutiques sont effectuées par l'Américain Battey.
1874 Le Norvégien Hansen identifie le bacille de la lèpre. — Découverte des cellules pyramidales par le Russe Betz.
1879 L'Allemand Neisser découvre le gonocoque. — Découverte du streptocoque par Pasteur. — Le sérum physiologique constitué par l'Allemand Kronecker. — Le Français Pasteur découvre le principe des vaccinations préventives par inoculation de microbes.
1881 Débuts de l'électrocardiographie. — Le Français Laveran découvre l'hématozoaire du paludisme. — L'Allemand Eberth découvre le bacille de la fièvre typhoïde.
1882 L'Allemand Koch découvre le bacille de la tuberculose. — L'Italien Forlanini préconise l'application du pneumothorax artificiel pour la tuberculose pulmonaire.
1883 L'Allemand Knorr découvre l'antipyrine. — Le Français Talamon découvre le pneumocoque.
1884 L'Allemand Schiff découvre la thérapeutique par extraits de glandes. — La cocaïne utilisée en anesthésie locale par les Autrichiens Freud et Koller. — L'Allemand A. Nicolaier découvre le bacille du tétanos.
1885 Première vaccination contre la rage par Pasteur.
1890 Premier traitement chirurgical de l'abcès du cerveau par l'Anglais Macewen. — L'Allemand von Behring découvre les antitoxines.
1891 L'Allemand Quincke introduit l'usage de la ponction lombaire.
1894 Premiers succès de la sérothérapie antidiphtérique réalisée par le Français Emile Roux. — Découverte du bacille de la peste par le Français Yersin.
1895 L'Allemand Ehrlich établit la théorie des anticorps. — Le Français d'Arsonval crée le traitement par courants de haute fréquence.
1896 Le Français Widal découvre l'agglutination des bactéries. — Le Français V. Despeignes exerce les premiers traitements du cancer par rayons X.
1900 L'Allemand Landsteiner découvre les groupes sanguins.
1902 L'Allemand Fischer découvre les premiers barbituriques. — Les Français Richet et Portier découvrent les phénomènes de l'anaphylaxie. — L'Anglais Bayliss découvre les premières hormones.
1904 Le Français Quinton montre que notre milieu intérieur dérive de l'eau de mer, dont il préconise l'usage médical.
1905 L'Américain Crile réalise les premières transfusions sanguines directes.
1909 Le Français Nicolle découvre l'agent de transmission du typhus. — L'Allemand Ehrlich et le Japonais Hata établissent la formule d'un médicament actif contre la syphilis : l'arsénobenzène.
1911 Le Polonais Funk isole la première vitamine.
1912 L'Américain Cushing démontre que l'exérèse de l'hypophyse est possible, et l'applique à la « maladie de Cushing ».
1913 Les Français Guérin et Calmette créent le vaccin B. C. G.
1914 Le Français Widal découvre l'allergie respiratoire asthmatique.
1915 Le Canadien d'Hérelle découvre la bactériophagie.
1922 Les Canadiens Banting et Best découvrent l'insuline. — Le Français Ramon découvre l'anatoxine immunisante.
1926 Le Tchèque Jansen isole la vitamine B_1.
1927 L'artériographie cérébrale est réalisée par le Portugais Egas Moniz. — Découverte de la pénicilline par l'Anglais Fleming.
1929 L'Anglais Fleming termine l'étude bactériologique de la pénicilline. — L'Allemand Forssmann réalise le premier cathétérisme cardiaque. — Le Français Reilly effectue les premières expériences sur la physiopathologie des infections.
1930 Découverte de la vitamine K par le Danois Dam.
1931 L'Allemand Berger utilise l'électro-encéphalographie.
1934 L'Allemand A. Butenandt isole la testostérone.
1935 L'Allemand Domagk découvre l'action bactéricide de la sulfachrysoïdine ; débuts de la chimiothérapie par les sulfamides.
1936 L'Italien Cerletti emploie l'électrochoc en psychiatrie.
1938 L'Américain Kendall prépare la cortisone.
1939 L'Américain Dubos découvre la tyrothricine.
1940 Les Anglais Chain et Florey préparent la pénicilline à partir de *Penicillium notatum.*
1941 Le facteur Rhésus est découvert par les Américains Landsteiner et Weiner.
1942 Les Américains Li et Evens isolent l'A. C. T. H. — Le Français Halpern découvre les antihistaminiques de synthèse.
1944 L'Américain Waksman découvre la streptomycine. — L'Américain Blalock inaugure la chirurgie corrective des malformations cardiaques. — L'Américain Kolff construit un rein artificiel.
1946 Synthèse de la pénicilline en laboratoire.
1948 Les Américains Hench et Kendall découvrent l'efficacité thérapeutique de la cortisone. — Les Américains Burkholder et Gottlieb découvrent le chloramphénicol.
1949 L'Anglais Brock réalise la première commissurotomie pour rétrécissement mitral.
1952 L'Américain Waksman découvre l'érythromycine.
1954 La vaccination antipoliomyélitique est réalisée aux Etats-Unis par J. E. Salk ; en France par P. Lépine.
1955 Début de la chirurgie à cœur ouvert ; cœur-poumon artificiel de l'Américain Lillehei.
1957 Le Français Mahé réussit les premières greffes de moelle osseuse.
1959 Première greffe du rein, effectuée par le chirurgien américain Merril. — Travaux des Français Turpin et Lejeune sur les maladies par aberration chromosomique.
1961 L'Anglais Crick et l'Américain Watson découvrent la structure de l'A. D. N.
1967 Le chirurgien sud-africain Barnard réalise la première transplantation cardiaque.

médiéval [medjeval], **e, aux** [-o] adj. (du lat. *medium aevum,* âge du milieu). Relatif au Moyen Age.

médiévisme n. m. Etude du Moyen Age.

médiéviste n. Celui, celle qui s'occupe de l'histoire, de la littérature du Moyen Age.

médina [medina] n. f. (mot arabe signif. *ville*). Dans les pays arabes, partie d'une ville habitée par les musulmans, par opposition aux quartiers récents d'origine européenne.

Medina del Campo, v. d'Espagne (Vieille-Castille) ; 14 300 h. Château du XVe s. Métallurgie.

Médine, v. d'Arabie Saoudite (Hedjaz) ; 50 000 h. Ville sainte qui servit de refuge à Mahomet en 622.

Médine, village du Mali, sur le haut Sénégal ; 8 000 h. En 1857, Faidherbe obligea le prophète musulman El-Hadj 'Umar à lever le siège de Médine, défendue par Paul Holl.

Médinet el-Fayoum, v. d'Egypte, dans le Fayoum ; 117 800 h. Artisanat.

Médinet Habou, nom moderne du temple funéraire de Ramsès III, le mieux conservé de la région thébaine (Egypte). Les grandes batailles du règne sont représentées sur ses murs extérieurs.

médiocre [medjɔkr] adj. (lat. *mediocris ;* de *medius,* qui est au milieu). Qui est entre le grand et le petit, le bon et le mauvais : *ouvrage médiocre.* ‖ — Adj. et n. De peu de valeur : *homme médiocre ; un médiocre.* ‖ — N. m. Ce qui est médiocre : *ne pas sortir du médiocre.*

médiocrement adv. De façon médiocre.

médiocrité n. f. Etat, qualité de ce qui est médiocre : *médiocrité d'une œuvre, des revenus.* ‖ Fortune, situation modeste : *vivre dans la médiocrité.* ‖ Insuffisance d'esprit : *homme d'une grande médiocrité.*

médique [medik] adj. Qui concerne les Mèdes.

médiques (*guerres*), guerres que les Grecs ont soutenues contre les rois perses, la première contre Darios, la seconde contre Xerxès. En contact avec la Grèce depuis l'expédition de Darios contre les Scythes, les Perses songent, après la révolte des villes grecques d'Ionie, à soumettre les Grecs d'Europe (500 av. J.-C.). Malgré la supériorité en nombre de ses forces, Darios est vaincu par les Grecs à Marathon (490). Xerxès reprend la politique de son père contre les Grecs, et, en 481, envahit la Grèce avec une formidable armée. Les Grecs tentent en vain de l'arrêter aux Thermopyles, où s'illustre Léonidas ; Athènes est prise et incendiée ; mais, grâce à Thémistocle, la flotte perse est détruite devant l'île de Salamine (480). L'armée perse, en retraite, est vaincue par le Spartiate Pausanias à Platées (479). Les Grecs, victorieux, vont alors porter la guerre sur les côtes mêmes de l'Asie. Dirigés par l'Athénien Cimon, qui crée la Confédération de Délos, les Grecs remportent une double victoire, sur terre et sur mer, sur les bords de l'Eurymédon (468). Une trêve suit, qui ne dure pas. Finalement, les Perses sont vaincus, la paix est signée entre Athènes et le Grand Roi à la suite de négociations menées par Cimon ; ce traité, signé par Callias en 449, entérine la liberté des cités grecques, la prédominance d'Athènes et l'interdiction de la mer Egée aux Perses.

médire [medir] **(de)** v. t. ind. (préf. *mé[s]* et *dire*) [conj. **68,** sauf à la 2e pers. du pl. du prés. de l'ind. et de l'impér. : *médisez*]. Tenir sur quelqu'un des propos malveillants, que l'on suppose fondés : *médire de ses amis*.

médisance [medizɑ̃s] n. f. Révélation des fautes, des défauts d'autrui avec l'intention de nuire : *tenir des propos pleins de médisance*.

médisant, e adj. et n. Qui médit.

méditatif, ive adj. Porté à la méditation ; rêveur : *esprit méditatif*. ‖ Qui annonce la méditation : *un air méditatif*.

méditation n. f. (lat. *meditatio*). Action de réfléchir profondément sur un sujet : *être plongé dans la méditation*. ‖ Résultat de cette action. ‖ Ecrit sur un sujet philosophique ou religieux : *les « Méditations » de Descartes, de sainte Thérèse*. (En ce sens, prend une majuscule.) ‖ Oraison mentale.

Méditations poétiques, recueil lyrique de Lamartine (1820). Cette œuvre, qui unit les thèmes élégiaques du XVIIIe s. à l'influence d'Ossian et de Byron, marqua le début du romantisme dans la poésie française. L'inspiration spiritualiste et nostalgique des pièces les plus célèbres (« le Soir », « le Vallon », « le Lac », « l'Automne ») se retrouve dans les *Nouvelles Méditations poétiques,* publiées en 1823.

Méditations touchant la philosophie première, où l'on démontre l'existence de Dieu et la distinction réelle entre l'âme et le corps de l'homme, par Descartes (Paris, 1641). Dans cet ouvrage, Descartes part du doute radical et retrouve méthodiquement l'ensemble des vérités que nous pouvons connaître : la certitude de la pensée, celle de notre existence, celle de l'existence de Dieu, puis des corps matériels ; il fonde enfin la véracité de notre connaissance par sentiment.

méditer [medite] v. t. (lat. *meditari,* réfléchir). Soumettre à un examen intérieur : *méditer une vérité*. ‖ Penser à faire ; projeter : *méditer une évasion*. ‖ — V. i. Réfléchir profondément : *méditer sur une question*. ‖ Faire une méditation pieuse.

Méditerranée, grande mer intérieure comprise entre l'Europe méridionale (Espagne, France, Monaco, Italie, Yougoslavie, Albanie et Grèce), l'Asie occidentale (Turquie, Liban, Israël) et l'Afrique septentrionale (Egypte, Libye, Tunisie, Algérie et Maroc) ; 2 500 000 km². Elle communique avec l'océan Atlantique par le détroit de Gibraltar, avec la mer Noire par les détroits des Dardanelles et du Bosphore, et avec l'océan Indien (mer Rouge) par le canal de Suez. Bordée par des rivages montagneux (en dehors des littoraux de l'Afrique du Nord-Est), la Méditerranée est une mer où les profondeurs ne sont qu'exceptionnellement inférieures à 200 m (—5 120 m au sud du cap Matapan). Des noms locaux sont donnés à plusieurs de ses parties, délimitées par le continent et les nombreux archipels ou îles qui le parsèment (Baléares, Corse, Sardaigne, Sicile, Crète, Chypre, îles Ioniennes, Cyclades, etc.) : mer Tyrrhénienne, mer Adriatique, mer Ionienne, mer Egée. Le caractère le plus remarquable de la Méditerranée est son homothermie* (13 °C), résultant de la faible profondeur du détroit de Gibraltar, qui empêche l'entrée des eaux froides de l'Atlantique. La pauvreté relative de son alimentation en eau douce (le Nil est son seul très grand tributaire) est responsable de sa forte salinité. L'histoire et l'économie expliquent la présence de grandes cités sur ses rives ou à proximité : Barcelone, Marseille, Gênes, Rome, Naples, Venise, Athènes, Beyrouth, Alexandrie, Tunis, Alger, etc.

méditerranéen, enne adj. Relatif à la Méditerranée : *peuples méditerranéens*. ● *Climat méditerranéen,* v. CLIMAT.

médium [medjɔm] n. m. (du lat. *medius,* qui est au milieu). Personne pouvant servir d'intermédiaire entre les hommes et les esprits, selon les spirites. ‖ *Mus.* Etendue de la voix, registre des sons situés entre le grave et l'aigu. ‖ *Peint.* Syn. de LIANT.

médiumnique adj. Propre aux médiums.

médiumnité n. f. Aptitude à être médium.

médius [medjys] n. m. (du lat. *digitus medius,* doigt du milieu). Le doigt du milieu de la main.

Medjerda (la), fleuve de l'Afrique du Nord, né en Algérie et débouchant dans le golfe de Tunis ; 365 km. Sa basse vallée est en cours d'aménagement.

médoc [medɔk] n. m. Vin renommé du pays de Médoc.

Médoc, région viticole du Bordelais, sur la rive gauche de la Gironde depuis Blanquefort jusqu'à la pointe de Grave. Le *haut Médoc,* de Blanquefort à Saint-Seurin-de-Cadourne, groupe les crus les plus renommés.

médullaire [medylɛr] adj. (du lat. *medulla,* moelle). Relatif à la moelle osseuse ou à la moelle épinière. ‖ Qui a l'aspect ou la nature de la moelle : *substance médullaire*. ● *Canal médullaire,* canal axial des os longs, rempli de moelle jaune.

médulleux, euse adj. Se dit des organes qui renferment une sorte de moelle : *la tige de sureau est médulleuse*.

médullo-surrénale n. f. Partie interne des capsules surrénales, sécrétant l'adrénaline.

méduse [medyz] n. f. (de *Méduse* n. pr.). Forme nageuse des cœlentérés, faite d'une ombrelle contractile, dont le bord porte des filaments urticants. (La bouche, souvent entourée de bras, s'ouvre au centre de la face inférieure. Les glandes génitales sont contenues, chez certaines, dans des poches spéciales situées sous l'ombrelle. Certaines méduses peuvent atteindre 1 m de diamètre.)

Méduse, une des trois Gorgones, la seule qui fût mortelle. Persée lui trancha la tête, qui fut offerte à Athéna.

Méduse (*naufrage de la*), naufrage qui eut lieu le 2 juillet 1816 sur le banc d'Arguin, au large de la côte occidentale d'Afrique. 149 malheureux se réfugièrent sur un radeau ; après douze jours, il fut enfin aperçu par un brick, qui recueillit 15 mourants. C'est le sujet d'un tableau de Géricault (1819, Louvre).

méduser [medyze] v. t. *Fam.* Frapper de stupeur (en souvenir de la tête de *Méduse*).

Meerhout, comm. de Belgique (Anvers) ; 8 500 h.

Meerut, v. de l'Inde (Uttar Pradesh) ; 306 000 h. Produits chimiques. La révolte des cipayes y éclata en 1857.

Mées (LES) [04190], ch.-l. de c. des Alpes-de-Haute-Provence (arr. de Digne), sur la Durance ; 2 063 h.

meeting [mitiŋ] n. m. (mot angl. ; de *to meet,* rencontrer). Réunion où l'on discute d'une élection, d'un sujet politique ou social. ‖ Réunion sportive : *meeting d'athlétisme*.

méfait [mefɛ] n. m. Mauvaise action : *être puni pour ses méfaits*. ‖ Résultat pernicieux : *les méfaits de l'alcoolisme*.

méfiance n. f. Disposition à soupçonner le mal dans les autres.

méfiant, e adj. et n. Qui se méfie.

méfier (se) [səmefje] **(de)** v. pr. (préf. *mé[s]* et *fier*). Manquer de confiance : *se méfier de quelqu'un*.

meg [mɛg] ou **méga** [mega] (gr. *megas,* grand), préfixe (symb. : M) qui, placé devant une unité, la multiplie par un million.

mégacaryocyte [-karjɔsit] n. m. Cellule géante de la moelle rouge des os, dont le cytoplasme se fragmente et fournit les plaquettes sanguines.

mégacéros [-serɔs] n. m. Ruminant fossile du quaternaire, voisin du daim, et dont la ramure atteignait 3 m d'envergure.

mégacôlon n. m. *Méd.* Dilatation du gros intestin, souvent d'origine congénitale.

mégalithe n. m. (gr. *megas, megalos,* grand, et *lithos,* pierre). Grande pierre mise en œuvre par les hommes de l'époque néolithique comme de l'âge du cuivre et du bronze.

mégalithique adj. Se dit des constructions préhistoriques faites de gros blocs de pierre, etc. : *les dolmens, les menhirs sont des monuments mégalithiques*.

mégalomane adj. et n. Atteint de mégalomanie.

mégalomanie n. f. (gr. *megas, megalos,* grand, et *mania,* folie). Délire des grandeurs.

Megalopolis, anc. v. de l'Arcadie, rasée en 222 av. J.-C. Ruines.

Megalopolis, nom souvent donné à la façade côtière du nord-est des Etats-Unis, de Boston à Washington, très urbanisée et industrialisée.

mégaphone n. m. (gr. *megas,* grand, et *phônê,* voix). Amplificateur de son ; porte-voix.

mégaptère n. m. (gr. *megas,* grand, et *pteron,* aile). Mammifère cétacé à longues nageoires, vivant dans toutes les mers. (Long. 15 m.) [Syn. BALEINE À BOSSE, JUBARTE.]

mégarde (par) [parmegard] loc. adv. (de l'anc. fr. *mesgarder,* se mal garder). Par inadvertance : *bousculer quelqu'un par mégarde*.

Mégare, v. de Grèce, sur l'isthme de Corinthe ; 13 900 h. Elle fut prospère au VIIe s. av. J.-C. et fonda de nombreuses colonies, dont Byzance. Elle fut dévastée durant la guerre du Péloponnèse ; son école de philosophes dialecticiens fut célèbre. Vestiges antiques.

mégathérium [-terjɔm] n. m. (gr. *megas,* grand, et *thêrion,* bête). Mammifère de l'ordre des édentés, qui vivait au quaternaire en Amérique du Sud, et dont la taille atteignait 4,60 m.

méduse

Phot. J. Boyer.

mégatonne n. f. Unité servant à évaluer la puissance d'un projectile nucléaire en comparant l'énergie produite par l'explosion de ce projectile à l'énergie produite par l'explosion d'un million de tonnes de trinitrotoluène (T. N. T.).

Mège-Mouriès (Hippolyte), savant français, né à Draguignan (1817-1880). Il découvrit la margarine.

mégère [meʒɛr] n. f. (de *Mégère,* nom myth.). Femme acariâtre et très méchante.

Mégère, une des trois Erinyes, ou Furies.

Mégère apprivoisée (*la*), comédie de Shakespeare (1593).

Megève [məʒɛv] (74120), comm. de la Haute-Savoie (arr. de Bonneville) ; 5 199 h. (3 154 aggl.). Importante station de sports d'hiver (alt. 1 113-2 040 m).

Meggido ou **Megiddo,** site d'une très ancienne place forte, au sud de Nazareth (Etat d'Israël). Point stratégique important au temps des luttes entre l'Egypte et l'Asie (du XVe au VIIe s. av. J.-C.).

Meghalaya, Etat de l'Inde du Nord-Est ; 1 million d'h. Cap. *Shillong*.

mégie [meʒi] n. f. Action de mégir. ‖ Art du mégissier.

mégir [meʒir] ou **mégisser** [-ʒise] v. t. Préparer les peaux en blanc par tannage à l'alun.

mégis [meʒi] n. m. (de l'anc. fr. *mégier,* soigner). Bain de cendre et d'alun qui était employé pour mégir les peaux. ‖ — Adj. *Veau, mouton mégis,* peau de veau, de mouton qui a séjourné dans le mégis.

mégisserie n. f. Industrie qui a pour objet le traitement des peaux et des cuirs.

— ENCYCL. La *mégisserie* consiste à préparer par tannage des peaux très souples destinées à la ganterie. Celles-ci subissent un lavage de rivière pour assouplir le cuir et un trempage à l'eau, puis sont passées dans un pelain de chaux. Elles sont ensuite nettoyées et mises au confit. On applique aux peaux ainsi préparées l'habillage de mégisserie, constitué par une solution d'alun et de sel dans laquelle on délaie de la farine et du jaune d'œuf. Le terme de « mégisserie » était réservé autrefois au seul tannage à l'alun qui tend maintenant à être remplacé par le tannage au formol ou au chrome, qui permet d'obtenir des peaux lavables.

mégissier n. et adj. m. Ouvrier procédant à la transformation complète des peaux brutes par tannage.

mégohmmètre [megɔmmɛtr] n. m. Appareil pour la mesure des résistances électriques très élevées.

mégot [mego] n. m. *Pop.* Bout qui reste d'un cigare ou d'une cigarette quand on a fini de les fumer.

mégoter [-gɔ-] v. i. *Pop.* Lésiner sur les moyens à employer : *Un patron qui mégote sur les salaires*.

mehalla [mealla] n. f. (mot arabe). En Afrique du Nord, colonne en expédition.

Méhallet el-Kobra, v. d'Egypte, dans le delta du Nil ; 198 900 h.

méhari [meari] n. m. (mot arabe). Dromadaire domestique de selle, utilisé en Afrique pour les courses rapides. (Il peut parcourir 200 km par jour.) ‖ Pl. des *méharis* ou *méhara*.

méhariste n. m. Militaire qui servait en Afrique et qui utilisait le méhari comme monture.

Méhémet Ali, en ar. **Muhammad 'Ali,** né à Cavalla (Roumélie) [1769-1849], vice-roi d'Egypte (1804-1849). D'origine albanaise, il prit le pouvoir en Egypte dès 1804 et se fit reconnaître pacha par le sultan ottoman en 1805. En fait, il se rendit indépendant à l'égard de Constantinople, se débarrassant des mamelouks (1811) et étendant son influence jusqu'en Arabie et au Soudan. Si son fils Ibrāhīm se fit battre en Grèce, Méhémet Ali garda la Crète jusqu'en 1840. Contre le sultan, Ibrāhīm remporta des succès en 1833 si bien que la paix de Kütahya lui assura le gouvernement de la Syrie (1833). De nouveau battus par Méhémet Ali à Nizip (1839), les Turcs furent soutenus par la diplomatie anglaise. S'il obtint le titre de vice-roi héréditaire (1840), Méhémet Ali perdit la Syrie. Aidé par des techniciens français, il fut le fondateur de l'Egypte moderne.

Mehmet Ier (1379 ou 1389-1421), sultan ottoman (1413-1421), fils et successeur de Bāyazīd Ier ; il s'imposa à tout l'Empire. — MEHMET II, dit *Fatih* (« le Conquérant [de Constantinople] ») [1429-1481], sultan ottoman (1444-1446 et 1451-1481). S'il conquit la Serbie et les îles Ioniennes, il attacha surtout son nom à la prise de Constantinople (1453), qui devint la capitale de l'Empire ottoman. Par ailleurs, il détruisit l'empire chrétien de Trébizonde et lutta contre Venise en Morée. — MEHMET III (1566-1603), sultan ottoman (1595-1603). Il élimina tous ses frères et mourut lui-même assassiné. — MEHMET IV (1642-1692), sultan ottoman (1648-1687). Sous son règne, Kara Mustafa fut écrasé devant Vienne par Jean Sobieski (1683). Après Mohács (1687), le sultan fut déposé. — MEHMET V, né à Constantinople (1844-1918), sultan ottoman (1909-1918). Il fut porté au trône par les Jeunes-Turcs, qui gouvernèrent en fait durant son règne et se rendirent responsables des défaites de la guerre italo-turque (1911-1912), des guerres balkaniques (1912-1913) et de la Première Guerre mondiale (1914-1918). — MEHMET VI, né à Constantinople (1861-1926), dernier sultan ottoman (1918-1922). Neveu de Mehmet V, il perdit le titre de sultan en 1922, puis celui de calife en 1923. Il se réfugia en Italie, alors que la république s'installait en Turquie.

Méhul (Etienne), compositeur français, né à Givet (1763-1817), auteur de nombreuses partitions dramatiques (*Joseph,* 1807), de sonates pour piano et de la musique du *Chant du départ* (1794).

Mehun-sur-Yèvre (18500), ch.-l. de c. du Cher (arr. de Bourges); 5 893 h. Eglise (XIe-XIIe s.). Restes d'un important château (XIVe s.) où mourut Charles VII.

Meije [mɛʒ] (la), montagne des Alpes françaises, dans l'Oisans ; 3 983 m.

meiji [mɛjʒi], terme désignant, au Japon, l'ère nouvelle qui commence en 1868, celle du « gouvernement éclairé », sous le règne de Mutsu-Hito.

Meiji tennō, dit **Mutsu-Hito,** né à Kyōto (1852-1912), empereur du Japon (1867-1912). Après l'écroulement du régime shōgunal, il assuma la réalité du pouvoir, installa sa capitale à Tōkyō (Edo), donna au Japon un régime constitutionnel (charte de 1868, Constitution de 1889) et favorisa l'occidentalisation du pays sur tous les plans. Victorieux des Chinois (1895) et des Russes (1905), il put voir l'influence japonaise s'instaurer en Corée et en Mandchourie.

Meilhac [mɛjak] (Henri), auteur dramatique français, né à Paris (1831-1897). Il doit sa célébrité aux comédies (*Froufrou,* 1869 ; *Tricoche et Cacolet,* 1872) et aux opéras bouffes (*la Belle Hélène,* 1864 ; *la Vie parisienne,* 1866 ; *la Grande-Duchesse de Gérolstein,* 1867) qu'il écrivit en collaboration avec Ludovic Halévy. (Acad. fr.)

Meilhan-sur-Garonne (47200 Marmande), ch.-l. de c. de Lot-et-Garonne (arr. de Marmande) ; 1 476 h.

Meilleraye (Charles, *duc* DE LA). V. LA MEILLERAYE.

Meillet (Antoine), linguiste français, né à Moulins (1866-1936). Auteur de travaux de grammaire comparée, il a mis en lumière le caractère social des faits linguistiques.

meilleur [mɛjœr], **e** adj. (lat. *melior*). Qui a un plus haut degré de bonté (sert de comparatif à *bon*) : *ma santé est meilleure qu'elle* NE *était ; son caractère n'est pas meilleur qu'il était* ou *qu'il l'était* (sans NE). ● *De meilleure heure,* plus tôt. ‖ *Le meilleur, la meilleure,* exprime la supériorité, l'excellence sur tous (sert de superlatif à *bon*). ‖ — N. m. Ce qui est préférable à tout.

Meillon (64710 Assat), comm. des Pyrénées-Atlantiques (arr. de Pau), au S.-E. de Pau ; 697 h. Gaz naturel.

Mein Kampf (*Mon combat*), ouvrage publié en 1925 par Adolf Hitler. Il y exposait les principes politiques de l'Etat totalitaire qu'il devait instaurer.

méiose [mejoz] n. f. (du gr. *meiôsis,* décroissance). Mode particulier de multiplication cellulaire, par l'effet duquel une cellule à 2 *n* chromosomes fournit quatre cellules à *n* chromosomes, porteuses de la moitié seulement des éléments transmetteurs de l'hérédité.

— ENCYCL. Au cours du cycle reproductif d'une espèce vivante pluricellulaire, la *méiose* assure le passage de la « phase diploïde » (2 *n* chromosomes) à la « phase haploïde » (*n* chromosomes) et prépare ainsi la fécondation, qui assure le passage inverse en formant une cellule diploïde unique, le *zygote,* à partir de deux cellules haploïdes, les *gamètes.* Dans le règne animal, la méiose produit directement les gamètes, et il n'y a qu'une seule génération cellulaire à *n* chromosomes. Chez les plantes, au contraire, la méiose est suivie de *mitoses haploïdes* plus ou moins nombreuses, édifiant divers organes : grains de pollen et sac embryonnaire des plantes supérieures, prothalle des fougères, appareil végétatif des mousses et de diverses algues. Comment se déroule la méiose ? Sa première caractéristique est l'*appariement des chromosomes homologues :* on observe non plus 2 *n* chromosomes séparés, mais *n* chromosomes doubles (diades ou bivalents). D'importants échanges de substance ont lieu entre les deux chromosomes ainsi appariés, et ces échanges sont voués au hasard, de sorte que, lorsque la méiose sera terminée, *il n'y aura pas deux gamètes identiques.* Ensuite seulement, la cellule se coupe en deux, chacune des cellules filles contenant l'un des deux chromosomes de chaque paire, puis une mitose presque normale porte à quatre le nombre des cellules et à 4 *n* le nombre total des chromosomes (*n* dans chaque cellule). Chez les animaux mâles, chaque spermatocyte fournit quatre spermatozoïdes d'apparence identique. Chez la femelle, au contraire, chaque ovocyte fournit une seule ovotide fécondable (dite aussi *ovule*), et les trois autres cellules ne sont que de minuscules *globules polaires* abortifs. Il est intéressant de noter que les ovocytes de la femme, par exemple, amorcent leur méiose dès la période prénatale de la vie, mais qu'ils entrent ensuite en sommeil, un seul d'entre eux subissant, à chaque cycle menstruel, la ponte ovulaire, accompagnée de l'expulsion du premier globule polaire. Seuls les ovules fécondés expulsent le dernier globule polaire, de sorte que *le stade haploïde, chez les mammifères femelles, est pratiquement inexistant.*

Tout est beaucoup plus compliqué chez les plantes. Disons seulement que les algues brunes du groupe des fucus font exception en se distinguant à peine des animaux inférieurs quant au mode de reproduction : la cellule haploïde mâle se subdivise 6 fois, fournissant 64 spermatozoïdes; la cellule haploïde femelle se subdivise 3 fois, fournissant 8 oosphères. Dans tous les autres groupes, la première cellule haploïde est la *spore* (qui doit son nom au fait qu'elle constitue la *diaspore* de l'espèce), qui germe en produisant un *gamétophyte* haploïde plus ou moins important, et c'est ce dernier qui forme les gamètes. Il arrive que la spore soit bisexuée (fougères) ou que la spore femelle germe sur la plante mère (plantes à graines).

Meir (Golda), femme politique israélienne, née à Kiev en 1908, Premier ministre de 1969 à 1974.

Meiji tennō

Meissen, v. d'Allemagne orientale, sur l'Elbe ; 50 000 h. Cathédrale gothique. Château du XVe s., devenu en 1709 la première manufacture, en Europe, de porcelaine dure. Métallurgie. Produits chimiques.

Meissonier (Ernest), peintre français, né à Lyon (1815-1891). Il peignit dans un style académique, précis et minutieux des scènes de genre et des scènes militaires qui lui valurent un grand succès.

Meissonnier (Juste Aurèle), orfèvre et ornemaniste français, né à Turin (1695-1750), un des plus brillants représentants du style rocaille.

meistre n. m. V. MESTRE.

méjanage [meʒanaʒ] n. m. Classement des peaux d'après la longueur et la finesse de la laine.

Méjean ou **Méjan** (*causse*), l'un des Grands Causses, dans le sud de la France.

méjuger (se) [səmeʒyʒe] v. pr. (préf. *mé*[s] et *juger*). Se mal juger.

Mékhithar ou **Méchithar** (Pierre NANOUK, dit), théologien arménien, né à Sivas (Anatolie) [1676-1749]. Moine et prêtre, il se mit sous l'obédience romaine, ce qui l'obligea à se réfugier en Morée vénitienne, où il fonda (1701) une congrégation bénédictine, les *mékhitaristes,* chargée de garder et de restaurer les œuvres du génie arménien. Il a laissé un *Dictionnaire de la langue arménienne* (1727).

Meknès, v. du Maroc, au sud-ouest de Fès ; 185 000 h. Murailles aux portes magnifiques (Bab al-Manṣūr). Centre commercial. Textiles.

Mékong (le), fl. d'Asie ; 4 180 km. Né dans le Ts'ing-hai (Chine), il s'écoule vers le sud, traversant le Yun-nan par des gorges profondes. Il pénètre ensuite au Laos (qu'il sépare partiellement de la Thaïlande), arrose Vientiane, puis, au Cambodge, Phnom Penh, et enfin, au Viêt-nam du Sud, rejoint la mer de Chine méridionale. C'est de très loin le plus grand fleuve indochinois. Toutefois, son aménagement, en aval de la frontière chinoise, est prévu par les pays riverains.

melæna [melena] ou **méléna** n. m. *Méd.* Emission de sang noir, digéré, par l'anus.

mélampyre [melɑ̃pir] n. m. (gr. *melas,* noir, et *puros,* grain). Plante herbacée parasitant par ses racines divers végétaux, des graminées par exemple. (Famille des scrofulariacées.)

Melanchthon (Philipp SCHWARZERD, connu sous le nom de), réformateur allemand, né à Bretten (1497-1560). Professeur à l'université de Wittenberg (1518), il s'attacha à Luther et prépara la *Confession d'Augsbourg,* dont il écrivit une *Apologie* (1530-1531). Après la mort de Luther (1546), il devint le principal chef du luthéranisme.

mélancolie [melɑ̃kɔli] n. f. (lat. *melancholia ;* du gr. *melas, -anos,* noir, et *kholê,* bile). Tristesse vague : *douce mélancolie.* ‖ Etat de dépression intense, vécu avec un sentiment de douleur morale, et caractérisé par l'inhibition des fonctions motrices et psychomotrices. (V. *encycl.*) ● *Ne pas engendrer la mélancolie* (Fam.), être très gai.
— ENCYCL. La *mélancolie* est une affection psychiatrique relativement fréquente. De la tristesse, une fatigabilité physique et psychique, un ralentissement du cours des idées et des gestes sont les principaux symptômes de la maladie. De l'anxiété (mélancolie anxieuse) et même de l'angoisse s'ajoutent parfois à ces troubles. Un délire construit sur les thèmes mélancoliques habituels (culpabilité, indignité) se manifeste parfois (mélancolie délirante), et une prostration intense, avec immobilité du faciès et rareté de la parole, caractérise la stupeur mélancolique. Des périodes de manie et de mélancolie alternées s'observent chez certains sujets. La chimiothérapie et l'électrochoc ont considérablement amélioré le pronostic de la mélancolie. Le suicide étant possible dans toutes les formes, l'hospitalisation est nécessaire.

mélancolique adj. et n. En qui domine habituellement la mélancolie : *caractère mélancolique.* ‖ — Adj. Qui marque ou inspire la mélancolie : *chant mélancolique.*

mélancoliquement adv. De façon mélancolique.

Mélanésie (c'est-à-dire « îles des Noirs »), division de l'Océanie, comprenant la Nouvelle-Guinée, l'archipel Bismarck, les îles Salomon, la Nouvelle-Calédonie, les Nouvelles-Hébrides, les îles Fidji, l'archipel de la Louisiade. (Hab. *Mélanésiens.*)

mélanésien [melanezjɛ̃], **enne** [-ɛn] adj. De la Mélanésie. ● *Langues mélanésiennes,* langues parlées par plus d'un million de personnes en Mélanésie, en Micronésie et en Nouvelle-Guinée.

Mélanésiens, population de la Mélanésie, dont l'unité, du point de vue anthropologique, n'est pas certaine. (Certains types rappellent le type négro-africain, d'autres le type vedda ou australien.) Les Mélanésiens ont une peau foncée, une stature de 1,60 m en moyenne, le crâne dolichocéphale, des lèvres épaisses (non éversées). Le contact avec les Européens a entraîné une acculturation variable suivant les régions, avec parfois des phénomènes de refus et de retour renforcé aux comportements traditionnels (Canaques de la Nouvelle-Calédonie).

mélange [melɑ̃ʒ] n. m. Action de mêler : *opérer un mélange.* ‖ Résultat de plusieurs choses mises ensemble : *mélange de liqueurs.* ‖ *Chim.* Association de plusieurs corps, qui deviennent indistincts sans former une combinaison. ‖ *Fig.* Réunion intime de choses diverses : *mélange d'événements heureux et malheureux.* ● *Bonheur sans mélange,* sans cause d'inquiétude. ‖ *Mélange détonant,* mélange de deux gaz dont l'inflammation entraîne une réaction explosive : *l'hydrogène forme avec l'air un mélange détonant.* ‖ *Mélange réfrigérant,* mélange de certains sels qui, par dissolution dans l'eau ou par contact avec de la glace pilée, produisent un abaissement de température. ‖ — Pl. Recueil composé de morceaux différents : *mélanges littéraires.*

mélanger v. t. (conj. **1**). Faire un mélange de plusieurs choses : *mélanger du vin, des couleurs.* ‖ Réunir des personnes diverses : *mélanger les bons et les méchants.*

mélangeur, euse n. *Technol.* Appareil servant à malaxer et à mêler. ‖ — N. m. Dispositif canalisant dans un même conduit l'eau venant des robinets d'eau chaude et d'eau froide.

mélanine [melanin] n. f. Pigment brun qui donne le hâle résultant de l'exposition au soleil, la coloration de la peau des Noirs. ‖ Pigment de certaines tumeurs de la peau, ainsi que les pigmentations de diverses maladies.

mélanoderme [melanɔdɛrm] adj. Se dit des races noires.

mélanome [melanɔm] n. m. Tumeur de la peau, d'origine pigmentaire. (Il existe des mélanomes bénins [grains de beauté, éphélides] et des mélanomes malins.) [Syn. NÆVUS.]

mélanose [melanoz] n. f. (du gr. *melas, -anos,* noir). Accumulation de mélanine dans les tissus. ‖ Maladie de la vigne.

mélasse [melas] n. f. (esp. *melaza ;* de *miel*). *Industr.* Liquide sirupeux contenant de 40 à 50 p. 100 de sucre, résidu non cristallisable de la fabrication du sucre. (Les

Meknès : porte Bab al-Manṣūr

mélampyre

Phot. X, Office marocain du tourisme, Buzzini.

Melbourne

mélasses de la betterave sucrière servent à l'alimentation des bestiaux ; celles de la canne à sucre fournissent le tafia.) ‖ *Pop.* Infortune, misère.

Melba [mɛlba] (*fruit*), fruit (le plus souvent une pêche), poché au sirop, servi sur une couche de glace à la vanille et nappé de purée de framboises.

Melbourne, port d'Australie, cap. de l'Etat de Victoria ; 2 425 000 h. Fondée en 1835, sur la baie de Port Phillip, la ville s'est développée avec la ruée vers l'or (1851-1861) et l'essor de l'élevage. Aujourd'hui, deuxième cité du pays, Melbourne est un centre administratif, commercial et intellectuel (université), et une grande ville industrielle (construction automobile et aéronautique, matériel agricole, pétrochimie, textile, alimentation) et portuaire (trafic dépassant 10 Mt). — Siège des jeux Olympiques en 1956.

Melbourne (William LAMB, *vicomte*), homme d'Etat anglais, du parti libéral, né à Londres (1779-1848). Premier ministre en 1834 et de 1835 à 1841.

Melchisédech, roi de Salem, en Canaan, à l'époque d'Abraham. Selon la Genèse, il bénit Abraham après sa victoire sur les Elamites. Dans la langue biblique et patristique, il est le prêtre par excellence.

melchite [mɛlkit] n. et adj. V. MELKITE.

mêlé, e adj. *Société mêlée, monde mêlé,* réunion où il se trouve des personnes de conditions diverses.

Méléagre, héros étolien du cycle des Argonautes.

méléagrine [meleagrin] n. f. Huître perlière.

mêlé-cassis et, *pop.*, **mêlé-cass** n. m. Eau-de-vie mêlée de cassis. ● *Voix de mêlé-cass* (Pop.), voix de rogomme, rendue rauque par l'abus de l'alcool.

mêlée [mele] n. f. Combat opiniâtre et confus où on lutte corps à corps. ‖ Rixe entre plusieurs individus. ‖ Contestation vive : *se jeter dans la mêlée.* ‖ Groupement que forment, dans certains cas, les joueurs de rugby.

Melegnano. V. MARIGNAN.

mêler [mele] v. t. (lat. pop. *misculare ;* de *miscere*). Mettre ensemble des choses diverses : *mêler de l'eau avec du vin.* ‖ Emmêler, embrouiller : *mêler ses cheveux.* ‖ Unir, joindre : *mêler l'agréable à l'utile.* ‖ Comprendre dans, impliquer : *mêler quelqu'un dans une accusation.* ‖ — **Se mêler** v. pr. Se confondre : *se mêler dans la foule.* ‖ Se joindre : *se mêler au cortège.* ‖ — *Fig.* S'occuper de : *se mêler imprudemment d'une affaire.* ‖ S'ingérer mal à propos : *de quoi vous mêlez-vous?* ● *Le diable s'en mêle,* il y a là-dessous une influence inexplicable, mystérieuse.

Mêle-sur-Sarthe (LE) [61170], ch.-l. de c. de l'Orne (arr. d'Alençon) ; 967 h.

mélèze [melɛz] n. m. (mot dauphinois). Conifère de nos régions, à feuilles caduques (tous les autres conifères français ont des feuilles persistantes), croissant à l'état spontané dans les hautes montagnes de l'Europe centrale au-dessus de la zone des sapins (jusqu'à 2 400 m dans les Alpes françaises). [Il atteint 30 à 35 mètres. Outre les divers usages de son bois, il fournit une résine appelée *térébenthine de Venise.*]

melia [melja] n. m. Arbre à longues grappes de fleurs odorantes, originaire d'Asie et cultivée dans le Midi. (Type de la famille des *méliacées,* qui comprend de nombreux arbres d'ébénisterie des régions chaudes.)

Méliès (Georges), illusionniste et metteur en scène de cinéma français, né à Paris (1861-1938). Pionnier du cinéma, il produisit des centaines de films où sa science des trucages fit merveille : *le Voyage dans la Lune* (1902), *le Royaume des fées* (1903), *les Quatre Cents Farces du diable* (1906), *les Hallucinations du baron de Münchhausen* (1911).

Melilla, enclave espagnole sur la côte méditerranéenne du Maroc ; 86 000 h.

mélilot [melilo] n. m. (gr. *melilôtos,* lotus à miel). Genre de légumineuses papilionacées, comprenant des herbes fourragères et aromatiques à petites fleurs. (Parmi les espèces connues, on trouve le *mélilot blanc,* le *mélilot bleu,* et le *mélilot des champs,* ou *officinal,* à fleurs jaunes, dont on extrait la coumarine, à odeur de foin coupé, employée en parfumerie.)

méli-mélo [melimelo] n. m. *Fam.* Mélange confus, désordonné. ‖ Pl. des *mélis-mélos.*

Méline (Jules), homme politique français, né à Remiremont (1838-1925). Ministre de l'Agriculture (1883-1885 et 1915-1916), il pratiqua une politique protectionniste. Il fut chef du gouvernement de 1896 à 1898.

mélinite [melinit] n. f. (du lat. *melinus,* couleur de coing). Explosif à base d'acide picrique, dont les propriétés explosives avaient été reconnues par l'Allemand Sprengel, mais qui fut rendu maniable par le Français Turpin.

mélioratif [meljɔratif], **ive** [-iv] adj. et n. m. Se dit d'un terme propre à présenter l'idée sous un jour favorable. (Contr. PÉJORATIF.)

mélique adj. (du gr. *melos,* chant). Se dit de la poésie lyrique, et surtout chorale, des Grecs.

Melisey (70270), ch.-l. de c. de la Haute-Saône (arr. de Lure) ; 1 844 h. (1 126 aggl.). Métallurgie.

mélisse [melis] n. f. (gr. *melissa,* abeille). Plante mellifère de la famille des labiacées, antispasmodique et digestive. ● *Eau de mélisse,* alcoolat obtenu par la distillation des feuilles de mélisse fraîche avec de l'alcool, et employé contre les vertiges et les syncopes.

mélitococcie [-kɔksi] n. f. Maladie infectieuse, appelée aussi *fièvre de Malte*.*

Melitopol', v. de l'U. R. S. S. (Ukraine) ; 137 000 h.

mélitte [melit] n. f. Plante de la famille des labiacées, appelée aussi *mélisse des bois* ou *mélisse sauvage.*

Melkart. V. MELQART.

melkite ou **melchite** [mɛlkit] n. et adj. (du syr. *melek,* roi). Nom appliqué, autrefois, par les eutychiens aux catholiques, et qui est maintenant porté par les fidèles orthodoxes et catholiques de rite byzantin dans le Proche-Orient. (Depuis 1724, l'Eglise melkite est scindée en deux branches : la branche orthodoxe [patriarcats d'Alexandrie, d'Antioche et de Jérusalem] et la branche catholique [Antioche].)

Mellan (Claude), graveur français, né à Abbeville (1598-1688). Illustrateur et portraitiste, il inaugura un procédé de gravure au burin, dit « à une seule taille ».

Melle (79500), ch.-l. de c. des Deux-Sèvres (arr. de Niort) ; 4 489 h. (*Mellois*). Eglises romanes.

Melle, comm. de Belgique (Flandre-Orientale), sur l'Escaut ; 8 900 h.

mellifère [mɛllifɛr] adj. (lat. *mel, mellis,* miel, et *ferre,* porter). Se dit d'une plante dont le nectar peut être utilisé par les abeilles pour faire du miel.

mellification n. f. Elaboration du miel par les abeilles.

mellifique adj. Qui fabrique du miel.

mellite n. m. (du lat. *mel, mellis,* miel). Médicament préparé avec du miel.

Melloni (Macedonio), physicien italien, né à Parme (1798-1854). Il inventa la pile thermo-électrique, qu'il utilisa pour étudier la chaleur rayonnante.

mélo [melo] n. m. *Fam.* Abrév. de *mélodrame.*

mélodie [melɔdi] n. f. (gr. *melos,* cadence, et *ôdê,* chant). *Mus.* Phrase musicale chantante formée d'une suite de sons. (La perception globale de ceux-ci doit satisfaire l'intelligence et la sensibilité.) ‖ Composition vocale ou instrumentale, avec ou sans accompagnement. ‖ Choix, suite de mots, de phrases propres à flatter l'oreille : *la mélodie des vers de Lamartine.*

mélodieusement adv. De façon mélodieuse.

mélodieux, euse adj. Dont la sonorité est agréable à l'oreille : *le chant mélodieux du rossignol.*

mélodique adj. *Mus.* Qui relève de la mélodie. ‖ Qui évoque une série de sons entendus successivement, par oppos. à *harmonique.*

mélodramatique adj. Relatif au mélodrame. ‖ Qui témoigne de sentiments emphatiques et exagérés : *prendre un ton mélodramatique.*

mélodrame n. m. (gr. *melos,* cadence, et *drama,* action théâtrale). Drame de caractère populaire, accumulant des situations pathétiques et des péripéties imprévues.
— ENCYCL. Le *mélodrame* apparaît en France à la fin du XVIIIe s. Prolongeant la tradition du théâtre de la Foire, adaptant la violence macabre du roman noir anglo-saxon, mêlant le burlesque et la sensiblerie larmoyante, soulignant de motifs musicaux les entrées des principaux personnages et les moments décisifs de l'action, le mélodrame répond au goût du public de l'époque révolutionnaire, avide de spectacles à sensations. Le genre multiplie les coups de théâtre, les décors sinistres, les machinations et ne connaît que des types conventionnels : le jeune premier amoureux, l'héroïne persécutée, le traître machiavélique, le bouffon. La faveur du mélodrame se soutient, durant tout le XIXe s., dans les salles du boulevard du Temple, surnommé le « boulevard du Crime », grâce à des acteurs comme Frédérick Lemaître et à la fécondité prodigieuse d'auteurs comme Guilbert de Pixerécourt (*Cœlina ou l'Enfant du mystère,* 1800), Victor Ducange (*Trente Ans ou la Vie d'un joueur,* 1827), Anicet-Bourgeois et Paul Féval (*le Bossu,* 1862), Dennery (*les Deux Orphelines,* 1874) et Xavier de Montépin (*la Porteuse de pain,* 1889).

méloé [melɔe] n. m. Insecte vésicant, de couleur vert-bleu métallique, atteignant 4 cm de long.

mélomane n. et adj. Amateur de musique.

melon [məlɔ̃] n. m. (lat. *melo*). Plante potagère, de la famille des cucurbitacées, originaire d'Asie Mineure, recherchée pour ses fruits à chair juteuse et sucrée, mais dont la culture exige une température minimale de 15 °C. ‖ Ce fruit lui-même. (V. illustr. FRUITS.) ‖ *Vitic.* Cépage voisin du PINOT BLANC. ● *Melon d'eau,* pastèque.

melon n. m. Chapeau rond et bombé (on dit aussi CHAPEAU MELON).

mélongène ou **mélongine** n. f. Autre nom de l'AUBERGINE.

melonnière n. f. Endroit réservé à la culture du melon.

mélopée [melɔpe] n. f. (gr. *melos,* cadence, et *poiein,* faire). Dans la dramaturgie grecque classique, et dans celles qui s'en inspirent, chant rythmé qui accompagne la déclamation. ‖ Récitatif, chant monotone.

mélophage [melɔfaʒ] n. m. (gr. *mêlon,* brebis, et *phagein,* manger). Mouche parasite des moutons, dont elle suce le sang.

Melozzo da Forli, peintre italien, né à Forli (1438-1494). Disciple de Piero Della Francesca, il pratiqua un art savant. Le premier à utiliser les perspectives plafonnantes, il introduisit à Rome l'art des grandes architectures peintes. Il reste peu de chose de son œuvre.

Méliès, « le Voyage dans la Lune »

mélilot

Phot. Bureau australien de presse et d'information, Cinémath. franç., Buzzini.

Melpomène, muse de la Tragédie.

Melqart ou **Melkart,** divinité phénicienne honorée à Tyr.

Melsbroek, comm. de Belgique (Brabant), au nord-est de Bruxelles ; 2 100 h. Aéroport de Bruxelles.

Melsens (Louis), physicien belge, né à Louvain (1814-1886). Il a inventé les paratonnerres à pointes et à conducteurs multiples.

Melun (77000), ch.-l. du dép. de Seine-et-Marne, sur la Seine, à 45 km au sud-est de Paris ; 36 269 h. (*Melunais*). [L'agglomération compte 57 179 h.] Anc. oppidum celtique. Mur d'enceinte gallo-romain. Eglises Notre-Dame (XIe-XIIe s. ; façade décorée au XVIe s.) et Saint-Aspais (XVe-XVIe s. ; vitraux du XVIe s.). Constructions mécaniques et aéronautiques. Industries alimentaires. — L'arr. a 13 cant., 212 comm., 269 229 h.

Melun-Sénart, nom donné à la ville nouvelle en cours de développement entre Melun et la forêt de Sénart.

mélusine [melyzin] n. f. Feutre à longs poils. (On l'obtient en posant des poils non foulés sur un feutre déjà fait.)

Mélusine, personnage fabuleux, fille d'une fée, qui pouvait se métamorphoser partiellement en serpent. Les romans de chevalerie et les légendes du Poitou la représentent comme l'aïeule et la protectrice de la maison de Lusignan.

Melville, baie de la mer de Baffin, sur la côte ouest du Groenland. — Presqu'île de la partie septentrionale du Canada (océan Arctique). — Ile de l'archipel Arctique canadien, au nord du *détroit de Melville*. Gaz naturel. — Ile australienne, sur la côte nord de l'Australie.

Melville (Herman), écrivain américain, né à New York (1819-1891). A la mort de son père, il s'engagea sur un voilier de la ligne New York-Liverpool, puis sur un baleinier opérant dans les mers du Sud. Il dut ensuite accepter une place d'employé à la douane de New York (1866-1885). Ses poèmes et ses récits expriment la solitude humaine dans un univers indifférent ou hostile, et le roman d'aventures devient, avec lui, la geste de l'homme en proie à son propre orgueil, qui est à la fois sa perte et son salut (*Taïpi*, 1846 ; *Moby Dick*, 1851 ; *Pierre ou les Ambiguïtés*, 1852 ; *Billy Budd*, publié en 1924). Ignoré de son vivant, Melville est aujourd'hui considéré comme un des plus grands romanciers américains.

membrane [mɑ̃bran] n. f. (lat. *membrana*, peau qui recouvre les membres). Tissu mince, souple, destiné à former, à envelopper ou à tapisser des organes : *membrane muqueuse, séreuse, fibreuse*. ‖ *Phys.* Lame mince. ● *Fausse membrane*, tissu anormal se développant sur les muqueuses à la suite de certaines inflammations. ‖ *Membrane cellulaire*, enveloppe semi-perméable qui entoure le protoplasme et en est une différenciation. ‖ *Membrane semi-perméable* (Chim.), membrane qui permet le passage de certaines substances, tout en arrêtant d'autres substances. ‖ — N. f. pl. Enveloppes de l'œuf humain (ce sont l'amnios et le chorion).

membraneux, euse adj. De la nature de la membrane : *tissu membraneux*.

membre [mɑ̃br] n. m. (lat. *membrum*). Appendice latéral du tronc de l'homme, servant à la locomotion, à la préhension. (V. *encycl.*) ‖ Appendice pair caractéristique des animaux vertébrés, qui en possèdent au maximum deux paires, respectivement fixées aux épaules (membres antérieurs) et au bassin (membres postérieurs). [V. *encycl.*] ‖ *Gramm.* Chaque division de la phrase, de la période. ‖ *Math.* Chacune des expressions d'une égalité ou d'une inégalité. ‖ *Fig.* Celui qui fait partie d'un corps politique, d'une société savante, d'une famille, d'une association, etc. : *être membre d'une académie*. ● *Membre fantôme*, terminologie désignant la vive et souvent douloureuse perception par un amputé de son membre manquant. ‖ — Adj. et n. Se dit d'une partie d'une province, d'un empire, d'une fédération, etc. : *Etat membre du Commonwealth*.
— ENCYCL. *Anat.* Chez l'homme, il existe deux *membres* inférieurs, attachés au bassin, et deux membres supérieurs, attachés à la ceinture scapulaire ; chaque membre comprend trois segments : le bras, l'avant-bras et la main pour le membre supérieur ; la cuisse, la jambe et le pied pour le membre inférieur. Diverses anomalies congénitales peuvent affecter les membres : atrophie, aplasie, déformations telles que la luxation congénitale, le pied bot.
— *Zool.* Chez les poissons, les *membres* constituent les *nageoires paires* : les nageoires pectorales avoisinent toujours les ouïes ; les nageoires pelviennes occupent une position très variable selon les espèces : abdominales dans les groupes les plus anciens, elles gagnent l'avant du corps par évolution et peuvent se trouver en avant des pectorales (pelviennes jugulaires). Chez les *actinoptérygiens*, la structure osseuse des nageoires diffère grandement de celle d'une patte ; il n'en est pas de même chez les *crossoptérygiens* (cœlacanthe), qui sont les ancêtres des vertébrés *tétrapodes*, c'est-à-dire marchant sur quatre pattes.
Le type primitif de la *patte* du tétrapode s'est maintenu non seulement chez la salamandre, mais jusque chez l'homme (bras et main). Dans d'autres lignées, il a divergement évolué (V. PATTE, AILE, NAGEOIRE) ; chez les serpents, les pattes ont disparu.
Les pattes des insectes et autres arthropodes ne sont pas appelées des membres, mais des *appendices*.

membré, e adj. *Bien, mal membré*, qui a les membres bien, mal faits ; bien, mal proportionnés.

membron n. m. Partie d'une couverture mansardée, reliant les couvertures du vrai et du faux comble.

membru, e adj. Qui a les membres gros et vigoureux : *enfant membru*.

membrure n. f. Ensemble des membres du corps humain. ‖ *Constr.* Forte pièce de bois servant de point d'appui à une charpente ou à un assemblage de pièces ajustées. ‖ *Mar.* Grosse charpente d'un navire.

même [mɛm] adj. (lat. pop. *metipsimum* ; de *egomet ipse*, moi-même). Exprime la similitude, l'identité ou la parité : *ils ont les mêmes goûts*. ‖ Placé immédiatement après les noms ou les pronoms, il marque plus expressément la personne, l'objet dont on parle : *ces plantes mêmes ; moi-même ; ceux-là mêmes*. ‖ — Adv. De plus, aussi, encore : *je vous dirai même... ; les pécheurs, les justes même* (aussi) *tremblent à la pensée d'un juge suprême*. ‖ — Pr. indéf. et n. *C'est du pareil au même* (Pop.), c'est la même chose. ‖ *Du même* (Hérald.), expression employée pour éviter la répétition de l'émail que l'on vient de citer. ‖ *Le même, la même, les mêmes*, la même personne, la même chose. ‖ *Revenir au même*, être la même chose au fond. ‖ — Loc. adv. **A même**, sans interposition de quoi que ce soit : *boire à même la bouteille*. ‖ **De même**, de la même manière : *agissez de même*. ‖ **Tout de même** (Fam.), néanmoins, après tout : *il a réussi tout de même*. ‖ **— A même de** loc. prép. En état de, libre de : *vous êtes à même de vous renseigner*. ● *Mettre à même*, faciliter les moyens. ‖ **— De même que** loc. conj. Ainsi que.
— REM. *Même* est adj. et variable : 1° quand il précède le substantif : *l'étourdi commet cent fois les* MÊMES *fautes ;* 2° en général, quand il est placé après un seul nom : *les Romains n'ont vaincu les Gaulois que par les Gaulois* MÊMES ; 3° lorsqu'il suit un pronom personnel auquel il se joint par un trait d'union : *les grands eux-*MÊMES *sont parfois à plaindre*. *Même* est adv. et inv. : 1° quand il modifie un adjectif ou un verbe : *les hommes* MÊME *les plus braves craignent la mort ; nous devons aimer* MÊME *nos ennemis ;* 2° souvent quand il est placé après plusieurs noms : *les vieillards, les femmes, les enfants* MÊME *périrent*. (Toutefois, dans ce cas, on l'accorde parfois avec le dernier nom.)

mémoire n. f. (lat. *memoria*). Faculté de conserver les idées antérieurement acquises : *la mémoire se cultive par l'usage*. (V. *encycl.*) ‖ Effet de la faculté de se souvenir ; le souvenir lui-même : *garder, perdre la mémoire de quelque chose*. ‖ Réputation bonne ou mauvaise qui reste d'une personne après sa mort : *laisser une mémoire honorée*. ‖ *Inform.* Dispositif des calculatrices électroniques qui enregistre des signaux, résultats partiels, etc., qu'il restitue au moment opportun pour les faire intervenir dans la suite des opérations : *mémoire à disques*. (V. *encycl.*) ‖ — Syn. : RAPPEL, RÉMINISCENCE, SOUVENANCE. ● *De mémoire*, en s'aidant seulement de la mémoire. ‖ *De mémoire d'homme*, du plus loin qu'on se souvienne. ‖ *Pour mémoire*, expression indiquant, en comptabilité, qu'un article est mentionné à titre de renseignement et n'est pas porté en compte.
— ENCYCL. L'accoutumance, l'habitude, l'apprentissage et l'éducation reposent sur la *mémoire*. On distingue notamment la mémoire *immédiate* de la mémoire *différée* : on distingue également autant de mémoires qu'il y a d'organes sensoriels (*mémoires visuelle, auditive, tactile*, etc.).
Certains psychologues, à la suite de Pierre Janet, considèrent que la mémoire doit se traduire par un acte : la conduite du récit. Mais cette limitation n'est pas satisfaisante. Selon Jean Delay, il est nécessaire de distinguer trois niveaux dans la mémoire. Le niveau le plus élémentaire est celui de la *mémoire sensori-motrice*, qui concerne uniquement les sensations et les mouvements. Il est commun à l'animal et à l'être humain. Le plus élevé, particulier à l'homme vivant en société, se caractérise par le récit logique : c'est la *mémoire sociale*. Enfin, entre ces deux niveaux se situe la *mémoire autistique*, qui emprunte ses matériaux aux sensations et aux situations vécues, mais qui n'obéit qu'aux lois de l'inconscient. C'est elle qui fournit les éléments du rêve et, chez les malades mentaux, du délire.
La mémoire sensori-motrice est particulièrement apparente chez les animaux et chez les très jeunes enfants. La mémoire autistique apparaît vers l'âge de 3 ans. On observe, en effet, à cette époque de la vie, une indifférenciation du passé et du présent, du réel et de l'imaginaire : le développement de l'intelligence de l'enfant et sa socialisation concourent à leur différenciation. Ce n'est qu'avec le développement des catégories logiques que la mémoire sociale s'installe durablement.
La psychologie génétique montre que la mémoire est liée à la maturation du système nerveux et que son fonctionnement est lié à tout le psychisme, aux perceptions, à l'intelligence et à l'affectivité. Si l'on demande à de jeunes enfants de dessiner de mémoire un bonhomme, on s'aperçoit que les plus jeunes réduisent celui-ci à sa plus simple expression : un rond (pour la tête), d'où partent deux traits parallèles (figurant les jambes). Avec l'âge, d'autres détails apparaissent : les yeux, les bras, la bouche et les mains ; ce n'est que bien plus tard que le tronc est dessiné. La mémoire restitue ce qui est fixé, c'est-à-dire ce qui fut perçu comme essentiel, et qui varie avec les individus et les âges. La mémoire est aussi liée à l'intelligence, qui reconstruit le souvenir en fonction des préoccupations et des intérêts de la personne (les fillettes de 10 à 12 ans qui dessinent un bonhomme soignent particulièrement le visage, surtout les yeux).
Les travaux des psychophysiologistes (Lashley) ont montré que la mémoire dépend à la fois de certaines zones localisées de l'écorce cérébrale et de l'ensemble du cerveau. Il n'y a pas une région spécifique de la mémoire : tout le cortex est concerné par l'évocation des souvenirs.
Les bases biochimiques de la mémoire ont fait l'objet de nombreuses expériences et théories : d'abord l'hypothèse

Melville

Memling
« Martyre de saint Sébastien »
musées royaux des Beaux-Arts Bruxelles

Memel. V. KLAIPEDA.

mêmement adv. Pareillement (vx).

mémento [memɛ̃to] n. m. (lat. *memento*, souviens-toi). A la messe, prière pour les vivants et pour les morts. ‖ Agenda où l'on inscrit ce dont on veut se souvenir. ‖ Ouvrage où sont résumées les parties essentielles d'une question, d'une science. ‖ Pl. des *mémentos*.

mémère [memɛr] n. f. *Fam.* Femme d'un certain âge.

Memling ou **Memlinc** (Hans), peintre flamand, né à Seligenstadt (près d'Aschaffenburg) [v. 1433-1494]. Issu de la double tradition de Van Eyck et de Rogier Van der Weyden, il travailla sans doute à Cologne, mais passa presque toute sa vie à Bruges. Son art, plein de tendresse, se rattache encore à celui de la miniature. L'hôpital Saint-Jean de Bruges conserve un bon nombre de ses œuvres (*la Châsse de sainte Ursule, le Mariage mystique de sainte Catherine*). Le Louvre possède *la Vierge de Jacques Floreins*. Portraitiste, il idéalisa quelque peu ses modèles (*Portrait de vieille femme*, Louvre). Sa peinture, d'où se dégage une douce poésie, exerça une forte influence sur les peintres brugeois.

Memnon, nom d'un héros grec, roi des Ethiopiens, qui vint au secours de Troie et périt de la main d'Achille. On crut plus tard reconnaître Memnon dans un des deux colosses d'Aménophis III, à Thèbes ; la légende voulait que sa statue, lorsqu'elle venait d'être frappée des *rayons du soleil*, répandît des sons harmonieux.

Phot. U. S. I. S., Giraudon.

MEMBRE INFÉRIEUR

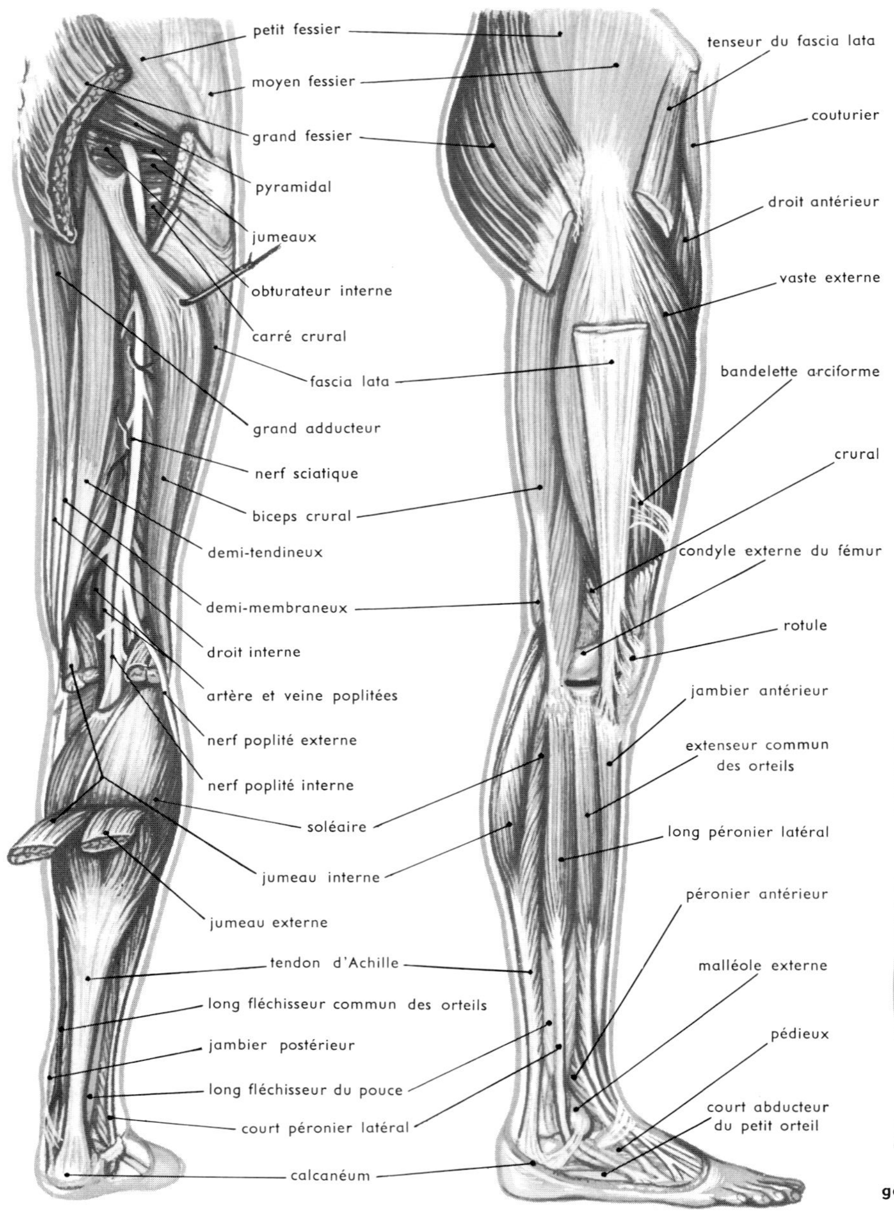

vue postérieure

vue latérale externe

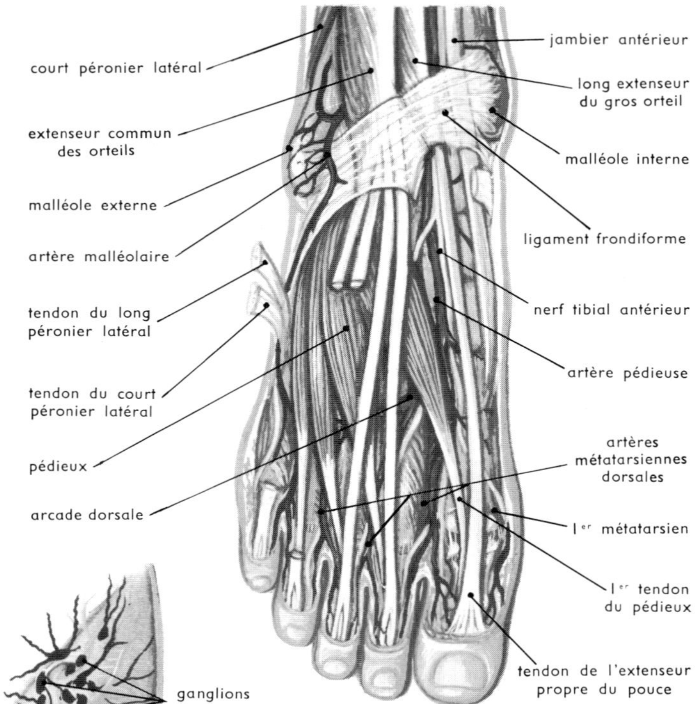

face dorsale du pied

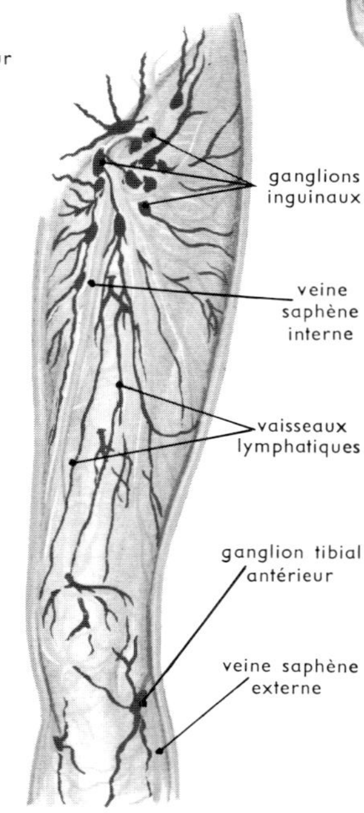

ganglions et vaisseaux lymphatiques

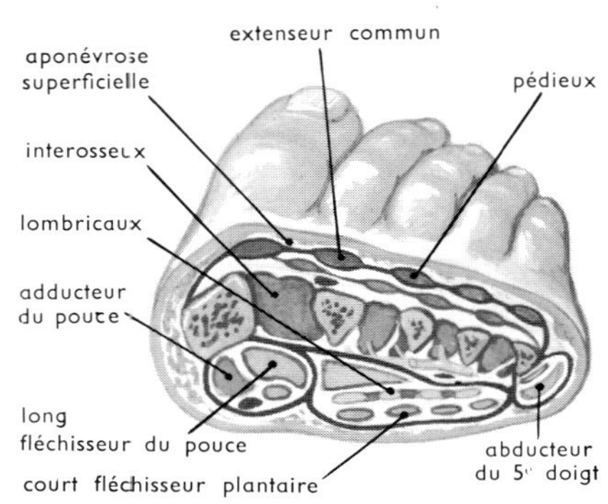

coupe transversale du pied

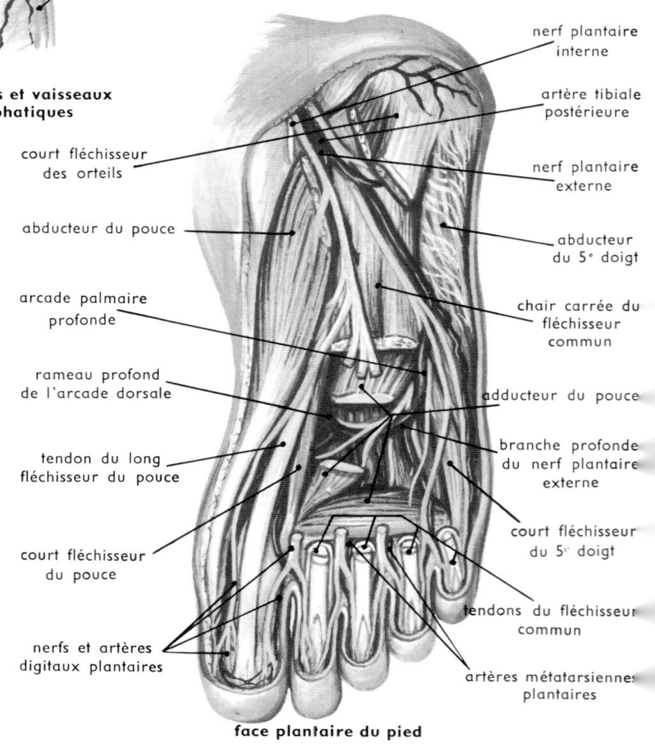

face plantaire du pied

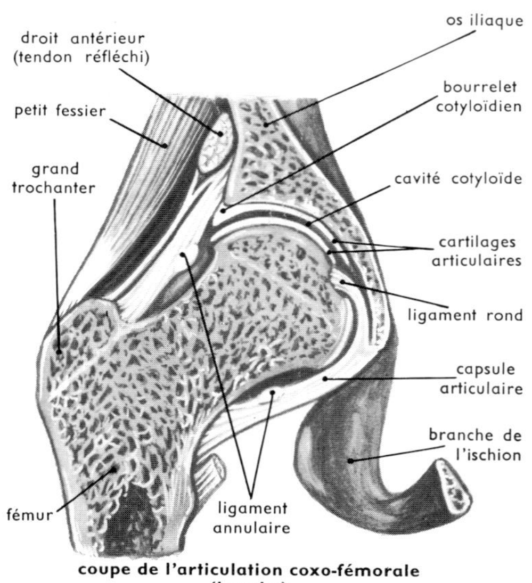

coupe de l'articulation coxo-fémorale (hanche)

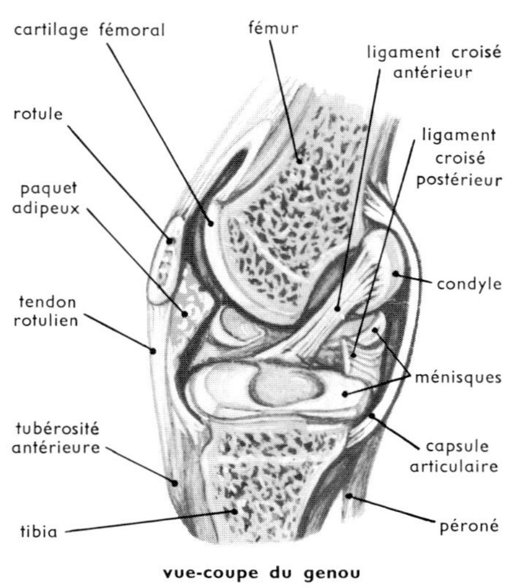

vue-coupe du genou

suivant laquelle l'activité électrique des structures nerveuses entraîne des modifications morphologiques de ces structures; ensuite une hypothèse biochimique, qui peut se résumer ainsi : l'activité électrique d'un neurone entraîne des modifications au niveau des molécules, qui sont relativement stables et qui, ultérieurement, peuvent intervenir pour modifier les modalités de réponse du neurone. Certaines expériences ont permis d'étayer cette hypothèse : transfert d'informations par l'extrait des cerveaux animaux; pertes d'information par traitement chimique; importance de la concentration d'A. R. N. et de l'activité neurologique (réflexes conditionnés chez certains animaux inférieurs, qu'on peut « transférer » à d'autres animaux non conditionnés sous forme d'injection d'extraits chimiques [A. R. N., substances protéiques, etc.] du système nerveux central des animaux chez qui les réflexes avaient été conditionnés).

Les troubles affectant la mémoire sont soit des déficits, ou *amnésies,* soit des perturbations représentées par les phénomènes d'*ecmnésie* et de *paramnésie,* auxquels on doit rattacher l'*hypermnésie,* qui est non pas une mémoire meilleure, mais le rappel désordonné et intempestif d'une foule de souvenirs. L'amnésie* peut revêtir le type antérograde ou rétrograde, suivant que les souvenirs perdus se situent après ou avant une période donnée. Elle peut être partielle, ne concernant que certains souvenirs, ou globale. Elle entraîne des phénomènes compensateurs qui aboutissent à la fabulation (les vides sont comblés par l'imagination) et aux fausses reconnaissances (un souvenir est pris pour un autre). Les troubles de la mémoire se rencontrent au cours des intoxications (tabac, alcool), des traumatismes crâniens, de l'épilepsie, des démences (surtout séniles) et constituent le substrat essentiel de la confusion mentale.

— *Inform.* La fonction de *mémoire* a joué un rôle majeur dans l'évolution du calcul automatique et généralement de l'information en permettant au calculateur de devenir ordinateur. Les *mémoires à accès instantané* constituent la mémoire principale de tout ordinateur. Elles se caractérisent par leur facilité et leur rapidité d'accès. Les informations qui y sont enregistrées sont, en effet, localisées en un point de la mémoire défini par des coordonnées qui permettent la lecture immédiate de la seule information recherchée. Constituées le plus souvent par des tores magnétiques ou ferrites, les mémoires ont une capacité qui varie de 4 000 caractères à plusieurs centaines de milliers, avec un temps d'accès généralement évalué en microsecondes. Les *mémoires à accès séquentiel* sont constituées par des bandes magnétiques qui permettent d'enregistrer de 6 à 60 millions de caractères, dont la lecture s'effectue à très grande vitesse : de 15 000 à 340 000 caractères à la seconde. Toutefois, l'accès à ceux-ci ne s'effectue que dans l'ordre où ils ont été enregistrés. Les *mémoires à accès sélectif* se caractérisent par une accessibilité presque directe à toute information enregistrée, puisque chaque groupe de caractères est défini par des coordonnées, appelées *adresses.* Dans ce domaine, les mémoires à tambour magnétique ont une capacité de mémoire qui se compte en centaines de milliers de caractères avec un temps d'accès de quelques millisecondes, alors que les mémoires à disque magnétique ont une capacité de 200 millions de caractères avec un temps d'accès d'un centième de seconde environ et que les mémoires à cellule magnétique ont une capacité qui se chiffre en centaines de millions de caractères avec un temps d'accès à un mot enregistré de quelques dixièmes de seconde.

mémoire [memwar] n. m. Etat de sommes dues : *régler un mémoire.* || Ecrit sommaire qui contient un exposé. || Exposé des faits et moyens relatifs à un procès. || Dissertation scientifique ou littéraire : *lire un mémoire à l'Académie.* || — Pl. Recueil des travaux d'une société savante : *les mémoires de l'Académie des sciences.* || Souvenirs écrits par une personne sur sa vie publique ou privée : *les « Mémoires » de Saint-Simon.* (En ce sens, prend une majuscule.)

Mémoires d'outre-tombe, par Chateaubriand. L'auteur en conçut le projet dès 1803 et en commença la rédaction en 1809. Jusqu'à la fin de sa vie, il ne cessa de remanier le manuscrit. En 1836, il le vendit à une société, à condition qu'il ne paraîtrait pas de son vivant. La publication en fut d'abord faite, sous forme de feuilletons, dans *la Presse* (1848-1850). Superposant perpétuellement les êtres, les paysages et les souvenirs, Chateaubriand a moins écrit le récit de sa vie que composé le grand poème lyrique de la fin d'un monde, qui, à travers la célébration de la mer, de l'amour et des ruines, forme une variation continue sur le thème de la mort.

mémorable [memɔrabl] adj. Digne de mémoire : *une action mémorable.*

Mémorables, ouvrage de Xénophon, consacré à ses souvenirs sur Socrate.

mémorablement adv. De façon mémorable.

mémorandum [memɔrɑ̃dɔm] n. m. (lat. *memorandum,* chose qu'on doit se rappeler). Note diplomatique contenant l'exposé sommaire de l'état d'une question. || Feuille de papier à en-tête imprimé, qui sert à un commerçant pour passer des commandes. || Carnet de notes. || Pl. des *mémorandums.*

mémoration n. f. *Psychol.* Intégration des souvenirs à la personnalité.

mémorial n. m. Mémoire servant à l'instruction d'une affaire diplomatique. || Ouvrage dans lequel sont consignés des faits mémorables (en ce sens, prend une majuscule) : *le « Mémorial de Sainte-Hélène ».* || Monument commémoratif.

Mémorial de Sainte-Hélène, ouvrage de Las Cases (1823). C'est le journal des entretiens de Napoléon Ier avec son secrétaire.

mémorialiste n. m. Auteur de Mémoires historiques ou littéraires.

mémorisation n. f. Action de fixer méthodiquement, par répétitions systématiques, dans la mémoire.

mémoriser v. t. Mettre en mémoire.

Memphis, v. de l'ancienne Egypte, sur le Nil, en amont du Delta, cap. de l'Ancien Empire. Elle fut particulièrement embellie par les Ramessides. La fondation d'Alexandrie et l'invasion arabe marquèrent sa décadence.

Memphis, v. des Etats-Unis (Tennessee), sur le Mississippi; 620 900 h.

Mena (Juan DE), poète espagnol, né à Cordoue (1411-1456). Chroniqueur royal, favori du roi Jean II, il s'inspira de Lucain et de Dante dans son poème allégorique *le Labyrinthe.*

menaçant, e adj. Qui exprime la menace : *un ton menaçant.* || Qui constitue une menace, un danger : *un présage menaçant.*

menace n. f. (lat. pop. *minacia;* de *minae,* menaces). Parole, geste, acte par lesquels on exprime la volonté qu'on a de faire du mal à quelqu'un : *discours plein de menaces.* || Signe, présage qui fait craindre une chose : *menace de pluie.*

menacer [mənase] v. t. (conj. **1**). Avertir quelqu'un de ce qu'il a à redouter : *menacer un élève d'une punition.* || *Fig.* Faire craindre : *ce nuage nous menace d'un orage;* et, *absol.,* être à craindre : *la pluie menace.* ● *Menacer ruine,* être délabré au point que la chute paraît prochaine. || — V. t. ind. [**de**]. Etre sur le point de : *sa colère menace d'éclater.*

ménade [menad] n. f. (gr. *mainas, -ados*). Compagne de Dionysos. (V. BACCHANTES.) [Dans ce sens, on met généralement une majuscule.] || Femme consacrée aux mystères de ce dieu. || *Fig.* Femme qui a l'esprit troublé, en fureur, ou qui est dissolue.

Menado ou **Manado,** v. d'Indonésie (Célèbes); 130 000 h.

ménage [menaʒ] n. m. (du lat. *mansio,* demeure). Conduite, administration d'une maison : *vaquer aux soins du ménage.* || Mobilier et ustensiles nécessaires à la vie domestique : *monter son ménage.* || Tous ceux qui composent une famille : *ménage de huit personnes.* ● *Faire bon, mauvais ménage,* s'accorder, ne pas s'accorder. || *Faire le ménage,* nettoyer une maison, un appartement. || *Jeune ménage,* homme et femme récemment mariés. || *Se mettre en ménage,* vivre maritalement, ou bien se marier.

Ménage (Gilles), érudit français, né à Angers (1613-1692). Avocat, il embrassa l'état ecclésiastique et fut nommé bénéficier du doyenné de Saint-Pierre d'Angers. Lié avec Chapelain, Balzac, Mme de La Fayette et Mme de Sévigné, il réunissait chez lui un groupe de familiers, qui avait les allures d'une académie. Il est l'auteur de vers français, latins, italiens et grecs (*Poemata*), ainsi que d'ouvrages de philologie (*Observations sur la langue française,* 1672). Boileau l'attaqua à plusieurs reprises, et Molière l'a visé dans le personnage de Vadius des *Femmes savantes.*

ménagement n. m. Egards, circonspection dont on use envers quelqu'un.

ménager [menaʒe] v. t. (de *ménage*) [conj. **1**]. Employer avec économie : *ménager son revenu.* || — *Fig.* Ne pas fatiguer : *ménager ses forces.* || Ne pas exposer : *ménager sa vie.* || Préparer, régler : *ménager une entrevue.* || Procurer, réserver : *ménager une surprise.* || Traiter avec égards : *ménager quelqu'un.* || Ne pas accabler : *ménager un adversaire.* ● *Ménager ses expressions,* parler avec circonspection. || *Ménager ses paroles,* parler peu. || *Ménager le temps,* en faire bon emploi. || *N'avoir rien à ménager,* n'avoir aucune mesure à garder. || — **Se ménager** v. pr. Prendre soin de sa santé.

ménager, ère adj. Qui concerne le ménage : *enseignement ménager.* ● *Arts ménagers,* ensemble des techniques ayant pour objet de faciliter la tâche de la maîtresse de maison, de contribuer au confort et d'embellir le foyer familial.

ménagère n. f. Femme qui a soin du ménage. || Ensemble des couverts de table (cuillers, fourchettes, etc.).

ménagerie [menaʒri] n. f. (de *ménager*). Collection d'animaux de toute espèce, entretenus pour l'étude et pour la curiosité du public. || Lieu où se trouvent ces animaux, où se fait la présentation en public.

Ménahem ou **Menakhem** (m. en 738 av. J.-C.), roi d'Israël (743-738 av. J.-C.). Il se signala par sa cruauté.

Ménam (le) ou **Chao Phraya** (la), fl. de Thaïlande, qui passe à Bangkok et se jette dans le golfe de Siam; 1 200 km.

Ménandre, poète comique grec, né à Athènes (v. 342-v. 292 av. J.-C.). Il appartenait à la riche bourgeoisie athénienne et suivit l'enseignement de Théophraste et d'Epicure. Il passe pour avoir composé cent huit pièces dans le style de la « comédie nouvelle », dont il fut le principal représentant : il excellait à nouer une intrigue autour du thème de l'amour contrarié et présentait, en un style qui gardait la vivacité de la langue parlée, un tableau pittoresque de la vie familière grecque. Son œuvre ne fut, en réalité, connue que par les imitations qu'en firent Plaute et Térence jusqu'à la découverte, au début du XXe s., de papyrus égyptiens contenant de nombreux fragments de ses pièces (*le Flatteur, la Samienne*).

Menant (Joachim), assyriologue français, né à Cherbourg (1820-1899), l'un des fondateurs de l'assyriologie en France.

Menard (Louis), savant et écrivain français, né à Paris (1822-1901). Chimiste, il découvrit le collodion (1846); républicain passionné, il collabora aux journaux de Proudhon; peintre, il exposa des paysages au Salon de 1857 à 1869. Admirateur de l'hellénisme, adepte d'un syncrétisme religieux, il est l'auteur de poèmes et d'études philosophiques (*Rêveries d'un païen mystique,* 1876).

Menars (41380), comm. de Loir-et-Cher (arr. de Blois), dans la vallée de la Loire; 442 h. Château des XVIIe et XVIIIe s., construit par Gabriel et Soufflot; il appartint à Mme de Pompadour.

Menat (63560), ch.-l. de c. du Puy-de-Dôme (arr. de Riom); 912 h. (267 aggl.). Eglise romane.

Menchikov (Aleksandr Danilovitch, *prince*), maréchal et homme d'Etat russe, né à Vladimir (1672-1729). En faveur sous Pierre le Grand et Catherine Ire, il fut exilé en Sibérie par Pierre II.

Menchikov (Aleksandr, *prince*), amiral russe, né à Saint-Pétersbourg (1787-1869). Commandant l'armée de Crimée, il fut battu à l'Alma et à Inkerman (1854).

Mencius, nom latinisé du philosophe chinois **Meng-tseu** ou **Mong-tseu,** né à Tsou (Chan-tong) [v. 372-289 av. J.-C.]. Premier grand écrivain de l'école confucéenne, il a fixé le type du lettré et défendu un idéal humaniste fondé sur les vertus d'humanité (*jen*) et d'équité (*yi*).

Mende (48000), ch.-l. du dép. de la Lozère, sur le Lot, à 571 km au sud de Paris, au nord du *causse de Mende;* 11 472 h. (9 424 aggl.) [*Mendois*]. Evêché. Cathédrale (XIVe-XVIIe s.). Pont du XIVe s. Hôtel de ville du XVIIIe s. Centre d'excursions vers les gorges du Tarn et les Cévennes. — L'arr. a 17 cant., 142 comm., 64 598 h.

Mendel (Johann, en relig. **Gregor**), religieux et botaniste autrichien, né à Heinzendorf, près d'Odrau (Silésie) [1822-1884]. Il a réalisé des expériences sur l'hybridation des plantes et l'hérédité chez les végétaux. Il a dégagé les lois qui portent son nom et qui mettent en évidence la notion de discontinuité du patrimoine héréditaire.

Mendeleïev (Dimitri Ivanovitch), chimiste russe, né à Tobolsk (1834-1907). Il est l'auteur de la *classification périodique des éléments** chimiques (1869), tableau dans lequel il faisait correspondre à des métaux encore inconnus des cases vides; l'existence et les propriétés de ces métaux se sont vérifiées depuis.

mendélévium [mɛ̃delevjɔm] n. m. (du chimiste russe *Mendeleïev*). *Chim.* Elément transuranien (Mv), de numéro atomique 101.

mendélien, enne adj. Relatif au mendélisme.

mendélisme [mɛ̃delism] n. m. (du botaniste autrichien *Mendel*). Conception tirée des travaux de Mendel, concernant la transmission de certains caractères héréditaires, et résumée dans les *lois de Mendel.* (Le mendélisme a conduit à la théorie chromosomique de l'hérédité et à la notion de « gène ».)

Mendelssohn (Moses), philosophe allemand, né à Dessau (1729-1786). Il s'efforça de réformer le judaïsme en le modernisant. Sa traduction allemande de la Bible contribua beaucoup à la culture des juifs de l'Europe centrale.

Mendelssohn-Bartholdy (Felix), compositeur allemand, né à Hambourg (1809-1847), petit-fils du précédent. Il est l'auteur de symphonies (*Symphonie italienne*), d'oratorios, d'ouvertures (*les Grottes de Fingal*), de musique de scène (*le Songe d'une nuit d'été*), de concertos (violon, piano) et de *Romances sans paroles.* Il avait fondé le conservatoire de Leipzig et contribué à la résurrection de l'œuvre de Bach.

Menderes (le), anc. **Méandre,** fl. de la Turquie d'Asie, qui rejoint la mer Egée; 450 km.

Menderes (Adnan), homme politique turc, né à Aydin (1899-1961). Avocat libéral, il coopéra à la fondation du parti démocrate. Député depuis 1930, il fut désigné comme Premier ministre en 1950; dix ans plus tard, il fut renversé par l'armée, condamné à mort et exécuté.

Mendès (Catulle), écrivain français, né à Bordeaux (1841-1909). Ses poèmes sont inspirés de l'esthétique parnassienne.

Mendès France (Pierre), homme politique français, né à Paris en 1907. Avocat, député radical de 1932 à 1940, il gagne Londres en 1942 et participe à la guerre comme aviateur. Ministre de l'Economie nationale (1944-1945), il revient au pouvoir comme président du Conseil en 1954 : il met fin à la guerre d'Indochine et donne l'autonomie interne à la Tunisie; son gouvernement tombe en 1955. Après la crise du 13 mai 1958, il contribue à la formation de l'Union des forces démocratiques. Il quitte le parti radical en 1959; élu député de Grenoble en 1967, il est battu en 1968. Sa compétence en matière économique et son autorité morale ont fait de lui l'une des personnalités marquantes de l'opposition sous la Ve République.

Mendes Pinto (Fernão), voyageur portugais, né à Montemor-o-Velho (v. 1510-1583). Il explora les Indes orientales et la Chine, et a laissé une relation de son voyage, *Peregrinação.*

Méndez de Haro y Sotomayor (Luis), homme d'Etat espagnol, né à Valladolid (1598-1661). Premier ministre de 1643 à 1651 et généralissime, il négocia la paix des Pyrénées (1659).

mendiant, e n. Personne qui demande l'aumône : *secourir un mendiant.* ● *Les quatre mendiants,* ou simpl. *mendiant,* dessert composé de figues sèches, raisins secs, amandes, noisettes. || — Adj. *Ordres mendiants,* ordres fondés ou réorganisés au XIIIe s., et qui faisaient profession de ne vivre que de la charité publique. (Les quatre premiers, et les plus importants, furent les Carmes, les Franciscains, les Dominicains et les Augustins.)

mendicité n. f. (lat. *mendicitas*). Action de mendier : *la mendicité est interdite.* ‖ Condition de ceux qui mendient : *être réduit à la mendicité.*

mendier [mɑ̃dje] v. t. et i. (du lat. *mendicare*). Demander l'aumône : *mendier son pain.* ‖ *Fig.* Rechercher avec empressement : *mendier des compliments.*

mendigot, e n. *Pop.* Mendiant.

mendigoter v. t. et i. *Pop.* Mendier.

mendole [mɑ̃dɔl] n. f. Poisson osseux assez commun sur les côtes méditerranéennes, gris argenté avec des raies brunes, à chair peu estimée. (Long. 20 cm.)

Mendoza, v. d'Argentine, au pied des Andes ; 115 200 h. Archevêché. Centre commercial d'une riche région viticole. Exploitation pétrolière à proximité.

Mendoza (Diego HURTADO DE). V. HURTADO DE MENDOZA.

Mendoza (Iñigo LÓPEZ DE), marquis DE SANTILLANA. V. SANTILLANA.

Mené (*monts* ou *landes du*), ligne de hautes terres de Bretagne (Côtes-du-Nord) ; 341 m au *Bel-Air*.

meneau [məno] n. m. (du lat. *medianus*, qui est au milieu). *Constr.* Montant intérieur ou traverse qui sert à diviser une baie en compartiments.

Ménechmes (*les*), comédie de Plaute, imitée de Ménandre, et qui a servi de modèle à Shakespeare, Rotrou, Regnard, Tristan Bernard. Elle joue sur les quiproquos provoqués par la ressemblance entre deux jumeaux.

menée n. f. *Véner.* Route d'un cerf qui fuit : *suivre la menée.*

Ménélas, roi achéen, fondateur de Lacédémone, époux d'Hélène.

Ménélik II (1844-1913), négus d'Ethiopie (1889-1909). Ras du Choa (1865), il s'imposa comme héritier de Jean IV, à qui il succéda en 1889. Il s'appuya d'abord sur les Italiens, mais, ceux-ci ayant interprété comme un traité de protectorat l'accord d'Ucciali (1889), il se retourna contre eux, les vainquit à Adoua (1896) et les obligea à reconnaître l'indépendance de l'Ethiopie. En 1909, il abdiqua en faveur de son fils Yassou.

Menéndez Pidal (Ramón), philologue espagnol, né à La Corogne (1869-1968). Auteur de travaux sur la langue et la littérature espagnoles.

Menenius Agrippa, consul romain en 503 av. J.-C. Pour ramener la concorde, il raconta à la plèbe romaine, retirée sur le mont Sacré, l'apologue *les Membres et l'Estomac.*

Méneptah ou **Mérneptah,** pharaon d'Egypte (1235-1224 av. J.-C.), fils et successeur de Ramsès II.

mener [məne] v. t. (lat. *minari*, menacer) [conj. **5**]. Faire aller avec soi, accompagner : *mener des enfants en promenade.* ‖ Transporter au moyen d'un véhicule : *il nous a menés en voiture.* ‖ Etre à la tête de : *mener la danse.* ‖ Faire arriver : *tout chemin mène à Rome.* ‖ Tracer : *mener une circonférence par trois points.* ‖ — *Fig.* Régler, administrer : *bien mener ses affaires.* ‖ Suivre, tenir : *il mène une vie honnête.* ‖ Traiter : *mener quelqu'un durement.* ● *Mener à bien,* faire réussir. ‖ *Mener de front,* s'occuper simultanément de. ‖ *Mener loin,* avoir de graves conséquences. ‖ *Mener quelqu'un par le bout du nez,* le faire agir à sa fantaisie.

Ménès, forme hellénisée du nom *Meneï*, attribué par la tradition égyptienne au premier roi d'Egypte. Unificateur du pays, il aurait fondé Memphis.

ménestrel [menɛstrɛl] n. m. (du lat. *ministerium*, service). Au Moyen Age, poète musicien de basse condition chantant ou jouant d'un instrument.

ménétrier [menetrije] n. m. (du lat. *ministerium*, service). Dans les campagnes, homme qui joue d'un instrument de musique pour faire danser.

meneur, euse n. Personne qui dirige, et en particulier qui se met à la tête d'un mouvement populaire : *les meneurs d'un parti.* ● *Meneur de jeu,* animateur d'un jeu collectif ou théâtral.

Menez Hom, point culminant de la Montagne Noire, au-dessus de la baie de Douarnenez ; 330 m.

Mengelberg (Willem), chef d'orchestre néerlandais, né à Utrecht (1871-1951). Il a dirigé le Concertgebouw d'Amsterdam.

Menger (Carl), économiste autrichien, né à Neu Sandec (Galicie) [1840-1921], auteur d'une théorie marginaliste de la valeur.

Mengs (Anton Raphael), peintre allemand, né à Aussig (1728-1779). Il se forma à Rome, travailla à Dresde, à Madrid, mais surtout en Italie. Loué de son vivant, il pratiqua néanmoins un art assez sec.

Meng-tseu. V. MENCIUS.

menhir [menir] n. m. (breton *men*, pierre, et *hir*, long). Mégalithe dressé, formé d'une pierre ayant pu atteindre jusqu'à 20 m de haut, parfois gravée. (Nombreux en Bretagne, les menhirs sont souvent groupés en alignements ou en cercles [cromlechs] ; leur signification reste énigmatique.)

Ménigoute (79340), ch.-l. de c. des Deux-Sèvres (arr. de Parthenay) ; 937 h. (681 aggl.). Anc. collégiale du XIVe s. Hospice du XVe s.

Ménilmontant, anc. écart de la comm. de Belleville, annexé à Paris (XXe arr.) en 1860.

fenêtre à **meneaux**

menhir en Bretagne

menin [mənɛ̃] n. m. (esp. *menino*). En Espagne, jeune noble compagnon des enfants royaux. ‖ En France, gentilhomme attaché autrefois au service du dauphin.

Menin, en néerl. **Menen,** v. de Belgique (Flandre-Occidentale), sur la Lys ; 22 400 h. Industries mécaniques.

menine n. f. (esp. *menina*). Femme de qualité attachée au service d'une princesse espagnole.

méninge [menɛ̃ʒ] n. f. (lat. *meninga*, empr. au gr.). Chacune des trois membranes entourant les centres nerveux. (Les trois méninges sont : la *pie-mère*, l'*arachnoïde*, la *dure-mère*.)

méningé, e adj. Relatif aux méninges, à la méningite : *réaction méningée.*

méningiome n. m. Tumeur développée à partir des méninges.

méningite n. f. Inflammation des méninges due à un germe microbien.
— ENCYCL. Les *méningites* sont dues soit à un germe spécifique, le méningocoque (méningite cérébro-spinale), soit au bacille tuberculeux (méningite tuberculeuse), ou bien à des virus (méningites des oreillons, de la grippe, etc.). Suivant le germe en cause, l'affection prend des formes différentes, mais on observe dans tous les cas une forte céphalée (mal à la tête), des vomissements et une raideur de la nuque. Le diagnostic est confirmé par ponction lombaire et examen du liquide céphalorachidien. Les traitements antibiotiques spécifiques appliqués précocement ont transformé le pronostic des méningites, autrefois très sévère.

méningocoque n. m. Espèce de diplocoque qui engendre la méningite cérébro-spinale.

Ménippe, poète et philosophe grec, né à Gadara (IVe-IIIe s. av. J.-C.). Esclave affranchi d'origine phénicienne, il passe pour s'être enrichi par l'usure. Ruiné, il se serait pendu. Les Anciens lisaient sous son nom des parodies d'Homère et des dialogues satiriques, mêlés de prose et de vers, première expression de la philosophie cynique*.

Ménippée (*Satire*). V. SATIRE MÉNIPPÉE.

ménisque [menisk] n. m. (gr. *mêniskos*, petite lune). Lentille de verre convexe d'un côté et concave de l'autre : *ménisque convergent, divergent.* ‖ Surface courbe qui se forme à l'extrémité supérieure d'une colonne de liquide contenue dans un tube. ‖ Joyau en forme de croissant. ‖ *Anat.* Lame de cartilage située entre les os, dans certaines articulations : *les ménisques du genou.* (V. *encycl.*)
— ENCYCL. *Anat.* Le rôle des *ménisques* (généralement biconcaves) est de permettre l'adaptation de deux surfaces articulaires convexes ; au genou, entre les condyles fémoraux et le plateau tibial, légèrement convexes, les ménisques interne et externe, retenus par des ligaments et par la capsule articulaire, permettent une articulation parfaite des deux os. Une lésion traumatique des ménisques peut entraîner des troubles sévères de l'articulation : blocages, douleurs, impotence, formation de corps étrangers dans l'articulation.

Mennecy (91540), ch.-l. de c. de l'Essonne (arr. d'Evry) ; 3 867 h. Au XVIIIe s., fabrique de porcelaine.

Mennetou-sur-Cher (41320), ch.-l. de c. de Loir-et-Cher (arr. de Romorantin-Lanthenay) ; 967 h. (681 aggl.).

mennonite [menɔnit] n. Membre d'une secte anabaptiste, fondée au XVIe s. par Menno Simonsz.

ménologe [menɔlɔʒ] n. m. (gr. *mên, mênos*, mois, et *logos*, discours). Calendrier martyrologe des chrétiens grecs.

ménopause [menɔpoz] n. f. (gr. *mên, mênos*, mois, et *pausis*, cessation). Fin de l'activité génitale chez la femme, caractérisée par l'arrêt de la menstruation.
— ENCYCL. La *ménopause* survient entre 40 et 55 ans. L'arrêt des menstruations est souvent précédé d'irrégularités des cycles et de quelques troubles (seins douloureux, nervosité). Quand les règles sont définitivement arrêtées, d'autres troubles peuvent apparaître : bouffées de chaleur, palpitations, céphalées, troubles du comportement. Ces inconvénients sont le plus souvent supprimés par un traitement hormonal et sédatif approprié.

ménorragie [menɔraʒi] n. f. *Méd.* Exagération quantitative des règles. (Les ménorragies sont dues le plus souvent à des troubles ovariens ou à des tumeurs bénignes de l'utérus.)

menotte [mənɔt] n. f. (dimin. de *main*). Main, dans le langage des enfants. ‖ — Pl. Liens de fer qu'on met aux poignets des prisonniers.

Menotti (Gian Carlo), compositeur italien, né à Cadegliano en 1911. Il réside aux Etats-Unis. Il est l'auteur d'ouvrages lyriques de tradition vériste (*The Medium*, 1946 ; *The Telephone*, 1947 ; *The Consul*, 1950 ; *Amahl and the Night Visitors*, 1951).

Menou (Jacques, *baron* DE), général français, né à Boussay (Touraine) [1750-1810]. Il commanda l'armée d'Egypte après l'assassinat de Kléber.

Mens [mɑ̃s] (38710), ch.-l. de c. de l'Isère (arr. de Grenoble) ; 1 156 h.

mense [mɑ̃s] n. f. (lat. *mensa*, table). Revenu d'un prélat, d'un abbé, d'une communauté.

mensonge [mɑ̃sɔ̃ʒ] n. m. (du lat. *mentiri*, mentir). Propos contraire à la vérité : *dire, faire des mensonges.*

mensonger, ère adj. Faux, trompeur : *une promesse mensongère.*

mensongèrement adv. De façon mensongère.

menstruation n. f. (du lat. *menstruus*, mensuel). *Physiol.* Ecoulement périodique de sang, observé chaque mois chez les femmes, depuis la puberté jusqu'à la ménopause.
— ENCYCL. La *menstruation* correspond à la desquamation de la muqueuse utérine, qui se produit 15 jours après la ponte ovulaire s'il n'y a pas eu de fécondation. En cas de fécondation, l'œuf se fixe dans l'utérus, et il n'y a plus de menstruation (c'est un des premiers signes de la grossesse).

menstruel, elle adj. Qui se rapporte à la menstruation : *écoulement menstruel.* ● *Cycle menstruel* (Physiol.), activité périodique de l'ovaire et de l'utérus, conditionnée par la sécrétion d'hormones hypophysaires et ovariennes, comportant la « ponte ovulaire » vers le quinzième jour et se terminant autour du vingt-huitième jour par la menstruation.

menstrues [mɑ̃stry] n. f. pl. Flux périodique, chez la femme, de liquide sanglant. (Syn. RÈGLES.)

mensualisation n. f. Paiement au mois des salaires précédemment payés à l'heure.

mensualiser v. t. Opérer la mensualisation.

mensualité n. f. Somme versée chaque mois : *payer par mensualités.* ‖ Traitement mensuel.

mensuel [mɑ̃sɥɛl], **elle** adj. (du lat. *mensis*, mois). Qui se fait tous les mois. ‖ — N. Employé payé au mois.

mensuellement adv. Par mois : *employé payé mensuellement.*

mensur [mɛnzur] n. f. (mot allem.). Duel au sabre chez les étudiants allemands.

mensuration [mɑ̃syrasjɔ̃] n. f. (lat. *mensuratio*). Détermination de la valeur de certaines grandeurs. ‖ Moyen d'investigation employé en médecine et en anthropologie pour déterminer certaines dimensions ou pour localiser certains points anatomiques. ‖ Ces dimensions mêmes.

mental [mɑ̃tal], **e, aux** [-o] adj. (du lat. *mens, mentis*, esprit). Qui se fait en esprit : *oraison mentale.* ● *Age mental,* degré de maturité psychologique et intellectuelle présenté par un individu. (Il est déterminé expérimentalement par des tests.) ‖ *Maladie mentale,* altération des fonctions psychiques.

mental n. m. L'élément intellectuel.

mentalement adv. Par la pensée, sans s'exprimer à haute voix : *calculer mentalement.*

mentalité n. f. Etat d'esprit ; manière de penser : *la mentalité d'un milieu, d'une époque.* ● *Mentalité primitive,* selon Lévy-Bruhl, ensemble des idées et des raisonnements de l'homme primitif. (Cette expression est aujourd'hui abandonnée.)

Mentana, v. d'Italie (prov. de Rome), au nord-est de Rome ; 10 600 h. Garibaldi y fut défait par les troupes pontificales et françaises du général de Failly (1867).

Mentchikov. V. MENCHIKOV.

Phot. Arch. phot., Lauros-Giraudon.

menterie [mɑ̃tri] n. f. *Fam.* Mensonge (vieilli).

menteur, euse adj. et n. Qui trompe ; qui a l'habitude de mentir : *on ne croit plus les menteurs.*

Menteur (*le*), comédie de P. Corneille, en 5 actes et en vers (1643).

menthe [mɑ̃t] n. f. (gr. *minthê*). Plante odorante, préférant les lieux humides, à fleurs roses ou blanches, utilisée en infusion et pour aromatiser les liqueurs, les pastilles : *les menthes sont carminatives, digestives et stimulantes.* (Famille des labiacées.)

menthol [mɛ̃- *ou* mɑ̃tɔl] n. m. Alcool terpénique extrait de l'essence de menthe : *le menthol est un antinévralgique.*

mentholé, e adj. Qui contient du menthol : *vaseline mentholée.*

Menthon-Saint-Bernard (74290 Veyrier du Lac), comm. de la Haute-Savoie (arr. d'Annecy), sur le lac d'Annecy ; 702 h. Station estivale. Ruines de bains romains. Château des XIIIe et XIVe s. Patrie de saint Bernard de Menthon.

mention [mɑ̃sjɔ̃] n. f. (lat. *mentio ;* de *mens, mentis,* esprit). Témoignage, rapport fait de vive voix ou par écrit : *faire mention d'un événement.* ‖ Distinction accordée à une personne, à un ouvrage, dans un concours, dans un examen : *mention honorable.* ‖ Note ajoutée en marge ou à la suite d'un acte.

mentionner v. t. Faire mention de : *mentionner un fait dans une enquête.*

mentir [mɑ̃tir] v. i. (lat. *mentiri*) [conj. **15**]. Affirmer ce qu'on sait être faux ou nier ce qu'on sait être vrai : *mentir effrontément.* ● *Sans mentir,* en vérité.

mentisme [mɑ̃tism] n. m. (du lat. *mens, mentis,* esprit). Trouble intellectuel caractérisé par des idées se succédant rapidement et de façon incoercible.

menton [mɑ̃tɔ̃] n. m. (du lat. *mentum,* menton). Partie saillante du visage, au-dessous de la bouche : *un menton pointu.*

Menton (06500), ch.-l. de c. des Alpes-Maritimes (arr. de Nice), sur la Méditerranée ; 25 271 h. (*Mentonnais*). Centre touristique. Biennale de peinture et festival de musique.

mentonnet n. m. Pièce saillante d'une roue ou d'un arbre tournant, pour déterminer un arrêt lorsqu'elle se rencontre avec une autre pièce.

mentonnière n. f. Bande d'étoffe passant sous le menton, pour assujettir une coiffure. ‖ Pièce de la visière d'un casque, qui protégeait le menton. ‖ Petite pièce de bois qu'on adapte à la base d'un violon, et sur laquelle on appuie le menton. ‖ *Chir.* Bandage pour le menton.

mentor [mɛ̃- *ou* mɑ̃tɔr] n. m. (de *Mentor* n. pr.). Guide, gouverneur d'un jeune homme.

Mentor. *Myth. gr.* Ami d'Ulysse et précepteur de Télémaque. Athéna empruntait souvent ses traits.

menu [məny], **e** adj. (lat. *minutus,* amoindri). Mince, de peu de volume : *menu bois.* ‖ Peu considérable : *de menus frais.* ‖ De petite taille, de peu d'importance : *menu gibier ; menue monnaie.* ‖ — Syn. : FIN, FLUET, GRACILE, GRÊLE, MINCE, PETIT, TÉNU. ● *Menu peuple,* petites gens, gens pauvres. ‖ *Menus plaisirs,* dépenses de fantaisie. ‖ — Adv. En petits morceaux : *hacher menu.* ‖ Sous peu de volume : *écrire menu.*

menu n. m. Liste des mets qui composent un repas. ‖ En charcuterie, boyau de porc, de bœuf ou de mouton constitué par l'intestin grêle.

menuet [mənɥɛ] n. m. Danse à trois temps du XVIIe s., qui paraît dérivée du *branle à mener* poitevin. ‖ Composition musicale dans le tempo et le caractère de cette danse, qui, à la fin du XVIIe s., s'intègre à la *suite* et pourra faire partie de la *sonate* et de la *symphonie* au XVIIIe s.

Menuhin (Yehudi), violoniste américain, né à New York en 1916, virtuose de classe internationale.

menuise n. f. (lat. *minutia*). Menu plomb de chasse. ‖ Petit poisson à frire (jeune sprat ou hareng).

menuiser [mənɥize] v. i. (du lat. *minutia,* petite parcelle). Faire de la menuiserie.

menuiserie n. f. Métier, ouvrage, atelier du menuisier. — ENCYCL. La *menuiserie* est l'art des assemblages ; elle concerne principalement le travail du bois. Dans l'industrie du bâtiment, elle comporte la fabrication des parquets, des escaliers, des lambris, des portes et des fermetures. Le chêne, le sapin, le hêtre et le sipo sont utilisés en menuiserie extérieure ; le hêtre, le peuplier et les contre-plaqués en menuiserie intérieure. Dans la construction moderne, les dimensions des éléments de menuiserie sont normalisées, et le métal tend de plus en plus à remplacer le bois.

menuisier n. m. Ouvrier produisant des ouvrages en bois pour le bâtiment, ou des meubles utilitaires sans placages ni ornements.

ménure [menyr] n. m. Oiseau passereau d'Australie, de la taille d'un faisan, et qui doit son nom d'*oiseau-lyre* aux longues plumes recourbées de la queue des mâles.

menu-vair n. m. Fourrure faite avec la peau de l'écureuil du Nord. (On dit auj. PETIT-GRIS.)

ményanthe [menjɑ̃t] n. m. Plante des étangs, à feuilles à trois folioles (d'où le nom de *trèfle d'eau*), à pétales roses soudés.

Menzel-Bourguiba, anc. **Ferryville,** v. de la Tunisie septentrionale, sur le lac de Bizerte ; 34 700 h. Arsenal.

menthe

ménure

Méos, ethnie du sud de la Chine et du Viêt-nam, dont l'organisation sociale rappelle celle d'ethnies archaïques chinoises.

Meou-tan-kiang, v. de Chine (Hei-long-kiang) ; 151 400 h. Industries diverses.

Méphistophélès, incarnation du diable, popularisée par le *Faust* de Goethe.

méphistophélique [mefistɔfelik] adj. De Méphistophélès. ● *Rire méphistophélique,* rire diabolique.

méphitique [mefitik] adj. (du lat. *mephitis,* odeur infecte). Qui a une odeur répugnante : *gaz méphitique.*

méphitisme n. m. Corruption de l'air par des émanations méphitiques : *le méphitisme des fosses d'aisances.*

méplat [mepla], **e** [-at] adj. (préf. *mé*[s] et *plat*). Qui a plus de largeur que d'épaisseur : *bois méplat.* ● *Lignes méplates* (Peint.), lignes qui établissent le passage d'un plan à un autre.

méplat n. m. Chacun des plans d'une surface. ‖ *Archit.* Plan formant la transition entre deux surfaces.

méprendre (se) [səmeprɑ̃dr] **(sur)** v. pr. (préf. *mé*[s] et *prendre*) [conj. **50**]. Se tromper, prendre une personne ou une chose pour une autre. ● *A s'y méprendre,* au point de se tromper, de confondre.

mépris [mepri] n. m. (de *mépriser*). Sentiment par lequel on juge une personne ou une chose indigne d'égards, d'estime ou d'attention : *éprouver du mépris pour les menteurs.* ‖ Sentiment par lequel on s'élève au-dessus de la crainte et du désir : *mépris du danger, des richesses.* ‖ Parole ou action méprisante : *souffrir des mépris de quelqu'un.* ‖ — **Au mépris de** loc. prép. Sans égard à : *agir au mépris des lois.*

méprisable adj. Digne de mépris : *action méprisable.*

méprisant, e adj. Qui a ou qui affecte du mépris : *homme méprisant.* ‖ Qui marque du mépris : *air, sourire méprisant.*

méprise n. f. Erreur de celui qui se méprend : *commettre une lourde méprise.* ● *Par méprise,* par suite d'une erreur.

mépriser [meprize] v. t. (préf. *mé*[s] et *priser*). Avoir, témoigner du mépris pour quelqu'un : *il ne faut mépriser personne.* ‖ Ne pas craindre : *mépriser la mort.*

mer [mɛr] n. f. (lat. *mare*). Très vaste étendue d'eau salée, qui occupe environ 70 p. 100 de la surface de la terre. (V. *encycl.*) ‖ Partie définie de cette étendue : *la mer Rouge.* ‖ — *Fig.* Grande quantité de liquide ou vaste étendue : *mer de sang, de sable.* ‖ Quantité de difficultés où l'on est comme plongé : *une mer de tribulations.* ● *Armée de mer,* ensemble des formations (navales, aériennes et terrestres) relevant de la marine militaire. ‖ *Bras de mer,* partie de la mer située entre deux terres assez proches l'une de l'autre. ‖ *Coup de mer,* tempête de peu de durée. ‖ *Une goutte d'eau dans la mer,* apport, effort insignifiant et inutile. ‖ *Haute mer,* partie de la mer soumise à un régime de liberté, aucun Etat ne pouvant légitimement prétendre à en soumettre une partie quelconque à sa souveraineté. ‖ *Homme de mer,* marin. ‖ *La mer à boire,* se dit d'une chose longue et difficile. ‖ *Pleine mer,* marée haute ; partie de la mer éloignée du rivage.
— ENCYCL. Le caractère fondamental distinguant les *mers* des lacs ou rivières est la salinité (de l'ordre de 35 p. 1 000), dont l'origine est controversée. On réserve parfois le nom de *mer* aux étendues d'eaux salées communiquant entre elles, ce qui revient notamment à exclure de la classification la mer Caspienne, la mer d'Aral, la mer d'Azov, considérées comme des lacs. Le terme, dans un sens restreint, peut désigner aussi les étendues d'eau salée en bordure des continents (mer Méditerranée, mer des Antilles, mer d'Oman, etc.). Les vastes masses d'eau séparant les continents reçoivent alors le nom d'*océans**.

Mer (41500), ch.-l. de c. de Loir-et-Cher (arr. de Blois) ; 4 645 h. Eglise (XIe-XVe s.).

Merano, v. d'Italie (Bolzano) ; 30 600 h. Station hydrominérale. Cathédrale (XIVe s.). Château du XVe s.

Mérante (Louis), danseur et chorégraphe français, né à Paris (1828-1887), auteur des ballets *Sylvia* et *les Deux Pigeons.*

mercanti [mɛrkɑ̃ti] n. m. (de l'ital. *mercante,* marchand). Commerçant peu honnête.

mercantile adj. (mot ital. ; de *mercante,* marchand). Avide de gain : *esprit mercantile.*

mercantilisme n. m. Penchant à rapporter tout au gain : *mercantilisme littéraire.* ‖ Action de faire le commerce en vue de gains excessifs. ‖ Doctrine économique selon laquelle les métaux précieux constituent la richesse essentielle des Etats. (En France, le mercantilisme fut, au XVIIe s., à la base du colbertisme*.)

mercantiliste adj. Relatif au mercantilisme. ‖ — Adj. et n. Qui en est partisan.

Mercantour (le) ou **Argentera,** massif cristallin des Alpes-Maritimes ; 2 775 m.

mercaptan [mɛrkaptɑ̃] n. m. *Chim.* Composé d'odeur fétide, dérivant d'un alcool dans lequel l'oxygène est remplacé par du soufre. (Syn. THIOL.)

Mercator (Gerhard KREMER, dit **Gérard**), mathématicien et géographe flamand, né à Rupelmonde (1512-1594). Il fut l'un des fondateurs de la géographie mathématique moderne, imaginant notamment la projection à laquelle son nom est resté attaché. Dans cette représentation plane de la Terre, qui est conforme et dont la surface de projection est celle d'un cylindre tangent à l'équateur, les méridiens successifs sont représentés par des droites parallèles équidistantes, et les parallèles par des droites perpendiculaires aux précédentes. En 1569, Mercator publia la première grande carte du monde à l'usage des navigateurs.

Mercator (Nicolaus KAUFMANN, dit), mathématicien allemand, né à Wismar (v. 1620-1687). Il est surtout célèbre par les études qu'il fit sur les séries convergentes et par sa découverte du développement de Log $(1 + x)$ suivant les puissances croissantes de x.

mercenaire [mɛrsənɛr] adj. (lat. *mercenarius ;* de *merx, mercis,* salaire). Avide de gain : *esprit mercenaire.*

mercenaire n. m. et adj. Soldat qui sert à prix d'argent un gouvernement étranger : *corps de mercenaires.* ● *Travailler comme un mercenaire,* travailler beaucoup, à une besogne rude, ingrate.

Mercenaires (*guerre des*), guerre soutenue par Carthage contre ses mercenaires révoltés, après la première guerre punique (240-237 av. J.-C.). Hamilcar Barca les massacra.

mercerie [mɛrsəri] n. f. (du lat. *merx, mercis,* marchandise). Marchandises comprenant tous les accessoires pour la couture. ‖ Commerce du mercier. ‖ Boutique du mercier.

mercerisage n. m. (de *Mercer* n. pr.). Imprégnation des fils ou des tissus de coton avec une solution qui produit un gonflement et une contraction des fils, laissant, après dessiccation, un brillant soyeux.
— ENCYCL. Le *mercerisage* des fils, préalablement mis en écheveaux, se pratique en tendant fortement ces écheveaux entre deux cylindres rotatifs plongeant dans un bac où arrivent successivement la solution de soude et l'eau de rinçage. Le tissu est ensuite séché sous tension.

merceriser [mɛrsərize] v. t. Faire subir le mercerisage.

merchandising [mərʃɑ̃diziŋ] n. m. (mot angl.). Ensemble des opérations consistant à concevoir un produit nouveau et à l'adapter aux besoins de la clientèle.

Merchtem, comm. de Belgique (Brabant) ; 8 800 h.

merci [mɛrsi] n. f. (lat. *merces, mercedis,* salaire). Miséricorde, grâce : *implorer merci.* ● *Dieu merci,* grâce à Dieu, heureusement. ‖ *Sans merci,* sans pitié. ‖ — **A la merci de** loc. prép. A la discrétion de : *être à la merci de quelqu'un ;* soumis à l'influence de, à l'action de : *navire à la merci des vents.*

merci n. m. Parole de remerciement : *dire un grand merci ; mille mercis.* ‖ — Interj. employée pour remercier : *vous m'avez rendu service ; merci !*

Merci (*ordre de la*), ordre religieux fondé en 1218 par saint Pierre Nolasque et saint Raimond de Peñafort, et qui se consacrait au rachat des prisonniers faits par les infidèles. Ses membres s'appelaient *mercédaires.*

Mercie, un des royaumes de l'heptarchie anglo-saxonne (VIIe-IXe s.).

Phot. Lauros - Atlas-Photo, X.

Mercié (Antonin), sculpteur français, né à Toulouse (1845-1916). Il est l'auteur, académique, du *Génie des arts* (1876), qui surmonte le grand guichet du Louvre.

mercier, ère n. et adj. Personne vendant de la mercerie.

Mercier (Louis Sébastien), écrivain français, né à Paris (1740-1814). Ayant d'abord composé des romans, dont un récit d'anticipation (*An 2440 ou Rêve s'il en fut jamais,* 1770), il se consacra ensuite au théâtre, reprenant les idées de Diderot dans son *Traité du théâtre ou Nouvel Essai sur l'art dramatique* (1773) et les illustrant par ses drames (*la Brouette du vinaigrier,* 1775) et ses tragédies historiques. Son *Tableau de Paris* (1781-1790), en douze volumes, est une source précieuse de renseignements sur la société française à la fin de l'Ancien Régime. Député à la Convention, il siégea au Conseil des Cinq-Cents. (Institut, 1795.)

Mercier (Honoré), homme politique canadien, né à Iberville (1840-1894), Premier ministre de la province du Québec (1887-1891).

Mercier (Désiré Joseph), prélat belge, né à Braine-l'Alleud (1851-1926). Archevêque de Malines (1906) et cardinal (1907), il incarna la résistance de la Belgique durant la Première Guerre mondiale. Rénovateur de l'enseignement thomiste, soucieux d'œcuménisme, il anima, de 1921 à 1923, les conversations dites « de Malines* ».

Merckx (Eddy), coureur cycliste belge, né à Meensel-Kiezegem (Brabant) en 1945. Il a gagné le Tour de France en 1969, 1970, 1971, 1972 et 1974.

Mercœur (19430), ch.-l. de c. de la Corrèze (arr. de Tulle) ; 441 h. (83 aggl.).

Mercœur (Philippe Emmanuel DE VAUDÉMONT, *duc* DE), né à Nomeny (Lorraine) [1558-1602]. Chef de la Ligue après la mort des Guises, gouverneur de Bretagne, il ne se soumit qu'en 1598 à Henri IV. Il servit l'Empereur contre les Turcs.

mercredi [mɛrkrədi] n. m. (lat. *Mercurii dies,* jour de Mercure). Le quatrième jour de la semaine. ● *Mercredi des cendres,* le premier jour du carême.

mercure [mɛrkyr] n. m. (lat. *Mercurius,* Mercure [messager des dieux]). Métal liquide blanc d'argent, de numéro atomique 80. (Nom usuel : *vif-argent.*)
— ENCYCL. Le *mercure* (Hg) existe le plus souvent dans la nature à l'état de sulfure, appelé *cinabre.* On le trouve en Espagne, en Italie, en Californie. Le mercure est blanc, brillant, de densité 13,6. C'est le seul métal liquide à la température ordinaire. Il se solidifie à — 39 °C et bout à 357 °C. Ses sels sont toxiques et provoquent une intoxication particulière, l'*hydrargyrisme,* reconnue comme maladie professionnelle.
— *Métall.* La métallurgie du *mercure* est fondée sur la facile volatilisation de ce métal et sur l'instabilité de son oxyde, qui se décompose en mercure et oxygène à partir de 400 °C. Le cinabre, qui est son principal minerai, est grillé en présence d'air. A l'état de vapeur, on obtient de l'anhydride sulfureux et du mercure, que l'on condense. A l'état pur, le mercure est utilisé dans des appareillages électriques ou dans des instruments de physique, ainsi qu'en fonderie de précision pour remplacer la cire. Sous forme d'alliages, appelés *amalgames,* il sert également dans des applications variées : stomatologie, piles électriques, fabrication de mastics métalliques, étamage des glaces, dorure, etc.

Mercure, dieu romain du Commerce, des Voleurs et des Voyageurs, fils de Jupiter, identifié avec *Hermès.*

Mercure, planète du système solaire, la plus rapprochée du Soleil. En raison de sa faible élongation maximale (29°), elle ne peut être aperçue qu'à une faible hauteur au-dessus de l'horizon, précédant le Soleil à son lever ou le suivant à son coucher. Elle tourne autour du Soleil en lui présentant toujours la même face et ne possède aucune atmosphère gazeuse.

Mercure de France (*le*), journal hebdomadaire, fondé en 1672 par Donneau de Visé sous le titre de *Mercure galant :* il informait le public sur tous les sujets, donnait des nouvelles de la Cour, publiait des poèmes et des contes. Il prit ensuite le nom de *Nouveau Mercure* (1717), puis de *Mercure de France* (1724) et, acheté par Panckoucke, fut partagé en deux sections, l'une littéraire, l'autre politique, qui parurent jusqu'en 1825.

Mercure de France, revue littéraire, fondée en 1889 par Alfred Vallette et un groupe d'écrivains favorables au symbolisme. Marquée à son début par l'influence de Remy de Gourmont, elle s'ouvrit ensuite aux tendances les plus diverses jusqu'à sa disparition en 1965.
En même temps que la revue, Vallette créa, sous le même nom, une maison d'édition, qui a publié les œuvres des symbolistes et d'auteurs étrangers encore ignorés (Gorki, Lafcadio Hearn, Strindberg).

mercurescéine [mɛrkyresein] n. f. Antiseptique et colorant rouge, ni toxique ni caustique, employé en solutions aqueuses ou alcooliques.

mercureux adj. Se dit de l'oxyde de mercure Hg_2O et des sels correspondants.

Mercurey (71560), comm. de Saône-et-Loire (arr. de Chalon-sur-Saône) ; 1 397 h. Vins.

mercuriale [mɛrkyrjal] n. f. (de *Mercure,* dieu du Commerce). Liste des prix courants des denrées sur les marchés.

mercuriale n. f. (du lat. *Mercurii dies,* mercredi). Sous l'Ancien Régime, assemblée que les corps judiciaires tenaient chaque mercredi et où le ministère public présentait ses observations sur la manière dont la justice avait été rendue. ‖ Discours prononcé dans cette assemblée : *les mercuriales de d'Aguesseau.* ‖ Discours que prononcent aujourd'hui les présidents à la rentrée des divers tribunaux. ‖ Remontrance, réprimande : *verte mercuriale.*

cardinal Mercier

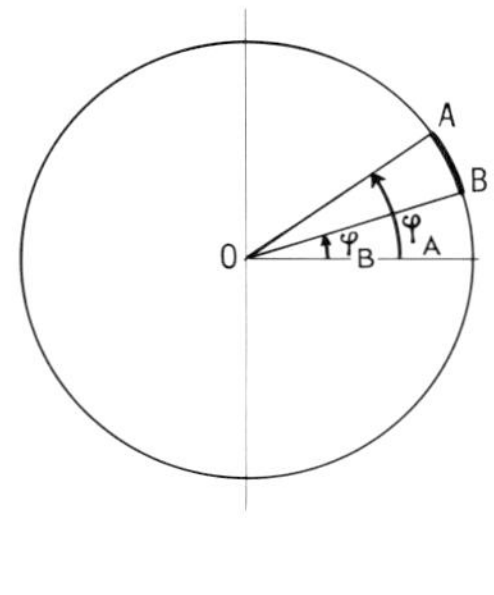

méridien
Si l'on connaît la distance AB de deux points A et B d'un même méridien donnée par la triangulation ainsi que leurs latitudes φ_A et φ_B données par l'astronomie, la valeur du rayon terrestre OA est donnée par la formule

$$OA = \frac{AB}{\varphi_A - \varphi_B}$$

mercuriale n. f. (lat. *mercurialis herba,* herbe de Mercure). Plante des champs et des bois, à fleurs verdâtres, utilisée comme laxatif. (Famille des euphorbiacées.)

mercuriel, elle adj. Qui contient du mercure : *sel mercuriel.*

mercurique adj. Se dit de l'oxyde de mercure HgO et des sels correspondants.

Mercy (Franz, *baron* VON), général autrichien, né à Longwy (v. 1590-1645). Il battit Turenne à Marienthal en 1644, mais fut défait par Condé et mortellement blessé près de Nördlingen.

Mercy d'Argenteau (Florimund, *comte*), diplomate autrichien, né à Liège (1727-1794). Ambassadeur à Versailles, il était l'homme de confiance de Marie-Thérèse auprès de Marie-Antoinette.

merde [mɛrd] n. f. (lat. *merda*). *Triv.* Excrément de l'homme et de quelques animaux. ‖ — Interj. triviale exprimant le mépris, l'indignation, etc.

merdeux, euse adj. *Triv.* Sali de merde. ‖ — N. et adj. *Triv.* Personne mal élevée ou qui fait l'importante.

merdoie [mɛrdwa] adj. inv. Se dit d'une couleur entre le vert et le jaune. (On dit aussi CACA D'OIE.)

Merdrignac (22230), ch.-l. de c. des Côtes-du-Nord (arr. de Dinan) ; 2 770 h. (982 aggl.).

mère [mɛr] n. f. (lat. *mater*). Femme qui a un ou plusieurs enfants : *mère de famille nombreuse.* ‖ Femelle d'un animal : *la mère nourrit ses petits.* ‖ *Fig.* Celle qui donne des soins aux malheureux : *la mère des pauvres.* ‖ Supérieure d'un couvent : *mère abbesse.* ‖ *Fam.* Femme d'un certain âge : *la mère Untel.* ‖ Pays, lieu où une chose a commencé : *la Grèce, mère des arts.* ‖ Source, cause, origine : *l'oisiveté est la mère de tous les vices.* ‖ *Technol.* Contre-épreuve en plâtre du modèle type, qui, par le surmoulage, sert à faire les moules destinés à la fabrication des pièces de poterie. ● *Allocation de la mère au foyer,* prestation familiale servie aux exploitants agricoles ainsi qu'aux employeurs et travailleurs indépendants dont l'épouse n'exerce pas d'activité professionnelle propre. (Elle correspond à l'*allocation de salaire unique* des salariés.) ‖ *Mère célibataire,* v. FILLE (*fille mère*). ‖ *Mère patrie,* pays qui a fondé une colonie. ‖ *Mère de vinaigre,* pellicule qui se forme sur le vinaigre, constituée par des acétobacters. ‖ *Notre mère commune,* la Terre. ‖ Adj. *Idée mère,* idée principale d'un ouvrage. ‖ *Maison mère,* principal établissement d'une communauté. ‖ *Reine mère,* reine douairière.

Mère (*la*), roman de M. Gorki (1907-1908), qui inspira le film de Vsevolod Poudovkine (1926).

Mère coupable (*la*) *ou l'Autre Tartufe,* drame en 5 actes et en prose de Beaumarchais (1792). C'est une suite déclamatoire et moralisante du *Mariage de Figaro.*

Mère Courage et ses enfants, pièce en 12 tableaux de Bertolt Brecht, inspirée de Grimmelshausen, écrite en 1938, créée à Zurich en 1943. La cantinière Anna Fierling traîne sa carriole de camp en camp durant la guerre de Trente Ans, vivant de la guerre qu'elle hait et qui lui prend successivement ses trois enfants.

mère adj. (de *mère* ou du lat. *merus,* pur). *Mère goutte,* vin qui coule de la cuve ou du pressoir avant que le raisin ait été pressé ; première huile qui sort des olives pressées.

Méré (Antoine GOMBAUD, *chevalier* DE), écrivain français, né en Poitou (v. 1607-1685). Il connut Pascal, à qui il inspira certaines idées sur le « pari », et définit les règles de vie qui doivent guider l' « honnête homme » (*De l'esprit, De la conversation,* 1677 ; *Lettres,* 1682).

méreau [mero] n. m. Jeton de présence qu'on distribuait aux membres d'un chapitre.

Meredith (George), écrivain anglais, né à Portsmouth (Hampshire) [1828-1909]. Poète (*l'Amour moderne,* 1862), critique (*la Comédie et les usages de l'esprit comique,* 1877), il unit dans ses romans le souci de l'analyse psychologique à la recherche d'un style élaboré qui refuse tout lieu commun (*l'Epreuve de Richard Feverel,* 1859 ; *l'Egoïste,* 1879).

mère-grand n. f. *Fam.* Grand-mère. ‖ Pl. des *mères-grand.*

Merejkovski (Dimitri Sergheïevitch), écrivain russe, né à Saint-Pétersbourg (1865-1941). Il publia le manifeste du symbolisme russe (*Des causes de la décadence et des tendances nouvelles de la littérature russe contemporaine,* 1893) et analysa dans ses essais et ses romans historiques les influences réciproques des problèmes politiques et religieux (*Julien l'Apostat,* 1894 ; *le 14 Décembre,* 1918).

Merelbeke, comm. de Belgique (Flandre-Orientale, au sud de Gand) ; 13 800 h.

Méréville (91660), ch.-l. de c. de l'Essonne (arr. d'Etampes) ; 2 195 h. Château des XVIIe-XVIIIe s.

Mergenthaler (Ottmar), horloger allemand, né à Hachtel (Wurtemberg) [1854-1899], inventeur de la Linotype.

merguez [mɛrgɛz] n. f. Saucisse fraîche de mouton, très pimentée, spécialité d'Afrique du Nord.

mergule [mɛrgyl] n. m. Oiseau voisin du pingouin, à bec très court.

Méribel-les-Allues (73550), station de sports d'hiver de Savoie (comm. des Allues), en Tarentaise.

Méricourt (62680), comm. du Pas-de-Calais (arr. d'Arras) ; 13 478 h. Houille.

Mérida, v. d'Espagne (Estrémadure), sur le Guadiana ; 34 300 h. Ensemble de ruines romaines. Cimenterie.

Mérida, v. du Mexique, cap. du Yucatán ; 199 000 h. Université. Industries textiles.

méridien [meridjɛ̃], **enne** [-ɛn] adj. (lat. *meridianus ;* de *meridies,* midi). Qui a rapport au midi : *exposition méridienne.* ‖ *Astron.* Se dit du plan qui, dans un lieu donné, comprend la verticale de ce lieu et l'axe du monde. ‖ Se dit d'un instrument servant à observer les astres dans le plan du méridien. ‖ *Math.* Se dit, en géométrie, de la section d'une surface de révolution par un plan passant par l'axe de cette surface. ● *Ombre méridienne,* ombre que projette un objet à midi.

méridien n. m. Plan défini par la verticale locale (fil à plomb) et la parallèle à l'axe de rotation de la Terre. (On dit aussi PLAN MÉRIDIEN.) ‖ Demi-grand cercle de la surface terrestre ou de la sphère céleste limité aux pôles, le demi-grand cercle qui le complète étant *l'antiméridien.* ● *Méridien magnétique,* plan vertical contenant la direction d'équilibre de l'aiguille aimantée. ‖ *Méridien origine* ou *premier méridien,* celui par rapport auquel on compte les degrés de longitude. (Le méridien origine international passe par l'observatoire de Greenwich, à 2° 20′ 14″ à l'ouest de Paris.)
— ENCYCL. Le *méridien* d'un lieu est un grand cercle de la sphère céleste passant par la ligne des pôles et dont le plan est perpendiculaire à l'équateur céleste. La longitude d'un point est l'angle dièdre dont l'arête est constituée par l'axe du monde et dont les faces sont, d'une part, le méridien du lieu considéré et, d'autre part, un méridien particulier pris pour origine conventionnelle et souvent appelé *premier méridien.* Cette longitude, comptée positivement vers l'est, est mesurée en heures, minutes et secondes, ces quantités étant ici considérées comme des unités de mesures angulaires : 1 h = 15°, 1 mn = 15′. Depuis 1911, la France s'est ralliée au système des longitudes ayant pour premier méridien celui de l'observatoire de Greenwich. A ce système sont rattachés les systèmes des fuseaux horaires et du Temps Universel, dont la définition très précise est très complexe. La longitude du méridien de Paris est 9 mn 21 s Est environ, soit 2° 20′ 14″. La valeur d'un arc de méridien de 1′ à la latitude de 45° a été adoptée comme unité de mesure de longueur internationale pour les usages de la marine et de l'aviation. Une convention internationale (1929) a fixé cette unité, le *mille marin international,* à sa valeur moyenne arrondie, soit 1 852 m.

méridienne n. f. Sieste ; repos pris après midi dans les pays chauds : *faire la méridienne.* ‖ Sorte de chaise longue. ‖ *Math.* Section d'une surface de révolution par un plan passant par l'axe de cette surface. ● *Méridienne d'un lieu* (Astron.), intersection du plan méridien et du plan horizontal en un lieu donné.

méridional [meridjɔnal], **e, aux** [-o] adj. (lat. *meridionalis ;* de *meridies,* midi). Qui est au midi : *pôle méridional.* ‖ Propre aux gens du Midi : *accent méridional.* ‖ — N. Personne qui est du Midi.

Mérignac (33700), ch.-l. de c. de la Gironde (arr. et banlieue de Bordeaux) ; 47 777 h. Aéroport. Constructions aéronautiques. Vins rouges.

Phot. Branger.

Mérimée (Prosper), écrivain français, né à Paris (1803-1870). Attiré d'abord par la peinture, il fréquente très jeune les salons et les cénacles littéraires. Séduit par le pittoresque romantique, mais considérant avec ironie la vie et son expression littéraire, il publie un recueil de pièces qu'il prétend avoir traduites de l'espagnol (*Théâtre de Clara Gazul,* 1825), puis de prétendues ballades illyriennes (*la Guzla,* 1827) et donne un roman historique (*Chronique du règne de Charles IX,* 1829). Mais il découvre dans la nouvelle la véritable dimension de son art (*Mateo Falcone,* 1829; *Tamango,* 1829; *le Vase étrusque,* 1830) et réunit ses meilleurs récits dans *Mosaïque* (1833). Inspecteur général des monuments historiques (1833), il entreprend pendant sept ans une prospection méthodique des provinces françaises et encourage les efforts de restauration de Viollet-le-Duc, sans cesser cependant d'écrire (*la Vénus d'Ille,* 1837; *Colomba**, 1840; *Carmen**, 1845). Sous l'Empire, Mérimée, qui est depuis vingt ans lié d'amitié avec la famille de l'impératrice, devient sénateur et un des familiers de la Cour. Il donne alors des traductions des principaux écrivains russes (Pouchkine, Gogol', Tourgueniev) et publie encore quelques nouvelles (*la Chambre bleue, Lokis, Djoumâne* [1873]). Romantique par le goût de la couleur et de la violence, mais sceptique de bon ton, Mérimée appartient à l'art classique par la mesure et la concision de son style. (Acad. fr.)

Mérinas, peuple de Madagascar, occupant les plateaux centraux autour de Tananarive et comptant plus de 1 million de représentants.

Mérindol (84360 Lauris), comm. de Vaucluse (arr. d'Apt); 869 h. Les vaudois y furent massacrés (1545).

meringue [mərɛ̃g] n. f. Pâtisserie légère, à base de sucre et de blancs d'œufs, que l'on fait cuire au four à feu doux.

meringuer v. t. Garnir d'une pâte à meringue.

Mérinides. V. MARĪNIDES.

mérinos [merinos] n. m. (esp. *merino;* de l'ar. *Banū Marīn* [Marīnides]). Mouton à laine blanche, abondante et fine (v. *encycl.*). ‖ Etoffe ou feutre fait de sa laine : *un châle de mérinos.*
— ENCYCL. Importé il y a plusieurs siècles d'Afrique du Nord en Espagne, le *mérinos* a été sélectionné en France à la fin du XVIIIe s. (*mérinos de Rambouillet*), où il a contribué à l'amélioration des qualités lainières du cheptel ovin. On peut citer aussi le *mérinos d'Arles,* le *mérinos précoce* et la *race de l'Est à laine mérinos.*

merise [məriz] n. f. (de *amer* et *cerise*). Fruit du merisier, noir, suret et peu charnu.

merisier [mərizje] n. m. Cerisier sauvage qui a donné, comme variétés cultivées, le *cerisier à bigarreaux* et le *cerisier à guignes.* (Son bois est utilisé en tabletterie.)

méristème [meristɛm] n. m. Tissu végétal formé de cellules indifférenciées, siège de divisions rapides et nombreuses.

méritant, e adj. Qui a du mérite, digne d'éloge : *écolier, serviteur méritant.*

mérite [merit] n. m. (lat. *meritum,* chose méritée). Ce qui rend une personne digne d'estime, de récompense : *traiter chacun selon ses mérites.* ‖ Qualité estimable d'une chose, d'une personne : *mérite d'un ouvrage, d'une action.* ● *Se faire un mérite d'une chose,* en tirer gloire.

Mérite (*ordre national du*), ordre français créé en 1963 pour récompenser les mérites distingués acquis dans une fonction publique ou privée. Cet ordre, qui comprend la même hiérarchie que la Légion d'honneur, a remplacé en 1964 tous les ordres du Mérite particuliers, sauf ceux des Mérites agricole (créé en 1883) et maritime (créé en 1930). Ruban moiré bleu de France. Il existe aussi des ordres du Mérite à l'étranger, dont le plus célèbre fut l'ordre prussien « Pour le mérite » (1740-1918).

mériter v. t. Etre digne ou passible de : *mériter des éloges, une punition.* ‖ Présenter les conditions requises pour obtenir : *lettre qui mérite une réponse.* ‖ — V. t. ind. **[de]**. *Bien mériter de sa patrie,* s'illustrer en la servant.

méritoire adj. Louable, digne d'estime, de récompense : *acte, zèle méritoire.*

Merksem, comm. de Belgique (Anvers); 39 700 h. Verrerie.

merl n. m. V. MAËRL.

merlan [mɛrlɑ̃] n. m. (lat. *merula*). Poisson des côtes d'Europe occidentale, à trois nageoires dorsales et deux anales, pêché activement pour sa chair tendre et légère. (Long. 20 à 40 cm; famille des gadidés.) ‖ *Pop.* Coiffeur. (Vieilli.)

merle [mɛrl] n. m. (lat. *merula*). Oiseau passereau voisin de la grive, commun dans les parcs, les bois, à plumage sombre (noir chez le mâle, brun chez la femelle). [Cri : le merle *siffle, flûte.*] ● *Fin merle,* personne très rusée. ‖ *Merle blanc,* personne ou objet introuvable. ‖ *Vilain merle,* ou ironiq. *beau merle,* personne laide ou désagréable.

merleau n. m. Petit merle.

Merleau-Ponty (Maurice), philosophe français, né à Rochefort (1908-1961). Il fut professeur aux universités de Lyon (1945-1949), de Paris (1949-1952), puis au Collège de France. Sa philosophie, inspirée par la phénoménologie de Husserl, est une réflexion sur l'expérience vécue, qui fonde notre perception du monde et nos engagements politiques. On lui doit : *Structure du comportement* (1941), *Phénoménologie de la perception* (1945), *Humanisme et Terreur* (1947), *Sens et Non-Sens* (1948), *les Aventures de la dialectique* (1955), *Signes* (1961), *le Visible et l'invisible* (1964).

Mérimée par Simon-Jacques Rochard *Louvre*

Merleau-Ponty

Mermoz *à droite* près de l'avion « Comet » du raid Paris-Dakar

Merlebach [-bak] (57800 Freyming Merlebach), comm. de la Moselle (arr. de Forbach); 7 892 h. (*Merlebachois*). Houille.

Merlerault (LE) [61240], ch.-l. de c. de l'Orne (arr. d'Argentan); 1 139 h. Industries alimentaires.

merlette n. f. Femelle du merle.

Merlimont (62155), comm. du Pas-de-Calais (arr. de Montreuil); 1 310 h. Station balnéaire.

merlin [mɛrlɛ̃] n. m. (de *Merlin* n. pr.). Marteau pour assommer les bœufs. ‖ Hache à un seul tranchant, pour fendre le bois.

Merlin, dit L'ENCHANTEUR, magicien des légendes celtiques et du cycle d'Arthur.

Merlin (Philippe Antoine, *comte*), dit **Merlin de Douai,** homme politique français, né à Arleux (1754-1838). Président de la Convention, puis Directeur après le 18-Fructidor, il servit l'empereur Napoléon et fut exilé en 1815. (Acad. fr.)

Merlin (Antoine), dit **Merlin de Thionville,** homme politique français, né à Thionville (1762-1833). Il se distingua au siège de Mayence en 1793.

merlon [mɛrlɔ̃] n. m. Partie pleine d'un parapet, comprise entre deux créneaux.

merluche [mɛrlyʃ] n. f. ou **merlu** [-ly] n. m. (ital. *merluccio*). Poisson des côtes de l'Europe occidentale à dos gris, à deux nageoires dorsales et une anale, vendu sur les marchés sous le nom de *colin.* (Long. 1 m; famille des gadidés.) ‖ Morue sèche, non salée.

Mermnades (*dynastie des*), dynastie fondée en Lydie par Gygès, fils de Mermnas.

Mermoz (Jean), aviateur français, né à Aubenton (1901-1936). Pionnier, avec Guillaumet, de la ligne Rio de Janeiro-Santiago du Chili, il réussit avec Dabry et Gimié la première liaison postale aérienne directe France-Amérique du Sud (12 mai 1930). Il disparut en mer, au large de Dakar, à bord de l'hydravion *Croix-du-Sud.*

Mérope, tragédie de Voltaire (1743).

mérostomes [merɔstɔm] n. m. pl. Classe d'arthropodes aquatiques sans antennes, à respiration branchiale, comprenant d'assez nombreuses formes fossiles du primaire (notamment des espèces géantes telles que le *pterygotus,* qui mesurait 2 m de long) et un seul genre secondaire, tertiaire et encore actuel, la limule.
— ENCYCL. On distingue deux sous-classes de *mérostomes :* les gigantostracés (*eurypterus, pterygotus*), d'abord marins, puis des eaux douces, éteints à la fin de l'ère primaire; et les xiphosures (limule), qui ont, eux aussi, passé dans les eaux douces à la fin du primaire, à l'exception de la limule. Ces animaux descendent certainement des trilobites, auxquels ils ressemblent beaucoup. Ils cherchaient leur nourriture dans la vase du fond des eaux, et certains d'entre eux pouvaient nager. Ils ont à la fois des ocelles et des yeux composés, et possèdent une paire de chélicères qui rappellent ceux des arachnides.

mérou [meru] n. m. Poisson osseux pouvant atteindre, dans les mers chaudes, 2 m de long et peser plus de 100 kg. (Sa chair est très estimée.)

Mérovée, roi franc (448-v. 457). Ce personnage mal connu, fils présumé de Chlodion le Chevelu, a donné son nom à la première dynastie des rois de France.

mérovingien [merɔvɛ̃ʒjɛ̃], **enne** [-ɛn] adj. (de *Mérovée*). Relatif à la dynastie des Mérovingiens.

Mérovingiens, nom donné à la première dynastie de rois francs. Elle régna sur la Gaule après les conquêtes de Clovis (481-511) et fut évincée par les Carolingiens en 751.

merrain [mɛrɛ̃] n. m. (lat. pop. *materiamen,* bois). Planche fendue dans le sens des rayons médullaires, et servant à confectionner les douves des tonneaux. ‖ Tige centrale de la ramure d'un cerf.

Merri, Merry ou **Médéric** (*saint*), abbé de Saint-Martin de Paris (VIIe s.). L'église Saint-Merri fut élevée sur son tombeau, et reconstruite au XVIe s. — Fête le 29 août.

Merrimack (le), fl. des Etats-Unis (Massachusetts), tributaire de l'Atlantique; 280 km.

Mersch, ch.-l. de c. du Luxembourg, sur l'Alzette; 3 500 h. Industries chimiques.

Merseburg, v. de l'Allemagne orientale, sur la Saale; 56 000 h. Cathédrale et château du XIIIe s. Lignite. Industries chimiques et mécaniques.

Mers el-Kébir, v. d'Algérie (dép. d'Oran); 13 500 h. Base navale sur le golfe d'Oran, concédée à bail à la France. Le port fut transformé en base navale par la

merle noir

merlan

mérou

Phot. Giraudon, « l'Express » - cl. Charpentier, Hosking, Lauros - Atlas-Photo, N. Y. T., Arnault.

France (1935). Le 3 juillet 1940, une escadre française à l'ancre refusa l'ultimatum d'une escadre britannique et fut presque entièrement détruite : 1 300 marins français y périrent. La base devait être conservée par la France en vertu d'un bail de quinze ans consenti par le gouvernement algérien au moment des accords d'Evian (1962). Mais elle fut évacuée en 1968.

Mersenne (*le P.* Marin), savant français, né près d'Oizé (Maine) [1588-1648]. Ami et correspondant de Descartes et de nombreux savants français et étrangers, il fut au centre de l'activité scientifique de son temps et joua un rôle important dans l'histoire de la pensée française dans la première moitié du XVIIe s. Le premier, il utilisa le pendule pour la mesure de l'intensité de la pesanteur (1644). De plus, il découvrit les lois des tuyaux sonores et des cordes vibrantes, détermina la relation entre les fréquences et les différentes notes de la gamme, étudia les échos sonores et mesura la vitesse du son (1636).

Mersey (la), fl. de Grande-Bretagne, qui se jette dans la mer d'Irlande par un long estuaire, sur lequel se trouve Liverpool ; 113 km.

Mersin, port de Turquie, sur la Méditerranée ; 114 300 h. Raffinage du pétrole.

Mers-les-Bains [mɛrs-] (80350), comm. de la Somme (arr. d'Abbeville) ; 4 107 h. Station balnéaire. Verrerie.

Mertert, port du Luxembourg, sur la Moselle canalisée.

Merthyr Tydfil, v. de Grande-Bretagne (Galles) ; 59 000 h. Houille.

Méru (60110), ch.-l. de c. de l'Oise (arr. de Beauvais) ; 6 504 h. Eglise (XIIIe et XVIe s.). Constructions mécaniques.

mérule n. m. ou f. Champignon nuisible aux charpentes humides. (On le combat en imprégnant le bois de phénol.)

Merulo (Claudio), compositeur italien, né à Correggio (1533-1604). Organiste de Saint-Marc de Venise, il a laissé des œuvres polyphoniques et des œuvres instrumentales.

Merv. V. MARY.

merveille [mɛrvɛj] n. f. (lat. *mirabilia,* choses admirables). Chose, personne qui excite l'admiration : *les merveilles de la nature.* ‖ Pâte frite, que l'on mange saupoudrée de sucre. ● *Faire merveille,* faire fort bien, faire très bon effet. ‖ *Faire des merveilles,* se distinguer par un courage, une adresse ou un talent extraordinaires. ‖ *Promettre monts et merveilles,* faire des promesses exagérées. ‖ *Les Sept Merveilles du monde,* les sept ouvrages les plus remarquables de l'Antiquité (pyramides d'Egypte, jardins suspendus de Sémiramis et murs de Babylone, statue de Zeus Olympien par Phidias, colosse de Rhodes, temple d'Artémis à Ephèse, mausolée d'Halicarnasse, phare d'Alexandrie). ‖ **— A merveille** loc. adv. Très bien : *chanter, danser à merveille.*

merveilleuse n. f. Femme élégante de la période de la Convention thermidorienne et du Directoire, dont la toilette reproduisait celle de l'Antiquité.

merveilleusement adv. De façon merveilleuse : *artiste merveilleusement habile.*

merveilleux, euse adj. Qui suscite l'admiration, l'étonnement : *adresse merveilleuse.*

merveilleux n. m. Ce qui se produit par l'intervention d'êtres surnaturels. ‖ *Littér.* Intervention d'êtres surnaturels dans un poème : *merveilleux chrétien et merveilleux païen dans l'épopée ou poème épique.*
— ENCYCL. *Littér.* Expression du surnaturel, le *merveilleux* paraît être une des premières formes de l'imagination littéraire. Correspondant à la fois à un besoin de symbolisation et à un désir d'évasion, il caractérise les œuvres les plus anciennes de tous les peuples : les épopées indiennes, les poèmes homériques, les chansons de geste. Mais il reste une source permanente d'inspiration lorsque l'imagination des poètes rejoint les croyances populaires : ainsi avec Virgile, Dante, le Tasse, Milton. Si Boileau et les classiques ont jugé la mythologie chrétienne trop peu riche en fictions poétiques, Chateaubriand retrouve les conditions littéraires d'un merveilleux authentique, que les romantiques ont prolongé avec l'évocation légendaire du passé (*la Légende des siècles,* de Hugo) et les poèmes mythiques et philosophiques de Lamartine (*la Chute d'un ange*) et de Vigny (*Eloa*).

Merville (59660), ch.-l. de c. du Nord (arr. de Dunkerque), sur la Lys ; 8 663 h.

Méry (Joseph), écrivain français, né aux Aygalades (Bouches-du-Rhône) [1798-1865], auteur, avec Barthélemy, de la *Némésis,* satire dirigée contre la monarchie de Juillet.

mérycisme [merisism] n. m. (du gr. *merukômai,* je rumine). Rumination, régurgitation anormale des aliments chez l'homme.

Méryon (Charles), graveur français, né à Paris (1821-1868). Il est surtout connu par sa suite d'*Eaux-fortes sur Paris,* manifestant un talent précis et vigoureux et une imagination encline au fantastique. Il mourut fou.

Méry-sur-Oise (95540), comm. du Val-d'Oise (arr. de Pontoise) ; 3 469 h. Château (XVIe-XVIIIe s.).

Méry-sur-Seine (10170), ch.-l. de c. de l'Aube (arr. de Nogent-sur-Seine), sur la Seine ; 1 139 h.

merzlota n. f. (mot russe). V. PERMAFROST.

mes [me] adj. poss. Pl. de MON, MA.

més préf. V. MÉ.

Mesabi Range, chaîne de collines des Etats-Unis (Minnesota). Importants gisements de fer.

mésange

mésalliance n. f. (préf. *més* et *alliance*). Mariage avec une personne de condition ou de fortune considérée comme inférieure.

mésallier [mezalje] v. t. Faire une mésalliance : *mésallier ses enfants.* ‖ **— Se mésallier** v. pr. Epouser une personne de condition inférieure.

mésange [mezɑ̃ʒ] n. f. (anc. allem. *mesinga*). Famille de petits passereaux (paridés) répandus sur presque tout le globe : *mésange charbonnière ; mésange huppée.* (Les mésanges sont très utiles par le grand nombre d'insectes qu'elles détruisent.)

mésangette n. f. Cage à trébuchet, pour prendre les petits oiseaux.

mésaventure [mezavɑ̃tyr] n. f. Aventure fâcheuse : *il lui est arrivé de nombreuses mésaventures.*

mescaline [mɛskalin] n. f. Alcaloïde extrait d'une cactacée mexicaine, le peyotl, qui donne des hallucinations visuelles intenses.

Meschacebé, anc. nom du *Mississippi.*

mesdames [medam], **mesdemoiselles** [medmwazɛl] n. f. pl. Pl. de MADAME, MADEMOISELLE.

mésembryanthème [mezɑ̃briɑ̃tɛm] n. m. Plante à feuilles charnues et à fleurs décoratives, parfois cultivée sur les rochers et les murs dans le Midi.

mésentente [mezɑ̃tɑ̃t] n. f. Manque d'entente.

mésentère [mezɑ̃tɛr] n. m. (gr. *mêsos,* au milieu, et *enteron,* intestin). *Anat.* Membrane conjonctive reliant les anses de l'intestin grêle à la paroi postérieure de l'abdomen. (Entre les feuillets du mésentère cheminent les vaisseaux et les nerfs de l'intestin grêle.)

mésentérique adj. Relatif au mésentère : *vaisseaux mésentériques.*

mésestimation n. f. Appréciation défavorable de la valeur d'un objet.

mésestime n. f. Mauvaise opinion que l'on a de quelqu'un.

mésestimer [mezɛstime] v. t. Apprécier une personne ou une chose au-dessous de sa valeur : *mésestimer un collaborateur ; mésestimer un bijou.*

Meseta (la), nom donné au socle hercynien rigide de l'Espagne centrale (Castille). Le terme désigne aussi une région du Maroc, à l'ouest du Moyen Atlas, où affleure le socle granitique et schisteux (*Meseta marocaine*).

Mésie, contrée de l'Europe ancienne, correspondant partiellement à la Bulgarie et à l'ancienne Thrace.

mésintelligence [mezɛ̃teliʒɑ̃s] n. f. Défaut d'entente, d'accord : *vivre en mésintelligence avec quelqu'un.*

Meslay-du-Maine (53170), ch.-l. de c. de la Mayenne (arr. de Laval) ; 1 843 h. (1 358 aggl.).

Meslier (Jean), dit **le Curé Meslier,** né à Mazerny, près de Rethel (1664-1729). Après sa mort, on retrouva chez ce prêtre vénérable un testament où la religion était violemment attaquée. Ce document fut utilisé par les philosophes.

Mesmer (Franz Anton), médecin allemand, né à Iznang (Souabe) [1734-1815]. Il affirmait avoir découvert dans l'aimant des propriétés capables de guérir toutes les maladies. Grâce à quelques guérisons, il eut un succès éphémère. Sa théorie porte le nom de *mesmérisme.*

mesmérisme [mɛsmerism] n. m. Doctrine de Mesmer. ‖ Guérison par le magnétisme.

Mesnager (Augustin), ingénieur français, né à Paris (1862-1933). Ses très nombreux travaux se rapportent presque tous à la résistance des matériaux. Le premier, il montra la possibilité de déterminer, sur un modèle réduit, toutes les tensions qui se produiront dans un ouvrage. Ses études sur le béton armé l'amenèrent à formuler des règles précises pour l'emploi de ce matériau.

Mesnil-le-Roi (LE) [mɛnil-] (78600 Maisons Laffitte), comm. des Yvelines (arr. de Saint-Germain-en-Laye) ; 5 473 h.

mésoblaste ou **mésoderme** n. m. Feuillet embryonnaire situé entre l'endoderme et l'ectoderme, et qui fournira les muscles, le sang, le squelette, les reins.

mésoblastique adj. Relatif au mésoblaste.

mésocarpe [mezɔkarp] n. m. Zone médiane d'un fruit, entre l'épiderme et le noyau ou les graines, charnue et sucrée chez les fruits comestibles.

mésolithique [mezɔlitik] adj. et n. m. *Préhist.* Se dit de la période succédant au paléolithique. (Elle débute entre 10000 et 8500 av. J.-C., et se termine vers 5000 av. J.-C. Elle est caractérisée par un réchauffement du climat et un habitat plus évolué [cabanes] auprès des eaux.)

mésologie n. f. Science qui étudie les réactions réciproques de l'organisme et de son milieu.

mésomère adj. *Chim.* En état de mésomérie.

mésomérie n. f. Structure d'un composé chimique, intermédiaire entre deux formes isomères.

mésomorphe adj. Se dit de l'état de la matière intermédiaire entre l'état amorphe et l'état cristallin.

méson [mezɔ̃] n. m. (du gr. *mêsos,* médian). Particule subatomique découverte dans les rayons cosmiques, et ayant une masse comprise entre celle de l'électron et celle du proton. (On en connaît plusieurs types.)

Mésopotamie, région de l'Asie, entre le Tigre et l'Euphrate. Après la période sumérienne (v. 3500-2000 av. J.-C.), les Amorrites (2000-XVIe s.) fondèrent plusieurs dynasties, notamment à Babylone et à Assur, villes qui se disputèrent l'hégémonie durant la période qui va de 1180 à 539 av. J.-C. En 539 av. J.-C., Babylone fut prise par Cyrus. Conquise par Alexandre (332 av. J.-C.), la Mésopotamie fut successivement séleucide, parthe, sassanide et arabe.
● *Beaux-arts.* La basse Mésopotamie a groupé les pays de Sumer et d'Akkad, tandis que dans la haute Mésopotamie s'est développé le royaume d'Assyrie, qui a atteint son apogée au Ier millénaire avant notre ère. Au IVe millénaire apparaissent un art de céramique monochrome, puis une architecture de briques crues ou cuites. Avec l'arrivée des Sémites se développe un art statuaire très élaboré (Goudéa). L'époque des Kassites marque un recul de l'art ; puis, au XIVe s. av. J.-C., l'art assyrien prend un essor extraordinaire, caractérisé par la construction de palais richement décorés. La décadence commence après la conquête de Cyrus.

mésopotamien [mezɔpɔtamjɛ̃], **enne** [-ɛn] adj. et n. De la Mésopotamie : *les tribus mésopotamiennes.*

mésosphère n. f. Couche atmosphérique qui s'étend entre la stratosphère et la thermosphère.

mésothorax n. m. Deuxième anneau du thorax des insectes, parfois appelé *écusson,* entre le prothorax et le métathorax. (Il porte les ailes antérieures.)

mésozoïque [mezɔzɔik] adj. et n. m. *Géol.* Syn. de SECONDAIRE.

mesquin [mɛskɛ̃], **e** [-in] adj. (ital. *meschino,* chétif). Qui manque de grandeur, de noblesse : *un procédé mesquin.*

mesquinement adv. Avec mesquinerie.

mesquinerie n. f. Caractère de ce qui est mesquin.

mess [mɛs] n. m. (mot. angl.). Salle où les officiers, les sous-officiers d'un corps prennent leurs repas.

message [mɛsaʒ] n. m. (du lat. *missus,* envoyé). Ce qu'on exécute sur l'ordre ou la prière de quelqu'un ; commission : *être chargé d'un message.* ‖ La chose elle-même : *porter un message.* ‖ Communication importante transmise par quelqu'un qui est considéré comme porteur d'une révélation : *l'Evangile est le message du Christ.* ‖ Signification profonde d'une œuvre littéraire, artistique. ‖ Déclaration écrite par laquelle le président de la République communique avec les assemblées parlementaires. ● *Message publicitaire,* expression préconisée par l'Administration pour remplacer SPOT PUBLICITAIRE. ‖ *Message téléphoné,* communication téléphonique faite au bureau postal dont dépend le destinataire, et transmise à celui-ci par voie postale.

messager, ère n. Personne chargée d'un message. ‖ Personne chargée du transport de marchandises et de leur accompagnement. ● *A. R. N. messager,* variété d'acide ribonucléique (A. R. N.) qui prend forme au contact de l'acide désoxyribonucléique (A. D. N.) des chromosomes, dans le noyau, et qui transporte vers le cytoplasme les informations génétiques nécessaires à la fabrication des protéines propres à l'individu.

Messager (André), compositeur et chef d'orchestre français, né à Montluçon (1853-1929). Il a écrit des opérettes et des opéras-comiques : *les P'tites Michu, Véronique, la Basoche, Fortunio,* etc. Il a associé son nom à la création de *Pelléas et Mélisande* et a dirigé la Société des concerts du Conservatoire.

messagerie n. f. Service de transport pour les voyageurs et les marchandises. ‖ Maison où est établi ce service. ‖ Transport rapide qui s'effectue par chemin de fer, par bateau, par voitures. ‖ Marchandises envoyées par chemin de fer ou par bateau.

Messali Hadj (Ahmed), homme politique algérien, né à Tlemcen (1898-1974), fondateur du parti populaire algérien (1937), puis du Mouvement national algérien (M. N. A.), qui s'opposa au F. L. N.

Messaline, impératrice romaine (v. 25 apr. J.-C.-48), femme de l'empereur Claude Ier et mère de Britannicus et d'Octavie. Elle se rendit célèbre par ses débauches, et fut exécutée sur l'ordre de l'empereur.

messe [mɛs] n. f. (lat. d'Eglise *missa,* action de renvoyer). Dans la religion catholique, sacrifice du corps et du sang de Jésus-Christ, qui se fait à l'autel par le ministère du prêtre. (Le sacrifice eucharistique offert à

Phot. Merlet - Atlas-Photo.

la messe étant le centre de la religion catholique, l'Eglise fait aux fidèles une obligation grave d'y assister au moins chaque dimanche et à chacune des grandes fêtes de l'année.) [V. *encycl.*] ‖ Musique composée pour une grand-messe : *Palestrina a écrit de remarquables messes.* (V. *encycl.*) ● *Dire, faire des messes basses* (Fam.), parler tout bas. ‖ *Messe basse,* messe dont toutes les parties sont lues et récitées et non chantées. ‖ *Messe chantée,* syn. de GRAND-MESSE. ‖ *Messe de minuit,* messe célébrée dans la nuit de Noël et dans la nuit du samedi saint. ‖ *Messe pontificale,* messe chantée par un prélat.
— ENCYCL. *Liturg.* La *messe* se divise en deux parties : l'*avant-messe,* constituée de prières, de chants et de lectures (notamment celle d'un passage d'une Epître ou d'un Evangile) ; la *messe* proprement dite, avec ses trois éléments : l'*offertoire,* la *consécration* et la *communion.* Le prêtre revêt, pour célébrer la messe, des vêtements spéciaux, dont la couleur varie suivant les temps et les fêtes. Depuis le deuxième concile du Vatican, la messe s'est simplifiée, et l'usage de la langue vulgaire y a été progressivement introduit.
— *Mus.* Sous le nom de *messes* ont été composées depuis le XIVe s. un grand nombre d'œuvres vocales ; sans accompagnement jusqu'à la fin du XVIe s., ces messes en appelleront ensuite à des instruments ou à des solistes vocaux dialoguant entre eux ou avec les chœurs. La messe *concertante* intensifiera son caractère symphonique avec le XIXe s. Les différents types de messes étaient destinés à illustrer les textes liturgiques de l'*ordinaire.* Les plus célèbres compositeurs de messes ont été G. de Machaut, Dufay, Ockeghem, Josquin des Prés, R. de Lassus, Palestrina, Victoria, puis Formé, Charpentier, Lotti, Bach (messe en *si* mineur), Mozart, Haydn, Beethoven, Schubert, Liszt, Gounod, Bruckner, Stravinski.

Messei (61440), ch.-l. de c. de l'Orne (arr. d'Argentan) ; 1 118 h.

Messénie, anc. contrée du Péloponnèse. Les Messéniens furent soumis par les Spartiates au VIIIe s. av. J.-C., mais Epaminondas les délivra en 369 av. J.-C. La Messénie fut annexée par Rome en 146 av. J.-C.

messeoir [meswar] v. i. (préf. *més* et *seoir*) [conj. **40**]. N'être pas convenable (vieilli) : *cela messied à votre âge.*

Messerer (Assav Mikhaïlovitch), danseur, chorégraphe et pédagogue soviétique, né à Vilna (auj. Vilnious) en 1903. Professeur à l'école du Bolchoï, il signa plusieurs ballets, dont *les Eaux printanières* (1958).

Messerschmitt (Willy), ingénieur allemand, né à Francfort-sur-le-Main en 1898. Il construisit de nombreux avions, notamment le chasseur Messerschmitt 109, produit à plus de 30 000 exemplaires (1937-1945), et le premier chasseur à réaction (le Me 262) en 1938, qui ne fut engagé au combat qu'en novembre 1944.

Messiade (*la*), poème épique en 20 chants (1748-1773), de Klopstock. Cette œuvre évoque la vie du Christ.

Messiaen [mɛsjɑ̃] (Olivier), compositeur français, né à Avignon en 1908. Elève de P. Dukas et de M. Dupré, il a été nommé professeur d'harmonie, d'analyse et enfin de composition au Conservatoire de Paris. Dans son œuvre, d'inspiration mystique, le langage musical s'est accusé au contact d'une rythmique nouvelle et d'éléments exotiques (*l'Ascension,* pour orgue ; *Vingt Regards sur l'Enfant-Jésus,* pour piano ; *Turangalîla-Symphonie ; Chronochromie ; Couleurs de la cité céleste.*

messianique adj. Relatif au Messie : *les traditions messianiques.*

messianisme n. m. Croyance au Messie. ‖ Attente d'un Messie. ‖ Nom donné à divers mouvements religieux à caractère théocratique (Océanie, Afrique), suscités à l'occasion du contact avec des cultures techniquement supérieures, et qui consiste en la croyance à un « messie » qui ramènera l'ordre économique et social que les mythes décrivent comme celui que le ou les dieux ont établi à l'origine des temps.

messidor [mɛsidɔr] n. m. (lat. *messis,* moisson, et gr. *dôron,* don). Dixième mois du calendrier républicain (20 juin-19 juillet).

messie [mesi] n. m. (lat. *messias ;* de l'araméen *meschîkhâ,* oint, sacré par le Seigneur). Rédempteur et libérateur futur d'Israël : *les juifs pieux attendent toujours le Messie.* ‖ Chez les chrétiens, le Christ. ‖ Celui dont on attend le salut ou la délivrance. ● *Etre attendu comme le Messie,* être attendu impatiemment. (S'écrit avec une majuscule.)

Messie (*le*), oratorio de Händel (1741), qui retrace certains épisodes de la vie du Christ.

messieurs [mesjø] n. m. pl. Pl. de MONSIEUR.

messin [mɛsɛ̃], **e** [-in] adj. et n. De Metz.

Messine, v. d'Italie (Sicile), sur le *détroit de Messine,* qui, séparant l'Italie péninsulaire de la Sicile, relie les mers Tyrrhénienne et Ionienne ; 269 000 h. Port de voyageurs et de commerce. Industries chimiques et alimentaires. Un tremblement de terre détruisit la ville en 1908.

messire n. m. Titre d'honneur signif. *monseigneur,* que l'on donna d'abord à tout personnage d'un rang distingué, puis à tout homme noble.

Messmer (Pierre), homme politique français, né à Vincennes en 1916, Premier ministre de 1972 à 1974.

Mesta (la), association espagnole des éleveurs de moutons transhumants. Reconnue par les rois de Castille au XIIIe s., la Mesta atteignit son apogée au XVIe s. Ses privilèges furent abolis en 1836.

mestre n. m. (anc. orthogr. de *maître*). *Mestre de camp,* commandant d'un régiment sous l'Ancien Régime.

mesurable adj. Que l'on peut mesurer : *étendue mesurable.*

mesurage n. m. Action de mesurer : *le mesurage d'un champ.*

mesure [məzyr] n. f. (lat. *mensura*). Evaluation d'une grandeur par comparaison avec une autre grandeur de même espèce prise pour unité : *la mesure du temps.* ‖ Quantité servant à cette évaluation : *mesures légales.* (V. tabl. UNITÉS.) ‖ Dimension évaluée : *Prendre la mesure d'un vêtement.* ‖ *Métr.* Quantité de syllabes exigée par le rythme : *ce vers n'a pas la mesure.* ‖ *Mus.* Division de la musique en unités de temps égales, matérialisée par les barres de mesure. ‖ Fragment compris entre deux barres de mesure. ‖ — *Fig.* Précaution, moyen : *mesure conservatoire ; mesure disciplinaire.* ‖ Borne, règle, limite : *cela passe toute mesure.* ‖ Modération, retenue : *manquer de mesure.* ● *Avoir deux poids et deux mesures,* traiter différemment des personnes équivalentes ou des choses identiques. ‖ *Battre la mesure,* dans une exécution musicale, indiquer le mouvement en décomposant les temps par des gestes de la main ou des battements d'une baguette tenue à la main. ‖ *Donner sa mesure,* montrer ce dont on est capable. ‖ *Etre en mesure,* en état de faire une chose. ‖ *Faire bonne mesure,* donner à un acheteur un peu au-delà de ce qui lui revient. ‖ *Sur mesure,* se dit d'une pièce d'habillement faite spécialement à la taille d'une personne. ‖ — Loc. adv. **A mesure, au fur et à mesure,** successivement. ‖ **Outre mesure,** avec excès. ‖ **— A mesure que** loc. conj. A proportion et en même temps que.

Olivier Messiaen

mesuré, e adj. Réglé : *pas mesuré.* ‖ *Fig.* Circonspect, réfléchi : *ton mesuré.*

mesurément adv. Avec modération.

mesurer v. t. Déterminer une quantité par le moyen d'une mesure : *mesurer du blé, un champ.* ‖ — *Fig.* Régler, déterminer avec sagesse : *mesurer sa dépense, ses paroles.* ‖ Proportionner : *mesurer le châtiment à l'offense.* ‖ Donner avec parcimonie : *mesurer la nourriture à quelqu'un.* ‖ **— Se mesurer** v. pr. *Se mesurer avec quelqu'un,* lutter avec lui, se comparer à lui.

mesureur n. m. Appareil ou instrument permettant d'effectuer diverses mesures ou analyses.

mésuser [de] v. t. ind. Mal user (vx) : *mésuser de ses talents.*

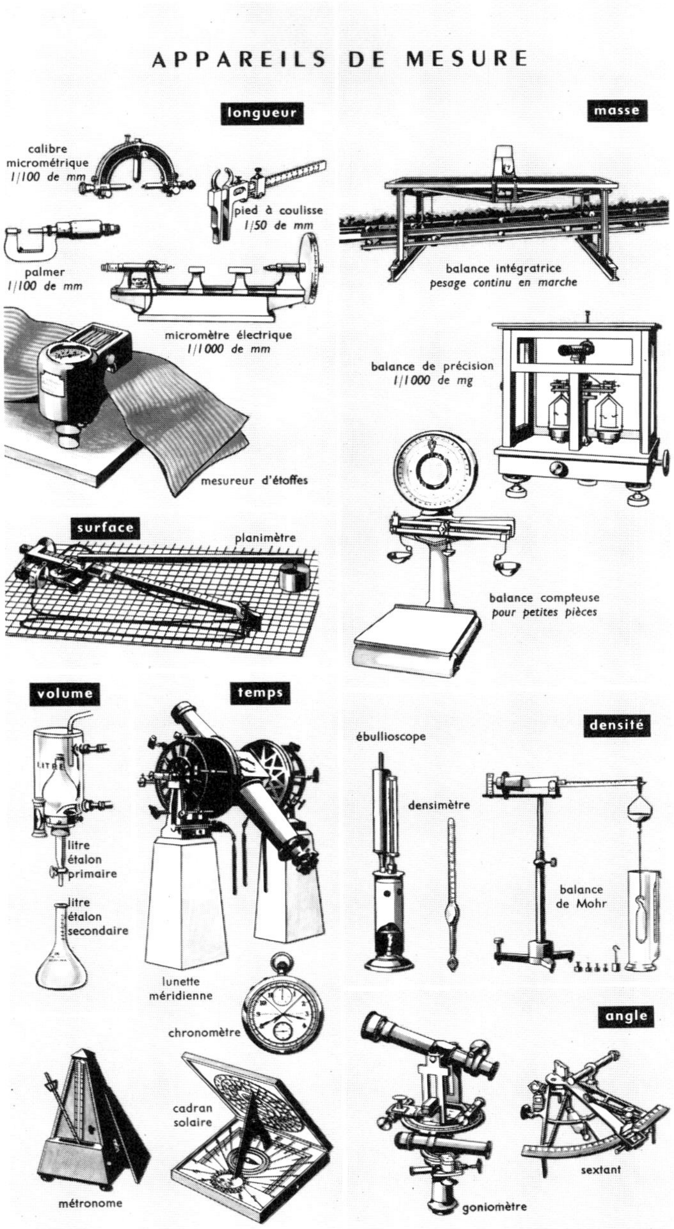

v. également
balance
théodolite
thermomètre

Phot. Maison de la Culture de Thonon.

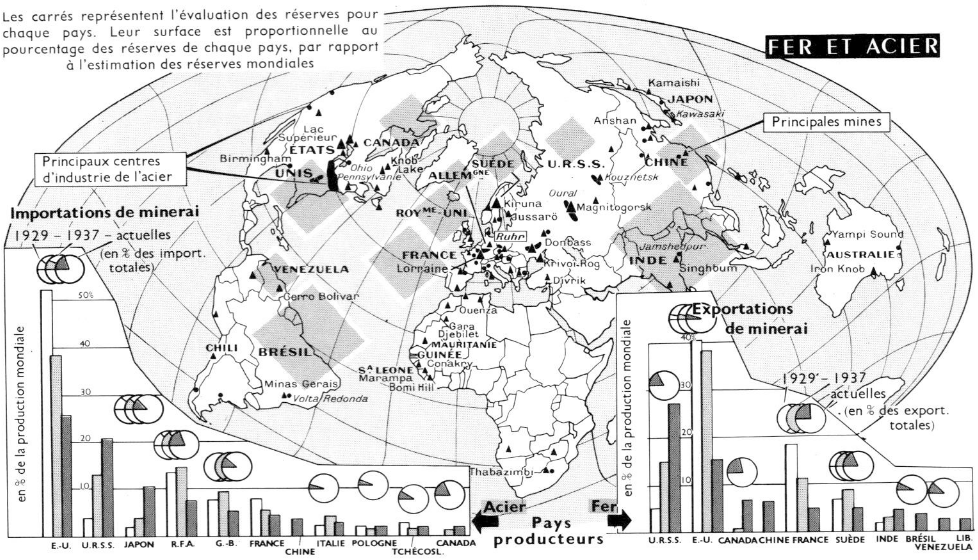

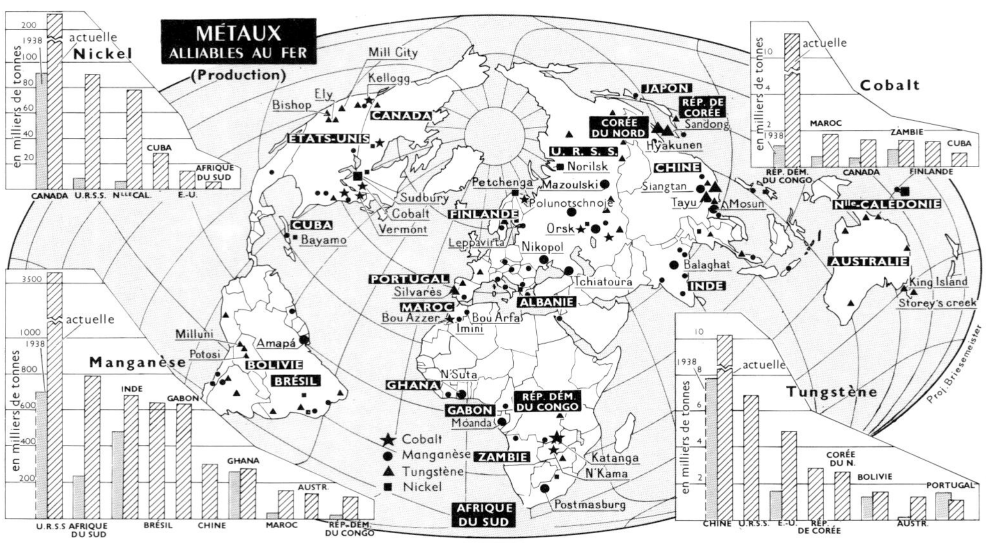

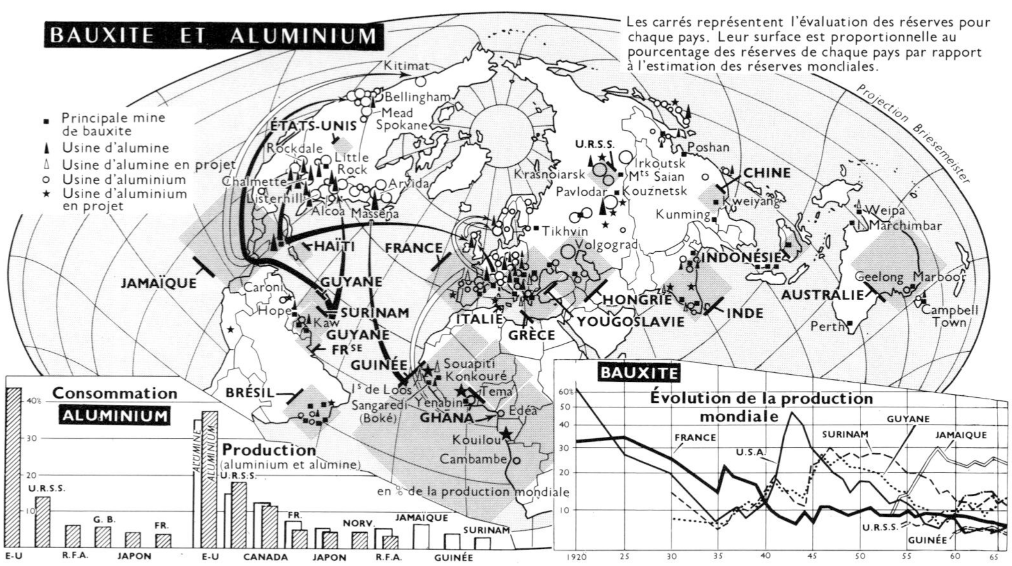

Mesvres (71190 Etang sur Arroux), ch.-l. de c. de Saône-et-Loire (arr. d'Autun); 854 h. (454 aggl.).

Méta [meta] n. m. (nom déposé). Combustible solide brûlant sans laisser de cendres (*métaldéhyde*).

Métabief (25370 Les Hôpitaux Neufs), station de sports d'hiver du Doubs, dans le Jura (alt. 1 010-1 460 m), formée par les comm. de *Jougne*, des *Hôpitaux-Neufs*, de *Longevilles-Mont-d'Or* et de *Métabief*.

métabolisme [metabɔlism] n. m. (du gr. *metabolê*, changement). Ensemble des transformations moléculaires et des transferts d'énergie que subissent les aliments pendant leur traversée d'un organisme vivant. (V. *encycl.*) ● *Métabolisme basal*, quantité de chaleur produite par le corps humain, par heure et par mètre carré de la surface du corps, au repos. ‖ *Métabolismes des glucides, des protides, des lipides*, ensemble des réactions chimiques relatives à l'élaboration, à la mise en réserve, puis à l'utilisation de chacune de ces séries de corps. (Chacun de ces métabolismes subit des variations suivant l'état physiologique ou pathologique du sujet, l'alimentation, le milieu, l'activité.)
— ENCYCL. Le *métabolisme global* d'un individu animal ou végétal se mesure à la quantité de chaleur produite en un temps donné par unité de surface corporelle, ou encore au volume de gaz carbonique dégagé en un temps donné. Cette mesure exprime en effet la quantité d'énergie lumineuse (plantes vertes) ou chimique (animaux) dégradée en un temps donné, de l'ordre de quelques heures au maximum. Sur un laps de temps plus long, l'organisme s'est alimenté, et l'*anabolisme* (édification de structures vivantes de haute complexité, avec absorption d'énergie) l'emporte sur le *catabolisme* (combustion ralentie des réserves alimentaires, dégagement d'énergie). Le *métabolisme intermédiaire* est l'ensemble des transformations moléculaires des aliments et des réserves : transformation réversible des glucides en lipides ou en protides, etc., qui accompagnent les fonctions de digestion, de mise en réserve, de sécrétion et d'excrétion, etc.

métabolite n. m. Nom donné aux substances organiques de faible poids moléculaire qui participent aux réactions du métabolisme.

métacarpe n. m. Partie du squelette de la main comprise entre le poignet et les doigts.

métacarpien, enne adj. Relatif au métacarpe : *les os métacarpiens*. ‖ — N. m. Chacun de ces os.

métacentre n. m. Point idéal qui joue un rôle dans la théorie des corps flottants.

métairie [meteri] n. f. (de *métayer*). Domaine rural exploité d'après le système du métayage. ‖ Les bâtiments eux-mêmes.

métal [metal] n. m. (lat. *metallum*, mine). Corps simple, doué d'un éclat particulier appelé *éclat métallique*, conduisant bien en général la chaleur et l'électricité, et qui possède en outre la propriété de donner, en se combinant avec l'oxygène, au moins un oxyde basique : *le fer est le plus utile des métaux*. (V. *encycl.*) ‖ *Hérald.* L'or et l'argent, catégories d'émail autre que les couleurs et les fourrures : *l'or et l'argent sont représentés par la couleur jaune et la couleur blanche*. ● *Métaux précieux*, l'or, l'argent, le platine.
— ENCYCL. Tous les *métaux* sont solides à la température ordinaire, sauf le mercure, qui est liquide. Ils sont doués de propriétés mécaniques : dureté, ténacité, malléabilité, ductilité, qui conditionnent leurs nombreux emplois. Les principaux sont : l'*or*, l'*argent*, le *platine*, le *mercure*, le *cuivre*, l'*aluminium*, le *fer*, l'*étain*, le *plomb*, le *zinc*, etc.
— Un métal est constitué par une multitude de grains juxtaposés, dont chacun est un cristal. A l'intérieur du grain, les atomes sont régulièrement répartis selon des lois géométriques. Si l'on assimile les atomes à des sphères rigides, celles-ci sont disposées de façon à avoir le maximum de contacts entre elles. Dans un plan horizontal, une sphère est en contact avec six autres sphères, et, sur cette première couche, on peut en placer une autre identique dont les sphères auront leur centre au-dessus des vides de la première. L'ensemble d'une série de couches ainsi disposées forme ce que l'on appelle le « réseau » du cristal, dans lequel chaque atome est en contact avec douze autres. Les métaux purs conduisent aisément les courants électriques et peuvent subir, sous l'influence d'efforts mécaniques, des déformations permanentes de grande amplitude, sans se rompre. Ils peuvent souvent former entre eux des solutions liquides ou solides de concentration étendue, et cette propriété est utilisée pour élaborer des alliages. Les métaux purs fondent ou se solidifient à température constante, caractéristique de chaque métal, tandis que les solutions solides d'un métal dans un autre présentent un certain intervalle thermique de fusion ou de solidification, intervalle variable, d'ailleurs, avec leur composition chimique.

métalangue n. f. (du préf. gr. *méta*). *Log.* Langue qui prend pour objet une autre langue et la formalise. (Les logiciens cherchent à la symboliser et à la formaliser à son tour.)

métaldéhyde [metaldeid] n. m. Polymère de l'aldéhyde acétique, corps solide blanc, employé comme combustible et pour détruire les limaces.

métallifère [metallifɛr] adj. Qui renferme un métal quelconque : *gîte métallifère*.

Métallifères (*monts*), nom de plusieurs massifs montagneux riches en minerais : en Toscane (1 059 m); en Slovaquie, au sud des Tatras (1 480 m); et surtout aux confins de l'Allemagne et de la Bohême (v. ERZGEBIRGE).

métallique adj. Constitué par du métal : *câble métallique ; encaisse métallique.* ‖ Qui a le caractère ou l'apparence du métal : *un bruit métallique.* ‖ Dur et sec comme les métaux : *voix métallique.* ● *Histoire métallique,* ensemble de médailles représentant des personnages ou des faits historiques.

métallisation n. f. Action de métalliser.
— ENCYCL. La *métallisation* groupe tous les procédés de revêtement ou de traitement de surface ayant pour objet le dépôt d'une couche métallique permettant soit la protection contre la corrosion, soit l'amélioration des propriétés superficielles, notamment la dureté. Ce dépôt s'effectue aussi bien sur pièces métalliques que sur pièces non métalliques (verre, papier, matière plastique, etc.), dont la surface a été soigneusement préparée par décapage, dégraissage, sablage, polissage, etc. Dans la *métallisation au pistolet,* le métal ou l'alliage est projeté en fines gouttelettes fondues sur la surface à recouvrir, où il se solidifie en formant une couche de protection. Dans la *métallisation sous vide,* on chauffe dans une enceinte exempte d'air un élément métallique, qui se vaporise et dont les vapeurs se déposent sur les objets à revêtir placés dans l'enceinte.

métallisé, e adj. Se dit d'un vêtement fabriqué à partir d'un tissage de Lurex* ou d'une base synthétique vernie d'argent.

métalliser [metalize] v. t. Donner un éclat métallique. ‖ Revêtir d'une mince couche de métal ou d'alliage.

métallo [metalo] n. m. *Fam.* Ouvrier métallurgiste.

métallochromie [metalɔkromi] n. f. Art de colorer la surface des métaux.

métallographie n. f. Etude de la structure et des propriétés des métaux et de leurs alliages.

métallographique adj. Relatif à la métallographie.

métalloïde [metallɔid] n. m. (gr. *metallon,* métal, et *eidos,* aspect). Corps simple non métallique.
— ENCYCL. Les *métalloïdes* sont mauvais conducteurs de la chaleur et de l'électricité ; ils n'ont pas, en général, d'éclat métallique, et tous leurs composés oxygénés sont ou des oxydes neutres ou des oxydes acides. Les métalloïdes sont : l'*hydrogène,* le *fluor,* le *chlore,* le *brome,* l'*iode,* l'*oxygène,* le *soufre,* le *sélénium,* le *tellure,* l'*azote,* le *phosphore,* l'*arsenic,* le *carbone,* le *silicium,* le *bore.*

métalloplastique adj. Qui a les caractéristiques d'un métal et d'une matière plastique : *joint métalloplastique.*

métallurgie [metalyrʒi] n. f. (du gr. *metallourgein,* exploiter une mine). Ensemble des procédés et des techniques d'extraction des métaux à partir de leurs minerais, de leur élaboration et de leur traitement. ● *Métallurgie des poudres,* ensemble des procédés de la métallurgie permettant d'obtenir des produits ou des pièces par compression et frittage à chaud à partir de poudres métalliques.

métallurgique adj. Qui a rapport à la métallurgie : *four métallurgique.*

métallurgiste adj. et n. m. Qui s'occupe de métallurgie. ‖ Qui travaille les métaux.

métalogique adj. et n. f. Se dit d'une discipline qui prend pour objet les formules d'une logique déjà constituée, ainsi que les règles de leur maniement.

métamathématique n. f. et adj. V. MÉTATHÉORIE.

métamère [metamɛr] n. m. Chez les animaux à symétrie bilatérale, l'une des parties identiques ou très semblables qui se succèdent d'avant en arrière, comme les *anneaux* des vers et des arthropodes.
— ENCYCL. Le nombre de *métamères* identiques, au moins en apparence, est particulièrement élevé chez les vers annelés (lombric, néréide), chez certains vers plats (ténia), chez les mille-pattes et chez les larves d'insectes (« ver de vase »). Chez les vertébrés, le squelette d'une anguille ou celui d'un serpent présente de véritables métamères. Mais jamais la métamérisation ne s'étend jusqu'à la tête, et il est rare qu'elle soit aussi rigoureuse à l'intérieur du corps qu'à l'extérieur. A l'inverse, il est rare qu'elle disparaisse sans laisser aucune trace, et l'on peut considérer la cage thoracique de l'homme ou l'abdomen d'une libellule comme des régions métamérisées, en dépit de la haute intégration du reste du corps.

métamérisé, e adj. Se dit des animaux dont le corps est plus ou moins divisé en métamères.

métamérisation n. f. Division plus ou moins marquée du corps d'un animal en métamères placés l'un derrière l'autre. (Syn. MÉTAMÉRIE.)

métamorphique adj. *Géol.* Relatif au métamorphisme. ● *Roches métamorphiques,* V. ROCHE.

métamorphiser v. t. *Géol.* Transformer par métamorphisme.

métamorphisme n. m. (préf. *méta,* et gr. *morphê,* forme). *Géol.* Profonde modification physique et chimique produite dans une roche, essentiellement sous l'effet d'actions d'origine interne (chaleur et pression).
— ENCYCL. On distingue trois types de *métamorphisme :* le *métamorphisme de contact* (produit au voisinage d'une montée de roche endogène), le *dynamométamorphisme* (dû à des efforts tectoniques le long de failles) et le *métamorphisme régional* ou *général* (engendré à la suite de l'enfoncement graduel des roches en profondeur).

métamorphosable adj. Qui peut être métamorphosé.

métamorphose [metamɔrfoz] n. f. Changement d'une forme en une autre. ‖ *Biol.* Changement rapide et important survenant au cours du développement d'un

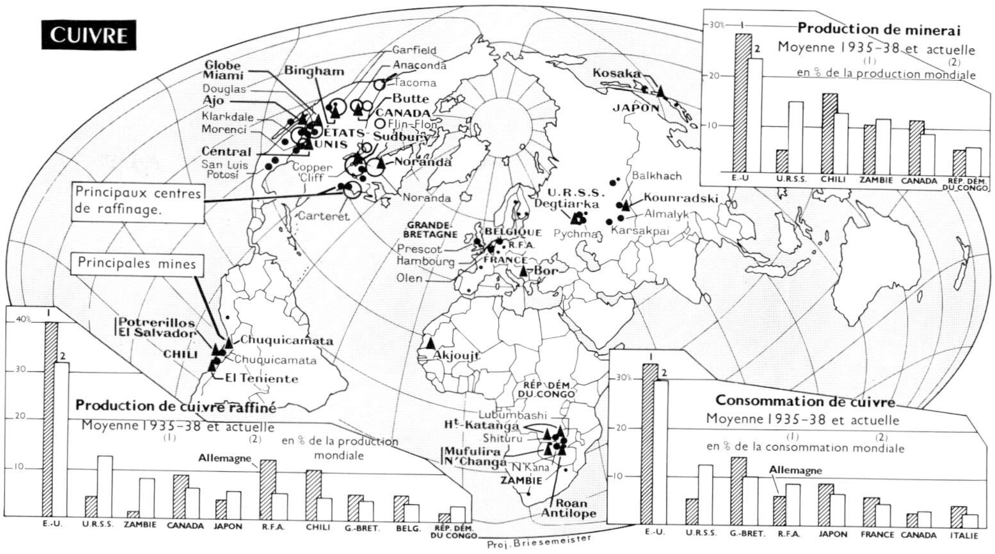

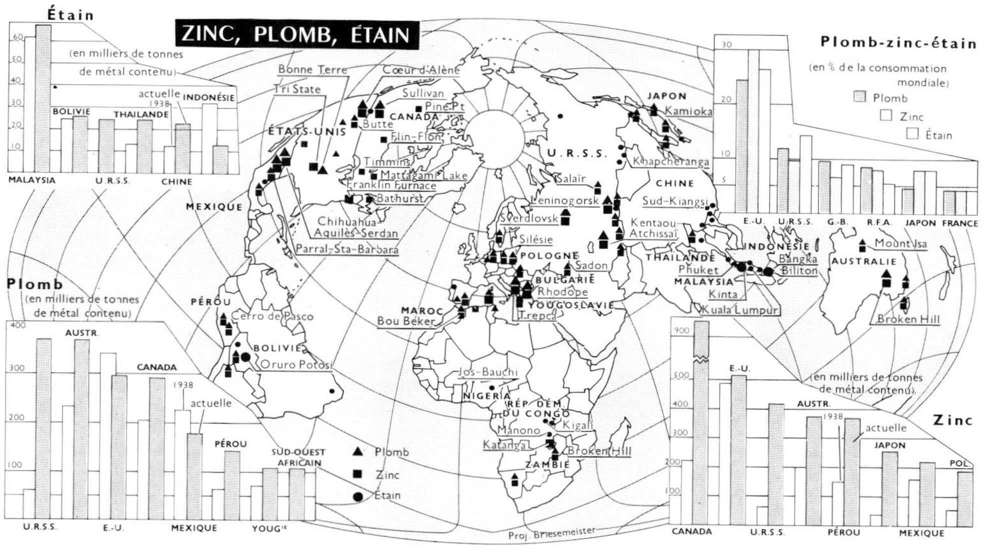

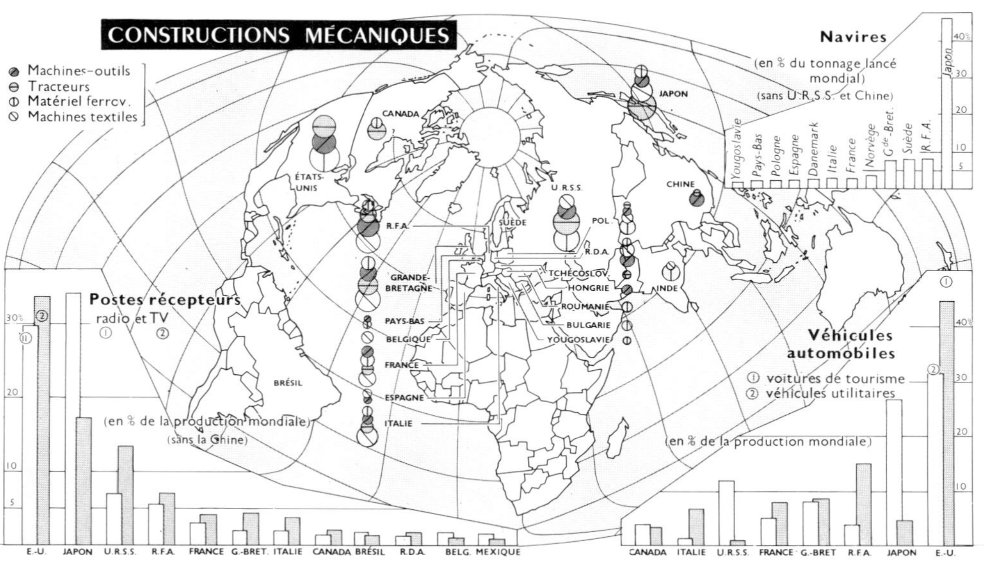

TECHNIQUES ET OPÉRATIONS MÉTALLURGIQUES

OPÉRATIONS PAR VOIE SÈCHE

Elles sont conduites sous l'action de la chaleur à des températures comprises entre 100 et plus de 3 000 °C.

Fusion. La *fusion simple* est le plus souvent pratiquée soit pour extraire directement le métal de son minerai (métal natif), soit pour séparer de sa gangue un minerai facilement fusible, afin de le concentrer. La *fusion avec modifications chimiques,* qui est l'opération la plus utilisée dans les diverses métallurgies, peut être réductrice, oxydante, sulfurante, carburante, scorifiante, ou encore intervenir avec précipitation.

Calcination. La *calcination simple* modifie physiquement le produit par la seule action thermique, sans réaction avec le milieu environnant. La *calcination avec modifications chimiques* est une opération importante, appelée *grillage,* qui est pratiquée dans les stades intermédiaires de l'élaboration de nombreux métaux. Elle peut être simple, oxydante, réductrice, chlorurante ou volatilisante.

Fusion avec modification chimique

Grillage

ÉLECTROMÉTALLURGIE

Elle fait appel à l'électricité, que l'on utilise pour :

1° le chauffage dans les *opérations électrothermiques,* parmi lesquelles les opérations d'affinage au four électrique sont très développées ;

2° l'électrolyse, soit par *voie sèche,* c'est l'électrolyse ignée (base de la fabrication de l'aluminium et de la préparation industrielle du magnésium), soit par *voie humide.* (Dans ce dernier cas, on électrolyse une solution de sel métallique avec une anode soluble ou avec une anode insoluble. Cette méthode est utilisée dans la métallurgie de minerais pauvres, dans la préparation de métaux précieux et surtout dans l'affinage, notamment celui du cuivre.)

L'électrolyse permet également de récupérer certains métaux à partir de déchets (cuivre, étain, plomb) et d'obtenir des métaux purs à l'état pulvérulent tels que le cuivre, l'argent et le fer.

Affinage au four électrique

Affinage du cuivre par voie humide

OPÉRATIONS PAR VOIE HUMIDE

Moins couramment utilisées, ces opérations constituent des phases de la récupération ou de l'affinage de certains métaux. Les principales sont la *dissolution avec précipitation* et l'*amalgamation,* réservée au traitement par le mercure des minerais contenant de l'or ou de l'argent à l'état natif.

OPÉRATIONS PAR VOLATILISATION

La réaction permet par ébullition d'obtenir le métal à l'état de vapeurs, qui sont ensuite condensées. On peut ainsi isoler des métaux purs par distillation, grâce aux points d'ébullition différents des métaux présents (séparation du plomb et du cadmium dans le zinc impur).

TRAITEMENTS DES MÉTAUX ET ALLIAGES

TRAITEMENTS THERMIQUES

Ils ont pour objet soit d'homogénéiser la structure, soit de modifier la capacité de déformation (allongement, fragilité) ou de modifier la résistance à la déformation en l'abaissant ou en l'élevant (dureté, résistance à la traction). Ces traitements thermiques sont caractérisés par différents facteurs, tels que vitesse de chauffage, température du traitement, temps de maintien à cette température, vitesse et allure du refroidissement, etc.

recuit

Chauffage à une température suffisante pour assurer à la pièce traitée un équilibre physico-chimique et structural que l'on fait suivre d'un refroidissement. Le recuit permet d'obtenir les meilleures caractéristiques de ductilité du métal et les plus faibles valeurs de résistance à la déformation.

trempe

Refroidissement brutal dans un milieu approprié après chauffage pour maintenir à la température ambiante soit une structure stable à chaud, soit une structure dérivée de cette dernière. Pour qu'un métal ou un alliage subisse un traitement de trempe, il faut que par élévation de température sa structure corresponde à un changement de ses constituants métallographiques soit par leur nature, soit par leurs proportions. Le produit doit donc être chauffé au-delà d'une température ou d'un point de transformation correspondant à cette modification structurale. La dureté est la propriété que l'on cherche le plus couramment à modifier par la trempe.

Opération de trempe

revenu

Chauffage uniforme, à une température inférieure à la température de transformation, d'une pièce métallique qui a subi antérieurement une trempe et qu'on laisse refroidir lentement, afin de supprimer les tensions internes de trempe et de transformer par réchauffage la structure réalisée pour se rapprocher d'une structure stable au point de vue physico-chimique.

TRAITEMENTS THERMOCHIMIQUES

Affectant essentiellement la surface des pièces par fixation d'un élément métal ou métalloïde, ils font appel, pour modifier la structure, et donc les propriétés des métaux, à des chauffages et à des refroidissements combinés à des changements de composition.

cémentation

- Chauffage d'une pièce métallique au contact d'un *cément* en vue soit de conférer à cette pièce des propriétés particulières par diffusion d'un ou de plusieurs éléments du cément dans toute la masse *(cémentation à cœur),* soit de limiter cette diffusion aux couches externes pour obtenir un produit composite ayant des propriétés superficielles différentes de ses propriétés à cœur *(cémentation superficielle).*
- Diffusion de différents métaux (aluminium, chrome, zinc) ou métalloïdes (azote) en surface d'alliages ferreux pour obtenir des propriétés mécaniques particulières ou pour protéger ces alliages de la corrosion.

Opération de cémentation

TRAITEMENTS CHIMIQUES ou ÉLECTROCHIMIQUES

Ils modifient la surface du métal :
- soit pour la décaper,
- soit pour la recouvrir d'une couche protectrice.

revêtement superficiel

Ce revêtement superficiel est obtenu par :
- réaction chimique (phosphatation de l'acier, Protalisation des alliages légers, etc.);
- dépôt électrolytique (chromage, étamage, nickelage, etc.);
- immersion dans des métaux fondus (étamage, zingage ou galvanisation des tôles);
- métallisation en projetant à l'aide d'un pistolet spécial le métal de protection (aluminium, cadmium, étain, plomb, zinc) à l'état fondu sur la pièce à revêtir.

Phot. Enami, Ugine Kuhlmann, Lacheroy, Union Minière, Lauros - Atlas-Photo (2)

Perforatrice en action dans une mine de fer.

Aciérie de Dunkerque, hauts fourneaux et stock de minerai de fer.

Hall des convertisseurs dans une aciérie LD à l'oxygène pur.

Coulée d'acier en lingotière.

Cages dégrossisseuses d'un train de fil.

Laminage de poutrelles.

Laminoir à tôles fortes, cage quarto.

Réchauffage des lingots, four à sole mobile.

Presse à forger.

Phot. Photothèque (2), Lacheroy (2), P. R. Doumic, Proissy, Photothèque, Sidelor, Shloenmann.

MÉTAUX

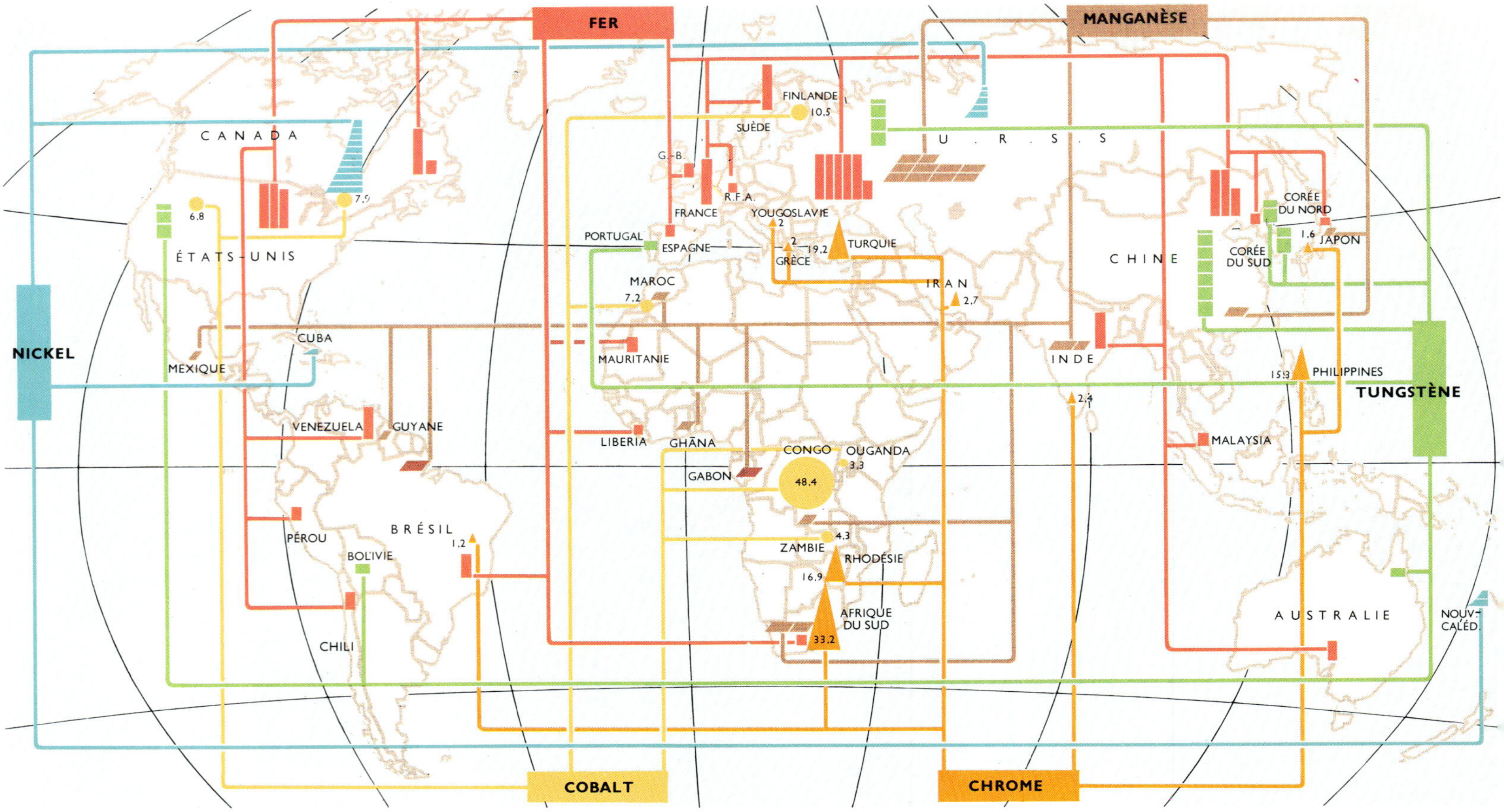

Une division dans chaque signe équivaut à 5% de la production mondiale

0 1000 2000 km

PRODUCTION MONDIALE DES MINERAIS MÉTALLIQUES

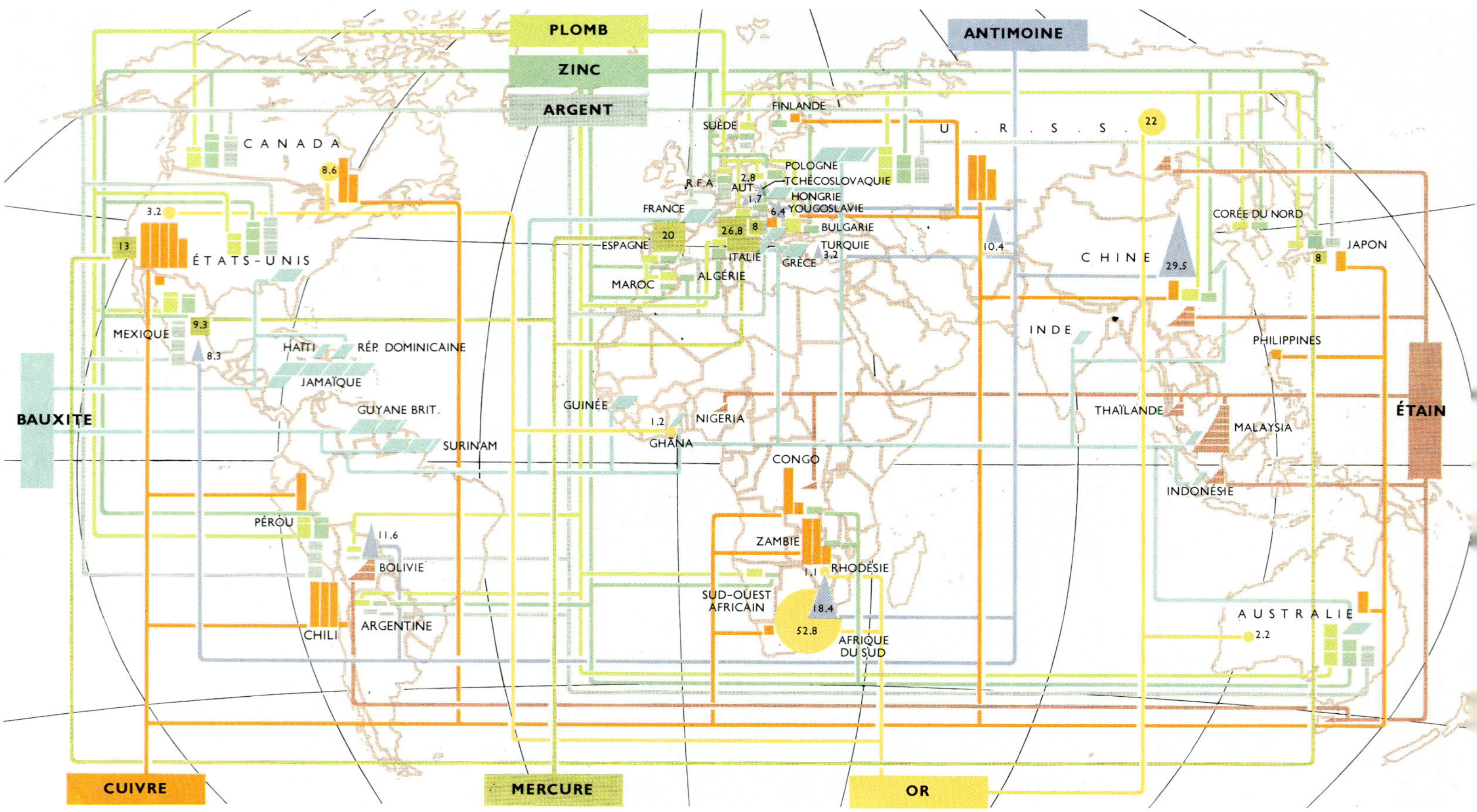

animal, après son éclosion, et affectant non seulement la taille, mais aussi la forme et souvent la manière de vivre. (V. *encycl.*) ‖ *Fig.* Changement complet dans l'état, le caractère d'une personne.
— ENCYCL. La *métamorphose* se manifeste d'une façon frappante chez les arthropodes, chez lesquels la croissance se fait par *mues*. Une chenille entre en nymphose, et, quelque temps après, l'on voit un papillon sortir de l'enveloppe nymphale, à l'abri de laquelle s'étaient faites les transformations. La métamorphose d'un têtard en grenouille paraît moins brusque, parce qu'on peut en voir les étapes, mais elle présente le même caractère essentiel, la décroissance : le poids de l'animal et parfois sa taille diminuent en cours de métamorphose. En fait, les organes adultes s'édifient beaucoup plus au détriment des organes larvaires résorbés qu'à partir de la nourriture prise par l'animal (dans la plupart des cas, celui-ci cesse de s'alimenter pendant la métamorphose). La métamorphose est donc tout autre chose qu'une simple maturation conduisant sans heurts à l'adulte reproducteur. C'est une crise biologique qui se solde souvent par une forte mortalité. La majorité des espèces animales subissent des métamorphoses. Les seules exceptions sont les vertébrés amniotes (reptiles, oiseaux, mammifères), la plupart des poissons, les espèces terrestres ou d'eau douce appartenant à des groupes marins (*développement condensé* de l'escargot, de l'écrevisse, etc.) et enfin divers arthropodes terrestres (arachnides, millepattes, insectes inférieurs). [V. LARVE et NYMPHOSE.]

Métamorphoses (*les*), poème d'Ovide, en 15 livres, composé à partir de l'an 1 ou 2 apr. J.-C. Il rassemble toutes les légendes relatives à la transformation miraculeuse d'un être humain en pierre, en végétal ou en animal.

Métamorphoses ou *l'Ane d'or*, roman d'Apulée (IIe s. apr. J.-C.). Ce récit, qui mêle les scènes de magie aux épisodes burlesques, raconte le changement de Lucius en âne, ses aventures, puis son retour à la forme humaine. Il contient le conte célèbre de Psyché et de Cupidon.

métamorphoser v. t. Changer la nature ou l'individualité de : *Latone métamorphosa des paysans en grenouilles.* ‖ *Fig.* Changer l'extérieur ou le caractère : *les honneurs l'ont métamorphosé.*

métaphase n. f. Deuxième phase de la division cellulaire par mitose*.

métaphore [metafɔr] n. f. (gr. *metaphora*, transport). Procédé par lequel on transporte la signification propre d'un mot à une autre signification qui ne lui convient qu'en vertu d'une comparaison sous-entendue. (Ex. : *la* LUMIÈRE *de l'esprit, la* FLEUR *des ans,* BRÛLER *de désir,* etc.)

métaphorique adj. Qui tient de la métaphore : *expression métaphorique.* ‖ Qui abonde en métaphores : *style métaphorique.*

métaphoriquement adv. De façon métaphorique : *parler métaphoriquement.*

métaphosphorique adj. Se dit de l'acide HPO_3, dérivé du phosphore.

métaphysicien, enne n. Personne qui étudie la métaphysique.

métaphysique adj. Qui appartient à la métaphysique : *preuves métaphysiques de l'existence de Dieu.* ‖ Trop abstrait : *raisonnement métaphysique.*

métaphysique [metafisik] n. f. (gr. *meta ta phusika*, après la physique [parce que, dans les œuvres d'Aristote, cette connaissance était traitée *après la physique*]). Connaissance des causes premières et des premiers principes : *la métaphysique d'Aristote.* ‖ Théorie générale et abstraite; explication philosophique : *la métaphysique du langage.* ‖ Abstraction, caractère de ce qui est abstrait : *il y a trop de métaphysique dans cet ouvrage.*

Métaphysique, ouvrage d'Aristote (IVe s. av. J.-C.), qui a joui pendant le Moyen Age d'une autorité incontestée.

métaphysiquement adv. De façon métaphysique.

métapsychique adj. Qui concerne des phénomènes psychologiques non encore connus scientifiquement : *la télépathie est une activité métapsychique.*

métapsychique n. f. Etude des phénomènes métapsychiques. (Syn. PARAPSYCHOLOGIE.)

métastase [metastɑz] n. f. (gr. *metastasis*, changement de place). Apparition, en un point de l'organisme, d'un phénomène pathologique déjà présent ailleurs : *métastase infectieuse; métastase tumorale.*

Métastase (Pierre), nom francisé de **Pietro Trapassi,** dit **Metastasio,** poète italien, né à Rome (1698-1782). Le succès de son premier « mélodrame » (*Didon abandonnée*, 1724) lui valut d'être appelé à la cour de Vienne comme poète officiel. Il y demeura jusqu'à sa mort et y composa des oratorios, des cantates et vingt-six mélodrames, qui unissent les thèmes de la tragédie classique à l'élégance du drame pastoral (*l'Olympiade*, 1733). Il a créé l'*arietta*, brève poésie à la fois gracieuse et ironique, faite pour la mélodie et le chant.

métatarse n. m. (gr. *meta*, après, et *tarsos*, plat du pied). Partie du squelette du pied comprise entre le tarse et les orteils.

métatarsien, enne adj. Qui appartient au métatarse : *les os métatarsiens.* ‖ — N. m. Chacun de ces os.

métathéorie n. f. *Log.* Etude des propriétés d'un système formel [S] au moyen d'une métalangue. (Si le système formel [S] représente les mathématiques, la théorie qui prend [S] comme objet est dite *métamathématique*.

Metchnikov

La métathéorie d'une théorie déductive étudie notamment les concepts de non-contradiction*, de complétude* et d'indépendance des axiomes.)

métathèse [metatɛz] n. f. (gr. *metathesis*, déplacement). *Linguist.* Déplacement de voyelles, de consonnes ou de syllabes à l'intérieur d'un mot. (Ainsi, l'anc. fr. *formage* est devenu *fromage*.)

métathorax n. m. Troisième division du thorax des insectes. (Elle porte les ailes postérieures.)

Métaure (le), auj. **Metauro,** fl. d'Italie centrale, qui se jette dans l'Adriatique ; 110 km. Sur ses bords, Hasdrubal, frère d'Hannibal, fut vaincu et tué par les Romains (207 av. J.-C.).

Metaxás (Ioánnis), général et homme politique grec, né à Ithaque (1871-1941). Chef de l'état-major général, il suivit le roi Constantin en exil (1917). Revenu en Grèce (1920), il échoua dans un coup d'Etat royaliste et repartit en exil (1923). Après la restauration (1932), il fut ministre, puis président du Conseil à vie (1938). En octobre 1940, il se rangea aux côtés des Alliés.

métayage [metɛjaʒ] n. m. Bail rural dans lequel l'exploitant remet au propriétaire une part de la récolte (au maximum un tiers).

métayer, ère n. (bas lat. *medietarius;* de *medietas*, moitié). Personne qui exploite un domaine rural suivant le système du métayage.

métazoaires [metazɔɛr] n. m. pl. (gr. *meta*, après, et *zôon*, animal). Ensemble des animaux pluricellulaires (par oppos. à *protozoaires*). ‖ Sing. un *métazoaire.*

Metchnikov ou **Metchnikoff** (Elie), zoologiste et biologiste d'origine russe, né à Ivanovka, près de Kharkov (1845-1916). Venu à Paris en 1887, il travailla à l'Institut Pasteur, dont il devint sous-directeur. On lui doit la découverte de la phagocytose. Il a laissé plusieurs ouvrages : *Immunité dans les maladies infectieuses, Etudes sur la nature humaine,* etc. (Prix Nobel de physiologie et de médecine, 1908.)

méteil [metɛj] n. m. (du lat. *mixtus*, mélangé). Mélange de seigle et de froment. ‖ — Adj. : *blé méteil.*

Metellus Caecilius. V. CAECILIUS METELLUS.

métempsycose ou **métempsychose** [metɑ̃psikoz] n. f. (gr. *metempsukhôsis*, déplacement de l'âme). Transmigration des âmes d'un corps dans un autre : *la croyance à la métempsycose se retrouve dans des religions très diverses.* (Syn. de RÉINCARNATION.)

métencéphale n. m. Troisième vésicule de l'encéphale embryonnaire, d'où dérivent le cervelet, la protubérance, et dont la cavité forme le quatrième ventricule.

météore [meteɔr] n. m. (gr. *meteôra*, choses élevées dans les airs). Phénomène lumineux qui résulte de l'entrée dans l'atmosphère terrestre d'une particule solide venant de l'espace. ‖ *Fig.* Personne ou chose qui brille d'un éclat très vif et passager.

météorique adj. Qui appartient ou a trait à un météore. ● *Cratère météorique,* dépression circulaire formée par la chute d'une grande météorite. ‖ *Pierres météoriques,* aérolithes.

météorisation n. f. Modifications subies par les roches au contact de l'atmosphère. ‖ *Art vétér.* V. MÉTÉORISME.

météoriser v. t. (gr. *meteôrizein*, gonfler). Gonfler par l'effet d'un gaz accumulé à l'intérieur : *la luzerne météorise les bœufs.*

météorisme n. m. ou **météorisation** n. f. Ballonnement du ventre, dû à des gaz.

météorite n. f. Objet solide se mouvant dans l'espace interplanétaire et qui a atteint la surface de la Terre sans être complètement vaporisé.

météorologie n. f. (gr. *meteôrologia*, science des phénomènes célestes). Etude des phénomènes atmosphériques et de leurs lois, notamment en vue de la prévision du temps. (On dit aussi MÉTÉO.)
— ENCYCL. La *météorologie* comprend l'observation et le relevé des éléments physiques du temps (températures, vents, précipitations, humidité relative, nébulosité, insolation, etc.), ce qui aboutit à l'élaboration des séries et des moyennes climatologiques. Elle englobe aussi la cartographie des relevés établis au sol et en altitude (donnant les cartes de pressions, de lignes de flux, de masses d'eau, etc.), présentant instantanément l'état de l'atmosphère. Elle s'attache enfin à l'étude de ces cartes en vue de la prévision du temps et, au-delà, de la pénétration des lois atmosphériques. La prévision du temps, s'appuyant à la fois sur la structure de l'atmosphère et sur son dynamisme, est complexe. Si la progression de la connaissance des lois du temps peut entraîner l'amélioration de la prévision, il est très improbable que l'on puisse aboutir à une certitude absolue du futur climatique proche et immédiat en une région donnée.

météorologique adj. Qui concerne la météorologie : *observations météorologiques.*

météorologiste ou **météorologue** n. Spécialiste de météorologie.

métèque [metɛk] n. m. (gr. *metoikos*). A Athènes, étranger établi à demeure dans cette ville. ‖ *Péjor.* Etranger établi dans un pays.

Métezeau, dynastie d'architectes français nés à Dreux. CLÉMENT (1479-1555) participa à la construction de l'hôtel de ville de Dreux. — Son fils THIBAUT (v. 1533-1600) travailla à la sépulture des Valois, à Saint-Denis, et dirigea les travaux du Pont-Neuf, à Paris. — LOUIS (v. 1560-1615), fils du précédent, construisit une partie de la grande galerie du Louvre. — CLÉMENT II (1581-1652), frère du précédent, dessina la place ducale de Charleville, travailla avec Salomon de Brosse au palais du Luxembourg, dirigea la construction de la digue de La Rochelle et éleva l'hôtel de Luynes, à Paris.

méthacrylique [metakrilik] adj. (de *méthane*). Se dit de composés organiques utilisés pour la fabrication de verres de sécurité.

méthane [metan] n. m. (du gr. *methu*, boisson fermentée). Gaz incolore (CH_4), de densité 0,554, brûlant à l'air avec une flamme pâle. (Il se dégage des matières en putréfaction et constitue le grisou des houillères. C'est le constituant essentiel du gaz de Lacq.)

méthanier n. m. Navire conçu pour transporter le gaz naturel liquéfié.

méthanol n. m. Syn. de ALCOOL MÉTHYLIQUE.

méthode [metɔd] n. f. (lat. *methodus;* du gr. *meta*, après, et *odos*, voie). Manière de dire, de faire, d'enseigner une chose, suivant certains principes et avec un certain ordre : *procéder avec méthode.* ‖ Façon d'agir : *chacun a sa méthode.* ‖ Ouvrage groupant logiquement les éléments d'une science, d'un art, etc. : *méthode de chant.* ‖ *Bot.* Mode de classement des espèces végétales. ‖ *Philos.* Marche rationnelle de l'esprit vers la vérité : *la méthode cartésienne.*

Méthode (*saint*), apôtre des Slaves, né à Thessalonique (v. 825-885). Avec son frère Cyrille, il fut désigné par l'Empereur pour évangéliser les Slaves (864). A leur intention, il créa l'alphabet glagolitique, traduisit en slavon l'Evangile et organisa le culte slave. Contre les évêques germaniques, il en appela au pape Adrien II, qui le nomma évêque régionnaire de Pannonie. — Fête le 9 mars.

méthodique adj. Qui a de l'ordre, de la méthode : *esprit méthodique.* ‖ Qui est établi suivant un ordre logique : *traité méthodique.* ● *Doute méthodique,* première démarche de Descartes dans la recherche de la vérité, qui consiste à rejeter toutes les connaissances déjà acquises comme l'ayant été sans fondement raisonnable.

méthodiquement adv. Avec méthode.

méthodisme [metɔdism] n. m. Doctrine des méthodistes.
— ENCYCL. Le terme de *méthodisme*, appliqué depuis le XVIe s. à la pratique d'une « méthode » de piété et de sainteté, est réservé aujourd'hui à la réforme que lança l'Anglais Wesley, au XVIIIe s., parmi les étudiants d'Oxford. Ce véritable « réveil » religieux s'étendit rapidement à tout le monde anglo-saxon. Le méthodisme se distingue par l'indifférence à l'égard des formes cultuelles, le souci de la vie chrétienne et la place faite au sacerdoce des laïcs. Les méthodistes sont au nombre de 30 millions environ.

méthodiste n. Membre d'une communauté protestante que Wesley fonda à Oxford au XVIIIe s.

méthodologie n. f. Partie d'une science qui étudie les méthodes auxquelles elle a recours.

méthyle [metil] n. m. Radical univalent CH_3, dérivé du méthane, que l'on trouve dans de nombreux corps organiques. ● *Chlorure de méthyle* (CH_3Cl), liquide dont l'évaporation abaisse la température à — 55 °C, et qui est employé dans plusieurs industries et en médecine.

méthylène n. m. (gr. *methu*, boisson fermentée, et *hulê*, bois). Nom commercial de l'*alcool méthylique*, ou *esprit-de-bois.* ‖ Radical bivalent CH_2 : *chlorure de méthylène* (CH_2Cl_2). ● *Bleu de méthylène,* colorant et désinfectant extrait de la houille.

méthylique adj. *Chim.* Se dit de composés dérivés du méthane : *alcool méthylique* (CH_3OH).

méticuleusement adv. De façon méticuleuse.

méticuleux [metikylø], **euse** [-øz] adj. (lat. *meticulosus*, craintif). Qui apporte ou qui demande beaucoup d'attention, de soins : *un employé méticuleux; une propreté méticuleuse.*

méticulosité n. f. Caractère méticuleux.

métier [metje] n. m. (lat. *ministerium*, service). Toute profession manuelle ou mécanique : *métier de serrurier.* ‖ Profession quelconque : *le métier d'ingénieur.* ‖ Machine au moyen de laquelle on confectionne des articles à métier et des tissus : *métier Jacquard.* ‖ Habileté que procure la pratique d'un art : *avoir du métier.* ● *Faire métier de,* faire profession de.

Phot. Meurisse.

métis [metis], **isse** adj. et n. (du lat. *mixtus,* mélangé). Qui est issu du croisement de sujets de races différentes. (V. *encycl.*) || Qui résulte d'un mélange : *toile métisse* (lin et coton).
— Encycl. Les *métis* possèdent à l'égard de certains traits une apparence intermédiaire à l'apparence de leurs parents, en ce qui concerne les caractères dépendant de plusieurs gènes. Ainsi, l'enfant d'un Blanc et d'une Noire est un mulâtre, car il ne possède que quelques-uns des gènes dont dépend la couleur noire. Le croisement répété entre métis, conformément aux lois de l'hérédité, fait apparaître des individus qui retrouvent tous les caractères d'un des ascendants originels.

métissage n. m. Croisement de deux races animales ou végétales.

métisser v. t. Croiser par le métissage.

Metius (Adriaensz), mathématicien néerlandais, né à Alkmaar (1571-1635). Il donna pour valeur approchée de π la fraction $\frac{355}{113}$ qui, réduite en décimales, donne les six premiers chiffres exactement.

Méton ou **Metön,** astronome athénien du Ve s. av. J.-C. Il imagina le cycle qui porte son nom et qui consistait à intercaler dans une période de 19 années juliennes 7 autres mois, de façon à ramener très sensiblement les phases moyennes de la Lune aux mêmes dates de l'année julienne, sinon en 19 ans, du moins en 76 ans, à cause des années bissextiles.

métonien [metɔnjɛ̃] adj. m. Se dit du cycle inventé par Méton.

métonymie [metɔnimi] n. f. (gr. *metonumia,* changement de nom). Procédé stylistique par lequel on exprime l'effet par la cause, le contenu par le contenant, le tout par la partie, etc. (Ex. : il vit *de son travail,* pour *du fruit de son travail ; la ville,* pour *les habitants de la ville.*)

métonymique adj. Relatif à la métonymie : *expression métonymique.*

métope [metɔp] n. f. (gr. *metopê ;* de *meta,* entre, et *opê,* ouverture). *Archit.* Espace entre deux triglyphes, dans la frise d'ordre dorique, garni d'une plaque d'argile cuite ou de marbre qui est généralement ornée de sculptures en bas relief.

métrage [metraʒ] n. m. Mesurage au mètre. || Longueur en mètres d'un coupon d'étoffe, d'un film. ● *Court métrage,* film d'environ 300 à 600 m de longueur. || *Long métrage,* film de plus de 2 500 m. || *Moyen métrage,* film dont la longueur varie de 600 à 2 500 m.

mètre [mɛtr] n. m. (lat. *metrum,* mesure, empr. au gr.). Unité de mesure principale de longueur (symb. : m), équivalant à la longueur égale à 1 650 763,73 longueurs d'onde, dans le vide, de la radiation correspondant à la transition entre les niveaux $2p_{10}$ et $5d_5$ de l'atome de krypton 86. || Objet servant à mesurer et ayant la longueur d'un mètre. ● *Mètre carré,* unité de mesure de superficie (symb. : m^2), équivalant à l'aire d'un carré ayant 1 mètre de côté. || *Mètre cube,* unité de mesure de volume (symb. : m^3), équivalant au volume d'un cube ayant 1 mètre de côté. || *Mètre par seconde,* unité de mesure de vitesse (symb. : m/s), équivalant à la vitesse d'un mobile qui, animé d'un mouvement uniforme, parcourt une distance d'un mètre en une seconde. || *Mètre par seconde, par seconde,* unité de mesure d'accélération (symb. : m/s^2), équivalant à l'accélération d'un mobile animé d'un mouvement uniformément varié, dont la vitesse varie, en une seconde, d'un mètre par seconde.
— Encycl. Le *mètre* avait été primitivement défini comme une longueur égale à la dix-millionième partie du quart du méridien terrestre (loi du 19 frimaire an VIII [10 décembre 1799]). Le mètre légal fut ensuite (loi du 11 juillet 1903) représenté par la distance moyenne, à la température de 0 °C, des axes de deux traits parallèles tracés sur le prototype international en platine iridié, sanctionné par la Conférence internationale des poids et mesures tenue à Paris en 1889, et déposé au pavillon de Breteuil à Sèvres. La nouvelle définition, rattachée aux radiations du krypton, donne au mètre plus de précision et garantit mieux sa permanence sans altérer sa longueur.

mètre n. m. (lat. *metrum,* empr. au gr. *metron,* vers). Dans la prosodie grecque et latine, groupe déterminé de syllabes longues ou brèves, comprenant deux temps marqués. || Forme rythmique d'une œuvre poétique ; vers.

métré [metre] n. m. Action de mesurer. || Description détaillée d'un ouvrage de construction en classant les différents travaux à exécuter suivant leur nature, leur coût, etc. : *faire le métré d'un travail.*

mètre-kilogramme n. m. Unité de mesure de moment d'une force ou d'un couple (symb. : m.kgf), égale au moment, par rapport à un axe, d'une force de 1 kilogramme-force dont le support est distant de 1 mètre de l'axe et lui est orthogonal. || Pl. des *mètres-kilogrammes.*

métrer [metre] v. t. (conj. **5**). Mesurer au mètre : *métrer une construction.*

métreur n. et adj. m. Celui qui mesure. || Employé d'un architecte ou d'un entrepreneur, chargé de s'assurer de l'état d'avancement des travaux par la mesure des éléments réalisés.

métricien, enne n. Personne qui s'occupe de métrique.

métrique [metrik] adj. Relatif aux mesures. || Relatif à la mesure du vers. ● *Propriété métrique,* propriété liée à la mesure d'une grandeur. || *Relations métriques,* relations entre les valeurs des segments d'une figure.

Metternich-Winneburg
lithographie
d'après Lawrence
musée de Vienne

métrique adj. Relatif au mètre. ● *Quintal métrique,* poids de 100 kilogrammes (symb. : q). || *Système métrique,* ensemble, système des poids, mesures et monnaies ayant pour base le mètre. (V. *encycl.*) || *Tonne métrique,* poids de 1 000 kilogrammes (symb. : t).
— Encycl. Le *système métrique* a été institué en France par la loi du 18 germinal an III (7 avr. 1795), qui prescrivait l'adoption d'un étalon unique des poids et mesures pour toute la République et fixait les principes du système ainsi que ceux de la nomenclature tels qu'ils existent aujourd'hui. Si, à l'origine, pour convenir « à tous les temps, à tous les peuples », le mètre a été pris dans les dimensions de la Terre, la qualité essentielle du système métrique est sa décimalité, qui correspond à la numération. Pour une même sorte de grandeur, toutes les unités se déduisent de l'une d'elles ; leurs valeurs sont indiquées par des facteurs qui sont des puissances entières de 10, et leurs noms par des préfixes qui désignent les puissances. Un décret, promulgué en 1961, fixe le système des unités de mesure légales, qui est, depuis le 1er janvier 1962, le système métrique à six unités de base, appelé *système international d'unités* (système SI).

métrique n. f. Science qui étudie les éléments dont sont formés les vers.

métrite [metrit] n. f. Inflammation de l'utérus.

métro [metro] n. m. Abrév. de *métropolitain* (chemin de fer urbain en grande partie souterrain).

métrologie [metrɔlɔʒi] n. f. (gr. *metron,* mesure, et *logos,* science). Science des mesures.

métrologique adj. Relatif à la métrologie : *traité métrologique.*

métrologiste n. Spécialiste de métrologie.

métronome [metrɔnɔm] n. m. (gr. *metron,* mesure, et *nomos,* règle). Instrument inventé par Maelzel, destiné à indiquer la vitesse dans laquelle doit être exécuté un mouvement musical.

métropole [metrɔpɔl] n. f. (gr. *mêtêr,* mère, et *polis,* ville). Etat considéré par rapport aux pays qui dépendent de lui. || Ville principale d'une région, d'un Etat. ● *Métropole d'équilibre,* grand centre urbain provincial structuré de façon à équilibrer l'influence de Paris en vue d'en limiter la croissance.

métropolitain, e adj. Qui appartient à la capitale d'un Etat ou à la mère patrie. || Archiépiscopal : *église métropolitaine.*

métropolitain adj. et n. m. *Chemin de fer métropolitain,* ou *métropolitain* n. m., chemin de fer souterrain ou aérien, qui dessert les quartiers d'une grande ville et sa banlieue.
— Encycl. L'encombrement des grandes agglomérations contraint de créer des réseaux autonomes de transport n'empiétant pas sur les voies de circulation existantes, pour assurer des déplacements rapides. Projeté dès 1855, le *métropolitain* de Paris, dont la première ligne a été inaugurée en 1900, comprend quatorze lignes, en majorité souterraines, d'un développement total de 169 km et desservant 270 stations. Les trains comportent quatre ou cinq voitures, et leur vitesse commerciale est de l'ordre de 25 km/h. La Régie autonome des transports parisiens a entrepris de moderniser le réseau existant en équipant certaines lignes d'un matériel roulant sur pneumatiques et en construisant de nouvelles lignes à grand gabarit (Réseau express régional). Une trentaine de grandes villes dans le monde possèdent un métropolitain. Les métropolitains les plus importants sont ceux de Londres (inauguré en 1863), de New York et de Moscou. L'un des plus modernes est celui de Montréal, qui utilise la technique parisienne « sur pneus ».

métropolitain n. m. Archevêque.

Metropolitan Opera, théâtre d'opéra de New York, créé en 1883 et qui est devenu l'une des premières scènes lyriques du monde. Ayant cessé d'exister en 1966, il a été remplacé par le New Metropolitan Opera, édifié à Lincoln Center et inauguré la même année.

métropolite n. m. Dignitaire des Eglises orthodoxes, intermédiaire entre le patriarche et les archevêques.

métrorragie [metrɔraʒi] n. f. (gr. *mêtra,* matrice, et *rhagê,* rupture). Hémorragie utérine survenant chez la femme en dehors des périodes menstruelles.

mets [mɛ] n. m. (du lat. *missus,* mis [sur la table]). Tout aliment apprêté qu'on sert pour les repas.

Metsu (Gabriël), peintre hollandais, né à Leyde (1629-1667). Elève de Gérard Dou, il fut un des meilleurs peintres hollandais de scènes de la vie familière (*Un militaire et une jeune dame,* Louvre).

mettable [mɛtabl] adj. Qu'on peut mettre : *ce vêtement est encore mettable.*

Metternich-Winneburg (Klemens, *comte,* puis *prince* de), homme politique autrichien, né à Coblence (1773-1859). Il entra jeune dans la diplomatie autrichienne. Ambassadeur à Paris en 1806, il devint en 1809 ministre des Affaires étrangères et chancelier. Il favorisa le mariage de Marie-Louise avec Napoléon (1810), puis travailla à détacher les Alliés de l'Empereur, jouant un double jeu jusqu'à ce que, en 1813, il adhérât à la coalition antifrançaise. Il domina le congrès de Vienne (1814-1815), incarnant le conservatisme politique dans une Europe travaillée par les idées révolutionnaires. Hostile à la Sainte-Alliance, il s'appuya sur la Quadruple-Alliance, ce qui lui permit d'imposer ses vues aux différents congrès chargés de trouver une solution aux mouvements libéraux : ses interventions aboutirent toujours à l'écrasement des révolutionnaires (1818-1822). A l'intérieur de l'empire d'Autriche, il se montra aussi partisan de l'absolutisme. A la suite du soulèvement de Vienne (13 mars 1848), il dut s'enfuir. Rentré à Vienne en 1851, il ne joua plus aucun rôle.

metteur n. m. *Metteur en œuvre,* ouvrier qui monte les joyaux. || *Metteur en ondes,* technicien du spectacle radiodiffusé ou télévisé, chargé de régler la construction du spectacle et d'ordonner les éléments de la réalisation scénique. || *Metteur en pages,* celui qui fait la mise en pages. || *Metteur au point,* ajusteur-monteur particulièrement qualifié assurant l'assemblage, la mise en place et le réglage d'éléments mécaniques ou électriques d'un ensemble. || *Metteur en scène,* personne qui, pendant les répétitions d'une pièce, règle les mouvements de chacun des acteurs, la disposition des décors, etc. ; au cinéma, spécialiste qui dirige les prises de vues (décors, éclairage, son, jeu des acteurs).

Mettray (37390), comm. d'Indre-et-Loire (arr. de Tours) ; 1 150 h. (343 aggl.). Anc. colonie agricole de jeunes détenus. Eglise (XIVe-XVIe s.).

mettre [mɛtr] v. t. (lat. *mittere,* envoyer) [conj. **49**]. Placer une personne ou une chose dans un lieu déterminé : *mettre un enfant au lit ; mettre une lettre sous enveloppe.* || Ranger, combiner : *mettre de niveau.* || Faire entrer : *mettre un enfant en pension.* || Poser sur le corps comme vêtement : *mettre une robe neuve.* || Mêler, verser : *mettre du sel dans la sauce.* || User de : *mettez du soin à ce que vous faites.* || Faire le placement de : *mettre son argent à la Caisse d'épargne.* || Dépenser : *mettre dix francs dans un bibelot.* || Employer tant de temps : *la Terre met vingt-quatre heures à tourner autour de son axe.* || Accommoder : *mettre un lièvre en civet.* || Faire consister : *chacun met son bonheur où il lui plaît.* || *Fam.* Supposer, admettre : *mettez que je n'ai rien dit.* ● *Mettre à même de,* donner à quelqu'un les moyens de. || *Mettre en pièces,* briser. || *Mettre la table,* y placer la nappe et disposer les couverts. || *Mettre un vaisseau, des canots à la mer,* les lancer. || *Y mettre du sien,* faire des concessions, contribuer à quelque chose. || — **Se mettre** v. pr. Se placer : *se mettre à table.* || Commencer : *se mettre à travailler.* || Suivre un régime : *se mettre à la diète.* ● *Il se met bien,* il s'habille bien ; il en prend à son aise. || *Se mettre à son aise,* se dépouiller de ce qui gêne ; se donner des libertés. || *Se mettre en colère,* se fâcher. || *Se mettre en tête,* s'imaginer, vouloir absolument.

Metz [mɛs] (57000), ch.-l. du dép. de la Moselle, sur la Moselle, à 312 km à l'est de Paris ; 113 586 h. (*Messins*). Cour d'appel. Cité ancienne, vieil évêché et ville de garnison, Metz n'a pas valorisé durant le dernier siècle sa position à proximité du gisement ferrifère lorrain. La ville est encore plutôt un centre commercial et même un marché agricole qu'une cité industrielle, malgré la présence d'industries mécaniques, alimentaires et textiles. La canalisation de la Moselle et sa promotion (avec Nancy) au rang de métropole d'équilibre peuvent, aujourd'hui, en faire la capitale de la Lorraine industrielle, presque à mi-chemin entre le fer et la houille. La population de la ville s'est accrue de plus de 25 p. 100 entre 1954 et 1968, et celle de l'agglomération (qui rassemble plus de 165 000 h.) d'un pourcentage légèrement supérieur pendant la même période. — L'arr. de *Metz-Campagne* a 7 cant., 146 comm., 166 758 h. ; celui de *Metz-Ville* a 3 cant., 107 537 h.
● *Histoire.* Sous les Mérovingiens, Metz fut la capitale de l'Austrasie. Elle fut acquise à la France sous Henri II et défendue victorieusement par François de Guise contre Charles Quint (1552). En 1870, Bazaine se laissa enfermer dans Metz (batailles de Rezonville, de Gravelotte et de Saint-Privat en août) et y capitula le 27 octobre. La ville fut allemande de 1871 à 1918. Patrie de Pilâtre de Rozier, Verlaine.
● *Beaux-arts.* La ville possède de nombreux vestiges de son passé : ruines gallo-romaines (aqueduc, basilique) ; cathédrale Saint-Etienne (XIIIe-XVIe s.), dont la nef et les vitraux sont remarquables ; église Saint-Vincent (XIIIe-XIVe s., façade du XVIIIe s.) ; place d'Armes, hôtel de ville et palais de justice du XVIIIe s. ; nombreuses maisons anciennes.

Metzervisse (57940), ch.-l. de c. de la Moselle (arr. de Thionville-Est) ; 1 156 h.

Metzinger (Jean), peintre français, né à Nantes (1883-1956). Après avoir pratiqué le néo-impressionnisme et le fauvisme, il devint un des plus ardents défenseurs du cubisme : il publia en 1912, avec Gleizes, le premier traité théorique *Du cubisme,* qui eut un grand retentissement. Il revint plus tard à une forme très dépouillée,

Phot. Bibl. nat. d'Autriche.

mais plus réaliste. Il est représenté au musée national d'Art moderne.

Metzys (Quentin). V. MATSYS (Quinten).

meublant, e adj. Propre à meubler : *une étoffe meublante.* ● *Meubles meublants* (Dr.), objets qui servent à meubler et à garnir un appartement.

meuble [mœbl] adj. Se dit d'une terre, d'un sol, qui peut être facilement divisé par les labours.

meuble [mœbl] n. m. (lat. *mobilis*, mobile). Tout objet mobile qui sert à l'usage ou à la décoration des appartements. || *Hérald.* Toute pièce qui charge un écu. (Syn. PIÈCE.)

meuble [mœbl] n. m. *Dr.* Bien susceptible d'être déplacé. ● *Meuble incorporel,* bien susceptible d'être déplacé, et déterminé par la loi (droit d'auteur, créance, action, fonds de commerce, etc.). || *Meuble par nature,* bien corporel, matériel (animal, mobilier, marchandise). || — Adj. *Bien meuble,* bien susceptible d'être déplacé (par oppos. à *bien immeuble* [maison, terrain]).

meublé, e adj. Garni de meubles : *chambre meublée.* || — N. m. Appartement loué avec le mobilier : *habiter en meublé.*

meubler v. t. Garnir de meubles : *meubler un appartement.* || *Absol.* Produire un effet d'ornementation : *étoffe qui meuble bien.*

Meudon (92190), ch.-l. de c. des Hauts-de-Seine (arr. de Boulogne-Billancourt), au sud-ouest de Paris, en bordure de la *forêt de Meudon ;* 51 481 h. (*Meudonnais*). Château-Neuf, par Mansart (1706), auj. aménagé en observatoire. Maison d'Armande Béjart et villa de Rodin, abritant chacune un musée. Ateliers d'aérostation militaire, soufflerie aérodynamique (Chalais-Meudon). Industries dans le *bas Meudon :* métallurgie, automobiles, explosifs.

meuglement n. m. Syn. de BEUGLEMENT.

meugler [møgle] v. i. Syn. de BEUGLER.

meulage n. m. Action de meuler.

Meulan (78250), ch.-l. de c. des Yvelines (arr. de Mantes-la-Jolie), sur la Seine ; 4 644 h. (*Meulanais*). Construction de chalands.

meule [møl] n. f. (lat. *mola*). Corps solide, d'origine naturelle ou artificielle, de forme circulaire, qui agit par abrasion et qu'on utilise pour de multiples travaux. ● *Meule de fromage,* grosse masse de fromage ayant la forme d'une meule de moulin.

meule n. f. Tas de foin, de blé, etc., de forme généralement conique, recouvert d'une sorte de toit de chaume, et que l'on élève dans les champs. || Tas de bois recouvert de gazon, que l'on carbonise en plein air. || *Hortic.* Couche à champignons.

Meulebeke, comm. de Belgique (Flandre-Occidentale) ; 10 600 h. Industries textiles.

meuler v. t. User ou dresser à la meule.

meulier, ère adj. Relatif aux meules à moudre : *silex meulier.* ● *Pierre meulière,* ou *meulière* n. f., roche sédimentaire siliceuse et calcaire, abondante dans les couches tertiaires du Bassin parisien, utilisée pour la fabrication des meules. (Une variété partiellement décalcifiée, la *meulière caverneuse,* sert souvent en construction.)

meulier n. m. Ouvrier qui façonne les meules.

meulon n. m. Petite meule provisoire de foin, de chanvre, etc.

meunerie n. f. Industrie qui assure la transformation des grains en farine. (Syn. MINOTERIE.) || Ensemble des meuniers.

Meung (Jean DE). V. JEAN DE MEUNG.

Meung-sur-Loire [mœ̃-] (45130), ch.-l. de c. du Loiret (arr. d'Orléans) ; 4 248 h. (3 947 aggl.) [*Magdunois*]. Église (XIIIe s.). Château (XIIIe-XVIIIe s.).

meunier [mønje], **ère** [-ɛr] n. (lat. *molinarius*). Personne qui exploite un moulin à blé.

meunier n. m. Nom usuel du *chevesne.*

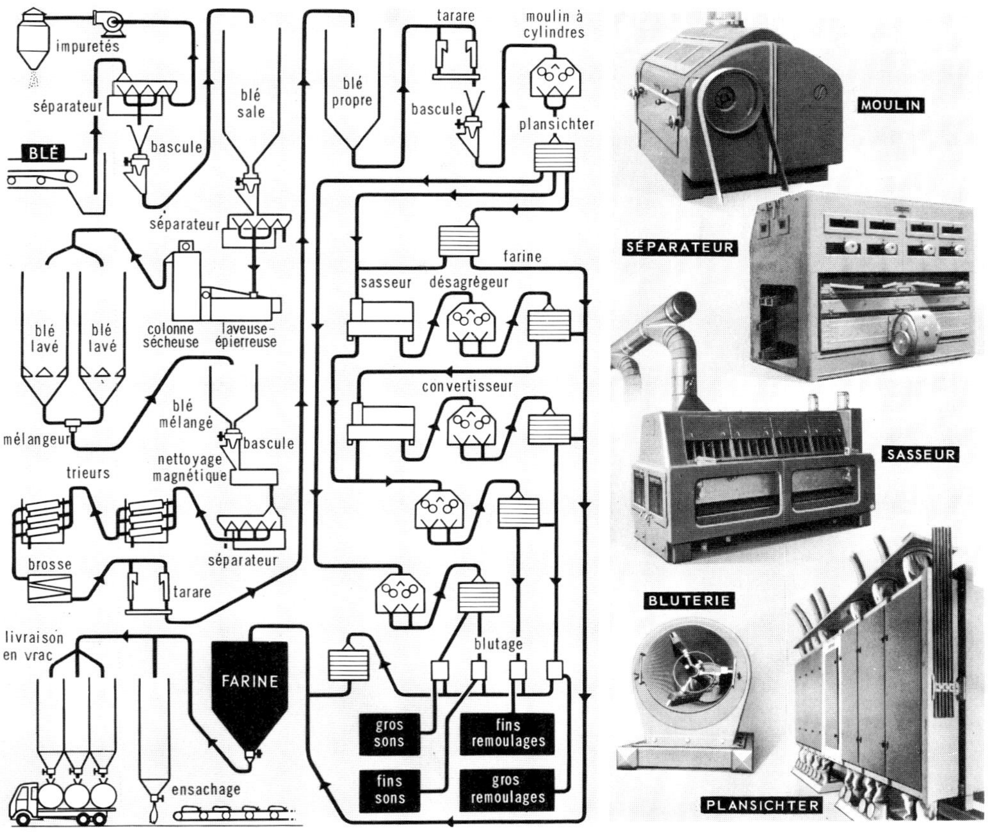

meunerie

Meunier (Constantin), peintre et sculpteur belge, né à Bruxelles (1831-1905). Il montra l'homme au travail, surtout le mineur, en un style réaliste et pathétique, qui a fait de lui un des meilleurs représentants de la sculpture belge (*le Puddleur,* musée national d'Art moderne). [V. illustr. BELGIQUE.]

meunière n. f. Nom usuel de la *mésange à longue queue.*

Meurchin (62410 Wingles), comm. du Pas-de-Calais (arr. de Lens) ; 3 397 h. Houille.

Meursault (21190), comm. de la Côte-d'Or (arr. de Beaune) ; 1 831 h. Vins réputés.

meurt-de-faim n. inv. Personne qui manque du strict nécessaire.

Meurthe (la), riv. de Lorraine, affl. de la Moselle (r. dr.) ; 170 km. Née dans les Vosges, elle arrose Saint-Dié, Lunéville et Nancy.

Meurthe (*dép. de la*), anc. dép. français, en partie cédé à l'Allemagne en 1871. La partie redevenue française en 1919 a été incorporée dans le département de la Moselle.

Meurthe-et-Moselle (*dép. de*) [**54**], dép. formé en 1871 par la Lorraine et constitué avec les deux fractions des dép. de la Meurthe et de la Moselle laissés à la France par le traité de Francfort ; préf. *Nancy ;* s.-préf. *Briey, Lunéville, Toul ;* 4 arr., 37 cant., 599 comm., 5 235 km² ; 705 400 h. Au sud de l'Orne, le dép. s'étend sur le *plateau lorrain,* qui s'oriente vers l'élevage, la *forêt de la Haye* et la ***Woëvre,*** boisée ou céréalière (sur les terrains limoneux). Au nord, il occupe le revers des *Côtes de Moselle,* dont l'importance économique vient de la richesse du sous-sol. C'est aux mines de fer des bassins de Briey et de Longwy (celui de Nancy, au sud, est moins important) que le dép. doit l'ampleur de son industrie. Celle-ci, employant environ la moitié de la population active, est fondée sur la sidérurgie et la métallurgie lourde, implantées sur les gisements ferrifères, dans les vallées de la Chiers et de l'Orne. Les mines de sel du Sud-Est fournissent la matière première aux usines chimiques (à Dombasle, Varangéville, etc.), alors que se maintiennent les activités traditionnelles (brasseries à Nancy, cristallerie à Baccarat, etc.). L'accroissement de population du nord, industriel, est ralenti alors que le dépeuplement se poursuit au sud (en dehors de l'agglomération nancéienne), demeuré plus rural.

meurtre [mœrtr] n. m. (empr. au francique). Homicide volontaire : *le meurtre avec préméditation est un assassinat.*

Meurtre dans la cathédrale, drame en vers, en 2 actes et un intermède, de T. S. Eliot (1935). Cette pièce lyrique, qui montre le meurtre de Thomas Becket par les émissaires du roi Henri II, illustre le conflit sans cesse renaissant entre les prétentions temporelles et les aspirations spirituelles.

meurtrier, ère adj. et n. Qui commet un meurtre : *arrêter un meurtrier ; fils meurtrier.* (Syn. : ASSASSIN, CRIMINEL, HOMICIDE, TUEUR.) || — Adj. Qui cause la mort de beaucoup de personnes : *combat meurtrier.*

meurtrière n. f. Ouverture pratiquée dans les murailles des ouvrages fortifiés pour permettre l'envoi de projectiles et l'observation.

meurtrir [mœrtrir] v. t. (empr. au francique). Faire une meurtrissure. || Endommager des fruits par choc ou contact. || *Fig.* Blesser profondément : *meurtrir le cœur.*

meurtrissure n. f. Contusion avec tache bleuâtre. || Tache sur les fruits meurtris.

Meuse (la), en néerl. **Maas,** fl. de Belgique et des Pays-Bas ; 950 km. Née dans le Bassigny, elle passe à Verdun et à Sedan, traverse l'Ardenne au fond d'une vallée encaissée. En Belgique, elle draine la région du bassin houiller, où elle arrose Namur et Liège. Son cours inférieur, à travers les Pays-Bas, s'achève par un delta dont les nombreuses branches se mêlent au delta du Rhin. C'est une importante voie navigable, accessible jusqu'à Givet (en amont) aux chalands de 1 350 t. La vallée de la Meuse a été le théâtre d'importantes batailles : en 1870, au moment des opérations autour de Sedan ; en août 1914, lors des combats de Mouzon, de Beaumont et de Stenay ; en mai 1940, au moment de la rupture décisive du front français par l'infanterie et les blindés allemands appuyés par l'aviation, à Dinant, à Monthermé et à Sedan.

Metz

Phot. Photothèque française.

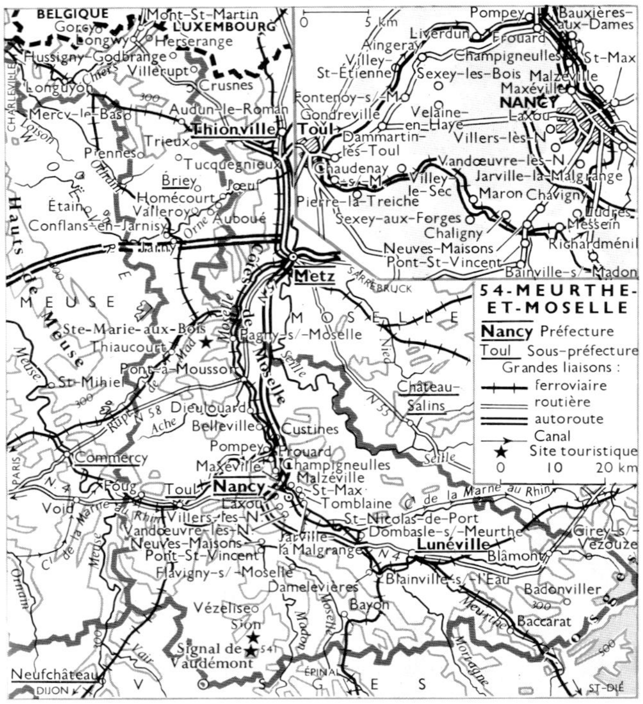

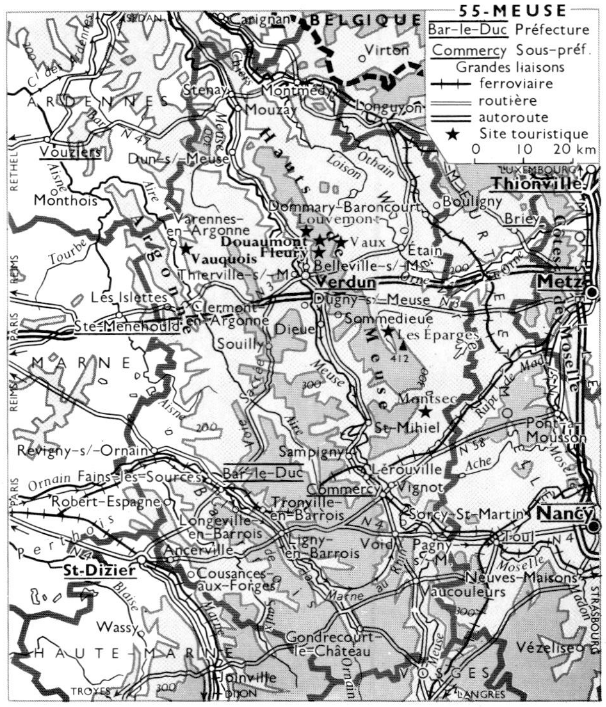

Meuse (*dép. de la*) [**55**], dép. de l'est du Bassin parisien; préf. *Bar-le-Duc;* s.-préf. *Commercy, Verdun;* 3 arr., 30 cant., 582 comm.; 6 220 km²; 209 500 h. (*Meusiens*). La *vallée de la Meuse,* région d'élevage bovin, est jalonnée de petites villes (Vaucouleurs, Commercy, Saint-Mihiel, Verdun). Elle entaille le plateau des *Côtes* (ou *Hauts*) *de Meuse,* dévasté par la Première Guerre mondiale et partiellement en friche, qui domine la dépression marneuse de la *Woëvre,* boisée (portant des céréales sur les revêtements limoneux). L'élevage constitue la principale ressource des hauteurs gréseuses de l'*Argonne* (souvent forestière) et du plateau calcaire du *Barrois* (où les céréales ont reculé). La petite métallurgie, les branches alimentaires (fromageries) demeurent les secteurs dominants d'une industrie peu développée, représentée surtout à Bar-le-Duc et Verdun, seules villes dépassant 10 000 h., et dont la croissance masque la persistance de l'émigration dans les cantons ruraux.

Meusnier de La Place (Jean-Baptiste), officier et savant français, né à Tours (1754-1793). En 1784, il collabora aux expériences de Lavoisier sur la composition de l'eau; il procéda avec ce dernier à la recherche de la meilleure méthode pour préparer l'hydrogène. Ensemble, ils étudièrent ensuite la décomposition de l'eau par le fer chauffé au rouge.

meute [møt] n. f. (du lat. *motus,* soulevé, mû). Troupe de chiens courants dressés pour la chasse. ‖ Dans le scoutisme, unité formée de louveteaux. ‖ *Fig.* Réunion d'individus acharnés contre quelqu'un : *une meute d'envieux.*

mévendre [mevɑ̃dr] v. t. (conj. **46**). Vendre à perte (vx).

mévente n. f. Vente mauvaise, difficile.

mexicain [mɛksikɛ̃], **e** [-ɛn] adj. et n. Du Mexique.

Mexicali, v. du Mexique, à la frontière des Etats-Unis; 386 800 h.

Mexico, cap. du Mexique, ch.-l. du district fédéral, dans le centre du pays, sur le plateau de l'Anáhuac, à 2 260 m d'altitude; 3 418 000 h. Fondée au XIVe s., sous le nom de *Tenochtitlán,* la ville a été prise par Cortés en 1521; rasée, elle fut reconstruite par les Espagnols, qui en firent la métropole de la « Nouvelle-Espagne », avant qu'elle ne devînt la capitale du Mexique en 1824. Elle comptait moins de 600 000 h. en 1920. Moins d'un demi-siècle plus tard, avec ses banlieues, elle rassemble plus de 5 millions d'hab. (le huitième de la population du pays). Traditionnel centre religieux (archevêché), intellectuel (université) et commercial, Mexico est devenu une grande ville industrielle (métallurgie, constructions électriques, chimie), dont le dynamisme récent est attesté par son choix comme siège des jeux Olympiques en 1968.

● *Beaux-arts.* La ville possède de nombreux monuments de l'époque coloniale, dont l'ancienne résidence des vice-rois (auj. Palais national), la cathédrale (de style plateresque) et l'église du *Sagrario* (XVIIIe s.). Son musée d'anthropologie est un des plus riches du monde.

Meximieux (01800), ch.-l. de c. de l'Ain (arr. de Bourg-en-Bresse); 2 762 h.

Mexique, en esp. **México** ou **Méjico,** république fédérale de l'Amérique septentrionale et centrale, au sud des Etats-Unis; 1 970 000 km²; 50 830 000 h. (*Mexicains*). Cap. *Mexico.*

Géographie.

● *Géographie physique.* Grand comme plus de trois fois la France, coupé presque en son milieu par le tropique du Cancer, le Mexique juxtapose des régions à la topographie et au climat bien différents. Au nord, couvrant environ la moitié de la superficie totale, s'étendent de hauts plateaux dont l'altitude dépasse souvent 1 600 m et qui sont entourés par les chaînes de la Sierra Madre occidentale et de la Sierra Madre orientale. La Sierra Madre occidentale, plus élevée, domine une étroite plaine littorale. Sur le golfe du Mexique, les régions basses se développent beaucoup plus largement au pied de la Sierra Madre orientale. Le relief correspond au plissement d'une couverture sédimentaire (crétacée et tertiaire) déposée sur un socle cristallin, lui-même soulevé et faillé, avec formation de volcans. D'ouest en est, le nord du Mexique juxtapose une série de horsts et de fossés, dont les plus nets sont la péninsule de la Basse-Californie et le golfe de Californie. A des latitudes sahariennes, le climat est aride. A Chihuahua, la hauteur annuelle des précipitations est inférieure à 400 mm. Les moyennes thermiques mensuelles oscillent entre 12 et 30 °C. La végétation, steppique, passe à des savanes et à des forêts claires lorsque l'altitude ou l'exposition augmente les précipitations.

Le cœur du Mexique est formé par une région volcanique correspondant à la zone de convergence des deux Sierras Madre, marquée par la multiplicité des cassures, la fréquence des tremblements de terre et la présence de nombreux volcans, dont l'Orizaba (5 700 m), point culminant du Mexique, et le Popocatepetl. Ceux-ci dominent une série de hauts bassins entre 1 500 et 3 000 m, dont celui de Mexico. Le climat est plus humide que sur les plateaux septentrionaux. L'étagement en altitude permet de passer de la chaleur humide des basses terres aux neiges et glaces des plus hauts sommets.

A Mexico, le total des précipitations approche 600 mm, avec un net maximum estival et une sécheresse hivernale marquée (comme à Chihuahua). Les moyennes thermiques ne varient guère : 12 °C en janvier et 18 °C en mai (mois le plus chaud, précédant les pluies).

Au-delà de l'isthme de Tehuantepec, le Mexique méridional est formé d'une région montagneuse appartenant aux chaînes de l'Amérique centrale et, au nord, d'une table calcaire basse, le Yucatán, qui sépare le golfe du Mexique de la mer des Antilles. Le climat du Mexique méridional est chaud et humide. A Merida, les moyennes thermiques mensuelles sont rarement inférieures à 22 °C. Quant aux précipitations, elles dépassent 900 mm, toujours avec un net maximum estival.

● *Géographie humaine et économique.* La population est formée pour plus de la moitié par des métis, avec de fortes minorités, blanche (de 10 à 15 p. 100) et surtout indienne (30 p. 100). La densité dépasse à peine 25 h. au kilomètre carré en moyenne, mais elle est inférieure à 10 h. dans le Nord (1 h. au kilomètre carré en Basse-Californie) et dépasse 85 h. dans la partie centrale. Cette population s'accroît aujourd'hui à un rythme extrêmement rapide, supérieur à 3 p. 100 par an, c'est-à-dire qu'elle augmente annuellement de près de 1,5 million de personnes. Le taux de natalité dépasse aujourd'hui 43 p. 1 000 et le taux de mortalité est de l'ordre de 10 p. 1 000. L'évolution démographique explique l'existence d'une émigration (en partie clandestine) vers les Etats-Unis ainsi que l'intensité de l'exode rural vers les villes. Plus de vingt villes dépassent 100 000 h., parmi

Mexico

Phot. Koch-Rapho.

le Popocatepetl, au premier plan Puebla

raffinerie de pétrole à Poza Rica

lesquelles Mexico et Guadalajara ont plus de 1 million d'hab. Plus de la moitié de la population est urbanisée. L'agriculture emploie encore près de la moitié de la population active, mais ne fournit que le sixième du produit intérieur brut. Une réforme agraire a été réalisée à partir de 1934 principalement : les communautés rurales (*ejidos*), héritières des traditions collectivistes indiennes, exploitent environ la moitié des surfaces cultivées. Celles-ci représentent le dixième de la superficie totale. Parmi les cultures vivrières dominent le blé et surtout le maïs. Le riz progresse sur les plaines littorales. Celles-ci portent aussi de grandes plantations de canne à sucre. Le cacao est cultivé au pied des montagnes centrales, le café au-dessus de 1 500 m, le tabac autour de Veracruz et le sisal (*henequen*) dans le Yucatán. Le coton se répand dans le Nord, qui est aussi le domaine d'un important élevage ovin et surtout bovin.

L'industrie fournit près du tiers du produit intérieur brut. Les activités extractives ont été longtemps prédominantes. Ce n'est plus le cas aujourd'hui, bien qu'elles tiennent encore une place importante. Le Mexique est le premier producteur mondial d'argent (extrait à Pachuca et à Hidalgo del Parral) et fournit d'importantes quantités de plomb (Etat de Chihuahua), de cuivre, de zinc, d'antimoine et de soufre. Le pétrole est extrait sur le golfe du Mexique (Reynosa, Tampico, etc.). La production dépasse 20 Mt. Les gisements pétrolifères permettent encore d'obtenir 18 milliards de mètres cubes de gaz naturel. Pétrole et gaz permettent au Mexique d'avoir une balance énergétique équilibrée. Ils assurent 70 p. 100 d'une production d'électricité de l'ordre de 35 TWh.

La présence de fer (Etats de Durango et de Colima) et d'un peu de houille a favorisé le développement de la sidérurgie (plus de 4 Mt d'acier), implantée à Mexico, à Monterrey et à Monclova. La sidérurgie alimente une métallurgie de transformation, à l'intérieur de laquelle la construction automobile est particulièrement dynamique (Mexico, Puebla, Ciudad Sahagún). D'autres branches transforment les produits du sol (travail du coton à Torreón et à Monterrey) et du sous-sol (métallurgie des non-ferreux à Chihuahua et à San Luis Potosí; pétrochimie).

La balance commerciale est traditionnellement et lourdement déficitaire. Le taux de couverture des importations est de l'ordre de 70 p. 100. Un pourcentage équivalent est encore représenté dans les exportations pour l'ensemble des produits alimentaires et des matières premières industrielles. Le coton, le sucre, le maïs et le café sont les quatre principaux produits d'exportation. Les biens d'équipement et le matériel de transport représentent la moitié des importations.

Plus de la moitié du commerce extérieur s'effectue avec les Etats-Unis (plus de 60 p. 100 des importations et 55 p. 100 des exportations). Les échanges se sont développés depuis 1961 avec les autres membres de l'Association latino-américaine de libre-échange, créée, cette même année, avec l'Argentine et le Brésil notamment. Le produit national brut s'est accru sensiblement, mais la rapide croissance démographique a réduit la progression à moins de 20 p. 100 par habitant. Avec la mainmise des Etats-Unis sur l'économie (s'exprimant surtout par l'orientation des échanges), le rythme d'accroissement de la population constitue l'un des problèmes majeurs du Mexique.

Histoire.

● *Jusqu'à la conquête espagnole.* Sur la côte du golfe du Mexique se développe au Iᵉʳ s. av. J.-C. la civilisation olmèque, qui a déjà une écriture hiéroglyphique et pictographique. Puis viennent les civilisations classiques du Iᵉʳ millénaire, dont l'apogée se situe entre 600 et 800, en particulier celle des cités mayas, qui servira de modèle à tous les peuples du Sud : Totonaques et Huaxtèques du littoral oriental, Zapotèques et Mixtèques de l'Oaxaca, civilisation de Teotihuacán en Anáhuac. Au IXᵉ s., en

préparation du sisal près d'Oaxaca

Phot. Gerster-Rapho, Stierlin, Robillard.

cette dernière région, l'hégémonie passe à Tula, ville des Toltèques, qui, au siècle suivant, s'installent en pays maya, où ils régénèrent la civilisation. Ils ont à leur tête un chef à moitié légendaire, Quetzalcóatl. Tula est ruinée (1168) par les Chichimèques ou « Barbares » venus du nord. Vers 1325, la tribu aztèque des Mexica établit la ville de Tenochtitlán (Mexico). Aux XIVe et XVe s., les Aztèques créent un grand empire, tandis que les Mayas entrent en décadence.

● *La période coloniale*. En 1517, l'Espagnol Hernandez de Córdoba débarque sur la côte maya, où il est tué. Deux ans plus tard, Cortés prend terre au Tabasco. Il organise méthodiquement la conquête en s'appuyant sur les peuples ennemis des Aztèques. Un soulèvement de la capitale l'oblige à se retirer dans des conditions lamentables (la « noche triste », juin 1520). Mais Cortés reprend Tenochtitlán l'année suivante. En 1522, il est nommé gouverneur et capitaine général de la « Nouvelle-Espagne », nom donné alors au Mexique. Cuauhtémoc, le dernier empereur aztèque, est pendu (1525). La conquête du pays se poursuit ; cependant, les Mayas, protégés par la forêt tropicale, ne se soumettent qu'après une longue lutte (1527-1546), et leurs derniers descendants ne seront éliminés qu'en 1697 ; dans le Nord, bien des tribus seront indépendantes jusqu'au XXe s.

En 1527, Charles Quint crée l'*audiencia* de Mexico et nomme un vice-roi, Antonio de Mendoza (1535), qui est chargé de faire appliquer les décisions du Conseil des Indes. Les premiers conquérants se sont fait attribuer des *encomiendas*, grands domaines pourvus de serviteurs indiens, et revendiquent leur autonomie par rapport à l'administration centrale. Les mines d'argent de Zacatecas (1548) et de Guanajuato sont exploitées intensément au prix de nombreuses vies humaines. Les épidémies et le régime de travail forcé déciment la race indienne : évalués à 11 millions en 1519, les Indiens ne sont plus que 1 500 000 après 1650 ; leur nombre croît ensuite assez lentement. Par contre, le Mexique est une colonie de peuplement pour les Espagnols, qui sont 780 000 en 1780. Les missionnaires convertissent et éduquent les Indiens, les aident à assimiler les techniques européennes et les défendent contre la rapacité de certains colons. Avec le temps, une nouvelle classe se constitue, celle des métis ; les grands domaines s'étendent ; les charges pesant sur les Indiens s'accroissent avec la crise économique du XVIIe s. et l'épuisement des mines d'argent. Le règne de Charles III (1759-1788) est une époque de grandes réformes coloniales. Au Mexique, un *visitador*, José de Gálvez, développe le commerce et annexe la Californie actuelle jusqu'à San Francisco. L'expulsion des jésuites (1767) mécontente la population. La colonie est de nouveau mal administrée sous Charles IV. Cependant, l'exemple des révolutions américaine et française, le mécontentement des créoles et des métis, écartés du pouvoir, celui des Indiens, victimes de spoliation, et enfin la captivité de Ferdinand VII (1808) déclenchent les troubles : révoltes avortées de Miguel Hidalgo, curé de Dolores (1810-1811), et de Morelos, curé métis (1813-1815). Avec l'appui du clergé et des créoles, Iturbide, le chef de l'armée, obtient l'indépendance par le traité de Córdoba (août 1821).

● *Le Mexique indépendant*. Le départ des Etats-Unis du Mexique est mauvais. L'égalité civique reste un mythe ; le régime parlementaire est une comédie ; les fonctionnaires, mal payés, sont réduits à la concussion. Les officiers, trop nombreux, se consacrent aux pronunciamientos. Ainsi, Iturbide devient empereur (1822), mais il abdique (1823) devant le soulèvement d'un officier, Santa Anna, qui a proclamé la république. Jusqu'en 1855, une série de coups d'Etat va ramener ce dernier périodiquement au pouvoir, pendant que s'inaugure une lutte entre les créoles, conservateurs et centralistes, et les métis, libéraux et fédéralistes. Le Texas proclame son indépendance (1836), puis se joint aux Etats-Unis (1845). La guerre qui s'ensuit (1846-1847) coûte au Mexique la Haute-Californie et le Nouveau-Mexique (traité de Guadalupe Hidalgo, 1848). Santa Anna est chassé par les libéraux (1855).

L'Indien Benito Juárez conduit la réforme avec rigueur et décision. La loi Lerdo (1856) supprime la propriété collective, ce qui oblige le clergé à vendre ses terres. Après une guerre menée par les cléricaux (1858-1861), Juárez confisque les biens d'Eglise et rétablit la légalité à Mexico. Lorsqu'il décide de suspendre pour deux ans le paiement des intérêts de la dette extérieure, l'Angleterre, l'Espagne et la France interviennent militairement (déc. 1861). Napoléon III fait conquérir le Mexique (1862-1863) et offre la couronne à l'archiduc Maximilien, qui accepte en 1864. Le nouvel empereur, après le retrait des troupes françaises, est pris et fusillé à Querétaro par les troupes de Juárez (juin 1867). Cette victoire marque le triomphe de la réforme et l'avènement du métis. Après la mort de Juárez (1872), qui a reconstruit le pays, un métis, Porfirio Díaz, garde la présidence de 1876 à 1911 (sauf de 1880 à 1884). Ce dictateur soumet les dernières tribus indépendantes, supprime le banditisme, développe l'équipement du pays, suspend les lois anticléricales et satisfait les appétits des politiciens, des classes dirigeantes et des capitalistes étrangers.

Contre la dictature de Díaz, l'idéaliste Francisco Madero publie le plan de San Luis Potosí et déclenche une insurrection appuyée par Pancho Villa et Zapata. Díaz se retire en Europe (mai 1911), mais Madero, président depuis novembre 1911, est massacré deux ans plus tard. Le général Huerta, auteur de ce guet-apens, s'enfuit en juin 1914. Après avoir fait voter une Constitution (1917), qui ne sera pas appliquée, Zapata et le nouveau chef du gouvernement, Carranza, sont assassinés respectivement en 1919 et en 1920. L'homme le plus populaire de l'armée révolutionnaire, Obregón, est élu président (1920-1924) avec l'appui des ouvriers mexicains. Pancho Villa se soumet : la grande révolution est terminée.

A un Mexique épuisé, le nouveau président rend la paix ; il commence la distribution des terres aux villages, développe l'instruction rurale, qui fait reculer l'influence de l'Eglise. L'élite intellectuelle se réclame dès lors des vieilles civilisations indiennes. Le président Calles (1924-1928) déclenche une politique violemment anticléricale. Des insurrections de créoles catholiques et l'assassinat d'Obregón (1928), réélu à la présidence, provoquent une véritable persécution de l'Eglise. Calles, chef du Parti national révolutionnaire, demeure l'homme fort du pays ; mais le général Cárdenas, devenu président (1934-1940), l'exile (1934). La querelle avec l'Eglise s'apaise. Le nouveau gouvernement poursuit la réforme agraire, irrigue 1 million d'hectares et exproprie les compagnies pétrolières étrangères (1938). Durant la présidence de Camacho (1940-1946), le Mexique déclare la guerre aux puissances de l'Axe (1942).

Le pays se modernise sous les présidents suivants : Alemán (1946), Cortines (1952), López Mateos (1958), Díaz Ordaz (1964), Luis Echeverria (1970). L'instruction rurale se développe (Vasconcelos, Torrès Bodet). Sous López Mateos et Díaz Ordaz, les capitaux nord-américains affluent, mais le Mexique marque son indépendance politique à l'égard de Washington, et des ferments révolutionnaires animent encore l'aile gauche du parti au pouvoir, le Parti révolutionnaire institutionnel.

Mexique (*golfe du*), dépendance de l'Atlantique entre les Etats-Unis, le Mexique et Cuba, communiquant avec l'Atlantique par le détroit ou canal de Floride et avec la mer des Antilles par le canal du Yucatán.

Meyer (Conrad Ferdinand), écrivain suisse d'expression allemande, né à Zurich (1825-1898). Il joint le sens plastique à la verve épique dans ses *Poésies* (1882) et ses romans (*Jürg Jenatsch*, 1876).

Meyer (Viktor), chimiste allemand, né à Berlin (1848-1897). Il est l'auteur d'une méthode de mesure des densités de vapeur universellement utilisée en chimie (1878).

Meyerbeer (Jakob BEER, dit **Giacomo**), compositeur allemand, né à Berlin (1791-1864), auteur de *Robert le Diable* (1831), *les Huguenots* (1836), *le Prophète* (1849), *l'Africaine* (1865), etc. Il a excellé dans le mélodrame romantique, la déclamation dramatique, les effets scéniques et l'utilisation de l'orchestre. Il vécut à Paris.

Meyerhof (Otto), physiologiste allemand, né à Hanovre (1884-1951). Ses recherches sur l'énergie musculaire lui valurent le prix Nobel de médecine en 1922.

Meyerhold (Vsevolod Emilievitch), metteur en scène russe d'origine allemande, né à Penza (1874-1942). Après la révolution d'Octobre, il incarna le nouveau théâtre.

Meyerson (Emile), philosophe français, né à Lublin (1859-1933), auteur de recherches sur la philosophie des sciences.

Meylan (38240), ch.-l. de c. de l'Isère (arr. de Grenoble) ; 6 680 h.

Meymac (19250), ch.-l. de c. de la Corrèze (arr. d'Ussel) ; 2 691 h. (1 756 aggl.) [*Meymacois*]. Ecole forestière. Eglise romane. Industries du bois.

Meyrueis [mɛrɥɛjs] (48150), ch.-l. de c. de la Lozère (arr. de Florac) ; 1 142 h. (809 aggl.).

Meyssac (19500), ch.-l. de c. de la Corrèze (arr. de Brive-la-Gaillarde) ; 1 134 h. (749 aggl.) [*Meyssacois*].

Meyzieux (69330), ch.-l. de c. du Rhône (arr. de Lyon), sur le Rhône ; 10 024 h. Matières plastiques.

Mèze (34140), ch.-l. de c. de l'Hérault (arr. de Montpellier), port sur l'étang de Thau ; 5 005 h. Vins. Ostréiculture et mytiliculture.

Mézel (04270), ch.-l. de c. des Alpes-de-Haute-Provence (arr. de Digne) ; 346 h.

Mézenc [mezɛ̃k] (*mont*), massif volcanique du sud-est du Velay ; 1 754 m.

Mézeray (François EUDES DE), historien français, né à Ri (Normandie) [1610-1683], auteur d'une *Histoire de France*. (Acad. fr.)

Mézidon-Canon (14270), ch.-l. de c. du Calvados (arr. de Lisieux), sur la Dives ; 4 427 h.

Mézières, anc. ch.-l. du dép. des Ardennes, sur la Meuse, dont la fusion en 1966 avec les comm. de Charleville, Etion, Mohon et Montcy-Saint-Pierre a formé la nouvelle comm. de *Charleville-Mézières**. La ville comptait 13 328 h. en 1962 (*Macériens*). Constructions mécaniques.

Mézières-en-Brenne (36290), ch.-l. de c. de l'Indre (arr. du Blanc) ; 1 232 h. Eglise du XIVe s.

Mézières-sur-Issoire (87330), ch.-l. de c. de la Haute-Vienne (arr. de Bellac) ; 1 019 h. (422 aggl.).

Mézin (47170), ch.-l. de c. de Lot-et-Garonne (arr. de Nérac) ; 2 032 h. (1 172 aggl.).

mezzanine [mɛdzanin] n. f. (ital. *mezzanino*, entresol). Petit étage entre deux grands. ‖ Petite fenêtre d'entresol.

mezza voce [mɛdzavɔtʃe] loc. adv. Mots ital. signif. *à mi-voix*.

Mezzetin (Angelo COSTANTINI, dit), acteur de la Comédie-Italienne, né à Vérone (1654-1729).

Mezzogiorno (le), ensemble des régions méridionales de l'Italie péninsulaire et insulaire (Abruzzes, Campanie, Pouilles, Basilicate, Calabre, Sicile, Sardaigne), caractérisé par un développement économique inférieur à celui du reste de l'Italie.

mezzo-soprano [mɛdzosɔprano] n. m. (mots ital.). Voix de femme plus grave et plus étendue que le soprano. ‖ Pl. des *mezzo-sopranos*.

mezzo-tinto [-tinto] n. m. inv. (mots ital.). Gravure sur cuivre obtenue à l'outil, sans acide, et détachant sur un fond noir toute une variété de demi-teintes. (On dit aussi GRAVURE À LA MANIÈRE NOIRE ou MANIÈRE NOIRE.)

Mg, symbole chimique du *magnésium*.

mi [mi] (du lat. *medius*, qui est au milieu), mot inv. qui se joint à certains mots par un trait d'union et qui signifie *à moitié, à demi : à mi-jambe ; mi-souriant ; toile mi-fil, mi-coton ; etc.*

mi n. m. inv. Note de musique, troisième degré de la gamme de *do*. ‖ Signe qui la représente.

Miami, v. des Etats-Unis (Floride) ; 335 000 h. Grande station balnéaire.

miaou [mjau] n. m. (onomat.). Cri du chat.

Miaoulis (Andréas VOKOS, dit), amiral grec (v. 1768-1835). De 1822 à 1827, il commanda les forces navales des insurgés grecs.

miasmatique adj. Qui renferme ou produit des miasmes : *marécages miasmatiques*.

miasme [mjasm] n. m. (gr. *miasma*, souillure). Emanation provenant des substances animales ou végétales en décomposition. (Depuis les travaux de Pasteur, on ne parle plus guère que des miasmes microbiens, c'est-à-dire des microbes et de leurs toxines.)

Miass, v. de l'U. R. S. S. (R. S. F. S. de Russie), sur le *Miass*, dans le sud de l'Oural ; 132 000 h. Métallurgie.

miaulement n. m. Cri du chat, du tigre.

miauler [mjole] v. i. (onomat.). Crier, en parlant du chat, du tigre.

miauleur, euse adj. Qui miaule.

mi-bas n. m. inv. Bas court s'arrêtant au-dessous du genou.

mi-bois (à) loc. adv. Se dit d'un assemblage ou d'une enture réalisés en entaillant les deux pièces respectivement sur la moitié de leur épaisseur.

mica [mika] n. m. (mot lat. signif. *parcelle*). Minéral brillant et clivable, abondant dans les roches éruptives et métamorphiques, formé de silicate d'aluminium et de potassium. (On utilise le mica blanc, dont il existe de grands échantillons, pour sa transparence et son infusibilité.)

micacé, e adj. De la nature du mica. ‖ Qui contient du mica : *schiste micacé*.

mi-carême n. f. Le jeudi de la troisième semaine du carême. ‖ Pl. des *mi-carêmes*.

micaschiste [mikaʃist] n. m. (de *mica* et *schiste*). Roche métamorphique feuilletée, formée de lits de mica séparés par de petits cristaux de quartz.

micellaire adj. Formé de micelles.

micelle [misɛl] n. f. (du lat. *mica*, parcelle). Particule mesurant entre 0,001 et 0,3 micron, formée d'un agrégat de molécules semblables, et donnant une solution colloïdale.

Michard (Lucien), coureur cycliste français, né à Epinay-sur-Seine en 1903. Remarquable tacticien, il est le plus titré des sprinters français. Il a dominé le cyclisme sur piste de 1925 à l'avènement de J. Scherens*, remportant quatre championnats du monde de vitesse consécutifs (1927-1930).

Michaux (Henri), poète français d'origine belge, né à Namur en 1899. Ses poèmes sont un témoignage sur ses voyages réels ou imaginaires, ses rêves et ses hallucinations (*Qui je fus*, 1927 ; *Un barbare en Asie*, 1932 ; *Voyage en Grande Garabagne*, 1936 ; *Plume*, 1938 ; *l'Espace du dedans*, 1944 ; *Misérable Miracle*, 1956 ; *Connaissance par les gouffres*, 1961 ; *les Grandes Epreuves de l'esprit*, 1966 ; *Poteaux d'angles*, 1971 ; *Bras cassé*, 1973). Ses dessins et ses peintures révèlent les mêmes préoccupations.

miche [miʃ] n. f. (du lat. *mica*, parcelle). Gros pain rond.

Michée, prophète de l'Ancien Testament, né à Maresha, près d'Hébron (v. 740-v. 687 av. J.-C.), témoin du siège de Jérusalem par Sennachérib (701 av. J.-C.).

Michel (*saint*), archange, le prince des anges défenseur des intérêts de Dieu contre Satan. Dès les premiers siècles, l'Eglise lui rendit un culte. — Fête le 29 septembre.

Michel Ier Rangabé (m. v. 840), empereur byzantin (811-813). Il fut favorable au culte des images. Vaincu par les Bulgares, il fut déposé par l'armée. — MICHEL II *le Bègue*, né à Amorion (m. en 829), empereur byzantin (820-829). Sous son règne, les Arabes s'emparèrent de la Crète et de la Sicile. — MICHEL III *l'Ivrogne* (838-867), empereur byzantin (842-867). Il obtint la conversion des Bulgares, mais, en soutenant le patriarche Photios, il prépara le schisme avec Rome (869-870). Il fut tué par Basile, qu'il avait adopté. — MICHEL IV *le Paphlagonien* (m. en 1041), empereur byzantin (1034-1041). Il lutta contre les Bulgares. — MICHEL V *le Calfat*, empereur byzantin (1041-1042), neveu et successeur de Michel IV. Il fut aveuglé et relégué dans un couvent. — MICHEL VI *Stratiotikos* (m. en 1059), empereur byzantin (1056-1057). Il fut renversé par Isaac Comnène. — MICHEL VII DOUKAS, empereur byzantin (1071-1078). Il prit le pouvoir après la victoire turque de Mantzikert. Il dut faire face à des incursions normandes. — MICHEL VIII PALÉOLOGUE (1224-1282), empereur byzantin à Nicée (1258-1261), puis à Constantinople (1261-1282). Il s'associa Jean IV Doukas Lascaris, dont il se débarrassa en 1261. Il détruisit l'Empire latin de Constantinople (1261) et rentra dans sa capitale. Sa diplomatie active auprès des Génois et de la papauté lui permit de reprendre l'Epire (1278-1281). Adversaire des Angevins en Sicile, il provoqua les Vêpres siciliennes (1282). — MICHEL IX PALÉOLOGUE (1277-1320), empereur byzantin (1295-1320). Il fut battu par les Turcs en 1311.

Michel Korybut Wiśniowiecki (1638-1673), roi de Pologne (1669-1673). Il abandonna la Podolie aux Turcs et l'Ukraine aux Cosaques (1672).

Michel ou **dom Miguel,** né à Queluz (1802-1866), roi de Portugal (1828-1834). Fils de Jean VI, époux de Marie II, il dut abdiquer en faveur de son frère Pierre Ier (1834).

Michel Ier, né à Sinaia en 1921, roi de Roumanie (1927-1930 et 1940-1947). Fils de Charles II, il devint roi à la mort de son grand-père Ferdinand (1927) ; mais le retour de son père (1930) l'écarta du trône. La seconde abdication de Charles II (sept. 1940) le ramena au pouvoir ; mais lui-même dut céder la place, en 1947, à la République populaire roumaine.

Michel II de Tver' (1271-1319), grand-prince de Vladimir (1304-1319). Il est honoré comme un héros de l'indépendance russe face aux puissants Mongols.

Michel III Fiodorovitch (1596-1645), tsar de Russie (1613-1645). Il est le premier tsar de la famille des Romanov. Il reprit Novgorod, mais dut abandonner Smolensk aux Polonais (1634). Il encouragea la colonisation de la Sibérie.

Michel III Obrenović, né à Kragujevac (1823-1868), prince de Serbie (1839-1842 et 1860-1868). Second fils de Miloš, il succéda à son frère Milan en 1839. Il dut abdiquer en 1842. La Serbie revint alors aux Karagjorgjević. Mais les Obrenović ayant été rappelés en 1858, Michel succéda à son père en 1860. Appuyé sur les Russes, il obtint l'évacuation des Turcs. Il fut assassiné.

Michel (Louise), révolutionnaire française, née à Vroncourt-la-Côte (Haute-Marne) [1830-1905]. Institutrice, elle participa à la Commune de 1871 et fut déportée en Nouvelle-Calédonie. Rentrée en 1880, elle poursuivit sa propagande révolutionnaire.

Michel (André), historien d'art français, né à Montpellier (1853-1925). Conservateur au musée du Louvre, professeur au Collège de France, auteur de nombreux ouvrages, il a dirigé la publication d'une monumentale *Histoire de l'art* (1896-1929).

Michel-Ange (Michelangelo BUONARROTI, dit), peintre, sculpteur, architecte et poète italien, né à Caprese (Toscane) [1475-1564]. Génie multiple, puissant et tourmenté, il domine tout le XVIe s. italien. Elève de Ghirlandaio, il se forma surtout à l'école de Donatello et par l'étude de la sculpture antique. A la chute des Médicis (1496), il quitta Florence, s'enfuit à Venise, séjourna à Bologne, puis à Rome. De retour à Florence en 1501, il repartit pour Rome à l'appel du pape Jules II en 1505 et regagna Florence en 1515. Il se fixa à Rome en 1534.
Essentiellement sculpteur, même dans sa peinture, il crut à la primauté de l'idée, au beau idéal, exprimant dans son œuvre la lutte entre l'esprit et la matière, glorifiant la grandeur et la puissance de l'homme. Il sculpta notamment le *David* (1501-1503) de Florence, plusieurs *Pietà* (Saint-Pierre de Rome, cathédrale de Florence), et travailla de nombreuses années aux tombeaux inachevés de Jules II (*Moïse,* Rome ; *Esclaves,* Louvre) et des Médicis (*le Crépuscule, l'Aurore, la Nuit, le Jour,* Florence). Peintre, il exécuta pour Jules II le décor de la voûte de la chapelle Sixtine (1508-1512) et, plus tard, *le Jugement dernier* (1534-1541). Architecte, il a construit la bibliothèque Laurentienne à Florence, travaillé à la coupole de Saint-Pierre et dessiné la place du Capitole à Rome. Grand connaisseur de l'anatomie, il a donné à ses créations, dont certaines côtoient le maniérisme ou annoncent le baroque, une puissance plastique et une intensité d'émotion rarement égalées. Il a écrit des sonnets.

Michelet (Jules), historien et écrivain français, né à Paris (1798-1874). Docteur ès lettres avec une thèse sur les *Vies des hommes illustres* de Plutarque, il enseigne l'histoire au collège Sainte-Barbe ; il entreprend ses premières recherches historiques (*Tableau chronologique de l'histoire moderne,* 1825) et publie une adaptation de Vico (*Principes de la philosophie de l'histoire,* 1827). Professeur à l'Ecole préparatoire, qui remplace l'Ecole normale supérieure, il se voit confier l'éducation de la fille de la duchesse de Berry (1828), puis celle de Clémentine, la plus jeune des filles de Louis-Philippe (1830). Chef de la section historique des Archives nationales (1831), maître de conférences à la faculté des lettres, où il remplace Guizot (1834), professeur au Collège de France (1838), il définit sa conception de l'histoire (*Introduction à l'histoire universelle,* 1831) et fait paraître de 1833 à 1846 les six premiers volumes de son *Histoire de France.* Porte-parole des idées libérales, il prend parti contre la politique conservatrice du gouvernement, publie avec Quinet *les Jésuites* (1843), écrit pour le peuple des « cours d'éducation nationale » (*le Peuple,* 1846) et donne le premier volume de son *Histoire de la Révolution française* (1847-1853). Suspendu en 1848, puis en 1851, il refuse de prêter serment à l'Empire et est destitué de sa fonction aux Archives. Il poursuit alors la publication de son *Histoire de France* (1855-1867) et, sous l'influence de sa seconde femme, Athénaïs Mialaret, exalte dans des récits lyriques les mystères de la nature et de l'âme humaine (*l'Amour,* 1859 ; *la Femme,* 1860 ; *la Mer,* 1861). Il entreprend enfin une *Histoire du XIXe siècle* (1872-1875). La publication intégrale de son *Journal,* commencée en 1959, révèle une personnalité passionnée qui fait de son œuvre

Michel-Ange, « Pietà Rondanini », *détail,* Rome
v. également ***Renaissance, Italie***

l'expression plus d'une poésie que d'une philosophie de l'histoire.

Michelin (*les frères*), industriels et philanthropes français. ANDRÉ, né à Paris (1853-1931), et EDOUARD, né à Clermont-Ferrand (1859-1940), imaginèrent le pneu automobile (1891), fixé à la jante par des boulons et aisément démontable en cas de crevaison. En 1900, André créa le *Guide Michelin,* puis la série de cartes pour la France et certains pays étrangers. En 1911, il fit campagne pour le numérotage des routes et multiplia les plaques indicatrices ainsi que les poteaux de signalisation. Préoccupés par le problème de la natalité, les deux frères fondèrent à Clermont-Ferrand une organisation modèle pour le bien-être de l'ouvrier et de ses enfants. Enfin, ils appliquèrent dans leurs usines les principes d'organisation du travail scientifique pour l'élévation du niveau de vie.

micheline [miʃlin] n. f. (de *Michelin,* n. de l'inventeur). Voiture de chemin de fer automotrice, montée sur pneumatiques et servant autref. au transport des voyageurs.

Michelozzo, architecte et sculpteur italien, né à Florence (1396-1472). Il fut l'élève et le collaborateur de Donatello. Il travailla à Florence au Palazzo Vecchio, à l'église et au cloître San Marco, et construisit le palais Médicis (Medici-Riccardi), qui eut valeur de prototype.

Michelson (Albert), physicien américain, né à Strzelno, Pologne (1852-1931). Il inventa un interféromètre qui lui permit des mesures précises de la vitesse de la lumière. Son expérience célèbre (1881), qui ne permit pas de mettre en évidence un déplacement de la Terre par rapport à l'éther, est à l'origine de la théorie de la relativité. (Prix Nobel de physique, 1907.)

mi-chemin (à) loc. adv. Vers le milieu du chemin : *Etampes est à mi-chemin entre Orléans et Paris.* || *Fig.* Avant d'avoir atteint son but : *s'arrêter à mi-chemin dans une entreprise.*

Michelet
par
Thomas Couture
musée
Carnavalet

Mickiewicz
aquarelle
de Wankorvicz
musée Mickiewicz
Paris

Michigan, un des Etats unis d'Amérique (Centre-Nord-Est) ; 8 600 000 h. Cap. *Lansing.* L'Etat s'étend sur deux péninsules séparées par le *lac Michigan,* où le soubassement cristallin ou sédimentaire a été recouvert par les dépôts de glaciers quaternaires. L'agriculture (maïs et élevage bovin surtout) s'efface de plus en plus devant l'industrie. La présence de fer a favorisé la sidérurgie, mais la construction automobile est de très loin l'activité prédominante (Detroit, principale ville de l'Etat, en est la capitale mondiale).

Michigan, un des cinq grands lacs de l'Amérique du Nord, entre le lac Supérieur et le lac Huron ; 58 000 km². A son extrémité méridionale s'étire l'agglomération de Chicago.

Michna. V. MISHNA.

Micipsa (m. en 118 av. J.-C.), roi des Numides de 148 à 118 av. J.-C., fils de Masinissa et oncle de Jugurtha, qu'il adopta.

Mickey ou **Mickey Mouse,** personnage de dessin animé, représenté par une souris. (Mickey fut imaginé par le cinéaste américain Walt Disney en 1926.)

Mickiewicz (Adam), poète et patriote polonais, né à Zaosie (auj. Novogroudok, Biélorussie) [1798-1855]. Initiateur du romantisme en Pologne (*Ballades et romances,* 1822), emprisonné, puis exilé par le gouvernement russe, il incarne bientôt la lutte pour l'indépendance nationale (*les Aïeux,* 1823-1832 ; *Konrad Wallenrod,* 1828). En France, où il publie *le Livre des pèlerins* (1832) et le poème héroï-comique *Pan* Tadeusz* (1834), il est chargé des cours de langue et de littérature slaves au Collège de France (1840), puis nommé conservateur de la bibliothèque de l'Arsenal (1845). En 1848, il organise en Italie une légion polonaise. Il meurt à Constantinople au cours d'une mission dont l'avait chargé Napoléon III. Ses cendres ont été déposées dans la crypte royale du Wawel de Cracovie.

mi-clos, ose adj. A moitié fermé.

micmac [mikmak] n. m. (de l'anc. fr. *mutemaque,* rébellion). *Fam.* Intrigue secrète et obscure : *il y a un micmac dans cette affaire.* || *Fam.* Désordre.

micocoulier [mikɔkulje] n. m. (mot provenç.). Arbre du Midi, dont le bois sert à faire des manches d'outils, des cannes. (Haut. jusqu'à 25 m ; famille des ulmacées.)

mi-corps (à) loc. adv. Au milieu du corps.

mi-côte (à) loc. adv. A la moitié de la côte.

micr- [mikr], **micro** [-kro] (gr. *mikros,* petit), préf. (symb. : μ) qui, placé devant une unité, la divise par un million : *microampère, microhm,* etc.

micro [mikro] n. m. *Fam.* Abrév. de *microphone.*

microampère n. m. Millionième d'ampère (symb. : μA).

microampèremètre n. m. Ampèremètre pour courants de très faible intensité.

microanalyse n. f. Analyse chimique qui, portant sur des masses de substance extrêmement faibles, nécessite un outillage spécial.

microbalance n. f. Balance utilisée pour comparer de très petites masses, de l'ordre du millionième de gramme.

microbe [mikrɔb] n. m. (gr. *mikros,* petit, et *bios,* vie). Terme du langage courant désignant les bactéries, les virus et un certain nombre de protozoaires et de champignons microscopiques, généralement pathogènes et transmissibles par contagion.
— ENCYCL. Le mot *microbe* est une abréviation de *microbiote,* terme d'origine grecque qui signifie « être vivant minuscule ». L'étude des microbes est la *microbiologie,* mot mieux formé, puisqu'il s'agit de la biologie des êtres minuscules. Les branches de cette science sont : la *virologie,* ou étude des virus ; la *bactériologie,* ou étude des bactéries ; la *protistologie,* ou étude des animaux et végétaux unicellulaires. Tous ces êtres se caractérisent par une multiplication extrêmement rapide et par un important pouvoir sécréteur (enzymes, exotoxines, etc.) qui en font soit de redoutables parasites de l'homme, des animaux et des plantes, soit, au contraire, les agents précieux des fermentations industrielles (boissons fermentées, fromages) ou des facteurs décisifs de la fertilité des sols. En outre, ce sont les microbes qui réalisent la minéralisation des cadavres animaux et végétaux, et qui « ferment les circuits biologiques », assurant ainsi la pérennité de la vie sur la terre.

microbicide adj. et n. m. Qui tue les microbes.

microbien, enne adj. Qui a rapport aux microbes : *maladie microbienne.*

microbiologie n. f. Science qui s'occupe des microbes.

microbiologique adj. Relatif à la microbiologie : *examen microbiologique.*

microbiologiste n. Spécialiste de microbiologie.

microcéphale adj. et n. (gr. *mikros,* petit, et *kephalê,* tête). Se dit d'un individu dont la tête est petite, par suite d'un défaut de développement de l'encéphale.

microcinématographie n. f. Cinématographie des objets microscopiques.

microclimat n. m. Ensemble des conditions de température, d'humidité, de vent particulières à un espace homogène de faible étendue à la surface du sol : *le microclimat d'un champ de blé.*

microcline n. f. Feldspath potassique.

microcoque n. m. Microbe du groupe des bactéries, à corps sphérique, et dont les individus sont isolés : *microcoque de l'urée, du vinaigre.*

Phot. Anderson, Giraudon, Lauros-Giraudon.

microcosme n. m. (gr. *mikros,* petit, et *kosmos,* monde). Petit monde; monde en abrégé; résumé de l'univers. ‖ L'homme en tant qu'il reflète l'univers.

microdissection n. f. Dissection faite sous le microscope sur des cellules ou des êtres de petite taille. (La microdissection permet, à l'aide d'instruments minuscules, de couper une cellule, d'en extraire le noyau, d'y effectuer des greffes.)

micro-économie n. f. Branche de la science économique étudiant les comportements des individus devant les variations des variables économiques.

microfarad n. m. Millionième de farad (symb. : μF).

microfiche n. f. Photographie reproduisant sous un volume très réduit un document d'archives.

microfilm n. m. Film composé d'une série de microfiches.

microfilmer v. t. Reproduire des documents sous forme de microfilm.

microglossaire n. m. Vocabulaire spécifique d'une activité, d'un métier, etc., qui est relativement indépendant du vocabulaire général.

micrographie n. f. Science qui s'occupe de l'étude de très petits objets au microscope.

micrographique adj. Relatif à la micrographie : *préparation micrographique.*

microgrenu, e adj. Se dit d'une roche endogène formée d'une juxtaposition de petits cristaux à peine visibles à l'œil nu.

microlitique adj. Se dit d'une roche éruptive (basalte notamment) formée de cristaux visibles à l'œil nu et d'une pâte contenant des cristaux microscopiques, ou *microlites.*

micromanipulateur n. m. Appareil permettant la manipulation et la dissection de cellules ou de petits objets.

Micromégas, conte philosophique de Voltaire (1752). Il montre que la relativité de toutes choses doit inspirer la modestie aux savants.

micromètre n. m. Instrument permettant de mesurer avec une grande précision des angles ou des longueurs très petites.

micrométrique adj. Relatif au micromètre.

microminiaturisation n. f. Réduction à l'extrême des dimensions et du poids d'un dispositif électronique.

microminiaturiser v. t. Effectuer la microminiaturisation.

micromodule n. m. Circuit logique ou arithmétique miniaturisé d'un calculateur électronique, rassemblant sur substrat de petit format les circuits, les résistances et les semi-conducteurs (diodes ou transistors) nécessaires à l'exécution d'une opération déterminée.

micron [mikrɔ̃] n. m. Unité de mesure de longueur (symb. : μ) égale à un millionième de mètre, soit un millième de millimètre.

Micronésie (c'est-à-dire « petites îles »), ensemble d'îles du Pacifique, situé entre l'Indonésie et les Philippines à l'ouest, la Mélanésie au sud et la Polynésie à l'est (à laquelle on le rattache parfois). Elle comprend les Mariannes, les Carolines, les Palaos, les Marshall, les Gilbert.

micronésien, enne adj. Relatif à la Micronésie. ‖ — N. Habitant de la Micronésie. (Les Micronésiens présentent un type métissé des types mélanésien et polynésien, avec prédominance du polynésien. Leur structure sociale repose sur un système de pseudo-castes, où les terres sont détenues par une aristocratie; la prépondérance économique est cependant la pêche.)

micro-organisme ou **microrganisme** n. m. Organisme microscopique, végétal ou animal. (Syn. MICROBE.)

microphone n. m. Instrument qui transforme les vibrations sonores en oscillations électriques : *l'invention du microphone est due à Hughes.* (On dit, en abrégé, MICRO.)
— ENCYCL. *Télécomm.* Le fonctionnement du *microphone* est fondé sur les phénomènes de variation de résistance qui se produisent au contact de corps peu conducteurs. Les appareils les plus répandus sont les microphones à grenaille de charbon : les grains de charbon, qui permettent d'obtenir un grand nombre de contacts, sont placés entre deux électrodes, dont l'une constitue la membrane vibrante. En radiodiffusion, on emploie des microphones électrostatiques, électrodynamiques et piézo-électriques.

microphotographie n. f. Photographie des préparations microscopiques.

microphysique n. f. Partie de la physique qui étudie les atomes et les électrons.

micropyle n. m. (gr. *mikros,* petit, et *pulê,* porte). Petit orifice dans les téguments de l'ovule des végétaux phanérogames.

microscope [mikrɔskɔp] n. m. (gr. *mikros,* petit, et *skopein,* observer). Instrument d'optique qui sert à regarder les objets très petits.
— ENCYCL. *Opt.* Le *microscope* comporte un objectif, ensemble de petites lentilles de très courte distance focale, qui donne d'un petit objet une image réelle agrandie, et un oculaire, souvent formé de deux lentilles convergentes et qui fonctionne comme une loupe vis-à-vis de l'image précédente. L'objet est habituellement une coupe mince, placée sur une lame de verre éclairée par-dessous au moyen d'un condenseur. Dans le *microscope électronique,* un faisceau d'électrons émis par une cathode et se propageant dans le vide est concentré sur l'objet, puis réfracté par des condensateurs ou des bobines jouant le rôle de lentilles. Le grossissement peut alors atteindre 100 fois celui du microscope ordinaire. (V. illustr. INSTRUMENTS D'OPTIQUE*.)

microscopie n. f. Examen au microscope.

microscopique adj. Fait au moyen du microscope : *études microscopiques.* ‖ Qui ne peut être vu qu'avec un microscope : *animalcules microscopiques.* ‖ Très petit : *un livre microscopique.*

microsillon n. m. Rainure extrêmement fine présentée par la surface de certains disques de phonographe, et dont le pas particulièrement réduit permet une longue durée d'audition. ‖ Le disque lui-même. (Il y a environ 100 spires par centimètre sur un microsillon tournant à 33 1/3 tours par minute, et 40 sur un disque tournant à 78 tours.)

microsociologie n. f. Etude des formes de la sociabilité au sein de petits groupes.

microsociologique adj. Relatif à la microsociologie.

microsporange n. m. *Bot.* Sporange produisant des microspores.

microspore n. f. *Bot.* Spore fournie par certains cryptogames, et qui germe en donnant un prothalle mâle.

microthermie n. f. Millionième de thermie (symb. : μth). [Syn. CALORIE.]

microtome n. m. Instrument pour découper dans des tissus animaux ou végétaux de minces tranches en vue d'un examen au microscope.

microviseur n. m. Judas optique fixé dans l'épaisseur d'une porte et permettant de voir sans être vu.

miction [miksjɔ̃] n. f. (lat. *mictio*). Action d'uriner.
— ENCYCL. Le besoin d'uriner se manifeste quand la vessie contient 250 ml d'urine environ. La *miction* met en jeu la contraction du muscle vésical (détrusor) et le relâchement simultané du sphincter vésical. A l'état normal, ces deux phénomènes ne se produisent que sous le contrôle de la volonté. Les troubles de la miction sont nombreux. Ce sont : l'émission involontaire consciente (incontinence) ou inconsciente (énurésie), les mictions douloureuses (dysurie), les mictions trop fréquentes (pollakiurie), les mictions incomplètes ou absentes (rétention).

Midas, roi de Phrygie (v. 715-676 av. J.-C.). Il dut sa richesse aux mines d'or de Phrygie; la légende veut qu'il ait reçu de Dionysos le pouvoir de changer en or tout ce qu'il touchait, et qu'ayant, dans un jugement, préféré Marsyas à Apollon, celui-ci lui ait infligé des oreilles d'âne.

Middelburg, v. des Pays-Bas, ch.-l. de la Zélande, dans l'anc. île de Walcheren; 28 000 h. Hôtel de ville (XVe-XVIe s.).

middle jazz [midldʒaz] ou **mainstream** [meinstrim] n. m. (mots angl.). Style d'interprétation intermédiaire entre le jazz traditionnel et le jazz moderne. (On dit aussi JAZZ CLASSIQUE.)

Middlesbrough, port d'Angleterre (Yorkshire), sur l'estuaire de la Tees; 157 200 h. Sidérurgie. Industries métallurgiques et chimiques.

Middlesex, anc. comté d'Angleterre, auj. intégré dans le « Grand Londres ».

Middleton, v. de Grande-Bretagne (Lancashire); 56 700 h.

Middleton (Thomas), auteur dramatique anglais, né à Londres (v. 1570-1627). D'abord poète d'inspiration satirique (*la Sagesse de Salomon paraphrasée,* 1597), il écrivit, seul ou en collaboration avec Rowley, des comédies et des drames qui composent un tableau réaliste de la vie londonienne au début du XVIIe s. (*Que les femmes se défient des femmes,* v. 1612; *Une partie d'échecs,* 1624).

Middle West ou **Midwest,** région des Etats-Unis comprise entre les Appalaches et les Rocheuses.

midi [midi] n. m. (lat. *medius,* au milieu, et *dies,* jour). Milieu du jour : *midi est la douzième heure après minuit.* ‖ Un des points cardinaux : *le midi* (ou le sud). ‖ Exposition d'un lieu qui est en face de ce point : *louer un appartement au midi.* ‖ Ensemble des pays méridionaux (en ce sens, prend une majuscule) : *produits du Midi.* ● *Chercher midi à quatorze heures,* chercher des difficultés où il n'y en a pas.

Midi (*aiguille du*), sommet du massif du Mont-Blanc (Haute-Savoie); 3 843 m. Téléphérique.

Midi (*canal du*), canal de navigation reliant par la Garonne (et le canal latéral à la Garonne) l'Atlantique à la Méditerranée. Il commence à Toulouse et aboutit, après Agde, à l'étang de Thau; 241 km. Le canal du Midi, parfois appelé *canal du Languedoc* ou des *Deux-Mers,* fut creusé par Riquet de 1666 à 1681. Son trafic est faible.

Midi (*dents du*), massif des Alpes suisses, dans le Valais; 3 260 m.

Midi (*pic du*), nom de deux sommets des Pyrénées : le *pic du Midi de Bigorre* (Hautes-Pyrénées) [2 877 m], où se trouve un observatoire, et le *pic du Midi d'Ossau* (Basses-Pyrénées) [2 885 m].

midinette [midinɛt] n. f. (de *midi* et *dînette*). *Fam.* Surnom des jeunes ouvrières parisiennes de la couture et de la mode.

Midi-Pyrénées, région de programme groupant les départements suivants : Ariège, Aveyron, Haute-Garonne, Gers, Lot, Hautes-Pyrénées, Tarn, Tarn-et-Garonne.

Midlands (les), région du centre de l'Angleterre, au sud des Pennines, correspondant approximativement aux bassins supérieurs de la Severn et de la Trent, et dont Birmingham est le principal centre. C'est une importante zone houillère et surtout métallurgique. L'agriculture est orientée vers l'élevage laitier.

Midlothian, comté de Grande-Bretagne (Ecosse); 580 300 h. Ch.-l. *Edimbourg.*

Midou (le), riv. de l'Aquitaine; 105 km. A Mont-de-Marsan, il se réunit à la Douze pour former la *Midouze,* affl. de l'Adour (r. dr.); 43 km.

midship [mitʃip] n. m. (de l'angl. *midshipman,* qui est au milieu d'un navire). *Fam.* Dans la marine française, aspirant ou enseigne de vaisseau de 2e classe (un galon).

Midway (*îles*), archipel américain du Pacifique. Pendant la Seconde Guerre mondiale, les *Midway* furent attaquées sans succès par les Japonais en décembre 1941. En 1942, la flotte américaine de l'amiral Nimitz y remporta une grande victoire aéronavale sur l'amiral Yamamoto.

mie [mi] n. f. (de *mica,* parcelle). Partie intérieure du pain.

mie n. f. *Fam.* Abrév. de *amie.*

miel [mjɛl] n. m. (lat. *mel*). Substance sucrée et parfumée produite par certains insectes, et principalement par les abeilles, à partir du nectar des fleurs. (V. *encycl.*) ‖ *Fig.* Douceur : *des paroles de miel.* ● *Doux comme le miel,* très doux.
— ENCYCL. Lors de son passage dans le jabot de l'abeille, le nectar est transformé, notamment grâce aux sécrétions digestives, en un mélange de sucre inverti (dextrose et lévulose), de saccharose et de sels minéraux, mélange que les abeilles régurgitent dans les alvéoles constituant les rayons de la ruche; l'apiculteur désopercule les alvéoles et en extrait le *miel* grâce à la force centrifuge.

Miélan (32170), ch.-l. de c. du Gers (arr. de Mirande); 1 369 h. (956 aggl.).

miellat [mjɛla] n. m. Excrétion sucrée de petits parasites vivant sur les plantes et que les abeilles récoltent parfois pour en faire un miel dit *miel de miellat* ou *miellat.*

miellé, e adj. Sucré avec du miel : *eau miellée.* ‖ Propre au miel; qui rappelle le miel : *odeur miellée.*

miellée ou **miellure** n. f. Exsudation visqueuse et sucrée que laissent suinter, en réaction à la piqûre des pucerons, les feuilles de certains arbres des pays chauds.

mielleusement adv. D'un ton mielleux : *parler mielleusement.*

mielleux, euse adj. Qui rappelle le miel : *goût mielleux.* ‖ *Fig.* Doucereux, hypocrite : *paroles mielleuses.*

mien [mjɛ̃], **enne** [-ɛn] (lat. *meus*) pr. poss. (avec *le, la, les*). Qui est à moi : *c'est votre opinion, ce n'est pas la mienne.* ‖ — Adj. poss. : *je ne fais pas mienne votre proposition.*

mien n. m. Ce qui m'appartient : *le tien et le mien.* ‖ — Pl. *Les miens,* ma famille, mes proches, mes alliés.

Mieres, v. d'Espagne (Asturies); 70 900 h. Métallurgie.

Mierosławski (Ludwik), général polonais, né à Nemours (1814-1878). Après avoir participé aux révolutions polonaises (1830, 1846, 1848), napolitaine et badoise (1849), il fut le chef de l'insurrection polonaise de 1863. Battu, il se réfugia en France.

Mies van der Rohe (Ludwig), architecte américain d'origine allemande, né à Aix-la-Chapelle (1886-1969). Pionnier d'un fonctionnalisme pur et harmonieux, il fut directeur du Bauhaus de Dessau (1930-1933) avant d'émigrer aux Etats-Unis, où il a construit, en particulier à Chicago, des buildings caractérisés par de grands pans de verre sur ossatures d'acier (immeubles du Lake Shore, Institut de technologie). [V. illustr. ARCHITECTURE* CONTEMPORAINE et ETATS-UNIS.]

Mieszko Ier ou **Mieczysław** (m. en 992), prince de Pologne (960 env.-992). Il fut baptisé et introduisit en Pologne la civilisation occidentale.

miette [mjɛt] n. f. (de *mie*). Petite parcelle qui tombe du pain quand on le coupe. ‖ Petit morceau d'un objet quelconque : *mettre un verre en miettes.* ‖ — Pl. *Fig.* Restes : *les miettes d'une fortune.*

mieux [mjø] adv. (lat. *melius*). De façon plus convenable, plus accomplie (sert de comparatif à *bien*) : *cet enfant travaille mieux qu'il ne travaillait autrefois.* ● *Aller de mieux en mieux,* faire toujours quelque progrès. ‖ *Etre, aller mieux,* être en meilleure santé. ‖ *Le mieux, la mieux,* avec la plus grande perfection (sert de superlatif à *bien*). ‖ *Tant mieux,* expression de satisfaction dont on se sert pour se féliciter d'une chose. ‖ **— A qui mieux mieux** loc. adv. A l'envi, avec émulation. ‖ — N. m. Etat meilleur : *le mieux est l'ennemi du bien.* ‖ Chose meilleure, plus avantageuse : *en attendant mieux.* ● *Acheter, vendre au mieux,* réaliser une opération boursière au mieux des possibilités de négociation et non au mieux des intérêts du donneur d'ordres. ‖ *Au mieux,* aussi bien que possible. ‖ *Faute de mieux,* à défaut d'une chose plus avantageuse, plus agréable.

mieux-être [mjøzɛtr] n. m. Amélioration du confort, de la santé, etc. : *les progrès techniques sont source de mieux-être.*

mièvre [mjɛvr] adj. D'une grâce un peu puérile, affectée et fade.

mièvrement adv. Avec mièvrerie.

mièvrerie n. f. Caractère de celui ou de ce qui est mièvre.

mi-fer (à) loc. adv. Se dit d'un assemblage de deux pièces métalliques bout à bout, par une enture effectuée sur la moitié de leur épaisseur.

Migennes (89400), ch.-l. de c. de l'Yonne (arr. d'Auxerre) ; 7 694 h. V. LAROCHE-SAINT-CYDROINE.

migmatite [migmatit] n. f. (gr. *migma*, mélange). Roche métamorphique résultant de l'introduction de matériel magmatique entre les feuillets des sédiments.

mignard [miɲar], **e** [-ard] adj. et n. (de *mignon*). D'une délicatesse, d'une douceur affectée : *sonnet d'une grâce mignarde.*

Mignard (Nicolas), dit **Mignard d'Avignon,** peintre français, né à Troyes (1606-1668). Installé à Avignon, il exécuta des peintures religieuses. Louis XIV le fit venir à Paris, où il peignit le portrait de la reine et participa à la décoration des Tuileries. — Son frère PIERRE, dit *le Romain*, né à Troyes (1612-1695), accomplit une brillante carrière comme portraitiste attitré de la noblesse. La reine mère lui commanda la décoration de la coupole du Val-de-Grâce. Il succéda à Le Brun dans toutes ses charges. Il a peint, entre autres, *la Famille du Grand Dauphin* (Louvre).

mignarder v. t. Traiter délicatement.

mignardise n. f. Gentillesse, douceur affectée : *mignardise des manières.* ‖ Variété de petit œillet.

Migne (*abbé* Jacques Paul), érudit français, né à Saint-Flour (1800-1875), éditeur d'une encyclopédie théologique comprenant un millier de volumes (*Patrologie latine* [1844-1855] et *Patrologie grecque* [1857-1866]).

Mignet (Auguste), historien français, né à Aix-en-Provence (1796-1884), auteur d'une *Histoire de la Révolution française* (1824). [Acad. fr.]

mignon [miɲɔ̃], **onne** [-ɔn] adj. Délicat, gentil : *visage mignon.* ● *Péché mignon*, petit péché auquel on s'abandonne volontiers. ‖ — N. Terme de tendresse en parlant à un enfant.

mignon n. m. Nom donné aux favoris d'Henri III.

Mignon, personnage féminin du *Wilhelm Meister* de Goethe. — Opéra-comique d'A. Thomas, sur un livret de Carré et Barbier d'après Goethe (1866).

mignonnette n. f. Petit œillet. ‖ Petite chicorée sauvage. ‖ Petit gravillon roulé, de granulométrie très précise.

mignoter [miɲɔte] v. t. *Fam.* Traiter délicatement : *mignoter un enfant.*

migraine [migrɛn] n. f. (gr. *hêmi*, à demi, et *kranion*, crâne). Douleur qui n'affecte qu'un côté de la tête et qui s'accompagne de nausées et parfois de vomissements. (La migraine est due à un déséquilibre du système nerveux sympathique, qui entraîne des perturbations dans la circulation des artères cérébrales et qui est souvent en rapport avec des troubles fonctionnels des organes [maladie du foie, déséquilibre endocrinien, etc.].)

migraineux, euse adj. Relatif à la migraine. ‖ — Adj. et n. Atteint de migraine.

migrant, e n. Personne qui effectue une migration.

migrateur, trice adj. et n. m. (lat. *migrator, -trix*). Qui effectue des migrations : *criquets, oiseaux migrateurs.*

migration [migrasjɔ̃] n. f. (lat. *migratio* ; de *migrare*, changer de séjour). Action de passer d'un pays dans un autre pour s'y établir. ‖ Déplacement cyclique ou définitif d'une importante population humaine, animale ou végétale homogène. ‖ Entraînement, par les eaux, de diverses substances du sol.
— ENCYCL. *Zool.* La langue moderne tend à distinguer l'*émigration*, définitive, de la *migration* (saisonnière ou cyclique) : cependant, qu'ils « migrent » ou qu'ils « émigrent », tous les animaux qui voyagent sont dits *migrateurs.*
Les migrations les plus connues, celles des oiseaux, sont saisonnières, chaque société d'oiseaux ayant une résidence d'été et une résidence d'« hiver », qui ne mérite pas ce nom lorsque les oiseaux passent dans l'hémisphère austral le temps de l'hiver boréal (hirondelle). Les migrations des poissons sont souvent liées au cycle reproductif, les uns (*thalassotoques* ou *catadromes*, tels que l'anguille) se rendant à la mer pour y pondre, les autres (*potamotoques* ou *anadromes*, comme le saumon) remontant au contraire les fleuves à la recherche de frayères torrentielles. Les désastreuses migrations du criquet pèlerin sont une réaction au confinement : les troupes migrantes se forment lorsque les aires normales d'habitation se restreignent sous l'effet de la sécheresse.
L'étude scientifique des migrations exige tout d'abord l'identification individuelle des animaux : baguage des oiseaux, marquage des poissons. Lorsque trajets et calendriers sont connus, il reste à découvrir le pourquoi et le comment, la cause qui déclenche le voyage et les informations qui permettent à l'animal de reconnaître sa route et de retourner au point de départ. C'est dire toute l'ampleur des problèmes scientifiques soulevés par les migrations.

migratoire adj. Relatif aux migrations : *mouvement migratoire.*

Mihajlović (Draža), général yougoslave, né à Ivanjica 1893-1946). Chef de la résistance serbe contre les Allemands après la défaite de 1941, il s'opposa aussi aux partisans de Tito. Accusé de trahison, il fut fusillé.

Mihalovici (Marcel), compositeur français d'origine roumaine, né à Bucarest en 1898. Elève de V. d'Indy, il a composé des partitions lyriques (*Phèdre, le Retour, les Jumeaux*), des œuvres symphoniques (*Symphonie pour le temps présent, Variations pour cuivres et cordes, Ouverture tragique, Symphonie variée et alternée*) et de la musique de chambre.

miḥrāb [mirab] n. m. inv. (mot arabe). Niche placée au milieu du mur de fond, dans les mosquées, et indiquant la direction de La Mecque.

mi-jambe (à) loc. adv. A la hauteur du milieu de la jambe : *l'eau montait à mi-jambe.*

mijaurée [miʒɔre] n. f. Femme qui a des manières affectées et ridicules.

mijoter [miʒɔte] v. t. (de l'anc. fr. *mijot*, fruitier). Faire cuire lentement. ‖ *Fig.* Préparer de longue main, avec soin : *mijoter un complot.* ‖ — V. i. Cuire lentement.

mikado [mikado] n. m. Palais impérial japonais. ‖ Empereur du Japon.

Mikoian ou **Mikoyan** (Anastas), homme politique soviétique, né à Sanain (Arménie) en 1895. Spécialiste des problèmes économiques, il fut président du Præsidium du Soviet suprême (1964-1965).

mil [mil] adj. num. (lat. *mille*). V. MILLE.

mil n. m. Massue dont on se sert en gymnastique.

mil n. m. Nom qui désigne soit un millet, soit un sorgho. ● *Mil d'Inde* ou *d'Afrique, mil à épis*, sorgho. ‖ *Mil à grappes*, panic.

Mila, v. d'Algérie (Constantine) ; 21 300 h.

milady [miledi] n. f. (déformation des mots angl. *my*, ma, et *lady*, dame). Nom donné en France à une dame anglaise de qualité. ‖ Pl. des *miladys.*

mi-laine adj. et n. m. Se dit d'une étoffe moitié laine, moitié coton : *tissu mi-laine.*

milan [milɑ̃] n. m. (lat. pop. *milanus*). Genre d'oiseaux rapaces propres aux régions chaudes et tempérées : *le milan royal est commun en France.* (Le milan atteint 1,50 m d'envergure ; il a la queue longue et fourchue. Il chasse le menu gibier et les petits rongeurs.)

Milan, v. d'Italie, cap. de la Lombardie et ch.-l. de prov. ; 1 713 500 h. (*Milanais*). Archevêché. L'essor de la ville date de l'unité italienne. En un siècle à peine, la population a presque décuplé : l'agglomération compte près de 2,5 millions d'hab. Milan est la deuxième ville de l'Italie, mais constitue la métropole économique du pays, associant une importante activité tertiaire (banques, sièges de grandes sociétés, éditions, université, etc.) à une fonction industrielle croissante (sidérurgie et métallurgie de transformation, constructions électriques et électroniques, chimie, confection, etc.). Située dans la haute plaine du Pô, au débouché du Simplon et du Saint-Gothard, Milan doit voir sa prépondérance encore accentuée par le Marché commun.
● *Histoire.* Ville gauloise, Milan devint, sous les Romains, un important centre commercial. L'Empereur y résida souvent. Métropole ecclésiastique qu'illustra notamment saint Ambroise, la ville fut dévastée par les Barbares (Ve-VIe s.) et éclipsée par Pavie. La fortune de Venise entraîna la sienne ; ville drapière, Milan redevint la principale ville de l'Italie. Rasée par Frédéric Barberousse (1162), elle se releva et fit reconnaître ses privilèges (1183). Sous les Médicis, puis sous les Sforza, elle connut une grande prospérité économique (soie, armes) et culturelle. Avec saint Charles Borromée, elle devint un des principaux foyers de la Contre-Réforme. Cependant elle connut, sous la domination espagnole, puis autrichienne, une certaine décadence. Napoléon en fit la capitale de la République cisalpine (1797) et italienne (1802), puis du royaume d'Italie (1805). Rendue aux Habsbourg et capitale du royaume lombard-vénitien (1815), Milan fut un centre de résistance aux Autrichiens avant d'être libérée par Napoléon III (1859) ; elle devint la capitale économique du jeune royaume d'Italie.
● *Beaux-arts.* La cathédrale, ou *dôme* (XIVe-XVIe s., achevée en 1813 par ordre de Napoléon), est le plus vaste et le plus complet monument gothique d'Italie. Le Castello Sforzesco et l'hôpital Majeur datent du XVe s. La ville possède de nombreuses églises : Sant' Ambrogio (XIe s.), Sant' Eustorgio (XIIe-XIIIe s.), San Satiro, de Bramante, Santa Maria delle Grazie (XVe s., *Cène* par Léonard de Vinci). Le théâtre de la Scala demeure la première scène lyrique mondiale. La bibliothèque Ambrosienne possède un grand nombre de livres rares et de manuscrits précieux. La pinacothèque de Brera est riche en peintures célèbres.

milan

Milan Obrenović, né à Iaşi (1854-1901), prince (1868-1882), puis roi de Serbie (1882-1889). Il se proclama roi après le traité de San Stefano, qui vit l'humiliation des Turcs devant les Russes. Impopulaire, vaincu par les Bulgares (1885), il dut abdiquer en faveur de son fils Alexandre (1889).

milanais [milanɛ], **e** [-ɛz] adj. et n. De Milan. ● *A la milanaise*, se dit d'un plat accompagné d'une panure à l'œuf, cuite au beurre.

Milanais (le), anc. Etat du nord de l'Italie, formé à partir du XIIe s. autour de Milan, et qui appartint aux Visconti, aux Sforza, puis, après l'échec des Français (XVIe s.), aux Habsbourg et aux Espagnols. En 1815, le Milanais fit partie intégrante du royaume lombard-vénitien.

mildiou [mildju] n. m. (angl. *mildew*). Maladie produite par un champignon parasite sur les feuilles de vigne, qui se couvrent de taches jaunes, puis brunes. (La pomme de terre, la betterave, le houblon peuvent être atteints par des mildious particuliers. On lutte contre le mildiou par des bouillies à base de sulfate de cuivre.)

mildiousé, e adj. Attaqué par le mildiou.

mile [majl] n. m. (mot angl.). Mesure itinéraire anglo-saxonne valant 1 609 m.

Milet, cité ionienne de l'Asie Mineure, qui domina le commerce méditerranéen du VIIIe au VIe s. av. J.-C. et qui fut le siège d'une école de philosophes, célèbres pour leurs recherches scientifiques (Thalès).

Milford Haven, port de Grande-Bretagne (pays de Galles) ; 12 800 h. Importation et raffinage du pétrole. Pétrochimie.

Milan : place de la République

Phot. Dechambre, Muzio.

Milhaud (Darius), compositeur français, né à Aix-en-Provence (1892-1974). Son œuvre est très abondante dans tous les genres : opéras (*Christophe Colomb,* 1928 ; *Bolívar,* 1935-1936), cantates, ballets (*la Création du monde,* 1923), symphonies, musique de chambre (sonates, quatuors). Membre du « groupe des Six », il partage son enseignement entre les Etats-Unis et le Conservatoire de Paris.

miliaire [miljɛr] adj. (lat. *milarius ;* de *milium,* millet). Qui ressemble à un grain de mil : *glandes miliaires.* ● *Fièvre miliaire,* fièvre accompagnée d'une éruption de petits boutons rouges. ‖ *Tuberculose miliaire,* tuberculose à petits tubercules disséminés. (Syn. GRANULIE.)

miliaire n. f. Eruption cutanée due à une distension des glandes sudoripares, et qui se manifeste au cours de divers états infectieux.

Miliana, v. d'Algérie (El-Asnam) ; 18 100 h.

milice [milis] n. f. (lat. *militia,* service militaire). Du Moyen Age au XVIIIe s., troupe levée dans les communes pour renforcer l'armée régulière. ‖ Armée composée de citoyens appelés à effectuer des périodes d'instruction fréquentes, dans les pays qui n'ont qu'une faible armée permanente. (V. ARMÉE.) ‖ Police auxiliaire dans certains pays.
— ENCYCL. La *milice de Vichy,* qui fut une formation paramilitaire créée par le gouvernement de Vichy en 1943, collabora avec les Allemands à la lutte contre la Résistance, notamment dans le Vercors en 1944. Ses dirigeants (et notamment son chef, Darnand) furent traduits devant des tribunaux militaires en 1945.

milicien, enne n. Personne appartenant à une milice.

milieu [miljø] n. m. (de *mi* et *lieu*). Centre d'un lieu : *le milieu d'une place.* ‖ Point également éloigné des deux termes d'un espace ou d'un temps : *le milieu de la route, du jour.* ‖ Endroit à peu près également éloigné d'un commencement et d'une fin : *le milieu d'un volume.* ‖ *Biol.* Environnement immédiat d'un organisme animal ou végétal dans les conditions habituelles de sa vie. (Syn. BIOTOPE.) [V. *encycl.*] ‖ *Chorégr.* Exercices exécutés au milieu de la classe, sans l'appui de la barre. ‖ — *Fig.* Sphère intellectuelle, morale, sociale où nous vivons ; condition sociale ; entourage : *l'influence du milieu.* ‖ Les gens qui appartiennent à un groupe déterminé, à une classe sociale : *les milieux populaires.* ‖ Le monde de la pègre : *les gens du milieu.* ● *Milieu géographique,* ensemble des caractéristiques physiques qui influent sur l'existence des êtres vivants à la surface de la terre. ‖ *Milieu intérieur* (Physiol.), ensemble des liquides circulants et interstitiels (sang et lymphe), au sein desquels baignent les cellules vivantes des animaux supérieurs (V. *encycl.*) ‖ **— Au beau milieu, en plein milieu** loc. adv. Juste au milieu. ‖ **— Au milieu de** loc. prép. Parmi.
— ENCYCL. *Biol.* Un *milieu* agit sur les organismes qui le peuplent par ses caractères physiques et chimiques (température, luminosité, densité, pression, viscosité, réaction ionique, tension osmotique [salinité], teneur en oxygène, en gaz carbonique, en vapeur d'eau ou en eau liquide, etc.), et par le caractère des changements que subissent ces diverses données. Certains milieux, tels que les abysses océaniques, sont d'une constance remarquable à tous égards ; d'autres, tels que les lagunes, sont essentiellement changeants ; d'autres, enfin, comme les sols intertropicaux ou tempérés, subissent des variations saisonnières relativement régulières, ce qui explique que chaque milieu a son peuplement particulier, c'est-à-dire, d'une part, sa *faune* et sa *flore* (exprimées par une liste d'espèces), et, d'autre part, sa *population* (exprimée par un dénombrement d'individus).
L'existence du parasitisme a fait dire que le *milieu* d'un ténia, par exemple, était constitué par l'intestin de l'homme ; même dans la vie libre, l'interaction des occupants du même lieu est telle qu'on peut parler de *facteurs biologiques* du milieu, qui s'ajoutent aux facteurs physiques et chimiques.
— *Physiol. Milieu intérieur.* — Cette expression, due à Claude Bernard, se justifie par le fait que les fonctions de régulation* de l'homme et des animaux supérieurs assurent aux cellules un milieu local constant dans sa température, son acidité, sa teneur en sucre, sa vitesse de renouvellement, etc., alors même que le milieu où vit l'organisme entier change rapidement, de sorte qu'à l'échelle cellulaire le milieu extérieur n'exerce aucune action directe.

Milieu (*Empire du*), nom donné jadis à la Chine (considérée comme le centre du monde).

miliole n. f. Foraminifère apparu au carbonifère, à test calcaire, constitué de logettes disposées en spirales.

Milioukov (Pavel Nikolaïevitch), historien et homme politique russe, né à Moscou (1859-1943). Il fonda le parti des Cadets, fut ministre des Affaires étrangères dans le gouvernement provisoire de mars 1917, puis s'exila en France. Il est l'auteur d'une *Histoire de Russie* (1933).

militaire [militɛr] adj. (lat. *militaris ;* de *miles,* soldat). Qui concerne les forces armées, les soldats et la guerre : *art militaire.* ● *Etat militaire,* métier des armes. ‖ *Heure militaire,* heure précise.

militaire n. m. Celui qui fait partie des forces armées.

militairement adv. De façon militaire.

militant [militɑ̃], **e** [-ɑ̃t] adj. et n. Qui lutte pour le triomphe d'une idée, d'un parti. ● *Eglise militante* (Théol.), assemblée des fidèles sur la terre.

militantisme n. m. Attitude du militant.

Darius Milhaud

Stuart Mill

militarisation n. f. Organisation militaire : *la militarisation du corps des pompiers.*

militariser [militarize] v. t. Donner une organisation, une structure militaire à : *militariser un pays.*

militarisme n. m. Prépondérance de l'élément militaire dans une nation. ‖ Sentiment, doctrine de ceux qui penchent vers cette prépondérance.

militariste adj. Relatif au militarisme. ‖ — N. Partisan du militarisme.

Military Cross, Military Medal, décorations militaires britanniques créées en 1914, la première pour récompenser les officiers subalternes, la seconde pour les sous-officiers et les soldats.

militer [milite] v. i. (du lat. *miles, militis,* soldat). Avoir une activité politique ou religieuse. ‖ *Fig.* Agir, influer pour ou contre : *cette raison milite contre vous.*

milk-bar [milkbar] n. m. (mot amér. ; de *milk,* lait, et *bar*). Café où l'on ne consomme que des boissons non alcoolisées. ‖ Pl. des *milk-bars.*

Mill (James), historien, philosophe et économiste anglais, né à Northwater Bridge (Ecosse) [1773-1836]. Continuateur de Hume et de Bentham, il appliqua aux sciences morales la méthode positive.

Mill (John STUART), philosophe et économiste anglais de l'école expérimentale, né à Londres (1806-1873), fils du précédent. Adversaire de l'intuitionnisme, il fonde sur l'expérience individuelle et l'association des idées la réalité du monde extérieur et celle des esprits. En logique, il ramène la déduction à la généralisation des opérations inductives et fonde l'induction sur l'habitude de voir des successions régulières. En morale, il a posé comme principe fondamental du devoir la poursuite du bonheur général. Il se rattache directement à Hume et à l'empirisme du XVIIIe s. Comme économiste, il clarifia les doctrines classiques, puis, à la fin de sa vie, s'orienta vers une sorte de socialisme libéral et individualiste. On lui doit : *Logique inductive et déductive* (1843), *Principes d'économie politique* (1848), *Dictionnaire d'économie politique* (1852), *l'Utilitarisme* (1861), *Examen de la philosophie d'Hamilton* (1865).

millage ou **milage** [milaʒ] n. m. (de l'angl. *mile*). Au Canada, distance comptée en milles.

Millais (*sir* John Everett), peintre anglais, né à Southampton (1829-1896), un des fondateurs du préraphaélisme.

Millardet (Alexis), botaniste français, né à Montmirey-la-Ville (1838-1902). On lui doit l'hybridation des cépages français et américain, et le traitement cuprique du mildiou.

millas n. m. V. MILLIASSE.

Millas (66170), ch.-l. de c. des Pyrénées-Orientales (arr. de Perpignan) ; sur la Têt ; 2 489 h. Ruines de la forteresse des rois de Majorque.

Millau (12100), ch.-l. d'arr. de l'Aveyron, sur le Tarn, 23 442 h. (*Millavois*). Eglise Notre-Dame (XVIe s. ; beffroi du XIe s.). Restes de fortifications. Grand centre de ganterie. — L'arr. a 14 cant., 101 comm., 76 444 h.

mille [mil] adj. num. inv. (lat. *milia*). Dix fois cent : *deux mille hommes ; l'an deux mille av. J.-C.* (Dans la date ordinaire des années, on emploie indifféremment les termes *mille* ou *mil : l'an mil* [ou *mille*] *huit cent.*) ‖ Nombre indéterminé, mais considérable : *courir mille dangers.* ‖ — N. m. inv. Unité du quatrième ordre du système décimal, représentant dix fois cent unités, soit 10^3. ‖ Nombre composé de mille unités. ‖ Chiffre représentant des mille. ● *Des mille et des cents* (Fam.), un grand nombre.

mille n. m. (lat. *mille*). Mesure itinéraire qui, chez les Romains, valait mille pas. ‖ *Mar.* Unité de mesure internationale (appelée parfois aussi *mille marin*) pour les distances, en navigation aérienne ou maritime, et correspondant à la distance moyenne de deux points de la surface de la Terre qui ont même longitude et dont les latitudes diffèrent d'un angle de 1 minute. (Sa valeur est fixée par convention à 1 852 m.)

mille n. m. Au Canada, mesure de longueur équivalant au mile anglo-saxon.

Mille (Cecil B. DE). V. DE MILLE.

Mille et Une Nuits (*les*), recueil de contes arabes. Le roi de Perse Chāhriyār, convaincu de l'infidélité de son épouse, a résolu de la faire étrangler, puis de prendre chaque soir une nouvelle femme, qui sera mise à mort le lendemain. La fille de son vizir, Chahrāzād (Schéhérazade), s'offre elle-même pour cette union, demandant comme seule grâce que sa sœur Dīnārzād passe la nuit dans la chambre nuptiale. Au milieu de la nuit, Chahrāzād commence le récit d'un conte, qui passionne le roi et qui n'est pas terminé quand le soleil se lève. Le roi décide de surseoir à l'exécution de la sentence pour entendre la suite la nuit suivante. Ce manège se reproduit pendant mille autres nuits, et, à la fin, le roi renonce à son dessein cruel. Les plus célèbres contes sont *Aladin ou la Lampe merveilleuse, les Aventures d'Ali Baba et des quarante voleurs, les Incomparables Pérégrinations de Sindbād le marin.*

mille-feuille n. f. Plante très commune dans les endroits incultes, à feuilles très découpées et à capitules de petites fleurs blanchâtres groupées en corymbes. (Famille des composées.) ‖ Pl. des *mille-feuilles.*

mille-feuille n. m. Gâteau fait de pâte feuilletée garnie de crème pâtissière. ‖ Pl. des *mille-feuilles.*

Mille-Îles, archipel du Canada, dans le Saint-Laurent, à sa sortie du lac Ontario. Centre touristique.

millénaire [millenɛr] adj. Qui contient mille.

millénaire n. m. Dix siècles ou mille ans : *la civilisation sumérienne s'étend approximativement du Ve au IIIe millénaire av. J.-C.*

millénarisme n. m. Doctrine de certains écrivains chrétiens des premiers siècles et de certaines sectes chrétiennes modernes, selon laquelle le Christ réapparaîtrait sur terre pour régner pendant mille ans. ‖ Mouvement religieux semblable au messianisme, et réclamant un retour aux conditions sociales existant à l'origine, généralement celles que décrivent les mythes de la création du monde.

mille-pattes n. m. inv. Classe d'arthropodes terrestres, au corps allongé formé d'assez nombreux anneaux semblables munis chacun d'une ou de deux paires de pattes articulées. (Syn. MYRIAPODES.)
— ENCYCL. Les *mille-pattes* ont de nombreuses ressemblances avec les insectes : la tête possède une seule paire d'antennes et trois paires de pièces buccales ; la respiration est assurée par des trachées. Mais ils constituent une classe beaucoup moins nombreuse en espèces et en subdivisions. Les uns, tels que la scolopendre, sont carnivores et munis de crochets venimeux (ordre des chilopodes : lithobie, géophile, scutigère) ; les autres sont végétariens, peuvent s'enrouler sur eux-mêmes et ont deux paires de pattes par anneau (ordre des *diplopodes* ou *chilognathes :* iule, gloméris). Tous les mille-pattes de nos régions vivent dans ou sur le sol, à l'abri de la lumière, par exemple sous les pierres.

mille-pertuis ou **millepertuis** [milpɛrtɥi] n. m. Plante dont les feuilles contiennent de nombreuses petites glandes translucides qui les font croire criblées de trous. (Famille des hypéricacées. On a utilisé leurs fleurs jaunes en infusions vulnéraires et balsamiques.)

millépore [millepɔr] n. m. Animal marin formant des colonies de polypes construisant un squelette calcaire massif. (Embranchement des cœlentérés, ordre des hydrocoralliaires.)

Miller (Henry), écrivain américain, né à New York en 1891. Ses récits dénoncent, avec une grande liberté de langage, ses propres obsessions et celles du monde moderne (*Tropique du Cancer,* 1934 ; *Tropique du Capricorne,* 1939 ; *Plexus,* 1952 ; *Nexus,* 1961).

Miller (Arthur Ashur), auteur dramatique américain, né à New York en 1915. Ses pièces (*Mort d'un commis voyageur,* 1949 ; *les Sorcières de Salem,* 1953 ; *Vu du pont,* 1955) et ses romans (*les Désaxés,* 1960) font une peinture sans indulgence de la société américaine.

Millerand [milrɑ̃] (Alexandre), homme politique français, né à Paris (1859-1943). Avocat, il passa du radicalisme au socialisme ; député à partir de 1885, il définit les bases d'un socialisme politique dans un discours à Saint-Mandé. Il accepta — au grand scandale des socialistes — le portefeuille du Commerce et de l'Industrie dans le cabinet Waldeck-Rousseau (1899-1902) : il accomplit alors une œuvre sociale importante. Durant la Première Guerre mondiale, ministre de la Guerre, il soutint énergiquement Joffre. En 1919, il se posa comme l'un des chefs du Bloc national. Président du Conseil (1920), il succéda, la même année, au président de la République Paul Deschanel démissionnaire. Jouant un rôle politique effectif, il contraignit Briand à la démission (1922), puis appuya l'action de Poincaré. Le Cartel des gauches lui ayant reproché son intervention dans la campagne électorale, il démissionna au lendemain des élections de 1924.

millerandage [milrɑ̃daʒ] n. m. Accident occasionné par la coulure, et qui entraîne un avortement plus ou moins complet des grains de raisin.

millésime [millezim] n. m. (lat. *millesimus ;* de *mille,* mille). Année qui figure comme date sur les monnaies, les médailles, etc. ‖ Numéro d'une année civile.

millésimé, e adj. Qui porte un millésime : *un vin millésimé.*

Millesimo, comm. d'Italie (Ligurie), sur la Bormida ; 3 200 h. Victoire d'Augereau sur les Autrichiens (1796).

millet [mijɛ] ou **mil** [mil] n. m. (lat. *milium*). Nom donné à diverses graminacées appartenant aux genres panic et sétaire : le *millet commun,* ou *grand millet,* ou *millet blanc rond,* et le *millet d'Italie,* ou *millet des oiseaux,* ou *millet à grappes,* ou *petit mil.* (L'alpiste des

Phot. Lipnitzki, Larousse.

Canaries, qui appartient au genre phalaris, est désigné également sous le nom de *millet long*. Les graines de toutes ces plantes sont utilisées pour l'alimentation des oiseaux de volière.)

Millet [milɛ *ou* mijɛ] (Jean-François), peintre français, né à Gréville (Manche) [1814-1875]. Fils de paysans du Cotentin, à la fois réaliste et poète, il peignit à Barbizon, où il s'était fixé en 1849, la vie rustique et les paysans au travail. Auparavant, il avait exécuté de nombreux portraits (musée de Cherbourg, de Rouen, de Lyon) et des nus dans le genre du XVIIIe s. On lui doit de beaux dessins. Incompris de ses contemporains, il eut une vie très difficile. Ses œuvres les plus célèbres sont *l'Angelus* et *les Glaneuses* (Louvre).

Millevaches, haut plateau du Limousin, culminant à 978 m, où naissent la Vienne, la Creuse, la Vézère et la Corrèze. Elevage ovin.

Millevoye [milvwa] (Charles Hubert), poète français, né à Abbeville (1782-1816). Il est l'auteur de poèmes héroïques (*Charlemagne à Pavie,* 1808) et d'élégies qui préfigurent le romantisme (*la Chute des feuilles,* 1811).

milli (mot lat.), préf. (symb. : m) qui, placé devant une unité, la divise par mille : *millimètre ; milligramme.*

milliaire [miljɛr] adj. Se dit des bornes placées au bord des routes pour indiquer les milles.

milliampère [miliɑ̃pɛr] n. m. Unité de mesure d'intensité de courant électrique (symb. : mA), équivalant à un millième d'ampère.

milliampèremètre n. m. *Electr.* Ampèremètre gradué en milliampères.

milliard [miljɑr] n. m. Mille millions.

milliardaire adj. et n. Riche d'au moins un milliard. ‖ Dont les revenus annuels sont égaux ou supérieurs à un milliard.

milliardième n. m. Chaque partie d'un tout divisé en un milliard de parties égales.

milliasse ou **millas** n. m. Gâteau de farine de maïs cuite à l'eau.

millibar n. m. Unité de mesure de pression atmosphérique, équivalant à un millième de bar ou à 1 000 baryes, soit environ 3/4 de millimètre de mercure barométrique.

millième [miljɛm] adj. num. ord. Qui occupe un rang marqué par le nombre *mille.* ‖ — N. : *être le, la millième.* ‖ — N. m. Chaque partie d'un tout divisé en mille parts égales : *le litre est le millième du mètre cube.* ‖ *Mil.* Unité d'angle utilisée pour le tir et égale à l'angle sous lequel on voit une longueur de 1 m à 1 000 m.

millier [milje] n. m. Mille : *un millier d'épingles.* ‖ Un très grand nombre : *des milliers d'hommes.*

milligramme [miligram] n. m. Unité de mesure de masse (symb. : mg), équivalant à un millième de gramme.

Millikan (Robert Andrews), physicien américain, né à Morrison (Illinois) [1868-1953]. En 1911, il détermina la charge de l'électron en mesurant la vitesse de chute de gouttelettes d'huile dans un champ électrique et, en 1916, il donna la valeur de la constante de Planck grâce à une étude de l'effet photo-électrique. (Prix Nobel de physique, 1923.)

millilitre n. m. Unité de mesure de capacité (symb. : ml), équivalant au millième de litre.

millimètre n. m. Unité de mesure de longueur (symb. : mm), équivalant au millième de mètre. ● *Millimètre carré,* unité de mesure de surface (symb. : mm²), équivalant à l'aire d'un carré ayant un millimètre de côté. ‖ *Millimètre cube,* unité de mesure de volume (symb. : mm³), équivalant au volume d'un cube ayant un millimètre de côté.

millet à chandelle

épi de millet rond

Jean-François **Millet**
« l'Enfant au cerceau »
musée de Grenoble

millimétrique adj. Relatif au millimètre ; gradué en millimètres : *papier millimétrique.*

million [miljɔ̃] n. m. Mille fois mille. ● *Riche à millions* (Fam.), très riche.

millionième adj. num. ord. de *million.* ‖ — N. m. Chaque partie d'un tout divisé en un million de parties égales : *un millionième.*

millionnaire adj. et n. Riche d'un ou de plusieurs millions. ‖ Dont les revenus annuels sont égaux ou supérieurs à un million. ‖ Très riche.

millithermie n. f. Unité de mesure de quantité de chaleur (symb. : mth), équivalant à un millième de thermie. (Syn. KILOCALORIE.)

millivolt n. m. Unité de mesure de force électromotrice ou de différence de potentiel (symb. : mV), équivalant à un millième de volt.

millivoltmètre n. m. Appareil servant à mesurer de très faibles différences de potentiel, et dont le cadran est gradué en millivolts.

Milloss (Aurél MILLOSS DE MIHOLY, dit **Aurel**), danseur, chorégraphe et pédagogue hongrois, naturalisé italien, né à Ozora en 1906. Adepte de l'expressionnisme, il s'imposa en Italie, où ses conceptions s'opposaient cependant à celles de l'école traditionnelle, puis en Europe et en Amérique. Ayant fait une plus large part au langage académique, il se situe par l'importance de son œuvre parmi les plus grands chorégraphes contemporains. Il a signé entre autres : *Le Creature di Prometeo* (1940), *Il Mandarino maraviglioso* (1942), *La Soglia del Tempo* (1951), *Coup de feu* (1952), *Sei Danze per Demetra* (1958), *Festa per Antigona* (1962).

John **Milton**
école anglaise
du XVIIe s.
National Portrait Gallery Londres

Millikan
observant la
décharge d'un
électroscope

Milly-la-Forêt (91490), ch.-l. de c. de l'Essonne (arr. d'Evry), sur la bordure ouest de la forêt de Fontainebleau ; 3 180 h. Eglise (XIIe-XVe s.). Halles en bois (1479). Chapelle décorée par Cocteau, qui y a sa sépulture.

Milly-Lamartine (71770 La Roche Vineuse), comm. de Saône-et-Loire (arr. de Mâcon) ; 165 h. Maison de Lamartine.

Milne-Edwards (Henri), naturaliste et physiologiste français, né à Bruges (1800-1885), auteur de travaux sur les mollusques et les crustacés. — Son fils ALPHONSE, naturaliste, né à Paris (1835-1900), a étudié les mammifères et la faune abyssale.

Milo, île grecque de la mer Egée, une des Cyclades. La fameuse *Vénus de Milo* y fut trouvée en 1820.

Miloch Obrénovitch ou **Miloš Obrenović,** né à Srednia Dobrna (1780-1860), prince de Serbie (1817-1839 et 1858-1860). Après avoir fait assassiner Karageorges (1817), il fut reconnu prince héréditaire de Serbie par les Turcs. Ayant dû abdiquer en faveur de son fils Milan, remplacé peu après par son frère Michel (1839), il fut rappelé en 1858. Proclamé « Père de la patrie », il établit l'hérédité princière dans sa famille.

Milon de Crotone, athlète du VIe s. av. J.-C., né à Crotone, plusieurs fois vainqueur aux jeux Olympiques. N'ayant pu se dégager de la fente d'un tronc d'arbre qu'il taillait, il serait mort dévoré par les bêtes sauvages.

Milon, homme politique romain, né à Lanuvium (v. 95-48 av. J.-C.), tribun du peuple en 57 av. J.-C., gendre de Sulla. Accusé du meurtre de Clodius en 52, il fut défendu par Cicéron (*Pro Milone*), mais, néanmoins, exilé.

milord [milɔr] n. m. (angl. *my lord,* mon seigneur). Titre donné quelquefois sur le continent aux lords ou aux Anglais de distinction. ‖ *Fig.* Homme très riche, très élégant. ‖ Voiture hippomobile à quatre roues, à deux places, à capote et à siège plus élevé au-dessus de l'avant-train pour le conducteur.

Miloš Obrenović. V. MILOCH OBRÉNOVITCH.

Milosz [milɔʃ] (Oscar Vladislas DE LUBICZ-MILOSZ, dit **O. V. de L.**), écrivain français d'origine lituanienne, né à Czereïa (Biélorussie) [1877-1939]. Auteur de poèmes (*les Sept Solitudes,* 1906 ; *Psaume de l'étoile du Matin,* 1937), d'essais (*Ars magna,* 1924 ; *la Clef de l'Apocalypse,* 1938) et de drames (*Miguel Mañara,* 1913) d'inspiration élégiaque et mystique, il révéla au public occidental le folklore lituanien (*Contes et fabliaux de la vieille Lituanie,* 1930).

milouin [milwɛ̃] n. m. (lat. *miluus,* milan). Canard qu'on trouve en hiver sur les lacs et les cours d'eau lents d'Europe occidentale. (La femelle est gris-brun, le mâle gris clair avec la tête rousse et la poitrine noire ; long. 45 cm.)

mil-reis [milrɛjs] n. m. Anc. monnaie de compte au Portugal et au Brésil.

Miltiade l'Ancien, en gr. **Miltiadês,** tyran athénien de Chersonèse (VIe s. av. J.-C.). Il fonda plusieurs colonies, notamment en Chersonèse de Thrace. — Son neveu MILTIADE, général et homme politique athénien (540-v. 489 av. J.-C.), archonte en 524-523 av. J.-C., puis tyran de Chersonèse, servit Darios Ier contre les Scythes (512) avant de se retourner contre lui lors de la révolte d'Ionie ; en accord avec Athènes, il conquit Lemnos et Imbros (499-498). Réfugié à Athènes, il fut élu stratège et se trouva à l'origine de la victoire de Marathon (490). Il fut disgracié. Son fils Cimon devait créer l'Empire athénien.

Miltiade (*saint*), appelé parfois à tort **Melchiade,** (m. en 314), pape de 311 à 314. Il fut témoin de la victoire de Constantin au pont Milvius. — Fête le 10 décembre.

Milton (John), poète anglais, né à Londres (1608-1674). Héritier, dans sa jeunesse, des thèmes de la Renaissance et des traditions élisabéthaines, il compose des poèmes philosophiques (*Allegro,* 1631 ; *Il Penseroso,* 1632) et pastoraux (*Comus,* 1634 ; *Lycidas,* 1637). Après un voyage en Italie, il prend part aux luttes politiques et religieuses, et se range dans le camp puritain, dont il devient un des pamphlétaires attitrés (*Areopagitica,* 1644). Après la restauration des Stuarts, ruiné et aveugle, il revient à la poésie : il dicte le vaste poème qui exprime toutes ses préoccupations théologiques et philosophiques (*le Paradis* perdu,* 1667), et que prolonge *le Paradis reconquis* (1671), puis il s'identifie au héros biblique dans sa tragédie *Samson lutteur* (1671).

Milvius (*pont*), pont sur le Tibre, à 3 km de Rome, où Constantin battit Maxence (312 apr. J.-C.).

Milwaukee, port des Etats-Unis (Wisconsin), sur le lac Michigan, à l'embouchure du *Milwaukee ;* 760 000 h. Métallurgie.

mime [mim] n. m. (lat. *mimus,* empr. au gr.). Chez les Grecs et les Romains, acteur qui interprétait des pièces familières et bouffonnes. ‖ Genre de comédie où l'acteur représente par gestes l'action ou les sentiments. (Dans ce sens, on dit aussi LA MIME.) ‖ L'acteur lui-même.

mimer v. t. et i. Représenter par gestes, sans paroles : *mimer un rôle.* ‖ Contrefaire ; imiter la voix, les manières de quelqu'un.

mimétique adj. Qui a rapport au mimétisme.

Phot. Faideau, Rap, Giraudon, Fleming, X.

mimétisme n. m. (du gr. *mimesthai*, imiter). Ressemblance d'un être vivant inoffensif avec un être dangereux sans parenté avec lui, mais vivant dans le même milieu. || Ressemblance visuelle d'un animal avec son support habituel. (En ce sens, il vaut mieux dire HOMOCHROMIE*.) [Le lamier blanc, qui pousse souvent parmi les orties, ressemble à une ortie. Un papillon, la sésie, ressemble à un frelon, tandis qu'une mouche, l'éristale, ressemble à une guêpe. Ces ressemblances sont-elles protectrices? La question n'est pas tranchée. Selon les darwiniens, il suffit qu'elles le soient très peu pour que la grande fréquence actuelle des espèces mimétiques se trouve expliquée par la sélection naturelle.] || Reproduction machinale de gestes ou d'attitudes.

mimi [mimi] n. m. (de *minet*). Chat, dans le langage enfantin. || *Fam.* Terme de tendresse : *mon petit mimi.* || — Adj. *Fam.* Gentil, mignon.

Mimi Pinson, héroïne d'un conte d'A. de Musset (1845); c'est un type de jeune fille parisienne de l'époque Louis-Philippe, étourdie et généreuse.

mimique [mimik] adj. Qui exprime une action, un discours par le geste : *langage mimique.*

mimique n. f. Art d'imiter, d'exprimer la pensée par le geste, le jeu de la physionomie : *une mimique très expressive.*

Mimizan (40200), ch.-l. de c. des Landes (arr. de Mont-de-Marsan); 6 629 h. (5 565 aggl.) [*Mimizannais*]. Papeterie. — Station balnéaire à *Mimizan-Plage.*

Mimnerme de Colophon, poète et musicien grec (fin du VIIe s. av. J.-C.). Il fut le créateur de l'élégie érotique.

mimodrame [mimɔdram] n. m. Action dramatique représentée en pantomime.

mimographe [mimɔgraf] n. m. Auteur de mimes.

mimolette n. f. Fromage de Hollande en forme de boule, de couleur rouge-orangé.

mimologie n. f. Imitation de la voix et des gestes.

mimosa [mimoza] n. m. (du lat. *mimus*, qui se contracte comme un mime). Plante originaire du Brésil et appelée usuellement *sensitive*, car ses feuilles se replient au moindre contact. (Une espèce de mimosa fournit le bois d'amourette. Le mimosa des fleuristes, cultivé dans le Midi pour ses fleurs jaunes réunies en petites sphères, appartient au genre *acacia*.) [V. illustr. FLEURS.]

mimosacées n. f. pl. Famille de plantes légumineuses comprenant l'*acacia*, ou mimosa des fleuristes, et le *mimosa*, ou sensitive.

Mīnā' al-Aḥmadī, port du Koweït, sur le golfe Persique. Exportation et raffinage du pétrole.

minable [minabl] adj. *Fam.* Misérable, qui fait pitié : *vêtements minables.* || *Fam.* Très médiocre, très insuffisant : *un spectacle minable; un salaire minable.*

minage n. m. Action de miner.

Minamoto, famille japonaise qui fonda en 1192 le shōgunat de Kamakura.

minaret [minarɛ] n. m. (du turc *menare*). Tour d'une mosquée, du haut de laquelle le muezzin fait les cinq appels de prière quotidienne.

Minas Gerais, Etat de l'intérieur du Brésil méridional; 11 480 000 h. Cap. *Belo Horizonte.* Correspondant approximativement aux bassins supérieurs du São Francisco, du Tocantins, du Paranaíba et du Río Grande, le Minas Gerais, au relief accidenté, est l'Etat le plus peuplé du Brésil, après l'Etat de São Paulo. Il doit son nom et son intérêt économique annuel à ses richesses minières, où le fer a relayé l'or et les diamants.

Minas de Ríotinto ou **Río Tinto,** v. d'Espagne (Andalousie), au pied de la sierra Morena; 8 400 h. Mines de cuivre.

minauder [minode] v. i. (de *mine*, air du visage). Prendre des manières affectées pour paraître plus agréable.

minauderie n. f. Action de minauder; amabilité affectée.

minaudier, ère adj. et n. Qui a l'habitude de minauder : *fillette minaudière.*

mince [mɛ̃s] adj. (de l'anc. fr. *mincier*, couper en menus morceaux). Qui a peu d'épaisseur : *étoffe mince.* || Peu épais de taille : *jeune fille mince.* || *Fig.* Faible, peu considérable, de peu de valeur : *un mince revenu; son mérite est bien mince.* || — Syn. : ÉLANCÉ, FIN, FLUET, GRÊLE, SVELTE. — Contr. : ÉPAIS, GROS, LARGE. || — Interj. fam. qui marque la surprise.

minceur n. f. Qualité de ce qui est mince : *minceur du drap, de la taille.*

Mincio (le), riv. d'Italie, affl. du Pô (r. g.); 194 km. Il traverse le lac de Garde et arrose Mantoue.

Mindanao, île des Philippines; 6 498 000 h. Occupée par les Japonais de 1942 à 1945.

Mindaugas, premier prince historique de la Lituanie (m. en 1263). Il se fit baptiser v. 1251 et couronner v. 1253.

Minden, v. d'Allemagne occidentale (Rhénanie-du-Nord-Westphalie), sur la Weser; 50 200 h.

Mindoro, île des Philippines; 404 000 h.

Mindszenty (József), prélat hongrois, né à Csehimindszent, près de Szombathely (1892-1975). Archevêque d'Esztergom, primat de Hongrie en 1945 et cardinal en 1946, il s'opposa au gouvernement communiste. Emprisonné de 1949 à 1955, il reprit ses fonctions lors des événements de 1956, mais dut se réfugier à l'ambassade américaine. En 1971, il quitta la Hongrie.

minaret de la mosquée Hazret Ali à Mazār-i-Charīf

minaret de la mosquée Sīdī Ḥalwi à Tlemcen

mine [min] n. f. (breton *min*, bec). Aspect du visage indiquant certains sentiments : *avoir une mine joyeuse.* || Apparence : *ce plat a bonne mine.* ● *Faire bonne, mauvaise (grise) mine,* faire bon, mauvais accueil. || *Faire la mine,* témoigner son mécontentement. || *Faire mine de,* faire semblant. || — Pl. *Faire des mines,* minauder, faire des simagrées.

mine [min] n. f. (gaulois **mina*). Gisement de substance concessible, minérale ou fossile, renfermée dans le sein de la terre ou existant à la surface. (V. *encycl.*) || Cavité creusée dans le sol pour extraire le minerai ou le charbon : *descendre dans la mine.* || Ensemble d'une concession minière. || *Mil.* Charge explosive installée sur le sol, sous terre ou immergée, et qui agit soit directement par son explosion, soit indirectement par éclats ou effet de souffle. (Il existe de nombreux types de mines terrestres, marines et même aériennes : *mines antichars* ou *antipersonnel, fixes* ou *bondissantes*; *mines antichars acoustiques, magnétiques, à dépression,* etc.) [V. *encycl.*] || *Fig.* Fonds très riche : *livre qui est une mine de renseignements.* ● *Métaux de la mine,* métaux rares (palladium, iridium, rhodium et ruthénium) qui accompagnent le platine dans ses minerais. || *Mine de crayon,* petit bâton de plombagine.

— ENCYCL. Les matières minérales ou fossiles forment, dans le sein de la terre, des gisements, ou gîtes, constitués de couches, de filons, d'amas ou de zones de minéralisation diffuse. Si le gisement est situé à faible profondeur, on l'exploite à ciel ouvert, en creusant des gradins à front vertical et à banquette horizontale. Le chargement se fait en camions ou en wagons, avec des pelles sur chenilles ou de grands convoyeurs. Les gîtes profonds donnent lieu à l'exploitation souterraine. Celle-ci doit disposer d'au moins deux moyens d'accès séparés entre la surface et les travaux du fond, pour permettre la circulation de l'air et l'évacuation du personnel en cas d'accident à l'une des sorties. L'équipement d'une *mine* comporte généralement un puits d'extraction vertical et un ou plusieurs puits de service. Dans les charbonnages, la profondeur des puits se tient habituellement entre 400 et 1 200 m. Le puits le plus profond est le puits principal d'extraction; il est équipé d'un double système d'extraction à skips ou à cages. La machine d'extraction est installée au sol, à proximité du chevalement, ou bien en tour au-dessus du puits. A la base du puits d'extraction, un réseau de galeries horizontales, tracées dans les terrains stériles, sert au transport des produits abattus, à l'amenée du matériel ou du remblai, à la circulation du personnel, à l'aérage et à la liaison des chantiers d'exploitation. Ces galeries, normalement creusées à l'explosif, reçoivent un soutènement en bois ou en métal et comportent une ou, le plus souvent, deux voies ferrées pour le roulage des berlines. Un tel réseau est répété une centaine de mètres plus haut et relie les travaux d'exploitation en couche au second puits (puits de retour d'air). L'exploitation se fait à l'intérieur de l'étage matérialisé par ces deux niveaux de galeries. Des galeries inclinées (plans inclinés) ou verticales (bures) réalisent, pour l'aérage et l'évacuation de chaque chantier, la liaison avec les galeries d'étage. Dans les plans inclinés, les berlines roulent sur des rails, ou bien le charbon est transporté sur un convoyeur. Le grisou qui se dégage du charbon oblige à prendre de multiples précautions : emploi d'explosifs de sécurité, de lampes de sécurité, de matériel électrique antidéflagrant; aérage intensif, etc. Les poussières de charbon ou de lignite sont inflammables et peuvent propager très loin leur combustion en causant un *coup de poussières.* L'oxydation lente du charbon dans les fissures du massif, par lesquelles se fait une infiltration d'air, peut provoquer son inflammation spontanée. Dans certaines mines, il se produit des dégagements instantanés de grisou ou de gaz carbonique qui se font de façon presque explosive. Les *coups de toit* consistent en un écrasement brutal du charbon avec gonflement subit du mur, qui peut venir jusqu'à toucher le toit. Mais le risque majeur est l'éboulement et la chute de blocs provenant de la couronne des chantiers et des galeries.

— *Mil.* Les *mines terrestres,* qu'elles soient ou non piégées, sont mises en œuvre soit de façon dispersée (gué, passage obligé, etc.), soit sous la forme de champs de mines disposés en rangées successives ou en quinconce sur une assez grande profondeur. Les champs de mines, antichars notamment, constituent des obstacles destinés à canaliser la progression ennemie dans une direction voulue ou à renforcer une position défensive.

Les *mines marines,* mouillées par avions, par sous-marins ou par bâtiments de surface, sont, elles aussi, employées isolément (mines dérivantes) ou sous la forme de champs de mines destinés soit à protéger un port, une rade ou même toute une côte, soit à renforcer le blocus d'une côte ennemie, soit, enfin, à interdire certains accès ou détroits.

Pendant la Seconde Guerre mondiale, tous les belligérants ont fait un très large usage des mines aussi bien sur terre que sur mer. Les mines marines causèrent la perte de plus de 3 millions de tonnes de navires marchands, et, en 1945, il restait encore 100 millions de mines terrestres sur le territoire français.

mine n. f. (lat. *hemina*, empr. au gr.). Anc. mesure de capacité pour les matières sèches, qui valait la moitié d'un setier.

miné, e adj. Se dit d'un endroit rempli de mines : *un bois miné.*

miner [mine] v. t. Poser des mines : *miner un terrain, un bras de mer, etc.* || Creuser lentement en dessous : *l'eau mine la pierre.* || *Fig.* Consumer peu à peu : *le chagrin le mine.*

minerai [minrɛ] n. m. Elément de terrain contenant des minéraux utiles en proportion notable, et qui demandent une élaboration pour être utilisés par l'industrie. (La plupart des minerais sont des oxydes [bauxite, limonite], des sulfures [galène, cinabre], des carbonates [malachite] ou des silicates [garniérite].)

minéral [mineral] n. m. (du lat. *minera*, minière). Corps inorganique, solide à la température ordinaire, constituant les roches de l'écorce terrestre. (On distingue les *minéraux amorphes,* où les molécules sont disposées sans ordre, comme dans l'opale, et les *minéraux cristallisés,* où les molécules ou les atomes sont régulièrement distribués, comme dans le quartz, le mica.) || Pl. des *minéraux.*

minéral, e, aux adj. Qui appartient aux minéraux : *charbon minéral.* ● *Eaux minérales,* eaux qui contiennent des minéraux en dissolution, et qu'on emploie en boissons, en bains à des fins thérapeutiques. || *Règne minéral,* ensemble des objets compris sous le nom de « minéraux ».

minéralier n. m. Cargo conçu pour le transport des cargaisons en vrac, notamment des minerais.

minéralisateur, trice adj. Qui transforme un métal en minerai en se combinant avec lui : *les propriétés minéralisatrices du soufre.*

minéralisateur n. m. Elément, comme le chlore, le fluor, le bore, le soufre, qui peut, combiné à des métaux, pénétrer à l'état fluide dans des roches à partir d'un magma et contribuer à leur métamorphisme par apport minéral.

minéralisation n. f. Modification qu'éprouvent les substances métalliques combinées avec un minéralisateur.

minéraliser v. t. Modifier l'eau par l'addition de substances minérales.

Phot. Ella Maillart, Boudot-Lamotte.

minéralogie n. f. Science qui a pour objet l'étude des minéraux.

minéralogique adj. Qui concerne la minéralogie : *collection minéralogique.*

minéralogique adj. *Arrondissement minéralogique,* région ayant à sa tête un ingénieur en chef des mines. ‖ *Numéro, plaque minéralogique,* avant 1929, numéro, plaque d'immatriculation des véhicules automobiles.

minéralogiste n. Spécialiste de la minéralogie.

minerve n. f. Plâtre ou appareil orthopédique pour maintenir le cou en cas de lésions vertébrales.

Minerve n. f. (nom déposé). Petite machine à imprimer.

Minerve, très ancienne déesse latine, assimilée à l'**Athéna** grecque; elle faisait partie de la Triade capitoline, avec Jupiter et Junon. Protectrice de Rome, elle était la déesse du Travail industriel. Elle symbolisait aussi la Connaissance et la Sagesse.

Minervois (le), anc. pays du Languedoc (Aude et Hérault). Vignobles.

minestrone [minɛstrɔne] n. m. (mot ital.). Soupe italienne faite de riz, haricots, choux, pâtes, lard.

minet [minɛ], **ette** [-ɛt] n. *Fam.* Petit chat, petite chatte. ‖ *Fam.* Jeune homme, jeune fille à la mode.

minette n. f. (dimin. de *mine*). Minerai de fer lorrain assez pauvre en fer (28 à 34 p. 100), phosphoreux, mais se traitant bien au haut fourneau. ‖ Autre nom de la LUZERNE LUPULINE. (La minette résiste mieux au froid que le trèfle et convient aux sols riches et profonds, mais se contente fort bien de terrains secs, siliceux ou calcaires, dans lesquels le trèfle et la luzerne se développeraient mal. A l'état de fourrage vert, elle a l'avantage de ne pas provoquer la météorisation.)

mineur [minœr], **e** adj. (lat. *minor,* plus petit). Moindre, plus petit : *intérêt mineur.* ‖ *Mus.* Manière d'être d'un accord, d'une gamme, d'un intervalle, d'un mode, entraînant, pour la tierce et la sixte, l'abaissement d'un demi-ton chromatique.

mineur [minœr], **e** adj. et n. Qui n'a pas encore atteint un âge donné : *un mineur de 16 ans; un mineur de 18 ans.* ‖ Au sens absolu, qui n'a pas atteint l'âge de la majorité légale (21 ans). ● *Détournement* ou *enlèvement de mineur,* délit ou crime consistant soit à soustraire un mineur à l'autorité de ceux qui en avaient la garde, soit à porter atteinte à l'autorité de ces derniers.

mineur n. et adj. m. Ouvrier qui travaille dans une mine ou une minière. ‖ Militaire qui pose des mines : *sapeur mineur.*

mineure n. f. *Log.* Seconde des prémisses d'un syllogisme, celle qui a pour sujet le terme mineur et pour attribut le moyen terme.

Ming, dynastie chinoise qui régna de 1368 à 1644. Elle installa sa capitale à Pékin (1409).

Minho (le), en esp. **Miño,** fl. du nord-ouest de la péninsule Ibérique, qui arrose Lugo et Orense, et constitue la frontière entre l'Espagne et le Portugal, avant de rejoindre l'Atlantique; 275 km.

Minho, région du Portugal septentrional. V. pr. *Braga.* Berceau de la nation portugaise.

miniature [minjatyr] n. f. (ital. *miniatura;* de *minio,* minium). A l'origine, lettre rouge tracée avec du minium sur les manuscrits enluminés. ‖ Art de peindre en petit avec des couleurs fines délayées à l'eau gommée, sur ivoire, sur vélin : *portrait en miniature.* (Syn. ENLUMINURE.) ‖ Tableau peint en ce genre : *jolie miniature.* ‖ *Fig.* Objet d'art de petite dimension, travaillé avec délicatesse : *cette boîte est une vraie miniature.* ● *En miniature,* en réduction. ‖ — Adj. Extrêmement petit : *lampes miniatures.*

miniaturisation n. f. Action de miniaturiser.

miniaturiser v. t. *Technol.* Donner à un élément d'un ensemble les plus petites dimensions possibles.

miniaturiste n. et adj. Artiste qui peint des miniatures.

minibus [-bys] n. m. Autobus de dimensions réduites.

Minîèh, v. d'Egypte, sur le Nil; 104 800 h.

minier, ère adj. Qui a rapport aux mines : *industrie minière.*

minière n. f. Mine peu profonde, qui s'exploite à ciel ouvert.

minijupe [miniʒyp] n. f. Jupe très courte, qui s'arrête à mi-cuisse.

minima (a) [aminima] loc. adv. (mots lat. signif. *la plus petite* [peine]). *Appel « a minima »,* appel que le ministère public interjette quand il estime que la peine est insuffisante.

minimal, e, aux adj. Se dit de ce qui a atteint son minimum : *température minimale.* ● *Surface minimale* (Math.), surface d'aire minimale s'appuyant sur un contour donné.

minime [minim] adj. (lat. *minimus*). Très petit : *somme minime.*

minime n. m. Religieux franciscain, dont l'ordre fut fondé à Cosenza vers 1435 par saint François de Paule.

minime n. Jeune sportif de 13 à 15 ans.

minimiser v. t. Réduire au minimum. ‖ Présenter de manière à réduire l'importance : *minimiser un incident.*

minimum [minimɔm] n. m. (mot lat. signif. *la plus petite chose*). Le plus petit degré auquel une chose quelconque puisse être réduite. ‖ La plus petite quantité nécessaire. ‖ *Dr.* Peine la plus faible qui puisse être appliquée pour un cas déterminé. ‖ *Math.* Valeur la plus petite que peut prendre une grandeur variable entre certaines limites. (REM. L'Académie des sciences recommande de ne pas utiliser *minimum* comme adjectif et d'employer dans ce cas MINIMAL, E, AUX.) ‖ Pl. des *minimums.* ‖ **— Au minimum** loc. adv. Pour le moins.

ministère [ministɛr] n. m. (lat. *ministerium,* service). Fonction de ministre : *le ministère de l'Education nationale.* ‖ Temps pendant lequel on l'exerce : *le ministère de Richelieu.* ‖ Ensemble des ministres ou cabinet : *ce vote a ébranlé le ministère.* ‖ Département d'un ministre : *le ministère de l'Economie et des Finances.* ‖ Hôtel et bureaux d'un ministre : *aller au ministère.* ‖ Fonctions, charges que l'on exerce (se dit spécialement du sacerdoce) : *remplir les devoirs de son ministère.* ● *Ministère public,* magistrature établie près de chaque tribunal et requérant l'exécution des lois au nom de la société.

ministériel [ministerjɛl], **elle** adj. Qui appartient au ministère : *fonctions ministérielles.* ‖ Dévoué, inféodé au gouvernement : *journal ministériel.*

ministrable adj. et n. *Fam.* Qui est susceptible de devenir ministre.

ministre [ministr] n. m. (lat. *minister,* serviteur). Homme d'Etat chargé de la direction d'un ensemble de services publics appelé « département ministériel » : *ministre de l'Intérieur.* ‖ Pasteur d'un culte réformé (vx). ● *Ministre des autels, de Dieu,* le prêtre. ‖ *Ministre plénipotentiaire,* agent diplomatique dont le rang est inférieur à celui d'ambassadeur.

minium [minjɔm] n. m. (mot lat.). Oxyde de plomb (Pb_3O_4), d'un beau rouge. (Délayé dans l'huile, le minium donne une peinture dont on enduit le fer pour le préserver de la rouille.)

Minkowski (Hermann), mathématicien balte, né à Aleksotas, près de Kaunas (1864-1909). Il introduisit certaines conceptions géométriques dans la théorie des nombres, constituant ainsi une géométrie des nombres. Il donna également une interprétation géométrique, désormais classique, de la relativité restreinte d'Einstein en recourant à un espace particulier à quatre dimensions doté d'une métrique particulière (l'*espace-temps de Minkowski*).

Minne (Georges, *baron*), sculpteur belge, né à Gand (1866-1941). Il pratiqua un art réaliste, simplifiant des formes puissamment architecturées. De ses œuvres, d'une grande dignité, imprégnées d'idéalisme, la principale est sa *Fontaine aux agenouillés* (1898) [devant le Sénat à Bruxelles]. Un certain nombre d'artistes se groupèrent autour de lui à Laethem-Saint-Martin (Sint-Martens-Latem). Il a sculpté également *le Christ en croix* (1885), *les Trois Saintes Femmes au tombeau* (1896), *le Débardeur* (1912), le *Monument de la reine Astrid* (1937), etc.

Minneapolis, v. des Etats-Unis (Minnesota), sur le Mississippi; 482 900 h. Université. Industries alimentaires et mécaniques.

minnesang [-zaŋ] n. m. (allem. *Minne,* amour, et *Sang,* chanson). Poésie courtoise allemande des XIIe et XIIIe s.

minnesänger [minəzɛngər] n. m. Trouvère allemand.

Minnesota, un des Etats unis d'Amérique (Centre-Nord-Ouest); 3 580 000 h. Cap. *Saint Paul.* A la frontière canadienne et en bordure du lac Supérieur, le Minnesota est une importante région agricole, consacrée surtout à l'élevage bovin pour les produits laitiers. Toutefois, l'industrie assure en valeur la majeure partie de la production grâce aux gisements de fer du lac Supérieur, près de Duluth, troisième ville de l'Etat, après Minneapolis et Saint Paul, qui ne forment plus d'ailleurs qu'une seule agglomération regroupant près de 40 p. 100 de la population du Minnesota. La région fut érigée en territoire en 1849 avant de devenir le 32e Etat de l'Union (1858).

Miño (le), nom esp. du *Minho.*

Mino da Fiesole, sculpteur italien, né à Poppi (v. 1430-1484). Il subit d'abord l'influence de Donatello, puis, plus tardivement, celle de Ghiberti. Il est un maître de la manière délicate, du relief adouci. Sa carrière se déroula à Florence (*tombeau du comte Ugo*) et à Rome (*tombeau de Paul II*).

minoen [minɔɛ̃], **enne** [-ɛn] adj. Relatif à la période de l'histoire de la Crète allant du IIIe millénaire jusque vers 1580 av. J.-C.

Minkowski

minois [minwa] n. m. (de *mine,* air du visage). Visage délicat et éveillé d'enfant ou de jeune fille.

minorer v. t. Réduire la valeur d'une chose : *minorer le taux d'une pension.*

minoritaire adj. et n. Qui appartient à la minorité. ‖ Qui s'appuie sur une minorité : *ministère minoritaire.*

minorité [minɔrite] n. f. (du lat. *minor,* plus petit). Etat d'une personne qui, du fait de son jeune âge, n'est pas considérée par la loi comme responsable de ses actes ou pleinement capable. (Le mineur avant 21 ans n'a pas sa pleine capacité civile, mais l'âge de sa responsabilité pénale varie, suivant l'infraction commise et la décision du tribunal, entre 13, 16 et 18 ans.) ‖ Temps pendant lequel une personne est mineure. ‖ Temps pendant lequel un jeune souverain ne peut exercer le pouvoir : *la minorité de Louis XIII fut très agitée.* ‖ Le petit nombre (par oppos. à la *majorité*) : *en démocratie, la minorité doit s'incliner devant la volonté de la majorité, clairement exprimée.* ● *Minorité nationale,* groupement de personnes qu'unit un lien de langue ou de religion, qui est intégré à une population plus importante de langue ou de religion différente.

Minorque, en esp. **Menorca,** l'une des îles Baléares; 668 km²; 60 000 h. Ch.-l. *Mahón.* L'île fut anglaise de 1713 à 1756 et de 1799 à 1802. Tourisme.

minorquin [minɔrkɛ̃], **e** [-in] adj. et n. De Minorque.

Minos. *Myth. gr.* Roi légendaire de Crète, fils d'Europe et de Zeus, époux de Pasiphaé, sage législateur, juge des Enfers avec Eaque et Rhadamanthe.

minot [mino] n. m. (de *mine*). Anc. mesure de capacité qui équivalait à la moitié d'une mine. ● *Minot de terre,* surface que l'on pouvait ensemencer avec un minot de grain.

Minot (George Richards), physiologiste américain, né à Boston (1885-1950), prix Nobel pour ses recherches sur les maladies du sang en 1934.

Minotaure, monstre mi-homme et mi-taureau, fils de Pasiphaé. Minos, époux de Pasiphaé, enferma ce monstre dans le Labyrinthe. Athènes lui offrait en tribut annuel des adolescents. Thésée le tua.

minoterie [minɔtri] n. f. Etablissement où l'on prépare les farines destinées au commerce. (V. le schéma à MEUNERIE.) ‖ Commerce de minotier.

minotier n. m. (de l'anc. fr. *minot,* baril). Industriel exploitant une minoterie.

Minsk, v. de l'U. R. S. S., cap. de la Biélorussie; 907 000 h. Centre industriel (automobiles, tracteurs, textiles [lin]). En juin et juillet 1941, la ville fut l'enjeu d'une grande bataille d'encerclement, où les Allemands de von Bock firent 300 000 prisonniers et s'emparèrent de 3 000 chars et de 3 000 canons.

Minucius Felix, apologiste chrétien du IIIe s., auteur d'un dialogue, l'*Octavius.*

minuit [minɥi] n. m. (de *mi* et *nuit*). Le milieu de la nuit. ‖ Instant marqué vingt-quatre heures ou zéro heure.

minuscule [minyskyl] adj. (lat. *minusculus;* de *minor,* plus petit). Tout petit.

minuscule n. f. Petite lettre : *minuscule gothique.*

minus habens [minysabɛ̃s] n. inv. (mots lat. signif. *qui a moins*). *Fam.* Personne peu intelligente.

minutage n. m. Action de minuter; son résultat.

minutaire adj. En minute : *acte minutaire.*

minute [minyt] n. f. (lat. *minutus,* menu). Unité de temps (symb. : mn), équivalant à la soixantième partie de l'heure. (La minute se divise en soixante secondes.) ‖ *Fam.* Petit espace de temps : *je reviens dans une minute.* ● *Minute centésimale,* anc. unité d'angle, équivalant à la centième partie du grade. (On dit maintenant CENTIGRADE.) ‖ *Minute sexagésimale,* unité d'angle (symb. : ′), équivalant à la soixantième partie d'un degré d'angle. ‖ **— Minute!** interj. Attendez!; doucement!

minute n. f. (lat. *minutus,* menu). Ecrit original d'un jugement ou des actes notariés, qui reste en dépôt entre les mains d'un officier public, et dont il ne peut être délivré aux intéressés que des copies (*grosses* ou *expéditions*) ou des extraits.

minuter v. t. Faire la minute d'un écrit : *minuter un contrat.*

minuter v. t. Déterminer, fixer d'une façon précise la durée d'un spectacle, d'un discours, etc.

minuterie n. f. Partie du mouvement d'une horloge, qui sert à marquer les divisions de l'heure. ‖ Appareil électrique à mouvement d'horlogerie, destiné à assurer un contact pendant un laps de temps déterminé.

minutie [minysi] n. f. (lat. *minutia,* parcelle). Soin des menus détails.

minutier [-tje] n. m. Registre contenant les minutes des actes d'un notaire.

minutieusement adv. De façon minutieuse.

minutieux [-sjø], **euse** [-øz] adj. Qui s'attache aux petits détails. ‖ Qui témoigne de la minutie : *soin minutieux.* (Syn. : CONSCIENCIEUX, MÉTICULEUX, SCRUPULEUX.)

miocène [mjɔsɛn] n. m. (gr. *meiôn,* moins nombreux, et *kainos,* récent). Troisième période de l'ère tertiaire, entre l'oligocène et le pliocène, qui a vu l'apparition des mammifères évolués (singes, ruminants, mastodontes, dinothérium). ‖ — Adj. Qui s'est formé ou a vécu au miocène.

Phot. X.

mioche [mjɔʃ] n. (de *mie*). *Fam.* Jeune enfant.

miogypsines n. f. pl. Orbitoïdes de l'époque miocène.

mi-parti, e adj. (de *mi* et *parti*; de l'anc. fr. *partir,* diviser). Composé de deux parties égales, mais dissemblables : *robe mi-partie de blanc et de noir.*

mi-partition n. f. (de *mi-parti*). Partage par moitié.

Mique (Richard), architecte français, né à Nancy (1728-1794). Il fut directeur général des bâtiments du roi de Pologne, puis succéda à Gabriel comme premier architecte de Louis XVI. Il transforma les petits appartements de Marie-Antoinette à Versailles et construisit le Hameau de la reine (1783-1786).

miquelet [miklɛ] n. m. (esp. *miquelete*). Autref., bandit espagnol. ‖ Soldat de la garde des gouverneurs de province, en Espagne. ‖ Corps de partisans espagnols créé par Napoléon Ier en 1808.

Miquelon, île de l'archipel français de Saint-Pierre-et-Miquelon, constituée par la *Grande Miquelon* et la *Petite Miquelon* (ou *Langlade*), qu'un isthme réunit ; 216 km^2 ; 600 h.

mir [mir] n. m. (mot russe). Dans la Russie tsariste, communauté villageoise qui avait la propriété collective des terres et qui les répartissait par lots, pour un temps donné, entre les familles.

Mirabeau (Victor RIQUETI, *marquis* DE), économiste français, né à Pertuis (1715-1789), disciple de Quesnay et de l'école physiocratique, auteur de *l'Ami des hommes ou Traité sur la population* (1756). — Son fils Honoré Gabriel RIQUETI, comte **de Mirabeau**, naquit au château du Bignon (Gâtinais) [1749-1791]. Les désordres de sa jeunesse déterminent son père à solliciter des lettres de cachet contre lui. Amant de Sophie de Monnier, il s'enfuit avec elle à l'étranger (1776). Extradé, il passe trois ans à Vincennes. Libéré (1780), il ranime le scandale ; il est réduit à vendre sa plume, puis il est employé dans la diplomatie secrète (Berlin). C'est la Révolution qui le hausse au premier plan. Quoique noble, il est élu aux Etats généraux par le tiers état d'Aix et fonde alors *le Courrier de Provence.* Ses dons politiques et oratoires font souvent oublier ses tares physiques et morales : c'est lui qui, le 23 juin 1789, se fait l'interprète du tiers état pour signifier au roi son refus de quitter la salle des séances. En novembre, il contribue à la mise à la disposition de la nation des biens du clergé ; mais il se désolidarise des patriotes en réclamant le *veto* absolu pour le roi. Désormais, désireux de jouer un rôle primordial, il mène un double jeu : tandis qu'à l'Assemblée il défend les principes révolutionnaires, il conseille en sous main le roi en vue d'une contre-révolution. Si ses ennemis sont nombreux (La Fayette notamment), sa popularité en France reste très grande. Mais la mort le frappe au moment où il vient d'être élu président de l'Assemblée (mars 1791).

mirabelle [mirabɛl] n. f. (ital. *mirabella*). Petite prune jaune, douce et parfumée. ‖ Alcool fait avec ce fruit.

mirabellier n. m. Arbre qui produit les mirabelles. (Famille des rosacées.)

mirabilis [mirabilis] n. m. Plante herbacée, originaire d'Afrique et d'Amérique, souvent cultivée pour ses grandes fleurs colorées qui s'ouvrent la nuit (d'où le nom usuel de *belle-de-nuit*). [Famille des nyctaginacées.]

miracle [mirɑkl] n. m. (lat. *miraculum,* prodige). Fait dont la cause échappe à la raison de l'homme. ‖ Circonstance extraordinaire, inexplicable : *échapper à la mort par miracle.* ‖ Drame religieux du Moyen Age. (V. MYSTÈRE.) ● *Crier miracle* ou *au miracle,* s'extasier, montrer ostensiblement son approbation.

Miracles (*cour des*). V. COUR DES MIRACLES.

miraculé, e adj. et n. Se dit de quelqu'un qui a été l'objet d'un miracle.

miraculeusement adv. De façon miraculeuse, très étonnante.

miraculeux, euse adj. Qui est dû à un miracle : *guérison miraculeuse.* ‖ Etonnant, extraordinaire : *action miraculeuse.*

mirador [miradɔr] n. m. (mot esp. ; de *mirar,* regarder). Belvédère au sommet des maisons espagnoles. ‖ Sorte de tour d'observation ou de surveillance, pour la garde d'un camp, d'un dépôt, etc.

Miradoux (32340), ch.-l. de c. du Gers (arr. de Condom) ; 728 h. (281 aggl.).

mirage [miraʒ] n. m. (de *mirer*). Phénomène d'optique particulier aux pays chauds, consistant en ce que les objets éloignés produisent une image renversée comme s'ils se reflétaient dans une nappe d'eau. (Ce phénomène d'optique est dû à l'échauffement ou à la densité inégale des couches de l'air et, par suite, à la réflexion totale des rayons lumineux.) ‖ *Fig.* Illusion trompeuse : *espérance qui n'était qu'un mirage.*

Miramas (13140), comm. des Bouches-du-Rhône (arr. d'Aix-en-Provence) ; 10 879 h. (*Miramassens*). Ruines d'un oppidum romain. Produits chimiques.

Mirambeau (17150), ch.-l. de c. de la Charente-Maritime (arr. de Jonzac) ; 1 546 h. (744 aggl.).

Miranda (Francisco), patriote vénézuélien, né à Caracas (1750-1816). Il fut officier dans l'armée franco-espagnole de la Révolution (1792-1793). En 1806, il échoua dans une tentative de révolution au Venezuela. Appelé à Caracas par la junte révolutionnaire en 1810, il fit voter (1811) la Déclaration d'indépendance. Battu par les Espagnols, il mourut en prison à Cadix.

buste de **Mirabeau,** par Houdon, *musée de Versailles*

Mirande (32300), ch.-l. d'arr. du Gers, sur la Baïse ; 4 358 h. (3 469 aggl.) [*Mirandais*]. Volailles. Eaux-de-vie. — L'arr. a 8 cant., 151 comm., 41 620 h.

Mirandole (PIC DE LA). V. PIC DE LA MIRANDOLE.

mirbane [mirban] n. f. *Essence de mirbane,* en parfumerie, nom du *nitrobenzène.*

Mirbeau (Octave), écrivain français, né à Trévières (1848-1917). Ses romans (*le Journal d'une femme de chambre,* 1900) et son théâtre (*Les affaires sont les affaires,* 1903) témoignent de l'influence réaliste. Il créa le « roman de l'automobile » avec *la 628-E 8* (1907).

Mirbel (Charles François BRISSEAU DE), botaniste français, né à Paris (1776-1854).

Mirdites, peuple d'Albanie, de religion catholique.

mire [mir] n. f. (de *mirer*). Règle graduée, signal fixe (jalon, perche, etc.), utilisés dans le nivellement. ‖ A la télévision, ensemble d'images géométriques très simples, permettant de vérifier et de mettre au point l'appareil. ● *Cran de mire,* échancrure pratiquée dans la hausse d'une arme à feu et servant à la visée. ‖ *Ligne de mire,* ligne droite imaginaire, déterminée par l'œil du tireur, le cran de mire ou l'œilleton et le guidon d'une arme à feu. ‖ *Point de mire,* point que l'on veut frapper en tirant avec une arme à feu ; et, au *fig.,* personne sur laquelle se dirigent les regards, les convoitises : *être le point de mire de sa classe.*

Mirebeau (86110), ch.-l. de c. de la Vienne (arr. de Poitiers) ; 2 162 h. (*Mirebalais*).

Mirebeau (21310), ch.-l. de c. de la Côte-d'Or (arr. de Dijon) ; 1 004 h. Eglise (XIIIe-XVIe s.). Fortifications.

Mirecourt (88500), ch.-l. de c. des Vosges (arr. de Neufchâteau), sur le Madon ; 9 720 h. (6 998 aggl.) [*Mirecourtiens*]. Eglise du XVe s. Textiles. Lutherie.

Mireille, poème provençal, par Mistral (1859). Epopée sentimentale au pays de Camargue. — Sur un livret tiré de ce poème, Gounod a composé la musique d'un opéra-comique (1864).

mire-œufs [mirø] n. m. inv. Appareil servant à mirer les œufs, soit pour vérifier leur état de fraîcheur, soit pour éliminer, en cours d'incubation, les œufs non fécondés.

mirepoix [mirpwa] adj. et n. f. inv. Se dit d'une sauce à base d'oignons, carottes, bouquet garni, lardons.

Mirepoix (09500), ch.-l. de c. de l'Ariège (arr. de Pamiers), sur l'Hers-Vif ; 3 556 h. (2 739 aggl.). Anc. cathédrale (XVe-XVIe s.).

mirer [mire] v. t. (lat. pop. *mirare,* regarder avec attention). Regarder à travers : *mirer un œuf.* ‖ **— Se mirer** v. pr. Se regarder dans un miroir ou dans une surface réfléchissante : *se mirer dans l'eau.* ‖ *Fig.* S'admirer, se complaire : *se mirer dans son ouvrage.*

mireur, euse n. Personne qui mire : *mireur d'œufs.*

mireuse-calibreuse n. f. Machine utilisée pour le mirage des œufs, à la chaîne, et leur classement par taille en vue du conditionnement.

Miribel (01700), comm. de l'Ain (arr. de Bourg-en-Bresse), dans la banlieue nord-est de Lyon ; 5 834 h. (5 321 aggl.). Métallurgie.

mirifique [mirifik] adj. (lat. *mirificus*). *Fam.* Etonnant, merveilleux, surprenant : *des promesses mirifiques.*

mirifiquement adv. De façon mirifique.

mirliton [mirlitɔ̃] n. m. (d'un ancien refrain). Instrument de musique populaire en forme de flûte, fait d'un tube de roseau fermé aux deux bouts par une pellicule de baudruche, une pelure d'oignon ou une rondelle de papier, et percé latéralement de deux ouvertures, sur l'une desquelles on souffle en chantant sans paroles. ‖ Shako de certains cavaliers sous la Ire République. ● *Vers de mirliton* (Fam.), vers médiocres, comparables à ceux qui étaient imprimés sur les papiers entourant les mirlitons.

mirmillon [mirmijɔ̃] n. m. Gladiateur romain, armé du bouclier, de l'épée et du casque, qui luttait habituellement contre le rétiaire.

Mirny, v. de l'U. R. S. S. (R. S. F. S. de Russie), en Iakoutie ; 25 000 h. Centre de l'industrie soviétique des diamants.

Miró (Joan), peintre espagnol, né à Barcelone en 1893. D'abord réaliste, presque expressionniste, il devint l'ami de Picasso, puis des surréalistes. Son art, toujours poétique et tendant parfois vers l'abstraction, évoque un univers onirique dont l'humour n'est pas absent. Il a pratiqué la sculpture et la céramique (palais de l'Unesco, Paris). [V. illustr. ÉCOLE DE PARIS* et SURRÉALISME.]

mirobolant [mirɔbɔlɑ̃], **e** [-ɑ̃t] adj. (de *myrobolan,* fruit de l'Inde). *Fam.* Merveilleux, trop beau pour avoir des chances de se réaliser : *projet mirobolant.*

miroir [mirwar] n. m. (de *mirer*). Surface polie et, *spécialem.,* verre poli et métallisé qui réfléchit la lumière et donne des images des objets. ‖ Surface unie qui réfléchit les objets : *le miroir des eaux.* ‖ *Fig.* Ce qui donne l'image d'une chose et la met en quelque sorte devant nos yeux : *le visage est le miroir de l'âme.* ● *Miroir à alouettes,* instrument monté sur un pivot et garni de petits morceaux de miroir, qu'on fait tourner au soleil pour attirer les alouettes et d'autres petits oiseaux ; et, au *fig.,* ce qui fascine par une apparence trompeuse. ‖ *Miroir d'appontage,* sur un porte-avions, système optique permettant aux pilotes d'effectuer eux-mêmes la manœuvre d'appontage. ‖ *Miroir d'eau,* pièce d'eau de forme régulière. ‖ *Œufs au miroir,* œufs qu'on fait cuire sur le plat sans les brouiller.

miroitant, e adj. Qui miroite : *la surface miroitante des eaux.*

miroité, e adj. Se dit d'un cheval bai à croupe marquée de taches plus brunes ou plus claires que le fond.

miroitement n. m. Eclat produit par une surface qui miroite : *le miroitement des eaux.*

miroiter v. i. Réfléchir la lumière avec scintillement : *la soie miroite.* ● *Faire miroiter,* faire entrevoir pour séduire : *faire miroiter un brillant avenir.*

miroiterie n. f. Industrie de l'argenture et de l'étamage des glaces. ‖ Atelier de miroitier.

miroitier n. m. Personne qui coupe, encadre, pose ou vend des glaces, des miroirs.

Miromesnil (Armand Thomas HUE DE), magistrat français, né près d'Orléans (1723-1796). Garde des Sceaux (1774-1787), il combattit les projets de Turgot, puis ceux de Calonne, qui le fit disgrâcier.

Miron (François), magistrat français, né à Paris (1560-1609). Prévôt des marchands de Paris (1604-1606), il embellit la ville et mérita le surnom de **Père du peuple** pour son zèle à s'opposer à la réduction des rentes.

mironton, mirontaine, refrain fréquent de chansons populaires.

miroton [mirɔtɔ̃] n. m. Mets composé de viandes cuites, assaisonnées aux oignons.

Mirzāpur, v. de l'Inde (Uttar Pradesh), sur le Gange ; 106 000 h. Pèlerinage. Tapis.

misaine [mizɛn] n. f. (du catalan *mitjana,* voile du milieu). *Mât de misaine,* mât vertical le plus sur l'avant d'un navire, situé entre le grand mât et le beaupré. ‖ *Misaine* ou *voile de misaine,* basse voile du mât de misaine.

misanthrope [mizɑ̃trɔp] adj. et n. (gr. *misein,* haïr, et *anthrôpos,* homme). Qui fuit la société des hommes, qui est d'humeur bourrue : *vivre en misanthrope.*

Misanthrope (*le*), comédie de Molière, en 5 actes et en vers (1666). L'atrabilaire Alceste ne peut mettre en accord sa franchise avec le scepticisme souriant de Philinte, le bel esprit d'Oronte, la pruderie d'Arsinoé, la coquetterie de Célimène, et décide d'aller vivre loin du monde.

misanthropie n. f. Haine des hommes, dégoût de la société.

misanthropique adj. Qui a le caractère de la misanthropie.

miscellanées [misɛllane] n. f. pl. (lat. *miscellanea,* choses mêlées). Mélanges d'ouvrages de science, de littérature.

miscible [misibl] adj. (du lat. *miscere,* mêler). Qui peut former avec un autre corps un mélange homogène : *liquides miscibles.*

mise [miz] n. f. (part. pass. fém. de *mettre*). Action de mettre : *mise en liberté, en jugement, à la retraite.* ‖ Somme d'argent que l'on met au jeu, dans les affaires, etc. : *doubler, retirer sa mise ; une mise de fonds importante.* ‖ Manière de s'habiller : *une mise élégante.* ● *Ce n'est pas de mise* (Fig.), c'est inadmissible, ce n'est pas valable. ‖ *Mise en eau d'un barrage,* action de laisser s'accumuler derrière ce barrage les eaux qu'il est appelé à retenir. ‖ *Mise à feu,* ensemble des opérations exécutées lors de l'allumage des feux d'un foyer, d'une chaudière, d'un four, d'un haut fourneau, etc. ‖ *Mise en garde,* mesure de défense décrétée en cas de menace de conflit pour assurer la sécurité du pays. ‖ *Mise en jeu,* emploi, usage. ‖ *Mise en ondes,* réalisation radiophonique d'une œuvre, d'une émission. ‖ *Mise en pages,* assemblage des diverses compositions et des clichés d'un livre pour obtenir des pages d'un format déterminé, en vue de l'impression. ‖ *Mise à pied,* mesure disciplinaire consistant à priver, pendant une courte durée, un fonctionnaire ou un salarié de son emploi et du traitement ou salaire correspondant. ‖ *Mise en plis,* opération qui consiste, après le lavage des cheveux, à les disposer en plis qui demeureront après le séchage. ‖ *Mise au point,* opération qui consiste, dans un instrument d'optique, à rendre l'image nette ; assemblage, mise en place et réglage d'éléments mécaniques ou élec-

Phot. Giraudon.

triques ; rectification d'une erreur de presse ; avertissement plus ou moins déguisé à quelqu'un. ‖ *Mise à prix,* somme en dessous de laquelle il n'est pas reçu d'enchères dans une vente publique. ‖ *Mise en scène,* réalisation scénique ou cinématographique d'une œuvre lyrique ou dramatique, d'un scénario ; et, au *fig.*, présentation dramatique et arrangée d'un événement. ‖ *Mise en service,* opération par laquelle une installation, une machine neuve est utilisée pour la première fois dans le service normal. ‖ *Mise sous tension,* alimentation d'une installation en courant électrique.

Misène (*cap*), promontoire d'Italie, fermant à l'ouest le golfe de Naples. Il abritait un port important sous l'Empire romain.

miser v. t. Déposer une mise, un enjeu ; parier : *miser cent francs.* ● *Miser sur les deux tableaux,* se ménager un intérêt, quel que soit le vainqueur. ‖ *Miser sur quelqu'un,* escompter sa réussite.

misérable [mizerabl] adj. et n. (lat. *miserabilis ;* de *miser,* malheureux). Qui manque de ressources : *famille misérable.* ‖ Digne de pitié, déplorable : *fin misérable.* ‖ Digne de mépris : *il faut être misérable pour agir ainsi.* ‖ — Adj. Qui a peu de prix, peu de valeur, minime : *salaire misérable.*

Misérables (*les*), roman de Victor Hugo (1862). Le héros en est Jean Valjean, ancien forçat qui se réhabilite par sa générosité et ses sacrifices. Ce roman humanitaire contient de grandes pages narratives (la bataille de Waterloo, l'émeute de 1832), et certains de ses personnages gardent une valeur de symbole (le gamin de Paris Gavroche, le policier Javert).

misérablement adv. De façon misérable.

misère [mizɛr] n. f. (lat. *miseria*). Etat digne de pitié par le malheur ou la pauvreté. ‖ Faiblesse, néant : *la misère de l'homme.* ‖ *Fig.* Bagatelle, chose peu importante : *se fâcher pour une misère.* ‖ — Syn. : BESOIN, DÉNUEMENT, INDIGENCE, NÉCESSITÉ. ● *Collier de misère,* travail constant et pénible. ‖ — Pl. Peines, calamités : *les misères de la guerre.* ‖ *Fam.* Taquineries importunes : *faire des misères à quelqu'un.*

miserere [mizerere] n. m. inv. (mot lat. signif. *aie pitié*). Titre du psaume L, de David, qui commence par ce mot. ‖ Chant composé sur les paroles de ce psaume. ‖ *Fam.* Plainte. (On écrit aussi MISÉRÉRÉ.) ● *Colique de miserere,* terme ancien sous lequel on désignait l'obstruction intestinale.

miséreux, euse adj. et n. Qui est pauvre, sans ressources.

miséricorde [mizerikɔrd] n. f. (lat. *misericordia*). Pitié qui pousse à pardonner au coupable. ‖ Pardon accordé par pure bonté ; grâce : *à tout péché miséricorde.* ‖ Support placé sous le siège mobile d'une stalle d'église, et qui permet de s'asseoir légèrement. ● *Ancre de miséricorde,* anc. nom de l'ancre la plus forte d'un navire. ‖ *Crier miséricorde,* demander pitié. ‖ — Interj. qui marque la surprise, l'effroi.

miséricordieusement adv. Avec miséricorde.

miséricordieux, euse adj. Enclin à la miséricorde, au pardon.

Mishna ou **Michna** (mot hébr. signif. *enseignement par répétition*), recueil des décisions juridiques et commentaires sur les textes bibliques, faisant partie du Talmud. Au IIe s., les nombreux articles de la Loi orale furent classés et mis en ordre. Cette codification prit le nom de « Mishna ». Rabbi Juda Hanassi établit la Mishna définitive au IIIe s.

Miskolc, v. de la Hongrie du Nord ; 171 000 h. Métallurgie.

Misnie, en allem. **Meissen,** anc. margraviat allemand, intégré à la Saxe en 1130.

misogyne [mizɔʒin] adj. et n. (gr. *misein,* haïr, et *gunê,* femme). Qui hait les femmes.

misogynie n. f. Aversion pour les femmes.

mispickel [mispikɛl] n. m. Arséniosulfure naturel de fer (FeAsS).

Miṣr, nom arabe de l'*Egypte.*

miss [mis] n. f. Mot anglais équivalant au français *mademoiselle.* ‖ Reine de beauté : *miss Europe.* ‖ Pl. des *miss* ou *misses.*

missel [misɛl] n. m. (lat. *missalis liber,* livre de messe). Livre qui contient les prières de la messe. (Le texte actuel du missel du rite romain date, pour l'essentiel, de Pie V [1570]. D'importantes modifications ont été apportées depuis le deuxième concile du Vatican [réforme liturgique] et surtout depuis l'introduction et la généralisation de l'usage de la langue vernaculaire dans la liturgie.)

missi dominici [misidɔminisi] n. m. pl. (mots lat. signif. *envoyés du maître*). Agents créés par Charlemagne, qui allaient deux par deux, un clerc et un laïc, pour inspecter les autorités locales.

missile [misil] n. m. (mot angl. emprunté au lat. *missile,* arme de jet). Projectile autopropulsé et guidé sur tout ou partie de sa trajectoire.

— ENCYCL. Un *missile* comprend essentiellement : la *tête,* ou ogive, qui porte la charge explosive (nucléaire ou non) ; la *cellule,* éventuellement munie d'une voilure et de gouvernes ; le *propulseur* (réacteur ou moteur, fusée à liquide ou à poudre), à un ou plusieurs étages ; les *organes de localisation, de stabilisation et de guidage,* nécessaires à son *autoguidage** ou à son *téléguidage**.

On dit qu'un missile est *balistique* lorsque, après une courte phase propulsive, il continue sa route sous la seule action des forces de gravitation. S'il est muni de propulseurs auxiliaires permettant de modifier sa trajectoire balistique, il est qualifié de *semi-balistique,* et s'il utilise la portance de l'air pour voler, il est dit *non balistique.* En fonction de leur point de lancement et de leur objectif, les missiles sont classés en *missiles air-air, air-sol, mer-air, mer-sol, sol-air, sol-sol,* etc. Enfin, les *missiles tactiques* sont destinés à remplacer ou à prolonger l'action des armes classiques, tandis que les *missiles stratégiques,* d'une portée considérable (2 000 à 14 000 km), sont les armes de la dissuasion.

En France, les missiles (d'abord appelés *engins guidés* ou *spéciaux*) qui doivent équiper la force* nucléaire stratégique sont d'abord les missiles sol-sol balistiques stratégiques (S. S. B. S.), puis les missiles mer-sol balistiques stratégiques (M. S. B. S.) des sous-marins nucléaires lance-engins.

mission [misjɔ̃] n. f. (lat. *missio,* action d'envoyer). Charge, pouvoir donné à quelqu'un de faire une chose : *remplir une mission.* ‖ Fonction temporaire et déterminée dont un gouvernement charge un agent spécial : *mission scientifique.* ‖ Suite de prédications pour l'instruction des fidèles et la conversion des pécheurs : *prêcher une mission.* ‖ Etablissement de missionnaires. ● *Mission aérienne,* vol d'un avion effectuant une opération prescrite par le commandement.

— ENCYCL. L'œuvre catholique des *missions* comprend deux aspects : les missions étrangères et les missions intérieures.

Missions étrangères. La naissance des missions chrétiennes se confond avec la naissance du christianisme, avec l'apostolat des apôtres du Christ, et particulièrement celui de saint Paul. Le monde romain fut assez rapidement pénétré (Ier-IVe s.) ; les derniers touchés étant les peuples de l'est et du nord de l'Europe. Les grandes découvertes du XVIe s. accélérèrent le mouvement missionnaire vers l'Asie et l'Amérique ; en 1622 fut créée la congrégation romaine de la Propagande. L'expansion coloniale, au XIXe s., favorisa l'installation de nombreuses missions en Afrique, en Extrême-Orient et en Océanie ; de nombreuses congrégations et œuvres missionnaires se

missiles

« Minuteman » stratégique intercontinental

sol-air « Nike »

« Polaris » lancée à partir d'un sous-marin

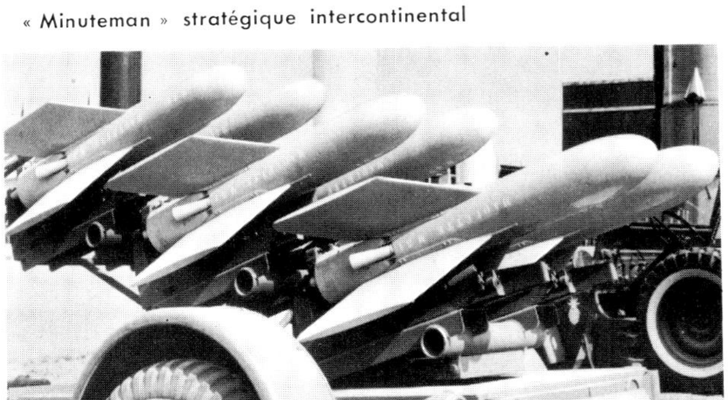

sol-sol S. S. 11
antichar
sur affût multiple

air-sol A. S. 30

Phot. Boeing Airplane Co. - Doc. « Science et Vie », Lauros - Atlas-Photo, E. C. des armées, Nord-Aviation, U. S. Air Force.

fondèrent, en France particulièrement. Sous Pie XI, surnommé le « pape des missions », une place de plus en plus large fut faite au clergé indigène.
Missions intérieures. On appelle *missions intérieures* les efforts spécialisés de prédication évangélique en pays chrétien. Les ordres mendiants, à partir du XIIIe s., les clercs réguliers, notamment les jésuites à partir du XVIe s., et de nombreuses sociétés cléricales ou religieuses fondées au XVIIe s. (montfortains, lazaristes, prêtres des missions étrangères) ou au XVIIIe s. (rédemptoristes) développèrent une forme très active de missions intérieures.
● *Missions protestantes.* Le mouvement missionnaire a toujours été actif ; il se développa surtout avec le « Réveil », au XIXe s., grâce à d'innombrables sociétés de propagande. Celles-ci sont particulièrement importantes chez les Anglo-Saxons.

Missions étrangères (*société* et *séminaire des*), œuvre missionnaire constituée en 1664 à Paris par Mgr François Palu et par Mgr Lambert de la Motte pour préparer les prêtres au service des missions. Elle dessert les missions catholiques de l'Extrême-Orient.

Missions évangéliques (*société des*), œuvre missionnaire fondée en 1824, commune à toutes les Eglises protestantes françaises.

missionnaire n. m. Prêtre, pasteur, religieux, religieuse envoyés pour prêcher une mission, pour évangéliser. ‖ — Adj. Relatif aux missions : *œuvres missionnaires.*

Mississippi (le) [anc. orthogr. fr. **Mississipi**], anc. **Meschacebé,** fl. des Etats-Unis ; 3 780 km. Né dans le Minnesota, à proximité de la frontière canadienne, le Mississippi traverse les Etats-Unis du nord au sud et débouche sur le golfe du Mexique. Son bassin, entre les Rocheuses et les Appalaches, représente près de la moitié de la superficie totale du pays. Minneapolis, Saint Louis, Baton Rouge (à la tête du delta terminal) et La Nouvelle-Orléans sont les principales villes traversées. Le Missouri, l'Arkansas, la Red River (r. dr.) et l'Ohio (r. g.) sont ses grands affluents. Le fleuve a été découvert par l'Espagnol H. de Soto en 1540 et exploré au XVIIe s. par les Français Marquette, Joliet et Cavelier de La Salle.

Mississippi, un des Etats unis d'Amérique (Centre-Sud-Est) ; 2 348 000 h. Cap. *Jackson.* Sur le golfe du Mexique et en bordure du fleuve *Mississippi,* l'Etat est une région basse, au climat chaud et humide. Le coton est la principale culture. Le pétrole et le gaz naturel assurent en valeur la majeure partie de la production industrielle. Le territoire fut créé en 1798, et l'Etat en 1817.

missive [misiv] n. f. et adj. (du lat. *missus,* envoyé). Lettre quelconque.

Missolonghi, v. de Grèce, sur la mer Ionienne, célèbre par la défense héroïque qu'elle opposa aux Turcs en 1822-1823 et en 1826 ; 12 200 h. Tabac.

Missouri (le), fl. des Etats-Unis, affl. du Mississippi (r. dr.) ; 4 370 km. Né dans les Rocheuses, près du parc national de Yellowstone, le Missouri coule d'abord vers l'est, puis se dirige vers le sud-est, drainant la majeure partie des Grandes Plaines occidentales. Omaha et Kansas City sont les principales villes traversées ; la Platte et la Kansas sont ses grands affluents (r. dr.).

Missouri, un des Etats unis d'Amérique, en bordure du Mississippi ; 4 605 000 h. Cap. *Jefferson City.* L'Etat s'étend sur un plateau entaillé par le fleuve Missouri et ses affluents. L'agriculture est fondée sur la culture du maïs, l'élevage bovin et porcin. Le sous-sol fournit notamment du plomb et du charbon. Seuls Saint Louis et Kansas City dépassent 100 000 h. Erigé en territoire en 1812, le Missouri devint Etat de l'Union en 1821.

Mistassini (*lac*), lac canadien, le plus grand de la province du Québec. Il se déverse dans la baie James.

mistelle [mistɛl] n. f. (esp. *mistela ;* de *misto,* mélangé). Moûts de raisin mutés à l'alcool pour en arrêter la fermentation.

Misti, volcan du Pérou, près d'Arequipa ; 5 842 m.

mistigri [mistigri] n. m. *Fam.* Chat. ‖ Nom du valet de trèfle dans certains jeux de cartes.

Mistinguett (Jeanne BOURGEOIS, dite), actrice de music-hall française, née à Enghien-les-Bains (1875-1956). Elle obtint ses plus grands succès au Moulin-Rouge, aux Folies-Bergère et au Casino de Paris. Elle interpréta de nombreuses chansons, comme *Mon homme* (1920).

Mistler (Jean), homme politique et écrivain français, né à Sorèze (Tarn) en 1897. Ministre des P. T. T. (1933), puis du Commerce (1934), il a publié des nouvelles, des essais et des recueils de souvenirs. (Acad. fr.)

mistoufle [mistufl] n. f. *Pop.* Misère.

Mistra, en gr. **Mystras** ou **Mistrás,** village du Péloponnèse (Grèce) ; 1 500 h. De 1348 à 1460, Mistra fut la capitale du *despotat byzantin de Mistra* (1348-1460) [dit encore *de Morée*]. Importantes églises de cette époque.

mistral [mistral] n. m. (mot provenç.). Vent violent, froid et sec, qui descend la vallée du Rhône et qui est dû à des dépressions localisées sur la Méditerranée.

Mistral (Frédéric), écrivain français d'expression provençale, né à Maillane (Bouches-du-Rhône) [1830-1914]. Passionné par les traditions et la langue provençales, il est, en 1854, l'un des sept participants de la réunion des poètes provençaux de Fontségugne, d'où devait sortir la première organisation du félibrige*, qu'il illustre par la publication de *Mireille* (1859), son œuvre maîtresse, et de *Calendal* (1867). Il appelle cependant dans son *Chant de la coupe* (1868) l'union, par-delà les frontières, des félibres provençaux et des poètes catalans chassés d'Espagne par la révolution de 1868. Tout en poursuivant son

le **Mississippi** à La Nouvelle-Orléans

Frédéric Mistral

œuvre poétique (*les Iles d'or,* 1875 ; *les Olivades,* 1912), il donne une nouvelle en vers (*Nerto,* 1884), un drame et fonde en 1899 le Musée arlésien, où il réunit toutes les formes du folklore provençal. (Prix Nobel de littérature, 1904, avec Echegaray.)

Mistral (Lucila GODOY Y ALCAYAGA, dite **Gabriela**), poétesse chilienne, née à Vicuña (1889-1957). Institutrice rurale, elle devint célèbre dans toute l'Amérique latine avec *les Sonnets de la mort* (1917), puis les poèmes de *Desolación* (1923). Préoccupée par les problèmes pédagogiques, elle fonda au Mexique une école moderne (1921). [Prix Nobel de littérature, 1945.]

mistress [misiz] n. f. (mot angl.). Qualification donnée en Angleterre aux femmes mariées. (S'écrit en abrégé *Mrs.*)

mitaine [mitɛn] n. f. (de l'anc. fr. *mite,* gant). Gant ne couvrant que les premières phalanges.

Mitaka, v. du Japon (Honshū) ; 146 000 h.

Mitanni, royaume situé à l'est de l'Euphrate (Arménie actuelle) et qui résulta d'une scission d'avec le Hourri. Florissant aux XVIe et XVe s. av. J.-C., il fut ensuite absorbé par l'Assyrie. L'art du Mitanni est un composé des arts mésopotamien, égyptien et égéen ; cependant, les cylindres-sceaux et la céramique révèlent une certaine originalité.

Mitau. V. IELGAVA.

Mitchell (*mont*), point culminant des Appalaches ; 2 037 m.

Mitchell (Margaret), femme de lettres américaine, née à Atlanta (Géorgie) [1900-1949]. Elle est l'auteur d'un roman qui a pour cadre le sud des Etats-Unis pendant la guerre de Sécession (*Autant en emporte le vent,* 1936).

Mitchourine (Ivan Vladimirovitch), agronome russe, né à Dolgoie (1855-1935). Auteur de recherches sur l'hybridation, la sélection artificielle et la création de nouvelles espèces en cultures, il combattit les théories classiques de l'hérédité.

Mitchourinsk, v. de l'U. R. S. S. (R. S. F. S. de Russie), au sud-est de Moscou ; 80 000 h. Métallurgie.

mite [mit] n. f. (empr. à l'anc. néerl.). Nom usuel de divers arthropodes vivant dans des denrées ou des tissus : *la mite du fromage est un acarien.* (Les mites, ou teignes, des vêtements, tapis, fourrures sont des lépidoptères dont les chenilles rongent ces substances en y construisant des fourreaux de soie.)

mité, e adj. Attaqué par les mites : *drap mité.*

mi-temps n. f. Chacune des deux périodes d'égale durée que comportent certains jeux d'équipes, comme le football, le rugby, etc. ‖ Temps d'arrêt qui sépare ces deux périodes. ‖ Moitié du temps de travail habituel : *travailler à mi-temps.*

miter (se) v. pr. Etre troué par les mites : *tissus, étoffes qui se mitent.*

miteux [mitø], **euse** [-øz] adj. D'apparence misérable : *des vêtements miteux.*

Mithra, grande divinité des Perses, génie des éléments et juge des morts. Mithra devint le centre d'une religion à mystères qui se répandit dans la Grèce hellénistique et dans l'Empire romain.

mithriacisme n. m. Culte de Mithra.

mithriaque [mitrijak] adj. Qui a rapport au culte de Mithra : *la religion mithriaque.*

Mithridate, nom porté par trois rois des Parthes. MITHRIDATE Ier *Philhellène,* roi des Parthes (v. 171-v. 138 av. J.-C.). Il conquit l'Elam, la Médie, la Babylonie et la Bactriane. — MITHRIDATE II *le Grand,* roi des Parthes (v. 123-v. 86 av. J.-C.). Il vainquit l'Arménie. — MITHRIDATE III, roi des Parthes (57-54 av. J.-C.). Il fut assassiné par son frère Orodès.

Mithridate, nom porté par plusieurs satrapes et souverains du Pont. Les principaux sont : MITHRIDATE Ier *Ktistês* (« le Fondateur »), roi de Pont (302-266 av. J.-C.). C'est lui qui rendit le Pont indépendant des Séleucides. — MITHRIDATE V *Evergète* (m. en 121 av. J.-C.), roi de Pont (150-121 av. J.-C.). Allié de Rome, il obtint d'elle la Phrygie. — MITHRIDATE VI *Eupator,* dit *le Grand* (v. 132-63 av. J.-C.), roi de Pont (111-63 av. J.-C.). Il écarta du trône son frère Chrestos. Grand chasseur et grand conquérant, il se rendit maître du Bosphore cimmérien, d'une partie de la Galatie et de la Paphlagonie (103), et même de la Bithynie (90). Rome stoppa son élan. Alors, Mithridate tissa autour de celle-ci un réseau d'alliances et devint en Orient son adversaire irréductible. En 88, il attaqua et dévasta la province d'Asie, passa dans les îles et prit Athènes. Battu par Sulla à Chéronée (86), il dut conclure une paix humiliante. Les Grecs commencèrent à se lasser de lui, et certaines cités l'abandonnèrent. Attaqué dans son royaume par les Romains en 82, Mithridate refoula ces derniers, mais, en 74, il fut battu par Lucullus et dut se réfugier en Arménie ; de là, il repartit pour de nouvelles conquêtes. Mais, en 66, Pompée le battit sur l'Euphrate ; son fils Pharnace s'étant révolté contre lui, Mithridate se fit tuer par un soldat.

Mithridate, roi de Pergame (m. en 45 av. J.-C.), fils naturel de Mithridate VI Eupator, roi du Pont. Il fut installé comme roi du Bosphore par les Romains, qui le firent périr.

Mithridate, tragédie de J. Racine (1673). Mithridate le Grand y apparaît non seulement comme un adversaire implacable des Romains, mais aussi comme un vieillard amoureux et jaloux.

mithridatiser [mitridatize] v. t. Accoutumer au poison.

mithridatisme n. m. ou **mithridatisation** n. f. (de *Mithridate,* qui, selon la légende, s'était accoutumé aux poisons). Immunité à l'égard des substances toxiques, acquise par l'ingestion de doses progressivement croissantes du poison considéré.

Mitidja, plaine d'Algérie (dép. d'Alger), aux riches cultures (vigne, agrumes, tabac, etc.).

mitigation [-ga-] n. f. Adoucissement.

mitigé, e adj. Adouci, tempéré : *verdict mitigé.* ‖ *Fam.* Mélangé : *des éloges mitigés de critiques.*

mitiger [mitiʒe] v. t. (du lat. *mitis,* doux) [conj. **1**]. *Dr.* Rendre moins dur : *mitiger une peine.*

mitigeur n. m. Appareil de robinetterie muni d'un index mobile sur un cadran gradué en degrés, permettant de régler la température de l'eau de façon très précise.

Mito, v. du Japon (Honshū) ; 167 000 h.

mitochondrie [mitɔkɔ̃dri] n. f. Corpuscule en forme de grain de 1 micron, présent en grand nombre dans le cytoplasme des cellules.

mitonner [mitɔne] v. i. (de *miton,* mie de pain, dans l'Ouest). Cuire longtemps à petit feu : *le ragoût mitonne.* ‖ — V. t. *Mitonner une affaire,* la préparer soigneusement.

mitose [mitoz] n. f. (du gr. *mitos,* filament). *Cytol.* Mode habituel de multiplication cellulaire, assurant une répartition parfaitement identique du matériel génétique

Phot. U. S. I. S., Pirou.

1. Puits; 2. Lavoir; 3. Atelier et magasin; 4. Usine d'agglomérés; 5. Décanteurs; 6. Chaufferie; 7. Cheminée; 8. Château d'eau; 9. Salle des machines; 10. Poste électrique; 11. Parc à brai; 12. Bureau; 13. Bassin; 14. Terril.

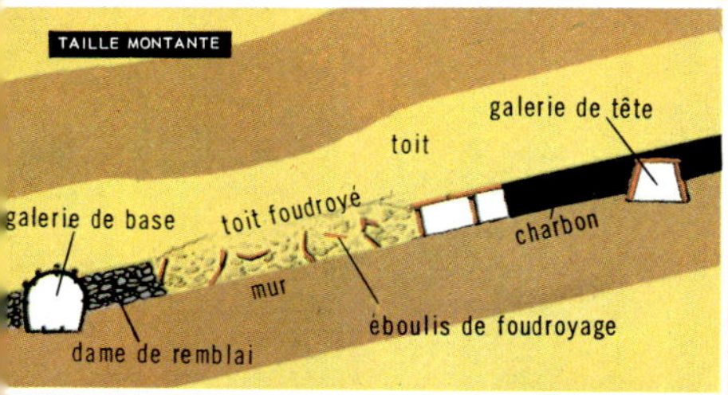

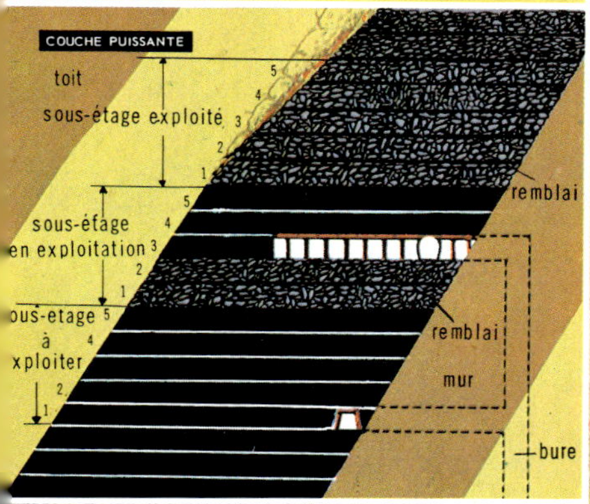

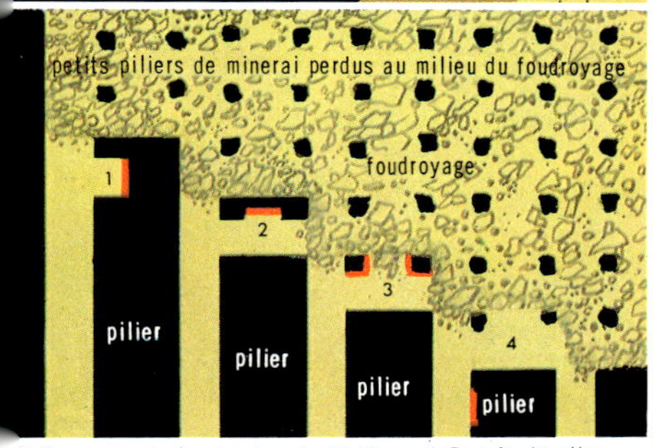

1. Amorçage de la chambre de dépilage; 2. Percée de pile; 3. Dégraissage des petits piliers; 4. Chambre terminée juste avant le foudroyage. ▬ = front de travail

PHASES SUCCESSIVES D'UNE EXPLOITATION PAR CHAMBRES ET PILIERS

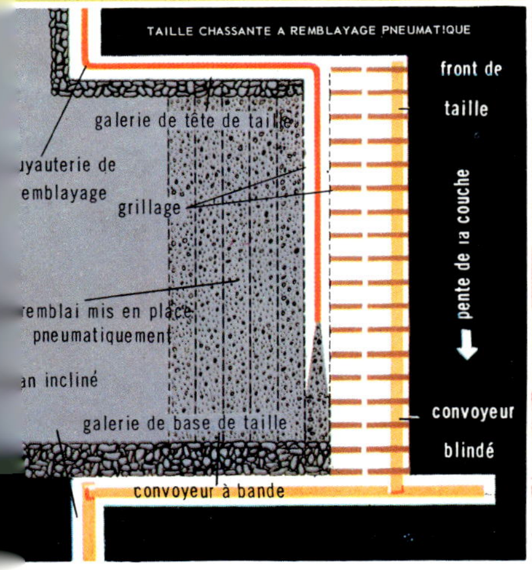

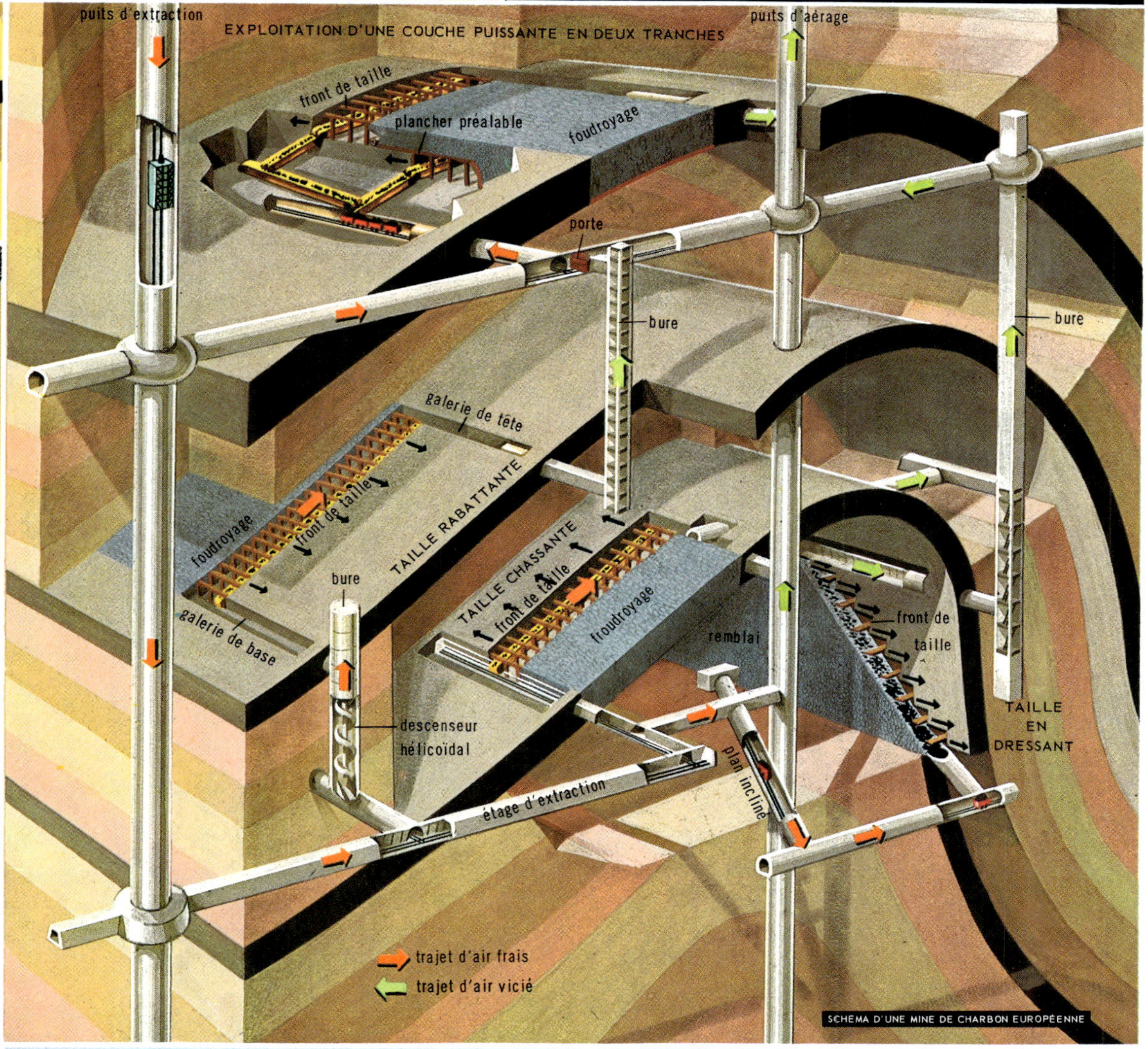

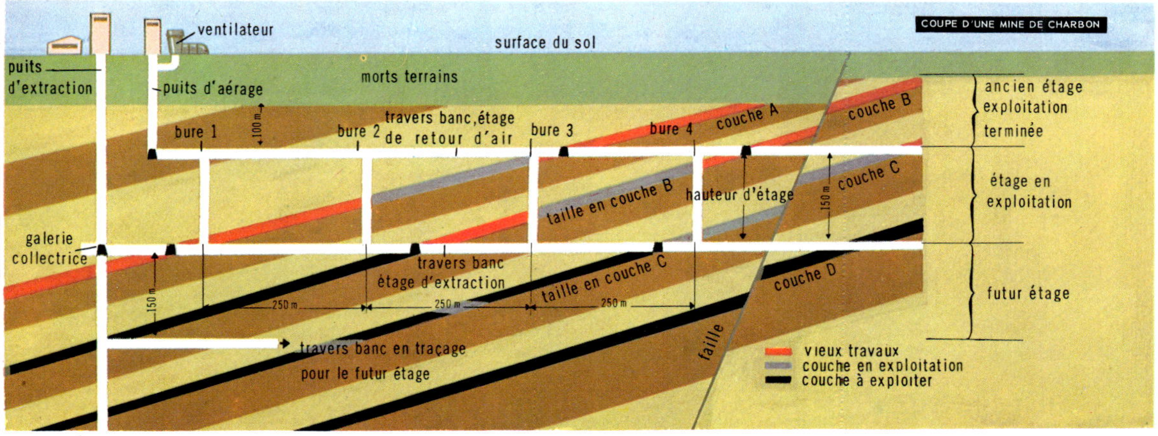

Chanel : tailleur.

Paco Rabanne : manteau de fourrure tricotée.

Chanel : imperméable en « Soft-Skin ».

Christian Dior : manteau style capote militaire.

Yves Saint-Laurent : tailleur pantalon.

Pierre Cardin : robe moulée en fibre « Cardine ».

Emmanuelle Kahn : ensemble « style 1930 ».

Phot. d'Exéa, Carrara-Scoop, Caine, d'Exéa, Cardin, « Officiel de la mode », Newton-Scoop.

entre les deux cellules filles. (Syn. : CARYOCINÈSE, DIVISION INDIRECTE.)
— ENCYCL. La *mitose* comporte quatre phases. *Dans la première phase* (prophase), les chromosomes apparaissent; des filaments radiaires se disposent autour du centrosome et constituent l'aster, ou sphère attractive, qui se divise en sphères filles; celles-ci migrent vers les deux pôles de la cellule, leurs fibrilles formant le fuseau achromatique. *Pendant la deuxième phase* (métaphase), la membrane nucléaire disparaît, et les chromosomes se groupent en un plan nommé *plaque équatoriale*, situé à égale distance des sphères filles. *Dans la troisième phase* (anaphase), les chromosomes se divisent en deux, et chacun de leurs chromosomes fils gagne les pôles opposés du fuseau. *Pendant la quatrième phase* (télophase), le cytoplasme s'étrangle au niveau de la plaque équatoriale, les chromosomes fils constituent un nouveau noyau et, à sa périphérie, la membrane nucléaire se reforme.

mitotique adj. Relatif à la mitose.

mitoyen [mitwajɛ̃], **enne** [-ɛn] adj. (de *moitié*). Qui appartient à deux personnes et sépare leurs propriétés : *mur mitoyen*.

mitoyenneté n. f. Etat de ce qui est mitoyen : *la mitoyenneté d'un fossé*.

mitraillade n. f. Décharge simultanée de nombreuses armes à feu.

mitraillage n. m. Action de mitrailler.

mitraille n. f. (de l'anc. fr. *mite*, monnaie de cuivre). Amas de ferrailles dont on chargeait jadis les canons. ‖ Décharge d'obus, de balles : *fuir sous la mitraille*. ‖ *Fam.* Menue monnaie de métal : *avoir les poches pleines de mitraille*. ● *Obus à mitraille*, obus rempli de galettes de fonte, qui se morcellent dans l'éclatement du projectile.

mitrailler [mitrɑje] v. t. Tirer par rafales, à la mitrailleuse, sur quelqu'un ou sur quelque chose : *mitrailler une position*. ‖ *Fam.* Photographier à de multiples reprises : *mitrailler une vedette*. ● *Mitrailler quelqu'un de questions*, l'accabler de questions avec rapidité.

mitraillette n. f. Pistolet mitrailleur. (V. PISTOLET.)

mitrailleur n. m. Servant d'une mitrailleuse. ‖ — Adj. Qualifie certaines armes pouvant tirer par rafales.

mitrailleuse n. f. Arme automatique, de petit calibre (inférieur à 20 mm), à tir tendu et par rafales, montée sur un affût.
— ENCYCL. Mise au point à la fin du XIXe s., la *mitrailleuse*, légère ou lourde suivant le calibre de sa munition et le poids de son affût, est une arme très efficace pour les tirs à moyenne et grande distances (400 à 2 400 m), car sa précision est très grande, et sa cadence de tir peut atteindre 1 200 coups à la minute.
Bien qu'en partie remplacée par des canons de petit calibre, par des lance-roquettes ainsi que par des missiles air-air, air-sol, sol-air ou sol-sol, elle arme toujours les unités d'infanterie, les blindés et certains avions et hélicoptères. Elle est aussi employée en jumelage pour les tirs antiaériens. La version « mitrailleuse légère » de l'arme automatique française modèle 52 tire à la vitesse pratique de 250 coups à la minute la munition de 7,5 ou de 7,62 mm, placée sur une bande métallique souple pouvant contenir 200 cartouches. Elle pèse 10,900 kg, et sa portée efficace est de 1 200 m.

mitral, e, aux adj. Qui est en forme de mitre. ● *Insuffisance mitrale, rétrécissement mitral*, lésions de la valvule mitrale du cœur. (L'insuffisance mitrale consiste en un défaut d'occlusion de la valvule mitrale, qui laisse refluer le sang du ventricule vers l'oreillette gauche lors de la systole. Le rétrécissement mitral résulte d'une soudure partielle des deux valves de la valvule, entraînant une gêne au passage du sang. Ces deux lésions peuvent être corrigées par la chirurgie.) ‖ *Valvule mitrale*, valvule située entre l'oreillette et le ventricule gauche du cœur.

mitre [mitr] n. f. (lat. *mitra*, bandeau, empr. au gr.). Coiffure haute et pointue des anciens Perses. ‖ Coiffure des prélats lorsqu'ils officient. ‖ *Constr.* Appareil en terre cuite ou en tôle que l'on dispose au sommet d'une cheminée pour empêcher l'entrée de la pluie ou du vent. ● *Recevoir la mitre*, être nommé évêque.

mitré, e adj. Qui a droit à la mitre : *abbé mitré*.

mitron [mitrɔ̃] n. m. (de *mitre*). Garçon boulanger ou pâtissier. ‖ Appareil de couronnement d'une cheminée en terre cuite ou en plâtre, sur lequel repose la mitre.

Mitry-Mory (77290), comm. de Seine-et-Marne (arr. de Meaux); 13 204 h. (3 260 aggl.). Industries alimentaires.

Mitscherlich (Eilhard), chimiste allemand, né à Neuende (Oldenburg) [1794-1863]. Il a énoncé en 1820 la loi selon laquelle des composés isomorphes doivent avoir des formules analogues.

Mitsubishi, l'un des grands trusts japonais.

Mitsui, le plus important des grands trusts japonais. Il fut l'initiateur du développement industriel du pays.

Mittellandkanal, voie d'eau d'Allemagne, unissant l'Elbe au canal Dortmund-Ems.

Mitterrand (François), homme politique français, né à Jarnac en 1916; premier secrétaire du parti socialiste depuis 1971, il a été candidat aux élections présidentielles de 1965 et de 1974.

mi-voix (à) loc. adv. En émettant un faible son de voix : *parler à mi-voix*.

mixage n. m. Enregistrement simultané, sur la bande sonore d'un film, des divers sons nécessaires (paroles, musique, bruits de fond, etc.). ‖ Mélange dans un ordre déterminé.

mixer [miksœr] ou **mixeur** n. m. Appareil électrique servant à broyer ou à mélanger des denrées alimentaires.

Mizoguchi
« Contes de la lune vague après la pluie »

mixer [mikse] v. t. Procéder au mixage.

mixité [miksite] n. f. Caractère d'un enseignement mixte, d'une activité également partagée entre les hommes et les femmes, les garçons et les filles : *la mixité scolaire*.

mixte [mikst] adj. (lat. *mixtus*, mêlé). Formé d'éléments de différente nature : *végétation mixte*. ‖ Qui tient le milieu entre deux choses : *le drame est un genre mixte entre la tragédie et la comédie*. ‖ Qui comprend des personnes des deux sexes ou appartenant à des origines ou à des formations différentes : *équipe mixte; école, commission mixte*. ● *Chœur mixte*, ensemble vocal composé de voix d'hommes et de femmes. ‖ *Ligne mixte* (Math.), ligne composée de segments de droite et de courbes.

Mixtèques, peuple indien qui s'établit dans le sud du Mexique au XIIIe s. et y développa une civilisation brillante.

mixtiligne adj. *Math.* Formé de droites et de courbes.

mixtion [miksjɔ̃] n. f. (lat. *mixtio*). Action de mélanger des drogues dans un liquide pour la composition d'un médicament. ‖ Ce médicament.

mixtionner v. t. Faire une mixtion de.

mixture n. f. Mélange de solutions alcooliques (teintures), de drogues pharmaceutiques, chimiques, etc. ‖ *Péjor.* Mélange quelconque. ‖ Dans la facture d'orgues, syn. de JEUX DE MUTATIONS.

Miyazaki, v. du Japon (Kyū shū); 212 000 h. Aéroport.

Mizoguchi (Kenji), metteur en scène de cinéma japonais, né à Tōkyō (1898-1956). Il est l'auteur de très nombreux films, dont *Pays natal* (1930), *Contes de la lune vague après la pluie* (1953), *l'Intendant Sansho* (1954), *le Héros sacrilège* (1955), *la Rue de la honte* (1956).

Mjøsa, le plus grand lac de Norvège, au nord d'Oslo; 362 km².

M. M. P. I. n. m. (sigle de *Minnesota Multiphasic Personality Inventory*). Test projectif utilisé en psychiatrie et mesurant certains traits de la personnalité pathologique (dépression, psychasthénie, schizophrénie, etc.).

mitre épiscopale
du XVe siècle
musée de Cluny

mitres de cheminée

mn, symbole de la *minute* de temps.

Mn, symbole chimique du *manganèse*.

mnémonique [mnemɔnik] adj. (gr. *mnêmonikos*). Qui a rapport à la mémoire; qui aide la mémoire : *procédé mnémonique*.

Mnémosyne. *Myth. gr.* Fille d'Ouranos, déesse de la Mémoire et mère des Muses.

mnémotechnie ou **mnémotechnique** n. f. (gr. *mnêmê*, mémoire, et *tekhnê*, art). Art de développer la mémoire par des exercices appropriés.

mnémotechnique adj. Relatif à la mnémotechnie : *méthode mnémotechnique*.

Mnésiclès, architecte grec du Ve s. av. J.-C. Il a construit les propylées de l'acropole d'Athènes.

Mo, symbole chimique du *molybdène*.

Mo. V. MO-I-RANA.

Moab, fils de Loth, personnage biblique regardé comme la tige des *Moabites*, peuple qui habitait à l'est de la mer Morte et dont les incursions furent redoutées par les Israélites.

moabite [mɔabit] adj. et n. Du pays de Moab.

Moanda ou **Mouanda,** localité du Gabon, près de Franceville. Importants gisements de manganèse.

Moawiya. V. MU'ĀWIYYA.

mobile [mɔbil] adj. (lat. *mobilis;* de *movere*, mouvoir). Qui se meut : *la mâchoire inférieure est seule mobile*. ‖ Qui peut être mû : *pont mobile*. ‖ *Fig.* Changeant, inconstant : *caractère mobile*. ● *Caractères mobiles* (Arts graph.), caractères séparés, que l'on assemble un à un par la composition. ‖ *Fêtes mobiles*, fêtes chrétiennes dont le jour de la célébration change chaque année. ‖ *Garde nationale mobile*, formations militaires organisées de 1868 à 1871 avec les jeunes gens qui ne faisaient pas de service militaire. ‖ *Garde républicaine mobile*, anc. nom de la *gendarmerie mobile*.

mobile n. m. Corps en mouvement : *la vitesse d'un mobile*. ‖ Soldat de la garde nationale mobile. ‖ Objet d'art en métal léger, imaginé par Calder, et dont les éléments entrent en mouvement au moindre souffle d'air. ‖ *Fig.* Impulsion qui pousse à agir : *l'intérêt est le mobile de ses actions*. (Syn. : CAUSE, MOTIF, RAISON.)

Mobile, v. des Etats-Unis (Alabama), sur la *baie de Mobile;* 202 800 h. Centre industriel.

mobilier [mɔbilje], **ère** [-ɛr] adj. Qui tient de la nature du meuble : *biens mobiliers*. ● *Vente mobilière*, vente des meubles par autorité de justice.

mobilier n. m. Ensemble des biens meubles qui dépendent d'un patrimoine. ‖ Meubles meublants : *vendre son mobilier*. (V. *encycl.*) ● *Mobilier national*, meubles meublants qui appartiennent à l'Etat. ‖ *Mobilier urbain*, ensemble des équipements installés dans les rues, comme les candélabres, les bancs publics, les abris pour les utilisateurs de transports en commun, etc.
— ENCYCL. *Mobilier moderne*. La Première Guerre mondiale marqua la fin du « modern style », aux lignes sinueuses et aux motifs de feuilles et de fleurs; s'y étaient illustrés des décorateurs de renom tels que Grasset, Guimard et Majorelle. L'Exposition des arts décoratifs donna naissance au style des années 20, qui empruntait d'ailleurs des éléments aux styles Empire et Louis-Philippe. La ligne des meubles resta courbe, mais épurée par rapport au style précédent, et les tissus s'ornèrent de motifs floraux disposés cette fois géométriquement dans des tons noir, orange, or et mauve. Déjà, cependant, à la fin des années 20, des architectes tels que Mies van der Rohe, qui dirigeait le Bauhaus à Dessau, ou Le Corbusier dessinaient des meubles très originaux. Après la Seconde Guerre mondiale commence à se répandre un mobilier caractérisé surtout par sa ligne dépouillée, parfaitement adaptée à l'architecture contemporaine, aux surfaces lisses et aux grandes baies vitrées, dont les dimensions sont parfois variables : en effet, des cloisons mobiles permettent d'utiliser une même pièce selon les besoins de l'heure et en fonction de l'exiguïté des appartements. Aussi, le mobilier n'a-t-il plus toujours une forme définitive, mais il est conçu pour être modifié : on peut l'escamoter pour libérer de la place (lits, tables escamotables), l'empiler (chaises superposables) ou encore le diviser (meubles à éléments). Le souci de compenser la diminution de superficie au sol par l'utilisation des surfaces murales a donné naissance à toute une gamme d'équipements muraux jouant à volonté le rôle de bibliothèque ou de meuble de rangement.
Adapté à l'architecture, le mobilier contemporain l'est aussi à la vie par son confort accentué (sièges rembourrés de mousse latex et dont les formes sont particulièrement étudiées pour la détente) et par la facilité accrue de son entretien (surfaces lavables). Tout cela est le résultat de progrès techniques relativement récents : des matières de synthèse (plastique) ou inusitées jusque-là (jersey de laine), des formes directement moulées (fibre de verre, aluminium, contre-plaqué) ont donné naissance à des meubles qui, techniquement, n'auraient pas été concevables auparavant.
Ces progrès ont facilité le mûrissement d'une esthétique contemporaine. Le public français a découvert l'attrait des lignes simples vers 1950 en cédant à la séduction du meuble scandinave. Des architectes comme Eero Saarinen et Alvar Aalto ont eux-mêmes collaboré à la conception de ce mobilier. Actuellement, des novateurs de talent utilisent les progrès de la technique en créant un style de mobilier totalement inédit, tels le fauteuil constitué par une demi-sphère de plastique tournant

Phot. X, Arch. phot., Larousse (2).

MOYEN ÂGE

musée des Arts décoratifs, musée de Cluny

lit, fin du XVe s.

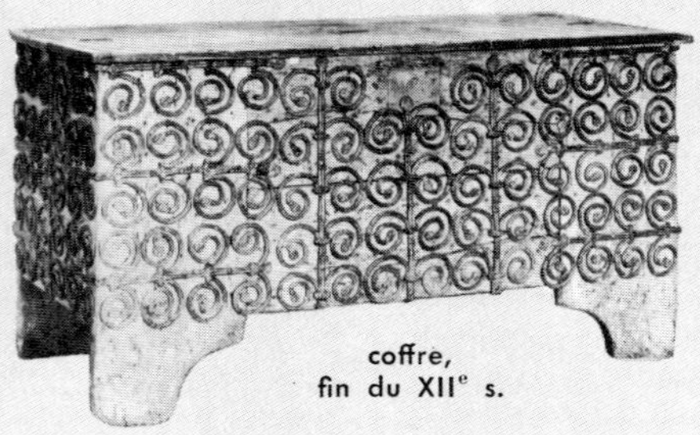

coffre,
fin du XIIe s.

chaire,
XVe s.

buffet, XVe s.

RENAISSANCE

musée des Arts décoratifs,
Louvre

armoire d'Ile-de-France

chaire

table
« à éventail »

LOUIS XIII

musée
des Arts
décoratifs,
musée
de Cluny

fauteuil

lit
dit « du maréchal d'Effiat »

LOUIS XIV

château de Versailles,
bibliothèque Mazarine,
musée des Arts décoratifs,
château de Fontainebleau,
Louvre

lit de Louis XIV,
à Versailles

fauteuil

pendule
à gaine

commode
par Boulle

armoire
par Boulle

Phot. Adant, musée des Arts décor., Larousse, Giraudon (4), Adant, Adrien Roy, Legrand, musée des Arts décor., Giraudon, Neurdein, Giraudon.

musée des Arts décoratifs,
musée de l'Œuvre-Notre-Dame, Strasbourg

console

commode

pendule
régulateur

armoire alsacienne
v. 1720

fauteuil

chaise
cannée

Bibliothèque nationale, musée des Arts décoratifs,
Louvre

commode
par Cressent

console en bois doré
du Cabinet du roi

bureau à cylindre
de Louis XV, par Œben et Riesener,
bronzes de Duplessis

fauteuil
par Jean Avisse,
tapisserie d'Aubusson

bergère

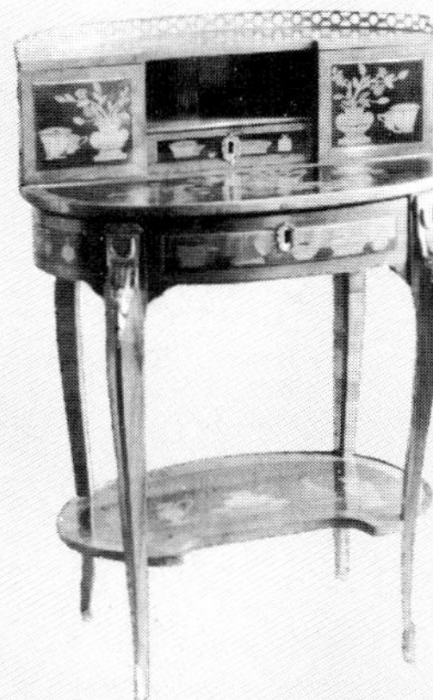

table
à gradin
marquetée
par Topino

fauteuil
en cabriolet
par Tilliard

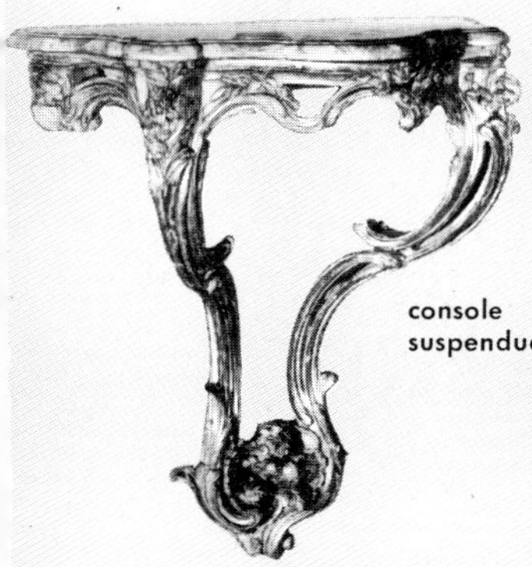

console
suspendue

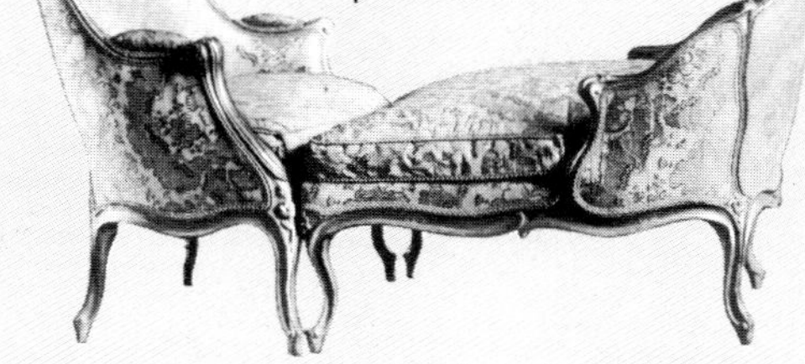

chaise longue
dite « duchesse brisée »
par Louis Delanois

encoignure
par Mathieu Criaerd
décor de vernis
bleu et blanc

Phot. Larousse, X, Giraudon, X, L. P., Giraudon, Larousse, Giraudon (2), musée des Arts décor., Adant, musée des Arts décor., X, Lauros-Giraudon, Arch. phot., Connaissance des arts.

MOBILIER

LOUIS XVI

cabinet
serre-bijoux
de Marie-Antoinette
par Schwerdfeger,
bronzes de Thomire

secrétaire
en laque de Chine noir
par Pierre Garnier

torchère-guéridon
par Toussaint Foliot

lit
de Marie-Antoinette
au Petit Trianon

console circulaire

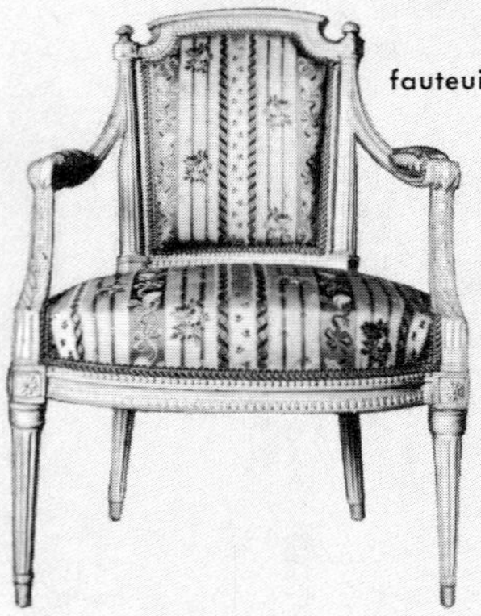

fauteuil

bergère gondole

bureau par Riesener

Petit Trianon, Louvre,
château de Versailles, musée Nissim-de-Camondo

chaise,
style Directoire,
par Georges Jacob

musée Marmottan, musée de Compiègne, château de Malmaison

chaise
par Henri Jacob

table ronde

psyché

fauteuil
par Jacob frères

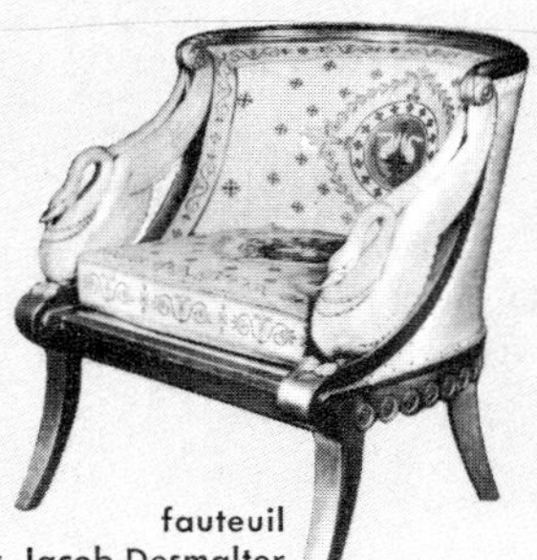

fauteuil
par Jacob-Desmalter

commode
par Nicolas Mansion

Phot. musées nationaux, Giraudon, Bulloz, L. P., X, Giraudon, X, musées nationaux, Arch. phot., Giraudon (2), Ollivier, Larousse, Giraudon, Larousse.

RESTAURATION

musée des Arts décoratifs

fauteuil et chaise gondoles

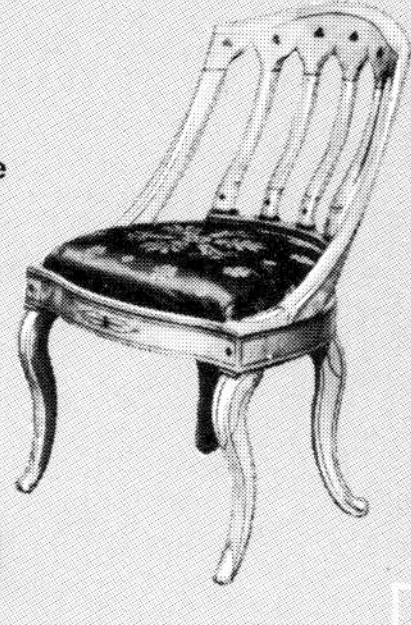

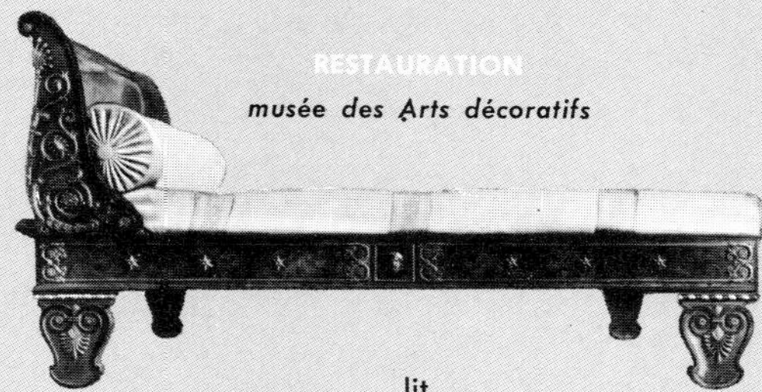

lit

LOUIS-PHILIPPE

musée des Arts décoratifs

chaise style « gothique »

fauteuil dit « voltaire »

SECOND EMPIRE

musée de Compiègne

« confident » capitonné, à deux places

table dite « à la Tronchin »

chaise ornée de nacre

PREMIÈRE MOITIÉ DU XXe SIÈCLE

musée des Arts décoratifs

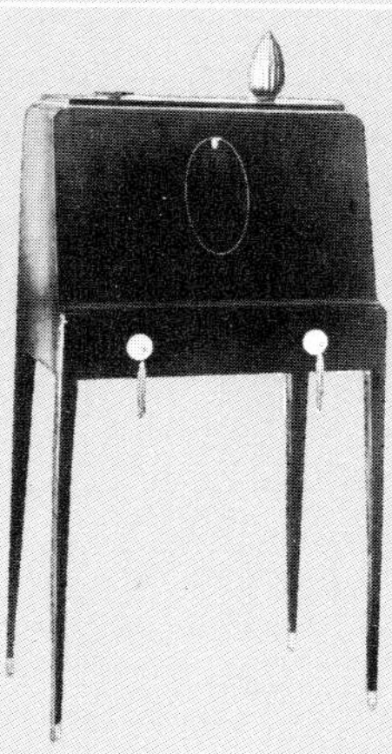

secrétaire par Ruhlmann

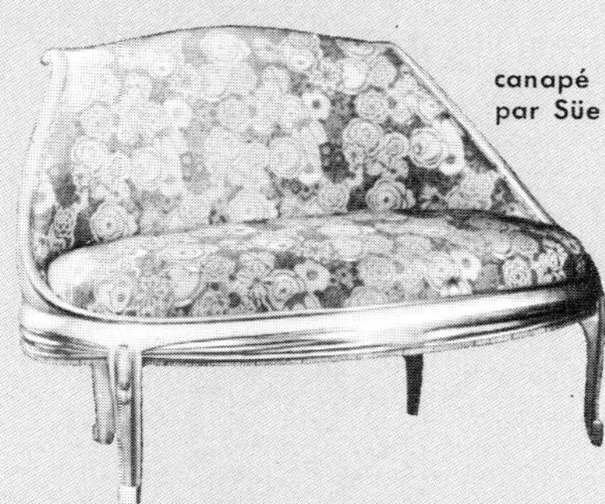

canapé par Süe et Mare

table à thé par Majorelle

salle à manger « modern style » par Vallin

chambre à coucher par Suzanne Guiguichon, 1930

Phot. Adant, Giraudon (2), Connaissance des arts, Giraudon, Larousse (3), Cie des Arts français, Larousse, Giraudon, Salaün.

autour d'un axe et dessiné par Eero Aarnio, les sièges gonflables en Polyvinyle transparent, dus à Quasar, et les sièges en carton. Sous l'influence de la mode, ce mobilier se pare parfois de couleurs agressives.

Ces nouveautés constituent la preuve que la recherche esthétique rompt avec la tradition ; mais la diffusion d'un tel mobilier reste tributaire de l'évolution du goût du public et de l'organisation de la fabrication à l'échelle industrielle. L'industrie, fractionnée en une multitude de moyennes entreprises et d'entreprises artisanales, peut rarement arriver à la fabrication en grande série, car elle est limitée par son équipement restreint, par le prix élevé des matières premières telles que les thermodurcissables ou les thermoplastiques, et par les commandes insuffisantes du détaillant, soucieux d'éviter un trop grand stock.

mobilisable adj. Qui peut être mobilisé.

mobilisateur, trice adj. *Centre mobilisateur,* organe de la mobilisation des formations militaires.

mobilisation n. f. Action de mobiliser. ‖ Transformation, par les animaux et les plantes, de leurs réserves alimentaires insolubles (amidon, glycogène, graisse) en molécules solubles qui circulent dans le sang ou la sève et qui peuvent ainsi nourrir n'importe quelle partie de l'organisme. ● *Mobilisation générale* (Mil.), mise en œuvre de l'ensemble des mesures préparées pour assurer la défense du pays. (V. *encycl.*)

— Encycl. *Mil.* L'organisation d'une défense* moderne requiert désormais la mise sur pied de guerre de toutes les activités de la nation. Les mesures de *mobilisation générale,* qui, jusqu'à la Première Guerre mondiale, ne concernaient que l'armée et ses services, ont donc reçu depuis un champ d'application qui s'est étendu, pour les personnes comme pour les biens, du domaine militaire à celui de l'administration, de l'économie et des finances, de l'information, etc. Cette extension a entraîné notamment la création, en 1959, d'un service* national comprenant, à côté du service militaire, un service de défense. Décrétée en Conseil des ministres, la mobilisation générale est préparée par tous les départements ministériels.

mobiliser [mɔbilize] v. t. Mettre sur pied de guerre les forces militaires d'un pays ; adapter la structure de son économie et de son administration aux nécessités du temps de guerre. ‖ *Chir.* Faire exécuter des mouvements à un segment du corps (membre, rachis) ankylosé pour lui faire retrouver sa souplesse. ‖ Libérer un organe de ses adhérences. ‖ *Dr.* Faire une convention en vertu de laquelle un immeuble est réputé meuble. ‖ Faciliter la circulation d'une créance à terme par sa constatation dans un titre négociable, par ex. une traite. ‖ *Fam.* Faire appel aux services de quelqu'un.

mobilité n. f. Facilité à se mouvoir, à être mû : *la mobilité du mercure.* ‖ Facilité à changer d'expression : *mobilité de la physionomie.* ‖ *Fig.* Inconstance, instabilité : *mobilité de caractère.* ● *Mobilité de la main-d'œuvre,* pour les salariés, passage d'une région d'emploi à une autre ; changement de profession : *la mobilité de la main-d'œuvre est plus grande aux Etats-Unis qu'en France.* ‖ *Mobilité sociale,* possibilité, pour les individus, de changer de position sur le plan social, professionnel, etc.

Möbius (August), astronome et mathématicien allemand, né à Schulpforta (1790-1868). L'un des plus grands mathématiciens de la première moitié du XIXe s., il apporta notamment une contribution importante au développement de la géométrie projective et de la topologie.

Mobutu (Sese Seko), général et homme politique congolais, né à Lisala (prov. d'Equateur) en 1930, président de la république du Congo-Kinshasa depuis novembre 1965.

Mobutu Sese Seko (lac), nom donné en 1973 au lac Albert.

mocassin [mɔkasɛ̃] n. m. (d'un mot algonquin). Chaussure des Indiens de l'Amérique du Nord, qui était faite en peau non tannée, simplement mégie. ‖ Chaussure basse sans lacets. ‖ Nom usuel d'un serpent américain.

Mocenigo, famille noble vénitienne, qui a fourni cinq doges à la République de 1474 à 1778.

moche [mɔʃ] adj. *Pop.* Laid ; mauvais.

Mochicas, peuple indien de la côte nord du Pérou, dont la civilisation est connue surtout par ses vases funéraires peints et par son architecture (grande pyramide de Moche).

moco [mɔko] n. m. *Arg. mar.* Originaire de Toulon et de la Provence.

Moctezuma ou **Montezuma II,** né à Mexico (1466-1520), empereur aztèque (1502-1520). Il fit bon accueil aux envoyés de Cortés (1519) et devint l'instrument politique de celui-ci. Il mourut à l'occasion d'une émeute contre les Espagnols.

modal, e, aux adj. *Gramm.* Qui se rapporte aux modes du verbe : *formes modales.* ‖ *Mus.* Qui caractérise un mode : *notes modales.* (Se dit de la tierce et de la sixte, parce qu'elles caractérisent le mode.) ‖ *Philos.* Relatif aux modes de la substance : *existence modale.* ● *Logique modale,* logique non classique, admettant des opérateurs modaux. ‖ *Opérateur modal,* opérateur propositionnel qui n'est pas un foncteur de vérité. (Il peut introduire des notions telles que la *nécessité,* la *possibilité,* etc.)

modalité n. f. Condition, particularité qui accompagne un fait, un acte juridique : *fixer les modalités d'un paiement.* ‖ *Mus.* Echelle modale d'un morceau, par oppos. à *tonalité.* ‖ *Philos.* Ensemble de catégories de la pensée. (Pour Kant, les catégories de la modalité sont la possibilité [liée à l'impossibilité], l'existence [liée à la non-existence] et la nécessité [liée à la contingence].)

Modane (73500), ch.-l. de c. de la Savoie (arr. de Saint-Jean-de-Maurienne), sur l'Arc, à l'entrée du tunnel du Fréjus ; 5 767 h. (*Modanais*). Gare internationale. Electrométallurgie. Papeterie. Soufflerie.

mode [mɔd] n. f. (lat. *modus,* manière). Usage passager qui règle, selon le goût du moment, la manière de vivre, de s'habiller, etc. : *suivre la mode.* ‖ Manière de s'habiller : *la mode parisienne.* (V. *encycl.*) ‖ Ensemble des maisons de couture. ● *A la mode,* suivant le goût du moment. ‖ *Bœuf à la mode,* ou *bœuf mode* (Cuis.), morceau de viande de bœuf piqué de lard et cuit avec carottes et oignons. ‖ — Pl. *Magasin de modes,* magasin où l'on vend des vêtements et divers articles de parure.

— Encycl. Le XIVe s. (1323) voit les premières corporations de tailleurs, doubletiers et pourpointiers, et c'est au XVe s. que le mot *couturier* devient synonyme de *tailleur de robes.* C'est seulement à la fin du XVIIIe s. qu'une exportation embryonnaire fait son apparition avec les poupées à taille de femme habillées à la française franchissant les plus sévères blocus, et que paraissent les almanachs consacrés à la mode, tels que *le Monument du costume* (1774) et *le Cabinet des modes* (1785). Avec Rose Bertin, sous Marie-Antoinette, et Leroy, sous l'Empire, s'illustrent les premiers créateurs de modes, leurs modèles restant cependant uniques. C'est sous le second Empire que Charles Frédéric Worth a le premier l'idée de créer des modèles en vue de leur industrialisation ; le premier, également, il présente ses collections sur des mannequins vivants. Au XXe s., on assiste à l'établissement de la couture-création telle que Ch. F. Worth l'avait inaugurée et telle que nous la connaissons aujourd'hui, jalonnée tout au long de son histoire de noms célèbres : M. Vionnet, Doucet, Poiret, Lelong, Patou, Lanvin, Dior, etc. Actuellement, on compte environ une trentaine de maisons de couture-création agréées par le ministère de l'Industrie, et dont les modèles à leur griffe sont protégés de la contrefaçon par une loi datant de 1952.

La mode, tout en étant tributaire de l'esprit de création de ses novateurs, reflète l'évolution de la société. Sous la monarchie il n'y avait de mode qu'à la Cour et, pendant longtemps, la mode a servi à différencier les classes sociales. Moins évident de nos jours, ce phénomène subsiste cependant dans le choix des détails. Jusqu'au XVIIe s., des édits somptuaires réglementeront le port des fourrures, réservé à certaines classes. Pour des raisons économiques, les soieries et autres tissus précieux singulariseront les classes fortunées. Pratiquement jusqu'à la Seconde Guerre mondiale, la mode diffusée par la haute couture est restée l'apanage des femmes élégantes de la haute bourgeoisie. Mais, depuis, elle a subi le phénomène de l'industrialisation, entraînée par l'arrivée de la clientèle des jeunes, importante non seulement par leur nombre, 1 600 000 jeunes de 16 à 20 ans en 1965, mais aussi par leur pouvoir d'achat, estimé annuellement à près de 5 milliards de francs. Les aspects les plus marquants de cette mode, conçue pour les jeunes, sont certainement son allure « décontractée » et le goût du confort vestimentaire comme conséquence pour les adultes. La tenue de cérémonie a fait place aux tenues de loisir et, si elle subsiste, c'est influencée par ces dernières : Courrèges a instauré le pantalon pour toutes les heures du jour. L'industrialisation de la mode a eu pour résultat immédiat sa démocratisation : elle n'est plus aujourd'hui l'apanage d'une seule classe. L'essor du prêt-à-porter, conçu par des stylistes, a contribué largement à sa diffusion à des prix accessibles, largement aidé en cela par la publicité. Cette publicité, jointe à l'élévation du niveau de vie, a fait, de nos jours, de la mode un marché de grande consommation.

La mode a en outre bénéficié des progrès de la technique ; la découverte d'une nouvelle fibre aide au lancement d'une mode : ainsi, le Lurex* a donné naissance à la mode argent, et un traitement nouveau du papier tissu permet de l'utiliser à des fins vestimentaires. La haute couture elle-même a compris la nécessité pour elle d'attirer une clientèle élargie en ouvrant des boutiques sur rue où sont exposés des modèles griffés à des prix étudiés.

La mode est également tributaire de l'actualité et du rôle joué par la femme à une époque donnée. La Première Guerre mondiale vit l'abandon des tournures et des fanfreluches pour une tenue plus stricte et l'abandon du chignon, la femme devant souvent remplacer l'homme au travail. Dans les années 20, Paul Poiret associa les recherches de l'art à la création de ses modèles, et les ballets russes inspirèrent maintes robes. Ces mêmes années virent la transformation de la femme en « garçonne », symbolisant par là le début de l'émancipation féminine. Pendant la Seconde Guerre mondiale, la pénurie des textiles fut contrebalancée par la fantaisie ébouriffante des chapeaux et l'utilisation ingénieuse des matières de remplacement (chaussures de bois et de raphia). Aujourd'hui, l'actualité spatiale a inspiré la cagoule de cosmonaute, l'actualité politique la veste de Mao, et l'actualité télévisée ou cinématographique le chapeau de Thierry la Fronde et le vestiaire de James Bond, sans oublier, bien sûr, les vedettes, qui sont les lanceuses de mode.

Enfin, la mode a souvent symbolisé une révolte de l'individu contre son temps ou l'expression d'une liberté récemment acquise, depuis les extravagances des Incroyables, la crinière des romantiques, les jupes aux genoux et les cheveux courts de la garçonne pour aboutir aux minijupes et à certaines outrances de notre temps. Ce désir d'innover est le propre même de certains couturiers d'avant-garde, tel Paco Rabanne, qui, voulant rompre avec une tradition monotone et, selon lui, retardataire, a recours à des matières encore jamais utilisées dans ce domaine (papier, plastique ou métal) et adaptées à des formes révolutionnaires.

mode [mɔd] n. m. (lat. *modus,* manière). Forme, méthode : *mode de gouvernement.* ‖ *Gramm.* Manière dont le verbe exprime l'état ou l'action. (V. *encycl.*) ‖ *Mus.* Dans une octave diatonique, répartition des intervalles, notamment en fonction de l'emplacement des demi-tons. (Ce mot a connu différentes acceptions, de l'Antiquité gréco-romaine au Moyen Age et au moment de l'éclosion de la tonalité classique. Ainsi, les modes grégoriens et médiévaux diffèrent-ils des modes grecs. Ils subsistent jusqu'au XVIIe s., époque où la tonalité classique ne retient que les modes majeur et mineur.)

— Encycl. *Gramm.* En français, il y a six *modes : l'indicatif,* le *conditionnel, l'impératif,* le *subjonctif, l'infinitif* et le *participe.*

L'indicatif présente l'action ou l'état comme certain : J'ai parlé, *je* parle, *je* parlerai.

Le conditionnel présente l'action ou l'état comme susceptible de se réaliser, avec moins de certitude que ne le fait le futur de l'indicatif : *Ainsi, je vous* retrouverais *bientôt !*

Comme la réalisation de l'état ou de l'action est souvent liée à une condition, on donne à cette forme le nom de *conditionnel : Si je le voyais, je lui* dirais *ce que je pense.*

L'impératif présente l'action ou l'état avec commandement, avec exhortation, avec prière : Faisons *notre devoir.* Ayez *pitié de nous.*

Le subjonctif est avant tout le mode de la subordination ; il présente aussi l'action ou l'état comme douteux et incertain : *Je ne crois pas qu'il* vienne.

L'infinitif présente l'état ou l'action comme vague, sans désignation de personne ou de nombre : Vouloir, *c'est* pouvoir.

Le participe, qui est un adjectif verbal, exprime à la fois l'état ou l'action et une qualité : *Je l'ai vu* méditant, absorbé *par ses pensées.*

Le participe précédé de la préposition *en* prend le nom de *gérontif* et il équivaut à un complément circonstanciel : En jouant, *il s'est cassé le bras.*

Chaque mode a sous sa dépendance un certain nombre de temps.

L'*indicatif,* le *conditionnel,* l'*impératif* et le *subjonctif* sont des modes **personnels,** parce qu'ils ont une forme propre à chacune des personnes du singulier et du pluriel. L'*infinitif,* le *participe,* qui n'ont pas de formes particulières selon les personnes et qui se rapportent indifféremment à chacune des trois personnes, sont dits **impersonnels.**

Model (Walter), maréchal allemand, né à Genthin (1891-1945). Successivement à la tête d'une division blindée, d'une armée (1943), puis du groupe d'armées du Sud en Russie (1944) pendant la Seconde Guerre mondiale, il commanda ensuite le front ouest. Il se suicida après la capitulation de ses forces encerclées dans la Ruhr.

modelage [mɔdlaʒ] n. m. Action de modeler des figures en relief.

modèle [mɔdɛl] n. m. (ital. *modello*). Ce qui sert d'objet d'imitation : *modèle d'écriture.* ‖ Personne ou tout objet d'après lequel travaillent les artistes. ‖ Pièce originale d'une collection de couture. ‖ Appareil ou ensemble des appareils permettant de reproduire une pièce déterminée par les procédés utilisés en fonderie pour la réalisation de l'empreinte du moule dans lequel sera coulée la pièce métallique. ‖ Structure logico-mathématique, souvent illustrable à l'aide de schémas logiques, et qui cherche à décrire et à expliquer un phénomène humain sous un aspect général. (Il existe des modèles en linguistique, en psychologie, etc.) ‖ *Fig.* Propre à être imité : *Turenne fut un modèle de courage.* ● *Modèle réduit,* reproduction à petite échelle, mais en ordre de marche, d'une machine ou d'un ensemble : *le modèle réduit doit être fonctionnel et fonctionner sur les mêmes principes que l'original en vraie grandeur.* ‖ — Adj. Parfait en son genre : *un écolier modèle ; ferme modèle.*

modelé n. m. Relief des formes, en sculpture, en peinture. ● *Modelé du relief* (Géogr.), aspect que l'érosion donne aux formes du relief.

modeler [mɔdle] v. t. (conj. **3**). *Bx-arts.* Pétrir de la terre, de la cire ou toute autre substance pour obtenir une certaine forme. ‖ Imiter, par le dessin ou la peinture, le relief des choses. ‖ *Fig.* Conformer, régler : *il modèle sa conduite sur celle des gens de bien.*

modeleur, euse n. et adj. Artiste qui modèle une statue, un bas-relief, etc. ‖ *Industr.* Ouvrier qui fait des modèles en bois, en plâtre ou en cire pour le moulage des pièces coulées.

modéliste n. et adj. Dessinateur, dessinatrice de modèles. ‖ Personne qui fabrique des modèles réduits.

modénature [mɔdenatyr] n. f. (ital. *modanatura*). Proportion et profil des moulures d'un édifice.

Modène, v. d'Italie (Emilie) ; 170 500 h. Université. La cathédrale est un des plus beaux exemples d'architecture romane en Italie (XIIe et XVe s.). Riches églises. Palais ducal (XVIIe s.). Musée. Bibliothèque Estense, contenant 250 000 volumes. Centre industriel (automobiles, chaussures).

● *Histoire.* Indépendante au XIIe s., Modène fut entraînée dans la lutte des guelfes et des gibelins. En 1288, les Este devinrent maîtres de la seigneurie, qui fut érigée en duché en 1452. En 1796, Hercule III d'Este fut dépouillé par Bonaparte de son duché, qui devint partie intégrante de la république, puis (1805) du royaume d'Italie. En 1814, le duché fut restauré pour le Habsbourg François IV (1814-1846), petit-fils d'Hercule III. Des révoltes y éclatèrent en 1831 et en 1848. En 1859, le duc François V s'enfuit en Autriche; l'année suivante, Modène votait sa réunion au Piémont.

Moder (la), riv. du nord de l'Alsace, affl. du Rhin (r. g.); 80 km.

modérantisme n. m. Opinion des modérés. ‖ Attitude politique reposant sur la modération.

modérantiste adj. Relatif au modérantisme. ‖ — N. Partisan du modérantisme.

modérateur, trice adj. et n. Qui retient dans les bornes de la modération : *jouer le rôle de modérateur; pouvoir modérateur.* ‖ *Physiol.* Se dit d'un nerf ou d'une substance qui ralentit l'activité d'un organe : *le pneumogastrique est un modérateur du cœur.* ● *Ticket modérateur,* quote-part du coût des soins que l'assurance maladie laisse à la charge de l'assuré.

modérateur n. m. *Phys.* Substance qui, comme l'eau lourde, le graphite ou le béryllium, diminue la vitesse des neutrons résultant d'une fission nucléaire et entretient une réaction en chaîne.

modération n. f. (lat. *moderatio*). Vertu qui retient dans une sage mesure : *il faut user des meilleures choses avec modération.* ‖ Eloignement de tout excès : *réponse pleine de modération.* ‖ Réduction : *modération d'une peine, d'un impôt.*

moderato [mɔderato] adv. (mot ital.). *Mus.* D'un mouvement modéré : *allegro moderato.*

modéré, e adj. Qui n'est point exagéré : *payer un prix modéré.* ‖ Qui a de la modération : *être modéré dans ses désirs.* ‖ — Adj. et n. Qui, en politique, professe des opinions tenant le milieu entre des opinions extrêmes.

modérément adv. Avec modération, sans excès : *boire et manger modérément.*

modérer [mɔdere] v. t. (lat. *moderari;* de *modus,* mesure) [conj. **5**]. Tempérer, diminuer : *modérer sa colère, ses dépenses.* ‖ — **Se modérer** v. pr. Se posséder, se contenir.

moderne [mɔdɛrn] adj. (bas lat. *modernus;* de *modo,* récemment). Qui appartient ou convient au temps présent ou à une époque relativement récente : *invention moderne.* ● *Enseignement moderne,* section de l'enseignement secondaire où l'on n'enseigne pas les langues anciennes. ‖ *Histoire moderne,* depuis la prise de Constantinople (1453) jusqu'à la Révolution française (1789). ‖ — N. m. Ce qui est moderne ou dans le goût moderne : *l'antique et le moderne.* ‖ Homme de notre époque, par opposition aux *anciens.* ‖ — N. m. pl. Savants, artistes des Temps modernes. ‖ Partisans de ce qui est moderne.

modernisation n. f. Action de moderniser; son résultat.

moderniser v. t. Rajeunir, donner une apparence, une tournure plus moderne à : *moderniser son mobilier.* ‖ — **Se moderniser** v. pr. Se conformer aux usages modernes.

modernisme n. m. Caractère de ce qui est moderne. ‖ Goût pour ce qui est moderne. ‖ *Relig.* Tendance à mettre la théologie, l'exégèse, la doctrine sociale et le gouvernement de l'Eglise d'accord avec les données de la critique historique et de la philosophie modernes, et avec ce qu'on croit être les nécessités de l'époque où l'on vit. ‖ Dans le sens strict, crise religieuse qui a marqué le pontificat de Pie X et qui fut condamnée par le décret *Lamentabili* et par l'encyclique *Pascendi* (1907). ‖ Mouvement littéraire hispano-américain de la fin du XIXe s., qui a orienté la poésie vers une esthétique à la fois sincère et raffinée. (Son principal représentant fut Rubén Darío.)

moderniste n. et adj. Partisan de ce qui est moderne. ‖ *Relig.* Partisan du modernisme.

modernité n. f. Caractère de ce qui est moderne : *la modernité d'un monument.*

modern style n. m. et adj. inv. Nom donné vers 1900 à une formule d'art décoratif caractérisée par la profusion des ornements, généralement inspirés du règne végétal.

modeste [mɔdɛst] adj. (lat. *modestus,* modéré). Qui pense ou parle de soi-même sans orgueil : *le vrai savant est modeste.* ‖ Qui marque l'absence d'orgueil : *air modeste.* ‖ Modéré, éloigné de l'exagération : *être modeste dans ses prétentions.* ‖ Simple, sans éclat : *mise modeste.*

modestement adv. Avec modestie : *s'effacer modestement.*

modestie [-ti] n. f. Vertu qui éloigne de penser ou de parler de soi avec orgueil : *il est d'une grande modestie.* (Contr. : FATUITÉ, ORGUEIL, SUFFISANCE, VANITÉ.)

modicité [mɔdisite] n. f. Caractère de ce qui est peu considérable en quantité, en valeur, etc. : *modicité d'un prix.*

modifiable adj. Qui peut être modifié.

modifiant, e adj. Qui modifie : *les influences modifiantes du milieu.*

modificateur, trice adj. Propre à modifier.

modification n. f. Changement qui se fait dans une chose, dans une personne.

modifier [mɔdifje] v. t. (lat. *modificare*). Changer la forme, la qualité, etc. : *modifier une loi, une peine.* ‖ *Gramm.* Changer le sens de : *l'adverbe modifie le verbe et l'adjectif.*

Modigliani (Amedeo), peintre italien de l'école de Paris, né à Livourne (1884-1920). Venu à Paris en 1906, lié avec Brâncuşi, il pratiqua un temps la sculpture, puis

MODERN STYLE

L'appellation de « modern style » s'applique à un mouvement qui intéressa essentiellement les arts décoratifs et l'architecture, et qui se développa en Europe durant une courte période aux environs de 1900. On le nomme encore « art nouveau » en France et « Jugendstil » en Allemagne. Ce mouvement, né en réaction contre la mode des pastiches de styles anciens, se proposait de créer un style original où « l'art et l'utile » se trouveraient associés. Il y eut à l'origine l'influence des préraphaélites, et l'on en vit l'annonce en Angleterre — qui ne put pas développer l'expérience — avec William Morris, Walter Crane, à Londres, et le « groupe des Quatre », à Glasgow, composé de Charles-Rennie Mackintosh, son beau-frère Herbert MacNair et leurs épouses. Le modern style attache une énorme importance à la ligne, qu'il veut flexible, sinueuse, et prend pour répertoire de formes le monde végétal. L'ornement n'a pas de valeur en soi, il doit souligner la structure de la forme et se fondre avec l'objet en un tout harmonieux. Les artistes cherchent l'unité, mais n'y parviennent pas toujours.

● En Belgique, l'équipe de l'*Art moderne* fit beaucoup pour soutenir le mouvement du modern style, qui donna ses meilleures réussites dans l'architecture. *Paul Hankar* (1859-1901) rénova ou construisit plusieurs boutiques en style floral, telle la pharmacie de la rue Lebeau. *Victor Horta* (1861-1947) construisit à Bruxelles, en 1893, une maison d'habitation pour le professeur Tassel qui peut être considérée comme le premier manifeste de l'art nouveau européen. *Gustave Serrurier-Bovy* et *Henry Van de Velde* furent les deux plus importants dessinateurs de meubles.

● Mais c'est en France que ce nouveau style parvint à son apogée. L'*école de Nancy* joua un rôle considérable dans son développement. Ses principaux représentants furent les verriers *Émile Gallé* (1884-1904) et les frères *Daum,* les créateurs de meubles *Victor Prouvé* (1858-1953) et surtout *Louis Majorelle* (1859-1926), qui utilisa beaucoup la technique de la marqueterie. À Paris, le joaillier *René Lalique* (1860-1945) inventa des bijoux fortement marqués par le symbolisme (il exécuta de nombreuses parures pour Sarah Bernhardt); il fabriqua aussi des objets en verre moulé, notamment des flacons de parfum. L'architecte *Hector Guimard* (1867-1934) construisit en 1898 la maison dite le Castel Béranger, exemple caractéristique du modern style. Les entrées de métro ont popularisé son nom. On trouve des traces de l'amour de la courbe sinueuse, de l'arabesque dans la peinture et la sculpture contemporaines. Les affiches que composa *Alphons Mucha* (1860-1939), entre autres pour Sarah Bernhardt, appartiennent entièrement à l'art nouveau.

● En Espagne, à Barcelone, les inventions d'un baroquisme exaspéré d'*Antonio Gaudí* (1852-1926) se rattachent au modern style (église de la Sagrada Familia). ● L'Allemagne connut avec quelque retard le Jugendstil, et l'Autriche, la « sécession ».

diadème en forme de sirène
de René Lalique
musée des Arts décoratifs

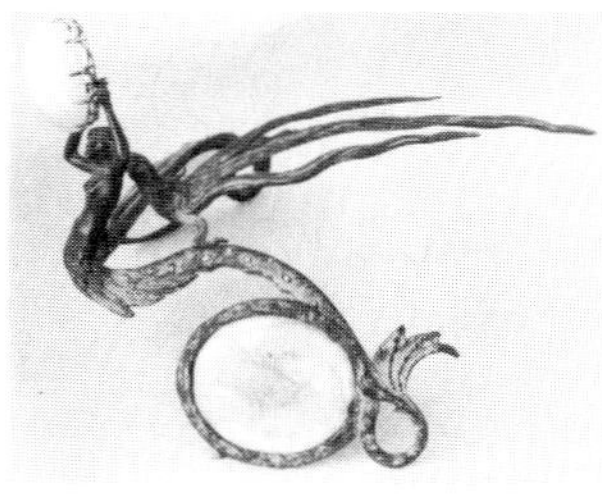

affiche de Mucha
pour Sarah Bernhardt
dans « Gismonda »
théâtre de la Renaissance, 1894

escalier
de la maison Tassel
à Bruxelles
par Victor Horta

entrée du métropolitain et porte du Castel Béranger, à Paris, par Guimard

Phot. Larousse (2), musée des Arts décoratifs, Bijtebier, Larousse.

se consacra entièrement à la peinture, exécutant des portraits d'une grande pénétration, empreints souvent de mélancolie. Il peignit également des nus. La parfaite arabesque des lignes et l'allongement des figures confèrent à son art une grande élégance sensuelle. Menant à Montparnasse une vie de bohème, il mourut prématurément de la tuberculose. Parmi les portraits qu'il a laissés, on peut citer ceux de sa femme, Jeanne Hébuterne, ceux de peintres comme Soutine, Diego Rivera, Picasso, ceux de poètes comme Max Jacob, ceux des marchands de tableaux Zborowsky et Paul Guillaume. (V. ÉCOLE DE PARIS*.)

modillon [mɔdijɔ̃] n. m. (ital. *modiglione*). *Archit.* Dans les ordres ionique et corinthien, petite console en double volute, placée sous le larmier de la corniche.

modique [mɔdik] adj. De peu d'importance ; de faible valeur : *fortune modique ; pour une modique somme.*

modiquement adv. Avec modicité.

modiste n. et adj. Personne qui confectionne ou vend des chapeaux de femme.

modulaire adj. Relatif à un module.

modulation n. f. (lat. *modulatio* ; de *modulus*, cadence). *Mus.* Passage d'un ton dans un autre dans le courant d'un morceau. ‖ Inflexion variée de la voix. ‖ Variation, dans le temps, d'une caractéristique d'une onde (amplitude, phase, fréquence) suivant une loi imposée. ‖ Procédé utilisé en radiotechnique pour incorporer le signal à transmettre dans le courant porteur de haute fréquence. ‖ Dans un tableau, nuance délicate des couleurs. (V. *encycl.*)
— ENCYCL. *Radiotechn.* Le signal qui contient l'information (sons en radiodiffusion ou images en télévision) agit, en le modifiant, sur l'un des paramètres du courant porteur : son amplitude, sa phase ou sa fréquence. Aussi distingue-t-on trois types fondamentaux de *modulation* : la *modulation d'amplitude* (la plus répandue en radiodiffusion et en télévision), la *modulation de phase* (non employée pratiquement, sauf à des fins particulières) et la *modulation de fréquence* (qui permet d'assurer des émissions de radiodiffusion avec une excellente qualité de la reproduction).

module [mɔdyl] n. m. (lat. *modulus*). *Archit.* Mesure adoptée pour régler les proportions des diverses parties d'une construction. ‖ Plus petite commune mesure que doivent posséder les dimensions des différents éléments entrant dans la composition d'un bâtiment pour que ces éléments puissent se superposer et se juxtaposer sans retouche. ‖ Unité de mesure, particulièrement pour les eaux courantes : *le module est le débit moyen annuel exprimé en mètres cubes par seconde.* ‖ Coefficient caractérisant une certaine propriété mécanique. ‖ Diamètre comparatif des médailles ou des monnaies entre elles. ● *Module d'un engrenage*, quotient du diamètre primitif d'un engrenage par le nombre de dents. ‖ *Module spécifique* ou *relatif*, débit moyen annuel en litres par seconde, par kilomètre carré de bassin.

moduler [mɔdyle] v. t. (lat. *modulari* ; de *modulus*, cadence). Exécuter avec les inflexions variées : *moduler des sons, des couleurs.* ‖ *Fig.* Adapter d'une manière souple à des circonstances diverses. ‖ — V. i. *Mus.* Passer d'un ton à un autre. ‖ *Electr.* Effectuer la modulation.

Modulor [mɔdylɔr] n. m. Système de mesure imaginé par Le Corbusier et destiné à la mise en proportions harmonieuses des ouvrages d'architecture.

modus vivendi [mɔdysvivɛ̃di] n. m. inv. (mots lat. signif. *manière de vivre*). Transaction mettant d'accord deux parties, sans résoudre leur litige sur le fond.

Moëlan-sur-Mer (29116), comm. du Finistère (Sud) [arr. de Quimper] ; 6 466 h. (749 aggl.). Mytiliculture.

moelle [mwal] n. f. (lat. *medulla*). Tissu riche en graisses, situé dans un canal au centre des os longs. (V. *encycl.*) ‖ *Hist. nat.* Axe de tissu vivant mou, entouré d'une enveloppe cylindrique de consistance plus dure. (La *moelle végétale* est le tissu le plus interne des axes végétaux. Formée de très grosses cellules, elle est de peu d'utilité, et si son développement est important chez le sureau, elle n'existe pas chez beaucoup d'espèces à tige creuse ou lignifiée.) ‖ *Fig.* Ce qu'il y a de plus substantiel dans quelque genre que ce soit : *extraire la moelle d'un livre.* ● *Jusqu'à la moelle des os*, profondément : *un froid qui pénètre jusqu'à la moelle des os.* ‖ *Moelle épinière*, organe nerveux représentant la région la moins différenciée du nevraxe des vertébrés. (V. *encycl.*)
— ENCYCL. *Moelle osseuse.* La moelle diaphysaire occupe le canal axial des os longs des vertébrés (canal médullaire). Elle est riche en cellules adipeuses et en histiocytes (ostéoclastes), qui rongent la face interne de l'étui osseux. La moelle rouge des épiphyses (et du tissu spongieux en général) contient en outre les cellules mères des globules du sang : les érythroblastes, qui engendrent les globules rouges, et les cellules génératrices des leucocytes polynucléaires.
— La *moelle épinière* ne doit son nom qu'à sa situation dans le canal rachidien, formé par la suite des vertèbres. Entourée de méninges, elle donne naissance à 31 paires de nerfs rachidiens mixtes, qui se rattachent à elle par deux racines, l'une postérieure, formée de fibres sensitives, et l'autre antérieure, formée de fibres motrices. Toute la partie externe de la moelle est constituée par de gros cordons ou faisceaux longitudinaux de substance blanche, les uns ascendants ou sensitifs (face postérieure), les autres descendants ou moteurs (face antérieure). Elle n'est pas seulement un organe conducteur : les masses de cellules nerveuses (substance grise) qui en occupent la partie centrale font d'elle un centre réflexe. Cependant, l'axe même de la moelle épinière est occupé par le minuscule canal de l'épendyme.

moelleusement adv. De façon moelleuse.

moelleux [mwalø], **euse** [-øz] adj. Doux au toucher et comme élastique : *un lit moelleux.* ● *Contours moelleux*, souples et gracieux. ‖ *Etoffe moelleuse*, étoffe qui a du corps, qui est douce à la main. ‖ *Vin moelleux*, vin ni très doux ni très sec. ‖ *Voix moelleuse*, pleine et douce.

moellon [mwalɔ̃] n. m. Pierre de petite dimension pour construire des murs.

moere [mur *ou* mwɛr] n. f. Lagune maritime des Flandres, desséchée et mise en culture.

Mœris, lac de l'ancienne Egypte.

Moero ou **Mweru**, lac d'Afrique, entre le Shaba (Katanga) et la Zambie.

Mœrs, v. d'Allemagne occidentale (Rhénanie-du-Nord-Westphalie) ; 49 000 h. Houille. Métallurgie.

mœurs [mœr *ou* mœrs] n. f. pl. (lat. *mores*). Habitudes, naturelles ou acquises, relatives à la pratique du bien et du mal : *bonnes mœurs ; mauvaises mœurs ; les mœurs du temps.* ‖ Usages particuliers à un pays, à une classe : *les mœurs anglaises.* ‖ Habitudes particulières aux animaux : *les mœurs du loup.* ● *Science des mœurs*, la sociologie, en tant qu'elle pourrait servir de soutien ou de substrat à la morale.

mofette [mɔfɛt] n. f. Emanation de gaz carbonique, le plus souvent dans les régions volcaniques et dans les mines de houille. ‖ *Zool.* V. MOUFETTE.

Mogadishu, en ital. **Mogadiscio**, cap. de la Somalie ; 170 000 h. Centre commercial.

Mogador. V. ESSAOUIRA.

Mogensen (Allan), ingénieur américain, né à Paxtang (Pennsylvanie) en 1901. Depuis 1930, il contribue puissamment à diffuser les méthodes d'étude et de simplification du travail, organisant sur ce sujet des cours réputés.

Moghila (Piotr Simeonovitch), théologien orthodoxe, né en Moldavie (1596-1647). Métropolite de Kiev (1633), il fit de l'académie de cette ville un grand foyer intellectuel. Il a laissé un important manuel d'instruction religieuse supérieure.

Moghilev, v. de l'U. R. S. S. (Biélorussie), sur le Dniepr ; 202 000 h. Métallurgie.

moghol, e ou **mogol, e** adj. et n. Se dit de la dynastie mongole d'origine tīmūride, qui régna sur l'Inde du XVIe au XIXe s. ● *Le Grand Moghol*, désignation habituelle des empereurs de cette dynastie.

Mogods (*monts des*), région montagneuse de la Tunisie septentrionale.

Mohács, v. de Hongrie, sur le Danube, près de la frontière yougoslave ; 20 000 h. Métallurgie. Louis II de Hongrie y fut vaincu par Soliman II en 1526. Charles de Lorraine y battit les Turcs (1687).

mohair [mɔɛr] n. m. (mot angl. empr. à l'arabe). Poil de la chèvre angora, dont on fait des étoffes légères et des laines à tricoter. ‖ Etoffe faite avec cette laine.

Mohammed V ben Youssef. V. MUḤAMMAD V IBN YŪSUF.

Mohammed Ali. V. MÉHÉMET ALI.

Mohammed al-Sadok. V. MUḤAMMAD AL-SADŪQ.

Mohammedia, anc. **Perrégaux**, v. d'Algérie (Oran) ; 31 000 h. Centre agricole.

Mohammedia, anc. **Fédala**, port du Maroc, au nord-est de Casablanca ; 35 000 h. Pêche. Raffinerie de pétrole.

Mohave ou **Mojave** (*désert*), région désertique des Etats-Unis, dans le sud-est de la Californie.

Mohawk (la ou le), riv. des Etats-Unis (New York), affl. de l'Hudson (r. dr.) ; 257 km. Sa vallée est suivie par le canal Erié.

Mohawhs. V. AGNIERS.

Mohéli, une des îles Comores ; 9 500 h.

Mohenjo-Dāro, site protohistorique du Sind, relevant de la civilisation dite « de l'Indus ».

Mohicans, tribu indienne des Etats-Unis (Connecticut), de la famille des Algonquins.

Mohon, anc. comm. du dép. des Ardennes, sur la Meuse, auj. partie de la nouvelle comm. de Charleville-Mézières*. Mohon comptait 9 252 h. en 1962 (*Mohonnais*).

Mohorovičić (Andrija), géophysicien yougoslave, né à Volosko (1857-1936). Il a découvert la *discontinuité* qui marque un changement dans les propriétés des roches à 35 km sous les continents et à 5 km sous les océans.

moineau

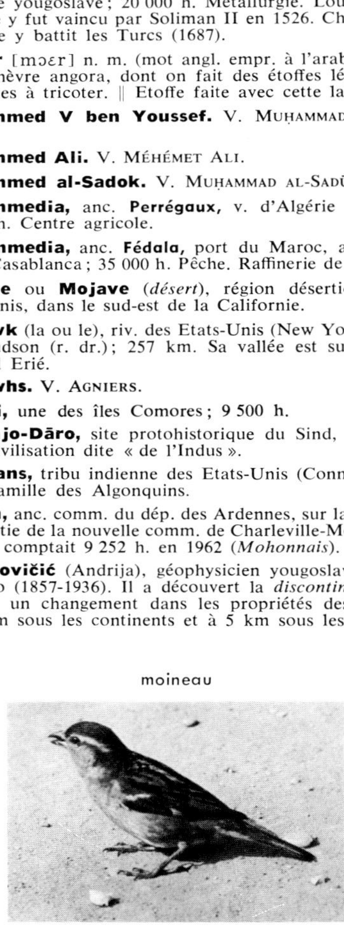

Mohs (Friedrich), minéralogiste allemand, né à Gernrode (Harz) [1773-1839]. Il a établi une échelle de dureté des minéraux.

moi [mwa] (lat. *me*) pron. pers. de la 1re pers. du sing. des deux genres. ● *A moi !*, cri pour appeler au secours. ‖ — N. m. Ce qui constitue l'individualité, la personnalité. ‖ Attachement à soi-même, égoïsme : *le moi est haïssable.* ‖ *Philos.* Sujet pensant : *le moi se pose en s'opposant : moi et non-moi.* ‖ En psychanalyse, syn. de l'EGO.

moï [mɔj] n. m. Ensemble des dialectes parlés par les Moïs*.

moie n. f. V. MOYE.

moignon [mwaɲɔ̃] n. m. Ce qui reste d'un membre coupé : *moignon de jambe.* ‖ Membre rudimentaire : *les manchots n'ont qu'un moignon d'aile.* ‖ Ce qui reste d'une grosse branche cassée ou coupée.

moindre [mwɛ̃dr] adj. (lat. *minor*). Plus petit en dimensions, en quantité, en intensité : *moindre prix ; vitesse moindre.* ● *Le moindre, la moindre, les moindres* (superlatif de *petit*), le plus petit, le moins important, le moins grand : *le moindre bruit effraie le lièvre.*

moindrement adv. *Le moindrement*, le moins du monde : *il n'est pas le moindrement surpris.* (Ne s'emploie qu'avec la négation.)

moine [mwan] n. m. (du lat. *monachus*). Membre d'un ordre religieux masculin à vœux solennels. ‖ Espèce du genre *phoque.* ‖ Syn. de CHAUFFE-LIT.

moineau [mwano] n. m. (de *moine*, à cause de la couleur du plumage). Oiseau passereau abondant dans les villes (moineau franc ou « pierrot ») et dans les champs (moineau friquet). [Long. 15 cm.] (Cri : le moineau *pépie.*) ‖ *Fam.* Personne désagréable : *un vilain moineau.*

moinerie n. f. *Péjor.* Les moines et les religieuses.

moinillon n. m. *Fam.* Petit moine.

moins [mwɛ̃] adv. (lat. *minus*). Adverbe de comparaison qui marque une infériorité de qualité : *moins bon ;* de quantité : *moins d'hommes ;* de prix : *moins cher ;* etc. ● *Le moins, la moins*, superlatif de l'adv. *peu : il est le moins intelligent des élèves.* ‖ — Prép. Avec soustraction de : *15 moins 8 égale 7.* ‖ — N. m. *Math.* Tiret horizontal (—) indiquant une soustraction ou une quantité négative. ‖ — Loc. adv. **A moins**, pour un moindre prix. ‖ **Au moins, du moins, à tout le moins**, en tout cas, avant tout : *s'il n'est pas riche, du moins a-t-il de quoi vivre honnêtement.* ‖ — Loc. conj. **A moins que**, si ce n'est que : *à moins que vous ne travailliez mieux...* ‖ — Loc. prép. **A moins de** (suivi d'un nom), au-dessous de, à un prix moindre que ; (suivi d'un infinitif) excepté si : *à moins d'être fou, il n'est pas possible de raisonner ainsi.* ‖ — Loc. **Rien moins que**, cela moins que toute autre chose, c'est-à-dire nullement : *elle n'est rien moins que jolie.* ‖ **Rien de moins que**, bel et bien, véritablement : *il n'est rien de moins qu'un héros.* (Telle est, sur ces deux dernières expressions, la règle théorique ; en fait, l'usage est très flottant et certains écrivains les emploient souvent l'une pour l'autre.)

moins-perçu n. m. Ce qui est dû et n'a pas été perçu : *toucher un moins-perçu.* ‖ Pl. des *moins-perçus.*

moins-value n. f. Diminution de la valeur d'un objet ou d'un droit appréciée à deux moments différents : *la moins-value des rentrées budgétaires.* ‖ Pl. des *moins-values.*

Moira, en fr. **Moire**, divinité grecque personnifiant le Destin. Depuis Hésiode, les Moires sont au nombre de trois ; elles correspondent aux *Parques** latines.

moirage n. m. Action de moirer. ‖ Reflet chatoyant d'une substance ou d'un objet moiré. (Syn. MOIRURE.)

Mo-i-Rana ou **Mo**, v. de la Norvège septentrionale ; 8 300 h. Centre sidérurgique.

Moirans [-rɑ̃] (38430), comm. de l'Isère (arr. de Grenoble) ; 4 589 h. Textiles. Papeterie.

Moirans-en-Montagne (39260), ch.-l. de c. du Jura (arr. de Saint-Claude) ; 1 747 h. Jouets.

moire [mwar] n. f. (de l'angl. *mohair*, empr. à l'arabe). Etoffe à reflet changeant, obtenue en écrasant le grain des étoffes avec une calandre. ‖ Ce reflet. ‖ Ensemble d'effets de lumière analogues à ceux que produisent les moires.

moiré, e adj. Qui offre les reflets de la moire.

moiré n. m. Effet de la moire.

moirer v. t. Donner un reflet particulier de miroitement : *moirer une soierie.*

moirure n. f. Syn. de MOIRAGE.

mois [mwa] n. m. (lat. *mensis*). Chacune des douze divisions de l'année civile. ‖ Espace de trente jours. ‖ Salaire mensuel d'un employé, d'un fonctionnaire, etc.
— ENCYCL. Le calendrier actuel comporte douze *mois*, qui sont : *janvier, février, mars, avril, mai, juin, juillet, août, septembre, octobre, novembre, décembre.* Les mois de janvier, de mars, de mai, de juillet, d'août, d'octobre et de décembre ont 31 jours ; les mois d'avril, de juin, de septembre et de novembre ont 30 jours ; le mois de février a 28 jours et 29 quand l'année est bissextile. (V. CALENDRIER.) L'année républicaine comprenait 12 mois de 30 jours, qui étaient : vendémiaire, brumaire, frimaire, nivôse, pluviôse, ventôse, germinal, floréal, prairial, messidor, thermidor, fructidor, ainsi que 5 ou 6 jours supplémentaires, en commençant le 22 septembre 1792.

Phot. Noailles.

Moïs, groupe d'ethnies qui habitent les montagnes du Viêt-nam et du Laos. Le terme de *Moï* est en fait un terme générique, signifiant « sauvage » et désignant indistinctement toute ethnie habitant les montagnes.

Moisdon-la-Rivière (44520), ch.-l. de c. de la Loire-Atlantique (arr. de Châteaubriand) ; 1 824 h.

moise [mwaz] n. f. (lat. *mensa,* table). Chacune des pièces de bois jumelées qui s'assemblent par boulons, clous ou aiguilles, et dont l'emploi est constant dans la charpente triangulée moderne.

moïse [mɔiz] n. m. (du nom propre *Moïse*). Corbeille capitonnée servant de couchette aux nouveau-nés.

Moïse, en hébr. **Mosché,** libérateur et législateur d'Israël. La Bible rapporte que, un pharaon ayant ordonné de tuer les enfants mâles des Hébreux d'Egypte, une femme de la tribu de Lévi exposa sur le Nil son enfant, qui fut recueilli par une fille du roi. Dans le désert du Sinaï, où Moïse s'était réfugié à la suite d'un meurtre, Dieu se montra à lui sous la forme d'un buisson ardent et lui commanda de tirer son peuple de l'esclavage, de le conduire d'Egypte en pays de Canaan. Alors commença l'exode. Moïse, ayant douté de la parole du Seigneur dans une circonstance solennelle, fut condamné à ne pas pénétrer dans la Terre promise, qu'il ne vit que de loin. Du haut du Sinaï et au nom de Dieu, il avait donné aux Hébreux le *Décalogue,* qui constitua le cadre civil et religieux de leur Etat monothéiste (XIIIe s. av. J.-C.).

Moïse, poème d'A. de Vigny (1822).

moiser v. t. Réunir à l'aide de moises.

moisi n. m. Ce qui est moisi.

moisir [mwazir] v. t. (lat. *mucere;* de *mucus,* morve). Couvrir d'une mousse blanche ou verdâtre, qui marque un commencement de corruption : *l'humidité moisit tout ici.* ‖ — V. i. Se couvrir de cette mousse : *les confitures moisissent.* ● *Moisir quelque part,* y rester longtemps ; demeurer inutile, improductif.

moisissure n. f. Champignon inférieur vivant aux dépens des aliments et autres matières organiques à la surface desquels il se développe rapidement en provoquant une altération physique et chimique. ‖ Cette altération elle-même.
— Encycl. Certaines *moisissures* sont classées parmi les siphomycètes (moisissure blanche du pain, ou *mucor*), d'autres (*pénicille, aspergille*) parmi les ascomycètes. A l'obscurité et à l'humidité, elles se développent très rapidement et produisent une énorme quantité de spores. Cependant, elles sont en concurrence vitale avec des bactéries, dont elles stoppent la croissance en sécrétant des *antibiotiques* (pénicilline, streptomycine, etc.) de très grande valeur en médecine. En outre, les produits de leur activité confèrent leur saveur inimitable aux *fromages fermentés* (roquefort, par exemple).

Moissac (82200), ch.-l. de c. de Tarn-et-Garonne (arr. de Castelsarrasin), sur le Tarn et le canal latéral à la Garonne ; 12 246 h. (7 694 aggl.) [*Moissagais*]. L'église Saint-Pierre, ancienne abbatiale clunisienne (XIIe-XVe s.), chef-d'œuvre de l'art roman, possède un portail orné d'admirables sculptures (v. 1130) et un cloître comportant un remarquable ensemble de chapiteaux historiés (v. illustr. ART ROMAN*). Chasselas. Caoutchouc.

Moissan (Henri), chimiste français, né à Paris (1852-1907). Il développa l'emploi du four électrique, qui lui permit d'obtenir le chrome, le titane, le silicium, les carbures, nitrures, siliciures et borures métalliques. Il isola le fluor. (Prix Nobel de chimie, 1906.)

Moïsseïev (Igor'), danseur, chorégraphe et maître de ballet soviétique, né à Kiev en 1906. Fondateur du plus important groupe folklorique de l'U. R. S. S. (1937) et d'une école de danse (1943), il a composé de très nombreuses œuvres inspirées pour la plupart des folklores soviétiques : *Danse du printemps, Gopak, les Partisans.*

moissine [mwasin] n. f. Bout de sarment que l'on cueille avec la grappe quand on veut la conserver.

moisson [mwasɔ̃] n. f. (du lat. *messis,* moisson). Récolte des céréales. ‖ Temps où elle se fait. ‖ *Fig.* Grande quantité de : *une riche moisson de documents.*

moissonnage n. m. Action, mode de moissonner.

moissonner v. t. Faire la moisson : *moissonner les blés.*

moissonneur, euse n. Personne qui fait la moisson.

moissonneuse n. f. Machine à moissonner.

moissonneuse-batteuse n. f. Machine qui coupe les céréales, puis en bat le grain et rejette la paille. ‖ Pl. des *moissonneuses-batteuses.*

Moissac, le cloître

— Encycl. Une *moissonneuse-batteuse* comprend des organes de coupe (scie horizontale surmontée d'un rabatteur) et d'élévation, et des organes de battage (batteur, contre-batteur, nettoyeurs, éléments pour ensacher le grain), auxquels peuvent être adjoints des appareils de conditionnement et d'expulsion des pailles en gerbes ou en balles pressées.

moissonneuse-lieuse n. f. Machine coupant les céréales et les déposant en gerbes. ‖ Pl. des *moissonneuses-lieuses.*

Moïta (20270 Aléria), ch.-l. de c. de la Corse (arr. de Corte) ; 336 h.

moite [mwat] adj. Légèrement humide.

moiteur n. f. Légère humidité.

moitié [mwatje] n. f. (lat. *medietas*). Une des deux parties égales d'un tout : *deux est la moitié de quatre.* ‖ Une bonne partie : *la moitié du temps.* ‖ *Fam.* Femme à l'égard de son mari. ‖ — Adv. A demi : *moitié sérieusement, moitié en plaisantant.* ‖ — Loc. adv. **De moitié,** dans la proportion de un à deux. ● *Etre de moitié,* être en compte à demi avec quelqu'un. ‖ **A moitié,** en partie, à demi : *ce fruit est à moitié pourri.* ● *A moitié chemin,* au milieu de l'espace à parcourir. ‖ *A moitié prix,* pour la moitié du prix ordinaire.

moitir v. t. Rendre moite.

Moivre (Abraham DE), mathématicien britannique d'origine française, né à Vitry-le-François (1667-1754). Il étudia plus spécialement le calcul des probabilités, dont il précisa les principes, énonçant notamment la règle des probabilités composées. Il introduisit la trigonométrie des quantités imaginaires, donnant dans ce domaine une célèbre formule à laquelle son nom est resté attaché.

Mojave (*désert*). V. MOHAVE.

Moji, anc. v. du Japon (Kyū shū), auj. intégrée dans *Kita* kyū shū.*

moka [mɔka] n. m. (de *Moka,* v. d'Arabie). Variété de café très parfumé. ‖ Infusion de ce café. ‖ Gâteau en pâte génoise fourrée d'une crème au beurre parfumée au café.

Moka, port d'Arabie (Yémen), sur la mer Rouge ; 6 000 h. Jadis métropole du Yémen. Café renommé.

Mokpo, port de la Corée du Sud ; 162 300 h.

mol, molle adj. V. MOU.

Mol, comm. de Belgique (Anvers) ; 27 600 h. Centrale nucléaire. Industries textiles.

molaire adj. (de *mole*). Relatif à la molécule-gramme : *masse molaire.*

molaire [mɔlɛr] adj. et n. f. (lat. *dens molaris,* dent en forme de meule). Chez la plupart des mammifères, dent, généralement massive, souvent munie de plusieurs racines, qui prend place en arrière de la canine sur l'arcade dentaire. (Syn. DENT JUGALE.)
— Encycl. Chez l'enfant, il existe huit *molaires* temporaires, dites « de lait » (deux sur chaque demi-mâchoire), qui sont remplacées par des prémolaires dans la denture définitive. Chez l'adulte, il existe huit prémolaires et douze molaires proprement dites. Les premières molaires (trois pour chaque demi-mâchoire) apparaissent à 6 ans (dents de 6 ans), les suivantes de 11 à 13 ans (dents de 11 ans), et les dernières vers 21 ans (dents de sagesse). — Tous les mammifères euthériens, à dents différenciées, ont des *molaires* aux deux mâchoires, à raison de une à sept par demi-mâchoire selon les espèces. En général, lorsque la bouche est fermée, les molaires supérieures débordent par rapport aux molaires inférieures. L'aspect des molaires est en rapport à la fois avec le régime alimentaire de l'animal et avec les mouvements habituels de la mandibule. Le type primitif à tubercules mamelonnés (type *bunodonte*) s'observe chez les espèces forestières : ours, sangliers, singes ; les molaires ont évolué vers une forme pointue chez les insectivores et les chauves-souris, vers une forme tranchante chez les carnassiers (type *sécodonte*). Chez divers herbivores, elles grandissent pendant toute la vie et présentent une *table d'usure,* tantôt faite de crêtes transversales (type *lophodonte* des rongeurs, *loxodonte* et *élasmodonte* des éléphants), tantôt formée en croissants de lune (type *sélénodonte :* vache, cheval). On distingue souvent, sous le nom de *prémolaires,* les deux ou trois premières molaires, plus simples et pourvues d'une seule racine. En outre, un même animal peut présenter plusieurs types de molaires : le chien, par exemple, a, d'avant en arrière, des molaires sécodontes, puis une énorme carnassière et enfin des molaires broyeuses.

molasse ou **mollasse** [mɔlas] n. f. Grès, souvent calcaire, friable, particulièrement abondant en bordure des Alpes, où il date du miocène.

Molay (Jacques DE), dernier grand maître des Templiers, né à Molay (Franche-Comté) [v. 1243-1314]. Il défendit son ordre contre Philippe le Bel, qui le fit envoyer au bûcher.

Moldau, nom allem. de la *Vltava.*

moldave [mɔldav] adj. et n. De la Moldavie.

Moldavie, en roum. **Moldova,** anc. principauté danubienne, constituant l'extrémité nord-est de la Roumanie, sur le Prout (r. dr.). Fondée en 1359 aux dépens de la Hongrie, tombée sous le joug des Turcs (1504), la Moldavie fut soumise, au XVIIIe s., aux hospodars grecs du Phanar. Les Russes l'occupèrent plusieurs fois au XIXe s. Autonome en 1856, elle fit ensuite partie intégrante de la Roumanie.

Moldavie (*République socialiste soviétique de*), république fédérée de l'U. R. S. S., en bordure de la Roumanie ; 34 000 km² ; 3 425 000 h. (*Moldaves*). Cap. *Kichinev.* Comprise en quasi-totalité entre les cours inférieurs du Prout et du Dniestr (sans atteindre toutefois le littoral de la mer Noire, qui est ukrainien), la Moldavie est une région à prépondérance agricole, associant céréales, cultures industrielles (betterave à sucre) et fruitières et élevage.

mole [mɔl] n. f. Syn. de MOLÉCULE-GRAMME.

môle [mol] n. m. (ital. *molo;* du lat. *moles,* masse). *Géogr.* Portion de socle ancien restée en saillie. ‖ *Trav. publ.* Ouvrage de maçonnerie pour protéger l'entrée d'un port.

môle [mol] n. f. Autre nom du *poisson-lune,* vivant dans les mers d'Europe occidentale. (Long. jusqu'à 2 m ; poids 1 000 kg.)

môle [mol] n. f. Dégénérescence kystique de l'embryon.

Molé (Edouard), magistrat français, né à Paris (1558-1614), procureur général au parlement de Paris. — Son fils MATHIEU, né à Paris (1584-1656), président au parlement, garde des Sceaux, joua un rôle important pendant la Fronde.

Molé (Louis Mathieu, *comte*), homme politique français, né à Paris (1781-1855). Conseiller d'Etat, grand juge en 1813, il se mit au service des Bourbons : ministre de la Marine en 1817-1818, il passa dans l'opposition. Sous

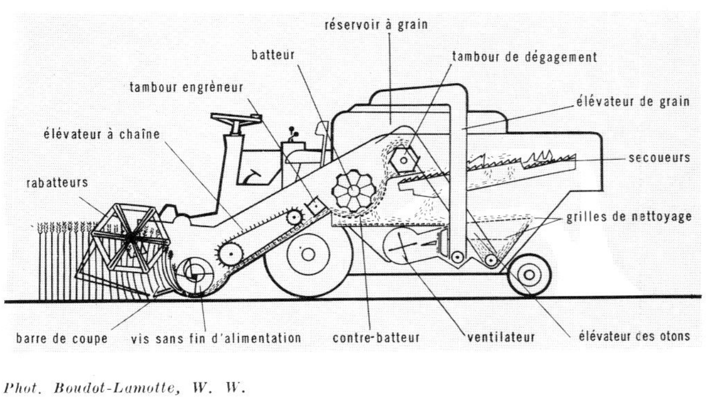

moissonneuse-batteuse

moissonneuse-lieuse

Louis-Philippe, il fut ministre des Affaires étrangères (1830); membre du parti de la Résistance, il remplaça Thiers comme Premier ministre (1836-1839), mais laissa le roi gouverner. (Acad. fr.)

moléculaire adj. Relatif aux molécules : *attraction moléculaire.*

molécule [mɔlekyl] n. f. (dimin. du lat. *moles,* masse). La plus petite portion d'un corps pur qui puisse exister à l'état libre sans perdre les propriétés de la substance originelle. ● *Molécule-gramme,* masse représentée par la formule d'un corps chimique.
— ENCYCL. *Physiq.* Les corps gazeux sont sous forme de *molécules* en agitation incessante. Des volumes égaux de gaz différents, à la même température et sous la même pression, en contiennent approximativement le même nombre. Les molécules se heurtent constamment entre elles, et leurs chocs sur les parois produisent l'effet de pression.

Molenbeek-Saint-Jean, en néerl. **Sint-Jans-Molenbeek,** comm. de Belgique (Brabant); 67 500 h. Faubourg de Bruxelles.

molène [mɔlɛn] n. f. (de *mol,* mou). Plante des lieux incultes, dont une espèce est le *bouillon-blanc.*

Molène (*île*) [29259], île et comm. du Finistère (arr. de Brest), entre Ouessant et la pointe Saint-Mathieu; 527 h.

Moleschott (Jacobus), physiologiste et philosophe hollandais, né à Bois-le-Duc (1822-1893), défenseur du matérialisme.

moleskine [mɔlɛskin] n. f. (angl. *moleskin,* peau de taupe). Toile de coton fin, recouverte d'un enduit flexible et d'un vernis souple imitant le grain du cuir.

molestation n. f. Action de molester.

molester [mɔlɛste] v. t. (lat. *molestare;* de *molestus,* importun). Faire subir des violences à : *molester un passant.*

moletage n. m. Action de moleter.

moleter [mɔlte] v. t. Orner ou polir à la molette : *moleter du marbre.*

molette [mɔlɛt] n. f. (du lat. *mola,* meule). Partie mobile de l'éperon, en forme de roue étoilée. ‖ Instrument constitué par une petite roulette adaptée à un manche (pour graver, travailler les corps durs, etc.) : *molette de cordonnier, de cimentier.* ‖ Roulette actionnant la mâchoire mobile de certaines clefs. ‖ Roue striée des briquets.

Molfetta, port d'Italie (Pouilles), sur l'Adriatique; 65 000 h.

Molière (Jean-Baptiste POQUELIN, dit), auteur dramatique français, né à Paris (1622-1673). Fils d'un tapissier, valet de chambre du roi, il est l'élève des jésuites du collège de Clermont, puis entreprend des études de droit avant de se tourner vers le théâtre. Avec une famille de comédiens, les Béjart, il crée l'Illustre-Théâtre (1643), qui échoue. Pendant plus de douze ans, il va alors parcourir la province, jouant surtout en Languedoc et dans la région lyonnaise. En 1658, il est à Rouen, lorsqu'on annonce son retour à Paris. Il rapporte de son apprentissage provincial deux comédies, *l'Etourdi* et *le Dépit amoureux,* inspirées du théâtre italien, mais c'est avec *les Précieuses ridicules* (1659) qu'il présente au public sa première œuvre originale. Installé dans la salle du Petit-Bourbon, puis du Palais-Royal, provoquant la jalousie de ses rivaux et la colère de ses victimes, mais, protégé par Louis XIV, il exerce alors sans répit sa triple activité d'auteur, de directeur de troupe et d'acteur, chargé de plaire à la Cour, pour laquelle il règle de nombreux divertissements, comme au public parisien. Véritable créateur de la mise en scène, dirigeant avec précision le jeu des acteurs, il a, en tant qu'auteur, utilisé toute la gamme des effets comiques, de la farce la plus bouffonne jusqu'à la comédie la plus élevée (*Sganarelle ou le Cocu imaginaire,* 1660; *le Médecin malgré lui,* 1666; *George Dandin,* 1668; *Monsieur de Pourceaugnac,* 1669; *les Fourberies de Scapin,* 1671; *les Femmes savantes,* 1672). Ses chefs-d'œuvre sont celles de ses pièces où, s'attaquant à un vice de l'âme ou à un travers de l'esprit, il campe des personnages qui prennent une valeur universelle (*l'Ecole des femmes,* 1662; *Dom Juan ou le Festin de pierre,* 1665; *le Misanthrope,* 1666; *l'Avare,* 1668; *le Tartuffe,* 1669; *le Bourgeois gentilhomme,* 1670; *le Malade imaginaire,* 1673). Pris d'un malaise lors de la quatrième représentation de cette dernière pièce, Molière mourut quelques heures plus tard.
De tous les écrivains classiques, c'est Molière qui a donné la leçon la plus vivante de mesure et de naturel, combattant toutes les hypocrisies, les outrances, les contradictions qui altèrent la personnalité et dérèglent les rapports sociaux. La profondeur psychologique de ses personnages vient de leur vérité humaine : au trait dominant du caractère s'ajoutent les influences du tempérament et du milieu, d'où résulte, par exemple dans le cas d'Alceste*, une complexité qui permet encore aujourd'hui aux metteurs en scène et aux comédiens des interprétations nouvelles de ses grands rôles.

Molières (82220), ch.-l. de c. de Tarn-et-Garonne (arr. de Montauban); 1 386 h. (439 aggl.).

moliéresque [mɔljerɛsk] adj. Relatif à Molière.

moliériste n. Spécialiste de la biographie ou des œuvres de Molière.

Molina (Luis), jésuite espagnol, né à Cuenca (1536-1600). L'édition de son ouvrage sur le libre arbitre (1588) provoqua la naissance d'une doctrine sur la grâce, le *molinisme.*

Molière
par Mignard, *musée Condé, Chantilly*

molinisme [mɔlinism] n. m. Opinion du jésuite Molina sur l'accord de la grâce et du libre arbitre.

moliniste adj. Relatif à Molina. ‖ — N. Partisan des opinions de Molina sur la grâce.

Molinos (Miguel DE), théologien espagnol, né à Muniesa (1628-1696), dans les ouvrages duquel se révèle le germe du quiétisme. On a donné le nom de *molinosisme* à son système. Molinos mourut dans les prisons du pape.

molinosisme n. m. Système du théologien Molinos, ou quiétisme.

molinosiste adj. Relatif à Molinos. ‖ — N. Partisan des opinions de Molinos.

Molise, région de l'Italie péninsulaire, correspondant à la province de Campobasso; 342 000 h. S'étendant sur une partie de l'Apennin central et ses contreforts orientaux, cette région est essentiellement agricole, associant polyculture et élevage.

Molitg-les-Bains [mɔlitʃ] (66500 Prades), comm. des Pyrénées-Orientales (arr. de Prades); 229 h. Station thermale. Eaux sulfureuses radio-actives (dermatologie, nutrition, O. R. L.).

Molitor (Gabriel Jean Joseph), maréchal de France, né à Hayange (Lorraine) [1770-1849]. Il défendit héroïquement la Hollande en 1813.

mollah [mɔlla] ou **mullā** [mulla] n. m. (arabe *mawlā,* seigneur). Dans les pays musulmans, titre donné à ceux qui exercent des fonctions juridiques et religieuses.

mollasse adj. et n. (de *mou*). Mou et flasque. ‖ *Fig.* Apathique, sans énergie.

mollasse n. f. V. MOLASSE.

mollasserie n. f. *Fam.* Caractère mollasson.

mollasson, onne adj. et n. *Fam.* Mollasse à l'excès.

mollé [mɔle] n. m. Plante ornementale du midi de la France. (On utilise le suc résineux de sa tige sous le nom de *mastic d'Amérique* ou *résine de mollé.*)

mollement adv. De façon molle : *être mollement couché.* ‖ *Fig.* Faiblement, sans énergie : *travailler mollement.*

Mollendo, v. du Pérou méridional; 18 800 h. Important port de commerce (débouché maritime de la Bolivie) et de pêche.

mollesse [mɔlɛs] n. f. (du lat. *mollis,* mou). Etat, nature de ce qui est mou : *la mollesse des chairs.* ‖ — *Fig.* Manque de fermeté, d'énergie : *mollesse de caractère.* ‖ Vie efféminée : *vivre dans la mollesse.* ‖ — Contr. : VIGUEUR, VOLONTÉ.

mollet [mɔlɛ] n. m. (du lat. *mollis,* mou). Saillie que font les muscles de la partie postérieure de la jambe.

mollet, ette adj. *Œuf mollet,* œuf peu cuit, mais dont le blanc est cependant coagulé, le jaune restant liquide. ‖ *Pain mollet,* petit pain au lait.

Mollet (Guy), homme politique français, né à Flers en 1905. Professeur d'anglais, il milite dans la Résistance. Maire d'Arras et député socialiste depuis 1945, secrétaire général de la S. F. I. O. depuis 1946, il préside l'Assemblée consultative du Conseil de l'Europe (1954-1956) et participe au gouvernement en différents ministères avant d'être président du Conseil (févr. 1956-mai 1957) : il porte son attention sur la législation sociale; il durcit la politique du maintien de l'ordre en Algérie; après la prise de possession, par Nasser, du canal de Suez, il fait intervenir les troupes françaises aux côtés des Anglais. En 1958, il entre dans le gouvernement de Gaulle; mais il devient bientôt l'un des chefs de l'opposition.

molletière [mɔltjɛr] n. f. et adj. Bande de drap ou de toile, s'adaptant au mollet.

molleton [mɔltɔ̃] n. m. (de *mollet*). Etoffe épaisse, cardée et foulée, de coton ou de laine, généralement moelleuse et chaude.

molletonné, e adj. Garni, doublé de molleton. ‖ Se dit d'une étoffe semblable à du molleton.

molletonner v. t. Doubler de molleton.

molletonneux, euse adj. Qui est de la nature du molleton.

Mollien (François Nicolas, *comte*), homme d'Etat français, né à Rouen (1758-1850), ministre du Trésor de Napoléon Ier.

Molliens-Dreuil (80540), ch.-l. de c. de la Somme (arr. d'Amiens); 596 h.

mollir [mɔlir] v. i. (du lat. *mollis,* mou). Devenir mou. ‖ — *Fig.* Diminuer de violence : *le vent mollit.* ‖ Céder, reculer : *les troupes commençaient à mollir.* ‖ — V. t. *Mar.* Détendre : *mollir un cordage.*

molluscum [mɔlyskɔm] n. m. Tumeur fibreuse de la peau.

mollusques [mɔlysk] n. m. pl. (lat. *mollusca nux,* noix à écorce molle). Grand embranchement du règne animal, comprenant des animaux généralement aquatiques, au corps mou muni d'un pied ventral et d'un manteau dorsolatéral qui sécrète souvent une coquille, tels que la moule, l'escargot et la seiche. ‖ Sing. un *mollusque.*
— ENCYCL. On compte environ 100 000 espèces de *mollusques,* presque tous rassemblés dans trois grandes classes : les *bivalves*,* les *gastropodes** et les *céphalopodes*.* La très grande majorité des espèces sont restées marines, notamment la totalité des céphalopodes. Les eaux douces hébergent quelques bivalves (anodonte, dreissensia) et quelques gastropodes (limnée, planorbe, paludine), et on connaît de nombreux gastropodes terrestres de divers ordres (escargots, limaces, cyclostomes, etc.), vivant tous dans des lieux humides.
En règle générale, les céphalopodes sont carnivores, les gastropodes herbivores, et les bivalves microphages, mais il y a de nombreuses exceptions. Cependant, gastropodes et céphalopodes ont une langue couverte de dents râpeuses, la *radula,* qui manque aux bivalves.

Mollweide (Karl Brandan), mathématicien et astronome allemand, né à Wolfenbüttel (1774-1825). On lui doit un système de projection cartographique équivalente, utilisé pour les planisphères.

Molnár (Ferenc), écrivain hongrois, né à Budapest (1878-1952). Il est l'auteur de romans réalistes et humoristiques (*les Garçons de la rue Pál,* 1907) et de comédies (*Liliom,* 1909).

moloch [mɔlɔk] n. m. Lézard d'Australie couvert d'épines, atteignant 20 cm de long.

Moloch, en hébr. **Molek,** prétendue divinité cananéenne à qui on aurait sacrifié des victimes humaines.

molosse [mɔlɔs] n. m. (gr. *molossos,* chien du pays des Molosses). Gros chien de garde.

Molosses, peuple de l'Epire, qui constitua un puissant royaume de 430 à 350 av. J.-C.

Molotov (Viatcheslav Mikhaïlovitch SKRIABINE, dit), homme politique soviétique, né à Koukarka (gouvern. de Viatka) en 1890. Commissaire du peuple aux Affaires étrangères (1939-1949 et 1953-1956) et premier vice-président du Conseil de 1941 à 1946, il fut écarté du pouvoir en 1957.

Molotov. V. PERM'.

Molsheim (67120), ch.-l. d'arr. du Bas-Rhin, sur la Bruche; 6 001 h. Fortifications médiévales; anc. hôtel de ville Renaissance. Constructions mécaniques. — L'arr. a 5 cant., 70 comm., 66 060 h.

Moltke (Helmuth, *comte* VON), maréchal prussien, né à Parchim (Mecklembourg) [1800-1891]. Disciple de Clausewitz, il fut nommé par Frédéric-Guillaume chef du grand état-major (1857), qu'il dirigea jusqu'en 1888. Il commanda l'armée prussienne pendant la guerre des Duchés (1864) contre les Danois, pendant la campagne de Bohême contre l'Autriche (1866) et enfin contre la France (1870-1871). Maréchal en 1871, il démissionna de ses fonctions peu après l'avènement de Guillaume II. — Son neveu HELMUTH, général allemand, né à Gersdorff (Mecklembourg) [1848-1916], succéda à Schlieffen comme chef d'état-major général (1906), mais, n'ayant pas appliqué complètement le plan de son prédécesseur en août 1914 contre la France, il fut battu par Joffre sur la Marne, relevé de son commandement le 14 septembre et remplacé par Falkenhayn.

molto [mɔlto] adv. (mot ital.). *Mus.* Beaucoup. ● *Allegro molto,* très vif.

Moluques (*îles*), archipel d'Indonésie, séparé des Célèbes par la mer de Banda et la *mer des Moluques;* 790 000 h. Les principales îles sont *Halmahera, Céram* et *Amboine.*

molusson [mɔlysɔ̃] n. m. (de *Montluçon*). Petite péniche des étroits canaux du Centre.

molybdène [mɔlibdɛn] n. m. (gr. *molubdaina;* de *molubdos,* plomb). Métal (Mo) de numéro atomique 42, blanc, dur, cassant et peu fusible.

Mombasa ou **Mombassa,** v. du Kenya, dans l'*île de Mombasa;* 247 100 h. Principal port du pays.

môme [mom] n. *Pop.* Enfant. ‖ — N. f. *Pop.* Jeune fille.

moment [mɔmɑ̃] n. m. (lat. *momentum*). Très petit espace de temps : *cette opération ne dure qu'un moment.* ‖ Occasion, instant, circonstance : *saisir le moment favorable.* ‖ Temps présent : *la mode du moment.* ● *Moment d'un couple* (Math.), produit de l'une des forces du couple par le bras de levier de ce couple. ‖ *Moment d'une force par rapport à un point,* produit de l'intensité de cette force par la distance de la droite, suivant laquelle elle est appliquée, à ce point. ‖ *Moment d'inertie d'un*

Phot. Giraudon.

Animaux à coquille calcaire, marins, dulçaquicoles ou même terrestres. Ils ont un *pied* ventral et une cavité respiratoire recouverte d'un *manteau* qui sécrète la coquille.

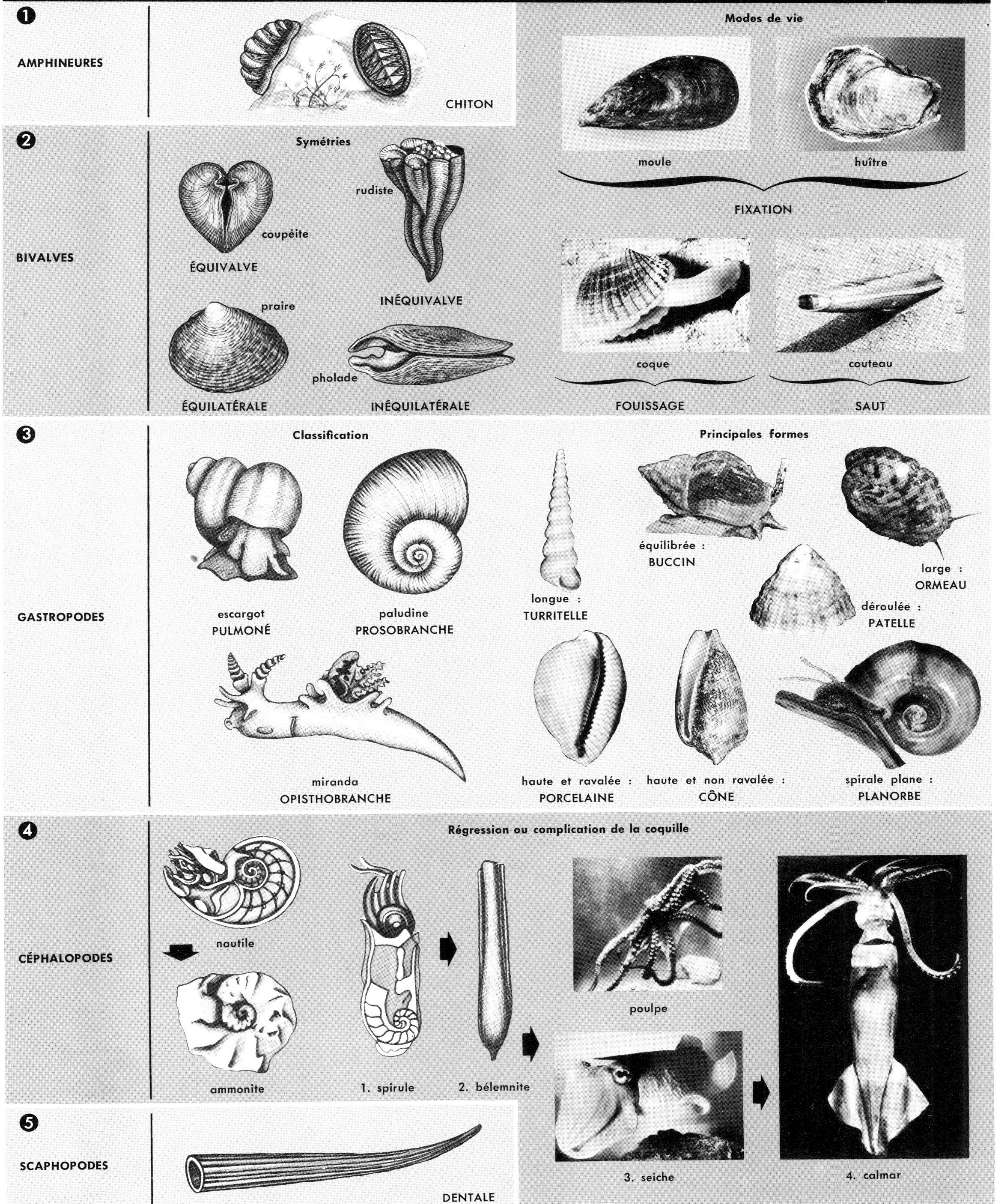

Phot. Lauros - Atlas-Photo (2), Vasserot, Jacana, Jacques Six, Scaïoni, Noailles, Scaïoni, Chaumeton-Jacana, Noailles, Jacques Six, Lauros - Atlas-Photo, Rives, Popper - Atlas-Photo.

corps, intégrale du produit de chaque élément de masse de ce corps par le carré de la distance de cet élément à un axe fixe, appelé « axe d'inertie ». ‖ *Moment d'un vecteur $\vec{V}$ en un point O,* vecteur $\overrightarrow{OM}$ perpendiculaire au plan déterminé par le vecteur $\vec{V}$ et le point O, de sens direct par rapport à $\vec{V}$ et dont la longueur est égale au produit de la longueur du vecteur $\vec{V}$ par la distance du point O à son support. ‖ *Un moment !,* attendez ! ‖ — Loc. adv. **A tout moment,** sans cesse. ‖ **Dans un moment,** après un court instant. ‖ **En un moment,** en très peu de temps. ‖ **En ce moment,** présentement. ‖ **Par moments,** par intervalles. ‖ **— Au moment de** loc. prép. Sur le point de. ‖ — Loc. conj. **Au moment où, au moment que,** lorsque. ‖ **Du moment que,** puisque.

momentané, e adj. Qui ne dure qu'un moment : *effort momentané.*

momentanément adv. Pour un moment ; pendant un moment : *être momentanément gêné.*

momerie [mɔmri] n. f. (de l'anc. fr. *momer,* se déguiser). Affectation ridicule d'un sentiment qu'on n'éprouve pas.

momie [mɔmi] n. f. (arabe *moumia*). Cadavre conservé au moyen de matières balsamiques ou de l'embaumement : *les momies égyptiennes.* ‖ Cadavre qui se dessèche naturellement, sans se putréfier (en l'absence d'humidité et d'insectes). ‖ — *Fig.* Personne sèche et maigre. ‖ Personne nonchalante : *cet enfant est une vraie momie.* ‖ Personne qui a des opinions arriérées.

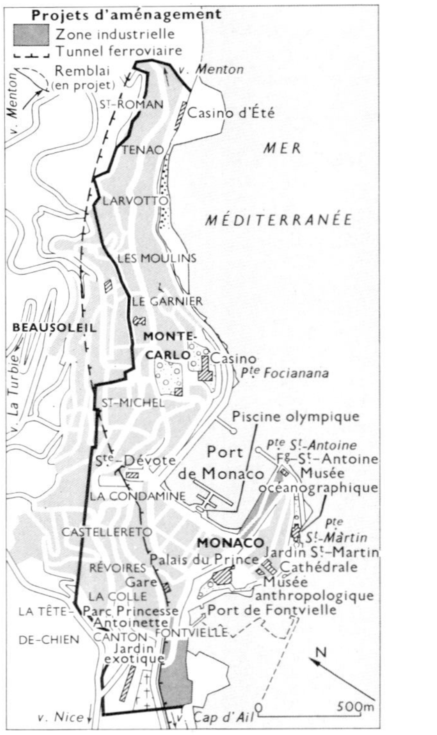

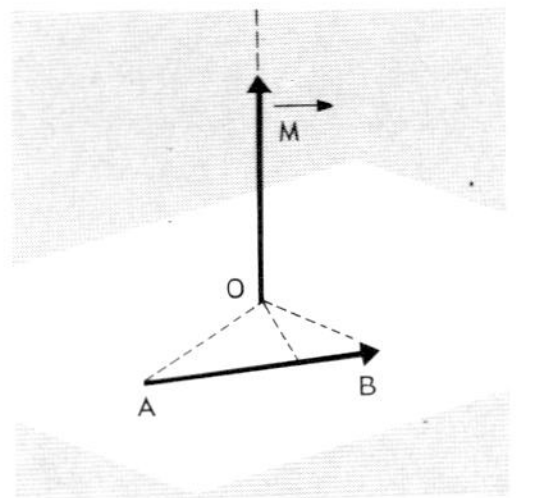

moment d'un vecteur $\vec{V}$ en un point O

momification n. f. Action de momifier. ‖ Ensemble des transformations qui se produisent sur un cadavre placé dans un endroit très sec et très chaud (désert) ou quand l'action des bactéries est entravée.

momifier v. t. Transformer un corps en momie. ‖ — **Se momifier** v. pr. Se changer en momie. ‖ *Fam.* Devenir très maigre.

Mommsen (Theodor), historien allemand, né à Garding (1817-1903). Par ses études d'épigraphie et par son *Histoire romaine* (1856-1885), il a renouvelé l'étude de l'Antiquité latine. (Prix Nobel, 1902.)

momordique [mɔmɔrdik] n. f. Plante grimpante cultivée pour ses fruits colorés et ornementaux appelés *pommes de merveille.* (Famille des cucurbitacées.)

mon [mɔ̃] adj. poss. masc. sing., **ma** [ma] fém. sing., **mes** [me] pl. des deux genres (du lat. *meus,* mon). Adjectifs qui déterminent le nom en y ajoutant une idée de possession : *mon livre ; ma plume ; mes livres ; mes plumes.*
— REM. Devant un nom féminin commençant par une voyelle ou un *h* muet, on emploie *mon, ton, son* au lieu de *ma, ta, sa :* MON *âme,* TON *histoire,* SON *épée.*

Møn, île danoise, au sud-est de l'île de Sjælland*.

monacal [mɔnakal], **e, aux** [-o] adj. (du lat. *monachus,* moine). Qui se rapporte au genre de vie des moines.

monachisme [-ʃism] n. m. Etat de moine, vie monastique. ‖ Institutions monastiques : *le quatrième siècle fut l'âge d'or du monachisme.*
— ENCYCL. Les premiers moines, qui vivaient dans les déserts d'Orient et particulièrement en Egypte, étaient des anachorètes, ou solitaires : saint Antoine fut leur législateur au IVe s. La vie commune, ou cénobitique, eut comme père saint Pacôme († 346) ; mais c'est la règle de saint Basile († 379) qui donna une forme définitive à la vie monastique. L'Occident fut touché plus tard par le *monachisme.* La formule austère et peu souple de saint Colomban († 615) fut rapidement éliminée au profit du monachisme bénédictin, plus équilibré, dont le fondateur avait été saint Benoît de Nursie († 547). De nombreuses réformes (Cluny, Cîteaux, Saint-Maur) firent refleurir, jusqu'à la Révolution, le vieux tronc bénédictin. Cependant, avec la renaissance des villes à partir du XIIe s., d'autres formes de vie monastique s'étaient développées (chartreux, chanoines réguliers, ermites). Après la Réforme, les congrégations religieuses et les sociétés cléricales prirent le pas, dans l'apostolat moderne, sur les ordres monastiques.

Monaco, principauté de l'Europe méridionale, enclavée dans le département français des Alpes-Maritimes ; 1,8 km² ; 22 700 h. (*Monégasques*). Cap. *Monaco.* La principauté s'identifie pratiquement avec la ville et constitue essentiellement un important centre touristique, favorisé par la présence du casino (dans le quartier de *Monte-Carlo*), d'un musée océanographique, d'un jardin exotique, de bâtiments historiques (palais princier, cathédrale de style byzantin, construite au XIXe s.). L'essor de Monaco est lié à sa situation sur la Méditerranée.

● *Histoire.* Dès le Xe s., une famille génoise, les Grimaldi, exerçait une certaine autorité sur le rocher de Monaco ; cependant, la seigneurie de Monaco ne leur fut définitivement assurée qu'au début du XVe s. En 1512, Monaco devint indépendante. Elle fut annexée par la France de 1793 à 1814, et c'est dans l'orbite économique de la France que son histoire s'est constamment inscrite. Le développement des jeux, au milieu du XIXe s., assura à la principauté une exceptionnelle prospérité. En 1865, Monaco signa un traité d'union douanière avec la France. Déjà assoupli sous le prince Albert Ier (1889-1922), le régime politique le fut encore par la suite, et notamment par le prince Rainier III, qui, en 1949, succéda à Louis II (1922-1949).

monade [mɔnad] n. f. (gr. *monas, monados ;* de *monos,* seul). Dans le système de Leibniz, substance simple, active, indivisible, dont tous les êtres sont composés.

monadelphe [mɔnadɛlf] adj. (gr. *monos,* seul, et *adelphos,* frère). *Bot.* Se dit d'une fleur dont les étamines sont soudées entre elles, comme chez le genêt, la rose trémière.

monadisme n. m. Système philosophique de Leibniz, suivant lequel l'univers est composé de monades.

Monadologie (*la*), ouvrage posthume de Leibniz, écrit en français en 1714, publié en traduction latine en 1721, où est exposée la théorie des *monades* et de l'harmonie préétablie.

Monaldeschi (Gian Rinaldo, *marquis* DE), favori de Christine, reine de Suède, qui le fit assassiner à Fontainebleau en 1657.

monarchie [mɔnarʃi] n. f. (gr. *monos,* seul, et *arkhein,* commander). Régime politique dans lequel l'autorité politique est exercée par une seule personne, appelée roi ou empereur. (V. *encycl.*) ‖ Etat gouverné par un roi ou un empereur, généralement héréditaire : *la monarchie anglaise.*
— ENCYCL. Les *monarchies* sont le plus souvent héréditaires. On distingue : les *monarchies absolues,* dans lesquelles le pouvoir du monarque n'est contrôlé par aucun autre (tel était le gouvernement de la France sous l'Ancien Régime, c'est-à-dire avant 1789) ; les *monarchies constitutionnelles,* où l'autorité du prince est limitée par la Constitution (de 1815 à 1848, la France fut une monarchie constitutionnelle) ; les *monarchies parlementaires,* dans lesquelles le gouvernement est responsable de sa gestion devant le Parlement, sans la confiance duquel il ne peut rester en fonctions (la monarchie anglaise par ex.).

monarchiens, nom donné aux monarchistes libéraux (Malouet, Clermont-Tonnerre) qui ont essayé, en 1789-1791, de modérer la Révolution.

monarchique adj. Qui appartient à la monarchie : *pouvoir monarchique.*

monarchisme n. m. Opinion des partisans de la monarchie.

monarchiste adj. Relatif à la monarchie. ‖ — N. Partisan de la monarchie.

monarque [mɔnark] n. m. (gr. *monos,* seul, et *arkhein,* commander). Chef d'Etat, élu ou héréditaire, en qui réside l'autorité politique.

monastère [mɔnastɛr] n. m. Ensemble des bâtiments dans lesquels vivent des moines ou des moniales.

Monastier-sur-Gazeille (LE) [43150], ch.-l. de c. de la Haute-Loire (arr. du Puy) ; 2 338 h. (1 389 aggl.). Eglise abbatiale (XIe s.).

monastique adj. Relatif à la vie des moines : *règle monastique.*

Monastir, anc. nom de *Bitola.*

Monastir, v. de Tunisie, sur une presqu'île du golfe de Hammamet ; 20 400 h. Port de pêche.

monazite [mɔnazit] n. f. Phosphate naturel de cérium, de lanthane et d'autres terres rares.

Monbazillac (24240 Sigoulès), comm. de la Dordogne (arr. de Bergerac) ; 846 h. Château du XVIe s. Vins blancs.

Moncade (Hugues DE), capitaine espagnol, né à Valence (v. 1476-1528). Vice-roi de Sicile en 1522, il fut battu et fait prisonnier par Andrea Doria (1524-1526). Au service du connétable de Bourbon, il fut tué devant Naples.

monceau [mɔ̃so] n. m. (lat. *monticellus,* petit mont). Amas en forme de petit mont : *monceau de pierres.* ‖ *Fig.* Accumulation : *un monceau de preuves.*

Monceau-sur-Sambre, comm. de Belgique (Hainaut) ; 10 400 h. Sidérurgie. Constructions mécaniques.

Moncey (Bon Adrien JEANNOT DE), duc DE CONEGLIANO, maréchal de France, né à Palise (1754-1842). Il se distingua en Espagne et défendit Paris en 1814.

Mönchengladbach, anc. **München-Gladbach,** v. de l'Allemagne occidentale (Rhénanie-du-Nord-Westphalie), à l'ouest de Düsseldorf ; 153 000 h. Métallurgie.

Monclar (47380), ch.-l. de c. de Lot-et-Garonne (arr. de Villeneuve-sur-Lot) ; 1 081 h. (632 aggl.).

Monclar-de-Quercy (82230), ch.-l. de c. de Tarn-et-Garonne (arr. de Montauban) ; 1 160 h. (487 aggl.).

Monclova, v. du Mexique, au nord-ouest de Monterrey. Centre sidérurgique. Chimie.

Moncontour (22510), ch.-l. de c. des Côtes-du-Nord (arr. de Saint-Brieuc) ; 1 187 h. (*Moncontourais*).

Moncontour (86330 St Jean de Sauves), ch.-l. de c. de la Vienne (arr. de Châtellerault) ; 543 h. Donjon (XIIe-XVe s.). Eglise romane. Victoire du duc d'Anjou (futur Henri III) sur Coligny (1569).

Monaco le rocher la rade de la Condamine et Monte-Carlo

Phot. Henrard.

Moncoutant (79320), ch.-l. de c. des Deux-Sèvres (arr. de Parthenay) ; 2 598 h. (1 616 aggl.).

Moncton, v. du Canada (Nouveau-Brunswick) ; 45 800 h. Archevêché. Industries du bois.

mondain [mɔ̃dɛ̃], **e** [-ɛn] adj. et n. (lat. *mundanus*). Relatif à ce qui touche à la vie de société : *chronique mondaine*. ‖ Attaché aux plaisirs du monde : *femme mondaine*. ● *Pigeons mondains*, ou *mondains*, n. m. pl. races de pigeons différant entre elles surtout par la taille : *le gros mondain français est un des meilleurs pigeons de rapport*.

mondanité n. f. Goût pour les plaisirs du monde. ‖ Habitude, connaissance des usages du monde.

monde [mɔ̃d] n. m. (lat. *mundus*). Ensemble de tout ce qui existe : *les premiers âges du monde*. ‖ Terre, séjour de l'homme : *les cinq parties du monde*. ‖ — *Fig.* Ensemble des hommes : *se moquer du monde*. ‖ La majorité des hommes : *il arrive à tout le monde de se tromper*. ‖ Nombre indéfini de personnes : *il vient du monde ; beaucoup de monde*. ‖ Gens qui sont sous les ordres de quelqu'un ; domesticité : *congédier tout son monde*. ‖ Ensemble d'individus constituant un groupement humain déterminé : *le monde des affaires ; le monde littéraire*. ‖ Ensemble des personnes les plus marquantes par leur origine, leur fortune ou leur situation : *le grand monde*. ‖ Vie séculière : *quitter le monde pour le cloître*. ● *Aller dans l'autre monde*, mourir. ‖ *L'Ancien Monde*, l'Asie, l'Europe et l'Afrique. ‖ *Au bout du monde*, dans un quartier éloigné. ‖ *Connaître son monde*, savoir à qui l'on a affaire. ‖ *Courir le monde*, voyager beaucoup. ‖ *Homme, femme du monde*, homme, femme qui a l'habitude de vivre dans la bonne société, qui en connaît les usages. ‖ *Mettre au monde*, donner naissance. ‖ *Un monde de*, une grande quantité de. ‖ *Le Nouveau Monde*, l'Amérique et l'Océanie. ‖ *Le petit monde*, les enfants. ‖ *Se faire un monde de*, donner une importance exagérée à. ‖ *Test du monde*, test projectif dans lequel on demande au sujet (généralement un enfant) de disposer ensemble 150 objets, représentant des maisons, des arbres, des autos. ‖ *Venir au monde*, naître.

Mondego (le), fl. du Portugal central, tributaire de l'Atlantique ; 225 km.

Mondelange (57300 Hagondange), comm. de la Moselle (arr. de Thionville-Ouest) ; 6 470 h. Métallurgie.

monder [mɔ̃de] v. t. (lat. *mundare*, purifier). Nettoyer, séparer des impuretés ou des parties inutiles : *monder des raisins, des amandes*.

Mondeville (14120), comm. du Calvados (arr. de Caen) ; 9 796 h. (*Mondevillais*). Sidérurgie. Chimie.

mondial, e, aux adj. Qui concerne, intéresse le monde entier : *une politique mondiale*.

mondialement adv. Par le monde entier : *produit mondialement connu*.

Mondonville (Jean Joseph Cassanéa de), compositeur et violoniste français, né à Narbonne (1711-1772), auteur de sonates pour violon, de concertos, d'opéras et de grands motets pour le *Concert spirituel*, qu'il dirigea. Il avait été sous-maître à la Chapelle royale. On lui doit l'introduction des sons harmoniques naturels dans le jeu du violon.

Mondor (Henri), chirurgien et écrivain français, né à Saint-Cernin (Cantal) [1885-1962]. Professeur de clinique chirurgicale à la faculté de médecine de Paris, il a publié des traités de chirurgie et des études biographiques sur les médecins illustres, d'Ambroise Paré à Pasteur. Il est également l'auteur d'ouvrages de critique littéraire consacrés à Mallarmé et à Valéry (*Vie de Mallarmé*, 1941-1942 ; *Précocité de Valéry*, 1957). Peintre et dessinateur, il a notamment illustré *l'Homme et la coquille* de Valéry. (Acad. fr.)

Mondorf-les-Bains, station thermale du Luxembourg, sur l'Albach ; 1 800 h.

Mondoubleau (41170), ch.-l. de c. de Loir-et-Cher (arr. de Vendôme) ; 1 510 h. (*Mondoublotiers*). Ruines d'un château féodal. Dolmen.

Mondovi, v. d'Italie (Piémont) ; 20 500 h. Sidérurgie. Faïencerie. Bonaparte y vainquit les Piémontais le 21 avril 1796.

mondovision n. f. (du lat. *mundus*, monde, et *vision*). Transmission dans différentes parties du monde d'images de télévision par l'intermédiaire d'un ou de plusieurs relais radio-électriques gravitant autour de la Terre.

Mondrian ou **Mondriaan** (Pieter Cornelis, dit **Piet**), peintre néerlandais, né à Amersfoort (1872-1944). Peintre traditionaliste, puis influencé par le fauvisme et le cubisme, il poussa ses expériences jusqu'à l'abstraction, aboutissant, à partir de 1917, à un système de figures géométriques simples, orthogonales, recouvertes d'aplats de couleurs fondamentales. Il se tint tout le reste de sa vie à cette manière de peindre rigoureuse, exerçant une immense influence sur l'art du XXᵉ s. (V. illustr. ART ABSTRAIT*.)

monégasque [mɔnegask] adj. et n. De la ville ou de la principauté de Monaco.

Monein (64360), ch.-l. de c. des Pyrénées-Atlantiques (arr. d'Oloron-Sainte-Marie) ; 4 005 h. Gaz naturel.

Monel [mɔnɛl] n. m. (marque déposée). Alliage de cuivre (30 p. 100), de nickel (67 p. 100) et de petites quantités de fer, de manganèse et de carbone.

monème [mɔnɛm] n. m. En linguistique structurale, la plus petite unité significative en tant qu'elle désigne une forme phonique. (On dit plus fréquemment MORPHÈME.)

pigeon mondain

monergol [mɔnɛrgɔl] n. m. Agent propulsif pour moteur-fusée, composé d'un seul liquide et qui assure la propulsion par décomposition exothermique.

Monestier-de-Clermont (38650), ch.-l. de c. de l'Isère (arr. de Grenoble) ; 889 h. Station estivale.

Monestiés (81640), ch.-l. de c. du Tarn (arr. d'Albi) ; 1 236 h. (421 aggl.).

Monet (Claude), peintre français, né à Paris (1840-1926). Il reçut ses premières leçons, au Havre, de Boudin, qui l'emmena peindre en plein air. A Paris, où il connut longtemps une vie matérielle très difficile, il se lia avec ceux qui devaient constituer le groupe des impressionnistes, dont il fut le véritable chef. Cherchant avant tout à traduire la lumière et ses effets par la couleur, et à fixer l'instant, il en vint à peindre des séries du même sujet à des heures différentes, aboutissant à une dissolution des formes (les *Cathédrales*, musée du Jeu de paume ; les *Nymphéas*, musée de l'Orangerie). Son influence fut considérable (*le Déjeuner sur l'herbe*, 1865 ; *Femmes au jardin*, 1866 ; *la Grenouillère*, 1869 ; *Impression, Soleil levant*, 1872 ; *l'Eglise de Vétheuil, la Gare Saint-Lazare*, 1877 ; *les Meules*, 1891). [V. illustr. IMPRESSIONNISME.]

monétaire adj. (lat. *monetarius* ; de *moneta*, monnaie). Qui a rapport aux monnaies : *système monétaire*.

Monêtier-les-Bains (Le) [05220], ch.-l. de c. des Hautes-Alpes (arr. de Briançon) ; 806 h. Station thermale.

monétiser [mɔnetize] v. t. Transformer en monnaie : *monétiser de l'or, de l'argent*.

Monflanquin (47150), ch.-l. de c. de Lot-et-Garonne (arr. de Villeneuve-sur-Lot) ; 2 394 h. (970 aggl.). Anc. bastide.

Monfreid (Daniel de), peintre et graveur français, né à Paris (1856-1929). Il entretint une importante correspondance avec son ami Paul Gauguin. D'après les dessins de celui-ci, il illustra de gravures sur bois la première édition de *Noa-Noa*. — Son fils Henri, né à Leucate (1879-1974), est l'auteur de récits de voyages.

Monge

Monge (Gaspard), comte de Péluse, mathématicien français, né à Beaune (1746-1818). Son œuvre fut particulièrement importante et féconde. Il créa la géométrie descriptive (1768). En 1800, il montra que, en plus de ses applications pratiques, cette nouvelle science était pour la géométrie pure une source de méthodes, qui subsistaient même si certains éléments devenaient imaginaires. On lui doit également les théories les plus importantes de la géométrie analytique à trois dimensions. Partisan enthousiaste de la Révolution, il organisa les poudreries et les fonderies de canons, prit une part importante à la création de l'Ecole normale et fonda l'Ecole polytechnique.

Mongie (La) [65200 Bagnères de Bigorre], station de sports d'hiver des Hautes-Pyrénées, au sud de Bagnères-de-Bigorre, sur la route du Tourmalet (alt. 1 800-2 340 m).

mongol [mɔ̃gɔl], **e** adj. et n. De Mongolie. ‖ — N. m. Langue parlée en Mongolie.

Mongolie, région de l'Asie centrale, correspondant au désert de Gobi et à sa bordure montagneuse (Grand Khingan, Altaï, T'ien-chan, Nan-chan).

Mongolie (*République populaire de*), anc. **Mongolie-Extérieure,** Etat de l'Asie ; 1 563 000 km² ; 1 280 000 h. Cap. *Oulan-Bator*.

Entre la Sibérie soviétique et la Chine, la Mongolie est un pays de hautes terres, associant chaînes élevées dans le nord (plus de 4 000 m dans l'Altaï mongol), plateaux et plaines dans le sud (constituant la partie septentrionale du désert de Gobi). Le climat est extrêmement rude. A Oulan-Bator, la hauteur annuelle de précipitations est de 230 mm ; six mois seulement ont une température moyenne supérieure à 0 °C ; quatre mois ont une température moyenne inférieure à — 20 °C. Si les températures se relèvent — relativement — vers le sud, le total des précipitations décroît. Des conditions naturelles aussi défavorables expliquent la faiblesse du peuplement (moins de 1 h. au kilomètre carré en moyenne) et la pauvreté de l'économie. Moins de 3 p. 100 des terres sont cultivées (blé), et l'élevage, encore souvent nomade, des ovins, des chevaux, des chameaux et des bovins est la principale forme d'exploitation du sol, alimentant un artisanat local (textile, travail des cuirs et peaux). La présence de charbon et de lignite a favorisé le développement d'une petite industrie (métallurgie), implantée notamment à Oulan-Bator, qui regroupe plus de 20 p. 100 de la population totale. La majeure partie du commerce extérieur s'effectue avec l'U. R. S. S.

Le pays, indépendant en 1921, devint République populaire en 1924 ; il a été reconnu par la Chine en 1946.

Mongolie-Intérieure, région autonome du nord de la Chine, correspondant à la partie méridionale de la Mongolie ; 13 millions d'h. Cap. *Houhehot*. S'étendant sur le désert de Gobi, le plateau de l'Ordos et le Grand Khingan, la Mongolie-Intérieure est une région vaste comme deux fois la France, dont le climat rude, froid et aride explique la faiblesse du peuplement et la pauvreté de l'économie. Celle-ci est fondée principalement sur un élevage souvent extensif, en dehors de secteurs irrigués, portant quelques cultures, et de quelques gisements miniers. Depuis 1968, une partie du territoire de cette région est rattachée à d'autres provinces chinoises.

mongolien, enne adj. et n. Se dit d'enfants atteints de mongolisme.

mongolique adj. Qui appartient à la Mongolie.

mongolisme n. m. Déformation congénitale du visage, avec yeux bridés, accompagnée de déficience intellectuelle. (Elle est due à un chromosome surnuméraire.)

Mongols (*empire des*), empire fondé en Asie centrale par Gengis khān (1206-1227) et reconstitué par Tīmūr (1369-1405). Bāber (1505-1530), descendant de Tīmūr, établit en Inde un empire connu sous le nom d'**empire du Grand Moghol,** et qui atteignit son apogée sous Aurangzeb (1659-1707). Il tomba ensuite en décadence.

Mong-tseu, v. de Chine (Yu-nan) ; 193 000 h. Centre agricole.

Mongolie
élevage nomade

Phot. Justin, Bulloz, Landau.

moniale [mɔnjal] n. f. Religieuse cloîtrée.

monilia [mɔnilja] n. m. Champignon se développant en automne sur les poires, les pommes et sur quelques autres fruits, en provoquant la pourriture.

Monime (m. en 72 av. J.-C.), reine de Pont, une des femmes de Mithridate.

Monique (*sainte*), née à Thagaste (v. 331-387). Mère de saint Augustin, elle se consacra à la conversion de son fils. — Fête le 4 mai.

monisme [mɔnism] n. m. Système philosophique selon lequel il n'y a qu'une seule sorte de réalité : *le monisme de Spinoza identifie Dieu à la nature.* (Contr. : DUALISME, PLURALISME.)

moniste adj. et n. Qui concerne ou qui soutient le monisme.

Monistrol-sur-Loire (43120), ch.-l. de c. de la Haute-Loire (arr. d'Yssingeaux) ; 4 633 h. Anc. château des évêques du Puy (XVIIe s.). Constructions mécaniques.

moniteur [mɔnitœr], **trice** [-tris] n. (lat. *monitor,* qui avertit). Personne chargée de l'enseignement et de la pratique de certains sports, de certaines disciplines : *moniteur d'éducation physique ; moniteur de ski.*

Moniteur universel (*le*), ou **Gazette nationale,** journal lancé par Panckoucke en 1789 pour publier les débats de l'Assemblée constituante. Il fut le journal officiel du gouvernement de 1799 à 1848.

monition n. f. (lat. *monitio,* action d'avertir). *Dr. canon.* Avertissement donné à celui qui est en voie de commettre un délit ou qui est soupçonné de l'avoir commis.

monitoire adj. et n. m. (du lat. *monitus,* averti). Se dit de la lettre qu'un juge ecclésiastique adresse à celui qui a connaissance d'un fait pour l'obliger à le révéler.

monitor [mɔnitɔr] n. m. *Mar.* Cuirassé de moyen tonnage, créé aux Etats-Unis pendant la guerre de Sécession pour la défense des côtes.

Moniz (António Egas), médecin portugais, né à Avanca (Estarreja) [1874-1955]. Ses travaux aboutirent à la réalisation de l'artériographie du cerveau (1927). Il fit exécuter en 1935 la première opération de neurochirurgie pour une maladie mentale. (Prix Nobel de physiol. et de méd., 1949.)

Monk ou **Monck** (George), duc D'ALBEMARLE, général anglais, né à Potheridge (Devon) [1608-1670]. Après avoir combattu dans l'armée de Cromwell contre le roi, puis contre les Hollandais, il devint maître de Londres à la mort du dictateur. Il fit élire un nouveau Parlement, qui vota la restauration des Stuarts. Charles II fit de lui le commandant en chef de l'armée.

Monk (Thelonious), pianiste et compositeur de jazz américain, né à Rocky Mount (Caroline du Nord) en 1920. Pianiste du Minton's à Harlem en 1940, il rencontre les promoteurs du jazz moderne (D. Gillespie, C. Parker, K. Clarke). Il constitue un quartette et se produit souvent en soliste. Sa musique, dissonante et étrange, en fait un des pianistes les plus originaux des années 1950-1960.

Monluc (Blaise DE LASSERAN MASSENCOME, *seigneur* DE), maréchal de France, né à Saint-Puy (Gascogne) [1502-1577]. Défenseur de Sienne (1554-1555), lieutenant général en Guyenne (1565), il se signala par la rigueur de sa répression à l'égard des huguenots. Il a écrit ses mémoires sous le titre de *Commentaires* (publiés en 1592).

Monmouth (James SCOTT, *duc* DE), fils naturel de Charles II d'Angleterre, né à Rotterdam (1649-1685). Il devint chef de l'armée à partir de 1670 ; les protestants le désignèrent comme héritier présomptif contre le duc d'York, catholique. A l'avènement de celui-ci (sous le nom de Jacques II), en 1685, il organisa un soulèvement, qui échoua, et fut exécuté.

Monmouthshire, comté d'Angleterre, dépendant administrativement du pays de Galles ; 443 700 h. Ch.-l. *Newport.*

monnaie [mɔnɛ] n. f. (du nom de *Junon Moneta,* Junon l'Avertisseuse [près du temple de laquelle les Romains établirent un atelier de monnaie]). Pièce de métal frappée par l'autorité souveraine pour servir aux échanges. (V. *encycl.*) ‖ Instrument légal des paiements : *monnaie de papier.* ‖ Equivalent de la valeur d'une pièce de monnaie ou d'un billet de banque en pièces ou en billets de moindre valeur : *attendre sa monnaie.* ● *Battre monnaie,* fabriquer de la monnaie ; et, au *fig.,* se procurer de l'argent. ‖ *Fausse monnaie,* pièce ou billet imitant la monnaie légale. ‖ *Monnaie de compte,* unité monétaire non représentée matériellement et utilisée uniquement pour les comptes (guinée anglaise). ‖ *Petite monnaie,* ensemble de petites pièces de monnaies d'appoint. ‖ *Rendre à quelqu'un la monnaie de sa pièce,* user de représailles.

— ENCYCL. Dans la fabrication des *monnaies,* les matières premières sont fondues, puis coulées en lames : c'est la *fonderie ;* amenées à l'épaisseur requise par *laminage,* les lames subissent le *découpage* à l'aide de presses équipées de poinçons et de matrices. Les flans obtenus sont soumis au *cordonnage,* qui s'effectue par roulage entre deux outils rectilignes et parallèles. Le métal est ainsi refoulé sur le pourtour afin de favoriser à la frappe la formation du listel. Après le *recuit* et le *brillantage,* qui leur donne un aspect satisfaisant, les flans passent à la *frappe,* effectuée sur des presses monétaires d'où les pièces sortent finies, tranche comprise.

— *Econ. politique.* Les trois formes classiques de la *monnaie,* considérée comme un instrument de paiement, sont apparues successivement. A l'origine, la monnaie

monnaies

pièce romaine d'Hadrien

pièce française écu d'or de Louis IX

décadrachme de Syracuse

pièce française Napoléon III de 1862

MONNAIE

Principales unités monétaires

(Entre crochets [ ] figure le nom français de la monnaie étrangère.)

PAYS	UNITÉ MONÉTAIRE	SYMBOLE	SUBDIVISION
Afars et des Issas (Territoire français des)	franc de Djibouti	FD	100 centimes
Afghānistān	afghāni	A	100 puls (pouls)
Afrique du Sud	rand	R	100 cents
Albanie	nouveau lek	LEK	100 quintars
Algérie	dinar algérien	DA	100 centimes
Allemagne (Rép. fédérale d')	deutsche Mark	DM	100 Pfennig
Allemagne (Rép. démocrat. d')	Mark	M	100 Pfennig
Angola	escudo d'Angola	ESC	100 centavos
Antilles néerlandaises	florin des Antilles	NA Fl	100 cents
Arabie Saoudite	riyal	SRl	20 qurush de 5 hallals
Argentine	peso argentin	M $ N	100 centavos
Australie	dollar australien	$ A	100 cents
Autriche	schilling	SCH	100 groschen
Bahamas	dollar des Bahamas	BI $	100 cents
Bahrein	dinar	BD	1 000 fils
Belgique	franc belge	FB	100 centimes
Birmanie	kyat	K	100 pyas
Bolivie	peso bolivien	$ B	100 centavos
Brésil	cruzeiro	$ CR	100 centavos
Bulgarie	lev (*plur.* leva)	LVA	100 stotinki (*sing.* stotinka)
Burundi	franc du Burundi	FBU	100 centimes
Cambodge	riel	ɍ	100 sen
Cameroun	franc CFA	FCFA	100 centimes
Canada	dollar canadien	$ CAN	100 cents
centrafricaine (Rép.)	franc CFA	FCFA	100 centimes
Ceylan [rép. de Sri Lanka]	roupie cingalaise	cR	100 cents
Chili	escudo chilien	$ CH	100 centésimos de 10 pesos
Chine nationaliste [T'ai-wan]	nouveau dollar de T'ai-wan	NT $	100 cents
Chine (Rép. populaire de)	yuan	Yu	10 jiao de 10 fen
Chypre	livre cypriote	£CY	1 000 mils
Colombie	peso colombien	$ COL	100 centavos
Comores	franc CFA	FCFA	100 centimes
Congo (rép. du)	franc CFA	FCFA	100 centimes
Corée du Nord	won	Wn	100 jun
Corée du Sud	won	W	100 chon
Costa Rica	colón	₡	100 céntimos
Côte-d'Ivoire	franc CFA	FCFA	100 centimes
Cuba	peso cubain	$ CU	100 centavos
Dahomey	franc CFA	FCFA	100 centimes
Danemark	krone (*plur.* kroner) [couronne danoise]	KRD	100 øre
Dominicaine (rép.)	peso dominicain	$ D	100 centavos
Egypte	livre égyptienne	£ EG	100 piastres de 10 millièmes
Equateur	sucre	SUC	100 centavos
Espagne	peseta	PTA	100 céntimos
Etats-Unis	dollar USA	$	100 cents
Ethiopie	dollar éthiopien [thalari]	$ E	100 cents
Finlande	markka (*plur.* markkaa) [mark finlandais]	MF	100 pennia
France	franc	F ou FF	100 centimes
Gabon	franc CFA	FCFA	100 centimes
Gambie	livre gambienne	G £	20 shillings de 12 pence
Ghāna	nouveau cédi	N₡	100 pesewas
Grande-Bretagne et Irlande du Nord	sterling pound [livre]	£	20 shillings de 12 pence
Grèce	drachme	DR	100 lepta
Guadeloupe	franc français	F	100 centimes
Guatemala	quetzal	Ø	100 centavos
Guinée	franc guinéen	FG	100 centimes
Guyane	dollar guyanais	GS	100 cents
Guyane française	franc français	F	100 centimes
Haïti	gourde	G	100 centimes
Haute-Volta	franc CFA	FCFA	100 centimes
Honduras	lempira	L	100 centavos
Hongkong	dollar de Hongkong	$ HGK	100 cents
Hongrie	forint	FOR	100 fillér
Inde	roupie indienne	RUPI	100 naye paise
Indes occidentales	dollar des Caraïbes de l'Est	BWI $	100 cents
Indonésie	roupiah	RPH	100 sen
Iran	rial iranien	RL	100 dinars
Irak	dinar irakien	DIK	1 000 fils (ou 5 riyals)
Irlande	livre irlandaise	£ IR	20 shillings de 12 pence
Islande	krona (*plur.* kronur) [couronne islandaise]	KIS	100 aurar (*sing.* eyrir)
Israël	livre israélienne	£ IL	100 agorot
Italie	lira (*plur.* lire) [lire]	LIT	100 centesimi (*sing.* centesimo
Jamaïque	livre jamaïcaine	J £	20 shillings de 12 pence

Phot. B. N., Lauros-Giraudon (3).

est une marchandise ayant une valeur matérielle propre, grâce à laquelle le troc primitif a pu être dissocié en deux opérations distinctes : c'est la *monnaie métallique*, constituée de pièces faites de fer d'abord, puis d'argent et d'or. Ensuite, la monnaie apparaît sous la forme du billet de banque, c'est-à-dire d'un billet à ordre au porteur émis par un établissement de crédit ayant la confiance du public, généralement une banque d'État; le plus souvent cette banque détient dans ses coffres une certaine quantité de métal précieux représentant un pourcentage donné du nombre de billets en circulation : c'est la *monnaie fiduciaire*. Du billet à ordre émis par un établissement spécialisé, on est passé à la *monnaie scripturale*, qui est émise par chaque utilisateur : chèque, chèque postal ou virement bancaire. Ces deux dernières formes de monnaie reposent sur la confiance qui est faite à l'émetteur.
Mais on appelle également *monnaie* l'unité qui dans chaque pays sert à exprimer le prix des biens et des services : le franc, le dollar, le rouble, etc. On donne également le nom de *monnaie* à l'ensemble des moyens de paiement en circulation dans un pays (ou même dans le monde) à un moment donné.

Monnaies (*hôtel des*), centre de la fabrication monétaire en France, situé à Paris, quai Conti. Il a été construit de 1771 à 1777 par l'architecte Antoine. Il renferme un musée monétaire et édite des médailles.

monnaie-du-pape n. f. Nom usuel de la *lunaire*. ‖ Pl. des *monnaies-du-pape*.

monnayage n. m. Fabrication de la monnaie : *le monnayage de l'or*.

monnayer [monεje] v. t. [conj. **2**]. Convertir un métal en monnaie. ‖ *Fam.* Faire argent de : *monnayer son talent*.

Monnerville (Gaston), homme politique français, né à Cayenne en 1897, président du Conseil de la République de 1947 à 1958, puis du Sénat jusqu'en 1968.

Monnet (Jean), économiste français, né à Cognac en 1888, auteur d'un plan de modernisation de l'économie française (1945). Il a présidé la C. E. C. A. de 1952 à 1955.

Monnier (Henri), écrivain, acteur et caricaturiste français, né à Paris (1805-1877). Il abandonna la peinture pour la caricature*, puis se mit à écrire les *Scènes populaires* (1830). Il créa le type du bourgeois inepte et sentencieux (*Mémoires de Joseph Prudhomme*, 1857), qui est également le héros de ses comédies et vaudevilles (*Joseph Prudhomme, chef de brigands*, 1860).

Monnoyer (Jean-Baptiste, dit **Baptiste**), peintre français, né à Lille (1634-1699). Spécialisé dans la peinture de fleurs, il a participé à la décoration de nombreuses demeures, dont le château de Versailles et le château royal de Kensington, en Angleterre.

monoacide adj. *Chim.* Se dit d'un acide possédant un seul atome d'hydrogène acide.

monoatomique adj. *Chim.* Se dit de la molécule d'un corps comprenant un seul atome de ce corps : *les gaz rares sont monoatomiques*.

monobloc adj. D'une seule pièce : *châssis monobloc*.

monocamérisme [monokamerism] n. m. Système politique comportant une seule assemblée législative.

monochromatique adj. *Phys.* Se dit d'une radiation composée de vibrations de même fréquence.

monochrome [-krom] adj. D'une seule couleur.

monochromie n. f. Caractère de ce qui est monochrome.

monocle [monokl] n. m. (gr. *monos*, seul, et lat. *oculus*, œil). Verre correcteur que l'on insère dans l'arcade sourcilière : *porter monocle*.

monoclinal [monoklinal], **e, aux** [-o] adj. *Géol.* Se dit d'une structure où toutes les couches appartiennent à un seul et même flanc de pli. ● *Relief monoclinal*, forme topographique asymétrique, se composant d'un talus en pente raide et d'un autre flanc en pente douce.

monoclinique adj. Se dit des cristaux qui possèdent un axe de symétrie binaire.

monocoque adj. Se dit d'un fuselage de véhicule dont la rigidité est obtenue par la résistance de la tôle de revêtement.

monocorde n. m. Instrument de musique utilisé par les théoriciens de l'Antiquité et du Moyen Âge. (Il comporte une caisse de résonance et une corde tendue sur deux chevalets mobiles. Il a donné naissance à des instruments de musique comme la trompette marine ou le manicordion, celui-ci enrichi de plusieurs cordes et parfois d'un clavier.) | — Adj. Monotone : *plaintes monocordes*.

monocotylédones n. f. pl. (gr. *monos*, seul, et *kotulêdôn*, cavité). Classe de plantes supérieures (angiospermes), groupant les espèces dont la graine n'a qu'un seul cotylédon.
— Encycl. On compte environ 30 000 espèces de *monocotylédones*. Ce sont des plantes dépourvues de tissus secondaires, ce qui limite leur croissance en largeur, même lorsqu'elles sont vivaces. Les formes arborescentes (palmiers) n'ont pas un tronc, mais un *stipe*. Les feuilles ont des nervures parallèles, entraînant souvent une forme en lanières (herbes) et une orientation proche de la verticale : il en résulte que les deux faces de la feuille reçoivent un égal éclairement et présentent la même structure. Les fleurs sont presque toujours du type trois. Quatre ordres principaux groupent l'immense majorité des espèces. Ce sont les *liliiflores* (lis, oignon, agave, tulipe, iris, tamier, asperge, colchique, jonc), les *spadiciflores* (arum, lentille d'eau, palmier), les *glumiflores* ou graminacées, et les *orchidacées* (entre 15 et 20 milliers d'espèces). Les autres ordres sont les cypérales (carex), les scitaminales (bananier), les broméliacées (ananas) et les hélobiales (élodée, sagittaire, potamot).

monoculaire adj. Relatif à un seul œil : *vision monoculaire*.

monoculture n. f. Utilisation des terres d'une exploitation agricole pour une seule culture permanente. (Contr. : POLYCULTURE.)

monocyclique adj. *Biol.* Se dit d'une espèce qui ne présente qu'une période sexuelle par an.

monocylindrique adj. A un seul cylindre.

monocyte [monosit] n. m. Variété de mononucléaire de grande taille, provenant du système réticulo-endothélial. (Les monocytes représentent de 4 à 10 p. 100 des leucocytes.)

Monod (Adolphe), pasteur français, né à Copenhague (1802-1856), l'un des plus grands orateurs religieux de son temps.

Monod (Jacques), médecin et biochimiste français, né à Paris en 1910. Il a reçu le prix Nobel en 1965, avec Jacob et Lwoff, pour ses travaux de biochimie et de génétique.

monodie [monodi] n. f. *Mus.* Chant à une voix, sans accompagnement.

monœcie [monesi] n. f. État d'une plante monoïque.

monogame [monogam] adj. Qui ne peut avoir à la fois qu'un seul conjoint légitime : *peuples monogames*. (S'oppose à POLYGAME.)

monogamie n. f. (gr. *monos*, seul, et *gamos*, mariage). Système dans lequel l'homme ne peut être simultanément l'époux de plus d'une femme, et la femme l'épouse de plus d'un homme.

monogamique adj. Relatif à la monogamie.

monogénisme [monoʒenism] n. m. Doctrine anthropologique d'après laquelle toutes les races humaines dérivent d'un type primitif unique.

MONNAIE

Principales unités monétaires

(Entre crochets [ ] figure le nom français de la monnaie étrangère.)

PAYS	UNITÉ MONÉTAIRE	SYMBOLE	SUBDIVISION
Japon	yen	Y	100 sen
Jordanie	dinar jordanien	DJO	1 000 fils
Kenya	shilling	SHK	100 cents
Koweït	dinar de Koweït	dinar	1 000 fils (ou 10 dirhams)
Laos	kip	KIP	100 at
Liban	livre libanaise	£ LIB	100 piastres
Liberia	dollar libérien	Lib $	100 cents
Libye	livre libyenne	£ L	100 piastres de 10 millièmes
Luxembourg	franc luxembourgeois	FLUX	100 centimes
Macao	pataca	Pat	100 avos
Malaisie	dollar malais	$ SS	100 cents
Malawi	livre de Malawi	£ MAL	20 shillings de 12 pence
malgache (République)	franc malgache	FMG	100 centimes
Mali	franc malien	FM	100 centimes
Maroc	dirham	DH	100 francs marocains
Martinique	franc français	F	100 centimes
Maurice (île)	roupie de Maurice	mR	100 cents
Mauritanie (Rép. islamique de)	franc CFA	FCFA	100 centimes
Mexique	peso mexicain	$ MEX	100 centavos
Mongolie	tughrik	Tug	100 mongo
Mozambique	escudo d'outre-mer	ESC	100 centavos
Népal	roupie népalaise	NR	100 pice
Nicaragua	cordoba	C $	100 centavos
Niger	franc CFA	FCFA	100 centimes
Nigeria	livre nigérienne	£ NIG	20 shillings de 12 pence
Norvège	krone (*plur.* kroner) [couronne norvégienne]	KRN	100 öre
Nouvelle-Calédonie	franc CFP	FCFP	100 centimes
Nouvelles-Hébrides	franc CFP	FCFP	100 centimes
Nouvelle-Zélande	dollar néo-zélandais	$ NZ	100 cents
Ouganda	shilling ougandais	SHO	100 cents
Pākistān	roupie pakistanaise	RUPP	100 paisas
Panamá	balboa	balboa	100 centésimos
Paraguay	guarani	G	100 céntimos
Pays-Bas	gulden (*plur.* guilders) [florin]	FL	100 cents
Pérou	sol (*plur.* soles)	SOL	100 centavos
Philippines	peso	P	100 centavos
Pologne	złoty	ZŁ	100 groszy (*sing.* grosz)
Polynésie française	franc CFP	FCFP	100 centimes
Portugal	escudo	ESC	100 centavos (1 conto = 1 000 escudos)
Qaṭar (Al-)	riyal d'Al-Qaṭar	QDR	100 dirhams
Réunion	franc CFA	FCFA	100 centimes
Rhodésie	livre de Rhodésie	R £	20 shillings de 12 pence
Roumanie	leu (*plur.* lei)	LEI	100 bani
Rwanda	franc du Rwanda	FRU	100 centimes
Saint-Pierre-et-Miquelon	franc CFA	FCFA	100 centimes
Salvador	colon	₡	100 centavos
Sénégal	franc CFA	FCFA	100 centimes
Sierra Leone	leone	Le	100 cents
Singapour	dollar de Singapour	S $	100 cents
Somalie	shilling de Somalie	ShSO	100 cents
Soudan	livre soudanaise	£ S	100 piastres de 10 millièmes
Suède	krona (*plur.* kroner) [couronne suédoise]	KRS	100 öre
Suisse	franc suisse	FS	100 centimes (ou rappen)
Surinam	florin de Surinam	FlSU	100 cents
Syrie	livre syrienne	£ SYR	100 piastres
Tanzanie	shilling de Tanzanie	SHT	100 cents
Tchad	franc CFA	FCFA	100 centimes
Tchécoslovaquie	koruna [couronne tchécoslovaque]	KCS	100 haléri (*sing.* haléř) [heller]
Thaïlande	baht (ex. tical)	B	100 satang
Togo	franc CFA	FCFA	100 centimes
Trinité et Tobago	dollar de Trinité et Tobago	T&T $	100 cents
Tunisie	dinar tunisien	DTU	1 000 francs tunisiens ou millimes
Turquie	lira [livre turque]	£ TQ	100 kûrus
U. R. S. S.	rouble	RBL	100 kopecks
Uruguay	peso uruguayen	$ UR	100 centésimos
Venezuela	bolívar (*plur.* bolívares)	BOLV	100 céntimos
Viêt-nam du Nord	dông	DNH	10 hao de 10 xu
Viêt-nam du Sud	piastre vietnamienne	VN $	100 cents
Wallis-et-Futuna	franc CFP	FCFP	100 centimes
Yémen du Sud	dinar	SAD	1 000 fils
Yougoslavie	dinar (*plur.* *dinara*)	DIN	100 paras
Zaïre	zaïre	Z	100 makuta (*sing.* likuta) de 100 sengi
Zambie	kwacha	Kw	100 ngwee

monogramme [mɔnɔgram] n. m. Chiffre composé des lettres ou des principales lettres d'un nom. ‖ Chiffre ou signe que les artistes apposent au bas de leurs ouvrages.

monographie [mɔnɔgrafi] n. f. Description spéciale d'un seul objet. ‖ Etude limitée d'histoire, de géographie, de critique littéraire ou artistique, etc., portant sur une personne, sur une région.

monographique adj. Qui a le caractère d'une monographie.

monoïdéisme [mɔnɔideism] n. m. Etat de l'esprit occupé d'une seule idée.

monoïque [mɔnɔik] adj. (gr. *monos,* seul, et *oikos,* demeure). Se dit d'une plante à fleurs unisexuées, mais où chaque pied porte des fleurs mâles et des fleurs femelles, comme le maïs. (Contr. DIOÏQUE.)

monolingue [mɔnɔlɛ̃g] adj. et n. Qui ne parle qu'une langue.

monolinguisme [-gɥism] n. m. Etat d'une personne qui ne parle qu'une langue, ou d'un pays où une seule langue est parlée.

monolithe [mɔnɔlit] n. m. et adj. (gr. *monos,* seul, et *lithos,* pierre). Ouvrage formé d'un seul bloc de pierre : *les obélisques sont des monolithes.*

monolithique adj. D'un seul bloc (au *pr.* et au *fig.*) : *organisation monolithique.*

monolithisme n. m. Caractère de ce qui forme un bloc, un ensemble rigide, impénétrable : *le monolithisme des grands partis.*

monologue [mɔnɔlɔg] n. m. (gr. *monologos,* qui parle seul). Scène où un personnage de théâtre est seul et se parle à lui-même. ‖ Discours d'une personne qui se parle à elle-même : *les enfants, les distraits ont l'habitude du monologue.* ● *Monologue intérieur,* discours que l'on se tient intérieurement.

monologuer v. i. Parler seul.

monologueur n. m. Celui qui récite un monologue ou qui parle seul.

monomane [mɔnɔman] ou **monomaniaque** [-manjak] adj. et n. Atteint de monomanie.

monomanie n. f. Trouble mental dans lequel une seule idée semble absorber toutes les facultés de l'esprit. (On dit plutôt DÉLIRE OBSESSIONNEL.)

monôme [mɔnom] n. m. (gr. *monos,* seul, et *onoma,* nom). *Math.* Produit de nombres algébriques dont certains sont représentés par des lettres, les puissances marquant un groupement de facteurs égaux. ‖ Manifestation tumultueuse : *monôme d'étudiants.*

monomère adj. et n. *Chim.* Se dit d'un composé constitué de molécules simples. (S'oppose à *polymère.*)

monométallisme n. m. Système monétaire qui n'admet qu'un métal, l'or ou l'argent, pour étalon de monnaie légale. (S'oppose à *bimétallisme.*)

monométalliste adj. Relatif au monométallisme. ‖ — N. Partisan du monométallisme.

monomoteur adj. m. et n. m. Se dit d'un avion muni d'un seul moteur.

mononucléaire n. m. Globule blanc du sang, formé dans les ganglions lymphatiques (lymphocytes) ou dans le système réticulo-endothélial (monocytes).

mononucléose [mɔnɔnykleoz] n. f. Affection bénigne du sang, caractérisée par une augmentation du nombre des mononucléaires.

monophasé, e adj. et n. Se dit des tensions ou des courants alternatifs simples, ainsi que des appareils produisant ou utilisant ces courants. (S'oppose à *polyphasé.*)

monophysisme [mɔnɔfizism] n. m. Doctrine christologique du Vᵉ s., enseignée par Eutychès (m. v. 454), et qui ne reconnaît qu'une seule nature en Jésus-Christ. (Elle est professée par trois Eglises indépendantes : *Eglise arménienne, Eglise jacobite* de Syrie et *Eglise copte* d'Egypte et d'Ethiopie.)

monophysite adj. Relatif au monophysisme. ‖ — N. Qui professe le monophysisme.

monoplace adj. et n. m. A une place.

monoplan n. m. *Aéron.* Avion à un seul plan de sustentation.

monoplégie [mɔnɔpleʒi] n. f. Paralysie d'un seul membre.

monopole [mɔnɔpɔl] n. m. (gr. *monos,* seul, et *pôlein,* vendre). Privilège, légal ou de fait, que possède un individu, une compagnie, un gouvernement de fabriquer ou de vendre certaines choses, d'exploiter certains services, d'occuper certaines charges : *l'Etat possède le monopole des tabacs et allumettes.* ‖ *Fig.* Possession exclusive : *s'attribuer le monopole de la vertu.*

monopolisation n. f. Action de monopoliser.

monopoliser v. t. Réduire en monopole. ‖ *Fam.* Réserver pour son seul profit, accaparer.

Monopoly n. m. (marque déposée). Jeu de société où les joueurs doivent acquérir par concurrence des terrains et des immeubles jusqu'à en obtenir le « monopole ».

monopsone [mɔnɔpsɔn] n. m. Marché caractérisé par la présence d'un seul acheteur et d'une multitude de vendeurs.

monoptère [mɔnɔptɛr] adj. et n. m. (gr. *monos,* seul, et *pteron,* aile). *Archit.* Se dit d'un édifice circulaire dont la couverture n'est soutenue que par une colonnade sans mur.

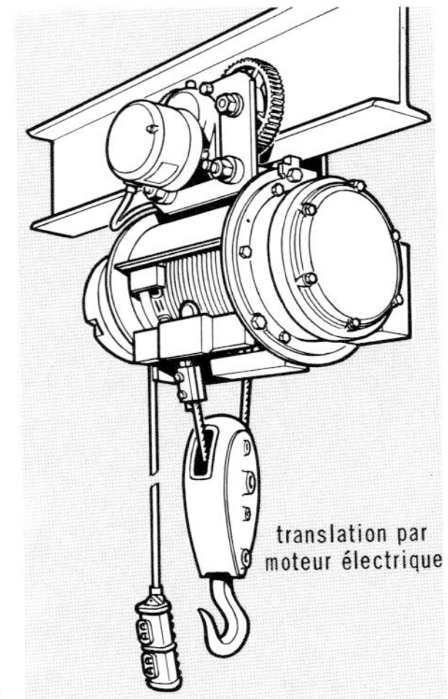

monorail

monorail adj. m. et n. m. Se dit d'un dispositif de chemin de fer n'utilisant qu'un seul rail de roulement, et de tous véhicules, palans et autres dispositifs se déplaçant sur un seul rail.

monorime adj. Dont les vers ont une seule rime.

monosaccharide [mɔnɔsakarid] n. m. *Chim.* Syn. de OSE.

monosépale adj. Dont le calice est d'une seule pièce : *fleur monosépale.*

monosperme adj. Se dit des fruits et des divisions de fruits qui ne contiennent qu'une seule graine.

monostyle adj. et n. m. Se dit d'une colonne à fût unique et isolé (par oppos. au pilier *fasciculé*).

monosyllabe n. m. Mot qui n'a qu'une seule syllabe.

monosyllabique adj. Qui n'a qu'une seule syllabe : *mot monosyllabique.* ‖ Qui ne contient que des monosyllabes : *vers monosyllabique* (comme ce vers de Racine, dans *Phèdre :*
Le jour n'est pas plus pur que le fond de mon cœur).

monosyllabisme n. m. Caractère des mots qui ne contiennent qu'une syllabe, et des langues formées exclusivement de ces mots : *le monosyllabisme chinois.*

monothéisme n. m. (gr. *monos,* seul, et *theos,* dieu). Doctrine qui n'admet qu'un seul Dieu : *le monothéisme juif.*

monothéiste adj. et n. Qui concerne ou professe le monothéisme.

monothélisme n. m. Doctrine christologique du VIIᵉ s., due au patriarche de Constantinople Serge († 638), qui, pour rallier les monophysites (v. MONOPHYSISME), professa l'existence d'une seule volonté en Jésus-Christ après l'union des deux natures. Le troisième concile de Constantinople (680-681) condamna cette hérésie.

monotone [mɔnɔtɔn] adj. (gr. *monos,* seul, et *tonos,* ton). Qui est presque toujours sur le même ton : *chant monotone.* ‖ *Fig.* Qui manque de variété, uniforme : *style monotone.* ● *Fonction monotone* (Math.), fonction n'ayant qu'un seul sens de variation : *la fonction linéaire est une fonction monotone.*

monotonie n. f. Uniformité ennuyeuse dans le ton de la voix, dans la diction. ‖ *Fig.* Manque de variété.

monotrace adj. *Aéron.* Se dit d'un train d'atterrissage dont les roues principales sont toutes situées dans l'axe du fuselage.

monotrèmes [mɔnɔtrɛm] n. m. pl. (gr. *monos,* seul, et *trêma,* pertuis). Petite sous-classe de mammifères très primitifs tels que l'ornithorynque, l'échidné et l'acanthoglosse. (Syn. PROTOTHÉRIENS.)
— ENCYCL. Strictement localisés en Australie, en Tasmanie et en Nouvelle-Guinée, les *monotrèmes* ne forment que trois genres, dont deux (échidné et acanthoglosse) sont très voisins. Ils unissent de nombreux caractères d'oiseaux (bec corné, os coracoïdes, cloaque, reproduction ovipare, absence totale d'utérus) avec quelques caractères de mammifères (poils, sécrétion lactée, os marsupiaux). Mais la poche marsupiale est réduite ou absente, les mamelles n'ont pas de mamelon, et la température interne ne dépasse pas 28 °C. Le mâle possède aux pattes de derrière un ergot venimeux paralysant, dont l'utilité est douteuse.
L'ornithorynque ressemble à un castor par ses pattes palmées, sa queue aplatie et ses mœurs aquatiques et fouisseuses. L'échidné et l'acanthoglosse ressemblent au hérisson par leur pelage épineux, au fourmilier par leur long bec et leur langue faite pour lécher les fourmis, à la taupe par leurs longues griffes et leur fouissage rapide.

monotype n. m. Yacht à voile, faisant partie d'une série de bateaux identiques, tous construits sur le même plan. (On y distingue notamment le « Finn » [un homme à bord], le « Flying Dutchman » et « Star » [deux hommes à bord], et le « Dragon » [trois hommes à bord].)

Monotype n. f. (marque déposée). *Arts graph.* Machine à composer en caractères séparés mobiles.

monovalent [mɔnɔvalɑ̃], **e** [-ɑ̃t] adj. *Chim.* Syn. de UNIVALENT.

Monpazier (24540), ch.-l. de c. de la Dordogne (arr. de Bergerac) ; 656 h.

Monreale, v. d'Italie (Sicile) ; 23 700 h. Admirable ensemble romano-byzantin du XIIᵉ s. : cathédrale enrichie de mosaïques et cloître.

Monroe (James), homme politique américain, né dans le comté de Westmoreland (Virginie) [1758-1831]. Ambassadeur à Paris (1794-1796), gouverneur de Virginie (1799-1802 et 1811), il fut secrétaire à la Guerre : en cette qualité, il mena avec énergie la « seconde guerre d'Indépendance » contre l'Angleterre (1814). Président des Etats-Unis en 1817, réélu en 1820, il inaugura l'ère dite « des bons sentiments ». Le compromis du Missouri (1820) apporta une solution à l'opposition du Nord et du Sud. Il se fit céder la Floride par l'Espagne (1819) et reconnut l'indépendance de l'Amérique latine. En 1823, dans son message au Congrès, il formula un ensemble de principes de politique étrangère connus sous le nom de « doctrine de Monroe », suivant lesquels l'ensemble du continent américain n'était plus susceptible de colonisation et serait protégé par les Etats-Unis ; ceux-ci, en compensation, se désintéresseraient des affaires européennes. Monroe se retira en 1824.

Monroe (Norma Jean BAKER, dite **Marilyn**), actrice de cinéma américaine, née à Los Angeles (1926-1962). Elle interpréta *Les hommes préfèrent les blondes* (1953), *Rivière sans retour* (1954), *Sept Ans de réflexion* (1955), *Certains l'aiment chaud* (1959), *les Misfits* (1961).

Monrovia, cap. du Liberia, sur l'Atlantique ; 81 000 h. C'est la plus grande ville et le principal port du pays.

Mons [mɔ̃s], v. de Belgique, ch.-l. du Hainaut ; 27 700 h. Collégiale Sainte-Waudru (XVᵉ s.). Nombreux monuments des XVIIᵉ-XVIIIᵉ s. Houille. Sidérurgie et métallurgie. Verrerie. Industries chimiques. Combats des Anglais contre les Allemands (août 1914).

Mons ou **Mons-en-Barœul** (59370), comm. du Nord (arr. et faubourg de Lille) ; 14 147 h. Textiles.

Monségur (33580), ch.-l. de c. de la Gironde (arr. de Langon) ; 1 630 h. (1 096 aggl.). Bastide du XIIIᵉ s.

monseigneur [mɔ̃sɛɲœr] n. m. Titre d'honneur donné aux princes, aux prélats, aux personnes d'une dignité éminente. ‖ Après Louis XIV, titre donné au Dauphin de France. (En ce sens, prend une majuscule.) ‖ Pl. *messeigneurs, nosseigneurs.*

Mons-en-Pévèle (59246), comm. du Nord (arr. de Lille) ; 1 921 h. (1 233 aggl.). Philippe le Bel y battit les Flamands en 1304.

monsieur [məsjø] n. m. (de *mon* et *sieur*). Titre donné, par civilité, à tout homme à qui l'on parle ou à qui l'on écrit. ‖ Nom que les domestiques donnent à leur maître : *monsieur est sorti.* ‖ Titre donné en France depuis la seconde moitié du XVIᵉ s. au frère puîné du roi. (En ce sens, prend une majuscule.) ● *Faire le monsieur,* faire l'homme d'importance. ‖ *Un vilain monsieur,* individu peu estimable. ‖ Pl. *messieurs.*

Monsieur (*paix de*) ou **paix de Loches,** paix signée en 1576 au château de Beaulieu, près de Loches, par l'intermédiaire du duc d'Alençon, chef des « Politiques ». Par ce traité, Henri III accordait certains avantages aux protestants.

Monsieur de Pourceaugnac, comédie-ballet de Molière, en 3 actes et en prose, musique de Lully (1669). Un hobereau limousin vient à Paris dans l'espoir d'épouser la fille d'Oronte, aimée du jeune Eraste. Celui-ci organise une série de mystifications qui dégoûtent Pourceaugnac de Paris et du mariage.

monsignore [mɔ̃siɲɔre] n. m. (mot ital. signif. *monseigneur*). Prélat du pape. ‖ Pl. des *monsignori.*

Monsigny (Pierre Alexandre), compositeur français, né à Fauquembergues (1729-1817), un des fondateurs de l'opéra-comique (*le Déserteur*).

Monsols (69860), ch.-l. de c. du Rhône (arr. de Villefranche-sur-Saône) ; 764 h. (423 aggl.).

monstre [mɔ̃str] n. m. (lat. *monstrum*). Etre présentant une malformation importante : *les frères siamois sont des monstres doubles.* (La science des monstres est la *tératologie.*) ‖ Etre fantastique qui figure dans la mythologie ou la légende : *Persée délivra Andromède du monstre qui la menaçait.* ‖ Personne tout à fait dénaturée : *monstre de cruauté.* ‖ Personne ou objet d'une laideur repoussante : *épouser un monstre.* ‖ Objet, être énorme : *les monstres marins.* ‖ — Adj. *Fam.* Prodigieux, colossal : *dîner monstre.*

Monstrelet (Enguerrand DE), chroniqueur français, né en Picardie (v. 1390-1453), auteur d'une *Chronique* qui s'étend de 1400 à 1444.

monstrueusement adv. Prodigieusement, excessivement.

monstrueux, euse adj. (lat. *monstruosus*). D'une conformation contre nature : *enfant monstrueux.* ‖ Prodigieux, extraordinaire : *grosseur monstrueuse.* ‖ — *Fig.* Excessif : *prodigalité monstrueuse.* ‖ Horrible : *crime monstrueux.*

monstruosité n. f. Caractère de ce qui est monstrueux. ‖ Chose monstrueuse : *ce meurtre est une monstruosité.*

mont [mɔ̃] n. m. (lat. *mons*). Relief d'importance très variable : *le mont des Cats n'est qu'une colline ; le mont*

Everest s'élève à 8 880 m. ‖ Forme structurale d'une région plissée, qui correspond à la couche dure d'un anticlinal. ● *Promettre monts et merveilles* (Fig.), faire des promesses exagérées.

montage n. m. Action de porter en haut. ‖ *Technol.* Action de monter, d'ajuster des pièces les unes avec les autres pour constituer un ensemble : *le montage d'une machine.* ‖ *Cin.* Choix et assemblage en une bande définitive des scènes qui ont été tournées pour un film.

Montagnac (34530), ch.-l. de c. de l'Hérault (arr. de Béziers) ; 3 021 h.

Montagnais, tribus indiennes du Canada, qui peuplaient la rive gauche du Saint-Laurent, la région du Saguenay et du lac Saint-Jean.

montagnard, e adj. et n. Qui est de la montagne, habite les montagnes.

Montagnards n. m. pl. Sous la Convention, groupe de députés qui siégeaient à gauche et sur les bancs les plus élevés de l'Assemblée.
— ENCYCL. Les *Montagnards* les plus connus furent Desmoulins, Saint-Just, Collot d'Herbois, Couthon, mais surtout Danton, Marat et Robespierre. Membres des clubs des Jacobins et des Cordeliers, députés de Paris ou des villes et opposés aux Girondins, ils voulaient un régime centralisateur accordant le rôle essentiel à Paris. Ils imposèrent la création du Tribunal révolutionnaire et du Comité de salut public (1793), et s'emparèrent du pouvoir après le départ des Girondins (2 juin 1793). Ils furent entraînés dans la chute de Robespierre (9 Thermidor an II).

montagne [mɔ̃taɲ] n. f. (du lat. *mons,* mont). Forme de relief caractérisée par son altitude relativement élevée (l'opposant à la *plaine*) et par une topographie accidentée (la distinguant du *haut plateau*), et résultant généralement de la forte dénivellation entre sommets et fonds de vallée. (V. *encycl.*) ‖ Amoncellement important, grand amas d'objets : *une montagne de livres.* ‖ *Absol.* Les députés montagnards. ● *Montagnes russes,* série de montées et de descentes rapides sur lesquelles on se laisse glisser dans une sorte de traîneau.
— ENCYCL. La formation de la *montagne* (orogenèse) peut provenir d'une fracture de l'écorce terrestre dénivelant deux blocs (la partie surélevée constituant la montagne) ou survenir à la suite d'une éruption volcanique. Plus fréquemment, elle résulte du soulèvement et du plissement de sédiments accumulés dans un géosynclinal*, provoqués par des poussées latérales. Les chaînes de plissement constituent ainsi de vastes ensembles à la surface terrestre, définis selon la date de leur édification, qui explique aussi souvent leur topographie : altitudes relativement basses et formes lourdes des *montagnes primaires* (Vosges, Appalaches, etc.), soumises à une très longue érosion ; altitudes élevées et topographie fréquemment très contrastée des *montagnes tertiaires* (Rocheuses et Andes, chaînes alpines, des Pyrénées à la Nouvelle-Guinée en passant par l'Himalaya), dont la formation se poursuit encore localement. L'altitude entraîne une augmentation des précipitations et un abaissement de la température (de l'ordre de 1 °C pour 180 m). Le climat et le relief expliquent la densité généralement faible du peuplement, accentuée aujourd'hui par l'évolution de la structure de l'économie et l'urbanisation. La montagne, du moins dans les pays développés, tend à devenir une zone de loisirs (parcs naturels et surtout stations de sports d'hiver [Alpes notamment]), fournissant aussi une partie de l'électricité (hydroélectricité), dont la production est favorisée par les conditions naturelles.

Montagne (LA) [44620], comm. de la Loire-Atlantique (arr. de Saint-Nazaire), sur la rive gauche de la Loire ; 5 089 h.

Montagne Blanche (la), colline voisine de Prague. Victoire des Impériaux sur les Tchèques (1620).

Montagne Noire, massif montagneux de la bordure méridionale du Massif central, culminant au pic de Nore (1 210 m). — Ligne de hauteurs de la Bretagne occidentale, culminant au Menez Hom (330 m).

montagneux, euse adj. Où il y a beaucoup de montagnes.

Montagrier (24350 Tocane St Apre), ch.-l. de c. de la Dordogne (arr. de Périgueux) ; 411 h. Eglise romane.

Montagu (Jean DE), grand maître de France (v. 1349-1409), surintendant des Finances sous Charles VI, ami du duc d'Orléans, décapité sur l'ordre de Jean sans Peur.

Montaigne [mɔ̃tɛɲ] (Michel EYQUEM DE), écrivain français, né au château de Montaigne (auj. dans la comm. de Saint-Michel-de-Montaigne, Dordogne) [1533-1592]. Son père, héritier d'une famille de négociants, et qui avait décidé de vivre en gentilhomme, donna à son fils une éducation solide (le précepteur allemand Horstanus ne parlait à son élève qu'en latin), puis le fit entrer à Bordeaux au collège de Guyenne. Conseiller à la cour des aides de Périgueux (1554), puis au parlement de Bordeaux (1557), Michel de Montaigne rencontre Etienne de La Boétie, dont il devient l'ami intime. Mais, sans enthousiasme pour ses fonctions, il fréquente la Cour et, à la mort de son père, s'empresse de vendre sa charge. Il débute dans les lettres par deux œuvres de piété : la traduction (1569) de la *Theologia naturalis* de Raymond de Sebonde, entreprise à la demande de son père ; l'édition (1571) des œuvres de La Boétie, mort en 1563. Retiré dans la bibliothèque de son château, sa « librairie », il lit, médite et fixe ses réflexions par écrit. Ainsi se font peu à peu ses *Essais**, dont la première édition paraît en 1580.
Pendant un voyage (juin 1580-nov. 1581) qu'il relate dans son *Journal de voyage* (publié en 1774) et qui le mène aux eaux de Plombières et de Bade, puis à Rome, où il reçoit des lettres de bourgeoisie, il apprend son élection comme maire de Bordeaux. Dès son retour, il prépare une deuxième édition des *Essais,* qui paraissent accrus de nombreuses additions et d'un troisième livre (1588). Ses dernières années, marquées par un voyage à Paris, au cours duquel il est dévalisé, puis embastillé, sont consacrées à la mise au point d'une nouvelle édition de son œuvre, qui fut publiée en 1595, par les soins de P. de Brach et de Mlle de Gournay, sa « fille d'alliance ».

Montaigu (85600), ch.-l. de c. de la Vendée (arr. de La Roche-sur-Yon) ; 3 234 h. (*Montaigusiens* ou *Montacutains*). Théâtre de deux batailles en 1793.

Montaigu-de-Quercy (82150), ch.-l. de c. de Tarn-et-Garonne (arr. de Castelsarrasin) ; 1 657 h. (676 aggl.).

Montaigut-en-Combraille (63700 St Eloy les Mines), ch.-l. de c. du Puy-de-Dôme (arr. de Riom) ; 1 681 h.

montaison n. f. Migration par laquelle les saumons quittent l'eau salée pour remonter dans l'eau douce, où a lieu le frai. ‖ Saison pendant laquelle a lieu cette migration.

Montalembert (Marc René, *marquis* DE), général et ingénieur militaire français, né à Angoulême (1714-1800). Précurseur de la fortification du XIXe s., il préconisa l'abandon du système de Vauban et l'adoption du tracé polygonal.

Montalembert (Charles FORBES, *comte* DE), homme politique français, né à Londres (1810-1870). Gentilhomme libéral, il fut l'un des disciples de La Mennais, avec qui il rompit lorsque ce dernier fut condamné par Rome (1834). Membre de la Chambre des pairs à partir de 1835, il se posa en chef du catholicisme libéral et en défenseur de la liberté de l'enseignement. Cependant, député en 1848, il se rejeta vers les conservateurs après les journées de Juin et soutint le prince-président. Après le coup d'Etat de 1851, il passa dans l'opposition et prit en main *le Correspondant,* organe du catholicisme libéral. Il fut en butte aux attaques des catholiques « intégraux », et notamment de Louis Veuillot (*l'Univers*). Après son intervention au congrès catholique de Malines, il fut désapprouvé par Pie IX (1863). Il a laissé de nombreux ouvrages hagiographiques et d'histoire médiévale, notamment *les Moines d'Occident* (1860-1877). [Acad. fr.]

Montalieu-Vercieu (38390), comm. de l'Isère (arr. de La Tour-du-Pin) ; 1 842 h. Carrières. Cimenterie.

Montalivet (33930 Vendays Montalivet), station balnéaire de la côte landaise (comm. de Vendays, Gironde).

Montalivet (Jean-Pierre BACHASSON, *comte* DE), homme politique français, né à Neunkirch-lès-Sarreguemines (1766-1823). Sous l'Empire, il fut directeur général des Ponts et Chaussées (1806) et ministre de l'Intérieur (1809-1814). Il fut intendant de la Couronne aux Cent-Jours et siégea avec les Constitutionnels sous la Restauration. — Son fils MARTHE CAMILLE, né à Valence (1801-1880), fut plusieurs fois ministre de l'Intérieur sous la monarchie de Juillet. Il fut l'exécuteur testamentaire de Louis-Philippe.

Montalvo (Juan), écrivain équatorien, né à Ambato (v. 1833-1889). Ses pamphlets contribuèrent à la chute du dictateur García Moreno. Il a écrit, dans le castillan le plus pur, de nombreux essais philosophiques et critiques (*les Sept Traités,* 1883 ; *Essai d'imitation d'un livre inimitable ou les Chapitres oubliés par Cervantès,* 1895).

Montana, un des Etats unis d'Amérique ; 702 000 h. Cap. *Helena.* A la frontière canadienne, le Montana s'étend à l'est sur l'extrémité nord-occidentale des Grandes Plaines (où dominent les cultures du blé et de l'orge), à l'ouest sur les Rocheuses (élevage bovin et ovin). Le sous-sol recèle du cuivre et du pétrole. Le tourisme assure d'importants revenus complémentaires.

Montana-Vermala, station de sports d'hiver de Suisse, dans le Valais (alt. 1 500-2 600 m).

Montand (Ivo LIVI, dit **Yves**), chanteur et acteur français d'origine italienne, né à Monsummano (Toscane) en 1921. Il a créé de nombreuses chansons et, au cinéma, a interprété *les Portes de la nuit* (1945), *le Salaire de la peur* (1953), *La guerre est finie* (1965), *Vivre pour vivre* (1967), *Un soir, un train* (1968), *Z* (1968), *l'Aveu* (1970), *César et Rosalie* (1972), *Etat de siège* (1972).

Montaigne
par Étienne de Martellange
coll. part.

Montaner (64460 Pontiacq Villepinte), ch.-l. de c. des Pyrénées-Atlantiques (arr. de Pau) ; 391 h.

montanisme [mɔ̃tanism] n. m. Doctrine religieuse du IIe s., due à Montanus. (La secte des montanistes, très austère, faisait une grande place au prophétisme et à la parousie. Combattue par l'Eglise de Rome, elle disparut au Ve s.)

montaniste adj. Relatif au montanisme. ‖ — Adj. et n. Qui est partisan du montanisme.

Montansier (Marguerite BRUNET, dite **Mlle**), directrice de théâtre française, née à Bayonne (1730-1820). Elle dirigea notamment le théâtre de Versailles, pour qui elle fit construire la salle (1777) qui est aujourd'hui le théâtre Montansier, puis fonda les Variétés (1790) et le théâtre Louvois (1793). Napoléon la chargea de réorganiser l'opéra italien.

montant [mɔ̃tɑ̃] n. m. Pièce de bois ou de métal posée verticalement, dans un ouvrage de menuiserie ou de serrurerie, et servant de soutien ou de remplissage. ‖ Chacune des deux pièces dans lesquelles s'enchâssent les barreaux d'une échelle. ‖ Total d'un compte : *le montant d'une note d'hôtel.* ‖ Partie de la bride qui va du mors à la cocarde. ‖ Goût relevé. ‖ Odeur forte et pénétrante : *vin qui a du montant.*

montant, e adj. Qui monte : *marée montante.* ‖ Qui va en montant : *chemin montant.*

Montanus ou **Montan,** hérétique phrygien (IIe s.), auteur d'une doctrine appelée *montanisme**.

Montargis (45200), ch.-l. d'arr. du Loiret, sur le Loing ; 19 891 h. (*Montargois*). Eglise gothique et Renaissance. Château. Constructions mécaniques et électriques. — L'arr. a 10 cant., 127 comm., 126 062 h.

Montastruc-la-Conseillère (31380), ch.-l. de c. de la Haute-Garonne (arr. de Toulouse) ; 1 357 h. Château Louis XIII.

Montataire (60160), ch.-l. de c. de l'Oise (arr. de Senlis) ; 10 020 h. Sidérurgie. Matériel agricole.

Montauban (82000), ch.-l. du dép. de Tarn-et-Garonne, sur le Tarn, à 630 km au sud de Paris ; 48 555 h. (33 945 aggl.) [*Montalbanais*]. Centre expéditeur de primeurs, fruits et volailles. Constructions électriques. Montauban résista héroïquement à Luynes en 1621. Patrie de Le Franc de Pompignan, Ingres, Bourdelle. — L'arr. a 14 cant., 92 comm., 115 250 h.
● *Beaux-arts.* La ville possède une cathédrale de style classique (XVIIe-XVIIIe s.) comme la jolie place Nationale, à arcades, l'église Saint-Jacques (XIVe s.) et le musée Ingres (peintures et dessins du maître ; peintures italiennes et flamandes).

Montauban ou **Montauban-de-Bretagne** (35360), ch.-l. de c. d'Ille-et-Vilaine (arr. de Rennes) ; 3 071 h.

Montausier (Charles DE SAINTE-MAURE, *marquis,* puis *duc* DE), gentilhomme français (1610-1690). Il fréquenta l'hôtel de Rambouillet et courtisa pendant quatorze ans la fille de la marquise, qu'il épousa après avoir abjuré le protestantisme (1645). Il fut gouverneur du Dauphin (1668-1679). — Pour sa future femme, Julie **d'Angennes,** née à Paris (1607-1671), il fit composer la *Guirlande* de Julie.*

Montbard (21500), ch.-l. d'arr. de la Côte-d'Or, sur le canal de Bourgogne ; 7 333 h. (*Montbardois*). Métallurgie. Patrie de Buffon. — L'arr. a 12 cant., 254 comm., 73 222 h.

Montbarrey (39340), ch.-l. de c. du Jura (arr. de Dole) ; 281 h. Vestiges d'un château fort.

Montbazens [-zɛ̃s] (12220), ch.-l. de c. de l'Aveyron (arr. de Villefranche-de-Rouergue) ; 1 171 h. (746 aggl.).

Montbazon (37250), ch.-l. de c. d'Indre-et-Loire (arr. de Tours), sur l'Indre ; 1 903 h. Ruines d'un château du XIe s.

Montbéliard (25200), ch.-l. d'arr. du Doubs, sur le canal du Rhône au Rhin ; 25 240 h. (*Montbéliardais*). [L'agglomération compte 114 670 h.] Château (XVe-XVIIIe s.). Musées. Centre métallurgique. Patrie de Cuvier. — L'arr. a 9 cant., 209 comm., 176 231 h.

Montbenoît (25650), ch.-l. de c. du Doubs (arr. de Pontarlier), sur le Doubs ; 205 h. Anc. abbatiale (XIIe-XVIe s.).

mont-blanc n. m. Gâteau aux marrons, couronné de crème fouettée. ‖ Pl. des *monts-blancs.*

Montbozon (70230), ch.-l. de c. de la Haute-Saône (arr. de Vesoul) ; 468 h.

Montbrison (42600), ch.-l. d'arr. de la Loire, sur le Vizezy, s.-affl. de la Loire ; 10 123 h. (*Montbrisonnais*). Eglise des XIIIe-XVe s. ; salle du chapitre du XIVe s. Musée. Métallurgie. — L'arr. a 10 cant., 140 comm., 119 828 h.

Montbron (16220), ch.-l. de c. de la Charente (arr. d'Angoulême) ; 2 383 h. (1 445 aggl.). [*Montbronnais*].

Montbrun (Charles DE), homme de guerre français, né à Montbrun (v. 1530-1575). Chef des huguenots du Dauphiné, capturé à Moncontour, il fut décapité malgré l'intervention du duc de Guise.

Montcalm (*pic de*), sommet des Pyrénées ariégeoises ; 3 080 m.

Montcalm de Saint-Véran (Louis, *marquis* DE), général français, né au château de Candiac, près de Nîmes

Phot. Larousse.

(1712-1759). Il lutta glorieusement au Canada contre les Anglais, s'emparant du fort d'Oswego (1756) et du fort William Henry (1757), et contenant l'ennemi près du fort Carillon (1758), mais fut tué en défendant Québec.

Montceau-les-Mines (71300), ch.-l. de c. de Saône-et-Loire (arr. de Chalon-sur-Saône), sur la Bourbince; 27 486 h. (18 622 aggl.) [*Montcelliens*]. L'agglomération compte 50 654 h. Bassin houiller. Constructions mécaniques. Bonneterie.

Montcenis (71710), ch.-l. de c. de Saône-et-Loire (arr. d'Autun); 2 201 h. (2 113 aggl.). Eglise gothique.

Montchanin (71210), ch.-l. de c. de Saône-et-Loire (arr. de Chalon-sur-Saône); 6 408 h. Métallurgie.

Montchrestien (Antoine DE), auteur dramatique et économiste français, né à Falaise (v. 1575-1621). Il mena une existence aventureuse, dut s'exiler en Angleterre, établit des aciéries à Châtillon-sur-Loire, se mêla à l'insurrection protestante et fut tué alors qu'il tentait de soulever la basse Normandie. Il publia un tableau de l'état économique de la France au début du XVIIe s. (*Traité de l'économie politique,* 1615). Il fit représenter (*Sophonisbe,* 1596) ou publier (*l'Ecossaise,* 1601) plusieurs tragédies qui mêlent les situations pathétiques aux tirades élégiaques et dont il corrigea le style suivant les conseils de Malherbe.

Montcuq [-kyk] (46800), ch.-l. de c. du Lot (arr. de Cahors); 1 195 h. (746 aggl.) [*Montcuquois*]. Ruines de fortifications. Donjon.

Mont-Dauphin (05600 Guillestre), comm. des Hautes-Alpes (arr. de Briançon); 74 h. Forteresse à la Vauban, dominant le confluent de la Durance et du Guil.

Mont-de-Marsan (40000), ch.-l. du dép. des Landes, au confluent du Midou et de la Douze, à 695 km au sud-ouest de Paris; 22 749 h. (*Montois*). Monument aux morts par Despiau. Musée. Constructions mécaniques. Industries du bois. Base aérienne militaire. — L'arr. a 16 cant., 179 comm., 139 533 h.

mont-de-piété n. m. (ital. *monte di pietà,* banque de charité). Etablissement public communal, appelé généralement *caisse de crédit municipal,* et qui prête de l'argent à intérêt moyennant la mise en gage d'un objet mobilier. || Pl. des *monts-de-piété.*

Montdidier (80500), ch.-l. d'arr. de la Somme, sur une colline; 6 105 h. (*Montdidériens*). Tannerie. — L'arr. a 5 cant., 138 comm., 48 895 h. En mars 1918, Hindenburg et Ludendorff tentèrent un suprême assaut à la jonction des armées française et anglaise. Mais Foch enraya l'offensive et, le 8 août, appelé par Ludendorff « le jour de deuil de l'armée allemande », lança la contre-offensive de Picardie avec les armées Rawlinson, Debeney et Humbert. La poche de Montdidier fut réduite en vingt jours.

mont-d'or n. m. Fromage voisin du munster, fabriqué dans le Doubs. || Pl. des *monts-d'or.*

Mont-Dore (*massif du*), ou **monts Dore** (les), massif volcanique le plus élevé du Massif central, en Auvergne; 1 886 m au *puy de Sancy.*

Mont-Dore (LE) [63240], comm. du Puy-de-Dôme (arr. de Clermont-Ferrand); 2 419 h. (*Montdoriens*). Station thermale pour l'asthme. Les eaux chlorobicarbonatées sodiques, fortement carbogazeuses et radio-actives, sont employées en boissons, inhalations (humages), demi-bains et douches. Le coryza spasmodique, les laryngites et trachéites bénéficient, comme l'asthme, de la cure. Sports d'hiver (alt. 1 050-1 779 m).

monte n. f. Action, manière de monter à cheval. || Accouplement, pour certains animaux domestiques.

Monte (Philippus DE), un des maîtres flamands de la musique polyphonique, né à Malines (1521-1603), auteur de messes, motets et madrigaux; il a excellé dans le genre du madrigal à travers une quarantaine de livres. Il a été pendant trent-cinq ans le maître de chapelle de la Cour impériale.

monté, e adj. Pourvu : *être bien monté en vêtements.* || Exalté : *avoir la tête montée.* ● *Coup monté,* coup préparé à l'avance et en secret. || *Etre bien, mal monté,* avoir un bon, un mauvais cheval. || *Etre monté,* être en colère : *ce professeur est très monté contre cet élève.* || *Troupes montées,* armes qui utilisaient autrefois le cheval (artillerie, cavalerie, train).

Montebello, village d'Italie (Lombardie). Les Autrichiens y furent vaincus par Lannes en 1800 et par le général Forey en 1859.

Montebourg (50310), ch.-l. de c. de la Manche (arr. de Cherbourg); 2 318 h.

Monte-Carlo, quartier de la principauté de Monaco, où se trouve le casino.

Montecatini Terme, station thermale d'Italie (Toscane); 17 800 h.

Montech (82700), ch.-l. de c. de Tarn-et-Garonne (arr. de Montauban), sur le canal latéral à la Garonne; 2 538 h. (1 702 aggl.). Eglise du XIVe s.

monte-charge n. m. inv. Appareil servant à monter des fardeaux d'un étage à l'autre.

Montéclair (Michel PIGNOLET DE), compositeur français, né à Andelot (v. 1667-1737). Il a rapporté la contrebasse d'Italie et il est l'auteur de cantates et de l'opéra biblique *Jephté.* On lui doit plusieurs méthodes pour apprendre la musique.

Montecristo, îlot italien situé au sud de l'île d'Elbe, rendu célèbre par un roman d'Alexandre Dumas père.

Montcalm de Saint-Véran

Montesquieu par J.-B. Lemoyne *musée de Bordeaux*

Monte-Cristo (*le Comte de*). V. COMTE DE MONTE-CRISTO (*le*).

Montecuccoli ou **Montecucculi** (Raimondo, *prince* DE), maréchal italien, né près de Modène (1609-1680). Au service des Habsbourg, puis du roi de Pologne, il fut l'adversaire de Turenne.

montée [mɔ̃te] n. f. Action de monter. || Chemin par lequel on monte au sommet d'une éminence : *gravir une montée.* || Trajectoire d'un avion, d'une fusée qui s'élève. ● *Montée de lait,* afflux de lait aux seins, aux mamelles. (Elle se produit quarante-huit heures après l'accouchement, parfois plus tard.) || *Montée d'une voûte* (Archit.), hauteur comprise entre la clef et le plan des naissances.

Montegnée, comm. de Belgique (Liège); 12 000 h. Houille.

Montélimar (26200), ch.-l. de c. de la Drôme (arr. de Valence), sur le Roubion, affl. du Rhône; 27 483 h. (23 831 aggl.) [*Montiliens*]. Château. Nougats. Canal de dérivation du Rhône et aménagement hydro-électrique.

Montemayor (Jorge DE), écrivain espagnol d'origine portugaise, né à Montemor-o-Velho (Portugal) [v. 1520-1561]. Il est l'auteur d'un *Cancionero* et d'un roman pastoral (*la Diane,* 1559), qui exerça une influence sensible sur l'évolution du genre dans la littérature européenne.

Montembœuf (16310), ch.-l. de c. de la Charente (arr. de Confolens); 756 h. (293 aggl.). Tumulus.

Montemolín (Charles, *comte* DE). V. CHARLES DE BOURBON.

Montendre (17130), ch.-l. de c. de la Charente-Maritime (arr. de Jonzac); 2 908 h.

monténégrin [mɔ̃tenegrɛ̃], **e** [-in] adj. et n. Du Monténégro.

Monténégro, l'une des républiques fédérées de la Yougoslavie; 13 812 km²; 527 000 h. (*Monténégrins*). Cap. *Titograd.*

● *Histoire.* Après la défaite serbe devant les Turcs à Kosovo (1389), le Monténégro se détacha de la Serbie; de 1516 à 1852, il fut gouverné par un prince-évêque. En 1852, Danilo sécularisa le pouvoir et rendit son pays complètement indépendant vis-à-vis de la Porte en vainquant les Turcs (1853 et 1858). Le Monténégro s'accrut lors du traité de Berlin (1878) et fut érigé en royaume par Nicolas Ier en 1910. Après avoir combattu aux côtés des Alliés, il fut annexé à la Yougoslavie après la Première Guerre mondiale. En 1945, il est devenu l'une des six républiques de la Fédération yougoslave.

Montenotte, village d'Italie (comm. de *Cairo-Montenotte,* Ligurie), sur la Bormida. Victoire de Bonaparte sur les Autrichiens (1796).

monte-pente n. m. Syn. de REMONTE-PENTE* et de TÉLÉSKI.

Montépin (Xavier DE), écrivain français, né à Apremont (Haute-Saône) [1823-1902]. Il est l'auteur de romans-feuilletons et de drames populaires (*les Chevaliers du lansquenet,* 1847; *la Porteuse de pain,* 1884).

monte-plats n. m. inv. Monte-charge hissant les plats de la cuisine à la salle à manger.

monter [mɔ̃te] v. i. (du lat. *mons,* mont) [se conj. avec l'auxil. *être,* sauf quand il signifie « atteindre un niveau, un prix, etc., plus élevé »]. Se transporter en un lieu plus élevé : *il est monté à sa chambre; monter sur un arbre.* || Se placer dans un véhicule, sur un animal : *monter en avion, à cheval.* || S'élever, avoir telle ou telle élévation : *la tour Eiffel monte à plus de trois cents mètres.* || S'accroître en hauteur, augmenter de niveau : *la rivière a monté de plusieurs centimètres.* || Aller en montant : *le terrain monte.* || Passer du grave à l'aigu : *la voix monte par tons et demi-tons.* || — *Fig.* Avoir de l'avancement : *monter en grade.* || Atteindre un taux, un prix plus élevé : *les denrées alimentaires ont monté.* || Former un total de : *la dépense monte à mille francs.* ● *Monter sur le trône,* devenir roi. || — V. t. (se conj. avec l'auxil. *avoir*). Gravir, parcourir de bas en haut : *monter un escalier.* || Transporter en un lieu plus élevé : *monter du foin au grenier.* || Ajuster, assembler : *monter une machine.* || Battre des blancs d'œufs pour en augmenter le volume. || Mettre en état de fonctionner : *monter un ressort.* || Etre sur : *monter un cheval.* || Fournir de toutes les choses nécessaires : *monter sa maison.* || Enchâsser dans une garniture : *monter un diamant.* || *Fig.* Préparer, organiser : *monter une entreprise.* || — Syn. : ESCALADER, GRAVIR, GRIMPER. ● *Monter la garde,* assurer un service de sentinelle. || *Monter la tête,* exciter. || **— Se monter** v. pr. Se pourvoir de : *se monter en linge.* ● *Se monter la tête,* s'exciter soi-même, s'exalter.

Montereau-faut-Yonne ou **Montereau** (77130), ch.-l. de c. de Seine-et-Marne (arr. de Provins), au confl. de la Seine et de l'Yonne; 19 809 h. (*Monterelais*). Eglise (XIVe-XVIe s.). Métallurgie. Jean sans Peur y fut assassiné en 1419. Victoire de Napoléon Ier sur les Alliés en 1814.

Montería, v. du nord-ouest de la Colombie; 126 000 h.

Monterrey, v. du Mexique septentrional; 954 700 h. Troisième ville du pays, c'est un important centre industriel (sidérurgie, raffinage du pétrole, chimie).

monte-sac n. m. ou **monte-sacs** n. m. inv. Appareil servant à monter des sacs.

Montespan (Françoise Athénaïs DE ROCHECHOUART, *marquise* DE), née à Lussac-les-Châteaux (Poitou) [1640-1707]. Dame d'honneur de la reine, elle devint en 1667 la favorite de Louis XIV, à qui elle donna huit enfants, dont six furent légitimés. Compromise dans l'Affaire des poisons, elle se retira dans un couvent.

Montesquieu (Charles DE SECONDAT, *baron* DE LA BRÈDE et DE), écrivain français, né au château de La Brède, près de Bordeaux (1689-1755). Issu d'une famille de magistrats bordelais, il entre au collège des oratoriens de Juilly et, après des études de droit, devient conseiller au parlement de Bordeaux (1714), puis président à mortier (1716). Membre de l'académie locale, il se signale par ses communications sur des sujets historiques (*Dissertation sur la politique des Romains,* 1716) et scientifiques (*l'Echo, les Maladies rénales,* 1718), et tourne bientôt son esprit d'analyse vers l'étude des phénomènes sociaux : le succès des *Lettres* persanes* (1721) lui ouvre les salons parisiens, qu'il fréquente assidûment, sans cesser d'administrer son domaine familial ni d'écrire (*le Temple de Gnide,* 1725). Il vend cependant sa charge en 1726 et, peu après son élection à l'Académie française (1727), entreprend un voyage à travers l'Autriche, l'Italie, l'Allemagne, la Hollande et l'Angleterre. Ses notes de voyage, contenues dans les cahiers publiés en 1899 sous le titre *Mes pensées* et jointes à ses réflexions sur la philosophie de l'histoire, inspirent son essai *Considérations sur les causes de la grandeur des Romains et de leur décadence* (1734), qui annonce l'œuvre magistrale, à laquelle il travaillera encore quatorze ans (*De l'esprit des lois,* 1748). Ce livre, qui connaît vingt-deux éditions en deux ans, suscite cependant de violentes critiques, aussi bien des jésuites que des jansénistes, et sera condamné par la Sorbonne, puis censuré à Rome. Les dernières années de la vie de Montesquieu sont attristées par une cécité presque totale : il n'écrit plus guère qu'un roman oriental (*Arsace et Isménie,* publié en 1783) et l'article *Goût* pour l'*Encyclopédie* de Diderot, tout en se tenant à l'écart des encyclopédistes. Respecté de tous ses contemporains, il a jeté les bases des sciences sociales et économiques, et fut à l'origine des doctrines constitutionnelles libérales qui reposent sur la séparation des pouvoirs législatif, exécutif et judiciaire.

Montesquieu-Volvestre (31310), ch.-l. de c. de la Haute-Garonne (arr. de Muret); 1 969 h. (1 364 aggl.). Eglise du XIVe s. Halles du XVIe s.

Montesquiou (32320), ch.-l. de c. du Gers (arr. de Mirande), en Armagnac; 645 h. Château ruiné.

Montesquiou (Pierre DE), comte D'ARTAGNAN. V. ARTAGNAN (*d'*).

Montesquiou-Fezensac (Anne Pierre, *marquis* DE), général français, né à Paris (1739-1798). Maréchal de camp (1780), il rétablit l'ordre à Avignon et occupa la Savoie (1792). [Acad. fr.]

Montesson (78360), comm. des Yvelines (arr. de Saint-Germain-en-Laye); 9 413 h.

Montessori (Maria), pédagogue italienne, née à Chiaravalle, près d'Ancône (1870-1952). Elle a mis au point et expérimenté une méthode destinée à développer par des exercices attrayants le goût de l'ordre et la mémoire des sens chez les jeunes enfants.

Montet (LE) [03240], ch.-l. de c. de l'Allier (arr. de Moulins); 583 h.

Phot. Larousse, Giraudon.

Monteverdi peinture anonyme *musée provincial du Tyrol Innsbruck*

Montevideo

reconstitution de la première ascension de la **montgolfière**

monteur, euse n. Ouvrier, ouvrière qui assemble les diverses pièces constitutives d'un ensemble. ‖ Ouvrier qui effectue les assemblages en atelier en vue d'un montage ultérieur sur le chantier. ‖ Spécialiste chargé du montage des films cinématographiques.

Monteux (84170), comm. de Vaucluse (arr. de Carpentras); 5 891 h. (3 562 aggl.). Pyrotechnie. Primeurs.

Monteverdi (Claudio), compositeur italien, né à Crémone (1567-1643), un des créateurs de l'opéra en Italie, auteur d'*Orfeo* (1607), d'*Arianna* (1608), du *Retour d'Ulysse* (1641), du *Couronnement de Poppée* (1642) et de neuf livres de madrigaux et cantates, qui ont, pour une part, révolutionné le langage musical. Il fut au service des Gonzague à Mantoue, puis maître de chapelle de Saint-Marc de Venise; il a laissé, dans le domaine de la musique religieuse, à côté de messes polyphoniques traditionnelles, des psaumes et des vêpres d'un style concertant très neuf (*Vêpres de la Vierge,* 1610).

Montevideo, cap. de l'Uruguay, sur la rive nord du río de la Plata; 1 203 700 h. Peuplée de moins de 60 000 h. au milieu du XIXe s., Montevideo se développa avec l'exportation massive des laines à partir de 1860 et regroupe aujourd'hui dans son agglomération la moitié de la population de l'Uruguay, dont elle effectue les trois quarts du commerce extérieur. Le trafic portuaire est à l'origine de l'industrie (frigorifiques, tanneries, textiles), s'ajoutant aux fonctions classiques d'une capitale, centre politique, commercial, intellectuel (université) et religieux (archevêché).

Monteynard (38135 La Motte St Martin), comm. de l'Isère (arr. de Grenoble); 174 h. Centrale hydro-électrique sur le Drac.

Montezuma. V. MOCTEZUMA.

Montfaucon (49230), ch.-l. de c. de Maine-et-Loire (arr. de Cholet); 738 h.

Montfaucon (55270 Varennes en Argonne), ch.-l. de c. de la Meuse (arr. de Verdun); 353 h. Pendant la Première Guerre mondiale, en septembre 1918, les Français et les Américains y remportèrent une victoire qui libéra l'Argonne.

Montfaucon, localité située jadis hors de Paris, entre La Villette et les Buttes-Chaumont, où s'élevait un gibet construit au XIIIe s.

Montfaucon (Bernard DE), savant bénédictin, né au château de Soulage (Languedoc) [1655-1741]. Il fut l'un des plus brillants érudits de la Congrégation de Saint-Maur.

Montfaucon-en-Velay (43290), ch.-l. de c. de la Haute-Loire (arr. d'Yssingeaux); 1 243 h. Anc. cap. du Velay.

Montfermeil (93370), ch.-l. de c. de la Seine-Saint-Denis (arr. du Raincy); 21 178 h. Métallurgie.

Montferrand, faubourg de Clermont-Ferrand. Vieilles maisons.

Montferrat (*maison* DE), famille lombarde, issue d'ALERAN, Ier marquis **de Montferrat** (m. v. 991). — Son plus célèbre représentant est Boniface **de Montferrat** (m. en 1207), roi de Thessalonique (1204-1207), l'un des chefs de la 4e croisade.

Montfort (35160) ou **Montfort-sur-Meu,** ch.-l. de c. d'Ille-et-Vilaine (arr. de Rennes); 3 206 h. (2 563 aggl.) [*Montfortais*]. Abattoir.

Montfort (Simon IV *le Fort, sire* DE), seigneur français (v. 1150-1218). Chef de la croisade contre les albigeois, il remporta la victoire de Muret (1213), mais fut tué au siège de Toulouse. — Son fils aîné, AMAURY VI, comte **de Montfort** (1192-v. 1241), fut connétable de France en 1230. — Simon **de Montfort,** comte DE LEICESTER (v. 1208-1265), 3e fils de Simon IV, fut le chef de la révolte des barons contre Henri III d'Angleterre. Sa victoire de Lewes (mai 1264) le rendit maître du pays, mais il s'aliéna la noblesse anglaise en s'alliant au roi anglais Llewelyn. Il fut vaincu et tué à Evesham.

Montfort (Jean DE BRETAGNE, *comte* DE). V. JEAN DE MONTFORT.

montfortains n. m. pl. Membres de la Compagnie de Marie, congrégation fondée en 1705 par saint Louis-Marie Grignion de Montfort pour les missions paroissiales et étrangères.

Montfort-en-Chalosse (40380), ch.-l. de c. des Landes (arr. de Dax); 1 142 h. (420 aggl.).

Montfort-l'Amaury (78490), ch.-l. de c. des Yvelines (arr. de Rambouillet); 2 282 h. (*Montfortais*). Ruines d'un château (Xe-XVe s.). Eglise (vitraux du XVIe s.).

Montfort-le-Rotrou (72450), ch.-l. de c. de la Sarthe (arr. du Mans); 921 h. (558 aggl.) [*Montfortais*].

Montfort-sur-Risle (27290), ch.-l. de c. de l'Eure (arr. de Bernay); 766 h.

Montgenèvre (05100 Briançon), station de sports d'hiver des Hautes-Alpes, au *col du Mont-Genèvre.*

Montgeron (91230), ch.-l. de c. de l'Essonne (arr. d'Evry); 21 999 h.

Montgiscard (31450), ch.-l. de c. de la Haute-Garonne (arr. de Toulouse), près du canal du Midi; 873 h.

Montgolfier (*les frères* DE), JOSEPH (1740-1810) et ETIENNE (1745-1799), industriels et inventeurs français, nés tous deux à Vidalon-lès-Annonay (Vivarais). Ils collaborèrent à l'invention du ballon à air chaud, auquel leur nom est resté attaché sous la dénomination de *montgolfière* (1783), à celle de la machine servant à élever l'eau appelée *bélier hydraulique* (1792). Etienne rénova la technique française de la papeterie, introduisant notamment les procédés hollandais et la fabrication du papier « vélin », encore inconnu en France.

montgolfière [mɔ̃gɔlfjɛr] n. f. (de *Montgolfier*). Aérostat dont la sustentation est assurée par de l'air dilaté par la chaleur d'un foyer.

Montgomery, cap. de l'Alabama (Etats-Unis), sur l'Alabama; 134 400 h.

Montgomery of Alamein (Bernard LAW MONTGOMERY, *1er vicomte*), maréchal britannique, né à Londres en 1887. En mai 1940, il commande en France une division, qui se rembarque à Dunkerque. A la tête de la VIIIe armée en Egypte, il bat Rommel à El-Alamein (oct. 1942) et repousse l'Afrikakorps jusqu'en Tunisie (1943). Il participe aux campagnes de Sicile et d'Italie, puis, à la tête du 21e groupe d'armées, libère le nord de la France et la Belgique (1944), et reçoit la reddition des forces allemandes du Nord-Ouest (mai 1945). Chef d'état-major impérial (1946), il est commandant adjoint des forces atlantiques en Europe de 1951 à 1958. Il est l'auteur de *Mémoires.*

Montguyon (17270), ch.-l. de c. de Charente-Maritime (arr. de Jonzac); 1 841 h. (1 066 aggl.).

Montherlant (Henry MILLON DE), écrivain français, né à Paris (1896-1972). Héritier du culte barrésien de l'énergie, il exalte les passions qui développent la vigueur physique et morale (*les Olympiques,* 1924; *les Bestiaires,*

maréchal **Montgomery of Alamein**

1926), puis exprime sa vision de moraliste désabusé dans des récits (*la Petite Infante de Castille,* 1929; *les Célibataires,* 1934; *les Jeunes Filles,* 1936-1939) et des drames qui, dans la peinture des passions politiques et des sentiments personnels, retrouvent l'austérité de la tragédie classique (*la Reine morte,* 1942; *le Maître de Santiago,* 1948; *Malatesta,* 1950; *La ville dont le prince est un enfant,* 1951; *Port-Royal,* 1954; *la Guerre civile,* 1965). [Acad. fr.]

Monthermé (08800), ch.-l. de c. des Ardennes (arr. de Charleville-Mézières), sur la Meuse; 3 924 h. Ardoisières. Métallurgie. Eglise (XIVe-XVe s.).

Monthey, comm. de Suisse (Valais); 6 800 h. Château du XIVe s. Vignobles. Tabac.

Monthois (08400 Vouziers), ch.-l. de c. des Ardennes (arr. de Vouziers); 417 h.

Montholon (Charles Tristan, *comte* DE), général français, né à Paris (1783-1853). Il accompagna Napoléon Ier en captivité et publia les *Mémoires pour servir à l'histoire de France sous Napoléon* (1822-1825).

Monthureux-sur-Saône (88410), ch.-l. de c. des Vosges (arr. d'Epinal); 1 166 h. Tréfilerie.

Monti (Vincenzo), poète italien, né à Alfonsine (1754-1828). Versatile en politique comme en littérature, il reste par ses poèmes (*la Beauté de l'univers,* 1781; *la Basvilliana,* 1793) et ses tragédies (*Aristodème,* 1787;

Montherlant une scène de « la Reine morte » à la Comédie-Française en 1948 avec Mony Dalmès et Jean Yonnel

Phot. musée provincial du Tyrol, Innsbruck, U. N. E. S. C. O., Bernand, W. W., U. S. I. S.

Montpellier, promenade du Peyrou

Montréal

Caïus Gracchus, 1802) le principal représentant de l'esthétique néo-classique.

Monticelli (Adolphe), peintre français, né à Marseille (1824-1886). Il vécut surtout à Marseille. Sa peinture, très empâtée, d'un riche coloris, évoque des fêtes galantes ou des scènes de cirque.

monticole adj. Qui vit ou croît sur les montagnes.

monticule [mõtikyl] n. m. Petit mont.

Montier-en-Der (52220), ch.-l. de c. de la Haute-Marne (arr. de Saint-Dizier) ; 2 342 h. Eglise (parties du Xe s.).

Montiers-sur-Saulx (55290), ch.-l. de c. de la Meuse (arr. de Bar-le-Duc) ; 683 h.

Montignac (24290), ch.-l. de c. de la Dordogne (arr. de Sarlat-La Canéda), sur la Vézère ; 2 998 h. (2 223 aggl.) [*Montignacois*]. Grotte de Lascaux*.

Montignies-le-Tilleul, comm. de Belgique (Hainaut) ; 8 600 h.

Montignies-sur-Sambre, comm. de Belgique (Hainaut) ; 23 900 h. Métallurgie.

Montigny-en-Gohelle (62640), comm. du Pas-de-Calais (arr. de Lens) ; 9 003 h.

Montigny-en-Ostrevent (59182), comm. du Nord (arr. de Douai) ; 5 756 h.

Montigny-le-Roi anc. ch.-l. de c. de la Haute-Marne. En 1972, il a fusionné avec diverses comm. pour former le nouveau ch.-l. de c. de Val-de-Meuse.

Montigny-lès-Cormeilles (95370), comm. du Val-d'Oise (arr. d'Argenteuil) ; 7 022 h.

Montigny-lès-Metz (57000 Metz), ch.-l. de c. de la Moselle (arr. de Metz-Campagne) ; 26 638 h. (*Montigniens*).

Montigny-sur-Aube (21520), ch.-l. de c. de la Côte-d'Or (arr. de Montbard) ; 501 h.

Montijo, v. d'Espagne (Estrémadure) ; 12 100 h

Montivilliers (76290), ch.-l. de c. de la Seine-Maritime (arr. du Havre) ; 9 057 h.

mont-joie [mõʒwa] n. f. (anc. allem. *mundgawi*). Monceau de pierres pour marquer les chemins, ou pour rappeler quelque événement important. ‖ Pl. des *monts-joie.*

Montjoie !, cri de ralliement des troupes du roi de France, apparu au XIIe s.

Montjuich, colline de la banlieue de Barcelone (Espagne). Forteresse.

Montlhéry (91310), ch.-l. de c. de l'Essonne (arr. de Palaiseau) ; 3 924 h. Ruines d'un ancien château fort (tour). Eglise (XIIIe-XVIIe s.). Bataille indécise entre Louis XI et la ligue du Bien public (1465). L'autodrome dit « de Montlhéry » est sur la comm. de Linas.

Montlieu-La Garde (17210), ch.-l. de c. de la Charente-Maritime (arr. de Jonzac) ; 1 469 h. (577 aggl.).

Montlosier (François DE REYNAUD, *comte* DE), publiciste français, né à Clermont-Ferrand (1755-1838). Ses libelles contribuèrent à renforcer l'opposition à Charles X et à créer le mythe d'une congrégation* intervenant secrètement dans les affaires politiques.

Mont-Louis (66210), ch.-l. de c. des Pyrénées-Orientales (arr. de Prades) ; 506 h. Station climatique et sports d'hiver (alt. 1 568-1 670 m). Citadelle où est installé un four solaire.

Montlouis-sur-Loire (37270), comm. d'Indre-et-Loire (arr. de Tours) ; 4 169 h. Vins blancs.

Montluçon (03100), ch.-l. d'arr. de l'Allier, dans le Bourbonnais, sur le Cher ; 59 983 h. (*Montluçonnais*). Eglises romane et gothique. Château abritant un musée. Centre industriel actif, où la métallurgie, la chimie et la verrerie ont été plus ou moins relayées par les constructions mécaniques et électriques, et surtout les pneumatiques. — L'arr. a 9 cant., 107 comm., 140 028 h.

Montluel (01120), ch.-l. de c. de l'Ain (arr. de Bourg-en-Bresse) ; 3 486 h.

Montmagny (95360), comm. du Val-d'Oise (arr. de Montmorency) ; 6 630 h. Métallurgie. Industries alimentaires. Meubles.

Montmajour, écart de la comm. d'Arles. Ruines d'une abbaye fondée au Xe s. : église romane, cloître du XIIe s., donjon du XIVe, bâtiments du XVIIIe s.

Montmarault (03390), ch.-l. de c. de l'Allier (arr. de Montluçon) ; 1 446 h.

Montmartin-sur-Mer (50590), ch.-l. de c. de la Manche (arr. de Coutances) ; 847 h.

Montmartre, anc. comm. de la Seine, annexée à Paris en 1860. La *colline de Montmartre,* ou *butte Montmartre,* porte la basilique du Sacré-Cœur.

montmartrois [mõmartrwa], **oise** [-az] adj. De Montmartre.

Montmaurin (31350 Boulogne sur Gesse), comm. de la Haute-Garonne (arr. de Saint-Gaudens) ; 178 h. Vestiges d'une villa gallo-romaine. Station préhistorique.

Montmédy (55600), ch.-l. de c. de la Meuse (arr. de Verdun), sur la Chiers ; 2 308 h. (1 713 aggl.) [*Montmédiens*]. Anc. place forte.

Montmélian (73800), ch.-l. de c. de la Savoie (arr. de Chambéry), sur l'Isère ; 2 517 h Anc. place forte. Fromagerie.

Montmirail (51210), ch.-l. de c. de la Marne (arr. d'Epernay), sur le Petit Morin ; 3 016 h. Eglise (XIVe-XVIe s.). Château du XVIe s., achevé pour Louvois. Patrie du cardinal de Retz. Victoire de Napoléon sur l'armée de Silésie (11 févr. 1814).

Montmirail (72570), ch.-l. de c. de la Sarthe (arr. de Mamers) ; 519 h. Eglise (XIIe-XVIe s.). Château du XVe s.

Montmirey-le-Château (39290 Moissey), ch.-l. de c. du Jura (arr. de Dole) ; 121 h.

Montmoreau (16190), ch.-l. de c. de la Charente (arr. d'Angoulême) ; 1 145 h. Eglise du XIIe s. Château en ruine (XVe s.).

montmorency [mõmɔrɑ̃si] n. f. Variété de cerise acide, à courte queue.

Montmorency (95160), ch.-l. d'arr. du Val-d'Oise, en bordure de la *forêt de Montmorency,* au nord de Paris ; 18 948 h. (*Montmorencéens*). Eglise du XVIe s. (vitraux). Maison qui fut habitée par J.-J. Rousseau (musée). — L'arr. a 10 cant., 61 comm., 294 097 h.

Montmorency, famille française dont les membres les plus célèbres furent : MATHIEU II, connétable de France (v. 1174-1230), qui prit part à la bataille de Bouvines ; — ANNE, né à Chantilly (1493-1567), duc **de Montmorency,** connétable, blessé mortellement à Saint-Denis dans un combat contre les calvinistes. Il fut un des principaux conseillers d'Henri II ; — HENRI Ier, connétable de France, né à Chantilly (1534-1614) ; — HENRI II, maréchal de France (1595-1632). Il se révolta avec Gaston d'Orléans contre Richelieu et fut décapité à Toulouse.

Montmorency-Bouteville (FRANÇOIS DE), gentilhomme français (1600-1627), père du maréchal de Luxembourg. Il se battit en duel en plein midi, place Royale, malgré les édits de Richelieu, et fut décapité.

Montmorillon (86500), ch.-l. d'arr. de la Vienne, sur la Gartempe ; 6 888 h. (*Montmorillonnais*). Eglise Notre-Dame (XIIIe-XIVe s., fresques du début du XIIIe s.). — L'arr. a 11 cant., 103 comm., 85 031 h.

Montmort (51270), ch.-l. de c. de la Marne (arr. d'Epernay) ; 437 h. (311 aggl.). Eglise du XIIIe s. Château du XVIe s.

montoir n. m. Grosse pierre, billot de bois ou banc pour monter à cheval. ● *Côté montoir,* côté gauche du cheval.

Montoir-de-Bretagne (44550), comm. de la Loire-Atlantique (arr. de Saint-Nazaire) ; 5 171 h. Industries chimiques. Métallurgie.

Montoire-sur-le-Loir (41800), ch.-l. de c. de Loir-et-Cher (arr. de Vendôme) ; 3 432 h. (3 121 aggl.) [*Montoiriens*]. Eglise Saint-Gilles, avec fresques du XIIe s. Entrevue de Pétain avec Hitler (22 octobre 1940).

Montparnasse, un des quatre quartiers du XIVe arr. de Paris. Il fut très fréquenté par les artistes et les écrivains de 1910 à la dernière guerre.

Montpelier, v. des Etats-Unis, cap. du Vermont ; 8 800 h.

Montpellier [-pə-] (34000), ch.-l. du dép. de l'Hérault, sur le Lez, à 746 km au sud de Paris ; 167 211 h. (*Montpelliérains*). Centre commercial, industriel, portuaire (port de Lattes) et intellectuel (université) au Moyen Age, Montpellier devint à l'époque moderne une ville essentiellement administrative (cour d'appel) et universitaire. Elle a bénéficié, dans une certaine mesure, du développement du vignoble, et l'industrie y tient maintenant une place importante (constructions mécaniques et électriques, électronique). Entre 1954 et 1968, la population a augmenté des deux tiers. Patrie de Cambacérès et d'A. Comte. — L'arr. a 14 cant., 18 comm., 318 240 h. ● *Beaux-arts.* La ville est, du point de vue de l'urbanisme, une des plus belles du Midi : promenade du Peyrou (aménagée aux XVIIe et XVIIIe s.), jardin des plantes (le plus ancien de France, 1593), nombreux hôtels des XVIIe et XVIIIe s. Le musée Fabre conserve une importante collection de peintures et de dessins.

Montpellier-le-Vieux, site du causse Noir (Aveyron). Rochers dolomitiques aux formes étranges.

Montpensier (Catherine Marie DE LORRAINE, *duchesse* DE), sœur des Guises (1552-1596). Elle prit une part active aux guerres de la Ligue. — Anne Marie Louise D'ORLÉANS, duchesse **de Montpensier,** connue sous le nom de *la Grande Mademoiselle,* née à Paris (1627-1693). Elle prit part aux troubles de la Fronde et, lors de la bataille du faubourg Saint-Antoine, fit tirer le canon de la Bastille sur les troupes royales pour protéger la retraite de Condé. En 1681, elle épousa secrètement Lauzun.

Montpezat-de-Quercy (82270), ch.-l. de c. de Tarn-et-Garonne (arr. de Montauban) ; 1 448 h. Eglise gothique (tapisseries flamandes du XVIe s.). Ruines de fortifications.

Montpezat-sous-Bauzon (07560), ch.-l. de c. de l'Ardèche (arr. de Largentière) ; 831 h. (348 aggl.).

Montpon-Ménestérol (24700), ch.-l. de c. de la Dordogne (arr. de Périgueux) ; 5 863 h. — Aux environs, chartreuse de Vaucaire (XIVe s.).

Montpont-en-Bresse (71470), ch.-l. de c. de Saône-et-Loire (arr. de Louhans) ; 1 217 h. (183 aggl.).

montrable adj. Qui peut être montré : *ma figure n'est pas montrable.*

Montrachet [mõraʃɛ], vignoble renommé de la Côte-d'Or (arr. de Beaune). Vins blancs.

montre [mõtr] n. f. (de *montrer*). Instrument portatif qui sert à indiquer l'heure. (V. *encycl.*) ● *Montre marine,* chronomètre d'une grande précision. (V. *encycl.*) ‖ *Montre à répétition,* montre qui sonne l'heure, la demie et le quart.

— ENCYCL. Le mécanisme de toute *montre* comprend : 1° un ressort moteur, utilisé sur un système de roues dentées, entraînant l'appareil indicateur (aiguille ou inscriptions dans des guichets) ; 2° un régulateur, qui, au moyen d'un échappement, donne à l'aiguille une marche en moyenne uniforme.

— Les *montres marines* sont conservées dans un coffret à suspension et sont remontées tous les jours à la même heure, en évitant tout changement de température. Les meilleures ont des écarts journaliers limités à quelques dixièmes de seconde.

montre n. f. (de *montrer*). Ensemble de marchandises exposées à la façade d'une boutique. ‖ Pièce de terre fusible pour déterminer la température d'un four. ‖ Nom donné au jeu d'orgue dont les tuyaux se trouvent en façade de l'instrument. ● *Faire montre de* (Fig.), faire parade, étalage de ; faire voir : *faire montre de son érudition.*

Montréal [mõreal], v. du Canada (Québec), dans l'*île de Montréal,* sur la rive gauche du Saint-Laurent ; 1 222 300 h. (*Montréalais*). Archevêché ; universités.

Phot. Lapie - Photothèque franç., Serraillier-Rapho.

Fondée en 1642 au pied du mont Royal (sous le nom de *Ville-Marie*), sur les terrasses fluviales dominant le fleuve, Montréal s'est développé comme ville commerciale et portuaire, bénéficiant de la convergence de voies d'eau (Saint-Laurent, rivières Ottawa, Richelieu), de routes et, plus tard, de voies ferrées. Le port, valorisé aujourd'hui par la voie maritime du Saint-Laurent, est le premier du Canada. La ville (à forte majorité francophone) est la plus peuplée du pays ; l'agglomération rassemble près de 2,5 millions d'hab. Le développement de l'industrie, partiellement liée à la fonction portuaire (métallurgie, chimie, alimentation, etc.), fait de Montréal la métropole économique incontestée du Canada français. La ville a été le siège de l'Exposition internationale en 1967.

Montréal (11290), ch.-l. de c. de l'Aude (arr. de Carcassonne) ; 1 678 h. (1 139 aggl.). Eglise (XIVe s.).

Montréal-du-Gers (32250) ou **Montréal,** ch.-l. de c. du Gers (arr. de Condom) ; 1 714 h. (607 aggl.). Anc. bastide.

montre-bracelet n. f. Montre qu'on porte au poignet. (On dit aussi BRACELET-MONTRE.) ‖ Pl. des *montres-bracelets.*

Montredon-Labessonnié [mɔ̃rədɔ̃-] (81360), ch.-l. de c. du Tarn (arr. de Castres) ; 2 326 h. (771 aggl.). Restes d'un château fort.

Montréjeau [mɔ̃reʒo] (31210), ch.-l. de c. de la Haute-Garonne (arr. de Saint-Gaudens), sur la Garonne ; 4 041 h. Marché agricole. Cimenterie.

montrer [mɔ̃tre] v. t. (lat. *monstrare*). Faire voir, exposer aux regards : *montrer ses bijoux.* ‖ Indiquer, désigner par un geste : *montrer du doigt.* ‖ — *Fig.* Manifester, faire paraître : *montrer du courage.* ‖ Prouver, démontrer : *montrer qu'on a raison.* ● *Montrer les dents,* faire voir qu'on est disposé à résister. ‖ — V. t. ind. [à]. Apprendre, faire connaître : *montrer à quelqu'un à écrire.*

Montrésor (37460), ch.-l. de c. d'Indre-et-Loire (arr. de Loches) ; 506 h. Château des XIVe-XVIe s.

Montret (71440), ch.-l. de c. de Saône-et-Loire (arr. de Louhans) ; 717 h.

Montreuil (93100) ou **Montreuil-sous-Bois,** ch.-l. de c. de la Seine-Saint-Denis (arr. de Bobigny), à l'est de Paris ; 95 859 h. (*Montreuillois*). Eglise gothique. Musée historique consacré au mouvement ouvrier. Nombreuses industries.

Montreuil ou **Montreuil-sur-Mer** (62170), ch.-l. d'arr. du Pas-de-Calais ; 3 296 h. Enceinte (XIIIe-XVIIe s.) et anc. citadelle. Eglise Saint-Saulve (XIIe-XVIe s.). — L'arr. a 6 cant., 142 comm., 87 797 h.

Montreuil-Belfroy (49460), comm. de Maine-et-Loire (arr. d'Angers) ; 1 616 h. Tréfilerie.

Montreuil-Bellay (49260), ch.-l. de c. de Maine-et-Loire (arr. de Saumur), au-dessus du Thouet ; 3 121 h. (2 404 aggl.). Château (XIIIe-XVe s.).

montreur, euse n. Personne qui montre quelque chose au public : *montreur d'ours, de marionnettes.*

Montreux, v. de Suisse (Vaud), sur le lac Léman ; 19 500 h. Station hivernale et centre touristique. Une Convention internationale sur le régime juridique international du Bosphore et des Dardanelles y fut signée en 1936.

Montrevault [mɔ̃trəvo] (49110 St Pierre Montlimart), ch.-l. de c. de Maine-et-Loire (arr. de Cholet) ; 1 469 h.

Montrevel-en-Bresse [mɔ̃rəvɛl-] (01340), ch.-l. de c. de l'Ain (arr. de Bourg-en-Bresse) ; 1 495 h. (1 262 aggl.).

Montrichard [mɔ̃triʃar] (41400), ch.-l. de c. de Loir-et-Cher (arr. de Blois), sur le Cher ; 3 313 h. Eglise (XIIe-XVe s.). Ruines d'un château (XIIe-XVe s.). Confection.

Montriond [mɔ̃rjɔ̃] (74110 Morzine), comm. de la Haute-Savoie (arr. de Thonon-les-Bains) ; 536 h.

Montrond-les-Bains [mɔ̃rɔ̃-] (42210), comm. de la Loire (arr. de Montbrison) ; 2 436 h. Station thermale.

Montrose (James GRAHAM, *marquis* DE), général écossais, né à Montrose (1612-1650). Il souleva les Highlands en faveur de Charles Ier, mais, abandonné par Charles II, il fut exécuté.

Montrouge [mɔ̃ruʒ] (92120), ch.-l. de c. des Hauts-de-Seine (arr. d'Antony), au sud de Paris ; 44 943 h. (*Montrougiens*). Nombreuses industries.

Mont-Royal, v. du Canada (Québec), banlieue résidentielle de Montréal ; 21 800 h.

Monts (Pierre du GUA, *sieur* DE), colonisateur français, né en Saintonge (v. 1568 - v. 1630). En 1605, il créa le premier établissement français (Port-Royal) en Acadie.

Mont-Saint-Aignan (76130), comm. de la Seine-Maritime (arr. de Rouen) ; 15 925 h.

Mont-Saint-Amand, en néerl. **Sint-Amandsberg,** comm. de Belgique (Flandre-Orientale) ; 25 100 h. Faubourg de Gand.

Mont-Saint-Martin (54350), ch.-l. de c. de Meurthe-et-Moselle (arr. de Briey) ; 10 014 h. Sidérurgie.

Mont-Saint-Michel (LE) [50116], comm. de la Manche (arr. d'Avranches) ; 105 h. (*Montois*). C'est un îlot rocheux au fond de la *baie du Mont-Saint-Michel,* à l'embouchure du Couesnon, et relié à la côte par une digue depuis 1875. L'abbaye bénédictine est un des ensembles les plus prestigieux de l'architecture militaire et monastique. Elle comprend notamment une église à nef romane, à chœur gothique flamboyant et à façade du XVIIIe s., le logement des moines, appelé *la Merveille* (1203-1264), et des constructions militaires du XVe s. Grand centre touristique.

Le Mont-Saint-Michel

Mont-Saint-Vincent (71690), ch.-l. de c. de Saône-et-Loire (arr. de Chalon-sur-Saône) ; 379 h.

Montsalvy (15120), ch.-l. de c. du Cantal (arr. d'Aurillac) ; 1 062 h. (738 aggl.). Eglise en partie du XIIe s.

Montsauche (58230), ch.-l. de c. de la Nièvre (arr. de Château-Chinon) ; 855 h. (257 aggl.).

Montségur (09150 Belesta), comm. de l'Ariège (arr. de Foix) ; 167 h. Château qui fut l'une des dernières forteresses des albigeois, auj. en ruine.

Montserrat, massif montagneux de la Catalogne. Monastère bénédictin ; pèlerinage de la Vierge noire.

Montsoreau (49730), comm. de Maine-et-Loire (arr. de Saumur), sur la Loire ; 547 h. Château du XVe s.

Monts-sur-Guesnes (86420), ch.-l. de c. de la Vienne (arr. de Châtellerault) ; 713 h.

Mont-sur-Marchienne, comm. de Belgique (Hainaut) ; 14 800 h.

Montsûrs (53150), ch.-l. de c. de la Mayenne (arr. de Laval) ; 1 736 h.

montueux [mɔ̃tɥø], **euse** [-øz] adj. (lat. *montuosus* ; de *mons, montis,* mont). Inégal, coupé de collines : *terrain montueux.*

monture [mɔ̃tyr] n. f. (de *monter*). Bête sur laquelle on monte. ‖ Partie d'un objet qui sert à fixer, à assembler l'élément principal : *la monture d'une scie, d'une paire de lunettes.* ‖ Métal employé pour monter un bijou : *monture en or.*

Montville (76710), anc. **Monville,** comm. de la Seine-Maritime (arr. de Rouen) ; 4 139 h. Matières plastiques.

Montyon (Jean-Baptiste Antoine AUGET, *baron* DE), philanthrope français, né à Paris (1733-1820), fondateur de plusieurs prix de vertu et de littérature, décernés chaque année par l'Académie française.

monument [mɔnymɑ̃] n. m. Ouvrage d'architecture ou de sculpture destiné à transmettre à la postérité le souvenir d'un personnage ou d'un événement. ‖ Edifice public considérable par sa masse ou sa magnificence : *le Parthénon est le plus beau monument d'Athènes.* ‖ *Fig.* Toute œuvre d'art digne de passer à la postérité : *les œuvres d'Homère sont le plus beau monument de l'Antiquité.* ● *Monument funéraire,* construction élevée sur une sépulture. ‖ *Monument historique,* édifice ou objet mobilier appartenant à une collectivité publique ou à un particulier, qui, du fait de son intérêt historique ou artistique, est soumis à un régime juridique spécial, à la suite d'un classement administratif effectué en vue d'en assurer la conservation. ‖ *Monument public,* ouvrage d'architecture ou de sculpture appartenant à l'Etat, à un département ou à une commune.

Henry Moore
« Mère et enfant », coll. part.

Monuments français (*musée des*), musée national, au palais de Chaillot à Paris. Il remplace depuis 1937 le musée de Sculpture comparée créé en 1882 par Viollet-le-Duc. Consacré à l'art monumental français, il conserve des moulages de sculptures, des relevés de fresques, des maquettes de monuments, des copies de vitraux.

monumental, e, aux adj. Relatif aux monuments : *plan monumental de Paris.* ‖ Qui a les proportions d'un monument ; gigantesque, colossal : *une statue monumentale.* ‖ *Fam.* Enorme en son genre, étonnant : *il est d'une bêtise monumentale.*

monumentalité n. f. Caractère d'une œuvre d'art monumentale.

Monza, v. d'Italie (Lombardie) ; 102 000 h. Cathédrale (XIIIe-XIVe s.). Textiles. Autodrome.

Moore (Thomas), poète irlandais, né à Dublin (1779-1852). Il exprima son attachement aux légendes et à l'histoire de son pays (*Mélodies irlandaises,* 1808-1834) et donna un grand poème oriental et féerique (*Lalla-Rookh,* 1817). Byron lui confia la publication de ses Mémoires.

Moore (George), écrivain irlandais, né à Moore Hall (Ballyglass, comté de Mayo) [1852-1933]. Il subit l'influence de Baudelaire, des naturalistes et des décadents, participa au mouvement de renaissance celtique et se convertit au protestantisme. Ses récits, à la fois réalistes et ironiques, portent témoignage de ses enthousiasmes et de ses désillusions (*Esther Waters,* 1894 ; *Salut et adieu,* 1911-1914).

Moore (Henry), sculpteur anglais, né à Castleford (Yorkshire) en 1898. Influencé par Brâncuşi, Picasso et le surréalisme, il s'est créé un art personnel, parfois à la limite de l'abstraction, utilisant largement les vides, dont il creuse ses figures (*Silhouette au repos,* palais de l'Unesco).

Moorea, île de la Polynésie française, à l'ouest de Tahiti ; 4 200 h.

Moose Jaw, v. du Canada (Saskatchewan), à l'ouest de Regina ; 33 400 h.

Mopti, v. du Mali, sur le Niger ; 33 000 h. Port fluvial.

moque [mɔk] n. f. (provenç. *moco*). Bloc de bois lenticulaire, cannelé sur son pourtour pour recevoir une estrope, et percé intérieurement d'un trou par où passe un cordage.

moquer (se) [səmɔke] (də) v. pr. Faire de quelqu'un ou de quelque chose un objet de plaisanterie : *Molière s'est moqué des précieuses.* ‖ Ne faire nul cas de ; mépriser, braver : *se moquer du qu'en-dira-t-on.* ‖ Ne pas parler sérieusement : *vous vous moquez, de me raconter une pareille histoire.*

moquerie n. f. Action ou habitude de se moquer. ‖ Action ou parole railleuse : *de fines moqueries.*

moquette [mɔkɛt] n. f. (ancienn. *mocade,* d'origine inconnue). Etoffe veloutée, en laine, en coton ou en fibres synthétiques, qui s'emploie pour recouvrir uniformément le parquet des appartements.

moqueur, euse adj. et n. Qui a l'habitude de se moquer, de railler. ‖ — Adj. Qui exprime la raillerie : *sourire moqueur.*

moqueur n. m. Oiseau d'Amérique, du genre *merle.*

moracées [mɔrase] n. f. pl. Famille de plantes apétales des régions chaudes, qui comprend notamment le *mûrier,* le *figuier.*

Morādābād, v. de l'Inde (Uttar Pradesh) ; 204 800 h. Mosquée du XVIIe s. Métallurgie. Textiles.

morailles [mɔraj] n. f. pl. (provenç. *moralha,* pièce de fer). Espèce de tenailles pour maintenir par le nez les chevaux difficiles à ferrer.

Phot. Lauros-Giraudon, Arch. phot.

moraillon [mɔrajɔ̃] n. m. *Technol.* Pièce métallique mobile, qui vient s'encastrer dans une pièce fixe rivée sur le côté d'une malle ou d'un coffre, et servant à leur fermeture.

moraine [mɔrɛn] n. f. (savoyard *morêna*). Débris arrachés à la montagne et entraînés par le glacier.
— ENCYCL. On distingue selon leurs positions les *moraines de surface* (*moraines latérales* sur les bords des glaciers, *moraines médianes* au centre, après la confluence de deux glaciers) et les *moraines de fond* (constituées de matériaux arrachés au soubassement, distinctes des *moraines internes* [charges légères transportées dans le corps du glacier]). La *moraine frontale* (ou *vallum morainique* ou *amphithéâtre morainique*) correspond au dépôt, sur le front du glacier, des matériaux transportés. (V. illustr. GLACIER.)

morainique adj. Relatif aux moraines : *amphithéâtre* morainique.*

Morais (Francisco DE), écrivain portugais, né à Bragance (v. 1500-1572). Il est l'auteur du roman de chevalerie *Palmerin d'Angleterre* (écrit en 1544 et publié en 1567).

moral, e, aux adj. (lat. *moralis;* de *mores,* mœurs). Qui concerne les mœurs et la moralité : *le progrès moral.* ‖ Conforme aux bonnes mœurs : *vie morale.* ‖ Qui est propre à favoriser les bonnes mœurs : *un livre moral.* ‖ Qui a une conduite conforme à la morale : *homme moral.* ‖ Relatif à l'esprit; intellectuel (par oppos. à *physique, matériel*) : *les sciences morales; les facultés morales.*

moral n. m. Ensemble des phénomènes de la vie mentale : *le physique influe sur le moral.* ‖ Etat d'esprit, dispositions : *relever le moral de quelqu'un.*

morale [mɔral] n. f. Science qui enseigne les règles à suivre pour faire le bien et éviter le mal. ‖ Traité relatif à cette science : *la « Morale » de Malebranche.* ‖ Conclusion morale qu'un écrivain veut tirer de son œuvre : *la morale d'une fable.* ● *Faire la morale à quelqu'un,* le réprimander, lui adresser des exhortations, des recommandations.

moralement adv. Au point de vue des règles de la morale. ‖ Au point de vue des sentiments, de l'opinion : *être moralement sûr d'un fait.*

Morales (Cristóbal), compositeur espagnol, né à Séville (v. 1500-1553). Il a servi comme chanteur à la Chapelle pontificale et fut maître de chapelle à Tolède et Málaga. Il est l'un des plus grands polyphonistes espagnols (messes, motets, magnificat).

Morales (Luis DE), dit **le Divin,** peintre espagnol, né à Badajoz (v. 1509-1586). Influencé par les flamands, admirateur de Michel-Ange, il a exécuté de nombreuses peintures religieuses au dessin élégant et au coloris raffiné, assez précieuses.

moralisateur, trice adj. Propre à moraliser : *récit moralisateur.*

moralisation n. f. Action de moraliser.

moraliser v. t. Rendre moral. ‖ *Fam.* Faire la morale à; réprimander : *moraliser un enfant.* ‖ — V. i. Faire des réflexions morales.

moraliseur, euse n. Celui, celle qui affecte ou a l'habitude de moraliser.

moralisme n. m. Prédominance de la morale dans une doctrine : *le moralisme de J.-J. Rousseau.*

moraliste n. et adj. Auteur qui écrit sur les mœurs, comme Montaigne, La Rochefoucauld, La Bruyère, etc.

moralité n. f. Rapport de la conduite avec la morale : *moralité des actions.* ‖ Mœurs, conduite morale, principes : *un homme d'une moralité irréprochable.* ‖ Conclusion que suggère une œuvre : *la moralité d'un conte.* ‖ Œuvre théâtrale en vers, du Moyen Age. (Elle met en scène des personnages allégoriques et a pour objet l'édification morale.)

Morand (Paul), écrivain et diplomate français, né à Paris en 1888. Grand voyageur, il s'est fait dans ses nouvelles et ses chroniques le peintre élégant et sceptique du monde moderne (*Ouvert la nuit,* 1922; *Rien que la terre,* 1926). [Acad. fr.]

Morane (*les frères*), LÉON (1885-1918) et ROBERT (1886-1968), industriels et aviateurs français, nés à Paris. Ils fondèrent vers 1910, en collaboration avec l'ingénieur Saulnier, la firme Morane-Saulnier, spécialisée dans l'étude de prototypes d'avions et d'hydravions. Léon fut le premier aviateur à dépasser la vitesse de 100 km/h et à atteindre une altitude supérieure à 2 500 m (1910).

Morangis (91420), comm. de l'Essonne (arr. de Palaiseau); 6 922 h.

morasse [mɔras] n. f. (ital. *moraccio,* noiraud). Dernière épreuve d'une page de journal avant l'impression.

Morat, en allem. **Murten,** v. de Suisse (Fribourg), sur le *lac de Morat;* 3 300 h. Anc. château fort. Remparts. Victoire des Suisses sur Charles le Téméraire (1476).

Moratín (Nicolás FERNÁNDEZ DE), écrivain espagnol, né à Madrid (1737-1780). Admirateur du XVIIe s. français, il écrivit, dans le goût classique, des tragédies (*Lucrèce,* 1763; *Guzmán el Bueno,* 1777) et des comédies (*la Petite Maîtresse,* 1762). — Son fils, LEANDRO FERNÁNDEZ, dit **Moratín** *le Jeune,* né à Madrid (1760-1828), fut, par ses comédies imitées de Molière, le restaurateur du théâtre espagnol (*le Café ou la Comédie nouvelle,* 1792; *le Oui des jeunes filles,* 1806).

moratoire [mɔratwar] adj. (du lat. *morari,* s'attarder). *Intérêts moratoires,* intérêts dus en raison du retard apporté au paiement d'une créance, et courant du jour de la sommation.

moratoire n. m. (lat. *moratorium,* ajournement). Décision légale qui suspend provisoirement l'exécution de certaines obligations conventionnelles ou légales, et proroge divers délais.

Morava (la), nom de plusieurs rivières d'Europe centrale : l'une en Moravie (Tchécoslovaquie), affl. de g. du Danube (378 km); l'autre en Yougoslavie, affl. de dr. du Danube (245 km), formée elle-même par la réunion de la *Morava de l'Ouest* (298 km) et de la *Morava du Sud* (318 km).

morave [mɔrav] adj. et n. De Moravie. ● *Frères moraves,* secte et association chrétienne née au XVe s., en Bohême, parmi les hussites. (Les frères moraves forment cinq branches : en Allemagne, en Angleterre, aux Etats-Unis, en Amérique du Sud et en Bohême.)

Moravia (Alberto PINCHERLE, dit **Alberto**), écrivain italien, né à Rome en 1907. Ses romans (*les Indifférents,* 1929; *le Mépris,* 1954; *l'Attention,* 1965; *Il Paradiso,* 1970), ses nouvelles (*l'Automate,* 1962) et ses essais (*l'Homme,* 1965) font une peinture satirique des illusions et des vices de la société moderne.

Moravie, région de Tchécoslovaquie centrale, drainée par la *Morava;* 3 698 000 h. (*Moraves*). Entre la Bohême hercynienne et la Slovaquie (extrémité occidentale des Carpates tertiaires), la Moravie se compose d'une série de bassins dont les plus importants sont ceux d'Olomouc et de Brno (principale ville). Christianisée au IXe s. par Cyrille et Méthode, la Moravie fut le centre d'un grand empire, détruit par les Magyars en 908. En 1029, elle fut définitivement unie au royaume de Bohême.

Moravská Ostrava. V. OSTRAVA.

Moray (*golfe de*), golfe du nord-est de l'Ecosse.

Moray ou **Murray** (Jacques STUART, *comte* DE), prince écossais (v. 1531-1570), conseiller de sa demi-sœur Marie Stuart, puis régent d'Ecosse (1567-1570), fils naturel du roi Jacques V.

morbide [mɔrbid] adj. (lat. *morbidus;* de *morbus,* maladie). Relatif à la maladie; qui dénote la maladie : *état morbide; désirs morbides.* ‖ *Fig.* En proie à un déséquilibre maladif : *c'est un être morbide.*

morbidesse n. f. Délicatesse de la touche dans une peinture.

morbidité n. f. Caractère de ce qui est morbide. ‖ Pourcentage des malades par rapport au chiffre de la population.

morbier n. m. Fromage fabriqué au lait de vache, dans le Jura.

Morbihan (*dép. du*) [**56**], dép. de la Bretagne méridionale; préf. *Vannes;* s.-préf. *Lorient, Pontivy;* 3 arr., 38 cant., 263 comm.; 6 763 km²; 540 474 h. (*Morbihannais*). Le littoral est précédé d'îles (Groix, Belle-Ile), découpé par des rias ramifiées (rivières d'Etel, d'Hennebont) et ouvert par le *golfe du Morbihan.* L'intérieur du dép. est formé de collines et de plateaux, accidentés seulement par les *landes de Lanvaux.* L'agriculture domine, employant (avec la pêche) plus du tiers de la population active. Elle est fondée sur une polyculture à base céréalière, associée à l'élevage (bovins, porcins, volailles). A côté de secteurs évolués (zone maraîchère de Lorient) subsistent dans l'intérieur des régions archaïques, domaines de la lande ou de céréales pauvres (seigle, sarrasin). En dehors du tourisme estival (Quiberon, Carnac, etc.), la pêche (Lorient) anime le littoral et fournit la matière première à de nombreuses conserveries. La pression démographique et la faible importance de l'industrie expliquent la persistance d'une émigration ralentie seulement par quelques implantations récentes (tréfilerie à Vannes).

Morbihan (*golfe du*), golfe situé sur la côte du dép. du Morbihan. Il renferme de nombreux groupes d'îles.

morbilleux [mɔrbijø], **euse** [-øz] adj. (du lat. *morbilli,* rougeole). *Méd.* Relatif à la rougeole : *fièvre morbilleuse.*

morbleu! [mɔrblø] interj. (altér. de *mort de Dieu*). Juron ancien marquant l'impatience, la colère, etc.

morceau [mɔrso] n. m. (de l'anc. fr. *mors;* du lat. *morsus,* morsure). Partie séparée d'un tout : *morceau de pain.* ‖ Portion distincte : *morceau de terre.* ‖ Objet considéré dans sa totalité : *c'est un morceau de choix.* ‖ Fragment d'une œuvre écrite : *un recueil de morceaux choisis.* ‖ Œuvre artistique prise isolément : *morceau de musique.* ● *Aimer les bons morceaux,* aimer la bonne chère. ‖ *Casser le morceau à quelqu'un* (Pop.), lui faire une révélation complète et désagréable. ‖ *Emporter le morceau,* mordre violemment; et, au *fig.,* parler, agir avec violence; enlever une affaire. ‖ *Etre fait de pièces et de morceaux,* manquer d'unité. ‖ *Manger le morceau* (Pop.), faire des aveux complets.

morcelable adj. Que l'on peut morceler : *propriété morcelable.*

morceler [mɔrsəle] v. t. (conj. **5**). Diviser en morceaux, en parties : *morceler un héritage.*

morcellement [-sɛlmɑ̃] n. m. Action de morceler : *morcellement d'un domaine.*

Morcenx [-sɛ̃s] (40110), ch.-l. de c. des Landes (arr. de Mont-de-Marsan); 5 305 h.

mordache [mɔrdaʃ] n. f. Morceau de métal mou, qu'on place entre les mâchoires d'un étau pour serrer une pièce sans l'endommager.

mordacité [mɔrdasite] n. f. (du lat. *mordax, -acis,* mordant). Qualité ce qui est corrosif : *la mordacité de l'eau-forte.* ‖ Caractère d'une parole, d'un discours aigre et piquant.

Mordacq (Jean Henri), général français, né à Clermont-Ferrand (1868-1943). De 1917 à 1920, il fut le chef du cabinet militaire de Clemenceau et se consacra à partir de 1923, à des études historiques et militaires.

mordançage n. m. Imprégnation d'une étoffe par un mordant.
— ENCYCL. Le *mordançage* consiste à tremper un tissu dans la solution du mordant, puis, une fois imprégné et lavé, à le plonger dans la dissolution de la matière colorante. Le mordant fixé sur une fibre textile forme, avec la matière colorante utilisée lors de la teinture, une laque insoluble précipitée sur la fibre, ce qui permet d'obtenir des teintures de grande solidité. Pour la laine, le mordant est une solution de sels d'aluminium ou de chrome portée à ébullition; pour le coton, le mordant est de l'acétate d'aluminium.

mordancer [mɔrdɑ̃se] v. t. (conj. **1**). Soumettre à l'opération du mordançage.

mordant [mɔrdɑ̃], **e** [-ɑ̃t] adj. Qui entame en rongeant : *acide mordant.* ‖ Incisif, pénétrant, en parlant d'un son : *voix mordante.* ‖ *Fig.* Qui censure, qui critique d'une manière acerbe : *esprit, écrivain mordant.*

mordant n. m. Vernis pour fixer l'or en feuilles sur le cuivre, le bronze, etc. ‖ Substance servant à fixer certaines matières colorantes sur des fibres d'origine végétale. ‖ — *Fig.* Causticité : *le mordant de Molière.* ‖ Vivacité, entrain dans l'attaque : *troupe qui a du mordant.* ‖ *Mus.* Ornement, surtout en usage dans la musique ancienne, formé de la note écrite, de sa seconde inférieure et du retour à la note écrite.

Mordelles (35310), ch.-l. de c. d'Ille-et-Vilaine (arr. de Rennes); 2 939 h. (1 409 aggl.) [*Mordellais*].

mordicus [mɔrdikys] adv. (mot lat. signif. *en mordant*). Avec ténacité : *soutenir une opinion mordicus.*

mordillage n. m. Action de mordiller.

mordiller [mɔrdije] v. t. Mordre légèrement et à plusieurs reprises.

mordoré, e adj. (de *More* [à cause du teint basané] et *doré*). D'un brun chaud, à reflets dorés : *des souliers mordorés.*

mordorer [mɔrdɔre] v. t. Donner une teinte mordorée à.

mordorure n. f. Couleur mordorée.

mordre [mɔrdr] v. t. (lat. *mordere*) [conj. **46**]. Blesser, entamer avec les dents. ‖ Serrer fortement : *tenailles qui mordent le fer.* ‖ Ronger : *la lime mord l'acier.* ‖ — V. i. : *mordre dans son pain.* ‖ Attaquer la planche à graver, en parlant de l'eau-forte. ‖ *Mar.* S'accrocher au fond, en parlant d'une ancre. ‖ *Mécan.* Engrener : *pignon qui ne mord pas assez.* ‖ — V. t. ind. *Mordre à* (Fig.), comprendre : *mordre au latin.* ‖ *Mordre sur,* dépasser par le bord : *ardoises qui mordent les unes sur les autres.* ‖ — **Se mordre** v. pr. *S'en mordre les doigts, les pouces,* se repentir de quelque chose. ‖ *Se mordre les lèvres,* s'empêcher de rire ; se repentir.

mordu [mɔrdy], **e** n. et adj. *Fam.* Personne qui est passionnée de quelque chose : *les mordus du football.*

Mordves, peuple de l'U. R. S. S., habitant sur la Volga moyenne une république autonome de la R. S. F. S. de Russie (1 014 000 h. ; cap. *Saransk*).

more adj. et n. V. MAURE.

More. V. THOMAS MORE (*saint*).

Moréas (Jean PAPADIAMANTOPOULOS, dit **Jean**), poète français, né à Athènes (1856-1910). Après un recueil de vers (*les Syrtes,* 1884) qui le fit ranger parmi les « décadents », il s'affirma comme adepte du symbolisme (*les Cantilènes,* 1886), dont il lança le manifeste dans *le Figaro* (18 sept. 1886). Il se sépara ensuite des symbolistes pour fonder l' « école romane » (*le Pèlerin passionné,* 1891) et revint à un art plus classique (*Stances,* 1899-1901).

Moreau le Jeune (Jean-Michel), dessinateur et graveur français, né à Paris (1741-1814). Il a décrit la société de son temps et illustré les œuvres de Jean-Jacques Rousseau, Molière, Voltaire. — Son frère Louis Gabriel **Moreau,** dit *l'Aîné,* né à Paris (1740-1806), fut un paysagiste.

Moreau (Jean-Victor), général français, né à Morlaix (1763-1813). Il fut mis à la tête de l'armée de Rhin-et-Moselle en 1796 et servit en Italie. Général en chef de l'armée du Rhin, vainqueur à Hohenlinden, il devint le rival de Bonaparte et fut exilé pour avoir négocié avec les royalistes. Revenu d'Amérique en Europe, il fut tué à Dresde en combattant avec les Russes.

Moreau (Gustave), peintre français, né à Paris (1826-1898). Elève de Chassériau, il a peint des scènes d'une mythologie romanesque, des rêves orientaux. Ses effets de couleurs sont riches, mais son dessin est souvent académique. On fait parfois de lui un initiateur du surréalisme. Il fut le maître de Matisse, de Marquet, de Desvallières et de Rouault. Un musée lui est consacré à Paris dans l'hôtel qu'il a légué à l'Etat.

Moreau (Jeanne), actrice française, née à Paris en 1928. Elle a interprété notamment *Ascenseur pour l'échafaud* (1957), *les Amants* (1958), *les Liaisons dangereuses* (1960), *la Nuit* (1960), *Jules et Jim* (1961), *le Journal d'une femme de chambre* (1964), *Viva Maria* (1965), *La mariée était en noir* (1967).

Moreau-Nélaton (Etienne), peintre et historien d'art français, né à Paris (1859-1927). Il a fait don au Louvre d'une riche collection de peintures du XIXᵉ s., aux auteurs desquelles il avait consacré des monographies.

Morée, nom donné au Péloponnèse après la conquête latine (1205). La principauté de Morée (ou d'Achaïe) se maintint jusqu'en 1430.

Morée (41160), ch.-l. de c. de Loir-et-Cher (arr. de Vendôme) ; 979 h. (618 aggl.).

Morelia, v. du Mexique ; 134 000 h. Cathédrale (XVIᵉ-XVIIᵉ s.).

morelle [mɔrɛl] n. f. (fém. du lat. pop. **morellus,* brun). Genre de plantes de la famille des solanacées, renfermant des espèces comestibles (pomme de terre, tomate, aubergine) et des formes sauvages toxiques (douce-amère).

Morellet (André), écrivain et philosophe français, né à Lyon (1727-1819). Il rédigea les articles sur la religion dans l'*Encyclopédie.* (Acad. fr.)

Morelly, philosophe français du XVIIIᵉ s., dont les ouvrages ont influencé les doctrines communistes, en particulier le babouvisme.

Morelos y Pavón (José María), patriote mexicain, né à Valladolid (auj. Morelia) [1765-1815]. Curé, il succéda à Hidalgo à la tête de l'insurrection nationale. Après la prise d'Acapulco (1812), il proclama l'indépendance. Capturé par Iturbide, il fut fusillé.

Morena (*sierra*), chaîne de l'Espagne méridionale ; 1 323 m.

morène n. f. Plante des eaux stagnantes, à feuilles flottantes et à fleurs blanches. (Famille des hydrocharidacées.)

Moreno (Jacob Levy), psychosociologue américain d'origine roumaine, né à Bucarest (1892-1974). Il commence par perfectionner la psychanalyse de groupe et notamment le psychodrame ; il étudie, à partir de la dynamique des groupes (Lewin), la structure latente du groupe, qui est fonction du jeu réciproque des attractions et des répulsions entre tous les individus : il découvre ainsi la *sociométrie*.* Ses principales œuvres sont *Who Shall Survive?* (1933) et *Psychodramma* (1947-1959).

général **Moreau** par Alexis Chataignier *Bibl. nat.*

Moreri (Louis), érudit français, né à Bargemon (1643-1680), auteur d'un *Grand Dictionnaire historique* (1674).

Moresnet, petit territoire belge à la frontière de l'Allemagne occidentale.

moresque adj. et n. V. MAURESQUE.

Morestel (38510), ch.-l. de c. de l'Isère (arr. de La Tour-du-Pin) ; 1 805 h. Donjon (XIVᵉ s.).

Moreto y Cabaña (Agustín), auteur dramatique espagnol, né à Madrid (1618-1669). Par ses comédies (*Dédain pour dédain,* 1652 ; *le Beau Don Diègue,* 1654), il est un des meilleurs continuateurs de Calderón.

Moret-sur-Loing (77250), ch.-l. de c. de Seine-et-Marne (arr. de Melun) ; 3 250 h. Donjon (XIIᵉ s.), restes de fortifications et église du XIIIᵉ s.

Moreuil (80110), ch.-l. de c. de la Somme (arr. de Montdidier) ; 3 647 h.

Morez [-re] (39400), ch.-l. de c. du Jura (arr. de Saint-Claude), sur la Bienne ; 6 704 h. (*Moréziens*). Grand centre français de la lunetterie. Horlogerie.

morfil [mɔrfil] n. m. (de *mort* et *fil*). Ensemble de parcelles métalliques très fines qui restent adhérentes au tranchant d'une lame après qu'on l'a repassée.

morfil n. m. (esp. *marfil,* ivoire, empr. à l'arabe). Dent d'éléphant non travaillée.

morfondre (se) [səmɔrfɔ̃dr] v. pr. (de *morve,* et *fondre,* prendre froid). S'ennuyer à attendre.

Morgagni (Giambattista), anatomiste et pathologiste italien, né à Forli (1682-1771). Ses observations ouvrirent la voie de l'anatomie pathologique.

Gustave Moreau
« Jupiter et Sémélé », *détail, musée Gustave-Moreau*

Thomas H. Morgan

Morgan (Lewis Henry), anthropologue américain, né près d'Aurora (Etat de New York) [1818-1881]. On lui doit une conception évolutionniste et marxiste de l'anthropologie sociale.

Morgan (John Pierpont), financier américain, né à Hartford (Connecticut) [1837-1913]. Il s'assura le contrôle des grandes usines métallurgiques de l'Union, qu'il fondit en un gigantesque trust. Il fut un grand collectionneur et fonda de nombreuses œuvres philanthropiques. — Son fils, JOHN PIERPONT, né à Irvington (New York) [1867-1943], lui succéda en 1913 à la direction de la firme « J. P. Morgan and Co. » et contribua largement, pendant la Première Guerre mondiale, à soutenir l'effort financier des Alliés. — ANN TRACY, née à New York (1873-1952), sœur du précédent, consacra son activité et son immense fortune à des œuvres sociales, ainsi qu'au profit des combattants des deux guerres mondiales.

Morgan (Thomas Hunt), biologiste américain, né à Lexington (Kentucky) [1866-1945]. On lui doit le choix de la drosophile comme matériel d'expériences sur la génétique, la théorie chromosomique de l'hérédité et une remarquable organisation de la recherche scientifique en équipe.

morganatique [mɔrganatik] adj. (empr. au francique). Se dit d'un mariage contracté entre un prince et une personne de rang inférieur, qui reste exclue des dignités nobiliaires ; se dit aussi des enfants nés de ce mariage. ● *Epouse morganatique,* femme ainsi épousée.

morganatiquement adv. De façon morganatique : *se marier morganatiquement.*

Morgane (*la fée*), personnage des légendes celtiques, qui paraît également dans les romans du cycle breton.

Morgarten, montagne de Suisse, près du lac d'Ægeri (cant. de Zoug). En 1315, les Suisses y remportèrent sur Léopold d'Autriche une victoire qui assura leur indépendance.

Morgat, station balnéaire du Finistère (comm. de Crozon). Pêche.

Morge (la), riv. de l'Aube, sous-affl. de la Seine par la Barse ; 15 km. Son bassin est utilisé pour former un réservoir destiné à recueillir les crues de la Seine.

morgeline [mɔrʒəlin] n. f. (de *mordre,* et *geline,* poule). Autre nom du MOURON DES OISEAUX.

Morgenstern (Oskar), économiste américain d'origine autrichienne, né à Görlitz en 1902, auteur, avec Neumann, d'une théorie mathématique du comportement économique.

Morges, v. de Suisse (Vaud) ; 8 400 h. Station touristique. Château du XIIIᵉ s. (musée d'armes).

morgue [mɔrg] n. f. (de l'anc. fr. *morguer,* braver ; lat. *marricare,* faire la moue). Attitude hautaine, méprisante : *montrer de la morgue.*

morgue n. f. (du précédent). Etablissement où l'on dépose les cadavres des personnes dont l'identité n'est pas connue ou qui sont décédées sur la voie publique. (On dit auj. INSTITUT MÉDICO-LÉGAL.)

Morhange (57340), comm. de la Moselle (arr. de Forbach) ; 5 222 h. Matières plastiques. Au début de la Première Guerre mondiale, en août 1914, la IIᵉ armée de Castelnau y livra des combats offensifs avant de se replier sur le Grand-Couronné de Nancy.

moribond [mɔribɔ̃], **e** [-ɔ̃d] adj. et n. (lat. *moribundus ;* de *mori,* mourir). Qui est près de mourir. (Syn. : AGONISANT, MOURANT.)

moricaud [mɔriko], **e** [-od] adj. et n. (de *More*). Qui a la peau très brune.

Móricz (Zsigmond), écrivain hongrois, né à Tiszacsécse (1879-1942). Peintre de la vie paysanne et des petites villes de province, il fut par ses contes (*Sept Sous,* 1909), son théâtre (*le Sanglier,* 1925) et ses romans (*Fange et or,* 1911 ; *Transylvanie,* 1922-1935) le rénovateur de la prose magyare.

Morienval (60127), comm. de l'Oise (arr. de Senlis) ; 606 h. (315 aggl.). Importante église du début du XIIᵉ s.

morigéner [mɔriʒene] v. t. (lat. *morigerari,* être complaisant ; de *morigenus,* docile) [conj. **5**]. Réprimander, admonester : *morigéner un enfant.*

Moriguchi, v. du Japon (Honshū) ; 139 000 h.

Mörike (Eduard), écrivain allemand, né à Ludwigsburg (1804-1875). Poète classique par le rythme et romantique par l'utilisation des motifs populaires (*Idylle sur le lac de*

Constance, 1846), il mêle dans ses récits le réalisme au lyrisme (*le Peintre Nolten,* 1832; *Voyage de Mozart à Prague,* 1856).

morille [mɔrij] n. f. (du lat. *maurus,* brun foncé). Champignon des bois, comestible, délicat, à chapeau creusé d'alvéoles. (Classe des ascomycètes.)

morillon [mɔrijɔ̃] n. m. (de l'anc. fr. *morel,* brun). Canard sauvage du genre *fuligule,* à plumage noir et blanc chez le mâle, assez commun sur les côtes d'Europe occidentale l'hiver. (Long. 42 cm.)

Morin (le Grand [112 km] et **le Petit** [90 km]), riv. du Bassin parisien, affl. de la Marne (r. g.). Théâtre de violents combats pendant la bataille de la Marne (sept. 1914) entre les Français de Foch et de Franchet d'Esperey et les Allemands de Kluck et de Bülow.

Morin (Jean-Baptiste), compositeur français, né à Orléans (v. 1677-1745). Il a été l'un des créateurs de la cantate française (1er livre, 1706).

Morin (Arthur), général et physicien français, né à Paris (1795-1880). Il inventa un appareil pour étudier la chute libre des corps.

Morin (Paul), poète canadien d'expression française, né à Montréal (1889-1963). S'inspirant tour à tour des parnassiens et des symbolistes, il emprunte les thèmes de ses recueils à ses voyages ou à l'Antiquité classique (*le Paon d'émail,* 1911; *Poèmes de cendre et d'or,* 1922).

Morins, peuple celtique établi dans le Boulonnais et soumis difficilement par César (56-55 av. J.-C.).

Mori Ōgai (MORI RINTARŌ, dit), écrivain japonais, né à Tsuwano (préf. de Shimane) [1862-1922]. Ses romans (*l'Oie sauvage* [*Gan*], 1913; *le Bateau sur la Takase,* 1916) et son théâtre constituent une réaction à l'école naturaliste.

morio [mɔrjo] n. m. Papillon du genre *vanesse,* à ailes brunes bordées de jaune.

Morioka, v. du Japon (Honshū); 191 000 h. Textiles.

morion [mɔrjɔ̃] n. m. (esp. *morrión*). Casque en usage au XVIe s., caractérisé par ses bords relevés en nacelle et par une crête surmontant le timbre.

morion n. m. Variété de quartz brun foncé à noir.

Morisot (Berthe), peintre français, née à Bourges (1841-1895). Elle reçut des leçons de Corot et se lia avec Manet, qui fit son portrait et dont elle devint la belle-sœur. Elle exposa avec les impressionnistes, pratiquant un art d'abord inspiré par Manet, puis par Renoir. Elle a traité des sujets familiers ou mondains en un style clair et élégant. Elle est représentée au musée du Jeu de paume. (V. illustr. IMPRESSIONNISME.)

morisque [mɔrisk] adj. et n. Relatif aux musulmans d'Espagne convertis par contrainte au catholicisme au XVIe s.

Moritz (Karl Philipp), écrivain allemand, né à Hameln (1756-1793). Ami de Goethe, il a, par ses ouvrages de critique, influé sur les débuts du romantisme allemand.

Morlaàs [-lɑs] (64160), ch.-l. de c. des Pyrénées-Atlantiques (arr. de Pau); 1 702 h. (995 aggl.) [*Morlans*]. Eglise romane, vestiges de fortifications.

Morlaix [-lɛ] (29210), ch.-l. d'arr. du Finistère (Nord), sur la *rivière de Morlaix;* 21 516 h. (16 750 aggl.) [*Morlaisiens*]. Beau viaduc. Musée. Produits pharmaceutiques. Cigares. — L'arr. a 10 cant., 60 comm., 199 005 h.

Morlanwelz-Mariemont, comm. de Belgique (Hainaut); 8 400 h. Houille. Métallurgie.

Morley (Thomas), compositeur anglais (1557 - v. 1602). On lui doit de la musique religieuse, des canzonettes et des madrigaux qui sont très influencés par l'Italie.

Mormant (77720), ch.-l. de c. de Seine-et-Marne (arr. de Melun); 2 426 h. (1 567 aggl.).

Mormoiron (84570), ch.-l. de c. de Vaucluse (arr. de Carpentras); 997 h. (651 aggl.).

mormon [mɔrmɔ̃], **e** [-ɔn] n. et adj. Membre d'une secte religieuse fondée aux Etats-Unis en 1838 par Joseph Smith, qui eut pour successeur Brigham Young. (En 1846, les mormons s'établirent sur les bords du Grand Lac Salé [Utah]. La polygamie, autorisée par Young, en 1852, fut interdite à partir de 1890. Les mormons, qui constituent l' « Eglise de Jésus-Christ des saints des derniers jours », sont au nombre d'environ 4 millions.)

mormonisme n. m. Doctrine des mormons.

Mornant (69440), ch.-l. de c. du Rhône (arr. de Lyon); 2 426 h. (1 567 aggl.). Eglise (XIIIe-XVe s.).

Mornay (Philippe DE), dit **Duplessis-Mornay,** né à Buhy (1549-1623). Chef calviniste, conseiller de Coligny, puis d'Henri IV, il fonda à Saumur la première académie protestante.

morne [mɔrn] adj. (du francique **mornan,* être triste). Abattu par la tristesse; maussade : *regard morne.* ‖ Empreint d'une sombre tristesse : *morne silence.* ● *Temps morne,* temps couvert.

morne n. m. (de l'esp. *morro,* monticule). Petite montagne isolée, dans les Antilles.

morne n. f. Anneau épais, sorte de frette dont on habillait le fer de la lance de joute.

Morne-à-l'Eau (97111), comm. de la Guadeloupe; 14 900 h.

mornifle [mɔrnifl] n. f. (du lat. pop. **murrum,* museau). *Pop.* Revers de main donné sur la face.

Morny (Charles, *duc* DE), homme politique français, né à Paris (1811-1865). Fils de la reine Hortense et du comte

morilles

morion du XVIe s., *musée de l'Armée*

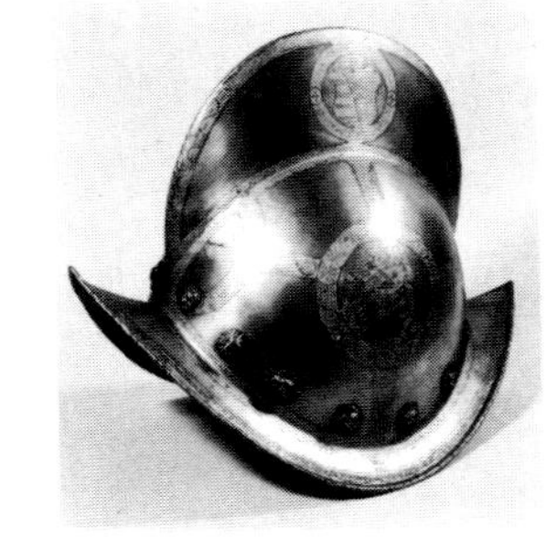

de Flahaut, et frère utérin de Napoléon III, il participa au coup d'Etat de décembre 1851 et fut président du Corps législatif (1854-1865).

Moro (Antoon MOR VAN DASHORST, dit **Antonio**), peintre hollandais, né à Utrecht (v. 1519-1576). Protégé par le cardinal de Granvelle, il fit sa carrière en Espagne, effectuant des séjours en Angleterre et au Portugal. Initiateur du portrait en Espagne, il peignit les hauts personnages de son temps (*Marie Tudor*).

Moro (Aldo), homme politique italien, né à Maglie (Lecce) en 1916. Député démocrate-chrétien depuis 1946, plusieurs fois ministre, il a dirigé en 1963 et de 1966 à 1968 un gouvernement de coalition (démocrates-chrétiens et socialistes).

Moroni, ch.-l. des Comores, sur l'île de la Grande Comore; 11 500 h.

Moroni (Giovanni Battista), peintre italien, né à Albino, près de Bergame (v. 1525-1578), auteur de portraits.

Moronobu (Hishikawa), peintre et graveur japonais (m. vers 1694). Un des initiateurs de l'estampe japonaise, il a représenté des scènes de la vie quotidienne. Son art se dégage de l'emprise chinoise.

Morosaglia (20261), ch.-l. de c. de la Corse (arr. de Corte); 1 307 h. (535 aggl.). Patrie de Paoli.

morose [mɔroz] adj. (lat. *morosus;* de *mores,* mœurs). Qui est d'une humeur chagrine : *air morose.* (Syn. : MAUSSADE, RENFROGNÉ.)

morose adj. (lat. *morosus,* qui s'attarde). *Délectation morose* (Théol.), pensée à laquelle l'esprit s'attarde alors qu'il devrait la repousser.

Morosini (Francesco), noble vénitien (1619-1694), doge de Venise, il défendit Candie contre les Turcs.

morosité n. f. Caractère de ce qui est morose.

Morphée. *Myth. gr.* Dieu des Songes, fils de la Nuit et du Sommeil.

morphème [mɔrfɛm] n. m. Le plus petit élément significatif réalisé dans un énoncé. (On distingue les *morphèmes grammaticaux* [*-ent,* marque de la 3e personne du pluriel des verbes] et les *morphèmes lexicaux* [*prudent* dans *imprudemment, voi-* dans *voient*].)

morphine [mɔrfin] n. f. (de *Morphée,* dieu grec du Sommeil). Principal alcaloïde de l'opium, doué de propriétés analgésiques et calmantes.
— ENCYCL. La *morphine* se présente comme une poudre blanche, cristalline et insoluble. On l'emploie, sous forme de sels solubles, en sirops et surtout en injections sous-cutanées. Elle provoque une brève agitation et souvent des nausées, puis une sédation remarquable des douleurs, accompagnée d'euphorie. Cette propriété et le fait que son action s'émousse — ce qui nécessite une augmentation des doses — amènent certains sujets à en faire un usage abusif qui les conduit à la morphinomanie. La morphine est souvent associée à l'atropine, qui atténue les nausées et renforce son action contre les douleurs spasmodiques.

morphinisme n. m. Intoxication chronique par la morphine ou ses sels.

morphinomane adj. et n. Qui s'adonne à la morphinomanie.

morphinomanie n. f. Habitude morbide d'user de morphine, spécialement par injections sous-cutanées, pour rechercher l'état d'euphorie qu'elle provoque d'abord, mais qui est bientôt suivi de désordres physiques et intellectuels annihilant toute volonté et tout sens moral.

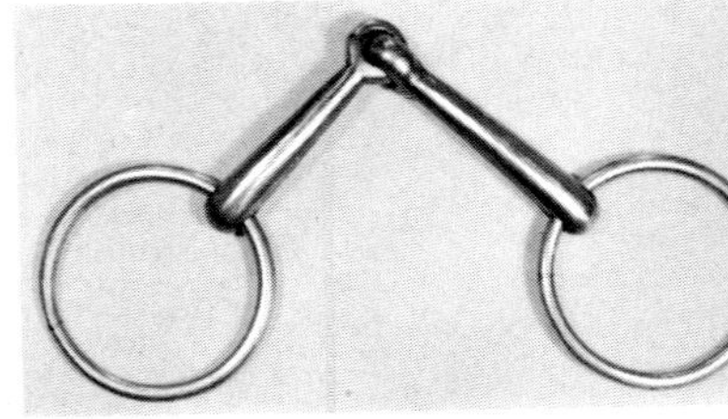

mors de filet

mors de bride, avec gourmette

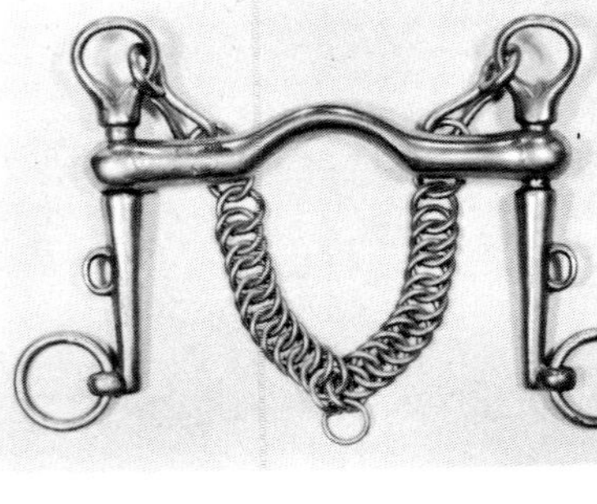

morphogène [mɔrfɔʒɛn] adj. *Physiol.* Se dit d'une action ou d'une fonction qui intervient dans la croissance, la forme du corps.

morphologie [mɔrfɔlɔʒi] n. f. (gr. *morphê,* forme, et *logos,* science). Etude de la forme et de la structure des êtres vivants. ‖ *Gramm.* Etude de la forme des mots. ‖ Syn. vieilli de GÉOMORPHOLOGIE.

morphologique adj. Relatif à la morphologie.

morpion [mɔrpjɔ̃] n. m. (de *mords,* impér., et *pion,* fantassin). *Pop.* Pou du pubis. (Syn. PHTIRIUS.)

Morrice (James Wilson), peintre canadien, né à Montréal (1864-1924). Grand voyageur, il se lia, à Paris, avec Marquet et Matisse. Il a pratiqué un art influencé par les impressionnistes.

Morris (William), peintre et écrivain anglais, né à Walthamstow (Essex, auj. Grand Londres) [1834-1896]. Ami de Burne-Jones, il fit partie du groupe préraphaélite, écrivit des poèmes (*la Vie et la mort de Jason,* 1867), traduisit *l'Enéide, l'Odyssée* et les sagas scandinaves. Il propagea le mouvement « Arts and Crafts » et créa pour la firme Morris and Co. des modèles de meubles, de tissus, de tapisseries et de vitraux. Il fit également partie d'une ligue socialiste et exposa ses conceptions dans *Nouvelles de nulle part* (1891).

mors [mɔr] n. m. (lat. *morsus,* morsure). Pièce d'acier que l'on place dans la bouche du cheval pour le conduire. (V. *encycl.*) ‖ *Technol.* Chacune des mâchoires d'un étau, d'une pince, d'une tenaille. ● *Prendre le mors aux dents,* en parlant d'un cheval, s'emporter; *fam.,* se mettre subitement en colère. ‖ — Pl. *Arts graph.* Petites saillies entre les plats et le dos d'un volume relié.
— ENCYCL. Les principales sortes de *mors* sont les *mors de filet,* très doux, agissant sur les commissures des lèvres, les *mors de bride,* plus puissants, agissant sur les barres, et un grand nombre de mors spéciaux dont les principaux sont : le *filet releveur,* le *mors anglais,* le *mors brisé* ou *pelham,* le *centaure,* le *mors arabe,* le *mors anticabreur,* etc.

Morsang-sur-Orge (91390), comm. de l'Essonne (arr. d'Evry); 15 332 h. (*Morsaintois*).

morse [mɔrs] n. m. (russe *morju,* empr. au lapon). Mammifère marin des régions arctiques, dont le mâle porte d'énormes canines supérieures. (Long. 5 m; poids 1 t; ordre des pinnipèdes.)

morse n. m. (du nom de l'inventeur). Système de télégraphie utilisant un alphabet conventionnel par points et par traits. ‖ Appareil servant à la transmission et à la réception de ces signaux. ‖ Alphabet utilisé pour ces signaux.

Morse (Samuel), peintre et physicien américain, né à Charlestown (Massachusetts) [1791-1872]. Il est l'inventeur du télégraphe électrique et d'un alphabet destiné à cet appareil (1837).

morsure [mɔrsyr] n. f. (de *mors*). Plaie faite en mordant. ‖ Effet nuisible quelconque : *les morsures de la flamme, du gel.* ‖ *Fig.* Attaque violente : *les morsures de la calomnie.* ‖ En gravure, action de l'acide entamant la planche de cuivre.

mort [mɔr] n. f. (lat. *mors, mortis*). Cessation irréversible des activités vitales d'un individu humain, animal ou végétal, suivie d'une destruction des structures organiques par des agents externes (bactéries) ou par autolyse. (V. *encycl.*) ‖ Peine capitale : *être condamné à mort.* ‖ — *Fig.* Violente douleur : *souffrir mille morts.* ‖ Grand chagrin, tristesse profonde : *avoir la mort dans l'âme.* ‖ Défaut de vie, immobilité : *un désert qui n'est*

Phot. Vincent, Lauros-Giraudon, Lauros - Atlas-Photo (2).

que silence et mort. ‖ Ruine, extinction : *la mort du petit commerce.* ‖ Cause de ruine : *le monopole est la mort de l'industrie.* ‖ Squelette nu ou vêtu d'un linceul, qui figure le personnage de la Mort. ‖ — Syn. : DÉCÈS, TRÉPAS. ● *Etre à la mort, à deux doigts de la mort, à l'article de la mort, sur son lit de mort,* être sur le point de mourir. ‖ *Etre entre la vie et la mort,* être dans un grand danger de mourir. ‖ *Mort apparente,* arrêt de la respiration et de la circulation, survenant à l'occasion d'un accident et donnant l'aspect de la mort, mais qui peut être traité par une réanimation d'extrême urgence. ‖ *Mort cellulaire,* lésion irréversible des cellules, notamment des cellules nerveuses. (Elle est définitive et au-dessus de toute thérapeutique.) ‖ *Mort civile,* privation des droits de citoyen. ‖ *Mort éternelle,* privation de la vie bienheureuse. ‖ — LOC. ADV. **A mort,** mortellement : *blessé à mort;* et, *interjectiv.,* exclamation pour menacer de mort. ‖ **A la mort,** excessivement : *haïr à la mort.* ‖ **A la vie et à la mort,** pour toujours : *être amis à la vie et à la mort.*

— ENCYCL. *Biol.* La *mort* se reconnaît à l'arrêt des fonctions organiques et à des modifications destructives des tissus. L'arrêt de la respiration et surtout celui du cœur entraînent rapidement l'anoxie et le défaut de nutrition des centres nerveux supérieurs. Ce n'est donc que dans les quelques minutes qui suivent l'arrêt du cœur qu'une réanimation est parfois possible, en cas de mort apparente. En dehors des accidents, la mort est précédée par l'agonie au cours de laquelle des lésions irréversibles des centres nerveux s'installent avant l'arrêt du cœur lui-même. Dans les heures qui suivent la mort apparaissent la rigidité cadavérique, puis des lividités (taches violettes) aux parties déclives. Le corps se refroidit, et les phénomènes de putréfaction commencent (tache verte sur l'abdomen). Sur le plan médico-légal, la mort peut être *naturelle* (sujets malades ou âgés), *subite* (dans ce cas, elle peut être due à une maladie méconnue, à une rupture vasculaire, etc.) ou *suspecte,* quand il s'agit d'un sujet jeune, en pleine santé, ou quand elle est précédée de signes d'intoxication (vomissements) ou s'accompagne de signes de violence. Ces différents cas nécessitent une expertise médico-légale.

Dans l'échelle des êtres vivants, les êtres très inférieurs (virus, bactéries, protistes) ignorent totalement le vieillissement : leur vie individuelle se termine non par la mort, mais par la multiplication asexuée, qui, d'un individu, en fait plusieurs. La plupart des animaux et des plantes connaissent une énorme mortalité des germes et des embryons, puis une période où la mortalité diminue et enfin un âge adulte, où ils se reproduisent pour mourir peu après. Chez les animaux sujets à d'importantes métamorphoses (insectes, grenouilles), celles-ci font aussi périr beaucoup de sujets. Les animaux d'élevage et les plantes cultivées peuvent, à force de soins, être conduits à un âge anormalement grand. Dans quelques espèces, la mort est inscrite dans les structures mêmes de l'être ou dans les mœurs du groupe : les bombyx adultes du mûrier ne peuvent pas s'alimenter, leur trompe étant bouchée; la cochenille abrite ses jeunes sous son cadavre; la ponte des œufs tue certains vers marins; les mâles d'abeilles ou d'arachnides sont massacrés plus ou moins longtemps après la fécondation, etc.

Mort de Pompée (*la*), tragédie de P. Corneille (1643).

Mort de Virgile (*la*), roman d'Hermann Broch (1945). Virgile, sachant qu'il va mourir, médite sur le sens de la vie et de la création artistique en un immense monologue intérieur en quatre mouvements.

Mort (*Vallée de la*), en angl. **Death Valley,** dépression aride de la Californie méridionale (Etats-Unis).

mort [mɔr], **e** [mɔrt] adj. (lat. *mortuus*). Qui a cessé de vivre : *mort pour la patrie.* ‖ Eteint : *espérances mortes.* ‖ Privé d'animation, d'activité : *une ville morte.* ‖ Qui n'est plus parlé : *le latin est une langue morte.* ● *Angle mort* (Mil.), zone de terrain non vue ou non battue par le feu. ‖ *Balle morte,* balle qui a perdu sa force d'impulsion. ‖ *Eau morte,* eau qui ne coule pas. ‖ *Etre plus mort que vif* (Fig.), être très effrayé. ‖ *Nature morte,* peinture représentant des objets inanimés autres que le paysage, ou des animaux tués. ‖ *Papier mort,* papier non timbré. ‖ *Point mort,* endroit de la course d'un organe mécanique où il ne reçoit plus d'impulsion de la part du moteur; (Autom.) position de la commande du dispositif de changement de vitesse, telle que l'arbre primaire n'entraîne pas l'arbre secondaire. ‖ *Temps mort,* moment où il n'y a pas d'action. ‖ *Vallée morte,* vallée qui n'est plus drainée par un cours d'eau. ‖ — N. Personne décédée : *prier pour les morts.* ● *Faire le mort,* faire semblant d'être mort; ne pas manifester sa présence.

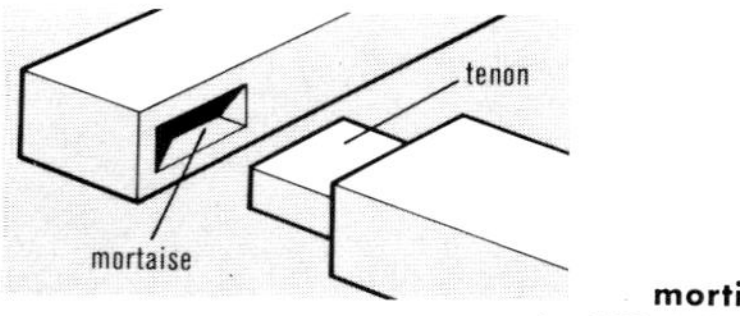

mortaise — mortier de 120 (1951)

mort n. m. Au bridge, celui des quatre joueurs qui étale son jeu sur la table; le jeu du mort.

mortadelle [mɔrtadɛl] n. f. (ital. *mortadella*). Gros saucisson d'Italie, mélange de porc et de bœuf.

Mortagne-au-Perche (61400), ch.-l. d'arr. de l'Orne; 4 708 h. (*Mortagnais*). Eglise gothique flamboyante. Vieux hôtels. Musée. Orfèvrerie. — L'arr. a 11 cant., 146 comm., 69 252 h.

Mortagne-sur-Sèvre (85290), ch.-l. de c. de la Vendée (arr. de La Roche-sur-Yon); 4 418 h. Ruines d'un château (XIVᵉ-XVᵉ s.). Toiles.

Mortain (50140), ch.-l. de c. de la Manche (arr. d'Avranches); 2 601 h. Victoire des Alliés sur les Allemands en août 1944.

mortaisage n. m. Opération d'usinage ayant pour objet de donner à une cavité toutes formes autres que la forme cylindrique, et généralement à angles vifs.

mortaise [mɔrtɛz] n. f. (de l'arabe *murtazza,* fixé). Entaille faite dans une pièce de bois ou de métal pour recevoir le tenon d'une autre pièce qui doit s'assembler avec elle, et utilisée aussi pour des travaux de rabotage vertical. ‖ Rainure pratiquée dans un alésage et destinée à recevoir une clavette.

mortaiser v. t. Pratiquer une mortaise dans : *mortaiser une poutre.*

alphabet morse

A	• —	T	—
B	— • • •	U	• • —
C	— • — •	V	• • • —
D	— • •	W	• — —
E	•	X	— • • —
F	• • — •	Y	— • — —
G	— — •	Z	— — • •
H	• • • •		
I	• •		
J	• — — —	1	• — — — —
K	— • —	2	• • — — —
L	• — • •	3	• • • — —
M	— —	4	• • • • —
N	— •	5	• • • • •
O	— — —	6	— • • • •
P	• — — •	7	— — • • •
Q	— — • —	8	— — — • •
R	• — •	9	— — — — •
S	• • •	0	— — — — —

SIGNES DE PONCTUATION ET AUTRES

point (.)	• — • — • —
virgule (,)	— — • • — —
deux points (:)	— — — • • •
point d'interrogation (?)	• • — — • •
trait d'union ou tiret (-)	— • • • • —
barre de fraction (/)	— • • — •
parenthèses [( )]	— • — — • —
guillemets (« »)	• — • • — •
double trait (=)	— • • • —
compris	• • • — •
erreur	• • • • • • • •
croix (+) ou signal de fin de télégramme ou de transmission	• — • — •
invitation à transmettre	— • —
attente	• — • • •
fin de travail	• • • — • —
signal de commencement	— • — • —
signal séparatif	• — • • —

mortaiseuse n. f. Machine-outil pour creuser des mortaises.

— ENCYCL. *Technol.* La *mortaiseuse* est analogue à un étau-limeur dont le déplacement de l'outil serait vertical. Elle se compose d'un bâti de fonte, en forme de col-de-cygne, portant à sa partie inférieure la table porte-pièce et sa commande, et à sa partie supérieure une glissière verticale dans laquelle se déplace le coulisseau porte-outil. L'outil de la mortaiseuse travaille en bout et permet d'exécuter une surface intérieure, extérieure ou de forme.

mortalité [mɔrtalite] n. f. (lat. *mortalitas*). Nombre des décès survenus au cours d'un laps de temps donné. ● *Tables de mortalité,* tables utilisées par les compagnies d'assurance sur la vie, et qui donnent pour chaque âge et chaque sexe le nombre de survivants d'un groupe observé d'individus. ‖ *Taux de mortalité,* expression du nombre de décès par an par rapport à la population. (Il est de l'ordre de 10 p. 1 000 en France.) [V. *encycl.*]

— ENCYCL. Le *taux général de la mortalité* s'est abaissé régulièrement depuis le début du XIXᵉ s.; en ce qui concerne la *mortalité infantile,* l'abaissement est surtout net depuis le début du XXᵉ s. Les différentes causes de mortalité ont beaucoup varié en importance depuis la Première Guerre mondiale : c'est ainsi que la mortalité par tuberculose est réduite au dixième de ce qu'elle était, celle de la syphilis et des autres maladies infectieuses suivant une courbe analogue, alors que la mortalité provoquée par les accidents, les maladies cardio-vasculaires et surtout les tumeurs est en nette progression.

Mortara, v. d'Italie (Lombardie), où les Autrichiens battirent les Piémontais en 1849; 14 000 h.

mort-aux-rats [mɔrora *ou* mɔrtora] n. f. inv. Préparation empoisonnée, destinée à détruire les rats.

mort-bois n. m. Bois de peu de valeur, comme les épines, les ronces, le bois blanc. ‖ Pl. des *morts-bois.*

Morte (*mer*), lac de Palestine, entre Israël et la Jordanie. Longue de 85 km, large de 17 km, la mer Morte a une superficie de 920 km². Elle occupe un fossé tectonique, ce qui explique sa grande profondeur (392 m au-dessous du niveau de la mer). La salinité, extrêmement forte, élimine pratiquement toute vie dans ses eaux (d'où son nom). Près de ses rives, à Khirbat Qumrān, ont été découverts des manuscrits d'une importance capitale pour l'histoire des Esséniens (1947).

Morteau (25500), ch.-l. de c. du Doubs (arr. de Pontarlier), sur le Doubs; 6 396 h. (*Mortuaciens*). Horlogerie. Industries alimentaires.

Morteaux-Coulibœuf (14620), ch.-l. de c. du Calvados (arr. de Caen); 620 h.

morte-eau n. f. Faible marée qui se produit à la quadrature entre la nouvelle et la pleine lune. ‖ Pl. des *mortes-eaux.*

Mortefontaine (60520 La Chapelle en Serval), comm. de l'Oise (arr. de Senlis); 733 h. Vastes jardins anglais.

mortel [mɔrtɛl], **elle** adj. (lat. *mortalis*). Sujet à la mort : *nous sommes tous mortels.* ‖ Qui cause la mort : *blessure mortelle.* ‖ *Fig.* Excessif en son genre : *douleur mortelle.* ‖ *Fam.* Pénible, fastidieux : *vacances mortelles.* ● *Ennemi mortel,* ennemi que l'on hait profondément. ‖ *Péché mortel,* péché qui fait perdre la grâce de Dieu. ‖ — N. Etre humain : *heureux mortel.*

mortellement adv. A mort : *blessé mortellement.* ‖ *Fig.* Extrêmement : *discours mortellement ennuyeux.*

Mortemart, branche de la maison de Rochechouart, à laquelle appartenait Mᵐᵉ de Montespan.

Mortensen (Richard), peintre danois, né à Copenhague en 1908, auteur de grandes compositions (v. illustr. ART ABSTRAIT*).

morte-saison n. f. Temps où, dans certaines professions, on a moins de travail qu'à l'ordinaire. ‖ Pl. des *mortes-saisons.*

Mort-Homme (le), petit massif au nord de Verdun, sur la rive ouest de la Meuse (295 m). Pendant la Première Guerre mondiale, il fut pris par les Allemands en mars 1916, après quinze attaques, et repris le 20 août 1917 par l'armée Guillaumat.

mortier [mɔrtje] n. m. (lat. *mortarium,* auge de maçon). Agglomérat artificiel de grains de sable réunis par un liant (chaux ou ciment), utilisé pour lier les éléments d'une construction ou pour faire des enduits. (V. *encycl.*) ‖ Vase où l'on pile les drogues. ‖ Canon à âme lisse, spécialement destiné à faire du tir courbe, notamment sur des objectifs défilés. (V. *encycl.*) ‖ Bonnet des magistrats de la Cour de cassation et de la Cour des comptes.

— ENCYCL. Le dosage du *mortier* s'évalue en kilogrammes de liant (chaux ou ciment) par mètre cube de sable sec. Il varie suivant la nature du liant et l'emploi auquel il est destiné. Un mortier moyen a un poids de liant compris entre 350 et 450 kg. Un mortier est *gras* ou *maigre* suivant que le poids du liant est supérieur ou inférieur à la moyenne. Les mortiers sont faits à la main ou mécaniquement à l'aide de malaxeurs et de broyeurs.

— *Mil.* Les pierriers en bronze du XVᵉ s., puis, jusqu'à la fin de la Première Guerre mondiale, les canons à tir courbe, d'un calibre souvent important, utilisés par l'artillerie et que l'on a coutume d'appeler maintenant « obusiers », étaient désignés sous le nom de *mortiers.* Depuis, cette qualification est plutôt réservée aux armes, légères ou lourdes, à tir courbe et à âme lisse, employées par l'infanterie pour battre les objectifs défilés. Un mortier léger moderne se compose essentiellement d'un tube muni d'un percuteur à la base, d'une plaque de base et d'un bipied. La chute du projectile à ailettes introduit dans le tube provoque elle-même le départ du coup.

Phot. Larousse.

morue

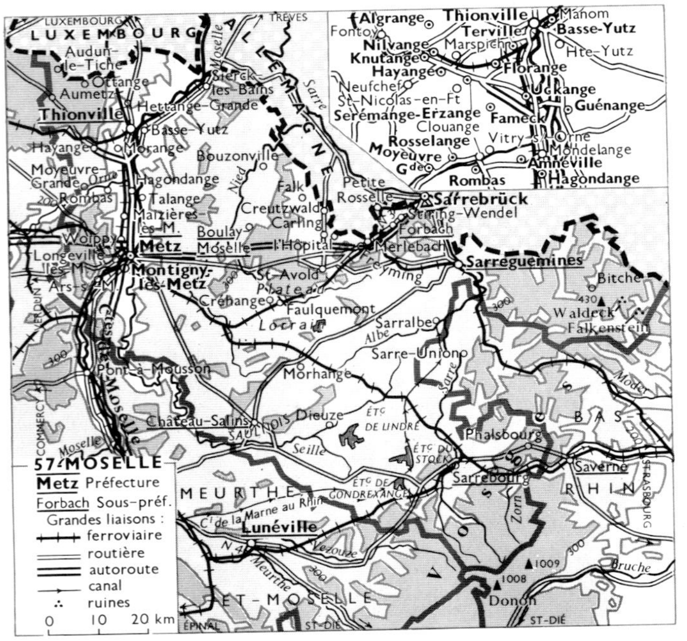

Mortier (Adolphe), duc DE TRÉVISE, maréchal de France, né au Cateau-Cambrésis (1768-1835). Il conquit le Hanovre (1803), puis combattit en Espagne. Il mourut victime de l'attentat de Fieschi.

mortifiant, e adj. Qui mortifie : *pratiques mortifiantes.* ‖ *Fig.* Qui humilie : *refus mortifiant.*

mortification n. f. Action de mortifier son corps : *les mortifications des ascètes.* ‖ *Fig.* Humiliation : *subir une cruelle mortification.* ‖ *Méd.* Etat des chairs mortes, gangrenées.

mortifier [mɔrtifje] v. t. Soumettre un gibier à un commencement de décomposition. ‖ Affliger par des jeûnes, des austérités : *mortifier son corps.* ‖ *Fig.* Humilier, froisser : *votre refus m'a mortifié.*

Mortimer de Wigmore, importante famille galloise, dont un représentant, ROGER, comte DE LA MARCHE (1287-1330), participa au meurtre d'Edouard II (1327).

mortinatalité n. f. Etat des enfants mort-nés. ‖ Rapport du nombre des enfants mort-nés à celui des naissances normales.

mort-né, e adj. et n. Mort en venant au monde : *enfant mort-né.* ‖ — Adj. *Fig.* Qui échoue dès son commencement : *projet mort-né.* ‖ Pl. des *mort-nés, mort-nées.*

Morton (James DOUGLAS, *comte* DE), né à Dalkeith (v. 1525-1581), régent d'Ecosse en 1572. Il fut décapité à la suite d'un procès, malgré la protection d'Elisabeth Ire.

Mortrée (61500 Sées), ch.-l. de c. de l'Orne (arr. d'Argentan); 1 057 h. (450 aggl.).

Mortsel, comm. de Belgique (Anvers); 28 200 h. Constructions mécaniques. Produits photographiques.

mortuaire [mɔrtɥɛr] adj. (du lat. *mortuus,* mort). Qui appartient au service funèbre : *drap mortuaire.* ● *Extrait mortuaire,* copie qu'on tire du registre mortuaire. ‖ *Maison mortuaire,* maison où une personne est décédée. ‖ *Registre mortuaire,* registre où sont inscrits les noms des personnes décédées.

morue [mɔry] n. f. Gros poisson de mer, atteignant jusqu'à 1,50 m : *la morue est vorace.* (Famille des gadidés.) [V. *encycl.*] ● *En queue de morue,* se dit des pans de l'habit.
— ENCYCL. La *morue* vit dans les mers arctiques, surtout entre Terre-Neuve et l'Islande, où l'on va la pêcher en été, dès le mois de mai. Sa chair fraîche constitue le *cabillaud,* salée, la *morue verte,* séchée, la *merluche.* On tire de son foie une huile employée comme reconstituant.

morula [mɔryla] n. f. (lat. *morula,* petite mûre). L'un des premiers stades de l'embryon animal, formé d'une sphère pleine de cellules : *la morula précède la blastula.*

Morus. V. THOMAS MORE (*saint*).

morutier adj. et n. m. Se dit des navires et des hommes qui font la pêche de la morue.

Morvan, massif montagneux formant l'extrémité nord-est du Massif central; 902 m. (Hab. *Morvandiaux* ou *Morvandeaux.*) Grandes forêts. Parc naturel régional.

morvandeau [mɔrvɑ̃do], **elle** [-ɛl] adj. et n. Du Morvan. (Syn. MORVANDIAU.)

Moscou, vue sur le Kremlin

morve [mɔrv] n. f. (empr. au francique). Maladie contagieuse des solipèdes (cheval, âne), souvent mortelle, transmissible à l'homme et due à un bacille produisant des ulcérations des fosses nasales. (Les animaux atteints de morve doivent être abattus.) ‖ Humeur qui s'écoule des narines.

morveux, euse adj. Qui est atteint de la morve : *cheval morveux.* ‖ Qui a la morve au nez : *enfant morveux.* ‖ — N. *Fam.* Garçon, fille sans expérience et prétentieux.

Morzine (74110), comm. de la Haute-Savoie (arr. de Thonon-les-Bains), sur la Dranse; 2 450 h. (1 516 aggl.). Station de sports d'hiver (alt. 1 008-2 250 m).

mosaïque [mɔzaik] n. f. (ital. *mosaico*). Assemblage de petits cubes, troncs de pyramide ou pièces irrégulières multicolores en marbre, en pierre, en smalt ou en terre cuite, reproduisant un dessin et incrustés dans un ciment, qui est utilisé comme pavement ou pour la décoration d'un mur. ‖ *Fig.* Ouvrage de l'esprit, composé de morceaux dont les sujets sont différents. ‖ Maladie à virus qui attaque certaines plantes en déterminant sur leurs feuilles des taches de diverses couleurs : *mosaïque du tabac.* ‖ — Adj. *Test mosaïque,* test de niveau, constitué par des épreuves systématiquement diverses.

mosaïque adj. Qui vient de Moïse : *loi mosaïque.*

mosaïsme [mɔzaism] n. m. Ensemble des institutions reçues de Dieu par Israël par l'intermédiaire de Moïse.

mosaïste adj. et n. Qui exécute des mosaïques.

mosan [mɔzɑ̃], **e** [-an] adj. De la Meuse. (L'art mosan s'est développé au Moyen Age dans la moyenne vallée de la Meuse.)

Moscou, cap. de l'U. R. S. S. et de la R. S. F. S. de Russie, dans la plaine russe, sur la Moskova; 6 507 000 h. (*Moscovites*). La ville doit son importance actuelle à l'histoire, qui a valorisé une situation exceptionnelle de carrefour situé entre la Baltique, la mer Blanche, le bassin de la Volga, l'Oural, la Caspienne, la mer Noire et l'Ukraine de Kiev. Moscou avait 250 000 h. au début du XIXe s., près de 1 million et demi en 1900. Sa population a quadruplé depuis l'avènement du régime soviétique, qui en a fait une grande capitale politique, un centre intellectuel dont le rayonnement dépasse les frontières de l'U. R. S. S. et une importante ville industrielle (métallurgie, textile, chimie, alimentation) et commerciale (foires), grand nœud routier, fluvial, ferroviaire et aérien (premier aéroport d'Europe continentale après Paris). Moscou a largement débordé son site originel. Autour du Kremlin, qui constitue aujourd'hui son centre à tous égards, la ville s'est développée d'abord en auréoles concentriques, progressant particulièrement le long des voies de communication, entre les massifs forestiers qui la ceinturent. Le rythme d'accroissement de la population soulève de nombreux problèmes (dont celui du logement) et doit être progressivement freiné.
● *Histoire.* Siège du métropolite de l'Eglise russe en 1326, Moscou voulut jouer le rôle de « troisième Rome » après la chute de Constantinople. En 1703, elle perdit au profit de Saint-Pétersbourg son rôle de capitale politique, que les soviets lui rendirent en 1917. Les Français y pénétrèrent en 1812, mais les Russes mirent le feu à la ville, dont Napoléon dut s'éloigner. Les Allemands tentèrent vainement de s'en emparer pendant l'hiver 1941-1942 et y subirent une grave défaite.
● *Beaux-arts.* La ville conserve de somptueux témoignages de son passé : le Kremlin (cathédrales [XVe s.] de l'Annonciation, de la Dormition et de l'Archange Michel, palais à Facettes du XVe s., palais des Armures et Grand Palais du XIXe s.); églises Basile-le-Bienheureux (XVIe s.) et de la Trinité d'Ostankino (XVIIe s.). Le fonctionnalisme moderne (université Lomonossov) a donné une vive impulsion à l'urbanisme. La ville possède de nombreux et riches musées, en particulier la galerie Tretiakov.

moscoutaire [mɔskutɛr] n. m. *Péjor.* Partisan de la IIIe Internationale, dont le siège était à Moscou.

Moscovie, nom donné à l'Etat russe (principauté de Moscou) jusqu'au XVIIe s.

moscovite [mɔskɔvit] adj. et n. De Moscou.

Moseley (Henry Gwyn-Jeffreys), physicien anglais, né à Weymouth (1887-1915). Il découvrit la loi donnant la fréquence des rayons X en fonction du numéro atomique de l'élément chimique qui les émet, ce qui donna à la classification périodique sa forme définitive.

mosellan [mɔzɛlɑ̃], **e** [-an] adj. et n. De la Moselle.

Moselle (la), riv. de l'Europe occidentale; 550 km. Née dans les Vosges, elle coule vers le nord, arrosant Epinal et Metz, avant de former la frontière entre l'Allemagne occidentale et le Luxembourg. En aval de Trèves, elle s'encaisse dans le Massif schisteux rhénan et rejoint le Rhin (r. g.) à Coblence. Accessible aux chalands de 1 500 t jusqu'à Metz, en amont, la Moselle facilite la liaison entre la Lorraine industrielle et les pays rhénans.

Moselle (*dép. de la*) [**57**], dép. formé d'une partie de la Lorraine; préf. *Metz;* s.-préf. *Boulay-Moselle, Château-Salins, Forbach, Metz-Campagne, Metz-Ville, Sarrebourg, Sarreguemines, Thionville-Est* et *Thionville-Ouest;* 9 arr., 42 cant., 752 comm.; 6 214 km²; 971 300 h. (*Mosellans*). La majeure partie du dép. s'étend sur le *Plateau lorrain,* souvent gréseux, où l'élevage se substitue aux céréales. Mais les secteurs vitaux sont les extrémités méridionale (*Saulnois*), septentrionale (région de Petite-Rosselle et de Saint-Avold), occidentale (au-delà de la Moselle), qui recèlent respectivement d'importants gisements de sel gemme (ayant donné naissance à l'industrie chimique à Château-Salins, Dieuze, etc.), de charbon (brûlé à Carling et à Grossbliederstroff, cokéfié à Carling et à Marienau, et alimentant des industries chimiques) et

Phot. Douglas-P. Wilson, A. P. N.

de fer surtout (sidérurgie et métallurgie lourde dans les vallées de la Fentsch, de l'Orne et de la Moselle). L'industrie emploie plus de la moitié de la population active (6 p. 100 dans l'agriculture), ce qui explique l'importance de l'urbanisation (plus de 15 communes dépassent 10 000 h.).

Moskova (la), riv. de l'U. R. S. S., qui arrose Moscou (à laquelle elle a donné son nom), affl. de l'Oka (r. dr.); 508 km. Bataille gagnée par les Français sur les Russes en 1812.

mosquée [mɔske] n. f. (de l'arabe *masdjid*, par l'esp. *mezquita*). Edifice du culte musulman.

Mosquitos, Indiens métissés du Nicaragua et du Honduras, sur la côte de la mer des Antilles.

Mossis, ethnie d'Afrique occidentale, principalement située dans la Haute-Volta (plus de 1,5 million de représentants en 1968). Les Mossis ont une structure sociale très hiérarchisée, fondée sur une division en castes (forgerons, potiers, orfèvres) et dirigée par un souverain, le *morho-naba*. Ils ont développé un art des masques comparable à celui des Dogons. Ils constituèrent au XIIe s. un grand empire, qui disparut au début du XVIe s.

Mossoul ou **Mosul,** v. de l'Iraq (Kurdistān), sur le Tigre; 388 200 h. Musée archéologique. Pétrole. Cimenterie. Coton.

Most, v. de Tchécoslovaquie (Bohême); 44 000 h. Lignite. Industries chimiques.

Mostaganem, port d'Algérie, ch.-l. de dép., sur la Méditerranée; 63 000 h. Centre commercial d'une région viticole.

Mostar, v. de Yougoslavie (Herzégovine); 55 000 h. Pont du XVIe s. Mosquées.

mot [mo] n. m. (lat. *muttum*, grognement). Son ou groupe de sons servant à désigner un être, une idée : *un mot de plusieurs syllabes*. ‖ Lettre ou ensemble de lettres, délimités par deux blancs, qui représentent ce son : *un mot illisible*. ‖ Ce qu'on dit, ce qu'on écrit brièvement : *dire un mot à l'oreille; écrire un mot à quelqu'un*. ‖ Sentence, parole mémorable : *beau mot de Socrate*. ‖ Parole vide de sens : *se payer de mots*. ● *Avoir le dernier mot*, l'emporter dans un différend, dans une discussion. ‖ *Bon mot*, parole spirituelle. ‖ *Grand mot*, terme emphatique. ‖ *Gros mot*, parole grossière, injurieuse. ‖ *Jouer sur les mots*, faire des équivoques. ‖ *Mots croisés*, mots disposés horizontalement et verticalement de sorte que certaines de leurs lettres coïncident; jeu qui consiste à trouver ces mots d'après des définitions. ‖ *Mot d'ordre*, consigne donnée en vue d'une action déterminée : *obéir à un mot d'ordre*. ‖ *Prendre au mot*, accepter du premier coup une proposition. ‖ *Se donner le mot*, se mettre d'accord, convenir de ce qu'il faut dire, de ce qu'il faut faire. ‖ — Loc. adv. **Au bas mot,** en évaluant au plus bas. ‖ **En un mot,** enfin; brièvement, pour résumer. ‖ **Mot à mot,** sans rien changer; en rendant chaque mot par un mot équivalent : *traduire mot à mot*.

Motala, v. de Suède, sur le lac Vätter; 37 800 h. Station de radiodiffusion.

motard [mɔtar] n. m. *Fam.* Motocycliste de l'armée, de la police.

motel [mɔtɛl] n. m. Hôtel à proximité des grands itinéraires routiers et spécialement aménagé pour accueillir les automobilistes de passage et remiser leur voiture.

motet [mɔtɛ] n. m. (de *mot*). Prière vocale religieuse, en marge de l'ordinaire de la messe, à une ou plusieurs voix, soutenues ou non par des instruments. (Les motets ont constitué, à côté de la messe, l'essentiel du répertoire polyphonique du XVIe s. Au XVIIe s., le motet s'accroît des forces de l'orchestre, et les chœurs s'adjoignent des solistes vocaux. Le tout est traité dans l'esprit de la musique concertante, sans pour autant abandonner le motet pour voix seule, qui a subsisté jusqu'à nos jours.)

motoculteur

motocyclette

moteur [mɔtœr], **trice** [-tris] adj. (lat. *motor*; de *motus*, mû). Qui produit un mouvement, qui le transmet : *force motrice*. ‖ Se dit d'un nerf ou d'un muscle qui assure la motricité d'un organe : *muscles moteurs des osselets*. ● *Plaque motrice*, région où l'arborisation terminale d'un neurone moteur entre en contact avec le cytoplasme d'une cellule musculaire et au niveau de laquelle l'ordre de contraction est transmis. ‖ *Troubles moteurs*, manifestations paralytiques. ‖ *Voie motrice*, faisceau du système cérébro-spinal le long duquel circulent les messages nerveux commandant les mouvements. ‖ — N. m. *Moteur oculaire commun*, muscle qui commande tous les muscles moteurs de l'œil, sauf le droit externe et le grand oblique. ‖ *Moteur oculaire externe*, nerf qui commande le muscle droit externe de l'œil.

moteur n. m. Tout ce qui, en mécanique, imprime le mouvement, comme l'eau, l'air, la vapeur, etc. ‖ Système matériel qui transforme en énergie mécanique d'autres formes d'énergie. ‖ — *Fig.* Instigateur : *être le moteur d'une entreprise*. ‖ Cause d'action : *l'enthousiasme, ce moteur de l'âme*. ● *Moteur à combustion interne*, moteur dans lequel l'énergie fournie par un combustible est directement transformée en énergie mécanique. ‖ *Moteur à explosion*, moteur qui emprunte son énergie à l'expansion d'un gaz. ‖ *Moteur ionique*, moteur dont le fonctionnement repose sur le principe de la transformation de l'énergie nucléaire en énergie électrique. ‖ *Moteur à réaction*, moteur dans lequel l'action mécanique est réalisée par l'éjection d'un flux gazeux à grande vitesse, qui crée une certaine quantité de mouvement. (Celle-ci s'obtient soit en aspirant de l'air à l'avant du mobile et en le rejetant vers l'arrière à une vitesse plus élevée [turboréacteurs, pulsoréacteurs et statoréacteurs], soit en empruntant au mobile une partie de sa masse [moteurs-fusées].)

moteur-fusée n. m. Propulseur à réaction utilisé en aviation et en astronautique, et fonctionnant sans recourir à l'air extérieur pour lui fournir son comburant. ‖ Pl. des *moteurs-fusées*.

Mothe-Achard (LA) [85150], ch.-l. de c. de la Vendée (arr. des Sables d'Olonne); 1 230 h. (997 aggl.).

Motherwell, v. d'Ecosse (Lanark); 72 200 h. Métallurgie.

Mothe-Saint-Héray (LA) [79800], ch.-l. de c. des Deux-Sèvres (arr. de Niort); 2 046 h. (1 802 aggl.) [*Mothais*]. Restes d'un château Louis XIII.

motif [mɔtif] n. m. (du lat. *movere*, mouvoir). Ce qui porte à faire une chose, à agir : *un motif louable, honnête*. ‖ Raison d'agir : *se fâcher sans motif*. ‖ Ce qui nous porte à agir moralement et par devoir (par oppos. à *mobiles intéressés*). ‖ Ensemble des raisons, tant de fait que de droit, qui ont conduit les membres d'un tribunal à rendre leur jugement. ‖ Phrase musicale ou fragment de phrase musicale, mélodique, rythmique ou harmonique, plus ou moins développée, entrant dans la composition d'une œuvre. ‖ Figure ornementale répétée le plus souvent. ‖ Sujet d'un tableau, en particulier d'un paysage. ‖ — Syn. : CAUSE, MOBILE, RAISON. ● *Aller sur le motif*, aller peindre en plein air, d'après nature.

motilité [mɔtilite] n. f. Faculté de se mouvoir.

motion [mosjɔ̃] n. f. (lat. *motio*, mise en mouvement). Proposition faite dans une assemblée.

motivation n. f. Action de motiver; son résultat. ‖ Intérêt spontané pour une tâche. ‖ *Psychol.* Ensemble latent des objectifs d'un comportement, suscités par un état de besoin et entraînant un comportement qui vise à retrouver l'équilibre par la satisfaction du besoin. (Alors que chez l'homme les motivations cachent par leur complexité les pulsions qui sont à leur base, le comportement animal permet une distinction plus aisée entre la pulsion et la motivation.)

motiver [mɔtive] v. t. Exposer les motifs d'une décision, d'une opinion, etc. ‖ Servir de motif à; justifier : *rien ne motive cette mesure*.

moto [mɔto] n. f. *Fam.* Motocyclette.

motociste n. m. Vendeur et réparateur de motocycles.

motocross [mɔtɔkrɔs] n. m. Course à motocyclette sur un terrain très accidenté.

motoculteur [mɔtɔkyltœr] n. m. Machine automotrice de faibles ou moyennes dimensions, pouvant porter divers outils, utilisée pour le jardinage, la culture maraîchère ou florale, la viticulture et l'arboriculture fruitière.

motoculture n. f. Application du moteur à l'agriculture.

motocycle n. m. Cycle mû par un moteur. (Il existe trois groupes de motocycles : le *cyclomoteur*, qui comporte obligatoirement un pédalier, et dont la cylindrée maximale est de 50 cm³; le *vélomoteur*, dont la cylindrée n'excède pas 125 cm³; et la *motocyclette*.)

motocyclette [mɔtɔsiklɛt] n. f. Véhicule à deux roues, actionné par un moteur à explosion de plus de 125 cm³.

mosquées

mosquée Süleymaniye à Istanbul

minaret de la grande mosquée à Kairouan

mosquée de la Perle à Delhi

Phot. Boudot-Lamotte, Lauros - Atlas-Photo (doc. Mecan' hort.), Boucher-Multiphoto, Lauros - Atlas-Photo, X.

motocyclisme n. m. Nom générique de toutes les activités sportives disputées sur motocyclettes et side-cars.

motocycliste n. Personne qui conduit une motocyclette.

motonautique adj. Relatif au motonautisme.

motonautisme n. m. Sport de la navigation sur de petites embarcations à moteur.

motopompe n. f. Pompe actionnée par un moteur : *motopompe d'incendie.*

motorisation n. f. Action de motoriser; son résultat : *la motorisation de l'agriculture.*

motorisé, e adj. *Mil.* Se dit d'une troupe munie de véhicules de transport : *régiment motorisé.* ● *Etre motorisé* (Fam.), posséder un véhicule à moteur pour ses déplacements.

motoriser [mɔtɔrize] v. t. Pourvoir d'un moteur mécanique. ‖ Doter de moyens de transport automobiles : *motoriser une division d'infanterie.*

motoriste n. m. Mécanicien chargé de la réparation et de l'entretien des automobiles et des moteurs.

motorship [mɔtɔrʃip] n. m. (mot angl.). Navire de commerce propulsé par un moteur Diesel. (Abrév. : M/S.)

mototracteur n. m. Tracteur automobile.

motrice [mɔtris] n. f. Véhicule servant de tracteur pour d'autres voitures.

motricité n. f. Ensemble des mouvements qui peuvent, chez un homme ou un animal, être faits sous le contrôle de la volonté ou se produire inconsciemment. ‖ Mécanisme des mouvements ou des réactions motrices d'un être vivant. (V. *encycl.*)
— ENCYCL. Les mouvements volontaires sont commandés par le cerveau et réglés par le cervelet; les contractions du cœur et de l'intestin sont automatiques et continuent lorsque ces organes sont isolés; la *motricité* végétative des viscères (voies digestives, petites artères, etc.) est sous la dépendance des systèmes sympathique et parasympathique; les réflexes innés ou acquis proviennent d'une excitation périphérique qui gagne les centres nerveux (moelle, cerveau) et s'y transforme en une incitation motrice.

mots-croisiste [mokrwazist] n. Amateur de mots croisés. (Syn. CRUCIVERBISTE.)

motte [mɔt] n. f. Petite masse de terre détachée. ● *Motte de beurre,* masse de beurre préparée pour la vente au détail.

Motte (LA) [04250], ch.-l. de c. des Alpes-de-Haute-Provence (arr. de Forcalquier); 425 h. Laiterie.

Motte-Chalancon (LA) ou **La Motte-Chalançon** (26470), ch.-l. de c. de la Drôme (arr. de Die); 515 h.

motter (se) v. pr. Se cacher derrière les mottes, en parlant d'un animal.

Motte-Servolex (LA) [73290], ch.-l. de c. de la Savoie (arr. de Chambéry); 3 683 h. (1 108 aggl.).

motteux n. m. Oiseau passereau du genre *traquet,* qui se pose sur les mottes de terre. (Long. 16 cm.) [Syn. CUL-BLANC.]

Motteville (Françoise BERTAUT DE), mémorialiste française, née à Paris (v. 1621-1689). Elle fut femme de chambre d'Anne d'Autriche et écrivit des *Mémoires pour servir à l'histoire d'Anne d'Autriche de 1615 à 1666* (publiés en 1723).

motu proprio [mɔtyprɔprijo] loc. adv. (mots lat. signif. *de son propre mouvement*). Spontanément, sans y être incité.

motu proprio n. m. Acte législatif promulgué par le pape de sa propre initiative.

motus! [mɔtys] interj. Engage quelqu'un à garder le silence sur un fait.

mou [mu] ou **mol** [mɔl] (devant un mot commençant par une voyelle), **molle** [mɔl] adj. (lat. *mollis*). Qui cède facilement au toucher : *cire, poire molle.* ‖ Chaud et humide : *temps mou.* ‖ — *Fig.* Qui manque de vigueur : *cheval mou.* ‖ Qui manque de vivacité : *un garçon mou.*

mou n. m. Ce qui est mou : *le mou et le dur.* ‖ Nom donné au poumon de certains animaux de boucherie : *mou de veau.* ● *Donner du mou,* détendre, en parlant d'une corde, d'une chaîne, etc.

Mouanda. V. MOANDA.

mouchage n. m. Action de moucher.

moucharabieh [muʃarabje] n. m. (de l'ar. *machrabiyya*). Grillage en bois placé devant une fenêtre (dans les pays musulmans) et qui permet de voir sans être vu.

mouchard [muʃar], **e** [-ard] adj. et n. (de *mouche,* dans le sens d'*espion*). *Fam.* et *péjor.* Celui qui épie pour rapporter. ‖ Dénonciateur.

mouchard n. m. Appareil de contrôle et de surveillance.

mouchardage n. m. *Fam.* Action de moucharder.

moucharder v. t. et i. *Fam.* Dénoncer : *moucharder un camarade.*

mouche [muʃ] n. f. (lat. *musca*). Insecte à une seule paire d'ailes, au corps trapu et court, au vol bourdonnant et dont la larve est semblable à un ver. (V. *encycl.*) ‖ Petite rondelle de taffetas noir que les dames se collaient sur le visage par coquetterie. ‖ Petite touffe de poils au-dessous de la lèvre inférieure. ‖ Point noir au centre d'une cible. ‖ Bouton de cuir à la pointe d'un fleuret pour la rendre inoffensive. ‖ Leurre imitant un insecte. ● *Faire mouche,* atteindre le point noir de la cible à un jeu d'adresse; *fig.,* atteindre son but. ‖ *Fine mouche,* personne très rusée. ‖ *Mouche d'escadre,* petit bâtiment servant d'estafette à un amiral. ‖ *Mouche à miel* (Dialect.), nom donné à l'*abeille.* ‖ *Pattes de mouche,* écriture peu lisible. ‖ *Prendre la mouche,* se fâcher mal à propos. ‖ *Quelle mouche le pique?* (Fam.), pourquoi se fâche-t-il?
— ENCYCL. Les *mouches* forment, parmi les insectes diptères, le sous-ordre des *brachycères,* caractérisés par leurs antennes très courtes. On en a décrit environ 75 000 espèces, dont beaucoup comptent des individus par centaines de milliards. Les plus primitives sortent de l'enveloppe nymphale par une fente (espèces *orthoraphes,* telles que le taon); la plupart en sortent en faisant sauter un couvercle (espèces *cycloraphes*). On distingue également les mouches à trompe purement suceuse (mouche domestique), les mouches à trompe piqueuse (glossine, œstre), les mouches dont les balanciers sont recouverts d'une sorte d'aile atrophiée, ou *cuilleron,* et celles dont les balanciers sont nus. Quant au régime alimentaire, il est des plus variés, tant chez la larve que chez l'adulte, mais il se compose exclusivement de liquides (sang, sève, nectar, autolysats, vinaigre) ou de solides liquéfiés par les sucs digestifs que l'animal a répandus autour de lui (viande, sucre). Certaines espèces engendrent directement des nymphes (mouches pupipares); dans d'autres espèces la larve vit en parasite (œstre, hypoderme). [V. illustr. INSECTES.]

moucher [muʃe] v. t. (du lat. *mucus,* morve). Presser les narines pour en faire sortir, en soufflant, les sécrétions nasales. ‖ Enlever la partie carbonisée d'une mèche. ‖ *Fam.* Réprimander.

moucheron [muʃrɔ̃] n. m. Petite mouche.

moucheronner v. i. Saisir des insectes à la surface de l'eau, en parlant des poissons.

Mouchet (*mont*), sommet de la partie nord de la Margeride (Haute-Loire); 1 465 m. Bataille entre les Forces françaises de l'intérieur et les Allemands (mai-juin 1944).

moucheté, e adj. Tacheté, en parlant de certains animaux. ‖ Se dit du blé malade qui a une poussière noire sur les barbes de ses balles. ● *Fleuret moucheté,* fleuret dont la pointe est garnie d'une mouche.

moucheter [muʃte] v. t. (conj. **4**). Marquer de petits points disposés symétriquement : *moucheter du satin.*

mouchetis [muʃti] n. m. Crépi exécuté par projection de mortier sur la surface extérieure d'un mur.

mouchette [muʃɛt] n. f. Rabot pour faire les baguettes et les moulures. ‖ Découpure en forme d'ellipse courbe, qui se combine avec les soufflets dans les fenestrages de style gothique flamboyant. ‖ — N. f. pl. Ciseaux pour moucher les chandelles et comportant un support, utilisés du XVIe au XIXe s. ‖ Instrument de contention en forme de pinces pour maîtriser les animaux.

moucheture n. f. Tache naturelle sur le corps de certains animaux : *les mouchetures de la panthère.* ‖ Ornement donné à une étoffe en la mouchetant. ‖ Scarification superficielle que l'on pratiquait pour évacuer la sérosité des œdèmes. ● *Mouchetures d'hermine,* petits morceaux de fourrure noire mouchetant l'hermine.

Mouchez (Ernest), amiral et astronome français, né à Madrid (1821-1892). On lui doit la réalisation de la carte photographique du Ciel, qui permet de fixer la position des étoiles, d'étudier leurs mouvements propres et de repérer tous les changements capables de se produire sur la voûte céleste.

mouchoir n. m. Linge servant à se moucher : *mouchoir de poche.* ‖ Pièce d'étoffe servant à divers usages : *mouchoirs de tête, de cou.*

mouchure n. f. Mucosités qu'on retire du nez en se mouchant.

Mouchy (Philippe DE NOAILLES, *duc* DE), maréchal de France, né à Paris (1715-1794). Il fut exécuté sous la Terreur.

moudre [mudr] v. t. (lat. *molere*) [conj. **51**]. Mettre en poudre avec un moulin : *moudre du blé.*

moue [mu] n. f. (empr. au francique). Grimace faite par déplaisir, en allongeant les lèvres.

mouette [mwɛt] n. f. (empr. au francique). Oiseau palmipède plus petit que le goéland (long. 30 à 40 cm), bon voilier mais ne plongeant pas, se nourrissant surtout de mollusques, vivant sur les côtes et remontant parfois les grands fleuves. (V. illustr. OISEAUX.)

moufette [mufɛt] n. f. (ital. *mofetta,* empr. au germ.). Mammifère carnassier d'Amérique, possédant la faculté de se défendre contre les animaux qui l'attaquent en leur lançant à plusieurs mètres de distance un liquide infect, sécrété par ses glandes anales. (Long. 30 cm, sans la queue.) [On écrit aussi MOUFFETTE et MOFETTE.] (Syn. SCONSE.)

moufle [mufl] n. m. *Chim.* Récipient de terre pour chauffer les corps sans que la flamme soit en contact direct avec eux. ‖ Four où l'on fait cuire la porcelaine.

moufle n. f. (germ. *muffel,* museau rebondi). Gros gant, généralement fourré, où il n'y a de séparation que pour le pouce. ‖ Assemblage de poulies dans une même chape, qui permet de soulever de très lourdes charges. (La réunion de deux moufles par une même corde constitue un *palan.*)

mouflon [muflɔ̃] n. m. (ital. *muflone*). Grand mouton sauvage de l'hémisphère Nord.

Mougins (06250), comm. des Alpes-Maritimes (arr. de Grasse), au nord de Cannes; 6 346 h. Centre touristique.

mouillage n. m. Action de mouiller. ‖ Action d'ajouter de l'eau aux boissons dans une intention frauduleuse : *le mouillage est rigoureusement interdit.* ‖ *Mar.* Plan d'eau côtier favorable au stationnement d'un bâtiment, d'une force navale : *mouillage abrité.* ‖ Manœuvre pour jeter l'ancre. ‖ Action de mouiller des mines. ● *Mouillage du capital,* procédé de surcapitalisation.

mouillant, e adj. Se dit d'un corps qui, mélangé à un liquide, lui permet de mouiller un solide plus facilement que s'il était pur : *le pouvoir mouillant d'un détergent, d'une bouillie anticryptogamique.*

Mouillard (Louis), ingénieur français, né à Lyon (1834-1897). L'un des précurseurs de l'aviation, il conçut et réalisa plusieurs planeurs et parvint à parcourir une quarantaine de mètres en rasant le sol. Son œuvre écrite, dont se sont largement inspirés tous les pionniers du « plus lourd que l'air », tient une place importante dans l'histoire de la technique aéronautique.

mouille n. f. Creux du lit d'un cours d'eau. ‖ *Mar.* Avarie causée à une cargaison par l'humidité ou par l'eau.

mouillé, e adj. *Consonne mouillée,* consonne articulée avec le son *y.* (En français, l'*n* est mouillé dans *magnésie, gnan-gnan;* l'*l* était naguère mouillé dans *tailler, veiller.*)

mouillement n. m. Action de mouiller. ‖ Arrosement léger d'un mets pendant sa cuisson.

mouiller [muje] v. t. (du lat. *mollis,* mou). Rendre humide : *mouiller du linge.* ‖ Etendre d'eau : *mouiller*

mouflons

moufette

Phot. Rödle, Baufle.

du vin. ‖ Ajouter à un mets du liquide pour composer une sauce : *mouiller un ragoût.* ‖ Immerger : *mouiller des mines sous-marines.* ‖ *Phonét.* Syn. vieilli de PALATALISER. ‖ — Syn. : HUMECTER, IMBIBER, TREMPER. ● *Mouiller l'ancre,* la laisser tomber au fond de la mer pour retenir le navire; et *absol. : mouiller au large.* ‖ *Ne pas se mouiller* (Fam.), ne pas se compromettre.

mouillère n. f. Partie de champ ou de pré ordinairement humide.

Mouilleron-en-Pareds [-rɛ] (85390), comm. de la Vendée (arr. de Fontenay-le-Comte); 1 244 h. Patrie de Clemenceau et du maréchal de Lattre de Tassigny.

mouillette n. f. Morceau de pain long et mince, qu'on trempe dans les œufs à la coque.

mouilleur n. m. Appareil pour mouiller des étiquettes, des timbres-poste. ‖ *Mar.* Appareil qui permet le mouillage des ancres, des mines. ● *Mouilleur de mines,* petit bâtiment aménagé pour immerger des mines.

mouillure n. f. Action de mouiller. ‖ Etat de ce qui est mouillé. ‖ *Phonét.* Syn. vieilli de PALATALISATION.

mouise [mwiz] n. f. *Pop.* Misère.

moujik [muʒik] n. m. (mot russe). Paysan russe.

Moukden, anc. nom de *Chen*-yang,* v. de la Chine du Nord-Est. Au cours de la guerre russo*-japonaise de 1905, les Russes de Kouropatkine y furent battus par les Japonais en février-mars.

moulage n. m. (de *mouler*). Action de verser dans des moules les métaux en fusion : *le moulage d'une statue.* (V. *encycl.*) ‖ Action de prendre d'un objet une empreinte destinée à servir de moule. ‖ Cette empreinte elle-même. ‖ Reproduction d'un objet au moyen d'un moule.
— ENCYCL. Le *moulage* des matières plastiques peut être réalisé : *par compression,* où la matière, sous forme de poudre, est comprimée et durcie dans un moule chauffé; *par coulée,* pour la réalisation de prototypes; *par transfert,* pour les pièces à dessins compliqués ou à insertions.
— En fonderie, les différents types de moulage se distinguent d'après la matière qui constitue le moule et le procédé de fabrication de celui-ci. Le *moulage en sable* utilise le sable de fonderie. Le *moulage en coquille* fait appel à des moules métalliques, ou coquilles. Dans le *moulage en châssis,* le moule est réalisé à l'aide de divers châssis contenant le sable. Le *moulage sur modèle* utilise un moule de sable réalisé à partir d'un modèle. Le *moulage en carapace* utilise des carapaces réalisées à partir d'une plaque modèle et permet de couler des grandes séries.

moulage n. m. Action de moudre.

Moulay. V. MŪLĀY.

moule n. m. (lat. *modulus,* mesure). Objet présentant une empreinte creuse, dans laquelle on introduit une matière pulvérulente, pâteuse ou liquide, qui prend, en se solidifiant, la forme de cette empreinte.
— ENCYCL. *Métall.* Un *moule* est formé de deux parties assemblées à un plan de joint : l'une comporte l'empreinte principale de la pièce à couler, et l'autre, soit plate, soit comportant également une empreinte, constitue la fermeture du moule. On distingue les moules en sable de fonderie ou en terre, utilisés pour les pièces importantes, qui ne servent généralement qu'une fois, et les moules métalliques, ou coquilles, qui sont utilisés pour la coulée de pièces de petites et moyennes dimensions en grandes séries.

moule [mul] n. f. (lat. *musculus,* coquillage). Mollusque lamellibranche comestible, à coquille bivalve sombre, vivant fixé sur les rochers battus par la mer ou dans les estuaires. (L'élevage des moules, ou *mytiliculture,* se pratique sur toutes les côtes françaises.) ‖ *Fam.* Personne sans énergie, maladroite. ● *Moule d'étang,* anodonte. ‖ *Moule de rivière,* mulette.

Moule (LE) [97160], port de la Guadeloupe; 16 100 h.

moulé, e adj. *Bien moulé* (Fig.), bien fait, bien proportionné : *un homme bien moulé.* ‖ *Ecriture moulée,* très nette. ‖ *Lettre moulée,* imprimée.

mouler [mule] v. t. Exécuter le moulage d'une pièce : *mouler une statue.* ‖ Prendre l'empreinte de : *mouler un bas-relief.* ‖ Accuser les formes : *corsage qui moule le buste.* ‖ *Fig.* Former sur un modèle : *mouler le caractère de son fils sur le sien.*

mouleur n. m. Ouvrier qui exécute des moulages.

moulière n. f. Etablissement, au bord de la mer, où l'on pratique l'élevage des moules.

moulin [mulɛ̃] n. m. (lat. *molinum;* de *mola,* meule). Machine à moudre le grain, à piler, à pulvériser certaines matières ou à en exprimer le suc, etc. : *moulin à huile.* ‖ Edifice où cette machine est installée : *moulin à vent.* ● *Moulin à café, à poivre,* petit moulin pour moudre le café, le poivre. ‖ *Moulin à paroles,* personne bavarde.

Moulin (Jean), patriote français, né à Béziers (1899-1943). Préfet de Chartres en juin 1940, il s'opposa aux Allemands, gagna Londres et fut parachuté en 1942 en zone Sud, où il organisa la Résistance française. Il fut le premier président du Conseil national de la Résistance, où il fut remplacé par Georges Bidault, après qu'il eut été arrêté; torturé, il mourut dans le train qui l'emmenait en Allemagne. Ses cendres sont au Panthéon depuis 1964.

moulinage n. m. Opération de consolidation de la soie grège, consistant à réunir et à tordre ensemble plusieurs fils.

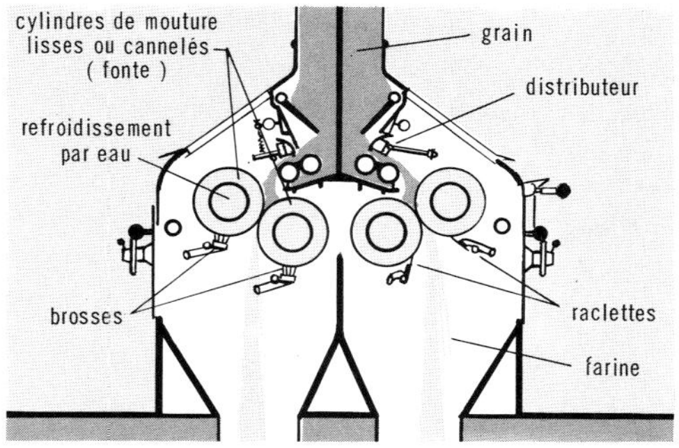

moulin

vue intérieure

aspect extérieur

moules

mouliner [muline] v. t. Faire subir le moulinage à la soie grège.

moulinet [mulinɛ] n. m. Tourniquet que l'on place à l'entrée de certains chemins dont l'accès est réservé aux piétons. ‖ Appareil servant à mesurer la vitesse des cours d'eau. ‖ Sorte de bobine fixée au manche d'une canne à pêche, et sur laquelle s'enroule la ligne. ● *Faire le moulinet,* donner à un bâton, à une épée, etc., un mouvement de rotation rapide.

moulineur, euse ou **moulinier, ère** n. Ouvrier, ouvrière transformant en fil, par doublage et torsion, la matière textile.

Moulins (03000), ch.-l. du dép. de l'Allier, dans le Bourbonnais, sur l'Allier, à 286 km au sud de Paris; 27 408 h. (*Moulinois*). Cathédrale de style gothique (en grande partie du XIXe s.) renfermant le célèbre triptyque du Maître de Moulins. Musées. Faïences (fin du XVIIe s. et XVIIIe s.). Constructions mécaniques et électriques. Chaussures. — L'arr. a 11 cant., 111 comm., 116 873 h.

Moulins (*le Maître de*), peintre anonyme français de la fin du XVe s., l'un des plus grands de son époque. Il travailla pour la famille de Bourbon. Parmi les œuvres qui lui sont attribuées, très influencées par l'art flamand, citons le *Triptyque de Moulins,* v. 1499-1501 (dans la cathédrale de cette ville) et le portrait de *Charles Orland* (Louvre).

Moulins-Engilbert (58290), ch.-l. de c. de la Nièvre (arr. de Château-Chinon); 1 905 h. (1 091 aggl.).

Moulins-la-Marche (61380), ch.-l. de c. de l'Orne (arr. de Mortagne-au-Perche); 917 h. (714 aggl.).

Moulmein, port de Birmanie, sur le Salouen; 115 900 h.

Moulouya (la), fl. du Maroc oriental, tributaire de la Méditerranée; 450 km.

moult [mult] adv. (lat. *multum*). Beaucoup, très (vx).

moulu [muly], **e** adj. (de *moudre*). Rompu, brisé de fatigue : *avoir le corps moulu.* ● *Or moulu,* or réduit en poudre, employé au XVIIIe s. pour la dorure des métaux.

Jean Moulin

moulure [mulyr] n. f. (de *mouler*). Saillie faisant partie d'une ornementation de serrurerie, d'architecture, d'ébénisterie, etc.

moulurer v. t. Orner d'une moulure.

moumoute n. f. *Fam.* Perruque.

Mounet-Sully (Jean Sully MOUNET, dit), acteur français, né à Bergerac (1841-1916). Il interpréta à la Comédie-Française les grands rôles du répertoire tragique. — Son frère Paul **Mounet,** né à Bergerac (1847-1922), fut également acteur.

Mounier (Jean-Joseph), homme politique français, né à Grenoble (1758-1806). Député du Tiers, il proposa le serment du Jeu de paume (20 juin 1789) et fut un des créateurs du groupe des *monarchiens.*

Mounier (Emmanuel), philosophe français, né à Grenoble (1905-1950), l'un des principaux représentants du personnalisme, fondateur de la revue *Esprit* (1932).

Mountbatten (prince Louis DE BATTENBERG, *lord*), amiral britannique, né à Windsor, en 1900. Pendant la Seconde Guerre mondiale, il fut chef des opérations aéronavales combinées (1942-1943), commanda les forces alliées du Sud-Est asiatique et chassa les Japonais de l'océan Indien (1943-1945). Dernier vice-roi des Indes (1946), chef d'état-major de la marine en 1955, promu amiral de la flotte en 1956, il fut chef d'état-major de la défense de 1959 à 1965.

Mount Vernon, lieu-dit des Etats-Unis (Virginie), sur le Potomac. Anc. domaine et tombeau de Washington.

Mounychia ou **Mounikhia,** en franç. **Munychie,** un des trois ports de l'anc. Athènes, doté d'un théâtre et d'un temple d'Artémis.

Mourad. V. MURAT.

Mourad bey. V. MURĀD BEY.

mourant, e adj. et n. Qui se meurt; qui va mourir. ‖ — Adj. *Fig.* Languissant : *regards mourants.* ● *Voix mourante,* voix langoureuse et traînante.

Mouraviev (Nikolaï, *prince*), général russe, né à Saint-Pétersbourg (v. 1794-1866). Au cours du conflit russo-turc, il commanda le débarquement du Bosphore et s'empara de Kars, dans le Caucase (1855).

Mourenx [murɛ̃s] (64150), comm. des Pyrénées-Atlantiques (arr. de Pau), au sud de Lacq; 10 734 h. Ville nouvelle près des exploitations de gaz naturel.

Mouret (Jean Joseph), compositeur français, né à Avignon (1682-1738), musicien de la duchesse du Maine à Sceaux, auteur de symphonies, opéras, ballets, concerts, motets. Il a dirigé successivement l'Opéra et le Concert spirituel. Il a excellé dans l'opéra-ballet (*les Festes de Thalie*) et les divertissements pour la Comédie-Italienne.

Moureu (Charles), chimiste français, né à Mourenx (1863-1929). Spécialiste de chimie organique, il a découvert les antioxygènes et étudié les dérivés acétyléniques.

Mourèze (34800 Clermont l'Hérault), comm. de l'Hérault (arr. de Lodève); 81 h. Rochers ruiniformes pittoresques (*cirque de Mourèze*).

mourir [murir] v. i. (lat. *mori*) [conj. **19**]. Cesser de vivre : *mourir de vieillesse.* ‖ *Par exagér.* Souffrir beaucoup de; être tourmenté par : *mourir de faim, de peur.* ‖ En parlant des choses, cesser d'être : *la gelée a fait mourir ces fleurs.* ‖ — *Fig.* Cesser d'exister, disparaître : *les empires naissent et meurent.* ‖ Finir peu à peu, s'affaiblir : *les vagues venaient mourir sur la grève.* ● *Mourir de sa belle mort,* mourir de mort naturelle et non de mort accidentelle ou violente. ‖ *Mourir de peur,* éprouver une peur extrême. ‖ *Mourir de rire,* rire aux éclats. ‖ — **Se mourir** v. pr. Etre près de mourir. ‖ S'éteindre, disparaître.

Mourmansk, port de l'U. R. S. S. (R. S. F. S. de Russie), sur la mer de Barents; 309 000 h. Pêche.

Mourmelon-le-Grand (51400), comm. de la Marne (arr. de Châlons-sur-Marne); 6 130 h. (3 864 aggl.). Camp militaire de 9 000 ha.

mouron [murɔ̃] n. m. (empr. au germ.). Petite plante commune dans les cultures et les chemins, à fleurs rouges ou bleues, toxique pour les animaux. (Famille des

Phot. Lauros - Atlas-Photo, Studio Harcourt, Bühler.

mouron

mousse

fleur

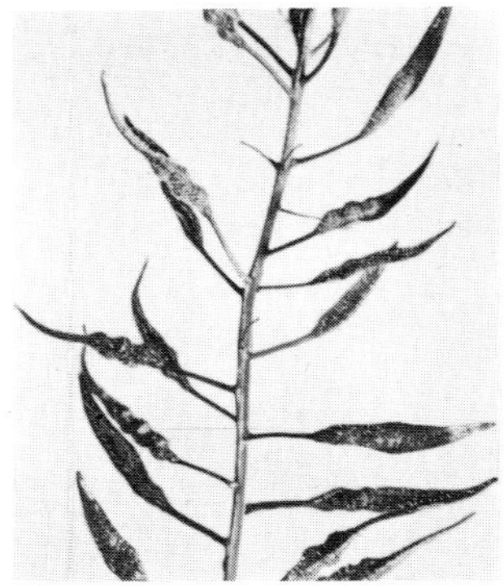

fruits

moutarde

primulacées. Le *mouron des oiseaux,* ou *morgeline,* à petites fleurs blanches, appartient au genre *stellaire* [famille des caryophyllacées].) ● *Se faire du mouron* (Pop.), se faire du souci.

Mourzouk, oasis du Sahara libyen, dans le Fezzan.

Mouscron, comm. de Belgique (Hainaut) ; 37 700 h. Textiles.

mousmé [musme] n. f. Jeune fille, au Japon.

mousquet [muskɛ] n. m. (ital. *moschetto,* émouchet). Arme à feu portative, employée aux XVIe et XVIIe s.
— ENCYCL. D'abord utilisé par l'infanterie espagnole, le *mousquet* fut adopté par les légions provinciales de François Ier après la bataille de Pavie (1525). Plus pesant, avec ses 16 livres, que l'arquebuse, il était appuyé pour le tir, jusqu'au milieu du XVIIe s., sur une fourche fixée en terre et il envoyait entre 200 et 300 m une balle de 50 g. La mise à feu à l'aide d'une mèche et le chargement avec une baguette en bois ne permettaient de tirer qu'un coup toutes les cinq minutes.

mousquetaire [muskətɛr] n. m. Autref., fantassin armé d'un mousquet. ‖ Gentilhomme d'une des deux compagnies à cheval de la maison du roi, distinguées par la couleur des chevaux : *mousquetaires gris, noirs.* ● *A la mousquetaire,* se dit des gants à large crispin, des bottes ou des poignets à revers.

mousqueterie [-kətri *ou* -kɛtri] n. f. Décharge de plusieurs fusils qui tirent en même temps.

mousqueton n. m. (ital. *moschettone*). Arme à feu individuelle, semblable au fusil, mais plus légère et plus courte. ‖ Crochet maintenu fermé par un ressort.

moussaillon n. m. *Fam.* Petit mousse.

mousse [mus] n. m. (ital. *mozzo*). Jeune marin de quinze à seize ans.

mousse n. f. (francique *mossa*). Plante continentale des lieux humides ou des eaux douces, caractérisée par un développement en touffes ou en tapis, et qui n'a ni racines ni sève circulante, mais qui présente des tiges et des feuilles.
— ENCYCL. La spore des *mousses* germe en donnant un réseau de filaments chlorophylliens qui rampent sur le sol ; sur ce *protonéma* bourgeonnent des tiges feuillues, serrées l'une contre l'autre et fixées au sol par de simples crampons (rhizoïdes) ; le tapis ainsi formé absorbe les eaux de pluie par toute sa surface, en particulier par les feuilles, et peut survivre à de longues périodes de sécheresse, ce qui permet aux mousses de croître sur les rochers, les toitures ou les troncs d'arbre. De nombreux animaux microscopiques (tardigrades, rotifères, anguillules) vivent dans la mousse et entrent en « sommeil » (anhydrobiose) lors des sécheresses. Les mousses ont des tiges mâles et des tiges femelles, et sont le siège d'une fécondation aquatique qui engendre des sporophytes (*sporogones*), réduits chacun à une *soie* surmontée d'une *urne,* ou *capsule,* qui contient les spores. Un jour sec, les capsules s'ouvrent, et les spores sont dispersées par le vent.
Ce sont des mousses aquatiques, les *sphaignes,* qui, en se décomposant, fournissent la tourbe. Les principales espèces de mousses terrestres sont le polytric, la funaire, la barbule, l'hypne et le leucobryum.

mousse n. f. (du précédent). Ecume qui se forme à la surface de certains liquides. ‖ Crème fouettée parfumée au chocolat ou au café. ● *Mousse de foie gras,* préparation de foie gras émulsionnée au batteur. (Il existe aussi des mousses de jambon, de volaille et de poisson.) ‖ *Mousse de platine,* platine spongieux, obtenu par la calcination de certains de ses sels.

mousse adj. (du lat. *mutilus,* tronqué). Qui n'est pas aigu ou tranchant : *lame mousse.*

mousseau ou **moussot** [muso] adj. m. Se dit d'un pain fait avec de la farine de gruau.

mousseline [muslin] n. f. (ital. *mussolina,* tissu de Mossoul). Tissu peu serré, léger, souple et transparent : *mousseline de soie, de coton.* ‖ — Adj. inv. *Verre mousseline,* verre très fin. ‖ Se dit d'une sauce, d'une sorte de brioche légère.

mousser [muse] v. i. Former, produire de la mousse : *le champagne mousse.* ● *Faire mousser quelqu'un* ou *quelque chose* (Fam.), faire valoir, vanter : *faire mousser ses amis.*

mousseron [musrɔ̃] n. m. (bas lat. *mussirio;* d'orig. obscure). Champignon comestible délicat, poussant en cercle dans les prés, les clairières. (Famille des agaricacées, genre *tricholome.*)

mousseux, euse adj. Qui mousse : *bière mousseuse.*

mousseux n. m. Vin mousseux.

Moussey (57770), comm. de la Moselle (arr. de Sarrebourg) ; 1 072 h. Importante fabrique de chaussures.

moussoir n. m. Cylindre de bois pour délayer une pâte, pour faire mousser le chocolat.

mousson [musɔ̃] n. f. (arabe *mausim,* saison). Nom donné à des vents qui soufflent alternativement vers la mer et vers la terre pendant plusieurs mois consécutifs.
— ENCYCL. Le phénomène de *mousson* est réalisé surtout dans l'Asie méridionale et orientale. De mai à septembre-octobre souffle la *mousson d'été pluvieuse,* constituée par des vents humides du sud-ouest frappant le continent. D'octobre à avril souffle la *mousson d'hiver,* sèche, correspondant à un flux subméridien issu de hautes pressions continentales. L'origine de la mousson paraît résulter du balancement énorme en latitude de la zone des basses pressions équatoriales, remontant vers 30° en été (boréal) et descendant vers 10° en hiver. La mousson d'été détermine des précipitations abondantes, particulièrement sur les littoraux frappés de plein front par les vents humides (côte de Malabār), au pied et sur les hauts reliefs (Bengale, Assam). Conditionnant largement la végétation et les cultures, elle a un rôle prépondérant dans l'économie agricole et le peuplement de l'Inde, de l'Indochine et même de l'Insulinde, de la Chine et du Japon, ensemble de pays regroupés dans l'expression d'*Asie des moussons.*

Moussorgski (Modest), compositeur russe, né à Karevo (1839-1881). Destiné à la carrière des armes, il se consacra à la composition sous l'influence de Cui et de Balakirev, et mourut dans le dénuement. Il est l'auteur des opéras *Boris Godounov* (1868-1870) et *Khovanchtchina,* de mélodies d'un puissant réalisme (*les Enfantines, Sans soleil, Chants et danses de la mort*), et de pièces pour piano (*Tableaux d'une exposition*). On admire autant la vérité de ses récitatifs que la vie de ses chœurs.

moussu, e adj. Couvert de mousse : *pierre moussue.*

moustache [mustaʃ] n. f. (ital. *mostaccio,* empr. au gr.). Partie de la barbe qui pousse au-dessus de la lèvre. ‖ Poils longs et raides de la gueule de certains animaux : *les moustaches du chat.* (Syn. VIBRISSES.)

moustachu, e adj. et n. Qui porte une forte moustache : *soldat moustachu.* ‖ Qui a de la moustache : *une femme moustachue.*

Moustier (LE), écart de la comm. de *Peyzac-le-Moustier* (Dordogne), sur la Vézère (r. dr.). Site préhistorique du paléolithique (*moustiérien*).

moustiérien [mustjerjɛ̃], **enne** [-ɛn] ou **moustérien, enne** adj. et n. m. (de *Moustier,* village de Dordogne). Se dit de l'industrie préhistorique du paléolithique moyen, répandue à la fin du dernier interglaciaire et se poursuivant pendant la première phase de la glaciation würmienne. (L'industrie moustiérienne est toujours en rapport avec l'homme de Néandertal.)

Moussorgski

Moustiers-Sainte-Marie (04360), ch.-l. de c. des Alpes-de-Haute-Provence (arr. de Digne) ; 535 h. (405 aggl.). Eglise romane. Station touristique. Faïences (l'industrie en fut très importante aux XVIIe et XVIIIe s.).

moustiquaire n. f. Rideau de mousseline dont on entoure les lits pour se préserver des moustiques.

moustique [mustik] n. m. (esp. *mosquito,* petite mouche). Insecte à une seule paire d'ailes, au corps long et maigre, de même que les pattes et les antennes, au vol bourdonnant, à la trompe piqueuse et dont la larve est aquatique.
— ENCYCL. Les *moustiques* forment, parmi les insectes diptères, le sous-ordre des *nématocères.* On en a décrit environ 25 000 espèces, toutes orthoraphes (v. MOUCHE) ; le balancier n'est jamais protégé par un cuilleron. Dans de nombreuses espèces, l'adulte mâle se nourrit de sève, mais la femelle est une redoutable suceuse de sang, qui peut inoculer de graves maladies à l'homme et aux animaux. Le cousin est inoffensif, mais l'anophèle transmet le paludisme et la stégomyie la fièvre jaune. Les larves des moustiques vivent dans les eaux douces, souvent dans des flaques minuscules (creux d'une feuille, sommet creux d'un bambou de clôture en Chine, etc.), mais elles respirent en surface, ce qui leur permet de se plonger dans des liquides toxiques. La lutte contre le paludisme consiste surtout à détruire les larves de moustiques : à cette fin, on assèche les petites mares, on y élève des poissons mangeurs de larves, ou bien on répand sur les flaques une couche de pétrole, qui asphyxie les larves ; quant aux adultes, on les détruit par le D. D. T.

moût [mu] n. m. (lat. *mustum*). Jus de raisin ou de pomme qui n'a pas encore fermenté. ‖ Suc de certains végétaux, avec lequel on fabrique des boissons alcooliques.

moutard [mutar] n. m. *Pop.* Petit garçon.

moutarde [mutard] n. f. (de *moût*). Nom donné à diverses crucifères qui fournissent le condiment du même nom : la *moutarde noire,* ou *sénevé,* la *moutarde blanche* et la *moutarde sauvage.* ‖ La graine de cette plante. (La farine de moutarde sert à préparer les sinapismes.) ‖ Assaisonnement fait avec de la graine de moutarde broyée et de l'eau, du vinaigre, des aromates, etc. : *moutarde de Dijon.* ● *La moutarde lui monte au nez,* il commence à se fâcher.

moutardier n. m. Petit vase dans lequel on sert la moutarde sur la table. ‖ Celui qui fabrique des moutardes et des condiments. ● *Se croire le premier moutardier du pape* (Fam.), avoir une très haute opinion de soi-même.

Mouthe (25240), ch.-l. de c. du Doubs (arr. de Pontarlier), à la source du Doubs ; 760 h.

Mouthoumet (11330), ch.-l. de c. de l'Aude (arr. de Carcassonne) ; 92 h.

moutier [mutje] n. m. (lat. *monasterium*). Monastère (vx).

Moutier, en allem. **Münster,** v. de Suisse (Berne) ; 7 400 h. Collégiale romane. Verrerie.

Moûtiers (73600), ch.-l. de c. de la Savoie (arr. d'Albertville), en Tarentaise, sur l'Isère ; 4 788 h. (*Moutiérains*). Evêché. Electrométallurgie.

Moutiers-les-Mauxfaits (85540), ch.-l. de c. de la Vendée (arr. des Sables-d'Olonne) ; 1 003 h.

mouton [mutɔ̃] n. m. (gaul. *multo*). Mammifère ruminant à cornes obliques, annelées, contournées en spirale dans certaines races, à tête désarmée dans d'autres. (V. *encycl.*) ‖ Se dit particulièrement du mâle châtré, que l'on engraisse pour la boucherie (les autres mâles s'appelant *béliers* et les femelles *brebis*). [Cri : le mouton *bêle.*] ‖ Viande de cet animal : *manger du mouton.* ‖ *Fig.* Homme d'humeur douce et traitable : *c'est un mouton.* ‖ *Arg.* Compagnon que l'on donne à un prisonnier pour obtenir de lui des aveux. ‖ Dispositif utilisé pour enfoncer dans le sol des pieux servant d'appui aux fondations de construction. (Syn. SONNETTE.) ‖ Anc.

Phot. Vincent, Noailles, Noyer, Boyer (2).

bélier d'Ile-de-France

moutons

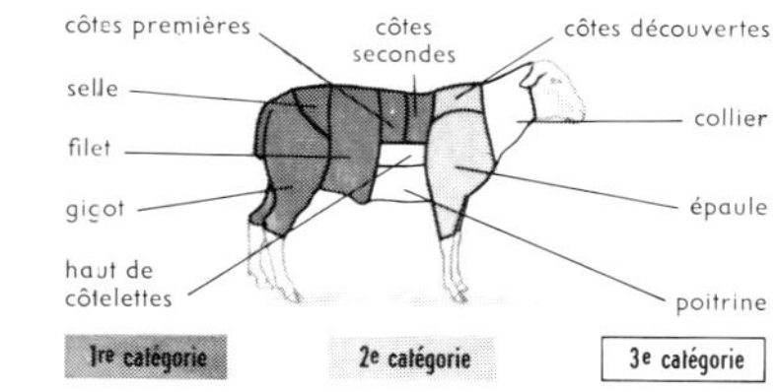

bélier de Lacaune

bélier mérinos

brebis et agneau de Texel

monnaie d'or. || Grosse pièce de bois dans laquelle sont engagées les anses d'une cloche. || Amure d'une voile à antenne. ● *Revenons à nos moutons,* revenons à notre sujet après une digression (allusion à une scène de *la Farce de maître Pathelin*). || — Pl. *Mar.* Petites lames qui brisent en se couvrant d'écume blanche. || *Fam.* Petits amas de poussière d'aspect laineux.

— ENCYCL. Les principales races de *moutons* exploitées en France pour la boucherie sont la Charmoise, le Southdown, l'Ile-de-France, le berrichon du Cher, le mérinos précoce; leurs béliers sont souvent utilisés pour la production de l'agneau, en croisement industriel, surtout avec des races rustiques. Les races d'herbage (Cotentin, Texel) fournissent de bons agneaux de boucherie. Le fromage de Roquefort est fabriqué avec le lait des races de Lacaune, caussenardes, des Pyrénées. Le mérinos de Rambouillet a contribué pour une large part à l'amélioration des qualités lainières du cheptel ovin français. L'exploitation du mouton se fait soit en bergerie, soit à l'extérieur (pâturage, alpage, transhumance).

Mouton (Jean DE HOLLINGUE, dit **Jean**), compositeur, chanoine de Saint-Quentin, né à Haut-Wignes, près de Samer (v. 1475-1522). Au service de Louis XII et de François Ier, il a été l'un des maîtres de la messe polyphonique.

Mouton (Charles), luthiste français (1626 - v. 1699). Après avoir servi à la cour de Turin, il se fixa à Paris (1678). Il a laissé quatre livres de luth.

Mouton (Georges), comte DE LOBAU, maréchal français, né à Phalsbourg (1770-1838). Aide de camp de Napoléon, il s'illustra à Friedland et dans l'île de Lobau. Louis-Philippe le fit maréchal et pair de France.

Mouton-Duvernet (Régis Barthélemy), général français, né au Puy (1769-1816), fusillé pour s'être rallié à l'Empereur revenant de l'île d'Elbe.

moutonné, e adj. Frisé comme la toison d'un mouton. ● *Ciel moutonné,* ciel couvert de petits nuages blancs. || *Roches moutonnées,* roches dures, façonnées en bosses et en creux par l'érosion glaciaire.

moutonnement n. m. Action de moutonner : *le moutonnement des vagues.*

moutonner v. t. Rendre frisé, annelé comme la laine d'un mouton : *moutonner une chevelure.* || — V. i. *Mar.* S'agiter et blanchir, en parlant des eaux de la mer : *les vagues moutonnent.*

moutonnerie n. f. Caractère du mouton; esprit d'imitation.

moutonneux, euse adj. Qui moutonne : *mer moutonneuse.*

moutonnier, ère adj. Qui fait ce qu'il voit faire, à la manière des moutons : *la foule est moutonnière.*

mouture [mutyr] n. f. (lat. *molitura;* de *molere,* moudre). Action de moudre le grain. || Mélange, par tiers, de froment, de seigle et d'orge : *pain de mouture.* || *Fig.* Sujet que l'on a déjà traité et que l'on présente d'une manière différente. (On dit aussi *seconde mouture.*)

mouvance [muvɑ̃s] n. f. (de *mouvoir*). *Hist.* Etat de dépendance d'un domaine par rapport au fief dont il relevait : *droit de mouvance.* || Domaine dans lequel quelqu'un ou quelque chose exerce son influence : *les petits Etats sont souvent dans la mouvance des grandes puissances.*

mouvant, e adj. Dont le fond n'est pas stable : *sable mouvant; terre mouvante.* || *Fig.* Instable : *situation mouvante.* || *Féod.* Se disait d'un fief vassal d'un autre ou de la couronne. || *Hérald.* Se dit d'une pièce qui semble sortir du bord de l'écu ou d'un autre meuble.

Mouvaux (59420), comm. du Nord (arr. de Lille); 11 247 h. (*Mouvallois*). Filatures.

mouvement [muvmɑ̃] n. m. (du lat. *movere,* mouvoir). Etat d'un corps dont la position, par rapport à un point fixe, change continuellement : *le mouvement d'une balançoire.* (V. *encycl.*) || Action ou manière de mouvoir son corps : *avoir des mouvements gracieux.* || Exercice, activité : *se donner du mouvement.* || — *Fig.* Variation du prix des denrées, des valeurs, des biens immobiliers ou du taux des salaires. || Agitation, fermentation politique : *les esprits sont en mouvement.* || Impulsion, sentiment intérieur et passager : *mouvement de colère.* || Inspiration, initiative : *agir de son propre mouvement.* || Animation, vivacité dans une composition littéraire ou artistique. || Pièce motrice d'un appareil quelconque. || Mécanisme qui fait mouvoir les aiguilles d'une montre, d'une horloge. || *Mus.* Degré de vitesse ou de lenteur de la mesure, indiqué par des termes italiens et précisé par un nombre correspondant à une graduation du métronome. || Partie d'une œuvre musicale : *le deuxième mouvement d'une symphonie est en général un mouvement lent, un adagio.* || Dénomination de certains groupements politiques. ● *Etre dans le mouvement* (Fam.), être au courant de l'actualité, des nouveautés, et les adopter. || *Faire mouvement,* se déplacer, en parlant d'une formation militaire. || *Mouvement de fonds,* transfert d'espèces. || *Mouvement hélicoïdal* (Mécan.), mouvement obtenu par la combinaison d'une rotation autour d'un axe et d'une translation dans la direction de cet axe. || *Mouvement ondulatoire,* propagation d'une vibration périodique avec transport d'énergie. || *Mouvement oratoire,* passage d'un discours empreint de grandiloquence. || *Mouvement perpétuel,* transformation physique d'un système qui produirait du travail sans aucune dépense d'énergie, et dont l'impossibilité résulte du principe de l'équivalence. || *Mus.* Titre donné à un morceau de musique obéissant à un élément rythmique constant. || *Mouvement de rotation* (Mécan.), mouvement d'un corps qui s'effectue autour d'un axe. || *Mouvement de terrain,* disposition d'un sol coupé de nombreux accidents. || *Mouvement des terres,* transport de déblais au moyen d'engins appropriés. || *Mouvement de translation* (Mécan.), mouvement d'un solide qui se déplace de façon que tous ses points décrivent des trajectoires parallèles. || *Mouvement uniforme,* mouvement dont la vitesse numérique est constante. || *Mouvement uniformément varié,* mouvement dans lequel l'espace parcouru est une fonction du second degré du temps. || *Quantité de mouvement d'un point matériel,* produit de la masse de ce point par son vecteur vitesse.

— ENCYCL. Un point sur lequel n'agit aucune force conserve son état de *mouvement.* Il est soit au repos, soit en état de mouvement rectiligne uniforme. C'est le principe d'inertie, dû à Galilée. D'autre part, une force constante en grandeur et en direction qui agit sur un point lui communique un mouvement uniformément accéléré. Le mouvement perpétuel est irréalisable, car une machine ne peut pas, par elle-même, créer du travail : elle ne sert qu'à transformer l'énergie qui lui est communiquée, tout en perdant une partie de cette énergie, en raison des frottements qui se produisent.

Mouvement républicain populaire (M. R. P.), parti politique fondé en 1944 et groupant les adeptes de la démocratie chrétienne, la plupart anciens résistants. Il connut dès l'abord un grand succès (150 députés aux élections de 1945, le premier groupe parlementaire). Il conserva, par la suite, sous la IVe République, un effectif stable de députés et entra dans presque tous les gouvernements, en dirigeant même quelques-uns (Bidault, Schuman, Pflimlin). Le M. R. P. s'est attaché à défendre des libertés syndicales, familiales et scolaires. Sous la Ve République, il perdit peu à peu son audience et s'efface en 1967 devant le Centre démocrate.

mouvementé, e adj. Accidenté : *terrain mouvementé.* || *Fig.* Agité, troublé : *séance mouvementée.*

mouvementer v. t. Donner du mouvement, de l'animation à : *mouvementer un récit.*

mouvoir [muvwar] v. t. (lat. *movere*) [conj. **31**]. Remuer, faire changer de place : *mouvoir une pierre.* || *Fig.* Pousser, faire agir; donner l'impulsion à : *être mû par l'intérêt.* || — Syn. : ACTIONNER, ANIMER, PORTER. || **— Se mouvoir** v. pr. Etre en mouvement.

Mouy (60250), ch.-l. de c. de l'Oise (arr. de Clermont); 3 850 h. Constructions électriques. Matières plastiques.

Mouzon (08210), ch.-l. de c. des Ardennes (arr. de Sedan), sur la Meuse; 3 272 h. (*Mouzonnais*). Eglise du XIIIe s. Matières plastiques.

moxa [mɔksa] n. m. (japonais *mogusa*). Procédé thérapeutique extrême-oriental utilisant des cautères formés de matière en ignition.

Moy-de-l'Aisne (02610), ch.-l. de c. de l'Aisne (arr. de Saint-Quentin); 1 154 h.

moye ou **moie** [mwa] n. f. (du lat. *mediare;* de *medius,* qui est au milieu). Partie tendre que l'on rencontre dans une pierre dure.

moyé [mwaje], **e** adj. Qui contient des moyes ou moies : *pierre moyée.*

moyen [mwajɛ̃], **enne** [-ɛn] adj. Se dit de ce qui est entre deux extrémités : *un homme de taille moyenne.* || Ordinaire, médiocre : *intelligence moyenne.* || Calculé en faisant la moyenne : *la température moyenne d'un pays.* ● *Moyen terme,* parti que l'on prend pour éviter deux inconvénients extrêmes; terme d'un syllogisme classique mettant en rapport la majeure et la conclusion. || *Voix moyenne,* ou *moyen* n. m., voix qui, dans la langue grecque, exprime une action faite et reçue par le sujet.

moyen [mwajɛ̃] n. m. (lat. *medianus;* de *medius,* qui est au milieu). Ce qui sert pour parvenir à une fin : *moyens légitimes.* || Pouvoir de faire une chose : *obligez-moi, si vous en avez le moyen.* || Entremise, aide, secours : *arriver à un emploi par le moyen de quelqu'un.* || — Pl. Ressources pécuniaires : *vivre selon ses moyens.* || Facultés naturelles, physiques, intellectuelles : *cet élève manque de moyens.* || Raisons alléguées dans un procès : *les moyens de la défense.* ● *Moyens de transport,* modes de locomotion par lesquels on peut se déplacer dans une ville, un pays. || **— Au moyen de** loc. prép. En faisant usage de.

Moyen Âge [mwajɛnɑʒ] n. m. Période historique qui s'étend de 394 à 1453.

moyenâgeux [mwajɛnɑʒø], **euse** [-øz] adj. *Fam.* Qui évoque le Moyen Age : *un costume moyenâgeux.* || *Fig.* Suranné : *des idées moyenâgeuses.*

Moyen-Congo, anc. territoire de l'A.-E. F. V. CONGO (*république du*).

moyen-courrier n. m. et adj. Avion de transport destiné à voler sur des distances moyennes (en général inférieures à 2 000 km). || Pl. des *moyen-courriers.*

Moyenmoutier (88420), comm. des Vosges (arr. de Saint-Dié); 4 148 h. (3 148 aggl.) [*Médianimonastériens*].

moyennant prép. Au moyen de; à la condition de : *moyennant cette somme.*

moyenne [mwajɛn] n. f. Chose, quantité qui tient le milieu entre plusieurs autres. || Nombre exprimant la valeur qu'aurait chacune des parties d'une somme si, la somme restant la même, toutes les parties étaient égales entre elles : *prendre la moyenne.* ● *En moyenne,* en compensant les unes par les autres les différences en sens opposés. || *Moyenne de liste,* nombre moyen des voix qui, à une élection au scrutin de liste, se sont portées sur une même liste de candidats. || *Plus forte moyenne,* système de répartition des sièges, au scrutin de liste avec représentation proportionnelle, qui avantage les grands partis en accordant aux listes ayant obtenu les plus fortes moyennes les sièges non attribués au quotient.

moyennement adv. Ni peu ni beaucoup.

Moyenneville (80870), ch.-l. de c. de la Somme (arr. d'Abbeville); 618 h. (352 aggl.).

Moyen-Orient, ensemble formé par l'Egypte et les Etats de l'Asie occidentale. L'expression englobe parfois encore l'Afghānistān, le Pākistān, l'Inde, la Libye et le Soudan. Elle recouvre partiellement l'ensemble désigné sous le nom de *Proche*-Orient.* Le Moyen-Orient s'individualise à plusieurs titres. L'ensemble jouit d'un climat aride (en

Phot. Justin, Lauros - Atlas-Photo (2), Justin.

dehors de la façade méditerranéenne), parfois même franchement désertique (en Arabie). Le peuplement arabe et l'islām y dominent. La prépondérance d'un élevage extensif et la faiblesse des cultures, limitées par le climat, expliquent le bas niveau de vie de la population, peu dense. L'extraction du pétrole, abondant surtout en bordure du golfe Persique et dont le Moyen-Orient est la première région productrice du monde, n'a que modérément fait progresser ce niveau de vie, du fait que production et commercialisation du pétrole ont longtemps échappé aux Etats du Moyen-Orient, et aussi du fait d'une structure sociale encore fréquemment semi-féodale.

moyens n. m. pl. *Math.* Termes d'une proportion placés entre les deux extrêmes.

moyette [mwajɛt] n. f. (du lat. *meta*, borne). Groupe de quelques gerbes dressées dans un champ.

moyeu [mwajø] n. m. (lat. *modiolus*, petit vase). Partie centrale d'une roue, que traverse l'essieu et dans laquelle s'emboîtent les rayons.

Moyeuvre-Grande (57250), ch.-l. de c. de la Moselle (arr. de Thionville-Ouest) ; 15 568 h. Mines de fer.

Moynier (Gustave), juriste et philanthrope suisse, né à Genève (1826-1910). Il participa à la fondation de la Croix-Rouge (1863) et créa l'Institut de droit international (1873).

mozabite [mɔzabit] ou **mzabite** [mza-] adj. et n. Du Mzab. ‖ — N. m. Parler berbère du Mzab.

Mozac (63200 Riom), comm. du Puy-de-Dôme (arr. de Riom) ; 1 795 h. Anc. abbaye bénédictine dont il subsiste l'église des XIIe-XVe s. : très beaux chapiteaux historiés, châsse de saint Calmain, œuvre des émailleurs limousins du XIIIe s.

Mozambique (le), Etat de la côte orientale de l'Afrique australe, anc. possession portugaise ; 785 000 km² ; 8 820 000 h. Cap. *Lourenço Marques*.

● *Géographie*. Plus étendu que la France, le Mozambique s'étire du nord au sud sur près de 2 000 km. Le sud du pays est formé par une plaine côtière dont la longueur moyenne dépasse 150 km et où l'altitude ne dépasse qu'exceptionnellement 200 m. Au nord du 20e parallèle, la plaine côtière se rétrécit et disparaît rapidement vers l'intérieur, où le socle précambrien affleurant domine un paysage de plateaux dont l'altitude dépasse généralement 500 m. Les précipitations sont presque toujours inférieures à 700 mm (avec un minimum de saison froide), à l'exception de l'intérieur de la plaine côtière méridionale, où elles peuvent être inférieures à 400 mm. Les températures ne descendent au-dessous de 20 °C que dans l'extrémité méridionale du pays. La forêt est la végétation naturelle des plateaux septentrionaux, et la savane couvre les basses terres.
La population est formée de Bantous, en dehors de minorités indienne et surtout européenne (Portugais). Elle se localise principalement sur le littoral et dans le delta du Zambèze. La population européenne se concentre dans les villes : Lourenço Marques et Beira. Les Bantous sont presque exclusivement ruraux. L'agriculture est d'ailleurs le fondement à peu près unique de l'économie (avec les revenus du transit avec le Transvaal, la Zambie, la Rhodésie et le Malawi, qui comblent partiellement le déficit de la balance commerciale, compensé aussi par les envois des Bantous qui s'exilent temporairement dans les mines d'or du Witwatersrand). Le coton, la noix de coco, le sucre et le thé sont, dans l'ordre, les quatre principaux produits de l'agriculture commerciale, assurant ensemble la moitié des exportations.

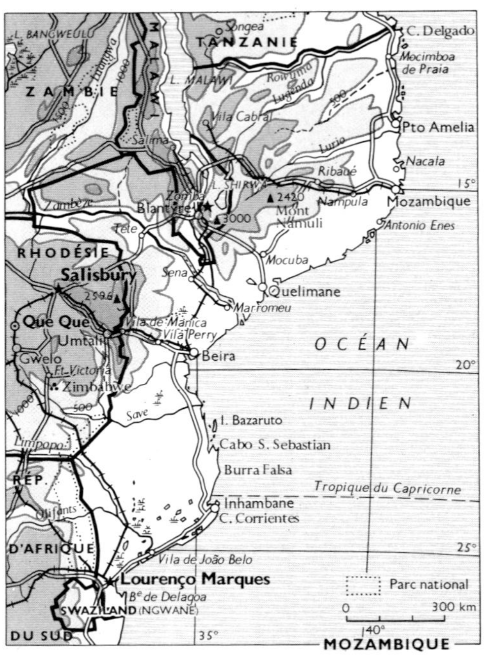

Mozart
portrait inachevé exécuté en 1783
par J. Lange, beau-frère de Mozart

● *Histoire*. Les Arabes et les Persans fréquentèrent très tôt les côtes du Mozambique, que les Portugais atteignirent à la fin du XVe s. Refoulant Hollandais et Arabes (XVIIe s.), les Portugais se rendirent maîtres du pays, qui devint, pour deux siècles, le centre d'un grand commerce d'esclaves. Au XIXe s., Serpa Pinto et ses successeurs se heurtèrent aux Anglais dans leur projet d'unir le Mozambique à l'Angola. Des insurrections nationalistes y furent déclenchées en 1964. Après la chute du régime autoritaire de Lisbonne (avril 1974), des négociations avec les insurgés aboutirent à la reconnaissance du droit du Mozambique à l'indépendance, qui doit être proclamée en 1975.

Mozambique (*canal de*), bras de mer de l'océan Indien, entre l'Afrique et Madagascar.

mozarabe [mɔzarab] adj. et n. Se dit des chrétiens d'Espagne qui conservèrent leur religion sous la domination musulmane. ‖ — Adj. Se dit en Espagne d'un art influencé par l'islām, qui s'épanouit au Xe s. dans les provinces chrétiennes du Nord.

Mozart (Wolfgang Amadeus), compositeur autrichien, né à Salzbourg (1756-1791). Fils du violoniste et compositeur Leopold Mozart (1719-1787), il effectua plusieurs voyages en France et en Angleterre (1763-1766, 1778), en Italie (1769, 1771, 1772) et en Allemagne (1777, 1778). Après avoir été de nombreuses années au service de l'archevêque de Salzbourg, il s'installa définitivement à Vienne en 1781. Il épousa Constance Weber en 1782. Son œuvre lyrique comporte une vingtaine de partitions, parmi lesquelles on peut noter *Bastien et Bastienne* (1769), *le Roi pasteur* (1775), *Idoménée* (1781), *l'Enlèvement au sérail* (1782), *les Noces de Figaro* (1786), *Don Giovanni* (créé à Prague, 1787), *Cosi fan tutte* (1790), *la Flûte enchantée* (1791), *la Clémence de Titus* (1791). Aussi grand maître dans le domaine de la musique religieuse, on lui doit des messes concertantes (*Messe du Couronnement*, 1779 ; *Messe en « ut » mineur*, inachevée), des litanies, des vêpres solennelles, enfin un *Requiem* qu'il n'a pas eu le temps de finir. Mozart a excellé, en outre, dans la musique instrumentale, tant pour solistes (sonates, fantaisies et variations pour piano, 46 sonates et variations pour violon, trios, quatuors à cordes, quintettes, dont un avec clarinette) que pour orchestre (61 divertissements, sérénades et cassations, danses, 56 symphonies ou mouvements symphoniques couronnés par la trilogie de 1788). Le sommet de l'œuvre instrumentale se trouve peut-être dans les concertos (plus de 20 pour piano, 7 pour violon, 1 pour clarinette, 4 pour cor et divers pour hautbois, harpe et flûte). On lui doit en outre une sonate pour deux pianos, un concerto pour deux pianos et un pour trois pianos.
En Mozart se mêlent les influences germanique (Bach, Händel, Gluck, Joseph et Michael Haydn, Johann Christian Bach), italienne en ce qui concerne la musique religieuse (Padre Martini) et profane (opera seria, opera buffa), française (symphonie concertante, danses, opéra-comique). Maître de la mélodie, il recherche la pureté, l'élégance, et sait atteindre la grandeur à travers la simplicité et la grâce.

mozette [mɔzɛt] n. f. (ital. *mozzetta*). Courte pèlerine que portent certains dignitaires ecclésiastiques (cardinaux, évêques, etc.).

M. R. P., sigle de *Mouvement* républicain populaire*.

m/s, symbole de *mètre par seconde*, unité de vitesse.

m/s², symbole de *mètre par seconde, par seconde*, unité d'accélération.

M. T. S. *Système M. T. S.*, système d'unités dont les trois unités fondamentales sont le *mètre* (unité de longueur), la *tonne* (unité de masse), la *seconde* (unité de temps).

mu [my] n. m. Lettre de l'alphabet grec (μ), correspondant à *m*. ‖ *Phys.* Syn. de MUON.

muʿallaqa n. f. Nom donné à d'anciennes poésies arabes, comparées, en raison de leur valeur poétique, à des « bijoux de prix ». (Sept d'entre elles, réunies au VIIIe s. par l'érudit Ḥammād al-Rāwiyya, sont célèbres.) ‖ Pl. des *muʿallaqāt*.

muance [mɥɑ̃s] n. f. Etat d'une voix d'enfant quand elle mue à la puberté.

Muʿāwiyya Ier, né à La Mecque (v. 603-680), calife (661-680), fondateur de la dynastie des califes omeyyades de Damas. — MUʿĀWIYYA II (m. en 684), calife omeyyade de Damas (683-684), fils de Yazīd Ier.

Mucha (Alfons), peintre et décorateur tchèque, né à Ivančice (Moravie) [1860-1939]. Il vécut à Paris au début du siècle, se classant parmi les promoteurs du « modern style », dessinant de nombreuses affiches, par exemple pour Sarah Bernhardt. Revenu dans son pays, il se consacra à la peinture d'histoire. (V. illustr. AFFICHES et MODERN* STYLE.)

mucilage [mysilaʒ] n. m. (lat. *mucilago ;* de *mucus*, morve). Substance présente chez de nombreux végétaux, et qui se gonfle au contact de l'eau en donnant des solutions visqueuses. ‖ Liquide visqueux formé par la solution d'une gomme dans l'eau, et dont on se sert en pharmacie.

mucilagineux, euse adj. Qui contient du mucilage. ‖ Qui en a la consistance.

Mucius Scaevola (Caius), jeune Romain (fin du VIe s. av. J.-C.). Selon la légende, il pénétra dans le camp ennemi pendant un siège de Rome par les Etrusques et, croyant mettre à mort Porsenna, tua le lieutenant de celui-ci. Conduit devant le roi, il plaça sa main sur un brasier ardent, comme pour la punir de s'être trompée.

mucor [mykɔr] n. m. Moisissure blanche à sporanges foncés, se développant sur le pain humide, le crottin, etc. (Famille des mucoracées.)

mucoracées n. f. pl. Famille de champignons inférieurs, comprenant des moisissures dont le *mucor* est le type. (Les mucoracées appartiennent aux siphomycètes zygomycètes.)

mucosité [mykozite] n. f. (du lat. *mucus*, morve). Humeur épaisse, sécrétée par les membranes muqueuses : *les mucosités nasales*.

mucron [mykrɔ̃] n. m. (lat. *mucro*). *Bot.* Petite pointe.

mucus [mykys] n. m. (mot lat. signif. *morve*). Humeur visqueuse contenant des protides et sécrétée par les muqueuses. (Le mucus abonde surtout dans l'estomac, dont il protège la paroi, et dans les fosses nasales, où il retient les poussières et les microbes.) ‖ Substance visqueuse sécrétée par un animal.

mudéjar [mudexar] adj. et n. Se dit des musulmans restés en Castille après la reconquête chrétienne (XIe-XVe s.). ‖ — Adj. Se dit d'un art qui se développa en Espagne chrétienne du XIIe au XVIe s., et qui est caractérisé par l'influence de l'islām.

Mozambique, Lourenço Marques

Phot. Giraudon, Casa du Portugal, Paris.

Lévitan : sièges en plastique moulé de Saporiti.

Quasar : sièges en polyvinyle gonflable.

Lévitan : ensemble réalisé par superposition d'éléments de Saporiti.

Ram-dam : miroir d'inspiration 1900.

Janie Pradier : coussin imprimé dans le style des bandes dessinées.

Gérard Planchenault : chambre d'enfant « Puzzlewood », mobilier éducatif démontable présenté sous forme de puzzle.

Phot. X (2), Lauros-Giraudon (3), Larousse.

LE MONDE MODERNE

60°
80°
100°
120°
140°
160°
180°
160°
140°
60°
A R C T I Q U E
I. Komsomolets
Terre du Nord
Archipel de Nlle-Sibérie
Archipel François-Joseph
I. de la Révolution-d'Octobre
I. Bolchevik
MER DES LAPTEV
Arch. Anjou
Arch. Liakhovski
MER DE SIBÉRIE ORIENTALE
I. Vrangel
MER DES TCHOUKTCHES
Détr. de Béring
Nouvelle-Zemble
MER DE KARA
Dikson
Tiksi
Doudinka
Olenek
Verkhoiansk
Igarka
Vorkouta
Touva
Lena
Oust-Nera
Mezen
Petchora
Arkhangelsk
Oukhta
Magadan
Okhotsk
MER D'OKHOTSK
U. R. S. S.
Khanty-Mansiisk
Kotlas
Serov
Kirov
Perm'
N. Taghil
Tobolsk
Ob
Ienisseisk
Tomsk
Krasnoiarsk
Bratsk
Ijevsk
Oufa
Sverdlovsk
Tioumen'
Omsk
Kemerovo
Novokouznetsk
Novossibirsk
Kazan'
Oulianovsk
Tcheliabinsk
Magnitogorsk
Barnaoul
Biisk
Irkoutsk
Tchita
Oulan-Oude
Kouibychev
Orenburg
Saratov
Semipalatinsk
Karaganda
Oust-Kamenogorsk
Volgograd
KAZAKHSTAN
Oulan-Bator
MONGOLIE
Rostov-s-le Don
Astrakhan'
MER D'ARAL
Alma-Ata
Frounze
Ouroumtsi
Grozny
Tbilissi
Tachkent
CASPIENNE
TURKMÉNISTAN
KIRGHIZISTAN
Kachgar
Bakou
Samarkand
Douchanbe
Tabriz
Achkhabad
TADJIKISTAN
Khotan
Mossoul
Mechhed
Téhéran
Kaboul
Hérat
AFGHANISTAN
Srinagar
CACHEMIRE
TIBET
Bagdad
Ispahan
Rawalpindi
Lahore
IRAN
Abadan
Qandahar
Lhassa
New Delhi
Delhi
PAKISTAN
Katmandou
NÉPAL
BHOUTAN
KOWEIT
Dhahran
BAHREIN (Om.)
QATAR
Agra
Jaipur
Bénarès
Gwalior
Kanpur
Patna
Allahabad
Dacca
Mandalay
Hyderabad
Karachi
Riyad
TRUCIAL STATES
Mascate
Ahmadabad
Jamshedpur
Calcutta
Indore
Chittagong
BIRMANIE
ARABIE SAOUDITE
OMAN
MER D'OMAN
Nagpur
Bombay
Poona
Rangoon
Hyderabad
Sholapur
INDE
YEMEN
YEMEN DU SUD
GOLFE DU BENGALE
Aden
I. Socotora
Bangalore
Madras
Iles Andaman (Inde)
Djibouti
T. FR. DES AFARS ET DES ISSAS
Iles Laquedives (Inde)
Mysore
Madurai
Trivandrum
Colombo
CEYLAN
Iles Nicobar (Inde)
SOMALIE
Iles Maldives
Mogadishu
Tsitsihar
Harbin
Khabarovsk
Komsomolsk-s-l'Amour
Amour
Nikolaievsk-s-l'Amour
Sakhaline
Sovietskaia Gavan'
Tch'ang-tch'ouen
Vladivostok
Ki-lin
Nakhodka
Chen-yang
Fouchouen
Ngan-chan
Houhehot
Pékin
T'ang-chan
CORÉE DU NORD
Yümen
T'ien-tsin
T'ai-yuan
Pyong-yang
Séoul
CORÉE DU SUD
Liu-ta
Yin-tch'ouan
Si-ning
Lan-tcheou
Tsi-nan
Ts'ing-tao
Houang-ho
Si-ngan
Tcheng-tcheou
Pusan
C H I N E
Nankin
Ho-fei
Tch'eng-tou
Wou-han
Chang-hai
Hang-tcheou
Tchong-k'ing
Yang-tseu-k.
Tch'ang-cha
Nan-tch'ang
Kouei-yang
Fou-tcheou
Amoy
Kouen-ming
T'ai-pei
T'AI-WAN (FORMOSE)
Canton
Macao (Port.)
Swatow
HONGKONG (G.-B.)
Hanoi
VIÊT-NAM DU NORD
Hai-nan
Is Paracel
Vientiane
LAOS
THAÏLANDE
Bangkok
VIÊT-NAM DU SUD
CAMBODGE
Phnom-Penh
Saigon
Hokkaidō
Sapporo
Sendai
JAPON
Nagoya
Kyōto
Kōbe
Tōkyō
Yokohama
Ōsaka
Kita Kyūshū
Ryū kyū
Iles Kouriles (U.R.S.S.)
Kamtchatka
Anadyr
Oust-Kamtchatsk
Petropavlovsk-Kamtchatski
I. St Lawrence (E.-U.)
I. St Mathieu (E.-U.)
I. Nounivak
Is Pribilof
MER DE BÉRING
Iles Aléoutiennes (E.-U.)
ALASKA
Anchorage
Seward
I. Kodiak
Juneau
CANADA
O C É A N P A C I F I Q U E
Iles Midway (E.-U.)
Is Daito shima (Jap.)
Iles Bonin (Jap.)
Iles Volcano (Jap.)
I. Marcus (E.-U.)
I. Rasa shima (Jap.)
Iles Hawaii
Honolulu
Hawaii
I. Wake (E.-U.)
I. Johnston (E.-U.)
I. Parece Vela (Jap.)
Iles Mariannes (E.-U.)
Luçon
Quezon City
Manille
ILES PHILIPPINES
I. Guam (E.-U.)
M I C R O N É S I E
Cebu
I. Yap
I. Palauan
Iles Marshall (E.-U.)
I. Ponape
Davao
Mindanao
Iles Palaos
Iles Carolines (E.-U.)
Arch. Sulu
Brunei
SABAH
Is Talaud
Is Sangi
Halmahera
George Town
MALAYSIA
SARAWAK
Medan
Kuala Lumpur
I. Simeulue
I. Nias
Singapour
KALIMANTAN
Bornéo
Is Kapingamarangi (E.-U.)
Iles Gilbert (G.-B.)
I. Howland
I. Baker (E.-U.)
I. Christmas
0°
I. Nauru
Archipel Bismarck (Austr.)
Nlle-Irlande
Iles Mentawai
SUMATRA
Palembang
Célèbes
Arch. des Moluques
I N D O N É S I E
Nlle-Guinée
Iles Phoenix (G.-B.)
I. Enggano
Djakarta
Bandung
Surabaya
Semarang
JAVA
Sumbawa
Flores
Sumba
Timor (Port.)
Iles Aru
Arch. Tanimbar
I. Bougainville (Austr.)
Nlle-Bretagne
Iles Salomon (G.-B.)
Iles Ellice (G.-B.)
Is Tokelau (N.-Z.)
Is Tongareva (N.-Z.)
I. Manihiki (N.-Z.)
Iles Marquises (Fr.)
Iles de la Ligne (G.-B.)
I. Danger
P O L Y N É S I E
I. Nassau (N.-Z.)
Iles Cocos (Keeling) (Austr.)
I. Christmas (Austr.)
Darwin
MER DE CORAIL
I. Rennell (G.-B.)
Iles Santa Cruz (G.-B.)
Samoa occle
Iles Samoa (E.-U.)
Is Suwarrow (N.-Z.)
Iles Wallis et Futuna (Fr.)
Nlles Hébrides (Fr., G.-B.)
Vanua Levu
Viti Levu
Iles Fidji (G.-B.)
Is de la Société (Fr.)
Iles Tuamotu (Fr.)
I. Palmerston (N.-Z.)
Townsville
Iles Chesterfield (G.-B.)
I. Niue (N.-Z.)
Is Cook (N.-Z.)
Tahiti
AUSTRALIE
Nlle Calédonie (Fr.)
I. Matthew (Fr.)
I. Hunter
Iles Tonga (G.-B.)
Rockhampton
I. Tubuai (Fr.)
Geraldton
Toowoomba
Brisbane
Iles Gambier (Fr.)
Perth
I. Norfolk (Austr.)
Lord Howe Ball's Pyramid (Austr.)
Newcastle
Sydney
Iles Kermadec (N.-Z.)
I. Rapa
Is Bass (Fr.)
Adelaide
Canberra
Melbourne
Auckland
Ile du Nord
Tasmanie
Hobart
NOUVELLE ZÉLANDE
Wellington
Ile du Sud
Christchurch
Dunedin
Is Chatham (N.-Z.)
Is Bounty (N.-Z.)
Is Antipodes (N.-Z.)
I. Auckland (N.-Z.)
I. Campbell (N.-Z.)
I. Macquarie (Austr.)
Iles Amirantes (G.-B.)
Is Seychelles (G.-B.)
Is Platte (G.-B.)
Iles Chagos (G.-B.)
I. St Pierre
I. Coetivy (G.-B.)
I. Providence
I. Cerf
Is Agalega (G.-B.)
Is Farquhar (G.-B.)
O C É A N I N D I E N
I. Tromelin (Fr.)
Is Cargados (G.-B.)
Tananarive
Is Mascareignes
Is Rodrigues (G.-B.)
I. Maurice
La Réunion (Fr.)
MADAGASCAR
I. St Paul (Fr.)
I. Amsterdam (Fr.)
Iles Crozet (Fr.)
I. Kerguelen (Fr.)
I. Heard
Is Mac Donald (Austr.)
A N T A R C T I Q U E (Austr.)
TERRE D'ENDERBY
TERRE DE WILKES
Iles Balleny (N.-Z.)
I. Scott (N.-Z.)
I. Baker -E.-U.-
Territoire sous tutelle
0
1000
2000 km
180°
160°
140°
120°
100°

MOSAÏQUE MONUMENTALE

Dionysos chevauchant une panthère, IIIe s. av. J.-C. *Délos, maison de Dionysos.*

TECHNIQUE

Il y a deux manières de réaliser les mosaïques. Dans la *méthode directe*, l'exécution se fait sur la surface à décorer, revêtue d'une mince couche de plâtre sur laquelle on dessine la composition souhaitée. Le travail consiste à faire sauter le plâtre de proche en proche et à fixer à la place les cubes de la mosaïque (encore appelés « tessères »), que l'on noie dans un bain de ciment à la chaux ou de mastic à l'huile. Dans la *méthode au carton*, le dessin est exécuté sur un carton que l'on recouvre avec les tessères, la face collée au carton. On noie ensuite l'extrémité des tessères dans le ciment ou le mastic dont on a revêtu la surface à décorer, et on enlève le carton.

HISTORIQUE

La mosaïque apparaît à la fin du IVe millénaire av. J.-C. en Mésopotamie (colonnes du temple d'Ourouk, revêtues de clous d'argile à tête colorée). Au IIe millénaire, les palais crétois et anatoliens ont des sols de cailloux à motifs géométriques simples.

C'est de l'époque hellénistique que date l'idée de tailler les pierres en tessères et en fragments plus menus (l'*opus vermiculatum* des Romains) destinés au rendu des détails. Les ateliers d'Alexandrie, Pergame, Délos produisent au IIe s. av. J.-C. des pavements polychromes, dans lesquels un cadre chargé de motifs géométriques ou floraux entoure un fin tableau central appelé *emblema*. La mode en est rapidement introduite en Italie par les artistes alexandrins qui exécutent ou inspirent des œuvres fameuses comme la mosaïque Barberini de Préneste et celles qui ont été retrouvées à la « maison du Faune » de Pompéi (la Bataille d'Alexandre et de Darios). Dans le courant du Ier s. av. J.-C. se constitue une école italienne qui n'utilise plus, pour les pavements, que des motifs décoratifs en noir sur fond blanc, d'abord géomé-

Mosaïque « Barberini », représentant des scènes du Nil (détail). *Palestrina (Italie).*

« Emblema » au centre d'une marqueterie de marbre provenant d'Herculanum.

Nymphée d'une villa d'Herculanum : décor mural représentant Neptune et Amphitrite, Ier s.

Course d'Amours montés sur des poissons. *Sousse, IIe s.*

Phot. Rapho, Scala, Giraudon, Held, Giraud

triques et sévères, puis de plus en plus foisonnants, comportant des rinceaux peuplés de figures et d'animaux. Chassée des sols, la mosaïque picturale décore les nymphées de Pompéi et d'Herculanum, puis des plafonds et des voûtes. Les provinces de l'Empire (Syrie, Afrique du Nord, Germanie, Gaule) sont plus fidèles à la tradition hellénistique, à la polychromie, aux scènes figurées. Au IIIe s. commence la décadence de l'école italienne, tandis que dans l'Empire se développe un style caractérisé par le compartimentage du pavement à l'aide de lourdes tresses et de guirlandes, et par l'importance, en Afrique et en Syrie, des grands tableaux figurés (sujets mythologiques et mystiques, saisons, scènes de chasse, de jeux de cirque, marines), que l'on retrouve à Antioche et, en Sicile, à Piazza Armerina.

• L'*art chrétien byzantin* est renommé pour ses mosaïques de paroi et de voûte utilisant des matériaux plus riches et plus fragiles que ceux des sols : pâtes de verre, émaux, cubes argentés et surtout dorés. Le chef-d'œuvre du Ve s., époque de transition, est le décor à fond bleu du mausolée de Galla Placidia à Ravenne. Les fonds d'or sont la règle à partir du VIe s., à Constantinople (Sainte-Sophie), à Thessalonique et dans le remarquable ensemble des sanctuaires de Ravenne. L'influence de ce premier art byzantin se fait également sentir à Rome, mais la réaction iconoclaste des VIIIe et IXe s. y met fin en Orient (destruction de nombreuses œuvres).

Du Xe au XIIe s. s'étend un second âge d'or, dont l'iconographie religieuse se fonde sur une hiérarchie et un symbolisme stricts. En Grèce, le chef-d'œuvre est l'église de Daphni, près d'Athènes, à la fin du XIe s. En Italie, les artistes byzantins commencent à la même époque la décoration de Saint-Marc de Venise ; du XIIe s. datent les mosaïques de Torcello et, en Sicile, celles de Palerme, Cefalu et Monreale. Après les crises politiques du XIIIe s. prend place, en Orient, une ultime période de renaissance (XIVe-XVe s.), marquée par un retour à l'animation et à la souplesse de l'Antiquité classique ; mais la mosaïque (ensemble de Kahriye Camii à Constantinople) tend à faire place à la fresque. Enfin, les plus anciennes mosaïques du monde musulman puis de la Russie sont dues à des artistes nourris de la tradition byzantine.

• La *Renaissance* et l'*âge classique*, en Italie surtout, produisent des mosaïques qui, ne cherchant que la copie de la peinture, s'écartent de cette spécificité plastique — produit de facteurs matériels — qu'avaient bien sentie les Byzantins. Au XXe s., en raison de l'intérêt porté par de grands artistes à la rénovation des arts appliqués, la mosaïque a connu et connaît certaines réalisations de qualité.

« Vierge à l'Enfant et apôtres », XIIe s. *Abside de la cathédrale de Torcello.*

« Le Pantocrator », *coupole de Daphni,* fin du XIe s.

Le Christ entre deux anges, saint Vital et l'évêque Ecclesius, 1re moitié du VIe s. *Ravenne, église San Vitale.*

« Labourage », mosaïque gallo-romaine. *Musée de Saint-Germain-en-Laye.*

Mausolée de Galla Placidia, Ve s. *Ravenne.*

Phot. Giraudon, Scala (3), Loirat.

MOTEUR

A PISTON ROTATIF

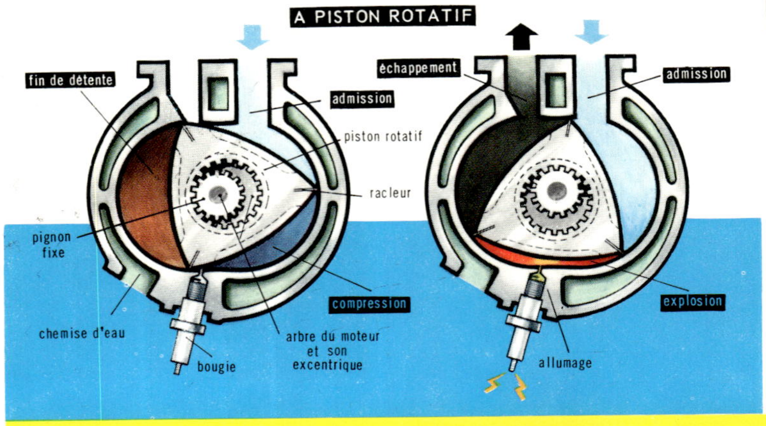

ÉLECTRIQUE

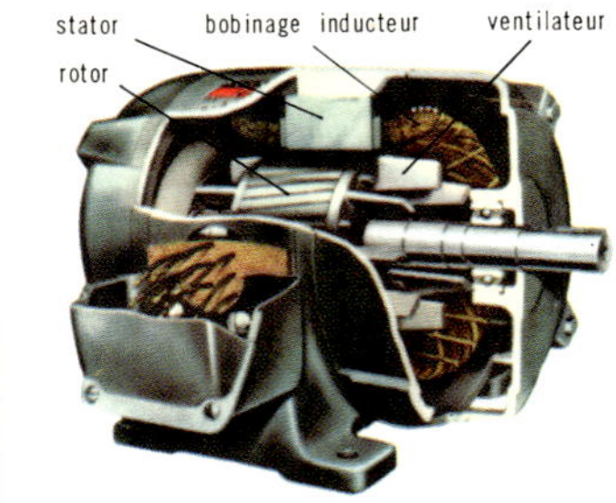

pour courant alternatif

pour courant continu

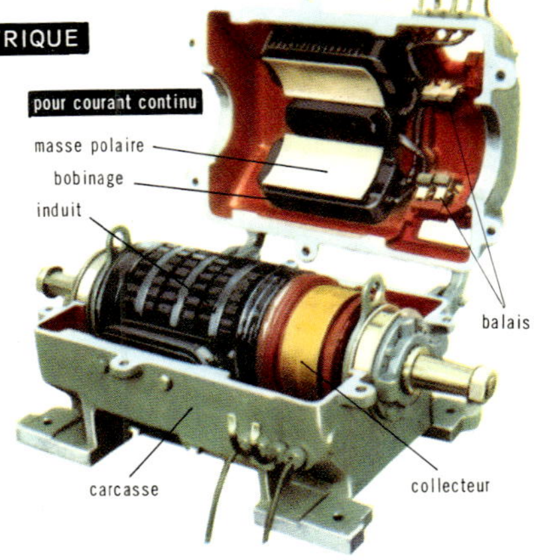

A EXPLOSION

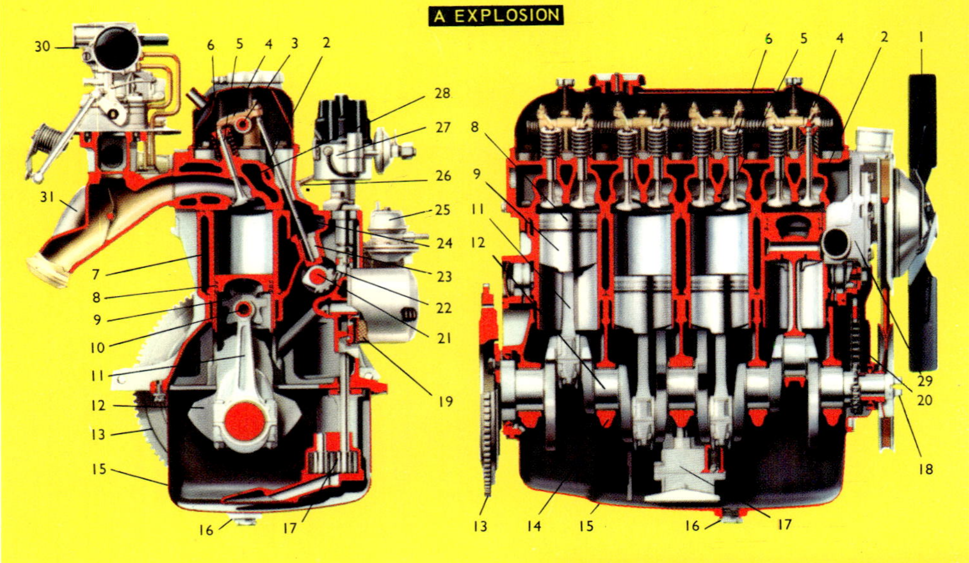

1. Ventilateur; 2. Culasse; 3. Axe des culbuteurs; 4. Culbuteur; 5. Soupape; 6. Ressort de soupape; 7. Bloc-cylindres; 8. Segments; 9. Piston; 10. Axe de piston; 11. Bielle; 12. Vilebrequin; 13. Volant d'embrayage; 14. Palier; 15. Carter inférieur; 16. Bouchon de vidange; 17. Pompe à huile; 18. Dent-de-loup; 19. Filtre à huile; 20. Entraînement de l'arbre à cames; 21. Arbre à cames; 22. Commande de l'allumeur; 23. Poussoir; 24. Tige de poussoir; 25. Pompe d'alimentation; 26. Bougie; 27. Allumeur; 28. Chambre d'eau; 29. Pompe à eau; 30. Carburateur; 31. Tubulure d'échappement.

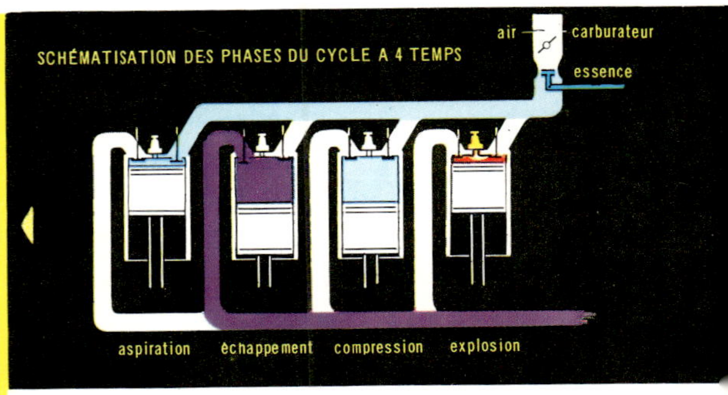

MOTEUR-TURBINE

(automobile)

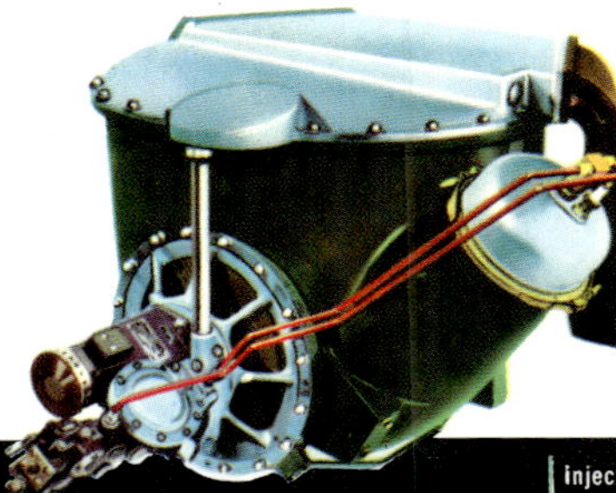

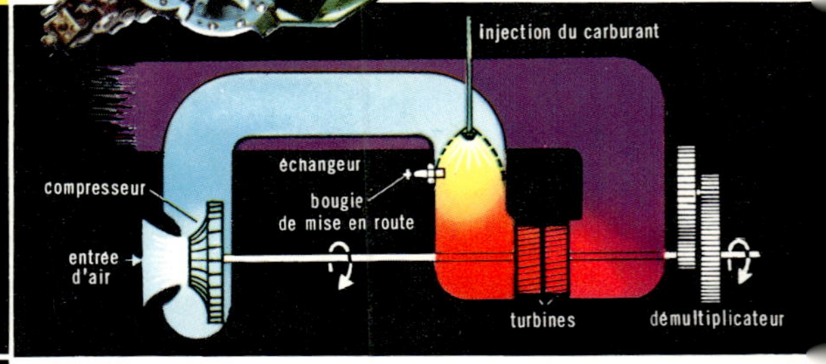

DIESEL

(marine)

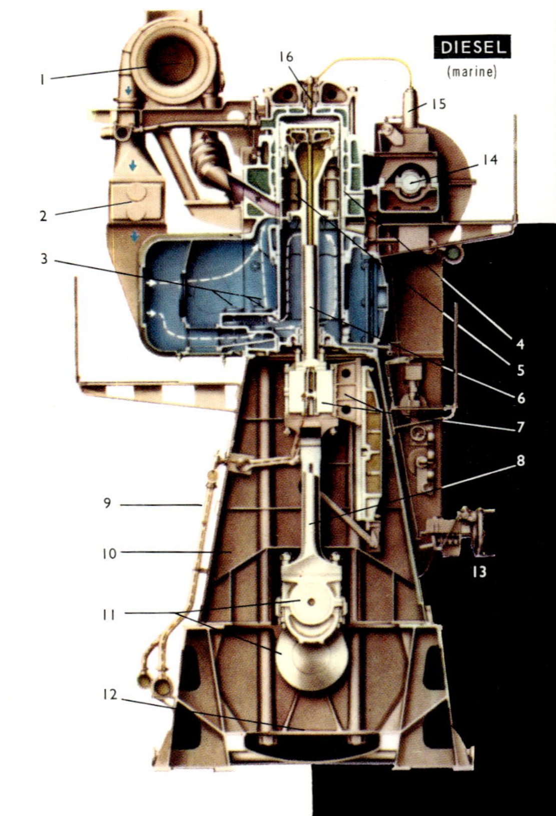

1. Turbosoufflante d'échappement; 2. Réfrigérant d'air de suralimentation; 3. Clapets d'air de suralimentation et de balayage; 4. Cylindre; 5. Piston; 6. Tige de piston; 7. Crosse avec patin et glissière; 8. Bielle; 9. Arrivée et sortie d'huile de refroidissement; 10. Bâti; 11. Vilebrequin; 12. Plaque de fondation; 13. Poste de manœuvre (régime et inversion du sens de rotation); 14. Arbre à cames; 15. Pompe d'injection; 16. Injecteur.

SCHÉMATISATION DES PHASES PRINCIPALES DU FONCTIONNEMENT D'UN DIESEL

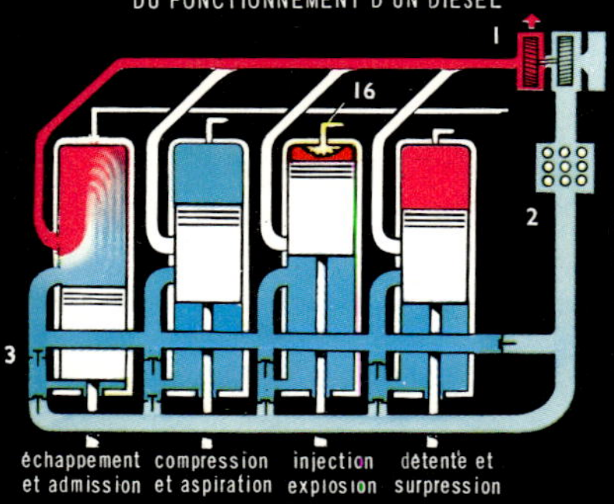

MOTEUR-FUSÉE

(aviation)

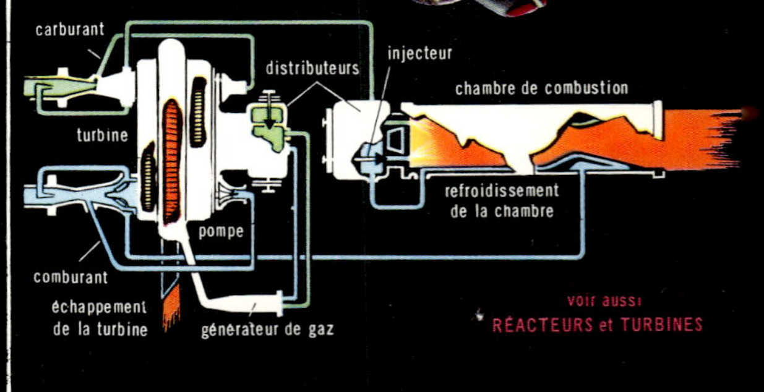

voir aussi
RÉACTEURS et TURBINES

MOTEUR

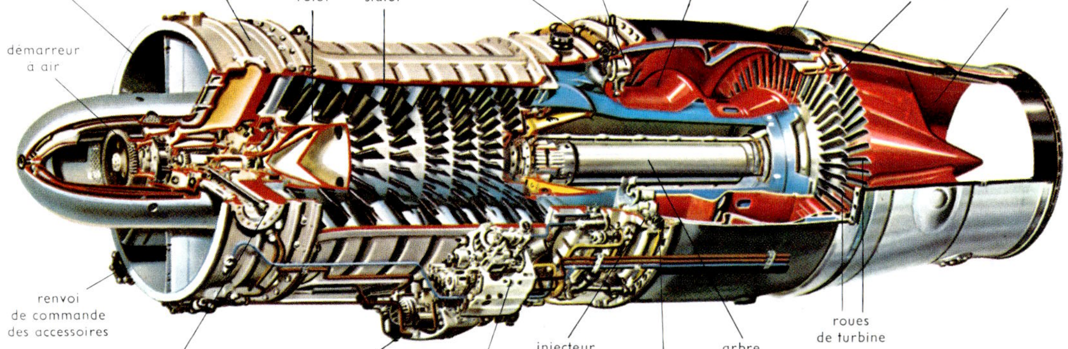

TURBORÉACTEUR

ATAR 8

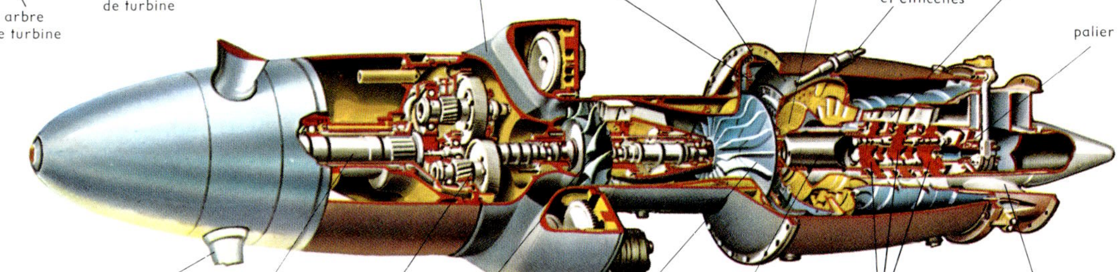

TURBOPROPULSEUR

ASTAZOU

DOC. SNECMA. TUBOMECA. ALSTHOM.

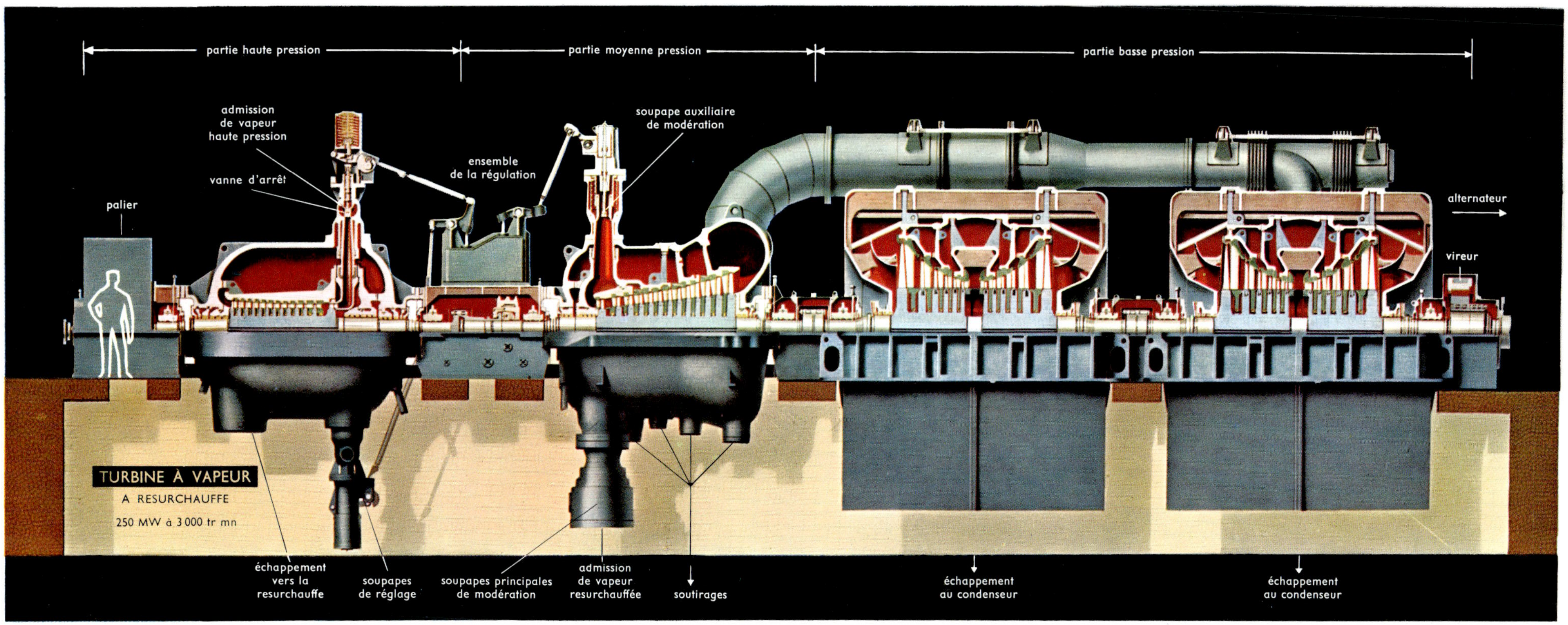

MUSCLES

muscles superficiels **muscles profonds**

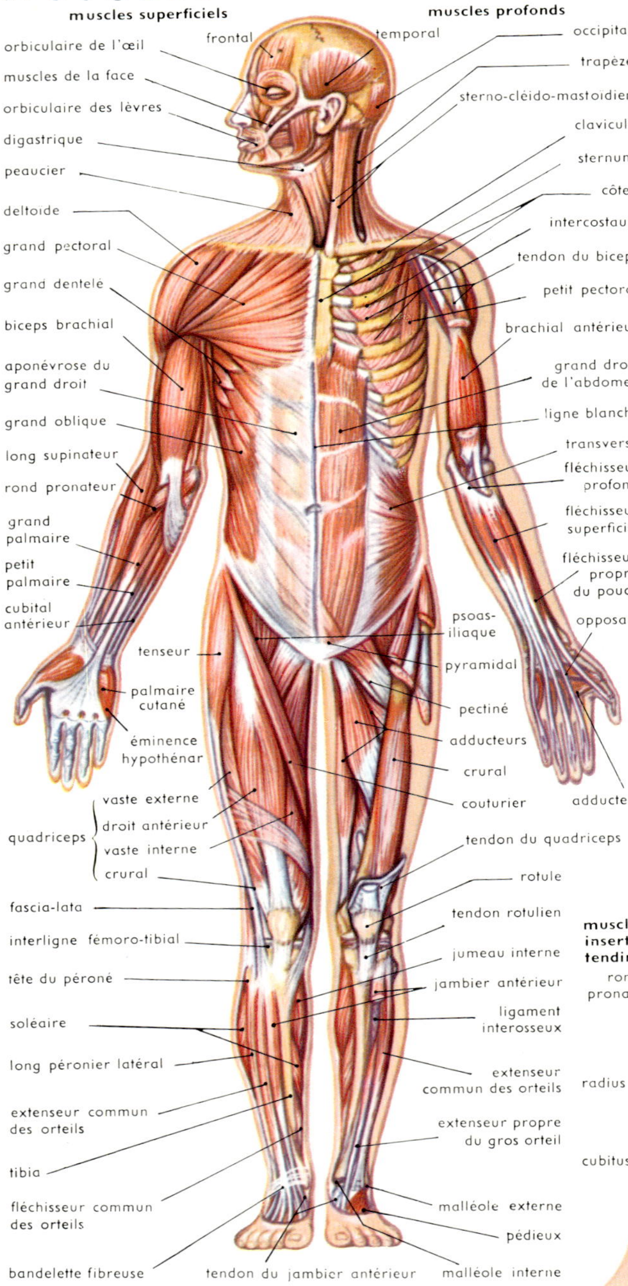

MUSCLES DU CORPS HUMAIN (VUE ANTÉRIEURE)

DIFFÉRENTS TYPES DE MUSCLES STRIÉS

muscle à coulisse (digastrique)

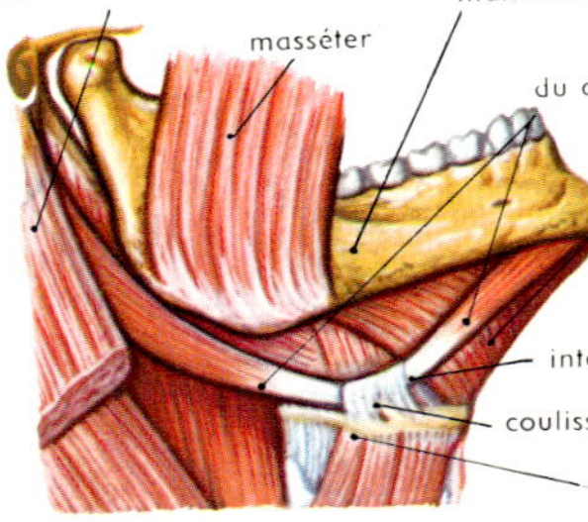

VUE LATÉRALE DES MUSCLES SOUS-MAXILLAIRES

muscles circulaires : orbiculaires

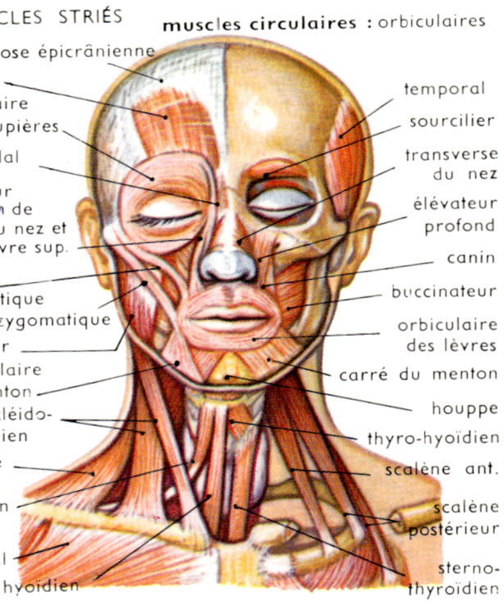

MUSCLES DE LA FACE ET DU COU (VUE ANTÉRIEURE)

muscle large et plat : diaphragme

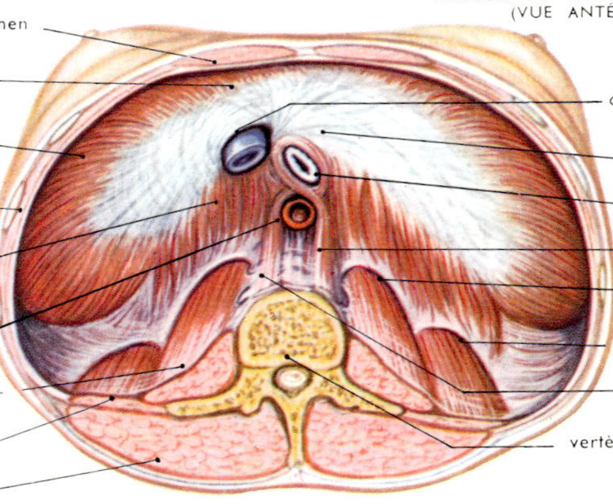

VUE INFÉRIEURE DU DIAPHRAGME

muscle à insertion tendineuse : rond pronateur

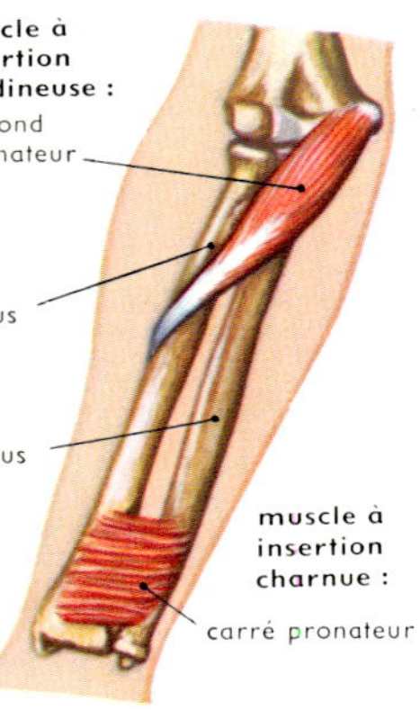

muscle à insertion charnue : carré pronateur

VUE ANTÉRIEURE DE L'AVANT-BRAS

muscles courts

muscle à double chef d'insertion : le biceps

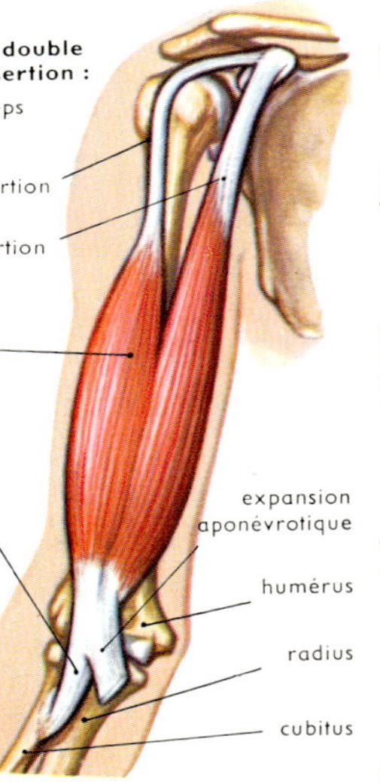

VUE ANTÉRIEURE DU BRAS

muscle à insertions multiples : le psoas

muscle long, plat, à insertion charnue : iliaque

muscle très long, grêle, à long tendon : petit psoas

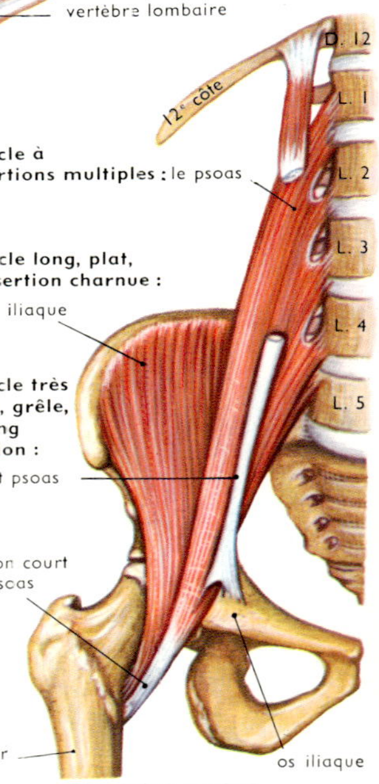

LE PSOAS ILIAQUE (VUE ANTÉRIEURE)

muscles longs

tunique musculaire du côlon

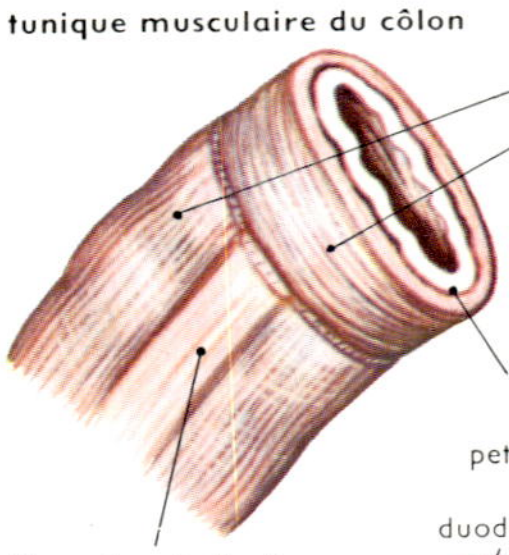

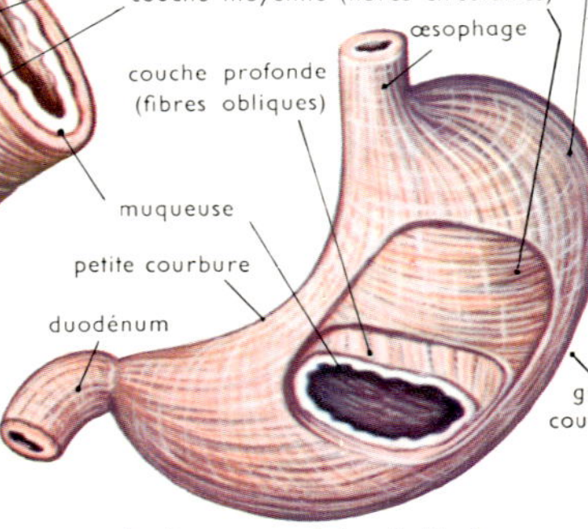

MUSCLES A FIBRES LISSES

tunique musculaire de l'estomac

STRUCTURE DES MUSCLES

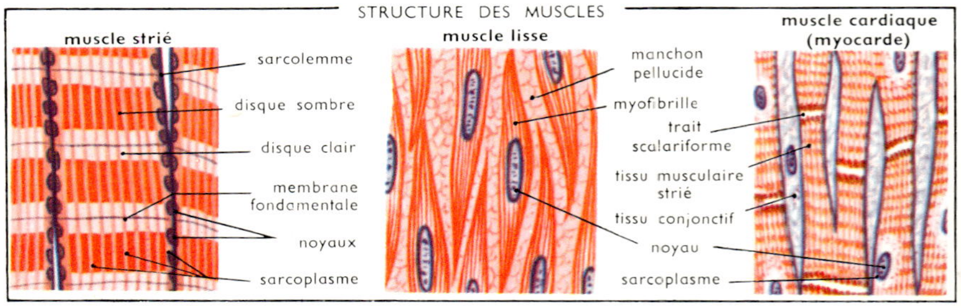

mudrā [mudra] n. f. invar. (mot sanskr. signif. *sceau*). Geste rituel particulier au bouddhisme ancien et qu'utilisent les danseurs traditionnels de l'Inde. (Les mudrā exécutées avec une ou deux mains sont très nombreuses et ont toutes une signification propre.)

mue [my] n. f. (de *muer*). Changement dans le plumage, le poil, la peau, auquel les animaux vertébrés sont sujets à certaines époques de l'année. ‖ Temps où arrive ce changement. ‖ Changement qui s'opère dans le timbre de la voix humaine au moment de la puberté. ‖ Perte de la peau ou de la carapace pendant la croissance de certains animaux (lézards, insectes, crustacés). ‖ Cette peau abandonnée. ‖ Grande cage à claire-voie pour une poule et ses poussins.

muer [mɥe] v. i. (lat. *mutare*, changer). Perdre sa peau, son poil, son plumage ou ses cornes, en parlant de certains animaux : *les serpents muent régulièrement.* ‖ Devenir plus forte, plus grave, en parlant de la voix des jeunes gens à l'époque de la puberté. ‖ **— Se muer** v. pr. Se transformer : *sympathie qui se mue en amitié.*

muet [mɥɛ], **ette** [-ɛt] adj. (lat. *mutus*). Qui n'a pas l'usage de la parole : *homme muet.* ‖ Qu'un sentiment quelconque empêche de parler : *être muet de terreur.* ‖ Qui ne se manifeste pas par des cris ou des paroles : *les grandes douleurs sont muettes.* ● *« E » muet, voyelle, consonne, syllabe muette* (Gramm.), qu'on ne prononce que peu ou pas. ‖ *Film muet,* film qui ne comportait pas l'enregistrement de la parole ou du son. ‖ *« H » muet,* qui n'est pas aspiré. ‖ *Jeu muet,* partie du jeu d'un acteur, par laquelle il exprime sans parler ses sentiments. ‖ — N. Personne privée de l'usage de la parole.

muette n. f. Cabane destinée à abriter la mue des cerfs, des faucons, etc.

muezzin [mɥedzɛ̃] n. m. (mot turc; de l'ar. *mu'adhdhin*). Fonctionnaire chargé d'annoncer du haut d'un minaret les cinq prières quotidiennes de l'islām.

Muffat (les), famille de musiciens allemands des XVIIe et XVIIIe s., dont le plus célèbre fut GEORG, compositeur et organiste, né à Megève (1653-1704). Elève de Lully, il fut organiste à Strasbourg, vécut à Vienne, à Salzbourg et à Passau. Ses œuvres pour clavier (toccate), ses concertos grossos révèlent une forte influence française et italienne.

muffin [mœfin] n. m. (mot angl.). Petit pain peu coloré qu'on sert avec le thé.

mufle [myfl] n. m. (de *moufle*, visage rebondi). Extrémité du museau de certains mammifères : *un mufle de bœuf, de lion.* ‖ *Fam.* Homme grossier et brutal.

muflerie n. f. *Fam.* Manque de délicatesse.

muflier [myflije] n. m. (de *mufle*). Plante souvent cultivée pour ses fleurs décoratives rappelant un mufle d'animal. (Famille des scrofulariacées.) [Syn. GUEULE-DE-LOUP.]

muftī ou **muphti** [myfti] n. m. (mot arabe). Interprète autorisé de la loi musulmane.

muge [myʒ] ou **mulet** [mylɛ] n. m. (lat. *mugil*). Poisson à large tête, vivant près des côtes, mais pondant en mer, et dont la chair est estimée : *le cabot est une espèce de muge.*

Mugello (le), région historique et naturelle de la Toscane, auj. comprise dans la prov. de Florence.

mugir [myʒir] v. i. (lat. *mugire*). Crier, en parlant des bovidés. ‖ *Fig.* Produire un son comparable à un mugissement : *les vents mugissent.*

muflier

muguet

muge

mulards

mugissant, e adj. Qui mugit : *bœufs, vents mugissants.*

mugissement n. m. Cri sourd et prolongé du bœuf, de la vache. ‖ *Fig.* Bruit qui ressemble à ce cri : *le mugissement des flots.*

Mugron (40250), ch.-l. de c. des Landes (arr. de Dax), près de l'Adour ; 1 568 h. (*Mugronnais*).

muguet [mygɛ] n. m. (de l'anc. fr. *muguette*, altér. de muscade [à cause de l'odeur]). Liliacée à petites fleurs blanches d'une odeur douce et agréable, qui fleurit en mai. ‖ Maladie des muqueuses, due à un champignon, et qui apparaît surtout dans la bouche des nouveau-nés. (Le muguet se manifeste par des plaques blanches crémeuses.)

Muḥammad, nom arabe de *Mahomet*.*

Muḥammad Ier (m. en 1557), fondateur de la dynastie des sultans sa'diens du Maroc (1549-1557). Il élimina le souverain waṭṭāside. — MUḤAMMAD II (m. en 1578), sultan sa'dien du Maroc (1574-1576). Détrôné, il s'appuya en vain sur Sébastien, roi de Portugal, qui fut tué avec lui à la bataille des « Trois-Rois ». — MUḤAMMAD III (m. en 1790), sultan 'alawīte du Maroc (1757-1790). Il fut un grand bâtisseur. — MUḤAMMAD IV (m. en 1873), sultan 'alawite du Maroc (1859-1873). Grâce à l'appui de l'Angleterre, il put limiter les vues colonialistes de l'Espagne et de la France. — MUḤAMMAD V IBN YŪSUF, né à Fès (1909-1961), sultan (1927), puis roi (1957-1961) du Maroc, fils et successeur du Mūlāy Yūsuf. S'étant prononcé pour l'indépendance du Maroc, il fut déposé par les Français en 1953. Exilé en Corse, puis à Madagascar, il fut rappelé en 1955. En 1957, il devint souverain du royaume de Maroc, dont la France avait reconnu l'indépendance. En 1960, il assuma aussi la direction du gouvernement, à laquelle il associa son fils Ḥasan, qui devait être son successeur.

Muḥammad al-Ṣadūq, né à Tunis (1812-1882), bey de Tunis (1859-1882). En 1881, il dut reconnaître le protectorat français.

Mühlberg an der Elbe, v. de l'Allemagne orientale, sur l'Elbe ; 5 000 h. Victoire de Charles Quint sur les princes luthériens de la ligue de Smalkalde (1547).

muid [mɥi] n. m. (lat. *modius*, mesure). Anc. unité de mesure de capacité pour les liquides, les grains et diverses matières, et qui variait selon les pays et les marchandises. (A Paris, le muid valait 274 litres pour le vin.) ‖ Futaille de la capacité d'un muid.

Mukallā, port du Yémen démocratique, sur le golfe d'Aden ; 40 000 h.

mulard [mylar], **e** [-ard] n. et adj. Canard, cane stériles nés du canard musqué et de la cane commune, et utilisés pour la production du foie gras.

mulassier, ère adj. Qui a rapport à la production des mulets.

Mulatière (LA) [69350], comm. du Rhône (arr. de Lyon) ; 8 165 h. (*Mulatins*). Constructions mécaniques.

mulâtre [mylɑtr] n. et adj. (esp. *mulato*; de *mulo*, mulet). Né d'un Noir et d'une Blanche, ou d'une Noire et d'un Blanc. ‖ Fém. une *mulâtresse.*

Mūlāy ou **Moulay** (mot arabe signif. *mon seigneur*), titre porté par les sultans du Maroc de la dynastie chérifienne.

mule [myl] n. f. (lat. *mulleus calceus,* soulier rouge). Pantoufle laissant le talon découvert. ● *Mule du pape,* pantoufle blanche du pape, portant une croix brodée.

mule n. f. (lat. *mula*). Mulet femelle.

mule-jenny [mjuldʒeni] n. f. (mot angl.). Métier employé dans le filage du coton. ‖ Pl. des *mule-jennys.*

mulet [mylɛ] n. m. (lat. *mulus*). Animal stérile engendré d'un âne et d'une jument. (L'hybride de cheval et d'ânesse s'appelle *bardot*.)

mulet n. m. (lat. *mullus*, sorte de rouget). *Ichtyol.* V. MUGE et ROUGET.

muleta [muleta] n. f. (mot esp.). Morceau d'étoffe écarlate, dont se sert le matador pour achever de fatiguer le taureau avant de lui donner l'estocade.

muletier, ère adj. Propre aux mulets : *chemin muletier.* ‖ — N. Personne qui conduit des mulets.

mulette [mylɛt] n. f. (dimin. de *moule*). Mollusque lamellibranche des rivières du nord et de l'est de la France, produisant des perles de petite taille. (Long. 10 cm.) [Syn. MOULE DE RIVIÈRE.]

Mulhacén, point culminant de l'Espagne (Andalousie), dans la sierra Nevada ; 3 478 m.

Mülheim an der Ruhr, v. de l'Allemagne occidentale (Rhénanie du Nord-Westphalie), dans la Ruhr ; 190 000 h.

art mudéjar

Alcazar de Séville, salon des Ambassadeurs

tour à Teruel

Phot. Yan-Dieuzaide-Rapho, Lauros - Atlas-Photo, Jacques Six, Bottin, Lauros - Atlas-Photo, Théret.

Mulhouse

TABLEAU DES MULTIPLES ET SOUS-MULTIPLES DÉCIMAUX

préfixe à mettre avant le nom de l'unité	*symbole* à mettre avant celui de l'unité	*facteur* par lequel est multipliée l'unité
téra	T	10^{12}
giga	G	10^{9}
méga	M	10^{6}
kilo	k	10^{3}
hecto	h	10^{2}
déca	da	10
déci	d	10^{-1}
centi	c	10^{-2}
milli	m	10^{-3}
micro	μ	10^{-6}
nano	n	10^{-9}
pico	p	10^{-12}
femto	f	10^{-15}
atto	a	10^{-18}

Pour énoncer les puissances de 10, à partir de 10^{12}, on se sert de la formule $10^{6N} =$ (N)illion, soit $10^{12} =$ billion, $10^{18} =$ trillion, $10^{24} =$ quadrillion, $10^{30} =$ quintillion,...

Mulhouse, ch.-l. d'arr. du Haut-Rhin, sur l'Ill; 118 558 h. (*Mulhousiens*). Hôtel de ville du XVIe s. Dans la partie méridionale de la plaine alsacienne, Mulhouse s'est imposée au XVIIIe s. comme un grand centre de l'industrie cotonnière, essaimant dans les vallées vosgiennes. L'industrie textile connaît aujourd'hui un déclin au moins relatif, que pallient difficilement les activités plus récemment implantées (constructions mécaniques et électriques). — L'arr. a 8 cant., 73 comm., 246 476 h.
● *Histoire*. Ville libre impériale depuis le XIIIe s. et membre de la Décapole, Mulhouse fut alliée aux cantons suisses au XVIe s. et forma une petite république marchande (textile) qui fut réunie à la France en 1798.

Muller (Hermann Joseph), biologiste américain, né à New York (1890-1967). Ses recherches sur la génétique lui valurent le prix Nobel en 1946.

Müller (Johannes VON), historien suisse, né à Schaffhouse (1752-1809), auteur d'une *Histoire de la Confédération suisse*.

Müller (Paul Hermann), biochimiste suisse, né à Olten (1899-1965), inventeur du D. D. T. (Prix Nobel de médecine, 1948.)

mulon [mylɔ̃] n. m. (de *meule*). Tas de sel recouvert d'argile pour assurer sa conservation dans les marais salants.

mulot [mylo] n. m. (empr. au germ.). Petit rat gris fauve, qui vit sous terre dans les bois et les champs, au détriment des cultures.

mulsion [mylsjɔ̃] n. f. (lat. *mulsio*). Action de traire.

Multān, v. du Pākistān septentrional; 358 200 h. Engrais. Textiles.

multicanal, aux adj. m. Se dit d'un récepteur de télévision capable de recevoir des émissions émanant de différentes stations utilisant des fréquences situées dans plusieurs canaux.

multicellulaire adj. Formé de plusieurs cellules.

multicolore [myltikɔlɔr] adj. Où l'on remarque un grand nombre de couleurs : *bannière multicolore*.

multicouche adj. Qui comprend ou comporte plusieurs couches : *revêtement multicouche*.

multidimensionnel, elle adj. Se dit d'un espace à plus de trois dimensions.

Multien (le), anc. pays de France, entre la Marne et l'Ourcq.

multifilaire adj. Qui comprend ou comporte plusieurs fils ou brins : *câble multifilaire*.

multiforme adj. Qui a ou prend plusieurs formes : *la vérité est multiforme*.

multilatéral, e, aux adj. Qui engage toutes les parties contractantes : *un système de paiement multilatéral*.

multiloculaire adj. *Bot*. Se dit d'un ovaire divisé en un grand nombre de loges.

multimillionnaire n. et adj. Personne plusieurs fois millionnaire.

multipare [myltipar] adj. et n. f. (préf. *multi*, et lat. *parere*, enfanter). Qui met bas plusieurs petits en une seule portée : *la laie est multipare*. ‖ Se dit d'une femme qui a mis au monde plusieurs enfants.

multiparité n. f. Condition des espèces multipares : *la multiparité est commune chez les rongeurs*.

multiple [myltipl] adj. (lat. *multiplex*). Qui n'est pas simple : *question multiple*. ‖ — N. m. *Math*. Nombre entier qui contient un autre nombre entier plusieurs fois exactement : *8 est un multiple de 2*. ● *Multiple commun à plusieurs nombres*, nombre qui est le multiple de tous les nombres considérés à la fois. ‖ *Plus petit commun multiple de plusieurs nombres*, le plus petit des multiples communs à ces nombres.

multiplex [myltiplɛks] adj. et n. m. inv. Se dit d'un appareil télégraphique permettant de transmettre simultanément plusieurs dépêches par une même ligne.

multipliable adj. Qui peut être multiplié.

multiplicande n. m. *Math*. Nombre à multiplier par un autre appelé *multiplicateur*.

multiplicateur adj. et n. m. Qui multiplie. ‖ *Math*. Dans un produit, le facteur qui joue le rôle d'opérateur. ● *Théorie du multiplicateur*, théorie économique selon laquelle tout accroissement des investissements productifs détermine une augmentation de la demande des consommateurs plus élevée que le coût des investissements. ‖ *Agric*. Personne à laquelle ont été confiés des sujets sélectionnés, en vue de leur multiplication avant commercialisation : *multiplicateur de semences, de volailles*.

multiplicatif, ive adj. Qui multiplie. ‖ Qui concerne la multiplication. ‖ Se dit d'un groupe dont l'opération est notée avec le signe ×.

multiplication n. f. Augmentation en nombre : *la multiplication des êtres*. ‖ *Math*. Opération qui a pour but, étant donné deux nombres, l'un appelé *multiplicande*, l'autre *multiplicateur*, d'en obtenir un troisième, appelé *produit*, qui soit formé avec le multiplicande comme le multiplicateur est formé avec l'unité. (Le signe × [*multiplié par*] indique qu'il faut multiplier. Ex. : $8 \times 7 = 56$. En algèbre, la multiplication repose sur la convention des signes suivante : le produit de deux facteurs de même signe est positif; le produit de deux facteurs de signe contraire est négatif.) ‖ *Mécan*. Rapport dont on augmente le régime de deux engrenages dans une transmission de mouvement, et dans laquelle la vitesse de rotation de l'arbre entraîné est supérieure à celle de l'arbre entraînant. ● *Multiplication scalaire de deux vecteurs*, opération réalisée sur deux vecteurs, et dont le produit est une grandeur scalaire. ‖ *Multiplication vectorielle*, opération réalisée sur deux vecteurs, et dont le résultat, ou produit vectoriel, est lui-même un vecteur. (Cette opération n'est pas commutative.) ‖ *Table de multiplication* ou *de Pythagore*, table, attribuée à ce mathématicien grec, donnant les produits, l'un par l'autre, des dix premiers nombres.

multiplicité n. f. Nombre considérable : *la multiplicité des étoiles*.

multiplier [myltiplije] v. t. (lat. *multiplicare*). *Math*. Faire une multiplication. ‖ Augmenter une quantité, un nombre : *multiplier les formalités*. ‖ — V. i. Produire des êtres semblables à soi : *croissez et multipliez*. ‖ — **Se multiplier** v. pr. *Fig*. Donner l'impression, à force d'activité, que l'on est en plusieurs lieux à la fois : *sauveteur qui se multiplie*. ‖ Se reproduire.

multipolaire adj. *Electr*. Qui a plus de deux pôles : *dynamo multipolaire*. ‖ *Histol*. Se dit d'un neurone dont le corps cellulaire est entouré de plusieurs dendrites.

multirisques adj. inv. *Assurances multirisques*, assurance couvrant simultanément plusieurs risques, comme le vol et l'incendie.

multistandard adj. inv. Se dit d'un récepteur de télévision permettant de recevoir des images provenant d'émetteurs de normes différentes.

multitube adj. Qui est composé de plusieurs tubes accolés : *un canon multitube*.

multitubulaire adj. Se dit d'une chaudière dont la surface de chauffe est constituée par un grand nombre de tubes que parcourt l'eau ou le mélange d'eau et de vapeur, et qui sont exposés à la chaleur des gaz chauds.

multitude [myltityd] n. f. (lat. *multitudo*). Très grand nombre : *multitude de livres*. ‖ Réunion nombreuse, foule : *la multitude emplissait les rues*.

Mummius (Lucius), consul romain en 146 av. J.-C. Il anéantit la Ligue achéenne, pilla Corinthe et réduisit la Grèce en province romaine.

Mun (Albert, *comte* DE), homme politique français, né à Lumigny (Seine-et-Marne) [1841-1914]. Officier, il fut fait prisonnier durant la guerre de 1870-1871; il démissionna après la Commune afin de se consacrer à l'action sociale. En 1871, il fonda, avec La Tour du Pin, les Cercles catholiques d'ouvriers, paternalistes d'inspiration, dont le recrutement plafonna rapidement, mais qui préparèrent les catholiques à lutter sur le terrain syndical. Lors des élections de 1891, Albert de Mun essaya vainement de constituer un parti catholique (l'*Alliance catholique*). Quoique monarchiste, il accepta, à la demande de Léon XIII, de se rallier à la république, ce qui éloigna de lui à la fois les gens de la droite et ceux de la gauche. Député du Morbihan de 1876 à 1878 et de 1881 à 1893, puis du Finistère à partir de 1894, il contribua au vote de la législation protectrice des travailleurs et lutta contre la politique anticléricale de la République. (Acad. fr.)

Munch (Edvard), peintre norvégien, né à Löten (1863-1944). Il rencontra les peintres de Pont-Aven à Paris et le dramaturge Strindberg à Berlin. Il a joué un rôle très important dans la formation de l'expressionnisme allemand. Coloriste s'apparentant aux fauves, il a pris pour thèmes de ses tableaux l'amour, l'angoisse et la mort (*le Cri, Jeunes Filles sur le pont;* Musée national, Oslo). [V. illustr. EXPRESSIONNISME.]

Munch (Charles), chef d'orchestre français, né à Strasbourg (1891-1968). Il dirigea l'orchestre de la Société des concerts du Conservatoire, puis celui de Boston.

München-Gladbach. V. MÖNCHENGLADBACH.

Münchhausen (Karl Hieronymus, *baron* VON), officier allemand, né à Gut Bodenwerder (Hanovre) [1720-1797], célèbre pour ses fanfaronnades. Le personnage français de Monsieur de Crac s'inspire de Münchhausen.

Munda, v. d'Espagne, en Bétique, où César battit les lieutenants de Pompée (45 av. J.-C.).

Mundolsheim (67450), ch.-l. de c. du Bas-Rhin (arr. de Strasbourg-Campagne); 3 226 h.

Muni (Río). V. RÍO MUNI et GUINÉE ÉQUATORIALE.

Munia (*pic de la*), sommet de la frontière franco-espagnole (Hautes-Pyrénées); 3 150 m.

Munich, en allem. **München,** v. de l'Allemagne occidentale, cap. de la Bavière, sur l'Isar; 1 243 000 h. (*Munichois*). Centre intellectuel (université, musées) et religieux (archevêché), Munich est la métropole commerciale (foires) et industrielle (constructions mécaniques, imprimeries, brasseries, etc.) de l'Allemagne du Sud, la deuxième ville d'Allemagne fédérale (Berlin-Ouest exclu).
● *Histoire*. La ville doit son nom aux moines (München), anciens propriétaires du territoire. Dès 1255, elle fut la résidence des Wittelsbach, ducs, puis rois de Bavière. Au XVIe s., la ville fut le principal rempart du catholicisme en Allemagne; on l'appela même la « Rome germanique ». Les Electeurs de Bavière l'embellirent au XVIIe et au XVIIIe s. En 1806, elle devint la capitale du royaume de Bavière. C'est à Munich qu'éclata le premier soulèvement de la révolution allemande en 1918 et que se fonda le parti nazi (putsch de Munich, 1923). C'est là que furent signés, dans la nuit du 29 au 30 septembre 1938, les accords de Munich (v. art. suiv.).
● *Beaux-arts*. La ville possède, malgré les destructions de la Seconde Guerre mondiale, d'importants souvenirs de son passé : l'église Saint-Pierre (XIe s., plusieurs fois remaniée), la cathédrale (1468-1488), la Résidence (commencée v. 1580 et qui ne fut achevée qu'au XIXe s.), l'église baroque Saint-Jean-Népomucène (1732-1746) et plusieurs palais du XVIIIe s. Ses musées sont fort riches, en particulier l'Ancienne Pinacothèque, réservée à la peinture ancienne, et la Nouvelle Pinacothèque, conservant une belle collection d'impressionnistes français.

Munich (*accords de*), conférence qui, en septembre 1938, réunit les chefs des gouvernements britannique, français, allemand et italien, et se termina par des accords imposant à la Tchécoslovaquie la cession du territoire des Sudètes au IIIe Reich, mais qui ne firent qu'encourager l'Allemagne dans sa politique d'expansion.

munichois [mynikwa], **e** [-az] adj. De Munich. ‖ Qui était partisan des traités conclus à Munich en 1938.

municipal [mynisipal], **e, aux** [-o] adj. Qui a rapport à l'administration des communes : *loi municipale*. ● *Garde municipale*, anc. nom de la garde républicaine de Paris. ‖ *Garde municipal* ou, fam., *municipal* n. m., soldat de cette garde. ‖ *Officiers municipaux*, magistrats, fonctionnaires qui administrent une municipalité.

Phot. Les Prises de vues aériennes.

municipalisation n. f. Droit pour la commune d'acheter un terrain privé pour y construire des immeubles d'habitation lui appartenant.

municipaliser v. t. Soumettre à la municipalisation.

municipalité n. f. Ensemble du maire, des adjoints et des conseillers municipaux. ‖ Territoire soumis à une organisation municipale.

municipe [mynisip] n. m. (lat. *municipium*). Ville soumise à Rome, mais ayant les droits de cité romaine tout en se gouvernant par ses propres lois.

munificence [mynifisɑ̃s] n. f. (lat. *munificentia;* de *munus*, cadeau, et *facere*, faire). Disposition qui porte à faire des libéralités : *agir avec munificence*. (Syn. : LARGESSE, PRODIGALITÉ.)

munificent, e adj. Très libéral; très généreux.

munir [mynir] v. t. (lat. *munire*, fortifier). Pourvoir de ce qui est nécessaire, utile : *munir d'argent*. ‖ **— Se munir** v. pr. *Se munir de patience* (Fig.), se préparer avec courage à supporter.

munition n. f. (lat. *munitio*, fortification). Terme générique qui désignait autrefois tout ce qui était indispensable à l'approvisionnement des armées, et désigne aujourd'hui tout ce qui est nécessaire à celui des armes à feu (projectiles, charges de poudre, fusées, amorces, etc.).

munitionnaire n. m. Sous l'Ancien Régime, celui qui fournissait les vivres aux armées.

Munk (Andrzej), metteur en scène de cinéma polonais, né à Cracovie (1921-1961). Réalisateur de documentaires, il passa à la mise en scène de longs métrages en 1956 : *Un homme sur la voie* (1956), *Eroica* (1957), *De la veine à revendre* (1960), *la Passagère* (1961-1963).

munster [mœ̃stɛr] n. m. Fromage de forme cylindrique (diamètre 11 à 18 cm ; épaisseur 3 à 5 cm) à pâte molle et à croûte lavée, fabriqué avec du lait de vache dans les Vosges, particulièrement dans la vallée de Munster.

Munster, prov. de la république d'Irlande ; 859 000 h. Cap. *Cork*.

Munster (68140), ch.-l. de c. du Haut-Rhin (arr. de Colmar), sur la Fecht ; 4 982 h. (*Munstériens*). Tissages de coton. Fromages.

Münster, v. de l'Allemagne occidentale (Rhénanie-du-Nord-Westphalie), dans le *Bassin de Münster ;* 204 600 h. Monuments médiévaux et classiques. Evêché. Université. Imprimeries. Constructions mécaniques. C'est à Münster, en 1648, que furent signés les préliminaires des traités de Westphalie.

Muntaner (Ramón), chroniqueur catalan, né à Perelada (1265-1336), auteur d'une *Chronique* des règnes de Jacques Ier, Pierre III, Alphonse III et Jacques II.

Munténie, région de Roumanie, à l'est de l'Olt, formant la partie orientale de la Valachie.

Munychie. V. MOUNYCHIA.

Münzer, Müntzer ou **Muncerus** (Thomas), réformateur allemand, né à Stolberg (Harz) [v. 1489-1525]. Moine augustin, il embrassa la Réforme et subit l'influence des illuminés. Partisan de communautés sans images ni clergé et d'une réforme sociale à allure théocratique, il se rendit à Mühlhausen (1524), où il fut pasteur de la communauté anabaptiste. Chef de l'armée paysanne, il fut battu par les princes et exécuté.

muon ou **mu** n. m. Particule élémentaire (μ) ayant une charge électrique positive ou négative égale à celle de l'électron et dont la masse vaut 207 fois celle de l'électron.

muphti n. m. V. MUFTĪ.

muqueux [mykø], **euse** [-øz] adj. (lat. *mucosus ;* de *mucus*, morve). Relatif aux mucosités : *sécrétions muqueuses*. ● *Fièvre muqueuse*, fièvre typhoïde légère. ‖ *Glandes muqueuses*, glandes qui sécrètent du mucus. ‖ *Membranes muqueuses*, ou *muqueuses* n. f. pl., membranes qui, tapissant certaines cavités du corps humain, ont leur surface humectée de mucus. ‖ *Plaques muqueuses*, éruption de la période secondaire de la syphilis, siégeant sur les muqueuses.

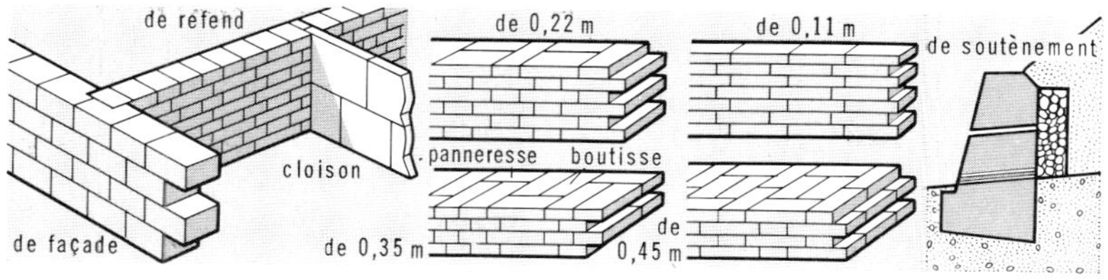

murs

mur [myr] n. m. (lat. *murus*). Ouvrage de maçonnerie qui sert à enclore un espace, à soutenir des terres, à constituer les côtés d'une maison et à en supporter les étages. ‖ *Fig.* Ce qui forme un obstacle infranchissable : *se heurter à un mur*. ● *Mettre quelqu'un au pied du mur*, le forcer à prendre parti. ‖ *Mur bahut*, mur de clôture dont la hauteur ne dépasse pas celle d'un siège. ‖ *Mur de la chaleur*, ensemble des phénomènes calorifiques qui prennent naissance aux très grandes vitesses et qui peuvent limiter les performances aériennes dans l'atmosphère. ‖ *Mur du son*, ensemble des phénomènes aérodynamiques qui se produisent lorsqu'un mobile se déplace dans l'atmosphère à une vitesse voisine de celle du son. ‖ *Les murs ont des oreilles*, on peut être écouté sans qu'on s'en doute. ‖ *Sauter, faire le mur* (Fam.), sortir sans permission, s'évader. ‖ — Pl. Enceinte d'une ville ; la ville elle-même : *depuis quand êtes-vous dans nos murs ?*

Mur (la), riv. de l'Europe centrale (Autriche et Yougoslavie), affl. de la Drave (r. g.) ; 445 km. Aménagements hydro-électriques. Elle arrose Graz.

mûr [myr], **e** adj. (lat. *maturus*). Se dit des fruits complètement développés, en état d'être récoltés : *des pommes mûres ; des blés mûrs*. ● *Abcès mûr*, abcès près de percer. ‖ *Age mûr*, âge qui suit la jeunesse. ‖ *Esprit mûr*, posé, réfléchi. ‖ *Projet mûr*, suffisamment médité.

Murād bey, chef des mamelouks (v. 1750-1801), vaincu par Bonaparte à la bataille des Pyramides en 1798.

murage n. m. Action de murer ; son résultat.

muraille n. f. Mur épais, d'une certaine élévation. ‖ Partie de la coque d'un navire depuis la flottaison jusqu'au plat-bord. ‖ Partie extérieure du sabot du cheval.

Muraille (*la Grande*), muraille longue de 3 000 km, élevée entre la Chine et la Mongolie au IIIe s. av. J.-C. Son tracé actuel date de l'époque de la dynastie Ming (XVe-XVIIe s.).

mural, e, aux adj. (lat. *muralis ;* de *murus*, mur). Qui croît sur les murs : *plante murale*. ‖ Tracé ou fixé sur un mur : *carte murale*. ● *Couronne murale*, couronne d'or que les Romains décernaient au guerrier qui était monté le premier à l'assaut.

Murat par Gérard, coll. part.

Murano, agglomération de la comm. de Venise, sur une île de la lagune. Basilique (XIIe s.). Verrerie d'art.

Murasaki Shikibu, romancière japonaise (v. 978-v. 1020). Dame de la cour de l'impératrice Akiko, possédant des connaissances étendues dans les littératures chinoise et bouddhiste, elle écrivit son œuvre, suivant la tradition, après la mort de son mari, dans le temple d'Ishiyama, sur le lac Biwa. Elle est l'auteur du *Genji monogatari*, le plus célèbre des récits d'aventures et d'amour de la littérature japonaise, et d'un journal intime.

Murat (15300), ch.-l. de c. du Cantal (arr. de Saint-Flour) ; 3 050 h. Eglise du XVe s. Centre actif de la Résistance française pendant la Seconde Guerre mondiale.

Murat Ier (v. 1319-1389), sultan ottoman (1359-1389). Il battit les Hongrois, fit de l'empereur byzantin un vassal et établit sa capitale à Andrinople (1365), se rendant maître de toute l'Anatolie. Il périt au cours de la grande victoire de Kosovo, remportée sur les Serbes. — MURAT II (v. 1401-1451), sultan ottoman (1421-1451), mit les Balkans sous la puissance turque et soumit la Serbie. D'abord battu par Jean Hunyadi (1441-1443), il finit par battre ce dernier à Kosovo (1448). — MURAT III (1546-1595), sultan ottoman (1574-1595), fils de Selim II, battit les Persans en plusieurs rencontres ; il abandonna le pouvoir à de médiocres favoris. — MURAT IV (v. 1609-1640), sultan ottoman (1623-1640), s'empara de Bagdad (1638). — MURAT V (1840-1904), sultan ottoman (1876), neveu et successeur d'Abdülaziz, ne régna que quelques mois.

Murat (Joachim), maréchal de France et roi de Naples, né à Labastide-Fortunière (auj. Labastide-Murat [1767-1815]. Fils d'aubergiste, il s'engagea dans l'armée révolutionnaire ; en 1796, il était général et aide de camp de Bonaparte. Il contribua au succès de ce dernier au 18-Brumaire et devint son beau-frère en épousant Caroline Bonaparte (1800). Maréchal (1804), grand amiral et prince d'Empire (1805), grand-duc de Berg et de Clèves (1806), il s'illustra durant la campagne de 1806-1807. Commandant en chef en Espagne, il réprima le soulèvement de Madrid (mai 1808) et devint peu après roi de Naples (juill.). Il réalisa d'importantes réformes dans son royaume, mais se montra indépendant à l'égard de l'Empereur. Il participa à la campagne de Russie. Désireux de garder ses Etats, il signa en 1814, avec les Alliés, un traité qui les lui garantissait. Mais il fut chassé par les Bourbons. Après Waterloo, il se réfugia en Corse, d'où il essaya de reconquérir son royaume. Capturé en Calabre, il fut fusillé.

Murato (20239), ch.-l. de c. de la Corse (arr. de Bastia) ; 1 031 h.

Muratori (Ludovico Antonio), prêtre et érudit italien, né à Vignola (Modène) [1672-1750]. Il se consacra à des études de critique historique.

Murat-sur-Vèbre (81320), ch.-l. de c. du Tarn (arr. de Castres) ; 1 264 h. (418 aggl.).

Murcie, v. de l'Espagne méridionale, ch.-l. de prov. ; 281 400 h. Cathédrale (XIVe-XVe s.). Eglises et couvents classiques et baroques. Marché rural, au centre d'une riche huerta. Industries alimentaires et textiles.

Murcie, région du sud-est de l'Espagne, correspondant aux provinces de Murcie et d'Albacete ; 1 177 000 h. S'étendant en majeure partie sur l'extrémité septentrionale des chaînes Bétiques, la Murcie est une région au relief accidenté, où la vie se concentre dans les dépressions intérieures, souvent fertilisées par l'irrigation (cultures de fruits et légumes autour de la ville de Murcie), et sur le littoral, où se traitent (La Unión) et d'où s'exportent (Carthagène) les minerais extraits à proximité (plomb, cuivre, zinc, soufre).

Mur-de-Barrez [-rɛz] (12600), ch.-l. de c. de l'Aveyron (arr. de Rodez) ; 1 540 h. (983 aggl.).

Mûr-de-Bretagne (22530), ch.-l. de c. des Côtes-du-Nord (arr. de Guingamp) ; 2 231 h (1 094 aggl.) [*Mûrois*].

Mure (LA) [38350], ch.-l. de c. de l'Isère (arr. de Grenoble) ; 6 731 h. (*Murois*). Eglise (XIIe-XIVe s.). Anthracite.

mûre [myr] n. f. (lat. *morum*). Fruit composé du mûrier. ‖ Fruit de la ronce. (V. illustr. FRUITS.)

Mureaux (LES) [78130], comm. des Yvelines (arr. de Mantes-la-Jolie) ; 22 040 h. (*Muriautins*). Industrie aéronautique. Métallurgie.

mûrement adv. Avec beaucoup de réflexion, longuement : *réfléchir mûrement à un projet*.

Murena. V. LICINIUS MURENA.

murène [myrɛn] n. f. (lat. *muraena*). Poisson des fonds rocheux des côtes méditerranéennes, à corps allongé comme l'anguille, très vorace et causant des morsures dangereuses, et dont la chair était très estimée des Romains. (Long. max. 1,50 m ; ordre des apodes.) [V. illustr. POISSONS.]

murer [myre] v. t. Boucher avec de la maçonnerie : *murer une porte*. ‖ Enfermer dans un lieu dont on bouche les ouvertures : *murer un cadavre dans un tombeau*.

Munich Deutsches Museum (sciences et techniques)

Phot. Hartz-Office du tourisme allemand, Lauros-Giraudon.

Mureş ou **Muresh** (le), en hongr. **Maros,** riv. de Roumanie et de Hongrie, affl. de la Tisza (r. g.) ; 900 km.

muret ou **muretin** n. m. Petit mur.

Muret (31600), ch.-l. d'arr. de la Haute-Garonne, sur la Garonne ; 13 598 h. (10 515 aggl.) [*Murétains*]. Eglise du XIIe s. Vignobles. Boissons gazeuses. En 1213, pendant la croisade des albigeois, le comte de Toulouse et le roi Pierre II d'Aragon y furent vaincus par Simon de Montfort. — L'arr. a 10 cant., 126 comm., 79 751 h.

Muret (Marc-Antoine), humaniste français, né à Muret, près d'Ambazac (1526-1585). Il fut à Bordeaux un des maîtres de Montaigne, puis enseigna à Paris, à Toulouse, à Venise et à Rome. Il commenta les œuvres de Ronsard et publia des poésies latines (*Juvenilia*, 1552) et des *Hymnes* (1575).

murette n. f. Petit mur.

murex [myrɛks] n. m. (mot lat.). Mollusque gastropode à coquille couverte de pointes, vivant sur les côtes rocheuses de la Méditerranée, et dont les Anciens tiraient la pourpre. (Les plus grandes espèces atteignent 8 cm de long.)

Murger (Henri), écrivain français, né à Paris (1822-1861). Il a conté avec ironie les années de sa jeunesse artiste et misérable dans ses récits (*Scènes de la vie de bohème*, 1847-1849) et son théâtre (*le Bonhomme Jadis*, 1852).

muriate [myrjat] n. m. Syn. anc. de CHLORURE.

muriatique adj. (du lat. *muria*, saumure). Syn. anc. de CHLORHYDRIQUE.

mûrier [myrje] n. m. Genre d'urticacées comprenant les arbres qui portent les mûres et dont la feuille sert de nourriture au ver à soie.

Murillo (Bartolomé Esteban), peintre espagnol, né à Séville (1618-1682). Il fut d'abord élève de Juan del Castillo, et son ami Pedro de Moya lui fit connaître la peinture flamande. Venu à Madrid, il fut accueilli par Vélasquez. De retour à Séville, il travailla pour les églises, brossant de grandes compositions religieuses où mysticisme et réalisme se mêlent dans une douce effusion (*la Cuisine des anges*, Louvre ; *l'Extase de saint François*, Séville). Il peignit aussi des sujets profanes, très réalistes (*Jeune Mendiant*, Louvre).

mûrir [myrir] v. i. Devenir mûr : *les raisins mûrissent en automne*. ‖ — *Fig*. Devenir expérimenté avec le temps : *son esprit a mûri*. ‖ Prendre avec le temps une tournure favorable : *laissez mûrir cette affaire*. ‖ — V. t. Rendre mûr : *le soleil mûrit les fruits*. ‖ — *Fig*. Rendre sage, expérimenté : *l'âge l'a mûri*. ‖ Méditer : *mûrir un projet*.

mûrissage ou **mûrissement** n. m. Maturation de certains produits.

mûrissant, e adj. Qui est en train de mûrir : *fruits mûrissants*.

mûrisserie n. f. Etablissement organisé pour amener à maturité complète, après transport, des fruits qui ont été cueillis non mûrs : *mûrisserie de bananes*.

murmel [myrmɛl] n. m. Marmotte dont la fourrure imite celle de la martre.

murmurant, e adj. Qui murmure : *source murmurante*.

murmure [myrmyr] n. m. (lat. *murmur*). Bruit sourd et confus de plusieurs personnes qui parlent en même temps, des eaux qui coulent, des vents qui agitent le feuillage, etc. ‖ *Fig*. Plainte de gens mécontents : *apaiser, exciter les murmures de la foule*. ● *Murmure vésiculaire*, bruit normal du poumon, perçu à l'auscultation.

murmurer v. i. Faire entendre un bruit sourd et prolongé : *les eaux murmurent*. ‖ Se plaindre tout bas : *murmurer entre ses dents*. ‖ — V. t. Prononcer à voix basse : *murmurer un secret*.

Murnau (Friedrich Wilhelm PLUMPE, dit), metteur en scène de cinéma allemand, né à Bielefeld (1889-1931). Il tourna en Allemagne *Nosferatu le Vampire* (1922), de style expressionniste, *le Dernier des hommes* (1924), qui rejoignait les théories du Kammerspiel, *Tartuffe* (1925), et *Faust* (1926), et, à Hollywood, *l'Aurore* (1927) et *Tabou* (1931, en collaboration avec Flaherty).

Muro (20225), comm. de Corse (arr. de Calvi), en Balagne ; 505 h.

Muroran, port du Japon (Hokkaidō) ; 181 000 h. Sidérurgie.

Murphy (William Parry), médecin américain, né à Stoughton (Wisconsin) en 1892, prix Nobel en 1934 pour sa découverte du traitement de l'anémie pernicieuse.

Murray (le), fl. du sud-est de l'Australie, tributaire de l'océan Indien austral ; 2 574 km. Principal fleuve du pays, né dans la Cordillère australienne, il est utilisé pour la production d'électricité et l'irrigation.

Murray (Jacques STUART, *comte* DE). V. MORAY.

Murray (James), général britannique, né en Ecosse (1721-1794). Nommé en 1760 gouverneur militaire du Bas-Canada, il fut gouverneur civil de 1764 à 1768. Partisan de la conciliation avec les Français, il dut rentrer à Londres dès 1766.

Murray (*sir* James Augustus Henry), lexicographe britannique, né à Denholm (Ecosse) [1837-1915]. Il dirigea la publication de l'*Oxford English Dictionary*.

Murray Bay. V. MALBAIE (*La*).

Mürren, station de sports d'hiver de Suisse, dans l'Oberland bernois (alt. 1 650-2 231 m).

Murillo
« les Mangeurs de pastèques et de raisins »
Pinacothèque de Munich

murrhin [myrɛ̃], **e** [-in] adj. Se dit de certains vases fort estimés des Anciens, et dont la matière peut avoir été la fluorine. (On a également estimé qu'il s'agissait de porcelaines importées de Chine.)

mur-rideau n. m. Mur de façade qui ne porte pas les planchers. ‖ Pl. des *murs-rideaux*.

Mururoa, atoll des îles Tuamotu (Polynésie française). Base d'expérimentation d'engins nucléaires.

Murviel-lès-Béziers (34490), ch.-l. de c. de l'Hérault (arr. de Béziers), près de l'Orb ; 2 023 h. (*Murviellois*). Château (XVIe-XVIIe s.).

musacées [myzase] n. f. pl. Famille de plantes monocotylédones, à laquelle appartient le bananier.

musagète [myzaʒɛt] adj. m. (gr. *mousagetês*). Conducteur des Muses. (Ne s'applique qu'à Apollon.)

Musala (*pic*), point culminant de la Bulgarie et du massif du Rhodope ; 2 925 m.

musaraigne [myzarɛɲ] n. f. (lat. *musaranea*, souris-araignée). Mammifère insectivore de la taille d'une souris, à museau pointu, utile car il détruit un grand nombre de vers, d'insectes, etc.

musard [-ar], **e** [-ard] adj. et n. (de *muser*). *Fam*. Qui s'amuse à des riens : *un écolier musard*.

musarder [myzarde] v. i. *Fam*. Perdre son temps ; s'amuser à des riens. (Syn. : FLÂNER, MUSER.)

musardise n. f. Action ou habitude de musarder.

Musashino, v. du Japon (Honshū) ; 134 000 h.

musc [mysk] n. m. (lat. *muscus*). Substance odorante utilisée en parfumerie et produite par certains mammifères, en particulier par un cervidé, le *porte-musc* mâle. ● *Musc végétal*, huile tirée de la mauve musquée.

muscade [myskad] n. f. et adj. (mot provenç.). Fruit du muscadier, dont la graine (*noix muscade*) est utilisée comme condiment et fournit le *beurre de muscade*. ‖ Petite boule dont se servent les escamoteurs. ● *Passez muscade*, expression dont se servent les escamoteurs pour annoncer que leur tour est réussi. (On l'emploie souvent au *fig*.)

muscadelle [myskadɛl] n. f. Cépage blanc du Bordelais, fournissant un vin parfumé.

muscadet [myskadɛ] n. m. Vin blanc sec et léger de la région nantaise.

muscadier n. m. Arbre ou arbrisseau des pays chauds, qui fournit la muscade.

muscadin [myskadɛ̃] n. m. (de l'ital. *moscardino*, pastille au musc). Nom donné, après le 9-Thermidor (1794), aux élégants royalistes.

muscardin n. m. Petit loir vivant dans les haies, où il construit son nid.

muscardine [myskardin] n. f. Maladie mortelle des vers à soie, produite par un champignon, le botrytis.

muscari [myskari] n. m. Plante voisine de la jacinthe, à grappes de petites fleurs violettes.

muscarine [myskarin] n. f. Alcaloïde toxique extrait de la fausse oronge (*Amanita muscaria*).

muscat [myska] n. m. et adj. m. (mot provenç.). Se dit d'un fruit à saveur musquée. ‖ Se dit d'un vin produit avec du raisin muscat. ‖ Nom de plusieurs variétés de cépages : *muscat de Frontignan, muscat de Rivesaltes*.

muscidés [myside] n. m. pl. (du lat. *musca*, mouche). Famille d'insectes diptères comprenant les mouches proprement dites.

muscinées [mysine] n. f. pl. (du lat. *muscus*, mousse). Classe de végétaux appelés usuellement *mousses*. (Embranchement des bryophytes.)

muscle [myskl] n. m. (lat. *musculus*, petite souris). Organe formé de fibres irritables et contractiles, assurant les mouvements des animaux. (Pour l'illustration, v. hors-texte MUSCLES.)

— ENCYCL. Les *muscles* sont formés de fibres groupées en faisceaux. Les fibres des muscles lisses sont des cellules allongées possédant un noyau central et des fibrilles homogènes étendues suivant le plus grand axe de la cellule; celles des muscles striés sont des masses protoplasmiques pourvues de plusieurs noyaux périphériques et de fibrilles contractiles groupées et divisées longitudinalement en disques sombres et clairs alternés. Le muscle cardiaque est formé de fibres striées à noyau central. Les muscles lisses sont disposés en couche mince dans les différents viscères creux (intestin, uretère) et assurent leurs mouvements péristaltiques indépendamment de la volonté; les muscles striés (sauf le muscle cardiaque) sont sous le contrôle de la volonté.
Le glucose constitue l'élément énergétique de la contraction musculaire, dont le mécanisme biochimique complexe fait intervenir des dérivés phosphorés (acide adénosine-triphosphorique) et aboutit à la formation de déchets (acide lactique, créatine, créatinine).

musclé, e adj. Qui a les muscles bien développés.

muscler v. t. Développer les muscles : *l'exercice muscle les membres*.

musculaire [myskylɛr] adj. Propre aux muscles : *force musculaire*. ● *Tissu musculaire*, tissu formé de fibres contractiles.

musculation n. f. Ensemble d'exercices visant à développer la musculature.

musculature n. f. Ensemble des muscles du corps humain, d'une œuvre d'art.

musculeux, euse adj. Où il y a beaucoup de muscles : *partie musculeuse*.

muse [myz] n. f. (lat. *musa*). Chacune des neuf déesses de la mythologie grecque, filles de Mnémosyne et de Zeus, qui présidaient aux arts. (Prend une majuscule.) [V. *encycl*.] ‖ Poésie : *cultiver les muses*. ‖ Inspiration poétique : *la muse de Racine*. (Dans ces deux derniers sens, s'écrit avec une minuscule.) ● *Invoquer les Muses*, appeler l'inspiration.

— ENCYCL. Les neuf Muses sont : *Clio* (histoire), *Euterpe* (musique), *Thalie* (comédie), *Melpomène* (tragédie), *Terpsichore* (danse), *Erato* (élégie), *Polymnie* (poésie lyrique), *Uranie* (astronomie), *Calliope* (éloquence).

Muse française (*la*), revue littéraire qui fut, en 1823-1824, l'organe de l'école romantique.

museau [myzo] n. m. Partie saillante, plus ou moins pointue, de la face de certains mammifères et poissons : *museau de chien, de brochet*. ‖ *Pop*. Visage. ● *Museau de porc*, préparation charcutière moulée, composée de langue de porc et de la partie comestible de la tête.

musée [myze] n. m. (gr. *mouseion*, temple des Muses). Dans l'Antiquité, temple des Muses. ‖ Petite colline d'Athènes consacrée aux Muses. ‖ Portion du palais d'Alexandrie où Ptolémée Ier avait rassemblé les savants et les philosophes les plus célèbres, et qui abritait sa fameuse bibliothèque. (Dans ces deux derniers sens, prend une majuscule.) ‖ Grande collection publique d'objets d'art ou de science : *musée de sculpture ; musée d'artillerie*. ‖ Edifice où se trouvent ces collections : *musée du Louvre*. ● *Direction des musées de France*, réunion en un service administratif central, à Paris (Louvre), des principaux musées nationaux ou municipaux (classés ou contrôlés).

museler [myzle] v. t. (conj. **3**). Mettre une muselière : *museler un chien*. ‖ *Fam*. Réduire au silence : *museler la presse*.

muselet n. m. Armature de fil de fer qui maintient le bouchon des bouteilles de vin mousseux.

muselière n. f. Appareil qu'on met aux animaux pour les empêcher de mordre ou de manger.

musellement n. m. Action de museler.

muséologie [myzeɔ-] ou **muséographie** n. f. Science de l'organisation des musées.

muser [myze] v. i. (de *museau*). S'amuser à des riens, flâner ; rester le museau en l'air.

muserolle [myzrɔl] n. f. (ital. *museruola*). Partie accessoire de la bride, qui se place sur le chanfrein.

Muset (Colin). V. COLIN MUSET.

musette [myzɛt] n. f. (de *muser*). Instrument de musique champêtre, composé d'un réservoir d'air en forme de sac, alimenté par un bras, d'un ou de deux tuyaux à trous (chalumeau), et de quelques grands tuyaux, ou *bourdons*. ‖ Danse pastorale très en faveur au XVIIIe s., et comportant une pédale persistante. ‖ Sac en toile, servant à divers usages. ‖ Sac que l'on suspend à la tête du cheval pour lui servir de mangeoire. ‖ Musaraigne commune. ● *Bal musette*, bal où l'on danse au son de l'accordéon (autrefois, au son de la musette).

muséum [myzeɔm] n. m. Musée. ‖ Collection publique destinée à l'étude des sciences naturelles : *muséum d'histoire naturelle*. ‖ Pl. des *muséums*.

Muséum national d'histoire naturelle, nom donné en 1794 aux collections du Jardin des Plantes de Paris, qui doit son origine au *Jardin du roi* (1635) et qui fut complété par la suite par des galeries d'histoire naturelle et par une ménagerie.

Phot. Bulloz.

musical [myzikal], **e, aux** [-o] adj. (du lat. *musica*, musique). Qui appartient à la musique : *art musical.* ‖ Où l'on fait de la musique : *soirée musicale.* ‖ Harmonieux : *voix musicale.* ● *Interprétation musicale* (Chorégr.), exercice qui consiste à composer sans recherche préalable et librement un enchaînement de pas et de figures sur une phrase musicale donnée. — Composition plus importante de même genre, mais sur un thème et une musique donnés.

musicalement adv. Par rapport à la musique. ‖ Selon les règles de la musique.

musicalité n. f. En parlant d'un récepteur radiophonique, syn. de FIDÉLITÉ.

music-hall [myzikol] n. m. (mot angl.). Spectacle de fantaisie auquel la musique sert de toile de fond. ‖ Théâtre affecté à ce genre. ‖ Pl. des *music-halls.*

musicien [-sjɛ̃], **enne** [-ɛn] adj. et n. Qui sait l'art de la musique. ‖ Qui compose ou exécute des morceaux de musique. ‖ Qui fait preuve de dispositions musicales.

musicographe n. (de *musique*, et du gr. *graphein*, écrire). Auteur qui écrit sur la musique.

musicologie n. f. Recherche scientifique sur l'histoire de la musique. (La musicologie est une discipline récente, en France notamment, où elle ne remonte guère à plus d'un siècle. Les recherches qu'elle suppose relèvent de l'étude des manuscrits musicaux, des théoriciens du passé et des documents d'archives.)

musicologue n. Qui s'adonne à la musicologie.

Musil (Robert VON), écrivain autrichien, né à Klagenfurt (1880-1942). Il médita d'abord sur sa jeunesse (*les Désarrois de l'élève Törless,* 1906), puis se montra sensible aux thèmes et à la technique expressionnistes (*Associations,* 1911; *Trois Femmes,* 1924). Après 1930, il consacra l'essentiel de sa vie à la composition d'un roman, *l'Homme* sans qualités,* qui mêle à la peinture satirique de la société austro-hongroise une aspiration désespérée au mysticisme.

musique [myzik] n. f. (lat. *musica;* de *musa,* muse). Art de combiner les sons. ‖ Théorie de cet art : *apprendre la musique.* ‖ Réalisation pratique de cet art : *faire de la musique.* ● *Chef de musique,* musicien qui dirige une fanfare ou une harmonie civile ou militaire. ‖ *Connaître la musique* (Fam.), connaître les ruses les plus subtiles. ‖ *Musique de chambre,* musique écrite pour un petit nombre d'instruments. ‖ *Musique de danse,* musique propre à accompagner toute chorégraphie, savante ou populaire. ‖ *Musique descriptive,* musique qui entend évoquer une personne, un paysage, un animal, un sentiment, etc. ‖ *Musique dramatique,* musique destinée à peindre, sur scène ou non, les passions humaines. ‖ *Musique instrumentale,* musique qui fait appel aux instruments, à l'exclusion de la voix. ‖ *Musique légère,* musique enjouée, facile, sans prétention. ‖ *Musique militaire,* groupement de musiciens attachés à une formation quelconque des armées. (V. *encycl.*) ‖ *Musique populaire,* musique de tradition orale; musique d'accès facile, et qui peut être retenue par un grand nombre de personnes. ‖ *Musique profane,* toute musique non destinée au culte. ‖ *Musique à programme,* musique liée à des données étrangères aux purs phénomènes sonores, notamment à un argument littéraire. ‖ *Musique religieuse, sacrée,* ou *d'église,* musique liturgique ou d'ordre spirituel, sur paroles latines ou non, destinée au culte ou au concert. ‖ *Musique de scène,* musique destinée à accompagner la représentation d'une œuvre théâtrale.

— ENCYCL. L'histoire de la musique peut être subdivisée en grandes époques correspondant aux périodes essentielles de l'humanité. La mélodie et le rythme ont été les deux apports de toute la musique, le rythme engendrant, à tout moment, la danse. Au chant populaire se greffe un chant magique dont se distinguera bientôt un chant sacré, et à une musique du peuple s'opposera bientôt une musique savante réservée à des initiés.

Les Égyptiens ont connu la flûte comme la harpe, et différents types d'instruments à percussion. Les Grecs ont pratiqué une musique vocale monodique, et peut-être à deux voix. Ils jouaient de l'aulos double (instrument à anche) comme de la flûte ou de la cithare. Leur système musical était issu de l'exploitation d'un certain nombre d'échelles modales ou *harmonies.* Les Romains ont poursuivi leur effort avec les mêmes instruments, faisant pénétrer plus tard, au temple ou au cirque, l'orgue hydraulique, puis pneumatique, qui avait été inventé par le Grec Ctésibios d'Alexandrie.

Boèce a transmis à l'Occident les lois de la musique grecque ; mais les modes dits ecclésiastiques, utilisés dès le haut Moyen Age, différaient quelque peu des échelles grecques ou romaines. Deux sources essentielles expliquent l'histoire de la musique du Moyen Age : la chanson populaire et la monodie sacrée. Cette dernière a été enrichie par l'acquisition des hymnes rapportées d'Orient par saint Hilaire de Poitiers, et des hymnes inventées par saint Ambroise de Milan. Le plain-chant liturgique, improprement appelé *grégorien,* s'épanouit dès les VIIe et VIIIe s. et comporte des pièces récitées, psalmodiées ou ornées. Le *jubilus* de l'alléluia en est une des plus éloquentes illustrations, avec ses vocalises. Ces dernières engendrent des *tropes,* des *séquences,* sur lesquelles de nouvelles paroles sont appliquées et qui, dès le début du XIIe s., donneront naissance à un dialogue dramatique qui se situe à l'origine du théâtre lyrique. Et à l'heure où troubadours et trouvères excellent à improviser des chansons que soutiennent la lyre ou le tambourin du jongleur, la polyphonie, qui a fait son apparition dès le Xe s., engendre une musique sacrée comme une musique profane à 2, 3 et 4 voix avec des combinaisons de notes ou de points (contrepoint) de plus en plus savantes. Nous sommes parvenus là, au début du XIIIe s., à une époque où l'Occident utilise, non loin de l'orgue, des lyres, des violes, des flûtes, des harpes et des nacaires ou petites timbales.

Dès la fin du XIIe s. s'ouvre une période nouvelle qui doit exploiter les découvertes effectuées par Gui d'Arezzo, qui a donné un nom à chaque note de l'octave et qui va connaître trois grandes étapes. Après un *ars antiqua* qui se situe aux XIIe et XIIIe s., et qui a ouvert la voie à nombre de formes polyphoniques, un *ars nova,* prôné par Philippe de Vitry au XIVe s. et illustré par Guillaume de Machaut, cherche la quintessence de la subtilité dans le traitement des voix superposées.

C'est pourtant au XVe et au XVIe s. que le contrepoint atteint son apogée, tant en Italie et en France que dans les Pays-Bas et en Flandre. Se distinguent consécutivement ou parallèlement dans la messe, le motet, la chanson polyphonique ou le madrigal, des maîtres comme Dufay, Ockeghem, Josquin Des Prés, Janequin, Costeley, Lassus et Claude Le Jeune pour la France, des chefs de chœur et compositeurs comme Willaert, les deux Gabrieli, Palestrina, Ingegneri, Nanino, Marenzio, Gesualdo pour l'Italie, tous artistes auxquels l'Espagne opposera Guerrero, Morales et Victoria, et la Grande-Bretagne Byrd. Durant cette période, les différentes familles d'instruments s'enrichissent. Le clavecin apparaît, de même que le clavicorde. Deux types de flûte se stabilisent : la flûte à bec et la flûte traversière. Des hautbois, bombardes ou saqueboutes représentent les vents, et à côté des violes, instrument aristocratique par excellence, le violon, dont la constitution est fixée vers 1525, n'est encore qu'un adjuvant de la danse.

Une période nouvelle s'ouvre, dans le dernier tiers du XVIe s., qui annonce la grande révolution de la monodie, du drame lyrique et déjà du concert savant. Cette révolution se fit contre l'art trop impersonnel des contrapuntistes néerlandais, français et italiens. Cavalieri, Peri, Caccini, Viadana, puis Monteverdi, se font les apôtres d'une réforme qui mène à la naissance de l'opéra, tant à Florence qu'à Venise (*dramma per musica*). Cette formule nouvelle est fondée sur l'exploitation continue d'un récitatif déclamé soutenu par des instruments (*recitar cantando*). Cette découverte va féconder tout autant l'opéra français (Lully), l'opéra vénitien (Cavalli, A. Scarlatti), l'oratorio romain (Carissimi), que le cantique spirituel germanique (Schütz), à l'heure où certains instruments vivent d'une vie nouvelle, comme l'orgue ou le clavecin après Cabezón (Sweelinck, Frescobaldi, L. Couperin), comme les violes, le luth (Dowland, les Gaultier), la guitare.

Vers 1660-1670 s'ouvre, en Europe, une époque préclassique qui va s'imposer un triple dessein, en portant à un très haut point de perfection l'art dramatique, l'art religieux et l'art instrumental. Cette période organise l'opéra, l'opéra-ballet, le ballet et le divertissement d'une part, la messe concertante, le grand motet, la cantate et l'oratorio d'autre part, enfin la suite instrumentale, la sonate, le concerto, et bientôt la symphonie.

Ont véritablement marqué cette période de leur puissante personnalité les musiciens suivants : pour l'Angleterre, Tomkins, J. Blow, Purcell, M. Locke ; pour la France, Lully, Du Mont, M. A. Charpentier, F. Couperin, Campra, Delalande, M. Marais, Mouret ; pour l'Italie, Provenzale, Stradella, A. et D. Scarlatti, Albinoni, Corelli, Marcello, Vivaldi, Torelli ; pour l'Allemagne, Froberger, Pachelbel, Buxtehude, Bach et ses fils, Händel, Hasse, Telemann.

Le classicisme musical, que symbolisent les villes de Vienne et de Paris, paraît débuter vers les années 1730-1750. Il correspond à une confirmation des conquêtes acquises dans le domaine de la forme, de l'écriture et des styles, au moment où, de toute part, s'ouvrent des salles de concert destinées à faire applaudir par le grand public concertos, symphonies, grands motets ou cantates ; au moment également où la polyphonie semble laisser la place à une mélodie plus nuancée, plus élégante, inclinant la musique vers un art galant.

Il y a enrichissement dans le domaine de l'art dramatique, assouplissement des airs et des récitatifs, utilisation de la danse, et recherche dans la couleur orchestrale. Le grand opéra moderne est né grâce aux innovations d'un Rameau, d'un Gluck, d'un Mozart, d'un Beethoven et d'un Weber.

La musique religieuse se laisse influencer par cet art dramatique parvenu à son apogée, tant dans le maniement des chœurs que dans la conduite des voix de solistes. Les grandes œuvres chorales de Rameau, Philidor, Gossec, toute l'œuvre vocale religieuse de Haydn et de Mozart aboutissent aux curieux efforts déployés par Beethoven dans sa Messe solennelle en *ré* et dans le final de sa *IXe Symphonie*.

Mais en marge de cet art dramatique et religieux, le classicisme cultive avec dilection un art instrumental qui peut être soit individuel, soit collectif. Individuel, il est servi par l'éblouissante technique des violonistes qui connaissent, en Italie et en France, un apogée (Leclair, Locatelli, Tartini, Pugnani, Viotti). Il l'est également par les exploits de ceux qui touchent le remplaçant du clavecin, le pianoforte, qui ouvre un champ nouveau à la sensibilité par les nuances qu'il autorise. Collectif, cet art instrumental poursuit des recherches dans le domaine de la symphonie, véritable sonate pour orchestre à trois ou quatre mouvements, dont l'un porte encore en lui la marque de la danse, cette symphonie en appelant à un monde instrumental de plus en plus riche, jusqu'au jour où les Sax vont multiplier les cuivres et où les pistons, les anneaux et les clefs enrichissant quelques instruments à vent, feront des hautbois, des flûtes, des clarinettes, des trompettes et des trombones les rivaux des plus anciens instruments de l'orchestre. Dans cet art instrumental ont brillé au premier plan Haydn, Mozart, Clementi, Beethoven, Schubert et Weber.

La Révolution française, après une crise *Sturm und Drang* qu'ont déjà vécue les classiques d'environ 1770, aura deux conséquences en histoire de la musique. Au moment où elle attire des foules de plus en plus nombreuses à l'art sonore et où elle simplifie, pour ces foules, certaines données techniques, elle salue dans l'artiste-compositeur un héros dont elle voudrait faire partager les états d'âme, les souffrances et les joies. Au créateur quasi anonyme de la période préclassique ou classique, succède un musicien qui exprime à travers son œuvre ses moindres sentiments. Par les nuances qu'il autorise, le piano l'y conduit, et par la multiplicité de ses instruments, l'orchestre ne peut que l'y pousser. C'est l'heure où la musique raconte certaines histoires, commente certains poèmes.

Le romantisme musical auquel Beethoven et Schubert ont attaché leurs noms, même s'ils sont restés fidèles à certains procédés du classicisme, s'ouvre vers 1820-1840 pour se terminer un siècle plus tard. Ce grand siècle assiste à la décadence de l'art italien, qui s'est perdu dans la vocalise, la virtuosité, pour voir se succéder deux apogées : celui des pays germaniques, qui se situe, avec Mendelssohn, Schumann, Brahms, Wagner, R. Strauss, Reger, Wolf, entre 1830 et 1890 ; celui de la France qui, avec Berlioz, Saint-Saëns, C. Franck, Fauré, Debussy, Ravel, Roussel, Schmitt, poussé par l'élan que lui assure Berlioz dès 1830, se situe entre 1870 et 1940.

Si la musique religieuse paraît abandonner la mission qu'elle s'était assignée jusqu'alors à l'église, si la musique liturgique disparaît au profit d'histoires sacrées ou d'oratorios (Mendelssohn, Brahms, Liszt, Franck, Pierné, Honegger), l'art lyrique en revanche, accuse ses conquêtes et, dépouillant le style italien, poursuit ses recherches en développant l'arioso de l'époque préclassique et les grands chœurs, sans omettre pour autant, notamment en France, l'influence de la danse. Ainsi Berlioz, Wagner, Bizet, Moussorgski, Verdi et Debussy jalonnent-ils les étapes d'une histoire dramatique très neuve.

Quant à l'art instrumental, il s'affirme dans trois directions : le piano, la musique de chambre et la musique symphonique. Au piano brillent tour à tour, après Beethoven, Schumann, Chopin, Liszt, Saint-Saëns, Franck, Brahms, Fauré, Debussy, Ravel. Les mêmes noms pourraient être cités pour la musique de chambre, qu'il s'agisse de la sonate pour piano et violon ou du quatuor à cordes notamment. Non loin du concerto, qui permet à ces romantiques d'opposer un soliste (piano, violon) à l'orchestre, c'est la symphonie qui l'emporte au concert, puisqu'elle en est devenue l'âme, comme hier avait brillé le grand motet. Aux Allemands Mendelssohn, Schumann, Brahms, et aux Autrichiens Bruckner et Mahler succéderont ou s'opposeront les symphonistes français Saint-Saëns, Franck, Chausson, Lalo, d'Indy, Dukas, Ropartz, Magnard, Roussel.

L'effort des Français a consisté, notamment depuis la prépondérance de Fauré, Debussy et Ravel, à se dégager de l'emprise que le monde germanique a fait peser sur leur école, notamment par l'intermédiaire de Franck, d'Indy et ses élèves. En s'efforçant de retrouver les sources essentielles de la tradition, les derniers romantiques français ont renoué l'esprit du classicisme latin.

Une dernière période s'est ouverte, à l'aube du XXe siècle, entre les deux guerres mondiales. Elle est caractérisée par l'opposition entre deux écoles, deux états d'esprit. D'une part ceux qui semblent continuer la tradition et écouter les leçons d'un Albéniz ou d'un Falla, d'un Hindemith, d'un Bartók ou d'un Prokofiev, celles d'un Debussy, d'un Ravel, d'un Roussel et d'un Honegger, celles d'un Stravinski. Ainsi Martinů, Fr. Martin, Britten, Messiaen, Jolivet, Dutilleux, qui, sans ignorer les recherches polytonales, atonales, sérielles, renoncent à briser avec le passé. D'autre part ceux qui se lancent dans des recherches de tous ordres. Les uns, stimulés par les maîtres de l'école viennoise de Schönberg, Alban Berg et Webern, exploitent un système dodécaphonique résultant du panchromatisme postwagnérien, et consomment ainsi l'éclatement du monde tonal. Les autres, intéressés par la musique concrète (P. Schaeffer), multiplient leurs expériences grâce aux procédés électroniques, aux bandes magnétiques, aux pistes sonores, recourent aux ordinateurs, créant une sorte de dimension spatiale au monde sonore, et en appellent parfois à des éléments d'improvisation (musique aléatoire), associant l'interprète à la création de l'œuvre. Parmi les chefs de ces écoles, dont les moyens se recouvrent parfois, citons Varese, Leibowitz, Boulez, Nono, Dallapiccola, Stockhausen, Barraqué, Pousseur, Xenakis, Penderecki.

— *Milit.* Créées au XVIIIe s., les *musiques militaires* françaises prirent leur forme définitive au XIXe s. Composées de musiciens qui remplissent généralement au combat les fonctions d'infirmiers, elles comprennent l'ensemble de la batterie, ou clique (trompettes ou clairons et tambours), et de la musique proprement dite (instrumentistes).

Les musiques les plus célèbres qui ont acquis une renommée internationale sont la musique de la garde républicaine de Paris, celle des Équipages de la flotte et celle de l'armée de l'air.

musiquer v. i. *Fam.* Faire de la musique.

musiquette n. f. Petite musique facile, sans valeur artistique.

musoir [myzwar] n. m. (de *museau*). *Mar.* Extrême pointe d'une digue ou d'une jetée.

musqué [myske], **e** adj. Qui rappelle l'odeur du musc ou le goût du muscat : *poires musquées.*

Musschenbroek (Petrus VAN). V. VAN MUSSCHENBROEK.

Musset (Alfred DE), écrivain français, né à Paris (1810-1857). Introduit dans le cénacle de Nodier, il se fait connaître par ses *Contes d'Espagne et d'Italie* (1830), dont le ton parodique irrite les romantiques orthodoxes, et s'essaie au théâtre (*la Nuit vénitienne,* 1830), où il échoue. Il réfléchit alors sur la forme nouvelle du mal du siècle et son expression littéraire dans la préface du drame *la Coupe et les lèvres* (1832), puis dans *Rolla* (1833). Il compose cependant des pièces réservées à la lecture (*A quoi rêvent les jeunes filles*, 1832; *On ne badine pas avec l'amour, les Caprices de Marianne, Fantasio, Lorenzaccio*, 1834). En 1833, une liaison brève et orageuse avec George Sand bouleverse sa vie et inspire son roman autobiographique (*la Confession d'un enfant du siècle*, 1836) et les poèmes des *Nuits* (1835-1837). Son talent continue toutefois à s'affirmer dans des fantaisies poétiques (*Une soirée perdue*, 1840; *Sur trois marches de marbre rose*, 1849) et dramatiques (*le Chandelier*, 1835; *Il ne faut jurer de rien*, 1836; *Un Caprice*, 1837; *Il faut qu'une porte soit ouverte ou fermée*, 1845), et dans une satire du romantisme (*Lettres de Dupuis et Cotonet*, 1836-1837). Usé par les excès, vieilli avant l'âge, il voit cependant la résurrection de son théâtre, qui restera le plus vivant de l'époque romantique. (Acad. fr.) — Son frère Paul **de Musset**, né à Paris (1804-1880), fut romancier et essayiste.

Mussidan (24400), ch.-l. de c. de la Dordogne (arr. de Périgueux), sur l'Isle; 3 169 h. (*Mussidanais*).

mussif [mysif], **ive** [-iv] adj. (du lat. [*aurum*] *musivum*, [or] de mosaïque). *Or mussif*, sulfure stannique, dont l'éclat rappelle celui de l'or et dont on se sert pour bronzer les statuettes de plâtre.

mussipontain [mysipɔ̃tɛ̃], **e** [-ɛn] adj. et n. De Pont-à-Mousson.

mussitation [mysitasjɔ̃] n. f. (du lat. *mussitare*, parler bas). Murmure d'origine morbide.

Mussolini (Benito), homme politique italien, né à Dovia di Predappio (Romagne) [1883-1945]. Militant socialiste, il fonda en 1914 *Il Popolo d'Italia*, dans lequel il préconisait l'intervention aux côtés des Alliés. Exclu du parti socialiste, il combattit sur le front italien. En 1919, il créa les *Faisceaux de combat*, base du parti fasciste. Elu député de Milan, le « duce » se rendit à Rome (marche sur Rome), où le roi lui confia le gouvernement; quelques jours plus tard, la Chambre lui donnait les pleins pouvoirs (nov. 1922). Après avoir écarté toute opposition, il s'attribua des pouvoirs dictatoriaux (1925). Des réalisations sociales le rendirent populaire, tandis que la signature des accords du Latran (1929) lui gagnait les catholiques. Après avoir signé avec les Alliés le pacte à Quatre (1933), il prit une attitude nettement antihitlérienne. Cependant, ulcéré par l'opposition des Franco-Anglais à la guerre d'Ethiopie et par les sanctions prises contre lui par la S. D. N. (1935-1936), il se rapprocha de l'Allemagne nazie, abandonna l'Autriche à son sort (1938) et conclut avec Hitler le pacte d'Acier (22 mai 1939), alors qu'il venait d'occuper l'Albanie (7-11 avr.). Il n'intervint que tardivement contre la France accablée (juin 1940), mais son action contre la Grèce tourna au désastre (nov.). L'Italie souffrit durement au cours du conflit mondial. Arrêté sur l'ordre du roi (juill. 1943), Mussolini fut délivré en septembre par les Allemands. Installé dans le nord du pays, il proclama alors la « République sociale italienne » et fit exécuter ses opposants, dont son gendre Ciano (janv. 1944). A la suite de la déroute allemande, il fut arrêté par les résistants italiens et exécuté (28 avr. 1945).

Mussy-sur-Seine (10250), ch.-l. de c. de l'Aube (arr. de Troyes); 1 429 h. Eglise (XIIe s.).

Mustafa, nom de quatre sultans ottomans : MUSTAFA Ier, né à Constantinople (1591-1639), sultan (1617-1618 et 1622-1623); — MUSTAFA II, né à Constantinople (1664-1703), sultan (1695-1703); — MUSTAFA III, né à Constantinople (1717-1744), sultan (1757-1774); — MUSTAFA IV, né à Constantinople (1778-1808), sultan (1807-1808).

Mustafa Kemal paşa, surnommé **Kemal Atatürk**, homme politique turc, né à Thessalonique (1880 ou 1881-1938). Sorti capitaine de l'Ecole de guerre (1905), il se lia à Thessalonique avec les « Jeunes-Turcs » et participa à leur victoire (1908-1909). Il se distingua au cours de la guerre italo-turque (1911-1912) et pendant la Première Guerre mondiale (1915). Exilé, il revint prendre la direction du mouvement national (1919) et convoqua la Grande Assemblée nationale d'Ankara, qui l'élit chef d'un gouvernement provisoire (1920). Mis hors la loi, il se révolta contre les conditions du traité de Sèvres, prit la tête du mouvement national, refoula successivement les Arméniens (Kars, Trébizonde), les Français (Bozanti) et les Italiens (Konya), et chassa les Grecs d'Asie et de Thrace orientale. Surnommé GHAZI (« le Victorieux »), il fit déposer le Sultan et proclamer la république, dont il fut élu président (29 oct. 1923). Il s'attacha dès lors à occidentaliser la nation turque, dont la capitale fut placée symboliquement à Ankara, et en réalisa l'unité ethnique (massacre des Kurdes et des Arméniens; échange des Grecs d'Asie contre les minorités turques de la Grèce d'Europe). D'autre part, il proclama la séparation de l'Eglise et de l'Etat, et adopta le droit civil occidental (1926). Il instaura la dictature d'un parti unique (le Parti populaire turc) et élimina toute opposition. Il fit adopter l'usage d'un patronyme, lui-même prenant celui d'ATATÜRK (« Père de tous les Turcs »). En politique extérieure, il s'efforça d'établir de bonnes relations avec ses voisins, notamment par le Pacte balkanique (1934). Il fit admettre la Turquie à la S. D. N. (1932).

mustang [mystɑ̃] n. m. Cheval sauvage des pampas de l'Amérique du Sud.

mustélidés [mystelide] n. m. pl. (du lat. *mustela*, belette). Famille de mammifères carnassiers caractérisés par leurs pattes courtes, leur belle fourrure, leur odeur infecte, tels que la marte, le furet, l'hermine et le vison. ‖ Sing. un *mustélidé*.
— ENCYCL. La famille des *mustélidés* rassemble des animaux assez divers, tant par leur denture (de 28 à 38 dents) que par leurs griffes (rétractiles ou non), leur régime alimentaire ou leur taille (l'hermine mesure 0,20 m; le glouton est grand comme un petit ours). Tous, cependant, sont d'actifs chasseurs : la marte grimpe aux arbres, la fouine saigne les volailles, le putois peut s'attaquer aux vipères, le furet est dressé à chasser le lapin, le vison fait son terrier au bord de l'eau et se nourrit de poissons et de grenouilles, le ratel du Cap est surtout insectivore et mangeur de miel, le glouton ose s'attaquer au renne. Tous les mustélidés ont des glandes anales contractiles et se débarrassent de leurs poursuivants en les arrosant d'un liquide infect et nauséabond. On les chasse cependant pour leur belle fourrure, et l'élevage du vison se pratique maintenant en grand.

Alfred de **Musset** par Ch. Landelle *Louvre*

mustimètre [mystimɛtr] n. m. (du lat. *mustum*, moût, et du gr. *metron*, mesure). Densimètre qui permet de mesurer la densité d'un moût et d'en déduire sa richesse en sucre.

musulman [myzylmɑ̃], **e** [-an] adj. (de l'arabe *muslim*, croyant, fidèle). Qui concerne l'islamisme : *religion musulmane*. ‖ — N. Personne qui professe cette religion.

mutabilité n. f. Qualité de ce qui est sujet à changer : *la mutabilité des choses humaines*. ‖ Aptitude à subir des mutations.

mutage n. m. Action de muter les moûts.

Mutanabbī (Abū al-Tayyib **al-**), poète arabe, né à Kūfa (915-965). Il prétendit, dans sa jeunesse, à la prophétie (d'où son surnom de « celui qui se donne pour prophète »), puis embrassa une carrière de panégyriste à gages. Son *Divan*, qui allie les thèmes de la poésie anté-islamique aux recherches stylistiques et gnomiques, compte parmi les grandes œuvres poétiques classiques.

mutation n. f. (lat. *mutatio*; de *mutare*, changer). Remplacement d'une personne par une autre : *mutation de personnel*. ‖ *Biol.* Modification brusque et héréditaire apparaissant chez les êtres vivants, et qui est à l'origine d'une nouvelle variété. (V. *encycl.*) ‖ Changement de poste d'un fonctionnaire, de club pour un athlète. ‖ Changement, évolution : *des mutations se sont produites dans la langue*. ● *Droits de mutation*, taxe fiscale prélevée à l'occasion de tout transfert de propriété. ‖ *Jeu de mutation*, jeu d'orgue utilisant pour une même note plusieurs tuyaux de longueur différente groupés ou non sur un seul registre.
— ENCYCL. *Biol.* Une même *mutation* apparaît chez de nombreux individus de la même espèce qui n'ont aucune parenté; les généticiens ont prouvé qu'elle était en rapport avec un changement dans la structure des chromosomes, et, par extension, ils appellent *mutation* toute modification transmissible, même si elle n'a aucune conséquence visible. Certains agents physiques et chimiques (rayons de faible longueur d'onde [ultraviolets et au-delà], corps organiques tels que le phénol) augmentent le taux de fréquence des mutations.

mutationnisme n. m. Théorie de l'évolution, émise par de Vries en 1901, qui donne aux mutations le rôle essentiel dans l'apparition d'espèces nouvelles.

mutationniste adj. et n. Qui concerne ou qui soutient le mutationnisme.

muter [myte] v. t. Entraver la fermentation alcoolique des moûts en les additionnant d'alcool ou en les soumettant à l'action du gaz sulfureux.

muter v. t. (lat. *mutare*, changer). Changer d'affectation, de poste : *muter un fonctionnaire*.

mutilant, e adj. Qui entraîne une mutilation : *une opération mutilante*.

Mussolini en 1939

Mustafa Kemal paşa

mutilateur n. m. Celui qui mutile : *les mutilateurs des œuvres d'art sont de véritables vandales*.

mutilation n. f. Retranchement d'un membre ou d'un organe, d'une partie d'une œuvre d'art; dégradation.

mutilé, e n. Personne dont le corps a subi une mutilation : *un mutilé de guerre, du travail*.

mutiler [mytile] v. t. (lat. *mutilare*). Retrancher un ou plusieurs membres ou organes. ‖ Détériorer, détruire partiellement : *mutiler un monument*. ‖ Faire des retranchements maladroits : *mutiler un ouvrage*.

mutin [mytɛ̃], **e** [-in] adj. (de l'anc. fr. *meute*, émeute). Espiègle, malicieux : *air mutin*.

mutin n. m. Insoumis, révolté : *châtier des mutins*.

mutiner (se) v. pr. S'entêter dans la désobéissance. ‖ Se révolter d'un commun accord : *l'armée se mutina*.

mutinerie n. f. Action de se mutiner; révolte.

mutisme [mytism] n. m. (du lat. *mutus*, muet). Absence de langage, volontaire ou non. ‖ Etat de celui qui ne veut pas exprimer sa pensée.

mutité [mytite] n. f. *Méd.* Impossibilité pathologique de parler, par suite de lésions des centres nerveux ou des organes de la phonation.

Mutsu-Hito. V. MEIJI TENNŌ.

mutualiste adj. Relatif à la mutualité : *une société mutualiste*. ‖ — N. Membre d'une société mutualiste.

mutualité n. f. Système de solidarité à base d'entraide mutuelle. ‖ Ensemble des associations de personnes (appelées auj. *sociétés mutualistes*), poursuivant un but social, de prévoyance, de solidarité ou d'entraide, grâce aux cotisations de leurs adhérents.

mutuel [mytɥɛl], **elle** adj. (du lat. *mutuus*). Réciproque : *estime mutuelle*. ● *Assurance mutuelle*, société d'assurance à but non lucratif. ‖ *Société de caution mutuelle*, groupement de personnes et de sociétés d'une même branche professionnelle, dont l'objet est de faciliter l'obtention de crédit à leurs adhérents grâce à la constitution d'un fonds de garantie.

mutuelle n. f. Appellation courante des sociétés mutualistes (anc. dénommées *sociétés de secours mutuel*).

mutuellement adv. Réciproquement : *s'instruire mutuellement*.

mutule [mytyl] n. f. (lat. *mutulus*, empr. au gr.). Ornement placé sous le larmier de la corniche de l'entablement dorique et qui correspond au triglyphe.

Mutzig (67190), comm. du Bas-Rhin (arr. de Molsheim); 4 589 h. (3 625 aggl.). Bière. Textiles.

Muy (Le) [83490], ch.-l. de c. du Var (arr. de Draguignan), près de l'Argens; 3 820 h.

Muẓaffar al-Dīn, chāh de Perse, né à Téhéran (1853-1907), fils et successeur en 1896 de Nāsīr al-Dīn. Il donna une Constitution au pays.

Muẓaffarpur, v. de l'Inde (Bihār); 124 400 h. Université.

Muzillac (56190), ch.-l. de c. du Morbihan (arr. de Vannes); 2 516 h. (1 749 aggl.).

Mweru. V. MOERO.

myalgie [mjalʒi] n. f. (gr. *mus*, muscle, et *algos*, douleur). Douleur musculaire.

myasthénie [mjasteni] n. f. Affection caractérisée par une fatigabilité excessive des muscles. (La myasthénie serait due à un trouble dans la transmission de l'influx nerveux du nerf au muscle, au niveau de la plaque motrice, en rapport avec une déficience du médiateur chimique, l'acétylcholine.)

Mycale, promontoire de l'Asie Mineure (Ionie). Victoire navale des Grecs sur les Perses en 479 av. J.-C.

mycélien, enne adj. Relatif au mycélium : *filament mycélien*.

mycélium [miseljɔm] n. m. Appareil végétatif des champignons, formé de filaments ramifiés.

Mycènes, village de Grèce, dans le Péloponnèse (nome de l'Argolide); 600 h. (*Mycéniens*). Aux environs, ruines de la ville antique, capitale de l'Argolide, où la légende a fait régner Agamemnon. Mycènes fut une grande ville, très riche, à l'époque de la civilisation dite *mycénienne* (1600-1200 av. J.-C.) et la capitale des Atrides. Elle fut ruinée par l'invasion dorienne, puis par les Argiens (470 av. J.-C.). Vestiges : porte des Lionnes, enceinte cyclopéenne, nécropole royale.

mycénien [misenjɛ̃], **enne** [-ɛn] adj. et n. De Mycènes. ● *Art mycénien*, art qui s'est développé dans le monde achéen durant le IIe millénaire av. J.-C. ‖ — N. m. Langue grecque archaïque retrouvée sur les tablettes mycéniennes.

mycétome [misetom] n. m. Tumeur provoquée par le développement d'un champignon parasite.
— ENCYCL. Le *mycétome* contient des filaments mycéliens et évolue très lentement, comme un abcès froid. Les champignons les plus souvent en cause sont l'*actinomyces* et les *madurella*. Le « pied de madura » est un mycétome aboutissant à une hypertrophie du pied.

mycoderme [mikɔdɛrm] n. m. (gr. *mukês*, champignon, et *derma*, peau). Levure se développant à la surface des boissons fermentées ou sucrées.

mycologie [mikɔlɔʒi] n. f. (gr. *mukês*, champignon, et *logos*, science). Partie de la botanique et de la médecine relative aux champignons.

Phot. Giraudon, Roger-Viollet, Rol.

mycologique adj. Relatif à la mycologie.

mycologue n. Botaniste spécialisé dans l'étude des champignons.

mycorhize [mikɔriz] n. f. Association symbiotique entre le mycélium d'un champignon (truffe, par ex.) et les racines d'une plante (chêne, hêtre, orchidées).

mycose [mikoz] n. f. (du gr. *mukês,* champignon). Affection provoquée par des champignons parasites.
— ENCYCL. Les principales *mycoses* sont l'actinomycose, la sporotrichose, l'aspergillose, les teignes, le favus et le muguet; elles peuvent atteindre de très nombreux organes (cuir chevelu, peau [épidermomycose], bouche, vagin, poumon, etc.), et la localisation varie avec le champignon en cause. L'identification du parasite se fait par l'examen microscopique et par sa culture sur des milieux appropriés.

Mydorge (Claude), mathématicien français, né à Paris (1585-1647). Grand ami de Descartes, il est surtout connu pour son *Grand Traité des coniques.* On lui doit notamment la notion de paramètre d'une ellipse.

mydriase [midrijaz] n. f. *Méd.* Dilatation des pupilles. (Elle peut être provoquée par des collyres à base d'atropine ou d'éphédrine.)

mydriatique adj. Qui provoque la mydriase.

mye [mi] n. f. Mollusque lamellibranche comestible, vivant enfoncé dans le sable ou l'argile de nos côtes. (Long. 10 cm.)

myéline [mjelin] n. f. Graisse phosphorée constitutive de la gaine des fibres du système nerveux cérébro-spinal.

myélite [mjelit] n. f. (du gr. *muelos,* moelle). Inflammation de la moelle épinière. (Les myélites peuvent toucher la substance grise [poliomyélite] ou la substance blanche; elles peuvent avoir pour cause des virus, la syphilis, des anémies.) ‖ Inflammation de la moelle osseuse. (V. OSTÉOMYÉLITE.)

mygale [migal] n. f. (gr. *mugaleê,* musaraigne). Araignée qui creuse un terrier fermé par un opercule. (Certaines mygales de l'Amérique tropicale atteignent 18 cm de long; leur morsure est très douloureuse.) [V. illustr. ARACHNIDES.]

Mykérinos, pharaon de la IVe dynastie (2500 av. J.-C.), constructeur d'une des pyramides de Guizèh.

Mykonos, île grecque de la partie nord-est des Cyclades; 3 500 h. Grand centre touristique.

myocarde [mjɔkard] n. m. (gr. *mus,* muscle, et *kardia,* cœur). Muscle du cœur. ● *Infarctus du myocarde,* V. INFARCTUS.
— ENCYCL. Le *myocarde* de l'homme est formé de fibres musculaires striées, disposées en couches entrecroisées; il est doté d'un système nerveux intrinsèque (nœuds de Keith et Flack, d'Aschoff-Tawara et faisceau de His) qui commande ses contractions. Le sympathique et les nerfs pneumogastriques, par l'intermédiaire de ramifications entremêlées au niveau du plexus cardiaque, innervent le cœur et régularisent son rythme.

myogramme n. m. Courbe obtenue par myographie.

myographe n. m. Appareil qui enregistre les contractions musculaires.

myographie n. f. Enregistrement graphique de la contraction des muscles.

myologie n. f. Etude des muscles.

myome [mjom] n. m. Tumeur du tissu musculaire.

myopathie n. f. Atrophie musculaire grave, à évolution progressive. (On décrit, suivant les premiers muscles touchés et selon la localisation prédominante, plusieurs types de myopathie. Les muscles atrophiés symétriquement peuvent parfois paraître hypertrophiés par suite d'une réaction fibreuse.)

myope [mjɔp] adj. et n. (gr. *muôps*). Qui ne voit nettement que les objets rapprochés.

myopie n. f. Etat de celui qui est myope. (La myopie provient d'une trop grande courbure du cristallin, qui forme les images en avant de la rétine. Le port de verres divergents corrige cette exagération de courbure.)

myosis [mjozis] n. m. Rétrécissement de la pupille. (Contr. MYDRIASE.)
— ENCYCL. Le *myosis* est normal lorsque l'œil est exposé à la lumière. Sa persistance à une demi-obscurité peut être le signe d'une intoxication (morphine, aconit, etc.), d'une maladie du système nerveux (syphilis nerveuse, méningite, etc.) ou d'une affection oculaire (kératite, iritis).

myosotis [mjɔzɔtis] n. m. (gr. *muosôtis,* oreille de souris). Plante de la famille des borraginacées, à fleurs ordinairement bleues, très petites et élégantes, appelée usuellement *oreille-de-souris, ne-m'oubliez-pas,* etc. (V. illustr. FLEURS.)

Myrdal (Karl Gunnar), économiste et homme politique suédois, né à Gustaf (Dalécarlie) en 1898.

myriade [mirjad] n. f. Grand nombre indéterminé : *des myriades d'étoiles.*

myriapodes [mirjapɔd] n. m. pl. Nom savant de la classe des *mille-pattes.*

myriophylle [mirjɔfil] n. f. Plante à feuilles découpées en fines lanières, commune dans les étangs et les ruisseaux calmes.

myrmidon [mirmidɔ̃] n. m. (gr. *Murmidones,* anc. peuple de la Thrace). Homme de très petite taille. ‖ *Fig.* Personne de peu d'importance.

Myrmidons, anc. peuplade grecque qui joue un rôle dans la légende troyenne.

myrobalan [mirɔbalɑ̃] ou **myrobolan** [-bɔ-] n. m. (gr. *muron,* parfum, et *balanos,* gland). Nom donné à divers fruits desséchés de l'Inde, jadis employés en pharmacie.

Myron, sculpteur grec, né en Attique (second quart du Ve s. av. J.-C.). Il a su traduire admirablement le mouvement dans son *Discobole,* que nous connaissons par plusieurs répliques anciennes (musée des Thermes, Rome). Il fut aussi animalier.

myrosine [mirozin] n. f. Diastase des graines de moutarde, qui libère l'essence de moutarde.

myroxylon [mirɔksilɔ̃] n. m. Arbre de l'Amérique tropicale, fournissant des résines odorantes (baume du Pérou, baume de Tolu).

myrrhe [mir] n. f. (lat. *myrrha,* empr. au gr.). Résine odorante et médicinale fournie par un arbre d'Arabie.

myrtacées n. f. pl. Famille de plantes dicotylédones dialypétales des régions chaudes, comprenant le *myrte,* l'*eucalyptus.*

myrte [mirt] n. m. (gr. *murtos*). Myrtacée à feuillage toujours vert, à petites fleurs blanches odorantes.

myrtiforme adj. Qui a la forme d'une feuille de myrte : *muscle myrtiforme.*

myrtille [mirtil *ou* -tij] n. f. (lat. *myrtillus*). Baie noire et comestible, produite par un sous-arbrisseau des montagnes d'Europe occidentale. ‖ Cet arbrisseau. (Famille des éricacées; genre *airelle.*)

Mysie, contrée du nord-ouest de l'Asie Mineure ancienne. V. pr. *Pergame* et *Cyzique.*

Mysore, auj. **Karnātaka,** Etat du sud de l'Inde; 26 675 000 h. Cap. *Bangalore.*

Mysore ou **Maisūr,** v. de l'Inde (Etat de Karnātaka); 258 000 h. Anc. cap. de l'Etat. Lieu de pèlerinage. Université. Textiles. Constructions mécaniques.

mystère [mistɛr] n. m. (lat. *mysterium;* du gr. *mustês,* initié). Ensemble de doctrines ou de pratiques que devaient seuls connaître les initiés : *les mystères d'Eleusis.* ‖ Dans la religion chrétienne, dogme, vérité de foi inaccessible à la raison : *le mystère de la Trinité.* ‖ Ce qui est tenu secret : *les mystères de la politique.* ‖ Discrétion, détours pour empêcher la divulgation : *parler avec mystère.* ● *Faire mystère de,* tenir secret.

Mystères de Paris (*les*), roman-feuilleton d'Eugène Sue (1842-1843).

mystère [mistɛr] n. m. (même étymol.). Nom donné à des pièces de théâtre du Moyen Age, à sujet religieux, et où l'on faisait intervenir Dieu, les saints, les anges et le Diable.
— ENCYCL. Le *mystère* est l'aboutissement du *drame liturgique* et *semi-liturgique,* et du *miracle* du XIIIe s.
Le *drame liturgique,* né au Xe s. dans les monastères, était le développement de la participation des fidèles aux offices. Ecrit en prose latine, il représentait, à partir du texte des Ecritures, lors des fêtes de Noël et de Pâques, les mystères de l'Incarnation et de la Résurrection.
Le *drame semi-liturgique* comportait déjà des éléments profanes et se jouait sur le parvis. Il était en partie écrit en langue vulgaire (*Sponsus**, *Jeu* d'Adam*).
Le *miracle* mettait en scène un conte pieux qui célébrait l'intervention miraculeuse d'un saint ou de la Vierge (*le Miracle de Théophile,* de Rutebeuf).
Le *mystère* a l'ambition de donner une représentation totale de la vie humaine dans ses rapports avec les puissances divines. Le surnaturel côtoie le réalisme le plus trivial. Le texte, parfois d'une grande ampleur — il peut atteindre plus de 20 000 vers —, est généralement écrit en octosyllabes, groupés en couplets, dont le premier vers rime avec le dernier du précédent. L'action transporte sans cesse le spectateur dans le temps et dans l'espace. Elle est coupée d'intermèdes musicaux ou de ballets et se déroule sur plusieurs journées. Les acteurs, très nombreux, évoluent dans un décor fixe et simultané, installé sur le parvis de l'église. Ils sont groupés en confréries.
Le plus ancien mystère du répertoire de ces confréries est *la Passion du Palatinus.* Aux débuts du genre appartiennent également *la Passion de Semur* et *la Passion d'Autun,* que nous ne connaissons que par des adaptations du XVe s. On distingue volontiers trois cycles de mystères suivant le sujet traité : le cycle de l'Ancien Testament; le cycle du Nouveau Testament et des Apôtres, illustré par *le Mystère de la Passion* d'Eustache Marcadé (premier tiers du XVe s.) et *le Mystère de la Passion* d'Arnoul Gréban (v. 1450); enfin le cycle des saints (*le Mystère de Saint Louis,* 1470). Certains mystères traitent de sujets antiques (*la Destruction de Troie,* v. 1450) ou contemporains (*le Siège d'Orléans,* 1438). L'évolution du goût — les mystères donnaient de plus en plus de place au burlesque et à la grossièreté —, les attaques de la Réforme précipitèrent le déclin du genre. L'Eglise en vint à considérer ces représentations comme sacrilèges, et le parlement de Paris les interdit en 1548. De nos jours, quelques tentatives de reconstitution du théâtre médiéval ont été faites à Paris (représentation du *Mystère de la Passion* de Gréban sur le parvis de Notre-Dame), et une ville de Bavière, Oberammergau, célèbre encore cette forme populaire de représentation dramatique.

Mystère de la Passion (*le*), d'Arnoul Gréban, composé vers 1450. Cette œuvre de plus de 34 000 vers, aux dialogues coupés de pièces lyriques (complainte de Notre-Dame), va de la création d'Adam à la Pentecôte, mêlant les thèmes théologiques aux épisodes comiques.

mystérieusement adv. De façon mystérieuse.

mystérieux, euse adj. Qui contient quelque mystère, quelque sens caché. ‖ Qui fait un secret de toute chose : *un homme mystérieux.* ‖ Dont on ignore l'identité : *un mystérieux visiteur.*

mysticisme [mistisism] n. m. (du lat. *mysticus,* relatif aux mystères). Doctrine philosophique et religieuse d'après laquelle la perfection consiste en une contemplation qui va jusqu'à l'extase et unit l'homme à la divinité.

mysticité n. f. Caractère de ce qui est mystique. ‖ Raffinement de dévotion.

mystifiable adj. Qui peut être mystifié.

mystificateur, trice adj. et n. Qui mystifie.

mystification n. f. Action de mystifier. ‖ Chose vaine, trompeuse.

mystifier [mistifje] v. t. Abuser de la crédulité de quelqu'un pour s'amuser à ses dépens.

mystique adj. (lat. *mysticus*). Se dit d'une figure allégorique : *l'échelle mystique de saint Jean.* ‖ Qui appartient au mysticisme : *les auteurs mystiques.* ‖ — N. Personne en proie à des idées mystiques, ou qui écrit des traités mystiques.

mystique n. f. Science de la dévotion mystique. ‖ Croyance qui se forme autour d'une idée, d'un sentiment, d'une personne : *la mystique humanitaire.*

mystiquement adv. Selon le sens mystique.

mythe [mit] n. m. (gr. *muthos,* légende). Récit populaire ou littéraire mettant en scène des êtres surhumains et des actions imaginaires, dans lesquels sont transposés des événements historiques, réels ou souhaités, ou dans lesquels se projettent certains complexes individuels ou certaines structures sous-jacentes des rapports familiaux. ‖ *Fig.* Chose fabuleuse ou rare.

mythique ad. Qui concerne les mythes : *la période mythique de la Grèce.*

My Tho, v. du Viêt-nam du Sud (Cochinchine); 55 000 h.

mythologie [mitɔlɔʒi] n. f. (gr. *muthos,* fable, et *logos,* science). Histoire fabuleuse d'êtres surnaturels, et appartenant à la culture d'un peuple. ‖ Science des mythes : *la mythologie comparée.*

mythologique adj. Relatif à la mythologie : *les récits mythologiques.*

mythologue n. Spécialiste de la mythologie.

mythomane [mitɔman] adj. et n. Qui fait de la mythomanie.

mythomanie n. f. Tendance pathologique à élaborer des mensonges.

Mytichtchi, v. de l'U. R. S. S. (R. S. F. S. de Russie), près de Moscou; 112 000 h. Centre industriel.

Mytilène. V. LESBOS.

mytiliculteur n. m. Celui qui s'occupe de mytiliculture.

mytiliculture [mitilikyltyr] n. f. (lat. *mytilus,* moule, et *culture*). Elevage des moules.

mytilotoxine n. f. Substance toxique présente dans le foie de certaines moules.

myxœdémateux, euse adj. Relatif au myxœdème. ‖ — Adj. et n. Atteint de myxœdème.

myxœdème [miksedɛm] n. m. Affection due à une insuffisance de fonctionnement du corps thyroïde.
— ENCYCL. Les signes du *myxœdème congénital* apparaissent très tôt après la naissance. La face a un aspect bouffi, la langue et les lèvres sont épaisses, la taille est petite; un retard intellectuel et moteur se manifeste rapidement. Sans traitement, l'évolution se fait vers le nanisme et l'idiotie. Le *myxœdème acquis* (de l'adulte ou de l'enfant) s'accompagne également de troubles importants. Le malade a un visage élargi « en pleine lune »; sa peau et ses cheveux sont secs; il est frileux, présente des troubles génitaux, a une tendance à l'obésité et est apathique et lent dans ses mouvements. Chez l'enfant, la puberté est retardée. Un traitement précoce par les extraits thyroïdiens assure un développement intellectuel et physique normal au nouveau-né et atténue considérablement les troubles du myxœdème acquis.

mixolydien, enne adj. *Mode mixolydien* (Mus.), syn. de MODE DORIEN*.

myxomatose [miksɔmatoz] n. f. (du gr. *muxa,* morve). Maladie infectieuse du lapin, due à un ultravirus. (Quoique non transmissible à l'homme, la myxomatose fait partie des maladies légalement réputées contagieuses, en raison de l'importance de ses ravages sur les lapins de garenne et domestiques.)

myxomycètes [-misɛt] n. m. pl. (gr. *muxa,* morve, et *mukês,* champignon). Groupe d'êtres vivants apparentés aux champignons et aux protozoaires, tels que la « fleur du tan » et l'agent de la hernie du chou.
— ENCYCL. Les *myxomycètes* se reproduisent par des spores qui germent en donnant des individus flagellés très mobiles. Ceux-ci perdent leur flagelle et deviennent des *myxamibes* rampantes, qui prolifèrent, se rejoignent, s'unissent en un *plasmode* animé de pulsations rythmiques. Le plasmode forme des sporanges avec une partie de sa substance; le reste constitue un *capillitium* (chevelure) en réseau, qui meurt rapidement.
L'intérêt de ce petit groupe (une cinquantaine de genres, formant six familles) est sa situation aux frontières des règnes animal et végétal.

Mzab, groupe d'oasis du nord du Sahara algérien. (Hab. *Mzabites* ou *Mozabites.*) V. pr. *Ghardaïa.*

mzabite adj. et n. V. MOZABITE.

N n

n [ɛn] n. m. Quatorzième lettre de l'alphabet et la onzième des consonnes. (L'*n* est une consonne nasale.) ‖ **— N.** désigne le nord. ‖ *Math.* **n** sert à désigner un rang quelconque ou un degré quelconque. ‖ **— N** désigne l'ensemble des nombres entiers naturels, zéro compris; **N*** désigne le même ensemble privé du zéro. ‖ **— N,** symbole chimique de l'*azote.* ‖ **— N,** symbole du *newton.* ‖ **— n,** symbole de *nano.* ‖ **— N.** s'emploie dans les livres pour désigner quelqu'un qu'on ne veut pas nommer. ● *Région du type « n »,* région d'un semi-conducteur à prédominance d'impuretés contenant un excédent d'électrons. (La dénomination *n* provient de la charge négative de l'électron.)

Na, symbole chimique du *sodium.*

na! [na] interj. enfantine. Sert à renforcer une affirmation, une négation.

nabab [nabab] n. m. (mot hindī; de l'arabe *nawwāb*). Titre donné dans l'Inde aux grands dignitaires de la cour des sultans et aux gouverneurs de provinces. ‖ Homme riche qui fait étalage de son opulence.

Nabatéens, peuple de l'Arabie septentrionale, qui constitua un Etat puissant à l'époque hellénistique. La capitale en était *Pétra.* Les Nabatéens furent soumis par Trajan en 105 av. J.-C.

nabi [nabi] n. m. Prophète hébreu. ‖ Nom pris aux environs de 1890 par de jeunes peintres influencés par Gauguin et qui pratiquaient un art fortement teinté de symbolisme (Maurice Denis, Vuillard, Bonnard, K.-X. Roussel, Paul Sérusier).

Nabis, tyran de Sparte de 207 à 192 av. J.-C., célèbre par ses cruautés.

Nabonide, dernier roi de Babylone (559-539 av. J.-C.). Il fut fait captif par Cyrus.

Nabopolassar, fondateur de la dynastie néo-babylonienne (626-605 av. J.-C.). Il prit le titre de roi à la mort d'Assurbanipal, en 626, et s'installa à Babylone.

nabot [nabo], **e** [-ɔt] n. (de *nain* et *bot*). Personne de très petite taille.

nabuchodonosor [nabykɔdɔnɔzɔr] n. m. Grosse bouteille de champagne contenant 20 bouteilles ordinaires, soit environ 16 litres.

Nabuchodonosor, forme courante de **Nabou-Koudour-Ousour,** nom de plusieurs rois de Babylonie. Le plus célèbre fut NABUCHODONOSOR II, roi de Babylone (605-562 av. J.-C.), fils de Nabopolassar, époux de la fille de Cyaxare, roi des Mèdes. Tout son règne fut occupé par la rivalité avec l'Egypte pour dominer la Syrie et la Palestine. Après avoir battu Néchao II à Karkemish (605), Nabuchodonosor écrasa les Juifs, alliés de Néchao, prit Jérusalem, fit captives des milliers de personnes et imposa aux Juifs un nouveau roi, Sédécias (597-586), qui s'allia de nouveau à l'Egypte contre Babylone. Il prit pour la seconde fois Jérusalem (587), la détruisit et déporta la population. Le roi de Babylone s'imposa à l'Arabie et, grâce aux Mèdes, à la Lydie. Il embellit sa capitale (palais, temple de Mardouk, ziggourat, porte d'Ishtar).

nacelle [nasɛl] n. f. (lat. *navicella,* dimin. de *navis,* navire). Petite barque sans mât ni voile. ‖ *Aéron.* Panier d'un ballon, où prennent place les aéronautes.

Nachtigal (Gustav), explorateur allemand, né à Eichstedt (1834-1885). Il explora le Bornou et les abords du lac Tchad, et publia le récit de son voyage.

nacre [nakr] n. f. (ital. *naccaro*). Substance dure, irisée, riche en calcaire, produite par certains mollusques à l'intérieur de leur coquille, et utilisée en bijouterie et en tabletterie. (La nacre des coquilles est faite de couches planes, tandis que les perles fines, produites par les coquillages, sont constituées par des couches sphériques et concentriques faites des mêmes éléments que ceux de la nacre. On appelait autrefois *coquille de perle* la nacre utilisée pour la fabrication des objets de luxe.)

nacré, e adj. Qui a l'éclat, l'apparence de la nacre : *teint nacré.*

nacrer v. t. Donner l'éclat, le brillant, l'aspect de la nacre aux fausses perles de verre.

Nadar (Félix TOURNACHON, dit), photographe, aéronaute, dessinateur et écrivain français, né à Paris (1820-1910). Il photographia la plupart des gens célèbres de son époque et, à partir de 1854, publia une galerie de célébrités contemporaines sous le titre de *Panthéon Nadar.* Passionné également par le problème de l'aérostation, il réalisa les premières photographies aériennes prises en ballon (1858), qu'il proposa d'utiliser en topographie, et il fit construire en 1863 le ballon *le Géant,* de 6 000 m³. Caricaturiste, il fixa les traits de nombreux écrivains de l'époque; son atelier parisien abrita la première exposition des impressionnistes (1874).

Nadaud (Gustave), chansonnier français, né à Roubaix (1820-1893), auteur de près de trois cents chansons (*les Deux Gendarmes*).

nadir [nadir] n. m. (mot arabe signif. *opposé*). Point de la voûte céleste qui se trouve sur la verticale de l'observateur et directement sous ses pieds. (Le point opposé s'appelle *zénith.*)

Nādir chāh, né près de Kalāt (1688-1747), roi de Perse (1736-1747). Il se proclama roi à la mort d''Abbās III et conquit une partie de l'Inde.

Nadja, roman d'A. Breton (1928). Ce récit, qui rapporte les entretiens de l'auteur avec une jeune femme visionnaire, illustre la méthode surréaliste de plongées dans le monde de l'inconscient et de l'intuition pure.

Nadjaf (al-), v. de l'Iraq, au sud de Bagdad; 125 400 h.

Nadjd, Najd ou **Nedjd,** émirat de l'Arabie Saoudite, constituant une vice-royauté; 4 000 000 d'h. Cap. *Riyād.* Le Nadjd, empire formé par les Wahhābites au XVIIIe s. sous Sa'ūd Ier, resta indépendant de la Turquie. Depuis 1900, il étendit sa domination vers le Ḥasā à l'est, vers l''Asīr à l'ouest, puis, en 1925, sur le royaume du Hedjaz. Réunis, les deux royaumes prirent le nom d'*Arabie Saoudite* en 1932.

Nador, v. du Maroc septentrional, ch.-l. de prov.; 17 600 h.

Naevius (Cneius), poète latin, né en Campanie (v. 270-v. 201 av. J.-C.). Il prit part à la première guerre punique, qu'il évoqua dans l'épopée *Poenicum bellum;* celle-ci fut l'un des premiers textes qui relataient les légendes de la fondation de Rome. Il créa la tragédie à sujet national et attaqua dans ses comédies l'aristocratie romaine, qui finit par le faire chasser de Rome.

nævus [nevys] n. m. (mot lat. signif. *tache*). Tache de la peau, de couleur rose, brune ou noire, dont l'origine peut être une malformation ou une tumeur. ‖ Pl. des *nævi.*
— ENCYCL. On distingue : les *nævi pigmentaires,* qui sont des mélanomes (éphélides, lentigo) bénins ou malins; les *nævi verruqueux* (à surface irrégulière, couverte de poils ou non); les *nævi vasculaires,* qui sont des angiomes (taches de vin). Les nævi se traitent, selon les cas, par électrocoagulation, curiethérapie ou neige carbonique.

Naft-i Chāh, centre pétrolier de l'Iran.

Naft Khane, centre pétrolier de l'Iraq.

nagaïka [nagaika] ou **nahaïka** n. f. Fouet de cuir des cavaliers cosaques.

Nagaland, Etat du nord-est de l'Inde, à la frontière de la Birmanie; 404 000 h. Cap. *Kohīma.*

Nagano, v. du Japon (Honshū); 280 000 h. Mobilier.

Nagano (Osami), amiral japonais, né à Kōchi (1880-1947). Expert aux conférences navales de Washington, de Genève (1933) et de Londres (1935), ministre de la Marine (1936), il fut pendant la Seconde Guerre mondiale chef d'état-major de la marine. Arrêté en 1945, il mourut en prison.

Nagaoka, v. du Japon (Honshū); 159 000 h. Industries mécaniques et alimentaires.

Nagasaki, port du Japon (Kyū shū); 422 000 h. Sidérurgie et métallurgie (chantiers navals). Textiles. Pêche. La deuxième bombe atomique américaine y fut lancée le 9 août 1945. Moins touchée qu'Hiroshima, la ville compta cependant 40 000 morts et 40 000 blessés.

nage n. f. Action, manière de nager. ‖ *Mar.* Action de ramer. ● *A la nage,* en nageant : *se sauver à la nage.* ‖ *Etre tout en nage* (Fig.), trempé de sueur. ‖ *Se jeter à la nage,* se jeter dans l'eau pour nager.

nageoire [naʒwar] n. f. Expansion corporelle des animaux aquatiques, servant à la propulsion, à l'orientation ou à l'équilibration du corps dans l'eau.
— ENCYCL. Ce sont les poissons qui ont les *nageoires* les plus différenciées; il s'agit de membranes soutenues par des rayons cartilagineux ou osseux reliés à des muscles, de telle sorte que la nageoire puisse battre, onduler, s'ouvrir ou se fermer, etc. Les nageoires paires sont les pectorales, qui avoisinent les opercules et correspondent aux bras des vertébrés terrestres, et les pelviennes, qui correspondent aux jambes, mais qui peuvent s'implanter à l'avant ou à l'arrière de la face ventrale selon l'espèce. L'immense majorité des poissons osseux (actinoptérygiens) a des nageoires paires très différentes, par leur squelette, des pattes des amphibiens. Seul le petit groupe des crossoptérygiens présente des nageoires paires susceptibles d'évoluer en donnant des pattes. Quant aux nageoires impaires, la plus importante est la caudale, élément moteur essentiel, souvent à deux lobes (égaux chez les poissons osseux, inégaux chez les requins). Une ou deux dorsales et une anale s'y ajoutent généralement. Ce sont les nageoires paires qui assurent l'équilibre du poisson à l'arrêt dans l'eau et qui orientent ses déplacements verticaux, tandis que la dorsale et l'anale président aux tournants à droite ou à gauche et que la caudale assure la propulsion.
De curieuses exceptions sont à signaler : l'usage des pectorales comme ailes pour le vol plané chez l'exocet et le dactyloptère, l'emploi de la dorsale comme d'une voile de bateau chez le voilier, la marche du grondin sur quelques rayons des pectorales qui forment des doigts, la nage verticale de l'hippocampe à l'aide d'une dorsale motrice, etc. Par convergence, les mammifères marins ont acquis de véritables nageoires paires (dérivées des pattes) et impaires (caudale horizontale de la baleine), de même que les reptiles marins du secondaire (ichtyosaure). Parmi les oiseaux qui plongent, les uns utilisent leurs ailes pour ramer (manchot, pingouin), les autres leurs pattes (canard, grèbe). Les amphibiens nagent à l'aide de pattes palmées (grenouille) ou par ondulation du corps (triton). Parmi les invertébrés, les formes pourvues de nageoires bien caractérisées sont l'exception. Citons la nageoire caudale des crevettes (mais non celle des écrevisses et homards, qui ne permet que la fuite vers l'arrière), les pattes nageuses de crabes tels que l'étrille, la nageoire ondulante de la seiche et, parmi les espèces d'origine terrestre retournées à l'eau, les pattes nageuses des dytiques et des hydrophiles.

nager [naʒe] v. i. (lat. *navigare,* naviguer) [conj. **1**]. Se soutenir et avancer sur ou dans l'eau soit par des mouvements des membres (homme) ou à l'aide de nageoires (poissons), soit par expulsion d'eau (pieuvre), soit par ondulations (serpents aquatiques). ‖ Flotter : *le bois nage sur l'eau.* ‖ Etre dans un liquide quelconque : *ce poisson cuit au four nage dans le beurre.* ‖ *Mar.* Ramer. ‖ *Fam.* Ne savoir que faire, ne pas comprendre. ● *Nager dans* (Fig.), être au milieu de : *nager dans l'opulence.* ‖ *Nager entre deux eaux,* ménager deux partis opposés. ‖ — V. t. Pratiquer une forme de natation : *nager le crawl.*

Nāgercoil, v. de l'Inde (Kerala); 117 900 h.

nageur, euse n. Personne qui nage. ● *Nageur de combat,* nageur équipé d'un appareil lui assurant sous l'eau une grande autonomie de mouvements (appelé aussi *homme*-grenouille*).

Nagīb (Muḥammad). V. NÉGUIB.

Nagoya, port du Japon (Honshū), sur le Pacifique; 1 996 000 h. Sur la baie d'Ise, Nagoya, troisième ville japonaise, est un important centre industriel (constructions mécaniques, textiles, céramiques, etc.). Université; château et temples anciens.

Nāgpur, v. de l'Inde (Mahārāshtra); 876 000 h. Cotonnades. Métallurgie.

naguère [nagɛr] adv. (contraction de *n'a* et *guère*). Il y a quelque temps. (S'oppose à *jadis,* il y a longtemps.) [On a écrit aussi NAGUÈRES.]

Nagy (Imre), homme politique hongrois, né à Kaposvár (1896-1958). D'origine paysanne, il adhéra au communisme (1917) et fit partie du gouvernement de Béla Kun (1919). Après un séjour de quinze ans en U. R. S. S., il devint ministre de l'Agriculture (1944), puis de l'Intérieur (1945) avant d'être appelé à présider l'Assemblée nationale (1947), puis le gouvernement (1953). Expulsé du parti, il fut porté de nouveau au pouvoir par la révolution de 1956. Celle-ci ayant échoué, Nagy fut condamné à mort et exécuté.

Naha, cap. de l'archipel des Ryū kyū, dans l'île d'Okinawa; 284 000 h. Port de commerce.

BÂTIMENTS CIVILS

le bananier « PORT-SAINT-PIERRE »

le chalutier pour pêche arrière « HUK SAN »

BÂTIMENTS DE GUERRE

◀ l'escorteur rapide « LE NORMAND »

▲ le porte-avions « FOCH »

▲ le bateau-pompe « PYTHÉAS »

◀ escorteur d'escadre « DUPETIT-THOUARS »

◀ le bâtiment ravitailleur « GIBOULÉE »

bâtiment de débarquement E.D.I.C. ▶

transporteur de bâtiments de débarquement (2 E.D.I.C.) « OURAGAN » ▼

le croiseur porte-hélicoptères et navire-école « JEANNE-D'ARC » ▶

◀ le croiseur « DE GRASSE » expérimentations nucléaires

le dragueur côtier « CAPRICORNE »

le sous-marin « DAPHNÉ »

le mouilleur de filets « SCARABÉE »

Phot. et documents C. G. T., J.-C. Mallinjoo, Service des phares et balises, E. C. A. (12).

en haut :
à gauche, le car-ferry « CHANTILLY »
à droite, le méthanier « JULES-VERNE »

le paquebot « FRANCE »

Longueur	315,66 m	Combustible	9 000 t
Largeur	33,70 m	Vitesse en service	36 nœuds
Tirant d'eau moyen	10,49 m	Puissance	160 000 ch
Déplacement moyen	57 600 t	Passagers Ire classe	617
Jauge brute	66 348 tx	— cl. touriste	1 637
Jauge nette	37 063 tx	Équipage	1 144
Port en lourd	14 000 t	Voitures	94

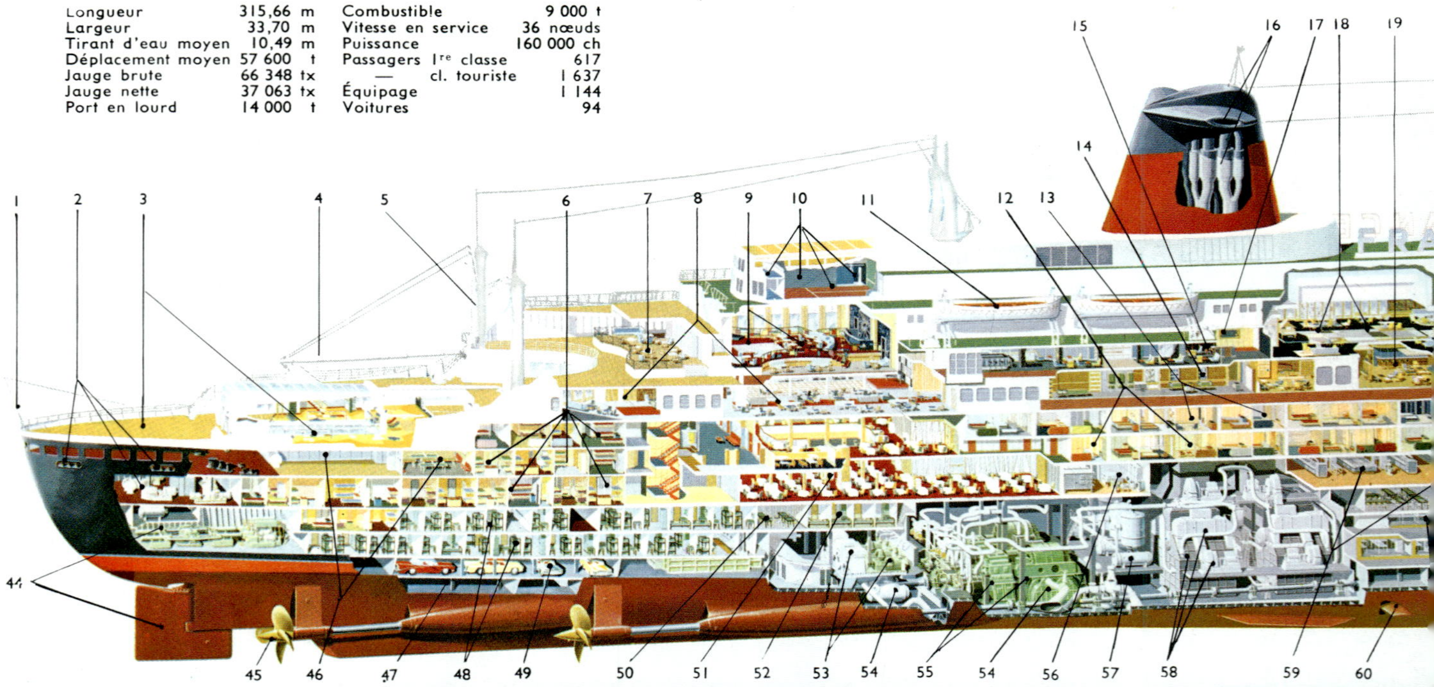

1. Mât de pavillon de nationalité
2. Apparaux de halage et mécanisme
3. Plage arrière et piscine, cl. touriste
4. Panneau de cale et corne de charge
5. Mâtereaux
6. Cabines, cl. touriste
7. Terrasse extérieure du fumoir, Ire cl.
8. Gd salon et piste de danse, cl. touriste
9. Fumoir et piste de danse, Ire cl.
10. Salle de sport, bowling, tir, tennis
11. Embarcation pour 165 personnes
12. Cabines et appartements de Ire cl.
13. Cabines et appartements de luxe, Ire cl.
14. Magasin de vente
15. Bar et cabaret
16. Aileron, sortie de fumées et dépoussiéreurs
17. Tableau de route du navire
18. Gd salon et piste de danse, Ire cl.
19. Fumoir de classe touriste
20. Appartement de luxe « Gascogne »
21. Théâtre, mezzanine, Ire cl.
22. Théâtre, orchestre, cl. touriste
23. Patio
24. Gd appartement de luxe « Normandie »
25. Chapelle
26. Chenil
27. Salle de jeux d'enfants, Ire cl.
28. Salle de jeux d'enfants, cl. touriste
29. Guignol et nursery
30. Pavillon de la Compagnie
31. Pavillon de destination
32. Feu d'aviation
33. Antennes du radar
34. Cabine de vigie et feu de h
35. Mât du radar
36. Appartement du commanda
37. Cadre du radiogoniomètre
38. Mât de signaux
39. Timonerie et chambre des c
40. Feu de position tribord

Phot. et documents S. N. C. F., G. D. F.,

le porte-containers « ATLANTIC SONG »

le cargo « ZHENJIANG »

le pétrolier « MAGDALA »

le minéralier « VILLE-DE-METZ »

« FRANCE »

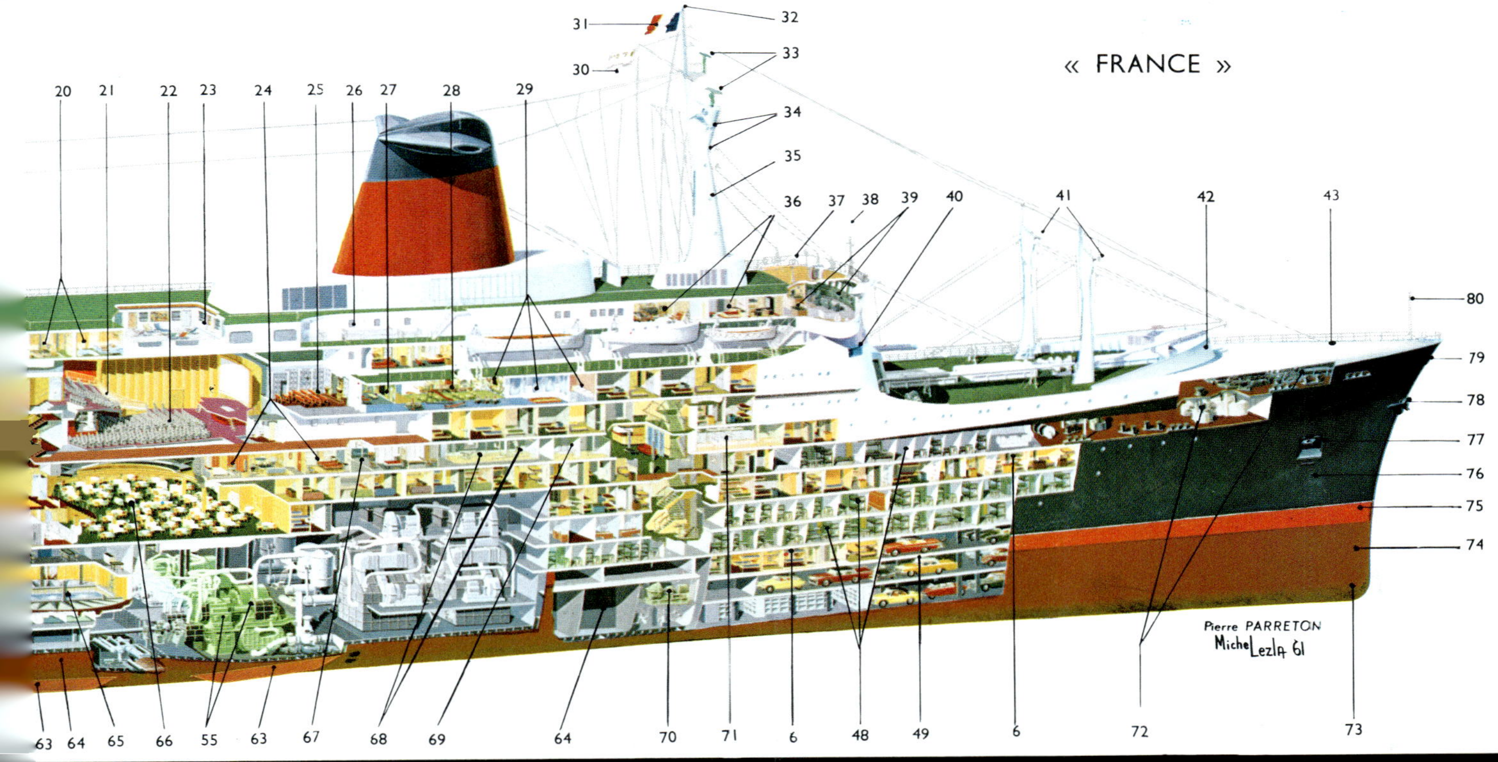

1. Sirènes de brume
2. Brise-lames
3. Carapace
4. Gouvernail et appareil à gouverner
5. Hélice
6. Promenade et récréation (équipage)
7. Locaux pour fret
8. Locaux du personnel
9. Garage
0. Salle à manger des musiciens

51. Salle à manger, cl. touriste
52. Cabines de maistrance
53. Turbo-alternateurs
54. Condenseur
55. Turbine et réducteur
56. Boulangerie
57. Bouilleur
58. Chaudière, ventilateur, économiseur
59. Cuisine et cafétéria
60. Aileron de stabilisateur

61. Chambres frigorifiques
62. Sommellerie
63. Quilles de roulis
64. Soute à combustible
65. Piscine des Ires cl.
66. Salle à manger des Ires cl.
67. Cabinet de consultation
68. Salle de chirurgie et de radiologie
69. Maternité
70. Conditionneur d'air

71. Hôpital de l'équipage
72. Apparaux de mouillage et de halage
73. Bulbe
74. Carène
75. Exposant de charge
76. Coque
77. Ecubier et ancre latérale
78. Ancre d'étrave
79. Ecubier de remorque
80. Mât de pavillon avant

et documents Baranger, Chantiers France-Gironde (3).

SYSTÈME NERVEUX CENTRAL

NERFS RACHIDIENS
ET SYSTÈME NERVEUX AUTONOME

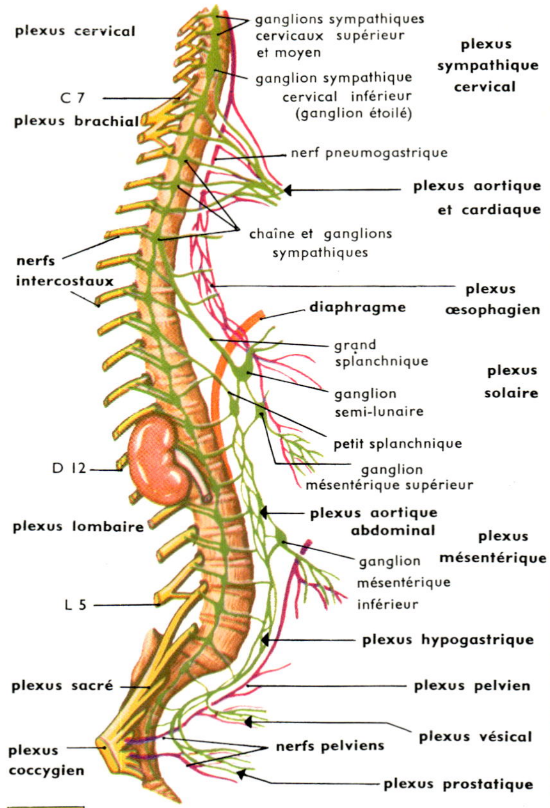

nerfs rachidiens (sensitifs et moteurs)
sympathique (chaîne et plexus)
parasympathique (pneumogastrique et pelvien)

LES NERFS CRÂNIENS

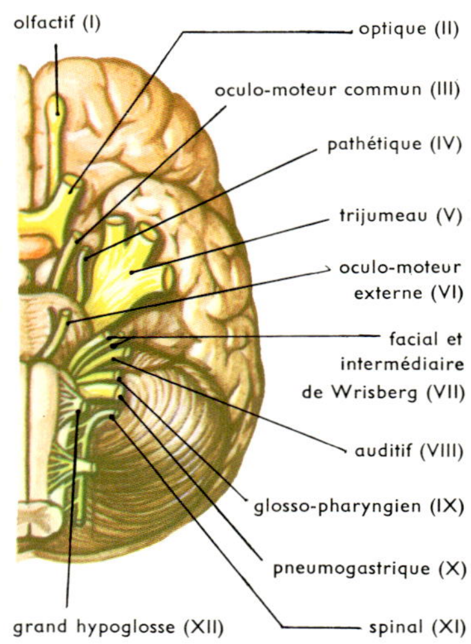

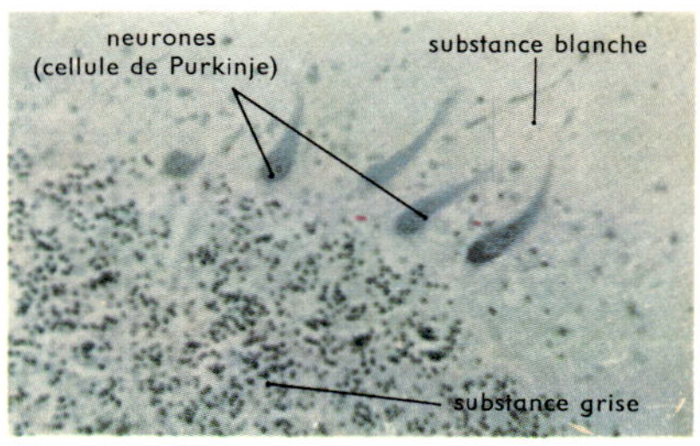

Microph. (× 1000)
Histologie de l'encéphale

VOIES OPTIQUES

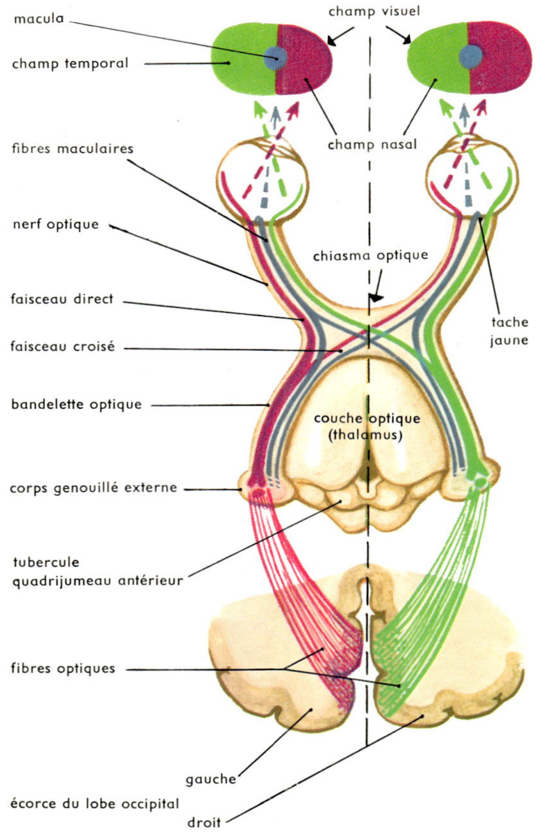

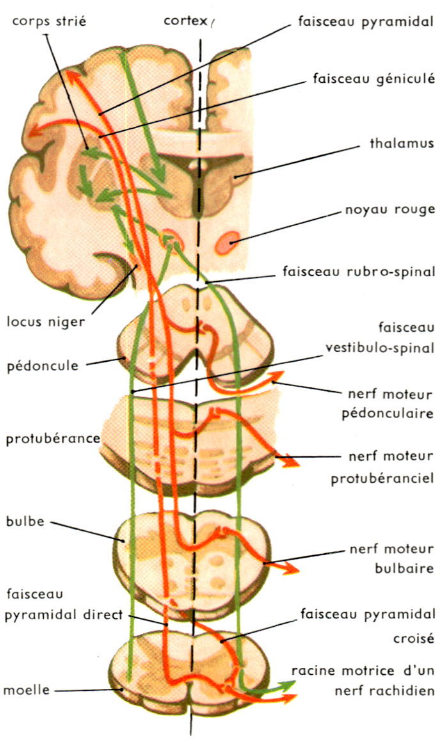

VOIES MOTRICES

principale ou pyramidale
accessoire ou extrapyramidale

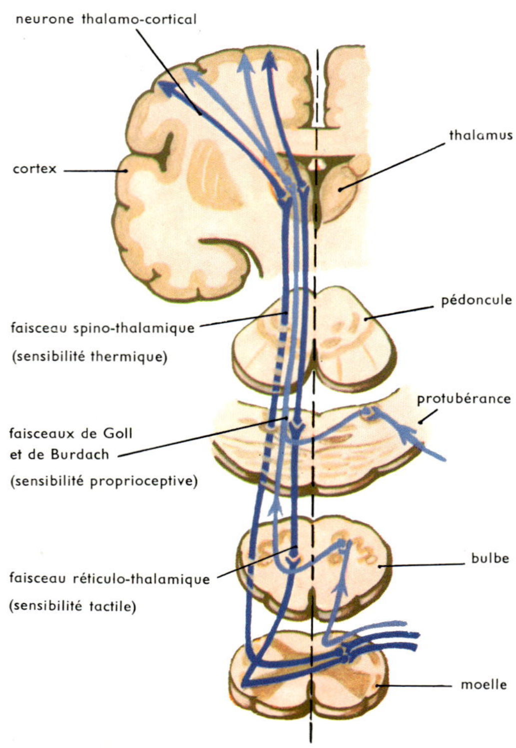

VOIES SENSITIVES

VOIES CÉRÉBELLEUSES

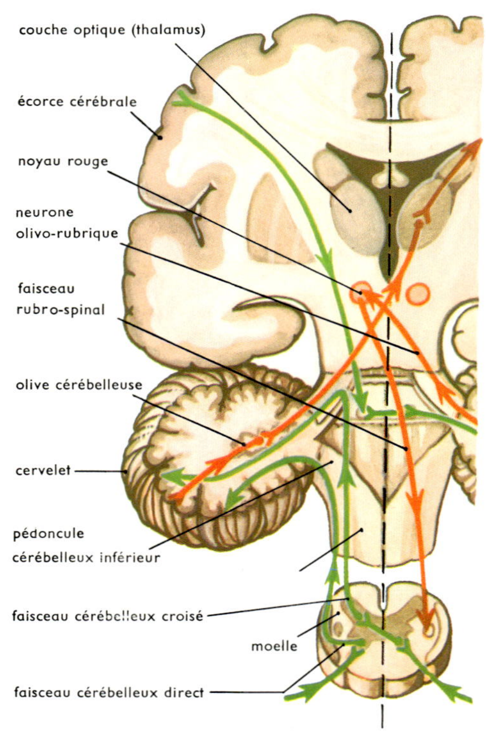

fibres afférentes (cérébellipètes)
fibres efférentes (cérébellifuges)

nahaïka n. f. V. NAGAÏKA.

nahua n. m. Une des plus importantes langues parlées au Mexique à l'époque précolombienne.

Nahuel Huapí, lac andin de l'Argentine; 535 km². Centre touristique.

naïade [najad] n. f. (lat. *naïas, naïadis,* empr. au gr.). Divinité qui présidait aux fontaines et aux rivières.

naias n. m. ou **naïade** n. f. Plante aquatique qui croît dans les eaux douces de l'Europe centrale.

naïf [naif], **ïve** [-iv] adj. et n. (du lat. *nativus,* natif). Naturel, ingénu, sans artifice : *les grâces naïves de l'enfance.* ‖ Qui retrace la vérité, la nature : *un style naïf.* ‖ Inexpérimenté, crédule, sans finesse : *réponse naïve, faire le naïf.* ● *Art naïf,* art populaire pratiqué par les autodidactes.

Nailloux [naju] (31560), ch.-l. de c. de la Haute-Garonne (arr. de Toulouse); 678 h. (491 aggl.).

Naïm, v. de la Palestine ancienne (Galilée). Jésus y ressuscita le fils d'une veuve (Luc, VII, 11-17).

nain [nɛ̃], **naine** [nɛn] adj. et n. (lat. *nanus*). Dont la taille est de beaucoup inférieure à la taille moyenne. (Contr. GÉANT.)

Naintré (86100 Châtellerault), comm. de la Vienne (arr. de Châtellerault); 2 436 h. (344 aggl.).

Nairobi, cap. du Kenya, sur un haut plateau (à 1 660 m d'alt.; 509 300 h. Centre politique et commercial.

naissain [nɛsɛ̃] n. m. (de *naître*). Ensemble des larves nageuses d'huîtres, de moules, avant leur fixation.

naissance [nɛsɑ̃s] n. f. (lat. *nascentia*). Venue au monde. ‖ Passage de la vie embryonnaire à la vie libre chez les espèces animales vivipares, équivalant à l'*éclosion* des espèces ovipares. (Syn. MISE BAS.) [v. *encycl.*] ‖ Origine par le sang : *naissance illustre.* ‖ Endroit où commence une chose : *la naissance de l'épine dorsale.* ‖ *Fig.* Commencement : *naissance du monde, du jour.* ● *Acte de naissance,* acte dressé par le maire, lors de la naissance de tout enfant, sur le registre de l'état civil. (V. *encycl.*) ‖ *Contrôle des naissances,* ensemble des moyens mis en œuvre pour éviter la fécondation de la femme ou pour rendre effectivement possible la maternité volontaire, en vue d'assurer au couple le nombre d'enfants souhaitable. (V. CONTRACEPTION.) ‖ *De naissance,* depuis ou avant la naissance : *aveugle de naissance.* ‖ *Donner naissance à,* mettre au monde, causer, produire. ‖ *Prendre naissance,* commencer à apparaître.
— ENCYCL. Ce qui différencie les caractères de la *naissance* selon les espèces, c'est l'aptitude plus ou moins grande du nouveau-né à assurer seul sa subsistance. Tous les jeunes mammifères ont évidemment besoin du lait de leur mère, mais le veau et le poulain savent marcher dès le lendemain de leur naissance, tandis que le petit kangourou ne peut survivre que dans la poche maternelle, sa « vraie » date de naissance étant celle où il sort de la poche pour la première fois. Lorsqu'une espèce ovipare incube ses œufs dans une cavité corporelle et que l'éclosion s'y produit, le rejet des jeunes a tous les caractères d'une naissance (mâle de l'hippocampe et du rhinoderme, femelle du pipa, etc.).
— *Dr.* L'*acte de naissance* énonce le jour, l'heure et le lieu de la naissance, le sexe de l'enfant et ses prénoms, les noms, prénoms, âge, domicile et profession des parents et du déclarant. Seuls les membres de la famille peuvent en obtenir une copie intégrale; toute personne peut obtenir un *extrait de naissance* ou un *bulletin de naissance.* La naissance d'un enfant doit être déclarée à la mairie du lieu de l'accouchement dans les trois jours qui suivent celui de la naissance.

naissant, e adj. Qui naît; qui commence à être, à paraître : *le jour naissant; hydrogène naissant.*

naître [nɛtr] v. i. (du lat. *nasci*) [conj. **59**]. Venir au monde. ‖ Tirer son origine : *naître d'une famille illustre.* ‖ Prendre sa source : *la Seine naît dans le plateau de Langres.* ‖ Commencer à pousser : *les fleurs naissent au printemps.* ‖ Avoir un talent naturel : *naître poète.* ‖ *Fig.* Provenir, résulter de : *les guerres naissent des guerres.* ‖ *Faire naître,* provoquer, produire.

naïvement adv. Avec naïveté.

naïveté [naivte] n. f. Ingénuité, simplicité d'une personne qui manifeste naturellement ses idées, ses sentiments : *la naïveté d'un enfant.* ‖ Excès de crédulité : *être d'une grande naïveté.* ‖ Expression, propos qui échappe par ignorance : *dire des naïvetés.*

naja [naʒa] n. m. (orig. arabe). Serpent venimeux d'Asie et d'Afrique : *le cobra est une espèce de naja de l'Inde.* (Nom usuel : *serpent à lunettes.*) [V. illustr. SERPENTS.]

Najac (12270), ch.-l. de c. de l'Aveyron (arr. de Villefranche-de-Rouergue), au-dessus de l'Aveyron; 1 029 h. (397 aggl.). Ruines d'un château (XIIe-XIIIe s.).

Najd. V. NADJD.

Nakhitchevan', république autonome de l'U. R. S. S., dépendance de l'Azerbaïdjan; 189 000 h. Cap. *Nakhitchevan'* (29 000 h.).

Naltchik, v. de l'U. R. S. S. (R. S. F. S. de Russie); cap. de la république autonome des Kabardins et Balkars, au nord du Caucase; 146 000 h.

Namangan, v. de l'U. R. S. S. (Ouzbékistan); 175 000 h. Textiles (soie et coton).

Namaquas, peuplade hottentote du Sud-Ouest africain, dans le *Namaqualand.*

Nam Dinh, v. du Viêt-nam du Nord (Tonkin), sur le fleuve Rouge; 90 000 h. Textiles.

Namib (*désert du*), région aride du Sud-Ouest africain.

Namibie, autre dénomination du *Sud-Ouest africain.*

Namur, en néerl. **Namen,** v. de Belgique, ch.-l. de la *prov. de Namur,* au confluent de la Meuse et de la Sambre; 32 400 h. (*Namurois*). Evêché. Ville touristique et port fluvial, Namur est le centre d'une agglomération d'environ 80 000 h., où l'industrie (alimentation, métallurgie, textile) tient une place moins importante que les services (administration, enseignement) et le commerce. La cathédrale fut commencée en 1751; l'église Saint-Loup, de style baroque, date de 1621-1645. La citadelle et l'hôtel du gouvernement furent construits au XVIIIe s. Musée archéologique. Le rôle stratégique de la place forte de Namur s'est révélé à partir du XVIIe s.

nandou

Namur (*province de*), prov. du sud de la Belgique; 381 600 h. Ch.-l. *Namur;* 3 arr. (*Dinant, Namur, Philippeville*). Au sud, l'avant-pays ardennais est une région juxtaposant l'exploitation forestière, l'élevage et localement le tourisme. Au centre, le sillon Sambre-Meuse est une artère industrielle (outillage, textile, alimentation, carrières) dominée par l'agglomération namuroise, qui regroupe près du quart de la population de la province. Au nord, des plateaux, dont beaucoup sont limoneux, sont souvent consacrés aux cultures céréalières.

nana [nana] n. f. *Pop.* Femme, fille.

Nana, roman d'E. Zola (1880); histoire d'une courtisane qui corrompt une société en décadence.

nanan [nanɑ̃] n. m. *Fam.* Chose exquise (vieilli).

Nana-Sahib, prince indien (1825-1862), chef de l'insurrection des cipayes en 1857.

Nançay (18330 Neuvy sur Barangeon), comm. du Cher (arr. de Bourges), en Sologne; 733 h. Station de radioastronomie.

Nancy, ch.-l. du dép. de Meurthe-et-Moselle, sur la Meurthe et le canal de la Marne au Rhin, à 308 km à l'est de Paris; 127 826 h. (*Nancéiens*). Evêché. Cour d'appel. Capitale historique de la Lorraine, Nancy est aujourd'hui un centre administratif, intellectuel (université et grandes écoles) et commercial. La fonction industrielle est présente dans la ville même (alimentation, chaussures, mobilier, imprimerie) et dans l'agglomération (métallurgie, chimie, brasseries). Celle-ci rassemble près de 260 000 h. (accroissement de 40 p. 100 entre 1954 et 1968). Nancy (avec Metz) est l'une des nouvelles métropoles* d'équilibre, fonction qui doit valoriser sa situation (entre Paris et l'Alsace, à la tête de la Moselle canalisée). — L'arr. a 9 cant., 190 comm., 367 255 h.
● *Histoire.* La ville fut la capitale des ducs de Lorraine du XIIe au XVIIIe s. En 1477, Charles le Téméraire fut tué en l'assiégeant. Elle fut considérablement agrandie par le duc Charles III qui fit construire la Ville-Neuve (1588). Mais c'est le dernier duc souverain, Stanislas Leszczyński (1738-1766), qui l'embellit le plus : la cité, après la mort de l'ex-roi de Pologne, devint française avec toute la Lorraine. Elle fut presque aussitôt choisie pour être siège d'une université (1768) et d'un évêché (1777). Au début de la Première Guerre mondiale, Nancy joua un rôle militaire important (Grand-Couronné, 5-12 sept. 1914). Patrie de Callot, de l'empereur François Ier, de Drouot, Dombasle, E. de Goncourt, H. Poincaré, Lyautey, etc.
● *Beaux-arts.* La ville garde de beaux monuments : l'église des Cordeliers (XVe s.), la porte de la Craffe (XIVe-XVe s.), le palais ducal (début du XVIe s.; Musée historique lorrain), la cathédrale (XVIIIe s.); la place de la Carrière, le palais du Gouvernement et la place Stanislas, bordée d'hôtels et limitée par des grilles de fer forgé dues à Lamour, ont été bâtis au XVIIIe s. par E. Héré.

Nancy (*école de*), groupe d'artistes (Emile Gallé, Louis Majorelle, Victor Prouvé, Daum, Vallin, Hoentschel) qui, à Nancy, dès 1890, entreprirent la rénovation des arts décoratifs en s'inspirant de la nature végétale. Elle est à l'origine du modern style.

nandou [nɑ̃du] n. m. (mot esp., empr. à une langue indigène du Brésil). Grand oiseau coureur d'Amérique, mesurant 1,65 m de haut. (Sous-classe des ratites.)

Nanga, v. de l'Inde (Pendjab); 42 400 h. Engrais. Usine d'eau lourde.

Nānga Parbat, un des sommets de l'Himalaya occidental; 8 120 m.

Nangis [nɑ̃ʒi] (77370), ch.-l. de c. de Seine-et-Marne (arr. de Provins); 5 362 h. Eglise du XIIIe s.

Nangis (Guillaume DE). V. GUILLAUME DE NANGIS.

nanisme [nanism] n. m. (du lat. *nanus,* nain). Ensemble des caractères des nains.
— ENCYCL. Le *nanisme* s'observe chez des sujets nés de parents de taille normale. Il est le plus souvent dû à des

Namur

Nancy

Phot. Roubier-Rapho, Mirrorpic-Scaïoni, Henrard-Richard.

Nankin : allée des animaux de pierre conduisant aux tombeaux des empereurs

troubles endocriniens : l'insuffisance thyroïdienne produit des nains mal proportionnés, présentant du myxœdème et une arriération mentale, alors que l'insuffisance de l'hypophyse produit un nanisme bien proportionné, aux fonctions intellectuelles normales.

nankin [nɑ̃kɛ̃] n. m. Tissu de coton, jaune chamois, qui se fabriqua d'abord à Nankin.

Nankin ou **Nan-king,** v. de la Chine centrale, cap. du Kiang-sou, sur le Yang-tseu-kiang; 1 455 000 h. C'est un port fluvial actif, possédant quelques usines textiles et chimiques. — Nankin fut la capitale de la Chine à plusieurs reprises. Un traité mit fin en 1842 à la guerre de l'opium. — Aux environs, tombeaux des empereurs Ming.

Nan-ning, v. de Chine, cap. du Kouang-si; 264 000 h.

nano [nano], préf. (symb. : n) qui, placé devant une unité, la divise par un milliard.

Nansen (Fridtjof), explorateur et naturaliste norvégien, né à Store-Frøn, près de Christiania (1861-1930). Il traversa le Groenland (1888), explora l'Arctique en se laissant dériver à bord du *Fram* et tenta d'atteindre le pôle en traîneau (1893-1896). Il joua un grand rôle dans les entreprises humanitaires de la S. D. N. (Prix Nobel de la paix, 1922.)

nansouk [nɑ̃zuk] *ou* [-zu] n. m. Tissu léger de coton, d'aspect soyeux, utilisé en lingerie.

Nant (12230 La Cavalerie), ch.-l. de c. de l'Aveyron (arr. de Millau); 1 016 h. (610 aggl.). Eglise (XIIIe s.).

Nan-tch'ang ou **Nanchang,** v. de Chine, cap. du Kiang-si; 508 000 h.

Nan-tch'ong ou **Nanchung,** v. de Chine (Sseu-tch'ouan); 164 700 h.

Nanterre (92000), ch.-l. du dép. des Hauts-de-Seine, dans la banlieue ouest de Paris; 90 632 h. (*Nanterrois*). Evêché. Faculté des lettres et sciences humaines de l'université de Paris. Hospice. Industries diverses. — L'arr. a 30 cant., 24 comm., 1 065 118 h.

Nantes, ch.-l. du dép. de la Loire-Atlantique, au confluent de la Loire et de l'Erdre, à 394 km au sud-ouest de Paris; 265 009 h. (*Nantais*). Evêché. Université. Important port d'estuaire dès la fin du Moyen Age, Nantes connut son apogée au XVIIIe s. avec le développement de la traite des esclaves et du trafic du sucre. L'ensablement et l'augmentation de tonnage des navires contribuèrent au siècle suivant au déclin du port, qui fut pallié par des travaux de dragage et la création de l'avant-port de Saint-Nazaire.
Aujourd'hui, le complexe Nantes-Saint-Nazaire, avec un trafic de 11 Mt (hydrocarbures essentiellement), se classe au cinquième rang des ports maritimes français. L'industrie, active, est largement liée à la fonction portuaire (surtout à l'origine) : métallurgie, alimentation et chimie. Nantes est le centre d'une agglomération qui groupe près de 400 000 h. (accroissement de 35 p. 100 entre 1954 et 1968). Traditionnel centre commercial, la ville a été récemment élevée au rang de cité universitaire et, de plus, a été promue (associée à Saint-Nazaire) comme métropole d'équilibre. — L'arr. a 18 cant., 70 comm., 474 840 h.
● *Histoire.* Résidence des ducs de Bretagne, centre d'une université depuis 1460, Nantes fut réunie à la France en 1524. Sa fonction commerciale s'accrut lors des grandes découvertes (XVIe s.); Nantes fut même, dans la première partie du XVIIIe s., le premier port de France. La Révolution et l'Empire marquèrent le déclin du port et de la ville : celle-ci avait résisté aux assauts des Vendéens, et la répression républicaine y avait été sanglante. Nantes s'est relevée progressivement au cours du XIXe s. L'université, supprimée en 1793, fut rétablie en 1962. La ville fut un actif centre de résistance durant la Seconde Guerre mondiale. Elle souffrit beaucoup des bombardements de 1943.
● *Beaux-arts.* Le château des ducs de Bretagne, commencé v. 1466, forteresse à l'extérieur, possède une cour Renaissance (musées). La cathédrale Saint-Pierre, en partie du XVe s., renferme le tombeau de François II par Michel Colombe; à côté, se dresse la maison du chapitre, la Psalette (XVe s.). La vieille ville conserve de nombreux hôtels des XVIe et XVIIe s. La ville du XVIIIe s. offre de remarquables ensembles architecturaux. Parmi les divers musées de Nantes, celui des Beaux-Arts abrite une importante collection de peintures.

Nansen en 1897

Nantes, le château au premier plan et la cathédrale

Nantes (*édit de*), édit rendu par Henri IV le 13 avril 1598, afin de régler la condition légale de l'Eglise réformée en France. Du point de vue religieux, les calvinistes étaient libres de pratiquer leur culte partout où il avait déjà été autorisé, et dans deux villes ou villages par bailliage. Du point de vue politique, l'Etat considérait les calvinistes comme un corps organisé et leur donnait des garanties juridiques (chambres mi-parties), politiques (accès à toutes les places) et militaires (une centaine de places de sûreté pour huit ans).

Nantes (*révocation de l'édit de*), édit signé par Louis XIV le 18 octobre 1685 à Fontainebleau, qui supprima tous les avantages accordés par Henri IV. Cette révocation, qui eut pour effet immédiat la démolition des temples, l'interdiction des assemblées et l'instauration de mesures policières (*dragonnades*), priva la France de 200 000 à 300 000 sujets, qui émigrèrent en Suisse et surtout outre-Rhin.

Nantes à Brest (*canal de*), voie navigable de la Bretagne méridionale, ouverte en 1838 et désaffectée à l'ouest du barrage de Guerlédan.

Nanteuil (Robert), graveur et pastelliste français, né à Reims (v. 1623-1678). Influencé par Philippe de Champaigne, il fut le portraitiste attitré de Mazarin, puis celui du roi. Il a laissé plus de deux cents portraits des grands personnages de son temps.

Nanteuil (Célestin), peintre, dessinateur et lithographe français, né à Rome (1813-1873). Il a illustré les œuvres des écrivains romantiques.

Nanteuil-le-Haudouin (60440), ch.-l. de c. de l'Oise (arr. de Senlis); 1 766 h.

Nantiat (87140), ch.-l. de c. de la Haute-Vienne (arr. de Bellac); 1 432 h. (698 aggl.). Electromécanique.

nantir [nɑ̃tir] v. t. (de l'anc. fr. *nant,* gage). Donner des gages pour garantir une dette, un prêt. ‖ Munir, pourvoir : *nantir de provisions.* ‖ **— Se nantir** v. pr. Se pourvoir par précaution : *se nantir d'argent.*

nantissement n. m. Contrat par lequel un débiteur remet au créancier, en vue de garantir le paiement de sa dette, un immeuble (*contrat d'antichrèse*) ou un meuble (*contrat de gage*). [Le nantissement d'un *fonds de commerce* ou d'un *film* et la mise en gage d'un véhicule automobile comportent une procédure particulière, car il n'y a pas dessaisissement du débiteur.]

Nan-t'ong ou **Nantung,** v. de Chine (Kiang-sou), sur le Yang-tseu-kiang; 260 400 h. Coton.

Nantua (01130), ch.-l. d'arr. de l'Ain, sur le *lac de Nantua;* 3 954 h. (*Nantuatiens*). Centre touristique. — L'arr. a 6 cant., 73 comm., 59 309 h.

Nantucket, île des Etats-Unis (Massachusetts). Base de baleiniers jusqu'au XIXe s. Tourisme.

Nao (*cap de la*), cap d'Espagne, sur la Méditerranée, entre Valence et Alicante.

naos [naɔs] n. m. (mot gr.). Partie intérieure centrale d'un temple grec, entre le pronaos et l'opisthodome. ‖ Tabernacle renfermant l'image d'un dieu.

napalm [napalm] n. m. (de *Na,* symbole du sodium, et de *palm*[*itate*]). Essence gélifiée par du palmitate de sodium ou d'aluminium, utilisée pour le chargement de projectiles incendiaires : *bombe au napalm.*
— ENCYCL. Les *bombes au napalm* ont une enveloppe très mince. Le choc provoque la rupture de l'enveloppe et la mise à feu du napalm, qui, en dégageant une chaleur intense, est capable de tout carboniser dans un vaste rayon. Ces bombes ont notamment été utilisées à la fin de la Seconde Guerre mondiale, puis en Corée et en Indochine.

napel [napɛl] n. m. (du lat. *napus,* navet). Aconit des montagnes.

naphta [nafta] n. m. (mot amér.). Essence non raffinée, lourde ou légère, utilisée comme matière première pour le craquage des hydrocarbures.

naphtalène [naftalɛn] n. m. (de *naphte*). Hydrocarbure aromatique $C_{10}H_8$, formé de deux noyaux benzéniques accolés, constituant principal de la naphtaline. (Le naphtalène se dépose par refroidissement de l'huile de goudron de houille recueillie entre 200 et 250 °C. Il forme des feuillets brillants d'odeur forte, fondant à 80 °C, insolubles dans l'eau. Employé parfois comme antimite, il sert surtout de matière première de synthèse.)

naphtaline n. f. Nom commercial du naphtalène impur.

naphte [naft] n. m. (lat. *naphta,* empr. au gr.). Nom improprement donné au pétrole brut. (Le naphte du commerce est un des produits de la distillation des pétroles.)

naphtol n. m. Phénol dérivé du naphtalène, et qui est un antiseptique.

Napier ou **Neper** (John), baron DE MERCHISTON, mathématicien écossais, né près d'Edimbourg (1550-1617). En cherchant à simplifier les calculs numériques, il découvrit un procédé de multiplication ou de division au moyen de baguettes chiffrées connues sous le nom de *réglettes de Neper.* En 1614, il imagina les logarithmes par la comparaison de deux progressions. L'un de ses ouvrages, paru en 1617, renferme les principes sur lesquels ont été fondées certaines machines à calculer.

Napier (*sir* Charles), amiral anglais, né à Merchiston Hall (1786-1860). Après avoir détruit la flotte du prétendant au trône de Portugal, dom Miguel, il se distingua

Phot. X, Lapie-Photothèque franç., Larousse.

pendant l'expédition de Syrie (1840) et commanda la flotte de la Baltique pendant la guerre contre la Russie (1854-1856).

Naples, v. d'Italie, cap. de la Campanie et ch.-l. de prov., sur le *golfe de Naples* (formé par la mer Tyrrhénienne); 1 263 000 h. (*Napolitains*). Université. Archevêché. Entre les champs Phlégréens et le Vésuve, la ville et sa banlieue s'étendent dans un site incomparable sur plus de 20 km le long du golfe de Naples. Ce site, le climat et l'histoire expliquent la vocation touristique actuelle de la ville, l'industrie se dispersant largement dans l'agglomération (sidérurgie, raffinage du pétrole et chimie, constructions mécaniques et électriques, alimentation), où elle est liée en partie au trafic portuaire, dépassant 15 Mt (hydrocarbures principalement). Naples est la principale ville du Mezzogiorno, mais son dynamisme actuel ne suffit pas à absorber la main-d'œuvre affluant des campagnes et dont l'abondance explique la prolifération des bidonvilles à la périphérie d'une ville où le noyau central urbain, vétuste, est surpeuplé.
● *Histoire.* A *Parthénope*, fondée par des Grecs de Cumes v. 680 av. J.-C., fut adjointe au Ve s. av. J.-C. la colonie athénienne de *Neapolis*. Celle-ci fut prise par les Romains en 326 av. J.-C. Indépendante depuis le haut Moyen Age jusqu'à sa prise par les Normands (1137), Naples devint la capitale du royaume de Naples en 1282, titre qu'elle ne perdit qu'en 1860. Au début du XIXe s., la ville fut le foyer du mouvement révolutionnaire des *carbonari*.
● *Beaux-arts.* La ville s'orne du Castel Nuovo (XIIIe-XVe s.), du palais royal (XVIIe-XVIIIe s.), d'églises datant des XIIIe et XIVe s., du théâtre San Carlo (1737), de l'ancienne chartreuse San Martino, remontant au XIVe s. Le musée national abrite d'incomparables collections d'art antique et une belle pinacothèque.

Naples (*royaume de*), anc. royaume d'Italie, partie péninsulaire du royaume de Sicile, que la dynastie angevine conserva après son expulsion de la Sicile insulaire (1282). Pris par les Aragonais (XVe s.), qui, après l'invasion française (1494-1495), l'annexèrent, le royaume de Naples fut gouverné par les Bourbons à partir de 1734. La Révolution et l'Empire amenèrent la domination française. Ferdinand IV, restauré en 1815, rétablit l'union avec la Sicile (royaume des Deux-Siciles).

Naplouse ou **Nābulus,** v. de Jordanie; 45 700 h. Site de Sichem aux environs.

napoléon [napɔleɔ̃] n. m. Pièce d'or de 20 francs, à l'effigie de Napoléon Ier ou de Napoléon III.

Napoléon Ier, né à Ajaccio (1769-1821), empereur des Français (1804-1815), deuxième fils de Charles Bonaparte et de Letizia Ramolino. De petite aristocratie corse, il fit ses études militaires à Brienne, puis à l'Ecole militaire. Lieutenant d'artillerie (1785), il tint garnison en plusieurs villes avant de participer, au début de la Révolution, aux luttes politiques de la Corse. Gagné à la cause française en Corse et au jacobinisme, il commanda l'artillerie à Toulon (1793). Promu général de brigade (1794), il fut entraîné dans la disgrâce de Robespierre (9 thermidor an II). Grâce au patronage de Barras, il se vit confier l'écrasement de l'insurrection royaliste du 13-Vendémiaire, puis (mars 1796) le commandement de l'armée d'Italie, avec laquelle il fit, contre les Sardes et les Autrichiens, l'une des plus fulgurantes campagnes de l'histoire (1796-1797) : Montenotte, Mondovi, Lodi, Arcole, Rivoli sont quelques-uns des noms prestigieux de la campagne d'Italie, qui accula l'Autriche à la paix (préliminaires de Leoben et traité de Campoformio, 1797). Diplomate et homme d'Etat, Bonaparte organisa alors l'Italie. Mais son rêve était d'abattre l'Angleterre. En 1798, il obtint le commandement de l'expédition d'Egypte. Vainqueur des mamelouks aux Pyramides, il devint prisonnier de sa conquête lorsque Nelson eut détruit sa flotte à Aboukir (1er août). Il organisa l'Egypte, mais ne put venir à bout des Turcs à Saint-Jean-d'Acre. En 1799, il abandonna son armée à Kléber et rentra en France, où Sieyès lui confia l'exécution du coup d'Etat des 18 et 19 brumaire an VIII (nov. 1799); mais Bonaparte tira à lui le bénéfice de cet acte et, sur les ruines du Directoire, établit le Consulat. Premier consul, il se fit attribuer des pouvoirs considérables par la Constitution de l'an VIII : celle-ci fut ratifiée par un plébiscite. D'abord désigné pour dix ans, Bonaparte devint consul à vie en 1800. Après avoir vaincu de nouveau l'Autriche et reconquis les territoires perdus en Italie (Marengo, juin 1800), il consolida l'œuvre de la Révolution dans tous les domaines, dotant la France de solides institutions administratives, judiciaires et financières, — dans un sens centralisateur —, pacifiant la Vendée, signant avec Pie VII en 1801 un concordat qui, prolongé par des Articles organiques, rattacha l'Eglise catholique à l'Etat. En 1801, le traité de Lunéville avec l'Autriche et, en 1802, le traité d'Amiens avec l'Angleterre amenèrent en Europe la paix générale, qui fut d'ailleurs éphémère.
En mars 1804 fut promulgué le Code civil, l'une des œuvres les plus remarquables du Premier consul. Menacé dans sa vie (complot de Cadoudal), il se vit investi, en mai 1804, du titre d'*empereur héréditaire des Français,* titre que vint compléter celui de *roi d'Italie ;* il fut sacré par Pie VII à Notre-Dame de Paris le 2 décembre de la même année.
Son autorité se fit de plus en plus despotique avec les années; la création d'une noblesse impériale affermit son régime, de même que son divorce avec Joséphine de Beauharnais et son mariage, en 1810, avec Marie-Louise d'Autriche, qui lui donna un fils, le roi de Rome, né en 1811.
A l'extérieur, dès le début de l'Empire, Napoléon Ier songea à débarquer en Angleterre (camp de Boulogne), mais la 3e coalition (1805) l'obligea à marcher vers Vienne : il battit les Austro-Russes à Austerlitz (2 déc. 1805) et imposa à François II le traité de Presbourg, qui fit de lui le protecteur de la Confédération du Rhin. Cependant, le désastre de Trafalgar (oct. 1805), lui enleva tout espoir d'attaquer l'Angleterre chez elle et de protéger ses propres colonies.
La Prusse lui ayant déclaré la guerre, Napoléon l'écrasa au cours de la fulgurante campagne de 1806 (Iéna et Auerstedt). Après avoir battu les Russes à Friedland, il signa avec Alexandre Ier le traité de Tilsit (juill. 1807), dont la Prusse fit tous les frais, le tsar devenant l'allié de la France.
Maître du continent, ayant placé les membres de sa famille sur différents trônes, Napoléon songea à abattre l'Angleterre par la guerre économique; mais le Blocus continental, décrété à Berlin dès 1806, l'amena à intervenir en Italie centrale (le pape fut fait prisonnier en 1809), en Hollande, en Allemagne du Nord (territoires annexés), mais surtout au Portugal et en Espagne (1808) : dans ce dernier pays, un soulèvement général contre les Français se transforma en une longue et atroce guerre; contre les Anglo-Espagnols, les Français mobilisèrent une forte armée, qui, finalement, en 1813, fut rejetée de la Péninsule.
En 1809, l'Autriche noua contre Napoléon une 5e coalition; vainqueur à Wagram (5-6 juill. 1809), l'empereur des Français obligea les Autrichiens à signer la paix de Vienne (14 oct.). En 1810-1811 — si on excepte l'Espagne et l'Angleterre — Napoléon était le maître incontesté de l'Europe. Mais l'alliance russe apparut rapidement inefficace; l'empereur des Français la rompit en 1812 et mena en Russie la « Grande Armée », qui entra à Moscou après la sanglante bataille de Borodino (sept. 1812), mais qui, rebroussant chemin dès octobre, fut surprise par un hiver précoce et rigoureux qui transforma sa retraite en désastre. Sur les pas de Napoléon, la Prusse changea de camp et s'unit aux Russes et aux Suédois; l'Allemagne se souleva; la campagne d'Allemagne (1813), bien commencée pour Napoléon (Lützen, Bautzen, mai 1813), se termina par la défaite de Leipzig (oct.), l'entrée en guerre de l'Autriche et l'évacuation de l'Allemagne par les Français.
Au début de 1814, la France fut envahie de toutes parts. Napoléon tint tête aux Alliés au cours de la campagne de France (janv.-mars 1814), où se marqua son génie tacticien; mais il dut abdiquer (Fontainebleau, 11 avr.). Tandis que la Restauration était proclamée en France, les Alliés laissèrent à Napoléon la souveraineté de l'île d'Elbe.
Profitant des fautes de la Restauration, l'Empereur put débarquer en France (Golfe-Juan, 1er mars 1815), gagner sans coup férir Paris, qu'avait quitté Louis XVIII (20 mars), et y établir un régime constitutionnel (Acte additionnel aux Constitutions de l'Empire), qui fut éphémère (« Cent-Jours »). Mis au ban de l'Europe par les Alliés, réunis au congrès de Vienne, Napoléon dut tout de suite se battre en Belgique.
Vainqueur des Prussiens à Ligny (16 juin 1815), il fut battu par Wellington — que put rejoindre Blücher — au mont Saint-Jean (Waterloo) le 18 juin. Napoléon abdiqua pour la seconde fois dès le 22 juin; ayant confié son sort aux Anglais, il fut envoyé en la lointaine et insalubre île de Sainte-Hélène, où il mourut le 5 mai 1821.
Déjà le culte napoléonien et la légende napoléonienne se développaient en France et en Europe; ils allaient

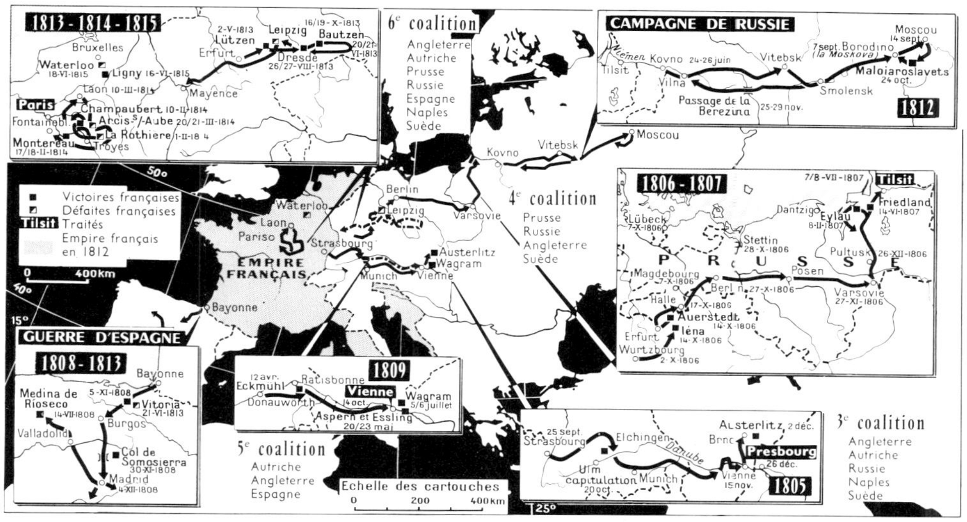

guerres du premier Empire

Napoléon Ier en costume de sacre
détail, par Gérard, château de Versailles

la baie de **Naples** et le Vésuve

Phot. Dominique Darr-Rapho, Giraudon.

nourrir tous les mouvements libéraux au XIXe s. Le corps de Napoléon fut rendu à la France en 1840 : il repose sous le dôme des Invalides. Fortement marquée par l'œuvre centralisatrice de l'Empereur, la France contemporaine a gardé de nombreuses institutions napoléoniennes, notamment : l'université, le code civil, la Légion d'honneur, la Banque de France, la Cour des comptes, etc. Certaines œuvres écrites de Napoléon ont été publiées, notamment : sa *Correspondance* et le *Mémorial de Sainte-Hélène*, publié par Las Cases en 1823.

Napoléon (*route*), route allant de Cannes à Grenoble par Gap et le col Bayard ; 324 km. Elle reconstitue le trajet suivi par Napoléon à son retour de l'île d'Elbe (1815).

Napoléon II (François Charles Joseph BONAPARTE), fils de Napoléon Ier et de Marie-Louise, né au palais des Tuileries (1811-1832). Proclamé roi de Rome lors de sa naissance et reconnu empereur par les Chambres lors de la seconde abdication de Napoléon Ier (1815), il passa toute sa vie au château de Schönbrunn, sous le nom de duc **de Reichstadt.** Ses cendres ont été transférées aux Invalides, à Paris, en 1940. E. Rostand en a fait le héros de son drame *l'Aiglon*.

Napoléon III (Charles Louis Napoléon BONAPARTE), né à Paris (1808-1873), empereur des Français (1852-1870), fils de Louis Bonaparte, roi de Hollande, et de Hortense de Beauharnais. La jeunesse de Louis Napoléon à Arenenberg, près du lac de Constance, fut assez aventureuse ; officier d'artillerie sorti de l'école militaire de Thoune, il participa, comme *carbonaro*, à l'insurrection de l'Italie centrale en 1831. La mort du « roi de Rome » en 1832 fit de lui le prétendant de la famille Bonaparte. Deux essais de prise de pouvoir, la première fois à Strasbourg (1836), la seconde fois à Boulogne (1840), échouèrent ; condamné à la déportation perpétuelle, Louis Napoléon s'enfuit du fort de Ham en 1846 et gagna l'Angleterre. Après février 1848, il revint en France, où son livre *l'Extinction du paupérisme* le fit passer comme « social ». Elu à l'Assemblée constituante par plusieurs départements, il se présenta comme candidat à la présidence de la République ; la légende napoléonienne joua en faveur du « neveu de l'Empereur », qui fut élu chef de l'Etat à une énorme majorité (10 déc. 1848). Après avoir appuyé le « parti de l'ordre » contre les républicains, le prince-président entra en conflit avec l'Assemblée législative élue en mai 1849. Sous prétexte de rétablir le suffrage universel (édulcoré par la loi du 31 mai 1850), il balaya le régime par le coup d'Etat du 2 décembre 1851, qui, malgré la très dure répression, fut ratifié par un plébiscite. La Constitution du 14 janvier 1852 donna au prince-président, maintenu pour dix ans, des pouvoirs semblables à ceux dont son oncle avait été investi en brumaire. Une habile campagne d'opinion lui permit, dès le 2 décembre 1852, de revêtir la dignité d'empereur héréditaire : un nouveau plébiscite ratifia le changement de régime.
L'empereur Napoléon III affermit sa dynastie en épousant, en 1853, Eugénie de Montijo, qui lui donna un fils (1856), Eugène Louis Napoléon, dit le *Prince impérial*. De 1852 à 1859, il agit en dictateur : tous les fonctionnaires durent prêter serment de fidélité à sa personne. Tandis qu'étaient favorisés de toutes les manières les partisans du régime (candidatures officielles), l'opposition était ou écartée ou réprimée, ce qui explique la haine accumulée contre la personne de Napoléon III et dont *les Châtiments* de Victor Hugo sont une expression particulièrement éloquente. Influencé par l'exemple anglais et le saint-simonisme, Napoléon III favorisa les grands travaux (à Paris notamment), la modernisation de l'équipement industriel du pays et, malgré l'opposition des industriels, le libre-échange (traité de commerce avec l'Angleterre, 1860).
Tenant du principe des nationalités, il jeta la France dans la guerre de Crimée (1854-1856) : au congrès de Paris (1856), il put se croire l'arbitre de l'Europe. Impressionné par l'attentat d'Orsini contre sa personne (1858), il se laissa gagner à la cause italienne, défendue par Cavour (entrevue de Plombières, 21 juill. 1858), et engagea la sanglante guerre d'Italie (1859), qui, si elle laissa les Italiens insatisfaits (le traité de Zurich ne leur abandonna que la Lombardie), valut à la France de récupérer la Savoie et Nice (1860). Parallèlement, il favorisa l'implantation française à l'intérieur de l'Algérie et aussi en Cochinchine (1859-1862).
Ayant perdu l'appui des industriels et des catholiques (politique romaine), Napoléon III entama personnellement, à partir de 1860, la libéralisation du régime ; en même temps, il essayait de se rallier le monde ouvrier par l'octroi du droit de grève (1864). Mais il se heurta, au fur et à mesure qu'intervenaient les lois libérales, à une opposition politique et sociale croissante : la malheureuse expédition du Mexique (1862-1867) et les tergiversations de la politique de la France en Italie (Mentana, 1867) et à l'égard de Bismarck (Biarritz, 1865) ne contribuèrent pas à affermir l'Empire, qui, avec la constitution du ministère d'Emile Ollivier, le 2 janvier 1870, prit une allure franchement parlementaire. Cependant, les résultats du plébiscite de mai 1870 donnèrent à croire que la France rurale restait fidèle au second Empire. Celui-ci fut emporté par le désastre de 1870 : Napoléon III avait inconsidérément jeté (juill. 1870) la France dans une guerre franco-allemande à laquelle elle n'était pas préparée. Ayant capitulé à Sedan avec l'armée de Mac-Mahon (2 sept. 1870), il fut emmené en captivité en Allemagne. La paix signée, il se retira à Chislehurst, en Angleterre, où il mourut. Jusqu'au bout il avait gardé l'espoir de voir son fils reprendre le pouvoir.

Napoléon (Eugène Louis). V. BONAPARTE.

napoléonien, enne adj. Relatif aux Napoléon, à leur système, et plus particulièrement à Napoléon Ier : *l'épopée napoléonienne*.

Napoléon III

napolitain [napɔlitɛ̃], **e** [ɛn] adj. et n. De Naples. ● *Tranche napolitaine*, sorte de glace légère disposée par couches diversement parfumées, et servie en tranches.

Napoule (LA) [06210 Mandelieu], station balnéaire des Alpes-Maritimes (arr. de Grasse, comm. de Mandelieu).

nappe [nap] n. f. (lat. *mappa*). Linge dont on couvre la table pour prendre les repas : *mettre la nappe*. ‖ Niveau général des eaux. ‖ *Math.* Portion illimitée et d'un seul tenant d'une surface courbe : *le sommet d'une surface conique la divise en deux nappes*. ● *Nappe d'autel*, linge dont on couvre l'autel. ‖ *Nappe d'eau*, vaste étendue d'eau, terrestre ou souterraine. ‖ *Nappe de feu*, vaste étendue embrasée. ‖ *Nappe de gaz*, quantité de gaz lourd qui s'étale sur le sol.

napper v. t. Couvrir un mets, une fois dressé sur un plat, avec la sauce d'accompagnement.

napperon n. m. Petite nappe.

Nara, v. du Japon (Honshū) ; 191 000 h. Cap. du Japon de 710 à 794. La période dite « de Nara » (645-794) fut l'âge d'or de la civilisation japonaise. Nombreux temples.

Nārāyanganj, port du Bangla Desh ; 162 100 h. Industrie du jute.

Narbada (la), fl. de l'Inde, tributaire de la mer d'Oman, limite entre l'Hindoustan et le Deccan ; 1 230 km.

Narbonnaise, prov. de la Gaule romaine, constituée par Auguste en 27 av. J.-C. De nombreuses colonies (Narbonne, Nîmes, Orange, Aix) y furent fondées. En 371, la Narbonnaise fut divisée en *Viennoise, Narbonnaise Ire* et *Narbonnaise IIe*.

Narbonne (11100), ch.-l. d'arr. de l'Aude, sur le canal de la Robine, dérivation de l'Aude ; 40 035 h. (*Narbonnais*). Cathédrale Saint-Just (XIIIe-XIVe s.). Anc. archevêché (XIIIe-XIVe s.). Musée. Important port de mer à l'époque romaine et au Moyen Age. La modification du cours de l'Aude au XIVe s. mit fin à son activité portuaire. Marché viticole. Station balnéaire à *Narbonne-Plage*. — L'arr. a 7 cant., 82 comm., 104 152 h.

narcéine [narsein] n. f. Alcaloïde de l'opium, soporifique et analgésique.

narcisse [narsis] n. m. (du nom mythologique). Plante bulbeuse, à fleurs jaunes ou blanches munies d'une sorte de couronne dorée, souvent cultivée comme ornementale. (Famille des amaryllidacées. Le *narcisse des bois* s'appelle également *jonquille*.) ‖ Homme amoureux de lui-même.

Narcisse. *Myth. gr.* Personnage légendaire, célèbre par sa beauté. Il s'éprit de sa propre image en se regardant dans les eaux d'une fontaine, au fond de laquelle il se précipita. Il fut métamorphosé en la fleur qui porte son nom.

Narcisse (m. en 54 apr. J.-C.), affranchi de l'empereur Claude. Il prit une grande part au gouvernement de l'Empire. Agrippine le fit tuer à l'avènement de Néron.

narcissique adj. Relatif au narcissisme : *un comportement narcissique*.

narcisses

narcissisme n. m. (de *Narcisse*, personnage mythologique). Amour morbide de sa propre personne.

narco-analyse [narkoanaliz] n. f. Exploration de l'inconscient d'un sujet soumis à l'action d'un stupéfiant ou d'un hypnotique.
— ENCYCL. La *narco-analyse* consiste à provoquer une anesthésie générale de courte durée par injection intraveineuse d'un barbiturique d'action brève (penthiobarbital). Pendant les périodes d'endormissement et de réveil, les fonctions de contrôle supérieures de la pensée sont inhibées, et le sujet parle et évoque les idées, sujets ou préoccupations qu'il masquait volontairement ou involontairement dans son état de veille. La narco-analyse est un moyen de diagnostic des névroses ; son emploi est interdit en France dans des buts d'investigations policières.

narcolepsie [narkɔlɛpsi] n. f. *Méd.* Besoin passager, mais irrésistible, de dormir.

narcose [narkoz] n. f. (du gr. *narkê*, sommeil). Assoupissement produit par l'action d'un narcotique.

narcothérapie n. f. Traitement de certaines affections mentales par un sommeil artificiel provoqué. (Syn. CURE DE SOMMEIL.)

narcotine n. f. Un des alcaloïdes de l'opium.

narcotique adj. et n. m. (gr. *narkôtikos* ; de *narkê*, engourdissement). Qui provoque l'assoupissement, engourdit la sensibilité, comme l'opium, les barbituriques, etc. (Syn. : SOMNIFÈRE, SOPORIFIQUE.)

nard [nar] n. m. (gr. *nardos*). Graminacée commune dans les prés. ‖ Parfum extrait d'une valérianacée, la *nardostachyde de l'Inde*.

Narew (le), riv. de l'U. R. S. S. et de Pologne, affl. du Bug (r. dr.) ; 480 km. Bataille germano-russe en 1915.

narguer [narge] v. t. Braver avec insolence : *narguer les autorités*.

narguilé ou **narghilé** [nargile] n. m. (mot persan). Pipe orientale, à long tuyau flexible, dans laquelle la fumée passe par un flacon rempli d'eau parfumée avant d'arriver à la bouche.

narine [narin] n. f. (du lat. *naris*). Chacune des deux ouvertures du nez, chez l'homme et chez les mammifères.

narquois [narkwa], **e** [-az] adj. (peut-être de *narquin*, *arquin*, archer). Malicieux, rusé avec dissimulation. ‖ Qui exprime la ruse et la moquerie : *un air narquois*.

narquoisement adv. De façon narquoise.

narrateur, trice n. Celui, celle qui raconte.

narratif, ive adj. Qui appartient à la narration : *style narratif*.

narration n. f. (lat. *narratio*). Récit, exposé écrit et détaillé d'une suite de faits. ‖ Exercice scolaire qui consiste à faire un récit sur un sujet donné.

narrer [nare] v. t. (lat. *narrare*). Exposer, faire connaître par un récit : *narrer une bataille*.

Narsès, général byzantin (v. 478-568). Il fit avorter la sédition Nika. Il élimina les Barbares de l'Italie, qu'il réorganisa avec le titre de patrice.

narthex [nartɛks] n. m. (mot gr.). Portique construit en avant de la nef des basiliques chrétiennes et où se tenaient les catéchumènes. (Certaines églises romanes en possèdent de fort beaux.)

Narva, v. forte de l'U. R. S. S. (Estonie) ; 28 000 h. Charles XII y battit les Russes en 1700 et Pierre le Grand s'empara de la ville en 1704.

Narváez (Ramón María), duc DE VALENCE, général et homme d'Etat espagnol, né à Loja (1800-1868). Partisan de la reine Marie-Christine, il renversa Espartero en 1844 et fut président du Conseil.

narval [narval] n. m. (danois *narhval*). Mammifère cétacé des mers arctiques, atteignant 4 m de long et appelé *licorne de mer* à cause de la longue canine (2 à 3 m) que porte le mâle. (Sous le nom de *corne de licorne*, cette défense servit, au Moyen Age, de pierre d'épreuve pour révéler la présence de poison dans les mets.) ‖ Pl. des *narvals*.

Narvik, port de la Norvège septentrionale ; 13 300 h. Exportation du minerai de fer suédois. Sidérurgie. Pendant la Seconde Guerre mondiale, un raid de la marine britannique détruisit 10 contre-torpilleurs allemands dans le fjord (10-13 avr. 1940). Occupée par les troupes allemandes depuis le 9 avril, la ville fut reprise par les forces françaises du général Béthouart (28 mai), qui durent cependant se rembarquer (3-7 juin).

Narychkine, famille noble russe, à laquelle appartenait la mère de Pierre le Grand.

N. A. S. A. (sigle de *National Aeronautics and Space Administration*), organisme américain de recherches spatiales et aéronautiques. Il effectue aussi bien des recherches pures sur les différents problèmes aérodynamiques de l'avenir que des études techniques d'intérêt immédiat.

nasal [nazal], **e, aux** [-o] adj. (du lat. *nasus*, nez). Relatif au nez. ● *Consonne, voyelle nasale*, ou *nasale* n. f., phonème pendant l'articulation duquel le voile du palais est abaissé, ce qui permet à l'air expiré de vibrer dans les fosses nasales. ‖ *Fosses nasales*, les deux cavités limitées par l'ethmoïde et le palais, séparées par la lame perpendiculaire, et où l'air pénètre par les narines avant de passer dans les poumons.

nasalisation n. f. Action de nasaliser. ‖ Etat d'un son nasalisé.

Phot. Braun, Fraass.

nasaliser v. t. Prononcer avec un son nasal : *nasaliser une voyelle.*

nasalité n. f. Caractère du son nasal.

nasard [nazar] n. m. Jeu de mutation de l'orgue qui sonne à la douzième du son fondamental.

nasarde [nazard] n. f. (du lat. *nasus,* nez). Chiquenaude sur le nez (vx).

Nasbinals (48260), ch.-l. de c. de la Lozère (arr. de Mende), dans l'Aubrac ; 722 h. (526 aggl.). Foires.

naseau [nazo] n. m. (du lat. *nasus,* nez). Narine de certains animaux comme le cheval, le bœuf, etc.

Nashe ou **Nash** (Thomas), écrivain anglais, né à Lowestoft (Suffolk) [v. 1567-v. 1601]. Ses pamphlets (*l'Anatomie de l'absurdité,* 1588), son théâtre et son roman picaresque *le Voyageur malheureux ou la Vie de Jack Wilton* (1594) forment un tableau satirique de la société de son temps.

Nashville, v. des Etats-Unis, cap. du Tennessee ; 170 900 h. Les Confédérés y furent battus en 1864.

Nāsik, v. de l'Inde (Mahārāshtra) ; 241 000 h. Centre artisanal. Sanctuaires bouddhiques.

nasillard [nazijar], **e** [-ard] adj. Qui vient du nez : *voix nasillarde.*

nasillement n. m. Action de nasiller. ‖ Défaut de celui qui nasille.

nasiller [nazije] v. i. (du lat. *nasus,* nez). Parler avec le nez bouché ou comme s'il l'était.

nasilleur, euse n. Personne qui parle du nez.

nasique [nazik] n. m. Singe de Bornéo, à nez long et mou, surtout chez le mâle. ‖ Serpent arboricole, non venimeux, du sud de l'Asie, à museau prolongé en pointe. (Long. 1,50 m.)

Nāṣir al-Dīn al-Ṭūsī, astronome et mathématicien persan, né à Ṭūs (1201-1274).

Nāṣir-i Khusraw, poète et philosophe persan, né dans la région de Balkh (Afghānistān) [1003-1077].

nasitort [nazitɔr] n. m. (lat. *nasus,* nez, et *tortus,* tordu). Autre nom du CRESSON ALÉNOIS.

nasonnement n. m. Voix nasillarde. ‖ Résonance nasale exagérée, qui déforme la qualité des sons.

Nassau, cap. des îles Bahamas ; 100 000 h. Tourisme.

Nassau (*famille de*), famille qui s'établit en Rhénanie au XIIe s. et qui se subdivisa en plusieurs branches : la *branche de Walram,* qui régna sur le Saint Empire avec ADOLPHE de 1292 à 1298 ; la *branche ottonienne,* d'où sortit au XVIe s. la *branche d'Orange-Nassau,* qui s'illustra à la tête des Provinces-Unies.

Nassau (Guillaume Ier DE). V. GUILLAUME Ier DE NASSAU.

Nassau (Maurice DE). V. MAURICE DE NASSAU.

Nassau (Frédéric-Henri DE). V. FRÉDÉRIC-HENRI DE NASSAU.

nasse [nas *ou* nɑs] n. f. (lat. *nassa*). Panier en osier, en fil métallique, pour prendre du poisson. ‖ Filet pour prendre des petits oiseaux.

nasse [nas] n. f. Mollusque gastropode vivant sur les côtes de l'Europe occidentale et se nourrissant de proies mortes. (Long. 3 cm.)

Nasser (Gamal Abdel), homme d'Etat égyptien, né à Beni Mor (prov. d'Assiout) [1918-1970]. Dès 1948, il prend part à l'action nationaliste égyptienne. Lieutenant-colonel en 1951, il participe en 1952 au coup d'Etat militaire effectué par Néguib ; en 1954, il écarte ce dernier, devient président de la République et obtient des pouvoirs étendus. Après avoir nationalisé le canal de Suez (1956), il réalise l'éphémère union de l'Egypte et de la Syrie (*République arabe unie,* 1958-1961). Après la guerre des Six-Jours (juin 1967), qui voit la victoire d'Israël et l'occupation du Sinaï, il démissionne, puis, presque aussitôt, revient au pouvoir.

nastie n. f. Mouvement relativement rapide d'un organe végétal, en réaction à un choc, à un contact ou à une secousse : *le repliement des feuilles de la sensitive est une nastie.*

Nat (Yves), pianiste français, né à Béziers (1890-1956). Il a été un des plus grands interprètes de Beethoven, de Schumann et de Franck.

natal [natal], **e, als** adj. (lat. *natalis ;* de *natus,* naissance). Relatif au pays, au temps où l'on est né : *pays, air natal.*

Natal, prov. de l'Afrique du Sud, sur la côte sud-est de l'Afrique ; 91 375 km² ; 2 979 900 h. Ch.-l. *Pietermaritzburg.* Entre la chaîne des Drakensberg et l'océan Indien, le Natal, au climat subtropical humide, est une importante région agricole (canne à sucre, coton, thé, maïs, élevage) et industrielle (houille, métallurgie) dont *Durban* (peuplé pour un tiers d'habitants d'origine indienne) est la plus grande ville et le principal port.

● *Histoire.* La région fut découverte en 1497 par Vasco de Gama ; les Anglais s'y installèrent en 1684, mais les Boers colonisèrent le pays au début du XIXe s. et créèrent en 1840 la République indépendante du Natal, que les Anglais annexèrent dès 1844. En 1910, le Natal fut intégré à l'Union sud-africaine.

Natal, port du Brésil, cap. de l'Etat de Rio Grande do Norte, sur l'Atlantique ; 218 000 h.

nataliste adj. Qui vise à favoriser la natalité : *politique nataliste.*

Nasser

natalité n. f. Rapport entre le nombre des naissances et celui des habitants d'une région pendant un temps donné. (Le *taux de natalité* exprime le nombre d'enfants nés vivants par rapport à un groupe moyen de 1 000 h. Il varie de 13 p. 1 000 dans certains pays d'Europe à plus de 50 p. 1 000 dans certains pays sous-développés de l'Amérique centrale.)

Natanya, port d'Israël, sur la Méditerranée ; 56 100 h. Taille des diamants.

natation [natasjɔ̃] n. f. (du lat. *natare,* nager). Action de nager, considérée comme un exercice, un sport. (V. *encycl.*) ‖ Progression active des animaux dans l'eau ou sur l'eau. (V. *encycl.*)

— ENCYCL. La *natation* englobe plusieurs formes de nages, qui, sur le plan sportif, sont au nombre de quatre : le crawl*, la brasse*, la brasse papillon* (devenue papillon dauphin ou, plus simplement, papillon) et la nage sur le dos (ou dos crawlé). Les principales épreuves sont les courses de nage libre (100 m, 400 m, 1 500 m), qui sont disputées en crawl (nage la plus rapide). La natation sportive moderne est née pendant la première moitié du XIXe s. en Grande-Bretagne, mais la première compétition eut lieu en Australie (1846). Les premiers championnats d'Europe furent organisés dès 1889, et la natation fut inscrite au programme des premiers jeux Olympiques modernes à Athènes en 1896 (la natation féminine n'y apparaît toutefois qu'en 1912). Une *Fédération internationale de natation amateur* (F. I. N. A.) fut fondée en 1908. Sur le plan des résultats, la natation fut dominée par les Etats-Unis de 1920 à 1930, puis par le Japon jusqu'en 1940. La supériorité de l'Australie s'affirma à partir de 1956 ; mais, depuis 1964, les Etats-Unis dominent à nouveau la natation mondiale.

— *Zool.* Les espèces à respiration branchiale nagent ordinairement en pleine eau, soit, comme les poissons, à l'aide de nageoires*, soit par réaction en expulsant de l'eau sous pression (seiche, poulpe), soit par battement des valves (coquille Saint-Jacques, pétoncle) ou par les dispositifs les plus divers (ptéropodes, chétognathes, méduses, etc.). Les espèces à respiration pulmonaire nagent en se maintenant normalement à la surface, quitte à plonger plus ou moins longuement (canard, dauphin). Certaines espèces se bornent à venir un instant à la surface de temps à autre pour reprendre de l'air (dytique). Il n'y a pas *natation* lorsque l'animal flotte passivement, même en tendant une voile (vélelle, voilier), lorsqu'il marche sur l'eau sans en crever le film de surface (gyrin, hydromètre) ou lorsqu'il se déplace verticalement par simple variation de densité (plancton).

natatoire adj. Qui concerne la natation : *appareil natatoire.* ● *Vessie natatoire,* poche située dans l'abdomen de certains poissons, pleines d'oxygène et d'azote, et dont le rôle est discuté.

Natchez [-tʃɛz], anc. tribu d'Indiens du Mississippi.

Natchez (*les*), poème en prose de Chateaubriand (1826).

Nathan, prophète juif du temps de David, à qui il osa reprocher le crime d'avoir fait tuer Urie et d'en avoir épousé la femme, Bethsabée.

natice [natis] n. f. Mollusque gastropode des plages de l'Europe occidentale, dont la coquille rappelle celle d'un escargot.

natif [natif], **ive** [-iv] adj. (lat. *nativus*). Natif de (suivi d'un nom de lieu), né à cet endroit : *il est natif de Quimper ; natif de la Beauce.* ‖ — *Fig.* Naturel, apporté en naissant : *vertu native.* ‖ Se dit d'un corps simple qui se trouve dans la nature non combiné : *argent natif.* ‖ — N. Personne née dans un pays déterminé.

nation [nasjɔ̃] n. f. (lat. *natio*). Communauté humaine, le plus souvent installée sur un même territoire, et qui possède une unité historique, linguistique, religieuse, économique plus ou moins forte. ‖ Personne juridique formée par l'ensemble des individus régis par une même Constitution, distincte de ceux-ci et titulaire de la souveraineté.

Nations unies (*Organisation des*). V. ORGANISATION DES NATIONS UNIES.

national, e, aux adj. Qui appartient à une nation : *caractère national.* ● *Route nationale,* ou *nationale* n. f., route construite et entretenue par l'Etat.

National (*le*), journal politique libéral fondé le 3 janvier 1830 par Thiers, Mignet, Carrel, etc., pour soutenir la branche cadette des Bourbons.

National Gallery, un des plus importants musées de peinture européens, à Londres, riche en chefs-d'œuvre de toutes les écoles.

National Gallery of Art, riche musée de Washington.

nationalisation n. f. Transfert à la collectivité de la propriété de certains moyens de production appartenant à des particuliers, en vue soit de mieux servir l'intérêt public, soit de mieux assurer l'indépendance de l'Etat, ou d'interdire la réalisation de bénéfices privés en matière de défense nationale, ou même de sanctionner l'incivisme des anciens propriétaires.

— ENCYCL. Dans le monde entier, de nombreuses *nationalisations* ont été opérées au cours du XXe s. En France, les principales nationalisations ont porté sur certaines fabrications d'armement (1936), la Banque de France (1936-1945), les chemins de fer (1937), les houillères (1944-1947), les grandes banques de dépôt (1945), les usines Renault (1945), les grandes compagnies d'assurances (1946), la production et la distribution du gaz et de l'électricité (1946).

nationaliser v. t. Rendre national. ‖ Transférer à la collectivité la propriété de moyens de production appartenant à des particuliers.

nationalisme n. m. Doctrine qui se réclame essentiellement de la tradition et des aspirations exclusivement nationales.

nationaliste adj. Qui concerne le nationalisme. ‖ — N. Partisan du nationalisme.

nationalité n. f. Caractère distinctif d'une nation. ‖ Groupement de personnes ayant même origine ou tout au moins une histoire et des traditions communes. ‖ Etat de celui qui appartient à une nation : *acquérir la nationalité française.* ‖ Lien juridique qui unit une personne ou un territoire à un Etat déterminé.

national-socialisme n. m. Doctrine fondée par Hitler v. 1923-1924, unissant les tendances raciales et militaristes aux réalisations sociales. (Opposés au marxisme et étroitement nationalistes, les tenants de cette doctrine avaient pour devise : « un Peuple, un Empire, un Chef » ; ils étaient, en outre, persuadés de la suprématie de la race germanique et décidés à étendre le territoire allemand au nom de la théorie de l'espace vital.) [On dit aussi NAZISME.]

national-socialiste adj. et n. Qui appartient au national-socialisme. (On dit aussi NAZI.) ‖ Pl. des *nationaux-socialistes.*

nationaux n. m. pl. Personnes qui, au regard des lois internes, possèdent une nationalité donnée : *les consuls défendent les intérêts de leurs nationaux.*

nativement adv. De nature, par sa nature.

nativisme [nativism] n. m. *Philos.* Théorie selon laquelle l'espace et le temps sont donnés dans les sensations elles-mêmes, et non acquis par expérience. (Contr. GÉNÉTISME.)

nativiste adj. et n. Qui concerne ou qui professe le nativisme.

nativité [nativite] n. f. (lat. *nativitas*). Fête de la naissance de Jésus-Christ, de la Sainte Vierge, de certains saints. ‖ Anniversaire où l'on célèbre un de ces événements. ‖ *Absol.* (avec une majuscule). La fête de Noël.

N. A. T. O., sigle de *North Atlantic Treaty Organization* ou Organisation* du traité de l'Atlantique Nord.

Natoire (Charles Joseph), peintre et graveur français, né à Nîmes (1700-1777). Il fit un long séjour à Rome dans sa jeunesse, puis y revint comme directeur de l'Académie de France. Décorateur, il exécuta la voûte de l'église Saint-Louis-des-Français à Rome, travailla à l'hôtel Soubise à Paris et au premier étage du château de Versailles. Il composa des cartons de tapisserie.

Natorp (Paul), philosophe allemand, né à Düsseldorf (1854-1924), l'un des représentants du néo-kantisme.

natron [natrɔ̃] ou **natrum** [-trɔm] n. m. (esp. *natron,* empr. à l'arabe). Carbonate de sodium hydraté naturel. (Le natron servait aux Egyptiens pour conserver les momies.)

Natsume (Sōseki), écrivain japonais, né à Tōkyō (1867-1916). Poète et essayiste, il reste surtout par ses romans le plus illustre représentant de l'école idéaliste (*Lumière et ombre* [*Meian*], 1916).

nattage n. m. Action de natter. ‖ Etat de ce qui est natté.

natte [nat] n. f. (lat. *matta*). Tissu de paille ou de joncs entrelacés. ‖ Brins de matières diverses que l'on a tressés : *une natte de laine.* ‖ Cheveux tressés.

natter v. t. Tresser en natte.

nattier [natje], **ère** [-ɛr] n. Ouvrier, ouvrière qui tisse les fibres de jonc ou de roseau pour faire des tapis.

Nattier (Jean-Marc), peintre français, né à Paris (1685-1766). De son vivant, il connut une très grande réputation. Devenu en 1740 peintre de la famille royale, il exécuta de nombreux portraits féminins, notamment ceux de Mesdames, filles de Louis XV. Il pratiqua aussi le pastel.

naturalisation n. f. Acte par lequel une personne résidant à l'étranger peut acquérir — sous certaines conditions et du fait d'une décision discrétionnaire du chef de l'Etat — la nationalité du pays de résidence. ‖ Acclimatation durable des plantes ou des animaux sur un sol qui leur est étranger. ‖ Action de transporter un mot, une expression d'une langue dans une autre. ‖ Art de donner à un animal, à une plante morte, l'apparence de la vie.

Phot. Keystone.

NATATION

1er temps — 2e temps — 3e temps — 4e temps

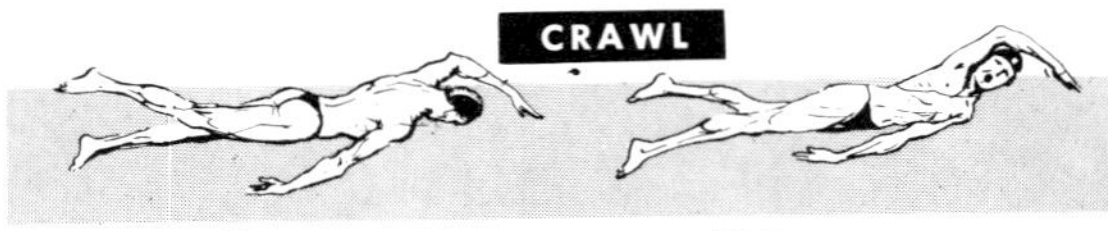

1er temps — 2e temps

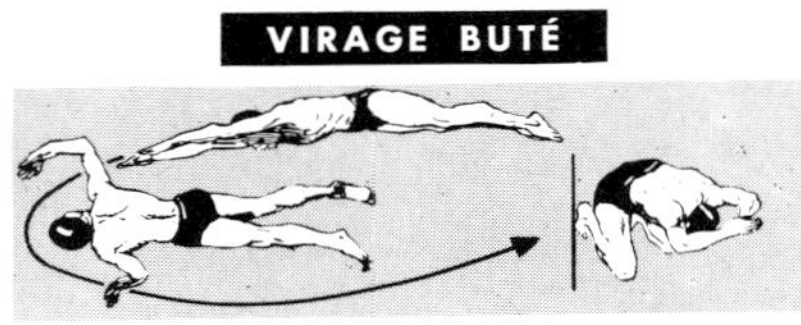

brasse papillon

PLONGEONS

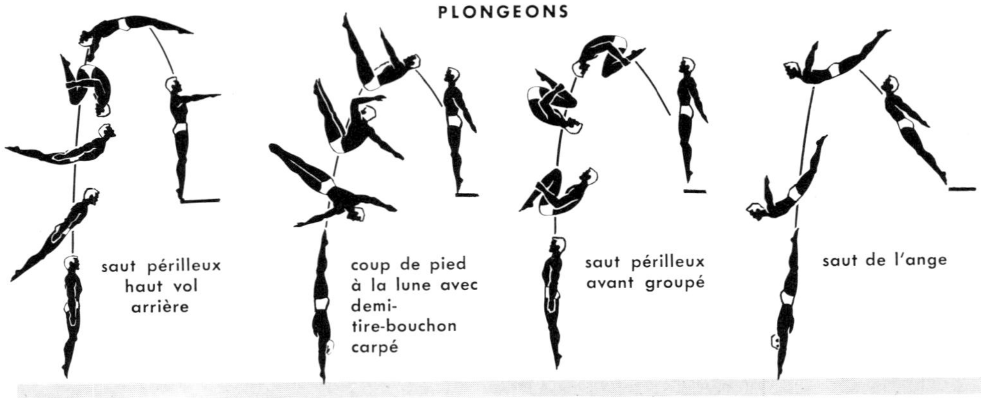

saut périlleux haut vol arrière — coup de pied à la lune avec demi-tire-bouchon carpé — saut périlleux avant groupé — saut de l'ange

crawl

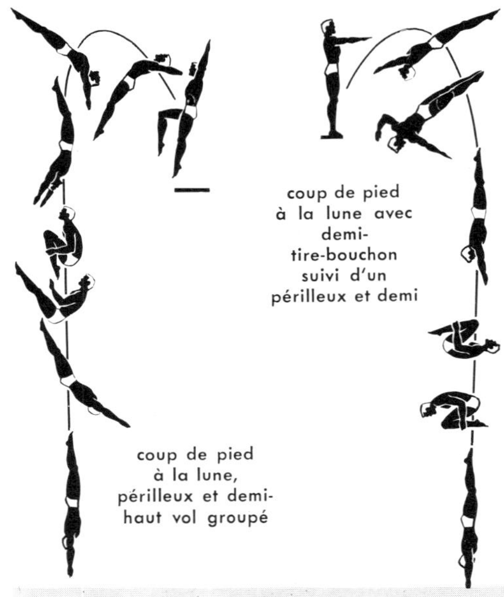

coup de pied à la lune avec demi-tire-bouchon suivi d'un périlleux et demi — coup de pied à la lune, périlleux et demi-haut vol groupé

coup de pied à la lune

départ d'une épreuve

départ, nage sur le dos

naturalisé, e n. et adj. Personne qui a obtenu sa naturalisation. (En France, les naturalisés jouissent des mêmes droits que les nationaux; cependant, ils n'acquièrent certains droits politiques que quelques années après leur naturalisation.)

naturaliser [natyralize] v. t. Donner à un étranger les droits dont jouissent les naturels du pays. || Acclimater un animal ou une plante sur un sol qui leur est étranger. || Empailler un animal ou préparer une plante pour leur garder leur aspect naturel. ● *Naturaliser un mot,* l'introduire d'une langue dans une autre.

naturalisme n. m. Caractère de ce qui est naturel. || Ecole littéraire qui, par l'application à l'art des méthodes de la science positive, visait à reproduire la réalité avec une objectivité parfaite et dans tous ses aspects, même les plus vulgaires : *Zola est considéré comme le chef du naturalisme.* (V. *encycl.*) || Philosophie, religion de la nature.
— ENCYCL. L'école naturaliste se constitue entre 1860 et 1880 sous la double influence du réalisme de Flaubert et du positivisme de Taine. Par leur souci du document vrai, les Goncourt appartiennent déjà au *naturalisme.* Mais c'est Zola qui incarne la nouvelle esthétique, dont il se fait le théoricien (*le Roman expérimental,* 1880) : il fonde la vérité du roman sur l'observation scrupuleuse de la réalité et sur l'expérimentation, qui soumet l'individu au déterminisme de l'hérédité et du milieu. *Les Soirées de Médan* (1880), qui rassemblèrent, autour de Zola, Maupassant, Léon Hennique, Henry Céard, Paul Alexis et Huysmans, forment le manifeste de l'école nouvelle, à laquelle se rattachent A. Daudet, O. Mirbeau, J. Renard, J. Vallès, etc. Le naturalisme s'imposa également au théâtre avec l'œuvre de Becque (*les Corbeaux,* 1882) et les mises en scène d'Antoine au Théâtre-Libre.

naturaliste n. Personne qui se livre à l'étude des plantes, des minéraux, des animaux : *Aristote, Pline et Buffon ont été de grands naturalistes.* || Personne qui prépare des animaux pour la conservation dans des collections. (Syn. TAXIDERMISTE.) || Adepte du naturalisme en littérature, en philosophie, en religion. || — Adj. Relatif au naturalisme : *les romanciers naturalistes.*

natura rerum (*De*) [*De la nature des choses* ou *De la nature*], poème philosophique en 6 chants de Lucrèce. L'auteur expose et explique les principes du matérialisme d'Epicure : l'homme est délivré de la superstition lorsqu'il comprend que l'univers est le résultat d'une rencontre d'atomes; l'âme même est constituée d'atomes plus subtils et périt comme le corps. Le poète peint ensuite les premiers âges de la Terre, l'apparition des animaux et de l'homme, et brosse un tableau effrayant des épidémies, en particulier de la peste d'Athènes sous Périclès.

nature [natyr] n. f. (lat. *natura*). Ensemble des choses qui existent réellement : *les trois règnes de la nature.* || Monde physique : *les harmonies de la nature.* || Condition propre, essence des êtres : *nature divine, humaine.* || Organisation de chaque animal : *la nature du poisson est de vivre dans l'eau.* || Ensemble des caractères particuliers, des dispositions qui distinguent un individu : *une nature indolente; une nature bilieuse.* || Sentiments qui naissent des liens du sang : *la voix de la nature.* || Modèle naturel qu'un artiste a sous les yeux : *peindre d'après nature.* || Sorte, espèce : *objets de différente nature.* ● *En nature,* en productions du sol, en objets réels, etc. (par oppos. à l'argent *monnayé*) : *payer en nature.* || *Etat de nature* (Théol. cathol.), état naturel de l'homme (par oppos. à l'*état de grâce*). || *Nature morte,* animaux représentés morts, fruits, légumes, objets inanimés. || — Adj. inv. Au naturel; servi seul : *bœuf, café nature.* || *Fam.* Naturel, sans artifice : *personne très nature.* ● *Grandeur nature,* dont les dimensions sont celles du modèle : *une statue grandeur nature; une maquette grandeur nature.*

Phot. « But et Club », Presse-Sports, Martin-Prével - Atlas-Photo, « But et Club » (2).

naturel, elle adj. Conforme à l'ordre de la nature : *loi naturelle.* ‖ Qu'on apporte en naissant : *bonté naturelle.* ‖ Conforme à la raison, à l'usage : *il est naturel de...* ‖ Exempt de recherche, d'affectation, de contrainte : *langage simple et naturel.* ‖ Qui n'est point falsifié : *vin naturel.* ‖ Qui se trouve dans la nature : *gaz naturel.* ‖ Se dit d'une fibre textile existant à l'état brut dans la nature (laine, coton, etc.) par opposition aux fibres synthétiques. ‖ Né hors du mariage : *enfant naturel.* ● *Histoire naturelle,* méthode d'étude de la nature fondée avant tout sur l'observation à l'œil nu réalisée aux lieux mêmes des phénomènes, sur la constitution de collections et sur l'établissement de systèmes rationnels de classification des objets naturels. (V. *encycl.*) ‖ *Mort naturelle,* mort qui résulte d'une maladie ou de l'âge. ‖ *Note naturelle* (Mus.), note qui n'est modifiée par aucune altération. ‖ *Religion naturelle,* religion que, selon les philosophes du XVIIIe s. comme Rousseau, les hommes possèdent dès leur naissance, et qui les pousse à aimer la nature et son créateur. ‖ *Sciences naturelles,* sciences qui traitent de la nature et de ses productions.
— ENCYCL. C'est le passage de l'observation à l'expérience et la prédominance des travaux de laboratoire sur les excursions en pleine nature qui ont conduit, au début du XXe s., à substituer l'expression *sciences naturelles* à celle d'*histoire naturelle,* en usage depuis Buffon et Cuvier. L'immense mérite de l'histoire naturelle a été de constituer un énorme catalogue d'êtres vivants, de phénomènes et de connaissances brutes, classés de la façon la plus claire et sur quoi peut maintenant s'exercer le travail scientifique proprement dit : analyse, hypothèse, recherche de lois générales, etc. Le développement récent de l'océanographie, de l'écologie, de la paléontologie et autres sciences de plein air conduit aujourd'hui un nombre croissant de savants à revenir à l'étude directe des milieux naturels, mais avec des procédés d'enregistrement et de mesure qui manquaient à leurs devanciers.

naturel n. m. Caractère, tendances qui appartiennent à un individu, qui le distinguent : *le naturel de l'homme; être d'un naturel jaloux.* ‖ Absence d'affectation, d'artifice dans les sentiments, les manières, le langage, le style : *sa diction manque de naturel.* ‖ — Pl. Habitants originaires d'un pays. ‖ — **Au naturel** loc. adv. Avec vérité : *peindre quelqu'un au naturel.* ‖ Sans apprêt, servi seul : *bœuf au naturel.*

naturellement adv. Par une impulsion naturelle : *le lion est naturellement courageux.* ‖ Par le seul secours de la nature : *cela se fait naturellement.* ‖ D'une manière naturelle, aisée : *écrire naturellement.* ‖ Facilement, simplement : *cela s'explique naturellement.* ‖ Par une conséquence logique ; comme on doit s'y attendre : *attaqué, il s'est naturellement défendu.*

naturisme n. m. Tendance à suivre de près la nature. Doctrine hygiénique et sportive appliquant cette tendance. ‖ Syn. de NUDISME.

naturiste adj. Relatif au naturisme. ‖ — N. Partisan du naturisme.

Naucelle (12800), ch.-l. de c. de l'Aveyron (arr. de Rodez) ; 2 459 h. (1 579 aggl.) [*Naucellois*].

naucore [nokɔr] n. f. Insecte des eaux stagnantes, carnivore. (Long. 2 cm ; ordre des hétéroptères.)

Naudin (Charles), biologiste français, né à Autun (1815-1899), auteur de travaux sur les hybrides.

naufrage [nofraʒ] n. m. (lat. *naufragium,* brisement de navire). Perte d'un bâtiment en mer : *le naufrage de la « Méduse ».* ‖ *Fig.* Ruine complète : *assister au naufrage de sa fortune.*

naufragé, e adj. et n. Qui a fait naufrage : *navire naufragé ; secourir des naufragés.*

naufrager v. i. (conj. **1**). Faire naufrage.

naufrageur, euse n. Habitant des côtes, qui, par de faux signaux ou d'autres manœuvres, provoquait des naufrages pour s'emparer des épaves. ‖ *Fig.* Personne dont les entreprises amènent la ruine d'autrui.

naumachie [nomaʃi] n. f. (gr. *naumakhia,* combat de navires). Spectacle romain représentant un combat naval. ‖ Piscine creusée dans un cirque pour ce combat.

Naumburg, v. de l'Allemagne orientale, sur la Saale ; 39 900 h. Cathédrale (XIIe s.), ornée de sculptures célèbres (XIIIe s.). Vignobles. Industries mécaniques et textiles.

Naundorff ou **Naundorf** (Karl), personnalité politique, morte à Delft en 1845. Horloger, il a prétendu être Louis XVII évadé du Temple.

Naupacte, anc. port des Locriens, à l'entrée du golfe de Corinthe. Depuis le Moyen Age, on l'appelle *Lépante**.

Nauplie, v. de Grèce, dans le Péloponnèse (Argolide) ; 8 500 h. Citadelle. C'était le port d'Argos.

nauplius [nopliјys] n. m. Première forme larvaire des crustacés.

Naurouze (*seuil de*), passage du sud de la France, reliant le Bassin aquitain au Midi méditerranéen ; alt. 190 m. Obélisque à la mémoire de Riquet.

Nauru, atoll de la Polynésie, au sud des Marshall, indépendant depuis 1968, anciennement sous la tutelle de l'Australie ; 4 900 h. Phosphates.

nauséabond [nozeabɔ̃], **e** [-ɔ̃d] adj. Qui cause des nausées, écœurant : *odeur nauséabonde.* (Syn. : DÉGOÛTANT, RÉPUGNANT.)

nausée [noze] n. f. (lat. *nausea,* mal de mer). Envie de vomir : *avoir des nausées.* (V. *encycl.*) ‖ *Fig.* Profond dégoût : *la lecture de certains romans donne la nausée.*
— ENCYCL. La *nausée* est due à une irritation des centres nerveux du tronc cérébral, soit directe (intoxication), soit réflexe, par irritation des filets nerveux de la bouche (glosso-pharyngien) ou de l'abdomen (pneumogastrique). Elle traduit des états pathologiques fort variés (empoisonnement, grossesse, appendicite, etc.) et nécessite le diagnostic de sa cause avant l'emploi des antinauséeux.

Nausée (*la*), roman de J.-P. Sartre (1938). Le journal intime d'Antoine Roquentin révèle le drame d'un être incapable de conquérir sa liberté.

nauséeux [-zeø], **euse** [-øz] adj. Qui provoque des nausées : *un remède nauséeux.*

Nausicaa. *Myth. gr.* Fille d'Alcinoos, roi des Phéaciens, qui accueillit Ulysse après son naufrage.

nautile [notil] n. m. (gr. *nautilos,* matelot). Mollusque céphalopode des mers chaudes, à coquille spiralée et cloisonnée à l'intérieur. (Diamètre 25 cm.)

nautique [notik] adj. (lat. *nauticus,* naval). Qui appartient à la navigation : *art nautique.*

nautisme n. m. Ensemble des sports nautiques.

nautonier [notɔnje] n. m. (du lat. *nauta,* matelot). Qui conduit un navire, une barque (vx). ● *Le nautonier des Enfers,* Charon.

Navacelles (*cirque de*), grand méandre recoupé de la Vis, profondément encaissé dans les calcaires du causse de Larzac (Hérault).

Navā'ī (Mīr 'Alī Chīr), poète persan et turc, né à Harāt (1440-1501).

navaja [navaxa] n. f. Long couteau espagnol, à lame effilée.

Navajos ou **Navahos,** Indiens de l'Amérique du Nord, groupe indigène des Etats-Unis (Oklahoma), qui est de loin le plus important numériquement. (Leur langue les rattache à la région du lac Athabaska au Canada.)

naval [naval], **e, als** adj. (du lat. *navis,* navire). Qui concerne la marine de guerre : *combats navals.* ● *Ecole navale,* école de formation des officiers de la marine militaire. (Fondée à Brest en 1830, l'Ecole navale a fonctionné jusqu'en 1914 à bord d'un navire mouillé en rade et traditionnellement surnommé le *Borda.* Installée en 1935 dans des bâtiments à Saint-Pierre-Quilbignon, elle est implantée, depuis 1945, de l'autre côté de la rade, à proximité de la base aéronavale de Lanvéoc-Poulmic, où une nouvelle école a été construite.)

navarin [navarɛ̃] n. m. (de *Navarin,* nom d'une bataille). Ragoût de mouton préparé avec des navets et parfois des pommes de terre.

Navarin ou **Pylos,** port de Grèce, dans le Péloponnèse, sur la mer Ionienne ; 2 500 h. La flotte turco-égyptienne y fut détruite par la flotte anglo-franco-russe en 1827.

navarque [navark] n. m. *Antiq. gr.* Commandant d'une flotte, d'une marine de guerre.

navarrais [navarɛ], **e** [-ɛz] adj. et n. De Navarre.

Navarre, en esp. **Navarra,** région de l'Espagne septentrionale, correspondant à la prov. de Pampelune (412 000 h. ; ch.-l. *Pampelune*). (Hab. *Navarrais,* de race basque.) Entre la frontière française et la chaîne Ibérique, la Navarre juxtapose un secteur pyrénéen, domaine de l'élevage, des bassins intérieurs plus secs (Pampelune), consacrés aux céréales et à la pomme de terre, et une partie, aride, du bassin de l'Ebre, où, en dehors des secteurs irrigués, dominent une céréaliculture et un élevage extensifs.
● *Histoire.* Anc. royaume fondé au IXe s., la Navarre eut une éphémère prééminence en Espagne au début du XIe s. Par la suite, elle recula devant les empiétements de la Castille et de l'Aragon. En 1284, elle fut unie à la France. La famille d'Albret la reçut, en 1484, par le mariage de Catherine de Foix et de Jean d'Albret. En 1512, Ferdinand le Catholique enleva à Jean III d'Albret la haute Navarre, et Henri IV, qui en avait hérité, unit en 1589 à la France la basse Navarre.

Navarrenx [-rɛ̃s] (64190), ch.-l. de c. des Pyrénées-Atlantiques (arr. d'Oloron-Sainte-Marie) ; 1 064 h. Remparts. Pont et tour (XVe s.).

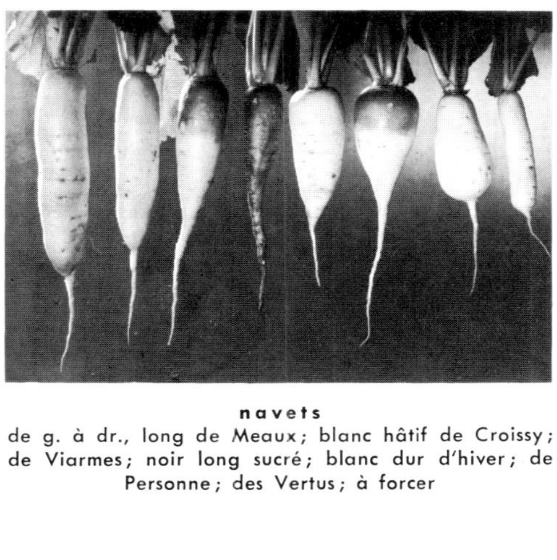

navets
de g. à dr., long de Meaux ; blanc hâtif de Croissy ; de Viarmes ; noir long sucré ; blanc dur d'hiver ; de Personne ; des Vertus ; à forcer

navarrin [navarɛ̃], **e** [-in] adj. et n. Syn. anc. de NAVARRAIS.

Navas de Tolosa (LAS), bourg d'Espagne (prov. de Jaén). Victoire des rois d'Aragon, de Castille et de Navarre sur les Almohades (1212).

navet [navɛ] n. m. (du lat. *napus*). Plante potagère à racine comestible. (Famille des crucifères.) [V. *encycl.*] ‖ Sa racine. ‖ *Fam.* Œuvre littéraire ou artistique sans valeur.
— ENCYCL. Il existe diverses formes de navets, les unes fourragères à grosses racines, les autres potagères à racines plus petites et tendres. Les navets étaient une base essentielle de l'alimentation humaine avant l'introduction de la pomme de terre ; ils entrent maintenant dans la confection des bouillons ou accompagnent certaines viandes, surtout grasses (porc, mouton, canard).

navette [navɛt] n. f. (dimin. de *nef*). Petit vase où l'on met l'encens destiné à être brûlé à l'église. ‖ Instrument de tisserand pour porter et faire passer les fils de la trame entre les fils de la chaîne d'une étoffe. ‖ Pièce de la machine à coudre qui renferme la canette. ‖ Véhicule à court parcours et à trajet répété. ● *Faire la navette,* aller et venir de façon continuelle. ‖ *Navette spatiale,* engin conçu pour effectuer plusieurs fois le trajet entre la Terre et une station orbitale.

navette n. f. (de *navet*). Plante crucifère voisine du colza, utilisée comme fourrage vert ou pour ses graines, qui fournissent 30 p. 100 d'une huile alimentaire.

Navez (François Joseph), peintre belge, né à Charleroi (1787-1869). Formé dans l'atelier de David à Paris, ayant séjourné en Italie, il rénova la peinture belge et forma de nombreux peintres. On lui doit notamment de remarquables portraits (*la Famille de Hemptinne,* Bruxelles).

navicert [navisɛrt] n. m. inv. (mot angl.). Permis de navigation accordé par un gouvernement à un bâtiment de commerce en temps de blocus.

naviculaire [navikylɛr] adj. (du lat. *navicula,* nacelle). Qui a la forme d'une nacelle : *os naviculaire.*

navicule [navikyl] n. f. Algue microscopique du groupe des diatomées, responsable de la coloration verte de certaines huîtres.

navigabilité n. f. Etat d'une rivière navigable. ‖ Etat d'un navire pouvant tenir la mer, d'un avion pouvant voler.

navigable adj. (du lat. *navigare,* naviguer). Où un bateau peut flotter et manœuvrer : *fleuve navigable.*

navigant, e adj. et n. Qui navigue. ● *Personnel navigant,* personnel qui fait partie des équipages de l'aviation ou de la marine.

navigateur n. m. Spécialiste de la navigation aérienne ou maritime. ‖ Membre de l'équipage d'un navire ou d'un avion, chargé de relever le chemin parcouru et de déterminer la route à suivre. ‖ — Adj. m. Adonné à la navigation : *les Phéniciens étaient un peuple navigateur.* (Le fém. NAVIGATRICE est parfois usité.)

navigation n. f. (lat. *navigatio*). Voyage sur mer : *navigation dans les mers australes.* ‖ Art du navigateur : *traité sur la navigation.* ‖ Action de naviguer : *la navigation maritime.* (V. *encycl.*) ● *Navigation aérienne,* action de voyager en avion. (V. *encycl.*) ‖ *Navigation fluviale* ou *intérieure,* voyage sur les rivières, les canaux ou les lacs.
— ENCYCL. La *navigation maritime* consiste à savoir où le navire se trouve à la surface du globe (problème du « point ») et à déterminer la direction qu'il doit prendre pour se rendre à sa destination (problème de la « route »). Ces problèmes sont résolus soit par l'estime (*navigation estimée*), avec la carte, un rapporteur, une règle et une boussole, soit par l'observation des astres (*navigation observée*), avec un sextant. Il faut de plus avoir à bord un chronomètre qui conserve l'heure du méridien d'origine et permet d'obtenir la longitude, c'est-à-dire la différence entre cette heure et l'heure du lieu calculée directement. L'heure du méridien d'origine est aussi envoyée par radio plusieurs fois par jour.
La *navigation aérienne* a pour but de déterminer la direction et la vitesse que doit prendre l'avion pour arriver à une heure donnée à l'escale fixée. La navigation *à vue,* ou cheminement, s'effectue lorsque le pilote voit le sol ; dans le cas contraire, il navigue *à l'estime.* Il doit alors voler à une vitesse aérodynamique et à cap constants pendant de longs intervalles, et noter chaque modification de la vitesse ou du cap, ainsi que l'heure de ces modifications. De plus, il doit connaître le vent pour pouvoir tracer sur la carte le trajet de l'avion.

naviguer [navige] v. i. (lat. *navigare*). Voyager sur mer, sur les lacs, les cours d'eau ou dans les airs. ‖ Faire suivre à un navire ou à un avion une route déterminée. ‖ Se comporter à la mer : *bateau qui navigue bien.*

Naviplane n. m. (marque déposée). Petit bâtiment dont la coque est munie d'un ou de plusieurs ailerons qui le font sortir de l'eau à grande vitesse. (Le Naviplane est utilisé pour le transport rapide de passagers sur de courtes distances. Il est aussi appelé ALYSCAPHE.)

navire n. m. (du bas lat. *navilium*). Bâtiment de mer de grande ou moyenne taille.
— ENCYCL. Dès le début de la navigation, dans l'Antiquité, les deux types de navires, à voiles et à rames, étaient connus. Les Grecs et les Romains utilisèrent les navires à rames, longs et fins, pour la guerre, et les navires à voiles, larges et lourds, pour le commerce. Le navire de guerre à rames, la galère, subsista jusqu'au milieu du XVIIIe s., puis fut remplacé par le voilier. Dans la construction, le bois fut seul employé jusqu'au XIXe s. ;

Phot. Georges Truffaut.

Andromède le 23 septembre 1946 **nébuleuses** Baie sombre ou Tête de cheval dans Orion

le premier navire en fer, *Aaron Manby,* fut construit en 1822; l'acier fut utilisé pour le cuirassé *Redoutable* en 1876. Le navire à vapeur à roues commença à être employé au début du XIXe s.; l'hélice fut appliquée pour la première fois à un navire en 1839. Les navires modernes sont équipés de machines turbo-électriques ou diesel-électriques.
● *Navire à voiles.* Les grands voiliers sont partout en voie de disparition. Seuls subsistent des voiliers écoles et des navires de plaisance.
● *Navire à propulsion mécanique.* On peut classer les navires de commerce d'après leur utilisation : les *paquebots,* pour le transport des passagers; les *cargos,* pour le transport des marchandises; les *navires-citernes, pétroliers* et *méthaniers.* Les grands paquebots, devant la concurrence de l'avion, sont en voie de disparition. Les pétroliers deviennent de plus en plus importants : des navires de 200 000 t de port en lourd naviguent actuellement, et il existe des projets de pétroliers de 500 000 t.
● *Navires de guerre.* Les marines de guerre sont essentiellement constituées de frégates lance-engins, de sous-marins et de porte-avions; certains navires, en particulier des sous-marins, sont à propulsion nucléaire.

navire-citerne n. m. Navire pétrolier ou transporteur de vins. ‖ Pl. des *navires-citernes.*

navire-hôpital n. m. Paquebot aménagé pour le transport des malades et des blessés. ‖ Pl. des *navires-hôpitaux.*

navire-jumeau n. m. Navire possédant les mêmes caractéristiques de construction qu'un autre. ‖ Pl. des *navires-jumeaux.*

navisphère n. f. Instrument en forme de sphère, représentant la voûte céleste, sur lequel le navigateur peut reconnaître le nom de l'étoile dont il a pris la hauteur au sextant.

navrant, e adj. Qui cause une vive affliction : *spectacle navrant.*

navrer [navre] v. t. (norrois *nafara,* percer). Causer une grande peine, une vive affliction.

Naxos, la plus grande des îles Cyclades (Grèce); 18 000 h. V. pr. *Naxos* (2 000 h.). Un duché vénitien s'y maintint de 1207 à 1566.

Nay [naj] (64800), ch.-l. de c. des Pyrénées-Atlantiques (arr. de Pau), sur le gave de Pau; 3 795 h. (*Nayais*). Bérets.

nazaréen [nazareɛ̃], **enne** [-ɛn] adj. et n. De Nazareth. ‖ Nom que les Juifs donnaient aux premiers chrétiens, par allusion à Jésus de Nazareth. ● *Ecole nazaréenne,* groupe de peintres allemands installés à Rome (1813), qui s'inspiraient de l'idéalisme naïf des primitifs italiens. (Le plus connu des nazaréens est Overbeck.) ‖ *Le Nazaréen,* surnom donné au Christ.

Nazareth, v. d'Israël, en Galilée; 30 000 h. (*Nazaréens*). Résidence de la Sainte Famille jusqu'au baptême de Jésus. Eglise de l'Annonciation (XVIIIe s.).

nazi [nazi] adj. et n. (abrév. de NA*tional-sozialist*). V. NATIONAL-SOCIALISTE.

Nazianze, anc. v. de la Cappadoce (Asie Mineure). Patrie de saint Grégoire de Nazianze.

nazisme n. m. V. NATIONAL-SOCIALISME.

Nazor (Vladimir), écrivain yougoslave, né à Postire (île de Brač) [1876-1949]. Par ses poésies lyriques (*Livre de poésies,* 1942) et épiques (*les Rois croates,* 1912), ainsi que par ses romans (*Stoimena,* 1916), il a renouvelé la littérature croate moderne.

Nb, symbole chimique du *niobium.*

Nd, symbole chimique du *néodyme.*

Ndébélés, ethnie sud-africaine, appartenant au groupe bantou sud-est.

N'djamena, anc. **Fort-Lamy,** cap. du Tchad, sur le Chari; 132 500 h. Centre commercial et administratif.

Ne, symbole chimique du *néon.*

ne [nə] adv. (lat. *non*). Se joint au verbe pour exprimer une idée de négation. (Il est ordinairement accompagné des mots *pas, point, rien, aucun,* etc.) ● « *Ne* » *explétif,* celui qui, employé seul, n'exprime pas l'idée de négation dans les propositions subordonnées comparatives, ou dans celles qui dépendent d'un verbe exprimant la crainte, le doute, etc. : *Il est plus riche que vous* NE *pensez; je crains qu'il* NE *vienne.*

né [ne], **e** adj. (de *naître*). De naissance : *aveugle-né.* ● *Bien né,* d'une famille honorable. ‖ *Né pour,* qui a des aptitudes spéciales pour.

Neagh (*lough*), lac d'Irlande du Nord, qui se déverse dans l'Atlantique par le Bann; 396 km².

Neandertal ou **Neanderthal,** vallée du bassin de la Düssel (Allemagne), à l'est de Düsseldorf. Grotte où l'on a découvert des restes humains fossiles du paléolithique moyen.

néanmoins [neɑ̃mwɛ̃] (de *néant* et *moins*) adv. Marque une opposition : *ce sacrifice est pénible, néanmoins il est nécessaire.* (Syn. : CEPENDANT, MAIS, POURTANT, TOUTEFOIS.)

néant [neɑ̃] n. m. (lat. *nec entem,* pas un être). Rien; ce qui n'existe point. ‖ *Philos.* Ce qui s'oppose à l'être métaphysique. ● *Le néant des grandeurs,* leur fragilité, leur peu de valeur. ‖ *Tirer du néant,* créer. ‖ *Tirer quelqu'un du néant,* l'élever d'une situation très humble à une position honorable.

néantisation n. f. *Philos.* Action de néantiser.

néantiser v. t. *Philos.* Transformer en néant.

Néarque, navigateur crétois du IVe s. av. J.-C. Il suivit Alexandre le Grand dans l'Inde et, au retour de l'expédition du conquérant, fit l'exploration des côtes entre l'Indus et l'Euphrate (325 av. J.-C.).

Nébo, montagne de Palestine, à l'est de la mer Morte, d'où Moïse aperçut la Terre promise.

Nébouzan, pays de Gascogne, dont Saint-Gaudens était le chef-lieu.

Nebraska, un des Etats unis d'Amérique (centre-nord-ouest); 1 456 000 h. Cap. *Lincoln.* A l'ouest du Missouri, l'Etat s'étend sur une plaine inclinée, découpée en coteaux par la Platte River et ses affluents. C'est une importante région agricole, où l'agriculture proprement dite (maïs principalement) est moins développée que l'élevage (bovins surtout). Le pays fut érigé en territoire en 1854 et en Etat (le 37e de l'Union) en 1867.

nébuleuse [nebyløz] n. f. *Astron.* Masse lumineuse diffuse observée dans le ciel.
— ENCYCL. On a donné le nom de *nébuleuses* à plusieurs sortes d'objets célestes : 1° ceux qui sont résolubles en étoiles et qui sont en réalité des univers analogues à notre propre Galaxie sont appelés presque universellement de nos jours des *galaxies.* Ils ont été longtemps, mais à tort, désignés sous le nom de *nébuleuses extra-galactiques,* ou encore de *nébuleuses spirales* en raison de la forme de certaines d'entre elles; 2° les nébuleuses proprement dites, ou *nébuleuses galactiques,* correspondent à des régions de l'espace où la matière cosmique interstellaire est plus dense que la moyenne. Lorsque ces nébuleuses sont situées à proximité d'une étoile brillante, elles deviennent lumineuses et peuvent être observées elles-mêmes. Elles se présentent souvent sous un aspect blanchâtre (nébuleuse des Pléiades) ou verdâtre (nébuleuse d'Orion). Loin de toute étoile excitatrice, les nébuleuses galactiques se présentent sous forme de nébulosités obscures, irrégulières, découpées ou filamenteuses, correspondant à des zones d'absorption totale arrêtant tout rayon lumineux; 3° certaines nébulosités de forme circulaire, appelées improprement *nébuleuses planétaires,* sont formées de matières éjectées par une étoile centrale très chaude et très riche en radiations ultraviolettes fortement ionisantes, et qui l'entourent à la manière d'un panache de fumée.

nébuleusement adv. De façon nébuleuse.

nébuleux [nebylø], **euse** [-øz] adj. (lat. *nebulosus;* de *nebula,* nuage). Obscurci par les nuages : *ciel nébuleux.* ‖ *Fig.* Obscur, peu intelligible : *un discours nébuleux.*

nébulosité n. f. Obscurcissement léger. ‖ Rapport entre la surface du ciel couverte par les nuages et la surface totale au-dessus d'un territoire. (La nébulosité s'exprime en *octas.*) ‖ *Fig.* Manque de clarté.

nécessaire [nesesɛr] adj. (lat. *necessarius*). Dont on a absolument besoin : *la respiration est nécessaire à la vie.* ‖ Qui arrive infailliblement : *la chaleur est l'effet nécessaire du feu.* ‖ Dont on ne peut se dispenser : *se rendre nécessaire.* ‖ *Philos.* Inévitable dans des conditions données, au sein d'un processus donné : *les lois sont des rapports nécessaires qui dérivent de la nature des choses* (Montesquieu).

nécessaire n. m. Ce qui est indispensable pour les besoins de la vie : *manquer du nécessaire.* ‖ Ce qui est essentiel, important : *s'occuper du nécessaire avant de songer à l'agréable.* ‖ Boîte, sac, mallette, etc., qui renferme divers objets utiles ou commodes : *nécessaire de toilette, de voyage.*

nécessairement adv. Par un besoin absolu : *il faut nécessairement manger pour vivre.* ‖ Par une conséquence rigoureuse.

nécessitant, e adj. *Théol.* Se dit de la grâce qui contraint.

nécessité n. f. (lat. *necessitas*). Caractère de ce qui est nécessaire : *l'eau est de première nécessité.* ‖ Ce à quoi il est impossible de résister : *céder à la nécessité.* ‖ Caractère inévitable de ce qui arrive selon les lois : *la nécessité n'est pas la fatalité aveugle.* ‖ Contrainte : *obéir par nécessité.* ‖ Situation dans laquelle un gouvernement, en cas de péril national, peut se permettre de ne point observer les règles constitutionnelles. ● *Etat de nécessité* (Dr.), situation dans laquelle un particulier accomplit une action constituant une infraction à la loi pénale, mais qui, du fait des circonstances, bénéficie légalement de l'impunité.

nécessiter v. t. Rendre nécessaire; entraîner : *ce train de vie nécessite une grande dépense.*

nécessiteux, euse adj. et n. Qui manque des choses nécessaires à la vie; indigent : *personne nécessiteuse.*

Nechako (la), riv. du Canada occidental, affl. du Fraser (r. dr.); 400 km.

Néchao ou **Nékao Ier,** prince saïte (VIIe s. av. J.-C.). Il gouverna le Delta à l'époque de la domination éthiopienne. — NÉCHAO II (m. en 594 av. J.-C.), roi d'Egypte de la XXVIe dynastie (609-594 av. J.-C.). Battu à Karkemish par Nabuchodonosor, il dut renoncer à la Syrie.

neck [nɛk] n. m. (mot angl. signif. *cou*). Pointement de conglomérat, sur l'emplacement d'une cheminée volcanique, mis en relief par l'érosion.

Neckar (le), riv. de l'Allemagne occidentale, qui rejoint le Rhin (r. dr.) à Mannheim; 367 km. Le Neckar, qui arrose Tübingen et Heidelberg, est accessible aux chalands de 1 350 t jusqu'en amont de Stuttgart.

Neckarsulm, v. de l'Allemagne occidentale (Bade-Würtemberg), sur le Neckar; 15 400 h. Automobiles.

Necker (Jacques), financier et homme politique d'origine allemande, né à Genève (1732-1804). Etabli banquier à Paris dès 1765, il publia à partir de 1772 plusieurs essais économiques (*Essai sur la législation et le commerce des grains,* 1775) qui attirèrent sur lui l'attention. A la chute de Turgot, Louis XVI fit de lui le directeur général du Trésor royal (1776), puis le directeur général des Finances (1777). Poursuivant la politique fiscale de Turgot, Necker créa des assemblées provinciales chargées d'établir un impôt général. Il s'attira ainsi l'inimitié des parlements et des courtisans, mais,

Phot. Barnard, doc. observatoire du Mont-Wilson.

Necker
par J. S. Duplessis
musée Nissim-de-Camondo

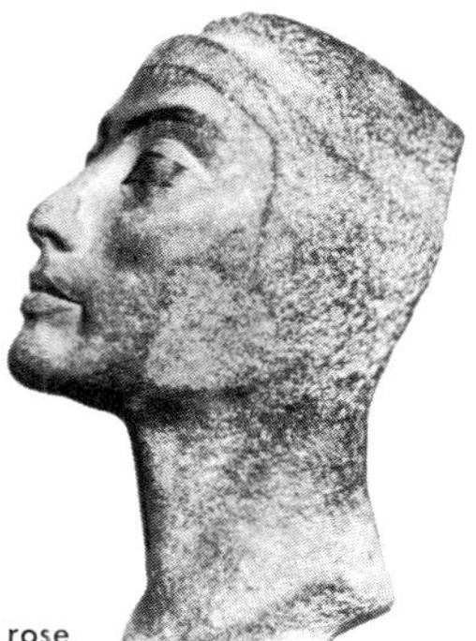

Nefertiti
tête en quartzite rose
musée du Caire

avant de démissionner, il publia (1781) un *Compte rendu au roi* qui fit scandale. Il fut rappelé en août 1788 après la déclaration de banqueroute de l'Etat ; ministre d'Etat, il ne put décider la réunion des états généraux, pour lesquels il obtint le doublement du tiers état. Son renvoi, le 11 juillet 1789, déclencha la fureur populaire et fut à l'origine de la prise de la Bastille (14 juill.). Son rappel, dès le 16 juillet, fut considéré comme une victoire de la Révolution. Necker abandonna définitivement le pouvoir en septembre 1790 et se retira auprès de sa fille, Mme de Staël.

nec plus ultra [nɛkplyzyltra] loc. adv. et n. m. (mots lat. signif. *rien au-delà*). Se dit d'une qualité, d'un terme qui n'ont pas été ou ne sauraient être dépassés.

nécrobie [nekrɔbi] n. f. (du gr. *nekros,* mort). Insecte coléoptère, rouge à l'avant, bleu-vert à l'arrière, vivant sur les peaux sèches, les vieux os. (Long 5 mm.)

nécrologe n. m. Liste contenant les noms des morts.

nécrologie [nekrɔlɔʒi] n. f. Liste des personnes de distinction mortes dans un certain espace de temps. ‖ Ecrit consacré à un ou plusieurs défunts.

nécrologique adj. Relatif à la nécrologie : *article nécrologique.*

nécromancie [nekrɔmɑ̃si] n. f. (gr. *nekros,* mort, et *manteia,* prédiction). Art prétendu d'évoquer les morts pour connaître l'avenir.

nécromancien, enne n. ou **nécromant** n. m. Personne qui pratique la nécromancie.

nécrophage adj. Se dit d'un animal qui se nourrit de cadavres : *insecte nécrophage.*

nécrophore n. m. (gr. *nekrophoros,* qui transporte les morts). Insecte coléoptère qui enterre les cadavres d'animaux avant d'y déposer ses œufs. (Long. 2 à 3 cm.)

nécropole [nekrɔpɔl] n. f. (gr. *nekros,* mort, et *polis,* ville). Vastes souterrains destinés aux sépultures, chez différents peuples de l'Antiquité. ‖ Grand cimetière.

nécropsie [nekrɔpsi] n. f. Syn. de AUTOPSIE.

nécrose [nekroz] n. f. (gr. *nekrôsis,* mortification). Mortification, gangrène d'un tissu : *nécrose osseuse.*
— ENCYCL. La *nécrose* est provoquée par l'arrêt de la circulation dans une région (par embolie, thrombose, compression) ou par une action physique (brûlure, gelure, radiation) ou chimique (caustiques, toxiques). Elle aboutit à la formation d'une zone mortifiée, l'escarre, qui est éliminée ensuite soit spontanément par l'organisme soit grâce à une action chirurgicale.

nécroser v. t. Produire la nécrose de : *le phosphore nécrose la mâchoire.* ‖ **— Se nécroser** v. pr. Etre atteint de nécrose.

nectaire [nɛktɛr] n. m. (de *nectar*). *Bot.* Glande produisant le nectar, habituellement placée à l'intérieur d'une fleur. (Les éperons de certaines fleurs [orchidées, ancolies, etc.] sont des nectaires.)

Nectanibis, en gr. **Nectanebo** (m. en 360 av. J.-C.), roi d'Egypte de la XXXe dynastie (378-360). Il défendit avec succès l'Egypte contre Artaxerxès II. — NECTANIBIS ou NECTANEBO II, roi d'Egypte (359-431 av. J.-C.). Il lutta contre Artaxerxès III.

nectar [nɛktar] n. m. (lat. *nectar,* empr. au gr.). Breuvage des dieux. ‖ *Fig.* Vin excellent, liqueur exquise. ‖ *Bot.* Liquide sucré sécrété par les nectaires des fleurs : *les abeilles transforment le nectar en miel.*

Nederland, nom néerlandais des *Pays-Bas.*

Nedjd. V. NADJD.

Néel (Louis), physicien français (Lyon 1904). Il a découvert de nouveaux types de magnétisme. (Prix Nobel 1970.)

néerlandais [neɛrlɑ̃dɛ], **e** [-ɛz] adj. et n. Des Pays-Bas, ou Néerlande. ‖ — N. m. Langue germanique parlée aux Pays-Bas et dans le nord de la Belgique.

Neerwinden, comm. de Belgique (Brabant) ; 1 000 h. Le maréchal de Luxembourg y battit Guillaume d'Orange en 1693. Le prince de Cobourg y vainquit Dumouriez en 1793.

nef [nɛf] n. f. (lat. *navis*). Grand navire à voiles, au Moyen Age. ‖ Partie d'une église voûtée qui s'étend du chœur jusqu'à la porte principale et qui présente une analogie de forme avec la coque renversée d'un navire. (La nef est parfois accompagnée latéralement d'autres nefs plus basses surmontées ou non d'une galerie et qui prennent le nom de *collatéraux* ou *bas-côtés.*) [V. illustr. ÉGLISE.] ‖ Pièce d'orfèvrerie, d'abord religieuse, puis profane, en forme de navire.

Nef des fous *(la),* poème satirique de Sebastian Brant, paru à Strasbourg en 1494. L'ouvrage, qui inspira à Jérôme Bosch un tableau célèbre, raille, en une suite de petits tableaux précédés de gravures dessinées par l'auteur, les aberrations des cinq sens.

néfaste [nefast] adj. (lat. *nefastus,* qualification donnée, dans le calendrier romain, aux jours où il était défendu par la religion de vaquer aux affaires publiques, et aux jours de deuil, regardés comme funestes en souvenir d'un événement malheureux). Qui entraîne la mort, la ruine ; funeste, nuisible : *action, personnage néfaste.*

Nefertiti, reine d'Egypte, épouse d'Aménophis IV (XIVe s. av. J.-C.).

nèfle [nɛfl] n. f. (lat. *mespila*). Fruit comestible du néflier. ‖ **— Des nèfles!** interj. fam. Rien, pas du tout.

néflier n. m. Arbrisseau épineux à l'état sauvage, de la famille des rosacées, dont le fruit est la nèfle.

Nefoud. V. NUFŪD.

Neftedag, région pétrolifère de l'U. R. S. S. (Turkménistan), au bord de la mer Caspienne.

négateur, trice adj. et n. Qui a l'habitude de nier : *esprit négateur.*

négatif [negatif], **ive** [-iv] adj. (du lat. *negare,* nier). Qui marque le refus : *particule négative.* ● *Electricité négative,* l'une des deux formes d'électricité statique. ‖ *Epreuve négative* (Phot.), ou *négatif* n. m., cliché dans lequel les noirs des modèles sont représentés par des blancs et les blancs par des noirs.

négation n. f. Action de nier. ‖ Adverbe ou conjonction qui sert à nier, comme *ne, non, pas,* etc.

négative n. f. *Répondre par la négative,* répondre par non à une question, à une demande.

négativement adv. De façon négative.

négativisme n. m. Attitude caractérisée par le refus de tout, érigé en système.

négaton [negatɔ̃] n. m. Syn. de ÉLECTRON (par oppos. à l'électron positif, ou *positon*).

négatoscope n. m. Ecran lumineux servant à examiner par transparence des négatifs radiographiques.

négligé n. m. Absence d'apprêt, de recherche. ‖ Costume d'intérieur, du matin en général.

négligeable [-ʒabl] adj. Qui peut être négligé : *détail négligeable ; quantité négligeable.*

négligemment [-ʒamɑ̃] adv. Avec négligence : *travailler négligemment.* ‖ Avec indifférence : *répondre négligemment.*

négligence [-ʒɑ̃s] n. f. (lat. *negligentia*). Manque de soin, d'application, d'exactitude : *coupable négligence.* (Syn. : INCURIE, INSOUCIANCE, LAISSER-ALLER.) ‖ Faute légère, *négligence de style.* ‖ *Dr.* Faute non intentionnelle de celui qui a omis d'accomplir un acte qui lui incombait.

nèfles

négligent, e adj. et n. (lat. *negligens*). Qui montre de la négligence : *élève négligent.* (Contr. : APPLIQUÉ, SOIGNEUX.)

négliger [negliʒe] v. t. (lat. *negligere*) [conj. 1]. Ne pas avoir soin de : *négliger ses devoirs.* ‖ Ne pas cultiver : *négliger ses talents.* ‖ Ne pas tenir compte de : *négliger les avis.* ‖ Laisser échapper : *négliger l'occasion.* ‖ Cesser de fréquenter : *négliger ses amis.* ‖ **— Se négliger** v. pr. Ne pas prendre soin de sa personne, de sa santé.

négoce [negɔs] n. m. (lat. *negotium,* affaire). Commerce important. ‖ Ensemble des opérations d'un commerçant.

négociabilité n. f. Qualité du titre représentatif d'une créance lorsque sont respectées certaines conditions, notamment de forme, qui en permettent la transmission à un tiers selon les procédés admis par le droit commercial : *la négociabilité d'un effet de commerce.*

négociable adj. Qui peut être négocié : *titre négociable.*

négociant, e n. Personne qui fait le négoce, le commerce en grand : *négociant en vins.*

négociateur, trice n. Personne qui négocie une affaire considérable auprès d'un prince, d'un Etat. ‖ Intermédiaire : *habile négociateur.*

négociation n. f. Art, action de mener à bonne fin les grandes affaires, les affaires publiques. ‖ Pourparlers entre plusieurs gouvernements en vue d'un accord international bilatéral ou multilatéral. ‖ L'affaire même qu'on traite : *heureuse négociation.* ‖ Transmission des effets de commerce : *négociation d'une traite.*

négocier [negɔsje] v. t. (lat. *negotiari,* faire du commerce). Traiter, discuter pour arriver à un accord : *négocier la paix.* ‖ Monnayer : *négocier une valeur.* ● *Négocier un virage* (Fam.), manœuvrer de manière à le prendre le mieux possible à grande vitesse.

négondo n. m. V. NEGUNDO.

nègre [nɛgr], **négresse** [negrɛs] n. (esp. *negro ;* du lat. *niger,* noir). Personne appartenant à la race noire : *les Nègres d'Afrique.* ‖ Esclave noir, autrefois employé aux travaux dans les colonies. ‖ *Fam.* Auxiliaire qui prépare ou rédige un travail littéraire ou artistique pour autrui. ● *Motion nègre blanc,* motion rédigée en termes ambigus en vue de réunir les suffrages de tendances diverses et parfois, même, opposées. ‖ *Nègre blanc,* albinos de race noire. ‖ *Petit nègre,* français rudimentaire. ‖ *Travailler comme un nègre* (Fam.), travailler sans relâche. ‖ — Adj. Qui appartient à la race noire. (On dit plus souvent *nègre* aux deux genres : *la race nègre.*)
— REM. Le mot *Nègre* ayant pris un sens péjoratif, on le remplace par *Noir : les Noirs de l'Afrique.*

Nègrepelisse (82800), ch.-l. de c. de Tarn-et-Garonne (arr. de Montauban) ; 2 415 h. (1 028 aggl.).

Nègrepont. V. EUBÉE.

négrier [negrije] adj. et n. m. Se disait d'un bâtiment servant à faire la traite des Noirs sur les côtes d'Afrique, de son capitaine et de celui qui faisait le commerce des esclaves.

Négrier (François DE), général français, né au Mans (1788-1848). Gouverneur par intérim de l'Algérie (1837), député du Nord (1848), il fut tué au cours de l'insurrection de juin. — Son neveu, FRANÇOIS OSCAR, général français, né à Belfort (1839-1913), s'illustra à Saint-Privat pendant la guerre de 1870-1871, où il s'échappa de Metz et rejoignit Faidherbe dans le Nord. Il servit en Algérie (1879), puis au Tonkin (1884) et fut blessé à la prise de Lang Son (1885).

négrille n. m. Syn. anc. de PYGMÉE*.

Négrillon, onne n. Petit Nègre, petite Négresse.

Negri Sembilan, un des Etats de la Malaysia ; 503 300 h. Cap. *Seremban.*

Négritos, Mélano-Indonésiens que les populations malaises ont refoulés dans les montagnes de l'intérieur des Philippines. Ils sont de petite taille. Ils se divisent en trois groupes : 1° les Négritos des Andaman, dont la taille n'atteint pas 1,50 m ; 2° les Négritos de Malacca, ou *Semangs** ; 3° les Négritos des Philippines, ou *Aëtas,* qui sont de beaucoup les plus nombreux.

négritude n. f. Condition des personnes de race noire. ‖ Ensemble des valeurs culturelles du monde noir.
— ENCYCL. Apparu peu avant 1935 sous la plume de Léopold Sédar Senghor et d'Aimé Césaire, le terme de *négritude* a connu de nombreuses acceptions. Considérée par Senghor comme « le patrimoine culturel, les valeurs et surtout l'esprit de la civilisation négro-africaine », la négritude est pour Césaire « simple reconnaissance d'un fait, qui implique acceptation, prise en charge de son destin de Noir, de son histoire et de sa culture », mais elle apparaît à Alioune Diop comme « le génie nègre et en même temps la volonté d'en révéler la dignité ». Cette prise de conscience d'une culture spécifique, d'une « certaine attitude affective à l'égard du monde » est en réalité l'aboutissement d'une longue réflexion psychologique, politique et littéraire sur les composantes de l'âme noire. Commencée dès le XIXe s. par les voyageurs et les missionnaires, cette réflexion se poursuit à travers les travaux des ethnologues européens (Frobenius, Griaule) et l'admiration que les peintres du début du

Phot. Bulloz, Hirmer-Verlag - Munich, Vincent.

negro spiritual chanté par une chorale américaine en Floride

siècle (Derain, Vlaminck, Picasso, Matisse) éprouvent pour les arts plastiques de l'Afrique noire.
Lorsqu'en 1921 Blaise Cendrars publie son *Anthologie nègre* et que le prix Goncourt couronne *Batouala* de René Maran, le sentiment d'une personnalité africaine est déjà vif chez les premiers écrivains noirs de langue française des Antilles et d'Haïti. Mais l'expression de ce sentiment reste très conventionnelle, et les poètes antillais s'affirment encore comme des héritiers de Villon et de Vigny. Cependant, l' « africanisme » prend corps chez les étudiants antillais et africains de Paris, grâce à la revue *Légitime Défense* (1932), puis au journal l'*Etudiant noir* (1934), qui rassemble le Guyanais Léon Damas, le Martiniquais Aimé Césaire, le Sénégalais Léopold Sédar Senghor. De la découverte, par André Breton, à la Martinique, de la revue *Tropiques* (1941) à la parution, en décembre 1947, à Paris et à Dakar, du premier numéro de *Présence africaine,* la Seconde Guerre mondiale a influé profondément sur la définition de la négritude : les difficultés politiques et le retour aux sources africaines ont conduit les écrivains à poser le problème de la colonisation. L'accès des territoires africains à l'indépendance a donné naissance à un mouvement littéraire véritable, illustré notamment par les Sénégalais Birago Diop (né en 1906), Abdoulaye Sadji (1910-1961), Ousmane Sembène (né en 1923) et Cheikh Hamidou Kane (né en 1929), l'Ivoirien Bernard Dadié (né en 1916), le Guinéen Camara Laye (né en 1928) et les Camerounais Ferdinand Oyono (né en 1929) et Mongo Beti (né en 1932).
Les pays africains qui ont naguère subi la domination anglaise connaissent une variante de la notion de négritude, l'*African personality.*
Le grand problème des écrivains africains est cependant de trouver un moyen d'expression qui ne les coupe pas de leur milieu natal, tout en gardant à leur œuvre une audience suffisante. Lorsqu'ils écrivent dans une langue européenne, leur public est en effet, dans sa majorité, étranger à l'Afrique. S'ils écrivent dans leur langue maternelle, ils se condamnent à n'être compris que de leur propre tribu : des six ou sept cents langues de l'Afrique, deux seulement, le souahéli et le haoussa, sont parlées par plus de 10 millions de personnes.

Negro (*rio*), riv. du Brésil, affl. de l'Amazone (r. g.), qui arrose la Colombie et le Venezuela ; 2 200 km.

Negro (*rio*), fl. de l'Argentine ; 1 000 km.

négro-africain, e adj. Relatif aux Noirs d'Afrique : *langues négro-africaines.* ● *Art négro-africain,* v. illustr. ART DE L'AFRIQUE*.

négroïde [-ɔid] adj. et n. Qui tient de la race noire.

Negros, île des Philippines, au nord-ouest de Mindanao ; 2 464 000 h.

negro spiritual [negrospiritwol] n. m. (mot anglo-amér.). Chant religieux des Noirs d'Amérique, d'inspiration chrétienne, en langue américaine. (Il est né de la fusion de certains éléments que lui ont fournis la tradition africaine et les cantiques de l'Occident. Il emprunte au style *blues* du jazz certaines inflexions ou syncopes.) ‖ Pl. des *negro spirituals.*

Negruzzi (Constantin), poète moldave, né près d'Iaşi (1808-1868). Il collabora à la création du Théâtre national d'Iaşi et contribua par ses traductions d'auteurs russes et français, ses poèmes et ses nouvelles (*Nouvelles et scènes historiques,* 1840) à l'éclosion d'une littérature nationale roumaine.

Néguev, région désertique du sud d'Israël, débouchant sur la mer Rouge (golfe d'‘Aqaba). Cultures irriguées.

Néguib ou **Nagīb** (Muḥammad), général et homme d'Etat égyptien, né à Khartoum en 1901. En 1952, il renversa le roi Farouk, puis instaura la république en 1953. Il fut éliminé par Nasser en 1954.

negundo ou **négondo** [negɔ̃do] n. m. (mot malais). Erable originaire de l'Amérique du Nord, dont on cultive certaines variétés ornementales à feuilles panachées de blanc.

négus [negys] n. m. (mot éthiopien). Titre du souverain d'Ethiopie.

Néhémie, Juif qui obtint d'Artaxerxès Ier de seconder Esdras dans la restauration de Jérusalem. Le livre biblique de Néhémie (IVe s. av. J.-C.) raconte son œuvre.

Nelson
par Lemuel F. Abbott
National Portrait Gallery

Nehru s'entretenant avec Guy Mollet
juillet 1956

Nehru (Çrī Jawāharlāl), homme d'Etat indien, né à Allāhābad (1889-1964). Avocat (1912), il lutta très tôt en faveur du nationalisme indien. En 1929, il présida le Congrès national indien et, en 1934, la conférence panhindoue. Vice-président du gouvernement provisoire, il participa aux travaux qui aboutirent à l'indépendance de l'Inde (1947). Il devint alors Premier ministre et ministre des Affaires étrangères. Tout en défendant les intérêts de son pays, il se fit le leader des pays neutres et joua un rôle important dans les rencontres internationales, notamment à Bandung (1955) et à Belgrade (1961). Mais, à partir de 1962, le marasme économique et le conflit toujours latent du Cachemire atténuèrent son influence. Sa fille Indira Gandhi* est devenue Premier ministre en 1966.

neige [nɛʒ] n. f. (de *neiger*). Eau congelée qui tombe en flocons blancs légers. (V. *encycl.*) ‖ *Fig.* Extrême blancheur : *un teint de neige.* ‖ *Arg.* Cocaïne. ● *Classe de neige,* classe d'une école primaire de grande ville qui travaille pendant un mois d'hiver dans une station d'altitude. ‖ *Neige carbonique,* gaz carbonique solidifié, employé notamment pour traiter certaines maladies de la peau. ‖ *Neiges éternelles,* neiges amoncelées dans les parties les plus élevées des massifs montagneux, qui ne fondent pas d'une année à l'autre et qui peuvent donner naissance aux glaciers. ‖ *Œufs à la neige,* blancs d'œufs battus, aromatisés et servis sur une crème liquide.
— ENCYCL. Quand la température des basses couches de l'atmosphère est inférieure à 0 °C, les précipitations tombent sous forme de *neige,* qui nécessite aussi la présence, dans un nuage, de noyaux de congélation, faisant cesser le phénomène de surfusion. La neige tombe principalement aux latitudes élevées (en raison des basses températures) et surtout sur les montagnes (où se combinent les effets de basses températures et de l'augmentation des précipitations avec l'altitude). Le météorologiste mesure la hauteur d'eau fondue correspondant à la neige recueillie par le pluviomètre. Le géographe s'intéresse plutôt au nombre de jours de chute de la neige et à la quantité et à la durée de l'enneigement (notions primordiales pour les stations de sports d'hiver). La neige a une influence notable sur l'agriculture (protégeant le sol et les cultures par sa faible conductibilité), sur les régimes fluviaux (rétention nivale), etc.

Neige (*crêt de la*), point culminant du Jura (Ain) ; 1 723 m.

neiger v. impers. (lat. *ningere*) [conj. **1**]. Tomber, en parlant de la neige.

Neiges (*piton des*), point culminant de l'île de la Réunion ; 3 069 m.

neigeux, euse adj. Couvert de neige : *montagnes neigeuses.* ● *Temps neigeux,* état de l'atmosphère, caractérisé par des chutes de neige.

Nei-kiang, v. de Chine (Sseu-tch'ouan) ; 190 200 h.

Neipperg (Adam Albrecht, *comte* VON), né à Vienne (1775-1829). Grand maître du palais de Marie-Louise, devenue duchesse de Parme, il épousa cette dernière.

Neisse de Lusace, en polon. **Nysa Łużycka,** riv. de l'Europe centrale, née en Tchécoslovaquie, qui sert de frontière entre l'Allemagne orientale et la Pologne, avant de rejoindre l'Oder (r. g.) ; 256 km.

Neiva, v. de Colombie, sur le Magdalena ; 90 000 h. Centre commercial.

Nékao. V. NÉCHAO.

Nekrassov (Nikolaï Alekseïevitch), poète et publiciste russe, né à Iouzvino, près de Vinnitsa (1821-1877). Célèbre pour son recueil *Physiologie de Saint-Pétersbourg* (1840), il dirigea deux grandes revues libérales, *le Contemporain* (1847-1866), puis les *Annales de la patrie* (1868-1877). Il réclama dans ses poèmes l'affranchissement des serfs et l'amélioration des conditions de vie des paysans (*Poésies,* 1846-1864 ; *Pour qui fait-il bon vivre en Russie ?,* 1869-1874).

Nélaton (Auguste), chirurgien français, né à Paris (1807-1873). Il soigna Garibaldi et Napoléon III. On lui doit un important ouvrage de pathologie chirurgicale qui fut rédigé d'après ses leçons par plusieurs de ses élèves.

Nelligan (Emile), écrivain canadien d'expression française, né à Montréal (1879-1941). Ses poèmes révèlent l'influence de Rimbaud et de Verlaine.

Nellore, v. de l'Inde (Āndhra Pradesh) ; 117 700 h. Mica.

Nelson (le), fl. du Canada central, émissaire du lac Winnipeg et tributaire de la baie d'Hudson (à *Port Nelson*) ; 650 km. Installations hydro-électriques.

Nelson (Horatio, *vicomte*), duc DE BRONTE, amiral britannique, né à Burnham Thorpe (1758-1805). A partir de 1793, il lutta contre les Français en Méditerranée, en Corse, sur la côte génoise et à Cadix. En 1798, il anéantit l'escadre française dans la baie d'Aboukir et reçut la pairie ; il défendit ensuite Naples et la Sicile (1799-1800). Pour briser la ligue des Neutres, il bombarda Copenhague et neutralisa la flotte danoise (1801). Chef de l'escadre de Méditerranée (1803), il poursuivit Villeneuve — échappé de Toulon — jusqu'aux Antilles et l'obligea à revenir vers l'Espagne. Quand Villeneuve et Gravina sortirent de Cadix, Nelson les rejoignit au cap Trafalgar (1805), les vainquit, mais fut tué au cours du combat.

nelumbo ou **nélombo** [nelɔ̃bo] n. m. (mot de Ceylan). Genre de nymphéacées dont une espèce est le *lotus sacré* des hindous.

némalion [nemaljɔ̃] n. m. Algue rouge gélatineuse qui se rencontre dans les chutes d'eau.

Nemanja (Etienne). V. ETIENNE NEMANJA.

némathelminthes [nematɛlmɛ̃t] n. m. pl. Embranchement de vers cylindriques, dont les *nématodes* constituent la principale classe.

nématocyste [nematɔsist] n. m. (gr. *nêma,* fil, et *kustis,* vessie). Organe urticant des cœlentérés.

nématodes [nematɔd] n. m. pl. (du gr. *nêma,* fil). Classe de vers ronds (némathelminthes), qui groupe la grande majorité des espèces de cet embranchement.
— ENCYCL. Les *nématodes* sont des vers non segmentés, pointus aux deux bouts, revêtus d'une peau chitineuse et ayant un tube digestif complet. Ce sont les seuls animaux qui aient des cellules à la fois musculaires et épithéliales. Incapables de multiplication asexuée, ils présentent diverses formes aberrantes de reproduction sexuée. Ils occupent une place importante en parasitologie humaine et animale (oxyures, ascarides, ankylostomes, trichines, filaires), en phytopathologie (anguillule de la nielle du blé) et plus encore en agronomie : la terre végétale grouille de nématodes microscopiques qui jouent un rôle majeur dans l'évolution physique et chimique des sols. Les nématodes du sol et des mousses peuvent parfois survivre à vingt-sept ans de dessiccation avec mort apparente (anhydrobiose).

Némée, vallée de l'Argolide, où le lion que tua Héraclès exerçait ses ravages. Les *jeux Néméens* s'y déroulaient tous les deux ans.

néméens [nemeɛ̃] adj. m. pl. *Jeux néméens,* jeux que les Grecs célébraient tous les deux ans dans le vallon de Némée en l'honneur de Zeus.

Némésis, déesse grecque de la Vengeance et de la Justice distributive.

Nemours (77140), ch.-l. de c. de Seine-et-Marne (arr. de Melun), sur le Loing et le canal du Loing ; 8 195 h. (*Nemouriens*). Château (XIIe-XVIIe s.) abritant un musée, église du XVIe s. Verrerie.

Nemours, v. d'Algérie. V. GHAZAOUET.

Nemours (Jacques D'ARMAGNAC, *duc* DE), né à Paris (1433-1477). Gouverneur de Paris, il se révolta contre Louis XI, qui le fit mettre à mort.

Nemours (Louis Charles Philippe D'ORLÉANS, *duc* DE), second fils de Louis-Philippe, né à Paris (1814-1896). Il se distingua à la prise de Constantine.

Nemrod, roi fabuleux dont diverses légendes arabes et persanes ont fait le fondateur d'un royaume babylonien. L'Ecriture l'appelle un *robuste chasseur devant l'Eternel.*

Phot. U. S. I. S., Nat. Portrait Gallery, A. I.

nénies [neni] n. f. pl. Chants funèbres, chez les Grecs et les Romains.

nenni [neni *ou* nani] adv. (de l'anc. fr. *nen il,* pas oui). *Fam.* Non (vx) : *nenni, je ne suis pas si sot.*

Nenni (Pietro), homme politique italien, né à Faenza en 1891. Entré au parti socialiste italien dès 1921, il combattit dans les rangs républicains en Espagne (1936) ; il fut arrêté par les Allemands en 1943. Vice-président du Conseil de la République italienne (1945), puis ministre des Affaires étrangères (1946-1947), il provoqua, par son alliance avec les communistes, la scission entre ses partisans et ceux de Saragat (1947). Secrétaire général du *parti socialiste italien,* il accepta d'entrer, en qualité de vice-président, dans le cabinet de coalition présidé par Aldo Moro (1963). En octobre 1966, la réunification socialiste ayant eu lieu, il fut élu président du parti socialiste unifié. Après la scission de 1969, il fut élu en 1971 président du parti socialiste italien.

nénuphar [nenyfar] n. m. (arabe *nīnūfar*). Plante aquatique de la famille des nymphéacées, souvent cultivée dans les pièces d'eau pour ses larges feuilles flottantes et pour ses fleurs à pétales blancs, jaunes ou rouges.

néo-calédonien [neokaledɔnjɛ̃], **enne** [-ɛn] adj. et n. De la Nouvelle-Calédonie.

néo-celtique adj. Se dit des langues appartenant au groupe celtique et parlées dans le pays de Galles, en Irlande et en Bretagne.

Néo-Césarée, v. du Pont (Asie Mineure), sur le Lycos. Auj. *Niksar.*

néo-classicisme n. m. Tendance artistique et littéraire inspirée de l'Antiquité classique (fin du XVIIIe s.-début du XIXe s.).

néo-classique adj. et n. Se dit d'un artiste, d'une œuvre, etc., qui se rattache au néo-classicisme. ● *Style néo-classique* (Chorégr.), style créé par Serge Lifar et qui, dans une œuvre chorégraphique, donne la primauté à la danse sur la musique et le décor.

néo-colonialisme n. m. Forme nouvelle de colonialisme, visant à la domination économique des pays sous-développés.

néo-colonialiste adj. Relatif au néo-colonialisme. ‖ — Adj. et n. Qui en est partisan.

néo-darwinisme n. m. Théorie de l'évolution faisant intervenir les mutations et la sélection naturelle.

néo-darwiniste adj. Relatif au néo-darwinisme. ‖ — Adj. et n. Qui en est partisan.

néodyme [neɔdim] n. m. Métal (Nd) du groupe des terres rares, de numéro atomique 60.

néogène [neɔʒɛn] n. m. et adj. *Géol.* Partie terminale de l'ère tertiaire, subdivisée en miocène et pliocène.

néo-gothique adj. et n. m. Se dit d'un style mis à la mode par les romantiques et qui s'inspirait du gothique.

néo-grec, néo-grecque adj. Qui concerne la Grèce moderne : *littérature néo-grecque.*

néo-hébridais [neoebridɛ], **e** [-ɛz] adj. et n. Des Nouvelles-Hébrides.

néo-impressionnisme n. m. Autre appellation du DIVISIONNISME, ou du POINTILLISME.

néo-impressionniste adj. Relatif au néo-impressionnisme. ‖ — Adj. et n. Qui en est partisan.

néo-kantisme n. m. Mouvement philosophique issu du kantisme, et s'occupant de recherches psychologiques, logiques (école de Marburg) et morales (école axiologique de Bade).

néo-libéral, e, aux adj. Relatif au néo-libéralisme. ‖ — Adj. et n. Qui en est partisan.

néo-libéralisme n. m. Forme moderne du libéralisme, qui laisse place à une intervention limitée de l'Etat sur le plan juridique et économique.

néolithique [neɔlitik] n. m. et adj. (gr. *neos,* nouveau, et *lithos,* pierre). Période de l'ère quaternaire allant de 5000 à 2500 av. J.-C., située entre le mésolithique et l'âge des métaux. (L'homme polit la pierre, se livre à la culture, à la domestication, construit des cités lacustres.)

néologisme [neɔlɔʒism] n. m. Mot nouveau, ou acception nouvelle d'un mot existant déjà dans la langue.

néoménie [neɔmeni] n. f. (gr. *neos,* nouveau, et *mênê,* lune). Fête que les Grecs célébraient au renouvellement de la lune.

néon [neɔ̃] n. m. (gr. *neon,* nouveau). Gaz rare (Ne) de l'atmosphère, de numéro atomique 10, employé dans l'éclairage par tubes luminescents à lumière rouge.

néo-natal, e, als adj. Relatif au nouveau-né.
— ENCYCL. La période *néo-natale* s'étend de la naissance à l'âge de quatre semaines. Elle comporte des phénomènes physiologiques (chute du cordon, cicatrisation de l'ombilic, établissement des fonctions digestives) et une pathologie particulière (troubles relevant d'incompatibilités fœto-maternelles [rhésus], manifestations de certaines malformations, etc.).

néo-nazi adj. et n. Se dit des partisans de mouvements d'extrême droite d'Allemagne dont le programme reprend certains points du nazisme.

néophyte [neɔfit] n. (gr. *neos,* nouveau, et *phuein,* faire naître). Dans la primitive Eglise, païen nouvellement converti. ‖ Nouvel adepte d'une doctrine, d'un parti.

nénuphars

néoplasie [-plazi] n. f. (gr. *neos,* nouveau, et *plasma,* chose façonnée). Formation d'un néoplasme.

néoplasique adj. Qui concerne un néoplasme : *affection néoplasique.*

néoplasme [neɔplasm] n. m. Tissu nouveau, tumeur.

néo-platonicien, enne adj. Relatif au néo-platonisme. ‖ — N. et adj. Partisan de cette école.

néo-platonisme n. m. Doctrine philosophique qui prit naissance à Alexandrie (IIIe-VIe s. apr. J.-C.), et dont les représentants (Plotin, Porphyre, Jamblique) associaient mysticisme et platonisme.

néo-positivisme n. m. Mouvement philosophique groupant diverses doctrines, et comportant l'étude de la démarche scientifique et la recherche d'un langage logique et axiomatisé. (Principaux représentants : M. Schlick, R. Carnap, H. Reichenbach.)

néo-positiviste adj. Relatif au néo-positivisme. ‖ — N. et adj. Partisan du néo-positivisme.

Néoprène [neɔprɛn] n. m. (marque déposée). Caoutchouc synthétique thermoplastique.

Néoptolème, autre nom de PYRRHOS*, fils d'Achille.

néo-réalisme n. m. Ecole cinématographique italienne qui, après 1945, s'attacha à l'observation des réalités quotidiennes insérées dans leur contexte social.
— ENCYCL. Parmi les cinéastes qui firent partie du *néo-réalisme,* on peut citer L. Visconti (*Ossessione, La terre tremble*), R. Rossellini (*Rome ville ouverte, Paisa*), V. De Sica et son scénariste C. Zavattini (*Sciuscia, le Voleur de bicyclette, Miracle à Milan, Umberto D*), A. Lattuada (*le Moulin du Pô*), G. de Santis (*Chasse tragique, Pâques sanglantes, Onze heures sonnaient*), M. Zampa (*Vivre en paix*), A. Vergano (*Le soleil se lèvera encore*), R. Castellani (*Sous le soleil de Rome, Primavera*) et C. Lizzani (*Chronique des pauvres amants*).

néo-réaliste adj. Relatif au néo-réalisme. ‖ — Adj. et n. Qui en est partisan.

néotène [neɔtɛn] n. m. *Biol.* Espèce animale ou végétale qui se reproduit à un stade de son développement qui rappelle les stades juvéniles ou larvaires des espèces voisines.
— ENCYCL. Un *néotène* est un être dont le développement sexuel est plus précoce par rapport au développement global qu'il ne l'était chez ses ancêtres supposés ou qu'il ne l'est chez les espèces qui lui ressemblent à l'état larvaire. Généralement les néotènes meurent peu après s'être reproduits et n'atteignent jamais l'état « adulte » dont on les croit capables. Cependant la métamorphose naturelle ou expérimentale de l'axolotl* en amblystome prouve qu'une larve qui s'est reproduite peut encore dans certains cas se transformer en adulte.

une pagode à Patan — Népal

L'intérêt de la néoténie* est d'annuler les effets de la spécialisation excessive d'une lignée, et de ramener l'être à un état relativement polyvalent à partir duquel ses descendants pourront évoluer dans un sens absolument nouveau. Certains auteurs (Bolk) ont admis que l'hominisation* des primates était le résultat d'une néoténie.

néoténie n. f. Retard et inachèvement du développement somatique chez une espèce. (V. NÉOTÈNE.)

néo-thomisme n. m. Doctrine philosophique moderne dérivée de la philosophie religieuse de saint Thomas d'Aquin. (Ses principaux représentants sont J. Maritain et E. Gilson.)

néo-thomiste adj. Relatif au néo-thomisme. ‖ — Adj. et n. Qui en est partisan.

néottie [neɔti] n. f. Orchidée sans chlorophylle, des forêts de hêtres.

Néouvielle ou **Néouviel** (*massif de*), massif des Pyrénées françaises, entre l'Adour et la Garonne, culminant au pic de *Néouvielle ;* 3 092 m. Réserve naturelle.

néo-vitalisme n. m. Forme moderne du vitalisme. (Son principal représentant est H. Driesch.)

néo-zélandais [neɔzelɑ̃dɛ], **e** [-ɛz] adj. et n. De la Nouvelle-Zélande.

néozoïque [neɔzɔik] adj. et n. m. Se dit parfois de l'ère tertiaire.

N. E. P., nouvelle politique économique, plus libérale, établie provisoirement en Russie de 1921 à 1928.

Népal, Etat de l'Asie, au nord de l'Inde ; 140 753 km² ; 12 millions d'h. (*Népalais*). Cap. *Katmandou.*

Géographie.

Le Népal s'étend sur toutes les régions naturelles de l'Himalaya* méridional : plus hauts sommets de la chaîne (dont l'Everest) au nord, bassins intérieurs au centre, monts des Siwālik et *terai* marécageux au sud. La population, constituée principalement de Gurkhas, se concentre dans les bassins et vallées intérieurs, et se consacre presque exclusivement à l'agriculture. Celle-ci associe les cultures des fruits, du jute, du tabac, du mil, du blé et surtout du maïs et du riz à un important élevage bovin et ovin.

Histoire.

Du XIVe au XVIIIe s., le pays fut dominé par la dynastie bouddhiste de Malla. Ensuite les Gurkhas hindouistes conquirent le pays, où une nouvelle dynastie fut fondée par le rajah gurkha Prithwi Narayana. Pour échapper à l'emprise chinoise, le Népal se rapprocha de l'Angleterre, qui y établit son protectorat en 1815. En 1923, le Népal devint pleinement indépendant. A partir de 1947, il suivit une politique d'équilibre entre ses deux puissants voisins, la Chine et l'Inde. Une nouvelle Constitution (16 déc. 1962) a tenté d'établir au Népal une démocratie fondée sur des conseils locaux.

népalais [nepalɛ], **e** [-ɛz] adj. et n. Du Népal.

nèpe [nɛp] n. f. (lat. *nepas,* scorpion). Insecte des eaux stagnantes, carnassier, respirant l'air par un tube abdominal. (Long. 5 cm ; ordre des rhynchotes.) [V. illustr. INSECTES.]

népenthès [nepɛ̃tɛs] n. m. (mot gr.). Dans l'Antiquité grecque, remède magique contre la tristesse. ‖ *Bot.* Plante de l'Asie tropicale et de Madagascar, dont les feuilles, en vrilles, se terminent par une petite urne membraneuse, surmontée d'un couvercle, où peuvent tomber des insectes, de petits reptiles, qui sont digérés par la plante.

Neper (John). V. NAPIER.

népérien [neperjɛ̃] adj. m. Qui a été inventé par Napier (Neper) : *logarithmes népériens.*

népéta [nepeta] n. f. *Bot.* Genre de labiacées à odeur forte, dont la principale espèce est la *cataire.*

cultures en terrasses aux environs de Katmandou

Phot. Le Boyer, Robillard, Scheidegger.

néphélémétrie [nefelemetri] n. f. (du gr. *nephelê*, nuage). Procédé de mesure de la concentration d'une émulsion, par comparaison de sa transparence avec celle d'une préparation étalon ou par photométrie. (La néphélémétrie est utilisée pour les réactions sérologiques comportant une floculation, pour l'étude des émulsions de graisses, etc.)

néphélion [nefeljɔ̃] n. m. (mot gr. signif. *petit nuage*). Légère opacité de la cornée.

Néphéritès, nom royal porté par deux souverains égyptiens de la XXIXe dynastie.

néphrectomie [nefrɛktɔmi] n. f. Ablation chirurgicale d'un rein.

néphrétique [nefretik] adj. (du gr. *nephros*, rein). Qui appartient aux reins.

néphrite [nefrit] n. f. (du gr. *nephros*, rein). Maladie inflammatoire du rein.
— ENCYCL. Les *néphrites* peuvent être dues à une infection (angine, scarlatine, etc.), à une intoxication (mercure, plomb, bismuth, etc.), ou être consécutives à une atteinte des voies excrétrices urinaires (lithiase, malformations, etc.).
On distingue suivant l'allure évolutive : 1° des *néphrites aiguës*, caractérisées par une diminution du volume des urines, de l'albumine, des œdèmes, une élévation de l'urée dans le sang ; 2° des *néphrites chroniques*, qui ne se manifestent que par un seul ou certains de ces symptômes, mais qui peuvent lentement évoluer, avec ou sans hypertension, vers une insuffisance rénale grave aboutissant à l'urémie.

néphrite n. f. Une des deux variétés de jade.

néphrologie n. f. Etude des reins, de leur physiologie et de leurs maladies.

néphrologue n. Spécialiste de néphrologie.

néphropathie n. f. Maladie du rein en général. ● *Néphropathie gravidique*, affection propre aux femmes enceintes, qui est caractérisée par de l'albuminurie et des œdèmes, et qui peut s'accompagner de crises d'éclampsie.

néphropexie n. f. Fixation chirurgicale du rein, en cas de ptôse de cet organe.

néphrose n. f. Affection dégénérative du rein, ne comportant pas de signes d'inflammation, mais accompagnée de troubles métaboliques. ● *Néphrose lipoïdique*, anc. appellation du syndrome néphrotique de cause inconnue, survenant le plus souvent chez le sujet jeune.

néphrotique adj. Qui concerne la néphrose. ● *Syndrome néphrotique*, syndrome rénal, d'origine inconnue ou secondaire à diverses maladies, caractérisé par une albuminurie abondante, des œdèmes et des modifications sanguines (augmentation des lipides du sang, diminution des protides).

Nephtali, fils de Jacob et ancêtre de la tribu de même nom.

Népomucène (*saint* Jean). V. JEAN NÉPOMUCÈNE (*saint*).

Nepos (Cornelius). V. CORNELIUS NEPOS.

Nepos (Flavius Julius), né en Dalmatie (m. en 480), empereur romain d'Occident (474-475). Il fut chassé du pouvoir par Oreste.

népotisme [nepɔtism] n. m. (ital. *nepotismo ;* du lat. *nepos*, neveu). Attitude de certains papes qui accordaient des faveurs particulières à leurs neveux ou à des membres de leur famille. ‖ Abus qu'un homme en place fait de son crédit en faveur de sa famille.

Neptune. *Myth. rom.* Dieu de la Mer, fils de Saturne et frère de Jupiter et de Pluton. Dans son palais au fond de la mer, il tenait renfermés les chevaux marins qui le traînaient en char sur les vagues. Identifié avec *Poséidon*.

Neptune, la huitième des planètes principales du système solaire, dans l'ordre croissant des distances au Soleil. En raison de son éloignement, Neptune, dont la surface présente quelques bandes spectrales comparables à celles de Jupiter et de Saturne, reste invisible à l'œil nu. Le mouvement de cette planète fut déterminé en 1846 par Le Verrier ; mais elle fut aperçue pour la première fois, la même année, par Galle de l'observatoire de Berlin. Elle possède deux satellites : *Triton*, découvert en 1846, qui a un mouvement rétrograde dans une orbite très sensiblement circulaire, et *Néréide*, découvert en 1949.

neptunium [nɛptynjɔm] n. m. Métal transuranien (Np), radio-actif, de numéro atomique 93. (Cet élément artificiel, obtenu par action de neutrons sur l'uranium, se transforme lui-même en plutonium.)

Nérac (47600), ch.-l. d'arr. de Lot-et-Garonne, sur la Baïse ; 7 437 h. (5 079 aggl.) [*Néracais*]. Château. Vins ; eaux-de-vie d'Armagnac. Constructions mécaniques. Jeanne d'Albret et Henri de Navarre y tinrent leur cour. — L'arr. a 7 cant., 62 comm., 41 304 h.

Nérée. *Myth. gr.* Dieu marin, père des *Néréides*.

néréide [nereid] n. f. ou **néréis** [-is] n. m. (du nom mythologique). Ver marin vivant dans la vase ou sur les rochers des côtes de l'Europe occidentale. (Long. 20 à 30 cm ; embranchement des annélides.)

Néréides. *Myth. gr.* Filles de Nérée et de Doris, nymphes de la mer Méditerranée, qui personnifiaient le jeu mouvant des vagues.

nerf [nɛr] n. m. (lat. *nervus*, ligament). Chacun des organes servant de conducteur aux incitations sensitives et motrices. (V. *encycl.*) ‖ *Fam.* Tendon des muscles : *se fouler un nerf.* ‖ *Technol.* Chacune des ficelles sur lesquelles on fait passer le fil servant à coudre les feuillets d'un volume relié. ‖ — *Fig.* Facteur principal : *l'argent est le nerf de la guerre.* ‖ Force, vigueur : *il a du nerf.* ● *Attaque, crise de nerfs*, spasmes nerveux. ‖ *Avoir ses nerfs*, être dans un état d'agacement. ‖ *Donner, taper, porter sur les nerfs* (Fam.), agacer, mettre dans un état de surexcitation désagréable. ‖ *Etre, vivre sur les nerfs*, continuer son travail par le seul effort de la volonté. ‖ *Guerre des nerfs*, nom donné à une période de forte tension politique entre des nations ou des coalitions adverses. ‖ *Nerf de bœuf*, ligament cervical postérieur du bœuf ou du cheval, desséché et arrondi industriellement. ‖ *Paquet de nerfs* (Fam.), personne très irritable, agitée.
— ENCYCL. Les *nerfs* ont la forme d'un cordon blanchâtre et sont constitués par la réunion de fibres nerveuses, qui sont les cylindraxes des neurones situés dans les centres nerveux.
1° Les *nerfs issus du système nerveux central* sont formés de fibres entourées de myéline : les nerfs rachidiens (30 paires) naissent de la moelle épinière (par une racine antérieure motrice et une racine postérieure sensitive) et se réunissent les uns aux autres pour former des plexus d'où partent les nerfs périphériques ; les nerfs crâniens (12 paires) se détachent de la face inférieure de l'encéphale.
2° Les *nerfs du système nerveux autonome* (nerfs de la chaîne sympathique et nerfs du parasympathique) sont formés de fibres dépourvues de myéline.

Neptune
musée du Latran
Rome

Néron
Louvre

Gérard de **Nerval**

Néri (*saint* Philippe). V. PHILIPPE NÉRI (*saint*).

Néris-les-Bains (03310), comm. de l'Allier (arr. de Montluçon) ; 3 021 h. La ville contient des restes gallo-romains et possède une église romane.
Néris-les-Bains est une station thermale, aux eaux bicarbonatées et sulfatées très chaudes (53 °C) et radio-actives pour le traitement des maladies du système nerveux : paralysies centrales ou périphériques, névralgies, sclérose en plaques, ainsi que syndromes névrotiques et dépressifs.

néritique [neritik] adj. (du gr. *neritês*, coquillage de mer). *Dépôts néritiques*, dépôts marins constitués de galets, de gravier, de sable, de vase et de boue, s'accumulant sur le plateau continental.

Nernst (Walther), physicien allemand, né à Briesen (Prusse) [1864-1941]. Il a inventé une lampe électrique à incandescence, élaboré une théorie des piles électriques et effectué des mesures aux très basses températures. (Prix Nobel de chimie, 1920.)

néroli [nerɔli] n. m. (du nom d'une princesse italienne qui aurait inventé ce parfum). Huile volatile extraite de la fleur d'oranger.

Néron, né à Antium (37-68), empereur romain (54-68), fils de Cneius Domitius Ahenobarbus et d'Agrippine la Jeune, qui le fit adopter par Claude (50) et lui fit épouser Octavie, fille de Claude (53). A la mort de Claude, Agrippine écarta Britannicus du pouvoir au profit de Néron. Au début de son règne, conseillé par Sénèque et Burrus, Néron gouverna en s'appuyant sur le sénat et allégea la fiscalité. Mais, dès 55, la cruauté et la débauche prirent chez lui le dessus. Néron fit assassiner Britannicus (55), Agrippine (59) et Octavie (62). Sa nouvelle épouse, Poppée, et le préfet du prétoire, Tigellin, aidèrent à renforcer le despotisme sanglant qui caractérisa son règne. Un incendie ayant dévasté Rome en 64, Néron accusa les chrétiens, qu'il persécuta. La « Maison dorée », à Rome, devint alors le théâtre d'une vie de débauche et d'histrion. Après Pison — dont la conjuration fut durement réprimée (65) —, les légions se révoltèrent contre le tyran. Déclaré ennemi public par le sénat, Néron se fit tuer par un affranchi.

Néronde (42113), ch.-l. de c. de la Loire (arr. de Roanne) ; 864 h. (428 aggl.).

Nérondes (18350), ch.-l. de c. du Cher (arr. de Saint-Amand-Mont-Rond) ; 1 331 h. (1 011 aggl.). Eglise romane. Château (XIIIe-XVIIe s.).

nerprun [nɛrprœ̃] n. m. (lat. *niger prunus*, prunier noir). Arbuste de la famille des rhamnacées, à fruits noirs fournissant des matières colorantes vertes ou jaunes : *la bourdaine est une espèce de nerprun des bois.*

Nerthe (la), massif au nord-ouest de Marseille ; 279 m d'alt. Un tunnel ferroviaire de 4 638 m le traverse.

Neruda (Neftalí Ricardo REYES, dit **Pablo**), poète chilien, né à Parral (1904-1973). Il a consacré son œuvre poétique à la terre chilienne et à la révolte contre les injustices qui ont accablé les Araucans de l'époque des conquérants espagnols à celle des industriels américains (*le Chant général*, 1950 ; *le Mémorial de l'île noire*, 1964).

Nerva, né à Narni (26-98), empereur romain de 96 à 98. Consul en 71 et en 90, il fut proclamé empereur par le sénat. Il assainit les finances et acheva les travaux de Domitien au forum impérial. Il adopta Trajan.

Nerval (Gérard LABRUNIE, dit **Gérard de**), écrivain français, né à Paris (1808-1855). Il passa son enfance dans le Valois, qu'il évoque dans *Sylvie*, l'une des nouvelles des *Filles du feu* (1854), et se fit connaître par sa traduction (1828) du *Faust* de Goethe. Lié avec tous les grands écrivains du groupe romantique, il mène une vie bohème et noctambule, où le rêve l'emporte sur la réalité. Sa passion malheureuse pour l'actrice Jenny Colon exaspère sa sensibilité et il est interné une première fois (1841) dans la clinique du Dr Blanche. Il écrit cependant pour le théâtre (*Léo Burckart*, 1839), rapporte d'un voyage en Egypte et en Turquie les récits pittoresques du *Voyage en Orient* (1851), et unit dans ses recueils en prose le goût des légendes fantastiques au ton de la fantaisie légère (*les Illuminés*, 1852 ; *la Bohème galante*, 1855). Mais ses sonnets des *Chimères* et son roman *Aurélia* (1855) font de lui le double précurseur de l'esthétique baudelairienne et de l'exploration surréaliste de l'inconscient. Plusieurs fois repris par la folie, il fut trouvé pendu à une grille de la rue de la Vieille-Lanterne.

nervation n. f. Disposition des nervures dans une feuille végétale ou sur une aile d'insecte.

nerveusement adv. De façon nerveuse : *serrer nerveusement la main.*

nerveux [nɛrvø], **euse** [-øz] adj. (lat. *nervosus*, vigoureux). Qui appartient aux nerfs : *centre nerveux.* ‖ Qui a les nerfs irritables : *personne nerveuse.* ‖ Qui a de la vivacité, de la force : *homme nerveux.* ‖ *Fig.* Ferme, concis : *style nerveux.* ‖ Qui répond rapidement à une demande d'effort : *voiture au moteur nerveux.* ● *Centres nerveux*, l'encéphale et la moelle épinière ; et, au *fig.*, organismes directeurs. ‖ *Système nerveux*, ensemble structuré des nerfs, ganglions et centres nerveux qui assurent chez un être vivant la commande et la coordination des fonctions vitales et la réception des messages sensoriels. (V. *encycl.*) [V. illustr. SYSTÈME NERVEUX*.]
— ENCYCL. Le système sensori-moteur le plus simple que l'on puisse rencontrer chez un animal métazoaire (méduse par exemple) comprend au moins trois cellules : une cellule sensitive ou réceptrice R ; une cellule de transmission T ; une cellule réactive ou motrice M. Le système ne fonctionne que dans le sens $R \rightarrow T \rightarrow M$ et est aboli par la suppression de la cellule T. Par définition, la cellule T, qui n'est pas elle-même sensible et qui n'est pas elle-même motrice, mais qui permet une réaction motrice à quelque distance de la cellule atteinte par l'information stimulante, est une *cellule nerveuse*, un neurone, et la transformation qui la parcourt en sens unique est un *influx nerveux.* Chez des êtres plus complexes, les cellules nerveuses s'enchaînent, forment des voies convergentes et divergentes, voire des circuits ; les fibres se groupent en nerfs, faisceaux et cordons, et les corps cellulaires en ganglions, noyaux et centres, ce qui permet non seulement l'*intégration* des données sensorielles issues de plusieurs origines (données visuelles, auditives, olfactives), mais la combinaison de données actuelles et de données anciennes *mémorisées*, si bien que la réaction peut être éloignée de la stimulation dans

Phot. Alinari-Giraudon, Giraudon, Nadar.

le temps. Le couronnement de cette complexité évolutive est le cerveau humain, avec l'acte volontaire et la symbolisation sémiotique qui le caractérisent.
Anatomiquement, le *système nerveux* est très différent chez les invertébrés (*hyponeuriens*) et chez les vertébrés et leurs voisins (*épineuriens*). Il forme chez les invertébrés une ou deux chaînes ventrales de ganglions, les centres nerveux céphaliques étant seuls dorsaux et réunis au reste du système par un collier œsophagien qui entoure le tube digestif.
Chez l'homme et les vertébrés supérieurs, on distingue, d'une part, le *système nerveux cérébro-spinal,* composé d'une partie centrale (système nerveux central ou axe cérébro-spinal ou névraxe) et d'une partie périphérique (nerfs*), et, d'autre part, le *système nerveux neurovégétatif.*
1° Le *système nerveux central,* ou *axe cérébro-spinal* ou *névraxe,* comprend notamment le cerveau, le cervelet, le bulbe et la moelle épinière ; il est abrité dans la boîte crânienne et la colonne vertébrale. Ce système reçoit des organes sensoriels et de la peau des informations précises, auxquelles il répond en donnant des ordres aux muscles squelettiques ou peauciers, selon un mode volontaire, grâce à l'intervention du cortex, ou selon un mode réflexe, dont le circuit varie (moelle épinière, bulbe, etc.), et où l'intervention corticale volontaire est presque toujours possible. Le névraxe est composé, d'une part, par les corps des neurones, qui, groupés en centres nerveux (écorce du cerveau, noyaux du tronc cérébral) dépourvus de myéline, forment la matière grise, et, d'autre part, par les prolongements de ces neurones (cylindraxes, ou axones), qui, entourés de myéline et réunis en faisceaux, constituent la substance blanche.
2° Le *système neurovégétatif* ou *autonome* agit sur les viscères et les organes cardio-vasculaires dans des conditions indépendantes de notre conscience et de notre volonté. Il est caractérisé par l'existence de deux systèmes différents, ayant chacun des effets opposés sur les mêmes organes : le système sympathique et le système parasympathique.
Le *système sympathique* est formé de deux chaînes de ganglions situées contre la colonne vertébrale sur toute sa longueur et de filets nerveux qui, partant des ganglions, vont entourer les artères et se distribuer à tous les viscères.
Le *système parasympathique* est constitué par des fibres végétatives annexées à certains nerfs crâniens et notamment au nerf pneumogastrique, dont les ramifications se distribuent au cœur, aux poumons et aux viscères abdominaux, ainsi que par des fibres se détachant des racines sacrées pour se rendre aux organes génito-urinaires.
L'excitation de filets du système nerveux autonome libère, à leur union avec les organes, des médiateurs chimiques : les fibres du sympathique situées avant les ganglions ainsi que celles du parasympathique libèrent de l'acétylcholine, et les fibres du sympathique situées après les ganglions dégagent de l'adrénaline.
L'influx nerveux correspond à une onde de dépolarisation qui circule à une vitesse de 30 à 100 m/s le long des neurones, disposés en chaînes ramifiées.

nervi n. m. (plur. ital. *nervi,* nerfs). Bandit, homme sans aveu.

Nervi (Pier Luigi), ingénieur et architecte italien, né à Sondrio en 1891. Ses recherches entreprises dès 1913 sur les utilisations respectives du métal et du béton armé l'amenèrent à appliquer les principes de la préfabrication à l'exécution des grands ouvrages. On lui doit notamment la construction du stade de Florence et du palais des sports de Rome, et, en collaboration avec les architectes Breuer et Zehrfuss, celle du palais de l'Unesco à Paris (1954-1958), avec G. Ponti, celle de l'immeuble Pirelli, à Milan (1958).

nervosisme n. m. (lat. *nervosus,* nerveux). Etat de déséquilibre du système nerveux, s'accompagnant non seulement de troubles organiques variés et de douleurs, mais aussi de troubles psychiques plus ou moins marqués.

nervosité [nɛrvozite] n. f. Caractère, état de la personne ou de la chose qui est nerveuse, irritable.

nervure [nɛrvyr] n. f. (de *nerf*). Chacune des saillies que forment les nerfs sur le dos d'un livre relié. || *Archit.* Moulure saillante, simple ou composée. || *Bot.* Filet, souvent ramifié et saillant, sur le limbe d'une feuille, par où est transportée la sève. || *Technol.* Renforcement, faisant saillie, d'une pièce mécanique pour en augmenter la résistance. || Petit pli debout, formant garniture en relief dans une étoffe ; et, *par ext.,* passepoil formant relief. || Filet de l'aile des insectes.

nervurer v. t. Orner de nervures.

Nesle (80190), ch.-l. de c. de la Somme (arr. de Péronne) ; 2 483 h. (*Neslois*). Huilerie.

Nesle [nɛl] (*hôtels* et *tour de*), anc. monuments de Paris. Il y eut deux hôtels de Nesle. L'emplacement de l'un est auj. occupé par l'hôtel des Monnaies et l'Institut de France ; à la place de l'autre s'élève la Bourse de commerce. La tour, dans laquelle Alexandre Dumas a situé l'action de son drame (1832), faisait partie de l'enceinte de Philippe Auguste, en face de la tour du Louvre.

Ness (*loch*), lac d'Ecosse, au sud-ouest d'Inverness.

Nesselrode (Karl Robert, *comte* VON), diplomate russe d'origine allemande, né à Lisbonne (1780-1862). Il fut plénipotentiaire du tsar au congrès de Vienne, et dirigea la politique extérieure russe de 1816 à 1856.

Nessos ou **Nessus.** *Myth. gr.* Centaure qui, ayant voulu enlever Déjanire, femme d'Héraclès, fut atteint par le héros d'une flèche trempée dans le sang de l'hydre de Lerne. En mourant, Nessos donna sa tunique à Déjanire comme un talisman qui devait lui ramener son époux, s'il devenait infidèle. Héraclès, lorsqu'il l'eut revêtue, en éprouva de telles douleurs qu'il alla se brûler sur le mont Œta.

Neste d'Aure ou **Grande Neste** (la), riv. des Pyrénées centrales, affl. de la Garonne (r. g.) ; 65 km. Drainant la *vallée d'Aure,* elle alimente, avec ses affluents (*Nestes de Louron,* de *Couplan,* etc.), outre des centrales hydrauliques, le *canal de la Neste* ou *de Lannemezan,* qui, à son tour, maintient en été le niveau de plusieurs rivières de la Haute-Garonne et du Gers.

Nestor. *Mythol. gr.* Roi de Pylos (Messénie), le plus âgé des princes qui assistèrent au siège de Troie.

nestorianisme n. m. Doctrine religieuse hérétique des nestoriens.
— ENCYCL. Le *nestorianisme* est né de l'imprécision des termes théologiques employés pour déterminer les noms applicables à Jésus à la fois Dieu et homme. Nestorius enseigna qu'il y a deux personnes en Jésus-Christ et que l'union des deux natures en Jésus n'a pas lieu d'une manière substantielle et hypostatique. Ses doctrines se répandirent en Perse et en Mésopotamie ; l'Eglise nestorienne, au XIIe s., groupait en Asie centrale quelque 200 évêchés. Cette Eglise, remarquable par sa vitalité, disparut cependant sous les coups des Turcs.

nestorien [nɛstɔrjɛ̃], **enne** [-ɛn] n. Disciple, partisan de Nestorius, qui soutenait qu'on devait distinguer dans Jésus-Christ deux personnes, comme on distingue deux natures. || — Adj. Relatif au nestorianisme : *l'hérésie nestorienne.*

Nestorius, hérésiarque, né à Germanica Cesarea (Syrie) [v. 380-451]. Patriarche de Constantinople en 428, il fut déposé par le concile d'Ephèse en 431. Sa doctrine porte le nom de *nestorianisme**.

net [nɛt], **nette** adj. (lat. *nitidus,* brillant). Propre, sans tache : *une glace nette ; un teint net.* || Bien marqué : *une cassure nette.* || Distinct, qui n'est pas brouillé : *écriture, photographie nette.* || Débarrassé, libre : *faire place nette.* || Se dit du résultat final d'un compte, exprimé en unités monétaires : *actif, passif, revenu, salaire net.* || *Fig.* Qui ne donne lieu à aucun doute, à aucune ambiguïté : *réponse, pensée nette.* ● *Bénéfice net,* bénéfice qu'on tire d'un bien, d'une exploitation, etc., tous frais déduits. || *Conscience nette,* irréprochable. || *En avoir le cœur net,* s'assurer entièrement de la vérité d'un fait. || *Net de,* exempt de, non susceptible de : *net d'impôt.* || *Poids net,* poids propre d'un objet, déduction faite du poids de ce qui l'enveloppe. || *Prix net,* prix sur lequel on ne fait aucune déduction. || *Vue nette,* vue qui distingue bien les objets.

net n. m. *Mettre au net,* faire une copie correcte. || — Adv. Uniment, tout d'un coup : *objet qui s'est cassé net.* || *Fig.* Franchement : *refuser net.*

Nèthe (la), riv. de Belgique, formée par la réunion de la *Grande Nèthe* (90 km) et de la *Petite Nèthe* (64 km). Elle forme, avec la Dyle, le Rupel*.

Néthou. V. ANETO.

nettement adv. D'une manière nette.

netteté n. f. Qualité de ce qui est net (dans les différents sens du mot) : *la netteté d'un dessin ; s'exprimer avec netteté.*

nettoyable adj. Qui peut être nettoyé.

nettoyage ou **nettoiement** n. m. Action de nettoyer. ● *Entreprise de nettoyage,* entreprise louant les services d'employés chargés de se rendre à domicile pour y faire le ménage.

nettoyer [nɛtwaje] v. t. (de *net*) [conj. **2**]. Rendre net, propre ; débarrasser des corps étrangers : *nettoyer une chambre, du blé.* || *Fam.* Ruiner, dépouiller : *il a voulu jouer de grosses sommes et il s'est fait nettoyer.*

nettoyeur, euse n. Personne qui nettoie.

Neubourg (LE) [27110], ch.-l. de c. de l'Eure (arr. d'Evreux), au cœur de la riche *plaine du Neubourg ;* 3 214 h. Ecole d'agriculture.

Neuchâtel, en allem. **Neuenburg,** v. de Suisse, ch.-l. du *cant. de Neuchâtel,* sur le *lac de Neuchâtel ;* 38 800 h. Collégiale du XIIe s. Université. Horlogerie. Constructions électriques. Chocolat. La ville fut le siège d'une principauté qui, souveraine en 1648, appartint au roi de Prusse de 1707 à 1798 et de 1814 à 1857, tout en demeurant membre de la Confédération suisse.

Neuchâtel (*canton de*), cant. de la Suisse occidentale, 169 200 h. Ch.-l. *Neuchâtel.* S'étendant essentiellement sur une partie du Jura suisse, entre la frontière française et le *lac de Neuchâtel,* le canton associe dans la montagne l'élevage bovin (pour les produits laitiers surtout) à l'industrie horlogère, dont La Chaux-de-Fonds et Le Locle sont les grands centres. La rive occidentale du lac de Neuchâtel, abritée, porte des cultures (vignes, arbres fruitiers) et est localement animée par le tourisme.

Neuchâtel (*lac de*), lac de la Suisse, au pied du Jura. Long de 38 km sur 3 à 8 km de large ; 216 km^2.

Neuengamme, localité de l'Allemagne occidentale, au sud-est de Hambourg. Camp de concentration pendant la Seconde Guerre mondiale.

neuf [nœf] adj. num. (lat. *novem*). Nombre qui suit huit dans la série naturelle des nombres entiers. || Neuvième : *Charles neuf.* || — N. m. inv. Chiffre qui représente le nombre neuf. || Neuvième jour du mois : *le neuf mars.* || Carte à jouer marquée de neuf points : *le neuf de pique.* ● *Preuve par neuf,* contrôle d'une multiplication, dans le système décimal, en vérifiant que le produit calculé donne le même reste de sa division par neuf que le produit des restes de la division par neuf du multiplicateur et du multiplicande. || *Reste de la division d'un nombre par neuf,* nombre égal au reste de la division par neuf de la somme de ses chiffres.

neuf [nœf], **neuve** [nœv] adj. (lat. *novus,* nouveau). Fait depuis peu : *maison neuve.* || Qui n'a pas ou presque pas servi : *une bicyclette neuve.* || *Fig.* Qui n'a pas encore été dit, traité : *pensée neuve ; sujet neuf.* ● *Cœur neuf,* qui n'a pas été agité par les passions.

neuf n. m. Ce qui n'a jamais servi ; ce qui est fait depuis peu : *coudre du neuf avec du vieux.* ● *A neuf,* de façon que l'objet réparé soit comme neuf. || *De neuf,* avec des vêtements, des objets neufs.

Neuf-Brisach [nøbrizak] (68600), ch.-l. de c. du Haut-Rhin (arr. de Colmar), port sur le Grand Canal d'Alsace ; 2 580 h. Anc. place forte.

Neufchâteau [nø-] (88300), ch.-l. d'arr. des Vosges, sur la Meuse ; 8 829 h. (*Néocastriens*). — L'arr. a 7 cant., 176 comm., 66 254 h. Pittoresque ville haute. Eglises des XIIIe-XVIe s. Fortifications. Vieilles maisons.

Neufchâteau [nø-], v. de Belgique (Luxembourg) ; 2 800 h.

neufchâtel [nøʃatɛl] n. m. Fromage fabriqué à partir du lait de vache, à Neufchâtel-en-Bray.

Neufchâtel-en-Bray [nø-] (76270), ch.-l. de c. de la Seine-Maritime (arr. de Dieppe), sur la Béthune ; 6 133 h. (*Neufchâtelois*). Produits laitiers.

Neufchâtel-sur-Aisne [nø-] (02190 Guignicourt), ch.-l. de c. de l'Aisne (arr. de Laon) ; 455 h.

neuf-huit n. m. *Mus.* Dénomination d'une mesure à trois temps, qui a la noire pointée pour unité de temps.

Neuhausen am Rheinfall, comm. de Suisse (Schaffhouse) ; 11 600 h. Matériel ferroviaire. Aluminium.

Neuhof ou **Neuhoff** (Theodor, *baron*), aventurier, né à Cologne (1694-1756). En 1736, il se fit proclamer roi de Corse sous le nom de *Théodore.*

Neuillé-Pont-Pierre (37360), ch.-l. de c. d'Indre-et-Loire (arr. de Tours) ; 1 376 h. (800 aggl.) [*Noviliaciens*].

Neuilly-en-Thelle (60530), ch.-l. de c. de l'Oise (arr. de Senlis) ; 1 943 h. Château du XVIe s.

Neuilly-le-Réal (03340), ch.-l. de c. de l'Allier (arr. de Moulins) ; 1 205 h. (460 aggl.).

Nervi
structure d'un hangar pour avions

Phot. Vasari.

Neuilly-l'Évêque anc. ch.-l. de c. de la Haute-Marne (arr. de Langres).

Neuilly-Plaisance (93360), ch.-l. de c. de la Seine-Saint-Denis (arr. du Raincy) ; 17 613 h. (*Nocéens*).

Neuilly-Saint-Front (02470), ch.-l. de c. de l'Aisne (arr. de Château-Thierry) ; 1 664 h.

Neuilly-sur-Marne (93330), comm. de la Seine-Saint-Denis (arr. du Raincy) ; 22 603 h. (*Nocéens*). Hôpitaux psychiatriques de Ville-Evrard et de Maison-Blanche.

Neuilly-sur-Seine (92200), ch.-l. de c. des Hauts-de-Seine (arr. de Nanterre), en bordure du bois de Boulogne ; 71 215 h. (*Neuilléens*). Agglomération surtout résidentielle. Traité signé en 1919 entre les Alliés et la Bulgarie.

Neumann (Franz Ernst), physicien allemand, né à Joachimsthal (Uckermark) [1798-1895]. Il étudia la réfraction dans les substances anisotropes et leur dilatation, et introduisit le potentiel en électrocinétique (1845).

Neumann (Johannes VON), mathématicien américain d'origine hongroise, né à Budapest (1903-1957), auteur, avec Morgenstern, de la théorie des jeux.

neume [nøm] n. m. *Mus.* Au Moyen Age, signe employé comme moyen mnémotechnique pour indiquer la courbe de la mélodie. ‖ Signe de notation englobant plusieurs notes et employé encore aujourd'hui dans les éditions de plain-chant.

Neumünster, v. de l'Allemagne occidentale (Schleswig-Holstein) ; 75 200 h. Constructions électriques.

Neung-sur-Beuvron [nœ-] (41210), ch.-l. de c. de Loir-et-Cher (arr. de Romorantin-Lanthenay) ; 1 205 h. (740 aggl.) [*Nugdunois*].

Neunkirchen, v. de l'Allemagne occidentale (Sarre) ; 46 000 h. Houille. Sidérurgie.

neural, e, aux adj. Relatif au système nerveux.

neurasthénie [nørasteni] n. f. (gr. *neuron,* nerf, et *astheneia,* manque de force). Névrose avec affaiblissement de la force nerveuse, troubles mentaux à type de tristesse, manque de volonté, idéation difficile, et le plus souvent malaises physiques tels que maux de tête, troubles digestifs, etc.

neurasthénique adj. Qui concerne la neurasthénie. ‖ — Adj. et n. Atteint de neurasthénie.

neurochirurgical, e, aux adj. Relatif à la neurochirurgie.

neurochirurgie n. f. Chirurgie du système nerveux.
— ENCYCL. La *neurochirurgie* s'est développée à partir de 1918 sous l'impulsion de Harvey Cushing. Inaugurée avec des tentatives de réparation de traumatismes crâniens de la guerre, elle permet maintenant l'exérèse des tumeurs, des abcès, le traitement de malformations vasculaires, la correction de troubles fonctionnels par la section de certaines zones des centres nerveux (traitement de la maladie de Parkinson et de certaines psychoses) et ne cesse d'étendre ses possibilités.

neurochirurgien, enne n. Praticien spécialisé en neurochirurgie.

neuroleptique [nørɔlɛptik] adj. et n. m. Se dit de certaines substances ayant un effet sédatif sur le système nerveux. (Les neuroleptiques provoquent un état d'indifférence, diminuent l'excitation ainsi que l'agressivité et font disparaître de nombreux troubles.)

neurolinguistique n. f. Etude linguistique des troubles du langage.

neurologie [nørɔlɔʒi] n. f. Science qui traite du système nerveux. ‖ Spécialité médicale qui s'occupe des maladies du système nerveux.

neurologiste ou **neurologue** n. Spécialiste en neurologie.

neurone [nørɔn] n. m. (gr. *neuron,* nerf). Cellule nerveuse.
— ENCYCL. Le *neurone* dérive de l'ectoderme ; il possède un corps cellulaire et des prolongements. Le corps cellulaire, d'une dimension de 5 à 130 µ, contient un noyau arrondi, entouré d'un protoplasme assez abondant, qui renferme des fibrilles et diverses inclusions (pigments, corps en bâtonnets, etc.). Les prolongements sont formés, d'une part, par des arborisations protoplasmiques ou dendrites et, d'autre part, par le cylindraxe, ou axone, situé au pôle opposé. Les arborisations protoplasmiques sont douées d'une légère possibilité d'expansion et de rétraction qui les met en relation avec les axones sus-jacents ; l'axone, au contraire, est un cylindre fixe se terminant par de très fines ramifications qui arrivent au contact des arborisations protoplasmiques de la cellule située en aval. L'influx nerveux se propage en allant des arborisations protoplasmiques vers l'extrémité du cylindraxe. Un neurone ne peut se reproduire, mais il est capable, tant que le corps cellulaire est en bon état, de régénérer ses prolongements. Par contre, tout axone séparé du corps cellulaire dégénère.

neurophysiologie n. f. Physiologie du système nerveux.

neuroplégique adj. et n. m. Se dit d'une substance capable de supprimer la transmission de l'influx nerveux, soit au niveau des centres nerveux, soit au niveau des ganglions du système neurovégétatif. (Les neuroplégiques, dont le type est la chlorpromazine, ont de nombreuses applications en thérapeutique et en anesthésie.)

neuropsychiatrie n. f. Spécialité médicale comprenant une qualification en neurologie et une autre en psychiatrie.

neuropsychologie n. f. Etude des phénomènes psychiques en relation avec le système nerveux.

neuropsychologue n. m. Spécialiste de neuropsychologie.

neurotrope [nørɔtrɔp] adj. *Méd.* Se dit de toxiques ou de germes qui se localisent avec prédilection sur le système nerveux : *virus neurotrope.*

neurovégétatif, ive adj. Se dit du système nerveux autonome des organes végétatifs. (V. NERVEUX.) ● *Dystonie neurovégétative,* dérèglement du système neurovégétatif, entraînant des troubles circulatoires, respiratoires, digestifs, génitaux, nerveux et psychiques.

neurula [nøryla] n. f. Stade embryonnaire des vertébrés, succédant à la gastrula, et pendant lequel se forme l'axe cérébrospinal.

Neusiedl (*lac*), en hongr. **Fertö,** lac de l'Europe centrale, aux confins de l'Autriche et de la Hongrie ; 200 km².

Neuss, v. de l'Allemagne occidentale (Rhénanie-du-Nord-Westphalie) ; 113 500 h. Port fluvial. Métallurgie.

Neustrie, l'un des royaumes mérovingiens, constitué lors du partage de 561 au profit de Chilpéric Iᵉʳ. Il comprenait les pays situés entre la Loire, la Bretagne, la Manche et la Meuse, et fut en rivalité avec l'Austrasie. Pépin de Herstal fit l'unité des deux royaumes.

neustrien [nøstrijɛ̃], **enne** [-ɛn] adj. et n. De Neustrie.

Neutra (Richard Joseph), architecte américain d'origine autrichienne, né à Vienne (1892-1970). Pionnier de la construction par éléments préfabriqués, il a édifié notamment l'académie militaire de Californie à Los Angeles.

neutralisant, e adj. Qui neutralise ; propre à neutraliser.

neutralisation n. f. Action de neutraliser ; son résultat. ‖ Action de donner un statut de non-belligérance à un territoire, à un bâtiment, à un personnel. (La neutralisation, qui n'implique pas nécessairement la démilitarisation, entraîne l'impossibilité d'adhérer à une alliance militaire.) ● *Tir de neutralisation* (Mil.), tir visant à paralyser l'adversaire dans une zone déterminée.

neutraliser v. t. *Chim.* Rendre neutre : *neutraliser un acide.* ‖ Déclarer neutre, en parlant d'un territoire, d'une ville, etc. ‖ *Fig.* Empêcher d'agir, annihiler par une action contraire : *neutraliser les projets de quelqu'un.* ‖ **— Se neutraliser** v. pr. S'annuler, se faire équilibre : *ces deux forces se neutralisent.*

neutralisme n. m. Doctrine impliquant le refus de s'intégrer à l'un des grands blocs politiques et idéologiques du monde.

neutraliste adj. Relatif au neutralisme. ‖ — N. et adj. Partisan du neutralisme.

neutralité n. f. Etat de celui qui reste neutre, de ce qui est neutre. ‖ Situation d'un Etat qui se tient volontairement à l'écart d'un conflit international : *la Suisse et l'Autriche ont adopté un statut de neutralité perpétuelle.* ‖ *Chim.* Etat, qualité d'un corps ou d'un milieu neutre. (La neutralité d'une solution aqueuse, qui n'est ni acide ni basique, se définit par l'égalité des concentrations des ions H^+ et OH^-. A 23 °C, le *p*H de la solution est alors égal à 7.)

neutre [nøtr] adj. et n. (lat. *neuter,* ni l'un ni l'autre). Qui ne prend pas parti entre des puissances belligérantes, entre des personnes ou des nations opposées. ‖ Se dit d'une région, d'un Etat dont les puissances reconnaissent en principe la neutralité en s'engageant à respecter leur territoire en cas de guerre : *la Suisse est un pays neutre.* ‖ *Chim.* Qui n'est ni acide ni basique. ‖ *Linguist.* Se dit d'un nom ou d'un mot qui n'est ni masculin ni féminin : *« on », en français, est un pronom indéfini neutre.* ‖ *Phys.* Se dit d'un corps qui ne présente aucune électrisation, d'un conducteur qui n'est le siège d'aucun courant.

Neutres (*ligue des*) ou **ligue du Nord,** ligue éphémère (1800-1801) qui groupa les pays riverains de la Baltique contre la Grande-Bretagne.

neutrino [nøtrino] n. m. Particule subatomique de masse très petite et dénuée de charge électrique.

neutron [nøtrɔ̃] n. m. Particule électriquement neutre, constituant, avec les protons, les noyaux des atomes.
— ENCYCL. Le *neutron* diffère du proton par son absence de charge ; à l'état libre, il est d'ailleurs instable et se transforme en un proton et un électron. Employé à l'irradiation des atomes, il les rend fréquemment radio-actifs. Il peut déterminer la fission de l'uranium et du plutonium. (V. ATOME.)

neuvaine [nœvɛn] n. f. Actes de dévotion auxquels on se livre pendant neuf jours : *faire une neuvaine.*

Neuves-Maisons (54230), ch.-l. de c. de Meurthe-et-Moselle (arr. de Nancy) ; 6 591 h. (*Néodomiens*).

Neuvic (19160), ch.-l. de c. de la Corrèze (arr. d'Ussel) ; 2 479 h. (1 457 aggl.). Ecole régionale d'agriculture.

Neuvic (24190), ch.-l. de c. de la Dordogne (arr. de Périgueux) ; 2 747 h. (1 068 aggl.). Chaussures.

neuvième [nœvjɛm] adj. num. ord. Qui occupe le rang marqué par le nombre *neuf : septembre est le neuvième mois.* ‖ — N. : *être le, la neuvième de sa classe.* ‖ N. m. Fraction obtenue par division par neuf. ‖ — N. f. La neuvième classe d'un lycée. ‖ *Mus.* Intervalle de neuf degrés, formé d'une octave et d'une seconde.

neuvièmement adv. En neuvième lieu.

Neuville-aux-Bois (45170), ch.-l. de c. du Loiret (arr. d'Orléans), près de la forêt d'Orléans ; 2 834 h.

Neuville-du-Poitou (86170), ch.-l. de c. de la Vienne (arr. de Poitiers) ; 3 104 h. (1 770 aggl.).

Neuville-en-Ferrain (59960), comm. du Nord (arr. de Lille) ; 5 553 h. (3 720 aggl.). Textiles.

Neuville-lès-Dieppe (76370), comm. de la Seine-Maritime (arr. de Dieppe) ; 9 009 h. (*Neuvillais*).

Neuville-sur-Saône (69250), ch.-l. de c. du Rhône (arr. de Lyon) ; 5 760 h. Rayonne.

Neuvy-le-Roi (37370), ch.-l. de c. d'Indre-et-Loire (arr. de Tours) ; 1 096 h.

Neuvy-Saint-Sépulchre (36230), ch.-l. de c. de l'Indre (arr. de La Châtre) ; 1 804 h. (1 115 aggl.). Collégiale des XIᵉ-XIIᵉ s., sur le modèle du Saint-Sépulcre de Jérusalem. Pèlerinage.

Néva (la), fl. de Russie. Elle sort du lac Ladoga, arrose Leningrad et se jette dans le golfe de Finlande ; 74 km.

Nevada (*sierra*), massif du sud de l'Espagne ; 3 478 m au *Mulhacén.*

Nevada (*sierra*), chaîne de montagnes de l'ouest des Etats-Unis (Californie) ; 4 418 m au *mont Whitney.*

Nevada, un des Etats unis d'Amérique (Ouest) ; 444 000 h. Cap. *Carson City.* A l'intérieur du système des Rocheuses, l'Etat s'étend en majeure partie sur le plateau désertique du *Grand Bassin.* L'aridité du climat explique la faiblesse du peuplement (moins de 2 h. au kilomètre carré) et l'inexistence des cultures. Le Nevada vit principalement de l'élevage, de l'exploitation du sous-sol (cuivre, fer, or) et du tourisme (Las Vegas, Reno). Cédé aux Etats-Unis par le Mexique en 1848, il fut érigé en territoire autonome en 1861 et en Etat (le 36ᵉ de l'Union) en 1864.

névé [neve] n. m. (mot valaisan). Dans la zone des neiges persistantes, amas de neige en cours de transformation en glace, et qui donne naissance à un glacier.

Nevers (58000), anc. cap. du Nivernais, ch.-l. du dép. de la Nièvre, sur la Loire ; à 232 km au sud-est de Paris ; 45 068 h. (*Nivernais*). Evêché. Cathédrale (Xᵉ-XIIᵉ s.). Eglise Saint-Etienne (fin du XIᵉ s.). Palais ducal, auj. palais de justice (XVᵉ-XVIᵉ s.). Chaudronnerie. Constructions électriques. Faïencerie. La faïence de Nevers apparut à la fin du XVIᵉ s., elle s'inspira d'abord de l'Italie, puis des décors persans et chinois. — L'arr. a 7 cant., 83 comm., 126 689 h.

neveu [nəvø] n. m. (lat. *nepos*). Fils du frère ou de la sœur. ● *Neveu à la mode de Bretagne,* enfant d'un cousin germain ou d'une cousine germaine.

Neveu de Rameau (*le*), roman de Diderot, composé en 1762 et publié après sa mort (en allemand en 1805 ; en français en 1821, puis en 1891).

Nevers
le palais
ducal

Phot. Bottin.

Neville (Richard), comte DE WARWICK, surnommé **le Faiseur de rois** (1428-1471). Beau-frère de Richard d'York, il le poussa à revendiquer le trône d'Angleterre, gagna sur Henri VI la bataille de Saint Albans (1455) et défit le parti lancastrien à Towton (1461), après avoir fait proclamer Edouard IV, son neveu. En 1470, il rétablit Henri sur le trône, mais fut vaincu par Edouard et tué.

névralgie [nevralʒi] n. f. (gr. *neuron*, nerf, et *algos*, douleur). Douleur vive, ressentie sur le trajet des nerfs : *névralgie faciale*.
— ENCYCL. Les causes des *névralgies* sont multiples : toxiques (alcool), infectieuses (virus neurotropes), métaboliques (rhumatismes, uricémie, etc.), physiques (froid). Les névralgies les plus fréquentes sont les névralgies faciales (nerf trijumeau), intercostales et sciatiques, mais tous les nerfs peuvent être le siège d'une névralgie.

névralgique adj. Relatif à la névralgie : *douleur névralgique*. ● *Centre, point névralgique*, point sensible.

névraxe [nevraks] n. m. Syn. de AXE* CÉRÉBRO-SPINAL.

névrite [nevrit] n. f. Lésion inflammatoire des nerfs. (Selon les nerfs et la cause de la névrite, celle-ci se traduit par une névralgie [nerfs sensitifs] ou par une paralysie [nerf moteur].)

névritique adj. Qui a rapport à la névrite.

névroglie [nevrɔgli] n. f. Tissu conjonctif situé entre les neurones.

névropathe adj. et n. Qui souffre des nerfs : *les névropathes s'exagèrent souvent leurs souffrances.*

névropathie n. f. Trouble des fonctions du système nerveux ; névrose.

névropathique adj. Relatif à la névropathie.

névroptères [nevrɔptɛr] n. m. pl. (gr. *neuron*, nervure, et *pteron*, aile). Ordre d'insectes à métamorphoses complètes, pourvus de quatre ailes membraneuses à nombreuses nervures, et comprenant le *fourmi-lion*, la *phrygane*.

névrose [nevroz] n. f. Maladie caractérisée par des troubles nerveux apparaissant en l'absence de toute lésion organique, et par des troubles psychiques dont le sujet est conscient (caractère qui différencie la névrose de la psychose) : *la névrose d'angoisse est fréquente ; l'hystérie, certaines obsessions sont également des névroses.*
— ENCYCL. La *névrose* comporte une atteinte moins profonde, moins globale des fonctions psychiques que la psychose ; il existe des formes intermédiaires dites « psychonévroses ». Plusieurs théories ont tenté d'expliquer les mécanismes d'apparition des névroses, faisant intervenir les réactions de l'individu au milieu social, l'adaptation à de nouvelles situations, les réflexes conditionnés, mais celle qui a eu le plus de retentissement est celle de Freud, qui voit dans la névrose la réapparition, sous des formes de troubles divers, de tendances refoulées dans l'enfance. Cette théorie est la base du traitement de ces affections par la psychanalyse, qui tente de retrouver la ou les causes et qui libère ainsi le sujet en les lui dévoilant.

névrosé, e adj. et n. Atteint de névrose.

névrotique adj. Relatif à la névrose.

névrotomie [nevrɔtɔmi] ou **neurotomie** n. f. (gr. *neuron*, nerf, et *tomê*, section). *Chir.* Section d'un cordon nerveux.

Nevski (Alexandre). V. ALEXANDRE NEVSKI.

Newark, port des Etats-Unis (New Jersey) ; 405 200 h. Centre industriel sur la *baie de Newark*.

New Bedford, port des Etats-Unis (Massachusetts) ; 102 500 h. Pêche. Textiles.

New Britain, v. des Etats-Unis (Connecticut) ; 82 200 h. Centre industriel.

Newcastle, port d'Australie (Nouvelle-Galles du Sud) ; 219 200 h. Exportation de charbon. Sidérurgie. Chantiers navals. Industries textiles et chimiques.

Newcastle (William CAVENDISH, *duc* DE), chef royaliste anglais (1592-1676), partisan de Charles Ier, qu'il soutint contre le Parlement.

Newcastle-upon-Tyne ou **Newcastle,** v. de Grande-Bretagne, ch.-l. du comté de Northumberland, sur la Tyne ; 252 000 h. Université. Exportation de houille. Constructions navales. Industries chimiques et mécaniques.

Newcomen (Thomas), mécanicien britannique, né à Dartmouth (1663-1729). Avec Thomas Savery, il construisit en 1705 la première machine à vapeur qui fût vraiment utilisable, et qui fut considérablement perfectionnée en 1767 par James Watt.

New Deal, nom donné aux réformes mises en œuvre par Roosevelt aux Etats-Unis, à partir de 1933, et consacrant une certaine intervention de l'Etat dans les domaines économique et social.

New Delhi. V. DELHI.

Newfoundland, nom angl. de *Terre-Neuve**.

New Hampshire, un des Etats unis d'Amérique, en Nouvelle-Angleterre ; 685 000 h. Cap. *Concord*. Le New Hampshire juxtapose une région appalachienne à l'ouest et un plateau incliné vers l'Atlantique à l'est. Les cultures fourragères et légumières dominent. L'industrie est représentée par le textile et les constructions mécaniques et électriques. Province royale en 1692, indépendant en 1776, le New Hampshire entra dans l'Union en 1788.

Newhaven, port de Grande-Bretagne (Sussex), sur la Manche ; 8 300 h. Service de paquebots pour Dieppe. Station balnéaire.

New Haven, port des Etats-Unis (Connecticut) ; 152 000 h. Université Yale.

Ne Win (MAUNG SHU MAUNG, dit **Bo**), général et homme politique birman, né à Paungdale (district de Prome) en 1911. Il préside le gouvernement depuis 1962.

New Jersey, un des Etats unis d'Amérique, sur l'Atlantique ; 7 078 000 h. Cap. *Trenton*. Atteignant les Appalaches au nord-ouest, l'Etat s'étend principalement sur le glacis du Piedmont et sur la plaine côtière. L'agriculture (légumes et fruits) n'a qu'une importance secondaire, s'effaçant devant l'industrie (métallurgie et chimie), développée en bordure des villes (extérieures à l'Etat) de New York et de Philadelphie. Indépendant en 1776, le New Jersey entra dans l'Union en 1787.

new-look [njuluk] n. m. et adj. (mot anglo-amér.). Mode lancée par Christian Dior pendant la Seconde Guerre mondiale, et qui mettait l'accent sur la longueur des robes. || Nouvel aspect de la situation politique ou économique.

Newman (John Henry), prélat anglais, né à Londres (1801-1890). Curé anglican à Oxford, il se convertit au catholicisme (1845) et fut ordonné prêtre (1847). Il fonda l'Oratoire anglais, devint recteur de l'université catholique de Dublin (1851-1858) et fut créé cardinal (1879). Il a exprimé une spiritualité très ouverte dans plusieurs ouvrages, notamment dans *la Grammaire de l'assentiment* (1870).

Newmarket, v. d'Angleterre (Suffolk) ; 11 200 h. Courses de chevaux.

New Mexico, nom angl. du *Nouveau-Mexique**.

New Orleans, nom angl. de *La Nouvelle-Orléans**.

Newport, port de Grande-Bretagne, au nord de l'estuaire de la Severn (Monmouthshire) ; 108 100 h. Sidérurgie. Produits chimiques.

Newport News, v. des Etats-Unis (Virginie), sur la baie de Chesapeake ; 113 700 h. Chantiers navals.

New South Wales, nom angl. de la *Nouvelle-Galles* du Sud*.

newton [nœtɔ̃ *ou* njuton] n. m. Unité de force (symb. : N), équivalant à la force qui communique à un corps ayant une masse de 1 kilogramme une accélération de 1 mètre par seconde, par seconde.

Newton (*sir* Isaac), savant et philosophe britannique, né à Woolsthorpe (Lincolnshire) [1642-1727]. Professeur de mathématiques au Trinity College de Cambridge, il y développa dès 1669 sa théorie de la composition de la lumière blanche et compléta l'explication de l'arc-en-ciel qu'avait donnée Descartes. Vers 1683, il rédigea ses fameux *Principes mathématiques de philosophie naturelle*, qui, publiés en 1687, exposent sa théorie de l'attraction universelle, sans doute élaborée depuis 1666. Ces *Principes*, dans lesquels Newton étudie le mouvement des fluides, calcule la précession des équinoxes, donne la théorie des marées, etc., ont établi les fondements et fixé les méthodes de la science moderne. Dans son *Traité de la quadrature des courbes*, il posa les règles du calcul infinitésimal, au moment même où Leibniz créait le calcul différentiel. Enfin, il écrivit deux ouvrages de recherches historiques et théologiques.

Newton (*pomme de*), allusion à la circonstance qui mit Newton sur la trace des lois de l'attraction universelle, vers 1666. Ayant observé la chute d'une pomme sous l'influence de son poids, il pensa que le mouvement de la Lune sur son orbite pouvait être expliqué par une force de même nature que celle qui sollicite les corps vers le centre de la Terre et les y précipite avec une vitesse accélérée. Il étendit cette théorie aux planètes qui se meuvent autour du Soleil, et ses calculs lui permirent de retrouver les lois de Kepler. — On rappelle la *pomme de Newton* pour faire entendre que d'importants résultats sont dus quelquefois à des causes insignifiantes ou même étrangères.

newtonien [nœ- *ou* njutɔnjɛ̃], **enne** [-ɛn] adj. Qui a rapport au système de Newton. ● *Champ newtonien*, champ de forces régi par la loi de l'inverse carré.

New Westminster, v. du Canada (Colombie britannique), près de Vancouver ; 38 000 h. Industries du bois.

New York, un des Etats unis d'Amérique, sur l'Atlantique ; 18 335 000 h. Cap. *Albany*. L'Etat s'étend en majeure partie sur des plateaux appalachiens, domaines de l'élevage bovin, mais les rives des lacs Erié et Ontario au nord-ouest, de l'Atlantique au sud-est, concentrent la majeure partie des hommes et de l'industrie (métallurgie, textile, chimie, etc.), représentée notamment dans les principales villes : Rochester, Buffalo et surtout New York (qui regroupe dans son aire métropolitaine plus de la moitié de la population de l'Etat).

New York, v. des Etats-Unis (Etat de New York), sur l'Atlantique, à l'embouchure de l'Hudson. La population de la ville même, constituée par les cinq « boroughs » (districts) de Manhattan, de Bronx, de Brooklyn, de Queens et de Richmond, est de 8 080 000 h. L'aire métropolitaine compte 10 694 600 h. Le « Grand New York », correspondant à l'agglomération au sens large (et débordant sur l'Etat voisin du New Jersey), a 14 114 900 h. La ville a été fondée en 1626 par les Hollandais sous le nom de *Nouvelle-Amsterdam*, à la pointe sud de l'*île de Manhattan*, où se dressent aujourd'hui les plus hauts gratte-ciel (Empire State Building) et où se localise le quartier des affaires (Wall Street). Valorisant une situation portuaire favorisée par la liaison ouverte avec les Grands Lacs (par le canal de l'Erié et l'Hudson), elle s'est rapidement développée à partir du XIXe s. Elle s'est étendue vers le nord (quartier de Bronx, au-delà de la rivière de Harlem, qui le sépare de l'île de Manhattan et en bordure de laquelle s'est établie la communauté noire). Elle a aussi débordé sur le continent au sud-ouest (Richmond) et sur l'île de Long Island à l'est (site des districts de Brooklyn et Queens), dont l'île de Manhattan est séparée par l'East River.
New York est le siège de l'O. N. U., le premier centre aérien (aéroports Kennedy et La Guardia), la première

Newton

New York
Manhattan

Phot. Boyer, Serreillier-Rapho.

les usines hydro-électriques sur le **Niagara** à gauche, les États-Unis à droite, le Canada

maréchal **Ney** par Eugène Bataille *musée de Versailles*

place commerciale et financière du monde et le deuxième port mondial (avec un trafic annuel dépassant 100 Mt). La ville est encore une capitale intellectuelle (université Columbia) et artistique (musées, théâtres [Metropolitan Opera]). Enfin, toutes les branches industrielles sont représentées, de la métallurgie à la chimie en passant par toutes les activités liées à la présence du plus grand marché urbain de consommation du globe. Cité cosmopolite, New York est en fait une métropole d'importance mondiale.

New York City Ballet. V. BALLET.

Nexø (Martin Andersen), écrivain danois, né à Copenhague (1869-1954). Il est par ses romans le principal représentant du courant littéraire prolétarien (*Ditte, enfant des hommes,* 1917-1921).

Nexon (87800), ch.-l. de c. de la Haute-Vienne (arr. de Limoges); 2 379 h. (1 441 aggl.). Chaussures.

Ney [nɛ] (Michel), duc D'ELCHINGEN, prince DE LA MOSKOVA, maréchal de France, né à Sarrelouis (1769-1815). Il termina comme général les campagnes de la Révolution (1796); Napoléon le promut maréchal dès 1804. En 1805, il conquit le Tyrol et s'empara d'Elchingen. Surnommé, après Friedland (1807), **le Brave des Braves,** il se distingua surtout pendant la campagne de Russie (la Moskova). En 1814, il appuya l'abdication de Napoléon et se mit à la disposition de Louis XVIII. Au moment du retour de Napoléon de l'île d'Elbe (1815), il promit de ramener l'Empereur prisonnier, mais finit par se rallier à ce dernier. A Waterloo (1815), il déploya un magnifique héroïsme. Inculpé de trahison sous la seconde Restauration, il fut condamné à mort et exécuté.

Neyrac-les-Bains, station thermale de l'Ardèche (arr. de Largentière, comm. de Meyras).

nez [ne] n. m. (lat. *nasus*). Partie saillante du visage, entre la bouche et le front, et qui est l'organe de l'odorat : *nez camard; nez aquilin.* (V. *encycl.*) ‖ Odorat : *ce chien a du nez.* ‖ Tout le visage : *mettre le nez à la fenêtre.* ‖ Avant d'un navire, d'un avion. ‖ *Géogr.* Cap : *le nez de Jobourg.* ● *Avoir le nez fin,* avoir de la prévoyance. ‖ *Mener quelqu'un par le bout du nez,* lui faire faire tout ce qu'on veut. ‖ *Mettre le nez dans,* se mêler de. ‖ *Pied de nez,* geste de moquerie que l'on fait en appuyant sur l'extrémité du nez le bout du pouce d'une main tenue ouverte et les doigts écartés. ‖ *Regarder quelqu'un sous le nez,* curieusement et de très près. ‖ *Rire au nez de quelqu'un,* se moquer de lui en face. ‖ *Se casser le nez* (Fam.), trouver fermée la porte de la personne qu'on allait voir. ‖ *Se trouver nez à nez,* face à face. ‖ *Sur le nez,* se dit d'un navire trop chargé de l'avant.
— ENCYCL. Le *nez* a la forme d'une pyramide dont la base est percée de deux orifices, les narines, qui communiquent avec les fosses nasales et permettent la respiration et l'olfaction. Le squelette du nez comporte les *os propres* et des cartilages; la forme diffère suivant les races. Le nez est le siège d'affections traumatiques (fractures), d'inflammations de la peau (furoncles) ou de la muqueuse des fosses nasales (coryza, rhinites). Les hémorragies par le nez sont les épistaxis.

Nezval (Vítězslav), poète tchèque, né à Biskoupky, près de Třebíč (1900-1958). Il évolua de l'inspiration prolétarienne au surréalisme pour revenir à la poésie sociale et politique pendant l'occupation allemande, puis au lyrisme personnel (*le Pont,* 1922; *Poèmes de la nuit,* 1930; *le Chant de la paix,* 1950; *les Bleuets et les villes,* 1955).

Ngan-chan ou **An-chan,** v. de la Chine du Nord-Est (Leao-ning); 900 000 h. Principal centre sidérurgique et métallurgique chinois, à proximité de mines de fer.

Ngan-houei ou **An-houei,** prov. de la Chine orientale; 33 560 000 h. Cap. *Ho-fei.* De part et d'autre du bas Yang-tseu, le Ngan-houei juxtapose une partie septentrionale cultivée en blé, en soja et fournissant de la houille, et une partie méridionale dont le climat plus doux explique l'apparition du théier et du mûrier.

Ngan-tong ou **An-tong,** port de Chine (Leao-ning); 420 000 h. Industries textiles et alimentaires.

Ngan-yang ou **An-yang,** v. de Chine (Ho-nan); 124 900 h.

Ngô Dinh Diem, homme politique vietnamien, né à Quang Binh (1901-1963). Catholique, il fut ministre de l'Intérieur en 1933, puis favorisa l'indépendance de son pays. En 1955, il se fit proclamer chef de la République nationale du Viêt-nam, qui sortit de l'Union française (1956) et obtint l'aide des Etats-Unis. Sa politique se heurta à de nombreuses oppositions et il fut tué lors d'un coup d'Etat militaire.

Ngonis, ethnie de la côte sud-est de l'Afrique australe, comprenant notamment les *Xhosas* (région du Cap), les *Swazis** et les *Zoulous* (Natal).

Nguyen Van Thieu, général et homme politique vietnamien, né à Phan Rang en 1923, président de la République du Viêt-nam du Sud de 1967 à 1975.

Ngwane, nom pris parfois par le Swaziland* depuis son indépendance (1968).

Nha Trang, port du Viêt-nam du Sud; 101 900 h. Raffinerie de pétrole.

Ni, symbole chimique du *nickel.*

ni conj. (lat. *nec*). S'emploie au lieu de *et* dans les phrases négatives : *il n'a laissé ni son nom ni son adresse.*
— ENCYCL. La conjonction *ni* sert à joindre :
1° deux propositions principales négatives dont la dernière est elliptique : *il ne boit* NI *ne mange;*
2° deux propositions subordonnées dépendant d'une même principale négative : *je ne crois pas qu'il vienne,* NI *même qu'il pense à venir;*
3° les parties semblables d'une proposition négative : *elle n'est pas belle* NI *riche.*
Dans la phrase suivante et ses analogues, on remplace élégamment *pas* par *ni : elle n'est* NI *belle* NI *riche.*
Si, pourtant, les parties semblables pouvaient être regardées comme synonymes ou si elles exprimaient des choses considérées comme allant ensemble, elles devraient être unies par la conjonction *et : le savoir* ET *l'habileté ne mènent pas toujours à la fortune.*
Souvent, *ni* se répète pour donner plus d'énergie à l'expression : NI *l'or* NI *la grandeur ne nous rendent heureux.*

niable [njabl] adj. Qui peut être nié.

Niagara (le), riv. de l'Amérique du Nord, séparant le Canada des Etats-Unis et unissant les lacs Erié et Ontario. Il est coupé par les *chutes du Niagara* (hautes de 47 m), haut lieu touristique et site d'un grand aménagement hydro-électrique.

Niagara Falls, v. des Etats-Unis (Etat de New York), sur le *Niagara;* 102 000 h. Industrie de l'aluminium. — La ville homonyme, sur la rive canadienne (Ontario), a 57 000 h. Electrométallurgie.

niais [njɛ], **e** [-ɛz] adj. (du lat. *nidus,* nid). Se disait autrefois, en fauconnerie, d'un oiseau pris au nid. ‖ Simple, un peu sot; qui n'a aucun usage du monde. ‖ Se dit aussi de l'air, des manières, etc. : *réponse niaise.* ‖ — N. : *c'est un niais.*

niaisement adv. De façon niaise : *rire niaisement.*

niaiserie n. f. Caractère du niais. ‖ Bagatelle, chose frivole, sottise : *ne dire que des niaiseries.*

Niamey, cap. du Niger, sur le moyen Niger; 86 000 h. Centre commercial.

niaouli [njauli] n. m. Arbrisseau abondant en Nouvelle-Calédonie, qui fournit une essence utilisée en parfumerie et dont on tire le goménol. (Famille des myrtacées.)

Niaux (09400 Tarascon sur Ariège), comm. de l'Ariège (arr. de Foix); 228 h. Site préhistorique (peintures magdaléniennes).

Nibelungen, dans la légende allemande, nains possesseurs de grandes richesses souterraines et qui ont pour roi *Nibelung.* Les guerriers de Siegfried, puis les Burgondes prirent successivement le nom de « Nibelungen » après s'être emparés de leurs trésors.

Nibelungen (*Chanson des*), épopée germanique, écrite vers 1200 en moyen haut allemand. Elle raconte les exploits de Siegfried, maître du trésor des Nibelungen, pour aider Gunther à conquérir la main de Brunhild, son mariage avec Kriemhild, sœur de Gunther, sa mort sous les coups du traître Hagen et la vengeance de Kriemhild.
Wagner a puisé à cette légende lorsqu'il a traité le vaste sujet de la *Tétralogie*.*

Nicaise (*saint*), évêque de Reims (ve s.). Sur son tombeau s'éleva une abbaye célèbre. — Fête le 14 décembre.

Nicaragua, république de l'Amérique centrale, entre le Costa Rica et le Honduras; 148 000 km²; 2 millions d'h. (*Nicaraguayens*). Cap. *Managua.* Langue : *espagnol.*

Géographie.

● *Géographie physique.* L'intérieur est formé de plateaux et de montagnes volcaniques, ouverts par des dépressions (occupées notamment par les lacs Nicaragua et Managua), et sépare des plaines littorales et étroites sur le Pacifique, beaucoup plus développées sur la mer des Antilles (côte des Mosquitos). Le climat, tropical, est nuancé par l'altitude et l'exposition. Les précipitations sont plus élevées sur la côte orientale, exposée à l'alizé pluvieux (plus de 3 m), que sur le littoral occidental, abrité (moins de 1 500 mm, avec une saison plus

Nicaragua le volcan et le lac Masaya

Phot. Giraudon, U. S. I. S., Robillard.

Nice
au premier plan
la faculté des sciences
v. également **France**

William **Nicholson**

sèche de novembre à mai). La température est moins élevée dans le centre montagneux (15 à 25 °C) que dans les régions basses périphériques (20 à 30 °C).

● *Géographie humaine et économique.* La population, formée pour moitié par des métis et pour un tiers par des Amérindiens, se consacre presque exclusivement à l'agriculture, qui occupe le huitième du sol (près de la moitié du Nicaragua est forestière). La richesse des terres volcaniques et des plaines a favorisé le développement des cultures commerciales, dont les principales sont, dans l'ordre, le coton, le café, la canne à sucre, le cacao et la banane. Le maïs et le riz, fondements de l'alimentation, sont complétés par les produits de l'élevage bovin et porcin. Le sous-sol fournit de petites quantités d'or et de cuivre, mais l'industrialisation est pratiquement limitée à la transformation de produits de l'agriculture (sucreries).
La balance commerciale est traditionnellement déficitaire (le taux de couverture des importations est généralement de l'ordre de 70 p. 100). Le coton assure près de la moitié des exportations, et le café plus du cinquième. Parmi les importations dominent naturellement les articles manufacturés. Dans le cadre du Marché commun centre-américain, les échanges se sont récemment accrus avec les pays voisins, mais l'emprise des Etats-Unis, déjà visible au niveau de la propriété des plantations, se manifeste toujours aussi dans le commerce extérieur. Les Etats-Unis fournissent la moitié des importations du Nicaragua, dont ils absorbent le quart des exportations.

Histoire.

Exploré par les Espagnols au début du XVIe s., le Nicaragua fut intégré à la capitainerie générale de Guatemala. Devenu indépendant en 1821, il rejoignit en 1826 la Fédération d'Amérique centrale. Mais l'ingérence de l'Angleterre et l'instabilité politique amenèrent les Américains à intervenir au Nicaragua, qu'ils occupèrent de 1912 à 1933. Cette occupation provoqua une réaction nationaliste qui favorisa la dictature d'Anastasio Somoza (1937-1956), sans abolir le contrôle financier des Etats-Unis. Après l'assassinat de Somoza, le « clan Somoza » reste prépondérant, et, malgré des troubles violents (janv. 1967), conserve la présidence de la République.

Niccolini (Giovanni Battista), écrivain italien, né à Bagni di San Giuliano (1782-1861). Défenseur des idées libérales, il évolua, dans ses tragédies, de l'esthétique classique aux conceptions romantiques (*Antonio Foscarini*, 1827 ; *Filippo Strozzi*, 1847).

Nice, ch.-l. du dép. des Alpes-Maritimes, sur la Côte d'Azur, dominé par les *Préalpes de Nice,* à 933 km au sud-est de Paris ; 325 400 h. (*Niçois*). L'essor de la ville date du milieu du XIXe s. (sa population est passée de 40 000 h. en 1850 à plus de 325 000 en 1968) ; il est lié au développement du tourisme. Nice, aujourd'hui la première station touristique française, juxtapose villégiature hivernale et tourisme balnéaire, et reçoit encore une clientèle privilégiée, constituée pour un tiers par des étrangers (Britanniques et Américains). L'industrie s'est récemment développée dans l'agglomération, qui a largement débordé son cadre originel (anse abritée par une ceinture de collines) : constructions mécaniques, électriques et électroniques, parfumeries, etc. Nice possède le deuxième aéroport français et un port de voyageurs (en liaison avec la Corse). La ville a été récemment promue au rang de centre universitaire. Musées. — L'arr. a 24 cant., 101 comm., 444 900 h.

● *Histoire.* Colonie grecque (*Nikea*) conquise par Rome, Nice devint le siège d'un évêché dès le IVe s. Les comtes de Provence (Xe s.), les Angevins (XIIIe s.), la maison de Savoie (XIVe s.) en furent successivement les maîtres. Française de 1793 à 1814, Nice le devint définitivement en 1860. — Patrie de Garibaldi, d'A. Blanqui, de Masséna.

Nicée, anc. v. d'Asie Mineure (Anatolie), où se tinrent deux conciles œcuméniques, l'un convoqué par Constantin en 325, qui condamna l'arianisme et définit le *Credo,* ou *symbole de Nicée,* l'autre, en 787, contre les iconoclastes. — De 1204 à 1261, Nicée fut la capitale des empereurs byzantins dépossédés de Constantinople par les croisés. L'*empire de Nicée,* fondé par Théodore Ier Lascaris, eut comme dernier titulaire Michel VIII Paléologue, qui reprit Constantinople.

Nicéphore (*saint*), né à Constantinople (v. 758-829), patriarche de Constantinople de 806 à 815. Il a laissé une histoire de l'Empire grec de 602 à 769. — Fête le 13 mars.

Nicéphore Ier le Logothète (m. en 811), empereur byzantin (802-811). Il détrôna Irène. Il fut battu par Hārūn al-Rachīd et par les Bulgares. — NICÉPHORE II *Phokas* (v. 913-969), empereur (963-969). Il fut assassiné par Jean Tzimiskès. — NICÉPHORE III *Botanéiatès* (m. apr. 1801), empereur (1078-1801). Alexis Comnène l'enferma dans un couvent.

Nichan el Anouar (*ordre du*), ordre institué en 1888 par le sultan de Tadjoura, devenu ordre colonial français en 1896 et remplacé en 1964 par l'*ordre national du Mérite.*

Nichan Iftikhar (*ordre du*), ordre tunisien créé en 1837, supprimé en 1956 et remplacé par l'*ordre de l'Indépendance.*

niche [niʃ] n. f. (ital. *nicchia;* de *nicchio,* coquille). Enfoncement dans l'épaisseur d'un mur pour y placer une statue, un poêle, un lit, etc. || Petite cabane pour un animal domestique : *une niche à chien.* || Cavité creusée dans un organe (estomac, duodénum) et qui est la lésion caractéristique des ulcères et des cancers ulcérés.

niche n. f. (de *nique*). *Fam.* Petite malice, espièglerie.

nichée n. f. Ensemble des oiseaux d'une même couvée encore au nid. || Groupe de jeunes enfants d'une même famille.

nicher v. i. (du lat. *nidus,* nid). Faire son nid : *la fauvette niche dans les buissons.* || — V. t. Placer en quelque endroit. || **— Se nicher** v. pr. Faire son nid. || Se loger, se cacher : *où s'est-il niché ?*

nichet [-ʃɛ] n. m. Œuf en plâtre ou en marbre, qu'on met dans un nid où l'on veut que les poules aillent pondre.

nichoir n. m. Cage disposée pour mettre à couver des oiseaux. || Panier à claire-voie, où l'on fait couver les oiseaux de basse-cour.

Nicholson (William), chimiste et physicien anglais, né à Londres (1753-1815). Il découvrit, avec Carlisle, l'électrolyse de l'eau et inventa un aréomètre.

Nicholson (Ben), peintre anglais, né à Denham (comté de Buckingham) en 1894. Il fit partie, à Paris, du groupe « Abstraction-Création ». Bien qu'étant plusieurs fois revenu à la figuration, il est considéré comme le peintre abstrait le plus important de Grande-Bretagne.

Nichrome [nikrom] n. m. (marque déposée). Alliage de nickel, de chrome et de fer, avec parfois un peu d'aluminium.

Nicias, général athénien (v. 470-413 av. J.-C.). Il se distingua pendant la guerre du Péloponnèse, négocia la paix avec Sparte (421), mais échoua et périt dans l'expédition de Sicile.

nickel [nikɛl] n. m. (de l'allem. *Kupfernickel*). Métal (Ni) de numéro atomique 28, d'un blanc grisâtre, brillant, à cassure fibreuse.
— ENCYCL. Le *nickel* est d'un beau poli, très ductile, très malléable, très dur, de densité 8,8 et fondant à 1 455 °C. Il est rare dans l'écorce terrestre ; on le trouve à l'état métallique dans des météorites, soit pur, soit allié au fer. Les minerais de nickel exploités industriellement sont : la *garniérite,* silicate hydraté de magnésium et de nickel ; les *pyrites nickélifères,* sulfures magnétiques complexes de fer, de nickel et de cuivre. Après un traitement de concentration, comprenant une flottaison et une série de grillages partiels et de fusions, les minerais sont transformés en oxyde de nickel, qu'il suffit de réduire. Le métal est ensuite purifié par électrolyse. Le nickel pur est surtout employé pour sa résistance à de nombreux agents chimiques. Il est alors utilisé sous forme de dépôt électrolytique pour le revêtement de pièces métalliques ou pour servir de couche intermédiaire avant chromage. Mais il est surtout utilisé à l'état d'alliage avec le fer, le chrome, le tungstène, le molybdène, le cuivre, etc.

nickelage n. m. Action de nickeler.
— ENCYCL. Le *nickelage électrolytique,* qui est réalisé sur des pièces métalliques de toutes sortes (fer, aciers, alliages d'aluminium, de cuivre, de zinc), exige une préparation de surface extrêmement soignée. On obtient soit un *nickelage dur,* qui sert de base au chromage dur pour les pièces ayant à résister à l'usure dans un milieu corrosif, soit un *nickelage brillant,* qui sert de support à un revêtement de finition tel que le chromage ou le rhodiage. Le *nickelage chimique* est parfois utilisé pour des revêtements décoratifs de faible épaisseur, par simple immersion de la pièce dans une solution de divers sels de nickel.

nickeler [nikle] v. t. (conj. **4**). Recouvrir d'une couche de nickel.

nickélifère adj. Qui contient du nickel : *gisement nickélifère.*

Nicobar (*îles*), archipel indien du golfe du Bengale (territoire des îles Andaman et Nicobar) ; 12 500 h.

Nicodème (*saint*) [Ier s.], Juif pharisien, disciple de Jésus-Christ. On lui a attribué un Evangile apocryphe appelé autrefois *Actes de Pilate.* — Fête le 3 août.

nicol [nikɔl] n. m. (de *Nicol* n. pr.). Cristal de spath d'Islande, scié puis recollé au baume du Canada, de manière qu'un seul des deux rayons réfractés puisse le traverser : *le nicol sert à polariser la lumière.*

Nicola Pisano, sculpteur italien, né à Puglia (?) [v. 1220-v. 1287]. Il marque la fin de l'art roman et le début d'un art nouveau, inspiré de l'antique et dont il fut l'initiateur. On lui doit surtout la chaire du baptistère de Pise et celle de la cathédrale de Sienne.

NICKEL

préparation du **nickel**

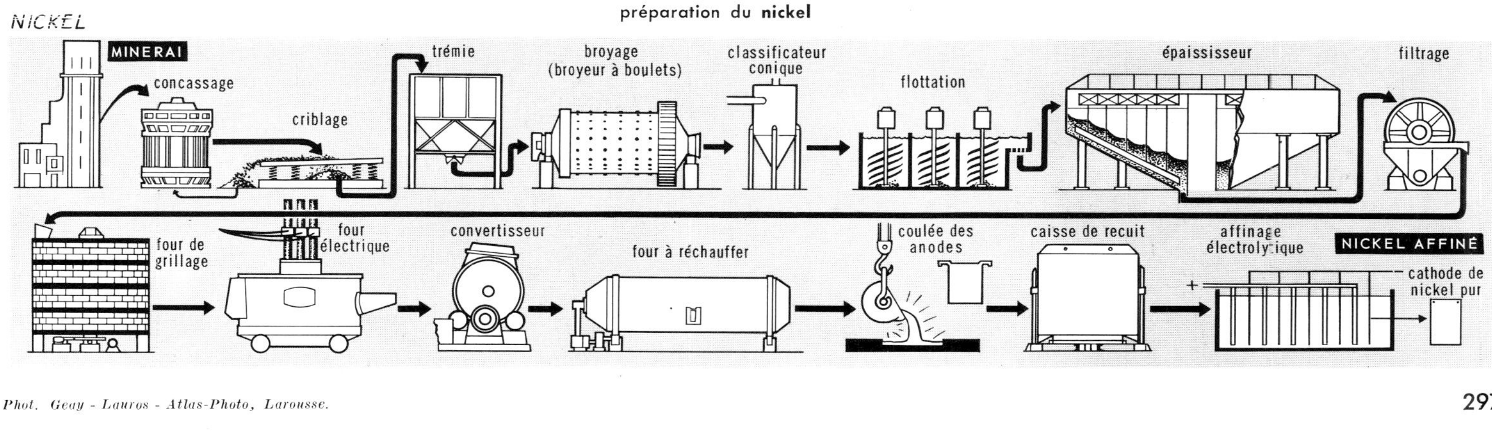

Phot. Geay - Lauros - Atlas-Photo, Larousse.

Nicolas Ier
Musée historique de Moscou

Nicolas II à gauche et Félix Faure à bord du « Pothuau » en août 1897

nicolaïte n. m. Membre d'une secte hérétique du Ier s., dont la fondation a été attribuée au diacre Nicolas (Ier s.) et qui s'apparentait au gnosticisme. (Cette secte s'attaquait surtout à la notion de chasteté chrétienne. Au Moyen Age, on désigna du nom de *nicolaïtes* ceux qui rejetaient le célibat ecclésiastique.)

Nicolas (*saint*) [IVe s.], évêque de Myre, en Lycie. Il assista peut-être au concile de Nicée (325) ; ses reliques furent transférées à Bari en 1087. La légende de saint Nicolas thaumaturge est à l'origine d'un culte qui reste très populaire dans les pays slaves, le nord de l'Europe et la Lorraine : la fête de saint Nicolas y est la grande fête des enfants. — Fête le 6 décembre.

Nicolas Ier (*saint*), dit **le Grand**, né à Rome (v. 800-867), pape de 858 à 867. Protégé par l'Empereur, dont il secoua la tutelle, il succéda sur le trône pontifical à Benoît III. Il affirma l'autorité de l'Eglise devant les évêques, l'Empereur et Photios de Constantinople, dont il annula l'élection. Il favorisa les débuts de l'Eglise bulgare. — Fête le 13 novembre. — NICOLAS II (Gérard *de Bourgogne*), né à Chevron (Savoie) [v. 980-1061], pape de 1059 à 1061. Les débuts de son pontificat ayant été troublés par le candidat de la maison de Tusculum, Benoît X, il fit décréter que l'élection des papes serait désormais commise aux seuls cardinaux (1059). — NICOLAS III (Giovanni Gaetano *Orsini*), né à Rome (v. 1210-1280), pape de 1277 à 1280. Il pratiqua le népotisme, mais favorisa le développement de l'ordre des Franciscains. — NICOLAS IV (Girolamo *Masci*), né à Lisciano (v. 1230-1292), pape de 1288 à 1292. Général des Frères mineurs, il succéda à Honorius IV. Il couronna Charles II d'Anjou comme roi de Sicile (1289). Il envoya chez les Mongols une mission franciscaine. — NICOLAS V (Tommaso *Parentucelli*), né à Sarzana (?) [v. 1398-1455], pape de 1447 à 1455. Evêque de Bologne, il succéda à Eugène IV. Il mit fin au schisme de Félix V ; il travailla à la réforme des mœurs ecclésiastiques, mais ne put, après la prise de Constantinople (1453), relancer l'idée de croisade. Il fonda la bibliothèque Vaticane.

Nicolas Ier, né à Tsarskoïe Selo, près de Saint-Pétersbourg (1796-1855), empereur de Russie (1825-1855), fils de Paul Ier et successeur de son frère Alexandre Ier. Dès son avènement, il eut à mater une révolte nobiliaire dirigée contre lui. Son règne fut marqué par l'autoritarisme ; s'il fit établir des enquêtes administratives et sociales en Russie, Nicolas refusa toute réforme. Les révoltes paysannes et polonaises (1830-1831) furent réduites par la force. La Pologne devint une simple province russe, mais Nicolas ne put intégrer les uniates et les catholiques dans l'Eglise russe. Il enleva Erevan aux Perses (1828), puis imposa aux Turcs vaincus le traité d'Andrinople (1829), qui lui donna les bouches du Danube et une partie du littoral oriental de la mer Noire. Le traité d'Unkiar-Skelessi (1833) lui réserva l'accès exclusif des Détroits. Le tsar encouragea l'expansion en Sibérie, en Turkestan et en Géorgie. Alors qu'il atteignait à l'apogée de son règne, ses interventions en Turquie soulevèrent contre lui l'opposition de la France et de l'Angleterre (1854). Nicolas Ier mourut avant que soit terminée la guerre de Crimée.

Nicolas II, né à Tsarskoïe Selo (1868-1918), dernier tsar de Russie (1894-1917), fils et successeur d'Alexandre III. Il renforça l'alliance franco-russe (voyage à Paris, 1896), mais engagea son pays dans la désastreuse guerre russo-japonaise (1904-1905). Dominé par sa femme et par Pobiedonostsev, sans contacts suffisants avec le peuple russe, il pratiqua une politique autocratique et renforça la russification des allogènes. Cependant, la formation d'un prolétariat industriel, la montée du parti social-démocrate et la crise consécutive à la défaite en Extrême-Orient provoquèrent un mécontentement général : grèves et attentats terroristes se multiplièrent. Le tsar laissa réprimer la manifestation pacifique des ouvriers à Saint-Pétersbourg (« dimanche* rouge », 22 janv. 1905). Et, tandis que cadets et octobristes lui faisaient confiance (il avait promis l'élection d'une douma), il écrasa, dans le sang, l'insurrection armée des révolutionnaires (déc. 1905-janv. 1906). En fait, la première douma vit son pouvoir réel réduit par les lois fondamentales du 10 mai 1906 ; ayant réclamé le régime parlementaire, elle fut dissoute en juillet 1906. Influencé par Stolypine, Nicolas II renvoya la deuxième douma (juin 1907) ; la troisième fut élue par un collège restreint d'électeurs. L'assassinat de Stolypine (1911) relança l'agitation révolutionnaire. Engagé dans la crise bosniaque (1908-1909), le tsar dut s'incliner devant les Empires centraux. Peu à peu, son état-major l'amena à une politique plus active dans les Balkans. S'il n'intervint pas directement dans les guerres balkaniques (1912-1913), il se laissa arracher, après Sarajevo, un ordre de mobilisation générale (30 juill. 1914) qui jeta son pays et l'Europe dans la guerre (1er août). Dominé par Raspoutine († 1916), qui lui imposa des ministres suspects, Nicolas II fut peu à peu débordé par les revers extérieurs et la révolution latente à l'intérieur. Le 15 mars 1917, il abdiqua en faveur de son frère Michel, dont le refus marqua la fin de la monarchie tsariste. Gardé à vue avec sa famille à Tsarskoïe Selo, puis à Tobolsk et à Iekaterinbourg, il y fut exécuté avec tous les siens le 17 juillet 1918.

Charles Nicolle

Nicolas ou **Nikita Ier Petrović Njegoš**, né à Njegoš (1841-1921), prince (1860-1910), puis roi de Monténégro (1910-1918). Il succéda à son oncle Danilo Ier. Ayant combattu les Turcs aux côtés des Russes, il reçut un débouché sur l'Adriatique et la reconnaissance de son indépendance. Il combattit les Turcs en 1912-1913 et les Empires centraux en 1914. Il fut déchu en 1918.

Nicolas de Cusa (Nikolaus KREBS ou CHRYPFFS, dit), cardinal allemand, né à Kues (diocèse de Trèves) [1401-1464]. Il seconda l'action des papes en Allemagne. Il a laissé une importante œuvre exégétique et philosophique.

Nicolas Nickleby, roman de Ch. Dickens (1839).

Nicole (Pierre), écrivain français, né à Chartres (1625-1695). Professeur aux Petites Ecoles de Port-Royal des Champs, il seconda Arnauld dans ses polémiques et traduisit en latin les *Provinciales* de Pascal. Il se réfugia un moment aux Pays-Bas, mais obtint l'autorisation de rentrer en France, ce qui parut une trahison aux jansénistes intransigeants. Ses contemporains admirèrent ses *Essais de morale* (1671-1678).

Nicolle (Charles), médecin et bactériologiste français, né à Rouen (1866-1936). Il découvrit le mode de transmission du typhus exanthématique (par le pou de corps), l'agent transmetteur des fièvres récurrentes, la séroprévention de la rougeole, etc. (Prix Nobel, 1928.)

Nicomède, nom porté par trois rois de Bithynie : NICOMÈDE Ier (279-v. 250 av. J.-C.), qui unifia la Bithynie ; NICOMÈDE II (149-91), qui s'empara du pouvoir en assassinant son père, Prusias II ; NICOMÈDE III (91-74), qui légua la Bithynie au sénat romain.

Nicomède, tragédie de P. Corneille (1651). Nicomède, prince de Bithynie, se défend victorieusement contre les intrigues de sa marâtre Arsinoé et la pusillanimité de son père Prusias, toujours prêt à céder à l'ambassadeur romain Flaminius.

Nicomédie, v. d'Asie Mineure (Bithynie). [Auj. *Izmit*.]

Nicopolis, auj. **Nikopol,** v. de Bulgarie, sur le Danube ; 5 400 h. Victoire de Trajan sur les Daces, et de Bāyazīd sur les Hongrois de Sigismond et les Français (1396).

Nicosie, cap. de l'île de Chypre, dans l'intérieur de l'île ; 103 000 h. Enceinte vénitienne (1567). Monuments gothiques datant de la domination des Lusignan, dont certains ont été transformés par les Turcs.

Nicot (Jean), diplomate français, né à Nîmes (v. 1530-1600). Il apporta le tabac en France.

nicotiane [nikɔsjan] n. f. (de *Nicot* n. pr.). Genre de plantes dont fait partie le tabac. (Famille des solanacées.)

nicotine [nikɔtin] n. f. (de *Nicot* n. pr.). Alcaloïde du tabac, qui, à faible dose, produit une légère euphorie, atténue la faim, la fatigue, et est même un excitant psychique, mais qui, à forte dose, se révèle un violent poison pouvant amener une intoxication grave, le *nicotinisme*.

nicotinisme ou **nicotisme** n. m. Intoxication provoquée par l'abus du tabac et atteignant les appareils digestif, circulatoire, respiratoire, ainsi que le système nerveux. (Syn. TABAGISME.)

nictation [niktasjɔ̃] ou **nictitation** [-titasjɔ̃] n. f. (du lat. *nictare,* clignoter). Clignotement.

nictitant, e adj. (du lat. *nictare,* clignoter). *Paupière nictitante,* troisième paupière, qui, chez les oiseaux, se déplace horizontalement devant l'œil.

nid [ni] n. m. (lat. *nidus*). Abri construit par un oiseau pour y pondre et y couver ses œufs, et pour héberger les jeunes jusqu'à ce qu'ils volent. || Habitation que se ménagent certains animaux : *nid de souris, de guêpes.* (V. *encycl.*) || Habitation, logement, maison : *rentrer au nid.* || Repaire : *un nid de brigands.* ● *Nid d'abeilles,* V. SERVIETTE et SMOKS.
— ENCYCL. Outre les oiseaux, de rares animaux d'autres groupes (mammifères, comme la souris des moissons ; poissons, comme l'épinoche ; insectes, comme les guêpes) construisent des *nids.* Inversement, un petit nombre d'oiseaux ne font pas de nid et couvent sur le sol ou utilisent le nid d'une autre espèce. D'autre part, la majorité des oiseaux font un édifice de ponte : nid perfectionné ou terrier* soigneusement creusé ne contenant qu'un rudiment de nid. Les passereaux bâtissent souvent dans un arbre un nid d'herbes, de brindilles et de mousses, tantôt creusé en coupe et « posé » au-dessus d'une branche (merle, fauvette), tantôt tissé en forme de bourse et suspendu sous une branche (tisserin, rémiz). Mais l'hirondelle fait un nid d'argile maçonnée, la salangane de Chine un nid transparent en salive et en gélose d'algue, tandis que les républicains s'unissent pour édifier un nid collectif et que le grèbe n'hésite pas à faire flotter son nid sur les eaux. La part respective du mâle et de la femelle dans la construction du nid, le réemploi du nid pour plusieurs couvées successives, etc., varient beaucoup d'une espèce à l'autre.

nidation [nidasjɔ̃] n. f. Implantation de l'œuf ou du jeune embryon dans la muqueuse utérine des mammifères.

nid-de-poule n. m. Trou dans une route défoncée. || Pl. des NIDS-DE-POULE.

nidification n. f. Fabrication du nid.

nids : 1. Loriot ; 2. Mésange rémiz ; 3. Rousserolle ; 4. Fauvette couturière ; 5. Hirondelle ; 6. Souris des moissons ; 7. Cigogne ; 8. Artificiel ; 9. Zostérops ; 10. Pinson.

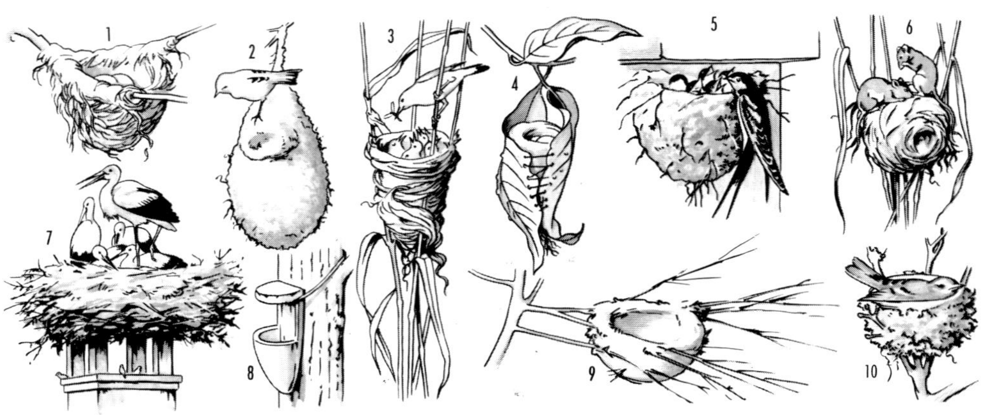

Phot. B. S. I., Roger-Viollet, W. W.

nidifier [-difje] v. i. Construire son nid : *tous les oiseaux ne nidifient pas de la même manière.*

Nidwald. V. UNTERWALD.

nièce [njɛs] n. f. (lat. *neptis*). Fille du frère ou de la sœur.

Niederbronn-les-Bains (67110), ch.-l. de c. du Bas-Rhin (arr. d'Haguenau) ; 4 407 h. Station thermale (tube digestif, foie, reins). Constructions mécaniques.

Niedermeyer (Louis), compositeur français d'origine suisse, né à Nyon (1802-1861). Il a fondé à Paris une école de musique classique et religieuse, et a composé des opéras et des romances (*le Lac*).

Niegoch ou **Njegoš** (Petar Petrović). V. PIERRE II, prince-évêque de Monténégro.

Niel, comm. de Belgique (Anvers) ; 10 300 h.

Niel (Adolphe), maréchal de France, né à Muret (1802-1869). Il se distingua en Baltique, en s'emparant de Bomarsund (1854), puis en Crimée, en Italie, à Magenta et à Solferino (1859). Ministre de la Guerre (1867), il fit adopter le fusil Chassepot, tenta de réorganiser l'armée et institua en 1868 la garde nationale mobile.

niellage n. m. V. NIELLURE.

nielle [njɛl] n. m. (lat. *nigellus,* noirâtre). Incrustation d'un émail noir sur un fond blanc, dans un ouvrage d'orfèvrerie.

nielle n. f. (lat. *nigellus,* noirâtre). Plante à fleurs pourpres, croissant dans les moissons, à graines toxiques. (Nom usuel : *gerzeau ;* famille des caryophyllacées.) ‖ Maladie produite par une anguillule sur les céréales, dont elle fait avorter les fleurs.

nieller v. t. Orner de nielles.

nieller v. t. Gâter par la nielle : *la farine de blé niellée est dangereuse à consommer.*

nielleur n. m. Ouvrier exécutant des gravures en creux sur argent, dans lesquelles on incruste des émaux.

niellure n. f. ou **niellage** n. m. Action que la nielle exerce sur les grains.

niellure n. f. ou **niellage** n. m. Travail du nielleur.

Nielsen (Carl), chef d'orchestre et compositeur danois, né à Nørre-Lyndelse (1865-1931), auteur de six symphonies, de concertos, etc. Directeur du conservatoire de Copenhague, il a formé un grand nombre de compositeurs danois.

Niemcewicz (Julian Ursyn), homme politique et écrivain polonais, né à Skoki (Lituanie) [1757-1841]. Aide de camp de Kościuszko, il fut emprisonné en même temps que son chef après la défaite de Maciejowice (1794). Libéré, il voyagea en Amérique, fut secrétaire du Sénat du grand-duché de Varsovie (1807), puis émigra lors de la révolution de 1831. Il est l'auteur de *Chants historiques* (1816), de comédies politiques (*le Retour du député,* 1790), de romans et de *Mémoires.*

Niémen (le), fl. du nord-ouest de l'U. R. S. S., tributaire de la Baltique ; 880 km.

Niemeyer (Oscar), architecte et urbaniste brésilien, né à Rio de Janeiro en 1907. Il travailla avec Le Corbusier, construisit la cité de Pampulha, près de Belo Horizonte, et prit une part prépondérante à la construction de Brasília. (V. ARCHITECTURE* CONTEMPORAINE.)

Niepce [njɛps] (Nicéphore), physicien français, né à Chalon-sur-Saône (1765-1833). En 1807, il imagina un moteur à explosion pour la propulsion d'un bateau. Puis il utilisa le chlorure d'argent pour reproduire les dessins et gravures. Sollicité par Daguerre, inventeur du diorama, il s'associa avec lui en 1829, et tous deux parvinrent à fixer sur des plaques d'argent les images de la chambre noire. — Son neveu Abel **Niepce de Saint-Victor,** officier et inventeur français, né à Saint-Cyr, près de Chalon-sur-Saône (1805-1870), imagina un procédé de photographie sur verre, ainsi qu'une méthode d'héliogravure sur métaux.

Nieppe (59850), comm. du Nord (arr. de Dunkerque) ; 5 341 h. (4 728 aggl.). Textiles.

nier [nje] v. t. (lat. *negare*). Dire qu'une chose n'existe pas, n'est pas vraie : *nier un fait ; je nie que cela soit arrivé ; je ne nie pas que la chose ne soit possible* ou *soit possible ; il nie l'avoir vu.* (Syn. : CONTESTER, CONTREDIRE, DÉMENTIR, DÉSAVOUER, RÉFUTER, RÉTRACTER.)

Nietzsche (Friedrich), philosophe allemand, né à Rökken, près de Lützen (1844-1900). Après des études au collège de Pforta et aux universités de Bonn et de Leipzig, il professa la philosophie à l'université de Bâle de 1869 à 1878. Il se lia d'amitié avec Richard Wagner. Il eut un premier accès de folie en 1889 et survécut pendant onze années à la paralysie (aphasie). L'amour enthousiaste de la vie est le principe de sa philosophie, qui s'exprime d'abord dans une théorie de l'art (*l'Origine de la tragédie,* 1872). Nietzsche oppose une conception *apollinienne* de l'art, fondée sur la représentation et s'exprimant dans les arts plastiques, le récit, les dialogues, à une conception « dionysiaque », fondée sur la volonté et s'exprimant dans la musique, les drames, etc. *Humain trop humain* (1878) et *le Voyageur et son ombre* (1879) s'efforcent de fonder une morale sociale. Enfin, une dernière série d'œuvres, *Aurores* (1881), *le Gai Savoir* (1881-1887), *Ainsi parlait Zarathoustra* (écrit entre 1883 et 1885), *Par-delà le bien et le mal* (1886), *la Généalogie de la morale* (1887), *la Volonté de puissance* (1884-1888), *le Crépuscule des idoles* (1888), exposent une philosophie fondée sur le sentiment de la vie, ainsi que la théorie du retour éternel. L'effort perpétuellement renouvelé pour surmonter le pessimisme doit transformer l'homme en

nielles

Nicéphore Niepce par Léonard Berger héliogravure de Dujardin

Friedrich Nietzsche

surhomme. La morale de Nietzsche est une critique des idées chrétiennes de pitié, de résignation et promet une éthique individualiste fondée sur la *volonté de puissance.*

nietzschéen [nitʃeɛ̃], **enne** [-ɛn] adj. Propre au philosophe allemand Nietzsche.

Nieul (87510), ch.-l. de c. de la Haute-Vienne (arr. de Limoges) ; 936 h. (509 aggl.). Eglise romane.

Nieuport, en néerl. **Nieuwpoort,** v. de Belgique (Flandre-Occidentale) ; 7 300 h. Port de pêche et de commerce. Combats en 1914-1918.

Nieuport (Edouard DE NIÉPORT, dit), aviateur et ingénieur français, né à Blida (1875-1911). L'un des premiers constructeurs d'avions (1909), il porta ses efforts sur les études aérodynamiques et eut ainsi une influence décisive sur l'aviation. L'un de ses types de biplan, le *Nieuport,* fut très employé pendant la Première Guerre mondiale.

Nièvre (la), riv. de France, qui se jette dans la Loire (r. dr.), à Nevers ; 53 km.

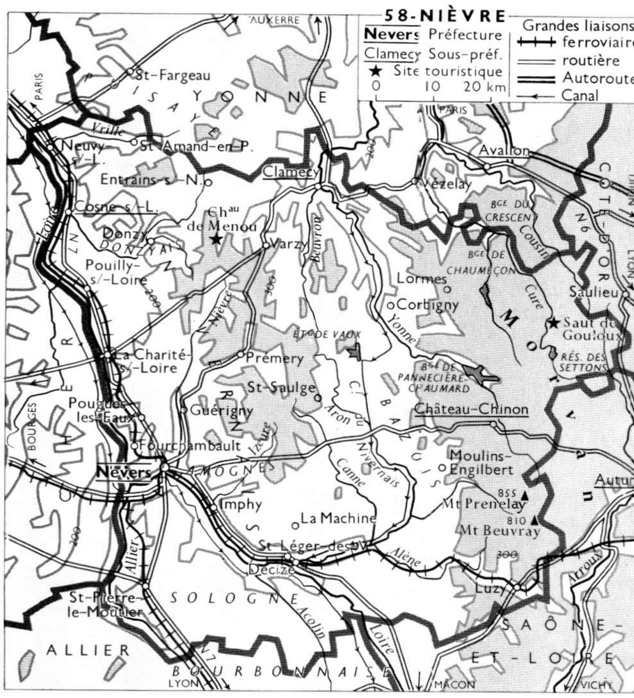

Nièvre (*dép. de la*) **[58]**, dép. du sud-est du Bassin parisien ; préf. *Nevers ;* s.-préf. *Château-Chinon, Clamecy, Cosne-sur-Loire ;* 4 arr., 25 cant., 313 comm. ; 6 837 km² ; 247 700 h. Le dép. est formé de régions variées (extrémité amont du *Val de Loire ;* dépression du *Bazois,* entre les collines du *Nivernais* et la partie occidentale du *Morvan*). L'élevage bovin (pour la viande) et l'exploitation forestière y constituent les principales ressources de l'économie rurale ; les cultures ne jouent un grand rôle que très localement (vignobles de Pouilly-sur-Loire). L'industrie emploie près des deux cinquièmes de la population active (le quart pour l'agriculture). Elle est représentée par les produits chimiques (Clamecy), le travail du bois, disséminé, et surtout la métallurgie. Celle-ci, alimentée initialement par le charbon de bois, puis par la houille du petit bassin de La Machine, toujours en activité, est auj. spécialisée et implantée essentiellement dans la vallée de la Loire (Decize, Imphy, Nevers, Fourchambault). Le thermalisme anime quelques localités (Pougues-les-Eaux, Saint-Honoré).

nife [nife] n. m. (de NIckel et FEr). *Géol.* Matière lourde, formée surtout de nickel et de fer, qui constituerait la partie centrale de la Terre (noyau).

nigaud [nigo], **e** [-od] adj. et n. (dimin. de *Nicodème* n. pr.). Qui est sans finesse d'esprit.

nigauderie n. f. Action de nigaud.

nigelle [niʒɛl] n. f. (lat. *nigellus,* noirâtre). Plante à fleurs bleues et à feuilles divisées en lanières (d'où son nom usuel de *cheveu-de-Vénus*). [Famille des renonculacées.]

Niger (le), principal fleuve d'Afrique occidentale ; 4 200 km. Né dans le Fouta-Djalon, il décrit une vaste courbe, traversant successivement la Guinée, le Mali, la république du Niger (qu'il sépare partiellement du Dahomey), le Nigeria, avant de rejoindre le golfe de Guinée par un vaste delta. Il arrose notamment Bamako et Niamey. Navigable par biefs, il est localement utilisé pour l'irrigation, notamment au Mali (travaux de l'*Office du Niger*).

Niger, république de l'Afrique occidentale, au nord du Nigeria ; 1 188 794 km² ; 4 130 000 h. Cap. *Niamey.* Langue officielle : *français.*

Géographie.

● *Géographie physique.* Le pays s'étend sur une partie des cuvettes du Niger moyen à l'ouest et du Tchad à l'est (où le socle disparaît sous les sédiments), séparées par le massif de l'Aïr. Les différences climatiques, expliquées par la latitude, sont déterminantes dans la géographie humaine et économique du Niger. La moitié septentrionale du pays est de climat saharien, franchement désertique. Les précipitations, déjà inférieures à 200 mm à Agadès, sont de l'ordre de 20 mm à Bilma, et les températures oscillent entre 20 et 32 °C. Les précipitations sont plus élevées dans le Sud (plus de 600 mm à Niamey), cependant que les moyennes thermiques mensuelles demeurent élevées.

● *Géographie humaine et économique.* La population, formée de groupes variés (Haoussas, Peuls, Songhaïs, Touaregs), se concentre dans le Sud. Sa densité est de 3 h. au kilomètre carré en moyenne ; elle dépasse fréquemment 20 h. dans la vallée du Niger. La population s'accroît aujourd'hui à un rythme très rapide, de l'ordre de 3 p. 100 par an. L'urbanisation est très faible (seul Niamey dépasse 25 000 h.), la quasi-totalité de la population se consacrant à l'agriculture.

Phot. X, Larousse, König.

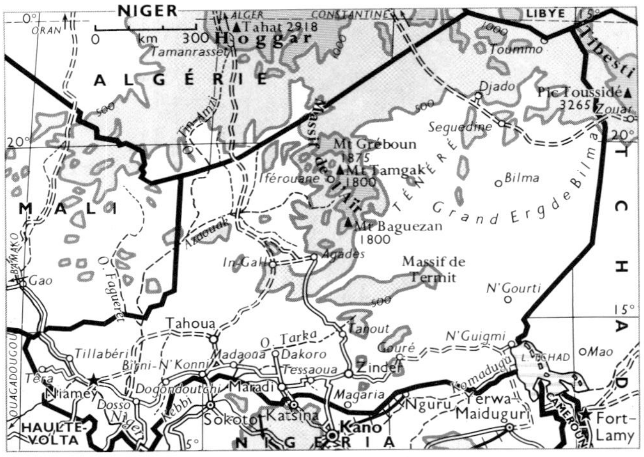

dunes du Ténéré

Niger

troupeau de moutons dans la région de Zinder

Parmi les cultures, localisées dans la moitié méridionale, dominent sur le plan vivrier le mil et le sorgho (secondairement le riz, le maïs et le blé), et sur le plan commercial l'arachide et le coton. L'élevage tient une place importante (bovins et ovins). L'industrie est très peu développée en dehors des branches liées à l'agriculture (alimentation et textile). Le sous-sol fournit seulement du sel et un peu d'étain. Toutefois, d'importants gisements d'uranium commencent à être exploités à Arlit (au nord d'Agadès).

La balance commerciale est traditionnellement déficitaire. L'arachide assure la moitié des exportations, et les produits de l'élevage en assurent le cinquième. Parmi les importations dominent naturellement les articles manufacturés. En 1965, plus de la moitié du commerce extérieur (entravé par la position continentale du pays) s'effectuait encore avec la France.

Histoire.

La pénétration française dans ce territoire commença vers 1890. Colonie en 1922, membre de la Communauté en 1958, le Niger devint république indépendante en 1960. Le régime du président Hamani Diori s'appuya sur un parti unique, le Parti progressiste nigérien. Mais H. Diori fut renversé en 1974 par un coup d'Etat militaire. Le Niger est membre du Conseil de l'Entente.

Nigeria (le), république de l'Afrique occidentale, sur le golfe de Guinée; 924 000 km²; 63 870 000 h. Cap. *Lagos*. Langue officielle : *anglais*.

Géographie.

● *Géographie physique*. Les vallées effondrées du Niger et de la Bénoué morcellent le socle ancien et permettent de distinguer trois régions de plateaux. A l'ouest, des surfaces cristallines bombées ont une altitude généralement inférieure à 800 m. Au centre, les plateaux sont d'aspect plus massif, et l'altitude dépasse 1 000 m dans la région de Jos, où le granite est partiellement recouvert de reliefs volcaniques. Le même type de paysage se retrouve au sud-est, où l'altitude maximale dépasse même 2 000 m dans les monts Shebshi. Les plaines, d'étendue moindre, se localisent à la périphérie : plaine du lac Tchad au nord-est, formée de dunes stabilisées; plaine de Sokoto au nord-ouest, parsemée de collines; plaine côtière au sud, avec l'important delta du Niger.

Entre les 4e et 14e degrés de lat. nord, le Nigeria a un climat tropical. Au sud de l'axe Niger-Bénoué, la tendance équatoriale est marquée. Les moyennes thermiques mensuelles se maintiennent toute l'année autour de 25 °C; les précipitations dépassent pratiquement toujours 1 500 mm (3 m à Port Harcourt), et aucun mois n'est vraiment sec. Au nord, l'amplitude thermique augmente (toutefois, les moyennes mensuelles ne descendent qu'exceptionnellement au-dessous de 20 °C), mais surtout les précipitations se raréfient (1 300 mm à Kaduna, 1 100 mm à Kano), et une saison sèche (d'octobre à mars) apparaît. La forêt équatoriale, inégalement conservée, mais couvrant encore le tiers du sol, cède progressivement la place à la savane.

● *Géographie humaine et économique*. Le Nigeria est le pays le plus peuplé d'Afrique. La population s'accroît à un rythme très rapide, de l'ordre de 3 p. 100 par an. Elle est formée de groupes ethniques variés, parmi lesquels dominent les Haoussas dans le Nord, les Yoroubas dans le Sud-Ouest et les Ibos dans le Sud-Est. L'aridité plus grande du Nord et surtout l'éloignement de l'Océan expliquent (avec l'histoire) les différences régionales de densité de peuplement. La densité moyenne est de l'ordre de 45 h. au kilomètre carré au nord de l'axe Niger-Bénoué; elle dépasse 130 h. dans les pays des Yoroubas et dans celui des Ibos, sites des principales villes, dont les plus grandes sont Lagos et Ibadan. Le quart de la population est urbanisé, et plus de vingt-cinq agglomérations dépassent chacune 100 000 h.

L'agriculture assure en valeur la moitié du produit national et emploie plus de la moitié de la population active. Comme dans les autres Etats de l'Afrique occidentale, elle juxtapose un secteur commercial (généralement hérité de la colonisation) et un secteur vivrier. Parmi les cultures vivrières dominent les tubercules (igname, manioc) et les céréales (mil, sorgho, maïs, riz). Parmi les cultures commerciales (jouant aussi parfois un rôle notable dans l'alimentation locale) se détachent celles du palmier à huile, de l'arachide, du cacao, du coton et de l'hévéa (caoutchouc). L'élevage bovin et ovin tient une place beaucoup plus importante que la pêche, très peu développée, mais ne satisfait pas toutefois les besoins nationaux.

L'industrie est encore largement liée à la valorisation des produits de l'agriculture (huileries notamment), mais

Nigeria

récolte du cacao

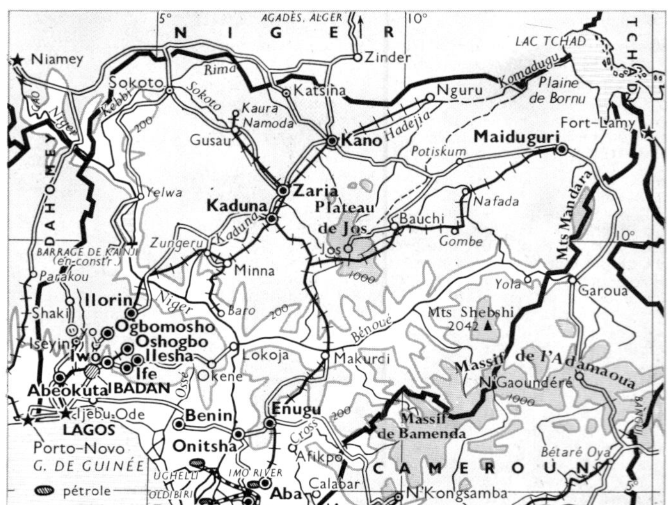

Phot. Raab-Service information du Niger, Naud - Afrique-Photo, Fiévet - Afrique-Photo.

les activités extractives et de transformation tiennent une place croissante. Le sous-sol fournit du charbon, de l'étain et surtout du pétrole (dans le Sud-Est), dont le pays est le premier producteur d'Afrique noire (90 Mt). Les branches de transformation (petite métallurgie) sont liées à la satisfaction du marché intérieur.
La croissance récente de la production pétrolière explique que la balance commerciale soit aujourd'hui largement excédentaire. Le pétrole est le premier produit d'exportation, devant les oléagineux et le caoutchouc. Parmi les importations dominent nettement les produits manufacturés. La Grande-Bretagne demeure de loin le premier client et fournisseur du Nigeria. Les ports de Lagos et de Port Harcourt effectuent la quasi-totalité de ce commerce extérieur.
Le Nigeria dispose de facteurs de développement non négligeables : une population nombreuse, la juxtaposition de zones climatiques complémentaires, sa richesse en pétrole (même dominée par les intérêts étrangers). Mais il souffre, en contrepartie, d'une croissance démographique trop rapide, limitant les investissements productifs.

Histoire.

Quand les Anglais s'installèrent à Lagos en 1861, deux puissants royaumes noirs, le Bénin et le Yorouba, prospéraient dans le Nigeria. La Compagnie royale anglaise du Niger, à partir de 1886, mit en valeur les côtes et l'intérieur ; en 1900, elle rendit ces territoires à la Couronne. Les territoires du Sud, devenus protectorats en 1885, furent amalgamés à Lagos en 1906, puis aux territoires du Nord (1914) pour former la colonie et le protectorat du Nigeria. Fédération en 1954, le Nigeria accéda à l'indépendance en 1960. En 1961, il s'augmenta de la partie nord de l'ancien Cameroun britannique. La stabilité du nouvel Etat fut menacée par des scissions internes dès 1962. La proclamation de la république en 1963 ne simplifia pas la vie politique intérieure. En 1966, un putsch militaire amena au pouvoir le général Ironsi, qui chercha à unifier le pays. Assassiné au bout de quelques mois, il fut remplacé par Yakubu Gowon, qui revint au système fédéral. La partie sud-est du pays, peuplée surtout par les Ibos et dirigée par le lieutenant-colonel Ojukwu, a fait sécession de 1967 à 1970, constituant l'éphémère république du Biafra.

nigérian, e adj. Relatif au Nigeria. ‖ — N. Habitant du Nigeria.

nigérien, enne adj. Relatif au Niger. ‖ — N. Habitant du Niger.

night-club [naitklœb] n. m. (mot angl.). Etablissement de spectacle ouvert toute la nuit.

Nigritie, nom donné autref. au *Soudan.*

nigritique [nigritik] adj. Relatif aux Noirs : *population nigritique.*

nihilisme [niilism] n. m. (du lat. *nihil,* rien). Négation de toute croyance. ‖ Système qui avait des partisans en Russie au XIXe s., et qui avait pour objet la destruction radicale des structures sociales, sans viser à leur substituer aucun état définitif.

nihiliste n. et adj. Partisan du nihilisme.

Niigata, port du Japon (Honshū) ; 379 000 h. Métallurgie. Raffinage du pétrole et industries chimiques.

Niihama, port du Japon (Shikoku) ; 125 000 h. Métallurgie (cuivre, nickel, aluminium).

Nijinski (Vaslav), danseur et chorégraphe russe d'origine polonaise, né à Kiev (1890-1950). Issu d'une famille de danseurs, doté d'une extraordinaire élévation, il fut le plus grand danseur de sa génération. Avec les Ballets russes de S. de Diaghilev, il triompha dans *les Sylphides, Schéhérazade, le Spectre de la rose* et dans ses propres œuvres (*l'Après-midi d'un faune,* 1912). — Sa sœur Bronislava **Nijinska** ou **Nijinskaïa,** danseuse, chorégraphe et pédagogue russe d'origine polonaise, née à Varsovie en

Nijinski dans « le Spectre de la rose » 1911

1891, a poursuivi une brillante carrière de danseuse, puis de chorégraphe auprès de grandes compagnies internationales et s'est illustrée dans la composition du *Renard* (1922), des *Noces* (1923), de *Roméo et Juliette* (1926), de *Boléro* (1928).

Nijlen, comm. de Belgique (Anvers) ; 10 000 h.

Nijni-Novgorod. V. GORKI.

Nijni Taghil, v. de l'U. R. S. S. (R. S. F. S. de Russie), dans l'Oural ; 377 000 h. Mines de fer et de cuivre. Important centre métallurgique.

Nikkō, v. du Japon (Honshū) ; 40 000 h. Important centre touristique.

Nikolaïev, port de l'U. R. S. S. (Ukraine), sur la mer Noire ; 331 000 h. Machines agricoles.

Nikon (Nikita MININE, dit), prélat russe, né près de Nijni-Novgorod (1605-1681). Patriarche de Moscou (1652), il fit adopter par l'Eglise russe des réformes qui provoquèrent le mouvement schismatique du *raskol.*

Nikopol', v. de l'U. R. S. S. (Ukraine) ; 125 000 h. Fonderies de manganèse.

Nil (le), principal fleuve d'Afrique ; 6 700 km (5 600 km depuis le lac Victoria). Sorti du lac Victoria (sous le nom de *Nil Victoria*), où s'est jetée sa branche mère, la Kagera, le Nil s'écoule vers le nord. Il traverse le lac Albert et prend ensuite le nom de Bahr el-Gebel avant de pénétrer dans la grande cuvette marécageuse du Soudan méridional. Il en ressort sous le nom de *Nil Blanc* (Bahr el-Abiad). A Khartoum, il reçoit le *Nil Bleu* (Bahr el-Azrak), puis, en aval, l'Atbara. Il traverse ensuite la Nubie, puis l'Egypte, atteignant Le Caire, où commence le delta sur la Méditerranée. La localisation, tropicale, de son cours supérieur et moyen et de ses affluents explique les hautes eaux d'été, de juin à septembre. L'importance économique du Nil, depuis longtemps capitale, doit encore s'accroître avec l'achèvement du second barrage d'Assouan. (V. EGYPTE.)

nilgaut [nilgo] n. m. (hindī *nīlgâu*). Antilope d'Asie à cornes courtes. (Haut. au garrot 1,40 m.)

Nīlgiri (*monts*), massif montagneux du sud de l'Inde ; 2 635 m.

nille [nij] n. f. (pour *anille*). Bobine mobile autour de la poignée d'une manivelle, pour que le frottement se fasse dans la bobine et non dans la main.

Nilotes ou **Nilotiques,** ensemble de populations hamitiques, surtout pasteurs nomades, mais tendant à la sédentarisation. Ce sont notamment les Chillouks, les Dinkas, les Nuers. Leur unité est surtout linguistique.

nilotique [nilɔtik] adj. Relatif au Nil.

Nilvange (57240 Knutange Nilvange), comm. de la Moselle (arr. de Thionville-Ouest) ; 8 136 h. (*Nilvangeois*). Centre minier (fer) et métallurgique.

Nimayri (Djafar AL-) ou **Nimeyri** (Gafaar AL-), officier et homme politique soudanais, né à Omdurman en 1930, chef de l'Etat depuis 1969.

Nimba (*monts*), massif de l'Afrique occidentale, aux confins de la Côte-d'Ivoire, de la Guinée et du Libéria ; 1 854 m. Grand gisement de fer.

nimbe [nɛ̃b] n. m. (lat. *nimbus,* nuage). *Bx-arts.* Cercle lumineux cernant la tête des empereurs romains déifiés, puis du Christ et des saints.

nimber v. t. Orner d'un nimbe.

nimbo-stratus [nɛ̃bostratys] n. m. Nuage inférieur, qui se présente en couches épaisses de couleur grise, caractéristique du mauvais temps.

nimbus [nɛ̃bys] n. m. (mot lat. signif. *nuage*). Nuage d'un gris sombre (vx). [Ce terme est auj. utilisé dans des composés : *cumulo-nimbus.*]

Nimègue, en néerl. **Nijmegen,** v. des Pays-Bas (Gueldre), sur le Waal ; 144 000 h. Chapelle-baptistère du VIIIe s. Grande Eglise (XVe s.). Hôtel de ville (XVIe s.). Constructions mécaniques et électriques. Traités célèbres qui s'y conclurent en 1678 entre la France, les Provinces-Unies et l'Espagne, et en 1679 entre la France et l'Empire. Ces traités donnaient à la France la Franche-Comté, le Cambrésis et plusieurs villes de Flandre : Valenciennes, Condé, etc. Ils firent de Louis XIV l'arbitre de l'Europe.

Nîmes (30000), ch.-l. du dép. du Gard, à 694 km au sud de Paris ; 129 866 h. (*Nîmois*). Evêché. Importante cité romaine, Nîmes est aujourd'hui une ville administrative et touristique (*feria*), où le commerce et l'industrie sont

le **Nil** aux environs d'Assouan

Nigeria exploitation d'une mine d'étain

Nîmes au centre les arènes

Phot. Férret - Afrique-Photo, A. P. N., Bottin, Geay - Lauros - Atlas-Photo.

largement liés à l'agriculture environnante (commerce du vin, traitement des fruits et légumes), en dehors du textile et d'une fabrique d'explosifs. Patrie de Guizot, d'A. Daudet. — L'arr. a 19 cant., 117 comm., 309 549 h. ● *Beaux-arts.* La ville garde des monuments romains : la *Maison carrée* (16 av. J.-C.); la *tour Magne* (v. 50 av. J.-C.); le *temple de Diane,* dans les jardins de la Fontaine (XVIIIe s.); les *arènes,* qui pouvaient contenir 24 000 spectateurs.

Nimitz (William), amiral américain, né à Fredericksburg (Texas) [1885-1966], commandant en chef des forces aéronavales alliées dans le Pacifique de 1942 à 1945.

ninas [ninɑs] n. m. (esp. *niñas*). Petit cigare.

Ning-hia (*région autonome de*), région du nord-ouest de la Chine; 1 810 000 h. Cap. *Yin-tch'ouan.*

Ning-po, v. de Chine (Tchö-kiang); 240 000 h. Port de pêche.

Ninive, v. de l'Asie ancienne, cap. de l'Assyrie, sur le Tigre (hab. *Ninivites*). Fondée au IIIe millénaire, Ninive n'acquit sa splendeur que sous Sennachérib (705-681 av. J.-C.). Elle fut détruite en 612 av. J.-C. Les fouilles de Ninive, qui ont commencé en 1847, ont révélé d'importants vestiges, dont ceux des palais de Sennachérib (bibliothèque contenant des milliers de tablettes cunéiformes) et d'Assurbanipal.

Ninon de Lenclos. V. LENCLOS.

Ninos, fondateur mythique de Ninive, époux de Sémiramis.

Ninove, v. de Belgique (Flandre-Orientale); 12 200 h. Textiles.

Niobé. *Myth. gr.* Reine légendaire de Phrygie. Elle se moqua de Léto, qui n'avait que deux enfants, Apollon et Artémis. Ceux-ci vengèrent leur mère en tuant à coups de flèches les sept fils et les sept filles de Niobé. Zeus changea Niobé en statue pleurante.

niobium [njɔbjɔm] n. m. Métal (Nb) gris d'acier, assez rare, de numéro atomique 41, associé au tantale dans ses minerais. (Syn. COLOMBIUM.)

Niolu-Omessa (*canton de*), canton de Corse (arr. de Corte); ch.-l. *Calacuccia.*

Niort (79000), ch.-l. du dép. des Deux-Sèvres, sur la Sèvre Niortaise, à 414 km au sud-ouest de Paris; 50 079 h. (*Niortais*). Donjon des XIIe-XIIIe s., église Notre-Dame, demeures Renaissance, musées. Peausserie. Ganterie. Patrie de Mme de Maintenon, de Fontanes. — L'arr. a 17 cant., 182 comm., 173 719 h.

Nipigon, lac du Canada (Ontario), se déversant dans le lac Huron par le *Nipigon;* 4 450 km².

nipper v. t. *Fam.* Fournir de vêtements.

nippes [nip] n. f. pl. (de l'anc. fr. *guenipe*). *Fam.* Vêtements usés.

nippon [nipɔ̃], **e** [-ɔn] adj. et n. Du Japon.

Nippon, nom par lequel les Japonais désignent leur pays.

Nippour, v. de la Mésopotamie ancienne, au nord du pays de Sumer. C'était la ville du dieu Enlil. On y a retrouvé des milliers de tablettes cunéiformes.

nique [nik] n. f. (de l'anc. fr. *niquer,* faire un signe de tête). Signe de mépris ou de moquerie : *faire la nique à quelqu'un.*

nirvāna [nirvana] n. m. (mot sanskrit signif. *évasion de la douleur*). Dans le bouddhisme, dernière étape de la contemplation, caractérisée par l'absence de la douleur et la possession de la vérité.

Niš ou **Nish,** anc. **Nissa,** v. de Yougoslavie (Serbie); 95 000 h. Centre industriel.

Nisard (Désiré), critique français, né à Châtillon-sur-Seine (1806-1888). Admirateur exclusif des écrivains du règne de Louis XIV, il est l'auteur d'une *Histoire de la littérature française* (1844-1861). [Acad. fr.]

Nishinomiya, v. du Japon (Honshū), sur la baie d'Ōsaka; 357 000 h. Industries alimentaires.

Nisus, Troyen de *l'Enéide,* dont l'amitié pour Euryale est devenue proverbiale.

Niterói, v. du Brésil, cap. de l'Etat de Rio de Janeiro, sur la baie de Guanabara; 293 000 h. Métallurgie.

Nithard, historiographe franc (IXe s.), qui a laissé une *Histoire des fils de Louis le Pieux.*

Nitōkris ou **Nitakrit,** reine d'Egypte de la VIe dynastie.

nitouche [nituʃ] n. f. (de *n'y touche*). *Sainte nitouche,* personne hypocrite qui cache ses défauts sous une apparence de sagesse, de dévotion, de simplicité. ‖ — Adj. : *un petit air sainte nitouche* (Fam.).

nitratation n. f. Transformation dans le sol, par une bactérie nitrique, de l'acide nitreux en acide nitrique, où des nitrites en nitrates.

nitrate [nitrat] n. m. Sel de l'acide nitrique : *nitrate d'argent.* (Syn. AZOTATE.)

— ENCYCL. Les *nitrates* jouent un rôle important comme engrais. Ils agissent en fournissant de l'azote à la végétation et sont employés sous forme de sels de sodium, de potassium, de calcium, d'ammonium. Il existe des *nitrates naturels,* dont le plus connu est le salpêtre du Chili, et des *nitrates artificiels,* obtenus par synthèse.

nitrater v. t. Ajouter du nitrate.

nitration n. f. Traitement chimique par l'acide nitrique.

nitre [nitr] n. m. (lat. *nitrum,* empr. au gr.). Nom usuel du *salpêtre,* ou *nitrate de potassium.*

nitré, e adj. Se dit d'un corps obtenu par nitration. (Les composés nitrés dérivent des hydrocarbures par substitution du radical NO_2 à un atome d'hydrogène. Ils s'obtiennent aisément avec les carbures benzéniques. Les dérivés polynitrés sont explosifs.)

nitreux, euse adj. Qui contient du nitre : *terre nitreuse.* ‖ *Chim.* Se dit de l'acide HNO_2. (Syn. AZOTEUX.) ‖ Se dit des bactéries, comme le *nitrosomonas,* qui réalisent la nitrosation.

nitrière n. f. Lieu d'où l'on tire le nitre.

nitrifiant, e adj. Qui produit la nitrification : *bactérie nitrifiante.*

nitrification n. f. Transformation de l'ammoniac et de ses sels en nitrates.

— ENCYCL. La *nitrification* s'effectue en deux stades : nitrosation et nitratation. Sous l'action de micro-organismes (*nitrosomonas*), l'azote ammoniacal est transformé en acide nitreux et en nitrites; grâce à l'intervention d'un autre micro-organisme, le *nitrobacter,* ceux-ci sont oxydés pour donner de l'acide nitrique et des nitrates. Ces réactions, très importantes pour l'agriculture, s'effectuent dans les conditions optimales en sol bien aéré et suffisamment humide et à des températures comprises entre 25 et 30 °C (en régions tempérées). Dans des terres gorgées d'eau, « asphyxiées », la transformation ne se produit pas, et même, s'il s'y trouve des nitrates, ceux-ci peuvent être réduits en nitrites.

nitrifier v. t. Transformer en nitrate.

nitrile n. m. Composé organique dont la formule contient le radical — CN.

nitrique adj. Se dit des bactéries, comme le *nitrobacter,* capables de réaliser la nitratation. ● *Acide nitrique,* composé oxygéné dérivé de l'azote (HNO_3), acide fort et oxydant. (Syn. ACIDE AZOTIQUE.) [L'acide nitrique du commerce est communément appelé *eau-forte.*]

nitrite n. m. Sel de l'acide nitreux. (Syn. AZOTITE.)

nitrobacter [nitrɔbaktɛr] n. m. Microbe provoquant la nitratation.

nitrobenzène n. m. Dérivé nitré du benzène, connu sous le nom d'*essence de mirbane.* (Il entre dans la composition de certains explosifs et de l'aniline.)

nitrocellulose n. f. Ether nitrique de la cellulose, principe du collodion et des poudres sans fumée.

nitrogène [nitrɔʒɛn] n. m. Nom donné parfois à *l'azote.*

nitroglycérine n. f. Ether nitrique de la glycérine.

— ENCYCL. La *nitroglycérine* est un liquide visqueux, incolore sous sa forme pure, de densité égale à 1,60. Elle est obtenue en versant graduellement de la glycérine dans un mélange d'acides nitrique et sulfurique concentrés. C'est un explosif puissant, le plus utilisé dans le monde; sa grande sensibilité aux chocs en a longtemps rendu la fabrication dangereuse. La nitroglycérine entre dans la composition de nombreuses poudres sans fumée (balistite, cordite) et de la dynamite. Elle est employée, très diluée, en thérapeutique, sous le nom de *trinitrine,* pour combattre l'angine de poitrine.

nitrosation [nitrozasjɔ̃] n. f. Transformation, dans le sol, de l'ammoniac ou des sels ammoniacaux en acide nitreux et en nitrites.

nitrosomonas [nitrosɔmɔnɑs] n. m. Ferment nitreux provoquant la nitrosation.

nitruration n. f. Traitement thermochimique de durcissement superficiel d'alliages ferreux par l'azote.

— ENCYCL. La *nitruration* a pour objet d'augmenter la dureté superficielle des aciers cémentés normalement. Elle crée une couche très dure, résistante et possédant de bonnes propriétés mécaniques. L'opération consiste, après avoir fait subir à la pièce un traitement thermique préalable de trempe et de revenu à 550 °C, à la maintenir entre 500 et 525 °C dans un moule en acier réfractaire chauffé par un four électrique et parcouru par un courant de gaz ammoniac. Les applications sont multiples : les axes de pistons, les vilebrequins sont souvent nitrurés.

nitrure n. m. Combinaison de l'azote avec un métal.

nitruré, e adj. Se dit de l'acier durci par chauffage dans une atmosphère azotée.

nival [nival], **e, aux** adj. (du lat. *nix, nivis,* neige). Relatif à la neige; dû à la neige : *rétention nivale.* ● *Régime nival,* régime des cours d'eau alimentés par les neiges (hautes eaux de printemps et basses eaux d'hiver).

Nive (la), riv. des Pyrénées-Atlantiques, qui se jette dans l'Adour (r. g.) à Bayonne; 78 km.

niveau [nivo] n. m. (du lat. *libella,* instrument servant à niveler). Instrument servant à vérifier ou à réaliser l'horizontalité d'un plan, ou à déterminer la différence de hauteur entre deux points. ‖ Etat d'un plan horizontal. ‖ Degré d'élévation d'une ligne d'un plan par rapport à une surface horizontale de référence. ‖ Valeur atteinte par une grandeur. ‖ — *Fig.* Situation, degré d'une chose par rapport à une autre; équilibre : *le niveau des prix au mois de mars.* ‖ Egalité de rang, de mérite : *il n'est pas à votre niveau.* ● *Angle au niveau,* angle formé par la ligne de tir avec le plan horizontal. (V. TIR.) ‖ *Courbe de niveau,* ligne imaginaire reliant les points de même altitude, et qui est utilisée pour représenter le relief sur une carte. (La différence d'altitude entre deux courbes voisines est constante.) [Syn. ISOHYPSE.] ‖ *Niveau de base,* limite théorique en dessous de laquelle les cours d'eau cesseraient d'effectuer un travail d'érosion et de transport. ‖ *Niveau à bulle d'air,* niveau composé d'un tube de verre dans lequel se trouvent un liquide très mobile (alcool ou éther) et une bulle gazeuse. ‖ *Niveau d'eau,* niveau composé de deux petits tubes qui communiquent entre eux, le tout contenant de l'eau. ‖ *Niveau de langue,* caractère stylistique d'une langue, défini d'après le degré de culture ou le groupe social. ‖ *Niveau mental* ou *niveau intellectuel,* degré d'évolution intellectuelle d'un individu par rapport à la moyenne, mesuré par divers tests psychotechniques, ou *tests* de niveau.* ‖ *Niveau de vie,* évaluation quantitative du mode d'existence moyen d'une nation, d'un groupe social, etc. ‖ *Surface de niveau,* lieu des points d'un liquide en équilibre où s'exerce la même pression; dans un champ de vecteurs, surface normale aux lignes de champ. ‖ **— De niveau** loc. adv. Sur le même plan horizontal.

nivelage n. m. Action de niveler.

niveler [nivle] v. t. (conj. **3**). Mesurer ou vérifier avec un niveau. ‖ Rendre une surface plane, horizontale; aplanir : *niveler un terrain.* ‖ *Fig.* Rendre égal : *niveler les conditions sociales.*

niveleur, euse n. Personne qui nivelle.

niveleur n. m. Petite herse.

niveleuse n. f. Engin de terrassement utilisé pour le nivellement des terres.

Nivelle (Jean DE) [v. 1422-1477], fils aîné de Jean II de Montmorency. Il refusa de marcher contre le duc de Bourgogne, malgré l'ordre, l'*appel* de son père, se dérobant à toutes les sommations, d'où la locution populaire : *il ressemble au chien* (par corruption pour : *à ce chien*) *de Jean Nivelle, qui s'enfuit quand on l'appelle.*

Nivelle (Robert), général français, né à Tulle (1856-1924). Pendant la Première Guerre mondiale, il s'illustra comme commandant de la IIe armée dans la défense de Verdun (1916). En décembre de cette même année, il succéda à Joffre comme commandant en chef et déclencha, le 16 avril 1917, l'offensive du Chemin des Dames, qui se solda par un grave échec. Relevé de son commandement, il fut remplacé par Pétain et mis à la tête du 19e corps à Alger (déc. 1917).

nivellement [-vɛlmɑ̃] n. m. Action de niveler, de mesurer les différences de niveau, de mesurer avec des niveaux, de mettre de niveau, d'établir une base horizontale sur un terrain. (V. *encycl.*) ‖ Aplanissement des accidents du relief par l'érosion : *le nivellement d'un escarpement de faille.* ‖ *Fig.* Action d'égaliser les fortunes, les conditions sociales, etc.

— ENCYCL. Il existe trois méthodes de *nivellement :* 1° le *nivellement direct,* très précis, qui, réalisé avec un niveau à lunette et deux mires parlantes verticales, sert à coter les repères de nivellement; 2° le *nivellement indirect* à courte portée (inférieure à 200 m), qui s'exécute au tachéomètre; 3° le *nivellement géodésique,* qui est un nivellement indirect à longue portée (plusieurs kilomètres), et qui est effectué sur mires géodésiques avec un théodolite très précis.

Nivelles, v. de Belgique (Brabant); 15 500 h. Collégiale et cloître (XIe-XIIIe s.).

nivéole [niveɔl] n. f. Plante voisine de la perce-neige.

nivernais [nivɛrnɛ], **e** [-ɛz] adj. et n. De Nevers; du Nivernais.

Nivernais, anc. prov. de France, auj. incluse dans le dép. de la Nièvre, annexée à la Couronne sous Louis XIV (1669). Cap. *Nevers.*

Nivernais (*canal du*). Il relie la Seine à la Loire par l'Yonne, d'Auxerre à Decize; 174 km.

Nivers (Guillaume Gabriel), organiste et compositeur français, né à Paris (v. 1632-1714). Organiste de Saint-Sulpice, puis de la Chapelle royale, maître de la musique à Saint-Cyr, il est l'auteur, outre d'ouvrages théoriques sur la composition et le plain-chant, de motets à l'usage de Saint-Cyr et de trois livres d'orgue (1665, 1667, 1675).

Nivillers (60167), ch.-l. de c. de l'Oise (arr. de Beauvais); 262 h. Eglise en partie du XVIe s.

nivo-glaciaire adj. *Régime nivo-glaciaire,* régime des cours d'eau alimentés par les neiges et les glaciers, caractérisé par des hautes eaux de printemps et d'été, et des basses eaux d'hiver.

nivo-pluvial, e, aux adj. *Régime nivo-pluvial,* régime des cours d'eau alimentés par les neiges et les pluies (maximum de printemps et d'automne, minimum d'été).

nivôse [nivoz] n. m. (lat. *nivosus,* neigeux). Quatrième mois du calendrier républicain (du 21, 22 ou 23 décembre au 19, 20 ou 21 janvier).

Nixon (Richard), homme d'Etat américain, né à Yorba Linda (Californie), en 1913. Député (1947-1951), puis sénateur républicain (1951-1953), il est vice-président des Etats-Unis de 1953 à 1960. Battu par Kennedy en 1960, il est élu président de l'Union en 1968. Réélu en 1972, il met fin, en 1973, à l'intervention militaire directe des Etats-Unis au Viêt-nam. Mais il démissionne en 1974, à la suite du scandale politique dit « du Watergate ».

niẓam [nizam] n. m. Titre des souverains d'Hyderabad.

Niẓāmī, poète persan, né à Gandja (1140-1203). L'influence du soufisme mystique marque ses poèmes (*les Amours de Laylā et de Madjnūn, le Trésor des secrets*) et ses épopées romanesques (*le Roman d'Alexandre*), qui servirent de modèles aux poètes persans et turcs.

Njegoš (Petar Petrović). V. PIERRE II, prince-évêque de Monténégro.

Nkrumah (Kwame), homme d'Etat ghanéen, né à Nkroful, près d'Axim (sud-ouest du Ghāna) [1909-1972]. Président de la république du Ghāna (1960-1966), il fut renversé par un coup d'Etat militaire.

N. K. V. D. (sigle des mots russes signif. « commissariat du peuple aux Affaires intérieures »), organisme soviétique créé en 1934, après la dissolution de la Guépéou.

nō ou **nô** n. m. Drame lyrique japonais, combinant la musique, la danse et la poésie.
— ENCYCL. La forme théâtrale du *nō,* qui allie la poésie à la danse et à la musique, fait alterner les dialogues en prose avec des récitations lyriques confiées à un chœur. Chaque pièce a deux personnages essentiels, le *shite,* danseur principal, et le *waki.* Le nō prit ses proportions définitives au XIVe s. grâce à Kanami et à son fils Zeami, théoricien des tendances esthétiques inspirées du bouddhisme zen. Le répertoire comprend aujourd'hui deux cent quarante pièces environ. Chaque pièce est divisée en deux parties : la première a un caractère d'énigme, et les esprits s'y confondent avec les vivants; la seconde est une révélation. Un programme de six heures comprend cinq pièces (de dieux, de guerriers, de femmes, de fous et de démons), alternant avec des farces burlesques, ou *kyōgen.* Le décor est très dépouillé : un éventail figure tour à tour un bouclier, un luth ou une coupe; quelques pas à travers la scène représentent un long voyage. Les acteurs sont masqués, et ces masques de nō sont des œuvres d'art très recherchées.

Nō (*lac*), cuvette lacustre du Soudan méridional.

Noailles [nɔaj] (60430), ch.-l. de c. de l'Oise (arr. de Beauvais); 1 333 h.

Noailles (Antoine DE), homme de guerre français, né à Noailles (1504-1562). Il se distingua à la bataille de Cérisoles. — Son frère FRANÇOIS, né à Noailles (1519-1585), évêque de Dax, fut ambassadeur à Venise (1557-1569), puis à Constantinople; il sut rétablir le prestige de la France en Orient.

Noailles (Anne Jules DE), maréchal de France, né à Paris (1650-1708). Gouverneur du Languedoc, il appliqua sévèrement le système des dragonnades. — Son fils MAURICE, maréchal de France, né à Paris (1678-1766), se distingua en Roussillon, en Catalogne, en Allemagne.

Noailles (Louis Antoine DE), cardinal français (1651-1729), frère d'Anne Jules. Archevêque de Paris en 1695, il s'opposa à l'application de la bulle *Unigenitus.*

Noailles (Louis, *vicomte* DE), né à Paris (1756-1804). Député de la Noblesse aux Etats généraux, il prit l'initiative de l'abolition des privilèges (nuit du 4 août 1789).

Noailles (Anna, *princesse* BRANCOVAN, *comtesse* MATHIEU DE), femme de lettres française, née à Paris (1876-1933). Ses recueils lyriques expriment une joie païenne de l'amour et la hantise de la mort (*le Cœur innombrable,* 1901; *les Vivants et les Morts,* 1913).

Nobel (Alfred), industriel et chimiste suédois, né à Stockholm (1833-1896). Cherchant à employer pratiquement la nitroglycérine comme explosif, il découvrit en 1864 la possibilité d'en amorcer la détonation au moyen du fulminate de mercure. En faisant absorber trois parties en poids de nitroglycérine par une partie de matière poreuse, il découvrit la dynamite (1866). En 1875, il créa la dynamite-gomme en faisant absorber la nitroglycérine par du coton nitré. Enfin, en 1887, il proposa une poudre propulsive, qu'il nomma « balistite ». En mourant, il laissa presque toute sa fortune pour la fondation de cinq prix annuels.

Nobel (*prix*), prix annuels, au nombre de cinq, fondés par Alfred Nobel dans son testament (27 nov. 1895) et destinés à récompenser les bienfaiteurs de l'humanité dans les domaines de la physique, de la chimie, de la physiologie et de la médecine, de la littérature et enfin de la paix. (Voir la liste à la fin de ce volume.)

nobélium [nɔbeljɔm] n. m. (de *Nobel*). Elément chimique transuranien, de numéro atomique 102.

Nobeoka, v. du Japon (Kyū shū); 124 000 h. Textiles artificiels.

Nobile (Umberto), général, aviateur et explorateur italien, né à Lauro (Avellino) en 1885. Il participa, aux côtés d'Amundsen, à la première expédition polaire effectuée par un dirigeable (1926). Repartant à bord du dirigeable *Italia* en 1928, il se perdit au large du Spitzberg et fut recueilli par un brise-glace russe.

Nobili (Leopoldo), physicien italien, né à Trassilico (1787-1835). Il inventa en 1826 le système d'aimants dit « astatique » et créa en 1830 une pile thermo-électrique.

nobiliaire adj. Qui appartient à la noblesse : *caste nobiliaire.* ‖ — N. m. Catalogue et histoire des familles nobles d'un pays : *le nobiliaire d'Auvergne.*

noblaillon n. m. V. NOBLIAU.

noble [nɔbl] adj. et n. (du lat. *nobilis,* illustre). Qui fait partie de la noblesse : *être noble de naissance.* ‖ — Adj. Propre à la noblesse : *être de sang noble.* ‖ *Fig.* Qui annonce de la grandeur, de l'élévation morale, de la distinction : *cœur, style, air noble.* ● *Parties nobles,* chez l'homme, le cœur, le cerveau, etc.

noblement adv. De façon noble.

noblesse n. f. Classe d'hommes qui, par leur naissance ou une concession du souverain, jouissent de certains privilèges ou possèdent seulement des titres qui les distinguent des autres citoyens : *Napoléon créa de toutes pièces une noblesse.* ‖ Qualité par laquelle on est noble : *être de noblesse récente.* ‖ *Fig.* Elévation : *noblesse de cœur* ● *Noblesse d'épée,* qualité d'un noble, qui a été originairement acquise par ses services à titre militaire. ‖ *Noblesse impériale,* v. part. *encycl.* ‖ *Noblesse de robe,* qualité d'un noble, qui a été originairement acquise grâce aux fonctions ou charges qu'il avait exercées.
— ENCYCL. La *noblesse* est, en Europe, la forme prise par la caste guerrière, privilégiée du fait de la supériorité que lui donne la force matérielle. Les invasions barbares, en ruinant l'Etat carolingien, donnèrent à la noblesse féodale et terrienne une place prépondérante, qui se marqua surtout par l'usurpation de droits d'ordinaire étatiques (levées d'impôts, droit de battre monnaie, etc.). En contrepartie, le noble était l'homme qui se battait; l'institution de la chevalerie dévia partiellement vers de nobles causes l'ardeur guerrière des féodaux. Avec le renouveau économique de l'Europe, à partir du XIIe s., la royauté reprit peu à peu du terrain sur la féodalité, tandis que la bourgeoisie se taillait une place de plus en plus importante au détriment d'une noblesse qui se ruinait (XVIIe s.). La réaction nobiliaire, sous Louis XVI, ne put empêcher la ruine des privilèges de la noblesse durant la Révolution. Reconstituée au XIXe s., la noblesse ancienne vit ses titres protégés par la loi. Une noblesse impériale, créée par Napoléon Ier en 1808, se développa parallèlement à elle.

Charles Nodier

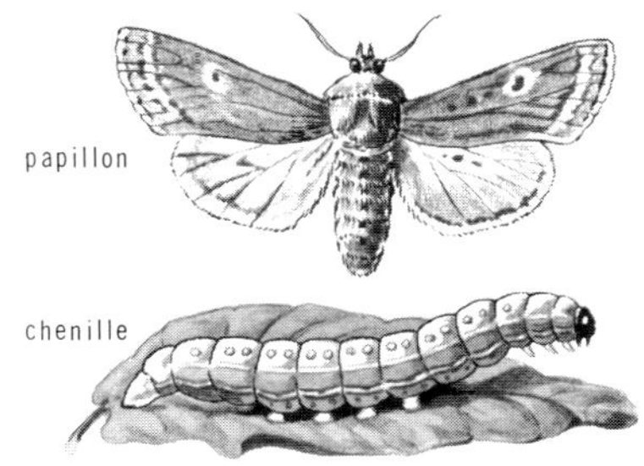

noctuelle potagère

nobliau ou **noblaillon** n. m. *Péjor.* Homme de petite noblesse, de noblesse douteuse.

noce [nɔs] n. f. (lat. *nuptiae*). Célébration d'un mariage : *convoler en secondes noces.* (S'emploie surtout au pl.) ‖ Festin et réjouissances qui accompagnent un mariage : *aller à la noce.* ‖ Ensemble des personnes qui s'y trouvent. ● *Faire la noce,* prendre part à une partie de plaisir; se livrer habituellement à la débauche, à la dissipation. ‖ *Ne pas être à la noce,* être dans une situation pénible. ‖ *Noces d'argent, noces d'or, noces de diamant,* fêtes que l'on célèbre au bout de 25, 50, 60 ans de mariage.

Noces (*les*), scènes chorégraphiques, avec chant, en 4 tableaux, paroles et musique d'Igor' Stravinski, chorégraphie de Bronislava Nijinska, décors et costumes de Gontcharova, créées à Paris en 1923 par les Ballets russes. — Version de Maurice Béjart (1962), reprise à l'Opéra de Paris en 1965.

Noces de Figaro (*les*), opéra bouffe en 4 actes, livret de Lorenzo Da Ponte d'après *le Mariage de Figaro* de Beaumarchais, musique de Mozart (1786).

Nocé, (61340), ch.-l. de c. de l'Orne (arr. de Mortagne-au-Perche); 705 h.

noceur, euse n. *Fam.* Personne qui fait bombance; qui mène une vie de dissipation, de débauche.

nocher [nɔʃe] n. m. (lat. *nauclerus,* pilote). *Poét.* Celui qui conduit une barque. ● *Le nocher des Enfers,* Charon.

nocif [nɔsif], **ive** [-iv] adj. Nuisible : *l'influence nocive de l'alcool.*

nocivité n. f. Caractère nuisible : *la nocivité d'un aliment.*

noctambule [nɔktɑ̃byl] adj. et n. (lat. *nox, noctis,* nuit, et *ambulare,* marcher). Qui se promène, qui se divertit la nuit.

noctambulisme n. m. Etat des personnes qui aiment à mener une vie active la nuit.

noctiluque [nɔktilyk] n. f. (lat. *noctilucus,* qui brille la nuit). Protozoaire parfois très abondant dans la mer, qu'il rend lumineuse la nuit. (Diamètre 1 mm.)

noctuelle [nɔktɥɛl] n. f. (du lat. *noctua,* chouette). Nom donné à divers papillons nocturnes, à ailes grises ou brunes, dont les chenilles de plusieurs espèces (désignées sous le nom de *vers gris*) sont nuisibles à beaucoup de plantes cultivées. [V. illustr. PAPILLONS.]

noctule [nɔktyl] n. f. Chauve-souris d'Europe et d'Asie, de la famille des vespertilionidés. (Long. 8 cm, sans la queue; envergure 40 cm.)

nocturne [nɔktyrn] adj. (lat. *nocturnus;* de *nox, noctis,* nuit). Qui arrive pendant la nuit : *apparition nocturne.* ‖ Qui sort, vole pendant la nuit : *oiseau nocturne.*

nocturne n. m. Partie de l'office des matines. ‖ Morceau de musique d'un caractère rêveur et mélancolique. (Il apparaît chez Field d'abord, sous forme d'une romance italianisante à l'accompagnement arpégé. Il revient sous une forme savante chez Chopin, qui l'idéalise, puis chez Fauré [13 nocturnes].) ‖ Tableau représentant un paysage éclairé par la lune et les étoiles.

nocturne n. f. Ouverture en soirée de certains magasins.

nodal [nɔdal], **e, aux** [-o] adj. Se dit d'un tissu musculaire spécial situé dans l'épaisseur du muscle cardiaque, dont il assure l'excitation autonome. ‖ *Phys.* Relatif aux nœuds d'une surface vibrante. ● *Points nodaux,* points de l'axe d'un système optique centré par lesquels passent un rayon incident et le rayon émergent correspondant lorsque ces rayons sont parallèles.

Nodier (Charles), écrivain français, né à Besançon (1780-1844). Passionné d'abord d'histoire naturelle, affilié à la société des Philadelphes, il témoigne très tôt de la fantaisie de son imagination (*les Tristes ou Mélange tiré des tablettes d'un suicidé,* 1806; *Dictionnaire raisonné des onomatopées,* 1808). Bibliothécaire et directeur de journal à Laibach (1812), il s'initie à la littérature fantastique et à l'exotisme illyrien, qui inspire ses nouveaux récits (*Jean Sbogar,* 1818; *Smarra ou les Démons de la nuit,* 1821; *Trilby ou le Lutin d'Argail,* 1822). Bibliothécaire de l'Arsenal (1823), il réunit, dans des soirées où il déploie son talent de conteur (*Histoire du chien de Brisquet,* 1844), la jeune école romantique et se réfugie de plus en plus dans le monde du rêve et des chimères, ouvrant ainsi la voie à Nerval et au surréalisme (*la Fée aux miettes,* 1832). [Acad. fr.]

nodosité n. f. (du lat. *nodosus,* noueux). Etat de ce qui est noueux. ‖ Production anormale, généralement arrondie et dure, parfois incluse sous la peau : *avoir des nodosités aux doigts.* ‖ Radicelle courte et renflée des légumineuses*, hypertrophiée par la présence d'un microbe fixateur de l'azote atmosphérique, le *rhizobium.*

nodulaire adj. Chargé de nœuds. ‖ Relatif aux nœuds.

nodule n. m. (du lat. *nodus,* nœud). Petit nœud; noyau. ‖ Concrétion arrondie : *nodule dolomitique.* ‖ *Anat.* Renflement de l'extrémité antérieure du vermis inférieur du cervelet.

noduleux, euse adj. Qui a beaucoup de petits nœuds : *tige noduleuse.*

Noé, en hébr. **Noah,** patriarche biblique, fils de Lamech. Il construisit, par ordre de Dieu, l'arche qui devait le préserver du déluge avec sa famille; il y fit entrer des couples de tous les animaux. Il aborda au mont Ararat et fut la souche des nouvelles races humaines.

Noël [nɔɛl] n. m. (du lat. *natalis* [*dies*], [jour] de naissance). Fête de la nativité du Christ : *la fête de Noël* (ou *la Noël*) *est fixée au 25 décembre.* (V. *encycl.*) ‖ Cantique ou chanson de caractère populaire sur paroles en langue vulgaire, en l'honneur de cette fête. (En ce sens prend une minuscule.) ● *Arbre de Noël,* arbuste vert auquel on attache des friandises, des jouets, etc., et qui joue un grand rôle dans les fêtes de Noël. ‖ *Bûche de Noël,* bûche qu'on brûlait pendant la veillée de Noël, et aux cendres de laquelle on attribuait des propriétés merveilleuses; sorte de gâteau en forme de bûche. ‖ *Père Noël,* v. art. suiv.
— ENCYCL. La fête de *Noël* était célébrée dès 354 en Occident. En Orient, où on célébrait la Nativité le 6 janvier, on adopta le 25 décembre sous l'influence de saint Jean Chrysostome. Au Ve s., on célébrait déjà trois messes : à minuit, à l'aurore et dans la journée. La représentation de la crèche remonte à saint François d'Assise (1223). La coutume de l'arbre de Noël est signalée en Allemagne au début du XVIIe s.

Noël (*Père* ou *Bonhomme*), personnage qui, dans les croyances enfantines, est chargé de distribuer des jouets, des friandises aux enfants pendant la nuit de Noël.

Noël Chabanel (*saint*), l'un des martyrs canadiens, né à Saugues (Velay) [1613-1649], tué par un Huron apostat. — Fête le 26 septembre.

Nœrdlingen. V. NÖRDLINGEN.

nœud [nø] n. m. (lat. *nodus*). Enlacement serré, fait avec un ruban, un fil, une corde, etc. : *faire un nœud.* ‖ Ornement en forme de nœud : *nœud de ruban.* ‖ Articulation ou jointure des doigts. ‖ Point de la tige où s'insère une feuille; région du tronc d'un arbre d'où part une branche, et où les fibres ligneuses prennent une orientation nouvelle : *les nœuds du sapin.* ‖ Point d'un réseau électrique où aboutissent au moins trois conducteurs parcourus par des courants. ‖ *Anat.* Amas tissulaire globuleux : *nœud de Tawara du cœur.* ‖ Attachement, lien : *les nœuds de l'amitié.* ‖ Difficulté, point capital : *le nœud de la question.* ‖ Moment d'une pièce de théâtre, d'un roman, où l'intrigue est arrivée à son point essentiel, mais où le dénouement reste incertain. ‖ Croisement

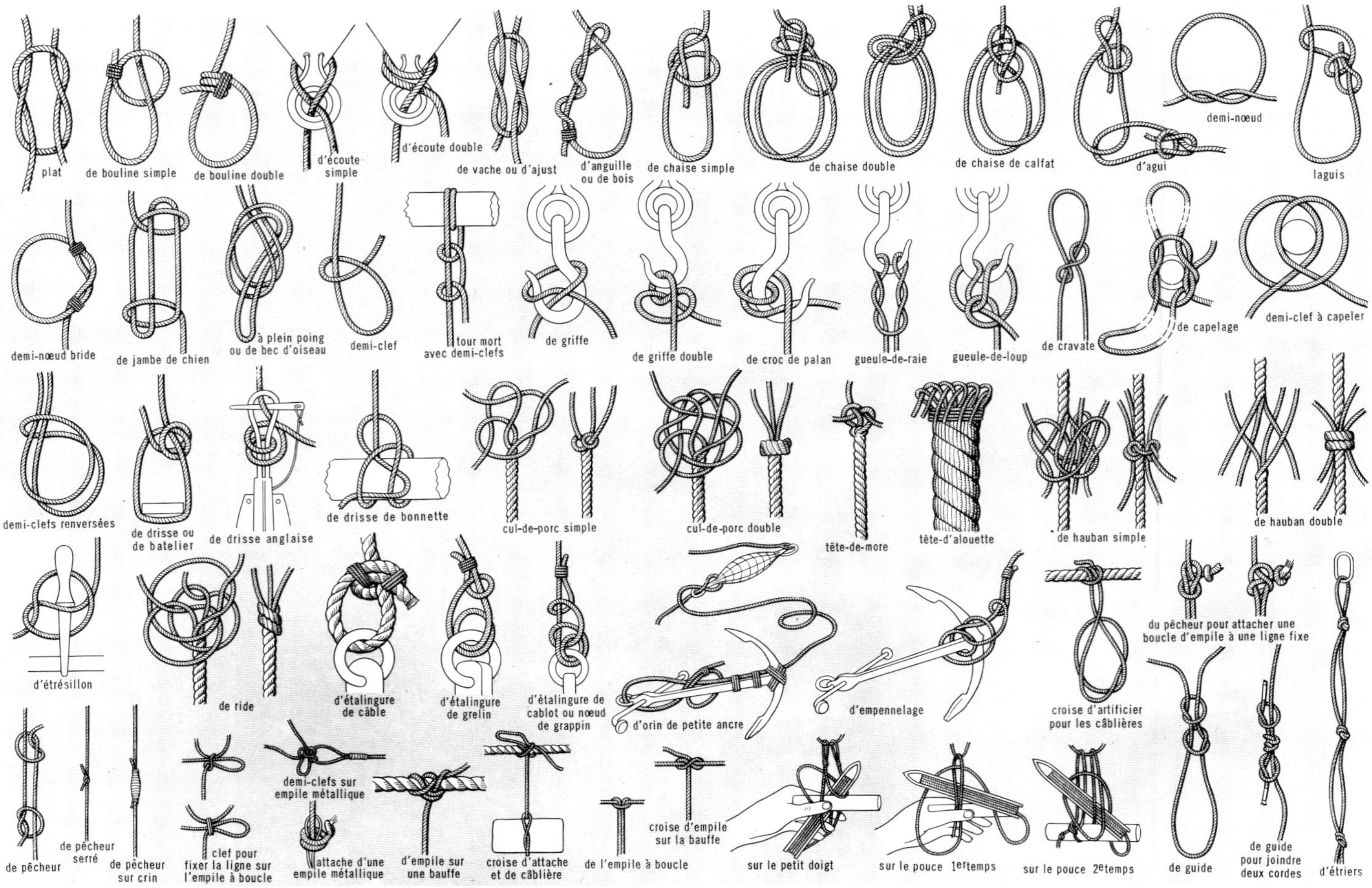

nœuds

de plusieurs voies de communication (voies ferrées, routes) : *nœud ferroviaire*. (On dit aussi NŒUD DE COMMUNICATION.) ‖ Unité de vitesse utilisée en navigation maritime ou aérienne, et équivalant à la vitesse uniforme qui correspond à 1 mille par heure, soit 1 852 m/h ou 0,514 4 m/s : *ce bateau file 15 nœuds* (et non 15 nœuds *à l'heure*). ‖ *Astron.* Chacun des points où l'orbite d'un corps céleste coupe l'écliptique : *les nœuds de la Lune*. (V. ÉCLIPSE.) ‖ *Phys.* Point fixe d'une corde vibrante, d'un système d'ondes stationnaires. ● *Ligne de nœuds*, intersection, limitée à la sphère céleste, du plan de l'orbite d'un astre avec le plan de l'écliptique. ‖ *Nœud coulant*, nœud qui se serre ou se desserre sans se dénouer. ‖ *Nœud gordien*, v. GORDION. ‖ *Nœud vital*, centre des mouvements respiratoires, situé dans le bulbe. ‖ *Un sac de nœuds* (Fam.), une affaire très embrouillée, pleine de pièges et d'embûches.

Nœud de vipères (*le*), roman de F. Mauriac (1932). Un être ravagé par la passion de vengeance qu'il exerce sur les siens est, en retour, un objet de haine pour sa famille.

Nœux-les-Mines (62290), ch.-l. de c. du Pas-de-Calais (arr. de Lens) ; 13 225 h. (*Nœuxois*). Houille. Textiles.

Nogaret (Guillaume DE), légiste français (m. en 1313). Juge à la cour de Philippe le Bel, il dirigea la politique du roi contre le pape Boniface VIII, qu'il s'efforça d'arrêter à Anagni.

Nogaro (32110), ch.-l. de c. du Gers (arr. de Condom) ; 2 393 h. (*Nogaroliens*). Eau-de-vie (armagnac).

Nogent-en-Bassigny (52800), ch.-l. de c. de la Haute-Marne (arr. de Chaumont) ; 5 241 h. (Nogentais). Coutellerie.

Nogent-le-Roi (28210), ch.-l. de c. d'Eure-et-Loir (arr. de Dreux) ; 1 795 h.

Nogent-le-Rotrou (28400), ch.-l. d'arr. d'Eure-et-Loir, sur l'Huisne ; 12 319 h. (*Nogentais*). Château avec donjon du XIe s. Electronique. — L'arr. a 4 cant., 54 comm., 35 341 h.

Nogent-sur-Marne (94130), ch.-l. d'arr. du Val-de-Marne, sur la Marne ; 26 703 h. (*Nogentais*). Eglise (XIIe-XVe s.). Maison nationale de retraite des artistes (beaux-arts). Musée Smith-Lesouëf. — L'arr. a 10 cant., 14 comm., 309 702 h.

Nogent-sur-Oise (60100 Creil), ch.-l. de c. de l'Oise (arr. de Senlis), sur l'Oise ; 11 506 h. (*Nogentais*). Eglise (XIIe-XVIe s.). Fonderie d'aluminium.

Nogent-sur-Seine (10400), ch.-l. d'arr. de l'Aube ; 4 447 h. (*Nogentais*). Eglise (XIVe-XVIe s.). Minoteries. — L'arr. a 5 cant., 86 comm., 48 264 h.

Nogi (Kiten Maresuke, *comte*), général japonais, né à Yamaguchi (1849-1912). Pendant la guerre russo-japonaise, il dirigea le siège de Port-Arthur (1904-1905) et décida de la victoire de Moukden (1905).

Noguères (64150 Mourenx), comm. des Pyrénées-Atlantiques (arr. de Pau) ; 168 h. Usine d'aluminium.

Noguès (Charles), général français, né à Monléon-Magnoac en 1876. Il passa la plus grande partie de sa carrière au Maroc. Appelé au cabinet de Lyautey (1912), il fut directeur des affaires indigènes (1927), puis résident général à Rabat de 1936 à 1943. Fidèle au gouvernement de Vichy, il s'opposa au débarquement allié du 8 novembre 1942, puis se rallia à Darlan et à Giraud. Démissionnaire en 1943, il se réfugia au Portugal. Il fut jugé et acquitté par la Haute Cour en 1956.

Noguès (Maurice), aviateur français, né à Rennes (1889-1934). Il réalisa la première liaison aérienne commerciale Bucarest-Constantinople-Ankara en 1922 et le premier service postal France-Indochine en janvier 1930. Directeur adjoint d'Air France à sa fondation (1933), il mourut au retour d'un voyage d'étude à Saigon à bord du prototype Dewoitine « Emeraude ».

Nohant-Vic (36400 La Châtre), comm. de l'Indre (arr. de La Châtre) ; 608 h. Eglise (XIIe-XIIIe s., importantes fresques romanes). Maison de George Sand.

noir [nwar], **e** adj. (lat. *niger*). Se dit de la couleur la plus obscure, produite par l'absence ou par l'absorption complète de tous les rayons lumineux ; se dit aussi des objets de cette couleur : *des cheveux noirs*. ‖ Qui est de couleur foncée : *pain noir*. ‖ Obscur : *nuit noire*. ‖ Meurtri : *noir de coups*. ‖ Sale, crasseux : *mains noires*. ‖ Triste, mélancolique : *idées noires*. ‖ Méchant, pervers : *âme noire*. ● *Bête noire*, personne pour laquelle on a le plus d'aversion. ‖ *Caisse noire*, fonds qui n'apparaissent pas en comptabilité et que l'administration, l'entreprise ou le particulier peuvent utiliser sans contrôle. ‖ *Corps noir* (Phys.), corps qui absorbe intégralement tout rayonnement reçu sur sa surface. ‖ *Etre noir* (Pop.), être ivre. ‖ *Film noir*, dont les événements dramatiques sont vus sous un jour pessimiste. ‖ *Marché noir*, système de marché parallèle désignant plus spécialement le trafic des marchandises et notamment des denrées. ‖ *Messe noire*, simulacre de messe célébré en l'honneur d'une puissance infernale. ‖ *Roman noir*, récit dont l'action est jalonnée d'aventures terrifiantes. ‖ *Travail noir*, activité professionnelle qui échappe à la fiscalité. ‖ — N. Personne qui appartient à la race noire. (Dans ce sens, prend une majuscule.)

noir n. m. Couleur noire : *un noir de jais*. ‖ Etoffe noire ; vêtement ou couleur de deuil : *porter du noir*. ‖ *Mil.* Centre d'une cible de tir : *mettre dans le noir*. ● *Broyer du noir*, se livrer à des réflexions tristes. ‖ *Noir d'aniline*, colorant noir violacé, obtenu par oxydation de l'aniline. ‖ *Noir animal*, charbon obtenu en calcinant des os en vase clos. ‖ *Noir de carbone*, *noir de fumée*, pigment industriel noir, constitué par de fines particules de carbone. ‖ *Poche du noir*, glande des céphalopodes. (V. ENCRE.) ‖ *Voir tout en noir*, être très pessimiste. ‖ — Adv. En couleur noire : *peindre noir*.

Noir (*le Prince*). V. EDOUARD.

Noir (Yvan SALMON, dit **Victor**), journaliste français, né à Attigny (Vosges) [1848-1870]. Il fut tué d'un coup de pistolet par Pierre Bonaparte. Ses funérailles donnèrent lieu à une manifestation populaire.

Noir (*causse*), l'un des Grands Causses du sud de la France.

noirâtre adj. Qui tire sur le noir.

noiraud [-ro], **e** [-rod] adj. et n. Qui a les cheveux noirs et le teint brun : *femme noiraude*.

noirceur n. f. Etat de ce qui est noir : *la noirceur de l'ébène*. ‖ Tache noire : *avoir des noirceurs au visage*. ‖ *Fig.* Méchanceté, perfidie : *la noirceur d'un crime*.

noircir v. t. (lat. *nigrescere*). Rendre noir. ‖ *Fig.* Diffamer : *noircir la réputation*. ‖ — V. i. et **se noircir** v. pr. Devenir noir : *le bois noircit au feu ; le temps se noircit*.

noircissement n. m. Action de noircir.

noircissure n. f. Tache noire.

noire n. f. *Mus.* Note égale au quart de la ronde, représentée par le chiffre 4.

Noire (*mer*), anc. **Pont-Euxin**, mer intérieure entre l'Europe et l'Asie, communiquant avec la Méditerranée par les détroits du Bosphore et des Dardanelles ; 415 000 km² (sans la mer d'Azov, sa dépendance). Elle baigne les côtes de l'U. R. S. S., de la Roumanie, de la Bulgarie et de la Turquie. Sa profondeur, supérieure à 2 000 m dans sa partie méridionale, bordée par des reliefs montagneux, est inférieure à 100 m dans le Nord, au large du littoral ukrainien notamment. La mer Noire est jalonnée de quelques ports (dont les plus importants sont Odessa, Varna et Constanța) et de quelques stations balnéaires (Yalta, Sotchi, Odessa, Mamaia).

Noirétable (42440), ch.-l. de c. de la Loire (arr. de Montbrison) ; 1 932 h.

Noirlac, écart de la commune de Bruère-Allichamps (Cher). Importante abbaye cistercienne fondée en 1136, aujourd'hui désaffectée.

Noirmoutier, île des côtes françaises de l'Atlantique, qui ferme au sud la baie de Bourgneuf et est séparée du continent par le goulet de Fromentine ; 49 km²; 7 966 h. Elle constitue un canton du dép. de la Vendée (arr. des Sables-d'Olonne). V. pr. *Noirmoutier-en-l'Ile* (85330) [ch.-l. de c.]; 4 085 h. (2 273 aggl.). L'île vit de la pêche, des cultures maraîchères. En outre, le tourisme estival y est important. Elle est réunie au continent par un pont depuis 1971.

noise [nwaz] n. f. (lat. *nausea,* mal de mer). Dispute, querelle peu importante : *chercher noise à quelqu'un.*

noiseraie n. f. Endroit planté de noyers ou de noisetiers.

noisetier [nwaztje] n. m. Arbrisseau des bois et des haies, dont le fruit est la noisette. (Haut. max. 7 m ; famille des corylacées.)

noisette [nwazɛt] n. f. (dimin. de *noix*). Fruit comestible du noisetier, contenant une graine riche en huile. ‖ Désignation commerciale d'un combustible minéral solide dont les éléments ont leur plus grande dimension comprise entre 15 et 30 mm. ‖ — Adj. inv. D'un gris roux : *couleur noisette ; des yeux noisette.*

Noisiel (77420 Champs sur Marne), comm. de Seine-et-Marne (arr. de Meaux) ; 1 274 h. Chocolaterie.

Noisy-le-Grand (93160), ch.-l. de c. de la Seine-Saint-Denis (arr. du Raincy) ; 25 486 h. (*Noiséens*).

Noisy-le-Sec (93130), ch.-l. de c. de la Seine-Saint-Denis (arr. de Bobigny) ; 34 079 h. Métallurgie.

noix [nwa] n. f. (lat. *nux, nucis*). Fruit du noyer. (Fraîches, les noix ont une chair délicate. Sèches, elles fournissent une huile comestible.) [V. NOYER.] (V. illustr. FRUITS.) ‖ Se dit aussi d'autres fruits : *noix de coco* (du cocotier), *noix de muscade* (du muscadier), *noix vomique* (du vomiquier), etc. ‖ Roue cannelée d'un moulin broyeur pour les graines, les tourteaux, etc. ‖ Rainure à section demi-circulaire. ‖ Type d'isolateur ainsi appelé en raison de sa forme oblongue. ● *A la noix* (Pop.), sans valeur, sans importance. ‖ *Noix de cajou,* syn. de ANACARDE. ‖ *Noix de veau,* partie charnue placée sur le dessus de la cuisse de l'animal.

Nolasque (*saint* Pierre). V. PIERRE NOLASQUE (*saint*).

Nolay (21340), ch.-l. de c. de la Côte-d'Or (arr. de Beaune) ; 1 529 h. (*Nolaytois*). Patrie de Lazare Carnot.

Nolde (Emil HANSEN, dit), peintre allemand, né à Nolde (Schleswig) [1867-1956]. Il fit partie du mouvement *Die Brücke* et fut un des représentants de l'expressionnisme allemand. Les nazis le mirent à l'index.

Nolhac (Pierre GIRAULD DE), historien, poète et érudit français, né à Ambert (1859-1936), auteur d'études sur l'humanisme et le XVIIIe s. Conservateur du château de Versailles, il en a écrit l'histoire. (Acad. fr.)

noli-me-tangere [nɔlimetɑ̃ʒere] n. m. inv. (mots lat. signif. *ne me touchez pas*). Nom donné à la balsamine, dont les fruits mûrs éclatent et lancent leurs graines dès qu'on les touche. ‖ Nom donné à certaines lésions de la peau, qu'il ne faut ni gratter ni irriter. (On les détruit par électro-coagulation.)

Nollet (*abbé* Jean Antoine), physicien français, né à Pimprez (Ile-de-France) [1700-1770]. Il inaugura au collège de Navarre un enseignement de physique expérimentale, découvrit la diffusion des liquides et inventa l'électroscope (1747).

nom [nɔ̃] n. m. (lat. *nomen*). Mot servant à désigner une personne, un animal ou une chose. ‖ Prénom : *choisir un nom pour un enfant.* ‖ — *Fig.* Titre, qualification : *les doux noms de père, d'ami, de patrie.* ‖ Personnage : *les plus grands noms de la littérature.* ● *De nom,* par le nom seulement : *roi de nom, et non de fait.* ‖ *Nom commercial,* appellation qu'utilise une personne pour exercer le commerce, et qui constitue un élément transmissible au même titre qu'une enseigne ou une marque. ‖ *Nommer, appeler les choses par leur nom,* s'exprimer sans ménagement. ‖ *Petit nom* (Fam.), principal prénom d'une personne. ‖ *Se faire un grand nom,* s'attirer une grande gloire. ‖ **— Au nom de** loc. prép. De la part de : *agir au nom de quelqu'un.* ‖ En considération de : *au nom de ce que vous avez de plus cher.*

v. tableau p. suivante

nomade [nɔmad] adj. et n. (gr. *nomas, nomados,* qui fait paître). Qui erre, qui n'a pas de domicile fixe et dont l'activité est inconnue. ‖ Qui mène un genre de vie sans sédentarisation.

nomadiser v. i. Vivre, se comporter en nomade.

nomadisme n. m. Genre de vie nomade. ● *Nomadisme pastoral,* genre de vie nomade dans lequel l'élevage est l'occupation exclusive ou principale.

no man's land [nomansland] n. m. (loc. angl. signif. *terre d'aucun homme*). Territoire inoccupé entre les premières lignes de deux belligérants.

nombrable adj. Que l'on peut compter.

nombre [nɔ̃br] n. m. (lat. *numerus*). Unité, réunion de plusieurs unités ou fraction d'unité. ‖ Collection de personnes ou de choses. ‖ Majorité : *le pouvoir du nombre l'emporte dans les démocraties.* ‖ *Gramm.* Propriété qu'ont les mots de représenter, par certaines formes, l'idée d'unité ou de pluralité : *il y a en français deux nombres, le singulier et le pluriel.* ‖ *Littér.* Harmonie qui résulte de l'arrangement des mots, en prose ou en poésie : *cette période a du nombre.* ● *En nombre,* en grand nombre. ‖ *Faire nombre,* figurer sans utilité réelle ; avoir sa valeur comme les autres. ‖ *Le grand nombre, le plus grand nombre,* la majorité des hommes. ‖ *Loi des grands nombres,* loi concernant la fréquence de réalisation d'un événement ayant une probabilité d'arrivée déterminée et selon laquelle la possibilité d'un écart de quelque importance entre la fréquence et la probabilité diminue avec le nombre des épreuves. ‖ *Nombre abstrait,* nombre considéré en lui-même, abstraction faite de l'espèce d'unité qu'il représente. ‖ *Nombre algébrique,* nombre affecté d'un signe (+ ou —). ‖ *Nombre arithmétique,* nombre servant à la mesure d'une grandeur indépendamment de son orientation. ‖ *Nombre concret,* nombre qui convient à une collection d'objets que l'on veut compter. ‖ *Nombre de, bon nombre de,* beaucoup, plusieurs. ‖ *Nombre décimal,* nombre composé à l'aide des sous-multiples décimaux de l'unité, la partie décimale étant séparée de la partie entière par une virgule. ‖ *Nombre incommensurable* ou *irrationnel,* nombre qui n'a pas de commune mesure avec l'unité. ‖ *Nombre négatif,* nombre affecté du signe —. ‖ *Nombre normal,* nombre pris dans la série de Renard, constituée par une progression géométrique approchée de 5, 10, 20 ou 40 nombres échelonnés de 100 à 1 000. ‖ *Nombre d'or,* nombre égal à $\frac{1+\sqrt{5}}{2}$, soit environ 1,618 033..., et correspondant à une proportion considérée comme particulièrement esthétique. (V. *encycl.*) — *Astron.* Cycle lunaire de dix-neuf ans. ‖ *Nombre ordinal,* nombre entier indiquant la place occupée par les objets d'un ensemble, quand ils sont rangés dans un certain ordre. ‖ *Nombre parfait,* nombre entier égal à la somme de tous ses diviseurs. ‖ *Nombre positif,* nombre affecté du signe +. ‖ *Nombre premier,* nombre entier qui n'est divisible que par lui-même et par l'unité, comme *3, 5, 7, 11, 13,* etc. ‖ *Nombres premiers entre eux,* nombres qui n'ont pas d'autres diviseurs communs que l'unité : *18 et 35 sont des nombres premiers entre eux.* ‖ *Nombre rationnel* ou *commensurable,* nombre qui a une mesure commune avec l'unité. ‖ *Nombre relatif,* nombre arithmétique accompagné du signe + ou du signe —. ‖ *Nombre rond,* nombre auquel on réduit un compte pour le simplifier : *100 est un nombre rond relativement à 97.* ‖ *Sans nombre,* en grande quantité : *réclamations sans nombre.* ‖ **— Au nombre de** loc. prép. Au rang de.

— ENCYCL. Le *nombre d'or,* qui, pour les géomètres et les philosophes de l'Antiquité, fut tout à la fois symbole cosmologique, formule magique et clef de diverses constructions géométriques, utilisées notamment en architecture, représente le côté d'un décagone régulier étoilé inscrit dans le cercle de rayon unité. Il a inspiré nombre de chefs-d'œuvre de la sculpture et de la peinture. De nos jours, certaines esthétiques ont étendu ces recherches à la musique et à la poésie. L'architecte Le Corbusier a construit son Modulor* en utilisant les propriétés du nombre d'or.

noisetier
v. également fruits

Nombres (*Livre des*), le quatrième du Pentateuque, qui raconte l'histoire des Hébreux à partir du départ du mont Sinaï jusqu'au partage de la Terre promise.

nombrer v. t. Evaluer en quantité : *nombrer les spectateurs d'un théâtre.*

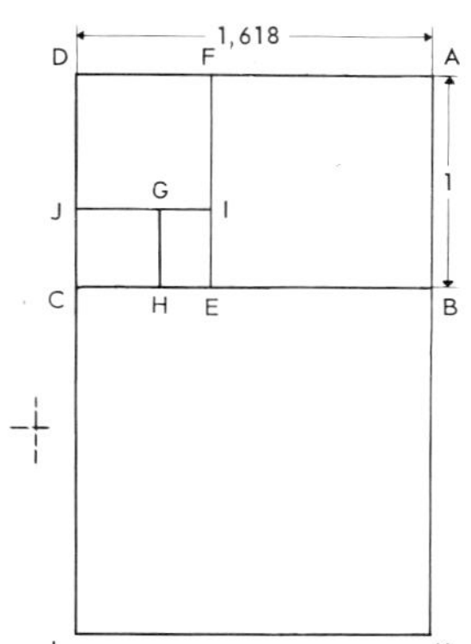

nombre d'or

nombreux, euse adj. En grand nombre ; qui a un grand nombre d'éléments : *une nombreuse armée.*

nombril [nɔ̃bri] n. m. (lat. *umbilicus*). Petite cicatrice du cordon ombilical, au milieu du ventre. (Syn. OMBILIC.)

nome [nɔm] n. m. (gr. *nomos*). Division administrative de l'ancienne Egypte et de la Grèce actuelle.

nomenclature [nɔmɑ̃klatyr] n. f. (lat. *nomenclatura,* action d'appeler par son nom). Ensemble des termes techniques d'une science ou d'un art : *nomenclature chimique, grammaticale.* ● *Nomenclature générale des actes professionnels des médecins, chirurgiens-dentistes, sages-femmes et auxiliaires médicaux,* liste, établie par l'Administration, des actes professionnels effectués par les praticiens, comportant une indication de leur valeur respective et destinée à en permettre le remboursement par la Sécurité sociale, tout en respectant le secret professionnel.

Nomeny (54610), ch.-l. de c. de Meurthe-et-Moselle (arr. de Nancy) ; 944 h.

Nomexy (88440), comm. des Vosges (arr. d'Epinal) ; 2 772 h. Textiles (coton).

nominal [nɔminal], **e, aux** [-o] adj. (du lat. *nomen, nominis,* nom). Qui se fait en désignant les noms : *appel nominal.* ‖ Qui n'a que le nom, sans posséder les avantages réels : *un chef nominal.* ● *Valeur nominale,* valeur inscrite sur une monnaie, un effet de commerce ou une valeur mobilière, qui correspond à la valeur théorique d'émission et de remboursement.

nominalement adv. De façon nominale.

nominalisation n. f. *Linguist.* Transformation en un nom. ‖ Résultat de cette transformation (ex. : *Pierre est en retard* devient *le retard de Pierre*).

nominalisme n. m. Doctrine philosophique selon laquelle le concept n'est qu'un *nom* accompagné d'une image individuelle. (Au Moyen Age, lors de la querelle des universaux, le nominalisme fut défendu par Roscelin de Compiègne.)

nominaliste adj. et n. Qui concerne ou qui professe le nominalisme.

nominatif, ive adj. (du lat. *nominare,* appeler). Qui contient des noms : *état nominatif des employés.* ‖ Se dit d'un titre qui porte le nom du propriétaire (par oppos. à *titre au porteur*).

nominatif n. m. Dans les langues à déclinaison, cas qui désigne le sujet d'une proposition.

nomination n. f. (lat. *nominatio*). Désignation d'une personne à un emploi, une fonction ou une dignité non électives.

nominativement adv. En désignant le nom : *être interpellé nominativement.*

Nominoë, roi de Bretagne (m. en 851). Comte de Vannes, puis duc, il acquit son indépendance en 846.

nommé, e adj. Appelé : *Louis XII, nommé le Père du peuple.* ‖ — N. *Le nommé, la nommée,* la personne qui porte le nom de : *le nommé Jean.* ‖ **— A point nommé** loc. adv. A propos.

nommément adv. Avec désignation par le nom : *plusieurs se sont distingués, et nommément un tel.*

nommer [nɔme] v. t. (lat. *nominare*). Donner un nom : *nommer un enfant au baptême.* ‖ Prononcer le nom : *il a nommé ses complices.* ‖ Désigner une personne, une chose par son nom. ‖ Instituer en qualité de : *nommer quelqu'un son héritier.* ‖ Qualifier : *il l'a nommé son bienfaiteur.* ‖ Choisir pour remplir certaines fonctions : *on l'a nommé maire de sa commune.*

nomogramme [nɔmɔgram] n. m. *Math.* Graphique coté dont la lecture permet de remplacer les calculs.

nomographie n. f. Mode de calcul à l'aide d'abaques, de graphiques ou de lignes dont les points d'intersection avec d'autres lignes déterminent des solutions. (Ce processus permet de trouver les solutions au moyen d'intersection de lignes : le calcul des vitesses de coupe et d'avance dans l'usinage des métaux est effectué à l'aide d'abaques.)

nomothète [nɔmɔtɛt] n. m. (gr. *nomos,* loi, et *tithêmi,* je place). A Athènes, membre d'une des commissions chargées de réviser la Constitution, les lois, etc.

non [nɔ̃] adv. (lat. *non*). Exprime l'idée de négation et s'oppose à *oui : il dit oui, moi non.* ‖ Se joint quelquefois à un adjectif, à un nom : *pays non belligérant ; non-réussite.* ‖ — N. m. Refus : *répondre par un non.* ‖ — Loc. adv. **Non plus,** pareillement (mais dans un sens négatif) : *ni moi non plus.* ‖ **Non seulement,** pas seulement cela (loc. ordinairement suivie de la conjonction *mais*). ‖ **— Non pas que** loc. conj. Ce n'est pas que.

non-activité [nɔnaktivite] n. f. Etat d'un officier, d'un fonctionnaire qui n'exerce pas son emploi.

nonagénaire [nɔnaʒenɛr] adj. et n. (du lat. *nonageni,* quatre-vingt-dix). Agé de quatre-vingt-dix ans.

non-agression n. f. Intention ou fait de ne pas attaquer : *pacte de non-agression.*

non-aligné, e adj. et n. Se dit des Etats pratiquant une politique de non-alignement.

non-alignement n. m. Attitude des pays qui se refusent à suivre systématiquement la politique d'un des deux blocs d'Etats antagonistes.

Nonancourt (27320), ch.-l. de c. de l'Eure (arr. d'Evreux) ; 1 688 h. Eglise (XVIe s.). Caoutchouc.

nonante [nɔnɑ̃t] adj. num. Quatre-vingt-dix (vx). [Le mot subsiste en Belgique et en Suisse.]

nonantième adj. num. ord. Quatre-vingt-dixième (vx). [V. NONANTE.]

non-assistance n. f. Abstention volontaire de porter assistance à quelqu'un.

non-belligérance n. f. Etat d'un pays qui, sans déclarer sa neutralité dans un conflit, décide de ne pas y prendre part provisoirement.

non-belligérant, e n. Etat, personne qui ne participe pas à un conflit. ‖ — Adj. : *nation non belligérante.*

nonce [nɔ̃s] n. m. (ital. *nunzio*, envoyé). Député ou ambassadeur. (La *Chambre des nonces*, en Pologne, était formée de députés élus.) ● *Nonce apostolique*, ou *nonce*, ambassadeur du pape auprès d'un pays.

nonchalamment adv. Avec nonchalance : *agir nonchalamment.*

nonchalance [nɔ̃ʃalɑ̃s] n. f. (de *non*, et anc. fr. *chaloir*, être d'intérêt pour). Disposition de celui qui ne se soucie de rien; mollesse : *travailler avec nonchalance.*

nonchalant, e adj. et n. Qui a de la nonchalance; qui manque d'ardeur.

nonciature n. f. Fonctions de nonce. ‖ Exercice de cette charge. ‖ Résidence du nonce.

non-combattant n. m. Celui qui ne prend pas une part effective au combat, en parlant du personnel militaire : *les médecins et les infirmiers militaires sont des non-combattants.* ‖ — Adj. : *personne non combattante.*

non-comparant, e n. Personne qui fait défaut en justice.

non-conciliation n. f. Défaut de conciliation : *dresser un procès-verbal de non-conciliation.*

non-conformisme n. m. Tendance à ne pas se conformer aux usages établis.

LES NOMS

On distingue deux sortes de noms : le nom *commun* et le nom *propre*.
Le nom *commun* s'applique à un être en tant qu'il appartient à une espèce, à une catégorie : un *homme*, une *maison*, un *fleuve*.
Le nom *propre* s'applique à un ou plusieurs êtres pour les distinguer des autres êtres de même espèce : la *France*, la *Seine*, *Racine*, les *Anglais*.
Le nom propre s'écrit toujours avec une majuscule initiale. Les noms propres se divisent en noms de personnes et en noms de lieux.

Remarque sur les noms.

● Quant à leur nature, on distingue les noms *concrets*, les noms *abstraits*, les noms *collectifs*.

Nom concret. — Le nom concret représente un être ou un objet réel, qui tombe sous les sens, que l'on peut voir, toucher : *maison, plante, animal.*

Nom abstrait. — Le nom abstrait représente une création de l'esprit, une idée : *justice, courage, charité.*

Nom collectif. — Le nom collectif évoque une pluralité, une réunion d'êtres ou de choses considérés comme formant un tout, une unité : *nation, foule, armée, troupeau.*

● Quant à la forme, on distingue les noms *simples* et les noms *composés*. On appelle **nom composé** un nom formé de plusieurs mots ne désignant qu'un seul être, une seule chose, et réunis ou non par un trait d'union : *passeport, arc-en-ciel.*

Le genre.

Le nom est soumis à deux catégories qui entraînent des modifications dans sa forme : le *genre* et le *nombre*.
Il y a, en français, deux genres : le genre *masculin* et le genre *féminin*. On peut dire, en général :
1° Que les noms d'hommes et d'êtres mâles sont du genre masculin : *Jean, père, lion ;*
2° Que les noms de femmes et d'êtres femelles sont du genre féminin : *Jeanne, mère, chatte.*
C'est l'article qui indique le genre du nom.
On reconnaît qu'un nom est du féminin quand il est précédé de *la* ou de *une : la bergerie, une brebis.*

Formation du féminin dans les noms. — *a*) La marque la plus fréquente du féminin *dans l'écriture* est un *e* que l'on ajoute au nom masculin, soit directement : *ami, amie*, soit après avoir redoublé la consonne finale du mot masculin : *paysan, paysanne ; chien, chienne.*
b) Certains noms ont un féminin tout différent du masculin : *père, mère ; cheval, jument.*
c) D'autres féminins se forment en ajoutant un suffixe spécial. Les plus usités parmi ces suffixes sont :
-esse, qui s'adjoint le plus souvent à des noms masculins terminés par un *e* muet : *prince, princesse ; âne, ânesse ; pauvre, pauvresse ;*
-trice, qui remplace au féminin le suffixe *-teur* du masculin : *acteur, actrice ; instituteur, institutrice ;*
-teuse, qui remplace au féminin le suffixe *-teur* du masculin : *acheteur, acheteuse ; menteur, menteuse ;*
-elle, qui remplace au féminin le suffixe *-eau* du masculin : *chameau, chamelle ;*
-euse, qui remplace au féminin le suffixe *-eur* du masculin : *danseur, danseuse ; joueur, joueuse ;*
-ère, qui remplace au féminin le suffixe *-er* du masculin : *boucher, bouchère ; écolier, écolière ;*
-eresse, qui, dans certains mots techniques et anciens, remplace au féminin le suffixe *-eur* du masculin : *bailleur, bailleresse ; défendeur, défenderesse.*
d) Enfin, dans le passage du masculin au féminin, certains noms changent seulement leur terminaison, le radical ne change pas : *loup, louve.*
REMARQUE. — *Drôle, ivrogne, mulâtre, pauvre, Suisse* joints à un nom ou employés comme attributs après le verbe *être* ne changent pas au féminin : *une femme drôle ; elle est pauvre ;* etc. Accompagnés d'un déterminatif, ces mots font *drôlesse, ivrognesse, mulâtresse, pauvresse, Suissesse.* Certains noms de métier (*professeur, peintre, auteur, écrivain, ingénieur, médecin, précepteur*, etc.) n'ont pas de féminin ; aussi, bien qu'*avocate* soit aujourd'hui communément employé, dit-on encore *une femme peintre, une femme professeur* (mais, de préférence, *un professeur femme*).

Noms qui ont deux genres. — Il y a, en français, des noms qui prennent les deux genres, tels : *amour, couple, délice, foudre, hymne, œuvre, orge, orgue, Pâque, période.*

Genre des noms de ville. — N'ont de genre précisément marqué que les noms de villes, de villages précédés de l'article, et ils sont la minorité : LA *Flèche*, LE *Mans*, LA *Ferté-sous-Jouarre.* Pour les autres, on ne peut indiquer que les règles d'usage. 1° La prudence commande, en général, de faire précéder le nom propre incertain du mot *ville : la* VILLE *de* ROUEN *est très* CURIEUSE *à visiter ;* 2° Un nom de ville précédé immédiatement du mot *tout* se met toujours au masculin, ainsi que les mots qui s'y rapportent : TOUT LISBONNE *fut* DÉTRUIT *par un tremblement de terre ;* 3° Quelques noms de villes qui dérivent d'un féminin latin et certains dont les historiens ont consacré le genre sont traditionnellement du féminin : *Rome, Athènes, Jérusalem, Lacédémone, Babylone, Syracuse, Florence, Venise, Lutèce, Capoue, Pompéi, Thèbes, Grenade*, etc. Les autres sont ordinairement du masculin : *New York est* GRAND.

Le nombre.

Il y a deux nombres : le *singulier* et le *pluriel*.

Règle générale. — On forme le pluriel dans les noms en ajoutant la lettre *s* au singulier : *l'enfant, les enfants ; une ville, des villes.*

Exceptions. — Les noms terminés au singulier par *s, x* ou *z* ne changent pas au pluriel : *le rubis, les rubis ; la noix, les noix ; le nez, les nez.*
Les noms terminés au singulier par *eau, au, eu* prennent un *x* au pluriel : *l'oiseau, les oiseaux ; un fléau, des fléaux ; un enjeu, des enjeux.* Il faut excepter *bleu, pneu, landau*, qui prennent un *s : des bleus, des pneus, des landaus.*
Sept noms terminés par *ou : bijou, caillou, chou, genou, hibou, joujou, pou*, prennent un *x* au pluriel : *des bijoux, des cailloux, des choux, des genoux, des hiboux, des joujoux, des poux.* Tous les autres noms en *ou* prennent un *s : des trous, des verrous*, etc.

Pluriel des noms en *al*, *ail*. — Les noms terminés en *al* changent au pluriel *al* en *aux : le* CHEVAL, *les* CHEVAUX ; *un* CAPORAL, *des* CAPORAUX. Il faut excepter *aval, bal, cal, carnaval, chacal, festival, narval, nopal, pal, régal, serval* et quelques autres peu employés au pluriel : *archal, bancal, santal*, qui prennent *s* au pluriel : *des bals, des cals, des carnavals*, etc.
Sept noms en *ail : bail, corail, émail, soupirail, travail, vantail, vitrail*, changent au pluriel *ail* en *aux : des* BAUX, *des* CORAUX, *des* ÉMAUX, *des* SOUPIRAUX, *des* TRAVAUX, *des* VANTAUX, *des* VITRAUX. Les autres noms en *ail* prennent un *s : des portails, des détails... Ail* fait au pluriel *aulx : j'ai planté des* AULX. En termes de botanique, *ail* fait *ails : la famille des* AILS. *Bétail* et *bercail* n'ont pas de pluriel. *Bestiaux*, nom pluriel dont le singulier (*bestial*, bête) n'est plus usité que comme adjectif, sert de pluriel à *bétail.*

Aïeul, ciel, œil. — Les noms *aïeul, ciel, œil* ont deux pluriels différents : *aïeux, cieux, yeux*, ou *aïeuls, ciels, œils.* (V. ces mots à leur ordre alphabétique.) On dit ainsi *bisaïeuls, trisaïeuls* et *aïeuls* dans le sens de « grands-parents », *ciels* dans *ciels de lit* et *œils* dans *œils-de-bœuf*, etc.

Mots employés comme noms. — Les adjectifs cardinaux, les locutions, les mots invariables de leur nature, employés accidentellement comme noms, ne prennent pas la marque du pluriel : *les quatre, les on-dit, les pourquoi, les oui...*

Noms d'origine étrangère. — Les noms tirés des langues étrangères prennent en général la marque du pluriel : *des opéras, des albums, des référendums, des sanatoriums, des ultimatums, des accessits, des pianos, des agendas, des bravos, des nazis.* Mais on écrit sans *s :* 1° les noms formés de plusieurs mots étrangers : *des in-octavo, des ecce homo, des post-scriptum*, etc. ; 2° les noms latins des prières : *des Pater, des Credo, des Ave*, etc.

Pluriel des noms composés. — Les mots qui peuvent entrer dans la formation d'un nom composé sont : le *nom*, l'*adjectif*, le *verbe*, la *préposition* et l'*adverbe*.
● *Noms composés écrits en un seul mot.* Les noms composés écrits en un seul mot forment leur pluriel comme des noms simples : *un entresol, des entresols ; un gendarme, des gendarmes.*
REMARQUE. — Toutefois, on dit *gentilshommes, bonshommes, messieurs, mesdames, mesdemoiselles, messeigneurs*, pluriels de *gentilhomme, bonhomme, monsieur, madame, mademoiselle, monseigneur.*
● *Noms composés écrits en plusieurs mots.* Dans un nom composé formé d'un nom et d'un adjectif, ceux-ci peuvent seuls prendre la marque du pluriel : *un chou-fleur, des choux-fleurs ; un coffre-fort, des coffres-forts.*
Si le nom composé est formé de deux noms liés par une préposition, le premier seul prend la marque du pluriel : *des chefs-d'œuvre, des arcs-en-ciel.*
Cependant, on écrit : *des coq-à-l'âne*, des discours sans suite où l'on passe *du coq à l'âne.* Les noms composés *hôtel-Dieu* et *fête-Dieu* font au pluriel : *des hôtels-Dieu, des fêtes-Dieu.*
Le verbe, la préposition et l'adverbe restent en général invariables : *un passe-partout, des passe-partout ; un avant-coureur, des avant-coureurs.*
S'ils sont composés d'un verbe et de son complément, le verbe reste invariable, le nom conserve en général la même forme qu'au singulier (ainsi dans tous les composés de ABAT, PRESSE-) : *un abat-jour, des abat-jour ; un presse-purée, des presse-purée.*
Toutefois, dans un certain nombre de noms composés de cette sorte, le nom prend la marque du pluriel : *un chauffe-bain, des chauffe-bains ; un tire-bouchon, des tire-bouchons.*
Dans les noms composés avec le mot GARDE, celui-ci peut être un *nom* ou un *verbe*. S'il est un NOM, il prend la marque du pluriel et le nom qui suit reste invariable ; s'il est un VERBE, il reste invariable et le nom qui suit peut prendre ou non la marque du pluriel, selon le sens : *un garde-voie, des gardes-voie* (*garde* est un nom qui désigne la personne chargée de la garde de la voie) ; *un garde-boue, des garde-boue.* (Ici *garde* est un verbe et le mot désigne un objet qui garde, protège de la boue.)
Dans les noms composés avec l'adjectif GRAND, celui-ci reste ou non invariable s'il accompagne un nom féminin : *une grand-mère, des grand-mères* ou *des grands-mères ; un grand-père, des grands-pères.* (Exception : *une grande-duchesse, des grandes-duchesses.*)

Pluriel des noms propres. — Les noms propres ne prennent pas la marque du pluriel quand ils désignent : 1° des personnes qui ont porté le même nom : *les deux Corneille, les Goncourt*, ou par emphase, un seul individu : *les Bossuet, les Racine, les La Fontaine ont illustré le règne de Louis XIV ;* 2° des ouvrages produits par les personnages nommés : *des Titien, des Balzac.*
Les noms propres varient quand ils désignent : 1° des personnes semblables à celles dont on cite le nom, des espèces, des types : *les Corneilles, les Racines sont rares ;* 2° certaines familles royales ou princières : *les Bourbons, les Guises, les Condés, les Stuarts, les Tudors* (cependant restent invariables les noms qui désignent des familles entières : *les Bernadotte, les Sforza, les Thibault*, ou ceux de dynasties étrangères qui ne sont pas francisés : *les Habsbourg, les Hohenzollern, les Romanov*) ; 3° les noms propres de pays, de peuples : *les Amériques, les Guyanes, les Belges, les Italiens.*

La syntaxe du nom.

Le nom est susceptible d'être déterminé, c'est-à-dire d'être complété par un mot qui précise sa signification.

Complément de nom. — On appelle ainsi tout mot qui précise la signification d'un nom et qui y est joint par un article contracté ou par une préposition (*à, de, en, par, pour, sans*, etc.) suivie de l'article : *l'odeur de la* ROSE.

Complément appositif ou apposition. — Un nom peut avoir pour complément un autre nom qui, placé à côté de lui, indique une qualification précise. Sauf dans certains cas assez rares (*la ville* DE *Paris*), aucune préposition ne relie les deux noms : *Paris, capitale de la France.*

Apostrophe. — Un nom est mis en apostrophe quand il sert à nommer la personne ou la chose qu'on interpelle : PIERRE, *savez-vous votre leçon?*

Noms précédés d'une préposition. — Il est souvent difficile de savoir à quel nombre on doit employer un nom précédé d'une des prépositions *à, de, en, par, pour sans*, etc.
Si le nom ne représente qu'un objet ou une matière ordinairement au singulier, il y a unité dans l'idée, et il faut employer le singulier : *un sac de* BLÉ ; *des hommes de* TALENT ; *des fruits à* NOYAU ; si le nom éveille l'idée de plusieurs objets, on emploie le pluriel : *un sac de* BONBONS ; *un bonnet à* RUBANS ; *un fruit à* PÉPINS ; *maison réduite en* CENDRES.
OBSERVATION. — Cette règle du nombre dans les noms placés après une préposition est très vague. Le moyen le plus sûr pour déterminer le nombre, quand il n'est pas indiqué par un déterminatif, c'est de consulter le sens, c'est-à-dire de voir s'il y a *unité* ou *pluralité* dans l'idée. Dans le premier cas, on met le *singulier ;* dans le second, on met le *pluriel*. Ainsi, en consultant le sens, on mettra au singulier : *des coups* D'ÉPINGLE (des coups donnés avec une *épingle*) ; *marchande de* POISSON (marchande qui vend *du poisson*) ; et on mettra au pluriel : *paquet* D'ÉPINGLES (paquet qui contient *des épingles*) ; *marchande de* HARENGS (marchande qui vend *des harengs*).

Emplois du nombre. — Certains noms en raison même de la nature de ce qu'ils désignent ne s'emploient, en général, qu'au singulier : noms abstraits ou adjectifs substantivés : *la bonté, la beauté, le juste, le vrai ;* noms de matière : *le soufre, le fer.*
D'autres, au contraire, collectifs ou désignant des objets formés de deux parties, s'emploient surtout ou exclusivement au pluriel : *les annales, les funérailles, les entrailles, les ciseaux, les tenailles*, etc.
REMARQUE. — Le pluriel d'un mot abstrait désigne ordinairement des manifestations *concrètes* de la chose en question : *cet homme a eu des bontés pour moi* (*bontés* signifie « des actes par où se révélait sa bonté »).
De même, le pluriel de certains noms de matière et de quelques adjectifs pris substantivement permet de traduire des nuances de style intéressantes : *des bronzes* veulent dire « des objets d'art en bronze » ; *des blés* iront jusqu'à signifier « des champs de blé ».

non-conformiste n. En Angleterre, protestant qui ne suit pas la religion anglicane. || Personne qui ne se conforme pas aux usages, aux traditions. || — Adj. : *attitude non conformiste.*

non-conformité n. f. Défaut de conformité.

non-contradiction n. f. Caractère d'un système hypothético-déductif, dans lequel on ne peut à la fois démontrer et réfuter une proposition. (C'est une notion de métalogique.)

non-croyant, e n. Personne qui n'est adepte d'aucune religion, et en particulier de la religion chrétienne.

non-directif, ive adj. Se dit d'une discussion, d'une confrontation non soumises à une autorité d'arbitrage : *des entretiens non-directifs.*

non-dissémination n. f. Action de ne pas mettre des armes nucléaires à la disposition de plusieurs pays.

none [nɔn] n. f. (lat. *nona*). *Antiq. rom.* Quatrième partie du jour, commençant après la neuvième heure, c'est-à-dire vers trois heures de l'après-midi. || Celle des huit heures canoniales qui se récite après sexte.

non-engagé, e n. Etat, personne qui a une attitude de non-engagement. || — Adj. : *les pays non engagés.*

non-engagement n. m. Attitude de celui qui reste libre à l'égard de toute position politique.

nones [nɔn] n. f. pl. (lat. *nonae*). Chez les Romains, septième jour de mars, mai, juillet et octobre, cinquième jour des autres mois.

non-être n. m. En philosophie, ce qui n'a pas d'existence, de réalité.

non-exécution n. f. *Dr.* Défaut d'exécution : *la non-exécution d'une obligation.*

non-existence n. f. Etat d'une chose qui n'existe pas.

nonidi [nɔnidi] n. m. (lat. *nonus*, neuvième, et *dies*, jour). Neuvième jour de la décade, dans le calendrier républicain.

non-ingérence n. f. Attitude qui consiste à ne pas s'ingérer dans les affaires d'autrui.

non-inscrit n. m. Député qui n'est pas inscrit à un groupe parlementaire. || — Adj. : *les députés non inscrits.*

non-intervention n. f. Attitude d'un Etat qui n'intervient pas dans les affaires des autres Etats, lorsqu'il n'y est pas directement intéressé : *politique de non-intervention.*

non-interventionniste n. Partisan de la non-intervention. || — Adj. : *politique non interventionniste.*

Nonius (Pedro NUNES, plus connu sous le nom latin de **Petrus**), astronome et mathématicien portugais, né à Alcácer do Sal (1492-1577). Il imagina un procédé remarquable pour la graduation des instruments destinés à mesurer avec précision les petits angles (1542). En 1546, il montra que le chemin le plus court entre deux points de la surface terrestre est l'arc de grand cercle et non la courbe coupant les méridiens sous un angle constant.

non-jouissance n. f. *Dr.* Privation de jouissance.

non-lieu n. m. *Dr. Déclaration, ordonnance de non-lieu,* ordonnance du juge d'instruction ou de la chambre des mises en accusation constatant qu'il n'y a pas lieu à poursuivre en justice.

non-moi n. m. En philosophie, ensemble de tout ce qui est distinct du moi.

nonne [nɔn] n. f. (lat. *nonna*, nourrice). Religieuse.

nonnette n. f. Jeune religieuse. || Petit pain d'épice de forme ronde, qui fut d'abord fabriqué dans les couvents de religieuses : *nonnettes de Dijon.* || *Ornith.* Mésange à tête noire et à ailes gris-brun, vivant dans les bois.

Nonnos, poète grec, né à Panopolis (Haute-Egypte) v. 410 apr. J.-C. Il se convertit au christianisme vers le milieu de sa vie. On a de lui deux poèmes, l'un répertoire des mythes païens (*Dionysiaques*), l'autre d'inspiration chrétienne (*Paraphrase du saint Evangile de Jean*).

Nono (Luigi), compositeur italien, né à Venise en 1924, représentant du mouvement sériel en Italie (*Incontri* pour 24 instruments, 1956).

nonobstant [nɔnɔpstɑ̃] prép. (de *non*, et lat. *obstans*, empêchant). Malgré, sans égard à : *nonobstant les remontrances.* || — Adv. Cependant, néanmoins.

non-paiement n. m. Défaut de paiement : *billet qui sera protesté en cas de non-paiement.* || Pl. des *non-paiements.*

nonpareil, eille adj. Sans égal (vieilli) : *beauté nonpareille.*

non-prolifération n. f. *Non-prolifération des armes nucléaires,* politique visant à interdire la possession d'armements nucléaires aux pays qui n'en possèdent pas encore.

non-recevoir. V. FIN.

non-retour n. m. *Point de non-retour,* moment à partir duquel il n'est plus possible de revenir sur une décision, d'annuler une action en cours : *un avion en cours de décollage ne peut plus freiner lorsque le point de non-retour est atteint.*

non-réussite n. f. Manque de réussite.

non-sens n. m. Phrase ou parole dépourvue de sens. || Chose absurde.

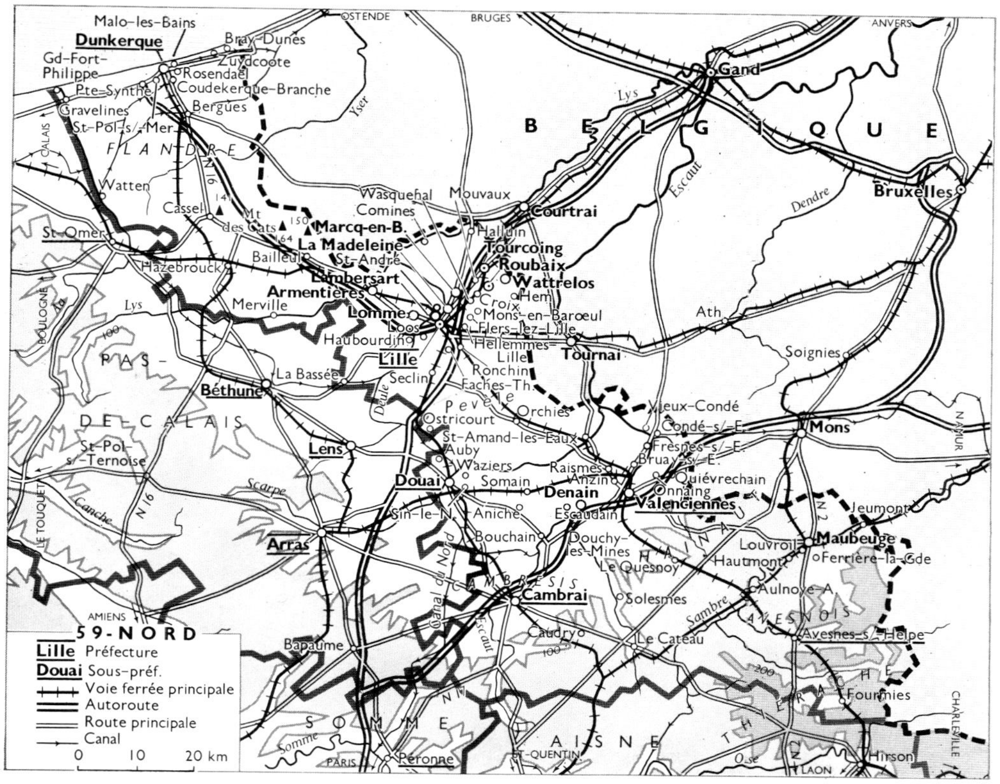

non-spécialiste n. Personne qui n'a pas de spécialité professionnelle.

non-stop [nɔnstɔp] adj. inv. (mots angl.). Continu, sans interruption : *une offensive non-stop, des jeux radiophoniques non-stop.*

non-tissé n. m. Structure textile plane, constituée de fibres ou de fils assemblés en nappe pour former des tissus sans avoir recours aux procédés classiques de tissage, de tricotage ou de tressage : *les non-tissés sont utilisés dans l'ameublement, comme tissus industriels, etc.*

Nontron (24300), ch.-l. d'arr. de la Dordogne ; 4 006 h. (3 028 aggl.) [*Nontronnais*]. Château du XVIIIe s. — L'arr. a 8 cant., 80 comm., 50 515 h.

non-usage n. m. Cessation d'un usage.

non-valeur n. f. Terre, maison qui ne rapporte rien. || Cote qui n'a pu être recouvrée par le fisc : *admettre en non-valeur.* || *Fig.* Personne d'intelligence, d'utilité nulle : *éliminer les non-valeurs.*

non-violence n. f. Forme d'action politique caractérisée par l'absence de toute violence.

non-violent, e n. Partisan de la non-violence. || — Adj. : *manifestation non violente.*

nopal [nɔpal] n. m. (mot esp. empr. à l'aztèque). Nom donné aux espèces d'opuntia à rameaux aplatis en raquette, cultivées autrefois pour l'élevage de la cochenille, dont on tirait le carmin. (Leurs fruits [figue d'Inde, figue de Barbarie] sont comestibles.) || Pl. des *nopals.*

noradrénaline n. f. Substance dérivée de l'adrénaline*, sécrétée par la médullo-surrénale, dont l'action est plus vaso-constrictive que l'adrénaline.

Noranda, v. du Canada (Québec) ; 11 500 h. Centre minier et métallurgique (cuivre).

Norbert (*saint*), né à Gennep, près de Xanten (v. 1080-1134). Chanoine peu édifiant, il se convertit et fonda à Prémontré, près de Laon, un ordre de chanoines réguliers dit *des Prémontrés* (1120). Il mourut archevêque de Magdebourg. Canonisé en 1582. — Fête le 6 juin.

nord [nɔr] n. m. (de l'anc. angl. *norþ*). Un des quatre points cardinaux, dans la direction de l'étoile Polaire. (Le nord est situé dans la demi-direction de l'axe de rotation terrestre, telle qu'un observateur situé au point où cet axe perce la Terre et regardant au-dessus de sa tête voit les étoiles se déplacer dans le sens inverse des aiguilles d'une montre.) || Partie du globe ou d'un pays située vers ce point. (Dans ce sens prend une majuscule.) ● *Perdre le nord* (Fam.), ne plus savoir où l'on est.

Nord (*canal du*), détroit entre l'Ecosse et l'Irlande. Il unit l'Atlantique à la mer d'Irlande.

Nord (*canal du*), voie navigable reliant l'Oise (Noyon) à la Sensée* (Arleux).

Nord (*cap*), promontoire d'une île des côtes de la Norvège, le point le plus septentrional de l'Europe.

Nord (*dép. du*) [59], dép. formé partiellement de la Flandre française ; préf. *Lille* ; s.-préf. *Avesnes-sur-Helpe, Cambrai, Douai, Dunkerque, Valenciennes ;* 6 arr., 70 cant., 662 comm. ; 5 738 km² ; 2 417 899 h. S'élevant progressivement vers le sud-est (aux confins de l'*Ardenne*), accidenté seulement par les *monts des Flandres* gréseux, le dép. associe les cultures céréalières et betteravières (dominantes dans la *Flandre intérieure* et le *Cambrésis*), les cultures maraîchères (répandues surtout dans la *Flandre maritime*), celles du houblon, du tabac, du lin, à un élevage bovin disséminé (développé surtout dans le *Hainaut* et l'*Avesnois*). Mais l'industrie occupe plus de la moitié de la population active. Elle est fondée sur les textiles (laine, coton, lin, fibres synthétiques), travaillés dans la conurbation Lille-Roubaix-Tourcoing, plus secondairement à Armentières et à Fourmies, ainsi que sur l'extraction du charbon (*Pays noir*, de Douai à Valenciennes), qui alimente la sidérurgie et la métallurgie (bassin houiller, vallée de la Sambre, Dunkerque), les centrales thermiques, la carbochimie, la céramique et la verrerie industrielles, etc.

Nord (*guerre du*), guerre qui opposa la Suède à une coalition comprenant le Danemark, la Russie, la Saxe et la Pologne (1700-1721). La mort de Charles XII (1718) hâta la fin de cette guerre, qui se termina par la paix du Nord (1720-1721).

Nord (*mer du*), mer du nord-ouest de l'Europe, formée par l'Atlantique. Ouverte directement sur l'Atlantique, au nord des îles Shetland, elle communique avec la Manche par le pas de Calais et avec la Baltique par le Skagerrak. Elle baigne la France, la Grande-Bretagne, la Norvège, le Danemark, l'Allemagne occidentale, les Pays-Bas et la Belgique. Sur les estuaires qui y débouchent (Rhin, Tamise, Escaut, Elbe) sont implantés la plupart des très grands ports européens : Rotterdam, Londres, Anvers et Hambourg. La mer du Nord est presque entièrement située sur le plateau continental. Elle produit d'importantes quantités d'hydrocarbures.

nord-africain [nɔrafrikɛ̃], **e** [-ɛn] adj. et n. De l'Afrique du Nord, et en particulier d'Algérie.

nord-américain [nɔramerikɛ̃], **e** [-ɛn] adj. et n. De l'Amérique du Nord, et en particulier des Etats-Unis.

nord-coréen, enne adj. et n. De la Corée du Nord.

Nordenskjöld (Erik, *baron*), explorateur suédois, né à Helsinki (1832-1901). Parti sur la *Véga*, il a découvert le passage du Nord-Est (1878-1879). — Son neveu OTTO, né à Sjögelö (1869-1928), séjourna vingt-deux mois sur la terre de Graham (Antarctique).

nord-est [nɔrɛst *ou* nɔrdɛst] n. m. Partie du monde ou point de l'horizon situés entre le nord et l'est.

Nord-Est (*passage du*), route maritime de l'océan Arctique au nord de la Sibérie, conduisant de l'Atlantique au Pacifique par le détroit de Béring, ouverte par E. Nordenskjöld (1878-1879).

Nordeste (le), région du Brésil septentrional, entre les Etats de Bahia et de Pará, souvent éprouvée par la sécheresse dans l'intérieur.

nordique adj. Relatif aux peuples du nord de l'Europe. ● *Les langues nordiques,* l'islandais, le danois, le norvégien et le suédois.

nordir v. i. *Mar.* Tourner au nord (vent).

ferme normande

Normandie

raffinerie de pétrole du Petit-Couronne

nordiste n. et adj. Aux Etats-Unis, partisan du gouvernement fédéral pendant la guerre de Sécession.

Nördlingen ou **Nœrdlingen,** v. d'Allemagne occidentale (Bavière), sur l'Eger; 14 300 h. Fortifications (XIVe-XVIe s.). Hôtel de ville Renaissance. Condé y vainquit Mercy en 1645, et Moreau les Autrichiens en 1800.

nord-ouest [nɔrwɛst *ou* nɔrdwɛst] n. m. Point de l'horizon ou partie du monde situés entre le nord et l'ouest.

Nord-Ouest (*passage du*), route maritime reliant l'Atlantique au Pacifique à travers l'archipel Arctique canadien. Amundsen l'utilisa pour la première fois à bord du *Gjøa* (1903-1906).

Nord-Ouest (*Territoires du*), partie septentrionale du Canada entre la baie d'Hudson et le Yukon; 3 379 307 km²; 25 000 h.

Nord-Pas-de-Calais, région de programme groupant les dép. du Nord et du Pas-de-Calais.

Nord Viêt-nam. V. VIÊT-NAM DU NORD.

nord-vietnamien, enne adj. et n. De la République démocratique du Viêt-nam (Viêt-nam du Nord). || Pl. des *Nord-Vietnamiens*.

Norfolk, comté d'Angleterre; 562 000 h. Ch.-l. *Norwich*.

Norfolk, port des Etats-Unis (Virginie); 304 900 h. Centre industriel.

Norfolk (Thomas HOWARD, *duc* DE), homme politique anglais (1536-1572). Il conspira contre Elisabeth Ire et fut décapité.

noria [nɔrja] n. f. (mot esp. empr. à l'arabe). Machine hydraulique formée de godets attachés à une chaîne sans fin, plongeant renversés et remontant pleins.

Norilsk, v. de l'U. R. S. S. (R. S. F. S. de Russie), en Sibérie; 136 000 h. Centre minier et métallurgique.

Norique, anc. prov. de l'Empire romain, comprise entre le Danube et les Alpes Carniques.

Norma (*la*), opéra de Bellini (1831).

normal [nɔrmal], **e, aux** [-o] adj. (de *norme*). Conforme à la règle; ordinaire : *état normal.* || *Chim.* Se dit d'une solution titrée servant aux dosages et contenant une valence-gramme active par litre. ● *Ecole normale primaire,* école préparatoire d'instituteurs. || *Ecole normale supérieure,* école préparatoire de professeurs de l'enseignement secondaire.

normale n. f. *Math.* Droite perpendiculaire : *la normale en un point d'un plan.* ● *Normale à une courbe en un point,* perpendiculaire à la tangente en ce point. || *Normale à une surface en un point,* droite perpendiculaire au plan tangent en ce point.

normalement adv. De façon normale.

normalien, enne n. Elève d'une école normale (primaire ou supérieure).

normalisation n. f. Ensemble de règles techniques résultant de l'accord des producteurs et des usagers, et visant à spécifier, unifier et simplifier en vue d'un meilleur rendement dans tous les domaines de l'activité humaine. (V. *encycl.*) || Retour à l'état normal, habituel : *la normalisation des rapports entre deux Etats.*
— ENCYCL. La *normalisation* est matérialisée par les normes, qui précisent l'ensemble, ou quelques-uns seulement, des éléments (terminologie, qualité, dimensions et caractéristiques diverses, règles d'emploi, etc.) des produits qu'elles concernent. En fixant pour chaque besoin d'utilisation une gamme nécessaire et suffisante de produits bien définis, la normalisation s'adresse aussi bien au producteur qu'à l'utilisateur.

normalisé, e adj. Qui fait l'objet d'une normalisation. ● *Taille normalisée,* se dit d'une taille homologuée par l'Association française de normalisation (AFNOR) et

vache **normande**

représentant les mesures moyennes d'un échantillonnage d'individus.

normaliser v. t. Soumettre à une normalisation. || — **Se normaliser** v. pr. Devenir normal : *la situation se normalise.*

normalité n. f. *Chim.* Concentration d'une solution, comparée à celle de la solution normale.

normand [nɔrmɑ̃], **e** [-ɑd] adj. et n. De la Normandie. ● *Races normandes* (Zootechn.), v. *encycl.* || *Réponse normande, de Normand,* réponse ambiguë.
— ENCYCL. *Zootechn.* La race bovine *normande,* l'une des principales races bovines françaises, s'est étendue hors de son pays d'origine dans de nombreuses autres régions. C'est une race à deux fins : lait et viande. Il existe également une race normande de chevaux, d'où vient l'actuel anglo-normand (v. illustr. CHEVAUX), une race de porcs, une race de lapins (géant normand) et une race d'oies, sans oublier le chien courant normand.

Normandes (*îles* **Anglo-**). V. ANGLO-NORMANDES (*îles*).

Normandie, prov. de l'anc. France, sur la Manche. Elle a formé cinq départements : Calvados, Manche, Orne, Eure et Seine-Maritime. Les trois premiers constituent la ***région de programme de la Basse-Normandie,*** et les deux derniers la ***région de programme de la Haute-Normandie.***
● *Géographie.* Entre la Bretagne et la Picardie, la Normandie constitue le nord-ouest de la France. Géologiquement, elle est formée d'une partie occidentale (à l'ouest de l'Orne) appartenant au Massif armoricain et constituée de terrains primaires, et d'une partie orientale appartenant au Bassin parisien et où affleurent des terrains sédimentaires essentiellement secondaires. Topographiquement, la Normandie est une région basse, formée de plaines et de plateaux, et où l'altitude ne se relève que dans l'extrémité sud-ouest (417 m à la forêt d'Ecouves). Le climat y est océanique, caractérisé par la douceur des hivers et la relative fraîcheur des étés, avec une hauteur annuelle de précipitations assez également réparties sur l'ensemble de l'année, de l'ordre de 700 à 800 mm. Les conditions naturelles favorisent la prairie, considérablement étendue par l'action de l'homme. L'élevage est en effet la forme d'exploitation la plus fréquente de la Normandie, région à prépondérance agricole en dehors de secteurs bien localisés.
Les herbages occupent plus de 90 p. 100 du sol dans le *Cotentin.* Ici, l'élevage bovin est surtout laitier (productions de beurre, de lait condensé, de fromages). Dans le *Bocage normand,* l'embouche y est associée, cependant qu'une partie des terres est encore complantée de pommiers à cidre. Le *Bessin* est franchement orienté vers l'élevage laitier. Plus à l'est, la *campagne de Caen* constitue un îlot de cultures (céréales notamment) dans la Normandie herbagère; le même type d'économie se retrouve dans la région d'Argentan. Dans la *plaine d'Alençon,* les herbages tiennent une grande place. Ils ont une nette prépondérance dans le *pays d'Auge,* où sont associés l'élevage pour le lait (traité notamment à Lisieux) et la viande, dans le *Lieuvin,* le *Roumois* et, dans une moindre mesure, le *pays d'Ouche.* Toujours au sud de la Seine, la *campagne du Neubourg* et la *plaine de Saint-André* annoncent déjà la Beauce par la fréquente association des cultures céréalières (blé) et industrielles (betterave à sucre), que l'on retrouve au nord du fleuve sur le plateau limoneux du *pays de Caux* et dans le *Vexin normand,* où l'élevage bovin n'est cependant pas absent. Ce dernier retrouve même une grande extension dans le *pays de Bray,* laitier.
Les villes normandes sont généralement essentiellement administratives et commerciales. C'est le cas de Coutances, de Vire, de Saint-Lô, de Flers, d'Argentan et de Bernay. Quelques-unes sont plus industrialisées et ont généralement une population plus nombreuse. Il s'agit parfois de villes de l'intérieur (Alençon, Evreux, Lisieux), mais plus souvent de cités plus ou moins directement liées à la mer, qui sont d'ailleurs les plus développées. Sur la côte du Cotentin, Cherbourg est un port militaire et un arsenal. A une quinzaine de kilomètres de la mer, à laquelle elle est reliée par un canal, Caen est l'incontestable capitale de la basse Normandie. L'industrie s'est développée à proximité de mines de fer. La métallurgie lourde et de transformation domine dans cette ville, qui est aussi un centre universitaire et dont l'agglomération rassemble environ 150 000 h. Les deux principales villes de Normandie jalonnent la basse vallée (Rouen) et l'estuaire (Le Havre) de la Seine. Elles délimitent un important secteur industriel, la basse Seine, où la métallurgie et le textile ont (relativement) reculé devant le raffinage du pétrole et la chimie. Ces deux villes sont dans l'orbite de Paris, Rouen encore plus que Le Havre, deuxième port maritime français, tête de ligne vers l'Amérique du Nord. L'ensemble du littoral est encore jalonné de ports, mais d'importance moindre, ainsi que de stations balnéaires, qui bénéficient surtout de la proximité de Paris. La fonction portuaire domine à Granville, à Fécamp et surtout à Dieppe. Deauville, Le Tréport et Cabourg sont les principales stations balnéaires.
● *Histoire.* Le pays fut cédé en 911 à Rollon, chef normand, par Charles III le Simple. A la suite de la conquête de l'Angleterre par le duc Guillaume le Bâtard (1066), la Normandie devint fief anglais (1106) jusqu'en 1204. Durant la guerre de Cent Ans, la Normandie fut disputée entre Français et Anglais; en 1420, ces derniers étaient entièrement maîtres du duché, que la France reconquit de 1436 à 1450. En 1468, la Normandie fut déclarée solidaire du domaine royal. Elle fut le théâtre du débarquement allié du 6 juin 1944 (opération *Overlord*) et des opérations qui provoquèrent la rupture du front allemand (25 juill.) et qui conduisirent les forces alliées, aux ordres d'Eisenhower, jusqu'au centre de la France. Première province libérée, la Normandie souffrit maintes destructions.

Normands (« Hommes du Nord »), nom donné, à l'époque carolingienne, aux pillards venus par mer de Scandinavie, et qui se nommaient eux-mêmes *Vikings.* Ces Norvégiens, Suédois, Danois déferlèrent sur les côtes d'Europe au VIIIe s. Sous le nom de *Varègues,* ils occupèrent, vers le milieu du IXe s., la vallée supérieure du Dniepr, Smolensk et Kiev, et poussèrent même jusqu'à Constantinople. Ils se firent, sur le plan commercial, les intermédiaires entre Byzance et l'Occident, entre chrétiens et musulmans. Mais l'Occident les attira davantage. Ils découvrirent l'Islande (IXe s.) et le Groenland (Xe s.); les Norvégiens colonisèrent le nord de l'Ecosse et l'Irlande; les Danois s'installèrent dans le nord-est de l'Angleterre (IXe s.). Organisés en petites bandes, montés sur des flottilles de grandes barques, les *snekkjur,* ils vinrent, après la mort de Charlemagne, débarquer à l'entrée des principaux fleuves du royaume franc. Charles le Chauve dut acheter plus d'une fois leur retraite. En 886, ils assiégèrent Paris, qui fut vaillamment défendu par Eudes et l'évêque Gozlin; mais Charles le Gros traita avec eux au prix d'une énorme rançon et de l'autorisation de piller la Bourgogne. En 911, au traité

Phot. René-Jacques, Justin, Shell.

de Saint-Clair-sur-Epte, Charles III le Simple abandonna à leur chef, Rollon, le pays actuellement connu sous le nom de *Normandie,* et d'où les Normands, au XIe s., partirent pour conquérir l'Angleterre. Rollon et ses sujets reçurent le baptême, et Charles le Simple fut reconnu par eux comme suzerain. Dès lors, les invasions s'arrêtèrent, mais le goût des expéditions lointaines persista chez les Normands, qui fondèrent des principautés en Italie du Sud et en Sicile (XIe-XIIe s.).

normatif, ive adj. Dont on dégage des règles ou des préceptes : *logique normative ; grammaire normative*.

norme [nɔrm] n. f. (lat. *norma,* équerre, règle). Principe servant de règle, de loi : *œuvre exécutée suivant la norme*. ● *Norme de productivité,* productivité moyenne d'une branche économique donnée.

normé, e adj. *Math.* Se dit d'un système de coordonnées dont les axes ont des vecteurs unitaires de même longueur.

Norodom (1835-1904), roi du Cambodge (1859-1904).

Norodom Sihanouk, né à Phnom Penh en 1922. Roi du Cambodge de 1941 à 1955, il donna au Cambodge une Constitution parlementaire en 1947. La France reconnut l'indépendance de son pays (1953-1954). Après avoir abdiqué en faveur de son père (1955), il devint président du Conseil, puis (1960) chef de l'Etat. Destitué en 1970 à la suite d'un coup d'Etat militaire, il constitue en Chine un gouvernement en exil, et ses partisans en viennent à contrôler totalement le territoire de son pays (avril 1975).

noroît ou **norois** [nɔrwa] n. m. (forme altérée de *nord-ouest*). Vent venant de la mer et soufflant du nord-ouest.

Noroy-le-Bourg (70260), ch.-l. de c. de la Haute-Saône (arr. de Vesoul) ; 533 h.

Norrent-Fontes (62120 Aire), ch.-l. de c. du Pas-de-Calais (arr. de Béthune) ; 1 343 h.

Norrköping, port de Suède, sur la Baltique ; 115 800 h. Chantiers navals. Textiles. Pneumatiques.

Norrland, partie septentrionale de la Suède.

norrois [nɔrwa] n. m. Langue des anciens peuples de la Scandinavie.

Norodom Sihanouk

Northampton, v. d'Angleterre, ch.-l. du *Northamptonshire* (398 100 h.) ; 121 400 h. Eglise ronde (XIe-XIIe s.).

Northrop (John Howard), biochimiste américain, né à Yonkers (New York) en 1891. Il a étudié les enzymes et les virus-protéines, dont il a obtenu certains cristallisés. (Prix Nobel de chimie, 1946.)

Northumberland, comté du nord de l'Angleterre ; 819 000 h. Ch.-l. *Newcastle-upon-Tyne*. Bassin houiller.

Northumbrie, un des royaumes de l'heptarchie anglo-saxonne. Cap. *York*.

Norton (Thomas), auteur dramatique anglais, né à Londres (1532-1584). Il composa, en collaboration avec Th. Sackville, la première tragédie régulière anglaise, *Gorboduc* ou *Ferrex et Porrex* (1561-1562).

Nort-sur-Erdre (44390), ch.-l. de c. de la Loire-Atlantique (arr. de Châteaubriant) ; 4 442 h. (*Nortais*).

Norvège, en norvég. **Norge,** Etat de l'Europe septentrionale, à l'ouest de la Suède ; 324 000 km² ; 3 900 000 h. (*Norvégiens*). Cap. *Oslo*. Langue : *norvégien*.

Géographie.

● *Géographie physique*. Occupant la partie occidentale de la péninsule scandinave, étirée entre les 58e et 72e degrés de lat. nord, la Norvège est un pays montagneux (surtout au sud, où l'altitude dépasse souvent 1 000 m), formé en majeure partie de terrains précambriens et primaires, plusieurs fois soulevés et faillés. La glaciation quaternaire a ciselé le relief et donné un aspect découpé au littoral, échancré de fjords profonds. De la proximité de l'Atlantique résulte la (relative) douceur du climat à des latitudes aussi élevées. A Tromsø, au-delà du cercle polaire, la température moyenne annuelle est de 3 °C, et la moyenne de janvier de — 3 °C. A Trondheim, la température moyenne annuelle est de 5 °C, et la moyenne de janvier de — 2 °C. A Oslo, enfin, si janvier possède encore une température moyenne de — 3 °C, la moyenne de juillet approche 20 °C. Comme les précipitations oscillent généralement entre 600 et 1 000 mm, et tombent pratiquement en toutes saisons, il est permis de considérer la Norvège comme une région de climat océanique, du moins le littoral, où se concentre d'ailleurs la population.

● *Géographie humaine et économique*. La population, urbanisée à plus de 50 p. 100, s'est établie en bordure des fjords du littoral, notamment au sud de Trondheimsfjord. C'est là que se localisent toutes les villes de plus de 50 000 h. (Trondheim, Bergen, Stavanger, Kristiansand et Oslo). La densité, de l'ordre de 12 h. au kilomètre carré en moyenne, descend au-dessous de 3 h. au-delà du cercle polaire. La population s'accroît à un rythme légèrement inférieur à 1 p. 100 par an, résultant uniquement de l'écart entre taux de natalité (18 p. 1 000) et taux de mortalité (9,5 p. 1 000).

L'agriculture emploie moins de 15 p. 100 de la population active et fournit 8,5 p. 100 du produit intérieur brut. Les conditions naturelles expliquent la rareté des cultures, occupant à peine 3 p. 100 de la superficie totale et localisées dans le Sud (pomme de terre et orge principalement). L'élevage revêt une plus grande importance : élevage bovin pour les produits laitiers, élevage ovin, élevage des rennes et des animaux à fourrure (vison) dans le Nord. L'exploitation de la forêt (conifères), qui recouvre près du quart du sol, est orientée vers la fourniture de pâte à papier et de papier journal. La présence d'eaux poissonneuses au large des côtes explique partiellement l'importance de la pêche, pour laquelle la Norvège

port de Tromsø

usine d'aluminium à Årdal

Ålesund

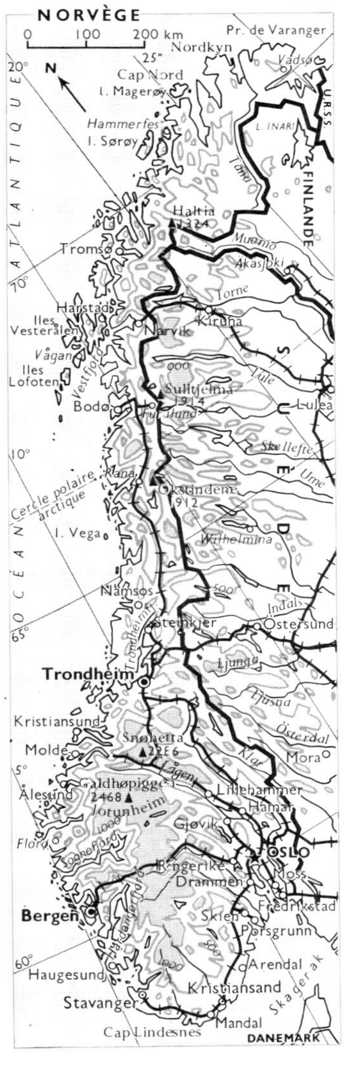

Phot. Six, Schneider-Rapho, A. F. P., Almasy.

occupe de loin le premier rang européen (plus de 3 Mt de prises [hareng et morue], indépendamment de la chasse de la baleine).

L'industrie assure aujourd'hui plus du tiers du produit intérieur brut et emploie une part sensiblement égale de la population active. Les nombreux aménagements hydrauliques fournissent la quasi-totalité d'une production d'électricité de l'ordre de 55 TWh. En outre, l'exploitation du pétrole dans la zone norvégienne de la mer du Nord constitue une nouvelle source d'énergie d'une importance considérable. Le sous-sol recèle quelques gisements de cuivre, de zinc et surtout de minerai de fer (région de Trondheim, du Finnmark). L'hydro-électricité explique l'importance de l'électrométallurgie et de l'électrochimie. Mo-i-Rana, Stavanger, Arendal sont les centres sidérurgiques; Ardal, Tyssedal, Mosjøen et Sunndall fournissent de l'aluminium; Notodden, Rjukan, Eidanger et Glomfjord ont des usines chimiques. La construction navale est représentée dans les principaux ports (Oslo, Bergen), qui traitent aussi les prises de la pêche. L'industrie des dérivés du bois est concentrée autour d'Oslo. Bergen est le principal centre textile.

La balance commerciale est largement déficitaire. Parmi les exportations dominent, dans l'ordre, les métaux (aluminium), les produits forestiers, les produits de la pêche et les biens d'équipement. Ce dernier poste constitue la principale source d'importation, après les matières premières industrielles et devant les navires. L'importation de navires, malgré la présence d'importants chantiers navals, résulte du rôle international de la marine norvégienne, qui est la cinquième du monde (18,5 millions de tonneaux) et dont les revenus (fret) comblent d'ailleurs en grande partie le déficit de la balance commerciale. 45 p. 100 du commerce extérieur s'effectuent avec les autres Etats de la zone de libre-échange, et le tiers avec le Marché commun. La Suède, l'Allemagne occidentale et la Grande-Bretagne sont, dans l'ordre, les principaux partenaires commerciaux du pays. Le niveau de vie moyen est l'un des plus élevés d'Europe : une voiture de tourisme et un téléviseur pour 6 h. La disponibilité individuelle d'électricité dépasse 15 000 kWh.

Histoire.

Au début de l'ère chrétienne, le nord du pays est peuplé par les Lapons, et les vallées du Sud et du Sud-Ouest par les Scandinaves. Au VIIe s., des royautés locales existent dans la région d'Oslo et autour de Trondheim. A l'époque des Vikings (« guerriers ») [800-1050], des paysans et des seigneurs colonisent et pillent les îles Féroé, les Orcades, l'Islande et le Groenland, les Hébrides, l'Irlande et le nord de l'Ecosse. Les causes de cette expansion sont multiples : surplus de population, perfectionnement des vaisseaux, organisation militaire accomplie et esprit d'aventure. Au IXe s., la Norvège est unifiée une première fois par Harlad Ier à la Belle Chevelure, qui écrase les derniers roitelets. Olav Tryggvesson (995-1000) reprend l'œuvre d'unification, fonde la capitale, Nidaros (Trondheim), et commence la conversion de ses sujets au christianisme. Cette conversion est poursuivie par son cousin Olav le Saint (1016-1030), mais celui-ci est battu et tué par Knud le Grand, roi d'Angleterre et de Danemark. Le fils d'Olav, Magnus (1035-1047), est rétabli sur le trône.

L'esprit viking se retrouve chez Harald le Sévère (1047-1066), le fondateur d'Oslo, qui est tué dans un débarquement en Angleterre, ou chez Sigurd (1103-1130), qui conduit ses escadres à la croisade. Mais, peu à peu, le commerce de la mer du Nord passe aux mains des Allemands (débuts de la Hanse); l'ardeur guerrière des Norvégiens s'emploie dans les luttes dynastiques, qui marquent le XIIe s. et affaiblissent le pays. Les Hanséates accaparent le commerce local, puis le trafic des dépendances de la Couronne, empêchant la formation d'une bourgeoisie nationale. Le pouvoir réel passe à l'aristocratie et à l'Eglise. Cependant, Haakon IV (1217-1263) et son fils, Magnus le Législateur (1263-1280), restaurent l'autorité monarchique, le premier en soumettant les seigneurs et le haut clergé, le second en organisant une hiérarchie féodale. Une brève union avec la Suède est réalisée sous Magnus VII Eriksson (1319-1343). La peste noire (1348-1350) ravage le pays.

Marguerite de Danemark, régente en Danemark et en Norvège pour son fils Olav (1380-1387), dispute victorieusement la Suède à Albert de Mecklembourg et fait reconnaître son héritier, Erik de Poméranie, comme roi des trois royaumes par l'Union de Kalmar (1397). La Norvège est sacrifiée dans l'Union et devient en fait vassale du Danemark. Elle perd les Orcades et les Shetland (1468). Après que la Suède est sortie de l'Union (1523), la Norvège demeure sous la dépendance du Danemark, qui lui impose le luthéranisme (1537) et la langue danoise; la marine hollandaise remplace les hanséates dans l'exploitation du pays. Pendant la guerre de Sept Ans scandinave (1563-1570), la Norvège subit une invasion suédoise. Les défaites du roi de Danemark lui font perdre le Jämtland et le Härjedalen (paix de Brömsebro, 1645), le Bohuslän et le Trondheim (paix de Roskilde, 1658), qui vont à la Suède. Cependant, le développement et l'exploitation des forêts et des mines de fer, ainsi que la renaissance de la marine au XVIIe s. enrichissent une élite de commerçants. Le siècle suivant est marqué par un renouveau intellectuel, qu'affirme le sentiment national à l'encontre du Danemark.

La Norvège, entraînée dans les guerres napoléoniennes, perd la plus grande partie de sa flotte de commerce et est menacée par la famine. Bernadotte, régent de Suède, contraint Frédéric VI, roi de Danemark, à lui céder la Norvège (paix de Kiel, janv. 1814), et une invasion suédoise oblige la Norvège, qui offrait la couronne au régent danois, à accepter l'Acte d'union avec la Suède (6 août 1815), de portée limitée : les deux royaumes n'ont en commun que la personne royale et le ministre des Affaires étrangères. Bernadotte doit accepter la Constitution de 1814, dite « d'Eidsvold », qui donne tout le pouvoir législatif au Parlement, ou Storting, ne laissant au roi qu'un veto suspensif. L'essor de l'économie se poursuit, et la flotte norvégienne prend la troisième place dans le monde. Au début du XXe s., l'utilisation de la houille blanche permet le développement de l'électrochimie. L'instruction se répand ; des artistes, des écrivains et des explorateurs étendent le renom du pays.

En 1905, le Storting dénonce l'Acte d'union avec la Suède, ce qui est approuvé par un plébiscite et, après une menace de guerre, par le traité de Karlstad. Un prince danois devient roi de Norvège sous le nom d'Haakon VII. La Norvège indépendante est un pays essentiellement démocratique. Ayant adopté depuis 1898 le suffrage universel, elle est l'un des premiers pays du monde à admettre le droit de vote et l'éligibilité pour les femmes (1913). Si la souveraineté sur le Spitzberg lui a été reconnue (1920) — souveraineté proclamée en 1925 —, un arbitrage de La Haye (1933) l'oblige à renoncer au Groenland. Ecartée, par sa neutralité, de la Première Guerre mondiale, elle ne peut échapper à la Seconde : ses côtes, incomparables pour la lutte sous-marine, et son port de Narvik, débouché du fer suédois, tentent Hitler. Après un ultimatum adressé à Oslo le 8 avril 1940, Hitler fait occuper le lendemain par ses troupes les ports d'Oslo, de Stavanger, de Trondheim et de Narvik. Malgré le secours d'une expédition franco-anglaise, l'armée capitule le 9 juin. La résistance est telle que le chef du parti pronazi, Quisling, doit attendre février 1942 pour former un gouvernement de collaboration. Jusqu'à la capitulation de la Wehrmacht (mai 1945), l'occupant allemand multiplie les cruautés contre les résistants.

En 1945, la Norvège devient l'un des membres fondateurs de l'Organisation des Nations unies, où elle jouera un rôle actif. En 1949, elle adhère au pacte de l'Atlantique Nord. Comme les autres Etats européens, elle connaît après la guerre une montée de la gauche, qui se traduit par la nationalisation des mines et de la majorité des entreprises électrotechniques. Le roi Haakon VII étant mort en septembre 1957, le trône passe à son fils, Olav V. Les travaillistes, au pouvoir depuis 1935, cèdent la place aux conservateurs en août 1963, mais la reprennent en septembre. Un cabinet de coalition, dirigé par Per Borten, leur succède en 1965. Le problème de l'adhésion de la Norvège au Marché commun provoque une crise politique en 1971 : favorables à cette adhésion, les travaillistes reviennent au pouvoir avec Trygve Bratelli; mais, en 1972, un référendum refuse l'intégration européenne.

norvégien [nɔrveʒjɛ̃], **enne** [-ɛn] adj. et n. De Norvège. ‖ — N. m. Langue scandinave parlée en Norvège.

norvégienne n. f. Embarcation à avant arrondi et relevé.

Norwich, v. de Grande-Bretagne, ch.-l. du comté de Norfolk ; 119 200 h. Cathédrale (XIe-XIIe s.) et autres monuments anciens. Chaussures.

Norwid (Cyprian), écrivain polonais, né à Laskowo-Głuchy, près de Varsovie (1821-1883). Il quitta la Pologne en 1842 pour l'Italie, où il étudia la peinture et la sculpture. Artiste et écrivain méconnu, il mourut à Paris dans un établissement d'indigents. Ses œuvres, publiées en 1912 (*Rhapsodie funèbre à la mémoire de Bem*), le révèlent comme un des initiateurs de la sensibilité poétique moderne.

nos [no] adj. poss. des deux genres, pl. de NOTRE.

nosémose [nozemoz] n. f. (du gr. *nosos,* maladie). Maladie de l'appareil digestif des abeilles.

nosographie [nozɔgrafi] n. f. Description méthodique des maladies.

nosologie n. f. Classification des maladies.

Nossi-Bé, île de l'océan Indien, au nord-ouest de Madagascar, dont elle dépend.

nostalgie [nɔstalʒi] n. f. (gr. *nostos,* retour, et *algos,* douleur). Mélancolie, tristesse causée par l'éloignement de son pays. ‖ Regret mélancolique du passé, d'un milieu, etc.

nostalgique adj. Qui tient de la nostalgie.

nostoc [nɔstɔk] n. m. Algue microscopique des sols humides, de la classe des algues bleues.

Nostradamus (Michel DE NOSTRE-DAME, dit), astrologue et médecin français, né à Saint-Rémy-de-Provence (1503-1566), auteur d'un recueil de prédictions dit *Centuries astrologiques* (1555).

nostras [nɔstrɑs] adj. m. Se dit d'un choléra acclimaté, non endémique, produit par le colibacille.

nota [nɔta] n. m. (mot lat. signif. *notez, remarquez*). Note mise dans la marge ou au bas d'un récit. (On dit aussi NOTA BENE.)

notabilité n. f. Caractère de ce qui est notable. ‖ Personne qui occupe un rang élevé dans les arts, les lettres, la hiérarchie administrative, etc. : *les notabilités de la ville.*

notable [nɔtabl] adj. (lat. *notabilis;* de *notare,* désigner). Digne d'être noté ; important, considérable : *avantage, préjudice notable.*

notable n. m. Citoyen qui occupe un rang important dans un Etat, dans une ville : *réunion de notables.* ● *Assemblée des notables,* assemblée de membres représentatifs des trois ordres du royaume de France, auxquels les rois demandaient avis dans certaines circonstances.

notablement adv. Beaucoup.

notaire [nɔtɛr] n. m. (lat. *notarius,* scribe). Officier ministériel qui reçoit et rédige les actes, les contrats, etc., pour leur donner un caractère d'authenticité : *les charges de notaire sont vénales.* ● *Notaire apostolique,* sous l'Ancien Régime, nom donné en France à certains secrétaires des évêques chargés des actes de chancellerie ecclésiastique.

notairesse n. f. Femme d'un notaire.

notamment adv. Spécialement, particulièrement.

notarial, e, aux adj. Relatif au notariat : *charge notariale.*

notariat n. m. Charge de notaire. ‖ Ensemble des notaires.

notarié, e adj. Passé devant notaire : *acte notarié.*

notation n. f. Action d'indiquer, de représenter par des signes convenus : *notation musicale; notation chimique.* ‖ Action de noter : *la notation des fonctionnaires.* ‖ *Mus.* Ensemble des signes conventionnels destinés à symboliser les sons d'une œuvre musicale et à permettre leur interprétation. ‖ *Chorégr.* Transcription des œuvres chorégraphiques à l'aide de signes conventionnels.

note [nɔt] n. f. (lat. *nota,* marque). Marque, courte indication pour se rappeler quelque chose : *prendre note d'une chose sur son carnet.* ‖ Commentaire sommaire, éclaircissement : *mettre des notes à un livre.* ‖ Détail d'un compte à acquitter : *régler sa note.* ‖ Evaluation, appréciation du travail, de la conduite de quelqu'un : *bonne note, mauvaise note.* ‖ Signe de musique figurant un son et sa durée. ‖ Forme principale de ces signes (la *ronde,* la *blanche,* la *noire,* la *croche,* la *double croche,* la *triple croche,* la *quadruple croche*). ‖ Nom des notes (*do* ou *ut, ré, mi, fa, sol, la, si*). [V. *encycl.*] ● *Chanter toujours la même note,* dire toujours la même chose. ‖ *Etre dans la note,* faire ce qui convient. ‖ *Forcer la note,* exagérer. ‖ *Note diplomatique,* communication faite par un gouvernement à son représentant auprès d'un autre gouvernement. ‖ — Pl. Jugement, chiffré ou non, de la valeur professionnelle d'un fonctionnaire.

— ENCYCL. Les syllabes servant à désigner les six premières *notes* ont été empruntées par un moine du Xe s., Gui d'Arezzo, à l'hymne de saint Jean-Baptiste. Ce sont les premières syllabes des vers de la première strophe :

Ut queant laxis
*Re*sonare fibris
*Mi*ra gestorum
*Fa*muli tuorum
*Sol*ve polluti
*La*bii reatum.
*S*ancte *I*ohannes.

Le nom de la note *si,* longtemps inusité, fut constitué à l'aide de la première lettre des mots *Sancte Iohannes.* Au XVIIe s., *ut,* difficile à solfier, fut remplacé par *do,* plus euphonique. Ces noms de notes sont utilisés dans tous les pays de langue latine.

noter v. t. (lat. *notare*). Faire une marque sur : *noter un passage.* ‖ Consigner par écrit : *noter une remarque.* ‖ Prendre garde à : *notez bien ce que je vous dis.* ‖ Ecrire de la musique avec des signes convenus : *noter un air.* ‖ Estimer, apprécier le travail, la conduite de quelqu'un.

notice [nɔtis] n. f. (lat. *notitia,* connaissance). Exposé succinct sur un sujet particulier : *notice historique.*

notification n. f. Action de notifier. ‖ Acte par lequel on notifie.

notifier [nɔtifje] v. t. Faire savoir dans les formes légales ou usitées : *notifier un arrêt.*

notion [nosjɔ̃] n. f. (lat. *notio,* connaissance). Connaissance, idée qu'on a d'une chose : *la notion du bien et du mal.* ‖ Connaissance élémentaire : *n'avoir que des notions de physique.*

notionnel, elle adj. Relatif à une notion.

notoire [nɔtwar] adj. (lat. *notorius,* qui fait connaître). Connu d'un très grand nombre de personnes ; avéré, public : *fait notoire ; criminel notoire.*

notoirement adv. Manifestement.

notonecte [nɔtɔnɛkt] n. f. Insecte des mares, à pattes postérieures nageuses. (Long. 2 cm; ordre des hétéroptères.)

notoriété [-rjete] n. f. Etat de ce qui est notoire : *il est de notoriété publique que...* ‖ Réputation due au talent ou au mérite : *la notoriété d'un écrivain.* ● *Acte de notoriété,* acte destiné à attester un fait notoire et constant, et délivré par un notaire, un juge d'instance, etc. ‖ *Liste de notoriété,* état comportant le nom des médecins conventionnés qui sont autorisés à demander aux assurés sociaux des honoraires d'un montant supérieur au tarif conventionnel.

notre [nɔtr] adj. poss. Qui nous concerne, qui est à nous. ‖ Pl. *nos.*

nôtre [notr] **(le, la)** pron. poss. (lat. *noster*). Qui est à nous. ‖ — Adj. poss. (employé sans l'art., comme attribut) : *cette maison est nôtre.* ‖ — N. m. pl. Nos parents : *les nôtres avant tout.* ‖ Ceux de notre parti, de notre société : *êtes-vous des nôtres?*

Notre-Dame n. f. La Sainte Vierge. ‖ Eglise qui lui est consacrée : *Notre-Dame de Paris.*

Notre-Dame de Paris, église métropolitaine de Paris, située dans l'île de la Cité, une des premières grandes cathédrales gothiques. Elle fut commencée en 1163 ; le chœur fut achevé en 1177, le transept et la nef en 1196,

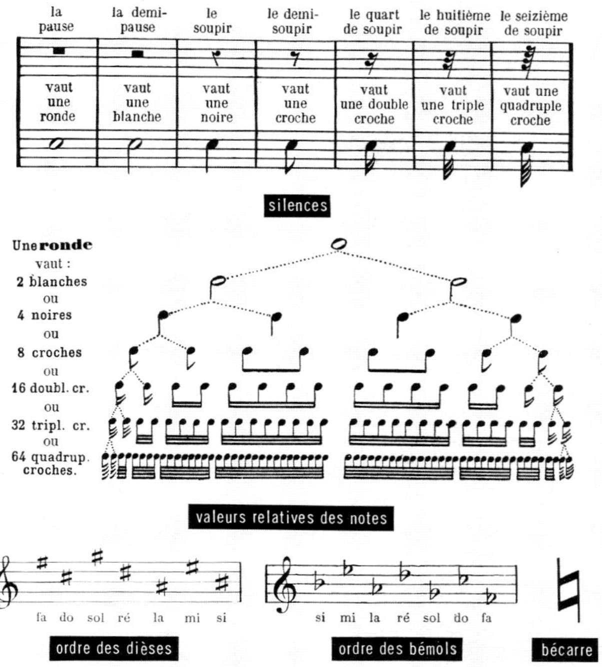

notation musicale

la façade et les tours dans le deuxième quart du XIIIe s. Les grands arcs-boutants du chevet datent du XIVe s. L'intérieur de la cathédrale mesure 130 m de longueur, 108 m de largeur et 35 m de hauteur sous les voûtes (69 m au sommet des tours). Notre-Dame a subi de fâcheuses transformations au XVIIIe s. et des déprédations pendant la Révolution. Elle fut restaurée par Lassus et Viollet-le-Duc.

Notre-Dame de Paris, roman historique de V. Hugo (1831). S'inspirant de cette œuvre, R. Petit a composé un ballet, créé à l'Opéra de Paris en 1965.

Notre-Dame-du-Mont-Carmel (*ordre de Saint-Lazare et de*), ordre de chevalerie fondé en 1606 par Henri IV, réuni à celui de Saint-Lazare en 1608, aboli en 1789.

Notre-Dame-de-Bellecombe (73850), comm. de Savoie (arr. d'Albertville) ; 371 h. Station de sports d'hiver.

Notre-Dame-de-Bondeville (76150 Maromme), comm. de la Seine-Maritime (arr. de Rouen) ; 5 794 h. (*Bondevillais*). Textiles.

Notre-Dame-de-Gravenchon (76330), comm. de la Seine-Maritime (arr. du Havre) ; 6 273 h. (*Gravenchonnais*). Raffineries de pétrole.

Notre-Dame-de-Lorette (*colline de*), hauteur du Pas-de-Calais, au nord d'Arras. Occupées par les Allemands dès octobre 1914, les hauteurs de Notre-Dame-de-Lorette furent reconquises par les Français de janvier à mai 1915.

Nottingham, v. d'Angleterre, sur la Trent, ch.-l. du *Nottinghamshire* (903 000 h.) ; 311 000 h. Université. Industries mécaniques, chimiques et textiles.

notule n. f. (bas lat. *notula,* dimin. de *nota,* marque). Courte annotation.

Nouadhibou, anc. **Port-Étienne,** port de la Mauritanie ; 12 000 h. Importante base de pêche. Exportation du minerai de fer exploité dans la région de F'Derick.

nouage n. m. Action de nouer. ‖ Opération de tissage qui consiste à nouer les fils d'une chaîne terminée à ceux de la chaîne nouvelle qui lui succède.

nouaison [nwɛzɔ̃] n. f. Formation du fruit qui succède à la fleur.

Nouakchott, cap. de la Mauritanie, près de l'Atlantique ; 35 000 h. Ville créée en 1958.

nouba [nuba] n. f. (mot arabe). Musique des anciens régiments de tirailleurs nord-africains. ‖ Chez les Arabes, grande composition vocale ou instrumentale. ● *Faire la nouba* (Fam.), faire la noce.

noue [nu] n. f. (empr. au gaul.). Sol gras et humide, cultivé en pâturages.

noue n. f. (du lat. *navis,* navire). *Constr.* Angle rentrant, formé par la rencontre des surfaces inclinées de deux combles. ‖ Lame de plomb ou de zinc servant de rigole à cet endroit. ‖ Tuile creuse placée dans cet angle pour l'écoulement des eaux.

noué, e adj. Rachitique, qui ne grandit pas : *cet enfant est noué.* ‖ Contracté par l'émotion : *avoir la gorge nouée.*

nouer [nwe] v. t. (lat. *nodare*). Lier avec un nœud : *nouer un bouquet.* ‖ Faire un nœud à : *nouer une cravate.* ‖ Former, organiser : *nouer une intrigue, une amitié.*

noueux, euse adj. (lat. *nodosus*). Qui a des nœuds ou des nodosités : *bâton, doigt noueux.*

nougat [nuga] n. m. (mot provenç.). Confiserie faite d'amandes, de sucre et parfois de miel.

nougatine n. f. Petit gâteau de pâte à génoise parfumée, fourré, par tranches, de crème pralinée et glacé au sucre.

nouille [nuj] n. f. (allem. *Nudel*). Pâte alimentaire à base de semoule de blé dur, laminée, découpée en lanières minces, déshydratée et prête à l'emploi culinaire. ‖ *Fam.* Personne sans énergie.

noulet [nulɛ] n. m. Assemblage de noues, formant un canal pour l'écoulement des eaux. ‖ Assemblage de pièces de charpente placées à l'intersection de deux combles n'ayant pas la même hauteur.

Nouméa, cap. de la Nouvelle-Calédonie, sur la côte sud-ouest de l'île ; 35 000 h. Principal port de l'île.

noumène [numɛn] n. m. (gr. *nooumenon*). *Philos.* Chose telle qu'elle est en soi (par oppos. à *phénomène*), dans la philosophie de Kant.

Noureïev (Rudolf), danseur d'origine soviétique, naturalisé anglais en 1962, né dans la région d'Irkoutsk en 1938, un des plus brillants danseurs contemporains, attaché au Royal Ballet depuis 1962.

nourrain [nurɛ̃] n. m. (du lat. *nutrire,* nourrir). Groupe d'alevins qu'on jette dans un étang pour le repeupler. ‖ Cochon de lait qu'on engraisse.

nourri, e adj. Gros, plein : *grain nourri.*

nourrice n. f. (du lat. *nutrix, nutricis*). Mère qui allaite ses enfants. ‖ Femme qui allaite un enfant qui n'est pas le sien. ‖ Réservoir supplémentaire pour l'alimentation d'une chaudière ou d'un moteur. ‖ Pièce d'où partent plusieurs tuyauteries divergentes. ● *Mettre un enfant en nourrice,* le donner à nourrir à une femme, hors de la maison de ses parents. ‖ *Nourrice sèche,* femme qui élève un enfant au biberon.

nourricerie n. f. Etablissement où l'on élève des enfants en bas âge.

nourricier, ère adj. Qui sert à la nutrition : *suc nourricier.* ‖ Qui assure la subsistance : *père nourricier.*

nourrir [nurir] v. t. (lat. *nutrire*). Servir à la nutrition : *le sang nourrit le corps.* ‖ Fournir des aliments à : *nourrir des animaux.* ‖ Allaiter : *nourrir un enfant.* ‖ — *Fig.* Former : *la lecture nourrit l'esprit.* ‖ Entretenir, faire durer : *nourrir l'espoir.* ‖ Renforcer la matière d'un discours, d'un tableau, d'un débat, d'un texte. ‖ — Syn. : ALIMENTER, FORTIFIER, RASSASIER, RAVITAILLER, RESTAURER.

nourrissage n. m. Action d'élever les bestiaux.

nourrissant, e adj. Qui nourrit beaucoup : *viande très nourrissante.*

nourrissement n. m. Action d'apporter à une ruche une nourriture supplémentaire (miel, sucre), lorsque ses provisions pour l'hiver sont insuffisantes, ou pour provoquer une production plus abondante de miel.

nourrisseur n. m. Personne qui engraisse du bétail pour la boucherie. ‖ Récipient pour le nourrissement des abeilles. ● *Nourrisseur automatique,* appareil qui assure la distribution automatique des aliments aux animaux de la ferme (porcs, volailles, etc.).

nourrisson n. m. Enfant en bas âge, de 21 jours à 2 ans. (De la naissance à 21 jours, on dit *nouveau-né ;* après 2 ans, quand toutes les dents de lait sont sorties, on dit *petit enfant.*)
— ENCYCL. Le *nourrisson* passe de 3,500 kg à la naissance à 11,500 kg environ à la fin de la deuxième année. L'alimentation est d'abord uniquement lactée, puis, peu à peu, elle est complétée par des bouillies, du jus de viande, etc., et comporte, lors de l'apparition des premières dents, des aliments semi-solides ou solides (purées, gâteaux). La sortie des canines peut être prise comme point de repère pour le début de l'alimentation carnée.

nourriture n. f. Aliment. ‖ *Fig.* Ce qui forme, développe : *la science est la nourriture de l'esprit.*

Nourritures terrestres (*les*), d'A. Gide (1897). L'auteur y exprime l'exaltation d'un être jeune qui se libère de toutes les contraintes et cherche le bonheur dans l'obéissance à tous les désirs.

nous [nu] (lat. *nos*), pron. pers. de la 1re pers. du pl. des deux genres. (Les souverains, les évêques dans leurs mandements, les papes dans leurs encycliques, les hauts fonctionnaires dans leurs ordonnances, les juges dans leurs arrêts, et quelquefois les auteurs disent *nous* [*nous* de majesté], au lieu de *je, moi,* et les adjectifs et les participes se mettent alors au sing. : *nous sommes persuadé ; cela nous a frappé.*)

nouure [nwyr] n. f. Déformation des os due au rachitisme et caractérisée par des épaississements en forme de nœuds. ‖ Formation du fruit qui succède à la fleur.

nouveau [nuvo] ou **nouvel** (devant une voyelle ou un *h* muet), **elle** [-ɛl] adj. (lat. *novellus*). Qui n'existe ou n'est connu que depuis peu de temps : *livre nouveau ; mots nouveaux.* ‖ Qui succède à d'autres choses de même nature : *la saison nouvelle.* ‖ Novice, inexpérimenté : *être nouveau dans un genre d'affaires.* (Le mot *nouveau* prend des sens différents selon qu'il est placé avant ou après le substantif : *robe nouvelle,* d'une forme récente ; *nouvelle robe,* autre que celle qu'on vient de quitter.) ‖ — Contr. : ANCIEN, ANTIQUE, VIEUX. ● *Homme nouveau,* homme qui s'illustre, mais dont les ancêtres sont restés inconnus. ‖ *Le Nouveau Monde,* l'Amérique. ‖ *Le Nouveau Testament,* les livres saints propres au christianisme. ‖ *Nouveau visage,* personne qu'on n'avait pas encore vue. ‖ *Nouvel an,* premier jour de l'année. ‖ *Nouvelle vague,* V. VAGUE. ‖ — N. m. Ce qui est récent : *le nouveau plaît toujours.* ‖ Chose surprenante : *voilà du nouveau.* ‖ — N. Elève qui fait ses débuts dans une école, dans une classe. ‖ — Adv. Récemment : *enfant nouveau-né.* (Les expressions *nouveau venu, nouveaux mariés, nouvelles converties,* etc., forment tantôt une locution nominale, tantôt une locution adjective.) ‖ — Loc. adv. **A nouveau,** en recommençant une première tentative : *reprendre à nouveau un projet ;* indication du transport d'une somme d'un compte ancien à un compte nouveau. ‖ **De nouveau,** encore une fois : *être condamné de nouveau.*

Nouvelle Héloïse (*la*). V. JULIE.

Nouvelle Revue française (*la*) [**N. R. F.**], revue mensuelle fondée en 1909. Interrompue de 1943 à 1953, elle s'appela, depuis sa réapparition jusqu'en 1959, *la Nouvelle Nouvelle Revue française,* puis reprit son ancien titre.

Nouveau (Germain), poète français, né à Pourrières (Var) [1851-1920]. Il mena une vie errante, entrecoupée de crises de mysticisme. Son œuvre, éditée contre sa volonté ou après sa mort, a exercé une certaine influence sur le lyrisme moderne (*Poésies d'Humilis,* 1910).

Nouveau-Brunswick, en angl. **New Brunswick,** une des provinces « maritimes » du Canada, sur l'Atlantique ; 617 000 h. Cap. *Fredericton.* Le Nouveau-Brunswick appartient à la partie appalachienne du Canada ; il juxtapose plateaux (dont l'altitude oscille entre 300 et 600 m), vallées intérieures et plaines littorales. Le climat, humide et frais, est responsable de l'extension de la forêt (dont l'exploitation est une des ressources majeures de la province), de l'importance de l'élevage bovin (pour le lait), de la relative faiblesse des cultures (céréales, pomme de terre, fruits). La position littorale explique l'importance de la pêche. L'industrie valorise partiellement les richesses du sol (industrie du papier) et du sous-sol (minerais divers), cependant que le tourisme se développe. La province compte une importante minorité de francophones (plus du tiers de la population totale).
● *Histoire.* Cette partie de l'Acadie française fut donnée à l'Angleterre en 1713. Elle devint province en 1784. En 1867, elle entra dans la Confédération canadienne.

Nouveau-Mecklembourg. V. NOUVELLE-IRLANDE.

Nouveau-Mexique, en angl. **New Mexico,** un des Etats unis d'Amérique, en bordure du *Mexique ;* 1 027 000 h. Cap. *Santa Fe.* S'étendant en majeure partie sur l'extrémité méridionale des montagnes Rocheuses, l'Etat a un climat aride. Les conditions naturelles expliquent la faiblesse du peuplement (moins de 4 h. au kilomètre carré), l'absence des cultures en dehors des secteurs irrigués (consacrés notamment au coton et favorables aussi à l'élevage bovin). Le sous-sol recèle du pétrole, du gaz naturel, du cuivre et de l'uranium.
● *Histoire.* Le Nouveau-Mexique fut cédé aux Etats-Unis en 1848. Plusieurs fois amputé, le territoire, créé en 1850, fut érigé en Etat en 1912.

nouveau-né, e n. Enfant nouvellement né : *les nouveau-nés.* ‖ — Adj. : *des enfants nouveau-nés ; une fille nouveau-née.*
— ENCYCL. En moyenne, à la naissance, le *nouveau-né* mesure 50 cm et pèse 3,250 kg. Après avoir perdu 250 g environ au cours des trois premiers jours, en raison de l'évacuation du méconium, le nouveau-né doit ensuite augmenter journellement son poids de 25 g jusqu'à l'âge

le rocher Notre-Dame dans la baie de Hienghène

Nouvelle-Calédonie

mine de nickel dans la région de Thio

de 3 ou 4 mois et l'avoir à 6 mois doublé par rapport à celui qu'il avait à la naissance. La tête, dont les os ne sont pas soudés et laissent entre eux des espaces non ossifiés, appelés *fontanelles,* est chez le nouveau-né très développée par rapport au thorax et aux membres. La circulation placentaire est supprimée dès la naissance, et la circulation normale s'établit, les poumons entrant en activité dès le premier cri (le poumon d'un enfant qui est mort après avoir respiré contient de l'air, alors que celui d'un enfant mort-né n'en contient pas). La mort apparente du nouveau-né à la naissance nécessite, après désobstruction des voies respiratoires, la mise en œuvre de manœuvres de réanimation : frictions cutanées ou bains chauds, pouvant être alternés avec de courtes immersions dans l'eau froide ; pour faire apparaître par voie réflexe les premiers mouvements inspiratoires, au besoin insufflation (éventuellement par bouche-à-bouche) directe d'air dans les voies respiratoires ou oxygénothérapie.

Nouveau-Québec ou **Ungava,** région du Canada, à l'est de la baie d'Hudson. Minerai de fer.

nouveauté n. f. Qualité de ce qui est nouveau : *la nouveauté d'une mode.* || Chose nouvelle : *aimer les nouveautés.* || Livre nouvellement publié. ● *Articles de nouveauté,* articles de fantaisie caractéristiques de la dernière mode. || *Magasin de nouveautés,* magasin qui vend ces articles.

nouvelle [nuvɛl] n. f. Annonce d'une chose, d'un événement arrivé récemment. || Composition littéraire appartenant au genre du roman, mais dont elle se distingue par la moindre longueur du texte et la simplicité du sujet. (V. *encycl.*) || — N. f. pl. Renseignements sur la santé, la situation, etc., d'une personne : *donnez-moi de vos nouvelles.*

— ENCYCL. La *nouvelle* apparaît dans la littérature française au XVe s. ; le sens même du mot est influencé par le mot italien *novella,* qui désigne un conte satirique en prose, d'où est exclu tout élément merveilleux. Les nouvelles écrites alors en France mêlent l'imitation des contes italiens à la tradition médiévale des fabliaux (*les Cent Nouvelles nouvelles,* 1462). Sous l'influence des modèles espagnols (*Nouvelles exemplaires,* de Cervantès), le genre s'enrichit au XVIIe s., mais La Fontaine donne le titre de *Nouvelles* (1664) aux récits en vers qu'il tire de Boccace et de l'Arioste. Bien que l'on ait tendance à réserver le titre de « contes » aux récits qui contiennent des éléments merveilleux ou fantastiques, la confusion entre *conte* et *nouvelle* se prolonge jusqu'au XIXe s. : ainsi, Maupassant, maître de la nouvelle réaliste, intitule certains de ses recueils *Contes de la bécasse, Contes du jour et de la nuit.* Le genre reste bien défini dans la littérature moderne, où la condensation du récit et l'objectivité du narrateur semblent être ses caractères essentiels. L'influence des nouvellistes russes (Gogol', Tourgueniev, Tchekhov), anglais (K. Mansfield), américains (Hemingway) s'unit au développement de la presse pour faire de cette forme littéraire un genre particulièrement vivant (M. Aymé, J. D. Salinger, J. Updike, F. O'Connor, I. Kazakov).

Nouvelles exemplaires, par Cervantès (1613). Picaresques (*la Petite Gitane*), réalistes (*le Colloque des chiens*) ou idéalistes (*les Deux Jeunes Filles*), elles sont « exemplaires », car la morale y est toujours sauve.

Nouvelles littéraires, artistiques et scientifiques (*les*), journal hebdomadaire d'information, de critique et de bibliographie, fondé en 1922 par André Gillon.

Nouvelles nouvelles (*les Cent*), recueil de contes (1462), composé dans l'entourage de Philippe le Bon, duc de Bourgogne, et attribué sans preuves à Antoine de La Sale.

Nouvelle (LA). V. PORT-LA-NOUVELLE.

Nouvelle-Amsterdam (la), île du sud de l'océan Indien, française depuis 1893. Station météorologique.

Nouvelle-Amsterdam (LA), anc. nom de la ville de *New York*.*

Nouvelle-Angleterre, nom donné aux six Etats américains qui correspondent aux colonies anglaises fondées au XVIIe s. : Maine, New Hampshire, Vermont, Massachusetts, Rhode Island, Connecticut.

Nouvelle-Bretagne, en angl. **New Britain,** île de la Mélanésie, sous tutelle australienne, dans l'archipel Bismarck ; 122 200 h. Coprah. De 1884 à 1914, ce fut un protectorat allemand sous le nom de *Neupommern* (*Nouvelle-Poméranie*).

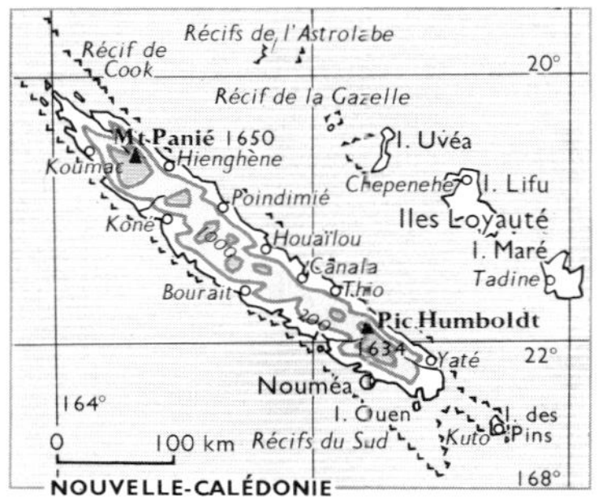

Nouvelle-Calédonie, île française de l'Océanie, à l'est de l'Australie ; 16 117 km^2 ; 99 900 h. (*Néo-Calédoniens*). Cap. *Nouméa.*

● *Géographie.* Située sur plus de 400 km du nord-ouest au sud-est, entre le 20e degré de lat. sud et le tropique du Capricorne, entourée par un récif-barrière, la Nouvelle-Calédonie est formée de roches sédimentaires plissées et de roches éruptives anciennes minéralisées, ce qui lui donne une topographie accidentée (1 650 m au mont Panié). Les moyennes thermiques mensuelles oscillent entre 20 et 26 °C ; les précipitations sont plus abondantes sur la côte orientale (2 à 3 m) que sur le littoral occidental, abrité (1 200 mm à Nouméa). La forêt a reculé devant la savane et le maquis.

Descendant des colons du XIXe s. la population blanche est numériquement presque aussi importante que la population mélanésienne. L'île possède encore des minorités tahitiennes, wallisiennes et indonésiennes, importées pour le travail des plantations et surtout pour les mines, fondement de l'économie. L'extraction du chrome et du fer n'a qu'une importance très secondaire par rapport à celle du nickel (traité à Doniambo), dont la Nouvelle-Calédonie est le deuxième producteur mondial. Le nickel assure seul plus de 95 p. 100 des exportations et explique le solde positif de la balance commerciale. Parmi les cultures de plantations émerge celle du café. La capitale, Nouméa, regroupe environ 40 p. 100 de la population, qui s'accroît à un rythme de l'ordre de 3 p. 100 par an.

● *Histoire.* Découverte par Cook en 1774, la Nouvelle-Calédonie fut colonisée par les Français à partir de 1843. Mais elle ne devint officiellement française qu'en 1853. De 1864 à 1896, elle accueillit des déportés politiques, notamment ceux de la Commune. La Nouvelle-Calédonie est territoire d'outre-mer depuis 1958.

Nouvelle-Écosse, en angl. **Nova Scotia,** une des Provinces maritimes du Canada, sur l'Atlantique ; 756 000 h. Cap. *Halifax.* La province s'étend sur la Nouvelle-Ecosse proprement dite (péninsule entaillée par le golfe du Saint-Laurent et la baie de Fundy) et sur l'île du Cap-Breton, séparées par le détroit de Canso. L'ensemble appartient à la partie appalachienne du Canada, où, en dehors de plaines littorales, se développent des plateaux d'altitude médiocre, découpés par des vallées. La pêche (homard, morue, hareng, etc.), l'exploitation de la forêt (papier, scieries) et l'extraction de la houille (alimentant la sidérurgie de Sydney) constituent les principales ressources de la province.

● *Histoire.* Les Français fondèrent Port-Royal en 1605. Longtemps disputée entre Français et Anglais, la Nouvelle-Ecosse devint définitivement anglaise au traité d'Utrecht (1713) ; l'île du Cap-Breton resta française jusqu'en 1751. La province entra dans la Confédération canadienne en 1867.

Nouvelle-France, nom porté au XVIIe s. par les possessions françaises du Canada.

Nouvelle-Galles du Sud, en angl. **New South Wales,** un des Etats du Commonwealth australien, sur l'océan Pacifique ; 4 382 000 h. Etat le plus peuplé de l'Australie, la Nouvelle-Galles du Sud possède la principale ville du pays, qui en est aussi le premier port, Sydney, où se concentre plus de la moitié de la population de l'Etat. Sur son territoire a été édifié le plus grand centre sidérurgique australien (Port Kembla). On y exploite le plus gros bassin houiller du pays (vallée de la Hunter) et de riches gisements de minerais métalliques (argent, plomb, zinc à Broken Hill).

Nouvelle-Grenade, anc. nom de la *Colombie*.*

Nouvelle-Guinée, la plus grande île du globe (771 900 km^2, sans les îles côtières) après le Groenland, au nord de l'Australie. Politiquement, elle comprend : 1° la *Nouvelle-Guinée occidentale,* ou *Irian occidental* (412 800 km^2 avec les îles côtières ; 923 000 h. ; ch.-l. *Djajapura* [anc. *Hollandia*]) ; 2° la *Nouvelle-Guinée orientale,* qui constitue l'Etat de *Papouasie-Nouvelle-Guinée.*

● *Géographie.* Une longue chaîne étirée d'ouest en est, où l'altitude dépasse souvent 3 000 m (5 040 m au pic Sukarno), sépare une moitié septentrionale au relief élevé, parsemée de dépressions marécageuses (plaine du Sepik), d'une partie méridionale basse, correspondant aux bassins du Fly et du Digoel, et parfois envahie par la mangrove. Entre l'équateur et le 11e degré de lat. sud, la Nouvelle-Guinée a un climat chaud et humide, où la disposition du relief introduit des nuances locales. Dans l'ensemble de l'île, la température se maintient constam-

Nouvelle-Guinée
la chaîne centrale
dans la région de Goroka

Phot. Air France, Coopération, Villeminot.

ment autour de 25 °C. Les précipitations, tombant pratiquement en toutes saisons, sont abondantes, généralement supérieures à 2 500 mm ; elles sont inférieures à ce chiffre dans l'extrémité sud-est, relativement abritée, où s'amorce une saison sèche de juin à octobre. La forêt équatoriale domine, mais la savane couvre une partie des hautes terres, et l'action des feux de brousse contribue à l'étendre. Les conditions climatiques expliquent la faiblesse du peuplement (4 h. au kilomètre carré en moyenne), constitué essentiellement de tribus papoues, pratiquant la culture itinérante sur brûlis, la cueillette, la pêche et la chasse. Quelques cultures ont été introduites ou développées par la minorité européenne (environ 20 000 Blancs, concentrés dans de petits ports : Madang, Lae et Port Moresby) : cocotiers, plantations d'hévéas, de cacaoyers et de caféiers.

● *Histoire*. Visitée par les Portugais et les Espagnols au XVIe s., l'île ne fut occupée que sur les côtes, d'abord par les Malais, puis par les Hollandais (dès 1660). En 1884-1885, elle fut partagée entre les Pays-Bas (partie occidentale), les Allemands et les Anglais (protectorats sur la partie orientale). La Papouasie britannique fut attribuée au Commonwealth australien en 1906, et le territoire allemand fut confié à l'Australie comme mandat en 1921, puis comme territoire sous tutelle en 1946. Reprise aux Japonais en 1944, l'île servit de base aux Alliés pour la reprise des Philippines. Revendiquée par la République indonésienne, la Nouvelle-Guinée occidentale (Irian occidental) est passée sous l'administration de l'Indonésie en 1963. Quant à la partie orientale de l'île, elle forme depuis 1973 l'*Etat de Papouasie-Nouvelle-Guinée*, résultat de la fusion de la Papouasie et du territoire qui avait été confié à la tutelle de l'Australie.

Nouvelle-Irlande, île de l'archipel Bismarck (Mélanésie), proche de la Nouvelle-Guinée ; 42 200 h. Ch.-l. *Kavieng*. C'est l'anc. *Neumecklenburg* (*Nouveau-Mecklembourg*) des Allemands.

nouvellement adv. Depuis peu, récemment.

Nouvelle-Orléans (LA), en angl. **New Orleans,** v. du sud des Etats-Unis, en Amérique, sur le Mississippi ; 681 000 h. Bâtie autour du *Vieux Carré*, ancien quartier français, la ville est un important centre commercial et industriel. La Nouvelle-Orléans est la plus grande ville de la Louisiane et le principal port des Etats-Unis sur le golfe du Mexique.

Nouvelle-Orléans (*style*) ou **New Orleans style,** style original de jazz, né au début du XXe s. dans le sud des Etats-Unis et caractérisé par l'improvisation collective, le jeu « sur le temps » de l'instrument qui mène et le soubassement rythmique à 2 temps, composant une mise en valeur du contretemps.

Nouvelle-Poméranie. V. NOUVELLE-BRETAGNE.

Nouvelles-Hébrides, archipel de l'Océanie, au nord-est de la Nouvelle-Calédonie ; 14 761 km² ; 80 000 h. Ch.-l. *Vila* ou *Port-Vila* (dans l'île Vaté). Formé d'environ 80 îles (Espiritu Santo, Mallicolo, Vaté, etc.), dont le relief montagneux est lié à l'origine volcanique, l'archipel a un climat chaud et humide. La population, mélanésienne, comporte une minorité européenne d'environ 2 000 unités. Elle vit des cultures des tubercules et surtout de la culture du cocotier, celle-ci étant la base des exportations. Dans l'île Vaté est exploité un gisement de manganèse.

● *Histoire*. Découvertes dès le XVIIe s., ces îles reçurent de Cook leur nom actuel en 1774. Colonisé conjointement par l'Angleterre et la France à partir de 1870, l'archipel devint un condominium en 1887.

Nouvelle-Sibérie, archipel des côtes arctiques de l'U. R. S. S., entre la mer des Laptev et la mer de Sibérie orientale.

Nouvelle-Zélande, Etat de l'Océanie, au sud-est de l'Australie ; 270 000 km² ; 2 726 000 h. (*Néo-Zélandais*). Cap. *Wellington*. Langue : *anglais*.

Géographie.

● *Géographie physique*. A 2 000 km de l'Australie, la Nouvelle-Zélande est formée de deux îles principales (l'île du Nord et l'île du Sud), allongées sur 1 500 km entre les 34e et 47e degrés de lat. sud. La latitude explique le caractère tempéré du climat. Les moyennes thermiques mensuelles oscillent entre 11 et 19 °C à Auckland, dans le Nord, et entre 7 et 14 °C à Dunedin, dans le Sud. La différence n'est pas considérable ; elle ne l'est pas non plus en ce qui concerne le rythme des précipitations, tombant toute l'année, avec un léger maximum hivernal. Le volume des précipitations varie davantage, en raison surtout de la vigueur du relief, déterminant aussi des contrastes d'exposition. L'ensemble a un relief montagneux, mais, dans l'île du Sud, les Alpes néo-zélandaises, ciselées par les glaciations quaternaires, approchent 4 000 m. Les précipitations sont très élevées sur la côte occidentale, exposée aux vents d'ouest (*westerlies*) et recevant souvent de 3 à 5 m de pluies. Celles-ci se raréfient considérablement sur le littoral oriental, abrité (moins de 1 000 mm à Dunedin). Les écarts de pluviosité sont moindres dans l'île du Nord, relativement plus basse et dont les points culminants correspondent à des volcans. La majeure partie des terres reçoivent ici de 1 000 à 1 500 mm de pluies. La forêt, végétation naturelle, a beaucoup reculé devant l'action de l'homme, qui a développé les pâturages. Elle s'est relativement conservée dans la montagne, mais couvre aujourd'hui moins du quart de la superficie du pays.

● *Géographie humaine et économique*. Comme en Australie, la majeure partie de la population est d'origine européenne (essentiellement britannique), mais il subsiste ici une forte minorité indigène (les Maoris, au nombre de 200 000), dont l'importance croît en raison d'un taux de natalité élevé (de l'ordre de 40 p. 1 000). Pour l'ensemble de la population, le taux de natalité est supérieur à 20 p. 1 000, et le taux de mortalité inférieur à 10 p. 1 000. L'excédent naturel assure plus des deux tiers de l'augmentation de la population, le dernier tiers correspondant à une immigration d'origine principalement britannique. La population est urbanisée à 70 p. 100. Quatre villes (Auckland, Christchurch, Wellington et Dunedin) dépassent 100 000 h. et regroupent ensemble 40 p. 100 de la population du pays. Celle-ci est groupée pour plus des deux tiers dans l'île du Nord, pourtant moins étendue, mais à la topographie moins accidentée. L'élevage est le fondement de l'économie. Celui des ovins, dont le nombre de têtes est de l'ordre de 60 millions (plus de 20 ovins par habitant) est largement prépondérant ; il est répandu pratiquement dans tout l'archipel. L'élevage bovin, pratiqué surtout dans l'île du Nord, est relativement moins développé, le nombre de têtes dépassant cependant 7 millions. Les cultures n'ont qu'une importance secondaire. Moins de 3 p. 100 des terres leur sont réservées, alors que les pâturages occupent la moitié de la superficie du pays. A côté de quelques vergers, le blé et l'orge dominent largement.

L'industrie est essentiellement liée à l'agriculture, dont elle traite les produits dans de nombreuses usines alimentaires et textiles. Les autres branches sont encore peu développées (en dehors de constructions mécaniques destinées à la consommation nationale). Le développement industriel est défavorisé par la pauvreté énergétique du sous-sol, qui fournit des quantités minimes de charbon et de lignite. Le déficit énergétique n'est que partiellement comblé par les nombreux aménagements

La Nouvelle-Orléans

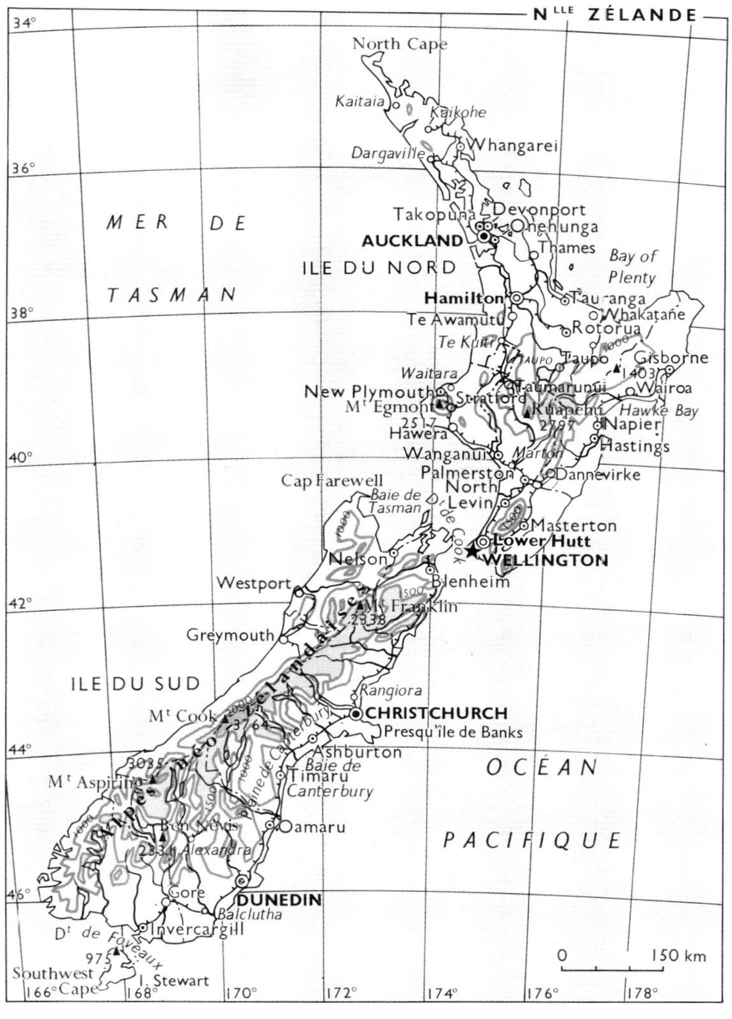

Nouvelle-Zélande

barrage de Maraetai au nord du lac Taupo

troupeau de moutons

hydrauliques, qui fournissent plus des quatre cinquièmes d'une production d'électricité de l'ordre de 12 TWh. Une raffinerie traitant du pétrole importé a été construite à Whangarei.
La balance commerciale est à peu près équilibrée en valeur. La composition des échanges l'est beaucoup moins. Les produits de l'élevage (laine, viande, beurre, fromage, etc.) assurent plus de 90 p. 100 des exportations. Les articles manufacturés et les biens d'équipement constituent les deux tiers des importations. La majeure partie du commerce néo-zélandais s'est longtemps effectuée avec la Grande-Bretagne. Celle-ci demeure le principal partenaire commercial du pays, mais sa part recule sans cesse (35 p. 100 des importations et 40 p. 100 des exportations en 1967).
Le niveau de vie moyen est l'un des plus élevés du monde : une voiture de tourisme pour 3 h., un téléphone pour 2 h., un téléviseur pour 4 h., une densité moyenne d'occupation par pièce de 0,7 personne (97 p. 100 des logements possèdent une salle de bains). Les disponibilités individuelles en produits industriels de base, grâce surtout aux importations, sont proches de celles de l'Europe occidentale : 2,5 t de charbon-équivalence pour l'énergie, 250 kg d'acier, plus de 4 000 kWh d'électricité. Cette prospérité s'est édifiée sur la vente de produits agricoles, dont des difficultés actuelles d'écoulement se combinent avec une distorsion des prix agricoles et industriels. La structure de l'économie explique le ralentissement de la croissance depuis quelques années, et les perspectives d'avenir sont relativement peu encourageantes (l'hypothèse d'une entrée de la Grande-Bretagne dans le Marché commun fait notamment peser une lourde menace). Des efforts sont aujourd'hui tentés pour diversifier la production, c'est-à-dire pour développer l'industrie (mise en place d'une unité sidérurgique, d'une fonderie d'aluminium, etc.).

Histoire.

En 1642, Tasman longea la côte occidentale de l'archipel, dont Cook explora les abords en 1769. En 1840, les Anglais, devançant les Français, imposèrent par la force leur suzeraineté aux chefs maoris. Une Constitution fut donnée en 1852 à la Nouvelle-Zélande, qui devint un dominion en 1907. Depuis 1861, l'exploitation de l'or avait attiré de nombreux immigrants. Le ministère Seddon (1893-1906) fut marqué par une importante législation économique et sociale. Après 1929, on freina l'immigration pour maintenir le haut niveau de vie.
Le parti travailliste est au pouvoir de 1935 à 1949, de 1957 à 1960 et depuis 1972. La Nouvelle-Zélande, qui a participé aux deux guerres mondiales aux côtés des Alliés, est intégrée dans le système américain de défense du Sud-Est asiatique.

Nouvelle-Zemble, en russe **Novaïa Zemlia** (« Terre nouvelle »), archipel des côtes arctiques de l'U. R. S. S., entre les mers de Barents et de Kara.

nouvelliste n. Personne qui écrit des nouvelles.

Nouvion (80860), ch.-l. de c. de la Somme (arr. d'Abbeville) ; 1 026 h.

Nouvion-en-Thiérache (Le) [02170], ch.-l. de c. de l'Aisne (arr. de Vervins) ; 3 343 h. Verrerie.

Nouzonville (08700), comm. des Ardennes (arr. de Charleville-Mézières), sur la Meuse ; 7 798 h. Métallurgie.

nova [nɔva] n. f. (lat. *nova* [*stella*], nouvelle [étoile]). Etoile qui, augmentant brusquement d'éclat, semble constituer une étoile nouvelle. ‖ Pl. des *novae*.
— Encycl. L'accroissement de luminosité se fait en quelques jours, et la magnitude peut s'accroître de 12 unités, mais il faut une dizaine d'années pour qu'une *nova* retrouve sa luminosité initiale. La *nova* constitue un phénomène de surface correspondant à un faible débit d'énergie ; en revanche, le phénomène de supernova correspond à l'explosion d'une étoile.

Nova Goa. V. Panjim.

Novaïa Zemlia. V. Nouvelle-Zemble.

Nova Iguaçu, v. du Brésil, près de Rio de Janeiro ; 134 700 h. Zinc.

Novák (Vítězslav), compositeur tchèque, né à Kamenice (1870-1949). Elève de Dvořák, il a abordé tous les genres (opéras, cantates, poèmes symphoniques, musique de chambre, musique de piano).

Novalis (Friedrich, *baron* von Hardenberg, dit), écrivain allemand, né à Wiederstedt (1772-1801). A Iéna, où il rencontra les frères Schlegel et Fichte, dont l'idéalisme l'influença profondément, il suivit les cours d'histoire de Schiller. La mort de sa jeune fiancée, Sophie von Kühn, l'orienta vers l'exaltation mystique (*Hymnes à la nuit,* 1800). Tout en se tournant vers la recherche scientifique (il devait entrer dans l'administration des mines), il entreprit une méditation philosophique et allégorique sur les phénomènes de la nature (*les Disciples à Saïs,* commencés en 1798), puis participa activement à la vie du groupe romantique d'Iéna. Il laissait à sa mort des *Cantiques* et un roman inachevé, *Henri d'Ofterdingen* (1802), évocation du poète romantique à la recherche de l'idéal.

Nova Lisboa, v. de l'Angola central ; 37 400 h.

Novare, v. d'Italie (Piémont) ; 95 700 h. Centre industriel (produits chimiques). Défaite des Français en 1513, et du roi de Sardaigne Charles-Albert devant l'Autrichien Radetzky en 1849.

novateur [nɔvatœr], **trice** [-tris] adj. et n. (du lat. *novare,* renouveler). Qui innove : *esprit novateur.*

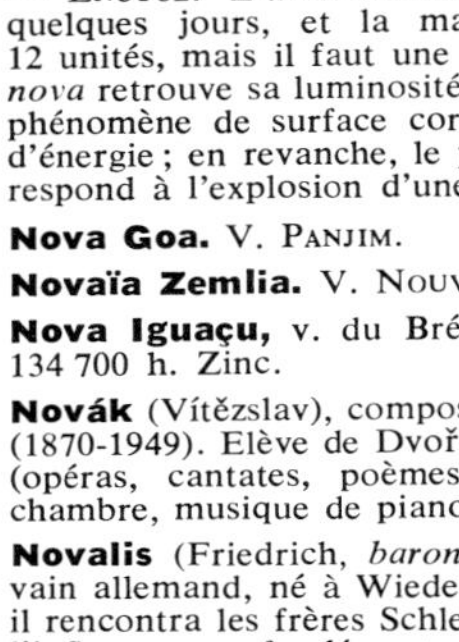

Novalis
gravure anonyme
archives de Bonn

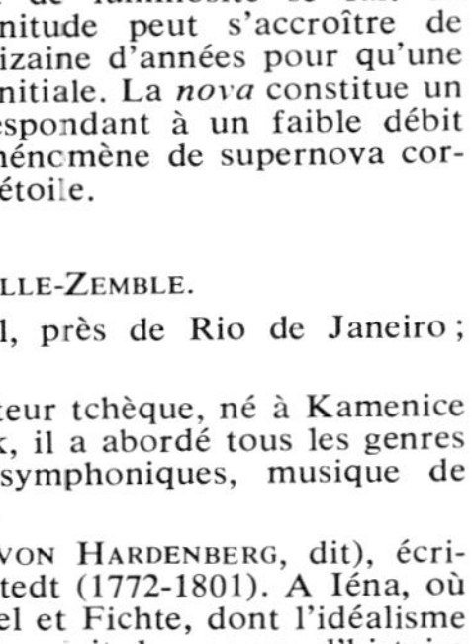

Noverre
par Perronneau
musée de l'Opéra

novatianisme n. m. Doctrine de Novatien et de ses successeurs (IIIe-VIIIe s.).

Novatien, antipape et hérésiarque (IIIe s.), fondateur de la secte des *novatiens,* qui, très sévère à l'égard des *lapsi* et partisane d'un rigorisme exagéré, mettait en doute la bonté de Dieu.

novatien, enne adj. Relatif au novatianisme. ‖ — N. Partisan du novatianisme.

novation [nɔvasjɔ̃] n. f. (lat. *novatio*). Substitution d'un nouveau titre de créance à un ancien.

novatoire adj. Qui est de la nature de la novation, ou relatif à la novation : *acte novatoire.*

novembre [nɔvɑ̃br] n. m. (du lat. *novem,* neuf [l'année romaine commençant au mois de mars]). Onzième mois de l'année.

Novempopulanie [nɔvɛm-], prov. romaine, qui couvrait le sud-ouest de l'Aquitaine.

nover [nɔve] v. t. (lat. *novare*). *Dr.* Renouveler une obligation : *nover une créance.*

Noverre (Jean Georges), chorégraphe et écrivain de la danse français, né à Paris (1727-1810). Considéré comme le créateur du ballet d'action en France, il réalisa également d'importantes réformes scéniques (suppression des masques, des perruques et des robes à paniers). Maître de ballet auprès de plusieurs cours européennes et auteur de plus de cent cinquante ballets (*le Jugement de Pâris,* 1755 ; *Médée et Jason,* 1763), il collabora avec Gluck (*Iphigénie en Tauride*) et Mozart (*les Petits Riens*). Auteur des *Lettres sur la danse et les ballets* (1760), il fut membre de l'Académie royale de musique (1776).

Noves (13550), comm. des Bouches-du-Rhône (arr. d'Arles) ; 3 579 h. (1 297 aggl.). Patrie de Laure de Sade, chantée par Pétrarque.

Novgorod, v. de l'U. R. S. S. (R. S. F. S. de Russie), au sud de Leningrad ; 128 000 h. Indépendante des princes de Kiev dès le XIe s., Novgorod fut au XIIIe s. un des centres les plus brillants de la civilisation russe et une importante place de la Ligue hanséatique, en relation avec l'Orient et la Baltique. La ville conserve de nombreux édifices religieux du Moyen Age.

novice [nɔvis] n. (lat. *novicius ;* de *novus,* nouveau). Personne qui a pris nouvellement l'habit religieux dans un couvent pour y passer un temps d'épreuve. ‖ — Adj. Peu exercé, peu habile : *être novice dans un métier.*

noviciat [-sja] n. m. Temps d'épreuve que l'on impose à des novices avant leurs vœux. ‖ Locaux qu'ils habitent. ‖ *Fig.* Apprentissage en général : *l'enseignement demande un long noviciat.*

Novi Ligure, v. d'Italie (Piémont) ; 27 000 h. Sidérurgie.

Novion-Porcien (08270), ch.-l. de c. des Ardennes (arr. de Rethel) ; 573 h.

Novi Sad, v. de Yougoslavie, ch.-l. de la Vojvodine, sur le Danube ; 123 000 h. Métallurgie.

Novochakhtinsk, de 1929 à 1939 **Komintern,** v. de l'U. R. S. S. (R. S. F. S. de Russie), au nord de Rostov-sur-le-Don ; 107 000 h. Centre houiller dans le Donbass oriental.

Novo-Kouznetsk, de 1932 à 1961 **Stalinsk,** v. de l'U. R. S. S. (R. S. F. S. de Russie), en Sibérie, dans le Kouzbass ; 499 000 h. Houille. Sidérurgie. Métallurgie (aluminium).

Novomoskovsk, de 1934 à 1961 **Stalinogorsk,** v. de l'U. R. S. S. (R. S. F. S. de Russie), au sud de Moscou ; 134 000 h. Industries chimiques.

Novorossiisk, port de l'U. R. S. S. (R. S. F. S. de Russie), sur la mer Noire ; 133 000 h. Métallurgie.

Novossibirsk, v. de l'U. R. S. S. (R. S. F. S. de Russie), en Sibérie occidentale, sur l'Ob' ; 1 161 000 h. Fondée en 1883, Novossibirsk est la plus grande ville soviétique à l'est de l'Oural. Elle doit son développement à celui du Kouzbass, dont elle est le centre administratif et technique. Aujourd'hui, elle est une grande cité industrielle (métallurgie, textiles) et un important centre scientifique.

Novotcherkassk, v. de l'U. R. S. S. (R. S. F. S. de Russie), au nord-est de Rostov-sur-le-Don ; 168 000 h. Matériel ferroviaire.

Novotný (Antonín), homme politique tchécoslovaque, né à Letnany, près de Prague, en 1904. Premier secrétaire du parti communiste (1951-1968), il est élu président de la République en 1957 et réélu en 1964 ; il démissionne en 1968.

Novovoronej, localité de l'U. R. S. S. (R. S. F. S. de Russie), près de Voronej. Centrale nucléaire.

Novum Organum ou *Nouvelle Méthode pour l'interprétation de la nature,* traité où Francis Bacon inaugure les règles de la méthode expérimentale et inductive (1620).

Nowa Huta, agglomération de Pologne, dans la banlieue de Cracovie. Centre sidérurgique et métallurgique.

Nowy Bytom, agglomération de Pologne, près de Ruda Śląska*. Houille. Métallurgie.

noyade [nwajad] n. f. Action de noyer ou de se noyer.
— Encycl. Dans la *noyade* par submersion, les mouvements respiratoires s'arrêtent dans une première phase, puis ils reprennent plus intenses, augmentant ainsi l'inondation des voies aériennes avant de cesser à nouveau après des mouvements convulsifs. Le cœur continuant à battre quelques minutes après l'arrêt respiratoire, la res-

Phot. Gazel, légation de Nouvelle-Zélande, Larousse, Lauros-Giraudon.

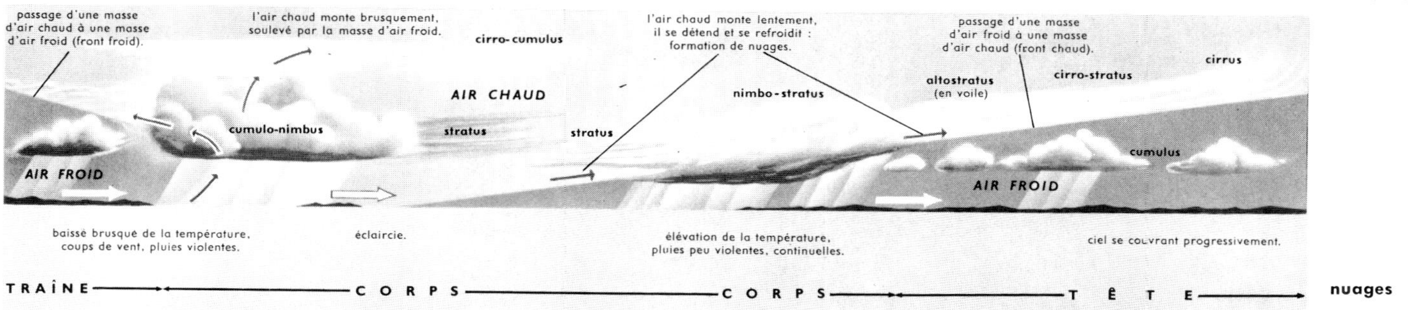

piration artificielle pratiquée immédiatement permet de réanimer des sujets en état de mort apparente.

Noyant (49490), ch.-l. de c. de Maine-et-Loire (arr. de Saumur) ; 1 638 h.

noyau [nwajo] n. m. (du lat. *nux, nucis,* noix). Partie centrale de certains fruits charnus, formée d'un endocarpe lignifié qui entoure la graine, ou amande : *noyau de pêche, de cerise.* ‖ Partie centrale d'un objet qui est d'une densité différente de celle de la masse. ‖ *Anat.* Amas de substance grise dans un centre nerveux, comme les corps striés de la base du cerveau. ‖ *Astron.* Partie d'une comète qui, avec la chevelure, constitue la tête ; partie lumineuse d'une tache solaire. ‖ *Constr.* Axe d'un escalier tournant, sur lequel porte l'extrémité des marches. ‖ *Cytol.* Corps sphérique que l'on observe à l'intérieur de presque toutes les cellules vivantes. (V. *encycl.*) ‖ *Géophys.* Partie centrale du globe terrestre. (V. BARYSPHÈRE et NIFE.) ‖ *Métall.* Pièce résistant à la matière en fusion, que l'on introduit dans un moule pour obtenir des parties creuses sur la pièce coulée. ‖ *Phys.* Partie centrale d'un atome, formée de protons et de neutrons et où est rassemblée sa masse. ‖ Pièce de fer doux placée à l'intérieur d'une bobine d'induction, d'un inducteur de machine électrique. ‖ *Fig.* Premiers éléments d'un groupe : *le noyau d'une colonie.* ● *Noyaux de condensation* (Météorol.), particules très fines en suspension dans l'atmosphère, et qui, ayant la propriété d'activer la condensation de la vapeur d'eau, jouent un rôle essentiel dans le déclenchement des précipitations.
— ENCYCL. *Cytol.* Toute cellule privée expérimentalement de son *noyau* meurt rapidement, et les cellules qui ont perdu naturellement leur noyau (globules rouges du sang humain) n'ont qu'une vie très brève ; de même, une fraction de cellule séparée du noyau (fibre nerveuse coupée) dégénère aussitôt. Les échanges vitaux qui s'opèrent constamment entre le cytoplasme et le noyau ont lieu à travers une *membrane nucléaire,* sauf chez les bactéries et les algues bleues (procaryotes). Au repos, le noyau contient un ou plusieurs nucléoles, aisément observables, et des chromosomes, difficilement observables au microscope optique. Lors de la multiplication cellulaire, ou *mitose,* tout change : la membrane nucléaire disparaît, les nucléoles s'estompent, les chromosomes deviennent alors faciles à observer, enfin il n'existe plus à proprement parler de noyau. Mais celui-ci se reconstitue rapidement dans chacune des deux cellules filles.
Le noyau, site principal des *acides désoxyribonucléiques* (A. D. N.), est le lieu de fabrication des *acides ribonucléiques* (A. R. N.), qui, après avoir transité par le nucléole, gagneront les ribosomes cytoplasmiques et présideront à l'élaboration des enzymes, elles-mêmes directrices de toute l'activité métabolique de la cellule.

noyautage n. m. Action de noyauter.

noyauter v. t. Introduire dans un groupement de personnes (parti, syndicat) des éléments isolés chargés de le diviser, de le désorganiser, ou d'en prendre la direction.

noyé, e adj. (de *noyer* v. t.). Baigné : *yeux noyés de larmes.* ‖ — N. Personne asphyxiée par l'immersion : *rappeler un noyé à la vie.*
— ENCYCL. Les *noyés* repêchés sont le plus souvent en état de mort apparente (arrêt et inondation respiratoire, mais persistance des mouvements du cœur), et il faut immédiatement pratiquer sur eux la respiration artificielle après avoir désobstrué les voies respiratoires supérieures.

Noyelles-Godault (62950), comm. du Pas-de-Calais (arr. de Lens) ; 5 551 h. Métallurgie du plomb et du zinc.

Noyelles-sous-Lens (62430 Sallaumines), comm. du Pas-de-Calais (arr. de Lens) ; 9 834 h. Houille.

noyer [nwaje] v. t. (lat. *necare,* mettre à mort) [conj. **2**]. Faire périr par asphyxie dans un liquide quelconque. ‖ Etendre d'une trop grande quantité d'eau : *noyer son vin, une sauce.* ‖ *Fig.* Faire disparaître, effacer : *noyer son chagrin dans le vin.* ● *Noyer le poisson,* fatiguer un poisson pris à la ligne, de manière à l'amener à la surface ; et, au *fig.,* fatiguer son adversaire avant de frapper le coup décisif. ‖ *Noyer dans le sang,* réprimer par de grandes cruautés. ‖ **— Se noyer** v. pr. Périr dans l'eau. ● *Se noyer dans un raisonnement,* s'y perdre. ‖ *Se noyer dans un verre d'eau,* échouer devant le moindre obstacle, être très maladroit.

noyer [nwaje] n. m. (du lat. *nux, nucis,* noix). Genre de juglandacées, comprenant de grands arbres des régions tempérées, qui portent les *noix,* et dont le bois dur est susceptible d'un beau poli. (Haut. 10 à 25 m ; longévité 300 à 400 ans.) ‖ Bois de cet arbre : *chambre en noyer.*

noyer

Noyers [nwajɛr] (89310), ch.-l. de c. de l'Yonne (arr. d'Avallon) ; 881 h. Restes de remparts (XIIIe-XVIe s.). Eglise gothique (XVe-XVIe s.). Maisons anciennes.

Noyers-sur-Jabron (04200 Sisteron), ch.-l. de c. des Alpes-de-Haute-Provence (arr. de Forcalquier) ; 252 h. (94 aggl.).

Noyon [nwajɔ̃] (60400), ch.-l. de c. de l'Oise (arr. de Compiègne) ; 11 863 h. (*Noyonnais*). Cathédrale (XIIe-XIIIe s.). Musée Calvin. Matériel de bureau. Textiles. Patrie de Calvin, Jacques Sarazin. François Ier et Charles Quint y signèrent un traité d'alliance en 1516. La ville fut occupée par les Allemands en 1914, évacuée par eux en mars 1917, réoccupée après de violents combats (25 mars-9 avr. 1918) et reprise par les Français le 29 août.

Nozay (44170), ch.-l. de c. de la Loire-Atlantique (arr. de Châteaubriant) ; 3 276 h. (1 868 aggl.) [*Nozéens*].

Nozeroy (39250), ch.-l. de c. du Jura (arr. de Lons-le-Saunier) ; 416 h. Château en ruine.

Np, symbole chimique du *neptunium.*

nu n. m. Lettre de l'alphabet grec (ν), correspondant à notre *n.*

nu [ny], **e** adj. (lat. *nudus*). Qui n'est pas vêtu : *enfant nu.* ‖ Sans ornement : *des murailles nues.* ● *Epée nue,* épée hors du fourreau. ‖ *Œil nu,* œil qui n'est pas aidé dans ses observations par un instrument d'optique : *visible à l'œil nu.* ‖ *Pays nu,* pays sans arbres, sans verdure. ‖ *Vérité toute nue* (Fig.), sans déguisement.
— REM. *Nu* reste invariable devant les noms *jambes, pieds* et *tête,* employés sans article ; il s'y joint par un trait d'union et constitue avec eux des expressions toutes faites : *nu-jambes, nu-pieds, nu-tête.*

nu n. m. *Bx-arts.* Représentation d'un corps ou d'une partie du corps dépouillés de tout vêtement. ● *Nu d'un mur* (Constr.), partie d'un mur sans saillie. ‖ **— A nu** loc. adv. A découvert (au *pr.* et au *fig.*) : *montrer son cœur à nu.* ● *Monter un cheval à nu,* sans selle.

nuage [nɥaʒ] n. m. (du lat. *nubes,* nuage). Ensemble de particules d'eau très fines, liquides ou solides, maintenues en suspension par les mouvements verticaux de l'air. ‖ Ce qui trouble la sérénité : *un bonheur sans nuage.* ● *Nuage de lait,* petite quantité de lait que l'on verse dans du thé, du café.
— ENCYCL. L'Organisation météorologique mondiale a proposé une classification internationale fondée sur l'aspect des *nuages,* aisément reconnaissable. Les nuages sont répartis en dix *genres* (altocumulus, altostratus, cirrus, cirro-cumulus, cirro-stratus, cumulus, cumulonimbus, nimbo-stratus, stratus et strato-cumulus), subdivisés en *espèces* et en *variétés* en fonction des singularités de leur aspect ou de leurs différences de structure, de leur transparence.

nuageux, euse adj. Couvert de nuages : *ciel nuageux.* ‖ *Fig.* Vague, obscur : *une pensée nuageuse.*

nuance [nɥɑ̃s] n. f. (de l'anc. fr. *nuer,* nuancer). Chacun des degrés différents par lesquels peut passer une même couleur. ‖ *Fig.* Différence délicate entre choses du même genre : *nuance entre les opinions.* ‖ *Mus.* Degré de force ou de douceur qu'il convient de donner aux sons dans l'exécution. (Ces degrés sont le plus souvent désignés par des termes italiens : *pianissimo, crescendo, fortissimo,* etc.)

nuancer v. t. (conj. **1**). Faire passer graduellement d'une nuance à l'autre : *l'art de nuancer les couleurs est essentiel au peintre.* ‖ *Fig.* Exprimer les différences délicates de : *nuancer sa pensée.*

nuancier n. m. Carton, petit album présentant les différents coloris d'un produit : *le nuancier d'une marque de vernis à ongles.*

Nubie, contrée d'Afrique, correspondant à la partie septentrionale de l'Etat du Soudan et à l'extrémité sud de l'Egypte. (Hab. *Nubiens.*) Les vestiges des civilisations anciennes qu'elle possède, menacés de submersion par la mise en eau du barrage de Sadd al-'Alī, ont fait l'objet d'une campagne mondiale pour leur sauvegarde.

nubile [nybil] adj. (du lat. *nubere,* se marier). Qui est en âge de se marier ou dans les conditions requises pour le mariage.

nubilité n. f. Etat d'une personne nubile.

nucelle [nysɛl] n. m. (du lat. *nux, nucis,* noix). Partie centrale de l'ovule d'une plante angiosperme.

Nucingen, personnage de *la Comédie humaine* de Balzac. C'est un baron d'origine allemande qui appartient au monde de la haute finance.

nucléaire [nykleɛr] adj. (lat. *nucleus,* noyau). Relatif au noyau, et spécialement au noyau de l'atome : *physique nucléaire.* ● *Armes nucléaires,* terme générique englobant toutes celles qui utilisent l'énergie nucléaire (armes atomiques et thermonucléaires).
— ENCYCL. La fission des éléments lourds (uranium) comme la fusion des éléments légers (hydrogène), qui s'accompagnent d'une perte de masse, dégagent une grande quantité d'énergie, dite *énergie nucléaire.* Celle-ci, qui est à l'origine des rayonnements du Soleil et des étoiles, a pu être libérée, grâce aux réactions en chaîne, dans les bombes atomiques et les piles à uranium, ou réacteurs nucléaires. Elle a diverses applications, telles que production d'électricité, moteurs de sous-marins et de navires, emplois médicaux et industriels des isotopes radio-actifs. V. CARTE PAGE SUIVANTE.

nucléé, e adj. Qui possède un ou plusieurs noyaux : *cellule nucléée.*

nucléique [nykleik] adj. (du lat. *nucleus,* noyau). *Acides nucléiques,* acides phosphorés qui sont parmi les constituants fondamentaux du noyau de la cellule.

nucléole n. m. Corps sphérique situé à l'intérieur du noyau des cellules.

nucléon n. m. Particule constituant le noyau d'un atome. (Il existe des *nucléons positifs,* ou protons, et des *nucléons neutres,* ou neutrons.)

nucléonique adj. Relatif aux nucléons.

nucléonique n. f. Partie de l'électronique se rapportant aux problèmes d'accélération, de détection, de comptage et de séparation des particules.

nucléoprotéine n. m. Protéide complexe, dont l'élément essentiel est un acide nucléique : *les chromosomes sont constitués de nucléoprotéines.*

nudisme [nydism] n. m. Doctrine qui conseille de vivre en plein air, de pratiquer des sports dans un état de nudité plus ou moins complète.

nudiste adj. et n. Qui pratique le nudisme.

nudité n. f. Etat d'une personne, d'une chose nue. ‖ Etat d'un objet dépourvu d'ornements. ‖ — Pl. *Peint.* Figures nues.

nue [ny] n. f. (lat. *nubes*). Nuage (employé surtout au pluriel, dans quelques expressions) : *ballon perdu dans les nues.* ● *Porter aux nues,* exalter, louer excessivement. ‖ *Tomber des nues,* être extrêmement surpris.

nuée [nɥe] n. f. (de *nue*). Gros nuage épais : *une nuée chargée de grêle.* ‖ *Fig.* Multitude : *une nuée d'oiseaux.* ● *Nuée ardente,* amas de gaz sous forte pression, de vapeur d'eau, de cendres et de pierrailles, qui est expulsé au cours d'une éruption volcanique.

Nuées (*les*), comédie d'Aristophane (423 av. J.-C.), satire dirigée contre Socrate, considéré comme un sophiste.

nue-propriété n. f. Propriété d'un bien dont un autre perçoit l'usufruit. ‖ Pl. des *nues-propriétés.*

Phot. Lauros - Atlas-Photo.

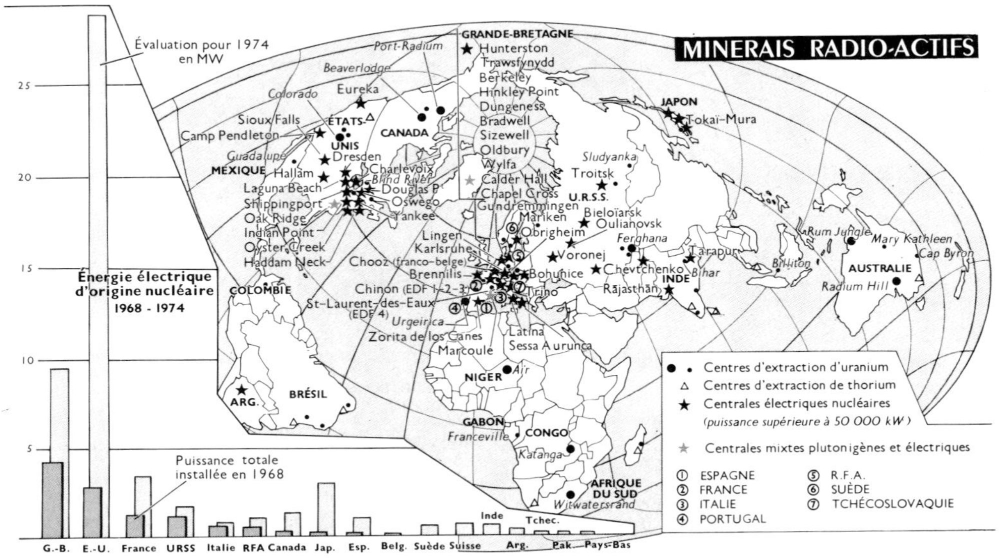

Nuevo Laredo, v. du Mexique, sur le río Grande; 128 000 h.

Nufūd ou **Nefoud** (le), désert de sable de l'Arabie centrale.

nuire [nɥir] (**à**) v. t. ind. (lat. *nocere*) [conj. **63**]. Faire du tort, causer un dommage : *nuire à la réputation de quelqu'un.* || Faire du mal : *l'alcool nuit à la santé.*

nuisance n. f. Gêne apportée à l'environnement par une installation industrielle, une voie de communication, etc.

nuisible [-zibl] adj. Qui nuit, qui fait du tort : *nuisible à la santé; des animaux nuisibles.*

nuisiblement adv. De façon nuisible.

nuit [nɥi] n. f. (lat. *nox, noctis*). Durée écoulée entre le coucher et le lever du soleil : *les régions polaires connaissent une nuit de plusieurs mois.* (V. *encycl.*) || Obscurité qui règne pendant ce temps : *il fait nuit noire.* ● *Nuit et jour,* continuellement. || *La nuit des temps* (Fam.), les temps les plus reculés de l'histoire : *cela se perd dans la nuit des temps.* || — **De nuit** loc. adv. Pendant la nuit.
— Encycl. La *nuit* a, comme le jour, une durée variable suivant les différents points du globe, et, en un même lieu, elle varie avec les saisons. Aux pôles, le jour et la nuit durent chacun six mois. Sur les cercles polaires, il y a un jour de vingt-quatre heures au solstice d'été et une nuit de vingt-quatre heures au solstice d'hiver. A l'équateur, le jour et la nuit son égaux toute l'année. Entre le cercle polaire et l'équateur, les inégalités de durée varient constamment. Du point de vue astronomique, on considère que la nuit est complète à partir du moment où le Soleil est abaissé de 18° sous l'horizon.

Nuit et Brouillard, en allem. *Nacht und Nebel,* nom donné par les nazis aux détenus destinés à périr dans les camps de concentration sans laisser de traces.

Nuits (*les*) [*Méditations nocturnes sur la vie, la mort et l'immortalité*], poème en neuf chants d'Edward Young (1742-1745).

Nuits (*les*), poèmes d'Alfred de Musset, publiés dans *la Revue des Deux Mondes : la Nuit de mai* et *la Nuit de décembre* (1835), *la Nuit d'août* (1836), *la Nuit d'octobre* (1837). Le poète y exprime sa douleur à la suite de sa rupture avec George Sand.

nuitamment adv. De nuit, pendant la nuit.

nuitée n. f. Durée de séjour dans un hôtel, de midi au jour suivant à midi.

Nuits-Saint-Georges [nɥi-] ou simplement **Nuits** (21700), ch.-l. de c. de la Côte-d'Or (arr. de Beaune); 4 386 h. (*Nuitons*). Grand vignoble. Combat entre Français et Allemands le 18 décembre 1870.

Nuku-Hiva, la plus grande des îles Marquises; 117 km²; 1 200 h. Lieu de déportation sous le second Empire.

nul [nyl], **nulle** adj. indéf. (devant le nom) [lat. *nullus*]. Aucun, pas un (suivi de *ne*) : *nul espoir n'est permis.* || — Adj. qualificatif (après le nom). Sans valeur : *testament nul.* || De valeur zéro : *quantité nulle.* || Sans capacité : *élève nul.* || Sans résultat positif : *match nul.* || — Pr. indéf. Personne : *nul n'est prophète en son pays.*

nullard [-ar], **e** [-ard] adj. et n. *Pop.* Se dit d'une personne sans valeur, sans aucune compétence.

nullement adv. Aucunement : *il n'est nullement responsable.*

nullité [nyllite] n. f. Etat d'un acte juridique entaché d'un vice qui l'empêche d'exister légalement et de produire ses effets. (La nullité absolue peut être invoquée par toute personne intéressée, la nullité relative par les seules personnes qu'elle doit protéger.) || Manque total de talent, de valeur : *être d'une nullité complète.* || Personne sans compétence : *c'est une nullité.*

Numance, v. de l'anc. Espagne, prise et détruite par Scipion Emilien, après un long siège (134-133 av. J.-C.).

Numa Pompilius, deuxième roi légendaire de Rome (v. 715-v. 672 av. J.-C.). Il aurait organisé la religion romaine. Il disait recevoir dans une grotte les conseils de la nymphe Egérie.

Numazu, v. du Japon (Honshū); 186 000 h. Textiles.

numéraire n. m. Toute monnaie ayant cours légal : *payer en numéraire plutôt qu'en chèque.* || — Adj. Se dit de la valeur légale des espèces monnayées.

numéral [nymeral], **e, aux** [-o] adj. Qui exprime une idée de nombre : *adjectif numéral.* ● *Lettres numérales,* lettres employées dans la numération en chiffres romains.

numérateur n. m. (du lat. *numerare,* compter). *Math.* Terme d'une fraction placé au-dessus de la barre horizontale et indiquant de combien de parties aliquotes de l'unité se compose cette fraction.

numération n. f. Façon d'écrire les nombres (*numération écrite*) et de les énoncer (*numération parlée*). ● *Numération binaire,* numération de base 2, les seuls chiffres employés étant 0 et 1. || *Numération décimale,* numération dans laquelle les unités de différents ordres sont de dix en dix fois plus grandes ou plus petites. (V. *encycl.*) || *Numération globulaire* (Méd.), dénombrement des globules rouges et des globules blancs du sang (rapporté en général à 1 mm³). [A l'état normal, on dénombre de 4 500 000 à 5 000 000 de globules rouges (hématies) et de 6 000 à 8 000 globules blancs (leucocytes); la digestion, les maladies infectieuses, parasitaires, toxiques, etc., en modifient les résultats.]
— Encycl. La *numération décimale* comporte l'emploi des chiffres 1, 2, 3, 4, 5, 6, 7, 8, 9, pour représenter les nombres de un à neuf, et le groupement des unités simples en unités d'ordre supérieur allant de dix en dix : dizaines, centaines, milliers, dizaines de mille, etc. Dans un nombre de plusieurs chiffres, le chiffre de droite représente les unités, les autres, lus de droite à gauche, les unités d'ordre supérieur dans l'ordre croissant, les unités manquantes étant représentées par 0 (zéro); avec dix chiffres, on peut ainsi écrire tous les nombres entiers. Pour lire un nombre, on le partage en tranches de trois chiffres à partir de la droite : classe des unités simples, des mille, des millions, etc., et on lit ces tranches à partir de la gauche en faisant suivre chacune d'elles du nom de sa classe.

Numérien (m. en 284), empereur romain (283-284), assassiné par Aper, chef des prétoriens.

numérique adj. (du lat. *numerus,* nombre). Qui appartient aux nombres : *calcul numérique.* || Qui consiste dans le nombre : *force numérique.* ● *Calculateur numérique,* calculateur fonctionnant sur des nombres discontinus, par oppos. au *calculateur analogique,* dans lequel les données sont transformées en valeurs physiques continues (longueurs, angles, intensité de courant, etc.) avant d'être traitées.

numériquement adv. Du point de vue du nombre.

numéro [nymero] n. m. (mot ital.; du lat. *numerus,* nombre). Chiffre, nombre qui indique la place d'une chose dans une série. || Partie d'un ouvrage périodique : *numéro d'une revue.* || Billet portant un chiffre et qui donne le droit de participer au tirage d'une loterie : *choisir un bon numéro.* || Chacun des spectacles d'un cirque, d'un music-hall, etc. || Jeton ou billet portant un numéro et que l'on tirait à la conscription : *tirer un bon, un mauvais numéro.* || *Fam.* Personnage singulier : *un drôle de numéro.* ● *Numéro un,* principal : *l'ennemi public numéro un.*

numérotage n. m. ou **numérotation** n. f. Action ou manière de numéroter : *à Paris, le numérotage des maisons part de la Seine.* || Opération qui a pour objet d'indiquer la longueur ou la grosseur d'un fil sous un poids donné. (Pour toutes les matières textiles, sauf la soie et les textiles artificiels et synthétiques, le numéro d'un fil exprime la longueur en kilomètres de 1 kg de ce fil. Pour la soie et les textiles artificiels et synthétiques, le numéro ou titre d'un fil exprime le poids en grammes de 9 000 m de ce fil. Le *tex,* unité internationale, exprime le poids en grammes de 1 000 m de fil.)

numéroter v. t. Mettre un numéro d'ordre : *numéroter des pièces.*

numéroteur n. m. Appareil pour numéroter.

numerus clausus [nymerysklozys] n. m. (mots lat. qui signif. *nombre arrêté*). Catégorie de personnes admises en nombre limité à une fonction, à un grade, conformément à une loi, à une décision d'autorité.

numide [nymid] adj. et n. De la Numidie.

Numidie, contrée de l'anc. Afrique, entre le pays de Carthage et la Mauritanie. Longtemps alliés de Carthage, les Numides, peuple berbère, passèrent dans le camp de Rome, au temps de la deuxième guerre punique, sous le roi Masinissa; mais la révolte de Jugurtha (112 av. J.-C.) amena les Romains à placer la Numidie sous leur protectorat, puis à la rattacher à leur province d'Afrique.

numismate [nymismat] n. Personne versée dans la connaissance des monnaies et des médailles.

numismatique adj. (du gr. *nomisma,* monnaie). Relatif aux médailles et aux monnaies. || — N. f. La science des médailles.

Numitor, roi légendaire d'Albe, grand-père de Romulus et de Remus.

nummulite [nymylit] n. f. (du lat. *nummus,* pièce de monnaie). Protozoaire fossile du début du tertiaire, à test calcaire de forme lenticulaire, pouvant atteindre 8 cm de diamètre et qui servait probablement de flotteur.

nummulitique adj. et n. m. Syn. de ÉOGÈNE.

nunatak [nynatak] n. m. (mot esquimau). Pointement rocheux isolé, perçant la glace d'un inlandsis.

Nunc dimittis, premières paroles d'un cantique de joie transmis par l'Evangile de saint Luc. On emploie cette expression pour dire qu'on peut désormais disparaître après avoir achevé son œuvre.

Núñez (Álvaro), navigateur espagnol (m. entre 1559 et 1564). Il a exploré la Floride en 1528.

Nungesser (Charles), aviateur français, né à Paris (1892-1927). As de la chasse pendant la Première Guerre mondiale, il disparut avec Coli à bord de son avion l'*Oiseau-Blanc* au cours d'une tentative de traversée de l'Atlantique Nord.

nuoc-mâm n. m. invar. (mot vietnamien signif. *eau de poisson*). Condiment liquide tiré de la fermentation du poisson et très largement utilisé dans la gastronomie asiatique.

nu-propriétaire n. et adj. Propriétaire d'un bien sur lequel une autre personne exerce un droit d'usufruit, d'usage ou d'habitation.

nuptial [nypsjal], **e, aux** [-o] adj. (du lat. *nuptiae,* noces). Qui concerne la cérémonie des noces : *bénédiction nuptiale.*

nuptialité n. f. Nombre proportionnel des mariages dans un pays. (Le *taux de nuptialité* exprime le nombre de mariages par rapport à un groupe moyen de 1 000 habitants.)

nuque [nyk] n. f. (arabe *nuqa,* moelle épinière). Partie postérieure du cou, au-dessous de l'occiput.

nuraghe n. m. Tour en cône tronqué remontant à l'âge du bronze, et que l'on trouve en Sardaigne.

Nuremberg, en allem. **Nürnberg,** v. de l'Allemagne occidentale (Bavière), sur la Pegnitz; 472 000 h. Les vieux quartiers médiévaux et leurs monuments (églises) ont été très endommagés pendant la Seconde Guerre mondiale, mais la ville reste un grand centre industriel juxtaposant activités modernes (constructions mécaniques et électriques, chimie) et traditionnelles (jouets). Ce fut l'une des citadelles du national-socialisme. Vingt-quatre membres du parti et huit organisations nazies accusés de crimes de guerre y furent jugés par un tribunal militaire international (20 nov. 1945-1er oct. 1946) : douze nazis furent condamnés à la pendaison, et sept à la prison. Des procès similaires s'y déroulèrent jusqu'en 1949.

Nūristān, anc. **Kāfiristān,** région montagneuse de l'Afghānistān.

Nurmi (Paavo), athlète finlandais, né à Turku (1897-1973). Coureur de demi-fond prolongé et de fond, il domina ces spécialités de 1920 à 1930. Il détint tous les records du monde du 1 500 mètres au 10 000 mètres en 1920, fut champion olympique du 10 000 mètres cette même année, du 1 500 mètres et du 5 000 mètres en 1924.

nurse [nœrs] n. f. (mot angl.). Bonne d'enfants; gouvernante.

nursery [nœrsəri] n. f. (mot angl.). Appartement réservé aux enfants.

nutation [nytasjɔ̃] n. f. (lat. *nutatio,* balancement de la tête). *Astron.* Léger balancement, de caractère périodique, que subit l'axe de rotation de la Terre autour de sa position moyenne, lui-même entraîné dans un mouvement conique circulaire uniforme de précession astronomique. (V. *encycl.*) || Oscillation continuelle de la tête. || Changement de direction qui se manifeste dans un organe végétal en cours de croissance.

— ENCYCL. L'attraction de la Lune et du Soleil sur le renflement équatorial de la Terre introduit, dans le mouvement de rotation de cette dernière, un couple perturbateur qui tendrait à faire basculer la Terre pour que le plan de son équateur passât par l'un ou l'autre des deux astres perturbateurs. Le mouvement de *nutation* peut être représenté comme correspondant à une ellipse décrite dans l'espace par l'axe de rotation terrestre avec une période de 18 ans 2/3 et des demi-axes égaux respectivement à 9",21 perpendiculairement au plan de l'équateur et à 6",86 dans le sens longitudinal. L'effet de ce mouvement est d'onduler le cône de précession.

nutricier, ère adj. Qui nourrit : *la sève nutricière.*

nutritif, ive adj. (lat. *nutritivus*). Qui nourrit : *substance très nutritive.* ‖ Relatif à la nutrition : *appareil nutritif.*

nutrition [nytrisjɔ̃] n. f. (du lat. *nutrire,* nourrir). Ensemble des fonctions organiques de transformation et d'utilisation des aliments pour la croissance et l'activité d'un être vivant, animal ou végétal.
— ENCYCL. Les fonctions de *nutrition* assurent l'incorporation, la distribution interne, la transformation et finalement le rejet de molécules provenant du milieu extérieur (air, eau) ou des autres êtres vivants (proies, « hôtes » des parasites, matière organique, morte, etc.). Leur nécessité s'explique par deux processus relativement indépendants : d'une part, l'organisme doit grandir, se multiplier, ou, plus simplement, réparer ses blessures ou pallier l'usure de ses organes, et, à ces fins, il lui faut des matériaux de construction; d'autre part, la vie implique une dépense d'énergie, qui, chez les êtres non chlorophylliens, est obtenue par la dégradation ménagée de substances organiques combustibles : protéines, graisses, glucides, etc. Pratiquement, ces deux exigences sont satisfaites de la même façon, car un organisme ne dégrade en général que ses *réserves* et ne s'alimente que pour reconstituer celles-ci; de même, il puise dans ses réserves les matériaux nécessaires à sa croissance ou à ses sécrétions. Mais ni l'oxygène respiratoire ni l'eau organique ne forment des réserves appréciables, tout au moins dans l'espèce humaine, et leur débit est considérable; d'où la nécessité d'un *appareil respiratoire* spécialisé pour la capture de l'oxygène et parfois de dispositifs spéciaux pour l'absorption de l'eau. De même, chez les petits animaux à sang chaud (taupe, colibri), le débit énergétique épuise très rapidement les réserves, et l'animal doit manger presque sans arrêt.
Tout organisme qui dépasse les dimensions microscopiques et qui ne s'alimente pas par toute sa surface doit être le siège d'une *circulation* assurant l'arrivée des aliments auprès de toutes les cellules : les plantes vasculaires (fougères et plantes à graines) ont des vaisseaux conducteurs des sèves; la plupart des animaux cœlomates ont des vaisseaux sanguins.
Enfin, les aliments sont rarement utilisables tels quels : ils doivent être solubilisés, hydrolysés ou saponifiés par une *digestion* externe ou interne, assurée ou non par un appareil spécialisé.
Les quatre fonctions ci-dessus mentionnées — digestion, respiration, circulation et mobilisation des réserves — permettent l'activité chimique propre à chaque cellule : oxydations cellulaires enzymatiques, dégageant de l'énergie de façon très fractionnée (*catabolisme*), et constructions moléculaires, consommant une partie de cette énergie, en vue de la croissance par exemple (*anabolisme*).
Enfin, l'*excrétion* assure l'élimination des produits encombrants ou toxiques du catabolisme cellulaire. L'eau joue à cet égard un rôle très particulier : il faut en rejeter beaucoup pour éliminer suffisamment des substances toxiques peu solubles, telles que l'urée.

nutritionnel, elle adj. Relatif à la nutrition, aux régimes alimentaires : *la composition nutritionnelle des œufs.*

Nyassa, anc. nom du lac *Malawi**.

Nyassaland, nom porté par le *Malawi** avant son indépendance (1964). Découvert par les Portugais au XVIIe s., redécouvert par Livingstone en 1859, le Nyassaland fut visité par les missionnaires anglais à partir de 1861. En 1907, le protectorat anglais de l'Afrique centrale, créé en 1891, prit le nom de *Nyassaland.* De 1953 à 1963, le Nyassaland a formé une fédération avec la Rhodésie.

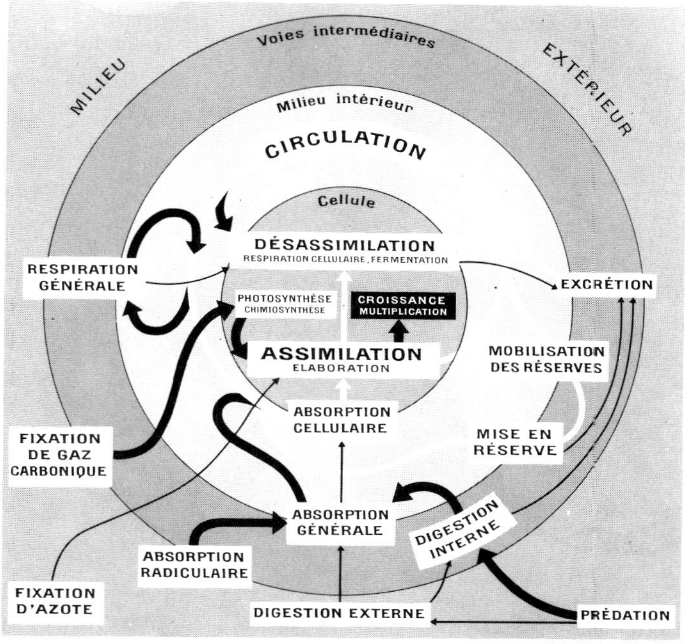

nutrition

nyctaginacées [niktaʒinase] n. f. pl. Famille de plantes dicotylédones apétales, comprenant la *bougainvillée,* le *mirabilis.*

nyctalope adj. et n. (gr. *nuktalôps,* qui voit la nuit). Affecté de nyctalopie.

nyctalopie [niktalɔpi] n. f. Anamolie des yeux, dans laquelle la vision, très faible pendant le jour, augmente notablement avec le déclin de la lumière.

nycthémère [niktemɛr] n. m. (gr. *nux, nuctos,* nuit, et *hêmera,* jour). Durée de vingt-quatre heures, comportant un jour et une nuit. (Le nycthémère est une unité physiologique de temps, comprenant, pour l'homme et pour la plupart des animaux, une période de veille et une période de sommeil, rythmées par le jour et la nuit.)

Nyerere (Julius), homme politique de Tanzanie, né à Butiama en 1923, chef de l'Etat du Tanganyika (1962), puis président de la Tanzanie (1964).

Nyíregyháza, v. de Hongrie; 71 000 h.

Nylon [nilɔ̃] n. m. (nom déposé). Matière à mouler à base de résine polyamide. ‖ Fibre, tissu obtenus à partir de ce produit.
— ENCYCL. *Chim.* Le fil de Nylon est formé de gigantesques molécules nucléaires rangées parallèlement, qui appartiennent au groupe des « superpolyamides ». Le fil de Nylon est élastique et très solide (55 à 60 kg/ mm²). Il est très résistant aux agents atmosphériques et imputrescible. Il fond vers 230 °C. Outre son emploi en bonneterie à la place de la soie, le Nylon a de nombreuses applications : industrie chimique, fil chirurgical, boyaux de raquettes, etc.

nymphal, e, als ou **aux** adj. Relatif à une nymphe d'insecte : *stade nymphal.*

nymphe [nɛ̃f] n. f. (gr. *numphê,* jeune fille). Dans la mythologie grecque, divinité subalterne et féminine des fleuves, des fontaines, des bois, des montagnes. ‖ *Entomol.* Chez les insectes à métamorphoses complètes, état intermédiaire entre la larve et l'imago. (La nymphe est généralement immobile, parfois enfermée dans un cocon de soie.) [V. NYMPHOSE.]

nymphéa [nɛ̃fea] n. m. (de *nymphe*). Nénuphar dont une espèce est le *lotus sacré* des Egyptiens de l'Antiquité.

nymphéacées [-fease] n. f. pl. Famille de dicotylédones dialypétales ayant pour type le *nymphéa,* ou nénuphar blanc.

nymphée n. m. (gr. *numphaion*). Lieu consacré aux nymphes, orné de statues, de vases, de fontaines; grotte ou sanctuaire des nymphes.

nymphomane adj. et n. f. Se dit d'une femme ou d'une femelle atteinte de nymphomanie.

nymphomanie [nɛ̃fɔmani] n. f. Exagération des besoins sexuels de la femme ou de la femelle (surtout vache et jument).

nymphose [-foz] n. f. Etat de sommeil qui atteint la larve âgée des insectes supérieurs et au cours duquel celle-ci se transforme en adulte.
— ENCYCL. Chez tous les insectes, l'adulte, ou *imago,* est la forme reproductrice issue de la dernière mue, et on peut appeler *nymphe* l'insecte qui a subi l'avant-dernière mue, et non la dernière. Mais lorsque la nymphe est active, soit qu'elle ressemble à l'adulte (insectes *paurométaboles :* cigale), soit qu'elle en diffère (insectes *hémimétaboles :* libellule), elle n'est pas en état de nymphose. Il y a nymphose chez les chrysalides des papillons et chez les autres insectes *holométaboles :* hyménoptères, diptères, coléoptères, etc. L'animal en nymphose, plus ou moins caché, protégé par une épaisse cuticule et parfois par un cocon (ver à soie), ne peut ni percevoir le danger ni y réagir; il ne se nourrit pas et ne fait aucun mouvement extérieur. Il est le siège d'une transformation presque totale, la plupart des organes larvaires étant détruits par histolyse, tandis que de nouveaux organes s'édifient à partir des *disques imaginaux.* La continuité de la vie est cependant assurée par le cœur et le système nerveux.

Nyon, comm. de Suisse (Vaud), sur le lac Léman; 8 500 h. Anc. église des XIIe-XVe s. Château gothique.

Nyons [njɔ̃] (26110), ch.-l. d'arr. de la Drôme, sur l'Eygues; 5 207 h. (*Nyonsais*). Industries alimentaires. — L'arr. a 7 cant., 103 comm., 44 949 h.

Nyoros, ethnie rattachée au groupe linguistique bantou et située à l'est du lac Albert.

Nyrop (Kristoffer), linguiste danois, né à Copenhague (1858-1931), auteur d'une *Grammaire historique de la langue française.*

Nysa Łużycka. V. NEISSE.

Nysse, anc. v. de Cappadoce.

Nystad. V. UUSIKAUPUNKI. — La *paix de Nystad* mit fin à la guerre du Nord (1721). La Suède cédait à la Russie ses provinces baltiques.

nystagmus [nistagmys] n. m. (gr. *nustagma,* action de baisser la tête). Mouvements oscillatoires, courts et saccadés, des yeux, dus à une lésion des centres nerveux.

nystatine n. f. Antibiotique actif dans les infections causées par certains champignons.

Nuremberg
le Weinstadel

Phot. Grimm-Tourisme allemand.

O o

o [o] n. m. Quinzième lettre de l'alphabet et la quatrième des voyelles. ‖ **— O,** symbole chimique de l'*oxygène*.

O', particule placée devant les noms propres irlandais pour indiquer la filiation : *O'Connell* (fils de Connell).

ô [o] interj. Marque l'admiration, l'étonnement, la joie, la douleur, la prière, etc. : *ô surprise, ô honte!;* ou sert à apostropher, à marquer le vocatif : *ô mon Dieu!*

O (François, *marquis* D'), homme d'Etat français, né à Paris (v. 1535-1594), surintendant des Finances sous Henri III et Henri IV.

Oahu, île la plus peuplée de l'archipel des Hawaii, où se localisent la capitale de l'Etat des Hawaii, *Honolulu,* et le port militaire de *Pearl Harbor;* 500 400 h.

Oakland, v. des Etats-Unis (Californie), sur la baie de San Francisco; 367 600 h. Métallurgie. Industries chimiques.

Oak Ridge, v. des Etats-Unis (Tennessee); 27 400 h. Premier centre de l'industrie de l'énergie atomique.

O. A. S., sigle de *Organisation armée secrète,* mouvement clandestin qui a tenté par la violence de s'opposer à l'indépendance de l'Algérie (1961-1963).

oasien, enne adj. Relatif aux oasis. ‖ — N. Habitant d'une oasis.

oasis [ɔazis] n. f. (mot gr. empr. à l'égyptien). Dans les déserts, petite région où la présence de l'eau permet la culture : *l'oasis d'El-Goléa dans le Sahara.* ‖ *Fig.* Tout endroit qui offre une détente, un repos.

Oasis (*département des*), dép. du Sahara algérien; 506 000 h. Préf. *Ouargla.*

Oates (Titus), aventurier anglais, né à Oakham (1649-1705). Il imagina en 1678 un complot papiste qui motiva la condamnation de nombreux catholiques.

Oaxaca, v. du Mexique méridional; 103 100 h.

Ob' ou **Obi,** fl. de l'U. R. S. S.; 4 012 km. Né dans l'Altaï, il s'écoule vers le nord, drainant malaisément la plaine marécageuse de la Sibérie occidentale, avant de rejoindre l'océan Arctique dans le long *golfe de l'Ob'.* Il arrose Novossibirsk, et son principal affluent est l'Irtych (r. g.).

obédience [ɔbedjɑ̃s] n. f. (lat. *oboedientia,* obéissance). Obéissance à un supérieur ecclésiastique. ‖ Autorisation donnée à un religieux de passer d'un couvent dans un autre. ● *Lettre d'obédience,* lettre délivrée par un supérieur à un membre d'une congrégation enseignante, et qui, d'après la loi Falloux (1850), tenait lieu de brevet de capacité.

obédiencier n. m. Religieux qui, par ordre de son supérieur, dessert un bénéfice dont il n'est pas titulaire.

obédientiel, elle adj. Relatif à l'obédience.

Obeïd (El-), v. du Soudan (Kordofan); 70 000 h.

obéir [ɔbeir] (**à**) v. t. ind. (lat. *oboedire*). Se soumettre à la volonté d'un autre dans l'exécution d'un acte : *obéir à ses parents.* ‖ Se laisser conduire : *ce cheval obéit au mors.* ‖ Etre soumis à une force : *les corps obéissent à la pesanteur.*

obéissance n. f. Action de celui qui obéit, qui est soumis, docile : *obéissance aux lois.* ‖ Disposition à obéir. ● *Obéissance passive,* soumission aveugle aux ordres reçus.

obéissant, e adj. Qui obéit; qui est soumis : *enfant obéissant.*

obélisque [ɔbelisk] n. m. (gr. *obeliskos,* broche à rôtir). Pierre levée, quadrangulaire à sa base, qui se termine en pointe à la façon d'une broche et qui, pour cette raison, est parfois appelée *aiguille : les obélisques égyptiens sont presque tous monolithes.*

Oberammergau, v. de l'Allemagne occidentale (Bavière); 5 400 h. Elle est célèbre par son théâtre populaire (représentation de la *Passion* tous les dix ans).

obérer [ɔbere] v. t. (du lat. *obaeratus,* endetté) [conj. **5**]. Accabler de dettes : *ses folles dépenses l'ont obéré;* et, par pléonasme : *obéré de dettes.*

Oberhausen, v. de l'Allemagne occidentale (Rhénanie-du-Nord-Westphalie), dans la Ruhr; 255 000 h. Houille. Sidérurgie.

Oberkampf (Christophe Philippe), industriel français d'origine allemande, né à Weissenbach (Bavière) [1738-1815]. En 1759, il fonda à Jouy-en-Josas la première manufacture de toiles imprimées à l'aide de planches de cuivre gravées, ce qui lui permit de dominer le marché des indiennes en France. Plus tard, pour éviter d'avoir recours aux filés anglais, il installa à Essonnes la première filature française de coton.

Oberland (« Haut Pays ») **bernois,** massif montagneux de Suisse (cant. de Berne), entre les hautes vallées de l'Aar et de la Sarine, englobant plusieurs sommets de plus de 4 000 m (Finsteraarhorn, Jungfrau, Mönch).

Oberman, roman d'analyse psychologique d'Etienne de Senancour (1804).

Obernai (67210), ch.-l. de c. du Bas-Rhin (arr. d'Erstein), sur l'Ehn; 6 619 h. Remparts médiévaux et bel ensemble de demeures anciennes. Tissages. Constructions mécaniques. Brasserie. Tabac.

Oberon, roi des elfes, dans les romans du haut Moyen Age (*Huon de Bordeaux*) et dans les œuvres de Chaucer, Spenser, Shakespeare, Wieland.

Oberon, opéra, livret de Planché, tiré du poème de Wieland, musique de Weber (1826). L'ouverture est restée célèbre.

Oberth (Hermann), savant allemand, né à Hermannstadt (auj. Sibiu) en 1894. Spécialiste de la propulsion par fusées, il est considéré comme l'un des précurseurs de l'astronautique.

Oberuzwil, comm. de Suisse (cant. de Saint-Gall); 4 400 h. Constructions mécaniques.

obèse [ɔbɛz] adj. et n. (lat. *obesus,* gras). Qui est affecté d'obésité.

obésité [-be-] n. f. Excès d'embonpoint par surcharge graisseuse du tissu sous-cutané, du péritoine, etc.
— ENCYCL. Les causes d'*obésité* sont nombreuses : alimentation trop abondante (excès de corps gras, de pain et autres glucides, en rapport avec un contrôle psychique et nerveux défectueux de la faim), exercices physiques insuffisants et troubles endocriniens. Un régime alimentaire convenable, des exercices suffisants, l'hydrothérapie, les massages et les cures thermales constituent les meilleurs traitements de l'obésité. Les anorexigènes, sur prescription médicale, peuvent aider à respecter le régime et à maîtriser la faim. Les traitements hormonaux (thyroïde) sont nécessaires dans les rares cas où l'insuffisance endocrinienne est démontrée. L'obésité négligée fatigue le cœur et l'appareil ostéo-articulaire, et expose à de nombreuses complications (diabète, goutte, athérosclérose, etc.).

obi [ɔbi] n. f. Longue ceinture en soie des Japonais.

obier [ɔbje] n. m. (de l'ital. *obbio*). Arbrisseau du genre *viorne,* dont une forme cultivée doit son nom de *boule-de-neige* à ses fleurs blanches groupées en une boule. (Haut. 2 à 4 m.)

Obihiro, v. du Japon (Hokkaidō); 129 000 h. Industries alimentaires.

obit [ɔbit] n. m. (lat. *obitus,* mort). Service anniversaire pour le repos de l'âme d'un mort.

obituaire adj. et n. m. Se dit du registre renfermant les noms des morts, le jour de leur sépulture, la fondation des obits, etc.

objectal [ɔbʒɛktal], **e, aux** [-o] adj. *Psychanal.* Qui se rapporte à une personne autre que soi-même : *l'attachement d'un enfant pour sa mère est la première relation objectale.*

objecter [ɔbʒɛkte] v. t. (lat. *objectare,* placer devant). Répondre en opposant une preuve contraire, une difficulté, etc., à ce qui a été dit : *il n'a rien objecté à mes raisons.* ‖ Opposer comme un défaut, un désavantage : *on lui objecte son jeune âge.*

objecteur n. m. Celui qui fait des objections. ● *Objecteur de conscience,* celui qui refuse le service militaire pour des raisons d'ordre politique ou religieux.
— ENCYCL. Les *objecteurs de conscience,* qui appartiennent le plus souvent à des sectes religieuses ou à des associations comme celles des partisans de la non-violence, bénéficiaient déjà, dans certains pays, d'un statut particulier. En France, depuis 1963, ils peuvent être affectés soit à une formation militaire non armée, soit à une formation civile assurant des travaux d'intérêt général. Mais, par rapport aux autres appelés, la durée de leur service militaire est doublée.

objectif [ɔbʒɛktif], **ive** [-iv] adj. (du lat. *objectus,* placé devant). Qui a rapport à l'objet, qui existe indépendamment de la pensée : *réalité objective.* ‖ Exempt de partialité : *exposé objectif.* ‖ — Contr. SUBJECTIF.

objectif n. m. But à atteindre : *atteindre l'objectif qu'on s'était fixé.* ‖ *Mil.* Point, ligne ou zone de terrain à battre par le feu (bombardement) ou à conquérir par le mouvement et le choc (attaque). ‖ Système optique d'une lunette, d'un microscope, etc., qui est tourné vers l'objet qu'on veut voir (par oppos. à l'*oculaire,* celui contre lequel on place l'œil). ‖ Partie d'un appareil photographique contenant les lentilles que doivent traverser les rayons lumineux avant de pénétrer dans la chambre noire.

objection n. f. Ce qu'on oppose à une proposition, à une affirmation, à une demande : *réfuter les objections d'un contradicteur.*

objectivation n. f. Action d'objectiver.

objectivement adv. De façon objective.

objectiver v. t. Rendre objectif : *objectiver des sensations.* ‖ Rendre indépendant du sujet : *objectiver une situation.*

objectivisme n. m. Croyance à l'existence d'une réalité objective. ‖ Absence systématique de parti pris.

objectiviste adj. Relatif à l'objectivisme. ‖ — N. Partisan de l'objectivisme.

objectivité n. f. Qualité de ce qui est objectif. ‖ Absence de parti pris : *l'objectivité d'un jugement.*

objet [ɔbʒɛ] n. m. (lat. *objectum,* chose placée devant). Tout ce qui s'offre à la vue, affecte les sens : *objet agréable, affreux.* ‖ Chose quelconque : *des objets de première nécessité.* ‖ *— Fig.* Tout ce qui s'offre à l'esprit, l'occupe; intention, but : *l'objet de nos méditations; avoir pour objet le bien.* ‖ Cause, motif d'un sentiment, d'une action : *être un objet d'admiration; l'objet d'une querelle.* ‖ Matière propre : *l'objet de la science.* ‖ *Dr.* Ce sur quoi porte un droit, une obligation, un contrat, une demande en justice. ‖ *Philos.* Ce qui est pensé et s'oppose à l'être pensant, ou sujet. ● *Complément d'objet* (Gramm.), nom ou pronom sur lequel porte l'action indiquée par le verbe actif ou pronominal. ‖ *Remplir son objet,* atteindre le but proposé.

objurgation [ɔbʒyrgasjɔ̃] n. f. Paroles vives par lesquelles on essaie de dissuader une personne : *céder aux objurgations de quelqu'un.*

oblat [ɔbla], **e** [-at] n. (lat. *oblatus,* offert). Laïque qui s'agrège à un ordre religieux en lui faisant l'abandon de ses biens. ‖ Membre de certains ordres religieux : *les oblats de Marie-Immaculée.*

oblation [ɔblasjɔ̃] n. f. *Relig.* Offrande d'une victime à Dieu.

obligataire n. Propriétaire d'un titre d'obligation négociable.

obligation n. f. Engagement qu'imposent la religion, la loi, la morale : *remplir les obligations d'un bon citoyen.* ‖ Motif de reconnaissance : *avoir de grandes obligations à...* ‖ *Dr.* Lien de droit par lequel une personne est tenue de faire ou de ne pas faire quelque chose. ‖ Titre négociable, représentatif d'une fraction d'un prêt à intérêt consenti à une société ou à une collectivité publique lors de l'émission d'un emprunt. ● *Obligation cautionnée,* traite par laquelle un contribuable qui a fourni une caution capable et solvable peut se libérer du paiement de certains droits vis-à-vis du fisc.

obligatoire adj. Imposé par une loi religieuse, morale ou sociale : *service militaire obligatoire.* ‖ Exigé par les conventions sociales : *tenue de soirée obligatoire.*

obligatoirement adv. De façon obligatoire.

obligé, e adj. et n. Redevable, reconnaissant : *je vous suis obligé; je suis votre obligé.*

obligeamment [-ʒamɑ̃] adv. De façon obligeante : *prêter obligeamment son concours.*

obligeance n. f. Disposition, penchant à rendre service, à faire plaisir : *homme d'une extrême obligeance.* ‖ Acte obligeant : *ayez l'obligeance de...*

obligeant [-ʒɑ̃], **e** [-ɑ̃t] adj. Qui aime à obliger, à faire plaisir. ‖ Qui annonce un homme aimable : *paroles obligeantes.*

obliger [ɔbliʒe] v. t. (lat. *obligare,* lier par un engagement) [conj. **1**]. Imposer comme devoir : *la loi vous y oblige.* ‖ Contraindre, forcer, mettre dans la nécessité de : *obliger quelqu'un à rester ; je suis obligé de partir.* ‖ Rendre service : *obliger ses amis.* ‖ — Syn. : ASTREINDRE [À], CONTRAINDRE [À], ENGAGER [À], FORCER [À], RÉDUIRE [À].

oblique [ɔblik] adj. (lat. *obliquus*). Qui est de biais, incliné par rapport à une ligne, à un plan. ‖ *Fig.* Qui manque de franchise : *conduite oblique.* ● *Action oblique* (Dr.), action par laquelle un créancier se substitue au débiteur qui néglige d'effectuer un acte conservatoire, par exemple d'interrompre une prescription ou d'accepter un héritage. ‖ *Mariage oblique* (Ethnol.), mariage entre personnes de deux générations différentes.

oblique adj. et n. m. Se dit de différents muscles, chez l'homme et les animaux : *le grand oblique.*

oblique n. f. *Math.* Droite qui coupe une autre droite ou un plan sans lui être perpendiculaire.

obliquement adv. De façon oblique.

obliquer v. i. Aller en ligne oblique ; prendre une direction un peu différente de la première : *obliquer à droite.*

obliquité [-kɥite] n. f. Inclinaison d'une ligne, d'une surface sur une autre. ● *Obliquité de l'écliptique* (Astron.), angle d'environ 23° 27′ que l'écliptique forme avec l'équateur céleste. (L'obliquité de l'écliptique n'est pas constante : elle est soumise à une variation séculaire qui la fait diminuer actuellement de 47″,6 par siècle et a des oscillations périodiques de faible amplitude dues à la nutation.)

oblitérateur, trice adj. Qui oblitère : *timbre oblitérateur.*

oblitérateur n. m. Instrument pour oblitérer.

oblitération n. f. Action d'oblitérer. ‖ *Méd.* Etat d'une partie obstruée.

oblitérer [ɔblitere] v. t. (lat. *obliterare,* effacer) [conj. **5**]. Effacer, user progressivement : *le temps a oblitéré cette inscription.* ‖ Couvrir d'une empreinte, d'une marque : *oblitérer un timbre.* ‖ *Méd.* Obstruer (un vaisseau, un conduit) : *l'inflammation tend à oblitérer les vaisseaux.*

oblong [ɔblɔ̃], **gue** [-ɔ̃g] adj. (lat. *oblongus*). De forme allongée : *caisse oblongue.*

obnubilation n. f. Action d'obnubiler. ‖ Etat des sujets obnubilés. (L'obnubilation s'observe dans les intoxications [alcool], les maladies infectieuses, les affections nerveuses et psychiques.)

obnubiler [ɔbnybile] v. t. (lat. *obnubilare,* couvrir de nuages). Envelopper, obscurcir comme d'un nuage : *esprit obnubilé par les préjugés.*

Obock, port du Territoire français des Afars et des Issas ; 700 h. Occupé par la France en 1862.

Obodrites, peuplade slave établie au VIIe s. entre l'Elbe inférieur et la côte balte, et qui resta indépendante jusqu'au XIIe s.

obole [ɔbɔl] n. f. (gr. *obolos*). Unité de poids (0,72 g) et de monnaie de la Grèce ancienne. ‖ Anc. petite monnaie qui valait une maille, moitié d'un denier. ‖ *Fig.* Petite somme : *apporter son obole à une souscription.*

Obradović ou **Obradovitch** (Dositej), écrivain serbe, né à Čakovo (1742-1811). Il fut l'un des rénovateurs de la littérature serbe.

Obrecht (Jacobus), compositeur néerlandais, né à Bergen op Zoom (v. 1450-1505). Il vécut quelque temps en Italie au service du duc de Ferrare. Il a écrit une œuvre polyphonique considérable (messes, motets, passions, hymnes).

Obrenović ou **Obrénovitch,** nom patronymique de la dynastie qui a régné en Serbie depuis 1817 jusqu'en 1903, sauf de 1842 à 1858.

O'Brien (William Smith), homme politique irlandais, né à Dromoland (1803-1864), célèbre par l'agitation nationale qu'il provoqua contre les Anglais. Capturé et condamné à mort, il fut gracié.

Obrigheim, localité de l'Allemagne occidentale (Bade-Wurtemberg), sur le Neckar. Centrale nucléaire.

obscène [ɔpsɛn] adj. (lat. *obscoenus,* de mauvais augure). Qui blesse la pudeur : *paroles obscènes.*

obscénité [-se-] n. f. Caractère de ce qui est obscène. ‖ Parole, acte, image obscène.

obscur [ɔpskyr], **e** adj. (lat. *obscurus*). Sombre, qui n'est pas éclairé : *lieu obscur.* ‖ Qui n'est pas éclatant : *couleur obscure.* ‖ — *Fig.* Peu connu, caché : *mener une vie obscure.* ‖ Difficile à comprendre : *pensée obscure.* ‖ — Syn. : CONFUS, EMBROUILLÉ, FUMEUX, HERMÉTIQUE, INDISTINCT, NÉBULEUX, TÉNÉBREUX, TOUFFU.

obscurantisme n. m. Etat d'esprit réfractaire à la raison et au progrès. ‖ Système de ceux qui ne veulent pas voir l'instruction pénétrer dans la masse du peuple.

obscurantiste adj. Relatif à l'obscurantisme. ‖ — N. Qui professe ce système.

obscurcir v. t. Rendre obscur : *les hautes maisons obscurcissent la rue.* ‖ *Fig.* Rendre moins intelligible : *quelquefois, un commentaire obscurcit un texte.* ‖ — **S'obscurcir** v. pr. Devenir obscur : *le temps s'obscurcit.* ‖ *Fig.* Perdre de son éclat : *sa gloire s'est obscurcie.*

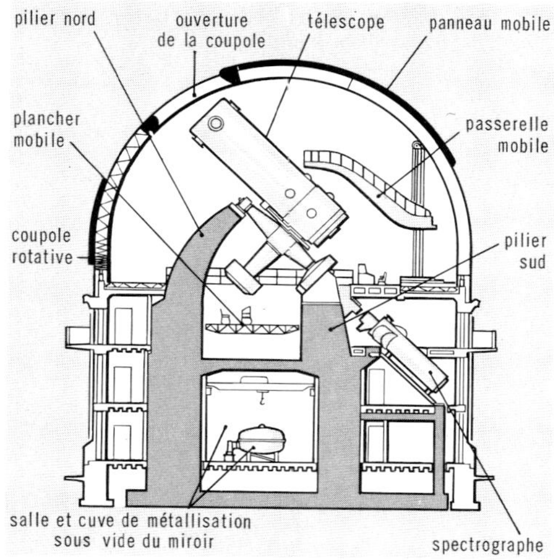

observatoire

obscurcissement n. m. Affaiblissement de lumière : *l'obscurcissement du soleil.* ‖ *Fig.* Perte d'éclat : *l'obscurcissement d'une réputation.*

obscurément adv. De façon obscure, peu intelligible, mal définie, etc. ‖ De manière à rester ignoré ou peu connu : *finir obscurément sa vie.*

obscurité n. f. Absence de lumière : *l'obscurité de la nuit.* ‖ — *Fig.* Défaut de clarté, état de ce qui est inintelligible : *obscurité du langage.* ‖ Etat de ce qui est douteux ou peu connu : *l'obscurité du passé.* ‖ Condition, sort obscur ; perte de la célébrité : *vivre dans l'obscurité.*

obsécration [ɔpsekrasjɔ̃] n. f. (lat. *obsecratio*). Figure de style par laquelle l'orateur implore l'assistance de Dieu ou des hommes.

obsédant, e adj. Qui obsède, importune : *une insistance obsédante.*

obsédé, e adj. et n. Qui est la proie d'une obsession, d'une idée fixe. ● *Obsédé sexuel,* malade mental qui ne pense qu'aux plaisirs sexuels.

obséder [ɔpsede] v. t. (lat. *obsidere,* assiéger) [conj. **5**]. Importuner par des assiduités excessives : *être obsédé par des solliciteurs.* ‖ *Fig.* Tourmenter, occuper l'esprit : *cette idée m'obsède.* ‖ — Syn. : ENNUYER, PERSÉCUTER, TRACASSER.

obsèques [ɔpsɛk] n. f. pl. (lat. *obsequiae ;* de *obsequi,* suivre). Cérémonie funèbre.

obséquieusement adv. De façon obséquieuse : *saluer obséquieusement.*

obséquieux [ɔpsekjø], **euse** [-øz] adj. (lat. *obsequiosus ;* de *obsequium,* respect). Qui porte à l'excès les égards, les attentions, le respect : *des manières obséquieuses.*

obséquiosité n. f. Caractère de celui ou de ce qui est obséquieux.

observable adj. Qui peut être observé : *éclipse aisément observable.*

observance n. f. Pratique, exécution de ce que prescrit une règle, une loi, surtout en matière religieuse. ‖ La règle elle-même. ‖ Communauté religieuse considérée au point de vue de la règle qu'elle suit : *les observances régulières.*

observateur, trice n. Celui, celle qui accomplit ce qui lui est prescrit par une loi, par une règle : *observateur des commandements de Dieu.* ‖ Celui, celle qui observe les phénomènes, les événements : *un écrivain doit être un observateur attentif.* ‖ Personne qui regarde, surveille, en particulier celui qui observe les positions ennemies, le réglage ou les effets d'un tir, etc. ‖ Mandataire chargé d'assister à une négociation sans y participer activement et sans engager son mandant. ‖ — Adj. Qui sait observer, qui étudie avec un esprit critique : *un esprit observateur.*

observation n. f. Action de se conformer à ce qui est prescrit : *l'observation d'un règlement.* ‖ Attention donnée à certaines choses : *observation d'un phénomène.* ‖ Etude faite sur les choses physiques ou morales : *observation astronomique.* ‖ Etude des symptômes et de leur évolution au cours d'une maladie : *mettre un malade en observation.* ‖ Objection, remarque, réprimande : *faire une observation à un enfant.* ● *Esprit d'observation,* habileté à observer. ‖ *Etre, se tenir en observation,* épier l'arrivée de quelqu'un ou de quelque chose. ‖ *Observation aérienne,* recherche de renseignements à partir d'un aéronef. (V. *encycl.*)

— ENCYCL. L'*observation aérienne* fournit de multiples renseignements. Elle est particulièrement indispensable à la préparation et à la conduite des opérations militaires.
Depuis les lunettes des observateurs en ballon de la bataille de Fleurus ou en saucisse* de la Première Guerre mondiale, les moyens et procédés utilisés n'ont cessé de se perfectionner. Les avions légers d'observation, les avions de reconnaissance lointaine, volant de plus en plus vite et de plus en plus haut, les missiles de surveillance et les satellites d'observation sont munis d'un appareillage qui fait appel aux techniques les plus modernes de la photographie, du cinéma, de la télévision, du radar, des dispositifs à infrarouge, etc.

observatoire n. m. Etablissement spécialement affecté aux observations astronomiques ou météorologiques. ‖ Lieu d'où l'on observe, d'où l'on surveille.

— ENCYCL. En raison de l'extension des applications de la photographie et de la spectroscopie à l'étude du ciel, on recherche pour l'établissement d'un *observatoire* les lieux où les conditions atmosphériques et la transparence de l'air sont aussi favorables que possible. Chaque grand observatoire, dont le rôle est de déterminer quotidiennement et de façon précise les coordonnées célestes des étoiles, possède un service de l'heure, un service de photographie pour l'établissement de la carte photographique du ciel, œuvre internationale entreprise depuis 1880, et un service d'astrophysique. Certains observatoires sont spécialisés dans l'observation du Soleil ou dans celle des planètes et des comètes. Les observations météorologiques ou magnétiques sont effectuées dans des observatoires indépendants des services d'astronomie.

Observatoire de Paris, établissement fondé en 1667 par Louis XIV et destiné à l'étude ainsi qu'à l'observation des phénomènes célestes et atmosphériques. Il possède de nombreux services de photographie, de spectroscopie et de recherches physiques, et coopère à l'établissement de la carte photographique du ciel. Siège du Bureau international de l'heure, il assure la transmission de l'heure par radio. L'architecture (1667-1672) est une œuvre de Perrault. A cet observatoire est rattaché celui de Meudon, installé en 1877 et spécialement consacré à l'étude du Soleil, ainsi qu'à l'observation des planètes et des comètes.

observer [ɔpsɛrve] v. t. (lat. *observare*). Accomplir ce qui est prescrit par une loi, par une règle : *observer les convenances.* ‖ Considérer avec attention, étudier : *observer le cours des astres.* ‖ Examiner avec un esprit critique : *on vous observe.* ‖ Faire attention, remarquer : *observez que...* ‖ — **S'observer** v. pr. Etre circonspect : *cet homme s'observe en société.* ‖ S'épier, se surveiller réciproquement : *les deux armées s'observaient.*

obsession [ɔpsesjɔ̃] n. f. (du lat. *obsessus,* assiégé). Action d'obséder. ‖ Pensée ou sentiment se présentant à l'esprit de façon incoercible, contraignante et angoissante, et dont le sujet ressent le caractère anormal. (V. *encycl.*)

— ENCYCL. L'*obsession* se manifeste essentiellement dans la névrose obsessionnelle, où elle contraint le sujet à une tension permanente : il craint, par exemple, de faire un acte délictueux vers lequel il se sent irrésistiblement poussé, bien qu'il en comprenne le caractère néfaste ; il peut, inversement, craindre jusqu'à l'angoisse une catastrophe, un événement pénible ou un simple ennui dont il sait pourtant rationnellement l'échéance improbable ou la bénignité ; l'obsession peut être enfin une idée, souvent absurde, dont l'esprit ne peut se débarrasser. Elle s'observe parfois, en dehors des névroses, dans les états dépressifs, l'hystérie, l'épilepsie, ou même chez des sujets normaux surmenés, fatigués ou placés dans des situations préoccupantes.

obsessionnel, elle adj. Relatif à l'obsession. ● *Névrose obsessionnelle,* maladie caractérisée par la présence obsédante de sentiments, d'idées ou de conduites qui s'imposent au sujet et l'entraînent dans une lutte continuelle, bien qu'il en éprouve le caractère dérisoire.

obsidienne [ɔpsidjɛn] n. f. (de *Obsius,* nom de celui qui, suivant Pline, découvrit ce minéral). Verre naturel d'origine éruptive, de couleur généralement sombre.

obsidional [ɔpsidjɔnal], **e, aux** [-o] adj. (du lat. *obsidio, obsidionis,* siège). Qui concerne le siège d'une ville. ● *Couronne obsidionale,* couronne de plantes sauvages que les Romains décernaient à celui qui avait fait lever le siège d'une ville. ‖ *Délire obsidional,* folie collective de ceux qui se croient enfermés, assiégés. ‖ *Monnaie obsidionale,* monnaie frappée dans une ville assiégée, pour suppléer au défaut de numéraire.

obsolescence [ɔpsɔlɛsɑ̃s] n. f. (mot angl. ; du lat. *obsolescere,* tomber en désuétude). Déclassement technologique du matériel industriel, entraîné par l'apparition d'un matériel plus moderne, mieux adapté.

obsolète [ɔpsɔlɛt] adj. (lat. *obsoletus ;* de *solere,* avoir coutume). Hors d'usage : *mot obsolète.*

obstacle [ɔpstakl] n. m. (lat. *obstaculum ;* de *obstare,* se tenir devant). Ce qui empêche, arrête, s'oppose (au *pr.* et au *fig.*) : *obstacle infranchissable ; parvenir sans obstacle à ses fins.* ‖ *Sports.* Nom des difficultés qu'on accumule sur la piste pour les courses de haies ou les steeple-chases.

obstétrical, e, aux adj. Relatif aux accouchements.

obstétrique [ɔpstetrik] n. f. (du lat. *obstetrix,* accoucheuse). Art des accouchements.

obstination n. f. Action de s'attacher avec ténacité à quelque chose ; entêtement : *vaincre l'obstination de quelqu'un.*

obstiné [ɔpstine], **e** adj. et n. Opiniâtre, entêté : *enfant obstiné.* ‖ — Adj. Assidu, constant : *travail obstiné.*

obstinément adv. Avec obstination : *s'en tenir obstinément à sa première opinion.*

obstiner (s') v. pr. (lat. *obstinare*). S'attacher avec ténacité : *s'obstiner dans son opinion.*

obstructif, ive adj. (du lat. *obstruere,* construire devant). Qui cause une obstruction.

obstruction [ɔpstryksjɔ̃] n. f. *Méd.* Engorgement d'un conduit organique, d'un vaisseau : *obstruction intestinale.* ‖ — *Fig.* Manœuvres, tactique employées pour troubler une réunion, empêcher un orateur de parler, retarder la décision d'une assemblée, etc. : *faire de l'obstruction.* ‖ Dans les sports d'équipe, action de s'opposer de façon déloyale à un adversaire.

obstructionnisme n. m. Attitude de ceux qui pratiquent l'obstruction politique.

obstructionniste adj. Qui concerne l'obstruction. ‖ — N. Personne qui pratique l'obstruction.

obstruer [ɔpstrɥe] v. t. (lat. *obstruere,* construire devant). Boucher par un obstacle : *obstruer un passage.* (Syn. : BARRER, EMBARRASSER, FERMER, OBTURER.)

obtempérer [ɔptɑ̃pere] (**à**) v. t. ind. (lat. *obtemperare*) [conj. **1**]. Obéir, acquiescer : *obtempérer à un ordre.*

obtenir [ɔptənir] v. t. (lat. *obtinere,* tenir fortement) [conj. **16**]. Parvenir à se faire accorder ce qu'on désire : *obtenir une faveur.* (Syn. : ACQUÉRIR, GAGNER, REMPORTER.)

obtenteur, trice n. Personne qui obtient quelque chose. ‖ *Agric.* Personne qui, à la suite de recherches, d'essais, obtient un produit nouveau : *l'obtenteur d'une variété de poires.*

obtention n. f. (du lat. *obtentus,* obtenu). Action d'obtenir.

obturateur, trice adj. Qui sert à obturer : *plaque obturatrice.*

obturateur n. m. Objet qui sert à obturer. ‖ Organe d'obturation du canon d'une arme à feu se chargeant par la culasse. ‖ Dispositif d'un objectif photographique pour obtenir des temps de pose différents. ‖ Appareil qui sert à interrompre la circulation dans une conduite d'eau, de vapeur ou de gaz. ‖ Dispositif de contraception féminine.

obturation n. f. Action d'obturer. ‖ Opération qui consiste à combler les cavités des dents cariées. (L'obturation des cavités dentaires se fait après traitement des cavités de la couronne et des canaux des racines. Elle peut être provisoire ou permanente. Dans ce dernier cas, on emploie des ciments, des amalgames, des résines, l'or, la céramique.)

obturer [ɔptyre] v. t. (lat. *obturare,* boucher). Boucher hermétiquement par l'introduction ou l'application d'un corps.

obtus [ɔpty], **e** [-yz] adj. (lat. *obtusus,* émoussé). *Math.* Se dit d'un angle plus grand qu'un angle droit. ‖ *Fig.* Qui comprend lentement : *esprit obtus.*

obtusangle adj. Se dit d'un triangle qui a un angle obtus.

obus [ɔby] n. m. (allem. *Haubitze,* obusier). Projectile de forme cylindro-ogivale, lancé par une bouche à feu.
— ENCYCL. Jusqu'au XIXᵉ s., le nom d'*obus* était réservé aux projectiles creux, par opposition aux « boulets » pleins. De nos jours, la distinction n'existe plus. Les obus creux contiennent soit une charge nucléaire (*obus atomique*), soit une charge explosive (*obus explosif*), mélangée parfois de balles (*obus à balles* ou *à mitraille*), soit une composition éclairante, fumigène ou incendiaire (*obus éclairant, fumigène, incendiaire*), soit enfin un chargement chimique ou bactériologique (*obus toxique* par exemple). Les obus pleins ou semi-creux sont utilisés contre les blindages ou le béton (*obus perforant,* souvent à charge creuse, et *obus de rupture*).

obusier n. m. Canon court qui effectue un tir vertical ou un tir plongeant.

obvenir [ɔbvənir] v. i. (lat. *obvenire*) [conj. **16**]. *Dr.* Echoir par succession ou autrement.

obvers [ɔbvɛr] n. m. (lat. *obversus*). *Numism.* Syn. de AVERS. (On dit aussi OBVERSE.)

obvie [ɔbvi] adj. (lat. *obvius*). Se dit du sens le plus naturel d'un terme.

obvier [ɔbvje] (**à**) v. t. ind. (lat. *obviare,* aller à la rencontre). Prendre des mesures efficaces pour prévenir, faire obstacle à : *obvier à un inconvénient.*

Obwald. V. UNTERWALD.

oc [ɔk], particule du dialecte provençal exprimant l'affirmation.
— ENCYCL. Au IXᵉ s., la langue parlée au sud d'une ligne allant du nord de Poitiers à Grenoble était appelée *langue d'oc;* la langue parlée au nord était appelée *langue d'oïl,* d'après la manière différente de prononcer le mot *oui,* qui dans le Midi se disait *oc,* et dans le Nord *oïl.* La langue d'oïl comprenait le wallon, le picard, le champenois, le lorrain, le franc-comtois, le bourguignon, l'angevin, le normand, le dialecte de l'Ile-de-France. La langue d'oc comprenait le limousin, l'auvergnat, le gascon, le provençal, etc. Du XIIᵉ au XVIᵉ s., le dialecte de l'Ile-de-France, ou *francien,* suivant les progrès de la puissance royale, prévalut sur les autres dialectes et il forme aujourd'hui la langue française.

Ocagne (Maurice D'), mathématicien français, né à Paris (1862-1938). Il est surtout connu pour ses travaux sur l'application de la géométrie aux calculs numériques, qu'il remplaça par des représentations graphiques. Après avoir créé les abaques à points alignés, il créa de toutes pièces la « nomographie », dont les applications dans le domaine technique s'étendent à tout ce qui peut être calculé. Il fit enfin une étude scientifique des machines à calculer, que l'on pourrait assimiler à une anatomie comparée de ces appareils.

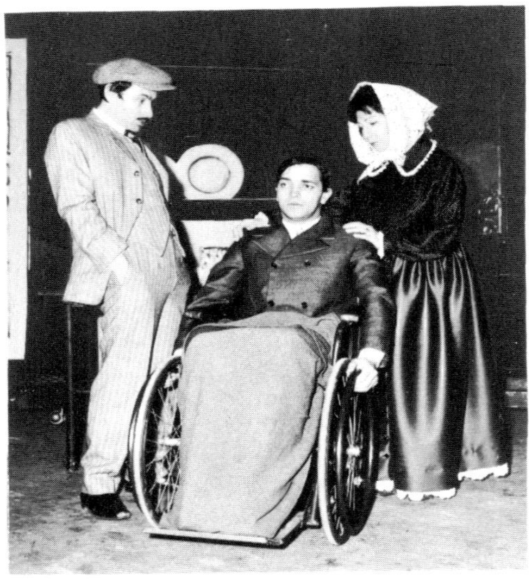

O'Casey : une scène de « la Coupe d'argent » au théâtre de l'Est parisien

O. C. A. M., sigle de *Organisation commune africaine et malgache.*

ocarina [ɔkarina] n. m. (mot ital.; de *oca,* oie). Petit instrument de musique populaire, à vent, en matière plastique ou en métal, de forme ovoïde, muni d'un bec et percé de huit trous.

O'Casey (Sean), auteur dramatique irlandais, né à Dublin (1884-1964). Il donna dans ses drames une image pathétique des luttes politiques et sociales qui agitèrent sa patrie (*l'Ombre d'un franc-tireur,* 1923; *la Charrue et les étoiles,* 1926; *la Coupe d'argent,* 1929), puis s'orienta vers un théâtre symbolique par lequel il tenta de traduire les multiples aspects de la vie, mêlant poésie et burlesque, rêve et réalité (*Roses rouges pour moi,* 1943).

Occam (Guillaume D'). V. GUILLAUME D'OCCAM.

occasion [ɔkazjɔ̃] n. f. (lat. *occasio;* de *occidere,* tomber). Conjoncture, circonstance qui vient à propos : *profiter d'une occasion.* ‖ Circonstance, en général : *il s'est distingué dans cent occasions.* ‖ Cause, sujet : *occasion de dispute.* ● *A l'occasion,* si le moment favorable se présente. ‖ — **D'occasion** loc. adv. Qu'on rencontre par occasion; qui n'est plus neuf : *voiture d'occasion.*

occasionnalisme n. m. Théorie des causes occasionnelles : *l'occasionnalisme de Malebranche.*

occasionnel, elle adj. Qui se produit par occasion, par hasard : *circonstance occasionnelle.* ● *Cause occasionnelle,* cause qui n'agit pas directement sur un fait, mais à l'occasion de laquelle, cependant, ce fait se produit.

occasionnellement adv. Par occasion.

occasionner v. t. Donner lieu à une chose, être l'occasion de, provoquer : *une chute occasionna sa mort.* (Syn. : AMENER, CAUSER, CRÉER, DÉTERMINER, ENTRAÎNER, SUSCITER.)

occident [ɔksidɑ̃] n. m. (lat. *occidens,* qui se couche). Côté de l'horizon où le Soleil se couche. ‖ Partie du monde composant la partie ouest du continent européen. ‖ Ensemble des Etats du pacte de l'Atlantique. (Dans ces deux derniers cas prend une majuscule.) ● *Eglise d'Occident,* l'Eglise romaine (par oppos. à l'*Eglise grecque* d'Orient).

Occident (*Empire d'*), partie occidentale de l'Empire romain, issue du partage de l'Empire à la mort de Théodose (395 apr. J.-C.). Il s'effondra en 476 sous les coups des Barbares.

occidental, e, aux adj. et n. De l'Occident. ‖ — N. m. pl. Peuples de l'Occident, surtout par opposition à ceux des pays de l'Est européen.

occidentaliser v. t. Transformer selon les idées et la civilisation de l'Occident.

occipital, e, aux adj. Qui appartient à l'occiput : *muscles occipitaux.* ● *Lobe occipital,* lobe postérieur du cerveau, où sont localisés les centres visuels. ‖ *Trou occipital,* trou dans l'os occipital, par où passe l'axe cérébrospinal.

occipital n. m. Os qui forme la paroi postérieure et inférieure du crâne. (L'occipital, os pair, présente en arrière une partie aplatie, l'écaille, qui s'articule avec les pariétaux, et en avant le trou occipital, limité par des masses latérales qui s'articulent avec l'atlas, et par le « corps » de l'os qui s'articule avec le sphénoïde.)

occiput [ɔksipyt] n. m. (mot lat.; de *caput,* tête). Partie inférieure et postérieure de la tête.

occire [ɔksir] v. t. (lat. *occidere*) [conj. **69;** usité seulement à l'inf., au part. pass. *occis, e,* et aux temps composés]. Tuer (vx).

occitan [ɔksitɑ̃], **e** [-an] adj. Se dit des dialectes de langue d'oc, et plus spécialement de l'ancien provençal, ou langue des troubadours.

Occitanie, nom donné, au Moyen Age, à l'ensemble des pays de langue d'oc.

occlure [ɔklyr] v. t. (lat. *occludere*) [conj. **62**]. Fermer un orifice, le conduit d'un canal.

occlusif, ive adj. (du lat. *occludere,* fermer). Qui produit l'occlusion. ● *Consonne occlusive,* ou *occlusive* n. f., consonne qui est produite par une fermeture momentanée du canal buccal : *en français, les consonnes « k », « t », « p » sont des occlusives.*

occlusion n. f. (lat. *occlusio*). Action de fermer; état de ce qui est fermé. ‖ *Chim.* Propriété que possèdent certains solides d'absorber les gaz. ‖ *Méd.* Fermeture pathologique d'un conduit ou d'un orifice naturel : *occlusion intestinale.* (V. *encycl.*) ● *Occlusion des paupières,* fermeture provisoire, par suture, des paupières, en cas de kératite.
— ENCYCL. L'*occlusion intestinale* (ou iléus) est un syndrome dont les causes sont variées : corps étranger, tumeur, compression, bride, strangulation ou torsion de l'intestin. L'arrêt des matières et des gaz, les nausées, les vomissements et le gonflement de l'abdomen se manifestent dans tous les cas, mais plus ou moins rapidement selon qu'il s'agit d'une *obstruction* (obstacle interne, tumeur, compression) ou d'une *strangulation* (torsion, invagination de l'intestin). Le diagnostic doit être précoce et conduit le plus souvent à une intervention urgente. Certaines occlusions peuvent être dues à une paralysie de l'intestin (iléus paralytique).

occultation n. f. (du lat. *occultare,* cacher). Action de masquer une source de lumière; résultat de cette action. ‖ *Astron.* Disparition momentanée d'un astre à la suite du passage d'un autre astre devant lui.

occulte [ɔkylt] adj. (lat. *occultus*). Caché, secret, mystérieux : *pouvoir occulte.* ● *Sciences occultes,* l'alchimie, la magie, la nécromancie, l'astrologie, la cabale, etc., dont la connaissance et la pratique s'enveloppent de mystère.

occulter [ɔkylte] v. t. Protéger de la lumière : *occulter une chambre.* ‖ *Fig.* Rendre obscur, dissimuler : *occulter certains aspects d'un problème philosophique.*

occultisme n. m. Connaissance des choses occultes. ‖ Pratique des sciences occultes.

occultiste adj. et n. Qui pratique l'occultisme; qui ressortit à l'occultisme.

occupant, e adj. et n. Qui occupe un lieu, un pays : *les forces occupantes.* ● *Occupant de bonne foi* (Dr.), personne qui réside dans un logement sans engagement de location, mais qui, du fait des circonstances et de sa bonne foi, bénéficie du droit au maintien dans les lieux. ‖ *Premier occupant* (Dr.), celui qui occupe, prend possession le premier.

occupation n. f. Action de se rendre maître militairement d'une ville, d'un pays. ‖ Moyen d'acquérir, par la prise de possession, la propriété d'un bien vacant. ‖ Fait d'habiter un logement : *occupation insuffisante.* ‖ Travail, affaire dont on est occupé : *avoir de nombreuses occupations.* ‖ Place, emploi : *ce genre d'occupation lui convient bien.*

occupé, e adj. Qui a du travail, de l'occupation.

occuper [ɔkype] v. t. (lat. *occupare*). Remplir un espace 1° de lieu : *le lit occupe toute la place;* 2° de temps : *cette discussion a occupé toute la séance.* ‖ Habiter : *occuper un logement.* ‖ Garnir de troupes : *occuper une ville.* ‖ Exercer : *occuper un emploi.* ‖ Donner du travail, employer : *occuper des ouvriers.* ‖ — *Fig.* Consacrer : *occuper ses loisirs à lire.* ‖ Etre l'objet du travail, du souci de quelqu'un : *son travail l'occupe beaucoup.* ‖ — **S'occuper** v. pr. Travailler, donner son temps à : *s'occuper de chimie.*

occurrence [ɔkyrɑ̃s] n. f. (du lat. *occurrens,* qui court à la rencontre de). Rencontre, circonstance fortuite : *agir selon l'occurrence.* ● *En l'occurrence,* dans la circonstance.

occurrent, e adj. *Fêtes occurrentes* (Liturg.), fêtes qui tombent le même jour.

O. C. D. E., sigle de *Organisation de coopération et de développement économiques.*

océan [ɔseɑ̃] n. m. (lat. *oceanus,* empr. au gr.). Vaste étendue d'un seul tenant, que forme l'eau marine recouvrant le globe : *les océans et les mers couvrent les sept dixièmes de la surface de la Terre.* (V. *encycl.*) ‖ *Fig.* Vaste étendue en général : *un océan de verdure.*
— ENCYCL. *Biol.* La masse même des eaux des *océans,* obscure, froide (+ 2 °C), de salinité à peu près constante (35 g par litre de sels divers), forme la *zone pélagique,* qui abrite à peu près la même faune dans le monde entier. Toute la zone superficielle éclairée (*zone épipélagique*) contient une flore chlorophyllienne (algues, phytoplancton) et des animaux herbivores. Sur le fond (*zone benthique*) rampent des animaux incapables de nager et qui fouillent la vase pour se nourrir des cadavres tombés de la surface. Quant aux rivages, ils abritent une riche population d'animaux et de plantes qui ont à la fois besoin d'un fond solide, de lumière et du surcroît d'oxygène introduit par le déferlement des vagues (*zone littorale*). Enfin, la zone qui est découverte à marée basse (zone de balancement des marées ou *zone intertidale*)

Phot. Bernand.

poisson des récifs

amphiprion
poisson commensal d'une actinie

gorgone
(cœlentéré)

polypier des eaux calmes

berghia bleu (opisthobranche)

œdidiella (opisthobranche)

spirographe
(annélide)

halocynthia
(ascidie)

MOLLUSQUES

argonaute
(céphalopode)

glaucus (opisthobranche)

leptopsammia
(cœlentéré)

éponge du type
tubulaire

aplysie
(opisthobranche)

tridacne ou bénitier
(ouverture des valves)

retepora
ou dentelle de Vénus (bryozoaire)

linkia
(astérie)

chitons
(amphineures)

Théodor, Tardy, Catala, Théodor (2), Tardy, Margiocco, Noailles, Vasserot, Théodor (8).

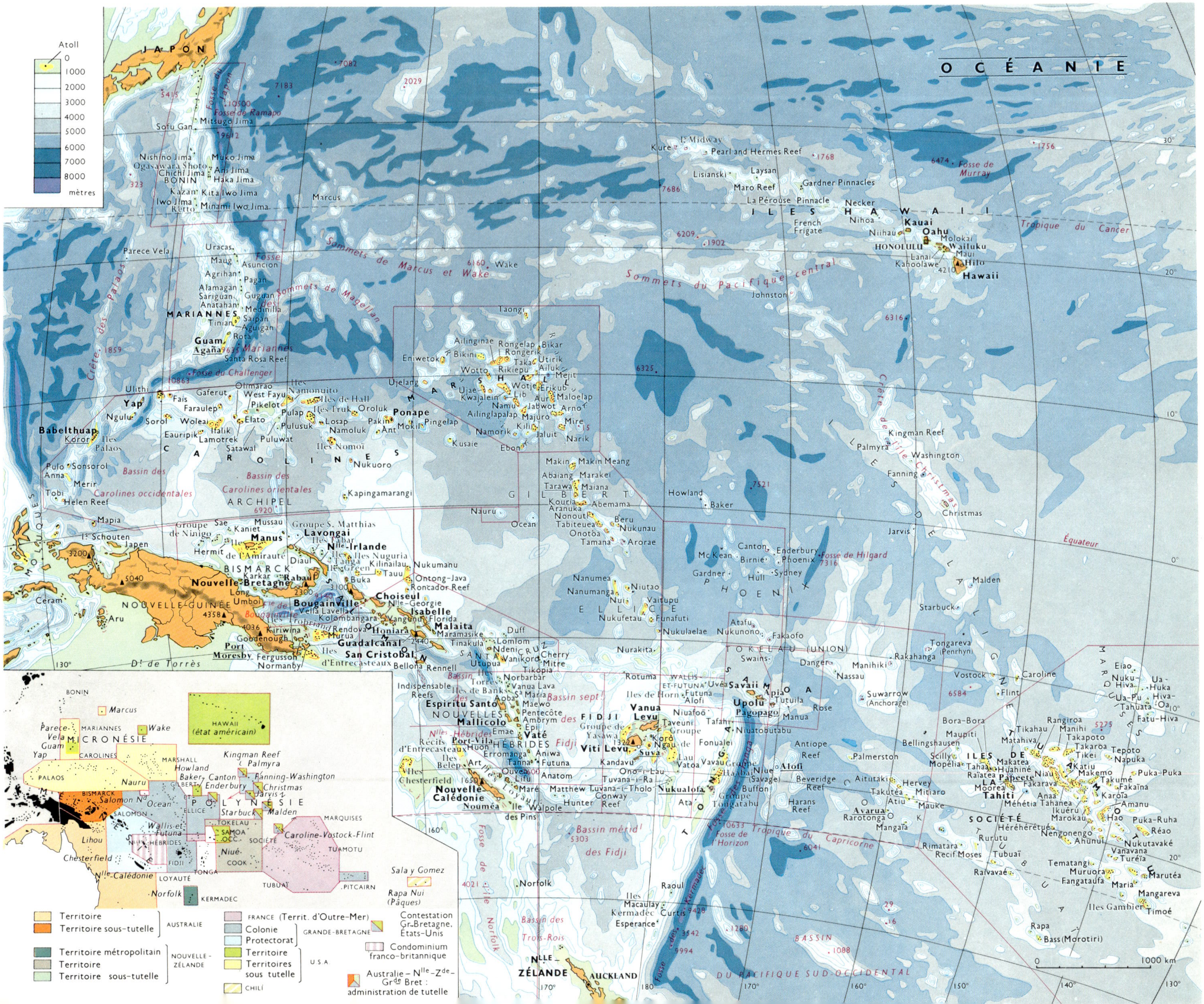

OCÉANIE
Atoll
0
1000
2000
3000
4000
5000
6000
7000
8000
mètres
JAPON
MARIANNES
CAROLINES
ARCHIPEL
ILES HAWAII
HONOLULU
Hawaii
MARSHALL
GILBERT
ELLICE
PHOENIX
TOKELAU (UNION)
SAMOA
FIDJI
TONGA
NOUVELLE-GUINÉE
BISMARCK
NOUVELLES-HÉBRIDES
Nouvelle-Calédonie
Nouméa
NLLE-ZÉLANDE
AUCKLAND
ILES DE LA SOCIÉTÉ
Tahiti
Papeete
MARQUISES
TUAMOTU
Sommets de Marcus et Wake
Sommets du Pacifique central
Crête de l'île Christmas
Crête des Palaos
Fosse du Japon
Fosse de Ramapo
Fosse des Mariannes
Fosse du Challenger
Fosse de Murray
Fosse de Hilgard
Fosse de Kermadec
Fosse de l'Horizon
Bassin des Carolines occidentales
Bassin des Carolines orientales
Bassin des Fidji
Bassin des Trois-Rois
BASSIN DU PACIFIQUE SUD-OCCIDENTAL
Tropique du Cancer
Équateur
Tropique du Capricorne
D! de Torrès
MICRONÉSIE
POLYNÉSIE
HAWAII (état américain)
Territoire
Territoire sous-tutelle
AUSTRALIE
Territoire métropolitain
Territoire
Territoire sous-tutelle
NOUVELLE-ZÉLANDE
FRANCE (Territ. d'Outre-Mer)
Colonie
Protectorat
GRANDE-BRETAGNE
Territoire
Territoires sous tutelle
U.S.A
CHILI
Contestation Gr.-Bretagne, États-Unis
Condominium franco-britannique
Australie - Nlle-Zde - Grde Bret : administration de tutelle
0
1000 km

n'héberge que les êtres qui supportent une durée plus ou moins longue d'émersion.
Les régions polaires et les récifs coralliens constituent des milieux océaniques particuliers, ayant leur faune et leur flore propres.

océanide n. f. *Myth.* Nymphe de la mer et des eaux : *les océanides étaient filles de l'Océan et de Téthys.*

Océanie, une des cinq parties du monde, comprenant le continent australien et divers groupements insulaires situés dans le Pacifique, entre l'Asie à l'ouest et l'Amérique à l'est. L'Océanie se divise en trois grandes parties : la *Mélanésie**, la *Micronésie** et la *Polynésie**. Ces divisions sont plutôt ethnographiques que géographiques. L'Océanie compte environ 20 millions d'hab. (*Océaniens*) et a une superficie de 8 970 000 km². En dehors des plus vastes (Australie, Nouvelle-Guinée, Nouvelle-Zélande, résultant de l'émergence du socle, souvent affecté de mouvements tectoniques récents) et des plus petites (atolls d'origine corallienne), la plupart des îles de l'Océanie doivent leur existence à des phénomènes volcaniques. Les archipels jouissent d'un climat tropical, influencé par l'insularité, qui explique encore l'endémisme marqué de la flore et de la faune. Aux points de vue humain et économique, l'Australie et la Nouvelle-Zélande, européanisées, au niveau de vie élevé, s'opposent au reste de l'Océanie, où les indigènes (Mélanésiens et Polynésiens) vivent surtout de la culture du cocotier et de la pêche. Le tourisme se développe localement. Au point de vue politique, l'Australie, la Nouvelle-Zélande et les Samoa occidentales appartiennent au Commonwealth; la Grande-Bretagne étend son influence sur de nombreux archipels polynésiens; les Hawaii sont un des Etats unis d'Amérique; les anciennes colonies allemandes sont administrées par les Etats-Unis, la Grande-Bretagne, l'Australie et la Nouvelle-Zélande; le Chili détient l'île de Pâques. Enfin la France possède en Océanie la Nouvelle-Calédonie et une partie de la Polynésie. Les Nouvelles-Hébrides sont placées sous un condominium franco-anglais.

Océanie (*Etablissements français de l'*), anc. nom de la *Polynésie** *française.*

océanien, enne adj. et n. D'Océanie.

océanique adj. Relatif à l'océan. • *Climat océanique,* V. CLIMAT.

océanographe n. Spécialiste d'océanographie.

océanographie [ɔseanɔgrafi] ou **océanologie** n. f. Science qui a pour objet l'étude de la vie dans les océans et du milieu physique qu'ils constituent (eau de mer et relief sous-marin).
— ENCYCL. L'*océanographie* s'est récemment développée avec l'accroissement et le perfectionnement de la flotte spécialisée et l'utilisation de nouveaux engins de recherches (stations d'observation dérivantes, bathyscaphes, bouées flottantes, etc.). Son essor est aussi lié aux possibilités d'application qu'elle a laissé entrevoir : découvertes de nouveaux gisements miniers (hydrocarbures et manganèse notamment), progrès de la biologie des pêches, de la navigation maritime (pour l'étude des courants marins notamment), etc.

océanographique adj. Relatif à l'océanographie : *recherches océanographiques.*

ocelle [ɔsɛl] n. m. (lat. *ocellus,* petit œil). Œil de structure très simple, qui existe chez les arthropodes terrestres. (V. *encycl.*) ‖ Tache ronde sur une aile d'insecte, le plumage d'un oiseau, le pelage d'un mammifère.
— ENCYCL. Beaucoup d'insectes adultes présentent trois *ocelles* en plus des yeux composés, tandis que certains mille-pattes, les araignées et les scorpions ont quatre paires d'ocelles et n'ont pas d'autres organes visuels; les crustacés supérieurs, au contraire, ont seulement des yeux composés. Les ocelles des larves d'insectes, de structure différente, sont plutôt appelés *stemmates.*

ocellé [ɔsɛle], **e** adj. Qui porte des ocelles : *ailes ocellées.*

ocelot [ɔslo] n. m. (mot aztèque). Mammifère carnassier de l'Amérique du Sud, à robe grise tachetée de points

art de l'OCÉANIE

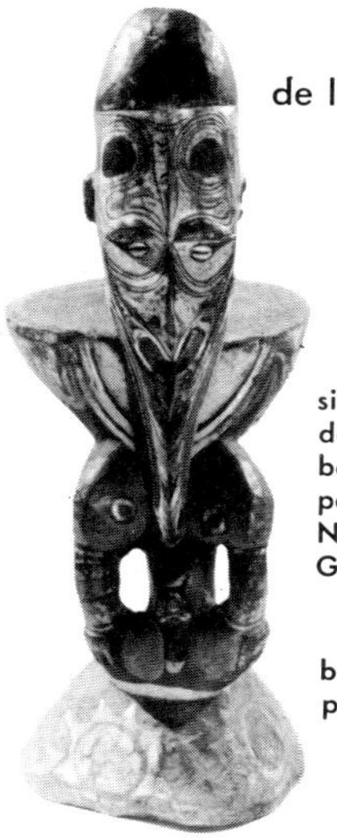

siège de culte; bois sculpté polychrome, Nouvelle-Guinée

figure d'ancêtre; bois sculpté polychrome, Nouvelle-Guinée

coll. part.

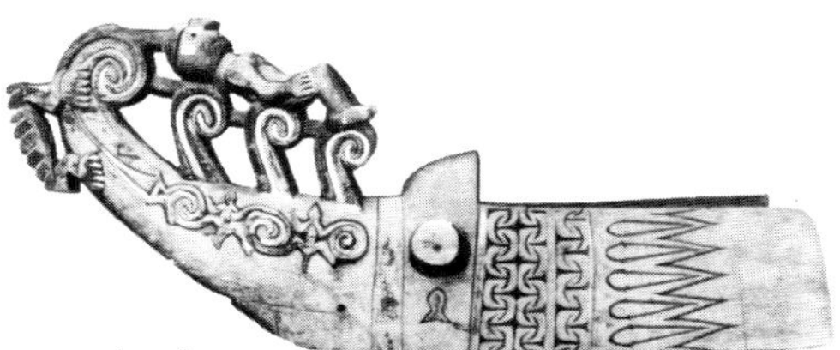

proue de pirogue
Nouvelle-Guinée, *musée de l'Homme*

masque
de Nouvelle-Calédonie
musée de l'Homme

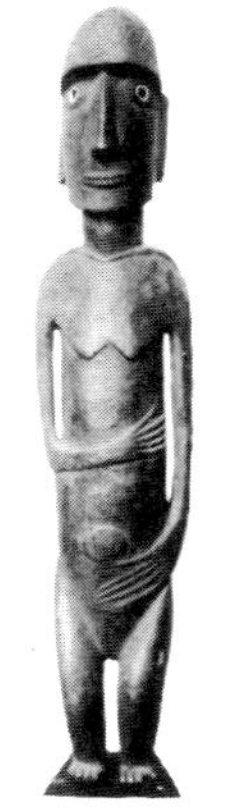

figure d'ancêtre
de l'île de Pâques
musée de Saint-Germain

proue de pirogue
Nouvelle-Zélande, *musée de l'Homme*

masque de Nouvelle-Guinée
coll. part.

linteau en bois sculpté orné de nacre
Nouvelle-Zélande
coll. part.

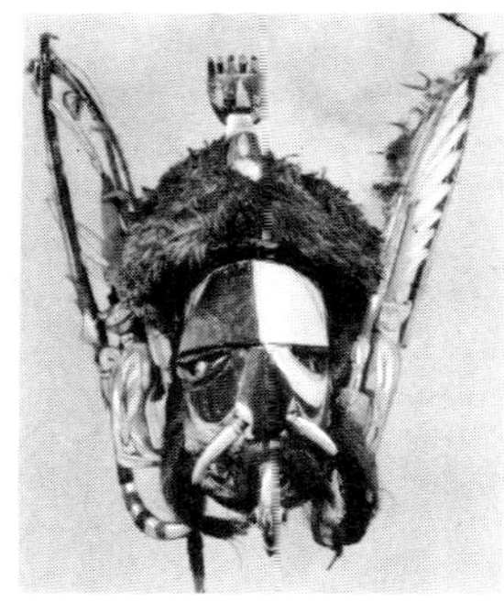

masque de Nouvelle-Irlande
musée de l'Homme

L'ethnographie distingue trois zones principales en Océanie : la Mélanésie, au nord et au nord-est de l'Australie; plus au nord, la Micronésie, et, à l'est, la Polynésie; l'Australie occupant une place à part. Les indigènes de l'Océanie ont été de grands créateurs de formes, surtout en sculpture, parfois par le dessin. Bien qu'il existe des traits communs à tous les arts océaniens, exprimant l'inquiétude de l'au-delà, la diversité des peuplements, l'isolement des îles ont favorisé la naissance d'expressions artistiques différentes.
L'art des aborigènes de l'Australie est surtout un art graphique, dont la peinture et la gravure rupestres sont les meilleurs témoignages, notamment dans la région septentrionale. De tendance réaliste, il représente des figures humaines ou animales, des scènes de chasse ou mythologiques. Certaines de ces figures, parfois de fort grande taille, sont cernées par des traits gravés, larges et profonds. Les artistes australiens pratiquaient et pratiquent toujours la peinture sur écorce.
***Mélanésie.* — Les centres artistiques les plus importants se trouvent en Nouvelle-Guinée et décorent les objets de la vie courante de motifs inspirés par leurs croyances religieuses et le culte des morts. Dans la région du Sépik, on trouve une sculpture en ronde bosse représentant des ancêtres, parfois d'un réalisme saisissant, parfois, au contraire, extrêmement stylisés. Le visage des morts est modelé en argile sur le crâne décharné, et peint comme les statues. Des dessins curvilignes ornent les sculptures, des tissus d'écorce, ou sont gravés dans le bois des objets. Les vastes cases cérémonielles, aux lignes très pures, constituent les réalisations architecturales les plus importantes de l'Océanie.**
Aux Nouvelles-Hébrides, le corps humain est interprété avec une extrême liberté. Les indigènes fabriquent des tambours de taille monumentale, des masques et des mannequins funéraires peints. En Nouvelle-Calédonie, la case commune est ornée de bas-reliefs à l'extérieur; à l'intérieur, de têtes et de visages sur les poutres. On trouve des masques au nez démesuré, en forme de bec d'oiseau, ainsi que la hache-ostensoir, sorte de casse-tête.
***Polynésie.* — Le tapa, tissu d'écorce, orné de figures géométriques, est répandu dans toute la Polynésie. Les objets usuels possèdent des formes harmonieuses. Les Maoris sculptent dans le jade ou des fanons de baleine des figures appelées tiki, portées généralement en pendentifs. Le manaia, animal ou génie à tête d'oiseau, est le thème principal des décorations de leurs demeures. Ils pratiquent avec virtuosité le tatouage. Les Hawaïens contribuent à l'art de l'Océanie par leurs mosaïques de plumes. Les ancêtres des indigènes de l'île de Pâques ont dressé d'immenses statues de pierre constituées le plus souvent par des torses humains, surmontés d'une tête aux longues oreilles. Les statuettes en bois, étranges, commémoraient le souvenir de parents morts.**
***Micronésie.* — Dans l'archipel des Carolines existent trois centres artistiques. Yap se distingue par ses gravures sur bois, animaux d'un style réaliste, et par les figures humaines que l'on y sculptait autrefois. Les statuettes de bois de Nukuoro, très dépouillées, rappellent les idoles cycladiques. Les indigènes des îles Palaos représentent, en bas relief, des scènes mythiques aux frontons de leurs demeures, et décorent en un style géométrique des bols aux formes symboliques.**

Londynski, Giraudon (2), musée de l'Homme, Giraudon (2), Londynski, musée de l'Homme (2).

fauves cerclés de noir, et dont la fourrure a une très grande valeur. (Long. 65 cm, sans la queue.)

Ochino (Bernardino). V. BERNARDIN *de Sienne*.

Ochosias (m. en 851 av. J.-C.), roi d'Israël de 852 à 851 av. J.-C. Il persécuta le prophète Elie.

Ochosias (m. en 843 av. J.-C.), roi de Juda (843), fils d'Athalie. Il fut assassiné par Jéhu.

Ochs (Pierre), homme politique suisse, né à Nantes (1752-1821). Il essaya d'introduire en Suisse les idées de la Révolution française.

Ockeghem ou **Okeghem** (Johannes), compositeur flamand, né à Termonde (v. 1430-v. 1496), musicien de Charles VII, auteur de messes et de chansons polyphoniques, l'un des maîtres du contrepoint.

O'Connell (Daniel), homme politique irlandais, né près de Cahirciveen (Kerry) [1775-1847]. Issu d'une famille aristocratique dépossédée, il entra au barreau (1798) et se mit au service à la fois de sa patrie opprimée et du catholicisme irlandais. Son autorité et son immense popularité lui permirent d'orienter l'Irlande vers le véritable gouvernement parallèle qu'il avait formé sous le nom de « Catholic Association », association fondée en 1823. Le « Libérateur » agit à la fois par la résistance passive et par les manifestations de masse, en excluant la violence. Bien qu'étant inéligible, il fut élu député en 1828 à une telle majorité que le gouvernement britannique dut transiger. Dès 1829, les incapacités pour cause religieuse furent supprimées. En 1841, O'Connell fut élu lord-maire de Dublin. Ayant cru devoir céder devant les Britanniques, qui interdisaient la réunion d'un meeting pétitionnaire, il vit s'éloigner de lui les révolutionnaires de la « Jeune-Irlande ».

O'Connor, clan irlandais qui régna sur le Connacht aux XIe et XIIe s.

O'Connor (Feargus), agitateur irlandais, né à Dangan (1794-1855), chef du parti chartiste.

ocre [ɔkr] n. f. (gr. *ôkhra*, sorte de terre jaune). Variété d'argile riche en hématite (ocre rouge, ou sanguine) ou en limonite (ocre jaune, terre de Sienne), utilisée en peinture. ‖ — Adj. inv. Brun plus ou moins foncé : *papiers ocre*.

ocrer v. t. Teindre en ocre.

ocreux, euse adj. Qui a la couleur de l'ocre : *une terre ocreuse*.

octaèdre [ɔktaɛdr] n. m. et adj. *Math*. Solide à huit faces. (V. illustr. SURFACES* ET VOLUMES.) ● *Octaèdre régulier*, octaèdre dont les faces sont des triangles équilatéraux égaux.

octaédrique adj. Qui a la forme de l'octaèdre.

octane [ɔktan] n. m. Hydrocarbure saturé (C_8H_{18}), existant dans l'essence de pétrole. ● *Indice d'octane* (Pétr.), indice mesurant la valeur antidétonante d'un carburant, c'est-à-dire la compression maximale que peut supporter avant l'allumage le mélange air-carburant, sans donner lieu au phénomène de cognement dans le moteur. (Divers procédés de raffinage, cracking et reforming catalytiques, ont été mis au point pour augmenter l'indice d'octane des essences et satisfaire aux exigences des moteurs à haut rendement, dont la compression dépasse 10 pour les modèles les plus récents.)

octant [ɔktɑ̃] n. m. (lat. *octans*). Huitième de cercle, arc de 45°. ‖ Anc. instrument servant à prendre en mer des hauteurs et des distances.

octante [ɔktɑ̃t] adj. num. (lat. *octoginta*). Quatre-vingts (vx ou régional). [Le mot subsiste en Suisse romande.]

octastyle adj. *Archit*. Qui a huit colonnes.

octave [ɔktav] n. f. (du lat. *octavus*, huitième). *Relig. cath.* Période de huit jours qui suit chacune des principales fêtes de l'année. ‖ Dernier jour de cette huitaine. ‖ *Escr*. Huitième parade (position de l'épée dans la ligne du dehors : pointe basse, poignet en supination). ‖ *Mus*. Huitième degré de l'échelle diatonique, portant le même nom que le premier. ‖ Ensemble des notes contenues dans l'intervalle de huit degrés : *parcourir toute l'octave*.

Octave, nom d'*Auguste** avant son adoption par César.

Octavie, sœur d'Auguste (v. 70-11 av. J.-C.). Elle épousa en secondes noces le triumvir Antoine.

Octavie, princesse romaine (v. 42-62 apr. J.-C.), fille de Claude et de Messaline et épouse de Néron. Mise à mort par ordre de l'empereur.

Octavien, nom porté par *Auguste** après son adoption par César.

octavier v. i. Faire entendre accidentellement l'octave haute d'un son, au lieu du son lui-même : *le hautbois est sujet à octavier*. ‖ Pour un tuyau d'orgue, faire entendre son deuxième harmonique, ou octave.

Octeville (50130), ch.-l. de c. de la Manche (arr. et faubourg de Cherbourg); 9 594 h. (7 924 aggl.).

octidi [ɔktidi] n. m. (lat. *octo*, huit, et *dies*, jour). Huitième jour de la décade, dans le calendrier républicain.

octobre [ɔktɔbr] n. m. (lat. *october*). Huitième mois de l'année romaine; auj., dixième mois de l'année.

Octobre (*révolution d'*). V. RÉVOLUTION RUSSE DE 1917.

octobre 1789 (*journées des 5 et 6*), journées révolutionnaires marquées par le mécontentement du peuple de Paris face au chômage, aux rumeurs d'un transfert de l'Assemblée en province et aux échos d'un banquet à Versailles, au cours duquel les officiers du régiment de Flandre auraient foulé aux pieds la cocarde tricolore.

ocelot

O'Connell
gravure
par Bosselmann

Le 5 octobre, une foule de plusieurs milliers de personnes, parmi lesquelles dominent les femmes, se rend à Versailles, où le roi reçoit des délégations et La Fayette, et déclare accepter la Déclaration des droits de l'homme et les décrets d'août. A l'aube du 6, les manifestants pénètrent dans le château, massacrent les gardes du corps, cherchent à gagner les appartements de la reine, qui s'enfuit chez le roi. Sur les instances de La Fayette, les souverains paraissent au balcon, et Louis XVI annonce sa venue à Paris. De fait, le soir même, la famille royale et la Cour sont aux Tuileries, où l'Assemblée les rejoint dès le 19 octobre.

octocoralliaires n. m. pl. Ordre de cœlentérés renfermant des polypes à huit tentacules, comme le *corail*, le *vérétille*, l'*alcyon*, la *gorgonie*.

octogénaire [ɔktɔʒenɛr] adj. et n. (lat. *octogenarius*; de *octoginta*, quatre-vingts). Qui a quatre-vingts ans.

octogonal, e, aux adj. Qui a la forme d'un octogone : *pyramide à base octogonale*.

octogone [-gɔn] n. m. (gr. *oktagônos*, à huit angles). *Math*. Polygone qui a huit angles et, par suite, huit côtés. (V. illustr. SURFACES ET VOLUMES.) ‖ — Adj. : *figure octogone*.

octomère adj. Se dit des êtres vivants ou des organes à symétrie rayonnée en huit parties ou huit éléments.

octopode [-pɔd] adj. Qui possède huit bras ou huit pattes. ‖ — N. m. pl. Sous-ordre de mollusques céphalopodes à huit bras, comme le *poulpe*.

octosyllabe adj. et n. m. Qui a huit syllabes.

octosyllabique adj. Qui a huit syllabes.

octroi [ɔktrwa] n. m. (de *octroyer*). Concession d'une grâce, d'une faveur : *l'octroi des lettres de noblesse*. ‖ Droit que payaient certaines denrées à leur entrée en ville. ‖ Administration chargée de percevoir ce droit. (Depuis 1948, il n'existe plus d'octroi en France.) ‖ Bureau où se payait ce droit.

octroyer [ɔktrwaje] v. t. (lat. pop. *auctorizare*) [conj. 2]. Concéder, accorder : *octroyer une grâce*. ‖ **— S'octroyer** v. pr. *Fam*. S'accorder : *s'octroyer un jour de repos*.

octuor [ɔktɥɔr] n. m. (du lat. *octo*, huit). *Mus*. Composition à huit parties. (On dit aussi OCTETTE.)

oculaire [ɔkylɛr] adj. (du lat. *oculus*, œil). Qui appartient à l'œil : *globe oculaire*. ● *Témoin oculaire*, celui qui a vu la chose dont il témoigne.

oculaire n. m. Système optique d'une lunette ou d'un microscope, placé du côté de l'œil de l'observateur et qui sert à examiner l'image fournie par l'*objectif*.

oculariste n. Personne qui prépare des pièces de prothèse oculaire (yeux artificiels).

oculi [ɔkyli] n. m. Troisième dimanche de carême (dont l'introït commence par ce mot).

oculiste n. et adj. Médecin qui traite les maladies des yeux. (Syn. OPHTALMOLOGISTE ou OPHTALMOLOGUE.)

oculus [ɔkylys] n. m. Fenêtre ronde, appelée aussi *œil-de-bœuf*.

ocytocine [ɔsitɔsin] n. f. Hormone sécrétée par l'hypophyse et qui favorise les contractions de l'utérus lors de l'accouchement. (Elle est utilisée pour déclencher le travail et remédier à l'insuffisance des contractions.)

odalisque [ɔdalisk] n. f. (turc *odaliq*). Esclave attachée au service des femmes du sultan. ‖ Femme du harem.

Odawara, v. du Japon (Honshū); 151 000 h.

ode [ɔd] n. f. (gr. *ôidê*, chant). Chez les Anciens, tout poème destiné à être mis en musique : *les « Odes » de Pindare*. ‖ Poème lyrique, divisé en strophes, destiné soit à célébrer de grands événements ou de hauts personnages (*Odes pindariques* de Ronsard, *Odes* de V. Hugo), soit à exprimer des sentiments plus familiers (odes anacréontiques).

— ENCYCL. L'*ode* était chez les Anciens un poème chanté, de forme variée selon la nature de l'inspiration lyrique. Elle apparaît à Lesbos dès le VIIe s. av. J.-C., avec Alcée et Sappho, sous forme de chansons guerrières ou d'amour accompagnées de la lyre et divisées en couplets de quatre vers. Plus légère, l'*odelette* d'Anacréon (VIe s. av. J.-C.) offre le modèle de la chanson gracieuse que pasticheront les *Odes anacréontiques* de l'*Anthologie palatine*. L'ode solennelle est représentée par les *épinicies* ou *odes triomphales* en l'honneur d'athlètes vainqueurs, de Bacchylide et de Pindare (Ve s. av. J.-C.), dont l'unité rythmique s'élargit dans la *triade*, formée d'une strophe et d'une antistrophe de même rythme, suivies d'une épode de rythme différent.
A Rome, Horace reproduit dans ses *Odes* les formes du lyrisme éolien, mais le genre est désormais indépendant de toute composition musicale. L'ode est introduite en France par les poètes de la Pléiade, mais c'est Malherbe qui crée la grande strophe lyrique française. Le XVIIIe s. ne sait pas soutenir le ton héroïque de l'ode, malgré Jean-Baptiste Rousseau et Ecouchard Lebrun. Le romantisme favorise la renaissance du genre, qui prend avec Hugo une forme plus souple et plus variée, et qui se prolonge dans les fantaisies de Théodore de Banville (*Odes funambulesques*), la virtuosité de Valéry, le lyrisme mystique de Claudel (*Cinq Grandes Odes*).

Odes d'Horace (composées à partir de 30 av. J.-C.). L'auteur imite Alcée, Sappho, Pindare.

Odes de Ronsard (1550-1552), poésies tantôt solennelles, tantôt familières.

Odes et Ballades, recueil de poésies lyriques de V. Hugo (1822). Encore classiques de forme, mais de thèmes romantiques, elles s'inspirent des *lieder* allemands et des légendes médiévales.

Odes funambulesques, de Th. de Banville (1857).

Odes triomphales, de Pindare. V. EPINICIES.

odelette n. f. Petite ode.

Odenath (Septimius), prince de Palmyre (m. v. 267), que Gallien dut reconnaître comme *imperator*. Sa femme, Zénobie, complice de son assassinat, lui succéda.

Odense, port du Danemark, dans l'île de Fionie; 164 200 h. Chantiers navals. Industries alimentaires.

Odenwald, massif montagneux de l'Allemagne occidentale (Hesse), dominant le fossé du Rhin.

Odéon, monument de la Grèce ancienne, où avaient lieu les concours de musique et de poésie. (Il y en eut quatre à Athènes; celui d'Hérode Atticus [v. 160 av. J.-C.] est bien conservé.) — Salle construite à Paris par Peyre et Wailly pour la Comédie-Française, et inaugurée en 1782. Le théâtre de l'Odéon y fut fondé en 1797. Incendié et réédifié deux fois, il redevint, en 1841, le second théâtre national. Annexé en 1946 à la Comédie-Française sous le nom de *Salle Luxembourg*, il a repris son autonomie en 1959 sous le nom de *Théâtre de France*. En 1971, il est devenu le *Théâtre national de l'Odéon*.

Oder, en polon. **Odra,** fl. né en Tchécoslovaquie, qui traverse la Silésie polonaise (arrosant Wrocław) et rejoint la Baltique dans le golfe de Szczecin; 848 km. Son cours inférieur forme avec la Neisse occidentale la frontière actuelle entre l'Allemagne et la Pologne.

Oder-Neisse (*ligne*), limite occidentale de la Pologne instituée par les accords de Potsdam (1945). Elle est reconnue comme telle officiellement par l'U. R. S. S. et les démocraties populaires. En 1970, elle a été reconnue « de facto » par l'Allemagne occidentale.

Odessa, port de l'U. R. S. S. (Ukraine), sur la mer Noire; 892 000 h. Industries métallurgiques, chimiques et alimentaires. Odessa, ancienne colonie grecque, eut comme seconds fondateurs, à la fin du XVIIIe s. et au début du XIXe s., Catherine II et le duc de Richelieu. Ce fut un foyer révolutionnaire en 1905.

Odessa, v. des Etats-Unis (Texas); 80 300 h. Exploitation et raffinage de pétrole.

Odet, fl. de Bretagne, tributaire de l'Atlantique, qui passe à Quimper; 56 km.

odeur [ɔdœr] n. f. (lat. *odor*). Emanation transmise par un fluide (air, eau) et perçue par l'appareil olfactif. ‖ Sensation produite par cette émanation : *odeur agréable, fétide*. ● *Mourir en odeur de sainteté*, mourir en état de perfection chrétienne.

odieusement adv. De façon odieuse.

odieux [ɔdjø], **euse** [-øz] adj. (lat. *odiosus*; de *odium*, haine). Qui excite la haine, l'indignation : *les méchants sont odieux à tout le monde*. ‖ Très désagréable : *personne odieuse*.

Phot. Lauros - Atlas-Photo, Larousse.

Odile (*sainte*), religieuse alsacienne (v. 660-v. 720), fille d'Adalric, duc d'Alsace. Elle bâtit dans les Vosges un célèbre monastère. Elle est patronne de l'Alsace. — Fête le 13 décembre.

Odilon (*saint*), cinquième abbé de Cluny, né à Mercœur (962-1049). Abbé de Cluny à partir de 994, il donna à la congrégation clunisienne une puissante impulsion. On lui doit l'instauration de la fête des Trépassés, le 2 novembre. — Fête le 2 janvier.

Odin ou **Oddin,** le premier des dieux de la mythologie scandinave. On l'a assimilé au *Wotan* de la mythologie germanique.

Odoacre (v. 434-493), roi des Hérules. Il envahit l'Italie et détrôna Romulus Augustule (476). Créé patrice, il fut bloqué dans Ravenne par Théodoric, roi des Ostrogoths, qui le fit assassiner.

odomètre [ɔdɔmɛtr] n. m. (gr. *hodos,* chemin, et *metron,* mesure). Instrument qui indique le nombre de pas faits par un piéton et la distance qu'il a parcourue.

Odon (*saint*), deuxième abbé de Cluny, né près du Mans (v. 879-942). Il introduisit la réforme à Cluny, qui devint le grand foyer spirituel de l'Occident. — Fête le 18 novembre.

odonates [ɔdɔnat] n. m. pl. Ordre d'insectes comprenant les *libellules* (æschne, agrion, demoiselle, etc.). [Sous-classe des *hémimétaboles.*]
— Encycl. A l'état adulte, les *odonates* se caractérisent par leurs gros yeux, leurs deux paires de longues ailes étroites qui restent étalées au repos, leur corps grêle et allongé et leurs mœurs chasseresses. Mais c'est l'état larvaire qui les distingue le plus nettement : la larve est un insecte aquatique, carnivore, qui capture ses proies en dépliant brusquement un « masque », ou bras préhensile replié devant sa bouche. Il n'y a pas de nymphose, et l'éclosion de l'adulte se fait à la surface de l'eau.

O'Donnell y Jorris (Leopoldo), duc de Tétouan, général et homme d'Etat espagnol, né à Santa Cruz (Tenerife) [1809-1867]. Il assura la prise de Tétouan au Maroc, et dirigea plusieurs fois le gouvernement espagnol (1856, 1858-1863, 1865-1866).

odontalgie [ɔdɔ̃talʒi] n. f. (gr. *odous, odontos,* dent, et *algos,* douleur). Mal de dents.

odontalgique adj. Relatif à l'odontalgie.

odontoïde adj. *Apophyse odontoïde* (Anat.), saillie verticale volumineuse que présente la deuxième vertèbre cervicale, ou *axis.*

odontologie [ɔdɔ̃tɔlɔʒi] n. f. Etude des dents, de leurs maladies et des traitements de celles-ci.

odontostomatologie n. f. Discipline groupant les chirurgiens-dentistes et les stomatologistes dans l'étude des maladies de la bouche et des dents.

odorant [ɔdɔrɑ̃], **e** [-ɑ̃t] adj. (de l'anc. fr. *odorer,* sentir). Qui répand une odeur, et spécialement une bonne odeur : *le jasmin est très odorant.*

odorat [-ra] n. m. (lat. *odoratus*). Mode de perception des odeurs, fondé sur l'identification chimique des molécules éparses dans l'air ou dans l'eau et présentant souvent un haut degré de sensibilité et de spécificité. (Syn. olfaction.)

Odessa : l'escalier du Potemkine

Œdipe et le Sphinx
tasse attique, musée du Vatican

— Encycl. *Zool.* Le siège de l'*odorat* est assez variable selon le groupe animal considéré, mais il est généralement situé à l'avant du corps : narines chez les vertébrés, antennes chez les arthropodes. Les cellules olfactives tapissent des cavités enduites de mucus et sont pourvues de cils sensibles. Le mécanisme par lequel elles discernent les odeurs est mal connu (probablement stéréochimique), mais on a de nombreuses raisons de penser qu'*une seule molécule* atteignant un organisme suffit souvent à véhiculer une information utilisable. En outre, l'appareil olfactif est capable de distinguer l'une de l'autre plusieurs centaines de milliers d'espèces chimiques, dont certaines sont presque identiques : un chien policier discerne l'odeur individuelle de chaque être humain ; un saumon atteignant un confluent reconnaît l'odeur particulière de son ruisseau natal ; un mâle de paon de nuit perçoit l'odeur de la femelle. Dans tous ces cas, nos procédés d'analyse chimique ne discernent rien. Le comportement de nombreux animaux est d'ailleurs guidé beaucoup plus par les odeurs que par toute autre sorte d'informations dans les domaines les plus importants (choix des aliments, attaque, fuite, rapprochement sexuel, etc.).

odoriférant, e adj. Qui répand une bonne odeur : *prairie odoriférante.*

Odra, nom polon. de l'*Oder**.

odyssée [ɔdise] n. f. (du gr. *Odusseia,* titre d'un poème d'Homère ; du n. gr. *Odusseus,* Ulysse). Tout voyage aventureux. ‖ Suite d'événements bizarres et variés : *sa vie fut une extraordinaire odyssée.*

Odyssée (*l'*), poème en 24 chants, attribué, comme *l'Iliade,* à Homère. Tandis que Télémaque va à la recherche de son père (chants I-IV), Ulysse, recueilli après un naufrage par Alcinoos, roi des Phéaciens, raconte ses aventures depuis son départ de Troie (chants V-XIII) : il est passé du pays des Lotophages à celui des Cyclopes, a séjourné dans l'île de Circé, navigué dans la mer des Sirènes, entre Charybde et Scylla, et a été pendant des années retenu par Calypso. La troisième partie du poème (chants XIV-XXIV) raconte l'arrivée d'Ulysse à Ithaque et la ruse qu'il dut employer pour se débarrasser des prétendants qui courtisaient sa femme Pénélope.

O. E. A., sigle de *Organisation* des Etats américains.*

Œcolampade (Johannes Hausschein ou Husschin, dit, en gr.), né à Weinsberg (1482-1531). Devenu pasteur à Bâle, il fut l'ami de Zwingli, qu'il essaya de rapprocher de Luther.

œcuménicité n. f. Caractère de ce qui est œcuménique.

œcuménique [ekymenik] adj. (du gr. *oikoumenê gê,* terre habitée). *Concile œcuménique,* concile présidé par le pape et auquel sont convoqués tous les évêques.

œcuménisme n. m. Tendance à l'union de toutes les Eglises chrétiennes en une seule.
— Encycl. L'*œcuménisme* est devenu un fait public en 1910, à Edimbourg, où se regroupèrent diverses confessions protestantes. D'autres regroupements aboutirent à la création du *Conseil œcuménique des Eglises* (C. O. E.) à Amsterdam (1948). Cet organisme, qui n'a cessé de s'accroître, notamment avec l'adhésion des orthodoxes, tient ses assises tous les sept ans. A Uppsala, en 1968, pour la première fois, des observateurs catholiques ont assisté aux séances du C. O. E. Car, grâce en particulier à l'action de Jean XXIII et de Paul VI, qui se manifesta notamment par la présence d'observateurs non catholiques au deuxième concile du Vatican, grâce à l'action de responsables d'Eglises non catholiques, comme celle du primat anglican, le Dr Ramsey, le rapprochement entre l'Eglise romaine et les Eglises non chrétiennes s'est amorcé et se développe constamment.

œcuméniste adj. et n. Partisan de l'œcuménisme.

œdémateux, euse adj. Qui est affecté d'œdème ou est de sa nature : *gonflement œdémateux.*

œdème [edɛm] n. m. (gr. *oidêma,* tumeur). Gonflement pathologique du tissu sous-cutané ou d'autres organes (poumon, glotte) par infiltration de liquide séreux.
— Encycl. L'*œdème* peut être dû à une pression excessive dans les capillaires, à une augmentation de leur perméabilité (inflammation), à un obstacle à la circulation veineuse ou à un désordre des électrolytes du plasma. — On nomme *œdème de Quincke,* un gonflement du visage d'origine allergique.

œdicnème [ediknɛm] n. m. Genre d'oiseaux échassiers, voisins des pluviers.

Œdipe. *Myth. gr.* Héros thébain, fils de Laïos, roi de Thèbes, et de Jocaste. Laïos, averti par un oracle qu'il serait tué par son fils et que celui-ci épouserait sa mère, abandonna Œdipe. Recueilli par des bergers, Œdipe fut porté au roi de Corinthe, qui l'éleva. Ne se connaissant pas d'autre patrie que Corinthe, il s'exila, mais il rencontra sur son chemin Laïos, qu'il ne connaissait pas, et le tua à la suite d'une querelle. A cette époque, le Sphinx désolait les environs de Thèbes, dévorant tout passant qui ne devinait pas ses énigmes. Créon, successeur de Laïos, avait promis le trône et la main de Jocaste à qui tuerait le Sphinx : Œdipe, ayant deviné l'énigme, devint roi et épousa sa mère sans la connaître. Un oracle ayant révélé ces faits, Jocaste se pendit et Œdipe, après s'être arraché les yeux, quitta Thèbes, guidé par sa fille Antigone. La légende d'Œdipe a inspiré à Sophocle deux de ses plus belles tragédies : *Œdipe roi* (v. 430 av. J.-C.) et *Œdipe à Colone* (401 av. J.-C.). Elle a donné à Freud le nom d'un des plus importants complexes de l'enfance.

Œdipe [edip] (*complexe d'*), attachement sexuel qui lie tout enfant à son parent du sexe opposé. (Mis en évidence par la psychanalyse freudienne, ce complexe fondamental est souvent utilisé pour le diagnostic et le dépistage des névroses et refoulements.)

œdogonium [œdɔgɔnjɔm] n. m. Algue verte filamenteuse des eaux douces et saumâtres.

Oehlenschläger (Adam Gottlob), écrivain danois, né à Copenhague (1779-1850). Il fut, par ses poèmes et ses drames, le premier et le principal représentant du romantisme danois (*les Cornes d'or,* 1803 ; *Ecrits poétiques,* 1805 ; *la Saga de Hroar,* 1817 ; *Hrolf Krage,* 1828).

Oehmichen (Etienne), ingénieur français, né à Châlons-sur-Marne (1884-1955). En 1921, sur un appareil à voilure tournante de sa construction, il parvint le premier à se maintenir dans l'air sans le secours de l'effet de sol et en vol contrôlé. En 1924, sur un hélicoptère construit par ses soins, il effectua le premier circuit fermé avec décollage et atterrissage à la verticale. Enfin, on lui doit de nombreux dispositifs de direction et de propulsion pour les hélicoptères, notamment l'hélice de queue à pas variable, dite « anticouple ».

œil [œj] n. m. (lat. *oculus*). Organe de la vue : *la prunelle de l'œil.* (V. *encycl.*) ‖ Regard, perception opérée par l'œil : *voir une chose de ses propres yeux.* ‖ Appareil remplaçant l'œil naturel : *œil de verre.* ‖ Trou pratiqué dans une pièce mécanique pour le passage ou l'articulation d'une autre pièce. ‖ Relief des caractères d'imprimerie. ‖ Ouverture pratiquée dans certains outils pour recevoir le manche : *l'œil d'un marteau.* ‖ Bouton ou bourgeon des arbres. ‖ Trou du pain et du fromage ; bulles de graisse du bouillon. ‖ *Mar.* Boucle formée à l'extrémité d'un filin. ‖ Indice des qualités, des défauts et des sentiments : *œil spirituel, dur, méchant.* (*Œil* fait *yeux* [jø] au pluriel : *j'ai mal aux yeux.* On dit aussi : *les yeux du pain, de la soupe, du fromage,* ainsi qu'en terme de jardinage : *tailler une vigne à deux, à trois yeux.* Mais on dit des *œils-de-bœuf,* des *œils-de-chat,* des *œils-de-pie,* des *œils-de-perdrix,* etc.) ● *A l'œil* (Pop.), gratuitement. ‖ *Avoir l'œil,* veiller, prendre garde. ‖ *Avoir l'œil américain* (Fam.), découvrir du premier coup d'œil. ‖ *Avoir l'œil sur quelqu'un,* le surveiller. ‖ *Cela saute aux yeux, crève les yeux,* cela est d'une vérité évidente. ‖ *Entre quatre yeux,* en tête à tête. (On prononce souvent *entre quat'z-yeux.*) ‖ *Etre tout yeux,* regarder fort attentivement. ‖ *Faire de l'œil,* faire signe en clignant l'œil. ‖ *Fermer les yeux de quelqu'un,* l'assister à sa dernière heure. ‖ *Fermer les yeux sur,* faire semblant de ne pas voir. ‖ *N'avoir pas froid aux yeux,* avoir de l'énergie, du courage. ‖ *Ne pas avoir les yeux dans sa poche,* y voir clair ; être effronté. ‖ *Ne pouvoir fermer les yeux,* ne pouvoir dormir. ‖ *L'œil du maître,* sa surveillance : *il n'est pour voir que l'œil du maître.* ‖ *Ouvrir l'œil,* être attentif. ‖ *Ouvrir de grands yeux,* regarder avec étonnement. ‖ *Ouvrir les yeux,* découvrir ce que la prévention empêchait de voir. ‖ *Pour les beaux yeux de quelqu'un* (Fam.), pour lui seul, sans but intéressé. ‖ *S'en battre l'œil* (Pop.), s'en moquer complètement. ‖ *Se mettre le doigt dans l'œil* (Pop.), se tromper. ‖ *Se rincer l'œil* (Pop.), assister en cachette à un spectacle plaisant. ‖ *Taper dans l'œil* (Fam.), plaire. ‖ *Voir avec les yeux de la foi,* croire, comprendre, sans voir. ‖ *Voir tout par ses yeux,* par soi-même.
— Encycl. *Anat.* Le globe de l'*œil* est une chambre noire formée par une coque sphérique (la *sclérotique*) tapissée sur sa face intérieure par une membrane vasculaire (la *choroïde*) et par une membrane faisant fonction de plaque sensible (la *rétine*). La sclérotique, au niveau de la partie antérieure de l'œil, est remplacée par une membrane transparente (la *cornée*). Un diaphragme (*iris*) se trouve derrière la cornée et devant une lentille nommée *cristallin,* dont la convergence varie sous l'influence des muscles ciliaires, situés à la limite de la choroïde et de l'iris. L'espace compris entre la cornée et le cristallin (chambre antérieure) est rempli par l'humeur aqueuse, et celui qui est situé entre le cristallin et la rétine par l'humeur vitrée, qui est une substance transparente. Le

Phot. Dominique Darr, Anderson-Giraudon.

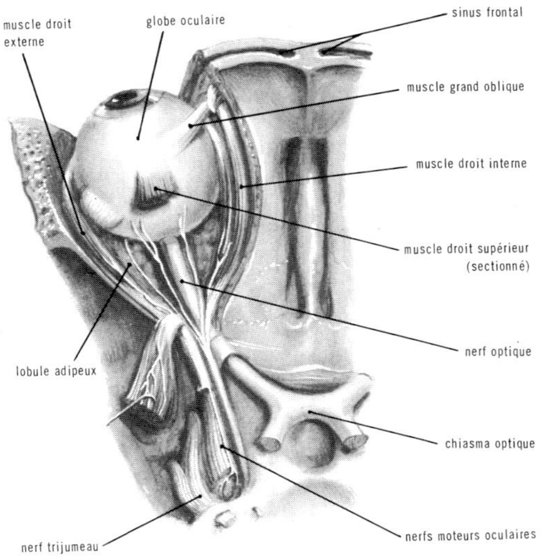

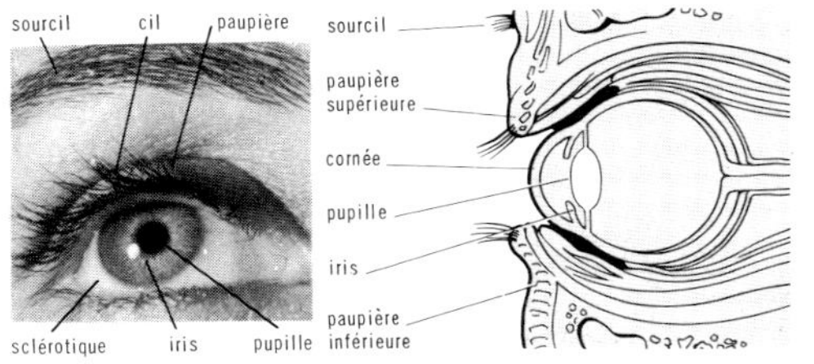

œillette

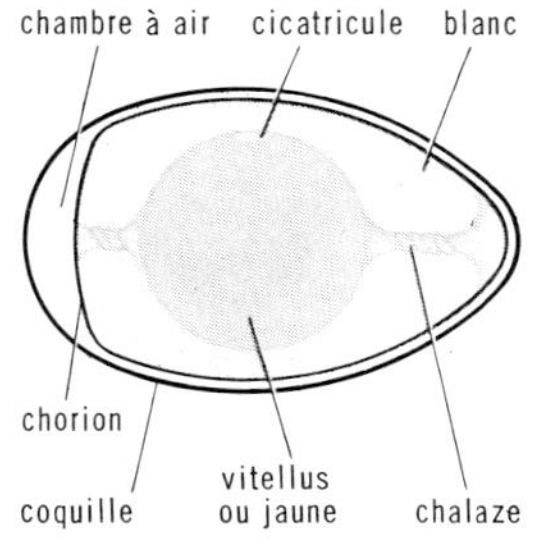

œuf

globe oculaire est tapissé en avant par la conjonctive ; ses mouvements lui sont communiqués par les quatre muscles droits et par les muscles grand et petit obliques. L'œil peut être le siège d'infections, avoir sa pression interne augmentée (glaucome), être atteint de lésions au niveau de la rétine et du nerf optique ou présenter des opacités sur le cristallin (cataracte). Les troubles de réfraction sont fréquents (myopie, hypermétropie, astigmatisme).

— *Zool.* Les yeux les plus différenciés se rencontrent dans trois embranchements : mollusques, arthropodes, vertébrés.

Les mollusques ont des organes visuels très inégaux : la coquille Saint-Jacques a de simples taches oculaires au bord de son manteau ; l'escargot et la limnée ont des yeux assez simples, mais les yeux des céphalopodes (seiche, poulpe) sont aussi perfectionnés que les nôtres. Chez les arthropodes, l'œil est *composé*, c'est-à-dire formé de nombreuses facettes identiques (ommatidies), orientées chacune dans une direction différente. Les facettes sont carrées chez les crustacés supérieurs, hexagonales chez les insectes. La vision obtenue est souvent panoramique, et l'appréciation des distances et des mouvements est excellente ; la distinction des couleurs est certaine chez les insectes butineurs (abeille), dont le spectre visible s'étend dans l'ultraviolet.

Les poissons ont des yeux à cristallin sphérique, adaptés à la vision dans l'eau. Les serpents ont les yeux protégés par une épaisse membrane transparente résultant de la soudure des paupières. Les oiseaux et certains mammifères (chat) disposent d'une « troisième paupière », ou membrane nictitante. On croit que les oiseaux migrateurs utilisent le *peigne,* contenu dans leurs yeux, pour s'orienter dans le champ magnétique terrestre.

Dans la plupart des espèces de vertébrés, les deux champs visuels (droit et gauche) n'ont aucun point commun. La *vision binoculaire,* qui permet seule une appréciation précise de la distance, n'existe que dans les espèces à face plate : homme, chat, hibou, etc.

œil-de-bœuf n. m. Fenêtre ronde ou ovale, dans un comble, un pignon, etc. ‖ Pl. des *œils-de-bœuf.*

œil-de-chat n. m. Pierre fine constituée par une variété de chrysobéryl. ‖ Pl. des *œils-de-chat.*

œil-de-perdrix n. m. Cor entre les doigts du pied. ‖ Linge ouvré, à dessins en forme d'yeux de perdrix. ‖ Pl. des *œils-de-perdrix.*

œil-de-pie n. m. *Mar.* Trou dans une voile pour y passer un filin. ‖ Pl. des *œils-de-pie.*

œillade n. f. Coup d'œil furtif, lancé à dessein : *jeter une œillade.*

œillère [œjɛr] n. f. Coupe pour baigner l'œil. ‖ Partie de la bride qui garantit l'œil du cheval et l'empêche de voir de côté. ● *Avoir des œillères* (Fam.), ne vouloir apercevoir qu'un côté des choses ; en avoir une vue trop étroite.

œillet [œjɛ] n. m. (dimin. de *œil*). Caryophyllacée à fleurs roses, pourpres, blanches ou panachées, cultivée pour sa beauté et son parfum. (L'œillet se multiplie par bouture ou par marcottage.) ‖ La fleur même. ‖ Trou destiné à recevoir un lacet. ‖ Garniture métallique qui protège ce trou. ‖ Bassin d'un marais salant. ● *Œillet d'Inde,* plante à fleurs ornementales, de la famille des composacées.

œilleton [œjtɔ̃] n. m. Rejeton qui pousse au collet de certaines plantes et qui sert à les multiplier (artichaut, bananier). ‖ Petit viseur circulaire qui remplace le cran de mire sur la hausse de certaines armes.

œilletonnage n. m. Système de multiplication des plantes par séparation des œilletons.

œilletonner v. t. Pratiquer l'œilletonnage.

œillette n. f. (de l'anc. fr. *olie,* olive). Variété de pavot somnifère, cultivée pour ses graines, dont on tire une huile comestible et utilisée en peinture. ‖ Cette huile.

œkoumène [ekumɛn] n. m. V. ÉCOUMÈNE.

œnanthe [enɑ̃t] n. f. (gr. *oinanthê,* fleur de vigne). Ombellifère vénéneuse, croissant dans les endroits humides.

œnanthique adj. Qui appartient au vin.

œnilisme [enilism] n. m. (du gr. *oinos,* vin). Forme d'alcoolisme due à l'abus à peu près exclusif du vin.

œnolique adj. Qui a le vin comme excipient : *médicament œnolique.* ● *Acides œnoliques,* nom donné à une série de matières colorantes trouvées dans les vins rouges. (On dit aussi : ŒNOLINE, ŒNOCYANINE, etc.)

œnologie [enɔlɔʒi] n. f. Science qui traite du vin, du point de vue de sa préparation, de sa conservation, de ses maladies, etc.

œnologique adj. Relatif à l'œnologie.

œnométrie [enɔmetri] n. f. Détermination de la richesse des vins en alcool.

œnométrique adj. Qui concerne l'œnométrie : *procédé œnométrique.*

œnothéracées n. f. pl. V. ONAGRACÉES.

œnothère n. m. Syn. de ONAGRE.

Oerlikon. V. ÖRLIKON.

œrsted [œrstɛd] n. m. (du nom du physicien danois). Unité C. G. S. électromagnétique d'intensité de champ magnétique.

Œrsted ou **Ørsted** (Christian), physicien danois, né à Rudkøbing (1777-1851). Grâce à la déviation de l'aiguille aimantée, il découvrit l'existence du champ magnétique créé par les courants (1820). Il a aussi étudié la compressibilité des solides et des liquides (1822).

œrstite [œr-] n. f. Acier spécial au titane et au cobalt, à fort champ coercitif et à grande aimantation rémanente, pour aimant permanent.

Œsel ou **Ösel** (*île d'*). V. SAREMA (*île*).

œsophage [ezɔfaʒ] n. m. (gr. *oisophagos,* qui porte ce qu'on mange). Segment antérieur du tube digestif proprement dit, reliant le pharynx au cardia de l'estomac et où, en règle générale, les aliments ne font que passer, sans y subir d'action digestive. (V. illustr. DIGESTION.)

— ENCYCL. L'*œsophage* a une longueur totale de 25 cm environ. Il est situé au niveau du cou et du thorax, devant la colonne vertébrale et derrière la trachée, puis il traverse le diaphragme pour se terminer, après un trajet abdominal de 2 cm, dans la partie supérieure de l'estomac. Les parois antérieure et postérieure de l'œsophage sont normalement appliquées l'une contre l'autre et ne s'écartent qu'au passage du bol alimentaire, qui progresse sous l'effet des contractions péristaltiques.

— *Zool.* Chez les oiseaux, un renflement de l'œsophage forme le *jabot**. Chez les mammifères ruminants, la base de l'œsophage forme une *gouttière œsophagienne,* au niveau de laquelle le tube digestif se partage en deux branches : l'une ouvre sur la panse et le bonnet, l'autre sur le feuillet et sur le reste du tube digestif. Le système réflexe de la base œsophagienne dirige l'herbe non mâchée vers la panse et l'herbe bien mâchée vers le feuillet, ce qui permet la *rumination**.

œsophagien, enne ou **œsophagique** adj. Relatif à l'œsophage : *les contractions œsophagiennes.*

œsophagite n. f. Inflammation de l'œsophage. (Elle peut être due à l'ingestion de corps étrangers, de caustiques, ou à des affections inflammatoires telles que la tuberculose, la syphilis, etc.)

œsophagoscope n. m. Tube spécial pour l'examen endoscopique de l'œsophage.

œstral [ɛstral], **e, aux** [-o] ou **œstrien** [ɛstrijɛ̃], **enne** [-ɛn] adj. Se dit des phénomènes cycliques caractéristiques du sexe femelle chez les mammifères. ● *Cycle œstral,* période (d'une durée moyenne de 28 jours chez la femme) séparant deux apparitions successives du même phénomène génital (ovulation ou menstruation).

— ENCYCL. Au cours du *cycle œstral,* une hormone hypophysaire, la *gonadostimuline* A, détermine la reprise de croissance d'un follicule ovarien (rarement de deux). Ce follicule non seulement préside à la maturation d'un ovocyte, mais encore rejette dans le sang une hormone, la *folliculine,* qui agit en retour sur l'hypophyse pour freiner la sécrétion de la gonadostimuline A. La ponte ovulaire entraîne la rupture du follicule ; la folliculine disparaît du sang ; cette disparition stimule à nouveau l'hypophyse, mais celle-ci sécrète une nouvelle hormone, la *gonadostimuline* B, dont l'effet sur le follicule est de le transformer en une glande endocrine temporaire, le *corps jaune.* Celui-ci déverse dans le sang une hormone, la *progestérone,* qui détermine l'édification rapide des structures progestatives de l'utérus (congestion de l'endomètre). En l'absence de fécondation, le corps jaune cesse rapidement de fonctionner, et la chute du taux de progestérone dans le sang provoque le rejet brutal des structures progestatives (menstruation) et la reprise de la sécrétion hypophysaire de gonadostimuline A, amorçant un nouveau cycle.

Le cycle œstral cesse provisoirement pendant la grossesse et définitivement à la ménopause.

œstre [ɛstr] n. m. (gr. *oistros,* taon). Mouche qui pond près des narines des moutons et des chèvres et dont la larve se développe dans les os du crâne, provoquant des vertiges chez l'animal. ● *Œstre du bœuf,* V. HYPODERME.

œstrogène adj. et n. m. Se dit des substances qui provoquent l'œstrus : *hormone œstrogène.* (L'emploi de substances œstrogènes, en vue de chaponner chimiquement les volailles, est interdit.)

œstrus [ɛstrys] n. m. (gr. *oistros,* taon, aiguillon). Modification de la muqueuse de l'utérus, provoquée par les hormones génitales. (V. CYCLE ŒSTRAL*.) ‖ Chez les animaux, période du rut.

Œta, montagne de Grèce (Thessalie) ; 2 152 m.

œuf [œf, *au sing.* ; ø, *au plur.*] n. m. (lat. *ovum*). Cellule résultant de la fécondation, fusion d'un gamète mâle et d'un gamète femelle, et qui, par division, donnera un nouvel individu. (V. *encycl.*) ‖ Organe pondu par la femelle d'un animal et susceptible d'éclore en donnant un jeune. (V. *encycl.*) ‖ Morceau de bois en forme d'œuf, qu'on met dans un bas pour le tendre, tandis qu'on le reprise. ‖ *Fig.* Germe : *écraser une révolution dans l'œuf.* ● *Marcher sur des œufs,* marcher en posant le pied avec précaution. ‖ *Œufs de Pâques,* cadeaux qu'on offre le jour de Pâques. ‖ *Plein comme un œuf,* tout à fait plein ; repu.

— ENCYCL. Le terme d'*œuf* désigne en fait plusieurs objets, biologiquement très différents. L'*œuf fécondé,* ou *zygote,* est la cellule résultant immédiatement de la fécondation ; il entre aussitôt en segmentation, de sorte que l'état d'œuf ainsi défini ne dure que quelques minutes. Mais on appelle aussi *œuf vierge* le gamète femelle mûr et fécondable (ovocyte de premier ordre ou de second ordre, ou encore ovotide), et *œuf embryonné* l'œuf contenant un embryon et des annexes, et entouré d'une enveloppe ou d'une coquille. L'œuf embryonné peut atteindre une grande taille (œuf fossile d'*æpyornis* : 27 cm de longueur), tandis que l'œuf vierge des espèces vivipares est à peine visible à l'œil nu.

Tout comme la graine des végétaux, l'œuf des oiseaux (par exemple) est entouré d'une enveloppe protectrice complexe (coquille calcaire et membranes coquillières), mais suffisamment poreuse pour assurer la respiration ; à l'intérieur, l'embryon est accompagné d'annexes nutritives (jaune, blanc), aux dépens desquelles l'organisme s'édifie peu à peu. Comme la germination, l'éclosion peut exiger certaines conditions de chaleur, assurées chez les oiseaux par la *couvaison,* ou *incubation**. Il y a cependant une différence fondamentale entre la graine et l'œuf d'oiseau : la graine est un organe dormant, qui peut attendre, sans mourir, pendant un temps non défini, l'apparition des circonstances favorables à la germination. Au contraire, un œuf d'oiseau qui n'est pas rapidement couvé meurt, parce que l'embryon ne peut pas se mettre de lui-même en état d'hibernation, le rythme de son développement étant fixé dans son hérédité. Quelques animaux pondent cependant des œufs « dormants » (insectes, bryozoaires).

œuvre [œvr] n. f. (lat. *opera*, travail). Travail, tâche : *se mettre à l'œuvre.* ‖ Résultat du travail, de l'action : *la science est l'œuvre des siècles.* ‖ Production littéraire : *publier ses œuvres.* ‖ Action, du point de vue de ses qualités morales : *le mérite des bonnes œuvres.* ● *Banc d'œuvre*, banc des marguilliers à l'église. ‖ *L'exécuteur des hautes œuvres*, le bourreau. ‖ *Mettre à l'œuvre*, faire commencer un travail. ‖ *Mettre en œuvre*, employer à quelque usage. ‖ *Mise en œuvre*, action de commencer à exécuter. ‖ *Œuvre de bienfaisance*, association ayant pour objet de venir en aide aux économiquement faibles. ‖ *Œuvres mortes*, partie émergée d'un navire. ‖ *Œuvres vives*, partie de la coque d'un navire située au-dessous de la ligne de flottaison.

œuvre n. m. (lat. *opera*, travaux). Ensemble des ouvrages d'un artiste : *l'œuvre gravé de Raphaël.* ● *A pied d'œuvre*, à proximité immédiate du lieu d'emploi. ‖ *Le grand œuvre*, la pierre philosophale. ‖ *Gros œuvre*, ensemble des ouvrages assurant la stabilité, la résistance et la protection d'une construction. ‖ *Second œuvre*, ensemble des ouvrages complétant une construction pour sa fermeture, sa distribution, ses revêtements. ‖ **— Dans œuvre, hors d'œuvre** loc. adv. Dans l'intérieur, hors du corps du bâtiment : *escalier dans œuvre, hors d'œuvre.*

œuvrer v. i. Travailler : *œuvrer pour le bien public.*

off [ɔf] adj. inv. (mot angl. signif. *hors de ;* abrév. de *off screen*, hors de l'écran). Se dit au cinéma d'une voix, d'un bruit, d'un dialogue dont l'origine est extérieure à la scène filmée.

Offenbach, v. de l'Allemagne occidentale (Hesse), près de Francfort-sur-le-Main ; 116 900 h. Château du XVIe s.

Offenbach (Jacques), compositeur d'origine allemande, né à Cologne (1819-1880), naturalisé français. Il est l'auteur d'opérettes (*Orphée aux enfers*, 1858 ; *la Belle Hélène*, 1864 ; *la Vie parisienne*, 1866) et d'un opéra fantastique, *les Contes d'Hoffmann*. La verve, la cocasserie et la truculence qu'il a déployées dans l'opérette, l'humour et le burlesque qu'il a su y mettre justifient le succès dont jouissent encore ses œuvres.

offensant, e adj. Qui offense ; blessant, choquant : *des propos offensants.*

offense [ɔfɑ̃s] n. f. (du lat. *offendere*, attaquer). Parole, action qui blesse quelqu'un dans sa dignité : *venger une offense.* ‖ Faute, péché : *Seigneur, pardonnez-nous nos offenses.* ‖ *Dr.* Dénomination particulière de l'outrage envers les chefs d'Etat. ‖ — Syn. : AFFRONT, CAMOUFLET, INJURE, INSULTE, OUTRAGE.

offensé, e adj. et n. Qui a reçu une offense.

offenser v. t. Faire une offense, une injure à quelqu'un : *il n'a pas dit cela pour vous offenser.* ● *Offenser Dieu*, pécher. ‖ **— S'offenser** v. pr. Se piquer, se fâcher : *s'offenser d'un rien.*

offenseur n. m. Celui qui offense.

offensif [ɔfɑ̃sif], **ive** [-iv] adj. (du lat. *offendere*, attaquer). Qui attaque, qui sert à attaquer : *arme offensive.* ● *Alliance offensive et défensive*, traité par lequel deux ou plusieurs Etats conviennent de s'assister mutuellement, pour attaquer comme pour se défendre.

offensive n. f. Action d'une force armée destinée à imposer à l'ennemi sa volonté, à le chasser de ses positions et à le détruire. ‖ Initiative, mouvement en avant visant à faire reculer un adversaire : *offensive diplomatique.* ● *Offensive de l'hiver*, période de froid plus intense.

offensivement adv. De façon offensive.

offertoire [ɔfɛrtwar] n. m. (du lat. *offerre*, offrir). Partie de la messe pendant laquelle le prêtre offre à Dieu le pain et le vin, avant de les consacrer. ‖ Prières qui précèdent ou accompagnent cette oblation. ‖ Morceau de musique que l'on exécute entre le *Credo* et le *Sanctus*.

office [ɔfis] n. m. (lat. *officium*). Tâche, fonction : *remplir l'office de secrétaire.* ‖ Fonction publique, dépendante (office ministériel) ou indépendante (office public) de l'administration de la justice, dont le titulaire est nommé à vie par l'autorité sur présentation du prédécesseur ; auquel il a acheté sa charge. ‖ Service public doté de la personnalité morale et de l'autonomie financière. ‖ Bureau, agence : *diriger un office de publicité.* ‖ Ensemble des prières et des cérémonies liturgiques : *office des morts.* ● *Bons offices*, service, assistance : *recourir aux bons offices de quelqu'un ;* intervention bienveillante dans un dessein de conciliation : *puissance qui offre ses bons offices pour hâter la conclusion d'un traité de paix.* ‖ *L'office divin*, la messe, les vêpres, etc. ‖ **— D'office** loc. adv. Par voie d'autorité, sans demande préalable : *avocat commis d'office ; promu d'office.*

Office de radiodiffusion-télévision française (O.R.T.F.), anc. établissement public de l'Etat. V. RADIODIFFUSION-TÉLÉVISION FRANÇAISE.

Offices (*palais, musée* ou *galerie des*), palais construit à Florence par Giorgio Vasari de 1560 à 1580 pour abriter les différents services de l'Administration. Il est occupé aujourd'hui par les archives centrales de la Toscane, la Bibliothèque nationale et, surtout, par un des plus beaux musées d'Europe, qui a son origine dans les collections léguées par les Médicis. Citons, parmi les chefs-d'œuvre qu'il abrite, *la Mise au tombeau* de Van der Weyden, le triptyque de *l'Adoration des bergers* de Van der Goes, *l'Adoration des Mages* de Dürer, et une incomparable série de peintures des maîtres italiens : Cimabue, Giotto, Uccello, Botticelli (*le Printemps, la Naissance de Vénus*), Verrocchio (*le Baptême du Christ*), Léonard de Vinci, Michel-Ange (*la Sainte Famille*), Raphaël, Titien, Bronzino, le Caravage (*le Jeune Bacchus*).

Offenbach
par Nadar

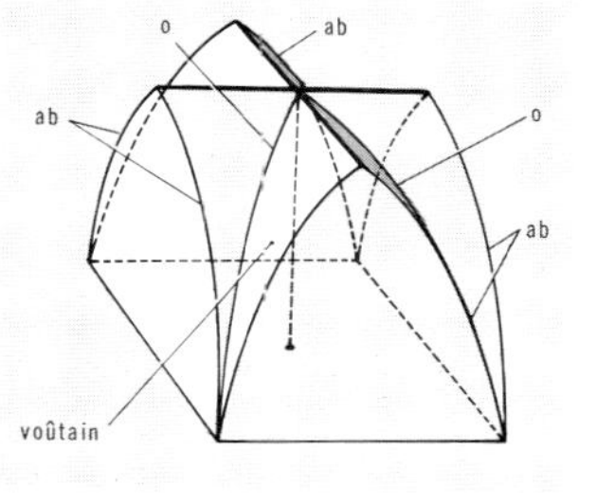

croisée d'ogives
o, ogive en plein cintre ; ab, arc brisé

office n. f. (lat. *officium*). Partie d'une maison où l'on dispose tout ce qui dépend du service de la table : *une office bien claire.*

official [ɔfisjal] n. m. Juge ecclésiastique délégué par l'évêque pour exercer la juridiction contentieuse. ‖ Pl. des *officiaux*.

officialisation n. f. Action d'officialiser.

officialiser v. t. Rendre officiel : *une autorité de fait, officialisée par la loi.*

officialité n. f. Tribunal ecclésiastique. ‖ Siège de l'official.

officiant n. et adj. m. Celui qui célèbre un office religieux.

officiel [ɔfisjɛl], **elle** adj. (angl. *official*, empr. au lat.). Se dit de tout ce qui est annoncé, déclaré, ordonné par une autorité reconnue : *réponse officielle.* ‖ Qui émane du gouvernement : *acte officiel.* ● *Personnage officiel*, ou *officiel* n. m., personne qui fait partie du gouvernement ou de l'Administration.

officiellement adv. De façon officielle : *nouvelle officiellement confirmée.*

officier v. i. (du lat. *officium*, service). Célébrer l'office divin.

officier [ɔfisje] n. m. (du lat. *officium*, fonction publique). Celui qui a un office, une charge : *officier de justice, de police.* ‖ Militaire qui a un grade au moins égal à celui de sous-lieutenant ou d'enseigne de vaisseau. ● *Grands officiers de la couronne*, autref., les maréchaux, le connétable, le chancelier, le grand chambellan, le grand maître de France, l'amiral de France, le grand écuyer, le grand maître de l'artillerie, etc. ‖ *Grand officier de la Légion d'honneur*, dignité au-dessus du grade de commandeur. ‖ *Officier d'académie, de l'Instruction publique*, anc. appellations des chevaliers et officiers de l'ordre des palmes académiques. ‖ *Officier de l'état civil*, personne responsable de la tenue des registres de l'état civil et qui est généralement maire de la commune. ‖ *Officier général*, général ou amiral. ‖ *Officier de la Légion d'honneur*, grade immédiatement supérieur à celui de chevalier. ‖ *Officier de marine* ou *de vaisseau*, officier appartenant au corps combattant de la marine de guerre. ‖ *Officier ministériel*, homme de loi (notaire, avoué, huissier, etc.) investi par le ministère de la Justice, pour dresser et recevoir des actes authentiques. ‖ *Officiers municipaux*, magistrats, fonctionnaires qui administrent une municipalité. ‖ *Officier de police judiciaire*, titre conféré par la loi aux personnes (maires et leurs adjoints, officiers et gradés de la gendarmerie, contrôleurs généraux et commissaires de la police nationale, gendarmes et officiers de police désignés par arrêtés ministériels) qui, à des titres divers, ont pour mission de constater les infractions et d'en livrer à la justice les auteurs. (V. *encycl.*) ‖ *Officier public*, titulaire d'un office public qui exerce une profession à laquelle un monopole a été conféré (agent de change, commissaire-priseur). ‖ *Officier subalterne*, sous-lieutenant, lieutenant, capitaine ; enseigne et lieutenant de vaisseau. ‖ *Officier supérieur*, commandant, lieutenant-colonel, colonel ; capitaine de corvette, capitaine de frégate, capitaine de vaisseau.

— ENCYCL. L'activité des *officiers de police judiciaire* est dirigée par le procureur de la République, et ces officiers sont placés sous la surveillance du procureur général et sous le contrôle de la chambre des accusations. Les militaires de la gendarmerie et les fonctionnaires de police qui ont la qualité d'officier de police judiciaire ne peuvent en exercer les attributions que dans certains emplois et ils doivent être personnellement habilités à cet effet par le procureur général près la cour d'appel du siège de leur fonction.

officière n. f. Femme ayant le grade d'officier dans l'Armée du Salut.

officieusement adv. De façon officieuse.

officieux [ɔfisjø], **euse** [-øz] adj. (lat. *officiosus ;* de *officium*, service rendu). Qui n'a pas le caractère officiel, tout en émanant d'une source autorisée : *cette communication n'est encore qu'officieuse.*

officinal, e, aux adj. *Herbes, plantes officinales*, herbes, plantes dont on se sert en pharmacie.

officine [ɔfisin] n. f. (lat. *officina*, atelier). Ensemble des locaux où le pharmacien entrepose, prépare et vend les médicaments au public. ‖ *Péjor.* Endroit où se trame quelque chose : *officine de fausses nouvelles.*

offrande [ɔfrɑ̃d] n. f. (du lat. *offerendus*, qui doit être offert). Don offert à Dieu ‖ Cérémonie où le prêtre reçoit les dons des fidèles. ‖ Tout ce qu'on offre pour une bonne œuvre : *déposer une offrande.*

offrant n. et adj. m. *Au plus offrant*, se dit d'un mode d'adjudication qui consiste à céder la chose mise à l'enchère à celui qui fait l'offre la plus élevée.

Offranville (76550), ch.-l. de c. de la Seine-Maritime (arr. de Dieppe) ; 2 246 h. (1 697 aggl.).

offre n. f. Action d'offrir. ‖ La chose offerte : *accepter une offre avantageuse.* ‖ Action de proposer un contrat à une autre personne : *offre d'emploi.* ‖ Quantité d'un bien ou d'un service qui peut être vendue sur le marché à un prix donné. (L'élasticité de l'offre d'un bien à un moment donné dépend de l'importance des stocks et de l'existence de facteurs de production disponibles.) ● *Offre publique d'achat (O. P. A.)*, annonce faite par une société, qu'elle est décidée à acquérir la majorité des actions d'une autre société moyennant un prix qu'elle fixe elle-même.

offrir [ɔfrir] v. t. (lat. *offerre*) [conj. **8**]. Présenter : *offrir un sacrifice.* ‖ Proposer : *offrir des marchandises.* ‖ Présenter à la vue : *la campagne offre un bel aspect.* ‖ Comporter, présenter : *cette solution offre des avantages ; la situation ne nous offre pas le choix.* ● *Offrir son bras à quelqu'un*, lui présenter son bras pour l'aider à marcher ou par civilité.

offset [ɔfsɛt] n. m. inv. (angl. *to set*, placer, et *off*, dehors). Procédé d'impression par double décalque de la forme d'impression sur un blanchet de caoutchouc, puis de celui-ci sur le papier. (V. *encycl.*) ‖ — Adj. et n. f. Se dit de la machine, du papier utilisés dans l'impression par le procédé offset.

— ENCYCL. L'*offset* consiste à reporter photographiquement les textes ou dessins à reproduire sur une plaque de métal mince (aluminium ou zinc) que l'on fixe autour d'un cylindre sur la presse offset. La surface de cette plaque, d'abord humidifiée par un dispositif de mouillage, puis encrée par les rouleaux encreurs, décalque son encre sur un blanchet en caoutchouc toilé, qui, à son tour, décalque sur le papier. Cette méthode permet l'utilisation de papiers dont la surface n'est pas lisse. De plus, le mouvement rotatif des presses offset autorise de bien plus grandes vitesses que le mouvement alternatif des presses lithographiques. Les caractéristiques des travaux exécutés en offset sont le modelé et une certaine douceur d'ensemble.

offshore [ɔfʃɔr] adj. inv. (mot angl. signif. *au large*). Se dit de la partie de l'industrie du pétrole comprenant la prospection, le forage et l'exploitation des gisements situés au large des côtes.

offusquer [ɔfyske] v. t. (lat. *offuscare ;* de *fuscus*, sombre). Eblouir : *le soleil m'offusque les yeux.* ‖ *Fig.* Choquer, déplaire : *tout l'offusque.*

oflag [ɔflag] n. m. (abrév. de OFfizierLAGer, camp d'officiers). Nom donné en Allemagne, pendant la Seconde Guerre mondiale, aux camps de prisonniers de guerre réservés aux officiers.

Ōgaki, v. du Japon (Honshū) ; 134 000 h. Métallurgie. Textiles. A proximité, parc naturel de Yōrō, célèbre pour ses paysages et ses eaux vives.

Ogariov (Nikolaï Platonovitch), écrivain russe, né à Saint-Pétersbourg (1813-1877). Poète d'inspiration romantique et humanitaire (*Poésies*, 1856), il dirigea avec Herzen la revue *la Cloche*.

Ogbomosho, v. du Nigeria ; 371 000 h.

Ogden, v. des Etats-Unis (Utah) ; 70 200 h. Industries alimentaires.

ogham [ɔgɔm] n. m. et adj. La plus ancienne écriture celtique connue, inventée en Irlande. (Les plus anciennes inscriptions connues en écriture ogham datent du IVe s.)

Ogier le Danois, héros d'une chanson épique (XIIe s.) rattachée à la geste de *Doon de Mayence*. Ogier, après un long conflit avec Charlemagne, finit saintement sa vie dans un monastère.

ogival, e, aux adj. Relatif à l'ogive ; qui est en ogive. ● *Art ogival*, art gothique.

ogive [ɔʒiv] n. f. Arc diagonal de renfort, généralement semi-circulaire, bandé sous une voûte pour augmenter sa résistance, faciliter sa construction ou l'alléger. ‖

Phot. Arch. phot.

Arc brisé du style gothique. ‖ Partie antérieure d'un projectile, de forme conique ou ogivale. ● *Croisée d'ogives,* armature formée par l'entrecroisement de deux ogives et caractérisant le système de construction gothique. (La *voûte sur croisée d'ogives* ainsi déterminée a pour limites latérales quatre arcs brisés.) ‖ *Ogive nucléaire,* ogive à charge nucléaire dont on peut doter certains missiles ou projectiles. (On dit aussi TÊTE NUCLÉAIRE.)

Oglio, riv. d'Italie (Lombardie), affl. du Pô (r. g.); 280 km.

Ognon, riv. de l'est de la France, affl. de la Saône (r. g.); 190 km.

Ogoday (v. 1185-1241), empereur mongol (1229-1241), troisième fils de Gengis khān. Il annexa la Corée, le nord de la Chine, l'Azerbaïdjan et la Géorgie. Il dévasta la Russie et alla jusqu'à Vienne.

Ogooué, fl. de l'Afrique équatoriale, qui se jette dans l'Atlantique, au Gabon; 970 km.

ogre [ɔgr], **ogresse** [ɔgrɛs] n. (du lat. *Orcus,* dieu de la Mort). Dans les contes de fées, géant vorace qui mange les petits enfants. ‖ *Fig.* Personne qui mange énormément.

Ogygie, île légendaire que l'on considérait comme l'île de Calypso, célébrée par Homère dans *l'Odyssée.*

Ogygos ou **Ogygès,** premier roi légendaire de Béotie.

oh! [o] interj. Marque la surprise, l'indignation.

Ohana (Maurice), compositeur français, né à Gibraltar en 1914. Inspiré depuis ses débuts par l'Antiquité et par le Moyen Age méditerranéen, il a été, à partir de 1960, influencé par le post-sérialisme.

Ohanet, gisement de pétrole du Sahara oriental, au nord-ouest d'Edjelé.

ohé! [ɔe] interj. Sert à appeler.

O. Henry (William Sydney PORTER, dit), écrivain américain, né à Greensboro (Caroline du Nord) [1862-1910]. Il est l'auteur de nouvelles humoristiques (*Choux et rois,* 1905; *les Quatre Millions,* 1906).

O'Higgins (Bernardo), homme politique chilien, né à Chillán (1776-1842). Lieutenant de San Martín, il fut nommé « Directeur suprême de la nation » (1817). Il proclama l'indépendance du Chili en 1818, mais il fut renversé dès 1823.

Ohio, riv. des Etats-Unis, affl. principal de gauche du Mississippi. Formé à Pittsburgh par la réunion de l'Allegheny et de la Monongahela, il passe à Cincinnati et à Louisville; 1 580 km.

Ohio, un des Etats unis d'Amérique (Centre-Nord-Est); 10 691 000 h. Cap. *Colombus.* Entre les Appalaches et le lac Erié, c'est une région de plaines où l'agriculture (maïs, élevage bovin et porcin) s'efface de plus en plus devant l'industrie, liée surtout initialement à l'extraction du charbon. La métallurgie et la chimie (pneumatiques) dominent, représentées dans les villes de Cleveland, Colombus, Cincinnati, Toledo, Akron, Dayton, Youngstown, Canton, qui toutes dépassent 100 000 h. Après l'élimination des Français en 1763, le pays se peupla rapidement et devint, dès 1803, le 17e Etat de l'Union.

ohm [om] n. m. (du nom du physicien). Unité de résistance électrique (symb. : Ω) équivalant à la résistance électrique qui existe entre deux points d'un fil conducteur lorsqu'une différence de potentiel de 1 volt, appliquée entre ces deux points, produit dans ce conducteur un courant de 1 ampère, ledit conducteur n'étant le siège d'aucune force électromotrice. ‖ *Ohm centimètre carré par centimètre,* unité pratique de résistivité (symb. : $\Omega.cm^2/cm$), appelée improprement *ohm-centimètre* (symb. : Ω.cm), égale à la résistivité d'une substance de 1 cm de long et de 1 cm^2 de section, dont la résistance est de 1 ohm.

Ohm (Georg), physicien allemand, né à Erlangen (1789-1854). Il définit de façon précise les grandeurs caractérisant les courants électriques et formula en 1827 leur loi fondamentale.

ohmique adj. Relatif à l'ohm.

ohmmètre n. m. *Electr.* Appareil servant à mesurer la résistance électrique d'un conducteur.

ohm-mètre n. m. Unité de résistivité. ‖ Pl. des *ohms-mètres.*

Ohnet (Georges), écrivain français, né à Paris (1848-1918). Il voulut opposer les valeurs de la naissance et de la richesse aux mérites de l'intelligence et du travail dans des romans d'inspiration idéaliste, dont il tira des pièces de théâtre (*le Maître de forges,* 1882).

Ohře, en allem. **Eger,** riv. de l'Europe centrale (Allemagne occidentale et Tchécoslovaquie), affl. de l'Elbe (r. g.); 310 km.

Ohrid ou **Okhrid,** v. de Yougoslavie (Macédoine), sur le *lac d'Ohrid* (348 km^2), qui est situé à la frontière de l'Albanie et de la Yougoslavie; 14 000 h. Anc. cathédrale (XIe-XIVe s.; fresques). Eglise byzantine Saint-Clément.

oïdium [ɔidjɔm] n. m. (du gr. *ôion,* œuf). Champignon microscopique parasite de la vigne, dont il couvre les feuilles et les fruits d'un feutrage blanchâtre. ‖ Maladie produite par ce champignon : *on combat l'oïdium par le soufrage.*

oie [wa] n. f. (lat. *avica;* de *avis,* oiseau). Oiseau palmipède dont on connaît plusieurs espèces sauvages (celles qui passent en France viennent des régions arctiques et hivernent dans le Midi) et une espèce domestique. (V. *encycl.*) [Le mâle est le *jars.*] (Cri : l'oie *criaille, siffle, cacarde.*) ‖ *Fam.* Personne sotte, niaise. ● *Contes de ma mère l'oie,* contes de fées. ‖ *Jeu de l'oie,* jeu que l'on joue avec deux dés sur un carton où il y a des figures d'oies disposées de neuf en neuf cases. ‖ *Oie blanche,* jeune fille candide. ‖ *Oies du Capitole,* oies consacrées à Junon et qui, enfermées dans le Capitole, sauvèrent Rome en prévenant par leurs cris Manlius et les Romains de l'escalade nocturne des Gaulois. ‖ *Pas de l'oie,* pas de parade militaire, utilisé notamment par certains corps de l'armée allemande du IIIe Reich.

— ENCYCL. Parmi les oies domestiques, on distingue, en France, les oies blanches et les oies grises. Les *oies blanches,* élevées pour leur chair et pour leur graisse, sont l'*oie de Bresse,* l'*oie du Bourbonnais,* l'*oie de Touraine* et l'*oie du Poitou;* cette dernière est exploitée également pour sa peau et son duvet. Les *oies grises* se rencontrent surtout dans le Sud-Ouest, en Alsace et en Normandie : la plus répandue est l'*oie de Toulouse,* sans bavette ou avec bavette; cette dernière, dont les mâles atteignent 12 à 14 kg et les femelles 9 à 10 kg, convient particulièrement pour la production du foie gras (obtenu par gavage en fin d'engraissement). L'*oie d'Embden,* à plumage blanc, très répandue en Grande-Bretagne, a été utilisée pour améliorer l'oie d'Alsace. Parmi les autres oies, utilisées pour l'agrément et pour leur chair, il faut faire une place spéciale à l'oie cygnoïde, domestiquée en Chine, et connue sous le nom d'*oie de Guinée.* (V. illustr. OISEAUX.)

Oignies (62590), comm. du Pas-de-Calais (arr. de Lens); 12 563 h. (*Oigninois*). Houille. Confection.

oignon [ɔɲɔ̃] n. m. (lat. *unio, unionis*). Plante potagère à bulbe comestible, de la famille des liliacées. (V. *encycl.*) ‖ Bulbe souterrain de certaines plantes (lis, tulipe, etc.). ‖ Grosse montre bombée. ‖ Durillon se formant à la base du gros orteil. ● *Pelure d'oignon,* chacune des pellicules interposées entre les diverses couches qui composent les bulbes des oignons; vin rosé dont la couleur rappelle la pellicule des oignons. ‖ **— En rang d'oignons** loc. adv. *Fam.* Sur une seule ligne.

— ENCYCL. Plante bisannuelle aux feuilles cylindriques, cultivée depuis la plus haute Antiquité pour son bulbe comestible, l'oignon se reproduit par semis : de printemps pour récolte en été; en août avec repiquage en automne pour récolte à partir d'avril; en automne avec repiquage au printemps des petits bulbes dits « oignons de Mulhouse ».

migration d'oies sauvages
oie domestique, v. hors-texte *oiseaux*

oignons
variété jaune paille des vertus

On distingue les *oignons blancs* et les *oignons de couleur* (rouge pâle de Niort, jaune paille des vertus, jaune de Mulhouse, oignon de Brunswick), ces derniers cultivés en raison de leur bonne conservation pendant l'hiver.

oignonade n. f. Mets accommodé avec beaucoup d'oignons.

oignonière n. f. Terrain semé d'oignons.

oïl [ɔil] adv. (anc. forme de *oui*). *Langue d'oïl,* langue que l'on parlait au nord d'une ligne Poitiers-Grenoble. (V. OC.)

oille [ɔj] n. f. (esp. *olla*). Potage d'origine espagnole, dans lequel il entre plusieurs sortes de viandes et divers assaisonnements.

oindre [wɛ̃dr] v. t. (lat. *ungere*) [conj. **81**]. Frotter d'huile ou d'une substance grasse : *autrefois, on oignait les athlètes pour la lutte.* ‖ *Relig. cath.* Consacrer par les saintes huiles dans l'administration de quelques sacrements.

oing [wɛ̃] n. m. (lat. *unguen*). Graisse servant à oindre.

oint [wɛ̃] adj. et n. m. (de *oindre*). Qui a été consacré : *Saül était l'oint du Seigneur.* (Se dit par excellence de Jésus-Christ.)

Oiron (79100 Thouars), comm. des Deux-Sèvres (arr. de Bressuire); 830 h. Château (XVIe-XVIIe s.).

Oïrotes, ensemble de populations mongoles de l'Altaï (U. R. S. S.), habitant une région autonome (120 000 h.).

Oisans, pays du Dauphiné, correspondant à la vallée de la Romanche (où l'industrie s'est développée grâce à l'hydro-électricité) et aux montagnes qui l'encadrent (élevage et tourisme surtout hivernal [Alpe d'Huez]).

Oise, riv. du nord de la France, née en Belgique; 302 km. Elle arrose Compiègne, Creil et Pontoise, avant de rejoindre la Seine (r. dr.) à Conflans-Sainte-Honorine. C'est une grande voie navigable.

Oise (*dép. de l'*) [**60**], dép. du Bassin parisien, formé d'une partie de l'Ile-de-France et de la Picardie; préf. *Beauvais;* s.-préf. *Clermont, Compiègne, Senlis;* 4 arr., 39 cant.; 696 comm.; 5 857 km^2; 541 000 h. Le dép. est formé essentiellement de plateaux calcaires, souvent limoneux, domaines de la grande culture céréalière et betteravière (*Valois,* partie méridionale de la *Picardie*), entaillés par la vallée de l'Oise, où dominent les cultures fruitières et maraîchères et l'élevage bovin. Celui-ci constitue la principale activité du *pays de Thelle* et de l'extrémité orientale du *pays de Bray,* régions argileuses. L'industrie tient une place prépondérante, employant près de la moitié de la population active (le huitième dans l'agriculture). Elle est concentrée dans la *vallée de l'Oise,* autour de Compiègne et de Creil-Montataire notamment, et représentée surtout par la métallurgie (lourde et différenciée), par la verrerie, la chimie, la cimenterie.

Oise (*trouée de l'*), nom donné à la région de l'Oise supérieure, où, à moins de 200 km de Paris, la frontière française est dépourvue de tout obstacle naturel. Elle a été souvent utilisée par les armées envahissant la France.

oiseau [wazo] n. m. (lat. pop. *aucellus,* dimin. du lat. *avis,* oiseau). Vertébré ovipare à respiration pulmonaire et à température constante, au corps couvert de plumes, aux mâchoires conformées en bec, aux membres antérieurs conformés en ailes et généralement capable de voler. (Les oiseaux constituent une classe de l'embranchement des vertébrés.) [V. *encycl.*] ‖ *Constr.* Auge de maçon pour porter le mortier sur les épaules. ‖ *Fam.* et *iron.* Personne considérée du point de vue de ses qualités physiques ou morales. ● *Etre comme l'oiseau sur la branche,* ne savoir ce que l'on deviendra; être pour très peu de temps dans un endroit. ‖ **— A vol d'oiseau** loc. adv. En ligne droite.

— ENCYCL. On a décrit plus de 20 000 espèces d'*oiseaux,* dont 10 000 dans le seul ordre des passereaux. Rares sont les espèces actuelles sans vraies plumes (manchot), sans ailes (kiwi) ou sans bréchet (autruche), ou ayant conservé une griffe au membre antérieur (vanneau

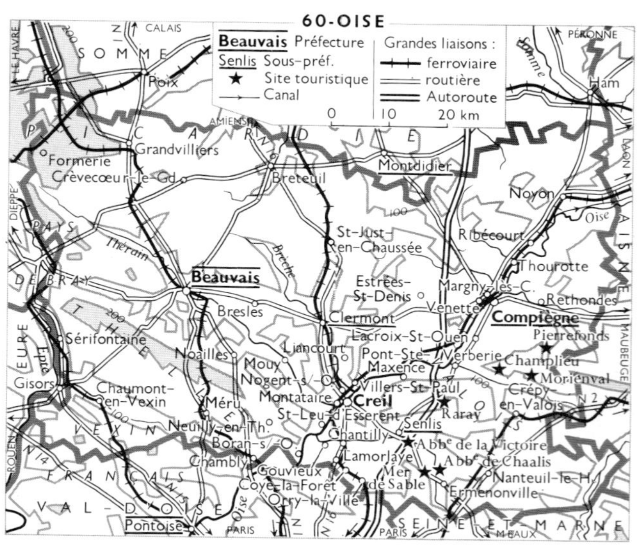

Phot. Mayflower Studio - Rapho, Lauros - Atlas-Photo.

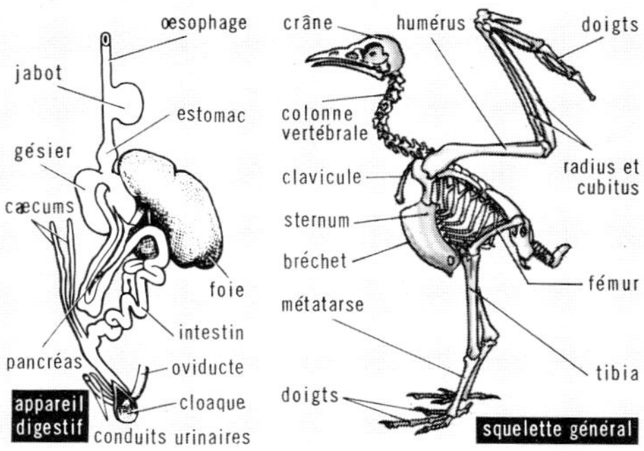

oiseau

armé); les oiseaux munis de dents sont tous fossiles. La disparition des formes primitives donne à la classe des oiseaux une grande homogénéité. Outre les caractères signalés plus haut, les oiseaux ont presque tous des pattes de derrière à un seul métatarsien (os canon) et à quatre doigts griffus, dont un seul dirigé franchement vers l'arrière. Leur tube digestif se caractérise par l'existence d'un *jabot* et par celle d'un estomac broyeur aux parois musclées, le *gésier*. Leur appareil respiratoire comporte des circuits bronchiques et des sacs aériens, dispositions favorables au vol. Les oiseaux pondent et couvent des œufs à coquille calcaire, et beaucoup font un nid. Les espèces des régions froides effectuent en hiver une *migration* collective vers des régions plus clémentes et plus riches en nourriture (cigogne, hirondelle). Il y a cependant une grande diversité dans l'alimentation, à laquelle est liée la forme du bec, ainsi que dans les gestes et attitudes autres que le vol : oiseaux percheurs, grimpeurs, nageurs, plongeurs, marcheurs, sauteurs, etc. La taille et la longévité des oiseaux sont en moyenne plus petites que celles des mammifères ; la température interne est au contraire un peu plus élevée.

Oiseau de feu *(l')*, ballet en 1 acte et 2 tableaux, musique d'Igor' Stravinski, livret (d'après un conte féerique russe) et chorégraphie de Michel Fokine, décors et costumes d'Aleksandr Golovine et Léon Bakst, créé à Paris en 1910 par les Ballets russes de S. de Diaghilev, avec, dans les principaux rôles, Tamara Karsavina, Michel Fokine, Vera Fokina et Enrico Cecchetti.

Oiseaux *(les)*, comédie féerique d'Aristophane (414 av. J.-C.).

oiseau-lyre n. m. Autre nom du MÉNURE. || Pl. des *oiseaux-lyres*.

oiseau-mouche n. m. Autre nom du COLIBRI. || Pl. des *oiseaux-mouches*.

oiseler v. i. (conj. **3**). Tendre des filets pour prendre des oiseaux.

oiselet n. m. Petit oiseau.

oiseleur n. m. Celui qui prend des petits oiseaux au filet ou au piège.

oiselier n. m. Celui qui fait métier d'élever et de vendre des oiseaux.

oisellerie [wazɛlri] n. f. Commerce de l'oiselier. || Lieu où l'on vend des oiseaux.

Oisemont (80140), ch.-l. de c. de la Somme (arr. d'Amiens) ; 1 113 h.

oiseux [wazø], **euse** [-øz] adj. (lat. *otiosus*). Inutile, qui ne sert à rien : *paroles oiseuses*.

oisif [wazif], **ive** [-iv] adj. et n. (de *oiseux*). Qui n'a pas d'occupation, qui ne fait rien : *homme oisif*. || — Adj. Qui se passe dans l'oisiveté : *mener une vie oisive*.

oisillon n. m. Petit oiseau.

oisivement adv. De façon oisive.

oisiveté n. f. Etat d'une personne oisive : *l'oisiveté est la mère de tous les vices*.

oison [wazɔ̃] n. m. (du lat. *aucio*, oie). Petit de l'oie. || *Fig.* et *fam.* Homme très borné.

Oissel (76350), comm. de la Seine-Maritime (arr. de Rouen) ; 10 190 h. *(Oisselais)*. Textiles. Colorants.

O. I. T., sigle de *Organisation* internationale du travail*.

Ōita, port du Japon (Kyū shū) ; 243 000 h.

Ojibwas ou **Chippewas**, Indiens de l'Amérique du Nord, localisés près du lac Supérieur, au Canada.

o. k.! [ɔke] (abrév. phonét. de *all correct*) interj. fam. amér. Signifie *tout va bien, d'accord*.

Oka, riv. de Russie, affl. de la Volga (r. dr.) ; 1 480 km.

okapi [ɔkapi] n. m. (d'un mot bantou). Mammifère ruminant du Congo, voisin de la girafe, mais à cou plus court et à pelage rayé à l'arrière. (Haut. au garrot 1 m.)

Okayama, v. du Japon (Honshū) ; 322 000 h. Industries textiles et chimiques.

Okazaki, v. du Japon (Honshū) ; 195 000 h. Textiles.

Okeghem. V. OCKEGHEM.

Okhotsk *(mer d')*, dépendance du nord-ouest du Pacifique entre l'Extrême-Orient soviétique, les Kouriles et l'île japonaise d'Hokkaidō.

Okhrid. V. OHRID.

Okinawa, île japonaise de l'archipel des Ryū kyū ; 812 000 h. En 1945, elle fut l'enjeu d'une lutte acharnée de 82 jours entre les Américains, débarqués le 1er avril, et les Japonais, qui s'y étaient retranchés. Les pertes furent lourdes des deux côtés.

Oklahoma, un des Etats unis d'Amérique (Centre-Sud-Ouest) ; 2 490 000 h. Capit. *Oklahoma City*. S'étendant sur une partie des Grandes Plaines, l'Etat est une importante région agricole (consacrée surtout au blé et à l'élevage bovin) et industrielle (extraction et raffinage du pétrole).
Découvert par les Espagnols au XVIe s., le pays fut annexé à la Louisiane en 1682. Cédé avec celle-ci aux Etats-Unis en 1803, il ne fut que lentement ouvert à la colonisation. Il devint Etat de l'Union en 1907.

Oklahoma City, v. des Etats-Unis, cap. de l'*Etat de l'Oklahoma ;* 362 000 h. Industries textiles, alimentaires et chimiques.

okoumé [ɔkume] n. m. Arbre de l'Afrique équatoriale, au bois rose utilisé en menuiserie (contre-plaqués).

Oku (Yasukata, *comte*), maréchal japonais, né à Fukuoka (1846-1930). Il s'illustra, pendant la guerre russo-japonaise, aux batailles de Kaiping, de Leao-yang et de Moukden (1904-1905). Il fut chef d'état-major général de l'armée (1906-1912).

Olaf, nom porté par deux rois de Danemark : OLAF Ier *Hunger* (1052-1095), roi de Danemark (1086-1095). Il succéda à son frère Knud le Saint ; — OLAF II *Haakonsson*, né à Akershus (1370-1387), roi de Danemark (1376-1387) et de Norvège (1380-1387), successeur de son grand-père Valdemar IV sur le trône de Danemark et à son père, Haakon VI, sur le trône de Norvège.

Öland, île de Suède, dans la mer Baltique ; 34 000 h. V. pr. *Borgholm*.

Olargues (34390), ch.-l. de c. de l'Hérault (arr. de Béziers) ; 630 h. Tour et pont gothiques.

Olaus Petri (OLOF PETERSSON, en lat.), réformateur suédois, né à Örebro (1493-1552). Il subit, au cours de ses études à Wittenberg, l'influence de Luther et devint avec Laurentius Andreae le principal initiateur de la Réforme en Suède. Auteur de la première publication protestante en Suède (*Un enseignement utile*, 1526), il traduisit le Nouveau Testament. Chancelier du roi (1531-1539), il fut condamné pour haute trahison, puis gracié. Sa *Chronique suédoise* est l'ouvrage historique le plus important du XVIe s. suédois.

Olav Ier Tryggvesson (969-1000), roi de Norvège (995-1000). Avec l'aide du clergé allemand et anglais, il contribua puissamment à la conversion de son peuple au christianisme. — OLAV II *Haraldsson (saint)*, dit *le Gros* (v. 995-1030), roi de Norvège (1016-1030). Tué au cours de la bataille de Stiklestad contre Knud le Grand, il fut considéré comme un héros et un saint national. — Fête le 29 juillet. — OLAV III *Kyrre* (« le Tranquille ») [m. en 1093], roi de Norvège (1066-1093). Il régna d'abord (jusqu'en 1069) avec son frère Magnus. L'Eglise norvégienne s'organisa sous son règne. — OLAV IV *Magnusson* (m. en 1115), roi de Norvège (1103-1115). Il régna avec ses frères. — OLAV V, né à Appleton House, près de Sandringham (Angleterre), en 1903. D'abord régent du royaume de Norvège (1955), il devint roi en 1957, succédant à son père, Haakon VII. Il avait commandé les troupes norvégiennes durant la Seconde Guerre mondiale.

Olbracht (Kamil ZEMAN, dit **Ivan**), écrivain tchèque, né à Semily (1882-1952). Il évolua, dans ses récits, de l'analyse psychologique à l'engagement politique (*Anne la prolétaire*, 1928 ; *Nikola Šuhaj, bandit*, 1933).

Oldbury, localité de Grande-Bretagne (Gloucestershire). Centrale nucléaire.

Oldenbarnevelt (Johan VAN), né à Amersfoort (Utrecht) [1547-1619], grand pensionnaire de Hollande, un des fondateurs de la république des Provinces-Unies, exécuté par ordre de Maurice de Nassau.

okapi

Oldenburg, en franç. **Oldenbourg**, anc. Etat de l'Allemagne. Comté à la fin du XIe s., il passa dans la famille royale de Danemark au XVe s., puis aux Holstein au XVIIIe s. Son possesseur devint grand-duc en 1815. — La ville d'*Oldenburg*, en Allemagne occidentale (Basse-Saxe), a 130 000 h. Château Renaissance. Métallurgie. Constructions électriques.

Oldham, v. d'Angleterre (Lancashire) ; 115 400 h. Industrie du coton.

Olduvai ou **Oldoway**, site préhistorique de Tanzanie, au sud-ouest du lac Natron. Le Dr L. S. B. Leakey y a découvert le *Zinjanthrope* (1959) et l'*Homo habilis* (1963).

olé! [ɔle], interj. esp. servant à encourager. || — Adj. *Olé olé* (Fam.), leste, qui manque de retenue.

oléacées [ɔlease] n. f. pl. (du lat. *oleum*, huile). Famille de plantes dicotylédones gamopétales, comprenant des arbres et des arbustes (*olivier, jasmin, lilas, frêne*). || Sing. une *oléacée*.

oléagineux [ɔleaʒinø], **euse** [-øz] adj. (du lat. *oleum*, huile). De la nature de l'huile : *liquide oléagineux*. ● *Plante oléagineuse*, ou *oléagineux* n. m., plante dont on tire des matières grasses alimentaires ou industrielles.

oléate [ɔleat] n. m. Sel ou ester de l'acide oléique.

olécrane [ɔlekran] n. m. (gr. *ôlenê*, bras, et *karênon*, tête). *Anat.* Apophyse du cubitus formant la saillie du coude.

oléfiant [ɔlefjɑ̃], **e** [-ɑ̃t] adj. Qui produit de l'huile. ● *Gaz oléfiant*, anc. nom de l'*éthylène*.

oléfines [ɔlefin] n. f. pl. Hydrocarbures éthyléniques de formule générale C_nH_{2n}.

oléiculteur [ɔleikyltœr] n. m. Celui qui cultive l'olivier.

oléiculture n. f. Culture de l'olivier.

oléifère adj. Dont on extrait de l'huile : *plantes oléifères*.

oléiforme adj. Qui a la consistance de l'huile.

oléine [ɔlein] n. f. (du lat. *oleum*, huile). *Chim.* Principe liquide des huiles et des graisses animales et végétales.

oléique adj. *Chim.* Se dit d'un acide organique non saturé, produit par l'hydrolyse de l'oléine.

Olen, comm. de Belgique (Anvers), sur le canal Meuse-Escaut ; 7 600 h. Importante raffinerie électrolytique (cuivre, cobalt, uranium).

oléoduc [ɔleɔdyk] n. m. Syn. de PIPE-LINE.

oléolat [-la] n. m. Solution huileuse d'essences végétales.

oléomètre n. m. Instrument pour mesurer la densité des huiles grasses.

Oléron *(île d')*, île de la Charente-Maritime, formant deux cantons (*Le Château*-d'Oléron* et *Saint-Pierre*-d'Oléron*), à l'embouchure de la Charente, séparée du continent par le pertuis de Maumusson, et de l'île de Ré par celui d'Antioche ; 15 751 h. Un pont relie l'île au continent. Ostréiculture. Pêche. Tourisme.

Oletta (20232), ch.-l. de c. de la Corse (arr. de Bastia) ; 1 110 h. Fromages.

Olette (66360), ch.-l. de c. des Pyrénées-Orientales (arr. de Prades), sur la Têt ; 680 h. Installation hydro-électrique.

oléum [ɔleɔm] n. m. *Chim.* Acide sulfurique partiellement déshydraté.

olfactif [ɔlfaktif], **ive** [-iv] adj. (du lat. *olfacere*, flairer). Qui a trait à l'odorat : *sens olfactif*. ● *Nerf olfactif*, nerf pair formant la première paire de nerfs crâniens, qui naît à la base du cerveau et traverse la lame criblée de l'ethmoïde pour aboutir au plafond des fosses nasales.

olfaction n. f. (lat. *olfactio*). Fonction grâce à laquelle les odeurs sont perçues. (Syn. ODORAT.)

oliban [ɔlibɑ̃] n. m. (lat. *olibanus*). Encens.

olibrius [ɔlibrijys] n. m. *Fam.* Bravache.

Olibrius, gouverneur dans les Gaules au IVe s., qui aurait fait mourir sainte Reine. Il figurait dans certains mystères comme le type du fanfaron.

Olier (Jean-Jacques), ecclésiastique français, né à Paris (1608-1657). Disciple de saint Vincent de Paul, il fut ordonné prêtre en 1633. Durant huit ans, il évangélisa diverses régions du Centre et de l'Ouest. Curé de Saint-Sulpice à Paris de 1642 à 1652, il fonda le séminaire du même nom (1645) et une société de prêtres (les Sulpiciens) destinée principalement à la formation des futurs prêtres à Paris et en de nombreux diocèses. Monsieur Olier a laissé de nombreux ouvrages spirituels, notamment une *Introduction à la vie et aux vertus chrétiennes* (1658).

olifant [ɔlifɑ̃] n. m. (du lat. *elephantus*, éléphant). Petit cor d'ivoire des chevaliers, et spécialement le cor du paladin Roland.

oligarchie [ɔligarʃi] n. f. (gr. *oligoi*, peu nombreux, et *arkhê*, commandement). Gouvernement où l'autorité est entre les mains de quelques personnes ou de quelques familles puissantes. || Groupe de quelques personnes puissantes dominant une partie des intérêts d'un pays : *oligarchie financière*.

Phot. Fiévet.

oligarchique adj. Qui appartient à l'oligarchie. ‖ Gouverné par une oligarchie : *Sparte était une cité oligarchique.*

oligarque n. m. Partisan de l'oligarchie. ‖ Membre d'une oligarchie.

oligiste [ɔliʒist] n. m. et adj. Oxyde naturel de fer Fe_2O_3, appelé aussi *hématite rouge,* colorant souvent des roches sédimentaires (grès, argiles), et constituant un minerai exploitable dans certains schistes : *le fer oligiste est un excellent minerai.*

oligocène [ɔligɔsɛn] adj. et n. m. (gr. *oligos,* peu nombreux, et *kainos,* récent). Se dit de la deuxième période de l'ère tertiaire, entre l'éocène et le miocène, d'une durée de 20 millions d'années.

oligochètes [-kɛt] n. m. pl. Petite classe de vers annélides, comprenant des espèces d'eau douce et des espèces terricoles, aux soies peu nombreuses, sans tête distincte ni appareil respiratoire, telles que le lombric. (Ces animaux sont hermaphrodites et se fécondent mutuellement.)

oligo-élément n. m. *Biol.* Substance nécessaire, en très petite quantité, au fonctionnement des organismes vivants. (Les vitamines et de nombreux métaux [*fer, manganèse, bore, magnésium, cobalt,* etc.] sont des oligo-éléments.)

oligophrène adj. et n. Atteint d'oligophrénie.

oligophrénie [-freni] n. f. (gr. *oligos,* peu nombreux, et *phrên,* pensée). Arriération mentale.

oligopole n. m. Marché dans lequel il n'y a que quelques vendeurs devant une multitude d'acheteurs.

oligurie [ɔligyri] n. f. *Pathol.* Diminution de la quantité d'urine sécrétée en un temps donné.

olim [ɔlim] n. m. inv. (mot lat. signif. *autrefois*). Registre du parlement de Paris, de 1254 à 1318.

Olinda, v. du nord-est du Brésil (Pernambouc) ; 100 500 h. Archevêché.

Oliva, auj. **Oliwa,** localité de Pologne, près de Gdańsk. Un traité y fut signé en 1660 entre la Suède et la Pologne.

olivacé, e adj. De couleur olive.

olivaie [-vɛ] ou **oliveraie** [-vrɛ] n. f. Lieu planté d'oliviers. (Syn. OLIVETTE.)

olivaison n. f. Récolte des olives. ‖ Saison où l'on fait cette récolte.

Olivares (Gaspar DE GUZMÁN, *comte-duc* D'), homme d'Etat espagnol, né à Rome (1587-1645). Favori de Philippe IV, il fut en fait le maître du pouvoir de 1621 à 1643. Sa politique centralisatrice provoqua la révolte de la Biscaye (1631), de la Catalogne et du Portugal (1640). Il fit entrer l'Espagne dans la guerre de Trente Ans (1636). Il fut disgracié en 1643 et remplacé par Luis de Haro.

olivâtre adj. Qui tire sur la couleur de l'olive ; verdâtre : *teint olivâtre.*

olive [ɔliv] n. f. (mot provenç. ; du lat. *oliva*). Fruit à noyau, dont on tire une huile excellente, dite *huile d'olive,* ou qui est mis à mariner dans de la saumure (*olives vertes,* cueillies à la main un peu avant maturité, ou *olives noires* cueillies à complète maturité). ‖ Objet ayant la forme d'une olive. ‖ Ornement d'architecture de forme oblongue, semblable à une olive. ‖ Chacune des deux éminences blanchâtres ovoïdes de la face antérieure du bulbe rachidien.

olive adj. inv. D'un jaune verdâtre.

Oliver (Joseph OLIVER, dit **King**), trompettiste de jazz américain, né à La Nouvelle-Orléans (1885-1938). En 1915, il joua avec Kid Ory et, à la fermeture de Storyville, il vint à Chicago. Il fonda le King Oliver's Creole

oliviers
à Tinos, Grèce

Laurence **Olivier** et Jean Simmons
dans une scène du film « **Hamlet** »

Jazz Band, qui constitua le meilleur témoignage laissé par un orchestre pratiquant le plus pur style « Nouvelle-Orléans ». A partir de 1927-1928, King Oliver créa d'autres orchestres, qui ne connurent pas qualitativement le succès du Creole Jazz Band.

oliveraie n. f. V. OLIVAIE.

Olivet (45160), ch.-l. de c. du Loiret (arr. d'Orléans), sur le Loiret ; 8 170 h. (*Olivetins*). Pépinières et roseraies.

Olivet (Pierre Joseph THOULIER D'), grammairien français, né à Salins (1682-1768), auteur d'une *Histoire de l'Académie.* (Acad. fr.)

olivétain [ɔlivetɛ̃], **e** [-ɛn] n. Membre de l'ordre du Mont-Olivet. (Cette congrégation bénédictine, érigée en 1344 par Clément VI, était née à *Monteoliveto* [Mont-Olivet], près de Sienne.)

olivette n. f. Syn. de OLIVAIE. ‖ Nom commun à divers raisins dont les grains rappellent la forme de l'olive.

olivier [-vje] n. m. Genre d'oléacées, comprenant des arbres des pays chauds, qui fournissent l'olive. (L'olivier croît dans les pays méditerranéens et résiste à la sécheresse, mais supporte mal des températures inférieures à — 10 °C. Il se cultive dans tous les sols, mais redoute l'excès d'humidité. Sa longévité est considérable : de 500 à 1 000 ans. L'olivier était considéré dans l'Antiquité comme un symbole de sagesse, de paix, d'abondance et de gloire.)

Olivier, héros légendaire de *la Chanson de Roland.* En face de Roland, fougueux et emporté, il est le symbole de la sagesse et de la modération.

Olivier (François), né à Paris (1487-1560), chancelier de France, sous les rois François Ier et Henri II. Il réprima la conjuration d'Amboise.

Olivier (Juste), écrivain suisse d'expression française, né à Eysins (Vaud) [1807-1876]. Il fut lié avec Sainte-Beuve et publia des poésies (*Poèmes suisses,* 1830) et des fantaisies dramatiques.

Olivier (*sir* Laurence KERR), acteur et metteur en scène anglais, né à Dorking (Surrey) en 1907. Entré à l'Old Vic Theatre en 1937, il s'est spécialisé dans l'interprétation et la mise en scène de l'œuvre de Shakespeare, dont il a porté à l'écran plusieurs pièces : *Henri V* (1945), *Hamlet* (1948), *Richard III* (1955). En 1963, il a pris la direction du National Theatre.

Olivier Twist, roman de Ch. Dickens (1838). L'histoire d'un enfant trouvé permet à Dickens de décrire certains milieux populaires anglais.

Oliviers (*mont des*), lieu, près de Jérusalem, où Jésus alla prier la veille de sa mort.

olivine n. f. *Minér.* Le plus répandu des péridots, de couleur vert olive, commun dans les basaltes. (Son altération fournit la *serpentine.*)

ollaire [ɔllɛr] adj. (du lat. *olla,* marmite). Se dit d'une espèce de serpentine facile à tailler, et dont on fait des pots : *pierre ollaire.*

Olliergues (63880), ch.-l. de c. du Puy-de-Dôme (arr. d'Ambert), sur la Dore ; 1 444 h. Coutellerie. Toiles.

Ollioules (83190), ch.-l. de c. du Var (arr. de Toulon) ; 7 803 h. (4 390 aggl.).

Ollivier (Emile), homme politique français, né à Marseille (1825-1913). Avocat libéral, il fut l'un des cinq députés républicains élus en 1857. Réélu en 1863, il se rapprocha de l'empereur à l'appel de Morny ; il se rallia au Tiers Parti, dont il assuma la direction après les élections de 1869. Mis à la tête d'un cabinet le 2 janvier 1870, il fut débordé par les républicains, mais n'en poursuivit pas moins la libéralisation du régime (sénatus-consulte du 20 avr. 1870, enlevant au Sénat son pouvoir constituant). Il provoqua le plébiscite du 8 mai 1870. Il prit la responsabilité de la guerre (15-16 juill. 1870) ; le désastre le rejeta dans la vie privée. Durant plus de quarante ans, dans des ouvrages d'ailleurs remarquables, notamment *l'Empire libéral* (1894-1902), il s'efforça de défendre sa politique. (Acad. fr.)

Olmedo (José Joaquín), homme politique et écrivain équatorien, né à Guayaquil (1780-1847). Auteur d'une *Ode sur la victoire de Junín : hymne à Bolívar* (1825), il a rédigé la Constitution de l'Equateur.

Olmèques, peuple indien de l'époque précolombienne, qui, dans la région du golfe du Mexique, a créé une importante civilisation entre 500 et 100 av. J.-C. (sculptures monumentales).

Olmeto (20113), ch.-l. de c. de la Corse (arr. de Sartène) ; 1 248 h. (991 aggl.).

Olmi-Cappella (20259), comm. de Corse (arr. de Calvi), dans la Balagne ; 526 h.

Olmütz. V. OLOMOUC.

Olof Skötkonung (m. en 1022), roi de Suède de 994 à 1022. Il favorisa le christianisme.

olographe [ɔlɔgraf] adj. (gr. *holos,* entier, et *graphein,* écrire). *Testament olographe,* v. TESTAMENT.

Olomouc, en allem. **Olmütz,** v. de Tchécoslovaquie (Moravie), sur la Morava ; 80 600 h. Industries alimentaires. Ferdinand Ier y abdiqua en 1848, après la révolution viennoise.

Olonzac (34210), ch.-l. de c. de l'Hérault (arr. de Béziers) ; 1 856 h. Vignobles.

Oloron (*gave d'*), riv. des Pyrénées formée par les gaves d'Aspe et d'Ossau, qui se rejoignent à Oloron-Sainte-Marie et se jettent dans le gave de Pau (r. g.) ; 120 km.

Oloron-Sainte-Marie (64400), ch.-l. d'arr. des Pyrénées-Atlantiques, au confluent des gaves d'Aspe et d'Ossau ; 13 903 h. (*Oloronais*). Château féodal. Eglise Sainte-Marie (XIIe-XIVe s.), dont le portail roman s'orne d'un triple tympan sculpté. Constructions aéronautiques. Travail du bois et du cuir. — L'arr. a 12 cant., 157 comm., 77 618 h.

Olsztyn, en allem. **Allensten,** v. du nord-est de la Pologne ; 94 100 h. Matériel agricole.

Olt, riv. de Roumanie, affl. du Danube (r. g.) ; 600 km.

Olten, v. de Suisse (Soleure), sur l'Aar ; 21 700 h. Nœud ferroviaire. Métallurgie (véhicules lourds).

Olténie, région de Roumanie, en Valachie, à l'ouest de l'Olt.

olympe [ɔlɛ̃p] n. m. Ensemble des dieux de l'Olympe. ‖ *Fig.* Le ciel.

Olympe, nom de plusieurs montagnes de la Grèce ancienne. De la plus fameuse, située entre la Macédoine et la Thessalie (alt. 2 911 m), les anciens Grecs avaient fait la résidence des dieux. (Auj. *Olimbos.*)

Olympia, v. des Etats-Unis, cap. de l'Etat de Washington ; 22 400 h.

olympiade n. f. Espace de quatre ans qui s'écoulait entre deux célébrations successives des jeux Olympiques.

Olympias (v. 375-316 av. J.-C.), épouse de Philippe II de Macédoine, qui la répudia, et mère d'Alexandre. Pendant les campagnes de ce dernier, elle exerça la régence. Elle périt assassinée.

Olympie, v. du Péloponnèse (Elide), centre religieux panhellénique, où se célébrèrent les jeux dits *Olympiques* jusque sous Théodose. Ruines importantes de l'Héraïon (v. 600 av. J.-C.), le plus ancien temple connu de grandes dimensions, et du temple de Zeus (v. 460 av. J.-C.), dont on a retrouvé la plupart des statues ornant les frontons ainsi que des métopes (fragments au Louvre), chefs-d'œuvre de la sculpture grecque.

Olympie
ruines du Prytaneion

Phot. E. Gillon, Victory Films, Seymour - Magnum-Photos.

ANCESTRAUX OU PRIMITIFS

archéoptéryx

kiwi

dronte

autruche

AQUATIQUES

grèbe

canard

mouette

cormoran

fou

flamant

avocette

courlis

héron

AVICULTURE

coq et poules

oie

dindon

pintade

hot. Nitshe, Hosking, Six, Lauros - Atlas-Photo, parc zoologique d'Auckland, Six, Merlet - Atlas-Photo, Dragesco - Atlas-hoto, Lauros - Atlas-Photo (2), Six, Lauros - Atlas-Photo (2), Vasselet - Atlas-Photo, Fievet, Baufle - Atlas-Photo, Six.

PASSEREAUX

passériformes

étourneau

alouette

bouvreuil

rossignol

fauvette

rouge-gorge

coraciadiformes

martin-pêcheur

huppe

AUTRES OISEAUX

rapaces

hibou

circaète

paon

galliformes

caille

tétras

divers

colombe

pic épeiche

Phot. Markham (2), Vienne - Atlas-Photo, Baufle, Markham, Merlet - Atlas-Photo, Six (2), Visage (2), Fatras, Noailles, de Klemm - Atlas-Photo, Six, Visa

olympien, enne adj. de l'Olympe. ‖ *Fig.* Noble, majestueux : *regard olympien.* ● *Dieux olympiens,* les douze principales divinités grecques. ‖ *Zeus Olympien,* surnom de Zeus. (En ce sens, prend une majuscule.)

Olympio, nom poétique sous lequel V. Hugo se désigne lui-même dans certains poèmes (*Tristesse d'Olympio*).

olympique adj. Relatif aux jeux Olympiques : *stade olympique; champion olympique.* ‖ Qui est conforme aux règles des jeux Olympiques : *piscine olympique.* ● *Jeux Olympiques,* jeux sportifs qui se célébraient tous les quatre ans chez les Grecs, depuis 776 av. J.-C., près d'Olympie, en l'honneur de Zeus Olympien, et à l'issue desquels les vainqueurs recevaient la *couronne olympique.* — Aujourd'hui, grande compétition sportive quadriennale, internationale, inspirée des jeux antiques. (V. *encycl.*)
— ENCYCL. Les *jeux Olympiques modernes* se sont tenus dans les villes suivantes : Athènes (1896), Paris (1900), Saint Louis (1904), Londres (1908), Stockholm (1912), Anvers (1920), Paris (1924), Amsterdam (1928), Los Angeles (1932), Berlin (1936), Londres (1948), Helsinki (1952), Melbourne (1956), Rome (1960), Tōkyō (1964) et Mexico (1968). Des jeux Olympiques d'hiver, réservés aux sports de neige et de glace, ont été organisés depuis 1924 dans les villes suivantes : Chamonix (1924), Saint-Moritz (1928), Lake Placid (1932), Garmisch-Partenkirchen (1936), Saint-Moritz (1948), Oslo (1952), Cortina d'Ampezzo (1956), Squaw Valley (1960), Innsbruck (1964), Grenoble (1968) et Munich (1972).

Olynthe, v. de la Chalcidique. Philippe de Macédoine la prit en 348 av. J.-C. Par ses harangues politiques (*les Olynthiennes*), Démosthène s'était efforcé de la faire secourir par Athènes.

Omaha, v. des Etats-Unis (Nebraska), sur le Missouri ; 301 600 h. Industries diverses.

Oman (*mer d'*), mer formée par l'océan Indien, au sud-ouest de l'Asie. Le golfe d'Oman, au nord-ouest, en forme la partie la plus resserrée et communique par le détroit d'Ormuz avec le golfe Persique.

Oman (*sultanat d'*), sultanat de l'est de l'Arabie, baigné par le *golfe* et la *mer d'Oman ;* 212 457 km² ; 680 000 h. Cap. *Mascate.* Pétrole. Le pays a porté le nom de *sultanat de Mascate-et-Oman* jusqu'en 1970.

Omar. V. 'UMAR.

Omar Kheyyam. V. KHAYYĀM (*'Umar*).

ombelle [ɔ̃bɛl] n. f. (lat. *umbella,* parasol). Mode d'inflorescence dans lequel les pédoncules, comme dans le fenouil, partent tous d'un même point pour s'élever au même niveau, comme les rayons d'un parasol : *on distingue des ombelles simples et des ombelles composées.*

ombellé, e adj. En ombelle : *fleur ombellée.*

ombellifères [ɔ̃belifɛr] n. f. pl. (de *ombelle,* et lat. *ferre,* porter). Famille de plantes à fleurs, dicotylédones, caractérisées par leur inflorescence en ombelle simple ou composée, par leurs feuilles généralement très découpées et pourvues d'une forte gaine, par l'aspect côtelé de leur tige et de leur graine, et enfin par les substances spécifiques qui rendent les unes toxiques, les autres comestibles (exemples : la carotte, le céleri, le persil, le fenouil, l'angélique, le coriandre, mais aussi la grande et la petite ciguë ; soit en tout 3 000 espèces environ).

ombelliforme adj. Qui a la forme d'une ombelle.

ombellule n. f. Nom donné aux ombelles partielles qui, par leur ensemble, constituent l'ombelle générale.

ombilic [ɔ̃bilik] n. m. (lat. *umbilicus*). Orifice de l'abdomen qui, chez le fœtus, laisse passer les organes reliant celui-ci aux annexes embryonnaires (placenta). ‖ Nombril, cicatrice de cet orifice après la chute du cordon ombilical. ‖ *Fig.* Point central : *l'ombilic de la terre.* ‖ Point central et saillant d'un bouclier, d'un plat en métal ou en céramique. ‖ *Bot.* Plante des rochers, à feuilles charnues circulaires. (Famille des crassulacées.) ‖ *Géogr.* Elargissement et approfondissement d'une vallée glaciaire. ‖ *Math.* Point d'une surface courbe où toutes les sections normales ont même courbure.

ombilical, e, aux adj. Relatif à l'ombilic. ● *Cordon ombilical,* conduit membraneux de 1,5 cm de diamètre et de 50 à 80 cm de long, qui contient des vaisseaux (artère et veines ombilicales) reliant le fœtus au placenta, par lequel il est nourri. ‖ *Hernie ombilicale,* hernie de l'abdomen se faisant à travers l'ombilic, lorsque celui-ci se ferme mal après la naissance.

ombiliqué, e adj. Pourvu d'un ombilic.

omble [ɔ̃bl] n. m. Poisson d'eau douce voisin du saumon, à chair délicate. (L'*omble chevalier* vit dans les lacs de montagne de l'Europe occidentale : l'*omble de fontaine,* importé des Etats-Unis, préfère les eaux courantes.) [Long. 30 à 60 cm.]

ombrage [ɔ̃braʒ] n. m. Ensemble de branches, de feuilles d'arbres qui donnent de l'ombre. ● *Porter, faire, donner ombrage,* inspirer de l'inquiétude. ‖ *Prendre ombrage,* se chagriner, s'inquiéter.

ombragé, e adj. Couvert d'ombrages : *un lieu ombragé.*

ombrager v. t. (conj. 1). Couvrir de son ombre ; former ombrage sur : *les arbres qui ombragent la cour.*

ombrageux, euse adj. Très facile à effrayer ; qui a peur de son ombre : *cheval ombrageux.* ‖ *Fig.* Soupçonneux, plein de défiance : *esprit ombrageux.*

ombre n. m. (du bas lat. *amulus*). Poisson des cours d'eau, voisin du saumon, à chair estimée. (Long. 25 à 40 cm.) [Ne pas confondre avec l'*omble**.]

ombre [ɔ̃br] n. f. (lat. *umbra*). Interception de la lumière par un corps opaque : *l'ombre d'un arbre.* ‖ *Fig.* Légère apparence : *il n'y a pas l'ombre d'un doute.* ‖ Chez les Anciens, l'âme séparée du corps : *l'ombre d'Achille.* ‖ *Peint.* Couleur obscure, hachures d'un dessin permettant de simuler le relief. ● *Courir après une ombre,* se livrer à des espérances chimériques. ‖ *L'empire des ombres,* le séjour des morts. ‖ *Il y a une ombre au tableau* (Fam.), la situation comporte un élément d'inquiétude. ‖ *Ombres chinoises,* spectacle présentant des silhouettes noires sur un écran transparent. ‖ *Les ombres de la mort,* les approches de la mort. ‖ *Les ombres de la nuit,* les ténèbres. ‖ *Passer comme une ombre,* être de courte durée. ‖ *Vivre dans l'ombre,* vivre dans la solitude, dans une humble condition. ‖ — **A l'ombre de** loc. prép. A l'abri de : *à l'ombre d'un toit ;* et, au *fig.,* sous la protection de : *à l'ombre de ton bras.*

ombre n. f. Pigment brun ou rougeâtre, utilisé par les peintres. (On dit aussi TERRE D'OMBRE.)

ombré, e adj. Où les ombres sont marquées : *dessin ombré.*

ombrée n. f. Syn. de UBAC.

ombrelle [ɔ̃brɛl] n. f. (ital. *ombrello ;* du lat. *umbrella,* parasol). Petit parasol de dame. ‖ *Zool.* Organe, en forme de cloche, d'une méduse, bordé de tentacules urticants, et dont les contractions assurent la nage de l'animal.

ombrer v. t. (lat. *umbrare*). Mettre des ombres à un dessin, à un tableau.

ombrette n. f. Oiseau échassier de l'Afrique tropicale.

ombreux, euse adj. (lat. *umbrosus*). *Poét.* Qui donne de l'ombre : *forêt ombreuse.*

Ombrie, région de l'Italie centrale, traversée par le Tibre, formée des prov. de Pérouse et de Terni ; 784 000 h. (*Ombriens*).

ombrien [ɔ̃brijɛ̃], **enne** [-ɛn] adj. De l'Ombrie : *les peuples ombriens.* ‖ — N. m. Dialecte italique d'Ombrie, connu par les inscriptions.

ombelle de carotte sauvage

ombrine [ɔ̃brin] n. f. Poisson marin jaunâtre, avec des bandes brunes latérales. (Long. 30 à 60 cm.)

ombudsman n. m. (mot suédois). En Suède, député chargé de contrôler le fonctionnement de l'administration et de la justice.

Omdourman ou **Omdurman,** v. du Soudan, sur le Nil, en face de Khartoum ; 252 400 h. Kitchener y vainquit en 1898 le calife 'Abd Allāh.

O'Meara (Barry Edward), médecin irlandais, né en Irlande (1786-1836). Il soigna Napoléon Ier à Sainte-Hélène et le défendit fermement contre sir Hudson Lowe dans ses Mémoires.

oméga [ɔmega] n. m. Dernière lettre de l'alphabet grec (ω), correspondant à ō. ● *L'alpha et l'oméga,* le commencement et la fin.

omelette [ɔmlɛt] n. f. (de l'anc. fr. *alumelle,* petite lame). Œufs battus et cuits dans une poêle.

Omer (saint), évêque, né près de Coutances (m. v. 670). Moine de Luxeuil, évêque de Thérouanne (v. 640), il provoqua à Sithiu (plus tard Saint-Omer) la fondation du monastère Saint-Bertin. — Fête le 9 septembre.

Omessa (20236), ch.-l. de c. de la Corse (arr. de Corte) ; 719 h. Château du XVIIe s.

omettre [ɔmɛtr] v. t. (lat. *omittere*) [conj. **49**]. Manquer à faire ou à dire ; manquer de comprendre dans une énumération : *omettre une formalité.* (Syn. : NÉGLIGER, OUBLIER.)

Omeyyades, Omayyades ou **Umayyades,** dynastie de califes arabes, qui régna à Damas de 661 à 750. Détrônée par les 'Abbāssides, elle alla fonder le califat de Cordoue (756-1031) et créa une brillante civilisation en Andalousie.

omicron [ɔmikrɔn] n. m. Lettre de l'alphabet grec (ο), correspondant à *o.*

omis [ɔmi] n. m. *Mil.* Jeune homme qui, par oubli, n'a pas été recensé avec sa classe d'âge.

omission [ɔmisjɔ̃] n. f. (du lat. *omissus,* omis). Action d'omettre ; chose omise : *omission involontaire.*

Ōmiya, v. du Japon (Honshū) ; 248 000 h. Matériel ferroviaire. Sanctuaire shintoïste.

omnibus [ɔmnibys] n. m. (mot lat signif. *pour tous*). Autref., voiture de transport en commun à traction animale. ‖ Voiture fermée, à quatre roues et à quatre ou six places. ‖ — Adj. inv *Barre omnibus* (Electr.), conducteur de grande section, relié d'une part au générateur, d'autre part au circuit de distribution. ‖ *Train omnibus,* train de voyageurs qui dessert toutes les stations d'un parcours.

omnicolore [-kɔlɔr] adj. (lat. *omnis,* tout, et *color,* couleur). Qui a toutes sortes de couleurs.

omnidirectionnel, elle adj. Qui a les mêmes propriétés dans toutes les directions. ‖ Se dit d'une antenne qui rayonne les ondes avec la même intensité dans toutes les directions ou qui les reçoit avec la même efficacité, quelle que soit la direction d'où elles émanent.

omnipotence [-pɔtɑ̃s] n. f. (lat. *omnipotentia*). Toute-puissance : *l'omnipotence divine.* ‖ Pouvoir absolu, souverain.

omnipotent, e adj. (lat. *omnipotens*). Tout-puissant. ‖ Dont l'autorité est absolue : *monarque omnipotent.*

omnipraticien, enne adj. et n. Se dit d'un médecin qui exerce la médecine générale.

omniprésence n. f. Présence en tous lieux.

omniprésent, e adj. Présent en tous lieux.

omniscience n. f. Science universelle, l'un des attributs de Dieu dans les religions monothéistes.

omniscient [-sjɑ̃], **e** [-ɑ̃t] adj. (lat. *omnis,* tout, et *sciens,* sachant). Qui sait tout : *Dieu est omniscient.*

omnisports adj. inv. Où l'on pratique plusieurs sports : *une association municipale omnisports.*

omnium [ɔmnjɔm] n. m. (mot angl., empr. au lat.). Compétition cycliste sur piste, comportant plusieurs épreuves. ‖ *Turf.* Course ouverte à tous les chevaux. ‖ Compagnie financière ou commerciale qui fait tous les genres d'opérations.

ouverture des jeux **Olympiques** de Mexico, 1968
défilé des délégations

Phot. Presse-Sports, Noailles.

omnivore adj. et n. (lat. *omnis,* tout, et *vorare,* dévorer). Se dit des animaux qui prennent une nourriture variée et qui ne présentent aucune adaptation anatomique favorable à un régime plus spécialisé.
— ENCYCL. Rares sont, parmi les vertébrés surtout, les animaux qui se nourrissent exclusivement d'un seul type d'aliment : tous sont des *omnivores* occasionnels. Mais les espèces forestières ou d'origine forestière (homme, ours, cochon) sont particulièrement omnivores, grâce à leurs molaires bunodontes (mamelonnées), capables de broyer aussi bien les graines, l'herbe ou les fruits que les œufs ou la viande. De même, les insectes broyeurs sont (ou en tout cas peuvent être) omnivores, ce qui est tout à fait impossible aux cigales ou aux papillons par exemple.

Omo, riv. du sud de l'Ethiopie, affl. du lac Rodolphe ; 650 km env. Dans sa vallée inférieure, d'épais dépôts quaternaires ont livré un matériel paléontologique et préhistorique de première importance.

Omont (08430 Poix Terron), ch.-l. de c. des Ardennes (arr. de Charleville-Mézières) ; 61 h.

omophagie [ɔmɔfaʒi] n. f. (gr. *ômos,* non cuit, et *phagein,* manger). Dans l'Antiquité, sacrifice suivi par la manducation de la chair crue.

omoplate [ɔmɔplat] n. f. (gr. *ômos,* épaule, et *platê,* surface plate). Os large, mince, triangulaire, situé à la partie postérieure de l'épaule. ‖ Le plat de l'épaule.
— ENCYCL. L'*omoplate* forme avec la clavicule la ceinture scapulaire. De nombreux muscles s'y insèrent, qui permettent les déplacements de l'épaule et ceux du bras. L'humérus s'articule avec la cavité glénoïde de l'omoplate, surmontée de l'acromion, avec lequel s'articule la clavicule.

Omphale. *Myth. gr.* Reine de Lydie. Elle épousa son esclave Héraclès ; la légende représente le héros filant la laine aux pieds d'Omphale, comme une femme.

Omri ou **Amri,** roi d'Israël (885-874 av. J.-C.).

O. M. S., sigle de *Organisation* mondiale de la santé.*

Omsk, v. de l'U. R. S. S. (R. S. F. S. de Russie), en Sibérie occidentale, sur l'Irtych ; 821 000 h. Métallurgie. Raffinerie de pétrole. Industries chimiques.

Ōmuta, v. du Japon (Kyū shū) ; 194 000 h. Industries métallurgiques.

on [ɔ̃] pron. indéf. (lat. *homo,* homme). Désigne d'une manière vague une ou plusieurs personnes : *on a souvent besoin d'un plus petit que soi.* (Le pronom *on,* le plus souvent masculin singulier, peut représenter le fém. et le pl. : *on est heureuse d'être mère ; on est égaux après la mort.*)

On ne badine pas avec l'amour, proverbe d'Alfred de Musset (1834), représenté au Théâtre-Français en 1861.

onagracées [-grase] n. f. pl. Famille de plantes dicotylédones dialypétales comprenant l'*onagre,* l'*épilobe,* le *fuchsia.* (Syn. ŒNOTHÉRACÉES.)

onagre [ɔnagr] n. f. Plante cultivée pour ses fleurs ornementales, originaire de Tasmanie et d'Amérique. (Famille des onagracées.) [Syn. ŒNOTHÈRE.]

onagre [ɔnagr] n. m. (gr. *onagros,* âne sauvage). Mammifère ongulé sauvage, d'Iran et d'Inde, intermédiaire entre le cheval et l'âne. ‖ Baliste utilisée par les Romains et servant à lancer des projectiles.

onanisme [ɔnanism] n. m. (d'*Onan,* personnage biblique). Recherche du plaisir sexuel par un individu seul.

onc, oncques ou **onques** [ɔ̃k] adv. (lat. *unquam*). Jamais (vx déjà au XVIIe s.).

once [ɔ̃s] n. f. (lat. *uncia,* douzième partie). Douzième de la livre, chez les Romains. ‖ En France, anc. mesure de masse, représentant la seizième partie de la livre et valant 30,594 g. ‖ Mesure de poids utilisée notamment en Grande-Bretagne et au Canada, valant 28,35 g. ‖ *Fig.* et *fam.* Très petite quantité.

once n. f. (anc. fr. *lonce,* lat. *lynx*). Espèce de grand chat qui se rencontre en Asie et en Afrique.

oncial, e, aux adj. et n. f. (de *once*). S'est dit d'une large écriture romaine en capitales hautes d'un pouce. ‖ Se dit d'une écriture dérivée de la capitale, assez grasse, arrondie.

oncle [ɔ̃kl] n. m. (lat. *avunculus*). Frère du père ou de la mère : *oncle paternel ; oncle maternel.* ● *Oncle à la mode de Bretagne,* cousin germain du père ou de la mère.

Oncle Sam. V. SAM.

oncotique [ɔ̃kɔtik] adj. Se dit de la pression osmotique propre des protéines en solution dans un liquide.

onction [ɔ̃ksjɔ̃] n. f. (lat. *unctio ;* de *ungere,* oindre). Cérémonie qui consiste à appliquer de l'huile sur une personne pour la consacrer ou pour lui conférer certaines grâces : *les rois de France recevaient l'onction du sacre.* ‖ *Méd.* Friction douce avec un corps gras. ‖ *Fig.* Douceur particulière, qui touche le cœur et porte à la dévotion, à l'attendrissement : *parler avec onction.*

onctueusement adv. Avec onction.

onctueux [ɔ̃ktɥø], **euse** [-øz] adj. (du lat. *ungere,* oindre). Qui donne au toucher l'impression d'un corps gras, huileux : *liquide onctueux.* ‖ Qui a une saveur veloutée : *un chocolat onctueux.* ‖ *Fig.* Plein d'onction : *sermon onctueux.*

onctuosité n. f. Qualité de ce qui est onctueux.

onagres ▲

▼ once

ondatra [ɔ̃datra] n. m. Mammifère rongeur de l'Amérique du Nord, vivant comme le castor, et dont la fourrure, recherchée, est appelée *castor du Canada* ou *loutre d'Hudson.* (Long. 60 cm.) [On dit aussi RAT MUSQUÉ.] (V. illustr. RONGEURS.)

onde [ɔ̃d] n. f. (lat. *unda*). Eau dont la surface se soulève et s'abaisse en rides concentriques à la suite d'un choc. ‖ Objet ondé, sinueux : *les ondes d'une moire.* ‖ *Poét.* L'eau, en général : *voguer sur l'onde.* ‖ *Phys.* Nom donné aux lignes ou aux surfaces atteintes à un instant donné par un ébranlement ou par une vibration qui se propage dans l'espace. (V. *encycl.*) ● *Longueur d'onde,* distance entre deux points consécutifs de même phase d'un mouvement ondulatoire qui se propage en ligne droite. ‖ *Onde amortie,* onde comprenant une suite d'oscillations dont l'amplitude décroît régulièrement. (V. *encycl.*) ‖ *Onde de bouche,* onde sonore produite par la déflagration de la poudre au départ du coup d'une arme à feu. (Elle se propage à la vitesse du son.) ‖ *Onde de choc,* surface de discontinuité des vitesses, liée à d'autres caractéristiques physiques du milieu ambiant, due à la compression de l'air aux grandes vitesses, et qui se crée dans les régions de l'espace où la vitesse d'écoulement dépasse celle du son. (Tout mobile se déplaçant à une vitesse supersonique crée une onde de choc.) [V. *encycl.*] ‖ *Onde courte,* onde de faible longueur. ‖ *Onde entretenue,* onde produite par une vibration d'amplitude constante. (V. *encycl.*) ‖ *Onde porteuse,* onde électromagnétique de haute fréquence, employée pour la transmission des signaux par modulation. ‖ *Onde stationnaire,* phénomène d'interférence dû à la superposition de deux vibrations de même période et de même amplitude.
— ENCYCL. On distingue les *ondes matérielles,* qui se propagent par vibrations de la matière (gazeuse, liquide ou solide), et les *ondes électromagnétiques,* dues à la vibration d'un champ électromagnétique, en dehors de tout support matériel. Parmi les premières figurent, pour des fréquences comprises entre 16 hertz et 20 000 hertz, les *ondes sonores ;* les ultrasons ont des fréquences plus élevées, les infrasons des fréquences plus basses. Les ondes électromagnétiques comprennent, selon leur longueur, les rayons gamma (de 0,005 à 0,25 angström), puis les rayons X (jusqu'à 0,001 micron), l'ultraviolet (de 0,02 à 0,4 micron), la lumière visible (de 0,4 à 0,8 micron), l'infrarouge (de 0,8 à 300 microns), les ondes radio-électriques (du millimètre à plusieurs dizaines de kilomètres). La mécanique ondulatoire, de L. de Broglie, associe une onde immatérielle aux particules en mouvement.
Les *ondes radio-électriques* ou *hertziennes* ne diffèrent des ondes lumineuses que par leur longueur, qui s'échelonne de quelques millimètres à 30 000 m. Comme toutes les ondes électromagnétiques, elles se propagent, dans le vide ou l'air sec, à la vitesse de 300 000 000 m/s. On distingue les *ondes entretenues,* dont les oscillations successives sont identiques en régime permanent, et les *ondes amorties,* composées de trains successifs dans lesquels l'amplitude des oscillations, après avoir atteint un maximum, décroît graduellement par suite de la discontinuité de la décharge et des pertes d'énergie dans les circuits.
— L'*onde de choc* est formée par l'accumulation des ondes de pression (ondes sonores) que tout mobile en mouvement fait rayonner autour de lui lorsque sa vitesse devient au moins égale à la vitesse du son. L'air subit alors une brusque variation de pression et de température à travers une surface qui se déplace avec le mobile : c'est l'onde de choc, qui a la forme d'un cône de révolution ayant pour sommet la position actuelle du mobile, si ce dernier est de dimensions suffisamment petites. Dans le cas d'un avion, les ondes de choc, qui apparaissent bien avant que l'avion ait atteint la vitesse sonique, sont une cause de résistance supplémentaire à l'avancement et sont à l'origine du bruit de détonation, ou « bang sonique », produit par les avions supersoniques.

O'Neill
une scène de « Long Voyage dans la nuit »

ondé, e adj. Qui offre des dessins en forme d'ondulations : *moire ondée.* ‖ Disposé en lignes onduleuses : *cheveux ondés.* ‖ *Hérald.* Se dit des pièces dont les bords sont découpés en sinuosités alternativement concaves et convexes.

ondée n. f. Grosse pluie subite et passagère : *les ondées d'avril.*

ondemètre n. m. Appareil servant à mesurer la longueur des ondes électromagnétiques.

ondin [ɔ̃dɛ̃], **e** [-din] n. Génie des eaux dans les mythologies germanique et scandinave.

on-dit [ɔ̃di] n. m. inv. Rumeur, médisance, chose qui se dit, est répétée de bouche en bouche : *n'écoutez pas les on-dit.*

ondoiement [ɔ̃dwamɑ̃] n. m. Mouvement d'ondulation : *l'ondoiement des vagues.* ‖ *Liturg.* Baptême administré sans les cérémonies extérieures.

ondoyant, e adj. Qui ondoie : *cheveux, drapeaux ondoyants.* ‖ *Fig.* Variable, inconstant : *l'homme, a dit Montaigne, est ondoyant et divers.*

ondoyer [ɔ̃dwaje] v. i. (de *onde*) [conj. **2**]. S'élever et s'abaisser alternativement : *moissons qui ondoient.* ‖ — V. t. Baptiser sans les cérémonies extérieures : *toute personne peut ondoyer un enfant en danger de mort.*

ondulant, e adj. Qui ondule. ● *Fièvre ondulante,* syn. de FIÈVRE DE MALTE, ou BRUCELLOSE.

ondulation n. f. (dimin. du lat. *unda,* onde). Mouvement oscillatoire qui se produit dans un liquide agité : *les ondulations des vagues.* ‖ Mouvement qui imite celui des ondes : *les ondulations d'un champ de blé.* ‖ Action de donner à la chevelure une forme sinueuse ; son résultat.

ondulatoire adj. En forme d'ondulations : *mouvement ondulatoire.* ‖ Qui se propage par ondes : *nature ondulatoire de la lumière.* ● *Mécanique ondulatoire,* v. MÉCANIQUE.

ondulé, e adj. Qui présente des ondulations : *chevelure ondulée.* ‖ Flexueux.

onduler [ɔ̃dyle] v. i. Avoir un mouvement sinueux : *les moissons ondulent.* ‖ — V. t. Rendre ondulé : *onduler les cheveux.*

onduleux, euse adj. Qui forme des ondulations, des sinuosités : *replis onduleux.*

Onega (*lac*), lac du nord-ouest de l'U. R. S. S., en Carélie, qui se déverse dans le lac Ladoga par la Svir' ; 9 900 km².

O'Neill (Eugene Gladstone), auteur dramatique américain, né à New York (1888-1953). Après une jeunesse aventureuse, il écrit des pièces (*Route à l'est vers Cardiff,* 1916 ; *la Lune des Caraïbes,* 1919) pour une petite troupe, les « Provincetown Players », qui vont renouveler le théâtre américain. Empruntant aux Anciens la technique du masque, aux Allemands les procédés de l'expressionnisme, à Freud les données essentielles de la psychanalyse, il passe du réalisme (*Anna Christie,* 1922 ; *le Désir sous les ormes,* 1924) à une vision essentiellement poétique, dont les thèmes majeurs sont l'incapacité de l'homme à s'intégrer à un univers qui le déroute (*Empereur Jones,* 1921 ; *le Singe velu,* 1922) et, dans l'esprit de la tragédie grecque, la lutte d'êtres d'exception contre l'inexorable destin (*l'Etrange Intermède,* 1928 ; *Le deuil sied à Electre,* 1931). Sa dernière pièce, *Long Voyage dans la nuit,* écrite en 1940 et jouée en 1955, est d'inspiration autobiographique. (Prix Nobel, 1936.)

onéreusement adv. De façon onéreuse.

onéreux [ɔnerø], **euse** [-øz] adj. (lat. *onerosus ;* de *onus,* charge). Qui occasionne des frais, des dépenses :

Phot. Gambier-Bolton, Zool. Society of London - Rapho, U. S. I. S.

séjour onéreux. ● *Titre onéreux,* possession acquise en contrepartie d'un équivalent : *acquérir une terre à titre onéreux.*

one-step [wanstep] n. m. (mots angl. signif. *un pas*). Danse américaine d'origine nègre. || Pl. des *one-steps.*

ongle [ɔ̃gl] n. m. (lat. *ungula,* corne du pied des animaux). Partie cornée qui couvre le dessus du bout des doigts. (V. *encycl.*) || Griffe de certains animaux. ● *Avoir de l'esprit jusqu'au bout des ongles,* avoir beaucoup d'esprit.
— ENCYCL. L'*ongle* est formé par la peau au niveau d'un repli, la *matrice de l'ongle,* et il s'appuie sur l'extrémité du doigt au niveau du *lit de l'ongle.* Lorsque les bords de l'ongle pénètrent, en s'enroulant, dans la peau, l'ongle est dit *incarné;* il est cause de douleurs et d'inflammations. L'infection de l'ongle est l'*onyxis,* et son atteinte par un champignon parasite l'*onychomycose.*

onglé, e adj. Armé d'ongles.

onglée n. f. Engourdissement douloureux au bout des doigts, causé par un grand froid.

onglet [ɔ̃glɛ] n. m. Bande de papier ou de toile cousue en même temps que les feuilles d'un livre, pour y coller un feuillet, une gravure, une carte. || Petite entaille à la lame d'un couteau ou d'un canif, pour aider à saisir la lame avec l'ongle, quand on veut l'ouvrir. || *Bot.* Partie inférieure et rétrécie de certains pétales. || *Math.* Portion d'un solide de révolution, limitée par deux méridiens : *onglet cylindrique; onglet conique; onglet sphérique.* || *Technol.* Extrémité d'une planche, d'une moulure, qui forme un angle de 45° au lieu d'être terminée à angle droit. ● *Boîte à onglets,* boîte en forme de canal, sur les parois de laquelle sont pratiquées des entailles qui guident la scie pour découper des pièces suivant un angle déterminé.

onglette [ɔ̃glɛt] n. f. Petit burin plat dont se servent les graveurs en relief et en creux.

onglier n. m. Nécessaire pour la toilette des ongles.

ongliers n. m. pl. Petits ciseaux cintrés à ongles.

onguent [ɔ̃gɑ̃] n. m. (lat. *unguentum*). Autref., drogue aromatique; parfum : *les momies étaient enveloppées de bandelettes chargées d'onguents.* || Auj., médicament d'usage externe, dont l'excipient est un mélange de corps gras.

onguiculé [ɔ̃gɥikyle], **e** adj. et n. m. Se dit des mammifères dont les doigts sont terminés par des griffes ou par des ongles plats : *les carnassiers, les rongeurs, les primates sont des onguiculés.*

ongulé [ɔ̃gyle], **e** adj. Se dit des mammifères dont les doigts sont terminés par des sabots. || — N. m. pl. Ordre de mammifères groupant tous les animaux munis de sabots, particulièrement important par le nombre, la diversité et l'utilité des espèces qui le constituent.
— ENCYCL. On divise les *ongulés* en trois grandes sections : imparidigités (5, 3 ou 1 doigt par patte), porcins (4 doigts par patte) et ruminants (4 ou 2 doigts par patte). On distingue trois sous-ordres d'imparidigités : les proboscidiens (éléphants), les hyracoïdes tels que le daman, enfin les périssodactyles (rhinocéros, tapirs et chevaux). On peut aussi distinguer trois sous-ordres de ruminants : les cavicornes (cornes creuses et persistantes : bœuf, antilope), les cervicornes (cornes ramifiées tombant chaque année : cerf, renne) et les proruminants (chameau, chevrotain, girafe) à cornes réduites ou inexistantes et ayant divers caractères primitifs. Les porcins, eux, se divisent directement en deux familles : hippopotames et suidés. Tous les ongulés sont herbivores ou omnivores, et la plupart des espèces ont des molaires à croissance continue, présentant une table d'usure. Leurs sabots font souvent d'eux de rapides coureurs. Ils présentent cependant de telles différences que l'on peut contester la valeur scientifique de la notion d'ongulé.

onguligrade adj. (lat. *ungula,* ongle, et *gradi,* marcher). Se dit d'un animal marchant sur des sabots : *les chevaux sont onguligrades.*

onirique [ɔnirik] adj. Relatif au rêve : *délire onirique.*

onirisme n. m. (du gr. *oneiros,* songe). *Psychol.* Activité mentale automatique, faite d'hallucinations et d'illusions, et entraînant souvent des réactions motrices.

oniro-analyse n. f. Investigation de la personnalité à l'aide de psychodysleptiques.

onirologie n. f. Science de tout ce qui concerne les rêves.

onirologique adj. Relatif à l'onirologie.

oniromancie n. f. Divination par les songes. || Explication d'un songe.

oniromancien, enne adj. Relatif à l'oniromancie. || — N. Personne qui pratique l'oniromancie.

Onitsha, v. du Nigeria, sur le Niger; 189 000 h.

Onk (*djebel*), montagne de l'Algérie orientale. Phosphates.

Onnaing (59264), comm. du Nord (arr. de Valenciennes); 9 673 h. Houille. Métallurgie.

onomastique [ɔnɔmastik] adj. (du gr. *onoma,* nom). Relatif aux noms propres : *index onomastique.* || — N. f. Etude des noms propres.

onomatopée [ɔnɔmatɔpe] n. f. (gr. *onomatopoiia,* création de mot). Mot dont le son imite celui de l'objet qu'il représente, comme *glouglou, cliquetis,* etc. || Formation de ces mots.

onques adv. Autre forme de ONC.

onglets

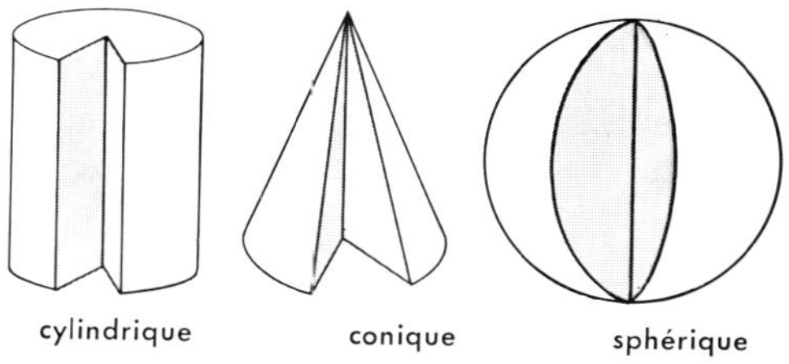

Ontario (*lac*), le plus oriental des Grands Lacs, entre le Canada et les Etats-Unis, communiquant avec le lac Erié par le Niagara et se déversant dans le Saint-Laurent. D'une longueur de 300 km, d'une largeur maximale de 90 km, il a une superficie de 18 800 km². Sur ses rives sont établis Toronto et Hamilton au Canada.

Ontario, prov. du Canada, à l'ouest du Québec; 1 068 400 km²; 6 961 000 h. Cap. *Toronto.* La province est la plus peuplée et la plus riche du Canada, dont elle possède la capitale fédérale Ottawa. Entre la baie d'Hudson et les Grands Lacs, l'Ontario, en dehors de son extrémité sud-est, partie du Canada laurentien (plaines sédimentaires du Saint-Laurent), appartient au bouclier canadien. Le socle précambrien, affleurant largement, a été affecté par l'érosion glaciaire, qui y explique la présence de lacs, nombreux surtout dans le Nord-Ouest. Le climat est nettement continental et devient de plus en plus rude du sud-est au nord-ouest. A Toronto, quatre mois ont une moyenne thermique inférieure à 0 °C (20 °C en juillet). A Fort-Severn (sur la baie d'Hudson), sept mois ont une moyenne thermique inférieure à 0 °C. Les précipitations, de l'ordre de 800 mm à Toronto, sont inférieures à 500 mm en bordure de la baie d'Hudson. Cette bordure est le domaine de la toundra, qui cède rapidement la place à la forêt de conifères, mêlée de feuillus dans le Sud-Est.
Les conditions naturelles et l'histoire expliquent la concentration de la population dans le Sud-Est, site des principales villes : Toronto, Ottawa, Hamilton, London, Windsor, Kingston, Sarnia, etc. C'est là que se localisent les cultures et l'élevage, et surtout les industries (métallurgie lourde et de transformation, chimie, etc.), implantées dans les villes cités et bénéficiant de la proximité des Etats-Unis. L'Ontario du bouclier a été longtemps délaissé. La voie ferrée l'a désenclavé. A l'exploitation forestière (scieries, papier) se sont ajoutés les aménagements hydrauliques, favorisés par le relief, et surtout les activités minières : nickel, platine, or, cuivre, etc.

ontogenèse [ɔ̃tɔʒənɛz] ou **ontogénie** [-ʒeni] n. f. (gr. *ôn, ontos,* être, et *genesis,* génération). Série de transformations subies par l'individu depuis la fécondation de l'œuf jusqu'à l'être parfait.

ontologie n. f. (gr. *ôn, ontos,* être, et *logos,* science). *Philos.* Connaissance de ce qui est, de l'être en soi : *l'ontologie se confond avec la métaphysique.*

ontologique adj. Relatif à l'ontologie. ● *Preuve ontologique,* preuve classique de l'existence de Dieu, consistant, après avoir posé Dieu comme parfait, à soutenir que, s'il lui manquait l'existence, il ne serait pas parfait, donc qu'il existe. (Cette preuve a été utilisée en particulier par saint Anselme et par Descartes. Elle a été critiquée par Kant, qui y voit un sophisme.)

ontologiquement adv. Du point de vue ontologique.

ontologisme n. m. Raisonnement fondé sur l'ontologie.

O. N. U., sigle de *Organisation* des Nations unies.*

onusien [ɔnyzjɛ̃], **enne** [-ɛn] adj. *Fam.* Relatif à l'O. N. U. : *la solution onusienne d'un conflit.*

onychomycose [ɔnikɔmikoz] n. f. Affection des ongles due à un champignon parasite.

onychophagie [ɔnikɔfaʒi] n. f. (gr. *onux, onukhos,* ongle, et *phagein,* manger). Habitude de se ronger les ongles.

onyx [ɔniks] n. m. (gr. *onux,* ongle [à cause de sa transparence]). Calcédoine noire unie.

onyxis [ɔniksis] n. m. (gr. *onux,* ongle). Inflammation d'un ongle, due à une infection ou à une mycose.

onzain n. m. Strophe de onze vers : *onzain de Lamartine, de Musset.*

onze [ɔ̃z] adj. num. (lat. *undecim*). Nombre qui suit dix dans la suite naturelle des entiers. || Onzième : *Louis onze.* || — N. m. *le onze du mois.* || *Sports.* Equipe de onze joueurs au football. || Chiffre représentant le nombre onze. (On dit : *le* onze.)

onzième adj. num. ord. Qui occupe le rang marqué par le nombre onze. || — N. : *être le, la onzième.* || — N. m. Fraction d'une grandeur obtenue par division par onze. (On dit : *le* onzième, et non *l'*onzième.)

onzièmement adv. En onzième lieu.

Oô (*lac d'*), lac des Pyrénées, formé par la *Neste d'Oô.*

oogone [ɔɔgɔn] n. f. (gr. *ôon,* œuf, et *gonê,* génération). *Bot.* Organe dans lequel se forment les oosphères, chez les algues et certains champignons.

oolithe ou **oolite** n. f. (gr. *ôon,* œuf, et *lithos,* pierre). *Géol.* Corps sphérique d'environ 1 mm, fait d'enveloppes minérales concentriques.

oolithique adj. Qui contient des oolithes : *calcaire oolithique.*

Oort (Jan Hendrik), astronome néerlandais, né à Franeker en 1900. Ses travaux se rapportent surtout à la Galaxie, dont il mit en évidence le mouvement général de rotation (1927), dont il détermina le potentiel, et par là même la masse, et dont enfin il découvrit la structure spirale (1952) à l'aide de la raie d'émission de l'hydrogène.

oosphère n. f. (gr. *ôon,* œuf, et *sphaira,* sphère). Gamète femelle mûr et fécondable des plantes à graines qui deviendra l'*œuf plantule* par fécondation.
— ENCYCL. L'*oosphère* ne se forme en règle générale qu'à la troisième génération cellulaire qui suit la méiose, parmi d'autres cellules haploïdes qui constituent les antipodes, les synergides et les éléments du noyau secondaire du sac embryonnaire. Il arrive qu'elle se développe par parthénogenèse ou qu'une synergide se développe à son côté à la suite de la fécondation (mimosa). La segmentation de l'oosphère donne non seulement un embryon, mais aussi un *suspenseur,* dont le rôle est d'enfoncer l'embryon dans le nucelle pour favoriser sa nutrition.

Oostkamp, comm. de Belgique (Flandre-Occidentale); 8 600 h. Constructions électriques.

oothèque n. f. (gr. *ôon,* œuf, et *thêkê,* lieu où l'on place). Coque dans laquelle sont renfermés les œufs des insectes orthoptères.

O. P. A., sigle de OFFRE* PUBLIQUE D'ACHAT.

opacifier v. t. Rendre opaque.

opacimétrie n. f. Mesure de l'opacité de certaines substances.

opacité [ɔpasite] n. f. (du lat. *opacus,* touffu). Etat de ce qui est opaque. || Ombre épaisse.

opale [ɔpal] n. f. (lat. *opalus*). Pierre fine, à reflets changeants, qui est une variété de silice hydratée : *une superstition regrettable attribue à l'opale une influence maléfique.* || — Adj. inv. De la couleur de l'opale : *pierres opale.*

Opale (*Côte d'*), nom touristique du littoral français, entre Le Tréport et la frontière belge.

opalescence [-lɛsɑ̃s] n. f. Reflet opalin.

lac **Ontario**
le pont basculant à l'entrée du port de Hamilton

Phot. ambassade du Canada.

opalescent, e adj. Qui prend une teinte d'opale : *liquide opalescent.*

opalin [-lɛ̃], **e** [-in] adj. Qui a la teinte laiteuse et les reflets irisés de l'opale.

opaline n. f. Ouvrage de verre dont la matière imite celle de l'opale.

opalisation n. f. Action d'opaliser. ‖ Teinte opaline.

opalisé, e adj. Qui a l'apparence de l'opale.

opaque [ɔpak] adj. (lat. *opacus,* touffu). Qui n'est pas transparent, qui ne se laisse pas traverser par la lumière, par d'autres radiations : *corps opaque.* (Contr. : DIAPHANE, TRANSLUCIDE, TRANSPARENT.) ● *Opaque à quelque chose,* qui s'oppose au passage de cette chose : *ce corps est opaque aux rayons X.*

op'art n. m. (abrév. de l'angl. *Optical art,* signif. *art optique*). Forme d'art utilisant le graphisme géométrique, la couleur, éventuellement la lumière artificielle et le mouvement (réel ou apparent) pour créer, à travers certaines « illusions d'optique », de nouveaux types de perception dynamique et spatiale. En France les maîtres de cette tendance sont les artistes d'origine hongroise Victor Vasarely (né en 1908) et Nicolas Schöffer (né en 1912). Dénomination voisine : *art cinétique.*

Opava, en allem. **Troppau,** v. de Tchécoslovaquie ; 43 000 h. Textiles.

ope [ɔp] n. m. ou f. (lat. *opa*). Trou ménagé dans un mur pour recevoir une poutre, un boulin. ‖ Trou d'évacuation pour la fumée.

openfield [ɔpɛnfild] n. m. Mot anglais signif. *champ ouvert.* (V. CAMPAGNE.)

opéra [ɔpera] n. m. (ital. *opera,* œuvre). *Mus.* Composition dramatique sans dialogue parlé, faite d'une ouverture orchestrale, d'airs, de duos, de trios, de chœurs, de récitatifs et de morceaux symphoniques, souvent mêlée de danses. (V. *encycl.*) ‖ Lieu où se joue l'opéra. ‖ Pl. des *opéras.* ● *Opéra bouffe* (en ital. *opera buffa*), opéra de caractère comique, entièrement chanté et d'un style très animé. (Il a été créé par les Italiens au XVIIIe s. Y ont excellé Pergolèse, Paisiello et Cimarosa, et, au XIXe s., Rossini.) ‖ *Opéra sérieux* ou *grand opéra,* celui dans lequel l'action est tragique.

— ENCYCL. Les origines de l'*opéra* doivent être recherchées dans les intermèdes chantés et dansés, les mascarades et les pastorales qui étaient données en Italie, notamment au Moyen Age. A la fin du XVIe s. et au début du XVIIe, à Venise autant qu'à Florence (académie du comte Bardi), des musiciens et des chanteurs créent le style « représentatif », que reprendra, dans *Orfeo,* Monteverdi en 1607. Récitatifs, airs et chœurs constitueront tour à tour les éléments essentiels de l'opéra italien (Cavalli, Cesti) ou des tragédies lyriques créées en France par l'Italien Lully. A la récitation déclamée, Campra, dans un opéra-ballet (v. ce mot), oppose une forme plus nuancée, plus souple, en laquelle la vocalise et la danse tiennent une place de plus en plus grande. En marge de ses tragédies lyriques et de ses pièces comiques, Rameau excelle en ce genre de l'opéra-ballet. Gluck, qui a longtemps servi l'opéra de type italien, avec ses récitatifs et ses airs à vocalises, vient porter en France sa grande réforme de l'opéra, qui tend à unifier l'action, à simplifier et à rendre plus expressive la musique. Mozart hésite entre l'opéra-comique des Français et l'*opera seria* des Italiens, en des œuvres célèbres, où le *recitativo secco* alterne avec de grands airs à *da capo* ou sans *da capo.* Avec *la Flûte enchantée,* bientôt suivie du *Fidelio* de Beethoven, l'opéra allemand se trouve créé. Les types du grand opéra et de l'opéra* bouffe, d'essence italienne, connaîtront des heures de gloire en Italie et en France, alors que Weber confirme les bases définitives de l'opéra germanique. Wagner recherche l'unité de la parole, du geste et de la musique en utilisant la mélodie continue soutenue par un puissant orchestre et en érigeant en dogme le système du *leitmotiv*.* Désormais, l'opéra poursuit sa route. Il est représenté en France par de vastes fresques comme *les Troyens* de Berlioz ou les œuvres de Meyerbeer, par des drames de demi-caractère comme *Faust* et *Carmen,* en Italie et en Russie par de grands spectacles historiques comme *Othello* et *Boris Godounov.* Après la mort de Wagner, l'opéra allemand est représenté par R. Strauss. En Italie, le genre fleurit sous une forme *vériste* avec Mascagni, Leoncavallo et surtout Puccini. En France, après les opéras de Gounod, de Saint-Saëns et de Lalo, l'opéra sera représenté par diverses tendances : les unes se ressentent de l'influence wagnérienne (V. d'Indy), les autres de l'influence naturaliste (Bruneau, G. Charpentier). A côté de l'effort un peu conventionnel de Massenet, les compositeurs Debussy, Dukas et Fauré sonnent le renouveau de l'opéra français. Après les partitions de Milhaud, d'Honegger et de Prokofiev, le *Wozzeck* de A. Berg est à l'origine d'un opéra expressionniste.

Opéra de quat' sous (*l'*), pièce de Bertolt Brecht (1928), musique de Kurt Weill, qui s'inspire de *l'Opéra du gueux* (*The Beggar's Opera*) de John Gay (1728). — Sous ce titre Brecht a également écrit le scénario d'un film de G. W. Pabst (1931), qui comportait deux versions, allemande et française.

Opéra (*théâtre de l'*), monument construit à Paris de 1862 à 1875 par Charles Garnier, caractéristique du goût du second Empire. Nouveau plafond de la salle peint par Chagall* (1964).

opéra-ballet n. m. Œuvre dramatique composée de chants et de danses. (Si l'idée générale de l'œuvre est énoncée dans le titre et exposée dans le prologue, chaque acte met en scène des actions différentes.) [V. BALLET et OPÉRA.] ‖ Pl. des *opéras-ballets.*

opérable adj. Qui peut être opéré.

opéra-comique n. m. Pièce dans laquelle se mêlent des passages parlés et des épisodes chantés. ‖ Pl. des *opéras-comiques.*

— ENCYCL. L'*opéra-comique* est né en France au début du XVIIIe s., dans les spectacles des foires Saint-Germain et Saint-Laurent, à l'occasion de pièces parodiques mêlées de chants, de danses et de symphonies. Illustré par Philidor, Monsigny et Grétry à la fin du siècle, il a été servi, au XIXe s., par Auber, Hérold et Gounod, et il s'est annexé certaines scènes d'esprit dramatique avec Offenbach (*les Contes d'Hoffmann*), Bizet (*Carmen*); Massenet (*Don Quichotte*), quitte à se confondre parfois avec l'opéra. Mais, au XIXe comme au XXe s., il garde son caractère traditionnel avec Verdi (*Falstaff*), Chabrier (*le Roi malgré lui*), Rabaud (*Mârouf, savetier du Caire*), L. Aubert (*la Forêt bleue*), Messager (*la Basoche*).

Opéra-Comique (*théâtre de l'*), à Paris, construit par Bernier (1898) sur l'emplacement de la salle Favart, incendiée en 1887.

opérateur n. m. *Math.* Symbole d'une opération mathématique à effectuer sur l'être mathématique (nombre, fonction, vecteur, etc.) qui se trouve indiqué à sa droite. (Outre les opérations simples, les opérateurs peuvent porter sur d'autres opérateurs.) ‖ Organe d'un calculateur effectuant une opération arithmétique ou logique. ● *Opérateur propositionnel* (Log.), opérateur qui, à tout groupe de propositions (arguments de l'opérateur), fait correspondre une proposition et une seule.

opérateur, trice n. Personne qui fait des opérations de chirurgie, de physique. ‖ Personne qui fait fonctionner des appareils : *un opérateur de cinéma.*

opération n. f. (lat. *operatio*). Action d'un pouvoir, d'une faculté, d'un agent qui produit son effet : *opération de l'entendement ; opération chimique.* ‖ Ensemble des moyens que l'on combine pour en obtenir un résultat : *une opération financière.* ‖ Intervention pratiquée par le chirurgien sur un malade ou un blessé. (V. *encycl.*) ‖ *Math.* Combinaison effectuée sur des êtres mathématiques suivant des règles données, et admettant comme résultat un être mathématique bien déterminé. ‖ *Mil.* Ensemble des combats et des manœuvres de toutes sortes exécutés par des forces terrestres, navales ou aériennes dans une région déterminée ou en vue d'un objectif précis. ● *Opération de Bourse,* action d'acheter ou de vendre en Bourse des valeurs mobilières ou des marchandises. ‖ *Par l'opération du Saint-Esprit* (Fam. et ironiq.), par un moyen mystérieux.

— ENCYCL. *Chirurg.* L'*opération* chirurgicale vise soit à rétablir des formes anatomiques en cas de malformation ou de traumatisme, soit à extirper une tumeur ou un corps étranger, soit à limiter les conséquences d'une infection, soit encore à rétablir ou à freiner les fonctions d'un organe. Les instruments et installations nécessaires à une opération varient suivant les cas (salle et table d'opération, salles de stérilisation, matériel d'anesthésie, etc.). Dans tous les cas, l'asepsie doit être respectée au niveau du champ opératoire, des mains du chirurgien, des instruments et des pansements. La surveillance et les soins pré- et postopératoires adéquats donnent au chirurgien la possibilité d'opérer dans les meilleures conditions pour la sécurité du malade.

opérationnel, elle adj. Qui permet d'effectuer dans la meilleure manière certaines opérations. ‖ Relatif aux opérations militaires ou à l'aspect spécifiquement militaire de la stratégie. ● *Recherche opérationnelle* (Stat.), méthode d'analyse scientifique orientée vers la recherche de la meilleure façon de prendre des décisions pour aboutir aux meilleurs résultats. (Dans l'étude des problèmes généraux concernant l'activité économique, la recherche opérationnelle permet de tenir compte des nombreux facteurs à considérer et doit, pour cela, disposer de moyens de calculs extrêmement puissants. Une vaste série de problèmes ont été résolus par l'emploi du calcul des probabilités, en particulier l'ensemble des problèmes des « files d'attente ».)

Max **Ophuls**
Peter Ustinov et Martine Carol
dans une scène de « Lola Montès »

opérationnisme n. m. (amér. *operationism*). Tendance de certains psychologues américains qui conçoivent la psychologie comme l'étude des seules opérations du comportement, en négligeant les données non extériorisées de la conscience (Stevens, Boring, Skinner).

opératoire adj. Qui a rapport aux opérations chirurgicales : *médecine opératoire.* ● *Bloc opératoire,* ensemble de locaux permettant la pratique des opérations chirurgicales et comprenant habituellement des salles d'opération, de stérilisation, d'anesthésie et de réanimation, et une installation radiologique.

operculaire adj. Qui fait office d'opercule : *valve operculaire.*

opercule [ɔpɛrkyl] n. m. (lat. *operculum,* couvercle). Mince couvercle qui ferme les cellules des abeilles. ‖ Partie qui sert de couvercle à l'urne des mousses. ‖ Pièce paire qui recouvre les branchies chez les poissons osseux. ‖ Pièce cornée qui sert aux mollusques gastropodes à clore leur coquille.

operculé, e adj. Muni d'un opercule : *coquille operculée.*

opéré, e adj. et n. Se dit d'une personne qui a subi une opération chirurgicale.

opérer [ɔpere] v. t. (lat. *operari,* travailler) [conj. **5**]. Produire un certain effet; faire, accomplir : *opérer des miracles.* ‖ Faire une opération de calcul, de chimie : *opérer une addition, un mélange.* ‖ Soumettre à une intervention chirurgicale : *opérer un malade.* ‖ *Absol.* Produire un effet, agir : *le remède commence à opérer.*

opérette [ɔperɛt] n. f. Genre léger dérivé de l'opéra bouffe, avec couplets chantés qui alternent avec le parlé. (Elle a pris naissance avec Hervé, Lecocq et Offenbach. En France, elle a été illustrée notamment par Planquette, Terrasse, Christiné et Yvain ; à Vienne, elle l'a été par les Strauss et Franz Lehar.) [V. COMÉDIE *musicale.*]

Ophélie, personnage d'*Hamlet,* de Shakespeare. Amoureuse d'Hamlet, elle perd la raison lorsqu'il tue son père, et se noie.

ophicléide [ɔfikleid] n. m. (gr. *ophis,* serpent, et *kleis,* clef). Instrument de musique en cuivre, à vent et à clefs, tombé aujourd'hui en désuétude.

ophidiens [ɔfidjɛ̃] n. m. pl. (du gr. *ophis,* serpent). V. SERPENT.

ophioglosse [ɔfjɔglɔs] n. m. Fougère des prairies humides, appelée usuellement *langue-de-serpent.*

ophiolâtrie n. f. (gr. *ophis,* serpent, et *latreia,* adoration). Culte des serpents : *l'ophiolâtrie existait dans l'Inde.*

ophiologie ou **ophiographie** n. f. Description des serpents.

Ophir, contrée indéterminée de l'Orient, où Salomon envoyait chercher de l'or.

ophite [ɔfit] n. (du gr. *ophis,* serpent). Membre d'une secte de gnostiques du IIe s., qui faisait du serpent le messager apportant la connaissance salvatrice.

ophiure [ɔfjyr] n. f. (du gr. *ophis,* serpent). Animal marin ayant l'aspect d'une étoile de mer, mais à bras longs, grêles et souples. (Embranchement des échinodermes.)

ophrys [ɔfris] n. m. Orchidacée dont les fleurs ressemblent à divers insectes (abeilles, papillons, etc.).

ophtalmie [ɔftalmi] n. f. (du gr. *ophthalmos,* œil). Affection inflammatoire de l'œil et de ses annexes.

ophtalmique adj. Qui concerne les yeux.

ophtalmologie [ɔftalmɔlɔʒi] n. f. Spécialité médicale dont l'objet est le traitement des affections de l'œil et de ses annexes, et la correction des troubles de la vision.

ophtalmologique adj. Relatif à l'ophtalmologie : *soins ophtalmologiques.*

ophtalmologiste ou **ophtalmologue** n. Médecin spécialisé en ophtalmologie. (Syn. OCULISTE.)

ophtalmomètre n. m. Instrument qui sert à mesurer les différentes courbures de la cornée.

ophtalmoscope n. m. (gr. *ophthalmos,* œil, et *skopein,* examiner). Instrument qui sert à examiner le « fond d'œil » (rétine et choroïde). [L'ophtalmoscope peut être soit un simple miroir percé d'un trou en son milieu, avec lequel l'observateur fait converger dans l'œil du sujet à examiner la lumière d'une source placée à côté, soit un appareil électrique muni d'une source lumineuse incorporée.]

ophtalmoscopie n. f. Examen de l'intérieur de l'œil sur le vivant, avec l'ophtalmoscope, par la pupille.

Ophuls (Max OPPENHEIMER, dit **Max**), metteur en scène de cinéma français d'origine allemande, né à Sarrebruck (1902-1957). Il est l'auteur de : *Liebelei* (1932), *la Ronde* (1950), *le Plaisir* (1951), *Lola Montès* (1955).

opiacé [ɔpjase], **e** adj. Qui contient de l'opium : *médicament opiacé.*

opilions [ɔpiljɔ̃] n. m. pl. Ordre d'arachnides appelés usuellement *faucheux* ou *faucheurs.*

opimes [ɔpim] adj. f. pl. (du lat. *opimus,* riche). *Dépouilles opimes,* armes du général ennemi, tué et dépouillé de la propre main du général romain.

Phot. Gamma-Films.

Opimius (Lucius) [m. v. 100 av. J.-C.], consul romain en 121 av. J.-C., adversaire de Caius Gracchus, au meurtre duquel il contribua.

opiner [ɔpine] v. i. (lat. *opinari*). Dire son avis sur un sujet en délibération. ● *Opiner du bonnet* (Fam.), être toujours de l'avis des autres (comme le faisaient jadis, dans une délibération, certains juges qui se contentaient de lever leur bonnet en signe d'assentiment).

opiniâtre [ɔpinjɑtr] adj. Qui est tenace dans ses opinions, dans ses résolutions : *esprit opiniâtre*. ‖ Où il y a de la persévérance, de l'obstination, de l'acharnement : *travail, haine, combat opiniâtre*. ‖ Qui résiste aux remèdes : *fièvre, rhume opiniâtre*.

opiniâtrement adv. Avec opiniâtreté.

opiniâtrer (s') v. pr. S'obstiner fortement, s'entêter : *s'opiniâtrer dans son erreur*.

opiniâtreté n. f. Volonté tenace, fermeté, constance : *travailler avec opiniâtreté*. (Syn. : ACHARNEMENT, ENTÊTEMENT, OBSTINATION, TÉNACITÉ.)

opinion [ɔpinjɔ̃] n. f. (lat. *opinio*). Avis, manière de penser : *donner son opinion*. ‖ Manière de penser sur un sujet particulier : *chacun est libre de ses opinions*. ‖ Jugement que l'on porte sur une personne ou sur une chose : *avoir bonne, mauvaise opinion de soi, d'une affaire*. ● *L'opinion publique* ou, absol., *l'opinion*, ce que pense le public. ‖ *Partage d'opinions*, situation d'un tribunal au sein duquel aucun avis n'est majoritaire. ‖ *Sondage d'opinion*, enquête effectuée auprès d'un petit groupe de personnes considérées comme représentatives de l'opinion publique tout entière. (Les méthodes aujourd'hui les plus fréquentes font de l'*opinion* un ensemble fini d'attitudes [idéologiques, commerciales, etc.], à chacune desquelles correspond un pourcentage.)

opiomane [ɔpjɔman] adj. et n. Adonné à l'opium.

opiomanie n. f. Comportement de l'opiomane.

opisthobranches [ɔpistɔbrɑ̃ʃ] n. m. pl. (gr. *opisthe*, de derrière, et *branche*). Sous-classe de mollusques gastropodes comprenant des formes marines à branchie orientée vers l'arrière ou sur le côté. (Ex. : *doris*.)

opisthodome [-dɔm] n. m. (gr. *opisthe*, de derrière, et *domos*, maison). Partie postérieure d'un temple.

Opitz (Martin), poète allemand, né à Bunzlau (Silésie) [1597-1639]. Il réforma la métrique et substitua aux lois du nombre des syllabes un vers fondé sur l'accentuation (*le Livre de la poésie allemande*, 1624).

opium [ɔpjɔm] n. m. (mot lat.; du gr. *opion*, suc de pavot). Latex séché, extrait des capsules mûres de diverses variétés de pavot somnifère. (V. *encycl.*) ‖ *Fig.* Cause d'assoupissement moral.
— ENCYCL. L'*opium* doit ses propriétés aux alcaloïdes qu'il contient (morphine, codéine, papavérine, narcotine, etc.); on le mâche et on le fume en Orient; il provoque une euphorie, suivie d'un sommeil onirique, mais son usage répété conduit à un état de déchéance physique et intellectuelle qui en fait un poison. En thérapeutique, l'opium est employé en usage interne sous forme de poudre, de solution, d'extrait ou de teinture d'opium contre la douleur et la diarrhée, et en usage externe sous forme de laudanum.

Opium (*guerre de l'*). On a donné ce nom aux hostilités qui éclatèrent entre la Chine et l'Angleterre en 1839, la Chine ayant interdit à la Compagnie des Indes l'entrée de l'opium. Le traité de Nankin (1842) mit fin à cette guerre.

Opole, en allem. **Oppeln,** v. de Pologne, sur l'Odra; 78 000 h. Cimenterie. Textiles.

opopanax [ɔpɔpanaks] ou **opoponax** [ɔpɔpɔnaks] n. m. (gr. *opos*, suc, et *panax*, nom de plante). Ombellifère des régions chaudes d'Europe et d'Asie, employée en pharmacie pour la confection de certains baumes. ‖ Parfum fabriqué avec la gomme-résine de l'opopanax.

opossum [ɔpɔsɔm] n. m. (algonquin *oposon*). Mammifère d'Amérique, de la sous-classe des marsupiaux, recherché pour sa fourrure. (Long. 55 cm, sans la queue; groupe des sarigues.)

opothérapie [ɔpɔterapi] n. f. (gr. *opos*, suc, et *therapeia*, traitement). Traitement utilisant les sucs extraits de divers organes, notamment des glandes à sécrétion interne.

Oppenheimer (Robert), physicien américain, né à New York (1904-1967). Auteur de travaux sur la théorie quantique de l'atome, il fut nommé en 1943 directeur du centre de recherches de Los Alamos, où fut élaborée la première bombe à uranium.

Oppenordt (Gilles Marie), architecte et ornemaniste français, né à Paris (1672-1742). Elève d'Hardouin-Mansart, il a travaillé à l'église Saint-Sulpice et participé à la décoration du Palais-Royal. Il a contribué à la formation du style rocaille.

oppidum [ɔpidɔm] n. m. (mot lat.). *Antiq.* Fortification romaine située en un lieu élevé.

opportun [ɔpɔrtœ̃], **e** [-yn] adj. (lat. *opportunus*). Favorable; qui arrive à propos : *une circonstance opportune*.

opportunément adv. Avec opportunité.

opportunisme n. m. Attitude de ceux qui préfèrent temporiser pour arriver plus sûrement au but en profitant des circonstances opportunes.

opportuniste adj. et n. Qui agit selon les circonstances : *pratiquer une politique opportuniste*.

opportunité n. f. Qualité de ce qui est opportun : *opportunité d'une démarche*.

Oppenheimer

opposabilité n. f. *Dr.* Qualité d'un moyen de défense qu'on peut faire valoir en justice contre un adversaire.

opposable adj. Qui peut s'opposer à : *le singe a le pouce opposable aux autres doigts*. ‖ *Dr.* Qu'on peut opposer à quelqu'un : *moyen de défense opposable*.

opposant, e adj. et n. Qui s'oppose. ‖ Qui est un membre de l'opposition, en régime parlementaire.

opposé, e adj. Placé vis-à-vis : *rives opposées*. ‖ Contraire, de nature différente : *intérêts opposés*. (Syn. : ADVERSE, ANTAGONISTE, CONTRADICTOIRE, INVERSE.) ‖ *Bot.* Se dit de feuilles insérées par deux au même nœud, comme chez l'ortie. ● *Angles opposés par le sommet*, angles tels que les côtés de l'un sont les prolongements des côtés de l'autre. (V. illustr. ANGLES.) ‖ *Nombres opposés* (Math.), nombres algébriques de même valeur absolue, mais de signes différents : *+ 3 et — 3 sont des nombres opposés*.

opposé n. m. Chose directement contraire : *le bien est l'opposé du mal*. ‖ **— A l'opposé de** loc. prép. Au contraire de.

opposer [ɔpoze] v. t. (du lat. *opponere*). Placer une chose de manière qu'elle fasse obstacle à une autre : *opposer une digue aux flots*; et, au *fig.* : *opposer la force à la force*. ‖ Mettre vis-à-vis : *opposer deux motifs d'ornementation*. ‖ *— Fig.* Mettre en parallèle, en contraste : *opposer les Anciens aux Modernes*. ‖ Déployer : *opposer une grande résistance*. ‖ Objecter : *opposer de bonnes raisons*. ‖ **— S'opposer [à]** v. pr. Etre contraire; faire obstacle à : *s'opposer à un mariage*.

opposite n. m. (lat. *oppositus*, opposé). Usité seulement dans la loc. adv. *à l'opposite*, en vis-à-vis.

opposition n. f. (lat. *oppositio*). Empêchement, obstacle : *faire opposition à quelque chose*. ‖ Contraste : *opposition de couleurs*. ‖ *Astron.* Situation de deux corps célestes dont les longitudes géocentriques diffèrent de 180° : *il ne peut y avoir éclipse de Lune que quand la Lune est en opposition avec le Soleil*. ‖ *Dr.* Acte de volonté par lequel une personne empêche légalement l'accomplissement d'un acte : *opposition à mariage, à paiement*. ‖ Recours contre un jugement rendu par défaut ou contre une décision d'un juge. ‖ Action entreprise contre un gouvernement. ‖ Ensemble de ceux qui sont opposés au gouvernement : *les partis de l'opposition*.

oppositionnel, elle adj. et n. Antagonique; qui est dans l'opposition.

oppressant, e adj. Qui oppresse : *une température oppressante*.

opossum

oppresser [ɔprese] v. t. (du lat. *oppressus*, accablé). Presser fortement, gêner la respiration. ‖ *Fig.* Tourmenter : *ce souvenir m'oppresse*.

oppresseur n. m. Celui qui opprime.

oppressif, ive adj. Qui tend à opprimer : *lois oppressives*.

oppression n. f. Action d'oppresser. ‖ Sensation de suffocation, dyspnée. ‖ *Fig.* Action de faire violence par abus d'autorité. ‖ Etat de celui qui est opprimé : *oppression d'un peuple*.

opprimé, e adj. et n. Qu'on opprime.

opprimer [ɔprime] v. t. (lat. *opprimere*). Accabler par violence, par abus d'autorité : *les puissants oppriment les faibles*.

opprobre [ɔprɔbr] n. m. (lat. *opprobrium*). Honte, ignominie : *couvert d'opprobre*. ‖ Etat d'abjection : *vivre dans l'opprobre*. ● *Etre l'opprobre de sa famille*, lui faire honte.

optatif [ɔptatif], **ive** [-iv] adj. (du lat. *optare*, souhaiter). Qui exprime le souhait : *formule optative*.

optatif n. m. Mode du verbe qui exprime le souhait.

opter [ɔpte] v. i. (**pour**) [lat. *optare*, choisir]. Choisir entre plusieurs choses qu'on ne peut faire ou avoir à la fois : *opter pour la solution la plus facile*.

opticien [ɔptisjɛ̃], **enne** [-ɛn] n. et adj. Personne qui vend ou fabrique des instruments d'optique.

optimal [ɔptimal], **e, aux** [-o] adj. Se dit de l'état le plus favorable.

optimaliser v. t. Rendre le meilleur possible.

optimiser v. t. Donner à un investissement, une entreprise, une machine, le rendement maximal.

optimisme [ɔptimism] n. m. (du lat. *optimus*, le meilleur). Attitude de ceux qui prétendent que tout est pour le mieux dans le monde, ou que la somme des biens l'emporte sur celle des maux. ‖ Tendance à voir tout en bien. (Contr. PESSIMISME.)

optimiste adj. et n. Qui est partisan de l'optimisme. ‖ Qui a tendance à voir tout en bien.

optimum [ɔptimɔm] n. m. (mot lat. signif. *le meilleur*). L'état le plus favorable d'une chose : *l'optimum de dimensions d'une entreprise industrielle*. ● *Optimum de population*, densité de la population d'un pays, qui permettrait la meilleure utilisation des ressources naturelles. ‖ Pl. des *optimums*.

option [ɔpsjɔ̃] n. f. (lat. *optio*, choix). Faculté, action d'opter, de choisir entre deux ou plusieurs choses. ‖ *Dr.* Faculté accordée à une personne, par la loi ou par un contrat, de choisir entre plusieurs situations juridiques : *avoir une option sur un terrain*. ● *Levée d'option*, conclusion d'un contrat pour lequel existait une option.

optionnel, elle adj. Qui donne lieu à un choix, à une option : *des crédits optionnels*.

optique [ɔptik] adj. (gr. *optikê tekhnê*, art de la vision). Qui a rapport à la vision : *apparence optique*. ‖ Qui appartient à l'œil. ● *Angle optique* ou *angle de vision*, angle ayant son sommet à l'œil de l'observateur et dont les côtés passent par les extrémités de l'objet considéré. ‖ *Couches optiques*, v. THALAMUS. ‖ *Nerf optique*, nerf de la vision qui naît dans la rétine, s'entrecroise partiellement au niveau du chiasma avec celui du côté opposé et se termine dans le thalamus et le tubercule quadrijumeau antérieur. ‖ *Voies optiques*, ensemble des fibres nerveuses qui conduisent les impressions visuelles de la rétine au cortex occipital.

optique n. f. Partie de la physique qui traite des propriétés de la lumière et de la vision. (V. *encycl.*) ‖ *Fam.* Manière de juger particulière, point de vue : *avoir une certaine optique sur quelque chose*. ● *Instruments d'optique*, v. page suivante.
— ENCYCL. L'*optique géométrique* est une étude des propriétés de la lumière, à partir de principes fondamentaux (propagation rectiligne, lois de Descartes), par des raisonnements géométriques, sans qu'il soit fait d'hypothèses sur sa nature. L'*optique physique* comporte l'interprétation de ses propriétés par la connaissance de sa nature; elle se divise elle-même en *optique ondulatoire*,

v. illustrations pp. suivantes

la lumière étant considérée comme formée par la vibration d'un champ électromagnétique, et en *optique corpusculaire*, la lumière étant considérée comme formée par des photons, particules d'énergie localisée.

optométrie [ɔptɔmetri] n. f. Partie de l'ophtalmologie qui permet de déterminer et de mesurer les vices de réfraction de l'œil (myopie, hypermétropie, presbytie, astigmatisme, etc.) et de les corriger.

opulence [ɔpylɑ̃s] n. f. Abondance de biens, grande richesse : *vivre dans l'opulence*.

opulent, e adj. (lat. *opulentus*; de *opes*, richesses). Qui est dans l'opulence, très riche.

opuntia [ɔpɔ̃sja] n. m. Plante grasse à rameaux épineux et aplatis en forme de raquette. (Famille des cactacées; noms usuels : *figuier d'Inde, figuier de Barbarie*.)

opus [ɔpys] n. m. (mot lat. signif. *œuvre*). Indication, avec un numéro, désignant un morceau de musique dans l'œuvre d'un compositeur : *l'opus 111 de Beethoven*.

opus incertum [ɔpysɛ̃sɛrtɔm] n. m. *Constr.* Mise en œuvre de grands blocs irréguliers, mais disposés de façon à s'enchâsser sans laisser de vides.

Phot. A. F. P., ambassade d'Australie.

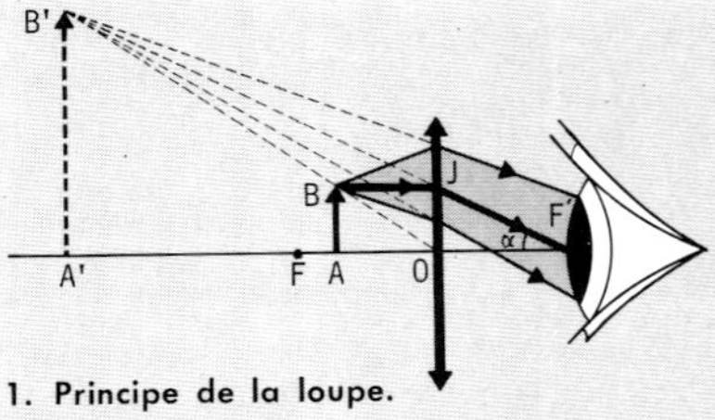

1. Principe de la loupe.

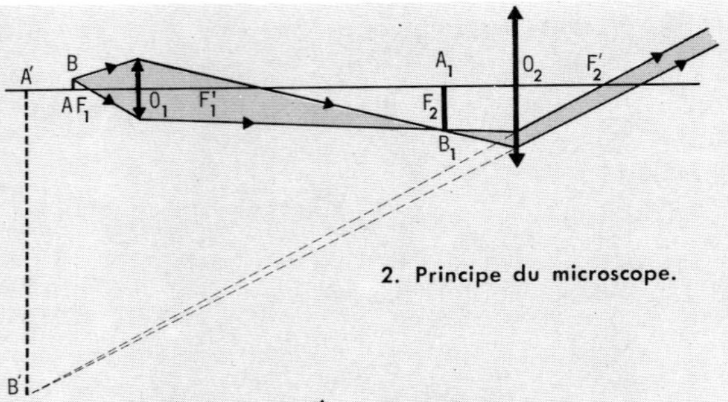

2. Principe du microscope.

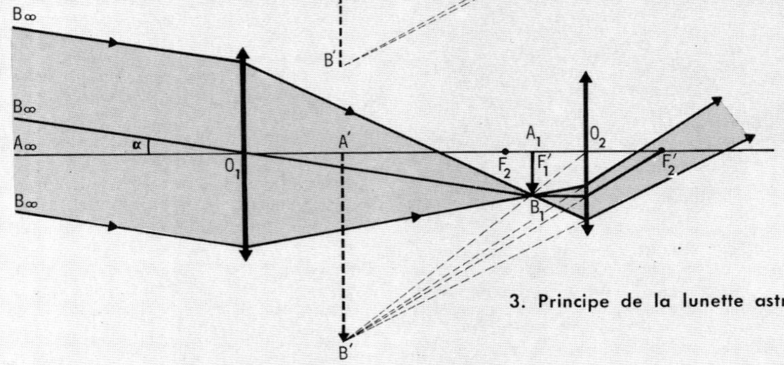

3. Principe de la lunette astronomique.

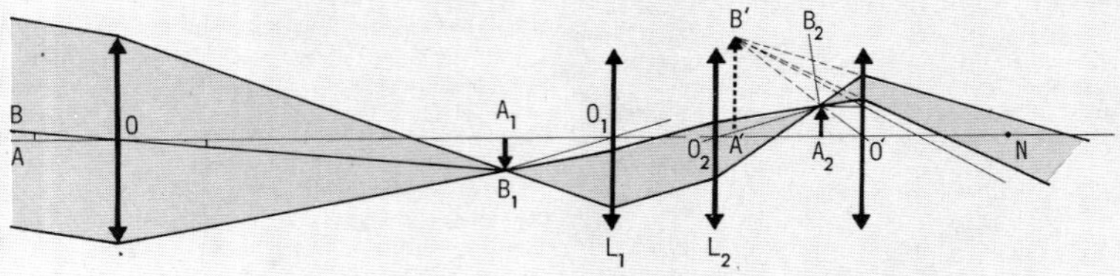

4. Principe de la longue-vue.

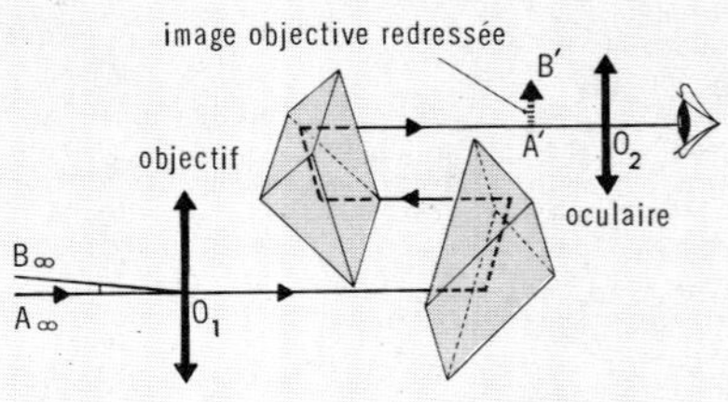

5. Principe d'une lunette à prismes.

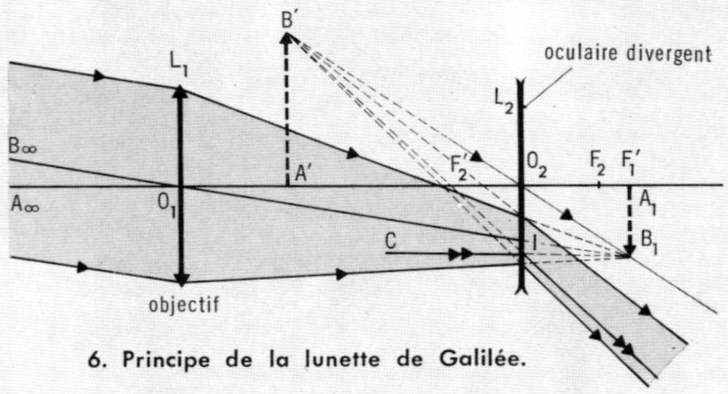

6. Principe de la lunette de Galilée.

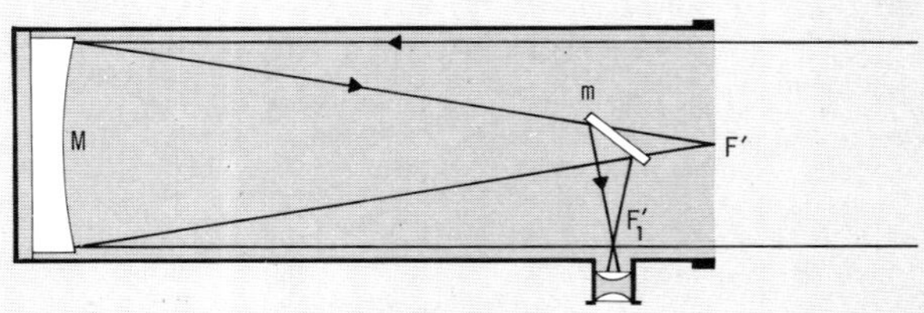

7. Principe du télescope de Newton.

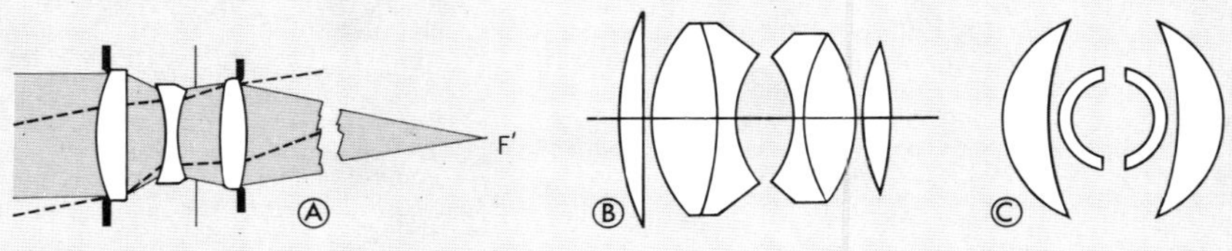

8. Types d'objectifs photographiques : *A*, triplet f/3,5, f' = 5 cm vraie grandeur; *B*, objectif très lumineux f/1,1, échelle 1/2 pour f' = 5 cm; *C*, objectif à très grand champ f/6.

INSTRUMENTS D'OPTIQUE

Les instruments d'optique sont des combinaisons de lentilles, et parfois de miroirs ou de prismes, fournissant des images d'objets divers. On distingue les instruments *subjectifs*, ou *oculaires*, qui donnent des images virtuelles observées à l'œil, et les instruments *objectifs*, ou *projectifs*, qui fournissent des images réelles sur un écran.

Les premiers sont essentiellement destinés à la perception de détails invisibles à l'œil nu, qui ne peut distinguer deux points dont la distance angulaire est inférieure à 1 minute (acuité visuelle). Ils servent à l'examen d'objets petits (loupe, microscope) ou éloignés (lunettes, télescope), dont ils donnent des images vues sous des angles accrus. Leur grossissement est le rapport des angles sous lesquels sont vus l'image et l'objet.

La loupe est le plus souvent une simple lentille convergente de petite distance focale (*fig.* 1).

Le microscope comporte un objectif qui donne du petit objet AB une première image réelle A_1B_1 fortement agrandie, et un oculaire, qui joue le rôle de loupe pour l'examen de cette image (*fig.* 2).

La lunette astronomique comporte un objectif convergent, large et de grande distance focale, qui fournit une image réelle à son foyer, et un oculaire, analogue à celui du microscope (*fig.* 3).

Comme l'image est renversée par rapport à l'objet, elle ne peut pas servir à l'observation d'objets terrestres.

Dans ce cas, on emploie une longue-vue ou une *lunette à prismes*, dérivant de la lunette astronomique par l'adjonction d'un système redresseur, ou véhicule, formé de lentilles ou de prismes à réflexion totale (*fig.* 4 et 5). On utilise aussi la lunette de Galilée, à objectif convergent et oculaire divergent (*fig.* 6).

Le télescope diffère de la lunette astronomique par son objectif, qui est un miroir, en général parabolique, de grandes dimensions (*fig.* 7).

L'objectif photographique est destiné à donner d'un objet plus ou moins éloigné une image réelle formée, dans une chambre noire, sur une couche sensible à la lumière. Contrairement aux instruments précédents, dont les largeurs de champ sont petites, l'objet est très étendu en surface. Pour avoir une image acceptable, il faut diaphragmer fortement le faisceau lumineux (*fig.* 8).

La lanterne de projection fournit d'un petit cliché une image réelle agrandie formée sur un écran. Son optique est analogue à celle d'un objectif photographique que la lumière traverserait dans l'autre sens.

opuscule [ɔpyskyl] n. m. (dimin. du lat. *opus, operis*, ouvrage). Petit ouvrage de science ou de littérature.

Opwijk, comm. de Belgique (Brabant) ; 9 700 h.

or [ɔr] n. m. (lat. *aurum*). Métal précieux, d'une couleur jaune et brillante. (V. *encycl.*) ‖ Monnaie d'or : *être payé en or.* ‖ *Fig.* Richesse : *la soif de l'or.* ● *Affaire, marché d'or,* très avantageux. ‖ *C'est de l'or en barres,* c'est d'une valeur certaine. ‖ *Cœur d'or,* cœur généreux. ‖ *Etre cousu d'or,* être très riche. ‖ *Livre d'or,* recueil contenant les signatures des personnages reçus officiellement. ‖ *Or gris,* alliage d'or, de fer, d'argent et de cuivre. ‖ *Or jaune,* variété d'or dont la teinte est jaune pâle. ‖ *Or rouge,* alliage d'or et de cuivre. ‖ *Payer au poids de l'or,* très cher. ‖ — Adj. inv. *Clause or,* clause d'un contrat selon laquelle l'obligation du débiteur est exprimée en valeur or. ‖ *Valeur or,* valeur d'un objet exprimée en une unité monétaire convertible en or.

— Encycl. L'*or* (Au), de numéro atomique 79, est le plus malléable et le plus ductile de tous les métaux. On peut le réduire en feuilles d'une épaisseur de 1/10 000 de mm. Sa densité est 19,5. Bon conducteur de la chaleur et de l'électricité, il fond à 1 064 °C. Inaltérable à l'air à toute température, il est attaqué par le chlore et le brome, et se dissout dans le mercure. Aucun acide isolé n'agit sur lui, mais il est dissous par l'eau régale, mélange d'acide chlorhydrique et d'acide nitrique.

Les mines d'*or* exploitent soit des roches aurifères en place, généralement des filons dont la teneur est de l'ordre

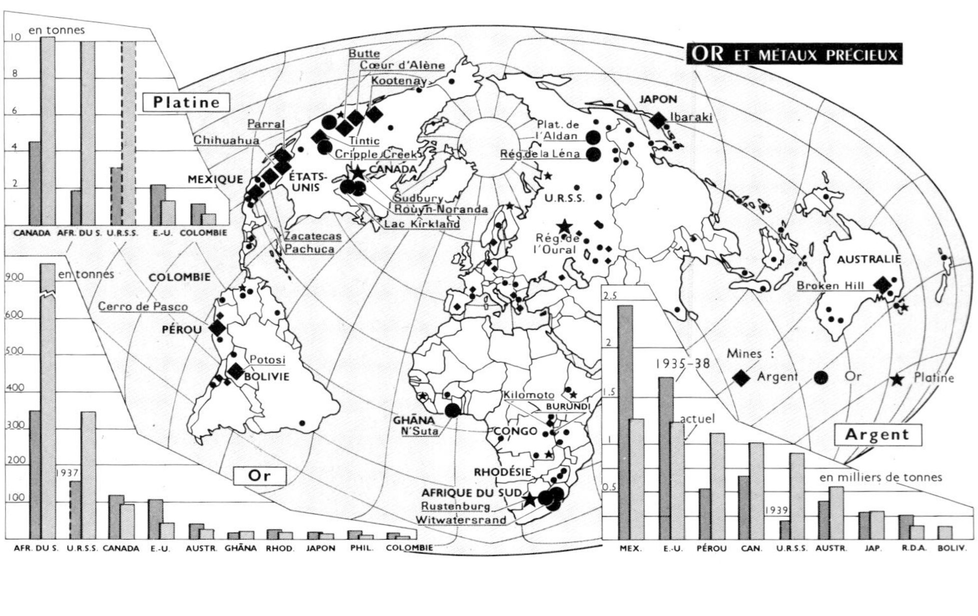

OPTIQUE GÉOMÉTRIQUE

L'optique géométrique, dans laquelle on ne se préoccupe pas de la nature de la lumière, est fondée sur l'application des principes suivants.
1° *Propagation rectiligne.* Dans un milieu transparent, homogène et isotrope, la lumière se propage suivant des rayons rectilignes. On note, en effet, que les faisceaux lumineux sont limités par des droites (*fig.* 1); la théorie des ombres et pénombres est une conséquence de ce principe (*fig.* 2).
2° *Réflexion.* Le rayon réfléchi est dans le plan d'incidence (plan formé par le rayon incident et la normale au point d'incidence). L'angle de réflexion est égal à l'angle d'incidence (*fig.* 3).
3° *Réfraction.* Pour des milieux transparents isotropes, le rayon réfracté est dans le plan d'incidence. Pour une lumière monochromatique, le rapport des sinus de l'angle d'incidence et de l'angle de réfraction a une valeur constante, appelée « indice de réfraction du deuxième milieu par rapport au premier » (loi de Descartes) [*fig.* 4].
De ces principes résultent les propriétés des miroirs et des dioptres plans ou sphériques, comme de leurs associations.
C'et ainsi qu'un miroir plan donne d'un objet une image symétrique (*fig.* 5). La lame à faces parallèles déplace latéralement les rayons lumineux sans les dévier (*fig.* 6). Le prisme de verre dévie les rayons vers sa base. Cette déviation augmentant quand la longueur d'onde diminue, il décompose la lumière blanche en ses diverses radiations (*fig.* 7).
Pour des rayons peu écartés de leur axe et pour des pinceaux lumineux de petite ouverture, les lentilles sphériques transforment les faisceaux monochromatiques homocentriques en faisceaux homocentriques (dont tous les rayons passent par un même point); on dit qu'elles sont stigmatiques; elles fournissent un point image d'un point objet. De même, elles donnent une image rectiligne ou plane d'un petit objet rectiligne ou plan perpendiculaire à l'axe (aplanétisme) [*fig.* 8]. Les lentilles de verre à bords minces (*fig.* 9) sont convergentes (*fig.* 10) : elles transforment un faisceau parallèle en un faisceau convergent. Les lentilles de verre à bords épais (*fig.* 11) sont divergentes (*fig.* 12).
Pour des rayons inclinés sur l'axe ou des faisceaux de grande ouverture, ces propriétés ne sont plus vraies (aberrations géométriques). En outre, en lumière blanche, les images sont irisées (aberrations chromatiques).
Les lentilles, qui servent à corriger les défauts de l'œil, ont leurs principales applications dans les instruments d'optique.

1. Rais de lumière solaire dans une pièce obscure.

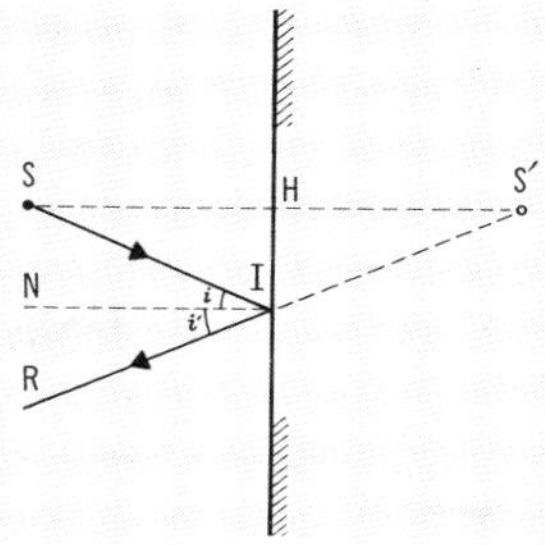

3. Lois de la réflexion.

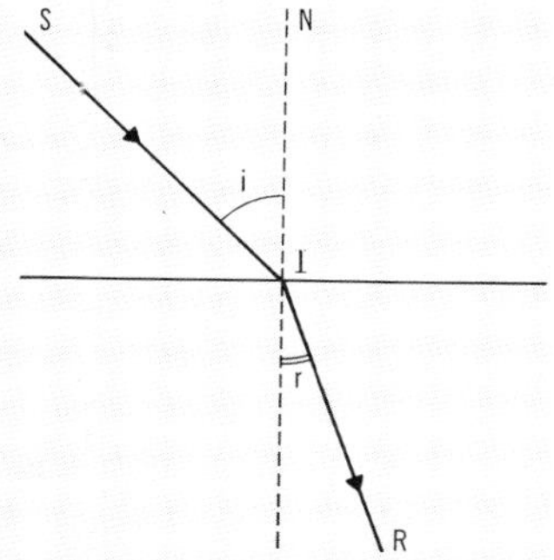

4. Lois de la réfraction.

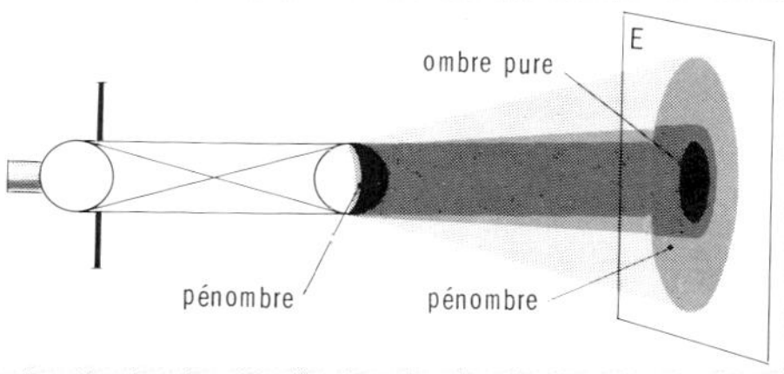

2. Ombre et pénombre dans le cas d'une source étendue.

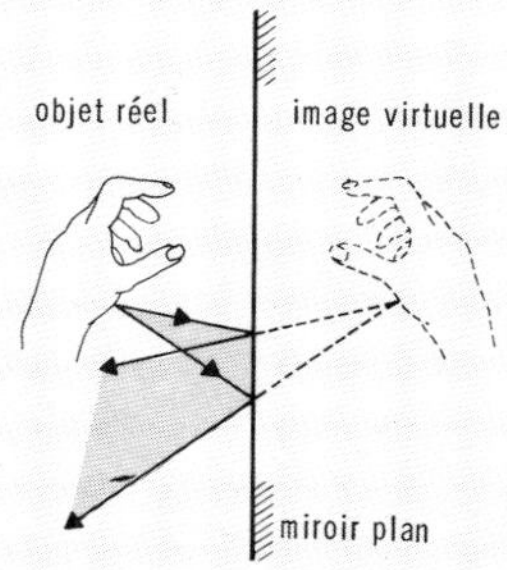

5. Miroir plan. (*L'image d'une main gauche est une main droite.*)

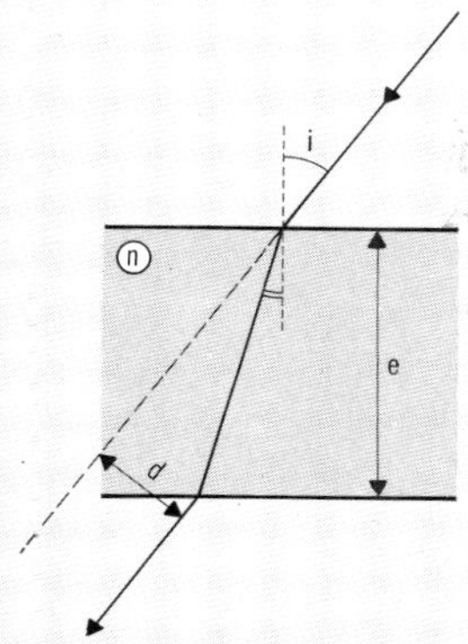

6. Lame à faces parallèles : Le rayon subit un déplacement *d*.

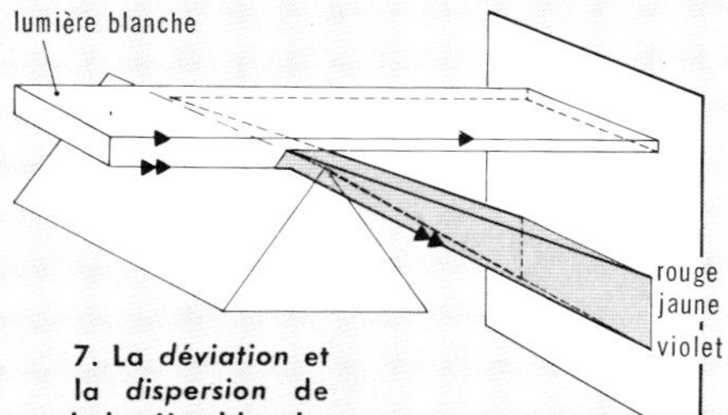

7. La *déviation* et la *dispersion* de la lumière blanche par un prisme.

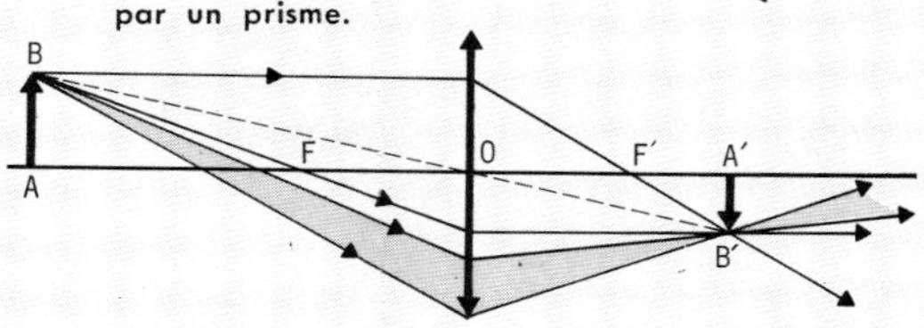

8. Construction de l'image A'B' d'un objet AB dans une lentille convergente O (F et F', foyers).

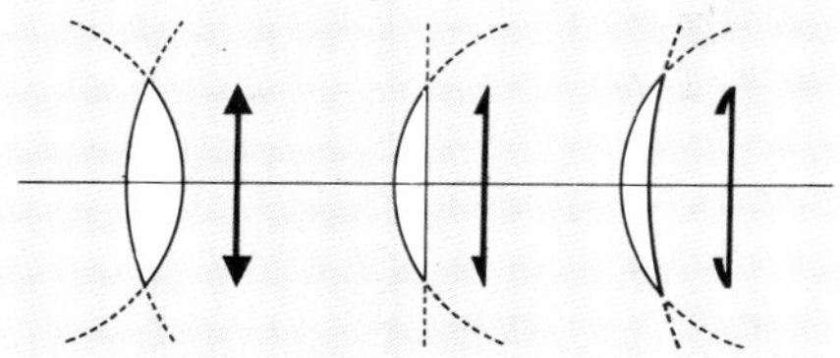

9. Lentilles *convergentes* à bords *minces*.

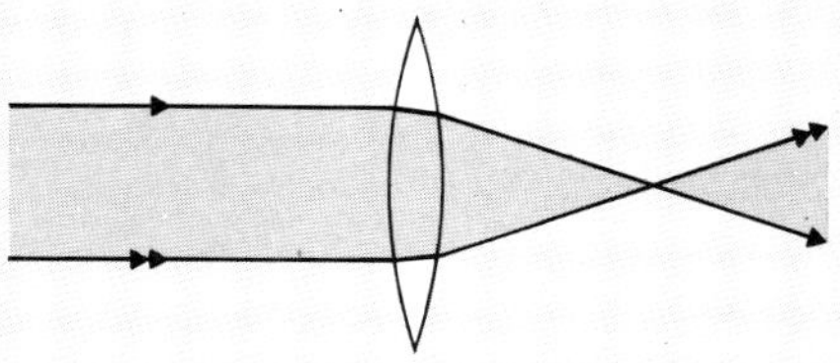

10. Lentille convergente.

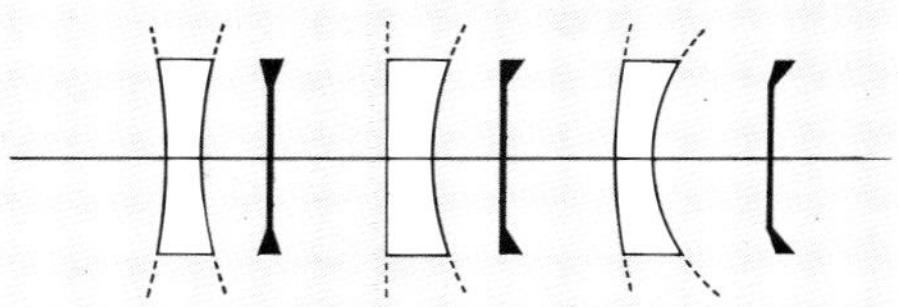

11. Lentilles *divergentes* à bords *épais*.

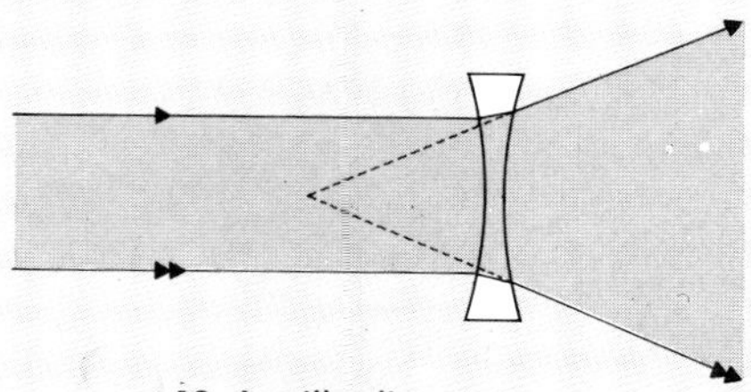

12. Lentille divergente.

de 6 à 12 g d'or par tonne et dont l'exploitation peut descendre à plus de 3 500 m de profondeur (Transvaal, Inde, Brésil), soit des alluvions aurifères, ou placers, dont l'exploitation, par monitors ou par drague flottante, est beaucoup plus facile et peut se concevoir pour des teneurs plus faibles que dans le cas de la roche en place. L'or est également un sous-produit de l'affinage des métaux provenant d'autres mines métalliques, comme celles de cuivre, dont le minerai est un peu aurifère. Par concassage et broyage, les minerais rocheux, préalablement lavés, sont transformés en pulpe. Celle-ci, après être passée sur des tables à secousses et dans des cellules de flottation, est soumise à l'action du mercure, qui retient l'or par dissolution en formant un amalgame que l'on distille. La pulpe peut également être traitée par cyanuration ou par chloruration. Pour les alluvions aurifères, on utilise les tables à secousses, éventuellement la flottation, et l'on termine par l'amalgamation. L'or obtenu est affiné soit par coupellation, soit par voie chimique (action du chlore ou de l'acide sulfurique), soit encore par électrolyse. L'or est surtout employé allié avec le cuivre, l'argent, le platine et le nickel. On l'utilise à cause de sa très grande conductibilité électrique et thermique, de son inoxydabilité à chaud et de son excellente tenue à la corrosion.

Or du Rhin (*l'*). V. TÉTRALOGIE.

or conj. (lat. *hac hora,* à cette heure). Marque une transition d'une idée à une autre, introduit une circonstance particulière dans un récit discursif.

oracle [ɔrakl] n. m. (lat. *oraculum*). Réponse que, dans la croyance antique, les dieux faisaient aux questions qui leur étaient adressées : *les oracles étaient souvent rédigés en termes ambigus.* ‖ La divinité elle-même : *consulter l'oracle.* ‖ Volonté de Dieu annoncée par les prophètes. ‖ Décision émanant de personnes d'une grande autorité, d'un grand savoir : *les oracles de la Faculté.* ‖ Ces personnes elles-mêmes : *il était l'oracle de son parti.* ● *Parler comme un oracle,* parler très pertinemment et avec autorité.

Oradea, v. de Roumanie, en bordure de la plaine hongroise; 135 400 h. Monuments religieux. Métallurgie. Industries chimiques et alimentaires.

Oradour-sur-Glane (87520), comm. de la Haute-Vienne (arr. de Rochechouart); 1 671 h. (747 aggl.). La population du village fut massacrée par les Allemands le 10 juin 1944. Il y eut 642 victimes, dont plus de 450 femmes et enfants brûlés vifs dans l'église.

Oradour-sur-Vayres (87150), ch.-l. de c. de la Haute-Vienne (arr. de Rochechouart); 2 046 h. (829 aggl.).

orage [ɔraʒ] n. m. (du lat. *aura,* vent). Perturbation atmosphérique violente, liée aux mouvements verticaux de l'air provoquant la formation de cumulo-nimbus, et accompagnée de phénomènes mécaniques (rafales de vent et averses) et, souvent, de phénomènes électriques (éclairs, tonnerre) : *les orages sont fréquents en été.* ‖ — *Fig.* Calamité, peine, revers : *les orages de la vie.* ‖ Tumulte de sentiments : *les orages du cœur.* ● *Orage magnétique,* perturbation du champ magnétique terrestre, due à l'activité solaire.

orageusement adv. De façon orageuse.

orageux, euse adj. Où les orages sont fréquents : *les pays de montagne sont très orageux.* ‖ Qui annonce l'orage : *temps orageux.* ‖ *Fig.* Agité, troublé : *vie, séance orageuse.*

oraison [ɔrɛzɔ̃] n. f. (lat. *oratio,* discours). Prière mentale sous forme de méditation. ‖ Courte prière prononcée aux heures canoniales et à la messe. ● *Oraison funèbre,* discours prononcé en l'honneur d'un mort illustre.

Oraison (04700), comm. des Alpes-de-Haute-Provence (arr. de Digne); 2 702 h. Aménagement hydro-électrique sur la Durance.

oral [ɔral], **e, aux** [-o] adj. (du lat. *os, oris,* bouche). Qui appartient à la bouche : *cavité orale.* ‖ Transmis de bouche en bouche : *tradition orale.* ‖ Fait de vive voix : *déposition orale.* ● *Stade oral* (Psychanal.), premier stade du développement de la sexualité infantile, dans lequel les lèvres et la bouche constituent une zone érogène. ‖ *Voyelle orale,* voyelle réalisée avec élévation du voile du palais et fermeture de la cavité nasale (*a, é, è, o, u*).

oral n. m. Examen ou partie d'examen qui consiste uniquement en interrogations : *échouer à l'oral.*

oralement adv. En paroles.

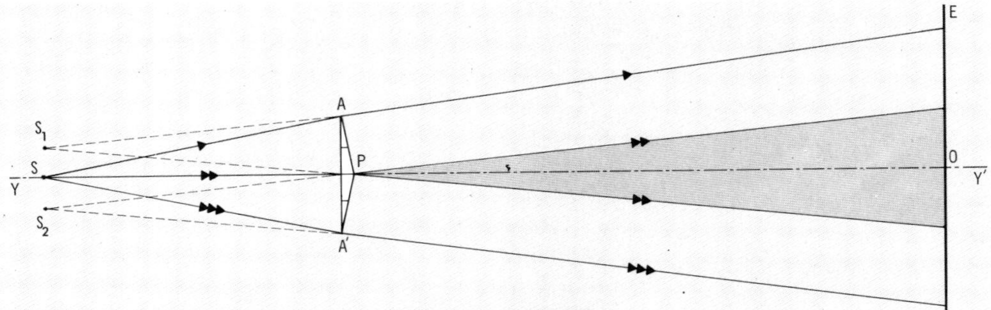

1. Biprisme de Fresnel.
Deux prismes de verre identiques, d'angle A (= A') très petit, d'indice *n*, sont accolés par leurs bases ; ils donnent de S deux images virtuelles, S_1 et S_2. Le faisceau incident SAA' donne deux faisceaux émergeant de sommets S_1 et S_2, qui se superposent partiellement : la partie commune (ombrée sur la figure) est le *champ d'interférence*.

2. Photographie des franges obtenues en lumière monochromatique.

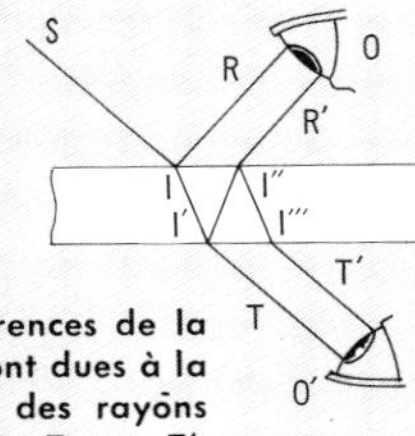

3. Les interférences de la lame mince sont dues à la superposition des rayons R et R', ou T et T'.

4. Tache et anneaux de diffraction.

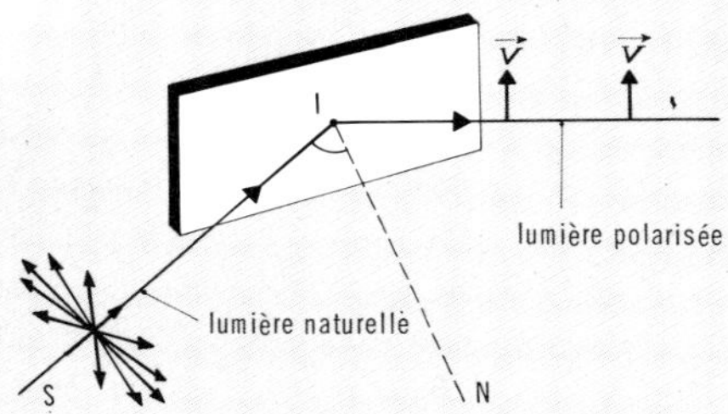

5. Polarisation par réflexion. Direction du vecteur lumineux.

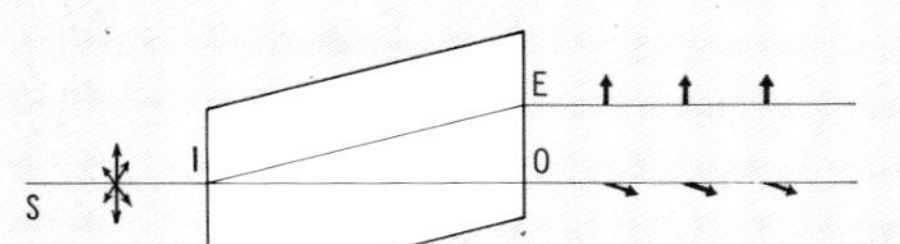

6. Double réfraction. Direction des vecteurs lumineux le long du rayon ordinaire et le long du rayon extraordinaire.

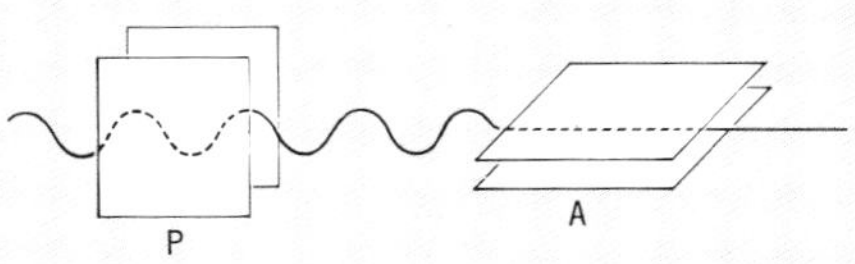

7. Polarisation de la lumière.

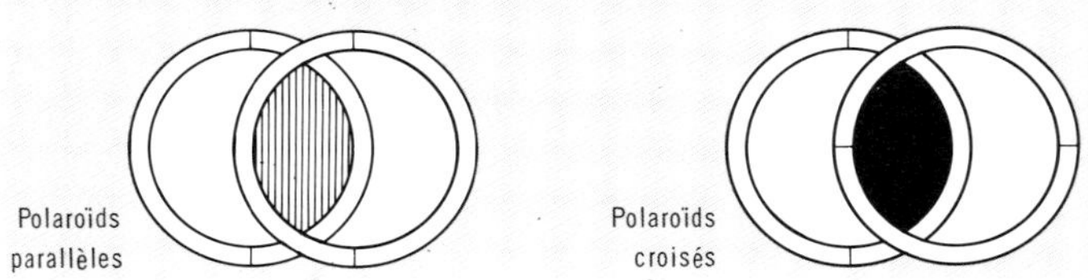

8. Action différente des Polaroïds suivant l'orientation des cristaux.

OPTIQUE PHYSIQUE

L'optique physique est une étude des propriétés de la lumière en relation avec sa nature. Certains phénomènes (interférences, diffraction, polarisation) s'interprètent par l'existence d'une vibration lumineuse. D'autres, comme l'effet photo-électrique, montrent que les échanges d'énergie entre la matière et la lumière ne se produisent que par quantités discontinues, et on envisage alors la lumière comme formée de particules immatérielles, les photons. Ces deux aspects complémentaires ont trouvé leur synthèse dans la mécanique ondulatoire et quantique.
Lorsque deux faisceaux lumineux issus d'une même source se superposent, ils donnent lieu à des phénomènes d'*interférences*. Selon la différence de phase des deux ondes parvenant au même point par des chemins différents, la vibration résultante est plus ou moins intense. En lumière monochromatique, on peut observer ce phénomène sous forme de franges alternativement brillantes et sombres, en plaçant un écran dans la région où les faisceaux se superposent. La figure ci-contre représente l'expérience du biprisme de Fresnel (*fig.* 1 et 2). En lumière blanche, de part et d'autre d'une frange centrale blanche, on observe des franges irisées. Les lames minces (bulles de savon, traces d'huile sur l'eau, couche d'oxyde sur un métal) donnent également lieu à l'observation de franges d'interférences colorées provenant de la superposition des faisceaux réfléchis sur chacune des faces de ces lames (*fig.* 3).
Le principe de la propagation rectiligne est mis en défaut lorsque le faisceau lumineux est limité par une petite ouverture, trou ou fente. Il y a alors *diffraction* de la lumière, qui paraît déviée par les bords de l'ouverture. Lorsqu'un faisceau est limité par un petit diaphragme circulaire, on obtient, au lieu d'une image ponctuelle, une tache brillante centrale entourée d'anneaux alternativement sombres et brillants (*fig.* 4).
Dans la lumière naturelle émise par une source, la vibration, perpendiculaire au rayon lumineux, présente une symétrie de révolution : elle concerne de la même façon tous les plans passant par le rayon lumineux. Il n'en est plus de même pour la lumière ayant subi une réflexion ou une réfraction, ou pour celle qui a traversé une lame biréfringente (*fig.* 5 et 6). L'amplitude de la vibration lumineuse dépend alors de l'orientation du plan. Ce phénomène de *polarisation* de la lumière est analogue à celui des vibrations d'une corde, canalisées par un système P de deux planchettes parallèles et arrêtées par un deuxième système A analogue, perpendiculaire au premier (*fig.* 7). Pour polariser la lumière, on emploie souvent des lames Polaroïds, formées de petits cristaux orientés, enrobés dans une matière plastique. Suivant l'orientation de deux Polaroïds superposés, la lumière peut être transmise ou arrêtée (*fig.* 8).
L'*effet photo-électrique* est l'émission d'électrons par un métal sous l'effet de radiations lumineuses ou ultraviolettes. (V. *électronique*.)

Oran, v. d'Algérie, ch.-l. du *dép. d'Oran ;* 324 500 h. (*Oranais*). Université. Port sur la Méditerranée. Grand centre commercial et industriel.
● *Histoire*. La ville fut probablement fondée par les Arabes au Xe s. Plusieurs fois occupée par les Espagnols, elle fut occupée par les Français à partir du 4 janvier 1831, qui en firent la capitale de l'Ouest algérien. L'immigration espagnole favorisa l'expansion du port et de la ville. Les Alliés débarquèrent à Oran en 1942.

Oranais, nom donné à la région d'Algérie formée par l'anc. dép. d'Oran.

orange [ɔrɑ̃ʒ] n. f. (de l'arabe *nārandj*). Fruit comestible de l'oranger, d'un jaune doré. (V. illustr. FRUITS.) ‖ — N. m. Couleur de l'orange : *un orange clair.* ‖ — Adj. inv. Jaune doré : *étoffes orange.*

Orange (84100), ch.-l. de c. de Vaucluse (arr. d'Avignon), près de l'Eygues ; 25 630 h. (*Orangeois*). Importantes ruines romaines : théâtre bien conservé ; arc de l'époque d'Auguste, orné de reliefs. Cathédrale du XIIe s. Industries alimentaires. Ch.-l. d'une seigneurie qui échut en 1544 à la famille de Nassau et qui fut réunie à la Couronne seulement en 1673.

Orange, fl. de l'Afrique australe, tributaire de l'Atlantique ; 1 860 km. Installations hydro-électriques.

Orange : façade sud de l'arc de triomphe

Orange (*province de l'Etat libre d'*), prov. de l'Afrique du Sud ; 128 571 km² ; 1 386 500 h. Cap. *Bloemfontein.* La province est formée d'un vaste plateau intérieur incliné vers la cuvette du Kalahari. Les précipitations se raréfient d'est en ouest, et les cultures (maïs, blé, tabac, etc.) cèdent progressivement la place à l'élevage (bovins et ovins). L'industrie est largement liée à la richesse du sous-sol : houille, diamants et surtout or.
● *Histoire*. Fondé par les Boers vers 1840, l'Etat d'Orange fut reconnu par l'Angleterre en 1854, mais refusa l'union avec le Transvaal. Cependant, il combattit avec le Transvaal dans la guerre anglo-boer (1899-1902). Devenu colonie de la Couronne britannique après la défaite des Boers, il fut déclaré autonome en 1907 et entra en 1910 dans l'Union sud-africaine.

orangé, e adj. Qui tire sur la couleur de l'orange : *des rubans orangés.*

orangé n. m. Couleur intermédiaire entre le rouge et le jaune.

orangeade [-ʒad] n. f. Boisson faite de jus d'orange, de sucre et d'eau.

Orange-Nassau (*ordre d'*), ordre institué en 1892 par la reine Wilhelmine des Pays-Bas. Ruban orange à double bordure, blanche et bleue.

Phot. Giraudon.

L'ORIENT ANCIEN

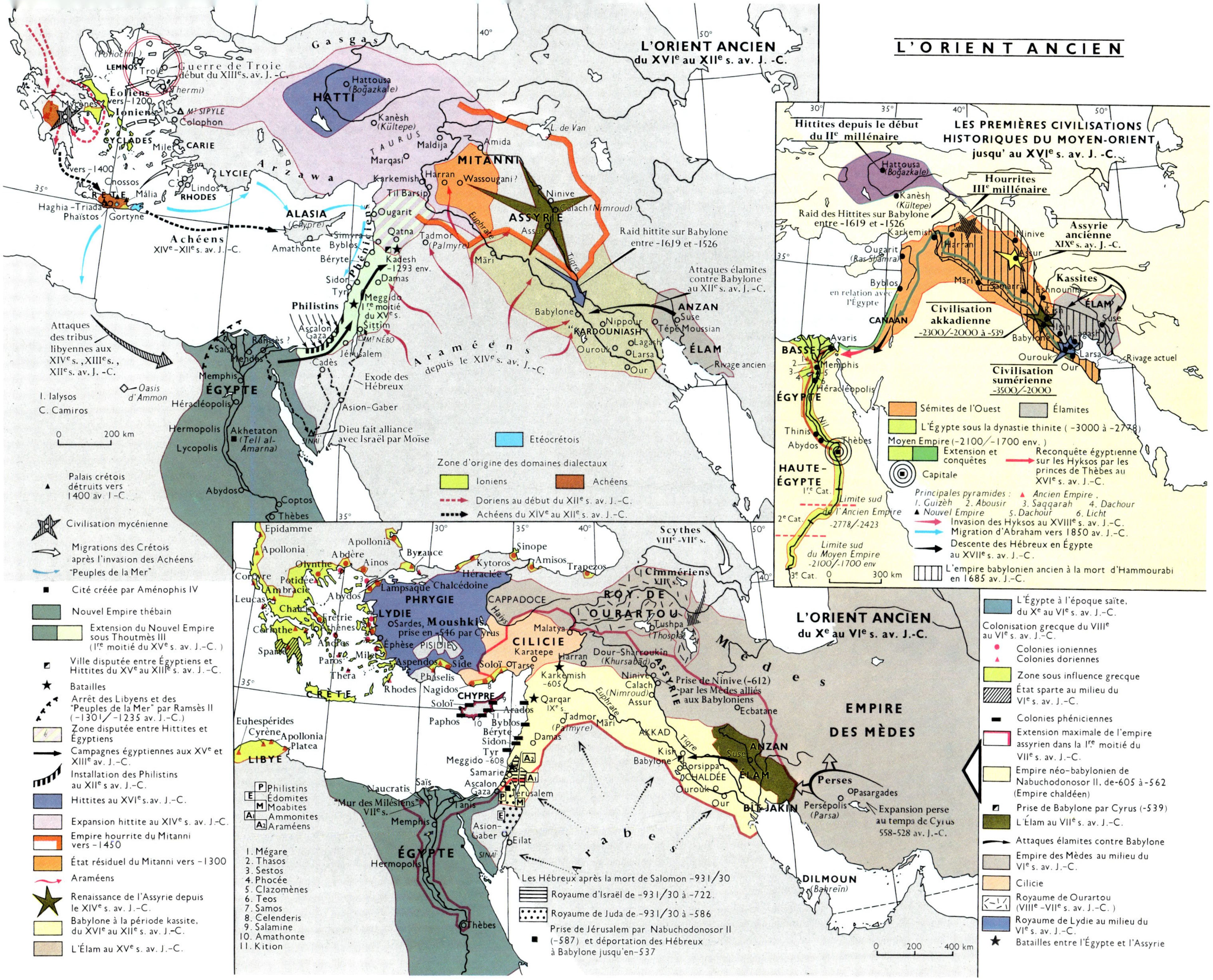

Mésopotamie,
civilisation sumérienne :
« Étendard d'**Our** »,
panneau de bois revêtu
de bitume et d'incrustations
de pierres et de coquilles.
Détail de la face consacrée
à *la Paix* : nobles assis
à la Cour, pêcheurs et bergers.
Première moitié
du IIIe millénaire av. J.-C.
(Londres, British Museum.)

Civilisation sumérienne :
l'intendant Ebih-il
en attitude d'orant,
statue en albâtre
provenant de *Mari* (Syrie).
Début du IIIe millénaire.
(Louvre.)

Civilisation sumérienne :
statue de Goudéa,
en diorite,
provenant de *Tello*
(l'ancienne Lagash).
Seconde moitié du
IIIe millénaire.
(Louvre.)

Civilisation akkadienne,
sous influence
sumérienne : stèle
de Naram-Sin,
provenant de *Suse*;
commémoration
d'une victoire.
Vers 2300 av. J.-C.
(Louvre.)

Civilisations de la **Mésopotamie** : deux cylindres-sceaux et leurs empreintes; le premier porte des inscriptions en écriture cunéiforme. *(Louvre.)*

Anatolie,
civilisation des Hattis :
taureau en bronze
incrusté
d'électrum,
sommet d'étendard
provenant
d'*Alaca-Höyük*.
Seconde moitié
du IIIe millénaire.
*(Ankara,
musée archéologique.)*

Mari, peinture murale du palais : Zimrilim, roi de Mari, devant la déesse Ishtar. Début du IIe millénaire. *(Louvre.)*

Phot. Percheron, Giraudon (

Côte phénicienne : pectoral en or (faucon) provenant de **Byblos.** XVe-XIVe s. av. J.-C. *(Louvre.)*

Côte phénicienne : déesse « maîtresse des animaux », couvercle en ivoire provenant de **Ras-Shamra.** Affinités avec l'art égéen. XIVe-XIIIe s. av. J.-C. *(Louvre.)*

Côte phénicienne : statuette divine (Baal ?) en bronze plaqué d'or et d'argent, provenant de **Ras-Shamra** (l'ancienne Ougarit). XVe-XIVe s. av. J.-C. *(Louvre.)*

Civilisation élamite : restes de la ziggourat de *Tchoga Zanbil,* dans la région de Suse. XIIIe-XIIe s. av. J.-C.

Civilisation élamite : tête provenant de *Suse,* terre cuite ou séchée. Fin du IIe millénaire ou début du Ier. *(Louvre.)*

Civilisation hittite : porte sud de **Karatepe,** près d'Adana. IXe s. av. J.-C.

Phot. Giraudon, Percheron, Giraudon (2), Ottin - Atlas-Photo, Giraudon.

Assyrie : taureau ailé androcéphale provenant du palais de Sargon à **Khorsabad.** VIIIe s. av. J.-C. *(Louvre.)*

Assyrie : lion blessé, détail des *Chasses* d'Assourbanipal au palais de **Ninive.** VIIe s. av. J.-C. *(British Museum.)*

Empire néo-babylonien. Enceinte de Babylone élevée par Nabuchodonosor II (VIe s. av. J.-C.) : reconstitution de la *porte d'Ishtar,* en brique émaillée. *(Musée de Berlin.)*

Palais de Darios à **Persépolis :** cortège des tributaires.

Perses achéménides : ruines du palais de Darios à *Persépolis.* Fin du VIe s. av. J.-C.

Phot. Giraudon, Andias - Atlas-Photo, Lénars - Atlas-Photo, Fleming, Musée de Berlin

fleurs d'**oranger**

oranger n. m. Arbre à feuillage persistant, cultivé dans le Midi et les régions assez chaudes, pour ses fruits, ou *oranges* (les oranges amères sont fournies par le bigaradier), et pour ses fleurs, qui donnent par distillation l'eau de fleur d'oranger et l'essence de néroli. (Famille des rutacées.)

orangeraie n. f. Plantation d'orangers.

orangerie n. f. Serre, bâtiment où l'on met les orangers pendant l'hiver.

orangiste [ɔrɑ̃ʒist] n. m. et adj. En Angleterre, partisan de Guillaume d'Orange, opposé au parti catholique, qui soutenait Jacques II. ‖ Protestant irlandais de l'Ulster.

orang-outan ou **orang-outang** (selon l'Acad.) [ɔrɑ̃utɑ̃] n. m. (malais *orang outan,* homme de la forêt). Singe anthropoïde, haut de 1,20 m à 1,50 m, arboricole, frugivore, des forêts de Sumatra et de Bornéo. (Il peut vivre plusieurs années en captivité et il est éducable.)

orant [ɔrɑ̃], **e** [-ɑ̃t] n. Personnage représenté dans l'attitude de la prière.

Orāons, ethnie dravidienne habitant le sud du Bihār.

orateur [ɔratœr] n. m. (lat. *orator*). Personne qui prononce un discours devant une assemblée. ‖ Homme éloquent : *c'est un orateur.* ● *Orateur sacré,* celui qui prononce des sermons, des oraisons funèbres.

oratoire adj. Qui concerne l'orateur : *art oratoire.*

oratoire [ɔratwar] n. m. (lat. *oratorium ;* de *orare,* prier). Lieu d'une maison destiné à la prière. ‖ Petite chapelle.

Oratoire (l'), anc. chapelle des Oratoriens, à Paris, bâtie en 1621 et devenue en 1811 un temple réformé.

Oratoire (*congrégations de l'*). L'*Oratoire d'Italie* est une société de prêtres séculiers vouée à l'enseignement et à la prédication. Il fut fondé à Rome en 1564 par saint Philippe Neri. L'*Oratoire de France* est une société de prêtres séculiers fondée à Paris en 1611 par le cardinal de Bérulle afin de développer l'idéal sacerdotal dans l'esprit de la Contre-Réforme. Les Oratoriens s'adonnent surtout à l'enseignement. Supprimé en 1792, l'Oratoire de France fut restauré en 1852.

oratorien [ɔratɔrjɛ̃] n. m. Membre de la congrégation de l'Oratoire.

oratorio [ɔratɔrjo] n. m. (mot ital.). Composition musicale dramatique, à sujet religieux ou profane, avec récitatif, airs, chœurs et orchestre, sans représentation.
— ENCYCL. Créé en Italie au début du XVIIe s. (Cavalieri, L. Rossi), l'*oratorio* a trouvé ses maîtres à Rome, au milieu du XVIIe s., avec Carissimi, puis en Angleterre, au XVIIIe s. avec Händel (*le Messie, Samson, Judas Macchabée*). Repris par Haydn (*la Création*), Mendelssohn, Liszt (*Christus*) et Franck (*les Béatitudes*), il a retrouvé un regain de faveur avec Pierné, Honegger (*le Roi David, Jeanne au bûcher*) et Frank Martin (*Golgotha*).

Orb, fl. né dans les Cévennes, qui arrose Béziers et finit dans la Méditerranée ; 145 km.

Orbay (D'). V. D'ORBAY.

orbe adj. (lat. *orbus,* privé de). Se dit d'un mur sans ouverture, sans porte ni fenêtre.

orbe [ɔrb] n. m. (lat. *orbis,* cercle). Surface circonscrite par l'orbite d'un corps céleste.

Orbe, riv. de Suisse, née en France, près de Morez ; 57 km. Elle traverse le lac de Joux et, sous le nom de *Thièle,* se jette dans le lac de Neuchâtel.

Orbec (14290), ch.-l. de c. du Calvados (arr. de Lisieux) ; 3 529 h. (3 040 aggl.). Foires. Ville pittoresque.

Orbey (68370), comm. du Haut-Rhin (arr. de Ribeauvillé) ; 3 282 h. (1 945 aggl.) [*Orbelais*]. Eglise (XVe-XVIe s.). Textiles.

orbiculaire adj. (du lat. *orbis,* cercle). Qui est rond, qui décrit une circonférence : *mouvement orbiculaire.* ● *Muscle orbiculaire,* muscle circulaire entourant la bouche, l'orifice palpébral.

Orbigny (Alcide DESSALINES D'), naturaliste français, né à Couëron (Loire-Atlantique) [1802-1857]. — Son frère CHARLES, né à Couëron (1806-1876), est l'auteur du *Dictionnaire universel d'histoire naturelle* (1839-1849).

orbitaire adj. Qui a rapport à l'orbite de l'œil : *nerfs orbitaires.* ● *Arcade orbitaire,* rebord saillant de la paroi supérieure de l'orbite.

orbital, e, aux adj. Qui a rapport à l'orbite : *vol orbital.*

orbite [ɔrbit] n. f. (lat. *orbita,* ligne circulaire). Trajectoire d'un corps animé d'un mouvement périodique : *l'orbite des électrons autour du noyau dans un atome.* ‖ Courbe décrite par une planète autour du Soleil, ou par un satellite autour de sa planète. (V. *encycl.*) ‖ Cavité osseuse de la face, dans laquelle l'œil est placé. (V. *encycl.*) ● *Mise sur orbite,* ensemble des opérations visant à placer un satellite artificiel sur une orbite déterminée.
— ENCYCL. *Astron.* Les planètes décrivent autour du Soleil, avec des vitesses différentes, des *orbites* elliptiques, qu'explique la loi de l'attraction universelle et que justifient les lois de Kepler. Pour préciser la forme, la grandeur et l'orientation d'une orbite dans le système solaire, on en rapporte les éléments à un plan de référence, qui est celui de l'écliptique. Ces éléments, au nombre de six, sont déterminés par une suite d'observations d'ascensions droites et de déclinaisons de l'astre étudié. Il existe plusieurs méthodes pour résoudre ce très difficile problème de changement de système et d'origine des coordonnées. Certaines comètes ont une orbite parabolique ou quasi parabolique.
— *Anat.* La cavité de l'*orbite* a la forme d'une pyramide quadrangulaire dont la base est en avant et le sommet en arrière. Ses parois sont formées par plusieurs os (frontal, sphénoïde, malaire, maxillaire supérieur, palatin, unguis) ; à son sommet se trouvent la fente sphénoïdale et le trou optique, par lesquels passent les nerfs de l'œil.

orbitoïdes n. f. pl. Foraminifères perforés fossiles, de forme bombée.

orbitoline n. f. Foraminifère non perforé.

Orcades, en angl. **Orkney,** archipel britannique au nord de l'Ecosse, comprenant 90 îles, dont la plus grande est *Mainland,* ou *Pomona.* Elevage. Pêche. Les Orcades forment un comté de 17 900 h. Ch.-l. *Kirkwall,* dans l'île de Mainland.

Orcades du Sud, archipel de l'Atlantique Sud, partie du territoire britannique de l'Antarctique.

Orcagna (Andrea DI CIONE ARCANGELO, dit l'), peintre, sculpteur et architecte italien, actif à Florence de 1343 à 1368. Il est l'auteur du grand tabernacle polychrome d'Orsammichele et du polyptyque de Santa Maria Novella.

orcanette [ɔrkanɛt] n. f. Plante cultivée dans le Midi pour sa racine, dont l'écorce fournit une teinture rouge, dite d'*alkanna.* (Famille des borraginacées.)

orchestral [ɔrkɛs-], **e, aux** [-o] adj. Qui appartient à l'orchestre : *musique orchestrale.*

orchestration [ɔrkɛs-] n. f. Art de répartir les différentes notes d'un morceau de musique entre des instruments choisis, en tenant compte de leur timbre. (L'orchestration est née au milieu du XVIIIe s., et sa conception s'est considérablement augmentée au XIXe et au XXe s., soit par l'utilisation occasionnelle de certaines sonorités, soit par groupement de timbres de même famille ou de familles différentes, soit encore par l'apport d'instruments nouveaux.) ‖ — *Fig.* Dans un tableau, combinaison de couleurs. ‖ Action de combiner une manifestation, un débat, une campagne.

orchestre [ɔrkɛstr] n. m. (gr. *orkhêstra ;* de *orkheisthai,* danser). Dans les théâtres grecs, partie du théâtre entre la scène et les spectateurs, où le chœur évoluait autour d'un autel de Dionysos. ‖ Dans un théâtre, espace compris entre la scène et le public, et où se tiennent les instrumentistes. ‖ Ensemble des places situées au rez-de-chaussée des salles de spectacle. ‖ Ensemble de tous les instruments concourant à l'exécution d'une page symphonique. (V. *encycl.*) ● *Orchestre de chambre,* formation réduite à une quinzaine d'instruments (cordes et vents).
— ENCYCL. Au XVIIIe s., les vents étaient traités par deux ; au XIXe s., après Berlioz, on les a traités par trois et quatre, et cette importance donnée aux instruments à vent a entraîné, dans l'*orchestre symphonique,* un accroissement des instruments à cordes. Le point culminant de cet orchestre pléthorique a été atteint, avec Mahler, au début du XXe s. Depuis, on est revenu à un orchestre plus réduit, mais qui tient compte de la spécificité des timbres (Ravel, Bartók, Martinů). Si le grand orchestre s'est adjoint de nouveaux venus, notamment

Orcagna
« le Couronnement de la Vierge »
musée des Beaux-Arts de Gand

composition d'un **orchestre** classique

0. Chef d'orchestre
1. Violon
1bis. Premier violon
2. Alto
3. Violoncelle
4. Contrebasse
5. Flûte
6. Hautbois
7. Basson
8. Clarinette
9. Cor
10. Trompette
11. Harpe
12. Trombone
13. Tuba
14. Timbales
15. Percussion (tambour, caisse claire)

Phot Ofalac-Alger, A. C. L., Philips.

parmi les instruments de percussion, il a, par réaction, provoqué un retour à l'orchestre de chambre, qui a permis de ressusciter toute la musique ancienne et qui a fait lever quantité de partitions contemporaines.

orchestrer [ɔrkɛstre] v. t. Disposer une composition musicale suivant les timbres des instruments que comporte l'orchestre. ‖ — *Fig.* Combiner les couleurs d'un tableau. ‖ Préparer, afin de le diriger, le déroulement d'une manifestation publique, d'un débat oratoire.

orchidacées [ɔrkidase] n. f. pl. Vaste famille de plantes à fleurs, monocotylédones, comprenant près de 20 000 espèces, caractérisée par une fleur tordue sur son axe et munie des dispositifs les plus compliqués pour favoriser la fécondation par les insectes.
— ENCYCL. La plupart des *orchidacées* vivent en épiphytes au sommet des arbres de la sylve équatoriale; quelques-unes vivent au sol dans nos régions. Les graines sont microscopiques et ne peuvent germer que si elles sont infestées par des champignons (orchéomycètes), qui, par ailleurs, provoquent chez l'adulte la formation de tubercules qui jouent le rôle d'organes pérennants souterrains. Beaucoup d'orchidacées sont cultivées comme plantes ornementales : leurs fleurs, de formes étranges, sont vivement colorées. La « gousse » de la vanille est aromatique.

orchidée [ɔrkide] n. f. (du gr. *orkhis*, testicule). Plante de la famille des orchidacées. (V. illustr. FLEURS.) ‖ — N. f. pl. Anc. nom de la famille des orchidacées.

Orchies [ɔrʃi] (59310), ch.-l. de c. du Nord (arr. de Douai) ; 6 011 h. (*Orchésiens*).

orchis [ɔrkis] n. m. (mot gr. signif. *testicule*). Orchidée à racines tuberculeuses, à labelle muni d'un éperon nectarifère.

orchite [ɔrkit] n. f. Inflammation du testicule.
— ENCYCL. L'*orchite* est le plus souvent une complication des oreillons, mais elle peut parfois être due à la syphilis. L'orchite ourlienne se manifeste par une douleur intense et une augmentation de volume du testicule, qui, par la suite, s'atrophie souvent. Lorsque l'atteinte est bilatérale, la stérilité peut en être la conséquence. D'autres infections (tuberculose, gonococcie) se portent principalement sur l'épididyme et causent ce qui est appelé à tort une « orchi-épididymite ».

Orchomène, v. de Béotie. Sulla y battit Archélaos, général de Mithridate (86 av. J.-C.). Site archéologique.

Orchomène, anc. cap. de l'Arcadie.

Orcières (05170), ch.-l. de c. des Hautes-Alpes (arr. de Gap) ; 734 h. (128 aggl.). Sports d'hiver.

Orcival (63210 Rochefort Montagne), comm. du Puy-de-Dôme (arr. de Clermont-Ferrand) ; 396 h. (132 aggl.). Eglise romane (XIIe s.).

ordalie [ɔrdali] n. f. (de l'anc. fr. *ordâl*, jugement ; d'orig. francique). Epreuve judiciaire en usage au Moyen Age sous le nom de JUGEMENT DE DIEU : *ordalie de l'eau, du fer chaud.*

Ordener (Michel, *comte*), général français, né à Saint-Avold (1755-1811). Il arrêta le duc d'Enghien (1804).

Orderic Vital, historien français, né à Attingham (Angleterre) [1075-1143], auteur d'une *Histoire ecclésiastique*.

ordinaire [ɔrdinɛr] adj. (lat. *ordinarius*, placé en rang). Qui est conforme à l'ordre établi : *prendre les mesures ordinaires.* ‖ Qui est conforme à l'usage habituel : *la conduite ordinaire de notre vie.* ‖ Dont on se sert habituellement : *une nourriture ordinaire.* ‖ Qui ne dépasse pas le niveau commun ; médiocre : *esprit ordinaire.* ‖ — N. m. Ce qu'on a coutume de servir pour un repas : *un bon ordinaire.* ‖ *Mil.* Groupement d'hommes de troupe dont l'alimentation est organisée en commun. ‖ Autorité ecclésiastique diocésaine. ● *Ordinaire de la messe*, prières qui ne changent pas avec l'office du jour. ‖ **— A l'ordinaire, d'ordinaire** loc. adv. Le plus souvent : *on se repent d'ordinaire d'avoir trop parlé.*

ordinairement adv. Habituellement, le plus souvent : *le ciel de Londres est ordinairement brumeux.*

ordinal [ɔrdinal], **e, aux** [-o] adj. (du lat. *ordo, ordinis*, rang). Se dit des adjectifs numéraux qui expriment le rang, l'ordre des êtres ou des choses, comme *premier, deuxième, troisième*, etc.

ordinand [-nɑ̃] n. m. Celui qui se présente à une ordination.

ordinant n. m. Evêque qui confère les ordres sacrés.

ordinateur [ɔrdinatœr] n. m. Calculateur universel composé d'un nombre variable d'unités spécialisées, commandées par un même programme enregistré, et qui permet, sans intervention humaine en cours de travail, d'effectuer des ensembles complexes d'opérations arithmétiques et logiques.
— ENCYCL. Un *ordinateur* comprend une unité centrale dite « de traitement », autour de laquelle sont rassemblées des unités spécialisées, dites « périphériques ».
L'*unité de traitement* se compose de circuits arithmétiques ou logiques, d'une mémoire et de canaux. Les *circuits* correspondent aux différentes instructions que peut effectuer l'ordinateur et dont les combinaisons constituent des programmes ; la *mémoire*, enregistre les programmes à effectuer et reçoit les données nécessaires à leur exécution ; les *canaux* mettent en relation la mémoire centrale et les unités spécialisées. A l'unité de traitement sont généralement associés un pupitre de commande et une machine à écrire.
Autour de l'ordinateur sont groupées des *unités* dites *périphériques*, qui peuvent être des unités d'entrée, des unités de mémoire auxiliaire et des unités de sortie. Les *unités d'entrée* (machines à écrire, lecteurs de cartes perforées, dérouleurs de bandes magnétiques, lecteurs de caractères magnétiques, convertisseurs de données analogiques en données numériques, etc.) sont placées à proximité de l'ordinateur ou reliées à celui-ci par voie téléphonique ou télégraphique. Les *unités de mémoires auxiliaires* (bandes, disques, tambours, cellules ou cartes magnétiques, etc.) sont reliées à l'ordinateur, dont elles complètent l'unité centrale. Les *unités de sortie*, placées à proximité de l'ordinateur ou reliées à celui-ci par ligne téléphonique ou télégraphique, peuvent être des machines à écrire, des perforateurs de cartes, des imprimantes, des dérouleurs de bandes magnétiques, des traceurs de courbes, des tubes d'affichage cathodique ou des convertisseurs de données numériques en données analogiques. La conduite de l'ordinateur appelle la présence d'un personnel très qualifié pour préparer les travaux à effectuer ; en revanche, sa mise en œuvre est automatique et ne demande qu'une simple surveillance.

ordinaticien, enne n. Personne dont le métier est lié aux ordinateurs (programmeur, analyste, etc.).

ordination [ɔrdinasjɔ̃] n. f. (lat. *ordinatio*, action de mettre à son rang). Action de conférer les ordres. ‖ Cérémonie religieuse par laquelle on confère les ordres sacrés.

Ordjonikidze, anc. **Dzaoudjikaou, Vladikavkaz, Vladicaucase,** v. de l'U. R. S. S. (R. S. F. S. de Russie), dans le Caucase, cap. de l'Ossétie du Nord ; 236 000 h. Plomb et zinc.

ordo [ɔrdo] n. m. (mot lat. signif. *ordre*). Calendrier indiquant les offices de l'Eglise tous les jours de l'année.

ordonnance [ɔrdɔnɑ̃s] n. f. Disposition, arrangement : *ordonnance d'un poème.* ‖ *Archit.* Disposition générale d'une façade. ‖ Acte qui émane d'une autorité souveraine. ‖ Texte émanant du gouvernement en vertu d'une délégation expresse du pouvoir législatif. ‖ Loi émanée du gouvernement provisoire de la République française de 1941 à 1945 et du gouvernement du général de Gaulle de juin 1958 à avril 1959. ‖ Règlement : *ordonnance de police.* ‖ Décision émanant d'un juge unique. ‖ Prescription d'un médecin : *suivre rigoureusement une ordonnance.* ‖ Ecrit contenant une prescription médicale : *laisser son ordonnance chez le pharmacien.* ‖ Ordre de paiement décerné par un administrateur pour le règlement d'un créancier de l'Etat ou d'une collectivité publique. ● *Officier d'ordonnance*, officier qui remplit les fonctions d'aide de camp. ‖ — N. f. ou m. Naguère, soldat à la disposition d'un officier.

ordonnancement n. m. Acte par lequel, après avoir liquidé les droits d'un créancier, un administrateur donne l'ordre à un comptable public de payer sur sa caisse : *tout ordonnancement doit être visé par le contrôleur des dépenses engagées.* ‖ *Industr.* Déclenchement et contrôle de l'avancement d'une commande à travers les différents services de fabrication, depuis sa mise en œuvre jusqu'à l'expédition au client.

ordonnancer v. t. (conj. 1). Donner ordre de payer le montant d'un état, d'un mémoire.

ordonnateur, trice adj. et n. Qui ordonne, dispose : *ordonnateur d'un festin.*

ordonnateur n. m. Administrateur qui a qualité pour déclarer qu'une dépense engagée et liquidée peut être payée.

ordonné [ɔrdɔne], **e** adj. Qui a certaines qualités d'ordre et de méthode : *élève ordonné.* ‖ Où il y a de l'ordre : *maison bien ordonnée.* ● *Couple ordonné* (Math.), couple dont les éléments sont classés dans un ordre déterminé. ‖ *Ensemble ordonné*, ensemble dont les couples d'éléments sont ordonnés. ‖ *Polynôme ordonné*, polynôme dont les termes sont écrits par degrés croissants ou par degrés décroissants.

ordonnée n. f. *Math.* L'une des coordonnées cartésiennes d'un point. (V. COORDONNÉES.)

ordonner [ɔrdɔne] v. t. (lat. *ordinare*, mettre en rang). Ranger, disposer, mettre en ordre : *ordonner sa maison.* ‖ Commander, enjoindre : *ordonner à quelqu'un de se taire.* ‖ Prescrire un remède : *le médecin a ordonné des antibiotiques.* ‖ *Relig. cath.* Conférer les ordres à : *ordonner un prêtre.* ● *Ordonner un polynôme* (Math.), écrire ses termes de façon que les puissances d'une lettre particulière aillent en croissant ou en décroissant.

Ordos, plateau de la Chine, dans la grande boucle du Houang-ho.

ordovicien adj. et n. m. Se dit de la seconde période de l'ère primaire, entre le cambrien et le silurien.

ordre [ɔrdr] n. m. (lat. *ordo, ordinis*, rang). Disposition des choses selon le rang, la place qui leur convient : *mettre des papiers en ordre.* ‖ Règles, lois, structures qui constituent une société : *troubler l'ordre social.* ‖ Bonne administration des finances d'un Etat ou d'un particulier : *l'économie est fille de l'ordre.* ‖ Société religieuse dont les membres font vœu de vivre sous certaines règles : *ordre des Templiers.* ‖ *Théol.* Sacrement qui donne le pouvoir d'exercer les fonctions ecclésiastiques. (V. *encycl.*) ‖ Compagnie d'honneur instituée pour récompenser le mérite personnel : *ordre de la Légion d'honneur.* ‖ Compagnie à laquelle la loi oblige les membres de certaines professions libérales à adhérer, en vue d'élire ceux d'entre eux qui les représentent auprès des pouvoirs publics, veillent au respect des règles professionnelles et assurent la discipline interne : *ordres des avocats, des médecins, des architectes.* ‖ Catégorie, rang, classe : *un écrivain de premier ordre.* ‖ Commandement : *recevoir un ordre.* ‖ *Archit.* Forme et disposition des parties saillantes d'une construction, particulièrement des colonnes et de l'entablement, qui distinguent différentes manières de construire. (Il y a trois ordres grecs : l'*ordre dorique*, l'*ordre ionique*, l'*ordre corinthien ;* les Romains y ont ajouté l'*ordre composite* et l'*ordre toscan.*) [V. illustration.] ‖ Dans la classification des êtres vivants, échelon intermédiaire entre la classe et la famille, groupant des êtres dont la ressemblance est généralement très apparente. (Chez les végétaux, les ordres prennent une désinence en *-ales :* géraniales, rubiales, agaricales ; chez les animaux, la désinence est variable : *-formes* chez les oiseaux, *-podes* chez les crustacés, *-ptères* chez les insectes, etc.) ● *Citer un militaire à l'ordre du jour*, le signaler publiquement pour sa belle conduite. (V. CITATION.) ‖ *Distribution par voie d'ordre* (Dr.), procédure (amiable ou judiciaire) qui permet de régler la répartition du prix d'un immeuble entre les créanciers privilégiés et hypothécaires du vendeur. ‖ *Mettre bon ordre à*, remédier à une situation fâcheuse. ‖ *Ordre de bataille*, autref., rang assigné à une troupe au combat ; auj., répartition des forces militaires d'un Etat ou d'une coalition à une date donnée. ‖ *Ordre de Bourse*, mandat donné à un intermédiaire d'acheter ou de vendre en Bourse des valeurs mobilières ou des marchandises. ‖ *Ordre du jour*, liste des problèmes qu'une assemblée délibérante doit examiner au cours d'une séance ou d'une session. ‖ *Ordre moral*, nom donné à la politique conservatrice et cléricale définie par le duc de Broglie le 26 mai 1873 et qui devait préparer la restauration monarchique. (Elle ne survécut pas à la « soumission » du maréchal de Mac-Mahon en octobre 1877.) ‖ *Ordre public*, ensemble des dispositions légales dont les particuliers ne peuvent, dans leurs conventions, écarter les effets entre eux : *le prix des loyers, fixé conformément à la loi, est d'ordre public.* ‖ *Ordre serré*, formation adoptée par une troupe, autref. pour combattre, auj. pour défiler. ‖ *Passer à l'ordre du jour*, commencer la discussion du problème qui est inscrit à l'ordre du jour immédiatement après celui dont la discussion vient d'être terminée. ‖ *Relation d'ordre*, dans un ensemble, relation qui permet d'affirmer que tel élément précède ou suit tel autre élément.
— ENCYCL. *Relig. cathol.* On distingue les ordres ecclésiastiques et le sacrement de l'ordre. Les *ordres ecclésiastiques* sont les différents degrés de la hiérarchie ecclésiastique. On en compte sept : quatre mineurs (portier, lecteur, exorciste, acolyte) et trois majeurs (sous-diaconat, diaconat, sacerdoce) ; ce dernier avec deux degrés : prêtrise et épiscopat).
L'*ordre* est un sacrement institué par Jésus-Christ, qui confère le pouvoir d'exercer les fonctions ecclésiastiques et notamment la prêtrise. Il est conféré par l'ordination. Les protestants rejettent le sacrement de l'ordre.

ordure [ɔrdyr] n. f. (de l'anc. fr. *ord*, repoussant ; du lat. *horridus*). Immondice, balayure, etc. : *boîte aux ordures.* ‖ *Fig.* Ecrit, parole, action obscène : *dire des ordures.*

ordurier, ère adj. Qui se plaît à dire des choses grossières, à en écrire ou à en faire : *homme, écrivain ordurier.* ‖ Qui contient des choses obscènes : *livre ordurier.*

øre (en dan.), **öre** (en norvég. et en suédois ; en norvég., **øre** dans le cas d'une graphie initiale en lettres majuscules) [ørə] n. m. Unité monétaire divisionnaire du Danemark, de la Norvège et de la Suède.

Örebro, v. de Suède, à l'ouest de Stockholm ; 115 700 h.

orée [ɔre] n. f. (du lat. *ora*, bord). Bord, lisière d'un bois.

Oregon, un des Etats unis d'Amérique, sur le Pacifique, bordé au nord par le fl. Columbia (anc. *Oregon*) ; 2 006 000 h. Cap. *Salem.* V. pr. *Portland.* L'Etat est formé de plateaux volcaniques à l'est, de chaînes côtières (chaîne des Cascades et *Coast Range*) à l'ouest. Le climat, frais et humide, a favorisé l'extension de la forêt, dont l'exploitation constitue la principale ressource de l'Etat, devant l'élevage bovin, le blé et l'extraction minière. Portland est la seule ville dépassant 100 000 h.
● *Histoire.* Malgré les Anglais, les Américains occupèrent, à partir de 1843, l'Oregon, qui fut constitué en territoire en 1848. Amputé du territoire de Washington, il devint Etat de l'Union en 1859.

oreillard [-ar], **e** [-ard] adj. Qui a les oreilles longues et pendantes : *cheval oreillard.*

oreillard n. m. Petite chauve-souris remarquable par ses énormes oreilles en cornet.

oreille [ɔrɛj] n. f. (lat. *auricula*, dimin. de *auris*). Organe de l'ouïe et, *spécialem.*, partie externe de l'organe, placée de chaque côté de la tête : *avoir l'oreille bien faite.* (V. *encycl.*) ‖ Ouïe ; sens par lequel on perçoit les sons : *avoir l'oreille fine.* ‖ Aptitude à apprécier l'harmonie des sons : *avoir de l'oreille.* ‖ Ce qui a quelque ressemblance avec la forme de l'oreille : *écrou à oreilles.* ‖ *Agric.* Syn. de VERSOIR. ‖ *Mar.* Partie saillante des pattes d'une ancre. ● *A l'oreille* (Fig.), tout bas et en s'approchant de l'oreille de son interlocuteur : *dire un secret à l'oreille.* ‖ *Avoir l'oreille basse*, être humilié, confus. ‖ *Avoir l'oreille de quelqu'un*, en être favorablement écouté. ‖ *Echauffer les oreilles*, irriter. ‖ *Frotter, tirer les oreilles de quelqu'un*, lui infliger une correction. ‖ *Montrer le bout de l'oreille*, laisser deviner son vrai caractère, ses véritables projets. ‖ *Se faire tirer l'oreille*, se faire prier pour faire quelque chose.
— ENCYCL. *Anat.* On distingue l'oreille externe, l'oreille moyenne et l'oreille interne.
L'*oreille externe* est composée du pavillon et du conduit auditif, qui se termine au tympan.
L'*oreille moyenne* est constituée par une cavité nommée « caisse du tympan », qui communique en avant avec le pharynx par la trompe d'Eustache et en arrière avec les cavités mastoïdiennes ; elle contient une chaîne de trois

ORDRES

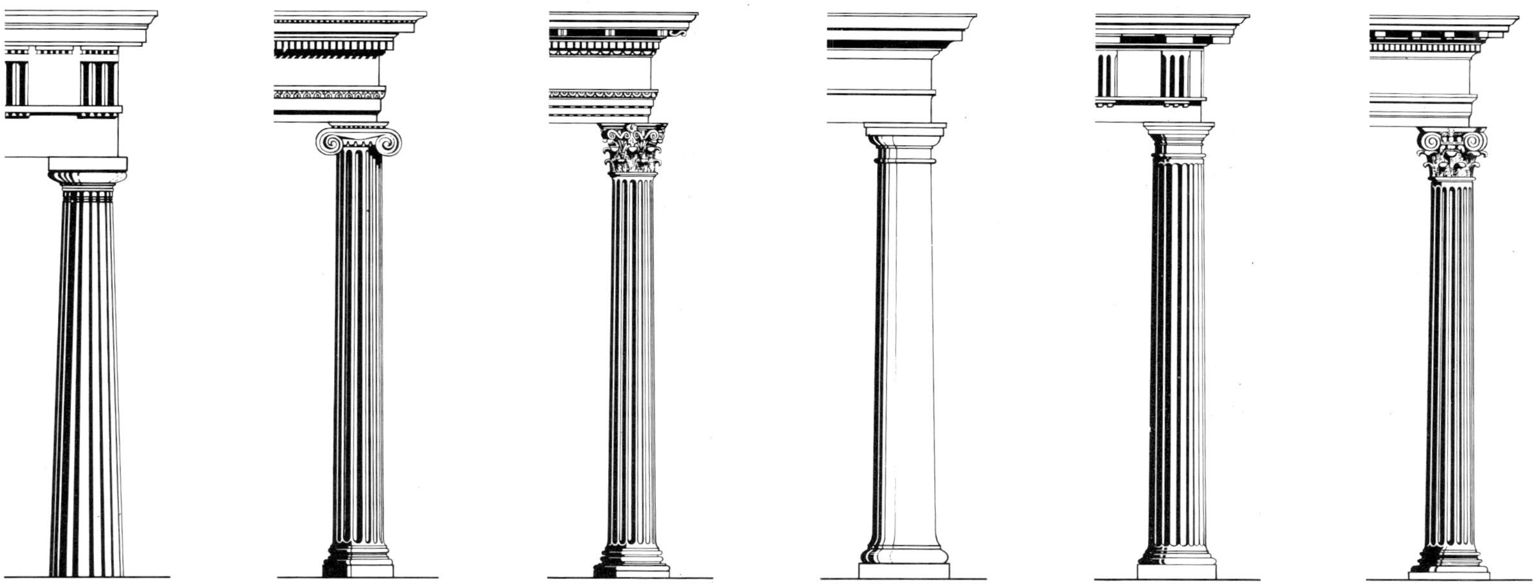

dorique grec · ionique · corinthien · toscan · dorique romain · composite

Paestum : temple dit « de Poséidon ». Colonnade intérieure : superposition de deux ordres doriques.

Athènes : l'Érechtéion. Colonnade ionique et portique des Caryatides (on parle parfois d'« *ordre caryatide* »).

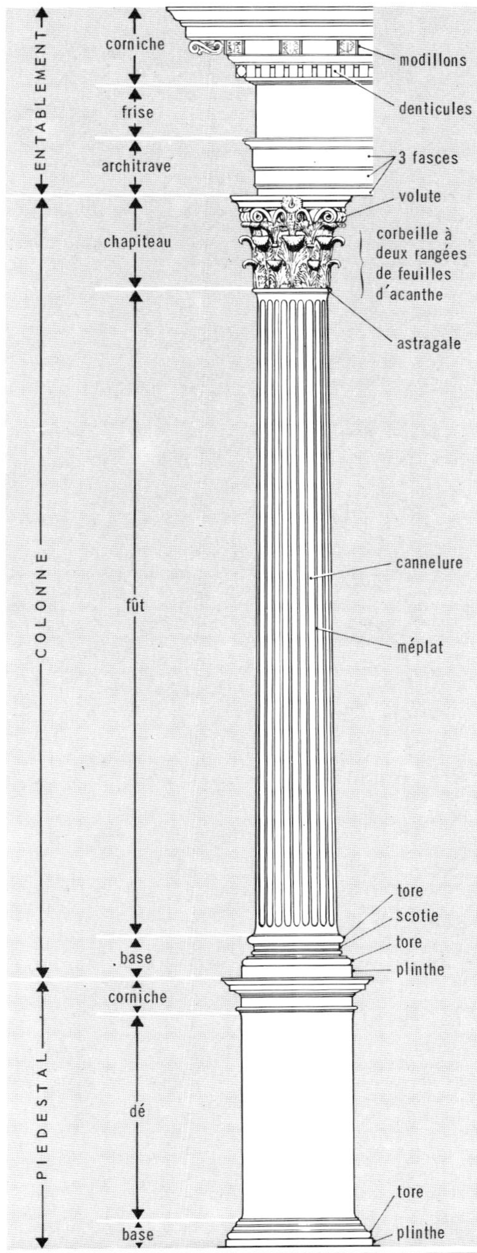

corinthien de *Vignole*

Rome : le Colisée. Colonnes engagées superposant, de bas en haut, les ordres dorique, ionique et corinthien.

Vicence : palais Valmarana, d'A. Palladio. Pilastres colossaux à chapiteaux composites.

Château de Wideville (époque Louis XIII) ; pavillon de la Grotte : colonnes toscanes engagées à décor rustique de congélations.

La stricte hiérarchisation des éléments architecturaux, leur codification en une série de systèmes, ou *ordres*, logiques et harmonieux tant sur le plan de la construction que sur celui du décor, ont été l'œuvre des Grecs et des Romains. La redécouverte des monuments antiques et l'interprétation du traité romain de Vitruve ont donné naissance, à l'issue du Moyen Âge et dès le XVe s. en Italie, à une architecture occidentale utilisant avec plus ou moins de liberté les ordres, leur modénature et leurs ornements caractéristiques. Successivement classique, maniériste, baroque, néo-classique, éclectique, cette architecture a triomphé durant plus de quatre siècles jusqu'à l'apparition des matériaux nouveaux (fer, béton, acier) et du fonctionnalisme des ingénieurs.

Il y a trois ordres grecs : l'ordre dorique, l'ordre ionique, l'ordre corinthien ; les Romains ont réinterprété ces ordres et y ont ajouté l'ordre toscan et l'ordre composite ; ils ont pris l'habitude de les superposer dans les bâtiments à plusieurs étages, selon la hiérarchie : dorique, ionique, corinthien, du plus « constructif » (le dorique, à l'étage inférieur) au plus ornemental (le corinthien, au sommet). L'ordre est dit colossal lorsque la colonne, la colonne engagée ou le pilastre encadrent plusieurs étages à la fois. L'ordre rustique garde aux pierres une apparence brute ou fait appel aux bossages vermiculés, aux congélations. Les proportions relatives des différents membres d'une architecture à ordres, toujours très étudiées, mais variables, se calculent en fonction du *module* (demi-diamètre de la colonne à la base du fût). L'ordre dorique est le plus trapu.

Lauros-Giraudon, J. Roubier, Alinari-Giraudon, Giraudon, Foucault-éd. Tel.

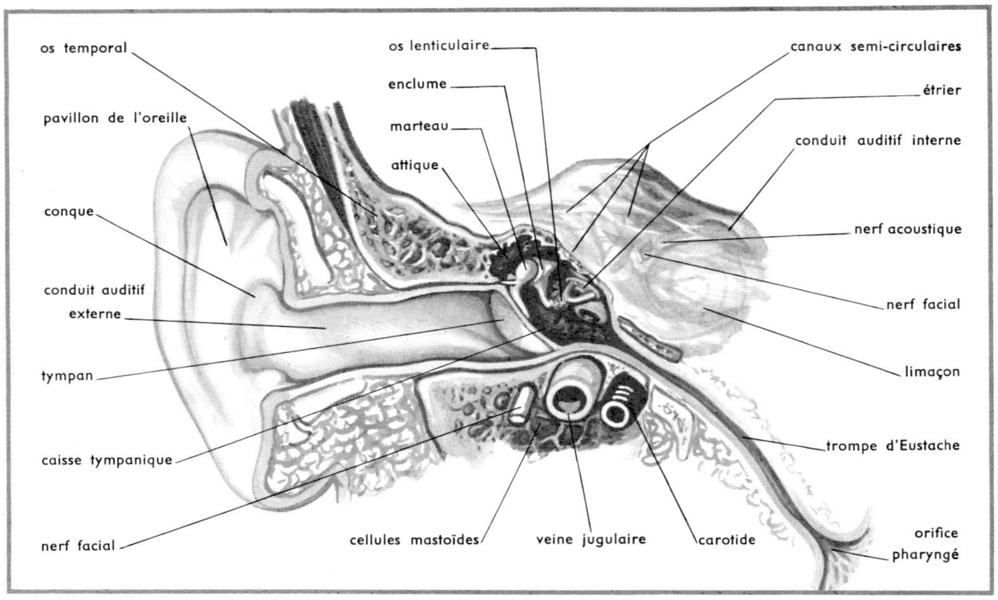

oreille : coupe de l'appareil auditif

osselets (marteau, enclume, étrier) qui fait parvenir les vibrations du tympan à la fenêtre ovale, qui, elle, les transmet à l'oreille interne.
L'*oreille interne* est constituée d'une série de cavités creusées dans le rocher ; celles-ci forment le labyrinthe osseux, constitué d'un vestibule communiquant avec les trois canaux semi-circulaires (organes de l'équilibre) et avec le limaçon. Celui-ci contient les cellules auditives ciliées de l'organe de Corti.
— *Zool.* Le règne animal connaît bien d'autres organes sensibles aux vibrations mécaniques que les *oreilles :* organes chordotonaux des pattes des sauterelles, otocystes des crustacés, ligne latérale des poissons. L'oreille typique, avec ses trois parties (externe, moyenne et interne), n'existe que chez les mammifères. L'oreille externe est grande et orientable lorsqu'elle doit repérer l'origine des sons (équidés, lapin, chauve-souris) ; elle joue parfois le rôle de réfrigérateur du sang et prend, à ce titre, un grand développement chez les mammifères des déserts chauds (fennec).

oreille-de-mer n. f. *Zool.* Nom usuel de l'*haliotide.* ‖ Pl. des *oreilles-de-mer.*

oreille-de-souris n. f. Autre nom du MYOSOTIS. ‖ Pl. des *oreilles-de-souris.*

oreiller [-je] n. m. Coussin qui soutient la tête quand on est couché.

oreillette [ɔrɛjɛt] n. f. Cavité du cœur recevant le sang des veines. (Le cœur humain possède deux oreillettes, communiquant chacune avec un ventricule.)

oreillons n. m. pl. Maladie contagieuse, due à un virus, qui atteint surtout les enfants et se manifeste par un gonflement et une inflammation des glandes parotides.
— ENCYCL. Le gonflement des *oreillons* est bilatéral et se manifeste à l'angle de la mâchoire, en avant du pavillon de l'oreille (ce dernier n'est pas atteint, ni l'organe de l'audition). Outre les parotides, les autres glandes salivaires (sous-maxillaires, sublinguales) peuvent être touchées. Les complications possibles sont l'atteinte du pancréas (troubles digestifs, douleurs épigastriques, vomissements), des reins (albumine), des testicules ou des ovaires (si l'atteinte est bilatérale, il y a risque de stérilité) et des méninges (céphalée, raideur de la nuque).

oreillons n. m. pl. Pattes d'un casque, d'une casquette, qui protègent les oreilles.

Orekhovo-Zouevo, v. de l'U. R. S. S. (R. S. F. S. de Russie), dans la région de Moscou ; 117 000 h. Industries textiles.

Orel, v. de l'U. R. S. S. (R. S. F. S. de Russie), sur l'Oka ; 209 000 h. Constructions mécaniques. La ville fut conquise par les chars de Guderian en octobre 1941 et reprise par les Russes en août 1943.

Orellana (Francisco DE), voyageur espagnol, né à Trujillo (m. en 1550). Il découvrit l'Amazone.

Orelli (Johann Kaspar VON), philologue suisse, né à Zurich (1787-1849), auteur d'éditions d'Horace, de Cicéron et de Tacite.

orémus [oremys] n. m. inv. (lat. *oremus,* prions). Mot que le prêtre prononce souvent à la messe pour inviter les fidèles à prier avec lui. ‖ *Fam.* Prière, oraison : *réciter des orémus.*

Orenbourg, de 1938 à 1957 **Tchkalov,** v. de l'U. R. S. S. (R. S. F. S. de Russie), sur l'Oural ; 326 000 h. Constructions mécaniques.

Orénoque, en esp. **Orinoco,** fl. du Venezuela ; 2 160 km. Né à la frontière brésilienne, l'Orénoque décrit une grande boucle entourant le massif des Guyanes (et séparant partiellement le Venezuela de la Colombie) avant de se jeter dans l'Atlantique par un vaste delta.

Orense, v. d'Espagne (Galice) ; 70 000 h. Cathédrale (XIIe-XIIIe s.). Pont du XIIIe s.

ores [ɔr] adv. (lat. *hac hora,* à cette heure). Présentement (vx). ‖ **— D'ores et déjà** loc. adv. Dès maintenant.

Oresme (Nicole D'), évêque de Lisieux, né à Oresme (Normandie) [v. 1325-1382]. Erudit, il est un des premiers écrivains à avoir plié la langue française à l'expression de la philosophie et de la technique.

Oreste. *Myth. gr.* Fils d'Agamemnon et de Clytemnestre. Il tua celle-ci, de concert avec sa sœur Electre, pour venger son père et fut poursuivi par les Erinyes.

Oreste, tragédie d'Euripide (408 av. J.-C.).

Oreste, homme politique romain (m. en 476). Il fit proclamer empereur son fils Romulus Augustulus.

Orestie (*l'*), trilogie dramatique d'Eschyle, jouée à Athènes (458 av. J.-C.) et comprenant les trois tragédies (*Agamemnon, les Choéphores, les Euménides*) dont les aventures d'Oreste sont le sujet.

Øresund ou **Sund,** détroit entre la Suède et l'île danoise de Sjaelland, unissant la Baltique à la mer du Nord.

Orezza, station thermale de Corse (comm. de Rapaggio, arr. de Corte). Eaux minérales.

Orfeo, drame lyrique de Monteverdi (1607), l'un des premiers opéras. Le récitatif expressif y alterne avec des airs, des chœurs et des fragments symphoniques, dont certains sont dansés.

orfèvre [ɔrfɛvr] n. m. (lat. *aurifex*). Celui qui exécute ou vend des ouvrages d'or et d'argent. ● *Etre orfèvre en la matière,* être expert, être habile. ‖ *Vous êtes orfèvre, Monsieur Josse !,* se dit à quelqu'un qui donne un conseil intéressé.

orfèvrerie n. f. Art, commerce de l'orfèvre. ‖ Ouvrage de l'orfèvre : *acheter de l'orfèvrerie.*
— ENCYCL. L'*orfèvrerie* met en œuvre principalement l'argent, les alliages à base de cuivre (laiton ou maillechort) destinés à être argentés par électrolyse, et éventuellement l'or. Les fondeurs apprêteurs de métaux précieux reçoivent des pays producteurs (Mexique, Etats-Unis, Canada) des lingots d'argent vierge, qu'ils allient à du cuivre en proportion convenable pour obtenir le titre désiré, et livrent cet argent aux orfèvres sous forme de plaques ou de baguettes. Pour les couverts en métal argenté, le maillechort est à peu près seul utilisé, sous forme de bandes longues et épaisses, dites *bandes à couverts.* Tous les ouvrages en métaux précieux doivent être conformes aux titres prescrits par la loi. Pour l'argent, les deux seuls titres légalement autorisés sont le premier titre 950/1 000 (950 parties d'argent pour 50 de cuivre) et le deuxième titre 800/1 000 (800 parties d'argent pour 200 de cuivre), celui-ci n'étant guère employé que pour l'exportation.

Orfila (Mathieu), médecin et chimiste français d'origine espagnole, né à Mahon (1787-1853). Il publia en 1813 un *Traité des poisons* et étudia l'empoisonnement par l'anhydride arsénieux.

orfraie [ɔrfrɛ] n. f. (lat. *ossifraga,* qui brise les os). Espèce d'aigle, oiseau de proie : *on a souvent confondu à tort l'orfraie avec l'effraie.* (V. PYGARGUE.)

orfroi [ɔrfrwa] n. m. (lat. *aurum Phrygium,* or de Phrygie). Parements des anciens ornements sacerdotaux.

organdi [ɔrgɑ̃di] n. m. Mousseline de coton, très légère et très claire, affermie par un apprêt spécial.

organe [ɔrgan] n. m. (lat. *organum*). Partie du corps présentant des limites nettement définies et exerçant une ou plusieurs fonctions précises chez un animal ou une plante : *l'œil est l'organe de la vue ; les organes de la parole.* (V. *encycl.*) ‖ La voix : *avoir un bel organe.* ‖ Pièce élémentaire de machine, destinée à remplir une fonction déterminée. ‖ — *Fig.* Personne ou objet qui sert d'entremise : *le juge est l'organe de la loi.* ‖ Institution qui a pour tâche d'appliquer une législation. ‖ Individu ou réunion d'individus qui expriment directement la volonté d'une personne morale ou d'une collectivité publique. ‖ Ce qui sert de moyen d'expression ; et, *par ext.,* le journal lui-même : *les organes de l'opposition.*
— ENCYCL. L'observation d'un animal ou d'une plante fait apparaître des masses nettement délimitées : globe oculaire, cœur, foie, rein, cerveau de l'homme, pétale, feuille ou étamine d'une plante, qu'il paraît naturel de désigner par un nom particulier. L'étude physiologique permet d'attribuer à chaque *organe* des fonctions propres : le cœur tout entier contribue à mettre le sang en mouvement, l'œil tout entier assure la vision, l'étamine tout entière prépare la dispersion du pollen, etc. L'histologie révèle dans chaque organe des tissus particuliers : tissu hépatique, myocarde, cortex cérébral, etc. Toutefois, la notion d'organe se complique lorsque le « grand organe » n'est que l'assemblage de milliers de « petits organes » identiques : le foie est un ensemble de lobules hépatiques, le rein un ensemble de tubes urinifères, le poumon un ensemble de vésicules, etc. ; de tels organes peuvent être partiellement détruits sans que leur fonction en souffre dangereusement. Il en va de même chez un arbre : il n'y a qu'une seule tige, mais des milliers de feuilles semblables.

organeau [ɔrgano] n. m. *Mar.* Anneau métallique où l'on amarre le câble d'une ancre.

organicisme n. m. *Méd.* Doctrine qui rattache toute maladie à la lésion d'un organe. ‖ *Sociol.* Doctrine qui assimile les sociétés à des êtres vivants.

organigramme [ɔrganigram] n. m. Graphique de la structure hiérarchique d'une organisation sociale complexe, représentant à la fois les divers éléments du groupe et leurs rapports respectifs. ‖ Graphique représentant les opérations d'un programme et leur ordre interne au sein d'un calculateur.

organique adj. Relatif aux organes ou aux êtres organisés : *la vie organique ; maladie organique.* ‖ Se dit des composés chimiques du carbone. ‖ *Mil.* Qui appartient constitutivement à un corps de troupes ou à une grande unité : *l'artillerie organique d'un corps d'armée.* ● *Loi organique,* loi ordinaire qui tranche, en matière d'organisation des pouvoirs publics, les problèmes dont la solution est confiée par la Constitution aux institutions parlementaires qu'elle crée : *les lois électorales sont des lois organiques.* ‖ *Maladie organique,* maladie qui comporte une lésion d'organe (par oppos. à *maladie fonctionnelle*).

organiquement adv. De façon organique.

organisable adj. Qui peut être organisé.

organisateur, trice adj. et n. Qui organise : *principe organisateur.* ‖ Qui est habile à organiser.

organisateur n. m. Partie de l'embryon qui provoque la différenciation des territoires embryonnaires.

organisateur-conseil n. m. Professionnel capable de déterminer les méthodes propres à assurer la marche d'une entreprise dans les meilleures conditions de rendement. (On dit aussi INGÉNIEUR EN ORGANISATION.) ‖ Pl. des *organisateurs-conseils.*

organisation n. f. Manière dont les parties qui composent un être vivant sont disposées pour remplir certaines fonctions : *organisation du corps humain.* ‖ Préparation : *organisation d'une fête.* ‖ Manière dont un Etat, une administration, un service sont constitués : *l'organisation de l'armée.* ‖ Appellation de certaines institutions internationales. ● *Organisation scientifique du travail (O. S. T.),* ensemble des activités coordonnées qui ont pour objet d'établir et de maintenir les meilleures conditions du travail dans toute entreprise, dans tous service et administration publics ou privés, et qui sont fondées sur des principes ou méthodes résultant d'une recherche scientifique.

Organisation pour l'alimentation et l'agriculture, en angl. **Food and Agriculture Organization (F. A. O.),** organisation des Nations unies créée en 1945 pour l'examen des problèmes concernant la nutrition, l'alimentation et l'agriculture. Elle siège à Rome.

Organisation de l'aviation civile internationale (O. A. C. I.), organisme ayant pour objet de faciliter le développement des transports aériens internationaux et d'en augmenter la sécurité. Créé en 1944 par la convention de Chicago, il est dirigé par un conseil permanent qui siège à Montréal et exerce ses activités dans le triple domaine de la technique aéronautique, de l'économie et du droit international. En particulier, il établit les règles internationales de navigation.

Organisation commune africaine et malgache (O. C. A. M.), organisme créé en 1965 et qui réunit les Etats francophones de l'Afrique noire (moins la Mauritanie) et Madagascar.

Organisation de coopération et de développement économique (O. C. D. E.), groupe constitué à Paris en 1961 par dix-huit Etats européens, membres de l'ex-O. E. C. E. (Organisation européenne de coopération économique), les Etats-Unis, le Canada et le Japon, en vue de favoriser l'expansion économique des Etats membres et des Etats sous-développés.

Organisation des Etats américains (O. E. A.), en anglo-amér. **Organization of American States (O. A. S.),** organisme fondé en 1948 pour régler les problèmes communs aux Etats du continent américain.

Organisation internationale du travail (O. I. T.), organisation internationale créée en 1919 par le traité de Versailles. Ses Etats membres sont représentés par des délégués des gouvernements, des employeurs et des travailleurs. Associée à l'O. N. U. depuis 1946, elle a pour but de promouvoir la justice sociale par l'amélioration des conditions de vie et de travail dans le monde. Son secrétariat permanent, le *Bureau International du Travail* (*B. I. T.*), siège à Genève. Le prix Nobel de la paix lui a été attribué en 1969.

Organisation mondiale de la Santé (O. M. S.), institution de l'O. N. U., créée en 1946, dont le but est de réaliser les conditions « d'un état de bien-être physique, mental et social pour tout être humain ». Elle siège à Genève.

Organisation des Nations unies (O. N. U.), organisation internationale constituée en 1945 (pour succéder à la Société des Nations créée par le traité de Versailles en 1919) par les Etats qui ont accepté de remplir les obligations prévues par la Charte des Nations unies (signée à San Francisco le 26 juin 1945), en vue de sauvegarder la paix et la sécurité mondiales, et d'instituer entre les nations une coopération économique, sociale et culturelle. Ses principaux organes sont l'*Assemblée générale*, où chaque pays membre siège et dispose d'une voix, et le *Conseil de sécurité*, composé de quinze membres (les Etats représentés au Conseil sont, d'une part, les cinq membres permanents [Chine (nationaliste), Etats-Unis, France, Grande-Bretagne et U. R. S. S.] et, d'autre part, dix membres élus pour deux ans), chacun disposant en principe d'une seule voix (cependant, l'opposition d'un seul membre permanent peut empêcher l'adoption d'une résolution acceptée par les quatorze autres membres). L'O. N. U. siège à New York.

Organisation du traité de l'Asie du Sud-Est (O.T.A.S.E.), alliance conclue en 1954 et comprenant l'Australie, les Etats-Unis, la France, la Grande-Bretagne, les Philippines, la Nouvelle-Zélande, le Pākistān et la Thaïlande.

Organisation du traité de l'Atlantique Nord (O. T. A. N.) ou **pacte de l'Atlantique Nord,** ou **North Atlantic Treaty Organization (NATO),** organisation politique et militaire constituée entre les signataires du traité d'alliance signé à Washington le 4 avril 1949, la Belgique, le Canada, le Danemark, les Etats-Unis, la France, la Grande-Bretagne, l'Islande, l'Italie, le Luxembourg, la Norvège, les Pays-Bas et le Portugal, étendue en 1952 à la Grèce et à la Turquie, et en 1955 à l'Allemagne fédérale en vue de « sauvegarder la paix et la sécurité, et de développer la stabilité et le bien-être dans la région de l'Atlantique Nord ». Le Shape* est un des quatre grands commandements mis sur pied par l'alliance. Bien que restant membre de l'alliance, la France a décidé en 1966 de retirer ses forces de l'organisation militaire du pacte.

Organisation de l'Unité africaine (O. U. A.), organisation créée par les Etats africains à la conférence d'Addis-Abeba (1963). Elle a pour objet de développer la solidarité entre les Etats indépendants d'Afrique.

organisationnel, elle adj. Qui concerne l'organisation politique : *les principes organisationnels.*

organisé, e adj. Pourvu d'organes dont le fonctionnement constitue la vie : *les végétaux sont des corps organisés.* ‖ Qui a reçu une organisation : *maison de commerce bien organisée.* ‖ Constitué intellectuellement de telle ou telle manière : *tête bien organisée.*

organiser [ɔrganize] v. t. (de *organe*). Combiner, disposer pour fonctionner : *organiser un ministère.* ‖ Disposer, arranger : *organiser une réception.* ● *Organiser une entreprise*, constituer les services d'une entreprise en donnant à chacun l'importance qu'il doit avoir, de façon qu'elle dispose, en temps voulu et au moindre coût, de tout ce qui est utile à son fonctionnement. ‖ — **S'organiser** v. pr. Prendre une forme régulière.

organisme n. m. Ensemble des organes qui constituent un être vivant : *l'organisme humain.* ‖ *Fig.* Ensemble des organes administratifs qui ont pour charge la gestion d'un service public, d'un parti, etc. : *la Fédération nationale des organismes de Sécurité sociale.*

organiste [ɔrganist] n. (du lat. *organum*, orgue). Personne qui joue de l'orgue.

organite [ɔrganit] n. m. Chacun des éléments constituant la cellule : noyau, centrosome, mitochondries, etc.

Organon, titre d'un recueil de traités d'Aristote, qui a porté la logique presque jusqu'à la perfection (IVᵉ s. av. J.-C.). Ce livre, étroitement interprété, a fait autorité, comme un dogme, durant tout le Moyen Age.

organsin n. m. (ital. *organzino*). Fil de soie formé de deux fils de soie grège tordus chacun dans le même sens, puis retordus ensemble dans le sens contraire.

organsinage n. m. Action d'organsiner.

organsiner [ɔrgɑ̃sine] v. t. Tordre ensemble plusieurs brins de soie pour en faire de l'organsin.

organum [nɔm] n. m. (mot lat. ; du gr. *organon*). Au Moyen Age, composition musicale à deux, trois ou quatre voix, écrite sur un thème emprunté au plain-chant.

orgasme [ɔrgasm] n. m. (du gr. *organ*, bouillonner d'ardeur). Le plus haut point de l'excitation génésique.

orge [ɔrʒ] n. f. (lat. *hordeum*). Plante de la famille des graminacées, à épis munis de longues barbes, dont une espèce cultivée est une céréale. (V. *encycl.*) ‖ Sa graine. ● *Sucre d'orge*, sucre cuit avec une décoction d'orge et coloré, dont on fait de petits bâtons.
— REM. *Orge* est masculin dans les deux expressions : *orge mondé*, grains d'orge passés entre deux meules pour les débarrasser de leur première enveloppe ; *orge perlé*, grains d'orge passés entre deux meules rapprochées pour en ôter le son et les réduire en petites boules farineuses.
— ENCYCL. L'orge, cultivée dans les régions tempérées, est la céréale qui remonte le plus vers le nord. On distingue des variétés à six rangs de grains ou *orges hexastiques* et des variétés à deux rangs ou *orges distiques ;* certaines sont semées à l'automne (*orges d'hiver*), d'autres au printemps (*orges de printemps*). La production mondiale est de 100 millions de tonnes, utilisées soit comme farine alimentaire, soit dans la fabrication de la bière (malt). [V. illustr. CÉRÉALES.]

Orge, riv. de l'Ile-de-France, affl. de la Seine (r. g.) ; 50 km.

orgeat [ɔrʒa] n. m. (de *orge*). Sirop préparé autrefois avec une décoction d'orge, aujourd'hui avec une émulsion d'amandes. ‖ Ce sirop étendu d'eau.

orgelet [ɔrʒəlɛ] n. m. (lat. *hordeolus*, grain d'orge). Furoncle en forme de grain d'orge, appelé usuellement COMPÈRE-LORIOT, situé au bord de la paupière et dû au staphylocoque.

Orgelet (39270), ch.-l. de c. du Jura (arr. de Lons-le-Saunier) ; 1 756 h.

Orgères-en-Beauce (28140), ch.-l. de c. d'Eure-et-Loir (arr. de Châteaudun) ; 856 h. (698 aggl.).

orgiaque adj. Relatif aux orgies : *débauches orgiaques.*

orgie [ɔrʒi] n. f. (du pl. lat. *orgia*, empr. au gr. et signif. *fêtes de Bacchus*). Débauche : *faire une orgie.* ‖ Excès, surabondance : *orgie de lumière, de fleurs.*

Orgnac (*aven d'*), grottes de l'Ardèche. Site préhistorique (paléolithique).

Orgon (13660), ch.-l. de c. des Bouches-du-Rhône (arr. d'Arles), sur la Durance ; 2 049 h. (1 302 aggl.).

Orge à 2 rangs — Orge chevalier — Orge hexagonal — Escourgeon de Beauce — Escourgeon du Nord

Orgon, personnage du *Tartuffe* de Molière. Bourgeois borné, il protège aveuglément l'hypocrite.

orgue [ɔrg] n. m. (lat. *organum*) [masc. au sing. ainsi qu'au pl. s'il désigne plusieurs instruments; fém. au pl. quand il désigne un seul instrument]. Instrument de musique à claviers, à vent et à tuyaux, principalement en usage dans les églises : *l'orgue de cette église est excellent ; de belles orgues.* (V. *encycl.*) ‖ Tribune élevée où sont les orgues, dans une église : *monter à l'orgue.* ● *Orgue de Barbarie* (corruption de *Barberi*, nom d'un fabricant de Modène), espèce d'orgue dont les claviers et le soufflet sont mis en jeu par un cylindre mû à l'aide d'une manivelle. ‖ *Orgues basaltiques* (Géogr.), prismes d'une grande régularité, pouvant atteindre de 30 à 45 m de hauteur, qui ressemblent à des tuyaux d'orgue et qui se sont formés dans des coulées de basalte en voie de refroidissement : *les orgues basaltiques de Bort.* ‖ *Orgues de Staline*, pendant la Seconde Guerre mondiale, engin multitube soviétique lançant des projectiles autopropulsés. ‖ Point d'orgue, v. POINT.
— ENCYCL. L'*orgue* a été inventé par Ctésibios au IIIᵉ s. av. J.-C. D'abord hydraulique, puis très vite pneumatique, il a été diffusé en Occident vers les Xᵉ et XIᵉ s. Passant du domaine profane au domaine religieux, il s'est vu doté d'un second clavier au XIVᵉ s. et d'un pédalier au XVᵉ s. Les grandes orgues du XVIIIᵉ s. atteignaient cinq claviers manuels, les plus grands tuyaux ayant une longueur de 32 pieds et les plus courts mesurant de 8 à 10 mm. Tout orgue comporte des jeux de fond, de mutation et d'anche. La traction servant d'intermédiaire entre les claviers et les sommiers supportant les tuyaux peut être soit mécanique, soit électrique. L'orgue de cinéma est un succédané de l'orgue classique, avec quelques effets nouveaux. L'orgue électronique est une synthèse sonore utilisant la génération des oscillations électriques pour créer des sons imitant ceux de l'orgue à tuyaux, par l'intermédiaire de haut-parleurs.

orgueil [ɔrgœj] n. m. (empr. au germ.). Estime excessive de soi-même : *l'orgueil se nourrit de l'ignorance.* (Syn. : FATUITÉ, HAUTEUR, MORGUE, PRÉSOMPTION, SUFFISANCE, VANITÉ.) ‖ En bonne part, sentiment élevé de sa propre dignité : *un légitime orgueil.*

orgueilleusement adv. De façon orgueilleuse.

orgueilleux, euse adj. et n. Qui a de l'orgueil, de la prétention. ‖ — Adj. Qui en témoigne : *réponse orgueilleuse.*

Oribase, médecin grec, né à Pergame (Mysie) [v. 325-403]. Il accompagna l'empereur Julien en Orient et recueillit le savoir médical de son temps dans un ouvrage, *Collectanea artis medicae.* Il passe pour avoir découvert les glandes salivaires.

orichalque [ɔrikalk] n. m. Bronze des Anciens.

orient [ɔrjɑ̃] n. m. (lat *oriens*, qui se lève). Point du ciel où le soleil se lève sur l'horizon. ‖ Celui des quatre points cardinaux où le soleil se lève à l'équinoxe. ‖ Eclat d'une perle. ‖ L'Asie, une partie de l'Egypte, et même de l'Europe, relativement à l'Europe occidentale (en ce sens et dans les suiv., prend une majuscule) : *voyage en Orient ; en Extrême-Orient* (Chine, Japon, Corée, etc.). ‖ Nom par lequel, dans la franc-maçonnerie, on désigne les loges de province. ● *Grand Orient*, loge centrale, formée dans la capitale par les représentants des loges maçonniques de province.

A gauche, une console d'**orgue** électrique, avec quatre claviers manuels, un pédalier, des pédales d'expression, des boutons de registres, des combinaisons. *A droite*, schéma d'un **orgue** mécanique : 1. Touche ; 2. Vergettes ; 3. Abrégé et pilotes ; 4. Ressort de soupape ; 5. Boursette ; 6. Soupape ; 7. Table ; 8. Orifices recevant les pieds des tuyaux ; 9. Faux registre ; 10. Chape ; 11. Tuyaux ; 12. Tamis ou faux sommier ; 13. Registre coulissant ; 14. Alimentation en air ; 15. Laie ; 16. Jeu ou registre.

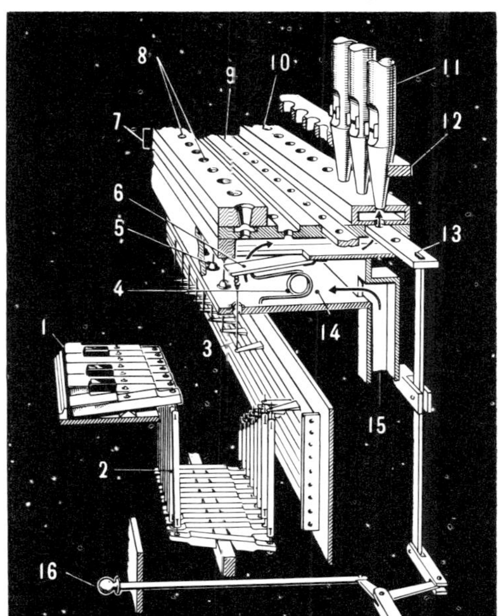

Phot. Larousse.

Orient (*Empire romain d'*), un des deux empires formés après la mort de Théodose, en 395, connu aussi sous le nom d'EMPIRE BYZANTIN*; il fut détruit par les Ottomans en 1453.

Orient (*forêt d'*), massif forestier de Champagne (Aube), à l'est de Troyes. Parc naturel de 60 000 ha. Lac.

Orient (*question d'*), ensemble de problèmes et de conflits internationaux issus de l'installation des Turcs en Europe en 1453. Au XVIIIe s., l'Autriche et la Russie cherchèrent à s'assurer, aux dépens de l'Empire ottoman affaibli, la suprématie dans les Balkans. Au XIXe s., les peuples chrétiens de l'Empire s'émancipèrent et créèrent des Etats indépendants (Monténégro, Serbie, Grèce). Les ambitions rivales de la Russie et de l'Angleterre à propos des Détroits provoquèrent la guerre de Crimée (1854-1855), puis la guerre russo-turque (1877-1878). Le traité de Berlin (1878) régla momentanément la question d'Orient, mais l'antagonisme austro-russe et le sursaut national jeune-turc aboutirent aux guerres balkaniques (1912-1913). Après l'effondrement de l'Empire ottoman, la question d'Orient a été ramenée au problème des Détroits, neutralisés par le traité de Lausanne (1923), mais remis en question à Montreux en 1936 et par l'U. R. S. S. en 1945.

Orient (*schisme d'*), scission entre l'Eglise byzantine et l'Eglise romaine, survenue en 1054.

orientable adj. Que l'on peut orienter : *phare orientable.*

oriental, e, aux adj. et n. Qui appartient ou qui se trouve à l'Orient. ● *A l'orientale,* se dit d'une préparation culinaire avec tomates, condiments, et très fortement relevée avec des piments.

Orientales (*les*), de V. Hugo (1829), recueil inspiré par le soulèvement de la Grèce, et qui présente des descriptions colorées d'un Orient d'imagination.

orientalisme n. m. Ensemble des connaissances qui concernent les peuples orientaux, leurs langues, leur histoire, leurs civilisations, etc. ‖ Goût des choses de l'Orient.

orientaliste n. et adj. Personne qui se livre à l'étude des langues et des civilisations orientales. ‖ Peintre spécialisé dans la représentation de paysages et de types exotiques.

orientation n. f. Action de déterminer, du lieu où l'on se trouve, la direction des points cardinaux : *l'orientation est facile au moyen de la boussole.* ‖ Fonction par laquelle les êtres vivants distinguent les points cardinaux et en tiennent compte dans leur croissance (plantes) ou dans leurs déplacements (animaux). [V. *encycl.*] ‖ Position d'un objet par rapport aux points cardinaux. ‖ *Mar.* Disposition des vergues pour permettre aux voiles de recevoir le vent de la direction la plus favorable. ‖ *Fig.* Direction : *l'orientation de la politique.* ● *Conseiller d'orientation scolaire et professionnelle,* personne chargée de l'orientation scolaire et professionnelle, et dépendant de l'Education nationale. ‖ *Orientation scolaire et professionnelle,* détermination de la meilleure voie scolaire et universitaire en fonction des aptitudes et des motivations du sujet.
— ENCYCL. Tous les êtres vivants savent s'orienter d'après la direction du Soleil, même les animaux aveugles, dont la peau est plus ou moins photosensible, et les plantes (tournesol). De nuit, les oiseaux migrateurs semblent capables de s'orienter d'après les étoiles. Mais de nombreux animaux perçoivent le champ magnétique terrestre, et certains insectes (abeille) discernent, en dépit des nuages, le plan de polarisation de la lumière solaire. L'*orientation spatiale* est pourtant insuffisante à assurer le retour des animaux à leur point de départ si elle ne s'accompagne d'une évaluation correcte des durées. (Pour les plantes, v. TROPISME.)

orienté, e adj. Qui a une certaine tendance doctrinale : *un ouvrage orienté politiquement à droite.* ‖ Se dit d'une grandeur pour laquelle on a fixé un sens, choisi pour sens positif.

orientement n. m. Action d'orienter un bâtiment, des voiles.

orienter [ɔrjɑ̃te] v. t. Disposer une chose suivant la position qu'elle doit avoir par rapport aux points cardinaux : *orienter un édifice.* ‖ Guider, diriger : *orienter le public vers la sortie.* ‖ *Mar.* Brasser les vergues de manière que le vent frappe bien les voiles. ‖ *Fig.* Conseiller un enfant sur le métier qu'il peut choisir en fonction de sa santé, de ses goûts, de ses aptitudes, de la situation du marché du travail. ‖ **— S'orienter** v. pr. Reconnaître, du lieu où l'on se trouve, la direction des points cardinaux afin de se guider. ‖ Se diriger vers.

orienteur, trice ou **teuse** n. Syn. de CONSEILLER D'ORIENTATION* SCOLAIRE ET PROFESSIONNELLE. ‖ — Adj. *Officier orienteur,* officier qui dirige le mouvement d'une formation militaire, qui détermine les éléments topographiques nécessaires à l'action d'une unité d'artillerie.

orifice [ɔrifis] n. m. (lat. *orificium;* de *os, oris,* bouche). Ouverture qui sert d'entrée ou d'issue, qui donne l'écoulement à un fluide.

oriflamme [ɔriflam] n. f. (lat. *aurea flamma,* flamme d'or). Bannière en forme de flamme. ‖ Enseigne féodale de l'abbaye de Saint-Denis, de forme carrée et de couleur rouge, adoptée par les rois de France du XIIe au XVe s.

origan [ɔrigɑ̃] n. m. (lat. *origanon*). Autre nom de la MARJOLAINE.

Origène, exégète et théologien, né à Alexandrie (v. 183/186-v. 252/254). Apologiste de grande valeur, il a usé, dans l'interprétation de la Bible, de la méthode allégorique. Sa doctrine a été condamnée par l'Eglise.

originaire [ɔriʒinɛr] adj. Qui tire son origine de : *plante originaire d'Amérique.*

originairement adv. Primitivement, à l'origine.

original [ɔriʒinal], **e, aux** [-o] adj. (de *origine*). Qui se rapporte à l'œuvre primitive, à la première rédaction : *un tableau, un texte original.* ‖ Qui semble se produire pour la première fois; non copié, non imité : *pensée originale.* ● *Edition originale,* première édition d'un ouvrage imprimé. ‖ *Gravure originale,* gravure conçue et exécutée par un même artiste (par oppos. à la *gravure de reproduction,* d'après un modèle que le graveur a puisé dans l'œuvre d'autrui). ‖ — Adj. et n. Qui écrit, qui compose d'une manière neuve, personnelle : *écrivain original.* ‖ Singulier, bizarre, excentrique : *caractère original.*

original n. m. Modèle primitif (par oppos. à *copie*). [L'original d'un acte notarié, signé par tous les contractants, est conservé à l'étude du notaire sous le nom de *minute.*] ‖ Texte primitif (par oppos. à *traduction*).

originalement adv. De façon originale.

originalité n. f. Caractère de ce qui est original. ‖ Caractère bizarre, excentrique : *se faire remarquer par son originalité.* ● *Crise d'originalité juvénile,* ensemble des manifestations verbales, vestimentaires, etc., par lesquelles un adolescent affirme sa personnalité au sein d'un groupe.

origine [ɔriʒin] n. f. (lat. *origo, originis*). Première manifestation, commencement : *l'origine du monde.* ‖ Cause : *l'origine d'une maladie.* ‖ Etymologie : *l'origine d'un mot.* ‖ Point de départ d'une famille, d'une nation : *l'origine des Français.* ‖ Classe sociale d'où une personne est issue : *être d'origine modeste.* ‖ Provenance : *mode d'origine anglaise.* ‖ *Math.* Point à partir duquel sont comptées les coordonnées d'un point. ‖ **— A l'origine** loc. adv. Au début.

origine des espèces par voie de sélection naturelle (*De l'*), livre de Ch. Darwin, où sont exposés le mécanisme du transformisme, la concurrence vitale, la sélection naturelle (1859).

origines du christianisme (*Histoire des*), d'E. Renan, en 7 volumes (1863-1881), dont le premier est la *Vie de Jésus.* Cette œuvre, par laquelle Renan faisait connaître en France les doctrines des rationalistes allemands, suscita d'ardentes polémiques.

originel, elle adj. Qui remonte jusqu'à l'origine. ● *Péché originel,* celui que tous les hommes, dans la croyance chrétienne, auraient contracté en la personne d'Adam.

originellement adv. Dès l'origine : *contrat originellement vicié.*

orignal [ɔriɲal] n. m. (basque *oregnac*). Autre nom de l'ÉLAN, au Canada. ‖ Pl. des *orignaux.*

Orihuela, v. d'Espagne (Alicante), au centre d'une huerta fertile; 45 000 h. Cathédrale (XIVe-XVIe s.). Palais épiscopal (XVIIIe s.).

orillon [ɔrijɔ̃] n. m. Massif arrondi de maçonnerie à l'angle d'un bastion. (On dit aussi OREILLON.)

orin [ɔrɛ̃] n. m. (néerl. *ooring*). *Mar.* Filin frappé sur un objet immergé (ancre, grappin, mine) et tenu à la surface par une bouée.

Oriola (Christian D'), escrimeur français, né à Perpignan en 1928. Quadruple champion du monde au fleuret (1947, 1949, 1953 et 1954), il a remporté cette même épreuve aux jeux Olympiques en 1952 et 1956.

Orion, chasseur gigantesque et d'une grande beauté, qu'Artémis tua. Il fut changé en constellation.

Orion, constellation de la zone équatoriale et l'une des plus belles des nuits d'hiver. Elle contient de nombreuses étoiles, notamment : *Bételgeuse,* de teinte rougeâtre; *Rigel,* qui est blanche; un groupe de trois étoiles formant la *Ceinture,* ou *Baudrier d'Orion;* un autre groupe, enfin, de trois étoiles très rapprochées constituant l'*Epée d'Orion,* dans le milieu de laquelle s'étale la *Nébuleuse d'Orion,* prototype des nébuleuses galactiques à raies d'émission.

oripeau [ɔripo] n. m. (lat. *aurea pellis,* peau d'or). Lame de cuivre, mince et polie, qui, de loin, a l'éclat de l'or. ‖ Tout ce qui n'a qu'un faux brillant. ‖ — Pl. Vieux vêtements bizarres qui ont conservé un reste de clinquant.

Orissa, Etat de l'Inde orientale, sur le golfe du Bengale; 19 739 000 h. Cap. *Bhubaneswar.* L'extrémité septentrionale des Ghāts orientaux y sépare les plateaux du Deccan d'une étroite plaine littorale. La forêt recouvre une partie de l'Etat, presque exclusivement agricole (riz, millet, canne à sucre, oléagineux).

Orizaba, v. du Mexique, dominée par le *volcan d'Orizaba,* ou Citlaltépetl (5 700 m), point culminant du Mexique; 55 500 h.

Orkney. V. ORCADES.

O. R. L. Abrév. de *oto-rhino-laryngologie : consultation O. R. L.*

orle [ɔrl] n. m. (lat. pop. *orulus;* de *ora,* bord). *Archit.* Filet sous les oves d'un chapiteau. ‖ *Hérald.* Pièce honorable, qui est une bordure réduite de largeur et ne touchant pas les bords de l'écu.

orléanais [ɔrleanɛ], **e** [-ɛz] adj. et n. D'Orléans.

Orléanais, anc. prov. de France, qui, à plusieurs reprises, forma un duché, apanage de la famille d'Orléans, et qui fut définitivement réunie à la Couronne en 1626. Cap. *Orléans.* Elle a formé trois départements : Loiret, Loir-et-Cher, Eure-et-Loir.

orléaniste n. et adj. Personne qui soutenait les revendications au trône de France d'un prince de la maison d'Orléans.

Orléans, ch.-l. du dép. du Loiret, sur la Loire, à 116 km au sud de Paris; 100 134 h. (*Orléanais*). [L'agglomération compte 167 515 h.] Evêché. Académie. Cour d'appel. Importante cité marchande sous l'Ancien Régime, bénéficiant alors de l'actif trafic fluvial sur la Loire et de sa proximité de Paris, Orléans déclina au XIXe s. avec le recul de la navigation fluviale et le refus d'accepter la voie ferrée (la gare est établie aux Aubrais, au nord). Aujourd'hui, toutefois, la ville reprend de l'importance en raison de sa proximité de la capitale. Aux traditionnelles industries alimentaires (vinaigreries, minoteries, conserves) se sont récemment ajoutées les constructions mécaniques et électriques. La ville retrouve aussi sa vocation universitaire. Elle s'est développée sur la rive droite de la Loire, mais l'agglomération déborde largement aujourd'hui sur la rive gauche du fleuve. Le dynamisme récent d'Orléans est attesté par l'évolution démographique. — L'arr. a 16 cant., 123 comm., 259 251 h. — La *forêt d'Orléans* (34 200 ha) s'étend en bordure de la rive droite de la Loire en amont d'Orléans.
● *Beaux-arts.* Très endommagée en 1940, la ville conserve cependant la cathédrale, bâtie du XIIIe au XVIe s. et reconstruite dans le style gothique au XVIIe (façade achevée au XVIIIe s.), l'hôtel de ville et de vieilles maisons du XVIe s. Musées.
● *Histoire.* Importante cité commerçante dès l'Antiquité, évêché dès le IVe s., Orléans fut plusieurs fois assiégée. Le siège le plus célèbre reste celui de 1429, quand Jeanne d'Arc (qui devait devenir l'héroïne locale) reprit la ville aux Anglais. En 1870, Orléans fut le pivot des batailles menées par les armées de la Loire. La ville est devenue, en 1966, le siège d'une université (elle l'avait déjà été sous l'Ancien Régime).

Orléans

Phot. Lapie-Photothèque française.

Philippe d'**Orléans** (1640-1701)
« Monsieur »
par Pierre Mignard
coll. part.

Philippe d'**Orléans** (1674-1723)
« le Régent »
par J.-B. Santerre
musée de Versailles

Louis-Philippe d'**Orléans** (1747-1793)
Philippe Égalité
par Reynolds
musée Condé, Chantilly

Orléans, nom de quatre familles princières de France. La première est représentée par le fils de Philippe VI, PHILIPPE Ier, qui obtint en apanage (1344) le duché d'Orléans, mais mourut sans postérité en 1375. — La deuxième maison d'Orléans eut pour chef le frère de Charles VI, LOUIS Ier, assassiné à Paris par les partisans de Jean sans Peur (1372-1407). — La troisième maison d'Orléans est représentée par GASTON († 1660), frère de Louis XIII. — La quatrième commence avec PHILIPPE Ier († 1701); elle parvint à régner avec Louis-Philippe Ier (1773-1850).

Orléans (Louis, *duc* D') [1372-1407], deuxième fils de Charles V. En épousant Valentine Visconti, il acquit des droits sur le Milanais. Son frère, le roi Charles VI, étant devenu fou (1392), il entra en rivalité avec les ducs de Bourgogne, d'abord Philippe le Hardi, puis Jean sans Peur; ce dernier le fit assassiner.

Orléans (Charles D'), poète français, né à Paris (1391-1465), fils de Louis d'Orléans, frère de Charles VI. Il fut fait prisonnier à Azincourt et resta captif en Angleterre pendant un quart de siècle. A son retour en France, il épousa Marie de Clèves, qui lui donna un fils, le futur Louis XII, et tint à Blois une cour raffinée. Son œuvre poétique, qui comprend surtout des rondeaux et des ballades, marque les différentes étapes de son existence.

Orléans (Gaston, *comte* D'EU, *duc* D'), troisième fils d'Henri IV et de Marie de Médicis, né à Fontainebleau (1608-1660). En 1611, il devint le deuxième personnage du royaume avec le titre de **Monsieur.** Il fut mêlé à tous les complots contre Richelieu, puis contre Mazarin; il accabla toujours ses complices. Lieutenant général du royaume à la mort de Louis XIII, il participa aux intrigues de la Fronde. Il fut le père de la Grande Mademoiselle.

Orléans (Philippe, *duc* D'), second fils de Louis XIII et d'Anne d'Autriche, né à Saint-Germain-en-Laye (1640-1701). En 1643, il prit le titre de **Monsieur.** De moralité douteuse, il ne joua aucun rôle politique. Il épousa successivement Henriette d'Angleterre (1661), puis la Princesse Palatine, qui fut la mère du futur Régent.

Orléans (Philippe, *duc* D'), né à Saint-Cloud (1674-1723), régent de France de 1715 à 1723, fils du précédent. En 1692, il épousa Mlle de Blois, fille légitime de Louis XIV et de Mme de Montespan. A la mort de Louis XIV, il fit casser le testament du roi (2 sept. 1715) et se fit accorder la régence. Son gouvernement fut marqué par une réaction contre les tendances absolutistes du règne de Louis XIV (polysynodie). Par ailleurs, l'époque de la Régence est restée célèbre pour son atmosphère de facilité et de débauche. Le Régent crut pouvoir régler le problème financier en recourant au système de Law*, qui échoua. Louis XV, devenu majeur (févr. 1723), lui garda sa confiance, mais le Régent fut bientôt emporté par l'apoplexie.

Orléans (Louis Philippe Joseph, *duc* D'), dit **Philippe Egalité,** né à Saint-Cloud (1747-1793), petit-fils du Régent. Duc de Chartres (1752), puis duc d'Orléans (1785), il manifesta, dès avant la Révolution, son opposition à Louis XVI. Du Palais-Royal, où il résidait, il fit un centre d'agitation révolutionnaire. Emigré en 1790, il revint en France pour se faire élire député à la Convention (1792); il prit alors le surnom d' « Egalité ». Il vota la mort du roi, son cousin, mais il n'échappa pas pour autant à la guillotine. Il fut le père de Louis-Philippe, roi des Français.

Orléans (Ferdinand, *duc* D'), né à Palerme (1810-1842), fils aîné de Louis-Philippe Ier. Il épousa Hélène de Mecklembourg-Schwerin, qui lui donna deux enfants, dont le comte de Paris. Il fut blessé mortellement dans un accident de voiture.

Orléans (Philippe, *duc* D'), fils du comte de Paris, né à Twickenham (1869-1926). En 1894, il devint le prétendant officiel de la Couronne, mais, n'ayant pas d'enfant, il transmit ses droits à son cousin Jean, duc de Guise.

Orléansville. V. ASNAM (*El-*).

Örlikon ou **Oerlikon,** anc. comm. de Suisse, rattachée à Zurich. Constructions mécaniques et électriques.

Orlon n. m. (marque déposée). Fibre synthétique de polyacrylonitrile, dont l'aspect et le toucher rappellent ceux de la soie, et dont le pouvoir d'isolation thermique est élevé grâce aux vacuoles d'air qu'elle contient.

Orly (94310), ch.-l. de c. du Val-de-Marne (arr. de Créteil), au sud de Paris; 30 571 h. Grand aéroport.

ormaie [ɔrmɛ] ou **ormoie** [-mwa] n. f. Lieu planté d'ormes.

orme [ɔrm] n. m. (lat. *ulmus*). Arbre atteignant 20 à 30 m de haut, à feuilles dentelées, souvent planté, fournissant un bois solide et souple, utilisé en charpenterie et en ébénisterie. (Famille des ulmacées.) [V. illustr. ARBRES.]

ormeau n. m. Jeune orme. ‖ *Zool.* Autre nom de l'HALIOTIDE.

Ormesson (LEFÈVRE D'), famille française de magistrats, dont OLIVIER III (1617-1686), qui fut le rapporteur intègre du procès de Fouquet.

Ormesson (Vladimir Olivier Marie, *comte* D'), diplomate et écrivain français, né à Saint-Pétersbourg (1888-1973). Ambassadeur au Vatican (1940, 1948-1956) et en Argentine (1945-1948), il a publié des essais historiques (*la Révolution allemande,* 1934). [Acad. fr., 1956.]

Ormesson-sur-Marne (94490), comm. du Val-de-Marne (arr. de Nogent-sur-Marne), près de la Marne; 8 367 h. (*Ormessonnais*). Château des XVIe et XVIIIe s.

ormille n. f. Très jeune orme. ‖ Plant de petits ormes.

ormoie n. f. V. ORMAIE.

Ormonde (James BUTLER, 1er *duc* D'), homme politique irlandais, né à Londres (1610-1688). Il défendit vainement l'Irlande contre Cromwell.

Ormuz ou **Hormuz,** île iranienne du golfe Persique, sur le *détroit d'Ormuz* ou *d'Hormuz,* qui relie le golfe Persique au golfe d'Oman.

Ormuzd, en zend **Ahura-Mazdâ,** dieu suprême du mazdéisme.

Ornain, riv. du Bassin parisien, sous-affl. de la Marne (r. dr.) par la Saulx; 120 km. Il arrose Bar-le-Duc.

Ornano (Sampiero D') ou **Sampiero Corso,** patriote corse, né à Bastelica (1501-1567), célèbre pour ses luttes contre Gênes.

Ornano (Alphonse D'), maréchal de France, né à Ajaccio (1548-1610). Lieutenant général en Dauphiné, il fut créé maréchal de France en 1595 et lieutenant général en Guyenne en 1599. — Son fils JEAN-BAPTISTE, maréchal de France, né à Sisteron (1581-1626), fut décapité sur ordre de Richelieu. — PHILIPPE-ANTOINE, comte **d'Ornano,** maréchal de France, de la famille des précédents, né à Ajaccio (1784-1863). Aide de camp de Berthier (1804), il commanda la cavalerie, puis les dépôts de la garde impériale (1813-1814). Exilé jusqu'en 1817, il reprit du service (1828) et réprima l'agitation légitimiste dans l'Ouest (1832). Gouverneur des Invalides en 1853, il fut promu maréchal en 1861.

Ornano (Jean COLONNA D'), officier français, né à Alger (1895-1941). En 1940, il rallia le Tchad à la France libre. Sous les ordres de Leclerc, il effectua un raid victorieux à Mourzouk, dans le Fezzan, où il fut tué.

Ornans [-nɑ̃] (25290), ch.-l. de c. du Doubs (arr. de Besançon); 4 244 h. (*Ornanais*). Eglise du XVIe s. Hôpital du XVIIIe s. Horlogerie. Patrie de Courbet (musée).

orne [ɔrn] n. m. (lat. *ornus*). Frêne à fleurs blanches.

orne n. m. Petit fossé séparant les rangées de ceps.

Orne, riv. de Lorraine, affl. de la Moselle (r. g.); 86 km. Sa vallée est une grande région industrielle (Moyeuvre-Grande, Homécourt, Jœuf, etc.).

Orne, fl. côtier de Normandie, qui passe à Caen; 152 km.

Orne (*dép. de l'*) [**61**], dép. formé d'une partie de la Normandie et du Perche; préf. *Alençon;* s.-préf. *Argentan, Mortagne-au-Perche;* 3 arr., 36 cant., 507 comm.; 6 100 km²; 288 500 h. (*Ornais*). Les *campagnes d'Alençon* et *d'Argentan,* surtout céréalières, séparent le *Bocage normand,* vallonné (417 m à la forêt d'Écouves), des collines du *Perche* et des extrémités méridionales des *pays d'Auge* et *d'Ouche,* régions d'élevage bovin pour la viande et les produits laitiers (fromage, beurre). L'industrie emploie près du tiers de la population active (plus du tiers pour l'agriculture). Elle est représentée surtout par le textile (dentelle), la petite métallurgie (quincaillerie), quelques constructions mécaniques et électriques (appareils ménagers). L'émigration continue à sévir malgré la croissance des villes (Alençon, Flers, Argentan), d'importance moyenne.

ornemaniste [ɔrnəmanist] adj. et n. Artiste spécialisé dans la production d'ornements dessinés ou gravés, destinés à servir de modèles. ‖ Artiste ou ouvrier exécutant des ornements, notamment des stucages pour la décoration d'un édifice.

ornement [ɔrnəmɑ̃] n. m. (lat. *ornamentum*). Tout ce qui orne, embellit. ‖ *Archit.* Partie d'un ouvrage qui, sans être un élément essentiel, participe à sa décoration. ‖ Chacun des habits sacerdotaux dont on se sert pour les cérémonies liturgiques dans le culte catholique. ‖ *Fig.* Agrément d'expression : *les ornements du style.* ‖ *Mus.* Notes brèves représentées par des signes et destinées à assouplir le contour d'une mélodie (trille, mordant, gruppetto, appoggiature). [Syn. AGRÉMENT.]

ornemental, e, aux adj. Qui concerne les ornements : *style ornemental.* ‖ Qui sert ou peut servir à l'ornement : *plantes ornementales.*

ornementation n. f. Art ou manière de disposer des ornements.

ornementer v. t. Enrichir d'ornements : *ornementer un panneau.*

orner [ɔrne] v. t. (lat *ornare*). Pourvoir de ce qui embellit : *orner un salon de tableaux.* ‖ *Fig.* Doter, enrichir : *la lecture orne l'esprit.*

ornière [ɔrnjɛr] n. f. (du lat. *orbita*). Trace creusée dans le sol par les roues des voitures. ‖ *Fig.* Vieille habitude, routine : *sortir de l'ornière.*

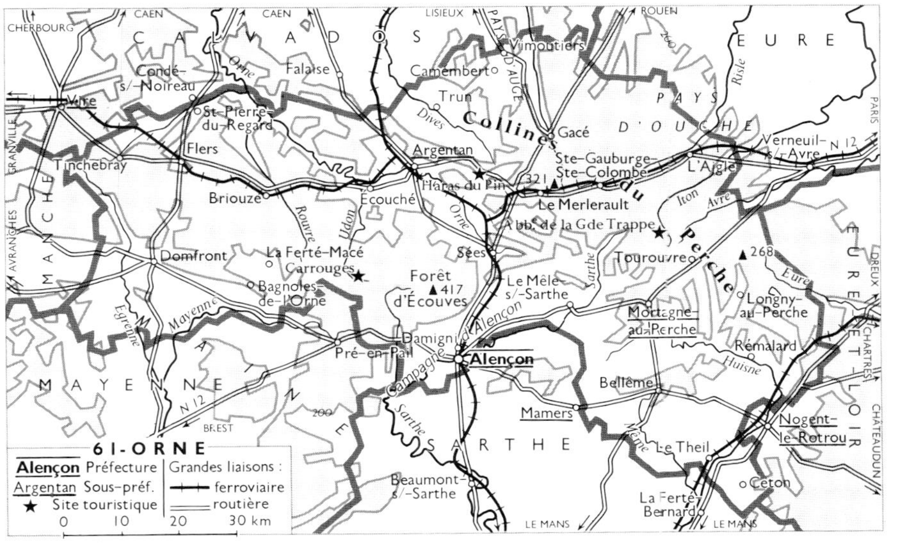

Phot. Giraudon (3).

oronge

ornithorynque nageant

ornithogale [ɔrnitɔgal] n. m. (gr. *ornis, ornithos,* oiseau, et *gala,* lait). Plante bulbeuse, à fleurs blanches ou verdâtres, de la famille des liliacées, dont une espèce est la *dame-d'onze-heures.*

ornithologie n. f. (gr. *ornis, ornithos,* oiseau, et *logos,* science). Partie de la zoologie qui traite des oiseaux. ‖ Traité sur les oiseaux.

ornithologiste ou **ornithologue** n. Spécialiste d'ornithologie.

ornithomancie n. f. Divination par le vol ou le chant des oiseaux.

ornithorynque [ɔrnitɔrɛ̃k] n. m. (gr. *ornis, ornithos,* oiseau, et *runkhos,* bec). Mammifère monotrème, d'Australie et de Tasmanie, mesurant 40 cm de long, ovipare, à bec corné ressemblant à celui du canard, à pattes palmées et à queue plate, lui permettant de creuser galeries et chambres près de l'eau. (Sous-classe des protothériens.)

orobanche [ɔrɔbɑ̃ʃ] n. f. (gr. *orobankhê*). Plante sans chlorophylle, à fleurs gamopétales, qui vit en parasite sur les racines d'autres plantes (labiacées, légumineuses, etc.).

orobe [ɔrɔb] n. m. (gr. *orobos*). Plante voisine de la *gesse,* à laquelle on la réunit maintenant.

Orodès Ier, roi des Parthes Arsacides (55-37 av. J.-C.). Il fut constamment en lutte avec les Romains et triompha de Crassus grâce à son général Suréna, qu'il fit tuer.

orogenèse [ɔrɔʒənɛz] n. f. (gr. *oros,* montagne, et *genesis,* génération). Edification des chaînes de montagnes.

orogénie n. f. (gr. *oros,* montagne, et *geneia,* production). Etude des dislocations de l'écorce terrestre, et particulièrement des montagnes.

orogénique adj. Relatif à l'orogénie. ● *Mouvements orogéniques,* mouvements de l'écorce terrestre qui donnent naissance aux montagnes.

orographie n. f. Etude du relief terrestre.

orographique adj. Relatif à l'orographie : *carte orographique.*

Oroks, ethnie appartenant au groupe toungouse.

oronge [ɔrɔ̃ʒ] n. f. (provenç. *ouronjo,* orange). Nom donné à certaines amanites : *oronge vraie,* à chapeau rouge, comestible (amanite des Césars) ; *fausse oronge,* à chapeau rouge tacheté de blanc, vénéneuse (amanite tue-mouches) [v. illustr. CHAMPIGNONS] ; *oronge vineuse,* à chapeau brun tacheté de blanc, comestible (amanite vineuse).

Oronte, en ar. **Nahr al-ʿAṣī,** fl. du Proche-Orient (Liban, Syrie, Turquie), tributaire de la Méditerranée ; 570 km. Il arrose Homs et Antioche.

Oronte, personnage du *Misanthrope,* de Molière, type de l'homme de Cour qui prétend au bel esprit.

Orose (Paul), historien et théologien espagnol, né à Tarragone (ve s.), disciple de saint Augustin et auteur d'une histoire universelle dont s'inspirera Bossuet.

Orotches, ethnie toungouse de la Sibérie orientale.

Oroya (LA), v. du Pérou ; 18 500 h. Centre métallurgique.

Orozco (José Clemente), peintre mexicain, né à Zapotlán (Jalisco) [1883-1949]. Sa peinture, très influencée par l'art précolombien, est empreinte de réalisme dramatique, de lyrisme social. Il a exécuté de nombreuses décorations murales de grandes dimensions (*l'Apocalypse,* hôpital de Jésus, Mexico ; *Prométhée,* collège de Pomona, Californie). Il a exercé une forte influence sur certains peintres des Etats-Unis.

orpaillage n. m. Exploitation artisanale d'alluvions aurifères.

orpailleur [ɔrpajœr] n. m. (de l'anc. fr. *harpailler,* saisir). Artisan qui lave les alluvions aurifères pour en retirer les paillettes d'or.

Orphée. *Myth. gr.* Aède qui intervient dans l'épopée homérique, fils de Péléagre ou d'Apollon, et de la nymphe Calliope. On lui attribue nombre d'aventures, notamment une descente aux Enfers à la recherche de sa femme Eurydice. Son personnage mythique est à l'origine de la doctrine de sectes mystiques, l'*orphisme.*

Orphée, drame lyrique en 3 actes, poème italien de Calzabigi (traduction française de Moline), musique de Gluck (1764 et 1774). Cette œuvre, l'une des plus émouvantes du compositeur, reflète par le naturel de ses airs la réforme dramatique de l'auteur.

orphelin [ɔrfəlɛ̃], **e** [-in] n. (du lat. *orphanus*). Enfant qui a perdu son père et sa mère, ou l'un des deux : *être orphelin de père.*

orphelinat n. m. Etablissement où l'on élève les enfants orphelins.

orphéon [ɔrfeɔ̃] n. m. (de *Orphée*). Société chorale, en général masculine.

orphéoniste n. Membre d'un orphéon, d'une société chorale.

orphie [ɔrfi] n. f. (gr. *orphos*). Poisson à bec fin, pointu, à squelette vert émeraude, dit souvent *aiguille, bécassine de mer,* et répandu dans les mers de l'Europe occidentale.

orphique [ɔrfik] adj. Se dit des dogmes, des mystères, des principes et des poèmes philosophiques attribués à Orphée.

orphiques (*poèmes*), nom donné à toute une littérature poétique et philosophique attachée à la personnalité d'Orphée. Elle comprenait des hymnes de cérémonies d'initiation, des ouvrages mythiques, des recueils d'oracles, etc.

orphisme n. m. Doctrine des mystères orphiques, issue du mélange des traditions grecques au culte barbare de Dionysos Zagreus, et qui prônait l'ascèse afin de hâter la libération de l'âme par des transmigrations successives.

orphisme n. m. Tendance artistique principalement représentée par Robert Delaunay, dont les peintures, annonciatrices de l'art abstrait, font prédominer la couleur, en tant que moyen d'expression, sur les autres éléments traditionnels du tableau.

Orthez « le Pont-Vieux »

Orpierre (05270), ch.-l. de c. des Hautes-Alpes (arr. de Gap) ; 258 h. (154 aggl.).

orpiment [ɔrpimɑ̃] n. m. (lat. *aurum,* or, et *pigmentum,* piment). Sulfure naturel d'arsenic As_2S_3, d'une belle couleur jaune vif, employé en peinture et en pharmacie.

orpin [ɔrpɛ̃] n. m. Nom usuel des plantes du genre *sedum,* famille des crassulacées, à feuilles souvent charnues, vivant sur les rochers, les toits, les murs.

orque [ɔrk] n. f. (lat. *orca*). Autre nom de l'ÉPAULARD.

Orry (Jean), seigneur DE VIGNORY, administrateur français, né à Paris (1652-1719). Il fut chargé par Philippe V de réorganiser les finances espagnoles. — Son fils PHILIBERT, comte DE VIGNORY, né à Troyes (1689-1747), fut contrôleur général des finances de 1730 à 1745 ; il pratiqua une politique protectionniste et fit ajouter une aile au château de Versailles. — Son frère JEAN, seigneur DE FULVY, né à Paris (1703-1751), fut intendant de finances ; il fonda à Vincennes la manufacture de porcelaine qui fut transférée à Sèvres en 1756.

orseille [ɔrsɛj] n. f. Espèce de lichen vivant sur les côtes rocheuses de la Méditerranée.

Ors y Rovira (Eugenio D'), écrivain espagnol, né à Barcelone (1882-1954). Il écrivit d'abord en catalan de courtes chroniques sous le pseudonyme de XENIUS, puis adopta le castillan dans ses essais et ses contes philosophiques (*les Idées et les Formes,* 1928 ; *la Philosophie de l'intelligence,* 1950).

Orsay (91400), ch.-l. de c. de l'Essonne (arr. de Palaiseau), sur l'Yvette ; 12 120 h. (*Orcéens*). Faculté des sciences.

Orsini, illustre famille romaine. Guelfe, elle fut longtemps rivale des Colonna.

Orsini (Felice), né à Meldola (1819-1858), conspirateur italien qui attenta à la vie de Napoléon III le 14 janvier 1858. Défendu par Jules Favre, Orsini fut condamné à mort et exécuté.

Orsk, v. de l'U. R. S. S. (R. S. F. S. de Russie), sur l'Oural ; 215 000 h. Sidérurgie et métallurgie.

Ortega y Gasset (José), écrivain espagnol, né à Madrid (1883-1955). Fondateur de la *Revue de l'Occident* (1923), il exprima dans ses essais une philosophie libérale qui considère la vie comme la réalité fondamentale, tout en la soumettant à la discipline de la raison (*Méditations de don Quichotte,* 1914 ; *la Déshumanisation de l'art,* 1925 ; *la Révolte des masses,* 1930). Député aux Cortes (1931-1933), il se tint à l'écart des luttes politiques et quitta l'Espagne de 1936 à 1942.

orteil [ɔrtɛj] n. m. (lat. *articulus,* jointure). Prolongement antérieur du pied, qui est l'homologue du doigt de la main. (Il existe cinq orteils par pied ; le premier, ou *gros orteil,* comporte deux phalanges, et les autres trois.)

O. R. T. F., sigle de *Office* de radiodiffusion-télévision française,* organisme créé en 1964.

Orthez [-tɛs] (64300), ch.-l. de c. des Pyrénées-Atlantiques (arr. de Pau), sur le gave de Pau ; 10 640 h. (*Orthéziens*). Pont du XIVe s. Donjon (XIIIe-XIVe s.). Eglise (XIIIe-XVe s.). Chaussures. Textiles. Papeterie.

orthocentre n. m. *Math.* Point de rencontre des trois hauteurs d'un triangle.

orthochromatique adj. (gr. *orthos,* droit, et *khrôma,* couleur). Se dit d'une plaque photographique sensible à toutes les couleurs, sauf au rouge.

orthodontie [ɔrtɔdɔ̃si] n. f. (gr. *orthos,* droit, et *odons, odontos,* dent). Partie de la chirurgie dentaire qui a pour objet la correction des anomalies des dents.

orthodoxe [ɔrtɔdɔks] adj. et n. (gr. *orthos,* droit, et *doxa,* opinion). Qui est conforme au dogme, à la doctrine d'une religion. (Contr. HÉRÉTIQUE.) ‖ — Adj. Conforme

Orozco « le Blessé » scène de la révolution mexicaine *coll. part.*

Phot. Joly, Pizzey-Ph.-Researchers, Feuillie, Giraudon.

à une doctrine considérée comme seule vraie : *une opinion qui n'est pas orthodoxe.* ● *Eglises orthodoxes,* Eglises chrétiennes orientales séparées de Rome depuis 1054.
— ENCYCL. Bien que le terme d'*orthodoxie* soit revendiqué par toutes les Eglises, il a été, en fait, monopolisé par les Eglises orientales séparées de Rome et particulièrement par les Eglises byzantines. Les *orthodoxes* rejettent l'idée d'une monarchie ecclésiastique, l'infaillibilité étant pour eux le privilège du corps épiscopal pris dans son ensemble ; ils ne reconnaissent que l'enseignement des sept premiers conciles. Ils accusent les catholiques de reconnaître deux principes différents, le Père et le Fils, en employant le terme *Filioque.* La liturgie orthodoxe se caractérise par une grande solennité et une participation intense des fidèles. Le rapprochement entre catholiques et orthodoxes s'est manifesté notamment par les trois rencontres entre Paul VI et le patriarche Athênagoras (Jérusalem 1964, Istanbul et Rome 1967), et par la levée simultanée des anathèmes portés les uns contre les autres au XIe s.

orthodoxie n. f. Qualité de ce qui est orthodoxe : *défendre l'orthodoxie.*

orthodromie n. f. Route de plus courte distance joignant deux points de la surface de la Terre. (C'est l'arc de grand cercle qui les joint, en supposant la Terre sphérique.)

orthodromique adj. Qui se rapporte à l'orthodromie. (Contr. LOXODROMIQUE.) ● *Route orthodromique,* le plus court chemin d'un point à un autre.

orthoépie [ɔrtɔepi] n. f. (gr. *orthos,* correct, et *epos,* parole). Science qui étudie et définit la prononciation la plus usuelle (*phonétique normative*).

orthogenèse n. f. Modalité de l'évolution biologique, par laquelle les mutations successives d'une même lignée animale ou végétale apparaissent comme les degrés d'une même transformation de grande amplitude.
— ENCYCL. L'idée même d'évolution biologique n'aurait pu apparaître dans la science sans les *orthogenèses,* seules capables de nous faire connaître les intermédiaires entre deux formes très éloignées. L'évolution des sutures chez les ammonites, celle des pattes chez les ancêtres du cheval, celle des molaires chez les mastodontes sont des exemples d'orthogenèse. Il arrive que l'orthogenèse d'un organe ait pour effet que cet organe dépasse les dimensions utiles et le rende monstrueux. Il y a alors *hypertélie* (bois du cerf *mégacéros,* mandibules du lucane mâle).

orthogénie n. f. Syn. de CONTRÔLE DES NAISSANCES.

orthogonal [ɔrtɔgɔnal], **e, aux** [-o] adj. Qui se fait à angle droit; qui forme un angle droit. ‖ Se dit de deux droites, de deux cercles, d'une droite et d'un plan, ou de deux plans qui se coupent à angle droit. ● *Fonctions orthogonales,* v. *encycl.* ‖ *Projection orthogonale,* projection suivant des perpendiculaires à l'axe ou au plan de projection.
— ENCYCL. *Math.* Deux fonctions $\varphi(x)$ et $\psi(x)$ intégrables dans un intervalle (a, b) sont *orthogonales* dans cet intervalle si l'on a

$$\int_a^b \varphi(x).\psi(x).dx = 0.$$

(Le développement en série de Fourier d'une fonction dans un intervalle d'amplitude 2π est un développement en série de fonctions orthogonales).

orthogonalement adv. *Math.* A angle droit, perpendiculairement : *plans qui se coupent orthogonalement.*

orthographe [ɔrtɔgraf] n. f. Manière d'écrire correctement les mots d'une langue : *apprendre l'orthographe.* ‖ Manière dont on écrit certains mots : *mauvaise orthographe.*

orthographie n. f. Représentation de la face d'un édifice. ‖ Profil ou coupe perpendiculaire.

orthographier v. t. Ecrire les mots suivant leur orthographe.

orthographique adj. Relatif à l'orthographe : *signes orthographiques.* ‖ Relatif à l'orthographie : *dessin orthographique.* ● *Projection orthographique,* syn. de PROJECTION ORTHOGONALE.

orthographiquement adv. De façon orthographique.

orthonormé, e adj. *Math.* Se dit d'un système de coordonnées dont les axes se coupent à angle droit et admettent des vecteurs unitaires de même longueur.

orthopédie n. f. (gr. *orthos,* droit, et *pais, paidos,* enfant). Branche de la chirurgie qui traite les affections de l'appareil locomoteur (os, articulations, muscles, tendons, nerfs), que les anomalies aient une cause congénitale (malformations) ou acquise (traumatismes, maladies).

orthopédique adj. Relatif à l'orthopédie : *appareil orthopédique.* ● *Traitement orthopédique,* traitement fait par appareil (corset, plâtre, etc.), par opposition au *traitement sanglant* (fait par opération).

orthopédiste adj. et n. Qui pratique l'orthopédie : *chirurgien orthopédiste.* ‖ Constructeur d'appareils d'orthopédie.

orthophonie n. f. Prononciation considérée comme normale ou correcte d'un phonème ou d'un groupe de phonèmes. ‖ Discipline médico-pédagogique qui a pour but la rééducation de la voix. ‖ Ensemble des méthodes employées à cet effet.

orthophoniste n. Praticien qui exerce l'orthophonie.

orthophragurine n. f. Foraminifère perforée.

orvet

ortie

orthoptères [ɔrtɔptɛr] n. m. pl. Ordre d'insectes à métamorphoses incomplètes, à l'appareil buccal broyeur, à deux paires d'ailes membraneuses, dont la première joue plus ou moins le rôle d'élytres, et qui comprend environ 20 000 espèces aux pattes postérieures conformées pour le saut : sauterelles, criquets, grillons. (On rangeait autrefois parmi les orthoptères des insectes tels que les mantes et les phasmes, les blattes et les forficules, qui constituent maintenant des ordres distincts.)

orthoraphes ou **orthorhaphes** n. m. pl. Important groupe d'insectes diptères, ainsi nommés d'après le mode d'éclosion de l'adulte, qui sort de l'enveloppe nymphale en l'ouvrant suivant une ligne de déhiscence en forme de T.

orthorhombique [ɔrtɔrɔ̃bik] adj. Se dit d'un prisme droit dont la base est un losange.

orthoscopique adj. Se dit d'un objectif photographique ne produisant aucune déformation.

orthose [ɔrtoz] n. m. Feldspath potassique, abondant dans le granite, le gneiss.

orthostatique adj. *Méd.* Se dit des phénomènes qui ne se produisent que pendant la station debout : *albuminurie orthostatique.*

orthosympathique adj. *Système orthosympathique,* syn. de GRAND SYMPATHIQUE.

orthotrope [ɔrtɔtrɔp] adj. *Bot.* Se dit d'un type d'ovules, qualifié aussi de *droit,* où le micropyle est situé à l'opposé de la chaîne et du placenta.

ortie [ɔrti] n. f. (lat. *urtica*). Urticacée couverte de poils dont la base renferme un liquide irritant qui pénètre sous la peau par simple contact des pointes : *les orties, desséchées, peuvent servir de fourrage.* ● *Ortie blanche,* lamier blanc. ‖ *Ortie de mer,* actinie.

Ortigueira, v. d'Espagne (Galice), sur l'Atlantique ; 20 000 h. Station balnéaire.

Ortler ou **Ortles,** massif des Alpes italiennes (Trentin) ; 3 899 m.

ortolan [ɔrtɔlɑ̃] n. m. (mot provenç. ; du lat. *hortulus,* jardinet). Bruant de l'Europe, recherché pour sa chair délicate : *les ortolans se prennent au filet.*

Oruro, v. de Bolivie ; 93 000 h. Centre minier et métallurgique.

Orval (*abbaye d'*), abbaye de Belgique (prov. du Luxembourg), fondée vers 1070 pour des bénédictins et rétablie par les cisterciens en 1926.

orvale [ɔrval] n. f. (lat. *auris galli,* oreille de coq). *Bot.* Espèce de sauge, appelée aussi *toute-bonne,* aux bractées colorées.

Orvault (44000 Nantes), comm. de la Loire-Atlantique (arr. de Nantes) ; 13 513 h.

orvet [ɔrvɛ] n. m. (de l'anc. fr. *orb,* aveugle). Reptile sans pattes, mais que l'on range près des lézards, insectivore, et dont la queue se brise facilement, d'où son nom usuel de *serpent de verre.* (Long. 30 à 50 cm.)

orviétan [ɔrvjetɑ̃] n. m. Drogue inventée par Ferranto d'Orvieto, en vogue au XVIIe s. ● *Marchand d'orviétan,* charlatan.

Orvieto, v. d'Italie (Ombrie) ; 24 400 h. La cathédrale gothique (v. 1290-1370) possède une façade richement ornée ; l'intérieur est décoré de fresques de Signorelli, de Gentile da Fabriano et de Fra Angelico. Palais des papes (XIIIe s.). Puits San Patrizio (1528).

Orvilliers (Louis, *comte* D'), amiral français, né à Moulins (1708-1792). Il livra à la flotte anglaise la bataille indécise d'Ouessant en 1778.

Orwell (Eric BLAIR, dit **George**), écrivain anglais, né à Motihari (Inde) [1903-1950]. Il s'efforça d'attirer l'attention de ses contemporains sur les problèmes du monde moderne par ses récits allégoriques (*la République des animaux,* 1945) ou d'anticipation (*1984,* 1949).

oryctérope [ɔrikterɔp] n. m. (gr. *oruktêr,* fouisseur, et *pous,* patte). Mammifère d'Afrique, se nourrissant d'insectes. (Ordre des tubulidentés.)

oryx n. m. (gr. *oruks*). Antilope des régions désertiques d'Afrique et d'Arabie.

Orzeszkowa (Eliza), née **Pawłowska,** femme de lettres polonaise, née à Milkowszczyzna, près de Grodno (1841-1910). Elle exprima dans ses romans son patriotisme et sa passion des problèmes économiques et sociaux (*Martha,* 1873 ; *Par un soir d'hiver,* 1887).

Os, symbole chimique de l'*osmium.*

os [ɔs, *au plur.* o] n. m. (lat. *ossum*). Partie dure et solide qui forme la charpente du corps de l'homme et des animaux vertébrés. (V. *encycl.*) ● *Donner un os à ronger à quelqu'un,* lui procurer un bien provisoire. ‖ *En chair et en os* (Fig.), en personne. ‖ *N'avoir que les os et la peau, avoir la peau collée aux os,* être fort maigre. ‖ *Ne pas faire de vieux os,* mourir jeune. ‖ *Os à moelle,* os qui contient de la moelle et qu'on met ordinairement dans le pot-au-feu. ‖ *Os de seiche,* coquille calcaire, tendre et interne de la seiche, que l'on donne aux oiseaux pour s'aiguiser le bec.
— ENCYCL. Les *os* constituant le squelette humain sont au nombre de 200. On distingue les os courts (carpe, tarse, etc.), les os longs (membres) et les os plats (boîte crânienne, omoplate). Les os sont réunis entre eux par des articulations et donnent insertion aux muscles, aux tendons et aux aponévroses. Ils sont formés d'une partie centrale, friable, la moelle osseuse, et d'une zone périphérique dure, enveloppée par le périoste, sauf au niveau des articulations, où l'os est recouvert de cartilage. Les os sont le siège de fractures, d'infections (ostéites, ostéomyélites), de tumeurs (ostéomes, sarcomes). Certaines affections métaboliques atteignent l'ensemble des os (rachitisme, ostéomalacie, ostéoporose).

Ōsaka, v. du Japon, dans le sud de l'île de Honshū, sur le Pacifique (*baie d'Ōsaka*) ; 3 156 200 h. Anc. cap. du

Ōsaka : le port

Phot. Noailles, Office franco-japonais d'études économiques, Lauros - Atlas-Photo.

Japon, Ōsaka est aujourd'hui la deuxième ville du pays, le centre d'une importante conurbation industrielle allant de Kōbe à Kishiwada. A la fonction portuaire est souvent associée une industrie active : textile, chantiers navals, chimie, électronique. Une exposition internationale s'y est tenue en 1970.

Osborne (Thomas). V. DANBY (Thomas OSBORNE, *comte* DE).

Osborne (John), écrivain anglais, né à Londres en 1929. Il s'imposa comme le chef de file des « jeunes hommes en colère » en attaquant dans ses drames, avec violence ou ironie, les conformismes et les préjugés nationaux ou privés (*la Paix du dimanche*, 1956; *le Monde de Paul Slickey*, 1959; *Luther*, 1961; *Témoignage irrecevable*, 1964).

oscabrion [ɔskabrijɔ̃] n. m. *Zool.* Nom usuel du *chiton*.

oscar [ɔskar] n. m. Haute récompense cinématographique, matérialisée par une statuette et attribuée chaque année, à Hollywood, aux plus grands talents de l'année.

Oscar Ier, né à Paris (1799-1859), roi de Suède et de Norvège, fils de Bernadotte. Il régna de 1844 à 1859. — OSCAR II, né à Stockholm (1829-1907), fils du précédent. Il succéda à son frère Charles XV, fut roi de Suède et de Norvège de 1872 à 1905, puis roi de Suède après la séparation de ces deux Etats.

oscillant [ɔsilɑ̃], **e** [-ɑ̃t] adj. Qui oscille.

oscillateur [-si- *ou* -sil-] n. m. Appareil produisant des courants électriques oscillants.

oscillation [-si- *ou* -sil-] n. f. Mouvement d'un corps qui se déplace alternativement dans un sens et dans l'autre, tout en repassant toujours par les mêmes positions : *les oscillations du pendule*. || Variation régulière d'une grandeur qui reprend périodiquement la même valeur.

oscillatoire [-si- *ou* -sil-] adj. De la nature de l'oscillation : *mouvement oscillatoire*.

osciller [ɔsile] v. i. (lat. *oscillare*, balancer). Se déplacer alternativement dans un sens et dans l'autre, de manière à repasser par les mêmes positions.

oscillogramme [-si- *ou* -sil-] n. m. Image qui apparaît sur l'écran d'un oscillographe.

oscillographe [-si- *ou* -sil-] n. m. (de *osciller*, et gr. *graphein*, écrire). Appareil permettant d'observer et d'enregistrer les variations d'un courant électrique variable en fonction du temps. ● *Oscillographe cathodique*, appareil de mesure électrique, qui, fondé sur une application de l'électronique, permet l'étude industrielle des phénomènes oscillants de haute fréquence. (V. *encycl.*)
— ENCYCL. L'*oscillographe cathodique* comporte un tube à vide contenant : un *canon électronique*, système producteur d'électrons rapides; une double paire de *plaques de déviation*, les unes horizontales et les autres verticales, auxquelles sont appliquées des tensions variables; un *écran fluorescent*, sur lequel se dessinent les courbes à observer. La grandeur à étudier est traduite par une tension variable, appliquée aux plaques de déviation verticale; en même temps, on applique aux plaques de déviation horizontale une tension en dents de scie, de période égale à celle du phénomène étudié.

oscillomètre [-sil-] n. m. Instrument destiné à mesurer les variations de la pression artérielle.

oscilloscope [-sil-] n. m. Appareil servant à rendre visibles les variations périodiques d'un courant électrique.

osculateur [ɔskylatœr], **trice** [-tris] adj. (du lat. *osculari*, baiser). *Math.* Se dit de courbes ayant un contact de l'ordre le plus élevé : *surfaces osculatrices*.

osculation n. f. *Math.* Contact entre lignes ou surfaces osculatrices.

oscule [ɔskyl] n. m. Grand pore à la surface des éponges.

ose [oz] n. m. *Chim.* Sucre non hydrolysable, contenant de 3 à 6 atomes de carbone par molécule, comme le glucose, qui est un hexose. (Les oses se divisent en *aldoses*, polyalcools à fonction aldéhyde, et *cétoses*, polyalcools à fonction cétone. Selon le nombre d'atomes de carbone de la molécule, on les nomme *trioses, tétroses, pentoses, hexoses*, etc.)

oseille

osier

osé, e adj. Fait avec audace : *tentative osée*. || Hardi, audacieux : *vous êtes bien osé*.

Osée, en hébr. **Hoséah** (« Yahvé sauve »), un des douze petits prophètes hébreux (VIIIe s. av. J.-C.). Il critiqua particulièrement l'attitude idolâtrique de Jéroboam II.

Osée, dernier roi d'Israël (732-724 av. J.-C.), détrôné par Salmanasar V.

oseille [ozɛj] n. f. (du lat. *acidulus*, aigrelet). Plante potagère à feuilles comestibles, qui doivent leur goût acide à la présence d'acide oxalique. (Famille des polygonacées.) || *Pop.* Argent. ● *Avoir de l'oseille* (Pop.), être riche. || *Sel d'oseille*, oxalate de potassium : *le sel d'oseille enlève les taches d'encre*.

Ösel. V. SAREMA.

oser [oze] v. t. (du lat. *ausus*, ayant osé). Avoir la hardiesse, le courage de : *oser se plaindre*. || Tenter, entreprendre avec courage, avec audace : *c'est un homme à tout oser*. || Se permettre de : *si j'ose le dire*.

oseraie [ozrɛ] n. f. Lieu planté d'osiers.

Oshawa, port du Canada (Ontario), sur le lac Ontario; 78 100 h. Automobiles.

Oshogbo, v. du sud-ouest du Nigeria; 209 000 h.

Osiander (Andreas HOSEMANN, dit), théologien protestant allemand, né à Gunzenhausen (Brandebourg) [1498-1552]. Il signa les articles de Smalkalde et publia l'astronomie de Copernic.

oside [ozid] n. m. Glucide hydrolysable (par oppos. aux *oses*). [On distingue parmi les osides : les *holosides*, formés par l'association de molécules d'oses (disaccharides, polysaccharides), et les *hétérosides*, formés d'oses et d'autres substances.]

osier [ozje] n. m. (empr. au francique). Espèce de saule dont les rameaux, jaunes, longs et flexibles, servent à tresser des paniers, des corbeilles, à faire des liens, etc.

osiériculture n. f. Culture de l'osier.

Osijek, v. de Yougoslavie (Croatie), sur la Drave; 80 000 h. Allumettes.

Osiris, dieu de l'anc. Egypte, protecteur des morts, frère et époux d'Isis.

Ösling, région nord du Luxembourg.

Oslo, cap. de la Norvège, dans le sud du pays; 485 200 h. Forteresse (1300). Château royal achevé en 1848. Hôtel de ville (1931-1950). Musée national. Au point de convergence de vallées intérieures, sur une ramification du Skagerrak (le *fjord d'Oslo*), Oslo s'est développée comme centre commercial et administratif et comme ville portuaire. Le port assure la majeure partie du commerce extérieur norvégien (surtout pour les importations). A son rôle politique et intellectuel (université), la ville a vu se juxtaposer une importante fonction industrielle (métallurgique, constructions électriques, chimie, textiles, etc.) et regroupe aujourd'hui environ 15 p. 100 de la population du pays.
● *Histoire*. Fondée vers 1048 par Harald III, Oslo devint capitale de la Norvège à la fin du XIIIe s. Incendiée en 1624, reconstruite par Christian IV de Danemark, qui l'appela *Christiania*, la ville redevint la capitale de la Norvège indépendante en 1905 et reprit le nom d'Oslo en 1925. Son université date de 1811.

Osman Ier Gazi, fondateur de la dynastie ottomane, né à Söğüt (1259-1326), sultan (1281-1326). — OSMAN II, né à Constantinople (v. 1603-1622), sultan ottoman (1618-1622), assassiné par les janissaires.

Osman pacha Gazi, maréchal turc, né à Amasya (1837-1900). Il réprima les insurrections de Crète (1867) et de Serbie (1876), arrêta à Plevna (1877) l'avance russe pendant la guerre russo-turque (1877-1878) et dirigea la campagne victorieuse contre la Grèce (1897).

Osmanlis, nom d'une tribu turque, tiré de son fondateur *Osman*.

osmique [ɔsmik] adj. Se dit d'un acide dérivé de l'osmium, employé en histologie.

osmium [ɔsmjɔm] n. m. (du gr. *osmê*, odeur). *Chim.* Métal (Os) de numéro atomique 76, de densité 22,5, fondant vers 2 700 °C, qui se trouve dans les minerais de platine.

osmomètre n. m. Appareil servant à mesurer la pression osmotique.

Osmond (Floris), métallurgiste français, né à Paris (1849-1912). Créateur de la métallographie, il imagina les deux principaux procédés d'investigation employés dans cette branche de la chimie : la métallographie microscopique et l'analyse thermique.

osmonde [ɔsmɔ̃d] n. f. (orig. inconnue). Fougère des lieux humides, dont les sporanges sont situés sur des feuilles spéciales.

osmose [ɔsmoz] n. f. (du gr. *osmos*, poussée). Phénomène de diffusion entre deux solutions de concentration différente, à travers une membrane perméable (parchemin, intestin, vessie) ou semi-perméable. (Le solvant passe de la solution la moins concentrée vers la plus concentrée; la substance en solution suit le trajet inverse.) || *Fig.* Pénétration, influence réciproque.

osmotique adj. Relatif à l'osmose. ● *Pression osmotique*, pression exercée sur une membrane semi-perméable par une solution dont le solvant seul peut traverser la membrane. (Les molécules du corps dissous sont assimilables à des molécules gazeuses, ce qui explique l'existence de la pression osmotique, proportionnelle à la concentration de la solution.)

Osnabrück, v. de l'Allemagne occidentale (Basse-Saxe); 140 500 h. Evêché. Cathédrale et autres témoins de la ville médiévale. Sidérurgie. Là fut signé l'un des traités de Westphalie (1648).

Osorno, v. du Chili, au sud de Valdivia; 55 000 h.

Osques, peuple sabellien de l'Italie ancienne, dans l'Apennin central. Leur langue subsista longtemps dans le patois populaire, à Rome même.

Ossa, montagne de Thessalie (1 955 m). [V. PÉLION.]

Ossat (Arnaud D'), prélat français, né à Laroque-Magnoac, près d'Auch (1536-1604). Il fut ambassadeur d'Henri IV à Rome.

ossature [ɔsatyr] n. f. L'ensemble des os. || Charpente d'un homme, d'un animal : *homme d'une solide ossa-*

John Osborne une scène de « Témoignage irrecevable » au Royal Court Theatre (1964)

Oslo

Phot. British Council, Knudsens Fotosenter.

ture ; et, au *fig. : l'ossature d'un parti.* ‖ Charpente, carcasse qui soutient un tout : *ossature en fer d'une voûte.*

Ossau (*vallée d'*), vallée des Pyrénées, parcourue par le *gave d'Ossau* (80 km) [affl. du gave d'Oloron].

osséine [ɔsein] n. f. (du lat. *osseus,* d'os). Substance organique du groupe des scléroprotéines, constituant le tiers en poids des os frais. (L'osséine, extraite des os en traitant ceux-ci par l'acide chlorhydrique, a la propriété de se transformer en gélatine par l'action prolongée de l'eau bouillante.)

osselet [ɔslɛ] n. m. Petit os : *les osselets de l'oreille moyenne.* ‖ Petit os de la jointure du gigot de mouton (ou une imitation), dont on se sert pour un jeu d'adresse. ‖ Tumeur osseuse au bas de la jambe du cheval.

ossements [ɔsmɑ̃] n. m. pl. Os décharnés et desséchés d'hommes ou d'animaux morts.

Osservatore Romano (*L'*), journal officiel du Vatican, fondé en 1861.

ossète [ɔsɛt] n. m. Langue parlée dans la région du Caucase.

Ossètes, peuple du Caucase, habitant deux républiques autonomes : l'*Ossétie du Nord,* dans la R. S. F. S. de Russie (cap. **Ordjonikidze**), et l'*Ossétie du Sud,* en Géorgie (cap. ***Tskhinvali***).

osseux [ɔsø], **euse** [-øz] adj. Qui est de la nature de l'os. ‖ Dont les os sont gros et saillants : *main osseuse.* ● *Tissu osseux,* tissu organique constituant la partie dure des os.

Ossian, barde écossais légendaire du IIIe s., fils de Fingal, roi de Morven. Sous son nom, Macpherson publia en 1760 un recueil de poésies d'une mélancolie sombre et grandiloquente. Ce n'était qu'une imitation très libre d'un texte original en langue erse, qui fut traduit en 1807.

ossianisme [ɔsjanism] n. m. Imitation des poésies attribuées à Ossian. ‖ Admiration outrée de ce genre de poésie.

ossification n. f. Conversion en os des parties membraneuses et cartilagineuses. ● *Point d'ossification,* zone où débute l'ossification d'un os long. (L'ossification se fait au niveau des cartilages ; celle des cartilages de conjugaison situés entre la diaphyse et l'épiphyse est tardive et permet la croissance en longueur des os ; celle qui s'effectue au niveau du périoste augmente l'épaisseur des os.)

ossifier [ɔsifje] v. t. Changer en os les parties membraneuses et cartilagineuses.

Ossinniki, v. de l'U. R. S. S. (R. S. F. S. de Russie), dans le Kouzbass ; 68 000 h. Charbon. Sidérurgie.

Ossouri. V. OZOURI.

ossuaire [ɔsɥɛr] n. m. (lat. *ossuarium*). Lieu où l'on entasse des ossements, particulièrement près des champs de bataille : *l'ossuaire de Douaumont.*

Ossun [ɔsœ̃] (65380), ch.-l. de c. des Hautes-Pyrénées (arr. de Tarbes) ; 1 896 h. (*Ossunois*). Constructions aéronautiques.

ost [ɔst] n. m. (lat. *hostis,* ennemi, puis troupe armée). Au Moyen Age, armée : *être à l'ost.* ● *Service d'ost,* service militaire dû par les vassaux à leur suzerain pour la défense du pays.

ostéalgie [ɔstealʒi] n. f. (gr. *osteon,* os, et *algos,* douleur). Douleur osseuse.

ostéite n. f. Inflammation du tissu osseux.
— ENCYCL. L'*ostéite* peut être aiguë ou chronique et être due à des germes variés : bacille tuberculeux, bacille typhique (d'Eberth), pneumocoque. L'inflammation de l'os et du périoste par le staphylocoque est nommée *ostéomyélite.*

Ostende, en néerl. **Oostende,** v. de Belgique (Flandre-Occidentale), sur la mer du Nord ; 57 800 h. Port de pêche et de voyageurs (vers la Grande-Bretagne). Centre

Ostie : la voie principale

industriel (chimie, verrerie, conserveries, etc.) et touristique (importante station balnéaire).

ostensible [ɔstɑ̃sibl] adj. (du lat. *ostendere,* montrer). Que l'on ne cache pas ; apparent : *porter un insigne d'une manière ostensible.*

ostensiblement adv. De façon ostensible : *montrer ostensiblement ses préférences.*

ostensoir [ɔstɑ̃swar] n. m. (du lat. *ostensus,* montré). Pièce d'orfèvrerie dans laquelle on expose à l'autel l'hostie consacrée. (V. CUSTODE.)

ostentation [ɔstɑ̃tasjɔ̃] n. f. (lat. *ostentatio ;* de *ostendere,* montrer). Affectation qu'on apporte à faire parade d'un avantage ou d'une qualité : *faire ostentation de ses richesses.* (Syn. : ÉTALAGE, MONTRE, PARADE, VANITÉ.)

ostentatoire adj. Qui manifeste de l'ostentation : *une attitude ostentatoire.*

ostéoblaste [ɔsteɔblast] n. m. Cellule de l'os qui élabore la substance fondamentale (osséine).

ostéoclasie [-zi] n. f. Bris chirurgical de certains os pour remédier à des déformations osseuses ou articulaires.

ostéogenèse n. f. Syn. de OSSIFICATION.

ostéologie n. f. (gr. *osteon,* os, et *logos,* science). Partie de l'anatomie qui traite des os.

ostéologique adj. Relatif à l'ostéologie.

ostéomalacie n. f. Affection caractérisée par un ramollissement des os et résultant soit d'un apport déficitaire en calcium (famine), soit d'une carence en vitamines D (rachitisme).

ostéomyélite n. f. Inflammation des os et de la moelle osseuse, due au staphylocoque.
— ENCYCL. L'*ostéomyélite* est la localisation osseuse d'une infection sanguine due au staphylocoque doré, qui a pénétré par une petite plaie cutanée ; elle atteint le plus souvent les sujets jeunes et frappe les os longs près des cartilages de conjugaison. L'ostéomyélite aiguë est caractérisée par de la fièvre, une douleur intense et un empâtement profond perceptible au niveau de la partie touchée de l'os. Un abcès se forme, décolle le périoste et s'étend vers la peau, pour s'y ouvrir. Cette période aiguë est suivie d'une phase chronique au cours de laquelle s'éliminent des petits fragments osseux nécrosés. Les traitements antibiotiques permettent d'éviter cette évolution.

ostéophyte n. m. Prolifération anormale du tissu osseux au voisinage d'une inflammation (en général, d'une arthrite chronique). [On dit aussi BEC-DE-PERROQUET.]

ostéoplastie n. f. Restauration d'un os à l'aide de fragments osseux.

ostéosarcome n. m. Tumeur maligne des os.

ostéosynthèse n. f. Intervention chirurgicale ayant pour but de réunir mécaniquement les fragments osseux d'une fracture par une pièce métallique, qui permet la consolidation par formation du *cal.*

ostéotomie n. f. Résection partielle d'un os pour remédier à une difformité.

Ostiaks. V. OSTYAKS.

Ostie, port de la Rome antique (auj. comblé), près de l'embouchure du Tibre. Grande station balnéaire *Lido di Ostia* (ou *Lido di Roma*). Importants restes de la ville antique (IVe s. av. J.-C. - IVe s. apr. J.-C.) se répartissant autour d'une voie principale (*decumanus maximus*) de 1 200 m de long.

ostiole [ɔstjɔl] n. m. *Bot.* Orifice microscopique par où se font les échanges gazeux d'une feuille avec l'atmosphère.

ostracisme [ɔstrasism] n. m. (du gr. *ostrakon,* coquille [les citoyens inscrivaient leur vote sur une coquille]). Jugement du peuple d'Athènes par lequel il bannissait pour dix ans un citoyen dont il redoutait la puissance ou l'ambition. ‖ Action d'exclure d'un groupe, d'un parti, du pouvoir, de tenir à l'écart : *être victime d'un ostracisme.*

Ostrava, anc. **Moravská-Ostrava,** v. de Tchécoslovaquie (Silésie) ; 270 000 h. Grand centre houiller et métallurgique.

ostréicole adj. (lat. *ostrea,* huître, et *colere,* cultiver). Relatif à l'ostréiculture : *industrie ostréicole.*

ostréiculteur, trice n. Personne qui pratique l'ostréiculture.

ostréiculture [ɔstreikyltyr] n. f. Industrie qui a pour objet la production et l'amélioration des huîtres : *Marennes est un centre d'ostréiculture.*

Ostricourt (59162), comm. du Nord (arr. de Lille) ; 7 388 h. Houille.

ostrogoth [ɔstrɔgo] ou **ostrogot, e** [-ɔt] adj. et n. Relatif aux Ostrogoths. ‖ *Fam.* Qui ignore les bienséances, la politesse.

Ostrogoths, peuple germanique qui, établi sur le Danube à la solde des Romains, fut envoyé par Zénon en Italie. Théodoric, à la fin du Ve s., fonda un royaume ostrogoth qui fut détruit par Justinien en 552.

Ostrołęka ou **Ostrolenka,** v. de Pologne, sur le Narew ; 12 300 h. Victoire des Français sur les Russes en 1807. Les Polonais, insurgés, y furent battus par les Russes en 1831.

Ostrovski (Aleksandr Nikolaïevitch), auteur dramatique russe, né à Moscou (1823-1886). Par ses comédies de mœurs (*Entre amis, on s'arrangera,* 1850) et ses drames bourgeois (*l'Orage,* 1860) ou historiques (*le Faux Dimitri,* 1867), il est le fondateur du répertoire national.

Ostrovski (Nikolaï Alekseïevitch), écrivain soviétique, né à Vilija (Volhynie) [1904-1936]. Aveugle et infirme, il devint le maître spirituel des jeunesses communistes et l'un des principaux représentants du réalisme socialiste (*Et l'acier fut trempé,* 1932-1934).

Ostrów Wielkopolski, v. de Pologne, au nord-est de Wrocław ; 44 000 h. Métallurgie.

Ostwald (67400 Illkirch Graffenstaden), comm. du Bas-Rhin (arr. d'Erstein) ; 5 717 h. (*Ostwaldois*).

Ostwald (Wilhelm), chimiste allemand, né à Riga (1853-1932). Auteur de travaux sur les électrolytes et la catalyse, il mit au point en 1907 la préparation industrielle de l'acide nitrique. Il fut l'un des créateurs de la théorie énergétique. (Prix Nobel de chimie, 1909.)

ostyak [ɔstjak] n. m. Langue finno-ougrienne de la Sibérie occidentale.

ostréiculture

parcs à huîtres

Phot. Yan, Roger-Viollet, Guillard.

Ostyaks ou **Ostiaks,** peuple finnois de la Sibérie occidentale, de petite taille, brun, à face mongoloïde. Ils sont pêcheurs, éleveurs de rennes et agriculteurs ; leur mode de vie traditionnel ne diffère guère de celui des Lapons.

Osuna ou **Ossuna** (Pedro Téllez Girón, *duc* d'). V. Téllez Girón y Guzmán.

Oświęcim. V. Auschwitz.

Osymandyas, forme corrompue du nom de Ramsès II.

otage [ɔtaʒ] n. m. (du lat. pop. *obsidaticum*). Personne qu'on arrête et qu'on détient comme une espèce de gage contre un adversaire : *prendre, échanger des otages.*

Otage (*l'*), drame en 3 actes de Paul Claudel, publié en 1911, représenté en 1914 au Théâtre de l'Œuvre. Cette pièce forme une trilogie avec *le Pain dur* (1918) et *le Père humilié* (1920).

Otakar Ier Přemysl (m. en 1230), duc (1197-1198), puis roi (1198-1230) de Bohême, fils de Ladislav II. Philippe de Souabe érigea son duché en royaume ; en 1222, celui-ci s'agrandit de la Moravie. — Otakar II *Přemysl* (1230-1278), élu duc d'Autriche en 1251. Il hérita de la Bohême et de la Moravie en 1253 ; la couronne impériale lui échappa en 1273 au profit de Rodolphe de Habsbourg.

otalgie [ɔtalʒi] n. f. (gr. *oûs, ôtos,* oreille, et *algos,* douleur). Douleur d'oreille.

O. T. A. N. ou **NATO,** sigles de *Organisation* du traité de l'Atlantique Nord.*

otarie [ɔtari] n. f. (gr. *ôtarion,* petite oreille). Mammifère de l'ordre des pinnipèdes, long de 2 à 4 m, voisin du phoque, dont il se distingue par la présence de pavillons aux oreilles et par des membres plus longs, permettant un déplacement plus aisé sur terre. (Les otaries vivent sur les côtes du Pacifique, où on les chasse pour leur peau, vendue sous le nom de *loutre de mer.*)

Otaru, v. du Japon (Hokkaidō) ; 197 000 h.

O. T. A. S. E., sigle de *Organisation* du traité de l'Asie du Sud-Est.*

ôté part. pass. pris prépositivement. En ôtant, si l'on ôte, excepté : *ouvrage excellent, ôté deux ou trois chapitres.*

Otello, opéra italien, livret italien du comte Berio, tiré de l'*Othello* de Shakespeare, musique de Rossini (1816). — Drame lyrique, poème italien d'Arrigo Boito, musique de Verdi (1887). Dans cette partition colorée, le compositeur excelle tout autant à manier les grands chœurs que le récitatif ou l'arioso psalmodié.

ôter [ote] v. t. (lat. *obstare,* faire obstacle). Tirer une personne, une chose de la place où elle est : *ôter un objet de la table.* ‖ Se dépouiller de : *ôter son manteau.* ‖ Retrancher : *ôter deux de quatre.* ‖ *Fig.* Retirer : *ôter son emploi à quelqu'un ; ôtez-lui cette idée de l'esprit.* ‖ — Syn. : défalquer, extirper, extraire, prélever, soustraire, supprimer. ‖ **— S'ôter** v. pr. Se retirer : *ôtez-vous de là.*

Othe (*pays* ou *forêt d'*), massif boisé du Bassin parisien, au sud-ouest de Troyes.

Othello *ou le Maure de Venise,* drame en 5 actes, de Shakespeare (1604). Othello, général maure au service de Venise, est aimé de Desdémone, qu'il étouffe dans un accès de jalousie provoqué par la ruse du traître Iago.

Othman ibn Affan. V. 'Uthmān ibn 'Affān.

Othon, en lat. **Marcus Salvius Otho,** né à Ferentinum (32-69), empereur romain en l'an 69. Proclamé par les prétoriens, il fut vaincu à Bedriac par les légions de Vitellius et se tua.

Othon. V. Otton.

Othoniel ou **Othniel,** l'un des juges d'Israël (xiie s. av. J.-C.), de la tribu de Juda.

otite [ɔtit] n. f. (du gr. *oûs, ôtos,* oreille). Inflammation de l'oreille : *otite aiguë.*
— Encycl. On distingue des *otites externes* (lésion de la peau du pavillon ou du conduit auditif externe), des *otites moyennes* (siégeant dans la caisse du tympan et produites par une infection du rhino-pharynx transmise par la trompe d'Eustache) et des *otites internes,* ou labyrinthites (siégeant dans l'oreille interne).

otocyon [ɔtɔsjɔ̃] n. m. Mammifère carnassier de l'Afrique du Sud, dont les oreilles ont des pavillons très développés. (Long. du corps 60 cm.)

otolithe [ɔtɔlit] n. f. Concrétion minérale (calcaire chez l'homme), contenue dans l'organe de l'équilibration (oreille interne).

otologie n. f. Etude de l'oreille et de ses maladies.

oto-rhino-laryngologie [ɔtɔrinɔlarɛ̃gɔlɔʒi] n. f. Partie de la médecine qui s'occupe des maladies des oreilles, du nez et de la gorge.

oto-rhino-laryngologiste n. Médecin spécialisé en oto-rhino-laryngologie.

otorragie n. f. Saignement de l'oreille.

otorrhée [ɔtɔre] n. f. Ecoulement de l'oreille.

otoscope n. m. Instrument avec lequel on examine le conduit auditif externe et le tympan.

Otrante, v. de l'Italie méridionale, dans la terre de ce nom, sur le *canal d'Otrante ;* 4 300 h. Evêché. Cathédrale (xie-xviiie s.) ; château (xve s.).

Ottawa
le Parlement

Otrante (*canal d'*), détroit entre la péninsule des Balkans et l'Italie, qui joint l'Adriatique à la mer Ionienne.

Otrante (*duc* d'). V. Fouché (Joseph).

Ōtsu, v. du Japon (Honshū) ; 164 000 h. Textiles.

Ottange (57840), comm. de la Moselle (arr. de Thionville-Ouest) ; 3 180 h. (2 238 aggl.). Aciérie.

Ottawa, capitale fédérale du Canada (Ontario), sur la *rivière Ottawa* ou *Outaouais* (1 100 km), affl. de g. du Saint-Laurent ; 290 700 h. Siège du Parlement et résidence du gouverneur général. Ottawa comptait moins de 20 000 h. il y a un siècle, et son développement est naturellement lié à son choix comme capitale de la province du Canada-Uni (1858), puis de la Confédération née en 1867. La fonction politique et administrative domine, mais quelques industries sont implantées : chimie, industries du bois, alimentation, etc.

Ottmarsheim (68490), comm. du Haut-Rhin (arr. de Mulhouse) ; 1 766 h. Installation hydro-électrique sur le grand canal d'Alsace. Port fluvial. Industries chimiques.

Otto (Nikolaus), ingénieur allemand, né à Holzhausen (1832-1891). Il mit au point en 1876 le premier moteur à grande vitesse de régime, fonctionnant suivant le cycle à quatre temps et dont la théorie avait été exposée dès 1862 par Beau de Rochas.

Otto (Rudolf), philosophe et historien des religions allemand, né à Peine (1860-1937). Il élimine les explications éthiques et rationalistes de la religion au profit d'une phénoménologie plaçant au centre le « sacré », conçu comme crainte fondamentale de l'homme en face d'un irrationnel absolu (*le Sacré,* 1917).

ottoman [ɔtɔmɑ̃], **e** [-an] adj. et n. S'est dit des Turcs et de tout ce qui se rapportait à ce peuple.

ottoman n. m. Etoffe à grosses côtes.

ottoman (*Empire*), ensemble des possessions sur lesquelles le Sultan exerçait son autorité. Cet Empire est issu d'une tribu turque établie en Anatolie au xiie s., et à laquelle son chef, Osman Ier (m. en 1326), donna son nom. Le fils d'Osman, Orhan (1324-1359), est le véritable organisateur de la puissance ottomane. En 1354, il passe en Europe et prend Gallipoli. Murat Ier (1359-1389) fait d'Andrinople sa capitale (1365). Bāyazīd Ier (1389-1402) occupe la Macédoine, la Bulgarie et la Thessalie. Murat II atteint Thessalonique (1428), résiste à Jean Hunyadi et défait les Polonais à Varna et les Hongrois à Kosovo (1448). Mehmet II s'empare de Constantinople en 1453, puis de la Morée, de la Serbie, de la Bosnie. Le règne de Soliman le Magnifique (1520-1566) marque l'apogée de la puissance ottomane ; il conquiert la moitié de la Hongrie, mais assiège en vain Vienne, tandis que ses troupes conquièrent l'Algérie et la Tunisie. En Asie, elles s'emparent de Bagdad. Mais à sa mort commence la décadence, qui s'explique surtout par l'immensité de l'Empire, par les intrigues de palais et par les insurrections des janissaires. Sélim II subit devant les chrétiens la défaite navale de Lépante (1571). Néanmoins, Mehmet III soumet la Transylvanie. Sous Mehmet IV commence la gestion des grands vizirs de la famille Köprülü (1656-1710). La Turquie acquiert la Podolie polonaise, mais perd la Hongrie et la Transylvanie (1669). Ahmet III (1703-1730) lutte contre la Russie, Venise et l'Autriche ; au traité de Passarowitz (1718), il perd Belgrade, l'Albanie, la Dalmatie, l'Herzégovine. Mustafa III lutte sans succès contre les Russes. Abdülhamid (1774-1789) doit abandonner à Catherine II le contrôle de la mer Noire au traité de Kutchuk-Kaïnardji (1774). Grâce à l'intervention de l'Europe, qui escompte un partage de l'Empire ottoman, l' « homme malade », l'indépendance de la Grèce est reconnue en 1829, puis celle de la Roumanie après la guerre de Crimée (1856), et celle de la Serbie et de la Bulgarie après le traité de Berlin (1878), qui met le statut politique de la Turquie sous la garantie des grandes puissances. Tandis que le sultan Abdülhamid II massacre les Arméniens insurgés (1893-1896), naît un mouvement « jeune-turc », réformateur, qui provoque le soulèvement de l'armée en 1908. Celle-ci impose une dictature militaire. Après avoir perdu la Tripolitaine dans une guerre avec l'Italie (1911-1912), la Turquie se voit privée de l'ensemble des territoires balkaniques par la Ligue balkanique (1912-1913). La Première Guerre mondiale achève l'Empire ottoman, qui a pris le parti de l'Allemagne. Après l'armistice de Moudros (1918), il est occupé par les Alliés. En 1922, Mustafa Kemal supprime le sultanat ; la Turquie moderne est née. (V. Turquie.)

ottomane n. f. Sorte de canapé.

Otton Ier le Grand, né à Walhausen (912-973), roi de Germanie (936-973), roi d'Italie (951-973), premier titulaire du Saint Empire romain germanique (962-973). Avec l'appui de l'Eglise, il soumit les uns après les autres les grands duchés nationaux. Regardé par la papauté comme le champion de la chrétienté, il reçut la couronne impériale des mains de Jean XII, ce qui, en fait, inféoda l'Eglise à l'Empire. Vainqueur en 955 des Hongrois (Lechfeld) et des Slaves (la Recknitz), il poursuivit l'expansion et la christianisation de la Germanie. Mais il ne put triompher du basileus Nicéphore Phokas. — Otton II (955-983), roi de Germanie (961-973), empereur germanique (973-983), fils d'Otton Ier. S'il put enlever la Lorraine au roi de France et repousser les invasions danoise et slave, il ne put venir à bout des Sarrasins en Calabre. — Otton III, né à Kessel (Clèves) [980-1002], empereur germanique (996-1002), fils d'Otton II. Il dut fuir devant une révolte populaire. — Otton IV de Brunswick, né en Normandie (v. 1180-1218), roi des Romains (1198), empereur germanique (1209-1218), fils d'Henri le Lion. Elu roi des Romains par le parti guelfe, il dut se débarrasser de son rival gibelin Philippe de Souabe. Innocent III le couronna (1209), mais, ayant envahi la Sicile, Otton IV fut excommunié dès 1210. Allié aux Anglais, Otton IV fut vaincu à Bouvines par Philippe Auguste (1214).

Otton Ier, né à Salzbourg (1815-1867), roi de Grèce (1832-1862), fils de Louis Ier de Bavière. En 1844, il dut accorder une Constitution ; il abdiqua en 1862.

Otton Ier, né à Munich (1848-1916), roi de Bavière (1886-1913). Atteint d'aliénation mentale, il ne régna que nominalement.

Otway (Thomas), auteur dramatique anglais, né à Trotten, près de Midhurst (Sussex) [1652-1685]. S'il doit à l'influence des auteurs classiques français la rigueur de ses constructions dramatiques, il garde dans ses comédies (*Amitié à la mode,* 1678) et ses tragédies (*Venise sauvée,* 1682) la puissance du théâtre élisabéthain.

Ötztal, massif des Alpes autrichiennes, dans le Tyrol ; 3 774 m.

ou [u] conj. (lat. *aut*). Sert à indiquer : 1° une alternative : *vaincre ou mourir ;* 2° une explication (en d'autres termes) : *Lutèce ou l'ancien Paris.* (*Ou* peut être renforcé par *bien.*)

où [u] adv. (lat. *ubi*). 1° Avec valeur relative, marque le lieu et le temps : *la maison où j'habite ; le jour où je vous ai rencontré.* 2° Avec valeur interrogative, marque le lieu, le but : *où courez-vous? Où cela vous mènera-t-il?* ● *D'où,* de quel endroit, de quelle origine. ‖ *Là où,* au lieu dans lequel. ‖ *Où que,* en quelque lieu que. ‖ *Par où,* par quel endroit.

ouabaïne [wabain] n. f. (somali *ouabaïo*). Glucoside tonicardiaque extrait d'un strophantus du Gabon. (D'action puissante et brève, l'ouabaïne est utilisée comme tonicardiaque.)

Ouaddaï ou **Ouadaï,** région du Tchad, à l'est du lac Tchad.

Ouagadougou, cap. de la Haute-Volta, dans le centre du pays ; 72 000 h. Archevêché.

Ouahhabites. V. Wahhābites.

Phot. Almasy.

ouailles [wɑj] n. f. pl. (de l'anc. fr. *oeille;* lat. *ovis,* brebis). Les chrétiens par rapport à leur pasteur spirituel : *ce curé a besoin de ses ouailles.*

ouais! [wɛ] interj. *Fam.* S'emploie pour marquer la surprise, la raillerie, l'ironie : *ouais! vous le prenez de haut.*

ouananiche [wananiʃ] n. f. Au Canada, saumon d'eau douce que l'on trouve dans les lacs et rivières du nord du Québec.

ouaouaron [wawarɔ̃] n. m. Grenouille géante du Canada.

Ouargla, v. d'Algérie, ch.-l. du dép. des Oasis ; 27 400 h. Palmeraie.

Ouarsenis, massif calcaire de l'Algérie, au sud du Chélif ; 1 985 m.

ouate [wat] n. f. (ital. *ovatta,* d'orig. arabe). Laine, soie, filasse, coton, préparés soit pour être placés sous la doublure des objets de literie ou de vêtements, soit pour servir à des pansements. (On dit indifféremment *de la ouate* ou *de l'ouate.*) ● *Ouate de cellulose,* matière absorbante constituée par la superposition de minces couches de cellulose. ‖ *Ouate hydrophile,* ouate purifiée par lavages dans de l'eau alcaline.
— Encycl. L'*ouate* est communément appelée *coton.* L'*ouate cardée* permet de faire des pansements étanches ; l'*ouate hydrophile* peut s'imbiber d'une grande quantité d'eau et sert à faire des pansements absorbants ; l'*ouate de cellulose,* préparée avec du bois de conifères, est un succédané du coton et est principalement employée pour remplacer les couches des nourrissons.

ouater v. t. Garnir, doubler d'ouate.

ouatine n. f. Nappe de fibre textile cousue entre deux tissus légers, et utilisée comme doublure de vêtement.

ouatiner v. t. Doubler de ouatine.

Oubangui, riv. de l'Afrique équatoriale, affl. du Congo (r. dr.) ; 1 160 km. L'Oubangui sépare la République centrafricaine, puis le Congo-Brazzaville du Congo-Kinshasa.

Oubangui-Chari, anc. territoire de l'Afrique-Equatoriale française. (V. centrafricaine [*République*].)

oubli [ubli] n. m. Fait d'oublier, de perdre le souvenir de quelqu'un ou de quelque chose : *l'oubli d'un détail important.* ‖ Négligence fâcheuse : *réparer un oubli.* ‖ Egarement passager : *commettre une faute dans un moment d'oubli.* ● *Oubli de soi,* abnégation de ses droits, de ses intérêts.

oublie n. f. (du lat. *oblata,* chose offerte). Sorte de pâtisserie très mince, roulée en forme de cornet (vx).

oublier [ublije] v. t. (du lat. *oblitus,* oublié). Perdre le souvenir d'une personne, d'une chose : *oublier une date.* ‖ Ne pas penser à : *oublions le passé.* ‖ Laisser par inadvertance : *oublier ses gants.* ‖ Laisser passer : *oublier l'heure.* ‖ Omettre par négligence, manquer à : *oublier ses promesses.* ‖ Laisser de côté, négliger : *oublier ses amis.* ‖ N'avoir aucun égard à : *oublier les conseils d'un père.* ‖ Manquer de reconnaissance : *oublier un bienfait.* ‖ **— S'oublier** v. pr. Manquer à ce que l'on doit aux autres ou à soi-même : *il s'est oublié au point de répondre incorrectement.* ‖ Négliger volontairement ses intérêts : *s'oublier, c'est penser aux autres.* ‖ *Fam.* Commettre une incongruité.

oubliette [ublijɛt] n. f. Cachot souterrain et obscur où l'on enfermait autrefois les prisonniers condamnés à une prison perpétuelle. (S'emploie surtout au pluriel.)

oublieux, euse adj. Qui oublie facilement : *écolier oublieux.*

ouche [uʃ] n. f. (lat. *olca*). Terrain voisin de la maison et planté d'arbres fruitiers. ‖ Bonne terre qui peut fournir les produits les plus variés.

Ouche, riv. de Bourgogne, affl. de la Saône (r. dr.) ; 85 km.

Ouche (*pays d'*), région de Normandie, parcourue par la Risle.

Ouchy, port de Lausanne, sur le lac Léman.

Oudenaarde. V. Audenarde.

Oudh. V. Aoudh.

Oudinot (Nicolas Charles), duc de Reggio, maréchal de France, né à Bar-le-Duc (1767-1847). Il se distingua à Austerlitz, Friedland, Wagram, Bautzen. — Son fils Nicolas Charles Victor, général, né à Bar-le-Duc (1791-1863), commanda le corps expéditionnaire qui prit Rome en 1849 et rétablit les pouvoirs du pape.

Oudjda. V. Oujda.

Oudmourtes. V. Votiaks.

Oudong, localité du Cambodge, près du Mékong. Anc. cap. du royaume du Cambodge.

Oudot (Roland), peintre français, né à Paris en 1897. Harmoniste personnel dans le paysage, la figure et le portrait, il est un des principaux représentants du réalisme poétique. On lui doit des décorations murales, des cartons de tapisserie, des décors de théâtre et des illustrations pour des ouvrages de Nerval, de Giraudoux, de Mauriac. Il est représenté au musée national d'Art moderne (*la Route goudronnée, Portrait de femme*).

Oudry (Jean-Baptiste), peintre et graveur français, né à Paris (1686-1755). Elève de Largillière, il commença par le portrait, pour devenir surtout un animalier. Peintre attitré des *Chasses de Louis XV,* il donna de nombreux cartons de tapisserie à la manufacture de Beauvais, dont il fut le directeur artistique, et aux Gobelins, dont il assura la surinspection. Il illustra les *Fables* de La Fontaine. Il est bien représenté au Louvre.

oued [wɛd] n. m. (mot arabe signif. *cours d'eau*). Dans les régions arides, cours d'eau temporaire, le plus souvent desséché, mais pouvant rouler de grandes quantités d'eau et de boue lors d'une crue violente. ‖ Pl. des *oueds.*

Oued (**El-**), oasis du Sahara algérien, dans le Souf ; 86 100 h.

Oued-Fodda, v. d'Algérie (dép. d'El-Asnam) ; 13 000 h. Barrage sur l'*oued Fodda.*

Oued-Zem, v. du Maroc ; 18 600 h.

Ouellé. V. Uélé.

Ouen [wɑ̃] (*saint*), évêque de Rouen, né à Sancy (Soissonnais) [609-683] ; il a écrit une *Vie de saint Eloi.* — Fête le 24 août.

Ouenza, région montagneuse d'Algérie, près de la Tunisie. Fer.

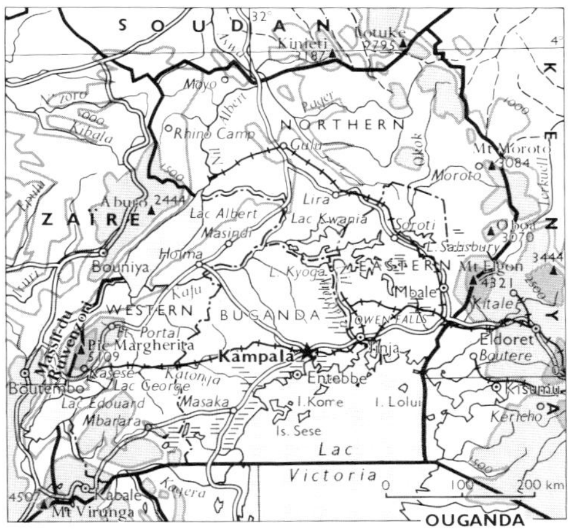

à gauche, barrage des Owen Falls
à droite, lac Bunyoni

Oudry
« le Canard blanc », *coll. part.*

Ouessant (29242), île de Bretagne, constituant un canton du Finistère (Nord) [arr. de Brest] correspondant à la seule comm. d'*Ouessant ;* 15 km^2 ; 1 817 h. (691 aggl.) [*Ouessantins*]. Pêche. Moutons de pré salé.

ouest [wɛst] n. m. (de l'anc. angl. *west*). Partie de l'horizon où le soleil semble se coucher. ‖ Point cardinal situé du côté où le soleil se couche. ‖ Direction de l'ouest : *marcher vers l'ouest.* ‖ Pays situé du côté où le soleil se couche. (Dans ce sens et les suiv., prend une majuscule.) ‖ Région occidentale de la France : *voyager dans l'Ouest.* ‖ Ensemble des Etats du pacte de l'Atlantique. ‖ — Contr. : est, levant, orient.

ouest-allemand, e adj. et n. Relatif à la **République** fédérale allemande.

Ouezzane, v. du Maroc, près du Sebou ; 26 200 h.

ouf! [uf] interj. Marque un soulagement après une fatigue, une oppression, etc.

Oufa, v. de l'U. R. S. S. (R. S. F. S. de Russie), ch.-l. de la Bachkirie*, au confluent de la Bielaïa et de l'*Oufa* (912 km) ; 773 000 h. Métallurgie. Raffinage du pétrole.

Ouganda ou **Uganda,** Etat de l'Afrique orientale, sur l'équateur ; 243 410 km^2 ; 10 130 000 h. Cap. *Kampala.* Langue officielle : *anglais.*

Géographie.

Le pays est formé de vastes plateaux de roches anciennes (entre 1 000 et 2 000 m d'altitude) occupés en leur centre par l'étendue marécageuse du lac Kyoga. L'altitude explique la relative faiblesse des températures, généralement inférieures à 25 °C. Les précipitations oscillent entre 1 000 et 1 500 mm, et la formation végétale dominante est la savane.
La population, formée essentiellement de groupes bantous, comprend des minorités d'origine européenne (à peine 10 000 unités) et surtout indienne. La colonisation est responsable de l'extension des cultures commerciales : coton dans le Sud, café et thé sur les pentes des hauts massifs de la périphérie (Ruwenzori et Elgon), canne à sucre, tabac, arachides, etc. Le millet et le maïs, dans le Nord, et le riz, autour du lac Kyoga, sont les fondements de l'alimentation, complétée par les produits d'un élevage ovin et surtout bovin, et par la pêche lacustre. L'industrie est peu développée en dehors de l'extraction minière, notamment du cuivre de Kilembe, traité à Jinja.

Phot. Fieret - Afrique-Photo, Rasilly - Afrique-Photo, Giraudon.

ouistiti

La balance commerciale est régulièrement excédentaire. Le café assure en valeur la moitié des exportations, le coton le quart, et le cuivre plus de 10 p. 100. Les articles manufacturés constituent naturellement en contrepartie l'essentiel des importations. La Grande-Bretagne est le premier fournisseur de l'Ouganda, dont les Etats-Unis sont le principal client.

Histoire.

Royaume noir d'Afrique centrale, qui s'étendit, sous Moutesa (1860-1884), du lac Albert au lac Victoria, l'Ouganda dut accepter en 1894 le protectorat britannique. A partir de 1955, le gouverneur britannique fut assisté d'un Conseil exécutif et d'une Assemblée législative. L'Ouganda, indépendant en 1962 dans le cadre du Commonwealth, est devenu une république en 1963. En 1971, un coup d'Etat militaire a porté au pouvoir le général Idi Amin Dada.

Ougarit ou **Ugarit,** anc. v. de la côte phénicienne, dont les vestiges ont été découverts à Ras Shamra. Les fouilles, commencées en 1929 par les Français Cl. Schaeffer et G. Chenet, ont permis de mettre au jour cinq niveaux différents d'occupation, du néolithique à 1200 av. J.-C. Les niveaux les plus récents ont livré des bas-reliefs et des objets d'art (patère ornée d'une chasse et couvercle de pyxide, Louvre).

Ougrée, comm. de Belgique (Liège); 20 900 h. Sidérurgie. Produits chimiques.

ougrien [ugrijɛ̃] n. m. Groupe linguistique comprenant l'ostyak, le vogoul et le hongrois.

Ougriens, anc. nom des Ostyaks*. Ce terme est encore employé pour désigner l'ensemble linguistique formé par les Ostyaks et les Vogouls.

oui [wi] adv. (de l'anc. fr. *o,* cela, et du pronom *il*). Marque une affirmation, une approbation (par oppos. à *non*). ● *Oui-da* (Fam.), volontiers, de bon cœur (souvent ironique). ‖ — N. m. inv. : *tout se résout par des oui ou par des non.* (On dit *le oui,* mais on peut dire : *je crois qu'oui.*) ● *Dire, prononcer le grand oui,* se marier. ‖ *Se fâcher pour un oui, pour un non,* sans motif sérieux.

Ouidah, port du Dahomey ; 18 900 h.

ouï-dire n. m. inv. Ce qu'on ne sait que par la rumeur publique : *il ne faut pas s'arrêter aux ouï-dire.* ‖ **— Par ouï-dire** loc. adv. Pour l'avoir entendu dire.

ouïe [wi] n. f. (de *ouïr*). Sens par lequel sont perçus les sons : *les chiens ont l'ouïe fine.*

ouïe! ou **ouille!** [uj] interj. *Fam.* Cri poussé pour exprimer une douleur vive.

ouïes [wi] n. f. pl. Ouvertures que les poissons ont aux côtés de la tête et qui donnent issue à l'eau amenée dans leur bouche par la respiration. ‖ Ouvertures pratiquées à la table supérieure d'un violon, sur le capot d'une machine.

Ouïgours, tribu turque issue des Hiong-nou et qui constitua aux VIIIe-IXe s. le centre d'un vaste empire de l'Altaï au Baïkal. Auj., le nom de *Ouïgour* est donné à une population habitant le Kazakhstan, ainsi qu'à la plus importante population habitant le Sin-kiang, en Chine.

ouillage n. m. Action d'ouiller.

ouiller [uje] v. t. (anc. fr. *aouiller,* remplir jusqu'à l'œil). Remplir avec du vin de même provenance un tonneau dans lequel s'est produit un vide.

ouïr [wir] v. t. (lat. *audire,* entendre). [Les formes régulières étaient *j'ois, il oit, j'oyais, j'ouïs, j'oirai* ou *j'orrai, oyez, ouïr, oyant, ouï ;* mais auj. n'est usité qu'à l'infin. prés., au participe passé *ouï, e* et aux temps composés.] Entendre, percevoir les sons par l'oreille : *ouïr un nom pour la première fois ; j'ai ouï dire que...* ‖ *Dr.* Recevoir la déposition de : *ouïr les experts.*

Ouissam alaouite (*ordre du*), ordre militaire marocain créé en 1913, pour récompenser les militaires en service au Maroc.

ouistiti [wistiti] n. m. (onomat.). Singe arboricole de l'Amérique du Sud, dont le corps, mesurant environ 20 cm, est prolongé par une longue queue touffue.

Ouistreham (14150), comm. du Calvados (arr. de Caen) ; 5 247 h. Station balnéaire, près de Caen. Eglise romane et gothique.

Oujda ou **Oudjda,** v. du Maroc, près de la frontière algérienne ; 149 300 h.

oukase n. m. V. UKASE.

Oulan-Bator, autref. **Ourga,** cap. de la Mongolie, sur la Tola ; 263 000 h.

Oulan-Oude, v. de l'U. R. S. S. (R. S. F. S. de Russie), cap. de la république des Bouriates-Mongols ; 254 000 h. Matériel ferroviaire.

Oulanova (Galina Sergheïevna), danseuse soviétique, née à Saint-Pétersbourg en 1910. Attachée au théâtre Kirov de Leningrad (1929-1944), puis au théâtre Bolchoï de Moscou de 1944 à 1960, elle a été la plus grande étoile soviétique de sa génération. Remarquable interprète de *Giselle,* elle s'est illustrée également dans *la Fontaine de Bakhtchissaraï, Roméo et Juliette, le Cavalier de bronze* et *le Pavot rouge.* Elle est l'auteur d'un ouvrage autobiographique, *l'Ecole d'une ballerine* (1954).

Oulchy-le-Château (02210), ch.-l. de c. de l'Aisne (arr. de Soissons) ; 694 h. Eglise romane.

Ouled Naïl, confédération de tribus nomades de l'Algérie méridionale, qui se déplacent de part et d'autre des *monts des Ouled Naïl.*

ouléma n. m. V. ULÉMA.

Oulianovsk, anc. **Simbirsk,** v. de l'U. R. S. S. (R. S. F. S. de Russie), sur la Volga ; 351 000 h. Métallurgie. Patrie de Lénine.

oullière [uljɛr] n. f. Allée pratiquée entre les rangs de vignes et affectée à d'autres cultures.

Oullins (69600), ch.-l. de c. du Rhône (arr. et banlieue de Lyon), sur le Rhône ; 26 859 h. Châteaux des XVIe et XVIIe s. Constructions mécaniques. Textiles.

Oulu, en suédois **Uleåborg,** port de Finlande, sur le golfe de Botnie ; 83 000 h. Industries du bois.

Oum er-Rebia ou **Oum er-R'bia,** fl. du Maroc central, coupé de barrages (Im-Fout), tributaire de l'Atlantique ; 556 km.

oumiak [umjak] n. m. Embarcation de grandes dimensions des Esquimaux.

ounce [awns] n. f. *Métrol.* Unité anglo-saxonne de masse (symb. : oz), valant 28,349 5 g.

Ouolofs ou **Wolofs,** peuple de race noire, établi principalement au Sénégal. Leur langue, qui appartient au groupe des langues soudanaises, s'est répandue dans tout le Sénégal.

Our ou **Ur,** anc. v. de Mésopotamie, fondée à l'époque présumérienne et qui avait encore une certaine importance au VIIe s. av. J.-C. Les tombes les plus anciennes ont livré des objets en terre cuite, et certaines, parmi celles du « cimetière royal », un très riche mobilier, de la vaisselle d'or et d'argent. Un grand nombre de constructions sont dues à Our-Nammou*. Patrie d'Abraham.

Galina **Oulanova** dans « Giselle »

ouragan [uragɑ̃] n. m. (esp. *huracan,* tornade). Tempête violente. ‖ *Fig.* Grand trouble : *ouragan politique.* ● *Arriver comme un ouragan,* arriver impétueusement.

Oural, fl. de l'U. R. S. S., né dans les *monts Oural* et qui arrose Orsk, Orenbourg et *Ouralsk* avant de rejoindre la Caspienne ; 2 534 km.

Oural ou **monts Oural,** chaîne de montagnes de l'U. R. S. S., qui s'étend du nord au sud sur 2 400 km entre l'océan Arctique et la dépression aralo-caspienne, et qui constitue une traditionnelle limite entre l'Europe et l'Asie. Massif hercynien, relativement élevé dans sa partie septentrionale (1 894 m à la montagne Narodnaïa), déprimé en son centre et recouvert en grande partie par la forêt de conifères, l'Oural constitue une importante région industrielle. Le sous-sol de la montagne fournit du chrome, du nickel, du manganèse, de la bauxite, de l'or, du platine, du charbon et surtout du fer, celui-ci étant extrait autour de Nijni Taghil et surtout de Magnitogorsk. L'avant-pays occidental (*Préouralie occidentale*) est aujourd'hui la principale région soviétique productrice de pétrole, du bassin de la Petchora au nord à celui de l'Emba au sud. La richesse du sous-sol a favorisé le développement d'une puissante industrie où domine la métallurgie, représentée dans les grands centres urbains établis au pied de la chaîne : Sverdlovsk, Tcheliabinsk et Magnitogorsk à l'est, Perm' et Oufa à l'ouest.

ouralien [uraljɛ̃], **enne** [-ɛn] adj. De l'Oural.

ouralo-altaïque adj. Se dit de langues parlées de la Finlande à la Mandchourie, telles que le *finnois,* le *hongrois,* le *turc,* le *samoyède,* le *mongol,* et que l'on croit appartenir à une même famille. ‖ Nom donné à la famille ethnographique qui comprend les Bulgares, les Hongrois, les Kirghiz, etc.

Ouralsk, v. de l'U. R. S. S. (R. S. F. S. de Russie), sur l'*Oural ;* 134 000 h. Métallurgie.

Ouranos. *Myth. gr.* Le Ciel, fils de Gaia ou de la Nuit.

Ourcq, riv. de France, née dans le dép. de l'Aisne, qui se jette dans la Marne (r. dr.) et communique avec la Seine par le *canal de l'Ourcq* (108 km) ; 80 km. La *bataille de l'Ourcq* est le nom donné à la victoire remportée par Maunoury sur les Allemands de von Kluck (5-9 sept. 1914) pendant la bataille de la Marne.

ourdir [urdir] v. t. (lat. *ordiri*). Disposer sur l'ourdissoir les fils de la chaîne d'une étoffe. ‖ *Fig.* Tramer, machiner : *ourdir une trahison.*

ourdissage n. m. Opération préliminaire du tissage, consistant à préparer la chaîne en assemblant parallèlement des fils d'égale longueur.

ourdisseur, euse n. Personne qui ourdit.

ourdissoir n. m. Machine sur laquelle se fait l'opération de l'ourdissage.

Oural

la Tchoussovaïa

sidérurgie de Magnitogorsk

Phot. Hoa-qui, A. P. N. (3).

ourdou [urdu] n. m. Langue nationale du Pākistān.

Ourga. V. OULAN-BATOR.

ourler [urle] v. t. Faire un ourlet à.

ourlet [-lɛ] n. m. (de l'anc. fr. *ourle,* empr. au lat. *ora,* bord). Repli cousu au bord d'une étoffe. ● *Faux ourlet,* ourlet formé avec un morceau de tissu rajouté.

ourlien [urljɛ̃], **enne** [-ɛn] adj. Relatif aux oreillons : *orchite ourlienne.*

Ourmia. V. REZĀYE.

Our-Nammou, fondateur de la IIIe dynastie d'Our (ère de prospérité, XXIIIe-XXIe s.). Il créa une esplanade sacrée en l'honneur du dieu-lune Nannar et de son épouse Ningal : vestiges des temples et surtout de la ziggourat, stèle sculptée (musée de Philadelphie).

Ouro Prêto, v. du Brésil (Minas Gerais) ; 8 800 h. Ville d'art (églises du XVIIIe s.). Centre de la production d'or aux XVIIIe et XIXe s.

Ourouk, v. antique de Mésopotamie, sur la rive gauche de l'Euphrate. Ce fut un centre important de la civilisation sumérienne.

Ouroumtsi ou **Ti-houa,** v. de Chine, cap. du Sin-kiang ; 180 000 h. Métallurgie.

Ouroundi. V. RUANDA-URUNDI et BURUNDI.

ours [urs] n. m. (lat. *ursus*). Mammifère de l'ordre des carnassiers, plantigrade, au corps lourd et massif. (Son pelage sert à faire des tapis.) [Cri : l'ours *gronde, grogne.*] ‖ *Fig.* Homme qui fuit la société. ● *Ours blanc,* ours des régions arctiques, qui mène une vie aquatique et se nourrit surtout de poissons. (Son poids atteint 600 kg et sa hauteur, dressé, 2,70 m.) ‖ *Ours brun,* ours féroce et rusé qui vit en solitaire dans les forêts montagneuses d'Europe et d'Asie, et qui se nourrit éventuellement de fruits et de miel. ‖ *Ours des cocotiers,* ours de Malaisie, excellent grimpeur. ‖ *Ours marin,* espèce d'otarie.

Ours (*grand lac de l'*), lac du Canada septentrional (Territoires du Nord-Ouest), drainé par la *rivière de l'Ours* (affl. du Mackenzie) ; 29 000 km². A proximité, gisements de radium et d'uranium (Port Radium).

ourse n. f. (lat. *ursa*). Femelle de l'ours.

Ourse, nom de deux constellations boréales circumpolaires et qui restent toujours visibles sous la latitude de Paris. — La *Grande Ourse,* appelée encore *Chariot de David,* rappelle grossièrement la forme d'un chariot avec sa caisse. Elle contient une importante galaxie M 81 et une nébuleuse planétaire M 97. — La *Petite Ourse,* appelée aussi *Petit Chariot,* forme une figure analogue à la Grande Ourse, mais plus petite et dirigée en sens parallèle et contraire. Elle comprend notamment la *Polaire ;* cette étoile se trouve à peu près dans le prolongement d'une ligne passant par les deux étoiles qui représentent les roues arrière du Chariot de David et à une distance égale à cinq fois celle de ces deux mêmes étoiles. La Polaire n'est pas exactement au pôle, mais en est très voisine.

oursin [ursɛ̃] n. m. Animal marin caractérisé par une symétrie axiale d'ordre 5 (qui fait de lui un *échinoderme*) et par l'absence de bras, ce qui l'oppose aux autres classes d'échinodermes telles que les étoiles de mer. (Autres noms : CHÂTAIGNE DE MER, HÉRISSON DE MER.)
— ENCYCL. L'*oursin* livide du commerce a gardé les traits primitifs du groupe : anus au centre de la face dorsale, bouche au centre de la face ventrale, symétrie pentamère presque parfaite, rompue seulement par la *plaque madréporique* pour l'entrée de l'eau circulante. Ses piquants, violets ou verts, basculent en tous sens sur leurs tubercules hémisphériques. Ses dents, dures, coulissent dans les rainures de la *lanterne d'Aristote* (appareil masticateur) et peuvent creuser le rocher, où l'oursin se loge et reste parfois enfermé.
La spatangue, qui vit enfouie dans la vase, est un oursin « irrégulier » : symétrie bilatérale superposée à la symétrie axiale, anus à l'arrière, bouche proche de l'avant. Signalons aussi les cidarides, aux énormes « piquants » qui ne piquent nullement, mais qui jouent le rôle d'échasses au bout arrondi. On a également décrit des oursins plats, des oursins qui incubent leurs jeunes, etc. La larve de l'oursin est le *pluteus.*

ourson n. m. Petit d'un ours. ‖ Peau d'ours encore garnie de son poil : *un bonnet d'ourson.*

Ourthe, riv. de Belgique, qui se jette dans la Meuse (r. dr.) à Liège ; 165 km.

Ourville-en-Caux (76450 Cany Barville), ch.-l. de c. de la Seine-Maritime (arr. du Havre) ; 693 h.

Ouse, fl. d'Angleterre qui rejoint la mer du Nord dans le Wash ; 269 km. — Riv. d'Angleterre qui s'unit au Trent pour former la Humber ; 102 km.

Oussouri. V. OZOURI.

Oussouriisk, de 1935 à 1959 **Vorochilov,** v. de l'U. R. S. S. (R. S. F. S. de Russie), au nord de Vladivostok ; 128 000 h. Industries alimentaires.

oust ! ou **ouste !** [ust] interj. *Fam.* S'emploie pour chasser quelqu'un ou pour l'obliger à se hâter.

Oust, riv. de Bretagne, affl. de la Vilaine (r. dr.) ; 155 km.

Oust (09140 Seix), ch.-l. de c. de l'Ariège (arr. de Saint-Girons) ; 410 h. (268 aggl.).

oustachis, membres de l'Oustacha, parti révolutionnaire nationaliste croate, fondé en 1930. En 1941, les oustachis, avec l'appui des Allemands, proclamèrent l'indépendance de la Croatie.

ours brun

Oust-Kamenogorsk, v. de l'U. R. S. S. (Kazakhstan) ; 230 000 h. Métallurgie.

Oust-Ourt, plateau désertique de l'Asie soviétique (Kazakhstan), situé entre les mers Caspienne et d'Aral.

out [awt] adv. (mot angl. signif. *dehors*). Mot employé au tennis pour indiquer que la balle est tombée hors des limites du court.

Outamaro. V. UTAMARO.

outarde [utard] n. f. (du lat. *avis tarda,* oiseau lent). Oiseau échassier au corps lourd, habitant les grandes plaines, recherché pour sa chair savoureuse. (La *grande outarde* [long. 1 m], qui passe en France en hiver, est devenue très rare ; on rencontre surtout la *petite outarde,* ou canepetière [long. 50 cm].)

outardeau n. m. Jeune outarde.

Outarville (45480), ch.-l. de c. du Loiret (arr. de Pithiviers) ; 443 h. (314 aggl.).

outil [uti] n. m. (du lat. *ustensilia,* ustensiles). Objet fabriqué dont on se sert pour exécuter un travail manuel ou mécanique : *outils de menuisier.*

v. illustrations p. suivante

outillage n. m. Ensemble des outils nécessaires à une profession ou à un travail. ‖ Service chargé, dans une entreprise, de la fabrication des outils.

outillé, e adj. Qui a des outils : *apprenti qui est bien outillé.*

outiller [utije] v. t. Garnir, munir d'outils : *outiller un ouvrier.* ‖ *Fig.* Fournir des moyens nécessaires : *outiller un jeune homme pour lutter dans la vie.* ‖ **— S'outiller** v. pr. Se procurer des outils.

outilleur n. m. Professionnel capable de confectionner à la main et sur machines, ainsi que de mettre au point des calibres, moules, outillages et montages de fabrication.

outlaw [awtlo] n. m. (mot angl. signif. *hors la loi*). Bandit, aventurier mis à l'écart des lois.

outrage [utraʒ] n. m. (de *outre*). Injure, offense grave : *accabler quelqu'un d'outrages.* ‖ Délit consistant à mettre en cause l'honneur ou la délicatesse d'un magistrat, d'un juré, d'un officier ministériel ou d'un agent dépositaire de la force publique dans l'exercice ou à l'occasion de l'exercice de leurs fonctions. ● *Outrage aux bonnes mœurs,* délit consistant à porter atteinte à la moralité publique par écrits, dessins, photographies ou paroles. ‖ *Outrage public à la pudeur,* délit consistant en un geste contraire à la décence, perçu ou susceptible d'être perçu par des tiers.

outrageant [-ʒɑ̃], **e** [-ɑ̃t] adj. Qui outrage : *paroles outrageantes.*

outrager v. t. (conj. 1). Offenser vivement, insulter : *outrager un supérieur.*

outrageusement adv. De façon excessive : *femme outrageusement fardée.*

outrance [utrɑ̃s] n. f. (de *outrer*). Exagération, chose outrée : *l'outrance de ses paroles.* ‖ **— A outrance** loc. adv. Jusqu'à l'excès, sans borne ni trêve : *poursuivre à outrance.*

outrancier, ère adj. Qui pousse les choses à l'excès ; excessif : *un caractère outrancier.*

outre [utr] n. f. (lat. *uter*). Peau de bouc cousue en forme de sac, pour conserver et transporter des liquides : *une outre pleine d'eau.*

outre prép. (lat. *ultra*). Au-delà de. (N'est plus employé en ce sens que dans les mots composés comme *outre-mer, outre-monts, outre-tombe,* etc.) ‖ De plus, en sus de : *apporter, outre les témoignages, des preuves écrites.* ● *Outre mesure,* à l'excès. ‖ — Adv. *Passer outre,* ne pas tenir compte d'un argument, d'une objection : *il a passé outre à ces observations.* ‖ **— En outre** loc. adv. De plus. ‖ **— Outre que** loc. conj. En plus du fait que...

outré, e adj. Exagéré : *pensée outrée.* ‖ Indigné : *je suis outré de tant d'impertinence.*

outre-Atlantique loc. adv. Au-delà de l'Atlantique, par rapport à l'Europe.

Outreau (62230), comm. du Pas-de-Calais (arr. et faubourg de Boulogne-sur-Mer) ; 13 735 h. Métallurgie.

outrecuidance [utrəkɥidɑ̃s] n. f. Confiance excessive en soi-même : *parler avec outrecuidance.*

outrecuidant, e adj. (de *outre,* et de l'anc. fr. *cuider,* penser). Qui manifeste de l'outrecuidance.

outre-Manche loc. adv. Au-delà de la Manche, par rapport à la France.

outre-mer loc. adv. Au-delà des mers : *s'établir outre-mer ; les peuples d'outre-mer.*

outremer [utrəmɛr] n. m. (de *outre* et *mer*). Gemme bleu d'azur, dont la poudre est utilisée en peinture. (Syn. LAPIS-LAZULI.) ‖ Couleur de l'outremer. ‖ — Adj. inv. De la couleur de cette pierre.

Outremont, v. du Canada (Québec), dans l'agglomération de Montréal ; 30 900 h.

outre-monts loc. adv. Au-delà des monts : *passer outre-monts.*

outrepasser v. t. Aller au-delà de, dépasser : *outrepasser ses pouvoirs.* ‖ — V. i. *Véner.* S'emporter au-delà des voies, en parlant des chiens.

outrer [utre] v. t. Porter les choses au-delà de la juste raison : *outrer la vérité.* ‖ Offenser gravement, pousser à bout : *vos paroles l'ont outré.*

outre-Rhin loc. adv. Au-delà du Rhin.

outre-tombe loc. adv. Au-delà de la tombe, au-delà de la mort.

outrigger [awtrigœr] n. m. (angl. *out,* en dehors, et *to rig,* ramer). Embarcation de course, étroite et légère, munie d'armatures métalliques portant le point d'appui des rames en dehors des bordages.

outsider [awtsajdœr ou utsidɛr] n. m. (mot angl. signif. *celui qui est en dehors*). Concurrent dont les chances de vaincre sont faibles.

Ouvakhshatra. V. CYAXARE.

Ouvéa. V. UVÉA.

ouvert [uvɛr], **e** [-ɛrt] adj. Qui se confie, franc : *caractère ouvert.* ‖ Qui exprime la franchise : *visage ouvert.* ‖ Intelligent, vif : *esprit ouvert.* ‖ Déclaré, manifeste : *guerre ouverte.* ‖ *Chorégr.* Se dit du danseur ou de la danseuse qui possède naturellement la position de l'en-dehors. ‖ *Math.* Se dit d'un intervalle dans lequel on n'englobe pas les valeurs qui le limitent. ‖ *Sports.* Dont le résultat est incertain : *compétition très ouverte.* ● *A bras ouverts,* cordialement : *recevoir un ami à bras ouverts.* ‖ *A bureau, à guichet ouvert,* sur présentation des titres : *banque qui paye à bureau ouvert.* ‖ *A livre ouvert,* sans préparation. ‖ *Pays ouvert,* sans places fortes, ou sans défenses naturelles à ses frontières. ‖ *Port ouvert,* où les navires étrangers pénètrent librement. ‖ *Rade ouverte,* mouillage exposé au vent, à la mer du large, à l'ennemi, etc. ‖ *Tenir table ouverte,* recevoir tous ceux qui se présentent. ‖ *Ville ouverte,* ville qui n'est pas fortifiée ou que l'on renonce à défendre en temps de guerre.

oursins

v. également échinodermes

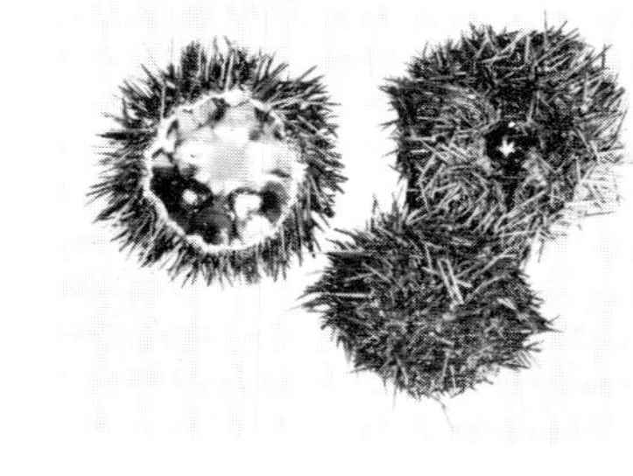

outarde

Phot. A. P. N., Lauros - Atlas-Photo, W. S. Berridge.

MÉCANIQUE

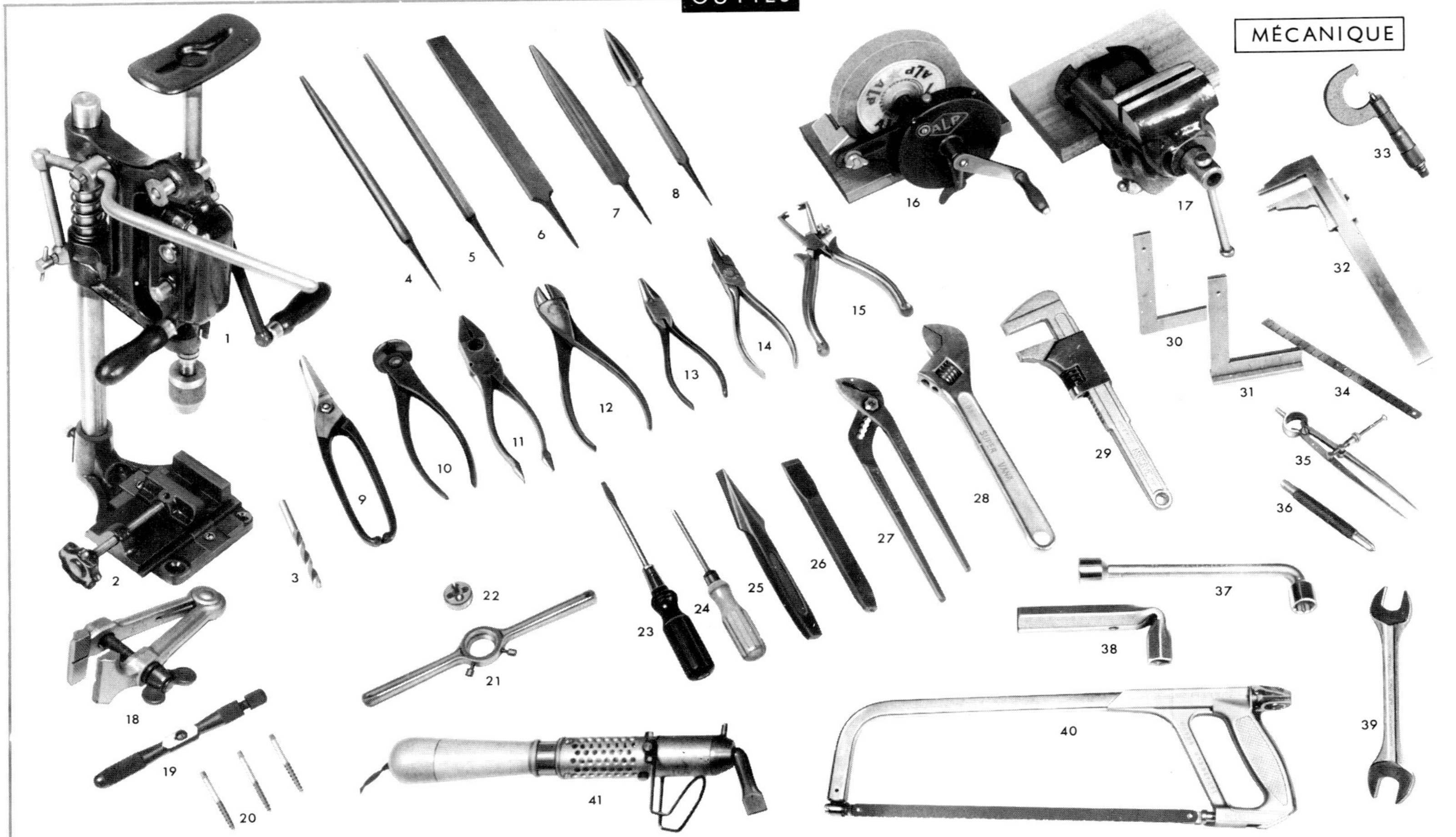

Mécanique : 1, 2. Drille (chignole) avec support et étau; 3. Foret. Limes : 4. ronde; **5.** carrée; **6.** plate; 7. demi-ronde; 8. Grattoir; 9. Cisaille. Pinces : 10. coupante; 11. universelle; 12. coupante de côté; 13. plate; 14. ronde; 15. à dénuder; 16. Meule émeri; 17. Étau parallèle; 18. Étau à main; 19. Tourne-à gauche; 20. Jeu de tarauds; 21. Porte-filière; 22. Filière; 23. Tournevis; 24. Tournevis cruciforme; 25. Bédane; 26. Burin; 27. Pince à prises multiples. Clés : 28. à molette; 29. à crémaillère. Équerres : 30. simple; 31. à chapeau; 32. Pied à coulisse; 33. Palmer; 34. Réglet; 35. Compas; 36. Pointeau. Clés : 37. à pipe; 38. en tube; 39. plate; 40. Scie à main; 41. Fer à souder.

Menuiserie : 42. Scie à araser; 43. Marteau d'emballeur; 44. Riflard; 45. Meule de grès; 46. Maillet; 47. Rabot; 48. Trusquin; 49. Vilebrequin; 50. Guillaume; 51. Bouvet; 52. Boîte à onglet; 53. Scie à chantourner; 54. Tamponnoir; 55. Pointe carrée; 56. Vrille; 57. Tiers-point; 58. Bédane; 59. Gouge; 60. Ciseau à bois, biseauté. Râpes : 61. demi-ronde; 62. plate; 63. Mèche hélicoïdale; 64 et 65. Tournevis et vrille pour vilebrequin; 66. Mèche trois pointes; 67. Équerre à chapeau; 68. Pierre à huile; 69. Compas; 70. Mètre pliant; 71. Wastringue. Scies : 72. à chevilles; 73. égoïne; 74. à guichet.

MENUISERIE

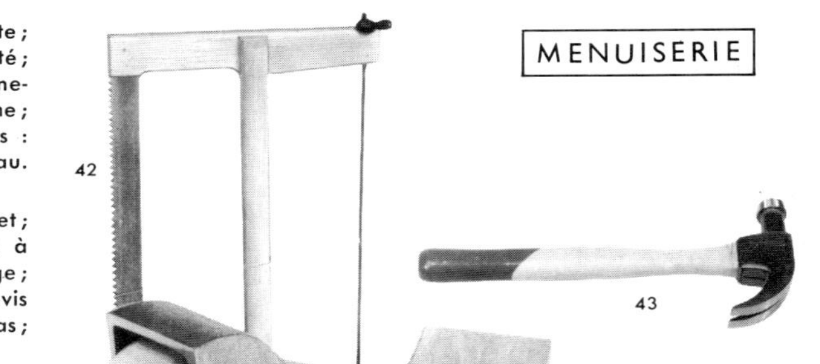

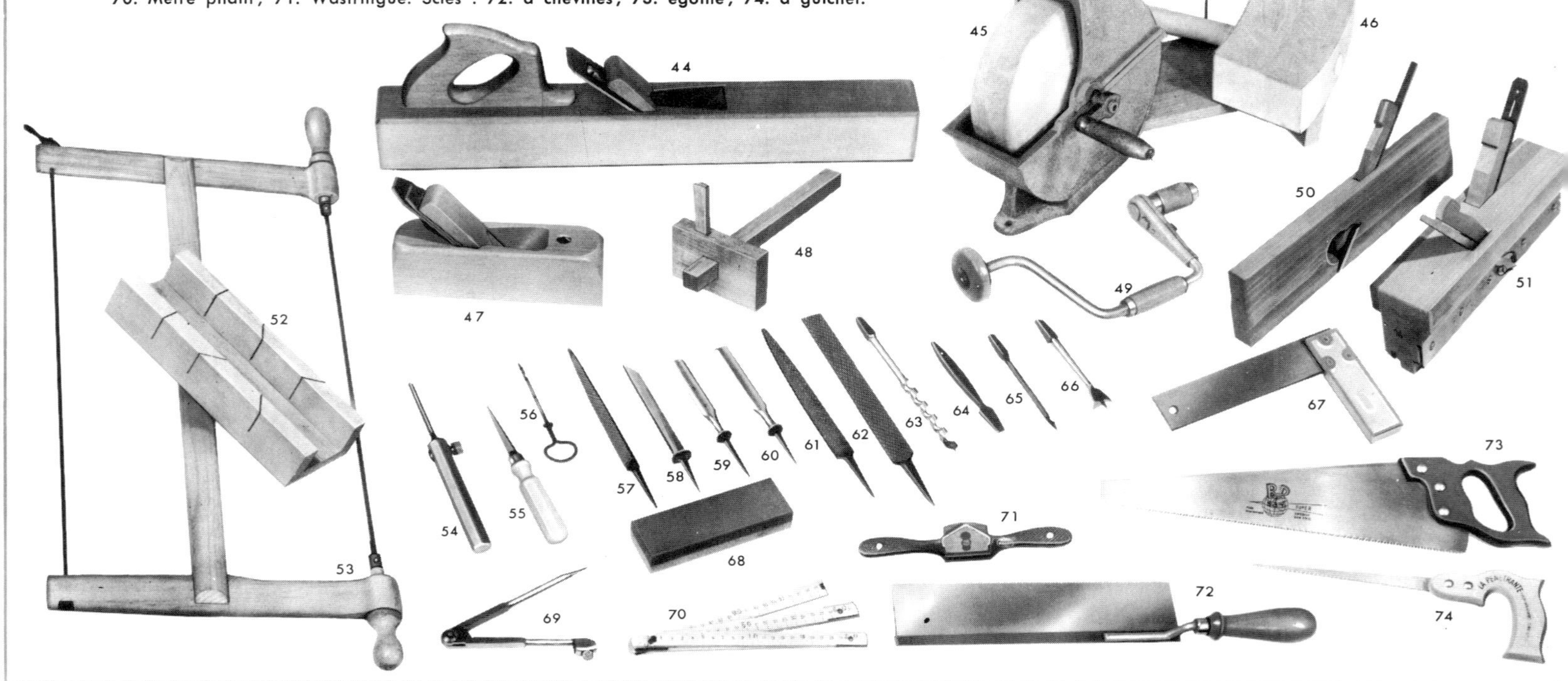

ouvertement adv. Sans déguisement, franchement : *déclarer ouvertement ses intentions.*

ouverture n. f. Fente, trou, espace vide dans un corps : *faire une ouverture dans un mur.* ‖ Action d'ouvrir : *l'ouverture d'un coffre.* ‖ — *Fig.* Commencement, inauguration : *ouverture d'une séance, d'un magasin.* ‖ Proposition relative à une affaire, à une négociation : *faire des ouvertures de paix.* ‖ En politique, élargissement des alliances, recherche de soutiens dans de nouveaux secteurs de l'opinion : *l'ouverture vers les radicaux.* ‖ Au poker, jeu nécessaire pour pouvoir commencer les enchères. ‖ *Mus.* Composition de musique instrumentale qui précède un opéra, un oratorio, etc., et qui est destinée à mettre dans l'atmosphère de l'œuvre qui va suivre. (V. *encycl.*) ‖ *Dr.* Autorisation légale de dépenses : *loi portant ouverture de crédits.* ‖ *Sports.* En rugby, action d'adresser le ballon aux joueurs des lignes d'arrière, par l'intermédiaire du *demi d'ouverture* ou directement. ‖ — Contr. FERMETURE. ● *Ouverture d'un angle,* grandeur de cet angle. ‖ *Ouverture de compas,* écartement des pointes de ses deux branches. ‖ *Ouverture du feu* (Mil.), déclenchement du tir. ‖ *Ouverture relative d'un objectif photographique,* rapport du diamètre du diaphragme à la distance focale. ‖ *Ouverture des roues avant,* divergence des roues avant dans les voitures à traction avant. ‖ *Ouverture d'une succession,* moment auquel prend naissance le droit de recueillir.
— ENCYCL. Le XVIIIe s. a distingué l'*ouverture à la française,* fixée par Lully, qui comporte un *grave* et un *fugato,* et l'*ouverture à l'italienne,* construite comme une petite *sinfonia* en trois parties (vif, lent, vif). L'ouverture va tendre à emprunter la structure de l'allégro de sonate ou bien, utilisant certains thèmes de la partition à venir, se présentera comme une sorte de poème symphonique de caractère dramatique.

ouvrable [uvrabl] adj. (de *ouvrer*). *Jour ouvrable,* jour de la semaine non férié.

ouvrage [uvraʒ] n. m. (de *œuvre*). Action de travailler ; travail : *se mettre à l'ouvrage.* ‖ Production d'un ouvrier, d'un artiste : *un ouvrage de menuiserie, de sculpture.* ‖ Travail à l'aiguille, au crochet, etc., ou autre petit travail de femme : *apporter son ouvrage.* ‖ Production littéraire : *publier un ouvrage.* ‖ Volume : *un ouvrage relié.* ‖ *Mil.* Elément autonome d'une organisation fortifiée, capable de résister même après encerclement : *les ouvrages de la ligne Maginot.* ‖ Partie d'un haut fourneau au-dessus du creuset, et dans laquelle débouchent les tuyères à vent. ● *Maître de l'ouvrage,* personne qui confie à un architecte, ou « maître de l'œuvre » (on dit aussi « maître d'œuvre »), le soin de faire exécuter un projet de construction. ‖ *Ouvrage d'art,* nom générique des constructions que nécessite l'établissement d'une ligne de communication (ponts, tunnels, etc.). ‖ *Sac, boîte à ouvrage,* sac dans lequel les femmes mettent l'ouvrage auquel elles travaillent.

ouvragé, e adj. Syn. de OUVRÉ, E.

ouvrager v. t. (conj. **1**). Travailler avec une grande minutie : *ouvrager une pièce d'orfèvrerie.*

ouvrant [uvrɑ̃], **e** [-ɑ̃t] adj. Qui s'ouvre ou peut être ouvert : *voiture à toit ouvrant.*

Ouvrard (Gabriel Julien), homme d'affaires français, né près de Clisson (1770-1846). Banquier de Napoléon et soumissionnaire des fournitures de l'armée, il fut attaqué pour bénéfices frauduleux.

ouvré [uvre], **e** adj. (lat. *operatus*). Façonné : *fer ouvré.* ‖ Qui imite le travail de certains objets de lingerie : *la flèche de la Sainte-Chapelle de Paris est ouvrée comme une dentelle.*

ouvreau [uvro] n. m. Ouverture pratiquée dans les fours de verriers pour y cueillir le verre en fusion.

ouvre-boîtes n. m. inv. Sorte de couteau servant à ouvrir les boîtes de conserves.

ouvre-bouteilles n. m. inv. Levier servant à ouvrir les bouteilles capsulées.

ouvre-huîtres n. m. inv. Couteau à lame courte et forte permettant d'ouvrir les huîtres.

ouvrer [uvre] v. i. Se livrer au travail. ‖ — V. t. Façonner, travailler : *ouvrer du bois.*

ouvreur, euse n. Celui, celle qui ouvre, qui est chargé d'ouvrir. ‖ Dans certains jeux de cartes, celui qui commence les enchères.

ouvreuse n. f. Femme chargée de placer les spectateurs dans un théâtre, un cinéma. ‖ Machine servant à ouvrir la laine, le coton ou la soie, pour désagréger les fibres.

ouvrier [uvrije], **ère** [-ɛr] n. (lat. *operarius*). Personne qui, moyennant un salaire, se livre à un travail manuel pour le compte d'un employeur : *ouvrier maçon ; ouvrier à la journée.* ● *Ouvrier à façon,* ouvrier auquel on fournit la matière à mettre en œuvre et auquel est payé, pour la façon, un prix convenu. ‖ *Ouvrier hautement qualifié,* ouvrier qui exécute des travaux de la plus haute qualité professionnelle. ‖ *Ouvrier qualifié* ou *professionnel* (P), ouvrier qui possède un métier acquis par une longue pratique ou par un apprentissage sanctionné par un certificat d'aptitude professionnelle. ‖ *Ouvrier spécialisé* (O. S.). V. SPÉCIALISÉ. ‖ — Adj. Qui a rapport aux ouvriers; qui est composé, constitué par les ouvriers : *la classe ouvrière ; des quartiers ouvriers.*

ouvrière n. f. Chez les insectes sociaux (abeilles, fourmis, termites), individu stérile assurant la nutrition, la construction du nid, les soins aux larves, la défense de la société.

ouvriérisme n. m. Attitude qui considère les ouvriers comme seuls qualifiés pour diriger le mouvement socialiste.

ouvrir [uvrir] v. t. (lat. *aperire*) [conj. **10**]. Faire que ce qui était fermé ne le soit plus : *ouvrir une armoire ; ouvrir une porte.* ‖ Séparer, écarter ce qui est joint : *ouvrir les lèvres.* ‖ Pratiquer une ouverture : *ouvrir un chemin, une tranchée.* ‖ Permettre l'accès de : *ouvrir sa maison aux pauvres.* ‖ Percer, entamer : *ouvrir une veine, un pâté.* ‖ — *Fig.* Commencer, inaugurer : *ouvrir le bal.* ‖ Etablir, fonder : *ouvrir une école.* ● *Ouvrir l'appétit,* donner de l'appétit. ‖ *Ouvrir la chasse,* fixer l'époque où il sera permis de chasser. ‖ *Ouvrir un compte à quelqu'un,* commencer à lui faire crédit. ‖ *Ouvrir le dialogue,* commencer une conversation avec. ‖ *Ouvrir un emprunt,* demander à emprunter une certaine somme. ‖ *Ouvrir l'esprit,* le rendre plus capable de comprendre. ‖ *Ouvrir la lumière* (Fam.), éclairer. ‖ *Ouvrir sa maison à quelqu'un,* l'accueillir. ‖ *Ouvrir un passage à quelqu'un,* le lui frayer. ‖ *Ouvrir la radio, la télévision, le chauffage,* etc. (Fam.), faire fonctionner l'appareil de radio, de télévision, de chauffage, etc. ‖ — V. i. Donner accès : *cette porte ouvre sur le jardin.* ‖ Etre ouvert : *magasin qui ouvre le dimanche.* ‖ *Jeux.* Commencer des enchères : *ouvrir à trèfle.* ‖ — **S'ouvrir** v. pr. Commencer : *l'année s'ouvre avec un grave événement.* ● *S'ouvrir à quelqu'un* (Fig.), lui découvrir sa pensée.

ouvroir [uvrwar] n. m. Etablissement de bienfaisance où des femmes se livrent en commun à des travaux de lingerie. ‖ Dans les communautés de femmes, lieu où les religieuses s'assemblent pour travailler.

ouzbek ou **uzbek** [uzbɛk] adj. et n. De l'Ouzbékistan.

Ouzbékistan ou **Uzbekistan,** république fédérée de l'U. R. S. S., entre le Kazakhstan et le Turkménistan ; 449 600 km² ; 10 896 000 h. (*Ouzbeks*). Cap. *Tachkent.* L'Ouzbékistan juxtapose des paysages variés : montagnes de l'extrémité occidentale du Tien-chan' à l'est, ouvertes par le fertile bassin de la Ferghana ; dépression de Tachkent au nord ; oasis de Samarkand et de Boukhara au centre ; étendues arides du pourtour de la mer d'Aral à l'ouest. Les oasis sont mises en valeur ; l'Ouest, aride, a longtemps été exclusivement le domaine de l'élevage nomade. Le développement de l'irrigation a généralisé la culture du coton, principale ressource de la république, qui alimente une importante industrie textile.

Ouzouer-le-Marché [uzwe-] (41240), ch.-l. de c. de Loir-et-Cher (arr. de Blois) ; 1 365 h. (837 aggl.).

Ouzouer-sur-Loire (45570), ch.-l. de c. du Loiret (arr. d'Orléans) ; 1 075 h.

ovaire [ɔvɛr] n. m. (du lat. *ovum,* œuf). Organe génital femelle où se forment les ovules.
— ENCYCL. *Anat.* Les *ovaires* de la femme, au nombre de deux, mesurant de 3 à 4 cm, sont situés de chaque côté de l'utérus, auquel ils sont réunis par la trompe. Ils sont le siège de la formation du follicule ovarien contenant l'ovule, qui est libéré au moment de l'ovulation. L'ovaire sécrète deux hormones, la folliculine (contenue dans le follicule) et la progestérone (formée par le « corps jaune »), qui se forme au niveau du follicule rompu). Il peut être le siège d'inflammations (ovarites) et de tumeurs bénignes (kystes) ou malignes.
— *Hist. nat.* Il n'y a aucune homologie, aucune ressemblance réelle entre l'*ovaire* d'un animal et celui d'une plante. L'ovaire animal est une gonade, au sein de laquelle se forment les cellules reproductrices (appelées, selon les cas, *ovocytes, ovotides, ovules* ou *œufs vierges*). Chez la femme et les mammifères femelles, le fonctionnement de l'ovaire est gouverné par le cycle œstral*, un ovule étant élaboré à chaque cycle. Chez les oiseaux, l'ovaire gauche seul se développe normalement.
L'ovaire des plantes supérieures est formé par la base soudée des carpelles. Dans la fleur mûre, il contient un ou plusieurs ovules (au sens végétal du mot), dont le mode d'insertion sur les parois ovariennes définit le type de *placentation* de l'espèce : pariétale, axile, centrale, septale, etc. La fécondation des ovules le fait évoluer en un *fruit,* sec ou charnu. L'ovaire est dit *adhérent* ou *infère* lorsque ses parois sont soudées à celles de la base des autres pièces florales et qu'il est ainsi placé en apparence au-dessous de la fleur ; il est dit *libre* ou *supère* dans le cas contraire.

ovalbumine [ɔvalbymin] n. f. Protéine du blanc de l'œuf.

ovale [ɔval] adj. (du lat. *ovum,* œuf). Qui a la forme d'un œuf. ‖ Se dit de toute courbe ayant l'allure générale d'une ellipse. ‖ Se dit d'un solide de révolution ayant l'allure générale d'un ellipsoïde de révolution aplati. ‖ Se dit d'un plan limité par une courbe de ce genre : *table ovale.*

ovale n. m. Figure, forme ovales (planes ou solides). ‖ Courbe fermée, composée de quatre arcs de cercle égaux deux à deux qui se raccordent. ● *Ovale de Cassini,* courbe lieu des points dont le produit des distances à deux points fixes est constant.

ovalisation n. f. Usure inégale des parois des cylindres d'un moteur à combustion interne.

ovaliser v. t. Rendre ovale : *cylindre ovalisé.*

ovariectomie [ɔvarjɛktɔmi] n. f. Ablation chirurgicale d'un ovaire.

ovarien, enne adj. Relatif à l'ovaire.

ovarite n. f. Inflammation de l'ovaire. (L'ovarite est souvent associée à la salpingite, constituant l'annexite.)

ovation [ɔvasjɔ̃] n. f. (lat. *ovatio*). Chez les Romains, triomphe de second ordre, accordé pour des succès simplement honorables. ‖ Acclamations ; honneurs rendus à quelqu'un par une assemblée, par la foule.

ovationner v. t. Saluer par une ovation, acclamer.

ove [ɔv] n. m. (lat. *ovum,* œuf). Ornement architectural en forme d'œuf, servant à décorer les moulures et quelquefois les chapiteaux.

Overbeck (Friedrich), peintre allemand, né à Lübeck (1789-1869). A Rome, il fut l'un des animateurs du groupe des nazaréens. Il est l'auteur de compositions mystiques et sentimentales.

Overijse, comm. de Belgique (Brabant) ; 14 600 h. Brasserie.

Overijsel, anc. **Overijssel,** prov. de la partie orientale des Pays-Bas ; 887 000 h. Ch.-l. *Zwolle.* De 1810 à 1814, elle forma le dép. franç. des *Bouches-de-l'Yssel.*

Overpelt, comm. de Belgique (Limbourg) ; 10 100 h.

ovibos [ɔvibɔs] n. m. Mammifère ruminant des régions boréales, paraissant tenir à la fois du bœuf et du mouton, et qu'on appelle aussi BŒUF MUSQUÉ.

Ovide, en lat. **Publius Ovidius Naso,** poète latin, né à Sulmona (43 av. J.-C. - 17-18 apr. J.-C.). Après des études à Rome et un voyage en Grèce, il débute au barreau, occupe des fonctions administratives secondaires, puis se consacre à la poésie. Fréquentant le cercle de Messala, il devient vite l'auteur favori de la société mondaine, qui apprécie ses œuvres légères (*les Amours, les Héroïdes, l'Art d'aimer, les Fards*). Il donne cependant une tragédie vite célèbre (*Médée*) et, vers l'âge de quarante ans, entreprend de se renouveler, composant un vaste poème mythologique (*les Métamorphoses**) et un commentaire poétique des cérémonies du calendrier romain (*les Fastes*). Banni en l'an 8 apr. J.-C. pour une raison restée mystérieuse, il meurt en exil à Tomes (auj. Constanța) malgré les supplications qu'il exprime dans ses dernières élégies (*les Tristes, les Pontiques*).

oviducte [ɔvidykt] n. m. (lat. *ovum,* œuf, et *ductus,* conduit). Conduit par lequel les œufs passent de l'ovaire hors du corps de l'animal.

Oviedo, v. d'Espagne, cap. de l'anc. royaume des Asturies ; 142 000 h. Remarquables monuments de l'époque asturienne (IXe s.) dans la ville et dans ses environs. Cathédrale nouvelle du XVe s. Centre métallurgique.

ovin [ɔvɛ̃], **e** [-in] adj. (du lat. *ovis,* brebis). Qui concerne les brebis, les moutons : *races ovines.*

ovinés n. m. pl. Sous-famille des bovidés, comprenant les *moutons,* les *mouflons,* les *chèvres,* les *bouquetins.*

ovipare [ɔvipar] adj. et n. (lat. *ovum,* œuf, et *parere,* engendrer). Qui se reproduit par des œufs pondus avant l'éclosion du jeune.

oviparité n. f. Mode de reproduction des espèces animales qui pondent des œufs.
— ENCYCL. L'*oviparité* est de beaucoup le mode de reproduction le plus répandu dans le règne animal, la classe des mammifères étant la seule où les vivipares soient en majorité. Mais ce terme recouvre deux cas fort différents : chez les oursins et les poissons osseux, par exemple, il y a ponte d'*œufs vierges,* qui seront fécondés dans le milieu aquatique (on parle dans ce cas d'*ovoparité**) ; chez les animaux terrestres (insectes, reptiles) et dans certains groupes marins (requins), il y a accouplement, fécondation interne et ponte d'*œufs embryonnés.* Dans ce dernier cas, il arrive que les œufs éclosent au cours de leur ponte (*ovoviviparité* de la vipère).

ovipositeur n. m. Organe à l'aide duquel les insectes déposent leurs œufs.

oviscapte [ɔviskapt] n. m. Syn. de OVIPOSITEUR et de TARIÈRE.

ovni n. m. (du sigle signif. *objet volant non-identifié*). Engin volant d'origine mystérieuse, que certains prétendent avoir aperçu faisant une incursion dans l'atmosphère terrestre.

ovogenèse n. f. Formation des gamètes femelles chez les animaux.

ovoïde [ɔvɔid] adj. (lat. *ovum,* œuf, et gr. *eidos,* forme). Qui a la forme d'un œuf : *fruit ovoïde.*

ovoparité n. f. Mode de reproduction de certains animaux ovipares, chez qui l'œuf est pondu vierge et est fécondé dans le milieu extérieur (oursins, poissons osseux).

ovovivipare adj. et n. Se dit d'un animal qui se reproduit par œufs, mais qui les conserve dans ses voies génitales jusqu'à l'éclosion des jeunes, l'embryon se développant uniquement à partir des réserves accumulées dans l'œuf : *la vipère est ovovivipare.*

ovulaire adj. Qui concerne l'ovule.

ovulation n. f. Libération, par le follicule de l'ovaire, d'un ovule mûr. (Syn. PONTE OVULAIRE.) [L'ovulation se fait chez la femme au 15e jour du cycle menstruel ; elle correspond à la période de fécondité, qui dure de deux à trois jours.]

ovule [ɔvyl] n. m. (du lat. *ovum,* œuf). Petit organe femelle des animaux et des plantes, qui est le siège du développement embryonnaire à la suite de la fécondation. (V. *encycl.*) ‖ Petit solide ovoïde, contenant une matière médicamenteuse destinée à une application vaginale.
— ENCYCL. Il n'y a aucune ressemblance réelle entre l'*ovule* d'un animal et celui d'une plante supérieure. L'ovule d'un animal est une cellule unique ; c'est le gamète femelle mûr et fécondable. L'ovule d'une plante est un ensemble complexe (fixé à la paroi de l'ovaire par un *funicule*) entouré de deux *téguments* (primine et secondine) et dont la masse principale est un *nucelle* nutritif pluricellulaire, au sein duquel mûrit un prothalle

femelle extrêmement réduit, le *sac embryonnaire*. Une seule des huit cellules de ce sac, l'*oosphère*, est le gamète femelle, homologue de l'ovule animal. A la suite de la fécondation, l'ovule se transforme en une *graine* : les téguments durcissent, le nucelle est dévoré par l'*albumen*, qui, ensuite, est lui-même absorbé par les cotylédons de la plantule dans certaines espèces (haricot), tandis qu'il subsiste dans les autres (blé, ricin).

Owen (Robert), réformateur anglais, né à Newtown (1771-1858). Chef d'entreprise, il tenta d'améliorer les conditions de travail de ses ouvriers. Après l'échec d'une communauté économique aux Etats-Unis (New Harmony), il créa en Grande-Bretagne les premières coopératives de production et de consommation (1832). Il s'intéressa au mouvement trade-unioniste. S'il échoua dans la constitution d'une fédération des métiers, son idéal influença le mouvement chartiste.

Owen (*sir* Richard), naturaliste anglais, né à Lancaster (1804-1892). Il fit de nombreuses études sur les animaux vertébrés et invertébrés.

Owens (James CLEVELAND, dit **Jesse**), athlète américain, né à Decatur (Alabama) en 1914. Athlète exceptionnellement doué (vitesse, détente), il détint les records du monde du 100 m, du 200 m et du saut en longueur, épreuves qu'il remporta aux jeux Olympiques de Berlin (en 1936), où il contribua encore à la victoire américaine dans le 4 × 100 m.

Owen Sound, port du Canada (Ontario), sur la baie Géorgienne ; 17 800 h. Métallurgie.

oxacide [ɔksasid] ou **oxyacide** [ɔksi-] n. m. *Chim.* Acide contenant de l'oxygène.

oxalate n. m. (du lat. *oxalis,* oseille). Sel de l'acide oxalique : *l'oxalate de potassium est appelé usuellement « sel d'oseille ».*

oxalide [ɔksalid] n. f. ou **oxalis** [-lis] n. m. (lat. *oxalis,* oseille). Plante riche en acide oxalique. (On cultive parfois pour leurs fleurs dialypétales des oxalides originaires d'Amérique.)

oxalique adj. Tiré de l'oseille. ● *Acide oxalique,* acide organique de formule COOH—COOH, qui donne à l'oseille son goût particulier.

Oxenstierna (Axel), comte DE SÖDERMÖRE, homme d'Etat suédois, né à Fånö (1583-1654). Il fut le conseiller du roi Gustave-Adolphe à partir de 1611 et devint tuteur de la reine Christine.

oxford [ɔksfɔr] n. m. Toile de coton rayée ou quadrillée, très solide, à grain accentué.

Oxford, v. d'Angleterre, au confl. de la Tamise et du Cherwell, ch.-l. de l'*Oxfordshire ;* 109 000 h. (*Oxoniens* ou *Oxfordiens*). Ville pittoresque, célèbre par ses fondations universitaires. Cathédrale romane et gothique.

Oxford (*mouvement d'*), mouvement réformiste qui, au XIXe s., incita des anglicans à embrasser le catholicisme.

Oxford (*provisions* ou *statuts d'*), conditions imposées à Henri III par les barons anglais en 1258. Elles confirmaient la Grande Charte et exigeaient la réunion du Parlement trois fois par an. Les statuts d'Oxford furent supprimés par Henri III dès 1266.

oxhydrique [ɔksidrik] adj. Se dit d'un mélange d'hydrogène et d'oxygène dont la combustion dégage une très grande quantité de chaleur : *le chalumeau oxhydrique peut fondre le platine.*

oxhydryle [-dril] n. m. *Chim.* Nom donné au groupement univalent OH, que l'on trouve dans de nombreux composés, en particulier dans les bases, les oxacides et les alcools. (Syn. HYDROXYLE.)

Oxus, anc. nom de l'*Amou-Daria**.

oxyacétylénique adj. Relatif au mélange d'oxygène et d'acétylène : *chalumeau oxyacétylénique.*

oxycarboné, e adj. *Hémoglobine oxycarbonée,* hémoglobine qui a fixé, d'une manière stable, de l'oxyde de carbone.

oxychlorure n. m. Combinaison d'un corps avec l'oxygène et le chlore.

oxycoccos [ɔksikɔkɔs] n. m. Plante vivace sous-ligneuse, à feuilles luisantes en dessus.

oxycoupage n. m. Découpage des tôles par oxydation à haute température.

— ENCYCL. Une installation d'*oxycoupage* comprend un chalumeau spécial, dit « découpeur », permettant de débiter de l'oxygène en excès pour brûler le métal porté à sa température de fusion, et des bouteilles d'oxygène et d'acétylène comprimé. L'oxycoupage permet d'obtenir rapidement, avec une coupe très franche, des profils compliqués sur des tôles minces ou épaisses (plus de 100 mm). Il se fait aussi au moyen d'un arc électrique travaillant dans une atmosphère d'oxygène.

oxycoupeur adj. m. Se dit d'un chalumeau oxyacétylénique utilisé pour l'oxycoupage.

oxydable adj. Qui peut être oxydé.

oxydant, e adj. et n. m. Qui a la propriété d'oxyder.

oxydase [-ɑz] n. f. Diastase qui active l'oxygène et le fixe à l'hydrogène ou à d'autres corps.

oxydation n. f. *Chim.* Combinaison avec l'oxygène : *l'oxydation du fer produit la rouille.* (V. *encycl.*) ‖ Etat de ce qui est oxydé. ● *Oxydation anodique* (Métall.), procédé de revêtement électrolytique des métaux et alliages par formation d'une couche protectrice d'oxyde. (V. *encycl.*)

— ENCYCL. *Chim.* Le chlore, le soufre, etc., se comportant comme l'oxygène dans certaines réactions, on étend à l'action de ces éléments le terme d'*oxydation*. Le phénomène se traduit par une perte d'électrons subie par l'atome oxydé. Inversement, la réduction d'un élément correspond à un gain d'électrons de son atome.

— *Métall.* La pièce polarisée en anode subit un traitement électrolytique par immersion dans un bain formé d'une solution acide. La couche d'alumine formée, très adhérente, présente une épaisseur de 10 à 20 μ pour protéger correctement la surface. L'*oxydation anodique* est couramment utilisée pour de nombreuses pièces en alliage léger (articles domestiques, objets publicitaires, etc.).

oxyde [ɔksid] n. m. (du gr. *oxus,* acide). Composé résultant de la combinaison d'un corps avec l'oxygène : *oxyde de carbone* (CO).

oxyder v. t. Faire passer à l'état d'oxyde. ‖ Combiner avec l'oxygène. ‖ **— S'oxyder** v. pr. Passer à l'état d'oxyde : *le minium empêche le fer de s'oxyder.*

oxydérurgie n. f. Ensemble des procédés sidérurgiques de conversion de la fonte en acier par l'oxygène.

oxydoréduction n. f. Action chimique d'un corps oxydant sur un corps réducteur.

oxygénation n. f. Action d'oxygéner.

oxygène [ɔksiʒɛn] n. m. (gr. *oxus,* acide, et *gennân,* engendrer). Métalloïde formant la partie respirable de l'air. ● *Donner de l'oxygène* (Fig.), faciliter l'exécution d'un programme, donner des possibilités nouvelles : *des crédits supplémentaires ont donné de l'oxygène à la recherche océanographique.*

— ENCYCL. Ce gaz, élément le plus répandu dans la nature, forme le cinquième en volume de l'air atmosphérique, comme Lavoisier le démontra le premier. L'*oxygène* (O), élément de numéro atomique 8, est un gaz incolore, inodore et sans saveur, de densité 1,105 ; il se liquéfie à — 183 °C sous la pression atmosphérique. Il se combine à la plupart des corps simples, en particulier avec l'hydrogène, pour donner de l'eau, dont il forme les huit neuvièmes en poids. Désigné jadis sous les noms d'*air vital,* de *principe acidifiant,* l'oxygène est l'agent de la respiration et de la combustion. Il est employé dans l'industrie pour un grand nombre de préparations (acide sulfurique, blanc de zinc, etc.) ; on utilise dans les chalumeaux oxhydrique et oxyacétylénique la chaleur qu'il dégage en se combinant ; enfin, la médecine l'emploie surtout en inhalations. (V. OXYGÉNOTHÉRAPIE.)

oxygéné, e adj. Qui contient de l'oxygène : *les composés oxygénés de l'azote.* ‖ Décoloré par l'oxygène : *cheveux oxygénés.* ● *Eau oxygénée,* solution aqueuse de bioxyde d'hydrogène H_2O_2.

oxygéner v. t. (conj. **5**). Opérer la combinaison d'un corps avec l'oxygène. ‖ **— S'oxygéner** v. pr. *Fam.* Aller à la campagne pour ne plus respirer l'air vicié des villes.

oxygénothérapie n. f. Emploi thérapeutique de l'oxygène.

— ENCYCL. L'*oxygénothérapie* est indiquée chaque fois que les organes manquent d'oxygène. On l'emploie ainsi dans le traitement des asphyxies et des intoxications par l'oxyde de carbone, dans celui des affections pulmonaires ou cardiaques entraînant de l'anoxémie. L'oxygénothérapie est également associée à l'anesthésie par gaz anesthésiques, et son emploi est poursuivi après la fin de l'anesthésie, pour la réanimation.

oxyhémoglobine n. f. Combinaison instable d'hémoglobine et d'oxygène, qui donne sa couleur rouge vif au sang sortant de l'appareil respiratoire.

oxylithe [ɔksilit] n. f. Nom commercial du bioxyde de sodium, qui sert à préparer l'oxygène par action de l'eau.

oxymel [-mɛl] n. m. (gr. *oxumeli*). Breuvage composé d'eau, de miel et de vinaigre.

oxymétrie n. f. Détermination de la quantité d'acide libre contenue dans une substance.

oxysulfure n. m. Combinaison d'un corps avec l'oxygène et le soufre.

oxyton [ɔksitɔ̃] adj. et n. m. (gr. *oxus,* aigu, et *tonos,* ton). Se dit d'un mot ayant l'accent tonique sur sa finale.

oxyure [ɔksjyr] n. m. (gr. *oxus,* aigu, et *ouron,* queue). Ver parasite de l'intestin de l'homme (surtout de l'enfant), qui provoque des démangeaisons anales pénibles et dont on se débarrasse par des purgatifs ou des vermifuges (semen-contra). [Long. 0,5 à 1 cm.]

Oyama (Iwao), maréchal et homme d'Etat japonais, né à Kagoshima (1842-1916). Chef d'état-major général (1882), il battit les Chinois à Port-Arthur (1894). Généralissime pendant la guerre russo-japonaise (1904-1905), il remporta la victoire de Moukden.

Oyapock ou **Oyapoc,** fl. de Guyane, entre la Guyane française et le Brésil ; 500 km.

Oya-shio ou **Oya-shivo,** courant froid du Pacifique, longeant les côtes nord-est de l'Asie.

oyat [ɔja] n. m. (orig. inconnue). Plante utilisée pour la fixation du sable des dunes. (Famille des graminacées.)

Oyo, v. du sud-ouest du Nigeria ; 112 300 h.

Oyonnax [ɔjɔna] (01100), ch.-l. de c. de l'Ain (arr. de Nantua) ; 20 122 h. (*Oyonnaxiens*). Grand centre de l'industrie des matières plastiques.

Ozanam (Frédéric), historien et philanthrope français, né à Milan (1813-1853). Etudiant à Paris, il fut l'un des disciples de La Mennais et membre de l'équipe de *l'Avenir*. En 1833, avec quelques compagnons, il jeta les bases de la Société de Saint-Vincent-de-Paul (1833). Il enseigna la littérature étrangère à la Sorbonne et publia des *Etudes germaniques,* ainsi que des travaux sur Dante et sur les *Poètes franciscains*. Il fonda avec Lacordaire *l'Ere nouvelle* (1848), mais passa dans l'opposition après le coup d'Etat du 2-Décembre.

ozène [ɔzɛn] n. m. (du gr. *ozein,* exhaler une odeur). Maladie du nez, où se forment des croûtes dégageant une odeur fétide, et accompagnée d'une perte de l'odorat.

Ozias. V. AZARIAS.

ozocérite ou **ozokérite** n. f. Hydrocarbure naturel semblable à la cire d'abeille. (Syn. PARAFFINE NATURELLE.)

ozone [ɔzɔn] n. m. (du gr. *ozein,* exhaler une odeur). Variété allotropique de l'oxygène, de formule O_3.

— ENCYCL. Sous une grande épaisseur, l'*ozone* est bleu ; c'est un gaz d'odeur forte et pénétrante, d'un pouvoir oxydant bien supérieur à celui de l'oxygène. Il est préparé par action de l'effluve électrique sur l'oxygène. Son action oxydante et bactéricide le fait employer pour le renouvellement de l'air confiné et la désinfection des locaux, pour la stérilisation des eaux et pour le traitement de certaines maladies de peau.

ozonisation n. f. Transformation en ozone. ‖ Stérilisation des eaux par l'ozone.

ozoniser v. t. Transformer l'oxygène en ozone.

ozoniseur ou **ozonateur** n. m. Appareil servant à préparer l'ozone.

Ozouri, Ossouri ou **Oussouri,** gisement de pétrole de la côte du Gabon.

Jesse Owens

Phot. X.

P p

p [pe] n. m. Seizième lettre de l'alphabet, et la douzième des consonnes : *« p » est une consonne labiale sourde.* ‖ **— p.** *Fin.* Abrév. de *pour.* ‖ **— p,** symbole de *pico.* ‖ *Mus.* Abrév. de *piano* (doucement). ‖ **— P.** *Relig.* Abrév. de *père.* ‖ **— P,** symbole chimique du *phosphore.*

Pa, symbole du *pascal.* ‖ Symbole chimique du *protactinium.*

Pabianice, v. de Pologne, à l'ouest de Łódź ; 60 000 h.

Pabst (Georg Wilhelm), metteur en scène de cinéma allemand, né à Raudnitz (auj. Roudnice) [1885-1967]. Il est l'auteur de : *la Rue sans joie* (1925), *Loulou* (1928), *Quatre de l'infanterie* (1930), *l'Opéra de quat' sous* (1931), *la Tragédie de la mine* (1931), *l'Atlantide* (1932), *Mademoiselle Docteur* (1937), *le Procès* (1947).

pacage [pakaʒ] n. m. (du lat. *pascuum,* pâturage). Prairie inculte ou médiocre, friche ou terrain boisé sur lequel on met à paître les bestiaux : *droit de pacage.* ‖ Pâturage de qualité inférieure. ‖ Action de paître.

pacager v. t. et i. (conj. **1**). Faire paître ; faire pâturer : *pacager des troupeaux dans les montagnes.*

Pacaudière (La) [42310], ch.-l. de c. de la Loire (arr. de Roanne) ; 1 219 h. (617 aggl.).

Pacca (Bartolomeo), cardinal, né à Bénévent (1756-1844), secrétaire d'Etat de Pie VII, dont il partagea la captivité.

pacemaker [pesmekər] n. m. (mot angl. signif. « qui fait marquer le pas »). Syn. de STIMULATEUR CARDIAQUE.

pacha [paʃa] n. m. (mot turc). Gouverneur de province, dans certains pays musulmans. ‖ *Fam.* Appellation du commandant d'un navire de guerre. ● *Vie de pacha* (Fam.), vie sans souci, dans l'abondance.

pachalik n. m. Division administrative de l'ancien Empire ottoman, correspondant au vilayet.

Pacheco (Francisco), peintre espagnol, né à Sanlúcar de Barrameda (1564-1654). Portraitiste et théoricien, il fut le maître et le beau-père de Vélasquez.

Pachelbel (Johann), organiste et claveciniste allemand, né à Nuremberg (1653-1706), auteur d'œuvres pour clavier (suites et partitas pour clavecin, ricercare, préludes et fugues, chorals pour orgue).

Pacher (Michael), peintre et sculpteur autrichien (v. 1435-1498), un des plus grands artistes germaniques de la fin du Moyen Age. Les influences flamandes et italiennes s'unissent dans son chef-d'œuvre, le retable de l'église de Sankt Wolfgang dans le Salzkammergut (1481).

pachto [paʃto] n. m. Langue indo-européenne (groupe iranien) parlée en Afghānistān et écrite en arabe.

Pachuca de Soto, v. du Mexique, cap. de l'Etat d'Hidalgo ; 70 000 h. Mines d'argent.

pachyderme [paʃidɛrm] adj. et n. (gr. *pakhus,* épais, et *derma,* peau). Se dit d'animaux à peau épaisse (éléphant, rhinocéros, hippopotame). ‖ — N. m. pl. Anc. nom de l'ordre des *ongulés.*

pacificateur, trice adj. et n. Qui apaise les troubles ou rétablit la paix.

pacification n. f. Rétablissement de la paix, de l'ordre dans un Etat, dans une société, etc. ‖ *Fig.* Apaisement : *pacification des esprits.*

pacifier [pasifje] v. t. (lat. *pax, pacis,* paix, et *facere,* faire). Rétablir la paix dans : *pacifier un pays.* ‖ *Fig.* Rétablir le calme : *pacifier les esprits.*

pacifique adj. Qui aime la paix : *homme pacifique.* ‖ Qui se passe dans la paix : *règne pacifique.* ‖ Qui tend à la paix : *idées pacifiques.* ‖ — Syn. : CALME, DOUX, PAISIBLE, PLACIDE, TRANQUILLE. — Contr. BELLIQUEUX.

Pacifique (*océan*), anc. **Grand Océan,** la plus grande masse maritime du globe, entre l'Amérique, l'Asie et l'Australie ; 180 millions de kilomètres carrés (la moitié de la superficie occupée par l'ensemble des océans). Il fut découvert par Balboa en 1513 et traversé pour la première fois par Magellan en 1520. D'une profondeur moyenne supérieure à 4 000 m, il a une forme grossièrement circulaire. Largement ouvert au sud vers l'Antarctique, il communique au nord avec l'océan Arctique par l'étroit passage de Béring. Il comporte des dorsales dont les sommets sont des îles (Hawaii, Tuamotu, île de Pâques). Il est bordé au nord et à l'ouest par une guirlande insulaire et volcanique (Nouvelle-Guinée, Philippines, Japon, Aléoutiennes) qui délimite des mers bordières (mer de Chine méridionale, mer de Chine orientale, mer du Japon, mer d'Okhotsk et mer de Béring). A cette guirlande est associée une série de fosses marines (présentes aussi en bordure du Pérou), dont la plus profonde est celle des Philippines ou de Mindanao (11 524 m). Entre les tropiques, l'océan est parsemé de constructions coralliennes (atolls, récifs-barrières). Il est parcouru de nombreux courants marins : courants chauds équatoriaux ; courants chauds du Kuro-shio, de l'Alaska et de l'Australie orientale ; courants froids du Pérou (ou de Humbolt), de Californie et de l'Oya-shio. L'activité économique, longtemps réduite, s'est récemment développée avec notamment l'intensification des échanges entre les Etats-Unis et le Japon.

pacifiquement adv. De façon pacifique.

pacifisme n. m. Doctrine des personnes qui estiment que la guerre ne résout jamais mieux les différends entre nations que les négociations.

pacifiste n. et adj. Partisan de la paix, même à tout prix, entre les Etats.

Pacinotti (Antonio), physicien italien, né à Pise (1841-1912). En 1864, il inventa l'induit en anneau des machines électriques.

pack [pak] n. m. (mot angl. signif. *paquet*). Dans les régions polaires, ensemble des glaces flottantes et des chenaux qui les séparent, résultant du morcellement de la banquise par les courants marins et les vents. ‖ Ensemble des avants d'une équipe de rugby.

Pacôme (*saint*), fondateur du cénobitisme (v. 290-346). Il vécut en Haute-Egypte. Sa règle a fortement influencé l'évolution de la vie monastique. — Fête le 14 mai.

pacotille [pakɔtij] n. f. (esp. *pacotilla*). Autref., petit lot de marchandises que pouvaient embarquer les gens de l'équipage ou les passagers d'un navire. ● *De pacotille,* de peu de valeur, de qualité médiocre.

pacquage n. m. Action de pacquer.

pacquer [pake] v. t. Trier et mettre en baril le poisson à expédier.

pacte [pakt] n. m. (lat. *pactum ;* de *pacisci,* faire un pacte). Accord, convention entre Etats ou entre particuliers : *faire, rompre un pacte.* ● *Pacte fédéral,* Constitution de la Suisse.

pactiser v. i. Faire un pacte. ‖ Céder, transiger : *pactiser avec le crime, avec l'ennemi.*

pactole [paktɔl] n. m. Source de richesse.

Pactole (le), petite riv. de Lydie, affl. de l'Hermos, et baignant Sardes. Elle roulait des paillettes d'or.

Pacuvius (Marcus), poète latin, né à Brindes (220-v. 132 av. J.-C.), neveu du poète Ennius. Il imita Euripide dans ses tragédies, dont il ne reste que des fragments.

Pacy-sur-Eure (27120), ch.-l. de c. de l'Eure (arr. d'Evreux) ; 3 217 h. Eglise gothique.

Padang, port d'Indonésie, sur la côte ouest de Sumatra ; 143 700 h.

paddock [padɔk] n. m. (mot angl. signif. *enclos*). Enclos dans une prairie, pour les poulinières et leurs poulains. ‖ *Turf.* Enceinte réservée, où les chevaux sont promenés en main.

paddy [padi] n. m. Riz non décortiqué.

Padeloup (Antoine Michel), dit **le Jeune,** relieur français, né à Paris (1685-1758). Il est l'auteur de reliures dites « à la dentelle ».

Paderborn, v. d'Allemagne occidentale (Rhénanie-du-Nord-Westphalie) ; 58 100 h. Cité fondée en 777 par Charlemagne. Cathédrale (XIIe-XIIIe s.).

Paderewski (Ignacy), homme d'Etat, compositeur et pianiste polonais, né à Kuryłówka (1860-1941), président du Conseil de la République polonaise en 1919.

padichāh [padiʃa] n. m. (mot persan). Jadis, titre du sultan ottoman.

Padirac (46500 Gramat), comm. du Lot (arr. de Gourdon), sur le causse de Gramat ; 177 h. 55 aggl.). Gouffre profond de 75 m et rivière souterraine.

Padma (la), principal bras du delta du Gange.

padou [padu] n. m. ou **padoue** n. f. Ruban moitié fil, moitié soie.

Padoue, en ital. **Padova,** v. d'Italie (Vénétie), à l'ouest de Venise ; 221 000 h. (*Padouans*). Evêché. Basilique Sant'Antonio, dite « Il Santo » (XIIIe s.), devant laquelle

Paderewski

Padoue
place des Herbes et, à gauche, palais della Ragione

Pabst
une scène de « l'Opéra de quat' sous »

Phot. Manuel, X., Zuliani Glauco.

Paestum : temple dit « de Cérès »

pagodes à Formose, sur le lac des Lotus

se dresse la statue équestre du Gattamelata par Donatello. Chapelles de l'Arena (fresques de Giotto) et des Eremitani (fresques de Mantegna, endommagées par un bombardement). Université par Sansovino et Palladio. Palais della Ragione. Industries chimiques.

paella [paɛλa] n. f. (mot esp.). Mets espagnol composé de riz, de viande, de poissons, de crustacés, de chorizo et de légumes divers.

Paer (Ferdinando), compositeur italien, né à Parme (1771-1839), auteur d'opéras (*le Maître de chapelle*).

Paesiello. V. PAISIELLO (Giovanni).

Paestum, v. de l'Italie ancienne, sur le golfe de Salerne. Temples grecs des VIe et Ve s. qui comptent parmi les principaux exemples de l'ordre dorique.

paf! [paf] interj. Exprime le bruit d'un coup. ‖ — Adj. inv. *Pop.* Ivre.

pagaie [pagɛ] n. f. (empr. au malais). Aviron court que l'on manie sans le fixer sur l'embarcation.

pagaille ou **pagaye** [pagaj] n. f. *Fam.* Désordre. ● *En pagaille* (Fam.), en grande quantité : *avoir de l'argent en pagaille.*

Pagalu (*île*), anc. **Annobón,** île dépendant de la Guinée équatoriale.

Paganini (Niccolo), violoniste italien, né à Gênes (1782-1840). Célèbre par sa virtuosité prodigieuse, il est l'auteur de *Vingt-Quatre Caprices* et de concertos pour violon.

paganiser v. t. Rendre païen : *paganiser un peuple.*

paganisme [paganism] n. m. (du lat. *paganus,* paysan). Nom donné par les premiers chrétiens au polythéisme, auquel les campagnards restèrent longtemps fidèles. ‖ Etat de ceux qui ne sont pas chrétiens.

pagayer [-geje] v. i. (conj. **2**). Se servir de la pagaie. ‖ — V. t. Conduire à la pagaie.

pagayeur, euse n. Personne qui pagaie.

page [paʒ] n. f. (lat. *pagina*). Un des côtés d'un feuillet de papier : *une page blanche.* ‖ Feuillet : *déchirer une page.* ‖ Ce qui est écrit ou imprimé sur la page : *lire une page.* ‖ Œuvre littéraire ou musicale : *les plus belles pages de Racine.* ‖ *Fig.* Action, époque : *les plus belles pages de l'Histoire de France.* ● *Belle page,* page de droite d'un livre ; *fausse page,* page de gauche d'un livre. ‖ *Etre à la page* (Fam.), être au courant de tout ; suivre la mode.

page n. m. Jeune noble placé au service d'un prince. ● *Effronté comme un page,* hardi jusqu'à l'impudence.

pagel [paʒɛl] n. m. Poisson marin de couleur gris-rose argenté, dont une espèce, le *rousseau,* est pêchée sur les côtes d'Europe et consommée sous le nom de *dorade.*

pageot [paʒo] n. m. *Pop.* Lit.

pagination n. f. Suite des numéros des pages d'un livre.

paginer v. t. Numéroter les pages d'un livre. (Syn. FOLIOTER.)

pagne [paɲ] n. m. (esp. *paño*). Morceau d'étoffe dont les Noirs et les Indiens se couvrent de la ceinture aux genoux.

Pagnol (Marcel), écrivain et cinéaste français, né à Aubagne (Bouches-du-Rhône) [1895-1974]. Son inspiration à la fois attendrie et satirique s'incarne dans son théâtre (*Topaze,* 1928 ; *Marius,* 1929 ; *Fabien,* 1956), ses recueils de souvenirs et son œuvre cinématographique (*Angèle,* 1934 ; *César,* 1936 ; *Regain,* 1937 ; *la Femme du boulanger,* 1939 ; *Manon des Sources,* 1953). [Acad. fr.]

pagode [pagɔd] n. f. (mot portug., empr. à une langue de l'Inde). Temple, chapelle en Extrême-Orient. ‖ Anc. monnaie d'or de l'Inde. ‖ — Adj. inv. *Manche pagode,* manche évasée au poignet.

pagodon n. m. Petite pagode.

pagre [pagr] n. m. Poisson marin voisin de la dorade, à chair estimée. (Long. 50 cm.)

pagure [pagyr] n. m. (gr. *pagouros,* qui a la queue en corne). Syn. de BERNARD-L'ERMITE.

pagus [pagys] n. m. (mot lat.). *Antiq. rom.* Circonscription territoriale rurale. ‖ Pl. des *pagi.*

Pahang, un des Etats de la Malaysia, en Malaisie ; 419 000 h. Cap. *Kuantan.*

pahlavi n. m. Langue parlée en Perse sous les Sassanides, et transcrite dans une écriture voisine de l'araméen. (Syn. PEHLVI.)

Pahlavi, nom de la dynastie régnante d'Iran, fondée par RĪZA ou REZA KHĀN *le Grand,* né à Sevād Kūh (Māzandarān) [1878-1944]. Ministre de la Guerre (1921), président du Conseil (1923), il amena les Anglais et les Russes à quitter le pays. Proclamé chāh, il fut couronné en 1926. Avec le concours de l'Allemagne, il modernisa son pays. En 1941, les Anglais le contraignirent à abdiquer. — Son fils MUHAMMAD RĪZA, né à Téhéran en 1919, lui succéda. En 1953, il entra en conflit avec son Premier ministre, Mossadegh, dont il finit par triompher. D'un troisième mariage avec Farah Diba (1959), il a eu un fils, le prince Rīza (1960), et une fille. Le couronnement du chāh et de son épouse a eu lieu en 1967.

Pahouins. V. FANGS.

paidologie n. f. Syn. de PÉDOLOGIE, étude systématique de l'enfant.

paie [pɛ] ou **paye** [pɛj] n. f. (de *payer*). Solde ou salaire : *la paie des ouvriers.* ‖ Action de payer : *jour de paie.* ● *Bulletin* ou *feuille de paie,* pièce justificative du paiement du salaire ou du traitement, que les employeurs doivent obligatoirement remettre au salarié au moment de la paie. ‖ *Livre de paie,* livre dont les pages sont numérotées et paraphées par le juge d'instance, et où l'employeur reproduit les indications portées sur les bulletins de paie qu'il délivre.

paiement ou **payement** [pɛmɑ̃] n. m. Action de payer : *suspendre ses paiements.* ‖ Somme payée.

païen [pajɛ̃], **enne** [-ɛn] adj. et n. (lat. *paganus,* paysan). Se dit des peuples anciens polythéistes, et, *par ext.,* de tous les peuples non chrétiens, ainsi que de ce qui se rapporte à ces peuples, à leurs dieux, etc. : *les rites païens.* ‖ Impie : *jurer comme un païen.*

paierie [peri] n. f. Bureau d'un trésorier-payeur.

paillage n. m. Action de pailler.

paillard [pajar], **e** [-ard] adj. et n. (de *paille*). Porté à la lubricité ; débauché.

paillardise n. f. Habitudes de paillard. ‖ Mot ou récit grivois.

paillasse n. f. Grand sac bourré de paille, de balle d'avoine, de feuilles de maïs, etc., dont on garnissait le fond d'un lit. ‖ Massif en brique ou en maçonnerie.

Muḥammad Rīza Pahlavi lors de son couronnement en 1967

paillasse [pajas] n. m. (ital. *Pagliaccio,* personnage du théâtre italien). Clown de parade ou de piste.

Paillasse, personnage de farce de l'ancien théâtre napolitain. En France, bouffon des théâtres forains. — Drame lyrique en 2 actes, paroles et musique de R. Leoncavallo (1892).

paillasson n. m. Natte en fibres dures, qu'on place à la porte des appartements pour s'y essuyer les pieds. ‖ Claie faite avec de la paille longue, dont on couvre les couches et les espaliers pour les garantir de la gelée. ‖ Variété de paille tressée utilisée en chapellerie.

paillassonner v. t. Garnir de paillassons : *paillassonner une treille.*

paille [pɑj] n. f. (lat. *palea,* balle de blé). Tige des graminacées dépouillée de son grain. ‖ *Technol.* Défaut interne dans les produits forgés ou laminés, constitué par une cavité plane et allongée. ● *Etre sur la paille,* être dans une extrême misère. ‖ *Feu de paille,* passion, ardeur de peu de durée. ‖ *Homme de paille,* homme sans valeur, sans caractère (vieilli) ; prête-nom. ‖ *Paille de fer,* ensemble de copeaux métalliques en forme de longs filaments, et servant à nettoyer les parquets. ‖ *Tirer à la courte paille,* tirer au sort avec des brins de paille de longueur inégale. ‖ *Vin de paille,* vin blanc liquoreux, obtenu avec des raisins qu'on laisse sécher sur la paille. ‖ — Adj. inv. De la couleur jaune clair de la paille : *rubans paille.*

paillé n. m. Fumier dont la paille n'est pas encore décomposée.

paillé, e adj. Qui a la couleur de la paille. ‖ Qui a une paille, un défaut : *fonte paillée.*

paille-en-queue n. m. *Ornith.* Nom donné au *phaéton,* à cause de ses deux longues rectrices médianes. ‖ Pl. des *pailles-en-queue.*

pailler n. m. (lat. *palearium,* grenier à paille). Cour, grenier d'une ferme où l'on met les pailles, les grains.

pailler v. t. Couvrir de paille ; entourer ou garnir de paille : *pailler des semis, une chaise.*

Pailleron (Edouard), écrivain français, né à Paris (1834-1899). Auteur de vers satiriques et de comédies de mœurs (*Le monde où l'on s'ennuie,* 1881), il dirigea *la Revue des Deux Mondes* et eut un salon littéraire très fréquenté. (Acad. fr.)

paillet [pajɛ] n. m. *Mar.* Natte en fils de caret pour préserver du frottement.

pailletage n. m. Action de pailleter.

pailleté, e adj. Couvert de paillettes : *habit pailleté.*

pailleter v. t. (conj. **4**). Parsemer de paillettes : *pailleter une jupe de danseuse.* ‖ Etre brodé de paillettes : *les grains de jais qui paillettent un corsage.*

paillette n. f. Parcelle d'or qu'on trouve dans quelques rivières. ‖ Petite lame très mince, de métal ou de verre, qu'on applique sur une étoffe pour la faire scintiller.

pailleux, euse adj. Qui a des pailles, des défauts : *métal pailleux.* ● *Fumier pailleux,* dont la paille n'est pas assez consommée.

paillis [-ji] n. m. Couche de paille ou de fumier pailleux dont on recouvre le sol pour en maintenir la fraîcheur ou pour préserver certains fruits (fraises, melons, etc.) du contact de la terre.

paillon n. m. Grosse paillette. ‖ Mince feuille de cuivre coloré que les bijoutiers en faux emploient pour former un fond miroitant. ‖ Enveloppe de paille pour les bouteilles.

paillote [pajɔt] n. f. Hutte de paille, dans les pays chauds.

Paimbœuf (44560), ch.-l. de c. de la Loire-Atlantique (arr. de Saint-Nazaire) ; 3 806 h. (*Paimblotins*). Hôpital (XVIIe s.). Produits chimiques.

Paimpol (22500), ch.-l. de c. des Côtes-du-Nord (arr. de Saint-Brieuc), sur la *baie de Paimpol ;* 8 144 h. (5 662 aggl.) [*Paimpolais*]. Port de pêche. Ecole nationale de navigation.

Phot. Roger-Viollet, Keystone, Morrisson - Camera-Press.

Paimpont (*forêt de*), forêt de Bretagne (Ille-et-Vilaine), au nord-est de Ploërmel. C'est sans doute la forêt de Brocéliande de la légende.

pain [pɛ̃] n. m. (lat. *panis*). Aliment fait de farine (surtout de blé) pétrie, fermentée et cuite au four. ‖ Nourriture en général : *gagner son pain à la sueur de son front.* ‖ Matière moulée en masse : *pain de sucre, de cire, de savon.* ‖ Préparation culinaire faite de mie de pain et de diverses matières : *pain de poisson.* ● *Arbre à pain,* nom usuel du *jacquier.* ‖ *Avoir du pain sur la planche* (Fam.), avoir beaucoup de travail à faire. ‖ *Pain à cacheter,* rondelle de pâte cuite qui servait à cacheter les lettres. ‖ *Pain complet,* pain où entrent de la farine brute et du petit son. ‖ *Pain de fantaisie,* pain vendu à la pièce et non au poids. ‖ *Pain de munition,* autref., pain fabriqué pour les soldats. ‖ *Pain noir,* pain de farine de sarrasin et de seigle. ‖ *Pain perdu,* pain rassis, trempé dans du lait sucré et frit. ‖ *Pain de sucre,* masse de sucre blanc coulée dans des moules coniques ; piton de granite dans les régions tropicales. ‖ *Pain tendre,* pain nouvellement cuit. ‖ *Pour une bouchée, un morceau de pain,* pour une très petite somme.

Pain de Sucre, en portug. **Pão de Açúcar,** relief granitique, à l'entrée de la baie de Guanabara, à Rio de Janeiro ; 395 m.

Paine (Thomas), publiciste américain, d'origine anglaise, né à Thetford (1737-1809), naturalisé français et nommé membre de la Convention à la suite de travaux où il avait défendu les idées nouvelles.

Painlevé (Paul), mathématicien et homme politique français, né à Paris (1863-1933). Professeur à la Sorbonne, puis (1905) à l'Ecole polytechnique, auteur de nombreux travaux en analyse et en mécanique, notamment sur le frottement, il devint le grand théoricien de l'aviation, professant, au milieu du scepticisme général, les possibilités du plus lourd que l'air. Il fut le premier passager de Wilbur Wright (1908), puis celui de Farman. Consulté en 1910 par le Parlement, il obtint le vote du premier crédit pour l'aviation et entra la même année à la Chambre des députés. Il fut titulaire de nombreux portefeuilles, notamment de celui de la Guerre à partir de 1917. Président de la Chambre des députés de juin 1924 à avril 1925, fondateur du Cartel des gauches, il fut trois fois chef du gouvernement (sept.-nov. 1917 ; avr.-oct. 1925 ; oct.-nov. 1925). Il fit voter la loi sur le service militaire d'un an (1928) et prit les premières décisions concernant la ligne Maginot.

Païolive (*rochers* ou *bois de*), site pittoresque de l'Ardèche, sur le plateau des Vans.

pair [pɛr] n. m. Cours nominal d'une valeur mobilière. ‖ Egalité de change des espèces monnayées, entre deux pays. ● *Etre au pair dans une maison,* être logé et nourri sans appointements, en échange de certains services. ‖ *Rente au pair,* rente restée ou ramenée à son taux nominal. ‖ *Titre au pair,* valeur mobilière dont le cours boursier est égal à la valeur nominale. ‖ — Loc. adv. **De pair,** sur le même rang.

pair [pɛr] n. m. (lat. *par,* égal). Autref., grand vassal de la Couronne, puis seigneur d'une terre érigée en pairie. ‖ Membre de la Chambre haute de 1814 à 1848. ‖ Membre de la Chambre des lords, en Angleterre.

pair [pɛr], **e** adj. (lat. *par,* égal). Egal, semblable : *être pair et compagnon avec quelqu'un.* ‖ Divisible par deux ; en relation avec la divisibilité par deux. ● *Fonction paire* (Math.), fonction qui prend la même valeur pour deux valeurs opposées de la variable. ‖ *Nombre pair,* divisible par deux.

pairage n. m. En télévision, défaut d'entrelacement des lignes, entraînant une réduction de la finesse de l'image dans le sens vertical.

paire [pɛr] n. f. (lat. *paria,* choses égales). Couple d'animaux de la même espèce, composé d'un mâle et d'une femelle : *une paire de pigeons.* ‖ Réunion de deux animaux employés ou vendus ensemble : *une paire de bœufs.* ‖ Ensemble de deux personnes unies par quelque lien : *une paire d'amis.* ‖ Au poker, deux cartes de même valeur. ‖ Chose unique, composée de deux pièces semblables : *une paire de ciseaux.*

pairement adv. De façon paire.

pairesse n. f. Femme d'un pair. ‖ Femme titulaire d'une pairie de son propre droit.

pairie n. f. Titre et dignité d'un pair. ‖ Fief auquel cette dignité était attachée. ‖ Dignité des membres de la

Pākistān occidental : le barrage de Mangla sur la Jhelum

Chambre haute actuellement en Angleterre, et en France de 1814 à 1848.

pairle [perl] n. m. *Hérald.* Pièce honorable en forme d'Y.

pairs n. m. pl. (lat. *pares*). Egaux : *être jugé par ses pairs.*

paisible [pezibl] adj. D'humeur douce et pacifique : *homme paisible.* ‖ Que rien ne trouble ; où règne le calme, la tranquillité : *vie paisible.* ‖ *Dr.* Qui n'est pas troublé dans la possession d'un bien.

paisiblement adv. De façon paisible : *jouir paisiblement de sa fortune.*

Paisiello ou **Paesiello** (Giovanni), compositeur italien, né à Tarente (1740-1816), auteur d'opéras (*Il re Teodoro, Nina pazza per amore, Il barbiere di Siviglia*), de musique religieuse, de symphonies et de concertos. Il a été maître de chapelle de Catherine II à Saint-Pétersbourg et musicien du Premier consul à Paris.

Paisley, v. d'Ecosse, ch.-l. du comté de Renfrew ; 95 000 h. Aéroport de Glasgow. Métallurgie et chimie.

paissance [pɛsɑ̃s] n. f. Action de faire paître, sans droit, du bétail : *troupeaux trouvés en paissance.*

paisseau [pɛso] n. m. (lat. *paxillus*). Syn. de ÉCHALAS.

paître [pɛtr] v. t. (lat. *pascere*) [conj. **74**]. Manger en broutant : *paître l'herbe.* ‖ — Intransitiv. : *mener paître ; faire paître.* ● *Envoyer quelqu'un paître* (Fam.), le congédier avec brusquerie.

paix [pɛ] n. f. (lat. *pax, pacis*). Etat d'un pays qui n'est pas en guerre. ‖ Traité mettant fin à l'état de guerre : *ratifier la paix.* ‖ Etat de concorde, d'accord entre les membres d'un groupe, d'une famille : *vivre en paix avec ses voisins.* ‖ Repos : *laisser en paix.* ‖ Calme, silence : *paix des champs.* ‖ Tranquillité de l'âme : *être en paix avec sa conscience.* ● *Faire la paix,* se réconcilier. ‖ *Paix armée,* paix où chacun se tient sur le pied de guerre. ‖ — Interjection brusque pour commander le silence.

Paul Painlevé

Paix (*rivière de la*), riv. de l'ouest du Canada, affl. de la rivière de l'Esclave (r. dr.) ; 1 700 km.

Pajou (Augustin), sculpteur français, né à Paris (1730-1809). Elève de Lemoyne, il séjourna longtemps en Italie. Devenu sculpteur attitré de Mme du Barry, il excella dans la représentation de la grâce féminine (*Psyché abandonnée,* Louvre). Il travailla aussi pour Louis XVI et décora l'Opéra de Versailles.

Pa Kin, écrivain chinois, né en 1905. Il séjourna longtemps en France. Il peint dans ses romans les conflits de générations et les transformations sociales de la Chine à travers les guerres et la révolution (*Torrent,* 1930-1932 ; *Feu,* 1938-1943).

Pākistān, Etat de l'Asie méridionale, constitué en 1947 par les Etats musulmans de l'ancien empire des Indes, et qui était divisé en deux parties (Pākistān occidental et Pākistān oriental) séparées par une distance de 1 700 km ; le Pākistān actuel, réduit à l'ancienne partie occidentale de l'Etat, a 803 900 km² et 66 750 000 h. Cap. *Islāmābād.* Langue : *ourdou.* Depuis le conflit avec l'Inde (1971), le Pākistān oriental constitue la république du Bangla Desh, décrite ici sur le plan géographique.

Géographie.

Parties nord-ouest et nord-est du subcontinent indien, possédant toutes deux une façade maritime sur l'océan Indien (mer d'Oman et golfe du Bengale), se développant approximativement entre le tropique et le 35e degré de lat. nord, les deux Etats qui formaient le Pākistān correspondent à des régions bien différentes.
Le *Pākistān occidental,* sur plus de 80 p. 100 de la superficie totale du pays avant la sécession, regroupait moins de la moitié de sa population. L'Ouest et le Nord sont montagneux. Le Nord est formé de chaînes plissées, récentes (Hindū Kūch, monts Sulaimān), percées de passages étroits (passes de Khaybar, de Bolan). A l'ouest, le Baloutchistan est moins élevé ; la montagne est coupée de vastes dépressions, occupées souvent par des lacs et des marécages salés. Le reste du Pākistān appartient à la vallée de l'Indus* et de ses affluents : c'est une plaine où l'altitude ne dépasse qu'exceptionnellement 200 m. A l'abri de la mousson humide d'été, le Pākistān possède un climat subtropical sec. Les précipitations sont pratiquement toujours inférieures à 400 mm ; elles sont même inférieures à 200 mm dans la basse vallée de l'Indus (198 mm à Karāchi), où les moyennes thermiques mensuelles oscillent entre 20 et 32 °C (les amplitudes sont plus élevées dans la montagne). Le volume des précipitations explique la relative faiblesse de la densité de population, de l'ordre de 60 h. au kilomètre carré. Cette population est concentrée dans la vallée de l'Indus et au pied des montagnes, là où s'est développée l'irrigation et où se relève, grâce au relief, la hauteur des pluies. Les villes jalonnent le piémont montagnard (Peshāwar, Rawalpindi, Sialkot) ou la plaine de l'Indus (Lahore, Lyallpur, Multān, Sukkur, Hyderābād, Karāchi).
L'irrigation commande l'agriculture. Elle intéresse aujourd'hui plus de 10 millions d'hectares. En dehors du

schéma de la fabrication industrielle du **pain**

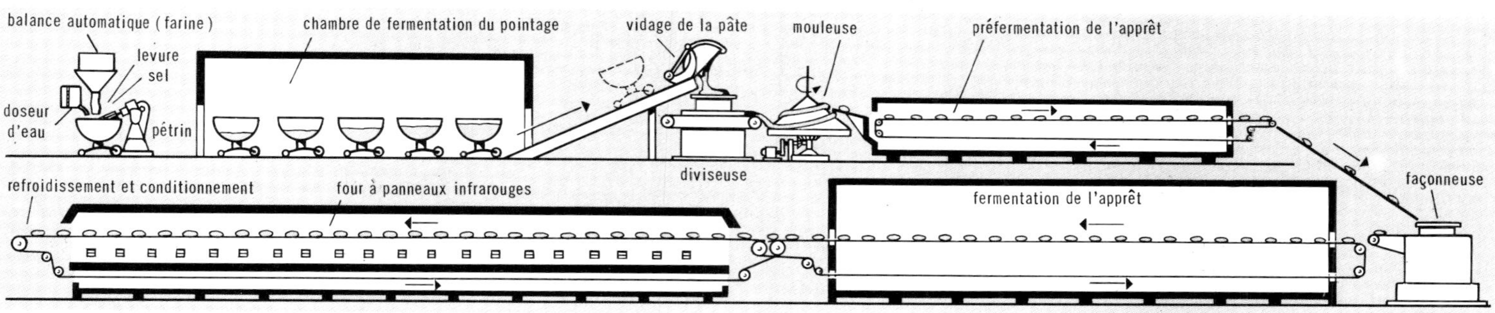

Phot. Almasy, Manuel.

Pākistān occidental : Islāmābād

ancien **Pakistan** oriental
village au milieu de champs de jute, près de Dacca

Pendjab, qui possède de nombreux ouvrages, les principaux barrages sont ceux de Sukkur et de Kotri, sur l'Indus. Le blé (fondement de l'alimentation) et le coton sont les cultures dominantes du Pendjab. Plus au sud, le riz est répandu. L'industrie n'occupe guère que le dixième de la population active. Implantée à Lahore et surtout à Karāchi, principal port du pays, elle est largement liée à la transformation des produits de l'agriculture (textile) et de l'élevage bovin et ovin. Le gaz naturel de Sui est la principale ressource du sous-sol. Dans l'ancien *Pākistān oriental,* devenu la république du Bangla Desh, la densité moyenne de population est de l'ordre de 400 h. au kilomètre carré. Ce chiffre s'explique essentiellement par des conditions naturelles plus favorables qu'à l'ouest. Le Bangla Desh est une région basse, correspondant essentiellement à une partie du delta commun du Gange et du Brahmapoutre. Il est atteint par la mousson humide, qui, de mai à octobre, déverse des précipitations abondantes (la hauteur annuelle des pluies dépasse pratiquement toujours 1 500 mm). Les moyennes thermiques mensuelles oscillent entre 20 et 30 °C.

Les deux tiers de la superficie totale sont cultivés ; l'agriculture emploie les quatre cinquièmes de la population active. Le paysage est formé par un quadrillage de digues et de levées naturelles parsemées de cocotiers, de bananiers et de bambous qui dominent les rizières. Dans le delta, en dehors de la mangrove fnalarienne des Sundarbans, au sud-ouest, la densité dépasse souvent 1 000 h. au kilomètre carré. Le riz est de loin la principale culture vivrière ; la canne à sucre et surtout le jute sont les principales cultures commerciales. Le thé et le tabac sont cultivés dans les régions des collines de Chittagong et de Sylhet. Dacca et Chittagong sont les plus grandes villes du Bangla Desh, où, plus encore qu'au Pākistān, l'industrie est étroitement liée à l'agriculture (sucreries, rizeries, textiles).

L'agriculture, dans les deux Etats, assure, directement et indirectement (après transformation de ses produits), la quasi-totalité des exportations. Avant la sécession, le Pākistān était, avec le Japon, le troisième producteur mondial de riz (18 Mt), mais la production satisfait à peine des besoins croissants (le blé [4 à 5 Mt] constitue un complément alimentaire appréciable). Le Bangla Desh est, avec l'Inde, le premier producteur mondial de jute. Au Bangla Desh comme au Pākistān, l'industrie est essentiellement représentée par le textile (travail du jute et du coton). La balance commerciale est, dans les deux Etats, lourdement déficitaire. Le jute et le coton (bruts et travaillés) assurent ensemble les deux tiers des exportations. Les importations comportent essentiellement des articles manufacturés. Pour développer leur économie, le Pākistān comme le Bangla Desh doivent faire un large appel à l'aide financière et technique de l'étranger, qu'elle soit occidentale ou socialiste. Le problème du surpeuplement se pose avec une particulière acuité au Bangla Desh, dont la population s'accroît chaque année de plus de 1 million de personnes.

Histoire.

Le Pākistān est issu des heurts entre hindouistes et musulmans. En 1906, une *Ligue musulmane* se forma pour sauvegarder l'unité de la communauté islamique à l'intérieur de l'Inde britannique. C'est sur la base d'une *partition* — déjà entrevue par Jinnah, chef de la *Ligue musulmane* — que les Anglais accordèrent à l'Inde son indépendance (1947). Le Pākistān fut ainsi séparé de l'Union indienne, mais le nouvel Etat, coupé en deux (Pākistān oriental, Pākistān occidental), eut affaire à d'énormes problèmes de populations (échanges massifs) et de frontières, à propos desquelles le Pākistān eut des difficultés avec l'Afghānistān et surtout avec l'Inde (guerres de 1949 et de 1965) au sujet du Cachemire. La Constitution républicaine de 1956 fut abrogée dès 1958 par le président Iskander Mīrzā. Cette année-là le général Ayyūb khān assuma le pouvoir ; il s'efforça de restaurer l'ordre, d'opérer une réforme agraire et de consolider les positions diplomatiques du pays. La Constitution de 1962 fit du Pākistān un Etat semi-fédéral. A la fin de 1968, des grèves insurrectionnelles et surtout de violentes manifestations paysannes éclatent, principalement dirigées contre l'administration. Ayyūb khān remet ses pouvoirs aux mains de l'armée (1969), et le général Yaḥiā khān devient président de la République (mars). Il doit faire face aux problèmes posés par le Pākistān oriental : en 1971, l'armée écrase un mouvement qui regroupait les partisans de l'indépendance de cette région. L'afflux de millions de réfugiés sur le territoire de l'Inde contribue au déclenchement d'un nouveau conflit entre cette dernière et le Pākistān (décembre 1971). La défaite des armées d'Islāmābād entraîne la formation d'une république indépendante du Bangla Desh (« Bengale libre ») sur le territoire correspondant au Pākistān oriental. Yaḥiā khān démissionne et est remplacé par Ali Bhutto. En 1972, le Pākistān se retire du Commonwealth.

pakistanais [pakistanɛ], **e** [-ɛz] adj. et n. Du Pākistān.

pal [pal] n. m. (lat. *palus*). Pieu aiguisé à un bout. ‖ Supplice oriental qui consistait à enfoncer un pal, ou pieu, dans le corps du condamné. ‖ *Hérald.* Pièce verticale du blason. ‖ Pl. des *pals.* ● *Pal injecteur,* instrument destiné à injecter dans le sol des substances chimiques.

palabre [palabr] n. f. ou m. (esp. *palabra,* parole). Conférence avec un chef noir, ou de Noirs entre eux (vx). ‖ Discussion, conversation longue et oiseuse.

palabrer v. i. Tenir des palabres ; discourir, bavarder.

palace [palas] n. m. (mot angl.). Hôtel luxueux.

Palacký (František), historien et homme politique tchèque, né à Hodslavice (Moravie) [1798-1876]. Son *Histoire de la Bohême* (1836-1867) joua un rôle essentiel dans le réveil national tchèque.

paladin [paladɛ̃] n. m. (lat. *palatinus,* qui appartient au palais). Selon la tradition des chansons de geste, seigneur de la suite de Charlemagne. ‖ Chevalier errant, coureur d'aventures.

Paladru (38137), comm. de l'Isère (arr. de La Tour-du-Pin), sur le *lac de Paladru ;* 468 h. Centre touristique.

palafitte [palafit] n. m. (ital. *palafitta*). Dans les régions de lacs, habitation préhistorique construite sur un plancher grossier établi sur des pilotis, et reliée à la rive par une passerelle.

Palafox (José DE), duc DE SARAGOSSE, gentilhomme aragonais (1776-1847) qui s'illustra par son héroïque défense de Saragosse en 1809.

palan

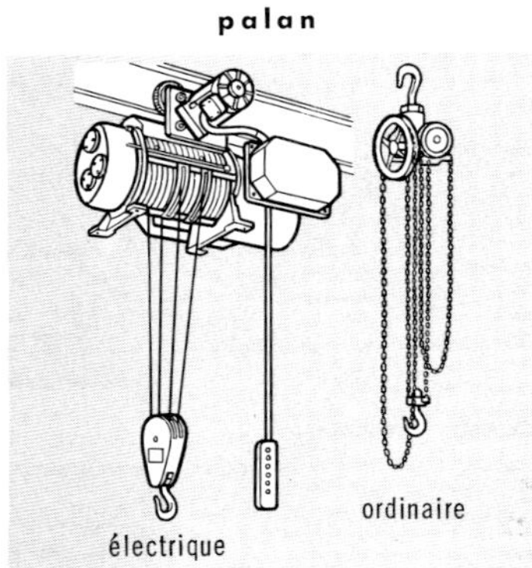

palais [palɛ] n. m. (lat. *palatium*). Résidence des chefs d'Etat. ‖ Résidence magnifique. ‖ Lieu où siègent les tribunaux, certaines assemblées. ● *Palais de justice,* bâtiment départemental affecté au service de la justice.

palais n. m. (lat. *palatum*). Voûte osseuse séparant la bouche des fosses nasales. (Le palais présente deux portions distinctes : une partie antérieure, osseuse, le *palais dur,* ou voûte palatine, et une partie postérieure, le *palais mou,* ou voile du palais.) ‖ *Fig.* Sens du goût : *avoir le palais fin.*

Palais (LE) [56360], comm. du Morbihan (arr. de Lorient), dans l'île de Belle-Ile ; 2 691 h. (*Palantins*). Port et station balnéaire.

Palais-Bourbon. V. BOURBON *(palais).*

Palais-Royal, ensemble de bâtiments, à Paris, construits en 1633 par Lemercier pour Richelieu et nommés *Palais-Cardinal* jusqu'en 1643, date à laquelle ils furent légués au roi. Celui-ci les attribua en 1661 aux princes de la maison d'Orléans. Ces bâtiments et ces jardins ont fait l'objet de modifications successives, par Contant d'Ivry, Victor Louis, Fontaine. Les maisons d'habitation à arcades datent de Philippe d'Orléans, futur Philippe Egalité. La *galerie de Bois* du Palais-Royal fut longtemps un lieu de rendez-vous très fréquenté. Le Conseil d'Etat, le Conseil constitutionnel et l'administration des Affaires culturelles occupent aujourd'hui la majeure partie du Palais-Royal.

Palaiseau (91120), ch.-l. d'arr. de l'Essonne, sur l'Yvette ; 23 426 h. (*Palaisiens*). — L'arr. a 12 cant., 65 comm., 334 512 h.

Palais-sur-Vienne (LE) [87410], comm. de la Haute-Vienne (arr. de Limoges) ; 2 621 h. Raffinage du cuivre.

Palamas (Grégoire), théologien grec, né à Constantinople (v. 1296-1359). Moine au Mont-Athos, il fit triompher la doctrine hésychaste. Il est au calendrier de l'Eglise grecque.

Palamas (Kostis), écrivain grec, né à Patras (1859-1943). Partisan de l'emploi littéraire de la langue populaire, il doit sa célébrité à ses recueils lyriques (*le Tombeau,* 1898 ; *Autels,* 1915).

Pālamcottah, v. de l'Inde (Tamilnād) ; 190 100 h. Textiles.

palan [palɑ̃] n. m. (de l'ital. *palanco*). Appareil de levage utilisé pour déplacer verticalement une charge sur une course limitée.

palanche [palɑ̃ʃ] n. f. Morceau de bois concave et entaillé aux deux bouts, pour porter à la fois deux seaux sur l'épaule.

palançon [palɑ̃sɔ̃] n. m. Morceau de bois retenant le torchis dans une construction.

palangre [palɑ̃gr] n. f. (orig. inconnue). Corde le long de laquelle sont fixées des lignes munies d'hameçons.

palanque [palɑ̃k] n. f. (ital. *palanca*). Mur de défense ou obstacle formé de pièces de bois enfoncées en terre verticalement et côte à côte.

palanquée [-ke] n. f. *Mar.* Ensemble de marchandises composant le fardeau d'un palan.

palanquer v. i. *Mar.* Agir avec un palan sur un objet pour changer sa position.

palanquin [palɑ̃kɛ̃] n. m. (portug. *palanquim,* empr. à une langue de l'Inde). Chaise à porteurs. ‖ Guérite posée sur le dos des chameaux, des éléphants.

Palaos ou **Palau** *(îles),* archipel d'Océanie (Micronésie), à l'est de Mindanao (Philippines) ; 11 200 h. Sous tutelle américaine.

Palaouan. V. PALAUAN.

palastre n. m. V. PALÂTRE.

Phot. Almasy, Burri-Magnum.

palatal [palatal], **e, aux** [-o] adj. et n. f. (du lat. *palatum,* palais). Se dit des voyelles ou des consonnes dont le point d'articulation est dans la région du palais dur : *« e », « i » sont des voyelles palatales ; « ch », « j » sont des consonnes palatales.*

palatalisation n. f. Modification subie par un phonème dont l'articulation se trouve reportée dans la région du palais dur.

palatalisé, e adj. Se dit d'un phonème qui a subi une palatalisation : *le « n » mouillé est un « n » palatalisé.*

palatin [palatɛ̃], **e** [-in] adj. (lat. *palatinus,* qui appartient au palais). Se disait de celui qui avait une charge dans le palais d'un prince. || Du Palatinat. ● *Comte palatin,* grand officier représentant les anciens rois de Germanie auprès des ducs.

palatin, e adj. *Anat.* Relatif au palais, au plafond de la bouche : *voûte palatine.*

palatin n. m. Dans l'ancienne Hongrie, chef suprême de la justice. || Gouverneur d'une province dans l'ancienne Pologne.

Palatin (*mont*), une des sept collines de l'ancienne Rome, celle où, d'après la tradition, les premières habitations auraient été construites. Les empereurs y établirent leur résidence.

palatinat [-na] n. m. Dignité d'Electeur palatin. || Territoire, province gouvernés par l'Electeur palatin.

Palatinat, en allem. **Pfalz,** région d'Allemagne occidentale, située sur la rive gauche du Rhin, au nord de l'Alsace. Elle constitue depuis 1946 une partie du pays de *Rhénanie-Palatinat**. Le Palatinat fut ravagé par les armées de Louis XIV (1687-1688).

Palatine (*princesse*), titre de CHARLOTTE-ELISABETH DE BAVIÈRE et d'ANNE DE GONZAGUE.

Palatine (*école*), société de savants fondée par Charlemagne, et dont étaient membres le roi (sous le nom de David), Alcuin, Eginhard, etc.

palâtre [-ɑtr] ou **palastre** [-astr] n. m. Boîte qui contient le mécanisme d'une serrure.

Palauan ou **Palaouan,** île des Philippines ; 209 000 h.

Palavas-les-Flots (34250), comm. de l'Hérault (arr. de Montpellier) ; 2 757 h. (*Palavasiens*). Station balnéaire.

pale [pal] n. f. (provenç. *pala,* pelle). Partie plate d'un aviron, qui entre dans l'eau. || Vanne qui ferme un réservoir. || Palette d'une roue d'un bateau à aubes. || Elément d'une hélice, affectant la forme d'une aile vrillée.

pale [pal] ou **palle** n. f. (lat. *palla,* tenture). *Liturg.* Carton carré garni de toile blanche, qui sert à couvrir le calice pendant la messe.

pâle [pɑl] adj. (lat. *pallidus*). Qui a perdu sa couleur vive : *figure pâle.* || Sans éclat : *le soleil est pâle en hiver.* || Faible de couleur : *jaune pâle.* || — Syn. : BLAFARD, BLÊME, INCOLORE, LIVIDE, TERNE.

pale-ale [pɛlɛl] n. f. (mot angl.). Bière blonde anglaise.

palée n. f. Rangée de pieux verticaux réunis par des entretoisements, pour soutenir un ouvrage en terre, en maçonnerie, en charpente.

palefrenier [palfrənje] n. m. (de l'anc. fr. *palafren,* palefroi). Homme qui panse et soigne les chevaux.

palefroi [palfrwa] n. m. (lat. *paraveredus,* cheval de poste). Au Moyen Age, cheval de parade des souverains, des princes.

Palembang, port d'Indonésie, dans le sud de Sumatra ; 475 000 h. Raffinage du pétrole. Engrais.

palémon [palemɔ̃] n. m. (du nom myth. *Palaimon,* changé en dieu marin). Nom scientifique de la *crevette rose,* ou *bouquet.*

Palencia, v. d'Espagne (Vieille-Castille) ; 53 000 h. Cathédrale (XIVe-XVIe s.).

Palenque, l'un des grands centres de la civilisation maya, au sud-ouest du Yucatán (Mexique). Importants vestiges (temples, bas-reliefs, têtes en stuc).

paléobotanique [paleɔ-] n. f. Partie de la paléontologie ayant pour objet l'étude des plantes fossiles.

paléochrétien, enne adj. Se dit de l'art des premiers chrétiens, du IIIe au VIe s. environ, en Orient et en Occident (il n'y a pas de vestiges des deux premiers siècles).

paléoclimat n. m. Climat d'une ancienne époque géologique.

paléoclimatologie n. f. Science des climats anciens.
— ENCYCL. Inévitablement fragmentaire, la *paléoclimatologie* se fonde principalement sur les données de la géologie et de la géomorphologie (carottes océaniques, dépôts glaciaires et marins), de la botanique (anneaux de croissance des dendrites), de la palynologie (identification et dénombrement des résidus de grains de pollen dans les sédiments) et de la zoologie (évolution des espèces).

paléogène n. m. Première moitié du tertiaire (éocène et oligocène).

paléogéographie n. f. Science qui a pour objet la reconstitution hypothétique de la répartition des mers et des continents au cours des époques géologiques.

paléographe [paleɔgraf] n. et adj. Spécialiste de paléographie.

paléographie n. f. Science dont la connaissance permet de déchiffrer les anciennes écritures.

Palerme

Palestrina
école italienne
du XVIe s.
Institut des Pères de l'Oratoire Rome ▼

paléographique adj. Relatif à la paléographie.

paléolithique n. m. et adj. (gr. *palaios,* ancien, et *lithos,* pierre). Première époque de la préhistoire, caractérisée par l'industrie de la pierre taillée, d'une durée de plusieurs centaines de milliers d'années, et qui fait place au mésolithique vers 12000 av. J.-C.

Paléologue, famille byzantine qui a fourni plusieurs empereurs d'Orient de 1261 à 1453.

Paléologue (Maurice), diplomate français, né à Paris (1859-1944). Il fut ambassadeur de France en Russie durant la Première Guerre mondiale et il est l'auteur de souvenirs diplomatiques. (Acad. fr.)

paléontologie [paleɔ̃tɔlɔʒi] n. f. Etude scientifique des vestiges laissés dans les sédiments par les animaux et les plantes des ères géologiques.
— ENCYCL. Connus de tout temps, les fossiles ne furent interprétés comme des restes d'êtres anciens qu'à partir de la Renaissance (Léonard de Vinci, Bernard Palissy). Il faut attendre Buffon pour que la notion d'*espèces disparues* soit énoncée. Mais c'est Georges Cuvier (1769-1832) qui a véritablement fondé la *paléontologie animale* et admis le premier l'existence de faunes et de flores successives, sans se rallier aux théories évolutionnistes (Lamarck, 1744-1829), auxquelles manquait encore le fondement objectif que les progrès des fouilles lui ont donné par la suite. Le XIXe s. a vu se développer la paléontologie végétale (Adolphe Brongniart, 1801-1876) et l'utilisation des fossiles caractéristiques pour la datation des terrains, ou paléontologie stratigraphique (Henri Douvillé, 1846-1937), mais ce n'est qu'au XXe s. que la doctrine évolutionniste, adoptée pratiquement par tout le monde, a permis d'organiser plus rationnellement les fouilles et d'en prévoir parfois le résultat, tandis que la connaissance des conditions de vie propres à chaque espèce permettait l'essor de la paléogéographie et de la paléoclimatologie. (V. illustr. p. suiv.)

paléontologique adj. Relatif à la paléontologie.

paléontologiste n. et adj. Spécialiste de paléontologie.

paléosol n. m. Sol formé dans des conditions anciennes, qu'on retrouve dans un profil, recouvert par une formation plus récente ou livré à une évolution.

paléothérium [-terjɔm] n. m. (gr. *palaios,* ancien, et *thêrion,* bête sauvage). Mammifère ongulé fossile ayant l'allure du tapir, qui a vécu au début du tertiaire.

paléozoïque [-zɔik] n. m. et adj. Autre nom de l'ÈRE PRIMAIRE.

Palerme, port d'Italie, en Sicile, sur la côte nord de l'île ; 663 800 h. Université. Principale ville de la Sicile, Palerme est un centre industriel (alimentation et chimie) et un port actif (exportation de soufre, de vins, de fruits). Cathédrale commencée au XIIe s., remaniée au XVe s. et restaurée au XVIIIe s. Eglises de l'époque normande (XIIe-XIIIe s.). Palais royal (chapelle palatine du XIIe s., à décoration byzantine). Nombreux palais.

paleron [palrɔ̃] n. m. (de *pale*). Partie plate et charnue qui avoisine l'omoplate du bœuf. || *Bouch.* Partie d'un bœuf ou d'un porc située dans la région supérieure et postérieure de l'épaule.

Palestine, contrée du Proche-Orient, entre le Liban au nord, la mer Morte au sud, la Méditerranée à l'ouest et le désert de Syrie à l'est. C'est une bande de terre étroite, resserrée entre la mer et le Liban, et parcourue par le Jourdain. La Palestine, ou Terre de Canaan, fut longtemps occupée par les Hébreux*. En 70 apr. J.-C., Jérusalem se souleva contre Rome et fut prise par Titus. Une dernière révolte fut étouffée sous Hadrien (135). Dès lors, la Palestine subit le sort de la Syrie. Province enlevée à la Turquie en 1918, la Palestine fut placée sous mandat britannique. La Grande-Bretagne renonça à ce mandat en 1947, et l'Etat d'Israël, correspondant à la partie du pays occupée par les Juifs, fut proclamé en 1948, ce qui entraîna l'intervention militaire des Etats arabes voisins. Après l'échec de ces derniers (1949), un nouveau partage de fait marqua l'éclatement de la Palestine. Depuis juin 1967, la région est entièrement occupée par les Israéliens. En 1974, le roi de Jordanie renonce à sa suzeraineté théorique sur les régions situées à l'ouest du Jourdain (la Cisjordanie) au profit des représentants de l'Organisation de libération de la Palestine (O.L.P. (V. ISRAËL et JORDANIE.)

Palestine (*campagnes de*), ensemble des opérations qui se sont déroulées dans cette région pendant la Première Guerre mondiale. Aidés par les Allemands, les Turcs tentèrent, en février 1915 et en août 1916, de s'emparer du canal de Suez. Ils en furent rejetés par les troupes anglaises, qui, aidées de contingents alliés et arabes, occupèrent Gaza et Jérusalem (nov.-déc. 1917) et prirent Damas (sept. 1918). Les Turcs, battus, obtinrent un armistice, signé à Moudros le 29 octobre. Entre-temps, les accords franco-anglais de 1916 avaient placé la Palestine sous un mandat britannique, confirmé par la S. D. N. en 1922, et à la faveur duquel se constitua un « foyer » juif.

palestinien [palɛstinjɛ̃], **enne** [-ɛn] adj. et n. De Palestine.

palestre [palɛstr] n. f. (gr. *palaistra*). Lieu public pour les exercices du corps, chez les Anciens. || Ces exercices mêmes.

Palestrina (Giovanni Pierluigi DA), compositeur italien, né à Palestrina, prov. de Rome (1525-1594). Il a été successivement maître de chapelle à Saint-Jean-de-Latran, à Sainte-Marie-Majeure et à Saint-Pierre de Rome (chapelle Giulia). Il fut l'un des plus grands maîtres de la musique polyphonique ; on lui doit 93 messes (*Messe du pape Marcel*), des motets, des hymnes, des madrigaux.

Palestro, village d'Italie (Lombardie, prov. de Pavie). Victoire des Français et des Piémontais sur les Autrichiens les 30 et 31 mai 1859.

palet [palɛ] n. m. (du lat. *pala,* pelle). Pierre ou pièce de métal plate et ronde, qu'on jette le plus près possible d'un but marqué.

paletot [palto] n. m. (de l'anc. angl. *paltok,* jaquette). Vêtement droit, à poches extérieures, que l'on porte sur d'autres vêtements.

palette [palɛt] n. f. (dimin. du lat. *pala,* pelle). Instrument large, aplati, ordinairement en bois, et servant à divers usages. || Petite plaque en bois ou en faïence, sur laquelle les peintres disposent et mêlent leurs couleurs. || Ensemble de couleurs habituellement utilisées par un artiste peintre. || *Bouch.* Partie d'un mouton, d'un porc, comprenant l'omoplate et la chair qui la recouvre. || Aube d'une roue de bateau à vapeur. || Plateau de chargement conçu essentiellement pour permettre des manutentions par chariots élévateurs à fourche. ● *Palette de marqueur,* petit disque ajusté à une perche pour indiquer au tireur l'impact de chaque balle sur la cible.

palettisation n. f. Action de palettiser.

Phot. Quétel, Scala.

PALÉONTOLOGIE

INVERTÉBRÉS

MOLLUSQUES et BRACHIOPODES

spirifer (brachiopode)

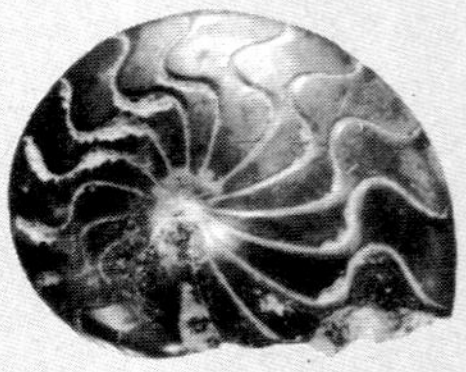

goniatite

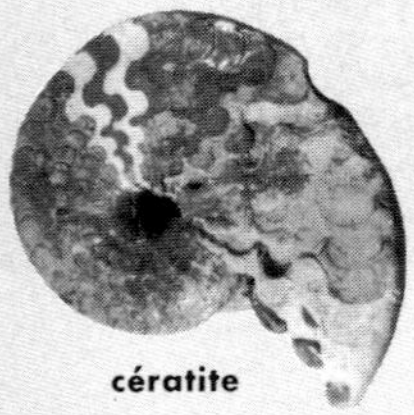

cératite

ammonite

hippurites (rudistes)

bélemnite

ARTHROPODES et ÉCHINODERMES

libellule

euryptérus

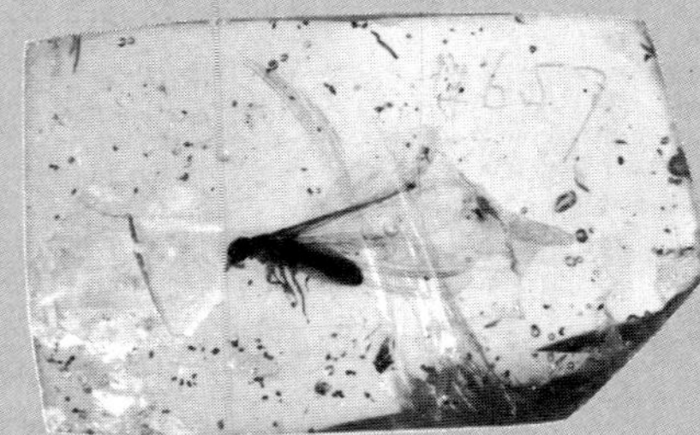

ambre fossile

trilobite

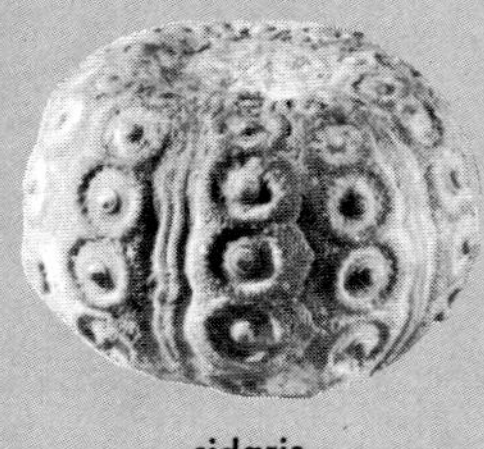

cidaris

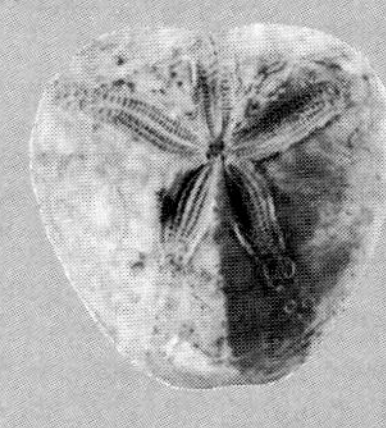

micraster

ANIMAUX INFÉRIEURS

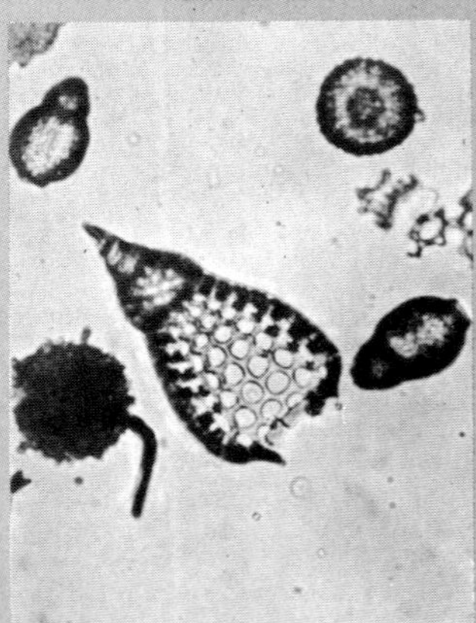

radiolaires

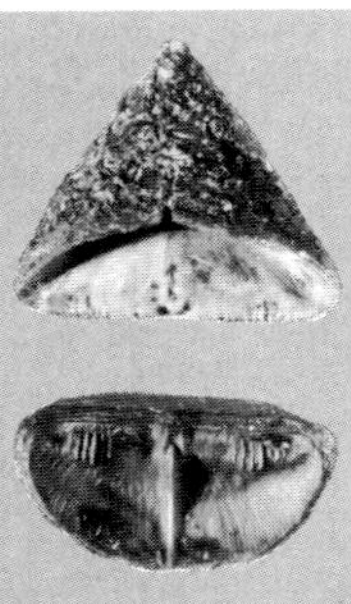

calcéole

nummulite

PLANTES

voltzia

lépidodendron

sphénoptéris

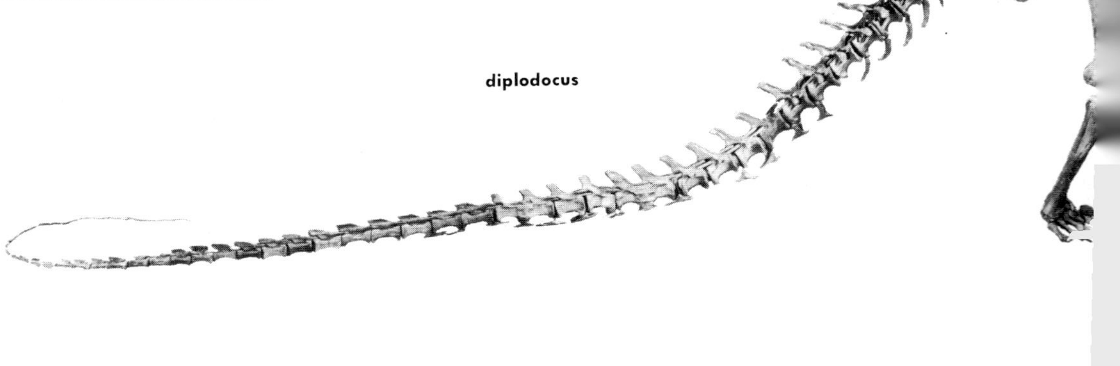

diplodocus

Phot. Lauros - Atlas-Photo (27) ; Termier : hippurites et radiolaires; Margiocco : archéoptéryx; Brunel : ptérodactyle; Muséum national d'histoire naturelle.

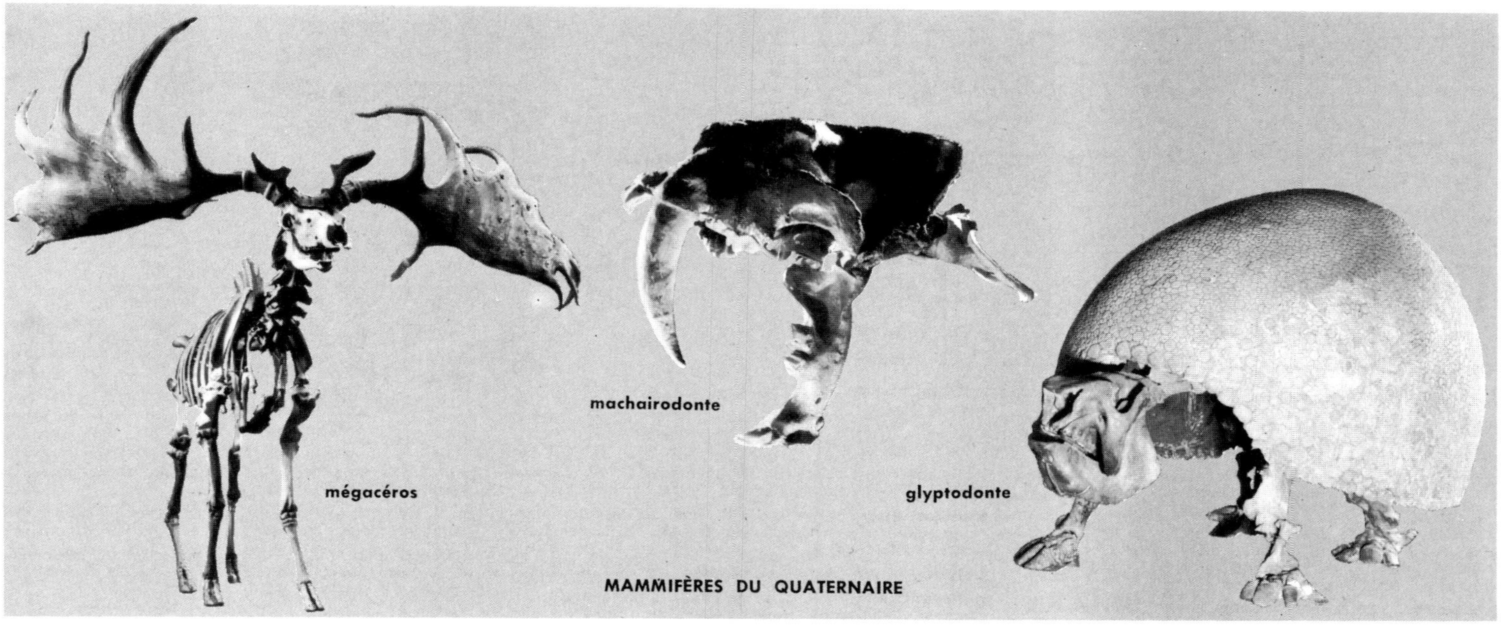

machairodonte

mégacéros

glyptodonte

MAMMIFÈRES DU QUATERNAIRE

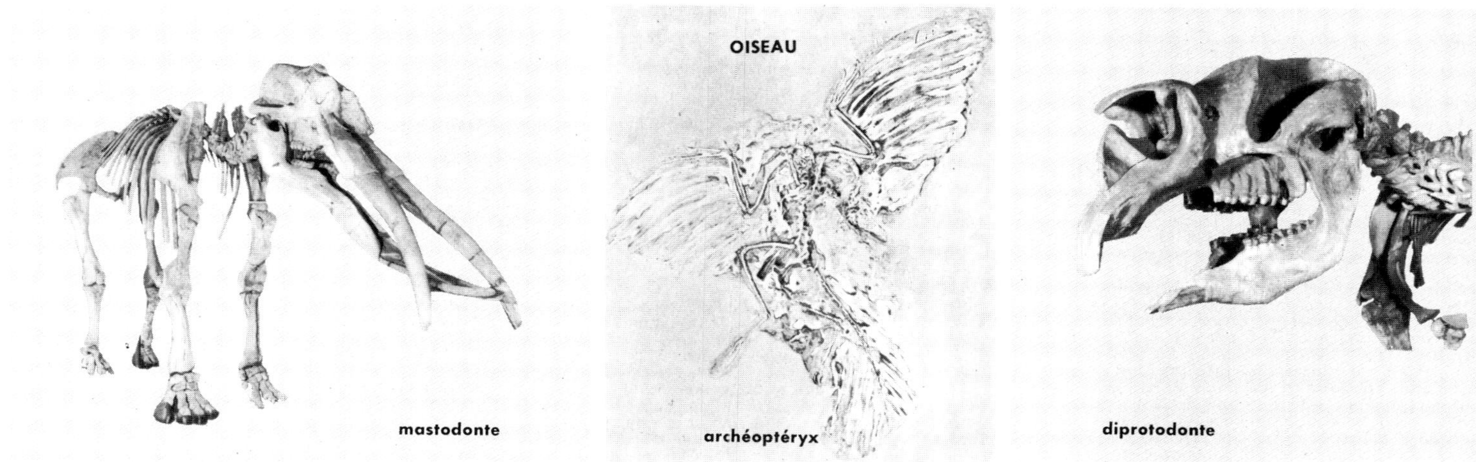

OISEAU

mastodonte

archéoptéryx

diprotodonte

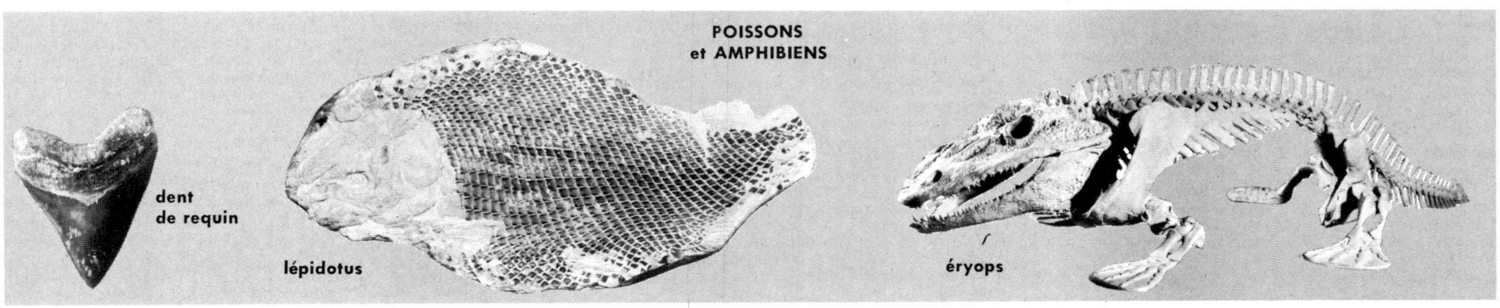

POISSONS
et AMPHIBIENS

dent
de requin

lépidotus

éryops

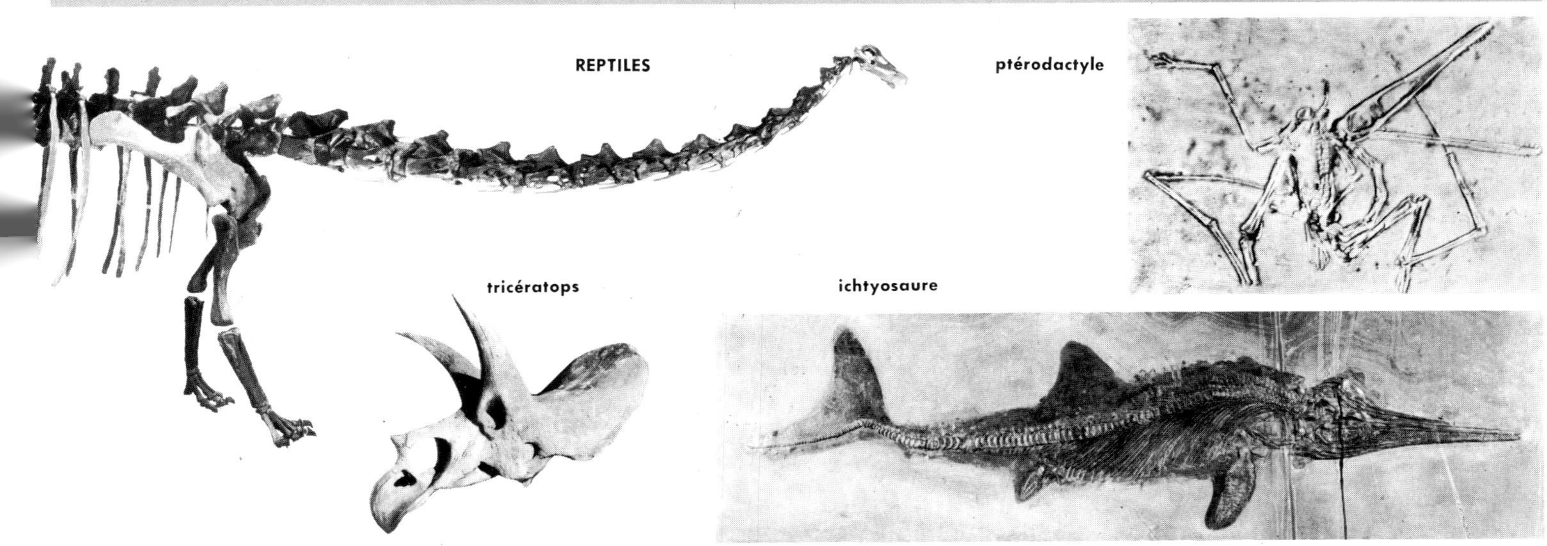

REPTILES

ptérodactyle

tricératops

ichtyosaure

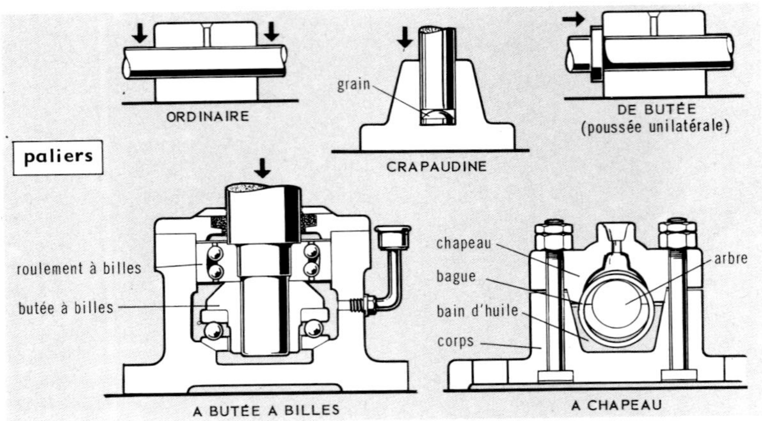

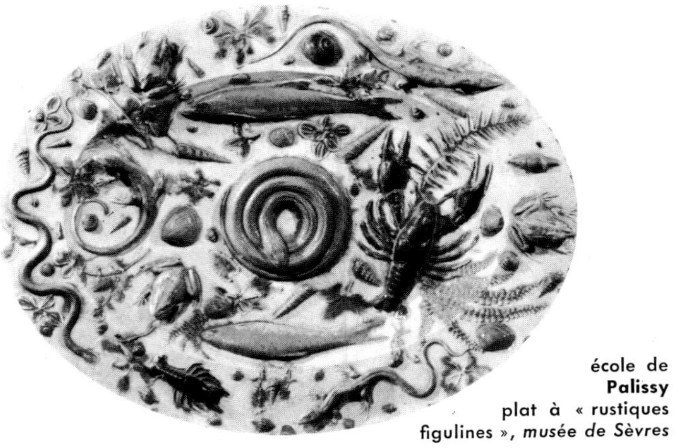
école de Palissy
plat à « rustiques figulines », *musée de Sèvres*

palettiser [palɛtize] v. t. Prévoir l'emploi de palettes pour le magasinage et les manutentions. ‖ Mettre des marchandises ou des objets sur palettes.

palétuvier [paletyvje] n. m. (empr. à une langue indigène du Brésil). Nom donné à divers arbres des mangroves (comme le *manglier,* ou *rhizophore*) qui portent des racines en échasses.

pâleur [pɑlœr] n. f. (lat. *pallor*). Aspect, couleur d'une personne, d'une chose pâle : *la pâleur du teint, du soleil couchant.*

Pālghāt, v. de l'Inde (Tamilnād) ; 77 600 h. La *fosse de Pālghāt* relie la côte de Malabār au littoral du golfe du Bengale.

pāli [pali], **e** n. m. et adj. Langue ancienne de l'Inde, parlée jusqu'à nos jours par les bouddhistes du Sud. (Elle est apparentée au sanskrit.)

pâlichon, onne adj. *Fam.* Un peu pâle.

palier [palje] n. m. Plate-forme ménagée de distance en distance, et spécialement à chaque étage, dans un escalier. ‖ Partie plane d'une voie ferrée, d'une route. ‖ Organe mécanique servant à supporter et à guider un arbre de transmission. (V. *encycl.*) ‖ *Fig.* Degré, échelon : *procéder par paliers.* ● *Vol en palier* (Aéron.), vol qui s'effectue à altitude constante.
— ENCYCL. *Mécan.* Les coussinets, qui servent d'appui à l'arbre, sont généralement en fonte douce ou en bronze et sont recouverts de métal antifriction. Ils sont fixes ou montés sur rotule pour leur permettre de suivre les déformations de l'arbre en flexion. Le graissage des *paliers* se fait par alimentation généralement continue, avec ou sans récupération de l'huile. Pour les vitesses importantes, qui nécessitent un gros débit, l'alimentation en huile se fait sous pression (moteur d'automobile ou d'avion). Les paliers à roulements permettent de réduire les pertes d'énergie ; ils sont utilisés pour les très grandes vitesses de rotation avec de faibles charges.

palière adj. f. (de *palier*). *Marche palière,* marche au sommet d'une rampe ou d'une volée d'escalier, et qui est de plain-pied avec le palier. ‖ *Porte palière,* porte qui s'ouvre sur un palier.

Palikao, bourg de Chine, à l'est de Pékin. Victoire franco-anglaise sur les Chinois, en 1860, où se distingua Cousin-Montauban.

palilalie [palilali] n. f. (gr. *palin,* de nouveau, et *lalein,* parler). Trouble de la parole, caractérisé par la répétition involontaire du même mot ou de la même phrase.

palimpseste [palɛ̃psɛst] n. m. (gr. *palimpsêstos,* gratté de nouveau). Manuscrit sur parchemin dont on a fait disparaître l'écriture, pour écrire de nouveau.

palindrome [palɛ̃drom] n. m. et adj. (gr. *palin,* de nouveau, et *dromos,* course). Mot, vers, phrase, qu'on peut lire dans les deux sens. (Ex. : *Laval. Esope reste ici et se repose.*)

palingénésie n. f. (gr. *palin,* de nouveau, et *genesis,* génération). Retour à la vie. ‖ Théorie philosophique et religieuse suivant laquelle l'histoire est faite de successions de cycles. (Syn. RÉINCARNATION.)

palingénésique adj. Relatif à la palingénésie : *théorie palingénésique.*

Palinges (71430), ch.-l. de c. de Saône-et-Loire (arr. de Charolles) ; 1 782 h. (528 aggl.).

palinodie [palinɔdi] n. f. (gr. *palin,* de nouveau, et *ôdê,* chant). *Antiq.* Pièce de vers où le poète rétractait des sentiments précédemment exprimés. ‖ Auj., rétractation de ce qu'on a dit ou fait ; changement d'opinion : *une lamentable palinodie.*

pâlir [pɑlir] v. i. Devenir pâle : *pâlir de colère.* ‖ Devenir plus faible : *la lumière pâlit.* ‖ *Fig.* Paraître sans valeur : *son œuvre pâlit à côté de la vôtre.* ● *Faire pâlir,* inspirer de la crainte ; et, au *fig.,* éclipser, rejeter dans l'ombre. ‖ *Pâlir sur ses livres,* étudier sans relâche. ‖ *Son étoile pâlit,* sa puissance, son crédit diminue.

palis [pali] n. m. (du lat. *palus,* pieu). Pieu ou latte entrant dans la composition d'une palissade.

palissade [palisad] n. f. (de *palis*). Barrière, clôture faite avec des pieux enfoncés en terre et reliés ensemble.

palissader v. t. Entourer de palissades : *palissader un jardin.* ‖ Disposer en palissade : *palissader une haie.*

palissadique [palisadik] adj. *Bot.* Se dit du parenchyme chlorophyllien, à cellules serrées, de la face supérieure des feuilles.

palissage n. m. Action de palisser.

palissandre [palisɑ̃dr] n. m. (empr. à une langue indigène de la Guyane). Bois lourd et dur, brun foncé à reflet violacé, très recherché en ébénisterie, et provenant de diverses espèces d'arbres de l'Amérique du Sud.

pâlissant, e adj. Qui pâlit.

palisser [palise] v. t. Attacher les tiges ou les rameaux contre un support (mur, treillage, tuteur, etc.) pour leur donner une direction déterminée.

palisson [palisɔ̃] n. m. Instrument de chamoiseur, destiné à adoucir les peaux.

palissonner v. t. Travailler les peaux au palisson pour les assouplir.

palissonneur n. et adj. m. Ouvrier qui palissonne les peaux.

Palissot de Montenoy (Charles), écrivain français, né à Nancy (1730-1814). Il railla les encyclopédistes dans sa comédie *les Philosophes* (1760).

Palissy (Bernard), potier, émailleur, peintre, verrier, écrivain et savant français, né dans le diocèse d'Agen (v. 1510-1589 ou 1590). Autodidacte, il rechercha le secret des faïences émaillées, connu à son époque en Italie et en Allemagne. Catherine de Médicis le protégea. Ses « rustiques figulines » sont composées de plantes, de fruits, de petits animaux. On lui attribue des vitraux. Il s'intéressa aux sciences naturelles, et il a publié plusieurs ouvrages les concernant, faisant notamment des observations importantes sur les fossiles. Arrêté en 1589 comme huguenot, il mourut à la Bastille.

paliure [paljyr] n. m. (gr. *paliouros*). Arbrisseau épineux, servant à faire des haies dans le midi de la France. (Famille des rhamnacées.)

Palk (*détroit de*), bras de mer séparant l'Inde et Ceylan.

Palladio (Andrea DI PIETRO, dit), architecte italien, né à Padoue (1508-1580). Ayant étudié les monuments antiques, à Rome, et les textes de Vitruve dont il donna une nouvelle édition, il adapta les éléments de l'architecture romaine aux constructions qu'il éleva. Vicence lui doit la Basilique, la Loggia del Capitanio, plusieurs palais, le théâtre Olympique (achevé par Scamozzi). A Venise, il donna le projet de l'église San Giorgio Maggiore et construisit celle du Redentore. Il bâtit de nombreuses villas aux environs de Vicence (la Rotonda) et de Venise. Son influence fut grande. (V. illustr. RENAISSANCE.)

palladium [paladjɔm] n. m. (gr. *Palladion*). Objet sacré à la garde duquel était attachée la conservation d'une ville ou d'un Etat. ‖ *Fig.* Garantie, sauvegarde : *les lois sont le palladium de la société.*

palladium [paladjɔm] n. m. (mot angl., créé d'après *Pallas*). Métal blanc (Pd), de numéro atomique 46, très ductile et très dur, dont la propriété la plus remarquable est d'absorber l'hydrogène. (Sa densité est 11,4. Ses alliages sont employés en horlogerie et pour la fabrication d'instruments de physique ; certains de ses sels servent en photographie.)

Pallanza, écart de la comm. de Verbania (Italie). Station touristique sur le lac Majeur.

Pallas, géant de la mythologie grecque. — Surnom d'*Athéna.*

Pallas (m. en 63 apr. J.-C.), affranchi et favori de l'empereur Claude, qu'il décida à épouser Agrippine. De concert avec celle-ci, il fit empoisonner son maître.

Pallas (Peter Simon), naturaliste et ethnographe allemand, né à Berlin (1741-1811). Il explora l'Oural, les régions de la mer Caspienne, la Mongolie.

Pallava, dynastie brahmaniste qui régna au Moyen Age sur l'ancien royaume indien d'Āndhra.

palléal [palleal], **e, aux** [-o] adj. (du lat. *palla,* manteau). Qui concerne le manteau des mollusques. ● *Cavité palléale,* cavité située dans le manteau et contenant les organes respiratoires des mollusques.

palliatif [paljatif], **ive** [-iv] adj. Qui n'a qu'une efficacité incomplète ou momentanée : *remède palliatif.*

palliatif n. m. Ce qui n'a qu'une efficacité incomplète ou momentanée (au *pr.* et au *fig.*) : *un emprunt n'est jamais qu'un palliatif.*

Pallice (LA), avant-port de La Rochelle (Charente-Maritime), sur le pertuis d'Antioche, à 5 km de La Rochelle, dont il dépend. Centre industriel.

pallidectomie n. f. Destruction neurochirurgicale du pallidum, pratiquée dans la maladie de Parkinson.

pallidum [palidɔm] n. m. (lat. *pallidus,* pâle). Une des formations grises du noyau lenticulaire du cerveau.

pallier [palje] v. t. (du lat. *pallium,* manteau). Atténuer une chose mauvaise, excuser : *essayer de pallier une faute.* ‖ — V. t. ind. [**à**]. Remédier à quelque chose d'une manière incomplète ou provisoire : *pallier à un inconvénient.* (Cette construction est généralement déconseillée.)

pallium [paljɔm] n. m. (mot lat.). *Antiq.* Nom que les Romains donnaient au manteau des Grecs. ‖ Ornement de laine blanche, marqué de croix noires, que le pape, les primats et les archevêques portent sur la chasuble en sautoir.

Palluau (85670), ch.-l. de c. de la Vendée (arr. des Sables-d'Olonne) ; 625 h. (550 aggl.).

Palma (LA), île volcanique de l'archipel des Canaries ; 70 000 h.

Palma ou **Palma de Majorque,** cap. des îles Baléares, dans l'*île de Majorque,* sur le littoral sud-ouest de l'île ; 182 100 h. Important port et centre touristique, Palma concentre 40 p. 100 de la population de l'archipel des Baléares. Cathédrale fortifiée (XIIIe-XIVe s.). Nombreux palais (XVIe-XVIIIe s.). Eglises baroques.

Palma le Vieux (Iacopo NIGRETTI, dit), peintre italien, né à Serina (Bergame) [v. 1480-1528]. Elève de Giovanni Bellini, influencé par Giorgione et Titien, il peignit des portraits et des compositions religieuses, prêtant à ses figures de saintes une somptueuse opulence charnelle (*Polyptyque de sainte Barbe,* Santa Maria Formosa, Venise). — Son petit-neveu IACOPO NIGRETTI, dit **Palma le Jeune,** né à Venise (1544-1628), se montre dans ses grandes décorations un des représentants du maniérisme.

Palma (Ricardo), écrivain péruvien, né à Lima (1833-1919). Poète d'inspiration romantique (*Rodil,* 1851 ; *Pasionarias,* 1870), il a évoqué le passé de son pays dans un recueil d'anecdotes, de légendes et de scènes de mœurs (*Traditions péruviennes,* 1872-1918).

palmaire [palmɛr] adj. Relatif à la paume de la main : *muscle palmaire.* ● *Arcade palmaire,* nom donné à l'anastomose des artères cubitale et radiale.

palmarès [palmarɛs] n. m. (lat. *palmaris,* digne de la palme). Liste des lauréats dans un établissement scolaire, un concours, une rencontre sportive, etc.

palmarium [palmarjɔm] n. m. Serre destinée à la culture des palmiers en pays froid.

palmas [palmas] n. f. pl. (de l'esp. *palma,* paume de la main). Dans la danse et le chant flamencos, battements rythmés des paumes des mains l'une contre l'autre.

Palmas (LAS), v. de la Grande-Canarie, ch.-l. de prov. ; 240 400 h.

palmatifide [-fid] adj. Se dit d'une feuille à nervures palmées, dont les divisions s'étendent jusqu'au milieu du limbe.

palmatilobé [-lɔbe], **e** adj. Se dit d'une feuille palmée dont les divisions sont arrondies.

palmatiparti [-parti], **ite** [-tit] adj. Se dit d'une feuille palmée dont les divisions pénètrent jusque près de la base du limbe.

palmatiséqué [-seke], **e** adj. Se dit d'une feuille palmée dont les divisions s'étendent jusqu'à la base du limbe.

palmature n. f. Difformité de la main, dont les doigts sont palmés.

Phot. Lauros-Giraudon.

palme [palm] n. f. (lat. *palma*). Feuille de palmier. ‖ Palmier : *vin de palme; huile de palme.* ‖ Sorte de nageoire en caoutchouc s'ajustant au pied et contribuant puissamment à la propulsion du nageur. ‖ Insigne en forme de palme, fixé sur le ruban de la croix de guerre ou de celle de la valeur militaire, et indiquant une citation à l'ordre de l'armée. ● *La palme du martyre,* mort soufferte pour la foi. ‖ *Remporter la palme,* remporter la victoire dans un combat, dans une discussion.

Palmes académiques, décoration française, instituée en 1808, transformée en ordre en 1955, pour récompenser les personnes qui se sont distinguées au service de l'université ou qui ont rendu des services aux beaux-arts et à l'enseignement. Trois grades : chevalier (autref. officier d'académie), officier (autref. officier de l'instruction publique) et commandeur. Ruban violet.

palme n. m. (lat. *palmus*). Anc. mesure de longueur romaine, valant environ 0,074 m. ‖ Anc. mesure de longueur italienne, de valeur différente suivant les régions (0,247 m à 0,298 m).

Palme (Olof), homme politique suédois, né à Stockholm en 1927. Social-démocrate, il est Premier ministre depuis 1969.

palmé, e adj. Se dit des organes animaux ou végétaux formés de plusieurs branches égales issues du même point et reliées entre elles par une membrane plane, comme la feuille de platane ou la patte d'oie.
— ENCYCL. Un feuille à *nervation palmée* peut être entière (capucine), palmatilobée (érable), palmatifide (géranium), palmatipartite, palmatiséquée ou composée-palmée (marronnier d'Inde). Une patte d'oiseau peut présenter une palmure entière (canard), basale (poule) ou frangeante (grèbe).

palmer [palmɛr] n. m. Instrument de mesure de précision pour évaluer les épaisseurs ou les diamètres extérieurs.
— ENCYCL. Le *palmer* se compose d'une vis *micrométrique* solidaire d'un *barillet* divisé en cinquante ou cent parties et d'un *corps* portant une graduation parallèle à l'axe de la vis. La graduation sur le corps donne l'épaisseur en millimètres de la pièce mesurée ; on lit sur le barillet, en face du repère, l'appoint en cinquantièmes ou centièmes de millimètres. Le palmer est utilisé pour la vérification des cotes en cours d'usinage, car il donne couramment une précision du centième de millimètre.

palmer [palme] v. t. (du lat. *palma,* palme). Aplatir la tête des aiguilles avant d'y percer les chas.

palmeraie n. f. Lieu planté de palmiers.

Palmerston (Henry TEMPLE, 3e *vicomte*), homme politique britannique, né à Broadlands, près de Romsey (Hampshire) [1784-1865]. Secrétaire à la Guerre (1809-1828), il fut ensuite ministre des Affaires étrangères (1830-1841, 1846-1851). Premier ministre de 1855 à 1858, puis de 1859 à 1865, il ne réussit pas à empêcher Napoléon III d'intervenir en Italie ni d'entreprendre le creusement du canal de Suez.

palmette n. f. Ornement en forme de feuille de palmier. ‖ Forme donnée aux arbres fruitiers disposés en espalier ou en contre-espalier, les branches latérales étant étalées symétriquement.

palmier [palmje] n. m. (de *palme*). Arbre de la famille des palmiers. ‖ — N. m. pl. Famille de plantes monocotylédones dont la tige, ou *stipe,* se termine par un bouquet de feuilles souvent pennées et dont les fleurs sont unisexuées. (Sur les 1 200 espèces que comporte la famille, plusieurs fournissent des produits alimentaires [dattes, noix de coco, huile de palme, chou-palmiste] ou industriels [raphia, rotin, ivoire végétal].)

palmier n. m. Sorte de petit gâteau sec.

palmipèdes [-pɛd] n. m. pl. (lat. *palma,* paume, et *pes, pedis,* pied). Super-ordre d'oiseaux plus ou moins aquatiques, comprenant des formes aux pattes palmées et actuellement partagé en six ordres, dont la parenté est douteuse. ‖ Sing. un *palmipède.*

Palmyre : temple de Baalshamin

— ENCYCL. Les ordres de *palmipèdes* sont : les *pygopodes* (grèbe, plongeon), aux pieds placés tout à fait à l'arrière du corps ; les *alciformes* (pingouin, macareux), incapables de voler et qui se tiennent presque debout ; les *procellariiformes,* qui volent admirablement (albatros), de même que les *lariformes* (mouette) ; les *stéganopodes,* ou *totipalmes,* dont la palmure s'étend au doigt postérieur (pélican, fou, cormoran); enfin les *ansériformes* (oie, canard, flamant).

Palmira, v. de Colombie, au sud-ouest de Bogotá ; 164 400 h.

palmiste n. m. Nom usuel de plusieurs espèces de palmiers (*arec, cocotier des Maldives,* etc.) dont le bourgeon est consommé sous le nom de *chou-palmiste.*

palmitine n. f. Ester palmitique de la glycérine, l'un des constituants des corps gras.

palmitique [palmitik] adj. m. *Chim.* Se dit d'un acide organique constituant fréquent des graisses naturelles du groupe des glycérides.

palmure n. f. Membrane reliant les doigts de certains vertébrés aquatiques (palmipèdes, loutres, grenouilles).

Palmyre (« Ville des palmiers »), village ruiné de la Syrie, entre Damas et l'Euphrate, autref. ville puissante alliée de l'Empire romain, puis colonie, de nouveau indépendante sous le règne de Zénobie (hab. *Palmyriens*). Prise par l'empereur Aurélien en 272, elle fut détruite en 273. Ses ruines, retrouvées à la fin du XVIIe s., sont importantes : elles comprennent notamment le temple de Bêl (32 apr. J.-C.), des tombes en forme de tours ou d'habitations et garnies de statues (certaines au Louvre), des portes monumentales, des colonnades.

palois [palwa], **e** [-az] adj. et n. De Pau.

Palomar (*mont*), montagne des Etats-Unis (Californie) ; 1 871 m. Observatoire astronomique possédant un télescope géant (5 m d'ouverture).

palombe [palɔ̃b] n. f. (lat. *palumbus*). Autre nom du PIGEON RAMIER.

palonnier [palɔnje] n. m. Pièce du train d'une voiture, à laquelle on attache les traits des chevaux. (On dit aussi PALONNEAU.) ‖ Dispositif mécanique permettant de répartir un effort. ‖ *Aéron.* Dispositif de transmission manœuvré au pied et agissant sur le gouvernail de direction.

Palos, cap du sud-est de l'Espagne (prov. de Murcie), sur la Méditerranée.

Palos, village du sud-ouest de l'Espagne (prov. de Huelva), près de l'estuaire du río Tinto ; 2 500 h. Port, auj. ensablé, d'où Colomb s'embarqua en 1492.

palot [palo] n. m. (de *pale*). Bêche étroite pour retirer du sable les vers et les poissons qui s'y trouvent.

pâlot [pɑlo], **otte** [-ɔt] adj. Un peu pâle.

palourde [palurd] n. f. (lat. *peloris*). *Zool.* Syn. de CLOVISSE.

palpable adj. Qui se fait sentir au toucher. ‖ *Fig.* Evident, manifeste : *preuves solides et palpables.*

palpation n. f. Action de palper ; son résultat : *la palpation est une investigation de l'examen clinique.*

palpe [palp] n. m. Petit appendice mobile des pièces buccales des arthropodes, servant vraisemblablement à la gustation.

palpébral [palpebral], **e, aux** [-o] adj. (du lat. *palpebra,* paupière). Relatif aux paupières : *artères palpébrales.*

palper [palpe] v. t. (lat. *palpare*). Explorer en touchant avec la main : *palper une étoffe.* ‖ *Fam.* Toucher, recevoir de l'argent.

palpeur [palpœr] n. m. Appareil servant à évaluer des variations d'épaisseur.

palpitant, e adj. Qui palpite : *avoir le cœur palpitant.* ‖ *Fam.* Très intéressant, émouvant : *roman palpitant d'intérêt.*

palpitation n. f. Mouvement violent et déréglé de quelque partie du corps, surtout en parlant du cœur : *être sujet aux palpitations.*

palpiter [palpite] v. i. (lat. *palpitare*). Eprouver des battements précipités et désordonnés. ‖ Se dit aussi des mouvements internes, mais normaux : *il sentit son cœur palpiter.* ‖ Frémir convulsivement, en parlant de la chair des êtres que l'on vient de tuer. ‖ Etre vivement ému : *palpiter de joie.* ‖ Manifester une sorte d'agitation, de frémissement : *une flamme qui palpite avant de s'éteindre.*

palplanche [palplɑ̃ʃ] n. f. Planche pour le boisage des galeries et des puits de mine. ‖ Produit sidérurgique fini, de section très spéciale, que l'on peut agrafer à d'autres par simple emboîtement.

palsambleu ! [palsɑ̃blø] interj. (de *par le sang de Dieu* [remplacé par *bleu*]). Jurement familier du paysan de l'ancienne comédie.

Palsgrave (John), humaniste anglais, né à Londres (v. 1480-1554). Son *Esclaircissement de la langue françoise* (1531), écrit en anglais et dédié à Henri VIII, est un des plus anciens ouvrages sur la grammaire française.

paltoquet [paltɔkɛ] n. m. (de *paletot,* au sens de « casaque de paysan »). *Fam.* Homme malappris, grossier (vieilli). ‖ Homme sans aucune valeur et prétentieux.

paludarium [palydarjɔm] n. m. Récipient ou local aménagé pour l'élevage d'animaux amphibies (grenouilles, tritons).

paludéen [palydeɛ̃], **enne** [-ɛn] adj. (du lat. *palus, paludis,* marais). Relatif aux marais : *plante paludéenne.* ● *Fièvre paludéenne,* anc. nom de la fièvre intermittente du paludisme, que l'on croyait produite par les miasmes des marais.

paludier, ère n. Ouvrier qui travaille dans les marais salants.

paludine n. f. Mollusque gastropode vivipare, des cours d'eau et des étangs. (Long. 3 à 4 cm.)

paludisme n. m. (du lat. *palus, paludis,* marais). Maladie fébrile due à un sporozoaire (dit « hématozoaire ») et transmise par piqûre de moustique. (Syn. : MALARIA, FIÈVRE DES MARAIS, FIÈVRE PALUDÉENNE.)
— ENCYCL. Le parasite, découvert par Laveran, est un plasmodium, dont il existe plusieurs espèces, qui provoquent des formes légèrement différentes de *paludisme.* La transmission se fait par piqûre de la femelle de l'anophèle. La maladie se manifeste par des accès de fièvre élevée, précédés de tremblement et de sensation de froid, et suivis d'un grand abattement. Les accès se répètent tous les trois jours (fièvre tierce, provoquée par *Plasmodium vivax* ou *P. falciparum*) ou tous les quatre jours (fièvre quarte, provoquée par *P. malariae*). Le traitement du paludisme comporte l'emploi de la quinine et de nombreux dérivés de synthèse. La prophylaxie est fondée sur la destruction des moustiques, le traitement des malades et les traitements préventifs des sujets sains dans les régions contaminées.

palus [palys] n. m. (mot lat. signif. *marais*). Dans le Sud-Ouest, et spécialement dans le Bordelais, terre d'alluvions au fond des vallées. ● *Vin de palus,* vin récolté dans ces terrains.

Palus Maeoticus ou **Méotide,** anc. nom de la *mer d'Azov*.*

palustre adj. (lat. *paluster*). Qui vit ou croît dans les marais : *coquillages palustres.* ‖ Relatif au paludisme : *fièvre palustre.*

palynologie n. f. (du gr. *palunein,* répandre de la farine, de la poussière). Science paléontologique fondée

Palma de Majorque : le Castillo de Bellver

palmier

Phot. ministère d'Inform. et Tourisme espagnol, Roger-Viollet, X.

sur l'identification et le dénombrement des résidus de grains de pollen contenus dans les sédiments.

pâmer (se) [səpɑme] v. pr. (lat. *spasmare,* avoir un spasme). S'évanouir, défaillir, tomber en syncope. ● *Se pâmer d'admiration,* se laisser aller à une admiration excessive. ‖ *Se pâmer de rire, de joie,* rire, être joyeux à l'excès.

Pamiers (09100), ch.-l. d'arr. de l'Ariège, sur l'Ariège; 15 179 h. (*Appaméens*). Evêché. Métallurgie. Patrie de G. Fauré. — L'arr. a 6 cant., 116 comm., 55 527 h.

Pamir (le), massif montagneux d'Asie centrale, presque entièrement situé en U. R. S. S. (Tadjikistan); 7 495 m au *pic Communisme.*

pâmoison n. f. Action, état d'une personne qui se pâme : *tomber en pâmoison.*

pampa [pɑ̃pa] n. f. (mot esp.). En Amérique du Sud, région herbacée.

Pampa (la), région de l'Argentine centrale, constituant une grande zone de culture (blé) et d'élevage (bovins).

Pampelonne (81190 Mirandol Bourgnounac), ch.-l. de c. du Tarn (arr. d'Albi); 873 h. (348 aggl.).

Pampelune, en esp. **Pamplona,** v. d'Espagne, ch.-l. de prov. et cap. de l'anc. royaume de Navarre; 119 000 h. Cathédrale (XIVe-XVe s.).

pampero n. m. (mot esp.). Vent, coup de vent de la pampa.

pamphlet [pɑ̃flɛ] n. m. (mot angl., tiré d'un n. pr.). Ecrit satirique et violent, le plus souvent inspiré par l'actualité.

pamphlétaire n. m. Auteur de pamphlets.

Pamphylie, contrée de l'Asie Mineure, entre la Lycie et la Cilicie, traversée par le Taurus.

pampille [pɑ̃pij] n. f. Petit motif de passementerie ou de bijouterie formant pendeloque.

pamplemousse [pɑ̃pləmus] n. m. ou f. (néerl. *pompel,* gros, et *limoes,* citron). Baie comestible du pamplemoussier, à goût acide, plus grosse que les oranges, appelée aussi GRAPE-FRUIT. (V. illustr. FRUITS.)

pamplemoussier n. m. Arbre voisin de l'oranger, cultivé dans les pays chauds, en particulier en Californie, pour ses fruits, ou *pamplemousses.*

pampre [pɑ̃pr] n. m. (lat. *pampinus*). Rameau de vigne chargé de feuilles et de fruits. ‖ *Archit.* Ornement ayant la forme d'un feston de feuilles de vigne et de grappes de raisin.

pan [pɑ̃] n. m. (lat. *pannus,* morceau d'étoffe). Partie tombante et flottante d'un vêtement; partie importante d'une pièce d'étoffe. ‖ Face d'un corps polyédrique : *les pans d'un écrou.* ‖ Ossature d'un mur de bâtiment, constituée par des poteaux et des poutres en bois (*pan de bois*) ou en métal (*pan de fer*) qui assurent la stabilité, et dont les intervalles sont occupés par des matériaux de remplissage. ‖ Face d'un ouvrage de maçonnerie. ‖ Syn. de EMPAN. ● *Pan coupé,* angle abattu et remplacé par une surface plane.

pan ! interj. Onomatopée qui exprime un bruit subit, une action soudaine.

Pan. *Myth. gr.* Dieu des bergers d'Arcadie. Il était né avec les jambes, les cornes et le poil d'un bouc. Sous l'influence des stoïciens, il personnifia dans la suite le Grand Tout, la Vie universelle.

panacée [panase] n. f. (gr. *panakeia*). Remède prétendu universel contre tous les maux.

panachage n. m. Action de panacher, de mêler des éléments variés.

panache [panaʃ] n. m. (ital. *pennacchio; de penna,* plume). Assemblage de plumes flottantes, dont on ornait un casque, un chapeau, un corbillard, etc. ‖ Tout ce qui ondoie comme ces plumes : *panache de fumée.* ‖ *Archit.* Surface triangulaire du pendentif d'une coupole. ‖ *Fig.* Ce qui a de l'éclat, du brio : *aimer le panache.*

panaché, e adj. De diverses couleurs : *rose panachée.* ‖ *Fam.* Mélangé, disparate : *style panaché.* ● *Demi panaché,* bière mélangée à de la limonade. (On dit aussi UN PANACHÉ.) ‖ *Feuille panachée* (Bot.), feuille dont certains secteurs sont dépourvus de chlorophylle. ‖ *Fruits panachés,* mélangés. ‖ *Glace panachée,* glace composée de différents parfums.

panacher [panaʃe] v. t. Orner d'un panache : *panacher un casque.* ‖ *Fig.* Mettre sur un même bulletin de vote les noms de candidats appartenant à des listes différentes. ‖ **— Se panacher** v. pr. Prendre des couleurs variées.

panachure n. f. Bande, tache colorée sur un fond d'autre couleur.

panade [panad] n. f. (ital. *panata;* de *pane,* pain). Soupe faite d'eau, de pain et de beurre, quelquefois de lait, qui ont bouilli ensemble. ‖ *Pop.* Misère.

panafricanisme [panafrikanism] n. m. Doctrine qui tend à développer l'unité et la solidarité des peuples africains.

panais [panɛ] n. m. (lat. *pastinaca,* carotte). Plante potagère, dont la racine est appréciée pour les bouillons, le pot-au-feu, et qui peut servir à nourrir le bétail. (Famille des ombellifères.)

panama [panama] n. m. (de *Panamá*). Chapeau, très souple, tressé avec la feuille d'un arbuste de l'Amérique centrale appelé *bombanaje.*

le canal de Panamá écluse de Gatun

branche de **pamplemoussier**

Panamá, cap. de la république de Panamá, port sur le Pacifique (*golfe de Panamá*); 418 000 h.

Panamá, république de l'Amérique centrale, sur l'isthme du même nom; 75 000 km²; 1 417 000 h. (*Panamiens* ou *Panaméens*). Cap. *Panamá.* Langue : *espagnol.*

Géographie.

Entre la mer des Antilles et le Pacifique, le pays, en forme de S étiré, possède un relief montagneux, où sont associés chaînes plissées, noyaux granitiques et massifs volcaniques (3 374 m au volcan Chiriquí, point culminant); il est plus élevé à l'ouest de la zone américaine du *canal de Panamá.* Les rares parties basses correspondent à des régions d'effondrement ou à de petites plaines littorales. En deçà du 10e degré de lat. nord, le Panamá a un climat tropical humide. Les moyennes thermiques mensuelles oscillent entre 20 et 30 °C, nuancées régionalement par l'altitude, qui provoque surtout des contrastes de pluviosité. Le versant caraïbe est très arrosé (3 m de pluies), tandis que le versant du Pacifique, abrité, est sensiblement plus sec (de 1 500 à 1 800 mm). La forêt dense domine nettement dans le Nord; elle s'éclaircit en allant vers le Sud, où la savane apparaît.
La population, formée pour moitié au moins par des métis, s'accroît à un rythme très rapide, voisin de 3 p. 100 par an. Elle se consacre presque exclusivement à l'agriculture. Le maïs, le manioc et le riz sont les principales cultures vivrières. Parmi les cultures commerciales émergent le café, le cacao et surtout la banane, qui assure la moitié des exportations. Mais la balance commerciale est lourdement déficitaire. Les articles manufacturés constituent la majeure partie des importations. Le déficit commercial est plus ou moins comblé par les revenus procurés par la zone du canal et par le prêt du pavillon national à de nombreux navires (la flotte jauge près de 5 millions de tonneaux). L'économie du pays est dominée par les Etats-Unis, qui possèdent les plus importantes plantations et absorbent 60 p. 100 des exportations du Panamá, dont ils fournissent plus de 40 p. 100 des importations.

Histoire.

La côte atlantique, explorée d'abord par Rodrigo de Bastidas (1501), reçoit le nom de *Veraguas,* puis de *Castilla del Oro.* Balboa découvre le Pacifique en 1513. La ville de Panamá est fondée en 1519. Jusqu'à la fin du XVIe s., les bateaux de Manille et ceux d'El Callao (Pérou) apportent à Panamá les produits chinois et les métaux précieux du Pérou, qui traversent l'isthme à dos de mules. A plusieurs reprises, corsaires et flibustiers anglais attaquent le pays, occupent ou détruisent les villes; aussi, peu à peu, on abandonne cette route commerciale, et Panamá décline. Rattachée à la Nouvelle-Grenade (Colombie) depuis 1739, la région continue à dépendre de Bogotá après la proclamation de l'indépendance et la création de la Grande-Colombie (1819), à laquelle elle s'intègre en novembre 1821. Mais elle cherche bientôt, et à plusieurs reprises, à faire sécession (1830, 1831, 1840, 1853). Après l'échec des Français dans le percement d'un canal (1889), les Américains décident de reprendre leur initiative (1902). La Colombie faisant traîner les choses en longueur, une révolte éclate à Panamá (1903), où sont proclamées l'indépendance et la république. La même année, une zone interocéanique de 10 miles est louée à perpétuité aux Américains, qui construisent le canal (1904-1914). La susceptibilité nationaliste, qui n'ébranle pas la stabilité intérieure du pays, apparaît maintenant dans les rapports avec les Etats-Unis. En 1955, Panamá obtient que les redevances annuelles perçues pour l'exploitation du canal passent de 430 000 à 1 990 000 dollars. Un accord de 1962 stipule que le drapeau panaméen soit arboré sur les monuments publics à l'intérieur de la zone du canal. Comme il n'est que partiellement appliqué, des émeutes ont lieu en janvier 1964. De nouveaux troubles se produisent en juin 1966, malgré le projet d'un traité avec Washington préparé par le président Robles. En 1968, ce dernier est écarté du pouvoir; le nouveau président élu, Arnulfo Arias, est renversé par une junte militaire (oct.).

Panamá (*affaire de*), scandale politique de la IIIe République, provoqué par la mise en liquidation, en 1889, de la Compagnie créée par les Français en vue de réaliser le canal de Panamá. A partir de 1891, des poursuites furent engagées contre les administrateurs de la Compagnie; certains parlementaires (les « chéquards ») furent accusés d'avoir touché des pots-de-vin pour soutenir la Compagnie. L'absence de sanctions judiciaires énergiques contribua à déconsidérer le régime.

Panamá (*canal de*), canal interocéanique traversant l'*isthme de Panamá,* long de 79,6 km, coupé par six écluses. Les travaux commencèrent en 1881 sur l'initiative de Ferdinand de Lesseps. Mais ils furent arrêtés en 1888, et la mise en liquidation de la « Compagnie universelle du canal interocéanique » (1889) fut suivie, en France, par un grave scandale financier et politique (1892). Après l'indépendance de la république de Panamá (1903) et la cession, de fait, d'une bande de territoire louée à perpétuité aux Etats-Unis, ces derniers reprirent les travaux (1904). Ils ne furent terminés qu'en 1914. Grâce au canal, on effectue un gain de 60 p. 100 sur la route de New York-San Francisco. Le trafic annuel est aujourd'hui de l'ordre de 85 Mt (environ 60 p. 100 dans le sens Atlantique-Pacifique). — La *zone du canal* a 1 432 km² et 48 700 h.

Panamá (*congrès de*), conférence qui se tint en 1826 sur l'initiative de Bolívar, dans le dessein d'organiser la solidarité interaméricaine.

Panamá (*isthme de*), isthme qui unit les deux Amériques. C'est une langue de terre longue d'environ 250 km, sur laquelle s'étend la *république de Panamá*.*

Paname, nom populaire donné parfois à Paris.

panaméricain [panamerikɛ̃], **e** [-ɛn] adj. Relatif aux pays des deux Amériques : *une conférence panaméricaine.*

panaméricaine (*route*), itinéraire routier reliant entre elles les principales villes d'Amérique latine.

panaméricanisme n. m. Mouvement tendant à améliorer et à développer les relations des républiques américaines entre elles.

panamien [panamjɛ̃], **enne** [-ɛn] ou **panaméen** [-meɛ̃], **enne** [-ɛn] adj. et n. De la république de Panamá.

panarabisme [panarabism] n. m. Doctrine politique qui tend à l'union de tous les pays de langue et de civilisation arabes.

panard [panar], **e** [-ard] adj. (du provenç. *panar,* boiteux). Se dit d'un cheval qui a les pieds tournés en dehors : *jument panarde.*

panard n. m. *Pop.* Pied.

panaris [panari] n. m. (lat. *panaricium*). Inflammation phlegmoneuse située près de l'ongle d'un doigt ou d'un orteil. ‖ Toute affection inflammatoire des doigts : *panaris nécrotique.*

panatela [panatela] n. m. Cigare de La Havane, mince et allongé. ‖ Pl. des *panatelas.*

Phot. U. S. I. S., Station de recherches agrumicoles.

panathénées [panatene] n. f. pl. (gr. *pan,* tout, et *Athênê,* Athéna). Fêtes qu'on célébrait à Athènes en l'honneur d'Athéna.

panax [panaks] n. m. Genre d'araliacées. (La racine de panax, appelée *ginseng* en Chine, sert de panacée.)

Panay, île des Philippines ; 1 638 000 h.

pancarte [pɑ̃kart] n. f. (gr. *pan,* tout, et lat. *charta,* charte). Plaque de bois, de carton, etc., portant des inscriptions pour donner des avis, des renseignements au public.

Pančevo, v. de Yougoslavie (Vojvodine) ; 50 000 h. Industries chimiques.

panchromatique adj. *Phot.* Se dit des émulsions sensibles à toutes les couleurs.

Panckoucke, famille de libraires et d'éditeurs français. Le premier, ANDRÉ, né à Lille (1700-1753), fonda et dirigea dans sa ville natale une maison de librairie. — Son fils, CHARLES JOSEPH, né à Lille (1736-1798), fonda à Paris une librairie (1762) à laquelle il joignit une imprimerie (1774). Il publia un supplément en quatre volumes à l'*Encyclopédie* de Diderot, ainsi que quatre volumes de planches et une table analytique relatifs à cet ouvrage (1776-1780), puis entreprit l'édition d'une *Encyclopédie méthodique* (166 vol., 1772-1832). Il racheta *le Mercure de France* et créa *le Moniteur universel* (1789). — CHARLES LOUIS, fils du précédent, né à Paris (1780-1844), publia une *Collection des auteurs latins* (1825-1839) avec traduction française.

panclastite n. f. Explosif liquide constitué par un mélange de peroxyde d'azote et d'un liquide combustible.

pancrace [pɑ̃kras] n. m. (gr. *pan,* tout, et *kratos,* force). Exercice gymnique combinant la lutte et le pugilat.

pancratiaste [-sjast] n. m. *Antiq. gr.* Athlète qui pratiquait le pancrace.

pancréas [pɑ̃kreas] n. m. (gr. *pan,* tout, et *kreas,* chair). Glande à sécrétion interne et externe, située dans l'abdomen, en arrière de l'estomac.
— ENCYCL. Le *pancréas* a une forme allongée dans le sens transversal, où il mesure environ 15 cm. Son extrémité droite, la tête, est entourée par le duodénum, dans lequel se jettent ses canaux excréteurs ; sa partie gauche, effilée, se termine près de la rate. Le pancréas est formé de glandes sphériques (acini) qui sécrètent le suc pancréatique (sécrétion externe déversée dans le duodénum) et de cellules glandulaires groupées en îlots de Langerhans entre les acini (ces îlots sécrètent l'insuline, qui est déversée dans le sang). [V. illustr. DIGESTION.]

pancréatique adj. Relatif au pancréas. ● *Suc pancréatique,* sécrétion externe du pancréas. (Il contient des enzymes agissant sur les protides [trypsine], sur les glucides [amylase] et sur les lipides [lipase].)

pancréatite n. f. Inflammation du pancréas. (On distingue des *pancréatites aiguës,* qui provoquent des crises abdominales violentes, nécessitant souvent une intervention chirurgicale, et des *pancréatites chroniques,* qui s'accompagnent de troubles digestifs.)

panda [pɑ̃da] n. m. Mammifère carnassier voisin de l'ours, qui habite l'Himalaya. (V. illustr. CARNASSIERS.)

pandanus [pɑ̃danys] n. m. Plante monocotylédone à port de palmier, ornementale.

Pandateria, île de la mer Tyrrhénienne, sur la côte de Campanie. Julie, Agrippine et Octavie y furent exilées.

pandectes [pɑ̃dɛkt] n. f. pl. (gr. *pan,* tout, et *dekhesthai,* recevoir). Recueil des décisions des jurisconsultes romains.

pandémie [pɑ̃demi] n. f. Extension d'une maladie contagieuse à tout un continent, voire à tout le globe terrestre. (Les principales pandémies sont celles de peste, de grippe et de choléra.)

pandémonium [pɑ̃demɔnjɔm] n. m. (gr. *pan,* tout, et *daimôn,* démon). Capitale imaginaire des Enfers : *le pandémonium de Milton.* ‖ *Fig.* Lieu où règnent tous les genres de corruption et de désordre.

pandiculation [pɑ̃dikylasjɔ̃] n. f. (du lat. *pandiculari,* s'étendre). *Méd.* Action d'étendre les bras vers le haut et d'allonger les jambes en bâillant.

pandit [pɑ̃dit] n. m. (mot sanskrit). Titre honorifique donné dans l'Inde aux brahmanes versés dans la science religieuse, aux fondateurs de sectes, etc.

pandore [pɑ̃dɔr] n. m. (d'un type popularisé par une chanson de Nadaud). *Fam.* Gendarme.

Pandore. *Myth. gr.* La première femme, créée par Héphaïstos. Zeus lui fit don d'une boîte et l'envoya à Épiméthée, le premier homme, qui l'épousa ; ce dernier ouvrit la boîte fatale, d'où s'échappèrent les Biens et les Maux. Il ne resta au fond que l'Espérance.

pandour [pɑ̃dur] n. m. Soldat d'infanterie irrégulier hongrois (XVIe-XVIIIe s.). ‖ *Fig.* Homme brutal, pillard.

pané, e adj. (du lat. *panis,* pain). Couvert de chapelure avant d'être frit ou sauté : *escalope panée.*

panégyrique [paneʒirik] n. m. (gr. *panêgurikos,* éloge). Discours à la louange de quelqu'un : *le « Panégyrique de Trajan », par Pline le Jeune.* ‖ Eloge en général : *faire le panégyrique d'un ami.* (Parfois pris ironiquement.)

panégyriste n. Personne qui fait un panégyrique, un éloge.

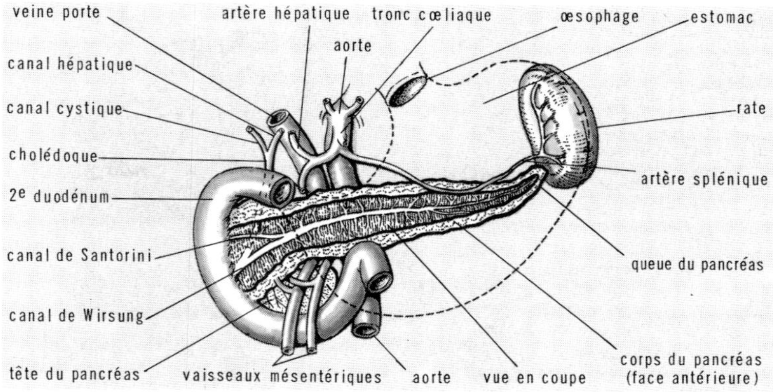

pancréas

pangolin

panicaut

panel [panɛl] n. m. (mot angl. signif. *tableau*). *Psychol. sociale.* Type d'enquête dans lequel le même échantillon de personnes est soumis à des interviews répétées, pendant un laps de temps plus ou moins long.

paner [pane] v. t. (du lat. *panis,* pain). Couvrir de chapelure avant de frire : *paner du poisson.*

panerée [panre] n. f. Contenu d'un panier : *une panerée de fruits.*

panetier n. m. Officier chargé de la garde et de la distribution du pain à la cour d'un souverain.

panetière [pantjɛr] n. f. Petit sac à pain. ‖ Meuble à claire-voie où l'on met le pain.

paneton n. m. Petit panier doublé de toile, où les boulangers mettent la pâte nécessaire pour faire un pain.

Pange (57530 Courcelles Chaussy), ch.-l. de c. de la Moselle (arr. de Metz-Campagne) ; 533 h. (372 aggl.).

Pangée, en gr. **Pangaion,** montagne de Macédoine, autref. célèbre par ses mines d'or.

pangermanisme [pɑ̃ʒɛrmanism] n. m. (gr. *pan,* tout, et *germanisme*). Idéologie et mouvement visant à regrouper en un Etat unique toutes les populations d'origine germanique.

pangermaniste adj. Relatif au pangermanisme. ‖ — N. Partisan du pangermanisme.

Pangloss (le docteur), personnage de *Candide,* roman de Voltaire. Adepte de la philosophie de Leibniz et précepteur de Candide, il professe un optimisme béat, que les pires épreuves ne peuvent ébranler.

pangolin [pɑ̃gɔlɛ̃] n. m. (du malais *panggoling*). Mammifère édenté d'Afrique et d'Asie, couvert d'écailles cornées, se nourrissant de termites et de fourmis. (Long. 1 m.)

Pang-pou, v. de Chine (Ngan-houei) ; 253 000 h. Industries textiles et alimentaires.

Panhard, famille d'ingénieurs et de constructeurs d'automobiles français. RENÉ, né à Paris (1841-1908), fonda avec E. Levassor la société Panhard et Levassor. Daimler leur ayant cédé la licence de son moteur, ils construisirent en 1891 la première voiture automobile à essence, qui réalisa le premier voyage touristique entre Paris et Nice (1893) ; elle participa également à de nombreuses courses de ville à ville. — PAUL, neveu du précédent, né à Versailles (1881-1969), et son fils JEAN, né à Paris en 1913, se consacrèrent au développement et à l'expansion de cette marque d'automobiles, qui fut absorbée par Citroën en 1965.

panhellénique adj. Qui intéresse tous les Grecs.

panhellénisme [panɛllenism] n. m. Système politique qui tend à réunir tous les Grecs des Balkans, des îles de la mer Egée et de l'Asie Mineure en une seule nation.

panicaut [paniko] n. m. (mot provenç. ; du lat. *panis,* pain, et *cardus,* chardon). Plante à feuilles épineuses bleuâtres, des endroits incultes et des sables littoraux, confondue à tort avec le chardon. (Nom usuel : *chardon bleu ;* famille des ombellifères.)

panicule [panikyl] n. f. (lat. *panicula ;* de *panus,* épi). *Bot.* Grappe composée, de forme conique, comme celle du troène.

panicum [panikɔm] n. m. Plante de la famille des graminacées, dont une espèce est le *mil,* ou *millet,* et une autre le *moha.*

panier [panje] n. m. (lat. *panarium ;* de *panis,* pain). Ustensile d'osier, de jonc, etc., qui sert à transporter les provisions, les marchandises. ‖ Ce qu'il contient : *panier de fruits.* ‖ But, au basket-ball. ‖ Autref., espèce de jupon bouffant, garni de cerceaux rigides. ● *Mettre, placer dans le même panier* (Fig.), dans un sens péjoratif, assimiler des personnes, des choses ; placer dans la même catégorie : *mettre tous les élèves d'une classe dans le même panier.* ‖ *Panier de crabes,* groupement d'individus qui cherchent à se nuire les uns aux autres. ‖ *Panier percé,* personne dépensière. ‖ *Panier à salade,* panier à jour dont on se sert pour secouer la salade après qu'elle a été lavée ; et, au *fig.,* voiture cellulaire employée pour le transport de prisonniers.

panifiable adj. Qui peut se transformer en pain : *farine panifiable.*

panification n. f. Conversion des matières farineuses en pain.

panifier [panifje] v. t. Transformer en pain.

panique [panik] adj. (du dieu *Pan,* à qui les Grecs attribuaient l'habitude de faire des apparitions subites qui jetaient l'effroi). *Terreur panique,* et *panique* n. f., effroi subit et violent.

paniqué, e adj. *Fam.* Pris de panique.

paniquer v. i. Prendre peur, être affolé : *la charge des policiers le fit paniquer.*

panislamique adj. Relatif au panislamisme.

panislamisme [panislamism] n. m. Mouvement religieux à tendance politique, tendant à faire l'union de tous les peuples de religion musulmane.

Panjim, anc. **Nova Goa,** v. de l'Inde, ch.-l. du territoire de Goa, Damão et Diu ; 32 000 h.

panka [pɑ̃ka] n. m. Ecran suspendu au plafond, qui se manœuvre au moyen de cordes, et qui est employé dans les pays chauds comme ventilateur.

Pankow, quartier de Berlin, sur la *Panke.* Anc. siège du gouvernement de la République démocratique allemande.

panne [pan] n. f. (lat. *penna,* plume). Velours brillant à poils couchés, en soie, rayonne, etc.

panne [pan] n. f. (emploi fig. de *panne,* étoffe). Graisse produite par deux amas graisseux qui englobent les rognons de porc.

panne [pan] n. f. Arrêt de fonctionnement accidentel et momentané : *panne de moteur ; tomber en panne.* ● *Mettre en panne* (Mar.), placer la voile de façon à arrêter la marche d'un bateau. ‖ *Panne sèche,* manque de carburant dans le réservoir d'un véhicule.

panne [pan] n. f. (gr. *phatnê,* crèche). Partie d'un marteau opposée au côté plat avec lequel on frappe. ‖ Pièce horizontale de la charpente d'un comble, qui reçoit les chevrons : *panne faîtière.*

Panne (LA), en néerl. **De Panne,** comm. de Belgique (Flandre-Occidentale) ; 7 000 h. Station balnéaire.

panneau [pano] n. m. (de *pan*). Partie d'un ouvrage de menuiserie formée de planches minces assemblées

Phot. M. B. G., Larousse.

dans un bâti ou un cadre mouluré. ‖ Planchette en bois servant de support à une peinture : *la peinture sur panneau a précédé la peinture sur toile.* ‖ Plaque de bois, de métal, etc., portant des indications : *un panneau-réclame ; un panneau de signalisation.* ‖ Morceau de tissu intercalé dans un vêtement pour l'élargir ou en constituer l'ornement : *panneau de jupe.* ‖ Ouverture dans le pont d'un navire pour l'embarquement ou le débarquement des marchandises ou pour accéder au pont inférieur. ‖ Filet pour prendre des lièvres, des lapins, etc. ● *Tomber, donner dans le panneau,* se laisser duper.

panneautage n. m. Chasse à l'aide de panneaux : *le panneautage est un délit.*

panneauter v. i. Tendre des panneaux pour prendre des lapins.

panneton [pantɔ̃] n. m. *Technol.* Partie d'une clef qui, entrant dans la serrure, en fait mouvoir le mécanisme.

pannicule [panikyl] n. m. *Pannicule adipeux* (Anat.), ensemble des amas de cellules adipeuses dans l'hypoderme.

Pannonie, région de l'Europe ancienne, entre le Danube, la Norique, l'Illyricum et la Mésie. Elle fut conquise par les Romains de 35 av. J.-C. à 95 apr. J.-C.

pannonien [panɔnjɛ̃], **enne** [-ɛn] adj. De Pannonie.

pannonien (*Bassin*), plaines comprises entre les Alpes orientales et les Carpates.

panonceau [panɔ̃so] n. m. (de *panne,* étoffe, drapeau). Écusson à la porte des officiers ministériels ou de certains établissements (hôtels).

panoplie [panɔpli] n. f. (gr. *panoplia,* armure complète d'un hoplite). Au Moyen Age, armure complète d'un chevalier. ‖ Auj., collection d'armes diverses, disposées avec art sur un panneau. ‖ Ensemble de jouets présentés sur un carton fort.

panoptique [panɔptik] n. m. et adj. Bâtiment construit de façon à pouvoir, d'un seul coup d'œil, en embrasser tout l'intérieur.

panorama [panɔrama] n. m. (mot angl. ; du gr. *pan,* tout, et *orama,* vue). Grand tableau circulaire déroulé sur les murs d'une rotonde dont le spectateur occupe le centre. ‖ Vaste étendue de pays qu'on découvre d'une hauteur : *panorama de Rome.*

panoramique adj. Relatif au panorama. ‖ Qui permet de découvrir une vaste étendue de pays : *vue panoramique.*

panoramique n. m. *Cin.* Procédé qui consiste à faire pivoter la caméra sur un axe horizontal ou vertical pendant la prise de vues.

panorpe [panɔrp] n. f. Insecte des bois et des prairies, à ailes membraneuses tachetées de brun, appelé usuellement *mouche-scorpion* à cause de l'abdomen souple du mâle, terminé par une pince. (Long. 3 cm ; ordre des névroptères.)

Panos, ethnie de la haute Amazone et de l'est du Pérou.

pansage n. m. Action de panser un cheval, une bête de somme.

panse [pɑ̃s] n. f. (lat. *pantex, panticis,* intestins). Première poche de l'estomac des ruminants, où les végétaux absorbés s'entassent avant la mastication. ‖ *Fam.* Ventre. ‖ Partie arrondie d'un récipient, de certaines lettres (*a, b, d, q*).

pansement n. m. Application, sur une plaie, de médicaments, de compresses stériles propres à la guérir tout en la protégeant contre les infections : *les pansements doivent être faits en respectant l'asepsie.* ‖ La compresse elle-même. ● *Pansement gastrique,* poudres absorbées par la bouche, destinées à tapisser et à traiter la muqueuse de l'estomac au cours des affections de celle-ci. (Ces poudres sont à base de sels de bismuth, de kaolin, de trisilicate de magnésium, etc.)

panser [pɑ̃se] v. t. (de *penser,* signif. ancienn. *soigner*). Appliquer sur une plaie les remèdes nécessaires. ‖ Etriller, soigner un animal : *panser un cheval, une vache.*

panslave adj. Qui concerne tous les peuples slaves.

panslavisme [pɑ̃slavism] n. m. Système politique tendant à regrouper tous les Slaves.

panslaviste n. Partisan du panslavisme. ‖ — Adj. Relatif au panslavisme.

pansu, e adj. et n. Qui a un gros ventre. ‖ — Adj. Qui est renflé : *bouteille pansue.*

Pantagruel (*Horribles et Epouvantables Faits et Prouesses du très renommé*), roman de Rabelais (1532), qui se poursuit dans le *Tiers Livre* (1546), le *Quart Livre* (1558) et le *Cinquième Livre* (1564). Pantagruel connaît d'abord la vie de l'étudiant itinérant et devient l'ami de Panurge. Puis il inaugure son métier de roi en faisant la guerre aux Dipsodes.

pantagruélique [pɑ̃tagryelik] adj. Qui rappelle Pantagruel : *estomac, repas, appétit pantagruélique.*

pantalon [pɑ̃talɔ̃] n. m. (de *Pantalon,* personnage de la comédie italienne). Culotte longue descendant jusqu'aux pieds. ‖ Partie d'un décor de théâtre destinée à donner une perspective dans l'ouverture d'une fenêtre ou d'une porte.

Pantalon, personnage de la comédie italienne. Pantalon est docteur et porte la culotte longue qui a pris son nom. C'est un vieillard quinteux, libidineux et avare.

pantographe (ch. de f.) ▲ ▼ **pantographe** (dessin)

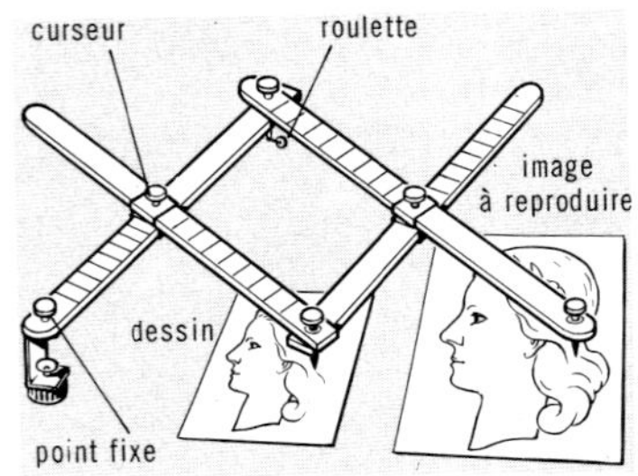

pantalonnade n. f. Bouffonnerie semblable à celles de Pantalon dans les farces de la comédie italienne. ‖ Subterfuge ridicule.

pante [pɑ̃t] n. m. *Arg.* Homme, individu facile à exploiter.

pantelant [pɑ̃tlɑ̃], **e** [-ɑ̃t] adj. Haletant, qui respire avec peine. ● *Chair pantelante,* chair d'un animal récemment tué, lorsqu'elle palpite encore.

Pantelleria, île italienne, entre la Sicile et la Tunisie ; 83 km² ; 9 600 h.

pantenne ou **pantène** [pɑ̃tɛn] n. f. (du provenç. *pantano*). *Chass.* Syn. de PANTIÈRE. ‖ **— En pantenne** loc. adv. *Mar.* En désordre. ● *Vergues en pantenne,* vergues hissées obliquement, en signe de deuil.

panthéisme [pɑ̃teism] n. m. (gr. *pan,* tout, et *theos,* dieu). Système de ceux qui identifient Dieu et le monde : *Spinoza a défendu le panthéisme.*

panthéiste adj. Relatif au panthéisme. ‖ — N. Partisan de cette doctrine.

panthéon [pɑ̃teɔ̃] n. m. (gr. *pan,* tout, et *theos,* dieu). Temple que les Grecs et les Romains consacraient à tous les dieux. ‖ Monument national où sont déposés les restes de ceux qui ont illustré la patrie. ‖ Ensemble des dieux d'une nation, d'une religion : *panthéon védique.*

Panthéon, temple de Rome voué au culte de tous les dieux, de forme circulaire, à coupole et précédé d'un pronaos à seize colonnes. Il fut construit en 27 av. J.-C., incendié en 80 apr. J.-C., rebâti par Hadrien et consacré au culte chrétien en 609. C'est un des monuments les mieux conservés de l'Antiquité.

Panthéon, monument de Paris, sur la montagne Sainte-Geneviève. Construit à partir de 1764 par Soufflot, ce devait être une église placée sous l'invocation de la patronne de Paris. La Révolution en fit un temple destiné à recevoir les cendres des grands hommes et lui donna ce nom de *Panthéon.* Il fut église sous la Restauration, temple de la Gloire sous Louis-Philippe, puis église sous le second Empire. La IIIe République rendit le Panthéon au culte des grands hommes à l'occasion des funérailles de Victor Hugo (1885). A l'intérieur, peintures murales dont celles de Puvis de Chavannes.

panthère [pɑ̃tɛr] n. f. (gr. *panthêr*). Mammifère carnassier de la famille des félidés, à robe tachetée (sauf chez la panthère noire de l'Insulinde), vivant en Asie. (Le *léopard* est la forme africaine, et le *jaguar* la forme américaine correspondant à la panthère.) [V. illustr. CARNASSIERS.] ‖ — Adj. inv. *Bot.* Se dit d'une espèce d'amanite à chapeau brun tacheté de blanc, dangereuse, mais non mortelle.

pantière n. f. (gr. *panthêra*). Filet tendu verticalement pour prendre des oiseaux qui volent par troupe.

pantin [pɑ̃tɛ̃] n. m. (de l'anc. fr. *pantine,* écheveau de soie ; du lat. *pannus,* morceau d'étoffe). Figure de carton peint, représentant un personnage burlesque dont on fait mouvoir les membres par le moyen d'un fil. ‖ — *Fig.* Homme qui gesticule ridiculement. ‖ Homme sans volonté, qui change sans cesse d'opinion.

Pantin (93500), ch.-l. de c. de la Seine-Saint-Denis (arr. de Bobigny), au nord-est de Paris ; 47 714 h. (*Pantinois*).

pantographe [pɑ̃tɔgraf] n. m. (gr. *pan, pantos,* tout, et *graphein,* écrire). Instrument comportant un parallélogramme articulé et permettant de reproduire mécaniquement un dessin en agrandissant ou en réduisant les dimensions du modèle. ‖ *Ch. de f.* Dispositif articulé de captage du courant, sur les locomotives électriques, et frottant sur la caténaire.

pantois [pɑ̃twa] adj. m. (de l'anc. fr. *pantoisier,* haleter). Stupéfait, interdit, penaud : *rester tout pantois à l'annonce d'une nouvelle.*

pantomètre n. m. (gr. *pan, pantos,* tout, et *mètre*). Instrument d'arpentage pour la mesure des angles et pour le tracé des perpendiculaires sur le terrain.

pantomime [pɑ̃tɔmim] n. f. (gr. *pantomimos,* qui mime tout). Représentation théâtrale où la parole est remplacée par des gestes et des attitudes. ‖ Art des gestes et des attitudes. ‖ *Fig.* Attitude outrée, ridicule. ● *Ballet-pantomime,* syn. de BALLET D'ACTION. (V. BALLET.)

pantouflard n. m. *Fam.* Homme casanier.

pantoufle [pɑ̃tufl] n. f. Chaussure d'intérieur, sans talon ni tige montante.

pantoufler v. i. *Fam.* Pour un fonctionnaire d'un rang élevé, passer au service d'une entreprise privée.

pantoum [pɑ̃tum] n. m. (mot malais). Poème à forme fixe, emprunté à la poésie malaise et composé d'une suite de quatrains à rimes croisées.

panty [pɑ̃ti] n. m. (de l'angl. *panties,* signif. « culotte »). Gaine-culotte à jambes.

panure [panyr] n. f. Mie de pain râpée dont on saupoudre les viandes ou les poissons avant de les faire frire. (Syn. CHAPELURE.)

Panurge, personnage créé par Rabelais dans *Pantagruel.* Son nom, transcrit du gr. *panourgos,* signifie « industrieux, capable de tout ». Paillard, cynique, poltron, mais d'esprit fertile, il est le compagnon fidèle de Pantagruel. Le *Tiers Livre,* le *Quart Livre* et le *Cinquième Livre* de Rabelais sont consacrés aux consultations successives auxquelles procède Panurge pour savoir s'il doit se marier et aux voyages qu'il entreprend pour entendre l'oracle de la Dive Bouteille. L'épisode des moutons de Panurge (*Quart Livre*) est populaire : pendant le voyage de Pantagruel au pays des Lanternes, Panurge se prit, en mer, de querelle avec le marchand Dindenault. Pour se venger, il lui acheta un de ses moutons, qu'il précipita dans la mer. L'exemple et les bêlements de celui-ci entraînèrent tous ses congénères et le marchand lui-même, qui, s'accrochant au dernier mouton, se noya.

panzer [pɑ̃dzɛr] n. m. (mot allem. signif. *cuirasse* ou *blindage*). Char d'assaut. ● *Panzerdivision,* dans l'armée allemande, division blindée.
— ENCYCL. Avant le déclenchement de la Seconde Guerre mondiale, les Allemands mirent en pratique les idées et les théories émises en Angleterre et en France par des hommes comme Liddle Hart, Estienne et de Gaulle. Pour réaliser la « guerre éclair », ils constituèrent de grandes unités autonomes, les *Panzerdivisionen,* qui étaient composées uniquement de chars et de véhicules blindés, et qui agissaient en liaison étroite avec une aviation d'appui. Grâce aux Panzerdivisionen, les Allemands purent obtenir de foudroyants succès initiaux, notamment en Pologne (1939), en France (1940), dans les Balkans et en Russie (1941).

Panzini (Alfredo), écrivain italien, né à Senigallia (Romagne) [1863-1939]. Disciple de Carducci, il ajoute aux principes classiques un lyrisme teinté d'ironie dans la peinture qu'il fait de la société contemporaine (*la Lanterne de Diogène,* 1907).

Pao-ki, v. de Chine (Chen-si) ; 130 100 h. Textiles.

Paoli (Pascal), patriote corse, né à Morosaglia (1725-1807). Proclamé chef de l'île en 1755, il ne laissa que le littoral au pouvoir des Génois. Défait par le comte de Vaux en 1769, il se retira en Angleterre. Il rentra en Corse à la Révolution, mais intrigua avec les Anglais (1793) et fut mis hors la loi par la Convention.

paon [pɑ̃] n. m. (lat. *pavo, pavonis*). Oiseau gallinacé originaire de l'Asie méridionale, au plumage magnifique, surtout chez le mâle, dont les plumes de la queue, tachetées d'ocelles, peuvent se dresser et s'étaler en roue. (Long. plus de 2,50 m, queue comprise.) [Cri : le paon *criaille, braille.*] (V. illustr. OISEAUX.) ‖ Nom donné à quelques espèces de papillons dont les ailes portent des taches rondes, ou ocelles. (V. illustr. PAPILLONS.) ‖ *Fig.* Homme vain, orgueilleux. ● *Se parer des plumes du paon,* tirer vanité de ce qu'on a emprunté à d'autres.

paonne [pan] n. f. Femelle du paon.

paonneau [pano] n. m. Jeune paon.

Pao-t'eou, v. de Chine (Mongolie-Intérieure), sur le Houang-ho ; 650 000 h. Sidérurgie.

Pao-ting, v. de Chine (Ho-pei) ; 265 000 h.

papa [papa] n. m. (mot enfantin). Père, dans le langage des enfants. ‖ *Fam.* Homme d'un certain âge. ● *A la papa* (Pop.), sans hâte, simplement. ‖ **— De papa** loc. adv. *Fam.* Désuet, qui appartient à un passé révolu : *les chemins de fer de papa.*

papable adj. m. (ital. *papabile*). *Fam.* Qui peut être élu pape.

Papagos ou **Papághos** (Alexandros), officier et homme politique grec, né à Athènes (1883-1955). Chef d'état-major de l'armée de 1936 à 1940, il mena avec succès, au début de la Seconde Guerre mondiale, la lutte contre les Italiens, en Epire. Après un long internement en Allemagne, il commanda de nouveau l'armée grecque contre les communistes (1949-1951). Il restaura la monarchie et dirigea le gouvernement de 1952 à 1955.

papaïne [papain] n. f. Diastase du latex du papayer. (Douée de propriétés protéolytiques, elle est employée en élixir ou en dragées pour faciliter la digestion.)

papal [papal], **e, aux** [-o] adj. Relatif au pape : *autorité papale.*

Phot. Lauros - Atlas-Photo.

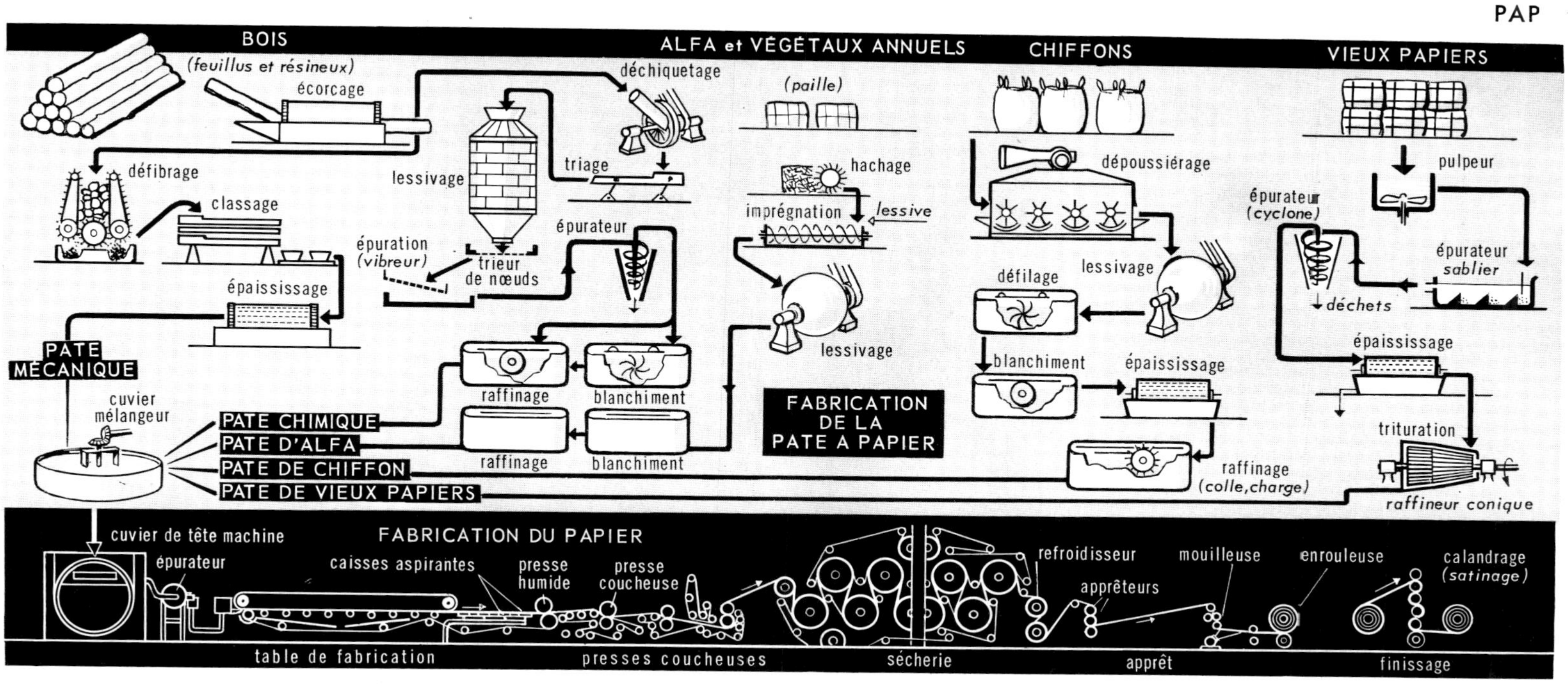

Papandhréou (Gheorghios), homme politique grec, né à Patras (1888-1968). Fondateur du parti social-démocrate (1935), il dirigea le gouvernement grec en exil durant la Seconde Guerre mondiale. En 1959, il créa le parti libéral démocratique, qui anima l'opposition au gouvernement de Caramanlis. En 1963, Papandhréou fut désigné comme Premier ministre. Son départ en 1965 provoqua une longue crise politique.

Papanine (Ivan), explorateur soviétique, né à Sébastopol' en 1894. Il se laissa dériver sur une banquise, du pôle Nord aux côtes du Groenland, et hiverna dans l'Arctique (1937-1938).

papas [papas] n. m. (gr. *pappas*). Nom donné aux prêtres par les chrétiens du Levant.

papauté [papote] n. f. Dignité de pape : *aspirer à la papauté.* ‖ Gouvernement d'un pape : *la papauté de Léon X.* (On dit aussi, dans ce sens, PONTIFICAT.)

papavéracées n. f. pl. (du lat. *papaver*, pavot). Famille de plantes voisines des crucifères, dont la fleur présente deux sépales qui tombent dès la floraison, quatre pétales, un ovaire supère à placentation pariétale, et dont la tige sécrète un latex, tels le pavot, le coquelicot, la chélidoine. (Ordre des rhœadales, que certains auteurs nomment d'ailleurs *papavérales.*)

papavérine n. f. Un des alcaloïdes de l'opium. (C'est un antispasmodique des muscles lisses; il est utilisé comme vaso-dilatateur.)

papaye [papaj] n. f. Fruit du papayer.

papayer [-aje] n. m. Arbre de l'Amérique tropicale, dont le fruit, ou *papaye,* est comestible.

pape [pap] n. m. (du gr. *pappas,* père). Chef de l'Eglise catholique romaine, élu par un conclave. ‖ *Fam.* Personnalité la plus représentative d'un mouvement quelconque, chef : *André Breton a été qualifié de « pape du surréalisme ».*
— ENCYCL. Le nom de *pape* a été très tôt réservé à l'évêque de Rome : sa primauté sur toute l'Eglise se fonde sur les prérogatives dont Pierre a joui parmi les apôtres, et sur la mort du Prince des Apôtres à Rome. La tradition et les conciles — notamment le premier concile du Vatican (1870) — ont précisé la portée de la primauté et de l'infaillibilité papales. Le pape est aussi *primat d'Italie* et *patriarche de l'Occident.* Quand on s'adresse à lui, on l'appelle *Très Saint Père;* on désigne sa personne par ces mots : *Sa Sainteté.*
D'abord élu par le clergé et le peuple de Rome, le pape, chef de l'Eglise universelle, est, depuis le XIIIe s., élu par les cardinaux réunis en conclave. Souverain temporel, il fut privé de ses Etats (Etats pontificaux) par le jeune royaume d'Italie (1870). Il règne, depuis les accords du Latran (1929), sur la Cité du Vatican*. Près de lui est accrédité un corps diplomatique.

Pape-Carpentier (Mme Marie), pédagogue française, née à La Flèche (1815-1878). Elle organisa en France les premières salles d'asile, ou écoles maternelles.

Papeete, port de l'île de Tahiti, ch.-l. de la Polynésie française (Océanie); 20 300 h. Aéroport. Centre touristique.

papegai [papgɛ] ou **papegeai** [-ʒɛ] n. m. (arabe *babbagha*). Perroquet (vx).

papelard [paplar], **e** [-ard] adj. et n. (anc. fr. *paper,* manger gloutonnement, et *lard*). Hypocrite : *voix papelarde.*

papelardise n. f. Hypocrisie.

Papen (Franz VON), homme politique allemand, né à Werl (1879-1969). Chancelier du Reich en 1932, vice-chancelier en 1933, il soutint le nazisme. Ambassadeur à Vienne en 1936, il prépara l'Anschluss. Il fut acquitté à Nuremberg.

papayes

paperasse [papras] n. f. Papier, écrit sans valeur ou qui n'a plus aucune utilité.

paperasserie n. f. Grande quantité de papiers, d'écritures inutiles : *paperasserie administrative.*

paperassier, ère adj. et n. Se dit d'une personne qui aime, emploie, remue les paperasses.

papesse [papɛs] n. f. Femme pape, selon une légende.

papeterie [paptri, papɛtri *ou* papɛtri] n. f. Fabrique de papier. ‖ Commerce de papier et d'articles de bureau.

papetier, ère n. Personne qui fabrique ou vend du papier. ‖ Adj. Qui concerne la fabrication et la vente du papier : *industrie papetière.*

Paphlagonie, anc. pays de l'Asie Mineure, au sud du Pont-Euxin, arrosé par l'Halys inférieur. Cap. *Sinope.*

Paphos, v. anc. de l'île de Chypre, célèbre pour son temple d'Aphrodite.

papier [papje] n. m. (lat. *papyrus*). Feuille sèche et mince, faite de toutes sortes de substances végétales réduites en pâte, pour écrire, imprimer, envelopper, etc. (V. *encycl.*) ‖ Ecrit ou imprimé : *un papier compromettant.* ‖ Manuscrit, document : *lire un papier.* ‖ En termes de journalisme, article pour la composition. ‖ Effet de commerce : *refuser le papier d'un commerçant.* ● *Etre dans les petits papiers de quelqu'un* (Fam.), être bien vu de lui. ‖ *Papier cristal,* papier transparent. ‖ *Papier écolier,* papier destiné aux devoirs des écoliers et aux écritures courantes. ‖ *Papier du Japon,* papier de belle qualité sur lequel on tire les éditions de luxe. ‖ *Papier journal,* papier de qualité très ordinaire, sur lequel on imprime les journaux. ‖ *Papier libre,* papier non timbré. ‖ *Papier à musique,* papier sur lequel sont réglées les portées et servant à écrire de la musique. ‖ *Papier peint* ou *papier tenture,* papier dont on tapisse un appartement. ‖ *Papier sensible,* papier photographique. ‖ *Papier timbré,* feuille portant un timbre à l'encre grasse et un timbre à sec, vendue par l'Administration, obligatoire pour la rédaction de certains actes juridiques. ‖ *Papier de verre,* papier enduit de poudre de verre et servant au polissage. ‖ — Pl. Passeport, documents qui permettent d'établir l'identité des porteurs : *avez-vous vos papiers?*
— ENCYCL. *Papet.* Le *papier* est une matière feutrée, constituée par l'enchevêtrement de petites fibres de cellulose. Si celles-ci sont mises en suspension dans l'eau et si l'on répand ce mélange sur une toile métallique, l'eau s'écoule, tandis que les fibres se déposent sur la toile en s'enchevêtrant. Détachée et séchée, cette agglomération de fibres constitue le papier. Les sources de cellulose sont le bois, qui en est de beaucoup la principale, les vieux papiers de récupération, la paille de céréales et l'alfa, puis le bambou et la canne à sucre, enfin les chiffons de lin et de coton.
La fabrication du papier comprend la préparation de la pâte et la transformation de cette pâte en papier.
● *Fabrication de la pâte à papier.* Les chiffons, réservés aux papiers supérieurs, sont lessivés dans de grandes cuves tournantes, désagrégés dans des piles défileuses et finalement blanchis par un oxydant. Les rondins de bois, râpés mécaniquement sur une meule, donnent la pâte mécanique. Déchiquetés et cuits jusqu'à un degré de délignification qui dépend de la pâte recherchée, les copeaux obtenus donnent, si la cuisson est suffisamment poussée, la *pâte chimique.* Mais, le plus souvent, une cuisson ménagée laisse une certaine proportion de lignine du bois et conduit à la *pâte mi-chimique.*
● *Transformation de la pâte en papier.* Après dilution, la pâte subit l'opération du raffinage, dont le principe consiste à hydrater les fibres de cellulose et à les couper plus ou moins selon le but recherché. Les machines à papier ont pour rôle de séparer les fibres de l'eau, en éliminant celle-ci d'abord par égouttage, puis par pression et enfin par évaporation.
● *Papier peint.* L'impression de papiers peints est réalisée par l'application de peinture à la colle ou d'encre. Cette dernière technique s'apparente à l'héliogravure.
— *Mod.* Devant la concurrence grandissante du plastique, l'industrie du *papier* s'est particulièrement développée. Du point de vue de la solidité, de la souplesse et de l'aspect, imitant le tissu, le papier s'est amélioré, et de ce fait, a pu se substituer à ce dernier chaque fois que cela représentait un avantage. Il remplace dans certains cas le linge de maison (nappes, draps, torchons, etc.), la lingerie (mouchoirs) et la layette (couches), autant d'articles se jetant après usage et qui rendent service à maintes professions (wagons-lits, restaurants). Son alliance avec le plastique a permis son utilisation dans la vaisselle (articles de camping). Enfin, en 1967, on a vu le lancement sur le marché de robes et même de chemises d'hommes en papier ignifugé et moins cassant qu'à l'ordinaire grâce à une trame très large de Nylon. Ces vêtements sont coupés en matelas à la scie et assemblés au rouleau adhésif. Enfin, dans le domaine décoratif, on trouve également sur le marché des meubles en papier-carton pliables.

papier-émeri n. m. Papier dont la surface est recouverte d'une couche de produit abrasif. ‖ Pl. des *papiers-émeri.*

papier-filtre n. m. Papier poreux et plissé destiné à la filtration des liquides. ‖ Pl. des *papiers-filtres.*

papier-monnaie n. m. Monnaie fiduciaire non convertible en métal précieux. ‖ Pl. des *papiers-monnaies.*

papilionacé [papiljɔnase], **e** adj. (du lat. *papilio, papilionis,* papillon). Se dit d'une corolle dont l'aspect rappelle celui d'un papillon et qui est composée de cinq pétales (l'*étendard,* les deux *ailes,* et deux autres qui forment la *carène*) : *la corolle du pois est papilionacée.*

papilionacées n. f. pl. Famille de plantes dicotylédones dialypétales, de l'ordre des légumineuses, à fleurs papilionacées et dont le fruit est une gousse. (Principaux représentants : *pois, haricot, luzerne, trèfle, robinier, arachide.*)

papillaire [-pillɛr] adj. Qui a des papilles. ● *Corps papillaire,* ensemble des papilles du derme. ‖ *Stase papillaire,* congestion de la papille optique.

papille [papij *ou* -il] n. f. (lat. *papilla*). Nom des petites éminences plus ou moins saillantes qui s'élèvent à la surface de la peau et principalement de la langue : *papilles gustatives.* ● *Papille optique,* saillie formée par le nerf optique au niveau de son émergence de la rétine. (Elle est visible à l'ophtalmoscope.)

papilleux [-jø *ou* -pillø], **euse** [-øz] adj. Semé de papilles.

papillome [papillom] n. m. Tumeur bénigne en forme de papille se développant sur la peau ou les muqueuses.

papillon [papijɔ̃] n. m. (lat. *papilio, papilionis*). Nom usuel de tous les insectes lépidoptères, diurnes ou nocturnes. (V. *encycl.*) ‖ Petite affiche : *coller des papillons.* ‖ *Fam.* Petite note placée sur le pare-brise d'une automobile pour avertir le conducteur qu'il fait l'objet d'une contravention. ‖ Ecrou à ailettes qu'on peut desserrer à la main. ‖ Soupape ou registre mobile d'un tuyau de cheminée, d'un carburateur, etc. ‖ Bec à gaz, qui donnait une flamme aplatie ayant la forme d'un papillon. ‖ — Adj. Qui a la forme d'un papillon : *nœud papillon.* ● *Brasse papillon* (Sports), brasse dans laquelle les bras sont ramenés en avant au-dessus de l'eau, alors que dans la brasse ordinaire ils sont ramenés en dessous de l'eau.
— ENCYCL. Les *papillons* constituent un ordre d'insectes caractérisés par leurs métamorphoses complètes (la larve est une *chenille,* la nymphe une *chrysalide*), par leur trompe suceuse, ou *spiritrompe,* mais surtout par leurs deux paires de grandes ailes couvertes d'écailles, parfois richement colorées, qui leur valent leur autre nom de *lépidoptères.*
On dénombre 150 000 espèces de papillons, répartis en trois grands sous-ordres : rhopalocères, hétérocères et microlépidoptères. Les *rhopalocères,* ou papillons diurnes, se reconnaissent à leurs longues antennes filiformes renflées en massue à l'extrémité ; ils volent généralement le jour, ont souvent de très belles couleurs et ramènent leurs ailes au-dessus du dos au repos ; leur chrysalide n'est pas abritée dans un cocon ; leur corps est rarement massif. Les *hétérocères,* ou papillons nocturnes, ont des antennes cylindriques ou pennées, volent plutôt de nuit, ont des teintes ternes et un aspect velu, souvent un corps trapu et des ailes courtes, rabattues comme les pentes d'un toit au repos ; leur chenille tisse souvent un cocon. Quant aux *microlépidoptères,* très nombreux, ils comptent parmi eux les mites, ou teignes, et se caractérisent par leur petite taille (principaux types de papillons : vanesse, piéride, apollon, phalène, sphinx, bombyx, tordeuses, pyrales, teignes).

papillonner v. i. *Fam.* Voltiger d'un objet à un autre, d'une personne à une autre, comme les papillons.

papillotage n. m. Mouvement continuel et involontaire des paupières. ‖ Fatigue produite sur la vue par un objet trop brillant ou de couleur trop vive.

papillotant, e adj. Qui produit le papillotage : *lumières papillotantes.*

papillote [papijɔt] n. f. (du lat. *papilio,* papillon). Morceau de papier dont on se servait pour enrouler les cheveux afin de les friser. ‖ Papier frisé dont on enveloppe les bonbons. ‖ Enveloppe en papier dont on entoure le manche d'un gigot. ‖ Papier beurré ou huilé dont on enveloppe certaines viandes pour les griller : *côtelettes en papillotes.*

papillotement n. m. Scintillement qui fatigue la vue.

papilloter v. i. (de l'anc. fr. *papillot,* petit papillon). En parlant des paupières, être animé d'un mouvement continuel, qui empêche les yeux de se fixer sur un objet.

Papin (Denis), inventeur français, né à Chitenay, près de Blois (1647-1714). Le premier, il reconnut la force élastique de la vapeur d'eau. Après avoir mis au point son fameux *digesteur,* dit encore *marmite de Papin,* ancêtre des autoclaves, pour lequel il inventa la soupape de sûreté (1679), il se préoccupa surtout de l'établissement d'une machine à vapeur fonctionnant par le jeu alternatif d'un piston et dont il donna une première théorie dès 1687. En 1707, il décrivit plus complètement cette machine, qui est le type des machines atmosphériques. La même année, il construisit le premier bateau à vapeur, qu'il essaya sur la Fulda, mais qui fut détruit par des bateliers, jaloux de leurs privilèges.

Papineau (Louis Joseph), homme politique canadien, né à Montréal (1786-1871). Député (1808), président de l'Assemblée (1825 à 1838), brillant orateur, il défendit les droits des Canadiens français (vote des 92 résolutions en 1834), et fut l'un des instigateurs de la rébellion de 1837.

Papini (Giovanni), écrivain italien, né à Florence (1881-1956). Polémiste fougueux, il passa par plusieurs idéologies contradictoires avant de se convertir au catholicisme. Ses récits et ses essais sont autant de critiques de la société contemporaine et de ses préjugés (*Un homme fini,* 1912 ; *l'Expérience futuriste,* 1920 ; *Gog,* 1931 ; *le Diable,* 1953).

Papinien, jurisconsulte romain (142-212), mis à mort par Caracalla.

papion [papjɔ̃] n. m. Autre nom du singe *cynocéphale.*

Papirius (Sextus), pontife romain, à qui l'on attribue la réunion, en un seul corps d'ouvrage, des lois romaines rendues avant la proclamation de la république. Ce recueil est connu sous le nom de *Jus Papirianum.*

papisme n. m. Terme par lequel les protestants désignent l'Eglise catholique romaine et l'autorité du pape.

papiste n. Nom que les protestants donnent aux catholiques romains.

papotage n. m. *Fam.* Bavardage frivole.

marmite de **Papin**

pâquerettes

papyrus

papoter [papɔte] v. i. (de l'anc. fr. *papeter,* bavarder). *Fam.* Dire des riens ; bavarder.

papou, e adj. (malais *papuwah,* crépu). Relatif aux Papous. ‖ — Adj. et n. m. Se dit des langues des populations non mélanésiennes de la Nouvelle-Guinée.

Papouasie, anc. nom de la *Nouvelle-Guinée.* — Nom français de l'ancien territoire de *Papua,* partie sud-est de la Nouvelle-Guinée*. — L'Etat de la *Papouasie Nouvelle-Guinée,* constitué en 1973, s'étend sur toute la partie orientale de la Nouvelle-Guinée ; 461 691 km² ; 2 560 000 h. Cap. *Port Moresby.* (V. aussi NOUVELLE-GUINÉE.)

Papous ou **Papouas,** Noirs océaniens, répandus dans la Nouvelle-Guinée et ses îles côtières, et dans l'archipel de la Nouvelle-Bretagne. Ils ne constituent pas un groupe distinct, du point de vue anthropologique et linguistique.

Pappus ou **Pappos,** mathématicien grec d'Alexandrie, qui vivait probablement sous Dioclétien, au début du IVe s. Son œuvre principale, *Collection mathématique,* analyse et commente de nombreux passages d'œuvres antérieures, dont on ne saurait rien sans lui.

paprika [paprika] n. m. Sorte de piment hongrois piquant, qui, réduit en poudre, sert de condiment.

papule [papyl] n. f. (lat. *papula*). Petite éminence rouge qui s'élève sur la peau. (Les papules se voient dans certaines maladies infectieuses ou de la peau ; leur taille varie de celle d'une tête d'épingle à celle d'une lentille.)

papuleux, euse adj. Relatif aux papules : *lésion papuleuse.*

papyrologie n. f. Science auxiliaire de l'histoire ancienne, qui se consacre à l'étude des papyrus.

papyrologue n. Spécialiste de papyrologie.

papyrus [papirys] n. m. (mot lat., empr. au gr.). Plante des bords du Nil, de la famille des cypéracées, que les Anciens ont utilisée pour écrire. (Ils découpaient la tige en bandes étroites, qu'ils juxtaposaient et collaient ensuite.) ‖ Feuille ainsi faite. ‖ Manuscrit sur papyrus : *déchiffrer un papyrus.*

pâque [pɑk] n. f. (gr. *paskha ;* d'un mot hébreu signif. *passage*). Fête annuelle des juifs, en mémoire de leur sortie d'Egypte : *célébrer la pâque.*

paquebot [pakbo] n. m. (de l'angl. *packet-boat,* bateau qui transporte les lettres). Navire de commerce aménagé pour le transport de la correspondance et des passagers.

pâquerette [pɑkrɛt] n. f. Petite marguerite blanche qui fleurit dans les prés dès les premiers jours du printemps, aux environs de Pâques.

pâques [pɑk] n. m. (de *pâque*). Fête annuelle de l'Eglise chrétienne, en mémoire de la résurrection de Jésus-Christ : *Pâques est arrivé ; à Pâques prochain.* ‖ — N. f. pl. *Pâques fleuries,* le dimanche des Rameaux. ● *Faire ses pâques,* communier un jour du temps pascal. (En ce sens, s'écrit avec une minuscule.)
— ENCYCL. La fête de *Pâques* a été fixée par le concile de Nicée (325) au premier dimanche après la Pleine Lune qui a lieu soit le jour de l'équinoxe de printemps (21 mars), soit aussitôt après cette date. Pâques est donc au plus tôt le 22 mars. Si la Pleine Lune tombe le 20 mars, la suivante sera le 18 avril (29 jours après). Si ce jour est un dimanche, Pâques sera le 25 avril. Ainsi, la fête de Pâques oscille entre le 22 mars et le 25 avril, et de sa date dépendent celles de toutes les autres fêtes mobiles.
La *Septuagésime,* 63 j. av. Pâques.
La *Quinquagésime,* 49 j. av. Pâques.
La *Passion,* 14 j. av. Pâques.
Les *Rameaux,* 7 j. av. Pâques.
Quasimodo, 7 j. apr. Pâques.
L'*Ascension,* 40 j. apr. Pâques.
La *Pentecôte,* 10 j. apr. l'Ascension.
La *Trinité,* 7 j. apr. la Pentecôte.
La *Fête-Dieu,* le jeudi suivant.

Papineau

Pâques (*île de*), île du Pacifique, à l'ouest du Chili, dont elle dépend ; 800 h. Grandes effigies humaines, monolithiques, atteignant 10 m de hauteur (deux sont au musée de l'Homme), disposées sur des plates-formes cultuelles nommées *ahus.* La civilisation qui les érigea a disparu au XVIIe s. de notre ère.

paquet [pakɛ] n. m. (de l'anc. fr. *pacque,* empr. au néerl.). Réunion de plusieurs choses attachées ou enveloppées ensemble : *un paquet de linge.* ‖ Objet enveloppé, attaché pour être transporté plus facilement : *expédier un paquet par la poste.* ‖ *Arts graph.* Réunion de plusieurs lignes composées, liées avec une ficelle et remises par le compositeur au metteur en pages. ● *Faire son paquet* (Fam.), s'en aller. ‖ *Mettre le paquet* (Fam.), engager une somme importante ; fournir un gros effort. ‖ *Paquet de mer,* grosse vague qui, en frappant un bateau, se brise sur lui et couvre le pont. ‖ *Recevoir son paquet* (Fam.), recevoir une apostrophe vive et sans réplique.

paquetage n. m. Action de mettre en paquets. ‖ Ensemble des effets et objets militaires d'un soldat.

paqueteur, euse n. Spécialiste de la confection des colis et paquets.

par [par] prép. (lat. *per,* par le moyen de). Indique : 1° le lieu par où l'on passe : *passer par Paris ;* 2° les circonstances de temps : *voyager par mer calme ;* 3° le moyen, l'instrument, la partie : *arriver par bateau ; prouver par des exemples ; prendre par l'oreille ; commencer par la fin ;* 4° la cause, la manière : *agir par intérêt ; mourir par le poison ;* 5° l'agent : *César fut tué par Brutus ;* 6° le complément distributif : *gagner tant par mois.* ‖ — **De par** loc. prép. Quelque part dans : *nous avons des parents inconnus de par le monde.* ‖ Par l'ordre ou l'autorité de : *de par la volonté du peuple.* ‖ — Se joint à plusieurs adverbes : *par-deçà, par-delà, par-ci, par-là, par-dessus, par-devant, par-derrière,* etc.

para [para] n. m. Unité monétaire divisionnaire de la Yougoslavie, valant 1/100 de dinar. ‖ Unité monétaire divisionnaire de la Turquie, valant 1/40 de piastre turque.

para n. m. Abrév. fam. de *parachutiste.*

Pará, Etat du nord du Brésil ; 1 929 000 h. Cap. *Belém.* Correspondant approximativement au bassin de la basse Amazone, l'Etat, au climat chaud et humide, est en grande partie recouvert par la forêt dense. Les conditions naturelles expliquent la faiblesse du peuplement (1,5 h. au kilomètre carré en moyenne). Le tiers de la population se concentre dans l'agglomération de Belém.

parabase [parabɑz] n. f. (gr. *parabasis,* digression). Partie d'une comédie grecque où l'auteur parlait en son propre nom aux spectateurs.

parabellum [parabɛllɔm] n. m. (de *parer,* et lat. *bellum,* guerre). Pistolet automatique, en usage naguère dans l'armée allemande. (Le parabellum était doté d'une crosse adaptable qui permettait de l'épauler.)

parabole [parabɔl] n. f. (gr. *parabolê,* comparaison). Allégorie sous laquelle se cache quelque vérité, un enseignement : *les paraboles de l'Evangile.* ● *Parler par paraboles* (Fam.), s'exprimer d'une façon voilée et détournée.
— ENCYCL. La *parabole* était une comparaison utilisée par le Christ dans sa prédication pour initier à son enseignement. Les Evangiles relatent vingt-cinq paraboles. Parmi les plus célèbres citons : *le bon Samaritain, l'enfant prodigue, le grain de sénevé.*

Phot. Larousse, X, Lauros - Atlas-Photo (2).

alucite

morpho

uranie

zygène de la spirée

machaon

écaille martre

junonia

damier

sélené (mâle)

paon de jour

lycène icare

apollon

hot. Six (12).

PAPILLONS

MIMÉTIQUES

noctuelle de l'euphorbe

acidalie

CHENILLES

cul-brun

séléné

machaon

agrotis

chenille arpenteuse

chenille de papillon étoilé

tyria du séneçon

écaille martre

bombyx à livrée

piéride du chou

Phot. Six (12

parabole n. f. (gr. *parabolê*). *Math.* Lieu des points M d'un plan équidistants d'un point fixe F, ou *foyer,* et d'une droite fixe, ou *directrice,* Δ. (La parabole est l'une des trois coniques et résulte de la section d'un cône de révolution par un plan parallèle à un plan tangent.)
— ENCYCL. La tangente en un point d'une *parabole* fait des angles égaux avec le rayon issu du foyer et la parallèle à l'axe menée par ce point. On déduit de ce théorème fondamental une série de propriétés de la courbe : le lieu des symétriques du foyer par rapport aux tangentes est la directrice ; le lieu des projections du foyer sur les tangentes est la tangente au sommet ; etc.

parabolique adj. Qui tient de l'allégorie : *sens parabolique.*

parabolique adj. Qui concerne la parabole. ‖ En forme de paraboloïde de révolution : *miroir parabolique.*

paraboliquement adv. En parabole.

paraboloïde [-lɔid] n. m. Quadrique n'ayant pas de centre et possédant un seul axe de symétrie. ‖ *Paraboloïde de révolution,* surface engendrée par une parabole tournant autour de son axe.

Paracelse (Theophrastus BOMBASTUS VON HOHENHEIM, dit), médecin suisse, né à Einsiedeln, près de Zurich (v. 1493-1541). Médecin ambulant, il exerça son art en appliquant une thérapeutique ayant pour base une soi-disant correspondance entre le monde extérieur (macrocosme) et les parties de l'organisme humain (microcosme) : le cœur se rattachait au soleil, le cerveau à la lune, etc. Quoique ses théories fussent toutes imaginaires, Paracelse a préparé la voie à la chimiothérapie. Il disait connaître l'élixir qui donne une éternelle jeunesse.

paracentèse [parasɛ̃tɛz] n. f. (gr. *para,* auprès, et *kentêsis,* action de piquer). *Chir.* Opération qui consiste à pratiquer une ponction dans une cavité pleine de liquide. (La paracentèse s'effectue dans les ascites [paracentèse de l'abdomen], les péricardites [paracentèse du péricarde], les otites suppurées de l'oreille moyenne [paracentèse du tympan]. En cas de pleurésie, la paracentèse de la plèvre est plutôt appelée *thoracentèse.*)

parachèvement n. m. Action de parachever ; son résultat.

parachever v. t. (conj. **5**). Mener à son complet achèvement avec un soin particulier. (Syn. : FINIR, PARFAIRE, PERFECTIONNER.)

parachronisme [-krɔnism] n. m. (gr. *para,* à côté de, et *khronos,* temps). Faute de chronologie qui consiste à placer un événement plus tard que l'époque à laquelle il est arrivé.

parachutage n. m. Action de parachuter.

parachute [paraʃyt] n. m. (de *parer* et *chute*). Appareil destiné à ralentir la chute d'un corps qui tombe ou descend d'une grande hauteur. (En aéronautique, le parachute se compose d'une voilure en toile, soie ou Nylon, d'un harnais qui le fixe au corps à soutenir, et d'un sac où la voilure est méthodiquement pliée et dont l'ouverture est effectuée automatiquement ou à l'aide d'une commande. Des parachutes spéciaux, fixés à la queue des avions, servent de frein lors des atterrissages.)

parachuter v. t. Larguer au sol, à partir d'un aéronef, du personnel ou du matériel munis de parachutes. ‖ *Fig.* Nommer à l'improviste : *parachuter quelqu'un dans un ministère.*

parachutisme n. m. Art, manière de sauter d'un avion en plein vol et d'utiliser le parachute : *le parachutisme est l'objet de compétitions.*

parachutiste n. Personne exercée aux descentes en parachute. ‖ Militaire spécialement entraîné à cet exercice. ‖ — Adj. *Troupes parachutistes,* unités de parachutistes entraînés à combattre en petits groupes (commandos) ou dans le cadre d'une grande unité aéroportée. (V. *encycl.*)
— ENCYCL. Les premières unités expérimentales de *parachutistes* furent créées peu avant la Seconde Guerre mondiale. Elles formèrent, chez les Allemands comme chez les Alliés, les noyaux des unités aéroportées, qui furent employées pendant le conflit sur presque tous les théâtres d'opérations. Les parachutistes français, qui furent engagés avec succès au moment de la Libération, notamment en Bretagne, se distinguèrent ensuite en Indochine, à Port-Saïd (1956) et pendant la guerre d'Algérie. Appartenant à toutes les armes et instruits à l'école des troupes aéroportées de Pau, ils sont désormais affectés à des unités qui appartiennent pour la plupart à la force d'intervention. Solidement encadrées, puissamment armées et équipées, dotées d'un très vif esprit de corps, les troupes parachutistes constituent les éléments de choc des armées modernes.

paraclet [paraklɛ] n. m. (gr. *paraklêtos,* invoqué). *Théol.* Nom donné au Saint-Esprit.

Paraclet (le), monastère fondé par Abélard près de Nogent-sur-Seine. Héloïse en fut abbesse.

parade [parad] n. f. (de *parer*). Rassemblement d'unités militaires pour les passer en revue. ‖ Arrêt brusque d'un cheval au manège. ‖ Action, manière de parer un coup : *escrimeur prompt à la parade.* ‖ Scène burlesque jouée à la porte d'un théâtre forain pour attirer le monde. ● *De parade,* pour l'ornement ou l'ostentation, plus que pour l'utilité : *cheval de parade.* ‖ *Faire parade de,* faire étalage de : *faire parade de son érudition.* ‖ *Lit de parade,* lit sur lequel on expose, après leur mort, le corps des hauts personnages.

parader v. i. Manœuvrer, évoluer : *faire parader des troupes.* ‖ *Fig.* Se pavaner : *parader dans un salon.*

paradeur n. m. Celui qui aime à parader.

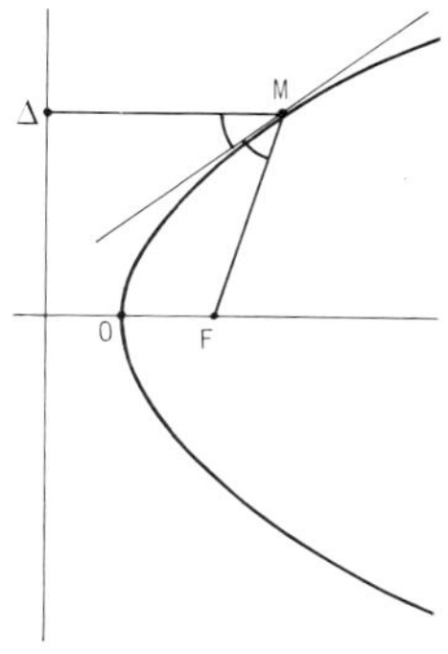

parabole

parachute

paradigmatique adj. Qui appartient à un paradigme.

paradigme [paradigm] n. m. (gr. *paradeigma*). Ensemble des flexions d'un terme donné comme modèle : *les formes verbales de « aimer », « finir », « rendre » sont des paradigmes des conjugaisons françaises.* ‖ Ensemble des termes d'une même classe grammaticale qui peuvent être substitués l'un à l'autre.

paradis [paradi] n. m. (gr. *paradeisos,* jardin). Dans l'Ancien Testament, jardin de délices où Dieu plaça Adam et Eve (*paradis terrestre*) : *l'idée d'un paradis terrestre est commune à beaucoup de peuples anciens.* ‖ Dans le Nouveau Testament, séjour des bienheureux. ‖ Séjour des âmes des hommes méritants, après leur mort, dans nombre de religions. ‖ — *Fig.* Pays enchanteur. ‖ Etat le plus heureux dont on puisse jouir. ‖ Galerie supérieure d'une salle de théâtre. ‖ Variété de pommier. ● *Ne pas l'emporter au paradis* (Fam.), se dit à propos d'une personne dont on compte se venger. ‖ *Oiseau de paradis,* V. PARADISIER.

Paradis perdu (*le*), poème épique de Milton (1667). Il a pour sujet la chute d'Adam et Eve. — *Le Paradis reconquis* (1671) est une suite où l'on voit Satan tenter le Christ pour empêcher l'accomplissement de la Rédemption.

Paradis (*Grand*), massif des Alpes occidentales italiennes ; 4 061 m. Parc national.

paradisiaque [-zjak] adj. Qui appartient ou semble appartenir au paradis : *bonheur paradisiaque.*

paradisier n. m. Oiseau passereau de la Nouvelle-Guinée, dont le mâle porte un plumage aux couleurs variées et brillantes, formant des panaches légers sur les flancs et la tête. (Syn. OISEAU DE PARADIS.)

parados [parado] n. m. *Mil.* Terrassement protégeant le défenseur contre les coups de revers.

paradoxal, e, aux adj. Porté au paradoxe : *esprit paradoxal.* ‖ Qui tient du paradoxe : *opinion paradoxale.*

paradoxalement adv. De façon paradoxale.

paradoxe [paradɔks] n. m. (gr. *paradoxos ;* de *para,* contre, et *doxa,* opinion). Opinion contraire à l'opinion commune. ‖ Chose qui va contre l'opinion commune. ‖ *Philos.* Contradiction à laquelle aboutit, dans certains cas, le raisonnement abstrait : *les paradoxes de Zénon d'Elée.*

Paradoxe sur le comédien, dialogue en prose de Diderot, écrit vers 1770 et publié en 1830. L'auteur estime que l'insensibilité est nécessaire à l'interprète désireux de toucher les spectateurs par un jeu dont il garde sans cesse le contrôle.

parafe n. m. V. PARAPHE.

parafer v. t. V. PARAPHER.

paraffinage n. m. Action d'enduire de paraffine ; son résultat.

paraffine [parafin] n. f. (lat. *parum affinis,* qui a peu d'affinité). Mélange d'hydrocarbures saturés solides, caractérisés par leur indifférence aux agents chimiques : *la paraffine est extraite des huiles de pétrole.* ‖ *Chim.* Nom générique des carbures d'hydrogène saturés, de formule C_nH_{2n+2}. ● *Inclusion dans la paraffine,* V. INCLUSION. ‖ *Paraffine naturelle,* syn. de OZOCÉRITE (ou OZOKÉRITE).

paraffiner v. t. Enduire de paraffine. ● *Papier paraffiné,* papier imprégné de paraffine ou de cire.

parafiscal, e, aux adj. Relatif à la parafiscalité.

parafiscalité n. f. Ensemble des taxes et cotisations perçues, sous l'autorité de l'Etat, au profit d'administrations ou d'organismes autonomes.

parafoudre n. m. Dispositif servant à préserver les appareils et les canalisations électriques contre les effets de la foudre.

parage [paraʒ] n. m. (de *pair*) Origine, naissance (vx) : *dame de haut parage.*

parage n. m. Action de parer les morceaux de viande bruts, afin de les rendre propres à la consommation.

parages n. m. pl. (esp. *paraje,* lieu de station). Endroit, contrée aux environs d'un lieu où l'on se trouve : *que faites-vous dans ces parages?*

paragraphe [paragraf] n. m. (gr. *paragraphos,* écrit à côté). Petite section d'un morceau de prose, d'un chapitre, qui s'indique par le signe §.

paragrêle adj. Se dit d'un dispositif servant à empêcher la chute de la grêle et à transformer celle-ci en pluie : *fusée paragrêle.*

Paraguay (le), riv. d'Amérique du Sud ; 2 206 km. Né dans le Mato Grosso brésilien, il traverse la *république du Paraguay,* avant de séparer cet Etat de l'Argentine et de rejoindre le Paraná (r. dr.).

Paraguay [-gwɛ], république de l'Amérique du Sud ; 407 000 km² ; 2 390 000 h. (*Paraguayens*). Cap. *Asunción.* Langue : *espagnol.*

Géographie.

Le Paraguay est un pays au relief peu accidenté, formé de plateaux triasiques à l'est et du piémont oriental quaternaire des Andes (*Gran Chaco*) à l'ouest, qui encadrent la plaine drainée par le río Paraguay. Coupé par le tropique du Capricorne, il a un climat caractérisé par la raréfaction des précipitations d'est en ouest : supérieures à 1 200 mm à l'est du río Paraguay, elles sont fréquemment inférieures à 800 mm dans le Chaco. Les moyennes thermiques, relativement contrastées, oscillent entre 12 et 30 °C.
La population comprend deux tiers d'Amérindiens (Guaranis) et 30 p. 100 de métis. Elle se concentre dans la moitié orientale du pays ; la densité, de l'ordre de 5 h. au kilomètre carré en moyenne, tombe au-dessous de 1 h. dans le Chaco. Le Paraguay est presque exclusivement agricole ; le maïs, le riz et surtout le manioc sont les principales cultures vivrières. Parmi les cultures commerciales dominent le tabac, le coton, le café et la canne à sucre. Toutefois, l'exploitation de la forêt, développée surtout dans l'Est et recouvrant la moitié de la superficie totale, constitue la principale source d'exportation (acajou, *quebracho*), après les produits (viande) d'un important élevage bovin. La balance commerciale est généralement excédentaire. Les Etats-Unis et l'Argentine sont les principaux partenaires commerciaux du pays.

Histoire.

Le Paraguay et ses affluents sont remontés par les Espagnols, comme voie vers le Pérou, dans les années 1520. Asunción, établie en 1536, devient la capitale de la province du Paraguay (1551). De 1570 à 1590, les colonies du Río de La Plata connaissent une période de développement considérable. Les jésuites, à partir de 1585, colonisent le domaine guarani à l'est du Paraná et protestent contre l'esclavage. En 1610, ils fondent leur première *réduction,* localité indigène à l'abri de toute influence

Paraguay

flottage du bois sur le Paraná

Phot. Etudes et fabrications aéronautiques, Boulanger.

Paraguay
palmiers
et forêt
tropicale

européenne. Il en existera une trentaine à partir de 1650, groupant plus de 100 000 h. au total. Ces villages sont prospères (culture du coton et du maté), mais ils subissent un double assaut : celui des Portugais de São Paulo et celui des colons et des autorités espagnoles, qui supportent mal l'autonomie de la *République guaranie*, reconnue en 1649 et située à la limite de la colonisation espagnole et de la colonisation portugaise. En 1750, l'Espagne cède au Portugal sept réductions de l'Uruguay ; les Guaranis défendent leur liberté contre les troupes espagnoles et portugaises (1754-1756). Les jésuites sont expulsés en 1768, ce qui entraîne la ruine des réductions. Le Paraguay, qui, depuis 1776, ne dépend plus de la vice-royauté du Pérou, mais de celle de La Plata, profite de l'insurrection de Buenos Aires (1810) pour prendre son indépendance (1811-1813). Sous la direction de Rodríguez Francia (1814-1840), qui se proclame « dictateur perpétuel » (1816), le pays se ferme aux étrangers et développe son agriculture. Le neveu de Francia, Carlos Antonio López, dictateur de 1844 à 1862, abolit l'esclavage, rouvre les frontières et dote son pays d'un centre sidérurgique, Ibicuí. Son fils, Francisco Solano López (1862-1870), engage son pays dans un terrible conflit (1865-1870) contre l'Argentine, le Brésil et l'Uruguay. Cette guerre ruine le Paraguay et l'ampute territorialement. La dictature est remplacée par un mandat présidentiel de quatre ans (Constitution de 1870).
Se reconstruisant peu à peu, le Paraguay manifeste ses qualités militaires au cours de la *guerre du Chaco* contre la Bolivie, guerre issue de la contestation de ce territoire (1928-1929 et 1932-1935). Le pays, dont la Constitution est une nouvelle fois modifiée dans un sens autoritaire en 1940, connaît ensuite une série de dictatures militaires. Alfredo Stroessner, président de la République depuis 1954, doit faire face à diverses oppositions.

paraître [parɛtr] v. i. (du lat. *parere*) [conj. **58**]. S'offrir à la vue : *l'aurore est près de paraître.* ‖ Sembler, avoir l'apparence de : *il paraît souffrant.* ‖ Etre publié : *ce livre a paru l'an dernier ; ce livre est paru depuis longtemps.* ‖ — *Fig.* Briller, se faire remarquer : *chercher à paraître.* ‖ Se manifester : *son orgueil paraît dans toutes ses actions.* ‖ — V. impers. *Il paraît que, à ce qu'il paraît, paraît-il, il paraîtrait,* on dit que, le bruit court que. ‖ *Il y paraît,* on le voit bien : *il a été longtemps malade, mais il n'y paraît plus.*

Paralie. *Géogr. anc.* Région littorale de l'Attique.

parallactique adj. Qui appartient à la parallaxe.

parallaxe [paralaks] n. f. (gr. *parallaxis,* changement). *Astron.* Angle sous lequel serait vue de façon normale, à partir d'un astre, une longueur égale soit au rayon terrestre (cas des astres du système solaire), soit au demi-grand axe de l'orbite terrestre (cas des étoiles). [La parallaxe horizontale du Soleil a une valeur moyenne de 8″,8, correspondant à une distance moyenne de la Terre de 149 600 000 km. La parallaxe horizontale de la Lune est d'environ 57′ 3″, correspondant à une distance moyenne de 384 400 km.] ‖ Déplacement de la position apparente d'un corps, dû à un changement de position de l'observateur. ‖ *Phot.* Angle formé par les axes optiques de l'objectif et du viseur d'un appareil braqués sur un même objet, et faussant la visée aux faibles distances. ● *Parallaxe binoculaire,* somme des angles qui forment les lignes idéales partant de chacun des yeux en direction d'un point objet avec une ligne frontoparallèle, et dont la sensation cinesthésique par les muscles oculaires fournit la principale composante de la notion de distance.

parallèle [parallɛl] adj. (gr. *parallêlos ;* de *para,* à côté, et *allêlos,* l'un l'autre). *Math.* Se dit de deux ou plusieurs droites qui, deux à deux, sont dans un même plan et ne se coupent pas. ‖ *Fig.* Qui suit la même direction, semblable : *mener une action parallèle.* ‖ Se dit de ce qui est plus ou moins clandestin, dont les activités recouvrent en partie celles d'un organisme légal ou officiel : *une police parallèle.* ‖ Se dit d'un film, d'un spectacle, d'une publication dont la production et la distribution se font en dehors des circuits traditionnels. ● *Courbes* (ou *surfaces*) *parallèles,* courbes planes (ou surfaces) admettant les mêmes normales, et telles que les portions de normales comprises entre les deux courbes (ou les deux surfaces) aient une longueur constante. ‖ *Marché parallèle,* marché semi-clandestin sur lequel sont effectuées des opérations commerciales ou financières dans des conditions prohibées par la loi ou la réglementation en vigueur, et généralement à des cours plus élevés que les cours officiels. ‖ *Plans parallèles,* plans qui n'ont aucun point commun.

parallèle n. f. Droite parallèle à une autre droite ou à un plan : *tirer une parallèle.* ‖ *Mil.* Tranchée aménagée pour relier entre eux des organes de défense parallèlement à la direction du front. ● *En parallèle,* se dit d'une disposition relative de plusieurs conducteurs, générateurs ou condensateurs électriques, dont chacun a ses deux bornes réunies aux deux mêmes points. (On dit aussi EN DÉRIVATION.)

parallèle n. m. *Math.* Section d'une surface de révolution par un plan perpendiculaire à l'axe : *tout parallèle est un cercle.* ‖ *Géogr.* Cercle imaginaire situé sur la Terre, dans un plan parallèle à celui de l'équateur. (V. *encycl.*) ‖ Ecrits, discours faisant ressortir les ressemblances ou les différences entre deux personnes ou deux choses : *les parallèles de Plutarque.*
— ENCYCL. Les *parallèles* sont numérotés de 0 à 90 au nord et de 0 à 90 au sud de l'équateur, et leur longueur décroît au fur et à mesure qu'ils se rapprochent des pôles ; l'équateur, étant le plus long des parallèles, est le parallèle d'origine. Les parallèles servent à déterminer la latitude.

Parallèles des Anciens et des Modernes. V. ANCIENS ET MODERNES.

parallèlement adv. De façon parallèle.

parallélépipède [parallelepipɛd] n. m. (gr. *parallêlos,* parallèle, et *epipedon,* surface plane). Polyèdre à six faces qui sont toutes des parallélogrammes, les faces opposées étant égales et parallèles entre elles. (V. illustr. SURFACES* ET VOLUMES.) ● *Parallélépipède droit,* parallélépipède dont les arêtes sont perpendiculaires aux plans de base. ‖ *Parallélépipède rectangle,* parallélépipède droit dont la base est un rectangle.

parallélisme n. m. Le fait d'être parallèle. ‖ *Fig.* Direction semblable.

parallélogramme [parallelɔgram] n. m. Quadrilatère convexe dont les côtés opposés sont parallèles. (V. illustr. SURFACES* ET VOLUMES.)

paralogisme [paralɔʒism] n. m. (gr. *para,* à côté, et *logismos,* raisonnement). Raisonnement faux et de bonne foi (par oppos. au *sophisme*).

paralysant, e adj. De nature à paralyser (au *pr.* et au *fig.*).

paralysé, e adj. et n. Atteint de paralysie. ‖ *Fig.* Immobilisé.

paralyser [paralize] v. t. Frapper de paralysie. ‖ *Fig.* Frapper d'inertie, neutraliser, empêcher d'agir : *paralyser les efforts de quelqu'un.*

paralysie n. f. (gr. *paralusis,* relâchement). Privation entière ou diminution considérable du mouvement volontaire. (V. *encycl.*) ‖ *Fig.* Impossibilité d'agir ; arrêt complet : *paralysie de l'économie.*
— ENCYCL. Les *paralysies* ont un aspect variable suivant le siège de la lésion.
Les *paralysies* dites *centrales,* c'est-à-dire résultant d'une lésion siégeant sur les neurones émanant de l'écorce cérébrale, conducteurs de la motricité, peuvent être soit de type flasque, soit de type spasmodique. Les paralysies flasques traduisent une section complète ou une inhibition des voies motrices ; elles s'observent notamment dans les jours ou semaines qui suivent un ictus apoplectique et sont caractérisées, en plus de l'état paralytique, par une hypotonie musculaire et une abolition des réflexes. Les paralysies spasmodiques s'accompagnent de contracture musculaire et d'une extrême vivacité des réflexes tendineux ; elles surviennent d'emblée (compression ou maladies de la moelle à évolution lente) ou font suite à la paralysie flasque.
Les *paralysies* dites *périphériques* résultent d'une atteinte de la corne antérieure de la moelle, des racines nerveuses ou des nerfs périphériques ; elles sont toujours de type flasque, comportant une abolition de la force musculaire et des réflexes, et une hypotonie des muscles.
Des affections musculaires (myopathies, myosites) sont également responsables de manifestations semblables à des paralysies, bien que les nerfs ne soient pas touchés.
Dans certains cas enfin (myasthénie, paralysie périodique), les nerfs et les muscles sont intacts, mais les processus chimiques nécessaires à la contraction musculaire sont perturbés, et celle-ci ne peut se faire.
La *paralysie générale,* malgré son nom, ne comporte pas de paralysie ; elle est la conséquence d'une encéphalite syphilitique et se manifeste par l'association de troubles psychiques et de troubles neurologiques, ainsi que par l'existence d'une réaction inflammatoire du liquide céphalo-rachidien.

paralytique adj. et n. Atteint de paralysie : *un vieillard paralytique.*

paramagnétique adj. Se dit d'une substance qui s'aimante dans le même sens que le fer, mais de façon beaucoup plus faible.

Paramaribo, cap. et port du Surinam, sur le fleuve Surinam ; 123 000 h.

Paramé (34500 St Malo), anc. comm. d'Ille-et-Vilaine, sur la Manche, intégrée depuis 1967 à Saint*-Malo. Station balnéaire.

paramécie [paramesi] n. f. (gr. *paramêkês,* oblong). Protozoaire de l'embranchement des ciliés, commun dans les eaux douces stagnantes, et dont le corps atteint parfois 1/5 de millimètre de long.

paramédical, e, aux adj. Se dit des professions et des personnels ne faisant pas partie des professions médicales, mais qui ont trait, sur les plans technique ou administratif, aux activités relatives à la santé : *les secrétaires médicales, les assistantes dentaires, les manipulateurs de radiologie, les diététiciennes, les délégués ou visiteurs médicaux exercent des professions paramédicales.*

paramètre n. m. Dans une expression ou une équation, lettre autre que la variable, et dont on peut fixer à volonté la valeur numérique. ‖ *Statist.* Grandeur mesurable permettant de présenter de façon plus simple et plus abrégée les caractéristiques principales d'un ensemble statistique. ● *Paramètre d'une parabole,* distance de son foyer à sa directrice. ‖ *Paramètre de position,* paramètre indiquant l'ordre de grandeur de l'ensemble des mesures de la distribution.

paramétrique adj. Relatif au paramètre. ● *Représentation paramétrique d'une courbe* (Math.), dans le plan, ensemble de deux équations exprimant les coordonnées d'un point de cette courbe en fonction d'un paramètre t. ‖ *Représentation paramétrique d'une surface* (Math.), ensemble des trois équations exprimant les coordonnées d'un point de cette surface en fonction de deux paramètres u et v.

paramidophénol ou **paraminophénol** n. m. Dérivé du phénol, employé comme révélateur photographique.

paramilitaire adj. Qui imite la structure et la discipline de l'armée, sans en faire partie : *formation paramilitaire.*

paramnésie n. f. (gr. *para,* à côté de, et *mnêsis,* mémoire). Trouble de la mémoire affectant le rappel des souvenirs, se manifestant par une fabulation, une localisation erronée dans le temps, ou l'illusion du déjà-vu.

Paraná (le), fl. de l'Amérique du Sud ; 3 300 km. Né au Brésil méridional de la confluence du Paranaíba et du rio Grande, le fleuve s'écoule vers le sud, sépare le Brésil du Paraguay, puis ce dernier pays de l'Argentine avant de recevoir le río Paraguay (r. dr.). Il draine alors le nord-est de l'Argentine avant de rejoindre l'Atlantique dans l'estuaire du Río de La Plata, qu'il forme avec le fleuve Uruguay.

Paraná, Etat du Brésil méridional ; 7 217 000 h. Cap. *Curitiba.* L'Etat est formé d'une étroite plaine littorale sur l'Atlantique, dominée par de hauts plateaux gréseux et basaltiques doucement inclinés vers la gouttière du *rio Paraná.* Le climat, humide et chaud, a favorisé l'essor des cultures tropicales, en particulier celle du café, dont la production est aujourd'hui supérieure à celle de l'Etat de São Paulo.

Paraná, port de l'Argentine, sur le *Paraná ;* 183 900 h.

parangon [parɑ̃gɔ̃] n. m. (esp. *parangón,* comparaison). Modèle, type : *Harpagon est le parangon des avares* (vx). ‖ Diamant, perle sans défaut.

parangonnage n. m. Action de parangonner.

parangonner v. t. (de *parangon*). *Arts graph.* Assembler dans une même ligne de composition des caractères de corps différents de façon qu'ils s'alignent ensemble.

paranoïa [paranɔja] n. f. (mot gr. signif. *trouble de la raison*). Psychose caractérisée par un orgueil exagéré, de l'égoïsme, de la susceptibilité, de la méfiance, de la fausseté dans le jugement.

paranoïaque adj. Relatif à la paranoïa : *délire paranoïaque.* ‖ — Adj. et n. Atteint de paranoïa.

paranthrope [parɑ̃trɔp] n. m. Australopithèque découvert en 1948 dans le Transvaal.

parapet [parapɛ] n. m. (ital. *parapetto,* qui protège la poitrine). Mur, talus permettant aux défenseurs d'un

Phot. Boulanger.

ouvrage fortifié de tirer à l'abri sur les assaillants. ‖ Mur à hauteur d'appui, pour servir de garde-fou : *le parapet d'un pont.*

paraphasie [parafazi] n. f. Trouble du langage constitué par la substitution des mots les uns aux autres.

paraphe ou **parafe** [paraf] n. m. Trait de plume accompagnant la signature. ‖ *Dr.* Signature abrégée, généralement composée d'initiales, destinée à authentifier les ratures et les renvois. ‖ Apposition, par un magistrat, de sa signature sur les pages numérotées des registres de l'état civil, des registres de commerce, etc., de façon à interdire toute destruction ou substitution.

parapher ou **parafer** v. t. Mettre son paraphe au bas d'un écrit. ‖ Signer en abrégé les renvois et les ratures d'un acte juridique. ‖ Apposer sa signature sur les pages d'un registre de l'état civil ou de commerce.

paraphernal [parafɛrnal], **e, aux** [-o] adj. (gr. *para,* contre, et *phernê,* dot). Se disait de la partie de l'apport de l'épouse non comprise dans sa dot : *la femme a l'administration de ses biens paraphernaux.*

paraphrase n. f. (gr. *paraphrasis,* phrase qui amplifie). Explication étendue d'un texte : *une paraphrase des Psaumes.* ‖ Développement verbeux et diffus.

paraphraser v. t. Faire des paraphrases, interpréter. ‖ Etendre, amplifier.

paraphraseur, euse n. Personne qui amplifie un fait en le rapportant.

paraphrastique adj. Qui appartient à la paraphrase.

paraphyse [parafiz] n. f. Poil stérile accompagnant les éléments producteurs de spores, chez les champignons.

paraplégie [parapleʒi] n. f. (gr. *para,* contre, et *plêgê,* choc). Paralysie des deux membres inférieurs.
— ENCYCL. La *paraplégie* s'observe dans les compressions médullaires (mal de Pott, fracture, cancer de la colonne vertébrale, etc.), dans les affections de la moelle (sclérose en plaques, syphilis médullaire, etc.) ou dans les atteintes des nerfs périphériques (polynévrites).

paraplégique adj. et n. Affecté de paraplégie. ‖ — Adj. Qui a le caractère de la paraplégie.

parapluie [paraplɥi] n. m. (de *parer* et *pluie*). Objet portatif, formé d'un manche et d'une étoffe tendue sur des tiges flexibles, pour se garantir de la pluie.

parapsychique adj. Syn. de MÉTAPSYCHIQUE adj.

parapsychologie n. f. Syn. de MÉTAPSYCHIQUE n. f.

parascève [parasɛv] n. f. Veille du sabbat, chez les juifs.

parasitaire adj. Qui appartient au parasite. ‖ Qui se comporte en parasite. ‖ *Méd.* Causé par la présence de parasites : *maladie parasitaire.*

parasite [parazit] adj. et n. m. (gr. *parasitos,* commensal). Se dit d'une personne qui vit aux dépens des autres. ‖ Se dit des êtres vivants qui se nourrissent au détriment d'un autre être vivant (appelé leur *hôte*) sans le tuer rapidement, et principalement de ceux qui vivent fixés à la surface de leur hôte (ectoparasites) ou à l'intérieur de son corps (endoparasites). [V. *encycl.*] ‖ — Pl. Perturbations, d'origine atmosphérique ou industrielle, qui troublent la réception des signaux radio-électriques.
— ENCYCL. La plupart des animaux et des plantes ont à souffrir des attaques de nombreux *parasites,* et l'on peut ranger parmi les parasites les agents de toutes les maladies infectieuses ou contagieuses : virus, bactéries, champignons pathogènes, protozoaires, larves de mouche (œstre, hypoderme), de même que les vers intestinaux ou les arthropodes de la peau (pou, tique, gale). En revanche, on ne doit pas considérer comme parasites les moustiques buveurs de sang (*hématophages*). De même, le bacille lactique ne vit pas en parasite dans notre intestin, puisque sa présence nous est plus utile que nuisible. Enfin, les poissons pilotes ne sont pas parasites des requins, mais simples *commensaux,* puisqu'ils ne se nourrissent que de l'excédent de leurs repas. Les ectoparasites (puce, punaise, pou, mallophages des oiseaux, etc.) se nourrissent de sang et de débris de peau, et ils ne sont vraiment dangereux que lorsqu'ils transmettent des maladies infectieuses. Il faut en distinguer les animaux qui se font simplement transporter par un support vivant, sans rien y prélever (balanes et serpules des coquillages, coronules des baleines).
Plus dangereux sont les suceurs permanents des liquides circulants : orobanche et cuscute des plantes cultivées, lamproie des poissons, qui ne se détachent jamais de leur victime. Les parasites des cavités naturelles (cavité branchiale des mollusques, des ascidies et des poissons ; tube digestif des vertébrés terrestres) seraient peu dangereux s'ils ne rejetaient souvent des déchets toxiques. Beaucoup plus redoutables sont les parasites du sang (agents du paludisme et de la maladie du sommeil, filaire, etc.), du tissu musculaire (trichine), du foie (kyste hydatique, douve du foie du mouton), du cerveau (tournis du mouton) ou, chez les plantes, de la graine (nielle du blé, ergot du seigle) ou des racines (rafflesia). Si l'hôte présente toutes sortes de troubles organiques, le parasite est souvent un être extrêmement dégénéré : plante n'ayant, outre ses fleurs, qu'un réseau de filaments comme ceux d'un champignon ; crustacé réduit lui aussi à un réseau de filaments et à un sac bourré d'œufs (sacculine) ; ver sans tube digestif (ténia) ; etc. Seuls les organes de fixation à l'hôte (ventouses, crochets) et les organes reproducteurs sont bien développés. Le parasite ne demeure pas toute sa vie sur son hôte : des larves parasites deviennent des adultes libres (larve *glochidium* de certains mollusques bivalves) ; des larves libres (*nauplius* de la sacculine) donnent des adultes parasites ; une

parapluie

larve parasite d'un mollusque donne un adulte parasite des ruminants (douve). On distingue donc les parasites à un seul hôte (animaux *monoxènes,* plantes *homoïques*) et les parasites à plusieurs hôtes successifs (animaux *polyxènes* tels que le bothriocéphale, plantes *hétéroïques* telles que la rouille du blé).
Signalons enfin que certains parasites sont étroitement spécifiques et n'attaquent qu'une seule espèce de crabe, qu'une seule espèce de trèfle, etc.

parasiter v. t. Envahir un végétal ou un animal pour en tirer son profit. ‖ Perturber par des bruits parasites.

parasiticide adj. et n. m. Qui tue les parasites.
— ENCYCL. Les *parasiticides* sont souvent utilisés en médecine. Dans les cas de parasitoses intestinales, la santonine et les dérivés de la pipérazine sont employés contre les ascaris ; le thymol, le violet de gentiane et la pipérazine contre les oxyures ; l'extrait éthéré de fougère mâle et l'oxyde d'étain contre le ténia. Dans les parasitoses cutanées, le D. D. T. est actif contre la plupart des parasites de l'embranchement des arthropodes.

parasitisme n. m. Etat de parasite.

parasitologie n. f. Etude des parasites de l'homme, des animaux et des végétaux.

parasitose n. f. Maladie provoquée par un parasite.

parasol [parasɔl] n. m. (ital. *parasole,* qui écarte le soleil.) Objet qui a la forme d'un grand parapluie, et que l'on place en un endroit pour se garantir du soleil.

parasympathique adj. et n. m. Se dit de l'une des deux parties du système neurovégétatif (l'autre étant le sympathique, ou orthosympathique).
— ENCYCL. Le *parasympathique* est formé de filets nerveux ou de nerfs provenant, d'une part, du cerveau et, d'autre part, des derniers nerfs issus de la moelle épinière (nerfs et plexus sacrés). Les filets nerveux crâniens accompagnent les différents nerfs crâniens et innervent l'œil, l'oreille, la face ; d'autres filets forment un nerf, le pneumogastrique, qui traverse le cou et innerve les viscères du thorax (cœur, œsophage, poumon), puis ceux de l'abdomen (estomac, intestin, foie). Les filets provenant du plexus sacré innervent les organes génitaux et urinaires, et le rectum.

parathormone n. f. Hormone produite par les glandes parathyroïdes et dont la sécrétion règle le taux du phosphore et du calcium dans le milieu intérieur.

parathyroïde n. f. Glande endocrine placée derrière la glande thyroïde. (Les parathyroïdes, au nombre de quatre chez l'homme, produisent une hormone, la parathormone.) ‖ — Adj. Relatif à ces glandes.

paratonnerre n. m. Appareil destiné à préserver les bâtiments des effets de la foudre. (Le paratonnerre de Franklin comprend : une tige de fer de 5 à 10 m de longueur, terminée par une pointe en cuivre et fixée verticalement à la partie supérieure d'un édifice ; un câble métallique conducteur ; un « perd-fluide », constitué par des plaques enfouies dans le sol ou par un tube plongeant dans un puits.)

paratyphique adj. Relatif à une paratyphoïde. ‖ Se dit de bacilles voisins du bacille d'Eberth, qui provoquent les paratyphoïdes. ‖ — Adj. et n. Atteint de paratyphoïde.

paratyphoïde adj. et n. f. Se dit des maladies infectieuses voisines de la fièvre typhoïde, mais moins graves.
— ENCYCL. On distingue deux types de *paratyphoïdes ;* elles sont produites par les bacilles paratyphiques A et B. On vaccine contre ces deux maladies en même temps que contre la typhoïde (vaccin T. A. B.). On les traite, comme la fièvre typhoïde, par le chloramphénicol.

paravalanche n. m. Construction destinée à protéger des avalanches.

paravent [paravɑ̃] n. m. Ecran composé de plusieurs panneaux articulés par des charnières et servant à garantir du froid ou à masquer quelque chose.

Paray-le-Monial (71600), ch.-l. de c. de Saône-et-Loire (arr. de Charolles) ; 11 077 h. (*Parodiens*). Pèlerinage du Sacré-Cœur. Eglise Notre-Dame (XIIe s.), d'influence clunisienne, très bel exemple d'architecture romane bourguignone (v. illustr. ARCHITECTURE ET SCULPTURE ROMANES*). Hôtel de ville du XVIe s. Céramique.

Paray-Vieille-Poste (91550), comm. de l'Essonne (arr. de Palaiseau), en bordure de l'aéroport d'Orly ; 7 395 h.

parbleu! [parblø] interj. (corruption de *par Dieu*). Juron exprimant l'approbation, l'assentiment.

parc [park] n. m. (empr. au germ.). Enclos boisé d'une certaine étendue, pour la promenade ou les plaisirs de la chasse. ‖ Pâtis entouré de fossés, où l'on met les bœufs à l'engrais. ‖ Clôture faite de claies à l'intérieur de laquelle on enferme les moutons qui couchent dans les champs. ‖ Clôture de filets, dans la mer, pour garder le poisson. ‖ Entrepôt de matériel militaire : *parc à munitions.* ‖ Organisme chargé de le gérer : *un parc du génie.* ‖ Lieu où l'on peut garer une voiture. ● *Parc à bébé,* petit enclos à l'intérieur duquel on place un bébé pour l'empêcher de s'échapper. ‖ *Parc national,* région où la faune et la flore sont rigoureusement protégées.

parcage n. m. Action de parquer. ‖ Séjour des moutons parqués sur des terres labourables. ‖ Syn. de PARKING.

parcellaire adj. Fait par parcelles de terre : *en France, le cadastre est parcellaire.* ‖ Divisé par parcelles : *plan parcellaire.*

parcelle [parsɛl] n. f. (lat. *particula*). Petite partie : *une parcelle de terrain.* ‖ Pièce de terrain d'étendue variable, mais de même culture, qui constitue l'unité cadastrale.

parce que [parskə *ou* parsəkə] loc. conj. Exprime la cause, la raison, le motif : *on se chauffe parce qu'on a froid.*
— ENCYCL. *Parce que,* en deux mots, signifie « attendu que », « par la raison que » : *Pépin fut surnommé le Bref,* PARCE QU'*il était petit.*
Par ce que, en trois mots, signifie « par la chose que » : PAR CE QUE *vous dites, je vois que vous avez tort.*

parchemin [parʃəmɛ̃] n. m. (gr. *pergamênê,* peau de *Pergame,* où fut inventé le parchemin). Peau d'animal préparée pour l'écriture et divers autres usages. ‖ — Pl. *Fam.* Titres de noblesse ; diplômes universitaires : *être fier de ses parchemins.*

parcheminé, e adj. Qui a la consistance ou l'aspect du parchemin : *visage parcheminé.*

parcheminer v. t. Rendre semblable à du parchemin : *l'huile parchemine le papier.*

parchemineux, euse adj. Qui a la nature ou l'apparence du parchemin.

parcimonie [parsimɔni] n. f. (lat. *parcimonia ;* de *parsus,* épargné). Epargne minutieuse sur de petites choses.

parcimonieusement adv. Avec parcimonie : *distribuer parcimonieusement de la nourriture.*

parcimonieux, euse adj. Qui fait preuve de parcimonie.

parcomètre ou **parcmètre** n. m. *Autom.* Appareil mesurant automatiquement le temps de stationnement autorisé dans un parc à voitures payant.

parcourir [parkurir] v. t. (conj. **21**). Suivre ou visiter dans toute son étendue ou dans tous les sens : *parcourir une route, une ville.* ‖ *Fig.* Examiner rapidement : *parcourir un livre.*

parcours [-kur] n. m. Trajet, en général : *effectuer un parcours.* ‖ Chemin que suit une voiture publique, un cours d'eau : *le parcours d'un autobus.* ‖ *Sports.* Ensemble des dix-huit trous au golf ; chemin parsemé d'obstacles que doit suivre un cavalier en compétition. ● *Parcours du combattant,* suite d'obstacles destinés à la formation des militaires en vue du combat.

Parcq (LE) [62770], ch.-l. de c. du Pas-de-Calais (arr. d'Arras) ; 650 h.

pardessus [pardəsy] n. m. Vêtement masculin qu'on porte par-dessus les autres pour se protéger du froid.

pardi! [pardi], **pardieu!** [-djø] interj. (pour *par Dieu*). Petits jurons familiers, signif. *bien sûr, naturellement.*

Pardies (64150 Mourenx), comm. des Pyrénées-Atlantiques (arr. d'Oloron-Sainte-Marie) ; 945 h. Industries chimiques.

pardon [pardɔ̃] n. m. Rémission d'une faute, d'une offense : *obtenir son pardon.* ‖ Formule de politesse employée quand on dérange quelqu'un : *je vous demande pardon.* ‖ Pèlerinage breton : *le pardon d'Auray.*

pardonnable adj. Que l'on peut pardonner : *faute pardonnable.* ‖ Qui mérite d'être pardonné : *enfant pardonnable.*

pardonner v. t. (de *donner*). Renoncer à punir ; excuser : *pardonner une offense.* ‖ Voir sans dépit, sans jalousie : *on ne lui pardonne pas ses succès.* ‖ — V. t. ind. [**à**]. Faire grâce, accorder son pardon à quelqu'un : *pardonner à un écolier puni.* ‖ — Syn. : ABSOUDRE, ACQUITTER, EXCUSER. ● *Maladie qui ne pardonne pas,* maladie mortelle. ‖ *Pardonnez-moi,* formule de civilité.

Pardubice, v. de Tchécoslovaquie (Bohême), sur l'Elbe ; 67 000 h. Métallurgie.

paré [pare], **e** adj. Orné, embelli : *jardin paré de mille fleurs.* ● *Paré!* (Mar.), exclamation qui indique qu'un ordre a été exécuté, ou qu'on est prêt pour son exécution.

Paré (Ambroise), chirurgien français, né à Bourg-Hersent, près de Laval (v. 1509-1590). Il fit un stage de trois ans à l'Hôtel-Dieu en qualité d'aide. Vers 1536, il devint chirurgien des armées. En 1552, Henri II le prit à son service comme chirurgien ordinaire. Après la mort de ce souverain, Paré conserva sa place auprès de François II, de Charles IX et d'Henri III. Il fut l'innovateur de la ligature des artères, substituée à la cautéri-

Phot. Lauros - Atlas-Photo.

Ambroise Paré

sation des plaies au fer rouge après l'amputation d'un membre. Il a laissé de nombreux ouvrages : *Méthode curative des plaies et fractures de la tête humaine, avec les portraits des instruments* (1561), *Dix Livres de chirurgie avec le magasin des instruments nécessaires à icelle* (1564), etc. Ambroise Paré a été appelé à juste titre LE PÈRE DE LA CHIRURGIE MODERNE.

pare-balles n. m. inv. Abri ou vêtement protégeant des projectiles. ‖ — Adj. : *gilet pare-balles.*

pare-boue n. m. inv. Syn. de GARDE-BOUE.

pare-brise n. m. inv. Plaque de verre spécial ou de matière transparente à l'avant d'une automobile, d'une locomotive, d'un avion, etc., pour préserver le conducteur des poussières et de l'action de l'air.

pare-chocs n. m. inv. Garniture destinée à amortir les chocs, placée à l'avant et à l'arrière d'un véhicule.

pare-éclats n. m. inv. Terrassement ou blindage destiné à abriter contre les éclats d'obus.

pare-étincelles n. m. inv. Ecran métallique de foyer, s'opposant à la projection des étincelles.

pare-feu n. m. inv. Dispositif destiné à empêcher la propagation des incendies. ‖ Dans une forêt, espace dégarni de végétation pour entraver la progression des incendies.

pare-fumée n. m. inv. Dispositif destiné à canaliser la fumée qui s'échappe d'une locomotive.

parégorique adj. (du gr. *parêgorein,* adoucir). *Elixir parégorique,* teinture anisée d'opium camphré, employée contre les douleurs intestinales et la diarrhée.

pareil [parɛj], **eille** adj. (du lat. *par, paris,* égal). Egal, semblable : *deux livres pareils.* ‖ Tel, de cette sorte : *en pareil cas.* ● *Sans pareil,* incomparable, supérieur en son genre : *une mémoire sans pareille.* ‖ — N. *Il n'a pas son pareil,* son semblable. ‖ *C'est du pareil au même* (Fam.), c'est exactement la même chose. ‖ *Vos pareils,* les gens de votre état, de votre caractère.

pareille n. f. *Rendre la pareille,* rendre un traitement identique à celui qu'on a reçu.

pareillement adv. De la même manière. ‖ Aussi : *je le désire pareillement.*

parélie n. m. V. PARHÉLIE.

parement [parmɑ̃] n. m. Revers des manches de certains vêtements. ‖ Etoffe, brodée ou galonnée, dont on voile la partie antérieure des autels. ‖ *Constr.* Surface apparente d'une pierre ou d'un mur, dans un ouvrage. ‖ Ensemble de grosses pierres de taille dont un ouvrage est revêtu. ‖ Ensemble des quartiers de pierre qui bordent un chemin pavé.

parementer v. t. Revêtir d'un parement : *parementer un mur.*

parenchymateux, euse adj. Relatif au parenchyme.

parenchyme [parɑ̃ʃim] n. m. (gr. *parenkhuma*). *Anat.* Tissu spongieux du poumon, du rein. ‖ *Bot.* Tissu de nutrition (parenchyme à chlorophylle), de réserve ou de remplissage (moelle).

parent [parɑ̃], **e** [-ɑ̃t] n. (lat. *parens;* de *parere,* enfanter). Personne descendant d'un ancêtre commun : *un parent éloigné.* ‖ Personne liée à une autre par des liens de consanguinité ou d'alliance. ● *Traiter quelqu'un en parent pauvre,* avec dédain. ‖ — N. m. pl. Le père et la mère. ‖ Les ancêtres : *issu de parents illustres.* ● *Nos premiers parents,* Adam et Eve.

parental, e, aux adj. Qui concerne le père ou la mère considérés comme un tout : *l'autorité parentale tend à remplacer la notion de puissance paternelle.*

parentales [parɑ̃tal] ou **parentalies** [-li] n. f. pl. *Antiq.* Fêtes en l'honneur des morts.

parenté n. f. Lien de consanguinité ou d'alliance : *degré de parenté.* (V. *encycl.*) ‖ Lien juridique qui unit deux personnes dont l'une descend de l'autre ou qui ont l'une et l'autre un ancêtre commun. ‖ Ensemble des parents et des alliés. ‖ *Fig.* Ressemblance : *parenté de deux opinions.* (Syn. : AFFINITÉ, ANALOGIE, CONFORMITÉ, SIMILITUDE.) ● *Parenté spirituelle,* celle qui unit les parrains et marraines avec leurs filleuls et les parents de ceux-ci.
— ENCYCL. *Ethnol.* L'affirmation de l'école ethnologique structuraliste selon laquelle la *parenté* est une « structure » signifie qu'il existe entre les parents et les classes de parents des relations définies, qui ne prennent leur signification que les uns par rapport aux autres. Cette structure peut s'envisager sur trois plans.
1. *La terminologie parentale.* Elle est l'aspect par lequel la structure de la parenté se laisse appréhender dans un système de classification dichotomique. Il existe deux sortes de terminologies : *a*) une *terminologie descriptive,* qui comporte un nombre restreint de termes et qui ne désigne que les parents proches. Les parents plus éloignés sont désignés par des termes composés à partir des premiers. (Ainsi le cousin paternel est appelé « fils du frère du père ».) Cette terminologie se rencontre par exemple dans la région orientale du Nigeria du Sud ; *b*) des *terminologies classificatoires,* qui impliquent que les parents sont regroupés par classe ; ces classes reçoivent chacune une appellation spécifique. Ainsi, chez les Bakongos, il y a trois classes fondamentales : les « mères », qui comprennent, outre la mère de l'ego, les frères et sœurs de la mère (les frères sont appelés mères-mâles), etc. ; les « pères », où l'on trouve le même schéma ; la troisième classe comprend tous les enfants d'une même mère et les cousins maternels vivants.
2. *Le système des attitudes.* Il semble une émanation du système des appellations et peut se comprendre à partir de l'exemple de ce que Lévi-Strauss appelle la « structure élémentaire de la parenté », ou « atome social », soit le groupe formé par le père, la mère, le frère de la mère et l'ego. Les études ethnologiques de Mead, de Malinowski, etc., ont montré depuis longtemps que « la relation entre oncle maternel et neveu est à la relation entre frère et sœur comme la relation entre père et fils est à la relation entre mari et femme ». Ainsi, chez les Fangs du Cameroun et du Congo (patrilinéaires), les relations entre frères et sœurs, entre oncle maternel et neveu sont détendues, alors que celles entre époux et entre parents et enfants sont tendues, marquées par la contrainte. Inversement, chez les Kongos (matrilinéaires), père et fils, ne vivant pas longtemps ensemble, ont d'excellentes relations, de même frère et sœur, alors que les relations entre époux et les relations entre oncle maternel et oncle utérin sont tendues.
3. *La circulation des biens, la filiation, la résidence, etc.* La structure de la parenté se marque sur ce plan par le type de la filiation, qui est soit patrilinéaire, soit matrilinéaire ou bilatéral, et est en relation avec le type de résidence imposé aux jeunes époux, qu'il soit matrilocal, patrilocal, etc. Par exemple, dans le système bilatéral que présente le peuple des Yakös (Nigeria méridional ; 20 000 représentants), la filiation patrilinéaire conditionne la résidence (patrilocale). L'héritage suit la double ligne : le bétail et la richesse numéraire vont au fils de la sœur, mais les terres suivent la filiation patrilinéaire. De même, les échanges de femmes peuvent suivre une ligne particulière ; par exemple, le mariage entre cousins croisés chez les Kongos est préférentiel. Cette modalité doit correspondre à un type de filiation ou à un type de résidence, tels que des études sur le terrain finissent par vérifier un ou plusieurs modèles.

parenthèse [parɑ̃tɛz] n. f. (gr. *parenthesis,* action de mettre auprès de). Phrase accessoire et formant un sens à part. ‖ Signe qui indique cette intercalation ( ) : *mettre entre parenthèses.* ‖ *Math.* Signe qui, isolant une expression algébrique, indique qu'une même opération s'applique à cette expression tout entière. ‖ Digression : *ouvrir une parenthèse.* ‖ — **Entre parenthèses, par parenthèse** loc. adv. Incidemment, sans rapport avec ce qui précède ou ce qui suit : *par parenthèse, je tiens à vous dire que...*

Parentis-en-Born [parɛ̃tis-] (40160), ch.-l. de c. des Landes (arr. de Mont-de-Marsan) ; 3 769 h. (2 992 aggl.). Etang. Principal gisement français de pétrole.

paréo [pareo] n. m. Sorte de pagne porté à Tahiti par les hommes et par les femmes.

parer [pare] v. t. (lat. *parare,* disposer). Embellir d'ornements, d'atours, etc. : *parer un autel, une mariée.* (Syn. : ARRANGER, EMBELLIR, ENJOLIVER, GARNIR, ORNER.) ‖ Détourner, éviter : *parer un coup.* ‖ *Mar.* Tenir prêt à servir : *parer une ancre.* ● *Parer des légumes, des fruits,* en ôter les parties qui ne sont pas bonnes à manger. ‖ *Parer la viande,* en ôter la peau, les nerfs, les graisses superflues. ‖ — V. t. ind. [**à**]. Remédier à, se préserver de : *parer à un danger.* ‖ Prendre toutes les dispositions nécessaires : *parer à toute éventualité.* ‖ — **Se parer** v. pr. S'orner : *la terre se pare au printemps.* ‖ *Fig.* Se glorifier, se vanter : *se parer de faux titres.*

parère [parɛr] n. m. (du lat. *parere,* paraître). *Dr.* Certificat écrit constatant authentiquement un usage.

parésie [parezi] n. f. (gr. *paresis,* relâchement). Paralysie incomplète.

pare-soleil n. m. inv. Ecran garantissant contre le soleil.

paresse [parɛs] n. f. (lat. *pigritia*). Défaut qui éloigne du travail, de l'effort : *la paresse engendre la misère.* ● *Paresse d'esprit,* lenteur à concevoir.

paresser v. i. *Fam.* Se laisser aller à la paresse.

paresseusement adv. D'une manière paresseuse : *s'étendre paresseusement au soleil.*

paresseux, euse adj. et n. Qui n'aime pas travailler, qui répugne à agir : *un écolier paresseux.* ● *Estomac paresseux,* qui digère péniblement.

paresseux n. m. pl. *Zool.* Sous-ordre de mammifères édentés de l'Amérique du Sud, aux mouvements très lents, comprenant l'*aï,* ou *bradype,* et l'*unau.* ‖ Sing. un *paresseux.*

paresthésie [parɛstezi] n. f. (gr. *para,* à côté, et *aisthesis,* sensation). Sensation anormale due à un trouble fonctionnel du système nerveux.

Pareto (Vilfredo Frederigo SAMASO, marquis), économiste italien, né à Paris (1848-1923). Après avoir dirigé diverses entreprises en Italie, il succéda à Walras (1893) dans la chaire d'économie politique de l'université de Lausanne. Il s'efforça de ramener l'économie à une sorte de mécanique qu'il exposait à l'aide des mathématiques. Ses principales œuvres sont un *Cours d'économie politique* (1896-1897) et les *Systèmes socialistes* (1902).

parfaire [parfɛr] v. t. (lat. *perficere*) [conj. **72**]. Achever, mener à son complet développement : *parfaire un ouvrage.* ‖ Compléter : *parfaire une somme.*

parfait [parfɛ], **e** [-ɛt] adj. (lat. *perfectum*). Qui réunit toutes les qualités, sans mélange de défauts : *nul homme n'est parfait.* (Syn. : ACCOMPLI, EXCELLENT, IDÉAL, IMPECCABLE, SUPÉRIEUR.) ‖ Qui a de grandes qualités dans son genre : *beauté parfaite.* ‖ Complet, absolu : *tranquillité parfaite.* ‖ *Bot.* Se dit d'un vaisseau du bois formé de cellules qui ont résorbé leurs membranes transversales, donnant un tube continu. ‖ — N. m. Chez les cathares, personne qui s'engageait au renoncement total.

parfait n. m. Crème glacée à un seul parfum. ‖ *Gramm.* Temps du verbe qui marque une époque écoulée ou une action présentement accomplie.

parfaitement adv. De façon parfaite : *connaître parfaitement une langue.* ‖ Oui, certainement : « *Viendrez-vous? — Parfaitement !* »

parfilage n. m. Action de parfiler.

parfiler [parfile] v. t. Entremêler, en tissant une étoffe ou un galon, des fils d'une matière ou d'une couleur différentes.

parfois [parfwa] adv. Quelquefois ; dans certaines circonstances.

parfondre [parfɔ̃dr] v. t. (lat. *perfundere,* mélanger) [conj. **46**]. Incorporer les couleurs à une plaque de verre ou d'émail et les faire fondre uniformément.

parfum [parfœ̃] n. m. Odeur agréable : *le parfum des roses.* ‖ Composition industrielle odorante : *aimer les parfums.* ‖ *Fig.* Ce qui éveille un doux souvenir, une idée agréable : *un parfum de bonheur.* ● *Etre au parfum* (Arg.), être au courant.

parfumer [parfyme] v. t. (esp. *perfumar*). Remplir, imprégner d'une bonne odeur, d'un parfum.

parfumerie n. f. Commerce, boutique, marchandises du parfumeur.
— ENCYCL. La *parfumerie* englobe : l'industrie des *matières premières naturelles,* dont le centre, en France, est Grasse, où l'on traite le jasmin, les roses et les fleurs d'oranger, ainsi que les huiles essentielles ; l'industrie des *parfums synthétiques,* qui, avec le développement de la chimie organique, livre aux parfumeurs de nombreux produits de synthèse ; la *parfumerie confectionnée,* ou parfumerie de luxe, principalement à Paris.

parfumeur, euse n. et adj. Personne qui fait ou vend des parfums.

parhélie ou **parélie** [pareli] n. m. (gr. *para,* à côté, et *hêlios,* soleil). *Météor.* Ensemble des images du soleil que donne la réflexion des rayons dans un nuage formé de cristaux de glace.

pari [pari] n. m. (de *parier*). Contrat aléatoire entre personnes soutenant des choses contraires, et par lequel celle qui dit vrai recevra une somme fixée : *engager, faire un pari.* ‖ La somme convenue : *toucher un pari.* ● *Pari mutuel,* jeu d'argent ouvert au public et autorisé par la loi, en matière de courses de chevaux ou de lévriers. ‖ *Pari de Pascal,* célèbre argument employé par Pascal pour amener les incroyants à croire en Dieu, et qu'on peut résumer de la façon suivante : « Vous avez tout à gagner et rien à perdre à croire en Dieu. Car, si vous gagnez (si Dieu est), vous gagnez tout ; si vous perdez (si Dieu n'est pas), vous ne perdez rien. »

paria [parja] n. m. (mot portug., empr. au tamoul). En Inde, nom de tous les hors-caste, exclus de la société. ‖ Homme dédaigné, repoussé par les autres hommes.

pariade [parjad] n. f. Action des oiseaux qui se réunissent par paire pour s'accoupler. ‖ Saison où les oiseaux s'accouplent. ‖ Couple d'oiseaux.

pariage [parjaʒ] n. m. Convention du droit féodal français, conclue entre deux seigneurs de rang inégal.

parian [parjɑ̃] n. m. Porcelaine imitant le marbre de Paros.

Paricutín, volcan du Mexique, à l'ouest de Mexico. Il a surgi en février 1943.

paridés [paride] n. m. pl. (lat. *parus,* mésange). Famille d'oiseaux passereaux comprenant les *mésanges.*

paridigitidé [paridiʒitide] adj. et n. m. Se dit d'un mammifère ongulé ayant un nombre pair de doigts à chaque patte, comme le bœuf, le porc.

parier [parje] v. t. (de *pair,* égal). Faire un pari. ‖ Affirmer : *je parie qu'il ne viendra pas.*

pariétaire [parjetɛr] n. f. (du lat. *paries, -etis,* paroi). Plante herbacée croissant près des murs. (Noms usuels : *casse-pierre, perce-muraille ;* famille des urticacées.) [La pariétaire est employée en infusion comme diurétique.]

pariétal [parjetal], **e, aux** [-o] adj. (du lat. *paries, -etis,* muraille). *Anat.* Se dit de différents organes qui sont en rapport avec la paroi d'une cavité : *plèvre pariétale.* ‖ *Bot.* Se dit d'un type de placentation où les ovules sont fixés sur le bord des feuilles carpellaires, elles-mêmes soudées par leurs bords en un ovaire à une loge, comme

Phot. Larousse.

chez les orchidacées, les papavéracées. ● *Peinture pariétale,* représentation peinte sur les parois et les voûtes des grottes préhistoriques. (On dit aussi PEINTURE RUPESTRE.) ‖ — N. m. Os plat, quadrangulaire, qui constitue la partie supérieure de la voûte crânienne. (Il existe un pariétal de chaque côté; les deux pariétaux s'articulent entre eux sur la ligne médiane [sommet du crâne ou bregma], en avant avec le frontal, en arrière avec l'occipital et latéralement avec l'écaille du temporal.)

parieur, euse n. Personne qui parie.

parigot, e adj. et n. *Pop.* Parisien.

Parini (Giuseppe), poète italien, né à Bosisio (1729-1799). Auteur de poésies amoureuses et d'odes didactiques, il a fait dans son poème en vers libres *la Journée* (1763) la satire de la noblesse milanaise.

paripenné, e adj. *Bot.* Se dit de feuilles composées pennées sans foliole terminale, comme celles du pois, de la vesce.

Paris, cap. de la France, sur la Seine, constituant un dép. [**75**]; 2 590 711 h. (*Parisiens*).

Géographie.

Paris s'est établi au centre du Bassin parisien, à un point de convergence des routes et des cours d'eau (sur la Seine, entre les confluences de la Marne et de l'Oise). Il s'est développé originellement dans une plaine édifiée par la Seine, parsemée de restes de plateaux (Ménilmontant et Belleville, Buttes-Chaumont, Montmartre, « montagne » Sainte-Geneviève). Le site était très favorable (la Seine permettait la navigation, les îles [Cité, Saint-Louis] facilitaient le passage, les hauteurs aidaient à la défense, la plaine, fertile, assurait aisément le ravitaillement des habitants), mais c'est à l'Histoire que Paris doit sa fortune.

L'île de la Cité, berceau de Paris, demeure son centre religieux et judiciaire avec Notre-Dame, la Sainte-Chapelle, le Palais de Justice. L'Hôtel de Ville, siège de l'administration de la Ville, est situé sur la rive droite, qui, près de la Seine, est le site de la vie financière et commerciale (vers le Palais-Royal, la rue de Rivoli, l'Opéra, etc.). Au-delà des « Grands Boulevards », jalonnés par les Grands Magasins, s'étendent des quartiers aux caractères divers. La résidence aisée prédomine à l'ouest et au nord-ouest (Passy, Auteuil, Trocadéro, Plaine-Monceau). De larges avenues s'ouvrent en étoile, autour de l'Arc de triomphe, qu'une perspective ininterrompue (jalonnée notamment par les Champs-Elysées) relie au Louvre. Au nord et à l'est se développent les quartiers ouvriers (nord de la butte Montmartre, La Villette, Belleville, Ménilmontant).

Une trentaine de ponts relient les quartiers de la rive droite à ceux de la rive gauche. Celle-ci, aux abords de la Seine, est le centre de la vie intellectuelle (Institut, Collège de France, Sorbonne, grandes librairies), de la vie artistique (Ecole des beaux-arts, antiquaires) et, moins nettement, de la vie politique (Palais-Bourbon, Luxembourg, ministères). A la périphérie sont établis des hôpitaux (Broussais, Sainte-Anne, Salpêtrière), le cimetière du Montparnasse, des parcs (Montsouris), secteurs entourés d'ateliers, d'usines, où l'habitat est parfois modeste, mais moins dense que dans les agglomérations ouvrières de la rive droite.

Géographiquement, Paris est indissociable d'une banlieue étendue, avec laquelle il constitue une agglomération de plus de 8 millions d'hab., dont la population s'accroît aujourd'hui d'environ 120 000 unités par an (autant actuellement par excédent naturel que par le bilan « positif » des migrations). La banlieue est difficile à circonscrire, mais l'habitat est pratiquement ininterrompu dans la vallée de la Seine, de Corbeil au confluent de l'Oise, et d'est en ouest, de Lagny à Saint-Germain-en-Laye. Toutefois, plusieurs secteurs s'y individualisent.

La vieille banlieue industrielle se localise à proximité de la Seine et des grands axes ferroviaires (sites de localisation préférentielle des classiques industries pondéreuses) : à l'ouest, sur les rives de la première grande boucle de la Seine (Billancourt, Suresnes, Puteaux, Levallois, Clichy, Asnières, etc.); au nord et au nord-est, dans le secteur desservi par un réseau serré de voies ferrées et par le canal de l'Ourcq (Saint-Ouen, Saint-Denis, Aubervilliers, Pantin); au sud-est, le long des rives de la Seine (Ivry, Vitry, Alfortville). Dans les autres banlieues, l'industrie s'efface davantage devant la résidence. A côté des vieux immeubles, souvent insalubres, et des petits pavillons individuels se sont développés les grands ensembles. Comme dans Paris, l'Ouest (entre la Seine et la Bièvre) est le secteur des résidences aisées; dans le Nord et le Nord-Est (entre l'autoroute du Nord et la Marne) abondent les grands ensembles.

Paris (avec la banlieue) regroupe près de 20 p. 100 de la population française sur 0,25 p. 100 de la superficie du pays, mais l'importance économique de la capitale est encore bien supérieure à son poids démographique, déjà énorme. L'agglomération parisienne concentre le quart des fonctionnaires français, 1 million de chefs d'entreprise, de cadres et de membres des professions libérales, le cinquième des ouvriers français, le tiers des étudiants, les deux tiers des artistes et gens de lettres. Près des deux tiers des sièges sociaux des sociétés françaises y sont établis, cependant que 95 p. 100 des valeurs cotées en France le sont à la Bourse de Paris. Toutes les branches d'industrie (en dehors de la sidérurgie) sont représentées dans l'agglomération, et la prépondérance de la capitale est marquée (indépendamment des articles de luxe) dans plusieurs secteurs de pointe : chimie, aéronautique, construction automobile et électrique. Paris est encore le premier port fluvial (Gennevilliers) et le premier aéroport (Le Bourget, Orly et Roissy) de France. L'agglomération absorbe le quart de l'énergie consommée en France et de la production agricole (celle-ci partiellement redistribuée). L'agglomération est le point de convergence de plus de vingt routes nationales et de quatre autoroutes, et est reliée à toute la France par six grandes gares.

Le niveau de vie est sans doute théoriquement plus élevé qu'en province : c'est ainsi que le sixième de la population française possède près de 30 p. 100 des voitures de tourisme françaises, le tiers des postes de télévision et des réfrigérateurs, 40 p. 100 des téléphones et perçoit le quart des salaires distribués. Cette énorme concentration financière, culturelle, commerciale et industrielle offre certainement de grands avantages (contacts rapides entre activités liées entre elles; présence d'un vaste marché de capitaux, de main-d'œuvre et de consommation). Mais des inconvénients, apparus depuis longtemps, s'aggravent chaque jour davantage avec la poursuite de la croissance de l'agglomération.

Les déplacements journaliers des travailleurs, qui rythment la vie de l'agglomération, sont souvent longs (1 h 30 en moyenne, aller et retour, par jour) et pénibles. Ils sont le fait, chaque jour, de 4 millions de personnes. L'autobus, le train et l'automobile sont les moyens de transport de la banlieue vers Paris ou de banlieue à banlieue. A Paris même, l'existence du métro n'empêche pas l'utilisation massive de la voiture individuelle, qui y pose le problème de la circulation; on tente de résoudre celui-ci par la création d'itinéraires à grand débit (boulevard périphérique, voies longeant la Seine), de parkings souterrains, etc. La croissance de l'agglomération grève démesurément les dépenses d'infrastructure. Elle a enfin imposé une décentralisation (d'abord régionale) des fonctions, une planification de sa poursuite, prévisible.

Remplaçant les Halles, un important marché-gare est entré en service à Rungis. De nouvelles facultés se sont ouvertes surtout à la périphérie (Nanterre, porte Dauphine, Orsay, Vincennes). A l'échelle de la nation, la décentralisation des industries et des services tend à réduire l'importance démesurée de la capitale. Il n'existe pas d'autre exemple, dans un pays développé, d'une capitale, avec sa banlieue, huit fois plus peuplée que la deuxième agglomération de l'Etat ou dont la population soit supérieure à la population globale des vingt plus grandes agglomérations provinciales.

Paris fut le siège des jeux Olympiques de 1900 et de 1924.

Histoire

L'établissement primitif de la tribu celtique des *Parisii* dans une île de la Seine prit le nom de *Lutèce* à l'époque romaine. Lutèce se développa sur la rive gauche de la Seine; en 451, sainte Geneviève la préserva de la fureur des Huns. Paris, capitale sous Clovis Ier, fut dévasté par les Normands et soutint contre eux, en 885-886, un siège de treize mois. Sous les Capétiens, Paris prit son essor grâce à son rôle de capitale et à l'activité de sa batellerie. Philippe Auguste le dota de sa première enceinte, tandis que la ville débordait sur la rive droite de la Seine : là se développa la ville commerçante, le quartier intellectuel restant sur la montagne Sainte-Geneviève (université, 1215). Au XIVe s. d'abord, et sous Louis XIII ensuite, l'enceinte dut être agrandie. Parmi les rois de France, Saint Louis, Charles V, François Ier, Louis XII et Louis XIV furent ceux dont la protection éclairée et le goût des arts contribuèrent le plus à embellir la capitale. Mais les rois, depuis la révolte bourgeoise dirigée par Etienne Marcel (1356-1358) et depuis la Fronde (1648), se méfiaient de Paris, ce qui explique l'installation de Louis XIV à Versailles. Paris n'en fut pas moins, aux XVIIe et XVIIIe s., le principal foyer culturel de l'Europe. En octobre 1789, avec le retour du roi, Paris redevint le centre du pays; ce rôle fut particulièrement sensible de 1789 à 1794. La ville fut assiégée en 1814 et 1815. Les fortifications élevées par Louis-Philippe furent démolies après 1920. Avec les travaux entrepris sous le second Empire par le préfet Haussmann, Paris changea de physionomie et prit son visage actuel. En 1870-1871, les Prussiens assiégèrent Paris, qui dut capituler après un long siège, puis ce fut l'insurrection de la Commune. Sous la IIIe République, l'urbanisme parisien vécut encore sur les données d'Haussmann. Pendant la Première Guerre mondiale, la ville fut deux fois menacée (1914, 1918) par les avances allemandes, et bombardée. Occupé par la Wehrmacht le 14 juin 1940, Paris fut libéré le 25 août 1944 par les troupes de Leclerc, les F. F. I. et les F. T. P.

Paris (*école de*), appellation née vers 1925 et désignant les peintres et les sculpteurs venus à Paris de différents pays pour s'associer à l'école française moderne : Pascin, Chagall, Soutine, Modigliani, Vertès, Brâncuşi, etc. Après 1945, des musiciens comme B. Martinû, M. Mihalovici, A. Tansman, A. Tcherepnine, C. Beck, etc., furent rattachés à *l'école de Paris.*

Paris (Philippe D'ORLÉANS, *comte* DE), né à Paris (1838-1894), héritier de la dynastie orléaniste (1842-1894), chef de la maison de France (1883-1894), fils aîné du duc d'Orléans († 1842) et de la princesse Hélène de Mecklembourg. En février 1848, son grand-père Louis-Philippe abdiqua en sa faveur, mais sa mère ne put se faire proclamer régente et dut se réfugier avec lui en Allemagne, puis en Angleterre. Avec son frère, le duc de Chartres, il participa à la guerre de Sécession (1861-1862). Il rentra en France en 1871, provoqua en 1873 la fusion avec les légitimistes, mais l'intransigeance de son cousin, le comte de Chambord, fit échouer la restauration monarchique. La mort du comte de Chambord (1883) fit du comte de Paris le chef de la maison de France. mais, dès 1886, la loi d'exil l'obligea à se retirer en Angleterre. De son mariage avec sa cousine germaine, fille du duc de Montpensier, il eut six enfants, dont Philippe, duc d'Orléans, son héritier.

Paris (Henri, *comte* DE), né au Nouvion-en-Thiérache en 1908, fils de Jean, duc de Guise († 1940), à qui il succéda comme chef de la maison de France. L'abrogation de la loi d'exil en 1950 lui permit de rentrer en France. De son mariage avec Isabelle d'Orléans-Bragance (1931), il a eu onze enfants.

Paris (Paulin), érudit français, né à Avenay (1800-1881). Professeur au Collège de France (1853-1872), il a publié des textes médiévaux et des adaptations en français moderne. — Son fils GASTON, né à Avenay (1839-1903), lui succéda dans sa chaire au Collège de France et contribua à créer un enseignement scientifique de la philologie. (Acad. fr.)

Pâris [-ris], surnommé **Alexandre.** *Myth. gr.* Second fils de Priam et d'Hécube, mari d'Œnone et ravisseur d'Hélène, femme de Ménélas. Sommé de donner le prix à la plus belle des trois déesses Héra, Athéna et Aphrodite, il décerna la pomme à cette dernière, qui lui avait promis l'amour d'Hélène de Sparte. Il enleva Hélène, ce qui provoqua la guerre de Troie.

Pâris (Joseph), dit **Pâris-Duverney** [-ri], financier français, né à Moirans (1684-1770), le plus connu des *quatre frères* **Pâris,** qui ont joué un rôle considérable après la chute de Law.

Pâris [-ris] (François DE), dit **le diacre Pâris,** né à Paris (1690-1727). Resté diacre par humilité, il se fit catéchiste et mena une vie pauvre et austère au faubourg Saint-Marceau. Janséniste ardent, il fut enterré au cimetière de Saint-Médard : sur son tombeau se multiplièrent des guérisons « miraculeuses » et les excentricités des jansénistes « convulsionnaires », si bien que l'archevêque de Paris fit fermer le cimetière (1732).

parisette n. f. Plante des bois humides, à baies bleuâtres. (Famille des liliacées.) [Syn. RAISIN-DE-RENARD.]

parisianisme n. m. Usage, habitude, langage, manière d'être propres aux Parisiens.

parisien [parizjɛ̃], **enne** [-ɛn] adj. et n. De Paris.

parisien (*Bassin*), région sédimentaire constituant la plus vaste unité naturelle de la France, s'étendant entre le Massif central, les Vosges, l'Artois et le Massif armoricain. Les couches sédimentaires, surtout calcaires, affleurent en auréoles concentriques, les plus anciennes (secondaires) à la périphérie, les plus récentes (tertiaires) au centre. Toutefois, le Bassin parisien ne forme pas une cuvette de forme simple. Il s'incline du sud-est vers le nord-ouest, où il s'ouvre largement sur la Manche et est drainé par quatre systèmes fluviaux : la Seine, la Loire, la Meuse et la Moselle. Le climat y est océanique en bordure de la Manche. Les amplitudes thermiques, dues à une plus grande rigueur des hivers, s'accentuent vers l'est, et la Lorraine a une nette tendance continentale.

Le Bassin parisien est formé de régions variées. Humainement et économiquement, il est dominé par Paris* ou, plus exactement, la *région parisienne,* de Pontoise à Melun et de Meaux à Rambouillet, dont l'influence directe se fait sentir sur la majeure partie d'une unité seulement géologique. Au centre (englobant la région parisienne), l'*Ile-de-France* est surtout formée de calcaires tertiaires donnant un paysage tabulaire, compartimenté par des grandes vallées (Seine, Marne, Oise), qui permettent d'y distinguer plusieurs sous-régions. Au sud-ouest de Paris, la *Beauce* est un plateau limoneux, domaine de la grande culture céréalière et betteravière, où les villes (Chartres, Châteaudun, Pithiviers, etc.) sont rejetées à la périphérie. A l'est, la *Brie* porte aussi des cultures céréalières (blé, maïs) sur sols limoneux, mais la meulière, imperméable, y affleure souvent, ce qui explique l'abondance des bois et des herbages. Au nord de la Seine et de la basse Marne se juxtaposent une série de plaines et de plateaux (*Vexin français, plaine de France, Valois,* auquel on peut rattacher le *Soissonnais*) qui sont encore de riches régions agricoles. Dans

Bassin parisien : étang en Sologne

Phot. Molinard - Atlas-Photo.

l'Ile-de-France, les villes (et l'industrie) se concentrent principalement dans les vallées, Oise et surtout Seine. La métallurgie, la chimie et la verrerie sont implantées dans la vallée de l'*Oise*, notamment autour de Compiègne, de Creil et de Persan-Beaumont. En dehors de la sidérurgie, toutes les branches d'industrie (construction automobile en tête) sont représentées entre Melun et Mantes-la-Jolie, dans la *vallée de la Seine*.

A l'est s'individualisent la Champagne* et surtout la Lorraine*. Au sud-est s'étendent les *plateaux de Bourgogne* et du *Nivernais*, souvent boisés, dominant des dépressions (*Auxois, Terre-Plaine, Bazois*), terres d'élevage pour l'embouche. Quelques secteurs favorisés portent des cultures spécialisées (vignobles de Chablis et de Sancerre). Les villes (Nevers, Auxerre, etc.) sont d'importance moyenne. Une industrie métallurgique ancienne utilisant des minerais et des bois locaux n'a localement survécu qu'en se spécialisant, à Decize, Imphy, Montbard, Nogent-en-Bassigny (centre coutelier). Plus à l'ouest, le relief devient plus indécis. Le soubassement, calcaire ou argileux, disparaît souvent sous les sables, les cailloutis et les débris arrachés au Massif central et charriés par les fleuves. Là où le calcaire affleure (ou est très proche de la surface) [*Champagne berrichonne, Champagne tourangelle, plaine du Poitou*] domine la culture céréalière, tendant à remplacer l'élevage ovin (pour la viande), cependant que l'élevage bovin est répandu dans les vallées. Les argiles et les sables (*Sologne, Brenne* et une partie du *Gâtinais*) ont longtemps porté des landes parsemées de marais. Le drainage y a permis localement le reboisement ou l'élevage (assez rarement en Sologne, qui constitue de plus en plus une réserve de chasse). Les landes et les bois occupent encore une grande partie de terres infertiles du *plateau de Sainte-Maure* et de la *Gâtine tourangelle*. La partie vitale du sud du Bassin parisien est la vallée de la Loire (*Val de Loire*), sillon juxtaposant des cultures céréalières et betteravières en amont d'Orléans, et des cultures spécialisées en aval (pépinières; cultures fruitières, maraîchères et florales; vignobles). La vallée est jalonnée de villes, parmi lesquelles Orléans* et Tours*, en rapide expansion. Elle constitue encore une grande région touristique (châteaux de la Loire*).

L'Anjou rappelle le Val de Loire, auquel on le rattache parfois en partie : cultures maraîchères et fruitières, vignobles. La région est dominée par la ville d'Angers (électronique, produits alimentaires), comme le *Haut Maine*, bocager, l'est par Le Mans (constructions mécaniques). Au nord-ouest, le Bassin parisien englobe la partie orientale de la *Normandie** (haute Normandie) et comprend enfin, au nord, la *Picardie*, qui évoque l'Ile-de-France. Le limon recouvrant le soubassement crayeux y explique l'importance des cultures (blé et betterave à sucre). Les vallées (Somme), entaillant les plateaux, portent des cultures spécialisées (légumes) et des herbages, et sont jalonnées par les principales villes (Abbeville et surtout Amiens). Sur le littoral s'égrènent quelques stations balnéaires (Le Touquet-Paris-Plage, Berck).

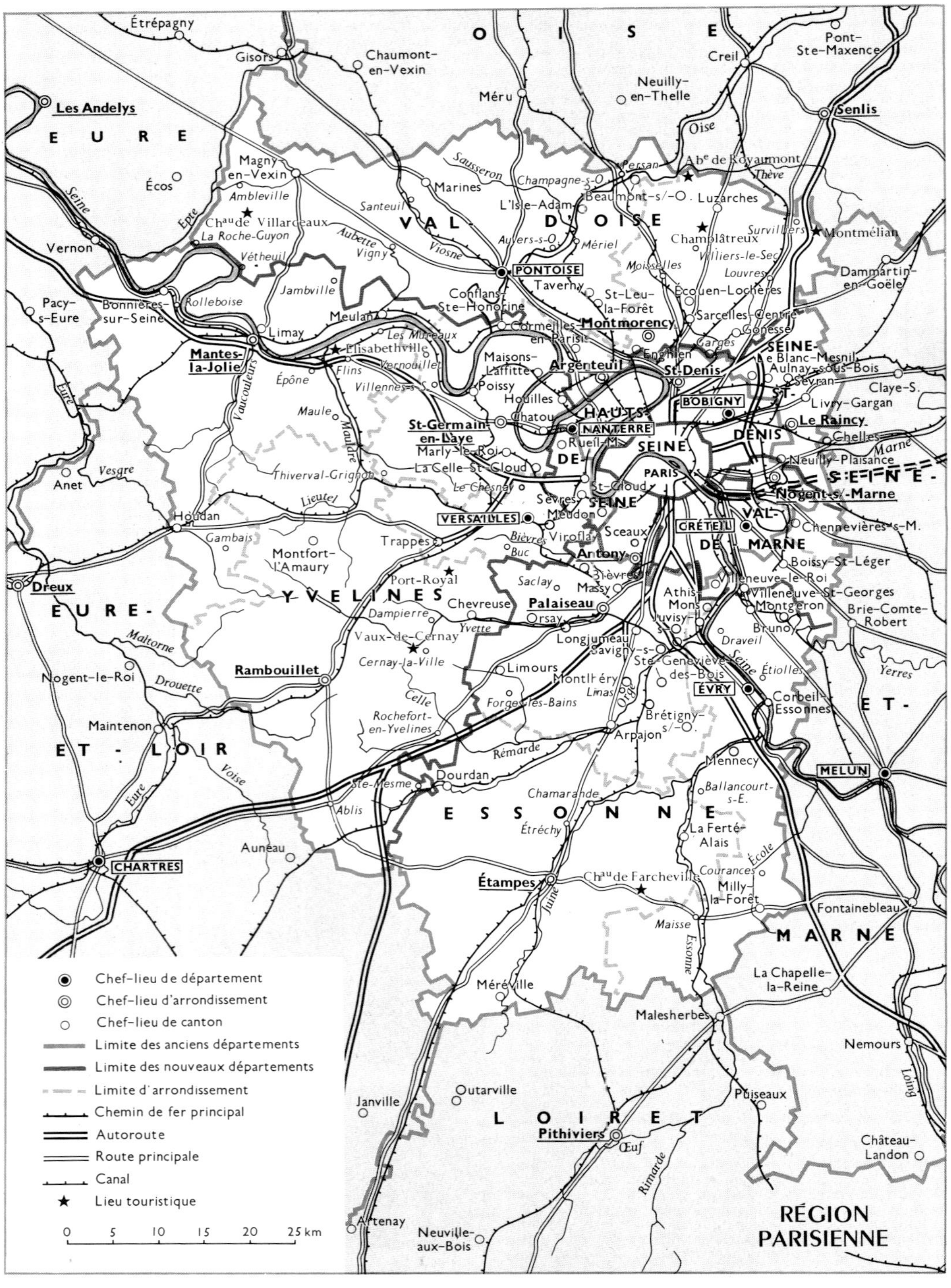

parisienne (*Région*), région de programme comprenant, outre la ville de Paris, les dép. de l'Essonne, des Hauts-de-Seine, de Seine-et-Marne, de la Seine-Saint-Denis, du Val-de-Marne, du Val-d'Oise et des Yvelines.

parisis [parizi] adj. inv. Se disait autrefois de la monnaie qui se frappait à Paris : *livre parisis.*

Parisis, anc. petit pays de l'Ile-de-France, au nord de la Seine; ch.-l. *Louvres* (Val-d'Oise).

Paris-Plage. V. TOUQUET-PARIS-PLAGE (*Le*).

parisyllabe ou **parisyllabique** adj. et n. m. (lat. *par*, égal, et *syllabique*). *Gramm.* Se dit des mots latins qui ont dans leur déclinaison le même nombre de syllabes à tous les cas du singulier : *noms parisyllabiques.*

paritaire adj. Se dit d'un organisme où deux parties en présence sont représentées à égalité.

parité [parite] n. f. (du lat. *par, paris*, égal). Egalité parfaite : *parité entre les salaires masculins et féminins.* ‖ Etat de ce qui est pair : *parité d'un nombre.* ‖ Comparaison prouvant une chose par une autre semblable : *établir une parité.* ‖ Equivalence des cours du change sur deux places; pair, taux de change d'une monnaie.

parjure [parʒyr] n. m. Faux serment ou violation de serment : *commettre un parjure.* ‖ — Adj. et n. Coupable de parjure : *ami parjure.*

parjurer (se) v. pr. (lat. *perjurare*). Violer son serment ou en faire un faux.

Park (Mungo), voyageur écossais, né à Foulshiels (Selkirkshire) [1771-1806]. Il fit deux grands voyages d'exploration en Afrique et trouva la mort dans le Niger.

Park Chung Hee, général et homme politique sud-coréen, né à Sosan-gun en 1917, président de la République de Corée depuis 1963.

Parker (Charlie), saxophoniste alto et ténor de jazz américain, né à Kansas City (1920-1955). Après avoir fréquenté à New York le « Minton's », où s'élabore le jazz moderne, il rejoint en 1945 le quintette de D. Gillespie et entre en 1946 au Jazz at the Philharmonic. Il est avec Armstrong le plus important soliste de la musique de jazz, à laquelle il a apporté un enrichissement harmonique, mélodique et rythmique considérable.

Parkérisation [parkerizasjɔ̃] n. f. (marque déposée). Protection du fer par formation d'une couche superficielle d'oxyde imperméable.

parking [parkiŋ] n. m. (mot angl.). Endroit où l'on peut garer un véhicule. (On préconise souvent PARC et parfois PARCAGE.)

Parkinson (*maladie de*), affection du système nerveux caractérisée par un tremblement et une rigidité musculaire. (On dit aussi PARALYSIE AGITANTE.) Elle est due à des lésions des noyaux gris centraux du cerveau, consécutives à une infection (encéphalite) ou à l'athérosclérose, ou encore à diverses intoxications. Le tremblement s'atténue lors de l'exécution des mouvements volontaires, qui sont peu perturbés, mais nécessitent un effort constant; la rigidité des muscles entraîne une attitude et un faciès figés. Le traitement comporte l'emploi de l'atropine, de la scopolamine et de dérivés de synthèse, et, dans certains cas, nécessite la pallidectomie.

parlando n. m. (mot ital. signif. *en parlant*). Manière de chanter proche de la simple récitation.

parlant, e adj. Doué de la parole. ‖ *Fig.* Fort ressemblant, très expressif : *portrait parlant.* ● *Armes parlantes* (Hérald.), armes dont la pièce principale rappelle le nom de la famille. ‖ *Film parlant*, film accompagné de paroles synchronisées.

parlant adv. Précédé d'un adverbe en *-ment*, du point de vue indiqué par le sens de cet adverbe : *moralement parlant; généralement parlant.*

parlé, e adj. Qui est exprimé par la parole : *l'anglais parlé diffère beaucoup de l'anglais écrit.* ● *Journal parlé*, informations diffusées à heures fixes à la radio.

parlé n. m. Ce qui est exprimé en paroles : *dans l'opéra-comique, il y a du parlé et du chanté.*

Parlement [parləmɑ̃] n. m. (de *parler*). Nom collectif sous lequel on désigne les assemblées qui exercent le pouvoir législatif. ‖ Sous l'Ancien Régime, premier corps de justice du royaume, qui eut des attributions avant tout judiciaires, mais qui joua de plus en plus un rôle politique. (Dans ce sens, s'écrit avec une minuscule.)

— ENCYCL. Les *parlements de la France d'Ancien Régime* sont issus de la *Curia regis*. Le premier parlement fut créé à Paris au XIIIe s. Dès le XVe s. apparurent les parlements de province, qui n'ont pas eu le même prestige que le parlement de Paris. Ce dernier, outre ses prérogatives judiciaires, tenta souvent, surtout durant la minorité de Louis XIV, celle de Louis XV et le règne de Louis XVI, de s'ériger en Conseil du gouvernement, recourant au système des remontrances, qui ajournaient l'enregistrement des édits, des ordonnances et des lettres patentes du roi. En 1787 éclata même une véritable révolution parlementaire, qui contribua à faire naître le ferment révolutionnaire. L'un des premiers gestes de la Révolution française en 1789, d'ailleurs, fut de mettre en vacances les parlements.

En *Angleterre*, à partir du XIIIe s. (Grande Charte, 1215), la compétence du Parlement (Chambre des lords et Chambre des communes), de financière et judiciaire, devint politique. Après la révolution de 1688, la royauté anglaise et les gouvernements durent compter de plus en plus avec le Parlement.

Parlement (*Long*), nom du dernier Parlement anglais convoqué par Charles Ier en 1640, dissous par Cromwell en 1653, et rappelé à deux reprises après la mort du Protecteur.

parlementaire adj. Relatif au Parlement : *usages parlementaires*. || Conforme aux convenances généralement observées devant un Parlement : *expression peu parlementaire*. || Qui est propre à un parlementaire : *drapeau, pavillon parlementaire*. ● *Régime parlementaire*, régime politique dans lequel les ministres sont responsables devant le Parlement : *les Etats-Unis d'Amérique ne pratiquent pas le régime parlementaire*.

parlementaire n. m. Personne qui, à la guerre, est chargée de faire des propositions au commandement adverse ou de discuter avec ses délégués : *se présenter en parlementaire*. || Membre d'un Parlement.

parlementarisme n. m. Régime dans lequel les ministres sont responsables devant le Parlement.

parlementer v. i. Faire ou écouter des propositions pour une reddition, la conclusion d'un armistice, etc. : *parlementer avec l'ennemi*. || Entrer en voie d'accommodement; discuter : *parlementer avant de céder*.

parler [parle] v. i. (du lat. *parabola*, parabole du Christ). Articuler des mots : *enfant qui commence à parler*. || Imiter les sons du langage humain : *faire parler un perroquet*. || Exprimer sa pensée par la parole : *parler en termes corrects*. || Adresser la parole : *parler à un ami*. || Prononcer un discours : *parler en public*. || Manifester sa pensée autrement que par le langage articulé : *les muets parlent par signes*. || Prononcer : *parler du nez*. || *Fig.* Commander : *l'honneur parle*. || — Syn. : CAUSER, CONFÉRER, CONVERSER, DEVISER, DISCOURIR, PÉRORER. ● *Faire parler de soi*, se faire une bonne ou une mauvaise réputation. || *Parler en l'air*, légèrement, sans certitude. || *Parler au cœur*, émouvoir. || *Parler en maître*, avec autorité. || *Parler d'or*, dire ce qu'il y a de mieux à dire. || *Trouver à qui parler*, rencontrer de l'opposition. || *Tu parles!, Vous parlez!* (Pop.), je le crois bien. || — V. t. ind. [**de**]. S'entretenir de quelqu'un ou de quelque chose : *parler de ses maîtres*. ● *Parler bien, mal de quelqu'un*, le louer, le critiquer ou le calomnier. || — V. t. Faire usage d'une langue : *parler le français*. || S'entretenir de : *parler politique, affaires*. || — **Se parler** v. pr. Etre parlé : *le français se parle partout*. || S'adresser la parole : *des amis brouillés qui ne se parlent plus*. || — **Sans parler de** loc. prép. Indépendamment de.

parler n. m. Langage, manière de s'exprimer : *un parler doux*. || Langue particulière à une région : *les parlers normand, wallon*.

parleur, euse n. *Beau parleur*, celui qui s'exprime d'une manière agréable, séduisante.

parloir n. m. Salle où, dans certains établissements, on reçoit les visiteurs.

parlote n. f. *Fam.* Exercice oratoire auquel les jeunes avocats se livrent entre eux. || Conversation insignifiante.

Parme, v. d'Italie (Emilie), ch.-l. de prov., sur la *Parma*; 168 000 h. (*Parmesans*). Cathédrale du XIIe s. (*Assomption*, par le Corrège). Baptistère romano-gothique. Eglises (XVIe-XVIIe s.). Le palais de la Pilotta (XVIe-XVIIe s.) abrite des musées et le théâtre Farnèse.
● *Histoire*. Cette cité étrusque devint colonie romaine en 183 av. J.-C. Au Moyen Age, l'autorité de l'évêque finit par disparaître devant celle de l'Empereur (XIIIe s.). Au XIVe s., Parme fut annexée aux Etats pontificaux. En 1545, Paul III fit de Parme et de Plaisance un duché pour son fils Pier Luigi Farnèse, dont la dynastie dura jusqu'en 1731. Les Bourbons-Parme y furent installés quelques années plus tard (1748). Le duché passa sous administration française en 1802, puis fut réuni à l'Empire français (1808). Les traités de Vienne donnèrent Parme, Plaisance et Guastalla, à titre viager, à l'ex-impératrice des Français Marie-Louise (1815-1847).
A la mort de celle-ci, les duchés revinrent aux Bourbons. Révolté en 1859, le duché de Parme fut réuni au Piémont à la suite du plébiscite du 12 mars 1860.

parmélie [parmeli] n. f. Lichen formant une lame jaune sur les pierres et les troncs d'arbres.

Parménide d'Elée, en gr. **Parmenidês,** philosophe grec né à Elée (Grande-Grèce) [v. 504-v. 450 av. J.-C.]. Il est l'auteur d'un traité, *De la nature*, dont il nous reste environ 60 vers. Sa doctrine, affirmant l'immobilisme et la plénitude de l'existence, est fondée sur la proposition selon laquelle « l'être est, et le non-être n'est pas ». Il inspira Platon, eut pour disciple Zénon d'Elée et s'opposa à la théorie du mouvement perpétuel d'Héraclite.

Parménide ou *Sur les idées*, dialogue de Platon sur la nature et la réalité des idées. Le monde est divisé en deux : le monde sensible, le monde des idées; telle est la thèse soutenue par Socrate. Parménide, le philosophe de l'unité de l'être, réplique alors à Socrate ceci : il existerait alors une cassure insurmontable entre une réalité quelconque, un feu, de la boue et l'idée dont elle n'est qu'une réalité partielle; ou bien la pensée ne peut atteindre l'objet réel dans ce qu'il a de particulier, ou bien elle est incapable de se sortir du monde matériel, et il n'existe pas de pensée du général. Or, précisément, celle-ci existe : pour sortir de cette contradiction, il faut admettre que l'unité est susceptible de pluralité, et réciproquement, ce qui est inconcevable.

Parme
le baptistère

Parménion, général macédonien (v. 400-v. 330 av. J.-C.). Il fut exécuté en Médie sur ordre d'Alexandre.

Parmentier (Antoine Augustin), agronome et pharmacien militaire français, né à Montdidier (1737-1813). Il développa en France la culture de la pomme de terre.

parmenture [parmɑ̃tyr] n. f. Partie d'une jaquette ou d'un manteau qui forme revers d'encolure et double le bord des devants. || Toile utilisée comme doublure des revers.

parmesan [parməzɑ̃], **e** [-an] adj. et n. De la ville ou du duché de Parme.

parmesan n. m. Fromage fabriqué avec du lait de vache dans la région de Parme. (A pâte cuite, pressée, souvent coloré avec du safran, le parmesan est un fromage à maturation lente et à pâte très sèche, qui se râpe aisément.)

Parmesan (Francesco MAZZOLA, dit **le**), peintre italien, né à Parme (1503-1540). Formé par le Corrège, il décora de grisailles l'église de la Madonna della Steccata, à Parme. Maniériste aigu, parfois bizarre, il chercha l'élégance, étirant les corps (la *Madone au long cou*, palais Pitti, Florence). Il fut un remarquable portraitiste (*la Courtisane Antea*, Naples; *Malatesta Baglioni*, Vienne), et son influence se répandit dans toute l'Italie.

parmi [parmi] prép. (de *mi*, qui est au milieu) [s'emploie devant un nom au pl. ou devant un nom collectif]. Entre, au milieu de : *parmi les honnêtes gens; parmi la foule*.

Parnasse, en gr. **Parnassos,** mont de la Grèce, au nord-est de Delphes; 2 547 m. Dans l'Antiquité, il était consacré à Apollon et aux Muses.

Parnasse contemporain (*le*), titre de trois recueils de vers parus de 1866 à 1876, auxquels collaborèrent Leconte de Lisle, Th. Gautier, Th. de Banville, Heredia, Sully Prudhomme, Fr. Coppée. L'école « parnassienne » condamnait le lyrisme confidentiel et défendait la théorie de « l'art pour l'art ».

parnassien, enne adj. Qui appartient au Parnasse, qui l'habite : *cimes, nymphes parnassiennes*. || — N. m. Nom donné aux poètes qui réagirent contre le lyrisme romantique à partir de 1850 et cultivèrent une poésie savante et impersonnelle.

Parnell (Charles Stewart), homme politique irlandais, né à Avondale (Wicklow) [1846-1891]. Grand propriétaire protestant, il s'attacha à la cause irlandaise et, à partir de 1874, fit campagne pour le parti autonomiste. Elu aux Communes (1875), il prit bientôt la direction du nationalisme irlandais, à qui il imposa un programme net et une stricte discipline, éloignée de toute violence. A la Chambre, il pratiqua efficacement l'obstruction, posant ainsi le problème irlandais devant l'opinion publique. Président de la Ligue agraire (1879), il s'intéressa au sort des paysans irlandais, mais ne put freiner la violence des « invincibles ». A partir de 1886, il lutta pour le « Home Rule », auquel se montrait favorable Gladstone. Mais un procès de divorce où il fut condamné par défaut (1890) brisa net sa carrière.

Parny (Evariste Désiré DE FORGES, *chevalier*, puis *vicomte* DE), poète français, né à Saint-Paul (île Bourbon) [1753-1814]. Ses *Chansons madécasses* et ses *Poésies érotiques* (1778) influencèrent Chateaubriand et Lamartine. (Acad. fr.)

parodie [parɔdi] n. f. (gr. *parôidia*, chant à côté). Travestissement burlesque d'un ouvrage de littérature : *Scarron fit une parodie de « l'Enéide »*. || Toute imitation burlesque, ironique.

parodier [dje] v. t. Imiter, contrefaire : *parodier quelqu'un*. || Faire une parodie de : *parodier une tragédie*.

parodiste n. et adj. Auteur d'une parodie.

parodonte n. m. (préf. *para*, et gr. *odous*, dent). Ensemble des tissus de soutien de la dent.

parodontose n. f. Affection généralisée du parodonte.

paroi [parwa] n. f. (lat. *paxies, -etis*). Muraille ou cloison de maçonnerie qui sépare une pièce d'une autre. || Surface latérale d'un récipient, d'un tube, etc. || Ce qui ressemble à une muraille : *paroi de rochers*. || *Anat.* Se dit des parties qui circonscrivent certaines cavités : *les parois du crâne, de l'estomac*.

paroisse [parwas] n. f. (lat. *parochia*; du gr. *paroikos*, étranger [à cette terre]). Territoire sur lequel s'étend la juridiction spirituelle d'un curé. || Ensemble des habitants de ce territoire : *convoquer toute la paroisse*. || Eglise de la paroisse : *aller à la paroisse*.

paroissial, e, aux adj. De la paroisse : *église paroissiale*.

paroissien, enne n. Habitant d'une paroisse. || *Fam.* Individu en général : *quel drôle de paroissien!*

paroissien n. m. Livre de prières pour suivre l'office.

parole [parɔl] n. f. (lat. *parabola*). Faculté naturelle de parler : *l'homme, seul, a la parole*. || Ton de la voix : *avoir la parole douce*. || Mot prononcé, ou suite de mots exprimant une pensée, un sentiment : *s'expliquer en peu de paroles*. || Sentence : *parole mémorable*. || Assurance, promesse verbale formelle : *donner sa parole*. ● *Adresser la parole à quelqu'un*, lui parler directement. || *Amuser quelqu'un de belles paroles*, le tromper de promesses vaines. || *Avoir la parole*, le droit de parler. || *Couper la parole*, interrompre. || *Demander la parole*, demander la permission de parler; demander à être entendu. || *Le don de la parole*, l'éloquence. || *Droit de parole*, droit que possède tout membre d'une assemblée délibérante ou d'une réunion publique de demander et d'obtenir la parole au cours d'une discussion, dans les limites fixées par le règlement intérieur. || *Homme de parole*, exact, qui tient ses engagements. || *Ma parole, parole d'honneur*, formules familières d'affirmation. || *N'avoir qu'une parole*, s'en tenir à une chose dite. || *La parole de Dieu*, l'Ecriture sainte. || *Passer parole*, au bridge, ne faire aucune déclaration d'atout. || *Perdre la parole*, devenir muet. || *Prendre la parole*, commencer à parler. || *Sur parole*, sur un simple dire, une simple affirmation : *juger sur parole*; sur la garantie de la loyauté : *croire quelqu'un sur parole*. || — Pl. Texte d'une chanson : *faire la musique et les paroles*.

Paroles d'un croyant, livre de La Mennais (1834), écrit en versets imités du style biblique, où l'auteur préconise la foi au Christ, le travail et la concorde.

paroli [parɔli] n. m. Au jeu, action de doubler sa mise quand on vient de gagner : *faire paroli*.

parolier n. m. Celui qui écrit les paroles d'un livret d'opéra, d'une chanson.

paronomase [parɔnɔmaz] n. f. (gr. *paronomasia*). Figure de rhétorique qui consiste à rapprocher des mots dont le son est à peu près semblable, mais dont le sens est différent. (Ex. : *qui* VIVRA VERRA; *qui* SE RESSEMBLE S'ASSEMBLE.)

paronyme [parɔnim] n. m. (gr. *para*, à côté, et *onoma*, nom). Mot proche d'un autre par sa forme, son orthographe, sa sonorité, comme *conjecture* et *conjoncture*, *collision* et *collusion*, *allocation* et *allocution*, *gradation* et *graduation*, *percepteur* et *précepteur*, etc.

paronymie n. f. Ressemblance des paronymes.

paronymique adj. Relatif aux paronymes, à la paronymie.

Paropamisus ou **Paropamisades** (*monts*), chaîne montagneuse de l'Afghānistān; 3 135 m.

paroptique [parɔptik] adj. (gr. *para*, à côté, et *optique*). En dehors de la vue.

paros [parɔs] n. m. Marbre de Paros.

Paros, une des îles Cyclades, au sud de Délos, célèbre autrefois par ses marbres d'une blancheur éclatante; 9 000 h.

parotide [parɔtid] n. et adj. f. (gr. *para*, à côté, et *oûs, ôtos*, oreille). Glande salivaire paire, située en avant de l'oreille. (La parotide est située contre la branche montante du maxillaire inférieur. Son canal excréteur [canal de Sténon] se dirige en avant dans la joue et conduit la salive dans la bouche, près des molaires.)

parotidien, enne adj. Relatif aux parotides.

parotidite n. f. Inflammation des parotides. (Il existe des parotidites banales dues au staphylocoque, au streptocoque, etc., et une parotidite due à un virus, qui est bilatérale et qui constitue l'atteinte spécifique des oreillons.)

parousie [paruzi] n. f. (gr. *parousia*, arrivée). *Théol.* Retour glorieux du Christ à la fin des temps, en vue de l'accomplissement du jugement final.

paroxysme [parɔksism] n. m. (gr. *paroxusmos*, action d'exciter). Extrême intensité d'une maladie, d'une passion, d'un sentiment, etc. : *au paroxysme de la colère*.

paroxystique adj. Relatif au paroxysme ou qui se manifeste par paroxysme : *douleur paroxystique*.

paroxyton [parɔksitɔ̃] adj. et n. m. Se dit d'un mot qui a l'accent sur l'avant-dernière syllabe.

parpaillot [parpajo], **e** [-ɔt] n. (du provenç. *parpaioun*). Sobriquet donné aux fidèles de la religion réformée.

parpaing [parpɛ̃] n. m. Pierre qui occupe toute l'épaisseur d'un mur. || Aggloméré parallélépipédique moulé et comprimé, employé en maçonnerie.

parquer [parke] v. t. Mettre dans un parc : *parquer des bœufs; parquer l'artillerie; parquer une voiture*. || Enfermer dans une enceinte : *parquer dans un camp de concentration*. || — V. i. Etre au parc : *les moutons parquent*.

Phot. Lauros-Giraudon.

Parques. *Myth. lat.* Déesses infernales, correspondant aux Moires (v. MOIRA). Elles avaient pour mission de filer la trame de la vie des mortels. Elles étaient au nombre de trois : *Clotho, Lachésis* et *Atropos*.

parquet [parkɛ] n. m. (de *parc*). Ensemble de planches de bois ou placage disposé régulièrement et servant de sol dans les habitations. ‖ Espace d'une salle de justice qui est enfermé entre les sièges des juges et la barre où sont les avocats (vx). ‖ Ensemble des magistrats qui exercent le ministère public auprès d'une juridiction. ‖ Local qui leur est affecté. ‖ Enceinte d'une Bourse des valeurs où se tiennent les agents de change. ‖ Compagnie formée par ces agents. ● *Parquet de chauffe* (Mar.), ensemble des tôles du compartiment de la chaufferie. ‖ *Parquet d'élevage*, petit parc, petit enclos pour l'élevage des poules, des faisans, etc. ‖ *Petit parquet*, service de permanence institué dans les grandes villes et dirigé par un magistrat chargé d'effectuer le tri des individus arrêtés en flagrant délit.

parquetage [-kətaʒ] n. m. Action de parqueter. ‖ Ouvrage de parquet.

parqueter v. t. (conj. **4**). Couvrir de parquet : *parqueter une chambre.* ● *Parqueter un tableau*, redresser les planches disjointes d'un panneau peint ou consolider une toile en appliquant des traverses de bois sous le châssis.

parqueterie [parkətri *ou* -kɛtri] n. f. Art de fabriquer et de poser du parquet.

parqueteur adj. et n. m. Qui fait du parquet.

parqueur [parkœr], **euse** [-øz] n. Celui, celle qui soigne les animaux dans un parc. ‖ Personne qui s'occupe des huîtres dans un parc. (On dit aussi PARQUIER n. m.)

parrain [parɛ̃] n. m. (du lat. *pater*, père). Celui qui tient un enfant sur les fonts baptismaux. ‖ Celui qui est choisi pour donner leur nom à une cloche, à un navire, quand on les bénit, et, *fam.*, celui qui donne un sobriquet à une personne, à une chose. ‖ Celui qui présente quelqu'un dans un cercle, dans une société, etc.

parrainage n. m. Qualité, fonction de parrain ou de marraine.

parrainer v. t. Servir de parrain, de marraine à.

Parrhasios, peintre grec, né à Ephèse (fin du Vᵉ s. av. J.-C.), rival de Zeuxis. Ses compositions se distinguaient par un soin scrupuleux de la vérité.

parricide [parisid] n. et adj. (lat. *parricida*). Personne qui tue son père, sa mère ou tout autre de ses ascendants légitimes. ‖ — N. m. Le crime même : *commettre un parricide.* (Le condamné pour crime de parricide était conduit à l'échafaud la tête couverte d'un voile noir.)

Parrocel (les), famille de peintres français, parmi lesquels JOSEPH, dit **Parrocel des Batailles,** né à Brignoles (1646-1704), qui fut chargé de décorer un des réfectoires des Invalides (*les Conquêtes de Louis XIV*). — Son fils CHARLES, né à Paris (1688-1752), fut portraitiste de Louis XV, qu'il suivit dans ses campagnes.

Parrot (André), archéologue français, né à Désandans (Doubs) en 1901. Directeur de fouilles à Tello, à Larsa et à Māri (1932-1957), il a publié d'importants ouvrages sur les civilisations de l'Asie antérieure. Il a été nommé en 1968 au poste de directeur du musée du Louvre, dont il est le premier titulaire.

Parry (*îles*), partie de l'archipel arctique canadien.

Parry (*sir* William Edward), explorateur anglais de l'Arctique, né à Bath (1790-1855).

Parsa. V. PERSÉPOLIS.

parsec [parsɛk] n. m. (de PAR*allaxe* et SEC*onde*). Unité de distance utilisée en astronomie et correspondant à la distance à la Terre d'une étoile dont la parallaxe annuelle serait de une seconde. (Le parsec vaut 3,26 années de lumière, soit 3,08 . 10^{13} kilomètres.)

parsemer [parsəme] v. t. (conj. **5**). Couvrir de choses jetées çà et là : *parsemer un chemin de fleurs.* (Syn. : ÉPARPILLER, JETER, JONCHER, RÉPANDRE, SEMER.) ‖ Etre répandu çà et là sur : *les étoiles parsèment le ciel.*

parsi [parsi], **e** ou **parse** [pars] n. et adj. Mazdéiste de l'Inde (ceux qui sont demeurés en Perse s'appellent GUÈBRES). [Les parsis jouent un grand rôle commercial.]

parsi n. m. Système de transcription en écriture persane du pahlavi, utilisé en Perse sous les Sassanides.

Parsifal, « action théâtrale » de caractère sacré, en 3 actes, poème et musique de R. Wagner (1882). C'est la dernière partition du compositeur. Certains de ses épisodes sont demeurés célèbres : le prélude, la grande scène du Graal, l'*Enchantement du vendredi saint.* (V. PERCEVAL.)

parsisme n. m. Religion des parsis.

Parsons (*sir* Charles), ingénieur anglais, né à Londres (1854-1931). Il créa un type de turbine à vapeur.

Parsons (Talcott), sociologue américain, né à Colorado Springs en 1902. Il est l'auteur d'une « sociologie de l'action » conçue comme le sens pris par le comportement individuel au sein du groupe.

part [par] n. m. (lat. *partus*). Enfant dont une femme vient d'accoucher. ‖ Accouchement des femelles domestiques. (Syn. MISE BAS). ● *Supposition de part* (ou *d'enfant*), délit pénal qui consiste à attribuer à une femme un enfant imaginaire ou dont une autre est accouchée. ‖ *Suppression de part* (ou *d'enfant*), délit pénal qui consiste à faire disparaître d'un registre de l'état civil la preuve de la naissance d'un enfant.

part [par] n. f. (lat. *pars, partis*). Portion d'un tout qui est divisé entre plusieurs personnes : *faire quatre parts d'un gâteau.* ‖ Chose qui, sans être divisée, peut se communiquer à plusieurs : *c'est un honneur dont je veux avoir ma part.* ‖ Fraction d'un patrimoine affectée à un copartageant. ‖ Fraction du capital d'une société appartenant à un des associés. ● *Billet* ou *lettre de faire part*, billet ou lettre par lesquels on fait connaître à quelqu'un un mariage, un décès, etc. (On dit aussi FAIRE-PART n. m. inv.) ‖ *Faire la part d'une chose*, en tenir compte : *faire la part du hasard.* ‖ *Faire la part du feu*, abandonner quelque chose pour ne pas tout perdre. ‖ *Faire part d'une chose à quelqu'un*, l'en informer. ‖ *Part de fondateur*, titre représentatif d'une quote-part du capital social d'une société anonyme lors de sa dissolution, qui ouvre droit aux bénéfices pendant son fonctionnement sans conférer aucun droit de participer à son administration. ‖ *Part virile*, résultat de la division de la valeur d'un bien indivis par le nombre des propriétaires. ‖ *Prendre en bonne* ou *en mauvaise part*, trouver bon, mauvais : *il a pris en bonne part ce que vous lui avez dit;* interpréter en bien ou en mal : *ce mot se prend tantôt en bonne, tantôt en mauvaise part.* ‖ *Prendre part à*, participer à : *prendre part à une entreprise;* s'intéresser à : *prendre part à la joie de quelqu'un.* ‖ — Loc. adv. **A part,** séparément : *étudier à part chaque question;* différent des autres, exceptionnel : *un fait, un être à part.* ‖ **A part moi, à part soi,** en moi-même, en soi-même. ‖ **De part en part,** d'un côté à l'autre, en traversant l'épaisseur. ‖ **De part et d'autre,** des deux côtés. ‖ **De toute part** ou **de toutes parts,** de tous côtés. ‖ **Pour ma part,** quant à moi. ‖ **Quelque part,** dans un certain endroit : *nous nous sommes déjà vus quelque part.* ‖ — Loc. prép. **A part,** excepté : *à part sa nonchalance, c'est un bon garçon.* ‖ **De ma part, de ta part,** etc., **de la part de quelqu'un,** en mon (ton) nom, venant de moi, de toi, etc.

partage [partaʒ] n. m. Action de diviser en portions : *faire le partage d'un héritage.* ‖ Portion de la chose partagée : *son partage dans cette affaire, ce sont les soucis.* ‖ *Fig.* Ce qui échoit à : *la fourberie est le partage des lâches.* ‖ Acte qui règle les parts d'une succession. ● *En partage*, comme lot, comme don naturel. ‖ *Ligne de partage des eaux*, limite séparant deux bassins hydrographiques. ‖ *Partage d'ascendant*, opération par laquelle une personne répartit ses biens, par donation ou par testament, en fixant elle-même la part de chacun de ses héritiers. ‖ *Partage proportionnel* (Math.), division d'une grandeur ou d'un nombre en parties proportionnelles à des coefficients donnés.

partageable [-ʒabl] adj. Qui peut être aisément partagé : *biens partageables.*

partager v. t. (conj. **1**). Diviser en plusieurs parts : *partager des terres.* ‖ Posséder avec d'autres : *partager le pouvoir.* ‖ — *Fig.* Participer à, éprouver avec : *partager la joie d'un ami.* ‖ Gratifier, douer : *la nature l'a bien partagé.* ‖ Avoir en commun : *partager l'opinion de quelqu'un.*

partageux, euse n. et adj. *Péjor.* Personne qui réclame le partage et la communauté de tous les biens (vx).

partance [partɑ̃s] n. f. Dernier instant qui précède le départ : *navire en partance.*

partant n. m. Celui qui part.

partant [partɑ̃] conj. Par conséquent : *plus d'argent, partant plus d'amis.* (Syn. : AUSSI, C'EST POURQUOI, DONC.)

partenaire [partənɛr] n. (angl. *partner*). Personne avec qui l'on est associé au jeu, dans un amusement, un exercice, un rôle. ‖ Associé en général.

partènement [partɛnmɑ̃] n. m. Dans les salins, bassin dans lequel l'eau de mer se concentre avant de pénétrer dans les cristallisoirs.

parterre [partɛr] n. m. Partie d'un jardin spécialement consacrée à la culture des fleurs. ‖ Partie d'un théâtre située au rez-de-chaussée, derrière les fauteuils d'orchestre. ‖ Spectateurs qui y sont placés : *les applaudissements du parterre.*

Parthenay (79200), ch.-l. d'arr. des Deux-Sèvres, sur le Thouet; 11 755 h. (*Parthenaisiens*). Remparts (XIIᵉ s.); église en partie romane. Vestiges d'un château du XIIᵉ s. Foires (bovins). Briqueterie. — L'arr. a 8 cant., 81 comm., 66 453 h.

parthénée n. m. (gr. *partheneion*). *Antiq. gr.* Chœur de jeunes filles dans les fêtes publiques ou les processions. ‖ Poème lyrique exécuté par ce chœur.

parthénogenèse [partenɔʒənɛz] n. f. (gr. *parthenos*, vierge, et *genesis*, engendrement). Développement complet d'un individu animal ou végétal à partir d'un œuf vierge.

— ENCYCL. Les cas de *parthénogenèse* naturelle ou expérimentale rudimentaire sont très fréquents : un œuf non fécondé commence à se segmenter, voire à se différencier, puis avorte. Il n'y a parthénogenèse véritable que si le développement se poursuit jusqu'à l'adulte capable de se reproduire à son tour. La parthénogenèse est dite *accidentelle* si elle n'a lieu que chez une minorité d'œufs vierges (3 p. 100 chez les phasmes). Dans beaucoup de cas, le mode sexué et le mode parthénogénétique de reproduction coexistent. Parfois on distingue trois sexes : les mâles, les femelles fécondables et les femelles parthénogénétiques. Ces dernières engendrent parfois aussi bien des mâles que des femelles (parthénogenèse *deutérotoque*), mais, dans certaines espèces (abeille), les œufs non fécondés donnent tous des mâles (*arrénotoquie*), alors que, dans d'autres espèces, ils donnent principalement des femelles, ce qui raréfie les mâles (*spanandrie*) et finit par les faire disparaître, l'espèce étant alors entièrement femelle (*thélytoquie*). Il est assez fréquent que la parthénogenèse s'accompagne de viviparité (pucerons) et que la fécondation soit nécessaire pour assurer la ponte des œufs, seuls capables de supporter le froid de l'hiver. Il y a alors *parthénogenèse cyclique saisonnière* (rotifères, cladocères). La *pédogenèse* est la reproduction dès l'état larvaire, sans accouplement.

parthénogénétique adj. Relatif à la parthénogenèse.

Parthénon (le), temple élevé sur l'Acropole d'Athènes et dédié à Athéna Parthénos. Les travaux, dirigés par Phidias, assisté des architectes Ictinos et Callicratès, durèrent de 447 à 432 av. J.-C., bien que le monument ait été inauguré en 438 av. J.-C. Construit en marbre du Pentélique, le Parthénon est un temple dorique périptère, comprenant un *pronaos*, une *cella* à colonnade intérieure, où se trouvait la gigantesque statue en or et en ivoire de la déesse (sculptée par Phidias et que nous ne connaissons plus que par des répliques), la *salle des Vierges*, ou Parthénon proprement dit, renfermant le trésor de la déesse et celui de la cité, et enfin un opisthodome. Des calculs subtils en avaient établi l'harmonie. Des sculptures en haut relief ornaient les frontons, les métopes étaient sculptées, et la frise des Panathénées se déroulait dans le péristyle, autour de la cella. A part quelques métopes encore en place, les fragments sont répartis entre le musée de l'Acropole, le Louvre et surtout le British Museum. Converti en poudrière par les Turcs, le Parthénon a été endommagé en 1687 lors d'un bombardement.

Parthénope, v. de l'Italie ancienne, à l'emplacement de Naples.

Parthénopéenne (*république*), république fondée par les Français à Naples en 1799 et qui ne se maintint que quelques mois.

Parthes, anc. peuple scythe iranisé, qui s'établit au sud de l'Hyrcanie et qui, v. 250 av. J.-C., se constitua en un royaume puissant, qui dura jusqu'en 224 apr. J.-C. et ne put être soumis malgré les efforts persévérants de Trajan. Après 224, le royaume parthe fut incorporé à l'empire des Sassanides. Dans la bataille, les cavaliers parthes faisaient mine de s'enfuir et décochaient par-dessus l'épaule une flèche au poursuivant, d'où l'expression *la flèche du Parthe*, caractérisant un mot, un trait inattendu et qui porte.

Parthie ou **Parthiène,** nom anc. du *Khurāsān*, berceau de l'Empire parthe.

parthique [partik] adj. Relatif aux Parthes.

parti [parti] n. m. (de *partir*, partager). Groupe de personnes unies par la même opinion, les mêmes intérêts, la même action politique : *un chef de parti.* ‖ Détermination, résolution : *prendre un parti.* ‖ Profit : *tirer un bon parti de...* ‖ Personne à marier : *excellent parti.* ‖ *Mil.* Troupe de faible effectif agissant librement dans le cadre d'une mission très générale : *un parti de cavalerie.* ● *Esprit de parti*, aveuglement, disposition favorable envers tout ce qui regarde son parti. ‖ *Faire un mauvais parti à quelqu'un*, le malmener, le maltraiter. ‖ *Parti pris*, opinion préconçue, résolution prise d'avance. ‖ *Prendre parti*, se décider. ‖ *Prendre le parti de quelqu'un*, se décider en sa faveur. ‖ *Prendre son parti*, se résigner.

parti, e ou **ite** adj. (de *partir*, partager). *Hérald.* Se dit d'un écu divisé en deux parties égales.

partiaire [parsjɛr] adj. *Colon partiaire*, fermier qui partage les récoltes avec le propriétaire.

partial [parsjal], **e, aux** [-o] adj. (de *parti*). Qui favorise une personne, une opinion, au préjudice d'une autre : *juge partial.*

partialement adv. Avec partialité.

partialité n. f. Préférence injuste : *montrer de la partialité.*

Particelli. V. ÉMERY.

participant, e adj. et n. Qui participe : *les participants à une réunion.*

participation n. f. Action de participer; son résultat : *participation à un crime.* ● *Association en participation*, société commerciale occulte dont le gérant de fait agit pour le compte commun, mais en son nom personnel.

participe [partisip] n. m. (lat. *participium*). *Gramm.* Forme nominale du verbe, qui joue tantôt le rôle d'adjectif, tantôt celui de verbe : *participe présent; participe passé.*

participer [partisipe] (**à**) v. t. ind. Avoir part : *participer aux bénéfices d'une entreprise.* ‖ Coopérer : *participer à la disgrâce de quelqu'un.* ‖ S'associer : *participer à la joie de quelqu'un.* ‖ — [**de**]. Tenir de la nature de : *le mulet participe de l'âne et du cheval.*

participial, e, aux adj. Qui appartient au participe : *forme participiale.*

particularisation n. f. Action de particulariser; son résultat.

particulariser v. t. Faire connaître, fixer les détails, les particularités d'une affaire, d'un événement : *particulariser les moindres circonstances d'un fait.*

particularisme n. m. Intérêt particulier, personnel : *le particularisme l'emporte souvent sur l'intérêt général.* ‖ Système ou tendance de ceux qui, englobés dans un Etat, veulent cependant conserver leurs traditions ou leurs libertés particulières : *le particularisme d'une province.*

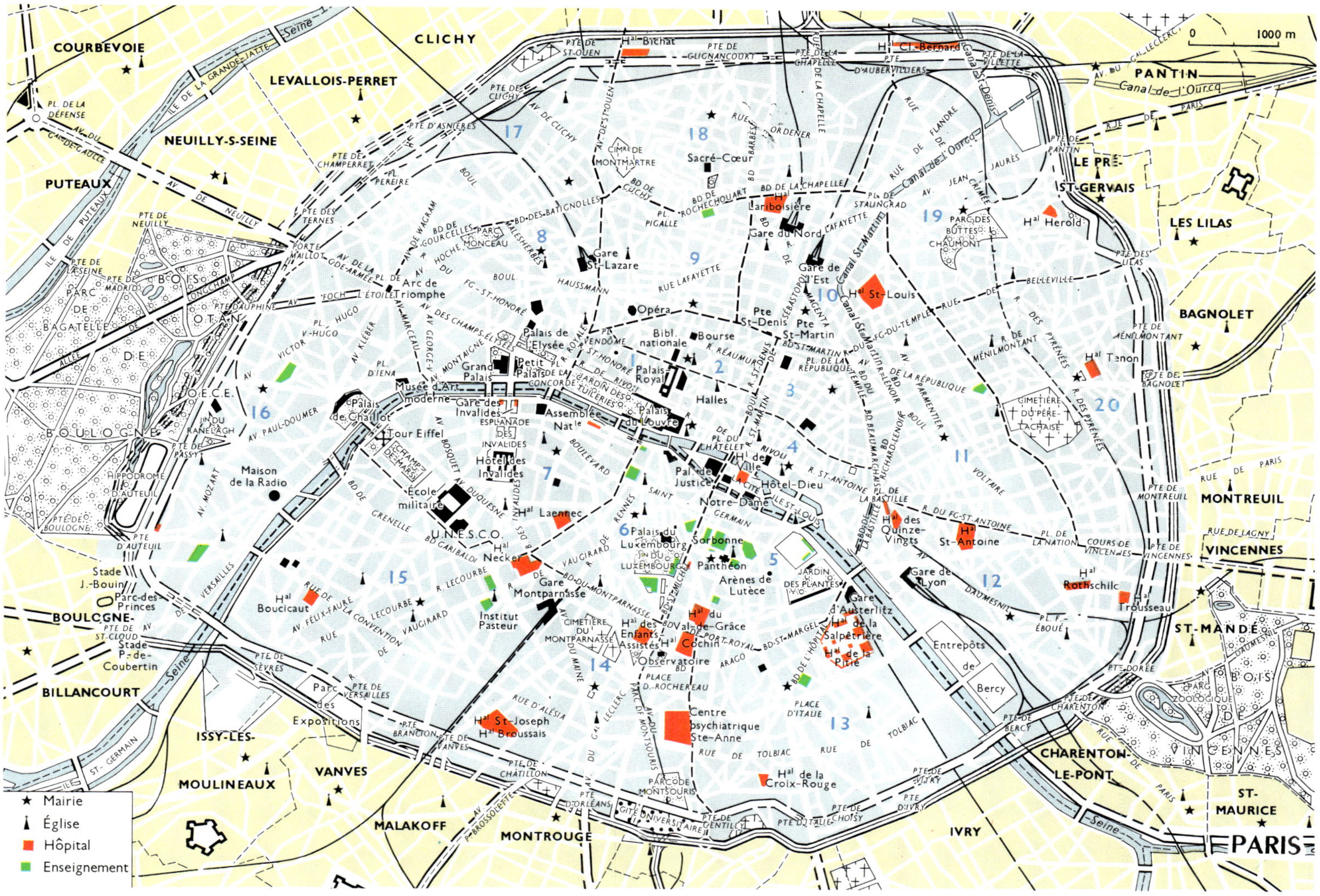

L'île de la Cité, berceau de Paris : le Palais de Justice, la Sainte-Chapelle, le Tribunal de commerce, la Préfecture de police, l'Hôtel-Dieu, Notre-Dame. *Au fond*, l'île Saint-Louis; *au premier plan*, le Pont-Neuf.

La place de l'Étoile, l'Arc de triomphe et le quartier des Champs-Élysées. *Au premier plan*, l'avenue de la Grande-Armée

Phot. Alain Perceval (2).

PARIS

Le paysage parisien vu d'un immeuble de la rive gauche : la Seine, la tour Eiffel, le Sacré-Cœur.

La rue Réaumur.

L'avenue de l'Opéra.

Jour de marché, rue Mouffetard.

La rue des Petits-Carreaux.

Phot. Lauros - Atlas-Photo (5

Le boulevard Saint-Germain
et le clocher de Saint-Germain-des-Prés.

Le Pont-Neuf et les quais de l'île de la Cité,
que domine la flèche de la Sainte-Chapelle.

En remontant
les Champs-Élysées,
vers
l'Arc de Triomphe.

Le Paris moderne :
un grand ensemble
rue de la Glacière.

Les plaisirs
du cinéma,
sur les boulevards
parisiens.

ot. Lauros - Atlas-Photo (5).

Kisling (1891-1953) : *Bouquet de tulipes.*

Soutine (1894-1943) : *l'Enfant de chœur.*

Chagall (1887) :
Double Portrait au verre de vin.

Pascin (1885-1930) : *les Deux Dormeuses.*

L'appellation d' « école de Paris » ne désigne pas une tendance commune à un petit nombre de peintres et de sculpteurs ; elle réunit sous un vocable unique les artistes étrangers venus à Paris après la Première Guerre mondiale ; du moins en était-il ainsi lorsque le critique André Warnod inventa l'expression v. 1925. Ils vinrent de toute l'Europe, du Japon comme *Foujita*, **des États-Unis comme** *Man Ray*, **pratiquant tous un art vivant, résolument moderne. Si le cubisme est né à Montmartre, dans cette cité d'ateliers, « le Bateau-Lavoir », où se retrouvaient les Espagnols** *Gargallo, Picasso, Juan Gris, María Blanchard*, **mais aussi le Hollandais** *Van Dongen* **ou le Polonais** *Marcoussis*, **Montparnasse fut le véritable centre où se groupèrent peintres et sculpteurs. Ils se retrouvaient à la Closerie des Lilas, puis aux terrasses de la Rotonde, du Dôme, de la Coupole. C'étaient** *Chagall, Terechkovitch, Modigliani, Soutine, Archipenko, Lipchitz, Zadkine, Kisling, Hayden, Vertès, Pascin*, **d'autres encore. Ils contribuèrent largement à l'éclat de cette « école de Paris » qui rayonna dans le monde entier.**

Depuis la Seconde Guerre mondiale, l'appellation « école de Paris » englobe également les Français pratiquant un art avancé, tels *Manessier, Bazaine, Mathieu*. **Certains pays contestent aujourd'hui la suprématie de l'« école de Paris ». Elle reste pourtant bien vivante et réunit, dans toutes les tendances, des maîtres dont l'influence continue de s'exercer au-delà des frontières. De nombreux artistes étrangers ou d'origine étrangère subissent toujours l'attrait de Paris, comme** *Hartung, Riopelle, Vieira da Silva, Zao Wou-ki, Sugaï, Jorn, Tapiès, Soto*. **L'histoire de l'« école de Paris » se confond avec l'histoire de l'art moderne.**

Modigliani (1884-1920) : *Portrait de jeune fille.*

Foujita (1886-1968) : *Mon intérieur.*

Brâncuşi (1876-1957) : *le Coq.*

Phot Larousse (2), Giraudon (

ACCORD DU PARTICIPE PRÉSENT

Quand le participe présent exprime une action ou un état (il est alors le plus souvent suivi d'un complément d'objet ou d'un complément circonstanciel), il reste invariable : *des enfants* OBÉISSANT *à leurs parents.* Quand le participe présent exprime une qualité et joue le rôle d'adjectif, il s'accorde en genre et en nombre avec le nom auquel il se rapporte : *des enfants très* OBÉISSANTS.

ACCORD DU PARTICIPE PASSÉ

I. **Participe passé employé sans auxiliaire.** Le participe passé employé *sans auxiliaire* s'accorde (comme l'adjectif) en genre et en nombre avec le nom ou le pronom auquel il se rapporte : *des fleurs* PARFUMÉES.

II. **Participe passé employé avec « être ».** Le participe passé des verbes passifs et de certains verbes intransitifs conjugués avec l'auxiliaire *être* s'accorde en genre et en nombre avec le sujet du verbe : *l'Amérique a été* DÉCOUVERTE *par Christophe Colomb ; nos amis sont* VENUS *hier.*

III. **Participe passé employé avec « avoir ».** Le participe passé conjugué avec l'auxiliaire *avoir* s'accorde en genre et en nombre avec le complément d'objet direct du verbe, quand ce complément le précède : *je me rappelle l'*HISTOIRE *que j'ai* LUE.
Le participe reste invariable :
1° Si le complément direct suit le verbe : *nous avons* LU *une* HISTOIRE ; *elle a* REÇU *de bonnes* NOUVELLES ;
2° S'il n'a pas de complément d'objet direct (cas des verbes transitifs employés intransitivement, des verbes intransitifs et des verbes transitifs indirects) : *j'ai* LU ; *il a* ABDIQUÉ ; *ces histoires nous ont* PLU ; *les enfants vous ont-ils* OBÉI ? *ils nous ont* SUCCÉDÉ.
REMARQUE. Dans les phrases : *les nuits qu'ils ont* DORMI, *les mois qu'il a* VÉCU, les participes passés *dormi, vécu* sont invariables ; en effet, *que* représente un complément circonstanciel : *les nuits* PENDANT LESQUELLES *ils ont dormi ; les mois* PENDANT LESQUELS *il a vécu.*
Toutefois, des verbes intransitifs comme *coûter, valoir, peser, courir, vivre,* etc., peuvent devenir transitifs au figuré et être précédés alors d'un complément d'objet direct : *les efforts* QUE *ce travail m'a* COÛTÉS ; *la gloire* QUE *cette action lui a* VALUE ; *ces paroles,* LES *avez-vous* PESÉES ? *les dangers* QUE *j'ai* COURUS ; *les jours heureux* QU'*elle a* VÉCUS *ici.*

CAS PARTICULIERS

Participe passé suivi d'un infinitif. 1° Le participe passé suivi d'un infinitif est *variable* s'il a pour complément d'objet direct le pronom qui précède ; ce pronom est alors le sujet de l'action marquée par l'infinitif : *les fruits* QUE *j'ai* VUS *mûrir.*
On peut dire : *les fruits que j'ai vus mûrissant.* C'étaient les fruits qui mûrissaient. *Que,* mis pour *fruits,* faisant l'action de mûrir, est complément direct de *ai vus.*
2° Le participe passé est *invariable* s'il a pour complément d'objet direct l'infinitif ; le pronom est alors complément d'objet direct de l'infinitif et non du verbe principal : *les fruits que j'ai* VU CUEILLIR.
On ne peut pas dire : *les fruits que j'ai vus cueillant.* Ce n'étaient pas les fruits qui cueillaient. *Que,* mis pour *fruits,* ne faisant pas l'action de cueillir, est complément direct de *cueillir* et non de *vu.*
REMARQUE. Les participes qui ont pour complément d'objet direct un infinitif sous-entendu ou une proposition sous-entendue sont toujours invariables : *il n'a pas payé toutes les sommes qu'il aurait* DÛ (sous-entendu *payer*) ; *je lui ai rendu tous les services que j'ai* PU (sous-entendu *lui rendre*) ; *je lui ai chanté tous les morceaux qu'il a* VOULU (sous-entendu *que je lui chante*).
Le participe passé *fait* suivi d'un infinitif est toujours invariable : *la maison que j'ai* FAIT BÂTIR.

Participe passé des verbes pronominaux. Les verbes pronominaux se conjuguent dans leurs temps composés avec l'auxiliaire *être ;* mais cet auxiliaire *être* peut être remplacé dans l'analyse par l'auxiliaire *avoir : je me* SUIS *consolé* est équivalent de *j'*AI *consolé moi.*
Le participe passé d'un verbe pronominal réfléchi ou réciproque s'accorde avec son complément d'objet direct si ce complément le précède : *les lettres* QUE *Paul et Pierre se sont* ÉCRITES *sont aimables.*
Il reste invariable si le complément d'objet direct le suit ou s'il n'a pas de complément d'objet direct : *Paul et Pierre se sont* ÉCRIT *des* LETTRES *aimables ; Paul et Pierre se sont* ÉCRIT.
Le participe passé d'un verbe toujours pronominal (*s'enfuir, s'emparer,* etc.) s'accorde avec le sujet du verbe : *ils se sont* EMPARÉS *de la ville.*
REMARQUE. Les participes passés des verbes transitifs indirects employés pronominalement restent toujours invariables : *ils* SE SONT RI *de mes efforts ; ils* SE SONT PLU *à me tourmenter.*

Participe passé des verbes impersonnels. Le participe passé des verbes impersonnels est toujours invariable : *les inondations qu'il y a* EU. Les verbes *faire, avoir* sont transitifs de leur nature, mais ils deviennent impersonnels quand ils sont précédés du pronom neutre *il : les chaleurs qu'*IL *a* FAIT.

Participe passé et les pronoms « le », « en ». Le participe passé conjugué avec *avoir* et précédé de *le* (*l'*), complément d'objet direct représentant toute une proposition, reste invariable : *la chose est plus sérieuse que nous ne* L'*avions* PENSÉ *d'abord* (c'est-à-dire *que nous n'avions pensé* CELA, *qu'elle était sérieuse*).
Le participe passé précédé de *en* reste invariable : *tout le monde m'a offert des services, mais personne ne m'*EN *a* RENDU. Cependant, le participe varie si le pronom *en* est précédé d'un adverbe de quantité, *plus, combien, autant,* etc. : *autant d'ennemis il a attaqués,* AUTANT *il* EN *a* VAINCUS. Mais le participe passé reste invariable si l'adverbe suit le pronom *en* au lieu de le précéder : *quant aux belles villes, j'*EN *ai* TANT VISITÉ...

Participe passé précédé d'une locution collective. Lorsque le participe passé a pour complément d'objet direct une locution collective (adverbe de quantité précédé d'un article indéfini ou mot collectif suivi d'un complément), il s'accorde soit avec l'adverbe ou le mot collectif, soit avec le mot complément, selon que l'on attache plus d'importance à l'un ou à l'autre : *le grand* NOMBRE *de* SUCCÈS *que vous avez* REMPORTÉ (ou REMPORTÉS) ; *le* PEU *d'*ATTENTION *que vous avez* APPORTÉ (ou APPORTÉE) *à cette affaire.*

particulariste adj. et n. Qui fait preuve de particularisme : *idées particularistes.*

particularité n. f. Caractère particulier d'un objet, d'une chose. || Circonstance particulière : *les particularités d'un événement.*

particule [partikyl] n. f. (lat. *particula,* petite part). Petite partie : *les particules d'un corps.* || Préposition qui précède certains noms de famille et qui n'est pas nécessairement signe de noblesse. || *Gramm.* Petit mot invariable, qui ne peut être employé seul et qui sert soit à préciser ou à renforcer le sens des mots principaux, comme *ci, da* dans *celui-ci, oui-da,* soit à exprimer les rapports qu'on établit entre eux (particules de liaison, conjonctions, etc.), comme *et, ou, ni, mais,* etc. || *Phys.* Chacun des constituants de l'atome (électron, proton, neutron, etc.).

particulier [partikylje], **ère** [-ɛr] adj. (de *particule*). Qui appartient proprement à certaines personnes, à certaines choses : *plante particulière à un climat.* || Individuel, personnel : *l'intérêt particulier doit s'effacer devant l'intérêt général.* || Détaillé, circonstancié : *rappeler les circonstances particulières d'un fait.* || Spécial : *avoir un talent particulier pour la musique.* || Séparé, distinct : *chambre particulière.* || Non public ; qui a un caractère privé : *secrétaire particulier ; conversation particulière.* || — N. m. Personne privée : *c'est un simple particulier.* || **— En particulier** loc. adv. A part, séparément ; spécialement.

particulièrement adv. Spécialement : *il réussit particulièrement en poésie.* || Singulièrement, de façon personnelle : *il vous honore particulièrement.*

partie [parti] n. f. (de *partir,* partager). Portion d'un tout : *les cinq parties du monde.* || Élément d'un ensemble : *les différentes parties d'une machine.* || Profession particulière, spécialité : *être très fort dans sa partie.* || *Mus.* Chacune des voix, instrumentales ou non, d'une composition musicale ; chacun des différents morceaux que comporte une composition musicale. || *Jeux.* Totalité des coups qu'il faut jouer ou des points qu'il faut faire pour qu'un des joueurs ait gagné ou perdu : *une partie de cartes, de tennis.* || Divertissement : *une partie de chasse.* || *Dr.* Personne qui participe à un acte juridique ou à un procès. ● *Partie d'un ensemble* (Math.), ensemble formé avec des éléments d'un premier ensemble. (On dit aussi SOUS-ENSEMBLE.) || *La partie n'est pas égale,* il y a inégalité de forces. || *Prendre quelqu'un à partie,* s'en prendre, s'attaquer à lui. || || *Quitter la partie,* se désister d'une chose, y renoncer. || — N. f. pl. Organes génitaux. || — Loc. adv. **En partie,** non entièrement : *l'assistance était composée en partie d'étrangers.* || **En tout ou en partie,** en totalité ou partiellement.

partiel [parsjɛl], **elle** adj. Qui fait partie d'un tout : *produit partiel.* || Qui n'a lieu qu'en partie ; qui n'intéresse qu'une partie d'un tout : *éclipse partielle ; élections partielles.* ● *Différence* (*différentielle*) *partielle,* accroissement (différentielle) d'une fonction de plusieurs variables, si l'on fait varier une seule d'entre elles. || *Dividende partiel* (Math.), l'un des restes successifs obtenus au cours d'une division. || — N. m. Examen universitaire périodique.

partiellement adv. En partie.

partir [partir] v. i. (lat. *partiri,* partager) [conj. **22**]. Se mettre en chemin, commencer un voyage : *partir pour Paris.* || Prendre sa course, son vol : *le lièvre partit comme un trait.* || Sortir avec impétuosité : *le bouchon est parti.* || Exploser ; se mettre à fonctionner : *faire partir un coup de feu ; moteur qui part difficilement.* || || Avoir son commencement : *trois routes partent du village.* || — *Fig.* Prendre pour point de départ : *il faut partir de cette hypothèse.* || Émaner, provenir : *cela part d'un bon cœur.* || — V. t. Usité seulement dans l'expression *avoir maille à partir avec quelqu'un,* avoir quelque démêlé, être en querelle avec lui. || **— A partir de** loc. prép. A dater de : *à partir d'aujourd'hui.* || En commençant à : *à partir d'ici.*

partisan [partizɑ̃], **e** [-an] n. et adj. (ital. *partigiano*). Personne attachée au parti de quelqu'un, ou à un système, à un régime, etc. : *les partisans de César ; les partisans de l'homéopathie.* (On emploie souvent le fém. *partisante* dans le langage familier.) || — Adj. Inspiré par l'esprit de parti : *querelles partisanes.*

partisan n. m. Combattant volontaire n'appartenant pas à une armée régulière et luttant pour un idéal national, politique, religieux, etc. : *corps de partisans.* ● *Guerre des partisans,* forme de guerre particulière aux partisans. (V. GUÉRILLA.)

partita n. f. (mot ital.). *Mus.* Terme d'origine italienne, utilisé par les Italiens et les Allemands aux XVIIe et XVIIIe s. pour désigner soit une pièce de clavier, soit une suite de danses, ou encore une suite de variations. || Pl. des *partite.*

partiteur [partitœr] n. m. Appareil destiné à partager l'eau d'un canal d'irrigation.

partitif [partitif], **ive** [-iv] adj. et n. m. (du lat. *partitus,* partagé). *Gramm.* Qui désigne une partie d'un tout : *article partitif.*

partition [partisjɔ̃] n. f. (lat. *partitio*). Division, séparation : *la partition de l'Inde.* || *Hérald.* Division d'un écu. (Il y a quatre partitions principales de l'écu : le *parti,* le *coupé,* le *taillé* et le *tranché,* et six partitions dérivées.) || *Math.* Partage d'un ensemble en parties disjointes et telles qu'un élément appartienne à une et à une seule de ces parties. || *Mus.* Ensemble des parties d'une composition réunies pour être lues simultanément.

partout [partu] adv. En tout lieu. || **— De partout** loc. adv. De tous côtés.

parturiente [partyrjɑ̃t] n. f. Femme qui accouche.

parturition n. f. (lat. *parturitio*). Accouchement naturel. (Pour les animaux, on dit *parturition* ou *part* plutôt qu'*accouchement.*)

parulie [paryli] n. f. (gr. *para,* à côté de, et *oulon,* gencive). Inflammation des gencives, avec abcès.

parure [paryr] n. f. Garniture de perles ou de pierres précieuses (collier, pendants, bracelets, etc.) : *une parure de diamants.* || Sous-vêtements féminins formant un ensemble. || Rognure : *les parures d'une peau.*

parurerie n. f. Bijouterie de fantaisie.

parurier, ère n. Personne qui fait et vend des articles de fantaisie (bijoux, ceintures) pour orner le vêtement féminin.

parution [parysjɔ̃] n. f. Publication d'un ouvrage en librairie. (Ce terme est déconseillé par certains grammairiens.)

parvenir [parvənir] v. i. (lat. *pervenire*) [conj. **16 ;** avec l'auxil. *être*]. Arriver au terme qu'on s'est proposé : *parvenir au haut d'une montagne.* || Arriver à destination, en parlant des choses : *ma lettre lui est parvenue.* || *Fig.* Atteindre à : *parvenir aux honneurs.* || *Absol.* S'élever, faire fortune : *que de peines pour parvenir !*

parvenu, e n. Personne qui s'est élevée au-dessus de sa condition sans avoir su prendre les manières qui conviendraient à son nouveau milieu.

parvis [parvi] n. m. (lat. *paradisus,* paradis, empr. au gr.). Place qui s'étend devant le portail d'une église. || Chez les Juifs, espace qui était autour du tabernacle, dans le temple de Jérusalem.

pas [pɑ] n. m. (lat. *passus*). Mouvement que fait l'homme, l'animal, en portant un pied devant l'autre : *marcher à petits pas.* || Trace du pied sur le sol : *distinguer le pas d'un cheval de celui d'un bœuf.* || Manière de marcher : *aller bon pas.* || Mouvement que le danseur exécute avec ses pieds. || Fragment d'un ballet interprété par un ou plusieurs danseurs : *pas de deux, pas de quatre.* (Le pas d'un seul danseur est appelé généralement VARIATION.) || L'allure la plus lente du cheval : *passer du trot au pas.* || Longueur d'une enjambée : *tirer à trente pas.* || Passage étroit et difficile : *le pas de Suse.* || Détroit : *pas de Calais.* || Seuil, marche d'escalier : *être sur le pas de sa porte.* || Distance qui sépare deux spires consécutives d'une hélice ou deux filets consécutifs d'une vis, mesurée parallèlement à l'axe de rotation. ● *A grands pas,* avec rapidité. || *A pas comptés,* très lentement. || *A pas de loup,* sans bruit. || *Faire les cent pas,* aller et venir. || *Faire un faux pas,* glisser en marchant ; et, au *fig.,* commettre une faute. || *Faire les premiers pas* (Fig.), faire les avances. || *Franchir, sauter le pas,* se décider enfin à faire une chose. || *Grand pas de* *deux* (Chorégr.), fragment traditionnel d'un ballet classique, interprété en général par le danseur et la danseuse étoile, et comprenant quatre parties : adage, variation du danseur, variation de la danseuse, coda. (Citons, par exemple, le pas de deux du *Cygne noir*, extrait du *Lac des cygnes*, et le pas de deux de *Roméo et Juliette*.) ‖ *Marcher à pas de géant*, faire des progrès rapides. ‖ *Mauvais pas*, endroit où il est dangereux de passer ; et, au *fig.*, situation difficile. ‖ *Mettre quelqu'un au pas*, le mettre à la raison. ‖ *Pas accéléré*, pas cadencé plus rapide que le pas ordinaire. ‖ *Pas d'arme*, au Moyen Age, exercice de tournois consistant en la défense d'un *pas*, ou passage. ‖ *Pas cadencé*, pas exécuté suivant une amplitude et un rythme constants. ‖ *Pas de charge*, pas très rapide. ‖ *Pas de course*, pas qu'on exécute en courant. ‖ *Pas d'un écrou, d'une vis*, sur une génératrice, distance comptée entre deux intersections, par la même génératrice, d'un même filet. ‖ *Pas d'engrenage*, distance comprise entre les plans médians de deux dents consécutives d'un pignon ou d'une roue dentée. ‖ *Pas redoublé*, pas de vitesse double du pas cadencé normal ; marche militaire qui rythme cette allure. ‖ *Pas de route*, pas normal, non cadencé, utilisé pour des marches. ‖ *Pas de tir*, sur un champ ou un stand de tir, emplacement aménagé pour les tireurs. ‖ *Salle des pas perdus*, ou *pas perdus* n. m. pl., salle d'un palais de justice qui précède les salles d'audience ; grand hall qui donne accès aux services d'une gare. ‖ — Loc. adv. **De ce pas**, à l'instant même. ‖ **Pas à pas**, lentement.

Pas de quatre (le), divertissement chorégraphique composé par Jules Perrot sur une musique de Cesare Pugni et dansé pour la première fois à Londres en 1845 par quatre des plus grandes danseuses romantiques : Maria Taglioni, Carlotta Grisi, Fanny Cerrito, Lucile Grahn. Reconstitué plusieurs fois (1941, Anton Dolin), il fut interprété par Alicia Markova, Yvette Chauviré, Rosella Hightower, Alicia Alonso, Lycette Darsonval, etc.

pas adv. (lat. *passus*, pas). S'emploie avec *ne* pour exprimer une négation. ‖ Peut exprimer seul une idée négative : *pas assez ; pas de trop.*

P. A. S. n. m. (abrév. de *acide* para-amino-salicylique). Antibiotique actif contre le bacille tuberculeux.

Pasadena, v. des Etats-Unis (Californie), près de Los Angeles ; 116 400 h. Centre de recherches spatiales. — A proximité, observatoire du Mont-Wilson.

Pasargades, anc. v. de Perse, fondée v. 556 av. J.-C. et embellie par Cyrus le Grand. Ruines.

Pasay. V. RIZAL.

pascal n. m. Unité de contrainte et de pression (symb. : Pa), équivalant à la contrainte ou à la pression uniforme qui, agissant sur une surface plane de 1 mètre carré, exerce perpendiculairement à cette surface une force totale de 1 newton.

pascal [paskal], **e, als** ou **aux** [-o] adj. (lat. *paschalis*). Qui concerne la pâque des juifs ou la fête de Pâques des chrétiens : *communion pascale.*

Pascal Ier (*saint*), né à Rome (m. en 824), pape de 817 à 824. Il obtint de Louis le Pieux la consécration des droits de la papauté sur les Etats de l'Eglise. — Fête le 14 mai. — PASCAL II (Rainier), né à Bieda (Ravenne) [v. 1050-1118], pape de 1099 à 1118. Il succéda à Urbain II et poursuivit la lutte contre les empereurs Henri IV et Henri V, qui lui opposèrent divers antipapes. Il mourut assiégé dans le château Saint-Ange. — PASCAL III (Guido *da Crema*), né à Crema (Lombardie) [v. 1100-1168], antipape de 1164 à 1168. Il couronna empereur son protecteur Frédéric Barberousse ; celui-ci obtint de lui la canonisation de Charlemagne (1165).

Pascal (Blaise), mathématicien, physicien, philosophe et écrivain français, né à Clermont-Ferrand (1623-1662). Son père, président de la cour des aides de Clermont, veille lui-même à l'éducation de ses fils et de ses filles, et, lorsqu'il est installé à Paris (1631), encourage la curiosité scientifique du jeune Blaise. Admis aux réunions de savants du P. Mersenne, Blaise Pascal écrit à seize ans un *Essai sur les coniques* (publié en 1640), puis imagine une machine arithmétique destinée à aider son père, qui a été chargé d'un contrôle fiscal en Normandie. La famille Pascal vit alors à Rouen et y subit l'influence des écrits jansénistes de Saint-Cyran et d'Antoine Arnauld. Revenu à Paris en 1647, Pascal, malgré une santé déjà chancelante, poursuit ses recherches scientifiques : il publie le récit de ses expériences sur le vide, faites à Rouen en 1646 et qui seront répétées au puy de Dôme et à la tour Saint-Jacques à Paris, et expose ses idées sur les méthodes des différentes sciences dans sa *Préface pour un traité du vide.* Alors que son père meurt (1651) et que sa sœur Jacqueline entre au couvent de Port-Royal (1652), Pascal fréquente quelques mondains (le duc de Roannez, le chevalier de Méré). Mais à la suite d'un accident de voiture, au cours duquel il échappe à la mort, puis d'une extase (nuit du 23 nov. 1654), dont le *Mémorial* garde le souvenir, il décide de revenir totalement à Dieu : il prend pour directeur de conscience un prêtre janséniste. Lorsque Arnauld est menacé d'une condamnation en Sorbonne, il publie les *Lettres provinciales**, où il attaque les casuistes, particulièrement ceux de la Compagnie de Jésus. S'il n'abandonne pas ses travaux scientifiques (il résout le problème de la « roulette », c'est-à-dire de la cycloïde) et s'il s'intéresse même à des problèmes pratiques (il fonde une entreprise de transports en commun, les « carrosses à cinq sols »), il jette sur de petits morceaux de papier des idées qu'il espère mettre plus tard en forme pour constituer une *Apologie de la religion chrétienne.* Mais la maladie l'empêche de réaliser ce projet et ce sont ses amis qui publieront ses notes sous le titre de *Pensées** (1670), non sans y avoir apporté de nombreuses retouches.

Pascal, gravure par Edelinck, *coll. part.*

Pascal (Jacqueline), sœur de Blaise Pascal, née à Clermont (Auvergne) [1625-1661], religieuse janséniste. On retrouve en elle le mysticisme de son frère. — Sa sœur aînée GILBERTE (Mme PÉRIER), née à Clermont (Auvergne) [1620-1687], a publié une *Vie de Blaise Pascal.*

pascalien, enne adj. Relatif aux idées de Blaise Pascal.

Pasch (Moritz), logicien de langue allemande, né à Wrocław (1843-1930), auteur d'une des premières axiomatisations de la géométrie (1882).

Paschase Radbert (*saint*), abbé de Corbie, né à Soissons (v. 786-v. 865), un des meilleurs écrivains religieux de la Renaissance carolingienne.

Pascin (Julius PINKAS, dit **Jules**), peintre d'origine bulgare, naturalisé américain, né à Vidin (1885-1930). Il séjourna à Vienne, à Berlin, à Paris et aux Etats-Unis, puis se fixa en France en 1922. Il a peint surtout des femmes d'un érotisme subtil, usant de couleurs légères et d'un trait nerveux. Il a laissé des dessins savoureux, de nombreuses planches gravées et des portraits. Il mit fin à ses jours. (V. illustr. ÉCOLE DE PARIS*.)

Pascoli (Giovanni), écrivain italien, né à San Mauro, Romagne (1855-1912). Disciple de Carducci, il est l'auteur de poèmes de facture impressionniste et d'inspiration mystique (*Myricae*, 1891 ; *Chants de Castelvecchio*, 1903).

pas-d'âne n. m. inv. Nom usuel du *tussilage.* ‖ Garde d'épée qui recouvre la main.

pas de Calais. V. CALAIS (*pas de*).

Pas-de-Calais (*dép. du*) [**62**], dép. du nord de la France ; préf. *Arras ;* s.-préf. *Béthune, Boulogne-sur-Mer, Calais, Lens, Montreuil, Saint-Omer ;* 7 arr., 57 cant., 907 comm. ; 6 639 km² ; 1 397 159 h. Les secteurs littoraux (*Marquenterre* et *Boulonnais*), où domine l'élevage (bovins et localement chevaux), sont animés par la pêche (Boulogne-sur-Mer) et le tourisme estival (Berck, Le Touquet-Paris-Plage). Les autres régions sont tournées vers les cultures des céréales et des betteraves (*collines de l'Artois, Flandre méridionale, Cambrésis occidental*). L'agriculture emploie moins du septième de la population active du département, en raison de l'importance de l'industrie (la moitié de la population active). Celle-ci a été fondée sur l'extraction du charbon (*Pays noir*, d'Auchel à Hénin-Liétard), qui, brûlé ou cokéfié, a donné naissance à la métallurgie et à l'industrie chimique. Ces branches se sont ajoutées aux traditionnelles activités alimentaires et textiles, qui sont représentées surtout à Arras et à Calais (port de voyageurs).

pas-de-géant n. m. inv. Appareil de gymnastique, mât pourvu de cordes permettant de faire de très longues enjambées en tournant.

Pasdeloup (Jules), chef d'orchestre français, né à Paris (1819-1887), créateur des *Concerts populaires de musique classique* (1861), qui prirent plus tard son nom.

pas-de-porte n. m. inv. Somme que paie un commerçant afin d'obtenir la jouissance d'un local, soit directement du bailleur, soit par l'acquisition du droit d'un locataire en place.

Pasek (Jan Chryzostom), mémorialiste polonais, né à Węgrzynowice (1630-1701). Il guerroya contre les Suédois, les Hongrois et les Tatars, mais les violences qu'il exerça à l'encontre des voisins de son domaine campagnard le firent condamner au bannissement. Ses *Mémoires*, écrits de 1656 à 1688, ont été publiés en 1836.

Pas-en-Artois (62760), ch.-l. de c. du Pas-de-Calais (arr. d'Arras) ; 913 h.

Pasiphaé. *Myth. gr.* Femme de Minos, mère d'Androgée, d'Ariane, de Phèdre et du Minotaure.

Paskievitch (Ivan), général russe, né à Poltava (1782-1856). Commandant l'armée du Caucase (1825), il s'empara d'Erevan (1827) et permit à la Russie de s'établir au sud du Caucase, aux dépens des Persans. Vainqueur des Turcs en 1829, il étouffa l'insurrection polonaise de 1831 et la révolution magyare de 1849.

paso doble [pasodɔbl] n. m. (mot esp.). *Mus.* Sorte de one-step très rapide.

Pasolini (Pier Paolo), écrivain italien, né à Bologne en 1922. Il appliqua dans la *Poésie dialectale du XXe siècle* (1952), puis dans l'*Anthologie de la poésie populaire* (1955) des méthodes de critique marxiste, inspirées de Gramsci. Poète (*les Cendres de Gramsci*, 1957 ; *Poésie en forme de rose*, 1961-1964), il peint dans ses romans la vie misérable de la banlieue romaine (*Jeune Racaille*, 1955 ; *Une vie violente*, 1959). Scénariste et metteur en scène, il a également réalisé plusieurs films (*l'Evangile selon saint Matthieu*, 1964 ; *Œdipe-Roi*, 1967 ; *Théorème*, 1969 ; *Porcherie*, 1969 ; *le Décaméron*, 1971 ; *les Contes de Canterbury*, 1972 ; *les Mille et Une Nuits*, 1973).

Pasquier (Etienne), jurisconsulte et magistrat français, né à Paris (1529-1615), auteur des *Recherches de la France*, sorte d'encyclopédie méthodique.

Pasquier (Etienne, *duc*), homme d'Etat français, né à Paris (1767-1862), président de la Chambre des pairs sous Louis-Philippe, chancelier en 1837, auteur de *Mémoires.*

Pasquier (*Chronique des*). V. CHRONIQUE DES PASQUIER.

pasquin [paskɛ̃] n. m. (ital. *pasquino*). Bouffon de comédie.

Pasquin, type de valet dans la comédie italienne.

Pasquini (Bernardo), compositeur italien, né en Toscane (1637-1710), claveciniste et organiste, auteur de pages pour clavier (suites, sonates) et pour la voix.

passable [pɑsabl] adj. Qui est d'une qualité moyenne, acceptable : *un vin, une note, des vers passables.*

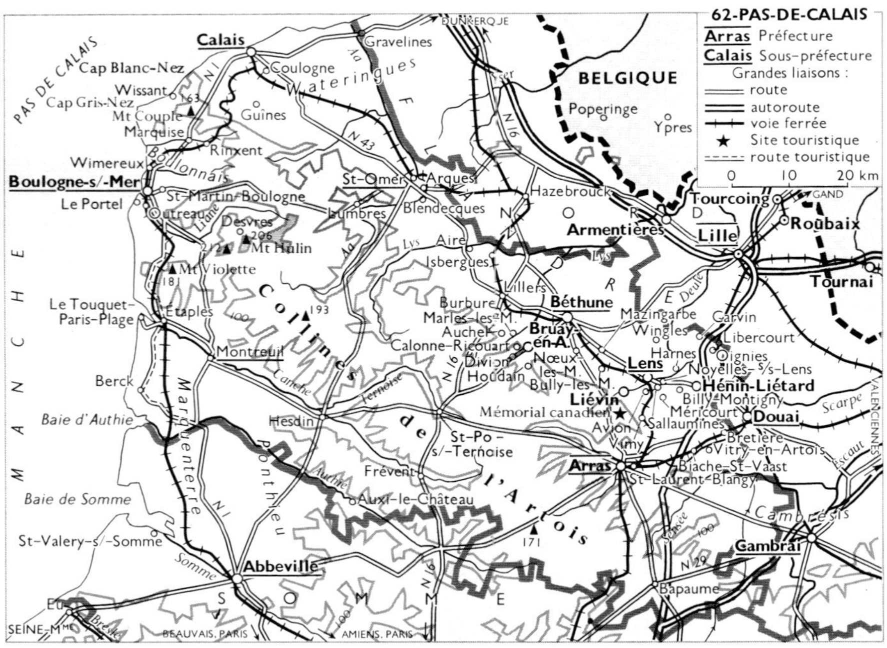

Phot. Larousse.

passablement adv. De façon passable; assez : *une plaisanterie passablement risquée.*

passacaille [pasakaj] n. f. (esp. *pasacalle*). Danse lente à trois temps, qui, en général, comporte une série de variations écrites sur une basse obstinée. (Syn. CHACONNE.)

passade [pɑsad] n. f. (ital. *passata*). Goût, caprice passager.

passage [pɑsaʒ] n. m. Action de passer : *le passage des Alpes par Bonaparte.* || Le moment où l'on passe : *attendre quelqu'un au passage.* || Lieu par où l'on passe : *ôtez-vous du passage.* || Traversée : *passage de Toulon à Alger.* || Droit qu'on paie pour faire une traversée, pour passer un pont : *payer un passage élevé.* || Visite brève : *lors de son passage dans la ville.* || Droit de passer sur la propriété d'autrui. (La servitude de passage est légale en cas d'enclave, contractuelle dans les autres cas.) || *Astron.* Moment où un astre s'interpose devant un autre astre : *observer le passage de Vénus sur le disque du Soleil.* || Dans les grandes villes, galerie couverte où ne passent que les piétons. || Tapis étroit dans un corridor, une antichambre. || — *Fig.* Chose de peu de durée : *la vie n'est qu'un passage.* || Transition, changement : *le passage du jour à la nuit, de la crainte à l'espérance.* || Endroit d'un ouvrage que l'on cite ou que l'on indique : *un beau passage de Bossuet.* || *Mus.* Trait de virtuosité improvisé par le chanteur ou l'instrumentiste. ● *Note de passage* (Mus.), note diatonique ou chromatique étrangère à l'harmonie et placée entre deux notes essentielles de la phrase musicale. || *Oiseaux de passage,* oiseaux migrateurs. || *Passage d'un astre au méridien,* moment où cet astre paraît traverser exactement le plan méridien d'un lieu. || *Passage à niveau,* endroit où une voie ferrée est coupée par un chemin ordinaire au même niveau. || *Passage protégé,* croisement où la priorité est enlevée à la voie de droite au bénéfice de la voie principale. || *Passage supérieur,* franchissement d'une voie ferrée par un chemin qui passe en dessus; *passage inférieur,* franchissement d'une voie ferrée par un chemin qui passe en dessous.

Passage (LE) [47000 Agen], comm. de Lot-et-Garonne (arr. d'Agen), près d'Agen; 6 746 h.

passager, ère adj. Qui ne fait que passer : *un hôte passager.* || *Fig.* De peu de durée : *beauté passagère.* || — N. Personne qui emprunte un moyen de transport sans en assurer la marche.

passagèrement adv. En passant, pour peu de temps.

Passais (61350), ch.-l. de c. de l'Orne (arr. d'Alençon); 1 031 h. (490 aggl.). Eglise (XVe s.). Château (XVIIe s.).

Passamaquoddy (*baie de*), golfe de la côte orientale des Etats-Unis (Maine) et du Canada (Nouveau-Brunswick). Projet de construction d'une usine marémotrice.

passamezzo [pasamɛdzɔ] n. m. (mot ital.). Danse italienne du XVIe s., de rythme binaire, modérément rapide.

passant, e adj. Où il passe beaucoup de monde : *rue très passante.* (Ne pas dire *passagère.*) || — N. Personne qui passe : *arrêter les passants.* || **— En passant** loc. adv. Incidemment; sans s'arrêter, sans insister.

Passarowitz, auj. **Požarevac,** v. de Serbie (Yougoslavie), près de la Morava; 20 000 h. Là fut signé en 1718 un traité entre l'Empereur, Venise et la Turquie.

passation n. f. Action de conclure un acte juridique ou de transmettre ses pouvoirs (en parlant d'un haut fonctionnaire ou d'un ministre) : *la passation d'un contrat.* ● *Passation d'écriture,* inscription d'une opération sur un livre de comptes. || *Passation d'un test,* action de le passer, de le faire passer.

Passau, v. de l'Allemagne occidentale (Bavière), sur le Danube; 31 000 h.

passavant [pasavɑ̃] n. m. (de *passer* et *avant*). Passerelle légère permettant, sur un navire, de passer d'un roof à l'autre. || Sur un pétrolier, passerelle métallique reliant le gaillard et le château arrière au château central. || Permis de circulation délivré par l'administration des douanes ou des contributions indirectes, pour autoriser le transport d'objets qui sont exemptés de droits, ainsi que des alcools et boissons alcooliques ayant déjà donné lieu à la perception de droits.

passe [pɑs] n. f. *Chass.* Action de passer : *la saison de la passe des cailles.* || *Escr.* Action d'avancer sur l'adversaire. (La passe se fait en portant le pied gauche devant le pied droit.) || Mise que doit faire chaque joueur à certains jeux. || Mouvement de la main que font les magnétiseurs pour endormir leur sujet. || Travail exécuté par un outil sur une machine-outil, en un seul cycle mécanique. || *Arts graph.* Ensemble des feuilles de papier imprimées en sus du chiffre officiel du tirage, pour compenser celles qui peuvent être déchirées, salies ou gâtées pendant l'impression ou au cours des manipulations ultérieures. || *Mar.* Chenal navigable entre deux bancs ou entre la rive et un banc. || *Sports.* Envoi du ballon à un partenaire mieux placé. ● *Etre en passe de,* être en état, en situation de : *il est en passe de réussir.* || *Etre dans une bonne passe,* dans une situation avantageuse. || *Maison, hôtel de passe,* maison, hôtel utilisé par les prostituées. || *Mauvaise passe,* situation difficile. || *Mot de passe,* mot conventionnel grâce auquel on se fait reconnaître.

passé prép. Après : *passé dix heures.*

passé, e adj. Qui se rapporte à un temps déjà écoulé : *les événements passés; il est dix heures passées.* || Se dit d'une chose dont la couleur a perdu de son éclat : *un tissu passé.*

passe-crassane

passé n. m. Temps écoulé : *songer avec regret au passé.* || Ce qui a été dit ou fait autrefois : *que le passé nous instruise!* || *Gramm.* Temps du verbe représentant l'action comme faite dans un temps écoulé. (V. *encycl.*)
— ENCYCL. Il y a cinq temps dans le verbe français pour exprimer le *passé* : l'*imparfait,* le *passé simple,* le *passé composé,* le *passé antérieur* (qui exprime qu'une chose a eu lieu immédiatement avant une autre : *hier, après que j'eus dîné, je sortis*) et le *plus-que-parfait.*

passé n. m. (de *passer*). *Chorégr.* Petit mouvement de jambe exécuté pour permettre le passage d'une position à une autre.

passe-boules n. m. inv. Jouet représentant la figure d'un personnage dont la bouche est démesurément ouverte pour recevoir les boules qu'y lance le joueur.

passe-carreau n. m. Morceau de bois long, plat, à bouts arrondis, sur lequel les tailleurs passent les coutures au fer. || Pl. des *passe-carreaux.*

passe-crassane n. f. inv. Poire d'hiver.

passe-droit n. m. Faveur accordée contre le droit, contre l'usage ordinaire. | Pl. des *passe-droits.*

passée [pɑse] n. f. Moment du soir où les bécasses et autres oiseaux se lèvent du bois pour aller dans la campagne : *l'heure de la passée.* || Trace laissée par une bête. || Temps du coup d'aviron entre l'attaque et le dégagé. || En natation, partie propulsive du passage de bras dans l'eau.

passéiste adj. et n. Se dit d'un partisan du retour au passé, de la conservation des traditions et des pratiques d'autrefois : *une architecture passéiste.*

passe-lacet n. m. Grosse aiguille à long chas et à pointe obtuse, servant à passer un lacet, un élastique dans un ourlet. || Pl. des *passe-lacets.*

passement n. m. (de *passer*). Bande de tissu ou dentelle de fil d'or, de soie, etc., dont on orne des meubles, des tentures, des habits, etc.

passementer v. t. Chamarrer de passements.

passementerie n. f. Commerce, marchandises du passementier.

passementier, ère n. Personne qui fait ou vend des passements, des galons, etc.

passe-montagne n. m. Bonnet qui couvre le cou et les oreilles. || Pl. des *passe-montagnes.*

passe-partout n. m. et adj. inv. Clef qui permet d'ouvrir plusieurs serrures. || Cadre dont le fond se soulève pour recevoir des dessins, des photographies, etc. || Grande scie à lame large, munie à chaque extrémité d'une poignée, pour scier les pierres tendres ou les gros arbres. ● *Réponse passe-partout,* réponse qui peut être donnée à toutes sortes de questions, faite de lieux communs, sans signification profonde.

passe-passe n. m. inv. *Tour de passe-passe,* tour d'adresse des prestidigitateurs; tromperie adroite.

passe-pied n. m. Danse française vive et légère, à trois temps. || Composition instrumentale dans le tempo et le caractère de cette danse. || Pl. des *passe-pieds.*

passe-plat n. m. Ouverture dans une cloison, permettant de passer les plats de la cuisine à la salle à manger. || Pl. des *passe-plats.*

passepoil [pɑspwal] n. m. Liséré qui borde la couture de l'uniforme de certaines armes, dont il constitue le signe distinctif. || Bande de tissu ou de cuir prise en double dans une couture, pour former une garniture en relief : *poche à passepoil.*

passeport [pɑspɔr] n. m. Document délivré à ses ressortissants par une autorité administrative nationale en vue de certifier leur identité au regard des autorités étrangères. ● *Demander, recevoir ses passeports,* en parlant d'un ambassadeur, solliciter ou se voir imposer son départ en cas de difficultés diplomatiques.

passer [pɑse] v. i. (du lat. *passus,* pas) [prend l'auxil. *avoir* ou *être,* selon qu'on veut exprimer l'action ou l'état]. Aller d'un lieu à un autre : *passer en Angleterre.* || Aller à travers : *passer par les prés.* || Se rendre chez; se présenter : *passer chez le boulanger; passer à la caisse.* || — *Fig.* S'effacer, cesser, disparaître : *la beauté passe.* || Mourir : *il vient de passer.* || Changer de position, s'élever : *il est* (ou *a*) *passé capitaine.* || Circuler : *passer de bouche en bouche.* || S'introduire : *ce mot a passé dans notre langue.* || Etre transmis : *la couronne passa des Valois aux Bourbons.* || Changer de manière, de travail, etc. : *passer du plaisant au sérieux.* || Perdre son éclat : *cette étoffe, cette couleur passera.* || *Jeux.* S'abstenir de jouer, d'annoncer quand vient son tour (au bridge en particulier). || Etre représenté, en parlant d'une pièce de théâtre, d'un film de cinématographie. ● *Cela lui a passé par la tête,* il lui est arrivé d'y penser. || *Cela peut passer,* cela est supportable. || *Cette mode passera,* durera peu. || *En passer par,* se résigner à, être forcé de. || *Laisser passer,* ne pas s'opposer à, ne pas remarquer, ne pas corriger : *laisser passer des erreurs.* || *Passer par de rudes épreuves,* avoir beaucoup à souffrir. || *Passer par-dessus les difficultés,* ne point s'y arrêter. || *Passer pour,* être réputé comme. || *Passer sur,* pardonner : *passer sur une faute;* ne pas s'arrêter à : *passer sur les défauts d'un ouvrage.* || *Y passer,* être entièrement dépensé ou employé : *toute sa fortune y a passé;* subir une peine, un désagrément, une fâcheuse nécessité : *il nous a fallu y passer;* mourir : *nous allons tous y passer.* || — V. t. Traverser : *passer une rivière.* || Transporter : *bac qui passe des voyageurs.* || Faire entrer ou recevoir : *passer de la contrebande.* || Transmettre : *passer un objet à son voisin.* || Mettre : *passer un vêtement.* || Faire, conclure : *passer un contrat, un marché.* || Tamiser, filtrer : *passer un bouillon.* || Inscrire : *passer un article en compte.* || Dépasser : *passer le but.* || Devancer : *passer quelqu'un à la course.* || Employer : *passer ses soirées à lire.* || Subir les épreuves d'un examen : *il a passé brillamment le baccalauréat.* || Satisfaire : *passer une envie.* || Omettre : *passer un fait.* || Pardonner, excuser, permettre : *passer une faute, une fantaisie.* || Excéder : *cela passe mes forces.* ● *Passer condamnation,* avouer son tort. || *Passer au fil de l'épée,* tuer avec l'épée. || *Passer quelqu'un par les armes,* le fusiller. || *Passer la rampe, passer l'écran,* se dit d'une œuvre théâtrale, cinématographique, qui obtient un certain succès, qui gagne l'audience du public. || *Passer le temps,* l'employer à quelque chose. || **— Se passer** v. pr. S'écouler : *le temps se passe quelquefois à ne rien faire.* || Avoir lieu, arriver : *la scène se passe en Italie; il se passe d'étranges choses.* || S'abstenir : *se passer de vin.*

passerage n. f. Plante qui passait autrefois pour guérir la rage (famille des crucifères) : *le cresson alénois est une espèce de passerage.*

Passerat (Jean), écrivain français, né à Troyes (1534-1602), professeur d'éloquence au Collège royal, un des auteurs de la *Satire Ménippée.*

passereaux [pasro] n. m. pl. (du lat. *passer,* moineau). Super-ordre d'oiseaux comprenant à lui seul la majorité des espèces (plus de 12 000) et rassemblant des espèces terrestres généralement percheuses et de petite taille, chanteuses, bâtisseuses de nids, répondant à peu près à la notion commune de « petit oiseau ». || Sing. un *passereau.*
— ENCYCL. Outre l'ordre des *passériformes,* qui sont de beaucoup les plus nombreux (corbeau, moineau, alouette, merle, rouge-gorge, fauvette, hirondelle), le groupe de *passereaux* comprend quatre ordres moins riches en espèces : les *micropodiformes* (martinet, colibri), les *mésomyodés* (fournier), les *oligomyodés* (tyran) et les *coraciadiformes* (huppe, martin-pêcheur).

passerelle [pɑsrɛl] n. f. Petit pont très étroit, réservé aux piétons. || *Mar.* Superstructure la plus élevée d'un navire, sur laquelle se tiennent certains membres de l'équipage. || Pont léger, établi entre un bateau accosté et le point d'accostage. || *Théâtr.* et *Cin.* Support des projecteurs.

passériformes n. m. pl. Ordre principal du groupe des oiseaux passereaux, comprenant toutes les petites espèces arboricoles chanteuses. (V. PASSEREAUX.)

passerine [pasrin] n. f. Passereau d'Amérique dont plusieurs espèces, ornées de couleurs magnifiques, peuvent être élevées en captivité. (Nom usuel : *pape.*)

passerinette n. f. Nom provençal de la *fauvette.*

Passero, cap à la pointe sud-est de la Sicile.

passerose [pɑsroz] n. f. Autre nom de la ROSE TRÉMIÈRE.

passe-temps n. m. inv. Occupation légère et agréable; divertissement.

passe-thé n. m. inv. Petite passoire à thé.

passeur [pɑsœr] n. m. Celui qui conduit un bac, un bateau pour traverser un cours d'eau. || Celui qui fait clandestinement passer une frontière.

passe-velours n. m. inv. Plante ornementale voisine de l'amarante, dont l'inflorescence à axe plat et charnu lui a valu le nom usuel de *crête-de-coq.*

passe-volant n. m. Soldat supplémentaire qu'on présentait aux revues, sous l'Ancien Régime, pour justifier des états de solde majorés. || Pl. des *passe-volants.*

passible [pasibl] adj. (du lat. *passus,* ayant souffert). Qui doit subir, qui a mérité : *tout coupable est passible d'une peine.*

passif n. m. Forme de conjugaison des verbes passifs. || *Dr.* Ensemble des dettes et des charges (s'oppose à *actif*). ● *Passif exigible,* dettes à court terme.

passif [pasif], **ive** [-iv] adj. (lat. *passivus,* susceptible de souffrir). Qui subit une action : *nous sommes à la fois actifs et passifs.* || Qui n'agit point : *avoir un rôle tout passif.* || Se dit de certains métaux rendus inattaquables par les acides oxygénés. ● *Citoyen passif,* se disait (par oppos. à *citoyen actif*) de celui qui, pendant la Révolution, n'avait pas le droit de participer au vote dans les assemblées primaires. || *Voix passive, verbe passif, sens passif,* forme qui indique une action subie par le sujet du verbe. (Le verbe passif est formé du verbe *être* suivi du participe passé d'un verbe actif : *être aimé; être averti.*)

Phot. Lauros - Atlas-Photo.

passiflore [pasiflɔr] n. f. (lat. *passio*, passion, et *flos, floris*, fleur). Genre de plantes, dites aussi *grenadilles* ou *fleurs de la Passion,* de l'Amérique tropicale et de l'Asie, et qui doivent leur nom à la forme de leurs fleurs, dont les organes représentent les instruments de la Passion du Christ (couronne d'épines, clous, marteaux, etc.).

passim [pasim] loc. adv. (mot lat. signif. *çà et là*). Formule indiquant qu'on trouvera, dans un ouvrage cité, de nombreuses références à un sujet donné.

passing-shot [pasiŋʃɔt] n. m. Au tennis, balle rapide, de coup droit ou de revers, en diagonale ou le long du couloir, évitant un joueur à la volée.

passion [pasjɔ̃] n. f. (lat. *passio;* de *pati,* souffrir). Mouvement violent, impétueux, de l'être vers ce qu'il désire : *réprimer ses passions.* || Désir très vif qu'on ressent pour une chose quelconque : *avoir la passion du jeu.* || Objet de cette affection : *l'étude est sa passion.* || Emportement, colère : *n'agissez jamais dans la passion.* || Prévention pour ou contre : *juger avec passion.* || Amour, affection très vive : *déclarer sa passion.* || *Relig.* Récit, qui est fait dans l'Evangile, de la condamnation, de l'agonie et de la mort de Jésus-Christ. (En ce sens, prend une majuscule.) || Forme musicale pour voix humaine et instruments, visant à commenter le récit de l'Evangile. (V. *encycl.*)
— ENCYCL. *Mus.* Mis en musique, le récit de la *Passion* est une sorte d'oratorio, qui, d'abord constitué d'éléments polyphoniques, a peu à peu laissé la place à une musique concertante formée de récits, d'airs et de grands chœurs. Ont excellé dans la Passion polyphonique Sermisy, de Rore, Lassus, Victoria, Byrd; dans la Passion concertante Schütz, A. Scarlatti, J.-S. Bach, Händel, Telemann; au XIXe et au XXe s., on peut citer Liszt, Frank Martin, Jean Langlais, Penderecki.

Passions de l'âme (*les*), traité de Descartes (1649), dans lequel il définit six passions fondamentales dont toutes les autres ne sont que des composés.

passioniste n. m. Membre d'une congrégation de missionnaires fondée en 1720 par saint Paul de la Croix et qui a son siège à Rome.

passionnaire n. m. Livre qui contient la Passion de Jésus. || Anc. livre relatant les souffrances des martyrs.

passionnant, e adj. Propre à intéresser vivement : *discussion passionnante.*

passionné, e adj. et n. Rempli de passion; épris d'un vif amour : *passionné pour la gloire.* || Inspiré par la passion : *langage passionné.*

passionnel, elle adj. Qui concerne les passions, et particulièrement l'amour, ou qui en dépend : *crime passionnel.*

passionnément adv. Avec passion.

passionner [pasjɔne] v. t. Intéresser vivement : *roman qui passionne beaucoup de lecteurs.* || Donner un caractère animé à : *passionner une discussion.* || **— Se passionner [pour]** v. pr. S'éprendre fortement.

passivation [pasivasjɔ̃] n. f. Traitement par phosphatation, avant peinture, des surfaces de métaux et alliages ferreux.

passivement adv. De façon passive : *obéir passivement.*

passivité n. f. Nature, état de celui, de ce qui est passif.

passoire [pɑswar] n. f. Ustensile de cuisine percé de petits trous dans lequel on égoutte les légumes et où l'on filtre sommairement.

Passy, comm. de l'anc. banlieue de Paris, annexée en 1860 (XVIe arr.).

Passy, comm. de la Haute-Savoie (arr. de Bonneville); 11 122 h. (317 aggl.). Centrale hydro-électrique sur l'Arve. Station climatique au *plateau d'Assy* (74480).

Passy (Hippolyte Philibert), homme politique français, né à Garches (1793-1880). Ministre des Finances, puis du Commerce sous Louis-Philippe, il se montra partisan de l'abolition de l'esclavage et du libre-échange. Il quitta la vie publique après le coup d'Etat du 2 décembre 1851. Il créa en 1866 la Société de statistique. — Son neveu FRÉDÉRIC, économiste français, né à Paris (1822-1912), fut un pacifiste convaincu. Il fonda la Ligue internationale de la paix (1867) et la Société pour l'arbitrage entre les nations (1870). [Prix Nobel de la paix (avec Dunant), 1901.]

Pasta (Giuditta NEGRI), cantatrice italienne, née à Saronno (1798-1865). Son nom reste attaché à l'interprétation des œuvres de Bellini.

pastel [pastɛl] n. m. (ital. *pastello*). Couleur en poudre solidifiée en pâte par addition d'eau gommée. || Dessin en couleurs exécuté avec des crayons de pastel : *les pastels de La Tour.* (Il fut en vogue surtout au XVIIIe s.)

pastel n. m. (mot provenç.). Plante autrefois cultivée pour ses feuilles, qui donnent une couleur bleue. (Famille des crucifères.) [Syn. GUÈDE.]

pasteller v. t. et i. Dessiner au pastel.

pastelliste n. Artiste qui fait du dessin au pastel.

pastenague [pastənag] n. f. Poisson sélacien plat des côtes européennes, vivipare, possédant sur la queue un aiguillon venimeux. (Long. jusqu'à 1,50 m.)

pastèque [pastɛk] n. f. (portug. *pateca,* empr. à une langue de l'Inde). Plante cultivée dans les pays méditerranéens pour ses fruits à pulpe rouge rafraîchissante. (Famille des cucurbitacées.) || Son fruit. (Syn. MELON D'EAU.)

passiflore ▲ ▼ pastèque

Pasternak (Boris Leonidovitch), écrivain soviétique, né à Moscou (1890-1960). Son œuvre, d'abord d'inspiration futuriste, célèbre l'élan créateur de l'existence (*Ma sœur, la vie,* 1922) et traduit l'émerveillement du poète devant l'éternelle nouveauté du monde. Après une méditation sur le destin de la poésie dans un univers dominé par les valeurs politiques (*l'An 1905,* 1927), il donne un nouveau recueil lyrique (*la Seconde Naissance,* 1931) et un récit autobiographique en prose (*Sauf-Conduit,* 1931). En désaccord avec les principes littéraires officiels, il vit à l'écart de la vie publique à partir de 1935 et se consacre à la traduction d'auteurs français, allemands et anglais. En 1957, il fait paraître en Italie un roman, *le Docteur Jivago,* dont la publication n'avait pas été autorisée dans son pays. Il est aussitôt l'objet d'une vive campagne de critiques, qui l'obligent à décliner le prix Nobel qui lui est décerné en 1958.

pasteur [pastœr] n. m. (lat. *pastor;* de *pascere,* paître). *Poét.* Homme qui garde les troupeaux : *des moutons et leur pasteur.* ● *Le Bon Pasteur,* Jésus-Christ.

pasteur n. m. (même étymol. qu'à l'art. précéd.). Ministre de la religion protestante.

Pasteur (Louis), chimiste et biologiste français, né à Dole (1822-1895). Reçu en 1843 à l'Ecole normale supérieure (section sciences), il passa en 1847 ses thèses de doctorat en physique et en chimie. Après plusieurs années de recherches, il associa la cristallographie, la chimie et l'optique, et put établir un parallélisme entre la forme extérieure d'un cristal, sa constitution moléculaire et son action sur la lumière polarisée. La stéréochimie doit son origine à ces recherches. De 1857 à 1863, Pasteur publia ses découvertes sur les fermentations lactiques, alcooliques, butyriques, etc. Il révélait que les fermentations étaient dues à l'action d'un micro-organisme. En 1862, ses expériences lui permirent de nier l'existence de la génération spontanée. Ses travaux sur les fermentations des alcools lui permirent également de découvrir que la formation du vinaigre dans le vin était due à l'action de *Mycoderma aceti* (1862). Pour remédier à la dénaturation de cette boisson, Pasteur conseilla le chauffage à 55 °C (pasteurisation). En 1865, il indiqua les moyens de combattre les maladies des vers à soie. Après 1870, il s'intéressa à la fabrication de la bière et démontra la façon de la préserver de l'altération par la pasteurisation. De 1870 à 1886 se situe la partie la plus fructueuse de son œuvre. Assisté de Chamberland et de Roux, Pasteur prouva que la maladie charbonneuse des moutons était due à un bâtonnet trouvé avant lui par Davaine, la *bactéridie charbonneuse,* et découvrit que le *vibrion septique* était la cause de septicémie gangreneuse chez les animaux. Il fit savoir qu'un microbe, le *streptocoque,* était à l'origine de l'infection puerpérale et qu'un autre, le *staphylocoque,* provoquait l'ostéomyélite et la furonculose. Il découvrit le principe des vaccinations préventives par inoculation de microbes atténués dans leur virulence (1879) et réalisa le vaccin contre le charbon. La mise au point du vaccin contre la rage (1885) consacra sa gloire. En 1888, Pasteur fut placé à la tête de l'Institut qui porte son nom. La médecine, la chirurgie et la chimie ont connu grâce à lui des progrès considérables. (Acad. fr.)

Pasteur (*Institut*), établissement scientifique, fondé en 1888, qui poursuit l'œuvre de Pasteur dans le domaine des sciences biologiques (bactériologie, virologie, immunologie, allergologie, biochimie, etc.) et qui prépare et vend des vaccins et sérums contre toutes les affections justiciables de ces traitements, à titre préventif ou curatif.

pasteurien ou **pastorien, enne** adj. Qui a rapport à Pasteur, à ses procédés : *les méthodes pasteuriennes.*

pasteurisation n. f. Opération consistant à porter à une température de 75 °C à 85 °C certaines substances alimentaires fermentescibles (lait, bière), pour tuer les microbes sans altérer le goût ni détruire les vitamines.

pasteuriser v. t. Opérer la pasteurisation. ● *Lait pasteurisé,* lait qui a été débarrassé de tous les germes pathogènes et de la plupart de ses germes banals par chauffage.

Pasteur Vallery-Radot (Louis), médecin et écrivain français, né à Paris (1886-1970). Petit-fils de Louis Pasteur, il a porté ses recherches sur l'anaphylaxie, l'allergie et les affections des reins. Il a publié de nombreux ouvrages sur Pasteur : *la Correspondance de Pasteur* (1952), *Pasteur inconnu* (1954), etc. (Acad. fr., 1944.)

pastiche [pastiʃ] ou plus rarement **pastichage** [-aʒ] n. m. (ital. *pasticcio,* pâte). Œuvre littéraire, artistique, où l'on imite la manière d'écrivains, d'autres peintres, d'autres musiciens, etc.

pasticher v. t. Imiter le style, la manière de : *pasticher Hugo.*

pasticheur, euse n. Personne qui fait des pastiches.

pastillage n. m. Imitation d'un objet, faite par les confiseurs, en pâte de sucre. || Ouvrage d'argile pétrie à la main et cuite.

pastille [pastij] n. f. (esp. *pastilla*). Petit bonbon de sucre aromatisé de chocolat, etc., de forme généralement ronde. || Préparation médicamenteuse analogue. || Petit pain conique composé de substances odorantes qu'on brûle pour parfumer l'air.

pastilleur n. m. Emporte-pièce pour fabriquer des pastilles. (On dit aussi PASTILLEUSE n. f.)

pastis [pastis] n. m. Boisson alcoolisée, parfumée à l'anis. || *Fam.* Situation embrouillée, complication : *un drôle de pastis.*

Pasto ou **San Juan de Pasto,** v. de la Colombie méridionale; 130 100 h.

pastoral [pastɔral], **e, aux** [-o] adj. (du lat. *pastor,* berger). Relatif aux bergers, à la vie des champs : *chant pastoral; vie pastorale.* || Qui peint les mœurs champêtres : *poésie pastorale.* || Propre au clergé catholique, en particulier aux évêques : *tournée pastorale.* || Propre aux pasteurs protestants : *ministère pastoral.*

pastorale n. f. Pièce dont les personnages sont des bergers, des bergères. || Pièce musicale généralement à 12/8, intime et descriptive, ayant un caractère champêtre : *une pastorale de Scarlatti.* || Ensemble des règles de l'action évangélique des prêtres dans des circonstances déterminées.

pastoralement adv. A la façon des bergers : *vivre pastoralement.*

pastorat n. m. Dignité de pasteur. || Sa durée.

Pasternak

Pasteur
dans son laboratoire
par Albert Edelfelt

Phot. Brunel, Lauros - Atlas-Photo, A. I., Giraudon.

Pastor fido (*Il*) [*le Berger fidèle*], pastorale dramatique, en 5 actes et en vers, de Guarini, publiée en 1590 et représentée à Crema en 1595. Tirée d'un récit de Pausanias et inspirée de l'*Aminta* du Tasse, elle raconte les amours de Myrtille et d'Amaryllis.

pastoureau [pasturo] n. m. Petit berger. || — Pl. Paysans qui dévastèrent la France notamment en 1251 pendant le séjour de Louis IX en Syrie et qui furent exterminés par ordre de Blanche de Castille.

pastourelle n. f. Jeune bergère. || Chanson médiévale dans laquelle une bergère dialogue avec un pâtre ou un seigneur qui lui propose son amour. || Figure de la contredanse française.

pat [pat] adj. m. (ital. *patta;* de *patto,* accord). Aux échecs, se dit du joueur qui, ne pouvant déplacer que son roi, ne peut jouer sans le mettre en échec, ce qui rend la partie nulle.

patache [pataʃ] n. f. (mot esp.). Anc. voiture publique peu confortable. || Bateau des douaniers.

patachon n. m. Conducteur ou pilote d'une patache. ● *Mener une vie de patachon* (Fam.), mener une vie désordonnée.

patafioler [patafjɔle] v. t. *Fam.* Usité dans cette expression : *que le bon Dieu* (ou *que le diable*) *te patafiole !,* te bénisse (ou te confonde !).

patagon [patagɔ̃], **onne** [-ɔn] adj. et n. De la Patagonie.

Patagonie, région méridionale de l'Argentine, entre les Andes et l'Atlantique. En dehors de l'extraction de pétrole (Comodoro Rivadavia), l'élevage ovin constitue la principale ressource de cette région froide et aride. Les autochtones (*Patagons*) ont à peu près disparu.

Pātaliputra, anc. cap. bouddhique du royaume hindou de Magadha, du IIIe s. av. J.-C. au Ve s. apr. J.-C. Vestiges de fortifications en bois et du palais d'Açoka (v. 264 av. J.-C.).

Patan, v. et anc. cap. du Népal; 135 000 h. Temples.

patapouf [patapuf] n. m. *Fam.* Homme gros et lourd.

pataquès [patakɛs] n. m. (tiré de la phrase plaisante : *je ne sais pas-t-à qu'est-ce*). Faute de liaison qui consiste à prononcer un *t* pour un *s,* ou *vice versa,* ou à confondre deux lettres quelconques, comme : *ce n'est point-z-à moi ; ce n'est pas-t-à lui.*

patard ou **patar** [patar] n. m. (du provenç. *patoc*). Anc. petite monnaie.

patarins, nom donné, aux XIe et XIIe s., aux membres de différentes sectes hérétiques, particulièrement dans l'Italie du Nord.

patate [patat] n. f. (esp. *batate*). Plante cultivée en Amérique et en Asie pour ses tubercules comestibles. (Famille des convolvulacées.) || Ces tubercules eux-mêmes. || *Fam.* Pomme de terre. || *Pop.* Personne stupide.

patati, patata [patati patata], onomatopée employée pour rendre des bavardages, des bruits qui s'entrecroisent, etc.

patatras! [patatrɑ] interj. Onomatopée exprimant le bruit d'un corps qui tombe avec fracas.

pataud [pato], **e** [-od] n. et adj. (de *patte*). Jeune chien ou jeune chienne qui a de grosses pattes. || *Fam.* Personne mal faite, lourde et lente.

pataugeage [-ʒaʒ] n. m. Action de patauger.

patauger [patoʒe] v. i. (de *patte*) [conj. **1**]. Marcher dans une eau bourbeuse. || *Fam.* S'embarrasser dans son raisonnement, dans des difficultés : *patauger dans une traduction.*

pataugeur, euse n. Celui, celle qui patauge.

Patay (45310), ch.-l. de c. du Loiret (arr. d'Orléans); 1 948 h. (*Patichons*). Jeanne d'Arc y vainquit les Anglais (1429). Défaite de l'armée de la Loire par les Allemands (2 décembre 1870).

Patch (Alexander), général américain, né à Fort Huachuca (1889-1945). Pendant la Seconde Guerre mondiale, il prit Guadalcanal, dans le Pacifique (1943); en août 1944, il commanda la VIIe armée, qui débarqua en Provence avec la Ire armée française, et participa avec celle-ci à la libération de la Franche-Comté, puis de l'Alsace. Après avoir franchi le Rhin, il conquit la Bavière.

patchouli [patʃuli] n. m. (de l'angl. *patchleaf*). Plante aromatique de la famille des labiacées, d'Asie et d'Océanie, que l'on met dans les vêtements de laine pour en éloigner les insectes. || Parfum extrait de cette plante.

patchwork [patʃwœrk] n. m. (mot angl.). Ouvrage fait de morceaux disparates : *une couverture en patchwork.*

pâte [pɑt] n. f. (lat. *pasta*). Farine détrempée et pétrie. || Amalgame mou de matières broyées et délayées : *pâte d'amandes, de papier.* || Sorte de gelée consistante : *pâte de coings.* || Confiserie formée de fruits séchés : *pâte de fruits.* || Substance médicamenteuse, solidifiée par l'évaporation : *pâte de jujube, de guimauve.* || *Minér.* Dans les roches microlitiques, substance entourant les cristaux, faite de microlites noyés dans une matière vitreuse. || *Fam.* Complexion : *vous êtes d'une pâte à vivre cent ans.* ● *Forme, page tombée en pâte* (Arts graph.), composition dont les caractères se sont mêlés par accident. || *Pâtes alimentaires,* produits à base de semoule de blé dur, préparés par pétrissage, tréfilage, séchage, et prêts à l'emploi culinaire pour des potages et des plats (vermicelle, nouilles, macaroni, etc.).

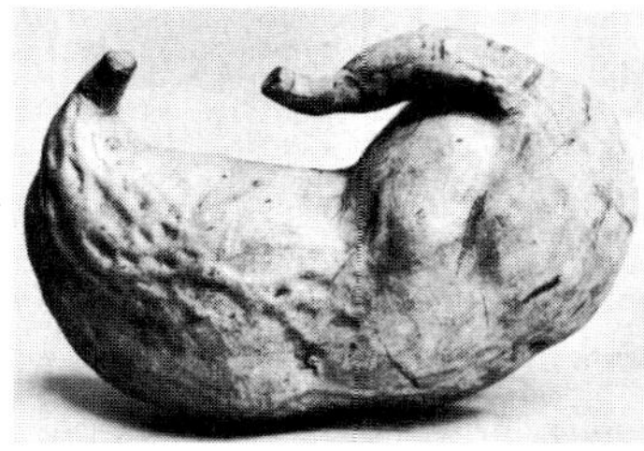

patate

pâté [pɑte] n. m. Pâte moulée qui renferme de la viande ou du poisson. || Viande cuite et conservée dans une terrine : *pâté de foie gras.* || *Fig.* Goutte d'encre tombée sur du papier. ● *Pâté de maisons,* groupe de maisons. || *Pâté de sable,* ou *pâté,* petite masse de sable humide que les enfants s'amusent à tasser dans des seaux et qu'ils démoulent.

pâtée [pɑte] n. f. Pâte de farine, de son, etc., avec laquelle on engraisse la volaille. || Mélange de pain émietté et de viande hachée, pour la nourriture de certains animaux (chiens, chats, etc.).

patelin n. m. *Pop.* Petit pays, village.

patelin [patlɛ̃], **e** [-in] adj. et n. (de *Pathelin* ou *Patelin*). Souple et insinuant, enjôleur : *air patelin.*

patelinage n. m. ou **patelinerie** n. f. Manières patelines, insinuantes et artificieuses.

pateliner v. i. Agir en patelin. || — V. t. Traiter d'une manière pateline.

patelle [patɛl] n. f. (lat. *patella*). *Antiq. rom.* Plat de terre ou de métal, dans lequel on présentait toutes sortes de mets. || *Zool.* Mollusque comestible à coquille conique, très abondant sur les rochers découvrant à marée basse. (Nom usuel : *bernique;* taille, 5 cm; classe des gastropodes.) || *Anat.* Syn. de ROTULE.

patène [patɛn] n. f. (lat. *patena,* plat). *Liturg.* Vase sacré, de forme ronde, qui sert à recevoir l'hostie pendant la messe.

Patenier. V. PATINIR.

patenôtre [patnotr] n. f. (altér. du lat. *Pater noster*). Prière : *marmotter des patenôtres.* || Paroles inintelligibles ou vides de sens, que l'on répète constamment.

patent [patɑ̃], **e** [-ɑ̃t] adj. (lat. *patens, patentis,* ouvert). Evident, manifeste : *fait patent.* ● *Lettres patentes,* lettres revêtues du grand sceau de l'Etat, que le roi adressait ouvertes aux parlements.

patentable adj. Qui est sujet à payer patente : *commerçant patentable.*

patentage n. m. Trempe spéciale qu'on fait subir aux fils d'acier pour leur conférer des caractéristiques particulières.

patente [patɑ̃t] n. f. (de *patent*). Impôt direct qui, bien que supprimé en 1917, continue à servir de base à l'établissement de certains droits locaux dus par les commerçants, les industriels et les personnes exerçant certaines professions libérales. || Quittance de cette contribution : *montrer sa patente.* ● *Patente de santé,* certificat sanitaire délivré à un navire qui part.

patenté, e adj. et n. Qui paie la patente : *commerçant patenté.* || Attitré : *défenseur patenté d'une institution.*

patenter v. t. Soumettre à la patente : *on patente toutes les formes de commerce.* || Délivrer une patente à : *patenter un inventeur.*

Pater [patɛr] n. m. inv. (mot lat. signif. *père*). Oraison dominicale (prend une majuscule) : *dire cinq Pater.*

Pater (Jean-Baptiste), peintre français, né à Valenciennes (1695-1736). Elève favori de Watteau, il produisit en grande quantité, pour satisfaire à la demande, des scènes galantes et rustiques un peu maniérées, mais d'un coloris raffiné (*Intérieur,* Louvre).

Pater (Walter Horatio), écrivain anglais, né à Shadwell (1839-1894). Auteur de récits historiques (*Marius l'Epicurien,* 1885) et autobiographiques, il a publié des études sur la Renaissance italienne (*Etudes sur l'histoire de la Renaissance,* 1878) et les romantiques anglais (*Appréciations,* 1889).

patère [patɛr] n. f. (lat. *patera,* coupe). *Antiq.* Coupe évasée et peu profonde. || *Archit. et arts décor.* Ornement circulaire (disque, rosette). || *Mobil.* Support fixé à un mur pour soutenir des rideaux, une draperie, pour y accrocher des vêtements.

paternalisme n. m. Doctrine sociale selon laquelle le patron possède seul l'autorité en matière de création et de gestion des œuvres sociales de l'entreprise.

paternaliste adj. Qui a les caractères du paternalisme.

paterne adj. (lat. *paternus,* paternel). D'une bienveillance doucereuse : *un ton paterne.*

paternel [patɛrnɛl], **elle** adj. Du père : *domicile paternel.* || Du côté du père : *grands-parents paternels.* || Qui est propre au père : *autorité paternelle.* || Protecteur, indulgent : *ton paternel.* || — N. m. *Pop.* Père.

paternellement adv. En père; avec une grande bonté.

paternité n. f. Etat, qualité du père. || Lien juridique entre un père et ses enfants. (On distingue : la *paternité légitime,* lorsque l'enfant est issu d'un couple marié; la *paternité naturelle,* lorsque les parents de l'enfant ne sont pas unis par les liens du mariage; la *paternité adoptive,* lorsque l'enfant est adopté.) || *Fig.* Création : *revendiquer la paternité d'une invention.*

Paterson, v. des Etats-Unis (New Jersey); 143 700 h. Soieries.

pâteux [pɑtø], **euse** [-øz] adj. Qui empâte la bouche : *fruit pâteux.* || Trop épais : *encre pâteuse.* ● *Avoir la bouche, la langue pâteuse,* avoir la bouche, la langue comme empâtée d'une salive épaisse. || *Fusion pâteuse,* passage progressif de l'état solide à l'état liquide, qui se produit dans le cas des verres.

Pathé (*les frères*), EMILE, né à Paris (1860-1937) et CHARLES, né à Chevry-Cossigny (Seine-et-Marne) [1863-1957], ingénieurs français. Avec Henri Lioret, ils furent les véritables fondateurs de l'industrie phonographique française. Sous la marque « Pathé frères », avec le coq pour emblème, ils construisirent un appareil similaire de celui d'Edison. Ils remplacèrent le cylindre d'enregistrement par le disque à gravure verticale (1906), puis latérale (1920). Charles créa la première usine où fut fabriquée la pellicule vierge et le premier laboratoire de tirage de film à Joinville (1905). Il créa également le premier journal d'actualités cinématographiques, *Pathé-Journal,* en 1909. Par son sens des affaires et son audace, il favorisa l'expansion de l'industrie cinématographique dans le monde.

Pathelin ou **Patelin** (*la Farce de Maître Pierre*), farce d'auteur inconnu, écrite vers 1464. Pathelin, avocat sans cause, dupe le drapier Guillaume en emportant une pièce de tissu qu'il promet de payer le soir même au cours d'un dîner auquel il invite le marchand. Quand le drapier vient réclamer son argent, Pathelin feint d'être gravement malade depuis de longues semaines, et Guillaume n'ose insister. Cependant, le berger du drapier, Thibaut l'Agnelet, accusé d'avoir mangé les moutons de son maître, vient demander à Pathelin de le défendre. Au tribunal, Guillaume, étonné de voir l'avocat bien portant, parle à la fois de sa pièce de drap et de ses moutons, tandis qu'Agnelet, suivant les conseils de Pathelin, ne répond que par des bêlements aux questions du juge, qui renvoie les parties dos à dos. Resté seul avec son client, Pathelin lui réclame ses honoraires, mais Agnelet continue à bêler.

pathétique [patetik] adj. (gr. *pathêtikos,* émouvant). Qui émeut fortement : *discours, ton pathétique.* || — Adj. et n. m. *Anat.* Se dit de l'un des muscles moteurs de l'œil.

pathétiquement adv. De façon pathétique.

pathétisme n. m. Caractère de ce qui est pathétique.

pathogène [patɔʒɛn] adj. (gr. *pathos,* souffrance, et *gennân,* engendrer). Qui provoque les maladies : *microbe pathogène.*

pathogénie n. f. Examen et recherche du mécanisme par lequel les causes pathogènes, connues ou inconnues, provoquent les maladies.

pathogénique adj. Relatif à la pathogénie : *recherches pathogéniques.*

pathognomonique [patɔgnɔmɔnik] adj. (gr. *pathos,* souffrance, et *gnômonikos,* qui indique). Se dit des symptômes propres à chaque maladie et dont la constatation donne un diagnostic certain.

pathologie [patɔlɔʒi] n. f. (gr. *pathos,* souffrance, et *logos,* science). Science des causes et des symptômes des maladies.

pathologique adj. Relatif à la pathologie : *état pathologique.* ● *Anatomie pathologique,* partie de la médecine ayant trait à l'étude des lésions produites par les maladies.

pathologiquement adv. De façon pathologique; du point de vue de la pathologie.

pathologiste n. et adj. Médecin qui s'occupe spécialement de la pathologie. (En France, le terme ne s'applique qu'aux spécialistes de l'anatomie pathologique.)

pathos [patos] n. m. (mot gr. signif. *passion*). *Fam.* Emphase, galimatias.

Patiāla, v. de l'Inde (Pendjab); 137 100 h. Métallurgie.

patibulaire [patibylɛr] adj. (du lat. *patibulum,* gibet). Qui appartient au gibet : *fourches patibulaires.* ● *Mine, air patibulaire,* mine, air d'un homme inquiétant.

patiemment [-sjamɑ̃] adv. Avec patience : *supporter patiemment une injure.*

patience [pasjɑ̃s] n. f. (lat. *patientia*). Vertu qui fait supporter avec résignation les maux, les injures, les incommodités, etc. || Persévérance, constance : *la patience vient à bout de tout.* (Syn. : SANG-FROID, TRANQUILLITÉ.) || Combinaison de cartes à jouer. (Syn. RÉUSSITE.) ● *Perdre patience,* commencer à ne plus pouvoir attendre, supporter ou chercher. || *Prendre patience,* attendre avec calme. || *Prendre son mal en patience,* souffrir sans se plaindre. || — **Patience!** interj. qui exprime soit la menace : *patience! j'aurai mon tour;* soit la résignation : *patience! nous arrivons!*

patience n. f. (du gr. *lapathon*). Plante voisine de l'oseille, à racines toniques. (Famille des polygonacées.)

patient, e adj. Qui a de la patience. || *Philos.* Qui reçoit l'impression d'un agent physique : *l'être est agent ou patient.* || — N. Personne qui subit une opération chirurgicale.

Phot. Vilmorin.

patienter v. i. Prendre patience, attendre avec patience.

patin [patɛ̃] n. m. (de *patiner*). Semelle de métal munie en dessous d'une lame, que l'on fixe à la chaussure pour glisser sur la glace. || *Ch. de f.* Base d'un rail, qui repose sur les traverses. || *Technol.* Elément rigide, articulé, de la chenille d'un véhicule. || Partie d'un organe de machine ou d'un mécanisme, destinée à frotter sur une surface soit pour servir d'appui à un ensemble en mouvement (guidage), soit pour absorber de la puissance en excédent (freinage) : *patin de frein.* ● *Patins à roulettes,* patins dont la lame est remplacée par des roulettes.

Patin (Gui), médecin et écrivain français, né à Hodenc-en-Bray (Picardie) [1601-1672]. Docteur en médecine (1624), il devint doyen de la Faculté (1650), dont il défendit les privilèges; il était l'ennemi de toutes les nouveautés et le partisan de la saignée. Ses *Lettres,* publiées en trois recueils successifs (1692, 1695, 1718), constituent une chronique précieuse de son époque.

patinage n. m. Action de patiner : *le patinage est un sport très agréable.* (V. *encycl.*) || Rotation, sans entraînement, des roues motrices d'un véhicule, par suite d'une adhérence insuffisante. ● *Patinage artistique,* exhibition de patinage sur glace composée de figures, de sauts acrobatiques et de danse, présentée en compétition ou en spectacle. (V. illustr. SPORTS* D'HIVER.)
— ENCYCL. En tant que sport, le *patinage* se divise en patinage de vitesse et patinage artistique. Le *patinage de vitesse* est une course, comportant quatre épreuves classiques : le 500 m, le 1 500 m, le 5 000 m et le 10 000 m. Le *patinage artistique* comprend la réalisation de figures* imposées, puis de figures libres, notées par un jury. Le patinage artistique est entré aux jeux Olympiques en 1908, le patinage de vitesse en 1924.

patine [patin] n. f. Oxydation naturelle ou artificielle du bronze, qui se recouvre d'une couche verte de carbonate de cuivre, ou vert-de-gris. || *Par anal.* Sorte de coloration que prennent certains objets avec le temps.

patiner v. i. (de *patte*). Glisser avec des patins. || Manquer d'adhérence en tournant : *roue qui patine sur le sol; embrayage qui patine.* || — V. t. Produire artificiellement la patine sur : *patiner un cadre.*

patinette n. f. V. TROTTINETTE.

patineur, euse n. Personne qui patine.

Patinir ou **Patenier** (Joachim), peintre flamand, né à Dinant ou à Bouvignes (v. 1480-1524). Il fut le premier à donner dans ses peintures une place prépondérante au paysage mi-réaliste, mi-imaginaire, lui subordonnant le sujet traité. Il ouvrait ainsi la voie aux paysagistes flamands (*le Passage du Styx,* Prado).

patinoire n. f. Lieu préparé pour le patinage.

patio [patjo] n. m. (mot esp.). Cour intérieure d'une maison.

pâtir [pɑtir] v. i. (lat. *pati,* subir). Eprouver une souffrance : *les bons pâtissent pour les méchants.*

pâtis [pɑti] n. m. (du lat. *pastus,* pâture). Lieu, lande ou friche, où l'on mène paître les bestiaux.

pâtisserie [pɑtisri] n. f. Pâte travaillée, garnie de façons diverses et cuite au four : *manger de la pâtisserie.* || Profession, boutique, marchandises du pâtissier. || Légers reliefs ornementaux, en staff.

pâtissier, ère adj. et n. Qui fait ou vend de la pâtisserie. || — Adj. Se dit d'une crème cuite, assez épaisse, que l'on met dans certaines pâtisseries (choux, éclairs).

pâtisson [pɑtisɔ̃] n. m. Espèce de courge, dite aussi *bonnet-de-prêtre, artichaut d'Espagne.*

Patmore (Coventry Kersey Dighton), poète anglais, né à Woodford (Essex, auj. Grand Londres) [1823-1896]. Son sentimentalisme mystique reste un des aspects caractéristiques de l'ère victorienne (*l'Ange du foyer,* 1854-1862; *Amélie,* 1878).

Patmos ou **Pathmos,** l'une des îles Sporades, où, selon la tradition, saint Jean écrivit l'Apocalypse.

Patna, v. de l'Inde, cap. de l'Etat du Bihār, sur le Gange; 449 500 h. Université. Centre commercial et artisanal.

patoche [patɔʃ] n. f. (de *patte*). *Fam.* Grosse main.

patois [patwa], **e** [-az] adj. Qui appartient au patois ou qui en a le caractère : *locution patoise.*

patois n. m. Parler propre à une région limitée, à l'intérieur d'un dialecte.

patoisant, e adj. et n. Qui parle patois.

patoiser v. i. Parler patois.

patouiller [patuje] v. i. *Fam.* Patauger.

patraque [patrak] adj. et n. f. *Fam.* Qui fonctionne mal (en parlant d'une machine) : *cette montre est une vraie patraque.* || *Fam.* Faible, maladif : *se sentir un peu patraque.*

Patras, v. de Grèce (Péloponnèse), sur le *golfe de Patras,* formé par la mer Ionienne; 111 200 h. Raisins de Corinthe. Pneumatiques.

pâtre [pɑtr] n. m. (lat. *pastor*). Celui qui fait paître des troupeaux.

patriarcal, e, aux adj. (du gr. *patriarkhês,* chef de famille). Propre aux patriarches : *simplicité patriarcale.* || *Sociol.* Qui relève du patriarcat : *régime patriarcal.*

patriarcalement adv. De façon patriarcale : *vivre patriarcalement.*

patriarcat [-ka] n. m. Dignité, fonctions de patriarche, dans l'Eglise d'Orient. (V. *encycl.*) || Territoire soumis à la juridiction d'un patriarche : *le patriarcat d'Antioche.* || *Sociol.* Type familial caractérisé par la prépondérance du père sur tous les autres membres de la tribu.
— ENCYCL. Le concile de Chalcédoine (451) organisa les grands sièges patriarcaux : Rome, Alexandrie, Antioche, Constantinople et Jérusalem. Les croisés, au Moyen Age, créèrent en Orient des *patriarcats* latins qui ont subsisté.
Les scissions dues aux hérésies et la pratique nationaliste de l'autocéphalie contribuèrent à la multiplication des patriarcats orientaux. En Occident, le titre honorifique de patriarche est porté par certains archevêques (Venise, Lisbonne).

patriarche [patrijarʃ] n. m. (lat. *patriarcha*). Nom donné aux premiers chefs de famille, dans l'Ancien Testament. || *Fig.* Vieillard respectable; vieillard qui a de nombreux descendants. || Titre donné autrefois aux évêques des premiers sièges épiscopaux et, encore aujourd'hui, à quelques évêques : *le patriarche de Lisbonne.* || Titre des chefs de l'Eglise grecque et de quelques communautés schismatiques. ● *Patriarche œcuménique,* titre porté par le patriarche de Constantinople.

patrice [patris] n. m. (lat. *patricius*). Haute dignité, non héréditaire, qu'accordaient les empereurs romains, au Bas-Empire, à des citoyens ou même à des rois barbares.

patricial, e, aux adj. Relatif aux patrices : *dignité patriciale.*

patriciat [-sja] n. m. Dignité de patrice, de patricien; rang des familles patriciennes.

patricien [patrisjɛ̃], **enne** [-ɛn] n. Citoyen romain issu des plus anciennes familles de Rome. || — Adj. Noble : *famille patricienne.*

Patrick ou **Patrice** (*saint*), apôtre de l'Irlande, né dans le nord-ouest de la Grande-Bretagne (v. 390-v. 461). Enlevé par des pirates, il fut conduit en Irlande. Après avoir été consacré évêque par saint Germain d'Auxerre (432), il paracheva l'évangélisation de l'Irlande : il établit son siège épiscopal à Armagh et créa de nombreux évêchés territoriaux. La fête de saint Patrick (17 mars) est, en Irlande, une solennité nationale.

patrie [patri] n. f. (lat. *patria*). Pays, province, ville où l'on est né. || Ensemble des personnes qui sont associées entre elles de cœur et de volonté, en une nation, que celle-ci soit ou non organisée en un Etat indépendant.

patrilinéaire adj. *Ethnol.* Se dit d'un mode de filiation pour lequel seule compte la parenté paternelle.

patrimoine [patrimwan] n. m. (lat. *patrimonium;* de *pater,* père). Bien qui vient du père et de la mère. || *Dr.* Ensemble des biens, droits et charges d'une personne juridique. || *Fig.* Ce qui est considéré comme l'héritage commun : *la science est le patrimoine des hommes d'étude.* ● *Patrimoine génétique* (Biol.), ensemble des caractères héréditaires inscrits dans les chromosomes des cellules d'un individu animal ou végétal et pouvant éventuellement se transmettre à sa descendance. (Syn. : GÉNOME, GÉNOTYPE.)

patrimonial, e, aux adj. Qui est du patrimoine : *terre patrimoniale.*

patriotard [-ar], **e** [-ard] adj. et n. *Fam.* D'un patriotisme bruyant.

patriote [patrijɔt] adj. et n. (gr. *patriôtês*). Qui aime sa patrie, qui s'efforce de lui être utile.

patriotique adj. Relatif au patriotisme : *sentiments patriotiques.*

patriotiquement adv. En patriote.

patriotisme n. m. Amour de la patrie.

patristique [patristik] n. f. et adj. Etude de la doctrine des Pères de l'Eglise.

Patrocle. *Myth. gr.* Héros grec, ami d'Achille, qu'il suivit au siège de Troie. Quand Achille, irrité contre Agamemnon, refusa de combattre et se retira sous sa tente, Patrocle, revêtu de l'armure du héros, marcha contre les Troyens et fut tué par Hector. C'est pour le venger qu'Achille reprit sa place dans les rangs des Grecs.

patrologie [patrɔlɔʒi] n. f. (gr. *patêr,* père, et *logos,* science). Connaissance de la vie et des œuvres des Pères de l'Eglise : *la patrologie latine.* || Collection de leurs écrits : *la patrologie de Migne.*

patron [patrɔ̃], **onne** [-ɔn] n. (lat. *patronus,* avocat). Saint, sainte dont on porte le nom, à qui une église est dédiée. || Protecteur, protectrice : *sainte Geneviève, patronne de Paris.* || Chef d'une entreprise industrielle ou commerciale. || Maître, professeur sous la direction de qui l'on travaille. || Celui qui commande une embarcation de pêche.

patron n. m. (de *patron,* chef). Modèle, en tissu ou en papier fort, d'après lequel on taille un vêtement. || Carton ou plaque métallique à jours pour le coloriage. ● *Tailles demi-patron, patron* ou *grand patron,* termes commerciaux de bonneterie s'appliquant aux trois tailles masculines désignées auparavant par 3, 4, 5.

patronage n. m. Protection d'un saint, d'une sainte. || Protection accordée par un homme puissant à un inférieur. || Société privée qui vise à organiser le reclassement moral et professionnel des délinquants. || Organisation destinée à veiller sur l'enfance et la jeunesse en accueillant, pendant les jours de congé ou de loisirs, les élèves des écoles, les jeunes gens. || Lieu où cette organisation a son siège.

patronal, e, aux adj. Relatif au patron : *fête patronale.* || Relatif au patronat : *syndicat patronal.*

patronat [-na] n. m. Ensemble des employeurs. || Autorité du patron.

patronner v. t. Apporter sa protection à quelqu'un, son appui à une entreprise : *patronner un candidat.*

patronnesse adj. f. *Dame patronnesse,* dame qui dirige une œuvre de bienfaisance.

patronyme n. m. Syn. de NOM PATRONYMIQUE.

patronymique [patrɔnimik] adj. (gr. *patêr,* père, et *onuma,* nom). *Nom patronymique,* nom commun à tous les descendants d'une race et tiré de celui qui en est le père, comme les mots « Mérovingiens », « Carolingiens », « Héraclides »; nom de famille (par oppos. au *prénom*).

patrouille [patruj] n. f. (de *patte*). Mission confiée à une petite formation de soldats, d'avions ou de navires, chargés de se renseigner sur l'ennemi : *exécuter une patrouille.* || La formation elle-même : *la patrouille a perdu trois hommes.*

patrouiller v. i. Aller en patrouille.

patrouilleur n. m. Soldat, avion, navire faisant partie d'une patrouille.

Patru (Olivier), avocat français, né à Paris (1604-1681). Ami de Boileau, il fut l'un des principaux rédacteurs du dictionnaire de Richelet. Il inaugura la tradition du discours de réception à l'Académie française (1640).

patte [pat] n. f. (orig. obscure). Appendice pair des animaux, leur servant surtout à marcher, à grimper ou à sauter. (Une patte servant à voler est une aile, une patte servant exclusivement à nager est une nageoire.) [V. *encycl.*] || *Fam.* Main ou pied de l'homme. || *Fam.* Habileté de main : *la patte d'un peintre.* || Petite bande d'étoffe pour maintenir bord à bord les deux côtés d'un vêtement. || Languette de cuir à l'intérieur d'une chaussure ou servant à fermer un portefeuille. || Pièce triangulaire de chacun des bras d'une ancre. || Long clou, pointu à un bout, plat et percé à l'autre, servant à fixer des boiseries, des glaces, des dalles, etc. ● *Coup de patte* (Fam.), trait malin, critique. || *Marcher à quatre pattes,* sur les mains et les genoux. || *Pantalon à pattes d'éléphant,* pantalon qui suit de près la ligne de la jambe jusqu'au genou et qui s'évase ensuite pour flotter autour des chevilles. || *Pattes de lapin,* favoris très courts. || *Retomber sur ses pattes* (Pop.), sortir sans dommage d'un mauvais pas. || *Tomber sous la patte de quelqu'un* (Fam.), se trouver à sa merci.
— ENCYCL. Les *pattes* n'existent véritablement que dans deux embranchements : les arthropodes et les vertébrés. Chez les arthropodes, la patte est une suite de manchons chitineux articulés, à l'intérieur desquels sont fixés les muscles; elle se termine souvent par des griffes; elle peut être adaptée à la nage (crabe étrille, dytique), au saut (sauterelle), au fouissage (courtilière), à la préhension (écrevisse), au tissage (araignée), etc. Chez les vertébrés terrestres, la patte est un ensemble osseux articulé, entouré de muscles et de chair. Elle comprend un *stylopode* (humérus à l'avant, fémur à l'arrière), un *zeugopode* (cubitus et radius à l'avant, tibia et péroné à l'arrière), enfin un *autopode* (main à l'avant, pied à l'arrière). Les différences les plus typiques concernent l'autopode, dont la partie proximale (*métacarpe* à l'avant, *métatarse* à l'arrière), appuyée sur le sol chez les *plantigrades,* est plus ou moins dressée et parfois réduite à un seul os chez les *onguligrades* (mammifères ongulés) et les *digitigrades* (oiseaux), tandis que la partie distale comprend un nombre variable de doigts qui sont terminés par des griffes ou par des sabots, ou qui sont dépourvus d'organe terminal.

patté, e adj. (de *patte*). *Hérald.* Se dit d'un meuble de l'écu (croix, sautoir) dont les extrémités vont en s'élargissant. || *Paléogr.* Se dit d'une lettre élargie aux extrémités.

patte-d'oie n. f. Point de réunion de plusieurs routes. || Petites rides que les personnes âgées ont à l'angle extérieur de l'œil. || Insertion terminale, à la partie supérieure de la face interne du tibia, de trois muscles de la cuisse (couturier, droit interne, demi-tendineux). || Pl. des *pattes-d'oie.*

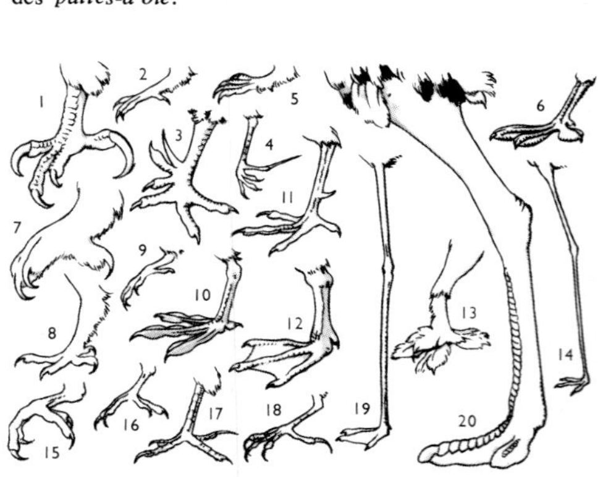

pattes d'oiseaux : 1. Harpie; 2. Hirondelle; 3. Coq de Houdan; 4. Alouette; 5. Martinet; 6. Grèbe; 7. Harfang 8. Effraie; 9. Martin-pêcheur; 10. Foulque; 11. Faisan; 12. Canard; 13. Pigeon boulant; 14. Échasse; 15. Perroquet; 16. Galbula; 17. Centrope; 18. Grimpereau; 19. Flamant; 20. Autruche.

pattemouille [patmuj] n. f. Linge mouillé dont on se sert pour repasser un tissu à la vapeur.

pattern [patərn *ou* -tɛrn] n. m. (mot angl. signif. *modèle*). Modèle spécifique représentant d'une manière simplifiée la structure d'un phénomène humain (sociologique, linguistique, psychologique, etc.).

Patti (Adelina), cantatrice italienne, née à Madrid (1843-1919). Elle a souvent triomphé à l'Opéra de Paris dans Mozart, Rossini, Verdi.

pattinsonage [patinsɔnaʒ] n. m. (du chimiste angl. *Pattinson*). Traitement des alliages de plomb argentifère pour en séparer une partie du plomb et enrichir en argent l'alliage restant, soumis à la coupellation.

Patton (George), général américain, né à San Gabriel (Californie) [1885-1945]. Spécialiste des chars dès 1918, où il combat à Saint-Mihiel, il s'illustre en Tunisie, en Sicile (1943) et en France, où, à la tête de la IIIe armée, il exploite la trouée d'Avranches (août 1944). Il atteint Metz en novembre. Contre-attaqué dans les Ardennes (déc.), il franchit le Rhin et ne s'arrête qu'à 90 km de Prague (avr. 1945).

pattu, e adj. Qui a de grosses pattes : *chien pattu.* || Qui a des plumes sur les pattes : *pigeon pattu.*

pâturable adj. Qui peut être livré à la pâture : *plaines pâturables.*

pâturage n. m. Lieu où les bestiaux pâturent : *les pâturages alpestres.* || Action et droit de faire pâturer du bétail.

Pâturages, comm. de Belgique (Hainaut) ; 10 100 h.

pâture [pαtyr] n. f. (du lat. *pascere,* paître). Nourriture des animaux en général. || Pâturage : *bœuf mis en pâture.* || *Fam.* Nourriture de l'homme. || *Fig.* Ce qui sert d'aliment intellectuel : *cet incident a servi de pâture aux journalistes.*

pâturer v. i. Prendre sa pâture dans les champs.

pâturin [pαtyrɛ̃] n. m. Plante de la famille des graminées, très commune dans les champs, au bord des chemins, etc.

paturon [patyrɔ̃] n. m. (de l'anc. fr. *empasturer,* entraver). Partie du bas de la jambe du cheval, entre le boulet et le sabot, correspondant aux deux premières phalanges.

Pau (64000), ch.-l. des Pyrénées-Atlantiques, sur le *gave de Pau,* à 760 km au sud-ouest de Paris ; 76 227 h. (*Palois*). Cour d'appel. Château des XIIe-XVIe s. (musée). Palais de Navarre (XVIIIe s.). Cité historique (cap. du Béarn), traditionnel centre commercial et touristique, Pau, bénéficiant partiellement de la proximité de Lacq, s'est récemment industrialisé. A l'alimentation et au travail du cuir se sont ajoutées la métallurgie et la chimie. La population de la ville s'est accrue de 50 p. 100 entre 1954 et 1968, et celle de l'agglomération de plus de 40 p. 100 (plus de 110 000 h. en 1968). — Patrie de Jeanne III d'Albret, d'Henri IV et de Bernadotte. — L'arr. a 16 cant., 227 comm., 229 707 h.

Pau (*gave de*), riv. de France, descendue du cirque de Gavarnie, qui arrose Lourdes, Pau et rejoint l'Adour (r. g.) ; 120 km.

Pauillac (33250), ch.-l. de c. de la Gironde (arr. de Lesparre-Médoc), sur la Gironde ; 5 691 h. (2 678 aggl.) [*Pauillacais*]. Grands vins (château-lafite, château-latour). Musée Mouton (orfèvrerie et céramiques). Raffinage du pétrole.

Paul (*saint*), surnommé **l'Apôtre des gentils,** né à Tarse (entre 5 et 15 apr. J.-C.-67). Pharisien fervent, il fut terrassé par une force surnaturelle sur le chemin de Damas et devint disciple du Christ, au point qu'on l'a parfois considéré comme le deuxième fondateur du christianisme. Son action apostolique s'exerça surtout au profit des gentils : trois voyages missionnaires le conduisirent en Asie Mineure, en Grèce et en Macédoine. Emprisonné à Jérusalem, il fut envoyé à Rome, où il fut décapité sous Néron. Sa personnalité hors série, qui s'exprime dans ses quatorze Épîtres*, lui a permis d'élaborer le mystère du christianisme et de dégager la religion du Christ du judéo-christianisme. — Fête le 30 juin.

Paul (*saint*), premier ermite, né en basse Thébaïde (v. 228-v. 341). A quinze ans, il quitta tout pour se retirer dans le désert d'Egypte, où il vécut une centaine d'années. — Fête le 15 janvier.

Paul de la Croix (*saint*) [Paolo Francesco DANEI], fondateur des Passionistes, né à Ovada (Ligurie) [1694-1775]. A vingt-quatre ans, il se retira près d'Alexandrie, où il rédigea la règle de la congrégation des Passionistes*. C'est à Orbetello (1737) qu'il fixa le siège de son institut. Canonisé en 1867. — Fête le 28 avril.

Paul Ier (*saint*), né à Rome (v. 700-767), pape de 757 à 767. L'aide de Pépin le Bref lui permit d'affermir le jeune Etat pontifical. — Fête le 28 juin. — PAUL II (Pietro *Barbo*), né à Venise (1417-1471), pape de 1464 à 1471. Il s'efforça en vain de tourner les princes chrétiens contre les Turcs. — PAUL III (Alessandro *Farnese*), né à Canino (1468-1549), pape de 1534 à 1549. Mécène, il protégea Michel-Ange ; il rétablit l'Inquisition pour lutter contre les protestants, mais convoqua le concile de Trente (1545). — PAUL IV (Gian Pietro *Carafa*), né à Sant'Angelo della Scala (Avellino) [1476-1559], pape de 1555 à 1559. Fondateur des Théatins*, il fut en fait plus moine que pape. Se méfiant des Pères, il ne convoqua pas de nouveau le concile de Trente : celui-ci était suspendu depuis 1552. — PAUL V (Camillo *Borghèse*), né à Rome (1552-1621), pape de 1605 à 1621. Il s'efforça de promouvoir la Contre-Réforme dans le sens des décrets du concile de Trente ; il favorisa les missions. — PAUL VI (Giovanni Battista *Montini*), né à Concesio (Brescia) en 1897, pape élu en 1963. Membre de la secrétairerie d'Etat de 1937 à 1954, il est nommé archevêque de Milan (1954) et cardinal (1958). Il est élu pape à la mort de Jean XXIII (1963) ; il poursuit l'action réformatrice de ce dernier et celle du deuxième concile du Vatican, qu'il clôt et dont il prolonge l'œuvre par des réformes portant notamment sur la liturgie, la curie et la collégialité (synode de 1967). Soucieux d'œcuménisme, il rencontre plusieurs fois (1964, 1967) le patriarche Athênagoras et plusieurs représentants des communautés non catholiques et même des religions non chrétiennes. Rompant avec la tradition sédentaire de la papauté contemporaine, il effectue plusieurs voyages (Jérusalem, Inde, Fatima, Turquie, Amérique du Sud) ; en 1965, il parle aux membres de l'O. N. U. en faveur de la paix. Parmi les encycliques de Paul VI, il faut signaler *Populorum progressio,* sur le développement des peuples (1967), et *Humanae vitae* (1968), sur la régulation des naissances.

Pau

Paul Ier, né à Saint-Pétersbourg (1754-1801), empereur de Russie (1796-1801), fils de Pierre III et de Catherine II. Ayant succédé à sa mère, il prend des mesures libératrices en faveur des paysans, des serfs et du clergé rural. Après s'être fait ouvrir les Détroits (1798), il déclare la guerre à la France, mais l'échec de Souvorov en Suisse (Zurich, 1799) le détermine à constituer la *ligue des Neutres,* orientée contre l'Angleterre. Il est assassiné en 1801.

Paul Ier, né à Athènes (1901-1964), roi de Grèce (1947-1964), successeur de son frère Georges II.

Paul et Virginie, roman de Bernardin de Saint-Pierre (1788). Cette innocente idylle de deux enfants de l'île de France (île Maurice), qui inaugurait en France le genre *exotique,* eut un immense succès.

Paul Diacre (Paul WARNEFRIED, connu sous le nom de), historien, né dans le Frioul (v. 720-v. 799), auteur d'une chronique des Lombards et de l'hymne *Ut queant laxis.*

Paul Émile (m. en 216 av. J.-C.), consul en 219 av. J.-C. Il fut tué à la bataille de Cannes. — Son fils PAUL ÉMILE *le Macédonique* (v. 230-160 av. J.-C.), consul en 182 et en 168, fut vainqueur de Persée, roi de Macédoine, à Pydna.

Paule (*sainte*), dame romaine, née à Rome (347-404). Elle suivit saint Jérôme en Palestine, où elle fonda plusieurs monastères. — Fête le 26 janvier.

paulette [polɛt] n. f. (de *Paulet,* nom du premier bénéficiaire). Droit annuel que les officiers de justice et de finance payaient au roi pour assurer la transmission de leur charge. (L'édit qui institua ce droit fut établi en 1604 sur l'initiative du financier *Paulet* et dura jusqu'à la Révolution.)

Paulhaguet [pojagɛ] (43230), ch.-l. de c. de la Haute-Loire (arr. de Brioude) ; 1 203 h.

Paul VI

Paulhan (Jean), critique et essayiste français, né à Nîmes (1884-1968). Préoccupé par le problème du langage (*les Fleurs de Tarbes,* 1941), il a exercé une certaine influence sur la production littéraire contemporaine par son action à la direction de *la Nouvelle Revue française.* (Acad. fr.)

Pauli (Wolfgang), physicien suisse d'origine autrichienne, né à Vienne (1900-1958). L'un des créateurs de la théorie quantique des champs, il est l'auteur du principe d'exclusion et, avec Fermi, de l'hypothèse du neutrino. (Prix Nobel de physique, 1945.)

paulicien [polisjɛ̃] n. m. Membre d'une secte manichéenne (VIIe-Xe s.) qui prétendait ramener le christianisme à la simplicité évangélique.

paulien [poljɛ̃], **enne** [-ɛn] adj. Se dit d'une action judiciaire par laquelle un créancier peut demander la révocation d'un acte accompli, en violation de ses droits, par son débiteur. (On dit également ACTION RÉVOCATOIRE.)

Paulin de Nola (*saint*), évêque, né à Bordeaux (353-431). Gouverneur de Campanie, il devint évêque de Nola (409). Sa correspondance est une source historique précieuse ; ses poésies latines font de lui l'un des meilleurs écrivains chrétiens de l'âge patristique. — Fête le 22 juin.

Pauline, personnage de *Polyeucte,* de Corneille. Elle lutte de générosité avec Sévère, qu'elle a aimé avant d'épouser Polyeucte, et, gagnée par l'héroïsme de son mari, se convertit au christianisme.

Pauling (Linus Carl), chimiste américain, né à Portland (Oregon) en 1901. Il a introduit la mécanique quantique en chimie atomique et précisé la structure des molécules et la nature des liaisons chimiques, notamment pour les composés complexes et macromoléculaires. (Prix Nobel de chimie, 1954 ; prix Nobel de la paix, 1962.)

paulinien [polinjɛ̃], **enne** [-ɛn] adj. Relatif à saint Paul. || — N. Partisan de la doctrine de saint Paul.

paulinisme n. m. Doctrine de saint Paul.

pauliste [polist] n. m. Membre d'une congrégation catholique des Etats-Unis.

paulownia [polɔnja] n. m. (de Anna *Paulowna,* fille du tsar Paul Ier). Arbre originaire de l'Extrême-Orient, à fleurs mauves odorantes, parfois planté dans les parcs ou le long des rues. (Haut. jusqu'à 15 m ; les feuilles peuvent mesurer 30 cm de long ; famille des scrofulariacées.)

Paulus (Friedrich), maréchal allemand, né à Breitenau (1890-1957). Spécialiste des blindés, il mit au point le plan d'attaque contre l'U. R. S. S. Commandant la VIe armée, chargé de prendre Stalingrad, il fut encerclé (nov. 1942) et dut capituler (31 janv. 1943). Prisonnier en U. R. S. S. jusqu'en 1953, il publia en août 1944 un appel aux Allemands contre Hitler.

Pauling

Phot. Alain Perceval, Keystone, U. S. I. S.

paume [pom] n. f. (lat. *palma*). Creux de la main. ‖ Jeu où l'on se renvoie une balle, avec une raquette ou une masse, dans un lieu disposé à cet effet. (La *longue paume* se joue en terrain ouvert de tous côtés, la *courte paume* dans un rectangle environné de murs.)

paumé, e adj. et n. *Pop.* Se dit d'une personne qui ne peut s'adapter à une situation, qui vit en dehors de la réalité.

paumelle [pomɛl] n. f. Espèce d'orge, dite *orge à deux rangs,* cultivée surtout en montagne. ‖ Penture qui pivote sur des gonds à fiches et qui supporte un volet ou une porte. ‖ Gant en cuir, de voilier, de sellier, etc., servant à pousser l'aiguille.

paumer v. t. *Pop.* Perdre.

paumoyer [pomwaje] v. t. (conj. **2**). Haler un câble avec la main. ‖ Se servir de la paumelle. (On écrit quelquefois POMOYER.)

paupérisation n. f. Appauvrissement d'une population ou d'une classe sociale. (Selon Marx, le capitalisme provoque une paupérisation croissante de la classe ouvrière.)

paupérisme [poperism] n. m. (mot angl.; du lat. *pauper,* pauvre). Phénomène social caractérisé par un état de très grande pauvreté d'une population.

paupière [popjɛr] n. f. (lat. *palpebra*). Organe qui sert à recouvrir la partie antérieure de l'œil. (V. *encycl.*) ● *Fermer la paupière,* s'endormir; mourir. ‖ *Fermer les paupières à quelqu'un,* l'assister à ses derniers moments. ‖ *Ouvrir les paupières,* s'éveiller.
— ENCYCL. L'homme et les mammifères possèdent deux *paupières :* l'une supérieure et l'autre inférieure. Chacune contient une lame fibreuse (tarse) et des muscles (muscles orbiculaires) tapissés en dedans par la conjonctive et recouverts en dehors par la peau. Les bords, libres, qui s'unissent à chaque extrémité au niveau des commissures, donnent attache en avant aux cils et présentent en arrière des petits orifices conduisant aux glandes de Meibomius. A l'extrémité interne de ces bords se voit le tubercule lacrymal, qui est un petit pertuis par où s'évacuent les larmes. Les paupières répandent à la surface de l'œil le liquide sécrété par les glandes lacrymales, situées à la partie supérieure et externe de l'orbite, et protègent l'œil contre les corps étrangers et les poussières grâce au clignement et aux cils qui les retiennent. La conjonctivite, le trachome, l'eczéma, l'entropion, l'ectropion, et la ptôsis sont les principales affections des paupières.

paupiette n. f. Tranche de viande roulée et farcie.

Pausanias, prince lacédémonien (m. v. 470 av. J.-C.). Il commanda l'armée grecque à Platées (479 av. J.-C.); il essaya vainement, avec l'appui des Perses, de dominer la Grèce entière.

Pausanias, géographe et historien grec du IIe s. apr. J.-C., auteur d'une *Description de la Grèce.*

pause [poz] n. f. (lat. *pausa*). Suspension, arrêt momentané d'une action : *voyageur, lecteur qui fait une pause.* ‖ Court repos entre les phases successives d'une marche, d'une manœuvre, etc. ‖ *Mus.* Suspension du son, de la durée d'une ou plusieurs mesures. ‖ Silence d'une durée égale à la ronde. ‖ *Sports.* Repos entre deux mi-temps, entre deux rounds.

pauvre [povr] adj. (lat. *pauper*). Dépourvu ou mal pourvu du nécessaire : *une famille pauvre; faire l'aumône à un pauvre.* (Contr. : AISÉ, COSSU, FORTUNÉ, RICHE.) ‖ Stérile, qui produit peu : *pays pauvre.* ‖ Mauvais dans son genre : *un pauvre orateur.* ‖ Qui offre peu de ressources : *un sujet pauvre.* ‖ Insuffisant : *un devoir pauvre.* ‖ Malheureux, qui inspire de la pitié : *le pauvre homme!* (En ce sens, *pauvre* se place avant le nom.) ● *Langue pauvre,* qui manque de termes pour l'expression de la pensée. ‖ *Pauvre sire, pauvre homme,* homme sans considération, sans mérite. ‖ — N. m. Personne qui est dans le besoin : *secourir les pauvres.*

pauvres (*Petits Frères des*), association religieuse laïque, fondée en 1946 pour l'amélioration du sort des vieillards pauvres et isolés.

pauvres (*Petites Sœurs des*), congrégation hospitalière fondée en 1839 par Jeanne Jugan.

pauvrement adv. Dans la pauvreté, de façon pauvre : *vivre pauvrement.*

pauvresse n. f. Femme pauvre; mendiante : *secourir une pauvresse.*

pauvret, ette n. Diminutif de *pauvre,* terme d'affectueuse commisération.

pauvreté n. f. Etat de celui, de ce qui est pauvre : *vivre dans la pauvreté.* (Syn. : BESOIN, DÉNUEMENT, GÊNE, INDIGENCE, MISÈRE, NÉCESSITÉ, PÉNURIE.) ‖ Stérilité : *pauvreté du sol.* ‖ Insuffisance; banalité : *la pauvreté de ses idées.*

pavage n. m. Revêtement du sol d'une rue à l'aide de pavés : *pavage en grès.* ‖ Travail du paveur.

pavane [pavan] n. f. (esp. *pavana;* du lat. *pavo, -onis,* paon). Danse noble et lente à 2/4, qui, dans la suite ancienne, est suivie de la gaillarde.

pavaner (se) v. pr. (du lat. *pavo, -onis,* paon). Marcher d'une manière fière, avoir une attitude pleine de vanité, comme un paon qui fait la roue.

pavé [pave] n. m. Petit bloc de pierre dure, préparé, dont on revêt le sol des chaussées. ‖ Partie d'une rue pavée. ● *Etre sur le pavé,* être sans domicile, sans emploi. ‖ *Tenir le haut du pavé,* être au premier rang dans un groupe, une société, etc. ‖ *Pavé publicitaire,* annonce publicitaire occupant une place importante.

pavement n. m. Pavage de luxe.

paver v. t. (lat. *pavire,* niveler le sol). Couvrir de pavés le sol d'une rue, d'une cour, etc. : *paver une avenue.*

Pavese (Cesare), écrivain italien, né à San Stefano Belbo (Piémont) [1908-1950]. Après des poèmes narratifs (*Travailler fatigue,* 1936), il publia des récits où le réalisme de l'observation s'allie à une angoisse profonde des destinées du monde contemporain (*la Plage,* 1942; *le Bel Eté,* 1949; *la Lune et les feux de joie,* 1950). Après son suicide, on a publié notamment *le Métier de vivre* (1952), journal intime de la période 1935-1950.

paveur n. m. Ouvrier qui pave.

pavie [pavi] n. f. (de *Pavie,* n. géogr.). Pêche dont la chair adhère au noyau.

Pavie, v. d'Italie (Lombardie), sur le Tessin; 84 000 h. Université. Cathédrale commencée en 1488. Eglises lombardes du XIIe s. Château des Visconti (XVe s.). Célèbre chartreuse fondée en 1396, dont la façade, richement ornée (1480-1540), a fortement influencé le décor de la Renaissance française. Constructions mécaniques. François Ier y fut battu et fait prisonnier par les Espagnols (24 février 1525).

Pavie (Auguste), diplomate et explorateur français, né à Dinan (1847-1925). Il reconnut et amena à la France une notable partie de l'Indochine.

pavillon [pavijɔ̃] n. m. (lat. *papilio,* papillon). Petit bâtiment isolé, maison située dans un parc, dans un jardin : *pavillon de chasse; pavillon de banlieue.* ‖ Partie de bâtiment placée soit à l'extrémité, soit au centre d'un édifice dont elle se distingue. ‖ Lame cartilagineuse recouverte de peau (plissée et fixe chez l'homme, mobile chez beaucoup de mammifères), où s'ouvre le conduit auditif. ‖ Extrémité évasée d'un instrument à vent. ‖ Dôme placé au-dessus des armoiries des souverains, et qui surmonte le manteau. ‖ Etoffe dont on recouvre le ciboire ou le tabernacle. ‖ Petit drapeau utilisé pour indiquer la nationalité d'un navire, pour désigner une compagnie de navigation ou pour effectuer des signaux. ● *Baisser pavillon* (Fam.), céder; reconnaître son infériorité. ‖ *Montrer son pavillon,* dans un combat naval, dévoiler sa nationalité en hissant le pavillon national. ‖ *Pavillon de complaisance,* nationalité fictive qu'un armateur peut donner à un navire en vue d'échapper aux réglementations fiscales de son pays.

Pavillon (Nicolas), évêque d'Alet, né à Paris (1597-1677). Ami des jansénistes, il s'opposa à Louis XIV dans l'Affaire de la régale.

pavillonnaire adj. Relatif aux pavillons de banlieue : *un urbanisme pavillonnaire.*

pavillonnerie n. f. Lieu où l'on fabrique ou garde les pavillons (drapeaux). ‖ Etude des drapeaux et pavillons.

Pavillons-Noirs, soldats irréguliers chinois, ainsi nommés à cause de la couleur de leurs étendards, et qui furent combattus par les forces françaises de l'amiral Courbet au Tonkin et en Chine (1883-1885).

Pavillons-sous-Bois (LES) [93320], ch.-l. de c. de la Seine-Saint-Denis (arr. de Bobigny); 19 084 h. (*Pavillonnais*).

Pavilly (76570), ch.-l. de c. de la Seine-Maritime (arr. de Rouen); 5 212 h. Abbatiale du XIIIe s. Textiles.

pavimenteux [pavimɑ̃tø], **euse** [-øz] adj. Qui présente l'aspect d'un pavage : *épithélium pavimenteux.*

Pavin (*lac*), lac volcanique d'Auvergne, de forme circulaire (Puy-de-Dôme).

Pavlodar, v. de l'U. R. S. S. (Kazakhstan); 187 000 h. Importante usine d'alumine.

Pavlov (Ivan Petrovitch), physiologiste et médecin russe, né à Riazan' (1849-1936). Il fut nommé en 1879 médecin à l'académie militaire de Saint-Pétersbourg. Jusqu'en 1889, il consacra ses travaux à la circulation du sang, puis les orienta sur la digestion. Dans sa *Conférence sur l'activité des principales glandes digestives* (1897), il fit remarquer le rôle important du système nerveux dans la nutrition. En 1903, il définit le « réflexe conditionné » en l'opposant au réflexe inné et inconditionné. Dans un discours publié en 1909, *les Sciences naturelles et le cerveau,* il dégagea la loi fondamentale de la concentration et de l'irradiation du processus d'excitation dans l'écorce cérébrale. En 1915, il publia les *Données sur la physiologie du sommeil,* où il considère le sommeil comme une inhibition d'origine corticale et où il affirme l'unité du physiologique et du psychologique, de l'objectif et du subjectif. Il écrivit encore *Vingt Ans d'expérience dans le domaine de l'activité nerveuse supérieure des animaux* (1922) et *Leçons sur le travail des grands hémisphères cérébraux* (1927). Pavlov fait ressortir la différence qui existe entre la psychologie humaine et la psychologie animale, mais il soutient en même temps que toutes deux obéissent aux mêmes lois, celles des tissus nerveux. (Prix Nobel, 1904.)

Pavlov

Anna Pavlova

pavots

Pavlova (Anna), danseuse russe, née à Saint-Pétersbourg (1882-1931). Interprète profondément lyrique (*la Sylphide, Giselle* et surtout *la Mort du Cygne,* composée à son intention par Michel Fokine), dotée d'un pur style classique, elle avait une personnalité dont le rayonnement fut considérable. Après avoir débuté au théâtre Marie de Saint-Pétersbourg (1899), elle dansa avec les Ballets russes de S. de Diaghilev (1909), puis fonda en Angleterre sa propre compagnie (1913), avec laquelle elle se produisit dans le monde entier.

pavlovien [pavlɔvjɛ̃], **enne** [-ɛn] adj. Qui concerne les expériences, les théories de Pavlov.

pavois [pavwa] n. m. (ital. *pavese,* de Pavie). Autref., grand bouclier. ‖ *Mar.* Partie de la coque au-dessus du pont. ● *Elever sur le pavois,* mettre en grand honneur, en grande renommée. ‖ *Grand pavois,* ensemble de tous les pavillons d'un navire hissés dans un ordre donné, de l'avant à l'arrière, en signe de fête. ‖ *Petit pavois,* ensemble des pavillons arborés par un navire de commerce à fin d'identification.

pavoisement n. m. Action de pavoiser.

pavoiser v. t. Garnir de pavillons, de drapeaux, etc., un navire, un édifice. ‖ — V. i. *Fam.* Manifester une grande joie.

pavot [pavo] n. m. (du lat. *papaver*). Nom donné à diverses plantes dicotylédones du genre *papaver* (famille des papavéracées) dont certaines espèces sauvages sont nuisibles aux cultures (coquelicot), tandis que d'autres sont cultivées : le latex du *pavot blanc* (ou *pavot somnifère*), extrait des capsules, fournit l'opium, tandis qu'une de ses variétés (*pavot noir*) donne des graines dont on extrait l'huile d'œillette.

Pavot rouge (*le*), ballet en 3 actes, musique de R. Glière, chorégraphie de V. Tikhomirov et Lachtchiline, d'après un livret de Tikhomirov et Kurilko, créé au théâtre Bolchoï à Moscou en 1927. Première œuvre chorégraphique soviétique inspirée par l'actualité historique (lutte du peuple chinois pour sa libération), ce ballet a été remonté par I. Schwezoff (1943) et par L. Lavrovski (1949).

Pawtucket, v. des Etats-Unis (Rhode Island); 81 400 h. Textiles.

Paxton (*sir* Joseph), architecte et horticulteur anglais, né à Milton Bryant (Bedfordshire) [1801-1865]. Pionnier de l'architecture du fer, il avait construit notamment, en 1851, le Crystal Palace de Londres (détruit).

payable [pɛjabl] adj. Qui doit être payé.

payant [pɛjɑ̃], **e** [-ɑ̃t] adj. et n. Qui paie : *spectateurs payants.* ‖ — Adj. Que l'on paie, où l'on paie : *spectacle payant.* ‖ *Fam.* Qui rapporte : *une affaire payante.*

Phot. A. P. N., Lipnitzki, Vilmorin-Andrieux.

PAYS-BAS
MER DU NORD
WADDENZEE
IJSELMEER
Texel
Vlieland
Terschelling
West Terschelling
Ameland
Schiermonnikoog
Borkum
Le Helder
Anna Paulowna Polder
WIERINGERMEER
Wieringerwaard
Schagen
HOLLANDE SEPTENTRIONALE
Alkmaar
Hoorn
Enkhuizen
Medemblik
Bergen aan Zee
Castricum
Beverwijk-Velsen
IJmuiden
HAARLEM
Zandvoort
Heemstede
ZAANDAM
AMSTERDAM
Amstelveen
Hilversum
Naarden-Bussum
Noordwijk aan Zee
Katwijk
LEYDE
Wassenaar
Scheveningen
LA HAYE
HOLLANDE MÉRIDIONALE
Delft
Schiedam
Maassluis
Vlaardingen
ROTTERDAM
Gouda
Dordrecht
Gorinchem
Nieuwe Waterweg
EUROPOORT
Hellevoetsluis
Brielle
UTRECHT
Zeist
Amersfoort
Veenendaal
Rhenen
Lelystad
FLEVOLAND
OOSTELIJK FLEVOLAND
ZUIDELIJK FLEVOLAND
NOORDOOST POLDER
Emmeloord
Urk
Kampen
Zwolle
Deventer
Apeldoorn
Harderwijk
Ede
Wageningen
ARNHEM
NIMÈGUE
Doetinchem
Zutphen
GUELDRE
VELUWE
OVERIJSEL
Almelo
Hengelo
ENSCHEDE
Oldenzaal
TWENTE
DRENTHE
Assen
Emmen
Hoogeveen
Meppel
Coevorden
GRONINGUE
Delfzijl
Hoogezand-Sappemeer
Veendam
Stadskanaal
Winschoten
FRISE
Leeuwarden
Harlingen
Franeker
Sneek
Drachten
Heerenveen
Dokkum
Lemmer
Wolvega
Makkum
Workum
Staveren
BRABANT SEPTENTRIONAL
'sHertogenbosch (Bois-le-Duc)
Oss
Tilburg
BREDA
Roosendaal
Bergen op Zoom
EINDHOVEN
Veldhoven
Helmond
Waalwijk
Oosterhout
Steenbergen
Valkenswaard
KEMPENLAND
Baarle Nassau
Baarle Hertog (Belgique)
ZÉLANDE
Middelburg
Flessingue
Walcheren
Goes
Zierikzee
SCHOUWEN
Duiveland
THOLEN
NOORD BEVELAND
ZUID BEVELAND
Oosterschelde
Westerschelde
Oostburg
Terneuzen
Hulst
Axel
Aardenburg
ZEEUWSCH-VLAANDEREN
LIMBOURG
Venlo
Venray
Weert
Roermond
Sittard
Geleen
Heerlen
Kerkrade
Brunssum
MAASTRICHT
Vaalserberg 321
Meuse
Rhin
Waal
Escaut
Canal Albert
Roer
Niers
ALLEMAGNE
AIX-LA-CHAPELLE
Wesel
OBERHAUSEN
GELSENKIRCHEN
ESSEN
DUISBURG
RUHR
KREFELD
DÜSSELDORF
MÖNCHEN-GLADBACH
Neuss
SOLINGEN
BELGIQUE
ANVERS (ANTWERPEN)
GAND (GENT)
Malines (Mechelen)
BRUXELLES
Turnhout
Sas van Gent
Rivières et canaux
Digues
Digues en projet
0 10 20 30 40 km
4°
5°
6°
7°
53°
52°
51°

1

Le génie des Pays-Bas s'est presque tout entier porté vers la peinture, se manifestant peu dans l'architecture et guère dans la sculpture. Le XVIIe siècle fut le siècle d'or néerlandais.

ARCHITECTURE

On ne peut guère parler d'une architecture néerlandaise originale tant les influences des pays étrangers ont été importantes. Pour les styles *carolingien* et *roman*, on peut citer, à Maastricht, la cathédrale Saint-Servais et la basilique Notre-Dame. Le style *gothique* a donné notamment la cathédrale Saint-Martin à Utrecht (XIIIe-XVIe s.) [tour du XIVe s., haute de 112 m (1)], la Grande Église de Haarlem (XVe-XVIe s.), la cathédrale Saint-Jean de Bois-le-Duc (XIIIe-XVIe s.). Il se prolongea longtemps, comme en témoigne le bel hôtel de ville de Middelburg (XVe-XVIe s.). Tardive, la *Renaissance* ne réussit pas à s'imposer; on lui doit néanmoins l'hôtel de ville de La Haye (1564), inspiré par celui d'Anvers, l'hôtel de ville de Leyde (1596), par *Lieven de Key* qui fut également l'architecte de la halle aux Bouchers de Haarlem (1602) [2]. *Hendrick de Keyser* (1565-1621) construisit de nombreux édifices à Amsterdam, annonçant le *classicisme*, qui subsista jusqu'au XIXe s. Au XXe s., sous l'impulsion des architectes *Berlage* et *Dudok*, puis du mouvement *De Stijl*, l'architecture fut à la pointe du modernisme.

SCULPTURE

Le portail sculpté de Saint-Servais, à Maastricht, est de style gothique. Les deux plus grands sculpteurs de la fin du Moyen Âge firent carrière à l'étranger, *Claus Sluter* (v. 1340-1350 / 1405 ou 1406) près du duc de Bourgogne, *Nikolaus Gerhaert* (v. 1430-1473) en Alsace, comme au XVIe s. les bronziers *Hubert Gerhard* et *Adriaen de Vries*. *Adriaen van Wesel* domine le XVe s. Au XVIIe s., la sculpture, principalement funéraire, est illustrée par *Hendrick de Keyser* et *Rombout Verhulst*. Après une longue éclipse, elle renaît au début du XXe s., se partageant entre toutes les tendances.

PEINTURE

C'est à partir de la fin du XVe s. que la peinture commence à se dégager des influences étrangères avec, à Haarlem, *Ouwater* (Résurrection de Lazare, Berlin), émule de Van Eyck, et surtout *Geertgen Tot Sint Jans* (Gérard de Saint-Jean). Foncièrement original, étrange et génial, *Jérôme Bosch* (v. 1450-1460 / 1516), qui vécut à Bois-le-Duc, domine cette période (le Chariot de foin, Prado [3]). *Lucas de Leyde* (1489 ou 1494 / 1533), apparenté aux maîtres germaniques, laissa peu de peintures mais de nombreuses gravures. L'influence italienne, opposée à l'esprit spécifique des artistes néerlandais, marqua pourtant ceux que l'on appelle les romanistes, dont le plus typique fut *Jan Van Scorel* (1495-1562), créateur du portrait collectif appelé à un grand succès au XVIIe s. On doit encore citer *Jan Cornelis Vermeyen*, *Maerten Van Heemskerck*, admirateur de Michel-Ange; *Van Amstel*, *Pieter Aertsz*, *Anthonis Mor*, connu en Espagne sous le nom d'Antonio Moro, annoncent le XVIIe s.

Au XVIIe s., on assiste à une étonnante expansion de la peinture hollandaise. Les peintres sont extrê-

2

3

4

5

Phot. Giraudon-Garanger, Marton, Giraudon-Garanger, Rijksmuseum, Lauros-Girau

mement nombreux, qui pratiquent un art réaliste, souvent minutieux, faisant le portrait véridique de leur pays, de ses paysages, des hommes qui l'habitent et de leurs intérieurs. *Frans Hals* **(v. 1580-1666) dépasse les autres portraitistes par sa verve, sa virtuosité, soit qu'il brosse des portraits isolés comme** la Bohémienne **(Louvre) ou collectifs** (les Archers de Saint-Adrien, **Haarlem [9]). Autour de lui, nommons** *Van Ravesteyn, Van der Helst, Thomas de Keyser, Judith Leyster.* **Parmi les peintres de scènes de genre et d'intimité, il faut noter le satiriste** *Jan Steen,* **le peintre de tabagies** *Van Ostade* (le Couple dansant **[4]),** *Gérard Dou,* **au métier méticuleux.** *G. Terborch, G. Metsu, P. de Hooghe,* **qui se complaisaient à décrire des intérieurs calmes, n'évitent pas toujours de tomber dans l'anecdote et font paraître plus grand** *Vermeer* **(1632-1675), élève de** *Carel Fabritius,* **dont nous ne connaissons guère plus d'une quarantaine d'œuvres** (Femme à la fenêtre, **New York [6]). Les paysagistes, eux aussi fort nombreux, comptent surtout** *Jan Van Goyen* **(1596-1656), qui peint presque en camaïeu les ciels mouvants, la fluidité de l'eau** (Vue de Dordrecht **[5]),** *Hobbema, H. Seghers, W. Van de Velde, Jacob Van Ruysdael,* **qui introduisit le lyrisme dans le paysage** (le Cimetière juif **[7]).** *P. Potter, Wouwerman, Hondecoeter, Cuyp* **se consacrèrent à l'art animalier. Mais toute la peinture hollandaise est dominée par la grande figure de** *Rembrandt Van Rijn* **(1606-1669), doué d'un génie universel** (Portrait d'Hendrickje Stoffels, **Edimbourg [8]). Cet art du XVIIe s. hollandais a exercé une forte influence dans toute l'Europe.**

Le XVIIIe siècle, par contraste, est pauvre. Au XIXe s., un mouvement naturaliste se développa à La Haye, avec *Israëls, Mesdag, J.* **et** *W. Maris; Breitner* **peint à Amsterdam. Bien qu'ils aient fait leur carrière en France,** *Jongkind* **et** *Van Gogh* (Paysanne au châle vert, **période hollandaise [10]) étaient hollandais, comme** *Kees Van Dongen.* **Au début du XXe s.,** *Mondrian,* **un des créateurs de l'abstraction** (Pommier en fleur, **1912 [11]), fonda avec** *Théo Van Doesburg* **la revue et le groupe** *De Stijl. Karel Appel* **et** *Corneille* **fondèrent, eux, le groupe d'avant-garde** *Cobra* **en 1948.**

Pour les arts décoratifs, mentionnons la céramique de Delft, l'argenterie d'Amsterdam, d'Alkmaar, de Haarlem. Les cabinets de bois précieux, rehaussés d'incrustations, sont caractéristiques du mobilier hollandais.

11

10

6

8

7

9

ot. Metropolitan Museum de New York, Mayer, Scott, musée Frans-Hals, Giraudon, Haags Gemeentmuseum.

Eindhoven.

Moulin, près de Dordrecht.

Marché aux fromages d'Alkmaar.

Sidérurgie à IJmuiden.

Champ de tulipes.

Polder du Zuiderzee.

Digue barrant l'IJselmeer.

Phot. E. Marton, Candelier - Lauros - Atlas-Photo (3), Lénars - Atlas-Photo, Nederlandse Hoogovens, Candelier - Lauros - Atlas-Ph

paye n. f. V. PAIE.

payement n. m. V. PAIEMENT.

Payen (Anselme), chimiste français, né à Paris (1795-1871). Il fit l'analyse de nombreuses substances alimentaires et identifia la cellulose.

payer [peje] v. t. (lat. *pacare*, pacifier) [conj. **2**]. Acquitter une dette, un droit, un impôt, etc. ‖ Donner ce qui est dû à : *payer des ouvriers.* ‖ Récompenser, reconnaître : *payer généreusement un service.* ‖ — *Fig.* Acquérir par un sacrifice : *payer cher une victoire.* ‖ Expier : *payer son crime.* ‖ Dédommager : *je n'ai pas été payé de mes efforts.* ● *Il me le paiera,* je me vengerai de lui. ‖ *Payer d'audace, d'effronterie,* faire preuve d'audace, d'effronterie. ‖ *Payer de sa personne,* s'exposer dangereusement; agir par soi-même. ‖ *Payer de retour,* reconnaître un service par un autre. ‖ — V. i. *Fam.* Procurer un certain bénéfice, un certain revenu : *commerce qui paie.* ‖ **— Se payer** v. pr. Acheter pour soi : *se payer un fusil.* ● *Se payer de,* se contenter de : *se payer de paroles.*

Payerne, en allem. **Peterlingen,** comm. de Suisse (Vaud); 6 000 h. Aérodrome militaire.

payeur [pɛjœr], **euse** [-øz] adj. et n. Qui paie.

payeur [pɛjœr] n. m. Celui dont l'emploi est de payer des dépenses, des traitements, des rentes, etc. : *trésorier-payeur général.*

Payne (Thomas). V. PAINE.

Payrac (46390), ch.-l. de c. du Lot (arr. de Gourdon), sur le causse de Gramat; 512 h. (286 aggl.).

pays [pei] n. m. (lat. *pagensis;* de *pagus,* canton). Territoire d'une nation : *le beau pays de France.* ‖ Région, contrée : *pays chauds.* ‖ Ses habitants : *pays civilisé.* ‖ *Fam.* Compatriote : *c'est un pays.* (Fém. une *payse.*) ‖ Patrie, lieu de naissance : *quitter son pays.* ● *Être en pays de connaissance,* parmi des gens que l'on connaît. ‖ *Mal du pays,* nostalgie. ‖ *Pays perdu,* éloigné. ‖ *Voir du pays,* voyager.

paysage [peizaʒ] n. m. Etendue de pays qui présente une vue d'ensemble : *admirer le paysage.* ‖ Dessin, tableau représentant un site champêtre.

paysagiste n. et adj. Artiste qui peint des paysages.

paysan [peizɑ̃], **anne** [-an] n. (de *pays*). Homme, femme de la campagne. ● *Paysan du Danube,* homme rustre, d'une franchise brutale.

Paysans (*les*), roman de Balzac (1844), peinture de la lutte des paysans contre un grand propriétaire terrien. La seconde partie du roman fut rédigée par Mme Hanska, d'après des notes laissées par le romancier.

Paysans (*guerre des*), insurrection des paysans allemands, en 1524 et 1525, provoquée par l'exploitation de ceux-ci par des seigneurs et des usuriers, et encouragée par certains prédicateurs; elle fut réprimée avec cruauté.

Paysandú, v. de l'Uruguay, sur le fl. Uruguay; 60 000 h. Industries alimentaires. Cuir.

paysannat [-na] n. m. Ensemble des agriculteurs d'une région, d'un Etat. ‖ Condition des paysans.

paysannerie n. f. Ensemble des paysans. ‖ Petite œuvre littéraire, roman peignant les mœurs des paysans.

Pays-Bas (*royaume des*), en néerl. **Nederland,** un des Etats de l'Europe occidentale, sur la mer du Nord; 33 491 km²; 13 190 000 h. (*Néerlandais*). Cap. *Amsterdam.* (Le siège des pouvoirs publics et de la Cour est *La Haye.*) Langue : *néerlandais.*

Géographie.

● *Géographie physique.* Les Pays-Bas correspondent au delta commun du Rhin et de la Meuse (qui, au sens large, s'étend de l'ancien Zuiderzee à l'estuaire de l'Escaut), et à l'extrémité occidentale de la grande plaine de l'Europe du Nord. Comme leur nom l'indique, c'est un pays de plaines, accidenté seulement de collines modestes dans la Veluwe et le Limbourg (l'altitude n'y dépasse qu'exceptionnellement 100 m). Plus de la moitié de la superficie totale est susceptible d'être recouverte par les eaux marines et fluviales. Plus du sixième a d'ailleurs été gagné sur la mer depuis le Moyen Age, grâce à l'aménagement de polders suivant la construction de digues et la consolidation du cordon dunaire bordant un littoral rectiligne sableux.
Le delta, correspondant à la Hollande, à la Zélande et à la partie occidentale de la province d'Utrecht, est constitué d'argiles fluviales et marines où s'épanouissent les tourbières, paysage que l'on retrouve au-delà de l'IJselmeer, dans le nord de la Frise et de la Groningue, ainsi que dans les vallées fluviales. L'intérieur (Brabant-Septentrional, Utrecht oriental, Gueldre et Drenthe, sud de la Frise et de la Groningue), relativement plus élevé, est formé de sables et d'argiles, et associe landes et tourbières. Le secondaire, sédimentaire, apparaît dans le Limbourg, localement recouvert de dépôts lœssiques.
L'ensemble a un climat de type océanique, nuancé régionalement par la latitude et la plus ou moins grande proximité de l'Océan. Les températures moyennes de janvier sont généralement légèrement supérieures à 0 °C, et celles de juillet oscillent entre 16 et 18 °C. Quant aux précipitations, également réparties sur l'ensemble de l'année, elles varient entre 600 et 800 mm.
● *Géographie régionale.* Quadrilatère délimité par les villes d'Amsterdam, de La Haye, de Rotterdam et d'Utrecht, la *Randstad Holland* groupe sur 2 000 km² plus de 4 millions d'hab., c'est-à-dire le tiers de la population du pays sur moins du quinzième de sa superficie. Véritable Mégalopolis, où se localisent les centres de décision et où se situent la majeure partie des industries, la Randstad Holland est dominée par les agglomérations complémentaires d'Amsterdam et de Rotterdam. Amsterdam est la capitale politique, intellectuelle, artistique et financière, siège d'entreprises spécialisées de rayonnement international (liées surtout à la période coloniale). Le trafic portuaire est actif par le canal de la mer du Nord, qui relie la ville à IJmuiden, faubourg de Velsen, principal centre sidérurgique néerlandais. Rotterdam, ville neuve, est d'abord le premier port du monde, le débouché des Pays-Bas et des régions rhénanes. Les bassins s'échelonnent sur 25 km, de Rotterdam même à Europoort en passant par Pernis, Botlek, etc. L'industrie est largement liée à la fonction portuaire (métallurgie, raffinage de pétrole et pétrochimie). L'essor des échanges y a provoqué l'implantation du siège de grandes entreprises (Unilever). Entre Amsterdam et Rotterdam, La Haye est surtout une ville résidentielle. Utrecht est une cité intellectuelle et un centre ferroviaire et commercial (foire industrielle). Entre les quatre villes se dispersent un semis de villes d'importance nettement moindre (en dehors d'Haarlem), largement liées à une agriculture associant l'élevage pour la production laitière (fromages d'Alkmaar et de Gouda), les cultures maraîchères (près de La Haye notamment) et florales (polders d'Haarlem), et les céréales (blé et seigle).
Au sud, la *Zélande* est (relativement) moins peuplée (la densité y est sensiblement inférieure à 200 h. au kilomètre carré). C'est une région amphibie, intéressée par la réalisation en cours du plan Delta*, à l'économie rurale variée (élevage bovin pour la viande et le lait, cultures céréalières [peu développées] et maraîchères, pêche), mais assez peu productive. L'industrie est inexistante, et l'urbanisation modeste (les deux principales villes, Flessingue et Middelburg, ne comptent guère que 30 000 h.).
Le *nord des Pays-Bas,* correspondant aux provinces de la Frise, de la Groningue et de la Drenthe, est un pays plus froid. En bordure du littoral, l'agriculture a une vocation locale autant que commerciale; les céréales (seigle), la pomme de terre et l'élevage pour la viande dominent. Plus en retrait, les tourbières, exploitées d'abord pour la fourniture de combustible, ont été progressivement mises en culture (pomme de terre, seigle). Dans l'intérieur, la lande domine, éclaircie par de petites exploitations polyculturales. Au-delà de la mer des Wadden, l'archipel frison associe l'élevage du mouton à la pêche. Sur le plan industriel, le Nord a pris récemment une grande importance avec l'exploitation des gisements de gaz naturel de Slochteren (près de Groningue, seule grande ville de la région), plus importants que la production pétrolière du sud de la Drenthe.
L'*Est* (Overijsel, Gueldre, Utrecht oriental) est relativement accidenté. Dans l'Overijsel et l'est de la Gueldre, les cultures ont reculé devant l'élevage (bovins, ovins, volailles). L'industrie, où le textile a été plus ou moins relayé par les constructions mécaniques et la chimie, est concentrée près de la frontière ouest-allemande (Enschede, Hengelo, Almelo). La vallée de l'IJsel est une région agricole (élevage), possédant quelques industries (tuilerie, quincaillerie) et jalonnée de centres urbains de moyenne importance (Deventer, Zwolle). A l'ouest de l'IJsel, la Veluwe est une terre de landes, piquetée de boisements (pins) et de résidences secondaires. L'élevage du mouton et l'exploitation forestière en sont les principales ressources, avec le tourisme (parc national). Les villes d'Apeldoorn et d'Arnhem bordent la lande.
Le *Sud* correspond aux provinces du Brabant-Septentrional et du Limbourg. Il comprend une partie occidentale, poldérisée, intensément mise en valeur (betterave à sucre, cultures maraîchères, prairies artificielles liées à l'importance de l'élevage). A l'est se développent des tourbières et des landes. Le Limbourg possède une agriculture complexe (céréales, cultures fourragères, maraîchères et fruitières, élevage bovin et porcin, volailles) et surtout un riche bassin houiller (*Campine néerlandaise*), en bordure de la vallée de la Meuse, où se localise le chef-lieu de la province, Maastricht. Enfin, dans le centre du Brabant-Septentrional, l'économie rurale rappelle celle du Limbourg, mais les rendements y sont moindres. Les villes possèdent quelques industries : laine à Tilburg, constructions mécaniques, textile et alimentation à Breda et Bois-le-Duc, et surtout constructions électriques et électroniques à Eindhoven, dans l'usine mère de la société Philips.
● *L'économie.* L'industrie fournit 40 p. 100 du produit intérieur brut et emploie un pourcentage égal de la

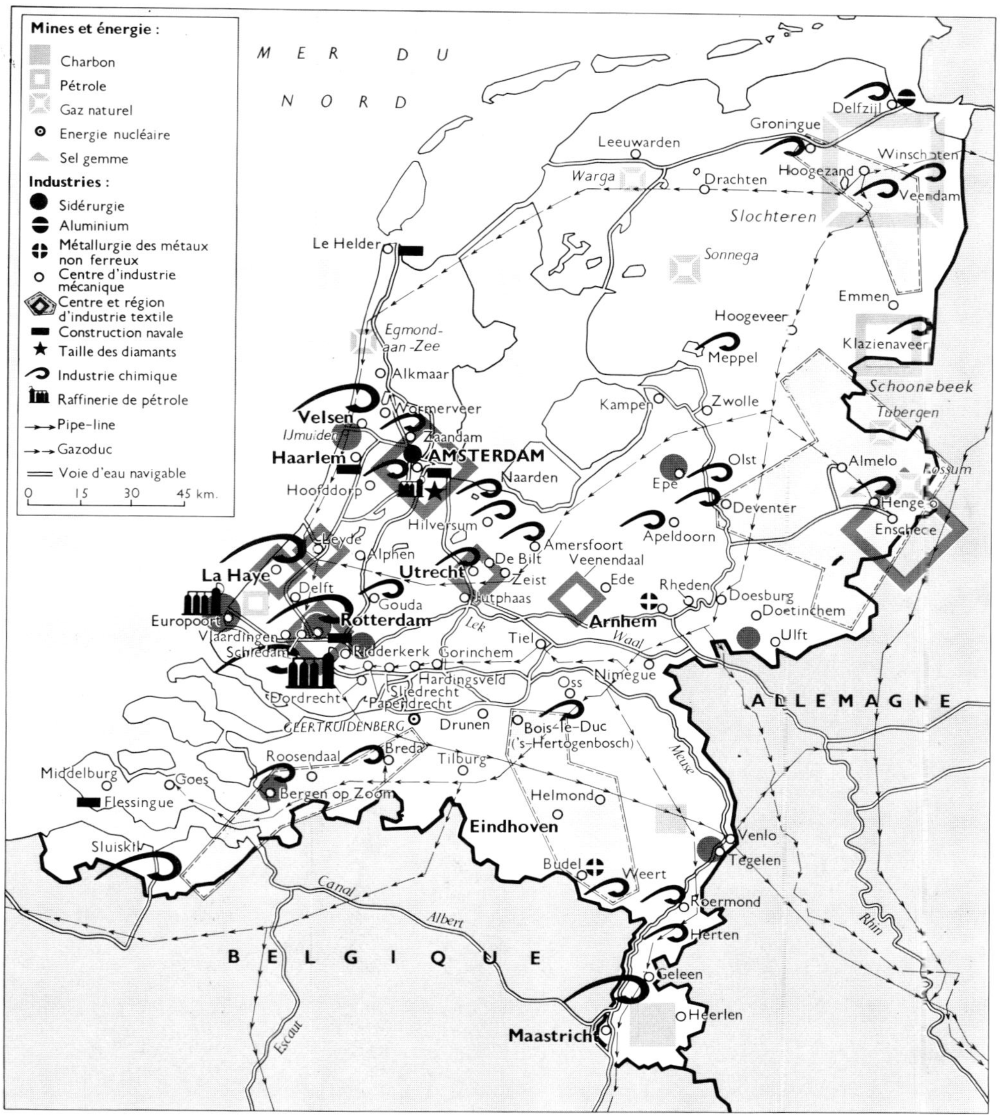

population active. Elle est largement fondée sur les branches de transformation (chimie, constructions mécaniques et électriques, électronique, alimentation) liées à l'importation de matières premières industrielles et à l'agriculture nationale. Les productions, houillère et surtout pétrolière, ne satisfont pas les besoins. La sidérurgie doit aussi importer du fer, et le textile les fibres naturelles nécessaires. L'agriculture emploie seulement le dixième de la population active et ne fournit que 8 p. 100 du produit intérieur. L'élevage (bovins principalement) domine largement. La productivité (liée au niveau d'instruction des agriculteurs et à la modernisation des exploitations) est élevée, et la croissance de la production ne peut guère être obtenue que par un accroissement des superficies exploitées, qui doit être permis notamment par l'achèvement de la mise en valeur du Zuiderzee*.
Le poids économique des Pays-Bas est largement supérieur aux données de la géographie « naturelle » (superficie et population). Il s'explique d'abord par le volume du commerce extérieur : les exportations (de même que les importations) de biens et de services (y compris les revenus en provenance du reste du monde) représentent plus du quart du produit national brut. La balance commerciale est régulièrement déficitaire (le taux de couverture des importations est de l'ordre de 50 p. 100), mais le déficit est presque entièrement comblé par les services (dont les revenus des investissements), qui assurent le rééquilibre presque parfait de la balance des paiements courants. Quant aux opérations en capital à long terme, elles sont alternativement excédentaires et déficitaires, si bien que la balance de base (classique balance des paiements) est à peu près équilibrée. Plus de 50 p. 100 du commerce extérieur s'effectuent avec les autres pays du Marché commun (dont près de la moitié avec la seule Allemagne occidentale, qui distance largement l'Union belgo-luxembourgeoise). Les produits alimentaires, les machines et le matériel de transport, les articles industriels de consommation sont, dans un ordre décroissant, les principaux postes des exportations. Parmi les importations dominent les machines et le matériel de transport, les articles de consommation et les matières premières industrielles.
Le niveau de vie moyen est assez élevé. Le revenu individuel moyen peut être estimé à 1 400 dollars. Il existe une voiture de tourisme pour 7 h., un téléviseur et un téléphone pour 5 h. Dans le domaine du logement, la densité d'occupation par pièce est de l'ordre de l'unité. La consommation individuelle d'énergie avoisine 3,5 t de charbon-équivalence, celle d'acier approche 300 kg, et celle de l'électricité dépasse 2 000 kWh. L'élévation de ce niveau de vie est liée à la poursuite de l'industrialisation, au développement des services, seuls capables d'absorber la main-d'œuvre montante. La population s'accroît aujourd'hui à un rythme annuel voisin de 1 p. 100 (le taux de natalité est de 19 p. 1 000, et le taux de mortalité de 8 p. 1 000). La densité moyenne dépasse 370 h. au kilomètre carré (chiffre le plus élevé d'Europe). Environ 80 p. 100 de cette population sont urbanisés, et une quinzaine de villes dépassent 100 000 h.

Histoire.

Au début de notre ère, la région occupée aujourd'hui par les Pays-Bas et la Belgique était habitée par les Frisons au nord, les Saxons à l'ouest et les Francs au sud. Soumise d'abord par César (57 av. J.-C.), elle fut envahie par les Germains (Saxons, Francs), qui détruisirent l'œuvre des Romains. Charlemagne y accéléra la christianisation. Cette région fut englobée en 843 dans la Lotharingie, et son histoire se confondit longtemps avec celle des fiefs (Flandre, Hainaut, Hollande, Brabant, etc.), qui finirent par être réunis aux mains de la maison de Bourgogne : les ducs de Bourgogne respectèrent les particularismes régionaux tout en dotant le pays d'institutions solides et en favorisant les ports et les villes drapières. Charles Quint, prince des Pays-Bas (1516-1555), érigea le pays (dix-sept provinces) en cercle d'Empire et favorisa son essor maritime et commercial. Philippe II (1555-1598) vit se dresser contre lui les provinces calvinistes du Nord (Gueldre, Hollande, Zélande, Utrecht, Frise, Overijsel), qui formèrent les Provinces-Unies (1579). A la mort de Philippe II, celles-ci furent perdues pour l'Espagne, mais leur indépendance ne fut définitive qu'aux traités de Westphalie (1648). Les Pays-Bas méridionaux restèrent soumis à l'Espagne, qui y favorisa la Contre-Réforme catholique ; en 1713, ces provinces passèrent à l'Autriche, dont le joug, notamment sous Joseph II, provoqua des émeutes (1787-1789), prélude à l'occupation, puis à l'annexion de la Belgique par la France. (V. BELGIQUE.) Sous l'impulsion de Guillaume Ier de Nassau et de son fils Maurice, puis d'Oldenbarnevelt et de Jean de Witt, les Provinces-Unies prirent conscience de leur force. Le pays devint une grande puissance maritime et commerçante, qui jeta les bases de son empire colonial des Indes. Rival de la France et de l'Angleterre, il joua un rôle important au XVIIe s. et lutta, non sans gloire, contre l'Espagne et contre Louis XIV. Aux six provinces fédérées de 1579 s'ajoutèrent celle de Groningue et les territoires pris sur les Pays-Bas espagnols. Après Guillaume III (1672-1702), en faveur de qui le stathoudérat fut déclaré héréditaire, et qui devint roi d'Angleterre en 1689, les Provinces-Unies entrèrent en décadence. En 1786, Guillaume V, déchu, fut rétabli avec l'aide anglaise. Les patriotes, réfugiés en France, favorisèrent l'invasion des Français ; au traité de La Haye (1795), les Provinces-Unies devinrent une république sœur et alliée de la République française, la République batave (1795). Celle-ci fut transformée, au profit de Louis Bonaparte (1806), en royaume de Hollande, qui fut annexé à l'Empire français en 1810, Louis ayant refusé d'appliquer le Blocus continental. Après la bataille de Leipzig (1813), les coalisés créèrent un

Lester B. Pearson au premier plan et le président Johnson

royaume des Pays-Bas, qu'ils offrirent à Guillaume Ier de Nassau. Le traité de Vienne, en 1815, lui adjoignit la Belgique, union précaire, qui s'effondra en 1830 à la suite de la révolte des patriotes et des catholiques belges. (V. BELGIQUE.) Au cours des guerres révolutionnaires et impériales, les Hollandais avaient vu s'effriter leur empire colonial. En 1840, Guillaume Ier abdiqua en faveur de son fils Guillaume II (1840-1849), à qui succéda Guillaume III (1849-1890). A la mort de ce dernier (1890), l'absence d'héritier mâle amena la séparation du Luxembourg. Wilhelmine connut un long règne (1890-1948). Les Pays-Bas restèrent neutres durant la Première Guerre mondiale ; pendant la Seconde, ils furent envahis et occupés par les Allemands jusqu'en 1945. Aussitôt après, le problème indonésien se posa, aboutissant à la formation de la République indépendante d'Indonésie (1949-1950). Après l'abdication de Wilhelmine, sa fille Juliana fut intronisée en 1948 ; cette même année entra en application la convention douanière du Benelux. Depuis, les Pays-Bas, où le parti populaire catholique a pris la direction des affaires, sont entrés dans les organisations européennes (C. E. C. A., 1951 ; Marché commun, 1957). En 1973, un gouvernement de centre gauche est formé par le socialiste Joop den Uyl.

payse [peiz] n. f. V. PAYS.

Paz (LA), v. de Bolivie, à 3 658 m d'alt. et à l'est du lac Titicaca ; 450 000 h. Siège du gouvernement de la République. Archevêché. Université. Centre commercial.

Paz (Octavio), écrivain mexicain, né à Mexico en 1914. Attiré à la fois par les traditions indiennes et la culture européenne, il a créé de nombreuses revues et exprimé son expérience poétique et humaine dans des recueils de vers (*Entre la pierre et la fleur,* 1941 ; *Pierre de soleil,* 1957 ; *Salamandre,* 1960) et d'essais (*le Labyrinthe de la solitude,* 1950).

Paz del Río, v. de Colombie, dans la Cordillère orientale. Centre sidérurgique.

Pazzi, famille gibeline de Florence, rivale des Médicis. En 1478, un de ses membres, JACOPO, ourdit contre Laurent et Julien de Médicis la *conspiration* dite *des Pazzi.* Le meurtre de Julien de Médicis entraîna une répression immédiate.

Pb, symbole chimique du *plomb.*

P. C. B. n. m. Sigle de *certificat d'études* P*hysiques, chimiques et* B*iologiques.* (Certificat intégré à la première année de médecine.)

Pd, symbole chimique du *palladium.*

Peacock (Thomas Love), écrivain anglais, né à Weymouth (Dorset) [1785-1866]. Il a raillé dans ses récits satiriques les excès du romantisme et les idées de son temps (*l'Abbaye de cauchemar,* 1818).

péage [peaʒ] n. m. (du lat. *pes, pedis,* pied). Droit que l'on paie pour emprunter un pont, une route ou une autoroute, etc.

Péage-de-Roussillon (LE) [38550], comm. de l'Isère (arr. de Vienne), près du Rhône ; 5 765 h. (*Péageois*). Industries chimiques.

péagiste n. Employé qui perçoit le péage sur une autoroute.

péan ou **pæan** [peɑ̃] n. m. (gr. *paian*). *Antiq. gr.* Hymne en l'honneur d'Apollon. ‖ Chant de guerre, de victoire, de fête.

Péan (Jules Emile), chirurgien français, né à Marboué (Eure-et-Loir) [1830-1898]. Gynécologue spécialisé dans l'ovariotomie et la laparotomie, il inventa un grand nombre d'instruments chirurgicaux et notamment une pince à forcipressure.

Peano (Giuseppe), logicien et mathématicien italien, né à Cuneo (1858-1932). Il est surtout connu par l'invention d'un système de signes qui permet d'énoncer toutes les propositions de logique et de mathématiques sans recourir au langage ordinaire, ce qui contribua à fonder une axiomatique totalement symbolisée. Il s'adonna également à la recherche d'une langue internationale aussi rationnelle et facile à apprendre que possible, recherche qui le conduisit au « latin sans flexion », c'est-à-dire sans grammaire (1903), formé par les mots latins communs au français, à l'anglais et à l'allemand.

Pearl Harbor, rade des îles Hawaii (île d'Oahu). Base américaine aéronavale créée en 1906, où la flotte américaine du Pacifique fut attaquée par surprise et détruite en deux heures par les Japonais le 7 décembre 1941. Cette attaque provoqua l'entrée en guerre des Etats-Unis dans la Seconde Guerre mondiale.

Pearson (Lester Bowles), homme politique canadien, né à Toronto (1897-1972). Libéral, il fut ministre des Affaires étrangères de 1948 à 1957 et Premier ministre de 1963 à 1968. (Prix Nobel de la paix, 1957.)

Peary (Robert), explorateur américain des régions arctiques, né à Cresson Springs (1856-1920). Il est arrivé le premier au pôle Nord, en 1909.

peau [po] n. f. (lat. *pellis*). Tissu recouvrant le corps de l'homme et des animaux. (V. *encycl.*) ‖ Cuir détaché du corps de l'animal : *peau de renard.* ‖ Enveloppe qui couvre les fruits et certaines plantes : *une peau de banane.* ‖ Croûte légère qui se forme sur certaines substances liquides ou onctueuses, comme le lait bouilli, le fromage, etc. ● *Entrer dans la peau de son personnage,* jouer parfaitement son rôle dans une pièce, un film, etc. ‖ *Faire peau neuve,* changer complètement de conduite, d'opinion ou de vêtements. ‖ *Peau d'âne* (Fam.), diplôme. ‖ *Se mettre dans la peau de quelqu'un,* se mettre à sa place. ‖ *Vendre cher sa peau,* se défendre vigoureusement avant de succomber.
— ENCYCL. Chez les vertébrés, les organes sont recouverts extérieurement par un tissu conjonctif, le *derme,* lui-même recouvert d'un tissu épithélial, l'*épiderme,* qui, dans la plupart des cas, édifie des pièces protectrices kératinisées, les *phanères** (poils, plumes, écailles), seules en contact direct avec l'extérieur. L'ensemble forme la *peau.*
Le derme constitue, par sa partie profonde, ou *hypoderme,* une réserve de graisse (lard), qui joue aussi le rôle d'écran adiabatique contre les pertes de chaleur. Sa couche moyenne est élastique et résistante ; c'est elle qui fournit le *cuir* par tannage. Sa couche supérieure, au contact de l'épiderme, est très riche en terminaisons nerveuses tactiles (sensations de pression, de chaleur, de froid) et en vaisseaux sanguins, dont le débit varie énormément sur ordre du système nerveux (vaso-motricité : rougeur, pâleur), notamment en fonction de la température. Derme et épiderme sont traversés par d'innombrables *glandes de la sueur,* assurant principalement le refroidissement superficiel de la peau. Le derme contient enfin des *muscles peauciers,* agents du redressement des phanères, du frisson, des mimiques du visage, etc. La couche basale de l'épiderme fabrique tout au long de la vie de nouvelles cellules et de nouveaux éléments de phanères. Elle contient des grains pigmentés de *mélanine* ou de *guanine,* qui jouent soit un rôle mimétique (caméléon), soit un rôle absorbant à l'égard du rayonnement solaire (hâle, races noires). Les *phanères* peuvent être soit d'origine exclusivement épidermique (poil, plume, écaille cycloïde ou cténoïde des poissons osseux), soit d'origine en partie dermique (écaille des crocodiles, des tortues, des poissons cartilagineux). L'épiderme est riche en *glandes* à sécrétion lubrifiante (glandes sébacées), nutritive (glandes mammaires, caractéristiques de la classe des mammifères) ou venimeuse (crapaud). Il peut présenter une riche sensibilité tactile, sauf lorsqu'il forme des replis écailleux (serpents). Enfin, la peau assure la *respiration cutanée* des amphibiens.
Chez l'homme, les affections de la peau, très nombreuses, peuvent être dues à une cause externe (parasites, microbes, brûlures, irritation, etc.) ou à une cause interne (aliments, médicaments, etc.), mais, souvent, elles sont d'origine imprécise.

peaucier n. m. et adj. Muscle qui prend au moins une de ses insertions à la peau : *les peauciers de la face.*

Peau-d'Ane, conte de Perrault, en vers (1715).

peaufiner v. t. Passer une peau de chamois sur une surface.

peausserie n. f. Commerce, boutique, marchandises du peaussier.

peaussier n. et adj. m. Ouvrier qui prépare les peaux. ‖ Celui qui en fait le commerce.

Peaux-Rouges, nom donné parfois aux Indiens de l'Amérique du Nord.

pébrine [pebrin] n. f. (provenç. *pebrino ;* de *pebre,* poivre). Maladie des vers à soie se manifestant par de petites taches noires comme des grains de poivre sur la peau de la chenille.

pec [pɛk] adj. m. (du néerl. *pekel*). *Hareng pec,* fraîchement salé, en caque.

pécaïre ! [pekajre] interj. Exclamation languedocienne, exprimant la pitié ou l'attendrissement (vx).

pécari [pekari] n. m. (empr. à la langue des Caraïbes). Cochon sauvage d'Amérique.

peccadille [pekadij] n. f. (esp. *pecadillo*). Faute légère.

pechblende [pɛʃblɛ̃d] n. f. (allem. *Pech,* poix, et *Blende,* sulfure). Oxyde d'uranium naturel, le plus important des minerais d'uranium (40 à 90 p. 100), dont on extrait aussi le radium. (Syn. : PÉCHURANE, URANINITE.)

pêche [pɛʃ] n. f. (lat. *Persica arbor,* arbre de Perse). Fruit à noyau du pêcher.

pêche n. f. Art, action de pêcher : *aller à la pêche.* (V. *encycl.*) ‖ Poisson qu'on a pêché : *vendre sa pêche.*
— ENCYCL. *Géogr.* La *pêche* maritime, en s'industrialisant, a vu sa production augmenter en même temps que se sont diversifiés ses débouchés. De 1955 à 1966, la production a doublé, passant de 28 à 57 Mt. Pendant la même période, la part de la production consommée fraîche ou glacée est tombée de 43 à moins de 30 p. 100,

Phot. U. S. I. S.

● La *pêche en eau douce*. Elle comprend :
1° La pêche à la ligne, qui se subdivise notamment en : *a*) pêche à la ligne flottante, dont le but est de faire mordre un poisson à un appât naturel ou artificiel placé sur un hameçon ; ce dernier est fixé à un fil attaché à une canne tenue à la main ; *b*) pêche au coup, purement statique et visant les poissons blancs d'eau douce, qui prennent leur nourriture sur le fond (2) ; *c*) pêche à la dandinette, qui se pratique à l'aide d'un leurre assez lourd (ou d'une esche lestée) fixé à la canne par l'intermédiaire d'une ligne ; les poissons capturés à la dandinette sont notamment la perche et le gardon ; *d*) pêche à la fouette ou à la volante (ablettes, chevesnes, truites), qui se pratique à l'aide d'une canne flexible et assez courte, munie d'une ligne terminée simplement par une artificielle ou par un hameçon sur lequel est piqué un insecte véritable ; *e*) pêche au lancer lourd (brochets, perches, truites, saumons) [1], qui se pratique à l'aide d'une canne manœuvrée à une ou deux mains, garnie d'anneaux pour le déroulement du fil et équipée d'un moulinet multiplicateur ; *f*) pêche au lancer léger (truites, perches, brochets), identique dans sa technique à la pêche précédente ; *g*) pêche à la mouche (truites, saumons), dont le lancer peut se faire à l'aide d'une canne à une main munie d'anneaux, d'un moulinet porteur d'une soie spéciale, d'un bas de ligne et d'une artificielle ;
2° La pêche aux filets et engins (en régression depuis quelques années) [3] ;
3° Certaines pêches spéciales, qui comprennent notamment la pêche à la traîne, aux cordeaux, au trimmer, à la fouène, à la main, à la pelote ou à la vermée ; certaines, parmi ces pêches, ne sont pas ou plus autorisées et sont considérées comme actes de braconnage.

● La *pêche en mer*. Il existe quatre formes très différentes de pêche en mer :
1° La pêche à pied, pratiquée par des bassiers amateurs ou professionnels le long des grèves et des plages (coquillages, crabes, crevettes, équilles, poissons plats) [7] ;
2° La pêche côtière ou littorale, qui s'effectue à proximité du rivage ; les pêcheurs côtiers pêchent aux hameçons (maquereaux, lieus, merlans), aux corces et palangres (congres, poissons plats), aux filets fixes dérivants ou traînants (soles, turbots, raies, harengs, sardines), aux casiers (homards, langoustes), à la drague (oursins, huîtres) et au feu (anchois, sardines) [4] ;
3° La pêche hauturière ou de haute mer, pratiquée pour tous les poissons migrateurs (maquereaux, harengs, sardines et thons) ;
4° La grande pêche, pratiquée à l'aide de chalutiers équipés pour tenir la mer plusieurs semaines (pêche aux harengs, à la morue) [5 et 6].
La pêche en haute mer n'est normalement soumise qu'à un contrôle national, mais depuis longtemps est apparue la nécessité d'une réglementation internationale afin d'éviter les différends pouvant surgir entre États dont les pêcheurs fréquentent les mêmes bancs, ou de prévenir une exploitation excessive des ressources biologiques de la mer.

1

3

2

6

4

5

7

celle du séchage et de la salaison de 25 à 10 p. 100, cependant que la part de la production congelée s'élevait de 7 à 13 p. 100 et que celle de la production « réduite » en farine ou en huile passait de 13 à près de 40 p. 100. Le dixième de la production est toujours destiné à la conserve.
Le Pérou occupe aujourd'hui le premier rang mondial avec une production de 8,8 Mt (anchois essentiellement destinés à la fabrication de farine de poisson alimentant les espèces animales), devançant le Japon (7,1 Mt), l'Union soviétique (5,8 Mt), la Norvège (3,2 Mt) et les États-Unis (2,5 Mt). La production chinoise est estimée à 6 Mt. Après la Norvège, l'Espagne (1,4 Mt), l'Islande (1,2 Mt), la Grande-Bretagne (1,1 Mt), le Danemark (1 Mt) et la France (0,8 Mt) sont les principaux producteurs européens.

pécari

péché [peʃe] n. m. (lat. *peccatum*, faute). *Relig.* Transgression de la loi divine : *confesser ses péchés.*
— ENCYCL. La théologie catholique distingue notamment le *péché véniel*, celui qui affaiblit la grâce sans la détruire, et le *péché mortel*, celui par lequel la volonté accepte de renoncer à Dieu pour mettre sa fin dans une créature dont la possession suppose un refus de Dieu. Elle établit aussi une distinction entre le *péché originel*, état de dégradation dans lequel sont conçus les descendants d'Adam, et le *péché actuel*, celui que commet personnellement le pécheur. On appelle *péchés capitaux* les vices, au nombre de sept, que l'on considère comme la source de tous les péchés : l'orgueil, l'envie, l'avarice, la luxure, la gourmandise, la colère et la paresse.

Pechelbronn, écart de la comm. de *Merkwiller-Pechelbronn* (Bas-Rhin). Anc. exploitation de pétrole.

pécher [peʃe] v. i. (lat. *peccare*) [conj. **5**]. Commettre un péché. || *Fig.* Manquer à une règle morale, à un devoir social : *pécher contre la politesse.*

pêcher [pεʃe] n. m. Arbre originaire d'Asie, qu'on trouve dans les régions tempérées et dont le fruit est la pêche. (Famille des rosacées.)

pêcher [pεʃe] v. t. (lat. *piscari*). Prendre du poisson : *pêcher des truites.* || *Fam.* Puiser, prendre : *où a-t-il pêché cette nouvelle?* ● *Pêcher en eau trouble*, profiter du désordre des affaires pour en tirer un avantage personnel.

branches de **pêcher**

Phot. Joly, Poppé - Atlas-Photo, Dragesco, Doisneau-Rapho, Chevallier, Poppé - Atlas-Photo, Viollon-Rapho, Hahn, Yan-Dieuzaide.

pechère! ou **peuchère!** [pøʃɛr] interj. Exclamation d'origine méridionale.

pêcherie n. f. Lieu où l'on pêche : *les pêcheries de Terre-Neuve.*

pêchette n. f. Filet rond pour pêcher les écrevisses.

pécheur [peʃœr], **eresse** [peʃrɛs] n. (lat. *peccator*). Qui commet des péchés. ‖ Enclin au péché.

pêcheur [pɛʃœr], **euse** [-øz] adj. et n. (lat. *piscator*). Qui pêche, qui fait la profession de pêcher.

Pech-Merle, site du Quercy (Lot, comm. de Cabrerets). Caverne ornée de nombreuses peintures préhistoriques.

péchurane n. m. Syn. de PECHBLENDE.

pécoptéris [pekɔpteris] n. m. Fougère fossile des terrains houillers.

pécore [pekɔr] n. f. (ital. *pecora,* brebis). *Fam.* Femme ou jeune fille sotte et prétentieuse.

Pécourt ou **Pécour** (Louis Guillaume), danseur et chorégraphe français, né à Paris (1653-1729). Successeur de Charles Louis Beauchamp à l'Académie royale de musique, il composa les danses du premier opéra-ballet de Collasse, *les Saisons* (1695).

Pecq (LE) [78230], comm. des Yvelines (arr. de Saint-Germain-en-Laye), sur la Seine ; 13 824 h.

pecque [pɛk] n. f. *Fam.* Syn. de PÉCORE.

Pecquencourt (59146), comm. du Nord (arr. de Douai), sur la Scarpe ; 9 025 h. (*Pecquencourtois*). Houille.

Pecquet (Jean), médecin et anatomiste français, né à Dieppe (1622-1674). Il révéla l'existence des canaux chylifères et leur aboutissement dans le canal thoracique.

Pecqueur (Constantin), économiste français, né à Arleux (1801-1887). Il dénonça les conséquences de la propriété privée et de la concentration industrielle.

Pécs, v. de la Hongrie méridionale ; 145 000 h. Université. Cathédrale romane et autres monuments historiques. Houille. Métallurgie. Chimie.

pecten [pɛktɛn] n. m. Nom scientifique des mollusques du genre *peigne,* ou *coquille Saint-Jacques.*

pectine [pɛktin] n. f. (du gr. *pêktos,* pris en gelée). Substance organique contenue dans les membranes cellulaires végétales, et utilisée dans la fabrication des confitures, des gelées de fruits et, en médecine, comme hémostatique.

pectiné [pɛktine], **e** adj. (lat. *pectinatus*). Se dit d'un muscle de la cuisse qui fait tourner le fémur.

pectique [pɛktik] adj. Se dit d'une substance organique contenue dans les membranes végétales.

pectoral [pɛktɔral], **e, aux** [-o] adj. (du lat. *pectus, -oris,* poitrine). Qui concerne la poitrine : *respiration pectorale.* ‖ Bon pour la poitrine : *pâte pectorale.* ● *Fleurs pectorales,* fleurs de mauve, de violette, de bouillon-blanc et de coquelicot, dont on fait une tisane pectorale. ‖ *Médicament pectoral,* ou *pectoral* n. m., médicament employé au cours du traitement des affections pulmonaires. ‖ *Muscles pectoraux,* v. *encycl.* ‖ *Nageoires pectorales,* nageoires paires antérieures des poissons.
— ENCYCL. Les *muscles pectoraux* sont au nombre de deux. Le *grand pectoral* s'étend des cartilages costaux du sternum et de la clavicule à la partie supérieure de l'humérus ; il est adducteur et rotateur du bras. Le *petit pectoral,* situé sous le précédent, va des troisième, quatrième et cinquième côtes à l'apophyse coracoïde de l'omoplate ; il sert à baisser l'épaule. De plus, les muscles pectoraux interviennent dans la respiration.

pectoral n. m. Pièce d'étoffe ou de métal, garnie de pierres précieuses, que les pharaons et le grand prêtre des juifs portaient sur la poitrine. ‖ Partie de l'armure romaine qui protégeait la poitrine.

péculat [-la] n. m. Vol de deniers publics.

pécule [pekyl] n. m. (lat. *peculium ;* de *pecunia,* argent). Somme qu'une personne acquiert par son travail, par son économie : *amasser un petit pécule.* ‖ Epargne constituée au profit d'un enfant mineur par son tuteur sur le produit de son travail, ou au profit d'un prisonnier par l'administration pénitentiaire. ‖ Somme d'argent versée à un militaire de carrière non officier, lorsqu'il quitte l'armée sans avoir droit à une retraite.

pécuniaire [pekynjɛr] adj. Relatif à l'argent : *ennui pécuniaire.* ‖ Qui consiste en argent : *intérêt pécuniaire ; peine pécuniaire.*

pécuniairement adv. De façon pécuniaire : *être condamné pécuniairement.*

pédagogie [pedagɔʒi] n. f. (gr. *paidagôgia*). Science de l'éducation et de l'instruction. (V. *encycl.*) ‖ Méthode d'enseignement.
— ENCYCL. La *pédagogie,* qui a été, pendant longtemps, liée à une morale ou à une religion qu'elle avait pour but de transmettre, ne s'est posée comme une science indépendante qu'à la fin du XIXe s. Son but est l'épanouissement harmonieux d'une personnalité et son adaptation à la société. L'histoire de la pédagogie permet d'opposer deux conceptions de l'éducation, l'une fondée sur l'acquisition pure et simple de connaissances (Rabelais), l'autre visant à développer le jugement et la réflexion personnelle (« il vaut mieux, disait Montaigne, une tête bien faite qu'une tête bien pleine »). Rappelons les thèses de Rousseau, qui préconisent une éducation du corps et du sentiment par la nature. Aujourd'hui, le développement de la pédagogie, éclairée par la psychologie et la sociologie, s'oriente : d'une part dans le sens d'un enseignement vivant (« méthodes actives »), susceptible de former et de mettre en relief la personnalité des enfants ; d'autre part vers une démocratisation de plus en plus grande de l'enseignement. Les réformes pédagogiques sont inséparables des réformes de structure, qui, dans l'enseignement, leur donnent un contenu. La pédagogie moderne est expérimentale et pratique. La recherche théorique et appliquée en pédagogie s'est orientée en particulier vers l'enseignement programmé*.

pédagogique adj. Relatif à la pédagogie : *musée pédagogique.*

pédagogiquement adv. Du point de vue pédagogique.

pédagogue n. Personne qui instruit et élève les enfants. ‖ Personne qui a l'art de l'enseignement.

pédale [pedal] n. f. (ital. *pedale ;* du lat. *pes, pedis,* pied). Mécanisme permettant d'obtenir avec le pied un mouvement de rotation ou un mouvement alternatif de transmission. ‖ Levier terminé par un méplat pour recevoir l'action du pied et transmettre cet effort à un mécanisme de commande d'une machine. ‖ Partie du pédalier d'une bicyclette à l'aide de laquelle les pieds transmettent le mouvement. ‖ Cyclisme : *les fervents de la pédale.* ‖ *Mus.* Son tenu ou répété, souvent employé à la basse, et appartenant ou non aux accords qui se succèdent pendant sa durée. (La pédale peut être également supérieure ou médiane.) ● *Clavier de pédales,* ensemble de touches en bois (au nombre de 32 en général), placées au bas de la console de l'orgue, que l'on abaisse avec la pointe du pied ou le talon pour faire parler les tuyaux graves de l'orgue.

pédaler v. i. Faire mouvoir les pédales d'une bicyclette. ‖ Aller à bicyclette. ‖ *Pop.* Courir.

pédaleur, euse n. *Fam.* Cycliste.

pédalier n. m. Mécanisme comprenant les pédales avec leurs manivelles, et le grand pignon d'une bicyclette. ‖ *Mus.* Clavier de pédales.

pédant [pedɑ̃], **e** [-ɑ̃t] n. (ital. *pedante*). Personne qui fait étalage, parade de son savoir. ‖ — Adj. Propre aux pédants : *ton pédant.*

pédanterie n. f. ou **pédantisme** n. m. Affectation propre au pédant. ‖ Caractère de ce qui est pédant.

pédantesque adj. Qui sent le pédant : *discours pédantesque.*

pédéraste n. m. (gr. *paiderastês ;* de *pais, paidos,* enfant, et *erastês,* amoureux). Qui s'adonne à la pédérastie.

pédérastie [pederasti] n. f. Pratiques homosexuelles entre un homme et un jeune garçon. ‖ Pratiques homosexuelles entre hommes.

pédèse n. f. Syn. de MOUVEMENT BROWNIEN.

pédestre [pedɛstr] adj. (lat. *pedestris*). Qui se fait à pied : *voyage pédestre.*

pédestrement adv. A pied : *regagner pédestrement sa demeure.*

pédiatre [pedjatr] n. m. (gr. *pais, paidos,* enfant, et *iatros,* médecin). Spécialiste des maladies de l'enfance.

pédiatrie n. f. Médecine infantile.

pédicellaire n. m. Pince minuscule, à trois mors, des oursins.

pédicelle [pedisɛl] n. m. (lat. *pedicellus,* dimin. de *pes, pedis,* pied). Petit pédoncule.

pédicellé, e adj. *Bot.* Muni d'un pédicelle.

pédiculaire adj. (du lat. *pediculus,* pou). Qui concerne les poux. ● *Maladie pédiculaire,* v. PHTIRIASE.

pédiculaire n. f. Plante des prés humides, de la famille des scrofulariacées. (Syn. HERBE AUX POUX.)

pédicule [pedikyl] n. m. (lat. *pediculus ;* de *pes, pedis,* pied). Queue propre à certaines parties des plantes, et notamment aux champignons. ‖ *Anat.* Ensemble des artères, veines, conduits qui se rendent, groupés, à un organe : *le pédicule pulmonaire.*

pédiculé, e adj. Qui a un pédicule.

pédiculose n. f. Syn. de PHTIRIASE.

pédicure [pedikyr] n. (lat. *pes, pedis,* pied, et *cura,* soin). Spécialiste qui traite les affections épidermiques et unguéales du pied (cors, durillons, ongles incarnés).

pédieux [pedjø], **euse** [-øz] adj. Du pied : *artère pédieuse ; muscle pédieux.*

pedigree [pedigri *ou* -gre] n. m. (mot angl.). Généalogie d'un animal de race.

pédiment [pedimɑ̃] n. m. (angl. *pediment,* fronton). Glacis développé dans une roche dure qui s'altère (arénisation*), précédant certains reliefs des régions arides.

pédipalpe n. m. Un des appendices des arachnides, formant une paire, qui fait suite aux chélicères.

pédiplaine n. f. Etendue presque plane, des régions arides, liée à l'extension des pédiments et au recul des inselbergs.

pédogenèse [pedɔʒenɛz] n. f. (gr. *pedon,* sol, et *genèse*). Mode de formation et d'évolution des sols.

pédologie [pedɔlɔʒi] ou **paidologie** n. f. (gr. *pais, paidos,* enfant, et *logos,* science). Science qui étudie l'enfant.

pédologie n. f. (gr. *pedon,* sol, et *logos,* science). Science qui étudie les caractères physiques, chimiques et biologiques des sols.
— ENCYCL. La *pédologie* repose principalement sur l'examen et l'analyse du profil du sol. La couleur est un élément essentiel de ce dernier (sol brun, sol noir, etc.), dont on étudie aussi les éléments constitutifs (organiques et minéraux) dans les diverses strates (horizons) qui le composent.

pédologue n. Spécialiste de l'étude des sols.

pédoncule [pedɔ̃kyl] n. m. (lat. *pedunculus,* petit pied). Queue d'une fleur ou d'un fruit. ‖ *Anat.* Cordon aminci aboutissant à un organe : *pédoncules cérébraux.*

pédonculé, e adj. Porté par un pédoncule.

Pedrell (Felipe), compositeur et musicologue espagnol, né à Tortosa (1841-1922). Il a publié de nombreuses anthologies d'œuvres classiques (Cabezon, Victoria) et folkloriques.

Pedro Ier. V. PIERRE Ier.

pedum [pedɔm] n. m. (du lat. *pes, pedis,* pied). *Antiq. rom.* Bâton en forme de crosse, attribut de plusieurs divinités champêtres.

Peel (*sir* Robert), homme d'Etat anglais, né à Chamber Hall, près de Bury (1788-1850). Tory, il fut secrétaire pour l'Irlande (1812-1818) avant d'assumer le portefeuille de l'Intérieur (1822-1827 et 1828-1830) : il fit alors voter la loi d'émancipation des catholiques (1829). Premier ministre en 1834-1835, puis de 1841 à 1846, il rétablit l'*income-tax* et fit voter en 1846 le *bill d'abolition* des droits de douane sur les blés. Mais l'opposition de nombreux tories l'obligea à démissionner.

peeling [piliŋ] n. m. (mot angl.). Intervention qui consiste à faire desquamer la peau pour atténuer les cicatrices ou certaines dermatoses.

Peenemünde, port de l'Allemagne orientale, sur l'estuaire de la *Peene* (riv. tributaire de la Baltique ; 180 km). De 1935 à 1945, Peenemünde fut le siège des ateliers de fabrication et d'essais des engins et missiles allemands (V1 et V2). La base était dirigée par l'ingénieur von Braun.

Peer Gynt, drame lyrique et satirique d'Ibsen, avec une musique de scène de Grieg (1867).

pégase [pegaz] n. m. (de *Pégase,* n. myth.). Poisson à nageoires pectorales très développées, en forme d'ailes (d'où son nom), et qui vit dans l'océan Indien. (Long. 15 cm.)

Pégase. *Myth. gr.* Cheval ailé, né du sang de Méduse, tuée par Persée. Ayant d'un coup de sabot fait jaillir la source Hippocrène, on a fait de lui le symbole de l'inspiration poétique.

Pégase, constellation de l'hémisphère boréal.

pegmatite [pɛgmatit] n. f. (du gr. *pêgma,* concrétion). Variété de granite à gros éléments (quartz, feldspath, mica blanc, mica noir, tourmaline).

Pégoud (Adolphe), aviateur français, né à Montferrat (1889-1915). En 1913, il fut le premier à abandonner son avion pour sauter en parachute ; il réalisa le premier looping. Mort en combat aérien.

pègre [pɛgr] n. f. (arg. marseillais *pego,* poix). Ensemble des voleurs, des escrocs.

Péguy (Charles), écrivain français, né à Orléans (1873-1914). Entré à l'Ecole normale supérieure en 1894, dreyfusard militant, il professa un socialisme personnel, opposé aux théories de Jules Guesde. Fondateur des *Cahiers de la Quinzaine* (1900), profondément mystique, il revint à la foi catholique en 1908 et fit plusieurs pèlerinages à Notre-Dame de Chartres. Il sembla ensuite se rapprocher du nationalisme barrésien. Il fut tué dès le début de la bataille de la Marne. Il laissait une œuvre qui illustre la renaissance du spiritualisme français au début du XXe s. Sa prose, ample (*Situations...,* 1906-1907 ; *Notre jeunesse,* 1910 ; *Victor-Marie, comte Hugo,* 1911 ; *l'Argent,* 1913), et ses vers redondants (*le Mystère de la charité de Jeanne d'Arc,* 1910 ; *le Porche du mystère de la deuxième vertu,* 1911 ; *la Tapisserie de Notre-Dame,* 1913 ; *Eve,* 1913), ont un mouvement épique et prophétique.

Charles **Péguy** dans la boutique des « Cahiers »

Phot. A. D. P.

pehlvi n. m. V. PAHLAVI.

peignage n. m. Action de peigner.

peigne [pɛɲ] n. m. (lat. *pecten, pectinis*). Instrument de buis, d'écaille, de matière plastique, etc., taillé en forme de dents, qui sert à retenir les cheveux ou à les démêler. || Instrument à dents longues et acérées, dont on se sert pour apprêter la laine, le chanvre, etc. || Genre de mollusques lamellibranches, dont certaines espèces, comme la *coquille Saint-Jacques,* sont comestibles. || Organe ventral d'usage inconnu, propre aux scorpions. || Poils formant peigne à l'extrémité de certains articles des pattes d'arthropodes (araignée, abeille, etc.). ● *Passer au peigne fin* (Fig.), examiner en détail.

peigné n. m. Etoffe tissée uniquement avec des fibres longues, qui donnent des tissus plus secs, plus lisses au toucher.

peignée n. f. *Fam.* Action de battre ou de se battre.

peigner v. t. Démêler, coiffer les cheveux avec le peigne. || Apprêter avec des peignes, en parlant des matières textiles ou des étoffes.

peigneur, euse adj. et n. Qui fait le peignage des matières textiles : *ouvrier peigneur.*

peigneuse n. f. Machine à peigner les matières textiles.

peignier adj. et n. m. Qui façonne, répare ou vend les peignes destinés à la parure et à la toilette.

peignoir n. m. (de *peigne*). Vêtement léger qu'on met sur ses épaules chez le coiffeur. || Vêtement ample, en tissu éponge, pour la sortie du bain. || Vêtement d'intérieur.

Pei-ho. V. HAI-HO.

peilles [pɛj] n. f. pl. Vieux chiffons employés dans la fabrication du papier.

peinard [pɛnar], **e** [-ard] adj. *Pop.* Tranquille, sans peine.

peindre [pɛ̃dr] v. t. (lat. *pingere*) [conj. **55**]. Représenter par des lignes, des couleurs : *peindre un homme, un paysage.* || Couvrir de peinture : *peindre un mur.* || *Fig.* Décrire, représenter d'une façon vive et imagée : *peindre des personnages.*

peine [pɛn] n. f. (lat. *poena*). Punition, châtiment infligés à celui qui commet une infraction : *proportionner la peine à la faute.* (V. *encycl.*) || Affliction, douleur morale : *les peines du cœur, de l'esprit.* || Travail, fatigue, effort : *se donner beaucoup de peine.* || Difficulté, obstacle : *avoir de la peine à marcher; réussir sans peine.* || Embarras, misère : *laisser quelqu'un dans la peine.* || — Syn. : AFFLICTION, DÉSOLATION, DOULEUR, TOURMENT. ● *Donnez-vous la peine de...,* veuillez. || *Etre bien en peine de,* être fort embarrassé de, avoir du souci pour : *j'étais bien en peine de vous répondre.* || *Faire de la peine,* causer du chagrin. || *Homme de peine,* celui qui fait les travaux les plus pénibles d'une maison. || *Mettre en peine,* inquiéter. || *Mourir à la peine,* en travaillant. || *Peine afflictive et infamante,* peine criminelle qui prive de liberté (parfois même de la vie) et d'honneur celui qui en est frappé. (En France sont afflictives et infamantes les condamnations à mort, à la réclusion criminelle ou à la détention criminelle à perpétuité ou à temps. Le bannissement et la dégradation civique sont des peines infamantes.) || *Peines éternelles,* souffrances de l'enfer. || *Perdre sa peine,* travailler inutilement. || *Valoir la peine,* avoir une certaine importance. || — **A peine** loc. adv. Aussitôt après : *à peine était-il parti...* || Presque pas, tout juste : *savoir à peine lire.*
— ENCYCL. On distingue : en considération de la nature des infractions (crime, délit, contravention) qu'elles sanctionnent, les *peines criminelles,* les *peines correctionnelles* et les *peines de police ;* en considération de la façon dont elles sont prononcées, les *peines principales,* les *peines accessoires* et les *peines complémentaires.* La peine principale est celle qui s'applique directement à l'infraction et qui peut être prononcée seule ; la peine accessoire est celle qui accompagne de plein droit la peine principale sans avoir à être prononcée par le juge (dégradation civique en matière de droit commun et interdiction légale, etc.) ; la peine complémentaire doit être prononcée par le juge, soit obligatoirement dans certains cas (relégation par exemple), soit s'il l'estime nécessaire (interdiction des droits civils et politiques).

peiné, e adj. Affligé, chagriné : *je suis très peiné de cette résolution.*

peiner v. t. Causer du chagrin : *les enfants peinent quelquefois leurs parents.* || — V. i. Eprouver de la fatigue. || Se donner du mal : *peiner pour réussir.*

peintre [pɛ̃tr] n. m. (du lat. *pictor ;* de *pingere,* peindre). Personne qui exerce l'art ou fait métier de peindre. || *Fig.* Ecrivain qui excelle à représenter ce dont il parle : *Molière est un grand peintre des vices et des travers de l'humanité.*

peintre-graveur n. m. Artiste qui fait de la gravure originale (par oppos. aux *graveurs d'interprétation*). || Pl. des *peintres-graveurs.*

peinture n. f. Art de peindre. || Ouvrage de peinture : *des peintures sur bois.* || Revêtement des surfaces par une matière colorée. || Cette matière elle-même. (V. *encycl.*) || *Fig.* Description : *la peinture des mœurs.*
— ENCYCL. Une *peinture* se compose de constituants solides (pigments, matières de charge) et d'un milieu de suspension, lui-même résultant de l'addition, à un liant (huile, résine naturelle ou artificielle), de solvants, de diluants, de plastifiants et de siccatifs. Dans la fabrication industrielle des peintures, les constituants solides, mis en présence des liants dans des malaxeurs, forment une pâte, qui est ensuite laminée dans un broyeur à cylindres. Après tamisage et brassage, le mélange est additionné de diluant jusqu'à la consistance voulue, puis mis en fûts ou en bidons, qui sont hermétiquement fermés.

Pékin : la place Tien-an-Men (place de la porte de la Paix céleste)

peinturer v. t. Barbouiller de couleurs.

peinturlurer v. t. *Fam.* Peindre sans goût, avec des couleurs criardes.

Pei-p'ing. V. PÉKIN.

Peïpous (*lac*), ou **lac des Tchoudes,** lac du nord-ouest de l'U. R. S. S., qui se déverse par la Narva dans le golfe de Finlande.

Peïra-Cava (06440 L'Escarène), localité des Alpes-Maritimes (arr. de Nice, comm. de Lucéram). Station d'altitude (1 450 m) et de sports d'hiver.

Peirce (Charles Sanders), philosophe et logicien américain, né à Cambridge (Massachusetts) [1839-1914]. Après avoir orienté ses recherches vers la chimie et les sciences mécaniques, il joua un rôle important dans le développement du calcul des relations.

Peiresc (Nicolas Claude FABRI DE), numismate et astronome français, né à Belgentier (Provence) [1580-1637]. Passionné d'astronomie, il découvrit la nébuleuse d'Orion et entreprit des cartes de la Lune. Il fut en relation avec tous les savants de son époque.

Peixoto (Floriano), maréchal et homme d'Etat brésilien, né à Maceió (1842-1895). Il fut un des auteurs de la révolution républicaine (1889). Ministre de la Guerre, puis président de la République (1891-1894), il eut à réprimer de violents soulèvements.

péjoratif [peʒɔratif], **ive** [-iv] adj. et n. m. (du lat. *pejus,* plus mauvais). Qui comporte ou ajoute une idée défavorable : *« -âtre », « -ard », « -ailler », etc., sont des suffixes péjoratifs ; « bellâtre », « chauffard », « philosophailler » sont des péjoratifs.*

péjoration n. f. Action d'ajouter une valeur dépréciative à un mot.

péjorativement adv. De façon péjorative.

Pekalongan, port d'Indonésie (Java) ; 102 400 h.

pékan [pekɑ̃] n. m. Nom usuel de la *martre du Canada.*

pékin ou **péquin** [pekɛ̃] n. m. *Fam.* Civil, par oppos. à *militaire.*

pékin (*canard*), race de canards originaire de Chine, élevée pour sa chair et pour ses œufs.

Pékin, anc. **Pei-p'ing,** cap. de la Chine ; 7 millions d'hab. (*Pékinois*). Pékin constitue une municipalité directement placée sous l'autorité du gouvernement central. Entre la Mandchourie et le Yang-tseu, la Mongolie et la mer Jaune, Pékin s'est développé comme ville-étape et comme centre commercial. Les quartiers centraux sont formés de la juxtaposition de la *ville Chinoise,* ou *Extérieure,* et de la *ville Tartare,* ou *Intérieure ;* au centre de cette dernière, la *Cité interdite* ou *ville Rouge,* qui était réservée à la famille impériale. Pékin déborde aujourd'hui largement ce cadre traditionnel. Deuxième ville du pays (après Chang-hai), c'est la métropole politique incontestée et la capitale intellectuelle, où la fonction industrielle (métallurgie, textile) s'est considérablement développée, juxtaposée à la traditionnelle fonction commerciale.
● *Histoire.* Capitale des Yen (IVe-IIIe s. av. J.-C.), Pékin fut successivement la capitale des T'ang (618-907), des K'i-tan (938-1122) et des Djurtchet (1153-1215). Détruite par les Mongols (1215), la ville fut rebâtie sous Kūbīlay (1264-1267), puis embellie par les Ming (Cité interdite, portes monumentales, temples) et surtout par les Mandchous (reconstruction après l'incendie de 1644, palais). Occupée par les Franco-Anglais en 1860 (incendie du palais d'Eté) et en 1900 par un corps international, elle fut prise par les Japonais en 1937 et libérée en 1945. Si le Kouo-min-tang lui fit perdre son rang de capitale au profit de Nankin, elle le retrouva avec les communistes, qui s'en emparèrent et y proclamèrent la république (1949).

pékiné [pekine], **e** adj. et n. m. (du nom propre *Pékin*). Se dit d'un tissu présentant des rayures brillantes et mates, obtenues par des alternances d'armures différentes, réfléchissant diversement la lumière.

pékinois [pekinwa], **e** [-az] adj. et n. De Pékin. || — N. m. Dialecte chinois parlé dans le nord de la Chine et choisi pour devenir la langue nationale du pays.

pékinois n. m. Petit chien à poil long et à tête massive. (V. illustr. CHIENS.)

pelade [pəlad] n. f. (de *peler*). Maladie qui fait tomber par places les poils et les cheveux : *la pelade est une maladie organique non contagieuse.*
— ENCYCL. La *pelade* se manifeste par des plaques glabres dans le cuir chevelu ou la barbe, pouvant s'étendre sur de grandes surfaces, voire sur tout le crâne. Elle correspond à une atrophie des follicules pileux et semble due à un dérèglement nerveux et endocrinien.

pelage [pəlaʒ] n. m. (du lat. *pilus,* poil). Ensemble des poils de la robe d'un animal : *le lion a le pelage fauve.* || Action de peler : *le pelage d'une peau.*

Pélage, hérésiarque, né en Grande-Bretagne (v. 360-v. 422). Sa doctrine, qui niait la nécessité de la grâce, fut condamnée par Rome. (V. PÉLAGIANISME.)

Pélage Ier, né à Rome (v. 500-561), pape de 556 à 561. Etant apocrisiaire à Constantinople, il fut mêlé à la condamnation de l'origénisme. Imposé comme pape par Justinien à la mort de Vigile, il pacifia difficilement Rome. — PÉLAGE II, né à Rome (520-590), pape de 579 à 590. Il ne put allier les Francs aux Byzantins (580) et mettre fin au schisme d'Aquilée (589).

Pélage, roi des Asturies (m. en 737), fondateur de la première monarchie ibérique nationale. Il se défendit contre l'invasion arabe.

pélagianisme [pelaʒjanism] n. m. Doctrine du moine Pélage, qui faisait, dans la question de la grâce, une part trop large à la liberté humaine. (Le pélagianisme fut condamné notamment par le concile d'Ephèse [431].)

pélagien, enne adj. Relatif à Pélage ou à sa doctrine. || — N. Adepte de cette doctrine.

pélagique [pelaʒik] adj. (du gr. *pelagos,* mer). Relatif à la mer : *faune pélagique.* ● *Dépôts pélagiques,* dépôts des mers profondes.

pélamide ou **pélamyde** [pelamid] n. f. Poisson méditerranéen voisin du thon, et appelé parfois *bonite.*

pelard [pəlar] adj. m. (de *peler*). *Bois pelard,* bois dont on a ôté l'écorce pour faire du tan.

pélargonium [pelargɔnjɔm] n. m. Plante cultivée sous le nom de *géranium* pour ses fleurs ornementales. (Famille des géraniacées.)

Pélasges [-laʒ], peuple qui, selon les Anciens, aurait occupé la Grèce, l'Archipel, le littoral de l'Asie Mineure et l'Italie. Il aurait été chassé ou réduit en esclavage par les Hellènes. Souvent confondus avec les Mycéniens, les Pélasges semblent, en fait, avoir été un peuple de Thessalie.

pélasgien [pelaʒjɛ̃], **enne** [-ɛn] ou **pélasgique** [pelaʒik] adj. Relatif aux Pélasges.

Phot. Paolo Koch-Rapho.

Pélasgique (*golfe*), auj. **golfe de Vólos,** au sud-est de la Thessalie, formé par la mer Egée.

pelé, e adj. et n. Dont les poils, les cheveux sont tombés : *crâne pelé.* ‖ — Adj. *Fig.* Sans culture, sans verdure : *une campagne pelée.*

Pelé (Edson ARANTES DO NASCIMENTO, dit), footballeur brésilien, né à Três Corações (Minas Gerais) en 1940. Révélé par la coupe du Monde en 1958 (qu'il a remportée avec le Brésil), opérant habituellement dans l'équipe de Santos, il s'est imposé immédiatement comme un des meilleurs footballeurs de tous les temps.

pélécypodes [pelesipɔd] n. m. pl. (gr. *pelekus,* hache, et *poûs, podos,* pied). Anc. nom des *lamellibranches.*

Pelée (*montagne*), sommet volcanique (1 397 m) de la Martinique, dans la partie nord de l'île. L'éruption de 1902 s'accompagna d'une « nuée ardente » qui détruisit Saint-Pierre.

Pélée, roi légendaire d'Iolcos, fils d'Eaque, époux de Thétis.

péléen [peleɛ̃], **enne** [-ɛn] adj. (de la montagne *Pelée*). Se dit de l'un des types d'éruption volcanique caractérisé par des montées de lave presque solide, à refroidissement rapide, donnant des dômes, et par des explosions très violentes, provoquant la formation de nuées ardentes.

pêle-mêle [pɛlmɛl] n. m. inv. Mélange confus de personnes ou de choses : *le pêle-mêle de la foule.* ‖ Sorte de cadre destiné à recevoir de nombreuses photographies. ‖ — Adv. Confusément, en désordre : *mettre tout pêle-mêle.*

peler [pəle] v. t. (lat. *pilare,* enlever le poil) [conj. **3**]. Oter le poil : *peler des peaux.* ‖ Oter la peau d'un fruit ou d'un légume, l'écorce d'un arbre. ‖ — V. i. Perdre son épiderme, en parlant du corps de l'homme ou des animaux : *dos qui pèle après un coup de soleil.*

pèlerin [pɛlrɛ̃], **e** [-in] n. (lat. *peregrinus*). Personne qui va en pèlerinage.

pèlerin n. m. Criquet migrateur dont les vols partent de l'Arabie et atteignent l'Inde, l'Egypte, l'Afrique du Nord. ‖ Requin voyageur de grande taille (jusqu'à 13 m de long et 8 t), mais inoffensif pour l'homme. ‖ Autre nom du FAUCON COMMUN.

Pèlerin de Maricourt (Pierre LE), savant et philosophe français, né à Maricourt au XIIIe s. Maître de Roger Bacon, il écrivit une lettre sur l'aimant (*Epistola de magnete*) qui pose à la fois les bases du magnétisme et de la méthode expérimentale.

pèlerinage n. m. Voyage fait en un lieu par dévotion : *aller en pèlerinage.* ‖ Le lieu même : *le pèlerinage de Lourdes.* ‖ Visite faite dans l'intention de rendre hommage à un lieu où a vécu quelqu'un que l'on vénère. — ENCYCL. Toutes les religions ont eu ou ont des centres de *pèlerinage,* tels Bénarès (hindouisme) et La Mecque (islām). Le christianisme eut très tôt des sanctuaires vénérés (Rome, Jérusalem). Saint-Jacques-de-Compostelle, en Espagne, fut le plus célèbre centre de pèlerinage au Moyen Age. Pour l'époque moderne et contemporaine, il faut nommer deux sanctuaires mariaux : Lourdes et Fatima. Les concentrations de fidèles dues aux pèlerinages ont déterminé la création d'agglomérations et fait naître une importante industrie hôtelière. Les villes de pèlerinage ont parfois joué un rôle considérable dans la géographie des arts et des lettres.

pèlerine [pɛlrin] n. f. Vêtement sans manches, taillé en forme, couvrant les épaules et descendant plus ou moins bas.

Peletier (Jacques), écrivain français, né au Mans (1517-1582). Il proposa une réforme de l'orthographe fondée sur la prononciation (*Dialogue de l'ortografe*) et publia un *Art poétique français* (1555). Auteur de poésies amoureuses et scientifiques, il fut l'un des membres de la Pléiade.

péliade [peljad] n. f. (du gr. *pelios,* noirâtre). Vipère à museau arrondi, vivant au nord de la Loire et dans les montagnes.

Pélias. *Myth. gr.* Roi d'Iolcos, fils de Poséidon, égorgé par ses filles, les Péliades. Celles-ci, croyant, d'après le conseil perfide de Médée, lui rendre la jeunesse, le coupèrent en morceaux et firent bouillir son corps.

pélican [pelikɑ̃] n. m. (lat. *pelicanus,* empr. au gr.). Oiseau palmipède dont le bec porte une poche ventrale extensible, où sont emmagasinés les poissons destinés à la nourriture des jeunes : *les pélicans vivent dans les régions chaudes.*

Peligot (Eugène Melchior), chimiste français, né à Paris (1811-1890). Il établit les propriétés des alcools et découvrit l'uranium (1841).

Pélion, montagne de Thessalie, voisine de l'Ossa ; 1 651 m. Quand les Géants, révoltés contre Zeus, voulurent escalader le ciel, ils entassèrent Pélion sur Ossa.

pelisse [pəlis] n. f. (du lat. *pellis,* peau). Manteau ouaté ou garni de fourrure.

Pélissier (Aimable), duc DE MALAKOFF, maréchal de France, né à Maromme (1794-1864). Après avoir occupé Laghouat, en Algérie (1852), il prit part à la guerre de Crimée, où il remplaça Canrobert (1855), et remporta la victoire de Malakoff, qui entraîna la prise de Sébastopol'. Ambassadeur à Londres (1858), il fut ensuite gouverneur de l'Algérie de 1860 à sa mort.

Pella, cap. de la Macédoine entre 400 et 168 av. J.-C., puis colonie romaine. Ruines.

Pelé

pellagre [pelagr] n. f. (lat. *pellis,* peau, et gr. *agra,* chasse). Maladie grave, due à une carence en vitamine PP (ou B3) et se manifestant par des lésions cutanées et des troubles digestifs et nerveux. (Les lésions de la peau commencent par des érythèmes [rougeurs], suivis de bulles et enfin d'une desquamation. Les muqueuses du tube digestif sont atteintes de lésions analogues [stomatite, gastrite, etc.].)

pellagreux, euse adj. Qui a rapport à la pellagre. ‖ — Adj. et n. Atteint de la pellagre.

Pellan (Alfred), peintre canadien, né à Québec en 1906, un des principaux représentants de l'art moderne dans son pays.

pelle [pɛl] n. f. (lat. *pala*). Outil formé d'une palette de fer ou de bois plus ou moins concave, ajustée à un manche. ‖ Accessoire de table servant à prendre certains mets sans les briser. ‖ Partie large et plate de l'aviron. ● *Pelle mécanique,* engin mécanique de grande puissance pour l'exécution de terrassements. ‖ *Ramasser une pelle* (Pop.), faire une chute ; échouer. ‖ *À la pelle* (Fam.), en grande quantité.

Pelléas et Mélisande, drame lyrique en 5 actes, livret tiré de l'œuvre de Maurice Maeterlinck, musique de Claude Debussy (1902). Par l'emploi d'un récitatif dialogué continu, l'absence de grands ensembles vocaux, la discrétion de l'élément symphonique, l'utilisation de la gamme par tons, la couleur modale du langage, la richesse et la séduction de l'harmonie, cette partition a renouvelé l'art lyrique.

pelle-bêche n. f. Petite pelle carrée à manche court. ‖ Pl. des *pelles-bêches.*

Pellegrue (33790), ch.-l. de c. de la Gironde (arr. de Langon) ; 1 343 h. (394 aggl.). Vins.

pelle-pioche n. f. Outil portatif démontable, avec un fer en forme de pioche d'un côté et de houe de l'autre. ‖ Pl. des *pelles-pioches.*

Pellerin (LE) [44640], ch.-l. de c. de la Loire-Atlantique (arr. de Saint-Nazaire) ; 2 728 h. Patrie de Fouché.

Pellerin (Jean Charles), imprimeur et marchand d'images français, né à Epinal (1756-1836). Il composa d'abord, puis imprima à partir de 1800 dans son propre atelier, une grande quantité d'images populaires (portraits de saints ou d'hommes célèbres, scènes religieuses, historiques ou romanesques), qui étaient vendues par colporteurs dans toute la France.

pellet [pəlɛ] n. m. Comprimé médicamenteux destiné à être introduit sous la peau, où il se résorbe lentement, ce qui permet une action prolongée.

pelletage n. m. Action de pelleter.

pelletée n. f. Ce que l'on enlève en une fois avec la pelle. ‖ *Fig.* Grande quantité : *des pelletées d'injures.*

pelleter [pɛlte] v. t. (conj. **4**). Remuer à la pelle : *pelleter du sable.*

pélican

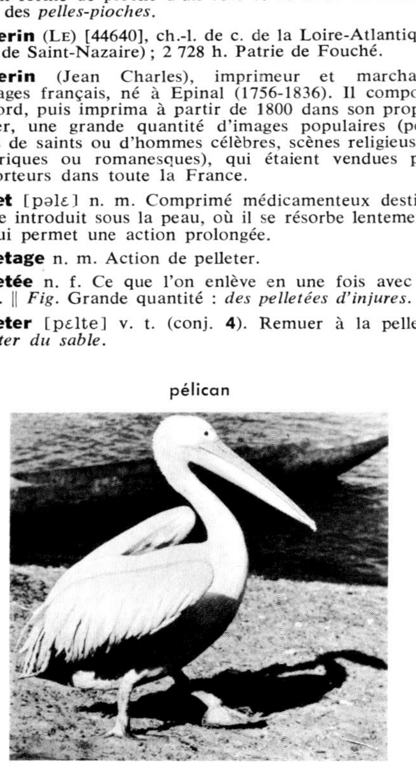

pelleterie [pɛltri *ou* pɛlɛtri] n. f. (du lat. *pellis,* peau). Art de préparer les peaux avec leur poil pour en faire des fourrures. ‖ Ces peaux elles-mêmes, préparées : *de précieuses pelleteries.* ‖ Commerce des fourrures : *s'enrichir dans la pelleterie.*

pelleteur n. m. Ouvrier qui travaille à la pelle.

pelleteur n. m. ou **pelleteuse** n. f. Engin automoteur constitué par une chaîne sans fin à godets racleurs assurant la reprise au tas, et par un transporteur à bande évacuant les matériaux.

pelletier, ère adj. et n. Qui prépare, travaille ou vend des fourrures.

Pelletier (Joseph), chimiste et pharmacien français, né à Paris (1788-1842). En collaboration avec Caventou, il découvrit la strychnine (1818), la brucine (1819), la vératrine et la quinine (1820).

Pelletier-Doisy (Georges), général aviateur français, né à Auch (1892-1953), surnommé familièrement *Pivolo.* Il fut un des pionniers des grandes lignes aériennes internationales (Constantinople-Paris en 1919 et Paris-Tōkyō par Alep, Calcutta et Pékin en 1924).

Pellicer (Carlos), poète mexicain, né à Mexico en 1899. Influencé par le surréalisme, il évoque dans ses recueils la nature tropicale et les mythes précolombiens (*Couleurs sur la mer,* 1921 ; *Pratique du vol,* 1956 ; *Matériel poétique,* 1962).

Pellico (Silvio), écrivain italien, né à Saluces (1789-1854). Libéral, auteur de tragédies célèbres pour leurs allusions patriotiques (*Francesca da Rimini,* 1815), il fut soupçonné de sympathie pour les Carbonari et emprisonné au Spielberg (1822-1830). Ses Mémoires (*Mes prisons,* 1832), dans lesquels il montre comment la souffrance le fit revenir aux croyances chrétiennes de sa jeunesse, gagnèrent nombre d'esprits à la cause des patriotes italiens.

pelliculage n. m. *Phot.* Séparation de la couche gélatineuse sensible de son support.

pellicule [pelikyl] n. f. (lat. *pellicula,* petite peau). Peau très mince. ‖ Mince lamelle épidermique qui se détache de la peau, et notamment du cuir chevelu, en produisant une desquamation. ‖ *Phot.* Feuille cellulosique mince, recouverte d'un côté de gélatine sensibilisée, pour recevoir l'impression de la lumière dans un appareil. ● *Pellicule lavande* (Cin.), pellicule positive de teinte bleue, permettant d'établir des doubles négatifs.

pelliculeux, euse adj. Qui a des pellicules. ‖ Couvert de pellicules.

Pelliot (Paul), sinologue français, né à Paris (1878-1945). Il découvrit d'importants manuscrits (VIe-XIe s.) dans les grottes de Touen-houang.

Pellisson (Paul), écrivain français, né à Béziers (1624-1693). Protestant, il abandonna le barreau pour prendre une charge de secrétaire du roi. Ami de Fouquet, il le défendit dans deux *Discours au roi* et un *Mémoire,* qui lui valurent d'être embastillé. Rentré en faveur, il abjura le protestantisme et devint historiographe du roi. Il est l'auteur d'ouvrages historiques et critiques (*Histoire de l'Académie française,* 1652). [Acad. fr.]

Pelloutier (Fernand), syndicaliste français, né à Paris (1867-1901). Syndicaliste révolutionnaire, il devint secrétaire de la Fédération des Bourses du travail (1895).

pellucide adj. (lat. *per,* à travers, et *lucidus,* luisant). Transparent ou translucide : *la membrane pellucide de l'œuf ferme la chambre à air.*

pélobate [pelɔbat] n. m. Crapaud qui peut s'enfoncer dans les sols meubles. (Long. 9 cm.)

Pélopidas, général thébain (v. 420-364 av. J.-C.). Il contribua à l'expulsion des Spartiates de Thèbes en 379 av. J.-C., participa à la victoire de Leuctres et fut tué à Cynoscéphales.

Péloponnèse (« île de Pélops »), presqu'île du sud de la Grèce, découpée en plusieurs péninsules, rattachée au continent par l'isthme de Corinthe, et comprenant l'Argolide, la Laconie, la Messénie, l'Elide, l'Achaïe, l'Arcadie ; 1 096 400 h. Au IIe millénaire, le Péloponnèse fut le siège de la brillante civilisation mycénienne, que ruinèrent les Doriens. Du VIIIe au IVe s. av. J.-C., Sparte domina la péninsule, qui passa ensuite sous la domination macédonienne et romaine. Au XVe s., le nom de « Morée » supplanta celui de « Péloponnèse ».

Péloponnèse (*guerre du*), guerre entre Athènes et Sparte de 431 à 404 av. J.-C. De 431 à 421, les belligérants ravagèrent réciproquement leur territoire sans remporter de succès décisifs. Cette première période fut close par le traité de Nicias, qui garantit la paix pendant cinquante ans, mais qui fut violé dès 416. De 416 à 413 eut lieu une deuxième période, signalée par une expédition désastreuse en Sicile et par la ruine de la flotte et de l'armée athéniennes devant Syracuse. Une troisième période commença en 412 : les Athéniens furent vainqueurs devant Milet, à Cyzique, aux Arginuses ; mais les Spartiates, aidés par l'or des Perses, prirent Lampsaque, triomphèrent près de l'Aigos-Potamos (405) et imposèrent à Athènes le gouvernement aristocratique des Trente.

péloponnésien [pelɔpɔnezjɛ̃], **enne** [-ɛn] adj. et n. Du Péloponnèse.

Pélops. *Myth. gr.* Fils de Tantale, roi de Lydie, tué par son père et servi aux dieux dans un repas que Tantale leur donna. Zeus le ressuscita.

pelotage n. m. Action de peloter.

pelotari n. m. Joueur de pelote basque.

Phot. Presse-Sports, Vincent-Afrique-Photo.

Pelotas, v. du Brésil (Rio Grande do Sul) ; 201 000 h.

pelote [pəlɔt] n. f. (du lat. *pila,* balle). Boule formée avec de la laine, de la soie, du fil, etc., roulés sur eux-mêmes. ‖ Petit coussinet pour ficher des aiguilles et des épingles. ● *Faire sa pelote* (Fam.), amasser des profits. ‖ *Pelote basque,* jeu des Basques dans lequel le joueur (*pelotari*) lance la balle (*pelote*) contre un fronton soit avec la main, soit avec une raquette de bois (*pala*), ou encore avec un étroit panier retourné (*chistera*).

peloter v. t. Mettre, rouler en pelote : *peloter de la ficelle* (vieilli). ‖ *Pop.* Caresser en palpant ; flatter.

peloteur, euse adj. et n. Qui pelote.

peloton [pəlɔtɔ̃] n. m. Petite pelote. ‖ Petite unité élémentaire constitutive de l'escadron, dans la cavalerie, l'arme blindée, la gendarmerie ou le train : *le peloton est en principe commandé par un lieutenant.* ‖ Grand nombre d'insectes en tas : *peloton de chenilles, d'abeilles.* ‖ Groupe de concurrents dans une course : *le peloton de tête.* ● *Peloton d'exécution,* groupe de soldats chargés de fusiller un condamné. ‖ *Suivre le peloton,* être affecté à un peloton spécialisé chargé de la formation des gradés.

pelotonnement n. m. Action de pelotonner ou de se pelotonner ; son résultat.

pelotonner v. t. Mettre en pelote : *pelotonner du fil.* ‖ **— Se pelotonner** v. pr. Se mettre en boule : *le hérisson se pelotonne.*

pelouse [pəluz *ou* pluz] n. f. (provenç. *pelouso ;* du lat. *pilosus,* poilu). Terrain couvert d'une herbe courte, épaisse. ‖ Partie gazonnée d'un champ de courses, autour de laquelle est tracée la piste.

Pelouze (Théophile Jules), chimiste français, né à Valognes (1807-1867). En 1834, il découvrit les nitriles, grâce auxquels il fit la synthèse des acides organiques, et, en 1836, montra que la glycérine était un alcool.

pelta n. f. *Antiq. gr.* Petit bouclier thrace, en forme de croissant.

peltaste [pɛltast] n. m. *Antiq. gr.* Fantassin léger armé de la pelta.

pelté [pɛlte], **e** adj. *Bot.* Se dit d'une feuille dont le pétiole est fixé au milieu du limbe, comme chez la capucine.

Peltier (Jean Charles Athanase), physicien français, né à Ham (1785-1845). Il a découvert en 1834 l'effet thermique des courants électriques dans les conducteurs hétérogènes et étudié la caléfaction (1841).

Pelton (Lester Allen), ingénieur américain, né à Vermilion (Ohio) [1829-1908]. Lors de la ruée vers l'or de Californie en 1848, il étudia et fabriqua des instruments propres à faciliter le travail des chercheurs. Mais il est surtout connu pour l'invention de la turbine hydraulique à laquelle son nom est resté attaché.

Pelton (*roue* ou *turbine*), turbine hydraulique à action, constituée par une roue munie d'augets périphériques en forme de coquille double, qui, recevant d'un injecteur un jet cylindrique à grande vitesse, transforment l'énergie cinétique de ce dernier en énergie mécanique. Ce type de turbine convient particulièrement aux hautes et aux très hautes chutes, lesquelles s'accompagnent toujours de faibles débits.

peluche [pəlyʃ] n. f. (de l'anc. fr. *pelucher,* éplucher). Étoffe analogue au velours, ayant d'un côté des poils longs, couchés, soyeux et brillants.

peluché, e adj. Velu, en parlant des étoffes et de quelques plantes : *tissu peluché.*

pelucher v. i. Se couvrir de poils détachés du tissu : *étoffe qui peluche.*

pelucheux, euse adj. Qui peluche.

pelure [pəlyr] n. f. et adj. (de *peler*). Peau que l'on ôte à certains fruits, légumes, etc. : *pelure de pêche, d'oignon.* ● *Papier pelure,* papier à écrire très mince.

Péluse, anc. v. d'Egypte, dans le voisinage de Port-Saïd.

pélusiaque [pelyzjak] adj. Se disait d'une branche du Nil qui passait près de Péluse.

Pélussin (42410), ch.-l. de c. de la Loire (arr. de Saint-Etienne) ; 2 831 h.

pelvien, enne adj. (du lat. *pelvis,* bassin). *Anat.* Relatif au bassin. ● *Ceinture pelvienne,* nom donné chez les mammifères à l'ensemble des os du bassin, composé des deux os iliaques et du sacrum. ‖ *Nageoires pelviennes,* nageoires abdominales des poissons.

pelvis [pɛlvis] n. m. (mot lat.). *Anat.* Syn. de BASSIN.

Pelvoux (le), massif cristallin des Alpes dauphinoises, fermant à l'est la vallée de l'Oisans ; 4 103 m à la *barre des Ecrins.* Parc national.

Pematang Siantar, v. d'Indonésie (Sumatra) ; 114 900 h.

Pemba, île de l'océan Indien (Tanzanie), au nord de Zanzibar ; 135 850 h. Principal centre mondial de la culture du giroflier.

pemmican [pemikɑ̃] n. m. (mot angl.). Préparation de viande desséchée.

pemphigus [pɑ̃figys] n. m. (gr. *pemphix, -igos,* bulle). Maladie de la peau se manifestant par de grosses bulles liquides décollant l'épiderme.

pénal [penal], **e, aux** [-o] adj. (du lat. *poena,* châtiment). Relatif aux infractions et aux peines qui peuvent frapper leurs auteurs : *loi pénale.* ● *Code pénal,* recueil des lois sur les pénalités frappant les délinquants.

exécution (et réussite) d'un **penalty**

pénalement adv. Du point de vue pénal.

pénalisation n. f. Sanction. ‖ *Sports.* Désavantage infligé à un concurrent qui a commis une faute.

pénaliser v. t. Frapper d'une pénalisation.

pénalité n. f. Peine, et, plus spécialement, sanction applicable aux délits d'ordre fiscal.

penalty [penalti] n. m. (mot angl.). Au football, sanction prise contre une équipe pour une faute commise par un de ses membres dans la surface de réparation. ‖ Pl. des *penaltys.*

Penang, Etat de la Malaysia (Malaisie), comprenant l'*île de Penang* (anc. Prince-de-Galles) ; 743 800 h. Cap. *Penang* (234 900 h.) [anc. *George Town*].

Peñarroya-Pueblonuevo, v. d'Espagne (Andalousie) ; 24 200 h. Sidérurgie. Métallurgie du plomb.

pénates [penat] n. m. pl. (lat. *penates*). Dieux domestiques des Romains et des Etrusques. ‖ Statues de ces dieux. ‖ *Fig.* Habitation, demeure : *regagner ses pénates.* ‖ — Adj. : *dieux pénates.*

penaud [pəno], **e** [-od] adj. (de *peine*). Embarrassé, honteux, interdit : *rester penaud.*

Penaud (Alphonse), inventeur français, né à Paris (1850-1880). Il fut l'un des précurseurs de l'aviation, prévoyant dans ses études de nombreux dispositifs qui furent utilisés par la suite, notamment le train d'atterrissage rentrant, le manche à balai, l'aile en flèche, etc. Il établit les conditions de stabilité de l'avion et montra l'importance de l'angle d'attaque et de la queue.

pence [pɛns] n. m. pl. V. PENNY.

penchant n. m. Pente : *le penchant d'une colline* (vieilli). ‖ *Fig.* Inclination naturelle : *les bons, les mauvais penchants.*

pencher [pɑ̃ʃe] v. t. (lat. pop. *pendicare ;* de *pendere,* pendre). Incliner : *pencher la tête.* ‖ — V. i. Etre hors d'aplomb, être incliné : *ce mur penche.* ‖ *Fig.* Etre porté à ; choisir, préférer : *il penche pour la seconde solution.* ‖ **— Se pencher** v. pr. S'incliner, se baisser. ● *Se pencher sur,* s'intéresser à : *se pencher sur un problème.*

Penck (Albrecht), géographe allemand, né à Leipzig (1858-1945). Il a défini les grandes glaciations des Alpes.

pendable adj. Qui mérite d'être pendu : *bandit pendable.* ‖ Passible de la pendaison : *cas pendable.* ● *Tour pendable,* très méchant tour.

pendage [pɑ̃daʒ] n. m. *Géol.* Valeur de l'inclinaison d'une couche sédimentaire.

pendaison n. f. Action de pendre : *pendaison de crémaillère.* ‖ Supplice, mort de celui que l'on pend ou qui se pend.

pendant, e adj. Qui pend : *oreilles pendantes.* ‖ *Fig.* Non jugé : *la cause est encore pendante.* ● *Clef pendante,* clef de voûte qui descend en contrebas de l'arc.

pendant [pɑ̃dɑ̃] n. m. (de *pendre*). Objet d'art destiné à figurer symétriquement avec un autre : *un buste et son pendant.* ‖ *Fig.* Personne ou chose semblable, égale : *l'un est le pendant de l'autre.* ● *Pendants d'oreilles,* boucles d'oreilles auxquelles sont accrochées des pendeloques.

pendant prép. Dans l'espace de temps que dure une chose. ‖ **— Pendant que** loc. conj. Tandis que, dans le temps que. ‖ Puisque : *pendant que j'y pense...*

pendard [pɑ̃dar], **e** [-ard] n. *Fam.* Vaurien, fripon.

pendeloque [pɑ̃dlɔk] n. f. (de l'anc. fr. *pendeler,* pendiller). Pierre précieuse en forme de poire, qui pend à une boucle d'oreille. ‖ — Pl. Cristaux attachés à un lustre.

pendentif [pɑ̃dɑ̃tif] n. m. (du lat. *pendens,* qui pend). Triangle sphérique ménagé entre les grands arcs qui supportent une coupole, et permettant de passer du plan carré au plan circulaire. ‖ Bijou suspendu à une chaînette et que l'on porte en sautoir.

Penderecki (Krzysztof), compositeur polonais, né à Dębica, près de Rzeszów, en 1933. Il est un des représentants les plus marquants de l'école polonaise moderne (*Passion selon saint Luc,* 1965).

penderie n. f. Placard ou petite pièce où l'on suspend des vêtements.

pendiller [pɑ̃dije] v. i. Etre suspendu en l'air et osciller légèrement.

pendillon [pɑ̃dijɔ̃] n. m. Tige qui communique le mouvement au pendule d'une horloge.

Pendjab, en angl. **Punjab,** région de l'Asie méridionale, arrosée par les affluents de l'Indus (les « cinq rivières » : Jhelum, Chenāb, Rāvi, Sutlej, Beās). Partie intégrante de l'Empire moghol, le Pendjab, après sa chute au XVIIIe s., fut partagé en confédérations par les Sikhs. Après la mort du principal chef sikh, Ranjit Singh (1839), il tomba aux mains de la Compagnie anglaise des Indes (guerre des Sikhs, 1846-1849). Province indépendante en 1937, il fut partagé en 1947 entre l'Inde (Etats du *Pendjab* [13,4 millions d'hab.] et de l'*Hariana,* créé en 1966 ; cap. *Chandigarh*) et le Pākistān (v. pr. *Lahore*). D'importants travaux d'irrigation ont fait de cette région une grande productrice de blé, de riz et de coton.

pendoir n. m. Corde ou crochet pour suspendre les viandes de boucherie.

pendouiller [-duje] v. i. *Pop.* Pendre mollement.

pendre [pɑ̃dr] v. t. (lat. *pendere*) [conj. **46**]. Attacher une chose par le haut, le bas restant libre : *pendre des jambons au plafond.* ‖ Etrangler quelqu'un en le suspendant par le cou : *pendre un criminel.* ● *Dire pis que pendre de quelqu'un,* en dire le plus grand mal. ‖ *Etre pendu à,* être très attentif à : *tous étaient pendus à ses paroles.* ‖ — V. i. Etre suspendu : *les fruits pendent aux arbres.* ‖ Tomber trop bas : *robe qui pend d'un côté.* ● *Cela lui pend au nez* (Fam.), cela le menace.

pendu, e adj. *Avoir la langue bien pendue* (Fam.), parler avec facilité ou sans arrêt. ‖ — N. m. Personne qui s'est pendue ou qui a été pendue : *décrocher un pendu.*

pendulaire adj. Relatif au pendule : *mouvement pendulaire.*

pendule [pɑ̃dyl] n. m. (lat. *pendulus,* qui est suspendu). Corps suspendu à un point fixe et soumis à l'action de la pesanteur : *les petites oscillations d'un pendule sont isochrones.* (V. *encycl.*) ● *Pendule balistique,* instrument pour déterminer la vitesse d'un projectile. ‖ *Pendule électrique,* balle de sureau suspendue à un fil de soie.

— ENCYCL. Abandonné sans vitesse après avoir été écarté de sa position d'équilibre, le *pendule* pesant prend un mouvement oscillatoire, dont la période, pour une petite amplitude, est

$$T = 2\pi\sqrt{\frac{I}{mga}},$$

I étant le moment d'inertie du pendule par rapport à l'axe de rotation, *m* sa masse, *g* l'intensité de la pesanteur et *a* la distance du centre de gravité à l'axe de rotation. On appelle *pendule simple* le système idéal constitué par un point matériel pesant, suspendu à un point fixe par un fil sans masse, rigide et inextensible. Sa période est

$$T = 2\pi\sqrt{\frac{l}{g}},$$

l étant la longueur du fil.

pendule n. f. Machine horaire dans laquelle un balancier vertical assure la synchronisation de la machine.

pendulette n. f. Petite pendule.

pêne [pɛn] n. m. (lat. *pessulus,* verrou). Pièce massive d'un appareil de fermeture, qui, en s'engageant dans une gâche, immobilise la partie ouvrante.

Pénée (le), fl. de Thessalie. — Fleuve du Péloponnèse.

Pénélope. *Myth. gr.* Femme d'Ulysse et mère de Télémaque. Pendant les vingt ans d'absence d'Ulysse, elle repoussa les demandes de ses prétendants. Toutefois, elle promit de faire un choix lorsqu'une toile qu'elle brodait serait terminée; mais elle défaisait pendant la nuit tout le travail du jour.

Pénélope, poème lyrique en 3 actes, de René Fauchois, musique de G. Fauré (1913). Cette partition vaut tant par le lyrisme secret de la mélodie et la qualité des ariosi ou des airs que par la subtilité de l'harmonie.

pénéplaine [penep lɛn] n. f. (lat. *paene,* presque, et *plaine*). Dans la théorie du cycle d'érosion, état final du relief, caractérisé par des formes très douces et des vallées très évasées.

pénétrabilité n. f. Qualité de ce qui est pénétrable, de ce qui se laisse pénétrer.

pénétrable adj. Que l'on peut pénétrer : *le diamant est malaisément pénétrable.* ‖ Où l'on peut pénétrer, passer. ‖ *Fig.* Que l'on peut comprendre, deviner : *mystère peu pénétrable.*

pénétrant, e adj. Qui pénètre (au *pr.* et au *fig.*) : *projectile, esprit pénétrant.* ‖ Se dit d'un rayonnement qui se propage à l'intérieur d'une substance matérielle, sans être arrêté par les atomes de celle-ci.

pénétrante n. f. Grande voie de communication allant de l'arrière vers l'avant d'une région, d'un front, etc.

pénétration n. f. Action de pénétrer : *la puissance de pénétration d'un obus.* ‖ *Fig.* Haut degré d'intelligence et de compréhension.

pénétré, e adj. Imprégné, convaincu : *homme pénétré de son importance.* ‖ Qui marque la conviction : *parler d'un ton pénétré.*

pénétrer [penetre] v. t. (lat. *penetrare*) [conj. 5]. Percer, passer au travers de : *l'huile pénètre les étoffes.* ‖ Entrer bien avant dans : *le coup a pénétré les chairs.* ‖ — *Fig.* Découvrir, saisir, comprendre : *pénétrer les intentions d'autrui.* ‖ Toucher profondément : *sa douleur me pénètre le cœur.* ‖ Imprégner, convaincre : *être pénétré de ce qu'on dit.* ‖ — V. i. Entrer, s'avancer dans : *l'arme a pénétré jusqu'à l'os.* ‖ **— Se pénétrer** v. pr. Imprégner profondément son esprit : *se pénétrer d'une vérité.*

Penhars, anc. comm. du Finistère, rattachée à Quimper.

pénibilité n. f. Caractère d'un travail pénible.

pénible [penibl] adj. Qui donne de la peine, de la fatigue : *travail pénible.* ‖ Qui fait de la peine, afflige : *nouvelle pénible.* ‖ *Fam.* Difficile à supporter : *un collègue pénible.*

péniblement adv. Avec peine : *avancer péniblement.*

Penicaud, famille d'émailleurs limousins du XVIe s. Après avoir copié les gravures de Dürer, ils se convertirent à l'italianisme. — **Jean III Penicaud,** dit *le Jeune* (m. v. 1585), est le plus célèbre membre de la famille (portraits de *Luther,* d'*Erasme*).

péniche [peniʃ] n. f. (esp. *pinaza;* de *pino,* pin). Grand et lourd chaland de transport fluvial. ● *Péniche de débarquement,* bateau de faible tonnage, utilisé pour mettre à terre troupes et matériel d'un corps expéditionnaire.

pénicillé, e adj. (du lat. *penicillum,* pinceau). *Anat.* Se dit de vaisseaux capillaires disposés en pinceau.

pénicilline [penisilin] n. f. Antibiotique isolé des cultures de *Penicillium notatum.*
— ENCYCL. L'existence de la *pénicilline* fut démontrée par Fleming (1927-1929). Sa préparation industrielle ne fut réalisée qu'en 1943, grâce aux travaux des Américains Chain et Florey. La pénicilline est active contre la plupart des germes Gram positifs, contre certains Gram négatifs et contre le tréponème de la syphilis. Divers inconvénients résultant de la nécessité d'injections fréquentes, de l'apparition de souches pénicillino-résistantes et de l'existence d'espèces non sensibles d'emblée ont été palliés par la création de dérivés semi-synthétiques, actifs par voie orale (comprimés), de spectre élargi, et efficaces sur les germes résistant à la pénicilline naturelle.

pénicillino-résistant, e adj. Se dit d'un microbe ou d'une souche microbienne qui ont perdu leur sensibilité à l'égard de la pénicilline.

pénicillium [penisiljɔm] n. m. Moisissure verte se développant dans les fromages (veines du roquefort, du bleu d'Auvergne), sur des fruits (agrumes), sur les confitures, et dont une espèce, *Penicillium notatum,* fournit la pénicilline. (Il appartient aux champignons ascomycètes. Ses fructifications ont l'aspect de petits pinceaux.)

péninsulaire adj. Relatif à une péninsule ou à ses habitants.

péninsule [penɛ̃syl] n. f. (lat. *paene,* presque, et *insula,* île). Avancée d'une masse de terre dans la mer.

pénis [penis] n. m. *Anat.* Organe d'accouplement mâle. (Syn. VERGE.)

pénitence [penitɑ̃s] n. f. (lat. *paenitentia*). *Relig.* Repentir, regret d'avoir offensé Dieu. ‖ Un des sept sacrements de l'Eglise catholique. ‖ Peine qu'impose le confesseur au pénitent : *accomplir sa pénitence.* ‖ Jeûnes, macérations que l'on s'impose à soi-même : *faire pénitence.* ‖ Punition, châtiment infligé pour quelque faute : *mettre un enfant en pénitence.*

pénitencerie n. f. *Relig.* Fonction du pénitencier. ● *La Sacrée Pénitencerie,* tribunal ecclésiastique près le Saint-Siège, organisé au XVIe s., et à qui sont dévolus les cas réservés.

pénitencier n. m. Etablissement où l'on détient et cherche à améliorer les individus condamnés à une peine privative de liberté. ‖ Prêtre qui a pouvoir d'absoudre dans les cas réservés.

pénitent, e adj. *Relig.* Qui fait pénitence : *pécheur pénitent.* ‖ Voué à la pénitence : *vie pénitente.* ‖ — N. Personne qui confesse ses péchés au prêtre.

pénitent n. m. Membre de certaines confréries laïques qui font des exercices particuliers de pénitence et qui portent un costume muni d'une cagoule : *pénitent blanc.*

pénitentiaire [-sjɛr] adj. Qui s'occupe des maisons de détention; qui concerne ces établissements : *régime pénitentiaire.*

pénitentiaux [-sjo] adj. m. pl. *Psaumes pénitentiaux,* ceux que l'on récite en temps de pénitence.

pénitentiel [-sjɛl], **elle** adj. Relatif à la pénitence : *œuvres pénitentielles.*

pénitentiel n. m. Rituel de la pénitence.

Pen-k'i, v. de la Chine du Nord-Est; 530 000 h. Centre charbonnier et sidérurgique.

Penmarch [pɛ̃mar] (29132), comm. du Finistère (Sud) [arr. de Quimper], près de la *pointe de Penmarch;* 7 320 h. Eglise du XVIe s. Conserves. Port de pêche à Kérity. A l'extrémité de la *pointe de Penmarch* se trouve le phare d'Eckmühl*.

Penn (William), quaker anglais, né à Londres (1644-1718). Fuyant la persécution, il obtint de Charles II, en 1681, la concession du territoire américain qui prit — en son honneur — le nom de « Pennsylvanie* ». Sa législation servit de base à la Constitution du futur Etat.

pennage [pɛn- *ou* pɛ-] n. m. (de *penne*). *Fauconn.* Plumage des oiseaux de proie, se renouvelant à diverses époques : *faucon du second pennage.*

penne [pɛn] n. f. (lat. *penna*). Longue plume de l'aile (rémige) ou de la queue (rectrice) des oiseaux. ‖ Barbe de flèche.

penne n. f. (armoricain *penn,* tête). *Mar.* Extrémité supérieure d'une antenne.

penné [pɛnne], **e** adj. (du lat. *penna,* plume). Se dit des feuilles et des folioles disposées de l'un et de l'autre côté d'un pétiole commun, comme les barbes d'une plume, ou d'une nervation présentant la même disposition.

Penne-d'Agenais (47140), ch.-l. de c. de Lot-et-Garonne (arr. de Villeneuve-sur-Lot); 2 099 h. (944 aggl.). Ruines d'un château et de remparts.

Pennes-Mirabeau (LES) [13170 La Gavotte], comm. des Bouches-du-Rhône (arr. d'Aix-en-Provence); 10 233 h.

penniforme adj. De la forme d'une plume : *feuille penniforme.*

Pennines (les), ligne de hauteurs d'Angleterre, s'allongeant du nord au sud entre les Cheviot et les Midlands. Le massif culmine au *Cross Fell* (881 m).

pennon [pɛnɔ̃ *ou* pɑnɔ̃] n. m. (de *penne*). Au Moyen Age, flamme portée par un gentilhomme au haut de sa lance, lors de son départ en guerre.

Pennsylvanie, un des Etats unis d'Amérique, s'étendant du lac Erié à la Delaware; 11 626 000 h. Cap. *Harrisburg.* La Pennsylvanie s'étend en majeure partie sur les Appalaches, au centre, mais la population (et l'industrie) se concentrent surtout aux extrémités, occidentale et orientale, de l'Etat. Le charbon appalachien a favorisé le développement d'une puissante industrie (métallurgie surtout), dont les foyers sont Philadelphie et Pittsburgh.

pennsylvanien [pɛnsilvanjɛ̃], **enne** [-ɛn] adj. et n. De Pennsylvanie : *les charbons pennsylvaniens.*

penny [peni] n. m. Unité monétaire divisionnaire anglaise (symb. : p), qui valait 1/12 du shilling ou 1/240 de la livre sterling. (A partir de 1971, il représente 1/100 de la livre.) [Pl. *des* PENCE (pɛns).] ‖ Pièce de cette valeur. (Pl. des *pennies* [peniz].)

pénologie n. f. Science étudiant les peines sanctionnant les infractions pénales et leurs modalités d'application.

pénombre [penɔ̃br] n. f. (lat. *paene,* presque, et *ombre*). *Phys.* Etat d'une surface incomplètement éclairée par un corps lumineux, dont un corps opaque intercepte en partie les rayons. ‖ *Peint.* Passage de la lumière à l'ombre. ‖ Lumière faible. ‖ *Fig.* Absence de gloire, de publicité.

penon [pənɔ̃] n. m. (de *penne*). Girouette en plumes ou en étamine, qui sert à indiquer la direction du vent.

pensant, e adj. Qui pense, qui est capable de penser : *l'homme, a dit Pascal, est un roseau pensant.* ● *Bien, mal pensant,* qui a, qui n'a pas des opinions religieuses ou politiques conformes à l'orthodoxie, à l'ordre établi.

pense-bête n. m. *Fam.* Liste, indication quelconque rappelant une tâche à accomplir. ‖ Pl. des *pense-bêtes.*

pensée [pɑ̃se] n. f. Nom donné aux espèces du genre *violette* dont les pétales latéraux sont rapprochés des supérieurs. (Quelques-unes sont cultivées comme ornementales.)

pensée n. f. Faculté de comparer, de combiner les idées : *la dignité de l'homme réside dans la pensée.* ‖ Acte particulier de l'esprit : *pensée ingénieuse.* ‖ Esprit : *il me vient dans la pensée que...* ‖ Opinion, croyance : *dire sa pensée.* ‖ Idée; intention : *saisir la pensée d'un auteur.* ‖ Rêverie, méditation : *s'enfoncer dans ses pensées.* ‖ Maxime, sentence : *les « Pensées » de Pascal.*

Pensées, de Pascal, titre sous lequel ont été publiées (1670), après sa mort, les notes qu'avait rédigées Pascal en vue d'un grand ouvrage consacré à l'*Apologie de la religion chrétienne.* La première partie devait démontrer la *misère de l'homme sans Dieu :* Pascal, s'inspirant souvent de Montaigne, y dénonce les innombrables faiblesses de la nature humaine. La seconde, plus théologique, cherche à faire connaître la *félicité de l'homme avec Dieu,* c'est-à-dire la vérité de la religion chrétienne.

penser [pɑ̃se] v. i. (lat. *pensare,* peser). Former dans son esprit, concevoir, imaginer : *« Je pense, donc je suis »* (Descartes). ‖ Réfléchir : *il parle sans penser.* ‖ Raisonner : *penser juste.* ‖ Avoir des idées d'une certaine sorte : *penser finement.* ‖ — V. t. Avoir l'intention de : *nous pensons partir bientôt.* ‖ Espérer, se flatter de : *je pense réussir.* ‖ Avoir dans l'esprit : *on ne peut pas dire tout ce qu'on pense.* ‖ Croire, juger : *qu'en pensez-vous?* ‖ — V. t. ind. [à]. Se souvenir de, songer à : *penser aux absents.* ‖ Avoir en vue : *penser à s'établir.* ‖ Prendre garde à; veiller sur : *vous avez des ennemis, pensez à vous.* ● *Penser à mal,* avoir mauvaise intention : *dire une chose sans penser à mal.*

penseur n. m. Personne qui réfléchit, pense profondément; personne qui a l'habitude de méditer. ● *Libre penseur,* personne affranchie de toute croyance religieuse.

pensif, ive adj. Profondément occupé d'une pensée : *rester pensif.* ‖ Qui marque la préoccupation : *un air pensif.*

pension [pɑ̃sjɔ̃] n. f. (lat. *pensio,* paiement). Prestation en argent versée périodiquement aux bénéficiaires des assurances invalidité ou vieillesse : *toucher sa pension.* ‖ Somme d'argent que l'on donne pour être logé, nourri : *payer sa pension.* ‖ Lieu où l'on est logé et nourri : *pension de famille.* ‖ Maison d'éducation où, généralement, les élèves sont internes : *mettre son fils en pension.* ● *Pensions civiles et militaires de retraite,* allocation versée par l'Etat à tout fonctionnaire ou militaire totalisant un certain nombre d'années de service. (V. *encycl.*) ‖ *Pension militaire d'invalidité* (dite souvent *pension de guerre*), allocation versée par l'Etat aux militaires ou anciens militaires appelés, mobilisés ou de carrière (le cas échéant à leurs ayants droit) qui ont été blessés ou dont la maladie a été contractée ou aggravée en service. (V. *encycl.*)
— ENCYCL. *Pensions civiles et militaires de retraite.* Le Code des pensions de 1964, applicable à la fois aux fonctionnaires civils et aux militaires, prévoit que le droit à pension est acquis pour tous soit après quinze ans de service, soit, sans condition de durée, en cas de réforme ou de radiation pour infirmité.
Les militaires sont cependant soumis à certaines règles particulières, comme celles qui sont applicables aux officiers admis à la retraite avant vingt-cinq ans de service.
— *Pension militaire d'invalidité.* Le taux de cette pension est fonction du grade et du degré d'invalidité apprécié par les centres de réforme du ministère des Anciens Combattants.

pensionnaire n. Personne qui paie pension dans un hôtel, chez un particulier, etc. ‖ Elève qui est interne dans une maison d'éducation. ‖ Acteur, actrice qui, à la Comédie-Française, reçoit un traitement fixe. ● *Grand pensionnaire de Hollande,* titre du chef du pouvoir exécutif en Hollande, lorsqu'il n'existait pas de stathouder.

pensionnat [-na] n. m. Maison d'éducation qui reçoit des internes. ‖ Ensemble des élèves de cet établissement.

pensionné, e adj. et n. Qui reçoit une pension.

pensionner v. t. Faire une pension à quelqu'un : *pensionner un soldat.*

pensivement adv. De façon pensive.

pensum [pɛ̃sɔm] n. m. (mot lat. signif. *tâche*). Surcroît de travail imposé à un écolier pour le punir. ‖ Besogne écrite ennuyeuse.

pentacle [pɛ̃takl] n. m. (du gr. *pente,* cinq). Etoile à cinq branches.

pentacorde [pɛ̃takɔrd] n. m. Lyre des Anciens, à cinq cordes. ‖ Système de cinq sons conjoints formant une quarte juste.

pentacrine [pɛ̃takrin] n. m. Echinoderme qui vit fixé aux fonds marins. (On le trouve depuis l'ère secondaire.)

pentadactyle [pɛ̃tadaktil] adj. Qui a cinq doigts.

pentadécagone [pɛ̃tadekagɔn] n. m. *Math.* Syn. de PENTÉDÉCAGONE.

pentaèdre [pɛ̃taɛdr] n. m. et adj. (gr. *pente,* cinq, et *hedra,* base). *Math.* Solide à cinq faces : *une pyramide quadrangulaire est un pentaèdre.*

pentagonal, e, aux adj. Relatif au pentagone. ‖ Qui a pour base un pentagone.

pentagone [pɛ̃tagɔn] n. m. (gr. *pente,* cinq, et *gônia,* angle). *Math.* Polygone qui a cinq angles et, par suite, cinq côtés. (V. illustr. SURFACES* ET VOLUMES.) ● *Pentagone étoilé,* pentagone obtenu en joignant de deux en deux les points de division d'un cercle partagé en cinq arcs égaux : *l'étoile chérifienne est un pentagone étoilé.* ‖ — Adj. Qui a cinq angles : *figure pentagone.*

Pentagone, aux Etats-Unis, nom donné au ministère et à l'état-major des Forces armées, en raison de la forme du bâtiment qui abrite les services de ces organismes depuis 1942 à Washington.

pentamère [pɛ̃tamɛr] adj. et n. m. (gr. *pente,* cinq, et *meros,* partie). Se dit d'un insecte dont le tarse est divisé en cinq parties. ‖ Se dit des êtres ou organes à symétrie rayonnée en cinq parties ou cinq éléments : *les oursins, les primevères sont pentamères.*

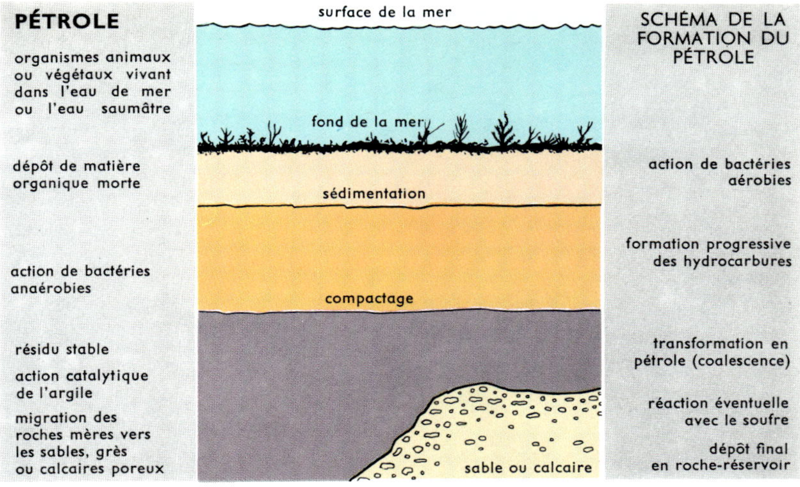

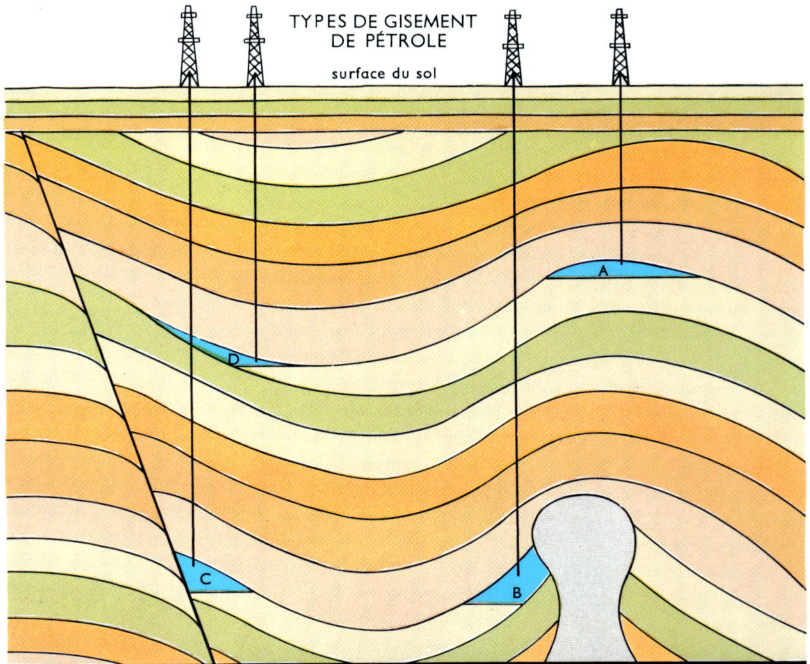

A, anticlinal (ex. Koweït, le plus grand gisement connu); B, dôme de sel (golfe du Mexique); C, faille (Venezuela); D, piège en coin (Texas oriental).

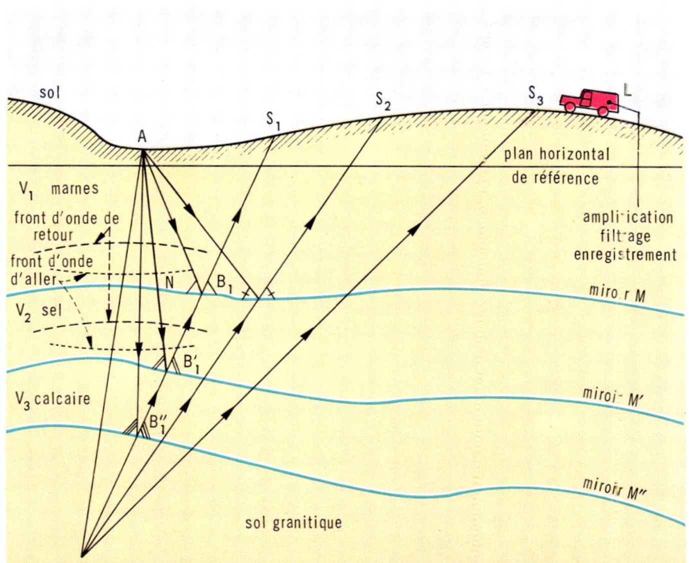

Exploration par la méthode sismique par réflexion.

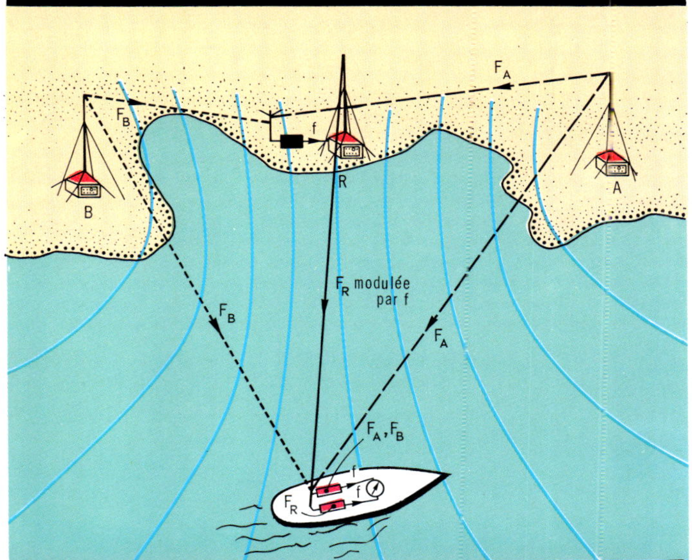

Radiolocalisation en mer

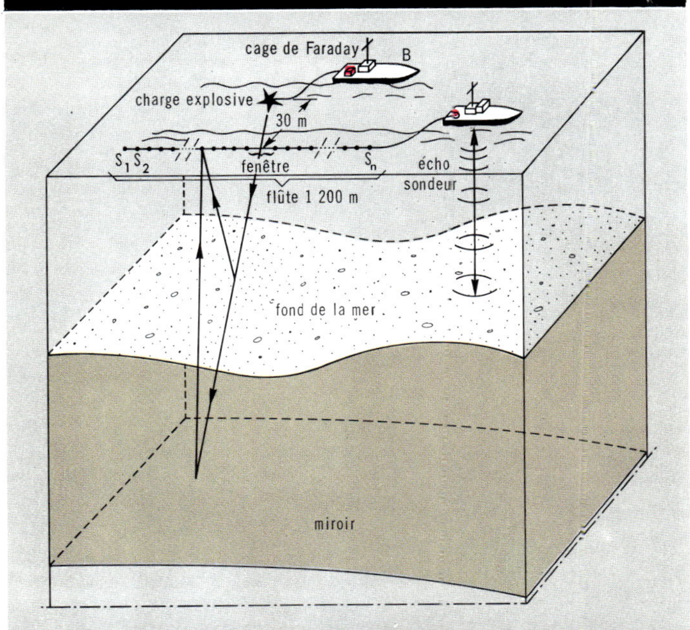

Explosion sismique marine.

RECHERCHE DE GISEMENTS. — Parmi les procédés utilisés, la *méthode sismique* enregistre, dans un certain nombre de stations, la propagation d'ondes élastiques déclenchées par une charge explosive et leurs réflexions sur les diverses couches rencontrées : on obtient ainsi de véritables coupes de terrain, qui permettent de choisir l'emplacement du forage.

Dans la *prospection sismique par réflexion*, un ébranlement provoqué à l'instant 0 en un point A de la surface du sol engendre un train d'ondes acoustiques qui se propage dans les terrains avec des vitesses V_1, V_2, V_3 propres à chaque formation géologique. Ces ondes se trouvent partiellement réfléchies lorsque des terrains, dans lesquels la vitesse de propagation est différente, se trouvent en contact. Chaque surface de contact se comporte comme un miroir — miroirs M, M', M'' — qui donne naissance à un front d'ondes de retour aux points B_1, B'_1, B''_1, dont l'énergie est captée en surface par des microphones spéciaux, ou sismophones, S_1, S_2, S_3, répartis le long d'une ligne souple. Un laboratoire mobile L, relié à chacun des sismophones, amplifie les signaux reçus et les enregistre sur un film ou sur une bande magnétique. Il suffit de connaître les vitesses V_1, V_2 et V_3 pour déterminer la profondeur des miroirs et de déplacer l'ensemble du dispositif pour suivre la forme d'un horizon miroir.

Dans la *prospection sismique marine*, le laboratoire et les générateurs d'ondes sont portés par un ou plusieurs navires. Pour connaître avec précision leur position au moment de l'ébranlement, on fait appel à un procédé de *radiolocalisation*, qui consiste à comparer des signaux provenant de trois émetteurs à terre. La chaîne d'appareillage radio est constituée de deux couples comprenant chacun deux émetteurs de radio, qui émettent des ondes entretenues F_A et F_B aux foyers A et B, un récepteur fixe de compensation R, qui reçoit ces ondes et qui délivre un battement à basse fréquence F_R, un émetteur fixe de référence *f*, qui module ce battement, et enfin un récepteur à bord du bateau. Chaque couple fournit un réseau d'hyperboles dont l'intersection définit la position du bateau. L'emplacement de celui-ci par rapport au fond sous-marin est déterminé par un écho sondeur de type *asdic*. L'ébranlement est produit par une charge d'explosif immergée et mise à feu à faible profondeur (1 à 2 m) par un bateau *boutefeu* B.

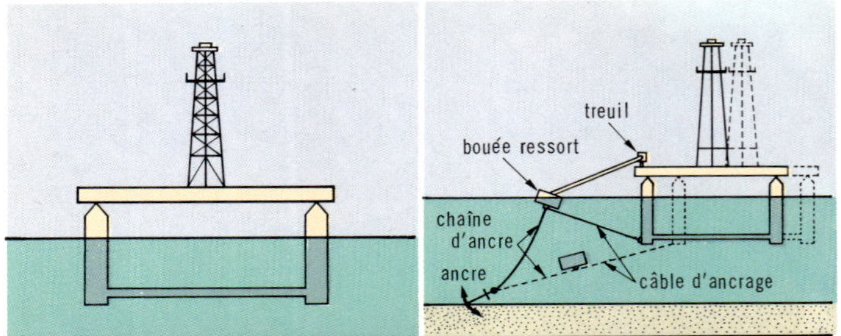

Plates-formes de forage à coque submergée.

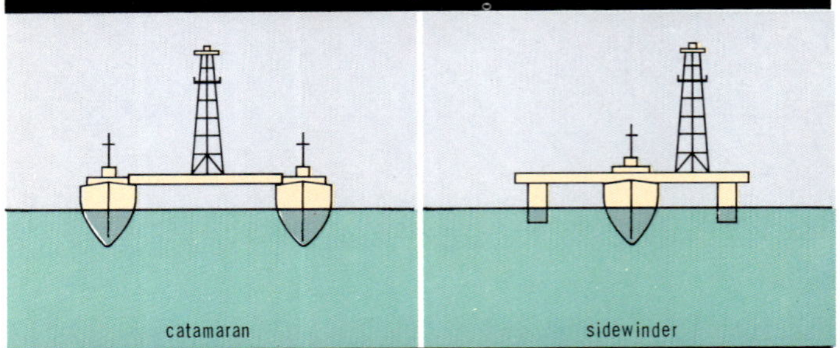

Navire de forage.

Plate-forme de forage en mer.

FORAGE DES PUITS. — Le *forage au battage*, qui consistait à désagréger la roche en faisant tomber d'une très faible hauteur, à une cadence assez rapide, un instrument lourd et tranchant, est de plus en plus remplacé par le *forage rotary*, qui permet d'atteindre des profondeurs considérables. A la partie supérieure d'une *tour de forage*, ou *derrick*, se trouve le *moufle fixe*, relié par un câble au *moufle mobile*. Le brin venant de ce câble s'enroule sur le *tambour de treuil*, qui est entraîné par un ou plusieurs moteurs. Le mouvement de rotation du *trépan* au fond du puits est assuré par les *tiges de forage*; celles-ci, cylindriques et creuses, sont vissées les unes aux autres jusqu'à la surface du sol. La dernière tige, vissée en surface, est une *tige carrée*, entraînée par la *table de rotation* et vissée sur la *tête d'injection*, qui est suspendue au *crochet de levage*, solidaire du moufle mobile. Une *pompe à boue* injecte de façon continue dans le puits une boue, dont le rôle est primordial : elle sert à refroidir et à lubrifier le trépan; elle assure la remontée des déblais; elle empêche l'entrée dans le puits des venues d'eau rencontrées lors de la descente de la sonde; enfin, si une zone productrice est atteinte, elle sert à équilibrer la pression du gisement et à éviter l'éruption brutale du fluide. Pendant la *poursuite du forage*, on pratique le *tubage*, qui consiste à cuveler par une colonne de tubes en acier les parois du puits, afin de les maintenir et d'en empêcher l'éboulement.
Pour le *forage en pleine mer*, on fait alors appel soit à une plate-forme de forage, soit à un véritable navire. Dans le premier cas, le caisson flottant est muni de piles escamotables, que l'on descend pour prendre appui sur le fond. Certaines plates-formes à coque submergée comportent des flotteurs que l'on immerge à des profondeurs de 12 à 20 m, à l'abri des houles les plus fortes. Lorsque la profondeur de l'eau dépasse une cinquantaine de mètres, on recourt à un véritable navire, que l'on équipe de dispositifs d'ancrage et de stabilisation suffisants, et on s'assure que le roulis ne sera pas accentué par la houle.

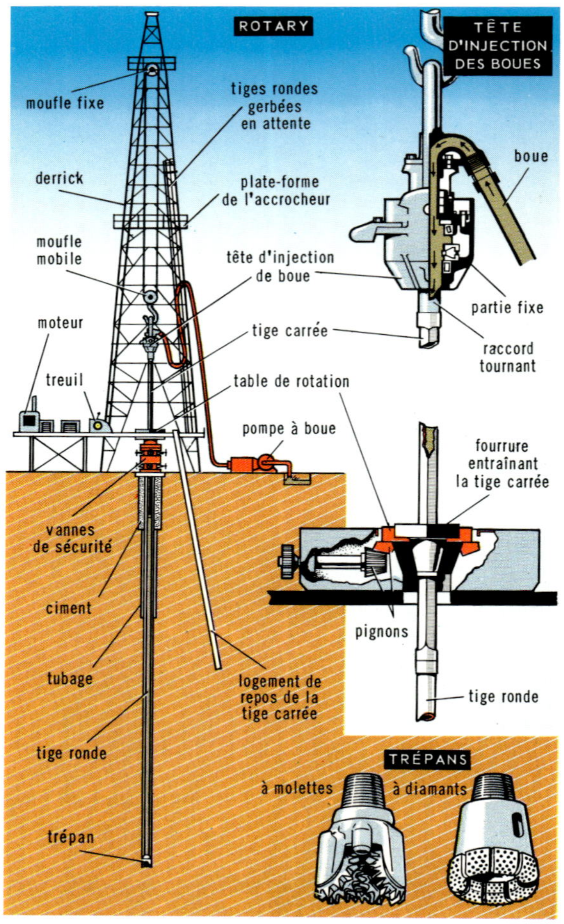

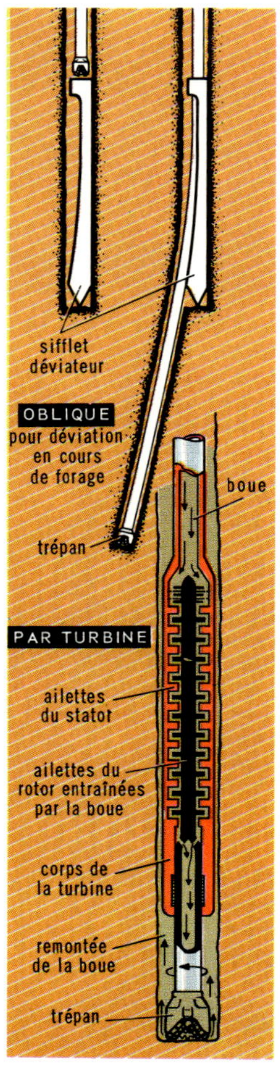

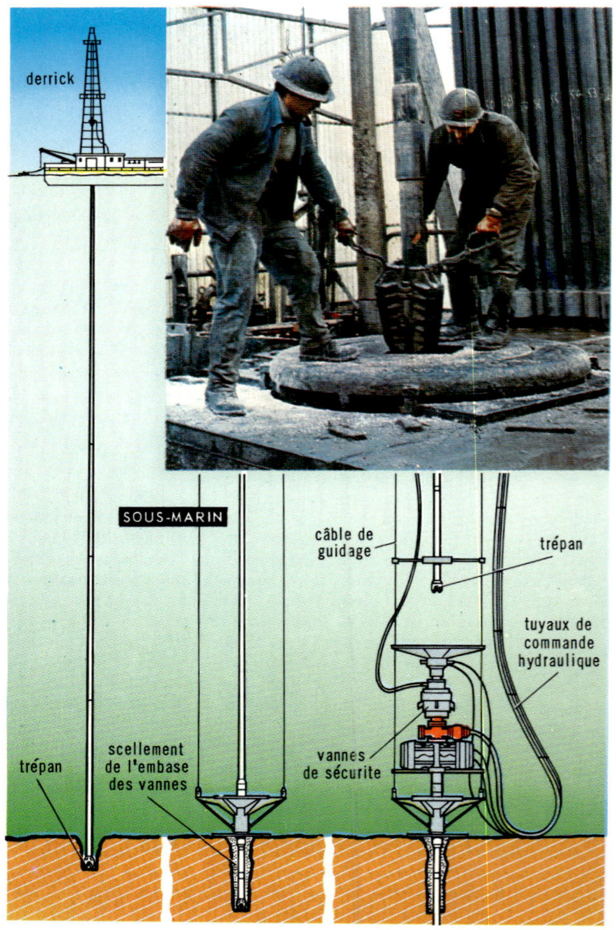

Phot. Shell

RAFFINERIE DE PRODUITS PÉTROLIERS

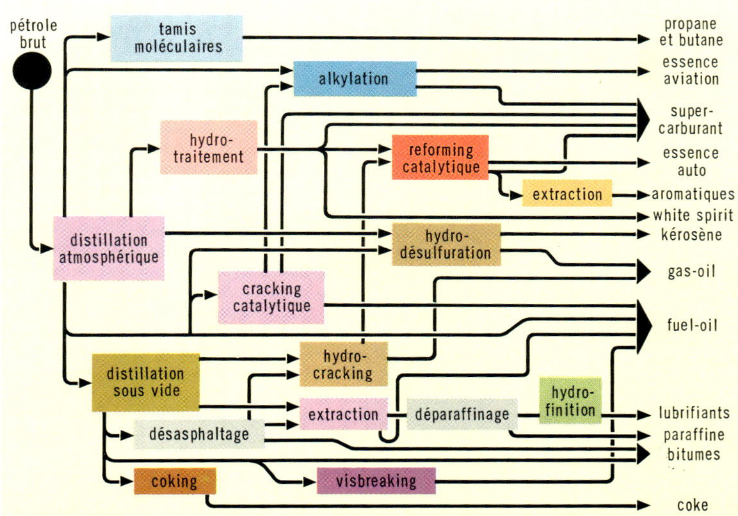

SCHÉMA DE RAFFINAGE DU PÉTROLE

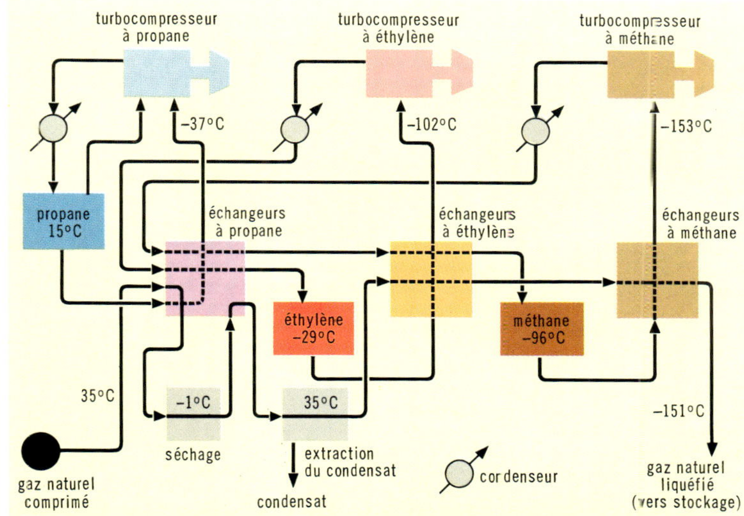

LIQUÉFACTION DU GAZ NATUREL

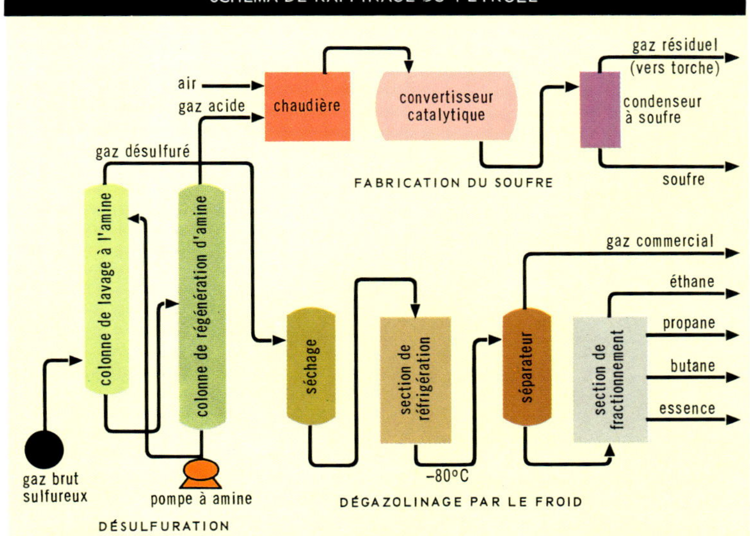

ÉPURATION DU GAZ DE LACQ

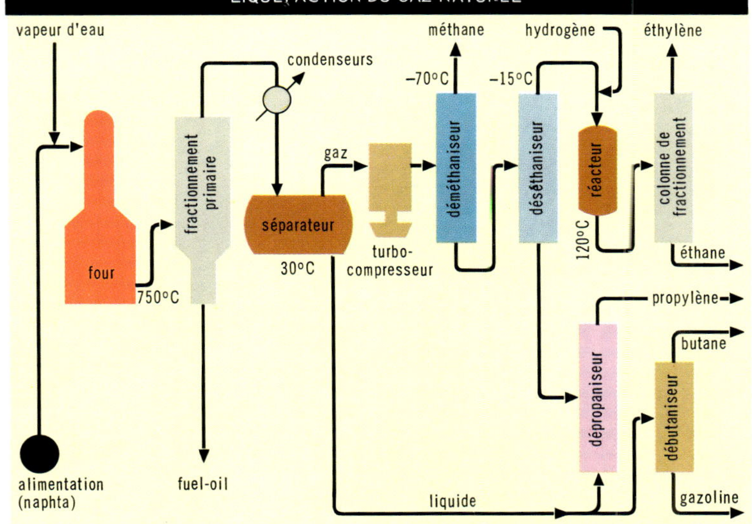

SCHÉMA D UN « STEAM CRACKING »

Document Shell.

Pipe-lines et stockage ▲

« Enrouleuse » mettant en place un pipe-line enterré après revêtement de bandes de toile superposées et traitées au bitume. ▶

Le pétrolier « Magdala » ▲ en cours de dépotage

Flexibles de chargement d'un pétrolier ▶

Transport fluvial par automoteur ▼

Transport fluvial par convoi poussé ▼

▲ Transport par wagons-réservoirs

◀ Dépotage de wagons

▲ Transport routier

Phot. B. P., Shell, Sogestran, Esso.

pentamètre [pɛ̃tamɛtr] n. m. *Métr. gr.* et *lat.* Vers de cinq pieds.

pentane [pɛ̃tan] n. m. *Chim.* Hydrocarbure saturé (C_5H_{12}), dont la formule contient cinq atomes de carbone.

pentapole [pɛ̃tapɔl] n. f. (gr. *pente,* cinq, et *polis,* ville). Union politique ou alliance de cinq cités.

pentarchie [pɛ̃tarʃi] n. f. (gr. *pente,* cinq, et *arkhê,* commandement). Gouvernement de cinq chefs ; alliance de cinq nations.

Pentateuque [pɛ̃-] (le) [du gr. *pente,* cinq, et *teukhos,* livre], nom donné par les traducteurs grecs aux cinq premiers livres de la Bible : Genèse, Exode, Lévitique, Nombres et Deutéronome.

pentathlon [pɛ̃tatlɔ̃] n. m. *Antiq. gr.* Ensemble des cinq exercices des athlètes (lutte, course, saut, disque et javelot). [Auj., le pentathlon classique comprend : 200 m, 1 500 m plat, saut en longueur, disque, javelot.]

pentatome [pɛ̃tatɔm] n. f. Punaise verte vivant sur certaines plantes. (V. illustr. INSECTES.)

pentatonique adj. *Mus.* Constitué de cinq tons : *la gamme chinoise est pentatonique.*

pente [pɑ̃t] n. f. (de *pendre*). Déclivité, inclinaison d'un terrain : *une pente de 3 p. 100 représente une différence de niveau de 3 m sur une distance horizontale de 100 m.* ‖ Bande qui pend autour d'un ciel de lit. ● *Echelle de pente d'une droite,* en géométrie cotée, projection horizontale de cette droite, avec cotes de deux points de cette droite. ‖ *Echelle de pente d'un plan* (Math.), échelle de pente de la ligne de plus grande pente de ce plan. ‖ *Etre sur la mauvaise pente,* se laisser aller à ses mauvais penchants. ‖ *Ligne de pente d'un plan par rapport à un autre,* perpendiculaire quelconque menée dans l'un de ces plans à la droite de leur intersection. ‖ *Ligne de plus grande pente* ou *ligne de pente d'un plan* (Math.), droite qui, de toutes les droites de ce plan, fait le plus grand angle avec un plan horizontal. ‖ *Ligne de plus grande pente* ou *ligne de pente d'une surface* (Math.), ligne coupant à angle droit les courbes de niveau. ‖ *Pente d'une droite* (Math.), tangente de l'angle que fait cette droite avec le plan horizontal. ‖ *Pente limite* (Géomorphol.), valeur de l'inclinaison au-dessous de laquelle cessent d'agir les processus de façonnement des versants.

Pentecôte [pɑ̃tkot] n. f. (gr. *pentêkostê* [*hêmera*], cinquantième [jour]). Chez les juifs, fête en mémoire du jour où Dieu remit à Moïse les tables de la Loi. ‖ Fête chrétienne qui se célèbre cinquante jours après Pâques, en mémoire de la descente du Saint-Esprit sur les Apôtres.

pentédécagone ou **pentadécagone** [pɛ̃-] n. m. Polygone qui a quinze sommets et, par suite, quinze côtés.

Pentélique (*le*), montagne de l'Attique, entre Athènes et Marathon, célèbre par ses carrières de marbre blanc.

Penthésilée. *Myth. gr.* Reine des Amazones. Elle périt au cours du siège de Troie.

Penthièvre, comté, puis duché breton, qui s'étendait de Lamballe à Guingamp.

Penthièvre [pɛ̃-], station balnéaire du Morbihan (arr. de Lorient, comm. de Saint-Pierre-Quiberon), sur la flèche de sable de la presqu'île de Quiberon. Anc. fort, qui joua un rôle important en 1795 lors du débarquement des émigrés. Camp militaire.

Penthièvre (Louis DE BOURBON, *duc* DE), né à Rambouillet (1725-1793), fils du comte de Toulouse et beau-père de Mme de Lamballe et de Philippe Egalité. Il se signala à Fontenoy et fut le protecteur de Florian.

penthiobarbital [pɛ̃tjɔ-] n. m. Hypnotique barbiturique employé par voie intraveineuse pour l'anesthésie générale de courte durée et pour la narco-analyse.

pentode ou **penthode** [pɛ̃tɔd] n. f. Tube électronique à cinq électrodes.

penture [pɑ̃tyr] n. f. (lat. pop. *penditura*). Bande métallique qui soutient sur ses gonds une porte, un volet.

pénultième [penyltjɛm] n. f. et adj. (lat. *paene,* presque, et *ultimus,* dernier). Avant-dernière syllabe d'un mot, d'un vers.

pénurie [penyri] n. f. (lat. *penuria*). Extrême disette : *pénurie d'argent, de vivres.* ‖ Manque : *pénurie de main-d'œuvre.*

Penza, v. de l'U. R. S. S. (R. S. F. S. de Russie), au sud-est de Moscou ; 333 000 h. Centre industriel.

péon [peɔ̃ *ou* peɔn] n. m. (esp. *peón*). Paysan, ouvrier agricole en Amérique du Sud.

Peoria, v. des Etats-Unis (Illinois) ; 103 200 h. Industries mécaniques.

Pepe (Florestano), général italien, né à Squillace (1778-1851). Il participa au gouvernement révolutionnaire de 1820, mais, modéré, démissionna. — Son frère GUGLIELMO, général, né à Squillace (1783-1855), dirigea l'insurrection napolitaine de 1820, mais fut vaincu par les Autrichiens à Rieti (7 mars 1821).

pépère [pepɛr] n. m. Grand-père (terme enfantin). ‖ *Fam.* Homme d'un certain âge. ‖ — Adj. *Fam.* Tranquille.

pépettes [pepɛt] n. f. pl. *Pop.* Argent.

pépie [pepi] n. f. (lat. *pituita,* pituite). Pellicule qui vient au bout de la langue des oiseaux, et qui les empêche de manger, mais non de boire. ● *Avoir la pépie* (Fam.), avoir grand-soif.

pépiement [pepimɑ̃] n. m. Action de pépier.

denier d'argent au monogramme de **Pépin le Bref**

pépier [pepje] v. i. (onomat.). Crier, en parlant des petits oiseaux.

pépin [pepɛ̃] n. m. Graine que l'on trouve dans certains fruits. ‖ *Fam.* Parapluie. ‖ *Pop.* Accident ; désagrément : *avoir un pépin.*

Pépin l'Ancien ou **de Landen** (v. 580-640), maire du palais d'Austrasie sous Clotaire II, Dagobert Ier et Sigebert II. Il fut le père de Grimoald. — PÉPIN *le Jeune,* dit *de Herstal* (v. 640-714), maire du palais d'Austrasie en 680, fils d'Ansegisel et petit-fils de Pépin de Landen. Ayant battu à Tertry Thierri III, roi de Neustrie (687), il s'empara de ce pays. Il est le père naturel de Charles Martel. — PÉPIN *le Bref,* né à Jupille (v. 715-786), fils de Charles Martel. Duc de Neustrie, de Bourgogne et de Provence en 741, il reçut l'Austrasie après l'abdication de son frère Carloman (747). Il fit la guerre contre les Aquitains, les Alamans, les Bavarois et les Saxons. Proclamé roi des Francs en 751 avec l'accord du pape Zacharie, il reçut l'onction de saint Boniface à Soissons, déposa Childéric III et obligea les Lombards à donner au pape Etienne II l'exarchat de Ravenne et la Pentapole (756). A sa mort, son royaume fut partagé entre ses deux fils : Charlemagne et Carloman. — PÉPIN (777-810), roi d'Italie (781-810), second fils de Charlemagne. — PÉPIN Ier (803-838), roi d'Aquitaine de 817 à 838, fils de Louis Ier le Pieux, contre lequel il lutta. — PÉPIN II (v. 823 - v. 865), roi d'Aquitaine (838-855), fils de Pépin Ier.

pépinière [pepinjɛr] n. f. Plant de jeunes arbres destinés à être transplantés. ‖ Lieu où on les cultive. ‖ *Fig.* Etablissement, pays qui fournit des personnes propres à une profession : *le Conservatoire est une pépinière d'artistes.*

pépiniériste n. et adj. Personne qui cultive une pépinière.

pépite [pepit] n. f. (esp. *pepita,* pépin). Masse de métal natif, principalement d'or.

péplum [peplɔm] (lat. *peplum*) ou **péplos** [-plɔs] (gr. *peplos*) n. m. Chez les Anciens, tunique de femme sans manches, s'agrafant sur l'épaule.

pépon [pepɔ̃] ou **péponide** [-nid] n. m. Fruit des cucurbitacées.

peppermint [pepərmint] n. m. (angl. *pepper,* poivre, et *mint,* menthe). Nom anglais de la liqueur de menthe.

pepsine [pɛpsin] n. f. (du gr. *pepsis,* digestion). Une des diastases du suc gastrique, qui, en milieu acide, commence la digestion des protéines.

— ENCYCL. La *pepsine* est sécrétée par des glandes disséminées sur la surface de la muqueuse gastrique. Son pH optimal d'action est de 2 ; il est réalisé par la sécrétion concomittante d'acide chlorhydrique. La muqueuse gastrique est protégée de l'action de la pepsine par une couche de mucus visqueux, très adhérent, sécrété par d'autres cellules. La pepsine transforme les protéides en polypeptides. Extraite de l'estomac de porc, elle est employée dans les dyspepsies par défaut de sucs digestifs.

peptone [pɛptɔn] n. f. Substance protidique soluble résultant de l'action de la pepsine sur les protéines (en particulier sur la viande).

Pepys (Samuel), écrivain anglais, né à Londres (1633-1703). Il fut secrétaire de l'Amirauté et président de la Royal Society. Son *Journal,* publié en 1825, donne une peinture très vivante de la vie de Londres entre 1660 et 1669 : les pages les plus saisissantes sont consacrées à la peste et à l'incendie de Londres.

péquenot [pɛkno] n. m. *Pop.* et *péjor.* Paysan.

Péra, en turc **Beyoğlu,** quartier d'Istanbul.

Perak, Etat de la Malaysia (Malaisie), sur le détroit de Malacca ; 1 614 000 h. Cap. *Ipoh.* Les Anglais, en 1874, établirent leur protectorat sur le sultanat de Perak, qui devint l'un des Etats de la Fédération de Malaisie en 1957.

perçage n. m. Action de percer.

— ENCYCL. *Mécan.* Le *perçage* consiste à exécuter un trou cylindrique au moyen d'un outil appelé *foret* ou *mèche,* animé d'un mouvement de rotation. Généralement effectué à l'aide d'une chignole ou d'une perceuse, il est toujours réalisé à un diamètre inférieur de quelques millimètres et suivi d'une opération d'alésage pour être parfaitement calibré. Pour percer une matière inattaquable au foret (acier réfractaire), on fait appel aux techniques de l'électro-érosion ou à celles des ultrasons.

percale [pɛrkal] n. f. (persan *pergāla,* toile très fine). Tissu de coton, ras et très serré, plus fin que le calicot.

percaline n. f. Toile de coton légère et lustrée, dont on se sert pour les doublures.

perçant, e adj. Qui pénètre profondément : *froid perçant.* ‖ Vif : *yeux perçants.* ● *Esprit perçant,* très perspicace. ‖ *Vue perçante,* qui voit des objets très petits ou très éloignés.

perce [pɛrs] n. f. Outil avec lequel on fait des trous. ‖ Cavité forcée dans le tuyau d'un instrument à vent. (Elle correspond au rapport qui existe entre diamètre et longueur du tuyau.) ● *En perce,* se dit d'un tonneau auquel on a fait un trou pour en tirer le contenu : *mettre un tonneau en perce.*

Percé (*rocher*), falaise creusée d'arches naturelles, de la côte de Gaspésie (Canada, prov. du Québec)

perce-bois adj. et n. m. invar. Se dit des insectes xylophages*.

percée [pɛrse] n. f. Ouverture ; trouée à travers des obstacles. ‖ Action de percer les défenses d'un ennemi. ‖ En sports, action de percer la défense de l'équipe adverse. ‖ *Fig.* Progrès rapide : *la percée de l'économie brésilienne.*

percement n. m. Action de pratiquer une ouverture, un passage : *le percement de l'isthme de Suez.*

perce-muraille n. f. *Bot.* Nom usuel de la *pariétaire.* ‖ Pl. des *perce-murailles.*

perce-neige n. f. inv. Plante des prés et des bois, dont les fleurs blanches s'épanouissent à la fin de l'hiver, quand le sol est encore recouvert de neige. (Haut. 25 cm ; famille des amaryllidacées.)

perce-oreille n. m. Nom usuel de la *forficule.* ‖ Pl. des *perce-oreilles.*

perce-pierre n. f. Nom usuel de plantes vivant sur les rochers ou sur les murs (*saxifrage, criste-marine, pariétaire* [dite aussi *casse-pierres*]). ‖ Pl. des *perce-pierres.*

percepteur [pɛrsɛptœr] n. m. (du lat. *perceptus,* recueilli). Fonctionnaire chargé du recouvrement des impôts directs et des amendes pénales.

perceptibilité n. f. (du lat. *perceptus,* saisi par l'esprit). Qualité, caractère de ce qui est perceptible.

perceptible adj. Qui peut être saisi par les sens : *objet perceptible à la vue, à l'ouïe.* ‖ *Fig.* Qui peut être compris : *intention, ironie perceptible.* ‖ — SYN. : APPARENT, MANIFESTE, OSTENSIBLE, VISIBLE.

perceptiblement adv. De façon perceptible.

perceptif, ive adj. Relatif à la perception par les sens : *fonctions perceptives ; champ perceptif.*

perception [pɛrsɛpsjɔ̃] n. f. (lat. *perceptio*). Recouvrement des impositions par le percepteur : *la perception d'une taxe.* ‖ Emploi, bureau du percepteur : *obtenir une perception.*

perception n. f. Action de percevoir par les sens, par l'esprit ; résultat de cette action : *la perception des couleurs, des odeurs.* ‖ **Réaction d'un sujet à une stimulation extérieure, qui se manifeste par des phénomènes chimiques, neurologiques, au niveau des organes des sens et du système nerveux central, et par divers mécanismes psychiques tendant à adapter cette réaction à son objet, tels que l'identification de l'objet perçu (ou sa reconnaissance), sa différenciation par rapport aux autres objets, etc. (V.** ***encycl.*****)**

— ENCYCL. En termes de psychologie expérimentale, la ***perception*** **peut se définir comme la réponse du sujet à une stimulation extérieure. Il y a dans la perception des mécanismes très divers, notamment l'identification (le stimulus est lié par le sujet à une réponse générique, élaborée depuis l'acquis antérieur du sujet) et la différenciation (spécification de la réponse à la suite d'une abstraction des particularités de l'objet simultanément perçues). Ces mécanismes divergent selon qu'on considère la perception des formes et celle des objets eux-mêmes perçus.**

1° *Perception de la forme.* Les composantes qui interviennent dans la perception des objets supposent l'existence d'un minimum d'individualisation de chacun d'eux dans un champ, des actions intérieures à l'un et à l'autre, et des interactions entre les deux. La réponse perceptive à une stimulation entretient avec celle-ci des rapports de dépendance causale et d'indépendance du contenu (théorie gestaltiste). La distribution homogène du stimulus dans le champ perceptif peut être rompue, ce qui rend possible ainsi une organisation différenciée du champ. L'étape suivante dans la différenciation est celle de la formation d'unités perceptives résultant de deux forces antinomiques : l'une qui renforce l'égalité de la stimulation dans le champ, et l'autre qui la diminue. Deux facteurs contribuent à la formation des unités : la proximité et la similitude. Sur cette base, les gestaltistes ont élaboré la notion de forme et dégagé des lois (prégnance, etc.). Une des propriétés fondamentales est la constance de la forme. La perception des formes évolue d'abord en fonction de l'apprentissage (et celui-ci doit être précisément précoce pour être plus efficace ; mais les formes sont-elles primitives, comme tendaient à le croire les gestaltistes ? On critique aujourd'hui cette idée, notamment à l'aide d'une constatation des effets de champ et des activités perceptives. Piaget a montré, à propos des effets de champ, que la courbe de leurs valeurs (en fonction des proportions de la figure) ne varie pas avec l'âge, mais reste constante et que, d'autre part, la valeur absolue de l'illusion diminue avec le développement du sujet. Les activités perceptives, comme la relation établie de plus en plus souvent et de mieux en mieux entre les centrations (c'est-à-dire les points centraux de la perception, où l'attention est considérée

Phot. Bibl. royale de Belgique.

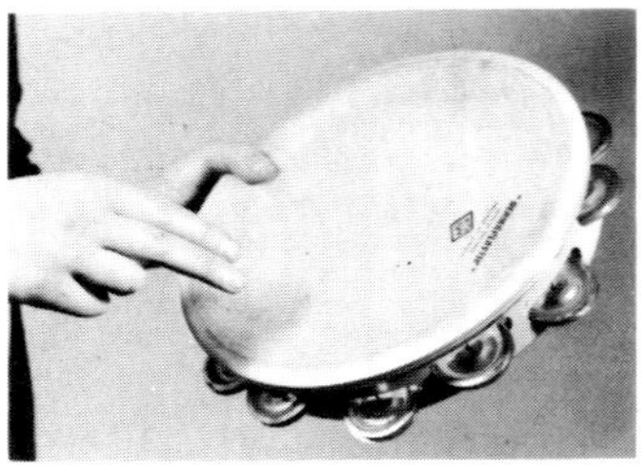

tambour de basque

grosse caisse ▶

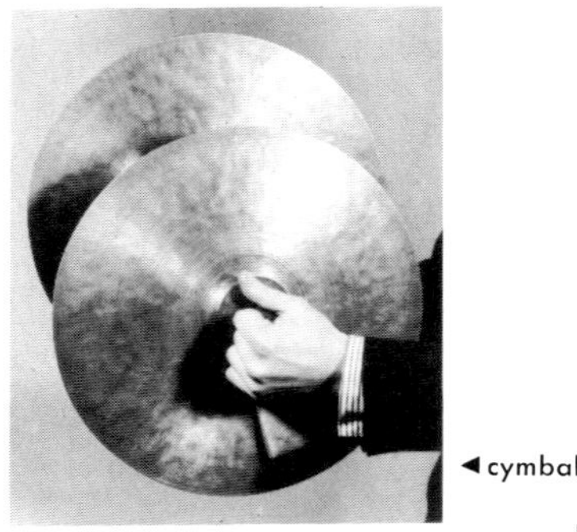

◀ cymbales

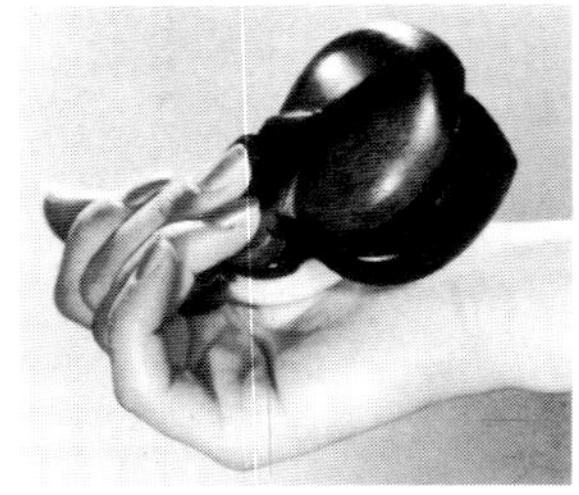

castagnettes

instruments de percussion

◀ timbale à clefs

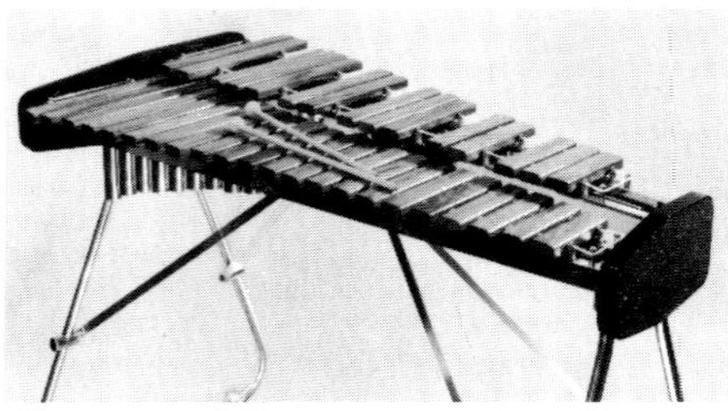

xylophone

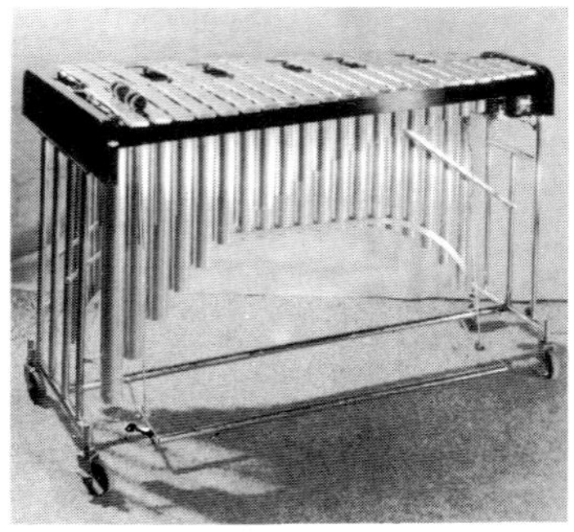

vibraphone

tambour à tringles ▶

comme maximale) et les distances (espace ou temps), diminuent le nombre et la force de certaines illusions d'optique, mais en créent de nouvelles. La théorie des communications (Shannon) a apporté de nouvelles perspectives dans l'étude de la perception en définissant l'information, dans la transmission d'un message par le canal sensoriel, comme l'incertitude absolue concernant le signal immédiatement postérieur à chaque signal.
Cette théorie intervient à deux niveaux : dans l'attente de ce qui sera perçu ultérieurement (identification); dans la structuration de la forme actuellement présente. Dans chaque attente perceptive, il faut envisager l'incertitude du sujet relative à la suite des signaux et non au nombre des signaux équiprobables à chaque fois, même s'ils ont un rapport de cause à effet.
2° *Perception des objets.* Un certain degré dans l'organisation antérieure permet l'interprétation du stimulus, mais aussi, dans certains cas (fragmentation arbitraire de l'image perçue), apporte une signification nouvelle à celle-ci. L'interprétation dépend d'abord de notre expérience antérieure : les figures de formes géométriques connues; dans d'autres cas, la signification d'un ensemble peut être perçue sans que soit comprise celle de certaines régions de cet ensemble; on a pu mesurer l'importance de cette lacune du savoir sur la signification en présentant à des enfants des dessins incomplets ou falsifiés d'objets connus. La signification joue son rôle dans la résolution de certains conflits perceptifs (au profit du connu) et dans l'interprétation du mouvement apparent de certaines figures. Enfin, l'interprétation subit les effets de la motivation; parmi ceux-ci, on a étudié la faim et la douleur; dans ce dernier cas, le seuil de reconnaissance est abaissé quand l'interprétation mauvaise est sanctionnée; on essaie également de mesurer les variations du seuil de reconnaissance en rapport avec les intérêts personnels, socio-professionnels, etc., des individus (liste de mots en présentation tachistoscopique).

percer [pɛrse] v. t. (du lat. *pertusus,* troué) [conj. **1**]. Faire un trou de part en part : *percer une planche.* (Syn. : FORER, PERFORER, TRANSPERCER, TROUER.) || Pratiquer une ouverture : *percer une porte, une rue.* || Passer à travers : *percer la foule.* || Blesser, tuer : *percer quelqu'un de coups.* || Dissiper : *la lumière perce les ténèbres.* || *Fig.* Découvrir : *percer un mystère.* ● *Percer le cœur,* affliger : *ces plaintes me percent le cœur.* || — V. i. Crever : *l'abcès a percé.* || — *Fig.* Se manifester : *sa méchanceté perce dans tous ses discours.* || Se distinguer, acquérir de la célébrité : *cet artiste commence à percer.*

percerette [pɛrsərɛt] n. f. Petite vrille ou foret.

perceur, euse n. et adj. Celui, celle qui perce.

perceuse n. f. Machine à percer.
— ENCYCL. *Mécan.* La *perceuse* est une machine-outil qui peut servir à percer, à aléser et à tarauder. Elle comporte une tête, appelée *broche,* qui entraîne en rotation un outil, mèche ou foret. La broche est animée d'un mouvement de translation pour permettre à l'outil de pénétrer dans la matière à percer. Dans les appareils importants, la broche est supportée par un bâti. Pour les travaux de grande série, il existe des perceuses multibroches. (V. illustr. MACHINES-OUTILS.)

percevable adj. Qui peut être perçu : *taxe difficilement percevable.*

Perceval *ou le Conte du Graal,* roman de Chrétien de Troyes (v. 1182). C'est la dernière œuvre du poète, restée inachevée. Perceval, élevé par sa mère dans la solitude, se voue cependant à la carrière des armes et parvient au château du roi Pêcheur, où il assiste à la procession du Graal. Mais sa timidité l'empêche de poser la question libératrice et de parvenir à la vérité. Une suite de ce roman a été écrite au XIVe s. par Gerbert de Montreuil, et le poète allemand Wolfram von Eschenbach a repris le sujet dans son *Parzival,* qui inspira Wagner. (V. PARSIFAL.)

percevoir [pɛrsəvwar] v. t. (lat. *percipere*) [conj. **29**]. Recueillir, recouvrer : *percevoir les impôts.*

percevoir v. t. (conj. **29**). Saisir par les sens, par l'esprit : *percevoir un son.*

perchage n. m. Attitude des oiseaux, passereaux surtout, qui se tiennent sur une branche d'arbre pour s'y reposer. (Un oiseau ne peut se percher que si une solide fixation à la branche lui est assurée sans aucun effort musculaire. Cette condition est assurée par les tendons des pattes, qui resserrent les griffes de l'oiseau autour de la branche lorsque l'animal plie le tibia sur le tarse et se couche sur celui-ci.)

perche [pɛrʃ] n. f. (lat. *perca,* empr. au gr.). Poisson des lacs et des cours d'eau lents, à deux nageoires (la première épineuse), vorace, à chair estimée. (Long. jusqu'à 50 cm.) ● *Perche arc-en-ciel,* poisson voisin de la perche, à belles couleurs, originaire des Etats-Unis. || *Perche goujonnière,* v. GRÉMILLE.

perche n. f. (lat. *pertica*). Bois rond, long et mince : *une perche à houblon.* || *Fam.* Personne grande et mince. || Anc. mesure agraire qui valait 34,18 m² à Paris. || Bois du cerf, du daim, etc., lorsqu'il a plusieurs andouillers. || Tige longue et mince utilisée dans certains sauts. || *Cin.* et *Télév.* Longue tige portant le microphone, que l'on tient devant les acteurs. ● *Perche de prise de courant,* tige articulée d'un véhicule électrique pour capter le courant par l'intermédiaire d'une poulie à gorge. (Syn. TROLLEY.) || *Tendre la perche à quelqu'un,* lui venir en aide.

Perche (le), comté français réuni à la Couronne en 1525. (Hab. *Percherons.*) Cette région du Bassin parisien est formée de collines humides et boisées. Autrefois réputée pour ses chevaux (*percherons*), elle se consacre surtout à l'élevage des bovins.

Perche (*col de la*), col des Pyrénées-Orientales, entre le Conflent et la Cerdagne; 1 577 m.

perchée [pɛrʃe] n. f. Petite tranchée entre deux billons, dans laquelle on plante les ceps de vigne.

perche

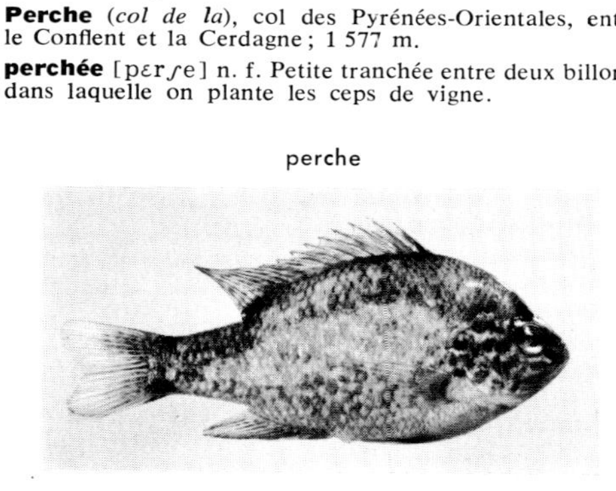

percher [pɛrʃe] v. i. ou **se percher** v. pr. Se poser sur une branche, en parlant des oiseaux. || — V. i. *Fam.* Loger : *où perche-t-il?* || — V. t. *Fam.* Placer en un endroit élevé : *percher un buste sur une bibliothèque.*

percheron [pɛrʃərɔ̃], **onne** [-ɔn] adj. et n. Du Perche. || Se dit surtout des chevaux du Perche : *un percheron; une jument percheronne.* (La race percheronne est une race de chevaux de trait de forte taille, de robe grise ou noire, particulièrement appréciée pour la culture et le charroi.) [V. illustr. CHEVAUX.]

percheur, euse adj. Se dit d'un oiseau qui a l'habitude de percher : *l'alouette n'est pas percheuse.*

perchis [pɛrʃi] n. m. Jeune bois dont les arbres ont entre 10 et 20 cm de diamètre.

perchiste n. Sauteur à la perche. || Au cinéma et à la télévision, employé tenant, au-dessus de la personne qui parle, la perche à laquelle est attaché un micro.

perchlorate [pɛrklɔrat] n. m. Sel de l'acide perchlorique : *perchlorate de potassium.*

perchlorique adj. m. Se dit du plus oxygéné des acides du chlore, $HClO_4$.

perchlorure n. m. Chlorure qui contient la plus grande quantité possible de chlore.

perchman [pɛrʃman] n. m. (mot anglo-améric.). *Cin.* et *Télév.* Assistant de l'ingénieur du son chargé du maniement de la perche.

perchoir n. m. Lieu où perchent les volailles, les oiseaux domestiques. || Bâton qui leur sert d'appui.

Percier (Charles), architecte français, né à Paris (1764-1838). Avec Fontaine, il éleva l'arc de triomphe du Carrousel et fut chargé de grands travaux au Louvre et aux Tuileries. Les deux hommes publièrent ensemble des recueils d'architecture; ils furent les principaux représentants du style Empire.

perclus [pɛrkly], **e** [-yz] adj. (lat. *perclusus,* obstrué). Privé, en tout ou en partie, de la faculté de se mouvoir.

percnoptère [pɛrknɔptɛr] n. m. Petit vautour des régions méditerranéennes. (Long. 70 cm.)

perçoir n. m. Outil pour percer.

percolateur [pɛrkɔlatœr] n. m. (du lat. *percolare,* filtrer). Grande cafetière à filtre, que l'on emploie pour la fabrication en grande quantité du café noir.

percussion n. f. (lat. *percussio*). Choc résultant de l'action brusque d'un corps sur un autre. || Opération élémentaire du fonctionnement d'une arme à feu, au cours de laquelle le percuteur, en écrasant l'amorce, provoque la détonation. || *Méd.* Méthode d'examen clinique permettant de déceler par le son (matité ou sonorité) l'état de réplétion ou de vacuité d'un organe. ● *Arme à percussion,* arme à feu portative qui fonctionne par percussion. || *Instruments de percussion,* nom générique désignant les instruments de l'orchestre dont on tire le son en les frappant, et comprenant principalement les timbales, la grosse caisse, les cymbales, le tambour, le triangle, ainsi que célesta, vibraphone, cloches, xylophone. (La percussion a pris une importance considérable et s'est accrue de nombreux types d'instruments, notamment d'instruments exotiques. Certaines pages musicales sont confiées exclusivement à des instruments de percussion.)

Phot. Lauros - Atlas-Photo (3), Deslaurier-Larousse, Lauros - Atlas-Photo (5).

percussionniste n. m. Musicien utilisant des instruments de percussion.

percutant, e adj. Qui produit une percussion. ‖ *Fig.* Qui produit un choc, qui entraîne l'adhésion : *un argument percutant.* ● *Projectile percutant,* projectile dont la fusée-détonateur, dite « percutante », n'éclate par percussion qu'en rencontrant l'objectif ou un obstacle. ‖ *Tir percutant,* tir exécuté avec de tels projectiles.

percuter [pɛrkyte] v. t. (lat. *percutere,* frapper). Donner un coup à : *le chien du fusil percute l'amorce.* ‖ *Méd.* Explorer par petits chocs : *percuter le dos.* ‖ — V. i. Heurter violemment : *la voiture a percuté contre un arbre.*

percuteur n. m. Pièce métallique dont la pointe, sous l'action d'un ressort, frappe l'amorce destinée à enflammer la charge de poudre d'une cartouche, d'un obus, d'une mine, etc.

percuti-réaction n. f. Méthode d'exploration de l'allergie tuberculeuse.

Percy (50410), ch.-l. de c. de la Manche (arr. de Saint-Lô) ; 2 371 h. (1 006 aggl.).

perdable adj. Qui peut se perdre.

perdant, e adj. et n. Qui perd au jeu, etc. : *tout gagnant suppose un perdant ; billets perdants.*

Perdiccas, général macédonien (m. en 321 av. J.-C.). Régent de l'empire à la mort d'Alexandre (323), il fut défait par Ptolémée Ier, puis assassiné.

Perdiccas, nom de trois rois de Macédoine (VIIIe s.-IVe s. av. J.-C.).

Perdiguier (Agricol), homme politique français, né à Morières-lès-Avignon (1805-1875), auteur d'un *Livre du compagnonnage* (1839).

perditance [pɛrditɑ̃s] n. f. Conductance totale des résistances d'isolement, dans une installation électrique.

perdition n. f. (du lat. *perditus,* perdu). Position d'un navire en danger de naufrage ou de perte. ‖ *Fig.* Ruine morale : *lieu de perdition.*

perdre [pɛrdr] v. t. (lat. *perdere*) [conj. **46**]. Cesser d'avoir : 1° une chose qu'on possédait : *perdre sa place ;* 2° un avantage physique ou moral : *perdre un bras, la raison.* ‖ Etre séparé par la mort : *perdre son père.* ‖ Egarer : *perdre son mouchoir.* ‖ Avoir le dessous, le désavantage : *perdre un procès, une bataille.* ‖ Gâter, endommager : *la pluie a perdu mon chapeau.* ‖ Ne plus porter : *les arbres perdent leurs feuilles en automne.* ‖ — *Fig.* Ruiner : *le jeu le perdra.* ‖ Corrompre : *les mauvaises fréquentations perdent la jeunesse.* ‖ Faire un mauvais emploi : *perdre son temps.* ‖ Ne pas profiter : *perdre l'occasion.* ‖ Ne plus voir, ne plus suivre : *perdre la piste, la trace.* ‖ Se défaire de, quitter : *perdre une mauvaise habitude.* ● *Perdre haleine,* manquer de respiration. ‖ *Perdre pied,* ne plus toucher le fond dans l'eau ; au *fig.,* ne plus savoir ce que l'on fait, ce que l'on dit. ‖ *Perdre du terrain,* reculer. ‖ *Perdre la tête,* ne savoir quel parti prendre ; devenir fou. ‖ *Perdre la vie,* mourir. ‖ *Perdre de vue,* oublier : *ne perdez pas de vue vos devoirs ;* cesser d'être en relation avec, ne plus s'occuper de : *perdre de vue des amis d'enfance, une affaire.* ‖ *Vous ne perdez rien pour attendre,* vous serez puni tôt ou tard. ‖ — V. i. Valoir moins : *les grains perdent en vieillissant.* ‖ Faire une perte d'argent : *perdre sur une marchandise.* ‖ **— Se perdre** v. pr. S'égarer : *se perdre dans un bois.* ‖ Disparaître : *se perdre dans la foule.* ‖ Faire naufrage : *ce bâtiment s'est perdu sur une côte.* ‖ — *Fig.* Se débaucher : *jeune homme qui se perd.* ‖ Cesser d'être en vogue : *cette mode se perd.* ● *Je m'y perds,* je n'y comprends plus rien.

perdreau [pɛrdro] n. m. Perdrix de l'année, qui constitue un gibier estimé : *un salmis de perdreau.*

perdrigon [pɛrdrigɔ̃] n. m. Sorte de prune.

perdrix [pɛrdri] n. f. (lat. *perdix, perdicis*). Oiseau gallinacé au corps épais, qui niche dans un creux du sol. (Long. 30 cm. La *perdrix grise* se rencontre dans le nord et le centre de la France, la *perdrix rouge,* au sud de la Loire ; elles sont très recherchées comme gibier.) [Cri : la perdrix *cacabe.*]

perdu [pɛrdy], **e** adj. Absorbé, plongé dans : *être perdu dans ses réflexions, dans sa douleur.* ‖ Dont le cas est désespéré : *malade perdu.* ‖ Sans ressources, ruiné : *homme perdu.* ● *Pays perdu,* lointain, inaccessible. ‖ *Peine perdue,* peine inutile. ‖ *Temps perdu,* temps mal employé. ‖ — N. *Courir comme un perdu,* très vite. ‖ — Loc. adv. **A corps perdu,** avec impétuosité, avec ardeur. ‖ **A vos moments perdus,** à vos moments de loisir.

Perdu (*mont*), un des plus hauts sommets des Pyrénées (Espagne) ; 3 355 m.

père [pɛr] n. m. (lat. *pater*). Celui qui a un ou plusieurs enfants : *honorez votre père.* (Se dit quelquefois des animaux.) ‖ Chef d'une suite de descendants : *Abraham, le père des croyants.* ‖ Créateur : *Corneille est le père de la tragédie française.* ‖ *Fam.* Nom dont on appelle un homme d'un certain âge : *le père François.* ‖ Titre donné aux membres prêtres d'une congrégation religieuse. ● *Dieu le Père,* la première personne de la Trinité. ‖ *Père éternel,* Dieu. ‖ *Père noble,* acteur chargé du rôle des pères dans la tragédie et la haute comédie. ‖ *Père spirituel,* celui qui dirige la conscience de quelqu'un. ‖ *Le saint-père* ou *Saint-Père,* le pape. ‖ — Pl. Ancêtres : *nos pères.* ● *Les Pères de l'Eglise,* les docteurs dont les écrits font règle, pour les catholiques, en matière de foi. (En ce sens, prend une majuscule.) ‖ **— De père en fils** loc. adv. Par transmission du père aux enfants.

perdrix grises
sur la neige

perdrix rouge (à droite) et bartavelle

Père Duchesne (*le*). V. DUCHESNE (*le Père*).

Père Goriot (*le*), roman d'H. de Balzac (1834-1835) [*Scènes de la vie privée*]. Goriot a poussé l'amour paternel jusqu'à la monomanie : il s'est sacrifié à ses filles, qui l'ont abandonné dans la misérable pension Vauquer, sur la montagne Sainte-Geneviève. Un de ses voisins de pension, l'étudiant Rastignac, est témoin de la déchéance du vieillard. Il l'assiste dans son agonie, accompagne sa dépouille au Père-Lachaise et conçoit au spectacle de cet enlisement un profond mépris pour la société et pour Paris, qu'il décide de conquérir. Mais il refuse l'appui que lui offre l'ancien forçat Vautrin et demande à sa cousine Mme de Beauséant de lui ouvrir les salons du faubourg Saint-Germain.

Pérée, anc. région de la Palestine, à l'est du Jourdain, du lac de Tibériade à la mer Morte.

Péréfixe (Hardouin DE BEAUMONT DE), archevêque de Paris, né à Beaumont, près de Châtellerault (1605-1670). Il se heurta violemment aux jansénistes. (Acad. fr.)

pérégrination [peregrinasjɔ̃] n. f. (du lat. *peregrinari,* voyager). Voyage, en particulier au loin.

Pereira, v. de Colombie ; 223 500 h. Centre commercial.

Pereire, nom de deux frères, nés à Bordeaux : EMILE (1800-1875) et ISAAC (1806-1880), tous deux banquiers et parlementaires. Après la dispersion de l'école saint-simonienne, à laquelle ils avaient appartenu, ils fondèrent en 1852 le *Crédit mobilier,* prototype des grandes sociétés financières actuelles, et jouèrent un rôle important dans le développement des chemins de fer.

Perekop (*isthme de*), isthme, large de 8 km, qui unit la Crimée au continent.

Père-Lachaise (*cimetière du*), cimetière de Paris, ouvert en 1804, à Ménilmontant, sur l'emplacement d'un ancien domaine du P. de La Chaise, confesseur de Louis XIV.

péremption [perɑ̃psjɔ̃] n. f. (du lat. *perimere,* détruire). Prescription qui anéantit les actes de procédure lorsqu'un certain délai s'est écoulé sans qu'un nouvel acte intervienne.

péremptoire [perɑ̃ptwar] adj. (du lat. *peremptus,* détruit). Contre quoi on ne peut répliquer : *réponse péremptoire.* (Syn. : DÉCISIF, DOGMATIQUE, TRANCHANT.) ‖ Relatif à la péremption : *exécution péremptoire.*

péremptoirement adv. De façon péremptoire : *parler péremptoirement.*

Pérenchies (59840), comm. du Nord (arr. de Lille) ; 5 570 h. Textiles (lin, jute, chanvre, coton).

pérennant, e adj. *Organes pérennants* (Bot.), organes qui survivent pendant l'hiver chez les plantes vivaces des régions aux saisons fortement marquées.
— ENCYCL. Au sens large, la ramure d'un arbre à feuilles caduques est un *organe pérennant.* En fait, on n'applique ce terme qu'aux organes souterrains : rhizomes, bulbes, tubercules, racines tuberculeuses, etc. Ces organes sont riches en réserves nutritives amylacées ou sucrées, et beaucoup d'entre eux ont une part importante dans l'alimentation humaine : pomme de terre, carotte, betterave, igname, manioc, etc. S'ils n'ont pas été récoltés, ils « germent » au retour de la belle saison, en épuisant leurs réserves pour nourrir les feuilles et les fleurs, qui reconstituent de nouveaux organes pérennants avant l'hiver suivant.

pérenne adj. Se dit d'une rivière, d'une source dont l'écoulement n'est pas arrêté par une saison sèche.

pérenniser v. t. Rendre perpétuel. ‖ Titulariser à une fonction.

pérennité [perenite] n. f. (du lat. *perennis,* continuel). Caractère de ce qui dure toujours ou très longtemps : *la pérennité de certains usages.*

péréquation [perekwasjɔ̃] n. f. (du lat. *paraequare,* égaliser). Répartition des charges au prorata des possibilités des contribuables ou des organismes financiers qui doivent les supporter. ‖ Rajustement du montant des traitements et pensions. ‖ Politique économique livrant au consommateur, à des prix voisins, des marchandises dont les prix de revient varient suivant leur origine (produits importés et produits nationaux par exemple).

Péret (Benjamin), poète français, né à Rezé (Loire-Atlantique) [1899-1959]. Il fut l'un des plus fidèles disciples d'André Breton et l'un des principaux représentants du surréalisme (*le Grand Jeu,* 1928).

Pérez de Ayala (Ramón), écrivain espagnol, né à Oviedo (1880-1962). Ses récits composent une évocation pittoresque et satirique de la vie espagnole (*Bellarmin et Apollonius,* 1920).

Pérez de Montalván (Juan), écrivain espagnol, né à Madrid (1602-1638). Protégé de Lope de Vega, dont il fut le premier biographe, il a publié des poèmes (*Orphée,* 1624), ainsi que des comédies et des drames d'inspiration religieuse ou chevaleresque (*les Amants de Teruel,* 1638).

Pérez Galdós (Benito), écrivain espagnol, né à Las Palmas (1843-1920). Célèbre par ses romans de mœurs (*Doña Perfecta,* 1876 ; *Miséricorde,* 1897), il a composé avec les quarante-trois volumes des *Episodes nationaux* l'épopée romanesque de l'Espagne du XIXe s.

perfectibilité n. f. Qualité, caractère de ce qui est perfectible.

perfectible adj. (du lat. *perfectus,* parfait). Susceptible d'être perfectionné ou de se perfectionner.

perfection [pɛrfɛksjɔ̃] n. f. (lat. *perfectio,* achèvement). Qualité de ce qui est parfait dans son genre : *atteindre à la perfection.* ‖ — Pl. Qualités excellentes de l'âme et du corps : *être doué de toutes sortes de perfections.* ● *Perfections divines* (Théol.), attributs qui sont en Dieu à un degré infini. ‖ **— A la perfection, dans la perfection** loc. adv. D'une manière parfaite : *elle chante à la perfection.*

perfectionnement n. m. Action de perfectionner ; résultat de cette action.

perfectionner v. t. Rapprocher de la perfection ; apporter une amélioration à : *on perfectionne chaque jour les modes de locomotion.*

perfectionnisme n. m. Recherche excessive, pathologique, de la perfection.

perfectionniste n. Celui qui recherche, qui tend vers le perfectionnisme.

perfide [pɛrfid] adj. et n. Déloyal, qui manque à sa parole : *ami perfide.* ‖ — Adj. Où il y a de la perfidie : *louanges perfides.*

perfidement adv. Avec perfidie.

perfidie n. f. Déloyauté, trahison : *la perfidie est un vice détestable.* (Contr. : DROITURE, FRANCHISE, LOYAUTÉ, SINCÉRITÉ.)

perfolié [pɛrfɔlje], **e** adj. *Bot.* Se dit des feuilles qui enveloppent tellement la tige qu'elles en paraissent traversées.

perforage n. m. Syn. de PERFORATION.

perforant, e adj. Qui est propre à perforer. ● *Balle perforante,* projectile d'acier, particulièrement dur, destiné à perforer les blindages.

perforateur, trice adj. Qui sert à perforer.

perforation n. f. Action de perforer ; son résultat. ‖ *Méd.* Ouverture accidentelle des intestins, de l'estomac, etc.

perforatrice n. f. Machine servant à établir les cartes perforées. ‖ Outil rotatif pour creuser des trous de mine : *on se sert de perforatrices pour le percement des tunnels.*

perforer [pɛrfɔre] v. t. Pratiquer un trou, percer.

performance [pɛrfɔrmɑ̃s] n. f. (mot angl. ; de l'anc. fr. *parformer,* accomplir). Résultat obtenu, dans chacune de ses exhibitions en public, par un cheval de course, par un athlète, etc. ‖ Ensemble des résultats obtenus dans un test. ‖ Exploit sportif : *le coureur vient de réussir une performance.* ● *Test de performance,* épreuve non verbale destinée à apprécier les fonctions intellectuelles.

perfusion [pɛrfyzjɔ̃] n. f. Introduction lente et continue d'une substance médicamenteuse ou de sang dans un organisme ou un organe. (On pratique des perfusions intraveineuses, sous-cutanées, rectales, le plus souvent avec des dispositifs appelés *goutte-à-goutte.*)

Phot. Rödle, Radot.

Pergolèse, gravure de Wintter

Périclès, *musée du Vatican*

Périgueux : Saint-Front et son cloître

Pergame, auj. **Pergamos** ou **Bergama,** anc. v. d'Asie Mineure, sur le Caïcos, cap. d'un royaume prospère entre 282 et 133 av. J.-C. Ce fut la révolte du gouverneur Philetairos contre le roi séleucide Antiochos Ier qui fit de Pergame la capitale d'un brillant Etat hellénistique, dont l'apogée se situe au IIe s. av. J.-C., après les victoires d'Attalos Ier sur les Galates et grâce à l'alliance d'Eumenês III avec Rome contre les Séleucides (IIe s. av. J.-C.). Les Attalides firent de Pergame un centre artistique et intellectuel. Construits avec un souci inédit de l'urbanisme, les trois quartiers de la ville furent dotés de monuments dont les sculptures grandiloquentes et réalistes influenceront l'art romain. Le testament d'Attalos III (133 av. J.-C.), tout en léguant le royaume à Rome, réserva la liberté de la ville, qui devint en 129 av. J.-C. la capitale de la province romaine d'Asie.
Les fouilles ont dégagé des ruines importantes : temples, palais, théâtre, autel de Zeus dont l'enceinte à colonnade était ornée d'une frise sculptée (gigantomachie), l'une des œuvres les plus tumultueuses de l'art hellénistique (fragments au Pergamon Museum de Berlin).

Pergaud (Louis), écrivain français, né à Belmont (Doubs) [1882-1915]. Il se montra dans ses nouvelles un observateur savoureux de la vie des bêtes (*De Goupil à Margot,* 1910) et publia des récits sur la vie rurale (*la Guerre des boutons : roman de ma douzième année,* 1912).

pergélisol n. m. ou **permagel** n. m. Sous-sol gelé en permanence. (Syn. : MERZLOTA, PERMAFROST, TJÄLE.)

pergola [pɛrgɔla] n. f. (mot ital.). Tonnelle formée de colonnes et de poutrelles à claire-voie, servant de support à des plantes grimpantes.

Pergolèse (Jean-Baptiste), en ital. Giovan Battista **Pergolesi,** compositeur italien, né à Jesi (1710-1736), l'un des maîtres de l'école napolitaine, auteur d'ouvrages dramatiques (*la Servante maîtresse*), de musique symphonique et d'œuvres religieuses.

Péri (Gabriel), journaliste et homme politique français, né à Toulon (1902-1941). Député communiste, il fut fusillé par les Allemands.

Péri (*la*), « poème dansé » inspiré d'une légende persane, musique de Paul Dukas, chorégraphie d'Ivan Clustine, créé à Paris en 1912 par Natacha Trouhanova, à laquelle il était dédié, et par les Ballets russes.

Périandre, tyran de Corinthe de 627 à 587 av. J.-C. La tradition en fit l'un des Sept Sages de la Grèce.

périanthe [perjɑ̃t] n. m. (gr. *peri,* autour, et *anthos,* fleur). *Bot.* Ensemble des enveloppes florales (calice et corolle).

périarthrite n. f. Inflammation autour d'une articulation : *périarthrite scapulo-humérale* (autour de l'épaule).

péribole [peribɔl] n. m. (gr. *peri,* autour, et *ballein,* jeter). Pourtour des temples grecs, décoré de statues et de monuments votifs.

Péribonka (la) ou **Péribonca** (la), riv. du Canada (Québec), tributaire du lac Saint-Jean ; 480 km.

péricarde [perikard] n. m. (gr. *peri,* autour, et *kardia,* cœur). Séreuse entourant le cœur, formée de deux feuillets.

péricardite n. f. Inflammation du péricarde.
— ENCYCL. Les *péricardites* peuvent être dues au rhumatisme articulaire aigu, à la tuberculose ou à des germes banaux. Elles se manifestent par la douleur au cœur, la dyspnée et, à l'auscultation, par un bruit spécial, le frottement péricardique ; un épanchement liquide peut envahir la cavité entre les deux feuillets.

péricarpe [perikarp] n. m. (gr. *peri,* autour, et *karpos,* fruit). Partie du fruit qui provient du développement des parois de l'ovaire ou du réceptacle floral, et qui entoure et protège la graine.
— ENCYCL. C'est le *péricarpe* qui constitue la partie comestible des fruits charnus. Dans les baies, il entoure directement les pépins (groseille) ; dans les drupes (abricot), sa paroi interne, ou *endocarpe,* constitue le noyau, et la graine prend le nom d'*amande.* La peau du fruit est appelée *épicarpe,* et la chair *mésocarpe.*

Périclès, homme d'Etat athénien (v. 495-429 av. J.-C.), fils de Xanthippos, chef des démocrates. Ses maîtres, notamment Zénon d'Elée, lui inspirèrent un idéal élevé. Entré dans la vie politique à trente ans, il participa à la lutte contre l'Aréopage et contre l'aristocrate Cimon (463). Ayant remplacé Ephialtès à la tête du parti démocratique, il dirigea l'Etat en tant que stratège, magistrature à laquelle il fut presque constamment réélu de 443 à 429. Il poursuivit la démocratisation de la vie politique, notamment en appliquant le tirage au sort à de nombreuses magistratures, en ouvrant l'archontat à tous les citoyens et en s'occupant des plus pauvres. Longtemps partisan de la guerre à outrance contre Sparte, puis contre les Perses, il se montra, après la paix de Trente Ans (446), favorable à la paix, comptant davantage sur les méthodes pacifiques et les réalisations culturelles et sociales pour imposer à la Grèce l'hégémonie d'Athènes. Attirant artistes et penseurs, il fit d'Athènes une ville admirable (Parthénon) et marqua tellement la civilisation grecque de son génie que le Ve s. av. J.-C. est resté « le siècle de Périclès ». A l'intérieur de la Confédération athénienne, il dut imposer des clérouquies pour éviter les manifestations d'indépendance. Peu à peu, cependant, l'opposition grandit contre lui. Profitant du découragement au début de la guerre du Péloponnèse, ses adversaires attaquèrent sa gestion et lui firent infliger une amende. En 429, Périclès succomba à la peste.

péricliter [periklite] v. i. (du lat. *periculum,* péril). Etre en péril ; décliner, aller à la ruine : *entreprise qui périclite.*

péricrâne n. m. Périoste de la surface extérieure du crâne.

péricycle n. m. (gr. *peri,* autour, et *kuklos,* cercle). *Bot.* Zone la plus externe du cylindre central de la tige et de la racine.

péridiniens [peridinjɛ̃] n. m. pl. Protistes marins et d'eau douce, à deux flagelles, contenant des plastes jaunes ou bruns.

péridot [perido] n. m. Silicate de magnésium et de fer des roches éruptives. ‖ Pierre fine appelée aussi *olivine.*

Perier (Casimir), banquier et homme politique français, né à Grenoble (1777-1832). Député de Paris et membre de l'opposition libérale sous la Restauration, il devint président du Conseil en 1831, réprima énergiquement les insurrections de Paris et de Lyon, soutint la Belgique contre la Hollande et arrêta les Autrichiens par l'expédition d'Ancône. (V. CASIMIR-PERIER.)

Périers (50190), ch.-l. de c. de la Manche (arr. de Coutances) ; 2 736 h. (2 319 aggl.).

périgée [periʒe] n. m. (gr. *peri,* autour, et *gê,* terre). Point de l'orbite, réelle ou apparente, d'un astre le plus voisin de la Terre. (Contr. APOGÉE.)

périglaciaire adj. Se dit d'un système d'érosion caractérisé par l'importance du gel et du dégel dans l'évolution des formes du relief, intéressant généralement (mais pas exclusivement) les régions proches des glaciers.

Pérignon (*dom* Pierre), bénédictin français, né à Sainte-Menehould (1638-1715). Il aurait appliqué au champagne le procédé de fabrication des vins mousseux.

Pérignon (Dominique Catherine, *marquis* DE), maréchal de France, né à Grenade-sur-Garonne (1754-1818). Il se distingua pendant les guerres de la Révolution contre les Espagnols.

Périgny (17000 La Rochelle), comm. de la Charente-Maritime (arr. de La Rochelle) ; 1 737 h. Automobiles.

Périgord, comté français, constitué au XIe s., qui passa en 1470 à la maison de Foix, en 1517 à celle d'Albret, en 1574 à celle de Bourbon-Vendôme. Il fut réuni à la Couronne par Henri IV en 1607. Il forme aujourd'hui la majeure partie du dép. de la Dordogne. (Hab. *Périgourdins.*) Constituant l'extrémité nord-est du bassin d'Aquitaine, le Périgord est formé de plateaux arides et peu peuplés, entaillés par des vallées fertiles (Isle, Dordogne, Vézère), où, depuis la préhistoire, se sont concentrées populations et cultures.

périgourdin [perigurdɛ̃], **e** [-in] adj. et n. Du Périgord ou de Périgueux. ‖ Variété de porc de race ibérique, voisine de la *limousine,* utilisée, surtout autrefois, pour la recherche des truffes.

Périgueux (24000), ch.-l. du dép. de la Dordogne et anc. cap. du Périgord, sur l'Isle, à 476 km au sud-ouest de Paris ; 40 091 h. (*Pétrocoriens* ou *Périgourdins*). [L'agglomération compte 56 946 h.] Evêché. Vestiges de la cité gallo-romaine (arènes). Eglise Saint-Etienne (XIIe s.). Cathédrale Saint-Front, romano-byzantine (XIIe-XIVe s.). Maisons médiévales et hôtels Renaissance. Matériel ferroviaire. Industries alimentaires. Chaussures. — L'arr. a 16 cant., 199 comm., 162 207 h.

périhélie [perieli] n. m. (gr. *peri,* autour, et *hêlios,* soleil). Point de l'orbite d'une planète le plus voisin du Soleil. (Contr. APHÉLIE.)

péril [peril] n. m. (lat. *periculum*). Etat, situation d'une personne qui court de grands risques : *braver le péril, les périls.* ● *Arrêté de péril* (Dr.), arrêté municipal ordonnant l'évacuation d'un immeuble menaçant de s'effondrer. ‖ *Au péril de,* au risque de perdre : *au péril de sa vie.*

périlleusement adv. Avec péril.

périlleux [perijø], **euse** [-øz] adj. (lat. *periculosus*). Où il y a du péril : *entreprise périlleuse.*

Perim, île fortifiée du détroit de Bāb al-Mandab (dépendance du Yémen démocratique) ; 360 h.

périmer (se) [səperime] v. pr. ou **être périmé** v. passif (lat. *perimere,* détruire). Perdre sa valeur, passé un certain délai. (Se dit d'un procès éteint par péremption, d'un billet ou d'un permis inutilisé au cours de sa période de validité.)

périmètre [perimɛtr] n. m. (gr. *peri,* autour, et *mètre*). *Math.* Ligne, contour d'une figure tracée sur un plan ou sur une surface : *la circonférence est le périmètre du cercle.* ‖ Sa longueur. ‖ Contour d'un espace quelconque : *le périmètre d'une ville.*

périnatal, e, aux adj. Relatif à la périnatalité : *médecine périnatale.*

périnatalité n. f. Période qui précède et qui suit immédiatement la naissance.

périnéal, e, aux adj. Relatif au périnée : *fistule périnéale.*

périnée n. m. (gr. *perineos*). Partie inférieure du petit bassin, traversé chez l'homme par l'urètre et le rectum, chez la femme par l'urètre, le vagin et le rectum.

périnéorraphie n. f. Reconstitution chirurgicale du périnée, chez la femme, nécessaire en cas de prolapsus utérin ou en cas de lésions dues à l'accouchement.

période [perjɔd] n. f. (lat. *periodus,* empr. au gr.). Espace de temps, époque : *les grandes périodes de l'histoire.* ‖ Temps qu'une planète ou une comète met pour accomplir sa révolution ou pour revenir dans la même situation : *la période lunaire est d'un peu plus de vingt-sept jours.* ‖ Chacune des grandes divisions des ères géologiques. (Syn. SYSTÈME.) ‖ Phrase composée de plusieurs propositions harmonieusement enchaînées : *période oratoire.* ‖ Phase d'une maladie : *la période d'invasion, de déclin.* ‖ Temps d'instruction militaire de durée limitée, destiné à préparer le réserviste à son emploi lors de la mobilisation. ‖ *Math.* Le plus petit nombre fixe que l'on peut ajouter à la variable de certaines fonctions pour que celles-ci reprennent la même valeur. ‖ *Phys.* Intervalle de temps constant séparant deux passages successifs d'une grandeur variable par la même valeur, avec même sens de la variation : *période d'un pendule, d'un courant alternatif.* ‖ *Mus.* Fragment d'une mélodie formant un membre de phrase harmonieux et cohérent. ● *Période d'une fraction périodique* (Math.), tranche de chiffres qui, dans le développement décimal de cette fraction, se reproduit sans cesse de nouveau à partir de la virgule d'une certaine décimale. ‖ *Période d'un radio-élément,* temps au bout duquel la moitié de la masse d'un radio-élément s'est désintégrée. ‖ *Période suspecte* (Dr.), période précédant un jugement déclaratif de faillite, pendant laquelle les actes du failli sont annulables. ‖ — Pl. *Périodes menstruelles,* ou *périodes* (Méd.), syn. de MENSTRUES.

périodicité n. f. Etat de ce qui est périodique : *la périodicité des comètes.*

périodique adj. Qui se reproduit à intervalles de temps égaux : *mouvement périodique.* ‖ Qui paraît à époque fixe : *publication périodique.* ‖ *Math.* Se dit d'une fonc-

Phot. Lauros-Giraudon, Anderson-Giraudon, Ray-Delvert.

tion qui reprend sa valeur lorsque la variable subit un accroissement égal à un multiple quelconque d'une quantité fixe appelée « période » : *les fonctions trigonométriques sont des fonctions périodiques.* (Une fonction de la variable *z* peut avoir un nombre quelconque de périodes, mais, pour que cette fonction soit bien déterminée, il faut que le nombre de périodes ne dépasse pas deux et que leur rapport soit imaginaire. Les fonctions doublement périodiques sont les fonctions « elliptiques » et leurs composés.) ● *Fraction périodique,* fraction dans le développement décimal de laquelle se reproduit sans cesse de nouveau une même tranche de chiffres, soit à partir de la virgule, soit à partir d'une certaine décimale. || — N. m. Journal, revue qui paraît à des époques déterminées.

périodiquement adv. De façon périodique.

périoste [perjɔst] n. m. (gr. *peri,* autour, et *osteon,* os). Membrane conjonctive qui entoure les os et assure leur croissance en épaisseur.

périostite n. f. Inflammation du périoste.

péripatéticien [peripatetisjɛ̃], **enne** [-ɛn] adj. et n. (du gr. *peripatêtikos;* de *peripatein,* se promener [parce que Aristote enseignait en marchant]). Qui appartient au péripatétisme : *secte péripatéticienne.*

péripatéticienne n. f. *Fam.* Prostituée qui se promène sur le trottoir.

péripatétisme n. m. Philosophie d'Aristote.

péripétie [peripesi] n. f. (gr. *peripeteia,* événement imprévu). Changement subit de fortune dans la situation d'un héros de théâtre ou de roman. || Circonstance particulière d'un fait général, qui amène quelque changement, qui émeut ou saisit : *les péripéties d'une guerre.* (Syn. : AVENTURE, ÉPISODE, ÉVÉNEMENT, INCIDENT.)

périphérie [periferi] n. f. (gr. *periphereia,* circonférence). Pourtour. || Surface extérieure d'un solide. || Ensemble des quartiers situés sur le pourtour d'une ville.

périphérique adj. Relatif à la périphérie : *ligne périphérique.* || Qui suit le pourtour de quelque chose : *boulevard périphérique.* ● *Emetteur, poste, station périphérique,* émetteur de radiodiffusion d'expression française situé dans des pays limitrophes, près des frontières françaises.

périphlébite n. f. Inflammation autour d'une veine. (La périphlébite s'oppose à la *phlébite,* qui est l'inflammation à l'intérieur d'une veine ; elle se manifeste le plus souvent par une induration douloureuse et une rougeur le long d'une veine superficielle de la jambe.)

périphrase [perifrɑz] n. f. (du gr. *periphrasis*). Circonlocution exprimant ce qu'on ne veut pas dire en termes propres. (Ex. : la *messagère du printemps,* pour *l'hirondelle ; l'astre de la nuit,* pour la *lune.*)

périphrastique adj. Qui tient de la périphrase : *expression périphrastique.* || Qui abonde en périphrases.

périple [peripl] n. m. (gr. *periploos,* navigation autour). Navigation autour d'une mer, d'un pays. || Voyage touristique.

périptère [periptɛr] n. m. et adj. (gr. *peri,* autour, et *pteron,* aile). Se dit d'un édifice entouré d'un seul rang de colonnes : *la Madeleine est un édifice périptère.*

périr [perir] v. i. (lat. *perire*) [prend toujours l'auxiliaire *avoir*]. Mourir prématurément ou d'une manière violente : *périr dans un incendie.* || Faire naufrage : *le vaisseau a péri sur les récifs.* || — *Fig.* Tomber en ruine, en décadence : *les plus grands empires ont péri.* || Etre excédé : *périr d'ennui.* || — Syn. : S'ÉTEINDRE, EXPIRER, SUCCOMBER, TRÉPASSER.

périscolaire adj. Qui s'ajoute à l'enseignement scolaire proprement dit, pour le compléter : *activités périscolaires.*

périscope [periskɔp] n. m. (gr. *peri,* autour, et *skopein,* examiner). Appareil optique, formé de lentilles et de prismes à réflexion totale, qui permet de voir par-dessus un obstacle. || Tube coulissant équipé d'un système optique permettant à un sous-marin en plongée d'observer à la surface.

périscopique adj. Se dit d'un verre d'optique qui donne au champ visuel une grande étendue : *objectif périscopique.*

périsperme [perispɛrm] n. m. *Bot.* Tissu de réserve de certaines graines (nénuphar, poivre).

périsprit n. m. (de *peri* et *esprit*). *Spirit.* Enveloppe fluidique qui servirait de lien entre le corps et l'esprit.

périssable adj. Capable de s'altérer. ● *Denrées périssables,* denrées qui exigent une consommation immédiate, comme les fruits et les légumes.

périssodactyles [perisɔdaktil] n. m. pl. (gr. *perissos,* superflu, et *daktulos,* doigt). Sous-ordre de mammifères ongulés à nombre impair de doigts, le doigt médian étant le plus développé (rhinocéros, tapir, cheval).

périssoire [periswar] n. f. (de *périr*). Embarcation étroite et longue, mue au moyen d'une pagaie double.

périssologie [perisɔlɔʒi] n. f. (gr. *perissos,* superflu, et *logos,* discours). Pléonasme fautif. (Ex. : *une hémorragie* DE SANG.)

péristaltique [peristaltik] adj. (du gr. *peristellein,* envelopper). *Mouvement péristaltique,* constriction annulaire qui se propage en sens normal le long du tube digestif : *l'ensemble des mouvements péristaltiques permet la progression des aliments.*

Permeke
« les Deux Frères marins »
musée de Bâle

périssoire

péristome [peristom] n. m. *Bot.* Bord de l'ouverture de l'urne des mousses, garni de dents qui s'écartent par temps sec. || *Zool.* Bord de l'ouverture de la coquille des mollusques gastropodes. || Fente à la surface de certains protozoaires ciliés (paramécie), au fond de laquelle s'ouvre la bouche.

péristyle [peristil] n. m. (lat. *peristylum ;* du gr. *peri,* autour, et *stulos,* colonne). *Archit.* Galerie à colonnes isolées, autour d'un édifice ou d'une cour : *le péristyle de la Madeleine.* || Ensemble des colonnes d'une façade, d'un bâtiment : *le péristyle du Panthéon.*

périthèce [peritɛs] n. m. (gr. *peri,* autour, et *thêkê,* étui). Enveloppe des asques de certains champignons (truffe, pezize).

péritoine [peritwan] n. m. (gr. *peritonaion,* ce qui est tendu autour). Membrane séreuse qui tapisse la cavité de l'abdomen et les organes qui y sont contenus.
— ENCYCL. Le *péritoine* présente deux feuillets : un feuillet pariétal, appelé encore *péritoine pariétal,* appliqué sur les parois des cavités abdominale et pelvienne, et un feuillet viscéral, ou *péritoine viscéral,* qui revêt les organes abdominaux et pelviens. Ce revêtement est tellement intime que ce feuillet forme une des tuniques de ces organes. Schématiquement, le péritoine forme un « grand sac » (appelé *cavité péritonéale*), dans lequel les différents organes pénètrent en s'entourant du feuillet viscéral ; ces différents organes restent reliés à la paroi postérieure par des vaisseaux et des nerfs qui cheminent à l'intérieur du repli péritonéal qui se trouve ainsi constitué. Au cours du développement de l'embryon, les organes abdominaux subissent de nombreuses transformations, entraînant avec eux de multiples replis du péritoine : petit épiploon, grand épiploon, mésentère, etc.

péritonite n. f. Inflammation du péritoine : *la péritonite nécessite une intervention chirurgicale urgente.*
— ENCYCL. La *péritonite* peut être généralisée ou localisée autour d'un organe. Les *péritonites aiguës* sont le plus souvent dues à une appendicite, à la perforation d'un ulcère de l'estomac, à une cholécystite ou, chez la femme, à une infection génitale ; elles se manifestent par de vives douleurs abdominales, des vomissements, une forte contracture des muscles de la paroi du ventre. Les *péritonites chroniques* sont d'origine cancéreuse ou tuberculeuse.

Perkin (*sir* William Henry), chimiste anglais, né à Londres (1838-1907). Il découvrit les couleurs d'aniline, dont il prépara la première, la mauvéine, en 1856.

perle [pɛrl] n. f. (ital. *perla*). Concrétion sphérique ou d'autre forme, qui se crée autour de corps étrangers, entre le manteau et la coquille de certains mollusques bivalves. (V. *encycl.*) || Insecte voisin de l'éphémère, vivant près de l'eau, dans laquelle se développe sa larve. || Petite boule de verre, de métal, etc., percée d'un trou : *perle de jais.* || *Archit.* Ornement en forme de petite boule dont on décore les moulures dites *baguettes.* || Goutte de liquide limpide : *les perles de la rosée.* || *Fig.* Ce qu'il y a de mieux dans un genre : *c'est la perle des honnêtes gens.* || *Fam.* Erreur ridicule : *relever des perles dans un devoir d'élève.*
— ENCYCL. La principale source de *perles fines* fut longtemps constituée par les huîtres perlières pêchées près des rives de l'océan Indien et du Pacifique. Les *perles de culture,* provenant des élevages d'huîtres perlières au Japon et en Australie, sont obtenues non comme les perles fines, qui se forment sans l'intervention de l'homme, mais par l'insertion d'une boule de nacre taillée, autour de laquelle l'huître sécrétera des couches perlières. La perle fine est constituée de couches concentriques. Sa substance est faite de cristaux de carbonate de calcium reliés par une matière organique.

Perle (la), principale étoile d'une constellation de l'hémisphère boréal, la *Couronne boréale.*

perlé, e adj. Orné de perles : *tissu perlé.* || *Fig.* Très soigné, parfait : *travail perlé.* ● *Grève perlée,* ralentissement concerté dans le travail.

perlèche [pɛrlɛʃ] ou **pourlèche** [pur-] n. f. Maladie de la commissure des lèvres.

perler v. t. Faire à la perfection : *perler un ouvrage.* || — V. i. Se former en gouttelettes : *la sueur lui perle au front.*

perlier, ère adj. (de *perle*). Qui renferme, qui produit des perles : *huîtres perlières.*

perlimpinpin [pɛrlɛ̃pɛ̃pɛ̃] n. m. *Poudre de perlimpinpin,* poudre prétendue magique des charlatans.

perlot [pɛrlo] n. m. Nom de petites huîtres des côtes de la Manche. || *Pop.* Tabac. (Vieilli.)

Perm', de 1940 à 1957 **Molotov,** v. de l'U. R. S. S. (R. S. F. S. de Russie), dans l'Oural, sur la Kama ; 850 000 h. Métallurgie. Raffinage du pétrole. Chimie.

permafrost [pɛrmafrɔst] n. m. (mot allem.). Syn. de PERGÉLISOL.

Permalloy [pɛrmalwa] n. m. Nom commercial d'un alliage de nickel et de fer doué d'une perméabilité magnétique élevée.

permanence n. f. Durée constante : *la permanence du pouvoir entre les mêmes mains.* || Service permanent ; lieu où il fonctionne : *permanence électorale.* || Salle où sont rassemblés et surveillés les élèves qui, pour une raison quelconque, n'ont pas de classe. ● *En permanence,* sans absence ni interruption.

permanent [pɛrmanɑ̃], **e** [-ɑ̃t] adj. (lat. *permanens,* qui dure). Qui dure sans intermittence ni changement : *spectacle permanent.* || Qui donne un spectacle continu : *cinéma permanent.* ● *Pli permanent,* pli fait à une étoffe de façon durable en la mettant sous presse à une température de 180 °C, supportée seulement par certains tissus de fibres synthétiques.

permanent n. m. Membre d'un groupement, rémunéré pour se consacrer à son administration.

permanente n. f. Traitement que l'on fait subir aux cheveux pour les onduler de façon durable.

permanganate [pɛrmɑ̃ganat] n. m. Sel de l'acide permanganique $HMnO_4$: *les permanganates de potassium et de calcium sont de puissants antiseptiques.*

perméabilité n. f. Propriété des corps qui se laissent traverser par des liquides, des gaz. ● *Perméabilité magnétique,* propriété d'un corps qui se laisse traverser par un flux magnétique. || *Perméabilité sélective,* propriété des cellules vivantes d'absorber certaines substances, quelle que soit leur concentration, et d'en refuser d'autres.

perméable [pɛrmeabl] adj. (du lat. *permeare,* passer au travers). Se dit des corps qui se laissent traverser par des fluides : *le papier buvard est perméable à l'eau.* || Qui se laisse influencer : *perméable à certaines opinions.*

Permeke (Constant), peintre et sculpteur belge, né à Anvers (1886-1952), un des maîtres de l'expressionnisme moderne. D'abord marqué par les impressionnistes, il s'est orienté vers un art baroque, puis vers un réalisme monumental. Par ses formes ramassées et puissantes, ainsi que par son coloris sombre, il exprime une vision âpre du monde (*l'Etable,* musée national d'Art moderne). Il a exécuté quelques sculptures à partir de 1936.

permettre [pɛrmɛtr] v. tr. (lat. *permittere*) [conj. **49**]. Donner la liberté, le pouvoir de faire, de dire : *faire ce que les lois permettent.* || Autoriser : *permettre l'usage du vin.* || Tolérer : *il faut permettre ce qu'on ne peut empêcher.* || Donner le moyen, le loisir de : *si mes occupations me le permettent.* || — **Se permettre** v. pr. Prendre la liberté, la licence de : *elle s'est permis de tenir ce langage.*

Permiaks ou **Permiens,** ethnie finno-ougrienne de l'Oural.

Phot. Perrin - Atlas-Photo, Schwitter.

élevage de lamas dans les Andes

permien [pɛrmjɛ̃] n. m. et adj. (de la ville de *Perm'*). Dernière période de l'ère primaire, d'une durée approximative de 30 millions d'années.

permis [pɛrmi] n. m. Autorisation écrite requise pour l'exercice de certaines activités ou pour l'emploi de certains appareils : *permis de chasse ; permis de construire ; permis de conduire.*

permissif, ive adj. *Société permissive,* type de société laissant la plus large place aux libertés individuelles et tolérant notamment ce qui est le plus souvent condamné par la morale courante (usage des stupéfiants, possibilité de vivre en marge, etc.).

permission [pɛrmisjɔ̃] n. f. (du lat. *permissus,* permis). Autorisation : *accorder une permission.* ‖ Congé de courte durée accordé à un militaire. (Depuis la publication du nouveau règlement de discipline générale dans les armées [1966], tous les militaires en permission ont le droit de revêtir la tenue civile et de circuler à l'intérieur du territoire métropolitain sans être tenu de respecter les limites de leur garnison.)

permissionnaire n. m. Militaire qui possède une permission écrite de s'absenter.

permittivité n. f. Constante caractérisant le champ électrique régnant dans un diélectrique.

permutabilité n. f. Caractère de ce qui est permutable.

permutable adj. Susceptible de permutation : *lettres permutables.*

permutation n. f. Echange d'une place, d'un emploi contre un autre. ‖ Transposition réciproque de deux choses. ‖ *Math.* Passage d'un ordre de succession déterminé de *m* éléments à un autre ordre de succession des mêmes éléments. ● *Permutation de m éléments,* chacun des ordres de succession dans lesquels on peut disposer ces *m* éléments. [Le nombre de permutations possibles de *m* objets (P_m) est *m !* (factorielle *m*).]

permuter [pɛrmyte] v. t. (lat. *permutare*). Echanger, remplacer : *permuter des emplois.* ‖ — V. i. Echanger un emploi, une place : *permuter avec un collègue.*

Pernambouc, en portug. **Pernambuco,** Etat du nord-est du Brésil ; 4 729 000 h. Cap. *Recife* (anc. *Pernambouc*). L'Etat juxtapose une partie orientale, sur l'Atlantique, chaude et humide, portant notamment des plantations de canne à sucre, et une partie occidentale, plus sèche, domaine du coton et surtout d'un élevage extensif. L'agglomération de Recife, principale ville du *Nordeste* brésilien, regroupe environ le quart de la population de l'Etat.

Pernes-les-Fontaines (84210), ch.-l. de c. de Vaucluse (arr. de Carpentras) ; 5 560 h. (2 954 aggl.). Eglise romane. Fortifications (XIIIe-XVe s.).

pernicieusement adv. De façon pernicieuse.

pernicieux [pɛrnisjø], **euse** [-øz] adj. (du lat. *pernicies,* ruine). Dangereux, nuisible : *l'alcool est pernicieux à la santé.* ‖ Qui provoque la ruine : *une invention pernicieuse.* ● *Anémie pernicieuse,* anc. appellation de la maladie de Biermer, caractérisée par une anémie globulaire sévère s'accompagnant d'une forte charge en hémoglobine des globules rouges. (Elle est curable par la vitamine B_{12}.) ‖ *Fièvre pernicieuse,* fièvre paludéenne grave.

Pernik, de 1949 à 1962 **Dimitrovo,** v. de Bulgarie, au sud-ouest de Sofia ; 80 000 h. Lignite. Sidérurgie.

Pernis, localité des Pays-Bas, près de Rotterdam. Grand centre de raffinage du pétrole et de pétrochimie.

Pero-Casevecchie [-kazevekje] (20230 San Nicolao), ch.-l. de c. de la Corse (arr. de Bastia) ; 395 h.

Perón (Juan Domingo), homme d'Etat argentin, né à Lobos (Buenos Aires) en 1895. Colonel, il participa au coup d'Etat de 1943 et devint vice-président, puis président de la République (1946), avec possibilité de se faire réélire. Ainsi, maître du pouvoir durant neuf ans, exerça-t-il une véritable dictature, fondée sur le « justicialisme », doctrine qui prônait des réformes sociales et le dirigisme économique. Il entreprit une politique de nationalisations et d'expropriations, mais il entra en conflit avec l'Eglise et aussi avec l'armée : celle-ci l'obligea à se démettre en septembre 1955. Perón se réfugia en Espagne. Mais l'un de ses partisans, Héctor Campora, devient président de la République en 1973. Lui-même revient au pouvoir la même année, mais il meurt dès 1974. — Sa deuxième femme, Eva **Duarte,** née à Los Toldos (Buenos Aires) [1919-1952], créa le parti laboriste féminin et se posa en protectrice des déshérités (*descamisados*). Elle acquit une grande popularité. — Sa troisième femme, María Estela **Martínez,** née à La Rioja en 1931, lui succède.

péroné [perɔne] n. m. (gr. *peronê,* cheville). Os long et grêle, placé à la partie externe de la jambe. (Le péroné s'articule à ses deux extrémités avec le tibia ; il possède en haut une apophyse nommée *apophyse styloïde* et, en bas, sa *malléole* forme avec l'extrémité inférieure du tibia une mortaise dans laquelle s'encastre l'astragale.)

péronier adj. et n. m. Se dit de trois muscles qui s'attachent en haut au péroné et en bas aux métatarsiens.

Péronne (80200), ch.-l. d'arr. de la Somme, sur la Somme ; 7 701 h. (6 877 aggl.) [*Péronnais*]. Textiles. Château (XIIIe s.) et église (XVIe s.). Restes de remparts (XVIIe s.). Charles le Simple, enfermé dans son château (923), y mourut en 929. Charles le Téméraire et Louis XI y eurent une entrevue, et ce dernier dut y signer, sous les menaces, un traité humiliant (1468). — L'arr. a 8 cant., 171 comm., 80 949 h.

le général **Perón** et sa femme Eva

péronnelle [perɔnɛl] n. f. (d'un personnage de chanson). *Fam.* Femme ou fille sotte et babillarde.

péronosporacées [perɔnɔspɔrase] ou **péronosporales** [-ral] n. f. pl. Famille ou ordre de champignons inférieurs, parasites de végétaux sur lesquels ils produisent les mildious. (Ils appartiennent à la classe des siphomycètes ; principaux genres : *phytophthora, plasmopara.*)

péroraison [perɔrɛzɔ̃] n. f. Dernière partie, conclusion d'un discours : *la péroraison résume d'une manière rapide et émouvante les principaux arguments du discours.*

pérorer v. i. (lat. *perorare,* plaider). Discourir longuement et avec emphase.

pérot [pero] n. m. (dimin. de *père*). Arbre qui a les deux âges de la coupe du bois.

Pérotin, compositeur parisien du début du XIIIe s., maître de l'école polyphonique de Notre-Dame de Paris. Il a écrit des organums à trois et quatre voix, ainsi que des conduits.

Pérou, république d'Amérique du Sud, sur le Pacifique ; 1 285 000 km² ; 14 millions d'hab. (*Péruviens*). Cap. *Lima.* Langue : *espagnol.*

Géographie.

Entre l'équateur et le 18e degré de lat. sud, le Pérou, grand comme plus de deux fois la France, est quatre fois moins peuplé. Il est formé de trois régions naturelles à l'étendue et au peuplement très inégaux.

Au centre, les *Andes* (la *sierra*) occupent approximativement le quart de la superficie du pays, dont elles concentrent un peu plus de la moitié de la population totale. Dépassant parfois 6 000 m au sud, là où l'altitude est le plus élevée, elles juxtaposent des paysages variés ; hauts sommets souvent volcaniques au sud-ouest, plateaux d'altitude (*punas*), grandes vallées (Apurímac, Marañón). Le climat varie avec la latitude et l'altitude. Il se caractérise généralement par l'opposition d'une saison des pluies (de décembre à mars) et d'une saison sèche (occupant le reste de l'année). La steppe est la formation végétale dominante. La population, comprenant plus de deux tiers d'Amérindiens, est particulièrement dense autour de Cajamarca, de Huarás et de Huancayo. Elle se consacre essentiellement à l'agriculture (pomme de terre et élevage des moutons et des lamas principalement), pratiqué encore parfois dans un cadre communautaire. L'économie rurale est caractérisée par le contraste entre petites et grandes propriétés (près de trois quarts des fermes occupent moins de 4 p. 100 des terres mais 10 p. 100 des propriétés couvrent 85 p. 100 des terres). L'industrie est représentée par les activités extractives, argent et principalement cuivre, qui animent la région de La Oroya-Cerro de Pasco, au nord-ouest de Cuzco, l'ancienne capitale de l'Empire inca et toujours la plus grande ville des Andes péruviennes.

Le *littoral* est constitué d'une bande de terres basses, développée surtout au nord de Trujillo. Les précipitations y sont inférieures à 100 mm, aridité liée essentiellement à la proximité d'un courant marin froid (courant de Humboldt ou du Pérou). L'agriculture se réfugie dans les fonds de vallée ou dans les quelques secteurs irrigués. Là, dans de grandes haciendas poussent le coton (autour de Piura), le riz et la canne à sucre (Chiclayo), la vigne (Pisco), les légumes (Tacna), la vigne et l'olivier

Phot. Girard-Rapho, A. I.

le port de Callao — **Pérou** — la forêt amazonienne

(Moquegua). 2 p. 100 des exploitations occupent plus de la moitié des terres. Le littoral est aujourd'hui animé par la pêche, pour laquelle le Pérou occupe maintenant le premier rang mondial, et valorise sur place (farine de poisson) la majeure partie de la production (environ 9 Mt de prises, anchois essentiellement). Il regroupe plus de 40 p. 100 de la population du pays, part qui tend à augmenter en raison d'une émigration andine, dirigée notamment vers Lima, dont l'agglomération (avec le port de Callao) regroupe près de 2 millions d'hab. L'ouest du Pérou possède encore la quasi-totalité des gisements de pétrole (autour de Talara) et le seul centre sidérurgique du pays (Chimbote), favorisé par la présence de minerai de fer, plus au sud, en bordure de la sierra, près de San Juan (Marcona).

L'Est (*Oriente*) occupe plus de la moitié de la superficie du pays, mais est très peu peuplé (1 h. au kilomètre carré en moyenne). C'est une partie du bassin supérieur de l'Amazone, opposant la bordure de la montagne (*Ceja de montaña*), relativement sèche, qui juxtapose forêts claires, steppes et buissons, et la plaine amazonienne proprement dite, humide, où domine la grande forêt. L'Oriente est une région pionnière, où la colonisation progresse lentement.

Au total, la population péruvienne comprend la moitié d'Amérindiens. Elle s'accroît aujourd'hui à un rythme annuel supérieur à 2 p. 100. La moitié de cette population est urbanisée, et une part égale de la population active se consacre à l'agriculture. Celle-ci n'assure pourtant que le cinquième du produit intérieur brut et ne satisfait pas entièrement les besoins du pays, en céréales notamment. L'industrie fournit le quart du produit intérieur brut. Le zinc, l'argent et surtout le cuivre (0,2 Mt) et le fer (5,3 Mt) sont les principaux produits de l'activité minière. La production d'acier est encore faible. Les industries de transformation (mise à part la métallurgie des non-ferreux) sont peu développées (textile, alimentation), destinées uniquement au marché intérieur.

La balance commerciale est à peu près équilibrée. Parmi les exportations dominent les produits de la pêche, de la métallurgie primaire (cuivre, argent, plomb) et de l'agriculture (coton, canne à sucre). Les articles manufacturés constituent naturellement l'essentiel des importations. En 1965, les Etats-Unis étaient de loin le principal partenaire commercial du Pérou, dont ils fournissaient 40 p. 100 des importations et absorbaient le tiers des ventes. Toutefois, la création, en 1961, de la zone de libre-échange latino-américaine a provoqué une augmentation rapide des échanges avec l'Argentine, le Brésil, le Mexique, le Venezuela, etc.

Histoire.

Le Pérou fut le centre de nombreuses civilisations amérindiennes ; v. 1200 apr. J.-C., la dynastie inca* prit naissance chez les Quechuas de la vallée de Cuzco et étendit sa domination sur les plateaux andins. Grâce à elle s'y épanouit une remarquable civilisation. Profitant des dissensions internes de l'Etat inca, l'aventurier espagnol Pizarro le détruisit à partir de 1533. Charles Quint créa la vice-royauté du Pérou, qui s'étendait à une grande partie de l'Amérique du Sud. Le système colonial espagnol était fondé sur l'exploitation des Indiens groupés en communautés agricoles et sur l'exploitation intensive du sous-sol, particulièrement riche en argent (Potosí). Quand les mines s'épuisèrent (XVIIIe s.), le pays s'appauvrit et se dépeupla, tandis que le territoire de la vice-royauté du Pérou était réduit par la création d'autres vice-royautés et capitaineries générales en Amérique du Sud.

C'est San Martín qui proclama l'indépendance du Pérou à Lima en 1821 ; en 1823-1824, Bolívar acheva la destruction de l'armée espagnole (victoire d'Ayacucho). Après le départ de ce dernier, le pays connut l'anarchie. La confédération péruviano-bolivienne ne dura que trois ans (1836-1839). Président de la République de 1845 à 1851, Ramón Castilla, qui renversa son successeur en 1854 et fut réélu de 1858 à 1862, pratiqua une politique sociale très ouverte. Un conflit (1879-1883) avec le Chili à propos de la province littorale de Tarapacá se termina par la défaite du Pérou, qui perdit une partie du littoral méridional. Le pays, ruiné, connut au début du XXe s. un nouvel essor grâce à l'exploitation minière : cet essor fut facilité par la dictature de A. B. Leguía (1908-1912, 1919-1930). Un conflit frontalier avec l'Equateur a été clos en 1945 en faveur du Pérou. En 1963, F. Belaúnde Terry, leader de l'Action populaire, fut élu président de la République. En 1968, un coup d'Etat le renversa, et la junte militaire qui prit le pouvoir nomma Velasco Alvarado, chef des forces armées, au poste de président de la République. Ce dernier a entrepris des réformes économiques et sociales importantes. Le 31 mai 1970, un tremblement de terre, dans les régions au nord de Lima, fait plus de 50 000 morts.

Pérouges (01800 Meximieux), comm. de l'Ain (arr. de Bourg-en-Bresse) ; 489 h. (113 aggl.). Ses vieilles maisons, ses remparts et son église fortifiée lui ont conservé un aspect médiéval.

Pérouse, en ital. **Perugia,** v. d'Italie (Ombrie) ; 123 000 h. Ruines étrusques et romaines. Cathédrale gothique. Palais communal (XIIIe-XVe s.). Musées. Importante école de peinture au XVe s.

peroxyde [pɛr-] n. m. Oxyde qui contient plus d'oxygène que l'oxyde normal.

peroxyder v. t. Transformer en peroxyde.

perpendiculaire [pɛrpɑ̃dikylɛr] adj. (du lat. *perpendiculum,* fil à plomb). Qui fait un angle droit avec : *tracer une ligne perpendiculaire à une autre.* ● *Droites perpendiculaires,* droites qui se rencontrent en formant un angle droit. ‖ *Droite perpendiculaire à un plan,* droite perpendiculaire à toutes les droites de ce plan qui la rencontrent. ‖ *Plans perpendiculaires,* plans qui se coupent en formant des dièdres droits. ‖ *Style perpendiculaire,* variété de style gothique, créée en Angleterre au XIVe s. et dans lequel des lignes droites parallèles sont substituées aux courbes et contre-courbes des remplages flamboyants.

perpendiculaire n. f. Droite qui fait un angle droit avec une autre droite ou un plan.

perpendiculairement adv. De façon perpendiculaire.

Perpenna (Marcus Ventus), général romain (m. en 72 av. J.-C.), un des lieutenants de Marius. Vaincu par Pompée, celui-ci le fit mettre à mort.

perpétration n. f. *Péjor.* Accomplissement : *la perpétration d'un crime.*

perpétrer [pɛrpetre] v. t. (lat. *perpetrare,* accomplir) [conj. **5**]. *Péjor.* Commettre : *perpétrer un assassinat.*

perpette (à) [apɛrpɛt] loc. adv. *Pop.* A perpétuité.

perpétuation n. f. Action de perpétuer ; son effet : *la perpétuation des espèces vivantes.*

Perpétue (*sainte*), martyre d'Afrique (181-203). — Fête le 7 mars.

perpétuel, elle [pɛrpetɥɛl] adj. (lat. *perpetuus*). Qui ne cesse point : *printemps perpétuel.* ‖ Qui se renouvelle souvent : *combats perpétuels.* ‖ Qui dure toute la vie : *bannissement perpétuel.* ‖ Qui remplit une charge à vie : *secrétaire perpétuel.* ‖ — Syn. : CONTINU, CONTINUEL, FRÉQUENT, INCESSANT, PERMANENT.

perpétuellement adv. Toujours : *les mêmes erreurs se renouvellent perpétuellement.* ‖ Fréquemment : *maison perpétuellement en réparation.*

perpétuer v. t. (du lat. *perpetuus,* perpétuel). Faire durer toujours ou longtemps : *perpétuer une rente, un usage.*

perpétuité n. f. Durée perpétuelle : *la perpétuité de la religion.* ‖ — **A perpétuité** loc. adv. Pour toujours : *concession à perpétuité.* ‖ Pour toute la vie : *réclusion criminelle à perpétuité.*

Perpignan (66000), ch.-l. du dép. des Pyrénées-Orientales, sur la Têt, à 925 km au sud de Paris ; 104 095 h. (*Perpignanais*). Evêché. Cathédrale (XIVe-XVe s., retables monumentaux) que jouxtent l'ancienne église romane Saint-Jean-le-Vieux et la chapelle du « Dévot Christ ». Castillet (XIVe s.). Loge de mer (XIVe-XVIe s.). Palais des rois de Majorque (XVe s.). Musées. Capitale du Roussillon, puis du royaume de Majorque de 1276 à 1344, ancienne ville drapière, Perpignan commercialise aujourd'hui les produits de la campagne voisine (vins, fruits, primeurs). La population de la ville s'est accrue de près de 50 p. 100 entre 1954 et 1968. — L'arr. a 8 cant., 87 comm., 195 977 h.

perplexe [pɛrplɛks] adj. (lat. *perplexus,* équivoque). Qui ne sait quel parti prendre.

perplexité n. f. Embarras d'une personne qui ne sait quel parti prendre.

perquisition [pɛrkizisjɔ̃] n. f. (du lat. *perquisitus,* recherché). Recherche qui peut être opérée en principe entre 6 et 21 heures seulement, au cours d'une instruction judiciaire, en vue de saisir en un lieu donné (généralement le domicile d'un inculpé) des documents ou objets utiles à la découverte de la vérité.

perquisitionner v. i. Faire une perquisition.

Perpignan : la cour d'honneur du palais des rois de Majorque

Phot. Delorme-Viollet, Almasy, Giraudon.

Jean Perrin

Francis Perrin et Irène Joliot-Curie devant le tableau de contrôle de Zoé

les frères **Perret** église du Raincy

Perrache (Michel), sculpteur français, né à Lyon (1686-1750), où il a exécuté un grand nombre de travaux. — Son fils ANTOINE MICHEL, né à Lyon (1726-1779), a conçu en 1765 le projet du quartier de Lyon qui porte son nom.

Perrault (Claude), médecin, physicien et architecte français, né à Paris (1613-1688). On lui attribue, en collaboration avec François d'Orbay, la colonnade du Louvre. Il a donné les plans de l'Observatoire de Paris et publié une traduction du traité de Vitruve, ainsi que des ouvrages d'histoire naturelle.

Perrault (Charles), écrivain français, né à Paris (1628-1703), frère du précédent. Contrôleur général de la surintendance des Bâtiments, il fut dès 1670 membre de l'Académie des inscriptions et belles-lettres; élu en 1671 à l'Académie française, il contribua à établir les règlements de la compagnie. Son poème *le Siècle de Louis le Grand* (1687) réveilla la querelle des Anciens* et des Modernes. Perrault développa sa thèse dans les *Parallèles des Anciens et des Modernes* (1688-1698), puis dans *les Hommes illustres qui ont paru en France pendant le XVIIe siècle* (1697-1701). Mais il doit sa célébrité aux contes qu'il recueillit pour l'amusement des enfants (*Contes de ma mère l'Oye*, 1697) et qu'il publia sous le nom de son fils, **Perrault d'Armancour** (1678-1700).

perré [pere] n. m. (de *pierre*). Revêtement en pierres sèches, qui protège un ouvrage et empêche les eaux de le dégrader ou les terres d'une tranchée de s'effondrer.

Perréal (Jean), peintre et dessinateur français (v. 1455-v. 1530). On ne connaît de lui aucune œuvre signée ni même certaine. Il fut parfois identifié avec le Maître de Moulins. Peintre de Charles VIII et de Louis XII, conseiller artistique de Marguerite d'Autriche, il donna les dessins du tombeau, sculpté par Michel Colombe, de François II, duc de Bretagne, et de Marguerite de Foix, à Nantes.

Perrégaux. V. MOHAMMEDIA.

Perret (*les frères*), architectes français, nés à Bruxelles, qui comptent parmi les fondateurs de l'architecture moderne par l'usage qu'ils firent du béton armé. Ils surent en utiliser la technique pour la création d'une esthétique nouvelle. AUGUSTE (1874-1954), le plus célèbre, GUSTAVE (1876-1952) et CLAUDE (1880-1960) fondèrent en 1905 l'entreprise *Perret frères*. Ils construisirent en 1902 l'immeuble de la rue Franklin, à Paris, qui marque une date dans l'architecture moderne. Vinrent ensuite le garage de la rue de Ponthieu (1905), le théâtre des Champs-Elysées (1911-1913), l'église du Raincy (1923), le Garde-Meuble national (1936), l'ancien musée des Travaux publics (1937-1938). Auguste Perret reconstruisit Le Havre après la Seconde Guerre mondiale.

Perreux (42120 Le Coteau), ch.-l. de c. de la Loire (arr. de Roanne); 2 253 h. (533 aggl.).

Perreux-sur-Marne (LE) [94170], ch.-l. de c. du Val-de-Marne (arr. de Nogent-sur-Marne); 29 099 h.

Perrier (Edmond), naturaliste français, né à Tulle (1844-1921). Il a étudié les invertébrés et laissé un ouvrage de zoologie que son frère RÉMY acheva.

Perrin (Jean), physicien français, né à Lille (1870-1942). En 1895, il montra que les rayons cathodiques étaient formés de particules d'électricité négative, puis il fit des recherches sur les émulsions, le mouvement brownien, les lames minces, pour obtenir plusieurs déterminations du nombre d'Avogadro et apporter une preuve décisive de l'existence des atomes. (Prix Nobel de physique, 1926.) — Son fils FRANCIS, physicien français, né à Paris en 1901, spécialiste de physique nucléaire, a établi en 1939 la possibilité de réactions de fissions en chaîne. Il fut haut-commissaire à l'énergie atomique de 1951 à 1970.

perron [pɛrɔ̃] n. m. (de *pierre*). *Constr.* Ensemble de marches, dont la dernière forme palier, établies devant une porte d'entrée légèrement élevée au-dessus du sol.

Perronet (Jean Rodolphe), ingénieur français, né à Suresnes (1708-1794). Premier ingénieur du roi en 1763, il conçut et fit exécuter de nombreux ouvrages, notamment les ponts de Neuilly sur la Seine (1768-1774), de Pont-Sainte-Maxence sur l'Oise (1774-1785), de la Concorde à Paris (1787-1791) et de Nemours sur le Loing (1795-1804), qui présentent un intérêt exceptionnel par la nouveauté de leur technique : pour offrir une moindre résistance à l'écoulement des eaux, les piles ont été amincies et leur rôle se réduit à soutenir uniquement le poids des voûtes, la résistance à la poussée des eaux étant obtenue par un renforcement des culées, auxquelles cette poussée est transmise.

Perronneau (Jean-Baptiste), peintre français, né à Paris (1715-1783). Coloriste raffiné, il a peint des portraits à l'huile et surtout au pastel. Son art est fait de nuances et de sentiment (*la Jeune Fille au chat; Portrait d'Oudry*, Louvre).

perroquet [pɛrɔkɛ] n. m. (probablem. de *Pierre*, employé comme terme d'affection). Nom donné aux oiseaux grimpeurs de grande taille de la famille des psittacidés (les espèces de petite taille étant les perruches). [Les perroquets, nombreux en Océanie et en Amérique tropicale, ont un plumage coloré et peuvent répéter des sons articulés.] ‖ *Fig.* Personne qui parle ou qui répète sans réfléchir, sans comprendre ce qu'on dit. ‖ *Mar.* Voile haute, carrée, s'établissant au-dessus des huniers.

Perros-Guirec [-ros-] (22700), ch.-l. de c. des Côtes-du-Nord (arr. de Lannion); 6 913 h. (*Perrosiens*). Port de pêche. Plages de *Trestraou* et de *Trestrignel*.

Perrot (Jules), danseur et chorégraphe français, né à Lyon (1810-1892). Excellent interprète, doué d'une élévation peu commune, il fut le partenaire de Maria Taglioni, de Carlotta Grisi et de Fanny Elssler. Il est l'auteur de *la Esmeralda* (1844), du *Pas de quatre* (1845) et, en collaboration avec Jean Coralli, de *Giselle* (1841).

Perrot d'Ablancourt (Nicolas), écrivain français, né à Châlons-sur-Marne (1606-1664). Les traductions qu'il fit des auteurs anciens durent à leur élégance et à leur inexactitude d'être appelées « les belles infidèles ». (Acad. fr., 1637.)

Perroux (François), économiste français, né à Lyon en 1903. Il a renouvelé l'analyse des faits économiques.

perruche [peryʃ] n. f. (de *perroquet*, avec un autre suffixe). Oiseau grimpeur de petite taille, de la famille des psittacidés, vivant dans toutes les régions chaudes et recherché comme oiseau de cage pour les couleurs de son plumage. ‖ Nom usuel de la femelle du perroquet. ‖ *Mar.* Une des voiles du mât d'artimon.

perruque [peryk] n. f. (ital. *parrucca*, chevelure). Coiffure de faux cheveux. ● *Vieille perruque* (Fam.), personne attachée à d'anciens préjugés.

perruquier n. m. Coiffeur (vx). ‖ Fabricant de postiches et de perruques.

pers [pɛr], **e** [pɛrs] adj. (bas lat. *persus*, persan, « d'après la couleur de tissus ou d'objets persans »). D'une couleur intermédiaire entre le vert et le bleu. ● *La déesse aux yeux pers*, Athéna.

persan [pɛrsɑ̃], **e** [-an] adj. et n. De la Perse (depuis l'invasion arabe).

Persan (95340), comm. du Val-d'Oise (arr. de Pontoise), sur l'Oise; 6 587 h. (*Persanais*). Constructions mécaniques. Caoutchouc.

perse [pɛrs] adj. et n. De la Perse (avant l'invasion arabe) : *les rois perses*.

perse n. f. Toile peinte de l'Inde, que l'on croyait provenir de la Perse.

Perse, auj. **Iran,** royaume du sud-ouest de l'Asie, entre l'U. R. S. S. et la Caspienne au nord, l'Afghānistān et le Pākistān à l'est, le golfe Persique au sud, l'Iraq et la Turquie à l'ouest.

● *Géographie.* V. IRAN.

● *Histoire.* Aux confins orientaux de l'Empire assyrien, en Iran, deux peuples acquirent au IXe s. av. J.-C. une certaine importance : les Mèdes, au sud de la Caspienne, et les Perses, au nord du golfe Persique. Du VIIe au VIe s., notamment sous Cyaxare (633-584), les Perses subirent la domination des Mèdes. Mais Cyrus, de la dynastie des Achéménides, roi d'Anzan (558-v. 528 av. J.-C.), déposa le souverain des Mèdes Astyage (549), et, prenant sa place, fonda un nouvel empire. Cyrus, après avoir obtenu l'alliance des Chaldéens et des Egyptiens, ruina la domination inquiétante de Crésus, roi de Lydie (v. 546), et conquit l'Asie Mineure; puis, se retournant contre les Chaldéens, il s'empara de Babylone (539). En 525, Cambyse II conquit l'Egypte; sous Darios Ier (521-486), l'Empire perse atteignit son apogée, reçut une organisation administrative complète, et vit ses frontières reculées jusqu'au Pendjab, au bassin de l'Indus et à la Scythie. Darios Ier fut moins heureux dans ses entreprises contre les Grecs; il fut vaincu à Marathon (490), et, peu après, son fils Xerxès Ier fut battu à Salamine (480) et à Platées (479). Darios III Codoman fut l'adversaire malheureux d'Alexandre le Grand; battu à Arbèles (331), il s'enfuit et fut assassiné. La conquête de l'Orient par Alexandre ruina l'Empire perse. A sa mort (323 av. J.-C.), la Perse tomba sous l'autorité des Séleucides (305-64 av. J.-C.), descendants d'un de ses généraux, Séleucos. Ceux-ci virent s'effriter rapidement leur vaste empire et se cantonnèrent en Syrie. En 256 av. J.-C., l'invasion de Parthes amena une nouvelle dynastie, celle des Arsacides, fondée par Arsace Ier, qui lutta d'abord contre les hordes scythiques, puis contre les Romains, lesquels, par trois fois, atteignirent la capitale, Ctésiphon. Affaibli par ces luttes, l'Empire arsacide fut renversé par

perroquet

perruche

Phot. Chevojon, Rapho, N. Y. T., Goldner, Keystone.

le Sassanide Ardachêr en 224 apr. J.-C. L'Etat sassanide (IIIe-VIIe s.), centralisé, hiérarchisé, opposa une redoutable résistance à Rome, notamment sous Châhpuhr Ier (241-272), Châhpuhr II (310-379), Khosrô Ier (531-579) et Khosrô II (590-628). La dynastie sassanide fut renversée en 642 par la conquête arabe (Omeyyades).
D'abord dépendant du califat de Bagdad, le pays tomba entre les mains de dynasties iraniennes (Ṭāhirides, 820-873; Ṣaffārides, 863-902; Sāmānides, 874-v. 999; Buwayhides, 932-1055), puis turques (Seldjoukides, 1055). Au XIIIe s., la Perse passa au pouvoir des Mongols, qui s'y maintinrent jusqu'au XVe s. En 1502, Ismā'īl, fondateur des Séfévides, s'installa à Bagdad et fit du chī'isme la religion d'Etat. Le principal représentant de la dynastie fut 'Abbās Ier (1587-1629), dont les successeurs s'épuisèrent en luttes stériles. En 1786, la dynastie des Qādjārs monta sur le trône. Elle subit longtemps l'influence de la Russie, à laquelle elle céda en 1813 et en 1828 d'importants territoires, puis, plus tard, celle de l'Angleterre, intéressée par sa production pétrolière. Muzaffar al-Dīn promulgua une Constitution en 1907. En 1925, Rīza khān renversait la dynastie des Qādjārs. En même temps, la Perse devenait officiellement l'*Iran**.

Perses (*les*), tragédie d'Eschyle (472 av. J.-C.). Le poète célèbre l'enthousiasme patriotique des Grecs et peint le désespoir de Xerxès, dont la défaite n'est que le châtiment infligé par les dieux à son orgueil.

Perse, en lat. **Aulus Persius Flaccus,** poète latin, né à Volterra (34-62). Influencé par la morale stoïcienne, il a cherché à faire de la satire un genre élevé, mêlant les procédés oratoires à l'observation pittoresque.

persécuté, e n. et adj. Personne en butte ou qui se croit en butte à une persécution ou à des importunités.

persécuter [pɛrsekyte] v. t. (du lat. *persequi,* poursuivre). Tourmenter par des mesures tyranniques et cruelles : *Néron persécuta les chrétiens.* ‖ Importuner, harceler : *être persécuté par des créanciers.*

persécuteur, trice adj. et n. Qui persécute : *être livré à ses persécuteurs.* ‖ Qui importune, harcelle : *enfants persécuteurs.*

persécution n. f. Poursuite injuste et violente. ‖ Tourments que les premiers chrétiens eurent à souffrir. ● *Délire de persécution,* délire dans lequel le malade se croit en proie aux attaques d'ennemis imaginaires. (On disait autrefois FOLIE DE LA PERSÉCUTION.)

Persée, héros grec, fils de Zeus et de Danaé. Il coupa la tête de Méduse, épousa Andromède, devint roi de Tirynthe et fonda Mycènes.

Persée, tragédie lyrique en 5 actes, poème de Quinault, musique de Lully (1682).

Persée (v. 212-166 av. J.-C.), dernier roi de Macédoine (179 à 168 av. J.-C.), fils et successeur de Philippe V. Il fut vaincu à Pydna par Paul Emile et mourut captif en Italie.

perséide [pɛrseid] n. f. Etoile filante qui semble venir de la constellation de Persée.

Perseigne (*forêt de*), forêt située entre Mamers et Alençon, dans la Sarthe ; 5 064 ha.

persel [pɛrsɛl] n. m. Sel dérivant d'un peroxyde qui, au contact de l'eau, donne de l'eau oxygénée.

Perséphone ou **Coré.** *Myth. gr.* Reine des Enfers, fille de Zeus et de Déméter. Identifiée avec la *Proserpine* des Romains.

Persépolis, nom gr. de **Parsa,** anc. cap. de l'Empire perse achéménide, fondée par Darios, à l'est de Chīrāz. Il reste des vestiges très importants de la cité royale (palais de Darios et de Xerxès, avec leur sculpture décorative).

persévérance n. f. (lat. *perseverantia*). Qualité ou action de celui qui persévère. ‖ Fermeté, constance dans sa foi, dans ses opinions.

persévérant, e adj. et n. Qui persévère.

persévération n. f. Tendance qu'ont certains malades nerveux ou mentaux à répéter plusieurs fois le même mouvement, les mêmes mots ou les mêmes lambeaux de phrases.

persévérer [pɛrsevere] v. i. (lat. *perseverare*) [conj. **4**]. Persister, demeurer ferme et constant dans un sentiment, une résolution : *il persévère dans l'étude.*

Pershing (John Joseph), général américain, né près de Laclede (Missouri) [1860-1948]. Après avoir pacifié les Philippines (1913) et commandé l'expédition contre le Mexique (1915), il fut placé à la tête des forces américaines engagées sur le front français en 1917-1918. Il a publié ses Mémoires (*Mes souvenirs de guerre*) en 1931.

persicaire [pɛrsikɛr] n. f. Plante des lieux humides, du genre *renouée.*

persienne [pɛrsjɛn] n. f. (de l'anc. fr. *persien,* de Perse). Dispositif de fermeture d'une ouverture, composé de vantaux se repliant contre les murs et comprenant des lames minces montées sur un châssis pour laisser pénétrer un peu d'air et de lumière à l'intérieur.

persiflage n. m. Action, propos du persifleur.

persifler [pɛrsifle] v. t. (de *siffler*). Tourner en ridicule par des paroles ironiques.

persifleur, euse adj. et n. Qui se moque de quelqu'un.

Persigny (Victor FIALIN, *duc* DE), homme politique français, né à Saint-Germain-Lespinasse (Loire) [1808-1872]. Attaché à la fortune de Louis-Napoléon, il fut ministre de l'Intérieur, puis ambassadeur à Londres sous le second Empire.

persil [pɛrsi] n. m. (du gr. *petroselinon*). Plante potagère de la famille des ombellifères, dont les feuilles aromatiques sont utilisées comme condiment pour accompagner certains mets (viandes, poissons, légumes crus ou cuits). [Le persil est une plante bisannuelle qu'on sème au printemps ou en été. On cultive le persil commun et le persil frisé ; ce dernier est surtout utilisé pour les garnitures.]

persillade [pɛrsijad] n. f. Persil haché, souvent additionné d'ail, que l'on ajoute à certaines préparations. ‖ Tranches de bœuf froid assaisonnées de persil.

persillé, e adj. Qui est semé, à l'intérieur, de petites taches verdâtres. ● *Viande persillée,* viande parsemée d'infiltrations graisseuses.

persillère n. f. Vase rempli de terre et percé de trous, à l'aide duquel on obtient du persil en toute saison.

persique [pɛrsik] adj. De l'ancienne Perse. ● *Ordre persique* (Archit.), ordre dont l'entablement est porté par des figures de captifs.

Persique (*golfe*), dépendance du nord-ouest de l'océan Indien, entre l'Arabie et l'Iran, relié au golfe d'Oman par le détroit d'Ormuz. Importantes exploitations de pétrole.

persistance n. f. Action de persister : *mettre de la persistance à faire quelque chose.* ‖ Qualité de ce qui dure : *persistance du mauvais temps.*

persistant, e adj. Qui dure, qui persiste sans faiblir : *un effort persistant ; une fièvre persistante.* ‖ *Bot.* Qui subsiste pendant toutes les saisons : *un arbre à feuilles persistantes.*

persister [pɛrsiste] v. i. (lat. *persistere*). Demeurer ferme dans sa manière de penser, d'agir : *persister dans sa résolution.* ‖ Durer, continuer : *douleur qui persiste.*

persona grata [pɛrsɔnagrata] (*personne bienvenue*), expression latine désignant, dans la langue diplomatique, une personne qui sera agréée avec plaisir par la puissance auprès de laquelle elle est accréditée. ‖ Se dit d'une personne en faveur auprès de quelqu'un, du public, etc.

personales n. f. pl. Ordre de plantes à fleurs, dicotylédones, caractérisées par leur fleur personée, comprenant plus de 2 000 espèces, qui constituent la famille des *scrofulariacées* (digitale, véronique, muflier, linaire) et des familles voisines moins importantes, dont les types sont le bouillon-blanc, le catalpa, l'utriculaire et l'orobanche.

personé [pɛrsɔne], **e** adj. *Bot.* Se dit des fleurs closes par une saillie interne, ce qui leur donne l'apparence d'un masque de théâtre ou d'un mufle d'animal. ‖ — N. f. pl. Syn. de SCROFULARIACÉES.

personnage [persɔnaʒ] n. m. (du lat. *persona,* rôle). Personne considérable, illustre : *les grands personnages de l'Antiquité.* ‖ Personne considérée du point de vue de sa valeur morale : *un triste personnage.* ‖ Personne mise en action dans une œuvre littéraire : *les personnages de Corneille.*

personnalisation n. f. Adaptation d'un produit, d'un service, d'un logement, etc., aux besoins et aux goûts d'un individu.

personnaliser v. t. Faire une personne fictive de : *personnaliser un vice.* ‖ Donner un caractère original à un objet fabriqué en série.

personnalisme n. m. Système philosophique pour lequel la valeur principale est la personne morale dans ses aspects les plus élevés.

personnaliste adj. et n. Qui appartient au personnalisme.

personnalité n. f. (lat. *personalitas*). Individualité consciente : *respecter la personnalité humaine.* ‖ Caractère personnel et original : *un homme qui a de la personnalité.* ‖ Paroles, allusions offensantes qui visent quelqu'un : *faire, se permettre des personnalités.* ‖ Personne connue en raison de ses fonctions, de son influence, etc. : *il y avait à cette cérémonie beaucoup de personnalités.* ‖ Qualité de celui qui peut être sujet de droit. ● *Personnalité morale,* aptitude d'un groupement à être sujet de droit. ‖ *Test de la personnalité,* syn. de TEST PROJECTIF*.

personne [pɛrsɔn] n. f. (lat. *persona*). Homme ou femme : *quelles sont ces personnes ?* ‖ Individu considéré en lui-même : *le bonheur tient surtout à la personne.* ‖ L'homme en tant qu'être moral : *la morale repose sur le respect de la personne humaine.* ‖ L'être, le corps, la vie de quelqu'un : *être bien fait de sa personne ; on a attenté à sa personne.* ‖ *Gramm.* Forme de la conjugaison servant à distinguer la ou les personnes qui parlent, celle ou celles à qui l'on parle, celle ou celles dont on parle. ● *Aimer sa personne,* aimer ses aises. ‖ *Grande personne,* personne adulte. ‖ *Personne civile* ou *morale,* groupement d'individus auquel la loi reconnaît une personnalité juridique distincte de celle de ses membres. ‖ *Les trois personnes divines,* la Trinité. ‖ **— En personne** loc. adv. Soi-même : *faire une démarche en personne.*

personne pron. indéf. masc. sing. Nul, aucun (avec la négation *ne*) : *personne n'est venu.* ‖ Quelqu'un : *personne osera-t-il nier ?*

personnel, elle adj. Propre et particulier à chaque personne : *qualités personnelles.* ‖ Egoïste, qui ne songe qu'à soi : *un homme très personnel.* ● *Mode personnel,* mode du verbe qui a des terminaisons propres à marquer le changement des personnes : *il y a en français quatre modes personnels, qui sont l'indicatif, le conditionnel, l'impératif et le subjonctif.* ‖ *Pronom personnel,* pronom qui représente la personne qui parle, à qui l'on parle ou dont on parle, comme *je, tu, lui,* etc. (V. *encycl.*) ‖ *Pronoms personnels atones,* je, me, te, se, le, la. ‖ *Pronoms personnels toniques,* moi, toi, soi, eux.

— ENCYCL. *Gramm.* Les pronoms *personnels* sont ceux qui désignent les trois *personnes* et qui indiquent le rôle que ces personnes jouent dans la phrase.
Le français distingue trois personnes : la *première* est celle qui parle : JE *chante ;* la *deuxième* est celle à qui l'on parle : TU *chantes ;* la *troisième* est celle dont on parle : IL ou ELLE *chante.*
Les pronoms personnels sont :

	SINGULIER	PLURIEL
1re pers.	je, me, moi	nous
2e pers.	tu, te, toi	vous
3e pers.	il, elle, lui, le, la se, soi, en, y	ils, elles, eux se, les, leur

On rattache aussi aux pronoms personnels le pronom indéfini *on.*
REMARQUES. — Les formes *se* (atone) et *soi* (tonique) sont dites *réfléchies ;* elles s'emploient toujours comme compléments et rappellent le sujet de la proposition : *Il* SE *lave. On a souvent besoin d'un plus petit que* SOI. — Après un sujet pluriel, *se* marque parfois une action réciproque : *Jean et Paul* SE *battent.*
Je, tu, il, ils, formes atones, s'emploient toujours comme sujets d'un verbe dont ils font partie intégrante.
Elle, nous, vous, elles sont tantôt atones, tantôt toniques, et s'emploient dans le premier cas comme sujets, dans le second comme compléments.
Si l'on compare les phrases : IL *est sérieux ; je* LE *respecte ; tu* LUI *es supérieur,* on constate que le pronom de la 3e personne revêt des formes différentes suivant qu'il est sujet ou complément, et même suivant qu'il est tel ou tel complément.
Dans : IL *est beau de se sacrifier ; je* LE *crois ; j'*EN *suis sûr ; j'*Y *compte,* les pronoms *il, le, en, y* représentent quelque chose d'indéterminé, qui ne peut être dit ni masculin ni féminin. Ils sont du genre *neutre.*

Pronoms sujets. — Les pronoms sujets (*je, tu, il, nous, vous, ils*) servent à distinguer les personnes du verbe, qui, sauf à la 1re et à la 2e personne du pluriel, se confondent dans la prononciation (*aime, aimes, aime, aiment*).
Si l'on veut insister sur le sujet, on place devant la forme atone du pronom sujet la forme tonique correspondante : TOI, *tu fais cela ?*
La forme tonique peut aussi se placer à la fin de la phrase : *Tu fais cela,* TOI *!*
On emploie encore les formes toniques (*moi, toi, lui, elle*) toutes les fois qu'un verbe ayant deux sujets, l'un de ces sujets est un nom ou un pronom : *Son frère et* LUI *viendront demain.* ELLE *et* LUI *sont heureux.*
Les pronoms *nous, vous,* employés pour *je, me, moi, tu, te, toi,* veulent au singulier tous leurs correspondants, excepté le verbe, qui se met au pluriel : *Mademoiselle, vous êtes charmante.*
RÉPÉTITION DES PRONOMS SUJETS. — Lorsque plusieurs verbes se rapportent à un sujet commun et expriment des actions liées entre elles ou dont l'une est la conclusion des précédentes, on ne répète pas, en général, le pronom sujet : IL *se leva, éteignit la lampe et partit se coucher.* Lorsqu'il s'agit d'actions indépendantes l'une de l'autre ou qu'on veut mettre chacune d'elles en relief, on répète, de préférence, le pronom sujet : IL *s'écoute,* IL *se plaît,* IL *s'admire,* IL *s'aime.*

Pronoms attributs et compléments. — Le pronom *le* est variable quand il tient la place d'un nom ou d'un adjectif pris substantivement : « *Madame, êtes-vous la malade ? — Je* LA *suis.* » (Le mot *malade* est ici un nom précédé de l'article.)
Le pronom *le* est toujours invariable quand il tient la place d'un adjectif, d'un nom pris adjectivement, d'un infinitif ou d'une proposition : « *Madame, êtes-vous malade ? — Je* LE *suis.* »
Il arrive souvent que les pronoms *le, en, y,* au lieu de représenter un nom, remplacent une proposition, une phrase déjà exprimée et dont on veut éviter la répétition. *Le* est mis pour *cela, en* pour *de cela, y* pour *à cela : Venez, je* LE *désire* (je désire *cela, que vous veniez*) ; *C'est vrai ? J'*EN *doute* (je doute *de cela, que ce soit vrai*) ; *Vous partez, je m'*Y *oppose* (je m'oppose *à cela, à ce que vous partiez*).

Emploi de lui, elle, eux, elles, leur, en, y. — Les pronoms *lui, elle, eux, elles,* précédés d'une préposition, et *lui, leur,* employés comme compléments, ne se disent que des personnes et des choses personnifiées : *Aimez vos parents ; demandez-*LEUR *conseil.*
Quand on parle des animaux ou des choses, il faut se servir des pronoms *en, y : Ce cheval est vicieux, défaites-vous-*EN. *Cette affaire est sérieuse, pensez-*Y.
Cependant, on dira : *Pratiquez la vertu, sacrifiez pour* ELLE, parce qu'ici on ne peut pas faire usage des pronoms *en, y.*
REMARQUE. — Exceptionnellement, les pronoms *en* et *y* s'emploient pour représenter des personnes, mais seulement quand on veut éviter une équivoque ou une répétition : « *Que pensez-vous de lui ? — Je n'*EN *pense rien de bon.* » « *Vous intéressez-vous à lui ? — Je ne m'*Y *intéresse pas.* »
Cet emploi est limité à quelques verbes : *penser, songer, se fier, s'intéresser,* etc.

Place des pronoms compléments. — Quand un des pronoms *le, la, les* est le complément d'un verbe avec les pronoms *me, nous, te, vous,* il se met après ces pronoms : *Je me* LE *suit dit.*
Avec *lui* et *leur,* le pronom complément direct se met avant : *Je* LE *lui ai dit. Il* LE *leur rendra.*

A l'impératif, le pronom complément direct se place le premier : *Tu as mon dictionnaire, rends*-LE-*moi*.
Lorsque *moi, toi,* après un impératif, sont suivis de *en, y,* il y a élision de la diphtongue *oi,* et les pronoms *en, y* se placent les derniers : *Donnez-m'*EN.

Emploi de *soi*. — On emploie *soi* au lieu de *lui, elle :*
1° Après un des pronoms indéfinis *aucun, chacun, nul, on, personne, quiconque* : ON *a souvent besoin d'un plus petit que* SOI. NUL *n'est prophète chez* SOI ;
2° Après un infinitif ou un verbe impersonnel : ETRE *content de* SOI. *Il* FAUT *prendre garde à* SOI.
Après un nom de chose sujet, au singulier, on emploie indifféremment *soi* ou *lui, elle,* etc. : *Un* BIENFAIT *porte avec* SOI (ou avec LUI) *sa récompense*.
REMARQUE. — Pour éviter l'équivoque, on emploie *soi* même avec un sujet déterminé : *Un* FILS *qui travaille pour son père travaille pour* SOI.
Dans cette phrase, *lui* serait équivoque ; *soi* ne l'est pas, car il se rapporte toujours au sujet de la proposition.

personnel n. m. Ensemble des personnes attachées à un service public, à une entreprise, etc. : *le personnel enseignant ; le personnel d'une imprimerie*.

personnellement adv. En personne : *répondre personnellement*.

personnification n. f. Action de personnifier ; son résultat : *les personnifications sont fréquentes en poésie*. ‖ Type achevé : *Vincent de Paul fut la personnification de la bonté*.

personnifier [pɛrsɔnifje] v. t. Attribuer à une chose inanimée ou à un être abstrait la figure, les sentiments, le langage d'une personne : *Boileau, dans « le Lutrin », a plaisamment personnifié la Mollesse*. ‖ Réaliser dans sa personne, de la manière la plus complète : *Néron personnifie la cruauté*.

perspectif, ive adj. (du lat. *perspectus,* aperçu). Qui représente un objet, un paysage en perspective : *dessin, plan perspectif*.

perspective [pɛrspɛktiv] n. f. (du lat. *perspectus ;* de *perspicere,* voir à travers). Art de représenter par le dessin sur un plan les objets tels qu'ils paraissent vus à une certaine distance et dans une position donnée : *les lois de la perspective*. ‖ Aspect que présentent, par rapport au lieu d'où on les regarde, divers objets vus de loin : *voilà un coteau qui fait une belle perspective*. ‖ Grande avenue en ligne droite. ‖ Ouvrage en lattes de bois, appliqué sur la surface d'un mur et simulant une perspective. ‖ — *Fig.* Espérance ou crainte d'une chose probable, quoique éloignée : *avoir la perspective d'un bel avenir*. ‖ Recul, éloignement : *manquer de perspective pour juger un événement*. ● *Perspective axonométrique,* projection orthogonale de l'objet à représenter sur un plan inégalement incliné sur les trois axes d'un système orthogonal de référence. ‖ *Perspective cavalière,* perspective établie d'un point de vue rejeté à l'infini. (Ce système de perspective conserve le parallélisme.) ‖ *Perspective centrale,* projection centrale de l'objet à représenter, à partir de l'œil de l'observateur, sur le tableau ou plan de la représentation. ‖ **— En perspective** loc. adv. En espérance, dans l'avenir : *avoir une belle situation en perspective*.

perspicace [pɛrspikas] adj. (lat. *perspicax*). Qui a de la pénétration ; qui aperçoit ce qui est difficile à voir : *un esprit perspicace*.

perspicacité n. f. Pénétration d'esprit : *la perspicacité féminine*. (Syn. : ACUITÉ, CLAIRVOYANCE, FINESSE, LUCIDITÉ, SAGACITÉ.)

perspiration [pɛrspirasjɔ̃] n. f. Légère transpiration.

persuader [pɛrsɥade] v. t. et t. ind. (lat. *persuadere*). Amener quelqu'un à croire, à faire, à vouloir une chose : *on l'a persuadé* ou *on lui a persuadé de se marier*. ‖ Faire admettre comme une chose vraie : *persuader aux autres ce que nous pensons*. ‖ **— Se persuader** v. pr. Croire, s'imaginer : *ils se sont persuadé(s) qu'on les trompait*.

persuasif, ive adj. Qui a le pouvoir, le talent de persuader : *un ton persuasif*.

persuasion n. f. (lat. *persuasio*). Action de persuader : *don de persuasion*. ‖ Ferme croyance : *j'ai la persuasion que vous réussirez*.

persuasivement adv. De façon persuasive.

persulfate n. m. Persel obtenu par électrolyse d'un sulfate.

persulfure n. m. Composé qui contient plus de soufre que le sulfure normal.

perte [pɛrt] n. f. (du lat. *perditus,* perdu). Privation d'un bien, d'un avantage : *perte de la vue*. ‖ Mort, ruine : *la perte d'un ami ; il a juré sa perte*. ‖ Dommage financier : *ce commerçant a éprouvé de grandes pertes*. ‖ Différence désavantageuse entre le coût d'une opération commerciale et financière et le rapport de celle-ci. ‖ Issue malheureuse : *perte d'une bataille*. ‖ Mauvais emploi : *perte de temps*. ‖ *Géogr.* Dans une région calcaire, disparition totale ou partielle d'un cours d'eau, qui réapparaît plus loin en formant une résurgence : *la construction du barrage de Génissiat a fait disparaître la perte du Rhône*. ● *Perte de charge,* diminution de la pression d'un fluide circulant dans une tuyauterie. ‖ *Perte à la terre,* courant électrique, dérivé à la terre par suite d'un isolement imparfait. ‖ *Perte de vitesse,* accident d'aviation provoqué par une vitesse de vol devenue inférieure à celle qui est nécessaire à la sustentation. ‖ — Pl. Militaires perdus par une armée à la suite d'une bataille, d'une guerre : *les pertes se composent de la somme des tués, des blessés, des prisonniers, des disparus et des malades*. ● *Pertes blanches* (Méd.), syn. de LEUCORRHÉE. ‖ *Pertes rouges*

le Pérugin « la Vierge glorieuse »
musée Condé, Chantilly

(Méd.), syn. de MÉTRORRAGIE. ‖ — Loc. adv. **A perte,** avec perte : *vendre à perte*. ‖ **A perte de vue,** hors de la portée de la vue, très loin : *plaine qui s'étend à perte de vue*. ‖ **En pure perte,** inutilement.

Perth, v. d'Australie, cap. de l'Etat d'Australie-Occidentale, près de l'océan Indien ; 663 000 h. Métallurgie. Raffinage de pétrole.

Perth, v. d'Ecosse, ch.-l. du comté de ce nom, sur le Tay ; 41 400 h.

Pertharite (m. en 688), roi des Lombards en 661 et 671. — Corneille l'a pris pour héros d'une de ses tragédies (1651), qui fut son premier échec.

Perthois (le), pays de la Champagne humide, entre la Marne et l'Ornain.

Perthus [-tys] (*col du*), passage des Pyrénées-Orientales, à 290 m d'alt. à la frontière franco-espagnole. Il est dominé par la forteresse de Bellegarde.

Pertinax, né à Alba Pompeia (126-193), empereur romain (193), successeur de Commode, tué par les prétoriens après 87 jours de règne.

pertinemment [-namɑ̃] adv. (de *pertinent*). Avec compétence : *parler pertinemment*.

pertinence n. f. Qualité de ce qui est pertinent. ‖ Qualité logique du rapport entre un élément de preuve et le fait qu'il s'agit d'établir.

pertinent [pɛrtinɑ̃], **e** [-ɑ̃t] adj. (lat. *pertinens,* concernant). Relatif à la chose, à la question ; convenable, approprié : *des raisons pertinentes*.

pertuis [pɛrtɥi] n. m. (de l'anc. fr. *pertuiser,* percer). Sur les côtes de l'ouest de la France, détroit entre une île et le continent : *le pertuis Breton*. ‖ Passage étroit.

Pertuis (84120), ch.-l. de c. de Vaucluse (arr. d'Apt) ; 8 422 h. (*Pertuisiens*). Patrie de Mirabeau.

pertuisane [pɛrtɥizan] n. f. (ital. *partigiana*). Sorte de hallebarde à fer long. (La pertuisane était une arme de luxe dont la lame était généralement damasquinée et qui portait au-dessous de cette dernière une grosse houppe de laine pendant le long de la hampe. Elle fut, du XVe au XVIIe s., réservée à certaines unités d'élite de la maison du roi.)

perturbateur, trice adj. et n. Qui cause du trouble, du désordre.

perturbation n. f. (lat. *perturbatio*). Trouble, dérangement, désordre : *jeter la perturbation dans une réunion*. ● *Courant de perturbations,* série de dépressions cycloniques suivant la même trajectoire.

pervenches

perturber [pɛrtyrbe] v. t. (lat. *perturbare*). Troubler gravement : *perturber l'ordre public*.

Pertusato (*cap*), extrémité sud de la Corse.

pérugin [peryʒɛ̃], **e** [-in] adj. et n. De Pérouse.

Pérugin (Pietro VANNUCCI, dit **le**), peintre italien, né à Città della Pieve (prov. de Pérouse) [1445-1523]. Il se forma près de Verrocchio, à Florence, travailla à la décoration de la chapelle Sixtine, à Rome (*la Remise des clefs à saint Pierre*), et se fixa à Pérouse. Il produisit abondamment, suffisant à peine à la commande. Ses compositions, surtout religieuses, montrent une grande maîtrise dans l'expression de l'espace. Symétriquement équilibrées, elles se caractérisent par la tendresse du sentiment et la finesse du coloris. Il influença Raphaël (*Saint Sébastien,* Louvre).

pérule n. f. (lat. *perula,* petit sac). Enveloppe écailleuse qui protège les bourgeons foliaires dormants des arbres et des arbustes.

péruvien [peryvjɛ̃], **enne** [-ɛn] adj. et n. Du Pérou.

Péruwelz, v. de Belgique (Hainaut) ; 7 900 h.

pervenche [pɛrvɑ̃ʃ] n. f. (lat. *pervinca*). Plante herbacée des lieux ombragés, à fleurs bleues ou mauves, avec pétales incurvés. (Famille des apocynacées.)

Pervenchères (61360), ch.-l. de c. de l'Orne (arr. de Mortagne-au-Perche) ; 471 h. (179 aggl.).

pervers [pɛrvɛr], **e** [-ɛrs] adj. et n. (lat. *perversus,* renversé). Méchant, enclin au mal : *homme pervers*. ‖ — Adj. Dépravé : *goûts pervers*.

perversement adv. Avec perversité.

perversion n. f. (lat. *perversio,* renversement). Changement de bien en mal ; corruption : *la perversion des mœurs*. ‖ *Méd.* Altération d'une fonction normale (odorat, goût).

perversité n. f. Méchanceté, dépravation. ‖ Action perverse.

pervertir [pɛrvɛrtir] v. t. (lat. *pervertere,* renverser). Faire changer moralement de bien en mal ; corrompre : *pervertir la jeunesse*. ‖ Altérer les qualités de : *pervertir le goût*. ‖ **— Se pervertir** v. pr. Se corrompre.

pervertissement n. m. Action de pervertir. ‖ Etat de ce qui est perverti.

pervertisseur, euse adj. et n. Qui pervertit : *romans pervertisseurs*.

Pervoouralsk, v. de l'U. R. S. S. (R. S. F. S. de Russie), dans l'Oural ; 117 000 h.

pesade [pəzad] n. f. (ital. *posata,* action de se poser). Mouvement du cheval qui se lève sur ses pieds de derrière.

pesage n. m. Action de peser. ‖ Endroit des champs de course où l'on pèse les jockeys. ‖ Enceinte privilégiée autour de cet endroit.

pesamment adv. D'une manière lourde ; sans grâce, sans vivacité : *marcher pesamment*.

pesant, e adj. Lourd ; qui pèse : *un fardeau pesant*. ‖ Lent : *allure pesante*. ‖ — *Fig.* Pénible à supporter : *un joug pesant*. ‖ Sans légèreté, sans grâce : *esprit, style pesant*.

pesant n. m. Poids : *valoir son pesant d'or*.

pesanteur n. f. Etat de ce qui est pesant : *pesanteur d'un fardeau*. ‖ Action attractive qu'exerce la Terre sur les corps matériels. ‖ Lenteur, lourdeur : *pesanteur de la marche*. ‖ Malaise : *pesanteur d'estomac*. ‖ *Fig.* Manque de pénétration, de perspicacité : *pesanteur de l'esprit*.
— ENCYCL. La *pesanteur,* due à l'attraction de la Terre sur les corps matériels, se traduit par l'existence d'une force verticale, le *poids* du corps, appliquée au centre de gravité. Cette force est proportionnelle à la masse du corps, et leur quotient est dit *intensité de la pesanteur*. Cette grandeur, représentée par le symbole *g,* dépend de l'altitude et de la latitude ; sa valeur à Paris est environ 9,81 m/s^2. Elle coïncide avec l'accélération de chute libre, qui figure dans la formule donnant l'espace *h* parcouru pendant le temps *t* par un corps quelconque tombant dans le vide :

$$h = 1/2\ gt^2,$$

la vitesse acquise étant :

$$v = gt.$$

Pesaro, v. d'Italie (Marches), sur l'Adriatique ; 83 500 h. Station balnéaire. Palais ducal (XVe s.). Anc. centre de fabrication de majoliques (XVe-XVIIIe s.).

Pescadores (« *Pêcheurs* »), archipel chinois du détroit de Formose. Occupé par les Hollandais au XVIIe s., par les Français en 1885 et par les Japonais de 1895 à 1945.

Pescara, v. d'Italie (Abruzzes), sur l'Adriatique ; 111 000 h. Station balnéaire.

Peschiera ou **Peschiera del Garda,** v. d'Italie (Vénétie), une des places fortes du « quadrilatère lombard », sur le Mincio et le lac de Garde ; 7 000 h.

pèse-acide n. m. Aréomètre pour mesurer la densité des solutions acides. ‖ Pl. des *pèse-acides* ou *-acide*.

pèse-alcool n. m. inv. Syn. de ALCOOMÈTRE.

pèse-bébé n. m. Balance dont l'un des plateaux est disposé pour recevoir les jeunes enfants. ‖ Pl. des *pèse-bébés* ou *-bébé*.

pesée [pəze] n. f. Action de peser : *faire la pesée d'une marchandise*. ‖ Ce qu'on a pesé en une fois : *une pesée de 50 kilogrammes*. ‖ Morceau qu'on ajoute à un pain

Phot. Giraudon, X.

pour en compléter le poids dans certains cas. || Effort fait sur un levier, un cordage, pour déplacer : *exercer une pesée sur une barre de fer.*

pèse-lait n. m. inv. Syn. de GALACTOMÈTRE.

pèse-lettre n. m. Appareil pour déterminer le poids d'une lettre. || Pl. des *pèse-lettres* ou *-lettre.*

pèse-liqueur n. m. Syn. de ARÉOMÈTRE. || Pl. des *pèse-liqueurs* ou *-liqueur.*

peser [pəze] v. t. (lat. *pensare*) [conj. **4**]. Déterminer, par comparaison avec l'unité de masse, la masse d'un objet. || Mesurer un poids. || *Fig.* Examiner attentivement : *peser le pour et le contre.* ● *Peser ses paroles,* parler avec circonspection. || — V. i. Avoir un certain poids : *le platine pèse plus lourd que l'or.* || Appuyer fortement : *peser sur un levier.* || Importuner, fatiguer : *sa présence me pèse.* ● *Peser sur l'estomac,* être de digestion difficile.

pèse-sirop n. m. Aréomètre pour apprécier la densité d'un sirop. || Pl. des *pèse-sirops* ou *-sirop.*

peseta [peseta *ou* -zeta] n. f. Unité monétaire principale de l'Espagne (symb. : PTA), divisée en 100 centimos.

pesette [pəzɛt] n. f. Petite balance de précision pour les monnaies, les bijoux, etc.

peseur, euse n. Employé chargé de vérifier des pesées.

Peshāwar ou **Pechawar,** v. du Pākistān, place forte à l'entrée de la passe de Khaybar, qui mène en Afghānistān ; 218 700 h. Musée d'art du Gandhāra.

Pesmes [pɛm] (70140), ch.-l. de c. de la Haute-Saône (arr. de Vesoul) ; 1 029 h. Eglise (XIIIe-XVIe s.).

peso [pɛso] n. m. Unité monétaire de nombreux pays de l'Amérique latine.

peson [pəzɔ̃] n. m. (de *peser*). Instrument peu précis, mais commode, pour mesurer un poids : *peson à ressort, à contrepoids.*

Pesquidoux (Joseph DE), écrivain français, né à Savigny-lès-Beaune (1869-1946). Il est l'auteur de romans consacrés à la vie rustique (*la Harde,* 1936). [Acad. fr.]

Pessac (33600), ch.-l. de c. de la Gironde (arr. de Bordeaux) ; 37 044 h. (*Pessacais*). Grands vins (haut-brion). Cité-jardin par Le Corbusier.

pessaire [pesɛr] n. m. (du gr. *pessos,* tampon). Anneau de caoutchouc ou de métal que l'on place dans le vagin pour maintenir l'utérus en place en cas de descente ou de déplacement de cet organe.

pessimisme [pesimism] n. m. (du lat. *pessimus,* très mauvais). Opinion de ceux qui pensent que tout va au plus mal. (Contr. OPTIMISME.)

pessimiste adj. et n. Qui pense que tout va mal : *esprit pessimiste.*

Pessoa (Fernando), poète portugais, né à Lisbonne (1888-1935). Il a exprimé, dans une œuvre en anglais et en portugais, publiée sous différents pseudonymes, les contradictions de sa personnalité et de son siècle (*Ode maritime,* 1955 ; *le Gardeur de troupeaux,* 1960).

Pessõa Camara (Hélder), archevêque brésilien, né à Fortaleza en 1909, défenseur des réformes sociales dans le tiers monde.

Pest, partie basse de Budapest, sur la rive gauche du Danube.

Pestalozzi (Johann Heinrich), pédagogue suisse, né à Zurich (1746-1827). Disciple de J.-J. Rousseau, il s'efforça d'améliorer l'éducation et l'instruction des enfants pauvres.

peste [pɛst] n. f. (lat. *pestis*). Maladie infectieuse et contagieuse provoquée par le bacille de Yersin, transmise du rat à l'homme par morsure ou par l'intermédiaire des puces, pratiquement disparue d'Occident. (V. *encycl.*) || *Fig.* Personne, doctrine pernicieuse : *les flatteurs, l'intolérance sont une peste.* || *Fam.* Petit garçon, petite fille espiègle. ● *Peste soit de..., peste du...,* maudit soit... : *peste soit de l'étourdi.*

— ENCYCL. La *peste,* qui est une maladie endémique dans certains pays d'Orient, est souvent épidémique. La première pandémie se développa en 542 apr. J.-C. sur les bords de la Méditerranée ; la deuxième, qui semble avoir pris naissance aux Indes, se manifesta de 1346 à 1353 et se propagea jusqu'à l'Angleterre, l'Allemagne et la Pologne ; la troisième commença en 1894, vraisemblablement à partir des foyers endémiques de l'Inde, envahit la Chine, la côte pacifique des Etats-Unis, se développa en Afrique du Nord, mais ne toucha que peu l'Europe. Actuellement, des foyers endémiques persistent en Inde et dans le Sud-Est asiatique.

La *peste bubonique* se manifeste par un ganglion infecté, ou bubon, dans le territoire correspondant au point piqué ou mordu, et par un état infectieux grave s'accompagnant d'une fièvre élevée et de délire.

La *peste pulmonaire* survient chez certains malades atteints de bubon et peut alors se transmettre directement d'homme à homme ; elle se manifeste par des signes généraux graves associés à de la toux, à une expectoration sanguinolente, à de la dyspnée.

La *peste septicémique* est caractérisée par l'intensité des signes nerveux : stupeur, adynamie, coma.

De pronostic très sombre autrefois, la peste relève actuellement d'une sérothérapie efficace et surtout du traitement par la streptomycine. Les mesures préventives comprennent la surveillance des bateaux, la destruction des rats et la vaccination.

le maréchal Pétain à Saint-Étienne en 1941, salué par les anciens combattants

Peste (*la*), roman d'Albert Camus (1947). En décrivant l'invasion de la ville d'Oran par une épidémie meurtrière, l'auteur brosse un tableau pathétique de la condition humaine.

pester [pɛste] v. i. Manifester en paroles de la mauvaise humeur, de l'irritation : *pester contre les avares.*

pesteux, euse adj. Relatif à la peste.

pesticide adj. et n. m. Se dit de tout produit destiné à lutter contre des parasites animaux et végétaux des cultures.

pestiféré, e adj. et n. (de l'anc. fr. *pestifer,* pestilentiel). Atteint de la peste.

pestilence n. f. Odeur infecte et putride.

pestilentiel [-sjɛl], **elle** adj. Qui a les caractères de la peste (vx) : *maladie pestilentielle.* || Qui sent mauvais : *air pestilentiel.*

pet [pɛ] n. m. (lat. *peditum*). Gaz qui sort du fondement avec bruit.

Petah Tiqva, v. d'Israël, près de Tel-Aviv ; 80 000 h.

Pétain (Philippe), maréchal de France, né à Cauchy-à-la-Tour (1856-1951). Professeur d'infanterie à l'Ecole de guerre (1901-1910), il se distingue au début de la Première Guerre mondiale en Artois (avec le 33e corps) et en Champagne, où il commande la IIe armée en 1915. Il dirige ensuite la victorieuse résistance de Verdun (1916) et est mis à la tête du groupe d'armées du Centre. Nommé commandant en chef (mai 1917) à la suite de l'échec de l'offensive du Chemin des Dames, il réussit à redresser le moral des troupes françaises, qu'il conduit à la victoire finale (1918). Nommé maréchal de France (19 nov. 1918), il rétablit la situation militaire au Maroc (1925), compromise par la révolte d'Abd el-Krim. Inspecteur général de l'armée jusqu'en 1931, ministre de la Guerre du cabinet Doumergue (1934), ambassadeur à Madrid (1939), il est nommé vice-président du Conseil par Paul Reynaud au lendemain de la percée allemande dans les Ardennes (18 mai 1940). Il lui succède le 16 juin et demande aussitôt l'armistice à l'Allemagne. Il reçoit de l'Assemblée nationale, le 11 juillet, les pleins pouvoirs et devient chef de l'Etat. Installé à Vichy, en zone non occupée, il mène une politique qui oscille sans cesse entre la résistance aux exigences allemandes et la collaboration avec le Reich : rencontre avec Hitler à Montoire, renvoi de Laval (1940), éviction de Weygand (1941), rappel de Laval (1942), etc. Enlevé de force par les Allemands (20 août 1944), il parvient à passer en Suisse en avril 1945 et à rentrer en France. Traduit en Haute Cour (juill.-août), il est condamné à mort et voit sa peine commuée en détention perpétuelle à l'île d'Yeu, où il meurt. (Acad. fr., 1929 ; radié, 1945.)

pétale [petal] n. m. (gr. *petalon,* feuille). *Bot.* Chacune des pièces de la corolle formée d'un limbe aplati et coloré, inséré par un onglet sur le réceptacle floral.

pétaloïde adj. *Bot.* Qui ressemble à un pétale.

Pétange, v. du Luxembourg ; 11 600 h. Métallurgie.

pétanque [petɑ̃k] n. f. Jeu de boules originaire du midi de la France.

pétarade [petarad] n. f. Suite de pets que fait un cheval en ruant. || Suite de détonations.

pétarader v. i. Produire des pétarades.

Petipa

pétard [petar] n. m. (de *pet*). Petite pièce d'artifice, que l'on fait exploser soit pour produire un effet de démolition ou de rupture, soit pour provoquer du bruit (signaux, réjouissances). || *Fam.* Bruit, scandale : *nouvelle qui fait du pétard.*

pétase [petaz] n. m. (lat. *petasus,* empr. au gr.). Coiffure arrondie des Grecs de l'Antiquité.

Pétaud (*cour du roi*). V. COUR.

pétaudière [petodjɛr] n. f. (de l'expr. *la cour du roi Pétaud*). *Fam.* Assemblée confuse où l'on ne peut s'entendre. || Etablissement mal dirigé, où chacun commande.

pétauriste [petorist] n. m. Ecureuil volant d'Australie.

Petchenègues, population turco-tatare, établie au IXe s. sur la mer Noire, exterminée aux XIe et XIIe s.

Petchili. V. PO-HAI.

Petchora (la), fl. de l'U. R. S. S., originaire de l'Oural, tributaire de la mer de Barents ; 1 790 km.

pet-de-loup n. m. Type de vieux professeur ridicule. || Pl. des *pets-de-loup.* (Vieilli.)

pet-de-nonne n. m. Beignet soufflé. || Pl. des *pets-de-nonne.*

pétéchie [peteʃi] n. f. (ital. *petecchia,* peste). Taches rougeâtres qui se montrent sur la peau dans certaines maladies, et qui sont dues à des hémorragies minuscules dans l'épaisseur du derme.

pet-en-l'air n. m. inv. *Fam.* Veston court.

péter [pete] v. i. (conj. **5**). Faire un pet. || Faire un bruit subit et éclatant : *le bois vert pète dans le feu.* || *Fam.* Eclater, se briser.

Peterborough, v. de Grande-Bretagne (Northamptonshire) ; 53 400 h. Cathédrale (XIIe-XIIIe s.).

Peterborough, v. du Canada (Ontario), près du lac Ontario ; 56 200 h. Constructions mécaniques.

Peterborough (Charles MORDAUNT, *comte* DE), général et homme d'Etat britannique (v. 1658-1735). Gouverneur de la Jamaïque, il commanda en 1705 les troupes anglaises en Espagne et prit Barcelone.

Peterhof, auj. **Petrodvorets,** v. de l'U. R. S. S. (R. S. F. S. de Russie), sur la baie de Kronchtadt ; 40 000 h. Fondée en 1711 par Pierre le Grand, elle fut la résidence préférée des tsars. Palais et parc inspirés de Versailles.

Peterlingen. V. PAYERNE.

Petermann (August Heinrich), géographe allemand, né à Bleicherode (1822-1878), promoteur d'expéditions en Afrique et fondateur des *Petermanns Mitteilungen.*

pète-sec n. et adj. inv. *Fam.* Personne autoritaire, qui commande sèchement.

péteux, euse n. *Fam.* Poltron, lâche.

pétillant, e adj. Qui pétille : *feu, regard pétillant.*

pétillement n. m. Action de pétiller : *le pétillement du bois vert dans le feu.*

pétiller [petije] v. i. Eclater en produisant de petits bruits qui se succèdent rapidement : *bois, charbon qui pétille.* || Mousser, dégager des bulles de gaz : *le champagne pétille.* || — *Fig.* Briller d'un vif éclat : *des yeux qui pétillent.* ● *Pétiller d'esprit,* avoir un esprit vif.

pétiole [pesjɔl] n. m. (lat. *petiolus,* petit pied). *Bot.* partie rétrécie reliant le limbe d'une feuille à la tige, près de laquelle elle s'élargit souvent en une gaine.

pétiolé, e adj. Porté par un pétiole.

Pétion (Anne Alexandre SABÈS, dit), homme politique haïtien, né à Port-au-Prince (1770-1818). Il fonda la république d'Haïti (1807) et lui donna sa Constitution (1816).

Pétion [petjɔ̃] **de Villeneuve** (Jérôme), homme politique français, né à Chartres (1756-1794), maire de Paris en 1791 et président de la Convention. Proscrit au 31 mai comme Girondin, il se suicida.

petiot [pətjo], **e** [-ɔt] adj et n. *Fam.* Tout petit.

Petipa (Marius), danseur et chorégraphe français, né à Marseille (1822-1910). Issu d'une famille de danseurs, il passa presque toute sa vie en Russie, où il dirigea le Ballet impérial de Saint-Pétersbourg à partir de 1858. Un des créateurs de l'école de ballet russe, il a laissé des œuvres dont certaines (remontées ou en version originale) remportent encore un grand succès de nos jours : *Don Quichotte* (1869), *la Bayadère* (1877), *la Belle au bois dormant* (1890), *Casse-Noisette* (1892), *Cendrillon* (1893), *le Lac des cygnes* (en collaboration avec L. Ivanov, 1895), *Raymonda* (1898).

petit [pəti], **e** [-it] adj. De peu de volume, de peu d'étendue, de peu de hauteur : *petit paquet ; petit jardin ; femme de petite taille.* || Très jeune : *petit enfant.* || — *Fig.* Qui est de peu d'importance par le nombre, la quantité, l'intensité, la valeur, etc. : *une petite somme ; une petite pluie ; un petit cadeau ; une petite affaire.* || Qui s'humilie par respect ou par crainte : *se faire petit devant les grands.* || Qui est d'humble origine : *les petites gens.* || Terme d'affection ou de mépris : *mon petit ami ; mon petit monsieur.* || — Contr. : AMPLE, CONSIDÉRABLE, ÉLEVÉ, GRAND, HAUT. ● *Petit esprit,* homme à idées étroites. || *Petite main,* jeune apprentie dans une maison de couture. || — N. m. Jeune enfant, jeune animal. || — N. m. pl. Les faibles, les pauvres, les humbles : *la mort n'épargne ni petits ni grands.* || — Loc. adv. **En petit,** en raccourci. || **Petit à petit,** peu à peu.

Phot. Associated Press, Lido.

Roland Petit

Petőfi

Pétrarque
école de Bellini
XVe s.
galerie Borghèse
Rome

Petit Chaperon rouge (*le*), personnage et titre d'un conte de Perrault.

Petit Chose (*le*), roman d'A. Daudet (1868), récit sur son enfance et la dure condition de sa jeunesse.

Petit Poucet (*le*), principal personnage et titre d'un conte de Perrault.

Petit Prince (*le*), conte de Saint-Exupéry (1943).

Petites Sœurs des pauvres. V. PAUVRES (*Petites Sœurs des*).

Petits Riens (*les*), ballet de Jean Georges Noverre sur une musique qu'il demanda à Mozart, créé à l'Académie royale de musique de Paris, en 1778, par Marie Guimard et Jean Dauberval.

Petit (Alexis Thérèse), physicien français, né à Vesoul (1791-1820). Avec Dulong, il a mesuré la dilatation absolue du mercure et énoncé la loi sur les chaleurs spécifiques des corps simples solides.

Petit (Roland), danseur et chorégraphe français, né à Villemomble en 1924. Animateur des Ballets des Champs-Elysées (1945), puis des Ballets de Paris (1948), il est à l'origine du renouveau chorégraphique français après 1945. Son œuvre, faite de contrastes, reflète les deux tendances qui dominent son inspiration : show à l'américaine et ballet classique. Pour sa propre troupe, il a composé : *les Forains* (1945), *le Jeune Homme et la mort* (1946), *les Demoiselles de la nuit* (1948), *Carmen* (1949), *le Loup* (1953), *Cyrano de Bergerac* (1959). Pour l'Opéra de Paris, en 1965, il signe *Notre-Dame de Paris* et *Adage et variations.* Il donne en 1966 *l'Eloge de la folie* et *les Quatre Saisons* (de Vivaldi), *Paradis perdu* en 1967, *Turangalîla* (de Messiaen) en 1968.

petit-beurre n. m. Variété de gâteau sec. || Pl. des *petits-beurre.*

petit-bois n. m. Montant et traverse d'une fenêtre maintenant les vitres. || Pl. des *petits-bois.*

Petit-Bourg (97170), comm. de la Guadeloupe, sur la côte de Basse-Terre ; 10 350 h.

petit-bourgeois n. m. et adj. *Péjor.* Personne qui appartient aux éléments les moins aisés de la bourgeoisie et qui a des préjugés, des idées étroites. || Pl. des *petits-bourgeois.*

Petit-Couronne (LE) [76650], comm. de Seine-Maritime (arr. de Rouen) ; 4 890 h. Raffinage du pétrole. Pétrochimie. Maison de Pierre Corneille.

petite-fille n. f. Fille du fils ou de la fille, par rapport à l'aïeul et à l'aïeule. || Pl. des *petites-filles.*

petitement adv. Chichement, mesquinement : *vivre petitement.* || A l'étroit : *être logé petitement.* || Avec petitesse, bassement : *se venger petitement.*

Petite-Pierre (LA) [67290 Wingen sur Moder], ch.-l. de c. du Bas-Rhin (arr. de Saverne) ; 637 h. Anc. place forte. Vestiges gallo-romains. Château et église (en partie du XVe s.).

Petite-Rosselle (57540), comm. de la Moselle (arr. de Forbach) ; 8 301 h. (*Rossellois*). Houille.

petites-maisons n. f. pl. Hôpital psychiatrique en général (vx).

petitesse n. f. Etat de ce qui a peu d'étendue, peu de volume : *la petitesse d'un vase, de la taille.* || Modicité : *petitesse d'un revenu.* || — *Fig.* Mesquinerie, étroitesse, bassesse : *petitesse d'esprit.* || Acte mesquin : *commettre des petitesses.*

Petite-Synthe, anc. comm. du Nord, auj. rattachée à Dunkerque. Textiles. Produits alimentaires.

petit-fils n. m. Fils du fils ou de la fille, par rapport à l'aïeul et à l'aïeule. || Pl. des *petits-fils.*

petit-gris n. m. Variété d'écureuil de Russie et de Sibérie. || Fourrure fournie par cet animal. || Escargot de taille moyenne, à coquille brunâtre et chagrinée. || Pl. des *petits-gris.*

pétition [petisjɔ̃] n. f. (lat. *petitio ;* de *petere,* demander). Ecrit adressé à une autorité ou au Parlement, pour formuler une plainte, une demande, ou exposer une opinion. (Syn. : REQUÊTE, SUPPLIQUE.) ● *Pétition de principe,* raisonnement vicieux qui consiste à tenir pour vrai ce qui fait l'objet même de la question.

pétitionnaire n. Personne qui présente une pétition. || Personne qui signe une pétition.

pétitionner v. i. Adresser une pétition.

Petitjean. V. SIDI-KACEM.

petit-lait n. m. Liquide qui exsude du lait caillé.

petit-maître n. m., **petite-maîtresse** n. f. Jeune élégant ou élégante aux manières prétentieuses. || Pl. des *petits-maîtres,* des *petites-maîtresses.*

petit-nègre n. m. *Fam.* Langage incorrect et simplifié de certains Noirs : *parler petit-nègre.* || *Par extens.* Jargon quelconque.

petit-neveu n. m., **petite-nièce** n. f. Fils, fille du neveu ou de la nièce. || Pl. des *petits-neveux,* des *petites-nièces.*

pétitoire [petitwar] n. m. (lat. *petitorius*). Action judiciaire relative à l'exercice d'un droit immobilier.

Petitot (Jean), peintre en émail, né à Genève de parents français (1607-1691). Il fut pendant quelque temps attaché à la cour d'Angleterre. Pensionné par le roi de France, il exécuta de nombreux portraits et traduisit en émaux des tableaux de peintres célèbres de son temps.

Petitpierre (Max), homme politique suisse, né à Neuchâtel en 1899, président de la Confédération en 1950, 1955 et 1960.

Petit-Quevilly (LE) [76140], comm. de la Seine-Maritime (arr. de Rouen), sur la Seine ; 23 001 h. (*Quevillais*). Chapelle Saint-Julien, aux voûtes décorées de peintures gothiques de la fin du XIIe s. Métallurgie. Industries textiles et chimiques.

petits-enfants n. m. pl. Les enfants du fils ou de la fille. (Ne s'emploie pas au sing.)

petits-neveux n. m. pl. Descendants (vx).

petit-suisse n. m. Fromage frais triple crème. || Pl. des *petits-suisses.*

Petlioura (Simon Vassilievitch), homme politique ukrainien, né à Poltava (1877-1926). Il tenta d'établir une Ukraine indépendante, mais fut battu par les bolchevistes en 1920. Il mourut assassiné à Paris.

Petőfi (Sándor), poète hongrois, né à Kiskőrös (1823-1849). Très tôt célèbre pour ses poésies d'inspiration populaire et patriotique (*le Marteau du village,* 1844), il déclencha la révolution hongroise, le 15 mars 1848, en enflammant la foule par son chant national *Debout, Magyar !* Tué à la bataille de Segesvár, il est resté la figure la plus pure du romantisme hongrois.

pétoire [petwar] n. f. Canonnière en sureau. || *Fam.* Mauvais fusil.

peton [petɔ̃] n. m. *Fam.* Petit pied.

pétoncle [petɔ̃kl] n. m. (lat. *pectunculus,* petit peigne). Mollusque bivalve comestible, vivant sur les fonds sableux de toutes les côtes de l'Europe occidentale. (Diamètre 6 cm.)

Pétra, v. de l'Arabie ancienne, cap. des Nabatéens du VIe s. av. J.-C. au IIe s. apr. J.-C. Vestiges de somptueux monuments taillés dans le rocher.

Pétrarque, en ital. **Francesco Petrarca,** poète et humaniste italien, né à Arezzo (1304-1374). Fils d'un exilé de Florence, il étudie à Pise, à Bologne, à Montpellier et à Avignon. Dans cette dernière ville, il rencontre, en 1327, Laure de Noves, qui lui inspire un amour idéalisé qui durera toute sa vie, à travers les voyages, les recherches érudites, la vie de cour et les honneurs. Convaincu, cependant, de la vanité des succès mondains, il fait de fréquents séjours dans son ermitage du Vaucluse. Couronné au Capitole le jour de Pâques 1341, il réfléchit sur sa vie dans une confession en forme de dialogue (*le Secret,* 1342-1358). En 1370, il se fixe à Arqua. Pour ses contemporains, il était avant tout un humaniste : il découvrit et fit copier des manuscrits anciens, publia des études historiques et philosophiques (*les Hommes illustres,* 1338 ; *la Vie solitaire,* 1346-1356 ; *le Repos des religieux,* 1347), un poème épique (*l'Afrique,* v. 1338), des *Lettres* (1366). Mais il doit sa gloire à son œuvre poétique, les *Rimes* et les *Triomphes,* réunis dans le *Canzoniere,* publié en 1470. Modèle du poète élégiaque, il y exprime son déchirement entre ses aspirations ascétiques et les séductions du monde grâce à de multiples jeux d'antithèses, qui resteront un des éléments fondamentaux du pétrarquisme. Il donne cependant d'un amour irréalisable une image figée en une perfection immuable, qui fait du temps humain un reflet de l'éternité divine, créant ainsi le lyrisme moderne sous son double aspect du mysticisme et de l'expression d'une expérience intime.

pétrarquisme [petrarkism] n. m. Imitation de la poésie de Pétrarque.

Petrassi (Goffredo), compositeur italien, né à Zagarolo en 1904. Professeur au Conservatoire de Rome, il est l'auteur de l'opéra *Morte dell'aria,* de concertos pour orchestre et d'œuvres religieuses.

pétré [petre], **e** adj. *Arabie Pétrée,* nom donné autrefois à la partie de l'Arabie formée de déserts pierreux.

pétrel [petrɛl] n. m. Oiseau palmipède vivant au large, dans les mers froides, et ne venant à terre que pour nicher. (Long. 20 cm.)

Petreto-Bicchisano [-ki-] (20140), ch.-l. de c. de la Corse (arr. de Sartène) ; 1 500 h.

pétreux [petrø], **euse** [-øz] adj. (du lat. *petra,* pierre). *Anat.* Relatif au rocher.

pétri, e adj. Mis en pâte : *farine pétrie.* || *Fig.* Rempli : *pétri d'orgueil.*

Petridis (Petros), compositeur grec, né à Niğde en 1892, auteur de symphonies, d'ouvertures et de concertos.

pétrifiant, e adj. Qui a la faculté de pétrifier : *la fontaine pétrifiante de Saint-Allyre.*

pétrification n. f. Transformation de la substance d'un corps organique en une substance pierreuse : *la pétrification des bois.* || Incrustation, phénomène par lequel les corps plongés dans certaines eaux très calcaires s'y couvrent d'une couche pierreuse. || La chose pétrifiée.

pétrifier [petrifje] v. t. (du lat. *petra,* pierre). Changer en pierre. || *Fig.* Frapper de stupeur : *cette nouvelle l'a pétrifié.*

pétrin [petrɛ̃] n. m. (lat. *pistrinum,* meule). Cuve dans laquelle on pétrit la pâte. ● *Etre, mettre dans le pétrin* (Fam.), être, mettre dans l'embarras.

pétrir [petrir] v. t. Détremper de la farine avec de l'eau et en faire de la pâte. || Presser l'argile avec les mains. || Presser à diverses reprises, malaxer : *les masseurs pétrissent les muscles.* || Façonner, former : *on pétrit aisément les jeunes esprits.*

pétrissable adj. Qui peut être pétri : *pâte, esprit pétrissable.*

pétrissage n. m. Action de pétrir. || Une des manipulations du massage.

pétrisseur, euse adj. et n. Qui pétrit la pâte.

pétrochimie [petroʃimi] n. f. Science, technique et industrie des produits chimiques dérivés du pétrole. — ENCYCL. La *pétrochimie* est l'ensemble des procédés

pétrin
mécanique

Phot. Lido, Larousse, Anderson, Ets Mahot-Photomnium.

et des opérations chimiques effectués dans les raffineries de pétrole ou les usines de traitement de gaz naturel, fabriquant non plus des carburants et des combustibles, mais des produits chimiques ou des bases utilisées comme matière de départ par l'industrie chimique. Les principales fabrications de la pétrochimie sont les oléfines, les carbures aromatiques et l'ammoniac. Les *oléfines* les plus importantes sont l'éthylène et le propylène, obtenus par pyrolyse, à haute température (750 °C environ), de gaz naturel ou de fraction pétrolière dans une unité de steam cracking. Les *carbures aromatiques* comme le benzène, le toluène et les xylènes sont obtenus par reforming catalytique d'essences lourdes, inutilisables comme carburants, suivi d'extraction à l'aide du glycol ou d'un autre solvant. L'*ammoniac* est produit dans des unités qui font partie intégrante des raffineries ou des usines de traitement du gaz naturel, par synthèse à partir d'azote fourni par l'air, directement ou par liquéfaction, et d'hydrogène d'origine pétrolière, obtenu par steam reforming en présence d'un catalyseur au nickel.

pétrochimique adj. Relatif à la pétrochomie : *industrie pétrochimique.*

Petrograd, nom donné en 1914 à *Saint-Pétersbourg,* anc. cap. de la Russie, changé en *Leningrad** depuis 1924.

pétrographie n. f. (du gr. *petra,* pierre). Etude de la formation et de la composition minéralogique des roches. (Syn. LITHOLOGIE.)

pétrographique adj. Relatif à la pétrographie.

pétrole [petrɔl] n. m. (lat. médiéval *petroleum,* huile de pierre). Huile minérale naturelle combustible, de couleur très foncée, douée d'une odeur caractéristique plus ou moins prononcée, d'une densité variant de 0,8 à 0,95 et formée d'hydrocarbures. (V. *encycl.*) ‖ — Adj. inv. *Bleu pétrole,* bleu tirant légèrement sur le vert.
— ENCYCL. Le *pétrole* semble avoir eu comme matière première les déchets provenant d'organismes aquatiques du règne animal ou végétal, proliférant dans les mers, les lagunes ou l'embouchure des fleuves, car le pétrole ne se trouve que dans les terrains sédimentaires. Recouverte progressivement de sédiments enterrés de plus en plus profondément, cette matière organique s'est lentement transformée en hydrocarbures, au début sous l'action de bactéries aérobies, ensuite, et pour la plus grande part, sous celle des bactéries anaérobies. Au cours de cette transformation, du soufre, de l'oxygène et de l'azote on été également élaborés à l'état de composés volatils. L'ensemble de ces produits, mêlés aux sédiments, a formé une « roche mère », schiste devenu compact sous le poids de la sédimentation. Par un phénomène appelé « migration », le pétrole en a été ultérieurement expulsé pour aller imprégner des sables ou des roches plus poreuses et plus perméables (grès ou calcaires), appelés « roches-magasins » ou « roches-réservoirs », où se trouvent localisés les gisements actuels. Un gisement est toujours localisé en un point singulier ou dans une anomalie naturelle permettant au pétrole de se rassembler en un point haut, sous une couverture imperméable (marne ou argile) qui lui interdit de s'échapper. Le plus souvent, il est surmonté d'une couche d'hydrocarbures gazeux et surnage au-dessus d'une couche d'eau salée. Les puits de pétrole sont forés par la rotation d'un outil appelé « trépan », mis en œuvre à partir d'un « derrick ». Lorsque le forage met en évidence la présence d'un gisement, on procède à l'exploitation en installant une colonne de production, et la tête du puits est équipée d'un ensemble de raccords, appelé « arbre de Noël », comportant des vannes de dimensions différentes qui permettent de régler le débit. L'extraction du pétrole se fait grâce à la pression naturelle ou entretenue du gisement ; elle ne peut guère porter, cependant, de façon rentable, que sur les trois quarts des hydrocarbures. Le pétrole brut est acheminé, par pipe-lines et pétroliers, vers les lieux de raffinage, dont le but est à la fois d'obtenir des produits aux caractéristiques précises et de permettre l'utilisation, de la façon la plus rentable, des diverses fractions présentes. L'opération fondamentale du raffinage est la distillation fractionnée continue, qui permet de séparer les produits légers, distillés en tête des tours et condensés, les produits intermédiaires, soutirés latéralement, et les résidus, extraits en fond de tour. Cette première distillation ne fournit que des produits à l'état brut, qui doivent presque tous être améliorés avant d'être mis sur le marché.

pétrolette n. f. *Fam.* Cyclomoteur ou vélomoteur de petite cylindrée.

pétroleuse n. f. Nom donné à des femmes qui, pendant la Commune de 1871, auraient utilisé du pétrole pour hâter les incendies.

pétrolier, ère adj. Relatif au pétrole : *industrie pétrolière ; navire pétrolier.* ● *Certificat pétrolier,* valeur mobilière négociable, émise en 1957 par l'Etat en représentation de chacune des actions qui lui avaient été attribuées lors de la constitution de certaines sociétés de recherche et d'exploitation pétrolières. (Le propriétaire du certificat pétrolier détient les droits patrimoniaux [capital social et bénéfices] attachés à l'action correspondante conservée par l'Etat, qui reste titulaire des droits de gestion.)

pétrolier n. m. Navire de charge construit pour le transport en vrac des cargaisons liquides de nature inflammable. (On dit aussi NAVIRE-CITERNE.) ‖ Technicien du pétrole.

pétrolifère adj. Qui contient du pétrole : *champs pétrolifères.*

Pétrone, en lat. **Caius Petronius Arbiter,** écrivain latin (Ier s. apr. J.-C.). On l'identifie généralement avec le familier de Néron, compromis dans la conjuration de

pétunia

Pison, et dont Tacite a raconté les derniers moments. Il est l'auteur d'un roman réaliste et licencieux, le *Satiricon**.

Pétronille ou **Pernelle** *(sainte),* vierge romaine (Ier s.). — Fête le 31 mai.

Petropavlovsk, v. de l'U. R. S. S. (Kazakhstan) ; 173 000 h. Constructions mécaniques.

Petropavlovsk-Kamtchatski, port de l'U. R. S. S. (R. S. F. S. de Russie), sur la côte du Kamtchatka ; 154 000 h. Conserves de poissons et crustacés.

Petrópolis, v. du Brésil (Rio de Janeiro) ; 200 000 h. Station estivale. Palais impérial et musée.

Petrouchka, ballet en 4 tableaux d'Igor' Stravinski, chorégraphie de Michel Fokine, décors et costumes d'Alexandre Benois, créé à Paris en 1911 par les Ballets russes de S. de Diaghilev, avec, dans les principaux rôles : Vaslav Nijinski, Tamara Karsavina, Aleksandr Orlov, Enrico Cecchetti. Incontestable chef-d'œuvre, ce ballet connut un succès universel et de très nombreuses reconstitutions. La partition, composée d'une suite de courts épisodes, colorés, évoque la joie populaire dans un style polytonal et polyrythmique.

Petrovaradin, anc. **Peterwardein,** v. de Yougoslavie, sur le Danube, englobée auj. dans le Novi Sad. Citadelle du XVIe s. Vins. Victoire du Prince Eugène sur les Turcs en 1716.

Petrovgrad, anc. nom de la ville yougoslave de *Zrenjanin**.

Petrozavodsk, v. de l'U. R. S. S. (R. S. F. S. de Russie), cap. de la république autonome de Carélie ; 185 000 h. Industries du bois.

Petrucci (Ottaviano), imprimeur italien, né à Fossombrone (duché d'Urbino) [1466-1539]. Créateur du système qui permit d'imprimer la « musique mesurée » grâce à des caractères mobiles, il fut en fait le premier éditeur de musique, publiant dès 1501 un recueil de chansons des maîtres franco-flamands les plus connus, le *Harmonicae Musices Odhecaton.*

Petsamo, en russe **Petchenga,** localité de Laponie, cédée par la Finlande à l'U. R. S. S. en 1944. Nickel.

pétulance [petylɑ̃s] n. f. Vivacité impétueuse : *parler avec pétulance.*

pétulant, e adj. (lat. *petulans,* querelleur). Qui manifeste une ardeur exubérante ; vif, impétueux.

pétun [petœ̃] n. m. (portug. *petum,* empr. à un mot tupi). Tabac (vx).

pétunia [petynja] n. m. (de *pétun*). Solanacée à fleurs ornementales.

pétunsé [petœ̃se] n. m. Variété de feldspath, dont on se sert en Chine pour faire la porcelaine.

peu [pø] adv. (lat. *paucum*). En petite quantité ; pas beaucoup : *manger peu.* ‖ — N. m. Petite quantité : *se contenter de peu.* ‖ — Loc. adv. **A peu près, à peu de chose près,** presque, environ. ‖ **Dans peu, sous peu,** bientôt. ‖ **Depuis peu,** récemment. ‖ **Peu à peu,** lentement, insensiblement. ‖ **Quelque peu,** légèrement : *un homme quelque peu usurier.* ‖ **Tant soit peu,** très peu. ‖ — **Pour peu que** loc. conj. Si peu que ; si faiblement que : *pour peu que vous en preniez soin, vos livres seront longtemps propres.*

Peugeot, famille d'industriels et d'ingénieurs français. Les deux frères JEAN-PIERRE (1768-1852) et JEAN-FRÉDÉRIC (1770-1822), nés à Hérimoncourt, associés en 1810 pour créer une fonderie, se spécialisèrent dans le laminage à froid de l'acier pour la fabrication de lames de scie. — Deux des fils de Jean-Pierre, JULES (1811-1889) et EMILE (1815-1874), nés à Hérimoncourt, créèrent la société en commandite *Peugeot frères,* pendant que leurs cousins, fils de Jean-Frédéric, fondaient une autre société qui deviendra plus tard *Peugeot et Cie.* La maison vendait alors de l'acier laminé, des lames de scie, de la quincaillerie courante, de l'outillage agricole et industriel, des moulins à café, etc. En 1857, Jules et Emile installèrent une usine à Beaulieu, près de Valentigney, pour produire des baleines métalliques destinées à remplacer les baleines d'origine animale utilisées en mode féminine. En 1865, les différentes activités Peugeot furent groupées sous la raison sociale *Les fils de Peugeot frères.* — Le fils de Jules, EUGÈNE, né à Hérimoncourt (1844-1907), et le fils d'Emile, ARMAND, né à Valentigney (1849-1915), furent les promoteurs des fabrications de cycles et d'automobiles en France. En association avec Serpollet, ils construisirent une voiture à trois roues (1889). En 1896, Armand fonda la *Société des automobiles Peugeot,* devenue en 1910 la *Société anonyme des automobiles et cycles Peugeot.*

peuh ! [pø] interj. Exprime le dédain.

Peuls ou **Foulbés,** peuple africain d'origine berbère ou éthiopienne. Etablis au Sénégal au XIe s., certains émigrèrent peu à peu à l'est : au Macina (XIVe s.), au Fouta-Djalon (XVIIe s.), dans l'Adamaoua (XVIIIe s.), etc. Auj., très métissés, ils sont établis surtout en Guinée et au Mali, où ils sont spécialisés dans l'élevage. La plupart sont actuellement islamisés.

peuplade n. f. Société humaine incomplètement organisée.

peuple [pœpl] n. m. (lat. *populus*). Multitude d'hommes : 1° formant une nation : *le peuple français ;* 2° appartenant à plusieurs nationalités, mais groupés sous une même autorité : *les peuples de l'U. R. S. S.* ‖ Partie la plus nombreuse, la moins riche des habitants d'une ville, d'un pays, etc. : *homme du peuple.* ‖ *Fam.* Foule : *un peuple d'importuns.* ● *Le peuple de Dieu,* les Juifs.

peuplé, e adj. Où il y a des habitants : *pays très peuplé.*

peuplement n. m. Action de peupler. ‖ Etat de ce qui est peuplé.

peupler v. t. Etablir des hommes, des animaux, des végétaux, dans un endroit où ils n'étaient pas auparavant : *Romulus peupla Rome ; peupler un étang d'alevins.* ‖ — V. i. Se multiplier : *les rats peuplent beaucoup.*

peupleraie n. f. Lieu planté de peupliers.

peuplier [pøplije] n. m. (du lat. *populus,* peuplier). Grand arbre des régions tempérées et humides, à feuilles alternes et pétiolées, à fleurs apparaissant avant les feuilles. (Le peuplier est dioïque, à graines entourées d'un duvet cotonneux.) [Famille des salicacées.]

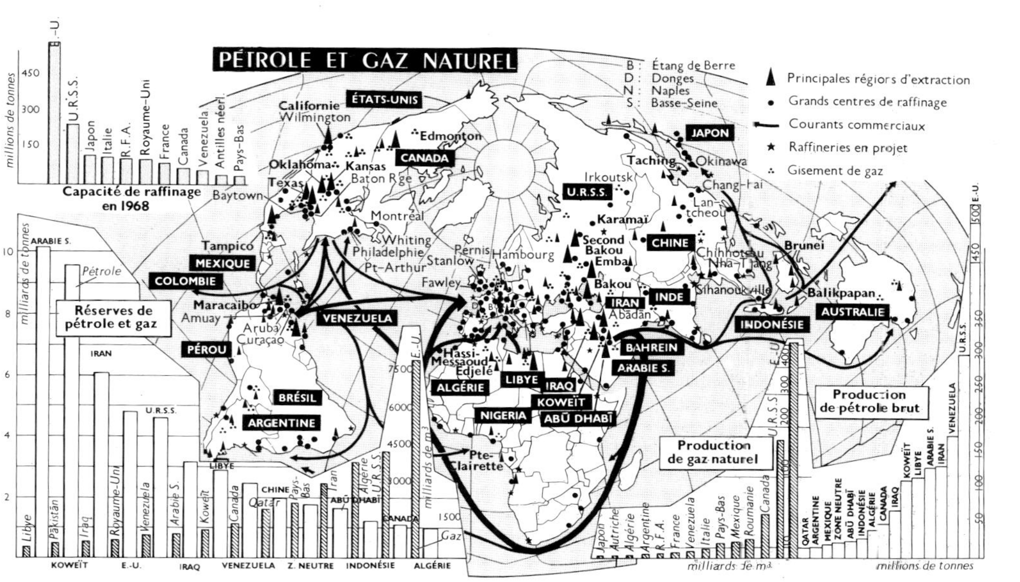

Phot. Vilmorin-Andrieux.

— Encycl. On distingue trois groupes principaux de peupliers : les *peupliers blancs*, les *peupliers baumiers* et les *peupliers noirs*. Les peupliers cultivés en France proviennent, pour la plupart, d'une hybridation à partir du peuplier noir : ce sont les peupliers noirs euraméricains (raverdeau, robusta, etc.). Leur bois est utilisé pour le déroulage, la caisserie, la fabrication des allumettes et la papeterie. (V. illustr. ARBRES.)

peur [pœr] n. f. (lat. *pavor*). Sentiment d'inquiétude, éprouvé en présence ou à la pensée du danger : *trembler de peur*. (Syn. : ALARME, APPRÉHENSION, CRAINTE, EFFROI, FRAYEUR, INQUIÉTUDE.) ● *Avoir peur*, craindre : *j'ai peur que cela ne vous incommode ; je n'ai pas peur qu'il me trahisse*. ‖ *En être quitte pour la peur, avoir plus de peur que de mal*, échapper complètement ou presque complètement au danger. ‖ *Laid à faire peur*, très laid. ‖ *La Grande Peur*, mouvement d'inquiétude collective qui gagna les campagnes au début de la révolution de 1789. ‖ **— De peur de** loc. prép. Par crainte de. ‖ **— De peur que** loc. conj. Dans la crainte que : *de peur qu'on ne se méprenne sur mes intentions*.

peureusement adv. De façon peureuse : *fuir peureusement devant un danger*.

peureux, euse adj. et n. Qui manque de résolution, d'énergie, craintif. (Contr. : AUDACIEUX, BRAVE, COURAGEUX, HÉROÏQUE, VAILLANT, VALEUREUX.)

peut-être [pœtɛtr] adv. Marque la possibilité, le doute : *il viendra peut-être*.

Peutinger (Konrad), humaniste et collectionneur allemand, né à Augsbourg (1465-1547). Il conservait une copie médiévale de la carte des voies de l'Empire romain (IIIe et IVe s.), dite *Table de Peutinger*, auj. à Vienne.

Pévèle ou **Puelle**, pays de la Flandre française entre les vallées de la Deûle et de la Scarpe.

Pevsner (Antoine), sculpteur et peintre français d'origine russe, né à Orel (1886-1962). Après des séjours à Paris et à Oslo, où son frère Naum Gabo le convertit à la sculpture, il rentra en Russie et fonda avec Gabo le mouvement *constructiviste*. Il se rendit à Berlin en 1922, puis se fixa à Paris en 1923. En 1927, il composa les décors du ballet *la Chatte* pour Diaghilev. Il est considéré comme un des maîtres de l'art abstrait. Le musée national d'Art moderne lui consacre une salle.

peyotl [pejɔtl] n. m. Plante cactacée du Mexique, dont l'ingestion produit des hallucinations visuelles.

Peyre (Joseph), architecte français, né à Paris (1730-1785). Avec Wailly, il a construit en 1782 le théâtre de l'Odéon.

Peyrehorade (40300), ch.-l. de c. des Landes (arr. de Dax), sur le gave de Pau ; 2 719 h. (1 996 aggl.). Donjon du XVe s. Restes d'un château du XVIe s.

Peyreleau (12720), ch.-l. de c. de l'Aveyron (arr. de Millau), au pied du causse Noir ; 95 h.

Peyriac-Minervois (11160 Caunes Minervois), ch.-l. de c. de l'Aude (arr. de Carcassonne) ; 1 054 h. Eglise fortifiée (XVIe s.).

Peyrolles-en-Provence (13860), ch.-l. de c. des Bouches-du-Rhône (arr. d'Aix-en-Provence) ; 2 249 h.

Peyronnet ou **Peyronet** (Charles Ignace, *comte* DE), homme politique français, né à Bordeaux (1778-1854). Ministre de l'Intérieur en 1830, il signa les ordonnances du 25 juillet.

Peyrou (*promenade du*), parc de Montpellier, aménagé de 1689 à 1776.

Peyruis [perɥi] (04310), ch.-l. de c. des Alpes-de-Haute-Provence (arr. de Forcalquier), sur la Durance ; 1 604 h.

Pézenas [-nɑs] (34120), ch.-l. de c. de l'Hérault (arr. de Béziers) ; 9 630 h. (*Piscénois*). Demeures anciennes (XVe-XVIIIe s.). Musée. Commerce des vins. Bauxite. — Aux environs, nécropole protohistorique.

pezize [pəziz] n. f. Champignon comestible des bois, formant des coupes brunes ou orangées. (Groupe des discomycètes.) [V. illustr. CHAMPIGNONS.]

Pfäfers, comm. de Suisse (Saint-Gall) ; 1 900 h. Sources thermales.

Pfäffikon, v. de Suisse (Zurich) ; 5 700 h. Lac. Textiles.

Pfastatt (68120), comm. du Haut-Rhin (arr. de Mulhouse) ; 5 986 h. Teinture.

Pfeffel (Gottlieb Konrad), écrivain alsacien, né à Colmar (1736-1809). Avec l'autorisation de Louis XV, il fonda à Colmar une école de guerre pour les jeunes protestants (1773). Il publia des *Fables* (1783) et des nouvelles.

pfennig [pfenig] n. m. Unité monétaire divisionnaire allemande, égale à 1/100 de mark. ‖ Pl. allem. des *pfennige*.

Pforzheim, v. de l'Allemagne occidentale (Bade-Wurtemberg), au nord de la Forêt-Noire ; 86 700 h. Eglises romanes et gothiques. Bijouterie. Produits chimiques.

p. g. c. d., abrév. de *plus grand commun diviseur*.

ph, symbole du *phot*.

pH n. m. (abrév. de *potentiel hydrogène*). Coefficient caractérisant l'acidité ou la basicité d'un milieu.
— Encycl. *Chim.* L'eau pure est faiblement dissociée en ions H^+ (combinés à l'eau sous forme d'H_3O^+) et OH^-. A 23 °C, les concentrations de ces ions sont l'une et l'autre $[H^+] = [OH^-] = 10^{-7}$, en ions-grammes par litre. Le produit de ces concentrations garde la même valeur $[H^+] . [OH^-] = 10^{-14}$ dans toutes les solutions aqueuses, mais $[H^+]$ est supérieur à 10^{-7} dans une solution acide et inférieur à 10^{-7} dans une solution basique. Le pH, défini par Sørensen, est le cologarithme de cette concentration : $[H^+] = 10^{-pH}$. Il est égal à 7 pour l'eau pure, inférieur à 7 pour les solutions acides et supérieur à 7 pour les solutions basiques.
— *Physiol.* et *Biol.* Le pH joue un rôle essentiel tant en physiologie qu'en pathologie. La digestion des protéines dans l'estomac n'a lieu qu'en milieu acide, d'où le rôle de la sécrétion acide de cet organe ; la trypsine pancréatique n'agit sur le chyme intestinal qu'en milieu alcalin (la bile excrétée par le foie alcalinise le milieu intestinal). Le pH du sang doit toujours être de 7,35, et, en cas de variations, des troubles apparaissent liés à l'acidose (diabète) ou à l'alcalose (tétanie). [Le pH du sang est maintenu constant par la réserve alcaline en carbonates de sodium et d'ammonium, ainsi que par l'élimination de gaz carbonique par les poumons et d'urée par les reins.]

phacochère [fakɔʃɛr] n. m. (gr. *phakos*, lentille, et *khoiros*, cochon). Mammifère ongulé d'Afrique, voisin du sanglier, à défenses incurvées. (Haut. au garrot 80 cm.)

phacomètre [fakɔmɛtr] n. m. Instrument permettant de déterminer par lecture directe le nombre de dioptries d'un verre de lunettes.

phaéton [faetɔ̃] n. m. (du nom pr. *Phaéton*). Voiture hippomobile haute, à quatre roues, légère et découverte, à deux sièges parallèles tournés vers l'avant. (V. illustr. VOITURES* HIPPOMOBILES.) ‖ Oiseau palmipède des mers tropicales, appelé usuellement *paille-en-queue*.

Phaéton. *Myth. gr.* Fils d'Hélios (le Soleil) et de Clymène. Autorisé à conduire un jour le char du Soleil, il faillit, par son inexpérience, embraser l'Univers. Zeus, irrité, le foudroya.

Phaéton, tragédie lyrique en 5 actes, poème de Quinault, musique de Lully (1683). — Poème symphonique de C. Saint-Saëns (1873).

phagédénique [faʒedenik] adj. (du gr. *phagedaina*, faim dévorante). Qui ronge les chairs : *ulcère phagédénique*.

phagédénisme n. m. Extension indéfinie d'un ulcère.

phagocytaire adj. Relatif à la phagocytose ou aux phagocytes.

phagocyte [fagɔsit] n. m. (gr. *phagein*, manger, et *kutos*, cavité). Cellule de l'organisme capable de phagocytose, comme les leucocytes, les cellules du tissu réticulo-endothélial.

phagocytose n. f. Absorption par une cellule de particules alimentaires ou de microbes.
— Encycl. La *phagocytose* s'observe chez les protozoaires et certaines cellules des animaux supérieurs. Chez les premiers, l'amibe notamment, elle constitue un mode d'alimentation à partir des corps trouvés dans le milieu, que la cellule entoure de pseudopodes, inclut en elle comme une vacuole, puis digère ou expulse. Les animaux supérieurs exercent la phagocytose par des cellules mobiles, les leucocytes (ou globules blancs), et par des cellules fixes du tissu conjonctif ; la phagocytose a surtout pour but de débarrasser les tissus de certains déchets ou corps étrangers (poussières), ou de microbes, que les cellules détruisent après les avoir absorbés, jouant ainsi un rôle essentiel de défense de l'organisme.

phalange [falɑ̃ʒ] n. f. (lat. *phalanx*, gros bâton). Dans l'Antiquité, ordre grec de bataille, sur plusieurs rangs de profondeur, puis corps d'infanterie macédonienne réputé pour sa cohésion au combat. ‖ *Par ext.* Corps de troupes. ‖ Groupement politique fasciste : *la phalange espagnole*. ‖ *Anat.* Chacun des petits os qui composent les doigts et les orteils. (Le pouce et le gros orteil ont deux phalanges, les autres doigts trois.)

Phalange, groupement paramilitaire espagnol d'inspiration fasciste, fondé par José Antonio Primo de Rivera en 1933 et devenu en 1937 le parti unique de l'Espagne franquiste.

phalanger [falɑ̃ʒe] n. m. Mammifère d'Australie, de l'ordre des marsupiaux, dont certaines espèces peuvent planer grâce à une membrane-parachute latérale. (Une autre espèce est recherchée pour sa fourrure.)

phalangette n. f. Dernière phalange des doigts, celle qui porte l'ongle.

phalangien, enne adj. Relatif aux phalanges.

phalangine n. f. Deuxième phalange des os qui ont trois phalanges.

phalangiste n. Membre de la phalange espagnole.

phalanstère [falɑ̃stɛr] n. m. (de *phalange*). Dans le système de Fourier, unité de travail dont les membres devaient vivre en communauté, et comprenant entre 1 500 et 2 000 personnes groupées sur un terrain où se trouvaient ferme et établissement industriel.

phalanstérien, enne n. Habitant d'un phalanstère. ‖ Partisan de la doctrine sociale de Fourier. ‖ — Adj. Relatif au phalanstère.

Phalaris, tyran d'Agrigente (v. 570-554 av. J.-C.). On raconte qu'il brûlait ses victimes dans un taureau d'airain.

phalène [falɛn] n. f. (gr. *phalaina*). Nom courant donné aux papillons de la famille des géométridés, en particulier à quelques espèces nuisibles aux plantes cultivées ou aux arbres forestiers (*phalène du pin, phalène du lilas*).

phalère [falɛr] n. f. Papillon nocturne dont la chenille vit sur divers arbres (saule, chêne, etc.).

phalline n. f. Principe toxique de l'amanite phalloïde.

phallocrate n. m. *Péjor.* Défenseur de la phallocratie.

phallocratie [falɔkrasi] n. f. *Fam.* et *péjor.* Oppression abusive de la femme par l'homme.

phalloïde [falɔid] adj. *Amanite phalloïde*, champignon mortellement toxique, très commun en France à la lisière des bois, caractérisé par un pied blanc ou chiné, assez long et grêle, porteur d'une grosse volve et d'une collerette, par un chapeau légèrement convexe, de couleur très variable, et par des lamelles blanches. (Les premiers symptômes d'intoxication n'apparaissent qu'au bout de 10 à 12 heures, parfois de 40 heures. Il y a plusieurs crises, à la fois nerveuses et digestives, séparées par de trompeuses périodes de rémission ; la mort survient au bout de 5 à 20 jours. Le traitement repose sur une forte absorption d'eau sucrée et d'eau salée, en vue de combattre l'hypoglycémie et la déshydratation, qui caractérisent cette intoxication, et sur l'injection de sérum antiphalloïdien de l'Institut Pasteur.)

Phalsbourg (57370), ch.-l. de c. de la Moselle (arr. de Sarrebourg) ; 3 898 h. (2 367 aggl.) [*Phalsbourgeois*]. Restes de fortifications élevées par Vauban.

Pham Van Dong, homme politique vietnamien, né en 1906. Premier ministre du Viêt-nam du Nord depuis 1955.

Phanar, quartier grec de Constantinople, habité par les *Phanariotes*.

phanères [fanɛr] n. f. pl. Petits organes protecteurs recouvrant en grand nombre la peau des animaux vertébrés, tels que les poils des mammifères, les plumes des oiseaux, les écailles des poissons.
— Encycl. La nature des *phanères* caractérise bien chacune des classes de vertébrés : les mammifères seuls ont des poils, les oiseaux seuls ont des plumes, les écailles cténoïdes ou cycloïdes plates sont propres aux poissons osseux, les écailles placoïdes (ou denticules cutanés) caractérisent les poissons cartilagineux, les écailles ganoïdes revêtent les formes intermédiaires entre ces deux groupes (esturgeon, lépidostée). L'absence complète de phanères est de règle chez les agnathes et les amphibiens. En revanche, les replis écailleux de l'épiderme sont communs aux reptiles et aux pattes des oiseaux, et divers animaux isolés, appartenant à des groupes variés, ont des phanères qui leur sont propres : écailles des tatous, des pangolins, des tortues, des crocodiles, des épinoches ; piquants des hérissons, des porcs-épics, du moloch ; cornes des ruminants, des rhinocéros, etc. Tous ces organes ont un rôle protecteur défensif ou dissuasif : les poils et les plumes des vertébrés à sang chaud limitent les déperditions de chaleur ; enfin, la couleur des phanères joue un grand rôle biologique, soit pour dissimuler les animaux, soit, au contraire, pour les rendre très visibles (parure nuptiale des oiseaux, des tritons).

phanérogames [fanerɔgam] n. f. pl. (gr. *phaneros*, visible, et *gamos*, mariage). Embranchement du règne végétal renfermant les plantes se reproduisant par des fleurs et des graines. (On le divise en deux sous-embranchements : les *angiospermes* et les *gymnospermes*.) [Syn. SPERMAPHYTES.] ‖ Sing. une *phanérogame*. ‖ — Adj. *plante phanérogame*.

phanie [fani] n. f. (gr. *phanos*, brillant). Unité définissant la grandeur de la sensation de la lumière.

phantasme [fɑ̃tasm] n. m. (gr. *phantasma*, apparition). Autre graphie de FANTASME.

Phan Thiêt, v. du Viêt-nam du Sud ; 56 800 h. Port de pêche.

pharamineux [faraminø], **euse** [-øz] adj. V. FARAMINEUX.

Pharamond, chef franc légendaire, descendant du Troyen Priam.

pharaon [faraɔ̃] n. m. Titre des anciens rois d'Egypte. ‖ Sorte de jeu de cartes.

pharaonien, enne ou **pharaonique** adj. Relatif aux pharaons : *monuments pharaoniens*.

phare [far] n. m. (gr. *Pharos*, île située près d'Alexandrie, où Ptolémée Philadelphe fit élever une tour de marbre blanc d'où l'on découvrait les vaisseaux à 100 milles en mer). Tour élevée, portant un puissant foyer de lumière pour guider les navires et les avions pendant la nuit : *les phares se distinguent par la durée de leur éclat*. (V. *encycl.*) ‖ *Mar.* Ensemble des voiles d'un mât : *le phare d'artimon*. ‖ Puissant projecteur de lumière placé à l'avant d'un véhicule : *phare d'automobile*. (V. *encycl.*) ‖ *Fig.* Celui, ce qui éclaire, guide.
— Encycl. *Aéron.* et *Mar.* Les *phares* se composent d'une tour que couronnent la source lumineuse et le système optique. Les feux ont leurs caractéristiques propres, qui permettent de les identifier : ils sont blancs ou colorés, fixes ou à éclairage intermittent, obtenu généralement par la rotation du système optique. Depuis la Seconde Guerre mondiale, les progrès réalisés en radio-électricité ont permis d'installer un réseau mondial de radiophares qui est utilisé par les navires et les avions équipés de radiogoniomètres.
— *Autom.* Un *phare* est constitué par un miroir en général parabolique, au foyer duquel se trouve une ampoule électrique ; le faisceau lumineux peut porter à plus de 100 m.

pharillon n. m. Réchaud à feu pour attirer le poisson. ‖ Pêche pratiquée par ce moyen.

pharisaïque [farizaik] adj. Qui tient du caractère ou des habitudes des pharisiens : *orgueil pharisaïque*.

pharisaïsme n. m. Caractère des pharisiens. ‖ *Fig.* Hypocrisie. (Syn. : DUPLICITÉ, FAUSSETÉ, FOURBERIE, PAPELARDISE.)

pharisien [farizjɛ̃] n. m. (gr. *pharisaios*, empr. à l'araméen). Membre d'une secte de Juifs qui se distinguaient par une minutieuse observance des règles de la loi mosaïque. ‖ *Fig.* Homme hypocrite ou orgueilleux.

pharmaceutique adj. Relatif à la pharmacie. ● *Spécialité pharmaceutique,* médicament préparé et conditionné industriellement, dont la composition, l'activité et la vente sont soumises à un visa et à des contrôles qui en assurent la constance et l'efficacité.

pharmacie [farmasi] n. f. (gr. *pharmakeia;* de *pharmakon,* remède). Science ayant pour objet la préparation des médicaments. (V. *encycl.*) ‖ Profession de pharmacien : *exercer la pharmacie.* ‖ Lieu où l'on vend les médicaments. ‖ Collection portative de médicaments : *pharmacie de poche.*
— ENCYCL. L'emploi des plantes pour soigner les maladies remonte à l'Antiquité, mais celui des substances minérales (sulfures, fer, cuivre) est plus récent (VIIIe s.). Jusqu'à la fin du Moyen Age, les drogues et les formes pharmaceutiques se multiplient (électuaires, panacées, antidotes, etc.), mais leur préparation comme leur emploi ont un caractère empirique et le plus souvent mystique. Ce n'est qu'au XVIIIe s., avec Geoffroy, Rouelle et Baumé, que la *pharmacie* entre dans l'ère scientifique, où les travaux de Lavoisier, Fourcroy, Vauquelin et Parmentier la font rapidement progresser. La préparation d'extraits de plantes conservant les principes actifs et surtout la découverte des alcaloïdes marquent le XIXe s., dont la fin, avec les travaux de Pasteur, voit le début de l'ère de l'antisepsie. Depuis le début du XXe s., la science pharmaceutique ne cesse de progresser avec la chimiothérapie, inaugurée par Fourneau dans le domaine de la lutte contre les infections, puis étendue aux domaines des diurétiques, des hormones de synthèse, des hypnotiques, des psychotropes, des anti-inflammatoires, des anticoagulants, des anticancéreux.
L'enseignement de la pharmacie est dispensé dans les facultés de pharmacie, les facultés mixtes de médecine et de pharmacie, et des écoles préparatoires dans certaines villes. Cet enseignement conduit au diplôme de pharmacien (permettant d'exercer), au doctorat et à différents certificats de spécialités.
Depuis la Seconde Guerre mondiale, la profession pharmaceutique s'exerce dans trois domaines : la pharmacie d'officine (vente des médicaments), la fabrication industrielle (spécialités pharmaceutiques), la recherche (privée ou d'Etat).

pharmacien, enne n. Personne qui exerce la pharmacie. (Pour exercer la profession de pharmacien, il faut être muni du diplôme, être âgé de 25 ans et être inscrit à l'ordre des pharmaciens.) ● *Pharmacien biologiste,* pharmacien muni de certificats de spécialités (bactériologie, sérologie, etc.), qui effectue les analyses médicales.

pharmacodynamie [farmakɔdinami] n. f. Etude de l'action qu'exercent les médicaments sur un organisme normal ou malade.

pharmacologie n. f. Etude théorique et expérimentale des médicaments et de leur emploi.

pharmacologique adj. Relatif à la pharmacologie : *la science pharmacologique.*

pharmacopée [farmakɔpe] n. f. (gr. *pharmakon,* remède, et *poiein,* faire). Livre officiel qui constitue un recueil des recettes ou formules pour préparer les médicaments et des méthodes de contrôle ainsi que des normes imposées à ceux-ci. (La pharmacopée officielle, en France, a porté le nom de Codex de 1748 à 1963.)

Pharnace Ier, roi du Pont (v. 185-v. 169 av. J.-C.). — PHARNACE II (v. 97-47 av. J.-C.), roi du Bosphore Cimmérien (63-47), fils de Mithridate VII. Vaincu par César près de Zéla, il fut tué la même année par un de ses généraux.

Pharos, île de l'Egypte ancienne, près d'Alexandrie, où fut érigée par Ptolémée Philadelphe une tour de 135 m (285 av. J.-C.) sur laquelle on allumait des feux pour guider les navigateurs ; elle s'écroula en 1302.

Pharsale, v. de Grèce (Thessalie) ; 5 800 h. César y vainquit Pompée (48 av. J.-C.).

Pharsale (*la*), poème épique (inachevé) de Lucain (v. 60 apr. J.-C.), sur la lutte entre César et Pompée.

pharyngien [farɛ̃ʒjɛ̃], **enne** [-ɛn] adj. Du pharynx : *les muscles pharyngiens.*

pharyngite n. f. (du lat. *pharunx, pharungos,* gorge). Inflammation du pharynx.

pharyngo-laryngite n. f. Inflammation du pharynx et du larynx.

pharynx [farɛ̃ks] n. m. (gr. *pharunx,* gorge). Région située entre la bouche et l'œsophage, et où les voies digestives croisent les voies respiratoires.
— ENCYCL. Le *pharynx* est un conduit musculo-membraneux. Il s'ouvre en haut dans les orifices postérieurs des fosses nasales, séparées de la bouche par le voile du palais, et il se termine en bas en se continuant par l'œsophage en arrière et par l'orifice du larynx fermé par l'épiglotte en avant. Sa paroi postérieure comporte l'amygdale ▶ pharyngée (dont le développement excessif constitue les végétations et qui est cachée à la vue par le voile du palais) et, plus bas, une paroi postérieure lisse, appliquée contre la colonne vertébrale. Chacune de ses parois latérales comporte en haut l'orifice de la trompe d'Eustache et, plus bas, les amygdales, entourées par les piliers du voile du palais. La partie supérieure du pharynx, située au-dessus et en arrière du voile du palais communique avec les fosses nasales ; elle constitue le rhinopharynx, dont l'inflammation (rhinopharyngite) est une cause possible d'otite en raison de l'abouchement des trompes d'Eustache à ce niveau.

phase [fαz] n. f. (gr. *phasis*). *Astron.* Chacune des apparences sous lesquelles une planète se présente successivement à nos regards pendant la durée de sa révolution : *les phases de la Lune.* ‖ Ensemble des travaux effectués à un même poste de travail, pour ou sur une même unité de production. ‖ *Chim.* Toute partie homogène d'un mélange. ‖ *Phys.* et *Electr.* V. *encycl.* ‖ *Fig.* Chacun des changements, des aspects successifs d'un phénomène en évolution : *les phases d'une maladie.* ● *En phase,* se dit de deux ou de plusieurs phénomènes périodiques de même fréquence qui, à tout instant, varient de la même façon : *deux fonctions sinusoïdales sont en phase lorsqu'elles sont maximales et minimales aux mêmes instants.*
— ENCYCL. *Phys.* et *Electr.* Dans la grandeur sinusoïdale $y = a \cos(\omega t + \varphi)$, où a est l'amplitude et t le temps, on appelle *phase* l'angle $\omega t + \varphi$, φ étant la phase à l'origine du temps. Les courants alternatifs triphasés sont des courants sinusoïdaux identiques, présentant entre eux des différences de phases égales à $\frac{2\pi}{3}$ radians.

phasianidés [fazjanide] n. m. pl. Famille d'oiseaux gallinacés, comprenant les *perdrix,* les *cailles,* les *faisans,* les *coqs,* les *paons,* les *pintades,* les *dindons.*

phasme [fasm] n. m. Insecte généralement sans ailes, caractérisé par un corps extrêmement grêle et allongé. (Type de l'ordre des *chéleutoptères.*)
— ENCYCL. Les *phasmes,* dont la plupart des espèces vivent en Inde, mais qui comprennent une forme européenne, vivent sur des plantes telles que le lierre, dont ils broutent les feuilles ; leur ressemblance avec des brindilles les rend très difficiles à distinguer de leur milieu. Leur reproduction est souvent parthénogénétique.

Phéaciens, peuple fabuleux mentionné dans *l'Odyssée.* Nausicaa, qui accueillit Ulysse errant, était la fille de leur roi. C'étaient peut-être les habitants de Corcyre.

Phébé. *Myth. gr.* Nom de la Lune, confondue bien après Hésiode avec Artémis.

Phébus, surnom d'*Apollon**.

Phédon, philosophe grec qui vivait v. 500 av. J.-C., disciple de Socrate, fondateur de l'école d'Elis.

Phédon, dialogue de Platon, qui met en scène les derniers moments de Socrate au milieu de ses disciples. Le philosophe leur fournit une démonstration de l'immortalité de l'âme (IVe s. av. J.-C.), qui a inspiré à Lamartine *la Mort de Socrate.*

Phèdre. *Myth. gr.* Epouse de Thésée et fille de Minos et de Pasiphaé. Elle osa avouer à Hippolyte, fils de son époux, l'amour dont elle brûlait pour lui ; Hippolyte ayant repoussé ses avances, elle accusa le jeune homme auprès de Thésée, qui voua son fils à la colère de Poséidon. Phèdre, dévorée par le remords, se pendit.

Phèdre, tragédie de Racine (1677). Le poète s'y inspire d'Euripide et de Sénèque. Retrouvant le sens du sacré, essentiel à la tragédie grecque, il met en relief le personnage de Phèdre, dévorée de passion, consciente de ses fautes, mais incapable d'en assumer la responsabilité.

Phèdre, en lat. **Caius Iulius Phaedrus** ou **Phaeder,** écrivain latin, né en Macédoine (15 av. J.-C.-apr. 50 apr. J.-C.). Affranchi d'Auguste, il imita Esope dans ses cent vingt-trois fables, qui dotèrent la littérature latine d'un genre nouveau.

Phèdre, dialogue de Platon, traitant de la beauté et de l'amour, puis de la rhétorique.

Phelippeaux (Antoine LE PICARD DE), officier français, né à Angle (Poitou) [1768-1799]. Emigré passé au service de l'Angleterre, il contribua en 1799 à la défense de Saint-Jean-d'Acre contre Bonaparte.

phelloderme [fɛlɔdɛrm] n. m. (gr. *phellos,* liège, et *derma,* peau). *Bot.* Tissu végétal qui se forme sous le liège, mais qui est habituellement peu développé.

phellogène [fɛlɔʒɛn] adj. (gr. *phellos,* liège, et *gennân,* engendrer). Se dit des tissus végétaux qui produisent le liège.

Phélypeaux. V. PONTCHARTRAIN et MAUREPAS.

phénakistiscope [fenakistiskɔp] n. m. (gr. *phenax, -akos,* trompeur, et *skopein,* examiner). *Phys.* Appareil qui donne l'illusion du mouvement par la persistance des sensations optiques.

phénate [fenat] n. m. Combinaison du phénol avec une base.

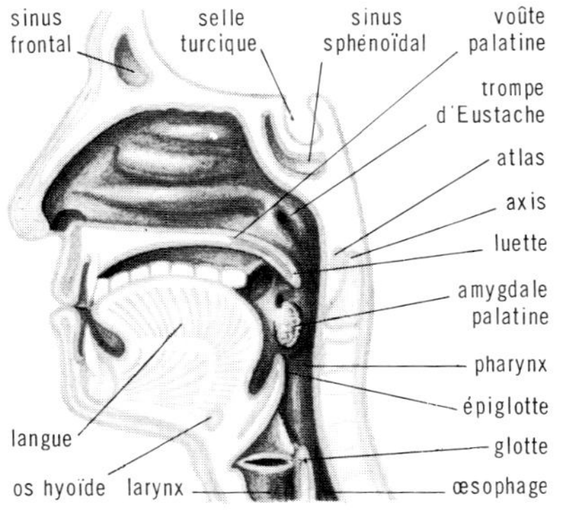

Phénicie, anc. contrée de l'Asie antérieure, située entre la Méditerranée et le Liban, au sud de l'Oronte. La Phénicie fut peuplée dès le IIIe millénaire par des populations sémitiques, qui y fondèrent une série de ports vivant comme de petites principautés autonomes : Tyr, Sidon, Beryte (auj. Beyrouth), Tripoli, Gebal (auj. Byblos). Agriculteurs et bons commerçants, véritables courtiers entre l'Occident et l'Orient, les Phéniciens exportaient leur blé, leur huile et le bois de leurs forêts, qui leur permettait également de construire leurs flottes. Leurs navires sillonnaient la Méditerranée pour placer les produits de leur industrie (bronze, verre, bijoux, meubles, tissus, pourpre) et pour s'approvisionner en matières premières. Ils franchissaient les Colonnes d'Hercule pour aller chercher l'étain des îles Cassitérides (Scilly). Ils fondèrent de nombreux comptoirs à Chypre (Xe s.), mais, évincés par les Grecs de la Méditerranée orientale, ils s'installèrent à Malte, en Sardaigne, en Espagne et en Afrique du Nord, notamment à Carthage (XIVe-Xe s. av. J.-C.). D'une civilisation très avancée, ils inventèrent notamment un alphabet, qui facilita partout les opérations commerciales. Soumise à plusieurs reprises (VIIIe-Ve s.) par les Assyriens, les Egyptiens, les Perses, la Phénicie passa ensuite sous la domination des Lagides, grecs, puis des Romains (formation de la province de Syrie, 64 av. J.-C.).

phénicien [fenisjɛ̃], **enne** [-ɛn] adj. et n. De la Phénicie. ‖ — N. m. Langue sémitique ancienne dont l'alphabet a servi, après modification, à transcrire le grec.

Phéniciennes (*les*), tragédie d'Euripide (409/408 av. J.-C.), reprise de la tragédie d'Eschyle *les Sept contre Thèbes* (467 av. J.-C.).

phénique [fenik] adj. *Acide phénique,* syn. de PHÉNOL.

phéniqué, e adj. Additionné d'acide phénique : *eau phéniquée.*

phénix [feniks] n. m. Personne supérieure, unique en son genre : *le phénix des beaux esprits.* ‖ *Bot.* V. PHŒNIX.

Phénix, oiseaux fabuleux qui, selon la mythologie égyptienne, était unique en son espèce. Il vivait plusieurs siècles au milieu des déserts de l'Arabie, se faisait périr sur un bûcher et renaissait de ses cendres.

phénol [fenɔl] n. m. (du gr. *phainein,* briller). Dérivé oxygéné (C_6H_5OH) du benzène, que l'on extrait des huiles fournies par le goudron de houille. (Syn. ACIDE PHÉNIQUE.)
— ENCYCL. Le *phénol* est un désinfectant ; il sert aussi à préparer divers colorants, des matières plastiques et certains médicaments. C'est un poison, dont l'antidote est le sucrate de chaux.

phénols n. m. pl. Nom générique de composés analogues au phénol et dérivant des hydrocarbures benzéniques. ‖ Sing. un *phénol.*

phénoménal, e, aux adj. Qui tient du phénomène. ‖ *Fam.* Etonnant, extraordinaire, prodigieux : *une bêtise phénoménale.* ‖ *Philos.* Qui concerne les apparences des choses : *le monde phénoménal s'oppose au monde nouménal des choses en soi.*

phénoménalement adv. De façon prodigieuse.

phénomène [fenɔmɛn] n. m. (gr. *phainomenon,* ce qui apparaît). Fait scientifique, observable : *chercher les causes d'un phénomène ; les phénomènes naturels.* ‖ *Philos.* Ce qui est perçu par les sens. (Contr. NOUMÈNE.) ‖ Etre ou objet qui offre quelque chose d'anormal ou de surprenant : *montrer des phénomènes à la foire.* ‖ *Fam.* Se dit d'une personne originale ou remarquable pour ses dons : *ce garçon a une mémoire étonnante, c'est un phénomène.*

phénoménisme n. m. Théorie philosophique qui n'admet d'autre réalité que celle des phénomènes.

phénoméniste n. Partisan du phénoménisme.

phénoménologie n. f. Etude philosophique des phénomènes présents à notre esprit, et consistant essentiellement à les décrire et à décrire les structures de la conscience qui les connaît.
— ENCYCL. Le mot de *phénoménologie* a dans l'histoire de la philosophie allemande le sens de « description de l'histoire spirituelle de l'humanité », notamment chez Fichte et Hegel. Mais c'est Husserl qui a donné à cette notion la définition la plus féconde, à la fois pour les philosophes et sur le plan de certains utilisateurs, comme les historiens : l'école phénoménologique historique a des représentants dans l'histoire des religions, comme Otto, et ses principes sont à la base de l'école historique dite *existentielle.*

Phénoménologie de l'esprit, ouvrage de Hegel, paru en 1806, où l'auteur expose son système philosophique, idéaliste et dialectique.

phénoménologique adj. Relatif à la phénoménologie.

phénoménologue n. Philosophe qui utilise la méthode phénoménologique.

phénothiazine n. f. Vermifuge, actif notamment contre les oxyures.

phénotype [fenɔtip] n. m. *Génét.* Ensemble de caractères qui se manifestent visiblement chez un individu et qui expriment les réactions de son génotype (c'est-à-dire de son fonds héréditaire) à l'égard des circonstances particulières de son développement et à l'égard de son milieu.

phényle [fenil] n. m. Radical C_6H_5 univalent, dérivé du benzène.

phéophycées [feɔfise] n. f. pl. Algues marines pluricellulaires contenant un pigment spécial (*phycophéine*) qui leur confère une teinte brune, telles que le fucus et la laminaire. (Syn. ALGUES BRUNES.)

— ENCYCL. Les *algues brunes* abondent sur les côtes rocheuses (fucus), flottent sur la haute mer (sargasses) et peuvent vivre sous 50 m d'eau grâce à leur phycophéine, qui absorbe les lumières de courte longueur d'onde, seules présentes à cette profondeur. Beaucoup d'espèces supportent une longue émersion entre deux marées hautes. Les tissus de ces algues peuvent contenir une très grand quantité d'iode (jusqu'à 400 fois plus que l'océan). La reproduction se fait souvent par des *phéospores,* qui nagent activement à l'aide de flagelles, mais elle peut aussi se faire sans spores, selon un mode quasi animal (fucus). Certaines algues brunes flottantes dépassent 100 m de longueur. Le varech, ou goémon, est constitué en majeure partie par des algues brunes : fucus, ascophylle, corde, laminaire, himanthalia, etc. On divise les *phéophycées* en dix ou onze ordres.

phi [fi] n. m. Lettre de l'alphabet grec (φ, Φ), correspondant à *ph.*

Phidias, sculpteur grec (v. 490-431 av. J.-C.). Il fut le plus éminent représentant de la sculpture grecque classique. Périclès le nomma maître d'œuvre du Parthénon, dont il sculpta le décor figuré avec l'aide d'autres artistes. Il ne reste rien de ses grandes statues chryséléphantines de *Zeus* et d'*Athéna Parthénos;* cette dernière est connue par une réplique au musée d'Athènes. Il fut sans doute également peintre.

Philadelphie, port des Etats-Unis (Pennsylvanie), sur la Delaware ; 2 052 000 h. Université. Important musée. Arsenal. Quatrième ville du pays, Philadelphie est le deuxième port maritime de la côte orientale des Etats-Unis. Parmi les importations dominent les produits nécessaires à la puissante industrie locale (métallurgie, raffinage du pétrole, pétrochimie, textile, etc.). La ville, création de William Penn, fut de 1790 à 1800 le siège du gouvernement fédéral.

Philae, île du Nil, dans la Haute-Egypte, près de la première cataracte, anciennement consacrée à Isis. A la suite de la construction du barrage d'Assouan, qui provoquera la submersion de l'île, ses monuments doivent être reconstruits sur une île voisine, plus élevée.

Philaminte, personnage des *Femmes savantes* de Molière. Bourgeoise passionnée de sciences et de littérature, elle prétend soumettre sa famille aux exigences de sa manie.

philanthe [filɑ̃t] n. m. (gr. *philos,* ami, et *anthos,* fleur). Insecte hyménoptère à abdomen noir et jaune, qui chasse les abeilles. (Long. 15 mm.)

philanthrope [filɑ̃trɔp] n. (gr. *philos,* ami, et *anthrôpos,* homme). Qui aime les hommes ; qui s'occupe d'améliorer leur sort.

philanthropie n. f. Sentiment qui pousse les hommes à venir en aide aux autres.

philanthropique adj. Qui concerne la philanthropie. ‖ Inspiré par la philanthropie : *œuvre philanthropique.*

philatélie [filateli] n. f. (gr. *philos,* ami, et *ateleia,* exemption d'impôts). Science, étude, recherche des timbres-poste.

philatélique adj. Relatif à la philatélie : *la rubrique philatélique d'un journal.*

philatéliste n. Collectionneur de timbres-poste.

Philèbe, dialogue de Platon, dans lequel Socrate s'efforce de déterminer, entre la raison et le plaisir, de quel côté se trouve le souverain bien.

Philémon, poète comique grec, né en Cilicie (361-262 av. J.-C.). L'un des principaux représentants de la comédie nouvelle, il est l'auteur d'une soixantaine de pièces, dont il ne reste que des fragments.

Philémon et **Baucis,** couple légendaire de la mythologie antique. Ayant accueilli généreusement Zeus et Hermès, ils échappèrent au Déluge. La chaumière de Philémon et de Baucis devint un temple. A un âge très avancé, ils furent métamorphosés en arbres. Leur nom est devenu le symbole de l'amour conjugal.

buste d'Athéna Parthénos attribué à **Phidias**
Musée national d'Athènes

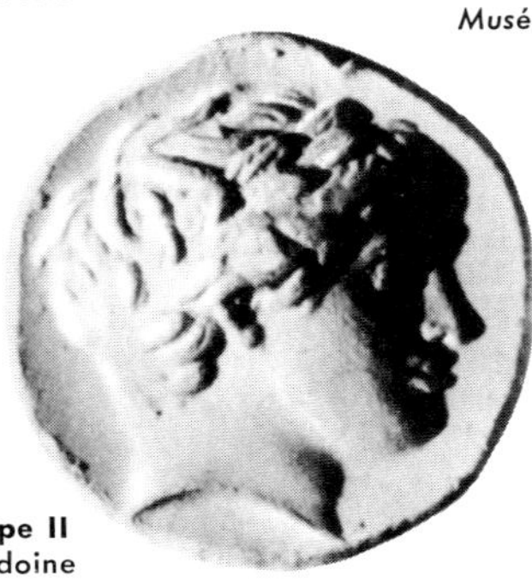

médaille de **Philippe II** de Macédoine

philharmonie [filarmɔni] n. f. (gr. *philos,* ami, et *harmonie*). Association de concerts.

philharmonique adj. *Mus.* Se dit de certaines associations de concerts : *société philharmonique.*

philibeg ou **filibeg** [filibɛg] n. m. Jupon court des montagnards, ou *highlanders,* écossais.

Philibert Ier le Chasseur, né à Chambéry (1465-1482), duc de Savoie (1472). Il régna sous la tutelle de sa mère, Yolande de France. — PHILIBERT II *le Beau,* né à Pont-d'Ain (1480-1504), duc de Savoie (1497). Il avait épousé Marguerite d'Autriche, qui éleva à sa mémoire la célèbre église de Brou. — PHILIBERT-EMMANUEL, v. EMMANUEL-PHILIBERT.

Philidor (François André **Danican-**), compositeur français et célèbre joueur d'échecs, né à Dreux (1726-1795). Il fut un des créateurs de l'opéra-comique en France (*Blaise le savetier,* 1759 ; *le Sorcier magicien,* 1760 ; *Tom Jones,* 1765). Il est le dernier représentant d'une très célèbre dynastie de compositeurs et de joueurs d'instruments à vent, dont l'un, ANDRÉ, dit l'*Aîné* (m. en 1730), chargé de la Bibliothèque du roi, a laissé une grande collection manuscrite de musique française et dont un autre, ANNE (1681-1728), fils d'André, a fondé le Concert spirituel des Tuileries (1725).

Philinte, personnage du *Misanthrope,* de Molière. Homme du monde, sans illusion sur les défauts des hommes, il veut qu'on sacrifie quelquefois la vérité aux bienséances.

Philipe (Gérard), acteur français, né à Cannes (1922-1959). Après avoir créé *Caligula* (1945), d'Albert Camus, il entra au Théâtre national populaire, où il interpréta notamment *le Cid, le Prince de Hombourg,* de Kleist (1951), *Lorenzaccio,* de Musset (1953), tout en poursuivant une carrière cinématographique (*l'Idiot,* 1946 ; *le Diable au corps,* 1947 ; *Fanfan la Tulipe,* 1951 ; *le Rouge et le Noir,* 1954 ; *Monsieur Ripois,* 1954 ; *les Grandes Manœuvres,* 1955 ; *les Liaisons dangereuses,* 1959).

Philippa de Hainaut (v. 1314-1369), épouse du roi d'Angleterre Edouard III (1327). Elle est restée célèbre par son intervention en faveur des bourgeois de Calais.

Philippe (*saint*), apôtre du Christ (Ier s.). Originaire de Bethsaïde, en Galilée, il fut l'un des premiers disciples de Jésus. Après avoir évangélisé la Phrygie et la Scythie, il aurait été crucifié à Hiérapolis. — Fête le 11 mai.

Philippe (*saint*), l'un des sept premiers diacres (Ier s.). Il évangélisa la Samarie ; il convertit et baptisa Simon le Magicien et l'eunuque de Candace, reine d'Ethiopie. Il serait mort martyr. — Fête le 6 juin.

Philippe Beniti ou **Benizzi** (*saint*), religieux italien, né à Florence (1233-1285). Il fut supérieur général de l'ordre des Servites et prit une part active au concile de Lyon (1274). — Fête le 23 août.

Philippe Neri (*saint*), prêtre italien, né à Florence (1515-1595). Prêtre très populaire et très charitable, il fonda une société sacerdotale dite « de l'Oratoire » (*oratoriens*). Installé à Rome, il contribua grandement à la restauration de la vie chrétienne selon les directives du concile de Trente. Il a été à l'origine de l'oratorio musical. — Fête le 26 mai.

Philippe Ier (fin du VIIe s. av. J.-C.), roi de Macédoine, fils et successeur d'Argeios Ier. — PHILIPPE II (v. 382-336 av. J.-C.), régent (359), puis roi de Macédoine (356-336). Ayant évincé son neveu Amyntas IV, il devint seul maître du pays. Il réorganisa les finances macédoniennes et se créa une armée solide (phalange, machines de guerre), avec laquelle il consolida les frontières de la Macédoine, fit reculer les Thraces et installa des colonies. Profitant des discordes entre cités grecques, il s'empara des villes de la côte de la mer Egée. Les Athéniens ne s'inquiétèrent, malgré les avertissements de Démosthène, qu'après la prise d'Elatée et celle de Byzance (339). En 338, Philippe II battit Thèbes et Athènes à Chéronée ; au congrès de Corinthe (337), il put dicter sa loi à la Grèce et former une ligue dont il prit la direction. Il allait marcher contre les Perses lorsqu'il fut assassiné ; son fils Alexandre le Grand lui succéda. — PHILIPPE III, roi de Macédoine (323-317 av. J.-C.), également appelé ARRHIDAIOS. — PHILIPPE IV (315-297 av. J.-C.), roi de Macédoine (297). — PHILIPPE V (v. 237-179 av. J.-C.), roi de Macédoine (221-179 av. J.-C.). Après avoir battu les Etoliens, il s'allia à Hannibal (215) et résista d'abord victorieusement à Rome (première guerre de Macédoine, 216-205) ; mais, durant la seconde guerre de Macédoine, il fut battu à Cynoscéphales par T. Quinctius Flamininus (197). Il laissa alors à son fils Persée le soin de poursuivre la lutte contre Rome.

Philippe l'Arabe, né en Idumée (v. 204-249), empereur romain (244-249). Préfet du prétoire sous Gordien III, il fit massacrer ce dernier et prit sa place. Il célébra le millième anniversaire de la fondation de la Ville (248). Il fut vaincu et tué par Decius.

Philippe de Souabe (v. 1177-1208), empereur germanique (1198-1208), fils de Frédéric Barberousse. Candidat des gibelins, il vit s'élever contre lui le candidat des guelfes, Otton de Brunswick, et fut assassiné au cours de la lutte qu'il mena contre lui.

Philippe Ier de Rouvres, né à Rouvres (1346-1361), duc de Bourgogne (1349-1361). Sa mère, Jeanne de Boulogne, lui légua les comtés de Boulogne et d'Auvergne (1360). A sa mort, ses possessions furent démembrées. —

Gérard **Philipe** et Maria Casarès dans « les Épiphanies » de Pichette (1947)

Philadelphie

Phot. Bernand, Alinari-Giraudon, Larousse, U. S. I. S.

ci-contre, de gauche à droite
Philippe III le Bon
duc de Bourgogne
d'après Van der Weyden, *Louvre*
Philippe II d'Espagne
par Titien, *palais Pitti, Florence*
Philippe V d'Espagne
par Wouwerman
Musée municipal, Cambrai

ci-dessous, de gauche à droite
entrée de **Philippe II Auguste**
à Rouen, *détail* d'une miniature
du XIVe s. *Bibl. nat.*
Philippe IV le Bel
détail d'une miniature du XIVe s.
Bibl. nat.

PHILIPPE II *le Hardi*, né à Pontoise (1342-1404), duc de Bourgogne (1363-1404), fils du roi de France Jean II le Bon. Il s'illustra à Poitiers (1356) et reçut en apanage le duché de Bourgogne (1363); en 1369, il épousa Marguerite de Flandre, veuve de Philippe de Rouvres. En 1384, chef de la deuxième maison de Bourgogne, il hérita des comtés de Flandre, de Rethel, de Nevers, de Bourgogne et d'Artois. Durant la minorité de Charles VI, il dirigea les affaires de France dans un sens qui prépara l'expansion de la dynastie bourguignonne. — PHILIPPE III *le Bon*, né à Dijon (1396-1467), duc de Bourgogne (1419-1467), fils de Jean sans Peur. Ayant épousé en premières noces Michelle de France, fille de Charles VI, il hérita des villes de la Somme, du Boulonnais et de la Picardie. Par la suite, ses domaines ne cessèrent de s'étendre, faisant de lui l'un des plus puissants souverains de l'Occident. Après le meurtre de son père (1419), il s'allia à l'Angleterre, ce qui lui valut les comtés de Mâcon et d'Auxerre (1424). Il acheta le comté de Namur et se consacra au règlement de la succession de Jacqueline de Bavière (Hainaut, Zélande, Frise), qu'il finit par capter (1433); entre-temps, il avait hérité du Brabant et du Limbourg (1430). Ces préoccupations territoriales expliquent qu'il se soit médiocrement intéressé à la guerre franco-anglaise. Réconcilié avec Charles VII (traité d'Arras, 1435), il acheta le Luxembourg (1441), puis étendit sa protection aux évêchés de Thérouanne, de Cambrai, de Liège, et d'Utrecht, ainsi qu'aux duchés de Clèves et de Gueldre. Il avait pris le titre de « grand-duc du Ponant ». Créateur de l'ordre de la Toison d'or (1429), il pourvut ses Etats d'institutions solides. Son fils Charles le Téméraire lui succéda.

Philippe Ier le Beau, né à Bruges (1478-1506), archiduc d'Autriche, roi de Castille (1504-1506) et souverain en titre des Pays-Bas (1482-1506), fils de Maximilien de Habsbourg et de Marie de Bourgogne, dont il hérita les Pays-Bas (1493). Epoux de Jeanne la Folle, il fut le père de Charles Quint. — PHILIPPE II, né à Valladolid (1527-1598), roi d'Espagne et de ses dépendances américaines et asiatiques (Philippines) [1556-1598], de Naples, de Sicile et de Portugal (1580-1598), duc de Milan, seigneur des Pays-Bas, comte de Bourgogne et de Charolais, maître des présides d'Afrique du Nord, fils de Charles Quint et d'Isabelle de Portugal. Veuf de Marie de Portugal, il épousa Marie Tudor, reine d'Angleterre (1554). L'abdication de Charles Quint (1555-1556) le rendit maître d'un immense empire. Très attaché au catholicisme, il s'employa à le faire triompher partout. Il poursuivit la politique antifrançaise de son père; il battit les Français à Saint-Quentin (1557), puis signa avec Henri II la paix du Cateau-Cambrésis (1559). Il s'installa à Madrid et fit construire l'Escorial; aux Pays-Bas, il confia le gouvernement à Marguerite de Parme. Avec l'aide de ses conseillers (Albe, Granvelle, don Juan, Farnèse), il organisa l'administration de ses vastes Etats, s'appuyant sur une vaste bureaucratie. Malgré l'afflux de l'or américain, Philippe II connut des crises financières : pour y remédier, il s'efforça d'assurer l'arrivée régulière des métaux précieux. Il lutta contre les protestants, les morisques et aussi les Turcs (victoire de Lépante, 1571), mais sa politique religieuse intolérante provoqua la révolte des Pays-Bas (1572); malgré ses efforts, les patriotes néerlandais, groupés en une Union d'Utrecht, proclamèrent la déchéance de Philippe II (1581). Afin d'éliminer le protestantisme anglais, celui-ci décida, après l'exécution de Marie Stuart (1587), de conquérir la Grande-Bretagne. Mais la flotte espagnole — l'*Invincible Armada* — fut dispersée par la tempête. En France, le roi d'Espagne s'allia avec les ligueurs, mais, après la mort d'Henri III, les états généraux refusèrent l'infante Isabelle comme reine de France (1593). Après sa défaite de Fontaine-Française (1595), Philippe II dut signer avec Henri IV la paix de Vervins (1598). Quand il mourut, l'Espagne était épuisée. — PHILIPPE III, né à Madrid (1578-1621), roi d'Espagne et de Portugal (1598-1621), fils et successeur de Philippe II. Il abandonna le gouvernement au duc de Lerma. Il dut renoncer à la lutte contre l'Angleterre et les Provinces-Unies, et fit expulser les morisques. — PHILIPPE IV, né à Valladolid (1605-1665), roi d'Espagne (1621-1665) et de Portugal (1621-1640), fils et successeur de Philippe III. Ses favoris Olivares, puis Luis de Haro furent en fait les maîtres du gouvernement sous son règne. Celui-ci fut marqué par la participation de l'Espagne à la guerre de Trente Ans : Philippe IV dut reconnaître l'indépendance des Provinces-Unies (1648), céder le Roussillon, l'Artois et les places des Pays-Bas à la France (traité des Pyrénées, 1659), Dunkerque et la Jamaïque à l'Angleterre en 1660. La même année, le roi, en application du traité des Pyrénées, maria sa fille Marie-Thérèse à Louis XIV moyennant la promesse d'une dot énorme, qui ne sera jamais versée. A l'intérieur de ses domaines, Philippe IV dut faire face à des révoltes provoquées par la politique centralisatrice d'Olivares, puis de Luis de Haro. A la mort du roi, l'Espagne était en pleine décadence. — PHILIPPE V, né à Versailles (1683-1746), roi d'Espagne (1700-1746), second fils du Grand Dauphin et petit-fils de Louis XIV. Duc d'Anjou, il fut l'héritier testamentaire du dernier Habsbourg d'Espagne, Charles II. Son avènement provoqua la guerre de Succession d'Espagne. Deux fois chassé de Madrid (1706, 1710), il fut raffermi dans son pouvoir par l'intervention du duc de Vendôme. Aux traités d'Utrecht (1712) et de Rastatt (1714), il dut renoncer à la couronne de France et céder les Pays-Bas, le Milanais, Naples, la Sardaigne, la Sicile, Minorque et Gibraltar. Il s'efforça de tirer l'Espagne de sa décadence. Il épousa en secondes noces Elisabeth Farnèse (1714), qui imposa Alberoni comme Premier ministre. Philippe V se rapprocha de l'empereur avant d'intervenir contre lui dans la guerre de Succession de Pologne (1734-1736). La rénovation maritime et coloniale de l'Espagne provoqua la déclaration de guerre de l'Angleterre (1739). Avant de mourir, Philippe V s'engagea encore dans la guerre de Succession d'Autriche. Son fils Ferdinand lui succéda.

Philippe Ier (1052-1108), roi de France (1060-1108), fils et successeur d'Henri Ier. Il régna d'abord sous la tutelle de Baudouin V, comte de Flandre. En 1067, il prit le parti de Robert Courteheuse, révolté contre son père, Guillaume le Conquérant; au détriment de ce dernier, il s'empara du Vermandois, du Gâtinais (1068), du Vexin français (1077). En 1071, il était intervenu dans les affaires de Flandre, mais avait été battu près de Cassel. Il fut excommunié pour avoir répudié sa femme, Berthe de Hollande, et enlevé Bertrade de Montfort, femme du comte d'Anjou.

Philippe II Auguste, né à Paris (1165-1223), fils et successeur de Louis VII, roi de France (1180-1223). Dès les débuts de son règne, il se débarrassa de la tutelle du comte de Flandre, Philippe d'Alsace, dont il épousa la nièce, Isabelle de Hainaut, qui lui apporta en dot l'Artois (1180). Vainqueur d'une redoutable révolte féodale, il annexa, entre autres, les comtés d'Amiens et de Montdidier. Il s'employa ensuite à réduire systématiquement la puissance des Plantagenêts. Il soutint la révolte des fils d'Henri II contre leur père et imposa au roi d'Angleterre la capitulation d'Azay-le-Rideau (1189). Il participa à la troisième croisade avec Richard Cœur de Lion; bientôt brouillé avec ce dernier, il fut vaincu par lui, notamment à Courcelles (1198). La mort de Richard sauva le royaume de France. Philippe Auguste pratiqua à l'égard de Jean sans Terre une politique d'humiliation, ne le reconnaissant comme roi que moyennant la cession d'une partie du Vexin normand et du pays d'Evreux (1200). Le roi d'Angleterre ayant refusé de reconnaître Philippe comme suzerain, celui-ci confisqua ses fiefs et conquit la Normandie (1200-1204). Jean suscita une coalition contre la France; mais il fut battu à la Roche-aux-Moines, tandis que Philippe Auguste démantelait la coalition par sa victoire à Bouvines sur l'empereur Otton IV et ses alliés (dont le comte de Flandre) [1214]. Parallèlement, Philippe acquit l'Auvergne (1201) et la Champagne (1213). A l'intérieur, il favorisa le commerce et la constitution de communes (chartes). On lui doit d'importantes mesures d'ordre administratif, judiciaire et financier, et notamment la création de baillis et de sénéchaux. Mais l'autorité de Philippe Auguste fut battue en brèche par ses démêlés avec le Saint-Siège. Innocent III ayant jeté l'interdit sur le royaume de France à la suite de la répudiation de la reine Isambour au profit d'Agnès de Méran (1200).

Philippe III le Hardi, né à Poissy (1245-1285), roi de France (1270-1285), fils et successeur de Louis IX. Il réunit à la Couronne le comté de Toulouse (1271) et déclara la guerre à Pierre III d'Aragon, un des instigateurs des Vêpres siciliennes. Le pape avait excommunié le roi d'Aragon et donné son royaume à Charles de Valois, troisième fils de Philippe le Hardi. Le roi de France, en soutenant son fils, échoua dans sa « croisade d'Aragon ».

Philippe IV le Bel, né à Fontainebleau (1268-1314), roi de France (1285-1314), fils et successeur de Philippe III le Hardi. Grand homme d'Etat, il s'entoura de légistes, conseillers imbus de droit romain et de l'idée que l'Etat est tout-puissant (Pierre Flote, Guillaume de Nogaret et Enguerrand de Marigny). En Flandre, il soutint le patriciat urbain contre le comte, allié du roi d'Angleterre. Le comte de Flandre ayant été fait prisonnier, une révolte éclata en Flandre (« matines de Bruges », 1302); les troupes royalistes furent écrasées par les Flamands à Courtrai (11 juill. 1302). Philippe le Bel prit sa revanche à Mons-en-Pévèle (1304) et au traité d'Athis-sur-Orge (1305), dont les très dures stipulations maintinrent en Flandre un état d'opposition latente. A l'est et au sud-est, il étendit ses territoires par l'annexion du Barrois, de Lyon et de l'évêché de Viviers.
La plus grande partie du règne de Philippe le Bel fut marquée par la lutte de celui-ci contre le pape Boniface VIII, en vue de maintenir l'indépendance du royaume de France en face du Saint-Siège. La lutte commença dès 1296 à propos des décimes que le pape voulait lever sur le clergé français; elle rebondit en 1301, lorsque le roi fit arrêter l'évêque de Pamiers, accusé d'intriguer avec l'Aragon. Le pape ayant adressé des remontrances au roi de France (bulle *Ausculta, fili*, 1301), celui-ci convoqua les notables (1302), qui décidèrent d'agir contre Boniface VIII; à Anagni, le pape fut insulté par les envoyés du roi de France (1303).
Le conflit avec la papauté se transforma en une véritable vassalité des papes d'Avignon à l'égard de la France : en 1311, Clément V cassa toutes les décisions de Boniface VIII et, l'année suivante, supprima l'ordre des Templiers. En 1307, pressé par d'incessants besoins d'argent,

Phot. Giraudon, Anderson-Giraudon, B. N., Giraudon, B. N.

Philippe le Bel avait fait arrêter les chefs de cet ordre, qui passait pour immensément riche ; accusés de crimes divers, de nombreux templiers (1309), puis leurs chefs (1314) furent brûlés. Pour rétablir le prestige monarchique, Enguerrand de Marigny entreprit une vaste réorganisation financière, qui s'accompagna de frauduleuses manipulations monétaires. Les juifs et les Lombards subirent les conséquences d'une situation fiscale toujours déficiente. Philippe le Bel dirigea effectivement son royaume ; sous son règne, le conseil du roi s'organisa, les états généraux prirent forme, le travail du Parlement se spécialisa, la chancellerie et l'hôtel du roi prirent une importance accrue. Bref, Philippe IV fut l'un des plus actifs artisans de l'édification d'une monarchie puissante et organisée.

Philippe V le Long (1293-1322), roi de France (1316-1322). A la mort de son frère Louis X (1316), il devint régent du royaume ; mais Jean Ier, son neveu, n'ayant vécu que quelques jours, il monta sur le trône (1316) au détriment de Jeanne, fille de Louis le Hutin ; en renonçant à ses droits peu après, celle-ci créa un précédent écartant les femmes du trône de France. Philippe organisa la Cour des comptes et réunit au domaine Lille, Douai et Orchies.

Philippe VI de Valois (1293-1350), roi de France (1328-1350), fils de Marguerite de Sicile et de Charles de Valois (frère de Philippe le Bel). A la mort du dernier capétien direct, Charles IV le Bel, Philippe de Valois devint roi de France en application de la « loi salique », au détriment d'Isabelle, fille de Philippe le Bel, et de son époux, Edouard III d'Angleterre. Dès le début de son règne, il intervint en Flandre en faveur du comte Louis de Nevers et vainquit les Flamands à Cassel (1328). Sa mésentente avec Edouard III à propos de la Guyenne provoqua la guerre de Cent Ans : Edouard se proclama roi de France. Battu par les Anglais sur mer à L'Ecluse (1340) et sur terre à Crécy-en-Ponthieu (1346), Philippe VI vit encore Calais se rendre à Edouard III (1347). Le royaume fut en même temps touché par une grave crise économique et par la peste noire, qui décima la population (1347-1348). Pour faire face au déficit, Philippe VI créa la gabelle (1341), qui devint vite impopulaire. Il fut contraint de réunir les états généraux (1346-1347). Son règne, désastreux, fut cependant marqué par l'acquisition du Dauphiné (1343) et de Montpellier (1349).

Philippe VI de Valois
Recueil d'Arras XVIe s.
Bibliothèque d'Arras

Philippe Égalité. V. ORLÉANS.

Philippe de Grèce et de Danemark (*prince*), duc d'EDIMBOURG, né à Corfou en 1921, naturalisé britannique. En 1947, il renonça à tout droit à la succession hellénique et épousa la même année la princesse Elisabeth, qui devint reine en 1952.

Philippe le Magnanime, landgrave de Hesse, né à Marburg (1504-1567). Chef de la ligue de Smalkalde.

Philippe de Mézières, écrivain français, né au château de Mézières, en Picardie (v. 1327-1405). Conseiller de Charles V, il est l'auteur de nombreux écrits en faveur des croisades.

Philippe de Vitry, évêque de Meaux, compositeur français, né à Vitry en Champagne (1290-1361), théoricien du mouvement polyphonique dit de l'*Ars nova.*

Philippe (Charles-Louis), écrivain français, né à Cérilly (Allier) [1874-1909]. Ses récits, nourris de souvenirs autobiographiques, unissent dans une même sympathie les pauvres gens et les humbles choses (*Bubu de Montparnasse,* 1901 ; *le Père Perdrix,* 1902).

Philippes, v. de Macédoine, sur les confins de la Thrace, près de la mer, où Antoine et Octave vainquirent Brutus et Cassius, l'an 42 av. J.-C.

Philippeville, v. de Belgique (Namur) ; 1 900 h. Anc. place forte.

Philippeville. V. SKIKDA.

philippin [filipɛ̃], **e** [-in] adj. et n. Des Philippines.

philippine [filipin] n. f. (de l'allem. *vielliebchen,* bien-aimé). Jeu où deux personnes, après s'être partagé deux amandes jumelles, conviennent que celle qui, lorsqu'elles se reverront, dira la première à l'autre : « Bonjour Philippine » en recevra un cadeau : *faire une philippine.*

Philippines, Etat et archipel de l'Asie du Sud-Est ; 300 000 km^2 ; 40 millions d'h. (*Philippins*). Cap. *Quezón City* (faubourg de Manille, qui est la principale ville). Langue : *tagal.*

Géographie.

● *Géographie physique.* Entre le 5e degré de lat. nord et le tropique du Cancer, l'archipel est formé de plus de 7 000 îles et îlots, s'étirant sur 2 000 km et dont un peu plus du dixième seulement est habité. Les deux plus grandes îles, Luçon et Mindanao, séparées par le groupe des Visayas, regroupent approximativement les deux tiers de la superficie et les deux tiers de la population. L'ensemble est montagneux et volcanique (2 955 m au volcan Apo, à Mindanao) ; les plaines sont rares et peu développées (la plus grande est celle de Manille). Le climat est humide, nuancé régionalement par la latitude et l'exposition. Les précipitations dépassent généralement 2 000 mm. Elles tombent sans interruption dans les régions orientales. Une saison sèche (hiver) s'amorce dans l'Ouest, notamment à Luçon. Les moyennes thermiques mensuelles oscillent constamment autour de 25 °C. La forêt tropicale, végétation naturelle dominante, a été largement éclaircie par l'action de l'homme (feux de brousse).

rizières en terrasses à Mindanao

vue de Manille

Phot. U. S. I. S. (2), Giraudon.

● *Géographie humaine*. La population est formée de groupes divers, aux degrés d'évolution très variables. A Luçon subsiste une minorité de Négritos (Aëtas) et de Veddas, vivant de la cueillette et de la chasse. Des Proto-Malais vivent encore exclusivement de la culture sur brûlis ; d'autres (les Igorots) ont aménagé des rizières en terrasses. Les Tagals et les Visayas sont les groupes numériquement les plus importants. La population est en majorité catholique (fait exceptionnel en Asie du Sud-Est, lié, comme la faible proportion des analphabètes, à la longue période de colonisation espagnole). La densité dépasse aujourd'hui 115 h. au kilomètre carré en moyenne. Elle varie considérablement selon les îles (c'est-à-dire partiellement selon les conditions naturelles offertes par celles-ci) : elle approche 200 h. à Negros et est de l'ordre de 150 h. à Luçon et de 60 h. seulement à Mindanao. Moins du tiers de cette population est urbanisé. Une dizaine d'agglomérations très étendues dépassent chacune 100 000 h., dont celle de Manille (environ 2 millions d'hab.) est de loin la plus importante.

● *Géographie économique*. L'agriculture constitue le fondement de l'économie. Elle fournit le tiers du produit intérieur brut, emploie 60 p. 100 de la population active et rentre pour une part approximativement égale dans la composition des exportations. Le riz, fondement de l'alimentation, occupe 40 p. 100 des terres cultivées, qui représentent elles-mêmes le quart de la superficie totale. La production, de l'ordre de 4 Mt, ne satisfait pas les besoins. Le maïs se répand notamment dans les Visayas et dans le nord de Mindanao, occupant environ 2 millions d'hectares. Parmi les autres cultures vivrières dominent le manioc et la patate douce. Sur le plan commercial, les cultures de la canne à sucre (Luçon, Negros), du cocotier (fourniture de coprah provenant surtout de Luçon), de l'abaca (régions orientales très humides) et du tabac (Luçon) sont les plus développées. L'élevage, largement lié à la riziculture, est peu développé. Il n'en est pas de même de la pêche (plus de 700 000 t) et de l'exploitation forestière (acajou et bambou). L'archipel est encore largement sous le régime de l'hacienda, grande propriété exploitée par métayage. Une réforme agraire (*Agricultural Land Reform Code*), de 1963, doit faire partiellement disparaître cette forme d'exploitation.

L'industrie assure le cinquième du produit intérieur, employant 12 p. 100 de la population active. En dehors de la transformation des produits de l'agriculture (cigarettes et cigares, rizeries, etc.), l'industrie est pratiquement limitée aux activités extractives. Le sous-sol fournit notamment des métaux précieux (or et argent), du chrome, du cuivre et du fer. La production d'électricité est faible, de l'ordre de 6 TWh seulement.

La balance commerciale est régulièrement déficitaire. Le coprah, le sucre et les bois sont, dans l'ordre, les trois principaux produits d'exportation (plus de 50 p. 100 du total pour l'ensemble). Parmi les importations dominent les articles manufacturés ; mais la part des compléments alimentaires ne cesse d'augmenter (elle représentait 20 p. 100 en 1965) — évolution liée à l'explosion démographique, qui est très élevée : la population s'accroît à un rythme annuel supérieur à 3 p. 100, c'est-à-dire qu'elle augmente de plus de 1 million d'unités par an.

Histoire.

Découvert par Magellan en 1521, l'archipel reçut des Espagnols le nom de l'infant Philippe, le futur Philippe II. A partir de 1570, la colonisation espagnole se systématisa (fondation de Manille dès 1571) ; elle s'accompagna de l'implantation du catholicisme. L'archipel fut divisé en grands domaines, consacrés largement aux cultures vivrières. Le nationalisme philippin trouva un chef en José Rizal, fondateur, à Hongkong, de la Ligue philippine (1888). A la faveur de la guerre hispano-américaine (1898), la république fut proclamée. La cession du pays aux Etats-Unis ne mit pas fin à l'insurrection nationaliste ; les Américains accordèrent progressivement l'indépendance. Soumis depuis 1935 à un régime dit « de Commonwealth des Philippines » vis-à-vis des Etats-Unis, qui redoutent la concurrence du sucre et des huiles des Philippins, le pays devint complètement indépendant en 1946 ; cette évolution fut favorisée par la personnalité de Manuel Quezón, qui devint président de la République dès 1935. Les Japonais occupèrent l'archipel de 1941 à 1945, et la libération par les Américains fut au prix d'une des plus meurtrières batailles de la guerre, la bataille de Leyte*. Les Philippines ont en fait gardé des liens très étroits avec les Etats-Unis. Depuis la fin de la guerre, la vie politique des Philippines est marquée par la lutte entre le parti libéral (dirigé par Macapagal) et le parti nationaliste (dirigé par Marcos, qui est au pouvoir depuis 1966). La politique d'union avec la Malaysie devant la Chine communiste rencontre des obstacles.

Philippines (*fosse des*) ou **fosse de Mindanao,** fosse profonde (— 11 524 m) du Pacifique occidental, en bordure du littoral oriental de l'*archipel des Philippines.*

Philippines (*mer des*), partie de l'océan Pacifique, entre l'archipel des Philippines et les îles Mariannes.

philippique [filipik] n. f. (des discours de Démosthène, les *Philippiques*). Discours violent contre quelqu'un.

Philippiques (*les*), harangues politiques (351-340 av. J.-C.) de Démosthène contre Philippe de Macédoine. — Harangues de Cicéron contre Antoine (43-42 av. J.-C.).

Philippopoli. V. PLOVDIV.

Philippsburg, v. de l'Allemagne occidentale (Bade-Wurtemberg), au nord de Karlsruhe ; 3 600 h. Elle subit de nombreux sièges aux XVIIe et XVIIIe s.

Philips (Peter), compositeur anglais (1561-v. 1628), auteur de madrigaux et de pièces pour clavier (variations).

philodendron

Philips (Anton Frederik), industriel néerlandais, né à Zaltbommel (1874-1951). Il développa la fabrique de lampes électriques qu'avait fondée son frère, à Eindhoven, et dont il étendit l'activité à toute l'Europe. En 1921, il entreprit la fabrication des tubes électroniques, puis celle des appareils de radio, et plaça sa firme au premier plan de la production électronique internationale.

philistin [filistɛ̃] n. m. (arg. des étudiants allemands). *Fam.* Personne à l'esprit vulgaire, fermée aux lettres, aux arts, aux nouveautés.

Philistins, peuple de l'Antiquité qui a donné son nom à la Palestine, dont il occupa la côte sud. Les Philistins avaient pour villes principales Gaza et Ascalon. Ils réussirent à opprimer Israël, mais ils devinrent à leur tour tributaires des Juifs à l'époque de Saül et de David (Xe s. av. J.-C.). La culture des Philistins est surtout caractérisée par la poterie (IIe millénaire av. J.-C.).

Philoctète. *Myth. gr.* Un des chefs grecs du siège de Troie, à qui Héraclès légua ses flèches empoisonnées. Ayant été mordu par un serpent, il fut guéri par Machaon. L'histoire de Philoctète a inspiré à Sophocle une de ses tragédies (409 av. J.-C.).

philodendron [-dɛ̃drɔ̃] n. m. Plante de plein air ou d'appartement, aux feuilles digitées, très odorante. (Famille des aracées.)

philologie [filɔlɔʒi] n. f. (gr. *philos,* ami, et *logos,* parole). Etude d'une langue d'après les documents écrits qui nous la font connaître : *philologie grecque, latine, romane.* ‖ Etude des textes et de leur transmission.

philologique adj. Relatif à la philologie : *études philologiques.*

philologiquement adv. Du point de vue de la philologie.

philologue n. Personne qui s'occupe de philologie.

philomèle [filɔmɛl] n. f. Nom poétique du *rossignol.*

Philomèle. *Myth. gr.* Fille de Pandion, et sœur de Procné. Son beau-frère Térée lui fit violence. Pour la venger, Procné tua son propre fils Itys, et le donna à manger à Térée à son insu et s'enfuit avec Philomèle. Poursuivies, puis rejointes par Térée, elles supplièrent les dieux de les sauver : Procné devint une hirondelle, Philomèle un rossignol (les poètes latins intervertirent plus tard le rôle des deux sœurs) ; Térée lui-même fut changé en huppe.

Philomène (*sainte*), martyre romaine dont l'existence est si douteuse que la congrégation des Rites en a suspendu le culte en 1961.

Philon le Juif, philosophe grec d'origine juive, né à Alexandrie (v. 13 av. J.-C.-v. 54 apr. J.-C.). Il fut député à Rome auprès de Caligula par la communauté juive d'Alexandrie, pour réclamer la faveur de ne pas rendre de culte à la statue de l'empereur (40-41). Sa philosophie s'efforce de concilier l'orthodoxie hébraïque et l'hellénisme. Inspirateur du néo-platonisme, il influença profondément la doctrine des Pères de l'Eglise. On lui doit aussi de nombreux ouvrages d'exégèse et d'apologétique.

Philopœmen, chef de la Ligue achéenne, né à Megalopolis (253-184 av. J.-C.), surnommé **le Dernier des Grecs.** Selon Plutarque, il essaya de maintenir l'unité de la Grèce devant les progrès menaçants de Rome.

philosophale adj. f. *Pierre philosophale,* pierre qui, d'après les alchimistes, devait opérer la transmutation des métaux en or ; et, au *fig.,* chose impossible à trouver.

philosophe n. m. (gr. *philosophos ;* de *philos,* ami, et *sophia,* sagesse). *Antiq. gr.* Celui qui étudiait la nature : *les philosophes ioniens furent surtout des physiciens.* ‖ — N. Personne qui étudie la philosophie. ‖ Personne qui mène une vie tranquille et retirée ; qui supporte avec sagesse les épreuves : *vivre en philosophe.*

Philosophe sans le savoir (*le*), comédie en 5 actes en prose, de Sedaine (1765). Cette pièce, qui fait l'apologie du métier de commerçant et la satire de l'orgueil nobiliaire, constitue le chef-d'œuvre de la « comédie sérieuse ».

philosopher v. i. Traiter des matières de philosophie. ‖ Discuter, raisonner : *philosopher sur la mort.*

philosophie [filɔzɔfi] n. f. Etude rationnelle de la pensée humaine, menée du double point de vue de la connaissance et de l'action : *ce mot « philosophie » signifie l'étude de la sagesse, et par la sagesse on n'entend pas seulement la prudence dans les affaires, mais une parfaite connaissance de toutes les choses que l'homme peut savoir* (Descartes). ‖ Système particulier à un philosophe célèbre, à une école, à une époque : *la philosophie d'Aristote.* (V. *encycl.*) ‖ Sagesse de celui qui sait supporter avec fermeté les accidents de la vie : *prendre son mal avec philosophie.* ‖ Classe, cours où l'on enseigne la philosophie : *faire sa philosophie.*

— ENCYCL. Les historiens modernes situent l'aurore de la *philosophie* occidentale aux VIIe et VIe s. av. J.-C. en Grèce. La philosophie ne se distinguait alors ni de la poésie ni de la science. Les premiers philosophes furent les « physiciens ioniens » : Thalès, Anaximène, Héraclite, Anaximandre, dont le problème était celui de la substance intime des choses. La philosophie ne se distinguait pas non plus de la religion et de la mythologie. C'est avec Héraclite, théoricien de l' « écoulement perpétuel de toutes choses », et l'école contraire de Parménide et des Eléates, qui réfléchissent sur l'unité et l'immuabilité de l'être, que l'esprit philosophique s'est détaché du mythe pour élaborer une conception de la nature.

Platon (429-347 av. J.-C.) est, sans nul doute, le fondateur de la philosophie occidentale, telle que nous la connaissons aujourd'hui. Son maître était Socrate (468-399 av. J.-C.), qui a le premier ordonné l'usage du discours à une recherche *méthodique* de la vérité : sa méthode dialectique consistait à laisser le savoir de la vérité se former peu à peu dans l'esprit de ses auditeurs et interlocuteurs. Son principe était que tout homme pût accéder à la vérité, à la seule condition de rester naturel et de retrouver la pureté première de son cœur. La philosophie de Platon se présente comme une synthèse entre le « devenir de toutes choses » d'Héraclite et l'immuabilité de l'être selon Parménide : tout ce qui appartient au monde sensible est destiné à périr ; ce qui subsiste, au contraire, appartient au monde de l'intelligence, au monde des Idées. Cette dualité du *monde sensible* et du *monde intelligible* inspirera tout le courant dit « augustiniste » de la philosophie chrétienne du Moyen Age. Elève de Platon pendant vingt ans, Aristote (384-322 av. J.-C.) est le deuxième grand philosophe de l'Antiquité. On le considère comme l'initiateur des sciences fondées sur l'observation, notamment de la biologie. Il est en outre le fondateur de la logique déductive. Sa métaphysique de Dieu comme « premier moteur » du monde a inspiré la théologie thomiste du Moyen Age.

Après Platon et Aristote, plusieurs courants de pensée se signalèrent : les principaux sont le stoïcisme, l'épicurisme, le scepticisme. Le stoïcisme s'est développé au IIIe s. av. J.-C. : il fut d'abord une métaphysique panthéiste (Zénon de Cition, Cléanthe, Chrysippe), puis évolua dans le sens d'une morale stricte, fondée sur la recherche de la vertu et du détachement à l'égard des passions (Sénèque, Marc Aurèle). L'épicurisme se présente comme une recherche non plus de la vertu, mais du bonheur, d'un bonheur fondé finalement sur la maîtrise des passions et l'exercice des activités intellectuelles. Le scepticisme, enfin, représenté par Pyrrhon, consiste à se contenter de « voir », sans jamais prononcer de jugement d'existence : ni d'affirmation ni de négation. Il inaugure un mouvement de pensée qui, soulignant la spécificité de tout acte volontaire de jugement par rapport au fait de percevoir, inspirera Descartes, Hume, Kant, Husserl, etc. La fin du monde antique et le début de l'ère chrétienne sont marqués par le néo-platonisme, dont Plotin (203-270) est la principale figure. Sa doctrine de la libération de l'âme par la connaissance, de l'âme universelle à laquelle tous les individus participent, sa conception de la philosophie comme savoir et ascèse spirituelle, la doctrine enfin de l'émanation, de l'Un et du Bien au-delà de l'Etre sont la source de toutes les métaphysiques médiévales et morales.

La philosophie médiévale se présente comme un effort pour faire entrer le christianisme et la révélation chrétienne dans les cadres de la philosophie de Platon ou d'Aristote. Passion de la spiritualité et passion de la dialectique sont les deux traits essentiels de la pensée médiévale. L'événement capital est, au XIIIe s., l'introduction en Occident de la philosophie d'Aristote, dont la tradition avait été maintenue par les philosophes de l'islām. Alors qu'à la suite de saint Augustin (354-430) les auteurs du XIe s., tel saint Anselme (1033-1109), s'étaient surtout inspirés de Platon, c'est désormais l'influence d'Aristote qui va dominer la scolastique médiévale, notamment dans la synthèse philosophique et théologique de saint Thomas d'Aquin (1224-1274).

Ce que l'on appelle la Renaissance, qui, en philosophie, est marquée au XVIe s. par les noms de Giordano Bruno et Nicolas de Cues avant de s'épanouir dans la philosophie de Descartes, se caractérise par une volonté d'émancipation à l'égard de l'autorité de l'Eglise et une revendication de la liberté de la réflexion : le recours à la raison, commune en tout homme, doit définir la seule méthode d'examen philosophique. Descartes (1596-1650) se présente comme le fondateur de la méthode philosophique nouvelle : son *Discours de la méthode* (1637) est une recherche des conditions de la certitude, dont la première est de proscrire la précipitation et la prévention. Le rejet de toute autorité extérieure s'exprime avec plus de force encore dans les *Méditations métaphysiques* (1641), qui, partant du doute radical, découvrent la rigueur interne de la pensée comme la source de toute certitude. La philosophie de Descartes réduit en outre la matière à l'étendue, c'est-à-dire à une pure relation entre les objets, bien que sa physique suppose par ailleurs une réalité de la matière, sous-jacente à ses modifications. La philosophie classique se développe ensuite avec Spinoza (1632-1677), pour qui le plus haut degré de liberté est l'union la plus étroite avec Dieu, puis avec Malebranche

Phot. Lauros - Atlas-Photo.

(1638-1715), dont le spiritualisme est profondément marqué, enfin avec Leibniz (1646-1716), dont le système tire les conséquences métaphysiques de ce que nous fait connaître la science. Si les principes cartésiens de la spontanéité de la raison, de la libre initiative de la réflexion caractérisent toute la philosophie française, c'est cependant Leibniz qui a guidé en profondeur la réflexion ultérieure de Kant, et Spinoza qui a inspiré toute la période de l'idéalisme allemand de la fin du XVIIIe s.
Le XVIIIe s., ou « siècle des lumières », est d'abord marqué par une foi absolue accordée aux sciences de la nature et par un scepticisme certain concernant les choses de la métaphysique et de la religion. Diderot, Voltaire, d'Holbach en sont les représentants les plus populaires. Berkeley, Condillac et Hume en sont les philosophes à proprement parler; l'empirisme s'allie à une recherche des explications les plus simples, les plus « économiques ». La méthode par excellence est l'analyse. Mais ce siècle s'achève sur un retour aux métaphysiques les plus profondes avec le criticisme de Kant (1724-1804), qui s'efforce de fonder la valeur de la science, de la morale et de la connaissance esthétique sur les « formes *a priori* » de l'esprit. Kant inaugure une nouvelle période philosophique qui se perpétue de nos jours, qui est d'abord marquée par le primat de la réflexion sur l'esprit humain et qui doit précéder toute réflexion théologique.
Cette philosophie d'esprit moderne s'est développée avec Fichte (1762-1814), Schelling (1775-1854) et Hegel (1770-1831) : la *Théorie de la science* de Fichte est une recherche de l'absolu par la pure voie de la réflexion sur soi; la philosophie de la nature de Schelling recherche au contraire dans la nature la médiation entre l'homme et la divinité. Quant à la philosophie spéculative de Hegel, elle prétend concilier la philosophie du moi de Fichte et la philosophie de la nature de Schelling dans une dialectique de l'absolu, qui est aussi une philosophie de l'histoire.
C'est cette philosophie de l'histoire qui sera reprise et transposée par Karl Marx (1818-1883). Marx découvre à la réflexion un nouvel objet, les réalités économiques et sociales, et un nouveau fondement, l'homme réel, qui se définit par son action. La philosophie ne consiste plus à penser le monde, mais à le transformer dans le sens d'une société sans classes, peuplée de travailleurs libres et souverains. Le marxisme s'est imposé comme une force historique considérable, dont la fin est d'instaurer ici-bas un régime de justice sociale et dont le moyen est l'institution d'une dictature du prolétariat.
Depuis Marx et, en France, Auguste Comte (1798-1857), la philosophie s'est infléchie, selon la ligne indiquée par Fichte et Hegel, dans le sens d'une réflexion sur l'homme réel, vivant dans le monde, inséré dans une société et engagé dans une histoire. A. Comte fonde la sociologie; Dilthey, en Allemagne, est le promoteur des « sciences humaines ». Le début du XXe s. est marqué en Europe par un mouvement de réflexions sur la vie au sens biologique, dont émergent particulièrement Bergson (1859-1941), puis M. Scheler, et dont les philosophies s'achèvent dans un personnalisme d'inspiration spiritualiste. Aux Etats-Unis, c'est le pragmatisme qui se développe, avec William James (1842-1910); il se prolongera, au cours du milieu du XXe s., dans le « néo-positivisme », ou « positivisme logique ». Mais c'est la phénoménologie de Husserl (1859-1938) qui marque le plus profondément la philosophie dans les deux premiers tiers du XXe s. : elle permet d'unir en un même discours une réflexion sur l'existence et une réflexion sur l'esprit; elle inspire directement la pensée de Heidegger en Allemagne, de Sartre et de Merleau-Ponty en France. L'existentialisme, dont on peut reporter l'origine aux écrits du Danois S. Kierkegaard (1813-1855), est directement issu de la phénoménologie. Son but est de retrouver le fait originel de l'existence, le sentiment le plus fondamental, ou d'en analyser la structure intime. L'influence de Freud (1856-1939) et de la psychanalyse est considérable en ce sens qu'elle permet de contester le discours philosophique sur un plan nouveau, et d'analyser les phénomènes humains, à la fois individuels (naissance de techniques telles que le psychodrame pour Moreno, l'entretien non directif, etc.) et collectifs (analyse des comportements de groupe). Parallèlement se développe une nouvelle perspective des études marxistes (Lukács, Mao Tsö-tong, et en France Goldmann, puis Althusser). Enfin, psychanalyse et marxisme se recoupent dans la critique du groupe familial et social (Wilhelm Reich) et surtout dans celle des structures sociales et institutionnelles des sociétés contemporaines (H. Marcuse). Parallèlement, le structuralisme*, quoiqu'il se définisse lui-même comme une méthode des sciences humaines, se prolonge dans la philosophie, par exemple dans la conception de l'histoire de M. Foucault. On a dit que la constitution des sciences humaines réduit la philosophie à la réflexion sur elle-même, et sur l'homme historique qui y réfléchit; mais les tendances souvent « technocratiques » de ces sciences ont régulièrement besoin d'une démystification, que seule peut apporter cette « philosophie ».

Philosophie de la misère (*la*), ouvrage de Proudhon (1846), où il propose une réforme du capitalisme. Il a été critiqué par Marx dans *Misère de la philosophie* (1847).

philosophie positive (*Cours de*), ouvrage fondamental d'Auguste Comte (1830-1842), dans lequel il propose de remplacer les spéculations sur la cause première par une représentation systématique et positive de l'univers.

philosophique adj. Relatif à la philosophie : *sujet philosophique.*

philosophiquement adv. Du point de vue philosophique. ‖ Sans s'émouvoir; avec résignation : *accepter philosophiquement une déception.*

philotechnique adj. Qui a pour objet la culture, la vulgarisation des arts : *société philotechnique.*

philtre [filtr] n. m. (lat. *philtrum; du* gr. *philein,* aimer). Breuvage propre à inspirer des passions.

phimosis [fimozis] n. m. Etroitesse du prépuce, qui empêche de découvrir le gland : *le phimosis se traite par la circoncision.*

phlébite [flebit] n. f. (du gr. *phleps, phlebos,* veine). Inflammation d'une veine, entraînant une douleur et des troubles circulatoires.
— ENCYCL. La *phlébite* est une inflammation de la paroi interne de la veine, qui s'épaissit, réduisant le calibre. Une coagulation locale du sang (thrombose) s'ensuit le plus souvent, réalisant la thrombophlébite. Les phlébites sont d'origine infectieuse ou consécutives à un accouchement ou à une opération. La douleur sur le trajet de la veine, la fièvre et le gonflement de la région sont les signes principaux de l'affection, surtout fréquente aux membres inférieurs. La principale complication des phlébites est l'embolie pulmonaire, due à un caillot qui se détache de la zone thrombosée, passe par le cœur droit et est arrêté dans les fines ramifications de l'artère pulmonaire. Les traitements anticoagulants ont transformé le pronostic des phlébites, réduisant presque à néant les risques de thrombose et d'embolie.

phléborragie [flebɔraʒi] n. f. Rupture d'une veine. ‖ Ecoulement de sang provenant d'une veine.

phlébotome [flebɔtom] n. m. Insecte diptère des régions méditerranéennes et tropicales, dont la femelle, en se nourrissant de sang humain, peut transmettre les leishmanias.

phlébotomie n. f. (gr. *phleps, phlebos,* veine, et *tomê,* section). Nom scientifique de la *saignée.* ‖ Incision d'une veine.

phlegmasie [flɛgmazi] n. f. (gr. *phlegmasia,* écoulement). Inflammation interne (vx) : *phlegmasie intestinale.*

phlegmon [flɛgmɔ̃] n. m. (du gr. *phlegein,* brûler). Inflammation du tissu cellulaire ou conjonctif : *phlegmon généralisé.* (Avant la découverte des produits antimicrobiens modernes, les phlegmons étaient souvent graves en raison de leur tendance diffusante.) ‖ Inflammation d'une cavité ou d'un canal naturels : *phlegmon des gaines synoviales.* (On écrit aussi FLEGMON.)

phlegmoneux, euse adj. De la nature du phlegmon : *affection phlegmoneuse.*

Phlégréens (*champs*), région volcanique située à l'ouest de Naples.

phlogistique [flɔʒistik] n. m. (du gr. *phlox, phlogos,* flamme). Fluide que les anciens chimistes supposaient inhérent à tout corps et qui était censé produire la combustion en abandonnant ce corps.

phlox [flɔks] n. m. (mot gr. signif. *flamme*). Plante originaire de l'Amérique du Nord, que l'on cultive pour ses fleurs aux couleurs vives.

phlyctène [fliktɛn] n. f. (du gr. *phluktaina,* bouillonnement). Ampoule transparente, formée par un décollement, entre l'épiderme et le derme, et remplie de sérosité : *la phlyctène est caractéristique des brûlures du deuxième degré.*

Phnom Penh ou **Pnom Penh,** cap. du Cambodge, au confluent du Mékong et du Tonlé Sap; 500 000 h. Centre administratif. Industries alimentaires et textiles.

phobie [fɔbi] n. f. (gr. *phobos,* effroi). Peur obsédante, angoissante, que certains malades éprouvent dans des circonstances déterminées. (Ce mot entre comme composant dans les noms de diverses sortes de peurs maladives : *agoraphobie,* peur morbide du vide et de l'espace; *claustrophobie,* peur d'être enfermé; *éreuthophobie,* peur de rougir, etc.)

Phocée, anc. v. d'Asie Mineure (Ionie), fondée par les Grecs. A leur tour, les Phocéens, dont la ville avait été prise par les Perses (546 av. J.-C.), fondèrent en Gaule *Massalia* (Marseille).

phocéen [fɔseɛ̃], **enne** [-ɛn] adj. et n. De Phocée, de Marseille.

Phocide, région de Grèce, entre la Thessalie et la Béotie, au nord du golfe de Corinthe. Le Parnasse, le temple de Delphes, l'oracle d'Apollon faisaient de la Phocide un territoire sacré. (Hab. *Phocidiens.*)

phocidien [fɔsidjɛ̃], **enne** [-ɛn] adj. De la Phocide.

Phocion, général et orateur athénien du parti aristocratique (v. 402-318 av. J.-C.), célèbre par son désintéressement et injustement condamné à boire la ciguë. Partisan de la paix, mais vaillant soldat, il expulsa les Macédoniens de la Chersonèse.

phœnix ou **phénix** [feniks] n. m. (mot lat., empr. au gr. *phoinix,* rouge). Nom générique du dattier et des palmiers voisins, parfois cultivés en appartement comme plantes ornementales.

Phoenix (*îles*), petit archipel anglais de Polynésie, à l'est des îles Gilbert; 1 200 h.

Phoenix, v. des Etats-Unis, cap. de l'Arizona, dans une oasis du désert Salé; 515 000 h. Electronique.

Phokas, famille byzantine, originaire de Cappadoce, qui fournit deux empereurs : NICÉPHORE II (963-969) et BARDAS **Phokas** (971 et 978-989).

pholade [fɔlad] n. f. Mollusque bivalve à coquille blanche, qui creuse des cavités dans les rochers. (Long. 10 cm.) [V. illustr. MOLLUSQUES.]

pholiote [fɔljɔt] n. f. Champignon à lamelles jaunes ou brunes, croissant en touffes à la base des vieux arbres. (Famille des agaricacées.)

phonateur, trice adj. Relatif à la production des sons vocaux : *les organes phonateurs.*

phonation [fɔnasjɔ̃] n. f. (du gr. *phônê,* voix). Ensemble des phénomènes qui concourent à la production de la voix.
— ENCYCL. La *phonation* nécessite la participation d'une source d'énergie, d'organes vibratoires, de caisses de résonance et d'un système nerveux commandant et synchronisant l'ensemble. La source d'énergie est fournie par la pression de l'air expiré. Les cordes vocales (principalement les cordes vocales inférieures, qui limitent la glotte), dont une extrémité est fixe et dont l'autre est insérée sur les cartilages aryténoïdes mobiles, constituent les organes vibratoires. Les déplacements de ces cartilages éloignent ou, pendant la phonation, rapprochent les cordes vocales, qui entrent alors en vibration sous la pression de l'air expiré et fournissent ainsi le son glottique. La langue et les lèvres sont des organes vibratoires accessoires. Les caisses de résonance sont formées par la bouche, le pharynx, les sinus et les fosses nasales. Le centre nerveux de la phonation est situé dans le bulbe; il est placé sous le contrôle des noyaux gris centraux qui règlent les mouvements automatiques et est commandé pour la parole par la portion de l'écorce cérébrale située de part et d'autre de la scissure de Sylvius.
La glotte ne produit qu'un seul son (son glottique), et la force du courant d'expiration détermine son intensité (amplitude); la dimension des cordes vocales et le volume des caisses de résonance règlent la hauteur (fréquence) de la voix (celle-ci est aiguë chez la femme et l'enfant, dont les cordes vocales et les cavités sont petites); son timbre dépend du son glottique et des caisses de résonance. La modulation et l'articulation de la parole sont en rapport avec les vibrations progressives (modulation) ou brusques (articulation) de l'intensité, de la hauteur et du timbre des sons. Ce sont les modifications du son glottique qui donnent les voyelles; c'est le jeu combiné des cavités pharyngiennes et buccales qui donne les consonnes.

phone [fɔn] n. m. Unité de puissance sonore, utilisée dans la mesure de l'intensité des sons et des bruits.

phonématique [fɔnematik] n. f. Syn. de PHONOLOGIE.

phonème [fɔnɛm] n. m. (gr. *phônêma*). Elément sonore du langage.

phonémique adj. (angl. *phonemic*). Relatif aux phonèmes.

phonéticien, enne n. Spécialiste de phonétique.

phonétique [fɔnetik] adj. Qui exprime le son : *dans l'orthographe française, les mêmes lettres n'ont pas toujours la même valeur phonétique.* ● *Ecriture phonétique,* celle où les signes graphiques correspondent à la prononciation : *ortograf* pour *orthographe.*

phonétique n. f. Etude des sons d'une langue du point de vue de leur articulation ou de leur réception auditive.

phonétiquement adv. Du point de vue phonétique.

phoniatre [fɔnjatr] n. Médecin qui traite les troubles de la voix.

phoniatrie n. f. Partie de la médecine qui étudie les troubles et les affections de la voix. (La phoniatrie fait appel à la laryngologie, mais aussi à la gymnastique respiratoire, à l'éducation de la volonté, de l'audition, etc.)

phoniatrique adj. Relatif à la phoniatrie.

phonie [fɔni] n. f. Abrév. de *téléphonie* ou de *radiotéléphonie.*

phonique adj. Relatif aux sons de la voix.

phono [fɔno] n. m. Abrév. fam. de *phonographe.*

phonogénique [fɔnɔʒenik] adj. Dont la voix se prête à de bonnes reproductions.

phonographe [fɔnɔgraf] n. m. (gr. *phônê,* voix, et *graphein,* écrire). Appareil qui reproduit les sons par un procédé purement mécanique.

phonolite ou **phonolithe** [fɔnɔlit] n. f. Roche volcanique microlitique, qui se délite en dalles sonores à la percussion.

phonolitique ou **phonolithique** adj. Formé de phonolite.

phonologie [fɔnɔlɔʒi] n. f. Science qui traite des phonèmes du point de vue de leur fonction dans une langue donnée. (Syn. PHONÉMATIQUE.)

phonologique adj. Relatif à la phonologie. ‖ Relatif au phonème.

phonologue n. Spécialiste de phonologie.

phonométrie [fɔnɔmetri] n. f. Mesure de l'intensité des sons.

phonométrique adj. Relatif à la phonométrie.

phonon [fɔnɔ̃] n. m. Quantum d'énergie acoustique, analogue du photon, pour les ondes acoustiques.

phonothèque [fɔnɔtɛk] n. f. Lieu où sont rassemblés les documents sonores constituant des archives de la parole.

phoque [fɔk] n. m. (lat. *phoca,* empr. au gr.). Mammifère de l'ordre des pinnipèdes, à cou court et aux oreilles sans pavillon (long. 1,50 à 2 m), vivant près des côtes arctiques, dans des mers plus chaudes (phoque moine de la Méditerranée et de la mer des Antilles) ou dans l'hémisphère austral (éléphant de mer des Kerguelen). ‖ Fourrure de cet animal, très utilisée dans la confection de vêtements de sport.

Phormion, comédie de Térence (161 av. J.-C.). Molière s'en inspira dans *les Fourberies de Scapin.*

phormium [fɔrmjɔm] n. m. Plante dont les feuilles fournissent des fibres textiles (lin de la Nouvelle-Zélande). [Famille des liliacées.]

phosgène [fɔsʒɛn] n. m. (gr. *phôs,* lumière, et *gennân,* engendrer). Combinaison de chlore et d'oxyde de carbone ($COCl_2$), gaz toxique.

phosphatage n. m. Action de répandre du phosphate sur les terrains de culture.

phosphatation n. f. Procédé chimique de protection des pièces métalliques par formation de phosphates complexes. ‖ Application, sur la surface de métaux ferreux, d'une solution aqueuse de phosphates acides de métaux lourds.
— ENCYCL. La *phosphatation* sert à protéger les aciers de la corrosion atmosphérique ; elle favorise l'accrochage des peintures et permet une déformation plus facile du métal avec une usure moindre des outillages.

phosphate [fɔsfat] n. m. (du gr. *phôs,* lumière). Sel de l'acide phosphorique : *les phosphates sont de précieux engrais.*

phosphaté, e adj. Qui contient du phosphate : *craie phosphatée.*

phosphater v. t. Fertiliser une terre en y répandant du phosphate.

phosphaturie n. f. Elimination excessive de phosphates par les urines.

phosphène [fɔsfɛn] n. m. (gr. *phôs,* lumière, et *phainein,* apparaître). Sensation lumineuse résultant de la compression de l'œil quand les paupières sont fermées, ou apparaissant spontanément dans certaines maladies.

phosphines n. f. pl. Classe de composés organiques, dérivant de l'hydrogène phosphoré. ‖ Sing. une *phosphine.*

phosphite n. m. *Chim.* Sel de l'acide phosphoreux.

phosphore [fɔsfɔr] n. m. (gr. *phôs,* lumière, et *phoros,* qui porte). Corps simple (P), de numéro atomique 15, légèrement ambré, très inflammable, lumineux dans l'obscurité : *le phosphore fut découvert par Brand en 1669.*
— ENCYCL. Le *phosphore* existe dans la nature à l'état de phosphate. Il joue un rôle essentiel chez les êtres vivants ; on le trouve dans les os des vertébrés, le tissu nerveux, l'urine, et dans la laitance des poissons. Le *phosphore blanc* est un solide ambré, qui fond à 44 °C et bout à 290 °C. Soluble dans le sulfure de carbone, il se transforme, lorsqu'on le chauffe dans le vide à 240 °C, en un produit dit *phosphore rouge.* Moins inflammable, ce phosphore n'est pas vénéneux, tandis que le premier est un poison violent ; chimiquement, ce sont deux variétés allotropiques d'un même élément.
Le phosphore est obtenu industriellement par traitement du phosphate tricalcique naturel par l'acide sulfurique, en vue d'isoler l'acide phosphorique, celui-ci étant ensuite réduit par le charbon au rouge. Aujourd'hui, on a surtout recours au four électrique, dans lequel on place un mélange de phosphate tricalcique, de silice et de charbon.
Certains composés phosphorés sont parfois employés en médecine : la solution officinale d'acide phosphorique à 50 p. 100 est tonique et acidifiante ; les phosphates, les glycérophosphates de chaux et les hypophosphites sont utilisés comme médications reconstituantes.

phosphoré, e adj. Qui contient du phosphore : *composé phosphoré.*

phosphorescence [fɔsfɔrɛsɑ̃s] n. f. Propriété que présentent certains corps d'émettre de la lumière dans l'obscurité, sans chaleur sensible, comme le ver luisant, certains bois vermoulus, etc. : *la phosphorescence de la mer est due à divers protozoaires et noctiluques.*

phosphorescent, e adj. Doué de phosphorescence : *animal phosphorescent.*

phosphoreux, euse adj. Qui contient du phosphore. ● *Acide phosphoreux,* acide (H_3PO_3) correspondant à l'anhydride phosphoreux. ‖ *Anhydride phosphoreux,* composé (P_2O_3) formé par la combustion lente du phosphore.

phosphorique adj. m. *Acide phosphorique,* se dit de plusieurs acides, dont H_3PO_4. ‖ *Anhydride phosphorique,* combinaison (P_2O_5) de phosphore et d'oxygène, formée par combustion vive.

phosphorisme n. m. Intoxication par le phosphore.
— ENCYCL. Le *phosphorisme* est en général provoqué par le phosphore blanc. L'intoxication aiguë se manifeste d'abord par des brûlures d'estomac, des coliques, des vomissements, puis par un ictère. L'intoxication chronique est caractérisée par une nécrose des os du maxillaire. Les maladies causées, au cours du travail, par le phosphore et ses dérivés sont des maladies professionnelles.

phosphorite n. f. Phosphate naturel de calcium.

phosphure n. m. Corps résultant de la combinaison du phosphore et d'un autre élément : *le phosphure de zinc est utilisé dans la lutte contre les vertébrés nuisibles.*

phot [fɔt] n. m. Unité d'éclairement dans le système C. G. S. (symb. : ph), valant 1 lumen par centimètre carré, soit 10 000 lux.

Photios ou **Photius,** théologien byzantin, né à Constantinople (v. 820-v. 895), patriarche de Constantinople (858-867, 877-886). Sa nomination au siège de Constantinople, où il remplaça Ignace, fut désavouée par le

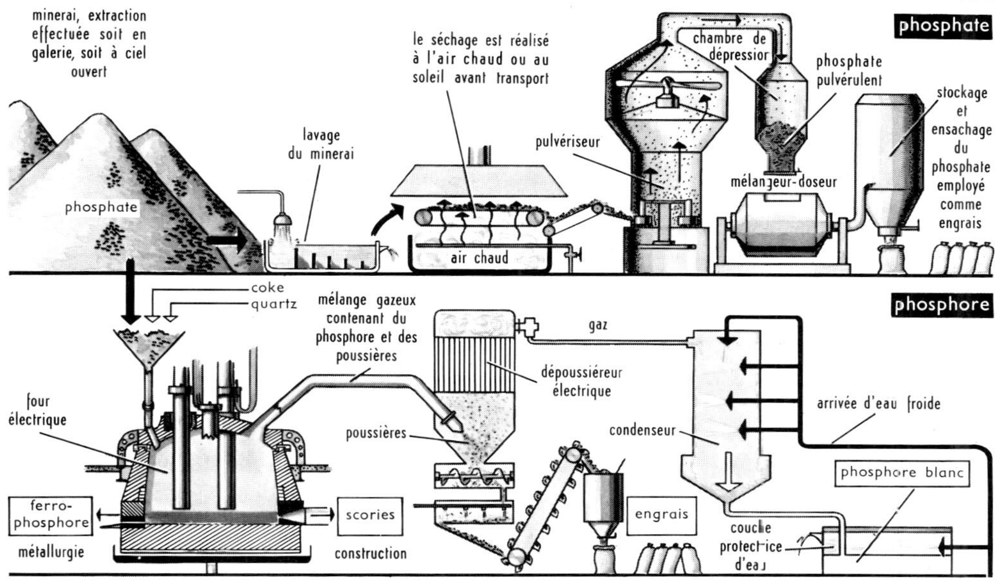

pape Nicolas Ier, mais appuyée par l'empereur. Photios, officiellement déposé par Rome, fit arrêter les légats pontificaux et excommunier le pape par le concile de Constantinople (867). Mais, peu après, il était lui-même déposé par Basile Ier et remplacé par Ignace. Celui-ci étant mort (877), Photios reprit sa charge et fut reconnu par Rome (879), mais l'empereur Léon VI le déposa définitivement en 886. Il a laissé une œuvre théologique considérable, qui fournira aux schismatiques du XIe s. un grand nombre d'arguments (*filioque**) en faveur de la séparation d'avec Rome de l'Eglise d'Orient. Photios a également laissé des ouvrages d'érudition.

photo [fɔto] n. f. *Fam.* Se dit pour PHOTOGRAPHIE : *faire de la photo ; une belle photo.*

photocalque n. m. (gr. *phôs, phôtos,* lumière). Calque obtenu par l'action de la lumière.

photocellule n. f. Syn. de CELLULE PHOTO-ÉLECTRIQUE.

photochimie n. f. Branche de la chimie qui étudie les effets chimiques dus à la lumière.

photochimique adj. Qui concerne les effets chimiques de la lumière.

photocomposition n. f. *Imprim.* Ensemble des méthodes photographiques qui, par contact ou par projection, fournissent des textes composés sur film ou sur papier, destinés à la confection de clichés d'impression.

photoconducteur, trice adj. Se dit d'un corps dont la conductibilité électrique varie avec l'éclairement.

photocopie n. f. Procédé de reproduction rapide d'un document par le développement instantané d'un négatif photographique. ‖ Le document ainsi obtenu.

photocopier v. t. Faire une photocopie.

photocopieur n. m. Appareil permettant de faire des photocopies.

photo-élasticimétrie n. f. Etude optique de la répartition des contraintes dans la masse d'une pièce métallique, d'un ouvrage d'art, etc.

photo-élasticité n. f. Propriété que présentent certaines substances transparentes isotropes de devenir biréfringentes sous l'influence de déformations élastiques.

photo-électricité n. f. Production d'électricité par action de la lumière.

photo-électrique adj. Se dit de tout phénomène électrique provoqué par l'intervention de radiations lumineuses. ● *Cellule photo-électrique,* dispositif simple permettant d'obtenir des courants électriques par l'action d'un flux lumineux. (V. *encycl.*)
— ENCYCL. *Photogr.* La *cellule photo-électrique* est utilisée pour calculer aussi exactement que possible le temps de pose d'une photographie. Elle fait intervenir la sensibilité de l'émulsion, l'ouverture de l'objectif et l'intensité lumineuse. Sur les appareils photographiques modernes, la cellule photo-électrique agit elle-même sur l'ouverture du diaphragme.

photo-émissif, ive ou **photoémissif, ive** adj. Qui est doué de photo-émissivité.

cellule photo-électrique

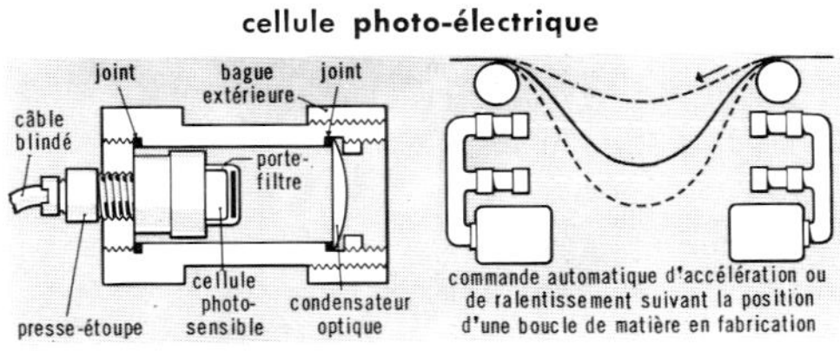

photo-émissivité ou **photoémissivité** n. f. Emission d'électrons par certaines substances sous l'action de la lumière.

photo-finish [fɔtofiniʃ] n. f. Appareil enregistrant automatiquement l'ordre des concurrents à l'arrivée d'une course.

photogène [fɔtɔʒɛn] adj. (gr. *phôs, phôtos,* lumière, et *gennân,* engendrer). Qui engendre la lumière.

photogénie n. f. Production de lumière.

photogénique adj. Relatif aux effets chimiques de la lumière sur certains corps. ‖ Qui impressionne bien la plaque photographique. ‖ Qui fait un bel effet sur une photographie (en parlant des personnes).

photoglyptie [fɔtɔglipti] n. f. Art de graver à l'aide de la lumière.

photogrammétrie [fɔtɔgrametri] n. f. Application de la photographie ou de la stéréophotographie aux levés topographiques.

photographe n. Personne qui s'occupe de photographie.

photographie [fɔtɔgrafi] n. f. (gr. *phôs, phôtos,* lumière, et *graphein,* tracer). Art de fixer, par l'action de la lumière, l'image des objets sur une surface sensible (plaque, pellicule, papier, etc.). ‖ Reproduction de l'image obtenue : *album de photographies.* ● *Photographie aérienne,* image du sol prise à bord d'aéronefs, de missiles ou de satellites. (V. *encycl.*)
— ENCYCL. Depuis la Première Guerre mondiale, la *photographie aérienne* est couramment utilisée à des fins militaires pour la cartographie et la recherche du renseignement. Les techniques modernes permettent, en effet, de réaliser non seulement des *photographies obliques, panoramiques* ou *verticales* avec recoupements, mais aussi des photographies de nuit grâce aux infrarouges. Ces photographies servent à l'établissement et à la mise à jour des cartes. Elles complètent la documentation fournie par ces dernières, qu'elles remplacent même de plus en plus souvent en raison de leur caractère d'actualité. Leur interprétation fournit une grande quantité de renseignements et permet, notamment, de déceler et de repérer avec une grande précision les installations, les travaux, les mouvements, etc., de l'adversaire.

photographier v. t. Obtenir une image par la photographie. ‖ Conserver dans son esprit une image précise de quelque chose.

photographique adj. Relatif à la photographie.

photographiquement adv. A l'aide de la photographie.

photograveur n. m. Professionnel spécialisé dans la photogravure.

photogravure n. f. Procédé photographique permettant d'obtenir des planches gravées utilisables pour l'impression typographique.
— ENCYCL. La *photogravure* consiste à copier un négatif sur une couche sensible de colloïde bichromaté, étendue sur une plaque de métal. Après le dépouillement, qui dissout les parties non insolées de la couche, on creuse par morsure à l'acide les parties de métal mises à nu et l'on obtient une image imprimante en relief. La reproduction d'images à modelé continu oblige à créer à la surface de la plaque métallique une image imprimante à modelé discontinu. On utilise dans ce cas une trame lors de la pose du négatif. Sur le cliché, les différentes tonalités seront représentées par de petits points, les points de trame, également espacés et d'autant plus gros que la teinte est plus foncée ; on obtient un cliché de *similigravure,* ou *simili.* Pour obtenir des clichés destinés à l'impression en couleurs, on utilise les procédés de la sélection photographique. Les *machines à graver,* travaillant suivant des principes analogues à ceux de la

Formation de l'image dans la chambre noire

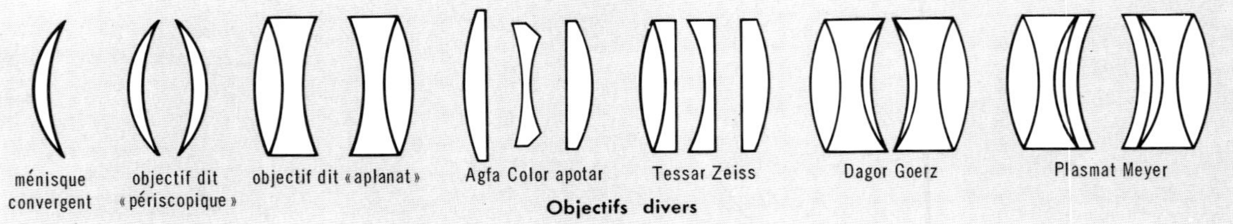

Objectifs divers

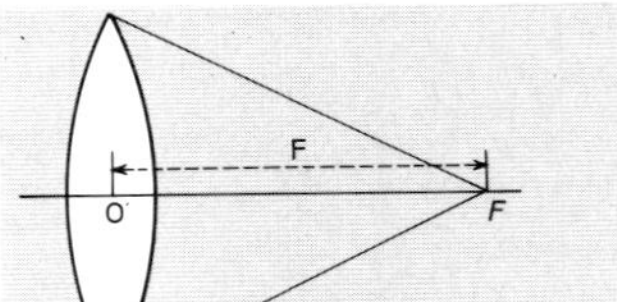

F = foyer
F = distance focale
O = centre optique de l'objectif

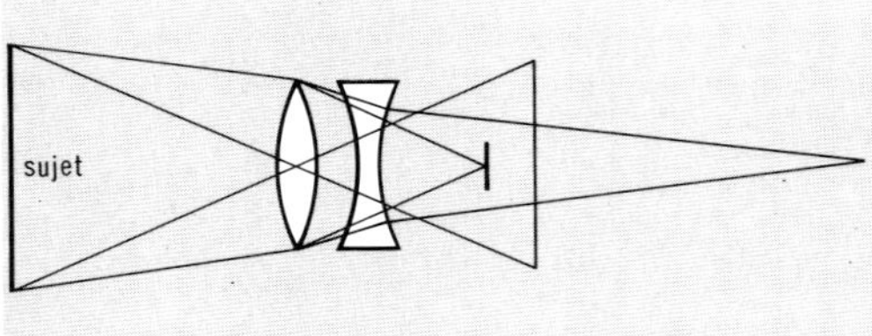

Principe du téléobjectif. Le téléobjectif consiste essentiellement en un objectif normal, derrière lequel on intercale une lentille négative (divergente) qui agrandit l'image sans nécessiter un tirage trop grand du soufflet de l'appareil.

HISTORIQUE

Si, sur la paroi antérieure d'une boîte étanche, on perce un trou minuscule (appelé *sténopé*), on constate que les sujets situés à l'extérieur, en face de cette boîte, se trouvent réfléchis, inversés, sur la paroi postérieure. C'est le principe de la chambre noire, qu'avait, dès le XVIe siècle, étudiée et dessinée Léonard de Vinci. Au début du XIXe siècle, on intercala dans le sténopé une lentille convexe, qui améliorait la netteté de l'image ; ce fut le premier objectif.
Pour conserver l'image fugitive projetée dans la chambre noire, il fallait la matérialiser. Comme, d'autre part, on avait constaté depuis longtemps que les sels d'argent noircissaient à la lumière, on imagina de les étendre sous forme d'émulsion sur un support, qui fut d'abord une plaque de métal, puis une plaque de verre. Le Français Nicéphore Niepce réalisa vers 1816 la première photographie digne de ce nom. Son associé, Daguerre, obtint sur une plaque métallique sensibilisée à l'iodure d'argent des images qu'on nommera daguerréotypes. Enfin, l'Américain G. Eastman eut l'idée de protéger de la lumière par un papier opaque une bande de Celluloïd sensibilisée. C'est la bobine de pellicule.
Depuis, de nombreux perfectionnements ont amélioré le procédé, mais le principe n'a pas varié pour l'essentiel.

LES SURFACES SENSIBLES

Elles sont constituées par une émulsion à base de gélatino-bromure d'argent, qui noircit sous l'action de la lumière. Le support, qui était autrefois du verre, est maintenant presque toujours une matière transparente à base d'acétate de cellulose, légère, incassable et ininflammable.
La plupart des pellicules actuelles sont dites « panchromatiques » parce qu'elles reproduisent d'une façon correcte toutes les valeurs du sujet. Selon les besoins, on emploie une émulsion de plus ou moins grande rapidité, rapidité que l'on peut mesurer par différentes méthodes, ASA ou DIN en particulier.

L'APPAREIL DE PRISE DE VUE

Il consiste essentiellement en une chambre noire munie d'un objectif et d'un dispositif de fixation de la surface sensible. L'objectif est une combinaison de lentilles, dont la plus perfectionnée est l'anastigmat, qui corrige les aberrations, et en particulier l'« anastigmatisme ». On utilise aussi le téléobjectif.
La *longueur focale* (distance qui, pour donner une image nette d'un objet éloigné, doit séparer le centre de la surface sensible du centre de l'objectif) est très variable. L'image obtenue d'un point déterminé est reproduite à une échelle d'autant plus grande que la distance focale est plus longue. Cette dernière s'exprime par un chiffre précédé de la lettre F (exemple : F 75, F 150, etc., les chiffres représentant les millimètres).
L'*obturateur* est un mécanisme permettant une exposition momentanée de la surface sensible à la lumière, exposition qui doit être plus ou moins longue en fonction de divers facteurs. Les vitesses d'obturation sont indiquées sur l'obturateur au moyen d'une échelle gravée, qui comporte les lettres T ou B, indiquant la pose (l'obturateur restant ouvert jusqu'à ce qu'on le referme volontairement), puis un nombre variable de vitesses d'instantané, allant, sur les appareils perfectionnés, de 1 seconde à 1/125 et même 1/1 000 de seconde. Dans l'instantané, l'obturateur se referme automatiquement.
L'instantané rapide (au moins 1/30 de seconde) permet de photographier des sujets en mouvement et évite l'obligation de poser l'appareil sur un pied.
Le *diaphragme* est constitué par une série de lamelles qui, plus ou moins écartées, laissent passer plus ou moins de lumière. Une échelle gravée sur l'obturateur indique son ouverture au moyen de la lettre f suivie d'un chiffre (ex. : f 8). Par une convention générale, le passage d'un chiffre à l'autre comprend une variation du simple au double de la durée d'exposition.
Le *temps de pose* correct est, en résumé, obtenu par un choix judicieux de la vitesse d'obturation et de l'ouverture du diaphragme. On le calcule par empirisme ou au moyen d'une cellule photo-électrique, mais certains appareils le font automatiquement.
La *mise au point*, qui permet d'obtenir la netteté d'un sujet placé à une certaine distance, se fait en éloignant plus ou moins la surface sensible de l'objectif. Les appareils très simples ne comportent pas de mise au point variable ; ils sont réglés sur ce qu'on nomme l'« infini » (indiqué par le signe ∞). Dans ce cas, les objets situés jusqu'à l'horizon, à partir d'une certaine distance, sont uniformément nets.

Principaux types d'appareils

Obturateur central

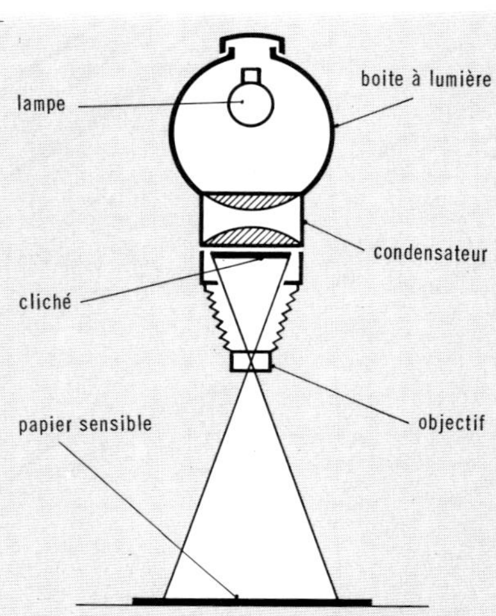

Principe de l'agrandisseur

LE CLICHÉ NÉGATIF ET L'ÉPREUVE POSITIVE

Au sortir de la chambre obscure l'image n'est pas visible. Elle est dite « latente ». Il faut la faire apparaître dans un bain chimique appelé *révélateur*, puis la fixer dans une solution d'hyposulfite de sodium pour arrêter le noircissement des sels d'argent, enfin la laver.
Le cliché ainsi obtenu est négatif (les noirs sont traduits par des blancs et inversement). L'épreuve positive sera tirée par contact ou par agrandissement sur un papier recouvert d'une émulsion sensible analogue à l'émulsion des films, mais extrêmement lente.
Le traitement du papier photographique est, pour l'essentiel, identique à celui du film négatif.

LA PHOTOGRAPHIE EN COULEURS

Dans les débuts de la photographie, l'image obtenue était une transposition en noir et blanc de toutes les couleurs du sujet. Après les essais de Charles Cros et de Ducos de Hauron (1870), les frères Lumière, avec leur plaque *autochrome*, firent vraiment entrer dans la pratique la photographie directe en couleurs.
Tous les procédés actuels restent fondés sur la sélection trichrome qui dérive de la théorie de Maxwell sur la synthèse des couleurs.
D'abord limitée à l'obtention de diapositives destinées à l'examen par transparence ou à la projection, la photographie en couleurs permet maintenant, en particulier grâce au nouveau procédé dit négatif-positif, d'obtenir d'excellentes images en couleurs sur papier.

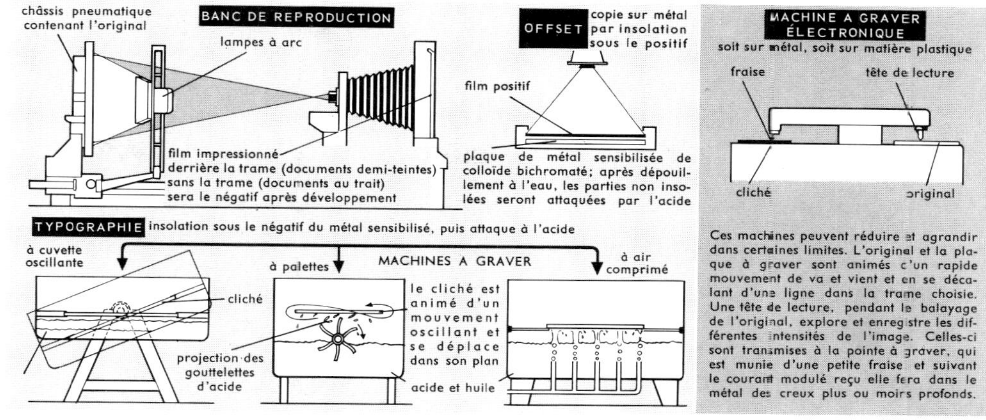

télévision, produisant des clichés sans qu'il soit besoin d'opérations photographiques. La *photogravure offset* fournit les négatifs ou les positifs qui seront copiés sur les plaques d'impression.

photo-interprétation n. f. Utilisation de la photographie aérienne pour déterminer les éléments de base d'une carte.

photolithographie n. f. (gr. *phôs, phôtos,* lumière, *lithos,* pierre, et *graphein,* écrire). Procédé d'impression lithographique, dans lequel le dessin est reporté sur la pierre au moyen de la photographie.

photoluminescence n. f. Phénomène particulier de luminescence, qui consiste, pour une substance, à absorber une radiation et à la restituer sous une longueur d'onde différente.

photolyse [-liz] n. f. Décomposition chimique par la lumière.

photomécanique adj. Se dit de tout procédé d'impression dans lequel le cliché typographique est obtenu par photographie.

photomètre n. m. Instrument qui mesure l'intensité d'une source de lumière.

photométrie n. f. Partie de la physique qui traite de la mesure des intensités lumineuses.

photométrique adj. Qui concerne la photométrie : *procédés photométriques.*

photomontage n. m. Assemblage de photographies reconstituant un sujet ou groupant plusieurs sujets.

photon [fɔtɔ̃] n. m. (du gr. *phôs, phôtos,* lumière). *Phys.* Particule d'énergie lumineuse, dans la théorie des quanta.

photonastie n. f. V. PHOTOTROPISME.

photopériode n. f. *Biol.* Durée relative du jour et de la nuit aux diverses saisons.

photopériodisme n. m. Ensemble des phénomènes biologiques qui dépendent de la *photopériode.* (Parmi les nombreux phénomènes saisonniers [reproduction animale, migration des oiseaux, floraison], certains ont lieu à une date relativement variable, qui dépend de la luminosité ou de la température moyenne des mois de printemps par exemple, alors que d'autres sont remarquablement fixes. On les rattache à un phénomène astronomique invariable : la durée du jour. C'est principalement la floraison qui, selon les espèces, exige des jours courts et croissants [fleurs de printemps], des jours longs [fleurs d'été] ou des jours courts et décroissants [fleurs d'automne]. Mais certaines espèces fleurissent presque toute l'année. On attribue ces différences de comportement à l'action des hormones végétales.)

photophobie n. f. Horreur de la lumière. ‖ Sensation pénible produite par la lumière dans certaines maladies.

photophore n. m. Lampe portative à manchon incandescent.

photopile n. f. Syn. de CELLULE PHOTOVOLTAÏQUE.

photo-robot n. f. Portrait effectué d'après des témoignages. ‖ Pl. des *photos-robots.*

photoroman n. m. Technique de récit unissant un texte et une séquence photographique, et diffusé, à l'intention d'un public populaire, par la presse féminine à grand tirage ou sous la forme de publications hebdomadaires ou mensuelles analogues aux recueils de bandes dessinées. (On dit aussi ROMAN-PHOTO.)

photosensible adj. Sensible à la lumière.

photosphère n. f. (gr. *phôs, phôtos,* lumière, et *sphaira,* sphère). Surface lumineuse délimitant le contour apparent du Soleil.

photostat [fɔtɔsta] n. m. Document obtenu par photocopie.

photostoppeur, euse n. Personne qui photographie les passants et leur propose la vente de leur portrait.

photosynthèse n. f. Edification de molécules glucidiques, lipidiques et protidiques par les végétaux chlorophylliens à partir de l'eau, du gaz carbonique et des nitrates, selon un processus complexe dont l'énergie est soldée par l'absorption de la lumière. (Syn. ASSIMILATION CHLOROPHYLLIENNE.)
— ENCYCL. Les principaux produits de la *photosynthèse* s'élaborent dans les feuilles, sous forme de grains d'amidon, de protéines et de graisses. L'organisme végétal solubilise ces produits, qui circulent dans les vaisseaux du liber (sève élaborée) et sont soit distribués à tous les tissus, soit accumulés dans des organes de réserve, souvent souterrains (rhizomes, tubercules), d'où ils seront repris en cas de besoin. Dans les espèces terrestres, l'eau est conduite aux feuilles par les vaisseaux du bois (sève brute) à partir des racines, et le gaz carbonique pénètre directement dans les feuilles par les *stomates* de la face inférieure. Quant à l'énergie lumineuse, elle n'est que partiellement absorbée : la longueur d'onde de la couleur verte est réfléchie, ce qui explique la teinte verte des feuilles. Il suffit d'une durée d'éclairement extraordinairement courte (1/300 000 s) pour que la chlorophylle soit élevée à un niveau d'énergie qui lui permet de réaliser la synthèse aussitôt après, même à l'obscurité (réaction de Blackmann ; durée : 1/50 s). Les réactions sont extrêmement complexes et aboutissent à un rejet d'oxygène moléculaire. Le bilan global (très simplifié) de la photosynthèse se présente comme l'inverse de la combustion du glucose :

$$6CO_2 + 6H_2O + \text{én.} \rightarrow C_6H_{12}O_6 + 6O_2,$$

mais le marquage radio-actif a montré que c'était l'oxy-

larve de phrygane

gène de l'eau qui était rejeté et non pas celui du gaz carbonique. La photosynthèse est pratiquement le seul phénomène par lequel notre planète absorbe et met en réserve l'énergie solaire sous une forme utilisable pour l'homme. Non seulement toute notre énergie alimentaire provient directement (aliments végétaux) ou indirectement (aliments animaux) de la photosynthèse, mais tous les combustibles non nucléaires (bois, charbon, pétrole) proviennent d'une assimilation chlorophyllienne actuelle ou ancienne.

photosynthétique adj. Relatif à la photosynthèse.

phototactisme n. m. Déplacement actif des êtres vivants, déterminé par les différences de niveau lumineux d'un point à un autre.
— ENCYCL. Les êtres vivants présentent un *phototactisme positif* lorsqu'ils recherchent la lumière et un *phototactisme négatif* lorsqu'ils la fuient. Le phototactisme s'observe chez des êtres unicellulaires très simples (euglène) aussi bien que chez divers insectes ou chez des animaux aveugles vivant dans les grottes. On doit les distinguer du *phototropisme* des plantes enracinées.

phototélégraphie n. f. *Télécomm.* Transmission à distance, par voie électrique, avec ou sans fil, d'images fixes telles que photographies, manuscrits, dessins.
— ENCYCL. La *phototélégraphie* consiste à explorer successivement tous les points d'une image et à transmettre les renseignements à distance pour la reconstituer. L'appareil inventé par Belin comporte des cellules photo-électriques qui transforment les variations de luminosité d'une image en courants électriques ; à la réception, l'inscription est effectuée à l'aide d'un faisceau lumineux d'intensité variable, projeté sur un papier photosensible.

photothèque n. f. Local où sont rassemblées des archives photographiques.

photothérapie n. f. Traitement des maladies par la lumière. (La photothérapie comprend l'héliothérapie [soleil, lampes à arc ou à vapeur de mercure], l'actinothérapie [rayons ultraviolets], la thermothérapie [rayons infrarouges].)

phototropisme n. m. Courbure de croissance des plantes vertes, ayant pour effet d'orienter leurs axes vers la source lumineuse (tige) ou en sens inverse (racine).
— ENCYCL. Presque toutes les plantes cultivées sous un éclairage latéral orientent leurs tiges vers la lumière. On attribue ce *phototropisme positif* à l'hormone végétale de croissance (auxine), qui serait détruite du côté le plus éclairé de la tige : ce dernier grandit moins vite, d'où un effet de courbure. Les racines, elles, présentent un *phototropisme négatif :* lorsque leur pointe sort de terre, elle se courbe pour y entrer de nouveau. Le phototropisme est à distinguer des *photonasties* (orientation des feuilles), qui ne dépendent pas de la croissance.

phototype n. m. Image photographique obtenue directement à la chambre noire.

phototypie n. f. Procédé d'impression à l'encre grasse au moyen de gélatine bichromatée et insolée.

photovoltaïque adj. *Cellule photovoltaïque* (Electron.), sorte de pile électrique qui ne produit un courant que lorsqu'elle est éclairée. (Syn. PHOTOPILE.)
— ENCYCL. Une *cellule photovoltaïque* est une cellule photo-électrique formée de deux électrodes de nature différente séparées par une couche semi-conductrice. Lorsqu'elle est éclairée, elle produit une force électromotrice proportionnelle à l'éclairement sans nécessiter de tension auxiliaire. Cet appareil est utilisé comme posemètre en photographie et comme source de courant électrique dans certains satellites artificiels.

Phraatès, nom de plusieurs rois des Parthes (IIe s. av. J.-C.-Ier s. apr. J.-C.).

phragmite [fragmit] n. m. Genre de graminacées, comprenant le *roseau* commun. ‖ Espèce de fauvette.

phrase [frɑz] n. f. (gr. *phrasis ;* de *phrazein,* expliquer). Assemblage de mots présentant un sens complet. ● *Phrase musicale,* suite monodique ou harmonique de sons, qui constitue un tout cohérent. ‖ — Pl. *Péjor.* Paroles emphatiques et vides : *faire des phrases.*

phraséologie [frazeɔlɔʒi] n. f. Construction de phrase particulière à une langue ou propre à un écrivain. ‖ *Péjor.* Assemblage de mots vides de sens.

phraséologique adj. Qui a le caractère de la phraséologie : *style phraséologique.*

phraser v. i. Ecrire, parler d'une manière affectée.

phraseur, euse n. Personne qui parle, qui écrit d'une manière recherchée.

phratrie [fratri] n. f. (gr. *phratria*). *Antiq. gr.* Subdivision de la tribu. ‖ Dans une société archaïque, réunion de plusieurs clans, le plus souvent totémiques.

phréatique [freatik] adj. (du gr. *phrear, -atos,* puits). *Nappe phréatique,* nappe d'eau située à l'intérieur du sol et alimentant des sources.

phrénique [frenik] adj. (du gr. *phrên,* diaphragme). Relatif au diaphragme : *le nerf phrénique est le nerf moteur du diaphragme.*

phrénologie n. f. (gr. *phrên,* pensée, et *logos,* science). Etude du caractère et des fonctions intellectuelles de l'homme d'après la conformation du crâne. (Fondée par Gall, elle n'a plus qu'un intérêt historique.)

phrénologique adj. Relatif à la phrénologie : *doctrine phrénologique.*

phrygane [frigan] n. f. (gr. *phruganon,* bois sec). Insecte névroptère dont la larve, aquatique, construit autour d'elle des fourreaux avec des végétaux, des coquilles (d'où ses noms usuels de *portefaix, traîne-bûches*).

Phrygie, région du nord-ouest de l'Asie Mineure, entre l'Egée et le Pont-Euxin, célèbre par le culte de Cybèle. Les Phrygiens, établis dans le pays au XIIe s. av. J.-C., furent soumis par les Cimmériens (VIIe s. av. J.-C.), puis par la Lydie ; ils furent ensuite dominés par les Perses, les Macédoniens, les Galates et les Romains.

phrygien [friʒjɛ̃], **enne** [-ɛn] adj. et n. De la Phrygie. ● *Bonnet phrygien,* bonnet rouge que portaient les anciens Phrygiens, et qui est devenu l'emblème de l'affranchissement et de la liberté.

Phryné, courtisane grecque de Thespies (IVe s. av. J.-C.). Praxitèle la prit comme modèle pour ses statues d'Aphrodite. Accusée d'impiété, elle fut acquittée par les héliastes en considération de sa beauté.

Phrynichos, poète tragique grec (fin du VIe s.-début du Ve s. av. J.-C.). Il compte parmi les créateurs de la tragédie. On lui attribue l'invention du masque et l'introduction des rôles de femmes sur la scène.

Phtah. V. PTAH.

phtaléine [ftalein] n. f. Matière incolore en milieu acide ou neutre, et rouge pourpre en milieu basique.

phtalique [ftalik] adj. m. Se dit d'un acide dérivé du benzène, utilisé dans la fabrication de colorants et de certaines résines synthétiques.

Phtiotide ou **Phthiotide,** région de Grèce, au nord du Parnasse ; 160 000 h. Ch.-l. *Lamia.*

phtiriase [ftirjɑz] n. f. (du gr. *phtheir,* pou). Maladie de la peau, produite par les poux. (Syn. MALADIE PÉDICULAIRE*.)

phtisie [ftizi] n. f. (gr. *phthisis,* dépérissement). Anc. syn. de TUBERCULOSE PULMONAIRE.

phtisiologie n. f. Partie de la médecine qui étudie la tuberculose.

phtisiologue n. Médecin spécialisé dans le traitement de la tuberculose, et *spécialem.* de la tuberculose pulmonaire.

phtisique adj. et n. Atteint de phtisie (vx).

Phot. Boyer.

Phuket, île de Thaïlande (océan Indien). Etain.

phycocyanine n. f. *Biol.* Pigment bleuté qu'on trouve chez les algues bleues ou cyanophycées.

phycomycètes [fikɔmisɛt] n. m. pl. *Bot.* Syn. de SIPHOMYCÈTES.

phylactère [filaktɛr] n. m. (du gr. *phulattein,* garder). Petit étui renfermant un morceau de parchemin où sont inscrits des versets de la Bible et que les juifs pratiquants portent sur eux. ‖ Banderole utilisée par les artistes du Moyen Age pour y inscrire les paroles prononcées par les personnages de la scène représentée dans le tableau, le vitrail, etc.

phylarque [filark] n. m. (gr. *phularkhos*). *Antiq. gr.* Chef de tribu ou magistrat, dans diverses cités grecques.

phylétique adj. Relatif à un phylum : *rameau phylétique.*

phyllade [filad] n. m. (du gr. *phullon,* feuille). Schiste métamorphisé, où l'on distingue de petites facettes de mica.

phyllie [fili] n. f. (gr. *phullon,* feuille). Insecte orthoptère de Malaisie, ressemblant beaucoup à une feuille verte.

phylloxéra ou **phylloxera** [filɔksera] (Acad.) n. m. (gr. *phullon,* feuille, et *xeros,* sec). Genre d'insectes hémiptères très petits, voisins des pucerons, dont une espèce originaire d'Amérique s'attaque à la vigne. (Le phylloxéra, en détruisant les vignes françaises, a causé au commerce un préjudice qui s'est chiffré par plusieurs milliards.)

phylloxéré, e adj. Qui est atteint du phylloxéra : *les vignes phylloxérées se traitent par submersion ou par le sulfure de carbone.*

phylloxérien, enne adj. Propre au phylloxéra : *ravages phylloxériens.*

phylloxérique adj. Syn. de PHYLLOXÉRIEN.

phylogenèse ou **phylogénie** n. f. (gr. *phulê,* tribu, et *genesis,* origine). Recherche de l'arbre généalogique des organismes (par oppos. à l'*ontogenèse,* ou *ontogénie*).

phylum [filɔm] n. m. *Biol.* Ensemble formé par un groupe animal ou végétal et par ses ancêtres supposés. ‖ Pl. des *phyla* ou des *phylums.*
— ENCYCL. La notion de *phylum* s'applique à de très longues durées, marquées par d'importants phénomènes d'évolution. Seule l'étude morphologique et stratigraphique des formes fossiles permet aux paléontologistes de formuler des hypothèses sur les *phyla.* Par définition, une vérification expérimentale de telles hypothèses est exclue. Toutefois, l'existence de lois générales d'évolution, communes à tous les phyla, réduit l'incertitude des hypothèses, et, de plus en plus souvent, une forme fossile d'âge déterminé est prévue avant d'être découverte, ce qui confère à la phylogénie une valeur scientifique.

physalie [fizali] n. f. (gr. *phusalis,* vessie). Animal marin, formé d'une vésicule flottante soutenant des polypes reproducteurs, nourriciers, et des filaments urticants longs de plusieurs mètres. Les physalies vivent en colonies. (Embranchement des cœlentérés; ordre des siphonophores.) [V. illustr. CŒLENTÉRÉS.]

physalis [fizalis] n. m. Plante sauvage ou cultivée, dont la baie, comestible, est enfermée dans le calice orangé et renflé en vessie. (Haut. 50 cm; famille des solanacées; noms usuels : *coqueret, alkékenge, amour-en-cage.*) [V. illustr. FRUITS.]

physe [fiz] n. f. Mollusque gastropode d'eau douce, à coquille senestre longue de 1 cm.

physicalisme n. m. Théorie tendant à faire de la langue de la physique une langue universelle convenant à toutes les sciences.

physicaliste adj. et n. Partisan du physicalisme. ‖ — Adj. Relatif au physicalisme.

physicien [fizisjɛ̃], **enne** [-ɛn] n. Spécialiste de la physique.

physico-chimie n. f. Science qui comprend la physique et la chimie dans leurs domaines communs.

physico-chimique adj. Qui tient à la fois de la physique et de la chimie.

physico-mathématique adj. Qui concerne à la fois la physique et les mathématiques.

physiocrate n. m. Philosophe et économiste de l'école du docteur Quesnay. (Parmi les physiocrates, on peut notamment citer le marquis de Mirabeau, Dupont de Nemours, Lemercier de La Rivière, l'abbé Baudeau et Le Trosne.)

physiocratie [fizjɔkrasi] n. f. (gr. *phusis,* nature, et *kratos,* pouvoir). Doctrine des physiocrates.
— ENCYCL. La *physiocratie* présentait une théorie générale de la société et reposait sur deux conceptions essentielles, l'une de caractère philosophique (l'ordre naturel), l'autre de caractère économique (le produit net). Selon les physiocrates, l'agriculture est la seule source de richesse. Quesnay a exposé ses thèses économiques dans son *Tableau économique* (1758), qui constitue la première représentation du circuit économique, de l'interdépendance des activités économiques, des relations entre la production des biens et la répartition des revenus.

physiocratique adj. Qui appartient à la physiocratie : *l'école physiocratique.*

physiognomonie [fizjɔgnɔmɔni] n. f. (gr. *phusis,* nature, et *gnômôn,* qui sait). Art de connaître les hommes d'après leur physionomie, l'interprétation de leurs traits.

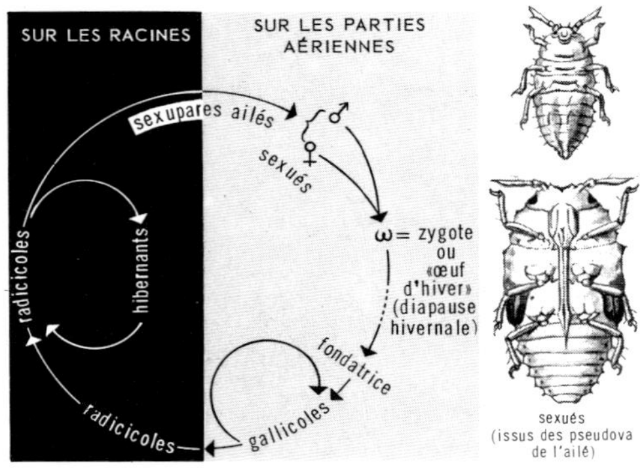

cycle évolutif du **phylloxéra** de la vigne

physiognomonique adj. Relatif à la physiognomonie.

physiognomoniste n. Personne qui s'occupe de physiognomonie.

physiologie [fizjɔlɔʒi] n. f. (gr. *phusis,* nature, et *logos,* traité). Etude scientifique, à base expérimentale, des fonctions des êtres vivants et des organes. (V. *encycl.*) ● *Physiologie pathologique,* ou *physiopathologie,* étude du fonctionnement de l'organisme pendant la maladie.
— ENCYCL. Les principales étapes dans l'évolution de la *physiologie* sont la découverte de la circulation du sang par Harvey (au XVIIe s.), l'étude chimique de la respiration par Lavoisier (au XVIIIe s.), montrant l'existence des combustions lentes qu'effectuent les êtres vivants, puis les découvertes de Flourens et Magendie au début du XIXe s. sur le fonctionnement du système nerveux. Mais c'est avec Claude Bernard que la physiologie prend son véritable caractère scientifique. La découverte de la fonction glycogénique du foie marque le début de l'utilisation de la chimie comme base de la physiologie, qui trouve ensuite dans les développements de la biochimie (composition des constituants de la matière vivante, métabolismes) un immense domaine. Au XXe s., l'étude physique des phénomènes de la vie, notamment celle des phénomènes électriques des organes et de leur excitation, l'enregistrement graphique, l'étude de tous les procédés dérivés de la découverte des rayons X, puis celle de la radio-activité naturelle et artificielle ouvrent la voie à de multiples méthodes d'investigation et à de nombreuses découvertes.
La physiologie s'attache à établir d'abord les modalités de fonctionnement propres à chaque organe, puis le rôle fonctionnel de l'organe dans l'ensemble du corps (étude des conséquences de l'ablation ou de la transplantation) et l'action synergique ou antagoniste de plusieurs organes; elle définit les grands systèmes (digestif, nerveux, circulatoire, etc.) et les bases physiques de l'unité organique (milieu intérieur, régulations hormonales et neurovégétatives, etc.). Elle débouche sur la biochimie lorsqu'elle étudie les substances actives (vitamines, hormones, enzymes). Elle ne se borne pas uniquement au règne animal : il existe une physiologie végétale. Elle constitue l'application aux êtres vivants de méthodes très proches de celles des sciences physiques.
La physiologie est devenue une base fondamentale non seulement pour la médecine, mais également pour l'hygiène industrielle, la pratique des sports, l'aéronautique, l'astronautique et l'exploration sous-marine.

Physiologie du goût, traité de gastronomie humoristique, par Brillat-Savarin (1826).

Physiologie du mariage, par H. de Balzac (1830). Méditations plaisantes sur la vie conjugale.

physiologique adj. Relatif à la physiologie : *troubles physiologiques.* ‖ Normal, par opposition à *pathologique : l'accélération du pouls à l'effort est physiologique.*

physiologiquement adv. Du point de vue physiologique.

physiologiste adj. et n. Spécialiste de la physiologie.

physionomie [fizjɔnɔmi] n. f. (gr. *phusis,* nature, et *gnômôn,* qui connaît). Ensemble des traits du visage : *physionomie agréable.* ‖ Expression qui résulte de cet ensemble : *physionomie ouverte.* ‖ Caractère spécial, original, des traits d'une personne : *manquer de physionomie.* ‖ *Fig.* Caractère, aspect qui distingue une chose d'une autre : *chaque peuple, chaque siècle a sa physionomie.*

physionomique adj. Relatif à la physionomie : *expression physionomique.*

physionomiste adj. et n. Habile à juger du caractère d'après la physionomie. ‖ Qui se souvient de la physionomie des personnes.

physio-pathologie n. f. Etude du fonctionnement des organes ou des organismes malades par les procédés de la physiologie.

physiothérapie n. f. Traitement médical au moyen d'agents physiques : lumière, chaleur, froid, électricité, exercice, etc.

physique [fizik] n. f. (gr. *physis,* nature). Science qui a pour objet l'étude des propriétés générales des corps et les lois qui tendent à modifier leur état ou leur mouvement sans modifier leur nature. ‖ Ouvrage qui traite de cette science. ● *Physique amusante,* ensemble d'expériences de physique ou de prestidigitation pour amuser les enfants. ‖ *Physique expérimentale,* physique fondée sur l'expérience. ‖ *Physique du globe,* syn. de GÉOPHYSIQUE. ‖ *Physique mathématique,* physique dans laquelle les lois physiques sont traduites par des équations.

V. Histoire de la Physique, p. 416

physique adj. Qui appartient à la matière : *le monde physique.* ‖ Effectif, matériel : *impossibilité physique.* ‖ Relatif au corps de l'homme : *exercices physiques.* ● *Plaisirs physiques,* plaisirs des sens.

physique n. m. Physionomie, extérieur d'une personne : *avoir un beau physique.* ‖ Constitution naturelle de l'homme : *le physique influe sur le moral.*

physiquement adv. De façon matérielle, corporelle : *les poissons sont organisés physiquement pour vivre dans l'eau.* ‖ Selon les lois de la nature : *chose physiquement impossible.*

physostigma [fizɔstigma] n. m. Plante volubile de Guinée, dont les graines sont très toxiques. (Famille des papilionacées.)

physostigmine n. f. Syn. de ÉSÉRINE.

phytéléphas [fitelefas] n. m. Arbre de l'Amérique tropicale, dont une espèce produit des graines qui fournissent l'ivoire végétal, ou *corozo.*

phytobiologie n. f. Biologie botanique.

phytoclimogramme n. m. Graphique représentant les conditions climatiques optimales pour le développement d'une plante.

phytogéographie n. f. Science de la distribution des plantes sur la Terre.

phytohormone n. f. Nom générique des hormones végétales.

phytopathologie n. f. Etude des maladies des plantes.

phytophage [fitɔfaʒ] adj. (gr. *phuton,* plante, et *phagein,* manger). Se dit d'un animal qui se nourrit de matières végétales.

phytopharmacie n. f. Etude et préparation des produits antiparasitaires destinés au traitement des maladies des plantes.

phytophthora [fitɔftɔra] n. m. Champignon parasite des végétaux et responsable de l'encre du châtaignier, du mildiou de la pomme de terre. (Classe des siphomycètes; famille des péronosporacées.)

phytopte [fitɔpt] n. m. Acarien parasite de la vigne, qui provoque des galles sur les feuilles.

phytosociologie n. f. Etude des associations végétales.

phytotron [fitɔtrɔ̃] n. m. Laboratoire équipé pour l'étude des conditions physiques et chimiques dans lesquelles les plantes se développent.

phytozoaire [fitozɔɛr] n. m. (gr. *phuton,* plante, et *zôon,* animal). Syn. de ZOOPHYTE.

pi [pi] n. m. Lettre de l'alphabet grec (π), correspondant au *p.* ‖ *Math.* Symbole représentant le rapport constant du périmètre d'un cercle à son diamètre, soit approximativement 3,141 6. (Le nombre π est *incommensurable* et *transcendant* [la quadrature du cercle est impossible]. Une des premières déterminations est celle d'Archimède.) ‖ *Phys.* Syn. de PION.

piaf [pjaf] n. m. *Pop.* Moineau.

Piaf (Edith Giovanna GASSION, dite **Edith**), chanteuse française, née à Paris (1915-1963). Elle fut l'interprète de nombreuses chansons réalistes à succès (*Mon légionnaire, l'Hymne à l'amour, Milord,* etc.).

piaffement n. m. Action de piaffer.

piaffer [pjafe] v. t. (onomat.). Frapper la terre des pieds de devant, en parlant du cheval. ‖ *Fig.* S'agiter vivement : *piaffer d'impatience.*

piaffeur n. m. Cheval qui piaffe.

Piaget (Jean), psychologue et pédagogue suisse, né à Neuchâtel en 1896. Ses études portant sur le développement de la pensée et du langage chez l'enfant (*le Langage et la pensée chez l'enfant,* 1923; *la Représentation du monde chez l'enfant,* 1926, etc.) ont préparé l'étude du mécanisme général de l'intelligence adulte (*Introduction à l'épistémologie génétique,* 1950; *les Transformations des opérations logiques,* 1952). Il a dirigé avec Fraisse un *Traité de psychologie expérimentale* (1963-1966).

piaillard, e n. et adj. *Fam.* Qui piaille.

piaillement n. m. Action de piailler.

piailler [pjɑje] v. i. (onomat.). Pousser des cris aigus et répétés, en parlant des oiseaux. ‖ *Fam.* Crier sans cesse.

piaillerie n. f. *Fam.* Criaillerie.

piailleur, euse n. *Fam.* Personne qui piaille.

pian [pjɑ̃] n. m. Maladie infectieuse et contagieuse des régions tropicales, produite par un spirochète et provoquant des lésions cutanées.

Piana (20115), ch.-l. de c. de la Corse (arr. d'Ajaccio), près du golfe de Porto; 781 h. Calanques.

pianissimo adv. (mot ital.). *Mus.* Avec une très faible intensité de son. (Se représente par *PP.*)

pianiste n. Personne qui joue du piano.

diamant (différentes tailles)

Cartier joaillier, Paris.

émeraude

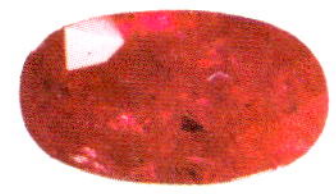

rubis

saphir

PIERRES FINES

agate

aigue-marine

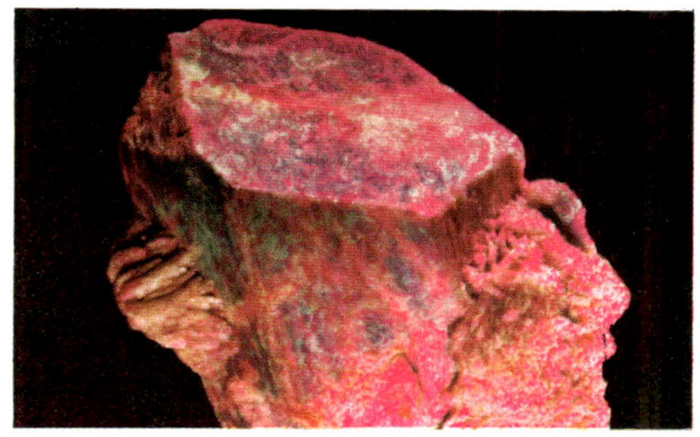

amazonite

améthyste

béryl

grenat

jais

jaspe

lapis-lazuli

opale

tourmaline

turquoise

Phot. Larousse (10) ; Jacques Six ; Larousse (3).

GRANDES FORMES DU MONDE VÉGÉTAL

un sous-arbrisseau : thym en fleur

le « buisson ardent » *(Pyracanthus)*

un arbre : pommier en fleur

FOUGÈRES

polypode : sporanges groupés en *sores* sous les feuilles

fougère grand aigle

MOUSSES ET LICHENS

thalle de parmélie (lichen)

pyxides de cladonie (lichen)

tapis de mousse en vue verticale

ALGUES

laminaire

codium

calophyllis

sphærococcus

Fucus serratus

coralline (rouge) et ulve laitue (verte)

Phot. Lauros - Atlas-Photo (2), Rives (2), Lauros - Atlas-Photo (2), Six (2), Lauros - Atlas-Photo, Six, Lauros - Atlas-Photo, Rives, Six, Ri

PHYSIQUE NUCLÉAIRE

Certains atomes lourds, comme celui de l'uranium, se désintègrent spontanément (radio-activité, H. Becquerel, 1896), en émettant des noyaux d'hélium (rayons α), des électrons (rayons β) et des radiations de très haute fréquence (rayons γ), et en fournissant des atomes nouveaux. Ceux-ci peuvent à leur tour se désintégrer, et l'ensemble forme une famille radio-active (fig. 1). Ces divers rayonnements, qui sont ionisants — ce qui permet la détection des corps radio-actifs (fig. 2) —, peuvent être séparés par l'action d'un champ magnétique (fig. 3).
Le passage d'un élément chimique à un autre est une transmutation, qui peut être provoquée. C'est ainsi qu'en bombardant des noyaux d'azote par des particules α on peut obtenir de l'oxygène (Rutherford, 1919). Ces transmutations, réalisées habituellement par emploi de neutrons, peuvent conduire à des radio-éléments artificiels (I. et F. Joliot-Curie, 1934). Pour qu'une transmutation dégage de l'énergie, il faut qu'elle soit accompagnée d'une diminution de masse. Tel est le cas de la *fission*, dans laquelle des atomes d'uranium se scindent en atomes plus petits (fig. 4) et qui est utilisée dans les réacteurs nucléaires (fig. 5) et la bombe atomique. Il en est de même de la fusion de plusieurs noyaux d'hydrogène en un noyau d'hélium (fig. 6), qui est à l'origine de l'énergie solaire et se trouve réalisée dans l'explosif thermonucléaire.

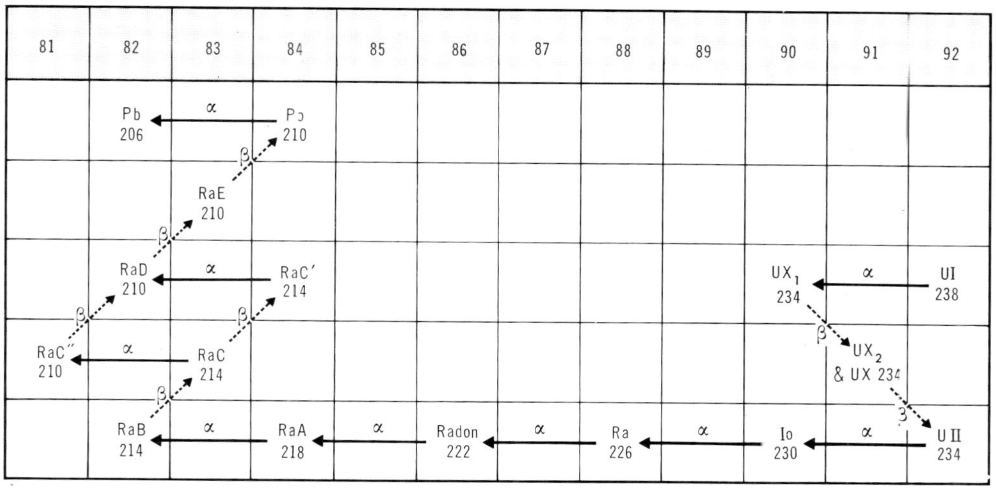

1. Exemple de filiation radio-active : famille de l'uranium.

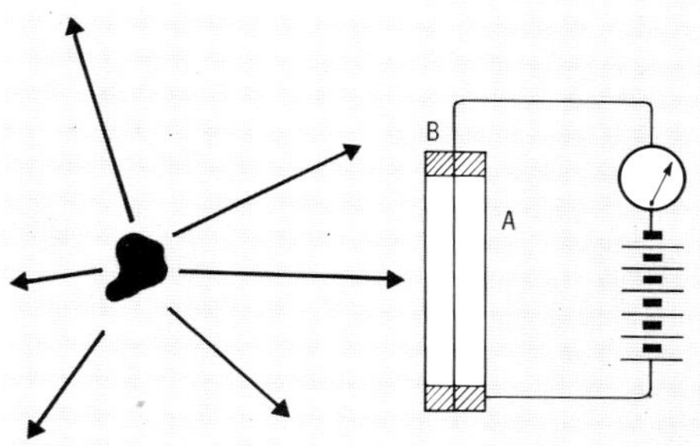

2. Compteur de Geiger-Müller.

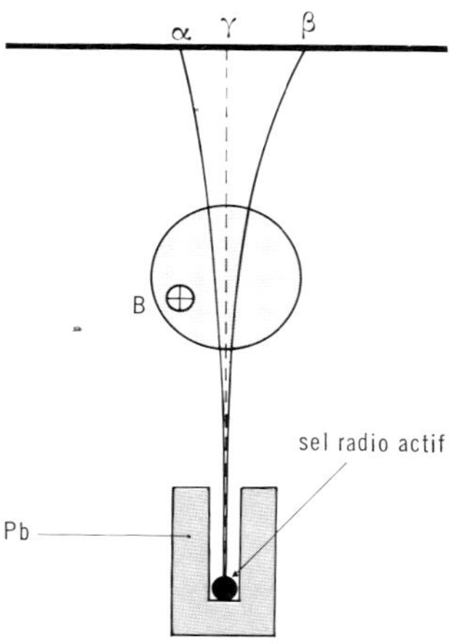

3. Séparation des rayonnements sous l'action d'un champ magnétique.

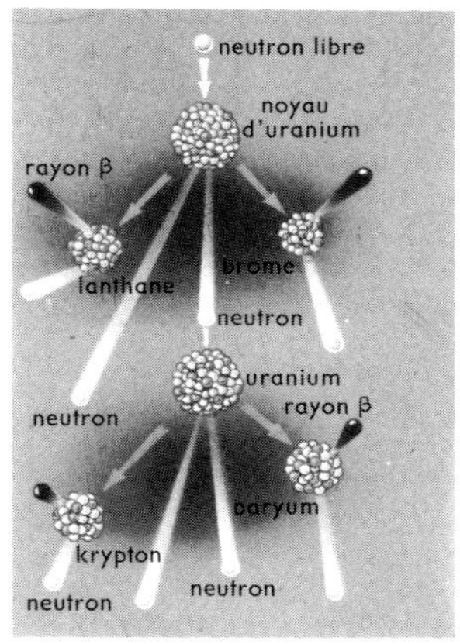

4. Fission nucléaire.

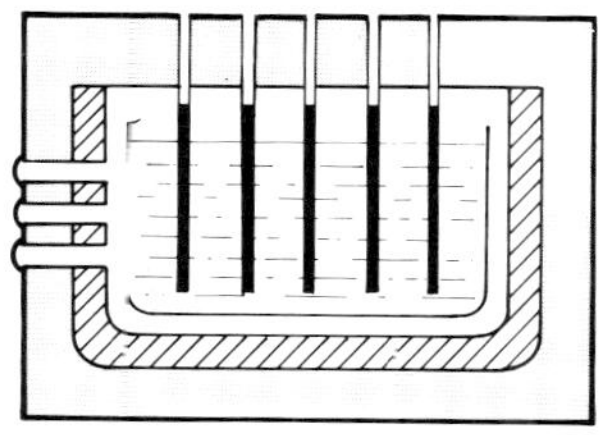
5. Pile atomique.

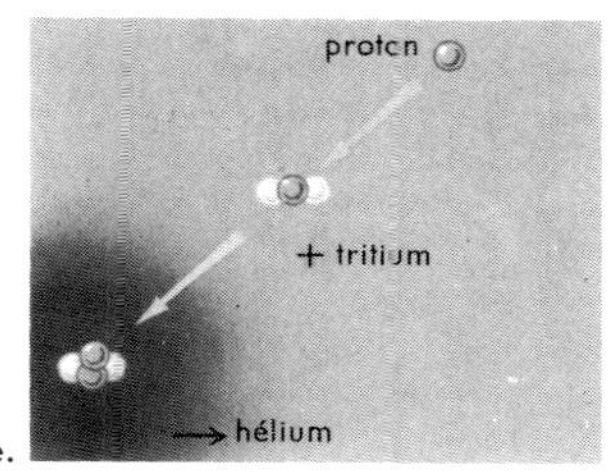

6. Fusion nucléaire.

pianistique adj. Se dit d'une composition musicale écrite dans le style propre au piano.

piano [pjano] n. m. (de l'ital. *pianoforte*). Instrument de musique à clavier et à cordes frappées par de petits marteaux : *le piano a succédé au clavecin.* (Le piano a été inventé simultanément, au début du XVIIIe s., par B. Cristofori à Florence, J. Marius à Paris, Schröter et G. Silbermann en Saxe. Il a été considérablement amélioré par S. Erard en 1822, par l'application du système de la mécanique à double échappement.) ● *Piano droit,* dont les cordes et la table d'harmonie sont verticales. ‖ *Piano à queue,* dont les cordes et la table d'harmonie sont horizontales. ‖ Pl. des *pianos.*

piano adv. (mot ital.). *Mus.* Avec une faible intensité de son. (Se représente par *P.*)

pianotage n. m. *Fam.* Action de pianoter.

pianoter v. i. *Fam.* Jouer du piano sans habileté et en dilettante.

piassava [pjasava] n. m. Fibre produite par des palmiers d'Amérique et utilisée en broderie.

Piast, dynastie fondatrice du premier Etat polonais (Xe-XIVe s.).

piastre [pjastr] n. f. (ital. *piastra,* lame de métal). Dans de nombreux pays, unité monétaire principale ou divisionnaire.

Piatigorsk, v. de l'U. R. S. S. (R. S. F. S. de Russie), dans le Caucase ; 70 000 h. Station thermale.

Piauí, Etat du nord-est du Brésil, sur l'Atlantique ; 1 414 000 h. Cap. *Teresina.*

piaule [pjol] n. f. *Pop.* Chambre.

piaulement n. m. Action ou manière de piauler.

piauler [pjole] v. i. (onomat.). Pousser des cris, en parlant des petits poulets. ‖ Criailler, se plaindre, en parlant de tout jeunes enfants.

Piave (la ou le), fl. d'Italie (Vénétie), né dans les Alpes, qui se jette dans l'Adriatique ; 220 km. Pendant la Première Guerre mondiale, les Italiens s'y rétablirent et en débouchèrent avant la victoire de Vittorio Veneto (1918).

pible (à) [apibl] loc. adv. *Mar.* D'une seule pièce, en parlant d'un mât.

Pibrac (31490 Léguevin), comm. de la Haute-Garonne (arr. de Toulouse) ; 1 539 h. (846 aggl.). Pèlerinage au tombeau de sainte Germaine Cousin.

Pibrac (Guy DU FAUR DE), magistrat et écrivain français, né à Pibrac (1529-1584). Il accomplit plusieurs missions diplomatiques, négocia la paix de Beaulieu avec les protestants et fut chancelier de Marguerite de Navarre. Il a publié des recueils de vers moralisateurs (*Quatrains contenant préceptes et enseignements,* 1574).

pic [pik] n. m. (de *pic,* oiseau). Instrument métallique courbé, pointu et à long manche, pour démolir, creuser la terre, etc. ‖ Sommet pointu d'une montagne : *le pic d'Aneto, dans les Pyrénées.* ‖ *Mar.* Partie extérieure de la corne d'artimon. ‖ — **A pic** loc. adv. Perpendiculairement. ‖ *Fam.* A point nommé : *vous arrivez à pic.*

pic [pik] n. m. (lat. *picus*). Oiseau grimpeur, qui frappe avec le bec sur l'écorce des arbres pour en faire sortir

piano. 1. Droit ouvert, montrant les cordes croisées ; 2. Détail d'une mécanique, au repos ; 3. Schéma du fonctionnement.

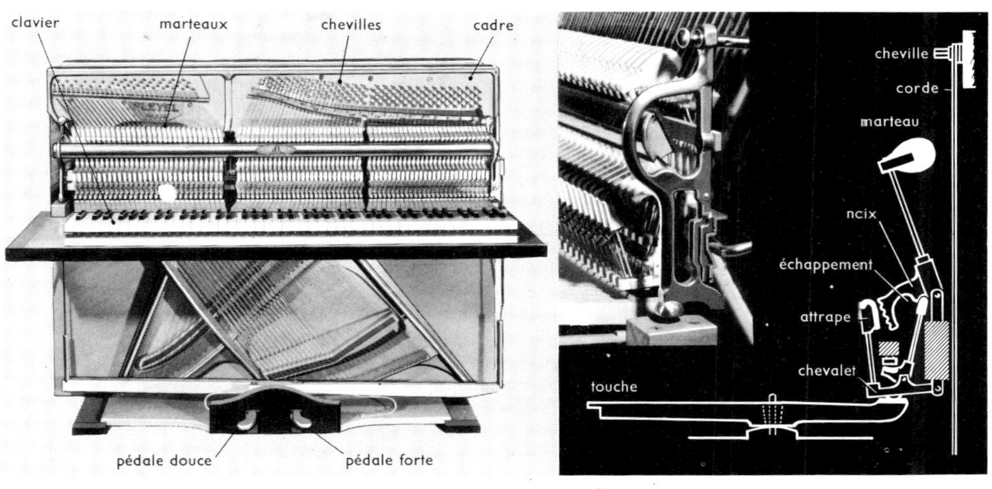

HISTOIRE DE LA PHYSIQUE

1583 L'Italien Galilée découvre les lois du pendule.

1586 Le Flamand Stevin explique le paradoxe hydrostatique.

1590 Le Hollandais Jansen imagine le microscope.

1600 L'Anglais Gilbert fait une étude de l'aimant.

1602 L'Italien Galilée découvre les lois de la chute des corps.

1608 Le Hollandais Lippershey imagine une lunette d'approche binoculaire.

1620 L'Anglais F. Bacon préconise la méthode expérimentale dans son *Novum Organum scientiarum.*

1632 L'Italien Galilée met en évidence la pesanteur de l'air.

1637 Le Français Descartes donne les lois de la réfraction.

1643 L'Italien Torricelli invente le baromètre à mercure.

1648 Le Français Pascal prouve l'existence de la pression atmosphérique.

1650 L'Italien Grimaldi découvre la diffraction de la lumière.

1653 Le Français Pascal énonce le principe de la transmission des pressions.

1654 L'Allemand O. von Guericke fait l'expérience des hémisphères de Magdebourg.

1660 L'Anglais Hooke définit les déformations élastiques.

1669 Le Danois E. Bartholin découvre la double réfraction. — L'Anglais Newton découvre la dispersion de la lumière.

1671 L'Allemand Kircher découvre la fluorescence.

1673 Le Hollandais Huygens donne les lois du pendule composé.

1676 Le Français Mariotte énonce la loi de la compressibilité des gaz.

1686 L'Anglais Halley donne la formule du nivellement barométrique.

1687 L'Anglais Newton énonce le principe d'inertie. Il découvre la loi de l'attraction universelle.

1690 Le Hollandais Huygens propose une théorie ondulatoire de la lumière.

1700 Le Français Sauveur découvre les ondes stationnaires.

1703 Le Français Amontons découvre que l'eau bout à une température fixe.

1713 L'Anglais Taylor établit la formule des cordes vibrantes.

1715 L'Allemand Fahrenheit invente le thermomètre à mercure.

1718 L'Anglais Jurin énonce la loi d'ascension des liquides dans les tubes capillaires.

1722 Le Français Réaumur utilise le microscope pour l'étude de la constitution des métaux, et fonde ainsi la métallographie.

1730 Le Français Bouguer pose les bases de la photométrie. — L'Anglais S. Gray découvre la conductibilité électrique.

1733 Le Français Du Fay découvre l'existence de deux électricités.

1738 Le Suisse Daniel Bernoulli crée la théorie cinétique des gaz et fonde l'hydrodynamique.

1742 Le Suisse Jean II Bernoulli définit la notion de masse. — Le Suédois Celsius adopte l'échelle thermométrique centésimale.

1743 Le Français Nollet publie ses *Leçons de physique expérimentale.*

1746 Le Hollandais Van Musschenbroek et l'Allemand Kleist découvrent la bouteille de Leyde.

1750 L'Américain Franklin démontre la nature électrique de la foudre.

1754 L'Anglais Canton découvre l'électrisation par influence.

1758 Le Suédois Wilcke découvre la polarisation des diélectriques.

1760 L'Ecossais Black crée la calorimétrie. — Le Français Lambert énonce la loi photométrique qui porte son nom.

1767 L'Anglais Priestley montre que les conducteurs s'électrisent sur leur surface.

1783 Le Français Romé de l'Isle énonce la première loi de la cristallographie, celle de la constance des angles.

1784 Le Français R. J. Haüy fait l'hypothèse des réseaux cristallins. — Les Français Lavoisier et Laplace inventent le calorimètre à glace.

1785 Le Français Coulomb énonce la loi des forces électrostatiques.

1795 Le Français Borda mesure avec le pendule l'intensité de la pesanteur.

1798 L'Anglais Cavendish vérifie l'attraction universelle et détermine la masse de la Terre.

1800 L'Italien Volta invente la pile électrique. — Les Anglais Carlisle et Nicholson font l'électrolyse de l'eau. — L'Anglais W. Herschel découvre le rayonnement infrarouge.

1801 L'Anglais Th. Young découvre les interférences lumineuses. — L'Allemand Ritter découvre le rayonnement ultraviolet. — L'Anglais Dalton énonce la loi du mélange des gaz.

1802 Le Français Gay-Lussac énonce la loi de dilatation des gaz. — L'Anglais Wollaston découvre, en même temps que le Français N. Gautherot, la polarisation des piles.

1803 L'Anglais Henry énonce la loi de dissolution des gaz.

1808 Le Français Malus découvre la polarisation de la lumière par réflexion.

1811 Le Français Arago découvre la polarisation chromatique. — L'Anglais Davy découvre l'arc électrique.

1813 Les Français Delaroche et Bérard mesurent les chaleurs massiques des gaz.

1815 Le Français Biot découvre le pouvoir rotatoire des sucres. — L'Ecossais Brewster donne la loi de la polarisation par réflexion.

1816 Le Français Laplace donne la formule des adiabatiques.

1819 Le Français Fresnel développe la théorie ondulatoire de la lumière.

1820 Le Danois Œrsted découvre l'électromagnétisme. — Le Français Laplace calcule la force électromagnétique. — Les Français Biot et Savart mesurent l'induction créée par un courant. — Le Français Arago découvre l'aimantation du fer.

1821 L'Allemand Seebeck invente la pile thermoélectrique. — Le Français Fresnel effectue les premières mesures de longueur d'onde.

1822 Le Danois Œrsted mesure la compressibilité des solides.

1823 L'Anglais Faraday liquéfie presque tous les gaz.

1824 Le Français S. Carnot crée la thermodynamique.

1827 Le Français Ampère crée l'électrodynamique. — L'Allemand Poggendorff crée la mesure optique des petites rotations. — L'Anglais Brown découvre le mouvement brownien. — L'Allemand Ohm énonce les lois du courant continu.

1828 L'Ecossais Nicol invente le prisme polariseur qui porte son nom. — L'Anglais Barlow construit le premier moteur électrique.

1829 Le Français Morin enregistre le mouvement de chute libre.

1830 L'Italien Melloni étudie la chaleur rayonnante. — L'Anglais Graham donne la loi de diffusion des gaz.

1831 L'Anglais Faraday découvre les courants induits.

1832 L'Américain Henry découvre l'auto-induction.

1833 L'Anglais Faraday donne les lois de l'électrolyse. — Le Russe Lenz découvre la loi donnant le sens des courants induits.

1834 Le Français Peltier découvre l'effet qui porte son nom.

1837 Le Français Pouillet invente la boussole des tangentes.

1838 Le Français Dulong définit la calorie.

1839 L'Allemand Gauss crée les méthodes de mesures magnétiques. — Le Français A. C. Becquerel découvre la cellule photovoltaïque.

1841 L'Anglais Joule donne la loi des effets thermiques du courant.

1842 L'Allemand J. R. von Mayer calcule l'équivalent mécanique de la calorie. — L'Anglais Joule mesure l'équivalent mécanique de la calorie. — L'Autrichien Doppler découvre l'effet acoustique qui porte son nom.

1844 L'Anglais Wheatstone invente le « pont » pour la mesure des résistances. — Le Français Poiseuille donne les lois de l'écoulement laminaire.

1845 L'Anglais Joule étudie la détente adiabatique des gaz.

1846 L'Allemand W. Weber construit le premier électrodynamomètre. — L'Anglais Faraday localise l'énergie électrique dans les isolants.

1847 L'Allemand Helmholtz énonce le principe de la conservation de l'énergie.

1848 Le Français Fizeau étend à l'optique le principe de Doppler.

1849 Le Français Fizeau mesure directement la vitesse de la lumière. — L'Anglais W. Thomson crée l'échelle thermométrique absolue. — Le Français Bravais crée une théorie de la structure cristalline.

1851 L'Irlandais Stokes étudie la chute des corps sphériques dans les liquides. — Le Français Foucault démontre avec le pendule la rotation de la Terre.

1852 L'Irlandais Stokes énonce sa loi sur la fluorescence. — L'Anglais W. Thomson découvre le refroidissement provoqué par la détente des gaz. — L'Ecossais Rankine définit les énergies potentielle et cinétique.

1853 L'Anglais W. Thomson fait la théorie des circuits oscillants.

1855 Le Français Foucault découvre les courants induits dans les masses métalliques.

1859 L'Allemand Kirchhoff définit le « corps noir ». — Les Allemands Kirchhoff et Bunsen créent l'analyse spectrale.

1860 L'Allemand Clausius calcule le libre parcours moyen des molécules. — L'Anglais Maxwell montre que l'énergie cinétique des molécules ne dépend que de leur température.

1862 L'Allemand Helmholtz interprète le timbre des sons.

1865 L'Anglais Maxwell édifie la théorie électromagnétique de la lumière. — L'Allemand Clausius définit l'entropie. — L'Autrichien Loschmidt détermine les dimensions des molécules.

1867 L'Irlandais Andrews découvre le point critique.

1868 L'Autrichien Boltzmann calcule les vitesses des molécules.

1869 L'Allemand Hittorf découvre les rayons cathodiques.

1871 L'Irlandais Tyndall explique le regel.

1872 L'Anglais Crookes invente le radiomètre.

1873 Le Hollandais Van der Waals découvre la continuité des états liquide et gazeux.

1874 L'Anglais Stoney émet l'hypothèse de l'électron.

1875 L'Ecossais Kerr découvre la biréfringence électrique.

1876 L'Américain Rowland met en évidence l'identité des électricités statique et dynamique.

1877 L'Allemand Abbe fait la théorie du microscope. — L'Autrichien Boltzmann lie l'entropie aux probabilités. — L'Allemand Pfeffer mesure les pressions osmotiques.

1879 L'Autrichien Stefan donne la loi de rayonnement du corps noir.

1880 Les Français P. et J. Curie découvrent la piézoélectricité. — L'Allemand P. von Jolly mesure la variation du poids avec l'altitude. — L'Américain Hall découvre le phénomène qui porte son nom.

1881 L'Américain Langley invente le bolomètre.

1882 L'Ecossais Ewing et l'Allemand Warburg découvrent l'hystérésis magnétique. — Les Français Deprez et d'Arsonval créent le galvanomètre à cadre mobile.

1883 Les Polonais Wróblewski et Olszewski liquéfient l'oxygène.

1885 Le Suisse Balmer représente par une formule les raies de l'hydrogène.

1886 Le Néerlandais Van't Hoff donne une théorie de l'osmose. — L'Allemand Goldstein découvre les rayons canaux.

1887 L'Allemand H. Hertz découvre l'effet photo-électrique. Il produit et étudie les ondes radio-électriques. — Les Américains Michelson et Morley mettent en évidence la constance de la vitesse de la lumière.

1889 L'Allemand Nernst fait la théorie des générateurs électrochimiques.

1891 Le Français Lippmann réalise la photographie en couleurs par une méthode interférentielle.

1894 Le Français P. Curie énonce son principe de symétrie.

1895 Le Néerlandais Lorentz édifie la théorie électronique de la matière. — L'Allemand Röntgen découvre les rayons X. — Le Français J. Perrin montre que les rayons cathodiques transportent de l'électricité négative.

1896 Le Français H. Becquerel découvre la radio-activité. — Le Néerlandais Zeeman découvre l'action du champ magnétique sur la lumière.

1897 L'Anglais J. J. Thomson mesure le quotient de la charge de l'électron par sa masse.

1898 L'Ecossais Dewar liquéfie l'hydrogène.

1899 Les Allemands Elster et Geitel déterminent les périodes des radio-éléments.

1900 L'Allemand Planck crée la théorie des quanta. — Le Français Villard identifie les rayons gamma. — Les Anglais Rutherford et Soddy découvrent les familles radio-actives.

1901 Le Russe Lebedev observe la pression de radiation. — L'Américain Richardson découvre l'effet thermoélectronique.

1903 L'Autrichien Zsigmondy et l'Allemand Siedentopf construisent le premier ultramicroscope. — L'Anglais Rutherford détermine la nature des rayons α.

1904 L'Allemand Wehnelt invente la lampe à grille.

1905 L'Allemand Einstein fait la théorie du mouvement brownien. — L'Allemand Einstein fait la théorie de l'effet photo-électrique. — L'Allemand Einstein crée la relativité restreinte. — Le Français Langevin fait une théorie du magnétisme.

1907 Le Français Weiss fait une théorie du ferromagnétisme.

1908 Le Néerlandais Kamerlingh Onnes liquéfie l'hélium.

1910 L'Américain Kennelly et l'Anglais Heaviside découvrent l'ionosphère.

1911 L'Américain Millikan mesure la charge de l'électron. — Le Suisse Gockel et l'Autrichien Hess découvrent le rayonnement cosmique. — Le Néerlandais Kamerlingh Onnes découvre la supraconduction. — L'Allemand Einstein et le Français Langevin démontrent l'inertie de l'énergie.

1912 L'Anglais Wilson invente la chambre humide à condensation. — L'Allemand von Laue diffracte les rayons X par les cristaux.

1913 Les Allemands J. Franck et G. Hertz donnent le concept de niveau d'énergie des électrons dans l'atome. — L'Allemand Stark découvre l'action du champ électrique sur la lumière. — L'Allemand Geiger invente le compteur à particules. — Le Danois Bohr précise la structure de l'atome.

1915 Les Suisses E. Guye et Lavanchy observent l'augmentation de masse des électrons rapides.

1916 L'Allemand Einstein développe la relativité généralisée.

1919 L'Anglais Rutherford réalise la première transmutation provoquée.

1921 Les Allemands Stern et Gerlach mesurent le moment magnétique élémentaire, ou *magnéton.*

1923 L'Américain Compton découvre l'effet qui porte son nom.

1924 Le Français L. de Broglie crée la mécanique ondulatoire.

1925 Les Néerlandais Goudsmit et Uhlenbeck définissent le spin de l'électron. — Le Suisse Pauli énonce le principe d'exclusion.

1926 L'Allemand Heisenberg donne une théorie du noyau de l'atome.

1927 L'Allemand Heisenberg établit les relations d'incertitude. — L'Autrichien Schrödinger applique à l'atome la mécanique ondulatoire. — Les Américains Davisson et Germer et l'Anglais G. P. Thomson obtiennent la diffraction des électrons. — L'Italien Fermi et l'Anglais Dirac donnent une interprétation statistique de la mécanique quantique.

1931 L'Américain Lawrence invente le cyclotron. — Le Suisse Pauli et l'Italien Fermi affirment, pour des raisons théoriques, l'existence des *neutrinos.*

1932 L'Américain C. D. Anderson découvre l'électron positif. — L'Anglais Chadwick découvre le neutron. — Les Allemands Knoll et Ruska inventent le microscope électronique. — Les Anglais Cockcroft et Walton réalisent un accélérateur de particules.

1933 L'Américain Van de Graaff construit sa première machine électrostatique.

1934 Les Français F. et I. Joliot-Curie découvrent la radio-activité artificielle. — Le Japonais Yukawa émet l'hypothèse du méson. — L'Italien Fermi préconise l'emploi des neutrons dans les transmutations.

1938 Les Allemands Hahn et Strassmann découvrent la fission nucléaire.

1940 L'Américain Kerst réalise le bêtatron.

1941 Le Néerlandais Zernike imagine le microscope à contraste de phase.

1942 L'Italien Fermi construit à Chicago le premier réacteur nucléaire.

1946 L'Américain McMillan et l'Anglais Oliphant créent le synchrotron.

1947 Le Hollandais De Haas obtient 0,002 K par désaimantation. — L'Anglais Powell utilise les émulsions photographiques pour l'étude des désintégrations nucléaires.

1954 L'Américain Townes réalise le maser.

1955 Les Américains Chamberlain et Segré découvrent l'antiproton.

Picabia
« Optophone », 1917, *coll. part.*

les larves : *les pics sont d'utiles auxiliaires pour l'agriculture.* (V. PIVERT.)

Pic de La Mirandole (Giovanni PICO DELLA MIRANDOLA, dit, en fr., **Jean**), humaniste italien, né au château de Mirandola (duché de Ferrare) [1463-1494]. Son intelligence précoce, servie par une mémoire prodigieuse, lui permit d'aborder les études les plus variées. Fixé à Florence, en 1484, auprès de Laurent de Médicis, il apprit l'hébreu et l'arabe, s'initia à la cabale et publia à Rome, en 1486, les neuf cents thèses (*Conclusiones philosophicae, cabalisticae et theologicae*) qu'il entendait soutenir publiquement et par lesquelles il voulait démontrer la convergence de tous les systèmes philosophiques et religieux vers le christianisme. Poursuivi pour hérésie, il s'enfuit en France, où il fut emprisonné au donjon de Vincennes. Rentré à Florence, il se lia avec Savonarole, sur lequel il exerça une grande influence, et publia un commentaire du début de la Genèse (*Heptaplus,* 1489). Il fut empoisonné par son secrétaire.

pica [pika] n. m. (lat. *pica,* pie). *Psychopathol.* Recherche, par certains malades mentaux, de substances non comestibles.

Picabia (Francis), peintre français, né à Paris (1879-1953). Elève de Cormon, il se situa d'abord dans la suite des impressionnistes, puis fut cubiste et surtout dadaïste, non sans revenir parfois à une vision proche du réel. Il peignit la première œuvre abstraite française en 1909, *Caoutchouc* (musée national d'Art moderne).

picador [pikadɔr] n. m. (mot esp.). Cavalier qui, dans une corrida, attaque le taureau avec la pique.

picage [pikaʒ] n. m. Affection des gallinacés, qui les porte à arracher les plumes de leurs congénères.

picaillon [pikajɔ̃] n. m. (provenç. *picaioun*). Anc. petite monnaie du Piémont, qui valait un peu moins d'un centime. ‖ — Pl. *Pop.* Argent.

picard [pikar], **e** [-ard] adj. et n. De Picardie. ‖ — N. m. Dialecte de langue d'oïl, parlé en Picardie.

Picard (*abbé* Jean), astronome et géodésien français, né à La Flèche (1620-1682). Il fut l'un des premiers membres de l'Académie des sciences. Avec Adrien Auzout, il réalisa le micromètre à fils mobiles. Mais son mérite principal est la mesure d'un arc de méridien, qui fournit une valeur fort exacte du rayon de la Terre, alors supposée sphérique. Il chercha également à déterminer la vitesse de propagation du son (1677).

Picard (Emile), mathématicien français, né à Paris (1856-1941). Il fut l'un des plus éminents analystes de la première moitié du XXe s. En développant la méthode des approximations successives dans la théorie des équations différentielles, il transforma ce procédé en une véritable méthode de calcul. (Acad. fr.)

Picard (Charles), archéologue français, né à Arnay-le-Duc (1883-1965). Directeur de l'Ecole française d'Athènes, professeur à la Sorbonne, il est l'auteur d'un *Manuel d'archéologie grecque* en 8 vol.

picardan [pikardɑ̃] n. m. Cépage du bas Languedoc. ‖ Vin blanc liquoreux (*muscat*) qui en provient.

Picardie, anc. prov. de France, comprenant le Vermandois, l'Amiénois, le Valois, le Santerre, le Ponthieu, le Boulonnais et la Thiérache. Cap. *Amiens.*
● *Géographie.* La région géographique à laquelle ce nom s'applique est située entre la Canche, l'Oise, le Thérain et la Bresle. Constituant le nord du Bassin parisien, elle est formée d'un plateau crayeux, surmonté de limon, portant de riches cultures (blé, betterave à sucre). Le plateau est entaillé par des vallées (Somme) couvertes de tourbières et de marécages en partie convertis en jardins maraîchers (hortillonnages), qui sont également le site de la vie urbaine (Amiens, Abbeville). Le littoral, jalonné de stations balnéaires (Le Touquet-Paris-Plage) et climatiques (Berck), est bordé de dunes qui isolent d'anciens marécages aujourd'hui transformés aussi en jardins maraîchers (*bas champs*). — La Picardie constitue une région de programme groupant les dép. de l'Aisne, de l'Oise et de la Somme.
● *Histoire.* Occupée par Philippe Auguste de 1185 à 1191, enjeu des rivalités franco-anglaises durant la guerre de Cent Ans, la Picardie fut réunie définitivement à la Couronne en 1482. Pendant la Première Guerre mondiale, d'importantes batailles s'y déroulèrent dans les régions de Péronne et de Montdidier, notamment en septembre 1914 (Course à la mer), de juillet à novembre 1916 (Somme) et de mars à septembre 1918 (Amiens-Montdidier).

picarel [pikarɛl] n. m. Poisson de la Méditerranée, à chair peu estimée. (Long. 20 cm.)

picaresque [pikarɛsk] adj. (de l'esp. *picaro,* vaurien). Se dit des romans et des pièces de théâtre dont le héros est un aventurier ou un vaurien : *le roman picaresque naît en Espagne au XVIe s. avec « Lazarillo de Tormes » (1554).*

picaro [pikaro] n. m. (mot esp.). Intrigant, vaurien.

Picart le Doux (Jean), peintre et décorateur français, né à Paris en 1902. Après la reliure et les arts graphiques, il se consacra, à partir de 1940, à la tapisserie, composant un grand nombre de cartons stylisés et poétiques (*l'Homme et la pensée,* faculté des lettres de Caen; *l'Oiseleur,* musée national d'Art moderne).

Picasso (Pablo RUIZ BLASCO, dit **Pablo**), peintre, sculpteur et graveur espagnol, né à Málaga (1881-1973). Ayant séjourné plusieurs fois à Paris, il s'y fixe en 1904. Dessinateur remarquable, il subit d'abord l'influence de Toulouse-Lautrec et de Steinlen, mais ne tarde pas à affirmer sa forte personnalité, multiple et changeante. Après la « période bleue » (1901-1904) et la « période rose » (1904-1907), où il peint successivement des tableaux empreints de nostalgie et des œuvres plus fermement construites, *les Demoiselles d'Avignon* (1907) marquent le début du cubisme, dont il est le créateur avec Braque. Il n'en demeure pas prisonnier, cherchant sans cesse des formes nouvelles d'expression, créateur inépuisable, tour à tour classique, surréaliste, expressionniste (*Guernica,* 1937). On lui doit un œuvre abondant de graveur et de céramiste. Il a pratiqué la sculpture depuis 1905, mais ne s'y est livré assidûment que depuis 1944. Il a composé des décors de théâtre, notamment pour les Ballets russes de Diaghilev (*Parade*). Plasticien aux qualités incontestables, ses audaces lui ont valu de vives critiques. Il jouit d'une célébrité mondiale, consacrée officiellement par la grande rétrospective qui marqua à Paris son quatre-vingt-cinquième anniversaire. Son influence a été considérable sur l'art contemporain. Présent dans de très nombreuses collections publiques et privées, il est bien représenté au musée national d'Art moderne.

Auguste Piccard
dessinant le schéma du mésoscaphe

Picasso
« l'Enfant à la pipe », 1905, *coll. part.*

Piccadilly, grande artère de Londres, entre Hyde Park et Regent Street.

Piccard (Auguste), physicien suisse, né à Bâle (1884-1962). Professeur à l'université de Bruxelles, il effectua les premières ascensions stratosphériques dans un ballon à nacelle étanche de sa conception (1931), ainsi que des plongées dans les grandes profondeurs sous-marines, grâce à son bathyscaphe.

Piccinni (Nicolo), compositeur italien, né à Bari (1728-1800). Sa rivalité avec Gluck donna lieu à la fameuse querelle des *gluckistes* et des *piccinnistes.* On lui doit : *Roland* (1777), *Athys* (1780), *Adèle de Ponthieu* (1781), *Didon* (1783).

piccolo [pikɔlo] n. m. (mot ital. signif. *petit*). Petite flûte accordée à l'octave supérieure de la flûte traversière.

piccolo [pikɔlo] n. m. (mot ital. signif. *petit*). *Pop.* Vin de qualité courante.

Piccolomini (Enea Silvio). V. PIE II.

Piccolomini (Ottavio), général autrichien, né à Pise (1600-1656). Il se distingua à Lützen (1632), à Nördlingen (1634) et débloqua Thionville (1639).

Picenum, région de l'Italie ancienne (Samnium), sur l'Adriatique. (Auj. prov. d'*Ancône, Macerata* et *Ascoli.*)

Pichegru (Charles), général français, né aux Planches-près-Arbois (1761-1804). Commandant l'armée du Rhin, il conquit les Pays-Bas (1795), puis trahit la Révolution

moisson en Picardie

Phot. Giraudon, United Press, René-Jacques, Giraudon.

en prenant contact avec l'armée des émigrés. Il prit part au complot de Cadoudal. Arrêté, il fut trouvé étranglé dans sa prison.

pichenette [piʃnɛt] n. f. *Fam.* Petite chiquenaude.

pichet [piʃɛ] n. m. (mot dialect. du Centre). Petit broc à vin, à cidre.

picholine [pikɔlin] n. f. (ital. *picciolino*). Olive verte, que l'on mange en hors-d'œuvre.

Pickford (Gladys SMITH, dite **Mary**), actrice de cinéma américaine, née à Toronto en 1893. Fondatrice, avec Chaplin, D. Fairbanks et D. W. Griffith, des Artistes associés en 1919, elle interpréta notamment : *la Petite Princesse* (1917), *Papa longues jambes* (1919), *le Petit Lord Fauntleroy* (1921), *Coquette* (1929), *Secrets* (1933).

pickles [pikœls] n. m. pl. (mot angl.). Condiments végétaux conservés au vinaigre aromatisé.

pickpocket [pikpɔkɛt] n. m. (mot angl. ; de *to pick*, enlever, et *pocket*, poche). Voleur à la tire.

pick-up [pikœp] n. m. inv. (mot angl.). Lecteur électrique de disques de phonographe, servant à traduire les vibrations acoustiques enregistrées par des tensions électriques correspondantes. || Ensemble comportant un pick-up, un amplificateur et un haut-parleur.

pick-up [pikœp] n. m. inv. (mot angl.). Machine agricole assurant le ramassage et le pressage du foin. (Syn. : RAMASSEUSE-PRESSE.)

Pickwick (*les Aventures de M.*), roman de Dickens (1837), groupant un club d'originaux autour de M. Pickwick et de son domestique Sam Weller.

pico [piko], préf. (symb. : p) qui, placé devant une unité, la divise par un billion, soit par 10^{12}.

picoler [pikɔle] v. i. *Pop.* Boire plus que de raison.

picorer [pikɔre] v. i. (esp. *pecorear*, voler du bétail). Chercher sa nourriture, son butin, en parlant des oiseaux, des abeilles. || — V. t. Prendre de-ci, de-là.

picot [piko] n. m. (de *pic*). Petite pointe restant sur le bois qui n'a pas été coupé net. || Outil pour dégrader les joints de maçonnerie. || Marteau pointu des carriers. || Bord en forme de dent d'un passement, d'une dentelle. || Filet pour prendre les poissons plats.

picotage n. m. Action de picoter.

picote [pikɔt] n. f. Tissu de laine grossière, en usage aux XVIIe et XVIIIe s. || Nom populaire et peu usuel de la *variole*.

picoté, e adj. Marqué d'un grand nombre de petits points : *cuir picoté de trous*.

picotement n. m. Sensation de piqûre légère : *avoir des picotements dans la gorge*.

picoter [pikɔte] v. t. (de *piquer*). Causer des picotements : *la fumée picote les yeux*. || Becqueter : *l'oiseau picote les fruits*. || Couvrir de piqûres : *picoter du papier avec une épingle*. || *Fig.* Taquiner. ● *Picoter du raisin*, en cueillir quelques grains sans détacher la grappe.

picotin [pikɔtɛ̃] n. m. (de l'anc. fr. *picot*, mesure de vin). Mesure d'avoine pour un cheval (à Paris, 2,50 litres). || Contenu de cette mesure : *donner un picotin*.

picpoul ou **piquepouille** n. m. Cépage blanc cultivé dans le Sud-Ouest.

Picquart (Georges), général français, né à Strasbourg (1854-1914). Il joua un rôle important dans l'affaire Dreyfus, notamment en dénonçant le « faux » dû au colonel Henry. Il fut ministre de la Guerre de 1906 à 1909.

Picquigny (80310), ch.-l. de c. de la Somme (arr. d'Amiens), sur la Somme ; 1 317 h. Louis XI et Edouard IV, roi d'Angleterre, s'y rencontrèrent (1475).

picrate [pikrat] n. m. (du gr. *pikros*, amer). Sel de l'acide picrique. || *Pop.* Vin.

picrique [pikrik] adj. m. *Chim.* Se dit d'un acide obtenu par l'action de l'acide nitrique sur le phénol. (On employait autrefois l'acide picrique en médecine pour calmer les douleurs d'une brûlure ; dans l'industrie, il sert à teindre la soie en jaune. Brusquement chauffé, il détone.)

Picrochole [-kɔl], personnage du *Gargantua* de Rabelais, type comique du roi conquérant et vantard.

pick-up baler

Pictaves, peuple de la Gaule Celtique, établi au sud de la basse Loire (Poitou).

Pictes, peuple de l'Ecosse ancienne, qui, avec les Scots, constituait un voisinage redoutable pour la Bretagne romaine. Ils furent progressivement celtisés et assimilés par les Scots.

Pictet (Raoul), physicien suisse, né à Genève (1846-1929). Il a liquéfié l'oxygène et l'azote (1877), et a montré que les affinités chimiques disparaissent aux basses températures.

pictural [piktyral], **e, aux** [-o] adj. (du lat. *pictura*). Qui concerne la peinture : *art pictural*. || Qui possède les caractères propres à la peinture : *un style très pictural*.

pidgin [pidʒin] ou **pidgin-english** n. m. Anglais corrompu qu'emploient les Chinois dans leurs rapports avec les Européens.

pie [pi] n. f. (lat. *pica*). Genre d'oiseaux passereaux, à plumage noir et blanc et à longue queue. (Long. 50 cm.) [Cri : la pie *jacasse, jase*.] || *Fig.* et *fam.* Personne bavarde. ● *Fromage à la pie*, fromage frais maigre. || *Jaser comme une pie*, v. JASER. || *Trouver la pie au nid* (Ironiq.), faire quelque découverte merveilleuse. || — Adj. inv. Se dit du poil ou du plumage composé de deux couleurs non mélangées, blanc et noir ou blanc et roux : *des chevaux pie*. ● *Race pie rouge de l'Est*, population de bovins réunissant toutes les races à robe pie des monts du Jura et des plaines de la Saône.

pie adj. (lat. *pia*, pieuse). Ne s'emploie que dans l'expression *œuvre pie*, œuvre pieuse.

Pie Ier (*saint*) [m. en 155], pape de 140 à 155. Aucun document ne permet d'affirmer qu'il soit mort martyr. Fête le 11 juillet. — PIE II (Enea Silvio *Piccolomini*), né à Corsignano (auj. Pienza) [1405-1464], pape de 1458 à 1464. Il ne put liguer les princes chrétiens contre les Turcs, mais obtint de Louis XI l'abrogation de la Pragmatique Sanction (1461). Pape humaniste, il a laissé une importante œuvre poétique et historique. — PIE III (Francesco *Todeschini-Piccolomini*), né à Sienne (1439-1503), pape (1503). Successeur d'Alexandre VI, il ne régna que vingt-six jours. — PIE IV (Jean Ange *de Médicis*), né à Milan (1499-1565), pape de 1559 à 1565. Il pratiqua le népotisme. En 1562, il réunit pour la troisième fois le concile de Trente ; il attacha son nom à *la Profession de foi tridentine*. — PIE V (*saint*) [Antonio *Ghislieri*], né à Bosco Marengo (1504-1572), pape de 1566 à 1572. Moine dominicain, il fut grand inquisiteur avant d'être élu pape. Il travailla énergiquement à la réforme de l'Eglise selon l'esprit du concile de Trente ; on lui doit notamment le *Catéchisme de Trente* (1566) et la refonte du bréviaire (1568) et du missel (1570). La ligue chrétienne qu'il forma contre les Turcs fut victorieuse à Lépante (1571). Canonisé en 1712. Fête le 5 mai. — PIE VI (Giannangelo *Braschi*), né à Cesena (1717-1799), pape de 1775 à 1799. Il ne put triompher du fébronianisme ni du joséphisme (voyage à Vienne, 1782). Il eut beaucoup à souffrir de la Révolution française, qui annexa Avignon et le comtat Venaissin (1791). Il condamna la Constitution civile du clergé. En 1797, il dut signer avec Bonaparte le traité de Tolentino (1797) ; après que les Français eurent proclamé la République romaine (1798), Pie VI fut écroué par eux à Valence, en France, où il mourut. Son corps fut ramené à Rome en 1801. — PIE VII (Gregorio Luigi Barnaba *Chiaramonti*), né à Cesena (1742-1823), pape de 1800 à 1823. Moine bénédictin, évêque d'Imola, il succéda à Pie VI. En 1801, désireux de renouer avec la France, il signa avec Bonaparte un concordat que le Premier consul assortit d'articles organiques d'inspiration gallicane. En 1804, Pie VII vint à Paris sacrer Napoléon. Mais, dès l'année suivante, commencèrent avec la France des difficultés ; après l'occupation d'Ancône (1805) par les Français, le pape refusa d'adhérer au Blocus continental : ses Etats furent occupés (1808), puis annexés à l'Empire français (1809). Prisonnier à Savone, puis (1812) à Fontainebleau, Pie VII signa en 1813 le concordat dit « de Fontainebleau », qu'il rétracta aussitôt. En 1814, Napoléon le relâcha. Ses Etats furent rétablis par le congrès de Vienne. Par la suite, Pie VII signa de nombreux concordats et rétablit la Compagnie de Jésus (1814). — PIE VIII (Francesco Saverio *Castiglioni*), né à Cingoli (1761-1830), pape de 1829 à 1830. Il condamna toutes les formes du libéralisme. — PIE IX (Giovanni Maria *Mastai Ferretti*), né à Senigallia (1792-1878), pape de 1846 à 1878. Il succéda à Grégoire XVI. Sa bonhomie et les mesures qu'il prit d'abord lui valurent une réputation de libéralisme. Cependant, en 1848, il refusa de prendre la tête du mouvement unitaire en Italie ; il dut bientôt fuir la révolution romaine ; rentré de Gaète en 1850, il prit une attitude antilibérale. Durant vingt ans, ce fut, entre le Piémont et lui, une lutte continuelle, qui se termina, en 1870, par la prise de Rome par les troupes italiennes et l'annexion au royaume d'Italie des Etats pontificaux ; désormais, ayant refusé le bénéfice de la *loi des garanties* (1871), Pie IX se considéra comme prisonnier au Vatican. Mais le pape avait regagné sur le plan spirituel l'autorité perdue sur le plan temporel. Sous son règne triompha l'ultramontanisme ; l'importance croissante du rôle du pape fut mise en relief par la proclamation du dogme de l'Immaculée Conception (1854) et surtout par la définition de l'infaillibilité pontificale en matière doctrinale au premier concile du Vatican (1870). Adversaire du scientisme et du libéralisme, Pie IX se montra très dur à l'égard du monde moderne dans le *Syllabus** et l'encyclique *Quanta cura* (1864). — PIE X (*saint*) [Giuseppe *Sarto*], né à Riese (Vénétie) [1835-1914], pape de 1903 à 1914. Il était patriarche de Venise depuis 1893 quand il succéda à Léon XIII. Très religieux, il s'attacha au renouvellement intérieur de l'Eglise : il prôna le retour au chant grégorien, à la communion fréquente et même quotidienne, et aux études bibliques. Il fit procéder à la refonte du droit canon et de l'administration de la curie. Il condamna la dénonciation unilatérale du concordat de 1801 par le gouvernement français (1905). Favorable à un certain conservatisme doctrinal et social, il condamna le modernisme sous différentes formes et blâma le Sillon, qui fut dissous (1910). Canonisé en 1954. Fête le 3 septembre. — PIE XI (Achille *Ratti*), né à Desio (1857-1939), pape de 1922 à 1939. Archevêque de Milan, il succéda à Benoît XV. Il attacha particulièrement son nom au développement de l'Action catholique, des missions et du clergé indigène. Il condamna notamment l'Action française (1926), le fascisme (1931), le marxisme et le nazisme (1937). En 1929, il régla l'irritante question romaine en signant avec Mussolini les accords du Latran (1929). Pape humaniste, il créa la station de Radio-Vatican (1931) et l'Académie pontificale des sciences (1936). — PIE XII (Eugenio *Pacelli*), né à Rome (1876-1958), pape de 1939 à 1958. Après une longue carrière diplomatique, notamment en Allemagne, il devint en 1930 secrétaire d'Etat de Pie XI, à qui il succéda. Lui-même se passa de secrétaire d'Etat à partir

pies

saint Pie V
par S. Ricci, *Venise*

Pie VII
par David, *Louvre*

Pie IX

saint Pie X

Pie XI

Pie XII

Phot. Theureau-Cima, X, Giraudon, Bulloz, Roger-Viollet, X, N. Y. T., U. S. I. S.

de 1944. Son action visa surtout à christianiser tous les aspects de la vie moderne. En 1950, Pie XII définit le dogme de l'Assomption.

Pie IX (*ordre de*), ordre institué par Pie IX en 1847 pour récompenser les services rendus au Saint-Siège. Ruban bleu foncé, avec double liséré rouge.

Pie (Louis), prélat français, né à Pontgouin (Eure-et-Loir) [1815-1880]. Evêque de Poitiers à partir de 1849, cardinal (1879), il fut en France le principal représentant du catholicisme « intégral » et ultramontain.

pièce [pjɛs] n. f. (orig. gauloise). Chaque partie, chaque élément d'un tout : *pièce de bœuf, de terre.* ‖ Objet formant un tout complet : *pièce de drap.* ‖ Fragment d'un objet brisé : *mettre en pièces un vase, un livre.* ‖ Petit morceau d'étoffe, de métal, etc., employé pour le raccommodage, la réparation : *mettre une pièce à un vêtement.* ‖ Objet considéré isolément : *une pièce de gibier.* ‖ *Technol.* Objet en cours d'usinage. ‖ Chacun des espaces clos d'une certaine superficie, possédant une ou plusieurs ouvertures sur l'extérieur, et dont la juxtaposition constitue un appartement : *un appartement de cinq pièces.* ‖ Chaque objet faisant partie d'une collection : *pièce de vaisselle.* ‖ Unité : *cela coûte cent francs la pièce* ou *cent francs pièce.* ‖ Ouvrage dramatique : *pièce en cinq actes.* ‖ Courte composition : *pièce de vers.* ‖ Au jeu d'échecs, tout ce qui n'est pas pion. ‖ *Hérald.* Figure qui charge un écu. (Syn. MEUBLE.) ‖ Document servant à établir la réalité d'un fait (*pièces d'identité*), ou objet destiné à servir d'élément de preuve dans un procès pénal (*pièces à conviction*). ● *A la pièce, aux pièces,* en proportion de l'ouvrage effectué : *être payé à la pièce.* ‖ *Armé de toutes pièces,* de pied en cap. ‖ *Donner la pièce,* un pourboire. ‖ *Faire pièce à quelqu'un,* lui jouer un mauvais tour. ‖ *Fait de pièces et de morceaux,* composé de parties disparates. ‖ *Juger sur pièces,* se faire une opinion de quelqu'un d'après son travail, ses actes. ‖ *Mettre, tailler en pièces* (Fig.), infliger une défaite sanglante : *tailler en pièces les ennemis.* ‖ *Pièce anatomique,* partie d'un corps mort préparée pour l'étude. ‖ *Pièce de bois,* morceau de bois propre à la charpente. ‖ *Pièce de canon,* bouche à feu; ensemble des soldats chargés de servir un canon, une arme lourde ; *chef de pièce,* celui qui les commande. ‖ *Pièce de charpente,* bois travaillé, prêt à être posé. ‖ *Pièce détachée,* pièce que l'on peut acquérir isolément pour remplacer une pièce usagée ou détériorée, afin de reconstituer un ensemble. ‖ *Pièce d'eau,* petit étang, bassin dans un parc, dans un jardin, etc. ‖ *Pièce de monnaie,* monnaie quelconque. ‖ *Pièce rapportée,* élément constitutif d'un ensemble auquel il est assemblé après avoir été façonné ou usiné à part. ‖ *Pièce de résistance,* v. PLAT n. m. ‖ *Pièce de vin,* tonneau de vin. ‖ *Tout d'une pièce,* d'un seul morceau : *cette colonne est tout d'une pièce;* sans souplesse, sans grâce : *marcher tout d'une pièce ;* de caractère rigide, sans souplesse d'esprit : *être tout d'une pièce.* ‖ *Un deux-pièces, un trois-pièces,* costume formé de deux ou trois pièces assorties. ‖ *Un deux pièces, un trois pièces,* etc., appartement de deux pièces, trois pièces, etc. (avec cuisine et salle d'eau). ‖ **— Pièce à pièce** loc. adv. Un objet après l'autre : *vendre son mobilier pièce à pièce.*

piécette n. f. Petite pièce de monnaie.

Pieck (Wilhelm), homme politique allemand, né à Guben (auj. Wilhelm-Pieck-Stadt) [1876-1960], président de la République démocratique allemande de 1949 à sa mort.

pied [pje] n. m. (lat. *pes, pedis*). *Anat.* Extrémité du membre inférieur, qui sert à l'homme à se tenir sur le sol et à marcher. (V. *encycl.*) ‖ Extrémité du membre postérieur des mammifères, servant à la marche. ‖ Organe musclé des mollusques, servant au déplacement. ‖ Unité de mesure de longueur anglo-saxonne et canadienne valant 12 pouces, soit 304,8 mm. ‖ Anc. mesure de longueur d'environ 33 cm. ‖ Partie qui sert à soutenir les meubles et certains ustensiles : *les pieds d'une table, d'une marmite.* ‖ Partie du tronc d'un végétal qui est la plus près de terre. ‖ Tout l'arbre, toute la plante : *dix pieds d'arbres, de salade.* ‖ Le bas d'une montagne, d'un mur, etc. ‖ Chaque syllabe d'un vers dans la métrique ancienne : *vers de six pieds.* ‖ *Math.* Point de rencontre d'une perpendiculaire avec la ligne ou la surface sur laquelle elle est abaissée. ● *Acheter du blé sur pied,* avant qu'il soit coupé. ‖ *Au petit pied,* en raccourci, sans grandeur. ‖ *C'est le pied!* (Pop.), c'est très agréable, c'est parfaitement réussi. ‖ *De pied en cap,* depuis les pieds jusqu'à la tête. ‖ *De pied ferme,* sans reculer, avec constance. ‖ *Donner du pied à une échelle,* l'éloigner du mur par en bas. ‖ *Etre sur pied,* être levé. ‖ *Mettre une armée sur pied,* constituer une armée. ‖ *Mettre à pied,* suspendre l'activité d'un salarié pendant une certaine période. ‖ *Mettre les pieds quelque part,* y aller. ‖ *Mettre pied à terre,* descendre de cheval, de voiture. ‖ *Mettre quelqu'un au pied du mur,* le forcer à prendre parti, à répondre. ‖ *Ne savoir sur quel pied danser,* ne savoir quel parti prendre. ‖ *Peindre quelqu'un en pied,* faire le portrait de sa personne tout entière. ‖ *Pied à coulisse,* instrument servant à mesurer le diamètre ou l'épaisseur de différents objets. ‖ *Pied de guerre,* état d'une armée, d'un pays, lorsque sont prises les dispositions nécessaires à l'entrée en guerre. ‖ *Pied du lit,* partie opposée au chevet. ‖ *Pied plat,* anomalie du pied, dont la voûte plantaire est affaissée et qui repose sur le sol par toute la surface de la plante; et, au *fig.*, v. PIED-PLAT. ‖ *Sécher sur pied,* se consumer d'ennui, de chagrin. ‖ *Sur un grand pied,* avec un grand train de vie. ‖ *Sur le pied de,* à l'égard de. ‖ **— A pied** loc. adv. Pédestrement : *voyager à pied.*

— ENCYCL. *Anat.* Le squelette du *pied* humain comprend le tarse, formé de sept os courts (astragale, calcanéum, scaphoïde, cuboïde et trois cunéiformes), le métatarse, formé des cinq métatarsiens, et les phalanges. Le tarse et le métatarse forment la voûte plantaire, concave en dedans et en bas, grâce à la tension exercée par les tendons de muscles situés dans la jambe. Le pied ne repose donc sur le sol que par ses parties antérieure (orteils), postérieure (talon) et externe (bord externe du pied). Le dessous du pied est la plante, et le dessus le dos du pied. — *Zool.* Dans la plupart des espèces animales, le *pied* est plus long et plus étroit que la main. Il diffère beaucoup de celle-ci chez les primates, soit pour assurer une marche plantigrade bipède (homme), soit pour favoriser le grimper (singes); dans les autres ordres, il reste peu différent de la main, sauf lorsque celle-ci est hautement spécialisée (chauve-souris); il est muni d'une palmure chez les espèces aquatiques (loutre, castor). Certains marsupiaux (kangourous) ont des pieds sauteurs beaucoup plus développés que les mains. Au repos, les pieds prennent une part considérable dans la sustentation du corps assis ou couché (rongeurs, carnassiers, ongulés).

pie-grièche

Piémont
vignobles dans la région d'Asti

pied-à-terre [pjetatɛr] n. m. inv. Petit logement qu'on occupe seulement en passant.

pied-bot n. m. Personne qui a un pied contrefait, difforme. ‖ Pl. des *pieds-bots.*

pied-d'alouette n. m. *Bot.* Nom usuel du *delphinium.* ‖ Pl. des *pieds-d'alouette.*

pied-de-biche n. m. Poignée de sonnette. ‖ Pied incurvé des tables ou des fauteuils de style Louis XV. ‖ Petit levier métallique dont la tête, en biais, est fendue, et qui sert à arracher les clous. ‖ Levier de dentiste servant à l'extraction des dents. ‖ Pièce de la machine à coudre prenant et guidant l'étoffe. ‖ Pl. des *pieds-de-biche.*

pied-de-mouton n. m. Nom usuel de l'*hydne.*

pied-de-poule n. m. et adj. Tissu réalisé avec une armure à base de croisé en utilisant des effets d'ourdissage et de tramage identiques, et présentant des dessins rappelant les empreintes de pas d'une poule. ‖ Pl. des *pieds-de-poule.*

pied-droit ou **piédroit** n. m. *Constr.* Partie du trumeau ou du jambage d'une porte ou d'une fenêtre, qui comprend le chambranle, le tableau, la feuillure, l'embrasure et l'écoinçon. ‖ Mur vertical supportant la naissance d'une voûte. ‖ Pilier carré qui porte la naissance d'une arcade. ‖ Pl. des *pieds-droits* ou *piédroits.*

piédestal [pjedɛstal] n. m. (ital. *piedestallo*). *Archit.* Massif de construction servant de support à une colonne, une statue, etc., et comprenant un *dé* pris entre une *base* et une *corniche.* ‖ Ce qui sert à s'élever : *se faire un piédestal de ses relations.* ● *Mettre quelqu'un sur un piédestal,* l'admirer, le vénérer. ‖ Pl. des *piédestaux.*

pied-fort ou **piéfort** n. m. Pièce de monnaie de flan plus épais que les pièces ordinaires, et frappée comme modèle. ‖ Pl. des *pieds-forts* ou *piéforts.*

Piedicorte-di-Gaggio (20251), comm. de Corse (arr. de Corte); 357 h.

Piedicroce (20229), ch.-l. de c. de la Corse (arr. de Corte); 311 h. (204 aggl.).

pied-noir n. m. *Fam.* S'est dit des Européens habitant l'Algérie. (S'emploie aussi au fém., où il est invar.) ‖ Pl. des *pieds-noirs.*

piédouche [pjeduʃ] n. m. (ital. *pieduccio,* petit pied). *Archit.* Petit piédestal en forme de base ronde ou carrée, servant de support à un buste.

pied-plat n. m. Personne vile. ‖ Pl. des *pieds-plats.*

piège [pjɛʒ] n. m. (lat. *pedica;* de *pes, pedis,* pied). Engin pour attirer et prendre certains animaux. ‖ *Fig.* Artifice dont on se sert pour tromper quelqu'un : *tomber, donner dans un piège.* ‖ — Syn. : ATTRAPE, EMBÛCHE, EMBUSCADE, GUÊPIER, GUET-APENS, TRAQUENARD.

piégeage [pjeʒaʒ] n. m. Chasse au moyen de pièges.

piéger v. t. (conj. **1**). Prendre au piège. ‖ Dissimuler un engin explosif en un endroit. ‖ Modifier le dispositif de sécurité d'un engin explosif.

piégeur n. m. Chasseur qui se sert de pièges.

pie-grièche [pigrijɛʃ] n. f. (de *pie,* et anc. fr. *grieche,* grecque). Oiseau passereau, surtout insectivore, vivant dans les bois et les haies. (Famille des laniidés.) [Long. 20 cm.] ‖ *Fig.* Femme acariâtre. ‖ Pl. des *pies-grièches.*

pie-mère n. f. La plus interne des méninges, appliquée contre les centres nerveux. ‖ Pl. des *pies-mères.*

piémont [pjemɔ̃] ou **piedmont** n. m. (de *Piémont,* région d'Italie). *Géogr.* Au pied d'un édifice montagneux, plaine alluviale étalée en un glacis continu, de pente assez forte, et qui est formée de cônes de déjections soudés les uns aux autres.

Piémont, région du nord-ouest de l'Italie, formée des prov. d'Alexandrie, d'Asti, de Cuneo, de Novare, de Turin et de Verceil; 4 261 000 h. (*Piémontais.*)

● *Géographie.* A la frontière française, le Piémont correspond approximativement au bassin supérieur du Pô. De part et d'autre du val d'Aoste, les Alpes piémontaises atteignent le lac Majeur et l'Apennin ligure. C'est une région très accidentée, comprenant quelques-uns des plus hauts sommets de la chaîne (mont Rose, Grand Paradis), où la vocation touristique (Sestrières) est éclipsée par la fonction de passage, au débouché du Simplon, du Fréjus, parcouru par les routes du massif du Mont-Blanc et du Grand-Saint-Bernard. La montagne, dépeuplée, vit principalement de l'élevage et de l'exploitation forestière, associés dans les vallées à une médiocre polyculture. Une grande partie de l'hydro-électricité produite est exportée. Dans la plaine (partie supérieure de la plaine du Pô), les cultures tiennent une plus grande place : riz (dans les provinces de Novare et de Verceil notamment), blé et maïs. La vigne est répandue notamment dans les collines du Montferrat (province d'Asti). Le textile a été longtemps l'activité industrielle prédominante (laine de Biella). Aujourd'hui, la métallurgie domine, notamment la construction automobile à Turin, dont l'agglomération regroupe plus du quart de la population totale de la région.

● *Histoire.* V. SAVOIE (*maison de*) et ITALIE.

piémontais [pjemɔ̃tɛ], **e** [-ɛz] adj. et n. Du Piémont.

Piennes (54490), comm. de Meurthe-et-Moselle (arr. de Briey); 3 559 h. Mine de fer. Jouets.

piéride [pjerid] n. f. Papillon à ailes blanches, plus ou moins tachetées de noir suivant les espèces, et dont la chenille se nourrit de chou, de rave ou de navet.

SQUELETTE DU PIED

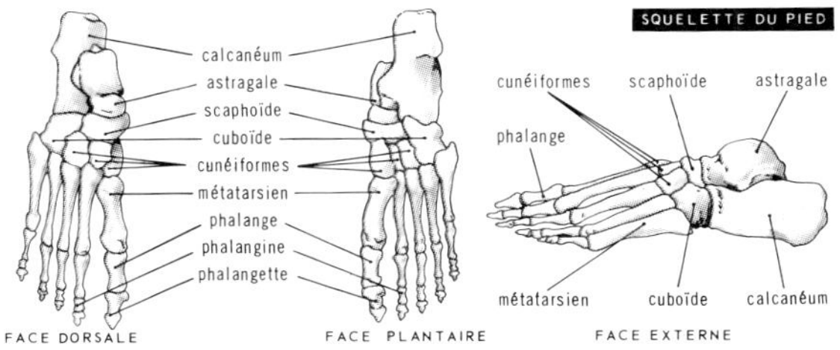

FACE DORSALE — FACE PLANTAIRE — FACE EXTERNE

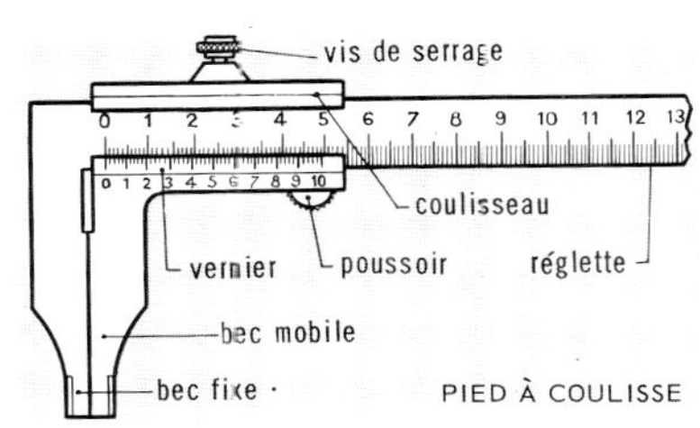

PIED À COULISSE

Phot. Hosking, Parva Lux.

Piérides, nom parfois donné aux *Muses.*

Pierné (Gabriel), compositeur français, né à Metz (1863-1937), auteur de *Cydalise et le Chèvrepied* (1923), *Impressions de music-hall* (1927), *Fragonard* (1934) et de nombreuses pages de musique de chambre, ainsi que d'oratorios (*l'An Mille,* 1898 ; *la Croisade des enfants,* 1902). Il a dirigé durant de nombreuses années les concerts Colonne.

Piero Della Francesca, peintre italien, né à Borgo San Sepolcro (v. 1410/1420-1492). Son œuvre, peu abondante, résume toutes les recherches du XVe s. italien sur l'espace et la lumière. Il séjourna notamment à la cour d'Urbino, où il peignit Federico da Montefeltro. Son chef-d'œuvre est l'ensemble des fresques de l'*Histoire de la Croix,* exécutées à San Francesco d'Arezzo, d'une souveraine sérénité. Il a composé un traité de perspective.

Piero di Cosimo (Piero DI LORENZO DI CHIMENTI, dit), peintre italien, né à Florence (v. 1462-1521). Il subit l'influence de maîtres italiens et flamands, composant surtout des scènes mythologiques singulières (*Prométhée, Andromède et Persée*) et des portraits d'une grande acuité psychologique.

Piéron (Henri), psychologue français, né à Paris (1881-1964), auteur de travaux de psychologie expérimentale et appliquée (*le Développement mental et l'intelligence,* 1930).

pierraille n. f. Amas de petites pierres.

pierre [pjɛr] n. f. (lat. *petra*). Corps dur et solide qui sert à bâtir. ‖ Caillou ou autre corps solide de même nature. ‖ Amas de gravier qui se forme dans le corps, principalement dans la vessie, la vésicule biliaire, etc. (Syn. LITHIASE.) ‖ Duretés semblables à de petits grains de pierre, qu'on trouve dans quelques fruits. ● *Age de la pierre taillée, de la pierre polie,* époques de la préhistoire où les instruments de l'homme furent en pierre taillée, polie. ‖ *Jeter la pierre à quelqu'un,* l'accuser, le blâmer. ‖ *Ne pas laisser pierre sur pierre,* détruire complètement. ‖ *Pierre d'autel,* pierre bénite enchâssée dans l'autel sur lequel le prêtre officie. ‖ *Pierre à chaux,* carbonate de calcium naturel. ‖ *Pierre fine, pierre précieuse,* v. *encycl.* ‖ *Pierre à fusil,* silex blond, très dur, qui donne des étincelles au choc. ‖ *Pierres levées,* menhirs. ‖ *Pierre à plâtre,* gypse. ‖ *Pierre de taille,* gros bloc de pierre spécialement façonné pour la construction d'une façade. ‖ *Pierre de touche,* v. TOUCHE.
— ENCYCL. *Joaill.* On distingue, parmi les pierres utilisées en bijouterie et en joaillerie, les *pierres précieuses* (diamant, rubis, émeraude et saphir) et les *pierres fines,* qui sont des gemmes transparentes (topaze, tourmaline, améthyste, etc.) ou translucides (opale, turquoise, jade, etc.). Les pierres précieuses et fines ont une valeur variable avec leur dureté et leurs propriétés optiques ; leur couleur est due à la présence d'oxydes métalliques. La plupart des pierres naturelles sont reproduites au laboratoire, et certaines de ces synthèses (diamant) ont pris un développement industriel considérable.

Pierre (*saint*), né à Bethsaïde en Galilée (m. à Rome en 64), le premier des apôtres et des papes. Pêcheur de Capharnaüm, il fut choisi par Jésus comme chef du collège apostolique. Le Christ changea son nom de *Simon* en celui de *Pierre* pour marquer qu'il le considérait comme le fondement de la future Eglise. Pierre, témoin des principaux actes de la vie du Christ, le renia au moment de sa Passion. Cependant, après la Résurrection, il fut consacré dans sa charge de pasteur suprême. Après la Pentecôte, il prêcha en Palestine et, après un assez long séjour à Antioche, il se fixa à Rome, où il mourut martyr sous Néron. La tradition lui attribue deux épîtres. — Fête le 29 juin.

Pierre de Rome (*église* **Saint-**). V. SAINT-PIERRE DE ROME.

Pierre d'Alcántara (*saint*) [Pedro GARAVITO], né à Alcántara (1499-1562). Franciscain, il réforma son ordre. — Fête le 19 octobre.

Pierre Canisius (*saint*), religieux hollandais, né à Nimègue (1521-1597). Entré dans la Compagnie de Jésus (1543), il fut provincial d'Allemagne et l'un des théologiens les plus écoutés du concile de Trente. Son rôle fut déterminant dans l'application de la Contre-Réforme en Europe du Nord. Canonisé en 1925. — Fête le 27 avril.

Pierre Célestin (*saint*). V. CÉLESTIN V (*saint*).

Pierre Chrysologue (*saint*), archevêque de Ravenne, né à Imola (406-450). Il a laissé des discours et des sermons en latin. Docteur de l'Eglise. — Fête le 4 décembre.

Pierre Damien (*saint*), né à Ravenne (1007-1072), promoteur de la réforme du clergé, aux côtés du futur Grégoire VII, auteur de poèmes et de traités polémiques. — Fête le 23 février.

Pierre Fourier (*saint*), né à Mirecourt (1565-1640), fondateur de la congrégation enseignante des sœurs de Notre-Dame. — Fête le 9 décembre.

Pierre Nolasque (*saint*), fondateur français de l'ordre de la Merci, né dans le Languedoc (v. 1182 ou 1189-1256). — Fête le 31 janvier.

Pierre Ier (v. 1074-1104), roi d'Aragon (1094-1104). — PIERRE II (1174-1213), roi d'Aragon (1196-1213), tué à Muret en combattant Simon de Montfort. — PIERRE III *le Grand* (1239-1285), roi d'Aragon (1276-1285), instigateur des *Vêpres siciliennes* (1282). Il régna en Sicile sous le nom de PIERRE Ier (1282-1285). — PIERRE IV *le Cérémonieux,* né à Balaguer (1319-1387), roi d'Aragon (1336-1387).

statue équestre de Pierre Ier le Grand à Leningrad par Falconet

Pierre Ier, né à Queluz (1798-1834), empereur du Brésil (1822-1831), roi de Portugal (Pierre IV) [1826], fils de Jean VI de Portugal. Prince régent du Brésil, il proclama en 1822 l'indépendance de ce pays, dont il devint empereur. En 1826, il devint roi de Portugal, mais laissa le royaume à sa fille Marie II. En 1831, il dut abandonner le Brésil à son fils. En 1834, il restaura Marie II au Portugal. — PIERRE II, né à Rio de Janeiro (1825-1891), empereur du Brésil (1831-1889). Il lutta contre le dictateur de l'Argentine, Rosas, et celui du Paraguay, Solano López. Il abolit l'esclavage, souleva contre lui une coalition du clergé, de l'aristocratie foncière et de l'armée, et fut contraint d'abdiquer.

Pierre Ier Mauclerc, duc de Bretagne (1213-1237), de la maison capétienne de Dreux, célèbre par ses luttes contre le clergé et contre Jean sans Terre.

Pierre le Cruel, né à Burgos (1334-1369), roi de Castille et de León (1350-1369), tué par son frère naturel Henri de Trastamare.

Pierre II Petrović Njegoš, prince-évêque et poète monténégrin, né à Njegoš (1813-1851). Par son poème dramatique *les Lauriers de la montagne,* il est un des créateurs de la littérature nationale de son pays.

Pierre Ier le Justicier, né à Coimbra (1320-1367), roi de Portugal (1357-1367). Après la mort de son épouse, il se maria secrètement avec Inès de Castro, que son père, Alphonse IV, fit assassiner. Devenu roi, il fit exécuter les assassins d'Inès. — PIERRE II, né à Lisbonne (1648-1706), roi de Portugal (1683-1706). Par le traité de Methuen (1703), il fit du Portugal un protectorat économique de l'Angleterre. — PIERRE III, né à Lisbonne (1717-1786), roi de Portugal (1777-1786). Il partagea le pouvoir avec son épouse, Marie Ire. — PIERRE IV, roi de Portugal en 1826. (V. Pierre Ier, empereur du Brésil.) — PIERRE V, né à Lisbonne (1837-1861), roi de Portugal (1853-1861). Il s'efforça de moderniser son pays.

Pierre Ier Alekseïevitch le Grand, né à Moscou (1672-1725), empereur de Russie (1682-1725). Ayant brisé les révoltes des streltsy et écarté sa demi-sœur Sophie, il devint le seul maître de l'Empire (1694). En 1697-1698, il accomplit un grand voyage à travers l'Europe ; en 1700, il obtint l'accès à la mer d'Azov. Allié de la Pologne et du Danemark, il attaqua la Suède, mais il fut battu à Narva (1700). Ayant renforcé son armée et sa marine, il occupa plusieurs provinces suédoises, écrasa des révoltes cosaques (1707-1708) et battit Charles XII à Poltava (1709). En 1703, il avait jeté les bases de la ville de Saint-Pétersbourg. En 1717, il effectua un second voyage en Europe ; le traité de Nystad (1721) consacra ses conquêtes en Baltique. Conquérant, Pierre le Grand fut également le fondateur de la Russie moderne. Il créa une administration rationnelle, favorisa le commerce avec la Mongolie et la Perse, et accéléra l'occidentalisation de la haute société. En 1714, il installa sa capitale à Saint-Pétersbourg. Sa femme, Catherine Ire, lui succéda. — PIERRE II *Alekseïevitch,* né à Saint-Pétersbourg (1715-1730), empereur de Russie (1727-1730). Petit-fils de Pierre le Grand, il succéda à Catherine Ire. — PIERRE III *Fédorovitch,* né à Kiel (1728-1762), empereur de Russie de janvier à juin 1762. Successeur d'Elisabeth, il favorisa les sectes dissidentes au détriment de l'Eglise orthodoxe. Sa femme, Catherine II, le fit assassiner et lui succéda.

Piero Della Francesca
« Saint Jérôme »
Académie, Venise

Pierre Ier Karadjordjević, né à Belgrade (1844-1921), roi de Serbie (1903-1918), puis des Serbes, des Croates et des Slovènes (1918-1921), petit-fils de Karageorges. En 1875, il participa à l'insurrection de la Bosnie-Herzégovine contre les Turcs (1875). En 1903, il succéda à Alexandre Obrenović, assassiné. Allié de la Russie contre l'Autriche, il se battit avec courage durant la Première Guerre mondiale. — PIERRE II KARADJORDJEVIĆ, roi de Yougoslavie (1934-1945), né à Belgrade (1923-1970), fils d'Alexandre Ier. Jusqu'en 1941, il régna sous la régence du prince Paul.

Pierre de Chelles, architecte français (XIVe s.). On lui attribue, dans la cathédrale Notre-Dame de Paris, les chapelles du chevet et le pourtour du chœur.

Pierre de Cortone. V. CORTONE.

Pierre II de Courtenay. V. COURTENAY (*maison de*).

Pierre l'Ermite, prédicateur français, né à Amiens (v. 1050-1115). Il fut le principal prédicateur de la première croisade, dans laquelle il entraîna une foule inorganisée, qui fut décimée.

Pierre Lombard, évêque de Paris, né à Novare (v. 1100-1160), auteur des *Quatre Livres des sentences,* base de l'enseignement théologique durant la période scolastique.

Pierre de Montreuil, maître d'œuvre français, né à Montreuil-sous-Bois ou à Montereau (v. 1200-1266). Il fut le plus grand architecte du règne de Saint Louis. On lui doit notamment, à Paris, la façade sud du transept de Notre-Dame. On lui attribue la construction de la Sainte-Chapelle.

Pierre-Bénite (69310), comm. du Rhône (arr. et au sud de Lyon) ; 8 030 h. Industries diverses. Barrage sur le Rhône et usine hydro-électrique sur une dérivation.

Pierre-Buffière (87260), ch.-l. de c. de la Haute-Vienne (arr. de Limoges) ; 1 237 h. Patrie de Dupuytren.

Pierre-de-Bresse (71270), ch.-l. de c. de Saône-et-Loire (arr. de Louhans) ; 1 766 h. (1 428 aggl.) [*Pierrois*]. Château du XVIIe s.

pierrée n. f. Conduit en pierres sèches, pour l'écoulement des eaux.

Pierrefeu-du-Var (83450), comm. du Var (arr. de Toulon) ; 4 291 h. (2 296 aggl.).

Pierrefitte-Nestalas (65260), comm. des Hautes-Pyrénées (arr. d'Argelès-Gazost) ; 2 054 h. (*Pierrefittois*). Industries chimiques.

Pierrefitte-sur-Aire (55260), ch.-l. de c. de la Meuse (arr. de Commercy) ; 238 h. (*Pierrefittois*).

Pierrefitte-sur-Seine (93380), comm. de la Seine-Saint-Denis (arr. de Bobigny) ; 19 098 h. (*Pierrefittois*).

Pierrefonds (60450), comm. de l'Oise (arr. de Compiègne) ; 1 732 h. (1 287 aggl.). Eglise paroissiale (chœur des XIe-XIIIe s., nef des XVe-XVIe s.). Château démantelé en 1617 et dont les ruines furent achetées par Napoléon III. Viollet-le-Duc le reconstitua.

Pierrefonds, v. du Canada (Québec), près de Montréal ; 27 900 h.

Pierrefontaine-les-Varans (25510), ch.-l. de c. du Doubs (arr. de Besançon) ; 1 412 h.

Pierrefort (15230), ch.-l. de c. du Cantal (arr. de Saint-Flour) ; 1 230 h. (809 aggl.).

Pierrelatte (26700), ch.-l. de c. de la Drôme (arr. de Nyons) ; 9 873 h. (8 334 aggl.). Canal de dérivation du Rhône. Usine de séparation isotopique de l'uranium.

Pierrelaye (95480), comm. du Val-d'Oise (arr. de Pontoise) ; 4 614 h. Champs d'épandage. Cultures maraîchères.

pierreries [pjɛrri] n. f. pl. Pierres précieuses et pierres fines utilisées en bijouterie et en joaillerie.

Pierre-Saint-Martin (la), gouffre très profond (plus de 1 150 m) des Pyrénées occidentales, à la frontière espagnole.

pierrette n. f. Petite pierre.

pierreux, euse adj. Plein de pierres : *chemin pierreux.* ‖ De la nature de la pierre : *concrétion pierreuse.*

pierrier n. m. Nom donné aux machines de guerre, puis aux premières bouches à feu lançant des boulets en pierre.

pierrot [pjɛro] n. m. Homme qui se déguise en Pierrot.

Pierrot, personnage traditionnel des pantomimes, habillé de blanc et la figure enfarinée.

Phot. Arch. phot., Osvaldo Böhm.

pierrot n. m. Appellation familière du *moineau*.

pietà [pjeta] n. f. (mot ital. signif. *pitié*). Représentation peinte ou sculptée de la Vierge éplorée, seule ou accompagnée d'autres personnages, tenant sur ses genoux ou soutenant le corps du Christ dans le moment qui suit la Descente et la Déposition de Croix. (On dit aussi VIERGE DE PITIÉ, NOTRE-DAME DE PITIÉ.) ‖ Figuration du Christ émergeant du tombeau à mi-corps, soutenu ou non par des anges.

piétaille [pjetɑj] n. f. Ensemble des soldats qui se déplaçaient à pied. ‖ *Fam.* Ensemble de ceux qui occupent des fonctions subalternes.

piété [pjete] n. f. (lat. *pietas*). Vertu qui porte à rendre à Dieu l'honneur qui lui est dû. ‖ Dévotion, affection et respect pour les choses de la religion. ● *Piété filiale*, amour respectueux pour ses parents.

piétement [pjɛtmɑ̃] n. m. Ensemble des croisillons qui relient les quatre pieds d'un meuble à l'ornement central.

piéter [pjete] v. i. (de *pied*) [conj. **5**]. En parlant d'un oiseau, avancer en courant, au lieu de prendre son vol.

Pietermaritzburg, v. de l'Afrique du Sud, cap. du Natal; 128 600 h. Aluminium.

piétin [pjetɛ̃] n. m. Maladie du pied des moutons et des chèvres, entraînant la boiterie et le décollement de la corne de l'onglon. ‖ Maladie des céréales dont on distingue deux formes principales, dues à des parasites différents : le *piétin-échaudage*, maladie des racines qui conduit à la stérilité presque complète de l'épi, et le *piétin-verse*, qui attaque les tiges et produit la verse parasitaire.

piétinement n. m. Action de piétiner.

piétiner [pjetine] v. i. Remuer fréquemment et vivement les pieds : *piétiner d'impatience*. ‖ *Fig.* Ne faire aucun progrès : *affaire qui piétine*. ‖ — V. t. Fouler aux pieds : *piétiner le sol*.

piétisme [pjetism] n. m. Mouvement religieux né dans l'Eglise luthérienne allemande au XVIIe s. par réaction contre le dogmatisme de l'Eglise officielle.

piétiste n. et adj. (mot allem., du lat. *pietas*, piété). Qui concerne ou pratique le piétisme.

piéton [pjetɔ̃] n. m. Personne qui va à pied.

piétonne adj. f. *Rue, voie piétonne*, syn. de RUE, VOIE PIÉTONNIÈRE.

piétonnier, ère adj. Relatif à la marche à pied : *les voies piétonnières d'un grand ensemble*.

Piétrain (*race de*), race de porcs belge à robe blanche tachetée de noir, donnant des carcasses maigres et bien conformes.

piètre [pjɛtr] adj. (lat. *pedestris*, qui va à pied). Sans valeur : *un piètre écrivain*.

piètrement adv. D'une manière piètre.

pieu [pjø] n. m. (lat. *palus*). Pièce de bois ou de métal, pointue à un bout pour pouvoir être enfoncée dans le sol : *planter des pieux*. ‖ *Pop.* Lit.

pieusement adv. De façon pieuse. ‖ Avec un sentiment de respect et d'amour.

pieuvre [pjœvr] n. f. (lat. *polypus*). Mollusque céphalopode portant huit bras garnis de ventouses, vivant dans les creux de rochers près des côtes et se nourrissant de crustacés, de mollusques : *la pieuvre dépasse rarement 1 m de long*. (Syn. POULPE.) ‖ *Fig.* Personne insatiable.

pieux [pjø], **euse** [-øz] adj. (lat. *pius*). Qui a de la piété : *âme pieuse*. ‖ Se dit d'une personne qui éprouve pour ses parents, pour les morts, etc., un amour respectueux, et des actes inspirés par ces sentiments : *fils pieux; soins pieux*.

Pieux (LES) [50340], ch.-l. de c. de la Manche (arr. de Cherbourg); 1 169 h. (638 aggl.).

pièze [pjɛz] n. f. Unité de pression (symb. : pz) correspondant à la pression uniforme que produit sur une surface plane de 1 mètre carré une force totale de 1 sthène.

piézo-électricité n. f. Ensemble des phénomènes électriques produits par des pressions ou des déformations exercées sur certains corps.
— ENCYCL. Il existe deux sortes de *piézo-électricité*. La première consiste dans le développement de charges égales et contraires sur les faces en regard de deux corps que l'on comprime l'un contre l'autre. La seconde concerne certains cristaux, tels que la tourmaline et le quartz. En taillant une lame de quartz de quelques millimètres d'épaisseur parallèlement à l'axe optique et perpendiculairement à un axe électrique et en plaçant des plaques métalliques sur les faces, on réalise une sorte de condensateur doué de piézo-électricité. Selon qu'on effectue une pression ou une traction sur ces faces, on obtient une charge, dans un sens ou dans l'autre, du condensateur. Le phénomène est réversible, c'est-à-dire qu'en électrisant les plaques métalliques on détermine une déformation de la lame. Un courant alternatif de fréquence convenable entraîne des vibrations du quartz, et inversement. La fréquence propre de vibration du quartz est d'une constance remarquable. Les quartz sont utilisés pour la production d'ondes radio-électriques stables et pour le contrôle d'horloges « garde-temps ».

piézo-électrique adj. Qui est doué de piézo-électricité : *quartz piézo-électrique*.

piézographe n. m. Appareil pour la mesure des pressions ou des forces vibratoires par la méthode piézo-électrique.

Pigalle
« le Nègre Paul »
musée d'Orléans

piézomètre n. m. (gr. *piezein*, presser, et *metron*, mesure). Instrument pour mesurer la compressibilité des liquides.

pif [pif] n. m. *Pop.* Nez.

pif! interj. Onomatopée exprimant un bruit éclatant et qui est souvent accompagnée de *paf!*

pifferaro [piferaro] n. m. (mot ital.). Musicien italien qui joue de la flûte appelée *piffero* ou de la cornemuse. ‖ Pl. des *pifferari*.

pifomètre n. m. *Fam.* Flair, intuition. ‖ — **Au pifomètre** loc. adv. En suivant son intuition.

Pigalle (Jean-Baptiste), sculpteur français, né à Paris (1714-1785). Elève dès l'âge de huit ans de Robert Le Lorrain, il devint, après des débuts difficiles, le sculpteur de Mme de Pompadour. Pratiquant un art équilibré, entre la tradition classique et le baroque, il a donné avec le *Mausolée du maréchal de Saxe* son œuvre la plus importante. Il est l'auteur de nombreux bustes.

Pigault-Lebrun (Guillaume PIGAULT DE L'ESPINOY, dit), écrivain français, né à Calais (1753-1835). Commerçant, gendarme, professeur et acteur, il eut de piquants démêlés avec son père, qui obtint contre lui des lettres de cachet et qui, furieux de son mariage, annonça sa mort et voulut faire enregistrer légalement son décès par le tribunal de Calais. Il est l'auteur de comédies et de romans qui sont de précieux documents d'histoire sociale (*Monsieur Botte*, 1802).

pige [piʒ] n. f. Longueur arbitraire prise comme étalon. ‖ *Arts graph.* Tâche d'un compositeur d'imprimerie : *être payé à la pige*. ‖ Pour un journaliste, rémunération à l'article. ● *Faire la pige à quelqu'un* (Fam.), aller plus vite, faire mieux que lui.

pigeon [piʒɔ̃] n. m. (lat. *pipio*, pigeonneau). Oiseau long de 30 cm environ de l'ordre des colombiformes, granivore, au plumage diversement coloré, souvent avec des reflets métalliques ou irisés, au bec muni d'une « cire » membraneuse à la base, au vol rapide, aux mœurs sociales et parfois migratrices, et qui sécrète dans son jabot un « lait » pour nourrir ses petits par régurgitation. (V. *encycl.*) [Cri : le pigeon *roucoule*.] ‖ Poignée de plâtre gâché. ‖ Morceau de pierre dans la chaux. ‖ *Pêch.* Chacune des demi-mailles par lesquelles on commence les filets. ‖ *Fig.* et *fam.* Homme qui se laisse duper. ● *Aile-de-pigeon*, v. ce mot. ‖ *Pigeon vole*, jeu d'enfants. ‖ *Pigeon voyageur*, pigeon dressé à porter des messages au loin.
— ENCYCL. Les *pigeons* comptent plusieurs espèces : ramier biset, colombin, tourterelle, etc., qui sont à l'origine des espèces domestiques de rapport (romain, mondain, montauban, carneau, cauchois, etc.) et de fantaisie (boulant, capucin, frisé, pigeon-paon, pigeon-poule, etc.). Un sens aigu de l'orientation est à l'origine du dressage des *pigeons voyageurs* par les colombophiles.

pigeonne n. f. Femelle du pigeon.

pigeonneau n. m. Jeune pigeon. ‖ *Fam.* Jeune homme que l'on dupe.

pigeonner v. t. *Fam.* Tromper.

pigeonnier n. m. Habitation préparée pour les pigeons domestiques; colombier.

piger [piʒe] v. t. (conj. **1**). *Pop.* Regarder, admirer : *pige donc ce tableau!* ‖ Comprendre, saisir : *ne rien piger*.

pigiste adj. et n. Payé à la pige.

pigment [pigmɑ̃] n. m. (lat. *pigmentum*). Substance colorée produite par un être vivant : *la chlorophylle, l'hémoglobine sont des pigments*. ‖ Matière colorante de l'organisme : *pigment biliaire, urinaire, etc.* ‖ Matière colorante insoluble dans l'eau. ‖ Couleur en poudre.

pigmentaire adj. Relatif à un pigment : *tache pigmentaire*.

pigmentation n. f. Coloration de la peau ou des phanères d'un animal par des grains colorés microscopiques.
— ENCYCL. Presque toutes les espèces de vertébrés comprennent des individus qui diffèrent par leur *pigmentation*. Celle-ci peut dépendre de la race (noirs et blancs dans l'espèce humaine), d'une variation individuelle (albinos) ou d'une adaptation survenant au cours de la vie, soit de façon lente et durable (peau hâlée), soit de façon rapide et réversible (homochromie* du turbot ou du caméléon). Lorsqu'elle n'est pas due à l'action du milieu, la pigmentation se transmet héréditairement selon les lois de Mendel et se prête particulièrement bien à l'étude génétique. La pigmentation sombre est due à la *mélanine*.

pigmenter v. t. Colorer avec un pigment.

pignade [piɲad] n. f. Forêt de pins maritimes.

pigne [piɲ] n. f. Pomme de pin.

Pignerol, en ital. **Pinerolo,** v. d'Italie (Piémont); 35 000 h. Pignerol, clef du Piémont, a été française à diverses reprises. Forteresse où furent enfermés Fouquet et l'homme au Masque de fer. Cathédrale du XVe s.

pignocher [piɲɔʃe] v. i. (de l'anc. fr. *épinocher*, vétiller). *Fam.* Manger sans appétit, par petits morceaux.

pignon [piɲɔ̃] n. m. (du lat. *pinna*, créneau). *Constr.* Partie supérieure triangulaire d'un mur dont le sommet porte le bout du faîtage d'un comble à deux égouts. ● *Avoir pignon sur rue* (Fam.), avoir une maison à soi.

pignon n. m. La plus petite des roues dentées d'un couple d'engrenages cylindriques ou coniques. ● *Pignon de renvoi*, pignon servant à communiquer le mouvement à une partie du mécanisme éloigné de cet organe.

pignon n. m. (du lat. *pinea nux*, pomme de pin). Espèce de pin, appelée aussi *pin parasol*, à graine comestible. ‖ Cette graine.

pigeons

cauchois

pigeon-paon

cravaté

ramier

carneau

Phot. Giraudon, Recoupé, Stella-Presse, Hosking, Lauros - Atlas-Photo, Machatchek.

Pignon (Edouard), peintre français, né à Bully-les-Mines en 1905. D'abord ouvrier, il exposa pour la première fois en 1932. Dégagé des influences de Cézanne, de Léger et de Picasso, il a affirmé un tempérament robuste et lyrique.

pignoratif [pignɔratif], **ive** [-iv] adj. (du lat. *pignus, -oris,* gage). *Dr.* Relatif au contrat de gage.

pignouf n. m. *Pop.* Individu mal élevé.

Pigou (Arthur Cecil), économiste anglais, né à Ryde (1877-1959). Représentant de l'école néo-classique, il a analysé l' « économie de bien-être » et les problèmes du sous-emploi.

Pijper (Willem), compositeur néerlandais, né à Zeist (1894-1947). Il a été un des chefs de l'école néerlandaise contemporaine (quatuors, concertos, musique symphonique, opéras).

pilaf [pilaf] ou **pilau** ou **pilaw** [pilo] n. m. (mot turc qui se rattache au pers. *pûlâd, pôlâd,* riz bouilli). En Orient, riz au gras avec du poivre rouge et de la viande. || Dans le midi de la France, riz cuit en risotto et servi avec de la volaille, du poisson, des coquillages, etc.

pilage n. m. Action de piler.

pilaire [pilɛr] adj. (du lat. *pilus,* poil). Relatif au poil : *système pilaire.*

pilastre [pilastr] n. m. (ital. *pilastro*). *Constr.* Pilier de section carrée, à fonction décorative, faisant faiblement saillie sur le mur où il est engagé. (Ses différentes parties sont identiques à celles de la colonne.) || Montant à jour, placé de distance en distance dans les travées d'une grille pour la renforcer. || Premier barreau au bas d'une rampe d'escalier.

Pilat (*mont*), massif de la bordure orientale du Massif central ; 1 434 m.

Pilate (*mont*), montagne près de Lucerne (Suisse) ; 2 132 m. Funiculaire. Beau panorama.

Pilate (Ponce), procurateur romain (Ier s.). Il fut procurateur de Judée de 26 à 36. Il est surtout connu pour le rôle qu'il joua dans le procès de Jésus : tout en déclarant qu'il ne trouvait en lui aucun motif de condamnation, il le fit flageller et crucifier.

Pilat-Plage, station balnéaire de la Gironde (comm. de La Teste), au pied de la *dune de Pilat* (114 m).

Pilâtre de Rozier (Jean-François), chimiste et aéronaute français, né à Metz (1756-1785). Après avoir mis au point la préparation de différents produits chimiques, il s'enthousiasma pour la navigation aérienne. Avec le marquis d'Arlandes, il exécuta en 1783, au moyen d'une montgolfière, le premier voyage aérien, entre le château de la Muette et la Butte-aux-Cailles, après être resté près de vingt-cinq minutes en l'air et être monté à plus de 1 000 m. Au cours d'une tentative de traversée du pas de Calais, il trouva la mort, avec son aide Romain, dans l'incendie de son ballon, dont l'enveloppe s'était déchirée.

Pilcomayo (le), riv. de l'Amérique du Sud, née dans les Andes boliviennes, affl. du Paraguay (r. dr.) ; 2 500 km. Il sépare l'Argentine du Paraguay.

pile [pil] n. f. (lat. *pila*). Côté d'une pièce de monnaie (opposé à la *face*) où sont les armes du souverain, de la nation, ou la valeur exprimée de la pièce. ● *Pile ou face,* jeu de hasard dans lequel, une pièce étant jetée en l'air, on parie sur le côté qu'elle présentera une fois retombée. || *S'arrêter pile* (Fam.), s'arrêter net. || *Tomber pile* (Fam.), trouver ce qu'il faut ; arriver au bon moment.

pile n. f. (lat. *pila,* colonne). Amas de choses placées les unes sur les autres : *pile de bois.* || Appareil transformant en courant électrique l'énergie développée dans une réaction chimique. (V. *encycl.*) || Bac utilisé pour le raffinage de la pâte à papier. || Massif constituant un point d'appui intermédiaire d'un pont : *un pont à deux piles.* || *Fam.* Volée de coups (vieilli) : *donner une pile à quelqu'un.* ● *Pile atomique,* syn. de RÉACTEUR* NUCLÉAIRE.
— ENCYCL. Une *pile* électrique est constituée par deux conducteurs de natures différentes plongeant dans un électrolyte. La première pile, due à Volta en 1800, était composée de disques de cuivre et de zinc, séparés par des rondelles de drap imbibées d'acide sulfurique dilué. Entre ces électrodes s'établit une différence de potentiel. Lorsque la pile débite, l'électrolyse dénature les surfaces des électrodes : c'est la polarisation, qui fait baisser la force électromotrice. On évite ce phénomène grâce à l'addition d'un dépolarisant.

pile électrique

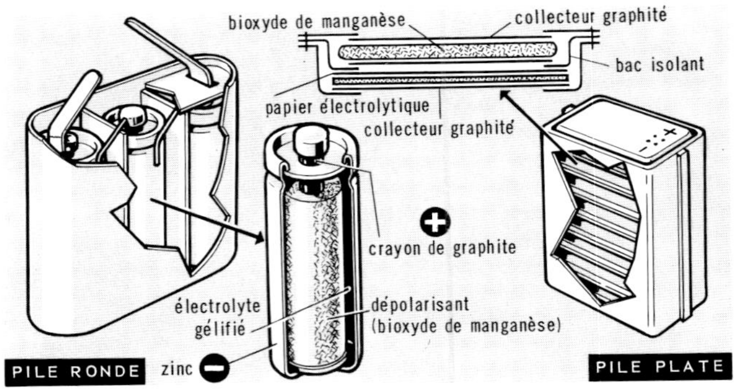

Germain **Pilon**
« Saint François en extase »
église Saint-Jean-Saint-François, à Paris

piler [pile] v. t. (lat. *pilare,* enfoncer). Broyer, réduire en poudre par des coups successifs. || *Fam.* Battre, défaire.

pilet [pilɛ] n. m. Canard sauvage à queue pointue. (Long. 60 cm.)

pileur, euse adj. et n. Qui pile.

pileux [pilø], **euse** [-øz] adj. (lat. *pilosus*). Relatif aux poils, aux cheveux : *système pileux.*

pilier [pilje] n. m. (de *pile*). *Constr.* Corps isolé et massif, servant de support à une charge de charpente ou de maçonnerie : *les piliers d'un hangar.* || — *Fig.* Personne qui fréquente beaucoup un endroit : *pilier de cabaret.* || Soutien, défenseur : *un pilier de la religion.* || Au rugby, un des avants de première ligne qui, dans la mêlée, soutient le talonneur.

pilifère adj. (lat. *pilus,* poil, et *ferre,* porter). Qui porte des poils.

pillage n. m. Action de piller : *mettre une ville au pillage.* || Dégât qui en résulte.

pillard [-jar], **e** [-ard] adj. et n. Qui pille ; qui aime à piller.

piller [pije] v. t. (du lat. *pileum,* chiffon). S'emparer par la violence des biens d'une ville, d'une maison, etc. || Opérer des détournements frauduleux : *piller les finances de l'Etat.* || *Fig.* Plagier les œuvres d'autrui : *piller un auteur.*

pilleur, euse adj. et n. Qui pille, vole.

Pilniak (Boris Andreïevitch VOGAU, dit **Boris**), écrivain russe, né à Mojaïsk (1894-apr. 1935). Il accueillit avec faveur la révolution soviétique qu'il célébra dans ses romans (*l'Année nue,* 1922 ; *La Volga se jette dans la Caspienne,* 1930), mais il disparut au cours de l'épuration de 1935 : il fut probablement fusillé dans l'Oural.

Pillnitz, village de Saxe, sur l'Elbe. Une convention y fut signée en 1791 entre Léopold II, empereur germanique, et Frédéric-Guillaume II, roi de Prusse, contre la Révolution qui menaçait le trône de Louis XVI.

pilocarpe [pilɔkarp] n. m. Plante de l'Amérique du Sud, dont on extrait le jaborandi.

pilocarpine n. f. Alcaloïde extrait du jaborandi. (La pilocarpine agit comme le système parasympathique ; son antagoniste est l'atropine.)

pilon [pilɔ̃] n. m. (de *piler*). Instrument pour piler dans un mortier. || Instrument pour broyer, tasser ou fouler quelque chose. || *Fam.* Partie inférieure d'une cuisse de volaille. || Jambe de bois. ● *Mettre un ouvrage, un livre au pilon,* en détruire l'édition.

Pilon (Germain), sculpteur français, né à Paris (v. 1537-1590). Influencé par l'école de Fontainebleau, il en vint à un art proche de la nature. Le plus grand sculpteur du XVIe s. en France avec Jean Goujon, il travailla au tombeau de François Ier, exécuta les *Trois Grâces* supportant le cœur d'Henri II (Louvre), décora la chapelle des Valois à Saint-Denis. Portraitiste, il sculpta la statue de *Birague* et le monument de *Valentine Balbiani* (Louvre). On lui doit d'admirables médailles.

pilonnage n. m. Action de pilonner. || *Mil.* Bombardement intense.

pilonner v. t. Battre avec le pilon. || *Mil.* Ecraser un objectif avec des obus ou des bombes.

pilori [pilɔri] n. m. (du lat. *pila,* pilier). Poteau où l'on attachait les condamnés que l'on exposait aux regards du public. ● *Clouer au pilori* (Fig.), dénoncer à l'indignation publique.

pilo-sébacé, e adj. Relatif au poil et à la glande sébacée qui lui est annexée : *le furoncle est une infection de l'appareil pilo-sébacé.*

piloselle [pilozɛl] n. f. *Bot.* Epervière qui croît dans les lieux arides et montagneux d'Europe.

pilosisme [pilozism] n. m. Développement anormal et local de poils.

pilosité n. f. Revêtement pileux du tégument.

pilot [pilo] n. m. Forte pièce en bois, taillée en pointe à un bout et ferrée à l'autre, constituant un pieu de pilotis. ● *Pont de pilots,* pont construit sur ces pieux.

pilotage n. m. Action de piloter, de conduire. ● *Pilotage sans visibilité* (*P. S. V.*), pilotage d'un avion sans vue directe du sol.

pilote [pilɔt] n. m. (ital. *pilota,* empr. au gr.). Personne à qui sont confiées la manœuvre et la conduite d'un navire, d'un avion, d'un engin blindé, etc. || *Zool.* Petit poisson des mers chaudes et tempérées, qui suit les navires et semble servir de guide aux requins. (Long. 20 à 30 cm.) || *Fig.* Guide. ● *Pilote automatique,* dispositif, généralement gyroscopique, permettant la conduite momentanée d'un avion, sans intervention de l'équipage. || *Pilote d'essai,* celui qui est chargé, au cours de vols souvent périlleux, de la vérification des performances et de la résistance d'un nouvel avion. || *Pilote de ligne,* celui qui est chargé de la conduite d'un avion sur une ligne commerciale. || — Adj. Qui conduit, qui sert de modèle : *classe pilote ; ferme pilote ; magasin pilote.*

piloter v. t. Enfoncer des pilots dans : *piloter un terrain.*

piloter v. t. (de *pilote*). Conduire un bâtiment, un avion, une automobile. || *Fig.* Servir de guide à quelqu'un : *piloter un étranger.*

pilotin n. m. Elève officier non diplômé, dans la marine marchande.

pilotis [pilɔti] n. m. Ensemble de pilots que l'on enfonce pour asseoir les fondements d'un ouvrage construit dans l'eau ou sur un terrain peu stable.

pilou [pilu] n. m. Tissu de coton pelucheux et très inflammable.

Pilpay. V. BIDPAY.

Pilsen. V. PLZEŇ.

Piłsudski (Józef), maréchal et homme politique polonais, né à Zułowó, près de Vilnious (Lituanie) [1867-1935]. Comme socialiste, il participa à l'action terroriste sous les tsars (1904-1905). Après la Première Guerre mondiale, devenu maréchal, il se fit investir de pouvoirs dictatoriaux et lutta contre le bolchevisme (1918-1922). Il reprit le pouvoir en 1926 et, soit comme chef du gouvernement, soit comme ministre de la Guerre, il fut, jusqu'à sa mort, le maître du pays.

Piltdown, localité d'Angleterre (Sussex), où l'on avait découvert en 1912 de prétendus ossements d'homme préhistorique.

pilulaire adj. En forme de pilule. ● *Masse pilulaire,* mélange propre à faire des pilules.

pilulaire n. m. Instrument pour administrer des pilules aux grands animaux.

le maréchal **Piłsudski**
décorant le maréchal Foch
(février 1921)

Phot. Giraudon, Rol.

pilule [pilyl] n. f. (lat. *pilula*, petite balle). Médicament en forme de petite boule. ‖ *Fam.* Médicament contraceptif. ● *Avaler la pilule* (Fam.), croire un mensonge ; se déterminer à une chose pénible. ‖ *Dorer la pilule*, présenter une chose ennuyeuse sous des dehors favorables.

pilulier n. m. Instrument servant à faire les pilules.

pilum [pilɔm] n. m. Lourd javelot romain.

pimbêche [pɛ̃bɛʃ] n. f. (de *pincer*, et *bêcher*, donner des coups de bec). *Fam.* Femme impertinente, pincée et grincheuse.

Pimbêche (*la Comtesse de*), personnage de la comédie des *Plaideurs*, de Racine.

piment [pimɑ̃] n. m. (mot provenç.). Solanacée dont le fruit, de saveur très piquante et qui porte le même nom, est employé comme épice.

pimenter v. t. Assaisonner de piment : *pimenter une sauce*. ‖ *Fig.* Rendre piquant, très libre : *pimenter un récit de gauloiseries*.

pimpant [pɛ̃pɑ̃], **e** [-ɑ̃t] adj. (de l'anc. fr. *pimper*, enjôler). Mis avec élégance : *femme pimpante*. ‖ Gracieux, élégant : *toilette pimpante*.

pimprenelle [pɛ̃prənɛl] n. f. Plante des prés humides, à fleurs pourpres, de la famille des rosacées. (Syn. SANGUISORBE.)

pin [pɛ̃] n. m. (lat. *pinus*). Arbre de l'ordre des conifères, à feuillage persistant et à feuilles en aiguilles, insérées le plus souvent par deux, et dont le bois est très employé pour les charpentes, les constructions, la mâture des navires.
— ENCYCL. Le fruit du *pin* est un cône d'écailles lignifiées à maturité (pomme de pin) et portant deux graines chacune à la face supérieure. Le *pin sylvestre* est cultivé dans les terrains siliceux ; le *pin maritime*, qui fixe les dunes des Landes, fournit la térébenthine ; le *pin d'Autriche*, à croissance rapide, est recherché pour les reboisements. Le pin peut atteindre 50 m de hauteur. (V. illustr. ARBRES.)

pinacle [pinakl] n. m. (du lat. *pinna*, créneau). Partie la plus élevée d'un édifice. ‖ *Archit.* Dans les édifices gothiques, élément de forme conique, plus ou moins ornementé, qui surmonte un contrefort et l'empêche, par son poids, de se déverser sous la poussée des arcs-boutants. ‖ — Syn. : CIME, COMBLE, SOMMET. ● *Etre sur le pinacle* (Fig.), être dans une haute position ou en grande faveur.

pinacothèque [pinakɔtɛk] n. f. (gr. *pinax*, *-akos*, tableau, et *thêkê*, boîte). Musée de peinture : *la pinacothèque de Munich*.

pinailler [pinɑje] v. i. *Fam.* Ergoter ; agir avec une minutie excessive.

pinailleur, euse adj. et n. *Fam.* Qui pinaille.

pinard [pinar] n. m. (de *pineau*). *Pop.* Vin.

Pinard (Adolphe), médecin français, né à Méry-sur-Seine (1844-1934). Il ouvrit les voies à la puériculture et à la législation familiale.

Pinar del Río, v. de l'ouest de Cuba ; 93 300 h. Tabac.

pinasse [pinas] n. f. (de *pin*). Embarcation de pêche à fond plat.

pinastre [pinastr] n. m. Pin maritime.

Pinay (Antoine), homme politique français, né à Saint-Symphorien-sur-Coise (Rhône) en 1891. Député indépendant (1946-1958 ; réélu en 1959), il a été président du Conseil (1952) et ministre des Finances (1958-1960). En 1973 et 1974, il a été « médiateur », fonction destinée à faciliter les rapports entre l'Administration et les citoyens.

pinçage n. m. *Arbor.* Syn. de PINCEMENT.

pinçard, e adj. et n. Se dit d'un cheval qui s'appuie sur la pince en marchant.

pince [pɛ̃s] n. f. Action ou propriété de pincer : *cet outil n'a pas de pince*. ‖ Barre de fer, aplatie à un bout, qui sert de levier. ‖ Outil à branches articulées, dont les extrémités, plates ou rondes, servent à saisir : *pince de chirurgien, de forgeron*. ‖ Instrument pour serrer, pour pincer : *pince à linge*. ‖ Pli cousu sur l'envers du tissu, en diminuant la largeur, pour ajuster un vêtement. ‖ Devant du fer d'un cheval. ‖ *Zool.* Appendice servant au combat, à la capture des proies et à la préhension, et formé de deux mors pouvant s'écarter ou se rapprocher. (V. *encycl.*) ‖ Incisive médiane du cheval. ● *Pince universelle*, outil réunissant en une seule pièce : pince plate, pince à gaz, pince coupante, tournevis et poinçon.
— ENCYCL. Les *pinces* les plus connues et les plus développées se rencontrent chez les crustacés décapodes (écrevisse, langoustine, homard, nombreux crabes, pagure), chez qui elles précèdent immédiatement les pattes marcheuses. Mais d'autres décapodes (crevette, langouste) n'ont que des pinces très réduites. Parmi les arachnides, ce sont les scorpions qui présentent des pinces, formées par la seconde paire de pièces buccales (pédipalpes). Le test des oursins est couvert de pinces microscopiques et venimeuses à deux ou trois mors (pédicellaires).

pincé, e adj. Maniéré ; froid, sec : *magistrat pincé*. ● *Lèvres pincées*, minces et serrées.

pinceau [pɛ̃so] n. m. (lat. *peniculus*, petite queue). Instrument formé par la réunion de poils serrés à l'extrémité d'un manche, et servant à étendre des couleurs, de la colle, etc. ‖ — *Fig.* Manière de peindre : *pinceau hardi*. ‖ Faisceau lumineux de faible ouverture.

pincée [pɛ̃se] n. f. Ce qu'on peut prendre de certaines choses avec deux ou trois doigts : *une pincée de poivre*.

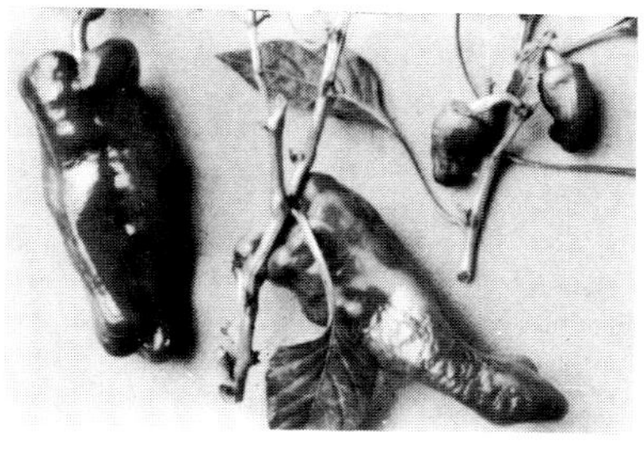

piments

pingouins

pinson

pincelier [pɛ̃səlje] n. m. Assemblage de deux godets, où les peintres prennent l'huile et nettoient les pinceaux.

pincement n. m. Action de pincer. ‖ Suppression des bourgeons ou de l'extrémité des rameaux, de manière à faire refluer la sève sur d'autres parties du végétal. (On dit aussi PINÇAGE.)

pince-monseigneur n. f. Levier court, à bouts plats, dont se servent les cambrioleurs pour forcer les portes. ‖ Pl. des *pinces-monseigneur*.

pince-nez n. m. inv. Binocle qu'un ressort fait tenir sur le nez.

pincer [pɛ̃se] v. t. (du lat. *punctum*, point) [conj. **1**]. Presser, serrer entre les doigts : *pincer quelqu'un jusqu'au sang*. ‖ Rapprocher en serrant : *pincer les lèvres*. ‖ *Arbor.* Opérer le pincement : *pincer la vigne*. ‖ *Mus.* Faire vibrer les cordes d'un instrument en les tirant avec les doigts. ‖ *Fig.* et *fam.* Prendre sur le fait, arrêter : *pincer un voleur*. ● *En pincer pour* (Pop.), avoir de la sympathie pour. ‖ *Le froid commence à pincer*, à se faire sentir vivement. ‖ *Se faire pincer* (Fam.), se faire prendre.

pince-sans-rire n. inv. Personne qui raille, rit, sans en avoir l'air.

pincette n. f. Ustensile à deux branches, pour arranger le feu. (Surtout au pl.) ● *N'être pas à prendre avec des pincettes* (Fam.), être sale ou de très mauvaise humeur.

pinceur, euse adj. et n. Qui pince.

Pincevent, site préhistorique de Seine-et-Marne, en amont du confluent de la Seine et du Loing. Important habitat magdalénien.

pinchard [pɛ̃ʃar], **e** [-ard] adj. et n. Se dit du cheval qui a une robe gris de fer, et de cette robe elle-même.

pinçon n. m. Marque qui reste sur la peau, lorsqu'elle a été pincée.

pinçure n. f. Action de pincer.

Pindare, poète grec, né à Cynoscéphales, près de Thèbes (518-438 av. J.-C.). De famille aristocratique, il passe pour avoir été l'élève du joueur de flûte Scopélinos et des poétesses Corinne et Myrtis. Il fut l'hôte de plusieurs tyrans de Sicile et mourut comblé d'honneurs. Son œuvre touche à tous les genres du lyrisme choral : hymnes, péans, dithyrambes, thrènes, parthénées, etc. Le seul recueil qui nous soit parvenu est celui des *Epinicies* ou *Odes triomphales*, en l'honneur des vainqueurs des jeux. Evoquant rapidement les circonstances de la victoire, Pindare développe à travers un récit mythique une vérité religieuse et morale : la gloire est liée à la vertu, et la victoire n'est que la manifestation de cette vertu, rendue possible par l'intervention de la puissance divine.

pindarique [pɛ̃darik] adj. Selon la manière de Pindare : *ode pindarique*.

Pinde (le), massif montagneux de Grèce ; 2 632 m. L'un des sommets était consacré à Apollon et aux Muses.

pinéal [pineal], **e, aux** [-o] adj. (du lat. *pinea*, pomme de pin). *Glande pinéale*, petit corps ovale qui se trouve au-dessus du cerveau moyen (diencéphale) et qui n'est développé que chez certains reptiles. (Syn. ÉPIPHYSE.)

pineau [pino] n. m. (de *pin*). Vin de liqueur préparé dans les Charentes par mutage de jus de raisin par du cognac.

pinède [pinɛd], **pinière** [pinjɛr] ou **pineraie** [pinrɛ] n. f. Terrain planté de pins.

Pinel (Philippe), médecin français, né à Saint-André-d'Alayrac (Languedoc) [1745-1826]. Spécialiste des maladies mentales, il devint en 1793 médecin en chef de Bicêtre, puis passa à la Salpêtrière en 1795. Il s'opposa aux sévices infligés jusqu'alors aux malades et les remplaça par des méthodes de douceur et de patience.

Piney (10220), ch.-l. de c. de l'Aube (arr. de Troyes) ; 1 025 h. Eglise du XIIᵉ s.

pingouin [pɛ̃gwɛ̃] n. m. (angl. *pinguin*). Oiseau des régions froides et tempérées, aux ailes réduites, aux pieds situés très à l'arrière, excellent nageur, mais peu capable de voler, qui vit en vastes sociétés sur les rochers ou la banquise et se caractérise par la position presque verticale du corps. (Type de l'ordre des alciformes.)

Ping-Pong [piŋpɔ̃g] n. m. (nom déposé). Tennis de table.

pingre [pɛ̃gr] n. et adj. *Fam.* Personne très avare.

pingrerie n. f. Avarice sordide.

Ping-t'ong, v. du sud de Formose ; 150 400 h.

Pin-kiang. V. HARBIN.

pinne [pin] n. f. (lat. *pinna*). Mollusque bivalve à coquille triangulaire, pouvant atteindre 60 cm de long. (Syn. JAMBONNEAU.)

pinnipèdes [pinipɛd] n. m. pl. (lat. *pinna*, nageoire, et *pes, pedis*, pied). Sous-ordre de mammifères carnassiers, groupant presque toutes les espèces aquatiques de cet ordre : phoque, otarie, morse, etc.
— ENCYCL. Les *pinnipèdes* présentent diverses adaptations à la vie aquatique : forme lisse du corps, abondante graisse sous-cutanée, pattes conformées en nageoires, aptitude à la plongée. Cependant, leur denture, à fortes canines (défenses) et à molaires tranchantes, les rapproche beaucoup des carnassiers terrestres. Ils peuvent aller à terre et s'y déplacer, assez mal d'ailleurs, en utilisant leurs pattes.

pinnothère [pinɔtɛr] n. m. Petit crabe vivant dans les moules, les coques, les palourdes.

pinnule [pinyl] n. f. (lat. *pinnula*, petite aile). Petite plaque de métal élevée perpendiculairement à chaque extrémité d'une alidade et percée d'un œilleton, pour prendre des alignements. ‖ Foliole de fougère.

Pinocchio, héros d'un roman pour la jeunesse (1883) de l'écrivain italien Collodi. Une marionnette se métamorphose en un jeune garçon.

Pinochet (Augusto), général et homme politique chilien, né à Valparaiso en 1915. Il prit la tête de la junte militaire qui renversa le régime de Salvador Allende le 11 septembre 1973, et fut nommé président de la République en 1974. Il poursuit une politique de répression implacable contre l'ensemble de la gauche.

pinocytose n. f. Inclusion dans une cellule, d'une gouttelette de liquide prélevé par cette cellule dans le milieu environnant.

Pinols (43300 Langeac), ch.-l. de c. de la Haute-Loire (arr. de Brioude) ; 469 h. (246 aggl.).

pinot n. m. Cépage cultivé surtout en Bourgogne et en Champagne et dont les variétés principales sont le *pinot noir*, le *pinot meunier* et le *pinot blanc*. (On écrit aussi PINEAU.)

Pins (*île des*), île française de la Mélanésie, au sud de la Nouvelle-Calédonie ; 160 km² ; 600 h.

pinson [pɛ̃sɔ̃] n. m. (orig. gauloise). Oiseau passereau chanteur de l'Europe occidentale, à plumage bleu et verdâtre coupé de noir, et à la gorge rouge. (Famille des fringillidés.) [Cri : le pinson *ramage*.]

pintade [pɛ̃tad] n. f. (portug. *pintada*). Oiseau, originaire d'Afrique, domestiqué depuis l'Antiquité pour sa chair et pour ses œufs. (Famille des phasianidés.) [Cri : la pintade *criaille*.]
— ENCYCL. Avec une allure analogue à la perdrix mais une taille plus forte (1,5 à 2 kg), la *pintade* se distingue par son plumage gris perlé et surtout par sa tête recouverte de peau nue blanche et ornée d'une corne couleur de bois, d'une paire de barbillons rouges et d'une caroncule nasale, rouge également, à la jonction de la tête et du bec. (V. illustr. OISEAUX.)

pintadeau n. m. Jeune pintade.

pintadine [pɛ̃tadin] n. f. Nom usuel des huîtres perlières. (Syn. MÉLÉAGRINE.)

pinte [pɛ̃t] n. f. (lat. *pincta*, pourvu d'une marque). Anc. mesure française de capacité pour les liquides, qui valait 0,93 litre à Paris : *une pinte de vin*. ‖ Son contenu : *boire une pinte*. ‖ Unité de mesure anglo-saxonne de capacité, qui vaut 0,568 25 litre en Grande-Bretagne et

Phot. Vincent, Lacey-Lane-Rapho, Hosking.

il **Pinturicchio**
« le Chevalier de Malte
Alberto Aringhieri »
cathédrale de Sienne
chapelle San Giovanni

pipit

1,136 litre au Canada (un quart de gallon). ● *Se faire une pinte de bon sang* (Fam.), se réjouir beaucoup.

pinter v. i. *Pop.* Boire beaucoup. ‖ — V. t. Boire : *pinter du rhum.*

Pinter (Harold), acteur et auteur dramatique britannique, né à Londres en 1930. Son théâtre, qui traduit avec saveur le fonctionnement du langage de la vie quotidienne, est dominé par le thème de l'espace clos et rassurant que de mystérieuses forces extérieures tentent perpétuellement de détruire (*le Gardien,* 1959 ; *la Collection,* 1962 ; *l'Amant,* 1962 ; *le Retour,* 1965).

Pinto (Fernão Mendes). V. MENDES PINTO.

Pinturicchio (Bernardino DI BETTO, dit **il**), peintre italien, né à Pérouse (v. 1454-1513). Artiste brillant, il a travaillé à la chapelle Sixtine à Rome, décoré les appartements Borgia au Vatican et la Libreria Piccolimini à Sienne. Parmi ses tableaux, on peut citer la *Vierge* du Louvre et *le Couronnement de la Vierge* du Vatican.

pin-up [pinœp] n. f. inv. (mot angl.). Jeune femme au physique attirant.

pinyin [pinjin] n. m. (mot chinois). Nouveau système de transcription phonétique, en alphabet latin, des idéogrammes chinois, dont l'usage tend à se répandre en Chine.

Pinzón (Martín), navigateur espagnol, né à Palos de Moguer (Huelva) [1440-1493]. Il commanda l'une des caravelles de Colomb en 1492. — Son frère VICENTE (m. apr. 1523) découvrit l'embouchure de l'Amazone.

piochage n. m. Action de piocher. ‖ Travail exécuté à la pioche.

pioche [pjɔʃ] n. f. (de *pic*). Outil formé d'un fer de forme variable, muni d'un manche, et servant à creuser et à défoncer la terre.

piochement n. m. Résultat du piochage.

piocher v. t. Creuser, remuer la terre avec une pioche. ‖ *Fam.* Travailler avec ardeur : *piocher la chimie.*

piocheur, euse adj. et n. Qui pioche. ‖ *Fam.* Qui travaille beaucoup.

piolet [pjɔlɛ] n. m. (du piémontais *piola,* hache). Canne ferrée à un bout et munie d'une petite pioche à l'autre, dont les alpinistes se servent dans les ascensions glaciaires.

Piombino, port d'Italie (Toscane), en face de l'île d'Elbe ; 40 000 h. Sidérurgie. Siège d'une principauté du XVIe au XIXe s.

Piombo (Sebastiano DEL). V. SEBASTIANO DEL PIOMBO.

pion [pjɔ̃] n. m. (du lat. *pedo,* fantassin). Chacune des huit plus petites pièces du jeu d'échecs. ‖ Pièce du jeu de dames. ‖ *Arg. scol.* Surveillant.

pion ou **pi** n. m. Particule élémentaire (π) ayant une charge électrique positive ou négative égale à celle de l'électron, ou électriquement neutre, et dont la masse vaut 273 fois celle de l'électron.

pioncer [pjɔ̃se] v. i. (conj. **1**). *Pop.* Dormir.

pionne n. f. *Arg. scol.* Surveillante.

pionner v. i. Aux dames et aux échecs, jouer de manière à prendre et à perdre beaucoup de pions.

pionnier [pjɔnje] n. m. Soldat employé aux terrassements. ‖ Soldat du génie. ‖ Défricheur de contrées incultes : *les pionniers américains.* ‖ *Fig.* Personne qui prépare les voies : *les pionniers de la civilisation.*

Pionsat (63330), ch.-l. de c. du Puy-de-Dôme (arr. de Riom) ; 1 176 h. Ruines de l'abbaye de Bellaigue.

Piotrków Trybunalski, v. de Pologne, au sud-est de Łódź ; 56 000 h. Longtemps siège des diètes de la Couronne, puis du tribunal suprême. Textiles.

pioupiou [pjupju] n. m. *Pop.* Soldat (vx).

pipa [pipa] n. m. Crapaud de Guyane et du Brésil, caractérisé par l'absence de divers organes de la tête (dents, langue, paupières, tympans) et surtout par le mode d'incubation des œufs, qui sont hébergés dans des alvéoles qui se forment sur le dos de la mère et d'où sortent des jeunes déjà métamorphosés.

pipe [pip] n. f. (de *piper*). Anc. mesure de capacité employée dans le commerce du vin et de l'huile. ‖ Grande futaille. ‖ Appareil formé d'un fourneau et d'un tuyau, servant à fumer : *pipe en terre.* ‖ Quantité de tabac contenue dans une pipe. ‖ Tuyau, conduit : *pipe d'aération.* ● *Casser sa pipe* (Pop.), mourir. ‖ *Terre de pipe,* argile très blanche.

pipeau [pipo] n. m. Instrument servant à imiter le chant des oiseaux. ‖ Flûte à bec, à sept trous, de fabrication rudimentaire. ‖ Petites branches qu'on enduit de glu pour prendre les oiseaux.

pipée [pipe] n. f. Chasse dans laquelle on imite le cri de la chouette ou d'autres oiseaux pour attirer les oiseaux dans des pièges.

pipelet [piplɛ], **ette** [-ɛt] n. (du n. d'un personnage des *Mystères de Paris,* d'Eugène Sue). *Fam.* Concierge.

pipe-line [pajplajn *ou* piplin] n. m. (mot angl.). Canalisation pour le transport à distance de gaz, de liquides (pétrole) ou de solides pulvérisés. (Syn. OLÉODUC.) ‖ Pl. des *pipe-lines.*

— ENCYCL. Les *pipe-lines* sont constitués de tubes d'acier assemblés bout à bout par soudure et placés sur le sol ou dans une tranchée que l'on comble ensuite. Leur diamètre atteint couramment 80 cm. Des stations de surpression, constituées par des pompes ou des compresseurs, sont disposées à intervalles réguliers lorsque les dénivellations du parcours l'exigent. Les réseaux les plus importants servent à transporter le pétrole aux Etats-Unis et au Moyen-Orient. En France, le gaz de Lacq est distribué par pipe-lines. Du point de vue militaire, les pipe-lines de carburant sont indispensables pour l'aviation et les armées motorisées modernes.

piper [pipe] v. t. (lat. *pipare,* glousser). Pratiquer la pipée : *piper des oiseaux.* ‖ *Fig.* Tromper (vx). ● *Ne pas piper* (Fam.), ne pas dire mot. ‖ *Piper des dés, des cartes,* les truquer.

pipéracées [piperase] n. f. pl. Famille de dicotylédones apétales, dont le *poivrier* est le type.

piperade [piperad] n. f. Spécialité basquaise composée de tomates et de piments cuits, auxquels on ajoute des œufs battus en omelette.

pipérazine [piperazin] n. f. Dérivé aminé de l'éthylène, de formule $C_4H_{10}N_2$. (La pipérazine est utilisée dans le traitement de la diathèse urique, et divers de ses sels sont des vermifuges actifs contre les oxyures et les ascaris.)

piper-cub [pipɛrkœb] n. m. (mot amér.). *Mil.* Avion d'observation très léger. ‖ Pl. des *piper-cubs.*

pipérine [piperin] n. f. Alcaloïde du poivrier.

pipéronal [piperɔnal] n. m. V. HÉLIOTROPINE.

pipette [pipɛt] n. f. Petite pipe. ‖ Petit tube pour prélever un liquide.

pipi [pipi] n. m. Urine, dans le langage des enfants. ● *Faire pipi,* uriner.

pipier, ère adj. Relatif à la fabrication des pipes. ‖ — N. Personne qui fait des pipes.

pipistrelle [pipistrɛl] n. f. (ital. *pipistrello*). Petite chauve-souris commune en France. (V. illustr. CHAUVES-SOURIS.)

pipit [pipit *ou* pipi] n. m. Oiseau passereau vivant dans les prairies, et qu'on appelle aussi *farlouse.*

pipo [pipo] n. m. *Arg. scol.* Polytechnicien (vx).

Pippinides (de *Pépin*), famille austrasienne qui est à l'origine de la dynastie carolingienne.

Pipriac (35550), ch.-l. de c. d'Ille-et-Vilaine (arr. de Redon) ; 2 848 h. (876 aggl.).

piquage n. m. Action de piquer. ‖ Action de piquer à la machine à coudre. ‖ *Constr.* Taille spéciale donnée à certaines pierres.

piquant, e adj. Qui pique : *dard piquant.* ‖ Très relevé : *sauce piquante.* ‖ Vif : *froid piquant.* ‖ — *Fig.* Mordant, satirique : *mot piquant.* ‖ Fin, spirituel : *conversation piquante.* ‖ Vif, excitant : *beauté piquante.*

piquant n. m. Aiguillon, épine : *les piquants du rosier.* ‖ *Fig.* Ce qu'il y a de curieux, d'intéressant : *le piquant de l'aventure.*

pique [pik] n. f. (de *pic*). Arme de main, composée d'une hampe que termine un fer aigu. ‖ *Fig.* Parole ou allusion intentionnellement blessante : *lancer des piques contre quelqu'un.* ‖ — N. m. Au jeu de cartes, une des deux couleurs noires, ainsi appelée à cause de sa forme en fer de pique.

Pique (la), affl. de la Garonne supérieure (r. g.) ; 28 km.

piqué [pike] n. m. Etoffe de coton formée de deux tissus appliqués l'un sur l'autre et unis par des points dont les lignes forment des dessins. ‖ *Chorégr.* Mouvement qui consiste à faire passer le poids du corps d'un pied sur l'autre en posant directement la pointe ou la demi-pointe sur le sol : *piqué arabesque ; piqué attitude.* ● *Bombardement en piqué,* ou *piqué* (Mil.), procédé d'attaque d'un objectif au terme d'une descente très rapide du bombardier (60°), suivie d'une remontée.

piqué, e adj. Attaqué par les insectes. ‖ Se dit d'une boisson (vin, cidre, bière, etc.) qui a contracté une saveur piquante, sous l'influence d'un mycoderme. ‖ Se dit d'un papier piqueté de petites taches d'humidité. ‖ *Fam.* Un peu fou. ● *N'être pas piqué des vers* (Fam.), être dit de manière provocante. ‖ *Note piquée,* note de musique surmontée d'un point, attaquée de manière incisive.

pique-assiette n. m. *Fam.* Celui qui prend ses repas aux frais des autres. ‖ Pl. des *pique-assiettes* ou *-assiette.*

pique-bœuf n. m. Nom usuel des oiseaux qui se perchent sur le dos des bœufs pour chasser les insectes parasites. ‖ Pl. des *pique-bœufs.*

pique-feu n. m. inv. Tisonnier, ringard.

pique-nique [piknik] n. m. (de *piquer,* picorer, et de l'anc. franç. *nique,* petite chose). Repas pris en plein air, sur l'herbe. ‖ Pl. des *pique-niques.*

pique-niquer v. i. Faire un pique-nique.

pique-niqueur, euse n. Celui, celle qui pique-nique.

pique-notes n. m. inv. Crochet courbe auquel on enfile des feuillets de notes.

piquepouille n. m. V. PICPOUL.

piquer [pike] v. t. (du lat. *piccus,* pic). Percer légèrement avec quelque chose de pointu : *se piquer le doigt avec une épingle.* ‖ *Méd.* Introduire une aiguille dans un tissu pour pratiquer une injection. ‖ Faire sur plusieurs étoffes mises l'une sur l'autre des points qui les traversent et les unissent. ‖ Larder de la viande. ‖ Mordre, en parlant des serpents et de quelques insectes : *les vers piquent le bois, les étoffes.* ‖ Produire une sensation qui rappelle celle d'une piqûre : *le vent froid pique la peau.* ‖ Affecter le goût d'une manière désagréable : *ce vin pique la langue.* ‖ — *Fig.* Exciter : *piquer la curiosité.* ‖ Irriter, offenser : *la moindre chose le pique.* ‖ *Pop.* Voler. ● *Piquer un cent mètres* (Fam.), partir subitement en courant. ‖ *Piquer un chien* (Pop.), s'endormir, dormir. ‖ *Piquer une crise, une attaque* (Fam.), l'éprouver. ‖ *Piquer un fard, un soleil* (Fam.), rougir. ‖ *Piquer l'heure* (Mar.), indiquer l'heure en fractions de quart, en frappant la cloche avec son battant. ‖ *Piquer une note* (Mus.), la rendre par un coup sec et détaché. ‖ *Piquer la pointe* (Chorégr.), poser directement la pointe sur le sol. ‖ *Piquer une tête* (Fam.), tomber, se jeter la tête la première. ‖ — V. i. *Aéron.* Exécuter une descente très rapide. ‖ Se dit d'une boisson, et en particulier du vin, qui commence à aigrir. ● *Piquer des deux,* donner vivement de l'éperon à un cheval. ‖ **— Se piquer** v. pr. Se fâcher : *il se pique d'un rien.* ‖ Se vanter : *il se pique d'esprit.* ‖ S'aigrir, prendre une saveur piquante. ● *Se piquer le nez* (Pop.), s'enivrer.

piquet [pikɛ] n. m. (de *piquer*). Petit pieu propre à être fiché en terre. ‖ Punition infligée aux écoliers, qui consiste à se tenir debout et immobile pendant les récréations : *aller, être au piquet.* ‖ Troupe maintenue disponible dans son casernement pour fournir éventuellement des services collectifs : *piquet d'incendie.* ● *Piquet de grève,* groupe de grévistes à l'entrée d'un lieu de travail et qui veillent à l'exécution des consignes de grève.

piquet n. m. Jeu qui se joue avec trente-deux cartes.

piquetage n. m. Action de piqueter.

piqueter [pikte] v. t. (conj. **4**). Tacheter de petits points isolés. ‖ Indiquer par des piquets le tracé futur d'une route, d'une voie ferrée, d'une construction, etc.

piquette n. f. (de *piquer*). Boisson que l'on obtient en jetant de l'eau sur du marc de raisin ou sur d'autres fruits sucrés, et en laissant fermenter. ‖ Mauvais vin. ● *Ramasser une piquette* (Fam.), se faire battre honteusement.

piqueur, euse adj. Qui possède un appareil propre à piquer : *insecte piqueur.*

piqueur [pikœr] ou **piqueux** [pikø] n. m. *Vèner.* Valet qui s'occupe des chevaux. ‖ Valet de chiens, suivant à cheval la bête que poursuit la meute.

Phot. Anderson-Giraudon, Dragesco.

Pirandello : une scène de « Six Personnages en quête d'auteur » par la Compagnie Pitoëff, saison 1937-1938

Piranesi, une gravure des « Prisons »

piqueur n. m. Surveillant des maçons et d'autres ouvriers. || Ouvrier mineur procédant à l'abattage du charbon.

piquier n. m. Autref., fantassin armé d'une pique.

piqûre n. f. Petite blessure faite dans les fruits, le bois, etc., par certains insectes. || Plaie dont la surface est de petite dimension, mais qui peut être plus ou moins profonde. || Introduction thérapeutique dans les tissus d'une aiguille creuse (pour injection sous-cutanée, intramusculaire, etc.) ou pleine (acupuncture). || Rang de points et d'arrière-points faits sur une étoffe.

Pirandello (Luigi), écrivain italien, né à Agrigente (1867-1936). Il enseigna la littérature à l'Institut supérieur de professorat de Rome (1897-1921). Il publia d'abord des nouvelles et des romans d'inspiration vériste (*l'Exclue*, 1893 ; *Feu Mathias Pascal*, 1904), puis exprima dans son œuvre dramatique sa conviction qu'il est impossible de saisir la personnalité humaine, sans cesse brisée en mille facettes, divisée en opinions contradictoires. La folie intermittente de sa femme ne fut pas sans influence sur son théâtre, étrange et tourmenté (*Chacun sa vérité*, 1917 ; *le Jeu des rôles*, 1918 ; *Six Personnages en quête d'auteur*, 1921 ; *Henri IV*, 1922 ; *Ce soir, on improvise*, 1930 ; *Se trouver*, 1932). [Prix Nobel, 1934.]

Piranesi (Giambattista), en fr. **Piranèse**, graveur et architecte italien, né à Mogliano Veneto (1720-1778). Il a gravé à l'eau-forte plus de deux mille planches, dont les séries des *Vues de Rome antique* et des *Vues de Paestum*. Dans celle des *Prisons*, il créa un monde architectural imaginaire, aux perspectives monumentales, aux éclairages puissamment contrastés, empreint d'une étrange poésie. Par ses planches d'art décoratif, il contribua à la propagation du goût néo-classique en Europe.

piranha [piraɲa] ou **piraya** [piraja] n. m. Poisson des eaux douces d'Amazonie, réputé pour sa férocité. (Attirés par le sang, les piranhas, de leurs dents acérées, dépècent leurs proies avec une très grande rapidité.)

pirate [pirat] n. m. (lat. *pirata*). Aventurier qui court les mers pour se livrer au brigandage. || Tout homme qui s'enrichit en pillant, en volant. ● *Pirate de l'air*, personne qui, par menace, détourne un avion en vol de sa destination normale. || — Adj. *Emetteur pirate*, poste d'émission non autorisé, fonctionnant sur une longueur d'onde qui ne lui a pas été attribuée.

pirater v. i. Faire le pirate.

piraterie n. f. Crime commis en mer contre un navire, son équipage ou sa cargaison : *commettre un acte de piraterie*.

Pirates (*Côte des*). V. TRUCIAL STATES.

pire [pir] adj. (lat. *pejor*). Plus mauvais, plus nuisible (comparatif) : *cet enfant est pire qu'il n'était ; c'est un remède qui est pire que le mal*. || Précédé de l'article, le plus mauvais (superlatif et n. m.) : *la guerre est le pire des maux*. (*Pire* n'est jamais adverbe.)

Pire (Dominique), dominicain belge, né à Dinant (1910-1969). Il s'est consacré au problème des réfugiés. (Prix Nobel de la paix, 1958.)

Pirée (LE), v. de Grèce ; 500 000 h. A une dizaine de kilomètres du centre d'Athènes, dont il constitue le port, le Pirée est le principal débouché maritime de la Grèce ; l'industrie s'y est développée (métallurgie, chimie, textile). Le Pirée est devenu le port d'Athènes, à laquelle il était relié par les *Longs Murs*, en remplacement de Phalère, dès les guerres médiques. — L'expression « prendre Le Pirée pour un homme » (commettre une erreur grossière) est une allusion à la fable de La Fontaine, *le Singe et le Dauphin*, dans laquelle le singe parle du Pirée comme étant un de ses amis.

Pirenne (Henri), historien belge, né à Verviers (1862-1935), spécialiste de l'histoire du Moyen Age et de l'histoire économique, auteur d'une *Histoire de la Belgique* (1899-1932).

Pisanello, une princesse d'Este, *Louvre*

Piriac-sur-Mer (44420 La Turballe), comm. de la Loire-Atlantique (arr. de Saint-Nazaire) ; 1 134 h. (656 aggl.). Station balnéaire.

piriforme [pirifɔrm] adj. (lat. *pirum*, poire, et *forme*). Qui a la forme d'une poire : *crâne piriforme*.

Pirithoos. *Myth. gr.* Héros thessalien, fils de Zeus et roi des Lapithes, ami de Thésée. Ses noces avec Hippodamie furent ensanglantées par le combat des Centaures et des Lapithes.

Pirmasens, v. de l'Allemagne occidentale (Rhénanie-Palatinat) ; 52 000 h. Chaussures.

pirogue [pirɔg] n. f. (esp. *piragua*). Embarcation exotique légère, marchant à la voile ou à la pagaie.

piroguier n. m. Conducteur de pirogue.

pirojki [pirɔʃki] n. m. pl. (dimin. de *pirogui*). Spécialité russe faite de petits pâtés farcis de viande, de poisson, etc.

pirole n. f. Genre de dicotylédones gamopétales, renfermant des plantes herbacées des régions tempérées.

Piron (Alexis), poète français, né à Dijon (1689-1773). Il dut sa célébrité aux monologues qu'il composa pour le théâtre de la Foire (*Arlequin-Deucalion*, 1722) et à sa comédie *la Métromanie* (1738). Louis XV ne ratifia pas son élection à l'Académie française.

Pirou (Gaétan), économiste français, né au Mans (1886-1946), auteur d'un *Cours d'économie politique* (1945) et de nombreux ouvrages sur la monnaie.

pirouette [pirwɛt] n. f. Tour entier qu'on fait sur la pointe ou le talon d'un seul pied. || *Chorégr.* Tour entier que le danseur effectue sur lui-même en prenant sa jambe d'appui comme pivot, ses bras, sa tête et son autre jambe imprimant l'élan nécessaire à ce mouvement et à sa répétition. (Syn. TOUR.) || *Fig.* Changement brusque d'opinion. ● *Pirouette fouettée*, v. FOUETTÉ n. m.

pirouettement n. m. Succession de pirouettes.

pirouetter v. i. Faire une ou plusieurs pirouettes : *pirouetter sur les talons*. || *Fig.* Changer d'opinion.

pis [pi] n. m. (lat. *pectus*, poitrine). Mamelle de la vache, de la brebis, de la chèvre, etc.

pis [pi] adv. (lat. *pejus*). Plus mal : *il a fait pis que cela*. || — N. m. La chose la plus mauvaise : *le pis de l'aventure*. || — Adj. Plus mauvais : *c'est encore pis que je ne pensais*. ● *Qui pis est*, ce qui est plus fâcheux : *il est sot et, qui pis est, méchant*. || — Loc. adv. **Au pis aller,** en supposant les choses au plus mal. || **De mal en pis,** de plus en plus mal.

pis-aller [pizale] n. m. inv. Chose à laquelle on se résout faute de mieux.

pisan [pizɑ̃], **e** [-an] adj. et n. De Pise.

Pisanello (Antonio PISANO, dit **Pisanello** ou **il**), peintre et médailleur italien, né à Pise (v. 1395-v. 1455). Elève de Gentile da Fabriano, dont il prolongea le maniérisme, il a peint à Vérone son chef-d'œuvre, *Saint Georges délivrant la princesse de Trébizonde* (église Sant'Anastasia,

piranha

◀ pirogue à balancier

pirogue ▼

Phot. Lipnitzki, Giraudon, Morin-Giraudon, Lauros-Giraudon, Atlas-Photo, Verger-Multiphoto.

Piscator : mise en scène du « Vicaire » de Rolf Hochhuth

Pise
la cathédrale

1436). Son renom de médailleur le fit appeler dans toutes les cours d'Italie, où il exécuta, dans un style d'une admirable fermeté, les portraits des princes de son temps. Il fut aussi un dessinateur d'une précision et d'une élégance remarquables.

Pisano (Andrea DA PONTEDERA, dit). V. ANDREA PISANO.

Pisano (Giovanni). V. GIOVANNI PISANO.

Pisano (Nicola). V. NICOLA PISANO.

Piscator (Erwin), metteur en scène et directeur de théâtre allemand, né à Ulm (1893-1966). Il usa des innovations techniques les plus hardies (scène tournante, décor à étage, projections cinématographiques, apostrophes au public) pour faire saisir aux spectateurs l'imbrication des problèmes esthétiques, sociaux et politiques. Directeur de la Volksbühne à Berlin, il connut son plus grand succès avec les *Aventures du brave soldat Švjek,* de Hašek. Emigré aux Etats-Unis, il revint en Europe après la Seconde Guerre mondiale et dirigea notamment le théâtre Am Kurfürstendamm de Berlin (1962-1966).

piscicole adj. Relatif à la pisciculture.

pisciculteur n. m. Spécialiste de pisciculture.

pisciculture [pisikyltyr] n. f. (lat. *piscis,* poisson, et *culture*). Art de multiplier et d'élever les poissons. (La pisciculture a deux buts : le repeuplement des rivières, des étangs et des lacs qui, pour des raisons diverses, se dépeuplent chaque jour ; la production de poissons de taille marchande et de races sélectionnées [truites et carpes notamment]. Par la fécondation artificielle, on augmente considérablement le nombre d'œufs fécondés qui se développent à l'abri des prédateurs et donnent naissance à des alevins que l'on protège et nourrit judicieusement pendant leur croissance.)

pisciforme adj. En forme de poisson.

piscine [pisin] n. f. (lat. *piscina,* vivier). Bassin artificiel pour la natation. ‖ Réacteur nucléaire comportant un modérateur liquide (eau ou eau lourde), dans lequel est plongée la matière fissile, le liquide pouvant en même temps servir de fluide de refroidissement et de protecteur biologique. ● *Piscine sacrée,* endroit d'une sacristie où l'on jette l'eau qui a servi à nettoyer les vases sacrés et les linges d'autel.

piscivore adj. et n. (lat. *piscis,* poisson, et *vorare,* dévorer). Qui se nourrit de poissons : *les phoques sont piscivores.*

Pise, en ital. **Pisa,** v. d'Italie (Toscane), sur l'Arno ; 102 000 h. Archevêché. Université. Pise était devenue au XIe s. une grande puissance méditerranéenne ; mais, battue par Gênes en 1284, elle ne retrouva pas sa grandeur passée. Elle fut soumise par Florence en 1406. C'est l'une des plus belles villes d'Italie pour ses édifices anciens, dont l'ensemble le plus remarquable est formé par la cathédrale (XIe s.) [chaire par Giovanni Pisano ; mosaïque de Cimabue], le baptistère (chaire de Nicola Pisano), le campanile, ou Tour penchée, et le campo santo (fresques, dont le *Triomphe de la mort*). — Patrie de Galilée.

pisé [pize] n. m. (mot lyonnais ; du lat. *pinsare,* broyer). Maçonnerie de terre argileuse que l'on comprime sur place : *le pisé fut beaucoup employé dans les constructions rurales.*

Pisidie, région montagneuse de la Turquie d'Asie.

pisiforme [pizifɔrm] adj. et n. m. *Anat.* Se dit d'un des os du carpe.

Pisistrate, tyran d'Athènes (v. 600-527 av. J.-C.). Il avait réussi à usurper l'autorité souveraine ; il la conserva jusqu'à sa mort, à l'exception de deux périodes d'exil. Il prolongea l'œuvre sociale de Solon, célébra des fêtes somptueuses, embellit Athènes et fit rassembler et publier les rhapsodies homériques.

pisolite [pizɔlit] n. f. (lat. *pisum,* pois, et gr. *lithos,* pierre). Grain, souvent calcaire, de la grosseur d'un pois.

pisolitique ou **pisolithique** adj. Se dit d'une roche formée de pisolites : *calcaire pisolitique.*

Pison. V. CALPURNIUS PISON.

pissaladière n. f. Tarte niçoise en pâte à pain, garnie d'oignons, de filets d'anchois et d'olives noires.

Pissarev (Dimitri Ivanovitch), critique littéraire russe, né à Znamenskoïe (gouvern. d'Orel) [1840-1868]. Arrêté pour avoir distribué une brochure interdite, il passa quatre ans à la forteresse Pierre-et-Paul, où il put cependant continuer ses chroniques pour les *Annales de la patrie.* Il tenta de promouvoir une théorie esthétique purement sociale et utilitaire (*Pouchkine et Bielinski,* 1865).

Pissarro (Camille), peintre français, né à Saint-Thomas (Antilles) [1830-1903]. Il fut l'un des maîtres du groupe des impressionnistes, au sein duquel il exerça une réelle influence. Il dut sa vocation de paysagiste à Corot, fut attiré par l'art de Gauguin, puis par celui de Seurat. Il séjourna longtemps dans la région parisienne (*Bords de la Marne,* 1866 ; *Vue de Pontoise,* 1868 ; *les Toits rouges,* 1877), ainsi qu'à Rouen, puis à Paris (*Place du Théâtre-Français, Effet de neige*). Peintre sensible à l'atmosphère et aux nuances, il a laissé aussi une œuvre de graveur. Il est représenté au musée du Jeu de paume. (V. illustr. IMPRESSIONNISME.)

pissat [pisa] n. m., **pisse** [pis] n. f. Urine.

pisse-froid n. m. inv. *Pop.* Homme dont l'humeur glaciale empêche les autres de rire.

pissement n. m. Action de pisser.

Pissemski (Alekseï Feofilaktovitch), écrivain russe, né à Ramenie (gouvern. de Kostroma) [1821-1881]. Ses romans (*Mille Ames,* 1858) et son théâtre (*Amère Destinée,* 1859) composent un tableau des mœurs russes avant l'abolition du servage.

pissenlit [pisɑ̃li] n. m. (de *pisser,* à cause de ses vertus diurétiques). Plante à feuilles dentelées que l'on mange en salade, et à petits fruits secs surmontés d'une aigrette, qui facilite leur dissémination par le vent. (Les racines de certaines espèces de l'Asie centrale fournissent un latex dont on peut tirer le caoutchouc.) [Syn. DENT-DE-LION.] ● *Manger les pissenlits par la racine* (Fam.), être enterré. ▶

pisser [pise] v. t. et i. (origine inconnue). *Fam.* Uriner.

pissette n. f. Appareil de laboratoire projetant un jet liquide.

pisseux, euse adj. Imprégné d'urine : *linge pisseux.* ‖ Qui a l'apparence de l'urine ; qui rappelle l'urine : *couleur, odeur pisseuse.*

pissoir n. m. *Pop.* Lieu pour pisser.

Pissos (40410), ch.-l. de c. des Landes (arr. de Mont-de-Marsan) ; 827 h. (527 aggl.).

pissotière [pisɔtjɛr] n. f. *Pop.* Urinoir public.

pistache [pistaʃ] n. f. (lat. *pistacium*). Graine comestible du pistachier, utilisée en confiserie.

pistachier n. m. Arbre des régions chaudes, fournissant les pistaches. (Le *lentisque* et le *térébinthe* sont deux espèces de pistachier fournissant la première le mastic, la seconde la térébenthine de Chio. Famille des anacardiacées.)

pistage n. m. Action de pister.

1

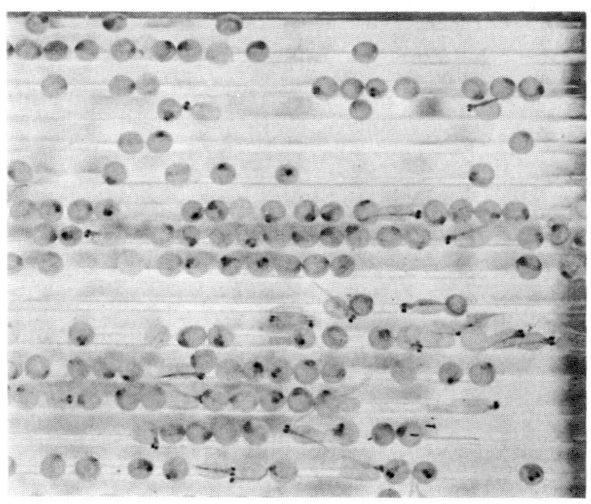

2

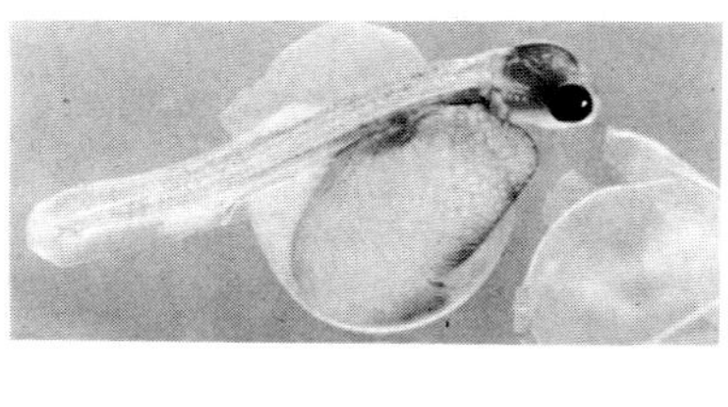

3

1. Fécondation artificielle par la laitance du mâle
2. Œufs et alevins naissant sur claie, grossis 1 fois 1/2
3. Sortie de l'alevin (truite)

pisciculture

Phot. Ilse Buhs, Noailles (3), Lauros-Giraudon.

Georges et Ludmilla **Pitoëff**

William **Pitt**
« le Premier Pitt »
par Hoppner
Nat. Gallery
Londres

William **Pitt**
« le Second Pitt »
par Hoppner
Bibl. nat.

pistard [-ar] n. m. *Arg. sportif.* Coureur cycliste spécialisé dans les épreuves sur piste.

piste [pist] n. f. (ital. *pista ;* du lat. *pistare,* piler). Trace laissée par une personne ou par un animal. ‖ Chemin tracé réservé aux cyclistes, aux cavaliers, etc. ‖ Chemin rudimentaire, sommairement aménagé. ‖ Bande de terrain d'un aérodrome sur laquelle les avions décollent ou atterrissent. ‖ Terrain aménagé pour des courses de chevaux, de bicyclettes, d'autos, etc. ‖ Ligne circulaire continue, située sur un tambour, un disque, une bande d'un calculateur électronique, et sur laquelle on enregistre une information par la présence ou l'absence de points magnétisés. ● *Piste sonore,* partie de la bande d'un film qui sert à l'enregistrement et à la reproduction des sons.

pister v. t. Suivre à la piste ; filer.

pistil [pistil] n. m. (lat. *pistillus,* pilon). Le plus interne des verticilles d'une fleur, formé de pièces (*carpelles*) généralement soudées et qui constitue l'organe femelle de la fleur. (Syn. GYNÉCÉE.)
— ENCYCL. Lorsque les carpelles sont entièrement soudés, ce qui est le cas général, le *pistil* présente de haut en bas trois organes : le *stigmate,* papilleux et visqueux, sur lequel les grains de pollen se fixent et germent ; le *style,* allongé en colonne, dont le rôle est de surélever le stigmate ; enfin l'*ovaire,* organe creux où sont contenus les ovules ou futures graines. Les carpelles sont entièrement séparés et forment chacun un pistil complet chez les renonculacées (bouton d'or). Dans d'autres groupes, il y a un seul ovaire, mais autant de styles que de carpelles ; l'existence de plusieurs stigmates est fréquente.

Pistoia, v. d'Italie (Toscane) ; 90 000 h. Cathédrale (XIIe-XVe s.). Palais des XIIIe-XIVe s. Chaussures. Dentelles. La commune de Pistoia fut soumise par Florence en 1401.

pistole [pistɔl] n. f. (du tchèque *pichtal*). Monnaie d'or ancienne, de valeur variable. ‖ Monnaie de divers pays. (En France, autref., pièce de dix francs.) ‖ Partie d'une prison autrefois réservée à certains détenus servis à leurs frais. ‖ *Mil.* Au XVIe s., syn. de PISTOLET.

pistolet [pistɔlɛ] n. m. (du nom de *Pistoia,* où se fabriquait cette arme). Arme à feu individuelle légère, au canon très court, et qui se tire d'une seule main. (V. *encycl.*) ‖ Pulvérisateur de peinture. ‖ Planchette très mince, en bois ou en matière plastique découpés, pour tracer au tire-ligne toutes espèces de courbes. ‖ *Méd.* Syn. fam. de URINAL. ‖ Petit pain au lait. ‖ *Fam.* Personne bizarre, fantasque : *c'est un drôle de pistolet.* ● *Pistolet mitrailleur,* arme automatique individuelle, tirant par rafales et utilisée dans le combat rapproché. (Syn. MITRAILLETTE.) [V. *encycl.*]
— ENCYCL. La pistole, ou *pistolet,* était au XVIe s. une demi-arquebuse. Le *pistolet à rouet,* dont fut ensuite dotée la cavalerie, resta longtemps, lui aussi, une arme très lourde. Peu à peu allégé et muni d'une batterie à silex à partir du XVIIIe s., il fut porté à l'arçon par les cavaliers (*pistolet d'arçon*) et à la ceinture par les fantassins. Au début du XXe s., il devint automatique, acquit sa forme actuelle, et la rapidité de son chargement le fit préférer au *revolver** à barillet. Le pistolet automatique français modèle 1950, qui pèse 1,100 kg environ, tire une cartouche de 9 mm. Sa portée utile est de 50 m, sa vitesse pratique de tir est de 20 coups à la minute et il est approvisionné par un chargeur de 9 cartouches.
— Dérivé du pistolet à crosse, le *pistolet mitrailleur* fit son apparition à la fin de la Première Guerre mondiale dans les armées allemande et américaine. Son emploi fut généralisé au cours de la Seconde Guerre mondiale, et il est devenu l'arme individuelle par excellence. Le pistolet mitrailleur français modèle 1949, qui pèse 4 kg environ, tire une cartouche de 9 mm. Sa portée utile est de 200 m, sa vitesse pratique de tir est de 150 coups à la minute et il est approvisionné par un chargeur de 32 cartouches.

piston [pistɔ̃] n. m. (ital. *pistone*). Disque cylindrique se déplaçant à frottement doux dans le corps d'une pompe ou dans le cylindre d'une machine à vapeur, d'un moteur à explosion. ‖ Mécanisme inventé au début du XIXe s., introduit dans les instruments à vent en cuivre pour permettre d'atteindre tous les degrés de l'échelle chromatique, tout en assurant la justesse de l'instrument et en facilitant son maniement. ‖ *Fam.* Recommandation, protection.

pistonner v. t. *Fam.* Recommander, protéger : *se faire pistonner par un haut personnage.*

pistou [pistu] n. m. Potage provençal caractérisé par une liaison faite d'ail pilé, aromatisé au basilic.

pitance [pitɑ̃s] n. f. (de *pitié*). Portion qu'on donne à chaque repas dans les communautés. ‖ Subsistance journalière.

pitchpin [pitʃpɛ̃] n. m. (mot angl.). Pin résineux de l'Amérique du Nord, dont le bois jaune et rougeâtre est employé en ébénisterie.

pite [pit] n. f. (esp. *pita*). Matière textile extraite des feuilles de l'agave du Mexique.

Pite älv (le), fl. de Suède, se jetant dans le golfe de Botnie, au petit port de *Piteå* (8 000 h.) ; 370 km.

Pitești, v. de Roumanie, en bordure des Carpates ; 71 500 h. Vins. Constructions mécaniques.

piteusement adv. D'une manière digne de pitié ou de mépris : *échouer piteusement.*

piteux [pitø], **euse** [-øz] adj. (de *pitié*). Propre à exciter la pité, la compassion (souvent ironiq.) : *être dans un piteux état.* ● *Faire une piteuse mine* (Fam.), avoir un air triste, confus.

pithécanthrope [pitekɑ̃trɔp] n. m. (gr. *pithêkos,* singe, et *anthrôpos,* homme). Nom d'un primate fossile ayant de nombreux caractères humains et dont a retrouvé quelques ossements à Java.
— ENCYCL. En 1889, le médecin néerlandais Dubois découvrit quelques ossements d'un fossile, qu'il décrivit en 1894 et nomma *Pithecanthropus erectus.* Les caractères simiens de ce fossile sont représentés par le front à peu près inexistant, les énormes arcades sourcilières, la face en museau et le menton fuyant ; ses caractères hominiens sont la capacité crânienne très supérieure à celle des singes (900 cm^3), la structure des dents et la marche bipède. Cinquante ans plus tard, de 1937 à 1941, G. von Koenigswald et F. Weidenreich découvrirent des fragments de fossiles de très grande taille, apparentés au pithécanthrope de Dubois.

pithiatique adj. Relatif au pithiatisme. ‖ — Adj. et n. Atteint de pithiatisme.

pithiatisme [pitjatism] n. m. (gr. *peithô,* persuasion, et *iatos,* guérissable). Ensemble des troubles nerveux curables par la suggestion.

Pithiviers (45300), ch.-l. d'arr. du Loiret, sur l'Œuf, branche de l'Essonne ; 9 122 h. (*Pithivériens*). Château du XVIe s. Eglise Saint-Salomon-Saint-Grégoire, datant pour la plus grande partie de la Renaissance. Produits alimentaires (pâté d'alouettes, gâteaux dits « pithiviers », etc.). — L'arr. a 5 cant., 98 comm., 45 315 h.

Pithou (Pierre), jurisconsulte et écrivain français, né à Troyes (1539-1596), un des collaborateurs de la *Satire Ménippée.*

pitié [pitje] n. f. (lat. *pietas,* piété). Sentiment de compassion pour les souffrances d'autrui : *avoir pitié de son prochain.* ● *A faire pitié* (Fam.), très mal : *chanter à faire pitié.* ‖ *Faire pitié,* exciter la compassion. ‖ *Vierge de pitié,* représentation du Christ sur les genoux de sa mère, éplorée, après la descente de croix.

Pitoëff (Georges), comédien et directeur de théâtre français d'origine russe, né à Tiflis (1884-1939). Venu à Paris en 1919, il y a mis en scène et interprété avec sa femme LUDMILLA, née à Tiflis (1895-1951), nombre d'œuvres du théâtre contemporain.

piton [pitɔ̃] n. m. Clou dont la tête est en forme d'anneau ou de crochet. ‖ Pointe d'une montagne élevée.

Pitot (Henri), ingénieur français, né à Aramon (Languedoc) [1695-1771]. Ingénieur en chef des états du Languedoc (1740), il construisit un grand nombre d'ouvrages, notamment l'aqueduc Saint-Clément à Montpellier. Mais il est surtout connu par le dispositif, appelé *tube de Pitot,* qui mesure la pression dans un fluide et qui, combiné avec une prise de pression statique, permet de calculer la vitesse d'écoulement d'un fluide, notamment de l'air.

pitoyable [pitwajabl] adj. Qui excite la pitié : *état pitoyable.* ‖ Mauvais, sans valeur : *auteur pitoyable.*

pitoyablement adv. De façon pitoyable.

pitre [pitr] n. m. Bouffon : *faire le pitre.*

pitrerie n. f. Action de pitre.

Pitt (William), 1er comte DE CHATHAM, dit **le Premier Pitt,** homme politique britannique, né à Londres (1708-1778). Député whig (1735), il contribua à la chute du cabinet Walpole (1742). Après les premiers échecs de la guerre de Sept Ans, il fut choisi comme ministre de la Guerre (1756-1761) ; son action permit à l'Angleterre de vaincre la France, notamment en Inde et au Canada. Entré dans l'opposition, il condamna le traité de Paris (1763). En 1766, il fut nommé Premier ministre, mais sa santé chancelante l'obligea à démissionner dès 1768. — Son fils WILLIAM, dit **le Second Pitt,** homme d'Etat britannique, né à Hayes (Kent) [1759-1806], député whig, dénonça la guerre d'Amérique. Chancelier de l'Echiquier (1782-1783), puis Premier ministre (1783-1801), il fut le chef de file du groupe « patriote », partisan d'un gouvernement fort. S'il n'hésita pas à signer un traité de commerce avec la France (1786) et se montra d'abord favorable à la Révolution française (1789), il s'inquiéta bientôt de l'expansionnisme révolutionnaire et anima la coalition contre la France à partir de 1793. Le mouvement nationaliste irlandais menaça un moment les résultats de ses efforts (1797). En 1800, il rattacha l'Irlande au royaume britannique. Il démissionna quand le roi refusa d'émanciper les catholiques (1801). Revenu au pouvoir en 1804, il devint l'âme de la lutte contre Napoléon.

Pittacos, un des Sept Sages de la Grèce (v. 650-v. 569 av. J.-C.). Il délivra Mytilène des tyrans et gouverna la cité pendant dix ans (595-585).

Pitti, famille florentine, rivale des Médicis. — Le *palais Pitti,* à Florence, commencé en 1440 par Brunelleschi, augmenté par Ammanati au XVIe s., achevé par Ruggieri (1764-1819), est riche en tableaux et en objets d'art provenant en grande partie de la collection des Médicis.

pittoresque [pitɔrɛsk] adj. (ital. *pittoresco ;* de *pittore,* peintre). Qui frappe l'attention par sa beauté, son agrément : *site pittoresque.* ‖ Qui fait image, qui a du relief, de l'originalité : *style, récit pittoresque* ‖ Qui a rapport à la peinture : *le dessin, le relief, la couleur forment la*

pissenlit

pistolet automatique

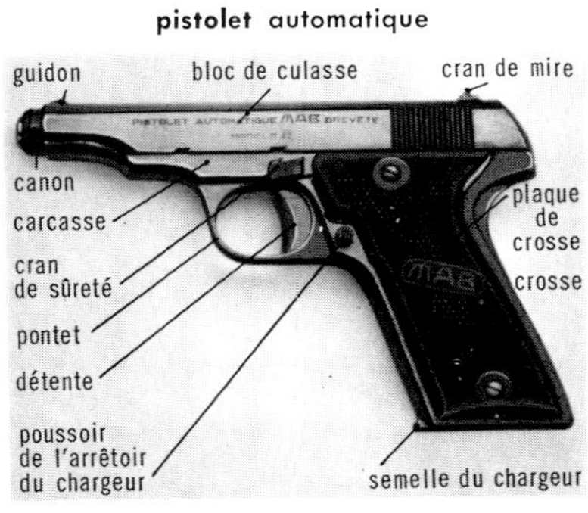

Phot. Lipnitzki, Lauros - Atlas-Photo, Mansell, Giraudon.

trinité pittoresque. (Cette acception est généralement considérée comme vieillie.) || — N. m. : *rechercher le pittoresque.*

pittoresquement adv. De façon pittoresque.

pittosporum [pitɔspɔrɔm] n. m. Arbuste à feuilles vivaces et à fleurs odorantes.

Pittsburgh, v. des Etats-Unis (Pennsylvanie), sur l'Ohio ; 562 000 h. Centre d'une agglomération de près de 2 millions d'hab., Pittsburgh est l'un des plus grands centres sidérurgiques et métallurgiques du monde.

pituitaire adj. Relatif à la pituite. ● *Glande pituitaire,* syn. de HYPOPHYSE. || *Membrane pituitaire,* muqueuse qui tapisse les fosses nasales jusqu'au pharynx.

pituite [pitɥit] n. f. (lat. *pituita*). Vomissement glaireux, qui survient le matin chez les alcooliques ou les sujets atteints de gastrite. || Mucosité des fosses nasales.

pituiter [pitɥite] v. i. Crier, en parlant de la caille.

pityriasis [pitirjazis] n. m. (gr. *pituriasis ;* de *pituron,* son du blé). Dermatose à desquamation en fines écailles : *le pityriasis versicolor est une mycose.*

piu [pju] adv. (mot ital.). *Mus.* Plus : *piu mosso* (plus vite).

pivert [pivɛr] n. m. (de *pic,* oiseau). Oiseau du genre *pic,* à plumage vert et jaune sur le corps, rouge sur la tête. (On dit aussi PICVERT.)

pivoine [pivwan] n. f. (gr. *paiônia*). Plante bulbeuse dont on cultive, pour leurs grosses fleurs rouges, roses ou blanches, des espèces venant de l'Extrême-Orient. (Famille des renonculacées.)

pivot [pivo] n. m. Pièce cylindrique tournant dans une partie fixe lui servant de support. || *Fig.* Agent principal : *être le pivot d'une entreprise.* || *Bot.* Racine qui s'enfonce verticalement en terre.

pivotant, e adj. *Bot.* Se dit d'une racine centrale qui s'enfonce perpendiculairement dans la terre : *la carotte a une racine pivotante.*

pivoter [pivɔte] v. i. Tourner sur un pivot ou comme sur un pivot : *pivoter sur ses talons.* || S'enfoncer verticalement en terre : *la racine du chêne pivote.*

Pixerécourt (René Charles GUILBERT DE), auteur dramatique français, né à Nancy (1773-1844). Il écrivit cent onze pièces, dans lesquelles il use abondamment de la terreur et du pathétique, et qui font de lui le père du mélodrame (*Victor ou l'Enfant de la forêt,* 1798 ; *Cœlina ou l'Enfant du mystère,* 1800 ; *le Château de Loch-Leven,* 1822 ; *Latude ou Trente-Cinq Ans de captivité,* 1834).

Pizarro (Francisco), en franç. **François Pizarre,** conquistador espagnol, né à Trujillo (Cáceres) [v. 1475-1541]. Un premier essai de conquête du Pérou n'aboutit pas. Accompagné de ses frères GONZALO, né à Trujillo (v. 1502-1548), et HERNANDO, né à Trujillo (v. 1508-1578), il revint en Amérique du Sud en 1530 ; s'étant emparés de Cuzco par la ruse, les conquistadores se débarrassèrent de l'Inca. Mais le désaccord éclata entre les conquérants, et Francisco fut assassiné. Gonzalo gouverna le Pérou de 1546 jusqu'à son exécution sur l'ordre de Charles Quint.

pizza [pidza *ou* pitsa] n. f. (mot ital.). Tarte garnie de tomates, d'anchois, d'olives, etc.

pizzeria [pizerja] n. f. (mot ital.). Restaurant italien où l'on sert des pizzas.

Pizzetti (Ildebrando), compositeur italien, né à Parme (1880-1968). Il a cherché à renouveler l'art dramatique italien (*Debora e Jaele,* 1922).

pizzicato [pitsikato] n. m. (mot ital.). Passage de musique exécuté en pinçant les cordes d'un instrument à archet avec les doigts de la main droite. || Pl. des *pizzicati.*

Pl, symbole du *poiseuille.*

Plabennec (29212), ch.-l. de c. du Finistère (Nord) [arr. de Brest] ; 4 570 h. (2 334 aggl.) [*Plabennécois*].

placage [plakaʒ] n. m. (de *plaque*). Feuille de bois de faible épaisseur, obtenue par tranchage ou par déroulement. || Revêtement d'une matière vulgaire par une matière plus précieuse : *des placages d'acajou.* || Au rugby, action de plaquer.

placard [plakar] n. m. (de *plaque*). Armoire pratiquée dans un mur. || Avis, écrit ou imprimé, qu'on affiche publiquement : *placard officiel publicitaire.* || Epreuve d'imprimerie en colonnes pour les corrections.

placarder v. t. Afficher un imprimé sur les murs : *placarder un arrêt.*

place [plas] n. f. (lat. *platea,* rue large). Espace qu'occupe ou peut occuper une personne, une chose : *une place pour chaque chose et chaque chose à sa place.* || Charge, emploi : *perdre sa place.* || Rang qu'obtient un écolier pour sa composition. || Rang qu'une personne ou une chose doit occuper : *cet homme n'est pas à sa place.* || Large espace découvert auquel aboutissent plusieurs rues dans une ville. || Endroit où ont lieu les prises d'armes, les défilés. || Toute ville de garnison : *le bureau de la place.* || *Comm.* Ensemble des négociants, des banquiers d'une ville : *la place de Paris.* ● *Demeurer en place,* ne pas bouger. || *Faire place à,* être remplacé par. || *Ne pas tenir en place,* s'agiter sans cesse. || *Place d'armes,* lieu où se rassemblaient les défenseurs d'une ville. || *Place forte,* ou *place,* agglomération défendue par des fortifications. || *Prendre la place de,* être substitué à. || *Tenir sa place,* remplir un rôle convenable. || *Voiture de place,* voiture de louage. || — **A la place de** loc. prép. Au lieu de.

Pittsburgh

pivert

pivoine

placebo [plasebo] n. m. (mot lat. signif. *je plairai*). Substance inoffensive substituée à un médicament afin d'étudier l'action psychologique et l'action réelle de celui-ci par leur dissociation.

placement n. m. Action de placer, de procurer une place, un emploi : *bureau de placement.* || Action de vendre : *placement de vin.* || Action de disposer d'un capital en numéraire de manière qu'il rapporte des intérêts ou, tout au moins, qu'il garde son pouvoir d'achat : *faire de bons placements.*

placenta [plasɛ̃ta] n. m. (mot lat. signif. *galette*). Chez les mammifères, organe reliant l'embryon à l'utérus maternel pendant la gestation. (V. *encycl.*) [Syn. DÉLIVRE.] || *Bot.* Région de l'ovaire où sont fixés les ovules.
— ENCYCL. Le *placenta* humain a une forme de galette et pèse de 500 à 600 g. Il adhère par une de ses faces à la paroi interne de l'utérus et reçoit par l'autre les vaisseaux ombilicaux, qui assurent la nutrition et l'oxygénation du fœtus. Il est expulsé de l'utérus après l'accouchement (délivrance).

placentaire adj. Qui appartient au placenta : *vaisseaux placentaires.* || — N. m. pl. Grande division des mammifères, comprenant ceux qui possèdent un placenta. (Syn. EUTHÉRIENS.) || Sing. un *placentaire.*

placentation n. f. Formation du placenta. || Disposition des ovules dans l'ovaire des végétaux.

placer [plase] v. t. (conj. **1**). Etablir, mettre dans un lieu : *placer des invités à table.* (Syn. : CASER, INSTALLER, LOGER, SITUER.) || — *Fig.* Procurer un emploi : *placer un domestique.* || Vendre pour le compte d'autrui : *placer des marchandises.* ● *Etre bien, mal placé* (Chorégr.), se dit d'un danseur doté d'un bon ou d'un mauvais endehors. || *Placer de l'argent,* prêter à intérêts. || *Placer la balle* (Sports), la lancer là où l'on veut. || *Placer un mot,* dire quelques paroles. || — **Se placer** v. pr. Prendre un rang : *se placer parmi les premiers.* || *Turf.* Occuper la deuxième ou la troisième position derrière le vainqueur : *ce cheval s'est placé.*

placer [plasɛr] n. m. (mot esp. signif. *banc de sable*). Gîte sédimentaire détritique, le plus souvent alluvial.

placet [plasɛ] n. m. (mot lat. signif. *il plaît*). Demande écrite pour obtenir justice, solliciter une grâce, une faveur. || *Dr.* Copie des conclusions du plaideur remise au tribunal au moment de l'inscription de l'affaire au rôle.

placette n. f. Petite place d'une ville.

placeur, euse n. Personne qui place : *une placeuse de spectateurs, de domestiques.*

placide [plasid] adj. (lat. *placidus*). Calme, paisible : *rester placide.*

Placide *(saint),* martyr inconnu, longtemps assimilé à un disciple de saint Benoît qui portait le même nom. — Fête le 5 octobre.

placidement adv. Avec placidité.

Placidia. V. GALLA PLACIDIA.

placidité n. f. Caractère calme, tranquillité : *conserver sa placidité.*

placier [plasje] n. m. Représentant de commerce qui propose ses marchandises aux particuliers. || Personne qui prend à ferme l'ensemble des places d'un marché public pour les louer aux commerçants et forains.

plafond [plafɔ̃] n. m. (de *plat fond*). Surface plane, horizontale ou cintrée, garnie de plâtre ou de menuiserie, qui forme la partie supérieure d'un lieu couvert. || Peinture ornant un plafond. || Vitesse maximale d'un véhicule. || Altitude maximale que peut atteindre un aéronef. || Altitude de la base des nuages les plus bas. || Limite chiffrée d'un crédit, du pouvoir d'émission d'une banque ou de la fraction du salaire soumise aux cotisations de sécurité sociale. || *Jeux.* Au bridge, partie de la marque où s'inscrivent les honneurs et les pénalités. ● *Crever le plafond,* dépasser la limite fixée. || *Prix plafond,* prix maximal à ne pas dépasser.

plafonnage n. m. Action de plafonner. || Travail de celui qui fait des plafonds.

plafonné, e adj. *Salaire plafonné,* fraction maximale d'un salaire soumise aux cotisations de sécurité sociale.

plafonnement n. m. Etat de ce qui atteint son maximum : *le plafonnement des prix.*

plafonner v. t. Garnir d'un plafond. || — V. i. Voler aussi haut que possible. || Rouler aussi vite que possible (véhicule). || Atteindre son maximum : *la production plafonne.*

plafonneur n. et adj. m. Plâtrier spécialiste dans la réalisation des plafonds.

plafonnier n. m. Appareil d'éclairage fixé au plafond.

plagal [plagal], **e, aux** [-o] adj. Se dit d'un mode grégorien commençant une quarte au-dessous du mode authente. ● *Cadence plagale,* mouvement de la sous-dominante vers la tonique, portant l'une et l'autre l'accord parfait.

plage [plaʒ] n. f. (ital. *piaggia*). Sur un rivage, étendue formée de sable, de gravier ou de galets et soumise à l'action du déferlement de la houle : *la plage de La Baule.* || Pont uni, à l'avant ou à l'arrière de certains navires de guerre. ● *Plage arrière,* partie plane et horizontale située à l'arrière d'un véhicule. || *Plage d'un disque,* ensemble d'un certain nombre de spires d'un sillon ininterrompu d'une même face de disque supportant un enregistrement.

plagiaire n. m. (lat. *plagiarius*). Auteur qui donne comme sien ce qu'il a pris à autrui.

plagiat [-ʒja] n. m. (lat. *plagium,* vente des esclaves d'un autre). Action du plagiaire : *dénoncer un plagiat.*

plagier [plaʒje] v. t. Piller les ouvrages d'autrui : *plagier un auteur.*

plagioclase [plaʒjɔklaz] n. m. (gr. *plagion,* oblique, et *klasis,* brisure). Nom donné aux feldspaths *calcosodiques* (contenant calcium et sodium).

Phot. U. S. I. S., Vincent, Laroche-Multiphoto.

plagiste n. Employé chargé de la gestion d'une plage privée.

Plagne (LA), station de sports d'hiver de Savoie (alt. 1 970-2 600 m), dans la Tarentaise.

plaid [plɛ] n. m. (lat. *placitum,* ce qui est conforme à la volonté). Assemblée judiciaire ou politique à l'époque franque. || Décision ou jugement formulé par une juridiction de cette époque.

plaid [plɛd] n. m. Couverture à carreaux, aux couleurs d'un clan, dont les Ecossais, en costume national, s'enveloppent le torse. || Couverture de voyage à carreaux.

plaidant, e adj. Qui plaide : *les parties plaidantes.*

plaider [plede] v. i. (de *plaid*). Contester en justice : *se ruiner à plaider.* || Défendre sa cause ou celle d'une partie devant les juges : *l'avocat a bien plaidé.* || Influencer en faveur de : *le passé de l'honnête homme plaide pour lui.* || — V. t. Défendre en justice : *plaider une cause.* ● *Plaider le faux pour savoir le vrai,* dire à quelqu'un une chose qu'on sait être fausse pour tirer de lui le secret de la vérité.

plaideur, euse n. Personne qui est partie à un procès. || Personne qui aime faire des procès : *un plaideur enragé.* (Vieilli.)

Plaideurs (*les*), comédie en vers de Racine (1668), inspirée des *Guêpes* d'Aristophane. L'auteur s'y moque des plaideurs incorrigibles (Chicanneau et la comtesse de Pimbêche) et des juges maniaques (Perrin Dandin).

plaidoirie n. f. Action ou art de plaider : *l'exercice de la plaidoirie.* || Exposé oral des raisons et des prétentions d'un plaideur.

plaidoyer [plɛdwaje] n. m. (de *plaid*). Discours prononcé devant un tribunal pour défendre une cause. || Toute défense en faveur d'une opinion, d'une cause, d'une personne.

plaie [plɛ] n. f. (lat. *plaga,* coup). Déchirure des chairs causée par une blessure, une brûlure, un abcès. || — *Fig.* Peine, affliction : *plaie du cœur.* || Fléau : *les dix plaies d'Egypte.* || Tout ce qui porte préjudice : *les abus, plaie de l'Etat.* ● *Mettre le doigt sur la plaie,* trouver exactement où est le mal.

plaignant [plɛɲɑ̃], **e** [-ɑ̃t] adj. et n. Qui se plaint en justice.

plain-chant [plɛ̃ʃɑ̃] n. m. V. GRÉGORIEN. || Pl. des *plains-chants.*

plaindre [plɛ̃dr] v. t. (lat. *plangere*) [conj. **55**]. Témoigner de la compassion : *plaindre les malheureux.* || **— Se plaindre** v. pr. Se lamenter, témoigner du mécontentement : *se plaindre de son sort.* || Former une plainte en justice.

plaine [plɛn] n. f. (du lat. *planus,* uni). Etendue plate, aux vallées à peine enfoncées dans le sol : *les plaines du bas Rhône.*

— ENCYCL. Souvent proches du niveau de la mer, les *plaines* sont d'origines variées : plaines d'érosion, plaines constituées d'alluvions, régions littorales formées par l'accumulation de sédiments marins, etc. Régions aux sols souvent fertiles, de circulation aisée, sites de grands gisements miniers (charbon, pétrole, fer), les plaines sont généralement densément peuplées (plaines du Gange, du Yang-tseu et du nord de Java ; grande plaine de l'Europe du Nord), là du moins où le climat est favorable à l'homme (l'Amazonie est un désert).

Plainfaing [plɛ̃fɛ̃] (88230 Fraize), comm. des Vosges (arr. de Saint-Dié) ; 2 803 h. (*Plainfinois*). Coton.

plain-pied (de) [dəplɛ̃pje] loc. adv. Au même niveau, sans monter ni descendre : *chambres, pièces qui sont de plain-pied.*

plainte [plɛ̃t] n. f. Lamentation qui exprime la douleur, la peine : *les plaintes d'un malade.* || Mécontentement que l'on exprime : *ses plaintes sont mal fondées.* || Dénonciation faite en justice par celui qui s'estime victime d'une infraction commise par un autre : *déposer une plainte.* || — Syn. : DOLÉANCES, GEIGNEMENT, GÉMISSEMENT, JÉRÉMIADE.

plaintif, ive adj. Qui a l'accent de la plainte : *ton plaintif.*

plaintivement adv. D'une voix plaintive : *gémir plaintivement.*

plaire [plɛr] (**à**) v. t. ind. (lat. *placere*) [conj. **71**]. Etre agréable : *ce tableau me plaît.* || *Intransitiv.* Avoir du charme : *il plaisait par sa générosité.* || — V. impers. Etre conforme à la volonté, au désir de : *je ferai ce qu'il vous plaira.* ● *Plaise* ou *plût à Dieu,* formule de souhait ou de regret. || *S'il vous plaît,* formule de politesse pour faire une demande, pour donner un ordre : *donnez-moi du feu, s'il vous plaît ; sortez, s'il vous plaît.* || **— Se plaire** v. pr. S'aimer réciproquement. || Prendre plaisir à : *ils se sont plu à me tourmenter.* || Aimer à être dans un endroit ou avec certaines personnes : *se plaire à la campagne.* || En parlant des animaux, des végétaux, se trouver bien dans, se développer particulièrement dans : *le gibier se plaît dans les bois ; la vigne se plaît sur les coteaux.* || — Syn. : AGRÉER, COMPLAIRE, CONVENIR, SATISFAIRE.

plaisamment adv. De façon plaisante, agréable : *raconter plaisamment une anecdote.*

plaisance [plɛzɑ̃s] n. f. Usité seulement dans l'expression *de plaisance,* qui sert à l'agrément : *maison, bateau de plaisance.*

Plaisance, en ital. **Piacenza,** v. d'Italie (Emilie), près du Pô ; 102 000 h. Palais communal (XIIIe s.). Palais Farnèse (XVIe s.). Centre commercial. — En 1545, elle constitua, avec Parme, un duché qui disparut au XIXe s.

Plaisance (32160), ch.-l. de c. du Gers (arr. de Mirande), sur l'Arros ; 1 535 h. (*Plaisantins*). Anc. bastide.

plaisancier n. m. Celui qui pratique la navigation de plaisance.

plaisant, e adj. Qui divertit, qui fait rire : *lire un conte plaisant.*

plaisant n. m. Le côté curieux, amusant, piquant : *le plaisant d'une aventure.* ● *Faire le plaisant,* chercher à faire rire.

plaisanter [plɛzɑ̃te] v. i. Dire ou faire quelque chose pour amuser : *aimer à plaisanter.* || Ne pas parler sérieusement. || — V. t. Railler sans méchanceté : *plaisanter quelqu'un.*

plaisanterie n. f. Chose dite ou faite pour amuser : *aimer la plaisanterie.* (Syn. : BADINAGE, BOUFFONNERIE, FACÉTIE, QUOLIBET.) || Dérision injurieuse, moquerie : *cela dégénère en plaisanterie.* || Bagatelle ; chose facile, aisée : *c'est une plaisanterie pour lui de faire cela.*

plaisantin n. m. Celui qui aime à faire le plaisant (en mauv. part).

plaisir [plezir] n. m. (du lat. *placere,* plaire). Sensation, sentiment agréable : *lire avec plaisir ; le plaisir d'aller voir quelqu'un.* (Syn. : AGRÉMENT, CONTENTEMENT, DÉLECTATION, DÉLICE, DIVERTISSEMENT, JOIE, JOUISSANCE.) ● *Bon plaisir,* volonté arbitraire. || *Tel est notre plaisir, notre bon plaisir,* autref., formule terminale des édits royaux pour dire : « telle est notre décision ». || — Pl. Divertissements de la vie : *renoncer aux plaisirs.* || **— A plaisir** loc. adv. Sans motif sérieux ou sans fondement ; contrairement à la réalité : *se tourmenter à plaisir ; conte fait à plaisir.*

plan [plɑ̃] n. m. (lat. *planum*). *Math.* Surface illimitée qui contient en entier toute droite joignant deux de ses points. || Tracé représentant les différentes parties d'une ville, d'un édifice, d'une machine, etc. : *dessiner le plan d'un moteur.* || *Cin.* Elément d'un film tourné en une seule fois ; *plan général,* qui donne une vue d'ensemble ; *plan moyen,* qui donne une partie du décor et plusieurs personnages en pied ; *plan américain,* qui représente deux personnages rapprochés ; *plan rapproché,* qui représente un détail d'une scène ; *gros plan* ou *premier plan,* consacré à un objet ou à un détail d'objet, à un visage ou à un détail du visage. || *Peint.* Eloignement relatif des objets qui entrent dans la composition d'un tableau : *reléguer une figure au deuxième, au troisième plan.* || *Théâtr.* Chacune des parties de la scène déterminées par le manteau d'Arlequin, les différentes coulisses et la toile de fond. || — *Fig.* Distance prise par rapport à un sujet donné : *reléguer certaines préoccupations au deuxième plan.* || Disposition générale d'un ouvrage : *plan d'une tragédie.* || Ensemble de dispositions adoptées en vue de l'exécution d'un projet : *plan comptable ; arrêter son plan.* || Ensemble des mesures gouvernementales prises en vue d'organiser et de diriger l'activité économique. ● *Plan de cuisson,* plaque de métal supportant des brûleurs à gaz ou des foyers électriques, destinée à être encastrée dans un des meubles à éléments d'une cuisine. || *Plan des feux* (Mil.), document précisant les conditions d'exécution des tirs. || *Plan incliné,* plan non horizontal. || *Plan de masse,* document architectural donnant la position des bâtiments d'un ensemble et les volumes construits. || *Plan méridien,* plan contenant l'axe de révolution d'une surface de révolution. || *Plan de modernisation et d'équipement,* document élaboré par le gouvernement et adopté par lui-même, qui fixe les objectifs économiques et sociaux des administrations et des entreprises publiques et privées au cours des quatre années suivant sa présentation. || *Plan radical de deux sphères,* lieu des points de l'espace ayant même puissance par rapport à ces deux sphères. || *Plan tangent en un point d'une surface,* plan contenant toutes les tangentes à la surface en ce point. || *Plan de travail,* élément de cuisine formant table. || *Plan de vol,* document rempli par un pilote avant un voyage, et comportant des indications sur l'itinéraire, l'altitude, le nombre de personnes à bord, etc. || *Rester en plan* (Fam.), être, rester en suspens ; *laisser en plan,* abandonner. || *Sur le plan, sur le plan de,* du point de vue de : *sur le plan spirituel ; sur le plan de la morale.*

plan [plɑ̃], **e** [plan] adj. (lat. *planus*). Plat et uni : *surface plane.* ● *Angle plan, figure plane,* angle, figure tracés sur un plan. || *Géométrie plane,* partie de la géométrie qui étudie les figures dans le plan. || *Surface plane,* surface telle que, si l'on joint par une droite deux quelconques de ses points, cette droite soit tout entière sur cette surface.

planage n. m. Action de planer quelque chose, d'aplanir.

planaire [planɛr] n. f. Ver d'eau douce, long de quelques centimètres au plus, à pouvoir de régénération très développé. (Classe des turbellariés.)

Plan Carpin (Jean DU), en ital. **Giovanni dal Piano dei Carpini,** franciscain italien, né à Pian del Carpine (Ombrie) [v. 1182-1252], légat d'Innocent IV auprès du khān de Tartarie (1245-1246). Il décrivit l'Asie centrale.

planche [plɑ̃ʃ] n. f. (bas lat. *planca,* planche). Morceau de bois nettement plus large qu'épais, et relativement long. || Métal fourni sous la forme de plaques d'assez grande largeur par rapport à l'épaisseur. || Feuille de métal ou morceau de bois plat sur lesquels le graveur a tracé des lettres ou des figures. || Estampe tirée sur cette planche : *livre orné de planches.* || Ensemble d'illustrations couvrant, dans un livre, une page entière ou la majeure partie de celle-ci. || *Jard.* Portion de jardin affectée à une culture spéciale : *planche de salades.* ● *Faire la planche,* se maintenir horizontalement sur l'eau. || *Jour de planches,* temps accordé à un navire de commerce pour effectuer son déchargement. || *Labour en planches,* labour comprenant une dérayure, ou sillon, tous les vingt-cinq mètres environ. || *Planche à repasser,* planche habillée de tissu dont une extrémité est arrondie et qui peut être montée sur pieds. || — Pl. *Les planches,* le théâtre, la scène ; *monter sur les planches,* être acteur, se faire comédien.

Planche (Gustave), critique français, né à Paris (1808-1857). Mêlé aux milieux romantiques, il collabora au *Globe* et à *l'Artiste,* puis passa à la *Revue des Deux Mondes* et devint le principal conseiller littéraire de François Buloz. Sa critique dogmatique lui attira des haines nombreuses (*Portraits littéraires,* 1836-1849).

planchéiage n. m. Action de planchéier. || Garniture de planches.

planchéier [plɑ̃ʃeje] v. t. Revêtir de planches le sol d'un appartement.

plancher [plɑ̃ʃe] n. m. Séparation horizontale de deux étages d'une maison. || Face supérieure de cette séparation, constituant le sol d'un appartement : *plancher en bois.* ● *Débarrasser le plancher* (Fam.), quitter un endroit. || *Le plancher des vaches* (Fam.), la terre ferme. || *Prix plancher,* prix minimal autorisé.

plancher v. i. *Arg. scol.* Etre interrogé à une leçon, à un examen.

Planches-en-Montagne (LES) [39150 St Laurent en Grandvaux], ch.-l. de c. du Jura (arr. de Lons-le-Saunier) ; 156 h.

planchette n. f. Petite planche. || Petite table pour lever les plans.

Planchon (Roger), metteur en scène, directeur de théâtre et auteur dramatique français, né à Saint-Chamond en 1931. Fondateur du théâtre de la Comédie à Lyon, puis directeur du théâtre de la Cité à Villeurbanne depuis 1957, il s'inspire de l'esthétique brechtienne et du drame élisabéthain pour créer une écriture scénique qui, bannissant la littérature, concentre l'attention du public sur la conduite sociale des personnages. Ses réalisations les plus significatives restent *George Dandin* de Molière et *Edouard II* de Marlowe.

Planck (Max), physicien allemand, né à Kiel (1858-1947). Pour expliquer les lois du rayonnement, il formula une hypothèse sur la discontinuité de l'énergie et énonça en

Max Planck

Roger Planchon mise en scène de « Henri IV » de Shakespeare ▼

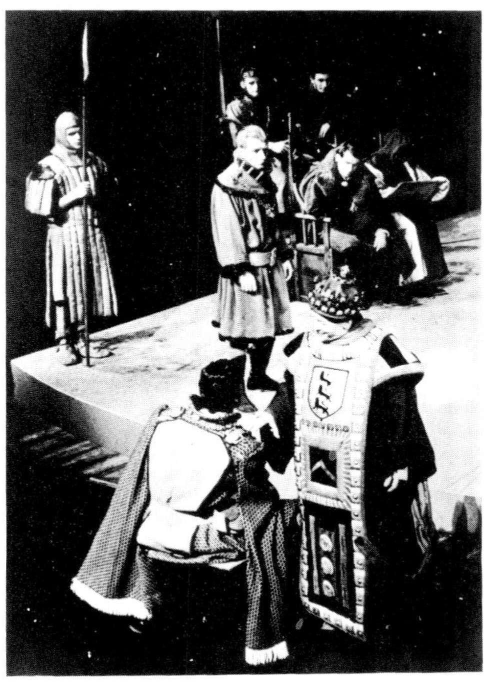

Phot. Larousse, Pic.

1900 la théorie des quanta*, qui est à la base de la physique moderne. Il calcula notamment la constante universelle de cette théorie, qui intervient dans nombre de formules physiques et qui est appelée la *constante de Planck.* (Prix Nobel de physique, 1918.)

Plancoët [-kɔɛt] (22130), ch.-l. de c. des Côtes-du-Nord (arr. de Dinan) ; 2 254 h. (1 684 aggl.). Eaux minérales.

plançon [plɑ̃sɔ̃] ou **plantard** [-tar] n. m. (du lat. *planta,* plant). Branche détachée du tronc pour faire bouture.

plan-concave adj. Dont une face est plane et l'autre concave : *lentille plan-concave.*

plan-convexe adj. Dont une face est plane et l'autre convexe : *lentille plan-convexe.*

plancton [plɑ̃ktɔ̃] n. m. (gr. *plankton,* qui erre). Ensemble des êtres aquatiques animaux et végétaux, capables de flotter, mais non de nager rapidement, qui constituent la masse principale de la matière organique dans les océans et les lacs.
— ENCYCL. Le *plancton* comprend des êtres de dimensions très variables et généralement minuscules (de 5 μ à 2 ou 3 mm), dont les caractères les plus fréquents sont la transparence, la toxicité (pour l'homme) et l'aptitude aux déplacements verticaux passifs, par changement de densité. On distingue le *phytoplancton,* chlorophyllien, et le *zooplancton* non vert, qui dévore le précédent. L'ensemble sert de nourriture aux poissons et aux autres animaux nageurs.

Plan-de-Cuques (13380), comm. des Bouches-du-Rhône (arr. de Marseille) ; 5 183 h. (1 753 aggl.).

plane [plan] n. f. Outil à lame concave et biseautée, muni de deux poignées, pour dégrossir les pièces de bois.

plane n. f. Nom dialectal de l'*érable plane.*

planéité n. f. Caractère d'une surface plane.

planer v. t. (lat. *planare,* unir). Se servir de la plane. || Polir, aplanir une feuille de métal. || Débarrasser une peau de ses poils.

planer [plane] v. i. (du lat. *planus,* qui est à niveau). Se soutenir en l'air, les ailes étendues, sans mouvement apparent, en parlant d'un oiseau : *l'aigle plane à de grandes hauteurs.* || — *Fig.* Voir de haut, dominer par le regard : *de cette colline, on plane au loin sur la campagne.* || Voir de haut, dominer par la pensée : *planer sur les difficultés.* || Dominer, être au-dessus, s'exercer sur : *la suspicion plane sur cette affaire.*

planétaire adj. Relatif aux planètes : *corps planétaire.* || Relatif à toute notre planète ; mondial : *une guerre planétaire.* ● *Système planétaire,* ensemble des planètes qui gravitent autour du Soleil. || — N. m. Machine au moyen de laquelle on imite le mouvement des planètes. || Dans un mécanisme différentiel, pignon monté directement sur les arbres à commander.

planétarium [planetarjɔm] n. m. Installation représentant les mouvements des corps célestes sur une voûte.

planète [planɛt] n. f. (gr. *planêtês,* astre errant). Astre sans lumière propre, qui tourne autour du Soleil.
— ENCYCL. Les *planètes* principales actuellement connues sont, dans l'ordre de leurs distances au Soleil : *Mercure, Vénus,* la *Terre, Mars, Jupiter, Saturne, Uranus, Neptune* et *Pluton,* ces trois dernières n'étant visibles qu'à l'aide d'instruments. Sauf Mercure et Vénus, elles sont entourées d'astres secondaires, ou satellites, qui tournent autour d'elles et qu'elles entraînent dans leur révolution autour du Soleil. Leur diamètre apparent ne peut être observé qu'avec des instruments d'optique. Leur aspect, à l'œil nu, est celui d'étoiles d'autant plus brillantes que leur distance à la Terre se trouve plus proche. Ces planètes sont des astres froids, dont le rayonnement propre est infime. Leur température est inversement proportionnelle à la racine carrée de leur distance au Soleil.

planeur n. m. Avion sans moteur qui évolue dans les airs en utilisant les courants atmosphériques.

planèze [planɛz] n. f. (mot auvergnat). Plateau de basalte, de forme triangulaire, situé au flanc d'un appareil volcanique, et limité par les vallées qui convergent vers le sommet : *la planèze de Saint-Flour.*

planificateur, trice adj. et n. Qui s'occupe de planification.

planification n. f. Science qui a pour objet l'établissement de programmes économiques comportant non seulement l'indication des objectifs à atteindre, mais également un état prévisionnel des diverses étapes du financement et de la réalisation du programme et, éventuellement, la description de la structure des organismes à créer en vue de cette réalisation. (On distingue la *planification autoritaire,* pratiquée dans les démocraties populaires, et la *planification souple* ou *indicative,* qu'emploient certains Etats capitalistes [notamment la France] pour orienter et stimuler l'expansion économique.)

planifier [planifje] v. t. Organiser, diriger suivant un plan déterminé : *économie planifiée.*

planimètre n. m. Instrument pour mesurer les surfaces planes.

planimétrie [planimetri] n. f. Partie de la géométrie qui étudie les surfaces planes. || Détermination de la projection horizontale d'un terrain sans tenir compte de l'altitude et de ses variations.

Planiol (Marcel), jurisconsulte français, né à Nantes (1853-1931), auteur d'un *Traité élémentaire de droit civil.*

planisme [planism] n. m. Doctrine selon laquelle l'expansion économique ne peut être assurée sans risque de crise qu'au moyen de la planification.

planisphère n. m. (lat. *planus,* plan, et *sphère*). Carte représentant sur un même plan les deux hémisphères célestes ou terrestres.

planning [planiŋ] n. m. (mot angl.). Plan de travail détaillé. (L'Administration préconise PROGRAMME.) || Fonction ou service de préparation du travail. ● *Planning familial,* contrôle* des naissances.

planoir [planwar] n. m. Ciseau à bout aplati.

planorbe n. f. Mollusque gastropode à coquille enroulée dans un plan, vivant dans les eaux douces calmes. (Diamètre 3 cm.) [V. illustr. MOLLUSQUES.]

planque [plɑ̃k] n. f. *Arg.* Cachette. || En temps de guerre, lieu où l'on est à l'abri. || *Fam.* Situation bien rémunérée et où le travail est facile.

planquer v. t. *Pop.* Mettre à couvert, cacher.

Planquette (Robert), compositeur français, né à Paris (1848-1903), auteur d'opérettes (*les Cloches de Corneville,* 1877).

Plans de Provence (les), plateaux calcaires de Provence, au sud du cours moyen du Verdon.

Planson (André), peintre français, né à La Ferté-sous-Jouarre en 1898. Il a peint des paysages robustes et lumineux d'Ile-de-France, des jeunes femmes, des décorations murales pour le théâtre du palais de Chaillot.

plant [plɑ̃] n. m. (de *planter*). Jeune végétal nouvellement planté ou propre à être planté : *plant de vigne.* || Ensemble de végétaux plantés dans un même terrain : *plant d'asperges.* || Ce terrain lui-même.

plantage n. m. Action ou manière de planter.

Plantagenêt, surnom du comte d'Anjou Geoffroi V, employé souvent pour désigner sa descendance, constituée par la lignée des rois d'Angleterre de 1154 à 1485.

plantain [plɑ̃tɛ̃] n. m. (lat. *plantago*). Plante fort commune, dont la semence sert à la nourriture des petits oiseaux. (Famille des plantaginacées.) ● *Plantain d'eau,* plante des étangs, de la famille des alismacées.

plantaire adj. De la plante du pied : *verrue plantaire.*

plantation n. f. Action de planter. || Lieu où l'on a planté de jeunes arbres. || Exploitation où l'on cultive certaines plantes industrielles : *plantation de café.*

Plantaurel, avant-monts pyrénéens (Ariège), culminant à 764 m.

plante [plɑ̃t] n. f. (déverbal de *planter*). Végétal terrestre fixé au sol en un seul point et susceptible d'être repiqué et planté. (V. *encycl.*) || Végétal quelconque. || Face inférieure du pied de l'homme et des animaux, qui pose à terre. ● *Jardin des plantes,* dans certaines villes, jardin public où l'on cultive des végétaux pour l'étude de la botanique.
— ENCYCL. Au sens restreint du mot, une *plante* est un « pied » issu de la germination d'une graine, et son organe caractéristique est un *collet* situé à peu près à la surface du sol et séparant deux systèmes de rameaux : un *appareil foliaire* aérien, vert, croissant vers le haut, formé d'une seule tige, de rameaux et de feuilles, et, en certaines saisons, de fleurs ou de fruits, et un *appareil radiculaire* souterrain, non vert, croissant vers le bas, formé d'une racine principale et de racines secondaires. Ces deux appareils communiquent par deux systèmes de vaisseaux : ceux du *bois* véhiculent la sève brute des racines jusqu'aux feuilles ; ceux du *liber* véhiculent la sève élaborée des feuilles à toute la plante, racines incluses. En coupant le collet, on détermine la mort des deux parties ou seulement celle de la partie aérienne (la partie souterraine forme alors des *rejets de souche*).

Plantes (*Jardin des*), jardin botanique de Paris. V. MUSÉUM NATIONAL D'HISTOIRE NATURELLE.

Planté (Gaston), physicien français, né à Orthez (1834-1889). En 1859, il construisit le premier accumulateur électrique.

planter [plɑ̃te] v. t. Mettre une plante en terre pour qu'elle prenne racine : *planter des fleurs.* || Enfoncer en terre, poser, placer : *planter une borne, un pieu.* || Fixer, élever : *planter des tentes.* || Dresser, arborer : *planter une échelle contre un mur.* ● *Planter là quelqu'un,* le quitter brusquement. || **— Se planter** v. pr. Se poster, se tenir debout et immobile : *se planter devant quelqu'un.*

planteur n. m. Celui qui plante des arbres. || Propriétaire d'une plantation dans les pays tropicaux.

planteuse n. f. Machine agricole pour la plantation des tubercules.

plantigrade [plɑ̃tigrad] adj. et n. m. (lat. *planta,* plante du pied, et *gradi,* marcher). Qui marche sur toute la plante des pieds, et pas seulement sur les doigts : *l'ours est un plantigrade.*

Plantin (Christophe), imprimeur anversois d'origine française, né à Saint-Avertin, près de Tours (v. 1520-1589). En 1563, il fonda à Anvers une association qui, sous sa direction technique, publia en cinq ans deux cent soixante ouvrages. Resté seul, il entreprit, entre 1568 et 1572, l'édition scientifique des textes bibliques en huit grands in-folio, restée célèbre sous le titre de *Biblia regia* ou de *Biblia poliglotta.* Avec seize presses en action en 1576 et 1 500 ouvrages édités en trente-quatre ans, Plantin peut être considéré comme le premier des grands imprimeurs industriels. Son atelier, à la direction duquel lui succéda son gendre, Jan Moretus, a été transformé en musée.

plantain

plantoir n. m. Outil de bois effilé et ferré à un bout, dont se servent les jardiniers pour planter les légumes, etc.

planton [plɑ̃tɔ̃] n. m. Soldat ou marin sans armes, assurant des liaisons de service : *faire porter un pli par un planton.* ● *Faire le planton* (Fam.), attendre par force.

plantule n. f. Embryon d'une plante, contenu dans la graine.

plantureusement adv. En abondance.

plantureux [plɑ̃tyrø], **euse** [-øz] adj. (de l'anc. fr. *plenté,* abondant ; du lat. *plenitas*). Abondant, copieux : *repas plantureux.* || *Fam.* Gras, dodu : *une femme plantureuse.* || Fertile : *terre plantureuse.*

Planude (Maximos), écrivain byzantin, né à Nicomédie (v. 1260-1310), compilateur de l'*Anthologie grecque* et des *Fables d'Esope.*

plaque [plak] n. f. Feuille de métal : *plaque de cuivre.* || Tablette, feuille large et peu épaisse, mais rigide : *une plaque de marbre.* || Insigne des gardes champêtres, commissionnaires, marchands ambulants, etc. || Insigne des dignités les plus hautes de certains ordres : *recevoir la plaque de grand officier de la Légion d'honneur.* || L'une des électrodes d'un tube électronique, destinée à recueillir les électrons émis par la cathode. || *Phot.* Lame de verre recouverte d'une émulsion sensible à la lumière. || Dans les cercles, les casinos, chacun des gros jetons qui ont une valeur conventionnelle. ● *Plaque d'accumulateur,* chacune des électrodes d'un accumulateur constituée par un cadre inerte supportant une pâte d'une matière active. || *Plaque dentaire,* substance visqueuse et collante qui se constitue à la surface des dents. || *Plaque d'immatriculation,* plaque de métal portant le numéro d'immatriculation d'un véhicule. || *Plaque de propreté,* plaque de verre épais, de métal ou de matière plastique, placée au-dessus et au-dessous d'une serrure pour protéger la porte. || *Plaque tournante,* disque mobile portant des fragments de rail, servant aux changements de voie ou de direction, dans les chemins de fer ; et, au *fig.,* centre de dispersion, centre important qui détermine une situation. || *Théorie des plaques,* théorie géophysique selon laquelle l'enveloppe externe de la Terre est constituée de plaques rigides, épaisses de 100 à 150 km, se déplaçant sur une zone visqueuse.

plaqué n. m. Métal commun recouvert d'un autre plus précieux (or ou argent) : *bijou en plaqué.* || Action de plaquer les bijoux. || Bois commun recouvert d'une feuille de bois précieux.

plaquemine [plakmin] n. f. Fruit du plaqueminier. (On dit aussi KAKI.)

plaqueminier n. m. (mot créole). Arbre ou arbuste des régions chaudes, voisin de l'ébénier, et dont une espèce, originaire d'Asie, fournit un fruit comestible appelé *plaquemine, kaki* ou *figue caque.* (Famille des ébénacées.)

plaque-modèle n. f. Plaque utilisée en moulage de fonderie pour constituer le modèle dans les machines à mouler. || Pl. des *plaques-modèles.*

plaquer [plake] v. t. (anc. néerl. *placken,* coller). Couvrir d'une feuille mince de métal précieux un autre métal. || Appliquer des feuilles de bois précieux sur du bois blanc. || Appliquer étroitement, en aplatissant : *plaquer les cheveux sur le front.* || Au rugby, arrêter un adversaire en le saisissant aux jambes. || *Fam.* Abandonner : *plaquer un ami.* ● *Plaquer des accords* (Mus.), exécuter avec force toutes les notes d'un accord et les lâcher de même.

plaquette n. f. Petit livre de peu d'épaisseur. || Petite plaque métallique frappée en l'honneur d'un personnage, en souvenir d'un événement, etc. : *plaquette commémorative.* ● *Plaquette sanguine* (Histol.), élément figuré du sang, intervenant dans sa coagulation (nombre normal 250 000 par mm^3). [Syn. THROMBOCYTE.]

plaqueur n. m. Artisan qui fait le plaqué des bijoux ou le placage des meubles.

plasma [plasma] n. m. (mot gr. signif. *ouvrage façonné*). Liquide clair où baignent les globules du sang et de la lymphe. || Gaz fortement ionisé, obtenu à très haute température. || Milieu gazeux ionisé, dans lequel les concentrations électronique et ionique sont sensiblement égales, d'où résulte une charge spatiale presque nulle.

plasmatique adj. Relatif au plasma.

plasmodium [plasmɔdjɔm] n. m. Protozoaire parasite des globules rouges du sang, responsable des fièvres paludéennes. (Syn. HÉMATOZOAIRE.)

Phot. X.

plasmolyse [plasmɔliz] n. f. Réaction (perte d'eau, diminution de volume) d'une cellule vivante plongée dans une solution hypertonique.

plasmopara [plasmɔpara] n. m. Champignon parasite de la vigne, sur laquelle il produit le mildiou. (Classe des siphomycètes, famille des péronosporacées.)

plaste [plast] n. m. (gr. *plassein,* façonneur). Organite cellulaire propre aux végétaux et formant des grains assez gros dans le cytoplasme. (Syn. LEUCITE.) [On distingue notamment : les *chloroplastes,* ou grains de chlorophylle des parties vertes des plantes ; les *amyloplastes,* ou grains d'amidon des organes de réserve ; les *chromoplastes,* ou grains de pigment.]

plastic [plastik] n. m. Nom donné depuis l'occupation allemande à l'explosif plastique.

plasticage ou **plastiquage** n. m. Action de plastiquer ; résultat de cette action.

plasticien n. m. Ouvrier en matière plastique. ‖ Artiste s'adonnant à des recherches de plastique pure.

plasticité n. f. Qualité des matières qui peuvent recevoir différentes formes. ‖ *Psychol.* Capacité d'un sujet à déstructurer un ensemble perçu et à le restructurer selon une forme différente.

plastifiant n. m. Produit que l'on ajoute à une matière pour en accroître la plasticité.

plastique [plastik] adj. (gr. *plastikos,* qui concerne le modelage). Propre à être modelé : *argile plastique.* ‖ Se dit d'un engrais minéral (nitrate, phosphate, sulfate, sel de potassium, etc.) qu'on emploie à forte dose (par oppos. aux engrais *catalytiques*). ‖ Se dit d'un explosif à base de penthrite ou d'hexogène et d'un plastifiant, et qui a la consistance du mastic de vitrier. (Un tel explosif ne détone que sous l'influence d'un explosif d'amorçage.) ● *Arts plastiques,* arts des formes visuelles, spécialement la sculpture et la peinture. ‖ *Matière plastique,* matière synthétique fondée sur l'emploi des macromolécules et susceptible d'être modelée ou moulée, en général à chaud et sous pression. (On dit aussi PLASTIQUE n. m.) [V. *encycl.*] ‖ — N. f. Art de modeler une matière molle telle que l'argile ou la cire. ‖ Sculpture. ‖ Ensemble des formes d'une personne : *une belle plastique.* ‖ Ensemble des formes d'une œuvre d'art.

— ENCYCL. Les *matières plastiques* utilisent des produits de base qui sont d'origine minérale (calcaire, sel, houille, pétrole brut ou gaz naturels), végétale (cellulose, acides gras, etc.) ou animale (caséine). A partir de ces produits, elles sont obtenues par des transformations chimiques, parmi lesquelles les phénomènes de polycondensation et de polymérisation des molécules organiques jouent un rôle essentiel. Elles peuvent se classer en deux groupes. Les *matières plastiques thermodurcissables,* dont les phénoplastes sont un type représentatif, se ramollissent quand on les chauffe et peuvent donc être moulées ; mais, au bout d'un certain temps, elles durcissent définitivement, sans pouvoir se ramollir si on les chauffe à nouveau. Les *matières plastiques thermoplastiques,* dont un type représentatif est le polychlorure de vinyle, se ramollissent chaque fois qu'elles sont soumises à l'action de la chaleur et reprennent leur consistance première lorsqu'elles sont refroidies. Il faut également citer les *polyesters,* apparentés aux produits thermodurcissables, mais dont le durcissement est obtenu non par chauffage, mais par addition de certains réactifs.

— Le plastique occupe une place de plus en plus grande dans la vie quotidienne. On l'a employé dans l'ameublement comme substitut du cuir pour recouvrir des sièges, ainsi que dans l'industrie de la chaussure. Alors que, dans ses débuts, on a cherché à le camoufler en lui faisant imiter cuir ou tissu, il est aujourd'hui de plus en plus utilisé comme tel grâce à l'esprit d'innovation de certains créateurs (mobilier de plastique). D'autre part, allié au carton ou au tissu, il rend ces derniers plus solides (vaisselle de carton plastifié).

plastiquer v. t. Détruire ou endommager au moyen de plastic.

plastiqueur n. m. Auteur d'un attentat au plastic.

Plastiras (Nikolaos), général et homme politique grec, né à Karditsa (1883-1953). Il participa à la campagne d'Asie Mineure (1920-1922) et obtint l'abdication du roi Constantin (sept. 1922). Il se réfugia en France en 1935 et rentra en Grèce en décembre 1944. Il fut président du Conseil de janvier à avril 1945, en 1950 et en 1951-1952.

plastron [plastrɔ̃] n. m. (ital. *piastrone,* haubert). Pièce de devant de la cuirasse. ‖ Pièce de cuir ou de toile rembourrée, dont les maîtres d'armes se couvrent la poitrine pour amortir les coups. ‖ Empiècement appliqué sur le devant d'un corsage ou d'une chemise d'homme.

plastronner v. t. Garnir d'un plastron. ‖ — V. i. *Fig.* Prendre une attitude fière, assurée.

plat [pla], **e** [-at] adj. (lat. pop. *plattus,* empr. au gr. *platus*). Dont la surface est unie : *terrain plat.* ‖ Qui a peu de relief : *un menton plat.* ‖ Qui a peu de creux : *assiette plate.* ‖ — *Fig.* Dépourvu d'attrait, de piquant, d'élégance : *style plat.* ‖ Dépourvu de force, de saveur : *un vin plat.* ● *Angle plat* (Math.), angle égal à deux droits. ‖ *Calme plat,* repos absolu des vents sur la mer. ‖ *Cheveux plats,* ni frisés ni bouclés. ‖ *Eau plate,* eau de boisson non gazeuse. ‖ *Mer plate,* mer sans vagues. ‖ *Nœud plat,* nœud formé de deux bouts qui reviennent sur eux-mêmes après s'être croisés. ‖ *Pays plat,* dont le relief n'est pas accidenté. ‖ *Plat personnage,* dépourvu de tout mérite. ‖ *Teinte plate* (Peint.), teinte d'une seule venue, sans dégradé. ‖ *Tomber à plat ventre,* tomber sur le ventre. ‖ *Wagon plat,* wagon constitué seulement par un plancher, muni éventuellement de bords rabattables.

plat n. m. La partie plate d'une chose : *le plat de la main.* ‖ Produit sidérurgique fin, en forme de lame mince, très utilisé en construction métallique. ‖ Chacun des deux côtés de la couverture d'un livre : *les plats de la couverture sont réunis par le dos.* ● *Faire du plat* (Fam.), flatter. ‖ *Plat de côtes* (ou *plates côtes*), partie du bœuf qui comprend les côtes, prises dans le milieu de leur longueur jusqu'aux cartilages costaux, et les muscles situés à ce niveau. ‖ **— A plat** loc. adv. Sur la surface large : *poser un livre à plat.* ● *Etre à plat,* être dégonflé, en parlant d'un pneumatique ; au *fig.* et *fam.*, être fourbu ; manquer de courage, d'énergie. ‖ *Labour à plat,* labour caractérisé par le renversement de toutes les bandes du même côté.

plat [pla] n. m. Pièce de vaisselle de table de formes diverses, plus grande et plus creuse que l'assiette. ‖ Son contenu : *un plat de poissons.* ‖ Chacun des éléments d'un menu. ● *Mettre les pieds dans le plat,* intervenir d'une manière maladroite.

Plata (*Río de La*), large estuaire de l'Amérique méridionale, formé par les fleuves Paraná et Uruguay, séparant l'Argentine de l'Uruguay et sur les rives duquel sont établis Buenos Aires et Montevideo.

Plata (LA), v. de l'Argentine, ch.-l. de la prov. de Buenos Aires, près du *Río de La Plata ;* 357 300 h. Raffinage du pétrole. Conserveries de viande.

Plata (LA), v. de la Bolivie. V. SUCRE.

platane [platan] n. m. (lat. *platanus,* empr. au gr.). Arbre dont l'écorce se détache par plaques et dont les petits fruits sont groupés en boules brunes pendantes, souvent planté en France. (Haut. jusqu'à 40 m ; longévité 500 à 2 000 ans.) ● *Faux platane,* espèce d'érable appelée aussi *sycomore.*

plat-bord n. m. Bordage qui termine le pourtour d'un navire. ‖ Pl. des *plats-bords.*

plate [plat] n. f. Chacune des parties de l'armure de fer plein.

plateau [plato] n. m. Disque d'une balance recevant les poids ou les matières à peser. ‖ Plat de bois ou de métal sur lequel on transporte des aliments prêts à servir ou de la vaisselle. ‖ Scène d'un théâtre ; surface où sont plantés les décors d'un film et où évoluent les acteurs. ‖ Ensemble des installations et du personnel nécessaires à la prise de vues en studio, ou à la représentation sur une scène : *les frais de plateau.* ‖ Surface peu accidentée, mais entaillée de vallées encaissées, ce qui suppose une certaine altitude au-dessus du niveau de la mer : *les plateaux de Picardie.* ‖ *Ch. de f.* Syn. de WAGON PLAT. ‖ *Cytol.* Bordure striée des cellules de l'épithélium intestinal. ● *Plateau de chargement,* dispositif mobile sur le plancher duquel peut être rassemblée une certaine quantité de marchandises pour constituer une « unité de charge ». ‖ *Plateau continental,* zone marine bordant les continents, d'une profondeur généralement inférieure à 200 m. ‖ *Plateau d'embrayage,* pièce circulaire sur laquelle prend appui le disque d'embrayage.

Plateau central, nom souvent donné autrefois au *Massif central.*

Plateau (Joseph), physicien belge, né à Bruxelles (1801-1883). Il découvrit la persistance des impressions rétiniennes (1828), inventa le phénakistiscope (1832) et étudia les phénomènes capillaires des lames minces (1861).

plateau-repas n. m. Plateau de matière plastique juxtaposant plusieurs compartiments où sont disposés tous les éléments d'un repas. ‖ Pl. des *plateaux-repas.*

plate-bande n. f. Espace de terre étroit entourant un carré de jardin et destiné à recevoir des fleurs. ‖ Moulure plate et unie. ● *Marcher sur les plates-bandes de quelqu'un* (Fam.), empiéter sur ses attributions. ‖ Pl. des *plates-bandes.*

platée [plate] n. f. Contenu d'un plat : *une platée de choux.* ‖ Massif de fondation qui comprend toute l'étendue d'un bâtiment.

Platée ou Junon jalouse, comédie-ballet de J.-Ph. Rameau, paroles d'Autreau et Le Valois d'Orville (1745). Cette partition, écrite dans un genre burlesque et imitatif très neuf, a créé en France, sept ans avant *la Servante maîtresse* de Pergolèse, le style bouffe.

Platées, anc. v. de Béotie. Pausanias et Aristide y défirent les Perses (479 av. J.-C.).

plate-forme n. f. (angl. *platform*). Toit plat et uni, en forme de terrasse, qui couvre les bâtiments sans comble. ‖ Terrassement nivelé sur lequel on établit les fondations d'un bâtiment. ‖ Partie d'un véhicule de transport en commun où les voyageurs se tiennent debout. ‖ *Ch. de f.* Sorte de wagon plat pour le transport des marchandises. ‖ Surface supérieure d'un remblai, supportant le ballast. ‖ *Géogr.* Type de structure caractérisé par des gauchissements des couches à grand rayon de courbure (donc à faible pendage). ‖ *Mil.* Ouvrage de terre, de ciment, etc., sur lequel on met des canons en batterie. ‖ *Fig.* Idée ou ensemble d'idées sur lesquelles on s'appuie dans un raisonnement, un programme politique, etc. : *plate-forme électorale.* ‖ Pl. des *plates-formes.* ● *Plate-forme continentale* ou *littorale,* syn. de PLATEAU* CONTINENTAL. ‖ *Plate-forme structurale,* dans une région de structure géologique concordante, surface formée par une couche dure dégagée de la couche tendre supérieure.

platelage [platlaʒ] n. m. Plancher de charpente.

plate-longe n. f. Longe à l'aide de laquelle on maintient les chevaux difficiles. ‖ Pl. des *plates-longes.*

platement adv. De façon plate ; sans élégance : *s'exprimer platement.*

platane

plateresque [platərɛsk] adj. (esp. *plateresco ;* de *plata,* argent). Se dit d'un style ornemental, élégant et exubérant, de l'architecture espagnole de la première Renaissance, par analogie avec l'orfèvrerie.

plathelminthes [platɛlmɛ̃t] n. m. pl. Embranchement du règne animal comprenant des vers à corps aplati, appelés aussi *platodes.* (On les divise en trois classes : turbellariés [*planaire*], trématodes [*douve*], cestodes [*ténia*].)

platinage n. m. Application d'une mince couche de platine sur certains métaux.

platine [platin] n. f. (esp. *platina*). Autref., plaque reliant toutes les pièces concourant au départ du coup dans une arme à feu portative : *platine à silex, à percussion.* ‖ Ensemble de ces pièces. ‖ Plaque qui soutient toutes les pièces du mouvement d'une montre. ‖ Plateau d'une machine pneumatique. ‖ Partie d'une presse d'imprimerie qui foule sur le tympan. ‖ Plaque de métal percée pour le passage de la clef d'une serrure, de l'aiguille d'une machine à coudre. ‖ Plate-forme sur laquelle est placé l'objet, dans un microscope. ‖ Dans un tourne-disque, ensemble constitué par le plateau, sur lequel le disque est placé, le moteur qui l'actionne et le bras, muni de la tête de lecture.

platine n. m. (esp. *platina*). Métal précieux, de numéro atomique 78, d'un blanc gris, très dense et inoxydable.

— ENCYCL. Le *platine* (Pt) se trouve à l'état natif dans des sables, mélangé avec l'or et différents métaux du même groupe : ruthénium, rhodium, palladium, osmium, iridium, accompagnés généralement de fer et de cuivre. C'est un métal assez dur, ductile, malléable, très tenace, de densité 21,5 et fondant à 1 755 °C. Il ne s'oxyde à aucune température et résiste à l'action de nombreux acides. Après séparation de l'or par amalgamation, on obtient la *mine de platine.* Le fer et le cuivre sont alors séparés par l'acide nitrique. Par l'action de l'eau régale concentrée, on isole le platine, l'iridium et le palladium. L'addition de chlorure d'ammonium à cette solution fournit un précipité qui, calciné, donne la *mousse de platine.* Celle-ci, fondue au chalumeau oxhydrique, conduit à l'alliage commercial platine-iridium. Le platine pur est surtout employé pour la confection de matériel de laboratoire et d'industrie chimique (creusets, capsules, électrodes). Ses alliages ont de très nombreux emplois : bijouterie, joaillerie, matériel électrique, chirurgie, matériel de physique de précision, etc.

platiné, e adj. *Cheveux platinés,* cheveux d'un blond très pâle. ‖ *Vis platinée,* chacune des pastilles de contact, au tungstène, des allumeurs d'un moteur à explosion.

platiner v. t. Recouvrir de platine. ‖ Donner la teinte du platine, blond très pâle.

platinifère adj. Qui contient du platine.

platinite n. f. Alliage de fer et de nickel ayant même coefficient de dilatation que le platine et le verre.

platinotypie [platinɔtipi] n. f. Impression photographique fondée sur l'action de la lumière sur les sels de platine et les sels ferriques.

platitude [platityd] n. f. Défaut de ce qui est plat dans les sentiments, dans les écrits, dans la conversation : *dire des platitudes.* (Syn. BANALITÉ.) ‖ Ce qui est bas et avilissant : *l'arriviste ne recule devant aucune platitude.* (Syn. : ABAISSEMENT, ABJECTION, AVILISSEMENT, BASSESSE, VILENIE.) ‖ Défaut de saveur : *la platitude d'un vin.* (Syn. FADEUR.)

Platon, en gr. **Platôn,** philosophe grec né à Athènes (428-348/347 av. J.-C.). D'origine aristocratique, il fut sans doute l'élève de Cratyle, disciple d'Héraclite. La condamnation à mort de Socrate (399) l'éloigna de la vie politique athénienne. Il voyagea, puis fut appelé en Sicile pour former Denys le Jeune. Il revint à Athènes en 387, fonda l'Académie* et s'imposa comme chef d'école.

L'œuvre de Platon se compose de 28 *Dialogues**, dont deux ont la taille de véritables traités (*la République** et *les Lois*), et de lettres, dont la septième et la huitième racontent l'aventure politique de Platon en Sicile. On peut classer les dialogues (non datés) en trois groupes, qui correspondent à trois étapes de la pensée de Platon. Les « dialogues de jeunesse » (l'*Apologie* de Socrate,* le *Criton**) sont des recherches de définitions (de la piété dans l'*Eutyphron,* du courage dans le *Lachès,* de la rhétorique dans le *Gorgias**, etc.) qui demeurent « aporétiques », sans solution. Les « dialogues de la maturité »

Phot. Lauros - Atlas-Photo.

Platon
musée du Vatican

Plaute
une scène du « Fantôme »
adaptation de « Mostellaria »
interprétée par J. Fabbri et Ch. Charras

correspondent à l'élaboration de la théorie des *Idées* et de la méthode *dialectique* (le *Phédon**, *le Banquet**, *la République**). Enfin les « dialogues de la vieillesse » découvrent l'insuffisance de la théorie des Idées et se rassemblent autour du problème de la participation des idées au monde (le *Parménide**, *le Sophiste, le Politique**, le *Philèbe**, le *Timée** et *les Lois*).
La philosophie de Platon fait la synthèse de deux grands courants de la pensée grecque, du rationalisme issu des physiciens et du spiritualisme des pythagoriciens. Elle se présente à la fois comme une théorie de la connaissance et une théorie du salut.

platonicien, enne adj. Relatif à la philosophie de Platon : *la doctrine platonicienne.* ‖ — N. et adj. Partisan de cette doctrine.

platonique adj. (de *Platon,* auteur d'une théorie idéaliste de l'amour). Purement idéal : *amour platonique.* ‖ Sans effet : *protestation platonique.*

platonisme [platɔnism] n. m. Philosophie de Platon et de ses disciples.

plâtrage n. m. Action ou manière de plâtrer. ‖ Ouvrage fait de plâtre.

plâtras [-tra] n. m. Débris de matériaux de construction : *déblayer des plâtras.*

plâtre [plɑtr] n. m. (du gr. *emplastron,* modelé). Matériau résultant de la cuisson modérée du gypse (150 °C env.), suivie de mouture. (Mélangé à l'eau, le plâtre fait prise en formant une masse tout à la fois solide et tendre. On utilise cette propriété pour la reproduction de sculptures, en chirurgie, dans la construction, etc.) ‖ Tout ouvrage moulé en plâtre ; statue en plâtre : *un plâtre de Voltaire.* ‖ Appareil d'immobilisation et de contention employé en chirurgie, fait avec du plâtre à modeler et de la tarlatane, et moulé sur le patient. ● *Battre quelqu'un comme plâtre,* le battre violemment. ‖ — Pl. Légers ouvrages de bâtiments (enduits, ravalement, lambris, etc.). ‖ Murs neufs, en général.

plâtrer v. t. Couvrir de plâtre : *plâtrer un mur.* ‖ Amender une terre avec du plâtre : *plâtrer une prairie.* ‖ Aviver la couleur du vin au moyen du plâtre. ‖ *Chir.* Immobiliser par un plâtre.

plâtrerie n. f. Ouvrage exécuté en plâtre.

plâtreux, euse adj. Qui contient du plâtre, qui en a l'aspect : *sol plâtreux.*

plâtrier n. m. et adj. Personne qui extrait la pierre à plâtre. ‖ Personne qui prépare ou vend le plâtre. ‖ Ouvrier du bâtiment qui procède à la construction des cloisons et au revêtement en plâtre des murs et des plafonds.

plâtrière n. f. Carrière ou four à plâtre.

platyrhiniens [platirinjɛ̃] n. m. pl. (gr. *platus,* large, et *rhin, rhinos,* nez). Groupe de singes à narines écartées, vivant dans le Nouveau Monde (*ouistiti, atèle*).

Plauen, v. de l'Allemagne orientale, sur l'Elster ; 82 000 h. Métallurgie. Textiles.

plausibilité n. f. Qualité de ce qui est plausible, de ce qui peut être admis.

plausible [plozibl] adj. (du lat. *plaudere,* applaudir). Qui peut passer pour vrai ; admissible : *excuse, système plausible.*

Plaute, en lat. **Maccius** (ou **Maccus**) **Plautus,** poète comique latin, né à Sarsina (Ombrie) [254-184 av. J.-C.]. Sa vie est mal connue. La tradition veut qu'il ait été entrepreneur de spectacles et qu'ayant fait de mauvaises affaires il se soit vendu comme esclave. Il se mit cependant à composer des pièces qui plurent aux organisateurs des jeux publics et qui furent jouées de 210 av. J.-C. jusqu'à sa mort. Des quelque cent trente comédies qu'on lui attribuait, Varron n'en reconnaissait que vingt et une comme authentiques. Ces pièces nous sont parvenues intégralement, sauf la dernière, la *Vidularia* (*la Valise*). Les sujets sont d'inspiration hellénistique : il s'agit le plus souvent d'un amour contrarié, dans lequel interviennent le jeune homme prodigue, l'entremetteur, le père inflexible, la belle esclave qui se découvre de naissance libre et le valet rusé, dont les machinations sont bouleversées par la naïveté de son maître. L'action progresse par bonds, et les événements comptent moins que les personnages, qui annoncent déjà les types de la commedia dell'arte (*Amphitryon, Aulularia, les Ménechmes, Mostellaria, Miles gloriosus, Curculio, Mercator, Rudens, Trinummus*).

play-back [plɛbak] n. m. (mot angl.). Au cinéma et à la télévision, technique inverse du doublage, dans laquelle l'enregistrement du son précède celui de l'image. (L'Administration préconise PRÉSONORISATION.)

play-boy [plɛbɔj] n. m. (angl. *playboy,* viveur) [mot angl.]. Homme élégant, au physique avantageux, qui recherche les succès féminins et la vie facile. ‖ Pl. *des* PLAY-BOYS.

Pleaux [plo] (15700), ch.-l. de c. du Cantal (arr. de Mauriac) ; 1 816 h. (1 083 aggl.). Eglise (XVe-XVIe s.).

plèbe [plɛb] n. f. (lat. *plebs*). *Antiq. rom.* Classe populaire de la société romaine (par oppos. au *patriciat*).

plébéien [plebejɛ̃], **enne** [-ɛn] adj. De la plèbe, dans la Rome antique (par oppos. à *patricien*). ‖ Auj., populaire : *avoir des goûts plébéiens.* ‖ — N. Homme, femme du peuple.

plébiscitaire adj. Relatif au plébiscite.

plébiscite [plebisit] n. m. (lat. *plebiscitum*). Décret émanant du peuple romain, convoqué par tribus. ‖ Vote du peuple, qui a pour objet de légaliser un coup d'Etat (plébiscite de 1852), de ratifier un acte du pouvoir exécutif (plébiscite de 1870), ou de décider de la nationalité d'un territoire (plébiscites de la Sarre). ‖ En Suisse, syn. de RÉFÉRENDUM.

plébisciter v. t. Ratifier par un plébiscite. ‖ Elire à une forte majorité.

plectre [plɛktr] n. m. (gr. *plektron*). Lamelle de bois, d'ivoire, etc., qui sert à toucher les cordes de certains instruments. (Syn. MÉDIATOR.)

pléiade [plejad] n. f. (gr. *Pleias,* une des constellations). Réunion de poètes, d'hommes célèbres.

Pléiades. *Myth. gr.* Nom des sept filles d'Atlas et de Pléion. Désespérées des souffrances de leur père, elles se tuèrent et furent métamorphosées en étoiles. — La poésie s'est emparée de ce mot et a donné le nom de *Pléiade* à sept poètes qui vivaient sous Ptolémée Philadelphe : Lycophron de Chalcis, Alexandre l'Etolien, Philiscos de Corcyre, Sosiphanes de Syracuse, Homère de Byzance, Sosithée d'Alexandrie et Dionysiades de Tarse. Sous Henri II, il y eut une *Pléiade* française composée de Ronsard, du Bellay, Remy Belleau, Jodelle, Baïf, Pontus de Tyard et J. Peletier du Mans, remplacé à sa mort par Dorat.

Pléiades (les), groupe d'étoiles dans la constellation du Taureau, appelé aussi la *Poussinière* en raison de sa grande richesse en corps célestes. Les Pléiades comportent des nébuleuses galactiques très caractéristiques.

plein [plɛ̃], **e** [-ɛn] adj. (lat. *plenus*). Tout à fait rempli : *une salle pleine de monde.* ‖ Qui abonde en : *écrit plein de fautes.* ‖ Entier, complet : *un jour plein ; travailler à plein temps.* ‖ Rond, gras : *visage plein.* ‖ Se dit d'une femelle qui porte des petits : *une chatte pleine.* ‖ *Hérald.* Se dit d'un écu d'une seule couleur, sans meubles. ‖ — *Fig.* Entièrement occupé : *auteur plein de son sujet.* ‖ Pénétré : *plein de reconnaissance.* ● *A pleines mains,* abondamment. ‖ *A pleines voiles,* au moyen de toutes les voiles, rapidement. ‖ *Arbre de plein vent,* exposé au vent de tous côtés. ‖ *De plein air,* qui se fait à l'air libre ou à l'extérieur d'un établissement scolaire : *jeux de plein air.* ‖ *En plein air,* à l'air libre. ‖ *En plein jour, en pleine rue,* dans le jour, dans la rue. ‖ *En pleine terre,* dans le sol même. ‖ *En plein vent,* dans un endroit à découvert et exposé au vent. ‖ *Homme plein de lui-même,* orgueilleux. ‖ *La mer est pleine,* la marée est haute. ‖ *Pleine lune,* dont la face visible est entièrement éclairée par le soleil. ‖ *Plein pouvoir,* liberté d'agir. ‖ *Pleins pouvoirs,* délégation temporaire du pouvoir législatif accordée par le Parlement à un gouvernement ; habilitation à négocier et à conclure un traité. ‖ *Voix pleine,* voix forte et sonore.

plein n. m. Espace complètement occupé par la matière : *le plein est le contraire du vide.* ‖ Le plus gros trait des lettres dans l'écriture (par oppos. à *délié*). ‖ Marée haute. ● *Battre son plein,* être à marée haute ; et, au *fig.,* être en pleine activité, en plein éclat : *les fêtes battent leur plein.* ‖ *Faire le plein d'essence* ou *faire le plein,* remplir entièrement le réservoir d'une automobile, d'un avion, etc. ‖ **— En plein** loc. adv. Dans le milieu : *le soleil donnait en plein sur les toits.* ‖ Complètement : *donner en plein dans un piège.*

plein prép. et adv. *Fam.* Indique une grande quantité : *avoir de l'argent plein ses poches.* ‖ **— Plein de, tout plein de** loc. prép. et adv. *Fam.* Beaucoup de : *il y avait plein de monde sur la place.*

Pleine-Fougères (35610), ch.-l. de c. d'Ille-et-Vilaine (arr. de Saint-Malo) ; 2 091 h. (621 aggl.).

pleinement [plɛnmɑ̃] adv. Entièrement, tout à fait : *être pleinement satisfait.*

plein-emploi ou **plein emploi** [plɛnɑ̃plwa] n. m. Situation réalisée lorsque la totalité de la main-d'œuvre disponible d'un pays a la possibilité de trouver un emploi. (Contr. CHÔMAGE.)

plein-jeu n. m. *Mus.* Ensemble de jeux d'orgue réunissant tous les principaux et les mutations composées à base d'octaves et de quintes (fournitures et cymbales). ‖ Pl. des *pleins-jeux.*

plein-temps adj. inv. Se dit du médecin qui consacre tout son temps de travail à un service, et n'a pas de clientèle privée hors de l'hôpital.

plein-vent n. m. Arbre planté loin des murs et des clôtures. (On dit aussi ARBRE DE PLEIN VENT.) ‖ Pl. des *pleins-vents.*

pléistocène [pleistɔsɛn] n. m. (gr. *pleistos,* très nombreux, et *kainos,* nouveau). Première période — la plus longue — de l'ère quaternaire, correspondant à l'âge de la pierre taillée, ou paléolithique. ‖ — Adj. : *terrains pléistocènes.*

Plekhanov (Gheorghi Valentinovitch), philosophe russe, né à Goudalovka (1856-1918). Théoricien du socialisme, il participa à la fondation de la IIe Internationale au congrès de Paris (1889). Il rencontra Lénine en 1895 en Suisse et fonda avec lui l'*Iskra* (1900) ; mais, après 1903, il prit le parti des mencheviks. Rentré en Russie en 1917, il condamna la prise du pouvoir par les bolcheviks.

Plélan-le-Grand (35380), ch.-l. de c. d'Ille-et-Vilaine (arr. de Rennes) ; 2 336 h. (733 aggl.).

Plélan-le-Petit (22270 Jugon), ch.-l. de c. des Côtes-du-Nord (arr. de Dinan) ; 1 127 h. (524 aggl.).

Pléneuf-Val-André (22370), ch.-l. de c. des Côtes-du-Nord (arr. de Saint-Brieuc) ; 3 797 h. Station balnéaire au *Val-André.*

plénier [plenje], **ère** [-ɛr] adj. (de *plein*). Entier, complet : *tenir une réunion plénière.* ● *Cour plénière,* assemblée que tenaient les souverains, au Moyen Age, dans des circonstances solennelles. ‖ *Indulgence plénière* (Théol.), rémission pleine et entière de toutes les peines dues aux péchés.

plénipotentiaire [plenipɔtɑ̃sjɛr] n. m. et adj. (lat. *plenus,* plein, et *potentia,* puissance). Agent diplomatique muni de pleins pouvoirs : *envoyer un plénipotentiaire ; ministre plénipotentiaire.*

plénitude [plenityd] n. f. (lat. *plenitudo*). Etat de ce qui est plein : *plénitude de l'estomac.* ‖ Totalité : *conserver la plénitude de ses facultés.*

plénum [plenɔm] n. m. (mot lat. signif. *plein*). Réunion plénière : *le plénum du comité central du parti communiste de l'U. R. S. S.*

pléonasme [pleɔnasm] n. m. (gr. *pleonasmos,* surabondance). *Gramm.* Répétition de mots ayant le même sens, inconsciente (*monter en haut*), ou voulue pour donner plus de force à la pensée (*je l'ai vu de mes yeux*).

pléonastique adj. Qui contient un pléonasme : *locution pléonastique.*

pléonastiquement adv. De façon pléonastique.

Plérin (22190), comm. des Côtes-du-Nord (arr. de Saint-Brieuc) ; 8 902 h. (1 422 aggl.) [*Plérinais*].

plésiosaure [plezjɔzɔr] n. m. (gr. *plêsios,* voisin, et *saura,* lézard). Reptile marin fossile de l'ère secondaire, atteignant 5 m de long.

Plessis (Joseph Octave), prélat canadien, né près de Montréal (1763-1825), premier archevêque de Québec.

Plessis-Belleville (LE) [60330], comm. de l'Oise (arr. de Senlis) ; 1 177 h. Constructions mécaniques.

Plessis-lez-Tours, village d'Indre-et-Loire (comm. de La Riche, arr. de Tours). Château acquis en 1463 et agrandi par Louis XI, qui y mourut en 1483.

Plessis-Robinson (LE) [92350], ch.-l. de c. des Hauts-de-Seine (arr. d'Antony), à l'ouest de Sceaux ; 22 825 h.

Plessis-Trévise (LE) [94420], comm. du Val-de-Marne (arr. de Nogent-sur-Marne) ; 8 392 h.

Plestin-les-Grèves (22310), ch.-l. de c. des Côtes-du-Nord (arr. de Lannion), sur la Manche ; 3 153 h.

Phot. Anderson-Giraudon, Bernand.

pléthore [pletɔr] n. f. (gr. *plêthôrê,* surabondance d'humeurs). Surabondance quelconque, amenant un état fâcheux : *pléthore de blé.*

pléthorique adj. Surabondant.

Pleumartin (86450), ch.-l. de c. de la Vienne (arr. de Châtellerault) ; 1 302 h. (732 aggl.). Donjon du XIVe s.

Pleumeur-Bodou (22670), comm. des Côtes-du-Nord (arr. de Lannion) ; 2 542 h. (385 aggl.). Centre de télécommunications spatiales.

pleur [plœr] n. m. (de *pleurer*). Larme : *répandre des pleurs.* (Ne s'emploie au singulier qu'en poésie ou par plaisanterie : *un pleur éternel.*) ● *Essuyer les pleurs de quelqu'un,* le consoler. ‖ *Les pleurs de la vigne,* suc qui en découle au printemps.

pleural [pløral], **e, aux** [-o] adj. (du gr. *pleura,* côté). Qui appartient à la plèvre.

pleurant n. m. *Bx-arts.* Personnage en costume de deuil, faisant partie d'une frise et disposé dans une niche, sous une arcade, sur le soubassement d'un tombeau, ou portant une dalle funéraire.

pleurard [-rar], **e** [-ard] n. *Fam.* Celui, celle qui pleure souvent et sans sujet : *les pleurards sont ennuyeux.* ‖ — Adj. Plaintif : *ton pleurard.*

pleure-misère n. inv. Personne qui se plaint toujours d'être dans la misère.

pleurer v. i. (lat. *plorare*). Répandre des larmes. (Syn. : LARMOYER, SANGLOTER.) ‖ Suinter, en parlant des arbres et de la vigne dont le bois a été fraîchement taillé. ● *Pleurer sur,* déplorer. ‖ — V. t. S'affliger de la perte de : *pleurer un père.* ‖ Regretter vivement : *pleurer ses fautes.*

pleurésie [pløʀezi] n. f. (du gr. *pleura,* côté). Inflammation de la plèvre.
— ENCYCL. La *pleurésie* se manifeste par la présence, dans la plèvre, d'un épanchement liquide plus ou moins abondant de nature, d'aspect et de viscosité variables. Les pleurésies à liquide clair (sérofibrineux) sont dues le plus souvent à la tuberculose, mais elles peuvent également être la conséquence de maladies infectieuses banales (grippe), d'une congestion pulmonaire, d'un rhumatisme articulaire aigu et parfois d'un cancer. Les pleurésies purulentes sont secondaires à une infection par des germes pyogènes (pneumonie, broncho-pneumonie, etc.). Les pleurésies hémorragiques doivent faire suspecter un cancer. Les symptômes de la pleurésie consistent, après un point de côté initial, en une gêne respiratoire, de la toux et de la fièvre. La ponction permet d'examiner le liquide, d'introduire des antibiotiques et, éventuellement, d'évacuer la plèvre en cas d'épanchement abondant. L'évolution et le pronostic de toutes les formes de pleurésie ont largement bénéficié de l'usage des antibiotiques et des corticostéroïdes.

pleurétique adj. et n. Atteint de pleurésie. ‖ — Adj. Relatif à la pleurésie : *point pleurétique.*

pleureur, euse adj. et n. Se dit de certains arbres (saules par exemple) à feuillage retombant.

pleureuse n. f. Femme qu'on payait pour pleurer aux funérailles.

pleurite n. f. Pleurésie sèche.

pleurnicher [plœrniʃe] v. i. Faire semblant de pleurer. ‖ Pleurer sans raison.

pleurnicherie n. f. Habitude de pleurnicher. ‖ Douleur feinte, sans raison.

pleurnicheur, euse adj. et n. Qui pleurniche ; qui a l'habitude de pleurer.

pleurodynie [plørɔdini] n. f. Douleur vive du thorax en rapport avec une pleurite, une pleurésie ou une affection rhumatismale. (Syn. POINT DE CÔTÉ.)

pleuronecte [plørɔnɛkt] n. m. Nom donné aux poissons plats de la famille des pleuronectidés, en particulier au *flet,* au *flétan,* à la *plie* et à la *limande.*

pleuronectidés n. m. pl. Famille de poissons osseux, à corps aplati, et vivant couchés sur un côté (*sole, turbot, flet, flétan, plie* ou *carrelet, limande*).

pleuropneumonie n. f. Inflammation simultanée de la plèvre et du poumon.

pleurote [plørɔt] n. m. Champignon poussant sur les troncs d'arbre. (Famille des agaricacées.)

pleutre [plœtr] n. m. (mot flamand). Homme sans courage, sans dignité.

pleutrerie n. f. Action vile, lâche.

pleuvasser, pleuviner v. impers. *Fam.* Pleuvoir légèrement.

pleuvoir [pløvwar] v. impers. (lat. *pluere*) [conj. **41**]. Tomber, en parlant de la pluie. ‖ — V. i. Tomber en abondance : *les bombes pleuvaient sur la ville ;* et, au *fig. : les honneurs pleuvent sur lui.*

Pleven, anc. **Plevna,** v. de Bulgarie ; 79 000 h. Pendant la campagne des Balkans (1877-1878), les Turcs d'Osman pacha, retranchés dans la ville, repoussèrent tous les assauts des forces russo-roumaines et ne capitulèrent qu'après un siège dirigé par Totleben.

plèvre [plɛvr] n. f. (du gr. *pleura,* côté). Membrane séreuse qui tapisse le thorax et enveloppe les poumons : *l'inflammation de la plèvre se nomme « pleurésie ».*

Plexiglas [plɛksiglas] n. m. (marque déposée). Matière plastique dure, transparente, déformable à chaud, de la série des composés acryliques, employée comme verre de sécurité ainsi que pour d'autres usages.

plexus [plɛksys] n. m. inv. (mot lat. signif. *entrelacement*). *Anat.* Amas de filets nerveux enchevêtrés.
— ENCYCL. Les nerfs rachidiens constituent à leur sortie du canal rachidien une série de *plexus* échelonnés le long de la colonne vertébrale (plexus cervical, brachial, lombaire, sacré), d'où partent les nerfs qui innervent les membres et le tronc. Les nerfs du système nerveux végétatif forment également des plexus : *plexus cardiaque, plexus solaire,* etc., qui constituent des centres nerveux.

Pleyben (29190), ch.-l. de c. du Finistère (Sud) [arr. de Châteaulin] ; 4 097 h. (1 824 aggl.). Eglise du XVIe s. Calvaire du XVIIe s.

Pleyel (Ignaz), compositeur autrichien, né à Ruppersthal, près de Vienne (1757-1831), fondateur d'une fabrique de pianos à Paris. On lui doit des symphonies, des concertos et des quatuors.

pleyon [plɛjɔ̃] ou **plion** [plijɔ̃] n. m. (de *plier*). Rameau de bois qui sert à faire des liens.

pli [pli] n. m. (de *plier*). Rabat en double épaisseur, fait à une étoffe et maintenu par des points de couture. ‖ Marque qui reste à l'endroit où un objet a été plié. ‖ Enveloppe de lettre : *deux lettres sous le même pli.* ‖ Lettre : *un pli chargé.* ‖ Ride : *les plis du front.* ‖ Au jeu de cartes, levée. ‖ Chacune des couches de bois constituant un panneau de contre-plaqué. ‖ *Géol.* Ondulation des couches de terrain dont la partie en saillie est appelée *anticlinal,* et la partie en creux *synclinal.* ‖ *Fig.* Habitude du bien ou du mal : *ce jeune homme prend un bon, un mauvais pli.* ● *Faux pli,* pli fait à un endroit d'une étoffe où il ne devrait pas y en avoir. ‖ *Ne pas faire un pli* (Fam.), ne souffrir aucune difficulté.

pliable adj. Flexible, aisé à plier.

pliage [plijaʒ] ou **pliement** [plimɑ̃] n. m. Action de plier. ‖ Effet de cette action.

pliant, e adj. Facile à plier : *branche pliante.*

pliant n. m. Siège qui se plie, généralement sans bras ni dossier.

plie [pli] n. f. (lat. *platessa*). Poisson plat à chair estimée, commun dans la Manche et l'Atlantique, remontant parfois les estuaires. (Long. 40 cm ; famille des pleuronectidés.) [Syn. CARRELET.] (V. illustr. POISSONS.)

plié n. m. *Chorégr.* Exercice d'assouplissement au cours duquel les genoux sont fléchis, les pieds prenant au sol chacune des cinq positions.

plier [plije] v. t. (lat. *plicare*). Mettre en double une ou plusieurs fois, en rabattant une partie contre l'autre : *plier du linge.* ‖ Rapprocher les unes des autres les parties d'un objet : *plier une tente, un éventail.* ‖ Courber, fléchir : *plier de l'osier, les genoux.* ‖ *Fig.* Assujettir, accoutumer : *plier un jeune homme à la discipline.* ‖ — V. i. S'affaisser, se courber : *les branches plient sous le poids des fruits.* ‖ — *Fig.* Se soumettre : *plier sous l'autorité paternelle.* ‖ Céder, reculer : *l'armée commençait à plier.*

plieur, euse n. Personne qui plie : *plieuse de parachute.*

plieuse n. f. Machine à plier.

Pline l'Ancien, naturaliste et écrivain latin, né à Côme (23-79). Il était amiral de la flotte de Misène quand survint, en 79, l'éruption du Vésuve, qui ensevelit Pompéi. Voulant sauver les habitants de la côte et désirant observer de près le phénomène, il mourut asphyxié. Il a laissé une *Histoire naturelle* en trente-sept livres, compilation de plus de deux mille ouvrages, qui fournit notamment un répertoire de l'art antique.

plissements

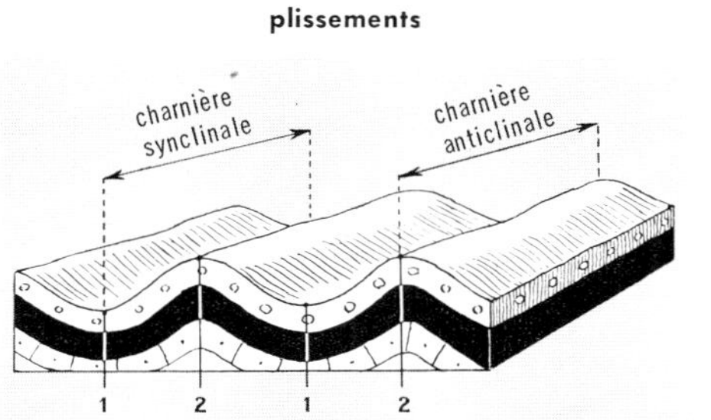

plis : 1. Synclinaux ; 2. Anticlinaux.

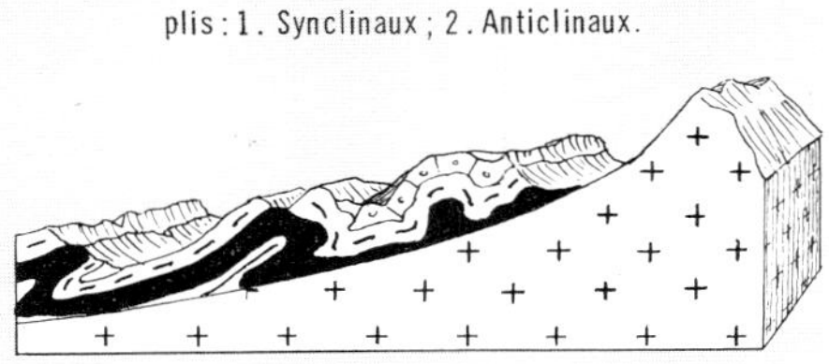
plis déversés et couchés

pli couché et faillé

Pline le Jeune, écrivain latin, né à Côme (62-v. 114). Adopté par son oncle Pline l'Ancien, il devint un avocat célèbre et remplit de 91 à 100 toutes les magistratures jusqu'au consulat. Sous Trajan, dont il était l'ami et dont il composa le *Panégyrique,* il fut légat en Bithynie. Ses *Lettres,* destinées à être lues dans des lectures publiques, forment un document de grande valeur sur les mœurs de son temps.

plinthe [plɛ̃t] n. f. (gr. *plinthos,* brique). Membre d'architecture en forme de tablette carrée, placé sous la base de la colonne. ‖ Planchette posée de chant le long et au pied des murs et cloisons pour dissimuler le raccord du parquet. ‖ Couvre-joint en planches.

pliocène [plijɔsɛn] n. m. (gr. *pleiôn,* plus grand, et *kainos,* nouveau). Dernière période de l'ère tertiaire, succédant au miocène. ‖ — Adj. : *terrains pliocènes.*

plioir n. m. Couteau à tranchants mousses, en bois, en ivoire, en métal, pour plier ou couper du papier. ‖ Petite planchette sur laquelle on enroule une ligne à pêche.

Plisnier (Charles), écrivain belge d'expression française, né à Ghlin (1896-1952). Dans ses nouvelles et ses cycles romanesques, il fait un tableau satirique de la vie bourgeoise et marque son attrait pour les âmes de révoltés et de révolutionnaires (*Faux Passeports,* 1937 ; *Meurtres,* 1939-1941 ; *Mères,* 1946-1950)

plissage n. m. Action de plisser ; son résultat.

plissé n. m. Ce qui est plissé. ‖ Groupe de plis.

plissement n. m. Action de plisser. ‖ *Géogr.* Ensemble de plis. ‖ Formation de plis : *le plissement alpin.* (V. MONTAGNE.)

plisser [plise] v. t. (de *plier*). Faire des plis à : *plisser une jupe.* ‖ — V. i. Avoir des plis : *robe qui plisse bien.*

Plissetskaïa (Maïa Mikhaïlovna), danseuse soviétique, née à Moscou en 1925. Première danseuse étoile au théâtre Bolchoï de Moscou, elle est une des plus remarquables interprètes des grands ballets romantiques (*le Lac des cygnes, la Belle au bois dormant*). En 1965, elle a créé *la Légende d'amour* (de I. Grigorovitch).

plisseur, euse n. Personne qui plisse.

plisseuse n. f. Machine à plisser les étoffes.

plissure n. f. Ensemble de plis.

pliure [plijyr] n. f. Action ou manière de plier les feuilles d'un livre. ‖ Atelier où s'exécute ce travail.
— ENCYCL. Les feuilles imprimées sont pliées en un certain nombre de feuillets donnant un nombre double de pages. Les *pliures* les plus fréquentes sont l'*in-folio,* l'*in-quarto,* l'*in-octavo,* l'*in-douze* et l'*in-seize,* où la feuille est respectivement pliée en deux, quatre, huit, douze et seize feuillets.

ploc ! [plɔk] interj. Onomatopée du bruit de la chute d'un objet qui s'aplatit sur le sol ou s'enfonce dans l'eau.

Płock, v. de Pologne, sur la Vistule ; 71 700 h. Raffinerie de pétrole. Pétrochimie.

Ploemeur [plɔe-] (56270), comm. du Morbihan (arr. de Lorient) ; 7 462 h. (2 868 aggl.). Kaolin. Conserves.

Ploërmel [plɔɛrmɛl] (56800), ch.-l. de c. du Morbihan (arr. de Vannes) ; 6 843 h. (3 720 aggl.) [*Ploërmelais*]. Anc. place forte. Halles (XVe s.). Maisons anciennes.

Plœuc-sur-Lié (22150), ch.-l. de c. des Côtes-du-Nord (arr. de Saint-Brieuc) ; 3 202 h. (998 aggl.).

Plogastel-Saint-Germain (29143), ch.-l. de c. du Finistère (Sud) [arr. de Quimper] ; 1 567 h. (434 aggl.).

ploiement [plwamɑ̃] n. m. Action de ployer ; son résultat : *le ploiement d'une poutre.*

Ploieşti, Ploeşti ou **Ploeshti,** v. de Roumanie, au nord de Bucarest ; 160 000 h. Principal centre pétrolier européen (U. R. S. S. exclue). Pétrochimie. Verrerie.

plomb [plɔ̃] n. m. (lat. *plumbum*). Métal dense, d'un gris bleuâtre. (V. *encycl.*) ‖ Balles, grains de plomb dont on charge les armes à feu. ‖ Caractère, composition d'imprimerie. ‖ *Mar.* Morceau de métal fixé à une ligne servant à sonder. (On dit aussi PLOMB DE SONDE.) ‖ *Electr.* Coupe-circuit à fil de plomb. ‖ Petit sceau de plomb, que l'on fixe aux attaches d'un colis pour empêcher qu'on ne l'ouvre, ou pour certifier qu'il a acquitté certains droits : *les plombs sont usités dans les douanes.* ● *Avoir du plomb dans l'aile,* être atteint dans sa santé, sa fortune, sa considération. ‖ *Mine de plomb,* plombagine. ‖ *N'avoir pas de plomb dans la tête,* être fort étourdi. ‖ *Sommeil de plomb,* sommeil lourd et profond. ‖ — **A plomb** loc. adv. Perpendiculairement : *le soleil darde à plomb.*
— ENCYCL. Le *plomb* (Pb), de numéro atomique 82, mou et déformable, de densité 11,3, fond à 327 °C et bout vers 1 500 °C ; il se recouvre à l'air d'un carbonate grisâtre. Il se rencontre le plus souvent sous forme de sulfure (*galène*), allié fréquemment à l'argent. Sa préparation comprend trois phases. Par grillage, on élimine le soufre et l'on obtient de l'oxyde de plomb. Par fusion réductrice, dans un four à water-jacket, l'oxyde de plomb est réduit, et l'on obtient le *plomb d'œuvre,* qui contient environ 2 p. 100 d'impuretés métalliques diverses. Dans une troisième phase, l'affinage permet de purifier ce plomb d'œuvre, soit par électrolyse, soit par fusion par voie sèche du métal impur, dont on extrait, par écumage en surface du bain, les alliages de métaux constituant les impuretés, non miscibles et moins denses que le plomb

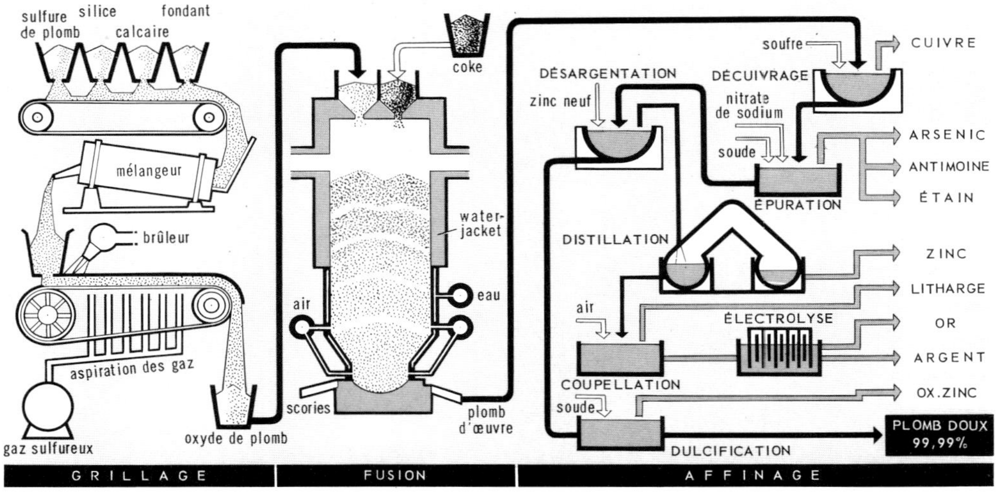

préparation industrielle du **plomb**

fondu. Le procédé Harris consiste à traiter le bain de plomb fondu par un flux oxydant et à éliminer les impuretés sous forme d'écume. A l'état métallique pur ou peu allié, le plomb est utilisé sous forme de feuilles pour le revêtement et de tuyaux. Ses composés chimiques (minium, litharge, céruse, plomb tétraéthyle) ont d'importantes applications industrielles. Sous forme de différents alliages, le plomb est notamment utilisé dans la fabrication des caractères d'imprimerie, des plaques d'accumulateur, des plombs de chasse, des soudures, des antifrictions, etc.
L'ingestion ou l'emploi des *sels* de plomb (blanc de céruse, minium, etc.) expose à des accidents graves, connus sous le nom de *saturnisme*.

Plombs (les), célèbres prisons de Venise, sous les combles du palais ducal recouverts de lames de plomb; le séjour y était atrocement pénible.

plomb du Cantal. V. CANTAL (*plomb du*).

plombage n. m. Action de plomber, de garnir de plomb, de marquer avec un plomb; son résultat : *le plombage d'une dent.*

plombaginacées [plɔ̃baʒinase] n. f. pl. Famille de plantes gamopétales, comprenant la *dentelaire*, le *statice*.

plombagine n. f. Graphite, dont on fait des mines de crayon.

plombé, e adj. Garni, muni de plomb : *canne plombée.* ‖ Couleur de plomb : *teint plombé.*

plombée [plɔ̃be] n. f. Charge de plomb d'une ligne à pêche. ‖ Massue, dard garnis de plomb; fléau d'armes. (On dit aussi, dans ce sens, PLOMMÉE.)

plombémie n. f. *Méd.* Présence de plomb dans le sang.

plomber [plɔ̃be] v. t. Attacher, appliquer du plomb à quelque chose. ‖ Attacher un sceau de plomb à un colis, à un wagon. ‖ Vérifier à l'aide du fil à plomb la verticalité de : *plomber un mur.* ● *Plomber une dent,* remplir de ciment ou d'amalgame une dent cariée. ‖ **— Se plomber** v. pr. Prendre une couleur de plomb.

plomberie n. f. Métier, ouvrage du plombier. ‖ Atelier du plombier.

plombier n. m. Ouvrier qui établit et entretient les installations et les canalisations domestiques ou industrielles d'eau et de gaz.

plombières [plɔ̃bjɛr] n. f. (de *Plombières,* n. de ville). Espèce de glace aux fruits confits.

Plombières-les-Bains (88370), ch.-l. de c. des Vosges (arr. d'Epinal); 1 183 h. Station thermale pour les affections de l'intestin et les troubles neurovégétatifs. Les eaux sulfatées et bicarbonatées sodiques (27 et 52 °C), employées en bains et en douches sous-marines, améliorent les colites, les diarrhées avec spasmes, les recto-colites et tous les troubles digestifs en rapport avec un dérèglement du sympathique. — Napoléon III y rencontra Cavour (1858) pour jeter les bases d'une alliance destinée à réaliser l'unité italienne.

plombifère adj. Qui contient du plomb : *minerai, gîte plombifère.*

plombure n. f. Ensemble des pièces de plomb constituant la carcasse d'un vitrail.

plommée [plɔme] n. f. V. PLOMBÉE.

Plonéour-Lanvern (29120 Pont l'Abbé), comm. du Finistère (Sud) [arr. de Quimper]; 4 087 h. (2 305 aggl.).

plonge [plɔ̃ʒ] n. f. *Faire la plonge,* laver la vaisselle (dans un restaurant).

plongeant [plɔ̃ʒɑ̃], **e** [-ɑ̃t] adj. Dirigé de haut en bas. ● *Tir plongeant,* tir exécuté avec un angle au niveau inférieur à 45°.

plongée n. f. Action de plonger : *plongée sous-marine.* ‖ Direction de haut en bas. ‖ *Cin.* Prise de vues effectuée de haut en bas. ‖ Talus supérieur d'un ouvrage fortifié. ● *Naviguer en plongée* (en parlant d'un sous-marin), naviguer au-dessous du niveau de la mer.

plongeon

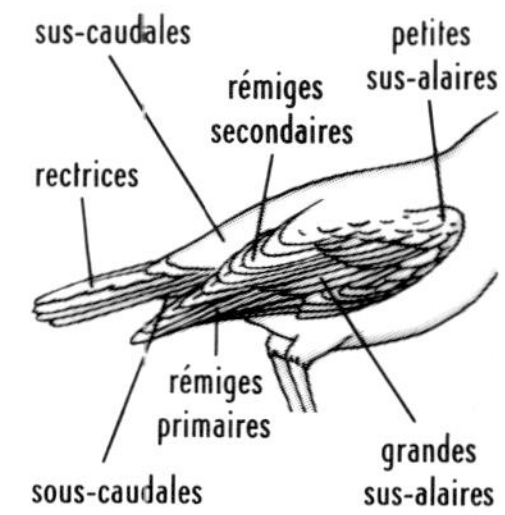

plume

plongement n. m. Action de plonger dans un liquide.

plongeoir [-ʒwar] n. m. Plate-forme, tremplin d'où l'on plonge.

plongeon [plɔ̃ʒɔ̃] n. m. (lat. *plumbio*). Action de plonger : *faire un plongeon hardi.* ‖ *Sports.* Détente horizontale d'un gardien de but pour saisir le ballon. ‖ Oiseau palmipède à long bec droit, plongeant à la recherche des poissons, et qu'on rencontre l'hiver sur nos côtes. (Long. 70 cm.)

plonger [plɔ̃ʒe] v. t. (lat. pop. *plumbicare;* de *plumbum,* plomb) [conj. **1**]. Immerger dans un liquide : *plonger un bâton dans l'eau.* ‖ Enfoncer : *plonger la main dans un sac.* ● *Etre plongé,* être absorbé : *être plongé dans une méditation.* ‖ *Etre plongé dans le sommeil,* dormir profondément. ‖ *Plonger quelqu'un dans la misère,* être cause de sa ruine. ‖ — V. i. S'enfoncer entièrement dans l'eau. ‖ Avoir une direction de haut en bas. ‖ **— Se plonger** v. pr. *Fig.* S'adonner entièrement à : *se plonger dans l'étude.*

plongeur, euse adj. et n. Qui plonge. ‖ — N. Personne qui lave la vaisselle dans un restaurant.

plongeur n. m. Syn. de SCAPHANDRIER.

plot [plo] n. m. Bille de bois de sciage. ● *Plot de contact,* ou *plot* (Electr.), pièce métallique faisant contact.

Plotin, philosophe alexandrin, principal représentant du néo-platonisme, né à Lycopolis (Egypte)? [v. 205 apr. J.-C.-v. 270]. Elève d'Ammonios Saccas à Alexandrie, il vint à Rome en 244, où il tint école avec succès. Il rédigea des traités que Porphyre corrigea et édita sous le titre d'*Ennéades.* La doctrine plotinienne est une interprétation spiritualiste de Platon.

Plouagat (22170 Châtelaudren), ch.-l. de c. des Côtes-du-Nord (arr. de Guingamp); 1 562 h. (346 aggl.).

Plouaret (22420), ch.-l. de c. des Côtes-du-Nord (arr. de Lannion); 2 356 h. (1 160 aggl.).

Plouay (56240), ch.-l. de c. du Morbihan (arr. de Lorient); 3 965 h. (2 192 aggl.). Eglise (XIIᵉ-XIIIᵉ s.).

Ploubalay (22650), ch.-l. de c. des Côtes-du-Nord (arr. de Dinan), sur la Manche; 2 156 h. (944 aggl.).

Ploudalmézeau (29262), ch.-l. de c. du Finistère (Nord) [arr. de Brest]; 4 387 h. (1 850 aggl.).

Ploudiry (29220 Landerneau), ch.-l. de c. du Finistère (Nord) [arr. de Brest]; 770 h. (227 aggl.). Chevaux.

Plouescat (29221), ch.-l. de c. du Finistère (Nord) [arr. de Morlaix]; 4 130 h. (2 311 aggl.). Primeurs.

plouf! [pluf] interj. Onomatopée du bruit que fait un objet en tombant dans un liquide.

Plougasnou (29228), comm. du Finistère (Nord) [arr. de Morlaix]; 3 435 h. Station balnéaire à *Primel-Trégastel.*

Plougastel-Daoulas (29213), comm. du Finistère (Nord) [arr. de Brest], sur une presqu'île de la rade de Brest; 7 148 h. (2 815 aggl.) [*Plougastels*]. Calvaire du XVIIᵉ s. Fraises.

Plouguenast (22150 Ploeuc sur Lié), ch.-l. de c. des Côtes-du-Nord (arr. de Saint-Brieuc); 2 057 h. (571 aggl.).

Plouguerneau (29232), comm. du Finistère (Nord) [arr. de Brest], dans le Léon; 5 750 h. (848 aggl.).

Plouha (22580), ch.-l. de c. des Côtes-du-Nord (arr. de Saint-Brieuc); 4 529 h. (2 111 aggl.) [*Plouhatins*].

Plouhinec (29149), comm. du Finistère (Sud) [arr. de Quimper], à l'est d'Audierne; 5 983 h. (4 797 aggl.) [*Plouhinéciens*].

Plouigneau (29234), ch.-l. de c. du Finistère (Nord) [arr. de Morlaix], dans le Léon; 1 583 h. (594 aggl.).

Ploumanac'h [-nak] (22700 Perros Guirec), station balnéaire des Côtes-du-Nord (comm. de Perros-Guirec). Rochers pittoresques.

ploutocrate n. m. Homme puissant par sa fortune.

ploutocratie n. f. (gr. *ploutos,* richesse, et *kratos,* pouvoir). Gouvernement où le pouvoir appartient aux riches.

ploutocratique adj. De la ploutocratie.

Ploutos ou **Plutus.** *Myth. gr.* Dieu des Richesses.

Plouzévédé (29225), ch.-l. de c. du Finistère (Nord) [arr. de Morlaix], dans le Léon; 1 583 h. (594 aggl.).

Plovdiv, anc. **Philippopoli,** v. de Bulgarie, sur la Maritza; 223 000 h. Centre commercial et industriel.

ployable adj. Qui se ploie facilement : *l'osier est très ployable.*

ployage n. m. Action de ployer.

ployer [plwaje] v. t. (lat. *plicare*) [conj. **2**]. Donner une courbure à : *ployer une branche.* ‖ *Fig.* Faire céder, faire fléchir. ‖ — V. i. Fléchir : *charpente qui ploie.* ‖ *Fig.* Etre accablé : *ployer sous le joug.*

pluie [plɥi] n. f. (lat. *pluvia*). Précipitation liquide d'eau atmosphérique sous forme de gouttes. (Syn. : AVERSE, BRUINE, CRACHIN, GIBOULÉE, GRAIN.) ‖ *Fig.* Ce qui tombe en très grande quantité : *pluie de feu.* ● *Ennuyeux comme la pluie,* très ennuyeux. ‖ *Faire la pluie et le beau temps,* être influent. ‖ *Parler de la pluie et du beau temps,* parler de choses banales. ‖ *Pluie d'or,* abondance de richesses, de largesses.
— ENCYCL. La *pluie* résulte de l'impossibilité pour les courants ascendants de maintenir en suspension des particules liquides ou solides formées par la précipitation de la vapeur d'eau contenue dans l'atmosphère (phase de condensation, liée à la présence de noyaux de condensation), vapeur d'eau provenant du refroidissement de l'air humide par détente adiabatique (phase de saturation). D'après les agents déterminant les ascendances à la base du cycle de la pluie, on distingue classiquement les *pluies cycloniques* ou *d'ascendance frontale* (dues au contact de l'air chaud et de l'air froid), les *pluies d'instabilité* ou *de convection* (dues au gradient vertical de température), les *pluies orographiques* (dues au relief). [V. aussi CLIMAT.]

plumage n. m. Ensemble des plumes d'un oiseau.

plumaison n. f. Action de plumer.

plumard [plymar] n. m. Houssoir ou balai de plumes. ‖ *Pop.* Lit.

plumasserie n. f. Métier, travail et commerce du plumassier.

plumassier, ère n. Personne qui prépare et vend des plumes en vue de leur emploi dans la mode ou l'ornementation.

plume [plym] n. f. (lat. *pluma,* duvet). Organe produit par l'épiderme des oiseaux, formé d'une tige souple portant des barbes, et servant au vol, à la protection du corps et au maintien de la constance de la température. ‖ Tuyau des grosses plumes de l'oie, etc., dont on se servait pour écrire : *tailler sa plume.* ‖ Morceau de métal façonné en forme de bec, et qui sert à écrire : *la plume d'acier a remplacé la plume d'oie.* ● *Guerre de plume,* dispute par écrit entre écrivains. ‖ *Homme de plume,* écrivain. ‖ *Lit de plume,* matelas de plumes.
— ENCYCL. On distingue plusieurs sortes de *plumes :* les plus grandes, ou *pennes,* qui ont des barbes maintenues parallèles entre elles par des crochets microscopiques, et qui servent au vol (rémiges de l'aile, rectrices de la queue); les *tectrices,* plus petites, qui recouvrent et protègent le corps de l'oiseau; le *duvet,* très court, qui assure la constance de la température centrale.

plumeau [plymo] n. m. Ustensile pour épousseter, fait avec de fortes plumes assemblées autour d'un manche.

Pluméliau (56150 Baud), comm. du Morbihan (arr. de Pontivy); 3 753 h. (859 aggl.). Salaisons.

plumer v. t. Arracher les plumes. ● *Plumer quelqu'un* (Fig.), le dépouiller.

plumet [plymɛ] n. m. Petit bouquet de plumes qui orne un casque ou un shako. (Les *plumets,* qui étaient soit du type saule-pleureur, soit du type droit, ont fait pendant

Phot. Higham-Scaïoni.

longtemps partie de la grande tenue des officiers. Ils ne sont plus portés aujourd'hui que sur les shakos des saint-cyriens [casoar] et des gardes républicains.)

plumetis [plymti] n. m. (de *plumet*). Point de broderie exécuté sur un fort bourrage pour couvrir de petites surfaces. ‖ Etoffe légère en broché mécanique, qui imite cette broderie.

plumeur, euse n. Personne qui plume la volaille.

plumier n. m. Boîte longue dans laquelle l'écolier met porte-plume, crayons, etc.

plumitif n. m. Registre où le greffier résume les faits d'une audience. ‖ *Fam.* Bureaucrate ; écrivain médiocre.

plum-pudding [plumpudiŋ] n. m. (mot angl. ; de *plum*, prune, et *pudding*, gâteau). V. PUDDING.

plumule n. f. *Ornith.* Chacune des petites plumes dont la réunion forme le duvet.

plupart (la) [laplypar] n. f. (de *la plus part*). Le plus grand nombre (employé seul ou avec un nom complément au pl.) : *la plupart sont persuadés que le bonheur est dans la richesse ; la plupart de ses amis l'ont secouru.* ‖ — Loc. adv. **La plupart du temps,** le plus souvent. ‖ **Pour la plupart,** quant à la plus grande partie.

plural [plyral], **e, aux** [-o] adj. (lat. *pluralis*). Qui contient plusieurs unités. ● *Vote plural,* système de suffrage qui attribue plusieurs voix à un même électeur.

pluralisme n. m. Multiplicité ; ce qui n'est pas unique : *pluralisme scolaire.* ‖ Doctrine philosophique qui n'admet, dans le monde, que des êtres multiples et individuels. ‖ Système politique qui repose sur la coexistence d'organismes différents et indépendants en matière de gestion ou de représentation : *le pluralisme syndical.*

pluraliste adj. Relatif au pluralisme.

pluralité n. f. Le plus grand nombre : *la pluralité des avis.* ‖ Le fait d'être plusieurs ; multiplicité : *la pluralité des dieux.* ‖ *Gramm.* Pluriel : *l' « s » est le signe ordinaire de la pluralité.*

pluriannuel, elle adj. Qui dure plusieurs années : *des contrats pluriannuels.*

pluricellulaire adj. Formé de plusieurs cellules : *les animaux pluricellulaires sont appelés « métazoaires ».*

pluridisciplinaire adj. Relatif à plusieurs disciplines (littéraires, scientifiques, techniques, etc.) : *un groupe de recherches pluridisciplinaires.*

pluridisciplinarité n. f. Caractère d'un enseignement, d'une méthode de recherches pluridisciplinaires.

pluriel [plyrjɛl], **elle** adj. (du lat. *pluralis*). Qui marque la pluralité : *la terminaison plurielle en français est en général la lettre « s ».*

pluriel n. m. Nombre pluriel : *donner le pluriel d'un mot.*

plurivalent, e adj. *Chim.* Qui peut avoir plusieurs valences. ‖ Qui peut recevoir plusieurs valeurs. ● *Logique plurivalente,* logique, non classique, qui admet plus de deux valeurs de vérité (par oppos. à *logique bivalente*).

plus [ply, plys ; plyz *devant une voyelle ou un* h *muet*] adv. (lat. *plus*). A un degré supérieur : *il est plus riche que vous ne croyez.* ‖ En grande quantité : *ils sont plus de mille.* ‖ En outre : *une table, plus six chaises.* ‖ Avec la négation, marque la cessation d'une action, d'un état : *il ne travaille plus ; il n'est plus fatigué.* ● *Il n'est pas des plus petits,* il n'est pas parmi les plus petits. ‖ *Le plus, la plus,* marque un superlatif relatif : *il est le plus adroit ; elle est la plus belle.* (*Le plus,* quels que soient le nombre et le genre de l'adj., peut aussi marquer le plus haut degré de qualité d'une chose comparée avec elle-même : *c'est le soir que la fièvre est le plus forte.*) ‖ *Plus d'un,* un certain nombre (verbe au sing.) : *plus d'un village a été détruit.* ‖ — Loc. adv. **Bien plus, de plus, qui plus est,** en outre. ‖ **D'autant plus,** à plus forte raison. ‖ **De plus en plus,** avec progrès (en bien ou en mal). ‖ **Ni plus ni moins,** tout autant. ‖ **Plus ou moins,** à peu près. ‖ **Sans plus,** sans rien ajouter. ‖ **Tant et plus,** abondamment. ‖ **Tout au plus, au plus,** au maximum. ‖ — N. m. La plus grande quantité, le plus grand nombre : *qui peut le plus peut le moins.* ‖ *Math.* Signe de l'addition (+).

plusieurs [plyzjœr] adj. indéf. pl. des deux genres (du lat. *plures,* plus nombreux). Indique un nombre indéterminé : *avoir plusieurs camarades.* ‖ — Pron. indéf. : *plusieurs pensent que...*

plus-que-parfait [plyskɔparfɛ] n. m. *Gramm.* Temps du verbe qui exprime une action passée antérieure à une autre action passée. (Ex. : *j'*AVAIS FINI *mon devoir quand vous êtes arrivé.*)

plus-value [plyvaly] n. f. Accroissement de la valeur d'un bien entre deux appréciations successives : *plus-value d'actif.* ‖ Augmentation du prix des travaux, motivée par certaines difficultés. ‖ Différence positive entre le produit d'un impôt et l'évaluation budgétaire qui en avait été faite. ‖ — Contr. MOINS-VALUE. ‖ Pl. des *plus-values.*
— ENCYCL. Selon Marx, la *plus-value* — qui constitue la rémunération du capitaliste (intérêts des capitaux investis et produits confondus) — est la conséquence d'une spoliation des producteurs salariés qui, en échange de leur force de travail, ne perçoivent que la valeur des marchandises indispensables à leur entretien. La différence entre la valeur des biens produits et les salaires constitue la « plus-value » que s'attribuent les capitalistes.

Plutarque, écrivain grec, né à Chéronée (Béotie) [v. 50-v. 125]. Issu probablement d'une famille de commerçants aisés, il étudia la rhétorique et les sciences à Athènes,

pluvier

coupe d'un **pneumatique**

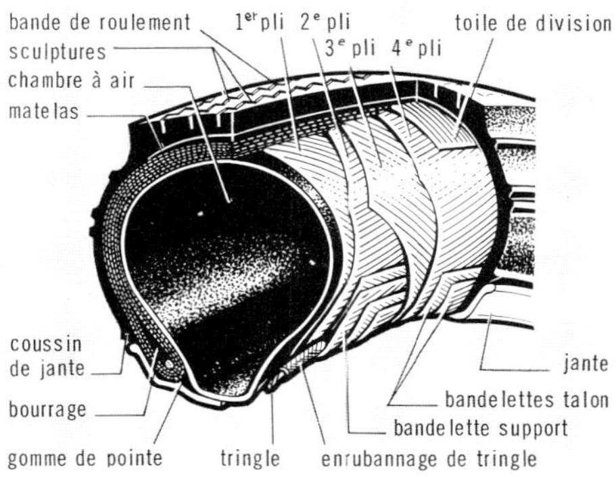

voyagea en Egypte et à Rome, où il donna des conférences. Il fut député par ses concitoyens auprès du proconsul d'Achaïe, remplit dans sa ville natale des fonctions municipales et fit partie du collège sacerdotal de Delphes. Il composa un grand nombre de traités, que l'on divise depuis l'Antiquité en deux groupes : les *Œuvres morales* et les *Vies* parallèles.* Il s'inspire le plus souvent du platonisme, critique le stoïcisme et l'épicurisme, et veut surtout faire œuvre de moraliste par la peinture pittoresque des événements historiques ou légendaires. La traduction d'Amyot* fit de Plutarque l'auteur ancien le plus lu et le plus médité en France jusqu'au XIXe s.

Pluton. *Myth. rom.* Roi des Enfers et dieu des Morts, fils de Saturne et de Rhéa, frère de Jupiter et de Neptune, époux de Proserpine. Il a été identifié avec l'*Hadès* grec.

Pluton, planète du système solaire la plus éloignée du Soleil. Elle fut découverte en 1930 par des méthodes analogues à celles de Le Verrier pour la découverte de Neptune, et ses éléments astronomiques ne sont pas encore connus avec une très grande précision.

plutonigène adj. Qui engendre du plutonium : *réacteur plutonigène.*

plutonique [plytɔnik] ou **plutonien** [plytɔnjɛ̃], **enne** [-ɛn] adj. (de *Pluton,* dieu des Enfers). *Géol.* Se dit des roches éruptives qui se sont mises en place en profondeur : *le granite est une roche plutonique.*

plutonisme n. m. Théorie qui expliquait la formation de la croûte terrestre par l'action du feu intérieur.

plutonium [plytɔnjɔm] n. m. Métal (Pu), de numéro atomique 94, obtenu dans les piles à uranium, pouvant subir la fission, et parfois employé dans les bombes atomiques.

plutôt [plyto] adv. (de *plus* et *tôt*). De préférence : *plutôt souffrir que mourir.* (Ne pas confondre *plutôt* avec *plus tôt,* qui est l'opposé de *plus tard* : *je ne devais venir qu'à midi, mais je viens « plus tôt ».*)

Plutus. V. PLOUTOS.

Plutus, en gr. *Ploutos,* comédie d'Aristophane (388 av. J.-C.), satire sociale sur la mauvaise répartition des richesses.

pluvial [plyvjal], **e, aux** [-o] adj. (du lat. *pluvia,* pluie). Qui provient de la pluie : *eaux pluviales.* ● *Régime pluvial,* régime des cours d'eau où domine l'alimentation par les pluies : *la Seine a un régime pluvial.*

pluvian [plyvjɑ̃] n. m. Oiseau échassier de la vallée du Nil, qui va chercher sa nourriture jusque dans la gueule des crocodiles.

pluvier [plyvje] n. m. (du lat. *pluere,* pleuvoir). Oiseau échassier dont quelques espèces passent sur les côtes et les marais de l'Europe occidentale. (Long. 15 à 25 cm ; gibier estimé.)

pluvieux [plyvjø], **euse** [-øz] adj. Abondant en pluie : *le climat de l'Ecosse est pluvieux.* ‖ Qui amène la pluie : *vent pluvieux.*

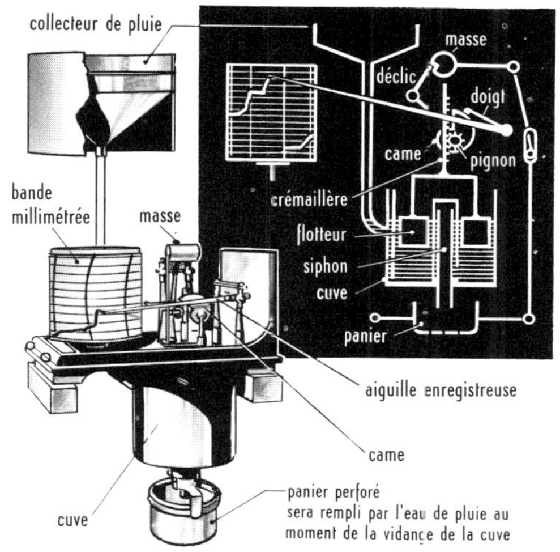

pluviomètre

Pluvigner (56330), ch.-l. de c. du Morbihan (arr. de Lorient) ; 4 494 h. (1 909 aggl.).

pluviomètre n. m. Appareil mesurant la quantité de pluie tombée en un lieu pendant un temps déterminé.

pluviométrie n. f. Mesure de la quantité de pluie qui tombe en un endroit pendant une certaine période.

pluviométrique adj. Relatif à la pluviométrie : *régime pluviométrique.*

pluvio-nival, e, als ou **aux** adj. Relatif à la pluie et à la neige : *régime pluvio-nival.*

pluviôse [plyvjoz] n. m. (du lat. *pluvia,* pluie). Cinquième mois du calendrier républicain (du 20, 21 ou 22 janvier au 19, 20 ou 21 février).

pluviosité n. f. Etat pluvieux. ‖ Quantité de pluie tombée en un lieu déterminé pendant un temps donné.

Plymouth, grand port militaire d'Angleterre (Devon) ; 247 000 h.

Plzeň, en allem. **Pilsen,** v. de Tchécoslovaquie (Bohême) ; 143 000 h. Métallurgie. Brasserie.

p. m., abrév. de *post meridiem* (après midi), de *préparation militaire* et de *pistolet mitrailleur.*

pneu [pnø] n. m. Abrév. de *pneumatique.*

pneu-citerne n. m. Réservoir d'essence roulant, constitué par deux énormes pneus montés sur roues et réunis par un essieu. ‖ Pl. des *pneus-citernes.*

pneumatique [pnømatik] adj. (gr. *pneumatikos ;* de *pneuma,* souffle). Relatif à l'air ou aux gaz : *poche pneumatique.* ‖ Qui fonctionne à l'aide de l'air comprimé : *marteau pneumatique.* ‖ Se dit des os creux des oiseaux, dont la cavité est remplie d'air provenant des sacs aériens. ● *Carte pneumatique* (ou, par abrév., *pneumatique* n. m., et souvent *pneu* n. m.), correspondance écrite sur papier léger de dimensions déterminées, que, dans certaines villes, la poste expédie dans les divers quartiers au moyen de l'air comprimé. ‖ *Machine pneumatique,* machine qui fait le vide dans un récipient.

pneumatique n. m. Bandage déformable et élastique, que l'on fixe à la jante des roues de certains véhicules et qui protège, en l'enveloppant, une chambre à air, indépendante ou non. (On dit aussi, par abrév., PNEU.)
— ENCYCL. Le *pneumatique,* grâce à sa souplesse, est un des éléments de la suspension du véhicule. Le type classique, dit *pneu axial,* comprend une carcasse formée de fils textiles ou d'acier, juxtaposés et disposés en nappes superposées, après avoir été enrobés au moyen d'un latex artificiel ou d'une dissolution de caoutchouc ou de résine synthétique. Le tout est recouvert d'une couche de gomme portant à sa périphérie, sur la bande de roulement, des reliefs antidérapants. Le pneu est monté dans la jante soit à tringle, soit à talon. Le *pneu radial* comprend une carcasse constituée de câbles d'acier réunissant un talon à l'autre en formant des arceaux. Le tissage de fils parallèles les uns aux autres lui assure une très grande souplesse. Ces fils n'étant soumis qu'à des efforts de tension et de flexion, la résistance à l'usure est plus grande que celle d'un pneu conventionnel, où le tissage croisé introduit des efforts supplémentaires de compression. Le *pneu « tubeless »* comporte, à la place de la chambre à air, une couche de matière synthétique imperméable, la valve de gonflage étant directement fixée dans la jante. Ce pneu se dégonfle très lentement en cas de crevaison et supprime le danger de l'éclatement inopiné.

pneumatique n. f. Science qui a pour objet l'étude des gaz du point de vue de leur mouvement.

pneumatophore [pnɔmatɔfɔr] n. m. Organe respiratoire émergeant des racines du cyprès chauve, du palétuvier et de divers autres arbres des régions marécageuses.

pneumectomie n. f. V. PNEUMONECTOMIE.

pneumo [pnɔmo] n. m. Abrév. fam. de *pneumothorax artificiel.*

pneumoconiose n. f. Affection chronique du poumon due à l'inhalation de poussières et particules solides.

Phot. Higham.

pneumocoque [pnømɔkɔk] n. m. Bactérie du groupe des diplocoques, produisant la pneumonie et d'autres infections (péritonites).

pneumogastrique n. m. et adj. Nerf crânien pair (dixième paire), le plus important du parasympathique, qui naît du bulbe, descend dans le cou, le thorax et l'abdomen, innervant les bronches, l'œsophage, l'estomac et l'intestin. (Syn. NERF VAGUE.)

pneumographie n. f. Enregistrement des mouvements respiratoires.

pneumologie n. f. Partie de la médecine qui traite des maladies du poumon. (Elle est pratiquée simultanément avec la phtisiologie.)

pneumologue n. Médecin spécialisé en pneumologie et en phtisiologie.

pneumonectomie ou **pneumectomie** n. f. Ablation chirurgicale d'un poumon.

pneumonie [pnømɔni] n. f. (du gr. *pneumôn*, poumon). Inflammation du parenchyme pulmonaire, le plus souvent localisée à un lobe et due au pneumocoque. — ENCYCL. La *pneumonie* commence par une ascension brusque de la température, un frisson, une douleur thoracique et de la toux. Après 1 ou 2 jours apparaissent des crachats rouillés. La fièvre reste élevée, en plateau pendant 8 jours, puis tombe brusquement le 9e jour au cours d'une « crise » avec émission abondante d'urine et souvent une défaillance cardiaque qui doit être compensée. L'action des antibiotiques réduit la période fébrile et les risques de la crise. Outre le pneumocoque, divers germes peuvent provoquer des pneumonies : virus, bacille tuberculeux (pneumonie caséeuse), etc.

pneumonique adj. Atteint de pneumonie. ‖ Relatif à la pneumonie.

pneumopéritoine n. m. Présence de gaz dans le péritoine, pathologique ou thérapeutique.

pneumothorax n. m. Epanchement spontané de gaz dans la cavité pleurale. ‖ Méthode de traitement de la tuberculose pulmonaire, par introduction d'azote ou d'air dans la cavité pleurale.

Pnom Penh. V. PHNOM PENH.

Pnyx (la), colline située à l'ouest d'Athènes, où se tenait l'assemblée des citoyens.

Po, symbole du *poise*.

Po, symbole chimique du *polonium*.

Pô (le), fl. de l'Italie du Nord, né dans les Alpes, au mont Viso, tributaire de l'Adriatique, qu'il rejoint en formant un grand delta; 652 km. De direction générale ouest-est, le Pô draine alors avec ses affluents (Tessin, Adda) la vaste *plaine du Pô*.

Pô (*plaine du*), région basse de l'Italie, entre les Alpes, les Apennins et l'Adriatique, drainée par le Pô. S'étendant sur les plaines du Piémont*, de la Lombardie*, de la Vénétie* et de l'Emilie-Romagne*, la plaine du Pô est un ancien golfe marin. Elle est la partie vitale de l'Italie, dont elle concentre la majeure partie du potentiel agricole (céréales, fruits, vigne) et surtout industriel (représenté dans les grandes villes qui la parsèment : Milan, Turin, Venise, Bologne, etc.).

Pobiedy (*pic*), point culminant du T'ien-chan, à la frontière sino-soviétique ; 7 439 m.

Poblet, village d'Espagne (Catalogne). Monastère cistercien Santa María (XIIe-XIIIe s.).

pochade [pɔʃad] n. f. (de *pochoir*). Peinture exécutée en quelques coups de pinceau. ‖ Œuvre littéraire rapidement écrite.

pochard, e n. et adj. *Pop.* Ivrogne.

poche [pɔʃ] n. f. (empr. au francique). Fente pratiquée dans un vêtement et prolongée par un sac de toile à l'intérieur; applique de tissu à l'extérieur. ‖ Faux plis disgracieux d'un vêtement. ‖ Sac pour le blé, l'avoine, etc. ‖ Espèce de filet pour chasser au furet. ‖ Cavité d'un abcès, d'une tumeur. ‖ Grande quantité de fluide contenue dans une cavité souterraine : *poche de gaz*. ● *Argent de poche*, somme destinée aux petites dépenses personnelles. ‖ *De poche*, se dit d'un objet de dimensions telles qu'il peut être porté dans une poche : *livre de poche*. ‖ *Poche de coulée*, récipient qui, recevant le métal en fusion à la sortie du cubilot ou du four, le transporte jusqu'au moule où il doit être coulé. ‖ *Poche à douille*, entonnoir de toile forte, qui est utilisé, rempli de crème, à la décoration des gâteaux.

pochée n. f. Contenu d'une poche.

pocher [pɔʃe] v. t. Faire une meurtrissure avec enflure : *pocher l'œil à quelqu'un*. ‖ Peindre sommairement. ● *Pocher des œufs*, les faire cuire entiers, sans la coquille, dans un liquide.

pochetée n. f. Bêtise, niaiserie. ‖ *Pop.* Niais, imbécile.

pochette n. f. Petite poche. ‖ Petit mouchoir de fantaisie. ‖ Boîte de compas très plate. ‖ Petit violon. ‖ Enveloppe servant d'emballage léger : *pochette de disque*. ● *Pochette surprise*, petit paquet, cornet de papier, surtout destiné aux enfants et vendu à prix fixe, contenant des objets indéterminés.

pocheuse n. f. Ustensile pour faire les œufs pochés.

pochoir n. m. Feuille de carton ou de métal découpée, pour colorier avec une brosse un dessin ayant le contour de la découpure.

poco a poco. *Mus.* Loc. ital. signif. *peu à peu*.

Edgar Poe
par Fl. J. Fisher
d'après
un daguerréotype
pris en 1839

podagre [pɔdagr] adj. et n. (gr. *pous, podos*, pied, et *agra*, prise). Qui a la goutte aux pieds.

podagre n. f. Goutte aux pieds.

podaire [pɔdɛr] n. f. *Math.* Lieu des pieds des perpendiculaires menées d'un point fixe sur les tangentes à une courbe donnée.

Poděbrady (Georges DE). V. GEORGES DE PODĚBRADY.

Podensac [-dɛ̃-] (33720), ch.-l. de c. de la Gironde (arr. de Bordeaux), sur la Garonne ; 1 823 h. Vins.

podestat [pɔdɛsta] n. m. (ital. *podesta*; du lat. *potestas*, puissance). Premier magistrat des villes du centre et du nord de l'Italie aux XIIIe et XIVe s.

Podgorny (Nikolaï Viktorovitch), homme politique soviétique, né à Karlovka (Ukraine) en 1903. Il est président du praesidium du Soviet suprême depuis 1965.

podium [pɔdjɔm] n. m. Mur épais dressé autour de l'arène des amphithéâtres, formant une estrade sur laquelle se trouvaient les places d'honneur. ‖ Petit soubassement servant de plate-forme. ‖ Plate-forme où se placent les vainqueurs d'une épreuve sportive.

podium ou **podion** [pɔdjɔ̃] n. m. Syn. de AMBULACRE.

Podlachie ou **Podlaquie,** région de Pologne, dans le bassin du Bug, aux terres peu fertiles.

Podolie, région de l'ouest de l'Ukraine.

podologie [pɔdɔlɔʒi] n. f. Etude médicale du pied.

Podolsk, v. de l'U. R. S. S. (R. S. F. S. de Russie), au sud de Moscou ; 169 000 h. Métallurgie. Cuir.

podomètre [pɔdɔmɛtr] n. m. (gr. *pous, podos*, pied, et *mètre*). Appareil qui compte le nombre de pas faits par un piéton et indique ainsi, approximativement, la distance parcourue. (Syn. ODOMÈTRE.)

podzol [pɔdzɔl] n. m. (mot russe signif. *cendreux*). Dans les régions humides à hiver froid, sol constitué à la surface par un horizon de couleur foncée, au milieu par un horizon délavé, grisâtre, et à la partie inférieure par un horizon brun, imperméable, riche en fer.

podzolique adj. Relatif au podzol.

Poe (Edgar Allan), écrivain américain, né à Boston (1809-1849). Fils de comédiens errants, orphelin à l'âge de deux ans, il est recueilli par un planteur de Richmond. Il connaît cependant une jeunesse instable, abandonne successivement l'université de Virginie, un emploi chez son père adoptif, l'école militaire de West Point et va chercher fortune à New York, où il commence à écrire des contes. Il épouse (1836) sa jeune cousine Virginia Clemm, qui mourra en 1847, et, tout en collaborant plus ou moins régulièrement à des revues, cherche dans l'alcool l'inspiration et l'oubli de la vie quotidienne. Poète (*le Corbeau*, 1845), hostile aux effusions lyriques du romantisme (*Eureka*, 1848 ; *le Principe de la poésie*, 1850), il fait dans ses nouvelles l'application systématique d'une technique de la sensation poussée jusqu'aux frontières du morbide et donne le modèle de ces constructions paralogiques qu'imiteront par la suite les romans policiers (*les Aventures d'Arthur Gordon Pym*, 1837 ; *extraordinaires*, 1845). L'œuvre d'Edgar Poe fut révélée à l'Europe par les traductions de Baudelaire.

pœcile [pesil] n. m. Portique orné de peintures, chez les Grecs.

poêle [pwal] n. m. (lat. *pallium*, manteau). Drap noir (blanc pour les enfants) dont on couvre le cercueil et dont certaines personnes tiennent les cordons pendant la marche du cortège funèbre.

poêle [pwal] n. m. (lat. *pensilis*, suspendu). Grand appareil de chauffage à bois ou au charbon.

poêle [pwal] n. f. (lat. *patella*). Casserole peu profonde, à fond large et à long manche, pour frire, pour fricasser. ● *Tenir la queue de la poêle* (Fam.), avoir la direction, la charge de.

poêlée n. f. Contenu d'une poêle.

poêlier n. m. Qui fait, vend ou pose les poêles et appareils de chauffage.

poêlon n. m. Casserole en terre ou en cuivre à bords étroits.

poème [pɔɛm] n. m. (gr. *poiêma*; de *poiein*, faire). Ouvrage en vers, le plus souvent d'une certaine étendue. ‖ Ouvrage en prose, ayant le style et les fictions de la poésie : *les poèmes en prose de Baudelaire*. ● *Poème symphonique*, composition musicale pour orchestre en un ou plusieurs mouvements, s'inspirant d'un argument ou d'une donnée poétique.

Poèmes antiques, par Leconte de Lisle (1852), recueil dont les sujets sont empruntés aux mythes de l'Inde et de la Grèce antique.

Poèmes antiques et modernes, par A. de Vigny (1822-1826). Les trois parties du recueil (poèmes mystiques, poèmes antiques, poèmes modernes) composent une fresque épique des âges successifs de l'humanité.

Poèmes barbares, par Leconte de Lisle (1862), dont la matière est empruntée aux récits bibliques, celtiques et scandinaves.

poésie [pɔezi] n. f. (lat. *poesis*). Art de faire des vers : *cultiver la poésie*. ‖ Chaque genre poétique : *la poésie épique, lyrique*. ‖ Pièce de vers, poème de peu d'étendue : *réciter une poésie*. ‖ Caractère de ce qui touche, élève, charme : *la poésie d'un tableau ; vers pleins de poésie*.

poète [pɔɛt] n. m. (lat. *poeta*). Celui qui écrit en vers. ‖ Celui qui a des facultés poétiques. ‖ — Adj. des deux genres : *femme poète*.

poétereau n. m. Mauvais poète.

poétesse n. f. Femme poète.

poétique adj. Qui appartient à la poésie, qui lui est propre : *style, expression poétique*. ‖ Propre à inspirer un poète : *un sujet poétique*. ‖ Qui touche, émeut. ‖ — N. f. Système poétique d'un écrivain, d'une époque, d'un pays : *la poétique d'Horace, de Boileau*.

Poétique, ouvrage d'Aristote (IVe s. av. J.-C.), qui traite de la poésie en général, de la tragédie et de l'épopée.

poétiquement adv. De façon poétique.

poétiser v. t. Elever au ton de la poésie : *poétiser une scène*. ‖ Embellir, idéaliser par le rêve : *poétiser des souvenirs*.

Pogge (Gian Francesco POGGIO BRACCIOLINI, connu en fr. sous le nom de **le**), humaniste italien, né à Terranuova (Florence) [1380-1459]. Secrétaire de plusieurs papes, il fut chancelier (1453) de la république de Florence. Il composa en latin des ouvrages historiques et critiques, ainsi qu'un recueil de contes (*Facéties*, 1438-1452).

Poggendorff (Johann Christian), physicien allemand, né à Hambourg (1796-1877). Inventeur de la pile au bichromate (1842), il créa la méthode d'opposition pour la mesure des forces électromotrices et imagina un dispositif optique pour la mesure des petits angles de rotation. Il dirigea les *Annales de physique et chimie*.

pognon [pɔɲɔ̃] n. m. *Pop.* Argent.

pogonophores n. m. pl. Animaux marins filamenteux, fixés, récemment découverts et rattachés à l'embranchement des procordés.

pogrom ou **pogrome** [pɔgrɔm] n. m. (mot russe). Mouvement conduit par les autorités tsaristes et visant à l'extermination des Juifs.

Po-hai, anc. **Petchili,** golfe des côtes chinoises, au nord du Chan-tong.

Poher (Alain), homme d'Etat français, né à Ablon-sur-Seine (Val-de-Marne) en 1909. Président du Sénat en 1968, il a été président de la République par intérim après la démission du général de Gaulle (avril-juin 1969) et après la mort de G. Pompidou (avril-mai 1974).

poids [pwa] n. m. (lat. *pensum*, ce qu'une chose pèse). Qualité d'un corps pesant. ‖ Résultat de l'action de la pesanteur sur un corps : *le poids de l'air*. ‖ Morceau de métal d'un poids déterminé, servant à peser d'autres corps. ‖ Corps pesant suspendu aux chaînes d'une horloge, pour lui donner le mouvement. ‖ *Sports.* Sphère métallique pesant 7,257 kg (4 kg pour les concours féminins), qu'on lance d'un bras le plus loin possible. ‖ — *Fig.* Tout ce qui fatigue, oppresse, tourmente : *le poids des affaires, du remords*. ‖ Force, importance, considération : *cela donne du poids à vos raisons*. ● *Au poids de l'or*, très cher. ‖ *Avoir deux poids et deux mesures*, juger différemment selon la diversité des intérêts. ‖ *Faire le poids*, pour un boxeur, avoir le poids correspondant à sa catégorie ; avoir de l'autorité, les qualités requises. ‖ *Homme de poids*, homme de mérite, de considération. ‖ *Poids adhérent*, poids transmis à la voie par l'ensemble des essieux moteurs d'une locomotive. ‖ *Poids lourd*, véhicule automobile destiné au transport de lourdes charges. ‖ *Poids moléculaire d'un corps*, poids d'une molécule-gramme de ce corps. ‖ *Poids mort*, poids d'un appareil, d'un véhicule, qui absorbe une partie du travail utile ; fardeau inutile. ‖ *Poids spécifique* ou *volumique d'un corps*, quotient du poids d'un corps par son volume. ‖ *Porter le poids des affaires*, les diriger seul.

poignant [pwaɲɑ̃], **e** [-ɑ̃t] adj. (de l'anc. fr. *poindre*, piquer). Qui cause une impression très vive et très pénible : *douleur poignante*.

poignard [pwaɲar] n. m. (du lat. *pugnus*, poing). Arme courte, pointue et tranchante. ● *Coup de poignard*, tout ce qui peut blesser ou offenser vivement : *cette nouvelle fut pour lui un coup de poignard*. ‖ *Le poignard sur* ou *sous la gorge*, dans un état de contrainte violente. — ENCYCL. Dans les armées modernes, les soldats appartenant à certaines unités de parachutistes et de commandos sont dotés du *poignard*, qui reste une arme très efficace dans les combats corps à corps. En France, le poignard allongé soutenu par deux bélières est en outre porté en tenue de sortie par les officiers de l'armée de l'air.

Phot. U. S. I. S.

poignarder v. t. Frapper avec un poignard. ‖ *Fig.* Causer une vive douleur.

poigne [pwaɲ] n. f. (de *poing*). La force du poignet. ‖ *Fig.* et *fam.* Energie dans l'exercice de l'autorité : *un homme à poigne.*

poignée [pwaɲe] n. f. Quantité d'une matière que la main fermée peut contenir : *une poignée de sel.* ‖ Partie d'un objet par où on le prend, on l'empoigne : *la poignée d'un sac.* ‖ *Fig.* Petit nombre : *une poignée de soldats.* ● *Poignée de main,* action de saisir et de serrer la main en signe d'amitié. ‖ **— A poignée** loc. adv. A pleine main ; et, au *fig.*, en abondance : *jeter des fleurs à poignée.*

poignet [pwaɲɛ] n. m. (de *poing*). Articulation qui joint la main à l'avant-bras. ‖ Extrémité d'une manche : *poignet de chemise.*

Poigny (77160 Provins), comm. de Seine-et-Marne (arr. de Provins) ; 405 h. (50 aggl.). Optique.

poïkilotherme [pɔjkilɔtɛrm] ou **pœcilotherme** [pesilɔ-] adj. et n. m. (gr. *poikilos,* variable, et *thermos,* chaleur). Se dit des animaux dont la température varie avec celle du milieu, comme les reptiles, les poissons, etc. (Contr. HOMÉOTHERME.)

poil [pwal] n. m. (lat. *pilus*). Production filiforme sur la peau des animaux et en divers endroits du corps humain. (V. *encycl.*) ‖ Pelage : *le poil d'un cheval.* ‖ Partie velue des étoffes : *étoffe à long poil.* ‖ *Bot.* Organes filamenteux et duveteux qui naissent sur les diverses parties des plantes. ● *A poil* (Fam.), nu. ‖ *Au poil* (Pop.), se dit de tout ce qui satisfait pleinement. ‖ *Avoir un poil dans la main* (Fam.), être paresseux. ‖ *Brave à trois poils* (Fam.), qui ne craint rien. ‖ *Etre de mauvais poil* (Fam.), de mauvaise humeur. ‖ *Monter un cheval à poil,* sans selle. ‖ *Reprendre du poil de la bête,* reprendre des forces.
— ENCYCL. Le *poil* est un phanère et se forme à partir d'un *bulbe pileux* situé dans un repli de l'épiderme et qui forme une gaine autour de la racine. Dans cette gaine aboutit le canal de la glande sébacée, qui lubrifie le poil. Un muscle horripilateur annexé au bulbe redresse le poil (chair de poule). La croissance du poil est continue à partir du bulbe.

poilu, e adj. Velu, couvert de poils.

poilu n. m. Surnom donné au soldat français pendant la Première Guerre mondiale.

Poincaré (Henri), mathématicien français, né à Nancy (1854-1912). Il s'est surtout intéressé à l'analyse mathématique, à la mécanique analytique, à la mécanique céleste, à la physique mathématique et à la philosophie des sciences. L'un de ses plus grands titres de gloire est la découverte d'une importante classe de fonctions analytiques, ou *fonctions fuchsiennes,* analogues aux fonctions elliptiques, mais permettant d'intégrer diverses équations différentielles linéaires à coefficients algébriques. Poincaré étudia également les groupes qu'il appela *kleinéens,* groupes discontinus les plus généraux, formés de substitutions linéaires. En mécanique analytique, l'un de ses plus importants travaux est celui auquel il se livra sur l'équilibre d'une masse fluide animée d'un mouvement de rotation, et la théorie qu'il proposa semble confirmée par les formes observées dans de nombreuses nébuleuses.

Poincaré (Raymond), homme politique français, né à Bar-le-Duc (1860-1934), cousin du précédent. Avocat, député (1887-1903), puis sénateur de la Meuse (1903-1913), il fut ministre des Finances de 1894 à 1895, puis en 1906. De janvier 1912 à janvier 1913, il présida un gouvernement où il eut le portefeuille des Affaires étrangères : il consolida alors la Triple-Entente. Elu président de la République en 1913, il visita fréquemment les troupes durant la Première Guerre mondiale ; en novembre 1917, alors que la France en guerre connaissait une crise grave, il confia le gouvernement à Clemenceau, qui conduisait, avec l'aide de Foch, le pays à la victoire. Ayant quitté l'Elysée (1920), Poincaré présida avec rigueur la Commission des réparations ; sa politique n'ayant pas eu l'aval des Alliés, il démissionna rapidement. Président du Conseil de 1922 à 1924 avec le portefeuille des Affaires étrangères, il fit occuper la Ruhr par les troupes françaises (1923), afin d'appuyer la Commission interalliée de contrôle. Il finit par s'incliner devant l'internationalisation du problème des réparations (1924). Le succès du Cartel des gauches aux élections de 1924 provoqua la démission de Poincaré, qui fut rappelé à la tête d'un ministère d'Union nationale en juillet 1926 : assumant le portefeuille des Finances, le président stabilisa le franc menacé (franc Poincaré). Démissionnaire en 1928, Poincaré abandonna la vie politique en 1929. (Acad. fr.)

poinçon [pwɛ̃sɔ̃] n. m. (lat. *punctio,* piqûre). Tige d'acier pointue, qui sert à percer ou à graver. ‖ Morceau d'acier gravé en relief pour former les matrices des monnaies et des médailles. ‖ Marque qu'on applique sur les ouvrages en métaux précieux pour en garantir le titre. ‖ Emporte-pièce agissant par compression et servant à percer, à découper, à former. ‖ Pièce de charpente verticale, qui reçoit dans une ferme les deux arbalétriers et suspend le milieu de l'entrait. (V. FERME.)

poinçonnage ou **poinçonnement** n. m. Action de poinçonner.

poinçonner v. t. Marquer au poinçon. ‖ Perforer des billets de chemin de fer, de métro, etc.

poinçonneur, euse n. et adj. Celui, celle qui poinçonne ; *spécialem.,* personne qui poinçonne les tickets de métro.

Henri **Poincaré**

Raymond **Poincaré** en rade de Kronchtadt

poinçonneuse n. f. Machine pour poinçonner.

poindre [pwɛ̃dr] v. i. (lat. *pungere,* piquer) [conj. **71**] ; uniquement à l'infin., à la troisième pers. du sing. de l'indicatif présent et futur, et du conditionnel présent, et aux temps composés]. Commencer à paraître (en parlant du jour), à pousser (en parlant des plantes) : *dès que le jour point, poindra, poindrait, a point.*

poing [pwɛ̃] n. m. (lat. *pugnus*). Main fermée : *un coup de poing.* ● *Dormir à poings fermés,* profondément. ‖ *Pieds et poings liés* (Fig.), dans une impuissance absolue.

Poinsot (Louis), mathématicien français, né à Paris (1777-1859). Ses plus belles recherches intéressent la mécanique, dont il peut être considéré comme l'un des créateurs. On lui doit une théorie des couples et des travaux d'une importance exceptionnelle sur le mouvement d'un corps solide autour d'un point fixe (1834).

point [pwɛ̃] n. m. (lat. *punctum*). Petite marque ronde sur un *i,* un *j.* ‖ Signe de ponctuation : *point final* (**.**), *point-virgule* (**;**), *deux points* (**:**), *point d'interrogation* (**?**), *point d'exclamation* (**!**), *points de suspension* (**...**). [V. *encycl.*] ‖ Endroit fixe, déterminé : *point d'arrivée.* ‖ Note donnée à un écolier : *bon point ; mauvais point.* ‖ Unité de calcul des avantages d'assurance vieillesse, dans certains régimes de retraites. ‖ Unité de mesure employée pour déterminer la force du corps des caractères d'imprimerie et pour les désigner : *caractères de 6 points.* ‖ *Jeux* et *Sports.* Unité sans spécification de mesure ou de valeur. ‖ Valeur de chaque carte. ‖ Nombre que l'on marque à chaque coup : *jouer une partie en cent points.* ‖ *Math.* Figure géométrique sans dimension ; intersection de deux lignes. ‖ Corps matériel dont les dimensions sont négligeables. ‖ *Mus.* Signe placé à droite d'une note ou d'un silence pour augmenter de moitié la durée de cette note ou de ce silence. ‖ *Fig.* Question, matière : *n'insistez pas sur ce point.* ‖ Division d'un discours, d'un sermon, d'un exposé. ‖ Etat, situation : *se trouver au même point.* ‖ Degré, état le plus favorable au résultat que l'on veut obtenir : *mettre une lunette au point ; mettre une affaire au point.* ‖ Période, degré : *être au plus haut point de sa gloire.* ● *Etre au point,* être prêt à fonctionner. ‖ *Etre mal en point,* être dans un piteux état, être malade. ‖ *Faire le point,* calculer la position d'un navire ou d'un aéronef ; et, au *fig.*, déterminer où l'on en est exactement. ‖ *Point d'appui* (Mil.), élément d'une position défensive organisée ; base navale : *les points d'appui de la flotte.* ‖ *Point aveugle,* V. AVEUGLE. ‖ *Points cardinaux,* le nord, le sud, l'est et l'ouest. ‖ *Point chaud,* tout ce qui provoque un conflit, une contestation virulente : *l'avancement de l'âge de la retraite est le point chaud des revendications syndicales.* ‖ *Points de chaud, de douleur, de froid, de tact,* points de la peau où sont localisées diverses sensations. ‖ *Point de contact* (Math.), point commun à une courbe et à sa tangente. ‖ *Point de côté* ou *point* n. m., douleur à la poitrine ou à l'abdomen, qui gêne la respiration. ‖ *Point douloureux,* endroit du corps où est perçue une douleur, qu'elle soit spontanée ou provoquée par l'examen médical. ‖ *Point de droit,* partie d'un jugement où sont rappelées les raisons invoquées par les plaideurs, ainsi que leurs prétentions. ‖ *Point de fait,* partie d'un jugement où sont rappelés les faits de la cause et l'identité. ‖ *Point de fusion, d'ébullition, de liquéfaction,* température à laquelle un corps entre en fusion, en ébullition, ou se liquéfie. ‖ *Point initial,* point d'un itinéraire vers lequel convergent des éléments militaires. ‖ *Point du jour,* moment où le soleil commence à poindre, à paraître. ‖ *Point matériel,* masse pesante que l'on suppose concentrée en un point géométrique. ‖ *Point noir,* comédon ; endroit où la circulation est particulièrement difficile ou dangereuse ; difficulté, obstacle : *le point noir de la rentrée scolaire est constitué par l'insuffisance des locaux.* ‖ *Point d'orgue,* signe (𝄐) placé au-dessus d'une note pour en augmenter indéfiniment la durée. ‖ *Point d'ossification,* région où commence l'ossification, dans les os dont les formes sont préfigurées par un cartilage. ‖ *Point sensible,* installation, ouvrage, etc., essentiel à l'économie ou à la sécurité du pays ; défaut, côté critiquable de quelqu'un. ‖ *Rendre des points,* donner des points d'avance à un adversaire ; concéder des avantages, parce qu'on est plus fort, plus habile. ‖ *Vainqueur aux points,* principalement en boxe, vainqueur par le décompte des points et non par k.-o. ‖ — Loc. adv. **A point,** à propos ; au degré de cuisson convenable. ‖ **A point nommé,** à l'instant fixé. ‖ **Au dernier point,** extrêmement. ‖ **De point en point,** exactement. ‖ **De tout point, en tout point,** entièrement. ‖ **— Sur le point de** loc. prép. (indiquant un futur immédiat). Près de. ‖ **— Au point que, à tel point que** loc. conj. (marquant la conséquence). Tellement que.
— ENCYCL. En ponctuation, le *point,* qui indique une grande pause, s'emploie à la fin d'une phrase ; le *point-virgule,* qui indique une pause moyenne, s'emploie pour séparer entre elles les parties semblables d'une même phrase ; les *deux points* s'emploient après un membre de phrase annonçant une citation, avant une phrase qui développe celle qui précède, avant une énumération ; le *point d'interrogation* s'emploie à la fin de toute phrase qui exprime une demande ; le *point d'exclamation* s'emploie après les interjections et à la fin des phrases qui marquent la joie, la douleur, l'admiration, etc. ; les *points de suspension* s'emploient quand une émotion, une pensée soudaine vient occuper l'esprit et l'empêcher d'achever une phrase commencée.

point n. m. (même étymol. qu'à l'art. précéd.). Piqûre qu'on fait dans l'étoffe avec une aiguille enfilée de fil, de soie, de laine, etc. : *couture à petits points.* ‖ Sorte de dentelle de fil faite à l'aiguille : *point d'Alençon.* ● *Point arrière,* point fait en plantant l'aiguille dans l'étoffe en arrière du premier point. ‖ *Point devant,* série de points faits en plantant l'aiguille après chaque point.

point adv. (lat. *punctum,* point). Pas (avec la négation *ne*) : *il n'a point d'argent.*

pointage n. m. Opération qui consiste à disposer une arme à feu de telle façon que le projectile atteigne l'objectif : *appareil, chevalet, lunette de pointage.* (V. *encycl.*) ‖ Marque faite à côté d'un nom ou d'un chiffre, pour indiquer une opération exécutée, pour contrôler un vote, une présence, etc. : *faire un pointage.*
— ENCYCL. Le *pointage* d'une bouche à feu, qui est l'une des opérations essentielles du tir, peut être *direct* ou *indirect* suivant que le but est visible ou non. Il comporte de toute façon deux opérations, qui peuvent d'ailleurs être effectuées simultanément : un *pointage en direction,* destiné à faire passer le plan de tir de la pièce par l'objectif, et un *pointage en hauteur,* destiné à donner à cette dernière l'inclinaison voulue.

pointe [pwɛ̃t] n. f. (du lat. *punctus,* piqué). Bout piquant et aigu : *pointe d'aiguille.* ‖ Clou, avec ou sans tête, de même grosseur sur toute sa longueur. ‖ Extrémité des choses qui vont en diminuant : *pointe d'un clocher.* ‖ Langue de terre qui s'avance dans la mer. ‖ Pièce d'étoffe taillée en forme allongée ; fichu triangulaire. ‖ *Chorégr.* Apprêt qui rend rigide l'extrémité du chausson de la danseuse. (V. *encycl.*) ‖ Petite quantité d'une saveur piquante et agréable : *une pointe d'ail.* ‖ — *Fig.* Trait d'esprit recherché : *ne parler que par pointes.* ‖ Très petite quantité : *une pointe de jalousie.* ‖ Maximum de consommation (gaz, électricité), d'intensité. ‖ Détachement léger poussé en avant d'une troupe en marche, pour l'éclairer : *pointe d'avant-garde.* ● *A la pointe de l'épée,* les armes à la main. ‖ *Etre à la pointe de,* être très avancé par rapport aux autres ; être au premier rang : *être à la pointe du combat, de l'opposition.* ‖ *Heure de pointe,* moment de la journée pendant lequel une consommation atteint son maximum ; moment de la journée où la circulation des piétons et des véhicules est le plus intense. ‖ *Pointe d'asperge,* bourgeon terminal d'une asperge, que l'on consomme de diverses façons. ‖ *Pointes de feu,* cautérisation cutanée. ‖ *La pointe du jour,* première clarté du jour. ‖ *Pointe du pied,* les orteils. ‖ *Pointe sèche,* outil du graveur à l'eau-forte. (V. POINTE-SÈCHE.) ‖ *Pointe à tracer,* tige en acier pour tracer des repères sur une pièce à travailler. ‖ — N. f. pl. Attitude de la danseuse dressée en équilibre sur l'extrémité de ses chaussons : *variations sur pointes.* (La *demi-pointe* utilise l'appui de la partie antérieure du pied, la voûte plantaire et le talon restant soulevés.)
— ENCYCL. Les *pointes,* dont l'utilisation remonte au début du XIXe s., allongent la silhouette, suggèrent l'élévation et confèrent à la danseuse une légèreté et un équilibre qu'elle n'avait pas auparavant. La naissance des pointes est liée au développement de la danse académique sous l'impulsion d'Auguste Vestris et à l'évolution de la chaussure de danse, qui, d'abord sandale, devint simple chausson. Les danseuses Amalia Brugnoli, Marie Taglioni, Avdotia Istomina et Mlle Gosselin semblent avoir été les premières à danser sur pointes. Pointes et tutu long caractérisèrent le ballet romantique.

Pointe-à-Pitre (97110), v. de la Guadeloupe, dans l'île de Grande-Terre ; 29 500 h. Deuxième ville et principal débouché maritime de la Guadeloupe.

Phot. Dornac, Trampus.

pointeau [pwɛ̃to] n. m. Poinçon en acier servant à marquer la place d'un trou à percer. || Tige métallique conique pour régler le débit d'un fluide à travers un orifice. || Employé qui contrôle les entrées et les sorties des ouvriers.

Pointe-aux-Trembles, v. du Canada (Québec), dans l'île de Montréal; 29 900 h. Raffinerie de pétrole.

Pointe-Claire, v. du Canada (Québec), dans l'île de Montréal; 26 800 h.

Pointe-Noire, port du Congo-Brazzaville; 76 000 h. Tête de ligne du chemin de fer Congo-Océan. Principal débouché maritime du pays.

pointer [pwɛ̃tɛr] n. m. Chien d'arrêt anglais.

pointer [pwɛ̃te] v. t. (de *pointe*). Dresser en pointe : *chien qui pointe les oreilles.* || — V. i. S'élever. || Etre dirigé vers le haut : *les clochers pointent vers le ciel.*

pointer v. t. (de *point*). Marquer d'un point indiquant une vérification, une révision : *pointer un mot.* || Contrôler ou vérifier un scrutin. || Marquer les personnes présentes ou absentes sur une liste. || Contrôler les heures d'entrée et de sortie des ouvriers, des employés. || Amorcer des trous avec le pointeau. || Aux boules, lancer la boule le plus près possible du but. || Effectuer le pointage d'une arme : *pointer un canon.* ● *Machine à pointer,* sorte de perceuse ou d'aléseuse servant à usiner des trous cylindriques de très haute précision. || *Pointer une note* (Mus.), la marquer d'un point qui augmente de moitié sa valeur. (Le rythme pointé confère à la musique un caractère saccadé.) || — V. i. Enregistrer son heure d'arrivée ou de départ sur un enregistreur de temps. || **— Se pointer** v. pr. *Pop.* Arriver : *il se pointait très tôt le matin dans sa boutique.*

pointe-sèche n. f. Gravure obtenue à l'aide de la pointe sèche. || Pl. des *pointes-sèches.*

pointeur n. m. Servant d'une arme à feu, chargé d'effectuer son pointage. || Celui qui pointe une liste. || Joueur de pétanque qui pointe.

pointillage n. m. Action de pointiller.

pointillé n. m. Trait fait de points.

pointiller [pwɛ̃tije] v. i. Faire des points avec le burin, le pinceau, le crayon. || *Fig.* Contester sur des minuties : *cet homme pointille sur tout.* || — V. t. Tracer par points : *pointiller un dessin.*

pointilleux, euse adj. (ital. *puntiglio*). Qui aime à contrarier, à contester : *caractère pointilleux.* (Syn. : OMBRAGEUX, SUSCEPTIBLE.) || Qui est exigeant : *sans être pointilleux, je pourrais le trouver mauvais.*

pointillisme [pwɛ̃tijism] n. m. Technique que les découvertes de Chevreul sur le contraste simultané des couleurs ont inspirée aux peintres néo-impressionnistes (Seurat, Signac et leurs disciples), qui poussèrent jusqu'à ses extrêmes conséquences la décomposition des tons en posant côte à côte sur la toile de petites touches de couleurs pures.

pointilliste adj. Relatif au pointillisme : *l'école pointilliste.* || — N. Artiste pratiquant le pointillisme.

Pointis (Jean Bernard, *baron* DE), marin français (1645-1707). Il prit Cartagena, en Amérique du Sud, en 1697.

pointu, e adj. Terminé en pointe : *couteau pointu.* ● *Voix pointue,* de timbre élevé.

pointure [pwɛ̃tyr] n. f. (lat. *punctura,* piqûre). Dimension de chaussures, de gants, de coiffures.

poire [pwar] n. f. (lat. *pirum*). Fruit du poirier. (V. illustr. FRUITS.) || Tout objet en forme de poire : *poire électrique.* || *Fam.* Personne qui se laisse duper, naïf. ● *Garder une poire pour la soif* (Fam.), se réserver quelque chose pour les besoins à venir. || *Poire tapée,* poire séchée au four.

poiré n. m. Boisson faite avec le jus fermenté des poires.

Poiré-sur-Vie (LE) [85170 Belleville sur Vie], ch.-l. de c. de la Vendée (arr. de La Roche-sur-Yon); 3 551 h.

poireau [pwaro] n. m. (lat. *porum*). Plante potagère dont on consomme la base, charnue, des feuilles. (Famille des liliacées.) ● *Faire le poireau* (Fam.), attendre.

poireauter [pwarote] v. i. *Pop.* Attendre.

poirée n. f. Plante potagère du genre *bette.*

Poiret (Paul), couturier et décorateur français, né à Paris (1879-1944). Il eut une grande influence sur l'évolution du costume féminin.

poirier n. m. Genre d'arbres fruitiers de la famille des rosacées, dont le fruit, ou poire, est une drupe à endocarpe mince et cartilagineux. Croissant à l'état spontané dans les forêts d'Europe, le poirier a donné naissance à de nombreuses variétés que l'on reproduit par greffage.

pois [pwa] n. m. (lat. *pisum*). Plante grimpante de la famille des papilionacées, cultivée pour ses graines, comestibles, riches en amidon. (Outre les nombreuses variétés de pois utilisées pour l'alimentation humaine, il existe aussi des pois fourragers et des pois cultivés pour leurs fleurs [*pois de senteur;* v. illustr. FLEURS].) || Cette graine. ● *Pois chiche,* plante voisine du pois, et dont la gousse contient deux graines comestibles.

poise [pwaz] n. m. (de *Poiseuille*). Unité de viscosité dynamique (symb. : Po) dans le système C. G. S., valant le dixième du poiseuille.

poiseuille [pwazœj] n. m. Unité de viscosité dynamique (symb. : Pl), équivalant à la viscosité dynamique d'un fluide dans lequel le mouvement rectiligne et uniforme, dans son plan, d'une surface plane, solide, indé-

poirier

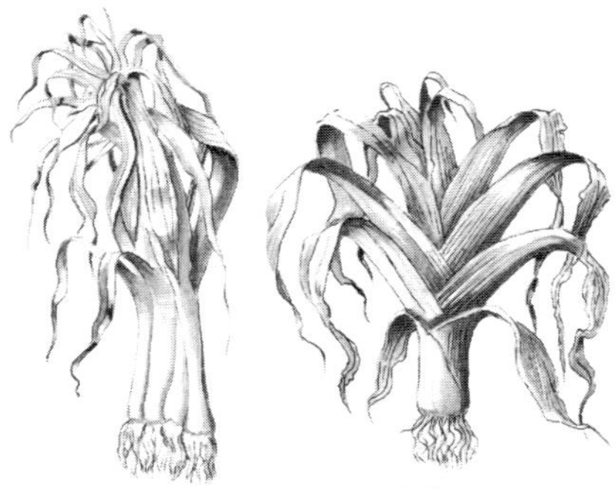

de Paris

de Rouen

poireaux ▲

▼ poisson

ANATOMIE D'UN BARBEAU

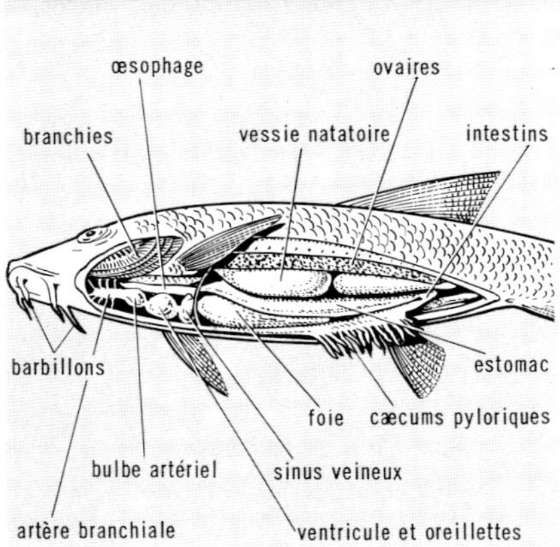

finie, donne lieu à une force retardatrice de 1 newton par mètre carré de la surface en contact avec le fluide en écoulement relatif devenu permanent, lorsque le gradient de la vitesse du fluide, à la surface du solide et par mètre d'écartement normal à ladite surface, est de 1 mètre par seconde.

Poiseuille (Jean-Louis), médecin et physicien français, né à Paris (1799-1869). Son étude de la circulation du sang lui permit, en 1844, d'établir les lois de l'écoulement laminaire des fluides visqueux dans les tubes cylindriques.

poison [pwazɔ̃] n. m. (lat. *potio, potionis,* breuvage). Toute substance qui détruit ou altère les fonctions vitales : *l'alcool est un poison.* (V. *encycl.*) || Boisson ou aliment de très mauvaise qualité ou pernicieux. || *Fig.* Tout ce qui est pernicieux : *le poison de la calomnie.* || *Fam.* Personne méchante.
— ENCYCL. On peut classer les *poisons* d'après leur origine (*poisons minéraux* [arsenic, sublimé, etc.], *poisons végétaux* [alcaloïdes], *poisons animaux* [venins]) ou d'après leur mode d'action sur les différents tissus (destruction irréversible ou perturbation temporaire).

poisons (*Affaire des*), série de scandaleuses affaires d'empoisonnement, à Paris, de 1670 à 1680, qui nécessitèrent la création d'une *Chambre ardente* dirigée par l'énergique La Reynie, et auxquelles furent mêlées la Brinvilliers, la Voisin, la Vigoureux, etc.

poissard [pwasar], **e** [-ard] adj. Qui imite le langage et les mœurs du bas peuple.

poissarde n. f. Femme de la halle. || Femme qui emploie habituellement des expressions grossières.

poisse [pwas] n. f. *Pop.* Malchance.

poisser [pwase] v. t. Enduire de poix : *poisser un cordage.* || Salir, souiller en parlant d'une matière gluante : *la confiture poisse les mains.* || *Pop.* Arrêter, prendre.

poisseux, euse adj. Qui poisse. || Qui est poissé : *mains poisseuses.*

poisson [pwasɔ̃] n. m. (du lat. *piscis*). Vertébré aquatique possédant des mâchoires, se déplaçant à l'aide de nageoires et respirant par des branchies, mais dépourvu de pattes et (sauf rares exceptions) de poumons. (V. *encycl.*) ● *Comme un poisson dans l'eau,* tout à fait heureux, à son aise. || *Petit poisson d'argent* (Entomol.), nom usuel du *lépisme.* || *Poisson-chat,* poisson d'eau douce à longs barbillons, importé d'Amérique. (Syn. SILURE.) || *Poisson-épée,* v. ESPADON. || *Poisson-lune,* v. MOLE. || *Poisson plat,* nom usuel des *pleuronectidés.* || *Poisson rouge,* nom usuel du *carassin doré.* || *Poisson-scie,* sélacien des mers chaudes, à long rostre dentelé. (Long. jusqu'à 9 m.) || *Poisson volant,* syn. de EXOCET.
— ENCYCL. Le sens du mot *poisson* n'a cessé de se restreindre : après avoir été appliqué à la plupart des animaux aquatiques, il n'a plus désigné que des vertébrés et ne concerne plus actuellement qu'une classe d'animaux à mâchoires. Ni l'amphioxus, ni la lamproie, ni par ailleurs la baleine et le dauphin ne sont des poissons. La classe, qui comprend environ 20 000 espèces, est divisée en quatre sous-classes très inégales : les dipneustes, les crossoptérygiens, les élasmobranches et les actinoptérygiens. Seuls deux groupes ont actuellement de nombreux représentants : les *sélaciens* (requins et raies), qui font partie des élasmobranches, et les *téléostéens,* ou poissons osseux, qui font partie des actinoptérygiens.
Les téléostéens ont un squelette entièrement ossifié; les écailles sont plates, la bouche est à l'extrémité du corps, des opercules recouvrent les fentes branchiales, la nageoire caudale ne contient pas de vertèbres et a souvent une symétrie dorso-ventrale parfaite, par exemple deux lobes égaux. Les œufs sont petits et nombreux, et subissent une fécondation externe. Les sélaciens, souvent beaucoup plus grands, ont un squelette cartilagineux, des écailles pointues, une bouche « ventrale » surmontée d'un rostre, des fentes branchiales visibles, une caudale au lobe supérieur plus grand que l'autre et contenant une queue vertébrale. Les œufs sont gros et embryonnés, et résultent d'une fécondation interne.
Presque tous les poissons ont deux paires de « nageoires paires » : les *pectorales* (en avant) et les *pelviennes* (dans une position variable), auxquelles s'ajoutent au moins trois nageoires médianes : une *caudale* (« queue »), motrice, une *dorsale* et une *anale.* Leur densité corporelle est égale à celle de l'eau où ils vivent, leurs yeux sont adaptés à voir dans l'eau, et la perception des vibrations de l'eau est assurée par une *ligne latérale* reliée au nerf auditif. L'eau respiratoire entre par la bouche et ressort par les fentes branchiales (« ouïes » des poissons osseux). Beaucoup d'espèces ont une *vessie gazeuse,* dont les fonctions sont encore discutées. Les poissons sont souvent omnivores. Leurs exigences en matière d'oxygène, de température ou de salinité sont parfois très strictes (une truite meurt rapidement dans l'eau stagnante vaseuse, chaude ou salée). Ces exigences peuvent changer au cours de la vie : les anguilles naissent dans l'océan et font un immense voyage pour aller vivre dans les fleuves et retourner pondre en mer (espèces thalassotoques); les saumons naissent dans les torrents, descendent jusqu'à la mer, puis remontent dans leurs eaux natales pour y frayer (espèces potamotoques). Plus nombreux qu'on ne le croit sont les poissons qui survivent hors de l'eau : l'anabas, le périophtalme, divers siluridés, enfin et surtout les dipneustes, qui disposent d'un poumon fonctionnel.

Poisson austral, constellation australe située sous le Verseau et dont la principale étoile, *Fomalhaut,* est l'une des plus brillantes du ciel.

Poisson (Denis), mathématicien français, né à Pithiviers (1781-1840). Appelé au Conseil royal de l'Université en 1837, il prit la haute direction de l'enseignement des mathématiques dans tous les collèges de France. Son œuvre, qui est considérable, intéresse l'analyse mathématique, le calcul des probabilités, la mécanique céleste, la capillarité, l'élasticité et surtout la physique mathématique, dont il doit être considéré comme l'un des créateurs. Il étudia également le magnétisme, définissant notamment l'aimantation par influence.

Poisson (Pierre), sculpteur français, né à Niort (1876-1953), auteur, notamment, de monuments aux morts (Niort, Le Havre).

poissonnerie n. f. Lieu, halle, boutique où l'on vend du poisson.

poissonneux, euse adj. Qui abonde en poisson : *lac poissonneux.*

poissonnier, ère n. Personne qui vend du poisson.

poissonnière n. f. Récipient de cuisine oblong, pour faire cuire le poisson au court-bouillon.

Poissons, constellation zodiacale dans laquelle les Anciens voyaient deux poissons reliés par un ruban. — Douzième et dernier signe du zodiaque, correspondant à la période du 19 février au 21 mars.

Poissons (52230), ch.-l. de c. de la Haute-Marne (arr. de Saint-Dizier); 732 h.

Poissons-Blancs. V. ATTICAMÈGUES.

Phot. X.

vieille

congre

amphiprion

DE MER

raie

maquereau

serran

plie

roussette

murène

FLUVIO-MARINS

esturgeon

saumon

hot. Six (3), Fronval, Six (7).

POISSONS

D'EAU DOUCE

carpe

brochet

chevaine ou chevesne

truite arc-en-ciel

épinoche

loche

DES RÉCIFS

canthigaster

thalassoma

baliste

chromis

pomocentrus

Phot. Six (2), Lauros - Atlas-Photo (2), Six, Lauros - Atlas-Photo (2), Six (3), Lauros - Atlas-Phot

Poissy (78300), ch.-l. de c. des Yvelines (arr. de Saint-Germain-en-Laye), sur la Seine ; 33 934 h. (*Pisciaçais*). Eglise (XIIe-XVIe s.). Constructions mécaniques (automobiles). Patrie de Saint Louis.

Poissy (*colloque de*), conférence entre catholiques et protestants, instituée selon les vœux pacifiques du chancelier de L'Hospital, mais sans résultat (1561). Théodore de Bèze et le cardinal de Lorraine en furent les principaux orateurs.

poitevin [pwatvɛ̃], **e** [-in] adj. et n. Habitant ou originaire du Poitou ou de Poitiers.

Poitiers (86000), ch.-l. du dép. de la Vienne, sur un promontoire dominant le Clain, à 340 km au sud-ouest de Paris ; 70 681 h. (*Poitevins*). Evêché. Cour d'appel. Centre administratif et intellectuel (académie, université), Poitiers possède aussi quelques industries (constructions mécaniques et électriques). La population de la ville s'est accrue d'environ 30 p. 100 entre 1954 et 1968. — L'arr. a 10 cant., 87 comm., 151 733 h.
● *Histoire*. Anc. capitale des Pictaves, Poitiers devint très vite l'un des grands foyers religieux de la Gaule. Charles Martel y arrêta les Arabes en 732. Près de Poitiers, à Maupertuis, le Prince Noir vainquit Jean le Bon, qu'il fit prisonnier (1356). — Patrie de saint Hilaire.
● *Beaux-arts*. La ville est riche en monuments préromans (hypogée des Dunes, baptistère Saint-Jean des IVe-VIIe s.) et romans (églises Saint-Hilaire-le-Grand, Sainte-Radegonde et surtout Notre-Dame-la-Grande, à façade du XIIe s. richement sculptée). De l'époque gothique datent la cathédrale Saint-Pierre (vitraux des XIIe et XIIIe s.) et la Grande Salle du palais des Comtes. La ville possède plusieurs musées.

Poitou, anc. prov. de France. Cap. *Poitiers*. Duché du IXe au Xe s., le Poitou passa aux Anglais avec l'Aquitaine (XIIe s.). Repris une première fois aux Anglais en 1205, par Philippe Auguste, le Poitou fut annexé par Charles V en 1369 ; il a formé les départements des Deux-Sèvres, de la Vendée et de la Vienne. (Hab. *Poitevins*.)
— Au point de vue géographique, le nom de *Poitou* s'applique surtout au seuil reliant les Bassins aquitain et parisien ; il est formé de plaines portant des céréales sur les calcaires décomposés (terres de groie), consacrées à l'élevage sur les placages argileux (terres de brandes). Les villes se sont établies dans les vallées du Clain (Poitiers), de la Sèvre Niortaise (Niort) et de la Vienne (Châtellerault). — Avec les pays charentais, la région constitue une circonscription d'action régionale (*Poitou-Charentes*) formée des dép. suivants : Charente, Charente-Maritime, Deux-Sèvres, Vienne.

poitrail [pwatraj] n. m. (lat. *pectorale ;* de *pectus*, poitrine). Devant du corps du cheval, entre l'encolure et les épaules. ‖ Partie du harnais qu'on met sur le poitrail. ‖ *Constr.* Grosse poutre formant linteau au-dessus de la partie supérieure d'une grande baie.

poitrinaire adj. et n. Phtisique (vx).

poitrine [pwatrin] n. f. (lat. pop. *pectorina ;* de *pectus*, poitrine). Partie du tronc, entre le cou et l'abdomen, qui contient les poumons et le cœur. ‖ Seins d'une femme. ‖ Poumons : *maladie de poitrine*. ‖ *Bouch.* Partie qui contient les côtes avec la chair qui les enveloppe : *poitrine de mouton*.

Poivilliers (Georges), ingénieur français, né à Draché (Indre-et-Loire) [1892-1968]. Son nom est surtout attaché à la réalisation de nombreux appareils de stéréophotogrammétrie aérienne pour la restitution des photographies verticales.

poivrade n. f. Sauce chaude faite avec du poivre, du sel, du vinaigre et souvent de l'huile.

poivre [pwavr] n. m. (lat. *piper*). Condiment à saveur piquante, formé par le fruit (*poivre noir*) ou la graine (*poivre blanc*), habituellement pulvérisés, du poivrier. ● *Poivre sauvage, petit poivre,* noms usuels du *gattilier*. ‖ *Poivre et sel* (Fam.), gris.

poivré, e adj. Assaisonné de poivre. ‖ *Fig.* Licencieux : *récit poivré*. ‖ *Pop.* D'un prix exagéré.

poivrer v. t. Assaisonner de poivre.

poivrette n. f. Nom usuel de la *nigelle cultivée*.

poivrier n. m. Plante sarmenteuse des régions tropicales, produisant le poivre. (Famille des pipéracées.) ‖ Boîte où l'on met le poivre.

poivrière n. f. Plantation de poivriers. ‖ Ustensile de table pour les épices, et particulièrement pour le poivre. ‖ Guérite ronde en maçonnerie, au toit conique, placée à l'angle d'un bastion, d'un édifice.

poivron [pwavrɔ̃] n. m. Fruit du piment, utilisé en cuisine.

poivrot [pwavro] n. m. *Pop.* Ivrogne.

poix [pwa] n. f. (lat. *pix, picis*). Substance résineuse, agglutinante, tirée du pin et du sapin.

Poix-de-Picardie (80290), ch.-l. de c. de la Somme (arr. d'Amiens). Eglise de style flamboyant.

poker [pɔkɛr] n. m. (mot angl.). Jeu de cartes d'origine américaine. ● *Poker dice* ou *poker d'as* (par corruption), sorte de jeu de dés.

Po Kiu-yi, poète chinois, né à Hsin-tch'eng (772-846). Dans ses poèmes, écrits souvent en langue parlée, il fait une violente critique de la société de son temps.

Pola. V. PULA.

Polabí, riche plaine de Tchécoslovaquie, en Bohême, de part et d'autre du Labe (Elbe).

Poitiers

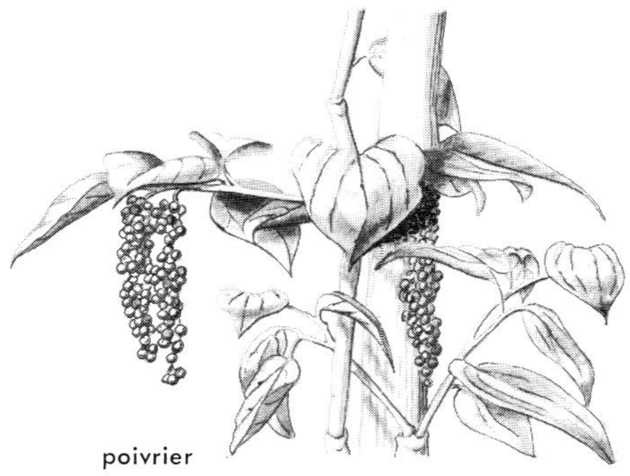
poivrier

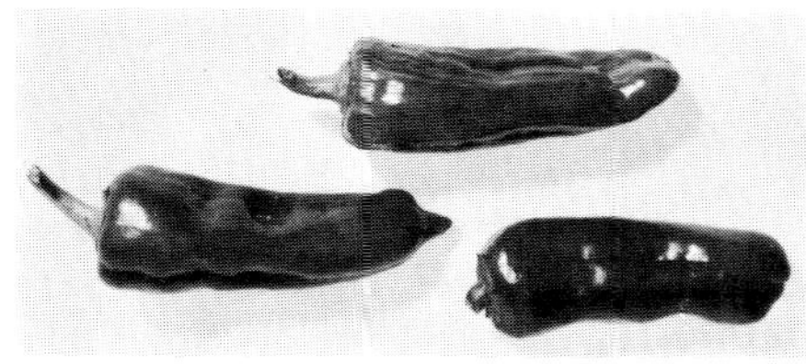
poivrons

polacre [pɔlakr] n. f. (ital. *polacra*). Bateau de la Méditerranée, à voiles carrées.

polaire [pɔlɛr] adj. Qui est auprès des pôles ; qui leur appartient : *mers, terres polaires*. ‖ *Electr.* Relatif aux pôles d'un aimant ou d'une pile. ● *Cercle polaire,* cercle parallèle à l'équateur, qui marque la limite des zones polaires, où, lors des solstices, il fait jour ou nuit pendant vingt-quatre heures. ‖ *Globule polaire,* minuscule cellule apparaissant au cours de l'ovogenèse pendant les mitoses de maturation et vouée à la dégénérescence.

Polaire (la) ou **étoile Polaire,** étoile située dans la constellation de la Petite Ourse et ainsi nommée parce que, se trouvant à 1° 25′ environ de la direction du pôle, elle définit la direction du nord avec une erreur qui est au plus égale à cette quantité, selon l'heure. Sa magnitude est légèrement variable, et sa distance est de 42,4 al. Par suite du phénomène général de la précession, la Polaire se rapprochera encore pendant 200 ans de la direction du pôle. Après quoi, elle s'en éloignera et ne retrouvera sa position antérieure qu'au bout d'un cycle de 25 760 années.

polaires (*régions*), nom donné aux régions limitées par les cercles polaires. Elles couvrent 43 millions de kilomètres carrés, dont la plus grande partie est occupée par la mer dans l'Arctique* et par la terre dans l'Antarctique*.
Les régions polaires ont été l'objet de nombreuses expéditions, entreprises surtout à des fins de découverte et de recherche scientifique, mais aussi avec des préoccupations d'ordre stratégique. Avec le développement des moyens d'accès, des rivalités sont apparues entre les différents « secteurs » du continent antarctique. Parmi les principales expéditions vers le pôle Nord, il faut citer celles de Parry (1827), de Nordenskjöld (1879), de Nansen (1893-1896), de Peary (qui a atteint le pôle en 1909), et vers le pôle Sud, celles de Dumont d'Urville (1840), de Scott (1902), de Shackleton (1909), d'Amundsen (qui a atteint le pôle en 1911, précédant Scott de peu) de Byrd (1929-1947). Après la « conquête des pôles », les expéditions polaires se sont multipliées, notamment dans l'Antarctique, lors de l'Année géophysique internationale (1957-1958).

polar [pɔlar] n. m. *Arg.* Roman policier.

polarimètre n. m. Appareil servant à mesurer la rotation du plan de polarisation de la lumière.

Polaris, type de missile américain mer-sol balistique stratégique (M. S. B. S.). Le missile *Polaris*, muni d'une ogive nucléaire, ou thermonucléaire, a une portée supérieure à 4 000 km et peut être lancé d'un sous-marin en plongée. Chacun des sous-marins nucléaires lance-engins américains est armé de 16 missiles Polaris.

polarisation [pɔlarizasjɔ̃] n. f. Propriété que présente un rayon lumineux, après réflexion ou réfraction, de transporter des vibrations inégalement réparties autour de ce rayon. ‖ *Electr.* Etablissement d'une différence de potentiel entre deux conducteurs. ● *Plan de polarisation,* plan passant par le rayon polarisé, et orienté perpendiculairement à la vibration lumineuse. ‖ *Polarisation d'une pile,* diminution de la force électromotrice d'une pile par suite de réactions chimiques intérieures.

polariscope n. m. Instrument pour constater si une lumière émane directement d'une source ou a déjà subi le phénomène de polarisation.

paysage bocager du Poitou

Phot. Alain Perceval, Lapie, Lauros - Atlas-Photo.

polarisé, e adj. *Electr.* Se dit d'un appareil présentant deux pôles de nature différente. ‖ Qui a subi une polarisation : *lumière polarisée.*

polariser v. t. (de *polaire*). Causer la polarisation. ‖ *Fig.* Concentrer sur soi l'attention ou les critiques de l'opinion.

polariseur n. m. et adj. Appareil servant à polariser la lumière : *prisme polariseur.*

polarité [pɔlarite] n. f. Qualité qui permet de distinguer l'un de l'autre chacun des pôles d'un aimant ou d'un générateur électrique.

polarographie n. f. Méthode d'analyse des solutions salines qui repose sur la mesure de la tension de polarisation dans l'électrolyse.

Polaroïd [pɔlarɔid] n. m. (marque déposée). Feuille transparente polarisant la lumière.

polatouche [pɔlatuʃ] n. m. Mammifère rongeur pouvant planer grâce à une membrane tendue latéralement entre ses pattes. (Long. max. 30 cm.) [Syn. ÉCUREUIL VOLANT.]

polder [pɔldɛr] n. m. (mot néerl.). Région conquise par l'homme sur la mer, drainée et mise en valeur : *les Néerlandais achèvent la transformation partielle de l'ancien Zuiderzee en cinq polders.*

pôle [pol] n. m. (lat. *polus*, empr. au gr.). Chacune des deux extrémités de l'axe imaginaire autour duquel la sphère céleste semble tourner en 24 heures. ‖ Les deux extrémités de l'axe de la Terre : *les pôles sont couverts de glaces.* ‖ Chacune des extrémités d'un générateur ou d'un récepteur électrique, utilisées pour les connexions au circuit extérieur. ‖ *Fig.* Terme absolument opposé à un autre : *l'erreur et la vérité sont deux pôles.* ● *Pôles d'un aimant,* extrémités de l'aimant où semble localisé le magnétisme. ‖ *Pôle d'attraction,* ce qui attire. ‖ *Pôle d'un cercle tracé sur une sphère,* chacune des extrémités du diamètre de la sphère, perpendiculaire au plan du cercle. ‖ *Pôle magnétique,* lieu du globe terrestre où l'inclinaison d'une aiguille aimantée est de 90°.

Pole (William DE LA), 1er duc de Suffolk (1396-1450), homme de guerre que les rois Henri V et Henri VI utilisèrent en France au cours de la guerre de Cent Ans.

Pole (Reginald), prélat anglais, né à Stourton Castle (1500-1558). Archevêque de Canterbury, il joua un rôle important dans la réforme catholique.

polémarque [pɔlemark] n. m. (gr. *polemos,* guerre, et *arkhos,* commandant). *Antiq. gr.* Chef de l'armée, dans certaines cités grecques.

polémique adj. Qui appartient à la polémique : *une critique polémique.*

polémique [pɔlemik] n. f. (du gr. *polemos,* guerre). Discussion, controverse sur des questions politiques, littéraires, scientifiques, etc.

polémiquer v. i. Faire de la polémique.

polémiste n. Personne qui fait de la polémique. ‖ — Adj. Qui aime faire de la polémique : *un tempérament polémiste.*

polémologie [pɔlemɔlɔʒi] n. f. (gr. *polemos,* guerre, et *logos,* science). Etude de la guerre considérée comme phénomène d'ordre social et humain.

polenta [pɔlɛnta] n. f. (mot ital.). Bouillie de farine de maïs, en Italie. ‖ En Corse, bouillie de farine de châtaignes.

Polésie, région de la Biélorussie (U. R. S. S.), traversée par le Pripet.

poli [pɔli], **e** adj. Qui a la surface unie, lisse : *du marbre poli.* ‖ Qui observe les convenances sociales : *homme poli.* (Syn. : AFFABLE, CIVIL, COURTOIS, GALANT, GRACIEUX.)

poli n. m. Eclat d'un objet qui, après polissage, réfléchit les rayons lumineux : *vaisselle d'un beau poli.*

police [pɔlis] n. f. (gr. *politeia,* organisation politique). Ensemble des règlements qui maintiennent la sécurité publique : *organiser la police d'un Etat.* ‖ Administration qui veille à leur observation : *dénoncer quelqu'un à la police.* ‖ Ensemble des agents de cette administration. ● *Police secours,* service installé dans les commissariats d'arrondissement et affecté aux cas d'urgence. ‖ *Tribunal de police,* tribunal qui ne connaît que des contraventions. (C'est le tribunal d'instance siégeant au pénal.)

police n. f. (ital. *polizza,* certificat). Contrat d'assurance : *signer une police.* ‖ Liste de toutes les lettres qui composent un assortiment de caractères d'imprimerie avec l'indication de leur proportion pour un total déterminé. ‖ Ensemble de ces caractères.

policé, e adj. Qui est parvenu à un certain degré de civilisation (vieilli) : *les peuples policés.*

policeman [pɔlisman] n. m. Agent de police, en Grande-Bretagne. ‖ Pl. des *policemen.*

polichinelle [pɔliʃinɛl] n. m. (de l'ital. *Pulcinella*). Personnage comique des théâtres de marionnettes. (En ce sens, prend une majuscule.) [Bossu, braillard et querelleur, il est différent du *Pulcinella italien,* dont il tire son nom; celui-ci, vêtu de blanc, n'est pas difforme.] ‖ Marionnette à double bosse. ‖ — *Fig.* Mauvais bouffon de société. ‖ Homme qui change souvent d'opinion. ● *Secret de polichinelle,* ce que tout le monde sait et que l'on voudrait garder secret.

policier, ère adj. Relatif à la police : *mesures policières.* ● *Film, roman policier,* œuvres qui prennent pour sujet l'enquête menée pour découvrir ou démasquer le coupable.

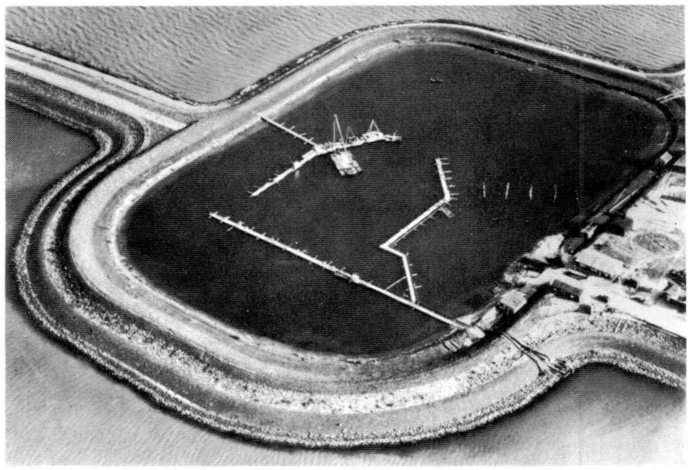

polder
aux Pays-Bas
avec machine
d'épuisement
à Lovink
près de
Harderwijk

policier n. m. Membre de la police.

policlinique [pɔliklinik] n. f. (gr. *polis,* ville, et *clinique*). Clinique administrée par la ville.

Polignac (Melchior DE), cardinal français, né au Puy (1661-1742), diplomate et écrivain, auteur de *l'Anti-Lucrèce,* poème latin cherchant à réfuter le matérialisme. (Acad. fr.)

Polignac (Yolande, *duchesse* DE), femme du duc Jules de Polignac (1749-1793), amie de Marie-Antoinette.

Polignac (Jules Auguste Armand, *prince* DE), fils de la précédente, né à Versailles (1780-1847). Ayant combattu dans la chouannerie, il fit partie sous Louis XVIII du groupe ultra-royaliste. Il était depuis 1823 ambassadeur à Londres quand, en 1829, Charles X le choisit comme président du Conseil : son impopularité était telle que la Chambre lui refusa la confiance. Responsable des Ordonnances royales de juillet 1830, Polignac quitta le pouvoir le 29 juillet. Arrêté, condamné en 1831 à la prison perpétuelle et à la mort civile, il fut amnistié en 1836.

Poligny (39800), ch.-l. de c. du Jura (arr. de Lons-le-Saunier), sur l'Orain, affl. du Doubs; 4 805 h. (*Polinois*).

poliment adv. De façon polie : *éconduire poliment un solliciteur.*

polio n. *Fam.* Malade atteint de poliomyélite.

poliomyélite [pɔljɔmjelit] n. f. (gr. *polios,* gris, et *muelos,* moelle). Maladie contagieuse de l'homme, produite par un virus qui se fixe sur les centres nerveux, en particulier sur la moelle épinière, provoquant des paralysies qui peuvent être mortelles lorsqu'elles atteignent les muscles respiratoires.
— ENCYCL. Le virus de la *poliomyélite* est évacué dans les selles des sujets malades; résistant, il contamine l'eau et les aliments touchant la terre. La maladie peut également être contractée par un bain de rivière et par contact direct avec un sujet malade. L'affection commence par une fièvre élevée avec céphalée, le plus souvent accompagnée de signes méningés. En un ou deux jours apparaissent les paralysies, flasques, touchant les membres inférieurs, le tronc et les muscles respiratoires; plus l'atteinte est haute, plus le pronostic est grave. Les respirateurs artificiels permettent de lutter efficacement contre la paralysie respiratoire. Après la phase infectieuse, les paralysies rétrocèdent en partie, et une rééducation active et bien conduite permet souvent une suppléance appréciable par les groupes musculaires épargnés. La vaccination par vaccin injectable ou buvable a beaucoup fait baisser les taux de morbidité et de mortalité.

poliomyélitique adj. Relatif à la poliomyélite. ‖ — Adj. et n. Atteint de poliomyélite.

poliorcétique [pɔljɔrsetik] adj. (du gr. *poliorkêtês,* preneur de villes). Relatif à l'art d'assiéger les villes. ‖ — N. f. Art d'assiéger les villes.

polir [pɔlir] v. t. (lat. *polire*) Rendre uni et luisant : *polir un métal.* ‖ Rendre plus correct, plus élégant; mettre la dernière main à : *polir un discours.*

polissable adj. Susceptible de recevoir le poli : *le marbre est très polissable.*

polissage n. m. Action de polir une surface dure; son résultat.

polisseur, euse n. Personne qui polit certains objets, comme les glaces.

polisseuse n. f. Machine servant à polir les roches.

polissoir n. m. Instrument pour polir.

polisson [pɔlisɔ̃], **onne** [-ɔn] n. (mot d'argot). Enfant malpropre et vagabond : *les polissons de la rue.* ‖ Enfant espiègle. ‖ Celui qui dit ou fait des choses trop libres. ‖ — Adj. Licencieux, trop libre : *une chanson polissonne.*

polissonner v. i. Faire le polisson. ‖ Dire ou faire des polissonneries.

polissonnerie n. f. Action, parole, tour de polisson. ‖ Propos licencieux.

poliste n. m. Genre de guêpes fabriquant en plein air des nids composés seulement de quelques alvéoles.

politesse [pɔlitɛs] n. f. (anc. ital. *politezza*). Ensemble des règles de la bienséance; respect de ces règles : *observer la politesse.* ‖ Action conforme à ces usages : *se confondre en politesses.*

politicard [pɔlitikar], **e** [-ard] n. et adj. *Péjor.* Personne qui fait de la politique et se complaît en intrigues.

politicien [-sjɛ̃], **enne** [-ɛn] n. (anglo-amér. *politician*). *Péjor.* Personne qui fait de la politique.

Politien (Agnolo AMBROGINI, surnommé **il Poliziano,** appelé en France **Ange**), humaniste italien, né à Montepulciano (1454-1494). Précepteur des enfants de Laurent de Médicis, il composa des poésies en grec et en latin, ainsi que des œuvres en toscan : *les Stances pour le tournoi* (1478), qui célèbrent un exploit de Julien de Médicis, et la *Fable d'Orphée* (1480), dont Monteverdi s'inspira dans son *Orfeo.*

politique [pɔlitik] adj. (lat. *politicus;* du gr. *polis,* ville). Relatif au gouvernement d'un Etat : *institutions politiques.* ● *Droits politiques,* droits en vertu desquels un citoyen participe au gouvernement. ‖ *Homme politique,* homme qui s'occupe des affaires publiques.

politique n. m. Celui qui s'applique à la connaissance des affaires publiques : *Richelieu fut un habile politique.*

politique n. f. Direction d'un Etat et détermination des formes de son activité : *une politique prévoyante.* ‖ Ensemble des affaires qui intéressent l'Etat; manière de les conduire : *politique extérieure; parler politique.* ‖ *Fig.* Conduite adroite dans les affaires particulières.

Politique des Athéniens ou **Constitution d'Athènes** (*la*), ouvrage d'Aristote (330/325 av. J.-C.), retrouvé en 1891, histoire des gouvernements d'Athènes depuis les Constitutions de Dracon jusqu'au gouvernement des Dix.

politiquement adv. Selon les règles de la politique. ‖ *Fig.* De façon fine, adroite.

Polítis (Nikolaos), juriste et homme politique grec, né à Corfou (1872-1942). Professeur à la faculté de droit de Paris, puis ministre des Affaires étrangères de Grèce (1917-1920), il fut président de la S. D. N. en 1932 et président de l'Institut de droit international en 1937.

politisation n. f. Action de politiser; son résultat : *la politisation des syndicats.*

politiser v. t. Donner un caractère politique. ‖ Entraîner une personne, un groupe vers des activités politiques.

Politzer (Georges), philosophe français, né à Nagyvárad (auj. Oradea) en 1903, fusillé par les Allemands en 1942. Marxiste, il est l'auteur de *Principes élémentaires de philosophie.*

poljé [pɔlje] n. m. (mot slave). Dans les régions de relief karstique, vaste dépression fermée, à fond plat.

polka [pɔlka] n. f. (mot polon.). Danse d'origine tchèque, très en vogue au milieu du XIXe s. ‖ Air sur lequel on la danse. ‖ — Adj. inv. *Pain polka,* pain plat, à croûte striée en losanges ou en carrés.

Pollaiolo ou **Pollaiuolo** (Antonio BENCI, dit **del**), peintre, graveur, sculpteur et orfèvre italien, né à Florence (v. 1432-1498). D'abord orfèvre, il travailla avec Ghiberti aux portes du baptistère de Florence. Il peignit avec son frère Piero une série des *Travaux d'Hercule* et des compositions où le paysage tient une large place. A Rome, il sculpta le *tombeau de Sixte IV* et celui *d'Innocent VIII.* Dessinateur vigoureux, connaissant parfaitement l'anatomie, il a laissé des gravures remarquables (*Combat d'hommes nus*).

pollakiurie [pɔlakiyri] n. f. (gr. *pollakis,* souvent, et *ouron,* urine). Trouble de l'évacuation vésicale de l'urine, consistant en mictions fréquentes et peu abondantes.

pollen [pɔlɛn] n. m. (mot lat. signif. *farine*). Poudre produite par les étamines des plantes à fleurs et d'où sont issues les cellules reproductrices qui féconderont les ovules d'une autre fleur de la même espèce.

Phot. Aerial Photography.

— ENCYCL. Le *pollen*, généralement jaune, est formé de *grains* microscopiques. Chaque grain est l'équivalent d'une *spore mâle* telle qu'en présentent les plantes sans fleurs. Arrivé sur le stigmate d'une autre fleur, le grain « germe » et forme un *tube pollinique*, qui croît le long du style et atteint l'orifice d'un ovule. Entre-temps, deux spermatozoïdes (dits aussi *anthérozoïdes*) se sont formés, et une double fécondation a lieu, donnant les deux éléments internes de la graine : embryon et albumen. L'enveloppe externe du grain de pollen (*exine*) se conserve longtemps dans les sédiments, ce qui rend possible l'étude des climats anciens par l'analyse pollinique (palynologie). Le transport du pollen d'une fleur à l'autre est la *pollinisation*. Certains insectes butineurs utilisent le pollen comme nourriture. L'homme peut devenir allergique au pollen de certaines espèces et contracter le « rhume des foins » lorsqu'il le respire.

pollicitation [pɔlisitasjɔ̃] n. f. (du lat. *polliceri*, promettre). Proposition de contrat non encore acceptée.

pollinie [pɔlini] n. f. Masse de grains de pollen agglomérés, comme chez les orchidées.

pollinique adj. Relatif au pollen : *sac pollinique*.

pollinisation n. f. Transport du pollen d'une étamine sur un stigmate.
— ENCYCL. Cette fécondation des végétaux ne peut se faire dans bon nombre de cas sans l'intervention d'agents extérieurs : chez les plantes dites anémophiles le transfert du pollen est assuré par le vent, tandis que ce sont les insectes butineurs (papillons et surtout abeilles) qui assurent la *pollinisation* des plantes entomophiles (arbres fruitiers, luzerne, tournesol, etc.). Dans certains cas (dattier), l'homme assure la pollinisation de plantes utiles.

Pollion. V. ASINIUS POLLIO.

Pollock (Jackson), peintre abstrait américain, né à Cody (Wyoming) [1912-1956]. Il est le principal représentant de l'*action painting*, projection de couleurs sur d'immenses toiles, dans le but de produire de vibrantes calligraphies. (V. illustr. ETATS-UNIS et ART ABSTRAIT*.)

polluant, e adj. Relatif à la pollution. ‖ — N. m. Produit responsable d'une pollution.

polluer [pɔlɥe] v. t. (lat. *polluere*). Profaner ; souiller : *polluer un temple, une rivière*.

pollueur, euse n. Celui, celle qui contribue à accroître la pollution.

pollution n. f. Souillure : *la pollution atmosphérique*.

Pollux. V. CASTOR.

Pollux, la quinzième des étoiles les plus brillantes du ciel dans la constellation des Gémeaux.

polo [pɔlo] n. m. (mot angl., empr. au tibétain). Jeu de balle qui se joue à cheval, avec un maillet. ‖ Chemise de sport en tricot avec col rabattu.

Polo (Marco), voyageur vénitien, né à Venise (1254-1324). Il traversa toute l'Asie par la Mongolie et revint par Sumatra, après être resté seize ans au service de Kūbīlāy khān. La relation de ses voyages (*le Livre des merveilles*) est un document précieux.

polochon [pɔlɔʃɔ̃] n. m. *Pop.* Traversin.

Pologne, en polon. **Polska,** république de l'Europe orientale, sur la mer Baltique ; 311 730 km² ; 32 555 000 h. (*Polonais*). Cap. *Varsovie*. Langue : *polonais*.

Géographie.

● *Géographie régionale*. De forme massive, comprise entre les Carpates et la Bohême au sud, et la Baltique au nord, la Pologne correspond approximativement aux bassins de l'Odra (Oder) et de la Vistule.
Au nord, sur une centaine de kilomètres de profondeur en moyenne, se développe la zone des « croupes lacustres de la Baltique », région de collines formée de moraines abandonnées lors du recul des glaciers quaternaires, enserrant des lacs, des marais et des tourbières, au relief confus, véritable barrière entre la mer et l'intérieur. Le littoral est généralement sablonneux, inhospitalier ; il ne s'anime qu'aux embouchures des deux fleuves : à l'ouest, avec Szczecin, à l'est, avec le complexe Gdańsk-Gdynia, principal port de Pologne, qui draine en majeure partie (par voie ferrée) le trafic de la Silésie et des grandes villes du centre. En retrait, le Pomorze et surtout la Mazurie sont parsemés de lacs. Le climat y est rude ; la moyenne thermique de janvier est inférieure à 0 °C, et celle de juillet à 20 °C ; les précipitations, de l'ordre de 700 à 800 mm, tombent avec un maximum estival. Les sols, podzolisés, portent des forêts et quelques cultures aux rendements médiocres, blé et surtout seigle. L'élevage (bovins et chevaux) est plus développé.
La Pologne centrale correspond à la région des chenaux creusés en avant des glaciers et aux interfluves morainiques qui les séparent. La rigueur du climat s'accentue vers l'est. La moyenne de janvier, de l'ordre de 0 °C à la frontière est-allemande, approche — 5 °C à Białystok. A l'est, en Podlachie, la forêt couvre plus du quart du sol, et les cultures (seigle, pomme de terre) sont pauvres ; l'industrie est inexistante en dehors de Białystok (textile), seul centre urbain de plus de 30 000 h. La Mazovie, à l'économie rurale comparable, est dominée par Varsovie*, où toutes les branches d'industrie sont représentées (métallurgie en tête). Au sud-ouest s'étend le plateau de Łódź, qui, économiquement, se rattache à cette Pologne centrale. L'ensemble de la région vit de l'industrie textile, dont Łódź, deuxième ville du pays, est la capitale. A l'ouest, la Grande Pologne et le Kujawy associent encore le seigle et la pomme de terre, mais d'autres cultures tiennent une place importante, notamment le blé et la betterave à sucre (l'élevage est moins développé). Le sous-sol fournit du lignite autour de Turek et de Konin (aluminium) et à Poznań, principale ville de la Grande Pologne, cependant que Bydgoszcz est la métropole du Kujawy.
Le sud de la Pologne est plus accidenté. Au sud-est, le pays possède le revers septentrional des Carpates occidentales (Beskides et une partie des Tatras), région d'exploitation forestière et d'élevage, et parfois touristique (Zakopane). Bielsko-Biała en est le principal centre. Au sud-ouest, la bordure septentrionale du massif de Bohême (basse Silésie) est formée d'une juxtaposition de horsts (1 603 m à la Śnieżka) et de fossés, où les roches cristallines sont minéralisées. L'élevage domine. L'industrie est concentrée dans les villes de Wałbrzych (centre d'un petit bassin houiller), de Jelenia Góra et de Kłodzko. Au centre, entre Cracovie, Ostrava (Tchécoslovaquie) et Opole, se développe la haute Silésie, région vitale grâce à sa richesse en houille (plus de 100 Mt par an), sur laquelle s'est fondée une puissante industrie métallurgique et chimique. La région houillère et industrielle constitue une véritable conurbation, dont les centres urbains majeurs, Gliwice, Bytom, Zabrze, Częstochowa, Chorzów, Ruda Śląska, Sosnowiec et Katowice, dépassent chacun 100 000 h. Au nord-ouest, la région de Wrocław est à vocation surtout agricole (blé et betterave à sucre), en dehors de l'agglomération même de Wrocław, qui regroupe près de 500 000 h.
A l'est s'étend la cuesta du Jura cracovien, où le secondaire renferme quelques gisements de fer, de plomb et de zinc. Cracovie, cité historique et centre commercial, s'est industrialisée avec la création du complexe sidérurgique de Nowa Huta. Au nord du Jura cracovien, la deuxième région de la Petite Pologne (monts de la Sainte-Croix), autour de Kielce, est formée de vieilles montagnes érodées (l'altitude ne dépasse jamais 620 m), également minéralisées et souvent forestières. Le bassin de Sandomierz, au confluent de la Vistule et du San, est cultivé en blé ; l'élevage bovin y est aussi développé. Le sous-sol fournit un peu de pétrole et du gaz naturel. A l'est de la Vistule, le bassin de Lublin est une région tabulaire, à l'agriculture riche (blé, cultures sarclées).
● *L'économie*. L'industrie fournit plus de la moitié du produit matériel net, employant environ le tiers de la population active. Elle est presque entièrement nationalisée. Près de 90 p. 100 des ouvriers sont employés dans des entreprises d'Etat. Elle est largement fondée sur l'extraction houillère (125 Mt), principale source d'énergie, complétée par le lignite (25 Mt). Houille et lignite assurent la quasi-totalité de la production d'électricité (55 TWh). La houille alimente aussi une importante sidérurgie (11 Mt d'acier) et l'industrie chimique (qui traite aussi le sel gemme) fournit des engrais, des plastiques, des fibres synthétiques et des produits pharmaceutiques. A la sidérurgie sont liés les chantiers navals, les machines-outils et le matériel de transport (locomotives).

Pollaiolo
« David »
musée de Berlin

Marco et Niccolo **Polo** dans un port du Levant
gravure d'après une miniature du XVIe s.
Bibl. de l'Arsenal

Phot. Giraudon, Roger-Viollet.

Kazimierz Dolny, sur la Vistule

le lac Morskie Oko, dans les monts Tatras

Pologne

les hauts fourneaux de Nowa Huta

La métallurgie traite encore les minerais non ferreux, cependant que l'industrie de la construction tient depuis 1945 une place importante en raison de la reconstruction, de l'industrialisation et de l'urbanisation. Le textile (coton et laine) a une tradition ancienne, comme l'exploitation forestière (pâte à papier et papier) et l'industrie de la chaussure et de la porcelaine, indépendamment des nombreuses usines alimentaires. En dehors des grands centres urbains, l'industrie est surtout développée dans le Sud, en haute Silésie.

L'agriculture fournit moins du quart du produit matériel net, mais emploie encore plus de 40 p. 100 de la population active. La réforme agraire n'a pas entraîné ici une socialisation massive des terres. Plus de 85 p. 100 des terres cultivées appartiennent au secteur privé, les fermes d'Etat n'en occupent que 10 p. 100, et les coopératives une part infime. Les principales cultures sont celles des céréales (orge, avoine, blé et surtout seigle), de la betterave à sucre et de la pomme de terre, cependant que l'élevage bovin et l'élevage porcin sont plus répandus que l'élevage ovin. La pêche s'est récemment développée. La balance commerciale est légèrement déficitaire. Parmi les exportations dominent le charbon (pour lequel la Pologne joue le rôle de fournisseur auprès des pays moins industrialisés du Comecon), les produits semi-finis, les navires et les denrées alimentaires (produits de l'élevage). Les principaux articles d'importation sont le fer (dont la Pologne, puissance sidérurgique, est un médiocre producteur), le coton, le pétrole et des compléments alimentaires (blé). Près des deux tiers du commerce extérieur s'effectuent avec les autres pays du Comecon (près de la moitié de cette part avec la seule U. R. S. S., qui précède l'Allemagne orientale et la Tchécoslovaquie). La Grande-Bretagne et l'Allemagne occidentale sont les principaux partenaires commerciaux non communistes.

Le niveau de vie est encore assez bas, le revenu individuel moyen étant sans doute légèrement inférieur à 500 dollars. Son élévation paraît liée à une diminution de la population rurale, que le faible dynamisme démographique actuel (taux de natalité de 16,7 p. 1 000 en 1966) doit faciliter. La densité moyenne de population dépasse aujourd'hui 100 h. au kilomètre carré, mais un peu plus de la moitié seulement de cette population est urbanisée (vingt-cinq villes environ dépassent chacune 100 000 h.), proportion qui ne permet pas encore de classer la Pologne, malgré le volume de certaines productions, dans le groupe des Etats fortement industrialisés.

Histoire.

● *Le premier Etat polonais* (Vᵉ-XIVᵉ s.). A l'origine, les tribus slaves qui formeront la nation polonaise habitent les bassins de l'Odra et de la Vistule. Le christianisme leur est prêché au IXᵉ s., mais ce n'est qu'en 966 que leur chef Mieszko se convertit. Ce prince, de la famille des Piast, conquiert la Silésie et la Petite Pologne. Son fils, Boleslas le Vaillant (992-1025), y ajoute la Poméranie, la Lusace, la Bohême, la Moravie et la Slovaquie blanche. Il est couronné premier roi de Pologne en 1025. Après le règne désastreux de Mieszko II, Casimir Iᵉʳ le Rénovateur (v. 1040-1058) restaure l'Eglise et l'Etat, dont il transfère la capitale de Poznań à Cracovie. Boleslas II le Hardi (1058-1079), exploitant la querelle des Investitures, se libère de toute vassalité envers l'empereur. S'il fait échec à l'Empire, Boleslas III Bouche-Torse (1102-1138) partage ses terres entre ses quatre fils, qui, à leur tour, les répartissent entre leurs descendants, si bien qu'au milieu du XIIIᵉ s. on compte en Pologne deux douzaines de duchés régionaux. Alors triomphe la féodalité : l'aristocratie terrienne met la monarchie en tutelle. Ravagée à trois reprises au XIIIᵉ s. par les invasions mongoles, la Pologne est entourée d'une ceinture de puissances hostiles : le Brandebourg, l'ordre des chevaliers Teutoniques et l'Etat lituanien. Les Allemands accaparent les activités commerciales, diffusant, notamment en Silésie, leur langue et leur civilisation. On en vient à proclamer roi de Pologne (1300) le roi de Bohême Venceslas.

● *Des Piast aux Jagellons* (XIVᵉ-XVIᵉ s.). A la mort de Venceslas (1305), la réaction vient d'un Piast, Ladislas, qui, après avoir écrasé la révolte des bourgeois allemands, est couronné roi de Pologne en 1320. Il arrête l'expansion brandebourgeoise et bat les Teutoniques à Płowce (1331). Son fils, Casimir III le Grand (1333-1370), codifie les coutumes (statut de Wiślica, 1347), favorise l'expansion commerciale et fonde l'université de Cracovie (1364), qui assure l'autonomie intellectuelle de la Pologne. Il sollicite l'agrément de la noblesse pour prendre comme successeur le roi angevin Louis de Hongrie (1370-1382). Le pays entre ainsi dans l'ère de la monarchie élective et des dynasties étrangères. Louis d'Anjou ne réside guère dans son royaume, qu'il laisse déchiré et désolé. Sa fille, Hedwige, est nommée reine, mais est contrainte d'épouser Jagellon, grand-duc de Lituanie, qui, sous le nom de Ladislas II, devient roi de Pologne (1386-1434). Celui-ci taille en pièces les Teutoniques à Grunwald (1410) ; les souverains de Moldavie (1387) et de Valachie (1389) le reconnaissent comme suzerain. Cracovie devient le centre d'un empire qui va de la Baltique à la mer Noire. Cependant, à la fin du XVᵉ s., on assiste à l'affaiblissement du pouvoir monarchique. Les Jagellons doivent consentir des privilèges à la petite noblesse et la reconnaissance officielle du pouvoir à la Diète générale : pour les grandes décisions, le consentement commun des trois états de la nation (le roi, les sénateurs, les délégués des assemblées locales) devient nécessaire (constitution *Nihil novi*, 1505). Pourtant, la Pologne atteint alors l'apogée de sa puissance et de son rayonnement, et connaît son siècle d'or. Elle contrôle la Hongrie ; Sigismond Iᵉʳ (1506-1548) se fait reconnaître suzerain du duché héréditaire de Prusse et réunit à la couronne le duché de Varsovie (1526). Sigismond II Auguste (1548-1572) fait accepter que le royaume de Pologne et le grand-duché de Lituanie soient désormais gouvernés par une seule diète et par un roi élu en commun (1569). La Pologne, foyer d'humanisme religieux (université de Cracovie), littéraire et scientifique (Copernic), s'ouvre aux courants de la Renaissance et de la Réforme, puis, grâce aux jésuites, de la Contre-Réforme, qui assure le triomphe total du catholicisme dans le pays.

● *Le déclin* (XVIᵉ-XVIIIᵉ s.). L'élection d'un Vasa, Sigismond III (1587-1632), oriente la politique de la Pologne vers la Baltique, où elle se heurte à la Moscovie et surtout à la Suède.

Soumise à des princes étrangers depuis 1370, gouvernée selon un système anarchique qui fait passer les intérêts particuliers de la noblesse avant ceux de l'Etat, la Pologne est définitivement ébranlée par la révolte des cosaques, qui provoque l'intervention des Russes. Ceux-ci s'emparent de Smolensk et de Wilno (1654), et les Suédois occupent un moment tout le pays. Jean II Casimir (1648-1668) doit renoncer à la suzeraineté sur le duché de Prusse (1657), abandonner la Livonie intérieure à la Suède (1660) et céder l'Ukraine à la Russie (1667). La Pologne, à deux doigts de sa perte, est sauvée par la victoire remportée à Chocim (1673) sur les Turcs par le roi Jean Sobieski (1674-1696). Après lui, la Pologne n'est plus que le champ clos des rivalités des puissances étrangères. C'est ainsi que l'Autriche et la Russie imposent à la Pologne les Electeurs de Saxe, Auguste II le Fort (1697-1733) et Auguste III (1733-1763). Auguste II fait la guerre à la Suède, mais il est battu par Charles XII (1704) ; celui-ci fait élire un nouveau roi, Stanislas Iᵉʳ Leszczyński, qui ne parvient pas à s'imposer. Une nouvelle élection (1733) provoque la guerre de la Succession de Pologne et l'intervention triomphante de la Russie en faveur du jeune Auguste III au détriment de Stanislas Leszczyński, qui devient duc de Lorraine. Le choix de Stanislas Poniatowski (1764-1795) semble amorcer un renouveau pour la Pologne. Mais Frédéric II et Catherine II veillent : ils s'opposent aux réformes qui auraient sauvé le pays et procèdent bientôt, avec Marie-Thérèse d'Autriche, à un premier partage du pays (1772). Un deuxième partage (1793) est imposé par la Russie et la Prusse, mécontentes des réformes décidées par la Grande Diète de 1788-1792. Une réaction patriotique intervient en 1794 avec l'insurrection de Kościuszko, mais Varsovie doit capituler devant l'assaut des Russes. L'année suivante, un troisième partage dispose, en faveur de la Russie, de la Prusse et de l'Autriche, des territoires restants.

● *La Pologne aux mains des étrangers (1795-1919)*. Les Polonais, un moment, mettent leur espoir en Napoléon, qui fonde l'éphémère grand-duché de Varsovie (1807-1814). Le congrès de Vienne (1815) crée un royaume de Pologne réuni à la Russie en la personne du tsar. Dans ce royaume, la fiscalité équilibrée et d'avantageuses conventions douanières favorisent l'agriculture et l'industrie. Les universités sont des foyers de libéralisme, mais elles sont étroitement surveillées, ce qui provoque la résistance. La période de 1830 à 1863 est celle des insurrections antirusses. La première éclate en novembre 1830, mais Varsovie doit capituler l'année suivante, et la répression est sévère. En 1863-1864, deux courants parallèles (les Blancs ou nobles modérés, les Rouges ou radicaux) s'unissent pour établir un gouvernement national, qui finalement échoue. Il faut en venir à une forme de résistance légale. En Posnanie, les Polonais résistent victorieusement à l'accaparement des terres par les Allemands, cependant que l'Autriche respecte l'autonomie linguistique en Galicie ; la représentation polonaise à la diète de Galicie s'élargit (1902). Les mouvements socialistes et ouvriers s'organisent pendant que Piłsudski met sur pied une organisation nationaliste sous forme de sociétés de tir (1910).

Durant la Première Guerre mondiale, les légions polonaises se battent dans les deux camps. Un comité national polonais, fondé à Lausanne en 1917, puis transféré à Paris, est reconnu officiellement, la même année, par la France et ses alliés ; il est présidé par Dmowski.

● *La République polonaise (1918-1944)*. La Pologne étant libérée, la République polonaise étant proclamée (nov. 1918), la Diète élit Piłsudski chef de l'Etat, qui est responsable, comme les ministres, devant elle (Constitu-

Phot. Bureau d'Information polonais, U. F. P., Falkowski.

tion du 20 févr. 1919). La première tâche du premier gouvernement est de fixer les frontières tracées par le traité de Versailles. Une guerre est engagée avec la Russie soviétique; le traité de Riga (1921) y met fin. L'arbitrage allié délimite la frontière avec la Tchécoslovaquie; la ville de Dantzig est proclamée libre avec un corridor qui donne un accès précaire à la Baltique; une partie de la haute Silésie passe à la Pologne, mais la Prusse orientale reste enclavée dans le territoire national.

Il s'agit, par ailleurs, d'unifier les tronçons de la Pologne sur le plan juridique, administratif et politique. En janvier 1924, est créée une monnaie nationale, le złoty, à la parité du franc-or. Sur le plan politique, c'est l'instabilité, qu'aggravent les difficultés économiques. En mai 1926, afin de neutraliser l'opposition des sociaux-démocrates, le maréchal Piłsudski impose son autorité par un coup d'Etat; il gardera le pouvoir absolu jusqu'à sa mort en 1935 : il épure l'Administration et l'armée, et limite les pouvoirs de la Diète et l'influence des partis. Le 23 avril 1935, il fait voter une nouvelle Constitution, qui concentre l'autorité suprême entre les mains du président de la République. Cependant, la crise économique accroît l'opposition du centre et de la gauche; quelques mois après la mort de Piłsudski, les militaires prennent le pouvoir (1936). Au lieu de soutenir la Tchécoslovaquie, pays slave, dans l'affaire des Sudètes (été 1938), la Pologne occupe une partie de son territoire, le secteur de Teschen; mais bientôt le problème de Dantzig tend les relations de la Pologne avec le IIIe Reich. Le 28 avril 1939, Hitler dénonce le pacte de non-agression germano-polonais. Les Allemands et les Soviétiques s'entendent contre la Pologne (2 août). Le 1er septembre, sans déclaration de guerre, les troupes allemandes envahissent le territoire, pendant que les Soviétiques pénètrent dans les provinces orientales et que la France et la Grande-Bretagne déclarent la guerre à l'Allemagne. Les combats cessent dès le 27 septembre : l'U. R. S. S. et l'Allemagne se partagent la Pologne.

Mais la défaite ne brise pas la résistance polonaise; elle se manifeste à l'extérieur par l'activité d'armées qui se battent en France, au Proche-Orient, en Italie et sur le front oriental, et à l'intérieur par une armée nationale qui multiplie sabotages et attentats, et qui organise un soulèvement général (août-oct. 1944) : celui-ci se termine par la destruction de la ville.

● *La République populaire de Pologne (1945).* Deux comités de libération existent alors : l'un à Londres, l'autre à Lublin. En janvier 1945, ce dernier s'installe dans Varsovie, libérée par les troupes polono-soviétiques, sous le nom de Gouvernement provisoire. La conférence de Yalta (février) fixe les frontières de la Pologne à la ligne Curzon à l'est et à la ligne Oder-Neisse à l'ouest. Un gouvernement d'union nationale détient l'autorité avec un communiste, Bierut, à la présidence de la République. Ce gouvernement se disloque en 1947, et le parti ouvrier unifié (fusion des socialistes et des communistes) prend en fait la totalité des pouvoirs; la politique de la République populaire s'aligne rigoureusement sur celle de l'U. R. S. S. Le maréchal soviétique Rokossowski devient en novembre 1949 ministre de la Guerre et inspecteur général de l'armée. Cette même année, Gomułka, secrétaire du parti ouvrier polonais, est mis à l'écart.

Cependant, dans ce pays à large majorité catholique, le gouvernement doit compter avec l'influence de l'Eglise, qui reste considérable. En 1950, un *modus vivendi* est conclu entre l'Eglise et l'Etat, mais il ne survit pas à l'arrestation du cardinal Wyszyński, primat de Pologne (1953). Le mécontentement des masses ouvrières et paysannes contre le gouvernement et l'influence soviétique grandit malgré les nationalisations effectuées. Des émeutes éclatent à Poznań (28 juin 1956), et les chars soviétiques tirent sur la foule. Pourtant, la fraction modératrice et nationaliste du Comité central l'emporte, et Gomułka est réhabilité. Il revient au pouvoir en octobre, le maréchal Rokossowski est éliminé du Politburo et le cardinal Wyszyński peut reprendre ses fonctions : c'est l' « Octobre polonais » de 1956.

Gomułka applique alors son programme politique. Tandis que les relations avec l'U. R. S. S. sont rénovées, l'attitude de l'Etat se fait plus conciliante à l'égard de l'Eglise; un nouveau *modus vivendi* est établi (déc. 1956), qui ne peut éviter tous les conflits, tels ceux qui éclatent à l'occasion des fêtes du millénaire de la Pologne en 1966. Par ailleurs, un certain malaise règne entre le parti et les intellectuels. Enfin, une crise sociale provoque en 1970 des émeutes à Szczecin, Gdynia et Gdańsk; W. Gomułka est alors remplacé par E. Gierek. La politique extérieure de la Pologne reste fondée sur l'alliance avec l'U. R. S. S. et sur l'inviolabilité de la frontière Oder-Neisse : en 1970, cette dernière a été reconnue *de facto* comme frontière occidentale de la Pologne par la République fédérale d'Allemagne.

polonais [pɔlɔnɛ], **e** [-ɛz] adj. et n. De Pologne. ‖ — N. m. Langue parlée en Pologne, appartenant aux parlers slaves du groupe occidental.

polonaise n. f. Danse nationale des Polonais, de tempo ternaire et de caractère rythmique. ‖ Composition instrumentale dans le tempo et le caractère de cette danse : *les polonaises de Chopin.*

Polonceau, famille d'ingénieurs français. ANTOINE RÉMY, né à Reims (1778-1847), construisit la route du Simplon (1801), puis celle du Lautaret (1808), aménagea la route du pas des Echelles (1811) et termina celle du Mont-Cenis. — Son fils, BARTHÉLEMY CAMILLE, né à Chambéry (1813-1859), construisit la ligne de chemin de fer de Paris à Versailles. Son nom est resté attaché au système de combles avec arbalétriers en bois ou en métal et tirants métalliques, qu'il inventa pour la couverture des halles rectangulaires.

polonium [pɔlɔnjɔm] n. m. Métal (Po) radio-actif, de numéro atomique 84, qui accompagne souvent le radium.

poltron [pɔltrɔ̃], **onne** [-ɔn] adj. et n. (ital. *poltrone*). Qui manque de courage. (Syn. : COUARD, LÂCHE, PEUREUX, PLEUTRE, PUSILLANIME, TIMORÉ.)

poltronnerie n. f. Peur instinctive, lâcheté.

Poltrot (Jean DE), sieur DE MÉRÉ, gentilhomme protestant, né en Angoumois (v. 1537-1563), qui assassina François de Guise devant Orléans.

polyacide adj. et n. m. Se dit d'un corps possédant plusieurs fonctions acide.

polyalcool n. m. Corps possédant plusieurs fonctions alcool : *la glycérine est un polyalcool.*

polyamide n. m. Polymère résultant de la polycondensation de diacides ou de diamines, ou bien d'aminoacides : *le Nylon est un polyamide.*

polyandre adj. Qui a plusieurs maris.

polyandrie [pɔliɑ̃dri] n. f. (gr. *polus,* nombreux, et *anêr, andros,* homme). Etat d'une femme qui a simultanément plusieurs maris.

polyarthrite n. f. Inflammation simultanée de plusieurs articulations.
— ENCYCL. Il existe des *polyarthrites* aiguës et des polyarthrites chroniques. L'origine infectieuse des premières peut généralement être prouvée (rhumatisme articulaire aigu dû au streptocoque, polyarthrites des maladies infectieuses, etc.). L'origine de la *polyarthrite chronique évolutive,* au contraire, est contestée, mais l'affection se caractérise par ses symptômes (poussées inflammatoires entrecoupées d'accalmies, vitesse de sédimentation élevée) et par son évolution (déformation des articulations s'aggravant à chaque poussée).

Polybe, historien grec, né à Mégalopolis (Arcadie) [v. 200-v. 125/120 av. J.-C.]. Il fit partie, après Pydna, des mille otages livrés aux Romains. Il vécut seize ans à Rome et devint l'ami de Scipion Emilien. Dans son œuvre historique, il entreprend une analyse méthodique et recherche l'explication causale des faits.

Polycarpe (*saint*), évêque de Smyrne (v. 69-155). Disciple de saint Jean, il subit le martyre sous Trajan. — Fête le 26 janvier.

polychètes [pɔlikɛt] n. m. pl. (gr. *polus,* beaucoup, et *khaitê,* crinière). Classe de vers annélides, comprenant les espèces marines pourvues de nombreuses soies.
— ENCYCL. Les *polychètes* sont nombreux, variés et souvent perfectionnés. Les uns, comme la *néréide,* nagent, rampent et fouissent, possèdent des yeux, des tentacules, des mâchoires et ont des rames tout le long du corps; d'autres, comme l'*arénicole des pêcheurs,* vivent dans le sable ou sont fixés au fond de l'eau et protégés par un tube d'où ne dépassent que des branchies en panache (*spirographe, sabelle*); certains forment un tube calcaire sur les coquillages (*serpule*).

polychroïsme [pɔlikrɔism] n. m. Phénomène qui a lieu quand un corps transparent, à travers lequel on regarde, présente des couleurs différentes suivant l'incidence sous laquelle la lumière pénètre.

polychrome [pɔlikrom] adj. (gr. *polus,* nombreux, et *khrôma,* couleur). De diverses couleurs : *statue polychrome.*

polychromie n. f. Etat d'un corps dont les parties offrent des couleurs diverses.

Polyclète, sculpteur et architecte grec du Ve s. av. J.-C., né à Sicyone ou à Argos v. 480. Formé par les bronziers argiens, il exécuta en bronze, entre 460 et 420, la plupart de ses chefs-d'œuvre. Il appliqua son *canon* (théorie des proportions) au *Doryphore* et au *Diadumène,* qui jouèrent un rôle considérable dans l'évolution de la statuaire grecque.

polyclinique n. f. Clinique où l'on soigne des maladies diverses.

Polyclète « Diadumène » *musée de Délos*

polycondensation n. f. Ensemble des réactions par lesquelles diverses substances, comme un diacide et une diamine, se soudent entre elles pour donner un corps de masse moléculaire élevée.

polycopie n. f. Reproduction en plusieurs exemplaires d'un texte écrit avec une encre spéciale, et décalqué sur une pâte de gélatine ou par tout autre procédé.

polycopié n. m. Texte, cours polycopié.

polycopier v. t. Reproduire par polycopie.

Polycrate (m. en 522 av. J.-C.), tyran de Samos de 533 à 522 av. J.-C. Samos connut une grande prospérité sous son règne fastueux. L'île ayant été prise par les Perses, Polycrate périt crucifié.

polyculture n. f. Système d'exploitation du sol, qui consiste, dans une même propriété, à obtenir plusieurs sortes de produits. (Généralisée autrefois en économie plus ou moins autarcique, la polyculture a reculé à l'époque contemporaine avec le développement des échanges favorisant les spécialisations.)

polycyclique adj. *Electr.* Qui a trait à plusieurs phénomènes périodiques de fréquence différente.

polydactylie n. f. (gr. *polus,* nombreux, et *daktulos,* doigt). Monstruosité caractérisée par la présence de doigts surnuméraires.

Polydore de Caravage, peintre maniériste italien, né à Caravaggio (v. 1495-1546). Il excella dans le camaïeu.

polyèdre [pɔliɛdr] adj. (gr. *polus,* nombreux, et *hedra,* base). *Math.* Se dit d'un solide à faces planes. ● *Angle polyèdre,* partie de l'espace limitée par une suite fermée d'angles plans, appelés *faces,* de même sommet, appelé *sommet de l'angle polyèdre.* (V. illustr. ANGLES.) ‖ — N. m. Solide limité de toutes parts par des portions de plans appelées *faces* ou *facettes.* ● *Polyèdre convexe,* polyèdre situé tout entier du même côté du plan de l'une quelconque de ses faces.

polyédrique adj. Qui a la forme d'un polyèdre.

polyembryonie [pɔliɑ̃brijɔni] n. f. Formation de plusieurs embryons à partir d'un seul œuf : *les vrais jumeaux résultent d'un phénomène de polyembryonie.*

polyester [pɔliɛstɛr] n. m. Matière, généralement utilisée sous forme de moulage, résultant de la combinaison de polyacides avec des alcools non saturés ou avec des glycols.

Polyeucte (*saint*), officier romain, martyrisé à Mélitène, en Arménie, v. 250. — Fête le 13 février.

Polyeucte, tragédie de Corneille (1641-1642). Cette pièce a pour héros Polyeucte, seigneur arménien qui, malgré sa femme Pauline et les tentatives, pour le sauver, de son beau-père Félix, gouverneur romain d'Arménie, s'obstine à vouloir la palme du martyre. Son sacrifice entraînera la conversion de Pauline et de Félix, et lui vaudra l'admiration de Sévère, noble Romain qui, sans renier le paganisme, comprend la grandeur de la foi chrétienne.

polygala [pɔligala] n. m. Plante herbacée ou sous-arbrisseau à fleurs dialypétales. (Type de la famille des *polygalacées.*)

polygame [pɔligam] adj. et n. m. (gr. *polus,* nombreux, et *gamos,* mariage). Se dit d'un homme marié simultanément à plusieurs femmes. ‖ — Adj. *Bot.* Se dit des plantes possédant des fleurs hermaphrodites et des fleurs unisexuées, mâles et femelles, sur le même pied.

polygamie n. f. Etat des polygames : *la loi française punit la polygamie.* ‖ *Bot.* Etat d'une plante polygame.

polygénisme [pɔliʒenism] n. m. Doctrine d'après laquelle les différentes races humaines dériveraient de quelques types primitifs ayant la valeur d'espèces.

polyglobulie n. f. Affection caractérisée par une augmentation du nombre des globules rouges du sang.

polyglotte [pɔliglɔt] adj et n. (gr. *polus,* nombreux, et *glôtta,* langue). Se dit de personnes qui savent plusieurs langues : *un interprète polyglotte.* ‖ — Adj. Ecrit en plusieurs langues.

Polygnote, peintre grec du Ve s. av. J.-C., né dans l'île de Thasos. Il fut l'auteur de vastes compositions, connues par les descriptions qu'en ont faites Pausanias et Pline, créant ainsi la peinture historique. Le grand cratère d'Orvieto (Louvre) donne une idée de son art.

polygonacées n. f. pl. Famille de plantes dicotylédones apétales, comprenant l'*oseille,* la *rhubarbe,* les *renouées.*

polygonal, e, aux adj. Qui a plusieurs angles. ‖ Se dit d'un solide dont la base est un polygone.

polygonation n. f. Répartition de la surface d'un terrain à lever en un réseau de lignes brisées dont les points d'intersection serviront de canevas à la topographie.

polygone [pɔligɔn] n. m. (gr. *polus,* nombreux, et *gônia,* angle). *Math.* Ligne polygonale fermée. ‖ *Mil.* Champ de tir et de manœuvre, notamment pour les expérimentations d'explosifs et de projectiles. ● *Polygone convexe,* polygone situé tout entier du même côté de toute droite portant l'un de ses côtés. (Contr. POLYGONE CONCAVE.)

polygraphe [pɔligraf] n. (gr. *polus,* nombreux, et *graphein,* écrire). Auteur qui écrit sur des sujets variés.

polymère adj. et n. m. Se dit d'un corps chimique formé par polymérisation.

polymérisation n. f. Union de plusieurs molécules identiques formant une nouvelle molécule plus grosse.

polymériser [pɔlimerize] v. t. Produire la polymérisation.

Phot. Giraudon.

Polymnie. *Mythol. gr.* Muse de la Poésie lyrique.

polymorphe [pɔlimɔrf] adj. (gr. *polus,* nombreux, et *morphê,* forme). Qui se présente sous diverses formes.

polymorphisme n. m. Propriété que possèdent certaines substances chimiques d'affecter plusieurs formes cristallines différentes.

Polynésie, division de l'Océanie, comprenant le vaste ensemble d'îles échelonnées dans le Pacifique, à l'est de l'Australie, de la Mélanésie et de la Micronésie. Les principaux archipels qui en font partie sont, outre ceux de la Polynésie française, la Nouvelle-Zélande et les Samoa; les Hawaii (américaines), les îles Tonga, Ellice et Phoenix (britanniques). La Polynésie (en dehors de la Nouvelle-Zélande) est habitée par des indigènes de taille élevée et de peau brun clair, qui vivent de la culture du cocotier, de la pêche et, localement, du tourisme.

Polynésie française, archipels du Pacifique Sud, formant un territoire français d'outre-mer; 4 000 km²; 90 000 h. Ch.-l. *Papeete* (île de Tahiti). Ce sont les îles de la Société (avec Tahiti), les Marquises, les Tuamotu et les Gambier, les îles Australes ou Tubuaï.

polynésien [pɔlinezjɛ̃], **enne** [-ɛn] adj. De Polynésie. ‖ — N. Habitant de la Polynésie. (Les Polynésiens forment une race remarquablement homogène : peau brunâtre ou olivâtre, stature élevée, visage fin, cheveux noirs ondulés. Leur organisation sociale traditionnelle est très hiérarchisée et leur religion repose sur la notion devenue classique de « mana* ». Elles se sont progressivement effacées au contact des Blancs [XIXᵉ s.]. Le groupe des langues polynésiennes se divise en deux sections, occident [Tonga, Samoa] et orient.)

polynévrite n. f. Atteinte simultanée de plusieurs nerfs par une intoxication (alcoolisme, par ex.) ou par une infection (virus).

Polynice, frère d'Etéocle*.

polynôme [pɔlinom] n. m. (gr. *polus,* nombreux, et *nomos,* division). *Math.* Somme algébrique de monômes. ● *Polynôme entier,* polynôme dont tous les termes sont entiers.

polynucléaire adj. et n. m. Se dit d'une cellule semblant contenir plusieurs noyaux. (Les leucocytes [globules blancs] polynucléaires n'ont qu'un seul noyau, qui, par ses étranglements, en simule plusieurs.)

polype [pɔlip] n. m. (gr. *polus,* nombreux, et *pous,* pied). Forme fixée des cœlentérés, composée d'un corps cylindrique à deux parois, creusé d'une cavité digestive. (L'orifice supérieur est entouré de tentacules à cellules urticantes.) ‖ *Pathol.* Tumeur molle qui se développe dans les cavités d'une membrane muqueuse. (V. *encycl.*)
— ENCYCL. On peut observer des *polypes* dans la vessie, dans l'intestin, dans les fosses nasales, au niveau du larynx et de l'utérus. Ce sont des tumeurs en général bénignes, mais elles peuvent congestionner la muqueuse et occasionner des hémorragies; extirpées, elles ne récidivent pas.

polypeptide [pɔlipɛptid] n. m. *Chim.* Substance protidique formée par l'association de plusieurs molécules d'acides aminés.

polypeux, euse adj. Relatif au polype.

polyphasé [pɔlifɑze], **e** adj. Qui comporte plusieurs phases. ● *Système de grandeurs (courants, tensions) polyphasées,* ensemble de *n* grandeurs sinusoïdales de même fréquence et déphasées, l'une par rapport à l'autre, de $\frac{2\pi}{n}$.

Polyphème. *Myth. gr.* L'un des Cyclopes, fils de Poséidon. Il eut son œil unique crevé par Ulysse, qu'il tenait enfermé dans son antre.

polyphonie [pɔlifɔni] n. f. (gr. *polus,* nombreux, et *phônê,* voix). Art d'écrire musicalement à plusieurs parties. ‖ Musique vocale contrapuntique. (V. *encycl.*)
— ENCYCL. La *polyphonie* est un phénomène spontané, répandu dans toute musique primitive sous une forme différente de la conception que s'en est fait le monde occidental dès le IXᵉ s. Sous sa forme savante, la polyphonie, cultivée en Europe, a donné ses chefs-d'œuvre aux XVᵉ et XVIᵉ s. avec Dufay, Ockeghem, Josquin Des Prés, Palestrina, Victoria, Byrd, Janequin et Lassus. Elle s'appliquait aussi bien au domaine profane qu'au domaine religieux; au XVIIᵉ s., elle passa au domaine instrumental.

polyphonique adj. Relatif à la polyphonie.

polypier n. m. Squelette calcaire des madrépores, sécrété par chaque polype, et séparant les individus d'une même colonie.

polyploïde [pɔliplɔid] adj. et n. *Biol.* Se dit du noyau d'une cellule contenant plus de $2n$ chromosomes.

polypode [pɔlipɔd] n. m. (gr. *polus,* nombreux, et *pous, podos,* pied). Fougère commune à feuilles profondément lobées, des rochers et des murs humides.

polypore n. m. Champignon à pores, coriace, vivant en console sur les arbres. (Classe des basidiomycètes.) [V. illustr. CHAMPIGNONS.]

polyptère [pɔliptɛr] n. m. Poisson des eaux douces d'Afrique. (Long. 1,20 m; ordre des holostéens.)

polyptyque [pɔliptik] n. m. (gr. *polus,* nombreux, et *ptux, ptukhos,* pli). Tableau à plusieurs volets.

polysaccharide [pɔlisakarid] n. m. *Chim.* Glucide formé par l'union de nombreuses molécules d'oses, comme l'amidon, la cellulose, le glycogène.

pêche à la ligne en **Polynésie française**

polysémie [pɔlisemi] n. f. Faculté qu'a un mot de présenter plusieurs sens.

polysémique adj. Relatif à la polysémie.

polysoc adj. Se dit d'une charrue à plusieurs socs.

polysulfure n. m. Composé sulfuré contenant plus de soufre que le sulfure normal. (Les polysulfures de calcium [lessive sulfocalcique], de baryum ou de sodium sont utilisés en liquide ou en poudre contre les champignons parasites [tavelure, oïdium, etc.].)

polysyllabe ou **polysyllabique** adj. et n. Qui a plusieurs syllabes.

polysynthétique adj. Se dit d'une langue où les diverses parties de la phrase se soudent en une sorte de long mot composé : *la plupart des langues indigènes de l'Amérique sont polysynthétiques.*

polytechnicien n. m. Elève, ancien élève de l'Ecole polytechnique.

polytechnique [pɔlitɛknik] adj. (gr. *polus,* nombreux, et *tekhnê,* art). Qui embrasse plusieurs arts, plusieurs sciences : *enseignement polytechnique.* ● *Ecole polytechnique,* établissement militaire d'enseignement supérieur scientifique.
— ENCYCL. L'*Ecole polytechnique,* fondée à Paris en 1794 sous le nom d'« Ecole centrale des travaux publics », reçut son appellation actuelle en 1795 et fut transformée en école militaire par Napoléon en 1804. Elle forme les ingénieurs civils et militaires des grands corps de l'Etat et certains officiers. Les études, qui durent deux ans, sont complétées dans les écoles d'application, et le recrutement se fait par concours. Polytechnique, dont les élèves sont familièrement appelés « X » et dont la devise reste « Pour la patrie, les sciences et la gloire », a fourni au pays des personnalités de haute valeur dans les disciplines les plus diverses. La réforme de 1970 a fait de l'Ecole un établissement public autonome. Le concours d'entrée est ouvert aux jeunes filles depuis 1972.

polythéisme [pɔliteism] n. m. (gr. *polus,* nombreux, et *theos,* dieu). Forme de religion qui admet la pluralité des dieux : *le polythéisme romain.* (Contr. MONOTHÉISME.)

polythéiste adj. Relatif au polythéisme. ‖ — Adj. et n. Qui professe le polythéisme.

polytonalité n. f. *Mus.* Terme désignant la superposition de mélodies relevant chacune d'une tonalité différente : *Darius Milhaud, Bartók et Prokofiev pratiquèrent la polytonalité.*

marquis de **Pombal**
gravure d'après Cecchi, *B. N.*

polytric [pɔlitrik] n. m. Mousse commune dans les bois, pouvant atteindre 10 cm de haut.

polyurie [pɔliyri] n. f. (gr. *polus,* nombreux, et *ouron,* urine). Emission exagérée d'urine : *la polyurie accompagne souvent le diabète.*

polyurique adj. Qui tient à la polyurie. ‖ — Adj. et n. Atteint de polyurie.

polyvalent [pɔlivalɑ̃], **e** [-ɑ̃t] adj. et n. m. Qui est efficace dans plusieurs cas différents. ‖ *Chim.* Syn. de PLURIVALENT. ‖ Se dit d'un contrôleur du fisc compétent en matière d'impôts mis en recouvrement par plusieurs administrations.

pomacentre n. m. Poisson osseux des mers chaudes.

Pomaré, nom d'une dynastie qui régna à Tahiti à partir de 1793. — La reine POMARÉ IV (1813-1877) accepta en 1847 le protectorat de la France, après l'avoir vivement combattue. — Le dernier roi de ce nom, POMARÉ V (1842-1891), abdiqua en juin 1880.

Pombal (Sebastião JOSÉ DE CARVALHO E MELO, *marquis* DE), homme politique portugais, né à Lisbonne (1699-1782). En 1750, il devint le principal ministre de Joseph Iᵉʳ; il appliqua au gouvernement du pays les principes du despotisme éclairé. Il entreprit de grands travaux (reconstruction de Lisbonne après le tremblement de terre de 1755), développa l'économie nationale, mit un frein à l'influence de l'Eglise et des jésuites, qu'il finit par faire expulser (1759). A la mort de Joseph Iᵉʳ, il dut démissionner (1777).

Poméranie, anc. principauté située en bordure de la Baltique et dont les limites ont varié au cours de l'histoire. D'abord occupé par les Polonais, le pays passa sous la vassalité des margraves de Brandebourg, qui contribuèrent à sa germanisation. En 1648, les traités de Westphalie attribuèrent la Poméranie occidentale et les bouches de l'Oder à la Suède et la Poméranie orientale au Brandebourg. Au congrès de Vienne, la Poméranie suédoise fut abandonnée à la Prusse. Le tracé consécutif à la fin de la Seconde Guerre mondiale a attribué la majeure partie de la Poméranie à la Pologne.

Poméranie (Nouvelle-), anc. nom de la *Nouvelle-Bretagne**.

Pomérélie, région côtière de la Baltique (*Petite Poméranie*), polonaise depuis 1945.

Pomerol (33500 Libourne), comm. de la Gironde (arr. de Libourne); 1 116 h. (113 aggl.). Vins.

pomiculteur [pɔmikyltœr] n. m. (lat. *pomum,* fruit, et *cultor,* cultivateur). Celui qui cultive les arbres produisant des fruits à pépins.

pommade [pɔmad] n. f. (ital. *pomata*). Composition molle, formée d'un excipient (corps gras ou substance synthétique) et de médicaments ou de parfums, utilisée en médecine pour un traitement externe ou dont on s'enduit les cheveux. ● *Passer de la pommade à quelqu'un* (Fam.), le flatter.

pommader v. t. Enduire de pommade.

pommard [pɔmar] n. m. Vin de Bourgogne très estimé.

Pommard (21630), comm. de la Côte-d'Or (arr. de Beaune); 840 h. Vins rouges.

pomme [pɔm] n. f. (lat. *pomum,* fruit). Fruit comestible du pommier, dont on connaît plus de 10 000 variétés (reinette, api, calville, fenouillet), que l'on consomme fraîches ou en compotes, gelées, beignets, et dont le jus fermenté fournit le cidre. (V. illustr. FRUITS.) ‖ Ornement, objet en forme de pomme : *pomme d'une canne.* ‖ *Mar.* Petite pièce de bois sphérique, à l'extrémité d'un mât. ● *Pomme d'Adam* (Anat.), nom usuel de la saillie qui se trouve à la partie antérieure du cou de l'homme, et qui est formée par le cartilage thyroïde. ‖ *Pomme d'amour,* autre nom de la *tomate.* ‖ *Pomme d'arrosoir,* renflement

Phot. Dominique Darbois, Lauros-Giraudon.

percé de petits trous, qui termine le tuyau d'un arrosoir. ‖ *Pomme de pin,* fruit du pin, formé d'écailles lignifiées, entre lesquelles se trouvent les graines. ‖ *Pomme de terre,* plante originaire de l'Amérique du Sud, à tubercules alimentaires riches en amidon, de la famille des solanacées. (La pomme de terre fut introduite en Europe dès 1550, mais son usage ne devint général en France qu'au XVIIIe s., sous l'influence de Parmentier. Parmi les nombreuses variétés de pommes de terre, certaines sont cultivées pour l'alimentation humaine, d'autres, après cuisson, servent à l'alimentation du bétail, d'autres enfin sont utilisées par l'industrie [fabrication de la fécule].) ‖ *Tomber dans les pommes* (Pop.), s'évanouir.

pommé, e adj. Arrondi comme une pomme : *chou pommé.* ‖ *Fam.* Achevé, complet : *sottise pommée.*

pommeau [pɔmo] n. m. (de l'ancien fr. *pom,* poignée d'épée). Petite boule au bout de la poignée d'une épée, d'un sabre. ‖ Extrémité renflée du fût d'un pistolet. ‖ Partie renflée à l'avant de la selle.

pommelé [pɔmle], **e** adj. Marqué de taches rondes, mêlées de gris et de blanc : *cheval pommelé.* ‖ Marqué de petits nuages blancs ou grisâtres, de forme arrondie : *ciel pommelé.*

pommeler (se) v. pr. (conj. **3**). En parlant du ciel, se couvrir de petits nuages blancs ou grisâtres.

pommelle [pɔmɛl] n. f. Plaque percée de trous et placée à l'entrée d'une conduite pour empêcher les ordures de passer.

pommer v. i. Se former en pomme, en parlant des choux, des laitues, etc.

pommeraie [pɔmrɛ] n. f. Lieu planté de pommiers : *les pommeraies normandes.*

pommeté, e adj. *Blas.* Se dit de certaines pièces ou de certains meubles héraldiques terminés en forme de pommette.

pommette n. f. Partie la plus saillante de la joue, au-dessous de l'œil. ‖ Ornement de métal, de bois, etc., en forme de petite pomme.

pommier n. m. Genre d'arbres de la famille des rosacées, dont le fruit, ou *pomme,* est une drupe à pépins, comestible.

pomœrium [pomerjɔm] n. m. (mot lat.). Emplacement réservé au culte, autour des villes romaines, sur lequel étaient prohibées les constructions et les cultures.

pomologie [pɔmɔlɔʒi] n. f. (lat. *pomum,* fruit, et gr. *logos,* science). Partie de l'arboriculture qui s'occupe des fruits à pépins.

pomologique adj. Relatif à la pomologie.

pomologue ou **pomologiste** n. Personne qui s'occupe de pomologie.

Pomone, divinité romaine des Fruits et des Jardins.

Pomotus, nom des habitants des îles Tuamotu.

pompadour [pɔ̃padur] n. m. Style d'ameublement, de décoration, de la fin du règne de Louis XV.

Pompadour (Antoinette POISSON, *marquise* DE), favorite de Louis XV, née à Paris (1721-1764). Fille d'un financier, elle épousa un fermier général, d'Etioles (1741). Remarquée par Louis XV, elle fut, de 1745 à 1751, la maîtresse déclarée du roi, qui la fit marquise de Pompadour. Elle sut conserver l'amitié du roi et jouer un rôle politique non négligeable : elle soutint notamment Bernis et Choiseul. Elle fut surtout une protectrice éclairée des arts et des lettres; elle put ainsi atténuer les coups portés contre l'*Encyclopédie.*

pompage n. m. Action de pomper : *station de pompage.*

pompe [pɔ̃p] n. f. (lat. *pompa*). Cérémonial magnifique, somptueux : *la pompe d'un couronnement; en grande pompe.* ‖ — Pl. *Relig.* Plaisirs faux et frivoles : *renoncer au monde et à ses pompes.* ● *Service des pompes funèbres,* service assurant le transport des corps et la décoration de la demeure mortuaire et des édifices cultuels.

pompe n. f. (ital. *pompa*). Appareil pour aspirer, refouler ou comprimer les fluides. (V. *encycl.*) ● *A toute pompe* (Pop.), très rapidement. ‖ *Coup de pompe,* fatigue subite. ‖ *Pompe aspirante,* pompe où le liquide monte dans le corps de pompe par l'effet de la pression atmosphérique, lorsque le piston s'élève. ‖ *Pompe aspirante et foulante,* pompe dans laquelle le liquide, d'abord aspiré dans le corps de pompe par l'ascension du piston, est ensuite refoulé par celui-ci dans un tuyau latéral. ‖ *Pompe à incendie,* pompe pour éteindre le feu au moyen d'un jet d'eau continu. ‖ *Pompe d'injection,* pompe qui, dans un moteur à combustion interne, remplace le carburateur et introduit directement le combustible sous pression dans les cylindres. ‖ *Pompe à pneumatique,* petite pompe à air destinée à gonfler les chambres à air des pneus. ‖ *Serrure à pompe,* serrure de sûreté dans laquelle la clef doit pousser un ou plusieurs ressorts pour pouvoir ouvrir.
— ENCYCL. Dans une *pompe,* on dépense de l'énergie mécanique pour déplacer un fluide dans une tuyauterie, en général pour l'élever à un niveau supérieur à celui qu'il occupe. Les *pompes à piston à mouvement rectiligne alternatif* sont utilisées pour les petits débits et les hautes pressions. Les *pompes rotatives* possèdent un corps séparé en deux parties, de capacité rendue variable par le déplacement de ces organes qui produisent l'aspiration et le refoulement. La vitesse de rotation est indépendante de la hauteur de refoulement et n'influe que sur le débit. Les *pompes centrifuges* se composent d'une roue tournant à l'intérieur d'une bâche et qui communique à l'eau une certaine vitesse, dont l'énergie cinétique

développement des tubercules de **pommes de terre** dans le sol

pommier

est transformée en énergie potentielle dans le diffuseur de raccordement à la conduite de refoulement. La *pompe à chaleur,* ou *thermopompe,* est l'inverse d'un moteur thermique qui transforme en énergie mécanique la chaleur fournie par un combustible.

Pompée, en lat. **Cneius Pompeius Magnus,** général et homme d'Etat romain (106-48 av. J.-C.). Issu d'une famille aristocratique, il soutient Sulla contre Marius; en 79, le dictateur lui octroie le titre d'« imperator » et le surnom de *Magnus.* Gouverneur d'Espagne après la mort de Sulla (77-71), Pompée met fin au soulèvement de Sertorius, puis écrase les derniers survivants de la révolte de Spartacus. Consul avec Crassus (70), il se rend populaire en éliminant les pirates de Méditerranée (67) et surtout en battant en Orient Mithridate (66-63). Il réorganise alors l'Asie romaine et crée des Etats vassaux, notamment l'Arménie et la Cappadoce.
Avec Crassus et César, il forme le premier « triumvirat » (à partir de 60) : les trois hommes s'étant partagé le monde, Pompée reste maître de Rome. Consul unique (52), il atteint alors le sommet de sa popularité. Il rétablit l'ordre, mais semble se soumettre au sénat, qui, enhardi, accule César à franchir le Rubicon (50). Il attire César loin de ses bases gauloises, mais il est battu par lui à Pharsale (48). Il s'enfuit alors en Egypte, où il est assassiné par des hommes à la solde du roi Ptolémée. — Son fils SEXTUS POMPEIUS MAGNUS (75-35 av. J.-C.), proscrit par le second « triumvirat » (Octavien, Antoine, Lépide), se rendit maître des îles méditerranéennes. Mais, battu par Agrippa à Nauloque (36), il mourut assassiné par un officier d'Antoine.

Pompée (*la Mort de*). V. MORT DE POMPÉE (*la*).

Pompéi, v. anc. de Campanie, au pied du Vésuve, près de Naples. Lieu de plaisance pour les riches Romains, Pompéi fut ensevelie, lors de l'éruption de 79, sous des couches superposées de cendres et de lave. Les fouilles, commencées au XVIIIe s., ont permis de mettre au jour les deux tiers de la ville. Ce déblaiement fournit une foule de renseignements du plus haut intérêt sur la construction des maisons romaines et sur la vie des Anciens. Pompéi demeure la plus saisissante évocation de l'Antiquité. Ses peintures murales sont célèbres.

marquise de **Pompadour**, par La Tour, *Louvre*

Georges **Pompidou**

pompéien [pɔ̃pejɛ̃], **enne** [-ɛn] adj. et n. De Pompéi. ‖ — N. Partisan, soldat de Pompée. ‖ — Adj. Inspiré du style antique de Pompéi : *décor pompéien.*

pomper v. t. Puiser de l'eau ou aspirer un fluide avec une pompe. ‖ Attirer : *le soleil pompe les eaux.* ‖ — *Pop.* Boire copieusement. ‖ Fatiguer, épuiser. ‖ *Arg. scol.* Copier.

pompette [pɔ̃pɛt] adj. *Fam.* Un peu ivre.

pompeusement adv. Avec pompe.

pompeux, euse adj. Où il y a de la pompe : *entrée pompeuse.* ● *Style pompeux,* style emphatique et exagéré.

Pompey [-pɛ] (54340), ch.-l. de c. de Meurthe-et-Moselle (arr. de Nancy); 6 369 h. Sidérurgie.

Pompidou (Georges), homme politique français, né à Montboudif (Cantal) [1911-1974]. Ancien élève de l'Ecole normale supérieure, agrégé des lettres, il fut directeur général à la banque Rothschild avant de diriger le cabinet du général de Gaulle (1958-1959); ce dernier le désigna comme Premier ministre en 1962, fonction qu'il

Pompée
palais Spada, Rome

Pompéi
maison du Faune

Phot. Boyer, Giraudon, A. F. P., Fiando, Anderson-Giraudon, Georges Viollon.

occupa jusqu'en 1968. Elu président de la République en juin 1969, il constitua un gouvernement dont le Premier ministre fut J. Chaban-Delmas. En 1972, puis en 1973, il forma de nouveaux gouvernements avec P. Messmer.

pompier [pɔ̃pje] n. m. Homme appartenant à un corps organisé pour combattre les incendies et les sinistres. (Syn. SAPEUR-POMPIER.) [V. *encycl.*] ‖ Ouvrier tailleur chargé des retouches. ‖ — Adj. *Fam.* Banal, emphatique, conventionnel : *style pompier.*
— ENCYCL. Dans les départements, les *sapeurs-pompiers,* volontaires ou professionnels, dépendent des inspecteurs départementaux des services d'incendie et de secours, placés par le ministère de l'Intérieur auprès des préfets. A Paris, le corps des sapeurs-pompiers, créé en 1716, fait partie de l'armée depuis 1811. Rattaché à l'arme du génie en 1965, le régiment a été transformé en 1967 en une brigade commandée par un général. Cette brigade des sapeurs-pompiers de Paris, articulée en trois groupements et mise à la disposition du préfet de police, a vu sa compétence étendue aux trois nouveaux départements des Hauts-de-Seine, de la Seine-Saint-Denis et du Val-de-Marne. A Marseille, un corps de *marins-pompiers,* militaire, a été créé en 1938.

pompiérisme n. m. Art académique et emphatique.

Pompignan (Jean-Jacques LEFRANC, *marquis* DE), poète français, né à Montauban (1709-1784). Auteur d'une tragédie (*Didon,* 1734), de traductions des psaumes de David, puis des prophéties et cantiques, il composa des *Odes chrétiennes et philosophiques* (1771) et s'attira l'hostilité de Voltaire pour avoir attaqué les philosophes dans son discours de réception à l'Académie française.

pompile [pɔ̃pil] n. m. Insecte de l'ordre des hyménoptères, à abdomen rouge et noir, qui chasse les araignées.

pompiste n. m. Ouvrier spécialisé dans la manœuvre ou la surveillance d'une pompe. ‖ Personne exploitant une station-service. ‖ — Adj. : *femme pompiste.*

pompon [pɔ̃pɔ̃] n. m. Petite houppe de soie, de laine, etc., qui sert d'ornement dans le costume et le mobilier. ● *Avoir le pompon* (Fam.), l'emporter sur les autres. ‖ *Avoir son pompon* (Fam.), être légèrement gris. ‖ — Adj. *Rose pompon,* variété de rose à petite fleur.

Pompon (François), sculpteur français, né à Saulieu (1855-1933). Il travailla longtemps comme praticien de Rodin et ne connut ses premiers succès qu'en 1922, lorsqu'il exposa son *Ours blanc* au Salon d'automne. Ayant commencé par des bustes, il s'était mis à sculpter des animaux à partir de 1905. Il joignit à la finesse de l'observation le sens de l'harmonie des formes, sacrifiant les détails au bénéfice de l'ensemble. Il est largement représenté au musée des Beaux-Arts de Dijon et au musée national d'Art moderne à Paris.

Pomponius (Sextus), jurisconsulte romain du IIe s. apr. J.-C., souvent cité dans le *Digeste.*

Pomponne (Simon ARNAULD, *marquis* DE), homme politique français, né à Paris (1618-1699). Ministre des Affaires étrangères à partir de 1672, il dirigea la diplomatie française jusqu'en 1679.

pomponner v. t. Orner de pompons : *pomponner une coiffure.* ‖ Parer avec soin : *pomponner une mariée.* ‖ **— Se pomponner** v. pr. S'habiller avec soin.

ponant [pɔnɑ̃] n. m. (lat. *sol ponens,* soleil couchant). Syn. de OCCIDENT.

ponçage n. m. Action de poncer.

ponce [pɔ̃s] n. f. (lat. *pomex*). Roche volcanique poreuse, légère, très dure, dont on se sert pour polir. ‖ — Adj. : *pierre ponce.*

Ponce, v. de Porto Rico ; 156 500 h.

ponceau n. m. Ouvrage voûté construit sur des ruisseaux pour le franchissement de ravins étroits ou pour l'écoulement des eaux superficielles.

ponceau [pɔ̃so] n. m. (de *paon*). Pavot sauvage, coquelicot. ‖ — Adj. inv. D'une couleur rouge qui rappelle celle du coquelicot : *des rubans ponceau.*

Poncelet (Jean Victor), mathématicien et général français, né à Metz (1788-1867). Il est considéré comme le véritable créateur de la géométrie projective, ou étude des propriétés géométriques se conservant par projection centrale ou perspective. Ses méthodes de base sont l'emploi généralisé de la perspective et des sections planes, l'étude de diverses transformations géométriques et l'introduction systématique des éléments à l'infini avec l'étude des éléments imaginaires, qui lui permit de définir la notion des points cycliques, ainsi que la notion de la courbe ombilicale.

poncer [pɔ̃se] v. t. (conj. **1**). Polir, rendre uni avec la pierre ponce : *poncer du cuir.* ● *Poncer un dessin,* le calquer avec une poudre colorante sur un papier, une toile, etc.

ponceuse n. f. Machine à polir.

ponceux, euse adj. De la nature de la ponce : *tuf ponceux.*

poncho [pɔ̃ʃo *ou* pɔntʃo] n. m. (mot esp.). Manteau de l'Amérique du Sud, fait d'une couverture ayant un trou au milieu pour y passer la tête.

poncif [pɔ̃sif] n. m. (de *ponce*). Dessin piqué de trous, sur lequel on passe une poudre colorante pour le reproduire sur un autre papier (vx). ‖ *Bx-arts* et *Littér.* Travail banal, conventionnel ; formule sans originalité.

Poncin (01450), ch.-l. de c. de l'Ain (arr. de Nantua), sur l'Ain ; 1 333 h. (689 aggl.) [*Poncinois*]. Château (XIVe-XVIIe s.).

ponction [pɔ̃ksjɔ̃] n. f. (lat. *punctio,* piqûre). Opération chirurgicale qui consiste à piquer une cavité remplie d'un liquide pour la vider ou y faire un prélèvement. (V. *encycl.*) ‖ *Fig.* Action de prélever de l'argent : *ponction faite au budget.*
— ENCYCL. Les *ponctions* sont utilisées pour explorer une cavité ou pour évacuer le liquide qu'elle contient. Les ponctions de plèvre ou de péricarde se pratiquent à l'aide d'une fine aiguille creuse, et les ponctions d'ascite avec un trocart. La ponction lombaire consiste à introduire une longue aiguille entre les vertèbres lombaires (entre la quatrième et la cinquième) pour pénétrer dans le canal rachidien. Des substances médicamenteuses peuvent être introduites dans les diverses cavités ponctionnées par l'intermédiaire de l'aiguille mise en place.

ponctionner v. t. Opérer une ponction : *ponctionner une pleurésie.*

ponctualité [pɔ̃ktɥalite] n. f. Qualité de ce qui est exact : *arriver à son travail avec ponctualité.* (Syn. : EXACTITUDE, RÉGULARITÉ.)

ponctuation [pɔ̃ktɥasjɔ̃] n. f. Art, manière de ponctuer.

Signes de ponctuation.

La *ponctuation* est destinée à mettre de la clarté en indiquant, par des signes, les rapports qui existent entre les parties constitutives du discours en général et de chaque phrase en particulier.
La ponctuation marque aussi les pauses que l'on doit faire en lisant.
Il y a six principaux signes de ponctuation : la *virgule,* le *point-virgule,* les *deux points,* le *point,* le *point d'interrogation* et le *point d'exclamation.*
La **virgule** indique une petite pause et s'emploie :
1° Pour séparer les parties semblables d'une même phrase, c'est-à-dire les noms, les adjectifs, les verbes, etc., qui ne sont pas unies par les conjonctions *et, ou, ni : Un homme doux, patient et charitable ;*
2° Avant et après toute réunion de mots que l'on peut retrancher sans changer le sens de la phrase : *Un ami, don du ciel, est un trésor précieux ;*
3° Après les mots mis en apostrophe : *Mes enfants, aimez-vous les uns les autres ;*
4° Pour séparer soit deux propositions de même nature, soit une principale d'une subordonnée jouant le rôle d'un complément circonstanciel : *Qu'il vente, qu'il pleuve, je sors quand même.*
Le **point-virgule** indique une pause moyenne et s'emploie pour séparer les parties semblables d'une même phrase, surtout celles qui sont déjà subdivisées par la virgule : *Fais bien, tu auras des envieux ; fais mieux, tu les confondras.*
Les **deux points** s'emploient :
1° Après un membre de phrase qui annonce une citation : *Personne ne peut dire : je suis parfaitement heureux ;*
2° Avant une phrase qui développe celle qui précède : *Laissez dire les sots : le savoir a son prix ;*
3° Avant ou après une énumération, suivant que celle-ci termine ou commence la phrase : *Voici notre histoire en trois mots : naître, souffrir, mourir. Naître, souffrir, mourir : voilà notre histoire en trois mots.*
Le **point** indique une longue pause et s'emploie après une phrase entièrement terminée, autrement dit, lorsqu'une idée est complètement développée : *J'ai prêté un livre à Pierre.*
Le **point d'interrogation** s'emploie à la fin de toute phrase qui exprime une interrogation directe : *Que dites-vous ? Où allons-nous ?*
Le **point d'exclamation** s'emploie après les interjections et à la fin des phrases qui marquent la joie, la surprise, la douleur, etc. : *Bravo ! c'est très bien ! Vous oseriez renier votre parole !*
Outre ces six signes de ponctuation, on en distingue quatre autres, qui s'emploient dans des circonstances particulières. Ce sont : les *points de suspension,* la *parenthèse,* les *guillemets* et le *tiret.*
Les **points de suspension** indiquent une interruption, une réticence, une citation inachevée : *Quant à vous..., mais je vous le dirai demain.*
La **parenthèse** sert à isoler, au milieu d'une phrase, des mots qui ne sont pas nécessaires pour le sens général et qu'on y a insérés pour rappeler incidemment une pensée tout à fait secondaire : *La peste (puisqu'il faut l'appeler par son nom) [...] Faisait aux animaux la guerre.*
Les **guillemets** se mettent au commencement et à la fin d'une citation, et quelquefois même au commencement de chaque ligne des citations : *A Ivry, Henri IV dit à ses soldats : « Ne perdez point de vue mon panache blanc ; vous le trouverez toujours au chemin de l'honneur. »*
Le **tiret** marque le changement d'interlocuteur dans le dialogue et remplace les mots *dit-il, répondit-il,* etc. : *Qu'est-ce là ? lui dit-il. — Rien. Quoi rien ? — Peu de chose.*
On emploie aussi le tiret pour remplacer la parenthèse.

prince **Poniatowski,** par Vauchelet
musée de Versailles

ponctué, e adj. Où l'on a marqué les signes de ponctuation : *page mal ponctuée.* ‖ Composé d'une suite de points : *ligne ponctuée.* ‖ Semé de taches en forme de points : *plumage ponctué.*

ponctuel [pɔ̃ktɥɛl], **elle** adj. (du lat. *punctum,* point). Exact : *un écolier ponctuel.* ‖ Constitué par un point : *image ponctuelle.* ● *Action ponctuelle,* celle qui ne concerne qu'un détail, qu'un objectif isolé : *la destruction de ce pont a constitué une action ponctuelle pour les francs-tireurs.* ‖ *Cathode ponctuelle,* dans un tube cathodique, cathode dont la surface émissive est réduite au minimum, en vue d'améliorer la concentration du spot.

ponctuellement adv. Avec ponctualité : *répondre ponctuellement aux lettres.*

ponctuer v. t. Marquer, en écrivant, les signes de ponctuation (points, virgules, etc.). ‖ *Fig.* Marquer, accentuer : *ponctuer chaque mot d'un geste.*

pondaison n. f. Action de pondre. ‖ Epoque de la ponte des oiseaux.

pondérable adj. (du lat. *pondus, ponderis,* poids). Qui peut être pesé ; qui a une masse : *fluide pondérable.*

pondéral, e, aux adj. Relatif au poids.

pondérateur, trice adj. Qui pondère : *pouvoir pondérateur.*

pondération n. f. Juste équilibre de forces, de tendances, agissant en sens contraire. ‖ Procédé d'élaboration d'un indice des prix qui donne à chacun des éléments pris en considération une place proportionnelle à son importance réelle. ‖ *Fig.* Caractère d'une personne bien équilibrée, calme : *agir avec pondération.* (Syn. : PLACIDITÉ, SÉRÉNITÉ, TRANQUILLITÉ. — Contr. : AGITATION, DÉSÉQUILIBRE, FÉBRILITÉ, NERVOSITÉ.) ● *Pondération des pouvoirs,* équilibre recherché entre les différents pouvoirs d'un gouvernement constitutionnel.

pondéré, e adj. Equilibré, réfléchi : *esprit pondéré.*

pondérer [pɔ̃dere] v. t. (du lat. *pondus, ponderis,* poids) [conj. **5**]. Equilibrer par des actions contraires. ‖ Modifier la valeur de certaines grandeurs.

pondéreux, euse adj. Très lourd : *transporter par eau des produits pondéreux.*

pondéreux n. m. Matériau particulièrement dense, pesant plus d'une tonne au mètre cube.

pondeur, euse adj. et n. Qui pond souvent. ‖ *Fam.* Qui produit beaucoup : *un infatigable pondeur de prose.*

Pondichéry ou **Pondicherry,** v. de l'Inde, anc. ch.-l. de l'Inde française, sur la côte de Coromandel ; 40 400 h. Textiles. — Le *territoire de Pondichéry* a 412 000 h.

pondoir n. m. Endroit disposé pour la ponte des volailles.

pondre [pɔ̃dr] v. t. (lat. *ponere,* poser) [conj. **46**]. Faire des œufs : *les animaux qui pondent sont dits « ovipares ».* ‖ *Fam.* Produire : *pondre des poèmes.*

poney [pɔnɛ] n. m. (angl. *pony*). Petit cheval à long poil. ‖ Petit cheval quelconque. (On dit parfois, au fém., PONETTE.)

pongé [pɔ̃ʒe] n. m. (angl. *pongee*). Taffetas léger, fait de soie et de schappe.

pongiste n. Joueur, joueuse de Ping-Pong.

Poniatowski (Stanisław, *comte*), homme politique polonais, né à Debrecen (1676-1762). Auguste III fit de lui le gouverneur de Cracovie. De son mariage avec la princesse Czartoryska, il eut plusieurs enfants, dont le roi Stanislas II-Auguste Poniatowski. — JOSEPH, prince **Poniatowski,** fils de ce dernier, né à Vienne (1763-1813), défendit Varsovie contre les Prussiens (1794). Il s'exila ensuite en France ; ministre de la Guerre du grand-duché de Varsovie, il commanda victorieusement l'armée polonaise contre les Autrichiens (1809). En 1813, après Leipzig, Napoléon venait de le nommer maréchal quand il se noya dans l'Elster en protégeant la retraite française.

Pons [pɔ̃] (17800), ch.-l. de c. de la Charente-Maritime (arr. de Saintes) ; 5 240 h. (3 880 aggl.) [*Pontois*]. Eglise romane. Donjon du XIIe s.

Ponsard (François), écrivain français, né à Vienne (Isère) [1814-1867]. Le succès de sa tragédie de *Lucrèce* (1843) marqua une réaction contre le drame romantique et un retour aux thèmes classiques. (Acad. fr.)

Ponson du Terrail (Pierre Alexis, *vicomte*), écrivain français, né à Montmaur, près de Grenoble (1829-1871). Pendant vingt ans, il fournit les journaux de feuilletons très populaires (*les Exploits de Rocambole,* 1859).

pont [pɔ̃] n. m. (lat. *pons, pontis*). Ouvrage destiné à mettre en communication deux points séparés par un obstacle ou à permettre le passage sans croisement à niveau de deux courants de circulation. (V. *encycl.*) ‖ Plancher fermant par en haut la cavité de la coque d'un bateau. ‖ Acrobatie au sol, le corps arqué en arrière,

Phot. Neurdein-Giraudon.

PONTS types	mode de travail principal des éléments de résistance principaux	mode de travail d'ensemble en fonction des liaisons	matériaux employés fonte	acier	maçonnerie	béton non armé	béton armé	béton précontraint	construction mixte	mode de répartition des charges sur les éléments de résistance principaux
PONTS EN ARCS  **pont de Serrières**	COMPRESSION. — Les éléments de résistance principaux sont des *arcs rigides,* dont la fibre moyenne est aussi voisine que possible du funiculaire des forces dues au poids de l'ouvrage et aux charges fixes ou mobiles qu'il supporte. Toutefois, dans les arcs encastrés, il apparaît fréquemment des tractions aux naissances dans l'extrados (fibre extérieure) et à la clef dans l'intrados (fibre intérieure).	• *Complètement hyperstatique* (arcs encastrés). — Aux retombées, les arcs sont solidaires des appuis, et ceux-ci doivent résister aux moments d'encastrement.	*	*	*	*	*	*		1° Blocage en maçonnerie ou béton maigre remplissant tout le volume entre l'arc et la voie supportée. 2° Tablier en béton ou voûtains en briques ou en maçonnerie s'appuyant sur les tympans et sur des voiles longitudinaux. Les voûtains exercent des poussées que des tirants reprennent. 3° Tablier comportant des entretoises et des longerons à l'intersection desquels des poteaux reprennent les charges pour les transmettre aux arcs.
		• *Plus ou moins hyperstatique* (arcs à une ou deux articulations). — Les articulations sont soit réelles et métalliques, soit virtuelles et en béton très fortement armé travaillant à un taux de compression élevé.	*	*			*	*		
		• *Isostatique* (arc à trois articulations).	*	*			*	*		
PONTS SUSPENDUS  **nouveau pont suspendu de Bordeaux**	TRACTION. — Les éléments de résistance principaux sont des *câbles,* dont la tension assure automatiquement la mise en concordance de la fibre moyenne avec le funiculaire des charges, qu'elles soient fixes ou variables. Les câbles reportent sur des pylônes comprimés l'ensemble (pont à haubans) ou une partie (pont à câbles porteurs principaux) des efforts qui leur sont appliqués.	• *Isostatique* (pont suspendu sans poutre de rigidité). — La voie est constituée par un tablier mince et souple simplement porté par des entretoises. Ce type d'ouvrage, très sensible au vent, n'est plus construit.		*						Entretoises et suspentes. Les suspentes, réglables en longueur, sont articulées sur les entretoises et sur des manchons enserrant les câbles. 1° *Poutre de rigidité et suspentes* (pont à câbles porteurs principaux). Le câble est, de préférence, fixé à la poutre de rigidité dans la partie centrale. 2° *Poutre de rigidité et haubans* (pont à haubans). Les haubans peuvent être ou non ancrés aux pylônes.
		• *Hyperstatique* (pont suspendu à poutre de rigidité). — La voie est portée par une poutre relativement épaisse et rigide qui répartit l'effet des charges concentrées sur une grande longueur des câbles et résiste bien au vent transversal.		*			peuvent être utilisés	pour la poutre	de rigidité	
PONTS A POUTRES  **pont du Bès**	FLEXION. — Les éléments de résistance principaux sont les *poutres principales,* qui sont fléchies : dans une même section verticale, une membrure travaille en traction et l'autre en compression. Dans une travée droite sur appuis simples, la membrure supérieure est comprimée et la membrure inférieure tendue. Dans une poutre continue sur appuis multiples, cette situation s'inverse au voisinage des appuis.	• *Isostatique.* *a)* Travées indépendantes. — Les moments sont maximaux au centre et nuls aux appuis.		*			*	*	*	1° Tablier sur longerons et entretoises. Les charges, concentrées ou réparties, sont reportées par des longerons (longitudinaux) sur des entretoises (transversales) et, par celles-ci, sur les poutres principales. 2° Dalle de répartition. Utilisée uniquement avec des poutres sous voie, elle est presque toujours en béton armé ou en construction mixte (dalle orthotrope).
		b) Cantilever (poutre droite sur deux appuis avec console de part et d'autre, et élément de poutre reposant sur deux consoles encadrantes). — Les moments, positifs au centre, sont négatifs sur les appuis et dans les consoles, aux extrémités desquelles ils s'annulent.		*			*	*	*	
		• *Hyperstatique* (travées continues). — Les moments sont positifs au centre des travées et négatifs sur les appuis.		*			*	*	*	
PONTS-DALLES  **pont-dalle en béton précontraint**	FLEXION. — La dalle peut être considérée comme un ensemble de poutres juxtaposées ou même parfois entrecroisées selon la forme des appuis. On l'emploie surtout quand les dimensions transversales de l'ouvrage sont importantes par rapport aux dimensions longitudinales, ou quand les appuis ont des formes complexes.	• *Isostatique.* — Ce n'est le cas que lorsque les formes sont simples (dalle de couverture d'une tranchée, par exemple).					*	*		Dans un pont-dalle, les efforts dus à une charge concentrée sont reportés simultanément dans différentes directions, par suite de l'homogénéité de la structure, ou tout au moins de la solidarité introduite par les éléments résistants selon une direction déterminée entre ceux qui correspondent à une autre direction. L'ouvrage constitue à la fois l'élément de résistance et l'élément de répartition des charges qui sont reportées sur les appuis par l'ensemble.
		• *Hyperstatique* (cas général). — Bien que presque toujours les appuis soient libres (sauf dans les ouvrages en portique ou ponts-cadres), le mode de travail en un point donné ne peut être déterminé que par le calcul des déformations.					*	*	poutrelles enrobées	

Phot. Antonin, Le Collen, Boigontier, ministère des Travaux publics.

reposant sur les pieds et sur les mains. || *Mus.* Phrase musicale qui marque la transition entre deux thèmes, notamment dans l'allégro de sonate. ● *Couper les ponts* (Fig.), rompre avec quelqu'un. || *Faire le pont,* chômer un jour ouvrable placé entre deux jours fériés. || *Pantalon à pont,* pantalon comportant par-devant un pan d'étoffe qui se rabat et masque l'ouverture. || *Pont aérien,* liaison aérienne au-dessus d'une zone dans laquelle les communications terrestres ou maritimes sont trop lentes ou impossibles. || *Pont aux ânes,* difficulté qui n'arrête que les ignorants. || *Pont arrière,* sur une automobile, ensemble constitué par un essieu et des organes de transmission du mouvement du moteur aux roues. (V. illustr. AUTOMOBILE.) || *Ponts et chaussées,* partie de l'Administration qui règle les questions concernant les routes, les ponts et les canaux. || *Pont élévateur,* appareil permettant le graissage d'une automobile à hauteur d'homme. || *Pont d'envol,* partie supérieure d'un bâtiment de guerre, constituant la piste de décollage et d'atterrissage des aéronefs. || *Pont roulant,* appareil de levage à champ d'action parallélépipédique. || *Pont tournant,* pont pivotant autour d'un axe vertical.
— ENCYCL. De tout temps, les armées ont été amenées à franchir le plus rapidement possible les obstacles formés par les cours d'eau et à utiliser des *ponts militaires* de circonstance flottants ou fixes. De nos jours, les matériels utilisés à cet effet, principalement par le génie, sont très variés et adaptés aux différents types de ponts à établir : *ponts de bateaux* ou *ponts volants,* constitués de bateaux utilisés comme bac ; *ponts suspendus,* construits surtout outre-mer ; *ponts immergés,* dont le tablier placé sous l'eau est difficilement repérable ; *ponts-routes* pour les chars et *ponts-rails,* construits avec des éléments métalliques préfabriqués ; *ponts d'assaut automoteurs* du type Gillois ; etc.

Pont, anc. royaume du nord-est de l'Asie Mineure, sur le Pont-Euxin. Proclamé indépendant des Perses en 301 av. J.-C., il fut très puissant sous Mithridate VI, connu par ses luttes contre les Romains, qui s'emparèrent du pays en 63 apr. J.-C.

Pontacq (64530), ch.-l. de c. des Pyrénées-Atlantiques (arr. de Pau) ; 2 402 h.

Ponta Delgada, port et ville principale des Açores, dans l'île de São Miguel ; 22 300 h.

Pontailler-sur-Saône (21270), ch.-l. de c. de la Côte-d'Or (arr. de Dijon) ; 1 119 h.

Pont-à-Marcq (59710), ch.-l. de c. du Nord (arr. de Lille), sur la *Marcq ;* 1 486 h. Produits photographiques.

Pont-à-Mousson (54700), ch.-l. de c. de Meurthe-et-Moselle (arr. de Nancy) ; 13 628 h. (*Mussipontains*). Sidérurgie. Tuyaux.

Pontano, en lat. **Pontanus** (Giovanni ou Gioviano), homme d'Etat et humaniste italien, né à Cerreto (Ombrie) [1426-1503].

Pontarion (23250), ch.-l. de c. de la Creuse (arr. de Guéret) ; 419 h.

Pontarlier (25300), ch.-l. d'arr. du Doubs, sur le Doubs ; 17 282 h. (*Pontissaliens*). Industries alimentaires. Constructions mécaniques. Horlogerie. — L'arr. a 5 cant., 88 comm., 55 837 h.

Pont-Audemer (27500), ch.-l. de c. de l'Eure (arr. de Bernay), sur la Risle ; 9 248 h. (*Pontaudemériens*). Eglise des XIe-XVe s. Industries alimentaires. Produits chimiques.

Pontault-Combault (77340), comm. de Seine-et-Marne (arr. de Melun), dans la Brie ; 9 282 h.

Pontaumur (63380), ch.-l. de c. du Puy-de-Dôme (arr. de Riom) ; 813 h. (594 aggl.).

Pont-aux-Dames, écart de la comm. de Couilly-Pont-aux-Dames (Seine-et-Marne). Maison de retraite des vieux comédiens.

Pont-Aven (29123), ch.-l. de c. du Finistère (Sud) [arr. de Quimper] ; 3 792 h. (2 364 aggl.). Port de pêche. Industries alimentaires. — L'*école de Pont-Aven* réunit autour de Gauguin, qui en fut le maître, et d'Émile Bernard, le théoricien, des peintres comme Maurice Denis, Paul Sérusier, Maxime Maufra et Charles Laval.

Pont-à-Vendin (62115), comm. du Pas-de-Calais (arr. de Lens) ; 3 458 h. Cimenterie.

Pontcharra (38530), comm. de l'Isère (arr. de Grenoble), près du confl. de l'Isère et du Bréda ; 4 240 h. Papeterie. Installation hydro-électrique.

Pontchartrain (Louis PHÉLYPEAUX, *comte* DE), homme politique français, né à Paris (1643-1727), contrôleur général des Finances (1689-1699), secrétaire d'Etat à la Marine et à la Maison du roi (1690-1699), chancelier (1699-1714).

Pontchâteau (44160), ch.-l. de c. de la Loire-Atlantique (arr. de Saint-Nazaire) ; 6 073 h. (3 072 aggl.) [*Pontchâtelais*]. Calvaire. Pèlerinage.

Pont-Croix (29122), ch.-l. de c. du Finistère (Sud) [arr. de Quimper] ; 2 399 h. (1 698 aggl.). Eglise romane.

Pont-d'Ain (01160), ch.-l. de c. de l'Ain (arr. de Bourg-en-Bresse), sur l'Ain ; 1 972 h. (1 535 aggl.).

Pont-de-Beauvoisin (LE) [38480], ch.-l. de c. de l'Isère (arr. de La Tour-du-Pin), sur la rive gauche du Guiers ; 3 266 h. (2 142 aggl.). Manufacture de tabac. Matières plastiques.

Pont-de-Beauvoisin (LE) [73330], ch.-l. de c. de la Savoie (arr. de Chambéry), sur la rive droite du Guiers ; 1 412 h. Tissage de la soie.

Pont-de-Buis-lès-Quimerch [-mɛr] (29117), comm. du Finistère (Sud) [arr. de Châteaulin] ; 4 262 h.

Pont-de-Chéruy (38230), ch.-l. de c. de l'Isère (arr. de Vienne) ; 3 561 h. Métallurgie.

Pont-de-Claix (LE) [38800], comm. de l'Isère (arr. de Grenoble), sur le Drac ; 10 084 h. Chimie.

Pont-de-l'Arche (27340), ch.-l. de c. de l'Eure (arr. des Andelys), sur la Seine ; 2 737 h. Chaussures.

Pont-de-Montvert (LE) [48220], ch.-l. de c. de la Lozère (arr. de Florac) ; 387 h. (216 aggl.).

Pont-de-Roide (25150), ch.-l. de c. du Doubs (arr. de Montbéliard), sur le Doubs ; 5 304 h. (*Rudipontains*). Métallurgie.

Pont-de-Salars (12290), ch.-l. de c. de l'Aveyron (arr. de Rodez) ; 1 496 h. (751 aggl.).

Pont-de-Vaux (01190), ch.-l. de c. de l'Ain (arr. de Bourg-en-Bresse) ; 2 163 h. Jouets.

Pont-de-Veyle (01290), ch.-l. de c. de l'Ain (arr. de Bourg-en-Bresse) ; 1 144 h.

Pont-du-Château (63430), ch.-l. de c. du Puy-de-Dôme (arr. de Clermont-Ferrand), près de l'Allier ; 4 653 h. Bitume.

ponte n. m. Celui des joueurs qui joue contre le banquier. || *Pop.* Personne considérable, surtout sur le plan intellectuel.

ponte n. f. Rejet de l'œuf ou des œufs par l'ovaire des animaux femelles. (V. *encycl.*) || Temps où les animaux pondent. || Quantité d'œufs pondus : *une ponte abondante.*
— ENCYCL. La *ponte* des espèces *ovipares* rejette les œufs à l'extérieur du corps. Tantôt (poissons osseux, oursins) les œufs seront fécondés ensuite dans l'eau où ils flottent, tantôt (crapauds) ils sont fécondés lors de la ponte, tantôt (requins, oiseaux) ils ont été fécondés dans l'organisme femelle et sont pondus embryonnés. Chez les espèces *vivipares* (mammifères), la « ponte ovulaire » ne conduit les œufs que jusqu'à l'utérus.

ponté, e adj. Muni d'un ou de plusieurs ponts : *embarcation pontée.*

Pontecorvo, v. d'Italie (Campanie), sur le Garigliano ; 11 800 h. Bernadotte fut *prince de Pontecorvo* (1806-1810).

pontée n. f. Ensemble des marchandises arrimées sur le pont d'un navire de commerce.

Pont-en-Royans (38680), ch.-l. de c. de l'Isère (arr. de Grenoble) ; 1 244 h.

ponter [pɔ̃te] v. i. Aux jeux de hasard, mettre de l'argent contre le banquier.

ponter v. t. (de *pont*). Etablir un pont sur un navire.

pontet [pɔ̃tɛ] n. m. Partie de la sous-garde qui protège la détente d'une arme à feu portative.

Pontet (LE) [84130], comm. de Vaucluse (arr. d'Avignon) ; 8 484 h. (*Pontéliens*). Industries chimiques.

Pont-Euxin, anc. nom de la *mer Noire**.

Pontevedra, v. d'Espagne (Galice) ; 54 000 h.

Pontgibaud (63230), ch.-l. de c. du Puy-de-Dôme (arr. de Riom) ; 1 058 h. (724 aggl.).

Ponthieu (le), région de Picardie, entre les basses vallées de la Somme et de l'Authie. V. pr. *Abbeville.*

Ponti (Giovanni, dit **Gio**), architecte italien, né à Milan en 1891. Il est le promoteur d'une nouvelle esthétique du décor intérieur et créa l'immeuble Pirelli à Milan (1959). [V. illustr. ARCHITECTURE* CONTEMPORAINE.]

Pontiac, chef indien de la tribu des Outaouais (v. 1720-1769). Allié des Français, il tenta de soulever l'ensemble des Indiens, à l'exclusion des Iroquois, contre les Anglais (1763-1766).

Pontianak, port d'Indonésie (Bornéo) ; 150 200 h.

Pontien (*saint*), né à Rome, pape de 230 à 235. — Fête le 19 novembre.

pontier n. m. Conducteur d'appareil de levage assurant la bonne marche d'un pont roulant.

pontife [pɔ̃tif] n. m. (lat. *pontifex*). Prêtre de la religion romaine. || Dignitaire ecclésiastique : *les évêques sont des pontifes.* || *Fam.* Homme gonflé d'importance : *les pontifes de la critique.* ● *Grand pontife,* chef des pontifes à Rome. || *Le souverain pontife,* le pape.

pontifiant, e adj. *Fam.* Qui pontifie : *un conférencier pontifiant.*

pontifical, e, aux adj. Relatif à la dignité de pontife et en particulier au pape : *siège pontifical.*

pontifical n. m. Rituel du pape et des évêques.

pontificat [-ka] n. m. (lat. *pontificatus*). Dignité de pontife ou de grand pontife : *César obtint le pontificat.* || Dignité de pape, chez les catholiques. || Durée pendant laquelle s'exerce le pouvoir d'un pape.

pontifier v. i. Officier en qualité de pontife. || *Fam.* Prendre des airs d'importance.

Pontigny (89230), comm. de l'Yonne (arr. d'Auxerre) ; 731 h. Restes d'une anc. abbaye cistercienne (XIIe s.), auj. siège de réunions culturelles. L'abbaye est occupée de nouveau par des religieux. La paroisse de Pontigny est, depuis 1954, le siège de la Mission de France.

pontil [pɔ̃til] ou **pointil** [pwɛ̃-] n. m. Masse de verre à l'état de demi-fusion, qu'on utilise pour fixer un objet de verre en fabrication à l'extrémité d'une barre de fer. || La barre elle-même.

Pontine (*plaine*), anc. **marais Pontins,** plaine d'Italie, dans le Latium. Région fertile dans l'Antiquité, puis abandonnée et devenue marécageuse, elle fut assainie à partir de 1928 et mise intensément en culture.

Pontivy (**Napoléonville** de 1805 à 1814 et de 1848 à 1871) [56300], ch.-l. d'arr. du Morbihan, sur le Blavet ; 13 098 h. (9 674 aggl.) [*Pontivyens*]. Château du XVe s. — L'arr. a 10 cant., 80 comm., 122 118 h.

Pont-l'Abbé (29120), ch.-l. de c. du Finistère (Sud) [arr. de Quimper] ; 7 561 h. (*Pont-l'Abbistes ;* les femmes sont appelées *Bigoudens,* du nom de leur coiffure).

pont-l'évêque n. m. inv. Fromage à pâte molle.

Pont-l'Évêque (14130), ch.-l. de c. du Calvados (arr. de Lisieux) ; 3 592 h. (2 823 aggl.) [*Pontépiscopiens*]. Fromages réputés. Confection.

école de **Pont-Aven**

Paul Sérusier
« la Vieille du Pouldu »
Musée des Beaux-Arts, Quimper

Émile Bernard
« Madeleine au bois d'amour »
1888, *coll. part.*

Phot. Lauros-Giraudon, Giraudon.

pont-levis [pɔ̃ləvi] n. m. Pont qui peut se lever ou s'abaisser au-dessus d'un fossé. ‖ Pl. des *ponts-levis*.

Pontmain (53220 Montaudin), comm. de la Mayenne (arr. de Mayenne); 2 131 h. Pèlerinage à la Vierge.

Pont-Neuf (le), pont de Paris commencé en 1578, achevé en 1606, modifié et restauré au XIXe s.

Pontoise (95300), ch.-l. du Val-d'Oise, sur l'Oise; 19 435 h. (*Pontoisiens*). Evêché. Anc. ch.-l. du Vexin. Cathédrale Saint-Maclou (XIIe-XVIe s.). Eglise Notre-Dame (XVIe s.). Hôtel d'Estouteville (XVe s.). — L'arr. a 12 cant., 117 comm., 228 469 h.

ponton [pɔ̃tɔ̃] n. m. (lat. *ponto, pontonis,* bac). *Mar.* Vieux vaisseau désarmé, servant de dépôt de matériel, de caserne ou de prison. ‖ Barque plate, qui sert au radoub des navires. ‖ Cale flottante, servant de station pour les bateaux de voyageurs.

pontonnier n. m. Militaire du génie employé à la construction des ponts militaires.

Pontoppidan (Henrik), écrivain danois, né à Fredericia (1857-1943). L'un des principaux représentants du naturalisme au Danemark, il a peint avec ironie, dans ses romans et ses nouvelles, la vie paysanne et bourgeoise (*la Terre promise,* 1891-1895; *Pierre le Chanceux,* 1898-1904; *le Royaume des morts,* 1912-1915). [Prix Nobel, avec K. Gjellerup, 1917.]

Pontormo (Iacopo CARRUCCI, dit **le**), peintre italien, né à Pontormo (1494-v. 1556). Elève d'Andrea Del Sarto mais s'inspirant de Michel-Ange et parfois de Dürer, il s'écarte du classicisme, étirant et tordant les formes, se servant de couleurs d'une fraîcheur acide. Il a donné un chef-d'œuvre du maniérisme florentin avec *la Déposition* de Santa Felicita à Florence (1526).

Pontorson (50170), ch.-l. de c. de la Manche (arr d'Avranches), près de la baie du Mont-Saint-Michel 3 690 h. (*Pontorsonnais*). Eglise (XIIe-XIIIe s.).

Pontresina, en romanche **Puntraschigna,** comm. de Suisse (Grisons), dans la Bernina; 1 100 h. Station de sports d'hiver (alt. 1 850 m).

Pontrieux [pɔ̃trijø] (22260), ch.-l. de c. des Côtes-du-Nord (arr. de Guingamp); 1 640 h.

Pont-Sainte-Maxence (60700), ch.-l. de c. de l'Oise (arr. de Senlis), sur l'Oise; 8 716 h. (*Pontois* ou *Maxipontins*). Métallurgie.

Pont-Saint-Esprit (30130), ch.-l. de c. du Gard (arr. de Nîmes); 7 019 h. (6 156 aggl.) [*Spiripontains*]. Pont sur le Rhône (XIIIe s.) remanié. Verrerie.

Pont-Scorff (56620), ch.-l. de c. du Morbihan (arr. de Lorient); 1 704 h. (823 aggl.).

Ponts-de-Cé (LES) [49130], ch.-l. de c. de Maine-et-Loire (arr. d'Angers), sur la Loire; 7 361 h. (6 155 aggl.). Victoire de Louis XIII sur les partisans de sa mère (1619). Défaite des vendéens en 1793.

Pont-sur-Yonne (89140), ch.-l. de c. de l'Yonne (arr. de Sens); 2 400 h. (*Pontois*). Eglise des XIIe et XVe s.

Pontus de Tyard. V. TYARD.

pontuseau [pɔ̃tyzo] n. m. Verge de métal qui traverse les vergeures dans les formes à papier. ‖ — Pl. Raies que les vergeures laissent sur le papier.

Pontvallain (72720), ch.-l. de c. de la Sarthe (arr. de La Flèche); 951 h. (423 aggl.).

pool [pul] n. m. (mot angl.). Groupement ou syndicat de producteurs. ‖ Organisme international chargé de l'organisation d'un marché commun entre les pays adhérents. ‖ Dans une entreprise, groupe de personnes travaillant en commun et assurant des tâches identiques : *un pool de dactylos.* (L'Administration préconise GROUPE.)

Poole, port de Grande-Bretagne (Dorset); 98 000 h. Hôtel de ville du XIVe s.

Poona, v. de l'Inde (Mahārāshtra), anc. cap. des Mahrāttes; 796 800 h. Cotonnades.

Poopó, lac de Bolivie; 2 800 km².

Popard (Irène), pédagogue française, née à Paris (1894-1950), créatrice de la méthode de danse rythmique qui porte son nom.

pop'art n. m. Terme servant à désigner le travail d'artistes américains qui, à la suite des « néo-dadaïstes » Rauschenberg (né en 1925), Jasper Johns (1930), Jim Dine (1935), et avec la même préoccupation que ceux-ci de rapprocher l'art de la vie concrète, font appel, pour leurs peintures, leurs collages et leurs constructions à trois dimensions, aux images publicitaires, bandes dessinées, objets de série, déchets industriels, etc., capables d'évoquer le nouvel environnement quotidien que crée la civilisation technologique. Les principaux d'entre eux sont Lichtenstein (né en 1923), Oldenburg (1929), Rosenquist (1933), Warhol (1930), Wesselman (1931), qui ont de nombreux émules à travers le monde.

pope [pɔp] n. m. (du russe *pop*). Prêtre du rite oriental chez les Russes, les Serbes et les Bulgares.

Pope (Alexander), écrivain anglais, né à Londres (1688-1744). S'inspirant d'Horace et de Boileau, il composa des poèmes didactiques (*Essai sur la critique,* 1711; *Essai sur l'homme,* 1733), héroï-comiques (*la Boucle de cheveux enlevée,* 1711) et satiriques (*la Dunciade,* 1728-1742), et traduisit *l'Iliade* et *l'Odyssée,* mettant à la mode un style conventionnel, caractérisé par la répétition d'images et de métaphores, que l'on appelle la « poetic diction » et qui fait de lui le maître et le théoricien du classicisme anglais.

Alexander Pope
école anglaise du XVIIIe s.
Nat. Portrait Gallery

Popov

popeline [pɔplin] n. f. (de l'angl. *poplin*). Tissu serré d'armure, dérivé de la toile, formant des côtes dans le sens de la chaîne et comprenant beaucoup moins de fils en trame qu'en chaîne.

Poperinge, v. de Belgique (Flandre-Occidentale); 12 600 h. Faïenceries.

poplité [pɔplite], **e** adj. (du lat. *poples, -itis,* jarret). Relatif au jarret : *muscle poplité.* ● *Creux poplité,* région située en arrière de l'articulation du genou, où passent l'artère poplitée, la veine poplitée, les nerfs sciatique poplité interne et sciatique poplité externe. (Le creux poplité est usuellement appelé JARRET.)

Popocatepetl, volcan du Mexique; 5 452 m.

popote [pɔpɔt] n. f. *Fam.* Cuisine : *faire la popote.* ‖ Restaurant où certaines personnes (officiers) mangent en commun. ‖ — Adj. *Fam.* Terre à terre.

Popov (Aleksandr), ingénieur russe, né à Tourinskii Roudnik, près de Perm' (1859-1906). Envisageant la possibilité d'appliquer les ondes électromagnétiques à la transmission des signaux à distance, il imagina l'antenne radio-électrique en cherchant à perfectionner le cohéreur de Branly. Après avoir découvert, en 1894, que les ondes dues aux décharges d'électricité atmosphérique étaient détectées à l'aide du cohéreur, il réalisa le premier récepteur d'ondes électromagnétiques, où ces décharges étaient enregistrées sur le ruban d'un appareil télégraphique Morse. Le 24 mars 1896, il parvint à transmettre et à enregistrer sur une distance de 250 m le premier message sans fil en alphabet Morse.

Poppée, favorite, puis femme de Néron, qui la tua d'un coup de pied, alors qu'elle était enceinte, en 65.

populace [pɔpylas] n. f. (ital. *popolaccio;* de *popolo,* peuple). Le bas peuple (toujours péjor.).

populacier, ère adj. Propre à la populace.

populage [pɔpylaʒ] n. m. (du lat. *populus,* peuplier). Renonculacée abondante dans les prés humides, et dite aussi *bassin-d'or, souci des marais, caltha.*

populaire [pɔpylɛr] adj. (lat. *popularis;* de *populus,* peuple). Qui appartient au peuple; qui concerne le peuple : *expression populaire; les classes populaires.* ‖ Qui se concilie l'affection du peuple : *ministre populaire.* ● *Démocratie populaire,* régime politique des Etats dirigés par le parti communiste. ‖ *Front populaire,* groupement politique qui rassemble les partis de gauche.

populairement adv. De façon populaire.

populariser v. t. Rendre populaire; vulgariser : *populariser une idée.*

popularité n. f. Caractère d'un homme qui recherche l'estime, l'affection du peuple. ‖ Faveur populaire : *jouir d'une large popularité.*

population [pɔpylasjɔ̃] n f. (du lat. *populus,* peuple). Ensemble des habitants d'un pays. (V. *encycl.*) ‖ Ensemble des êtres humains qui composent une catégorie particulière : *population rurale.* ‖ Ensemble des individus d'une espèce donnée vivant dans un lieu donné : *la population de lombrics d'une prairie; la population de chênes d'une forêt.* (V. *encycl.*) ‖ Ensemble d'individus soumis à une étude statistique.
— ENCYCL. En 1969, la *population mondiale* est de l'ordre de 3,5 milliards de personnes. Elle s'accroît annuellement d'environ 70 millions d'unités (près de 200 000 personnes par jour). La Chine, l'Inde, l'U. R. S. S. et les Etats-Unis sont dans l'ordre les pays les plus peuplés, dépassant chacun 200 millions d'hab.
— *Biol.* Il ne faut pas confondre la population d'un biotope, qui est définie par le dénombrement des individus, avec la *faune* et la *flore,* qui sont des listes d'espèces. Une lagune, par exemple, est souvent un milieu très pauvre en espèces, mais très riche en individus.

populéum [pɔpyleɔm] n. m. (du lat. *populus,* peuplier). Onguent calmant, dans lequel il entre des bourgeons de peuplier.

populeux, euse adj. Très peuplé : *quartier populeux.*

populisme n. m. Doctrine littéraire et artistique qui réagit contre la psychologie bourgeoise et mondaine, et s'attache à l'expression de la vie et des sentiments des milieux populaires.

populiste [pɔpylist] adj. et n. Se dit de romanciers, d'artistes et d'œuvres qui se recommandent du populisme.

populo [pɔpylo] n. m. *Pop.* Bas peuple, foule.

Poquelin, nom patronymique de *Molière.*

poquer [pɔke] v. i. Au jeu de boules, jeter sa boule en l'air de manière qu'elle reste où elle retombe.

poquet [pɔkɛ] n. m. (dimin. de *poche*). Trou dans lequel on réunit plusieurs graines de semence.

Porbus. V. POURBUS.

porc [pɔr] n. m. (lat. *porcus*). Autre nom du COCHON, mammifère domestique élevé dans le monde entier pour sa chair, entièrement comestible. (V. *encycl.*) [Cri : le porc *grogne.*] ‖ Chair du cochon : *manger du porc.* ‖ *Fig.* Homme sale, débauché ou glouton. ● *Porc frais,* chair de porc non salée.
— ENCYCL. Le *porc* est un animal massif, aux pattes courtes, terminées par quatre doigts complets (deux grands, deux petits) munis de sabots. Sa grande tête, au profil triangulaire ou concave, se termine par un *groin* cartilagineux. Les porcs domestiques dérivent probablement de divers sangliers sauvages. Le mâle reproducteur est le *verrat,* la femelle la *truie,* et les jeunes les *porcelets.* Le porc mange de tout, mais son élevage rationnel mérite une alimentation d'autant mieux équilibrée qu'elle s'adresse à des races précoces sélectionnées (porc blanc de l'Ouest, large white, piétrain, landrace), devant lesquelles les anciennes races de type celtique, ibérique ou asiatique disparaissent progressivement. Le porc est un animal précieux. Sa chair (qu'il faut consommer très cuite) se conserve dans la saumure. Sa graisse, adhérente à la peau, se nomme *lard;* fondue et conservée en pots, elle donne le *saindoux.* Le poil, rude (*soies*), est utilisé dans la fabrication des brosses.

porcelaine [pɔrsəlɛn] n. f. (ital. *porcellana*). Produit céramique à pâte fine, imperméable, fortement vitrifiée,

porcs

large white

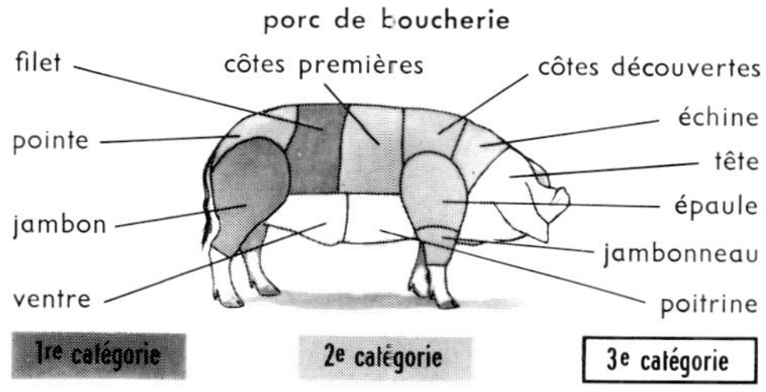

piétrain

berkshire

Phot. Fleming, Arch. des Télécommunications (Leningrad), Atlas-Photo, Justin, X.

translucide et le plus souvent recouvert d'un émail incolore et transparent. (V. *encycl.*) || Ouvrage de porcelaine. || *Zool.* Mollusque gastropode, à coquille vernissée et colorée, assez commun dans les mers chaudes. (Long. 15 cm.) [V. illustr. MOLLUSQUES.]
— ENCYCL. La pâte de *porcelaine* est constituée d'un élément plastique (kaolin), d'un dégraissant (quartz, silex) et d'un fondant (feldspath, phosphate de calcium, etc.). La porcelaine véritable, ou *porcelaine dure,* reçoit une première cuisson à une température de l'ordre de 1 000 °C, qui permet l'application d'une couverte sur la pièce. La pièce émaillée est cuite ensuite à 1 400 °C ; elle peut recevoir un décor qui nécessite une troisième cuisson à basse température. La porcelaine artificielle (sans kaolin), appelée *porcelaine à fritte* ou *pâte tendre,* n'a plus qu'un intérêt historique. Cuite vers 1 250 °C, elle donnait un biscuit translucide ; émaillée, la pièce était ensuite cuite à une température voisine de 1 000 °C.

porcelainier, ère adj. Relatif à la porcelaine : *industrie porcelainière.* || — N. Fabricant ou marchand de porcelaine.

porcelet n. m. Jeune porc.

porc-épic [pɔrkepik] n. m. (de l'ital. *porcospino*). Mammifère rongeur dont le corps est armé de piquants et qui vit dans le sud de l'Europe, en Asie et en Afrique. (Il est inoffensif, nocturne, et se nourrit de racines et de fruits. Long. 60 cm.) [V. illustr. RONGEURS.] || Pl. des *porcs-épics.*

porchaison [pɔrʃɛzɔ̃] n. f. *Véner.* Saison où le sanglier est gras.

porche [pɔrʃ] n. m. (lat. *porticus*). Lieu couvert en avant de la porte d'entrée d'un édifice.

porcher [pɔrʃe], **ère** [-ɛr] n. (du lat. *porcus,* porc). Personne qui garde les pourceaux.

porcherie n. f. Etable à porcs.

Porcheville (78440 Gargenville), comm. des Yvelines (arr. de Mantes-la-Jolie), sur la Seine ; 1 955 h. Centrale thermique.

Porcia, fille de Caton d'Utique. Elle se serait tuée en apprenant la mort de son mari, Brutus, après la bataille de Philippes (42 av. J.-C.). [V. PHILIPPES.]

Porcien (le), région du Bassin parisien, entre l'Aisne et la dépression qui borde l'Ardenne.

porcin [pɔrsɛ̃], **e** [-in] adj. Relatif au porc : *race porcine.*

porcins n. m. pl. Ordre de mammifères ongulés, comprenant le porc et les animaux voisins, caractérisés par leurs pattes à quatre doigts complets, leur denture à molaires mamelonnées (bunodontes) et à fortes canines éversées, leur régime omnivore, leur aspect trapu et leur groin développé. (Les porcins sont peu nombreux ; citons le pécari, le phacochère, le babiroussa, le sanglier et le cochon.)

Pordenone (Giovanni DE' SACCHIS, dit **le**), peintre italien, né à Pordenone (v. 1484-1539). Elève de Giovanni Bellini et de Giorgione, il travailla dans les villes du nord de l'Italie avant de se fixer à Venise. Possédant une grande habileté technique, il pratiqua un art mouvementé qui, en une certaine mesure, annonce le Tintoret. En 1530, il décora avec Titien l'église San Giovanni Elemosinario à Venise (*Sainte Catherine, saint Sébastien et saint Roch*). Il exécuta également des cartons de tapisserie à Ferrare, où il mourut.

pore [pɔr] n. m. (lat. *porus,* empr. au gr. *poros,* trou). Interstice qui sépare les molécules des corps. || *Anat.* Petit orifice d'une glande. (Les pores de l'épiderme correspondent aux glandes de la sueur ; on en compte 500 par cm^2 de peau.)

poreux, euse adj. Qui a des pores : *l'argile sèche est très poreuse.*

Pori, en suéd. **Björneborg,** port de Finlande, sur le golfe de Botnie ; 71 000 h. Métallurgie. Industries du bois.

porion [pɔrjɔ̃] n. m. (mot picard). Contremaître dans une exploitation minière.

Pornic (44210), ch.-l. de c. de la Loire-Atlantique (arr. de Saint-Nazaire) ; 2 839 h. (*Pornicais*). Port et station balnéaire.

Pornichet (44380), comm. de la Loire-Atlantique (arr. de Saint-Nazaire ; 5 452 h. (*Pornichétins*). Station balnéaire.

pornographe adj. et n. Qui donne à ses œuvres le caractère de pornographie.

pornographie [pɔrnɔgrafi] n. f. (gr. *pornê,* prostituée, et *graphein,* écrire). Obscénité en matière littéraire ou artistique.

pornographique adj. Relatif à la pornographie.

Pôros ou **Paurava** (m. v. 317 av. J.-C.), roi indien, qui fut le principal adversaire d'Alexandre. Ce dernier, l'ayant battu (326), lui laissa ses possessions.

porosité [pɔrɔzite] n. f. Etat de ce qui est poreux : *la porosité de la pierre ponce.*

porphyre [pɔrfir] n. m. (gr. *porphura,* pourpre). Nom donné à plusieurs roches éruptives, notamment aux grands cristaux de feldspath sur un fond uniforme ou à grain très fin. || Molette de porphyre, qui sert à broyer.

Porphyre, philosophe de l'école d'Alexandrie, disciple de Plotin (234-v. 305).

porphyrine n. f. Composé chimique stable entrant dans la composition de pigments naturels comme l'hémoglobine, la chlorophylle.

porphyrique adj. Qui tient du porphyre. || Qui en contient : *laves porphyriques.*

porphyrogénète [pɔrfirɔʒenɛt] n. et adj. (d'un mot gr. signif. *né dans la Porphyra,* chambre de la pourpre). Se disait des membres de la famille impériale d'Orient nés d'un père régnant au moment de leur naissance.

porphyroïde adj. Se dit d'une variété de granite à gros cristaux de feldspath.

Porpora (Nicola), compositeur italien, né à Naples (1686-1768). Un des maîtres de l'art dramatique en Europe, il a séjourné à Vienne et à Londres.

porque [pɔrk] n. f. (ital. *porca*). Pièce de construction de renfort, pour les bateaux.

Porquerolles (83540), une des îles d'Hyères ; 12,5 km^2.

porracé [pɔrase] ou **poracé, e** adj. De la couleur du poireau : *vomissements porracés.*

porrection [pɔrɛksjɔ̃] n. f. (lat. *porrectum,* supin de *porrigere,* tendre). *Liturg.* Action de faire toucher par les ordinands les objets relatifs à leur ministère.

Porrentruy, en allem. **Pruntrut,** comm. de Suisse (Berne), dans le Jura ; 7 200 h. Anc. château des princes-évêques de Bâle (XVe-XVIIe s.). Horlogerie.

porridge [pɔridʒ] n. m. (mot angl.). Bouillie d'avoine.

Porsenna, roi étrusque du VIe s. av. J.-C., qui voulut rétablir Tarquin le Superbe, mais aurait été arrêté par Horatius Coclès.

port [pɔr] n. m. (lat. *portus*). Abri naturel ou artificiel pour les navires, muni des installations nécessaires à l'embarquement et au débarquement du fret et des passagers : *port maritime, fluvial.* || Ville bâtie auprès d'un port : *habiter un port de mer.* || *Fig.* Lieu de repos, situation tranquille : *s'assurer un port dans la tempête.* ● *Arriver à bon port,* sans accident. || *Faire naufrage au port,* échouer au moment de réussir. || *Port autonome,* port dont la gestion est assurée par un conseil d'administration et sur ses propres ressources. || *Port franc,* port où les marchandises peuvent être déposées et transiter sans payer des droits de douane.

port n. m. (anc. provenç. *port*). Col, dans les Pyrénées : *le port de Roncevaux.*

port n. m. Action de porter : *le port d'une arme prohibée.* || Prix payé pour faire porter : *payer le port d'un colis.* || Aspect général d'une plante : *le port élancé du peuplier pyramidal.* || Manière dont une personne marche, se présente, etc. : *un port noble et majestueux.* ● *Port d'armes,* action de porter des armes. || *Port de bras* (Chorégr.), ensemble des mouvements qui s'exécutent avec les deux bras en même temps et lorsqu'on s'associe le buste en parfait accord avec eux. — Manière de faire les mouvements de bras ou de placer les bras : *port de bras élégant.* || *Port en lourd,* poids total que peut charger un navire (cargaison, soutes, avitaillement, eau, provisions de bord, etc.), exprimé en tonnes métriques. (Quand on parle d'un navire de charge, c'est toujours le port en lourd qui est cité : un pétrolier de 10 000 t sous-entend 10 000 t de port en lourd.)

Port (LE) [97420], comm. de la Réunion, sur la côte nord-ouest ; 19 800 h.

Porta (LA) [20237], ch.-l. de c. de la Corse (arr. de Bastia) ; 534 h. Patrie de Sébastiani.

Porta (Giuseppe). V. SALVIATI (*il*).

portable adj. Qu'on peut ou qu'on doit porter.

portage n. m. Transport à dos d'homme, dans certains pays tropicaux. || Partie d'un fleuve où la navigation est interrompue, ce qui oblige à transporter par voie de terre les embarcations.

Portage Mountain, aménagement hydro-électrique du Canada (Colombie britannique), sur la rivière de la Paix.

portager v. i. Au Canada, faire un portage.

portail [pɔrtaj] n. m. Entrée principale et monumentale d'un édifice. || *Spécialem.* Ensemble du portail central et des portails latéraux d'une façade de cathédrale, formant un tout structural et décoratif.

Portal (Antoine, *baron*), médecin français, né à Gaillac (1742-1832). Professeur de médecine et d'anatomie, il fut le médecin de Louis XVIII et fit créer l'Académie royale de médecine (1820).

Portalis (Jean Etienne), jurisconsulte et homme politique français, né au Beausset (Provence) [1746-1807]. Avocat au parlement d'Aix avant la Révolution, il présida le Conseil des Anciens en 1796. Conseiller d'Etat du Consulat, il collabora au Code civil ; directeur des Cultes (1801), il joua un rôle primordial dans l'élaboration du Concordat et des Articles organiques. Il fut ministre des Cultes à partir de 1804. (Acad. fr.) — Son fils JOSEPH, né à Aix (1778-1858), fut garde des Sceaux (1828) et ministre des Affaires étrangères (1829).

portance [pɔrtɑ̃s] n. f. Force perpendiculaire à la direction de la vitesse, résultant du mouvement d'un corps dans un fluide. (C'est la portance engendrée par le mouvement de l'air autour des ailes qui assure la sustentation d'un avion.)

portant n. m. Anse métallique d'un coffre, d'une malle. || Montant qui soutient les décors ou les appareils d'éclairage de la scène d'un théâtre.

portant, e adj. *Technol.* Qui porte. || Dans tel état de santé : *être bien, mal portant.* || **— A bout portant,** loc. adv. De très près.

Port Arthur, v. du Canada (Ontario), sur le lac Supérieur ; 48 300 h. Minoteries. Industries du bois.

Port-Arthur, en chin. **Liu-chouen,** en japon. **Ryūjun,** port de Chine (Leao-ning), à l'extrémité de la péninsule de Leao-tong ; 137 000 h. Cédée à bail à la Russie en 1898, la ville fut, pendant la guerre russo-japonaise (1904-1905), défendue par les troupes russes du général Stoessel, mais dut capituler au bout d'un an de siège. Elle fut remise en 1945 à l'U. R. S. S., puis à la Chine en 1954.

portatif, ive adj. Que l'on peut facilement transporter : *poste de radio portatif ; glace portative ; orgue portatif.*

Port-au-Prince, cap. et port de la république d'Haïti, sur la *baie de Port-au-Prince ;* 250 000 h. Centre commercial et administratif.

Port-aux-Français, principale base des îles Kerguelen. Station scientifique.

Port Blair, ch.-l. du territoire indien des îles Andaman et Nicobar ; 14 100 h.

Port-Bou, port d'Espagne (Catalogne) ; 2 200 h. Station frontière, en face du village français de Cerbère.

Port-Camargue, écart de la comm. du Grau-du-Roi (Gard). Station balnéaire et centre de yachting.

Port-Cartier, port minéralier du Canada (Québec), sur l'estuaire du Saint-Laurent ; 3 500 h.

Port-Cros (83145), une des îles d'Hyères ; 6,4 km^2. Parc national.

Port-de-Bouc (13110), comm. des Bouches-du-Rhône (arr. d'Aix-en-Provence), à l'entrée de l'étang de Berre ; 14 080 h. (*Port-de-Boucains*). Tour du XIIIe s. Enceinte de Vauban. Port. Chantiers navals. Industries chimiques.

Port-des-Barques (17730), comm. de la Charente-Maritime (arr. de Rochefort), à l'embouchure de la Charente ; 1 181 h. Ostréiculture.

porte [pɔrt] n. f. (lat. *porta*). Ouverture pour entrer et sortir : *fermer la porte d'une maison.* || Ce qui clôt cette ouverture : *porte de bois.* || Espace marqué par deux piquets et dont le franchissement est obligatoire par le skieur en compétition dans un slalom. || *Fig.* Entrée, introduction : *la vertu est la porte du bonheur.* ● *Laisser la porte ouverte à* (Fig.), réserver la possibilité à : *laisser la porte ouverte à un compromis.* || *Mettre à la porte,* chasser. || *Refuser sa porte,* interdire à quelqu'un l'entrée de sa maison. || — Adj. *Veine porte* (Anat.), veine ramenant au foie le sang de l'intestin, du pancréas, de la rate et de l'estomac. (Elle est située derrière le pancréas et la première portion du duodénum, s'engage dans le petit épiploon et aboutit au foie.) || **— De porte en porte** loc. adv. De maison en maison.

Porte ou **Sublime-Porte** (la), nom donné autref. au gouvernement ottoman.

Porte-Glaive (*chevaliers*), ordre religieux et militaire, fondé en 1202 par l'évêque de Riga, Albert de Buxhövden. L'ordre fut sécularisé en 1561.

Portes de Fer, nom de plusieurs défilés, notamment celui du Danube, entre les Carpates (Roumanie) et les Balkans (Yougoslavie), qui doit être barré par un important aménagement hydro-électrique ; ceux d'affluents de la Soummam, en Algérie, dans le massif des Bibans.

porté, e adj. Enclin : *porté à la colère.* ● *Etre porté sur,* avoir un goût très vif pour.

porté ou **porter** n. m. *Chorégr.* Mouvement exécuté dans un pas de deux, au cours duquel le danseur maintient la danseuse dans des positions différentes, au-dessus du sol, ou l'aide à exécuter des pas « en l'air ».

porte-aéronefs n. m. inv. Terme générique désignant tout bâtiment de guerre aménagé pour recevoir des aéronefs, qui constituent son armement principal.

porte-à-faux n. m. inv. Partie d'un ouvrage, d'une construction, etc., qui n'est pas directement soutenue par un appui. ● *En porte à faux,* se dit de ce qui n'est pas à l'aplomb de son point d'appui. || *Etre en porte à faux* (Fig.), dans une situation périlleuse.

porte-affiches n. m. inv. Cadre, souvent grillagé, où l'on placarde les affiches.

porte-aigle n. m. inv. Sous le premier Empire, officier porte-drapeau.

porte-aiguille n. m. Pièce de différentes machines où se fixe l'aiguille. || *Chirurg.* Pince maintenant l'aiguille à sutures. || Pl. des *porte-aiguille* ou *-aiguilles.*

porte-aiguilles n. m. inv. Etui, trousse pour aiguilles à coudre.

porte-allumettes n. m. inv. Petite boîte où l'on met des allumettes.

porte-amarre n. m. inv. et adj. inv. *Mar.* Appareil (fusil, canon, etc.) servant à lancer une amarre.

porte-à-porte n. m. Technique de démarchage direct.

porte-avions n. m. inv. Porte-aéronefs dont l'armement principal est constitué par des avions.
— ENCYCL. Les *porte-avions,* dont les premiers types (*Furious*) furent réalisés par les Anglais à la fin de la Première Guerre mondiale, jouèrent au cours du second conflit mondial un rôle capital soit dans l'attaque à la torpille ou à la bombe des forces navales au mouillage (Pearl Harbor), soit au large dans les combats d'escadres (Midway), soit enfin dans la protection des escadres ou des convois de navires marchands contre les sous-marins. Les perfectionnements dont ils ont bénéficié depuis (pont* d'envol oblique, catapulte à vapeur, miroir d'appontage, propulsion nucléaire, etc.) ont augmenté leur puissance. Désormais, il leur est notamment possible

de mettre en œuvre des avions dont les caractéristiques sont équivalentes à celles des meilleurs appareils terrestres. Les porte-avions constituent, à la place des cuirassés, l'épine dorsale de la plupart des grandes flottes actuelles et ils demeurent l'un des éléments les plus efficaces des forces d'intervention modernes.

porte-bagages n. m. inv. Dispositif adapté à un véhicule pour transporter les bagages.

porte-balais n. m. inv. Gaine métallique maintenant dans une position relative invariable les balais d'une machine électrique tournante.

porte-bannière n. Personne qui porte la bannière. ‖ Pl. des *porte-bannière* ou *-bannières.*

porte-bât n. m. inv. Bête de somme qui porte ordinairement un bât.

porte-billets n. m. inv. Petit portefeuille destiné à contenir des billets de banque.

porte-bonheur n. m. inv. Bijou, objet considéré comme fétiche.

porte-bouquet n. m. Petit vase à fleurs. ‖ Pl. des *porte-bouquet* ou *-bouquets.*

porte-bouteilles n. m. inv. Châssis à rayons servant à soutenir des bouteilles couchées. ‖ Hérisson pour égoutter les bouteilles.

porte-brancard n. m. Pièce de harnachement destinée à soutenir un brancard. ‖ Pl. des *porte-brancard* ou *-brancards.*

porte-cartes n. m. inv. Petit portefeuille pour les cartes de visite, les billets, les pièces d'identité, etc.

porte-cigares, porte-cigarettes n. m. inv. Etui à cigares, à cigarettes.

porte-clefs ou **porte-clés** n. m. inv. Gardien de prison qui porte les clefs. ‖ Anneau ou étui pour porter les clefs.

porte-conteneurs n. m. inv. Navire de charge spécialisé dans le transport des conteneurs.

porte-copie n. m. Appareil maintenant un document devant celui qui le copie à la machine. ‖ Pl. des *porte-copie* ou *-copies.*

porte-couteau n. m. Ustensile de table sur lequel on pose l'extrémité du couteau pour ne pas salir la nappe. ‖ Pl. des *porte-couteau* ou *-couteaux.*

porte-crayon n. m. Tube de métal dans lequel on met un crayon. ‖ Pl. des *porte-crayon* ou *-crayons.*

porte-croix n. m. inv. Celui qui porte la croix dans les cérémonies de l'Eglise catholique.

porte-crosse n. m. Celui qui porte la crosse devant un évêque. ‖ Pl. des *porte-crosse* ou *-crosses.*

porte-documents n. m. inv. Serviette très plate, qui s'ouvre et se ferme sur les trois quarts de son pourtour.

porte-drapeau n. m. Celui qui porte le drapeau d'un régiment, d'une association. ‖ Pl. des *porte-drapeau* ou *-drapeaux.*

portée [pɔrte] n. f. Totalité des petits que les femelles des mammifères mettent bas en une fois. ‖ Distance la plus grande à laquelle une arme lance un projectile déterminé. (On dit aussi PORTÉE MAXIMALE.) [A titre d'exemple, les portées maximale, utile ou efficace et pratique de l'arme automatique française modèle 1952 dans sa version fusil mitrailleur sont respectivement de 3 200, 2 000 et 800 m.] ‖ Endroit jusqu'où la main, la vue, la voix peuvent arriver : *objet à portée de la main.* ‖ — *Fig.* Etendue, capacité de l'esprit : *cela est hors de sa portée.* ‖ Force, valeur, importance : *ce raisonnement a une grande portée.* ‖ *Constr.* Distance entre les points d'appui d'une pièce qui n'est soutenue que par quelques-unes de ses parties. ‖ *Mécan.* Partie d'une pièce mécanique pour servir d'appui ou de butée. ‖ Partie d'un arbre de transmission ou d'un vilebrequin qui doit tourner dans un palier. ‖ *Mus.* Réunion des cinq lignes horizontales, équidistantes et parallèles, sur lesquelles ou entre lesquelles on place les notes. ● *Etre à portée de,* pouvoir, être à même de. ‖ *Portée pratique,* distance maximale d'emploi pratique d'une arme au combat. ‖ *Portée utile* ou *efficace,* distance jusqu'à laquelle le tir reste suffisamment précis pour être efficace.

porte-épée n. m. Pièce de cuir ou d'étoffe fixée à la ceinture et destinée à soutenir le fourreau de l'épée. ‖ Pl. des *porte-épée* ou *-épées.*

porte-étendard n. m. Officier qui porte l'étendard dans un régiment de cavalerie ou d'artillerie. ‖ Pl. des *porte-étendard* ou *-étendards.*

porte-étriers n. m. inv. Sangle destinée à relever les étriers quand un cheval n'est pas monté.

porte-étrivière n. m. Chacun des deux anneaux de fer carrés placés aux côtés de la selle. ‖ Pl. des *porte-étrivière* ou *-étrivières.*

portefaix [pɔrtəfɛ] n. m. Homme dont le métier est de porter des fardeaux.

porte-fanion n. m. Militaire qui porte le fanion d'un général. ‖ Pl. des *porte-fanion* ou *-fanions.*

porte-fenêtre n. f. Ouverture qui descend jusqu'au niveau du sol ou du plancher et qui sert en même temps de porte et de fenêtre. ‖ Pl. des *portes-fenêtres.* (On dit aussi PORTE-CROISÉE.)

portefeuille [pɔrtəfœj] n. m. Enveloppe, étui de carton, de cuir, etc., qui se ferme comme un livre, et où l'on met des papiers, des billets, etc. ‖ — *Fig.* Département ministériel : *le portefeuille de l'Agriculture.* ‖ Ensemble des effets de commerce, des valeurs mobilières appartenant à une personne ou à une entreprise.

porte-fort n. m. inv. *Dr.* Engagement par lequel une personne promet à une autre qu'un tiers accomplira tel acte juridique ou telle prestation. ‖ Personne qui prend cet engagement.

porte-greffe ou **porte-greffes** n. m. inv. *Bot.* Sujet sur lequel on fixe le ou les greffons.

porte-hauban n. m. *Mar.* Plate-forme horizontale extérieure, qui donne aux haubans l'écartement suffisant. ‖ Pl. des *porte-haubans.*

porte-hélicoptères n. m. inv. Porte-aéronefs dont l'armement principal est constitué par des hélicoptères. — ENCYCL. Les premiers *porte-hélicoptères* ont été mis en service dans les flottes de combat modernes au cours des années 1960. Ils constituent, à côté des porte-avions, de nouveaux types de bâtiments qui sont principalement destinés à participer à la lutte anti-sous-marine et aux opérations amphibies, en transportant, notamment au cours de ces dernières, les unités d'assaut.

porte-jarretelles n. m. inv. Ceinture très étroite destinée à supporter les jarretelles qui retiennent les bas.

Portel (LE) [62480], comm. du Pas-de-Calais (arr. de Boulogne-sur-Mer), sur le pas de Calais ; 11 503 h.

porte-lame n. m. Partie fixe d'une faucheuse ou d'une moissonneuse, dans laquelle glisse la lame de scie. ‖ Pl. des *porte-lame* ou *-lames.*

Port Elizabeth, v. de l'Afrique du Sud (prov. du Cap) ; 381 200 h. Marché du mohair. Constructions mécaniques. Chaussures.

porte-malheur n. m. inv. Etre, objet dont la présence est un mauvais présage.

portemanteau n. m. Support de bois, de métal ou de plastique, à pied ou mural, auquel on suspend les vêtements. ‖ Potence fixée au bordage d'un navire pour hisser les embarcations.

portement n. m. (de *porter*). *Portement de croix,* représentation (tableau, sculpture) de Jésus portant sa croix.

porte-menu n. m. Petit cadre à manche ou à support dans lequel on place un menu. ‖ Pl. des *porte-menu* ou *-menus.*

porte-mine ou **portemine** n. m. Petit instrument, en métal ou en matière plastique, dans lequel on met une ou plusieurs mines de crayon pour s'en servir commodément. ‖ Pl. des *porte-mine* ou *-mines* ou *portemines.*

porte-monnaie n. m. inv. Bourse à fermoir, pour l'argent de poche.

porte-montre n. m. Petite boîte ouverte, où l'on place une montre. ‖ Petit coussinet sur lequel une montre est accrochée à un mur. ‖ Pl. des *porte-montre* ou *-montres.*

porte-mors ou **portemors** n. m. inv. Partie de la bride qui soutient le mors.

Port-en-Bessin (14520), comm. du Calvados (arr. de Bayeux) ; 1 891 h. Station balnéaire. Pêche.

porte-objet n. m. Lame sur laquelle on place l'objet à examiner au microscope. ‖ Pl. des *porte-objet* ou *-objets.*

porte-outil n. m. Organe de machine-outil recevant l'outil. ‖ Pl. des *porte-outil* ou *-outils.*

porte-papier n. m. inv. Boîte accrochée aux murs des cabinets et dans laquelle on met des feuilles de papier hygiénique.

porte-parapluies n. m. inv. Ustensile ou meuble de formes diverses, dans lequel on dépose les parapluies.

porte-parole n. m. inv. Personne qui parle au nom d'autres personnes.

porte-plat n. m. Support de métal, de porcelaine, etc., servant à poser les plats chauds. ‖ Pl. des *porte-plat* ou *-plats.*

porte-plume n. m. inv. Petit instrument servant de manche pour les plumes à écrire ou à dessiner.

porter [pɔrte] v. t. (lat. *portare*). Soutenir un poids, une charge : *porter un sac sur ses épaules.* ‖ Transporter d'un lieu dans un autre : *porter des denrées au marché.* ‖ Avoir sur soi ; présenter, offrir : *porter une somme d'argent ; porter un verre à ses lèvres ; porter la gaieté sur son visage.* ‖ Etre vêtu de : *porter le deuil.* ‖ Tenir : *porter la tête haute.* ‖ Diriger, mouvoir vers : *porter ses regards.* ‖ Causer : *porter malheur.* ‖ Produire : *un arbre qui porte de beaux fruits.* ● *Porter les armes,* être soldat. ‖ *Porter un article sur un registre,* l'y inscrire. ‖ *Porter bien son âge,* être vigoureux malgré un âge avancé ; présenter les apparences de l'âge que l'on a en réalité. ‖ *Porter bien son vin,* boire beaucoup sans s'enivrer. ‖ *Porter à l'écran, à la scène,* adapter une œuvre pour le cinéma, le théâtre. ‖ *Porter envie,* envier. ‖ *Porter l'épée, la robe, la soutane,* être officier, magistrat, ecclésiastique. ‖ *Porter la main sur quelqu'un,* le frapper. ‖ *Porter la parole,* parler au nom de plusieurs. ‖ *Porter ses pas en un lieu,* s'y transporter. ‖ *Porter la peine d'une faute,* en être puni. ‖ *Porter un toast,* boire à la santé de quelqu'un. ‖ — V. i. Poser, être soutenu : *tout l'édifice porte sur une colonne.* ‖ Etre en état de gestation : *la chatte porte huit semaines.* ‖ Atteindre à : *carabine qui porte à 500 m.* ‖ *Mar.* Conduire : *le courant porte au large.* ‖ Avoir pour objet : *sur quoi porte votre critique?* ● *Porter à faux,* se dit des pièces qui ne sont pas à l'aplomb de leur point d'appui. ‖ *Porter à la tête,* étourdir, en parlant d'une boisson ou d'une vapeur. ‖ **— Se porter** v. pr. Se transporter, se diriger vers : *la foule se porte à tel endroit.* ‖ — *Fig.* Avoir tel ou tel état de santé : *se porter bien ou mal ; se porter comme un charme.* ‖ Se livrer : *se porter à des voies de fait.* ‖ Se présenter : *se porter candidat aux élections.* ● *Se porter fort pour quelqu'un,* garantir qu'une personne prendra un engagement.

porter n. m. V. PORTÉ.

porter [pɔrtɛr] n. m. (mot angl.). Bière anglaise, brune et amère.

porterie [pɔrtəri] n. f. Loge d'un portier de couvent.

porte-savon n. m. Petit récipient pour le savon. ‖ Pl. des *porte-savon* ou *-savons*

porte-serviettes n. m. inv. Support pour suspendre les serviettes de toilette.

Portes-lès-Valence (26800), ch.-l. de c. de la Drôme (arr. de Valence) ; 6 152 h. Textiles artificiels.

Port-Étienne. V. NOUADHIBOU.

porte-trait n. m. Courroie qui sert à soutenir les traits des chevaux attelés. ‖ Pl. des *porte-trait* ou *-traits.*

Portet-sur-Garonne (31120), comm. de la Haute-Garonne (arr. de Toulouse) ; 5 445 h. (4 380 aggl.).

porteur, euse n. Personne dont le métier est de porter des fardeaux. ‖ Danseur plus particulièrement spécialisé dans les rôles comportant des portés. (Autrefois, les rôles dansés masculins étaient tenus par des danseuses en travesti ; aujourd'hui, le danseur est à la fois partenaire et porteur.) ● *Porteur de germes,* personne apparemment saine, ou convalescente d'une maladie contagieuse (typhoïde en particulier), et qui véhicule des germes virulents. ‖ — Adj. *Courant porteur, onde porteuse,* V. COURANT, ONDE.

porteur n. m. Celui qui est chargé de remettre une lettre : *réponse au porteur.* ‖ Personne au profit de laquelle un effet de commerce a été souscrit ou endossé. ‖ Détenteur d'une valeur mobilière. ● *Au porteur,* mention inscrite sur un effet de commerce ou sur un chèque dont le bénéficiaire n'est pas désigné nominativement ; se dit des valeurs mobilières transmissibles de la main à la main, et dont le possesseur est considéré comme le propriétaire.

porte-vent n. m. inv. Tuyau conducteur du vent, dans les orgues. (On construit les porte-vent en bois, en plomb ou en matière plastique.)

porte-voix n. m. inv. Instrument en forme de tronc de cône, destiné à augmenter la portée de la voix : *le porte-voix sert beaucoup aux marins.*

Port-Gentil, port du Gabon, à l'embouchure de l'Ogooué ; 25 000 h. Principal débouché maritime du pays.

Port-Grimaud, écart de la comm. de Grimaud (Var), sur le golfe de Saint-Tropez. Station balnéaire et centre de yachting.

Port-Harcourt, port du Nigeria, sur le delta du Niger ; 208 200 h. Pneumatiques. Raffinerie de pétrole.

Portici, port d'Italie, en Campanie ; 72 300 h.

portier, ère n. Personne qui ouvre, ferme et garde la porte d'une maison, d'un établissement, d'une usine, etc. ‖ — Adj. : *frère portier.*

portier n. m. Clerc qui a reçu le premier des ordres mineurs.

Portier (Paul), médecin et physiologiste français, né à Bar-sur-Seine (1866-1962). Il découvrit l'anaphylaxie avec C. Richet.

portière n. f. Porte d'une voiture automobile ou de chemin de fer. ‖ Rideau ou double porte capitonnée, placés devant une porte. ‖ Elément d'un pont de bateaux.

portière adj. f. Se dit de la femelle d'un animal domestique qui est en âge de porter, d'avoir des petits : *brebis portière.*

portillon n. m. Petite porte.
Garonne). Usine hydro-électrique à proximité.

Portinari (Cândido), peintre brésilien, né à Brodósqui (Etat de São Paulo) [1903-1962]. Son style, d'abord paisible, évolua vers un violent expressionnisme. Portinari a exécuté de nombreuses et vastes peintures murales d'inspiration sociale (*la Musique nègre,* Radio-Tupi de Rio de Janeiro, 1943 ; décoration de l'église de Pampulha, près de Belo Horizonte, 1945).

portion [pɔrsjɔ̃] n. f. (lat. *portio*). Partie d'un tout divisé. ‖ Quantité de pain, de viande, etc., donnée à chacun pour sa part.

portionnaire adj. et n. *Dr.* Qui peut prétendre à une portion d'héritage.

portique [pɔrtik] n. m. (lat. *porticus*). *Archit.* Nom donné à certaines galeries de colonnes : *les portiques de l'Erechthéion.* ‖ Poutre horizontale soutenue par des poteaux, et à laquelle on accroche les agrès de gymnastique. ● *Portique à signaux,* sorte de passerelle enjambant plusieurs voies ferrées et sur laquelle sont groupés un certain nombre de signaux.

Port-Jérôme, localité de la Seine-Maritime (comm. de Notre-Dame-de-Gravenchon), sur la basse Seine. Raffinerie de pétrole. Pétrochimie.

Port-Joinville (85350), bourg de l'île d'Yeu (Vendée, arr. des Sables-d'Olonne). C'est le principal centre de l'île. Pêche et conserves.

barrage hydro-électrique de Dos Bocas

Porto Rico

récolte d'ananas

Port Kembla, centre sidérurgique d'Australie, au sud de Sydney.

portland [pɔrtlɑ̃d] n. m. (par ressemblance avec la pierre grise de *Portland*). Ciment hydraulique fabriqué par calcination d'un mélange artificiel d'argile et de craie.

Portland, v. des Etats-Unis (Oregon); 385 000 h. Métallurgie. Industries du bois. — Port des Etats-Unis (Maine); 72 600 h.

Portland, péninsule anglaise de la Manche (Dorset). Calcaire argileux ayant donné son nom à une variété de ciment.

Portland (William BENTINCK, 1er *comte* DE), diplomate anglais d'origine hollandaise, né à Schoonheeten (Provinces-Unies) [v. 1645 ou 1649-1709], conseiller de Guillaume III.

Port-la-Nouvelle (11210), anc. **La Nouvelle,** comm. de l'Aude (arr. de Narbonne); 4 036 h. Port et station balnéaire. Industries chimiques.

Port-Louis (56290), ch.-l. de c. du Morbihan (arr. de Lorient); 3 921 h. (*Portlouisiens*). Remparts du XVIIe s.

Port-Louis, cap. de l'île Maurice; 136 000 h.

Port-Lyautey. V. KENITRA.

Port Moresby, cap. de l'Etat de Papouasie-Nouvelle-Guinée, sur la mer de Corail; 42 100 h. Centre commercial et administratif.

Port-Navalo, port et station balnéaire du Morbihan (arr. de Vannes, comm. d'Arzon), à l'extrémité de la presqu'île de Rhuis.

porto [pɔrto] n. m. Vin très renommé du Portugal.

Porto (*golfe de*), golfe de la côte occidentale de la Corse. Station balnéaire.

Porto, port du Portugal, à l'embouchure du Douro; 319 000 h. Deuxième ville du pays. Centre d'exportation des vins renommés de la vallée du Douro (*portos*). Industries mécaniques et textiles. Raffinerie de pétrole.

Pôrto Alegre, v. du Brésil, cap. du Rio Grande do Sul; 1 026 000 h. Métropole économique du Brésil méridional.

Portocarrero (Luis FERNÁNDEZ DE), cardinal et ministre espagnol (1635-1709). Archevêque de Tolède, chef du parti français, conseiller de Charles II, il présida la junte de régence.

Portoferraio, ch.-l. de l'île d'Elbe (Italie); 10 300 h. Port. Napoléon Ier y résida de mai 1814 à février 1815.

Port of Spain, v. de l'île de la Trinité, cap. de l'Etat de Trinité-et-Tobago; 117 000 h.

Porto Marghera, port et faubourg industriel de Venise.

Porto-Novo, cap. du Dahomey, sur le golfe de Guinée; 77 100 h.

portor [pɔrtɔr] n. m. (de l'ital. *porta oro,* porte-or). Marbre noir veiné de jaune.

Porto-Riche (Georges DE), auteur dramatique français, né à Bordeaux (1849-1930). Il se fit dans ses drames l'analyste des conflits psychologiques nés de l'amour sensuel (*la Chance de Françoise,* 1889; *Amoureuse,* 1891). [Acad. fr.]

Porto Rico, en esp. et en angl. **Puerto Rico,** une des Antilles, à l'est d'Haïti; 8 897 km²; 2 697 000 h. (*Portoricains*). Cap. *San Juan.*
● *Géographie.* Une longue chaîne montagneuse occupe le centre de l'île, séparant une partie septentrionale humide (plus de 1 500 mm à San Juan) et forestière et une partie méridionale, abritée de l'alizé pluvieux, relativement sèche (900 mm à Ponce) et en partie steppique. Les moyennes thermiques mensuelles oscillent entre 20 et 26 °C.
L'accroissement rapide (2,5 p. 100 par an) d'une population dont la densité est très élevée (300 h. au kilomètre carré en moyenne) explique l'intense émigration, dirigée surtout vers les Etats-Unis. Ceux-ci ont accéléré la mise en valeur de l'île, développant notamment le secteur industriel, représenté par le textile, l'alimentation et le raffinage du pétrole (San Juan et Ponce). — Toutefois, une grande partie de la population se consacre encore à l'agriculture, en particulier à la culture de la canne à sucre, qui éclipse plus ou moins les cultures des fruits (bananes, ananas), du tabac et du café.
● *Histoire.* Découverte par Christophe Colomb en 1493, l'île fut exploitée par les Espagnols, qui y firent venir de nombreux esclaves africains. Au XVIIe s., convoitée et parfois occupée par les Anglais, elle fut un centre de contrebande.
En 1873, l'esclavage y fut aboli. Autonome en 1897, Porto Rico fut cédé aux Etats-Unis par les Espagnols en 1898. En 1917, les Portoricains acquirent la nationalité américaine et un régime représentatif; cette mesure et l'élection libre d'un gouverneur, accordée en 1948, n'ont pas aboli un sentiment national qui reste vif.

Porto-Seguro, port du Togo, florissant à l'époque de la traite des Noirs.

Porto-Vecchio (20210), ch.-l. de c. de la Corse (arr. de Sartène), sur le *golfe de Porto-Vecchio;* 6 000 h. (3 324 aggl.). Centre touristique.

Port Radium, localité du Canada (Territoires du Nord-Ouest), sur les bords du Grand Lac de l'Ours; 300 h. Gisement de pechblende.

portrait [pɔrtrɛ] n. m. (de l'anc. fr. *pourtraire,* dessiner). Image d'une personne reproduite par la peinture, le dessin, la sculpture ou la photographie. ‖ — *Fig.* Grande ressemblance : *cet enfant est le portrait de son père.* ‖ Description d'un caractère : *les portraits de La Bruyère.* ‖ Description exacte d'une chose quelconque. ● *Portrait robot,* dessin du visage d'un individu effectué d'après la description de divers témoins.

portraitiste n. Artiste qui a fait du portrait sa spécialité.

portraiturer v. t. Faire le portrait de quelqu'un.

Port-Royal, abbaye de femmes, fondée en 1204 près de Chevreuse (Yvelines), réformée en 1608 par l'abbesse Angélique Arnauld, transportée à Paris en 1625. Elle passa en 1635 sous la direction religieuse de Saint-Cyran et devint alors le foyer du jansénisme. Autour de la maison de Chevreuse, où une grande partie de la communauté parisienne revint s'établir en 1648, se groupèrent des solitaires dits « les messieurs de Port-Royal » : Lemaistre de Sacy, Nicole, Arnauld, Lancelot, Hamon, qui fondèrent les Petites Ecoles; Racine fut leur élève. C'est aussi à Chevreuse que se retira Pascal en 1654. A partir de 1656, la persécution s'abattit sur Port-Royal des Champs; les religieuses furent expulsées en 1709, l'abbaye fut démolie en 1710. Il en subsiste des vestiges. Un oratoire-musée a été édifié en 1891 sur l'emplacement de l'ancienne chapelle.

Port-Royal, par Sainte-Beuve (1840-1859), étude qui reste un des modèles de la méthode historique appliquée à un mouvement de pensée et à ses répercussions sur la vie littéraire et sociale d'une époque.

Port-Saïd, v. d'Egypte, sur la Méditerranée, à l'entrée du canal de Suez; 283 000 h. Objectif d'une action militaire franco-anglaise en 1956, à la suite de la nationalisation du canal.

Port-Sainte-Marie (47130), ch.-l. de c. de Lot-et-Garonne (arr. d'Agen); 1 876 h. (1 210 aggl.). Chasselas.

Port-Saint-Louis-du-Rhône (13230), ch.-l. de c. des Bouches-du-Rhône (arr. d'Arles); 8 285 h. Port. Produits chimiques.

Port-Salut [pɔrsaly] n. m. inv. (nom déposé). Fromage cuit, de lait de vache, à pâte pressée.

Portsmouth, port militaire de Grande-Bretagne (Hampshire), dans l'île de Portsea; 219 000 h.

Portsmouth, v. des Etats-Unis (New Hampshire); 24 500 h. Là fut signé le traité mettant fin à la guerre russo-japonaise (1905). — Port des Etats-Unis (Virginie); 114 800 h. Chantiers navals.

Port-Soudan, port du Soudan, sur la mer Rouge; 108 900 h. Principal débouché maritime du pays.

Port-sur-Saône (70170), ch.-l. de c. de la Haute-Saône (arr. de Vesoul); 2 056 h.

Port Talbot, port de Grande-Bretagne, dans le pays de Galles, sur le canal de Bristol; 52 000 h. Centre sidérurgique.

portuaire adj. Relatif à un port : *des installations portuaires.*

portugais [pɔrtygɛ], **e** [-ɛz] adj. et n. Du Portugal. ‖ — N. m. Langue romane parlée au Portugal et au Brésil.

portugaise n. f. Sorte d'huître.

Portugal, Etat de l'Europe méridionale, occupant le sud-ouest de la péninsule Ibérique; 92 000 km²; 9 442 000 h. (*Portugais*). Cap. *Lisbonne.* Langue : *portugais.*

Géographie.

● *Géographie physique.* Le relief du Portugal correspond au rebord de la *Meseta* ibérique. Au sud du Tage s'étend le plateau de l'*Alentejo,* incliné vers l'Atlantique et limité au sud par la montagne schisteuse de l'*Algarve.* Au nord, la Meseta, soulevée et faillée, a formé des reliefs plus vigoureux, constituant une série de horsts sud-ouest - nord-est (*serra da Estrela*). Au-delà du Douro domine de nouveau un paysage tabulaire dans le *Trás-os-Montes* et le *Minho.* Les plateaux de l'*Estrémadure,* à l'ouest de la basse vallée du Tage, qui correspond en partie au *Ribatejo,* séparent deux ensembles de plaines côtières sur un littoral souvent rectiligne. Le climat, de type méditerranéen, est nuancé régionalement par la latitude et l'éloignement de l'Océan. Si l'été est pratiquement toujours la saison la plus sèche, les précipitations se raréfient du nord au sud et d'ouest en est. Le Minho et le Trás-os-Montes reçoivent plus de 1 000 mm, Coimbra encore plus de 800 mm, mais la hauteur des précipitations est inférieure à 700 mm à Lisbonne, à 500 mm dans la majeure partie de l'Alentejo. Les moyennes thermiques mensuelles oscillent entre 10 (janvier) et 22 °C (juillet-août) à Lisbonne. L'amplitude augmente dans l'intérieur; les hivers sont rudes dans le Nord, et les étés sont torrides au sud du Tage (accentuant le caractère aride de cette région). Les essences à feuilles caduques du Nord cèdent la place vers le sud à la forêt méditerranéenne (chêne vert et chêne-liège), souvent dégradée en garrigues et en maquis.

carte, v. hors-texte **Espagne et Portugal,** *tome Ier*

● *Géographie humaine.* La densité moyenne de population est de l'ordre de 100 h. au kilomètre carré. La population s'accroît aujourd'hui à un rythme annuel, élevé pour l'Europe, supérieur à 1 p. 100. Le taux de natalité dépasse encore légèrement 20 p. 1 000, le taux de mortalité est inférieur à 10 p. 1 000. La population se concentre en bordure du littoral, surtout au nord de l'estuaire du Tage (la densité descend au-dessous de 50 h. au kilomètre carré dans de nombreux districts de l'intérieur : Beja, Bragance, Evora, Portalegre), où se localisent les deux seules villes dépassant 50 000 h., Porto et surtout Lisbonne, dont l'agglomération rassemble plus de 15 p. 100 de la population du Portugal continental. Moins du tiers de la population est encore urbanisé, et la population active représente moins de 40 p. 100 de la population totale.

Phot. U. S. I. S. (2).

● *Géographie économique.* L'agriculture emploie plus du tiers de cette population active, mais ne fournit que le cinquième du produit intérieur brut. Elle se caractérise par une opposition entre la moitié méridionale du pays, domaine de la grande propriété (notamment dans l'Alentejo), exploitée souvent d'une manière extensive, et le Nord, où la petite propriété est associée à une polyculture fréquemment intensive. Parmi les cultures vivrières émergent celles du maïs, du blé, de la pomme de terre, auxquelles on peut associer celle de l'olivier. L'alimentation est complétée par les produits de l'élevage (essentiellement ovin) et surtout de la pêche (sardine, morue, hareng). La seule culture commercialisable notable est celle du vin (8 à 12 Mhl), répandue surtout dans la vallée du Douro (*porto*), dans les régions de Setúbal et de Lisbonne. La sylviculture tient une place importante, notamment grâce à l'exploitation du chêne-liège (Alentejo et Ribatejo oriental).

L'industrie (construction incluse) emploie à peine le tiers de la population active, mais fournit plus de 40 p. 100 du produit intérieur brut. Les richesses du sous-sol, fortement minéralisé, ne sont encore que partiellement exploitées : tungstène, étain, cuivre, soufre, etc. La production du charbon et du lignite est trop faible pour satisfaire les besoins nationaux et, *a fortiori*, pour pallier la pénurie totale en hydrocarbures. La majeure partie de la faible production d'électricité (6 TWh) est d'origine hydraulique. Parmi les industries de transformation émergent le textile (travail du coton au nord du Douro, de la laine entre le Tage et le Mondego) et les industries alimentaires. La réalisation du complexe sidérurgique de Seixal doit favoriser le développement de la métallurgie de transformation, implantée surtout à Lisbonne, dont une banlieue, Barreiro, est le principal centre de l'industrie chimique.

La balance commerciale est traditionnellement et lourdement déficitaire (le taux de couverture des importations oscille entre 50 et 70 p. 100). Aux exportations dominent les textiles et les produits alimentaires (poisson, vin). Les biens d'équipement constituent le quart des exportations, et les matières premières industrielles, le cinquième. Le Portugal appartient à l'Association européenne de libre-échange, et son principal partenaire commercial est la Grande-Bretagne, qui précède l'Allemagne occidentale et les Etats-Unis. Le déficit commercial est comblé par les envois des émigrés (nombreux en raison de l'exode rural et de l'insuffisant développement de l'industrie [plus de 200 000 en France]), le solde positif des territoires d'outre-mer (Angola et Mozambique) et les recettes du tourisme (1,5 million de visiteurs étrangers).

Le niveau de vie est l'un des plus bas d'Europe. Le revenu individuel moyen est de l'ordre de 350 dollars (le cinquième de celui de la France). Il existe seulement une voiture de tourisme pour 40 h., un téléviseur pour 50 h. Dans le domaine du logement, si la densité moyenne d'occupation par pièce est voisine de l'unité, la moitié seulement des logements possède l'électricité, et le cinquième, une salle de bains. La consommation d'énergie par habitant est très faible, de l'ordre de 0,5 t de charbon équivalence; celle d'électricité est seulement de 600 kWh. L'analphabétisme n'a pas encore disparu; des disparités sociales se superposent aux différences géographiques de développement, opposant essentiellement Lisbonne et la province.

Histoire.

Au IIe s. av. J.-C., les tribus locales, dont la plus importante est celle des Lusitains, luttent contre les Romains. Finalement, au Ier s. av. J.-C., Auguste crée la province de Lusitanie. Elle est envahie au Ve s. par les Alains et les Suèves, qui laissent la place aux Wisigoths. La domination musulmane commence en 711.

● *Formation du royaume portugais.* Alphonse VI, roi de León, donne le comté de Portugal (région de Porto) à Henri de Bourgogne, mari de sa fille bâtarde Thérèse (1097). Henri émancipe le Portugal de la Castille sur le plan religieux, en obtenant l'érection de Braga en archevêché (1104). A la mort d'Henri, dix ans plus tard, le pays entre dans une période de crise. Comme la reine veut se rapprocher de la Galice et de la Castille, la noblesse se révolte. Alphonse Ier Henriques (1128-1185) bat les Castillans et prend le titre de roi des Portugais (1139), titre qu'il fait reconnaître du pape et de l'Empereur (1143).

Dès lors, la progression se poursuit vers le sud; Lisbonne est prise en 1147, et l'Alentejo entre 1158 et 1166. Après la défaite almohade à Las Navas de Tolosa (1212), à laquelle participent les troupes portugaises, la conquête de l'Algarve s'achève en 1249. Le dialecte de Porto est diffusé dans tout le pays. Les ordres religieux militaires avaient pris part à la Reconquête, maintenant c'est l'heure des cisterciens (Alcobaça) et des chanoines réguliers de Saint-Augustin.

Les institutions se mettent en place. La monarchie, héréditaire dès le XIe s., cherche à limiter les privilèges du clergé et de la noblesse. Alphonse II (1211-1223) vérifie tous les titres de propriété et interdit au clergé régulier et séculier d'acquérir des biens immobiliers. Alphonse III (1248-1279) s'appuie sur la bourgeoisie pour faire pièce aux privilégiés; il l'introduit aux Cortes (1254) et surtout à la curie royale, chargée de rédiger et de faire appliquer les ordonnances. Denis (1279-1325) fonde en 1290 l'université de Lisbonne (transférée à Coimbra en 1307) et favorise les activités économiques de la bourgeoisie. Les successeurs de Denis réduisent les privilèges de la noblesse et commencent à orienter le Portugal vers l'expansion outre-mer. Juifs et morisques contribuent puissamment à la mise en valeur du pays.

● *La dynastie d'Aviz et l'expansion outre-mer.* La mort de Ferdinand Ier (1367-1383) provoque un changement de dynastie. Le roi ne laisse qu'une fille, Béatrice, fiancée à Jean Ier de Castille, allié de la France. Deux partis s'affrontent : la noblesse, favorable à la candidature castillane, et la bourgeoisie, qui a pris position pour celle de Jean, grand maître de l'ordre d'Aviz, que soutient l'Angleterre. Ce dernier parti l'emporte; Jean Ier est roi de 1385 à 1433, et la branche d'Aviz ne s'éteint qu'en 1580.

C'est sous Jean Ier que les Portugais commencent l'exploitation des terres nouvelles. Des causes diverses expliquent cette hardie épopée : les progrès de la science et de la construction navale, la nécessité d'obvier à la surpopulation, la concurrence castillane sur le continent, la demande accrue de produits maritimes et exotiques, la recherche de l'or. Les chevaliers, ruinés par la crise économique, conquièrent le port marocain de Ceuta (1415). Les bourgeois organisent la colonisation de Madère (1418) et des Açores (1432), et l'exploration de la côte africaine. Le Rio de Oro est atteint en 1436. C'est alors que commence la grande période d'exploration, dont les animateurs sont l'infant Pierre (régent de 1438 à 1448), son frère Henri le Navigateur, qui meurt en 1460, et les rois eux-mêmes : Jean II (1481-1495), Manuel Ier (1495-1521). Ceux-ci se sont fixé un double but : explorer les îles et les terres de l'Ouest, découvrir la route maritime de l'Inde par le sud de l'Afrique.

Ce programme sera rempli point par point. Les îles du Cap-Vert, découvertes vers 1456, et les Açores servent de base à des voyages qui mènent les Portugais aux abords de Terre-Neuve et du Brésil, avant Colomb, qui a profité de ces expériences. Le voyage de 1471 vers l'Afrique aboutit à la découverte de São Tomé et au franchissement de l'équateur. Les rois doivent faire face à une noblesse toujours arrogante, d'où l'exécution des ducs de Bragance (1483) et de Viseu (1484); ils n'en poursuivent pas moins leur politique de conquête. Diogo de Azambuja fonde en Guinée (dans l'actuel Ghāna) le fort de São Jorge de Mina (1482), qui sera le relais des expéditions ultérieures. Bartolomeu Dias atteint en 1487 le cap des Tempêtes (futur cap de Bonne-Espérance). Pêro da Covilhã reconnaît l'Inde et visite l'Ethiopie. Vasco de Gama réalise le premier voyage maritime en Inde (1497-1498).

Cependant, Colomb, à qui le roi de Portugal a refusé des bateaux (1484), rentre de son premier voyage au service de la Castille (1492-1493) en annonçant qu'il a atteint l'Inde par l'ouest. Désormais, deux puissances rivales sont en compétition, mais les papes délimitent les zones respectives de navigation, et l'accord définitif intervient au traité de Tordesillas en 1494. Le Portugal a pour lui l'espace qui va jusqu'à l'ouest du Brésil. Dès 1456, une bulle lui avait confié le patronat des terres acquises ou à acquérir en Afrique et sur la route de l'Inde. La nouvelle bulle de 1493, modifiée par le traité de Tordesillas, délimite son empire à l'ouest. Le traité de Saragosse (1529) fixera la limite à l'est.

Le Portugal peut, dès lors, compléter et organiser son empire, qui va du Maroc au Japon. Le contrôle du commerce lointain est assumé par une régie qui s'appellera finalement *Casa da India e da Guiné*. Contrairement aux Espagnols, les Portugais ne veulent pas conquérir l'intérieur des terres. Ils se contentent de créer des comptoirs, souvent fortifiés, tout le long des côtes de l'Afrique et de l'Asie. Ils sont à Goa en 1510, à Amboine, aux Moluques, en 1512. Ils débarquent au Siam, au Cambodge, au Dai-Viêt, en Chine et au Japon (1542). Ils répandent partout la civilisation chrétienne (François Xavier en Extrême-Orient de 1542 jusqu'à sa mort, en 1552). Sur le marché européen, le roi de Portugal contrôle les épices asiatiques, le sucre des îles, les esclaves noirs.

La culture intellectuelle et artistique connaît le même élan que l'économie et atteint son âge d'or sous Jean III (1521-1557), qui obtient du pape Paul III l'installation des Jésuites au Portugal; ceux-ci établissent une université à Evora (1559). La culture s'enrichit au contact des civilisations africaines et asiatiques (style manuélin). Luís de Camões chante une époque de gloire qui va prendre fin. La Contre-Réforme est marquée par l'Inquisition, qui recherche pour ses autodafés les juifs et les musulmans mal convertis.

● *L'union avec l'Espagne* (*1580-1640*). La dynastie d'Aviz s'était liée par des mariages avec la maison castillane, mais c'est elle qui s'éteint la première. Sébastien (1557-1578) meurt à Alcaçar-Quivir en combattant les Marocains. Henri le Cardinal le suit dans la tombe deux ans après. L'armée de Philippe II, roi d'Espagne, fils et petit-fils de princesses portugaises, s'empare du Portugal (1580-1581). A la période espagnole correspond un rétrécissement de l'Empire portugais, dû en particulier aux ambitions des Hollandais et des Anglais, adversaires de Philippe II.

● *Le Portugal de 1640 à 1811.* Le Brésil a été proclamé possession portugaise dès 1500 par Cabral. Le commerce des esclaves noirs y est florissant, ainsi que les plantations sucrières. Mais, en 1630, les Hollandais s'y installent. Les Portugais rendent la monarchie espagnole responsable de leurs malheurs. Profitant de la révolte de la Catalogne et du soutien indirect de Richelieu, ils se soulèvent en 1640 et proclament roi le duc de Bragance, qui prend le nom de Jean IV (1640-1656). Ils chassent les Néerlandais des comptoirs africains, puis du Brésil (1654), alors que s'effondrent leurs positions en Asie. Par le traité de Lisbonne (1668), l'Espagne reconnaît l'indépendance du Portugal. Celui-ci connaît une grave crise monarchique avec la relégation aux Açores d'Alphonse VI en 1667; Pierre II devient régent (1667-1683), puis roi (1683-1706). Le Portugal lie sa destinée économique à l'Angleterre par le traité Methuen (1703). Le marché anglais reçoit exclusivement les vins de Madère et de Porto, mais place librement son blé et ses lainages au Portugal, voué désormais à la monoculture de la vigne. Le Portugal perd encore des comptoirs en Inde et en Afrique, quitte définitivement le Maroc (1769) et se consacre uniquement à l'exploitation du Brésil.

Le règne de Joseph Ier (1750-1777) correspond au « despotisme éclairé » : Pombal, véritable maître du pays, lutte contre l'Eglise et les grands, tout en favorisant l'économie nationale et le commerce avec le Brésil. C'est l'or du Brésil qui permet la reconstruction de Lisbonne après le séisme de 1755. Marie Ire (1777-1816), atteinte de démence, laisse le pouvoir (1792) à son fils, le futur Jean VI. Le Portugal déclare la guerre à la France révolutionnaire en 1793, mais il est envahi par l'armée de Napoléon en 1807; celle-ci s'y maintiendra jusqu'en 1811.

● *Le déclin portugais* (*1811-1911*). Jean VI (1816-1826), qui s'est enfui au Brésil en 1807, confie la régence au général Beresford. Une révolution libérale le rappelle en 1821 et il accorde une nouvelle constitution (1822). Son fils Pierre se proclame empereur du Brésil la même année. A la mort de son père (1826), Pierre nomme reine sa fille Marie II, mais celle-ci est évincée par son oncle Michel (1828), qui pratique un absolutisme outrancier. Pierre quitte alors le Brésil (1831), rentre à Lisbonne en 1833 et rétablit la charte libérale octroyée en 1826. Deux groupes politiques s'affrontent, les chartistes (modérés) et les septembristes (partisans de la Constitution de 1822). L'acte additionnel de 1852 n'accorde le droit de vote qu'à ceux qui ne sont pas illettrés, or 80 p. 100 des Portugais le sont. Malgré des explorations remarquables (Serpa Pinto), le Portugal, lors des partages africains, est sacrifié à l'Angleterre, à la France, à Léopold II de Belgique : il doit renoncer à relier l'Angola et le Mozambique. La monarchie devient impopulaire par son gaspillage, et le roi Charles Ier (1889-1908) est assassiné en pleine rue, ainsi que son fils aîné. La république est proclamée (1910) après le règne éphémère de Manuel II.

● *La république* (*1911-1926*). Les intellectuels qui ont fait la révolution sont pris entre les syndicats révolutionnaires et les monarchistes majoritaires. Une Constituante dissout les congrégations, rompt les liens entre l'Eglise et l'Etat, annonce la conscription, l'enseignement laïque et obligatoire, accorde le droit de grève. La constitution démocratique de 1911 fonctionne mal : des coups d'Etat et des insurrections militaires et royalistes mettent le pays au bord de la ruine; une quarantaine de gouvernements se succèdent entre 1911 et 1926. Le Portugal lutte contre l'Allemagne durant la Première Guerre mondiale, mais n'en retire en 1919 que peu d'avantages en Afrique.

● *Le Portugal de Salazar.* En mai 1926, le général Gomez da Costa renverse le régime parlementaire; il est bientôt évincé par le général Oscar Carmona, qui, élu président en 1928, sera réélu tous les sept ans jusqu'à sa mort (1951). En 1928, le président Carmona confie le portefeuille des Finances au professeur Salazar, qui devient président du Conseil en 1932. Salazar est le personnage principal du nouveau régime, dont la Constitution est appliquée en 1933. Le Statut national du travail (1933) oblige les ouvriers à s'inscrire à des syndicats nationaux; l'année suivante, la grève est interdite. L'« Etat nouveau », qui a réconcilié le Portugal et le Vatican, pratique une politique extérieure prudente. Visiblement favorable au général Franco durant la guerre d'Espagne, il reste neutre au début de la Seconde Guerre mondiale, mais permet à la Grande-Bretagne (1943), puis aux Etats-Unis (1944) d'utiliser l'archipel des Açores pour la surveillance de l'Atlantique.

L'après-guerre est marquée par une accentuation du malaise économique. En 1951, le général Lopez remplace Carmona, décédé. En 1958, lorsque le candidat officiel, l'amiral Américo Tomás, est élu, le candidat d'opposition, le général Humberto Delgado, enlève 25 p. 100 des voix. Celui-ci se réfugie à l'ambassade du Brésil en janvier 1959, puis part pour l'étranger. Il sera assassiné en février 1965. Cette même année, Américo Tomás, candidat unique, est réélu président.

Le Portugal, qui a gardé un assez vaste domaine colonial, connaît de ce fait de sérieuses difficultés. L'Inde propose sans succès, en 1953, des négociations pour la remise des territoires portugais (Goa, Diu et Damão). En 1961, les troupes indiennes envahissent les enclaves portugaises. En Angola et au Mozambique, « provinces d'outre-mer », des troubles ont lieu à partir de février 1961, suscités par des mouvements d'indépendance. En 1968, le président Salazar, malade, doit cesser toute activité. Il est remplacé par Marcello Caetano.

● *Le retour à la démocratie et la décolonisation.* Le 25 avril 1974, le régime autoritaire est renversé par un Mouvement des forces armées qui place à la tête de l'Etat le général de Spinola. La démocratie est restaurée, et le nouveau pouvoir entreprend de négocier avec les insurgés des territoires africains (ceux de la Guinée-Bissau obtiennent l'indépendance les premiers). Mais de Spinola démissionne en septembre 1974 : le régime s'oriente alors vers l'extrême gauche, sous la présidence du général Costa Gomes.

portulan [pɔrtylɑ̃] n. m. (ital. *portolano*, pilote). Carte marine de la fin du Moyen Age et de la Renaissance, indiquant la position des ports d'une côte.

Port-Vendres (66660), ch.-l. de c. des Pyrénées-Orientales (arr. de Céret); 5 860 h. (*Portvendrais*). Port de pêche et de commerce. Station balnéaire. Vins.

Port-Vila. V. VILA.

Portzmoguer (Hervé DE), dit **Primauguet,** amiral breton, né à Plouarzel (v. 1470-1512). Il mourut héroïquement, près de Brest, en protégeant la retraite de sa flotte contre les Anglais.

Porz am Rhein, v. de l'Allemagne occidentale (Rhénanie-du-Nord-Westphalie); 61 900 h.

posada [pɔsada] n. f. (mot esp.). Auberge, en Espagne.

pose [poz] n. f. Action de poser, de mettre en place : *la pose d'un tapis.* || Attitude du corps : *une pose indolente.* || *Phot.* Temps d'exposition plus long qu'un dixième de seconde. || *Fig.* Affectation, prétention : *parler sans pose.* ● *Pose de la voix* (Mus.), travail qui permet d'obtenir de la voix humaine un équilibre constant dans son registre normal.

posé, e adj. Grave, sérieux : *homme posé; maintien posé.*

Poséidon, dieu grec de la Mer, le *Neptune* des Romains. Il habitait un palais au fond des mers. On le représentait armé d'un trident.

posément adv. Doucement, sans se presser : *lire, parler posément.*

posemètre n. m. Appareil servant à mesurer le temps de pose nécessaire pour une photographie.

poser [poze] v. t. (du lat. *pausa,* repos). Placer, mettre : *poser un livre sur une table.* || Arranger, placer dans l'endroit convenable : *poser des rideaux.* || Ecrire : *poser des chiffres.* || — *Fig.* Etablir : *poser un principe.* || Mettre en valeur, donner de la notoriété : *un succès pose un auteur.* || Adresser, formuler : *poser une question à un candidat.* ● *Poser les armes,* faire la paix. || — V. i. Etre placé, prendre appui sur : *la poutre pose sur le mur.* || Garder une certaine attitude pour se faire peindre : *poser devant un peintre.* || *Phot.* Faire une pose. || *Fig.* Se tenir dans une attitude trop étudiée, affectée : *cette femme pose continuellement.* || **— Se poser** v. pr. Atterrir : *l'avion se posa.* ● *Se poser en,* s'ériger en, se donner pour : *se poser en justicier, en victime.*

poseur, euse adj. et n. Qui met de l'affectation dans ses attitudes, dans ses gestes, etc. : *les poseurs sont insupportables.* || Se dit d'une personne qui dirige ou fait la pose de certains objets : *poseur de parquets.*

Posidonios, historien et philosophe stoïcien grec, né à Apamée (Syrie) [v. 135-v. 50 av. J.-C.]. Cicéron et Pompée vinrent à Rhodes assister à ses cours.

positif [pozitif], **ive** [-iv] adj. Existant, constant : *fait positif.* (Syn. : CERTAIN, CONCRET, EFFECTIF, FLAGRANT, FORMEL, RÉEL, TANGIBLE, VRAI.) ● *Electricité positive,* celle qu'on peut obtenir en frottant du verre avec un morceau de drap, et qu'on affecte du signe +. || *Epreuve positive,* épreuve photographique que l'on obtient en exposant à la lumière un négatif au contact duquel on a placé une feuille de papier, une plaque, une pellicule, etc., sensibilisées. (On dit aussi POSITIF n. m. et POSITIVE n. f.) || *Etat positif,* dans la philosophie d'Auguste Comte, état de la connaissance humaine où l'on ne recherche plus le « pourquoi » des choses (par oppos. à l'*état théologique* et à l'*état métaphysique*), mais uniquement le « comment », c'est-à-dire l'enchaînement des phénomènes. || *Homme positif,* qui considère en tout l'utilité, le côté matériel des choses. || *Quantité positive,* nombre arithmétique précédé du signe +.

positif n. m. Ce qui est matériellement profitable : *n'estimer que le positif.* || Orgue de petite dimension, posé sur un trépied ou une table, qui servait à l'accompagnement. || Petit buffet placé au pied du grand orgue sur la tribune, et dont la tuyauterie répond à un clavier secondaire dit « de positif ». || *Gramm.* Caractère de l'adjectif qualificatif ou de l'adverbe employé sans idée de comparaison ni d'intensité dans la qualité. (Il y a trois degrés de signification des adjectifs : le *positif,* le *comparatif* et le *superlatif.*)

position n. f. (lat. *positio;* de *ponere,* placer). Situation d'une chose, d'un objet : *la position d'une ville.* || Attitude : *position du corps.* || *Chorégr.* Chacune des différentes manières de poser les pieds au sol et de placer les bras dans l'espace, les uns par rapport aux autres. (V. illustr. DANSE.) || Situation débitrice ou positive d'un compte. || Rubrique du tarif des douanes. || — *Fig.* Circonstances dans lesquelles on se trouve : *position critique.* || Situation dans le monde, emploi : *une position sociale élevée.* || *Mil.* Terrain, organisé ou non, occupé par une unité chargée de le défendre. || Situation administrative d'un militaire, fonctionnaire, salarié : *position de présence.* || *Mus.* Place relative des sons qui constituent un accord. || — Pl. Rubriques d'un tarif de douane.

positionnement n. m. Action de positionner.

positionner [pozisjɔne] v. t. Indiquer les coordonnées géographiques d'un navire, l'emplacement exact d'un engin, d'une troupe, etc.

positivement adv. Certainement, précisément : *être positivement sûr d'une chose.*

positivisme [pozitivism] n. m. Philosophie d'Auguste Comte, qui prétend que l'esprit humain doit renoncer à connaître l'être même des choses, et se contenter des vérités tirées de l'observation et de l'expérience des phénomènes.

positiviste adj. Relatif au positivisme. || — Adj. et n. Qui professe le positivisme : *Littré fut positiviste.*

positivité n. f. Caractère de ce qui est positif (dans la langue d'Auguste Comte) : *la positivité d'un fait.*

positon [pozitɔ̃] n. m. *Phys.* Electron positif.

Posnanie ou **Poznanie,** province de Pologne, rattachée progressivement à la Prusse de 1772 à 1795, détachée de la Prusse en 1919, moins sa partie occidentale, rattachée à la Prusse-Occidentale. La Posnanie a été entièrement restituée à la Pologne en 1945. Cap. *Poznań.*

posologie [pozɔlɔʒi] n. f. Etude des doses auxquelles on emploie les médicaments, selon la voie d'administration, l'âge, le sexe, l'état du malade.

possédé, e adj. Entièrement dominé : *possédé de la passion du jeu.* || — N. Démoniaque : *exorciser un possédé.*

Possédés (*les*) [*Bessy,* c'est-à-dire « les Démons »], roman de Dostoïevski (1870). Dans une ville de province, des conspirateurs veules et hypocrites sont dominés par leur chef, Verkhovenski, qui a reporté son besoin d'idolâtrie sur un intellectuel décadent, Stavroguine, qui s'est joint à eux pour trouver une distraction à son ennui. Sentant les conjurés lui échapper, Verkhovenski les persuade qu'ils vont être dénoncés par un des leurs, qu'ils assassinent. Mais le crime risquant d'être découvert, un des membres du groupe, Kirilov, accepte de se suicider pour attirer sur lui les soupçons et initier ses compagnons à un acte de liberté totale.

posséder [pɔsede] v. t. (lat. *possidere*) [conj. **5**]. Avoir à soi : *posséder une maison.* || Contenir, être caractérisé par : *posséder des propriétés chimiques.* || — *Fig.* Connaître parfaitement : *posséder les mathématiques.* || Egarer : *la fureur le possède.* ● *Posséder quelqu'un* (Fam.), le tromper, le duper. || **— Se posséder** v. pr. Se contenir, être maître de soi.

possesseur n. m. Personne qui a une chose en sa possession : *le possesseur d'un objet mis en gage n'en a pas la propriété.*

possessif [pɔsesif] adj. et n. m. Se dit d'un mot qui exprime la possession : *adjectif possessif; un possessif.*
— ENCYCL. *Adjectifs possessifs.* Emploi de *son, sa, ses, leur, leurs* et de *en.* — Quand le possesseur et l'être ou l'objet possédé appartiennent à la même proposition, on emploie toujours devant le second *son, sa, ses, leur, leurs : Le chien aime* SON *maître. Le soldat défend* SA *patrie.*
On se sert encore de l'adjectif possessif quand le possesseur n'étant pas dans la même proposition que l'être ou l'objet possédé, celui-ci est précédé d'une préposition : *Paris est une ville magnifique; tout le monde admire la beauté de* SES *monuments.*
Il en est de même lorsque le possesseur est un nom de personne ou d'animal : *J'ai visité mes amis; j'ai partagé* LEURS *jeux.*
Quand le possesseur est un nom de chose, on emploie *son, sa, ses,* aussi bien que l'article avec *en,* si la chose peut être considérée comme susceptible de posséder : *J'ai vu la mer, j'aime* SES *aspects grandioses* ou *j'*EN *aime les aspects grandioses.* Mais on dira plutôt : *La mer était déchaînée; j'ai essayé d'*EN *faire le croquis,* parce que le croquis n'appartient pas à la mer. Toutefois, la construction avec l'adjectif possessif tend à supplanter l'autre.

Notre, votre, leur. — On met au singulier *notre, votre, leur* et les noms qu'ils déterminent :
1° Quand il n'y a qu'un être ou un objet possédé en commun. Ainsi on dira, en parlant d'enfants qui sont frères : *Ils aiment beaucoup* LEUR *mère;*
2° Lorsque chaque possesseur ne possède qu'un objet différent : *Ils avaient tous enlevé leur chapeau.*
On emploie le pluriel *nos, vos, leurs* quand chaque possesseur a ou peut avoir plusieurs de ces êtres ou objets : *Toutes les mères chérissent* LEURS *enfants.*

Article au lieu du possessif. — On remplace l'adjectif possessif par l'article défini devant les noms indiquant le lieu d'une sensation : *J'ai mal à* LA *tête,* ou dépendant d'un verbe pronominal : *Elle s'est coupé* LE *doigt.*

possession n. f. (lat. *possessio*). Action de posséder; faculté de disposer d'un bien : *une possession légitime.* || La chose possédée. || Jouissance actuelle d'un bien, non fondée sur un titre de propriété. (La possession prolongée pendant un certain temps peut faire acquérir la propriété par prescription.) || ● *Délire de possession,* trouble mental dans lequel le malade se croit en proie au démon ou à diverses forces occultes. || *Prendre possession de,* s'emparer de; entrer en jouissance de.

possessionnel, elle adj. *Dr.* Qui marque la possession : *démarches possessionnelles.*

possessoire adj. *Dr.* Relatif à la possession : *intenter une action possessoire.*

possibilité n. f. Qualité de ce qui est possible : *possibilité d'un accord.*

possibiliste n. *Hist.* Membre de la fraction modérée du mouvement socialiste français qui, au congrès de Saint-Etienne (1882), sous la direction de Paul Brousse, se sépara des marxistes guesdistes.

possible [pɔsibl] adj. (du lat. *posse,* pouvoir). Qui peut être; qui peut se faire : *il a éprouvé tous les malheurs possibles.* (Se met toujours au sing. après les expressions « le plus », « le moins » : *le moins de fautes possible,* c'est-à-dire qu'*il* soit possible de faire [*possible* est considéré comme attribut du sujet *il*].) || — N. m. Ce que l'on peut : *faire son possible.* || — Adv. et ellipt. *Possible,* peut-être, je ne vous dis pas non. || **— Au possible** loc. adv. Autant qu'il est possible, extrêmement : *avare au possible.*

postage n. m. Action de préparer pour la poste, de mettre à la poste.

postal, e, aux adj. Qui concerne les postes : *convention postale.*

postcombustion [pɔst-] n. f. Combustion supplémentaire effectuée dans un turboréacteur pour en augmenter la poussée. || Dispositif assurant cette combustion supplémentaire.

postcommunion [pɔst-] n. f. Oraison que dit le prêtre après la communion.

postcure n. f. Période de repos après une cure en sanatorium.

postdate n. f. Sur un document, date postérieure à la date véritable.

postdater [pɔstdate] v. t. (lat. *post,* après, et *date*). Inscrire sur un document une date postérieure à celle à à laquelle il est établi : *postdater un chèque constitue un délit.*

poste [pɔst] n. f. (ital. *posta*). Autref., relais de chevaux établi de distance en distance pour le service des voyageurs : *maître de poste.* || Distance entre deux relais, ordinairement de deux lieues : *faire trois postes à l'heure.* || Auj., administration publique chargée du transport des lettres, des dépêches, etc. || Bureau où le public effectue les opérations postales (dépôt ou retrait du courrier, émission ou paiement des mandats, etc.).
— ENCYCL. La première organisation postale est due à Auguste, créateur du *cursus publicus,* institution qui ne devait pas résister aux invasions. Au Moyen Age, l'histoire de la *poste* se place sous le signe de la sécurité des routes, et il faut attendre Louis XI pour constituer un réseau de relais à l'intention des courriers du roi. Henri II créa en 1576 l'office de « messager royal ». Sous Henri IV et Louis XIII, des bureaux sont ouverts à Paris, à Lyon, à Bordeaux et à Toulouse. En 1672, Louvois afferme les postes, qu'il distingue des services de transport des marchandises et des personnes. Pour se protéger de la concurrence, les fermiers généraux obtiennent en 1681 le privilège du transport de la correspondance. En 1793, les postes et messageries sont érigées en « Agence nationale », qui devient en 1795 l'Administration générale des postes et messageries. En 1878, les services postaux et téléphoniques fusionnent pour devenir successivement : en 1879, le ministère des Postes et Télégraphes, puis, en 1925, le ministère des Postes, Télégraphes et Téléphones, et, enfin, en 1959, le ministère des Postes et Télécommunications. L'Administration des postes et télécommunications est un service administratif normal, mais doté de l'autonomie financière, sous la forme d'un budget annexe qui permet de suivre les résultats de cette gestion, et dont l'excédent est réservé au budget général.
— En liaison avec la poste civile, le service de la *poste aux armées* est chargé de la transmission des correspondances et des colis postaux à destination ou en provenance des armées, ainsi que de l'exécution de certaines opérations postales (mandats, chèques postaux, etc.). La poste aux armées utilise des secteurs postaux (S. P.) pour sauvegarder le secret des opérations.

poste n. m. (ital. *posto*). Lieu où quelqu'un est placé pour remplir une fonction : *mourir à son poste.* || Emploi : *occuper un poste important.* || Article de budget, chapitre d'un compte. | Installation distributrice : *poste d'eau, d'essence, de ravitaillement.* ● *Poste d'aiguillage* (Ch. de f.), cabine de commande d'un ensemble d'aiguilles. || *Poste de combat* (Mil.), élément constitutif d'un point d'appui. || *Poste de commandement,* emplacement où s'établit un chef pour exercer son commandement. (Abrév. : P. C.) || *Poste d'équipage,* partie d'un navire où est logé l'équipage. || *Poste d'incendie,* installation hydraulique pour lutter contre l'incendie. (On dit aussi ROBINET ARMÉ.) || *Poste de police,* local où se tiennent en permanence des agents de police pour répondre à tous les besoins. || *Poste radiophonique* (ou simplement *poste*), *de télévision, poste téléphonique,* appareil transmetteur ou récepteur. || *Poste de secours,* local où se tiennent des médecins ou des infirmiers pour porter secours aux blessés. || *Poste de surveillance,* formation d'infanterie chargée de signaler et éventuellement de retarder l'ennemi. || *Poste de travail,* emplacement où s'effectue une phase dans l'exécution du travail; centre d'activité comprenant tout ce qui est nécessaire (machine, outillage, etc.) à l'exécution d'un travail nettement défini.

Postel (Guillaume), orientaliste et linguiste français, né à Barenton (1510-1581). Il voyagea en Orient, puis enseigna le grec, l'hébreu et l'arabe au Collège royal. Ayant prêché la réconciliation avec les musulmans, il fut emprisonné par l'Inquisition.

poster v. t. Placer dans un poste, dans un endroit : *poster des sentinelles.* || Mettre à la poste : *poster son courrier.*

poster [pɔstər] n. m. (mot angl.). Affiche consacrée généralement à un personnage célèbre.

postérieur [pɔsterjœr], **e** adj. (lat. *posterior*). Qui vient après, qui est après dans l'ordre du temps : *testament annulé par un testament postérieur.* || Placé derrière : *la partie postérieure de la tête.* || — Syn. ULTÉRIEUR. — Contr. : ANTÉRIEUR.

postérieur n. m. *Fam.* Le derrière de l'être humain.

postérieurement adv. Après, dans un temps postérieur.

posteriori (a) loc. adv. V. A POSTERIORI.

postériorité n. f. Etat d'une chose postérieure à une autre.

postérité [pɔsterite] n. f. (lat. *posteritas*). Suite de ceux qui descendent d'une même souche : *la postérité d'Abraham.* || Les générations futures : *transmettre son nom à la postérité.* || — Syn. : DESCENDANCE, PROGÉNITURE.

1

2

HISTORIQUE. C'est en Chine, vers l'an 900, que la véritable porcelaine dure est mise au point (verseuse en porcelaine blanche, époque T'ang [1]). L'époque Song (960-1280) connaît l'une des plus belles productions jamais réalisées : finesse de la pâte, délicatesse des formes, glaçures d'une grande variété, éventuellement décor floral incisé, modelé ou, plus rarement, peint. En Corée, les potiers de la dynastie Koryo rivalisent avec la production chinoise. Celle-ci, d'abord artisanale, se concentre à l'époque Ming (1368-1644) dans des manufactures comme celle de King-tö-tchen (Kiang-si). Les couleurs de grand feu (dont le bleu de cobalt) [2] et les émaux polychromes de petit feu favorisent le développement de motifs décoratifs vigoureux. Les élégantes figurines dites « blancs de Chine » sont créées. Avec l'empereur K'ang-hi (1662-1722), la porcelaine connaît un nouvel essor, qui ne se ralentira qu'au XIXe s., recherchant une haute virtuosité dans les objets en « bleu et blanc », les « familles » verte, noire et rose, les biscuits, les imitations de matière de toute sorte.

Le Japon a eu, sous l'influence de la Chine et de la Corée, une importante production à partir du XVIIe s. Les ateliers de Kutani, ceux d'Arita, ont parfois, avec des motifs originaux, atteint la qualité des porcelaines de Chine. Celles-ci ont été connues très tôt en Occident, et importées dès le XVIe s. Aussi est-ce à l'imitation des porcelaines orientales que l'Europe s'exerça pendant longtemps. À la fin du XVIe s., Florence produisit des pièces à mi-chemin de la pâte dure et de la pâte tendre. La *porcelaine tendre artificielle* (*porcelaine à fritte*, rayée par l'acier) est une production essentiellement française, qui débute à Rouen et à Saint-Cloud à la fin du XVIIe s., à une époque où l'on n'a pas encore découvert de kaolin en Europe. En 1725, le prince de Condé fonde la manufacture de Chantilly (*magot* chinois [4]), d'où partent les frères Dubois pour créer, en 1738, celle de Vincennes, transférée à Sèvres en 1756. D'autres établissements furent fondés entre-temps, dont ceux de Mennecy, Sceaux et Orléans. La porcelaine tendre tire une beauté particulière de son éclat velouté et de son aptitude à recevoir de riches décors polychromes, tels ces fleurs et oiseaux que Vincennes met à la mode (écuelle et assiette [5]). La manufacture royale de Sèvres s'efforce de maintenir son privilège d'emploi de la dorure. La qualité de la production est liée à la collaboration de grands artistes tels que *Falconet* et *Boucher*. Après s'être inspirée de la production allemande de Meissen, la porcelaine tendre française fut imitée à l'étranger, à Tournai, en Italie (Doccia, Florence et Capodimonte), en Espagne (Buen Retiro). En Angleterre fut élaborée une formule mixte, la *porcelaine phosphatique*, fabriquée dans des centres tels que *Bow, Derby, Worcester* et surtout Chelsea.

C'est *Johann Friedrich Böttger* qui, utilisant un gisement local de kaolin, parvint le premier en Europe à fabriquer une *porcelaine dure* semblable à celle des Chinois. La production de la manufacture de *Meissen* débuta en 1710. Ses réussites techniques, sa richesse ornementale lui valurent une grande vogue. Après d'originales « chinoiseries » se développe un décor peint de scènes et de paysages à l'occidentale, ainsi que de fleurs et d'oiseaux. Vers 1735, le décor plastique commence à l'emporter : gaufrage de la pâte, apparition de figures et d'ornements en haut relief, d'une exubérance rococo (*chandelier* [3]). Le modeleur *Johann Joachim Kändler* crée les petits groupes qui furent partout imités. Bien que jalousement gardés, les secrets de fabrication de Meissen se diffusèrent en territoire germanique (Vienne, Höchst, Nymphenburg, Franckenthal, Berlin). D'autres pays européens, Belgique et Hollande, Angleterre, Suisse, Russie, Suède, Danemark, ont eu leurs fabriques. Celles de Copenhague ont maintenu au XXe s. une production intéressante.

En France, c'est la découverte de kaolin à Saint-Yrieix, près de Limoges, qui est à l'origine de la fabrication d'une porcelaine dure, ou « porcelaine royale », qui débute à Sèvres vers 1768. Sauf pour les *biscuits* (*les Mangeurs de raisin*, d'après Boucher [6]), elle reste peu importante sous l'Ancien Régime. Cependant, la plasticité de la pâte permet l'exécution des premiers grands vases monumentaux dans le goût antique. Ce goût domine sous l'Empire (vase-fuseau au portrait de Catherine de Wurtemberg [7]), cependant que l'ingénieur *Brongniart* réorganise la manufacture et abandonne la pâte tendre. Dans le courant du XIXe s., l'absence de style et une froide virtuosité ôtent à la production de Sèvres l'essentiel de son intérêt. La fin du siècle voit un effort de rétablissement qui se poursuit de nos jours. De nombreuses autres fabriques s'étaient créées dans le troisième tiers du XVIIIe s., notamment à Strasbourg (famille *Hannong*), Niederwiller et Paris. A Limoges, la production a pris au XIXe s. un essor industriel.

3

4

5

6

7

Phot. Giraudon (7).

LA POPULATION MONDIALE

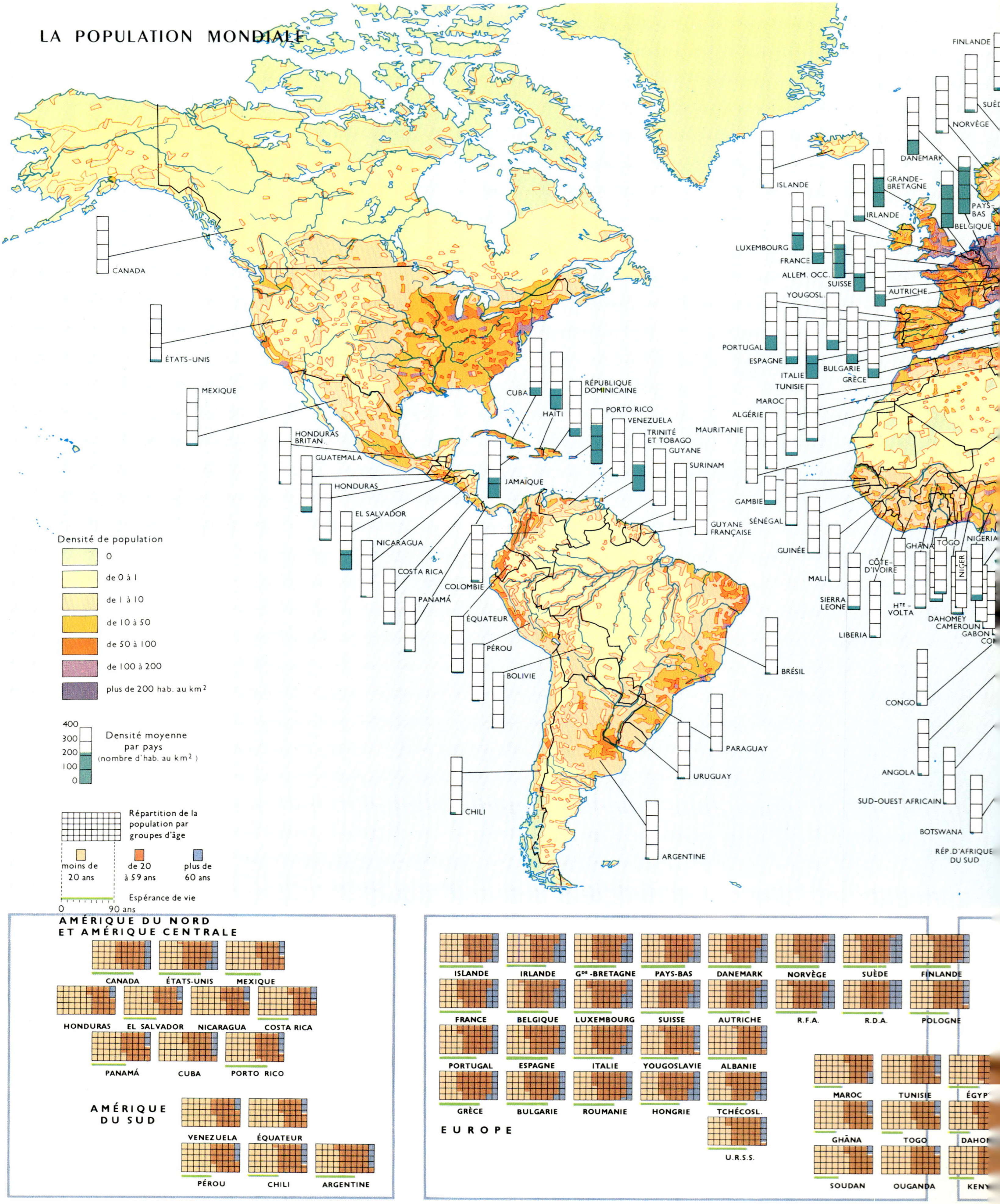

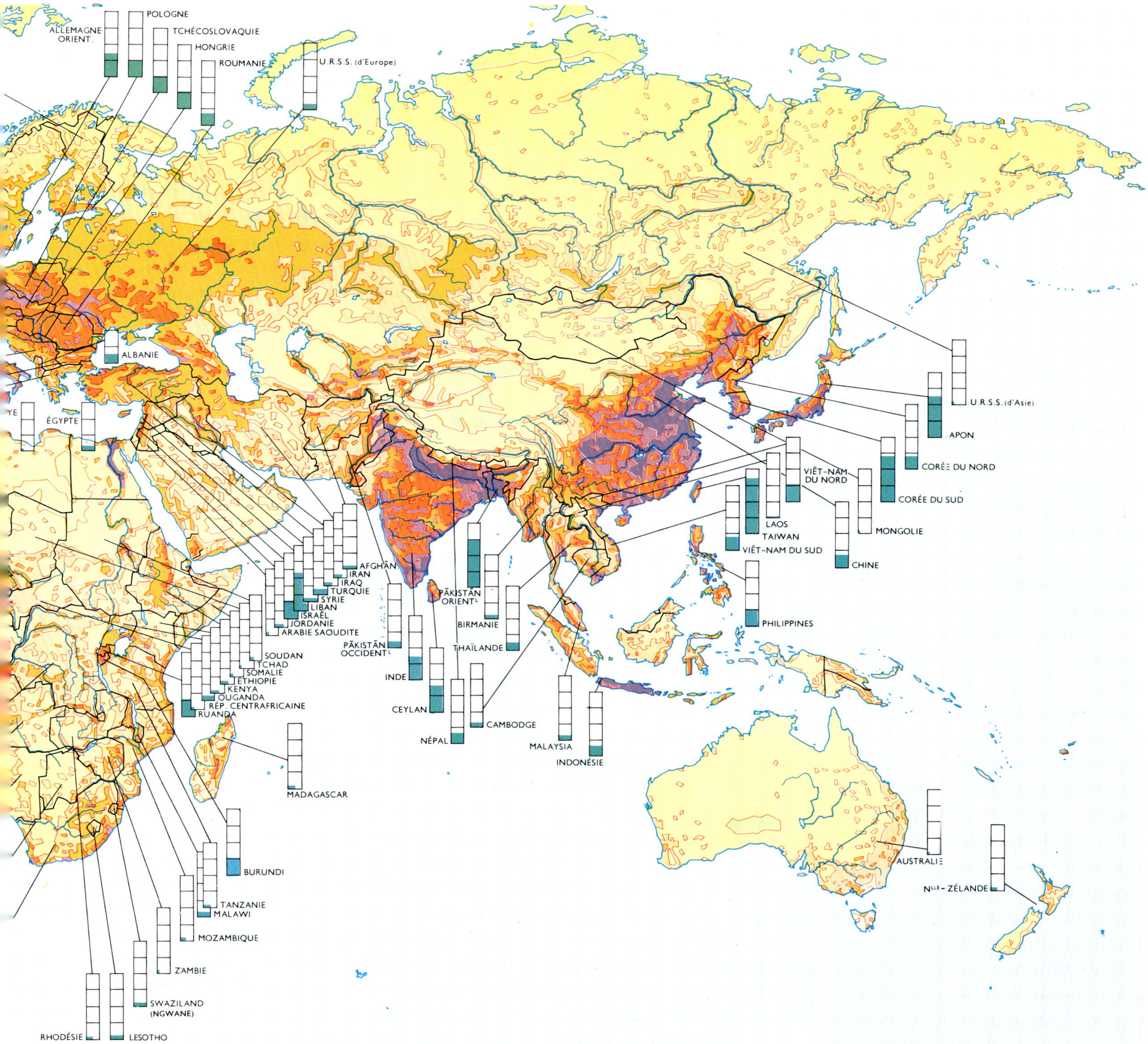

POLOGNE
ALLEMAGNE ORIENT.
TCHÉCOSLOVAQUIE
HONGRIE
ROUMANIE
U.R.S.S. (d'Europe)
ALBANIE
ÉGYPTE
AFGHĀN.
IRAN
IRAQ
TURQUIE
SYRIE
LIBAN
ISRAËL
JORDANIE
ARABIE SAOUDITE
SOUDAN
TCHAD
SOMALIE
ÉTHIOPIE
KENYA
OUGANDA
RÉP. CENTRAFRICAINE
RUANDA
MADAGASCAR
BURUNDI
TANZANIE
MALAWI
MOZAMBIQUE
ZAMBIE
SWAZILAND (NGWANE)
RHODÉSIE
LESOTHO
PĀKISTĀN OCCIDENT^L
INDE
CEYLAN
NÉPAL
PĀKISTĀN ORIENT^L
BIRMANIE
THAÏLANDE
CAMBODGE
MALAYSIA
INDONÉSIE
PHILIPPINES
VIÊT-NAM DU SUD
TAIWAN
LAOS
VIÊT-NAM DU NORD
CHINE
MONGOLIE
CORÉE DU SUD
CORÉE DU NORD
JAPON
U.R.S.S. (d'Asie)
AUSTRALIE
N^{LLE}-ZÉLANDE

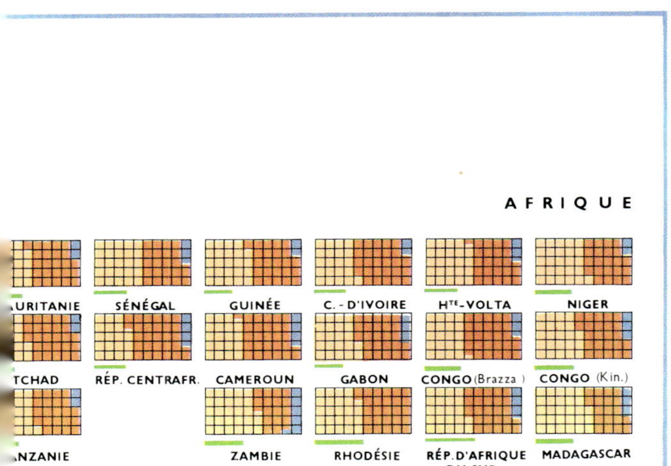

AFRIQUE
MAURITANIE
SÉNÉGAL
GUINÉE
C.-D'IVOIRE
H^{TE}-VOLTA
NIGER
TCHAD
RÉP. CENTRAFR.
CAMEROUN
GABON
CONGO (Brazza.)
CONGO (Kin.)
TANZANIE
ZAMBIE
RHODÉSIE
RÉP. D'AFRIQUE DU SUD
MADAGASCAR

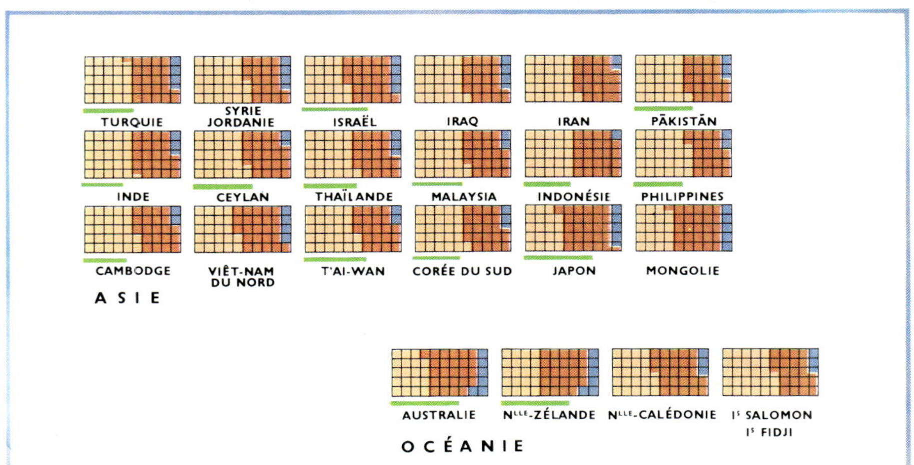

TURQUIE
SYRIE JORDANIE
ISRAËL
IRAQ
IRAN
PĀKISTĀN
INDE
CEYLAN
THAÏLANDE
MALAYSIA
INDONÉSIE
PHILIPPINES
CAMBODGE
VIÊT-NAM DU NORD
T'AI-WAN
CORÉE DU SUD
JAPON
MONGOLIE
ASIE
AUSTRALIE
N^{LLE}-ZÉLANDE
N^{LLE}-CALÉDONIE
I^S SALOMON
I^S FIDJI
OCÉANIE

L'ART DE LA POTERIE

● L'activité céramique apparaît à l'époque néolithique, et l'étude des tessons constitue pour le préhistorien et l'archéologue une importante source de connaissances. Après les simples effets de modelage et de décor géométrisant incisé, le décor peint apparaît au IVe millénaire, notamment à Suse en *Mésopotamie* (gobelet orné d'oiseaux, sloughis et bouquetins stylisés; Suse, IIIe millénaire [1]). Les potiers *égyptiens,* pratiquant le *tournage* et la cuisson au four dès l'époque la plus ancienne, ont produit de belles pièces mates, *lustrées* ou revêtues d'une *glaçure* sur *engobe* coloré. Babyloniens, Assyriens et Perses ont surtout employé le vernis transparent sur des terres d'une grande finesse. En *Chine,* bien avant la découverte du grès et de la porcelaine, prend place une production de vases décorés de rhombes et de spirales (tombes néolithiques de Pan-chan, dans le Kan-sou) [vase; 2200-1700 av. J.-C. (2)]. À la même époque, les civilisations égéennes, et surtout la *Crète,* connaissent une floraison d'une grande variété tant dans la forme des vases que dans leur décor, d'abord géométrique, puis emprunté, avec beaucoup de souplesse, à la flore et à la faune marine.

La *céramique grecque,* que caractériseront toujours les formes simples et équilibrées, commence au Xe s. av. J.-C. par des décors strictement géométriques. Puis les représentations humaines et animales réapparaissent au VIIe s. dans la céramique protoattique, d'abord sous une forme très stylisée, puis avec toute la variété du « style orientalisant » qui intéresse l'Attique, Rhodes, Corinthe. Le VIe siècle, qui établit la suprématie de la production attique, voit la décoration atteindre son apogée dans les figures au vernis *noir,* relevées de fines incisions, sur le fond rouge de la poterie (« vase François », grand cratère du musée archéologique de Florence [3]), puis, à partir de 530 environ, dans les figures réservées en *rouge* sur un fond noir. L'originalité du Ve s. réside dans le dessin rapide et expressif des *lécythes blancs;* au IVe s., la céramique attique sert de modèle à celle de l'Italie méridionale. La production *romaine* et *gallo-romaine* se signale par d'abondantes séries industrielles de poteries *sigillées* (vase provenant de Lezoux [4]).

Une céramique d'une variété et d'une invention remarquables a été créée par les différents peuples de l'*Amérique précolombienne,* et notamment, au cours du Ier millénaire de notre ère, par les civilisations maya (récipients à décor narratif ou ornemental), mochica (vases plastiques anthropomorphes ou zoomorphes) [vase en forme de guerrier tenant une masse (5)] et nazca (vases plastiques de formes plus simples, à décor polychrome stylisé).

Au Moyen Âge, l'*Europe* a fabriqué une poterie rustique rendue imperméable par des vernis transparents bruns, verts, jaunes (parfois mêlés), et agrémentée de reliefs modelés ou moulés, voire d'incrustations. Les principaux centres *français* étaient la région parisienne, la Saintonge, le Beauvaisis et la Picardie. En France, en outre, deux types de poteries d'une haute qualité rivalisent au XVIe s. avec la faïence : celles de *Saint-Porchaire* (Deux-Sèvres), qui se rapprochent de la « faïence* fine » (pâte blanche sous glaçure transparente), imitent les formes de l'orfèvrerie et portent un élégant décor incrusté de couleur brune; celles de *Bernard Palissy** et de ses émules, avec leur décor rapporté en relief et leurs émaux jaspés. La production moderne associe des techniques multiples.

● Les grès cérames sont des poteries à pâte opaque partiellement vitrifiée par l'effet d'une forte cuisson agissant sur le sable mêlé à l'argile; ils sont durs, de couleur sombre et peuvent être vernissés par projection de sel marin en cours de cuisson. Les premiers grès furent sans doute *chinois.* En *Europe,* ils sont une spécialité de l'*Allemagne* dès le Moyen Âge; les décors sont en relief, la polychromie n'apparaît qu'au XVIIe s. En *France,* la production des grès « azurés » du Beauvaisis débute au XIIIe s. (bouteille plate en grès, XVIe s. [6]). À l'époque moderne, les maîtres potiers utilisent les émaux de grand feu que le grès, comme la porcelaine, est apte à recevoir; la technique du « *flammé* » est pratiquée à l'exemple de la Chine et du Japon.

1

2

3

4

5

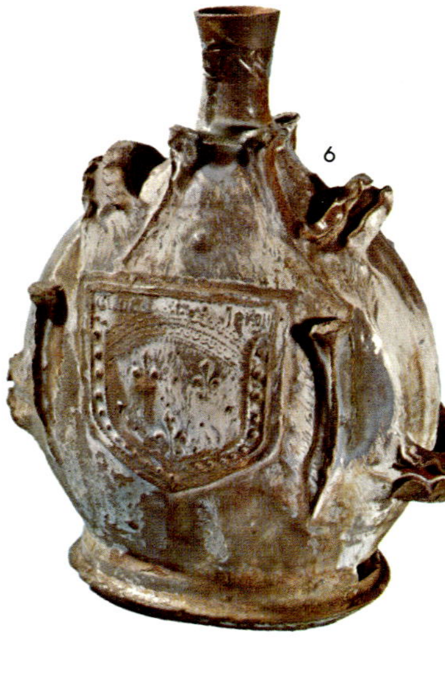
6

Phot. Giraudon (2), Scala, Lauros - Giraudon, Giraudon, Lauros - Giraudon.

postface [pɔstfas] n. f. Avertissement placé à la fin d'un livre. (Contr. PRÉFACE.)

postglaciaire adj. Qui a suivi la dernière glaciation quaternaire ou les derniers dépôts glaciaires en un lieu.

posthume [pɔstym] adj. (lat. *postumus*, dernier). Né après la mort de son père : *fils posthume*. || Publié après le décès de l'auteur : *ouvrage posthume*.

posthypophyse n. f. *Anat.* Partie postérieure de l'hypophyse, qui sécrète des hormones régulatrices du métabolisme de l'eau et des contractions des muscles lisses.

postiche [pɔstiʃ] adj. (ital. *posticcio*). Fait et ajouté après coup : *ornement postiche*. || Mis à la place de quelque chose qui n'existe plus ; faux, artificiel : *barbe postiche*.

postiche n. m. Faux cheveux : *un postiche en cheveux blonds*.

postier, ère n. Employé de la poste.

postillon [pɔstijɔ̃] n. m. (ital. *postiglione*). Conducteur de la poste aux chevaux. || Celui qui monte sur l'un des chevaux d'un attelage. || *Fam.* Parcelle de salive projetée en parlant.

postillonner v. i. *Fam.* Lancer des postillons.

postlude n. m. (lat. *post*, après, et *ludus*, jeu). *Mus.* Prolongement musical, libre et concis, d'une cérémonie religieuse, d'une représentation ou d'une œuvre elle-même.

postopératoire adj. Qui se produit à la suite d'une opération : *soins postopératoires*.

postposer v. t. Faire passer après : *postposer un adjectif*.

postscolaire adj. Se dit d'activités destinées à compléter la formation des adolescents après leur sortie de l'école.

post-scriptum [pɔstskriptɔm] n. m. inv. (mots lat. signif. *écrit après*). Ce qu'on ajoute à une lettre après la signature. (Abrév. : P.-S.)

postsynchronisation n. f. *Cin.* Addition, à l'image déjà enregistrée, de la parole et du son : *le doublage est une postsynchronisation*.

postsynchroniser v. t. Faire la postsynchronisation.

postulant, e n. Personne qui demande, qui se met sur les rangs pour obtenir une place. || Personne qui demande à être reçue dans une maison religieuse.

postulat [-la] n. m. (lat. *postulatum*, demande). Principe premier, indémontrable ou non démontré, dont l'admission est nécessaire pour établir une démonstration : *le postulat d'Euclide*. (On dit aussi POSTULATUM et, au plur., POSTULATA.)

postulation n. f. Action de postuler.

postuler [pɔstyle] v. t. (lat. *postulare*). Demander, solliciter : *postuler un emploi*. || Représenter un plaideur devant un tribunal et diriger la procédure. || *Philos.* Poser comme postulat au départ d'une démonstration : *la preuve ontologique postule l'existence de Dieu au lieu de la démontrer*.

Postumus, soldat qui se fit proclamer empereur des Gaules en 258. Il fut tué par ses soldats en 268.

postural, e, aux adj. *Psychol.* Qui est lié à la position du corps : *la sensibilité posturale*.

posture [pɔstyr] n. f. (ital. *postura*). Position du corps ; attitude, maintien : *posture naturelle*. || *Fig.* Etat, situation : *être en bonne posture*. ● *Réflexe de posture*, contraction musculaire tendant à fixer la position des segments d'une articulation ou l'attitude du corps dans son ensemble.

pot [po] n. m. Vase de terre ou de métal de formes diverses. || Format de papier aux dimensions de 31 × 41 cm. || Montant des enjeux. ● *A la fortune du pot*, sans cérémonie. || *Découvrir le pot aux roses*, découvrir le secret d'une affaire. || *Manque de pot* (Pop.), pas de chance. || *Payer les pots cassés* (Fam.), payer le dommage causé. || *Pot de chambre*, vase de nuit. || *Pot d'échappement*, appareil où se détendent les gaz brûlés, à leur sortie d'un moteur à explosion. (On dit aussi SILENCIEUX.) || *Pot à feu* (Archit.), ornement en forme de vase décoratif surmonté d'une flamme, élément caractéristique de l'architecture classique. (Généralement sculptés en ronde bosse, les pots à feu sont disposés sur les parties hautes d'un édifice.) || *Pot au noir*, nom que les marins donnaient, au temps de la navigation à voile, à la zone des calmes équatoriaux située dans l'Atlantique, et où d'épais nuages s'accompagnent de pluies abondantes. || *Tourner autour du pot*, user de circonlocutions, ne pas aller droit au but.

Pot (Philippe), un des conseillers de Charles le Téméraire, puis de Louis XI (1428-1494), grand sénéchal de Bourgogne. Son tombeau est au Louvre.

potable [pɔtabl] adj. (du lat. *potare*, boire). Propre à être bu. (Une eau potable doit être fraîche, limpide, incolore, inodore, aérée, légèrement minéralisée et exempte de matières organiques.) || *Fam.* Non parfait, mais dont on peut se contenter : *vin potable*. || *Fam.* Passable : *un roman potable*.

potache [pɔtaʃ] n. m. *Fam.* Collégien, lycéen.

potage [pɔtaʒ] n. m. (de *pot*). Bouillon dans lequel on fait cuire une substance alimentaire telle que légumes, viande, etc. : *potage gras*. ● *Potage déshydraté*, potage que l'on a privé de son eau de constitution afin d'en assurer la conservation, et qui se présente à l'état solide, soit en poudre, soit sous forme de tablette. || *Pour tout potage* (Fig.), uniquement.

potager, ère adj. Se dit des plantes réservées pour les usages culinaires, et des jardins où on les cultive.

potager n. m. Jardin où l'on cultive des légumes : *un potager soigné*.

potamochère [pɔtamɔʃɛr] n. m. Porc sauvage d'Afrique, à pelage acajou. (Haut. au garrot 65 cm.)

potamologie [pɔtamɔlɔʒi] n. f. (gr. *potamos*, fleuve). Science des rivières englobant l'hydrologie* fluviale et la dynamique fluviale (étude des courants et lits fluviaux).

potamot [pɔtamo] n. m. Plante monocotylédone, dont les feuilles flottent à la surface des eaux douces calmes.

potard [pɔtar] n. m. *Pop.* Pharmacien.

potasse [pɔtas] n. f. (allem. *Potasche*, cendre de pot). Hydroxyde de potassium (KOH). [Solide blanc, basique, très soluble dans l'eau ; on l'appelle encore *potasse caustique*. On l'utilise pour le blanchiment des tissus, la fabrication des savons noirs, etc.] || Nom commercial du chlorure de potassium, utilisé comme engrais, et du carbonate de potassium.

potasser [pɔtase] v. t. *Fam.* Etudier avec application.

potassique adj. Qui dérive du potassium, de la potasse : *engrais potassiques*.

potassium [pɔtasjɔm] n. m. Métal alcalin (K), de numéro atomique 19, extrait de la potasse, léger, mou et très oxydable.

pot-au-feu [pɔtofø] n. m. inv. Mets composé de viande de bœuf bouillie dans l'eau avec carottes, poireaux, navets, etc. || Viande avec laquelle on prépare ce mets. || Marmite dans laquelle on le fait cuire. || — Adj. inv. *Fam.* Attaché à son ménage : *une femme pot-au-feu*.

pot-de-vin n. m. Somme qui se paie en dehors du prix convenu dans un marché. || Cadeau que l'on fait à quelqu'un pour obtenir, conclure par son intermédiaire : *toucher un pot-de-vin*. || Pl. des *pots-de-vin*.

pote [pɔt] n. m. *Pop.* Ami, camarade.

poteau [pɔto] n. m. (du lat. *postis*, jambage de porte). Pièce de charpente fixée verticalement. || Pilier destiné à supporter les isolateurs sur lesquels les fils télégraphiques, téléphoniques ou électriques prennent appui. || *Turf.* Le point de départ ou d'arrivée : *se présenter au poteau ; se faire battre sur le poteau*. || *Poteau indicateur*, mât portant un écriteau qui indique un chemin, etc.

potée n. f. Ce que contient un pot. || Plat composé de légumes assaisonnés au lard : *potée lorraine*. || Composition servant à faire les moules de fonderie.

potelé [pɔtle], **e** adj. (de l'anc. fr. *main pote*, main enflée, engourdie). Gras, dodu : *enfant potelé*.

Potemkine ou **Potiomkine** (Grigori Aleksandrovitch), homme politique russe, né à Chizhera (prov. de Smolensk) [1739-1791]. Chancelier du Saint-Synode (1763) et chambellan (1768), il fut le favori de Catherine II à partir de 1774. Il mit en valeur les steppes d'Ukraine, annexa le khānat de Crimée (1783) et fonda Sébastopol' (1784). Feld-maréchal, prince de Tauride, il échoua devant les Turcs (1787-1791) et fut disgracié.

Potemkine ou **Potiomkine,** cuirassé de la flotte russe de la mer Noire, qui se mutina dans la nuit du 27 au 28 juin 1905. Les marins conduisirent le navire à Odessa, espérant un ralliement du reste de la flotte russe à leur cause, puis gagnèrent Constanţa, où ils se rendirent aux autorités roumaines. Cette révolte est le sujet d'un film d'Eisenstein, *le Cuirassé Potemkine* (1925).

potence [pɔtɑ̃s] n. f. (lat. *potentia*, puissance [au *fig.*]). Assemblage de pièces de bois ou de fer pour soutenir ou pour suspendre quelque chose. || Instrument qui sert au supplice de la pendaison. || Le supplice même : *condamné à la potence*. ● *Gibier de potence* (Fig.), mauvais sujet.

potencé, e adj. *Hérald.* Se dit d'une pièce dont l'un des côtés forme des potences tournées vers le haut.

potentat [pɔtɑ̃ta] n. m. (du lat. *potens*, puissant). Souverain absolu. || *Fig.* Homme qui se donne des airs d'autorité.

potentialisateur n. m. Agent de la potentialisation*.

potentialisation n. f. *Méd.* Phénomène par lequel un médicament augmente l'efficacité d'un autre médicament.

potentialité n. f. *Philos.* Caractère de ce qui existe en puissance (par oppos. à *actualité*, caractère de ce qui existe en acte).

potentiel [pɔtɑ̃sjɛl], **elle** adj. (du lat. *potens, potentis*, puissant). Qui n'est qu'en puissance : *énergie potentielle*. || *Gramm.* Qui exprime la possibilité conditionnelle d'une action.

potentiel n. m. *Electr.* Etat électrique d'un conducteur par rapport à un autre. (Deux conducteurs électrisés sont dits avoir *le même potentiel* si, lorsqu'on les met en communication par un fil conducteur, il ne passe aucune quantité d'électricité d'un conducteur sur l'autre. Dans le cas contraire, on dit qu'ils sont à des *potentiels différents*.) [V. *encycl.*] || Force, puissance dont on peut disposer : *le potentiel militaire d'une nation*.
— ENCYCL. *Electr.* L'unité de *potentiel* dans le système S I est le *volt*. Le potentiel du sol est en général choisi comme potentiel zéro.
— *Phys.* Un champ de vecteurs dérive d'un *potentiel* si la circulation du vecteur champ se déplaçant entre deux points ne dépend que de la position de ces deux points et non du chemin parcouru. Le champ magnétique et la pesanteur dérivent d'un potentiel. Les surfaces équipotentielles sont telles que le potentiel ait même valeur en tout point de l'une d'elles.

potentille [pɔtɑ̃tij] n. f. (du lat. *potentia*, puissance). Plante à fleurs jaunes des endroits incultes, des rochers de montagne. (Famille des rosacées.)

potentiomètre [pɔtɑ̃sjɔmɛtr] n. m. *Electr.* Appareil pour la mesure des différences de potentiel et des forces électromotrices. || Résistance réglable, servant de diviseur de tension.

Potenza, v. d'Italie (Basilicate) ; 47 300 h. Eglise (XIIe-XIIIe s.).

poterie [pɔtri] n. f. Vaisselle de terre ou de grès*. || Lieu où elle se fabrique. || Art du potier. || Tuyau de terre cuite pour canalisation. || Vaisselle de métal : *poterie d'étain*.
— ENCYCL. On distingue deux sortes de *poteries* : les *mates* et les *vernissées*. Les premières ne sont recouvertes d'aucun enduit, l'argile plastique est simplement cuite : pots à fleurs, tuiles, céramiques de l'Antiquité ; les plus belles de ces dernières, toutefois, étaient imperméabilisées par un *lustre*, très mince enduit vitreux silico-alcalin. Les poteries vernissées sont fabriquées avec des marnes argileuses ou des argiles plastiques impures, auxquelles on incorpore environ un quart de sable pour réduire le retrait de l'argile. Le mélange terre-sable est alors traité sur le tour à potier, puis subit une première cuisson qui donne le biscuit. Le vernis est obtenu en enduisant le biscuit d'une pâte formée de minium, d'argile et de sable, qui fond pendant la cuisson en donnant un silicate de plomb brillant et imperméable. Les poteries vernissées peuvent aller sur le feu, mais elles sont fragiles et rapidement perméables aux corps gras. (V. aussi FAÏENCE et PORCELAINE.)

poterne [pɔtɛrn] n. f. (lat. *posterula*, petite porte). *Fortif.* Porte dérobée donnant sur le fossé.

potestatif [pɔtɛstatif], **ive** [-iv] adj. (du lat. *potestas*, pouvoir). *Dr.* Qui est à la volonté d'une des parties contractantes : *condition potestative*.

Potez [-tɛz] (Henry), ingénieur et industriel français, né à Méaulte (Somme) en 1891. Il construisit d'abord des avions, dans lesquels il recherchait principalement la sécurité, puis il a ajouté la fabrication des moteurs à ses activités.

Pothier (Robert Joseph), jurisconsulte français, né à Orléans (1699-1772), dont les travaux ont préparé le Code civil.

Pothier (*dom* Joseph), musicologue et religieux français, né à Bouzemont (1835-1923). Abbé de Saint-Wandrille, il contribua à la restauration du chant grégorien. C'est sous sa direction qu'a été publié le *Graduel vatican*.

Pothin (*saint*), évêque de Lyon, martyr à Lyon en 177, sous Marc Aurèle, en même temps que sainte Blandine. — Fête le 2 juin.

potiche [pɔtiʃ] n. f. Vase de porcelaine de Chine ou du Japon. || *Fig.* Personnage qui a un rôle de représentation, sans aucun pouvoir réel.

Potidée, v. de Macédoine qui se révolta contre Athènes en 432 av. J.-C., et fut prise en 429.

potier n. m. Fabricant ou marchand de poterie en terre ou en métal.

potin [pɔtɛ̃] n. m. *Fam.* Petit commérage. || Tapage, vacarme.

potiner v. i. *Fam.* Faire des cancans.

potinier, ère adj. *Fam.* Qui fait des cancans.

potion [posjɔ̃] n. f. (lat. *potio*, boisson). Remède liquide qui ne s'administre ordinairement que par cuillerées : *potion calmante*.

potiron [pɔtirɔ̃] n. m. Plante voisine de la courge, dont les énormes fruits à chair orangée, pouvant peser parfois 100 kg, sont utilisés pour la préparation des potages et des confitures. (Famille des cucurbitacées.)

potlatch [pɔtlatʃ] n. m. (mot indien de l'Amérique du Nord). Fête religieuse des Indiens d'Amérique, consistant en échanges de dons.

Potocki, nom d'une ancienne famille polonaise, originaire des environs de Cracovie, et qui comprit de nombreux hommes d'Etat et un écrivain, JAN, né à Pików (Podolie) [1761-1815], qui étudia l'origine des civilisations slaves et écrivit en français un récit fantastique, *Manuscrit trouvé à Saragosse* (1804-1805).

Potomac (le), fl. des Etats-Unis, qui se jette dans la baie de Chesapeake ; 640 km.

potomètre [pɔtɔmɛtr] n. m. Appareil servant à mesurer la quantité d'eau absorbée par une plante.

potiron

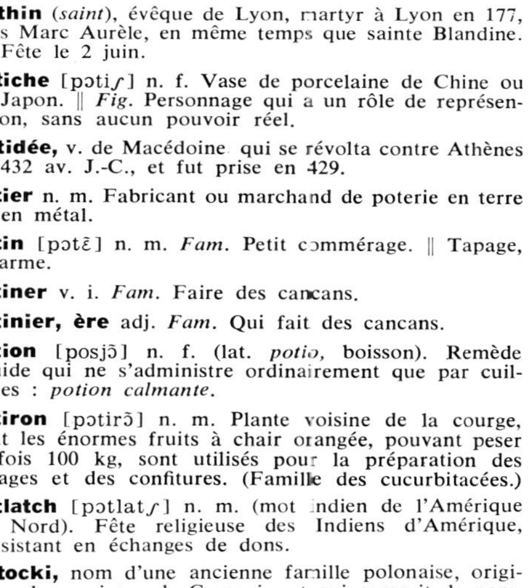

Potsdam : château de Sans-Souci

Pouchkine par Tropinine

Poudovkine une scène de « Tempête sur l'Asie »

Potosí, v. de la Bolivie andine, à 3 960 m d'altitude ; 57 900 h. Autref., célèbres mines d'argent.

pot-pourri [popuri] n. m. Ragoût composé de plusieurs sortes de viande. ‖ — *Fig.* Chanson dont les couplets sont sur différents airs connus. ‖ Dans la musique savante, mosaïque d'airs favoris ou de motifs d'opéras arbitrairement liés entre eux pour obtenir, parfois, un effet comique. ‖ Production littéraire formée de divers morceaux. ‖ Pl. des *pots-pourris.*

potron-jaquet [pɔtrɔ̃ʒakɛ] ou **potron-minet** [-minɛ] n. m. *Dès potron-jaquet, dès potron-minet,* dès la pointe du jour.

Potsdam, v. de l'Allemagne orientale, au sud-ouest de Berlin ; 111 000 h. Autref. surnommée le *Versailles prussien,* elle garde un château (la *Résidence*) des XVIIe et XVIIIe s. ; sur une hauteur, château de *Sans-Souci* (1745-1747), par Knobelsdorff. Industries variées. Conférence entre Truman, Staline et Churchill en 1945.

Pott (Percivall), chirurgien anglais, né à Londres (1714-1788). Il est surtout connu pour ses recherches célèbres sur la tuberculose des vertèbres, maladie qui porte son nom.

Pott (*mal de*), tuberculose des vertèbres. Le mal de Pott se manifeste d'abord par des douleurs, puis par des abcès ; tardivement, une gibbosité se constitue et des paralysies des membres inférieurs peuvent se produire. La radiologie permet de faire un diagnostic précoce et de suivre l'évolution de la maladie (tassement d'un disque intervertébral à la période initiale, destruction de plusieurs vertèbres à une phase plus avancée). Les médicaments antituberculeux modernes ont transformé le pronostic du mal de Pott, et une guérison sans séquelles appréciables est maintenant le plus souvent obtenue.

Potter (Paulus), peintre hollandais, né à Enkhuizen (1625-1654). Il s'est fait le chantre rustique et réaliste des troupeaux, et il a montré, dans les paysages où il les situe, un sens remarquable de la lumière et de l'atmosphère (*le Taureau,* La Haye ; *le Grand Bœuf,* Louvre).

pou [pu] n. m. (lat. *pediculus*). Insecte sans ailes, parasite externe des mammifères, dont il suce le sang. (Long. 2 mm.) ● *Chercher des poux à quelqu'un,* le chicaner à propos de riens. ‖ *Pou de San José,* espèce de cochenille très nuisible aux vergers. ‖ Pl. des *poux.*

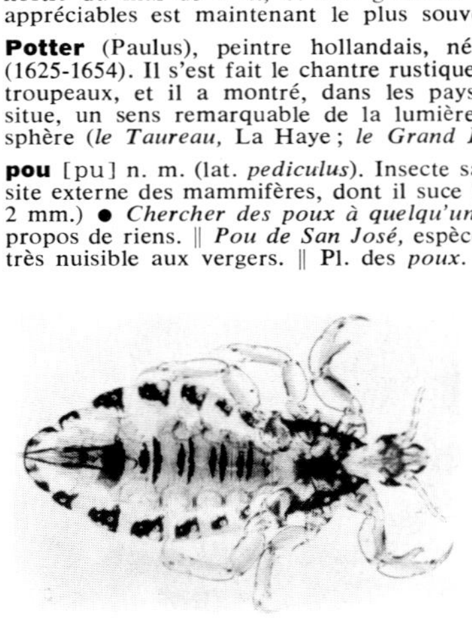

pou de corps mâle

pouah ! [pwa] interj. qui exprime le dégoût.

Pouancé (49420), ch.-l. de c. de Maine-et-Loire (arr. de Segré) ; 3 144 h. Restes d'un château (XIIIe-XVe s.).

poubelle [pubɛl] n. f. (du nom du préfet de la Seine qui imposa cette boîte). Récipient destiné à recevoir les ordures ménagères.

pouce [pus] n. m. (lat. *pollex, pollicis*). Le plus gros et le plus court des doigts de la main, opposable aux autres doigts chez l'homme et les primates. ‖ Gros orteil. ‖ Anc. unité de mesure de longueur qui valait 27,07 mm. (Ce mot sert parfois, en particulier au Canada [où il se divise en 16 lignes], pour la traduction du mot anglais *inch.* Une entente industrielle des pays anglo-saxons lui a attribué la valeur commune de 25,4 mm.) ‖ — *Fig.* Très petite quantité : *ne pas céder un pouce de territoire.* ● *Donner un coup de pouce* (Fam.), favoriser la réussite. ‖ *Manger sur le pouce,* à la hâte, sans s'asseoir. ‖ *Mettre les pouces,* céder après résistance. ‖ *Se tourner les pouces,* être inoccupé. ‖ **— Pouce !** interj. Cri pour arrêter un jeu.

pouce-pied n. m. Crustacé voisin de l'anatife, fixé aux rochers exposés aux vagues, et dont le pédoncule est comestible. ‖ Pl. des *pouces-pieds.*

poucettes n. f. pl. Chaînette pour attacher les pouces d'un prisonnier.

Pouchkine (Aleksandr Sergheïevitch), écrivain russe, né à Moscou (1799-1837). Fonctionnaire au ministère des Affaires étrangères, il affiche, dès ses premiers vers, des opinions libérales : muté en Bessarabie, puis mis en résidence surveillée dans sa propriété de Mikhaïlovskoïe, il compose des poèmes lyriques où se révèle l'influence de Byron (*Rouslan et Lioudmila,* 1817-1820 ; *le Prisonnier du Caucase,* 1821 ; *les Tziganes,* 1823-1824), un roman en vers (*Eugène Onéguine,* 1823-1830), un drame historique (*Boris Godounov,* 1825). De retour à Moscou (1826), puis à Saint-Pétersbourg, Pouchkine jouit d'un grand prestige, mais il s'abstient de toute opposition ouverte au pouvoir. Il épouse en 1831 Natalia Gontcharova et il est élu membre de l'Académie russe en 1833. Il publie alors une série de nouvelles et de contes en prose (*les Récits de Bielkine,* 1830 ; *la Dame de pique,* 1834 ; *la Fille du capitaine,* 1836), mais supporte de plus en plus difficilement la vie mondaine et les contraintes de la Cour. Cette crise aboutit à une querelle avec un officier français au service de la Russie, suivie d'un duel, au cours duquel le poète est mortellement blessé. Premier écrivain professionnel de la Russie, possédant à un rare degré le sens de la mesure, Pouchkine est le fondateur de la littérature russe moderne, qu'il orienta à la fois vers le lyrisme et le réalisme.

Pouchkine. V. TSARSKOÏE SELO.

poucier n. m. Morceau de métal ou de cuir, propre à garantir le pouce.

pou-de-soie n. m. V. POUT-DE-SOIE.

pouding [pudiŋ] n. m. (angl. *pudding*). V. PUDDING.

poudingue [pudɛ̃g] n. m. (angl. *pudding*). Variété de conglomérat formée de cailloux ou de galets arrondis, réunis entre eux par un ciment naturel.

Poudovkine (Vsevolod), metteur en scène et acteur de cinéma soviétique, né à Penza (1893-1953). Après avoir joué dans plusieurs films, il tourna quelques longs métrages qui l'ont placé, avec Eisenstein et Dovjenko, parmi les plus grands cinéastes soviétiques : *la Mère* (1926), *la Fin de Saint-Pétersbourg* (1927), *Tempête sur l'Asie* (1928), *Minine et Pojarski* (1939).

poudrage n. m. Action de poudrer.

poudre [pudr] n. f. (lat. *pulvis, pulveris,* poussière). Substance solide finement broyée ou pilée : *poudre de talc.* ‖ Mélange de produits minéraux destiné à protéger le visage et à unifier le maquillage. ‖ Composition médicale, desséchée et broyée : *poudre vermifuge, purgative,* etc. ‖ Substance explosive solide pouvant être utilisée au lancement d'un projectile par une arme à feu ou à la propulsion d'un engin. ● *Jeter de la poudre aux yeux* (Fig.), chercher à éblouir par des discours, des manières. ‖ *Mettre le feu aux poudres,* faire éclater une grave affaire. ‖ *N'avoir pas inventé la poudre,* être peu intelligent. ‖ *Poudre sans fumée,* poudre à base de nitrocellulose. (V. *encycl.*) ‖ *Poudre noire,* mélange très intime de salpêtre, de soufre et de charbon de bois. (V. *encycl.*) ‖ *Poudre pyroxylée,* poudre de chasse renfermant de la nitrocellulose. ‖ *Service des poudres,* organisme militaire chargé de la fabrication des poudres et des explosifs. (V. *encycl.*)

— ENCYCL. *Pyrotechn.* Les *poudres sans fumée,* dont la première fut la poudre B, sont ainsi appelées parce que leur combustion donne des produits entièrement gazeux, de sorte que, au tir, il ne se produit qu'une légère fumée. Elles sont capables d'exploser à une vitesse modérée, en se consumant par couches parallèles, ce qui permet d'obtenir une certaine progressivité. (On peut en effet régler la vitesse par l'épaisseur finale de la matière et par sa composition chimique.)

— La *poudre noire,* connue dès le haut Moyen Age, fut employée au lancement des projectiles au XIVe s. Elle s'enflamme aisément par une friction ou un choc, et déflagre alors avec une vitesse qui dépend de la grosseur des grains.

— Les *poudres SD* (initiales de *sans dissolvant*) sont ainsi qualifiées parce que, dans leur fabrication, il n'entre aucun dissolvant volatil. Elles sont généralement tubulaires.

— *Mil.* La fabrication des *poudres* fut pendant longtemps un monopole géré par les fermiers généraux avant d'être, au XVIIIe s., confié à une « Régie des poudres et salpêtres ». Au XIXe s., le ministre de la Guerre fut chargé des poudres de guerre, tandis que le ministre des Finances conservait les poudres de chasse et de mines. La *Direction des poudres,* qui dépend aujourd'hui du ministère de la Défense nationale, a la responsabilité de la fabrication des poudres, explosifs, carburants solides et produits chimiques à usage militaire. Elle est notamment chargée de la réalisation des propulseurs des missiles balistiques. Elle dispose d'une douzaine d'établissements et de plusieurs centres de recherche.

poudres (*Conspiration des*). V. CONSPIRATION DES POUDRES.

poudrer v. t. Couvrir d'une couche de poudre.

poudrerie n. f. Etablissement du Service des poudres. ‖ Au Canada, neige fraîche que le vent fait tourbillonner.

poudrette n. f. Engrais constitué de matières fécales desséchées et réduites en poudre.

poudreuse n. f. Machine répandant de la poudre antiparasite.

poudreux, euse adj. Couvert de poussière : *route poudreuse* (vieilli). ‖ Qui a l'aspect et la consistance de la poudre : *neige poudreuse.*

poudrier n. m. Celui qui fabrique des substances explosives. ‖ Petite boîte à poudre de riz.

poudrière n. f. Autref., magasin où l'on entreposait les munitions et les explosifs. ‖ *Fig.* Région, lieu où règne un état de trouble susceptible d'engendrer un conflit armé, un mouvement révolutionnaire : *un chômage sans cesse aggravé a fait de cette région déshéritée une véritable poudrière.*

poudroiement [pudrwamɑ̃] n. m. Caractère de ce qui poudroie.

poudroyer [pudrwaje] v. i. (conj. **2**). S'élever en poussière : *le sable poudroyait.* ‖ Etre couvert de poussière : *la route poudroie.*

pouf ! [puf] interj. exprimant le bruit sourd d'une chute : *pouf ! le voilà par terre.* ‖ — N. m. Sorte de siège capitonné, bas et large.

pouffer [pufe] v. i. *Pouffer de rire,* éclater de rire involontairement et comme en se retenant.

Pougatchev ou **Pougatchiov** (Iemelian), aventurier russe, né à Zimoïevskaïa (v. 1742-1775). Il souleva les cosaques (1773) et se fit passer pour le tsar Pierre III. Il fut décapité à Moscou.

Pougny (Jean), peintre français d'origine russe, né à Konokkala (1894-1956). Dans son pays, il prit part aux mouvements d'avant-garde animés par Larionov et Malévitch, séjourna en Allemagne et se fixa en 1923 à Paris. Séduit un moment par le cubisme et l'abstraction, il en vint à une figuration intimiste et raffinée. Il est bien représenté au musée national d'Art moderne.

Pougues-les-Eaux (58320), ch.-l. de c. de la Nièvre (arr. de Nevers) ; 1 803 h. Station hydro-minérale pour le diabète et les affections de l'estomac et du foie. Les eaux, bicarbonatées calciques, carbogazeuses, sont employées en

Phot. Bildarchiv Foto Marburg, X, Dr Laporte, X.

boissons contre les dyspepsies, les atonies gastriques et l'hyperglycémie.

pouh! [pu] interj. exprimant le dégoût, le mépris.

pouillard [pujar] n. m. Jeune perdreau; jeune faisan.

pouillé [puje] n. m. (du lat. *polyptychum*). Etat des bénéfices ecclésiastiques d'une province ou d'un royaume.

pouillerie [pujri] n. f. *Pop.* Extrême pauvreté. ‖ Lieu malpropre.

pouilles [puj] n. f. pl. (de l'anc. fr. *pouiller,* dire des injures). Ne s'emploie guère que dans l'expression *chanter pouilles,* injurier.

Pouilles (les) ou **Pouille** (la), anc. **Apulie,** région de l'Italie méridionale, entre l'Apennin et l'Adriatique, formée par les prov. de Bari, Brindisi, Foggia, Lecce et Tarente; 3 608 000 h. Formée de plaines et de bas plateaux inclinés vers l'Adriatique, les Pouilles constituent une riche région agricole, juxtaposant cultures céréalières (blé) et légumières (tomates), oliveraies et vignobles. Toutefois, le surpeuplement sévit, d'autant plus que l'industrialisation est réduite, développée seulement dans les principales villes, qui, sauf Foggia, sont des ports (raffinage du pétrole à Bari, pétrochimie à Brindisi, sidérurgie et raffinage du pétrole à Tarente). Les Pouilles servirent aux Normands de point de départ pour la conquête du royaume de Sicile. En 1861, la région fut annexée au royaume d'Italie.

Pouillet (Claude Servais), physicien français, né à Cusance (1790-1868). En 1834, il retrouva les lois d'Ohm par la méthode expérimentale, inventa la boussole des tangentes et, en 1837, fit la première mesure de la constante solaire.

pouilleux [pujø], **euse** [-øz] adj. Qui a des poux. ‖ Stérile, aride : *Champagne pouilleuse.* ‖ *Fam.* Sale, misérable : *quartier pouilleux.* ‖ — N. Pauvre hère, personne misérable.

Pouillon (40350), ch.-l. de c. des Landes (arr. de Dax); 2 450 h. (810 aggl.) [*Pouillonnais*].

pouillot [pujo] n. m. Oiseau passereau voisin de la fauvette, au dos verdâtre et au ventre jaune.

Pouilly-en-Auxois (21320), ch.-l. de c. de la Côte-d'Or (arr. de Beaune); 1 155 h.

Pouilly-sur-Loire (58150), ch.-l. de c. de la Nièvre (arr. de Cosne-sur-Loire); 1 850 h. Vins blancs.

poujadisme n. m. (de Pierre *Poujade,* homme politique français). *Sociol. politique.* Nom donné à un comportement politique fondé sur la défense exclusive des intérêts des petits commerçants et des artisans. (Suivant les contextes politiques, le poujadisme s'est également caractérisé par l'hostilité à l'égard d'initiatives de l'Etat et de l'Administration, jugées excessives, et par un nationalisme intransigeant.)

poujadiste adj. Relatif au poujadisme. ‖ — N. Personne qui se rattache au poujadisme.

poulailler [pulaje] n. m. Local où on élève les poules. ‖ Galerie élevée d'un théâtre.

poulain [pulɛ̃] n. m. (du lat. *pullus,* petit d'un animal). Jeune cheval (jusqu'à trente mois). ‖ Fourrure de cet animal. ‖ Assemblage de deux madriers parallèles, réunis par des entretoises, et servant pour la manutention des tonneaux ou des pièces lourdes.

poulie

poulaine [pulɛn] n. f. (de l'anc. fr. *poulain,* polonais). Partie extrême avant d'un navire. ● *Soulier à la poulaine,* ou *poulaine* n. f., chaussure à longue pointe, très à la mode aux XIVe et XVe s.

poularde n. f. Jeune poule qu'on a engraissée.

Poulbot (Francisque), dessinateur français, né à Saint-Denis (Seine) [1879-1946]. Prenant pour modèles les enfants de Montmartre, il a créé un type de gavroches qui le rendit célèbre. Il a dessiné de nombreuses affiches et laissé des peintures ainsi que des aquarelles.

Pouldu (Le), station balnéaire du Finistère (Sud) [arr. de Quimper, comm. de Clohars-Carnoët].

poule [pul] n. f. (lat. *pulla*). Oiseau de basse-cour élevé en grand nombre dans le monde entier pour sa chair et pour ses œufs. (Type de l'ordre des *galliformes,* ou gallinacés, et de la famille des phasianidés.) [V. *encycl.*] ‖ *Pop.* Femme légère. ● *Avoir la chair de poule* (Fam.), avoir le frisson ou trembler de peur. ‖ *Poule des bois,* syn. de GELINOTTE. ‖ *Poule d'eau,* oiseau échassier vivant dans les roseaux, près des eaux. (Long. 35 cm.) ‖ *Poule faisane,* femelle du faisan. ‖ *Poule mouillée,* homme qui manque de résolution, de courage. ‖ *Poule des sables,* syn. de GLARÉOLE. ‖ *Tuer la poule aux œufs d'or,* se priver de profits à venir par désir d'un gain immédiat.
— ENCYCL. Le terme de *poule* désigne plus spécialement la femelle adulte; le mâle est le *coq;* les jeunes sont à l'éclosion les *poussins,* les jeunes déjà revêtus d'un plumage complet les *poulets.* La poule vole médiocrement et ne perche guère; de son bec, recourbé aux deux mâchoires, elle *picore* sur le sol graines et vermisseaux; elle ne fait pas de nid, et, dès leur éclosion, les poussins la suivent dans ses recherches; son cri est le gloussement, le caquet ou le pépiement selon les circonstances.
L'élevage des poules se fait en grand en vue de la production de l'œuf et de celle du poulet de chair. La production du poulet en batterie (c'est-à-dire dans des cages métalliques superposées), en vogue pendant un temps, a été peu à peu abandonnée pour revenir à l'élevage au sol, soit en claustration, soit avec des parcours. Tant pour l'œuf que pour le poulet de chair, les races pures ont fait place à des croisements sélectionnés, qui permettent d'atteindre de hauts rendements.

poule n. f. Enjeu total : *gagner la poule.* ‖ *Sports.* Combinaison de matches dans laquelle chaque joueur ou chaque équipe rencontre tous les autres.

Poulenc [-lɛ̃k] (Francis), compositeur français, né à Paris (1899-1963), auteur d'ouvrages lyriques (*les Mamelles de Tirésias,* d'après Apollinaire, 1947; *la Voix humaine,* 1958), instrumentaux et religieux. Il a laissé en outre de la musique de chambre et des mélodies.

poulet n. m. Petit d'une poule. (Cri : le poulet *piaule.*) ‖ Terme d'affection. ‖ *Fig.* Billet galant : *écrire un poulet.* ‖ *Arg.* Policier.

poulette n. f. Jeune poule. ‖ Terme d'affection. ‖ — Adj. *Sauce poulette,* sauce faite avec du beurre, un jaune d'œuf et un filet de vinaigre.

pouliche [puliʃ] n. f. (mot dialect.). Jument non adulte.

poulie [puli] n. f. (du gr. *polos,* pivot). *Technol.* Roue portée par un axe, et dont la jante est aménagée pour recevoir un lien flexible.

Pouliguen [-gɛ̃] (Le) [44510], comm. de la Loire-Atlantique (arr. de Saint-Nazaire); 3 788 h. Station balnéaire. Port de plaisance.

pouliner [puline] v. i. Mettre bas, en parlant d'une jument.

poulinière n. et adj. f. Se dit d'une jument destinée à la reproduction.

pouliot [puljo] n. m. (lat. *puleium*). Espèce de menthe, utilisée comme stimulant. ‖ Petit treuil à l'arrière d'une charrette.

Poulkovo (*mont*), colline de l'U. R. S. S., au sud de Leningrad. Observatoire astronomique.

Poulo Condor, auj. **Côn Dao,** archipel du Viêt-nam du Sud; 5 000 h. Pénitencier.

poulot [pulo], **otte** [-ɔt] n. Terme d'amitié, en parlant à un enfant.

poulpe [pulp] n. m. (lat. *polypus*). Mollusque céphalopode sans coquillage, à huit bras égaux. (Ordre des octopodes.) [Syn. PIEUVRE.]
— ENCYCL. Le *poulpe* est un animal marin des côtes rocheuses, qui se distingue des autres céphalopodes par l'absence totale de coquille et par la grande longueur relative des bras, porteurs d'une seule rangée de fortes ventouses. Il vit dans le creux de rochers, se déplace en se halant sur ses bras et peut nager par réaction en cas de danger. Il se nourrit surtout de petits crustacés et n'attaque jamais l'homme. Sa vision et son aptitude à changer de couleurs sont remarquables. Il peut intoxiquer ses proies à quelque distance en répandant un venin dans l'eau. (V. illustr. MOLLUSQUES.)

pouls [pu] n. m. (lat. *pulsus*). Soulèvement des artères dû à l'onde provoquée par la contraction du cœur. (V. *encycl.*) ● *Se tâter le pouls,* consulter ses forces avant de se décider. ‖ *Tâter le pouls à quelqu'un,* compter le nombre de pulsations par minute; sonder ses dispositions.
— ENCYCL. Le *pouls* peut être perçu en palpant les artères, notamment aux endroits où l'on peut, en appuyant sur la peau, les comprimer sur un plan osseux, comme à l'extrémité inférieure du radius. La fréquence du pouls est, à l'état normal, de 70 pulsations par minute chez l'homme, 80 chez la femme. Le pouls s'accélère à l'effort, au cours des fièvres et dans certaines affections du cœur. Son ralentissement au-dessous

poulailler : 1. Vue d'un élevage expérimental de sélection; 2. Triage de poussins dits « poussins d'un jour » avant une expédition par boîtes de 100 sujets; 3. Elevage de poussins; 4. Elevage industriel de coquelets; 5. Batterie d'élevage de poulets (sussex); 6. Parc d'élevage de poulets (bresses blanches).

Phot. Justin, Lauros - Atlas-Photo, Nadau-Rapho (2), Centre avicole de l'Ile-de-France, Nadau (2).

de 40 pulsations (pouls lent permanent) est dû à un défaut de conduction nerveuse entre oreillettes et ventricules.

poult-de-soie n. m. V. POUT-DE-SOIE.

poumon [pumɔ̃] n. m. (lat. *pulmo, pulmonis*). Organe de la respiration de l'homme, contenu dans le thorax. (V. *encycl.*) ‖ Organe respiratoire aérien de divers animaux, constitué par une cavité dont la paroi, riche en vaisseaux sanguins, absorbe l'oxygène, et dont l'orifice étroit limite les pertes d'eau par évaporation. (V. *encycl.*) ● *Poumon d'acier,* appareil de respiration artificielle constitué d'un coffre dans lequel on met le sujet, à l'exception de la tête, et où on exerce des variations de pression provoquant les mouvements respiratoires.
— ENCYCL. Chez l'homme, il existe deux *poumons,* séparés par le médiastin (cœur, œsophage, trachée). Chaque poumon a la forme d'une moitié de cône dont la base repose sur le diaphragme, dont la face externe, arrondie, épouse la cage thoracique, et dont la face interne, presque plane, répond au médiastin. Cette face interne comprend le hile, où pénètrent la bronche souche, l'artère et les veines pulmonaires. Chaque bronche souche, accompagnée des vaisseaux, se divise en de multiples ramifications, les bronchioles, aboutissant à de petites cavités, les alvéoles, où s'effectuent les échanges gazeux de la respiration. Les alvéoles sont groupés en lobules, et les lobules en lobes. Ces derniers, séparés par des scissures visibles à la surface des poumons, sont au nombre de trois pour le poumon droit, deux pour le poumon gauche. Chaque poumon est enveloppé par une séreuse, la plèvre.
Les plaies du poumon se manifestent par des crachements de sang et des épanchements de sang et d'air dans les plèvres (hémothorax, pneumothorax). Diverses affections peuvent atteindre les poumons selon des modes aigus (pneumonie, broncho-pneumonie, abcès, gangrène, etc.) ou chroniques (tuberculose, mycoses, pneumoconioses, congestions d'origine cardiaque, emphysème, etc.). Le cancer du poumon peut être primitif, son point de départ étant l'épithélium des bronches, ou secondaire à un cancer osseux, glandulaire, cutané ou digestif.
— *Zool.* Le nombre des *poumons* est variable : huit chez les scorpions, quatre chez les mygales, deux chez la plupart des vertébrés terrestres et des araignées, un seul chez les serpents, l'escargot et la limace. Les poumons sont toujours le siège de mouvements respiratoires, qui, en les remplissant et en les vidant alternativement, renouvellent l'air. Leur surface utile est souvent fortement accrue par toutes sortes de replis. Les oiseaux sont les seuls animaux dont les poumons puissent contenir de l'air atmosphérique pur.

pound [pawnd] n. m. Unité fondamentale britannique de mesure de masse, valant 453,59 g.

Pound (Ezra Loomis), poète américain, né à Hailey (Idaho) [1885-1972]. Attiré dès sa jeunesse par les littératures romanes et les civilisations orientales, il traduit les troubadours et les poètes chinois, et formule les principes de l'imagisme*. Méditant sur le langage et l'expression poétique (*l'Esprit des littératures romanes,* 1910; *A B C de la lecture,* 1934), il exprime sa haine de la société capitaliste et usurière. Il voyage à Paris, à Londres et en Italie et publie plusieurs recueils (*Hugh Selwyn Mauberly,* 1920; *Personae,* 1926; *Hommage à Properce,* 1934). Pendant la Seconde Guerre mondiale, il participe aux émissions de la radiodiffusion italienne, ce qui lui vaut d'être accusé de trahison et enfermé pendant douze ans dans un asile d'aliénés près de Washington. Libéré, il revient s'établir en Italie, où il achève son itinéraire intellectuel et poétique (*Cantos,* 1919-1959).

poupard [pupar], **e** [-ard] adj. et n. Se dit d'un petit enfant gras et joufflu, et aussi d'une personne adulte grasse et joufflue comme un enfant : *physionomie pouparde.*

poupe [pup] n. f. (de l'anc. provenç. *poppa;* lat. *puppis*). *Mar.* Arrière d'un navire (par oppos. à la

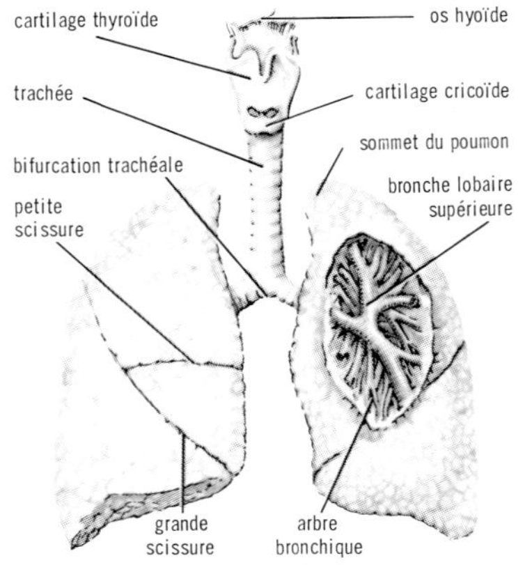

poumon

proue). ● *Avoir le vent en poupe,* être en faveur, en train de faire fortune, de réussir.

poupée [pupe] n. f. (lat. *puppa,* petite fille). Figurine humaine de cire, de carton, etc., servant de jouet aux enfants. ‖ Mannequin des modistes et des tailleurs. ‖ *Fig.* Petite personne insignifiante, fort parée. ‖ *Mécan.* Organe de machine recevant un arbre de transmission ou servant de point fixe à un mouvement de rotation.

Poupelet (Jane), sculpteur français, née à Saint-Paul-Lizonne (Dordogne) [1878-1932]. Elle fut l'élève de Schnegg et de Rodin. On lui doit des figures de femmes, très pures, et des statuettes d'animaux élégamment stylisées (*Femme à sa toilette,* musée national d'Art moderne).

poupin [pupɛ̃], **e** [-in] adj. Frais, coloré : *figurine poupine.*

poupon [pupɔ̃] n. m. Bébé.

pouponner v. i. *Fam.* S'occuper d'un nourrisson.

pouponnière n. f. Dans une crèche, salle des tout petits enfants.

pour [pur] prép. (lat. *pro*). Indique un rapport : 1° de direction, de but (à destination de : *partir pour la campagne;* en vue de : *travailler pour le plaisir*) ; 2° d'intérêt (en faveur de : *plaider pour un accusé*) ; 3° de substitution (à la place, au lieu de : *un mot employé pour un autre;* en échange de : *il a vendu sa maison pour rien*) ; 4° de qualification (en qualité de, comme : *avoir quelqu'un pour camarade; passer pour savant*) ; 5° de relation (eu égard à, par rapport à : *il est grand pour son âge;* quant à : *pour moi, je n'en ferai rien*) ; 6° de cause (en raison de : *cet élève a été puni pour sa paresse*) ; 7° de durée (pour un temps de : *j'ai du travail pour un an*) ; etc. ● *En être pour,* ne rien obtenir en échange : *en être pour sa peine.* ‖ *Etre pour* (avec infinitif), être sur le point de : *il était pour partir quand je suis arrivé;* être de nature à : *cela n'est pas pour me déplaire.* ‖ *Etre pour* (quelque chose ou quelqu'un), en être partisan. ‖ **— Pour lors** loc. adv. Alors. ‖ — Loc. conj. **Pour peu que,** si peu que. ‖ **Pour que,** indique le but (afin que) ou la conséquence. ‖ — N. m. : *soutenir le pour et le contre.*

pourboire n. m. Somme d'argent donnée à un salarié d'une entreprise par un client de cette dernière : *dans certaines professions le pourboire constitue légalement un élément du salaire.*

Pourbus ou **Porbus** (Pieter), peintre flamand, né à Gouda (v. 1510-1584), actif à Bruges à partir de 1540. Gendre du romaniste Lancelot Blondeel, il a lui-même contribué à acclimater l'art italien à Bruges. Il est l'auteur de compositions religieuses et de portraits (musées de Bruxelles et de Bruges). — Son fils, FRANS, dit *l'Ancien,* né à Bruges (1545-1581), fut l'élève de Floris et fit sa carrière à Anvers. Représentant du maniérisme, il excella dans le portrait (musées de Gand et de Bruxelles). — FRANS, dit *le Jeune,* fils du précédent, né à Anvers (1569-1622), accomplit sa carrière de portraitiste dans diverses cours d'Europe, travaillant à Bruxelles, à Mantoue et à Paris. Il peignit Henri IV peu avant qu'il fût assassiné (Louvre), puis sur son lit de mort (musée de Berlin), et devint le peintre de Marie de Médicis.

pourceau [purso] n. m. (lat. *porcellus*). Porc, cochon. ‖ *Fam.* Homme sale, dégoûtant.

Pourceaugnac (*Monsieur de*). V. MONSIEUR DE POURCEAUGNAC.

pourcentage [pursɑ̃taʒ] n. m. (de l'expression *pour cent*). Etablissement, chiffre du taux de l'argent (tant pour cent). ‖ Proportion d'une quantité, d'une grandeur par rapport à une autre, évaluée en général sur la centaine.

pourchasser v. t. Poursuivre avec ardeur : *pourchasser un voleur.*

pourchasseur n. m. Celui qui pourchasse.

pourfendeur n. m. Celui qui pourfend. (Se dit le plus souvent par ironie.)

pourfendre v. t. (conj. **9**). Fendre en deux d'un coup de sabre. ‖ *Fig.* Attaquer (le plus souvent dans un sens ironique).

pourlécher (se) v. pr. (conj. **5**). *Fam.* Passer sa langue sur ses lèvres.

pourparlers n. m. pl. Conférence à propos d'une affaire : *engager des pourparlers.*

pourpier [purpje] n. m. (lat. *pulli pes,* pied de poulet). Plante à petites feuilles charnues, dont une espèce est cultivée comme légume, et une autre, originaire de l'Amérique du Sud, est cultivée pour ses fleurs à coloris variés. (Ordre des caryophyllales.)

pourpoint [purpwɛ̃] n. m. (de l'anc. fr. *pourpoindre,* piquer). Vêtement d'homme, en usage du XIIIe au XVIIe s., qui couvrait le corps du cou à la ceinture.

pourpre [purpr] n. f. (lat. *purpura*). Matière colorante d'un rouge foncé que les Anciens tiraient d'un coquillage : *la pourpre de Tyr était la plus estimée.* ‖ Etoffe teinte en pourpre : *manteau de pourpre.* ‖ *Fig.* Dignité impériale, dont la pourpre était autrefois la marque : *la pourpre des Césars.* ● *La pourpre romaine,* la dignité de cardinal. ‖ — N. m. Couleur d'un beau rouge violacé : *manteau d'un beau pourpre.* ‖ *Fig.* Rougeur : *sentir le pourpre monter à son visage.* ‖ *Zool.* Mollusque gastropode des côtes de l'Europe occidentale, qui se nourrit de moules. (Long. 2 cm.) ● *Pourpre rétinien* (Anat.), pigment rouge des cellules en bâtonnets de la rétine. ‖ — Adj. Rouge foncé : *des rubans pourpres.*

pourpré, e adj. De couleur pourpre : *robe pourprée.* ● *Fièvre pourprée,* syn. de URTICAIRE.

pourprin n. m. Couleur pourpre de certaines fleurs.

pourquoi [purkwa] conj. et adv. Pour quelle raison : *on se fâche sans savoir pourquoi;* et, *interrogativ. : pourquoi partez-vous?* ‖ **— C'est pourquoi,** loc. conj. qui introduit une conséquence. ‖ — N. m. inv. Cause, raison : *le pourquoi de toutes choses.* ‖ Question : *il n'est pas facile de répondre à tous les pourquoi.*

pourri, e adj. et n. m. Gâté, corrompu : *fruit pourri; viande pourrie; cela sent le pourri.* ● *Temps pourri,* temps humide et malsain.

pourridié [puridje] n. m. Maladie cryptogamique de la vigne, des arbres fruitiers et forestiers.

pourrir [purir] v. i. (lat. *putrescere*). Entrer en putréfaction. ‖ — *Fig.* Rester longtemps : *pourrir en prison.* ‖ Durer en s'altérant : *conflit, guerre qui pourrit.* ‖ — V. t. Altérer, corrompre par décomposition : *l'eau pourrit le bois.*

pourrissage n. m. Action de faire pourrir. ‖ Conservation des pâtes céramiques dans une humidité favorable à leur homogénéité.

pourrissement n. m. *Fig.* Dégradation, détérioration : *le pourrissement d'une situation.*

pourrissoir n. m. *Industr.* Atelier où l'on pratique le pourrissage.

pourriture n. f. Etat d'un corps en décomposition. ‖ Nom donné à certaines maladies cryptogamiques de la vigne : *pourriture grasse, pourriture grise, pourriture noble.* (Cette dernière, due à *Botrytis cinerea,* favorise la concentration du sucre dans les raisins de la région de Sauternes.) ‖ *Fig.* Etat de corruption.

pour-soi n. m. *Philos.* V. SOI.

poursuite n. f. Action de courir après une personne ou un animal. ‖ *Fig.* Soin mis à obtenir quelque chose : *s'obstiner à la poursuite d'un emploi.* ‖ *Dr.* Procédure mise en œuvre par un plaideur qui veut se faire rendre justice, ou par le ministère public en vue de faire punir l'auteur d'une infraction pénale : *entamer des poursuites contre un débiteur.* ‖ *Sports.* Course dans laquelle deux coureurs, placés sur la piste à des points diamétralement opposés, cherchent à se rejoindre.

poursuiteur n. m. Cycliste spécialiste des courses de poursuite.

Frans **Pourbus** l'Ancien, portrait d'Antoine de Bourbon *musée Condé, Chantilly*

Ezra **Pound**

Phot. Camera-Press, Giraudon.

poursuivant, e adj. et n. *Dr.* Qui exerce des poursuites : *la partie poursuivante.*

poursuiveur n. m. Personne qui poursuit, qui a l'habitude de poursuivre.

poursuivre v. t. (conj. **56**). Courir après pour atteindre : *le chien poursuit le gibier.* || *Fig.* Chercher à atteindre : *poursuivre un but.* || Continuer ce que l'on a commencé : *poursuivre une entreprise.* || *Dr.* Agir en justice contre quelqu'un : *poursuivre un débiteur.* || Tourmenter : *l'ennui poursuit le désœuvré.*

Pourtalet (*col du*), passage pyrénéen entre les vallées d'Ossau (France) et de Sallent (Espagne); 1 792 m.

pourtant [purtɑ̃] conj. qui indique une opposition : *cette aventure est surprenante, elle est pourtant vraie.* (Syn. : CEPENDANT, MAIS, NÉANMOINS, TOUTEFOIS.)

pourtour n. m. (de l'anc. fr. *pourtourner,* se tourner). Tour, circuit : *le pourtour d'une place.* ● *Pourtour du chœur,* prolongement des nefs latérales d'une église derrière le chœur.

pourvoi [purvwa] n. m. (de *pourvoir*). *Dr.* Action par laquelle un plaideur ou le ministère public demande à la plus haute juridiction compétente d'annuler un jugement rendu en dernier ressort en matière civile ou pénale. || Tout acte par lequel un plaideur utilise une voie de recours quelconque contre une décision administrative.

pourvoir [purvwar] (**à**) v. t. ind. (conj. **37**). Fournir ce qui est nécessaire : *vos parents pourvoient à vos besoins.* || — V. t. Munir, garnir : *pourvoir un soldat de munitions.* || Etablir par mariage ou par emploi : *pourvoir ses enfants.* || *Fig.* Orner, douer : *la nature l'a pourvu de grandes qualités.* || **— Se pourvoir** v. pr. Se munir : *se pourvoir d'argent.* || *Dr.* Recourir à un tribunal supérieur : *se pourvoir en cassation.*

pourvoyeur [purvwajœr], **euse** [-øz] n. Personne qui fournit ce qui est nécessaire.

pourvoyeur n. m. Servant d'une arme à feu collective, chargé de la ravitailler en munitions.

pourvu que [purvykə] loc. conj. A condition que : *on peut tout enlever aux hommes, pourvu qu'on leur laisse l'espérance.* || Introduit un souhait, une crainte : *pourvu qu'il vienne! pourvu qu'il ne vienne pas!*

poussage n. m. Technique de navigation fluviale ou intérieure consistant à faire pousser par un bateau à moteur un ensemble de chalands amarrés rigidement les uns aux autres.

poussah [pusa] n. m. (du chinois *pou-sâ,* idole bouddhique). Magot de carton ou de matière plastique, porté par une boule lestée de telle sorte que le jouet revient toujours à la position verticale. || *Fig.* Gros homme malbâti.

pousse [pus] n. f. Développement des graines et des bourgeons des végétaux. || Jeune branche : *les chèvres broutent les jeunes pousses.* || Développement de tout ce qui s'accroît : *la pousse des dents.* || Maladie des chevaux, caractérisée par de l'essoufflement. || Maladie des vins, qui les rend troubles.

pousse-café n. m. inv. *Fam.* Petit verre d'alcool que l'on boit après le café.

pousse-cailloux n. m. inv. *Pop.* Fantassin.

poussée n. f. Action de pousser. || Résultat de cette action. || Force verticale dirigée de bas en haut qu'éprouve tout corps plongé dans un fluide. || Force de propulsion que développe un moteur à réaction. (La poussée est une force qui se mesure, en pratique, en kilogrammes. Elle ne doit pas être confondue avec la *puissance,* qui s'exprime en chevaux.) || *Archit.* Action exercée de dedans en dehors par un arc ou une voûte sur leurs supports. || Accès : *poussée de fièvre.* ● *Centre de poussée,* point d'application de la résultante des forces de poussée. || *Poussée des terres,* tendance des talus à s'ébouler, et à laquelle on s'oppose par le soutènement.

pousse-pied n. m. inv. Petit bateau léger que l'on fait glisser sur la vase en le poussant du pied.

pousse-pied n. m. inv. V. POUCE-PIED.

pousse-pousse n. m. inv. En Extrême-Orient, voiture légère tirée par un coureur, pour le transport des personnes.

pousser [puse] v. t. (lat. *pulsare*). Faire effort pour déplacer, écarter : *pousser une voiture, son voisin.* || Imprimer un mouvement en avant à un corps : *pousser la porte.* || Etendre : *Alexandre poussa ses conquêtes jusque dans les Indes.* || Porter : *pousser un coup d'épée.* || Produire, développer : *la vigne pousse beaucoup de bois.* || — *Fig.* Stimuler : *pousser un écolier.* || Prolonger, étendre : *pousser la raillerie trop loin.* || Travailler avec soin : *pousser un dessin.* || Produire, émettre : *pousser des cris.* || Faire agir : *quel motif le pousse?* || — V. i. Croître : *les blés ont poussé.* || Prolonger son voyage : *pousser jusqu'à Rome.* || **— Se pousser** v. pr. Avancer, faire son chemin : *se pousser dans le monde.*

poussette n. f. *Jeux.* Tricherie qui consiste à pousser une mise sur le tableau gagnant quand le résultat est déjà connu. || Petite voiture d'enfant que l'on pousse à la main. || Armature d'acier légère et sur roues, munie d'un guidon et destinée à soutenir un sac utilisé pour faire le marché. || Aide illégale apportée à un coureur cycliste en le poussant dans une côte.

pousseur n. m. Bateau à moteur assurant le poussage de barges sur les rivières.

Pousseur (Henri), compositeur belge, né à Malmédy en 1929, représentant de l'école sérielle en Belgique.

poussier [pusje] n. m. Débris pulvérulents d'une matière quelconque, notamment de charbon.

poussière [pusjɛr] n. f. (du lat. *pulvis, pulveris*). Terre ou toute autre matière réduite en poudre très fine. ● *Coup de poussière,* explosion provoquée dans une galerie de mine par l'inflammation spontanée d'air mélangé de fines particules de charbon. || *Mordre la poussière,* être jeté à terre dans un combat. || *Poussière cosmique,* ensemble de particules extrêmement ténues répandues à travers l'espace galactique à une très faible concentration. || *Réduire en poussière,* détruire complètement.

poussiéreux, euse adj. Couvert de poussière : *route poussiéreuse.*

poussif [pusif], **ive** [-iv] adj. (de *pousser*). *Cheval poussif,* qui a la maladie appelée *pousse.* || *Fam.* Se dit d'une personne qui a peine à respirer. || Se dit d'un véhicule qui a du mal à avancer.

poussin [pusɛ̃] n. m. (du lat. *pullicenus*). Poulet nouvellement éclos : *une poule et ses poussins.* (Cri : le poussin *piaule.*) || Jeune oiseau venant d'éclore. || *Arg. mil.* Elève officier de première année à l'école de l'Air.

Poussin (Nicolas), peintre français, né à Villers, près des Andelys (1594-1665). Venu à Paris à dix-huit ans, il travailla à la décoration du Luxembourg avec Philippe de Champaigne. Parti pour Rome en 1624, il y passa le reste de son existence, sauf un séjour à Paris (1640-1642). Il est considéré comme le principal représentant du classicisme français. Si ses bacchanales doivent au Titien, il s'est surtout inspiré des sculptures antiques et des fresques de Raphaël. Esprit cartésien, il aimait et recherchait l'ordre dans ses compositions; psychologue, il s'efforçait à traduire la vérité des sentiments, mêlant intimement l'humanité à la nature, qu'il étudia dans ses paysages de la campagne romaine. Sensuel et intelligent, Poussin a créé une œuvre à la fois voluptueuse et de haute spiritualité, sachant toujours éviter la froideur d'une peinture trop intellectuelle ou trop soumise aux règles. Parmi les toiles que conserve le Louvre, citons : *le Triomphe de Flore, l'Inspiration du poète, les Bergers d'Arcadie, l'Enlèvement des Sabines, Moïse sauvé des eaux, Diogène jetant son écuelle, le Ravissement mystique de saint Paul,* les quatre panneaux des *Saisons,* ainsi qu'un *Autoportrait.* (V. illustr. ART CLASSIQUE*.)

poussinière n. f. Cage à poussins. | Etuve à sécher les poussins au sortir de la couveuse.

Poussinière (la). *Astron.* V. PLÉIADES (*les*).

poussivement adv. *Fam.* De façon poussive.

poussoir n. m. Bouton qu'on pousse pour faire fonctionner une sonnerie, mettre en mouvement un mécanisme, etc.

pout-de-soie [pudswa] n. m. Taffetas souple et épais, présentant des côtes perpendiculaires à la lisière, dues à la trame brillante et assez grosse. (On écrit aussi POU-DE-SOIE et POULT-DE-SOIE.) || Pl. des *pouts-, poux-,* ou *poults-de-soie.*

poutraison n. f. Assemblage de poutres.

poutre [putr] n. f. *Constr.* Pièce de charpente horizontale, en bois, en métal ou en béton armé, supportant une construction.

poutrelle n. f. Petite poutre.

pouture [putyr] n. f. Engraissement des bestiaux à l'étable par les farineux.

pouvoir [puvwar] v. t. (du lat. *posse,* pouvoir) [conj. **35**]. Avoir la faculté de faire; être en état de; être capable de. ● *N'en pouvoir mais,* v. MAIS. || *N'en pouvoir plus,* éprouver une grande fatigue, un grand accablement. || **— Se pouvoir** v. pr. impers. Etre possible : *il se peut qu'il pleuve.*

pouvoir n. m. Faculté de faire : *cela passe mon pouvoir.* || Autorité, gouvernement d'un pays : *parvenir au pouvoir.* || Crédit, influence : *avoir du pouvoir auprès du ministre.* || Puissance : *le pouvoir de l'éloquence.* || Mandat, procuration : *donner un pouvoir par-devant notaire.* || Document constatant cette autorisation. || Fonction juridique consistant à édicter les règles d'organisation politique et administrative d'un pays, ainsi qu'à en assurer le respect. || Propriétés d'une substance placée dans des conditions déterminées. || Possibilités d'un appareil ou d'un instrument. ● *Pouvoir d'achat,* valeur réelle, en marchandises, services, produits alimentaires, que représente un revenu. || *Pouvoir exécutif* ou, mieux, *gouvernemental,* pouvoir chargé de veiller à l'exécution de la loi et à l'administration de l'Etat. || *Pouvoir judiciaire,* pouvoir chargé de rendre la justice. || *Pouvoir législatif,* pouvoir chargé d'élaborer la loi. || *Pouvoir réglementaire,* pouvoir, pour une autorité gouvernementale ou administrative (préfet, maire, etc.), de légiférer sur des matières qui ne sont pas réglées par la loi, ou de développer les règles posées par le Parlement en vue d'en permettre l'application. (La Constitution de 1958 a fixé le domaine respectif du pouvoir législatif et du pouvoir réglementaire.) || *Pouvoir spirituel,* pouvoir de l'Eglise en matière de foi. || *Pouvoir temporel,* gouvernement civil d'un Etat. || — Pl. Faculté, droit d'exercer certaines fonctions : *les pouvoirs d'un ambassadeur.* ● *Pouvoirs publics,* ensemble des autorités qui détiennent le pouvoir dans l'Etat. || *Séparation des pouvoirs,* principe de droit public selon lequel les pouvoirs législatif, exécutif (ou gouvernemental) et judiciaire doivent être exercés par des autorités distinctes collaborant entre elles sur un pied d'égalité.

Pouyastruc (65350), ch.-l. de c. des Hautes-Pyrénées (arr. de Tarbes); 348 h.

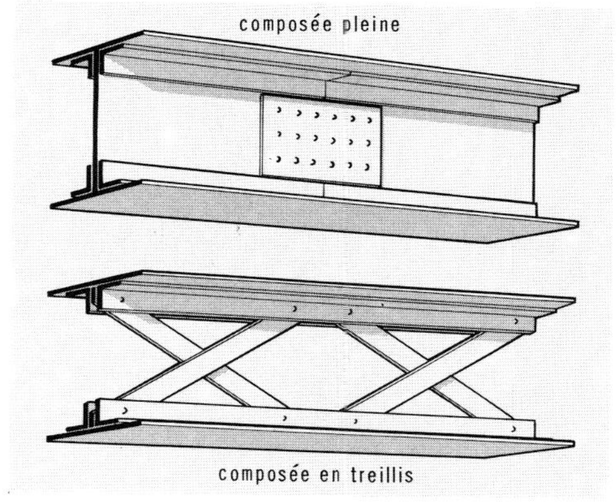

poutres

P'ou-yi, né à Pékin (1906-1967), empereur de Chine (1908-1912), puis du Mandchoukouo (1934-1945).

Pouzauges (85700), ch.-l. de c. de la Vendée (arr. de Fontenay-le-Comte); 4 887 h. (3 526 aggl.). Donjon du XIIIe s. Conserverie. Matières plastiques.

pouzzolane [puzɔlan] n. f. (de *Pouzzoles* n. pr.). Roche volcanique siliceuse, à structure alvéolaire, recherchée en construction. (Elle isole de la chaleur et du bruit.)

Pouzzoles, en ital. **Pozzuoli,** port d'Italie, sur le golfe de Naples; 61 000 h. Evêché. Amphithéâtre. Temple de Sérapis. Exportation de *pouzzolanes.* Electronique.

Powell (Cecil Frank), physicien anglais, né à Tonbridge (Kent) [1903-1969]. Il a imaginé l'emploi des émulsions photographiques pour étudier les réactions nucléaires. (Prix Nobel de physique, 1950.)

Poyet (Guillaume), chancelier de France sous François Ier, né aux Granges, près de Saint-Rémy-la-Varenne (Anjou) [1473-1548], auteur de l'ordonnance de Villers-Cotterêts (1539).

Poznań, en allem. **Posen,** v. de Pologne, en Posnanie, sur la Warta; 469 100 h. Cathédrale des XVe et XVIIIe s. Métallurgie. Industries chimiques, textiles et alimentaires.

Pozzo di Borgo (Charles André), diplomate corse, né à Alata (Corse) [1764-1842]. Passé à la Russie, conseiller privé d'Alexandre Ier, il le poussa à exiger la déchéance de Napoléon Ier.

p. p. c. m. *Math.* Abrév. de PLUS PETIT COMMUN MULTIPLE.

Pr, symbole chimique du *praséodyme.*

Pradelles (43420), ch.-l. de c. de la Haute-Loire (arr. du Puy); 786 h.

Prades (66500), ch.-l. d'arr. des Pyrénées-Orientales, sur la Têt; 6 398 h. (*Pradéens*). Eglise du XIIIe s. Vins. Miel. — L'arr. a 6 cant., 103 comm., 35 851 h.

Prades (Jean DE), ecclésiastique et écrivain français, né à Castelsarrasin (v. 1720-1782). Collaborateur de l'*Encyclopédie,* il soutint en Sorbonne (1751) une thèse qui fit scandale par les doutes qu'elle énonçait sur la divinité de Jésus-Christ. Condamné par le pape et le parlement, il se réfugia auprès de Frédéric II de Prusse, fit paraître une *Apologie de M. l'abbé de Prades* (1752), puis se rétracta et devint archidiacre de Głogów.

Pradet (LE) [83220], comm. du Var (arr. de Toulon); 5 658 h. (3 960 aggl.).

Pradier (Jean-Jacques, dit **James**), sculpteur français, né à Genève (1792-1852). Il connut un grand succès sous la monarchie de Juillet grâce à ses représentations féminines, d'une aimable sensualité (*les Trois Grâces, Atalante,* Louvre; *Vénus,* musée d'Orléans). Il travailla aussi à l'Arc de triomphe de l'Etoile, à Paris, et sculpta les douze Victoires qui ornent le tombeau de Napoléon Ier aux Invalides.

Prado (*musée national du*), un des plus importants musées d'Europe et le principal de Madrid. Formé en 1819 par la réunion des collections royales et sans cesse enrichi, il abrite une remarquable collection de peintures et de sculptures. Très riche en œuvres espagnoles (le Greco, Vélasquez, Goya), il fait une large place aux écoles italienne (Titien, le Tintoret, Véronèse) et flamande (Bosch, Memling, Rubens).

Pradon (Jacques), poète français, né à Rouen (1644-1698). Protégé de Montausier et de Corneille, il accepta d'écrire une tragédie pour concurrencer celle que Racine allait faire représenter. Sa *Phèdre,* jouée sur la scène de Guénégaud, alors que Racine donnait la sienne à l'Hôtel de Bourgogne, connut quelques jours de succès.

praesidium [prezidjɔm] n. m. (mot lat.). Nom donné en U. R. S. S. à la présidence du Conseil suprême des Soviets.

Praetorius (Michael), compositeur et théoricien allemand, né à Creuzburg (1571-1621). Il a laissé une œuvre musicale religieuse importante, influencée par les Italiens, et un célèbre traité théorique (*Syntagma musicum,* 1614-1619).

Prague

le pont Charles-IV au fond le château

la place des Croisés et l'église Saint-Sauveur

Praga, v. de Pologne, auj. faubourg de Varsovie. Elle fut prise d'assaut par Souvorov en 1794 ; un épouvantable massacre suivit.

pragmatique [pragmatik] adj. Fondé sur l'étude des faits : *histoire pragmatique*. ‖ Qui prend la valeur pratique comme critère de la vérité : *politique pragmatique*. ‖ — N. f. *Pragmatique sanction,* rescrit impérial ; édit d'un souverain statuant en principe définitivement en matière fondamentale.

pragmatique sanction de Bourges, acte promulgué par Charles VII en 1438. La pragmatique sanction régla unilatéralement la discipline générale de l'Eglise de France et ses rapports avec Rome. Elle consacra, sous réserve de la confirmation pontificale, le principe électif pour les dignités ecclésiastiques ; elle porta interdiction des annates. Le concordat de 1516 maintint les principales dispositions de la pragmatique, qui resta jusqu'en 1790 la charte de l'Eglise gallicane.

pragmatique sanction de 1713, acte par lequel l'empereur Charles VI aligna le mode de succession autrichien sur celui de la Hongrie, en décidant qu'un représentant mâle primait une femme même la plus proche héritière, et qu'en cas d'absence d'héritier mâle la femme la plus proche du dernier souverain régnant lui succéderait. C'est en vertu de cette pragmatique que sa fille Marie-Thérèse lui succéda.

pragmatisme n. m. (du gr. *pragma, pragmatos,* fait). Doctrine qui prend pour critère de la vérité la valeur pratique. (Pour le pragmatisme, est vrai ce qui réussit, et il n'y a pas de vérité absolue.)

pragmatiste adj. et n. Qui concerne ou qui soutient le pragmatisme.

Pragnères, écart de la comm. de Gèdre (Hautes-Pyrénées), sur le Gave de Pau. Centrale hydro-électrique.

Prague, en tchèque **Praha,** cap. de la Tchécoslovaquie et de la Bohême, sur la Vltava ; 1 030 000 h. Archevêché catholique. Université. Carrefour européen (entre Berlin, Munich, Vienne, Budapest et Varsovie) et régional (point de convergence des vallées de la Vltava et de la Berounka, à proximité de l'Elbe supérieur), Prague a valorisé sa situation dès le Moyen Age. L'industrie (métallurgie) s'est implantée au XIXe s. et au début du XXe s. et s'est développée considérablement avec l'avènement du régime socialiste (constructions mécaniques et électriques, chimie). Aujourd'hui, la ville est la métropole politique, commerciale, culturelle et industrielle incontestée de la Tchécoslovaquie entière, malgré sa position excentrée, dans l'ouest du pays.
● *Histoire.* Le site de Prague attira les marchands dès le IXe s. Evêché en 973, résidence des ducs de Bohême de 1061 à 1140, la vieille ville obtint une charte au XIIIe s. Au siècle suivant se constitua pour les colons allemands une nouvelle agglomération, dont Charles IV fit sa capitale et qu'il embellit considérablement. Résidence favorite des Empereurs, Prague déclina après la défenestration* de Prague (1618) et la bataille de la Montagne Blanche (1620). Après l'adoption de la Constitution de 1861, Prague devint le foyer des aspirations nationalistes tchèques. En 1918, elle fut tout naturellement désignée comme capitale de la Tchécoslovaquie.
● *Beaux-arts.* Prague est la métropole historique et intellectuelle du pays. Le château de Hradčany renferme la cathédrale (XIVe s.) dans son enceinte. Au-dessous s'étagent les palais et les églises du quartier de Malá Strana, qui communique par le pont Charles (XIVe s.) avec la vieille ville (hôtel de ville, église de la Havel, église Týnský, ancien caravansérail). La ville possède de riches musées.

Praguerie, révolte qui éclata en France en 1440 contre les réformes de Charles VII et que celui-ci étouffa.

Prahecq (79230), ch.-l. de c. des Deux-Sèvres (arr. de Niort) ; 939 h. (704 aggl.).

Praia, cap. de l'archipel du Cap-Vert, dans l'île de São Tiaga ; 32 300 h. Port de pêche.

praire [prɛr] n. f. (mot provenç.). Mollusque bivalve comestible, dont la coquille porte de fortes côtes, et que l'on récolte en bêchant le sable du littoral. (Long. 5 cm.) [V. illustr. MOLLUSQUES.]

prairial [prɛrjal] n. m. (de *prairie*). Neuvième mois du calendrier républicain (du 20 mai au 18 juin).

prairial an II (*loi du 22*) [10 juin 1794], loi inspirée par Robespierre, qui inaugura la Grande Terreur*.

prairial an III (*journée du 1er*), tentative des terroristes pour ressaisir le pouvoir, et au cours de laquelle fut tué le député Féraud (20 mai 1795).

prairial an VII (*journée du 30*) [18 juin 1799], journée révolutionnaire marquée par la démission forcée des directeurs Merlin de Douai et La Révellière-Lépeaux au profit de Roger Ducos et du général Moulin.

prairie [preri] n. f. (du lat. *pratum,* pré). Etendue de terrain qui produit de l'herbe ou du foin. ‖ Formation* végétale naturelle, herbacée, recouvrant parfaitement le sol. ● *Prairie artificielle,* prairie où l'on a semé du trèfle, du sainfoin, de la luzerne, etc.

Prairie (la), nom donné aux grandes plaines du centre de l'Amérique du Nord, à l'ouest des Grands Lacs, autrefois couvertes d'herbe (d'où leur nom), aujourd'hui souvent consacrées aux céréales (blé). Au Canada, on désigne parfois par l'expression de *provinces de la Prairie,* les provinces du Manitoba, de la Saskatchewan et de l'Alberta.

prākrit [prakri] n. m. Nom donné aux langues communes en usage dans l'Inde ancienne, apparentées au sanskrit.

pralin [pralɛ̃] n. m. Substance fertilisante faite de terre mélangée d'engrais. ‖ Préparation de sucre cuit, destinée à recouvrir un gâteau ou à composer le « fourrage » d'un bonbon.

pralinage n. m. Fabrication des pralines. ‖ Enrobage de graines ou de racines dans du pralin.

Jean Prat

praline [pralin] n. f. (de *du Plessis-Praslin* [dont le cuisinier inventa ce bonbon]). Sorte de confiserie faite d'une amande rissolée dans du sucre.

praliné n. m. Mélange de chocolat et de pralines.

praliner v. t. Préparer à la manière des pralines : *praliner du chocolat*.

Pralognan-la-Vanoise (73710), comm. de Savoie (arr. d'Albertville) ; 566 h. (340 aggl.). Sports d'hiver.

Prampolini (Enrico), peintre italien, né à Modène (1894-1956). Il adhéra au futurisme et fit de multiples recherches de plastique abstraite.

Prandtl (Ludwig), savant allemand, né à Freising (Bavière) [1875-1953]. La plupart de ses travaux se rapportent à la mécanique des fluides. Il introduisit notamment la notion de couche limite dans l'écoulement d'un fluide autour d'un obstacle (1904), étudia le mécanisme des phénomènes de décollement et mit en lumière l'importance de l'analogie, déjà énoncée par Reynolds, entre les phénomènes de frottement et les transferts de chaleur (1910). Il établit également la théorie hydrodynamique de l'aile portante d'envergure infinie dans un fluide parfait (1919-1920), dont un développement ultérieur (1936-1937) en permit l'application aux vitesses subsoniques.

prao [prao] n. m. Bateau de Malaisie, à double balancier.

praséodyme [prazeɔdim] n. m. Métal (Pr) de numéro atomique 59, du groupe des terres rares.

Praslin [pralɛ̃] (Gabriel DE CHOISEUL-CHEVIGNY, *duc* DE), officier et diplomate français, né à Paris (1712-1785). Secrétaire d'Etat à la Marine (1766-1770), il réorganisa la marine française.

Prat (Jean), rugbyman français, né à Lourdes en 1923. Six fois champion de France avec Lourdes, cinquante et une fois retenu dans l'équipe de France (dont il assura longtemps le capitanat) entre 1945 et 1955, il fut, au poste de troisième ligne, un redoutable buteur.

praticabilité n. f. Etat d'une chose praticable : *reconnaître la praticabilité d'un sentier*.

praticable adj. Qu'on peut pratiquer ; qui peut être employé : *un moyen, un chemin praticable*. ‖ — Adj. et n. m. *Théâtr.* Se dit des décors, des accessoires, etc., qui existent réellement et ne sont pas seulement figurés. ‖ — N. m. *Cin.* Plate-forme amovible sur laquelle on place la caméra ou les projecteurs.

praticien [pratisjɛ̃], **enne** [-ɛn] n. Personne qui exerce son art et qui en connaît les procédés pratiques. ‖ Médecin, dentiste ou auxiliaire médical qui pratique son art. ‖ *Bx-arts.* Ouvrier qui dégrossit l'ouvrage et le met en état d'être achevé par le sculpteur.

pratiquant, e adj. et n. Qui observe les pratiques d'une religion : *catholique pratiquant*.

pratique adj. Qui ne s'en tient pas à la théorie. ‖ Qui est relatif à l'action, à l'application : *cours pratique d'anglais*. ‖ Qui sait traiter les affaires ; qui a le sens des réalités : *avoir l'esprit pratique*. ‖ Commode, d'utilisation facile : *vêtement, instrument pratique*.

pratique n. f. (gr. *praktikê tekhnê,* science pratique). Application des règles et des principes d'un art ou d'une science (par oppos. à *théorie*) : *la pratique de la navigation*. ‖ Exécution d'un projet, d'une idée ; application : *mettre en pratique un précepte de morale*. ‖ Procédé, manière de faire : *pratique ingénieuse*. ‖ Usage, coutume : *une pratique habituelle, constante*. ‖ Expérience, habitude : *avoir la pratique des affaires, d'un sport*. ● *Libre pratique,* permission de communiquer donnée à un navire après la visite du service de santé. ‖ — Pl. Exercices relatifs au culte : *pratiques religieuses*.

Phot. Garanger-Giraudon (2), Presse-Sports.

pratiquement adv. De façon pratique, commode : *organiser pratiquement.* ‖ *Fam.* A peu près, quasiment : *des résultats pratiquement nuls.*

pratiquer [pratike] v. t. Mettre en pratique, en usage : *pratiquer la vertu.* ‖ Appliquer les règles théoriques d'un art ou d'une science : *pratiquer la médecine.* ‖ Faire, exécuter : *pratiquer un trou dans un mur.* ‖ Fréquenter habituellement : *pratiquer le grand monde.* ‖ — V. i. Accomplir les actes extérieurs d'une religion.

Prato, v. d'Italie (Toscane) ; 142 500 h. Industrie de la laine. Cathédrale romano-gothique.

Pratolini (Vasco), écrivain italien, né à Florence en 1913. Ses romans, qui peignent la vie populaire de sa ville natale (*le Quartier,* 1944), la jeunesse à l'époque du fascisme (*Un héros de notre temps,* 1949), composent une vaste fresque sociale et sentimentale (*Metello,* 1955 ; *le Gâchis,* 1960).

Prats-de-Mollo-la-Preste [prats-] (66230), ch.-l. de c. des Pyrénées-Orientales (arr. de Céret), sur le Tech ; 1 370 h. Petite place forte. Station thermale à *La Preste.*

Pratteln, comm. de Suisse (Bâle-Campagne) ; 12 500 h. Pneumatiques.

Prauthoy (52190), ch.-l. de c. de la Haute-Marne (arr. de Langres) ; 410 h.

Pravaz (Charles Gabriel), médecin français, né à Pont-de-Beauvoisin (1791-1853), inventeur de la seringue hypodermique.

Pravdinsk, anc. **Friedland*,** v. de l'U. R. S. S. (R. S. F. S. de Russie) ; 17 600 h. Papier.

praxis [praksis] n. f. (gr. *praxis,* action). Dans le langage de la philosophie marxiste, ensemble des activités qui peuvent transformer le monde, comme la connaissance (informant sur les choses) ou les phénomènes de production (conditionnant les structures sociales).

Praxitèle, sculpteur grec, né à Athènes (v. 390-v. 330 av. J.-C.). Il sculpta dans le marbre des effigies d'éphèbes quelque peu efféminés (*Apollon sauroctone,* réplique au Louvre), mais il connut surtout un immense succès avec ses Vénus, au corps d'une grâce admirable. De très nombreuses copies s'en répandirent dans le monde ancien, exerçant une influence considérable sur l'évolution de l'art grec (*Vénus de Cnide,* répliques au Vatican, au musée des Thermes à Rome, au Louvre).

Prayssas [prɛjsas] (47360), ch.-l. de c. de Lot-et-Garonne (arr. d'Agen) ; 881 h. (381 aggl.). Chasselas.

pré [pre] n. m. (lat. *pratum*). Petite prairie. ● *Aller sur le pré,* se battre en duel.

préadamisme [preadamism] n. m. Doctrine d'après laquelle Adam n'aurait pas été le premier homme créé.

préadamite adj. et n. Qui appartient au préadamisme : *doctrines préadamites.* ‖ Antérieur à Adam : *monde préadamite.*

préalable [prealabl] adj. et n. m. (préf. *pré,* et de *aller*). Qui doit être fait, dit, examiné d'abord : *consentement préalable ; les préalables d'un traité.* ● *Question préalable,* décision par laquelle une assemblée décide de ne pas passer à l'examen d'une question. ‖ — **Au préalable** loc. adv. Auparavant.

préalablement adv. Au préalable.

Préalpes, ensemble des massifs, généralement calcaires, bordant la partie centrale des Alpes*. Développées essentiellement sur le versant externe de l'axe alpin, d'une altitude généralement inférieure à 3 000 m, les Préalpes s'étendent principalement en France (v. ALPES FRANÇAISES) et en Autriche, séparées le plus souvent des Alpes centrales par de larges vallées (sillon alpin, vallées de l'Inn, de la Salzach, de l'Enns).

préalpin, e adj. Relatif aux Préalpes : *le relief préalpin.*

préambule [preɑ̃byl] n. m. (lat. *prae,* avant, et *ambulare,* marcher). Sorte d'exorde, d'avant-propos : *un ennuyeux préambule.* ‖ *Fig.* Ce qui précède ; préliminaires. ‖ — Syn. : AVERTISSEMENT, AVIS, INTRODUCTION, PRÉFACE, PRÉLUDE.

préamplificateur n. m. *Electron.* Amplificateur de tension placé entre la source des signaux (microphone) et l'amplificateur de puissance.

préau [preo] n. m. (de *pré*). Cour découverte, au milieu d'un cloître, d'une prison. ‖ Partie couverte de la cour, dans une école.

Pré-aux-Clercs, prairie devant Saint-Germain-des-Prés, qui servait de lieu de rendez-vous pour les affaires d'honneur aux écoliers de l'ancienne université de Paris.

préavis n. m. Avis préalable : *donner son préavis à un employé ; préavis de grève.* ● Formalité nécessaire avant certaines interventions chirurgicales ou cures thermales, pour les assurés sociaux.

prébende [prebɑ̃d] n. f. (lat. *praebendus,* qui doit être fourni). Revenu attaché à un titre ecclésiastique, particulièrement à un titre de chanoine. ‖ Le titre lui-même : *recevoir une prébende.* ‖ Revenu attaché à une situation lucrative.

prébendé adj. et n. m. Qui jouit d'une prébende : *chanoine prébendé.*

prébendier n. m. Titulaire d'une prébende.

précaire [prekɛr] adj. (lat. *precarius,* obtenu par prière). Qui existe par autorisation préalable et révocable. ‖ Qui n'a rien de stable, d'assuré : *santé précaire.* ‖ — Syn. : INCERTAIN, INSTABLE, PROVISOIRE.

précairement adv. Avec précarité.

Vénus de Cnide d'après Praxitèle musée du Vatican

précambrien n. m. Première ère de l'histoire de la Terre, dont on évalue la durée à 3 ou 4 milliards d'années. (Les roches qui datent de cette période, plissées et métamorphisées, n'ont livré que des vestiges rares et fragmentaires d'êtres vivants.) ‖ — Adj. : *terrains précambriens.* ‖ — Syn. ANTÉCAMBRIEN.

précarité n. f. Caractère de ce qui est précaire : *la précarité d'une ressource.*

précaution [prekosjɔ̃] n. f. (lat. *praecautio*). Action de prendre garde : *marcher avec précaution.* ‖ Disposition prise par prévoyance pour éviter un mal : *apporter toutes les précautions nécessaires à une chose.* ‖ Circonspection, ménagement, prudence : *user de précautions envers quelqu'un.* ● *Précautions oratoires,* moyens adroits pour se ménager la bienveillance de l'auditeur.

précautionner v. t. Prémunir, mettre en garde : *on doit précautionner les enfants contre le mal.* ‖ — **Se précautionner** v. pr. Prendre ses précautions : *se précautionner contre la maladie.*

précautionneusement adv. Avec précaution.

précautionneux, euse adj. Plein de précautions : *voyageur précautionneux.*

précédemment adv. Auparavant.

précédent, e adj. Qui est immédiatement avant : *le jour précédent ; la page précédente.*

précédent n. m. Fait, exemple antérieur qu'on invoque comme autorité : *s'appuyer sur un précédent.* ● *Un fait sans précédent,* un cas unique.

précéder [presede] v. t. (lat. *praecedere*) [conj. **5**]. Marcher devant : *l'avant-garde précède l'armée.* ‖ Etre placé immédiatement avant : *dans le chapitre qui précède.* ‖ Exister auparavant : *la monarchie, en France, a précédé la république.*

préceinte [presɛ̃t] n. f. *Mar.* Bordage épais, situé au-dessus de la ligne de flottaison.

précellence du langage français (*Projet du livre intitulé* DE LA), traité grammatical d'Henri Estienne (1579). Composé à la requête du roi Henri III, il réagit contre la mode de l'italien, considéré comme la langue la plus riche et la plus élégante.

précepte [presɛpt] n. m. (lat. *praeceptum*). Règle, enseignement, commandement : *les préceptes moraux.*

précepteur, trice n. (lat. *praeceptor*). Personne qui est chargée de l'éducation d'un enfant, d'un jeune homme ou d'une jeune fille.

préceptoral, e, aux adj. Propre au préceptorat.

préceptorat [-ra] n. m. Fonction de précepteur : *préceptorat difficile.*

précession [presesjɔ̃] n. f. (du lat. *praecedere,* précéder). Mouvement conique que prend dans l'espace, autour d'une position moyenne, l'axe d'un corps animé d'un mouvement de rotation à caractère gyroscopique. ‖ *Astron.* Mouvement conique très lent, effectué par l'axe de rotation terrestre autour d'une position moyenne correspondant à une direction normale au plan de l'écliptique. (V. *encycl.*)

— ENCYCL. Par suite de la dissymétrie de la forme (ellipsoïdale) de la Terre, ainsi que de la position de la Lune et du Soleil, qui ne sont pas situés dans le plan équatorial, il se crée, dans l'attraction de ces deux astres, des perturbations complexes tendant à faire basculer le plan équatorial pour le faire passer par l'astre perturbateur. Ces perturbations font de la rotation terrestre un mouvement gyroscopique rendu complexe par le fait que les astres perturbateurs sont au nombre de deux, tous deux mobiles de façon différente et dans des plans différents. Il y a, dans l'ensemble, rétrogradation continue de la ligne équinoxiale, ce qui correspond à une avance de l'instant de l'équinoxe du printemps, le point γ se dirigeant au-devant du Soleil dans la course que ce dernier effectue de l'hiver vers le printemps. Cette avance s'appelle la *précession des équinoxes.*

préchambre n. f. Chambre auxiliaire, dans un moteur à combustion, intercalée entre l'injecteur de combustible et le cylindre, et dans laquelle la turbulence du gaz, en améliorant la pulvérisation du combustible, en facilite l'allumage.

préchauffage n. m. Chauffage préliminaire appliqué à certains corps pour les ramollir avant usage : *le préchauffage des goudrons.*

prêche n. m. Sermon que font au temple les ministres du culte protestant.

prêcher [prɛʃe] v. t. (lat. *praedicare*). Annoncer en chaire la parole de Dieu. ‖ *Fig.* Recommander : *prêcher l'économie.* ‖ — Syn. : CÉLÉBRER, LOUER, PRÉCONISER, PRÔNER, VANTER. ‖ — V. i. *Prêcher d'exemple,* faire soi-même ce que l'on conseille aux autres. ‖ *Prêcher dans le désert,* n'être point écouté.

prêcheur, euse adj. et n. Qui aime à faire des remontrances : *un ennuyeux prêcheur.*

prêchi-prêcha [prɛʃiprɛʃa] n. m. *Fam.* Rabâchage burlesque.

précieuse n. f. Dans la première moitié du XVIIe s., femme du monde qui se distinguait par l'élégance de ses manières et la pureté de son langage. ‖ Femme affectée dans son air, ses manières, son langage.

précieusement adv. Avec grand soin : *conserver précieusement des lettres.* ‖ De façon affectée : *parler précieusement.*

précieux [presjø], **euse** [-øz] adj. (lat. *pretiosus*). Qui est de grand prix : *bijou précieux.* ‖ — *Fig.* Qui nous est cher ; dont on fait un cas particulier : *l'estime des honnêtes gens est précieuse.* ‖ Affecté : *langage précieux.*

Précieuses ridicules (*les*), comédie en 1 acte, en prose, de Molière (1659).

préciosité n. f. Affectation dans les manières, dans le langage. ‖ Tendance au raffinement des sentiments, des manières et de l'expression littéraire, qui se manifesta en France, dans certains salons, au début du XVIIe s. (V. *encycl.*)

— ENCYCL. Tandis que Malherbe s'efforçait d'imposer une expression poétique claire et naturelle, une tentative était faite pour réagir contre le négligé et la vulgarité qui régnaient à la cour d'Henri IV : en ouvrant son salon, peu avant 1610, la marquise de Rambouillet voulait créer un foyer de politesse où l'élégance des manières et du langage fût la règle. Pendant près de cinquante ans, l'hôtel de Rambouillet, dont la période la plus brillante se place entre 1630 et 1645, reçut femmes du monde (la duchesse de Longueville, Mme de La Fayette, Mme de Sévigné), seigneurs à la mode (les marquis du Vigean et de Montausier, le Grand Condé, le maréchal de Souvré) et écrivains (Voiture, Malleville, Bensserade, Gombault, Godeau). On se réunit également chez la duchesse de Rohan, chez Mmes de Villeroy et de Saint-Nectaire, et, plus tard, chez Mlle de Scudéry, chez la Grande Mademoiselle, chez Mme de Sablé. Cependant, le goût des choses de l'esprit se développant dans un milieu mondain aboutit très vite à une subtilité excessive, à une recherche outrée : les influences étrangères, italienne avec le Cavalier Marin, espagnole avec Góngora, répandirent la mode des artifices de langage, des « pointes » et des « concetti ». L'idéal de pureté devint souci de singularité. Ainsi, l'amour précieux, qui prolonge les traditions de l'amour courtois du Moyen Age et de l'amour platonique de la Renaissance, et qui s'incarne dans les aventures pastorales de *l'Astrée*,* d'Honoré d'Urfé, se pare d'un déguisement historique et s'enlise dans les épisodes baroques, les longues dissertations sur les sentiments des romans de Gomberville (*Polexandre,* 1619-1637), de La Calprenède (*Cassandre,* 1642-1660), de Madeleine de Scudéry (*Artamène ou le Grand Cyrus,* 1649-1653 ; *Clélie,* 1654-1660). Dès lors, la préciosité répond moins à l'image qu'en donne l'abbé de Pure (*la Prétieuse ou le Mystère des ruelles,* 1656-1658) qu'à l'affectation et au galimatias dénoncés par Molière (*les Précieuses ridicules,* 1659) et Somaize (*Dictionnaire des précieuses,* 1661). Le tribunal du goût, pour l'« honnête homme » et la femme de qualité, n'est plus à cette date dans les ruelles*, mais à la Cour.

précipice [presipis] n. m. (lat. *praecipitium*). Endroit très profond et escarpé. ‖ *Fig.* Ruine, catastrophe.

précipitamment adv. Avec précipitation ; à la hâte : *s'enfuir précipitamment.*

précipitation n. f. Extrême vitesse, grand empressement : *trop de précipitation nuit.* ‖ *Fig.* Vivacité excessive dans les résolutions, les actions : *faute commise par précipitation.* ‖ — Syn. : HÂTE, PROMPTITUDE, RAPIDITÉ. — Contr. : LENTEUR, LONGUEUR. ‖ *Chim.* Phénomène qui s'opère quand un corps insoluble se forme dans un liquide et tombe au fond du récipient. ‖ — Pl. Formes variées sous lesquelles l'eau solide ou liquide contenue dans l'atmosphère se dépose à la surface du globe (pluie, neige et grêle).

précipité n. m. Dépôt formé dans un liquide par une précipitation chimique.

précipiter [presipite] v. t. (lat. *praecipitare ;* de *praeceps,* qui tombe la tête en avant). Jeter d'un lieu élevé : *précipiter dans un puits.* ‖ — *Fig.* Faire tomber : *précipiter dans le malheur.* ‖ Hâter, accélérer : *la*

Phot. Anderson-Giraudon.

frayeur précipite ses pas. || Apporter de la précipitation : *il ne faut rien précipiter.* || *Chim.* Transformer, par un réactif, en précipité une substance préalablement dissoute. || — V. i. *Chim.* Former un précipité. || **— Se précipiter** v. pr. Se jeter : *se précipiter par la fenêtre.* || S'élancer : *l'armée se précipita sur l'ennemi.* || *Fig.* S'avancer rapidement, tendre à son terme : *les événements se précipitent.*

préciput [presipy] n. m. (lat. *praecipuum*). Avantage conféré à un époux par le contrat de mariage, ou à un héritier par le testament.

préciputaire adj. Relatif au préciput.

précis [presi], **e** [-iz] adj. (lat. *praecisus,* abrégé). Dont on a retranché le superflu ; net : *demandes précises.* || Qui dit ce qui convient, ce qui est adéquat : *style précis.* || Fixe, déterminé, arrêté : *jour précis.* || Exact : *mesure précise.* || Clair, distinct : *n'avoir pas une idée précise de ce qu'on veut faire.* ● *Tir précis,* tir dont les points d'impact sont groupés, même loin du point visé.

précis n. m. Ouvrage qui expose brièvement les choses essentielles : *précis d'histoire.*

précisément adv. Justement, exactement.

préciser [presize] v. t. Déterminer, présenter, exprimer d'une manière nette, distincte : *préciser un fait ; préciser sa pensée.*

précision n. f. Netteté rigoureuse dans la pensée, dans le style, qui exclut le superflu. || Exactitude dans l'action : *manœuvre exécutée avec précision.* || Justesse d'une mesure. ● *Instrument de précision,* instrument très exact.

précité, e adj. Cité précédemment.

précoce [prekɔs] adj. (lat. *praecox, praecocis*). Mûr avant la saison : *fruit précoce.* || Qui se produit avant le temps normal : *printemps précoce.* || Formé avant l'âge, au physique ou au moral : *enfant précoce.*

précocement adv. De façon précoce.

précocité n. f. Qualité d'une personne, d'une chose précoce.

précolombien [prekɔlɔ̃bjɛ̃], **enne** [-ɛn] adj. Se dit, pour l'Amérique, de l'époque antérieure à la venue de Christophe Colomb : *art précolombien.*

précombustion n. f. Phase du fonctionnement d'un moteur Diesel, précédant l'inflammation du combustible.

précompte n. m. Retenue, opérée par l'employeur sur le salaire de l'employé, de sommes qui doivent être versées pour le compte de ce dernier à un organisme public, semi-public ou privé.

précompter v. t. Retenir pour le compte d'autrui une fraction de la rémunération due au salarié : *précompter la cotisation ouvrière de sécurité sociale.*

préconception n. f. Idée que l'on se forme d'avance.

préconçu, e adj. Conçu sans examen critique : *idée préconçue.*

préconisation n. f. (du lat. *praeco, -onis,* crieur public). Action de préconiser. || Acte solennel par lequel le pape donne l'institution canonique à un évêque nommé par l'autorité civile.

préconiser [prekɔnize] v. t. Instituer canoniquement un évêque. || Recommander vivement : *préconiser un remède.*

précontinent n. m. Reliefs sous-marins bordant les continents jusqu'à des profondeurs de 3 000 à 4 000 m.

précontraint, e adj. Soumis à la précontrainte : *béton précontraint.*

précontrainte n. f. Technique particulière de mise en œuvre d'un matériau, consistant à créer une compression initiale, qui subsiste quel que soit le système des charges appliquées.

précordial [prekɔrdjal], **e, aux** [-o] adj. (du lat. *praecordia,* diaphragme). Qui a rapport à la région antérieure du thorax, correspondant au cœur : *douleur précordiale.*

précurseur [prekyrsœr] adj. m. (du lat. *praecurrere,* courir en avant). Qui vient avant et annonce : *signes précurseurs de l'orage.* ● *Détachement précurseur* (Mil.), celui qui est chargé de préparer le cantonnement d'une unité. || — N. m. Celui qui fait prévoir, qui prépare : *les précurseurs du romantisme.* ● *Le Précurseur* (Absol.), saint Jean-Baptiste, précurseur de Jésus.

Précy-sous-Thil (21390), ch.-l. de c. de la Côte-d'Or (arr. de Montbard) ; 583 h.

prédateur [predatœr], **trice** [-tris] adj. Qui vit de proies. || *Préhist.* Se dit de l'homme qui vit de la chasse et de la pêche.

prédation n. f. Mode d'alimentation des animaux qui saisissent des *proies* animales ou végétales vivantes. (Par opposition aux saprophages, qui se nourrissent de débris organiques morts, les *prédateurs* tuent et mangent leurs proies ; lorsque celles-ci sont des végétaux, on a affaire à des herbivores, frugivores ou granivores ; lorsque ce sont des animaux, le prédateur est carnivore, insectivore ou piscivore. La prédation est souvent la seule limite marquée par la nature à la pullulation d'une espèce introduite dans un milieu neuf.)

prédécesseur [predesesœr] n. m. (lat. *prae,* en avant, et *decessor,* qui précède). Celui qui a précédé quelqu'un dans une fonction, un emploi, etc.

prédelle [predɛl] n. f. (ital. *predella,* gradin). *Bx-arts.* Partie inférieure d'un retable, divisée en panneaux dont les scènes ont généralement un rapport avec le sujet principal.

prédestination n. f. *Philos.* Détermination fatale et immuable d'événements futurs. || *Théol.* Dessein que Dieu a formé de conduire les élus à la vie éternelle.

prédestiné, e adj. et n. Que Dieu a destiné à la gloire éternelle, à de grandes choses.

prédestiner [predɛstine] v. t. (lat. *praedestinare,* réserver d'avance). *Théol.* Destiner de toute éternité au salut. || Vouer, réserver d'avance : *prédestiner un enfant à venger son père ; cet homme était prédestiné au bonheur.*

prédétermination n. f. Action de déterminer d'avance. || *Théol.* Action par laquelle Dieu, selon certains théologiens, déterminerait d'avance la volonté humaine.

prédéterminer v. t. Déterminer à l'avance. || *Théol.* En parlant de Dieu, déterminer la volonté humaine.

prédéterminisme n. m. *Philos.* Système qui considère les événements comme déterminés à l'avance par Dieu : *le prédéterminisme s'apparente au fatalisme.*

prédicable [predikabl] adj. (lat. *praedicabilis*). Qui peut être appliqué à un sujet : *le terme « animal » est prédicable à l'homme et à la bête.*

prédicant n. m. (lat. *praedicans,* prêchant). Pasteur protestant qui se livre surtout à la prédication (vieilli).

prédicat [predika] n. m. (lat. *praedicatum,* chose énoncée). Attribut d'un mot, d'une proposition : *dans la phrase « l'homme est mortel », « mortel » est le prédicat.* || *Log. moderne.* Syn. de FONCTION* PROPOSITIONNELLE.

prédicateur, trice n. Personne qui prêche : *Bossuet fut un grand prédicateur.*

prédicatif, ive adj. *Log.* Qui est de la nature du prédicat ou qui s'y rapporte : *variable prédicative.*

prédication [predikasjɔ̃] n. f. Action de prêcher ; sermon : *s'adonner à la prédication.*

prédiction [prediksjɔ̃] n. f. (lat. *praedictio*). Action de prédire. || Chose prédite : *les prédictions des prophètes.*

prédigéré, e adj. Se dit d'un aliment auquel on fait subir une digestion chimique préalable.

prédilection [predilɛksjɔ̃] n. f. (du lat. *dilectio,* amour). Préférence marquée d'amitié, d'affection : *avoir de la prédilection pour l'un de ses enfants ; livre de prédilection.*

prédire v. t. (lat. *praedicere*) [conj. **68**]. Annoncer ce qui doit arriver, soit par des règles certaines : *prédire une éclipse ;* soit par une prétendue divination : *prédire l'avenir ;* ou encore par conjecture : *prédire un événement.* (Syn. : PRONOSTIQUER, PROPHÉTISER.)

prédisposer v. t. (lat. *prae,* avant, et *disposer*). Mettre dans certaines dispositions : *le manque d'hygiène nous prédispose aux maladies.*

prédisposition n. f. Disposition naturelle, aptitude à contracter certaines maladies, certains goûts, à recevoir certaines impressions, etc.

prédominance n. f. Caractère prédominant : *la prédominance du système nerveux.*

prédominant, e adj. Qui prédomine : *caractère prédominant.*

prédominer v. i. (lat. *prae,* avant, et *dominer*). Prévaloir ; être en plus grande quantité ; être le plus important : *le sérieux prédomine en lui.*

prééminence [preeminɑ̃s] n. f. Supériorité de rang, de dignité, de droits : *avoir la prééminence sur quelqu'un.* || Supériorité, avantage : *la prééminence d'un genre littéraire sur un autre.*

prééminent, e adj. (lat. *prae,* avant, et *eminere,* s'élever). Qui excelle : *la charité est la vertu prééminente.*

préemption [preɑ̃psjɔ̃] n. f. (lat. *prae,* avant, et *emptio,* achat). Faculté que détient une personne ou une administration, en vertu de la loi ou d'un contrat, d'acquérir un bien de préférence à toute autre. (Le *droit de préemption* des musées nationaux leur permet d'acquérir un objet d'art, vendu par adjudication publique, au prix de la dernière enchère.)

préencollé, e adj. Se dit d'un matériau enduit sur son envers d'un produit permettant de le coller : *papier peint préencollé.*

Pré-en-Pail (53140), ch.-l. de c. de la Mayenne (arr. de Mayenne) ; 2 389 h. (1 482 aggl.). Engrais.

préétabli, e adj. Etabli d'avance. ● *Harmonie préétablie,* système de philosophie par lequel Leibniz explique l'accord entre l'âme et le corps.

préétablir v. t. Etablir à l'avance.

préexcellence n. f. Supériorité, perfection.

préexistant, e adj. Qui préexiste : *une impression préexistante.*

préexistence n. f. Existence antérieure.

préexister v. i. Exister avant : *pour les matérialistes, la matière préexiste à la pensée.*

préfabrication n. f. Système de construction d'un ensemble (maison, navire, etc.) d'éléments standardisés, fabriqués d'avance et assemblés suivant un plan préétabli.

préfabriqué, e adj. Fabriqué hors du chantier pour être monté sur place. || Composé exclusivement par un assemblage d'éléments préfabriqués : *hangar préfabriqué.*

préface [prefas] n. f. (lat. *praefatio,* préambule). Texte préliminaire placé en tête d'un livre. || *Liturg.* Partie de la messe qui précède immédiatement le canon, sous forme d'action de grâces.

préfacer v. t. (conj. **1**). Ecrire une préface à : *préfacer un livre.*

préfacier n. m. Auteur d'une préface.

Préfailles (44770 La Plaine sur Mer), comm. de la Loire-Atlantique (arr. de Saint-Nazaire) ; 601 h. Station balnéaire.

préfectoral, e, aux adj. Relatif au préfet : *palais préfectoral.* || Qui émane du préfet : *arrêté préfectoral.*

préfecture [prefɛktyr] n. f. Gouvernement d'une province, dans l'Empire romain : *la préfecture des Gaules.* || Auj., en France, circonscription administrative d'un préfet, qui correspond à un département. || Fonction de préfet ; sa durée. || Hôtel et bureaux du préfet : *aller à la préfecture.* || Ville où réside un préfet : *Arras est une préfecture.* ● *Préfecture maritime,* port de guerre et chef-lieu d'une région maritime. || *Préfecture de police,* administration chargée de la police dans la région parisienne ; ses bureaux à Paris.

préférable adj. Qui mérite d'être préféré. || Plus avantageux, plus estimable.

préférablement adv. Par préférence.

préféré, e adj. et n. Que l'on aime mieux que les autres : *enfant préféré ; c'est son préféré.*

préférence n. f. Action de préférer. || — Pl. Marques particulières, justifiées ou non, d'affection ou d'honneur qu'on accorde à quelqu'un. || **— De préférence** loc. adv. Plutôt.

préférentiel [preferɑ̃sjɛl], **elle** adj. Qui établit une préférence à l'avantage de quelqu'un : *tarif préférentiel.* ● *Vote préférentiel,* système électoral dans lequel l'électeur peut modifier l'ordre des candidats d'une liste.

préférentiellement adv. De façon préférentielle.

préférer [prefere] v. t. (lat. *praeferre*) [conj. **5**]. Se déterminer en faveur d'une personne ou d'une chose plutôt que d'une autre ; aimer mieux, estimer davantage : *préférer la ville à la campagne ; il préfère partir plutôt que de rester ou plutôt que rester.*

préfet [prefɛ] n. m. (lat. *praefectus*). Chez les Romains, celui qui administrait une préfecture : *le préfet des Gaules.* || Auj., en France, administrateur civil d'un département. ● *Préfet apostolique,* chef de certaines missions, qui, sans être évêque, possède la dignité de prélat. || *Préfet de discipline,* celui qui, dans un collège religieux, est responsable de la discipline. || *Préfet des études,* maître chargé de la surveillance des études dans un collège religieux. || *Préfet maritime,* amiral chargé du commandement d'une région maritime. || *Préfet de police,* magistrat qui partage avec le préfet de Paris les fonctions qui reviendraient à un maire de Paris si cette ville en nommait un et exerce en outre les pouvoirs de police dans les départements voisins. || *Préfet de région,* préfet du département où se trouve le chef-lieu d'une circonscription d'action régionale.

préfète n. f. Femme d'un préfet.

préfiguration n. f. Action de préfigurer ; résultat de cette action.

préfigurer v. t. Figurer, représenter, annoncer par avance.

préfinancement n. m. Crédit accordé à un industriel pour lui permettre de réaliser une certaine production ou à un exportateur qui ne sera payé qu'après réception des marchandises.

préfix [prefiks], **e** adj. *Procéd.* Déterminé d'avance (vieilli). [Ne s'emploie que dans les expressions : *jour préfix ; somme préfixe.*]

préfixal, e, aux adj. Relatif aux préfixes.

préfixation n. f. Moyen morphologique consistant à ajouter un préfixe à un mot pour en modifier le sens.

préfixe [prefiks] n. m. (lat. *praefixus,* fixé devant). Particule qui se place devant le radical d'un mot pour en modifier le sens.

préfixé, e adj. *Linguist.* Auquel on a ajouté un préfixe.

préfixer v. t. Fixer d'avance : *préfixer un délai.*

préfloraison n. f. Disposition des pièces florales, particulièrement du périanthe, dans le bouton.

préfoliation ou **préfoliaison** n. f. Disposition des feuilles dans le bourgeon.

préformation n. f. Caractère de ce qui est formé d'avance, dès le début : *la préformation de l'instinct.*

préformé adj. Se dit d'un soutien-gorge dont les bonnets sont galbés en matière rigide.

préformer v. t. Créer d'avance dans ses éléments essentiels.

préglaciaire adj. Antérieur à la période glaciaire quaternaire.

prégnance [preɲɑ̃s] n. f. (allem. *Prägnanz,* densité). Dans le vocabulaire de la psychologie de la forme, forme et stabilité d'une structure perceptive particulière, souvent en opposition avec d'autres formes moins spontanées : *loi de prégnance des formes.*

On range sous la désignation commune d'« art précolombien » les diverses formes d'art qui se sont développées sur le continent américain avant l'arrivée de Christophe Colomb en 1492. Il a commencé à être étudié au début du XXe s. Les témoignages que nous en connaissons apparaissent comme les produits de civilisations fort avancées, localisées du plateau mexicain au haut relief chilien, plus particulièrement sur les territoires du Mexique, du Honduras, du Guatemala et du Pérou actuels. Ces arts, qui se rattachent le plus souvent aux pratiques religieuses et funéraires, témoignent de deux tendances stylistiques opposées, mais coexistant parfois dans le même ouvrage : réalisme tourné vers la reproduction de la nature, stylisation à tendance abstraite et géométrique.

De tous les groupes humains qui élaborèrent des civilisations précolombiennes, les *Mayas** parvinrent à la plus haute culture. Au cours de la période « classique » (IVe-IXe s.), ils occupaient un territoire au sud du Yucatán, où ils élevèrent les villes de Copán, Tikal, Yaxchilán, Palenque, dont il reste des ruines grandioses. Au IXe s., ils émigrèrent vers le nord du Yucatán, fondant avec les Toltèques les villes de Chichén Itzá (pyramide El Castillo [3], temple des Guerriers [5]), Mayapán, Uxmal. Ils construisirent, sur des tertres ou des pyramides, des temples somptueusement ornés, dressant des stèles, des autels décorés d'hiéroglyphes, d'animaux fantastiques, du dieu Quetzalcóatl ou Serpent à plumes. Ils pratiquèrent également la sculpture en stuc ou en terre cuite (personnage masculin [4]), et la peinture, murale (Bonampak) ou sur céramique.

La *civilisation aztèque** (v. 1325-1520) produisit une céramique et une sculpture raffinées (*Coatlicue, déesse de la Terre* [7]), une architecture sévère bien que très décorée (États de Mexico, Puebla, Veracruz). On distingue encore au Mexique les civilisations *olmèque* (apogée de 500 à 100 av. J.-C.) [*masque d'homme*, jade (1)], de *Teotihuacán* (apogée de 300 à 650 apr. J.-C.) [masque funéraire mosaïqué (2)], *totonaque* (pyramide d'El Tajín), *zapotèque* (urne funéraire, influence maya [6]), *mixtèque, huaxtèque, toltèque*.

Au Pérou, la *civilisation Chavin* (IVe-VIIIe s.) nous a laissé le temple de Chavin de Huántar, en dalles équarries, et un ensemble important de sculptures sur pierre, associant des représentations symboliques de félins, d'oiseaux, de serpents à celle de l'homme. La *civilisation Mochica* (400-1000 apr. J.-C.) produisit une grande quantité de vases funéraires naturalistes ; celle de Tiahuanaco (1000-1300 apr. J.-C.) éleva des constructions faites d'énormes blocs de grès, décorées de frises sculptées qui, reproduites sur les céramiques peintes et les tissus, exercèrent une forte influence sur les peuples voisins. Le *royaume Chimú* (v. 1200) vit la construction de grands centres urbains (Pachacámac). Les *Incas** furent surtout des tailleurs de pierre, construisant des villes et des forteresses (Sacsahuamán, Machupicchu).

1

2

4

3

5

7

6

Phot. Giraudon (2), Bottin, Giraudon, Bottin (2), Giraudon.

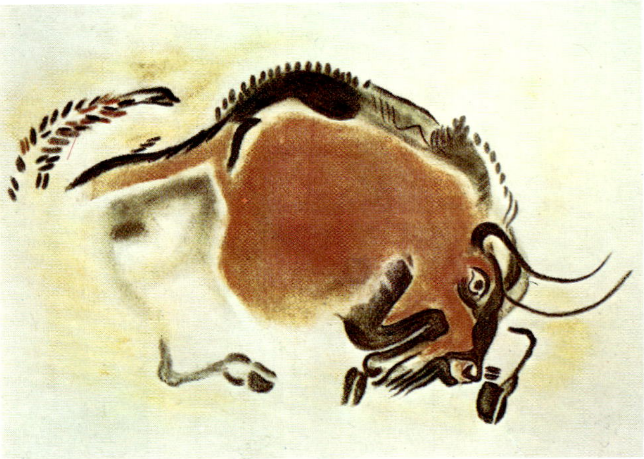

Grotte d'Altamira (Espagne) : bison, relevé de l'abbé Breuil.

Taureaux et petits cerfs
de la grotte de Lascaux (Dordogne).

Les premiers témoignages connus de l'activité créatrice de l'homme se placent à l'époque paléolithique. Cet art préhistorique semble s'être développé principalement dans une région franco-ibérique comprise entre la Loire et Oviedo. Là, en tout cas, furent découverts ses plus importants chefs-d'œuvre. Il se peut que ces centres artistiques, fort abondants, aient bénéficié de meilleures conditions de conservation qu'ailleurs : grottes résistantes et sèches.
Dès l'aurignacien (subdivision du paléolithique) apparaissent des figurines sculptées sur ivoire ou sur bois de renne, représentations féminines, sans doute à l'origine idoles de la fécondité. La tête est en général sans visage, les bras réduits, la région du bassin hypertrophiée. Mais leur rythme, l'harmonie des volumes sont souvent fort beaux (Vénus de Lespugue, tête de la Dame de Brassempouy, au musée de Saint-Germain; Vénus de Willendorf, musée de Vienne). On les trouve sur une aire fort étendue, des Pyrénées au lac Baïkal. À la même époque se rencontre la sculpture animalière dans le centre de l'Europe, plus tardive en France et en Espagne. Les objets comme les *propulseurs* (qui servaient à allonger le lancer du harpon, de la lance), les « *bâtons de commandement* », les *armes*, les *amulettes* sont souvent sculptés de figures animales d'un réalisme surprenant (tête de cheval, jeune chamois du Mas-d'Azil, bison tournant la tête de la grotte de la Madeleine). On a trouvé de nombreux abris sculptés (Angles-sur-l'Anglin, Labatut, Cap-Blanc), qui montrent une grande qualité plastique et prennent, comme les grottes peintes, l'apparence de sanctuaires.
Les monuments les plus spectaculaires qui soient venus jusqu'à nous sont les *gravures* et les *peintures pariétales*. D'abord primitives, se servant des accidents de la roche, les gravures, de plus en plus profondes, aboutissent à de véritables hauts-reliefs. Quant à la peinture (à laquelle s'associe parfois la gravure), partie de l'impression de la main sur la paroi, elle culmine dans les décorations des grottes de Lascaux, de Font-de-Gaume, des Combarelles en Dordogne, de Niaux, des Trois-Frères, du Tuc-d'Audoubert dans les Pyrénées, d'Altamira en Espagne. Là sont représentés, probablement à des fins magiques, des chevaux, des bisons, des fauves, des bovidés, dont non seulement les formes sont observées avec exactitude, mais qui, souvent, semblent saisis sur le vif, dans leurs mouvements les plus rapides. La représentation de la figure humaine est presque inexistante.
Postérieurs, les abris à peintures du Levant espagnol offrent de nombreuses scènes narratives de la vie humaine de tous les jours. De même, les peintures rupestres africaines du Tassili des Ajjer, qui sont d'époque néolithique, montrent des scènes de chasse ou de danse. Les *mégalithes*, pierres dressées ou *menhirs*, tables de pierre ou *dolmens*, nombreux en Bretagne et en Angleterre, appartiennent au IIIe millénaire av. J.-C.

Moulage du déroulement de la surface gravée du bâton en bois de renne de Lortet (Hautes-Pyrénées).

La Vénus de Lespugue, provenant de la grotte des Rideaux, à Lespugue (Haute-Garonne).

Sommet de propulseur orné d'un cheval, provenant de Bruniquel (Tarn-et-Garonne).

Les bisons d'argile
du Tuc-d'Audoubert (Ariège).

Phot. Musée de l'Homme, Giraudon, Vertut (2), Nadeau, Musée de l'Homm

PRÉFIXES D'ORIGINE GRECQUE

préfixes	sens	exemples
a-	privation	acéphale ; athée
an-	sans	analphabète ; anarchie
ana-	de bas en haut, à l'inverse	anachronisme ; anastrophe
anti-	contre	antialcoolique ; antireligieux
apo-	hors de, à partir de, loin de	apostasie ; apostrophe ; apothéose
archi-, arch-	1° au plus haut degré	archifou ; archimillionnaire
	2° qui commande, qui est au-dessus	archevêque ; archidiacre
cata-	de haut en bas, complètement	cataclysme ; cataracte ; catastrophe
di(a)-	à travers, séparé de	diagonal ; diaphane ; diorama
dys-	avec difficulté	dysenterie ; dyspepsie
ecto-	en dehors	ectoplasme
en-	dans	encéphale ; endémie
end(o)-	à l'intérieur	endocarde ; endocrine
épi-	sur	épiderme ; épitaphe
eu-	bien	euphémisme ; euphonie
exo-	au-dehors	exotisme
hémi-	demi	hémicycle ; hémisphère
hyper-	sur, au-dessus	hypermétrope ; hypertension ; hypertrophie
hypo-	sous	hypogée ; hypoténuse
méta-	après, changement	métamorphose ; métaphysique ; métathèse
par(a)-	1° près de	parallèle ; paratyphoïde
	2° contre	paradoxe
péri-	autour	périmètre ; périoste ; périphérie ; périphrase
pro-	devant, pour	prognathe ; prolepse
syn-, sym-	avec	synonyme ; synthèse ; sympathie ; symphonie

MOTS GRECS SERVANT DE PRÉFIXES OU ENTRANT DANS LA COMPOSITION DE MOTS FRANÇAIS

préfixes	sens	exemples
acanth(o)-	épine	acanthacées ; acanthe
acro-	élevé	acrobate ; acrostiche
actino-	rayon	actinique ; actinomètre
aéro-	air	aéronaute ; aéronef ; aéroplane ; aérostat
agro-	champ	agronome
allo-	autre	allopathie ; allotropie
amphi-	1° autour	amphithéâtre
	2° doublement	amphibie ; amphibologie
andro-	homme	androgyne
anémo-	vent	anémomètre
anth(o)-	fleur	anthémis ; anthologie
anthrac-	charbon	anthracite
anthropo-	homme	anthropologie ; anthropophage
archéo-	ancien	archéologie
arithm(o)-	nombre	arithmétique
artério-	artère	artériosclérose
arthr(o)-	articulation	arthrite ; arthropodes
astér(o)-, astr(o)-	astre, étoile	astérisque ; astronaute
auto-	1° de soi-même	autobiographie ; autodidacte ; automobile
	2° abrév. de *automobile*	autocar ; autostrade
baro-	pesant	baromètre
biblio-	livre	bibliographie ; bibliothèque
bio-	vie	biographie ; biologie
brachy-	court	brachycéphale
brady-	lent	bradypepsie
brom(o)-	puanteur	brome ; bromure
bronch(o)-	gorge	bronche ; bronchique ; broncho-pneumonie
butyr(o)-	beurre	butyrique
caco-, cach-	mauvais	cacographie ; cacophonie ; cachexie
calli-	beau	calligraphie
cardi(o)-	cœur	cardiaque ; cardiogramme ; cardiographie
céno-	commun	cénobite
céno-	vide	cénotaphe
céphal(o)-	tête	céphalalgie ; céphalopodes
chalco-	cuivre	chalcographie
cheir-, chir-	main	chiromancie
chlor(o)-	vert	chlorate ; chlorhydrique
chresto-	utile	chrestomathie
chrom(o)-	couleur	chromatique ; chromosome
chron(o)-	temps	chronique ; chronographie ; chronologie ; chronomètre
chrys(o)-	or	chrysostome ; chrysolithe
cinémat(o)-, ciné-, cinét(o)-	mouvement	cinématographe ; cinétique
conch(o)-	coquille	conchylien ; conchyliologie
cosm(o)-	monde	cosmique ; cosmogonie ; cosmopolite
crypt(o)-	caché	crypte ; cryptogame ; cryptogramme
cyan(o)-	bleu	cyanure
cycl(o)-	cercle	cyclique ; cyclone
cyst(o)-	vessie	cystite ; cystoscopie
cyto-	cellule	cytologie
dactyl(o)-	doigt	dactylographie
déca-	dix	décamètre
dém(o)-	peuple	démocrate ; démographie
derm(o)-, dermato-	peau	derme ; dermique ; dermatologie
didact-	enseigner	didactique
dodéca-	douze	dodécagone
dolicho-	long	dolichocéphale
dory-	lance	doryphore
dynam(o)-	force	dynamite ; dynamomètre
échin(o)-	hérisson	échinoderme
entér(o)-	entrailles	entérite
entomo-	insecte	entomologiste
éo-	aurore	éocène
galact(o)-	lait	galactose ; galaxie
gam(o)-	mariage	gamète
gastro-	ventre	gastronome
gé(o)-	terre	géographie ; géologie
géront(o)-	vieillard	gérontocratie
gloss(o)-	langue	glossaire
gluc(o)-, glyc(o)-, glycér(o)-	doux	glucose ; glycogène ; glycérine
graph(o)-	écrire	graphologie
gyn(éco)-	femme	gynécée ; gynécologie
gyro-	cercle	gyroscope
hagi(o)-	sacré	hagiographie
hecto-	cent	hectomètre
héli(o)-	soleil	héliothérapie
hémat(o)-, hémo-	sang	hématose ; hémoptysie
hépat(o)-	foie	hépatique
hept(a)-	sept	heptasyllabe
hétéro-	autre	hétérogène
hexa-	six	hexagone
hiér(o)-	sacré	hiéroglyphe
hipp(o)-	cheval	hippodrome
hist(o)-	tissu	histologie
homéo-, hom(o)-	semblable	homéopathie ; homologue
hor(o)-	heure	horoscope
hydr(o)-	eau	hydraulique ; hydre ; hydrologie ; hydrothérapie
hygro-	humide	hygromètre ; hygroscope
hypn(o)-	sommeil	hypnose ; hypnotisme
icon(o)-	image	icône ; iconoclaste
idé(o)-	idée	idéogramme ; idéologie
idi(o)-	particulier	idiome ; idiotisme
iso-	égal	isomorphe ; isotherme
kilo-	mille	kilogramme
leuco-	blanc	leucocyte
litho-	pierre	lithographique
log(o)-	discours, science	logomachie
macro-	grand	macrocéphale ; macrocosme
méga-, mégalo-	grand	mégalithe ; mégalomane
mél(o)-	chant	mélodique ; mélodrame
més(o)-	milieu	mésopotamien
météor(o)-	élevé dans les airs	météore ; météorologie
métr(o)-	mesure	métrique ; métronome
micro-	petit	microbe ; microbiologie ; microcosme ; microscope
mis(o)-	haine	misanthrope ; misogyne
mném(o)-	mémoire	mnémotechnique
mon(o)-	seul	monogramme ; monolithe
morpho-	forme	morphologie
myri(a)-	dix mille	myriade
mytho-	légende	mythologie
nécro-	mort	nécrologie ; nécropole
néo-	nouveau	néologisme ; néophyte
néphr(o)-	rein	néphrite
neuro-, névr-	nerf	neurologie ; névralgie
noso-	maladie	nosologie
octa-, octo-	huit	octaèdre ; octogone
odont(o)-	dent	odontologie
olig(o)-	peu nombreux	oligarchie
onir(o)-	songe	oniromancie
ophtalm(o)-	œil	ophtalmologie
ornitho-	oiseau	ornithologiste
oro-	montagne	orographie
ortho-	droit	orthographe ; orthopédie
osté(o)-	os	ostéite ; ostéomyélite
ot(o)-	oreille	oto-rhino-laryngologie
oxy-	aigu, acide	oxyton ; oxygène
pachy-	épais	pachyderme
paléo-	ancien	paléographie ; paléolithique
pan-, pant(o)-	tout	panthéisme ; pantographe
path(o)-	souffrance	pathogène ; pathologie
péd-	enfant	pédagogie ; pédiatrie
penta-	cinq	pentagone
phago-	manger	phagocyte
pharmac(o)-	médicament	pharmaceutique ; pharmacopée
pharyng(o)-	gosier	pharyngite
phén(o)-	apparaître	phénomène
phil(o)-	qui aime	philanthrope ; philatélie
phon(o)-	voix	phonographe
photo-	lumière	photographe
phréno-	intelligence, esprit	phrénologie
phyllo-	feuille	phylloxéra
phys(io)-	nature	physiocrate ; physique
plast-	façonné	plasticité ; plastique
pleur(o)-	côté	pleurite
plouto-	richesse	ploutocratie
pneumo-	poumon	pneumonie
pod(o)-	pied	podomètre
poly-	nombreux	polyèdre ; polygone
prot(o)-	premier	prototype
pseud(o)-	faux	pseudonyme
psych(o)-	âme	psychologue
ptéro-	aile	ptérodactyle
pyr(o)-	feu	pyrotechnie
rhino-	nez	rhinocéros
rhizo-	racine	rhizome ; rhizopodes
rhodo-	rose	rhododendron
sarco-	chair	sarcophage
saur-	lézard	sauriens
scaph-	barque	scaphandrier
schizo-	qui fend	schizophrénie
séma-	signe	sémantique ; sémaphore
sidér(o)-	fer	sidérurgique
solén(o)-	tuyau	solénoïde
somat(o)-	corps	somatique
sphéno-	coin	sphénoïde
sphér(o)-	globe	sphérique ; sphéroïde
stat-	stable	statique ; statistique
stéré(o)-	solide	stéréoscope
stomat(o)-	bouche	stomatologie
styl(o)-	colonne	stylite
tachy-	rapide	tachymètre
tauto-	le même	tautologie
taxi-	taxe	taximètre
techn(o)-	art	technique ; technologie
télé-	loin	télépathie ; téléphone
tétra-	quatre	tétragone
théo-	dieu	théocratie ; théologie
thérapeut-	qui soigne	thérapeutique
therm(o)-	chaleur	thermomètre
top(o)-	lieu	topographie ; toponymie
urano-	ciel	uranographie
xén(o)-	étranger	xénophobe
xér(o)-	sec	xérophagie
xylo-	bois	xylophone
zoo-	animal	zoologie

PRÉFIXES D'ORIGINE LATINE OU MOTS LATINS ENTRANT DANS LA COMPOSITION DE MOTS FRANÇAIS

préfixes	sens	exemples
ab-, abs-	loin de, séparation	abduction ; abstinence
ad-	vers, ajouté à	adhérence ; adventice
anté-	avant, précédant	antédiluvien ; antépénultième
bis-, bi-	deux	bipède ; biplace
circon-, circum-	autour	circonlocution ; circumnavigation
co-, col-, com-, con-, cor-	avec	coadjuteur ; collection ; compère ; concitoyen ; corrélatif
dé-	cessation	dépolitiser
déci-	dix	décimale ; décimètre
dis-	séparé de	disjoindre ; dissymétrie
ex-	hors	expatrier ; exporter
ex-	qui a cessé d'être	ex-député ; ex-ministre
extra-	1° extrêmement	extra-dry ; extra-fin
	2° hors de	extraordinaire ; extra-territorialité
in-, im-, il-, ir-	1° dans	infiltrer ; insinuer
	2° privé de	illettré ; impropre ; inexact ; irresponsable
inter-	entre	interallié ; interligne ; international
intra-	au-dedans	intramusculaire ; intraveineux
juxta-	auprès de	juxtalinéaire ; juxtaposer
multi-	nombreux	multicolore ; multiforme ; multiple
octa-, octo-	huit	octosyllabe
omni-	tout	omniscient ; omnivore
pén(é)-	presque	pénéplaine ; pénultième
per-	à travers	percolateur ; perforer
post-	après	postdater ; postscolaire
pré-	devant	préétabli ; préhistoire ; préliminaire
pro-	en avant	projeter ; prolonger
quadr(i)-,	quatre	quadrijumeaux ;
quadru-	quatre	quadrupède
quasi-	presque	quasi-contrat ; quasi-délit
quinqu-	cinq	quinquagénaire ; quinquennal
radio-	rayon	radiographie ; radiologie
r(e)-, ré-	de nouveau	réargenter ; rouvrir
rétro-	en retour	rétroactif ; rétrograder
simili-	semblable	similigravure ; similimarbre
sub-	sous	subalterne ; subdélégué ; subdiviser
super-, supra-	au-dessus	superstructure ; supra-national
trans-	au-delà de, à travers	transformer ; transhumant
tri-	trois	tripartite ; trisaïeul
ultra-	au-delà de	ultra-son ; ultraviolet
uni-	un	uniforme
vice-	à la place de	vice-amiral ; vice-consul

prégnant, e adj. Dans le vocabulaire de la théorie psychologique de la forme, se dit d'une forme qui a plus de prégnance qu'une autre.

préhenseur adj. m. Qui sert à la préhension : *organes préhenseurs.*

préhensile adj. Qui a la possibilité de saisir : *singe à queue préhensile.*

préhension [preɑ̃sjɔ̃] n. f. (lat. *prehensio*). Action de saisir, de prendre : *l'éléphant exerce la préhension avec sa trompe.*

préhistoire [preistwar] n. f. Période de l'humanité antérieure à l'apparition des documents écrits. (V. *encycl.*) ‖ Science qui étudie cette période.
— Encycl. La durée de la *préhistoire* est au moins cent fois plus grande que celle de l'histoire. Les différences purement anatomiques entre l'homme et les autres primates étant imprécises, on définit l'homme par la présence auprès de lui d'outils taillés intentionnellement ou de traces de foyers. Il y a, de ce fait, deux sciences préhistoriques, dont les résultats se contrôlent mutuellement : l'*anthropologie préhistorique,* ou étude des ossements humains, et l'*archéologie préhistorique,* ou étude de l'outillage, des sépultures, des peintures, etc. Les études anthropologiques font dériver l'homme d'une souche équatoriale africaine (australopithèque, kényapithèque, zinjanthrope, *Homo habilis,* etc.) ou indonésienne (pithécanthrope, sinanthrope, gigantothrope), suivie en Europe par l'*Homo sapiens* de type actuel (Cro-Magnon, Chancelade, Grimaldi).
Les études archéologiques distinguent diverses étapes dans les perfectionnements de l'outillage lithique (silex) : pierre éclatée (*pebble culture*), nucléus retouché (pièces *bifaces* du paléolithique inférieur et moyen), éclats retouchés (pièces *unifaces* du paléolithique supérieur), enfin pièces polies du néolithique. Outre le silex, les hommes de l'époque magdalénienne (« âge du renne ») ont utilisé les bois et les os des rennes. La « révolution néolithique », rendue possible par un climat plus doux, a permis un essor rapide de l'habitation bâtie, du tissage, de la poterie, de l'élevage et de l'agriculture, et, peu après, de la métallurgie, bientôt suivie de l'écriture.
Dès le paléolithique inférieur, on observe des sépultures attestant des rites funéraires, et la décoration pariétale des grottes (Lascaux, Altamira) atteint son apogée au paléolithique supérieur.

préhistorien, enne n. Spécialiste de la préhistoire.

préhistorique adj. Qui a précédé les temps historiques : *l'homme préhistorique.* ‖ Relatif à la préhistoire : *archéologie préhistorique.*

préhominiens n. m. pl. Groupe de primates du début de l'ère quaternaire, intermédiaires entre les hommes et les singes anthropoïdes (pithécanthrope, sinanthrope, africanthrope).

préjudice [preʒydis] n. m. (lat. *praejudicium,* opinion préconçue). Tort, dommage : *tout préjudice subi du fait d'une autre personne ouvre un droit à des dommages-intérêts.* ‖ — Loc. prép. **Au préjudice de,** contre les intérêts de. ‖ **Sans préjudice de,** sans porter atteinte à, sous réserve de.

préjudiciable adj. Qui porte, qui cause du préjudice : *erreur préjudiciable.*

préjudiciel, elle adj. *Question préjudicielle,* qui se juge avant la principale. ‖ *Moyens préjudiciels,* par lesquels on soutient cette question.

préjugé [preʒyʒe] n. m. Ce qui a été jugé auparavant dans un cas analogue et qui peut influer sur une décision à venir. ‖ Opinion préconçue ; jugement favorable ou défavorable porté par avance.

préjuger v. t. et t. ind. [**de**] (lat. *praejudicare*) [conj. **1**]. Juger d'avance ; prévoir par conjecture : *autant qu'on peut préjuger ; à ce qu'on en peut préjuger.*

prélart [prelar] n. m. Grosse bâche imperméabilisée servant à garantir les marchandises.

prélasser (se) [səprelɑse] v. pr. Prendre une attitude commode et satisfaite : *se prélasser dans un fauteuil.*

prélat [prela] n. m. (lat. *praelatus,* porté en avant). Ecclésiastique revêtu d'une haute dignité dans l'Eglise.

prélature n. f. Dignité de prélat.

prélavage n. m. Lavage préliminaire. ‖ Opération qui a lieu dans une machine à laver sur un linge très sale et qui consiste à effectuer une première lessive sans que l'eau atteigne l'ébullition. ‖ Pl. des *prélavages.*

prêle [prɛl] ou **prèle** (selon l'Acad.) n. f. (pour *aprêle ;* du lat. *asper,* rude). Plante des lieux humides, à tige creuse, à feuilles disposées en verticilles, et dont les spores sont produites par des épis terminaux de sporanges en écailles. (Haut. jusqu'à 1,50 m ; embranchement des cryptogames vasculaires, ordre des équisétales.)

prélegs n. m. Legs qui doit être prélevé sur la masse avant tout partage.

prélèvement n. m. Action de prélever. ‖ Matière prélevée.

prélever v. t. (lat. *prae,* avant, et *lever*) [conj. **5**]. Prendre d'avance une certaine portion sur un total : *on prélève le droit des pauvres sur les recettes théâtrales.* ‖ Prendre une certaine quantité d'une chose en vue de l'examiner, de l'analyser : *prélever du sang à un malade.*

préliminaire [preliminɛr] adj. (lat. *prae,* avant, et *limen, liminis,* seuil). Qui précède la matière principale, qui sert à l'éclaircir : *discours préliminaire.*

préliminaires n. m. pl. Ce qui précède et prépare : *préliminaires de conciliation, de paix.*

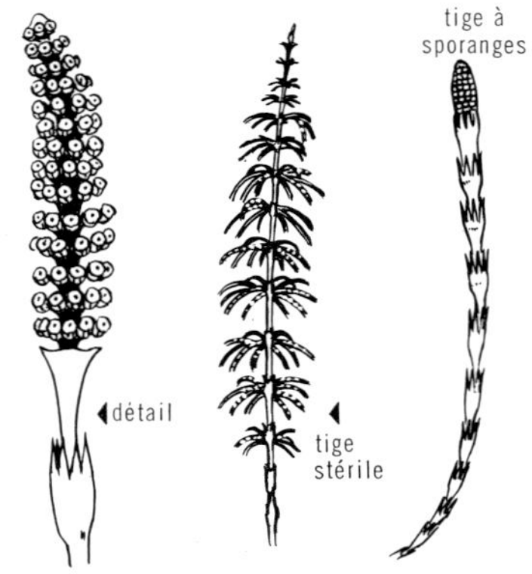

prêles

préliminairement adv. Préalablement.

prélogique adj. *Philos.* Antérieur à la logique : *stade prélogique.*

prélude [prelyd] n. m. *Mus.* Pièce musicale, écrite ou improvisée, servant d'introduction à une composition vocale ou instrumentale. ‖ Pièce isolée, de forme très libre : *préludes de Louis Couperin, de Chopin, de Debussy.* ‖ *Fig.* Ce qui précède ; ce qui fait présager : *les frissons sont le prélude de la fièvre.*

préluder v. i. (lat. *praeludere,* se préparer à jouer). Essayer sa voix, un instrument. ‖ Improviser sur le piano, sur l'orgue, etc. ‖ — V. t. ind. [**à**]. *Fig.* Faire une chose pour en venir à une autre plus importante : *préluder à une bataille par des escarmouches.* ‖ Précéder, laisser présager.

prématuré [prematyre], **e** adj. (lat. *praematurus*). Qui est né viable avant terme : *un enfant prématuré.* ‖ — *Fig.* Fait avant le temps convenable : *entreprise prématurée.* ‖ Qui vient, qui se produit avant le temps ordinaire : *mort prématurée.* ‖ — N. Enfant né viable avant terme, c'est-à-dire entre le 180e et le 270e jour de la grossesse. (On distingue les *prématurés simples* [de poids égal à celui d'un fœtus normal du même âge] et les *prématurés débiles* [de poids inférieur à celui d'un fœtus normal du même âge].)

prématurément adv. Avant le temps normal.

préméditation n. f. Action de préméditer. ‖ Dessein réfléchi qui a précédé l'exécution de l'acte délictueux : *la préméditation est une circonstance aggravante du meurtre.*

préméditer [premedite] v. t. (lat. *praemeditari*). Décider d'avance, après réflexion : *préméditer un crime.*

prémenstruel, elle adj. Relatif à la période qui précède la menstruation (les règles) : *syndrome prémenstruel.*

Prémery (58700), ch.-l. de c. de la Nièvre (arr. de Cosne-sur-Loire) ; 3 056 h. (2 293 aggl.). Abbatiale du XIIIe s. Château des évêques de Nevers (XIVe-XVIIe s.). Industries du bois.

prémices [premis] n. f. pl. (lat. *primitiae ;* de *primus,* premier). Premiers produits de la terre ou du bétail : *les prémices des champs.* ‖ — *Fig.* Premières productions de l'esprit : *les prémices d'un talent.* ‖ Premiers effets, commencements : *les prémices de la tyrannie de Néron.* ● *Messe de prémices,* première messe célébrée par un nouveau prêtre.

premier [prəmje], **ère** [-ɛr] adj. (lat. *primarius ;* de *primus*). Qui précède les autres par rapport au temps, au lieu, à l'ordre : *le premier homme ; le premier étage ; le premier commis.* ‖ Le meilleur, le plus remarquable : *Démosthène est le premier des orateurs.* ‖ Indispensable, urgent : *parer aux premiers besoins.* ‖ Rudimentaire : *acquérir les premières connaissances.* ‖ Se dit d'un titre attaché à certaines charges : *le premier médecin du roi.* ● *Cause première* (Philos.), cause qui serait à l'origine de l'enchaînement des causes et des effets, c'est-à-dire de tout l'univers. ‖ *Côtelette première* ou *côtelette de noix,* une des quatre dernières côtelettes, près de la selle. ‖ *Matières premières,* productions naturelles qui n'ont pas encore été travaillées, comme les minerais, le coton. ‖ *Premier ministre,* chef du gouvernement. ‖ *Première position,* ou *première* n. f. (Chorégr.), v. POSITION. ‖ *Proposition première* (Log. moderne), syn. de AXIOME. ‖ — N. *Jeune premier, jeune première,* acteur, actrice qui joue les rôles d'amoureux.

premier n. m. Etage situé directement au-dessus du rez-de-chaussée.

première n. f. Place de la catégorie la plus chère, dans une voiture de chemin de fer, dans un paquebot, etc. ‖ Employée principale dans la mode ou la couture. ‖ Dans une chaussure, semelle de cuir mince, en contact avec le pied. ‖ *Théâtr.* Première représentation d'une pièce. ‖ Classe d'un lycée ou d'un collège appelée naguère *rhétorique.* ‖ En montagne, première ascension ou premier parcours d'un itinéraire nouveau. ‖ Vitesse la plus démultipliée, sur une automobile.

premièrement adv. En premier lieu.

premier-né adj. et n. m. Le premier enfant mâle d'une famille. (Au fém. : *une fille premier-née* ou *première-née.*) ‖ Pl. des *premiers-nés.*

premier-Paris [prəmjepari] n. m. Article de tête, dans un journal parisien (vx). ‖ Pl. des *premiers-Paris.*

prémilitaire adj. Avant le service militaire légal : *instruction prémilitaire.*

prémisse [premis] n. f. (lat. *prae,* avant, et *missus,* envoyé). *Log.* Chacune des deux premières propositions d'un syllogisme : *la conclusion ne doit pas dépasser les prémisses.*

prémolaire n. f. Dent située peu en arrière de la canine ou de la barre chez les mammifères, et ressemblant à une molaire.
— Encycl. Il n'existe jamais plus de deux *prémolaires* par demi-mâchoire. Dans la plupart des espèces, ces dents sont identiques aux molaires, souvent plus petites cependant. Chez l'homme adulte, les prémolaires ont une seule racine et une couronne à deux tubercules seulement, ce qui les distingue nettement des molaires.

prémonition [premɔnisjɔ̃] n. f. (lat. *prae,* avant, et *monitio,* avertissement). Sentiment qu'un événement, généralement malheureux, va se produire. ‖ Image ou rêve prophétiques : *le songe d'Athalie est une prémonition.*

prémonitoire adj. Se dit des signes qui précèdent l'éclosion d'une maladie, un événement.

prémontré [premɔ̃tre] n. m. Membre d'un ordre de chanoines réguliers. (L'ordre des Prémontrés fut établi par saint Norbert en 1120 à Prémontré, près de Laon. Il est soumis à la règle de saint Augustin et s'adonne aux activités paroissiales.)

prémunir v. t. (lat. *praemunire ;* de *munire,* protéger). Garantir par certaines précautions : *prémunir quelqu'un contre le danger.* ‖ — **Se prémunir** v. pr. Se précautionner : *se prémunir contre le froid.*

prenable [prənabl] adj. Qui peut être pris, en parlant d'une ville, d'une place forte.

prenant, e adj. Qui prend, qui sert à prendre : *glu prenante.* ‖ *Fig.* Qui émeut, saisit : *voix prenante.* ● *Partie prenante,* personne qui touche, qui reçoit l'argent. ‖ *Queue prenante,* queue de certains animaux, qui leur sert pour se suspendre aux arbres : *les singes américains sont presque tous à queue prenante.* (Syn. PRÉHENSILE.)

prénatal, e, als ou **aux** adj. Qui précède la naissance d'un enfant : *allocations prénatales.*

prendre [prɑ̃dr] v. t. (lat. *prehendere*) [conj. **50**]. Mettre en sa main, saisir : *prendre un livre.* ‖ Se munir de : *prendre un parapluie.* ‖ Aller chercher : *je vous prendrai après déjeuner.* ‖ S'emparer de : *prendre une ville.* ‖ Voler : *prendre une montre.* ‖ Attaquer : *prendre l'ennemi de flanc.* ‖ Surprendre : *je vous y prends.* ‖ Accepter : *prenez ce qu'on vous donne.* ‖ Acheter, emporter : *prenez-le pour cent francs.* ‖ Recevoir : *prendre des leçons, des coups.* ‖ Demander, exiger : *prendre cher.* ‖ Choisir : *lequel prenez-vous ?* ‖ Extraire, tirer : *prendre un exemple dans Molière.* ‖ Manger, boire : *prendre un repas.* ‖ Louer : *prendre un appartement.* ‖ Faire usage de : *prendre le train.* ‖ S'engager dans : *prendre un raccourci.* ‖ Contracter : *prendre un rhume.* ‖ Accueillir : *prendre un ami chez soi.* ‖ Recueillir : *prendre des renseignements.* ‖ Se rendre maître de, gagner : *prendre les enfants par la douceur.* ‖ *Fig.* Saisir par la pensée, interpréter : *prendre une chose à contresens ; vous prenez mal mes paroles.* ● *C'est à prendre ou à laisser,* il faut vous décider. ‖ *Prendre de l'âge,* vieillir. ‖ *Prendre l'air,* se promener, se mettre à l'air. ‖ *Prendre les armes,* s'armer en vue d'attaquer. ‖ *Prendre en considération,* tenir compte de. ‖ *Prendre corps,* grossir, se former. ‖ *Prendre la fuite,* s'enfuir. ‖ *Prendre le large,* s'éloigner du rivage ; et, au *fig.* et *fam.,* s'enfuir. ‖ *Prendre mal une chose,* s'en fâcher. ‖ *Prendre la mer,* s'embarquer. ‖ *Prendre des mesures,* employer des moyens pour réussir. ‖ *Prendre au mot,* mettre au défi. ‖ *Prendre des nouvelles de quelqu'un,* s'informer de sa santé. ‖ *Prendre la porte* (Fam.), se retirer. ‖ *Prendre pour,* regarder comme : *ne le prenez pas pour un sot.* ‖ *Prendre quelqu'un en pitié,* ressentir pour lui de la compassion. ‖ *Prendre sous sa protection,* protéger. ‖ *Prendre son temps,* ne point se presser. ‖ *Prendre sur soi,* se charger de, accepter la responsabilité de ; se retenir, se contraindre. ‖ *Prendre le vent,* présenter les voiles au vent. ‖ — V. i. S'enraciner, croître : *cet arbre prend bien.* ‖ Se geler : *la rivière a pris.* ‖ S'épaissir, se cailler : *les confitures ont bien pris ; le lait prend.* ‖ S'enflammer : *le feu commence à prendre.* ‖ — *Fig.* Réussir : *ce livre n'a pas pris.* ‖ Faire une impression trop forte : *cette odeur prend au nez.* ‖ — **Se prendre** v. pr. S'accrocher : *son habit s'est pris à un clou.* ● *Se prendre à,* commencer, se mettre à : *il se prit à rire.* ‖ *Se prendre d'amitié,* concevoir de l'amitié. ‖ *Se prendre au jeu,* s'intéresser, se passionner. ‖ *Se prendre pour,* se croire. ‖ *S'en prendre à quelqu'un d'une chose,* en rejeter sur lui la responsabilité. ‖ *S'y prendre bien, mal,* être plus ou moins adroit.

Préneste, v. antique du Latium. (Auj. *Palestrina.*) Célèbre sanctuaire de la Fortune, aux terrasses étagées, dont il subsiste des ruines.

preneur [prənœr], **euse** [-øz] n. *Dr.* Personne qui prend à bail. ‖ Personne qui offre d'acheter à un certain prix : *il y a preneur.* ‖ — Adj. Qui sert à prendre : *une benne preneuse.*

prénom [prenɔ̃] n. m. (lat. *praenomen*). Nom particulier joint au patronyme et qui distingue chacun des membres d'une même famille.

prénommé, e adj. et n. Qui a pour prénom : *le prénommé Louis.*

prénommer v. t. Donner pour prénom à : *prénommer un enfant du nom de son grand-père.*

prénotion n. f. *Philos.* Idée innée, ou *a priori,* existant dans l'esprit, selon certains philosophes, avant toute expérience sensible.

prénuptial, e, aux adj. Qui précède le mariage : *certificat prénuptial.*

Préobrajenska (Olga), danseuse et pédagogue russe, née à Saint-Pétersbourg (1870-1962). Elle a dominé le ballet russe pendant un quart de siècle et fait des tournées triomphales en Europe. Elle se consacra également à l'enseignement, d'abord à Petrograd (auj. Leningrad) [1914], puis à Londres et à Paris.

préoccupant, e adj. Qui préoccupe.

préoccupation n. f. Inquiétude, souci : *les préoccupations d'une mère, d'un candidat.*

préoccupé, e adj. Inquiet : *air préoccupé.*

préoccuper [preɔkype] v. t. (lat. *praeoccupare,* prendre d'avance). Occuper fortement l'esprit, donner du souci : *cette affaire est assez grave pour le préoccuper.* (Syn. : HARCELER, INQUIÉTER, OBSÉDER, POURSUIVRE, TENAILLER, TORTURER, TOURMENTER.) || **— Se préoccuper** v. pr. S'inquiéter : *il se préoccupe de sa santé.*

préparateur, trice n. Celui, celle qui prépare quelqu'un ou quelque chose. ● *Préparateur de laboratoire,* collaborateur d'un professeur de sciences, qui est chargé de préparer les expériences nécessaires à la leçon. || *Préparateur en pharmacie,* celui qui, sans être pharmacien lui-même, aide le pharmacien dans son officine.

préparatif n. m. Manière de se préparer; apprêt : *les préparatifs d'un voyage.* (S'emploie surtout au pluriel.)

préparation n. f. Action de préparer, de se préparer : *plaider sans préparation.* || Fabrication : *préparation d'un remède.* || Chose préparée : *une préparation chimique.* || *Chorégr.* Position d'attente qui précède le mouvement proprement dit et qui place convenablement le corps, les bras et les jambes. ● *Préparation militaire,* instruction militaire donnée à certains jeunes gens avant leur service militaire légal. (V. *encycl.*) || *Préparation du travail* (Industr.), élaboration de toutes les instructions relatives à un travail donné et concernant notamment la méthode à suivre, l'outillage à employer, les matières à utiliser, etc. || *Tirs de préparation* (Mil.), tirs visant à la dislocation du dispositif de défense ennemi avant l'attaque.
— ENCYCL. La *préparation militaire,* qui, en France, est placée sous le régime du volontariat, comporte deux activités distinctes : d'une part, la *préparation militaire technique,* qui est destinée à sélectionner des élèves gradés et des spécialistes, et qui est sanctionnée par la délivrance de *brevets techniques prémilitaires,* donnant droit à certains avantages (permissions); d'autre part, la *préparation militaire supérieure,* qui a pour but de sélectionner, parmi les étudiants de l'enseignement supérieur, les futurs cadres de réserve. Parallèlement à ces activités, une *instruction militaire obligatoire,* dispensée aux élèves d'une douzaine de grandes écoles, permet le recrutement direct de sous-lieutenants de réserve.

préparatoire adj. Qui prépare, qui dispose à : *enseignement préparatoire.*

préparer [prepare] v. t. (lat. *praeparare*). Apprêter : *préparer le dîner.* || Mettre en état : *préparer un logement.* || *Chim.* Fabriquer, isoler : *préparer du chlore.* || Mettre dans une disposition favorable au but qu'on se propose d'atteindre : *préparer les esprits.* || Méditer : *préparer un discours.* || Etudier, apprendre les matières de : *préparer un examen.* || Faire étudier les matières de : *préparer un élève au baccalauréat.* || Ménager, réserver : *préparer une surprise.* || Amener avec ménagement : *préparer quelqu'un à une mauvaise nouvelle.* || **— Se préparer** v. pr. Se disposer à, se mettre en état de faire, de subir, etc. : *se préparer à la guerre, à partir.*

prépondérance n. f. Supériorité d'autorité, d'influence, etc. : *la prépondérance d'une nation.*

prépondérant [prepɔ̃derɑ̃], **e** [-ɑ̃t] adj. (lat. *praeponderans,* qui a le dessus; de *pondus,* poids). Qui a plus d'importance, d'autorité, etc. ● *Voix prépondérante,* voix qui l'emporte dans un vote en cas de partage des voix.

préposé, e n. Personne chargée d'un service spécial : *les préposés de la douane.*

préposer v. t. (lat. *prae,* avant, et *poser*). Placer à la garde, à la surveillance de quelque chose : *préposer à la garde d'un immeuble.*

prépositif, ive adj. *Locution prépositive,* réunion de plusieurs mots jouant le rôle d'une préposition (*afin de, à travers, hors de, près de,* etc.).

préposition [prepozisjɔ̃] n. f. (lat. *prae,* avant, et *positio,* place). Mot invariable qui joint deux autres mots en établissant un rapport de dépendance entre eux.

prépsychotique [-kɔ-] adj. Qui annonce une psychose. || — Adj. et n. Qui peut devenir psychotique.

prépuce [prepys] n. m. Repli de peau qui recouvre le gland de la verge. (L'étroitesse du prépuce, empêchant de dégager le gland, est le *phimosis,* qu'on traite par la circoncision.)

préraphaélisme [prerafaelism] n. m. Doctrine esthétique, d'inspiration ésotérique et religieuse, apparue en Angleterre en 1848. (Elle préconisait le retour à la pureté des artistes du Moyen Age et de la première Renaissance, avant Raphaël. Son chef fut Dante Gabriele Rossetti, et ses principaux adeptes, Everett Millais, Holman Hunt, Collinson, Beaumont et Burne-Jones. Ce mouvement était encouragé par Ruskin.)

préraphaélite adj. et n. Qui appartient au préraphaélisme.

prérasage n. m. *Lotion de prérasage,* produit de toilette adoucissant destiné à préparer la peau au rasage.

prérentrée n. f. Période où les professeurs se rendent dans les établissements scolaires afin de préparer la rentrée des classes.

préretraite n. f. Retraite anticipée.

prérogative [prerɔgativ] n. f. (lat. *prae,* avant, et *rogare,* demander). Avantage particulier, privilège attaché à une dignité ou, autref., à la naissance : *les prérogatives du pouvoir.* (Syn. : PASSE-DROIT, PRIVILÈGE.)

près [prɛ] adv. de lieu (du lat. *pressus,* serré). A une petite distance : *demeurer tout près.* || — Prép. Proche : *à Meudon, près Paris.* || Auprès de : *ambassadeur près le Saint-Siège.* || **— Près de** loc. prép. Dans le voisinage de : *près du pôle;* sur le point de : *être près de partir;* presque : *toucher près de cent mille francs.* || — Loc. adv. **A beaucoup près,** il s'en faut de beaucoup : *je ne suis pas si riche que lui, à beaucoup près.* || **A cela près,** à cette seule exception. ● *Il n'est pas à cela près* ou *il n'en est pas à cela près,* c'est une dépense peu onéreuse pour lui. || **A peu près,** environ, approximativement : *il y a à peu près cent cinquante ans.* || *Mar.* **Au plus près,** dans la direction la plus rapprochée de celle d'où vient le vent. || **De près,** d'un lieu peu éloigné : *regarder de près;* avec soin : *surveiller de près;* à ras : *être rasé de près.*

présage [prezaʒ] n. m. (lat. *praesagium*). Signe par lequel on juge de l'avenir : *cet événement est regardé comme un heureux présage.* || Conjecture tirée de ce signe : *tirer un présage d'un événement.*

présager v. t. (conj. **1**). Annoncer par quelque signe : *l'horizon rouge, le soir, présage le vent.* || Prévoir ce qui va arriver : *je ne présage rien de mauvais de ce que vous me dites là.* || — Syn. : CONJECTURER, PRONOSTIQUER, PROPHÉTISER.

Pré-Saint-Gervais (LE) [93310], ch.-l. de c. de la Seine-Saint-Denis (arr. de Bobigny) ; 15 136 h. Industries variées.

présalaire [presalɛr] n. m. Appointements perçus par des jeunes gens poursuivant encore leurs études.

pré-salé n. m. Mouton engraissé avec les plantes (salicorne, etc.) poussant dans les estuaires et recouvertes par la mer lors des grandes marées. || Viande de ce mouton. || Pl. des *prés-salés.*

présanctifié [presɑ̃ktifje], **e** adj. et n. *Liturg.* Consacré d'avance : *hostie présanctifiée.*

Presbourg, forme française de *Pressburg,* nom allem. de *Bratislava** (Tchécoslovaquie). — Traité de 1805, signé après Austerlitz, par lequel l'Autriche renonçait aux Etats de Venise, qui, avec l'Istrie, la Dalmatie, étaient réunis à l'Italie; les Electeurs de Bavière et de Wurtemberg étaient reconnus rois; l'indépendance de la Suisse et de la République batave était proclamée.

presbyte adj. et n. (du gr. *presbutês,* vieillard). Atteint de presbytie.

presbytéral, e, aux adj. Qui concerne le prêtre ou le presbytère.

presbytère [prɛsbitɛr] n. m. (du gr. *presbutês,* vieillard). Habitation du curé.

presbytérianisme n. m. Système ecclésiastique préconisé par Calvin, qui donne le gouvernement de l'Eglise à un corps mixte (pasteurs et laïques). || *Spécialem.* Ensemble des Eglises calvinistes de langue anglaise.

presbytérien, enne adj. Relatif au presbytérianisme. || — N. Adepte du presbytérianisme.

presbytie [prɛsbisi] n. f. Diminution du pouvoir d'accommodation du cristallin, empêchant de voir les objets proches. (La presbytie, qui devient gênante vers cinquante ans, se corrige par des verres convergents.)

prescience n. f. (lat. *prae,* avant, et *scientia,* science). Connaissance de l'avenir : *la science du passé nous donne la prescience du futur.*

prescriptible adj. *Dr.* Sujet à la prescription : *droits prescriptibles.*

prescription n. f. *Dr.* Moyen légal d'acquérir la propriété par une possession non interrompue (*prescription acquisitoire*), ou de se libérer d'une charge lorsque son exécution n'est pas exigée par le créancier (*prescription libératoire* ou *extinctive*). || Délai à l'expiration duquel l'action publique ne peut plus être entreprise contre le criminel ou le délinquant. || Ordre formel et détaillé : *les prescriptions de la loi, de la morale.* || Ordonnance d'un médecin.

prescrire [prɛskrir] v. t. (lat. *praescribere*) [conj. **65**]. Ordonner, commander : *faire ce que la raison prescrit.* (Syn. : DICTER, ÉDICTER, IMPOSER, INFLIGER.) || Régler en détail, fixer : *prescrire un régime alimentaire.* || *Dr.* Acquérir ou se libérer par prescription. || **— Se prescrire** v. pr. Se faire une loi de. || Se perdre par prescription : *les peines correctionnelles se prescrivent par cinq ans.*

préséance [preseɑ̃s] n. f. (lat. *prae,* avant, et *sedere,* s'asseoir). Droit d'avoir une place plus honorifique qu'une autre personne, ou de la précéder.

présélecteur n. m. *Technol.* Dispositif permettant de préparer à l'avance les conditions nécessaires à un changement de vitesse.

présélection [preselɛksjɔ̃] n. f. Choix préalable. || *Technol.* Opération préliminaire permettant, dans certaines boîtes de vitesses, de déterminer une combinaison choisie à l'avance.

présélectionner v. t. Soumettre à une présélection.

présence [prezɑ̃s] n. f. (lat. *praesentia*). Le fait, pour une personne, de se trouver dans un lieu donné : *honorer une assemblée de sa présence.* (Contr. : ABSENCE, DISPARITION, ÉLOIGNEMENT.) || Manifestation d'une forte personnalité : *avoir une certaine présence.* ● *Présence d'esprit,* promptitude à dire ou à faire sur-le-champ ce qu'il y a de plus à propos. || *Présence réelle* (Théol.), existence réelle du corps et du sang de Jésus-Christ dans l'eucharistie, sous les apparences du pain et du vin. || **— En présence** loc. adv. En vue, en face l'un de l'autre : *armées en présence.* || **— En présence de** loc. prép. A la vue de, en face de.

présent n. m. (de *présenter*). Cadeau, libéralité : *un riche présent.*

présent, e adj. (lat. *praesens*). Qui est dans le lieu dont on parle : *être présent à une réunion.* || Qui est dans le temps où nous sommes : *moment présent.* || *Fig.* Que l'on croit voir encore : *ce bienfait est encore présent à ma pensée.* || — Syn. : ACTUEL, CONTEMPORAIN, MODERNE. ● *La présente lettre* et, *absol., la présente,* la lettre qu'on écrit.

présent n. m. Le temps actuel : *ne songer qu'au présent.* || *Gramm.* Temps qui indique que l'action marquée par le verbe se passe actuellement ou qu'elle est valable de tout temps. || — N. m. pl. Les personnes présentes. || **— A présent** loc. adv. Maintenant.

présentable adj. Qu'on peut présenter; qui peut se présenter : *une copie, une personne présentable.*

présentateur, trice n. Personne qui présente au public une émission artistique.

présentation n. f. Action, manière de présenter : *assister à la présentation d'un film; la présentation des marchandises est une condition de bonne vente.* || *Méd.* Partie du fœtus qui se présente la première, lors de l'accouchement : *présentation de la tête, du siège, de l'épaule.* ● *Droit de présentation,* droit des officiers ministériels de présenter leur successeur à l'agrément des pouvoirs publics. || *Présentation de l'Enfant Jésus au Temple,* fête qui se célèbre le 2 février, en même temps que la Purification de la Vierge (Chandeleur). || *Présentation de la Vierge,* fête en mémoire du jour où la Vierge fut présentée au Temple (21 novembre).

présentement adv. Maintenant, actuellement.

présenter [prezɑ̃te] v. t. (du lat. *praesens,* présent). Tendre, offrir : *présenter un bouquet.* || Introduire une personne auprès d'une autre, en énonçant son nom, sa qualité, etc. : *présenter quelqu'un dans un cercle.* || Montrer, faire voir : *présenter des marchandises.* || Tourner vers : *présenter le flanc à l'ennemi.* || Exprimer : *présenter des excuses.* || Exposer, expliquer : *présenter une théorie.* ● *Présenter les armes,* exécuter un mouvement réglementaire du maniement d'armes pour rendre les honneurs militaires. || **— Se présenter** v. pr. Paraître devant quelqu'un et lui faire connaître son nom. || Se mettre sur les rangs : *se présenter pour un emploi, à la députation.* || S'offrir à l'esprit, paraître : *une nouvelle difficulté se présente.* || Apparaître d'une façon qui fait augurer bien ou mal : *affaire qui se présente bien.*

présentification n. f. *Psychol.* Caractéristique du temps vécu, éprouvé comme présent et intégré comme tel dans la mémoire.

présentoir n. m. Elément publicitaire mobile permettant de mettre en évidence un objet de consommation, une marchandise.

présérie [preseri] n. f. Fabrication industrielle d'une petite quantité d'un objet ou d'un produit, avant d'en entreprendre la production à une vaste échelle.

préservateur, trice adj. Propre à préserver : *la vaccine est préservatrice de la variole.*

préservatif, ive adj. et n. m. Qui préserve; propre à préserver : *des moyens préservatifs; un puissant préservatif contre la contagion.* || — N. m. Gaine de caoutchouc employée pour éviter les contaminations vénériennes et la fécondation au cours des rapports sexuels.

préservation n. f. Action de préserver : *la préservation des récoltes.*

préserver [prezɛrve] v. t. (lat. *prae,* avant, et *servare,* garder). Garantir d'un mal; mettre à l'abri de : *préserver de la contagion, du froid.*

préside [prezid] n. m. (esp. *presidio;* du lat. *praesidium,* garnison). Poste fortifié que les Espagnols possédaient sur une côte étrangère.

présidence n. f. Fonction de président : *la présidence d'une assemblée.* || Temps pendant lequel on l'exerce. || Hôtel, bureaux d'un président : *être convoqué à la présidence.* || Division territoriale, dans l'Inde : *la présidence de Bombay.*

président n. m. (lat. *praesidens*). Personne qui dirige les délibérations d'une assemblée ou d'un tribunal. || Chef de l'Etat, dans une république.

présidente n. f. Celle qui préside une assemblée. || Femme d'un président.

présidentiel, elle adj. Qui concerne le président, la présidence. ● *Régime présidentiel,* régime où le pouvoir gouvernemental est confié à un président — généralement élu au suffrage universel —, qui choisit librement ses ministres sans que ceux-ci soient responsables devant le Parlement. || — N. f. pl. Elections destinées à élire le président de la République.

présider [prezide] v. t. (lat. *praesidere*, être à la tête de). Occuper la première place dans une assemblée. || — V. t. ind. [**à**]. Avoir le soin, la direction de : *présider aux préparatifs d'une fête.* || Avoir pour attribution spéciale : *Cérès présidait aux moissons.*

présidial [prezidjal] n. m. Anc. tribunal, créé en 1552 par Henri II, intermédiaire entre les bailliages et les parlements, correspondant à nos tribunaux de grande instance, et supprimé en 1791. || Pl. des *présidiaux.*

présidial, e, aux adj. Qui appartenait à un présidial ; qui en émanait : *sentence présidiale.*

présidialité n. f. Juridiction d'un présidial.

présidium n. m. Autre graphie de *praesidium.*

présomptif [prezɔ̃ptif], **ive** [-iv] adj. (du lat. *praesumptus*, pris d'avance). *Héritier présomptif*, celui, celle qui est appelé à hériter. (Se dit surtout du prince destiné à régner.)

présomption [prezɔ̃psjɔ̃] n. f. (lat. *praesumptio*, conjecture). Supposition que l'on tient pour vraie jusqu'à preuve du contraire : *dans le doute, la présomption doit être en faveur de l'accusé.* || Opinion trop avantageuse de soi-même : *ce jeune homme est d'une folle présomption.* (Syn. : FATUITÉ, ORGUEIL, OUTRECUIDANCE, PRÉTENTION, SUFFISANCE, VANITÉ.)

1

2

presses : 1. Hydraulique de 500 t pour emboutissage ; 2. Hydraulique à forger ; 3. Chauffante pour collage de contre-plaqué ; 4. Presse à excentrique.

3

4

présomptueusement adv. De façon présomptueuse.

présomptueux, euse adj. et n. Qui a une opinion trop favorable de lui-même : *la jeunesse est souvent présomptueuse.* (Contr. : HUMBLE, MODESTE, RÉSERVÉ, SIMPLE.) || — Adj. Qui marque la présomption : *discours présomptueux.*

presque [prɛsk] adv. A peu près : *un objet presque introuvable.* || Pas tout à fait, légèrement inférieur : *presque trois mille élèves.* (La voyelle *e* ne s'élide que dans *presqu'île.*)

presqu'île n. f. Portion de terre entourée d'eau à l'exception d'un seul endroit, par lequel elle communique avec le continent : *la presqu'île de Quiberon.*

pressage n. m. Action de presser.

pressant, e adj. Qui insiste vivement : *créancier pressant.* || Urgent ; qui ne souffre pas d'être différé : *besoin pressant.*

presse [prɛs] n. f. (de *presser*). Multitude de personnes réunies dans un même endroit : *il y a presse pour écouter cet orateur.* || Nécessité de se hâter : *moment de presse.* || Machine composée de deux plateaux pouvant être rapprochés sous l'effet d'une commande pour comprimer ce qui est placé entre eux ou pour y laisser une empreinte quelconque : *presse à imprimer.* (V. *encycl.*) || Autref., enrôlement forcé des matelots, remplacé en 1670 par l'*Inscription maritime.* ● *Avoir bonne, mauvaise presse,* se dit de quelque chose ou de quelqu'un à qui l'opinion est favorable, défavorable. || *Liberté de la presse,* liberté de publier ses opinions par le journal ou par le livre. || *Ouvrage sous presse,* ouvrage qu'on imprime actuellement. || *La presse,* les journaux, les journalistes.

— ENCYCL. *Imprim.* Les *presses typographiques* sont de trois sortes. Dans les *presses à platine,* la pression rapproche deux surfaces planes, d'une part le marbre, portant la forme, d'autre part la platine, portant la feuille à imprimer. Dans les *machines à forme plane et à cylindre,* la forme est calée sur un marbre plan animé d'un mouvement alternatif de va-et-vient. La feuille est prise par les pinces d'un cylindre, qui la fait passer en pression sur la forme. Les presses en blanc impriment un seul côté de la feuille ; les presses en retiration impriment recto et verso. Dans les *rotatives,* chaque forme est constituée par des clichés cintrés fixés sur un cylindre. La pression est assurée par un second cylindre. Le papier est utilisé soit en feuilles, soit en bobine.
Les *presses offset* sont toujours du type rotatif. Chaque élément d'impression comprend un cylindre autour duquel est fixée la plaque, les dispositifs de mouillage et d'encrage de celle-ci, un second cylindre recouvert d'un blanchet de caoutchouc, et un cylindre de pression. La plaque décalque son image sur le blanchet, qui la reporte sur le papier. (V. illustr. IMPRIMERIE.)
— *Mécan.* Les *presses* utilisées dans le travail par déformation de la matière ou pour le découpage de celle-ci peuvent se classer en deux grandes catégories : les *presses à commande mécanique* et les *presses à commande hydraulique.* La presse dite « à filer », appelée également « presse à extruder », permet, en comprimant à froid ou à chaud des métaux ou des matières plastiques à travers une filière, d'obtenir rapidement des barres ou des pièces de profil compliqué.

Presse (*la*), journal politique et littéraire quotidien, fondé en 1836 par E. de Girardin, et qui inaugura l'ère de la presse quotidienne à bon marché.

pressé, e adj. Comprimé : *citron pressé.* || — *Fig.* Qui a hâte : *pressé de partir.* || Urgent : *commission pressée.* || Attaqué vivement : *ville pressée de toutes parts.*

presse-citron n. m. inv. Instrument servant à extraire le jus des citrons et autres fruits à pépins.

pressée n. f. Masse de fruits que l'on soumet en une fois à l'action de la presse, pour en exprimer le suc.

presse-étoupe n. m. inv. Dispositif empêchant un fluide sous pression de s'échapper par les interstices d'un joint.

Pressensé (Edmond DEHAUT DE), homme politique français, né à Paris (1824-1891). Pasteur des Eglises libres de Paris, il fut député, puis sénateur de la Seine. Il a laissé de nombreux ouvrages d'histoire religieuse.

pressentiment n. m. Sentiment vague, instinctif, qui fait prévoir ce qui doit arriver : *vos pressentiments vous trompent quelquefois.*

pressentir [presɑ̃tir] v. t. (lat. *praesentire*) [conj. **15**]. Prévoir d'une façon vague : *il avait pressenti ce qui lui est arrivé.* (Syn. : DEVINER, SE DOUTER, FLAIRER, SOUPÇONNER, SUBODORER.) || Sonder les dispositions de : *pressentir quelqu'un sur ses intentions ; pressentir quelqu'un comme ministre.*

presse-papiers n. m. inv. Objet lourd qu'on met sur des papiers pour les maintenir.

presse-purée n. m. inv. Ustensile de cuisine composé d'un récipient en métal criblé de trous, dans lequel on presse les légumes pour les réduire en purée.

presser [prese] v. t. (lat. *pressare* ; de *premere*). Serrer de manière à extraire un liquide : *presser du raisin, un citron.* || Serrer avec plus ou moins de force : *presser quelqu'un entre ses bras.* || — *Fig.* Poursuivre sans relâche : *presser les ennemis.* || Insister auprès de quelqu'un : *il nous presse d'achever notre ouvrage.* || Hâter, précipiter : *presser son départ.* ● *Presser le pas,* marcher plus vite. || — V. i. Ne souffrir aucun délai : *l'affaire presse.* ● *Le temps presse,* il faut agir vite. || — **Se presser** v. pr. Se hâter : *pourquoi se presser ?* || Venir en grand nombre : *la foule se pressait au stade.*

pressier n. m. Ouvrier qui travaille à une presse.

pressing [presiŋ] n. m. (mot angl.). Repassage à la vapeur. || Boutique où s'exécute ce travail.

pression n. f. (lat. *pressio*). Action de presser. || *Phys.* Quotient de la force exercée par un fluide sur une surface par la valeur de cette surface. || *Fig.* Contrainte exercée sur quelqu'un : *la pression des événements.* ● *Groupe de pression,* association de personnes ayant des intérêts économiques ou politiques communs et qui réunissent des sommes importantes en vue d'engager une action simultanée sur l'opinion publique, les partis politiques, les administrations et les gouvernants. (Syn. LOBBY.) || *Pression artérielle,* poussée produite par le sang sur la paroi des artères. (V. *encycl.*) || *Pression atmosphérique,* pression que l'air exerce au niveau du sol et que l'on mesure en millimètres de mercure ou en millibars à l'aide d'un baromètre. (V. *encycl.*) || *Pression maxima,* pression dans les artères pendant la contraction du cœur, ou systole. (Syn. PRESSION SYSTOLIQUE.) || *Pression minima,* pression dans les artères pendant le relâchement du cœur, ou diastole. (Syn. PRESSION DIASTOLIQUE.)

— ENCYCL. *Physiol.* La *pression* dans les artères dépend de la force de la contraction du cœur et de la résistance à l'écoulement du sang qu'opposent les artérioles et les capillaires. La pression artérielle est réglée à chaque instant par un mécanisme nerveux complexe, dont les centres sont dans le tronc cérébral et dont les voies de transmission sont constituées par le système neuro-

Phot. Sud-Aviation, Lauros - Atlas-Photo (2), X.

végétatif. La pression maxima a une valeur de 13 cm de mercure alors que celle de la minima est de 8 cm, son augmentation est l'hypertension, son abaissement l'hypotension.
— *Météor.* La *pression atmosphérique* normale, prise à 0 °C au niveau de la mer (elle diminue toujours quand l'altitude s'élève) et aux latitudes moyennes, est de 760 mm de mercure ou 1 013 millibars. La pression en un même lieu varie selon l'état de l'atmosphère; au-dessous de la valeur moyenne, elle indique une dépression cyclonique; au-dessus, elle traduit la présence d'une masse d'air anticyclonique.

pressoir n. m. (du lat. *pressus,* pressé). Machine qui extrait par pression de certains fruits ou de certaines graines oléagineuses le liquide contenu dans leur masse. ‖ Lieu où se trouve cette machine : *aller au pressoir.*

pressurage n. m. Action de pressurer. ‖ Vin obtenu en soumettant la vendange au pressoir.

pressurer [presyre] v. t. Presser le raisin, les pommes, etc., pour en extraire le jus. ‖ — *Fig.* Epuiser par les impôts : *pressurer le peuple.* ‖ Tirer de quelqu'un, par force ou par adresse, tout l'argent qu'il peut fournir : *on veut nous pressurer.*

pressureur n. m. *Fig.* Exploiteur.

pressurisation n. f. Action de pressuriser.

pressuriser [presyrize] v. t. Maintenir une pression normale à l'intérieur d'un avion volant dans l'atmosphère raréfiée des grandes altitudes.

prestance [prɛstɑ̃s] n. f. (lat. *praestantia,* supériorité). Extérieur, maintien imposant ou martial.

prestataire n. m. Contribuable soumis à l'impôt de la prestation en nature.

prestation [prɛstasjɔ̃] n. f. (du lat. *praestare,* founir). Action de prêter : *prestation de capitaux.* ‖ Objet d'une obligation. ‖ Fourniture, service fourni : *prestations en nature, en deniers.* ‖ Impôt destiné à l'entretien des chemins communaux, que le contribuable acquitte en argent ou en nature, c'est-à-dire en travail. ‖ Action de se produire en public, pour un acteur, un chanteur, un orateur, un sportif, etc. ‖ *Ethnol.* Ensemble des biens et des services que doit rendre un jeune marié à sa belle-famille. (Les prestations peuvent entraîner des contre-prestations* et tout un cycle d'échanges.) ● *Prestations locatives,* dépenses que le propriétaire se fait rembourser par le locataire. ‖ *Prestation de serment,* action de prononcer un serment. ‖ *Prestations sociales,* sommes versées au titre d'une législation sociale. (On distingue les prestations des assurances sociales ou des accidents du travail, et les prestations familiales; ces dernières sont versées au chef de famille soit à l'occasion d'une naissance, soit périodiquement, pendant tout le temps au cours duquel il a des enfants à charge.)

preste [prɛst] adj. (ital. *presto*). Agile, leste : *avoir la main preste.* ‖ — **Preste!** interj. Hâtez-vous (vx).

prestement adv. De façon rapide : *partir prestement.*

prestesse n. f. Promptitude, agilité : *s'enfuir avec prestesse.*

prestidigitateur n. m. Celui qui fait de la prestidigitation.

prestidigitation [prɛstidiʒitasjɔ̃] n. f. (de *preste,* et du lat. *digitus,* doigt). Art de produire des illusions par l'adresse des mains, par des moyens optiques ou mécaniques.

prestige [prɛstiʒ] n. m. (lat. *praestigium,* illusion). Séduction, attrait merveilleux : *le prestige de la gloire.* ‖ Eclat, crédit, influence : *le prestige d'un grand nom.* ‖ Valeur socioculturelle positive attribuée à un individu, à un groupe ou à leur comportement : *mesurer un comportement de prestige par des tests.*

prestigieux, euse adj. (lat. *praestigiosus,* éblouissant). Qui a de l'éclat, du prestige : *éloquence prestigieuse.*

presto [prɛsto], **prestissimo** [-isimo] adv. (mots ital.). *Mus.* Vite, très vite.

Preston, v. de Grande-Bretagne, ch.-l. du Lancashire; 106 000 h. Textiles. Constructions aéronautiques. Défaite des Ecossais par Cromwell en 1648.

présumable adj. Qu'on peut présumer.

présumé, e adj. Cru par supposition : *tout accusé doit être, en l'absence de preuves, présumé innocent.*

présumer [prezyme] v. t. (lat. *praesumere,* prendre d'avance). Juger d'après certaines probabilités; considérer comme probable. (Syn. : CONJECTURER, PRÉSUPPOSER, SUPPOSER.) ‖ — V. t. ind. [**de**]. Avoir une trop bonne opinion de : *présumer de son talent.*

présupposer v. t. Admettre préalablement : *présupposer un fait.* ‖ Nécessiter l'hypothèse de.

présupposition n. f. Supposition préalable.

présure [prezyr] n. f. (lat. *prensura,* ce qui fait prendre). Enzyme du suc gastrique (sécrétée par la caillette, surtout pendant l'allaitement des jeunes ruminants) provoquant la coagulation du lait et utilisée à cet effet pour la fabrication de certains fromages. (Syn. LABFERMENT.)

présurer v. t. Cailler à l'aide de la présure.

prêt [prɛ] n. m. (de *prêter*). Action de prêter. ‖ La chose, la somme prêtée. ‖ Indemnité versée aux soldats et sous-officiers accomplissant leur service militaire légal. ‖ *Dr.* Contrat par lequel une personne en autorise une autre à utiliser un bien qu'elle lui cède temporairement, à charge de restitution. ● *Prêt d'honneur,* somme allouée à un étudiant, à charge pour lui de la rembourser après avoir terminé ses études.

pressoir autorégulateur horizontal

prêt [prɛ], **e** [-ɛt] adj. (du lat. *praesto,* à portée de la main). Disposé, en état, décidé : *prêt à partir.*

pretantaine ou **pretentaine** [prətɑ̃tɛn] n. f. *Courir la pretantaine* (Fam.), vagabonder au hasard, sans but déterminé; chercher des aventures amoureuses.

prêt-à-porter n. m. Vêtement coupé selon des mesures normalisées, et que l'on adapte à la taille du client. ‖ Pl. des *prêts-à-porter.*
— ENCYCL. Le *prêt-à-porter* français peut être rattaché à deux sources de production principales : le prêt-à-porter de *haut luxe,* fabriqué en exclusivité pour les grands couturiers, qui en surveillent l'exécution et qui le vendent sous leur griffe dans leur boutique (il existe même quelques grands couturiers fabriquant du prêt-à-porter dans leurs propres ateliers), et le prêt-à-porter destiné à la *grande diffusion,* fabriqué par des entreprises industrialisées. Celles-ci peuvent encore se spécialiser, selon la clientèle à atteindre, dans des articles de luxe ou dans des articles d'avant-garde faits pour attirer les jeunes par la fantaisie de leur style et des prix étudiés à leur intention. Il existe même des séries de prêts-à-porter spécialisées pour les femmes fortes. Tous ces modèles de grande diffusion sont conçus par des stylistes tributaires de deux collections annuelles, et qui travaillent avec plusieurs mois de décalage sur la présentation suivant les résultats donnés par les études de marché.
Le prêt-à-porter français habille 65 p. 100 des femmes et occupe une place grandissante dans l'habillement masculin. Les exportations françaises se font vers plus de cent pays, l'Allemagne venant en tête. Mais l'industrie du prêt-à-porter souffre en France du trop grand morcellement de ses points de fabrication et de ses points de vente, ce qui freine la diffusion. La vente par correspondance occupe une place importante dans ce domaine.

prêté [prete] n. m. *Prêté rendu,* juste représaille (vx). [On dit maintenant : *c'est un prêté pour un rendu.*]

prétendant, e n. Celui, celle qui aspire à quelque chose : *les prétendants à un emploi.*

prétendant n. m. Prince qui prétend avoir des droits à un trône occupé par un autre ou inoccupé. ‖ Celui qui aspire à la main d'une femme.

prétendre [pretɑ̃dr] v. t. (lat. *praetendere,* présenter) [conj. **46**]. Vouloir, exiger : *que prétendez-vous de moi?* ‖ Affirmer, soutenir : *je prétends que c'est faux.* ‖ Se flatter de : *je ne prétends pas vous convaincre.* ‖ — V. t. ind. [**à**]. Aspirer : *prétendre aux honneurs.*

prétendu, e adj. (de *prétendre*). Supposé, affirmé, mais non vrai ou justifié : *de prétendus droits.*

prétendu, e adj. (de *tendre* et du préf. *pré*). Se dit d'une construction en béton armé dont les armatures ont subi avant durcissement du béton une précontrainte.

prétendument adv. De façon prétendue, fausse : *un homme prétendument riche.*

prête-nom n. m. Celui qui prête son nom dans un acte où le véritable contractant ne peut ou ne veut pas voir figurer le sien. ‖ Pl. des *prête-noms.*

pretentaine n. f. V. PRETANTAINE.

prétentieusement adv. De façon prétentieuse.

prétentieux, euse adj. et n. Qui a des prétentions : *jeune homme prétentieux.* ‖ — Adj. Où il y a de la prétention, de l'affectation, de la recherche : *style prétentieux.*

prétention [pretɑ̃sjɔ̃] n. f. (du lat. *praetentus,* tendu en avant). Volonté, désir ambitieux, exigence : *il n'a pas la prétention de vous surpasser.* ‖ Visée fondée sur une idée vaniteuse de sa propre personne : *prétention à la beauté, au savoir.*

prêter [prete] v. t. (lat. *praestare,* fournir). Céder pour un temps, à charge de restitution : *prêter de l'argent.* ‖ *Fig.* Attribuer, imputer : *on prête aux autres ses propres défauts.* ● *Prêter le flanc,* donner prise : *prêter le flanc aux accusations.* ‖ *Prêter l'oreille,* écouter attentivement. ‖ *Prêter serment,* faire serment. ‖ — V. i. S'étendre, s'étirer : *cette étoffe prête.* ‖ — V. t. ind. [**à**]. Fournir matière : *prêter à la critique.* ‖ — **Se prêter** [**à**] v. pr. Consentir, se plier : *se prêter à un arrangement.*

prétérit [preterit] n. m. (lat. *praeteritum tempus,* temps passé). Temps passé de l'anglais et de l'allemand, équivalant au passé simple et à l'imparfait en français.

prétérition [preterisjɔ̃] n. f. (du lat. *praeteritum,* supin de *praeterire,* omettre). Figure de rhétorique par laquelle on déclare ne pas vouloir parler d'une chose dont on parle néanmoins par ce moyen. (Ex. : *je ne suis pas venu vous dire que...*)

préteur [pretœr] n. m. (lat. *praetor*). Magistrat romain qui rendait la justice.
— La préture, créée en 389 av. J.-C., d'abord réservée aux patriciens, fut ouverte aux plébéiens en 327. Quand Rome compta beaucoup d'étrangers, il y eut un *préteur pérégrin* à côté du *préteur urbain.*

prêteur [prɛtœr], **euse** [-øz] adj. et n. Qui prête. ‖ Qui aime à prêter.

Prétextat (*saint*), évêque de Rouen, assassiné sur l'ordre de Frédégonde (586). — Fête le 24 février.

prétexte [pretɛkst] n. m. Raison apparente dont on se sert pour cacher le véritable motif : *saisir un prétexte pour s'éloigner.* ● *Sous prétexte de,* en prenant pour prétexte. ‖ — **Sous prétexte que** loc. conj. En prétendant que.

prétexte n. f. et adj. Robe, toge blanche, bordée de pourpre, que portaient à Rome les magistrats et les enfants (de la puberté à l'âge de seize ans).

prétexter v. t. (lat. *praetexere*). Prendre pour prétexte, alléguer : *prétexter un voyage.*

pretintaille [prətɛ̃taj] n. f. (de *pertintaille,* collier de cheval garni de grelots). Ornement en découpure, que l'on mettait autrefois sur les robes.

pretium doloris [presjɔmdɔlɔris] n. m. (loc. lat. signif. *prix de la douleur*). Ensemble des dommages et intérêts alloués à titre de réparation morale d'un événement dommageable.

prétoire n. m. (lat. *praetorium*). *Antiq. rom.* Tribunal où le préteur rendait la justice. ‖ Tente du général, dans un camp romain. ‖ Auj., salle d'audience d'un tribunal.

Pretoria, cap. du Transvaal et siège du gouvernement de l'Afrique du Sud, au nord du Witwatersrand; 422 600 h. Archevêché. Université. Centre ferroviaire et industriel (métallurgie).

Pretoria
le centre
de la ville

Phot. Mackiewicz, Service d'information à Pretoria.

prétorial, e, aux adj. Qui a rapport au prétoire, au préteur : *droit prétorial.*

prétorien, enne adj. Qui appartient au préteur : *dignité prétorienne.* ‖ — Adj. et n. m. Se disait des soldats commis à la garde des empereurs : *garde prétorienne.*

Pretorius (Andries), homme politique sud-africain, né à Graaff Reinet (Le Cap) [1798-1853]. Vainqueur des Zoulous, il fonda avec les Boers la république du Natal (1840), puis la colonie du Transvaal. La ville de Pretoria rappelle sa mémoire. — Son fils MARTHINUS WESSEL, né à Graaff Reinet (Le Cap) [1819-1901], abandonna la présidence de l'Orange pour celle du Transvaal (1863-1871) ; il lutta pour détacher cet Etat du Natal.

prêtraille n. f. Terme de mépris pour désigner les ecclésiastiques.

prêtre [prɛtr] n. m. (altér. du lat. *presbyter*). Ministre d'une religion. ‖ Dans l'Eglise catholique, celui qui a reçu le sacrement de l'ordre.
— ENCYCL. La principale fonction du *prêtre catholique* est d'offrir le sacrifice de la messe. La législation canonique actuelle maintient le célibat ecclésiastique. Après la Seconde Guerre mondiale s'est constitué, en France notamment, un corps de *prêtres-ouvriers*, dont les expériences ont été arrêtées en 1954. En 1965, Rome a permis à l'épiscopat la création d'une autre forme d'apostolat, les *prêtres au travail.*

Prêtre-Jean ou **Prête-Jean.** V. JEAN (*Prêtre-*).

prêtresse n. f. Femme attachée au culte d'une divinité.

prêtrise n. f. Caractère, qualité, dignité de prêtre. ‖ *Relig. cath.* Le dernier des ordres majeurs du sacrement de l'ordre.

préture n. f. (lat. *praetura*). Charge, fonction de préteur. ‖ Durée de son exercice.

Preuilly-sur-Claise (37290), ch.-l. de c. d'Indre-et-Loire (arr. de Loches) ; 1 579 h. Eglise romane (XIe-XIIe s.), restaurée. Ruines d'un château (XIIe-XVe s.) et d'une collégiale (XIIe s.).

preuve [prœv] n. f. (de *prouver*). Ce qui démontre, établit la vérité d'une chose : *preuve convaincante.* ‖ *Fig.* Marque, témoignage : *donner une preuve de sa bonne volonté.* (Syn. : ARGUMENT, SIGNE.) ‖ *Math.* Opération par laquelle on contrôle l'exactitude d'un calcul ou la justesse de la solution d'un problème : *la preuve par 9.* ● *Faire preuve,* témoigner. ‖ *Faire ses preuves,* manifester son courage, son savoir, ses capacités.

preux [prø] adj. et n. m. inv. (lat. *prodis*). Brave, vaillant (vx) : *les preux de Charlemagne.*

prévaloir v. i. (lat. *praevalere*) [conj. **34**]. Avoir l'avantage, l'emporter : *son opinion a prévalu.* ‖ **— Se prévaloir [de]** v. pr. S'autoriser de (pour prétendre à quelque chose) : *se prévaloir de sa naissance.*

prévaricateur adj. et n. m. Qui prévarique : *magistrat prévaricateur.*

prévarication n. f. Action de celui qui manque aux obligations de sa charge, de celui qui s'écarte de la justice : *se rendre coupable de prévarication.*

prévariquer [prevarike] v. i. (lat. *praevaricari,* entrer en collusion avec la partie adverse). Manquer, par intérêt ou par mauvaise foi, aux devoirs de sa charge, de son ministère.

prévenance n. f. Manière obligeante d'aller au-devant de ce qui peut plaire à quelqu'un : *combler quelqu'un de prévenances.*

prévenant, e adj. Qui a de la prévenance : *personne prévenante.* ‖ Qui donne une impression favorable : *mine prévenante.*

prévenir [prevnir] v. t. (lat. *praevenire,* devancer) [conj. **16**, mais avec l'auxil. *avoir*]. Aller au-devant de quelque chose pour l'empêcher, le détourner : *prévenir un malheur.* ‖ Satisfaire par avance : *prévenir les désirs de quelqu'un.* ‖ Informer, avertir : *prévenir quelqu'un de ce qui se passe.* ● *Etre prévenu contre quelqu'un,* être mal disposé à son égard.

préventif, ive adj. (du lat. *praevenire,* devancer). Qui a pour objet d'empêcher, de prévenir : *mesure préventive.* ● *Détention préventive,* incarcération, avant leur jugement, des personnes inculpées de crime ou de délit.

prévention [prevɑ̃sjɔ̃] n. f. (lat. *praeventio,* action de devancer). Opinion favorable ou défavorable formée sans examen ; partialité : *juger sans prévention.* ‖ Préjugé, opinion défavorable : *être l'objet d'une certaine prévention.* ‖ Etat d'un individu contre lequel il existe une accusation de délit ou de crime. ‖ Temps qu'un prévenu passe en prison avant d'être jugé : *faire six mois de prévention.* ‖ Ensemble des mesures prises en vue d'éviter les accidents de la route (*prévention routière*), les accidents du travail ou les maladies professionnelles (*prévention des accidents du travail, médecine du travail*), le développement des épidémies ou l'aggravation des états sanitaires individuels (*médecine préventive*).

préventivement adv. De façon préventive : *accusé détenu préventivement.*

préventorium [prevɑ̃tɔrjɔm] n. m. (de *préventif,* sur *sanatorium*). Etablissement où l'on soigne préventivement les malades et où l'on reçoit en particulier ceux qui sont atteints de formes initiales (v. PRIMO-INFECTION) de tuberculose non contagieuses.

prévenu, e n. Personne qui doit répondre d'une infraction devant la justice pénale : *acquitter un prévenu.*

Jacques Prévert : « les Visiteurs du soir » de Marcel Carné, avec Arletty et Alain Cuny

Priestley par Ellen Sharples *Nat. Portrait Gallery, Londres*

préverbe n. m. Préfixe qui se place devant un verbe.

Prévert (Jacques), poète français, né à Neuilly-sur-Seine en 1900. Ses poèmes allient les images insolites à la gouaille populaire (*Paroles,* 1948 ; *Spectacle,* 1951 ; *Fatras,* 1966). Plusieurs d'entre eux ont été mis en musique par Joseph Kosma. Il fut le scénariste de quelques films français de qualité comme *Drôle de drame* (1937), *les Visiteurs du soir* (1942), *les Enfants du paradis* (1944), de M. Carné ; *le Crime de M. Lange* (1935), de J. Renoir ; *Remorques* (1940) et *Lumière d'été* (1943), de J. Grémillon.

prévisible adj. Qui peut être prévu.

prévision n. f. Action de prévoir. ‖ Ce que l'on prévoit : *l'événement n'a pas justifié mes prévisions.* ‖ — Syn. : CONJECTURE, HYPOTHÈSE, PRÉSOMPTION, SUPPOSITION.

prévisionnel, elle adj. Qui fait l'objet d'un calcul antérieur à un événement, à une mise en fabrication.

prévoir [prevwar] v. t. (lat. *praevidere*) [conj. **37**]. Juger par avance qu'une chose doit arriver : *prévoir un malheur.* ‖ Prendre les précautions nécessaires en vue d'une action précise : *tout prévoir pour un voyage.*

Prévost (Françoise), danseuse française, née à Paris (v. 1680-1741). Célèbre au XVIIIe s., elle eut Marie Sallé et la Camargo comme élèves.

Prévost (Françoise), danseuse française, née à Paris (1862-1941), auteur de romans psychologiques (*les Demi-Vierges,* 1894). [Acad. fr.]

Prévost d'Exiles (*abbé* Antoine François), écrivain français, né à Hesdin (Artois) [1697-1763]. Après avoir été novice chez les Jésuites, il s'engage dans l'armée, revient chez les Jésuites, reprend du service, puis fait profession chez les Bénédictins. Il publie cependant son premier roman (*Mémoires et aventures d'un homme de qualité,* 1728), s'enfuit du couvent et passe en Angleterre. Il fait paraître l'*Histoire du chevalier Des Grieux et de Manon* Lescaut* (1731), *Cleveland* (1732-1739), fonde un journal (*Pour et Contre,* 1733-1740) destiné à faire connaître l'Angleterre aux Français et regagne la France, où il devient aumônier du prince de Conti (1736). Compromis dans la publication d'une feuille scandaleuse, il s'exile de nouveau à Bruxelles et à Francfort, entreprend la traduction des romans de Richardson tout en assurant sa propre réputation d'écrivain (*Histoire d'une Grecque moderne,* 1741). Il mourut subitement dans la forêt de Chantilly.

Prévost-Paradol (Lucien Anatole), journaliste français, né à Paris (1829-1870). Opposé au second Empire, il devint cependant ambassadeur aux Etats-Unis en 1870. (Acad. fr.)

prévôt [prevo] n. m. (lat. *praepositus,* préposé). Nom de divers magistrats sous l'Ancien Régime : *prévôt royal ; prévôt des marchands.* ‖ Officier de gendarmerie dans les prévôtés.

prévôtal, e, aux adj. Qui concerne le prévôt ou la prévôté. ● *Cour prévôtale,* tribunal exceptionnel établi à diverses époques, notamment en 1815, et jugeant sans appel. ‖ *Tribunal prévôtal,* tribunal militaire composé du prévôt assisté d'un gendarme greffier, et qui est établi en territoire étranger pour juger, sans appel ni recours, certaines infractions de police commises par les personnes justiciables des tribunaux militaires aux armées.

prévôté n. f. Autref., fonction, juridiction, résidence de prévôt. ‖ *Mil.* Détachement de gendarmerie affecté, en opérations, à une grande unité ou à une base, et chargé des missions de police générale et judiciaire.

prévoyance [prevwajɑ̃s] n. f. Faculté de prévoir. ‖ Soin mis à prendre des précautions pour l'avenir : *rien n'échappe à sa prévoyance.*

prévoyant, e adj. Qui a de la prévoyance.

Preyer (Wilhelm Thierry), physiologiste et psychologue allemand, né à Moss Sid, près de Manchester (1841-1897). Il a surtout fait porter ses travaux sur l'optique physiologique et la psychologie de l'enfant.

Priam. *Myth. gr.* Dernier roi de Troie, fils de Laomédon, père d'Hector, Pâris, Cassandre, etc. Il obtint d'Achille qu'il lui rendît le corps d'Hector. Il fut tué par Pyrrhos après la prise de Troie.

Priape. *Myth. gr. et rom.* Dieu des Jardins, des Vignes, de la Génération. Il personnifiait la virilité.

priapisme n. m. (de *Priape*). Erection involontaire, douloureuse, de la verge, qui constitue le symptôme de diverses affections.

Pribilof (*îles*), archipel de la mer de Béring (dépendance de l'Alaska).

prie-Dieu n. m. inv. Meuble en forme de siège bas, muni d'un accoudoir, et sur lequel on s'agenouille pour prier.

Priène, v. anc. d'Ionie. (Auj. *Samsun Kalesi.*)

prier [prije] v. t. (lat. *precari*). S'adresser à la divinité pour l'honorer ou l'implorer : *prier Dieu.* ‖ Demander avec instance et humilité : *je vous prie de me rendre ce service.* ‖ Demander à : *on l'a prié d'assister à la cérémonie.* ‖ — Syn. : ADJURER, CONJURER, IMPLORER, INVOQUER, SUPPLIER. ● *Je vous prie, je vous en prie,* formule de politesse dont on accompagne une demande ou une invitation presque menaçante : *ne recommencez pas, je vous en prie.* ‖ *Se faire prier,* résister aux instances. ‖ — V. i. Intercéder auprès de Dieu : *prier pour les morts.*

prière n. f. (lat. *precarius,* qui s'obtient en priant). Acte de religion par lequel on s'adresse à Dieu pour l'implorer ou pour l'adorer. ‖ Demande faite à titre de grâce : *écoutez ma prière.* ‖ Invitation polie : *prière de ne pas fumer.*

Priestley (Joseph), chimiste et philosophe anglais, né à Fiedhead, près de Leeds (1733-1804). Il recueillit les gaz sur la cuve à mercure (1773), étudia notamment le gaz carbonique et découvrit la respiration des végétaux. En 1774, il isola l'oxygène par chauffage de l'oxyde de mercure.

prieur [prijœr], **e** n. et adj. (lat. *prior,* premier). Supérieur, supérieure de certains couvents.

Prieur (Pierre Louis), dit **Prieur de la Marne,** homme politique français, né à Sommesous (1756-1827), Conventionnel, membre du Comité de salut public.

Prieur-Duvernois (Claude Antoine, *comte*), dit **Prieur de la Côte-d'Or,** Conventionnel français, né à Auxonne (1763-1832). Il fit adopter l'unification des poids et mesures.

prieuré n. m. Dignité de prieur, de prieure. ‖ Communauté religieuse placée sous la conduite d'un prieur, d'une prieure. ‖ Eglise ou maison de cette communauté : *aller au prieuré.*

Prim y Prats (Juan), homme d'Etat et général espagnol, né à Reus (1814-1870). Il lutta successivement contre les carlistes et contre Espartero. Exilé, il rentra en 1854 ; après avoir combattu au Maroc (1859-1860) et dirigé le corps expéditionnaire au Mexique (1862), il contribua à la chute d'Isabelle II (1868). Il fit adopter une Constitution monarchique (1869). Ministre de la Guerre, il créa l'occasion de la guerre de 1870 en cherchant auprès des Hohenzollern un prince capable de monter sur le trône espagnol. Il mourut assassiné.

prima donna [primadɔnna] n. f. (mot lat. signif. *première dame*). Première chanteuse d'opéra. ‖ Pl. des *prime donne* [prime-dɔnne].

primage [primaʒ] n. m. (mot angl.). Entraînement d'eau par la vapeur produite dans une chaudière.

primaire [primɛr] adj. (du lat. *primus,* premier). Qui appartient à l'enseignement du premier degré : *école primaire.* ‖ *Psychol.* Se dit, en caractérologie, d'une personne dont les réactions sont rapides, de courte durée et peu profondes. ‖ *Fam.* Qui a peu de culture. ● *Effet primaire de champ* (Psychol.), forme de la perception, généralement visuelle, dans laquelle la structure de l'objet perçue au premier abord comporte une information objectivement fausse, ou déformation. (V. ILLUSION *de Delbœuf* et *de Müller-Lyer.*) ‖ *Ere primaire,* ou *primaire* n. m. (Géol.), deuxième division des temps géologiques, succédant au précambrien, d'une durée de 300 millions d'années ou plus, et divisée en six périodes : *cambrien, ordovicien, silurien, dévonien, carbonifère* et *permien.* (Syn. PALÉOZOÏQUE.) [V. *encycl.*] ‖ *Secteur primaire,* ensemble des activités économiques productrices

Phot. Discina, Fleming.

de matières premières, notamment l'agriculture et les industries extractrices. || *Structure primaire* (Bot.), disposition des tissus dans la tige et la racine des plantes vivaces pendant la première année de leur vie (par oppos. à la *structure secondaire*, qui s'y ajoutera ultérieurement). || — N. m. *Electr.* Circuit recevant le courant de la source d'énergie dans un transformateur ou une bobine d'induction.

— ENCYCL. *Paléont.* L'*ère primaire* commence il y a environ 500 millions d'années avec la faune cambrienne et s'achève il y a 200 millions d'années, au sommet des couches du permien de Russie. On la divise en cinq immenses périodes : cambrien, silurien, dévonien, carbonifère et permien. Dès le début, il existe une riche faune de brachiopodes et de trilobites : la rareté des fossiles plus anciens vient de ce qu'ils ont été détruits par des événements tectoniques, et non de ce qu'ils n'existaient pas. Lorsque le primaire s'achève, tous les grands groupes actuels existent, à l'exception des mammifères, des oiseaux, des insectes à métamorphoses complètes et des plantes angiospermes.

primarité n. f. Caractère de ce qui est primaire ou premier.

primat [prima] n. m. (lat. *primas*, qui est au premier rang). Prélat dont la juridiction dominait celle des archevêques ou qui occupe le siège le plus important ou le plus ancien d'un pays : *le primat de Hongrie*. || *Philos.* Priorité : *le primat de la raison pratique*.

primates [primat] n. m. pl. (lat. *primas*, qui est au premier rang). Ordre de mammifères comprenant des animaux arboricoles, grimpeurs et omnivores, aux incisives tranchantes, aux molaires bunodontes, aux mains agiles, aux griffes parfois transformées en ongles plats, et qui sont remarquables par le développement des yeux et du cerveau, tels que les lémuriens, les singes et les hommes fossiles et actuels.

— ENCYCL. Parmi les *primates*, les *lémuriens*, encore très proches des insectivores, n'existent plus qu'à Madagascar. Les *simiens*, ou *singes*, forment trois groupes : ceux d'Amérique, ou *platyrhiniens*, à 36 dents, à queue souvent prenante, à narines écartées ; ceux d'Afrique, ou *catarhiniens*, à 32 dents, à queue non prenante, à narines resserrées ; enfin, les *anthropoïdes* (gibbon, gorille, orang-outan, chimpanzé), sans queue, beaucoup plus proches des hominiens. Ces derniers, avant d'atteindre l'état d'hommes proprement dits, se caractérisent déjà par la station debout et la marche bipède.

primatial [-sjal], **e, aux** [-o] adj. Relatif au primat : *dignité primatiale*.

Primatice (Francesco PRIMATICCIO, dit **le**), peintre, sculpteur et architecte italien, né à Bologne (1504 ou 1505-1570), un des principaux représentants du maniérisme international. Elève de Jules Romain, avec qui il collabora à la décoration du palais du Te à Mantoue, il fut appelé à Fontainebleau par François Ier en 1531 et demeura en France jusqu'à la fin de sa vie. Nommé surintendant des Bâtiments royaux (1559), il exerça une sorte de dictature artistique. Il ramena d'un voyage en Italie de nombreuses copies d'antiques.

primatie [-si] n. f. Dignité de primat. || Etendue, siège de sa juridiction.

Primauguet ou **Primoguet** (Hervé DE PORTZMOGUER, dit). V. PORTZMOGUER.

primauté [primote] n. f. (du lat. *primus*, premier). Premier rang : *cet homme veut avoir la primauté partout*.

prime adj. (lat. *primus*, premier). Se dit, en algèbre, d'une lettre affectée d'un seul accent : b' *s'énonce* b *prime*. ● *Prime jeunesse*, l'âge le plus tendre. || — **De prime abord** loc. adv. Au premier abord.

prime n. f. Première des heures canoniales (6 heures). || *Escr.* Première position.

le Primatice
portrait d'Odet de Coligny, *musée Condé, Chantilly*

PRIMATES

LÉMURIENS

maki

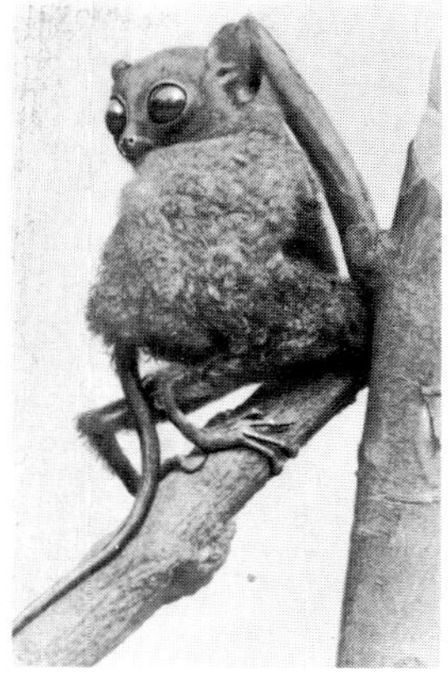

tarsier

SIMIENS

singe d'Afrique : babouin cynocéphale

singe d'Amérique : sapajou

ANTHROPOÏDES

gorille

orang-outan

prime [prim] n. f. (lat. *praemium*, récompense). Somme que l'assuré doit à l'assureur : *prime d'assurance*. || Récompense accordée par l'Etat pour l'encouragement d'une activité publique ou privée. || Objet que l'on offre en cadeau à un client, pour l'engager à acheter. || Somme d'argent payée à un salarié en plus de son salaire normal, en vue de lui rembourser certains frais (*prime de transport*) ou de l'intéresser à la production, au rendement ou à la prospérité de l'entreprise. ● *Faire prime*, se dit d'une personne ou d'une chose très recherchée : *l'or fait prime sur le marché des monnaies*. || *Prime d'émission*, supplément qu'un souscripteur d'action doit verser en sus de la valeur nominale de celle-ci. || *Prime de remboursement*, différence entre la valeur de souscription d'une obligation et sa valeur de remboursement.

prime n. f. (de *prisme*). Pierre givreuse, souvent la base d'un cristal plus pur vers son sommet : *prime d'émeraude*.

Primel-Trégastel, station balnéaire du Finistère (comm. de Plougasnou, arr. de Morlaix), sur la Manche.

primer v. t. Surpasser, l'emporter sur : *sagesse prime richesse*. || Accorder un prix à : *primer un animal dans un concours*.

primerose [primroz] n. f. Autre nom de la *rose trémière*.

primesautier [primsotje], **ère** [-ɛr] adj. (anc. fr. *prime*, premier, et *saut*). Qui agit, parle ou écrit suivant la première impulsion, sans réflexion préalable : *esprit primesautier*.

primeur [primœr] n. f. Caractère de ce qui est nouveau : *talent, vin dans sa primeur*.

primeuriste n. m. Jardinier, maraîcher qui produit des primeurs.

primeurs n. f. pl. Produits horticoles qui apparaissent avant l'époque normale.

primevère [primvɛr] n. f. (lat. *primo vere*, au début du printemps). Plante des prés et des bois, à fleurs jaunes, dont l'éclosion se produit au printemps. (La primevère officinale est appelée usuellement *coucou*. Famille des primulacées.) [V. illustr. FLEURS.]

primidi [primidi] n. m. (lat. *primus*, premier, et *dies*, jour). Premier jour de la décade, dans le calendrier républicain.

primipare [primipar] adj. et n. f. Qui enfante, qui met bas pour la première fois.

primipilaire [primipilɛr] ou **primipile** [-pil] n. m. (lat. *primus*, premier, et *pilum*, javelot). A Rome, centurion qui commandait la première compagnie d'une cohorte.

primitif [primitif], **ive** [-iv] adj. (lat. *primitivus*, qui naît le premier). Qui est en premier lieu ; qui précède : *forme primitive ; état primitif*. || Qui a la simplicité, le caractère des premiers âges : *les mœurs primitives*. ● *Couleurs primitives*, les sept couleurs conventionnelles du spectre solaire. (Ce sont le *rouge*, l'*orangé*, le *jaune*, le *vert*, le *bleu*, l'*indigo* et le *violet*.) || *Eglise primitive*, Eglise des premiers siècles du christianisme. || *Fonction primitive d'une autre fonction* (Math.), fonction dont cette dernière est la dérivée. (On dit aussi PRIMITIVE n. f.) || *Mot primitif* (Gramm.), qui sert de radical à d'autres mots. || *Temps primitifs*, temps du verbe qui servent à former les autres temps, dits *temps dérivés*. (Il y a cinq temps primitifs : le *présent de l'infinitif*, le *participe présent*, le *participe passé*, le *présent de l'indicatif* et le *passé simple*.)

primitif n. m. Qui est d'une civilisation peu évoluée. || Peintre ou sculpteur qui a précédé les maîtres de la Renaissance. || Artiste autodidacte dont la robustesse ou la naïveté rappelle celles des primitifs.

primitivement adv. Originairement.

primo [primo] adv. (mot lat.). Premièrement, en premier lieu.

Phot. Giraudon, Planet News Ltd., Dragesco, Lauros - Atlas-Photo, Hermes-Lane-Rapho, X, Lauros - Atlas-Photo.

Primo de Rivera y Orbaneja (Miguel), général et homme politique espagnol, né à Jerez de la Frontera (1870-1930). Ayant contribué en 1923 à la chute du gouvernement parlementaire, il forma un directoire militaire dont il prit la tête. Après avoir battu les Rifains (1925), il réunit une Assemblée à voix délibérative. Mais l'opposition de l'armée et de l'Université et la crise financière hâtèrent sa démission (1930). — Son fils JOSÉ ANTONIO, né à Madrid (1906-1936), fonda la Phalange* espagnole.

primogéniture [primɔʒenityr] n. f. (du lat. *primogenitus,* premier-né). Aînesse.

primo-infection n. f. Première atteinte d'un organisme par une infection. (Pratiquement, le terme ne s'emploie que pour l'infection tuberculeuse.) ‖ Pl. des *primo-infections.*
— ENCYCL. La *primo-infection tuberculeuse* se manifeste environ deux mois après le contact avec le bacille de Koch. Elle se manifeste par le « virage » de la cuti-réaction à la tuberculine, qui devient positive, alors qu'elle était négative précédemment. Dans certains cas, elle se manifeste par des signes généraux (fièvre, amaigrissement) et par des lésions pulmonaires et ganglionnaires. Le traitement par les antituberculeux en arrête l'évolution et assure la guérison. La primo-infection est évitée chez les sujets vaccinés par le B. C. G. et dont la cuti-réaction est devenue positive de ce fait.

primordial [primɔrdjal], **e, aux** [-o] adj. (du lat. *primordium,* principe). Qui existe depuis l'origine, qui est le plus ancien : *les feuilles primordiales d'une plante.* ‖ Principal, fondamental, capital : *rôle primordial.* (Ce sens est critiqué par certains grammairiens.)

primulacées [primylase] n. f. pl. (du lat. *primula,* primevère). Famille de plantes dicotylédones gamopétales, à corolle régulière, comprenant notamment la *primevère,* le *cyclamen,* le *mouron rouge.*

prince [prɛ̃s] n. m. (lat. *princeps,* premier). Celui qui possède une souveraineté ou qui appartient à une famille souveraine. ‖ Roi, empereur : *Charlemagne fut un grand prince.* ‖ Titre de noblesse le plus élevé : *couronne de prince.* ‖ Premier en mérite : *le prince des poètes.* ● *Etre bon prince* (Fam.), être de caractère accommodant. ‖ *Fait du prince,* acte arbitraire d'un gouvernement. ‖ *Princes de l'Eglise,* les cardinaux, les évêques.

Prince (*île du*) ou **ilha do Príncipe,** petite île portugaise du golfe de Guinée ; 4 300 h. Café.

Prince (*le*), ouvrage de Machiavel (1531), où l'auteur enseigne aux princes italiens les moyens d'asseoir leur pouvoir et de le conserver dans l'intérêt de l'Italie et en vue de sa libération.

Prince (*le*), traité de Guez de Balzac (1631), apologie de Louis XIII et de Richelieu.

Prince Igor' (*le*), opéra inachevé de Borodine, terminé par Glazounov et Rimski-Korsakov, dont sont extraites *les Danses polovtsiennes* (chorégr. de Michel Fokine, 1909).

Prince Albert, v. du Canada (Saskatchewan), sur la Saskatchewan du Nord ; 26 300 h. — Parc national dans la région.

Prince-de-Galles (*terre du*), île de l'archipel arctique canadien, à proximité de laquelle se trouve le pôle magnétique.

Prince-Edouard (*île du*), île du Canada oriental, constituant l'une des « provinces maritimes » ; 5 656 km^2 ; 108 500 h. Cap. *Charlottetown.* C'est une île basse découpée, de climat océanique, de loin la plus petite, mais aussi la plus densément peuplée des provinces du Canada. L'agriculture (céréales, pommes de terre, etc.), l'élevage, la pêche (homard) et le tourisme en constituent les principales ressources.

Prince-Edouard (*îles du*), archipel du sud de l'océan Indien, dépendance de l'Afrique du Sud.

Prince Noir (le). V. EDOUARD.

princeps [prɛ̃sɛps] adj. inv. (mot lat. signif. *premier*). *Edition princeps,* la première de toutes les éditions d'un ouvrage.

Prince Rupert, port du Canada (Colombie britannique) ; 14 700 h. Terminus du *Canadian National Railway.*

princesse n. f. Fille ou femme d'un prince. ‖ Souveraine d'un pays. ● *Faire la princesse* (Fam.), prendre de grands airs.

Princesse de Clèves (*la*), roman de Mme de La Fayette (1678), qui inaugure l'ère du roman psychologique moderne.

Princeton, v. des Etats-Unis (New Jersey) ; 12 200 h. Université fondée en 1746. Théâtre d'une sanglante bataille entre les Américains de Washington et les Anglais (1777).

princier, ère adj. De prince : *famille princière.* ‖ Somptueux, digne d'un prince.

princièrement adv. D'une façon princière ; en prince : *recevoir princièrement.*

Princip (Gavrilo), patriote serbe, né à Grahovo (1894-1918). Il assassina à Sarajevo l'archiduc héritier François-Ferdinand et son épouse, la duchesse de Hohenberg (28 juin 1914).

principal [prɛ̃sipal], **e, aux** [-o] adj. (du lat. *princeps, principis,* premier). Qui est le plus important : *le rôle principal.* ● *Proposition principale* (Gramm.), proposition dont toutes les autres dépendent et qui ne dépend d'aucune autre (par oppos. à *subordonnée*).

principal n. m. Ce qu'il y a de plus important : *vous oubliez le principal.* ‖ L'essentiel d'une action judiciaire. ‖ Capital d'une dette : *rembourser le principal et les intérêts.* ‖ Montant primitif d'un impôt, avant le calcul des centimes ou décimes supplémentaires. ‖ Autref., directeur d'un collège, auj. d'un lycée municipal. ‖ Chef des clercs d'une étude.

principalat [-la] n. m. Fonction de principal.

principalement adv. Particulièrement, surtout.

principat [-pa] n. m. Dignité de prince. ‖ Régime politique des deux premiers siècles de l'Empire romain, qui voulait concilier des apparences républicaines avec un despotisme de fait.

principauté [prɛ̃sipote] n. f. Dignité de prince (vx). ‖ Terre qui donne qualité de prince : *ériger un duché en principauté.* ‖ Petit Etat indépendant dont le chef a le titre de prince : *la principauté de Monaco.* ‖ — Pl. Troisième chœur des anges. (Prend une majuscule en ce sens.)

principe [prɛ̃sip] n. m. (lat. *principium*). Commencement, origine, source : *remonter jusqu'au principe de toutes choses.* ‖ Elément constitutif des choses matérielles. ‖ Règle de conduite, manière de voir : *rester fidèle à ses principes.* ‖ *Phys.* Loi à caractère général, régissant un ensemble de phénomènes, vérifiée par l'exactitude de ses conséquences : *principe de l'équivalence.* ‖ Proposition admise comme base d'une science, d'un art : *principe de géométrie.* (Syn. : LOI, NORME, SYSTÈME.) ● *Accord de principe,* celui qui porte sur l'essentiel, mais demande une confirmation future. ‖ — Pl. Bonnes règles morales : *un homme qui a des principes.*

printanier [prɛ̃tanje], **ère** [-ɛr] adj. Qui appartient au printemps : *fleur, étoffe printanière.* ‖ *Fig.* Jeune, propre à la jeunesse : *grâce printanière.*

printanisation n. f. Syn. de VERNALISATION.

printemps [prɛ̃tɑ̃] n. m. (lat *primus,* premier, et *temps*). La première des quatre saisons de l'année (21 mars-21 juin, dans notre hémisphère). ‖ *Fig.* Jeunesse : *le printemps de la vie.* ‖ *Poét.* Année : *avoir vécu seize printemps.*

priorat [prijɔra] n. m. Fonction de prieur. ‖ Sa durée.

priori (a) [aprijɔri] loc. adv. V. A PRIORI.

prioritaire adj. et n. Qui jouit d'une priorité sur les autres : *industries prioritaires; véhicule prioritaire.*

priorité [prijɔrite] n. f. (du lat. *prior,* premier). Antériorité dans l'ordre du temps : *priorité de date.* ‖ Droit, établi par des règlements, de passer avant les autres : *laisser la priorité aux véhicules venant de droite.*

Pripet ou **Pripiat'** (le), riv. de Biélorussie et d'Ukraine, affl. du Dniepr (r. dr.) ; 775 km.

pris [pri], **e** [-iz] adj. Emprunté, tiré : *mots pris au latin.* ‖ Atteint de : *pris de fièvre.* ‖ Amoureux. ‖ Gelé : *fleuve pris.* ● *Pris de vin, de boisson,* ivre. ‖ *Taille bien prise,* bien proportionnée.

Priscillien, sectateur, né à Memphis (v. 300-385). Il prêcha une doctrine panthéiste et manichéenne qui fut condamnée au concile de Saragosse (380). Lui-même fut exécuté.

prise [priz] n. f. (de *pris,* part. pass. de *prendre*). Action de s'emparer : *prise de Rome par les Gaulois.* ‖ Chose, personne prise : *une bonne prise.* ‖ Facilité de saisir : *ne pas trouver de prise.* ‖ Manière de saisir : *une prise de judo.* ‖ Aspérité, saillie que l'alpiniste utilise pour s'accrocher au rocher. ‖ Pincée : *prise de tabac.* ‖ Quantité d'un médicament administrée en une fois. ‖ Bifurcation, ouverture au moyen de laquelle on détourne une partie de la masse d'un fluide : *prise d'eau ; prise d'air.* ● *Avoir prise sur quelqu'un,* avoir les moyens de l'arrêter, de le faire obéir. ‖ *Donner prise,* fournir matière, s'exposer : *donner prise à la médisance.* ‖ *Etre aux prises avec* (Fig.), lutter contre, être tourmenté par : *être aux prises avec l'adversité.* ‖ *Etre en prise directe avec* (Fam.), avoir un contact étroit : *des cinéastes qui sont en prise directe avec les grands événements politiques du moment.* ‖ *Prise d'armes* (Mil.), cérémonie militaire (revue, remise des décorations, etc.). ‖ *Prise de conscience* (Philos.), fait de devenir conscient de son rôle, de ses droits, de sa situation, etc. ‖ *Prise de courant,* dispositif électrique relié à la ligne d'alimentation et sur lequel on peut brancher des appareils d'utilisation mobiles. ‖ *Prise d'eau,* action de détourner l'eau d'une conduite, d'un cours d'eau, etc., pour un usage particulier ; installation permettant de disposer d'eau en un point d'une conduite. ‖ *Prise directe* (Mécan.), combinaison particulière d'un changement de vitesse, où l'arbre primaire transmet directement le mouvement à l'arbre secondaire, sans interposition d'engrenages de réduction. ‖ *Prise à partie* (Dr.), voie de recours contre le juge qui a abusé de son autorité. ‖ *Prise de possession,* acte par lequel une personne entre en possession d'un bien, un fonctionnaire d'autorité entre en fonction, un Etat soumet un territoire à sa souveraineté. ‖ *Prise de sang,* petite saignée destinée à une analyse. ‖ *Prise de son, de vues,* enregistrement phonographique, cinématographique. ‖ *Prise de terre,* conducteur reliant à la terre une installation électrique ou radio-électrique.

prisée n. f. Action d'estimer le prix d'une chose, à l'occasion d'un inventaire ou d'une vente aux enchères.

priser [prize] v. t. (du lat. *pretium,* prix). Faire cas de, estimer : *priser un orateur.*

priser v. t. (de *prise*). Aspirer par le nez : *priser du tabac.*

priseur, euse n. Personne qui prise.

priseur n. m. Personne qui fait une prisée. (N'est usité que dans la dénomination *commissaire-priseur.*)

prismatique adj. Qui a la forme d'un prisme : *corps prismatique.* ‖ Qui contient un ou plusieurs prismes : *jumelle prismatique.* ● *Couleurs prismatiques,* couleurs produites par le prisme. ‖ *Surface prismatique* (Math.), surface engendrée par une droite de direction fixe, qui se déplace en s'appuyant constamment sur le pourtour d'un polygone plan.

prisme [prism] n. m. (gr. *prisma;* de *prizein,* scier). *Math.* Solide obtenu en coupant une surface prismatique par deux plans parallèles. (Le volume d'un prisme s'obtient en multipliant la surface de la base par la hauteur.) [V. illustr. SURFACES* ET VOLUMES.] ‖ *Phys.* Solide en forme de prisme triangulaire, en verre blanc ou en cristal, qui sert à dévier et à décomposer les rayons

v. optique physique et optique

lumineux. (V. SPECTRE *solaire ;* v. également OPTIQUE.) ‖ *Fig.* Ce qui fait voir les choses selon le préjugé et la passion : *voir à travers le prisme de l'amour-propre.*

prison [prizɔ̃] n. f. (lat. *prehensio,* action de prendre). Lieu où l'on enferme les personnes condamnées à une peine privative de liberté ou en instance de jugement : *mettre en prison.* (V. *encycl.*) ‖ Emprisonnement : *condamné à six mois de prison.* ‖ *Fig.* Demeure sombre et triste.
— ENCYCL. On distingue les *maisons centrales* où sont incarcérés les condamnés à plus d'un an de prison (les condamnés facilement amendables, les vieillards et certains grands malades étant détenus dans des *centres pénitentiaires*), les *maisons de correction* qui reçoivent les condamnés à moins d'un an d'emprisonnement correctionnel et les *maisons d'arrêt* destinées aux personnes en état de détention préventive, aux condamnés à l'emprisonnement de police, aux condamnés à mort qui attendent soit leur exécution, soit leur grâce ainsi que les condamnés à la contrainte par corps. Généralement le même établissement sert de maison de correction et de maison d'arrêt, des « quartiers » différents y étant cependant prévus.

prisons (*Mes*), par Silvio Pellico (1832). C'est le récit de sa captivité sous les « Plombs » de Venise, puis dans la forteresse du Spielberg.

prisonnier, ère adj. et n. Détenu en prison. ‖ *Fig.* Privé de liberté : *prisonnier de ses passions, de ses préjugés.* ● *Prisonnier de guerre,* militaire pris au combat.
— ENCYCL. Le sort des *prisonniers de guerre,* peu enviable dans l'Antiquité et simplement adouci au Moyen Age par les pratiques en usage dans la chevalerie, ne fut réglementé qu'à la veille de la guerre de 1870. Il ne fut vraiment amélioré qu'après la signature de la convention de la Haye (1907), complétée par celle de Genève (1929). A la suite de la Seconde Guerre mondiale, au cours de laquelle plusieurs millions de combattants avaient été faits prisonniers, le problème fut de nouveau examiné, en même temps que celui de la protection des civils. En 1949, à Genève, ces questions ont fait l'objet d'un règlement international adopté par 61 nations, et la Croix-Rouge a été chargée de contrôler l'application des conventions protégeant les prisonniers de guerre. En France, les devoirs des militaires faits prisonniers ainsi que les règles à observer vis-à-vis des prisonniers ennemis ont été précisés dans le nouveau règlement de discipline générale dans les armées (1966).

Prisonnier du Caucase (*le*), ballet en 4 actes, d'après un poème de Pouchkine, musique de C. Cavos, chorégraphie de Charles Didelot, créé à Saint-Pétersbourg en 1823. Sous le même titre et avec le même argument, différentes œuvres musicales et chorégraphiques furent composées : celle de Leonide Lavrovski sur la partition de B. Assafiev (1938) et celle de George Skibine sur un extrait de *Gayané,* d'A. Katchatourian (1951).

Prisse d'Avennes (Emile), orientaliste français, né à Avesnes (Nord) [1807-1879], dont les recherches ont valu au Louvre un célèbre papyrus.

Priština ou **Prishtina,** v. de Yougoslavie, cap. de la région autonome de Kosovo-Metohija ; 44 000 h.

Pritchard (George), missionnaire anglais (1796-1883). La destruction de ses biens à Tahiti fut à l'origine d'un conflit franco-anglais (1843).

Privas [-va] (07000), ch.-l. de l'Ardèche, sur l'Ouzève, à 595 km au sud-est de Paris ; 10 660 h. (8 113 aggl.) [*Privadois*]. Confiserie (marrons glacés). — L'arr. a 10 cant., 111 comm., 101 745 h.

privatdozent ou **privatdocent** [privatdɔsɛ̃t] n. m. (lat. *privatim docens,* qui enseigne à titre privé). Professeur libre, dans les universités allemandes ou suisses.

privatif, ive adj. Qui prive : *peine privative de liberté.* ‖ — Adj. et n. m. Se dit des préfixes qui marquent la privation, comme *in* dans INsuccès, comme *a* dans Anormal.

privation [privasjɔ̃] n. f. (lat. *privatio*). Perte d'un bien, d'un avantage : *privation de la vue.* ‖ Manque des choses nécessaires : *endurer de grandes privations.* ‖ Abstention volontaire de quelque chose : *s'imposer des privations.*

privatisation n. f. Action de faire tomber dans le domaine de l'entreprise privée ce qui était du ressort de l'Etat : *la privatisation de la construction des autoroutes.*

privauté [privote] n. f. Trop grande familiarité : *se permettre des privautés.*

privé, e adj. (lat. *privatus*). Sans fonctions publiques : *homme privé.* ‖ Relatif à un simple particulier ; intime :

la vie privée. || Qui est réservé à certaines personnes; qui n'est pas public : *séance privée.*

privé n. m. Vie intime, familière : *être différent en public et dans le privé.*

priver [prive] v. t. (lat. *privare*). Oter ou refuser à quelqu'un la possession, la jouissance de : *priver un homme de ses droits civils; priver un enfant de récréation.* || **— Se priver [de]** v. pr. S'ôter la jouissance, s'abstenir : *se priver de vin.* || *Absol.* S'imposer des privations : *cette mère s'est privée pour élever ses enfants.*

privilège [privilɛʒ] n. m. (lat. *privilegium*). Droit attaché à certaines conditions : *les privilèges de la noblesse.* || Avantage exclusif, spécial, personnel : *obtenir un privilège.* || Droit, prérogative : *présider par privilège d'âge.* || Avantage qu'ont certaines créances d'être payées avant les autres : *les frais de justice sont l'objet d'un privilège.* || *Fig.* Don naturel : *la raison est un privilège de l'homme.*

privilégié, e adj. et n. Qui jouit d'un privilège de fortune, de naissance : *les classes privilégiées.* ● *Créancier privilégié,* créancier qui doit être payé avant les autres.

prix [pri] n. m. (lat. *pretium*). Valeur d'une chose, exprimée en monnaie : *baisser les prix.* || — *Fig.* Récompense : *recevoir le prix de son dévouement.* || Châtiment : *recevoir le prix de ses forfaits.* || Valeur, importance : *le prix du temps.* || Livre donné comme récompense aux élèves : *recevoir un beau prix.* || Somme, objet d'art, etc., que reçoit comme récompense le vainqueur d'une compétition. ● *A prix d'or,* à un prix très élevé. || *De prix,* d'une grande valeur. || *Mettre à prix la tête de quelqu'un,* promettre une récompense à qui livrera une personne recherchée. || *Prix fixe,* prix qu'il n'y a pas à débattre : *vendre à prix fixe.* || *Prix garanti,* prix au-dessous duquel un bien ne peut être payé au producteur, en vertu d'une décision des pouvoirs publics. || *Prix de Rome,* prix décerné chaque année par l'Institut de France à de jeunes musiciens, peintres, sculpteurs, architectes et graveurs, afin de leur permettre d'aller à Rome (Villa Médicis) se perfectionner dans leur art aux frais de l'Etat. || **— A tout prix** loc. adv. Coûte que coûte. || **— Au prix de** loc. prép. Moyennant, à la condition de : *achever un travail au prix de grands efforts.*

Prjevalski (Nikolaï), officier et voyageur russe, né à Kimborovo (1839-1888). Il fit de nombreuses explorations dans l'Asie centrale.

pro- [pro] préf. lat. qui, joint à certains noms, signifie « favorable à », comme dans *proallié, procommuniste.*

proactif, ive adj. *Psychol.* Se dit d'une chose qui a un effet sur une autre qui vient après : *transfert proactif.*

probabilisme n. m. Système philosophique selon lequel toute opinion a un certain degré de probabilité, sans être jamais ni totalement fausse ni totalement vraie.

probabiliste adj. Relatif au probabilisme. || — N. Partisan de cette doctrine.

probabilité n. f. Vraisemblance : *examiner les probabilités.* || Conception scientifique et déterministe du hasard. ● *Calcul des probabilités,* ensemble des règles permettant de déterminer le pourcentage des chances de réalisation d'un événement.
— ENCYCL. La *probabilité* d'un événement est le rapport du nombre de cas favorables au nombre total des cas possibles pour un événement quelconque, en supposant que tous les cas soient également possibles. Le *calcul des probabilités* est à la base de la théorie des jeux de hasard; il fournit le moyen d'étudier certains milieux physiques comportant un très grand nombre d'éléments et d'états possibles de ces éléments (théorie cinétique des gaz, mécanique, statistique).

probable adj. (lat. *probabilis;* de *probare,* approuver). Qu'il est raisonnable de supposer, de conjecturer; vraisemblable : *succès probable.*

probablement adv. Vraisemblablement.

probant [prɔbɑ̃], **e** [-ɑ̃t] adj. (lat. *probans*). Qui prouve : *argument probant; raison probante.*

probation n. f. Temps d'épreuve avant le noviciat. || Le noviciat lui-même.

probatique [prɔbatik] adj. (gr. *probatikos,* relatif au bétail). Se dit d'une piscine de Jérusalem où on lavait les victimes destinées aux sacrifices.

probatoire adj. Propre à prouver.

probe [prɔb] adj. (lat. *probus*). D'une honnêteté stricte, scrupuleuse. (Contr. : MALHONNÊTE, VÉREUX.)

probité n. f. (lat. *probitas*). Observation rigoureuse des devoirs de la justice et de la morale; honnêteté scrupuleuse : *un homme d'une grande probité.* (Syn. : HONNÊTETÉ, INTÉGRITÉ.)

problématique adj. Dont la solution, le résultat sont douteux : *un succès problématique.*

problématique n. f. Nature des problèmes que se pose un philosophe : *la problématique kantienne.*

problématiquement adv. De façon problématique.

problème [prɔblɛm] n. m. (lat. *problema,* empr. au gr.). Question à résoudre par des procédés scientifiques : *problème de géométrie.* || Tout ce qui est difficile à expliquer ou à résoudre : *cette affaire est un vrai problème.*

proboscidiens [prɔbɔsidjɛ̃] n. m. pl. (du lat. *proboscis,* trompe, empr. au gr.). Sous-ordre d'ongulés à nombre impair de doigts, comprenant seulement deux espèces actuelles (les éléphants d'Afrique et d'Asie), mais de nombreuses espèces fossiles, caractérisées par le développement du nez en *trompe* et des incisives en *défenses,* par d'énormes molaires à croissance oblique, par des pattes à cinq doigts et souvent par une très grande taille. || Sing. un *proboscidien.*
— ENCYCL. Les terrains tertiaires et pléistocènes ont livré les fossiles de nombreux et gigantesques *proboscidiens.* Du *mœrithérium* de l'éocène d'Egypte, encore peu différencié, on passe aux *mastodontes* à molaires mamelonnées, à deux paires de défenses; puis une lignée isolée conduit au *dinothérium* (défenses situées à la mâchoire inférieure et tournées vers le bas), tandis que les mastodontes grandissent, acquièrent des molaires à crêtes transversales et ne conservent que les défenses supérieures. Au pléistocène, on aboutit aux éléphants des climats chauds (éléphant antique, éléphant méridional) et à ceux des climats froids (mammouth), qui disparaissent au cours de la préhistoire.

Probus (Marcus Aurelius), né à Sirmium (232-282), empereur romain de 276 à 282. Il favorisa la culture du sol, et respecta les prérogatives du sénat. Ses soldats se rebellèrent contre sa discipline, et le massacrèrent.

procaïne [prɔkain] n. f. Anesthésique local, utilisé notamment en chirurgie dentaire, en ophtalmologie. (C'est un succédané peu toxique de la cocaïne.)

Procas, roi légendaire d'Albe, père d'Amulius et de Numitor.

procédé n. m. Conduite, manière d'agir : *ce sont là des procédés fort honnêtes.* || Méthode à suivre pour obtenir un résultat : *simplifier un procédé de fabrication.* || Rondelle de cuir garnissant le petit bout des queues de billard.

procéder [prɔsede] v. i. (lat. *procedere,* avancer) [conj. **5**]. Provenir, tirer son origine : *nombre de maladies procèdent d'une mauvaise hygiène.* || *Fig.* Agir de telle ou telle façon : *procéder avec ordre.* || — V. t. ind. **[à]**. Opérer judiciairement : *procéder à l'ouverture d'un testament.* || Pratiquer l'opération de : *procéder à la démobilisation des troupes.*

procédure [prɔsedyr] n. f. (de *procéder*). Forme suivant laquelle les affaires sont instruites devant les tribunaux : *le Code de procédure civile.* || Actes faits dans une instance : *procédure volumineuse.* || Méthode utilisée par la psychologie, la sociométrie, etc. : *la procédure d'un test.*

procédurier, ère n. et adj. Personne qui connaît la procédure, qui aime la chicane.

procès [prɔsɛ] n. m. (lat. *processus,* progrès). Instance devant un juge, sur un différend : *intenter un procès.* || *Anat.* Prolongement. || *Gramm.* Déroulement d'une action dans le temps. ● *Faire le procès de,* accuser, condamner. || *Gagner, perdre son procès,* réussir, échouer dans une affaire, une discussion. || *Sans autre forme de procès,* sans autre façon.

processif, ive adj. Relatif au procès : *forme processive.*

procession [prɔsesjɔ̃] n. f. (lat. *processio;* de *procedere,* avancer). Marche solennelle, d'un caractère religieux, accompagnée de chants et de prières. || *Fam.* Longue suite de personnes.

processionnaire adj. et n. f. Se dit de chenilles qui sortent de leur nid à la file indienne à la recherche de leur nourriture (feuilles de pin, de chêne), et qui sont très nuisibles.

processionnel, elle adj. Qui tient de la procession, qui s'y rapporte : *marche processionnelle.*

processionnellement adv. En procession : *s'avancer processionnellement.*

processus [prɔsesys] n. m. (mot lat. signif. *progrès*). Marche, développement : *le processus d'une maladie; le processus de l'évolution intellectuelle.*

procès-verbal [prɔsɛvɛrbal] n. m. Pièce établie par un fonctionnaire, un agent assermenté, et constatant un fait, un délit : *dresser procès-verbal contre un chasseur sans permis.* || Ecrit résumant ce qui a été dit, fait, décidé, etc., dans une circonstance plus ou moins solennelle : *procès-verbal d'une séance.* || Pl. des *procès-verbaux.* ● *Dresser un procès-verbal,* constater : *dresser un procès-verbal de carence.*

prochain [prɔʃɛ̃], **e** [-ɛn] adj. (de *proche*). Proche dans l'espace ou le temps : *la ville prochaine.* || Immédiat, direct : *la cause prochaine de nos erreurs.* || Qui suit immédiatement : *le mois prochain.*

prochain n. m. Homme considéré par rapport à un autre homme; ensemble des hommes par rapport à l'un d'entre eux : *on doit assister son prochain.*

prochainement adv. Bientôt.

proche [prɔʃ] adj. (lat. *propius,* plus près). Qui est près, en parlant de l'espace : *ces deux maisons sont proches l'une de l'autre;* en parlant du temps : *l'heure est proche;* en parlant des relations de parenté : *proche parent.*

Proche-Orient, nom parfois donné à l'ensemble des pays riverains de la Méditerranée orientale (Turquie, Syrie, Liban, Israël, Egypte).

proches n. m. pl. Parents : *nos proches.*

prochinois, e adj. et n. Partisan du régime de la Chine populaire.

Procida, île d'Italie (golfe de Naples).

proclamateur, trice n. Personne qui fait une proclamation.

proclamation n. f. Publication solennelle. || Action de proclamer : *la proclamation d'un résultat.* || Ecrit contenant ce que l'on proclame : *afficher une proclamation.*

proclamer [prɔklame] v. t. (lat. *proclamare*). Publier à haute voix et avec solennité : *proclamer un verdict.* || Divulguer, révéler : *proclamer la vérité.* || — Syn. : ANNONCER, DÉCLARER, DÉVOILER, MANIFESTER.

proclitique [prɔklitik] adj. et n. m. *Gramm.* Se dit d'un mot privé d'accent, qui fait corps avec le mot suivant : *l'article français est proclitique.*

Proclus, philosophe néo-platonicien (412-485), auteur d'un *Commentaire sur le Timée.*

proconsul n. m. (mot lat.). *Antiq. rom.* Consul prorogé dans ses pouvoirs pour continuer une campagne ou pour gouverner une province.

proconsulaire adj. Qui appartient au proconsul : *autorité proconsulaire.* ● *Province proconsulaire* (Antiq. rom.), province gouvernée par un proconsul.

proconsulat n. m. Dignité, fonction de proconsul. || Durée de la fonction.

Procope, historien byzantin, né à Césarée de Palestine (m. v. 562), secrétaire de Bélisaire et historien de Justinien, auteur du *Livre des guerres* et des *Anecdota* ou *Histoire secrète.*

procordés [prɔkɔrde] ou **protocordés** [prɔtɔkɔrde] n. m. pl. Embranchement du règne animal, comprenant les animaux qui ont une *corde dorsale* et possèdent la structure générale des vertébrés, mais ne présentent pas de vertèbres nettement distinctes.
— ENCYCL. Tous marins et d'organisation très primitive, les *procordés* ne comprennent qu'une classe vraiment nombreuse, celle des tuniciers (ascidies, salpes, appendiculaires), et divers petits groupes ou genres isolés, dont les plus primitifs sont parfois détachés pour former un autre embranchement, les *stomocordés.* Signalons l'amphioxus, les balanoglosses, les axobranches (ou ptérobranches), les graptolites fossiles, les pogonophores, récemment découverts.

procréateur, trice adj. et n. Qui procrée.

procréation n. f. Action de procréer.

procréer v. t. (lat. *procreare*). Faire naître.

proctalgie [prɔktalʒi] n. f. (gr. *prôktos,* anus, et *algos,* douleur). Douleur à l'anus.

proctologie n. f. (gr. *prôktos,* anus, et *logos,* science). Spécialité médicale qui traite des maladies de l'anus et du rectum.

proctologue n. Médecin spécialiste en proctologie.

procurateur [prɔkyratœr] n. m. (lat. *procurator,* mandataire). *Antiq. rom.* Titre de certains fonctionnaires de l'ordre équestre sous l'empire romain. || Un des principaux magistrats, dans les anciennes républiques de Venise et de Gênes.

procuratie [-si] n. f. Charge, dignité ou palais d'un procurateur.

procuration n. f. (lat. *procuratio,* commission). Pouvoir qu'une personne donne à une autre d'agir en son nom. || Acte authentique conférant ce pouvoir : *dresser une procuration.*

procure n. f. Office de procureur dans une communauté religieuse.

procurer [prɔkyre] v. t. (lat. *procurare*). Faire obtenir : *procurer un emploi à quelqu'un.* || Etre la cause de : *cet événement nous a procuré bien des ennuis.*

procureur n. m. Celui qui agit en vertu d'une procuration. || Religieux chargé des intérêts temporels dans une communauté. ● *Procureur général,* magistrat supérieur qui exerce les fonctions du ministère public près la Cour de cassation, la Cour des comptes ou les cours d'appel. || *Procureur de la République,* membre du parquet qui exerce les fonctions du ministère public près les tribunaux de grande instance et d'instance.

Procuste ou **Procruste.** *Myth. gr.* Brigand de l'Attique qui dépouillait et torturait les voyageurs.

Procyon, la neuvième des étoiles les plus brillantes du Ciel, dans la constellation du Petit Chien, et située à une distance de 11 a. l. Elle possède un compagnon obscur.

prodigalité n. f. Caractère du prodigue. || — Pl. Dépenses folles : *ses prodigalités le ruinent.*

prodige [prɔdiʒ] n. m. (lat. *prodigium*). Evénement qui est ou paraît être en contradiction avec les lois de la nature : *les Romains croyaient aux prodiges.* || Personne ou chose extraordinaire : *cet homme est un prodige de savoir; les prodiges de la science.* ● *Tenir du prodige,* se dit d'une chose difficile à expliquer. || — Adj. *Enfant prodige,* enfant exceptionnellement intelligent et brillant pour son âge.

prodigieusement adv. De façon prodigieuse.

prodigieux, euse adj. Qui tient du prodige, merveilleux. || Très considérable : *une prodigieuse sottise.*

prodigue [prɔdig] adj. et n. (lat. *prodigus*). Qui dissipe son bien en folles dépenses : *les prodigues peuvent être pourvus d'un conseil judiciaire.* (Contr. : AVARE, ÉCONOME.) || *Fig.* Qui répand avec libéralité : *prodigue de compliments.* ● *Enfant prodigue,* jeune homme qui, à l'imitation du personnage de la parabole de l'Evangile, rentre dans sa famille après une longue absence et une vie débauchée.

prodiguer v. t. Dépenser avec profusion : *prodiguer son argent.* (Syn. : DILAPIDER, DISSIPER, GASPILLER. — Contr. : ÉCONOMISER, ÉPARGNER.) ‖ Donner sans compter : *prodiguer des éloges.*

prodrome [prɔdrɔm] n. m. (lat. *prodromus,* précurseur, empr. au gr.). Symptôme de début d'une maladie : *les prodromes de la fièvre typhoïde.* ‖ Fait qui présage quelque événement.

producteur, trice adj. et n. Qui crée ou participe à la création de biens ou de services. ‖ — N. *Cin.* Celui, celle qui permet, par ses capitaux, la réalisation de films.

productible adj. Qui peut être produit : *marchandises productibles.*

productif, ive adj. Qui produit ou rapporte beaucoup : *sol productif;* et, au *fig.* : *dette productive d'intérêts.*

production [prɔdyksjɔ̃] n. f. Action de produire. ‖ Ce qui est produit : *les productions du sol.* ‖ Action de montrer : *la production d'un acte de naissance.* ‖ *Cin.* Organisme qui fournit les capitaux, engage les metteurs en scène, assure la réalisation des films. ‖ Film réalisé par un de ces organismes. ‖ *Pétr.* V. *encycl.*
— ENCYCL. L'exploitation d'un puits de pétrole commence par l'installation, dans le puits, d'une *colonne de production,* qui est tubée et cimentée, soit au-dessus, soit à travers la ou les couches à exploiter. Puis on équipe le puits d'une *tête de production,* ou « arbre de Noël », après avoir descendu jusqu'au niveau de la formation productive un train de tubes de faible diamètre, ou tubing. L'arbre de Noël comprend un jeu de vannes permettant de faire produire le puits soit par l'intérieur du tubing, soit par l'espace annulaire. Des conduites de surface amènent les fluides produits (huile, gaz et quelquefois eau) à un séparateur, d'où l'huile est acheminée vers des réservoirs de stockage, et le gaz vers une usine de dégazolinage ou vers une torche. Les réserves récupérables effectivement, que l'on désigne toujours dans les estimations de réserves, sont inférieures aux quantités totales de pétrole contenues dans le gisement. La récupération peut être augmentée notablement par l'utilisation de procédés spéciaux : injection de gaz recyclé, injection d'eau, injection de vapeur, combustion d'une petite partie de l'huile à l'intérieur de la formation pour élever la température de l'huile restante, etc. On peut ainsi arriver à récupérer environ 80 p. 100 de l'huile contenue dans le gisement.

productivité n. f. Faculté de produire. ‖ Etat de ce qui est productif : *productivité d'une terre.* ‖ Rapport mesurable entre une production donnée et l'ensemble des facteurs mis en œuvre (productivité globale) ou un seul de ces facteurs, par ex. la main-d'œuvre (productivité de ce facteur).

produire [prɔdɥir] v. t. (lat. *producere*) [conj. **64**]. Engendrer : *chaque animal produit son semblable.* ‖ Fournir : *pays qui produit beaucoup de blé.* ‖ Créer des biens ou des services. ‖ Fabriquer, construire : *produire des automobiles.* ‖ Donner : *les arbres produisent des fruits.* ‖ — *Fig.* Rapporter : *cette charge produit tant par an.* ‖ Occasionner, causer : *la guerre produit de grands maux.* ‖ Faire : *l'arrogance produit un mauvais effet.* ‖ Montrer, exhiber : *produire des titres, des pièces.* ‖ Introduire : *produire quelqu'un dans une société.* ‖ Donner naissance : *la France a produit beaucoup de grands hommes.* ‖ Créer : *l'art produit des merveilles.* ‖ **— Se produire** v. pr. Se faire connaître : *se produire dans les salons.*

produit [prɔdɥi] n. m. Ce qui est tiré d'une terre ou créé par une industrie, etc. : *les produits agricoles, manufacturés,* etc. ‖ Le profit qu'on en tire : *vivre du produit de sa terre.* ‖ Rejeton : *les produits d'une jument.* ‖ Résultat d'une réaction chimique. ‖ *Math.* Résultat de la multiplication d'un nombre, le multiplicande, par un autre, le multiplicateur. ● *Produit direct de deux ensembles* (Math.), ensemble des paires formées en associant de toutes les façons possibles un élément quelconque du premier ensemble à un élément quelconque du second. ‖ *Produit logique,* syn. de CONJONCTION. ‖ *Produit logique de deux relations,* syn. de INTERSECTION. ‖ *Produit national brut,* ensemble de la production globale d'un pays et de ses achats à l'extérieur pendant l'année considérée. ‖ *Produit national net,* produit national brut moins les amortissements et les importations. ‖ *Produit net,* ce qui est prélevé sur la production sans que soit diminuée la capacité de production ou la masse des richesses existantes. (Les physiocrates pensaient que l'activité agricole peut seule fournir un produit net.) ‖ *Produit scalaire de deux vecteurs,* résultat de la multiplication scalaire de deux vecteurs, égal au produit de leurs longueurs et du cosinus de l'angle qu'ils forment. ‖ *Produit vectoriel,* résultat de la multiplication vectorielle de deux vecteurs, représenté par un vecteur perpendiculaire au plan de ces derniers et obéissant à des conditions de grandeur et de sens imposées par l'orientation, et l'ordre dans lequel les vecteurs figurent dans la multiplication.

proèdre [prɔɛdr] n. m. (gr. *pro,* en avant, et *edra,* siège). A Athènes, chacun des neuf présidents de l'assemblée du peuple.

proéminence [prɔeminɑ̃s] n. f. Etat de ce qui est proéminent. ‖ Cette chose même.

proéminent, e adj. (lat. *proeminens*). En relief par rapport à ce qui l'environne ; saillant : *front proéminent.*

profanateur, trice adj. et n. Qui profane les choses saintes.

profanation n. f. Action de profaner les choses saintes : *profanation d'une église.* ‖ *Fig.* Action de dégrader, d'avilir : *la profanation du génie.*

profane adj. (lat. *pro,* en avant, et *fanum,* temple). Qui n'appartient pas à la religion : *éloquence profane.* ‖ — N. Personne étrangère à une association, etc., non initiée à certaines connaissances : *éloigner les profanes.* ‖ N. m. Choses profanes : *mêler le profane et le sacré.*

profaner [prɔfane] v. t. Traiter avec mépris des choses saintes, les employer à un usage profane : *profaner les vases sacrés.* ‖ *Fig.* Faire un usage indigne ; dégrader, avilir : *profaner son talent.*

proférer [prɔfere] v. t. (lat. *proferre,* porter en avant) [conj. **5**]. Prononcer, articuler avec violence : *proférer des injures.*

profès [prɔfɛ], **esse** [-ɛs] adj. et n. (lat. *professus,* qui déclare). Qui a fait des vœux dans un ordre religieux : *religieuse professe.*

professer [prɔfese] v. t. (du lat. *profiteri,* déclarer). Déclarer, reconnaître publiquement : *professer une opinion.* ‖ Enseigner : *professer l'histoire.*

professeur n. m. (lat. *professor*). Personne qui enseigne une science, un art : *professeur de piano.* (Syn. : ENSEIGNANT, MAÎTRE.)

profession n. f. (lat. *professio,* déclaration). Genre de travail habituel d'une personne, métier : *exercer une profession.* ‖ Ensemble des intérêts de la collectivité des personnes exerçant un même métier : *la défense de la profession constitue l'une des attributions d'un syndicat.* ● *De profession,* par état : *un savant de profession;* par habitude : *un ivrogne de profession.* ‖ *Faire profession de,* déclarer; se piquer de. ‖ *Profession de foi,* déclaration publique de sa foi religieuse ou de ses opinions politiques. ‖ *Profession libérale,* profession intellectuelle dont la rémunération doit être exclusive de toute spéculation.

professionnalisme n. m. Activité d'une personne qui fait une chose par métier.

professionnel, elle adj. Qui a rapport à une profession donnée : *syndicat professionnel; enseignement professionnel.* ● *Cours professionnels,* cours suivis par les apprentis des entreprises privées en vue d'y recevoir un complément de formation générale et de formation technique. ‖ *Ecole professionnelle,* établissement d'enseignement technique préparant à divers métiers. ‖ — N. Personne qui fait une chose par métier (par oppos. à *amateur*). ‖ *Maladies professionnelles,* v. tableau ci-contre.

professionnellement adv. Du point de vue professionnel.

professoral, e, aux adj. Qui appartient, convient au professeur : *ton professoral.*

professorat [-ra] n. m. Fonction de professeur ; sa durée.

profil [prɔfil] n. m. (ital. *profilo*). Ensemble des traits du visage d'une personne vu de côté : *un profil distingué.* ‖ En parlant d'une chose, aspect général : *le profil d'une voiture.* ‖ Coupe ou section verticale d'un bâtiment, d'un objet, pour en montrer l'intérieur. ● *Droite de profil,* droite située dans un plan de profil. ‖ *Plan de profil,* en géométrie descriptive, plan perpendiculaire aux deux plans de projection et, par suite, à la ligne de terre. ‖ *Profil d'équilibre,* courbe correspondant à un niveau hypothétique où le cours d'eau cesserait de creuser son talweg. ‖ *Profil longitudinal,* courbe théorique établie le long du fond d'une vallée. ‖ *Profil perdu* ou *fuyant,* profil incomplet, qui montre un peu plus du derrière de la tête et un peu moins de la face. ‖ *Profil psychologique,* courbe obtenue en notant les résultats de divers tests passés par le même sujet. ‖ *Profil transversal,* courbe théorique établie perpendiculairement à l'axe d'une vallée.

profilage n. m. Forme de carrosserie, étudiée pour présenter le minimum de résistance à l'avancement.

profilé, e adj. Auquel on a donné un profil bien déterminé : *carrosserie bien profilée.*

profilé n. m. Produit métallurgique de grande longueur, ayant une section constante à profil particulier.

profiler v. t. Représenter en profil : *profiler une tour.* ‖ Donner un profil déterminé. ‖ **— Se profiler** v. pr. Se présenter, se projeter de profil, en silhouette.

profit [prɔfi] n. m. (lat. *profectus;* de *proficere,* donner du profit). Avantage que l'on retire de quelque chose : *tirer profit de cette affaire.* ‖ Gain réalisé par une entreprise et dont l'origine se trouve dans la différence entre le prix de vente et le prix de revient : *la recherche du profit est l'objet même de l'entreprise privée.* ‖ — Contr. PERTE. ● *Compte de profits et pertes,* celui qui, dans la comptabilité en partie double, enregistre les différences entre les comptes de tiers et les comptes de valeurs. ‖ *Mettre à profit,* employer utilement. ‖ **— Au profit de** loc. prép. Au bénéfice de.

profitable adj. Qui procure un certain avantage.

profitablement adv. De façon profitable.

profitant, e adj. *Fam.* D'un usage économique : *étoffe profitante.*

profiter [prɔfite] v. t. ind. **[de]**. Tirer avantage : *profiter du temps.* ‖ **[à]**. Rapporter du profit : *ce commerce lui a bien profité.* ‖ Servir, être utile : *bien mal acquis ne profite jamais.* ‖ — V. i. *Fam.* Se fortifier, grandir : *cet enfant profite à vue d'œil.*

profiterole [prɔfitrɔl] n. f. Petit chou fourré de glace ou de crème pâtissière, arrosé d'une crème au chocolat servie chaude.

profiteur, euse n. Celui, celle qui cherche à tirer un profit abusif de toute chose, notamment du travail d'autrui.

profond [prɔfɔ̃], **e** [-ɔ̃d] adj. (lat. *profundus*). Dont le fond est éloigné du bord, de l'entrée : *puits profond.* ‖ Qui pénètre fort avant : *blessure profonde.* ‖ — *Fig.* Grand, extrême dans son genre : *nuit, douleur, ignorance, tranquillité profonde.* ‖ Difficile à pénétrer : *mystère profond.* ‖ Très pénétrant : *penseur profond.* ● *Arriéré profond,* débile mental dont le Q. I. est inférieur à 20. ‖ *Profonde révérence,* faite en s'inclinant très bas.

profond adv. A une grande profondeur : *creuser profond.*

profondément adv. A une grande profondeur (au *pr.* et au *fig.*) : *creuser profondément la terre, une question.* ‖ En s'inclinant beaucoup : *saluer profondément.* ‖ A fond, à un haut degré : *profondément triste.*

profondeur n. f. Distance du fond par rapport à la surface, à l'ouverture : *profondeur d'une rivière.* ‖ L'une des trois dimensions d'un solide. ‖ Dans certains cas, syn. de LONGUEUR : *cette cour a 20 mètres de largeur et 30 de profondeur.* ‖ — *Fig.* Grand savoir, grande pénétration d'esprit : *profondeur des idées.* ‖ Impénétrabilité : *la profondeur des mystères.* ● *Psychologie des profondeurs,* syn. anc. de PSYCHANALYSE.

pro forma. V. FACTURE *pro forma.*

profusion [prɔfyzjɔ̃] n. f. (lat. *profusio*). Abondance excessive : *une profusion de lumière, de couleurs.* ● *A profusion,* abondamment.

progéniture [prɔʒenityr] n. f. (du lat. *progenies,* race, lignée). Les enfants, par rapport à l'homme. ‖ Les petits, par rapport aux animaux. ‖ *Fam.* Fils, fille.

progestatif, ive adj. Qui favorise la nidation de l'œuf et la gestation : *hormone progestative.*

progestatif n. m. Substance progestative.

progestérone [prɔʒɛsterɔn] n. f. Hormone produite par le corps jaune de l'ovaire pendant la deuxième partie du cycle menstruel et pendant la grossesse. (Syn. LUTÉINE.)

proglottis [prɔglɔtis] n. m. Chacun des anneaux d'un ver cestode (ténia).

prognathe [prɔgnat] adj. (gr. *pro,* en avant, et *gnathos,* mâchoire). Qui a les mâchoires allongées en avant, en parlant des races humaines ou de certains individus.

prognathisme n. m. Etat d'une face prognathe.

programmateur, trice n. Qui établit un programme de cinéma, de radio, etc.

programmateur n. m. *Inform.* Appareil dont les signaux de sortie commandent l'exécution d'une suite d'opérations correspondant à un programme.

programmation n. f. *Inform.* Etablissement d'un programme.

programme [prɔgram] n. m. (gr. *programma,* affiche). Indication des matières sur lesquelles porte un examen ou un concours, des détails d'une fête ou d'un spectacle, de l'objectif et des modalités d'une activité industrielle, financière ou politique : *un programme d'investissements; un programme électoral.* ‖ Dessein, projet arrêté : *suivre son programme.* ‖ Devis des nécessités auxquelles devra répondre un projet d'architecture. ‖ *Inform.* Ensemble d'instructions, de données ou d'expressions enregistrées sur un support et nécessaires à l'exécution d'une suite d'opérations déterminées, demandées à un calculateur, à un appareillage automatique ou à une machine-outil.

programmé, e adj. *Inform.* Se dit d'un processus qui suit un programme conçu pour répondre à des choix successifs : *composition programmée.* ● *Enseignement programmé,* méthode d'enseignement qui se distingue de l'enseignement de type traditionnel par les traits suivants : 1° absence d'intervention directe d'un professeur dans la procédure d'acquisition des connaissances par l'élève ; 2° remplacement de sa fonction d'organisation par celle de programme, qui planifie les connaissances en tenant compte d'un ordre à la fois psychologique (possibilité d'acquisition de chaque âge scolaire, importance donnée à l'expression même sur le plan de sa compréhension par l'élève) et logique (division de la matière à enseigner en « éléments » ordonnés, tels que leur totalité couvre celle de la matière enseignée) ; 3° adaptation de l'enseignement au rythme d'acquisition de chaque élève, réalisée par le fait que le déroulement du programme, quelle qu'en soit la réalisation (livre ou « machine à apprendre »), est assuré par l'élève seul. (Il existe deux types de programme : 1° le *programme linéaire,* dû à Skinner, formé d'une série d'items qui se suivent, présentant chacun une question pour laquelle l'élève « construit » la réponse [si elle est mauvaise, l'élève le sait en lisant l'item suivant, et recommence l'item muni de la bonne réponse] ; 2° le *programme ramifié,* dû à Crowder, dont les items présentent plusieurs réponses à la question, entre lesquelles l'élève « choisit » sa réponse [si elle est mauvaise, l'élève le sait en lisant l'item auquel il est renvoyé, apprend pourquoi elle est mauvaise, et retourne à l'item initial pour choisir une autre réponse]. Ces programmes sont réalisés à l'aide de textes [*livres brouillés*] ou de machines électroniques. Celles-ci comportent des *terminaux* [écran visuel, casque d'écoute, manettes à position, machine à écrire] et un

MALADIES PROFESSIONNELLES

Il est, en fait, difficile de mettre en évidence la cause qui déclenche la maladie : il existe dans la majorité des cas une simple présomption. Aussi la législation a-t-elle prévu une liste d'agents chimiques et physiques auxquels peuvent être imputées les maladies ayant éventuellement une origine professionnelle, ainsi que les maladies infectieuses, parasitaires, les maladies de la peau, les affections des voies respiratoires, etc., susceptibles d'avoir une origine professionnelle (décret du 3 août 1963).

maladies susceptibles d'avoir une origine professionnelle et d'être imputées aux agents chimiques suivants (classés dans l'ordre des numéros atomiques de l'élément le plus caractéristique ; les hydrocarbures ont fait l'objet d'une classification particulière [rubriques 601 et suiv.]) :

NUMÉRO ATOMIQUE	*agents chimiques*
4	glucinium (béryllium) et ses composés
5	boranes
6	composés du carbone suivants : oxyde de carbone oxychlorure de carbone sulfure de carbone acide cyanhydrique cyanures métalliques composés du cyanogène esters isocyaniques
7	composés de l'azote suivants : ammoniaque oxyde d'azote acide nitrique
8	ozone
9	fluor et ses composés
15	phosphore et ses composés, notamment les esters phosphoriques, pyrophosphoriques, thiophosphoriques, ainsi que les autres composés organiques du phosphore
16	composés du soufre suivants : hydrogène sulfuré anhydride sulfureux acide sulfurique mercaptans et thioéthers, thiophène, thiophénol et homologues, ainsi que les dérivés halogénés de ces substances esters des acides du soufre
17	chlore et ses composés minéraux
23	oxydes de vanadium
24	chrome et ses composés
25	manganèse et ses composés
28	nickel et ses composés
30	oxyde de zinc
33	arsenic et ses composés
35	brome et ses composés minéraux
48	cadmium et ses composés
53	iode et ses composés minéraux
80	mercure et ses composés
81	thallium et ses composés
82	plomb et ses composés
601	hydrocarbures aliphatiques, saturés ou non, cycliques ou non, benzène, toluène, xylènes et autres homologues du benzène, vinylbenzène, divinylbenzène

NUMÉRO ATOMIQUE	*agents chimiques*
601	diphényle, tétraline naphtalènes et homologues
602	dérivés halogénés des hydrocarbures aliphatiques ou aromatiques
603	alcools, polyalcools et leurs esters nitriques éthers, tétrahydrofurane, dioxane, oxyde de diphényle et autres oxydes organiques, ainsi que leurs dérivés halogénés
604	phénols et homologues, naphtols et homologues, ainsi que leurs dérivés halogénés
605	aldéhydes, furfural
606	cétones, benzoquinone
607	acides organiques, leurs anhydrides, leurs esters, ainsi que les dérivés halogénés de ces substances
608	nitriles
609	dérivés nitrés aliphatiques dérivés nitrés des hydrocarbures aromatiques et des phénols
610	dérivés halogénés des dérivés nitrés des hydrocarbures et des phénols
611	dérivés azoxyques et azoïques
612	amines aliphatiques et leurs dérivés halogénés amines et hydrazines aromatiques, ainsi que leurs dérivés halogénés, phénoliques, nitrosés, nitrés et sulfonés
613	pyridine et autres bases hétérocycliques alcaloïdes
620	substances hormonales

maladies susceptibles d'avoir une origine professionnelle et d'être imputées aux agents physiques suivants :

1° rayonnements ionisants ;
2° énergie radiante ;
3° bruit ;
4° milieux où la pression est supérieure à la pression atmosphérique ;
5° vibrations mécaniques.

maladies infectieuses ou parasitaires susceptibles d'avoir une origine professionnelle :

1° maladies provoquées par les helminthes, l'ankylostome duodénal, l'anguillule de l'intestin ;
2° infection charbonneuse, tétanos, leptospiroses, brucelloses ;
3° autres maladies infectieuses ou parasitaires transmises à l'homme par des animaux ou débris d'animaux ;
4° maladies infectieuses du personnel s'occupant de prévention, soins, assistance à domicile, recherches ;
5° maladies tropicales, notamment : paludisme, amibiase, trypanosomiase, dengue, fièvre à pappataci, fièvre de Malte, fièvre récurrente, fièvre jaune, peste, leishmaniose, pian, lèpre, typhus exanthématique et autres rickettsioses.

maladies de la peau susceptibles d'avoir une origine professionnelle (autres que celles qui sont imputables à l'une des causes sus-énumérées) :
1° cancers cutanés et affections cutanées précancéreuses éventuellement imputables à certains produits, tels que : brais, goudrons, bitumes, suies, huiles anthracéniques, huiles minérales et paraffines brutes ;
2° affections cutanées imputables aux alcalis caustiques, aux ciments, aux bois exotiques et autres produits irritants ;
3° affections cutanées imputables à toute autre cause en relation avec le milieu professionnel.

affections des voies respiratoires susceptibles d'avoir une origine professionnelle :

1° pneumoconioses ;
2° affections broncho-pulmonaires imputables à des poussières ou à des fumées ;
3° asthme.

autres affections susceptibles d'avoir une origine professionnelle :

1° maladies des bourses péri-articulaires dues à des pressions, cellulites sous-cutanées ;
2° maladies consécutives au surmenage des gaines tendineuses, du tissu péritendineux, des insertions musculaires et tendineuses ;
3° lésions du ménisque ;
4° arrachements par surmenage des apophyses épineuses ;
5° paralysies des nerfs dues à la pression ;
6° crampes ;
7° nystagmus ;
8° scorbut.

organe central, qui comprend le calculateur et son programme, ainsi que les mémoires enregistrant la manière dont l'élève le suit.)

programmer v. t. *Inform.* Fractionner le problème à résoudre par l'ordinateur ou le calculateur en instructions codifiées acceptables par la machine. ‖ Etablir le programme d'un cinéma, de la radio.

programmeur, euse n. *Inform.* Spécialiste chargé de la préparation d'un programme imposé à un calculateur électronique.

progrès [prɔgrɛ] n. m. (lat. *progressus,* action d'avancer). Mouvement en avant : *progrès d'une inondation.* ‖ Augmentation, développement en bien ou en mal : *les progrès d'un écolier.* ‖ Développement de la civilisation : *croire au progrès.*

progresser v. i. Avancer : *les troupes progressent.* ‖ Faire des progrès, se développer : *l'humanité progresse sans cesse.*

progressif, ive adj. Qui avance, qui se développe par degrés : *la marche progressive de la science.* ‖ Qui suit une progression : *intérêt progressif.*

progression [prɔgrɛsjɔ̃] n. f. (lat. *progressio ;* de *progredi,* s'avancer). Avance : *la progression d'une troupe.* ‖ Marche ininterrompue : *la progression des idées.* ‖ Suite de nombres dont chacun engendre le suivant d'après une loi déterminée. ● *Progression arithmétique* ou *progression par différence* (Math.), suite de nombres tels que la différence entre l'un d'eux et celui qui le précède immédiatement est une quantité constante, appelée *raison.* (Ex. de *progression croissante :* ÷ 1 4 7 10 13 ... [raison + 3] ; de *progression décroissante :* ÷ 17 13 9 5 1 [raison — 4].) ‖ *Progression géométrique,* suite de nombres dans laquelle le quotient de chaque terme par le terme précédent est une quantité constante, appelée *raison.* (Ex. : ∺ 5 10 20 40 ... [raison 2].)
— La somme des *n* premiers termes d'une *progression arithmétique* de raison *r* et dont le premier terme est *a* et le $n^{ième}$ $l = a + (n - 1)\,r$ est

$$S = \frac{(a + l)\,n}{2}.$$

— La somme des *n* premiers termes d'une *progression géométrique* de raison *q* et dont le premier terme est *a* est

$$S = a\,\frac{q^n - 1}{q - 1}.$$

Si $q < 1$, la somme de l'ensemble des termes constituant la progression a pour limite

$$S = \frac{a}{1 - q}.$$

progressisme n. m. Doctrine progressiste.

progressiste n. et adj. Anc. nom des républicains modérés. ‖ Auj., personne qui a des idées politiques et sociales avancées.

progressivement adv. De façon progressive.

progressivité n. f. Caractère de ce qui est progressif. ‖ Caractère du taux d'un impôt ou d'une taxe qui s'élève en même temps que le montant de la matière imposable.

prohibé, e adj. *Armes prohibées,* armes que la loi défend de porter. ‖ *Degré prohibé,* degré de parenté où la loi défend de se marier. ‖ *Temps prohibé,* temps pendant lequel certains actes sont légalement interdits : *chasser en temps prohibé.*

prohiber [prɔibe] v. t. (lat. *prohibere,* tenir éloigné). Interdire légalement : *prohiber l'exportation des grains.* (Syn. DÉFENDRE. — Contr. : ADMETTRE, AUTORISER, PERMETTRE.)

prohibitif, ive adj. (du lat. *prohibitus,* tenu éloigné). Qui défend, interdit : *une loi prohibitive.* ‖ Trop élevé, excessif : *des prix prohibitifs.* ‖ Qui est de nature à supprimer ou à restreindre un commerce, une industrie : *tarif de douane prohibitif.*

prohibition n. f. (lat. *prohibitio*). Défense, interdiction : *la prohibition de la pêche à certaines époques.* ‖ Aux Etats-Unis, interdiction des boissons alcooliques entre 1919 et 1933. (La prohibition a existé aussi dans plusieurs Etats scandinaves.)

prohibitionnisme n. m. Système économique des prohibitionnistes.

prohibitionniste adj. et n. Favorable à la prohibition de certains produits, comme l'alcool : *mesures prohibitionnistes.*

proie [prwa] n. f. (lat. *praeda*). Etre vivant considéré comme servant de nourriture à un autre être vivant : *les rosiers sont la proie des pucerons.* ‖ Animal tué et dévoré : *les mulots sont la proie des rapaces.* (Il est plus rare que l'on qualifie de *proies* les victimes des parasites ou des maladies infectieuses.) ‖ *Fig.* Ce dont on s'empare avec violence : *la Gaule fut la proie des Barbares.* ● *Etre en proie à,* être livré à, tourmenté par : *être en proie au remords.* ‖ *Etre la proie de,* être détruit, anéanti par : *cette maison a été la proie des flammes.* ‖ *Oiseau de proie,* oiseau qui se nourrit d'autres animaux ; et, au *fig.,* homme rapace et cruel.

projecteur [prɔʒɛktœr] n. m. (du lat. *projectus,* jeté en avant). Appareil servant à renvoyer la lumière d'un foyer en un ou plusieurs faisceaux d'une grande intensité lumineuse. (V. *encycl.*) ‖ Appareil pour projeter des images sur un écran.
— ENCYCL. Un *projecteur* permet de diriger en tous sens un faisceau lumineux issu d'un foyer intense. Il comprend un cylindre, dont la partie postérieure forme un réflecteur parabolique, au foyer duquel se trouve le cratère lumineux d'un arc électrique, ou une lampe à incandescence de puissance élevée. En avant, l'appareil est fermé par une glace striée diffusante ou par un système optique amplificateur. Les projecteurs sont utilisés par la marine marchande, pour l'éclairage des chantiers et des gares de triage, des terrains de sport, etc.

projectif, ive adj. *Math.* Se dit des propriétés que les figures conservent quand on les projette sur plan. ‖ *Psychol.* Relatif à la projection. ● *Géométrie projective,* géométrie qui étudie les propriétés projectives des figures. ‖ *Tests projectifs, méthodes projectives, techniques projectives* (Psychol.), méthode d'étude de la personnalité, qui confronte le sujet avec une situation à laquelle il répond suivant le sens que cette situation a pour lui. (Le caractère essentiel d'une technique projective est qu'elle évoque du sujet ce qui est, de différentes manières, l'expression de son monde personnel et des processus de sa personnalité. Le terme de *tests projectifs* désigne donc des techniques qui ont pour but de déceler la personnalité totale du sujet, ou un aspect de celle-ci vu dans son interaction avec l'ensemble. Le stimulus utilisé par les méthodes projectives peut donner lieu à un nombre aussi grand que possible de réponses [ce qui fait la difficulté qu'il y a pour mesurer quelque chose dans ces épreuves] ; ils sont, en effet, faiblement structurés. Les techniques projectives font appel, dans une large mesure, aux concepts psychanalytiques. [V. PROJECTION.]) ‖ *Transformation projective,* application d'un espace linéaire sur un autre, tel que quatre points en ligne droite se transforment en quatre autres points en ligne droite, le rapport anharmonique des premiers étant égal au rapport anharmonique des seconds.

projectile n. m. (du lat. *projectus*, jeté en avant). Corps auquel, par un moyen quelconque, est communiquée une vitesse suivant une direction donnée (obus, roquette, missile, grenade, etc.).

projection n. f. (lat. *projectio*). Action de lancer un corps pesant, un liquide, un fluide : *projection de pierres, d'eau, de vapeur*. ‖ Action de projeter un film. ‖ Image éclairée reproduite sur un écran. (V. LANTERNE *magique*.) ‖ *Géod.* Opération cartographique qui consiste à projeter sur une surface plane une portion de la surface sphérique de la Terre. ‖ *Math.* Représentation d'un corps sur un plan, dit *plan de projection*, suivant certaines règles géométriques. ‖ *Psychol.* Mécanisme par lequel l'être humain transpose dans ses activités sa personnalité propre. ‖ *Psychanal.* Mécanisme par lequel le sujet attribue à une autre personne ses propres sentiments et motivations. ● *Plans de projection*, en géométrie descriptive, plan horizontal et plan frontal sur lesquels on projette orthogonalement les figures de l'espace. ‖ *Projection volcanique*, portion de matière projetée par un volcan en éruption et retombant à terre.

projectionniste n. m. Professionnel chargé de la projection des films.

projet [prɔʒɛ] n. m. (de *projeter*). Ce que l'on a l'intention de faire : *projet qui échoue*. (Syn. : BUT, DESSEIN, ENTREPRISE.) ‖ Étude, avec dessin et devis, d'une construction à réaliser. ‖ Première idée d'une réalisation, première rédaction d'une chose : *ce n'est encore qu'un projet ; un projet de contrat*. ● *Projet de loi*, texte rédigé par un ministère et déposé sur le bureau d'une assemblée législative pour être adopté en tant que loi.

projeter [prɔʒte] v. t. (lat. *pro*, en avant, et *jeter*) [conj. **4**]. Lancer, porter en avant : *corps qui projette son ombre*. ‖ Avoir en projet, former le dessein de : *projeter un voyage*. ‖ *Cin.* Faire passer un film dans un appareil spécial qui envoie sur l'écran les images animées. ‖ *Math.* Effectuer la projection de.

projeteur [prɔʒtœr] n. m. Technicien, employé chargé des projets dans une entreprise.

Prokofiev (Sergheï), compositeur et pianiste russe, né à Sontsovka (1891-1953). On lui doit des œuvres pour piano (9 sonates, 5 concertos), pour orchestre (sept symphonies), de la musique de chambre, des ballets (*Chout*, 1915, 1921 ; *Roméo et Juliette*, 1935, 1938) et des opéras (*l'Amour des trois oranges*, 1919 ; *l'Ange de feu*, 1927), qui dénotent une grande puissance rythmique énoncée dans un langage souvent polytonal.

Prokop le Grand, chef hussite des taborites (v. 1380-1434). Il devint chef de la Bohême, et fut tué à Lipany.

Prokopievsk, v. de l'U. R. S. S. (R. S. F. S. de Russie), dans le Kouzbass ; 290 000 h. Centre houiller et textile.

prolactine [prɔlaktin] n. f. Hormone sécrétée par l'hypophyse, et provoquant la lactation.

prolan [prɔlɑ̃] n. m. Substance produite par le placenta pendant la grossesse et ayant la même action que certaines hormones de l'hypophyse. (Le dosage des prolans permet la surveillance de la grossesse.)

prolapsus [prɔlapsys] n. m. *Méd.* Chute ou issue anormale d'un organe par relâchement de ses moyens de soutien : *prolapsus de l'utérus*.

prolégomènes [prɔlegɔmɛn] n. m. pl. (gr. *prolegomena*, choses dites avant). Longue introduction en tête d'un ouvrage. ‖ Notions préliminaires à une science.

prolepse [prɔlɛps] n. f. (du gr. *prolêpsis*, anticipation). Procédé de style par lequel on prévient une objection qu'on réfute d'avance.

prolétaire [prɔletɛr] n. m. et adj. (lat. *proletarius*). A Rome, citoyen pauvre qui n'était considéré comme utile que du point de vue des enfants qu'il engendrait. ‖ Personne n'ayant pour vivre que son salaire, c'est-à-dire la rémunération de la force de travail qu'elle propose aux propriétaires des moyens de production ou d'échanges.

prolétariat n. m. Classe des prolétaires.

prolétarien, enne adj. Qui appartient, qui a rapport au prolétariat : *revendications prolétariennes*.

prolétarisation n. f. Action de réduire une catégorie de producteurs indépendants (exploitants agricoles, artisans, commerçants) à la condition du prolétaire.

prolétariser v. t. Donner un caractère de prolétaire à.

prolifération n. f. Accroissement du nombre de cellules par division. ‖ *Bot.* Anomalie d'une fleur donnant un nouveau rameau qui porte feuilles et fleurs. ‖ Multiplication.

prolifère adj. (lat. *proles*, lignée, et *ferre*, porter). Qui se multiplie.

proliférer [prɔlifere] v. i. Se multiplier rapidement.

prolifique adj. (du lat. *proles*, descendance). Qui a la vertu d'engendrer. ‖ Qui se multiplie rapidement : *les lapins sont très prolifiques*. ‖ *Fig.* Se dit d'un écrivain qui a une abondante production littéraire.

Prokofiev

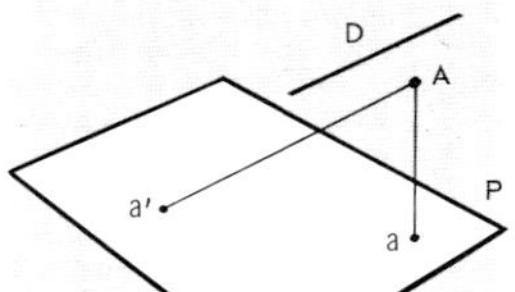

projection (Math.)
a est la projection orthogonale du point A sur le plan P, et *a'* en est la projection oblique, parallèlement à la direction D

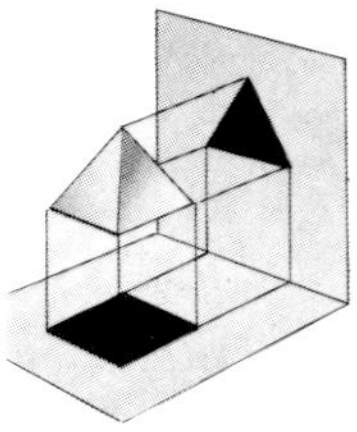

projection orthogonale sur deux plans

projecteur pour cinéma d'amateur

proligère [prɔliʒɛr] adj. (lat. *proles*, lignée, et *gerere*, porter). Qui porte le germe.

prolixe [prɔliks] adj. (lat. *prolixus*, qui se répand abondamment). Diffus, trop long : *discours prolixe*. ‖ Qui se perd en développements superflus : *orateur prolixe*.

prolixement adv. Avec prolixité.

prolixité n. f. Défaut de celui, de ce qui est prolixe : *la prolixité est un insupportable défaut*.

prologue [prɔlɔg] n. m. (lat. *prologus* ; du gr. *pro*, avant, et *logos*, discours). Dans l'Antiquité, partie de la pièce qui précédait l'entrée du chœur et qui était consacrée à l'exposition du sujet. ‖ Petite pièce de vers ou de prose qui précède et prépare une pièce de théâtre. ‖ Première partie d'un ouvrage dramatique, où sont exposés des événements antérieurs à ceux qui se déroulent dans la pièce. ‖ Avant-propos, bref avertissement dont on fait précéder un ouvrage. ‖ Ce qui précède : *cette réception servit de prologue à la conférence*. ‖ Préambule, préliminaire. ‖ *Mus.* Dans la tragédie lyrique classique, tableau allégorique étranger au sujet et placé entre l'ouverture et le premier acte. (Il célèbre les actions du prince. Le prologue disparaîtra dans la seconde moitié du XVIIIe s.) ‖ Morceau qui ouvre une partition.

prolongation n. f. (lat. *prolongatio*). Action de prolonger. ‖ Temps ajouté à la durée normale d'une chose : *la prolongation d'un congé, d'un match*.

prolonge n. f. Autref., nom donné à certains véhicules d'artillerie ou du génie. ‖ *Ch. de f.* Longue corde dont sont munis les wagons plats.

prolongement n. m. (de *prolonger*). Extension, continuation, accroissement de longueur : *le prolongement d'une rue*. ‖ *Fig.* Conséquence : *les prolongements d'une affaire*.

prolonger [prɔlɔ̃ʒe] v. t. (lat. *pro*, en avant, et *longus*, long) [conj. **1**]. Faire durer plus longtemps : *prolonger une séance*. ‖ Accroître la longueur de : *prolonger une route*. ‖ — Syn. : AGRANDIR, ALLONGER, AUGMENTER, ÉTENDRE. — Contr. : ABRÉGER, DIMINUER, ÉCOURTER, RACCOURCIR.

promenade n. f. Action de se promener. ‖ Lieu aménagé pour les promeneurs : *la promenade des Anglais, à Nice*. ‖ *Chorégr.* Dans un pas de deux, parcours que le danseur effectue autour de la danseuse, montée sur pointes, et qu'il maintient pour la faire tourner en même temps qu'il avance.

promener [prɔmne] v. t. (conj. **5**). Mener, conduire çà et là pour donner de l'air, de l'exercice, pour divertir : *promener un malade*. ‖ *Fig.* Faire aller çà et là : *promener ses regards sur la foule*. ‖ **— Se promener** v. pr. Aller à pied, en voiture, etc., pour faire un exercice agréable ou salutaire.

promeneur, euse n. Celui, celle qui se promène : *promeneur distrait*.

promenoir n. m. Lieu couvert destiné à la promenade. ‖ Partie d'une salle de spectacle où l'on peut circuler ou se tenir debout.

promesse [prɔmɛs] n. f. (lat. *promissa*, choses promises). Assurance qu'on donne de faire, de fournir ou de dire quelque chose : *tenir ses promesses*. ‖ Engagement que prennent les scouts de respecter la loi de leur organisation.

prométhazine [prɔmetazin] n. f. Antihistaminique de synthèse utilisé dans le traitement des maladies allergiques et comme calmant du système nerveux en raison de ses propriétés sédatives.

Prométhée. *Myth. gr.* Dieu ou génie du Feu, fils du Titan Japet et frère d'Atlas. Il apparaît, dans la mythologie classique, comme l'initiateur de la première civilisation humaine. Après avoir formé l'homme du limon de la terre, pour l'animer il déroba le feu du ciel. Zeus, pour le punir, le fit enchaîner par Héphaïstos sur le Caucase, où un aigle lui dévorait le foie.

Prométhée enchaîné, tragédie d'Eschyle (apr. 467 av. J.-C.).

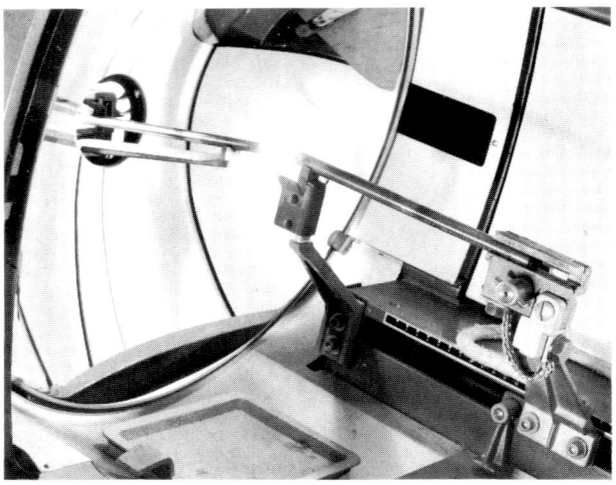

projecteur cinématographique à arc à réglage automatique des charbons

projecteurs pour salle de cinéma

Phot. Philips, Roger-Viollet, doc. Heurtier, Lauros - Atlas-Photo.

prométhéum [prɔmeteɔm] n. m. Métal du groupe des terres rares (Pm), de numéro atomique 61.

prometteur, euse adj. Plein de promesses : *sourire prometteur.*

promettre [prɔmɛtr] v. t. (lat. *promittere*) [conj. **49**]. S'engager verbalement ou par écrit à faire, à dire, à donner quelque chose : *promettre une récompense.* || *Fig.* Annoncer : *le temps promet la pluie.* || *Absol.* Donner des espérances : *la vigne promet beaucoup.* || Assurer, affirmer : *je vous promets de ne pas recommencer.* || **— Se promettre** v. pr. Prendre une ferme résolution : *se promettre de travailler.*

promis [prɔmi], **e** [-iz] adj. (lat. *promissus*). Dont on a fait la promesse : *une chose promise.* ● *Terre promise,* la terre de Canaan, que Dieu avait promise aux Hébreux ; contrée très fertile. || — N. Fiancé, fiancée (vx).

promiscue adj. f. *Dr.* Qui a le caractère de la promiscuité : *réunion promiscue ;* ou de la communauté : *possession promiscue.*

promiscuité [prɔmiskɥite] n. f. (du lat. *promiscuus,* commun). Voisinage choquant de personnes de sexe différent, de conditions, de nationalités diverses.

promission n. f. *Terre de promission,* terre promise.

promontoire [prɔmɔ̃twar] n. m. (lat. *promontorium*). Cap élevé : *Gibraltar est sur un promontoire.*

promoteur, trice n. Celui, celle qui donne l'impulsion, qui est la cause première : *le promoteur d'une loi.* || Personne qui fait construire un immeuble ou un groupe d'immeubles destinés à être gérés en copropriété.

promoteur n. m. Substance qui rend un catalyseur plus actif.

promotion [prɔmosjɔ̃] n. f. (lat. *promotio,* élévation). Élévation d'une personne ou d'un groupe de personnes à un grade, à une dignité, à des fonctions supérieures. || Ensemble des personnes qui effectuent les mêmes études dans un même établissement au cours d'une même période : *appartenir à la même promotion d'une école.* || Nomination à une fonction, à un grade supérieur. || Accession à un niveau de vie supérieur, à la culture : *promotion ouvrière, sociale.* ● *Promotion des ventes,* technique propre à accroître le chiffre d'affaires d'une entreprise ; service chargé de la mise en œuvre de cette technique.

promotionnel, elle adj. Relatif à l'accroissement des ventes d'une entreprise.

promouvoir [prɔmuvwar] v. t. (lat. *promovere*) [conj. **31,** mais ne s'emploie qu'à l'infinitif, aux temps composés et au passif]. Elever à une dignité, à une fonction ou à un grade supérieur. || *Fig.* Mettre à exécution ; mettre en mouvement : *promouvoir une politique de progrès.*

prompt [prɔ̃], **e** [prɔ̃t] adj. (lat. *promptus*). Qui est rapide ; qui ne tarde pas : *une prompte repartie.* || Qui passe vite : *sa joie fut prompte.* || Qui va, agit vite : *être prompt à la course ; prompt à se décider.* || Qui saisit vite : *un esprit prompt.*

promptement [prɔ̃tmɑ̃] adv. De façon prompte.

promptitude [prɔ̃tityd] n. f. Qualité de celui qui exécute une chose sans délai : *obéir avec promptitude.* || Facilité à concevoir : *la promptitude de l'esprit.* || — Syn. : CÉLÉRITÉ, DILIGENCE, HÂTE, PRESTESSE, RAPIDITÉ, VÉLOCITÉ, VITESSE.

promu [prɔmy], **e** part. passé de *promouvoir.*

promulgation n. f. Acte par lequel le chef de l'Etat constate qu'une loi a été régulièrement adoptée et la rend effectivement applicable.

promulguer [prɔmylge] v. t. (lat. *promulgare*). Publier officiellement et rendre applicable une loi régulièrement adoptée.

pronaos [prɔnaɔs] n. m. (mot gr. ; de *pro,* en avant, et *naos,* temple). Partie antérieure d'un temple antique.

pronateur, trice adj. et n. m. Qui sert aux mouvements de pronation : *muscle pronateur.*

pronation [prɔnasjɔ̃] n. f. (du lat. *pronare,* pencher en avant). Mouvement de l'avant-bras qui a pour effet de faire exécuter à la main une rotation de dehors en dedans (par oppos. à la *supination*).

prône [pron] n. m. *Relig.* Lecture des annonces, faite chaque dimanche à la messe paroissiale.

prôner v. t. Vanter, louer avec exagération : *prôner ses amis.*

pronom [prɔnɔ̃] n. m. (lat. *pro,* pour, et *nom*). Mot qui tient la place d'un nom, et qui en prend le genre et le nombre. (On distingue, en français, les pronoms *personnels, démonstratifs, possessifs, relatifs, interrogatifs, indéfinis.*)

pronominal, e, aux adj. *Adjectifs pronominaux,* adjectifs possessifs, démonstratifs, relatifs, interrogatifs, indéfinis. ● *Verbe pronominal,* verbe qui se conjugue avec deux pronoms de la même personne. (Ex. : *il se* flatte ; *nous nous* avançons.) [V. *encycl.*]
— ENCYCL. On distingue : 1° le *verbe pronominal réfléchi,* quand le sujet fait l'action sur lui-même (*il se regarde dans la glace*) ; 2° le *verbe pronominal réciproque,* quand plusieurs personnes font l'une sur l'autre l'action indiquée par le verbe (*ils se disent des injures*) ; 3° le *verbe pronominal proprement dit,* quand le pronom de forme réfléchie n'a pas de fonction grammaticale (*il s'est emparé de la ville*) ; 4° le *verbe pronominal à sens passif,* où le verbe a le sens d'un passif (*les fruits se vendent cher*).

pronominalement adv. Comme verbe pronominal.

prononçable adj. Qui peut être prononcé : *ce nom n'est pas prononçable.*

prononcé, e adj. Fortement marqué : *traits prononcés.* || Très net : *goût prononcé pour les arts.*

prononcé n. m. Décision exprimée par un tribunal : *le prononcé d'un jugement.*

prononcer [prɔnɔ̃se] v. t. (lat. *pronuntiare,* proclamer) [conj. **1**]. Articuler, proférer : *prononcer les lettres, les mots.* || Débiter : *prononcer un discours.* || Déclarer avec autorité : *prononcer un arrêt.* || — V. i. Déclarer sa décision : *le tribunal a prononcé.* (Syn. : DÉCIDER, JUGER, STATUER.) || **— Se prononcer** v. pr. Manifester ses intentions, sa décision.

prononciation n. f. Action de prononcer : *la prononciation d'un arrêt.* || Articulation des phonèmes, des mots : *la prononciation anglaise.*

pronostic [prɔnɔstik] n. m. (du gr. *prognôstikein,* connaître d'avance). Jugement, prévision, supposition sur ce qui doit arriver : *se tromper dans ses pronostics.* || Signe d'après lequel on forme cette conjecture : *fâcheux pronostic.* || Jugement que porte le médecin sur l'évolution probable d'une maladie, compte tenu des possibilités thérapeutiques.

pronostiquer v. t. Prédire, prévoir : *pronostiquer le temps.*

pronostiqueur, euse n. Personne qui fait des pronostics.

pronunciamiento [prɔnunsjamjɛnto] n. m. (mot esp.). En Espagne et en Amérique latine, acte par lequel une autorité s'empare illégalement du pouvoir : *faire un pronunciamiento.*

Prony (Marie RICHE, *baron* DE), ingénieur français, né à Chamelet (Lyonnais) [1755-1839]. Entre 1805 et 1812, il entreprit l'amélioration de nombreux canaux, la transformation des ports de Dunkerque, de Gênes, d'Ancône, de La Spezia, de Venise, ainsi que la régularisation du cours du Pô. Il imagina le frein dynamométrique (1821) auquel son nom est resté attaché, et, avec Arago, il étudia la vitesse du son dans l'air (1822).

propadiène n. m. *Chim.* Syn. de ALLÈNE.

propagande [prɔpagɑ̃d] n. f. (lat. *congregatio de propaganda fide,* congrégation pour propager la foi). Toute action organisée en vue de répandre une opinion, une religion, une doctrine, etc.

Propagande (la), congrégation fondée et organisée par Grégoire XV (1622) pour la propagation de la foi en pays infidèles. Depuis 1966, elle s'appelle « congrégation pour l'évangélisation des peuples ».

propagandiste adj. et n. Qui fait de la propagande.

propagateur, trice adj. et n. Qui propage : *propagateur d'idées nouvelles.*

propagation n. f. Multiplication des êtres par voie de reproduction : *propagation du genre humain.* || *Fig.* Extension, développement, progrès : *propagation des lumières, des idées,* etc. || *Phys.* Mode de transmission des ondes sonores ou lumineuses.

propager [prɔpaʒe] v. t. (lat. *propagare*) [conj. **1**]. Multiplier par voie de reproduction. || Répandre, communiquer : *propager de fausses nouvelles.* || — Syn. : COLPORTER, DIFFUSER, DIVULGUER, PROCLAMER, PUBLIER, RÉVÉLER.

propagule [prɔpagyl] n. f. Massif de cellules assurant la multiplication végétative chez les mousses.

propane [prɔpan] n. m. Hydrocarbure saturé gazeux (C_3H_8), employé comme combustible.

propanier [prɔpanje] n. m. (de *propane*). *Pétr.* Navire utilisé pour le transport du propane sous forme de gaz de pétrole liquéfié.

propédeutique [prɔpedøtik] n. f. (gr. *pro,* avant, et *paideuein,* éduquer). Enseignement et examen préparatoires aux différentes licences. (La propédeutique a été supprimée en 1966.)

propène n. m. *Chim.* Syn. de PROPYLÈNE.

propension [prɔpɑ̃sjɔ̃] n. f. (lat. *propensio*). Penchant, inclination : *propension au bien.*

Properce, en lat. **Sextus Aurelius Propertius,** poète latin, né en Ombrie (v. 47-v. 15 av. J.-C.). Il a écrit quatre livres d'*Elégies,* inspirées par son amour pour Cynthia et imitées des poètes alexandrins.

propergol [prɔpɛrgɔl] n. m. Matière dont la réaction chimique fournit les gaz chauds qui entretiennent le mouvement d'un engin autopropulsé.
— ENCYCL. Les *propergols* se distinguent des carburants des moteurs à réaction en ce qu'ils n'ont pas besoin de l'oxygène de l'air pour réagir. On distingue les *catergols,* formés d'un corps unique, les *monergols,* mélanges homogènes d'un comburant et d'un combustible, les *hypergols,* dont les deux constituants s'enflamment spontanément quand ils sont mis en contact.

propharmacien, enne n. Médecin autorisé à délivrer des médicaments à ses malades, faute d'un pharmacien dans la localité.

prophase n. f. *Cytol.* Première phase de la mitose cellulaire, pendant laquelle les chromosomes s'individualisent en filaments fissurés longitudinalement.

prophète [prɔfɛt], **prophétesse** [-fetɛs] n. (gr. *prophêtês*). Personne qui proclame la parole divine, qui annonce les desseins divins et leurs manifestations futures. || Personne qui annonce un événement futur par conjecture. ● *Le Prophète,* Mahomet. || *Prophètes d'Israël,* prophètes qui se sont manifestés au cours de l'histoire d'Israël, à partir du VIIIe s. av. J.-C. (Les principaux sont : Isaïe, Jérémie, Ezéchiel et Daniel.) || *Prophète de malheur,* personne qui n'annonce que des choses fâcheuses.

prophétie [-si] n. f. Prédiction par inspiration divine. || Toute prédiction d'un événement futur par conjecture : *ses prophéties se sont trouvées démenties.*

prophétique adj. Qui appartient ou convient au prophète : *langue prophétique.* || Qui a le don de prévoir l'avenir.

prophétiquement adv. En prophète.

prophétiser v. t. Prédire l'avenir par inspiration divine. || Prévoir, dire d'avance, par conjecture ou par hasard : *prophétiser un événement.*

prophylactique adj. (du gr. *prophulattein,* veiller sur). Relatif à la prophylaxie : *mesures prophylactiques.*

prophylaxie [prɔfilaksi] n. f. Ensemble des mesures destinées à empêcher l'apparition ou la propagation d'une ou de plusieurs maladies : *prophylaxie des maladies contagieuses.*
— ENCYCL. Les découvertes de Pasteur firent progresser la *prophylaxie,* qui se développa ensuite avec les notions nouvelles acquises en médecine. La *prophylaxie hygiénique* fait appel à la diététique, aux exercices physiques, à l'aération, aux quarantaines. La *prophylaxie thérapeutique* consiste dans l'emploi des vaccins, des sérums, des antiseptiques ; mais le grand progrès de la prophylaxie réside dans l'application rigoureuse de l'asepsie toutes les fois qu'il s'agit d'interventions chirurgicales ou de maladies infectieuses.

propice [prɔpis] adj. (lat. *propitius*). Favorable : *circonstances propices à une entreprise.* (Contr. : CONTRAIRE, DÉFAVORABLE, NÉFASTE.)

propitiation [prɔpisjasjɔ̃] n. f. (du lat. *propitius,* propice). Action propitiatoire ; intercession.

propitiatoire adj. Qui a la vertu de rendre propice : *sacrifice propitiatoire.* || — N. m. Chez les Hébreux, table d'or qui était au-dessus de l'arche.

propolis [prɔpɔlis] n. f. (gr. *pro,* en avant, et *polis,* ville). Substance à aspect de résine, récoltée sur les bourgeons par les abeilles, qui l'utilisent pour obturer les fissures de leur ruche.

Propontide, anc. nom de la *mer de Marmara**.

proportion [prɔpɔrsjɔ̃] n. f. (lat. *proportio*). Convenance et rapport des parties entre elles et avec leur tout : *observer les proportions.* || *Math.* Egalité de deux rapports. (Ex. : $\frac{2}{6} = \frac{8}{24}$.) || — Pl. Dimensions : *cela sort des proportions ordinaires.* || Etendue, intensité : *ce désastre a pris des proportions considérables.* || **— A proportion** loc. adv. Proportionnellement. || **— En proportion de** prép. Par rapport à, eu égard à.

proportionnable adj. Qui peut être proportionné (peu us.).

proportionnalité n. f. Etat des quantités proportionnelles entre elles. ● *Proportionnalité de l'impôt,* système de calcul de l'impôt dans lequel le taux de celui-ci reste fixe, quel que soit le montant de la matière imposable.

proportionné, adj. Dont les proportions sont harmonieuses : *corps bien proportionné.*

proportionnel, elle adj. Se dit des quantités du même genre qui sont en proportion avec d'autres quantités. ● *Grandeurs directement proportionnelles,* grandeurs variant de telle façon que les nombres qui les mesurent soient dans un rapport constant. || *Grandeurs inversement proportionnelles,* grandeurs variant de telle façon que le produit des nombres qui les mesurent soit constant. || *Moyenne proportionnelle de deux nombres* ou *de deux grandeurs* a *et* b, nombre x défini par la proportion $\frac{a}{x} = \frac{x}{b}$ et égal à la racine carrée de ab. || *Quatrième proportionnelle à trois nombres* a, b, c, nombre x défini par la proportion $\frac{a}{b} = \frac{c}{x}$. (Sa valeur est $\frac{bc}{a}$.) || *Représentation proportionnelle,* système électoral accordant aux divers partis des représentants proportionnellement aux suffrages obtenus.

proportionnellement adv. En proportion. || Comparativement.

proportionnément adv. En proportion ou à proportion (peu us.).

proportionner v. t. Mettre en exacte proportion : *proportionnez vos dépenses à vos ressources.*

propos [prɔpo] n. m. (de *proposer*). Paroles échangées dans la conversation : *tenir de joyeux propos.* ● *Ferme propos,* résolution bien arrêtée : *avoir le ferme propos de se corriger.* || — Loc. adv. **A propos,** d'une manière qui convient au lieu, au temps, aux circonstances : *arriver à propos ;* s'emploie quand on va parler de quelque chose ayant plus ou moins de rapport avec ce qui vient d'être dit : *à propos, vous a-t-on répondu ?* || **A tout propos,** à chaque instant. || **De propos délibéré,** à dessein, avec intention. || **Hors de propos, mal à propos,** à contretemps, sans raison. || **— A propos de** loc. prép. A l'occasion, au sujet de.

proposable adj. Qu'on peut proposer : *arrangement proposable.*

proposer [prɔpoze] v. t. (du lat. *propositus,* placé devant). Mettre une chose en avant pour qu'on l'examine : *proposer un avis.* || Offrir au choix ou comme prix, etc. : *proposer un candidat; proposer mille francs d'un objet.* ● *Proposer quelqu'un pour un emploi,* l'indiquer comme capable de le remplir. || **— Se proposer** v. pr. Faire offre de sa personne : *se proposer pour un emploi.* || Avoir l'intention : *il se propose de vous écrire.*

proposition n. f. (lat. *propositio*). Action de soumettre à l'examen. || Chose proposée pour qu'on en délibère : *faire une proposition à une assemblée.* || Offre : *propositions malhonnêtes.* || Théorème : *démontrer une proposition.* || Condition qu'on propose pour arriver à un arrangement : *faire des propositions de paix.* || *Gramm.* Expression, énonciation d'un jugement : *chaque phrase contient une ou plusieurs propositions.* (On distingue les propositions *indépendantes, principales* et *subordonnées.* Dans la phrase : *je désire que vous écoutiez,* il y a deux propositions : *je désire,* proposition principale, et *que vous écoutiez,* proposition subordonnée.) || *Log.* Enoncé d'un fait quelle qu'en soit la nature, et qui est susceptible de recevoir une valeur de vérité. ● *Calcul des propositions* (Log.), partie fondamentale de la logique, qui étudie les propriétés générales des propositions et opérateurs propositionnels sans référence au contenu de ces propositions, dont elle ne considère que leur valeur de vérité. (Le calcul des propositions étudie notamment les foncteurs de vérité singulaires et binaires. Il est régi par des lois, par exemple la loi d'identité, de non-contradiction, du tiers exclu, par les lois commutatives, etc.) || *Proposition de loi,* texte rédigé par un parlementaire et déposé sur le bureau d'une assemblée législative en vue de son adoption.

propositionnel, elle adj. Qui concerne les propositions : *logique propositionnelle.* ● *Forme propositionnelle,* syn. de FONCTION* PROPOSITIONNELLE.

propre [prɔpr] adj. (lat. *proprius*). Qui appartient exclusivement à : *chaque être a ses caractères propres.* || Qui est de la personne même : *écrire de sa propre main.* || Exactement semblable, identique : *voici ses propres paroles.* || Net, qui n'est point sali ou taché : *des vêtements propres.* || *Fig.* Décent, bienséant : *homme dont la conduite n'est pas propre.* ● *En main propre,* à la personne même : *remettre une lettre en main propre.* || *Mot, expression propre,* qui rend exactement l'idée. || *Mouvement propre* (Astron.), mouvement réel d'un astre (par oppos. à son *mouvement apparent*). || *Propre à,* apte à, approprié à : *homme propre aux affaires; du bois propre à la construction.* || *Sens propre,* primitif et naturel (par oppos. à sens *figuré*). [Ex. : *chemin,* dans *le chemin du village,* est pris au sens propre; dans *le chemin de la vie,* il est pris au sens figuré.] || — N. m. Qualité particulière : *le propre de l'homme est de penser.* ● *En propre,* en propriété particulière : *avoir une ferme en propre.* || — N. m. pl. *Propres* (ou *biens propres*), biens constituant le patrimoine personnel de chacun des époux. (Dans le régime de la communauté légale, les immeubles apportés par les époux sont des propres.)

propre-à-rien n. m. Personne sans aucune capacité. || Pl. des *propres-à-rien.*

proprement adv. Avec propreté : *manger proprement.* || Précisément, exactement : *voilà proprement ce qu'il a dit.* || Convenablement : *mis proprement.* ● *Proprement dit,* au sens exact, au sens propre et restreint.

propret, ette adj. Propre jusqu'à la recherche (vx) : *vieillard propret.*

propreté n. f. Qualité de ce qui est net, exempt de saleté : *la propreté du corps, des vêtements.* (Syn. NETTETÉ.)

propréteur n. m. (lat. *propretor*). *Antiq. rom.* Magistrat (généralement anc. préteur) délégué au gouvernement d'une province.

propréture n. f. Dignité, fonction de propréteur. || Durée de cette fonction.

Propriano (20110), comm. de Corse (arr. de Sartène), sur le golfe de Sartène; 2 539 h. Centre touristique.

propriétaire n. Personne à qui une chose appartient en propriété. || Personne qui possède un immeuble occupé par un ou plusieurs locataires.

propriété [prɔprijete] n. f. Droit d'user et de disposer d'un bien d'une façon exclusive et absolue, sous réserve des limitations édictées par le législateur : *propriété foncière; propriété mobilière.* || *Spécialem.* Immeubles, biens-fonds : *une propriété bien entretenue.* || Ce qui est le propre de quelque chose; qualité particulière : *propriété de l'aimant.* || *Gramm.* Sens propre, convenance de l'expression avec l'idée à exprimer : *la propriété des termes.* ● *Propriété artistique et littéraire,* droit exclusif d'un artiste ou d'un écrivain (et de ses héritiers) de tirer un revenu de l'exploitation de son œuvre. || *Propriété commerciale,* nom improprement donné au droit que la loi a conféré au commerçant locataire d'un immeuble de conserver l'usage du local loué à l'expiration de son bail ou d'obtenir une indemnité. || *Propriété industrielle,* droit exclusif d'user d'un nom commercial, d'une marque, d'un brevet, d'un dessin, d'un modèle de fabrique, et, plus généralement, d'un moyen spécial de rallier une clientèle.

proprioceptif [prɔprijɔsɛptif], **ive** [-iv] adj. Se dit des sensations issues du corps, qui renseignent sur l'attitude, les mouvements, l'équilibre, etc.

propulser [prɔpylse] v. t. Faire avancer; pousser en avant.

propulseur n. m. (du lat. *propulsus,* poussé devant soi). Organe, machine destinée à imprimer un mouvement de propulsion.

propulsif, ive adj. Qui produit la propulsion : *fusée propulsive.* || Se dit d'une poudre apte au lancement d'un projectile par une arme à feu.

propulsion n. f. Mouvement qui pousse en avant : *la propulsion par réaction.*
— ENCYCL. La *propulsion* des véhicules spatiaux peut être envisagée de différentes façons. La *propulsion électrothermique* utilise un fluide intermédiaire, généralement constitué par de l'hydrogène qui passe entre les électrodes d'un arc électrique pour accroître sa température avant d'être détendu dans une tuyère. La *propulsion ionique* met en œuvre un gaz ionisé accéléré par un champ électrostatique avant son éjection à travers une tuyère avec une vitesse de l'ordre de plusieurs dizaines de kilomètres par seconde. La *propulsion nucléothermique* utilise, d'une part, une source chaude constituée par le cœur d'un réacteur nucléaire, d'autre part, une matière éjectable, l'hydrogène, employée uniquement comme agent propulsif sans faire appel à ses propriétés chimiques. Celui-ci, après avoir été porté à 3 000 °C, est éjecté à travers une tuyère avec une vitesse d'environ 8 km/s. La *propulsion plasmique* est fondée sur la transformation en plasma d'un gaz neutre porté à très haute température dans un champ électrique très intense, auquel est superposé un champ magnétique qui guide et accélère le plasma vers la tuyère. De tels propulseurs peuvent atteindre des vitesses d'éjection approchant 1 000 km/s. La *propulsion photonique,* qui ne constitue encore qu'une vue de l'esprit, aura pour but de mettre en œuvre des flux de photons lumineux autorisant des vitesses d'éjection de l'ordre de 300 000 km/s.

propylée [prɔpile] n. m. (gr. *pro,* devant, et *pulê,* porte). Porche monumental, en avant d'un temple grec. || Nom donné, au XVIIIe s., aux pavillons construits par Ledoux pour l'enceinte de Paris.

propylène [prɔpilɛn] n. m. *Chim.* Hydrocarbure éthylénique ($CH_3 — CH = CH_2$), homologue supérieur immédiat de l'éthylène. (Syn. PROPÈNE.) [C'est une des matières premières les plus importantes de la pétrochimie.]

prorata [prɔrata] n. m. inv. (lat. *pro rata parte,* selon la part déterminée). Part proportionnelle : *recevoir son prorata.* || **— Au prorata** loc. adv. ou **au prorata de** loc. prép. En proportion [de] : *percevoir des bénéfices au prorata de sa mise de fonds.*

prorogatif, ive adj. Qui proroge : *acte prorogatif.*

prorogation n. f. Action de proroger.

proroger [prɔrɔʒe] v. t. (lat. *prorogare*) [conj. **1**]. Reporter à une date ultérieure : *proroger une échéance.* || Prolonger : *proroger un traité.* || Prolonger la durée d'exercice d'un droit : *le législateur a prorogé le droit d'occupation des locataires.* || Etendre la compétence d'une juridiction. ● *Proroger une assemblée,* suspendre ses séances et en remettre la continuation à un certain jour.

prosaïque [prozaik] adj. Qui tient trop de la prose : *vers prosaïques.* || *Fig.* Qui manque de noblesse, d'idéal; commun, vulgaire : *une vie prosaïque.*

prosaïquement adv. De façon prosaïque : *vivre très prosaïquement.*

prosaïsme n. m. Défaut des vers qui manquent de poésie. || *Fig.* Caractère de ce qui est commun, plat, sans idéal : *le prosaïsme de certaines existences.*

prosateur n. m. Celui qui écrit en prose : *Bossuet est le plus grand prosateur du XVIIe s.*

proscenium [prɔsenjɔm] n. m. Partie du théâtre ancien qui comprenait ce que nous appelons la *scène* et l'*avant-scène.*

proscripteur n. m. Celui qui proscrit.

proscription n. f. (lat. *proscriptio*). Mesure violente contre les personnes; bannissement illégal, en temps de guerre ou de troubles civils : *dresser des listes de proscription.* || *Fig.* Abolition, suppression : *la proscription d'un usage.*

proscrire [prɔskrir] v. t. (lat. *proscribere*) [conj. **65**]. Frapper de proscription : *Sulla proscrivit trois ou quatre mille citoyens.* || *Fig.* Abolir, rejeter : *proscrire un droit, un mot.*

proscrit [prɔskri], **e** [-it] n. Frappé de proscription.

prose [proz] n. f. (lat. *prosa*). Manière de s'exprimer qui n'est pas assujettie, comme la poésie, aux lois d'une mesure et d'un rythme réguliers. || Chant liturgique en latin, composé de vers sans mesure, mais rimés : *la prose de la Pentecôte* (*Veni, Sancte Spiritus...*).

prosecteur [prɔsɛktœr] n. m. (lat. *prosector*). Celui qui prépare les dissections pour un cours d'anatomie.

prosectorat [-ra] n. m. Fonction de prosecteur.

prosélyte [prɔzelit] n. m. (gr. *prosêlutos,* étranger domicilié). Autrefois, pour les Hébreux, païen, qui avait embrassé la religion juive. || Aujourd'hui, nouveau converti à une foi religieuse : *les persécutions font toujours des prosélytes.* || Toute personne gagnée à une opinion, à une doctrine.

prosélytisme n. m. Zèle à faire des prosélytes : *le prosélytisme religieux.*

Proserpine, déesse romaine de l'Agriculture, reine des Enfers, fille de Jupiter et de Cérès, femme de Pluton, qui l'avait enlevée.

prosimiens [prɔsimjɛ̃] n. m. pl. Syn. de LÉMURIENS.

prosobranches [prɔzɔbrɑ̃ʃ] n. m. pl. Sous-classe de mollusques gastropodes — comprenant la grande majorité des espèces de cette classe — caractérisés par une torsion du corps qui ramène la cavité branchiale en position dorsale et vers l'avant.
— ENCYCL. Presque tous les *prosobranches* sont marins. On les classe selon différents critères, notamment la disposition des dents portées par la langue (radula). Exemples : ormeau, patelle, vignot, porcelaine, buccin, troque, vermet, natice, turritelle, nasse, cône, cérithe, casque, triton, murex.

prosodie [prɔzɔdi] n. f. (gr. *prosôidia,* accent tonique). Ensemble des règles relatives à la métrique. || *Linguist.* Syn. de INTONATION. ● *Prosodie musicale,* application des paroles à la musique et de la musique aux paroles.

prosodique adj. Relatif à la prosodie.

prosopopée [prɔzɔpɔpe] n. f. (gr. *prosôpon,* personne, et *poiein,* faire). Procédé par lequel l'orateur ou l'écrivain prête le sentiment et la parole à des êtres inanimés, à des morts ou à des absents : *Platon a fait parler les lois dans une belle prosopopée.*

prospecter [prɔspɛkte] v. t. (de l'angl. *to prospect*). Rechercher les gîtes minéraux d'un terrain. || Examiner minutieusement et avec méthode. || *Fig.* Etudier les possibilités d'extension d'une clientèle.

prospecteur, trice adj. et n. Qui prospecte.

prospectif, ive adj. Qui regarde l'avenir.

prospection n. f. Action de prospecter. || *Min. et Pétr.* V. *encycl.* || Etude des débouchés qu'offre un marché. || Recherche de prêteurs ou de clients.
— ENCYCL. ● La *prospection minière* a pour but la recherche, la localisation précise et l'étude préliminaire d'un gisement. Elle met en œuvre des méthodes de géophysique qui permettent de déceler les perturbations créées par la présence d'un minerai éventuel dans le champ de forces naturel ou artificiel d'une région déterminée. Comme champ naturel, on utilise le champ de pesanteur, le champ magnétique ou les courants telluriques, et comme champ artificiel, un champ électrique induit.
● La *prospection pétrolière,* appelée encore *exploration,* comprend l'ensemble des méthodes utilisées pour déceler les gisements de pétrole, qu'il s'agisse des études géologiques à la surface du terrain ou au fond de la mer, des mesures géophysiques et des forages de reconnaissance. La *prospection géologique* consiste à relever en détail l'épaisseur, l'âge et l'angle des couches de terrain affleurantes, de manière à dresser des cartes structurales capables d'aider à l'identification des anomalies souterraines. La photographie aérienne peut également être très utile à ce stade préliminaire de l'exploration, de même que les techniques de plongée sous-marine. La *prospection géophysique* a pour but de mesurer en surface, ou près de la surface, diverses grandeurs qui sont affectées par la nature du sous-sol, essentiellement la pesanteur, le magnétisme ou les ondes de choc créées par une explosion artificielle. Dans cette dernière méthode, appelée *méthode sismique,* un certain nombre de stations réceptrices enregistrent la propagation des ondes élastiques déclenchées par une charge explosive détonant à faible profondeur, puis réfractées ou réfléchies successivement sur les diverses couches rencontrées. On arrive ainsi à détailler la forme d'une structure et à obtenir de véritables coupes de terrain, qui permettent de choisir l'emplacement du forage.

prospective n. f. Science ayant pour objet l'étude des causes techniques, scientifiques, économiques et sociales qui accélèrent l'évolution du monde moderne, et la prévision des situations qui pourraient découler de leurs influences conjuguées.

prospectus [prɔspɛktys] n. m. (mot lat. signif. *aspect*). Brochure, imprimé qui donne le plan, la description d'un ouvrage, d'un établissement, d'une affaire, etc. || Feuille ou brochure imprimée et diffusée à des fins publicitaires.

Prosper d'Aquitaine (*saint*), historien, poète et théologien latin, né près de Bordeaux (v. 390-entre 455 et 463). Il combattit le pélagianisme. — Fête le 25 juin.

prospère adj. (lat. *prosperus*). Qui est dans un état de succès, de réussite : *santé prospère; affaires prospères.*

prospérer [prɔspere] v. i. (lat. *prosperare*) [conj. **5**]. Avoir du succès, réussir : *son commerce prospère.*

prospérité n. f. Etat de ce qui est prospère.

prostate [prɔstat] n. f. (gr. *prostatês,* qui se tient en avant). Glande propre au sexe masculin, qui entoure la partie initiale de l'urètre.
— ENCYCL. La *prostate,* de consistance ferme, sécrète un liquide épais et blanchâtre, qui est un des constituants du sperme; elle est traversée par le canal de l'urètre et par les canaux éjaculateurs, et située en arrière de la symphyse pubienne, en avant du rectum, sous la vessie et au-dessus du plancher périnéal.
Les principales affections de la prostate sont les infections (prostatites dues au colibacille, au staphylocoque, au gonocoque), les tumeurs bénignes (adénomes, souvent appelés à tort « hypertrophie de la prostate ») et le cancer de la prostate.

prostatectomie [prɔstatɛktɔmi] n. f. Ablation chirurgicale de la prostate. (Par l'intervention, on enlève toute la prostate en cas de cancer, mais seulement la portion glandulaire atteinte dans l'adénome de la prostate.)

prostatique adj. Relatif à la prostate : *liquide prostatique*. ‖ — Adj. et n. m. Atteint d'une maladie de la prostate.

prosternation n. f. ou **prosternement** n. m. Action de se prosterner. ‖ Etat d'une personne prosternée.

prosterner (se) [səprɔstɛrne] v. pr. (lat. *prosternere*). Se coucher à terre ; se courber jusqu'à terre : *se prosterner devant l'autel*. ‖ *Fig.* Donner des marques de respect très humble : *se prosterner devant les puissants*.

prosthèse [prɔstɛz] ou **prothèse** [prɔ-] n. f. (gr. *prosthesis*, addition). *Gramm.* Addition d'une lettre au commencement d'un mot, comme le *é* de *échelle* (lat. *scala*).

prosthétique adj. *Groupement prosthétique*, partie de la molécule d'une hétéroprotéine qui renferme son radical actif.

prostituée n. f. Femme de mauvaise vie.

prostituer [prɔstitɥe] v. t. (lat. *prostituere*, déshonorer). Livrer à la débauche contre de l'argent. ‖ *Fig.* Dégrader, avilir : *prostituer son talent*.

prostitution n. f. Action de se prostituer. ‖ *Fig.* Usage dégradant d'une chose.

prostration n. f. (du lat. *prostratus*, renversé). Etat de profond abattement.

prostré [prɔstre], **e** adj. (lat. *prostratus* ; de *prosternere*, renverser). Abattu, sans force.

prostyle [prɔstil] n. m. et adj. (gr. *pro*, en avant, et *stulos*, colonne). *Archit.* Edifice comportant plusieurs colonnes à sa face antérieure.

protactinium [prɔtaktinjɔm] n. m. Métal radio-actif (Pa), de numéro atomique 91.

protagoniste [prɔtagɔnist] n. (gr. *prôtagônistês* ; de *prôtos*, premier, et *agôn*, combat). Acteur qui a le rôle principal. ‖ *Fig.* Promoteur.

Protagoras, sophiste grec, né à Abdère (v. 485-v. 410 av. J.-C.). Il estimait que toutes nos connaissances viennent de la sensation.

Protagoras, dialogue de Platon (v. 385 av. J.-C.), dirigé contre les sophistes à propos de cette question : « La vertu peut-elle s'enseigner ? »

Protais (*saint*), martyr à Milan, frère de saint Gervais. — Fête le 19 juin.

protase [prɔtɑz] n. f. (gr. *protasis*). Exposition d'une pièce de théâtre. ‖ Partie d'une phrase qui constitue comme une avance par rapport à la seconde, dite *apodose*. (Ex. : *ce que vous me demandez* [protase], *je vous l'avais déjà promis* [apodose].)

prote [prɔt] n. m. (gr. *prôtos*, premier). Chef d'un atelier de composition typographique.

protéase [prɔteaz] n. f. Diastase hydrolysant les protides.

protecteur, trice n. Personne qui protège. ‖ — Adj. Qui protège ; qui sert à protéger : *puissance protectrice*. ‖ Qui convient à un protecteur ; qui témoigne d'un orgueil condescendant : *air protecteur*.

protecteur n. m. En Angleterre, titre de régent : *Cromwell fut lord-Protecteur d'Angleterre*. (Prend une majuscule dans ce sens.)

protection [prɔtɛksjɔ̃] n. f. (lat. *protectio*). Action de protéger : *solliciter la protection de quelqu'un*. ● *Protection civile*, ensemble des mesures destinées à protéger la population en cas de sinistre généralisé (notamment incendie, inondation), ou, en temps de guerre, contre les bombardements aériens ou nucléaires. (On disait naguère DÉFENSE PASSIVE.) [V. *encycl.*]
— ENCYCL. Les progrès de la civilisation, l'essor industriel, l'accroissement de la puissance des sources d'énergie, le développement des armements, et particulièrement des armements nucléaires, ont eu pour conséquence de multiplier dans le monde moderne les causes d'accidents et de catastrophes, ainsi que les risques de destruction et de mort en cas de conflit. C'est pourquoi, comme dans beaucoup d'autres pays, la France a créé en 1951 le *Service national de la protection civile*, qui dépend du ministre de l'Intérieur. Ce service est chargé d'assurer la prévention des accidents, la protection des personnes et des biens, et l'organisation des secours. Pour remplir ces missions, il dispose des corps de sapeurs-pompiers* et il peut compter sur la participation de nombreux organismes publics ou privés qui lui accordent leur concours (secouristes et sauveteurs bénévoles, police et gendarmerie, forces armées, etc.). Parmi d'autres réalisations (réseaux d'alerte, recensement et aménagement d'abris, etc.), un plan d'organisation des secours, dit *plan O. R. S. E. C.*, a notamment été établi dans chaque département. Il permet de mobiliser en cas de catastrophe tous les moyens, publics et privés, en hommes et en matériel, existant dans le département.

protectionnisme n. m. Système consistant à protéger l'agriculture, le commerce ou l'industrie d'un pays contre la concurrence étrangère, au moyen d'un ensemble de mesures (limitation des importations par l'institution de droits d'entrée ou par leur subordination à la délivrance de licences ; encouragement des exportations par l'octroi de primes ou l'exonération des taxes fiscales ; établissement d'un contrôle des changes). [Contr. LIBRE-ÉCHANGE.]

protectionniste adj. Relatif au protectionnisme. ‖ — N. Partisan de ce système.

PROTECTION DE LA NATURE
les plus grands parcs nationaux du monde

PAYS	NOM DU PARC	SUPERFICIE	DATE DE CRÉATION	REMARQUES
république d'Afrique du Sud	Kruger	18 171 km²	1898-1926	
id.	Etosha Pan	65 000 km²	1958	La plus grande réserve du monde
id. et Botswana	Gemsbok et aire avoisinante	18 500 km²	1931-1940	
Angola	Quiçama	9 960 km²	1938-1957	
Canada	Banff et Jasper	14 310 km²	1887-1907	Ce sont deux parcs contigus
id.	Wood Buffalo	44 280 km²	1922	Bisons
id.	Laurentides	9 275 km²	1895	
id.	La Vérendrye	11 420 km²	1939	
République centrafricaine	Bamingui-Bangoran	10 000 km²	1916 à 1960	
Colombie	Macarena	11 000 km²	1948	
Congo (Kinshasa)	Upemba	9 500 km²	1939	
Côte-d'Ivoire	Bouna	9 000 km²	1953	
Etats-Unis	Yellowstone	8 887 km²	1872	Le plus ancien des parcs nationaux
Kenya	Tsavo	20 800 km²	1948	
Nouvelle-Zélande (île du Sud)	Fiordland	12 092 km²	1952	Oiseau *notornis*, disparu ailleurs
Rhodésie	Wankie	14 353 km²	1927-1949	
Soudan	Parc du Sud	16 000 km²	1939	
Tanzanie	Ruaha	11 500 km²	1964	
id.	Serengeti	14 500 km²	1940-1951	
Venezuela	Canaima	10 000 km²	1962	
Zambie	Kafue	22 000 km²	1950	
id.	Luangwa Valley	12 900 km²	1942	

Remarque. 14 de ces parcs sont situés en Afrique noire, 7 en Amérique, 1 en Océanie.

protectorat [prɔtɛktɔra] n. m. Situation d'un Etat étranger qui était placé sous l'autorité d'un autre Etat, notamment pour tout ce qui concernait ses relations extérieures et sa sécurité : *la Tunisie et le Maroc ont été des protectorats français*. ‖ Nom donné parfois au gouvernement de Cromwell, en Angleterre (1653-1659).

protée [prɔte] n. m. Batracien des eaux souterraines de Dalmatie et de Carniole, à peau blanche et à branchies externes, persistant chez l'adulte. (Long. 20 à 30 cm ; ordre des urodèles.)

Protée. *Myth. gr.* Dieu marin qui avait reçu de Poséidon, son père, le don de prophétie. Il changeait de forme à volonté.

protégé, e n. Personne qui est appuyée par quelqu'un.

protège-cahier n. m. Couverture de toile, de matière plastique, que les écoliers utilisent pour protéger leurs cahiers. ‖ Pl. des *protège-cahiers*.

protéger [prɔteʒe] v. t. (lat. *protegere*) [conj. **5**]. Prendre la défense de quelqu'un, de quelque chose : *protéger les faibles*. (Syn. : DÉFENDRE, GARANTIR, IMMUNISER, PRÉSERVER.) ‖ Appuyer, recommander : *protéger un candidat*. ‖ Donner des encouragements à : *protéger les lettres*. ‖ Garantir, défendre : *des forts nombreux protégeaient Paris*.

protéide n. m. (de *Protée*). Protide complexe, à grosse molécule, formé par des chaînes d'acides aminés, donnant avec l'eau des solutions colloïdales : *les protéides sont des éléments constitutifs essentiels de la matière vivante*. (On distingue les *holoprotéides*, ou *protéines* contenant uniquement des acides aminés, et les *hétéroprotéides*, qui comportent, en outre, un groupement prosthétique leur conférant des propriétés particulières.)

protéiforme adj. (de *Protée*, héros mythologique grec). Qui change fréquemment de forme.

protéine [prɔtein] n. f. Substance organique de poids moléculaire élevé, constituée par un assemblage d'acides aminés réunis non seulement par des liaisons peptidiques, mais aussi par d'autres types de liaison (ce qui les distingue des *polypeptides*).
— ENCYCL. Les *protéines*, ou holoprotéides, ne sont constituées que par des acides aminés. La plupart sont solubles dans l'eau en constituant des solutions colloïdales ; certaines sont insolubles (scléroprotéines). Les protéines contenant dans leur molécule des fonctions acides et basiques se comportent comme des substances amphotères ; elles agissent comme des bases en milieu acide et comme des acides en milieu basique.

protéinurie [prɔteinyri] n. f. Présence de protéines dans les urines. (Ce terme désigne toute émission anormale de protéines simples ; il est donc plus général que le terme ancien d'« albuminurie ». La protéinurie est, en général, le signe d'une atteinte rénale.)

protéique adj. Relatif aux protéines.

protèle [prɔtɛl] n. m. Mammifère carnassier, voisin de l'hyène, propre à l'Afrique du Sud.

protéolyse [prɔteɔliz] n. f. (de *protéide*, et du gr. *luein*, dissoudre). Ensemble des réactions d'hydrolyse qui président à la désintégration des protides et les transforment en acides aminés.

protéolytique [prɔteɔlitik] adj. Qui hydrolyse les protéines.

protérandrie [prɔterɑ̃dri] n. f. *Bot.* Etat d'une fleur dont les étamines sont mûres avant le pistil.

protéroglyphe adj. Se dit du serpent ayant les dents supérieures et antérieures de la bouche développées en crochets et creusées d'un sillon pour l'écoulement du venin.

protestable adj. *Dr.* Qui peut être protesté : *effet protestable, facture protestable*.

protestant, e n. Nom général donné aux adeptes de la Réforme. ‖ — Adj. Qui appartient au protestantisme : *religion protestante*.

protestantisme [prɔtɛstɑ̃tism] n. m. Ensemble des doctrines religieuses et des Eglises issues de la Réforme*.
— ENCYCL. Les principales branches du protestantisme sont : 1° le *luthéranisme*, professé en Allemagne, dans les pays scandinaves, etc. ; 2° le *calvinisme*, professé en France, en Suisse, en Hollande, en Ecosse, aux Etats-Unis, etc. ; 3° l'*anglicanisme*, professé en Grande-Bretagne, etc., auquel viennent s'adjoindre de nombreuses sectes sous d'autres dénominations. D'une manière générale, les Eglises protestantes diffèrent du catholicisme sur les points suivants : 1° autorité souveraine des Ecritures en matière de foi, fondée par le témoignage intérieur du Saint-Esprit ; 2° justification par la grâce, par le moyen de la foi, en opposition avec la doctrine du mérite des œuvres ; 3° libre examen, c'est-à-dire interprétation de l'Ecriture par les fidèles sous la discipline du Saint-Esprit et à la lumière de l'Evangile ; 4° deux sacrements seulement, le baptême et la cène, institués par Jésus-Christ ; 5° culte rendu à Dieu seul (opposition à tout ce qui pourrait être regardé comme un culte rendu à la Vierge, aux saints ou aux reliques) ; 6° suppression (en général) de la confession auriculaire, de la hiérarchie ecclésiastique (les Eglises sont alors administrées par des conseils élus par les fidèles), du célibat des prêtres, des vœux monastiques.

protestataire adj. et n. Qui fait une protestation.

protestation n. f. Déclaration en forme, par laquelle on s'élève contre une chose : *protestation par-devant notaire*. ‖ Ecrit qui la contient : *déchirer une protestation*.

protester [prɔtɛste] v. i. (lat. *protestari*, déclarer publiquement). S'élever contre, réclamer : *protester contre une injustice*. ‖ — V. t. ind. **[de]**. Donner l'assurance formelle de : *protester de son innocence*. ‖ — V. t. *Protester un effet de commerce*, faire dresser un protêt.

protêt [prɔtɛ] n. m. (de *protester*). Acte généralement dressé par un huissier, à la requête du porteur d'un effet de commerce, faute de paiement à l'échéance (*protêt faute de paiement*) ou en cas de refus d'acceptation d'une traite par le tiré (*protêt faute d'acceptation*).
— ENCYCL. Depuis 1967, il peut également y avoir *protêt* en cas de non-paiement d'une facture due par un commerçant. (La facture est protestable si elle mentionne le délai dans lequel elle doit être payée, à moins que le débiteur n'ait formulé des réserves dans les dix jours de la réception des marchandises ou de la facture.)

prothalle [prɔtal] n. m. (lat. *pro*, avant, et gr. *thallos*, branche). Organisme végétal issu d'une spore et porteur d'organes reproducteurs sexués. (Syn. GAMÉTOPHYTE.)
— ENCYCL. On ne désigne le gamétophyte sous le nom de *prothalle* que lorsque la spore dont il provient a été rejetée par la plante mère (le sac embryonnaire d'une plante à fleurs n'est pas un prothalle) et lorsque ce gamétophyte forme un simple thalle dépourvu de feuilles (un tapis de mousse n'est donc pas non plus un prothalle). En ce sens restreint, seuls les ptéridophytes ont un prothalle; celui-ci est bisexué chez les fougères, unisexué chez les prêles et chez les lycopodes.

prothèse [prɔtɛz] n. f. (gr. *prothesis*, addition). Ensemble des techniques ayant pour objet le remplacement partiel ou total d'un membre ou d'un organe. ‖ La pièce ou l'appareil de remplacement. (V. *encycl.*) ‖ *Gramm.* V. PROSTHÈSE.
— ENCYCL. Les *prothèses* externes remplacent les membres amputés. Des jambes articulées suppléent aux membres inférieurs manquants; des appareils ingénieux servent pour les membres supérieurs et donnent à l'amputé un maximum de possibilités grâce à des dispositifs divers : crochets, pinces, appareils de préhension pour les amputations limitées à l'avant-bras. Le matériel de prothèse interne s'améliore sans cesse, et les matériaux employés autorisent une bonne tolérance par les tissus voisins; les pièces d'ostéosynthèse, les prothèses de la hanche, les valves artificielles destinées à remplacer certaines valvules cardiaques altérées (valve de Starr) donnent d'excellents résultats. Les prothèses dentaires comprennent les couronnes, les bridges, fixes ou amovibles, les appareils à plaques amovibles, etc.

prothésiste n. Fabricant d'appareils prothétiques.

prothétique adj. Relatif à la prothèse.

prothorax n. m. Premier anneau du thorax des insectes, parfois appelé *corselet*.

prothrombine n. f. Enzyme contenue dans le sang et qui joue un rôle important dans sa coagulation. ● *Taux de prothrombine,* quantité de prothrombine contenue dans le sang examiné, et rapportée à la quantité contenue dans le sang d'un sujet sain, qui est par définition de 100 p. 100. (Le taux de prothrombine s'abaisse spontanément dans les maladies de foie; on le fait baisser artificiellement au cours des traitements anticoagulants.)

protides [prɔtid] n. m. pl. Nom générique des substances organiques azotées : acides aminés, polypeptides, protéines, protéides.
— ENCYCL. Les constituants élémentaires des *protides* sont les aminoacides. Le groupement de plusieurs aminoacides constitue un polypeptide; celui d'un très grand nombre de ces mêmes éléments constitue un protéide. Les protides se trouvent dans tous les éléments vivants, mais ils sont plus abondants dans les viandes, les œufs et le poisson que dans les végétaux. La digestion des protides commence dans l'estomac par action de la pepsine et se poursuit dans l'intestin par celle de la trypsine. C'est seulement au stade aminoacide que se fait l'absorption intestinale. L'organisme reconstruit ses propres polypeptides et protéides à partir des aminoacides reçus, et sur le modèle propre à chaque individu.

protistes [prɔtist] n. m. pl. Règne vivant groupant toutes les espèces unicellulaires dont le noyau est entouré d'une membrane au repos.
— ENCYCL. Les *protistes* s'opposent d'une part aux êtres pluricellulaires (animaux et plantes), d'autre part aux bactéries et aux virus, qui sont de structure plus simple qu'eux. On les divise en trois embranchements : les *protophytes* (chlorelles, diatomées, euglènes), que l'on rattache aux algues; les *rhizoflagellés,* qui n'ont ni cils ni chlorophylle (trypanosome, amibes, coccidiens, foraminifères, radiolaires); les *ciliés,* ou infusoires (paramécie, vorticelle, etc.). Le rôle des protistes est capital tant dans la genèse de nombreuses roches sédimentaires (craie, jaspe, tripoli, calcaire à nummulites ou à fusulines), que dans la pathologie humaine et animale (maladie du sommeil, paludisme, amibiase, coccidiose du lapin).

protistologie [prɔtistɔlɔʒi] n. f. Etude scientifique des protistes, en particulier des formes pathogènes pour l'homme et les animaux.

protococcales [prɔtɔkɔkal] n. f. pl. Ordre d'algues vertes unicellulaires dont le type est le *protococcus,* abondant dans les taches vertes des écorces d'arbres.

protocolaire adj. Conforme au protocole : *une invitation protocolaire.*

protocole [prɔtɔkɔl] n. m. (gr. *prôtokollon;* de *prôtos,* premier, et *colla,* colle). Formulaire pour dresser des actes publics. ‖ Procès-verbal de conférence diplomatique : *dresser un protocole.* ‖ Enoncé d'une question, d'un item, dans un test psychologique. ‖ Cérémonial usité dans les affaires de diplomatie, les réceptions de souverains, etc. ‖ *Fig.* Ensemble des règles du savoir-vivre : *le protocole mondain.*

PROTISTES

Êtres vivants formés d'une seule cellule; noyau et cytoplasme nettement séparés. Les espèces chlorophylliennes sont les protophytes, les autres les protozoaires.

flagellés

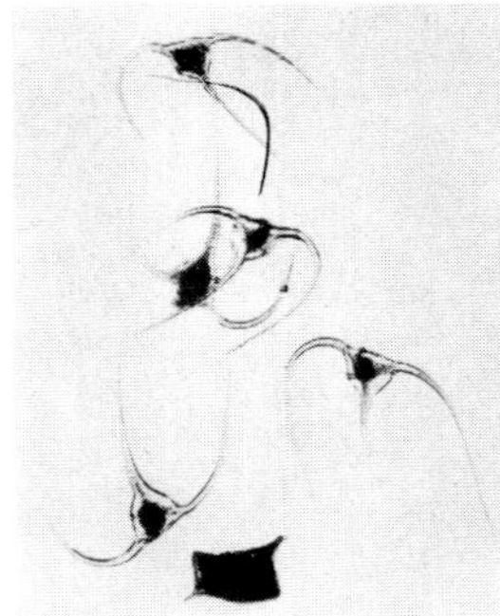
ceratiums

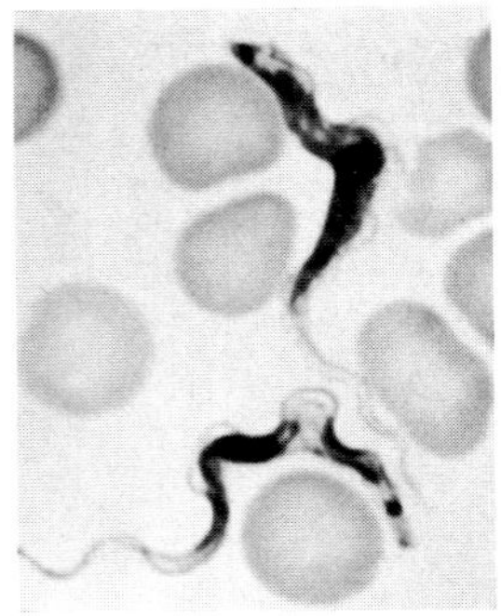
trypanosomes

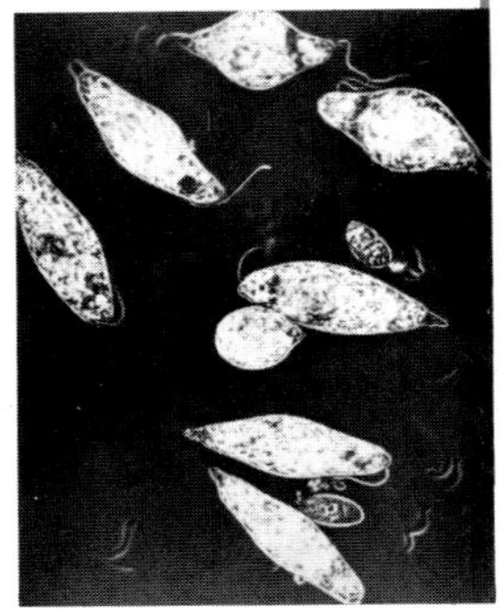
euglènes

rhizopodes (pour les foraminifères v. tableau)

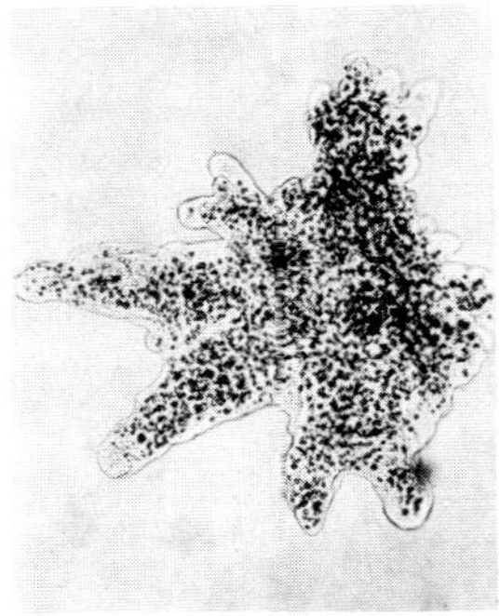
amibe

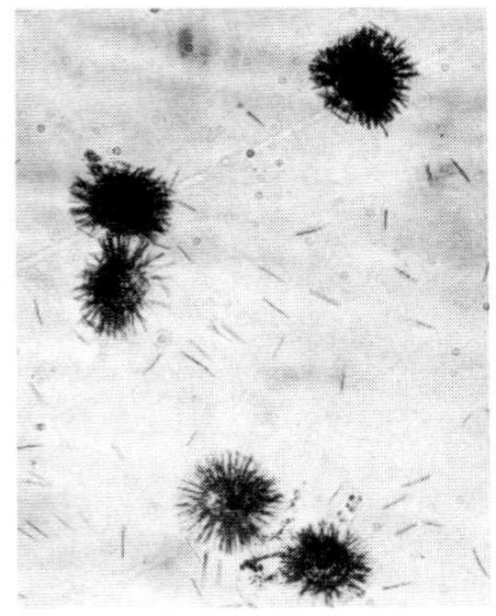
héliozoaires

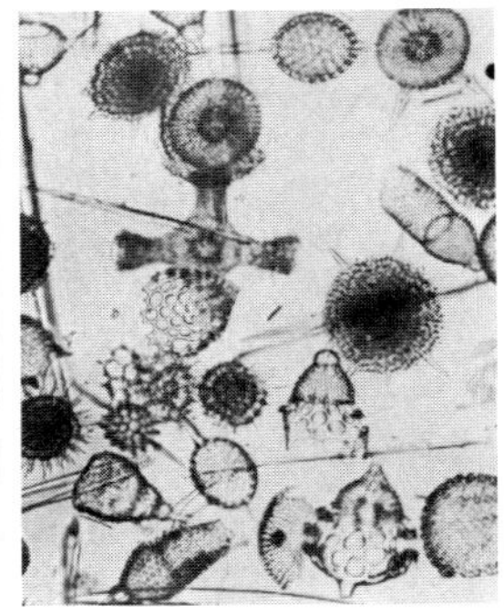
radiolaires

diatomée

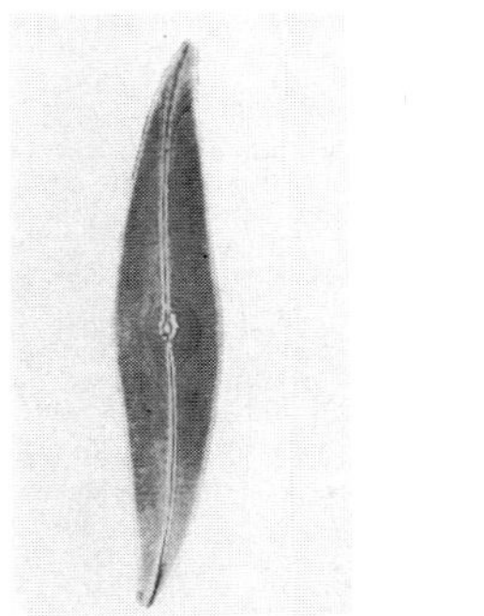
pleurosigma

ciliés

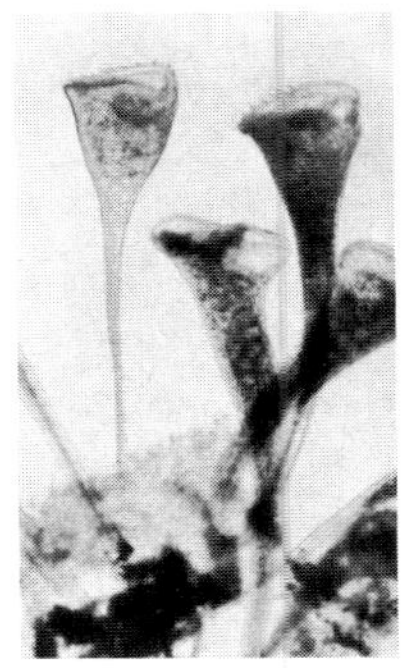
stentors

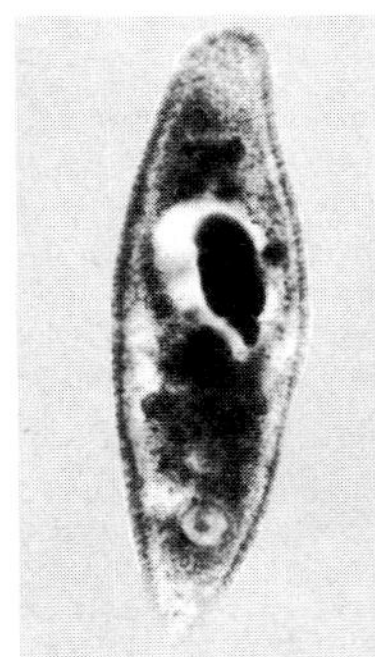
paramécie

protocordés [prɔtɔkɔrde] n. m. pl. Syn. de PROCORDÉS.

Prôtogenês, peintre grec de la fin du IVe s. av. J.-C., né en Carie.

protogine [prɔtɔʒin] n. f. Variété de granite des Alpes.

protogynie [prɔtɔʒini] n. f. *Bot.* Etat d'une fleur dont le pistil est mûr avant les étamines.

protohistoire n. f. Epoque de l'histoire de l'humanité, comprise entre la préhistoire et la période historique proprement dite.

protomalais adj. et n. Se dit d'un type anthropologique qui se rencontre dans l'intérieur des archipels indonésiens (Dayaks, Bataks, etc.), caractérisé par une petite taille, une peau brune et des cheveux noirs.

proton [prɔtɔ̃] n. m. Noyau de l'atome d'hydrogène, corpuscule chargé d'électricité positive.
— ENCYCL. Le *proton* constitue, avec le neutron, l'un des deux éléments contenus dans les noyaux de tous les atomes. Le nombre des protons, égal à celui des électrons planétaires, définit le numéro atomique de l'élément chimique.

protonéma [prɔtɔnema] n. m. Organe filamenteux provenant d'une spore de mousse, et d'où naissent les tiges.

protonique adj. Qui concerne le proton.

protonotaire [prɔtɔnɔtɛr] n. m. (lat. *protonotarius*). Au Moyen Age, archichancelier. ● *Protonotaire apostolique,* le chef des notaires de la cour pontificale, autref. chargé d'écrire les *Actes* des martyrs; auj., simple dignité.

protophytes [prɔtɔfit] n. m. pl. Ensemble des végétaux unicellulaires.

protoplasme [prɔtɔplasm] ou **protoplasma** [-ma] n. m. (gr. *prôtos,* premier, et *plasma*). Ensemble du cytoplasme, du noyau et des autres organites vivants d'une cellule.
— ENCYCL. Le *protoplasme* a une structure colloïdale; il est constitué essentiellement de grosses molécules de protéides, d'eau et de sels minéraux. Suivant les tissus, sa consistance peut être plus ou moins rigide et varier avec les états physiologiques, mais sa coagulation équivaut à la mort de la cellule.

protoplasmique adj. Relatif au protoplasme : *la vie protoplasmique.*

protoptère [prɔtɔptɛr] n. m. Poisson des marais de l'Afrique tropicale, respirant par des branchies et des poumons, et passant la saison sèche dans la vase à l'inté-

▼

Phot. Dr Laporte (5), Fauré-Frémiet, Dr Laporte (3), X.

rieur d'un cocon de mucus séché. (Long. 60 cm ; ordre des dipneustes.)

prototype n. m. (gr. *prôtos,* premier, et *type*). Premier exemplaire, modèle : *étudier un prototype.* ‖ Premier exemplaire construit industriellement d'un ensemble (appareil, machine, etc.) et destiné à expérimenter en service les qualités de cet ensemble en vue de la construction en série.

protoxyde n. m. *Chim.* Oxyde le moins oxygéné d'un élément : *protoxyde d'azote* N_2O.

protozoaires [prɔtɔzɔɛr] n. m. pl. (gr. *prôtos,* premier, et *zôon,* animal). Ensemble des animaux unicellulaires comprenant les ciliés ou infusoires (*paramécie*), les flagellés (*trypanosome*), les rhizopodes (*amibes, foraminifères, radiolaires*), l'hématozoaire du paludisme. (V. PROTISTES.) ‖ Sing. un *protozoaire.*

protractile [prɔtraktil] adj. Qui peut être étiré vers l'avant : *la langue protractile du caméléon.*

protubérance [prɔtyberɑ̃s] n. f. (lat. *pro,* en avant, et *tuber,* tumeur). Saillie, éminence : *Gall prétendait reconnaître les aptitudes d'après les protubérances du crâne.* ‖ *Astron.* Ejection de matière, fréquemment observée autour du disque solaire. ● *Protubérance annulaire* (Anat.), bourrelet nerveux formé par le plancher du mésencéphale, sous le cervelet.

protubérant, e adj. Qui forme une protubérance : *front protubérant.*

protubérantiel [-sjɛl], **elle** adj. Relatif aux protubérances.

protuteur, trice n. Personne qui, sans avoir été nommée tuteur ou tutrice, est fondée à administrer les affaires d'un mineur, notamment hors du pays où celui-ci est domicilié.

prou [pru] adv. (de l'anc. fr. *prou,* avantage). *Peu ou prou,* peu ou beaucoup (vieilli).

Proudhon (Pierre Joseph), théoricien socialiste français, né à Besançon (1809-1865). Ancien imprimeur, il s'installa comme journaliste à Paris en 1838. Député à la Constituante en 1848, il créa la Banque du peuple en 1848, fut plusieurs fois condamné et emprisonné, et dut s'exiler à Bruxelles de 1858 à 1862. Il a écrit : *Qu'est-ce que la propriété?* (1840), *la Philosophie de la misère* (1846), *Du principe fédératif* (1863), *Théorie de la propriété* (1865), etc. Individualiste teinté d'anarchisme, il rêve d'une société « mutuelliste » sur le plan économique et social, et fédéraliste sur le plan politique. Il faut éliminer la pratique de la hiérarchie des classes et la remplacer par le principe de l'association libre et égalitaire. C'est sur celle-ci que serait fondée toute unité de production : la disparition progressive des classes serait également rendue possible par la suppression de l'intérêt sur le crédit. Il lui est arrivé de proclamer « la propriété, c'est le vol » dans l'intention de montrer que le travail est seul productif, alors que le profit du propriétaire est un véritable « droit d'aubaine », qu'il espérait faire disparaître grâce au crédit.

proudhonien [prudɔnjɛ̃], **enne** [-ɛn] adj. Relatif à Proudhon ou à son système. ‖ — N. Partisan du système de Proudhon.

proue [pru] n. f. (anc. provenç. *proa,* lat. *prora*). Partie avant d'un navire (par oppos. à la *poupe*).

prouesse [pruɛs] n. f. (de *preux*). Acte de courage, de valeur : *les prouesses de Bayard.* ‖ Exploit, succès quelconque : *les prouesses d'un sportif.*

Prousa ou **Prusa,** v. de la Bithynie ancienne. (Auj. Brousse.)

Prousias ou **Prusias Ier** (m. v. 182 av. J.-C.), roi de Bithynie (v. 229-v. 182 av. J.-C.). Il accueillit Hannibal. — PROUSIAS II, son fils (m. en 149 av. J.-C.), roi de Bithynie (v. 182-v. 149 av. J.-C.), se mit sous le protectorat de Rome.

Proudhon
par Courbet, *Louvre*

Joseph Louis **Proust**
Bibl. nat.

Marcel **Proust**
par Jacques Emile Blanche
coll. Mante-Proust

Proust (Joseph Louis), chimiste et pharmacien français, né à Angers (1754-1826). Spécialiste de l'analyse par voie humide, il isola le glucose. C'est en montrant la constance de la composition de l'eau qu'il énonça en 1806 la loi des proportions définies.

Proust (Marcel), écrivain français, né à Paris (1871-1922). Il est le fils du professeur Adrien **Proust** (1834-1903), d'une vieille famille beauceronne et catholique, et de Jeanne Weil, alsacienne d'origine juive. D'une santé délicate, il est sujet, dès l'âge de neuf ans, à des crises d'asthme. Après de bonnes études au lycée Condorcet, il mène une vie apparemment oisive et mondaine, mais il esquisse dans *les Plaisirs et les jours* (1896) puis dans un roman autobiographique, *Jean Santeuil* (publié en 1952), les thèmes essentiels de son œuvre future. S'il prend une part active à la campagne de réhabilitation de Dreyfus, il réfléchit surtout sur la création artistique à travers les traductions qu'il fait de Ruskin (*la Bible d'Amiens,* 1904 ; *Sésame et les lys,* 1906) et la rédaction d'un long essai critique, *Contre Sainte-Beuve* (publié en 1954). A partir de 1906, il mène une vie de reclus, dormant le jour et travaillant la nuit dans une chambre tapissée de liège, embrumée par les fumigations. Desservi par sa réputation de riche amateur, il doit payer les frais d'impression du premier volume (*Du côté de chez Swann,* 1913) de ce qui deviendra *À* la recherche du temps perdu.* La Première Guerre mondiale interrompt la publication de l'œuvre, mais favorise son développement. Les éditeurs de *la Nouvelle Revue française* lancent *À l'ombre des jeunes filles en fleurs,* qui, en 1919, obtient le prix Goncourt. Brusquement célèbre, mais devinant la mort proche, Proust s'impose un terrible travail. S'il peut achever son roman, il ne voit cependant pas la publication des derniers volumes, que prolongent des recueils de *Pastiches et mélanges* (1919) et de *Chroniques* (1927). Faisant de l'art un moyen de déchiffrement d'une réalité intérieure, l'œuvre de Proust marque l'aboutissement d'une conception de l'existence et de l'écriture, en même temps qu'elle renouvelle la matière et la technique du roman.

Prout ou **Prut** (le), affluent du Danube (r. g.), qui sépare la Roumanie de l'U. R. S. S. ; 950 km.

Prout (William), chimiste et médecin anglais, né à Horton (1785-1850). Il montra la présence d'acide chlorhydrique dans le suc gastrique et émit, en 1815, l'hypothèse selon laquelle tous les éléments chimiques seraient formés d'hydrogène condensé.

prouvable adj. Qui peut être prouvé : *assertion prouvable.*

prouver [pruve] v. t. (lat. *probare,* approuver). Etablir la vérité d'une chose par des raisonnements, des témoignages incontestables : *prouver un fait.* (Syn. : CONFIRMER, DÉMONTRER, JUSTIFIER, RÉVÉLER.) ‖ Marquer, dénoter : *cette réponse prouve de l'esprit.*

provenance n. f. Origine : *marchandises de provenance étrangère.*

provençal [prɔvɑ̃sal], **e, aux** [-o] adj. et n. De la Provence. ‖ — N. m. Langue romane parlée en Provence : *parler le provençal.* ‖ **— A la provençale** loc. adv. Se dit d'une préparation culinaire à base d'ail.

Provence, anc. prov. du sud-est de la France.
● *Géographie.* Géographiquement, on rattache à la Provence historique le comtat Venaissin (région d'Avignon) et le comté de Nice. On distingue alors : la *Provence rhodanienne* (comtat Venaissin, Crau, Camargue) ; la *Provence intérieure,* au relief varié, formé de chaînons calcaires (Sainte-Victoire, Sainte-Baume), de massifs anciens (Maures, Esterel), des Plans de Provence, du plateau de Valensole et de l'ensemble des Préalpes du Sud ; la *Provence maritime,* entre l'embouchure du Rhône et la frontière italienne.
La *Provence rhodanienne* correspond aux plaines du bas Rhône. Dans le *Comtat,* l'irrigation (alimentée par les eaux de la basse Durance et de ses affluents) a favorisé dès le XIXe s. l'essor des cultures maraîchères et fruitières (remplaçant la traditionnelle polyculture méditerranéenne), associées localement à la viticulture (Châteauneuf-du-Pape). Les villes, Châteaurenard, Orange, Cavaillon, Carpentras, commercialisent la production. Avignon possède, en outre, quelques industries (métallurgie, textiles). Au sud des Alpilles, la *Crau,* étendue caillouteuse, steppique, a été partiellement transformée par l'irrigation en un bocage portant des vignobles, des cultures fruitières et surtout fourragères (foin). Entre les deux bras principaux du Rhône, la *Camargue,* qui en constitue le delta, est une région amphibie, parsemée de lagunes, dont l'étang de Vaccarès est la plus vaste. L'élevage extensif des taureaux et des chevaux a reculé devant le riz (la région fournit la quasi-totalité de la production française), cependant que le vignoble et les marais salants se maintiennent. Administrativement, la Camargue appartient à la commune d'Arles, principale ville sur le Rhône, au sud d'Avignon.
Une partie de la *Provence intérieure,* avec l'ensemble des Préalpes du Sud qui environne le plateau de Valensole, et avec les Plans de Provence, peut être rattachée aux Alpes du Sud (v. ALPES FRANÇAISES). Les chaînes calcaires de l'Ouest, de direction zonale, sont séparées

Provence

cultures maraîchères près de Cavaillon

massif de l'Esterel

Phot. Almasy, Giraudon, Larousse, Geay - Lauros - Atlas-Photo, galerie Charpentier.

par des vallées et bassins (Nesque, Coulon, l'ancienne vallée de la basse Durance, Arc). L'irrigation a entraîné le recul de la polyculture sèche au profit des cultures fruitières et maraîchères. Le même type d'économie rurale (avec une plus grande importance du vignoble) se retrouve dans la dépression permienne de l'Argens, dont la basse vallée sépare les massifs anciens, dépeuplés, des Maures à l'ouest, et de l'Esterel à l'est. L'ensemble de cette région doit bénéficier de l'achèvement du *canal de Provence,* canal d'irrigation alimenté par les eaux du Verdon, qui doit valoriser en fin d'opération 60 000 ha. Le sous-sol recèle un peu de charbon (brûlé à Gardanne) et surtout les principaux gisements de bauxite d'Europe occidentale (Brignoles). Les villes sont des centres administratifs et des marchés, tel Draguignan. Aix-en-Provence tend à s'intégrer à l'agglomération de Marseille*, située à l'ouest d'un littoral animé essentiellement, en dehors de Toulon, par le tourisme (v. CÔTE D'AZUR). La Provence constitue une région de programme (*Provence-Côte d'Azur*), groupant les départements suivants : Alpes-de-Haute-Provence, Hautes-Alpes, Alpes-Maritimes, Bouches-du-Rhône, Var, Vaucluse.
● *Histoire.* Dès le Ve s. av. J.-C. se développa sur les côtes provençales l'empire maritime de la ville phocéenne de Massalia (Marseille). Envahi par les Celto-Ligures, le pays aida les Romains à vaincre ces derniers. A partir de 49 av. J.-C. (prise de Marseille par César), de nombreuses colonies romaines de vétérans se fondèrent dans cette région, qui devint en 22 av. J.-C. la province sénatoriale de Narbonnaise. La romanisation intense de la Provence amena les empereurs (IIIe s.) à la dédoubler (Narbonnaise, Viennoise). Très tôt, la Provence fut un foyer de christianisme qui rayonna sur la France. A partir de 476, Wisigoths, Burgondes, Ostrogoths envahirent le pays, qui subit la conquête franque au VIe s. Un premier royaume fut formé au IXe s. Au Xe s. naquit le royaume de Bourgogne-Provence, dont l'histoire fut marquée par un grand développement démographique et économique. Uni à la Catalogne au XIIe s., le comté de Provence recouvra son autonomie au XIIIe s. Il connut la prospérité sous la maison d'Anjou (1246-1481), notamment sous le règne bienfaisant de René d'Anjou (1434-1480). En 1481, Charles du Maine, neveu et héritier du roi René, légua la Provence au roi de France.

Provence (*comte* DE). V. LOUIS XVIII.

Provenchères-sur-Fave (88490), ch.-l. de c. des Vosges (arr. de Saint-Dié) ; 728 h. (630 aggl.).

provende [prɔvɑ̃d] n. f. (lat. *praebenda,* choses devant être fournies). Mélange de grains concassés et de fourrages hachés, pour bestiaux.

provenir [prɔvnir] v. i. (lat. *provenire*) [conj. **16**]. Résulter, dériver, venir de : *ces désordres proviennent d'un manque de surveillance.*

Provenzale (Francesco), compositeur italien, né à Naples (1627-1704). Il excella dans le genre de l'opéra (*Cloridea,* 1660).

proverbe [prɔvɛrb] n. m. (lat. *proverbium*). Maxime exprimée en peu de mots et devenue populaire. ‖ Petite comédie qui est le développement d'un proverbe : *les proverbes d'Alfred de Musset.* ● *Passer en proverbe,* devenir proverbe : *beaucoup de vers de Boileau sont passés en proverbe ;* devenir proverbial : *l'avarice d'Harpagon est passée en proverbe.*

Proverbes (*Livre des*), livre canonique de l'Ancien Testament, contenant des maximes morales, et qui fut constitué vers 480 av. J.-C.

proverbial, e, aux adj. Qui tient du proverbe : *expression proverbiale.* ‖ Qui est toujours cité comme type, comme exemple : *la cruauté proverbiale de Néron.*

proverbialement adv. De façon proverbiale.

providence [prɔvidɑ̃s] n. f. (lat. *providentia ;* de *providere,* prévoir). *Théol.* Suprême sagesse par laquelle Dieu conduit toutes choses. ‖ Dieu : *les décrets de la Providence sont insondables.* (En ce sens, prend une majuscule.) ‖ *Fig.* Personne qui veille, qui aide, protège : *la mère est la providence de la famille.*

Providence, v. des Etats-Unis, cap. du Rhode Island ; 187 000 h. Constructions mécaniques.

providentiel, elle adj. Envoyé par la Providence : *un événement providentiel.* ‖ Qui arrive par un heureux hasard : *un secours providentiel.*

providentiellement adv. De façon providentielle.

provignage ou **provignement** n. m. Marcottage de la vigne que l'on obtient en couchant à terre la souche tout entière.

provigner [prɔviɲe] v. t. (de *provin*). Syn. de MARCOTTER, en parlant plus spécialement de la vigne. ‖ — V. i. Se multiplier par provins ou par marcottes : *le rosier provigne beaucoup.*

provin [prɔvɛ̃] n. m. (lat. *propago, inis*). Cep de vigne ou rameau d'arbre fruitier qui a été provigné. ‖ La fosse dans laquelle on le couche.

province [prɔvɛ̃s] n. f. (lat. *provincia*). Division territoriale placée sous l'autorité d'un délégué du pouvoir central : *les provinces romaines.* ‖ Ensemble des habitants de ce territoire : *pacifier les provinces soulevées.* ‖ Toute la France, en dehors de la capitale et de sa proche banlieue : *se fixer en province.* ‖ Ensemble des habitants des départements : *la province envahit Paris.*

Provinces maritimes, nom donné à l'ensemble formé par les trois provinces canadiennes du Nouveau-Brunswick, de la Nouvelle-Ecosse et de l'île du Prince-Edouard.

verger de **pruniers**

Provinces-Unies, nom porté par la partie septentrionale des Pays-Bas de 1579 à 1795.

provincial, e, aux adj. Qui tient de la province : *accent provincial.* ‖ *Péjor.* Un peu gauche : *avoir l'air provincial.* ‖ — N. Personne qui habite la province.

Provinciales (*les*), dénomination donnée couramment à 18 lettres de Blaise Pascal, publiées d'abord anonymement (1656-1657), puis remaniées et réunies en 1657, sous le pseudonyme de Louis de MONTALTE. Prenant, contre les jésuites, la défense des jansénistes de Port-Royal, l'auteur y attaque la morale trop indulgente des casuistes.

provincial n. m. Supérieur régional de plusieurs maisons d'un même ordre religieux.

provincialat [-la] n. m. Charge de provincial. ‖ Sa durée.

provincialisme n. m. Locution particulière à une province, à une contrée. ‖ Gaucherie particulière que l'on prête à la province, par opposition à Paris.

Provins [-vɛ̃] (77160), ch.-l. d'arr. de Seine-et-Marne, sur la Voulzie, affl. de la Seine ; 11 869 h. (*Provinois*). Remparts des XIIe-XIVe s. Tour de César (donjon des XIIe-XIIIe s.). Eglises (XIe-XVIe s.). Nombreuses maisons anciennes. Centre commercial et touristique. — L'arr. a 7 cant., 132 comm., 89 172 h.

proviseur [prɔvizœr] n. m. (lat. *provisor,* qui pourvoit à). Administrateur chargé de la direction d'un lycée de garçons.

provision [prɔvizjɔ̃] n. f. (lat. *provisio,* prévoyance). Ensemble de choses nécessaires ou utiles : *provision d'eau, de vin.* ‖ Somme qu'un tribunal adjuge provisoirement ou qu'un client dépose préalablement : *verser une provision à son avoué.* ‖ Couverture, en termes de banque : *un chèque sans provision.* ● *Faire ses provisions,* se pourvoir des choses nécessaires à la consommation. ‖ *Jugement exécutoire par provision,* préalablement à la sentence définitive.

provisionnel, elle adj. Qui se fait par provision, en attendant le règlement définitif : *versement provisionnel ; acompte provisionnel.*

provisoire [prɔvizwar] adj. (du lat. *provisus,* prévu). Qui a lieu, qui se fait en attendant un autre état de choses : *gouvernement provisoire.* ‖ *Dr.* Se dit d'un jugement prononcé en attendant la solution du procès. ‖ — N. m. Ce qui dure un temps : *sortir du provisoire.*

provisoirement adv. En attendant : *loger provisoirement à l'hôtel.*

provisorat [-ra] n. m. Fonction de proviseur. ‖ Sa durée.

provitamine n. f. Substance inactive existant dans les aliments, et que l'organisme transforme en vitamine active.

provocant, e adj. Qui irrite, excite ou incite : *allure provocante.*

provocateur, trice adj. et n. Qui provoque : *un ton provocateur.* ● *Agent provocateur,* personne qui suscite des mouvements séditieux pour justifier des représailles.

provocation n. f. Défi. ‖ Incitation à commettre des actes répréhensibles.

provoquer [prɔvɔke] v. t. (lat. *provocare,* appeler). Inciter, appeler à : *provoquer quelqu'un à boire.* ‖ Défier : *provoquer quelqu'un au combat.* ‖ Produire, occasionner, favoriser : *l'opium provoque le sommeil.*

proxénète [prɔksenɛt] n. (gr. *proxenêtês,* courtier). Personne qui fait le métier d'entremetteur.

proxénétisme n. m. Activité de celui ou de celle qui favorise la débauche en servant d'intermédiaire.

proximité [prɔksimite] n. f. (du lat. *proximus,* proche). Voisinage immédiat. ● *Fusée de proximité* ou *fusée-radar,* fusée-détonateur qui se déclenche dès qu'elle détecte l'objectif. ‖ **— A proximité de** loc. prép. Près de.

proyer [prwaje] n. m. (lat. *pratarius*). Oiseau passereau du genre *bruant,* à chair estimée.

prude [pryd] adj. et n. f. (de *preux*). Qui affecte une vertu austère, hautaine, dans tout ce qui concerne la bienséance et la pudeur : *femme prude.* ‖ — Adj. Qui marque la pruderie : *air prude.*

prudemment [-damɑ̃] adv. Avec prudence.

prudence n. f. (lat. *prudentia*). Vertu qui fait prévoir et éviter les fautes et les dangers : *la prudence doit être la règle de toutes nos actions.*

Prudence, en lat. **Aurelius Prudentius Clemens,** poète latin chrétien, né à Calahorra (Espagne) [348-v. 415]. Auteur d'hymnes, de pamphlets, il créa dans la *Psychomachie,* combat entre les vices et les vertus, le poème allégorique.

prudent [prydɑ̃], **e** [-ɑ̃t] adj. et n. (lat. *prudens*). Qui a de la prudence : *un conseiller prudent.* ‖ — Adj. Conforme à la prudence : *réponse prudente.* ‖ — Syn. : AVISÉ, CIRCONSPECT, PRÉCAUTIONNEUX, PRÉVOYANT, RÉFLÉCHI.

pruderie n. f. Affectation de vertu en parlant des femmes.

Prudhoe (*baie*), baie de la côte nord de l'Alaska. Grand gisement de pétrole.

prud'homal, e, aux adj. Relatif aux conseils de prud'hommes : *procédure prud'homale.*

prud'homme [prydɔm] n. m. (de *preux, -de,* et *homme*). Membre d'un tribunal électif (*conseil* de prud'hommes*), composé paritairement de représentants des salariés et des employeurs, en vue de trancher les conflits individuels du travail.

Prudhomme (Monsieur Joseph), personnage créé par Henri Monnier pour caricaturer le petit bourgeois borné et satisfait de soi, et dont le conformisme s'exprime en de solennelles niaiseries.

prudhommerie n. f. Caractère, langage analogue à ceux de Monsieur Prudhomme.

prudhommesque adj. Sentencieux, banal.

Prud'hon (Pierre Paul), peintre français, né à Cluny (1758-1823). Admirateur du Corrège et de Léonard de Vinci, à qui il doit ses éclairages mystérieux, il tient encore au XVIIIe s. et annonce le romantisme. Outre des compositions mythologiques ou allégoriques et de nombreux portraits (*la Justice et la Vengeance divine poursuivant le crime, l'Impératrice Joséphine,* au Louvre), il a laissé des dessins au fusain et à la craie blanche sur papier bleuté, qui sont sans doute le meilleur de son œuvre (portrait de *Constance Mayer,* Louvre).

pruine [prɥin] n. f. (lat. *pruina,* givre). Matière cireuse qui, sous forme d'une mince couche poudreuse, recouvre les fruits, les champignons, etc.

prune n. f. (lat. *prunum*). Fruit du prunier : *eau-de-vie de prunes.* (V. *encycl.*) ● *Pour des prunes* (Fam.), pour des bagatelles, pour rien.
— ENCYCL. Les principales variétés de *prunes* sont : la *reine-claude,* la *mirabelle,* la *prune de Monsieur,* la *prune précoce de Tours,* la *prune d'Agen,* la *quetsche,* etc. Avec ce fruit, on fait de la compote, des confitures et de l'eau-de-vie. (V. illustr. FRUITS.)

pruneau [pryno] n. m. Prune séchée au four ou au soleil en vue de sa conservation : *les pruneaux d'Agen.* ‖ *Pop.* Balle, petit projectile.

prunelle [prynɛl] n. f. Petite prune sauvage, fruit du prunellier. ‖ Liqueur faite avec ce fruit. ‖ Autre nom de la *pupille* de l'œil. ● *Comme la prunelle de ses yeux,* avec grand soin, avec amour.

Prunelli-di-Fiumorbo (20243), ch.-l. de c. de la Corse (arr. de Corte) ; 1 536 h. (284 aggl.).

prunellier n. m. Prunier sauvage, qui croît surtout dans les haies.

prunier [prynje] n. m. Arbre cultivé surtout pour son fruit comestible (*prune*). [Le prunier se plaît partout, sauf dans les sols trop compacts ou trop humides ; ses fleurs, qui apparaissent avant les feuilles, sont blanches. Famille des rosacées.]

prunus [prynys] n. m. Nom botanique du *prunier.*

prurigineux, euse adj. Qui cause de la démangeaison : *éruption prurigineuse.* ‖ Qui est de la nature du prurigo.

prurigo [pryrigo] n. m. (mot lat. signif. *démangeaison*). Nom de diverses affections cutanées caractérisées par des démangeaisons intenses. (Le *prurigo simple,* ou *strophulus,* se manifeste par de petites bulles de liquide clair [de 2 à 3 mm] entourées de rouge, le *prurigo nodulaire* par des papules.)

prurit [pryrit] n. m. (lat. *pruritus ;* de *prurire,* démanger). Vive démangeaison.
— ENCYCL. Le *prurit* peut être dû à des parasites (poux, morpions, puces, etc.), à des maladies de peau (prurigo, eczéma, etc.), à des affections endocriniennes (ovaires), métaboliques (diabète), viscérales (foie), ou à certaines intoxications. Le diagnostic de la cause, parfois difficile, est nécessaire au traitement de celle-ci, mais divers moyens simples (poudres, crèmes, lotions) permettent d'atténuer les manifestations du prurit.

Prus (Aleksander GŁOWACKI, dit **Bolesław**), écrivain polonais, né à Hrubieszów (1847-1912). Peintre de mœurs, hostile à l'esprit romantique dans ses *Esquisses*

Phot. Cuny.

varsoviennes (1872), il analysa les anomalies sociales et économiques de la vie polonaise dans des romans teintés d'ironie (*l'Avant-Poste*, 1886; *la Poupée*, 1890; *Emancipées*, 1893; *le Pharaon*, 1895).

Prusa. V. PROUSA.

Prusias. V. PROUSIAS.

Prusse, en allem. **Preussen,** anc. Etat de l'Allemagne du Nord.
La Prusse fut conquise au XIIIe s. par les chevaliers Teutoniques, qui, après la bataille de Grunwald (1410) et la paix de Toruń (1466), durent reconnaître la suzeraineté polonaise. En 1525, le grand maître Albert de Brandebourg sécularisa l'ordre Teutonique et prit le titre de duc de Prusse. En 1618, le duché devint possession des Hohenzollern, princes Electeurs de Brandebourg. *Frédéric-Guillaume* (1640-1688) tira de notables bénéfices de la paix de Westphalie, organisa l'Etat prussien, créa une armée permanente, accueillit avec empressement les victimes de la révocation de l'édit de Nantes, devenant le plus puissant prince protestant d'Allemagne. En 1701, la maison de Habsbourg reconnut Frédéric III (1688-1713) comme roi en Prusse, sous le nom de *Frédéric Ier*. Frédéric-Guillaume Ier (1713-1740), *le Roi-Sergent*, organisa une solide armée. *Frédéric II le Grand* (1740-1786), habile administrateur et grand homme de guerre, se distingua dans la guerre de la Succession d'Autriche et résista pendant la guerre de Sept Ans aux efforts combinés de la France, de l'Autriche et de la Russie. Il peupla ses Etats en y attirant les émigrés des pays voisins et agrandit fortement le territoire prussien, qui bénéficia de la conquête de la Silésie et des démembrements successifs de la Pologne. Vaincus à Valmy par la Révolution (1792), à Iéna par l'Empire (1806), et amoindris à Tilsit (1807), les Prussiens prirent leur revanche à Leipzig (1813), à Waterloo (1815) et au congrès de Vienne, où ils rentrèrent en possession de leurs territoires perdus. La Prusse, entrée dans la Confédération germanique, y prit peu à peu, au détriment de l'Autriche, une influence qui, contrecarrée par les Habsbourg sous Frédéric-Guillaume IV (1840-1861), fut décisive sous le règne de Guillaume Ier (1861-1888). A la suite de la victoire prussienne sur l'Autriche à Sadowa (1866), la Confédération de l'Allemagne du Nord remplaça l'ancienne Confédération germanique. Quatre ans plus tard, les Prussiens, qui avaient entraîné le reste de l'Allemagne, triomphaient de la France (guerre franco-allemande, 1870-1871) et le roi de Prusse était proclamé empereur allemand, sous le nom de *Guillaume Ier* (Versailles, 1871). Depuis lors, l'histoire de la Prusse se confondit avec celle de l'Allemagne, dont la Prusse demeura l'âme; aussi subit-elle en 1919 presque toutes les pertes imposées à l'Allemagne, dont elle forma le principal Etat libre après la chute de la royauté prussienne (nov. 1918). La souveraineté nationale de la Prusse a été par la suite progressivement transférée au Reich (1933-1945).

Prusse-Occidentale, anc. prov. de l'Allemagne, dont la cap. était *Dantzig*. Provenant du partage de la Pologne en 1795, redevenue polonaise en 1919, réoccupée par l'Allemagne en 1939, elle fut attribuée de nouveau à la Pologne en 1945.

Prusse-Orientale, anc. prov. de l'Allemagne orientale, partagée en 1945 entre l'U. R. S. S. et la Pologne.

Prusse-Rhénane, région d'Allemagne qui a fait partie de la Prusse jusqu'en 1946 et qui est aujourd'hui partagée entre les Etats de Rhénanie-du-Nord-Westphalie et de la Rhénanie-Palatinat. V. pr. *Coblence*.

prussiate [prysjat] n. m. *Chim.* Sel de l'acide prussique ou cyanhydrique. (On dit plutôt CYANURE.)

prussien [prysjɛ̃], **enne** [-ɛn] adj. et n. De la Prusse : *l'armée prussienne.* ‖ **— A la prussienne** loc. adv. A la manière des Prussiens, avec une régularité automatique : *exercice à la prussienne.*

prussique [prysik] adj. m. *Acide prussique,* v. CYANHYDRIQUE.

Pruszków, v. de Pologne, au sud-ouest de Varsovie; 37 000 h. Industries métallurgiques et chimiques.

Prut (le). V. PROUT.

prytane [pritan] n. m. (gr. *prutanis*). *Antiq. gr.* Principal magistrat dans beaucoup de cités. ‖ Chacun des cinquante délégués de chaque tribu qui formaient à Athènes le Conseil des Cinq-Cents.

prytanée n. m. (gr. *prutaneion*). A Athènes, ensemble des cinquante sénateurs qui formaient la commission permanente du sénat. ‖ Edifice habité par les prytanes. ● *Prytanée militaire*, établissement militaire d'enseignement du second degré. (V. *encycl.*)
— ENCYCL. Le *Prytanée militaire* de La Flèche (Sarthe) occupe les bâtiments d'un ancien collège de jésuites fondé en 1604 par Henri IV, transformé au XVIIIe s. par Choiseul en institution militaire préparatoire à l'Ecole royale militaire de Paris et réorganisé en 1808 par Napoléon. Il est commandé par un colonel, et l'enseignement (de la 6e aux classes préparatoires aux grandes écoles militaires) est dispensé par des professeurs de l'Université. Les élèves sont recrutés par concours parmi les fils de militaires, de fonctionnaires et d'anciens combattants.

Przemyśl, v. de Pologne (Galicie); 44 000 h. Métallurgie. Combats en 1914 et 1915 entre les Austro-Allemands et les Russes.

Przybyszewski (Stanisław), écrivain polonais, né à Łojewo, près d'Inowrocław (1868-1927), auteur de la trilogie *Homo sapiens.*

psalliote

psallette [psalɛt] n. f. *Mus.* Syn. de MAÎTRISE.

psalliote [psaljɔt] n. f. Champignon comestible à lames et à anneau. (La *psalliote des champs* est cultivée sous le nom de *champignon de couche**. Classe des basidiomycètes; famille des agaricacées.)

psalmiste [psalmist] n. m. (lat. *psalmista*). Auteur de psaumes. ‖ *Spécialem.* Le roi David. (En ce sens, prend une majuscule.)

psalmodie [psalmɔdi] n. f. (gr. *psalmos*, psaume, et *ôdê*, chant). Manière de chanter, de réciter les psaumes. ‖ *Fig.* Manière monotone de débiter, d'écrire.

psalmodier v. t. et v. i. Réciter des psaumes sans inflexion de voix, avec repos marqués. ‖ *Fig.* Débiter d'une manière monotone.

psalmodique adj. Relatif à la psalmodie : *chant psalmodique.*

psaltérion [psalterjɔ̃] n. m. Anc. instrument de musique à cordes, de la forme du tympanon. (Il est suspendu au cou ou tenu sur les genoux. On le joue avec un plectre.)

Psammétik Ier, fondateur de la XXVIe dynastie égyptienne, roi de 663 à 609 av. J.-C., restaurateur de la puissance militaire de l'Egypte. — PSAMMÉTIK II fut roi d'Egypte de 594 à 588 av. J.-C. — PSAMMÉTIK III, roi d'Egypte de 526 à 525 av. J.-C., fut détrôné par Cambyse, roi de Perse, et mis à mort.

psaume [psom] n. m. (gr. *psalmos*, air joué sur le psaltérion). Cantique ou chant sacré des Hébreux et des chrétiens.
— ENCYCL. Le psautier actuel comprend 150 *psaumes*, dont la composition s'échelonne du XIe au IIe s. av. J.-C. Le compositeur le plus célèbre est le roi David, véritable initiateur du mouvement psalmique en Israël. Les psaumes se rencontrent dans toutes les heures de l'office divin. L'actuelle réforme liturgique tend à limiter le nombre des psaumes imposés au bréviaire.
— *Mus.* Le *psaume* est formé de versets, ou strophes. On le récite ou on le psalmodie parfois à deux groupes de voix alternant. Il peut être mis en musique polyphonique (Goudimel, Le Jeune, Lassus) ou concertante (Monteverdi, Marcello, Delalande, Mozart).

psautier n. m. Recueil des psaumes contenus dans la Bible.

pschent [pskɛnt] n. m. Coiffure des pharaons de l'Egypte ancienne, formée de deux couronnes emboîtées, symbolisant l'union de la Haute- et de la Basse-Egypte.

Psellos (Michel), homme d'Etat et écrivain byzantin, né à Constantinople (1018-1078), conseiller d'Isaac Ier Comnène et restaurateur de la philosophie platonicienne. Les historiens ont beaucoup utilisé sa *Chronographie.*

pseudarthrose [psødartroz] n. f. *Chir.* Articulation anormale qui se forme au niveau d'une fracture dont la consolidation ne peut se faire.

pseudo-névroptères n. m. pl. *Entomol.* Syn. de ARCHIPTÈRES.

pseudonyme [psødɔnim] n. m. et adj. (gr. *pseudos*, menteur, et *onoma*, nom). Nom supposé sous lequel certains auteurs publient leurs ouvrages, ou sous lequel certains personnages dissimulent leur véritable identité.

pseudopode [psødɔpɔd] n. m. (gr. *pseudos*, menteur, et gr. *pous, podos*, pied). Expansion du protoplasme, servant d'appareil locomoteur ou préhenseur aux protozoaires et aux leucocytes.

psi [psi] n. m. Vingt-troisième lettre de l'alphabet grec (ψ), correspond à *ps.*

psitt! [psit], ou **pst!** [pst] interj. Sifflement pour appeler, attirer l'attention. (S'écrit aussi PS'T ou S'T.)

psittacidés [psitaside] n. m. pl. Famille d'oiseaux grimpeurs, comprenant les *perroquets*, les *perruches*, etc. ‖ Sing. un *psittacidé.*

psittacisme [psitasism] n. m. (du lat. *psittacus*, perroquet). Trouble psychique consistant à raisonner sur les mots sans avoir dans l'esprit les idées qu'ils représentent. ‖ Répétition mécanique de notions qui n'ont pas été assimilées.

psittacose [psitakoz] n. f. Maladie microbienne des perroquets, qui peut se communiquer à l'homme.

Pskov, v. de l'U. R. S. S. (R. S. F. S. de Russie), au sud-ouest de Leningrad; 127 000 h. Nombreuses églises médiévales. Enceinte fortifiée.

psoas [psɔas] n. m. (gr. *psoas*, lombes). Nom de deux muscles pairs appliqués antérieurement sur les côtés des vertèbres lombaires et sur le petit trochanter du fémur, et qui contribuent à la flexion de la cuisse sur le tronc.

psoque [psɔk] n. m. Petit insecte vivant sous les feuilles des arbres. (Super-ordre des psocoptéroïdes.)

psoriasis [psɔrjazis] n. m. Affection cutanée caractérisée par des squames blanchâtres recouvrant des plaques rouges. (Le psoriasis est une affection plus inesthétique que grave, il se manifeste aux points de frottement ou d'appui [coudes, genoux, fesses, dos]; divers traitements permettent d'en atténuer les effets, mais sa guérison définitive est rare.)

psychanalyse [psikanaliz] n. f. (gr. *psukhê*, âme, et *analyse*). Doctrine élaborée par Freud et qui comprend : 1° un procédé d'investigation des processus mentaux inaccessibles par une autre méthode; 2° une méthode de traitement des désordres névrotiques, reposant sur cette méthode d'investigation; 3° un ensemble d'informations psychologiques obtenues d'après les méthodes précédentes et qui forment une nouvelle discipline scientifique, une psychologie générale et une psychopathologie. (Sans que Freud le précise nommément, sa doctrine forme aussi une anthropologie qui prend en considération les relations entre les hommes.)
— ENCYCL. La *psychanalyse freudienne* est un effort pour rendre compte de deux faits d'observation, le transfert* et la résistance*, à l'aide des notions de base que sont le refoulement, la reconnaissance de la sexualité infantile, l'interprétation et l'utilisation des rêves. D'autres écoles psychanalytiques interprètent la vie psychique avec d'autres catégories, telles la psychologie analytique de Jung, qui s'attache surtout à l'inconscient collectif et à l'interprétation symbolique du complexe d'Œdipe, et la psychologie individuelle d'Adler, qui met l'accent sur le rôle de l'agression au détriment de celui de la sexualité.
Parmi les tendances actuelles de la psychanalyse, on peut distinguer : 1° l'école britannique, représentée par K. Abraham et Mélanie Klein, qui essaient d'atteindre un inconscient plus profond surgissant d'un passé plus reculé; 2° la tendance dont Karen Horney est le représentant principal et qui insiste sur les conflits actuels de l'individu avec son entourage; 3° Anna Freud, qui s'attache surtout à la fonction intégrative du moi dans sa relation aussi bien avec le monde extérieur qu'avec le monde intérieur des pulsions instinctuelles; les mécanismes de défense utilisés par le moi en réaction aux stimulations internes sont identiques à ceux qui sont utilisés pour les stimulations externes. Les caractéristiques essentielles de l'évolution des tendances de la psychanalyse sont l'importance accordée au concept de relation d'objet aux dépens du concept d'instinct, et l'accent mis sur le rôle des relations interpersonnelles, de la communication et de l'intersubjectivité.

psychanalyser v. t. Soumettre à un traitement psychanalytique.

psychanalyste n. m. Spécialiste de la psychanalyse, du traitement thérapeutique reposant sur la psychanalyse. (Syn. ANALYSTE.)

psychanalytique adj. Relatif à la psychanalyse : *méthode psychanalytique; cure psychanalytique.*

psychasthénie [psikasteni] n. f. Névrose caractérisée par un affaiblissement global des fonctions psychiques, avec retentissement sur les fonctions physiques et fatigabilité extrême. (Décrite par Pierre Janet, la psychasthénie, comme la neurasthénie, tend à être englobée dans l'ensemble des dépressions névrotiques.)

psychasthénique adj. Relatif à la psychasthénie. ‖ — N. Atteint de psychasthénie.

psyché [psiʃe] n. f. (du nom propre *Psyché*). Grand miroir mobile sur châssis, qu'on peut incliner à volonté.

Psyché [-ʃe]. *Myth. gr.* Jeune fille d'une grande beauté, aimée par Eros. Eros l'emmena dans un palais, où il venait la retrouver toutes les nuits; il lui avait promis un amour éternel si elle ne cherchait pas à voir son visage. Une nuit, elle s'approcha de lui avec une lampe, et le vit; mais une goutte d'huile le réveilla, et il s'enfuit. Après de nombreuses aventures, Psyché retrouva Eros. Le mythe de Psyché a été interprété comme la destinée de l'âme déchue, qui, après bien des épreuves, s'unit pour toujours à l'amour divin.

Psyché, tragi-comédie-ballet en 5 actes et en vers libres, avec un prologue et des intermèdes, de Molière, P. Corneille et Quinault; musique de Lully; chorégr. de Beauchamp (1671).

psychédélique [psike] adj. Se dit de l'état spécifique résultant de l'absorption d'hallucinogènes (L. S. D.). ‖ — N. m. Nom donné à certains hallucinogènes.

psychédélisme [psike] n. m. Etat de rêve éveillé provoqué par l'usage d'hallucinogènes comme le L. S. D.

psychiatre [psikjatr] n. Médecin spécialiste des maladies mentales.

psychiatrie n. f. Partie de la médecine qui comprend l'étude et le traitement des maladies mentales. (En raison de l'intrication fréquente des troubles nerveux et des troubles mentaux, la psychiatrie est souvent étudiée et pratiquée simultanément avec la neurologie, de manière à constituer la neuropsychiatrie, spécialité médicale reconnue notamment par la nomenclature de la Sécurité sociale.)
— ENCYCL. Les malades mentaux, considérés comme dangereux, possédés du démon, aliénés de la société, sont enfermés et enchaînés jusqu'à la fin du XVIIIe s.

Phot. Lauros - Atlas-Photo.

Ce n'est qu'avec Pinel que le caractère pathologique et non plus surnaturel de leur état est admis. La loi de 1838 viendra préciser les modalités d'internement des aliénés, mais le traitement de ceux-ci pose encore des problèmes insolubles jusqu'au milieu du XXe s., où l'apparition de traitements physiques (électrochoc) et chimiques (psychotropes) permet d'espérer une thérapeutique véritablement efficace des affections mentales.
La *psychiatrie* distingue, suivant la profondeur et la gravité de l'atteinte mentale, des névroses* et des psychoses* ; elle emploie des méthodes de diagnostic en progrès constants (tests mentaux, narco-analyse, psychanalyse) et dispose maintenant d'une gamme étendue de moyens thérapeutiques (électrochocs, tranquillisants, antidépresseurs, auxquels il faut joindre les psychothérapies) ; enfin, la psychochirurgie tente d'améliorer les cas les plus difficiles.

psychiatrique adj. Qui concerne la psychiatrie : *un traitement psychiatrique.*

psychique [psiʃik] adj. (du gr. *psukhê,* âme). Qui concerne l'esprit : *un fait psychique.*

psychisme [psiʃism] n. m. Ensemble des caractères psychiques d'un individu donné.

psychoanaleptique adj. et n. m. Se dit d'une substance ayant une fonction stimulante des fonctions psychiques.

psychochirurgie [psikɔ-] n. f. Méthode thérapeutique des troubles mentaux, qui consiste à intervenir chirurgicalement sur le cerveau.

psychocritique [-kɔ-] n. f. Méthode d'étude d'une œuvre littéraire, inspirée par la psychanalyse, qui consiste à mettre en lumière, dans les textes, des faits et des relations qui auraient leur origine dans la personnalité inconsciente de l'écrivain.

psychodramatique [-kɔ-] adj. Relatif au psychodrame : *la méthode psychodramatique.*

psychodrame [-kɔ-] n. m. *Psychanal.* Improvisation dirigée de scènes, ayant pour but de faire jouer par les malades leur comportement dans la vie.

psychodysleptique adj. et n. m. Se dit d'une substance qui perturbe les fonctions psychiques.

psychogénétique n. f. Etude du développement mental de l'enfant et de l'adolescent en tant qu'explicatif des fonctions mentales de l'adulte. (On dit aussi PSYCHOLOGIE GÉNÉTIQUE.) [La psychologie de l'enfant (étude du développement mental pour lui-même) y joue un rôle fondamental. Le chef de cette école est Piaget.]

psycholeptique adj. et n. m. Se dit d'une substance qui agit sur le fonctionnement du psychisme. (On distingue les psycholeptiques qui agissent davantage sur la vigilance et ceux qui agissent davantage sur l'humeur.)

psycholinguistique [-kɔ-] n. f. Etude scientifique des faits de langage dans leurs aspects psychologiques. (Ses problèmes concernent : 1° la relation entre production linguistique et aptitudes [mémoire, perception] ; 2° la genèse du langage chez l'enfant ; 3° les troubles du langage au niveau de la production [« grammaires des aphasies »].)

psychologie [psikɔlɔʒi] n. f. (gr. *psukhê,* âme, et *logos,* science). Etude scientifique des faits psychiques : *la psychologie de l'enfant.* ‖ Caractère : *la psychologie des héros raciniens.* ‖ Intuition : *manquer de psychologie.*
— ENCYCL. La *psychologie* est devenue aujourd'hui une science, en recourant en particulier à la méthode expérimentale (*psychologie expérimentale**), aux statistiques et aux modèles mathématiques. Elle s'est simultanément divisée en plusieurs domaines, suivant l'objet étudié : les comportements animaux (*psychologie animale**), l'étude des réactions physiologiques et neurologiques (*psychophysiologie**), celle du développement de l'enfant (*psychogénétique**), de son orientation scolaire et professionnelle (*psychopédagogie*), l'étude des divers comportements individuels en relation avec le système nerveux, notamment du langage (*psycholinguistique**, *neurolinguistique**), l'étude de diverses réactions (par exemple la douleur, la fatigue, etc.), l'étude des performances individuelles comparées (*psychologie différentielle**), enfin celle des comportements en groupe (*psychologie sociale**). Aux confluents de ces nouveaux secteurs de la psychologie sont nées diverses sciences. Parmi celles-ci, l'une des plus importantes s'attache à l'étude de l'adaptation de la machine à l'homme et de l'homme à la machine, l'*ergonomie**. Une autre direction de la recherche, associant conditionnement et connaissance du développement de l'enfant, et profitant de l'apparition des techniques électroniques, a donné naissance aux recherches actuelles sur l'enseignement programmé*. Chacune de ces nouvelles subdivisions considère comme ses objectifs propres à la fois ce qui, dans les comportements humains, est conforme à la loi la plus générale et ce qui, en s'en écartant, se rattache aux comportements que la médecine considère comme morbides. En particulier, la psychologie différentielle a permis d'établir ce qui, quantitativement, permet de différencier les déficits intellectuels (oligophrénies). La psychopathologie, de son côté, a complété l'étude des comportements des malades par les données objectives du test. Enfin, à l'étude expérimentale traditionnelle des fonctions (perception, mémoire, intelligence) et des comportements (apprentissage, habitude, etc.) s'est jointe l'étude des dysfonctionnements qui leur sont liés ; ainsi, l'étude des troubles de la mémoire a mis en valeur certains mécanismes fondamentaux de celle-ci. C'est à cette occasion qu'est née une nouvelle discipline, dont l'objectif est de classer et de mesurer l'action de certaines substances (psychotropes) sur le comportement : la psychopharmacologie*.

psychologique [-kɔ-] adj. Qui a rapport à la psychologie : *fait psychologique.* ● *Moment, instant psychologique,* moment opportun pour agir.

psychologiquement [-kɔ-] adv. Au point de vue psychologique.

psychologisme [-kɔ-] n. m. Système qui veut ramener la philosophie à la psychologie.

psychologue [-kɔ-] n. et adj. Personne qui s'occupe de psychologie. ‖ Personne qui sait observer et décrire la personnalité des individus. ● *Psychologue scolaire,* psychologue attaché à un établissement d'enseignement, qui étudie l'adaptation scolaire des élèves, décèle les troubles d'adaptation et conseille les moyens d'y remédier.

psychométrie [-kɔ-] n. f. (gr. *psukhê,* âme, et *metron,* mesure). Mesure des phénomènes psychiques.

psychométrique adj. Relatif à la psychométrie.

psychomoteur, trice [-kɔ-] adj. Se dit du comportement de l'enfant en relation avec l'acquisition des réflexes (maturation) : *le développement psychomoteur.* ‖ Se dit de troubles de la motilité sans anomalie des voies nerveuses périphériques, ni altération musculaire ou osseuse.

psychomotricité [-kɔ-] n. f. Intégration des fonctions motrices et mentales sous l'effet de l'éducation et du développement du système nerveux.

psychopathe [psikɔpat] n. (gr. *psukhê,* âme, et *pathos,* souffrance). Malade mental.

psychopathie [-kɔ-] n. f. Maladie mentale en général.

psychopathologie [-kɔ-] n. f. (gr. *psukhê,* âme, *pathos,* souffrance, et *logos,* étude). Branche de la psychologie qui a trait aux maladies mentales et qui considère celles-ci comme des perturbations essentiellement d'origine psychique. (Un des intérêts principaux de la psychopathologie est de fournir au psychiatre, au moyen de tests mentaux, un élément objectif sur la nature et l'importance des troubles psychiques.)

psychopédagogie [-kɔ-] n. f. Pédagogie fondée sur la psychologie scientifique de l'enfant.

psychopharmacologie [-kɔ-] n. f. Etude des comportements sous l'action des médicaments et des drogues appelés « psychotropes ».

psychophysiologie [-kɔ-] n. f. Etude scientifique des rapports entre les faits psychiques et les faits physiologiques.
— ENCYCL. La *psychophysiologie,* ou *psychologie physiologique,* a deux objectifs : 1° l'explication du psychologique à partir des données analytiques de la physiologie traditionnelle ; 2° la construction d'une physiologie du fonctionnement de l'organisme en relation avec le milieu. Ce faisant, elle définit le domaine qui lui est propre : celui de l'étude des mécanismes physiologiques du comportement.
● *Domaine de la psychologie physiologique.* C'est ainsi, par exemple, que le physiologiste se préoccupe des *fonctions de nutrition.* Le psychologue s'intéresse au comportement alimentaire, à la périodicité du besoin, aux activités de recherche et de choix de la nourriture, aux modalités de consommation, à la régulation de l'appétit et de la satiété. Le rôle du psychophysiologiste sera d'étudier les mécanismes physiologiques du comportement alimentaire, de rechercher le support organique de la signalisation du besoin, d'analyser les mécanismes d'éveil de l'appétit ou du sentiment de satiété, d'identifier les structures nerveuses impliquées dans l'acte consommatoire, etc. Une telle démarche nécessite l'appel direct aux résultats de l'approche physiologique analytique, mais aussi leur indispensable intégration dans la réaction globale de l'organisme en état de besoin, doté des mécanismes innés ou acquis d'adaptation comportementale à un milieu déterminé, dans lequel il doit rechercher, choisir une certaine qualité, consommer une certaine quantité d'objets adéquats à la satisfaction du besoin. C'est ce niveau qui situe l'originalité de l'approche du psychophysiologiste par rapport à celle du physiologiste et qui définit son domaine propre d'intervention.
● *Méthodes et techniques.* Quels que soient les problèmes abordés à son niveau, le psychophysiologiste doit simultanément contrôler les variables entre les comportements et les variables physiologiques. Les premières relèvent des techniques de la psychologie expérimentale et de la psychologie animale, et les secondes, des techniques physiologiques. Le perfectionnement de ces techniques semble toutefois particulièrement adapté au mode d'intervention du psychophysiologiste dans deux domaines : le recueil des données physiologiques et le traitement de la complexité paramétrique.
En ce qui concerne le premier, l'accent peut être mis sur l'importance des progrès réalisés dans les techniques d'enregistrement des paramètres physiologiques sur l'organisme intact, non soumis au traumatisme des opérations mutilantes (applications diverses de l'électrophysiologie, implantation d'électrodes à demeure, miniaturisation des détecteurs et des traducteurs de paramètres physiologiques, télémétrie, etc.). Quant à la complexité relationnelle, elle exige l'utilisation de procédés nouveaux, offerts notamment par la statistique multidimensionnelle, la cybernétique et ses modèles. L'introduction de la polygraphie des données et le perfectionnement des méthodes d'enregistrement et de traitement automatique de l'information ouvrent d'immenses possibilités à l'exploration psychophysiologique.

psychose [psikoz] n. f. (du gr. *psukhê,* âme). Maladie mentale en général, à l'exception de la névrose. (V. *encycl.*) ‖ Etat d'âme collectif provoqué par une commotion d'origine sociale : *une psychose de guerre.*
— ENCYCL. La *psychose,* contrairement à la névrose*, est caractérisée par une conviction absolue du sujet quant à la réalité et au caractère normal de ses pensées. Cette conviction témoigne d'une perturbation profonde de la personnalité. La manie, la mélancolie, la schizophrénie constituent les principales psychoses.

psycho-sensori-moteur adj. Se dit de troubles dont les causes appartiennent au domaine intellectuel (attention, compréhension, mémoire), à une déficience des organes des sens (vue, ouïe, toucher, etc.), à une motricité défectueuse (gaucherie, maladresse, etc.).

psychosociologie n. f. Syn. de PSYCHOLOGIE SOCIALE*.

psychosociologue n. Spécialiste de psychosociologie.

psychosomatique [-kɔ-] adj. (gr. *psukhê,* âme, et *sôma,* corps). Qui concerne à la fois le corps et l'esprit. (La médecine psychosomatique attribue un rôle important aux facteurs psychiques pour expliquer l'apparition de certains troubles fonctionnels ou de certaines maladies organiques.)

psychotechnicien, enne [-kɔ-] n. Spécialiste de la psychotechnique.

psychotechnique [-kɔ-] n. f. Ensemble des méthodes scientifiques permettant d'apprécier les réactions psychologiques et physiologiques (motrices) des individus. (Utilisée pour l'orientation professionnelle.)

psychothérapeute n. Médecin qui soigne par la psychothérapie.

psychothérapie [-kɔ-] n. f. Traitement des maladies mentales et de certaines affections somatiques d'origine psychique par des techniques psychologiques (psychanalyse, psychodrame).

psychotique [-kɔ-] adj. Relatif à la psychose. ‖ — Adj. et n. Qui évolue vers la psychose.

psychotonique [-kɔ-] adj. et n. m. Se dit de substances douées d'une action stimulante sur le psychisme. (Les substances psychotoniques appartiennent à des groupes chimiques très divers : alcaloïdes, extraits de plantes [caféine, cocaïne, éphédrine, strychnine, etc.], amines synthétiques, certaines hormones, certaines vitamines, certains sels minéraux, etc.)

psychotrope [psikɔtrɔp] adj. et n. Se dit de substances médicamenteuses agissant sur le psychisme. (Il peut s'agir de substances calmantes ou de substances stimulantes.)

psychromètre [psikrɔmɛtr] n. m. (gr. *psukhros,* froid, et *metron,* mesure). Appareil servant à déterminer l'état hygrométrique de l'air.
— ENCYCL. Le *psychromètre* comporte un thermomètre sec et un thermomètre dont le réservoir est entouré d'une mousseline imbibée d'eau, dont on compare les indications. Le deuxième thermomètre est refroidi par l'évaporation de l'eau, d'autant plus rapide que l'air est moins humide.

psylle [psil] n. m. (de *Psylles,* peuple de la Grande Syrte). Jongleur présentant des serpents apprivoisés.

psylle n. f. Très petite cigale sauteuse (2 à 3 mm), dont une espèce vit sur le poirier et une autre sur le buis.

psyllium [psiljɔm] n. m. Plante dont les graines sont employées comme laxatif.

Pt, symbole chimique du *platine.*

Ptah, dieu de l'Egypte ancienne, adoré à Memphis.

ptéranodon [pteranɔdɔ̃] n. m. Reptile fossile, volant, du secondaire, dont l'envergure pouvait atteindre 7 m. (Ordre des ptérosauriens.)

ptéridophore n. m. Passereau de Nouvelle-Calédonie.

ptéridophytes [pteridɔfit] n. m. pl. (gr. *pteris, pteridos,* fougère, et *phuton,* plante). Embranchement du règne végétal, groupant les plantes qui n'ont ni fleurs ni graines, mais qui ont cependant des racines et des vaisseaux conducteurs de sève, comme les fougères.
— ENCYCL. Autrefois appelés *cryptogames vasculaires,* les *ptéridophytes* ne sont plus guère représentés dans la nature que par les fougères et par un petit nombre d'espèces des autres sections (prêles, lycopodes et sélaginelles). Mais la flore fossile de la houille contient en abondance des formes arborescentes apparentées aux prêles (calamite) et aux lycopodes (lépidodendron, sigillaire), et, dès le cambrien, les rhyniales annonçaient le petit groupe actuel des psilotales, qui semblent être les plus simples des ptéridophytes.

ptéridospermées [pteridɔspɛrme] n. f. pl. Plantes fossiles du carbonifère, à feuilles de fougère, mais se reproduisant par graines, ce qui les fait ranger parmi les gymnospermes.

ptérodactyle n. m. (gr. *pteron,* aile, et *daktulos,* doigt). Genre de reptiles volants de l'ère secondaire.

ptéropodes [pterɔpɔd] n. m. pl. (gr. *pteron,* aile, et *pous, podos,* pied). Ordre de mollusques gastropodes mesurant au plus 2 cm de long.

ptérosauriens [pterɔsɔrjɛ̃] n. m. pl. Ordre de reptiles fossiles de l'ère secondaire, adaptés au vol grâce à une large membrane soutenue par le cinquième doigt de la main, très allongé.

ptérygoïde [pterigɔid] adj. et n. f. Apophyse de l'os sphénoïde.

ptérygoïdien [pterigɔidjɛ̃] adj. m. et n. m. Relatif à l'apophyse ptérygoïde. ● *Muscles ptérygoïdiens,* ou *ptérygoïdiens* n. m. pl., muscles qui permettent le déplacement latéral de la mâchoire inférieure.

ptérygotus [pterigɔtys] n. m. Animal aquatique fossile de l'ère primaire, proche des crustacés, et qui pouvait atteindre 2 m de long.

ptolémaïque [ptɔlemaik] adj. Qui appartient, qui a rapport à Ptolémaïs ou aux Ptolémées.

Ptolémaïs, nom de plusieurs villes fondées à l'époque hellénistique.

Ptolémée Ier Sôtêr Ier, né en Macédoine (av. 360-283 av. J.-C.), fondateur de la dynastie des Lagides, satrape d'Egypte de 323 à 305, roi d'Egypte de 305 à 283 av. J.-C. Après la mort d'Alexandre le Grand, il vainquit Antigonos Monophtalmos à Ipsos et gouverna l'Egypte et la Syrie. Il embellit Alexandrie et ouvrit la Bibliothèque et le Musée. — PTOLÉMÉE II *Philadelphe,* né à Cos (v. 309-246 av. J.-C.), roi d'Egypte de 283 à 246 av. J.-C. Il fit construire le phare d'Alexandrie. — PTOLÉMÉE III *Evergète* (v. 280-221 av. J.-C.), roi d'Egypte de 246 à 221 av. J.-C. — PTOLÉMÉE IV *Philopatôr Ier* (v. 244-203 av. J.-C.), roi d'Egypte de 221 à 203 av. J.-C. — PTOLÉMÉE V *Epiphane* (v. 210-181 av. J.-C.), roi d'Egypte de 203 à 181 av. J.-C. — PTOLÉMÉE VI *Philométôr* (186-145 av. J.-C.), roi d'Egypte de 181 à 145 av. J.-C. — PTOLÉMÉE VII *Evergète II* (m. en 116 av. J.-C.), roi d'Egypte de 145 à 116 av. J.-C. — PTOLÉMÉE VIII *Eupator,* roi d'Egypte v. 145 av. J.-C. — PTOLÉMÉE IX *Apion,* fils naturel de Ptolémée VII, roi de Cyrène de 117 à 96 av. J.-C., pendant que son frère légitime, Ptolémée X, régnait en Egypte. — PTOLÉMÉE X *Sôtêr II* (m. en 80 av. J.-C.), roi d'Egypte de 116 à 107 et de 88 à 80 av. J.-C. — PTOLÉMÉE XI *Alexandre Ier* (m. en 88 av. J.-C.), roi d'Egypte de 107 à 88 av. J.-C. Ayant profané le tombeau d'Alexandre, il fut chassé. — PTOLÉMÉE XII *Alexandre II* (v. 105-80 av. J.-C.), roi d'Egypte en 80 av. J.-C., assassiné pour ses crimes. — PTOLÉMÉE XIII *Dionysos,* et surnommé *Aulêtès* à cause de son goût pour la flûte, roi d'Egypte (80-58 et 55-51 av. J.-C.). — PTOLÉMÉE XIV *Dionysos II* (v. 61-47 av. J.-C.), roi d'Egypte de 51 à 47 av. J.-C. Il périt en combattant César. — PTOLÉMÉE XV (59-44 av. J.-C.), roi d'Egypte de 47 à 44 av. J.-C. — PTOLÉMÉE XVI *Caesar,* dit *Césarion,* fils de César et de Cléopâtre, né en 47 av. J.-C., roi nominal d'Egypte de 47 à 30 av. J.-C. Après Actium (31 av. J.-C.), Octavien le fit exécuter.

Ptolémée Kéraunos (v. 320-279 av. J.-C.), fils aîné de Ptolémée Ier d'Egypte, roi de Thrace et de Macédoine de 281 à 279, tué dans une campagne contre les Celtes.

Ptolémée (Claude), astronome, géographe et mathématicien grec, né probablement à Ptolémaïs Hermiu (v. 90-v. 168). Son principal ouvrage, *Composition mathématique,* plus connu sous le nom d'*Almageste,* contient notamment une exposition du système du monde (« système de Ptolémée »), ainsi qu'un traité complet de trigonométrie rectiligne et sphérique. Sa *Géographie,* qui fut imprimée nombre de fois au XVIe s., a fait autorité pendant le Moyen Age et la Renaissance. Enfin, Ptolémée construisit différents instruments d'astronomie (astrolabe, globes célestes, etc.).

ptomaïne [ptɔmain] n. f. (du gr. *ptôma,* cadavre). Alcaloïde toxique provenant de la décomposition des matières organiques.

ptôse [ptoz] n. f. (gr. *ptôsis,* chute). Descente, chute des organes, due au relâchement des muscles ou des ligaments qui les maintiennent normalement en place. (Des ceintures orthopédiques ou des interventions chirurgicales remédient aux ptoses.)

ptyaline [ptjalin] n. f. Diastase de la salive, qui transforme l'amidon cuit en maltose.

ptyalisme n. m. (du gr. *ptualon,* crachat). Salivation abondante.

Pu, symbole chimique du *plutonium.*

puant [pɥɑ̃], **e** [-ɑ̃t] adj. Qui exhale une odeur fétide. ‖ *Fam.* Qui est d'une fatuité insupportable : *il est puant.* ● *Bêtes puantes,* bêtes qui, comme le renard, le blaireau, etc., exhalent une mauvaise odeur.

puanteur n. f. Mauvaise odeur.

pubère [pybɛr] adj. et n. (lat. *puber*). Qui a atteint l'âge de la puberté : *jeune fille pubère.*

pubertaire adj. Relatif à la puberté : *troubles pubertaires.*

puberté n. f. (lat. *pubertas*). Période de la vie marquée par le début d'activité des glandes reproductrices et la manifestation de certains caractères sexuels secondaires. — ENCYCL. La *puberté,* dans les pays tempérés, débute chez les garçons vers quatorze ou quinze ans et se traduit par une modification de la voix, qui devient plus grave, par une augmentation du volume des organes génitaux et par une transformation du caractère, qui prend une tendance plus virile ; chez les filles, elle commence vers douze ou treize ans, d'abord par le développement des glandes mammaires, puis par l'apparition des règles. Dans les deux sexes, on assiste au développement de la pilosité pubienne et axillaire.

pubescence n. f. Etat des tiges, des feuilles couvertes d'un duvet court, peu abondant.

pubescent [pybɛsɑ̃], **e** [-ɑ̃t] adj. (lat. *pubescens*). Se dit d'une tige, d'une feuille garnie de poils très fins imitant le duvet.

pubien, enne adj. Relatif au pubis : *symphyse pubienne.*

pubis [pybis] n. m. (mot lat.). Partie inférieure et médiane de la région hypogastrique formant une éminence triangulaire. ‖ Partie antérieure des os iliaques.

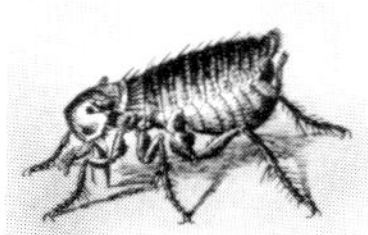

puce de l'homme

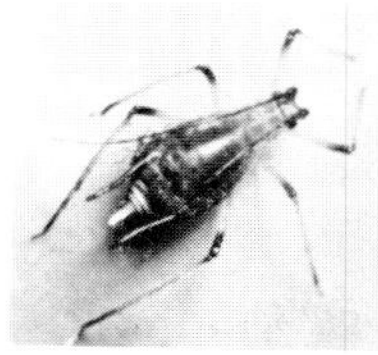

puceron

puffin

(Les deux os iliaques s'articulent entre eux au niveau de la symphyse pubienne.)

publiable adj. Qui peut être publié.

public [pyblik], **ique** adj. (lat. *publicus*). Qui concerne tout un peuple : *intérêt public.* ‖ Relatif au gouvernement d'un pays : *les affaires publiques.* ‖ Manifeste, connu de tout le monde : *bruit public.* ‖ Où tout le monde peut aller : *réunion publique.* ● *Charges publiques,* impositions. ‖ *Droit public,* ensemble des règles juridiques relatives à l'organisation de l'Etat et à ses rapports avec les personnes de droit privé.

public n. m. Le peuple en général : *avis au public.* ‖ Nombre plus ou moins considérable de personnes réunies : *le public d'un théâtre.* ‖ **— En public** loc. adv. En présence de beaucoup de personnes : *parler en public.*

publicain n. m. *Antiq. rom.* Fermier ou adjudicataire de l'Etat, chargé de faire rentrer les impôts. (Les exactions de nombre d'entre eux rendirent le nom de *publicain* très impopulaire.)

publication n. f. Action par laquelle on rend une chose publique : *publication de mariage.* ‖ Action de publier, de livrer un écrit au public : *la publication d'un livre.* ‖ Ouvrage imprimé, écrit, publié : *publication mensuelle.*

publiciste [pyblisist] n. Journaliste, en général.

publicitaire adj. Relatif à la publicité. ‖ — N. Toute personne s'occupant de publicité.

publicité [pyblisite] n. f. Etat de ce qui est rendu public : *la publicité des débats judiciaires.* ‖ Ensemble des moyens employés pour faire connaître une entreprise industrielle ou commerciale, pour vanter un produit, etc.

Publicola. V. VALERIUS.

publier [pyblije] v. t. (lat. *publicare*). Faire connaître publiquement : *publier une loi.* ‖ Divulguer, répandre : *publier une nouvelle.* ‖ Faire paraître, mettre en vente un livre : *publier un roman.*

publipostage n. m. Opération de prospection d'un marché et de vente par voie postale, comportant souvent l'envoi d'échantillons.

publiquement adv. En public.

Puccini (Giacomo), compositeur italien, né à Lucques (1858-1924), auteur de *la Bohème* (1896), de *la Tosca* (1900), de *Madame Butterfly* (1904), de *Gianni Schicchi* (1918) et de *Turandot* (1924). Représentant de l'école vériste, il excelle à parler un langage d'une harmonie colorée et à utiliser une très riche orchestration.

puccinie [pyksini] n. f. Genre de champignons microscopiques, de la famille des urédinées, parasites des végétaux. (V. ROUILLE.)

puce [pys] n. f. (lat. *pulex, -icis*). Insecte sans ailes et à pattes postérieures sauteuses, qui se nourrit du sang puisé par piqûre dans la peau des mammifères. (La puce appartient à un ordre voisin des diptères et mesure au plus 4 mm de long.) ● *Avoir la puce à l'oreille,* être sur le qui-vive. ‖ *Marché aux puces,* endroit où l'on vend des objets d'occasion. ‖ *Puce d'eau,* nom usuel de la *daphnie* (crustacé.) ‖ *Puce de mer,* v. TALITRE (crustacé). ‖ — Adj. inv. Qui a la couleur marron de la puce : *des robes de soie puce.*

puceau [pyso] n. m. *Fam.* Garçon qui est vierge.

pucelle [pysɛl] n. f. (du lat. pop. *pullicella,* jeune d'un animal). *Fam.* Jeune fille. ● *La Pucelle,* Jeanne d'Arc.

puceron [pysrɔ̃] n. m. Nom général donné aux petits insectes (long. moyenne 1 mm) de l'ordre des homoptères, qui pullulent souvent sur les végétaux, dont ils puisent la sève, causant parfois de graves dégâts (cas du phylloxéra de la vigne).

pucier [pysje] n. m. *Pop.* Lit.

pudding [pudiŋ] n. m. (mot angl.). Gâteau anglais composé de farine, de raisins de Corinthe, de graisse de rognons de bœuf, de rhum, etc. (On dit aussi PLUM-PUDDING et on écrit également POUDING.)

puddlage n. m. Procédé métallurgique utilisé autref. pour obtenir du fer ou un acier peu chargé en carbone, par contact d'une masse de fonte avec une scorie oxydante dans un four à réverbère.

puddler [pydle] v. t. (angl. *to puddle,* rouler). Soumettre à l'opération du puddlage.

puddleur n. et adj. m. Ouvrier employé au puddlage.

pudeur [pydœr] n. f. (lat. *pudor*). Discrétion, retenue qui empêche de dire ou de faire ce qui peut blesser la décence, l'honnêteté, la délicatesse : *des paroles qui offensent la pudeur.*

pudibond [pydibɔ̃], **e** [-ɔ̃d] adj. Qui pousse la pudeur à l'excès.

pudibonderie n. f. Affectation de pudeur exagérée.

pudicité n. f. Caractère des personnes pudiques ; chasteté.

pudique [pydik] adj. (lat. *pudicus*). Chaste, modeste : *un amour, un regard pudique.* (Syn. : DÉCENT, DÉLICAT, HONNÊTE, RÉSERVÉ.)

pudiquement adv. D'une manière pudique.

Puebla, v. du Mexique, au sud de Mexico ; 372 000 h. Cathédrale (XVIe-XVIIe s.). Métallurgie. Automobiles. Ville assiégée en vain par les Français en 1862 et prise en 1863.

Pueblo, v. des Etats-Unis (Colorado), sur l'Arkansas ; 103 000 h. Sidérurgie.

Pueblos, Indiens du sud-ouest des Etats-Unis (Nouveau-Mexique, Colorado, Arizona) dont les principales tribus sont les Hopis et les Zuñis. Leur nombre s'élève aujourd'hui à une vingtaine de mille. Les villages pueblos se reconnaissent par leurs bâtiments de construction angulaire, autour d'une ou de plusieurs places centrales, étagées sur cinq ou six niveaux. La construction la plus remarquable est le kiva*. Leur structure sociale repose sur un dualisme fonctionnel : les deux groupes (souvent dits « peuple d'été » et « peuple d'hiver ») exerçant successivement les fonctions économiques et religieuses (semailles, récolte, chasse).

Puelle. V. PÉVÈLE.

puer [pɥe] v. i. (lat. *putere*). Sentir très mauvais. ‖ — V. t. Exhaler une forte odeur de : *puer le vin.*

puériculture [pɥerikyltyr] n. f. (lat. *puer,* enfant, et *culture*). Science groupant toutes les notions (physiologie, hygiène, sociologie) susceptibles de favoriser, par leur application, le développement des enfants et de les rendre sains.

puéril [pɥeril], **e** adj. (du lat. *puer,* enfant). Qui appartient à l'enfance : *âge puéril.* ‖ Enfantin, sans valeur : *argument puéril.*

puérilement adv. De façon puérile.

puérilisme n. m. (de *puéril*). Retard mental qui fait de l'adulte un enfant. (Le *puérilisme* est à distinguer de l'*infantilisme,* qui comporte un retard du développement physiologique.)

puérilité n. f. Caractère de ce qui est enfantin : *la puérilité d'un raisonnement.* ‖ Action ou parole puérile ; enfantillage : *dire des puérilités.*

puerpéral [pɥɛrperal], **e, aux** [-o] adj. (du lat. *puerpera,* femme en couches). Qui est propre aux femmes en couches. ● *Fièvre puerpérale,* maladie infectieuse qui peut se déclarer à la suite d'un accouchement. (Due au développement du streptocoque, la fièvre puerpérale est rapidement jugulée par les antibiotiques.)

Puerto Cabello, v. du Venezuela, sur la mer des Antilles ; 70 600 h. Port actif.

Puerto La Cruz, port du Venezuela, à l'est de Caracas ; 82 100 h.

Puertollano, v. d'Espagne, en Nouvelle-Castille ; 54 000 h. Raffinerie de pétrole. Industrie chimique.

Puerto Montt, port du Chili méridional ; 64 800 h.

Puerto Ordaz. V. CIUDAD GUAYANA.

Puerto Rico. V. PORTO RICO.

Pufendorf (Samuel, *baron* DE), juriste et historien allemand, né à Chemnitz (1632-1694), auteur du *Droit de la nature et des gens.*

puffin [pyfɛ̃] n. m. Oiseau palmipède de haute mer, nichant sur les côtes. (Long. 45 cm.)

Puget (Pierre), sculpteur français, né à Marseille (1620-1694). Parti à dix-sept ans pour l'Italie, il y fut l'élève de Pierre de Cortone ; il travailla en Provence

Pierre Puget
« Hercule »
statuette
en terre cuite
École des beaux-arts
Paris

et à Gênes. Fouquet lui passa des commandes pour le château de Vaux. Il sculpta pour Versailles *Milon de Crotone, Persée délivrant Andromède,* le bas relief *Alexandre et Diogène* (tous trois au Louvre). Mais son art, essentiellement baroque, lyrique, ne s'accordait pas avec le classicisme versaillais. A Toulon, il décora les vaisseaux royaux et sculpta les *Atlantes* de l'hôtel de ville (auj. musée naval).

Puget Sound (le), fjord de la côte ouest des Etats-Unis (Etat de Washington).

Puget-Théniers (06260), ch.-l. de c. des Alpes-Maritimes (arr. de Nice); 1 488 h. (*Pugétois*). Eglise romane. Monument Blanqui par Maillol (*l'Action enchaînée*).

pugilat [pyʒila] n. m. (lat. *pugilatus*). Combat, rixe à coups de poing : *discussion dégénérant en pugilat.*

pugiliste n. m. Boxeur.

Puigcerdá, v. d'Espagne (Catalogne), près de la frontière française, cap. de la Cerdagne espagnole; 4 300 h. Centre touristique.

puîné [pɥine], **e** adj. et n. (de *puis* et *né*). Né après un de ses frères ou une de ses sœurs : *frère puîné; ma puînée.* ‖ Personne, en général, née après une autre.

puis [pɥi] adv. (du lat. *post,* après). Ensuite, après. ‖ **— Et puis** loc. adv. D'ailleurs, au reste, de plus : *il ne le voudra pas, et puis à quoi cela servirait-il?*

puisage ou **puisement** n. m. Action de puiser. ● *Droit de puisage,* droit de prendre de l'eau à un puits ou à une fontaine.

puisard [pɥizar] n. m. Espèce de puits pratiqué pour recevoir et absorber les eaux-vannes. ‖ Trou pratiqué dans la voûte d'un aqueduc pour le réparer, le nettoyer, etc.

puisatier n. m. et adj. m. Terrassier spécialisé dans le forage des puits de faible diamètre.

Puisaye [-zɛ] (la), région bocagère et humide du sud du Bassin parisien, au nord du Nivernais. Elevage. (Hab. *Poyaudins.*)

Puisaye (Joseph, *comte* DE), général français, né à Mortagne (1755-1827), un des organisateurs de la chouannerie et chef de l'expédition des royalistes à Quiberon.

Puiseaux (45390), ch.-l. de c. du Loiret (arr. de Pithiviers); 2 097 h. Eglise (XIIIe-XVe s.).

puisement n. m. V. PUISAGE.

puiser [pɥize] v. t. et i. (de *puits*). Prendre un liquide avec un récipient : *puiser de l'eau à une rivière.* ‖ *Fig.* Emprunter : *puiser dans la bourse de ses amis.* ● *Puiser aux sources,* consulter les auteurs et témoignages originaux.

puisette n. f. Petit vase à puiser de l'eau.

Puiseux (Victor), astronome et mathématicien français, né à Argenteuil (1820-1883). Quoique la plupart de ses travaux intéressent la mécanique céleste, il doit être regardé comme le véritable fondateur de la théorie des fonctions algébriques de la variable complexe (1850).

puisque [pɥisk] conj. (de *puis* et *que*). Comme, attendu que, par la raison que : *puisque vous le voulez.* (La voyelle *e* de *puisque* ne s'élide que devant les mots *il, elle, on, en, un, une.*)

puissamment adv. D'une manière puissante : *il m'a aidé puissamment dans cette affaire.* ‖ Extrêmement : *puissamment riche.*

puissance n. f. (de *je puis;* de *pouvoir*). Pouvoir de commander, autorité : *puissance maritale.* ‖ Domination, empire : *puissance des Romains.* ‖ Force : *la puissance du vent;* et, au *fig.* : *il donne une impression de puissance.* ‖ Etat souverain : *les puissances alliées.* ‖ Influence exercée sur l'esprit : *la puissance de l'exemple.* ‖ *Géogr.* Pouvoir de transport et d'érosion d'un cours d'eau. ‖ *Géol.* Epaisseur d'une couche, d'un filon, mesurée perpendiculairement aux épontes. ‖ *Math.* Chacun des degrés auxquels on élève une quantité en la multipliant par elle-même. (La puissance quatrième de 5 est le produit de quatre facteurs égaux à 5, et s'indique par $5^4 = 5 \times 5 \times 5 \times 5 = 625$; $1\,000 = 10^3$; $\frac{1}{1\,000} = 10^{-3}$. Le nombre de facteurs contenus dans le produit est l'*exposant.*) ‖ *Mécan.* Ce qui imprime le mouvement. ‖ *Philos.* Virtualité : *passage de la puissance à l'acte.* ‖ *Phys.* Quotient du travail accompli par une machine par le temps qu'il lui a fallu pour l'accomplir. ● *Puissance administrative,* puissance d'un moteur d'automobile ou de motocyclette, calculée d'après une formule administrative pour servir de base à l'imposition fiscale. (On dit aussi PUISSANCE FISCALE.) ‖ *Puissance au frein,* puissance mesurée à l'aide d'un frein : *la puissance au frein représente la puissance utile d'un moteur.* ‖ *Puissance d'un microscope,* quotient de l'angle sous lequel on voit un objet à travers le microscope par la longueur de cet objet. ‖ *Puissance nominale d'une machine,* puissance indiquée par le constructeur et qui correspond à la quantité de travail produite par la machine en une seconde, lorsque sa marche est normale. ‖ *Puissance paternelle,* droit légal des père et mère de surveiller, diriger leurs enfants mineurs, administrer leurs biens, en jouir, etc. ‖ *Puissance d'un point par rapport à un cercle, à une sphère,* produit des distances de ce point aux intersections de la circonférence ou de la sphère avec une sécante passant par ce point. ‖ *Puissance publique,* ensemble des pouvoirs de l'Etat; l'Etat lui-même. ‖ — Pl. L'un des chœurs des anges. ● *Puissances des ténèbres, puissances infernales,* les démons.

pulvérisateur atomiseur tracté

pulvérisateurs à dos

pulvériseur à disques

puissant [pɥisɑ̃], **e** [-ɑ̃t] adj. Qui a beaucoup de pouvoir, d'influence : *parti puissant.* ‖ Capable de produire un effet considérable : *une machine puissante.* ‖ Qui a de grandes forces, de grandes ressources : *une nation puissante.* ‖ Influent, haut placé : *homme puissant.*

puits [pɥi] n. m. (lat. *puteus*). Trou profond creusé dans le sol, et souvent maçonné, pour en tirer de l'eau. ‖ Trou, généralement vertical, de section constante, creusé dans le sol en vue d'extraire le minerai ou le charbon, ou destiné à toute autre fin industrielle. ● *Puits aux chaînes,* compartiment d'un navire destiné à loger les chaînes des ancres. ‖ *Puits de pétrole,* trou foré dans le sol pour l'extraction du pétrole. ‖ *Puits de science* (Fig.), homme très savant.

Pujols (33350 Castillon la Bataille), ch.-l. de c. de la Gironde (arr. de Libourne); 534 h. Eglise du XIe s.

Pula, en ital. **Pola,** v. de Yougoslavie (Croatie); en Istrie; 41 000 h. Monuments romains. Cathédrale du XVe s. Musée d'antiquités. Base navale.

Pulchérie (*sainte*), impératrice d'Orient, née à Constantinople (399-453). Fille d'Arcadius, elle épousa Marcien, avec qui elle régna. — Fête le 10 septembre.

Pulci (Luigi), poète italien, né à Florence (1432-1484). Il est l'auteur d'une épopée burlesque qui parodie les romans de chevalerie (*Morgant,* 1481).

Pulcinella, nom italien de *Polichinelle.* Le Pulcinella napolitain, habillé de blanc, n'est pas bossu.

pulicaire [pylikɛr] n. f. (lat. *pulex, -icis,* puce). Plante des lieux humides, à fleurs jaunes. (Famille des composées.)

Pulitzer (*prix*), récompenses instituées par le journaliste américain Joseph *Pulitzer* (1847-1911). Les douze prix sont décernés chaque année, depuis 1918, par le conseil d'administration de l'université Columbia (New York).

pullman [pulman] n. m. (du nom du constructeur). Voiture de luxe dans certains trains.

pullorose [pylɔroz] n. f. (du lat. *pullus,* poulet). Maladie infectieuse et contagieuse des oiseaux notamment des volailles, caractérisée par une diarrhée blanchâtre, et à évolution généralement rapide et fatale. (On dit aussi DIARRHÉE BLANCHE DES POUSSINS, DIARRHÉE CRAYEUSE.) — ENCYCL. Due à une bactérie, la *pullorose* est transmise par les œufs, et les poules guéries restent porteuses de germes dans l'ovaire et dans l'oviducte. La prophylaxie est fondée sur le dépistage et l'élimination des volailles contaminées.

pull-over [pylɔvɛr] n. m. (angl. *to pull over,* tirer par-dessus [la tête]). Tricot, avec ou sans manches, que l'on passe par-dessus la tête. ‖ Pl. des PULL-OVERS.

pullulement n. m. ou **pullulation** n. f. Multiplication rapide et abondante. ‖ *Fig.* Grande affluence.

pulluler [pylyle] v. i. (lat. *pullulare;* de *pullulus,* jeune animal). Se multiplier beaucoup et vite : *les champignons pullulent dans les bois.* ‖ *Fig.* Se répandre avec profusion; être en grand nombre : *les mauvais livres pullulent.*

Pully, v. de Suisse (Vaud), près de Lausanne; 15 700 h. Vins blancs.

pulmonaire [pylmɔnɛr] adj. (du lat. *pulmo, pulmonis,* poumon). Qui concerne le poumon. ● *Artère pulmonaire,* artère issue du ventricule droit du cœur et qui se divise en branches droite et gauche pour irriguer les deux poumons en se ramifiant dans ceux-ci aux côtés des bronches. ‖ *Congestion pulmonaire,* afflux sanguin dans les vaisseaux pulmonaires, dû soit à une infection, soit à un trouble circulatoire d'origine cardiaque. ‖ *Embolie pulmonaire,* oblitération d'une branche de l'artère pulmonaire par un caillot provenant le plus souvent d'une veine des membres inférieurs (phlébite.) ‖ *Veines pulmonaires,* veines ramenant des poumons le sang oxygéné vers le cœur. (Elles se regroupent en avoisinant le trajet des bronches et, au nombre de deux pour chaque poumon, se jettent dans l'oreillette gauche.) ‖ — N. f. Plante herbacée des bois, à fleurs bleues et à feuilles tachetées de blanc, qui fut utilisée contre les maladies du poumon. (Famille des borraginacées.)

pulmonés n. m. pl. Sous-classe de mollusques gastropodes, comprenant les espèces terrestres ou d'eau douce munies d'un poumon : escargot, limace, achatine, limnée, planorbe, etc.

pulpaire adj. Relatif à la pulpe dentaire.

pulpe [pylp] n. f. (lat. *pulpa*). Nom donné à certains tissus mous des animaux (pulpe dentaire) ou des végétaux (pulpe sucrée des fruits charnus).

pulpeux, euse adj. Formé de pulpe : *tissu pulpeux.* ‖ Qui ressemble à la pulpe.

pulque [pulke] n. m. (mot indien de l'Amérique centrale). Boisson fermentée tirée de l'agave du Mexique.

pulsatif, ive adj. *Méd.* Qui cause des pulsations : *douleur pulsative.*

pulsation [pylsasjɔ̃] n. f. (lat. *pulsatio,* action de pousser). Battement du pouls : *la fièvre accélère les pulsations.* ● *Pulsation d'un courant alternatif* (Electr.), expression $\omega = 2\pi N$, N étant la fréquence.

pulsé, e adj. (du lat. *pulsare,* pousser). *Chauffage par air pulsé,* mode de chauffage envoyant de l'air chaud à l'intérieur d'un bâtiment.

pulsion [pylsjɔ̃] n. f. (du lat. *pulsus,* poussé). Syn. de IMPULSION. ‖ *Psychanal.* Poussée aveugle des tendances organiques : *la pulsion sexuelle.*

pulsionnel, elle adj. *Psychanal.* Relatif aux pulsions.

pulsoréacteur n. m. *Aéron.* Moteur à réaction constitué par une seule tuyère, dont l'entrée est commandée par des volets mobiles. (Dès que la pression intérieure devient inférieure à la pression extérieure, les volets s'ouvrent et laissent pénétrer l'air pour une nouvelle combustion.)

pultacé [pyltase], **e** adj. (du lat. *puls, pultis,* bouillie). Qui a la consistance d'une bouillie. ‖ Se dit des exsudats qui se forment à la surface des muqueuses et qui ont une consistance de bouillie : *angine pultacée.*

pulvérin [pylverɛ̃] n. m. (du lat. *pulvis, pulveris,* poussière). Poudre à canon très fine, employée autref. pour l'amorçage des armes portatives.

pulvérisable adj. Qui peut être réduit en poudre : *craie pulvérisable.*

pulvérisateur n. m. Instrument au moyen duquel on projette un liquide en gouttelettes très ténues.

pulvérisation n. f. Action de pulvériser; résultat de cette action. (La pulvérisation de solutions médicamenteuses se fait avec des pulvérisateurs adaptés aux différentes cavités de l'organisme [nez, bouche, etc.] ou destinés à la peau.)

pulvériser [pylverize] v. t. (du lat. *pulvis, pulveris,* poussière). Réduire en poudre. ‖ Briser en menus morceaux : *wagons pulvérisés dans un télescopage.* ‖ Projeter un liquide en fines gouttelettes. ‖ — *Fig.* Détruire, vaincre : *pulvériser un record.* ‖ Réfuter complètement : *pulvériser une objection.*

pulvériseur n. m. Machine agricole fonctionnant comme brise-mottes.

pulvérulence n. f. Etat pulvérulent.

pulvérulent [pylverylɑ̃], **e** [-ɑ̃t] adj. (du lat. *pulvis, pulveris,* poussière). Qui se réduit en poudre. ‖ Qui est à l'état de poudre fine : *médicament pulvérulent.* ‖ Chargé de poussière : *arbres pulvérulents.*

puma [pyma] n. m. (mot d'une langue d'Amérique). Mammifère carnassier d'Amérique. (Syn. COUGOUAR.)

Phot. Vermorel, Justin, Massey-Harris - Ferguson.

puna [pyna] n. f. (mot esp.). Dans les Andes, haute plaine semi-aride : *la puna d'Atacama.*

punaise [pynɛz] n. f. (du lat. *putere,* puer, et *nasus,* nez). Insecte de l'ordre des hétéroptères, à corps aplati et dégageant une odeur âcre et repoussante, qui pique l'homme pour se nourrir de son sang. ‖ Petit clou à tête large, à pointe courte et très fine. ● *Punaise des bois,* animal voisin de la punaise, mais plus grand et qui se nourrit de la sève des végétaux.

punch [pɔ̃ʃ] n. m. (mot angl. empr. à l'hindī). Mélange d'une liqueur forte avec divers ingrédients (citron, thé, sucre).

punch [pœntʃ] n. m. (mot angl.). Qualité du boxeur (et par ext. du sportif) dont les coups (ou les actions) sont décisifs : *avoir du punch.*

Punch (*The*) ou **The London Charivari** (*le Polichinelle* ou *le Charivari de Londres*), journal satirique anglais, fondé en 1841, illustré de dessins comiques.

puncheur n. m. Boxeur dont les coups sont appuyés et efficaces.

punching-ball [pœntʃiŋbol] n. m. Ballon maintenu verticalement par des supports élastiques, et servant à s'entraîner à la boxe.

punctum [pɔ̃ktɔm] n. m. *Physiol. Punctum proximum,* point en deçà duquel la vision est indistincte. (Le punctum proximum s'éloigne avec l'âge.) ‖ *Punctum remotum,* point au-delà duquel la vision n'est plus distincte. (Le punctum remotum est situé à l'infini pour un œil normal, il est situé à une distance finie chez les myopes.)

puni, e adj. et n. Qui a une punition : *un élève puni; les punis.*

punique [pynik] adj. (lat. *punicus*). Qui concerne les Carthaginois : *médailles puniques.*

puniques (*guerres*), nom donné à la longue rivalité qui naquit entre Rome et Carthage et qui aboutit à la ruine de cette dernière, après trois guerres acharnées (264-146 av. J.-C.). Les guerres puniques eurent pour principale cause l'ambition des Romains sur la Sicile, protégée ou conquise par les Carthaginois. La *première guerre punique* (264-241 av. J.-C.) eut pour théâtre la Sicile et se termina, après les victoires des Romains à Myles, près de Palerme (260), à Ecnome (256), à Panorme et aux îles Egates, par la réduction de la Sicile en province romaine. La *deuxième guerre punique* (218-201 av. J.-C.) fut l'œuvre surtout d'Hannibal. Celui-ci débuta en assiégeant Sagonte, ville d'Espagne, alliée de Rome, et, prenant l'offensive, marcha sur l'Italie par la Gaule et les Alpes, écrasa les Romains au Tessin, à la Trébie (218), au lac Trasimène (217), à Cannes (216); mais, ne recevant aucun secours sérieux, le général carthaginois, affaibli par ses victoires mêmes, vit bientôt la fortune se tourner contre lui. Les Romains, reprenant courage et conduits par Fabius *Cunctator,* remportèrent quelques succès locaux; puis ils envoyèrent Scipion en Afrique, où Hannibal, rappelé d'Italie, fut vaincu à Zama (202). Carthage dut accepter une paix humiliante.
La *troisième guerre punique* (149-146) fut courte et décisive. Carthage, sous l'impulsion d'Hannibal, s'était peu à peu fortifiée, ce qui arrachait sans cesse à Caton son *Delenda est Carthago!* (« Il faut détruire Carthage ! »). La voix du vieux Romain fut entendue. Sous prétexte que la république africaine avait violé le traité de 201 en faisant la guerre à Masinissa, les légions assiégèrent Carthage et la rasèrent (146).

punir [pynir] v. t. (lat. *punire*). Faire subir à quelqu'un la peine d'un crime, d'une faute : *punir un coupable.* (Syn. : CHÂTIER, CORRIGER.) ‖ Servir de châtiment à : *bien des maux punissent l'intempérant.* ● *Punir de,* infliger comme châtiment : *punir quelqu'un de mort.*

punissable adj. Qui mérite une punition : *délit punissable.*

punisseur, euse adj. et n. Qui aime à punir.

punitif, ive adj. Qui a pour objet de punir : *expédition punitive.*

punition n. f. (lat. *punitio*). Action de punir : *la punition des crimes et des délits.* ‖ Châtiment infligé : *punition exemplaire.* ‖ — Syn. : PEINE, PÉNALITÉ, SANCTION.
— ENCYCL. Dans les armées, les *punitions* sont indépendantes des sanctions prévues par le Code de justice militaire ou par le Code pénal. Elles sanctionnent les manquements au devoir ou les négligences, et elles sont infligées par le ministre, les officiers généraux ou les chefs de corps selon un barème préétabli. L'avertissement, la réprimande* et le blâme* ne limitent pas la liberté. En revanche, la consigne*, les arrêts* et les arrêts de rigueur sont des punitions restrictives de liberté. Enfin, les sanctions d'ordre disciplinaire affectant le grade sont : la cassation*, la rétrogradation* et la réduction* de classe.

Punta Arenas, port du Chili, sur le détroit de Magellan; 46 900 h. Ville la plus méridionale du monde (en dehors d'Ushuaia, dans la Terre de Feu).

Punta del Este, v. de l'Uruguay, sur l'Atlantique; 6 500 h. Station balnéaire. L'Alliance pour le progrès y fut signée en 1961.

puntarelle [pɔ̃tarɛl] n. f. (orig. gasconne). Petit fragment de corail, dont on fait des bracelets et des colliers.

puntillero [puntiʎero] n. m. (mot esp.). Torero chargé d'achever au poignard le taureau agonisant.

pupazzo [pupatso] n. m. (mot ital.). Marionnette italienne. ‖ Pl. des *pupazzi.*

puma et son petit

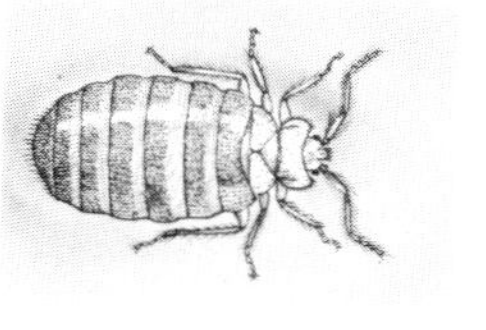

punaise de l'homme

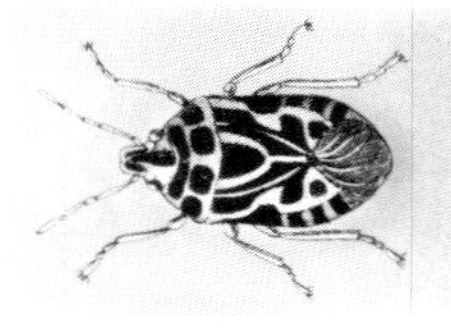

punaise des bois

pupe [pyp] n. f. (lat. *pupa,* poupée). Nymphe des insectes diptères supérieurs (mouches, par ex.), enfermée dans la dernière peau larvaire, en forme de tonnelet.

pupillaire [pypillɛr] adj. *Dr.* Qui concerne un pupille : *intérêts pupillaires.*

pupillaire adj. *Anat.* Qui concerne la pupille de l'œil.

pupillarité n. f. *Dr.* Etat de l'enfant en tutelle. ‖ Durée de cet état.

pupille [pypil *ou* pupij] n. (lat. *pupillus*). Orphelin mineur, placé sous la direction d'un tuteur. ‖ Enfant confié à un gouverneur ou adopté par une municipalité, un corps, etc. : *les pupilles de la Marine.* ● *Pupille de l'Etat* (jadis de *l'Assistance publique*), orphelin, enfant abandonné, trouvé ou moralement abandonné, qui est placé sous la tutelle de l'Etat. ‖ *Pupille de la nation,* enfant ayant perdu son père à la guerre, bénéficiant d'un certain soutien de l'Etat.

pupille n. f. (lat. *pupilla*). Orifice central de l'iris de l'œil : *la pupille se contracte à la lumière intense.*
— ENCYCL. La *pupille,* ronde chez l'homme, est elliptique chez la plupart des animaux. Ses dimensions, variables, sont réglées par l'intensité lumineuse (plus la lumière est intense, plus la pupille se rétrécit) grâce au système neuro-végétatif. Diverses substances provoquent la dilatation de la pupille (belladone, atropine), d'autres sa rétraction (pilocarpine, ésérine).

Pupin (Michael), physicien américain d'origine serbe, né à Idvor (Banat) [1858-1935]. En 1899, il a imaginé la *pupinisation.*

pupinisation [pypinizasjɔ̃] n. f. (de *Pupin,* physicien américain). Introduction, de distance en distance dans les lignes téléphoniques, de bobines de self-induction pour améliorer la transmission de la parole.

pupipare [pypipar] adj. Se dit de certains insectes diptères dont les larves se développent dans les voies génitales des femelles et éclosent prêtes à se transformer en pupes.

pupitre [pypitr] n. m. (lat. *pulpitum,* estrade). Petit meuble à plan incliné, avec ou sans pied, pour poser des livres, des cahiers de musique, etc. ‖ En informatique, panneau de commande permettant de communiquer avec les unités d'un ordinateur.

pupitreur, euse n. Agent travaillant au pupitre d'un ordinateur.

pur [pyr], **e** adj. (lat. *purus*). Sans mélange : *vin pur.* ‖ Non altéré ni vicié : *air pur.* ‖ — *Fig.* Sans corruption, sans souillure : *conscience pure.* ‖ Correct : *style pur.* ‖ Chaste : *jeune fille pure.* ‖ Exempt : *pur de tout crime.*

Purcell

‖ Qui est uniquement, exclusivement tel ou tel : *c'est la pure vérité.* ● *Corps pur,* corps de composition chimique invariable. ‖ — **En pure perte** loc. adv. Sans aucune compensation.

Purāna, titre collectif donné dans l'Inde à des ouvrages destinés à ceux qui ne peuvent lire les textes sacrés comme les *Veda.*

Purcell (Henry), compositeur anglais, né à Londres (1658 ou 1659-1695). Auteur d'opéras et de musique de scène (*Dido and Aeneas,* 1689?; *King Arthur,* 1691; *The Tempest,* 1695; *The Indian Queen,* 1695), de compositions religieuses (*Odes, Anthems*), de sonates et de fantaisies pour violes, de *Lessons* pour clavecin.

pureau [pyro] n. m. Partie d'une tuile ou d'une ardoise qui n'est pas recouverte par la tuile ou l'ardoise supérieure.

purée [pyre] n. f. (de l'anc. fr. *purer,* nettoyer). Bouillie faite avec des légumes écrasés et passés au tamis. ‖ *Pop.* Gêne, misère : *être dans la purée.* ● *Purée de pois,* brouillard épais.

purement adv. Uniquement : *faire une chose purement par intérêt.* ● *Purement et simplement,* sans réserve ni condition.

pureté n. f. Qualité de ce qui est pur : *pureté de l'air;* et, au *fig.* : *pureté des mœurs.* ‖ Correction : *pureté du style.*

purgatif [pyrgatif], **ive** [-iv] adj. Qui purge : *eau purgative.*

purgatif n. m. Remède qui purge.

purgation n. f. (lat. *purgatio*). Action de purger. ‖ Le purgatif lui-même.

purgatoire [pyrgatwar] n. m. (du lat. *purgare,* purifier). *Relig.* Lieu où les âmes des morts achèvent d'expier leurs fautes. (Les protestants rejettent la croyance au purgatoire.) ‖ *Fig.* Lieu où l'on souffre.

purge [pyrʒ] n. f. Action de purger. ‖ Médication provoquant l'évacuation du contenu intestinal. ‖ *Dr.* Opération par laquelle un bien immeuble est libéré des charges qui le grèvent. ‖ Elimination d'individus tenus pour indésirables ou jugés peu sûrs par certains partis politiques.

purger v. t. (lat. *purgare*) [conj. **1**]. Purifier par l'élimination des matières étrangères : *purger les métaux.* ‖ Nettoyer en vidangeant entièrement : *purger un radiateur.* ‖ Délivrer, débarrasser : *purger une mer des pirates.* ‖ *Méd.* Traiter au moyen d'un purgatif : *purger un malade.* ‖ Débarrasser, nettoyer : *purger l'estomac.* ‖ *Absol.* Opérer la purgation : *substance qui purge bien.* ● *Purger une condamnation,* subir une peine de prison. ‖ *Purger les hypothèques,* remplir les formalités nécessaires pour qu'un bien ne soit plus hypothéqué. ‖ — **Se purger** v. pr. Prendre une purgation.

purgeur n. m. Appareil permettant d'éliminer d'une tuyauterie ou d'une installation un fluide qui, par sa présence ou par son excès, en troublerait le fonctionnement.

purificateur, trice adj. et n. Qui purifie : *un feu purificateur.*

purification n. f. Action de purifier; résultat de cette action. ‖ *Relig. cath.* Cérémonie qui précède l'ablution à la messe. ‖ Fête en l'honneur de la Sainte Vierge (2 février).

purificatoire adj. Qui purifie : *cérémonie purificatoire.* ‖ — N. m. *Relig. cath.* Linge avec lequel le prêtre essuie le calice après la communion.

purifier [pyrifje] v. t. (du lat. *purus,* pur). Rendre pur : *purifier l'air, les métaux.* (Syn. : ASSAINIR, ÉPURER, PURGER.) ‖ *Fig.* Débarrasser des souillures morales : *purifier son cœur.*

purin [pyrɛ̃] n. m. (de l'anc. fr. *purer,* dégoutter). Liquide s'écoulant du fumier, utilisé comme engrais pour sa richesse en azote et en potasse.

purisme n. m. Souci exagéré de la pureté du langage, caractérisé par le désir de fixer arbitrairement une langue à un stade de son évolution, sans tenir compte des données de la linguistique. ‖ Tendance esthétique issue du cubisme, qui s'est attachée à rechercher une simplicité géométrique des contours et à produire des effets monumentaux. (Elle a été préconisée par Ozenfant et Le Corbusier.)

puriste n. et adj. Personne qui affecte une trop grande pureté de langage.

puritain [pyritɛ̃], **e** [-ɛn] n. et adj. (de l'angl. *puritan*). Membre d'une secte de presbytériens rigides très attachés à la lettre des Ecritures, que les Stuarts persécutèrent, et dont beaucoup émigrèrent en Amérique. ‖ *Fig.* Qui affecte une grande rigidité de principes : *langage puritain.*

puritanisme n. m. Doctrine des puritains. ‖ *Fig.* Grande austérité de principes.

purot [pyro] n. m. Fosse à purin.

purotin [pyrɔtɛ̃] n. m. *Pop.* Celui qui est dans la misère.

purpura [pyrpyra] n. m. (mot lat. signif. *pourpre*). Eruption de taches rougeâtres sur la peau, dues à des ruptures de capillaires provoquant de petites hémorragies dans l'épaisseur du derme.
— ENCYCL. Les *purpuras* s'accompagnent d'un allongement du temps de saignement et de signes de fragilité

Phot. Lauros - Atlas-Photo, X (2), Lauros-Giraudon.

Le Puy, *v. également église*

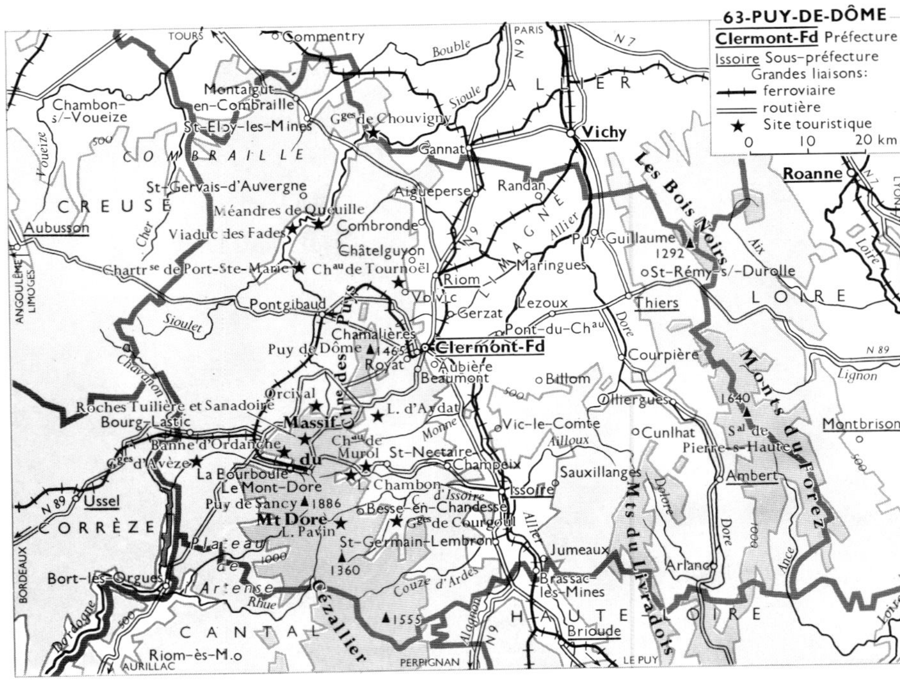

des capillaires (signe du lacet [un garrot comprimant l'avant-bras fait apparaître des points rouges, ou pétéchies, en nombre variable]). Ils peuvent s'accompagner ou non d'une baisse du nombre des plaquettes sanguines, ou thrombocytes, et d'une splénomégalie. Les causes de purpura sont variables : intoxications, infections, allergies, maladies du sang.

purpurin [pyrpyrɛ̃], **e** [-in] adj. (du lat. *purpura*, pourpre). Qui approche de la couleur pourpre : *fleur purpurine*.

purpurine n. f. Une des matières colorantes contenues dans la garance.

pur-sang n. m. inv. Cheval de race pure, inscrit au stud-book, issu de race anglaise, arabe ou anglo-arabe.

purulence n. f. Etat de ce qui est purulent : *la purulence d'une plaie*.

purulent [pyrylɑ̃], **e** [-ɑ̃t] adj. (du lat. *pus, puris*, pus). Qui a l'aspect ou la nature du pus. ‖ Mêlé de pus. ‖ Qui produit du pus.

Purus, riv. du Pérou et du Brésil, affl. de l'Amazone (r. dr.) ; 3 380 km.

pus [py] n. m. (lat. *pus*). Liquide jaunâtre qui se forme aux points d'infection, et qui est constitué par des déchets de leucocytes et de microbes.

Pusan, en jap. **Fusan,** v. de la Corée du Sud, sur le détroit de Corée ; 1 430 000 h. Deuxième ville et l'un des principaux ports de la Corée du Sud, c'est aussi un centre industriel (métallurgie, textiles).

Pusey (Edward BOUVERIE, dit), théologien anglais, né à Pusey, près d'Oxford (1800-1882), un des créateurs du mouvement ritualiste, ou *puseyisme*, qui porta une fraction de l'Eglise anglicane vers le catholicisme. Lui-même resta fidèle à l'anglicanisme.

puseyisme [pjuzeism] n. m. (de *Pusey* n. pr.). Mouvement ritualiste, qui porta vers le catholicisme ou vers un renouveau une fraction de l'Eglise anglicane. (Le puseyisme date de la seconde partie du XIXe s.)

push-pull [puʃpul] adj. et n. m. Se dit d'un montage de deux tubes électroniques dont les actions s'équilibrent par action réciproque.

pusillanime [pyzilanim] adj. et n. (lat. *pusillus animus*, esprit étroit). Qui manque de courage ; qui est timide jusqu'à la lâcheté. ‖ — Adj. Qui annonce ce défaut : *conduite pusillanime*.

pusillanimement adv. D'une manière pusillanime.

pusillanimité n. f. Manque de courage. (Syn. : COUARDISE, LÂCHETÉ, POLTRONNERIE.)

pustule [pystyl] n. f. (lat. *pustula*). Petite tumeur inflammatoire de la peau, qui devient purulente. ● *Pustule maligne*, pustule noirâtre, déterminée chez l'homme par le bacille du charbon.

pustuleux, euse adj. Accompagné de pustules : *éruption pustuleuse*.

Puszta (la), nom donné à la grande plaine de Hongrie lorsqu'elle n'est pas cultivée. (C'est le nom [« désert »] de la péninsule balkanique sous l'occupation turque. La reconquête hongroise n'a pas fait disparaître totalement le paysage de puszta ; dans les régions plus arides, où les cultures sont difficiles, les troupeaux de bêtes à cornes continuent à tirer profit de ces grandes étendues.)

putain [pytɛ̃] n. f. *Pop.* Prostituée.

Putanges (61210), ch.-l. de c. de l'Orne (arr. d'Argentan) ; 918 h.

putatif [pytatif], **ive** [-iv] adj. (du lat. *putare*, croire). *Enfant putatif*, enfant issu d'un mariage putatif. ‖ *Mariage putatif* (Dr.), mariage qui, ayant fait l'objet d'une annulation, produit cependant, jusqu'à la date de celle-ci, tous les effets civils d'un mariage valable pour les enfants et pour celui ou ceux des époux qui étaient de bonne foi lors de sa célébration. ‖ *Titre putatif*, titre à l'existence duquel a cru de bonne foi le possesseur d'un bien alors qu'il n'en existe aucun.

Puteaux (92800), ch.-l. de c. des Hauts-de-Seine (arr. de Nanterre), sur la Seine ; 38 014 h. (*Putéoliens*). Industries diverses.

putiet ou **putier** [pytje] n. m. Nom usuel du *merisier à grappes*.

Putiphar, officier de la cour d'Egypte, maître de Joseph. Sa femme tenta de séduire Joseph ; il la repoussa et laissa son manteau entre les mains de cette femme, qui, ensuite, l'accusa d'avoir voulu la déshonorer. Putiphar, crédule, fit jeter Joseph en prison.

Putnik (Radomir), maréchal serbe, né à Kragujevac (1847-1917). Il commanda les troupes serbes de 1912 à la fin de 1915.

putois [pytwa] n. m. (de l'anc. fr. *put*, puant). Mammifère carnassier des bois, s'attaquant aux animaux de basse-cour et dont on recherche la fourrure brun foncé. (Long. 40 cm, sans la queue ; famille des mustélidés. Le furet est une variété blanche de putois.) ‖ Sa fourrure : *un manchon de putois*. ‖ Pinceau pour étendre les couleurs sur les poteries. ● *Crier comme un putois*, crier très fort, protester.

putréfaction n. f. Décomposition que subissent les corps organisés lorsque la vie les a abandonnés : *le froid retarde la putréfaction*.
— ENCYCL. La *putréfaction* est provoquée dans les organismes morts par le développement de germes microbiens. Le développement de ceux-ci est d'autant plus rapide qu'il existe une humidité et une température ambiantes élevées. Le froid, la dessiccation, les antiseptiques, la stérilisation permettent de s'opposer à la putréfaction ou de la retarder. Les produits de la putréfaction sont des gaz nocifs et nauséabonds, divers acides organiques et des bases toxiques, les ptomaïnes.

putréfiable adj. Susceptible de se putréfier : *matière putréfiable*.

putois

putréfier [pytrefje] v. t. (du lat. *putris*, pourri). Corrompre, faire pourrir : *l'humidité putréfie les fruits*.

putrescence n. f. Travail de la putréfaction : *fruit en putrescence*.

putrescent [pytrɛsɑ̃], **e** [-ɑ̃t] adj. Atteint de putrescence, de putréfaction.

putrescibilité n. f. Caractère, nature de ce qui est putrescible.

putrescible adj. (du lat. *putris*, pourri). Sujet à la putréfaction : *des matières putrescibles*.

putride adj. (lat. *putridus*). Putréfié : *eau putride*. ‖ Produit par la putréfaction : *miasmes putrides*. ‖ Qui présente les phénomènes de la putréfaction.

putridité n. f. Etat de ce qui est putride.

putsch [putʃ] n. m. (mot allem.). Soulèvement d'un groupe politique armé.

putschiste adj. Qui a le caractère d'un putsch. ‖ — N. m. Celui qui est à l'origine d'un putsch, qui participe à un putsch.

Puvis de Chavannes [-vi-] (Pierre), peintre français, né à Lyon (1824-1898). Influencé par Chassériau, il a surtout exécuté de vastes peintures murales, en tons retenus, soigneusement composées mais froides, notamment à Paris pour la Sorbonne, le Panthéon (*Histoire de sainte Geneviève*) et l'Hôtel de Ville, à Lyon et à Marseille pour le musée de chacune des deux villes.

puy [pɥi] n. m. (lat. *podium*, tertre). Montagne, dans le Massif central : *le puy de Sancy*.

Puy (LE) [43000], autref. **Le Puy-en-Velay,** anc. cap. du Velay, ch.-l. de la Haute-Loire, sur la Borne, affl. de la Loire, à 514 km au sud-est de Paris ; 29 549 h. (*Ponots* ou *Podots*). Evêché. La ville, qui est située dans une dépression fertile, le *bassin du Puy*, est accidentée de pitons volcaniques (rocher Corneille, mont Aiguilhe) et très pittoresque. Cathédrale romane (belle façade polychrome), conservant des fresques ; oratoire Saint-Michel (Xe-XIe s.) sur le mont Aiguilhe ; église Saint-Laurent (XIVe s.) ; chapelles Saint-Clair (XIIe s.) et des Pénitents (XVIIIe s.) ; nombreuses maisons anciennes, musées. Grand centre français de la dentelle, depuis le XVe s. Industries diverses. Patrie du cardinal de Polignac, de Jules Vallès. — L'arr. a 14 cant., 116 comm., 99 131 h.

Puy (Jean), peintre français, né à Roanne (1876-1960). Il a exposé avec les « fauves » dans la fameuse « cage » du Salon d'automne de 1905. Mais il pratiqua vite un art plus modéré (*Au lit*, 1923, musée national d'Art moderne).

Puy-de-Dôme (*dép. du*) [**63**], dép. du Massif central ; préf. *Clermont-Ferrand* ; s.-préf. *Ambert, Issoire, Riom, Thiers* ; 5 arr., 50 cant., 473 comm. ; 7 955 km² ; 547 800 h. Le dép. s'étend sur la majeure partie de l'*Auvergne**. Les plaines fertiles des *Limagnes*, drainées par l'Allier, portent des cultures céréalières et fruitières. Elles sont dominées à l'est par les hauteurs du *Livradois* et du *Forez*, souvent boisées, et à l'ouest par les massifs volcaniques des *monts Dôme* (1 465 m au *puy de Dôme*) et des *monts Dore* (1 886 m au *puy de Sancy*), régions d'élevage bovin (pour l'embouche et surtout la production de fromages). L'élevage constitue encore la ressource essentielle des plateaux granitiques de l'extrémité occidentale du dép. L'industrie joue un rôle important, employant les deux cinquièmes de la population active. Elle est représentée par les pneumatiques et l'imprimerie

Phot. Alain Perceval, Merlet - Atlas-Photo.

Pyongyang

pyramides de Guizèh
du premier au dernier plan, Mykérinos, Chéphren, Chéops

(Clermont-Ferrand), la coutellerie (Thiers), les papeteries (Ambert), etc. Le thermalisme anime de nombreuses localités (Châtelguyon, Royat, La Bourboule, Le Mont-Dore, Saint-Nectaire).

Puylaurens [-rɛ̃s] (81700), ch.-l. de c. du Tarn (arr. de Castres) ; 2 946 h. (1 321 aggl.) [*Puylaurentais*]. Château féodal en ruine.

Puy-l'Évêque (46700), ch.-l. de c. du Lot (arr. de Cahors) ; 2 476 h. (1 543 aggl.). Donjon (XIIIe s.) du château des évêques de Cahors. Eglise (XIVe-XVe s.). Maisons du XIIIe s.

Puymirol (47270), ch.-l. de c. de Lot-et-Garonne (arr. d'Agen) ; 758 h. Anc. bastide du XIIIe s.

Puymorens [-rɛ̃s] (*col de*), passage des Pyrénées, conduisant d'Ax-les-Thermes (Ariège) en Cerdagne ; 1 915 m.

Puys (*chaîne des*). V. DÔME (*monts*).

puzzle [pœzl] n. m. (mot angl.). Jeu de patience fait de fragments découpés qu'il faut rassembler pour reconstituer une image.

Pyat (Félix), écrivain et homme politique français, né à Vierzon (1810-1889). Avocat, journaliste, auteur de plusieurs drames à succès, député montagnard en 1848 et 1849, il dut s'exiler après l'échec de la journée du 13 juin 1849. Rentré en France, il participa à la Commune (1871). Réfugié de nouveau à l'étranger, il rentra en 1880. Député de Marseille, il lutta contre le boulangisme.

pycnomètre [piknɔmɛtr] n. m. (gr. *puknos,* dense, et *metron,* mesure). *Technol.* Petit flacon pour mesurer la densité d'un solide ou d'un liquide.

Pydna, v. de Macédoine où Persée fut vaincu par Paul Emile (168 av. J.-C.).

pyélite [pjelit] n. f. (du gr. *puelos,* bassin). Inflammation de la membrane muqueuse qui tapisse le bassinet et les calices du rein.

pyélonéphrite n. f. Infection du rein et du bassinet. — ENCYCL. La *pyélonéphrite* est due à des germes microbiens (colibacilles ou autres) ; elle peut soit être en rapport avec une lithiase des voies urinaires, soit être provoquée par la stagnation des urines consécutive à un obstacle vésical, prostatique ou urétral, soit être consécutive au passage à travers le rein d'éléments microbiens ayant pénétré dans le sang à la faveur de lésions intestinales. La pyélonéphrite se manifeste par de la fièvre, des douleurs lombaires, du pus dans les urines.

pygargue [pigarg] n. m. (gr. *pugê,* croupion, et *argos,* blanc). Aigle à queue blanche, appelé aussi *orfraie* et *grand aigle de mer.* (Il atteint 2,50 m d'envergure.)

Pygmalion, sculpteur légendaire de Chypre. Il s'éprit de la statue de Galatée, qui était son propre ouvrage, obtint d'Aphrodite qu'elle lui donnât la vie, et l'épousa.

pygmée [pigme] n. m. (gr. *Pygmaios,* peuple nain d'Ethiopie). Très petit homme (au *pr.* et au *fig.*).

pygméen, enne adj. Relatif aux Pygmées, à une personne de petite taille.

Pygmées, population africaine dont le type anthropologique n'a subi aucune modification depuis une époque très reculée, et qui connaissait une forte extension à la préhistoire. (Taille inférieure à 1,50 m ; leur teint varie du jaune au brun.) Les Pygmées se divisent en trois groupes : les *Bambutis* (est du Zaïre), les *Pygmées du Centre* (ouest du Zaïre et Congo-Brazzaville) et les *Pygmées de l'Ouest* (Gabon et Cameroun).

pygopodes n. m. pl. Syn. de COLYMBIFORMES.

pyjama [piʒama] n. m. (mot angl., empr. à l'hindī). Pantalon léger, large et flottant, porté en Inde. ‖ Vêtement de nuit ou d'intérieur, ample et léger, composé d'une veste et d'un pantalon.

Pylade, héros phocidien, cousin et ami d'Oreste.

Pyla-sur-Mer (33115), station balnéaire de la Gironde (comm. de La Teste).

pylône [pilon] n. m. (gr. *pulôn,* portail). Porte monumentale placée à l'entrée des temples égyptiens. ‖ Support, en charpente métallique ou en béton, d'une construction, d'une ligne électrique aérienne. ‖ Motif décoratif en forme de piliers quadrangulaires placés de chaque côté d'une entrée.

pylore [pilɔr] n. m. (gr. *pulôros,* qui garde la porte). Orifice fermé par un sphincter et faisant communiquer l'estomac et le duodénum.

pylorique adj. Du pylore : *orifice pylorique.*

Pylos. V. NAVARIN.

Pym (John), homme politique anglais, né à Somerset (1584-1643). Député aux Communes, il fut le chef de l'opposition à l'absolutisme de Charles Ier.

pyogène [pjɔʒɛn] adj. (gr. *puon,* pus, et *genos,* origine). Qui fait suppurer.

Pyongyang, cap. de la Corée du Nord, dans l'ouest du pays ; 940 000 h. Centre administratif et industriel (métallurgie, textiles).

pyorrhée [pjɔre] n. f. (gr. *puon,* pus, et *rhein,* couler). *Méd.* Ecoulement de pus.

Pygmées de la République centrafricaine
l'homme vêtu mesure 1,70 m

pyrale [piral] n. f. Nom donné à plusieurs papillons crépusculaires, dont les chenilles sont souvent nuisibles. (Celles de la pyrale de la vigne en consomment les feuilles et les pédoncules floraux.) [V. illustr. PAPILLONS.] ● *Pyrale des pommes,* v. CARPOCAPSE.

Pyrame. *Myth. gr.* Jeune Babylonien célèbre par ses amours tragiques avec Thisbé.

pyramidal, e, aux adj. Qui a la forme d'une pyramide. ‖ *Bot.* Se dit de diverses plantes qui s'élèvent en pyramides. ‖ *Fam.* Enorme : *bêtise pyramidale.* ● *Faisceau pyramidal* (Anat.), l'un des faisceaux de la moelle épinière. ‖ *Os pyramidal,* os de la première rangée du carpe. ‖ *Syndrome pyramidal,* syndrome neurologique résultant d'une atteinte d'un des faisceaux pyramidaux.

pyramide [piramid] n. f. (lat. *pyramis, pyramidis,* monument égyptien). *Math.* Polyèdre limité par un polygone plan (*base* de la pyramide), et dont toutes les autres faces (*faces latérales*) sont des triangles ayant respectivement pour base les différents côtés du polygone et un sommet commun (*sommet* de la pyramide). [L'aire latérale d'une pyramide régulière a pour valeur le demi-produit du périmètre de sa base par son apothème. Le volume d'une pyramide quelconque est égal au tiers du produit de la surface de la base par la hauteur.] (V. illustr. SURFACES* ET VOLUMES.) ‖ Grand monument ayant la forme d'une pyramide : *les pyramides d'Egypte.* ‖ Entassement d'objets s'élevant en forme de pyramide : *pyramide de livres.* ● *Pyramide des âges,* moyen de représentation graphique obtenu en portant en ordonnées les âges d'un groupe humain (un Etat en général), en abscisses négatives le nombre des hommes et en abscisses positives le nombre des femmes. ‖ *Pyramide antérieure* (Anat.), relief longitudinal très marqué, situé à la face antérieure du bulbe rachidien. ‖ *Pyramide de Malpighi* (Anat.), élément conique formant la substance médullaire du rein. ‖ *Pyramide régulière,* pyramide qui a pour base un polygone régulier, et dont le sommet se projette au centre de ce polygone. (Les faces d'une pyramide régulière sont des triangles isocèles égaux.)

Pyramides, monuments de l'ancienne Egypte qui servaient de sépultures royales et dont les plus célèbres sont celles de Guizèh (Chéops, Chéphren et Mykérinos). La première (ou Grande Pyramide), qui a 138 m de la base au sommet, était placée parmi les Sept Merveilles du monde.

Pyramides (*bataille des*), victoire que remporta Bonaparte sur les mamelouks de Murād bey, près des pyramides d'Egypte, le 21 juillet 1798.

pyramidé, e adj. Qui présente une pyramide : *quartz pyramidé.*

pyramidion n. m. Petite pyramide quadrangulaire qui termine un obélisque.

pyrénéen [pireneɛ̃], **enne** [-ɛn] adj. et n. Des Pyrénées.

Pyrénées, chaîne de montagnes du sud-ouest de l'Europe, partagée entre la France et l'Espagne, qui s'étend sur plus de 400 km du golfe de Gascogne au golfe du Lion ; 3 404 m au *pic d'Aneto.*
Montagnes d'orogénie alpine, les Pyrénées se distinguent des Alpes mêmes, du point de vue physique, sur un triple plan, géologique, structural et topographique. La formation des Pyrénées est antérieure à celle des Alpes ; elle date de la fin du secondaire et du début du tertiaire. La chaîne est constituée en majeure partie de roches primaires, schisteuses et gréseuses, englobant des noyaux

Phot. Chris-Marker, Michel Huet - Hoa-Qui, Aero film Ltd. (Londres).

les Pyrénées : Bourg-Madame et Puigcerdá, en Cerdagne

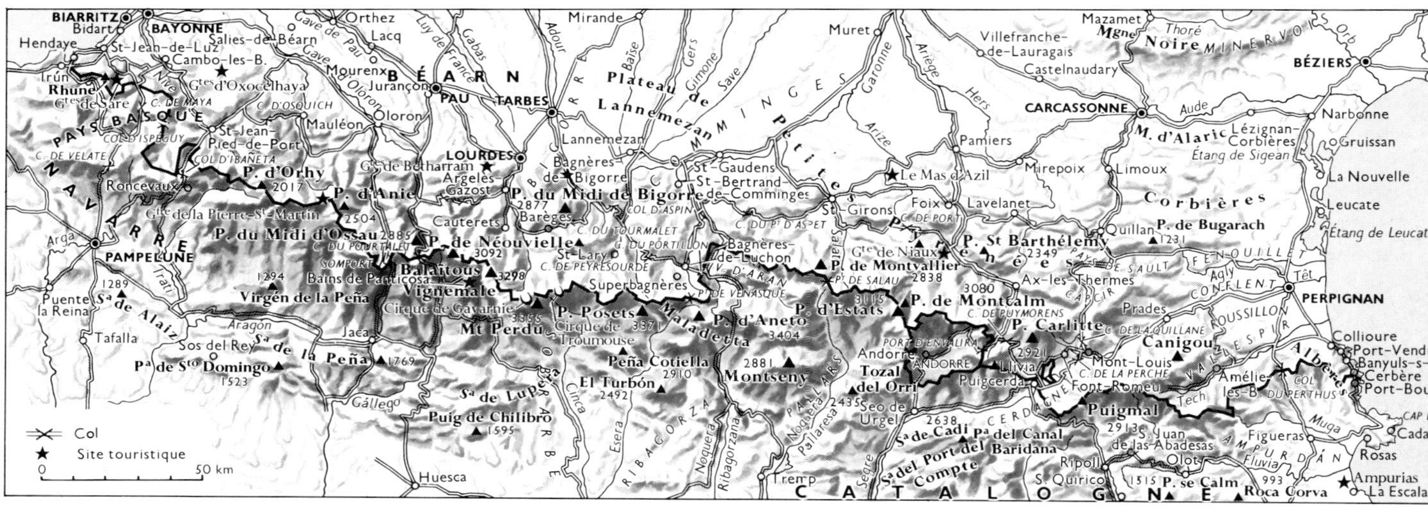

cristallins, qui forment la *zone axiale,* pratiquement continue du Somport à la plaine du Roussillon. La zone axiale, exhaussée par un pli de fond, est flanquée au nord par une étroite bande de terrains sédimentaires plissés.

L'extension des roches anciennes explique l'aspect massif de la chaîne (en rapport avec la faiblesse relative de l'érosion glaciaire quaternaire, liée à une altitude et une latitude plus basses que dans les Alpes). Les sommets, moins élevés que dans les Alpes, ont des formes lourdes, dominant des hauts plateaux (les *plas*) ou des cols (*ports*) élevés. Les Pyrénées ont naturellement un climat de montagne (en rapport avec la latitude), hivers froids et enneigés, précipitations supérieures à celles des plaines voisines. Le contraste climatique majeur oppose la moitié occidentale de la chaîne, qui reçoit toujours plus de 1 000 mm de précipitations, à la moitié orientale, abritée des influences océaniques, où vallées et bassins reçoivent souvent moins de 700 mm.

La chaîne n'a jamais constitué une barrière humaine infranchissable : les Basques et les Catalans peuplent les deux versants. En dehors de leurs extrémités, occidentale et orientale, les Pyrénées sont franchies par le rail (Somport, Puymorens) et la route (Somport, Pourtalet, tunnel de Viella, Puymorens). Mais la circulation longitudinale demeure difficile en raison de la disposition transversale des cours d'eau, qui explique le cloisonnement du relief et a imposé une économie de subsistance (qui n'a que localement disparu), fondée sur les cultures vivrières, l'élevage transhumant (celui des ovins essentiellement, associé à l'industrie textile), l'exploitation de la forêt et du sous-sol (minerai de fer, marbre).

Les Pyrénées constituent une chaîne dissymétrique. Le versant le plus long appartient à l'Espagne, partagé entre les Provinces basques et la Navarre, l'Aragon et la Catalogne.

Le versant français est court (25 à 45 km) et abrupt (s'enlevant brutalement au-dessus de la plaine, surtout à l'ouest de la Garonne). Il est partagé entre les départements des Basses-Pyrénées, des Hautes-Pyrénées, de la Haute-Garonne, de l'Ariège, de l'Aude et des Pyrénées-Orientales. Il a été divisé traditionnellement en quatre parties, les *Pyrénées occidentales* ou *atlantiques,* entre l'Océan et le pic d'Anie, les *Pyrénées centrales,* entre le pic d'Anie et le val d'Aran, les *Pyrénées ariégeoises* entre le val d'Aran et le col de Puymorens, enfin, à l'est, les *Pyrénées orientales* ou *méditerranéennes.*

En fait, relief et climat se combinent pour délimiter seulement trois grands secteurs. A l'ouest du Somport (ou de la vallée d'Aspe), les *Pyrénées occidentales* sont constituées surtout de terrains sédimentaires (souvent calcaires et marneux) plissés, accidentés de pointements cristallins ou gréseux (Rhune). L'altitude ne dépasse 2 500 m qu'au pic d'Anie, et, à l'ouest de la Nive, elle est inférieure à 1 000 m. Les passages sont nombreux (Roncevaux). C'est la région française la plus humide (plus de 2 000 mm de précipitations), recouverte de forêts et d'herbages, terre d'élevage du mouton, mais où se maintient une polyculture vivrière (céréales, pomme de terre) juxtaposée à quelques industries (chaussure à Mauléon-Licharre).

Entre le Somport et le col de Puymorens (ou entre la vallée d'Aspe et la haute vallée de l'Ariège) se localisent les sommets les plus élevés (Vignemale, Néouvielle, Montcalm, etc.), partiellement englacés, correspondant à la plus grande extension de la zone axiale, précédée à l'est de la Garonne par les *Prépyrénées* calcaires. Les *Pyrénées centrales* fournissent la majeure partie de l'hydro-électricité pyrénéenne (centrales de Pragnères, d'Auzat, etc.), souvent exportée, mais alimentant

Phot. Alain Perceval.

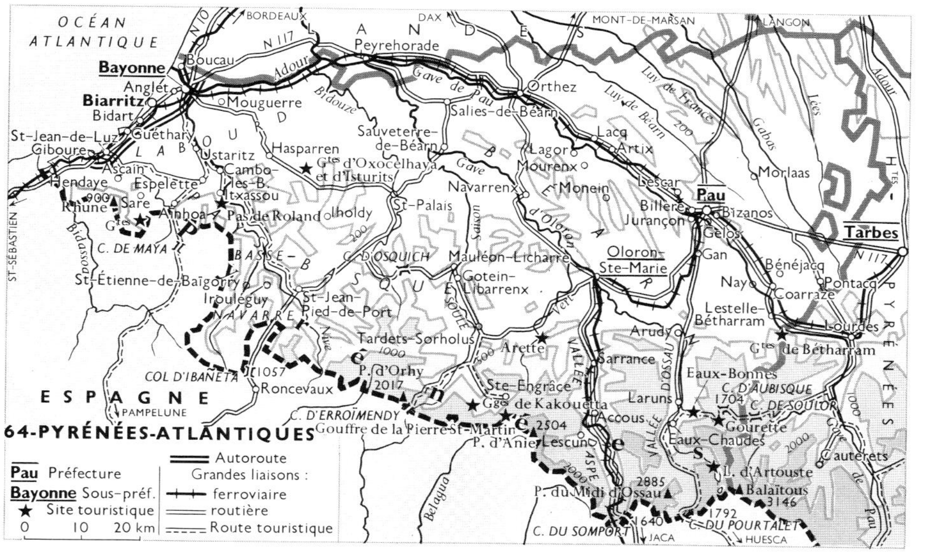

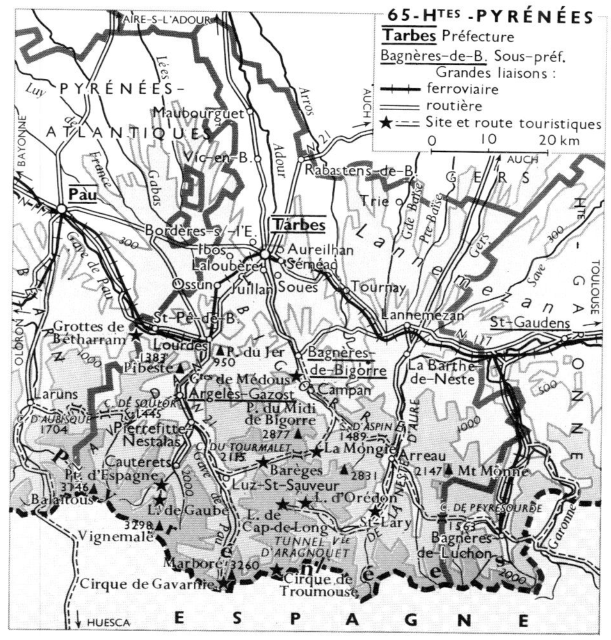

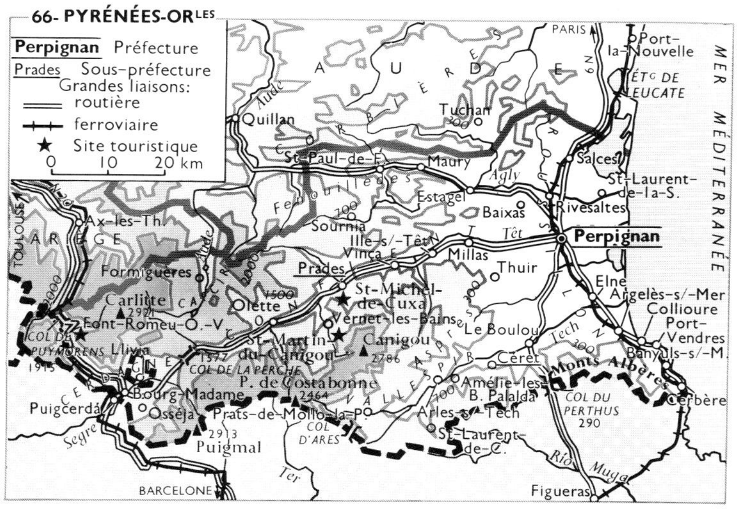

quelques usines dans les vallées : électrochimie à Pierrefitte-Nestalas (sur le gave de Pau), électrométallurgie à Tarascon-sur-Ariège. C'est la principale région touristique, liée, en dehors de Lourdes, au thermalisme et aux sports d'hiver (Barèges, Cauterets, Bagnères-de-Luchon). Les conditions naturelles ne favorisent pas les cultures, et l'élevage laitier est lui-même peu développé.
A l'est du Puymorens, les *Pyrénées orientales* sont plus sèches. Constituées de massifs cristallins élevés (Carlitte, Canigou) et coupés de bassins d'effondrement (Capcir, Cerdagne, Conflent, Vallespir), elles forment la partie la plus large de la chaîne en territoire français. Les hommes et les cultures (céréales, pomme de terre, cultures fruitières) sont concentrés dans les bassins. La montagne est le domaine de l'élevage ovin. Ici, le tourisme est favorisé par le climat, associant encore thermalisme (Amélie-les-Bains - Palalda) et sports d'hiver (Font-Romeu).
Les Pyrénées françaises, cloisonnées en petites entités économiques, parfois politiques, ont longtemps résisté au dépeuplement, et la densité y est en moyenne encore supérieure à celle de l'ensemble des Alpes. Mais le déclin de l'économie de subsistance avec le progrès des communications a précipité l'exode rural, et, à la différence des Alpes du Nord, il n'y existe pas de secteurs aujourd'hui très dynamiques. Les villes du piémont, Pau et Tarbes, appartiennent déjà au bassin d'Aquitaine*.

Pyrénées (*paix des*), paix signée le 7 novembre 1659 et qui mit fin aux hostilités entre la France et l'Espagne. Le traité fut négocié lors d'une conférence célèbre tenue entre don Luis de Haro et Mazarin, dans l'île des Faisans (Bidassoa). Il stipulait que Louis XIV épouserait la fille de Philippe IV, Marie-Thérèse, qui renonçait à ses droits sur la couronne d'Espagne moyennant une dot de 500 000 écus d'or.

Pyrénées (*dép. des* **Hautes-**) [**65**], dép. du sud-ouest de la France; préf. *Tarbes;* s.-préf. *Argelès-Gazost, Bagnères-de-Bigorre;* 3 arr., 32 cant., 479 comm.; 4 507 km²; 225 700 h. Le sud du dép. occupe une partie des *Pyrénées centrales,* région très montagneuse, peu peuplée, pays d'élevage. Le nord s'étend sur le *plateau de Lannemezan,* souvent couvert de landes, et les collines qui lui font suite. A l'ouest, la longue *vallée de l'Adour,* plus favorisée, juxtapose céréales, vergers et prairies. L'industrie emploie le tiers de la population active (le quart dans l'agriculture). Bénéficiant souvent des aménagements hydro-électriques voisins (Pragnères), se sont développées l'électrochimie (Pierrefitte-Nestalas, Soulom), l'électrométallurgie (Lannemezan, Beaudéan), les constructions électriques et aéronautiques (Tarbes, Ossun), à côté des activités traditionnelles (textiles, travail du bois, industries extractives [plomb de Pierrefitte-Nestalas, marbre de Campan, etc.]). Le thermalisme et les sports d'hiver animent localement la montagne, alors que Lourdes demeure l'un des grands centres mondiaux de pèlerinage.

Pyrénées-Atlantiques (*dép. des*) [**64**], dép. du sud-ouest de la France; préf. *Pau;* s.-préf. *Bayonne, Oloron-Sainte-Marie;* 3 arr., 43 cant., 559 comm.; 7 629 km²; 508 700 h. Le dép. s'étend au sud sur la partie occidentale de la chaîne pyrénéenne, la plus humide, ce qui explique le développement de l'élevage, tant dans les *Pyrénées béarnaises* (les plus élevées, ouvertes par les vallées d'Aspe et d'Ossau), à l'est, que dans les *Pyrénées basques* (où il est associé à la polyculture : céréales, arbres fruitiers), à l'ouest. Les collines sableuses ou volcaniques du nord-est, aux sols médiocres, sont entaillées par des vallées plus favorisées, herbagères ou céréalières, portant localement des vignobles (Jurançon). L'industrie emploie plus du tiers de la population active. Représentée traditionnellement par la petite métallurgie, les textiles, le travail du bois, elle s'est diversifiée récemment avec les constructions aéronautiques (Anglet, Pau) et surtout l'exploitation de l'important gisement de gaz naturel de Lacq (autour duquel se sont créées une centrale thermique [Artix], l'industrie chimique [Pardies] et l'électrométallurgie [aluminium à Noguères]). Le littoral est animé par la pêche (Saint-Jean-de-Luz), le tourisme (Biarritz), alors que Bayonne exporte le soufre, sous-produit de Lacq. Jusqu'en 1969, le département a porté le nom de *Basses-Pyrénées.*

Pyrénées-Orientales (*dép. des*) [**66**], dép. du midi de la France; préf. *Perpignan;* s.-préf. *Céret, Prades;* 3 arr., 24 cant., 232 comm.; 4 086 km²; 282 000 h. Le littoral est bas et bordé d'étangs au nord. Au pied des *Albères,* qui portent des vignobles estimés (Banyuls), il est animé par le tourisme estival et la pêche (Port-Vendres, Collioure). En arrière se développe la plaine du Roussillon, riche région agricole où l'irrigation permet la juxtaposition de la vigne, des cultures fruitières et maraîchères. La plaine est limitée vers l'intérieur par la partie orientale de la chaîne pyrénéenne, formée de lourds massifs (*Canigou, Carlitte*) ouverts par des bassins d'effondrement (*Capcir, Cerdagne, Conflent, Vallespir*), qui concentrent l'essentiel des activités (cultures céréalières et légumières, tourisme [Font-Romeu]). L'industrie emploie à peine le tiers de la population active (comme l'agriculture). Liée surtout aux produits du sol (conserveries de fruits et de légumes, apéritifs), elle est principalement représentée à Perpignan, qui groupe plus du tiers de la population totale du département.

pyrèthre

pyrénéite n. f. Grenat noir des Pyrénées.

pyrénomycètes [pirenɔmisɛt] n. m. pl. Groupe de champignons renfermant des moisissures comme la monilie. (Classe des ascomycètes.)

pyrèthre [pirɛtr] n. m. (gr. *purethron;* de *pur,* feu). Nom donné à plusieurs espèces de plantes de la famille des composées, dont les capitules, séchés, fournissent une poudre insecticide dite *poudre de pyrèthre.*

pyrétothérapie [piretɔterapi] n. f. Traitement par une fièvre artificielle.

Pyrex [pirɛks] n. m. Marque déposée d'un verre peu fusible et très résistant.

pyrexie n. f. Fièvre élevée.

pyrite [pirit] n. f. (gr. *puritês lithos,* pierre de feu). Sulfure naturel de fer (FeS_2) ou de cuivre (chalcopyrite) [$FeCuS_2$], donnant des cristaux à reflets dorés.

pyrocorise [pirɔkɔriz] n. m. Genre d'insectes de l'ordre des hétéroptères, comprenant les punaises des bois, rouges, tachetées de noir, usuellement appelées *gendarmes, soldats,* abondantes près des murs, des arbres.

pyro-électricité n. f. Electricité développée par variation de la température. (Certains cristaux hémièdres, comme la tourmaline, s'électrisent quand on les chauffe.)

pyrogallique [pirɔgallik] adj. m. *Acide pyrogallique,* nom donné improprement à un diphénol employé comme révélateur photographique, et dont la véritable appellation est PYROGALLOL n. m.

pyrogénation [pirɔʒenasjɔ̃] n. f. Réaction chimique produite par l'action de la chaleur.

pyrographe [pirɔgraf] n. m. Appareil électrique utilisé en pyrogravure pour travailler divers matériaux (bois, cuivre, ivoire, os, etc.).

pyrograver v. t. Décorer à la pyrogravure.

pyrograveur n. m. Artiste en pyrogravure.

pyrogravure n. f. Décoration du bois, du cuir, au moyen d'une pointe métallique portée au rouge vif.

pyroligneux [pirɔliɲø] adj. et n. m. (gr. *pur,* feu, et *ligneux*). *Chim.* Se dit d'un mélange acide obtenu par la distillation du bois.

pyrolyse [pirɔliz] n. f. Décomposition chimique obtenue par chauffage.

pyromane [pirɔman] n. Personne atteinte de pyromanie.

pyromanie n. f. Etat maniaque de certains individus dont une pulsion non contrôlée par eux se manifeste dans un désir incessant d'allumer des incendies.

pyromètre [pirɔmɛtr] n. m. (gr. *pur,* feu, et *metron,* mesure). Instrument pour la mesure des très hautes températures. (La lunette pyrométrique de Féry, à couple thermo-électrique, est utilisée pour la détermination des températures des fours métallurgiques.)

pyrométrie n. f. Mesure des hautes températures.

pyrométrique adj. Relatif à la pyrométrie.

pyrophore [pirɔfɔr] n. m. Substance qui s'enflamme spontanément au contact de l'air.

pyrophorique adj. *Chim.* Qui s'enflamme spontanément à l'air : *fer pyrophorique.*

pyrophosphorique adj. m. *Chim.* Se dit d'un acide qu'on obtient en chauffant l'acide phosphorique normal.

pyrosis [pirozis] n. m. (gr. *purôsis,* brûlure). Douleur brûlante remontant le long de l'œsophage, depuis l'épigastre jusqu'au pharynx.

pyrosphère n. f. Partie du globe terrestre située entre la lithosphère* et le nife*.

pyrosulfurique adj. m. Se dit d'un acide qu'on obtient en chauffant l'acide sulfurique.

pyrotechnicien, enne n. Spécialiste en pyrotechnie.

pyrotechnie [pirɔtɛkni] n. f. (gr. *pur,* feu, et *tekhnê,* art). Science des matières explosives. || Art de mettre en œuvre les matières explosives et les compositions pyrotechniques. || Etablissement où l'on fabrique ces produits : *école de pyrotechnie.*

pyrotechnique adj. Qui concerne la pyrotechnie. ● *Compositions pyrotechniques,* mélanges qui servent à produire des artifices.

pyroxène [pirɔksɛn] n. m. Silicate de fer, de magnésium, de calcium et parfois d'aluminium, dont il existe plusieurs espèces dans les roches éruptives.

pyroxyle [pirɔksil] n. m. (gr. *pur,* feu, et *xulon,* bois). Produit résultant de l'action de l'acide nitrique sur une matière cellulosique (bois, papier, etc.).

pyroxylé, e adj. Se dit des poudres à base de nitrocellulose.

Pyrrha. *Myth. gr.* Fille d'Epiméthée et de Pandore, femme de Deucalion*.

pyrrhique [pirik] n. et adj. f. *Antiq. gr.* Se disait d'une danse militaire exécutée en armes.

Pyrrhon, le premier des grands sceptiques grecs, né à Elis (v. 365-v. 275 av. J.-C.). Il niait que l'homme pût atteindre à la vérité. Il proposait de suivre les apparences sans les proclamer vraies, et, en morale, d'atteindre à un bonheur négatif, l'*ataraxie.*

pyrrhonien [pirɔnjɛ̃], **enne** [-ɛn] adj. et n. Qui appartient à l'école de Pyrrhon, qui doute ou affecte de douter de tout : *indifférence pyrrhonienne.*

pyrrhonisme n. m. Doctrine du philosophe Pyrrhon. || Habitude de douter ou de paraître douter de tout : *le pyrrhonisme de Montaigne.*

Pyrrhos, aussi appelé **Néoptolème.** *Myth. gr.* Fils d'Achille et de Déidamie. Après la prise de Troie, il épousa sa captive Andromaque, veuve d'Hector. Rentré en Grèce, il fonda le royaume d'Epire.

Pyrrhos II, en lat. **Pyrrhus** (v. 318-272 av. J.-C.), roi d'Epire (295-272). Il dirigea une expédition en Italie et, grâce à la surprise que ses éléphants causèrent aux Romains, fut vainqueur à Héraclée en 280 (ce succès, trop sanglant, est à l'origine de l'expression « victoire à la Pyrrhus »), puis à Asculum (279), mais il fut vaincu par les Romains à Bénévent (275). Guerroyant en Grèce, il fut tué à la prise d'Argos.

pyrrole [pirɔl] n. m. Substance cyclique azotée extraite du goudron de houille.

Pythagore, en gr. **Puthagoras,** philosophe grec du VIe s. av. J.-C. Né à Samos, il aurait émigré en Sicile pour y fonder des associations philosophiques et politiques. Il provoqua un mouvement religieux et scientifique, le *pythagorisme,* qui comporte une doctrine métaphysique (métempsycose, purification de l'âme par la connaissance) et ésotérique (la réalité derrière le monde visible est d'essence mathématique). Pythagore n'a laissé aucun écrit. Certains de ses disciples, les « mathématiciens », établirent nombre de théorèmes, qui furent mis en ordre par Euclide au IIIe s. av. J.-C. Ils démontrèrent, en particulier, l'incommensurabilité de la diagonale au côté du carré, découvrant ainsi une limite infranchissable à l'usage des nombres rationnels. Ils étudièrent longuement la structure des nombres et des progressions arithmétiques, cherchant à définir les nombres « parfaits* », c'est-à-dire égaux à la somme de leurs diviseurs. On doit à Philolaos une théorie astronomique où la Terre n'était pas le centre de l'univers, mais tournait, ainsi que le Soleil et les planètes, autour d'un feu central. On attribua à Pythagore le théorème du carré de l'hypoténuse et l'établissement de la table de multiplication. Il donna également une étude des gammes (*gamme de Pythagore*). Le pythagorisme considère comme essentiel le rôle du nombre dans la nature. Par son mathématisme systématique, il a contribué à la formation du rationalisme occidental ; par sa mystique des nombres, il se rattache à la magie et aux philosophies ésotériques.

pythagoricien [pitagɔrisjɛ̃], **enne** [-ɛn] adj. Relatif à Pythagore. || — N. Partisan de la doctrine de Pythagore.

pythagorique adj. Qui appartient à Pythagore, à son école ou à ses doctrines.

pythagorisme n. m. Doctrine de Pythagore.

Pythéas, navigateur marseillais du IVe s. av. J.-C. Il détermina la latitude de Marseille et explora les mers du nord de l'Europe.

pythie [piti] n. f. Prophétesse rendant des oracles au nom d'Apollon à Delphes.

pythien, enne adj. Qui concerne la pythie. ● *Apollon Pythien,* Apollon vainqueur du serpent Python.

pythiques adj. m. pl. *Jeux Pythiques* (Antiq. gr.), ceux qui se célébraient tous les quatre ans à Delphes, en l'honneur d'Apollon Pythien.

python [pitɔ̃] n. m. (gr. *Puthôn*). Serpent d'Asie et d'Afrique, non venimeux, qui étouffe ses proies dans ses anneaux. (Le python réticulé, ou *molure,* de la péninsule malaise, mesure de 7 à 10 m et atteint un poids de 100 kg ; c'est le plus grand serpent actuellement vivant.)

Python. *Myth. gr.* Serpent monstrueux qui rendait des oracles à Delphes. Il fut tué sur le mont Parnasse par Apollon, qui, pour célébrer sa victoire, instaura les *jeux Pythiques.*

pythonisse n. f. (du gr. *Puthôn,* inspiré par Apollon Pythien). *Antiq. gr.* Femme douée du don de prophétie : *la pythonisse de Delphes.* || Toute femme qui prédit l'avenir.

pyurie [pjyri] n. f. (du gr. *puon,* pus). Présence de pus dans l'urine.

pyxide [piksid] n. f. (du gr. *puxis,* boîte). Coffret ou coupe couverte, qui servit autref. à serrer les bijoux, à contenir l'eucharistie. || *Bot.* Capsule dont la partie supérieure se soulève à la manière d'un couvercle, comme chez le mouron, le plantain.

pz, symbole de la *pièze,* unité de pression.

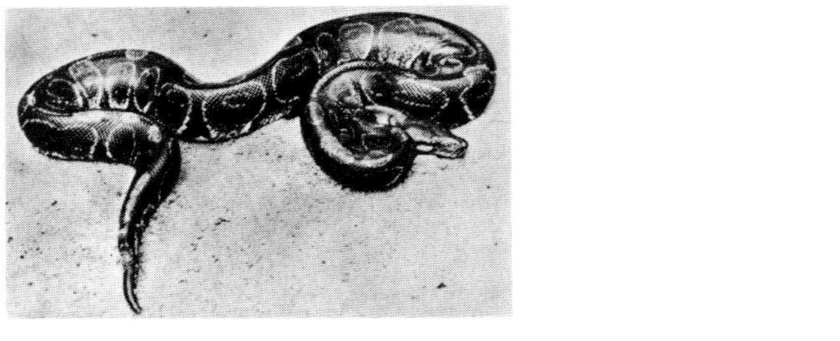

python royal

Phot. American Museum of Natural History.

Q q

q [ky] n. m. Dix-septième lettre de l'alphabet et la treizième des consonnes. (Le *q* est une consonne gutturale sourde.) || — *Math.* **Q** est la notation usuelle de l'ensemble des nombres rationnels. || **— q,** symbole du *quintal.* ● *Q. G.,* abrév. de *quartier général.* || *Q. I.,* abrév. de *quotient intellectuel.* || *Q. S.,* abrév. de *quantité suffisante.*

Qaṭar (Al-) ou **Kaṭar,** sultanat indépendant de l'Arabie, occupant une péninsule sur le golfe Persique; 22 014 km²; 75 000 h. Cap. *Duḥā.* C'est un plateau calcaire, désertique, où la majeure partie de la population se concentre dans la capitale et dont l'intérêt économique réside dans l'exploitation d'importants gisements de pétrole (15 Mt).

Qazvīn ou **Kazvin,** v. d'Iran, au sud de l'Elbourz; 88 000 h. Anc. capitale de la Perse.

Quades, peuple de la Germanie qui vivait dans la Moravie actuelle. Il fut en guerre avec les Romains.

quadragénaire [kwadraʒenɛr] adj. et n. (lat. *quadraginta,* quarante). Agé de quarante ans.

quadragésimal [kwa-], **e, aux** adj. Qui appartient au carême : *jeûne quadragésimal.*

Quadragésime [kwadraʒezim] n. f. (lat. *quadragesimus,* quarantième). *Relig. cath.* Anc. nom du *carême,* qui dure quarante jours. ● *Dimanche de la Quadragésime* ou, par abrév., *la Quadragésime,* le premier dimanche du carême.

quadrangulaire [kwadrɑ̃gylɛr] adj. (du lat. *quadrangulus*). Qui a quatre angles : *figure quadrangulaire.*

quadrant [ka- *ou* kwadrɑ̃] n. m. (du lat. *quadrare,* rendre carré). *Math.* Quart de la circonférence : *un quadrant vaut 90⁰.* || En géométrie analytique, chacun des angles droits formés par les axes de coordonnées.

quadratique [kwadratik] adj. (du lat. *quadratus,* carré). Qui est relatif au carré. || Se dit d'une valeur élevée au carré : *moyenne quadratique.* || Qui est carré ou de forme à peu près carrée : *cristal à faces quadratiques.*

quadrature [kwadratyr] n. f. (du lat. *quadrare,* rendre carré). *Astron.* Position de deux astres par rapport à la Terre quand leurs directions forment un angle droit. || *Math.* Construction géométrique d'un carré équivalant à une aire donnée. || En analyse, évaluation d'une aire à l'aide d'une intégrale; calcul d'une intégrale. ● *Grandeurs en quadrature,* grandeurs sinusoïdales de même période, entre lesquelles existe une différence de phase d'un quart de période. || *La quadrature du cercle* (Fig.), problème insoluble. || — Pl. Phases du premier et du dernier quartier de la Lune.

quadrette [kwa- *ou* kadrɛt] n. f. Dans le jeu de boules, équipe de quatre joueurs.

quadrichromie [kwa-] n. f. Impression en quatre couleurs (jaune, rouge, bleu et noir).

quadriennal [kwadrijenal], **e, aux** [-o] adj. (préf. *quadri,* quatre, et lat. *annus,* an). Qui dure quatre ans : *période quadriennale.* || Qui revient tous les quatre ans.

quadrifide [kwadrifid] adj. Qui a quatre divisions : *feuille quadrifide.*

quadrige [kwa- *ou* kadriʒ] n. m. (lat. *quadrigae*). Char antique à deux roues, attelé de quatre chevaux de front, sur lequel les triomphateurs romains faisaient leur entrée.

quadrijumeaux [kwadriʒymo] adj. m. pl. *Tubercules quadrijumeaux,* nom de quatre mamelons situés sur la face dorsale du mésencéphale des mammifères, contenant des noyaux gris, relais des voies optiques et auditives.

quadrilatéral [kwa- *ou* ka-], **e, aux** adj. Qui a quatre côtés.

quadrilatère [kwa- *ou* kadrilatɛr] adj. (préf. *quadri,* quatre, et lat. *latus, lateris,* côté). Qui a quatre côtés : *autel quadrilatère.* || — N. m. *Math.* Polygone qui a quatre côtés. (Les principaux quadrilatères sont : le *carré,* le *rectangle,* le *parallélogramme,* le *losange* et le *trapèze.*) [V. illustr. SURFACES* ET VOLUMES.] || Position stratégique s'appuyant sur quatre points fortifiés : *le quadrilatère vénitien.* ● *Quadrilatère circonscrit,* quadrilatère convexe dont les quatre côtés sont tangents à un même cercle. || *Quadrilatère complet,* figure formée par quatre droites et leurs points d'intersection deux à deux. || *Quadrilatère gauche,* quadrilatère dont les sommets ne sont pas tous dans un même plan. || *Quadrilatère inscriptible,* quadrilatère qui a ses quatre sommets sur un cercle. || *Quadrilatère sphérique,* figure formée sur la surface d'une sphère par une suite fermée de quatre arcs de grand cercle.

quadrillage n. m. Disposition en carrés contigus : *le quadrillage d'une étoffe.* || Division en carrés. || Opération militaire ayant pour objet de s'assurer le contrôle d'une région habitée, par l'implantation d'unités réparties suivant la densité de la population. || *Géod.* Système de lignes droites rectangulaires, régulièrement espacées, reporté sur les cartes, servant à préciser la position des points de la carte par rapport à l'origine des coordonnées de la projection utilisée.

quadrille [kadrij] n. m. (esp. *cuadrilla*). Troupe de cavaliers dans un carrousel, de toréadors dans une course. || Danse de la fin du XVIIIᵉ s. qui était exécutée par quatre couples de danseurs. || Groupe formé par ces quatre couples. || Série de figures exécutées par un quadrille. ● *Second* et *premier quadrille,* premier et deuxième échelon de la hiérarchie du corps de ballet de l'Opéra de Paris.

quadrillé, e adj. Disposé, divisé en carrés : *papier quadrillé.*

quadriller [kadrije] v. t. Diviser au moyen d'un quadrillage : *quadriller du papier.* || Procéder à un quadrillage militaire ou policier.

quadrimoteur [ka- *ou* kwadrimɔtœr] n. m. *Aéron.* Avion muni de quatre moteurs.

quadripartite [kwadripartit] adj. Composé de quatre parties ou éléments.

quadripolaire [kwadripɔlɛr] adj. Qui possède quatre pôles.

quadrique [kwadrik] adj. et n. f. *Math.* Se dit des surfaces du second ordre, c'est-à-dire représentées par une équation du second degré.

— ENCYCL. L'intersection d'une *quadrique* avec une droite se compose de deux points. Les sections planes des quadriques sont des coniques, des ellipses, des hyperboles ou des paraboles. Seuls les ellipsoïdes et les hyperboloïdes ont un centre à distance finie; les paraboloïdes ont leur centre rejeté à l'infini dans la direction de l'axe. L'intersection de deux quadriques est en général une courbe du quatrième ordre.

quadriréacteur [kwa- *ou* kadrireaktœr] adj. m. Qui possède quatre moteurs à réaction. || — N. m. *Aéron.* Avion muni de quatre moteurs à réaction.

quadrirème [kwadrirɛm] n. f. (lat. *quadriremis*). *Antiq.* Navire à quatre rangs de rameurs.

quadrisyllabe [kwadrisillab] n. m. Mot de quatre syllabes.

quadrisyllabique adj. Composé de quatre syllabes : *vers quadrisyllabique.*

quadrivalent [kwa- *ou* ka-], **e** adj. Qui a pour valence chimique 4.

quadrivium [kwadrivjɔm] n. m. (mot lat. signif. *les quatre voies*). Au Moyen Age, division des arts libéraux, qui contenait les quatre arts mathématiques (arithmétique, musique, géométrie et astronomie).

quadrumane [kwadryman] adj. et n. m. (préf. *quadru,* quatre, et lat. *manus,* main). Qui a quatre mains : *certains singes sont quadrumanes.*

quadrupède [kwadrypɛd] adj. et n. m. (préf. *quadru,* et lat. *pes, pedis,* pied). Se dit d'un animal qui a quatre pieds.

quadruple [kwa- *ou* kadrypl] adj. (lat. *quadruplex*). Qui vaut quatre fois autant : *récolte quadruple de la précédente.* || — N. m. Nombre, quantité quatre fois aussi grands qu'un autre : *20 est le quadruple de 5.* || Anc. monnaie d'or de France et d'Espagne.

quadrupler v. i. Devenir quatre fois aussi grand : *fortune qui a quadruplé.*

quadruplés, ées n. pl. Ensemble de quatre enfants formés au cours d'une même grossesse.

quadruplex [kwadryplɛks] n. m. Système de transmission télégraphique assurant la transmission simultanée de quatre dépêches distinctes.

quai [ke] n. m. (empr. au gaul.). Muraille élevée le long d'un cours d'eau pour retenir les berges, empêcher les débordements. || Rivage d'un port aménagé pour faciliter l'accostage des bateaux, ainsi que leur chargement ou leur déchargement : *aborder à quai.* || Voie publique entre l'eau et les maisons. || Dans les gares, trottoir ou plate-forme qui s'étend le long des voies.

quaker [kwekœr], **eresse** [kwekrɛs] n. (de l'angl. *to quake,* trembler). Membre d'une secte religieuse fondée au XVIIᵉ s. et répandue principalement en Ecosse et aux Etats-Unis.

— ENCYCL. Les *quakers* disent recevoir directement l'inspiration de l'Esprit-Saint. Ils n'admettent aucun sacrement, ne prêtent pas serment en justice, refusent de porter les armes et ne reconnaissent aucune hiérarchie.

qualifiable adj. Qui peut être qualifié : *sa conduite n'est pas qualifiable.*

qualificatif, ive adj. Qui exprime la qualité : *adjectif qualificatif.*

— ENCYCL. L'*adjectif qualificatif* s'accorde en genre et en nombre avec le nom ou le pronom auquel il se rapporte. Il se met au pluriel s'il qualifie plusieurs noms : *l'âne et le mulet sont têtus.* S'il qualifie des noms de différents genres, il se met au masculin pluriel : *la biche et le cerf sont légers.*

qualificatif n. m. Mot qui exprime la qualité, la manière d'être : *un qualificatif aimable.*

qualification n. f. Attribution d'une qualité, d'un titre : *la qualification de téméraire, de marquis.* || Valeur d'un ouvrier suivant sa formation, ses aptitudes professionnelles et son expérience. || Ensemble des conditions requises pour pouvoir participer à une épreuve sportive.

qualifié, e adj. Qui a la qualité nécessaire pour : *vous n'êtes pas qualifié pour m'adresser des reproches.* ● *Vol qualifié,* vol commis avec circonstances aggravantes, comme l'effraction, l'abus de confiance, etc.

qualifier [kalifje] v. t. (lat. *qualis,* quel, et *facere,* faire). Exprimer la qualité de; attribuer une qualité, un titre à : *la loi qualifie d'assassinat le meurtre avec préméditation.* || **— Se qualifier** v. pr. *Sports.* Gagner des épreuves éliminatoires : *joueur qui se qualifie pour la finale.*

qualitatif, ive adj. Relatif à la qualité, à la nature des objets, mais non à leur quantité. ● *Analyse qualitative* (Chim.), celle qui recherche la nature des éléments d'un mélange ou d'un corps composé.

qualitativement adv. Du point de vue de la qualité.

qualité [kalite] n. f. (lat. *qualitas;* de *qualis,* quel). Manière d'être, bonne ou mauvaise, d'une chose : *la qualité d'une étoffe, d'une terre.* || Supériorité, excellence en quelque chose : *préférer la qualité à la quantité.* || Aptitude, disposition heureuse : *cet enfant a des qualités.* || Condition sociale, civile, juridique, etc. : *qualité de citoyen, de maire, de légataire.* || Dans la philosophie de Kant, ensemble de trois catégories qui sont la réalité, la négation et la limitation. || — Syn. : ATTRIBUT, MODALITÉ, PROPRIÉTÉ, VERTU. ● *Homme de qualité,* homme de naissance noble (vx). || — Pl. *Dr.* Acte d'avoué qui précise les données d'un procès et qui est reproduit en tête du jugement. || **— En qualité de** loc. prép. Comme, à titre de : *en qualité de parent.* || **— Es qualités** loc. adv. *Dr.* En tant qu'exerçant telle fonction.

quand [kɑ̃] adv. (lat. *quando*). A quelle époque : *quand partez-vous? dites-moi quand vous viendrez.* || — Conj. Au moment où : *quand vous serez vieux.* || **— Quand même,** loc. conj. qui exprime l'opposition, la concession; même si : *quand même vous me haïriez.* || **— Quand même** loc. adv. Malgré tout.

quanta [kɑ̃- *ou* kwɑ̃ta] n. m. pl. V. QUANTUM.

quant à [kɑ̃ta] loc. prép. (lat. *quantum,* combien). A l'égard de; pour ce qui est de : *quant à moi.*

quant-à-soi n. m. inv. *Fam.* Réserve, attitude distante : *il reste sur son quant-à-soi.* (Renvoie à un sujet à la troisième personne.)

quantième [kɑ̃tjɛm] adj. Se dit de l'ordre numérique que l'on occupe. || — N. m. *Quantième du mois,* chiffre qui distingue chaque jour dans le mois.

quantificateur n. m. *Math.* Symbole (appelé en logique *opérateur*) indiquant qu'une propriété s'applique à tous les éléments d'un ensemble, ou seulement à certains d'entre eux : le *quantificateur universel* (pour tout) et le *quantificateur existentiel* (il existe).

quantification n. f. Fait de déterminer la quantité de quelque chose. ‖ *Phys.* Action d'imposer à une grandeur une variation discontinue, par quantités distinctes et multiples d'une même variation élémentaire.

quantifié, e adj. Se dit d'une grandeur qui ne peut varier que par quanta. ● *Proposition quantifiée* (Log.), proposition dont certaines variables sont liées par des quantificateurs.

quantifier [kɑ̃tifje] v. t. Déterminer la quantité de. ‖ *Phys.* Appliquer à un phénomène la théorie des quanta.

quantique [kɑ̃- *ou* kwɑ̃tik] adj. Relatif aux quanta : *mécanique quantique.*

quantitatif, ive adj. Relatif à la quantité. ● *Analyse quantitative* (Chim.), celle qui recherche le dosage des éléments d'un mélange ou d'un corps composé.

quantitativement adv. Du point de vue de la quantité : *analyser quantitativement.*

quantité [kɑ̃tite] n. f. (lat. *quantitas;* de *quantus,* combien grand). Qualité de ce qui peut être mesuré ou compté, de ce qui est susceptible d'accroissement ou de diminution : *mesurer une quantité.* ‖ Un grand nombre : *quantité de gens disent...* (Syn. : FOULE, MASSE, MULTITUDE, NOMBRE.) ‖ Durée attribuée à une syllabe dans la prononciation. ‖ Dans la philosophie de Kant, ensemble de trois catégories qui sont l'unité, la pluralité et la totalité.

quantum [kwɑ̃tɔm] n. m. (mot lat.). Quantité afférente à chacun dans une répartition. ‖ Montant d'une indemnisation : *le tribunal fixera le quantum des dommages-intérêts à allouer.* ‖ *Phys.* Quantité minimale d'énergie pouvant être émise, propagée ou absorbée. (V. *encycl.*) ‖ Pl. des *quanta.*
— ENCYCL. La *théorie des quanta,* créée par Planck en 1900, affirme que l'énergie rayonnante a, comme la matière, une structure discontinue; elle ne peut exister que sous forme de grains, ou quanta, de valeur $h\nu$, où h est une constante universelle, de valeur $6{,}624 \times 10^{-27}$ C. G. S., et ν la fréquence du rayonnement. Cette théorie est à la base de toute la physique moderne.

Quantz (Johann Joachim), compositeur et célèbre flûtiste allemand, né à Oberscheden (1697-1773), auteur de sonates et de concertos pour flûte. Il a été de nombreuses années compositeur de la cour de Frédéric II de Prusse, lui-même flûtiste.

quarantaine n. f. Nombre de quarante ou environ : *une quarantaine de francs.* ‖ Age de quarante ans : *avoir la quarantaine.* ‖ *Mar.* Isolement imposé à un navire portant des personnes, des animaux ou des marchandises en provenance d'un pays où règne une maladie contagieuse. ‖ Isolement infligé à quelqu'un : *mettre un grincheux en quarantaine.*

quarantaine n. f. *Bot.* Herbe ornementale, voisine de la giroflée. (Famille des crucifères.)

quarante [karɑ̃t] adj. num. (lat. *quadraginta*). Nombre composé de quatre fois dix. ‖ Quarantième : *page quarante.* ‖ — N. m. Nombre ou numéro quarante : *avoir un quarante d'atout.* ‖ Au tennis, troisième point que l'on peut marquer dans un jeu. ● *Les Quarante,* les membres de l'Académie française.

quarantenaire adj. Qui dure quarante ans : *période quarantenaire.* ‖ *Mar.* Qui a rapport à une quarantaine sanitaire : *mesures quarantenaires.*

quarantième adj. num. ord. Qui, dans un classement, a reçu le numéro quarante. ‖ — N. : *être le, la quarantième.* ‖ — N. m. La quarantième partie d'un tout.

Quaregnon, comm. de Belgique (Hainaut); 18 200 h.

Quarenghi (Giacomo), architecte italien, né à Valle Imagna, près de Bergame (1744-1817). Il a bâti pour Catherine II de nombreux palais à Moscou et à Saint-Pétersbourg.

quark [kwark] n. m. (d'un mot tiré de l'œuvre de James Joyce). Particule fondamentale hypothétique qui entrerait dans la constitution de toutes les particules élémentaires connues.

Quarnero. V. KVARNER.

quarre n. f. V. CARRE.

Quarré-les-Tombes (89630), ch.-l. de c. de l'Yonne (arr. d'Avallon); 984 h. Eglise du XVe s. entourée de pierres tombales médiévales.

quart [kar] n. m. (du lat. *quartus,* quatrième). La quatrième partie d'une unité : *trois est le quart de douze.* ‖ Bouteille d'un quart de litre. ‖ Petit gobelet métallique muni d'une anse et contenant un quart de litre : *quart de soldat.* ‖ Service de veille à bord d'un navire, de quatre heures consécutives. ‖ Unité de mesure de capacité anglo-saxonne. ‖ Unité d'angle valant 19° 15′ : *il y a trente-deux quarts dans un tour complet d'horizon.* ● *Aux trois quarts,* en grande partie : *bouteille aux trois quarts pleine.* ‖ *Passer un mauvais quart d'heure* (Fam.), éprouver, dans un court espace de temps, quelque chose de fâcheux. ‖ *Quart d'heure,* quatrième partie d'une heure, soit quinze minutes. ‖ *Le quart d'heure de Rabelais,* le moment où il faut payer la note; tout moment fâcheux, désagréable. ‖ *Quart de soupir,* silence d'une durée égale à la double croche. ‖ *Les trois quarts du temps* (Fam.), la plupart du temps : *il est absent les trois quarts du temps.*

Salvatore Quasimodo

quartannier [kartanje] n. m. Sanglier de quatre ans.

quartaut [karto] n. m. Anc. mesure de capacité qui valait 72 pintes (environ 70 litres). ‖ Auj., petit fût de contenance variable (57 à 137 litres).

quart-de-pouce n. m. Petite loupe de poche permettant de compter le nombre de fils que comporte une étoffe sur une surface de 1 cm² ou 1/4 de pouce anglais. (Syn. COMPTE-FILS.) ‖ — Pl. des QUARTS-DE-POUCE.

quart-de-rond n. m. Moulure à profil convexe, formé par un quart de cercle. ‖ Pl. des QUARTS-DE-ROND.

quarte [kart] adj. f. *Fièvre quarte,* v. FIÈVRE.

quarte n. f. (ital. *quarta*). Anc. mesure de capacité contenant deux pintes. ‖ Série de quatre cartes de même couleur. ‖ *Escr.* La quatrième garde. ‖ *Mus.* Intervalle de quatre degrés. ● *Quarte augmentée,* intervalle dissonant composé de trois tons (*fa-si* bécarre). [V. TRITON.]

quartelette [kartəlɛt] n. f. Espèce d'ardoise de petites dimensions.

quartenier [kartənje] n. m. Autref., officier préposé à la garde d'un quartier.

quarteron [kartərɔ̃] n. m. (de *quartier*). Le quart d'un cent, soit vingt-cinq : *un quarteron d'œufs.* ‖ Petit nombre : *un quarteron de protestataires, de mécontents.*

quarteron, onne n. (esp. *cuarterón;* de *cuarto,* quart). Métis possédant un quart de sang de couleur et trois quarts de sang blanc. (Désigne le plus souvent des individus issus du croisement des Blancs et des mulâtresses.) [Syn. : MÉTIS, SANG-MÊLÉ.]

quartette [kwartɛt] n. m. *Mus.* Petit quatuor.

quartidi [kwartidi] n. m. (lat. *quartus,* quatrième, et *dies,* jour). Quatrième jour de la décade, dans le calendrier républicain de 1793.

quartier [kartje] n. m. (du lat. *quartus,* quart). Quatrième partie de certaines choses : *quartier de pomme.* ‖ Toute portion d'un objet divisé en un certain nombre de parties : *un quartier d'orange.* ‖ Division administrative d'une ville : *à Paris, il y a un commissaire par quartier.* ‖ Partie d'une ville présentant parfois une spécialisation de fonction : *les quartiers commerçants;* ou habitée par une couche déterminée de la population : *les quartiers bourgeois, ouvriers.* ‖ Habitants d'une partie de la ville : *mettre un quartier en émoi.* ‖ *Astron.* Chacune des phases de la Lune. ‖ Chacune degré de descendance dans une famille noble : *compter seize quartiers de noblesse.* ‖ Chacun des quatre termes auxquels on payait par portion une redevance annuelle; la pension elle-même : *on doit à cet ancien militaire deux quartiers de sa pension.* ‖ Bande de cuir qui, dans le soulier, environne le talon. ‖ Chacune des parties d'une selle sur lesquelles portent les cuisses du cavalier. ‖ *Hérald.* Quatrième partie de l'écu écartelé. (Syn. ÉCART.) ‖ *Mil.* Tout lieu occupé par un corps de troupes, dans une garnison (caserne) : *aller au quartier.* ‖ Zone d'action d'un bataillon sur une position de défense. ‖ Circonscription territoriale de l'Inscription maritime. ‖ *Fig.* Vie sauve accordée aux vaincus : *demander, faire quartier.* ● *Quartier général,* poste de commandement d'un officier général et de son état-major. (En abrégé : Q. G.) ‖ *Quartiers d'hiver,* lieux qu'occupent les troupes pendant la mauvaise saison, entre deux campagnes; durée de leur séjour.

cristaux de quartz

Quartier latin (le), partie de la rive gauche de Paris qui appartient au Ve arrondissement (Panthéon) et au VIe (Luxembourg), et où, depuis le XIIe s., se concentrent les activités universitaires.

quartier-maître n. m. (allem. *Quartier-meister*). Grade le moins élevé de la hiérarchie dans l'armée de mer, correspondant à celui de caporal ou de brigadier dans l'armée de terre. ‖ Pl. des *quartiers-maîtres.*

quartile n. m. *Statist.* Chacune des valeurs que prend la variable lorsqu'on partage en quatre parties égales le nombre total des observations.

quarto [kwarto] adv. Quatrièmement. ‖ — N. m. *Arts graph.* V. IN-QUARTO.

Quarton ou **Charonton,** ou **Charreton** (Enguerrand), peintre français, né près de Laon (v. 1410), auteur du *Couronnement de la Vierge* de Villeneuve-lès-Avignon. On lui attribue également la célèbre *Pietà* du Louvre.

quartz [kwarts] n. m. (mot allem.). Silice cristallisée que l'on trouve dans de nombreuses roches (granite, sable, grès). [Le quartz, habituellement incolore, peut être laiteux, teinté en violet (améthyste) ou en noir (quartz enfumé).] (Syn. CRISTAL DE ROCHE.)

quartzeux, euse adj. De la nature du quartz : *sables quartzeux.*

quartzifère adj. Qui contient du quartz : *roche quartzifère.*

quartzite n. m. Grès à grains intimement soudés par un ciment siliceux, et qui est employé pour l'empierrement des voies publiques.

quasar [kwa- *ou* kazar] n. m. (de l'angl. QUASI STAR). *Astron.* Ensemble d'objets célestes qui sont le plus souvent des radiosources lointaines et très puissantes.
— ENCYCL. Le terme de *quasar* est plus ou moins abandonné par les spécialistes, qui distinguent entre QSS (quasi stellar radiosources) et QSG (quasi stellar galaxies). Depuis 1960, on a mis en évidence un certain nombre de puissantes radiosources qui peuvent être identifiées avec des étoiles très faibles, visibles seulement dans les plus grands télescopes; d'où leur nom de « quasi star », ou « quasar ». Ces objets possèdent une couleur anormalement bleue. Ils sont cent fois plus lumineux qu'une galaxie ordinaire, tout en ayant un diamètre dix à vingt fois plus petit. Ils peuvent être également observés avec les moyens de l'optique. Ils présentent des décalages relatifs de longueurs d'onde vers le rouge qui dépassent 2, ainsi que des variations d'éclat inopinées, souvent supérieures à 1 magnitude. Une étude très détaillée, entreprise au télescope du mont Palomar, a permis de constater qu'il existe des astres de même apparence possédant cette même couleur anormalement bleue, mais sans émission électromagnétique, et présentant certains caractères suffisants pour les considérer comme des galaxies lointaines, donc d'apparence très faible; d'où l'appellation de QSG. Leur nombre est nettement supérieur à celui des QSS. On pense que QSS et QSG sont des astres de même catégorie, différenciés seulement par l'existence ou l'absence d'un rayonnement électromagnétique, lequel est peut-être dû à une explosion se produisant à l'intérieur d'une galaxie sous l'influence très probable des neutrinos. Au bout de plusieurs dizaines de millions d'années, celle-ci devient alors une QSG, dans laquelle toute émission radio a cessé.

quasi [kazi] n. m. Morceau de la cuisse du veau ou du bœuf, situé au-dessous du gîte à la noix.

quasi [kazi] ou *fam.* **quasiment** [kazimɑ̃] adv. (lat. *quasi,* comme si). Presque, à peu près : *il était quasi mort.* (*Quasi* peut accompagner un adj. ou un nom; mais, dans ce dernier cas, le mot composé prend un trait d'union.)

quasi-contrat n. m. Engagement qui se forme sans convention préalable (par ex. la gestion des affaires d'autrui en son absence). ‖ Contrat imparfait conclu entre les pouvoirs publics et un producteur ou un groupe de producteurs en vue d'encourager une production donnée. ‖ Pl. des *quasi-contrats.*

quasi-délit n. m. Fait illicite qui, commis sans intention de nuire, cause néanmoins à autrui un dommage et donne ouverture à une action civile en dommages-intérêts. ‖ Pl. des *quasi-délits.*

quasiment adv. V. QUASI.

Quasimodo [kazimɔdo] n. f. (des mots lat. *quasi* et *modo,* commençant l'introït de la messe de ce jour). Le premier dimanche après Pâques : *la Quasimodo.*

Quasimodo, personnage de *Notre-Dame de Paris,* de Victor Hugo. C'est le sonneur de Notre-Dame, dans lequel, selon une conception chère à l'écrivain, se cache, sous l'aspect *grotesque* que lui donnent ses difformités physiques, la plus *sublime* délicatesse de sentiment.

Quasimodo (Salvatore), poète italien, né à Syracuse (1901-1968). Il unit les mythes antiques à l'évocation des angoisses du monde moderne dans des recueils qui font de lui l'un des principaux représentants de l'école hermétiste (*Eau et terres,* 1930; *Jour après jour,* 1947; *La vie n'est pas un songe,* 1949; *la Terre incomparable,* 1958). [Prix Nobel 1959.]

quassia [kwa- *ou* kasja] ou **quassier** [-sje] n. m. Arbuste de l'Amérique tropicale, dont le bois était utilisé en médecine comme apéritif et comme tonique.

quassine [kasin] n. f. Alcaloïde extrait de *Quassia amara* et utilisé comme insecticide.

quater [kwatɛr] adv. (mot lat.). Pour la quatrième fois. ‖ Quatrièmement.

Phot. Parimage, Robin.

quaternaire [kwatɛrnɛr] adj. (du lat. *quaterni*, quatre à la fois). Qui vaut quatre. ‖ Qui est divisible par quatre : *16 est un nombre quaternaire.* ‖ *Chim.* Se dit d'une substance organique contenant quatre éléments (carbone, hydrogène, oxygène et azote), comme les protides. ● *Ere quaternaire,* ou *quaternaire* n. m., la dernière et la plus courte des ères géologiques, celle qui se poursuit encore actuellement. (V. *encycl.*)
— ENCYCL. Il est parfaitement légitime de considérer l'ère tertiaire comme terminée à la fin du pliocène et de définir une ère nouvelle pour les terrains plus récents (moins de 2 millions d'années). Tout d'abord, ce sont ces terrains qui, partout où ils existent, forment la surface du sous-sol et exercent leur influence directe sur le sol et l'agriculture (lœss, limon des plateaux). Ensuite l'Europe, l'Amérique du Nord et une grande partie du monde ont été affectées au quaternaire par des glaciations qui ont donné au relief ses formes actuelles (vallées en auge, collines morainiques, lacs), alors qu'il faut remonter au primaire pour trouver la trace de glaciations plus anciennes. L'*ère quaternaire* est aussi celle de l'outillage préhistorique, type sans précédent de vestiges fossiles. Enfin, un grand nombre d'espèces animales ont disparu au début du quaternaire, sans que l'homme y soit pour rien (smilodon, mégathérium, mammouth, mégacéros, etc.), et on est convenu de souligner par un changement d'ère ces brusques disparitions faunistiques. La chronologie du quaternaire récent se fonde sur l'analyse radio-active des éléments à vie moyenne (carbone 14). Il existe quatre chronologies, dont la concordance n'est pas toujours facile à déterminer : la première pour les sédiments marins, la deuxième pour les glaciations, la troisième pour l'outillage préhistorique, la quatrième pour la faune. (V. tableau.)

ÈRE QUATERNAIRE

TEMPS ABSOLU (échelle log. de — 10^3 ans à — 10^6 ans)	GLACIATIONS ET INTERGLACIAIRES	SÉDIMENTS MARINS	FAUNE	OUTILLAGE	
— 10^3	Post-Würm	Flandrien	Premiers animaux domestiques	*Histoire* Fer Bronze Cuivre Néolithique	
— 10^4	Würm (ou Wisconsin)	(dépôts rares et mal connus)	Renne Mammouth *Homo sapiens*	Mésolithique Magdalénien Solutréen Aurignacien Périgordien	Paléolithique supérieur
— 10^5	Inter Riss (ou Illinois) Inter Mindel (ou Kansas) Inter	Tyrrhénien Sicilien	Homme de Neandertal *Elephas antiquus* Pithécanthropes	Moustérien Levalloisien Acheuléen Chelléen, abbevilléen	Paléolithique inférieur et moyen
— 10^6	Günz (ou Nebraska)	Calabrien	Australopithèques Villafranchien : Mastodontes, *Elephas meridionalis*, *Equus stenonis*, *Homo habilis*	« Pebble culture », ou âge des galets retouchés	
— 2×10^6					

quaterne [kwatɛrn] n. m. (lat. *quaternus*). Au loto, quatre numéros d'une même ligne horizontale.

quaternion [kwatɛrnjɔ̃] n. m. *Math.* Nom donné par Hamilton à certaines expressions complexes servant à résoudre certains problèmes relatifs à la géométrie dans l'espace.

quatorze [katɔrz] adj. num. Treize plus un. ‖ Quatorzième : *Louis quatorze.* ‖ — N. m. Le quatorzième jour du mois. ‖ Nombre quatorze. ‖ Au jeu de piquet, les quatre as, rois, dames, valets ou dix. ‖ A la belote, le neuf d'atout.

quatorzième adj. num. ord. Qui, dans un classement, a reçu le numéro quatorze. ‖ — N. *être le, la quatorzième.* ‖ — N. m. Quatorzième partie d'un tout : *un quatorzième.*

quatorzièmement adv. En quatorzième lieu, dans une énumération.

quatrain [katrɛ̃] n. m. Strophe de quatre vers.

quatre [katr] adj. num. (lat. *quatuor*). Trois plus un. ‖ Quatrième : *Henri quatre.* ● *A quatre pas,* tout près, à une petite distance. ‖ *Comme quatre,* autant que quatre personnes, beaucoup : *manger comme quatre.* ‖ *Ne pas y aller par quatre chemins,* aller droit au but. ‖ *Quatre à quatre,* en franchissant quatre marches à la fois : *descendre un escalier quatre à quatre.* ‖ *Se mettre en quatre,* employer tout son pouvoir. ‖ *Se tenir à quatre,* faire un grand effort sur soi-même, se maîtriser à grand-peine. ‖ — N. m. Chiffre qui exprime le nombre quatre. ‖ Le quatrième jour du mois.

Quatre-Bras, hameau de Belgique (comm. de Baisy-Thy, Brabant). Combat livré par Ney aux Anglais, le 16 juin 1815, l'avant-veille de Waterloo.

Quatre-Cantons (*lac des*), en allem. **Vierwaldstättersee,** lac de Suisse, alimenté par la Reuss, entre les cantons d'Uri, d'Unterwald, de Schwyz et de Lucerne ; 114 km². Etranglé dans un tortueux sillon de montagnes, il présente aux environs de magnifiques paysages. On l'appelle quelquefois, à tort, *lac de Lucerne.*

Quatre-Cents (*conseil des*), nom parfois donné à la *boulê* d'Athènes.

quatre-cent-vingt-et-un n. m. Jeu de dés dérivé du zanzibar, où la réunion d'un quatre, d'un deux et d'un as représente la plus forte combinaison.

quatre-de-chiffre n. m. inv. Piège formé par une planche ou une pierre soutenue en équilibre instable par trois bûchettes assemblées en forme de 4.

quatre-épices n. m. inv. Plante des Antilles dont les fruits aromatiques rappellent à la fois le poivre, la cannelle, la muscade et le girofle.

Quatrefages de Bréau (Armand DE), naturaliste et anthropologiste français, né à Berthezène (Gard) [1810-1892]. Il défendit la cause de l'unité d'origine de l'espèce humaine.

quatre-feuilles n. m. inv. Ornement architectural formé de quatre lobes demi-circulaires.

Quatre Fils Aymon (*les*), nom parfois donné à la chanson de geste *Renaut de Montauban* (XIIe s.) et au roman de chevalerie tiré de la même œuvre. C'est le récit de la lutte de Charlemagne contre les quatre fils du duc Aymes : Renaut, Alard, Guichard et Richard, montés sur le cheval Bayard, dont les bonds sont fabuleux.

quatre-huit n. m. inv. Mesure à quatre temps qui a la croche pour unité de temps. ‖ Morceau dont la musique est à quatre-huit.

quatre-mains n. m. inv. Morceau de musique écrit pour deux interprètes jouant ou non sur le même instrument à clavier.

quatre-mâts n. m. inv. Voilier à quatre mâts.

Quatremère (Etienne), orientaliste français, né à Paris (1782-1857), auteur de travaux sur l'Egypte ancienne et médiévale, ainsi que sur la Perse.

Quatre-Nations (*collège des*), fondé par Mazarin en 1661 pour recevoir soixante « écoliers » originaires de quatre « nations » (Alsace, Pays-Bas, Roussillon, province de Pignerol) récemment réunies à la France. Mazarin lui légua sa bibliothèque : c'est là l'origine de la *bibliothèque Mazarine.* Le collège des Quatre-Nations fut supprimé par la Révolution, puis, en 1806, affecté à l'Institut de France.

quatre-quarts n. m. inv. Gâteau dans lequel la farine, le beurre, le sucre, les œufs sont à poids égal.

Quatre-Rivières (*bataille des*), ensemble des combats livrés en Pologne en novembre-décembre 1914 par les Allemands commandés par Hindenburg, autour des rivières Bzura, Rawka, Pilica et Nida, pour contre-attaquer les Russes et protéger la Silésie.

quatre-saisons n. f. inv. Variété de fraisiers à petits fruits. ● *Marchand* (ou *marchande*) *des quatre-saisons,* marchand qui vend dans une voiture à bras, sur la voie publique, des fruits et légumes de chaque saison.

quatre-temps n. m. Période de trois jours de jeûne prescrits autref. par l'Eglise catholique, les mercredi, vendredi et samedi de la première semaine de chaque saison.

quatre-vingtième adj. num. ord. Qui, dans un classement, a reçu le numéro quatre-vingt. ‖ — N. : *être le, la quatre-vingtième.* ‖ — N. m. La quatre-vingtième partie d'un tout.

quatre-vingts ou **quatre-vingt** (quand ce mot est suivi d'un autre adj. num.) adj. num. Quatre fois vingt : *quatre-vingts hommes ; quatre-vingt-dix francs.* ‖ Quatre-vingtième : *page quatre-vingt* (inv. en ce cas).

quatrième adj. num. ord. Qui, dans un classement, a reçu le numéro quatre. ● *Quatrième maladie,* fièvre éruptive de l'enfance, différente de la scarlatine, de la rougeole et de la rubéole. ‖ *Quatrième position,* ou *quatrième* n. f. (Chorégr.), v. POSITION. ‖ — N. : *être le, la quatrième.* ‖ — N. m. Quatrième étage : *habiter au quatrième.* ‖ — N. f. Dans l'enseignement secondaire, quatrième classe en partant de la première : *faire sa quatrième.* ‖ A certains jeux, quatre cartes qui se suivent dans une même couleur.

quatrièmement adv. En quatrième lieu.

quatrillion [kwatriljɔ̃] n. m. Un million de trillions, soit 10^{24}.

quattrocento [kwatrɔtʃɛnto] n. m. (ital. *quattro,* quatre, et *cento,* cent). Terme par lequel on désigne le XVe s. italien.

quatuor [kwatɥɔr] n. m. (mot lat. signif. *quatre*). *Mus.* Composition à quatre parties vocales ou instrumentales. ● *Quatuor à cordes,* premier violon, deuxième violon, alto, violoncelle. (Les premiers quatuors à cordes ont paru en Europe au XVIIIe s., tant en Italie qu'en France et en Allemagne. Les grands maîtres, Boccherini, Haydn, Mozart, ont excellé dans ce genre, qui a été ensuite exploité par les romantiques Beethoven, Schubert, Schumann et Brahms. Pour la période moderne et contemporaine, on citera les quatuors de Franck, Fauré, Debussy, Ravel, Schmitt, Bartók.) ‖ *Quatuor vocal,* soprano, alto, ténor et basse.

Qu'Ayṭi (Al-), anc. sultanat d'Arabie, auj. dépendance du Yémen du Sud. Cap. *Muqallā.*

que [kə] pr. relat. (lat. *quem*). S'emploie pour représenter une personne ou une chose désignée dans la proposition complétée par un nom ou un pronom appelé antécédent : *la leçon que j'étudie.* (V. RELATIFS [*pronoms*].)

que pr. interr. (lat. *quem*). Désigne une personne ou une chose : *qu'êtes-vous devenu? que dites-vous?*

que conj. (lat. *quod*). Sert à unir une proposition principale et une proposition subordonnée sujet, attribut ou objet : *je veux que vous veniez.* ‖ Marque, dans une proposition principale ou indépendante, le souhait, l'imprécation, le commandement, etc. : *que je meure si...; qu'il parte à l'instant.* ‖ S'emploie pour *si ce n'est, comme, quand, puisque, si.* ‖ Sert de corrélatif aux mots *tel, quel, même,* et aux comparatifs. ‖ Sert à former des loc. conj. comme *avant que, afin que, encore que, bien que,* etc.
— ENCYCL. La conjonction *que* a en outre un grand nombre d'usages.
Elle s'emploie pour éviter la répétition d'une locution conjonctive composée avec *que* et des conjonctions *comme, quand, lorsque, puisque, si* : *quand on est jeune et* QU'*on se porte bien, on doit travailler.*
Elle remplace quelquefois les conjonctions *afin que, sans que, lorsque, depuis que, avant que* : *approchez,* QUE *je vous parle.*
Elle sert à unir les termes d'une comparaison déjà indiquée par *aussi, autant, même* : *il est aussi grand* QUE *son père.*

que adv. Combien : *que de navires la mer a engloutis !* ‖ **— Ne... que** loc. adv. Seulement.

Québec, v. du Canada, cap. de la prov. du même nom, sur un escarpement dominant le Saint-Laurent, au confluent du fleuve et de la rivière Saint-Charles ; 167 000 h. (413 400 h. avec les banlieues). Archevêché. Université. La ville ancienne est visitée par de nombreux touristes. Québec est un centre administratif, intellectuel, religieux et commercial, qui possède quelques industries (constructions mécaniques, textile,

la ville de **Québec**

papier, tabac) ; sa fonction portuaire, autrefois primordiale, a relativement décliné depuis plus d'un siècle avec l'essor de Montréal. Fondée par le Français Champlain en 1608, Québec fut prise par les Anglais en 1759. La ville fut le siège d'une conférence anglo-américaine en 1943.

Québec (*province de* ou *du*), prov. de l'est du Canada ; 1 540 509 km²; 5 780 800 h. (*Québécois*). Cap. *Québec*.
● *Géographie.* Grande comme près de trois fois la France, la province s'étend sur la bordure orientale (Nouveau-Québec) et méridionale (Laurentides) du *bouclier canadien,* limité au sud par la *région laurentienne,* pays de basses terres de part et d'autre du fleuve. L'extrémité sud-est, la *Gaspésie* (au-delà de l'estuaire du Saint-Laurent), appartient à la *région appalachienne* nord-américaine. A des latitudes semblables à celles de la France (du moins pour le tiers méridional), le climat est rude. La rigueur des hivers, déjà marquée dans le Sud (à Québec, la température moyenne de janvier est inférieure à — 10 °C, et cinq mois ont une température moyenne inférieure à 0 °C), augmente avec la latitude (à Mistassini, près du 50ᵉ parallèle, la température moyenne de janvier est inférieure à — 20 °C; elle est de l'ordre de — 30 °C dans le Nord, à Port Harrison, sur la baie d'Hudson). Les étés, en revanche, sont relativement chauds (près de 20 °C à Québec, en juillet et août, et près de 10 °C à Port Harrison). Les précipitations se raréfient du sud vers le nord (plus de 1 m à Québec, à peine 900 mm à Mistassini, moins de 500 mm à Port Harrison) et tombent en grande partie sous forme de neige (celle-ci recouvre le sol presque la moitié de l'année à Québec). Le Nord est le domaine de la toundra, qui cède progressivement la place à la forêt de conifères ; les feuillus apparaissent dans la région laurentienne.
Le Québec est par la population la deuxième province du Canada. La densité est encore inférieure à 4 h. au kilomètre carré en moyenne, chiffre qui résulte du vide presque total des immensités septentrionales, au climat très rude, et qui se relève au-dessus de 20 dans la vallée du Saint-Laurent. Cette population, qui s'accroît aujourd'hui plus par un excédent naturel que par le bilan positif des migrations, s'individualise par son origine et sa langue. Elle est constituée pour près de 90 p. 100 par les descendants des colons français de l'Ancien Régime, qui ont su conserver leurs traditions et l'usage de la langue française, faisant notamment de la plus grande ville du Canada, Montréal, la deuxième ville francophone du monde.
Le Québec a d'abord été une grande région agricole, bien que les conditions climatiques ne soient guère favorables et limitent les cultures à la partie méridionale. La polyculture initiale (céréales, légumes, élevage), pratiquée dans le cadre de la petite ou de la moyenne propriété, subsiste encore largement, malgré certaines spécialisations (cultures fourragères, liées à l'élevage laitier notamment). A cette agriculture ont été traditionnellement juxtaposés la pêche (Gaspésie), l'élevage des animaux à fourrure et surtout l'exploitation forestière, qui alimente des scieries et des usines à papier.
Aujourd'hui, le Québec assure en valeur le cinquième de la production minérale canadienne. Il fournit notamment d'importantes quantités de cuivre (Noranda, Rouyn), d'amiante (Asbestos) et surtout de fer (nombreux gisements du Labrador). L'énorme potentiel hydroélectrique a favorisé l'implantation d'établissements industriels (aluminium d'Arvida), et la poursuite de son aménagement est en cours (travaux sur la Manicouagan et la rivière aux Outardes). Mais les activités de transformations sont encore relativement peu développées (concentrées surtout dans la région montréalaise), constituées largement par des branches à faible valeur ajoutée (industries du bois, textile). Cette faiblesse entraîne une production par habitant inférieure à la moyenne du Canada en général, de l'Ontario en particulier. Les disponibilités énergétiques (au moins dans le domaine de l'électricité), l'importance de la production minière, la voie maritime du Saint-Laurent, la présence de la plus grande agglomération du pays n'expliquent pas ce déséquilibre, source aujourd'hui de grandes difficultés. Ce déséquilibre est issu plutôt d'une orientation des investissements qui limite le développement d'une province désireuse de parvenir à sa « majorité politique et économique » en conservant son originalité.
● *Histoire.* Par l'Acte de 1791, le Bas-Canada, peuplé par les Canadiens français et dont Québec était la capitale, fut séparé du Haut-Canada. Mais le refus de satisfaire les revendications des francophones provoqua une insurrection (1837), dont l'échec aboutit à l'Acte d'union (1840), qui souda les deux régions. En 1867, le Québec devint l'une des quatre premières provinces de la Confédération canadienne. La fin du XIXᵉ s. fut marquée par un puissant essor démographique et la colonisation de certaines régions de la province par les Canadiens français (cantons de l'Est notamment). Au XXᵉ s., le développement de l'industrie et des villes et l'essor économique amenèrent de profondes transformations sociales et politiques. Certains Canadiens français en sont venus à réclamer l'indépendance du Québec ; d'autres sont partisans de la transformation de la province en Etat associé. Le voyage du général de Gaulle au Québec en juillet 1967 a mis particulièrement en évidence ces revendications, qui seront mises en relief par les élections de 1970 : les nationalistes québécois y obtiendront près du quart des voix ; cependant, les libéraux, avec R. Bourassa, reprennent le pouvoir aux conservateurs.

quebracho [kebratʃo] n. m. Arbre de l'Amérique du Sud, riche en tanin.

quechua [ketʃwa] ou **quichua** [kitʃwa] n. m. Langue indigène du Pérou.

Quechuas ou **Quichuas,** peuple du Pérou, dont les Incas constituaient la classe dirigeante.

Queens, district de New York ; 2 025 000 h.

Queensland, Etat du nord-est de l'Australie ; 1 661 000 h. Cap. *Brisbane*. Grand comme plus de trois fois la France, l'Etat est très faiblement peuplé (moins de 1 h. au kilomètre carré en moyenne). Les hommes et les activités (cultures des céréales, des fruits et des légumes, élevage bovin) se concentrent dans le Sud-Est (Brisbane regroupe 40 p. 100 de la population de l'Etat), au climat favorable. Le reste du Queensland, presque vide et aride, est le domaine de l'élevage extensif du mouton en dehors des exploitations minières (cuivre, plomb, zinc et argent de Mount Isa notamment).

Queipo de Llano y Sierra (Gonzalo), général espagnol, né à Tordesillas (1875-1951). Après avoir tenté un soulèvement contre Primo de Rivera (1928), il se réfugia

paysage vallonné près de Victoriaville ▲

▼ les Laurentides

Phot. Giraudon-Bibal, ambassade du Canada (2).

à Paris, puis rentra en Espagne (1931). Il devint pendant la guerre civile (1936-1939) un des principaux lieutenants de Franco et s'empara de Séville et de Málaga (1937).

Queirós (Pedro FERNANDES DE), navigateur portugais, né à Evora (1565-1615). Il reconnut de nombreuses îles d'Océanie, en particulier Tahiti.

Queirós (José Maria EÇA DE), écrivain portugais, né à Póvoa de Varzim (1845-1900). Diplomate et grand voyageur, il est l'auteur de romans réalistes et humoristiques (*le Crime du père Amaro*, 1875 ; *le Cousin Basile*, 1878 ; *la Correspondance de Fradique Mendes*, 1890 ; *la Ville et les montagnes*, 1901).

quel [kɛl], **quelle** adj. interr. et exclam. (lat. *qualis*). Indique la qualité de l'être ou de la chose sur lesquels porte la question et s'emploie dans les phrases interrogatives : *quelle heure est-il?* ou exclamatives : *quel malheur!* ‖ — **Quel que** (en deux mots) loc. relat. Placé immédiatement devant le verbe « être », exprime l'idée d'opposition : *quelle que soit votre bonté...*

quelconque [kɛlkɔ̃k] adj. indéf. (lat. *qualiscumque*). N'importe quel : *donner un prétexte quelconque.* ‖ *Fam.* Médiocre, sans valeur : *un livre quelconque.*

quelque [kɛlk] adj. indéf. Exprime une quantité, une durée, une valeur, un degré indéterminés : *quelque indiscret lui aura dit cela ; quelques personnes pensent que...* ‖ Indique un petit nombre, une petite quantité : *pendant quelque temps.* ‖ — Adv. Marque le degré, l'intensité (il exprime, avec *que* relatif, l'idée de concession) : *quelque habiles qu'ils soient.* ‖ Environ, à peu près : *il y a quelque cinquante ans.*
— ENCYCL. *Quelque* est adjectif et variable quand il est suivi d'un nom ou d'un adjectif accompagné d'un nom : *choisissons* QUELQUES *amis,* QUELQUES *vrais amis. Quelque* est adverbe et invariable : 1° quand il modifie un adjectif, un participe ou un adverbe ; il signifie alors *si :* QUELQUE *habiles* QUE *vous soyez,* QUELQUE *adroitement* QUE *vous vous y preniez, vous ne réussirez pas ;* 2° quand il précède un adjectif numéral et qu'il signifie *environ : cet homme a* QUELQUE *cinquante ans.* L'*e* de *quelque* ne s'élide que devant *un* et *une.* Devant un verbe, on écrit *quel que* (en deux mots). *Quel* est alors adjectif indéfini et s'accorde en genre et en nombre avec le sujet du verbe : QUELS QUE *soient les dangers, affrontez-les bravement.*

quelquefois [kɛlkəfwa] adv. Parfois ; en certaines occasions : *trop d'esprit nuit quelquefois.*

quelqu'un [kɛlkœ̃], **e** [-kyn] pr. indéf. Un, une entre plusieurs : *quelqu'un de vos parents.* ‖ Une personne : *quelqu'un m'a dit.* ‖ *Fam.* Une personne d'importance : *il se croit quelqu'un.* ‖ — Pl. *Quelques-uns, quelques-unes,* un petit nombre, plusieurs.

quémander [kemɑ̃de] v. t. et i. Mendier, solliciter bassement ou avec importunité : *quémander un emploi.*

quémandeur, euse n. Celui, celle qui quémande, qui sollicite.

Quemoy, île chinoise du détroit de Formose ; 49 500 h. Avant-poste des nationalistes.

Quend [kɑ̃] (80120 Rue), comm. de la Somme (arr. d'Abbeville) ; 1 345 h. (207 aggl.). Station balnéaire.

qu'en-dira-t-on [kɑ̃diratɔ̃] n. m. inv. *Fam.* Propos que pourront tenir les gens : *se moquer des qu'en-dira-t-on.*

Queneau (Raymond), écrivain français, né au Havre en 1903. Mêlé d'abord au groupe surréaliste, il a fait de son œuvre romanesque (*le Chiendent*, 1933 ; *Pierrot mon ami*, 1942 ; *Loin de Rueil*, 1945 ; *Zazie dans le métro*, 1959) et poétique (*les Ziaux*, 1943 ; *Cent Mille Milliards de poèmes*, 1961 ; *le Chien à la mandoline*, 1965 ; *Battre la campagne*, 1968) une expérience continue sur le fonctionnement du langage. Il dirige l'*Encyclopédie de la Pléiade*. (Acad. Goncourt.)

quenelle [kənɛl] n. f. (de l'allem. *Knödel*, boule de pâte). Boulette de poisson ou de viande hachés, liée aux œufs.

quenotte [kənɔt] n. f. (orig. scandin.). *Fam.* Dent de petit enfant : *de blanches quenottes.*

quenouille [kənuj] n. f. (du bas lat. *conucula*). Petit bâton entouré vers le haut de chanvre, de lin, de soie, etc., destinés à être filés. ‖ Chanvre, lin, soie, etc., dont une quenouille est chargée : *filer sa quenouille.* ‖ *Industr.* Obturateur pour boucher les ouvertures par lesquelles le métal fondu coule dans les moules. ‖ *Jard.* Arbre fruitier taillé en forme de quenouille. ● *Tomber en quenouille,* passer par succession entre les mains des femmes : *le royaume de France ne tomba jamais en quenouille.*

quenouillée n. f. Quantité de lin, de chanvre, etc., nécessaire pour garnir une quenouille.

Quental (Antero DE), écrivain portugais, né à Ponta Delgada (Açores) [1842-1891], poète d'inspiration romantique et révolutionnaire (*Sonnets*, 1890).

Quentin Durward, roman historique de Walter Scott (1823). Il a pour sujet la lutte de Louis XI contre Charles le Téméraire et les efforts du garde écossais Quentin Durward pour sauver Isabelle de Croye.

quérable [kerabl] adj. Se dit d'une créance (ou d'un certificat) dont le créancier (ou le demandeur) doit réclamer le paiement (ou la délivrance) au domicile du débiteur (ou de l'employeur) [par oppos. à créance ou certificat *portable*] : *jusqu'en 1955, le certificat de travail a été quérable et non portable.*

quenouille

Quérard (Joseph Marie), bibliographe français, né à Rennes (1797-1865), le premier éditeur de *la France littéraire* (1854-1864).

quercitrin n. m. ou **quercitrine** n. f. Principe colorant du quercitron.

quercitron [kɛrsitrɔ̃] n. m. (lat. *quercus*, chêne, et *citron*). Chêne vert de l'Amérique du Nord, dont l'écorce fournit une teinture jaune.

Quercy (le), région du bassin d'Aquitaine, en bordure du Massif central, formée par le *bas Quercy*, autour de Montauban, pays de collines molassiques vouées à la polyculture, et le *haut Quercy* (ou *Causses du Quercy*). Celui-ci comprend les *Causses* de Martel, de Gramat et de Limogne, plateaux calcaires dénudés, entaillés par les vallées du Lot et de la Dordogne, zones de cultures (céréales, fruits) et sites des villes (Cahors). Le Quercy fut réuni au domaine royal en 1472.

querelle [kərɛl] n. f. (lat. *querela*, plainte). Contestation amenant des échanges de mots violents. (Syn. : ALTERCATION, DIFFÉREND, DISPUTE, NOISE.) ● *Chercher querelle à quelqu'un,* le provoquer. ‖ *Querelle d'Allemand,* querelle sans motif.

quereller v. t. Faire une querelle à quelqu'un : *ne querellez personne.* ‖ — V. i. Faire des querelles.

querelleur, euse adj. et n. Qui aime à quereller : *fuyez les querelleurs.*

Querétaro, v. du Mexique, au nord de Mexico ; 74 000 h. Métallurgie. L'empereur Maximilien y fut fusillé (1867).

Quérigut (09460), ch.-l. de c. de l'Ariège (arr. de Foix) ; 336 h. Anc. cap. du Donezan.

quérir [kerir] ou **querir** [kə-] v. t. (lat. *quaerere*). Chercher avec charge ou intention d'amener, d'apporter : *envoyer quérir le médecin.* (N'est usité qu'à l'infinitif, après les verbes *aller, venir, envoyer, faire*.)

Quesada (Gonzalo JIMÉNEZ DE), conquistador espagnol, né à Grenade (v. 1500-1579). Il fonda Santa Fe de Bogotá.

Quesnay (François), médecin et économiste français, né à Méré (Ile-de-France) [1694-1774]. Il fut le médecin de Louis XV. Economiste, il considérait l'agriculture comme la plus grande source de richesse et soutenait que la législation ne doit intervenir en rien dans l'ordre économique, qui a des lois naturelles. De là, la maxime « Laissez faire, laissez passer ». Il a laissé un ouvrage important, *le Tableau économique* (1758), et exercé une grande influence sur les physiocrates*.

Quesnel [ke-] (Pasquier), théologien français, né à Paris (1634-1719). Oratorien, il se montra partisan du jansénisme : à la mort d'Arnauld (1694), il passa même pour le chef du parti. Emprisonné, il s'enfuit en Hollande. Il vit ses *Réflexions morales* sur le Nouveau Testament condamnées par Clément XI ; en 1713, la bulle *Unigenitus* condamna cent une propositions tirées de son ouvrage.

Quesnoy [ke-] (LE) [59530], ch.-l. de c. du Nord (arr. d'Avesnes-sur-Helpe) ; 5 383 h. (*Quesnoysiens*). Anc. place forte. Imprimeries.

Quesnoy-sur-Deûle (59890), ch.-l. de c. du Nord (arr. de Lille) ; 4 604 h. (*Quercitains*). Filature de lin.

Quessy (02700 Tergnier), comm. de l'Aisne (arr. de Laon), dans la vallée de l'Oise ; 4 095 h. (1 522 aggl.).

Questembert [kɛstɑ̃bɛr] (56230), ch.-l. de c. du Morbihan (arr. de Vannes) ; 4 501 h. (1 696 aggl.).

questeur [kɛs- *ou* kɥɛstœr] n. m. (lat. *quaestor*). Magistrat romain chargé surtout de fonctions financières. ‖ Dans les assemblées législatives françaises, membre du bureau chargé de diriger l'emploi des fonds, l'administration intérieure et matérielle de l'assemblée.

question [kɛstjɔ̃] n. f. (lat. *quaestio*, recherche). Demande faite pour s'éclairer sur une chose : *presser quelqu'un de questions.* ‖ Interrogation adressée à un élève : *poser une question embarrassante.* ‖ Point à discuter, à examiner ; difficulté à résoudre : *question de droit.* ‖ Torture infligée aux accusés pour leur arracher des aveux : *soumettre un accusé à la question.* (Cet usage barbare fut aboli par Louis XVI.) ● *Etre question de,* s'agir de. ‖ *Faire question,* être douteux, discutable. ‖ *Mettre en question,* soumettre à une discussion. ‖ *Question de confiance,* procédure déclenchée sur l'initiative du chef d'un gouvernement parlementaire en vue de faire adopter par une assemblée législative un ordre du jour favorable à la politique gouvernementale ou à un projet de loi. (Le refus de la confiance implique soit la démission du gouvernement, soit — sous certaines conditions variables d'un pays à l'autre — la dissolution de l'Assemblée et le recours à de nouvelles élections.)

questionnaire n. m. Recueil de questions, dans certains ouvrages classiques. ‖ Liste de questions auxquelles on doit répondre par écrit. (Dans une enquête, on distingue les *questions ouvertes,* auxquelles les réponses ne sont pas limitées, et les *questions fermées,* où l'on demande au sujet de choisir entre les réponses qui lui sont proposées.)

questionner v. t. Adresser des questions à : *questionner un candidat.*

questionneur, euse n. Celui, celle qui pose sans cesse des questions.

questure [kɛs- *ou* kɥɛstyr] n. f. (lat. *quaestura*). Chez les Romains, charge de questeur. ‖ Durée des fonctions de questeur. ‖ Auj., bureau des questeurs d'une assemblée délibérante.

quête [kɛt] n. f. (du lat. *quaesitus*, cherché). Action de chercher (vx). ‖ Action de demander et de recueillir des aumônes pour des œuvres charitables ou pieuses : *faire une quête à l'église.* ‖ Le montant de cette collecte : *quête abondante.* ● *En quête de,* à la recherche de : *se mettre en quête de quelqu'un.*

quête n. f. *Mar.* Inclinaison sur l'arrière : *quête d'un mât.* ‖ Angle de l'étambot avec la quille.

Quételet (Adolphe), astronome, mathématicien et statisticien belge, né à Gand (1796-1874). Il dirigea la construction de l'observatoire de Bruxelles, dont il fut le premier directeur (1828). Il est surtout connu pour l'application qu'il fit de la théorie des probabilités aux sciences morales et politiques, ainsi qu'en anthropométrie.

quêter v. t. Rechercher : *quêter des louanges.* ‖ — V. i. Recueillir des aumônes : *quêter à domicile.*

quêteur, euse adj. et n. Qui quête.

quetsche [kwɛtʃ] n. f. (mot alsacien ; de l'allem. *Zwetsche*). Grosse prune oblongue, de couleur violette. ‖ Eau-de-vie faite avec cette prune.

Quetta, v. du Pākistān, cap. de l'anc. Baloutchistan ; 106 600 h. Détruite par un tremblement de terre en 1935.

Quettehou (50630), ch.-l. de c. de la Manche (arr. de Cherbourg) ; 1 134 h. (757 aggl.).

Quetzalcóatl, divinité précolombienne du Mexique, dieu de l'Air et de l'Eau, animateur de la nature.

queue [kø] n. f. (lat. *cauda*). Appendice impair situé à l'arrière du corps de certains animaux. (V. *encycl.*) ‖ Pétiole des feuilles ; pédoncule des fleurs et des fruits ; et, *par anal.*, appendice en forme de queue : *queue d'une note de musique.* ‖ Appendice d'un objet servant à le saisir : *queue d'une casserole.* ‖ Partie d'un vêtement qui traîne par-derrière : *la queue d'une robe.* ‖ Bandelette de parchemin fixée au bas d'un acte et supportant le sceau. ‖ Extrémité d'une pierre longue entrant dans une construction. ‖ Longue traînée de lumière qui accompagne le corps d'une comète. ‖ — *Fig.* Derniers rangs : *être à la queue de sa classe.* ‖ File de personnes qui attendent leur tour : *faire la queue.* ● *A la queue leu leu,* à la file, les uns derrière les autres. ‖ *Faire une queue de poisson,* se rabattre brusquement après avoir doublé un véhicule. ‖ *Fausse queue,* au billard, glissement accidentel de la queue sur la bille. ‖ *Finir en queue de poisson,* finir piteusement. ‖ *Queue de billard,* tige de bois, garnie d'un procédé, avec laquelle on pousse les billes.
— ENCYCL. Au sens strict, la *queue* n'existe que chez les vertébrés, sous la forme d'une suite de vertèbres situées en arrière du bassin et entourées de muscles qui rendent l'organe très mobile chez les mammifères. Son développement est des plus variables selon l'espèce. La queue sert à la préhension des branches chez les singes d'Amérique, joue le rôle de battoir chez le castor, se prolonge par de longs poils chez le cheval, se recourbe en panache au-dessus du corps chez l'écureuil et le tamanoir, contribue à soutenir la membrane de vol chez certaines chauves-souris. Chez les oiseaux, la queue, vertébrale, est toujours courte, mais elle porte de longues plumes (*rectrices*) qui jouent un rôle capital dans le vol, voire dans la parade nuptiale (« roue » du paon mâle). Chez les serpents, on appelle *queue* la région sise en arrière de l'anus ; les vertèbres y sont dépourvues de côtes. Certains lézards des déserts (*uromastix*) usent de leur queue, couverte d'épines, comme d'une massue défensive ; le caméléon enroule sa queue autour des branches ; d'autres lézards peuvent rompre volontairement leur queue lorsque celle-ci est retenue par un obstacle. La plupart des amphibiens n'ont pas de queue (groupe des *anoures*). Les poissons osseux ont une simple nageoire caudale sans vertèbres, tandis que les requins ont des vertèbres dans le lobe supérieur de leur queue.

queue-d'aronde n. f. Tenon en forme de queue d'hirondelle, pénétrant dans une entaille de même forme pour constituer un assemblage. ‖ Pl. des *queues-d'aronde.*

queue-de-cochon n. f. Tarière terminée en vrille. ‖ Pl. des *queues-de-cochon.*

Phot. Giraudon.

queue-de-morue n. f. Large pinceau plat, à l'usage des peintres et des doreurs. || *Fam.* Habit de cérémonie. || Pl. des *queues-de-morue.*

queue-de-pie n. f. *Fam.* Habit de cérémonie. || Pl. des *queues-de-pie.*

queue-de-rat n. f. Petite lime ronde et pointue pour limer dans les creux. || Tabatière en écorce de bouleau, dont le couvercle est soulevé à l'aide d'une petite lanière de cuir rassemblant à une queue de rat. || Pl. des *queues-de-rat.*

queue-de-renard n. f. *Bot.* Nom usuel d'une espèce ornementale d'*amarante.* || Pl. des *queues-de-renard.*

queusot [køzo] n. m. Tube de verre par lequel, dans une ampoule électrique, on pratique le vidage et, éventuellement, ensuite, le remplissage par un gaz déterminé.

queuter [køte] v. i. (de *queue*). Au billard, pousser d'un seul coup deux billes qui sont très rapprochées.

queux [kø] n. m. (lat. *coquus*). Cuisinier. (Usité seulement dans *maître queux.*)

queux n. f. (lat. *cos, cotis*). Pierre à aiguiser : *queux à faux.* (On écrit aussi QUEUE.)

Quevedo y Villegas (Francisco GÓMEZ DE), écrivain espagnol, né à Madrid (1580-1645). Tour à tour chargé d'importantes missions diplomatiques et en butte à la disgrâce, il fut tantôt un poète sublime (*Heure de tous,* 1635-1636), tantôt un satirique auteur de romances argotiques. Moraliste chrétien dans *la Politique de Dieu* (1626), il a fait paraître également un des plus étonnants romans picaresques, *Don Pablo de Ségovie* (1626).

Queyras, région et vallée des Hautes-Alpes, qu'arrose le Guil, affl. de la Durance (r. g.).

Quezaltenango, v. du Guatemala ; 56 900 h.

Quezon City, v. fondée en 1948 à 16 km au nord-est de Manille, cap. des Philippines depuis cette date ; 545 500 h. Elle porte le nom du premier président, M. Quezón.

qui [ki] pr. relat. (lat. *qui*). Sert à désigner une personne ou une chose : *la personne à qui je parlais ; je fais ce qui me plaît.* || Celui qui, quiconque : *aimez qui vous aime.* || **— Qui que** pr. relat. Quelle que soit la personne que : *qui que vous soyez.* || — Pr. interr. désignant une personne : *qui est là ?*

quia (à) [akɥija] loc. adv. (lat. *quia,* parce que). *Etre à quia, mettre à quia,* être réduit ou réduire à ne pouvoir répondre (comme un homme qui ne sait répondre autre chose que *parce que*).

Quiberon (56170), ch.-l. de c. du Morbihan (arr. de Lorient), à l'extrémité de la presqu'île du même nom ; 4 595 h. (*Quiberonnais*). Pêche. Station balnéaire. Thalassothérapie. — Une petite armée d'émigrés y tenta un débarquement avec l'aide des Anglais, mais elle fut faite prisonnière par Hoche ; 748 émigrés furent fusillés près d'Auray (1795).

quiche [kiʃ] n. f. (alsacien *küchen*). Tarte garnie de petits morceaux de lard que l'on recouvre d'un mélange d'œufs battus en omelette.

quichenotte [kiʃnɔt] n. f. Coiffe des paysannes de Saintonge.

Quicherat (Louis), philologue français, né à Paris (1799-1884), auteur du *Thesaurus poeticus linguae latinae.* — Son frère JULES, né à Paris (1814-1882), archéologue, édita *le Procès de condamnation et de réhabilitation de Jeanne d'Arc.*

Quichés, Indiens de l'Amérique centrale. Les vestiges de leurs temples et de leurs pyramides témoignent d'une importante civilisation. Utatlán (Mexique) était leur métropole. Les Quichés constituent le groupe le plus important de la famille maya-quiché.

Quichotte (*Don*). V. DON QUICHOTTE.

quichua n. m. V. QUECHUA.

Quichuas. V. QUECHUAS.

quick-freezing [kwikfriziŋ] n. m. (mot angl.). Méthode de conservation des légumes et des fruits par congélation ultra-rapide.

quiconque [kikɔ̃k] pr. relat. indéf. (lat. *quicumque*). Toute personne qui : *la loi punit quiconque est coupable.* || — Pr. indéf. N'importe qui : *il est à la portée de quiconque de résoudre ce problème.*

quidam [kɥi- *ou* kidam] n. m. (mot lat. signif. *un certain*). Personne dont on ignore ou dont on n'exprime point le nom. || Pl. des *quidams.*

quiddité [kɥiddite] n. f. (lat. *quidditas*). *Philos.* Ensemble des conditions qui déterminent un être en particulier.

Quierzy (02300 Chauny), anc. **Kierzy** ou **Kiersy,** comm. de l'Aisne (arr. de Laon) ; 335 h. Célèbre par le capitulaire de 877, dans lequel Charles le Chauve, partant pour une expédition en Italie, prenait des dispositions pour organiser le gouvernement et prévenir les troubles.

quiet [kɥiɛ *ou* kjɛ], **ète** [-ɛt] adj. (lat. *quietus,* tranquille). Tranquille, calme (vx) : *existence quiète.*

quiétisme [kɥie- *ou* kjetism] n. m. (du lat. *quietus,* tranquille). Doctrine mystique qui, s'appuyant sur les œuvres du prêtre espagnol Molinos, fait consister la perfection chrétienne dans l'amour de Dieu et l'inaction de l'âme.

quiétiste adj. et n. Qui suit la doctrine du quiétisme.

Quevedo y Villegas

quiétude [kɥie- *ou* kjetyd] n. f. Tranquillité de l'esprit.

Quiévrain, comm. de Belgique (Hainaut) ; 5 700 h.

Quiévrechain (59920), comm. du Nord (arr. de Valenciennes) ; 7 102 h. Fonderie. Verrerie.

quignon [kiɲɔ̃] n. m. (de *coin*). Gros morceau de pain.

Quillan [kijɑ̃] (11500), ch.-l. de c. de l'Aude (arr. de Limoux), sur l'Aude ; 5 230 h. Feutre.

quille [kij] n. f. (de l'allem. *Kiel*). *Mar.* Partie inférieure axiale de la coque d'un navire, et sur laquelle s'appuie toute la charpente. || *Arg. mil.* Libération.

quille [kij] n. f. (haut allem. *kegel*). *Jeux.* Morceau de bois long et cylindrique, que l'on s'exerce à renverser à l'aide d'une boule : *jouer aux quilles ; un jeu de quilles.*

Quillebeuf-sur-Seine (27680), ch.-l. de c. de l'Eure (arr. de Bernay) ; 1 245 h. (*Quillebois*). Anc. cap. du Roumois. Petit port.

quillon [kijɔ̃] n. m. Chacun des bras de la croix, dans la garde d'une épée, d'une baïonnette.

Quilmes, v. de l'Argentine (Buenos Aires) ; 318 900 h. Brasserie. Textiles.

Quimper (29000), anc. **Quimper-Corentin,** anc. cap. du comté de Cornouaille, ch.-l. du Finistère (Sud), sur l'Odet, à 568 km à l'ouest de Paris ; 57 678 h. (*Quimpérois*). Evêché. Cathédrale (XIIIe-XVIe s.). Maisons anciennes. Faïences et poteries. Patrie de E. Fréron, Laennec. — L'arr. a 14 cant., 83 comm., 269 165 h.

Quimperlé (29130), ch.-l. de c. du Finistère (Sud) [arr. de Quimper], au confl. de l'Ellé et de l'Isole ; 11 518 h. (*Quimperlois*). Eglise Sainte-Croix (XIe-XVIe s.), restaurée. Eglise Saint-Michel (XIVe-XVe s.). Port. Conserveries.

quinaire [kinɛr] adj. (du lat. *quini,* cinq par cinq). Qui a pour base le nombre cinq : *numération quinaire.* || — N. m. Monnaie d'argent romaine.

quinaud [kino], **e** [-od] adj. Honteux, confus : *rester quinaud devant une réprimande méritée* (vieilli).

Quinault (Philippe), poète français, né à Paris (1635-1688). Il pratiqua d'abord les genres à la mode, comédies imitées du théâtre espagnol (*le Fantôme amoureux,* 1659) ou tragédies romanesques (*Astrate,* 1665). Après une comédie d'intrigue qui provoqua une querelle avec Donneau de Visé (*la Mère coquette,* 1665), il collabora avec Molière et Corneille à *Psyché** (1671), puis fournit à Lully les livrets de nombreux opéras (*Cadmus et Hermione,* 1673 ; *Roland,* 1685 ; *Armide,* 1686). Souvent critiqué par Boileau, il n'en connut pas moins de son vivant un immense succès. (Acad. fr.)

Quimper
maisons anciennes et flèches de la cathédrale

quincaille [kɛ̃kɑj] n. f. (pour *clincaille,* de même orig. que *clinquant*). Tout ustensile métallique pour usage domestique.

quincaillerie n. f. Marchandise métallique d'un finissage relatif et de faible valeur. || Industrie correspondante. || Magasin où se fait le commerce de ces objets.

quincaillier, ère n. Marchand ou fabricant de quincaillerie.

Quincampoix (*rue*), rue de Paris (IIe arr.), où Law avait établi sa banque en 1716.

Quincey (DE). V. DE QUINCEY.

quinconce [kɛ̃kɔ̃s] n. m. (lat. *quincunx,* pièce de monnaie valant cinq onces). Assemblage d'objets disposés par cinq : quatre en carré, en rectangle ou en losange, et un au milieu.

Quinctius Cincinnatus (Lucius), romain célèbre par la simplicité et l'austérité de ses mœurs. Consul en 460 av. J.-C., il fut par la suite deux fois dictateur, et retourna finalement à sa charrue.

Quinctius Flamininus (Titus), général romain (229-174 av. J.-C.). Consul en 198 av. J.-C., il battit à Cynoscéphales le roi de Macédoine (197) et proclama aux jeux Isthmiques la liberté de la Grèce.

Quincy, v. des Etats-Unis (Massachusetts), sur la *baie de Quincy ;* 87 200 h.

quindécemvirs [kɥɛ̃desɛmvir] n. m. pl. (lat. *quindecim,* quinze, et *vir,* homme). Nom des quinze magistrats romains chargés de garder les Livres sibyllins et d'accomplir certaines cérémonies. || Sing. un *quindécemvir.*

quine [kin] n. m. (du lat. *quini,* cinq par cinq). Série de cinq numéros placés, au loto, sur la même rangée horizontale d'un carton.

Quinet (Edgar), historien français, né à Bourg-en-Bresse (1803-1875). Philosophe idéaliste et athée, historien libéral, il professa au Collège de France à partir de 1841, mais ses cours furent suspendus par Guizot en 1846. Député en 1848, proscrit lors du coup d'Etat du 2 décembre 1851, il ne rentra en France qu'en 1870. Son œuvre touche à de nombreux domaines : l'histoire, la philosophie, la littérature et la politique. Il faut retenir particulièrement : *le Génie des religions* (1842), *les Révolutions d'Italie* (1852), *l'Esprit nouveau* (1874).

quinine [kinin] n. f. (de l'esp. *quina*). Substance amère contenue dans l'écorce de quinquina.
— ENCYCL. La *quinine* a pour principale indication le paludisme, mais, ne détruisant que la forme libre et asexuée du parasite, elle est seulement active dans les crises aiguës et n'empêche pas les retours offensifs de la maladie. Elle est également utilisée comme antipyrétique.

Quingey (25440), ch.-l. de c. du Doubs (arr. de Besançon) ; 854 h.

Qui Nhon, port du Viêt-nam du Sud ; 30 900 h.

quinoa [kinɔa] n. m. Plante cultivée en Amérique centrale pour ses graines alimentaires. (Famille des chénopodiacées.)

quinola [kinɔla] n. m. (mot esp.). Valet de cœur, au jeu de reversi.

quinoléine [kinɔlein] n. f. Substance extraite de l'huile de goudron de houille et également préparée par synthèse. (Certains de ses dérivés sont employés comme colorants et, en pharmacie, comme antiseptiques.)

quinone n. f. Nom générique de composés benzéniques possédant deux fonctions cétone.

quinquagénaire [kɥɛ̃kwaʒenɛr] adj. et n. Agé de cinquante ans.

Quinquagésime [kɥɛ̃kwaʒezim] n. f. (du lat. *quinquagesimus,* cinquantième). *Relig. cath.* Dimanche qui précède le premier dimanche de carême et qui est le cinquantième jour avant Pâques : *la Quinquagésime s'est aussi appelée « dimanche gras ».*

quinquennal [kɥɛ̃kɥenal *ou* kɛ̃kenal], **e, aux** [-o] adj. Qui a lieu, qui se célèbre de cinq ans en cinq ans. || Qui dure cinq ans : *plan quinquennal.*

quinquet [kɛ̃kɛ] n. m. (du nom du fabricant). Lampe à huile à double courant d'air, et dont le réservoir est plus haut que la mèche.

quinquina [kɛ̃kina] n. m. (mot esp., empr. à une langue du Pérou). Arbre originaire du Pérou et des pays voisins, cultivé surtout en Indonésie pour son écorce, riche en quinine. || Vin apéritif au quinquina.

quintaine [kɛ̃tɛn] n. f. (lat. *quintana*). Mannequin monté sur un pivot et armé d'un bâton qui, lorsqu'on le frappait maladroitement avec la lance, tournait et assenait un coup sur le dos de celui qui l'avait frappé. ● *Servir de quintaine* (Fig.), être l'objet habituel d'attaques.

quintal [kɛ̃tal] n. m. (de l'arabe *quintâr,* poids de cent). Unité de mesure de masse (symb. : q), correspondant à 100 kilogrammes. || Pl. des *quintaux.*

Phot. Van Rhijn-Viollet, Lauros-Giraudon.

Quintana (Manuel José), homme politique et écrivain espagnol, né à Madrid (1772-1857). Patriote et libéral, il s'éleva contre l'occupation napoléonienne (*A España*, 1808) et contre l'absolutisme de Ferdinand VII. Exilé en Estrémadure, il a raconté dans ses *Lettres à lord Holland* l'échec de la révolution de 1820. Rentré en grâce, il fut couronné poète par la reine devant les Chambres assemblées (1855).

quinte [kɛ̃t] n. f. (lat. *quintus*, cinquième). *Mus.* Intervalle de cinq degrés. || *Jeux.* Série de cinq cartes se suivant. || *Escr.* La cinquième garde. || Groupement de secousses de toux successives et répétées : *les quintes de la coqueluche.* || *Fig.* Caprice, mauvaise humeur qui se manifeste tout à coup.

Quinte-Curce, historien latin du Ier s. apr. J.-C., auteur d'une *Vie d'Alexandre.*

quintefeuille n. f. *Bot.* Nom usuel de la *potentille rampante.* || — N. m. Ornement d'architecture à cinq lobes.

quintessence [kɛ̃tesɑ̃s] n. f. (de *quinte*, cinquième, et *essence*). *Philos.* Substance éthérée et subtile, tirée du corps qui la renfermait et dégagée des quatre éléments plus épais. || Ce qu'il y a de principal, de meilleur, de plus parfait dans une chose : *la quintessence d'un livre.*

quintessencié, e adj. Trop subtil : *pensée quintessenciée.*

quintessencier v. t. Raffiner, subtiliser.

quintette [kɛ̃- *ou* kɥɛ̃tɛt] n. m. (ital. *quintetto*). Morceau de musique à cinq parties. || Ensemble de cinq instruments ou de cinq chanteurs. (Le quintette peut se concevoir soit par la réunion d'instruments de même famille [quintette à cordes], comme ceux de Boccherini ou Schubert, soit pour un groupement formé de cordes et d'un soliste à vent [Mozart] ou à clavier [Schumann, Brahms, Franck].)

quinteux, euse adj. Qui se produit par quintes : *toux quinteuse.* || *Fig.* Sujet à des quintes, à des caprices : *avoir l'humeur quinteuse.*

quintidi [kɥɛ̃tidi] n. m. Cinquième jour de la décade, dans le calendrier républicain de 1793.

Quintilien, en lat. **Marcus Fabius Quintilianus,** rhéteur latin du Ier s. av. J.-C., né à Calagurris Nassica (auj. Calahorra [Espagne]). Avocat et professeur, il fut précepteur des petits-neveux de Domitien. Dans son ouvrage *Sur la formation de l'orateur* (*De institutione oratoria*), il réagit contre les tendances nouvelles représentées par Sénèque et proposa l'imitation de Cicéron.

Quintilius Varus (Publius), général romain (v. 50 av. J.-C.-9 apr. J.-C.). Légat en Germanie, il fut massacré avec son armée par les Germains dans la forêt de Teutoburg.

quintillion [kɥɛ̃tiljɔ̃] n. m. Un million de quatrillions, soit 10^{30}.

Quintin (22800), ch.-l. de c. des Côtes-du-Nord (arr. de Saint-Brieuc) ; 3 515 h. (2 554 aggl.) [*Quintinais*].

quinto [kɥɛ̃to] adv. Cinquièmement.

quintolet [kɛ̃tɔlɛ] n. m. *Mus.* Groupe de cinq notes surmonté du chiffre 5 et valant quatre ou six notes de la même valeur rythmique.

Quinton (René), physiologiste français, né à Chaumes-en-Brie (1867-1925). Il a prescrit l'eau de mer diluée dans le traitement des maladies des nourrissons.

quintuple [kɛ̃- *ou* kɥɛ̃typl] adj. Cinq fois. || — N. m. Nombre, quantité quintuple d'un autre nombre, d'une autre quantité : *rendre le quintuple.*

quintupler v. t. Multiplier par cinq : *quintupler une somme.* || — V. i. Devenir quintuple : *son bien a quintuplé.*

quintuplés, ées n. pl. Jumeaux, jumelles nés au nombre de cinq.

quinzaine n. f. Quinze ou environ : *une quinzaine de francs.* || Deux semaines.

quinze [kɛ̃z] adj. num. (lat. *quindecim*). Quatorze plus un. || Quinzième : *Louis quinze.* || — N. m. Le nombre quinze. || Quinzième jour du mois : *arriver le quinze.* || Au tennis, premier point que l'on peut marquer dans un jeu. || Equipe de rugby : *le quinze de France.*

Quinze joies de mariage (*les*), satire anonyme des femmes et du mariage (v. 1450), attribuée sans preuve à Antoine de La Sale.

Quinze-Vingts (les), hospice fondé à Paris par Saint Louis pour les aveugles.

quinzième adj. num. ord. Qui, dans un classement, a reçu le numéro quinze. || — N. : *être le, la quinzième.* || — N. m. Quinzième partie d'un tout : *prendre le quinzième de...*

quinzièmement adv. En quinzième lieu, dans une énumération.

quipo [kipɔ] ou **quipu** [-pu] n. m. Cordelettes nouées, de couleurs variées, qui servaient aux Incas à calculer et à transmettre des messages.

quiproquo [kiprɔko] n. m. (lat. *quid pro quod*, un *quid* pour un *quod*, ou une chose pour une autre). Méprise, erreur qui fait prendre une chose pour une autre. || Pl. des *quiproquos.*

Quirinal [kɥi-] (*mont*), l'une des collines sur lesquelles fut bâtie Rome, au nord-ouest de la ville.

Quirinal (*palais du*), palais de Rome, commencé en 1574 par Ponzio et Mascherino, et agrandi à plusieurs reprises. L'intérieur est orné de fresques dues à Melozzo da Forli, à Lanfranco et à Saraceni. Résidence d'été des papes avant 1870, puis des rois d'Italie, et, aujourd'hui, des présidents de la République italienne.

quiscale [kɥiskal] n. m. Oiseau de l'ordre des passériformes, remarquable par sa livrée noire à reflets rouges, commun en Amérique centrale.

Quisling (Vidkun), homme politique norvégien, né à Fyredal (Telemark) [1887-1945]. Chef du gouvernement après l'invasion allemande (février 1942), il fut exécuté à la Libération.

Quissac [kɥisak] (30260), ch.-l. de c. du Gard (arr. du Vigan) ; 1 716 h. Bonneterie.

Quito, cap. de l'Equateur, dans les Andes, à 2 850 m d'alt. ; 496 400 h. Ville pittoresque. Quito est un centre politique, intellectuel (université, observatoire), artistique (riche bibliothèque) et religieux (archevêché). Par la population, c'est la deuxième cité du pays après Guayaquil.

quittance [kitɑ̃s] n. f. (de *quitter quelqu'un*, le dispenser de payer). Attestation écrite par laquelle un créancier déclare un débiteur quitte envers lui : *donner, recevoir quittance.*

quittancer v. t. (conj. 1). Donner quittance de.

quitte [kit] adj. (lat. *quietus*, tranquille). Libéré d'une dette pécuniaire : *je vous tiens quitte de ce que vous me devez encore.* || *Fig.* Délivré, débarrassé d'une obligation morale, sociale, mondaine, etc. : *être quitte d'une corvée, d'une visite*, etc. || **— Quitte à** loc. prép. Au risque de. ● *En être quitte pour*, n'avoir à subir que l'inconvénient de. || *Etre, faire quitte à quitte*, ne se devoir plus rien de part et d'autre. || *Jouer à quitte ou double*, jouer une dernière partie qui doit acquitter le perdant ou doubler le gain du gagnant ; et, au *fig.*, risquer, hasarder tout. || *Tenir quitte*, dispenser.

quitter [kite] v. t. Laisser une personne, se séparer d'elle : *je vous quitte pour un moment.* || Se retirer d'un lieu : *quitter Paris.* || Abandonner : *quitter son poste.* || Oter, retirer : *quitter ses vêtements.* || — *Fig.* Renoncer à une profession : *quitter l'épée, la robe.* || Interrompre : *quitter son travail.*

quitus [kitys] n. m. (mot lat.). Acte par lequel la gestion d'une personne est reconnue exacte et régulière : *donner quitus à un caissier.*

qui vive ? [kiviv] loc. interj. Cri poussé par une sentinelle à l'approche de quelqu'un, pour l'obliger à se faire reconnaître. || — N. m. inv. *Etre sur le qui-vive*, être attentif.

Quito

Qum ou **Kum,** v. d'Iran, au sud de Téhéran ; 134 300 h. Textiles.

Qumrān (KHIRBAT), site de Jordanie, près de la rive ouest de la mer Morte. On y a découvert de 1947 à 1958 des manuscrits attribués aux Esséniens, et dont l'examen a renouvelé les études exégétiques.

quôc-ngu [kɔkngu] n. m. Transcription en caractères latins des caractères vietnamiens.

quoi [kwa] pr. relat. (lat. *quid*). S'emploie avec *rien, ce, cela* (qui peuvent être sous-entendus) comme antécédents, avec la fonction de : 1° complément d'objet indirect : *c'est à quoi je réfléchissais ;* 2° complément de l'adjectif : *il n'est rien à quoi je ne sois prêt.* ● *De quoi*, ce qui est suffisant pour : *avoir de quoi vivre.* || *Quoi que*, quelle que soit la chose que : *quoi que vous disiez, je m'en tiendrai à ma première idée.* || *Quoi qu'il en soit*, en tout état de cause. || *Sans quoi*, ou sinon. || — Pr. interr. Désigne sans précision une chose, dans l'interrogation directe : *à quoi pensez-vous ?* et dans l'interrogation indirecte : *je devine à quoi vous pensez.* ● *Un je ne sais quoi*, v. JE-NE-SAIS-QUOI. || — Interj. Marque l'étonnement, l'indignation, etc. : *quoi ! vous partez ?*

quoique [kwak] conj. Marque l'opposition, la concession ; encore que, bien que : *quoique l'affaire parût réalisable, il hésitait encore.* (Le *e* de *quoique* ne s'élide que devant *il, elle, on, un, une.*) || **— Quoi que** (en deux mots) pr. relat. V. QUOI.

quolibet [kɔlibɛ] n. m. (lat. *quod libet*, ce qui plaît). Plaisanterie, bouffonnerie vulgaire, injurieuse. (Syn. : BOUTADE, LAZZI.)

quorum [kɔrɔm] n. m. (mot lat. signif. *desquels*). Nombre de membres qu'une assemblée doit réunir pour pouvoir valablement délibérer : *le quorum n'a pas été atteint.*

quota [kɔta] n. m. (mot lat.). Pourcentage, part, contingent : *quota d'importation.*

quote-part [kɔtpar] n. f. (lat. *quota pars*, quelle partie). Part que chacun doit payer ou recevoir dans la répartition d'une somme totale : *payer sa quote-part.* || Pl. *des* QUOTES-PARTS. (Syn. : COTISATION, ÉCOT, QUOTITÉ.)

quotidien [kɔtidjɛ̃], **enne** [-ɛn] adj. (lat. *quotidianus*). De chaque jour : *le travail quotidien.*

quotidien n. m. Journal qui paraît tous les jours.

quotidiennement adv. Tous les jours.

quotient [kɔsjɑ̃] n. m. (du lat. *quoties*, combien de fois). *Math.* Résultat de la division. (Le produit du diviseur par le quotient, augmenté du reste, doit reproduire le dividende.) ● *Quotient assimilateur*, rapport du volume d'oxygène produit au volume de gaz carbonique absorbé, pendant un temps donné, par une plante chlorophyllienne exposée à la lumière : *le quotient assimilateur est toujours égal à 1.* || *Quotient de développement* (Psychol.), rapport entre les résultats obtenus par un bébé à une batterie de tests psychomoteurs et son âge réel. || *Quotient électoral*, résultat de la division du nombre des suffrages exprimés par le nombre de sièges à pourvoir dans une circonscription, qui permet de répartir les sièges à pourvoir entre les diverses listes, lorsque le système électoral est la représentation proportionnelle. (Chaque liste obtient autant de sièges que la moyenne des voix qu'elle a obtenues contient de fois le quotient ; le solde est réparti soit suivant le procédé de la *plus forte moyenne*, soit suivant le procédé du *plus fort reste.*) || *Quotient intellectuel* ou *Q. I.* (Psychol.), nombre obtenu, chez un individu donné, en divisant l'âge mental déterminé à l'aide de tests et chiffré au moyen d'une échelle (échelle de Binet-Simon), par l'âge réel et en multipliant le résultat par 100. || *Quotient respiratoire* (Physiol.), rapport du volume de gaz carbonique expiré au volume d'oxygène absorbé pendant le même temps par un animal ou un végétal.

quotité [kɔtite] n. f. (de *cote*). Somme fixe à laquelle monte chaque quote-part. || *Impôt de quotité*, celui par lequel on détermine immédiatement ce que chacun doit payer proportionnellement à son avoir (par oppos. aux *impôts de répartition*). ● *Quotité disponible*, portion de biens dont peut légalement disposer par donation ou par testament une personne qui a des descendants ou des ascendants en ligne directe (héritiers réservataires).

Quo vadis ?, roman de Sienkiewicz (1895). Il décrit les persécutions des chrétiens par Néron.

Quraychites ou **Koraïchites,** tribu arabe à laquelle appartenait Mahomet.

Phot. Almasy.

R r

r [ɛr] n. m. Dix-huitième lettre de l'alphabet et la quatorzième des consonnes : *le « r » est une consonne liquide.* ‖ — **R** est la notation usuelle de l'ensemble des nombres réels. ‖ Symbole du *röntgen.*

Ra, symbole chimique du *radium.*

ra [ra] n. m. inv. Coups de baguettes donnés sur le tambour, de façon à former un roulement très bref.

Râ, divinité égyptienne. V. RÊ.

Raab, nom allem. de *Győr.*

Raabe (Wilhelm), écrivain allemand, né à Eschershausen (Brunswick) [1831-1910]. Célèbre dès son premier roman (*la Chronique de la rue aux Moineaux,* 1857), il consacra ses récits à la peinture attendrie (*Abu Telfan,* 1868) ou humoristique (*Clair de lune allemand,* 1873-1875) de la vie des petites gens et de leur héroïsme quotidien.

Rab, île yougoslave de l'Adriatique ; 7 200 h. Centre touristique.

rabâchage ou **rabâchement** n. m. *Fam.* Défaut de celui qui rabâche. ‖ Ses propos.

rabâcher [rabaʃe] v. t. et i. *Fam.* Redire sans cesse et de manière lassante la même chose.

rabâcheur, euse adj. et n. *Fam.* Qui ne fait que rabâcher.

rabais [rabɛ] n. m. Diminution de prix ou de valeur : *vente au rabais.*

rabaissement n. m. Action de rabaisser ; et, au *fig.,* action de ravaler, d'humilier.

rabaisser [rabese] v. t. Mettre plus bas. ‖ — *Fig.* Déprécier : *rabaisser les mérites de quelqu'un.* ‖ Amoindrir, humilier : *rabaisser l'orgueil, la prétention de quelqu'un.* ‖ — **Se rabaisser** v. pr. S'avilir.

raban [rabɑ̃] n. m. (néerl. *raaband*). *Mar.* Bout de cordage, tresse, cordon.

Raban Maur (*bienheureux*), polygraphe allemand, né à Mayence (v. 780-856). Archevêque de Mayence, il fut l'un des organisateurs de l'abbaye de Fulda. Il mérita le nom de *Praeceptor Germaniae.*

rabane [raban] n. f. Tissu de fibre de raphia.

Rabanne (Paco), couturier espagnol, né à Pasajes en 1934. Il fut architecte avant d'ouvrir sa maison de couture à Paris. Il a révolutionné la mode en utilisant des matériaux inédits (métal, Rhodoïd, plastique, papier) et en créant des formes originales.

Rabastens [-tɛ̃s] (81800), ch.-l. de c. du Tarn (arr. d'Albi), sur le Tarn ; 4 337 h. Eglise des XIIIᵉ-XIVᵉ s.

Rabastens-de-Bigorre (65140), ch.-l. de c. des Hautes-Pyrénées (arr. de Tarbes) ; 1 091 h. Eglise du XIVᵉ s.

rabat [raba] n. m. Morceau d'étoffe blanche, noire ou bleue, de batiste ou de dentelle, que portent au cou les gens de robe et d'Eglise, les membres de l'Université en robe, etc. ‖ Action de rabattre le gibier, à la chasse. (Dans ce sens, on dit aussi RABATTAGE.) ‖ Partie d'une chose qui peut se replier.

Rabat, cap. du Maroc, au bord de l'Atlantique, sur la rive gauche de l'embouchure du Bou Regreg (en face de Salé, avec lequel Rabat constitue une conurbation) ; 227 400 h. Ville pittoresque conservant des témoins d'un riche passé (casbah des Oudaïa, tour Hasan), Rabat est aujourd'hui un centre politique et intellectuel (université).

rabat-joie [rabaʒwa] n. m. et adj. inv. Personne qui trouble la joie des autres par son humeur chagrine.

rabattage n. m. Action de rabattre le gibier.

rabattement n. m. Action de rabattre. ‖ *Math.* En géométrie descriptive, mouvement de rotation par lequel on applique un plan et les figures qu'il contient sur l'un des plans de projection.

rabatteur n. m. Celui qui, à la chasse, rabat le gibier vers les chasseurs. ‖ Moulinet d'une moissonneuse faisant basculer la récolte sur un tapis roulant. ‖ *Péjor.* Celui qui tâche, par différents moyens, d'amener de la clientèle chez un commerçant, dans une entreprise financière, ou de recruter des adhérents pour un parti.

rabattre [rabatr] v. t. (conj. **48**). Rabaisser ce qui s'élève : *rabattre son col de chemise.* ‖ Aplatir : *rabattre un pli.* ‖ Retrancher du prix d'une chose : *je ne rabattrai rien.* ‖ Rassembler le gibier vers l'endroit où sont les chasseurs. ‖ *Math.* Faire tourner un plan autour de son intersection avec un autre plan, pour l'appliquer sur ce plan. ‖ *Fig.* Rabaisser : *rabattre l'orgueil.* ● *Rabattre un arbre,* le couper jusqu'à la naissance des branches. ‖ *Rabattre des mailles,* arrêter un tricot en faisant glisser chaque maille sur la suivante. ‖ — V. i. Quitter soudain une direction pour se diriger vers un endroit : *il rabattit à travers champs.* ‖ *Fig.* Diminuer, enlever quelque chose de : *rabattre de son prix.* ● *En rabattre,* réduire ses prétentions. ‖ — **Se rabattre** v. pr. Se détourner de son chemin pour en prendre un autre. ‖ *Fig.* En venir à une chose, faute de mieux : *se rabattre sur la politique.*

Rabaud (Henri), compositeur français, né à Paris (1873-1949), auteur d'œuvres pour orchestre (*la Procession nocturne*) et pour la scène (*Mârouf, savetier du Caire,* 1914). Il a dirigé le Conservatoire de 1920 à 1941.

Rabaul, v. de la Nouvelle-Bretagne (archipel Bismarck) ; 1 500 h. Les Japonais l'occupèrent en 1942, la transformèrent en base aéronavale et y résistèrent jusqu'à la fin de la Seconde Guerre mondiale.

rabbi [rabi] n. m. (mot hébreu). Titre d'honneur et de respect donné aux docteurs de la Loi juive.

rabbin [rabɛ̃] n. m. (de l'araméen *rabbi,* mon maître). Docteur de la Loi juive. ‖ Chef spirituel d'une communauté israélite. ● *Grand rabbin,* chef d'un consistoire israélite.

rabbinat [-na] n. m. Dignité de rabbin.

rabbinique adj. Relatif aux rabbins. ● *Ecole rabbinique,* école où l'on forme des rabbins.

rabbinisme n. m. Activité religieuse et littéraire du judaïsme, après la destruction du Temple par Titus (70).

rabbiniste n. Personne qui suit la doctrine des rabbins, qui étudie leurs livres.

Rabearivelo (Jean-Joseph), écrivain malgache, né à Tananarive (1903-1937). Après des recueils de forme classique (*la Coupe de cendres,* 1924), il abandonna la métrique traditionnelle pour le vers libre, unissant aux mythes de la culture européenne les thèmes ancestraux de son pays (*Presque songes,* 1934 ; *Chants pour Abéone,* 1937). Déprimé par une vie difficile et la mort de sa fille Voahangy, il se suicida.

Rabelais (François), écrivain français, né à La Devinière (comm. de Seuilly), près de Chinon (v. 1494-1553). D'abord novice chez les cordeliers de La Baumette, près d'Angers, puis au couvent du Puy-Saint-Martin à Fontenay-le-Comte, il étudie le grec et entretient une correspondance avec Guillaume Budé. Mais, ses livres ayant été confisqués à la suite des polémiques sur les *Commentaires* d'Erasme, il passe dans l'ordre des Bénédictins au couvent de Maillezais. Cependant, dès 1527 il quitte le froc et entreprend une vie de prêtre-étudiant errant à Paris, à Montpellier, où il s'inscrit à la faculté de médecine, à Lyon, où il devient médecin de l'hôpital

Rabearivelo

Rabat

Rabelais
école française
du XVIIᵉ s.
château de Versailles

Phot. Afrique-Photo, ambassade de la République malgache, Giraudon.

du Pont-du-Rhône. C'est dans cette ville qu'il publie les *Aphorismes* d'Hippocrate, un almanach bouffon dans le genre alors à la mode (*la Pantagruéline Prognostication*), et les *Horribles et Epouvantables Faicts et Prouesses du très renommé Pantagruel** (1532). Protégé par l'évêque de Paris Jean du Bellay, Rabelais accompagne celui-ci en Italie dans une mission diplomatique et donne à son retour la *Vie inestimable du grand Gargantua*, père de Pantagruel* (1534). Libéré alors de ses vœux monastiques, il prend ses grades de docteur à Montpellier (1537), voyage en Piémont, et est admis dans l'entourage du roi. Mais *le Tiers Livre des faicts et dicts héroïques du noble Pantagruel* (1546), dédié à Marguerite de Navarre, est condamné par la Sorbonne. Rabelais s'enfuit à Metz, puis rejoint Jean du Bellay, chargé d'une nouvelle mission à Rome, et, passant par Lyon, publie les premiers chapitres du *Quart Livre de Pantagruel* (1548-1552). Pourvu de nouveaux bénéfices, les cures de Saint-Martin de Meudon et de Saint-Christophe-du-Jambet (Sarthe), il meurt à Paris en avril 1553. Neuf ans après sa mort parurent, sous le titre de *l'Isle Sonante,* les premiers chapitres du *Cinquième Livre de Pantagruel;* l'édition complète, dont l'authenticité est discutée, fut publiée en 1564. Possédant l'appétit de savoir de la première génération d'humanistes, doué d'un don prodigieux de l'invention verbale, Rabelais, suspect de sympathie pour la Réforme aux yeux des catholiques et accusé de paganisme par les huguenots, invita ses lecteurs à découvrir derrière la verve gauloise et la fantaisie la « substantifique moelle » de son œuvre : sa confiance dans la nature humaine et dans la science, et son appel à un renouveau de l'idéal philosophique et moral de son temps à la lumière de la pensée antique.

rabelaisien [rablɛzjɛ̃], **enne** [-ɛn] adj. Qui rappelle la verve licencieuse de Rabelais.

Rabi (Isaac Isidore), physicien américain, né à Rymanów (Galicie) en 1898. Ses travaux portent sur les propriétés électriques et magnétiques du noyau de l'atome. (Prix Nobel de physique, 1944.)

rabibocher [rabibɔʃe] v. t. *Fam.* Raccommoder. ‖ *Fig.* Réconcilier : *rabibocher deux camarades.*

rabiot [rabjo] n. m. *Arg. mil.* Vivres restant en excédent après la distribution. ‖ Temps de service supplémentaire imposé à des recrues : *faire du rabiot.* ‖ *Fam.* Temps supplémentaire de travail.

rabioter v. t. *Pop.* Prendre indûment; voler.

rabique [rabik] adj. (du lat. *rabies,* rage). Qui a rapport à la rage : *virus rabique.*

râble [rɑbl] n. m. (lat. *rutabulum,* fourgon de boulanger, pris au sens fig.). *Technol.* Outil à long manche, terminé par une sorte de petit râteau, pour le puddlage.

râble n. m. Partie de certains quadrupèdes qui s'étend depuis le bas des épaules jusqu'à la queue : *le râble d'un lièvre.*

râblé, e adj. Qui a le râble épais : *un lièvre bien râblé.* ‖ Robuste, à la forte carrure : *garçon bien râblé.*

rabonnir [rabɔnir] v. t. Rendre meilleur : *les bonnes caves rabonnissent le vin.* ‖ — V. i. Devenir meilleur.

rabot [rabo] n. m. Outil de menuisier, servant à dresser et à aplanir le bois, et composé d'un fer, d'un contre-fer et d'un coin maintenus dans un fût. ‖ Instrument à long manche, pour remuer le mortier.

rabotage ou **rabotement** n. m. Action de raboter; résultat de cette action.
— ENCYCL. *Mécan.* Le *rabotage* est l'usinage d'une surface par le déplacement rectiligne et alternatif d'un outil ou d'une pièce. Durant la course aller, l'outil enlève un copeau; il ne travaille pas pendant la course retour. La précision obtenue peut atteindre le centième de millimètre. Le *chariotage* est le rabotage d'une surface plane horizontale; le *dressage* consiste à faire travailler l'outil dans un plan perpendiculaire ou oblique par rapport à la table; le *mortaisage* consiste à faire travailler l'outil verticalement. Le rabotage peut être utilisé pour la taille des engrenages.

raboter v. t. Aplanir avec un rabot : *raboter une planche.*

raboteur n. m. Ouvrier qui rabote.

raboteuse n. f. Machine-outil de grandes dimensions, servant à usiner des surfaces parallèles. (V. *encycl.*) ● *Raboteuse à bois,* machine servant à mettre à son épaisseur définitive une pièce de bois dégauchie sur une face.
— ENCYCL. Une *raboteuse* permet de dresser des surfaces très importantes. Elle se compose d'un banc sur lequel se déplace, d'un mouvement rectiligne alternatif horizontal, une table, qui reçoit la pièce à usiner, et de plusieurs porte-outils fixés sur une traverse pouvant coulisser sur deux montants verticaux situés de part et d'autre du banc. Les porte-outils sont articulés pour permettre le relevage des outils pendant le retour de la table. Le fonctionnement d'une raboteuse est entièrement automatique.

raboteux, euse adj. Inégal, couvert d'aspérités : *bois, chemin raboteux.* ‖ *Fig.* Rude : *style raboteux.*

rabougri [rabugri], **e** adj. Qui n'a pas atteint son développement normal : *la végétation polaire est généralement rabougrie.*

rabougrir v. i. (de *bougre*). Ne pas profiter, s'étioler, en parlant des arbres, etc. ‖ — V. t. Retarder la croissance de : *le froid rabougrit les arbres.* ‖ — **Se rabougrir** v. pr. Se recroqueviller : *on se rabougrit avec l'âge.*

rabougrissement n. m. Etat d'une chose, d'une personne rabougrie.

rabouillère [rabujɛr] n. f. Terrier peu profond, où les lapins déposent leurs petits.

rabouilleur [rabujœr], **euse** [-øz] n. Personne qui trouble l'eau avec une branche d'arbre pour prendre du poisson (vx).

rabouter [rabute] v. t. Assembler bout à bout deux pièces de bois, de métal, de tissu, etc.

rabrouer [rabrue] v. t. (de l'anc. fr. *brouer,* gronder). Traiter avec rudesse : *rabrouer un insolent.* (Syn. : GRONDER, REPRENDRE, TANCER.)

rabroueur, euse adj. et n. Qui raboue; qui traite avec rudesse.

racage [rakaʒ] n. m. Collier disposé autour d'un mât pour diminuer le frottement d'une vergue.

racaille [rakɑj] n. f. (de l'anc. fr. *rache,* teigne). Rebut de la société; personne vile.

Racan (Honorat DE BUEIL, *seigneur* DE), poète français, né au château de Champmarin, à Aubigné (1589-1670). Il fut le meilleur disciple de Malherbe (*Stances sur la retraite,* 1618; *les Bergeries,* 1625) et l'un des premiers membres de l'Académie française.

raccommodable adj. Qui peut être raccommodé.

raccommodage n. m. Réparation d'un meuble, d'un vêtement.

raccommodement n. m. Réconciliation après une brouille.

raccommoder [rakɔmɔde] v. t. Remettre en bon état : *raccommoder un vêtement.* (Syn. : RAPETASSER, RAPIÉCER, RAVAUDER, REPRISER, STOPPER.) ‖ *Fam.* Réconcilier après une brouille : *raccommoder des amis.* ‖ — **Se raccommoder** v. pr. *Fam.* Se réconcilier.

raccommodeur, euse n. Personne qui raccommode.

raccompagner [rakɔ̃paɲe] v. t. Reconduire : *raccompagner quelqu'un à la porte.*

raccord [rakɔr] n. m. Ajustement de deux parties présentant quelque disparate (au *pr.* et au *fig.*). ‖ Pièce métallique permettant d'abouter deux tuyaux. ‖ Touche comblant une solution de continuité dans une peinture. ‖ *Cin.* Passage d'un plan à un autre.

raccordement n. m. Action de faire des raccords; résultat de cette action. ‖ Jonction de deux tuyaux, de deux voies, etc. ‖ *Ch. de f.* Voie servant à relier l'une à l'autre deux voies ferrées distinctes. ● *Courbe* ou *ligne de raccordement,* courbe commune à deux surfaces qui ont le même plan tangent en chaque point de cette courbe. ‖ *Surface de raccordement,* surface joignant deux surfaces distinctes et se raccordant à chacune de celles-ci.

raccorder v. t. Joindre par un raccord; relier entre elles les parties d'un ensemble : *raccorder deux bâtiments.* ‖ Faire des raccords.

raccourci, e adj. *A bras raccourci* ou *raccourcis,* de toutes ses forces.

raccourci n. m. Réduction que subit une figure vue en perspective. ‖ Chemin plus court : *prendre un raccourci.* ‖ *Fig.* Expression abrégée : *un raccourci saisissant.* ‖ — **En raccourci** loc. adv. En abrégé, en petit.

raccourcir [rakursir] v. t. Rendre plus court : *raccourcir une robe, un discours.* ‖ — V. i. Devenir plus court : *les jours raccourcissent en hiver.* ‖ — Syn. : ABRÉGER, DIMINUER, ÉCOURTER, RAPETISSER.

raccourcissement n. m. Action de raccourcir, de diminuer la longueur; résultat de cette action.

raccoutumer (se) [sərakutyme] v. pr. Reprendre une habitude ancienne que l'on avait perdue.

raccroc [rakro] n. m. Coup inattendu et heureux, principalement au billard. ● *Par raccroc,* d'une manière heureuse et inattendue : *être reçu par raccroc à un examen.*

raccrochage n. m. Action de raccrocher.

raccrocher [rakrɔʃe] v. t. Accrocher de nouveau : *raccrocher un tableau.* ‖ *Fam.* Ressaisir, rattraper : *raccrocher une place.* ‖ *Absol.* Interrompre une conversation téléphonique. ‖ — **Se raccrocher** v. pr. Se cramponner, se retenir à une chose pour se sauver d'un danger, pour se tirer d'un embarras (au *pr.* et au *fig.*) : *se raccrocher à une branche.*

raccrocheur, euse n. et adj. Celui, celle qui raccroche.

race [ras] n. f. (ital. *razza*). Ensemble des ascendants et des descendants d'une famille, d'un peuple : *race de David.* ‖ *Biol.* Ensemble des individus d'une même espèce qui présentent un certain nombre de caractères communs qui leur sont propres. (V. *encycl.*) ‖ *Anthropol.* Subdivision de l'espèce humaine, reposant sur des caractéristiques variables. (V. *encycl.*) ‖ Catégorie de personnes ayant une profession, des inclinations communes : *les usuriers sont une méchante race.* ‖ — Syn. : DESCENDANCE, FAMILLE, LIGNÉE, POSTÉRITÉ. ● *Avoir de la race,* avoir une distinction, une élégance naturelle. ‖ *Cheval de race,* cheval de bonne lignée.
— ENCYCL. *Biol.* A l'intérieur d'une espèce, les *races* sont différenciées par des caractères morphologiques, physiologiques et pathologiques, mais les croisements d'individus de races différentes sont féconds. Si on accouple des individus de même race et de caractères très semblables (endogamie), comme c'est l'usage pour les animaux domestiques, on aboutit à des races pures, dont les caractères sont très stables; au contraire, dans l'espèce humaine, où les mariages se font dans l'immense majorité des cas entre sujets de familles différentes (exogamie), il existe une multitude de caractères de provenance différente.
— *Anthropol.* La notion de *race* est fondée uniquement sur des critères biologiques. Elle ne doit pas être confondue avec l'ethnie (groupe d'individus ayant le même mode de vie, les mêmes habitudes, la même culture), ni avec le groupe linguistique (individus parlant la même langue), ni avec les notions de tribu, de peuple, de nation, qui sont des entités géographiques, politiques ou historiques.
Actuellement, il existe quatre grands groupes de races humaines : races blanches, races noires, races jaunes, races primitives. Chaque groupe comprend des sous-races, variétés ou types.
Les races noires (ou mélanodermes), à peau noire, cheveux crêpus et lèvres épaisses, se rencontrent surtout en Afrique (race mélano-africaine ou nègre) et en Océanie (race mélano-océanienne ou mélanésienne). Les races mélano-hindoue, éthiopienne, négrille (Pygmées), Khoisan (Afrique du Sud) sont difficiles à classer en raison de la présence, chez elles, de certains caractères de la race blanche.
Les races jaunes (ou xanthodermes), à peau jaune, pommettes développées et cheveux raides, avec brachycéphalie, se rencontrent surtout en Asie et en Amérique (races sibérienne, mongole, esquimaude et amérindienne). On peut leur rattacher les races indonésiennes et polynésiennes, qui résultent de métissages plus ou moins complexes.
Les races blanches (ou leucodermes), à peau blanche, cheveux droits, ondulés ou frisés (jamais crêpus), se rencontrent en Europe avec des prolongements en Amérique, en Afrique (Maghreb) et en Asie (Perse, Inde). Elles comprennent les races nordique, est-européenne ou baltique, alpine, adriatique et méditerranéenne.
Les races primitives, de limites peu nettes, mais de morphologie archaïque (front bas, fuyant; arcades sourcilières épaisses), se rencontrent encore en Australie, alors que la race tasmanienne s'est éteinte au XIXe s.

racé, e adj. Qui est de bonne race : *cheval racé.* ‖ *Fig.* Se dit d'une personne bien élevée, distinguée : *cet homme est racé.*

racémique [rasemik] adj. m. Se dit d'un mélange de deux isomères qui ne dévie pas le plan de polarisation de la lumière : *acide tartrique racémique.*

racer [rɛsœr *ou* rasɛr] n. m. (mot angl.). Canot automobile très rapide.

rachat [raʃa] n. m. Recouvrement d'une chose vendue en en restituant le prix à l'acheteur : *vendre avec faculté de rachat.* ‖ Délivrance au moyen d'une rançon : *le rachat des prisonniers.* ‖ Extinction d'une obligation au moyen d'une indemnité : *négocier le rachat d'une pension.* ‖ Pardon d'une faute : *rachat d'un péché.*

Rachel, selon la Bible, seconde fille de Laban, épouse de Jacob.

Rachel (Elisabeth FÉLIX, dite Mlle), actrice française, née à Mumpf, canton d'Argovie (Suisse) [1821-1858]. Alors qu'elle chantait dans les rues de Lyon, elle fut remarquée par Choron, qui l'admit à son école de musique religieuse. Mais elle perdit sa voix et suivit les cours d'art dramatique de Saint-Aulaire. Elle débuta à la Comédie-Française en 1838 dans Camille d'*Horace*. Au cours de sa carrière parisienne et dans de triomphales tournées en Europe, en Amérique (1855) et en Egypte (1856), elle fit revivre la tragédie classique.

rachetable adj. Susceptible d'être racheté.

racheter [raʃte] v. t. (conj. **4**). Acheter ce qu'on a vendu : *racheter un objet.* ‖ Acheter de nouveau : *on rachète chaque jour du pain.* ‖ Acheter d'occasion : *racheter la voiture de quelqu'un.* ‖ Délivrer à prix

Rachel dans le rôle de Phèdre

Phot. Larousse - Doc. Bibl. de l'Arsenal.

d'argent : *racheter des prisonniers.* (Syn. : AFFRANCHIR, DÉLIVRER, ÉMANCIPER, LIBÉRER.) ‖ Se libérer à prix d'argent de : *racheter une rente.* ‖ — *Fig.* Compenser : *racheter ses défauts par ses qualités.* ‖ Obtenir le pardon : *racheter ses péchés.* ‖ *Archit.* Raccorder deux plans différents. ‖ — **Se racheter** v. pr. Se faire pardonner.

Rach Gia, port du Viêt-nam du Sud ; 37 000 h.

rachialgie n. f. Douleur au rachis.

rachianesthésie, rachianalgésie ou, par abrév., **rachi** n. f. *Chir.* Anesthésie des membres inférieurs et des organes du bassin par injection de procaïne dans le canal rachidien, au niveau de l'espace compris entre les 4e et 5e vertèbres lombaires.

rachidien, enne adj. Relatif au rachis, à la colonne vertébrale : *bulbe rachidien.* ● *Canal rachidien,* canal formé par les vertèbres et qui contient la moelle épinière. ‖ *Nerfs rachidiens,* ceux qui naissent de la moelle épinière. (L'homme en possède 31 paires.)

rachis [raʃis] n. m. (gr. *rakhis*). *Anat.* Colonne vertébrale ou épine dorsale. ‖ *Bot.* Axe central de l'épi.

rachitique adj. Affecté de rachitisme.

rachitisme [raʃitism] n. m. (de *rachis*). Maladie du squelette se manifestant dans l'enfance et due à un trouble du métabolisme du phosphore et du calcium en rapport avec une avitaminose D.
— ENCYCL. Le *rachitisme* se manifeste dès la première année par des troubles de l'état général (manque d'appétit, amaigrissement) et par des déformations osseuses : thorax aplati et évasé en bas avec gros ventre, saillies des côtes près du sternum (chapelet costal), grosses épiphyses des os, déviations des os longs, notamment aux membres inférieurs, retards et anomalies de la dentition, déformation du crâne. La cause principale du rachitisme est une carence en vitamine D, mais le déséquilibre d'apport des sels minéraux (calcium et phosphore) joue un rôle important. Le rachitisme peut être évité par l'apport aux nourrissons de vitamine D et de phosphate de chaux, l'exposition au soleil jouant un rôle important et la vitamine D pouvant être synthétisée dans la peau sous l'influence des rayons ultraviolets, à partir de provitamines. Le rachitisme n'évolue plus à partir de la seconde enfance, mais les déformations restent.

Rachmaninov (Sergheï), pianiste et compositeur russe, né dans le gouvernement de Novgorod (1873-1943), auteur de préludes et de concertos pour piano. Il allie l'esthétique de Liszt à celle de Tchaïkovski.

racial [rasjal], **e, aux** [-o] adj. Relatif à la race : *haine raciale.*

Racibórz, en allem. **Ratibor,** v. de Pologne (Silésie), sur l'Odra, qui y devient navigable ; 30 000 h. Métallurgie.

racinage [rasinaʒ] n. m. Dessin imitant des racines, sur la couverture des livres.

racinal [rasinal] n. m. Grosse pièce de charpente qui supporte d'autres pièces. ‖ Pl. des *racinaux.*

racine [rasin] n. f. (du lat. *radix, radicis*). Organe propre aux plantes supérieures, et dont la fonction est de fixer la plante au sol et d'absorber l'eau et les sels minéraux dissous. (V. TIGE* et RACINE.) ‖ Partie par laquelle un organe est implanté dans un tissu : *racine des dents, des cheveux.* ‖ Base d'un objet, généralement enfouie dans le sol. ‖ *Gramm.* Elément irréductible, servant à former des mots par l'addition de préfixes ou de suffixes : *« front » est la racine de « frontal », « frontispice », « effronté », etc.* ‖ *Méd.* Prolongement profond de certaines tumeurs. ‖ *Pêch.* Crin résistant pour lignes de pêche. ‖ — *Fig.* Principe, origine, commencement : *couper le mal dans sa racine.* ‖ Lien, attache : *parti qui a de profondes racines dans un pays.* ● *Cinq racines,* racines d'ache, d'asperge, de fenouil, de petit houx et de persil employées en infusions ou en sirop comme diurétique. ‖ *Prendre racine,* s'implanter quelque part, y demeurer longtemps. ‖ *Racine carrée, cubique, quatrième,* etc. (d'un nombre ou d'une expression algébrique) [*Math.*], nombre ou expression algébrique qui, élevés au carré, au cube, à la quatrième puissance, etc., reproduisent le nombre ou l'expression proposés. ‖ *Racine d'une équation,* valeur réelle ou complexe qui satisfait à cette équation. ‖ *Racine* $n^{ième}$ *d'un nombre* a, nombre b dont la $n^{ième}$ puissance est égale à a, et qui se note $\sqrt[n]{a}$.

Racine, v. des Etats-Unis (Wisconsin), sur le lac Michigan ; 89 100 h.

Racine (Jean), auteur dramatique français, né à La Ferté-Milon (1639-1699). Orphelin, il est recueilli par les religieuses de Port-Royal et devient l'élève des Solitaires, qui lui enseignent le grec et le latin. Alors qu'il commence sa philosophie au collège d'Harcourt (1658), il se sent déjà une vocation de poète que révèle *la Nymphe de la Seine* (1660). Il s'essaie même à la tragédie avec une *Amasie* dont il ne subsiste rien, et pense pouvoir concilier ses aspirations littéraires avec la carrière ecclésiastique, qui lui assurerait ses moyens d'existence. Il se rend à Uzès (1661), mais abandonne bientôt la recherche d'un bénéfice et revient au théâtre avec *la Thébaïde* (1664) et *Alexandre* (1665). Il fréquente alors Boileau et La Fontaine, mais se brouille très vite avec Molière. Malgré les partisans obstinés du vieux Corneille, malgré la réprobation de ses anciens maîtres de Port-Royal, Racine s'impose comme le premier poète tragique de son temps. Peignant la passion comme une force inexorable qui détruit celui qui en est possédé, retrouvant le sens du sacré de la dramaturgie antique,

Racine, par J. B. Santerre, coll. part.

il réalise l'idéal de l'art classique, faisant des règles non plus un cadre conventionnel, mais l'espace nécessaire au développement de l'action dramatique (*Andromaque,* 1667 ; *Britannicus,* 1669 ; *Bérénice,* 1670 ; *Bajazet,* 1672 ; *Mithridate,* 1673 ; *Iphigénie,* 1674 ; *Phèdre,* 1677). Cependant, prompt à s'irriter et à combattre, il fait montre de son talent satirique dans des épigrammes et, avec moins de cruauté, dans sa comédie des *Plaideurs* (1668). En 1677, sa nomination d'historiographe du roi, la cabale formée contre *Phèdre* et sa réconciliation avec Port-Royal l'éloignent du théâtre. Il n'y reviendra que douze ans plus tard, à la prière de Mme de Maintenon et pour les pensionnaires de Saint-Cyr (*Esther,* 1689 ; *Athalie,* 1691). Chrétien austère (*Cantiques spirituels,* 1694), occupé de l'éducation de ses enfants, sa fidélité à ses maîtres jansénistes lui valut de vivre ses dernières années dans une demi-disgrâce.

Racine (Louis), écrivain français, né à Paris (1692-1763). Le plus jeune des deux fils de Jean Racine, il fit une carrière dans l'administration des finances et composa des poèmes d'inspiration religieuse (*la Grâce,* 1720 ; *la Religion,* 1742) et des *Mémoires* sur la vie de son père.

Racine et Shakespeare, titre de deux opuscules rédigés en 1823 et 1825 par Stendhal, où l'auteur définit le romantisme et défend la tragédie en prose, libérée des règles classiques.

raciner v. t. Faire un racinage sur la couverture d'un livre. ‖ Teindre en couleur fauve.

racinien, enne adj. Qui est dans le goût, dans le genre de Racine.

racisme [rasism] n. m. Système qui affirme la supériorité d'un groupe racial sur les autres, en préconisant, en particulier, la séparation de ceux-ci à l'intérieur d'un pays (ségrégation raciale) ou même en visant à l'extermination d'une minorité (racisme antisémite des nazis).

raciste adj. Relatif au racisme. ‖ — Adj. et n. Partisan du racisme.

racket [rakɛt] n. m. Extorsion d'argent par intimidation et violence.

racketteur [rakɛtœr] n. m. (mot amér.). Malfaiteur extorquant le bien d'autrui par l'intimidation et la violence.

raclage ou **raclement** n. m. Action de racler. ‖ Bruit qui en résulte. ‖ Eclaircissement des taillis.

raclée n. f. *Pop.* Volée de coups ; rossée.

racler [rɑkle] v. t. (du lat. *rastrum,* râteau). Enlever les aspérités d'une surface en grattant. ‖ *Fam.* Ratisser : *racler une allée.* ● *Ce vin racle le gosier,* il est dur et âpre. ‖ *Racler du violon,* en jouer mal. ‖ — **Se racler** v. pr. *Se racler la gorge,* s'éclaircir la voix.

raclette n. f. Fondue qui consiste en un gros morceau de fromage présenté à la flamme, et dont on racle la partie ramollie pour la manger au fur et à mesure qu'elle fond.

raclette n. f. ou **racloir** n. m. *Technol.* Outil pour gratter et lisser les surfaces planes.

racleur, euse n. Personne qui racle.

racloir n. m. V. RACLETTE. ‖ *Préhist.* Outil formé par un éclat dont le bord le plus long est retouché.

raclure n. f. Petite partie qu'on enlève d'un corps en le raclant : *raclures de bois.*

racolage n. m. Action de racoler. (Le racolage et la tentative de racolage publics en vue de la débauche sont punissables de prison et d'amende.)

racoler [rakɔle] v. t. (de *cou*). Autref., recruter par surprise ou par force des hommes pour le service militaire. ‖ *Fam.* Recruter, se procurer des clients en les interpellant : *racoler des partisans.*

racoleur, euse adj. et n. Se dit d'une personne qui racole.

racontable adj. Qui peut être raconté.

racontar n. m. *Fam.* Récit insignifiant, bavardage.

raconter [rakɔ̃te] v. t. (de l'anc. fr. *aconter,* conter). Faire le récit de : *raconter une histoire.* (Syn. : CONTER, NARRER.) ● *En raconter,* faire des récits exagérés.

raconteur, euse n. Personne qui raconte, qui a la manie de raconter : *un raconteur d'anecdotes.*

racoon [rakun] n. m. *Zool.* Nom amér. du *raton laveur.*

racornir [rakɔrnir] v. t. (de *corne*). Rendre coriace, dur comme la corne. ‖ — **Se racornir** v. pr. Devenir dur. ‖ *Fam.* Devenir maigre et sec.

racornissement n. m. Action de racornir. ‖ Etat de ce qui est racorni.

radar [radar] n. m. (abrév. de l'expression angl. RAdio Detection And Ranging, détection et télémétrie par radio). Dispositif permettant de déterminer la position et la distance d'un obstacle par la réflexion contre celui-ci d'ondes radio-électriques.
— ENCYCL. Le principe du *radar* consiste à émettre, en un faisceau étroit et pendant une durée très courte, des ondes radio-électriques qui, après réflexion contre un obstacle, retournent vers un émetteur. La connaissance de la durée du trajet aller et retour des ondes, qui se propagent à la vitesse de la lumière, soit 300 000 km/s, permet de déterminer la distance de l'obstacle. Sa direction est donnée par l'orientation de l'antenne servant tant à l'émission qu'à la réception. Un radar se compose donc d'un *générateur d'impulsions,* d'une *antenne directive,* constituée par un réflecteur parabolique, d'un *récepteur,* employant la même antenne, et, enfin, d'un *indicateur,* servant à lire les résultats et généralement constitué par l'écran d'un oscilloscope cathodique. Les radars fonctionnent sur des ondes très courtes, généralement d'une longueur de quelques centimètres, qui sont faciles à concentrer en un faisceau étroit et, de plus, aptes à détecter des obstacles présentant une faible surface de réflexion. Emises par impulsions de très courte durée (fraction de microseconde) et de puissance élevée (plusieurs mégawatts), les ondes sont projetées en direction de l'obstacle à l'aide de l'antenne directive. En même temps, l'impulsion déclenche la base de temps de l'oscilloscope, c'est-à-dire provoque le départ du rayon cathodique. Lorsque les ondes réfléchies par l'obstacle sont captées par le récepteur, elles déterminent sur l'écran de l'oscilloscope soit une déviation de la tache lumineuse, soit un accroissement de sa brillance. La distance parcourue par la tache entre l'instant de l'émission qui a déclenché le balayage de l'écran et celui de la réception de l'écho sert de mesure à la distance de l'obstacle. L'orientation de l'antenne, qui permet d'obtenir la réflexion, indique la direction de l'obstacle. Les applications militaires du radar datent de la Seconde Guerre mondiale, quand, à partir de 1939-1940, les Anglais développèrent la technique du nouveau système de détection électromagnétique et lui donnèrent le nom de *radar.* De plus en plus perfectionné et généralisé, son emploi permit de réduire les délais de l'alerte aérienne, de diriger l'aviation de chasse, de repérer les périscopes des sous-marins ennemis, de réaliser des fusées-radars, etc. Il procura à l'Angleterre et à ses alliés une avance et une supériorité techniques très efficaces et souvent décisives. C'est en effet en partie grâce à son utilisation que les offensives aériennes et sous-marines allemandes purent être victorieusement repoussées. Ce fut notamment le cas de l'offensive aérienne en 1940 (bataille d'Angleterre), de l'offensive sous-marine dans l'Atlantique en 1943 et des attaques par V1 en 1944. Depuis la fin du conflit, les applications militaires du radar sont devenues de plus en plus nombreuses, en même temps que les appareils, constamment améliorés, étaient de plus en plus spécialisés suivant leur emploi. On peut citer notamment : les *radars d'approche,* destinés à faciliter l'atterrissage ; les *radars de navigation, de bombardement et de tir,* qui permettent à l'équipage d'un avion d'exécuter sa mission sans visibilité et avec précision ; les *radars de guet et de poursuite* de la défense aérienne ; les *radars d'artillerie,* pour la surveillance d'une zone de tir, la détection des objectifs, le repérage des pièces ennemies et le contrôle du tir ; les *radars de surveillance* du sol de l'infanterie ou des blindés ; les nombreux radars des navires de guerre, comme les *radars de navigation,* de *désignation d'objectif,* de *veille aérienne,* de *conduite de l'aviation,* etc.
A cet ensemble, il convient d'ajouter tous les radars qui équipent les différents types de missiles. Cette prolifération d'appareils qui caractérise les armes modernes est la conséquence des très grandes possibilités offertes par les performances du radar. Celui-ci est en effet capable de détecter, de localiser et d'identifier par tous les temps et de jour comme de nuit. Sa portée n'est même plus limitée par l'obstacle représenté par la courbure de la terre, depuis que les Américains envisagent la mise en œuvre de *radars trans-horizon* pour la détection des missiles stratégiques ennemis.

radariste n. m. Spécialiste de la mise en œuvre et de l'entretien des matériels électroniques de détection.

Radcliffe (Ann WARD, *Mrs.*), femme de lettres anglaise, née à Londres (1764-1823). Elle est l'auteur de récits qui comptent parmi les chefs-d'œuvre du « roman noir » : *la Forêt de l'abbaye de Sainte-Claire* (1791), *les Mystères d'Udolphe* (1794), *l'Italien ou le Confessionnal des pénitents noirs* (1797).

Radcliffe-Brown (Alfred Reginald), ethnologue britannique, né à Birmingham (1881-1955). Il fit une expédition aux îles Andaman (1906), puis en Australie occidentale (1910). Il fut ensuite chargé des problèmes de

Phot. Giraudon.

l'éducation à Tonga (1916), puis reçut une chaire d'anthropologie sociale à l'université du Cap (1921), puis d'ethnologie à l'université de Sydney (1925). Il a occupé également une chaire d'ethnologie à l'université de Chicago (1931-1937) puis d'anthropologie sociale à Oxford (1937-1946). Sa très importante contribution à l'étude de la parenté dans les sociétés archaïques a permis de mettre au jour le caractère systématique des relations de parenté et montré leur rapport étroit avec l'organisation sociale. Par là, Radcliffe-Brown a bouleversé l'image qu'on se faisait du totémisme.

rade [rad] n. f. (anc. angl. *rad*). Grand bassin naturel ou artificiel avec libre issue vers la mer, où les bâtiments trouvent de bons mouillages : *la rade de Cherbourg.* ● *Laisser en rade* (Fam.), abandonner.

radeau [rado] n. m. (de l'anc. provenç. *radel*). Assemblage de pièces de bois liées ensemble, formant une sorte de plancher sur l'eau, et pouvant, au besoin, servir à la navigation. ‖ Train de bois sur une rivière.

Radegonde (*sainte*), reine de France, épouse de Clotaire Ier, née en Thuringe (v. 520-587). Révoltée par les crimes qui souillaient la famille royale, elle s'enfuit de la Cour et fonda le monastère de Sainte-Croix, à Poitiers. — Fête le 13 août.

rader [rade] v. t. (lat. *radere*). Mesurer ras à l'aide d'une règle qu'on passe sur les bords de la mesure : *rader des grains, du blé, du sel.*

Radetzky von Radetz (Joseph *comte*), général autrichien, né à Trzebnitz [Třebnice] (1766-1858). Il réprima la révolution italienne de 1848 et vainquit les Sardes à Custozza (1848) et à Novare (1849).

radial [radjal], **e, aux** [-o] adj. (du lat. *radius*, rayon). Disposé suivant un rayon. ‖ Relatif au rayon. ‖ De forme rayonnée. ‖ *Anat.* Relatif au radius : *nerf radial.*

radian [radjɑ̃] n. m. Unité de mesure d'angle plan (symb. : rd), équivalant à l'angle qui, ayant son sommet au centre d'un cercle, intercepte sur la circonférence de ce cercle un arc d'une longueur égale à celle du rayon du cercle.

radiance n. f. *Phys.* Quotient du flux lumineux que rayonne une surface par son aire.

radiant, e adj. Qui se propage par radiations : *chaleur radiante.*

radiant n. m. *Astron.* Point du ciel d'où paraissent émaner les étoiles filantes.

radiateur [radjatœr] n. m. Dispositif augmentant la surface de rayonnement d'un appareil de chauffage ou de refroidissement. ‖ Elément d'une installation de chauffage central assurant le rayonnement de la chaleur.

radiatif, ive adj. *Phys.* Qui concerne les radiations.

radiation [radjasjɔ̃] n. f. (du lat. *radius*, rayon). *Phys.* Emission de rayons, de particules. (V. *encycl.*) ‖ Elément constitutif d'une onde lumineuse ou électromagnétique : *radiation infrarouge, ultraviolette.* ● *Radiation solaire,* énergie émise par le Soleil, dont une partie est absorbée au niveau de la couche d'ozone de la stratosphère* et dont l'autre atteint la troposphère*.
— ENCYCL. Les *radiations électromagnétiques* se propagent toutes dans le vide avec une vitesse $c = 300\,000$ km/s. Leur longueur d'onde λ est liée à leur fréquence ν par la relation $\lambda = c/\nu$. Elles forment une gamme ininterrompue depuis les rayons γ ($\lambda = 1/1\,000$ angström, par exemple) jusqu'aux ondes radio-électriques ($\lambda = 1$ km, par exemple), en passant par les rayons X, l'ultraviolet, la lumière visible ($0{,}4\ \mu < \lambda < 0{,}8\ \mu$) et l'infrarouge. Les *radiations corpusculaires,* au contraire, sont dues à des particules animées de grandes vitesses (électrons, protons, neutrons, etc.). La mécanique ondulatoire a réalisé une synthèse de ces deux types de radiations. Elle fait correspondre des particules immatérielles, les photons, aux radiations électromagnétiques et, inversement, des ondes aux radiations corpusculaires.

radiation n. f. Action de rayer, d'effacer un article d'un compte, un nom d'une liste.

radical [radikal], **e, aux** [-o] adj. Qui appartient à la racine : *pédoncules radicaux.* ‖ — *Fig.* Qui est inhérent à une chose, qui en est inséparable : *l'arbitraire est le vice radical du despotisme.* ‖ Qui est d'une efficacité certaine : *un moyen radical.* ‖ Définitif, total : *fin radicale de nos misères.* ‖ — Adj. et n. Qui est partisan de réformes modérées dans le cadre de la société actuelle. (V. *encycl.*) ‖ Auj., dans les pays anglo-saxons, partisan de réformes profondes de la société. ● *Parti radical et radical-socialiste,* parti politique français constitué en 1907 par la fusion du parti républicain radical et du parti radical-socialiste. (V. *encycl.*)
— ENCYCL. En *Grande-Bretagne,* l'épithète *radical* désigna les réformistes whigs les plus résolus, qui furent, au XIXe s., à l'origine du mouvement social et socialiste. Au début du XXe s., le travaillisme élimina le radicalisme. En *France,* les radicaux se distinguèrent mal des socialistes jusqu'à ce que la forte personnalité de Clemenceau eût dégagé un programme radical. Mais ce fut l'Affaire Dreyfus qui, en provoquant la formation d'un bloc des gauches, amena la naissance d'un *parti radical et radical-socialiste* (1901), appuyé sur la bourgeoisie anticléricale et provinciale (celle du Midi notamment). Les radicaux jouèrent dès lors un rôle prédominant dans la vie politique de la IIIe et de la IVe République.

radical n. m. *Gramm.* Partie du mot qui reste invariable (par oppos. à la *désinence* ou *terminaison*) : *« aim » est le radical du verbe « aimer ».* ‖ *Chim.* Groupement d'atomes qui se comporte comme un élément dans les combinaisons. ‖ *Math.* Signe de l'opération consistant à extraire une racine : $\sqrt{\ }$ pour la racine carrée, $\sqrt[n]{\ }$ pour la racine $n^{ième}$. ● *Indice d'un radical,* chiffre qu'on place au-dessus des branches d'un radical pour indiquer le degré de la racine.

radicalement adv. De façon radicale ; entièrement, absolument : *assertion radicalement fausse.*

radicalisation n. f. Action de rendre intransigeant. ‖ Résultat de cette action : *la radicalisation d'un mouvement révolutionnaire.*

radicalisme n. m. Système, opinions des radicaux en politique. ● *Radicalisme philosophique,* doctrine philosophique et politique de Bentham et Stuart Mill, dont les principaux caractères étaient le libéralisme économique, le rationalisme, l'utilitarisme et l'individualisme.

radicant [radikɑ̃], **e** [-ɑ̃t] adj. Se dit des plantes dont les tiges émettent des racines sur différents points de leur longueur : *le lierre est une plante radicante.*

radicelle [radisɛl] n. f. Racine secondaire, ramification de la racine principale.

radiculaire adj. *Bot.* Qui appartient ou qui se rapporte à la racine. ‖ *Méd.* Relatif à la racine des nerfs : *anesthésie radiculaire.* ● *Poussée radiculaire,* pression exercée par les racines et favorisant l'ascension de la sève brute.

radicule [radikyl] n. f. Partie de la plantule qui fournira la racine.

radié [radje], **e** adj. (du lat. *radius*, rayon). Qui présente des rayons.

radiées n. f. pl. Sous-famille de plantes composées, comprenant les espèces dont le capitule présente deux sortes de fleurs : celles (*fleurons*) en tube court au centre, celles qui portent un grand pétale, ou *ligule,* au pourtour. (L'ensemble a souvent l'aspect et les dimensions d'une fleur unique ; exemples : camomille, pâquerette, marguerite, souci, armoise, etc.)

radar

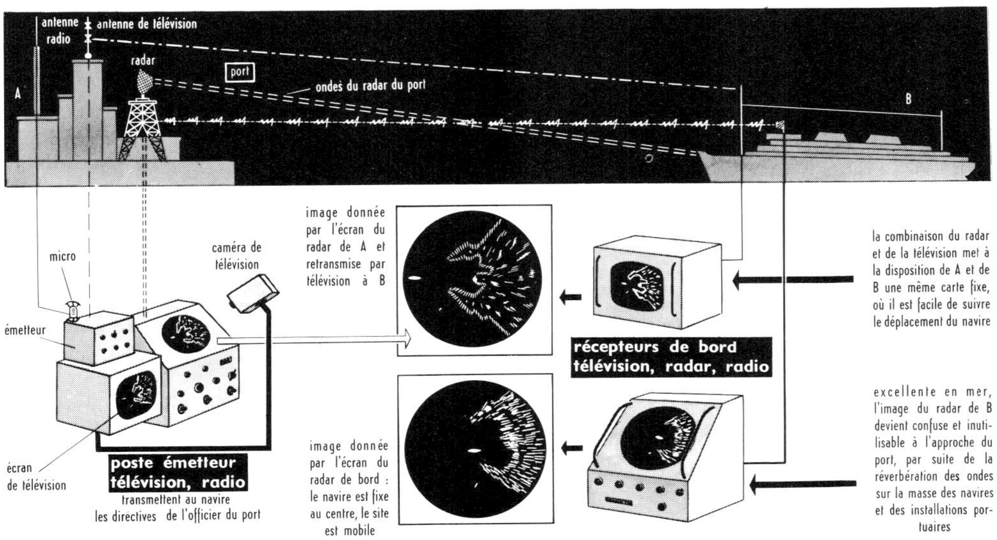

radier n. m. Maçonnerie sur laquelle sont établies les écluses, les piles d'un pont, etc. ‖ Construction en forme de voûte, généralement en béton, l'un des systèmes de fondations étanches les plus employés.

radier v. t. Rayer sur une liste, sur un registre : *radier un candidat.*

radiesthésie [radjɛstezi] n. f. (lat. *radius,* rayon, et gr. *aisthêsis,* sensation). Faculté ou art de percevoir des radiations émises par différents corps.

radiesthésiste n. Personne qui pratique la radiesthésie.

radieux [radjø], **euse** [-øz] adj. Brillant, éclatant : *soleil radieux.* ‖ *Fig.* Qui rayonne de joie ; qui exprime la santé, la satisfaction : *visage radieux.*

Radiguet (Raymond), écrivain français, né à Saint-Maur-des-Fossés (1903-1923). Encouragé par Max Jacob et Cocteau, il tenta de retrouver la rigueur classique dans ses romans d'analyse psychologique (*le Diable au corps,* 1923 ; *le Bal du comte d'Orgel,* 1924).

radin [radɛ̃] adj. et n. m. *Pop.* Avare.

radio [radjo] n. f. Abrév. de *radiodiffusion, radiotélégraphie, radiotéléphonie, radiographie.* ‖ *Fam.* Appareil récepteur de radiodiffusion.

radio n. m. Abrév. de *radiotélégraphiste* ou de *radiotéléphoniste.*

radio-actif, ive ou **radioactif, ive** adj. Doué de radio-activité.

radio-activité ou **radioactivité** n. f. Propriété de certains éléments chimiques (radium, uranium, etc.) de se transformer spontanément en d'autres éléments, avec émission de divers rayonnements.
— ENCYCL. Découverte en 1896 par H. Becquerel sur l'uranium, la *radio-activité* naturelle caractérise certains noyaux lourds. Ceux-ci donnent souvent de nouveaux noyaux radio-actifs, si bien qu'on peut classer les radio-éléments en quatre familles : celle du *radium,* qui va de l'uranium 238 au plomb 206 ; celle de l'*actinium,* qui va de l'uranium 235 au plomb 207 ; celle du *thorium,* qui va du thorium 232 au plomb 208 ; celle du *neptunium,* qui va du neptunium 237 au bismuth 209.
On distingue d'autre part : la radio-activité *alpha,* qui est l'émission d'un noyau d'hélium et abaisse la charge du noyau de deux unités ; la radio-activité *bêta,* émission d'un électron élevant la charge du noyau d'une unité ; la radio-activité *gamma,* émission d'un photon sans changement de nature du noyau.
Les réactions nucléaires peuvent donner naissance à un noyau actif n'existant pas dans la nature. C'est la radio-activité artificielle, découverte par F. et I. Joliot-Curie.

radio-alignement ou **radioalignement** n. m. Dispositif électromagnétique permettant à un navigateur d'être guidé le long d'un axe.

radio-astronomie ou **radioastronomie** n. f. Science fondée sur l'observation de l'univers dans un domaine de longueurs d'onde allant de quelques millimètres jusqu'à 20 m environ.
— ENCYCL. L'utilisation de grandes longueurs d'onde par la *radio-astronomie* permet de pouvoir exécuter des observations de jour comme de nuit, sans être gêné par les nuages atmosphériques terrestres ou par les nébulosités diffuses de la matière cosmique interstellaire. Cette utilisation est limitée d'une part par l'existence de larges bandes d'absorption de l'oxygène et de la vapeur d'eau, et d'autre part par l'existence, dans la très haute atmosphère terrestre, d'une ou de plusieurs couches ionisées qui constituent l'ionosphère. L'emploi de grandes longueurs d'onde présente également un sérieux inconvénient en ce qui concerne le pouvoir séparateur des instruments récepteurs, qui est inversement proportionnel à la longueur d'onde des radiations reçues. On y remédie soit par l'emploi de radiotélescopes de très grandes dimensions, soit par la mise en œuvre de procédés interférométriques, en utilisant de nombreux récepteurs de dimensions moyennes alignés sur une grande longueur, généralement dans le sens est-ouest (Nançay, France, 1 550 m).

radiobalisage n. m. Signalisation d'une route aérienne ou maritime par un procédé radio-électrique.

radiobalise n. f. *Aéron.* Dispositif radio-électrique constitué par un émetteur d'ondes dirigées diffusant des signaux qui peuvent être codés en vue d'une identification plus facile.

radiocarbone n. m. Dénomination commune du carbone 14.

radiocobalt n. m. Isotope radio-actif du cobalt.

radiocommunication n. f. Echange de messages à distance, effectué à l'aide d'ondes électromagnétiques.

radiocompas n. m. Radiogoniomètre de bord, qui permet à un avion ou à un navire de conserver une direction donnée, grâce aux indications fournies par une station émettrice au sol.

radioconducteur n. m. Conducteur dont la résistance varie sous l'action des ondes électromagnétiques.

radiodermite n. f. Dermite consécutive à l'utilisation des rayons X ou des substances radio-actives.

radiodiagnostic n. m. Application des rayons X au diagnostic médical.
— ENCYCL. Le *radiodiagnostic* comprend la radioscopie et la radiographie dans leurs différentes modalités. Il est fondé soit sur la différence de transparence aux rayons X des divers tissus (tissus osseux, tissus compacts, poumons), soit sur l'introduction, dans les cavités de l'organisme, de

1

2

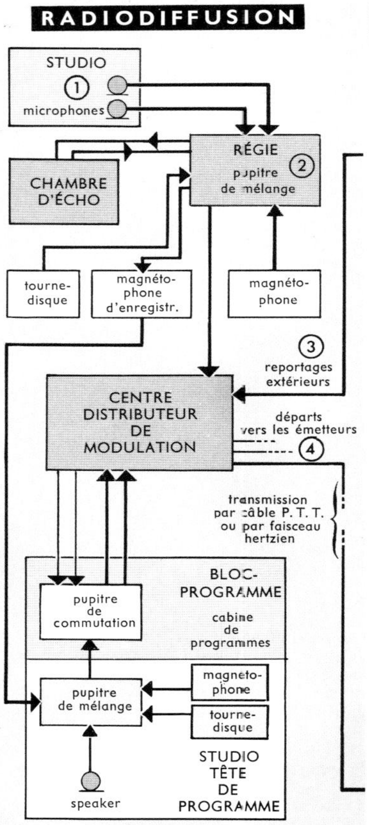

3

4

substances plus ou moins opaques aux rayons X que les tissus qui les entourent, permettant d'étudier la forme et le fonctionnement des organes.

radiodiffuser v. t. Diffuser au moyen de la radio.

radiodiffusion n. f. Transmission de la parole et de la musique par ondes hertziennes à l'intention de possesseurs d'appareils radio-électriques.
— ENCYCL. En *radiodiffusion,* sous peine de « brouillage » par une émission trop voisine, il faut réserver à chaque émission un « canal » propre dans le domaine des fréquences et tenir compte également des besoins de la radiotéléphonie, de la radiotélégraphie et de certains services publics d'intérêt essentiel (services maritimes, services aéronautiques, etc.). La Convention internationale d'Atlantic City (1947) a réservé à la radiodiffusion les bandes de 150 à 285 kHz pour les grandes ondes, les bandes de 525 à 1 605 kHz pour les ondes moyennes et des bandes offrant 180 canaux pour les ondes courtes, dont le rayonnement couvre toute la Terre. La Conférence européenne de radiodiffusion tenue à Copenhague en 1948 a établi la répartition des ondes grandes et moyennes réservées à l'Europe. Le nombre de canaux disponibles étant inférieur au nombre des émetteurs existants, on a dû attribuer les mêmes fréquences à des émetteurs suffisamment éloignés pour éliminer tout risque de brouillage. De plus, plusieurs réseaux nationaux se composent de nombreux émetteurs fonctionnant en synchronisation sur la même longueur d'onde.

Radiodiffusion-Télévision française, service public national assurant, par l'intermédiaire de la radiodiffusion et de la télévision, la mission de répondre aux besoins et aux aspirations de la population en ce qui concerne l'information, la communication, la culture, l'éducation, le divertissement et l'ensemble des valeurs de civilisation. Les premières émissions de radiodiffusion réalisées en France eurent lieu en 1921, à Paris, à partir de la tour Eiffel, par les soins de l'administration des Postes, Télégraphes et Téléphones. En 1923, le monopole de l'Etat sur les communications télégraphiques (affirmé en 1851) fut étendu à l'émission et à la réception des signaux radioélectriques. En 1926, au sein de l'administration des P. T. T., fut créé un service de radiodiffusion qui reçut en 1939 son autonomie. Les premiers essais officiels de télévision furent entrepris en France en 1932. A partir de 1945, l'exploitation de la radiodiffusion en France fut assurée sous le régime du monopole de l'Etat. Successivement administration publique jusqu'en 1949, puis établissement public placé sous la tutelle du ministre de l'Information de 1959 à 1964, la Radiodiffusion-Télévision française fut, avec la loi du 27 juin 1964, transformée en office (O. R. T. F.) placé sous l'autorité du ministre de l'Information. Après avoir vu son statut modifié par la loi du 3 juillet 1972, cet office a été supprimé par la loi du 7 août 1974. L'exécution des missions de service public ainsi que l'exercice du monopole de la radiodiffusion sont confiés, d'une part, à un établissement public de diffusion, à caractère industriel et commercial, d'autre part à des sociétés nationales de programme qui rassemblent une société nationale de radiodiffusion et trois sociétés nationales de télévision. Une société réalise des productions en films et en vidéo, qu'elle commercialise notamment auprès des sociétés de programme. Enfin, il est créé un Institut de l'audiovisuel chargé de la conservation des archives, des recherches de création audiovisuelle et de la formation professionnelle.

radio-électricien ou **radioélectricien** n. m. Spécialiste de la radio-électricité.

radio-électricité ou **radioélectricité** n. f. Technique permettant la transmission à distance de messages et de sons à l'aide des ondes électromagnétiques.
— ENCYCL. En *radio-électricité,* la liaison entre poste d'émission et poste de réception est établie à l'aide des ondes électromagnétiques, de même nature que celles de la lumière, de longueurs d'onde plus grandes, mais qui se propagent avec la même vitesse (300 000 km/s). A l'émission, un générateur de haute fréquence, généralement de faible puissance, mais qui se distingue par une très haute précision ainsi que par une très grande stabilité de la fréquence de ses oscillations, crée un courant de haute fréquence qui est amplifié dans une suite d'étages. Dans l'un de ceux-ci, appelé « modulateur », le signal à transmettre est incorporé dans le courant de haute fréquence porteur. Les principaux systèmes de modulation sont la *modulation d'amplitude* et la *modulation de fréquence.* Dans le premier système, on fait varier l'amplitude, c'est-à-dire l'intensité instantanée du courant de haute fréquence, sous l'action du courant modulateur. Dans le second, le courant modulateur fait varier la fréquence même du courant de haute fréquence autour d'une valeur moyenne. Ainsi modulé, le courant est de nouveau amplifié dans des étages de haute fréquence de manière à injecter dans l'antenne une puissance suffisante pour assurer la portée voulue. En circulant dans l'antenne d'émission, constituée par un ou plusieurs conducteurs convenablement disposés, le courant de haute fréquence engendre des ondes électromagnétiques qui induisent sur leur trajet dans tous les conducteurs qu'elles rencontrent et, parmi ceux-ci, dans l'antenne de réception des courants de fréquence et de forme identiques à celles qui caractérisent le courant de l'antenne d'émission, mais d'une intensité infiniment plus faible. Les courants induits par les ondes dans l'antenne de réception sont alors convenablement amplifiés soit à l'aide de tubes électroniques, soit à l'aide de transistors. Ils subissent ensuite la détection qui fait apparaître le courant modulateur incorporé dans le courant de haute fréquence. Le courant modulateur, porteur de sons, est encore amplifié dans des étages de basse fréquence avant d'être appliqué à un écouteur ou un haut-parleur.

radio-électrique ou **radioélectrique** adj. Qui concerne la radio-électricité.

radio-élément ou **radioélément** n. m. Elément radioactif.

radiogalaxie n. f. Galaxie extrêmement éloignée, émettant un rayonnement électromagnétique qui permet de la situer et, parfois, de l'identifier.

radiogoniomètre n. m. Appareil fondé sur l'utilisation des ondes radio-électriques et permettant à un avion ou à un navire de déterminer sa position.

radiogoniométrie n. f. Détermination de la direction et de la position d'un poste radio-électrique émetteur.

radiogramme n. m. Message transmis par T. S. F.

radiographie [radjɔgrafi] n. f. Utilisation de la propriété qu'ont les rayons X d'impressionner une pellicule sensible. (La radiographie a simplifié le diagnostic de la plupart des maladies.) ‖ Image ainsi obtenue.
— ENCYCL. La *radiographie* est obtenue en intercalant le corps à examiner entre une source de rayons X et une pellicule sensible (photographique). Les formes observées correspondent aux ombres portées par les éléments plus ou moins opaques aux rayons X de l'organe ou de l'organisme étudié. Tous les organes et systèmes (squelette, vaisseaux, viscères) peuvent être étudiés grâce à des substances de contraste. (V. RADIODIAGNOSTIC.)

radiographier v. t. Effectuer une radiographie : *radiographier un blessé.*

radioguidage n. m. Guidage d'un mobile par ondes radio-électriques. ‖ Information radiophonique sur le trafic routier.

radioguider v. t. Effectuer le radioguidage.

radio-isotope n. m. Isotope radio-actif d'un élément naturel.

radio-journal ou **radiojournal** n. m. Syn. de JOURNAL* PARLÉ.

radiolaires [radjɔlɛr] n. m. pl. Classe de protozoaires répandus dans les mers chaudes, formés d'un squelette siliceux élégant, autour duquel rayonnent de fins pseudopodes. ‖ Sing. un *radiolaire.*

radiologie [radjɔlɔʒi] n. f. Application des rayons X et des radiations lumineuses et calorifiques au diagnostic et à la thérapeutique.
— ENCYCL. La *radiologie médicale* étudie l'action des rayonnements X, ultraviolets et radio-actifs sur les organismes vivants suivant les doses et les pénétrations réalisées. Le radiodiagnostic et la radiothérapie en sont les principales applications. Les dangers des divers rayonnements sont réduits au minimum tant pour les opérateurs que pour les sujets par les appareillages et les techniques modernes.

Phot. O. R. T. F.

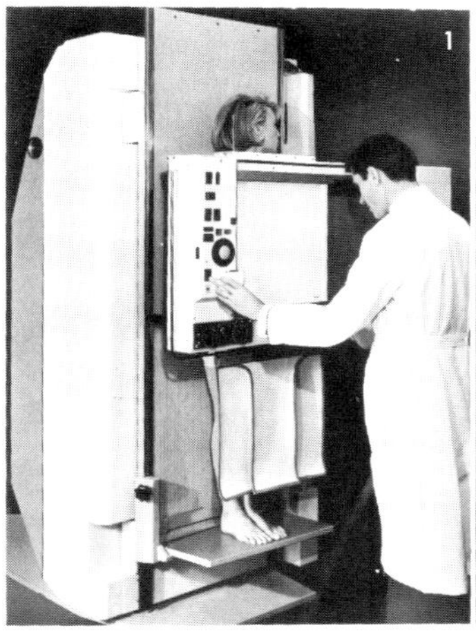

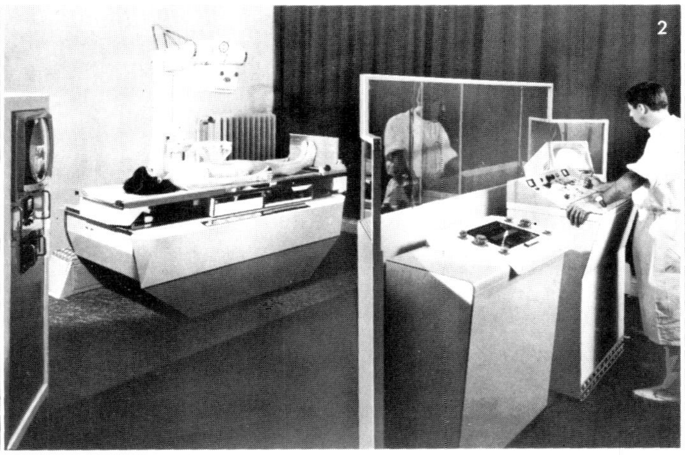

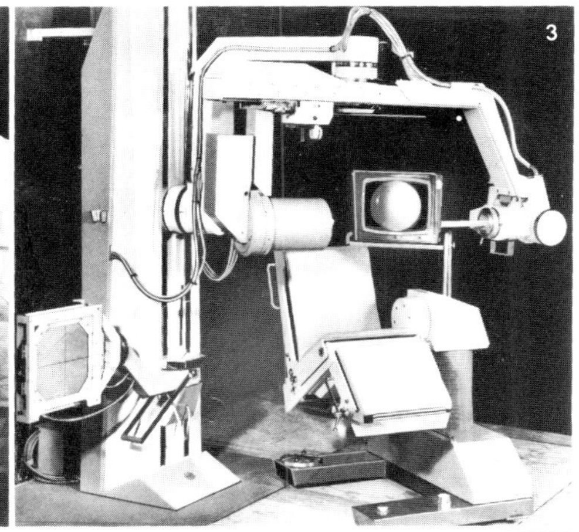

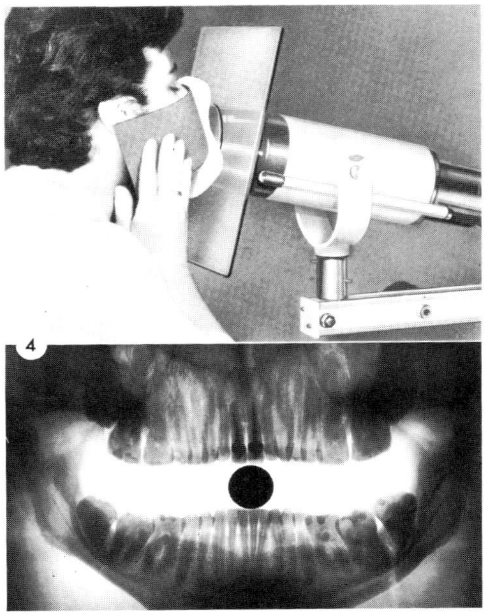

RADIOGRAPHIE

appareils : 1. de radioscopie ; 2. de radiographie et de tomographie, un amplificateur de brillance permet la radioscopie télévisée, la photographie et le radiocinéma ; 3. de neuroradiologie ; 4. de radiographie dentaire et cliché obtenu ; 5. pour encéphalographie et cliché d'une angiographie cérébrale ;

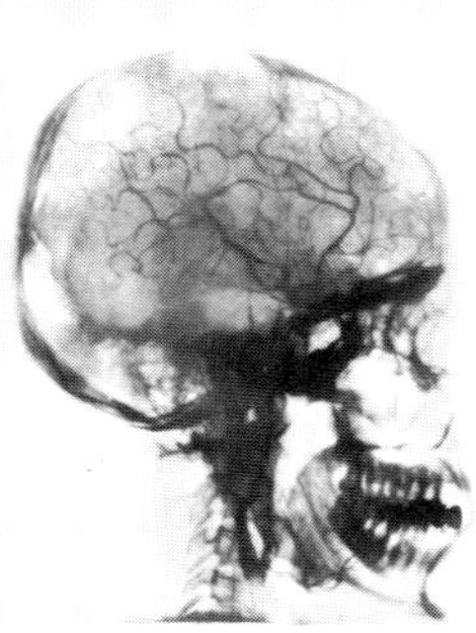

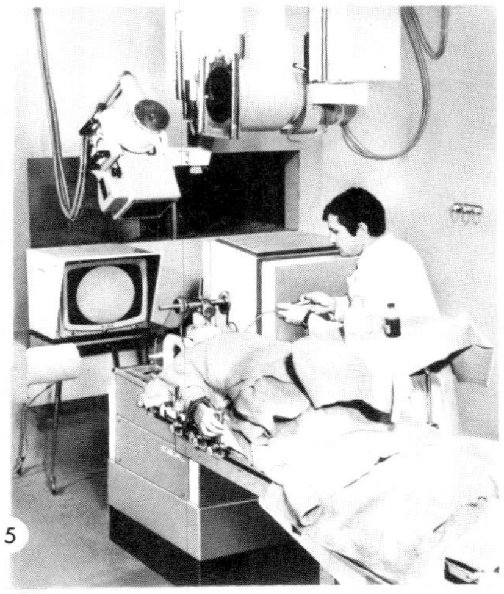

clichés : 6. pulmonaire ; 7. angiocardiographie ; 8. fracture du fémur ; 9. bronchographie ; 10. artériographie des membres inférieurs.

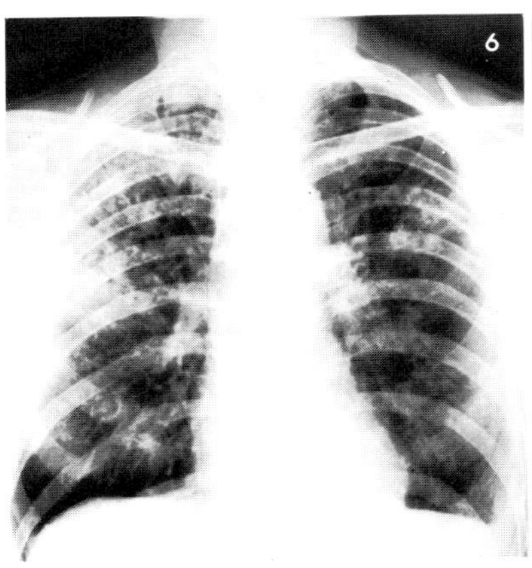

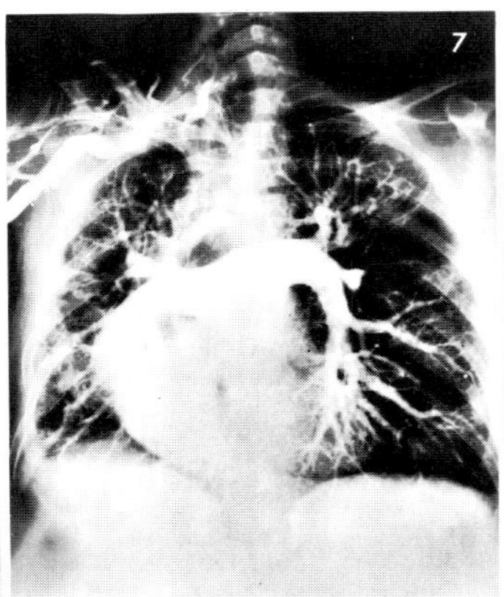

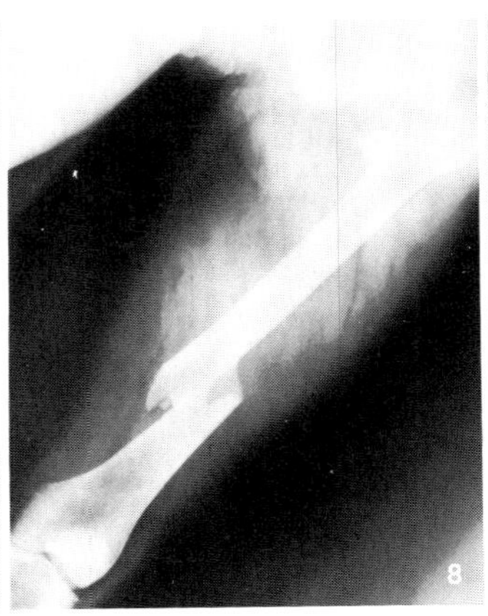

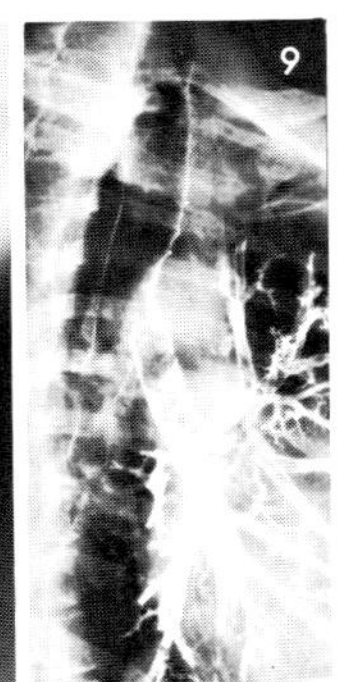

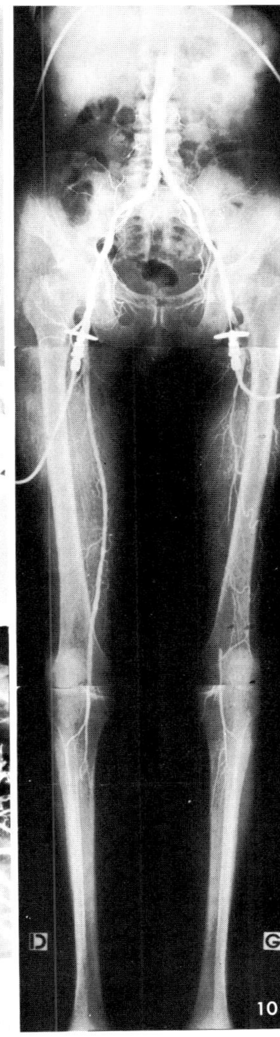

radiologue ou **radiologiste** n. Personne qui s'occupe de radiologie.

radiomanométrie n. f. Procédé de diagnostic qui consiste dans l'application de la radiologie pour la mesure de la pression existant à l'intérieur des organes, réservoirs, vaisseaux.

radiométallographie n. f. Radiographie appliquée à l'examen non destructif des métaux.

radionavigant n. m. Opérateur de radio faisant partie de l'équipage d'un navire ou d'un avion.

radionavigation n. f. Technique de navigation faisant appel à des procédés radio-électriques.

radiophare n. m. Station émettrice de radiophonie, permettant à un navire ou à un avion de déterminer sa position et de suivre la route prévue.

radiophonie [radjɔfɔni] n. f. Système de transmission des sons utilisant les propriétés des ondes électromagnétiques.

radiophonique adj. Relatif à la radiophonie : *jeux radiophoniques*.

radio-pirate n. f. et adj. Station privée de radiodiffusion sans autorisation administrative, installée sur un bateau ancré au large des côtes à la limite des eaux territoriales.

radiorécepteur n. m. Poste récepteur de radiocommunications.

radioreportage n. m. Reportage diffusé par le moyen de la radiodiffusion.

radioreporter [-tɛr] n. m. Journaliste spécialisé dans les radioreportages.

radioscopie [radjɔskɔpi] n. f. (lat. *radius*, rayon, et gr. *skopein*, examiner). Examen d'un objet ou d'un organe d'après leur ombre portée sur une surface fluorescente au moyen des rayons X. — Encycl. La *radioscopie* permet un examen immédiat des organes et de leurs mouvements, ce que ne permet pas la radiographie ; par contre, elle ne laisse pas de document à conserver comme cette dernière. Les progrès des tubes et des écrans, les amplificateurs de brillance et la radioscopie télévisée permettent l'obtention d'images d'une grande finesse avec des rayonnements très réduits (donc peu nocifs) et dans des conditions très variées (pendant les opérations chirurgicales, au cours des examens de dépistage systématique, etc.).

radiosondage n. m. Mesure météorologique effectuée au moyen d'un ballon-sonde équipé d'appareils radio-électriques émetteurs.

Phot. C. G. R.

radiosonde n. f. Appareil qui transmet automatiquement à un opérateur au sol les renseignements recueillis par les éléments d'un équipement météorologique entraîné par un ballon-sonde au cours de son ascension.

radiosource n. f. Point du ciel d'où émanent des ondes captables par les procédés de la radio-astronomie.

radiotechnique adj. Relatif à la technique des sciences radio-électriques.

radiotechnique n. f. Technique des sciences radio-électriques.

radiotélégramme n. m. V. RADIOGRAMME.

radiotélégraphie, radiotéléphonie n. f. Télégraphie, téléphonie sans fil.

radiotélégraphiste, radiotéléphoniste n. Spécialiste de radiotélégraphie, de radiotéléphonie.

radiotélescope n. m. Appareil récepteur utilisé en radio-astronomie.
— ENCYCL. Un *radiotélescope* est constitué par un miroir parabolique en treillis métallique et au foyer duquel se trouve une antenne réceptrice. Un miroir de très grandes dimensions peut observer dans toutes les directions; il est également utilisé pour l'observation radioélectrique des satellites artificiels. (Le radiotélescope de Jodrell Bank, en Angleterre, a 76 m de diamètre.) Une autre conception a consisté à aligner, suivant des directions est-ouest et nord-sud, des radiotélescopes de moyennes dimensions, permettant des observations interférométriques. Le radiotélescope de Nançay, en France, est construit suivant ce principe.

radiotélévisé, e adj. Transmis à la fois par la radiodiffusion et la télévision : *discours radiotélévisé.*

radiothérapie [radjɔterapi] n. f. Traitement par les rayons X.
— ENCYCL. La *radiothérapie* a pour but soit une modification des conditions de vie des tissus, soit leur destruction. Le premier cas correspond à une action anti-inflammatoire (rhumatismes, furoncles, etc.) ou anti-immunitaire (suppression des phénomènes de rejet des greffes), le second à la destruction des tumeurs (cancers, verrues, etc.) ou des processus tumoraux (leucémies). La radiothérapie de contact (faite avec des rayons très peu pénétrants) permet le traitement de différentes affections et tumeurs de la peau.

radis [radi] n. m. (ital. *radice,* racine). Plante potagère, à racine tuberculeuse comestible, de la famille des crucifères. ● *N'avoir pas un radis* (Fam.), ne pas avoir d'argent.

Radisson (Pierre), explorateur et trafiquant français, né à Paris (v. 1636-v. 1710). Il parcourut les régions depuis le Mississippi jusqu'à la baie d'Hudson et fut le promoteur de la fondation de la Compagnie de la baie d'Hudson.

radium [radjɔm] n. m. Métal (Ra), de numéro atomique 88, découvert en 1898 par P. et M. Curie. (Il est doué d'une intense radio-activité.)

radiumthérapie n. f. Thérapeutique fondée sur l'emploi des radiations du radium. (Syn. CURIETHÉRAPIE.)

radius [radjys] n. m. (mot lat. signif. *rayon*). Le plus court des deux os de l'avant-bras. (Le radius tourne autour du cubitus, permettant les mouvements de pronation et de supination.)
— ENCYCL. L'extrémité supérieure du *radius,* en forme de cupule, s'articule avec le condyle de l'humérus. La diaphyse comprend à son tiers supérieur une tubérosité où s'insère le biceps brachial. L'extrémité inférieure, élargie, comporte en avant la gouttière du pouls (où l'on perçoit les battements de l'artère radiale).

radjah n. m. V. RĀJA.

Radjpoutana. V. RĀJPUTĀNA.

Radom, v. de Pologne, au nord de Kielce; 147 000 h. Métallurgie. Chimie. Téléphones.

radôme [radom] n. m. (angl. *radome;* de *ra*[dar] et *dome,* dôme). Dôme en matière plastique protégeant une antenne radar.

radon [radɔ̃] n. m. Elément gazeux radio-actif (Rn), de numéro atomique 86. (Syn. ÉMANATION DU RADIUM.)

radotage n. m. Propos dénués de raison, de sens. ‖ Répétition fatigante des mêmes propos.

radoter [radɔte] v. i. (orig. germ.). Tenir des propos dénués de sens. ‖ Se répéter sans cesse : *orateur qui radote.*

radoteur, euse n. et adj. Personne qui radote.

radoub [radu] n. m. (de l'anc. fr. *adouber,* équiper). Réparation de la coque d'un navire. ‖ Passage au bassin de radoub d'un navire pour l'entretien ou la réparation de sa coque. ● *Bassin* ou *cale de radoub,* bassin pour la réparation d'un navire.

radouber v. t. (de *adouber*). *Mar.* Faire des réparations à : *radouber un vaisseau, un filet.*

radoucir [radusir] v. t. Rendre plus doux : *la pluie a radouci le temps.* ‖ *Fig.* Apaiser, rendre plus conciliant. ‖ — **Se radoucir** v. pr. Devenir plus doux, s'apaiser : *le temps se radoucit; cet homme se radoucit assez vite.*

radoucissement n. m. Action de radoucir ou de se radoucir.

radula [radyla] n. f. (mot lat. signif. *racloir*). Langue râpeuse existant chez les mollusques (sauf chez les bivalves).

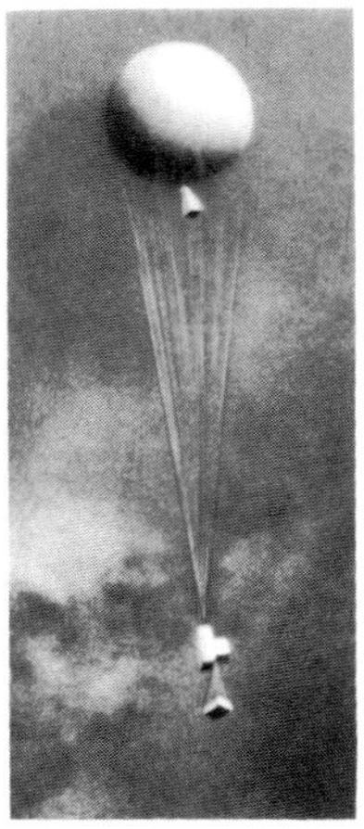

◄ radiosonde entraînée par un ballon

radiotélescope de Nançay miroir plan mobile ►

radis

d'Orléans — ronds

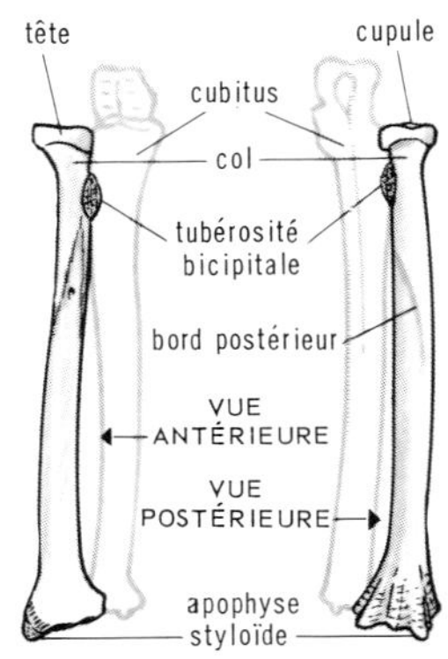

radius

Radziwiłł, nom d'une ancienne famille polonaise, originaire de Lituanie. L'un de ses membres, KAROL STANISŁAW (1734-1790), lutta contre l'annexion de son pays par la Russie.

Raeburn (*sir* Henry), peintre anglais, né à Stockbridge, près d'Edimbourg (1756-1823). Il fit de nombreux portraits des personnalités de son époque. Son style se caractérise par la vigueur de la touche, la modulation de la lumière et de l'ombre, et l'éclat des tons rouges et noirs. Le Louvre conserve certaines de ses œuvres (*Un invalide de la marine à Greenwich, Anna More*).

Raeder (Erich), amiral allemand, né à Wandsbeck (1876-1960). Commandant en chef de la marine (1935-1943), il s'opposa au projet d'invasion de l'Angleterre (1940) et à l'emploi exclusif des sous-marins, ce qui amena son remplacement par Dönitz. Condamné à la prison à vie en 1946 par le tribunal de Nuremberg, il fut libéré en 1955.

R. A. F. (abrév. des mots anglais *Royal Air Force*), nom donné depuis 1918 à l'armée de l'air britannique.

rafale [rafal] n. f. Coup de vent violent et momentané. ‖ Ensemble de coups tirés sans interruption par une arme automatique, une pièce ou une unité d'artillerie, avec les mêmes éléments de tir : *tir par rafales.*

raffermir [rafɛrmir] v. t. Rendre plus ferme : *raffermir les gencives.* ‖ *Fig.* Remettre dans un état plus stable : *raffermir la santé, le courage.*

raffermissement n. m. Action de raffermir. ‖ Son résultat.

Raffet (Denis Auguste Marie), peintre et dessinateur français, né à Paris (1804-1860). Ses lithographies lui assurèrent une grande popularité. Elles étaient consacrées à la Révolution, à l'Empire, à de grandes expéditions militaires ou non. Il illustra notamment les chansons de Béranger et les œuvres de Chateaubriand.

raffinage n. m. Action de purifier le sucre, les métaux, le pétrole, l'alcool, le caoutchouc, etc.
— ENCYCL. *Pétr.* Devenu l'une des plus importantes industries de transformation, le *raffinage du pétrole* permet d'obtenir tout ce que contient n'importe quel produit brut. On peut répartir en trois grandes classes les opérations fondamentales auxquelles il fait appel. Les *opérations de distillation fractionnée,* appelée aussi « topping », assurent la séparation du brut en « coupes », ou fractions de base ; effectuées sur des colonnes à plateaux, elles donnent du gaz, des produits blancs (essence directe, essence lourde ou naphta, kérosène) et enfin deux qualités de gas-oil. Le résidu direct est constitué par du fuel-oil. Les *opérations de transformation moléculaire,* effectuées à partir des coupes, sont le *cracking* et le *reforming.* A partir du gas-oil et du fuel-oil, le cracking conduit aux essences craquées. En partant du naphta, ou même, pour certains bruts, de l'essence directe, le reforming permet d'obtenir des essences à indice d'octane amélioré. Les techniques de polymérisation et d'alkylation catalytiques portent sur les gaz. Le soufflage des résidus de certains bruts donne des bitumes émulsionnables. Les *opérations d'épuration* intéressent l'ensemble des produits de raffinerie, dont elles éliminent certains corps indésirables. Les diverses qualités de carburants sont obtenues par des mélanges convenables des essences de base, pourvues d'additifs. De même, les huiles fines sont obtenues par des mélanges auxquels on incorpore des « dopes » adaptés à l'utilisation prévue.

raffiné, e adj. Fin, délicat, d'une recherche subtile : *goût raffiné;* et, *péjor. : supplices raffinés.* ‖ *Industr.* Débarrassé de ses impuretés : *métal raffiné.* ‖ — N. Personne de goût, d'esprit, de sentiments très délicats.

raffinement n. m. Extrême subtilité : *raffinement de langage.* ‖ Recherche froide et réfléchie : *raffinement de cruauté.* ‖ Trop grande recherche : *les raffinements du luxe.*

raffiner [rafine] v. t. Rendre plus fin, plus pur : *raffiner le sucre.* ‖ — V. t. ind. **[sur]**. Chercher des subtilités : *raffiner sur une question.*

raffinerie n. f. Lieu où l'on raffine certaines substances (sucre, pétrole). [V. *encycl.*] ● *Raffinerie intégrée* (Pétr.), raffinerie de pétrole d'une conception simplifiée, où des échanges calorifiques s'effectuent entre les

paquebot dans un bassin de **radoub**

Phot. X, Vilmorin-Andrieux (2), A. D. P., Bresson - Atlas-Photo.

diverses unités et où les procédés successifs de traitement s'enchaînent sans interruption, ce qui évite le stockage intermédiaire des produits en réservoir.
— ENCYCL. *Pétr.* La *raffinerie* type est conçue pour réaliser l'ensemble des opérations suivantes : la distillation atmosphérique du brut, l'hydrotraitement des essences, l'extraction du soufre des gaz combustibles, le reforming catalytique des essences, l'hydrodésulfuration des gas-oils et du kérosène, et enfin la distillation sous vide du résidu atmosphérique pour la production de bitumes. Quelques grosses raffineries produisent aussi des huiles lubrifiantes, des paraffines, des cires et enfin des solvants spéciaux. Une raffinerie est constituée par un groupe d'unités dont chacune forme un ensemble indépendant, où s'effectue une opération distincte : autour de l'installation principale, réacteur ou colonne à plateaux, sont groupés les fours, les échangeurs de chaleur et les diverses cuves où se séparent les produits, tous ces éléments étant reliés entre eux par des tuyauteries dans lesquelles des pompes et des compresseurs maintiennent les fluides en circulation. Grâce à l'électronique, toutes les opérations sont automatiques et l'on réalise des produits industriels avec une précision supérieure à celle des analyses de laboratoire, ce qui permet de les expédier directement vers les navires, les camions ou les wagons sans les reconnaître au préalable en réservoir.

raffineur, euse n. Personne qui travaille dans une raffinerie, qui possède ou exploite une raffinerie.

raffineur n. m. Appareil utilisé pour le raffinage de la pâte à papier. ‖ — Adj. : *une pile raffineuse.*

rafflésie [-zi] n. f. Plante de l'Insulinde, parasite de lianes et à énormes fleurs. (Diamètre 1 m ; poids 7 kg.)

raffoler [rafɔle] **(de)** v. t. ind. *Fam.* Aimer à l'excès ; être passionné pour : *raffoler de la danse.*

raffut [rafy] n. m. (du terme dialect. *raffuter,* gronder). *Fam.* Tapage, vacarme : *mener grand raffut.*

rafiot [rafjo] n. m. *Fam.* Petit bateau. ‖ Mauvais navire.

rafistolage n. m. *Fam.* Raccommodage.

rafistoler [rafistɔle] v. t. (de l'anc. fr. *afistoler,* piper). *Fam.* Raccommoder grossièrement.

rafle [rɑfl] n. f. Ensemble du pédoncule et des pédicelles des grains formant une grappe de raisin. (On dit aussi RÂPE.)

rafle n. f. (allem. *Raffel*). Action d'enlever, de rafler : *cambrioleurs qui font une rafle dans un hôtel.* ‖ Arrestation en masse faite à l'improviste par la police : *être pris dans une rafle.*

rafler [rɑfle] v. t. Emporter rapidement tout ce que l'on trouve : *les voleurs ont tout raflé.*

rafraîchir [rafreʃir] v. t. (de *frais*). Rendre frais : *rafraîchir du vin.* ‖ Remettre en meilleur état : *rafraîchir un tableau.* ‖ Rogner, couper l'extrémité des cheveux. ● *Rafraîchir la mémoire,* rappeler à quelqu'un le souvenir d'une chose. ‖ — V. i. Devenir frais : *on a mis la bière à rafraîchir.* ‖ **— Se rafraîchir** v. pr. Devenir plus frais : *le temps se rafraîchit.* ‖ Se désaltérer : *venez vous rafraîchir au buffet.*

rafraîchissant, e adj. Qui donne de la fraîcheur : *brise rafraîchissante.* ‖ Qui calme la soif : *boisson rafraîchissante.*

rafraîchissement n. m. Action de rendre ou de devenir plus frais : *le rafraîchissement de la température.* ‖ Action de réparer, de rajeunir : *le rafraîchissement d'un mobilier.* ‖ — Pl. Boissons fraîches que l'on sert dans une réunion, ou que l'on offre en dehors des repas.

rafraîchissoir ou **rafraîchisseur** n. m. Récipient dans lequel on met à rafraîchir les boissons.

ragaillardir [ragajardir] v. t. *Fam.* Redonner de la gaieté, de la force ; ranimer.

Ragaz-les-Bains. V. BAD RAGAZ.

rage [raʒ] n. f. (lat. *rabies*). Maladie due à un virus filtrant, transmise par certains animaux à l'homme et provoquant des troubles nerveux se terminant par la mort. (V. *encycl.*) ‖ Douleur violente : *rage de dents.* ‖ Violente irritation, fureur : *écumer de rage.* ‖ Passion, goût excessif : *avoir la rage de faire des vers.* ● *Faire rage,* se déchaîner : *la tempête faisait rage.*
— ENCYCL. La *rage* est transmise à l'homme par le chien, le chat, le renard, etc. La contamination se fait par morsure, par griffade, par léchage d'une plaie. L'incubation est longue (de 1 à 2 mois), ce qui permet de faire à l'homme la vaccination préventive suivant la méthode pasteurienne. En l'absence de cette vaccination, une grande agitation apparaît avec hydrophobie (horreur de l'eau) et fureur, puis des paralysies se développent, aboutissant à la mort. Le vaccin contre la rage est préparé à partir de la moelle épinière de lapins rabiques, desséchée et conservée.

rageant [-ʒɑ̃], **e** [-ɑ̃t] adj. *Fam.* Qui fait rager.

rager v. i. (conj. **1**). *Fam.* Etre violemment irrité.

rageur, euse adj. et n. *Fam.* Sujet à des colères violentes : *enfant rageur.* ‖ — Adj. Fait ou dit avec rage : *coup de pied rageur.*

rageusement adv. Avec rage.

raglan [raglɑ̃] n. m. (du nom de lord *Raglan,* général anglais). Vêtement à manches droites, dont l'épaulement remonte jusqu'à l'encolure par des coutures en biais.

Raglan (James Henry, *lord*), maréchal britannique, né à Badminton (1788-1855). Il combattit en Espagne, à Waterloo (1812-1815), et commanda les troupes britanniques en Crimée (1854), où il mourut du choléra.

ragondin [ragɔ̃dɛ̃] n. m. Mammifère rongeur de l'Amérique du Sud, de mœurs aquatiques, à fourrure estimée. (Long. 50 cm.) [V. illustr. RONGEURS.]

ragot [rago], **e** [-ɔt] adj. Se dit d'un animal court et gros : *cheval ragot.*

ragot n. m. Sanglier de deux à trois ans.

ragot [rago] n. m. (de *ragoter,* grogner comme un ragot). *Fam.* Commérage malveillant, cancan : *faire des ragots.*

ragoût [ragu] n. m. Plat de viande, de légumes ou de poisson, coupés en morceaux et cuits dans une sauce épicée.

ragoûtant, e adj. Qui excite l'appétit : *mets peu ragoûtant.* ‖ Qui a de l'attrait, qui plaît : *une besogne qui n'est pas ragoûtante.* (Ne s'emploie plus que dans des expressions négatives.)

ragréer [ragree] v. t. Polir, finir après la construction : *ragréer une façade.* ‖ Remettre à neuf : *ragréer un vieux mur.*

raguer [rage] v. i. *Mar.* S'user, se détériorer par le frottement sur un objet dur, en parlant d'un cordage.

Raguse, v. d'Italie (Sicile) ; 60 000 h. Extraction et raffinage du pétrole.

Raguse, auj. **Dubrovnik,** v. de Yougoslavie. (V. DUBROVNIK.) Libérée de la tutelle vénitienne en 1403, Raguse devint le centre d'une république aristocratique, qui s'enrichit dans le commerce avec les Balkans et l'Empire turc. En 1667, un tremblement de terre la dévasta. Incorporée par la France aux Provinces Illyriennes (1809), la ville fut donnée à l'Autriche en 1815, puis à la Yougoslavie en 1918.

Raguse (*duc* DE). V. MARMONT.

rahat-loukoum [raatlukum] ou **rahat-lokoum** [-lɔkum] n. m. Confiserie orientale, faite d'une pâte de fécule sucrée et parfumée.

Rahman (Cheikh Mujibur), homme d'Etat du Bangla Desh, né en 1922, artisan de l'indépendance de son pays. Président de la République en 1971 et 1972, il reprend ce titre en 1975.

rai [rɛ] n. m. (lat. *radius*). Rayon (vx) : *un rai de lumière.* (On a longtemps écrit RAIS au sing.)

raïa [raja] n. m. V. RAYIA.

Raibolini (Francesco). V. FRANCIA (*il*).

raid [rɛd] n. m. (mot angl.). Incursion rapide faite en territoire inconnu ou ennemi par une troupe, des blindés, des avions ou des navires, pour recueillir des renseignements, capturer des prisonniers ou du matériel, etc. ‖ *Aéron.* Vol de longue distance, exécuté par un ou plusieurs appareils : *un raid de bombardiers.* ‖ *Sports.* Longue épreuve destinée à montrer l'endurance des hommes et du matériel qui l'accomplissent (vx).

raide [rɛd] adj. (lat. *rigidus*). Très tendu ; difficile à plier : *jambe raide.* ‖ Que la pente, l'inclinaison rend difficile à monter : *escalier raide.* ‖ Sans souplesse : *attitude raide.* ‖ — *Fig.* Opiniâtre, inflexible : *caractère raide.* ‖ *Fam.* Etonnant, difficile à croire, à accepter. ‖ — Adv. Tout d'un coup : *tomber raide mort.*

rai-de-cœur n. m. Ornement de sculpture composé de fleurons et de fers de lance. ‖ Pl. des *rais-de-cœur.*

raideur n. f. Etat de ce qui est difficile à plier : *raideur du bras.* ‖ Pente rapide : *la raideur d'un sentier.* ‖ Défaut de grâce, de souplesse : *saluer avec raideur.* ‖ *Fig.* Fermeté inébranlable : *apporter trop de raideur dans les affaires.*

raidillon [rɛdijɔ̃] n. m. Court chemin en pente rapide : *gravir un raidillon.*

raidir v. t. Rendre raide ; tendre avec force : *raidir le bras, une corde.* ‖ **— Se raidir** v. pr. Devenir raide : *ses membres se raidissent.* ‖ *Fig.* Tenir ferme ; se durcir : *se raidir contre l'adversité.*

raidissement n. m. Action de raidir ou de se raidir ; état de ce qui est raidi.

raidisseur n. m. Appareil servant à mettre en tension des fils ou des câbles métalliques.

raie [rɛ] n. f. (empr. au gaul.). Ligne quelconque : *étoffe à grandes raies.* ‖ Ligne tracée sur une surface avec une substance colorante ou avec un instrument : *tirer une raie au crayon.* ‖ Séparation des cheveux. ‖ Entre-deux des sillons d'un champ. ● *Raies du spectre,* lignes obscures divisant transversalement le spectre solaire, ou lignes brillantes formant le spectre lumineux d'un gaz incandescent.

raie n. f. (lat. *raia*). Poisson cartilagineux à corps aplati et à nageoires pectorales triangulaires très développées et soudées à la tête.
— ENCYCL. Les *raies* vivent en général près des fonds marins ; sur les côtes européennes, elles mesurent 1 à 2 m de long, mais on connaît une espèce des mers chaudes dont l'envergure atteint 8 m, et le poids 3 tonnes. Les raies font partie de la sous-classe des sélaciens. (V. illustr. POISSONS.)

raifort [rɛfɔr] n. m. (de l'anc. fr. *raiz* [du lat. *radix*] et de *fort*). Plante dont on consomme, dans certains pays, la racine charnue, à odeur forte. (Famille des crucifères.)

rail [rɑj] n. m. (mot angl. ; de l'anc. fr. *raille,* poutrelle). Profilé de métal servant de guide à un mouvement de translation. ‖ Voie ferrée : *transport par rail.* ‖ Les chemins de fer : *la coordination du rail et de la route.* ● *Remettre sur les rails* (Fig.), rétablir, donner de nouveau les moyens de fonctionner normalement : *ces mesures financières ont permis de remettre normalement l'économie sur les rails.*

Raimu (à droite) avec Pierre Fresnay dans une scène du film « Marius »

railler [rɑje] v. t. (anc. provenç. *ralhar,* babiller ; du lat. *ragere*). Tourner en ridicule : *il ne peut supporter qu'on le raille.* ‖ — V. i. Badiner, ne pas parler sérieusement : *vous raillez, je crois?* ‖ — Syn. : SE GAUSSER, SE MOQUER, PERSIFLER, PLAISANTER.

raillerie n. f. Action de railler. ‖ Plaisanterie moqueuse. ‖ — Syn. : DÉRISION, IRONIE, MOQUERIE, TAQUINERIE. ● *Entendre la raillerie,* ne point s'offenser des plaisanteries dont on est l'objet.

railleur, euse adj. et n. Porté à la raillerie : *esprit railleur.* ‖ — Adj. Qui marque la raillerie : *ton railleur.*

Raimond de Peñafort (*saint*), religieux espagnol, né à Villafranca del Panadés (1180-1275). Général des Dominicains, il fonda l'ordre rédempteur de Notre-Dame-de-la-Merci. — Fête le 23 janvier.

Raimond, nom de sept comtes de Toulouse, dont : RAIMOND IV, dit *Raimond de Saint-Gilles,* né à Toulouse (1042-1105), comte de Toulouse (1093-1105), qui participa à la première croisade et fut comte de Tripoli (1102-1105) ; — RAIMOND VI (1156-1222), comte de Toulouse (1194-1222), protecteur des albigeois et adversaire de Simon de Montfort ; — RAIMOND VII, né à Beaucaire (1197-1249), comte de Toulouse (1222-1249). Saint Louis mit fin à son indépendance (1243).

Raimond Bérenger, nom de plusieurs comtes de Barcelone et de Provence (XIe-XIIIe s.).

Raimondi (Marcantonio), dit **Marc Antoine,** graveur italien, né à Bologne (v. 1480-v. 1534). Il fut le graveur attitré de Raphaël.

Raimu (Jules MURAIRE, dit), acteur français, né à Toulon (1883-1946). Rendu célèbre au théâtre par la création de *Marius* de Marcel Pagnol et du *Bourgeois gentilhomme* de Molière, il interpréta également avec succès de nombreux films : *Marius* (1931), *César* (1936), *Gribouille* (1937), *l'Etrange M. Victor* (1938), *la Femme du boulanger* (1939), *les Inconnus dans la maison* (1942), *l'Homme au chapeau rond* (1946).

Raimund (Ferdinand RAIMANN, dit), auteur dramatique autrichien, né à Vienne (1790-1836). Ses pièces, souvent inspirées de Grillparzer, unissent le lyrisme au comique de la farce (*le Roi des Alpes et le Misanthrope,* 1828 ; *le Dissipateur,* 1833).

Raincy (LE) [93340], ch.-l. d'arr. de la Seine-Saint-Denis ; 14 505 h. Eglise due aux Perret, vitraux de M. Denis. — L'arr. a 11 cant., 16 comm., 1 251 792 h.

rainer [rene] v. t. Pratiquer une rainure avec un bouvet : *rainer une planche.*

rainette [rɛnɛt] n. f. Batracien voisin des grenouilles, à doigts adhésifs, vivant souvent sur les arbres près de l'eau. (L'espèce française, normalement verte, modifie sa couleur selon le milieu ; elle mesure 5 cm de long.) [V. illustr. AMPHIBIENS.]

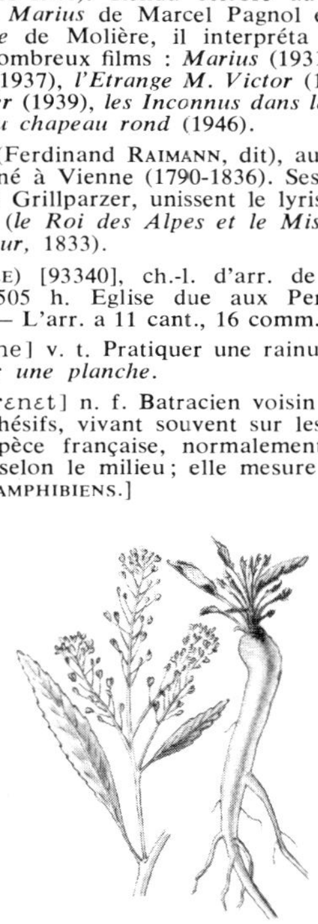

raifort

Phot. X.

Rainier (*mont*), un des sommets de la chaîne côtière du Pacifique, aux Etats-Unis ; 4 391 m. Il est situé au cœur d'un parc national.

Rainier III, né à Monaco en 1923, prince de Monaco depuis 1949, successeur de son grand-père, Louis II.

rainure [renyr] n. f. *Technol.* Entaille longue et étroite, dans une pièce de bois ou de métal.

raiponce [rɛpɔ̃s] n. f. (ital. *raponzo,* de *rapa,* rave). Campanule dont la racine et les feuilles se mangent en salade.

Raipur, v. de l'Inde (Madhya Pradesh) ; 204 600 h.

raire [rɛr] ou **réer** [ree] v. i. (lat. *ragere*). Bramer, crier, en parlant des cerfs, des chevreuils.

rais n. m. V. RAI.

Rais, Rays ou **Retz** [rɛ] (Gilles DE), maréchal de France (v. 1400-1440). Partisan de Charles VII, compagnon d'armes de Jeanne d'Arc, il fut nommé maréchal de France (1429) et se retira dans ses terres du pays nantais. Il se livra aux sciences occultes et à la magie noire : de nombreux enfants périrent victimes de ses folies. Il fut exécuté à Nantes.

raisin [rɛzɛ̃] n. m. (lat. *racemus,* grappe de raisin). Fruit charnu (baie) de la vigne : *raisin rouge, blanc, noir.* (V. *encycl.*) ‖ *Arts graph.* Format de papier aux dimensions de 50 × 64 cm. ● *Raisins de Corinthe,* raisins secs, à petits grains, qui viennent des îles Ioniennes. ‖ *Raisin de mer,* nom usuel des œufs de seiche, fixés en grappes aux plantes marines. ‖ *Raisins d'ours,* syn. de BUSSEROLE.

— ENCYCL. Le *raisin* est une grappe composée de grains disposés sur la rafle*. Le grain est constitué par une pellicule entourant la pulpe, qui contient elle-même les pépins. La pulpe est constituée d'eau (de 70 à 85 p. 100), de sucre (glucose), de protides, de sels minéraux, de tanin, de vitamines et de pigments. On distingue les *raisins de cuve,* dont les innombrables variétés ou cépages, blancs ou rouges, servent à la préparation du vin, et les *raisins de table,* dont les plus connus sont les chasselas. (V. illustr. FRUITS.)

raisiné n. m. Confiture faite avec du jus de raisin et d'autres fruits.

Raismes [rɛm] (59590), comm. du Nord (arr. de Valenciennes) ; 18 357 h. (*Raismois*). Métallurgie.

raison [rɛzɔ̃] n. f. (lat. *ratio*). Faculté au moyen de laquelle l'homme peut connaître et juger : *la raison distingue l'homme de la bête.* ‖ Faculté intellectuelle, considérée comme règle de nos actions : *la raison ne triomphe pas toujours des passions.* ‖ Bon sens, sagesse : *écouter la raison.* ‖ Droit, devoir, équité : *cela va contre la raison.* ‖ Argument, preuve : *raison convaincante.* ‖ Explication d'un fait ; cause, motif : *avoir de bonnes raisons pour...* ‖ Satisfaction, réparation : *demander raison d'une offense.* ● *Age de raison,* âge auquel les enfants commencent à avoir conscience de leurs actes. ‖ *A plus forte raison,* par un motif d'autant plus fort. ‖ *Avoir raison,* être fondé dans ce qu'on dit ou dans ce qu'on fait. ‖ *Avoir raison de,* vaincre, dominer : *avoir raison de sa peur.* ‖ *Comme de raison,* comme il est juste. ‖ *Culte de la Raison,* culte antichrétien organisé en novembre 1793 par les hébertistes, et qui disparut avec eux en mars 1794. ‖ *Donner raison à quelqu'un,* décider qu'il a de justes motifs pour parler, pour agir comme il le fait. ‖ *Entendre raison,* acquiescer à ce qui est raisonnable. ‖ *Faire entendre raison à quelqu'un,* le ramener à de meilleurs sentiments. ‖ *Livre de raison,* livre de comptes (vx). ‖ *Mariage de raison,* mariage de convenance plutôt que d'inclination. ‖ *Mettre à la raison,* réduire par force ou par persuasion. ‖ *Perdre la raison,* tomber en démence. ‖ *Plus que de raison,* plus qu'il n'est convenable. ‖ *Raison directe* (Math.), relation entre deux quantités qui augmentent ou diminuent dans la même proportion. ‖ *Raison inverse,* relation entre deux quantités dont l'une diminue dans la proportion où l'autre augmente. ‖ *Raison d'une progression,* v. PROGRESSION. ‖ *Raison sociale,* dénomination sous laquelle une société commerciale prend ses engagements sociaux. ‖ *Se faire une raison,* se résigner à l'inévitable. ‖ — Loc. prép. **A raison de,** au prix de, à proportion de. ‖ **En raison de,** en considération de, à cause de.

raisonnable adj. Doué de raison : *l'homme est un être raisonnable.* ‖ Dont la conduite est dictée par la raison : *être raisonnable dans ses désirs.* ‖ Conforme à la raison : *prétention raisonnable.* ‖ Suffisant, convenable ; qui n'a rien d'excessif : *prix raisonnable.*

raisonnablement adv. Avec raison : *parler raisonnablement.* ‖ Passablement, convenablement : *boire raisonnablement.*

raisonné, e adj. Fondé sur le raisonnement ; accompagné de raisonnement : *analyse raisonnée ; méthode raisonnée.*

raisonnement n. m. Faculté, action ou manière de raisonner : *manquer de raisonnement.* ‖ Enchaînement de propositions déduites les unes des autres pour arriver à une démonstration : *suivre un raisonnement.* ‖ — Pl. Observations, objections à un ordre reçu : *pas tant de raisonnements !*

raisonner v. i. Se servir de sa raison pour connaître, pour juger : *c'est le propre de l'homme de raisonner.* ‖ Faire un enchaînement de propositions pour arriver à une démonstration : *raisonner juste.* ‖ Répliquer ; alléguer des excuses : *ne raisonnez pas.* ‖ — V. t. Appliquer le raisonnement à ce qu'on fait : *raisonner un problème.* ‖ Discourir sur : *raisonner politique.* ‖ Faire entendre raison à : *raisonner un malade.*

Rāma et son frère Lakshmana triomphent du démon Soubahou
bas-relief de Prambanan (Java)

le prince Rainier III et la princesse Grace

raisonneur, euse n. et adj. Qui aime à raisonner. ‖ Qui fatigue par de longs raisonnements : *un raisonneur ennuyeux.* ‖ Qui réplique, qui discute : *faire le raisonneur.*

rāja ou **rajah** [radʒa] n. m. (empr. à l'hindoustani). Prince indien. (On écrit aussi RADJAH.)

Rājahmundry, v. de l'Inde (Tamilnād), sur la Godāvāri ; 140 700 h. Usine d'aluminium.

Rājasthān, Etat du nord-ouest de l'Inde ; 23 479 000 h. Cap. *Jaipur.* Le Rājasthān s'étend à l'ouest sur le désert de Thar (élevage des moutons et des chameaux) et à l'est sur les plateaux du Deccan septentrional, portant des cultures de blé, de millet et même de coton.

rajeunir [raʒœnir] v. t. Rendre jeune. ‖ Faire paraître jeune : *cette coiffure vous rajeunit.* ‖ Attribuer un âge moindre à : *ne me rajeunissez pas.* ‖ — V. i. Redevenir jeune. ‖ — **Se rajeunir** v. pr. Se dire plus jeune qu'on ne l'est.

rajeunissant, e adj. Qui rend jeune.

rajeunissement n. m. Action de rajeunir. ‖ Etat de celui qui est rajeuni.

Rājkot, v. de l'Inde (Gujerāt) ; 270 200 h. Métallurgie. Chimie.

rajout n. m. (déverbal de *rajouter*). Action de rajouter ; chose rajoutée : *faire des rajouts sur une épreuve d'imprimerie.*

rajouter v. t. Ajouter par surcroît.

Rājputāna ou **Radjpoutana,** région du nord-ouest de l'Inde, s'étendant sur l'Etat de Rājasthān.

rajustement ou **réajustement** n. m. Action de rajuster : *rajustement des salaires.*

rajuster ou **réajuster** v. t. Ajuster de nouveau ; remettre en bonne place : *rajuster sa cravate.* ‖ *Fig.* Modifier, relever : *rajuster les prix, les salaires.*

raki [raki] n. m. V. ARAK.

Rákóczi ou **Rákóczy,** famille princière de Hongrie. L'un de ses membres, FERENC ou FRANÇOIS II, né à Borsi (1676-1735), s'illustra contre l'Autriche et fut trois ans prince de Transylvanie.

Rákosi (Jenő), écrivain hongrois, né à Acsád (1842-1929). Il fut l'initiateur du néo-romantisme dans le théâtre magyar de la fin du XIXe s.

Rakovski (Georgi), écrivain et patriote bulgare, né à Kotel (1821-1867). Historien, journaliste, poète d'inspiration romantique (*le Voyageur dans la forêt,* 1858), il devint le chef de l'émigration bulgare avant la libération de la domination ottomane.

râle n. m. (de *râler*). Genre d'oiseaux échassiers, très estimés comme gibier, et qui vivent en plaine (*râle des genêts*) ou aux abords des marécages (*râle d'eau*).

râle [rɑl] ou **râlement** [rɑlmɑ̃] n. m. Action de râler. ‖ Bruit qu'on fait en râlant : *le râle de la mort.* ‖ Bruit anormal produit au niveau des alvéoles pulmonaires ou des bronches par un liquide pathologique. (Il existe des *râles secs,* crépitants ou sous-crépitants, et des *râles humides et sonores,* sibilants, bulleux, ronflants.)

Raleigh, v. des Etats-Unis, cap. de la Caroline du Nord ; 105 000 h. Université. Electronique.

Raleigh (*sir* Walter), marin et homme d'Etat anglais, né à Hayes (v. 1552-1618), favori d'Elisabeth Ire. Il fonda un établissement en Amérique du Nord (1585), puis dirigea une expédition dans la région de l'Orénoque (1616). Son échec et l'hostilité espagnole amenèrent Jacques Ier à le faire décapiter.

ralenti n. m. Marche ralentie : *le ralenti d'un moteur.* ‖ Artifice de prise de vues grâce auquel les mouvements paraissent à l'écran plus lents que dans la réalité.

ralentir [ralɑ̃tir] v. t. (de l'anc. fr. *alentir*). Rendre plus lent : *ralentir sa marche.* ‖ *Fig.* Rendre moins intense : *ralentir son effort.* ‖ — V. i. Aller plus lentement : *les voitures doivent ralentir aux carrefours.*

ralentissement n. m. Diminution de mouvement, de vitesse : *le ralentissement d'une machine.* ‖ *Fig.* Diminution d'énergie : *le ralentissement du zèle, de l'ardeur.*

ralentisseur n. m. Dispositif ou substance ayant pour effet de ralentir : *ralentisseur de neutrons.*

râler [rɑle] v. i. Rendre un son enroué, par la difficulté de la respiration (agonisants ; dans certaines maladies respiratoires) : *blessé qui râle.* ‖ *Fam.* Grogner, protester.

râleur, euse adj. et n. *Fam.* Qui proteste en grognant.

ralingue [ralɛ̃g] n. f. (néerl. *râlijk,* cordage). *Mar.* Cordage auquel sont cousus les bords d'une voile pour les renforcer.

ralinguer v. t. *Mar.* Coudre les ralingues d'une voile. ‖ — V. i. Battre au vent, en parlant d'une voile.

rallentando [ralɛ̃tado] adv. (mot ital. signif. *en ralentissant*). *Mus.* Se dit quand il faut élargir le mouvement en jouant de plus en plus lentement.

rallidés [ralide] n. m. pl. Famille d'échassiers ayant pour types les *râles* et les *poules d'eau.*

rallié, e adj. Qui a donné son adhésion à un parti, à une cause.

ralliement [-limɑ̃] n. m. Action de rallier, de se rallier. ‖ Mouvement qui, sur les conseils de Léon XIII, conduisit de nombreux catholiques monarchistes à accepter, vers 1890, le régime républicain.

rallier [ralje] v. t. (de *allier*). Rassembler des gens dispersés : *rallier ses troupes.* ‖ Rejoindre : *rallier son poste.* ‖ — *Fig.* Faire adhérer à une cause, à une opinion : *rallier tous les suffrages.* ‖ Rapprocher, mettre d'accord : *l'intérêt peut rallier les pires adversaires.* ‖ — Syn. : ASSEMBLER, CONCENTRER, GROUPER, RAMASSER, RÉUNIR, UNIR. ‖ — **Se rallier** v. pr. Se réunir, se rassembler. ‖ Donner son adhésion : *se rallier à un avis.*

rallonge [ralɔ̃ʒ] n. f. Ce qui sert à rallonger. ‖ Planche qui augmente la surface d'une table à coulisses. ‖ Supplément : *une rallonge budgétaire.* ‖ *Pop.* Argent versé en plus du prix normal. (Syn. DESSOUS-DE-TABLE.)

rallongement n. m. Action de rallonger ; résultat de cette action.

rallonger v. t. (conj. 1). Rendre plus long en ajoutant quelque chose. ‖ — V. i. Devenir plus long.

rallumer v. t. Allumer de nouveau. ‖ *Fig.* Donner une nouvelle force, une nouvelle ardeur à : *rallumer la guerre.* ‖ — **Se rallumer** v. pr. Etre allumé de nouveau (au *pr.* et au *fig.*).

rallye [rali] n. m. (mot angl.). Compétition sportive où les concurrents, à pied ou motorisés, doivent rallier un point déterminé après certaines épreuves : *rallye automobile.*

Rāma, une des incarnations de Vishnu.

Rama. V. ARIMATHIE.

Phot. Service archéologique de Java, A. F. P.

ramaḍān [ramadɑ̃] n. m. (mot arabe). Neuvième mois de l'année lunaire musulmane, consacré au jeûne. (Pendant toute sa durée, les musulmans gardent le jeûne depuis le lever jusqu'au coucher du soleil.)

ramage [ramaʒ] n. m. (du lat. *ramus*, rameau). Chant des petits oiseaux dans les arbres. ‖ Dessin représentant des rameaux, des fleurs, etc., sur une étoffe : *tapisserie à grands ramages.*

ramager v. t. (conj. **1**). Couvrir de ramages : *ramager du velours.* ‖ — V. i. Chanter, en parlant de certains oiseaux.

Raman (*sir* CHANDRASEKHARA VENKATA), physicien indien, né à Trichinopoly (1888-1970). Il a découvert en 1928 l'*effet Raman*, qui concerne la diffusion de la lumière dans les milieux transparents et qui renseigne sur la structure des molécules. (Prix Nobel, 1930.)

ramassage n. m. Action de ramasser : *le ramassage des vieux papiers.* ● *Ramassage scolaire*, organisation du transport par autocar des enfants dont les domiciles sont éloignés des écoles.

ramassé, e adj. Trapu : *cheval ramassé.* ● *Formule ramassée*, concise.

ramasse-miettes n. m. inv. Plateau ou appareil qui sert à ramasser les miettes sur la table.

ramasser [ramɑse] v. t. Rassembler ce qui est épars : *ramasser du bois mort.* ‖ Prendre, relever ce qui est à terre : *ramasser ses gants.* ‖ Recueillir : *ramasser un malheureux.* ● *Ramasser ses forces*, les réunir pour un effort. ‖ *Ramasser son style*, le condenser. ‖ **— Se ramasser** v. pr. Se replier sur soi-même, se pelotonner. ‖ *Pop.* Se relever après une chute.

ramasseur, euse n. Personne qui ramasse, qui collectionne toutes sortes de choses. ‖ Personne qui collecte dans les fermes certains produits agricoles.

ramasseuse n. f. Machine servant à récolter et à mettre en balles la paille ou le fourrage : *ramasseuse-presse.*

ramassis [ramɑsi] n. m. Ensemble, réunion de choses de peu de valeur, de personnes peu estimables : *un ramassis de vieux papiers, d'escrocs.*

Ramat Gan, v. d'Israël, près de Tel-Aviv ; 112 600 h. Université.

Rāmāyana, nom générique d'épopées sacrées hindoues, composées du Vᵉ s. av. J.-C. au XVᵉ s. apr. J.-C., et ayant pour sujet la vie de Rāma, roi d'Ayudhyā, incarnation du dieu Vishnu.

rambarde [rɑ̃bard] n. f. (de l'ital. *rambata*). *Mar.* Main courante, formant garde-fou, placée autour des gaillards, des passerelles. (Syn. GARDE-CORPS.)

Rambert (Myriam RAMBERG, dite **Marie**), danseuse britannique d'origine polonaise, née à Varsovie en 1888, fondatrice du Ballet Rambert, la plus ancienne compagnie anglaise de ballet. En 1967, sa compagnie, réformée, s'oriente vers le ballet contemporain.

Rambervillers [-le] (88700), ch.-l. de c. des Vosges (arr. d'Epinal) ; 7 419 h. (*Rambuvetais*). Papeterie. Textiles. Belle forêt domaniale.

Rambouillet (78120), ch.-l. d'arr. des Yvelines, sur la limite sud de la *forêt de Rambouillet* (13 100 ha) ; 15 918 h. (*Rambolitains*). Le château, élevé au XIVᵉ s., fut remanié au XVᵉ s., puis au XVIIIᵉ s. Il fut acheté par Louis XVI en 1783 et devint, en 1897, résidence d'été des présidents de la République. Ferme nationale créée par Louis XVI ; école des bergers. Electronique. — L'arr. a 4 cant., 85 comm., 75 735 h.

Rambouillet (*hôtel de*), hôtel construit à Paris, rue Saint-Thomas-du-Louvre, sur les plans de la marquise de Rambouillet qui y reçut une société choisie, cherchant à généraliser l'élégance des manières et du langage. (V. PRÉCIOSITÉ.)

Rambuteau (Claude Philibert BARTHELOT, *comte* DE), administrateur français, né à Mâcon (1781-1869). Préfet de la Seine en 1833, il remplaça l'éclairage à l'huile par le gaz.

ramdam [ramdam] n. m. (arabe *ramaḍān*). *Pop.* Vacarme.

rame [ram] n. f. (fém. de l'anc. fr. *raim*, branche ; lat. *ramus*, branche). Petite branche que l'on plante en terre pour soutenir des plantes grimpantes. ‖ Dans l'industrie pétrolière, assemblage de deux ou trois tiges de forage.

rame n. f. (de *ramer*). Aviron, longue pièce de bois élargie à une extrémité, pour faire mouvoir une barque.

rame n. f. (de l'espagnol *resma*, empr. à l'arabe *rizma*, ballot). Réunion de 20 mains de 25 feuilles de papier. (La rame est l'unité adoptée pour la vente en gros du papier.) ‖ Groupe de wagons, de voitures manœuvrant ensemble.

ramé, e adj. Soutenu par des rames : *pois ramés.*

rameau [ramo] n. m. (lat. *ramus*). Petite branche d'arbre. ‖ Subdivision d'une artère, d'une veine, d'un nerf. ‖ Subdivision d'un arbre généalogique : *les rameaux d'une famille.* ‖ Etroit couloir dérivé d'une galerie de mine. ● *Dimanche des Rameaux*, dernier dimanche de carême. (Syn. PÂQUES FLEURIES.)

Rameau (Jean-Philippe), compositeur français, né à Dijon (1683-1764). Claveciniste et organiste, il contribua à fixer la science de l'harmonie (*Traité de l'harmonie*, 1722) et, dans ses opéras (*Hippolyte et Aricie*, 1733 ; *Castor et Pollux*, 1737 ; *Dardanus*, 1739 ; *Zoroastre*, 1749) et ses opéras-ballets (*les Indes galantes*, 1735 ; *les Festes d'Hébé*, 1739), porta l'émotion, le sentiment dramatique à leur plus haut point. Par la souplesse de sa rythmique, le relief et la vigueur de son style instrumental, la puissance ou la tendresse de ses thèmes, la diversité de ses ballets, il est, avec Couperin, le plus grand musicien classique français. On lui doit, en outre, des cantates, des motets, des livres de clavecin et de nombreux travaux de théorie musicale.

Rameau (Pierre), maître à danser français du XVIIIᵉ s. Attaché aux cours de France et d'Espagne, il publia *le Maître à danser* (1725), ouvrage dans lequel sont mentionnées pour la première fois les cinq positions.

ramée n. f. (du lat. *ramus*, rameau). Branches coupées avec leurs feuilles vertes (vx) : *un fagot de ramée.* ‖ Assemblage de branches entrelacées (vx) : *danser sous la ramée.*

ramender v. t. Amender, fumer de nouveau : *ramender un champ.* ‖ Remettre des feuilles d'or aux endroits d'un ouvrage de dorure où celle-ci a disparu.

ramener [ramne] v. t. (conj. **5**). Amener de nouveau : *ramener ses enfants à l'école.* ‖ Faire revenir une personne dans le lieu d'où elle était partie : *ramener un déserteur.* ‖ Etre cause du retour : *chien que la faim ramène au logis.* ‖ Remettre en place : *ramener un châle sur ses épaules.* ‖ Tirer : *ramener les bras en arrière.* ‖ *Fig.* Faire renaître, rétablir : *ramener l'abondance, la paix.* ● *Ramener à*, rapporter à : *l'égoïste ramène tout à lui.* ‖ — N. m. *Le ramener*, opération de dressage qui consiste à obliger un cheval à plier l'encolure.

ramequin [ramkɛ̃] n. m. (anc. allem. *ramken*). Récipient de faïence ou de verrerie utilisé pour les préparations nécessitant une cuisson au four. ‖ Tartelette garnie d'une crème au fromage.

ramer [rame] v. t. Soutenir des plantes grimpantes avec des rames : *ramer des pois.* ● *Il s'y entend comme à ramer des choux* (Fam.), il ne s'y entend pas du tout.

ramer v. i. (du lat. *remus*, rame). Manœuvrer une rame. ‖ Faire avancer un bateau au moyen de la rame.

Ramerupt [-ry] (10240), ch.-l. de c. de l'Aube (arr. de Troyes) ; 348 h.

ramescence [ramɛsɑ̃s] n. f. Disposition en rameaux.

Ramesseum ou **Ramesseion,** temple funéraire de Ramsès II, à Thèbes.

Jean-Philippe **Rameau**, par Carmontelle
musée Condé, Chantilly

ramette n. f. Rame de papier à lettres.

rameur, euse n. Personne qui rame.

rameuter v. t. Ameuter de nouveau.

rameux [ramø], **euse** [-øz] adj. (lat. *ramosus*). Qui a beaucoup de branches. ‖ Qui a des ramifications : *les bois rameux du cerf.*

rami n. m. Jeu de cartes qui se joue généralement à quatre avec un jeu de 52 cartes plus un joker. ● *Faire rami*, se débarrasser de toutes ses cartes.

ramie [rami] n. f. Plante de la famille des urticacées, dont on tire en Extrême-Orient une fibre textile.

ramier [ramje] n. m. et adj. (de l'anc. fr. *raim*, rameau). La plus grande espèce de pigeons de l'Europe occidentale, commune dans les jardins publics. (Long. 40 cm.) [Syn. PALOMBE.]

ramification [ramifikasjɔ̃] n. f. Division d'un végétal arborescent. ‖ Division d'une artère, d'un nerf, etc., en parties plus petites, qui en sont comme les rameaux. ‖ *Fig.* Subdivision : *les ramifications d'un complot.*

ramifier v. t. Diviser en plusieurs rameaux. ‖ Diviser en plusieurs parties. ‖ **— Se ramifier** v. pr. Se partager en plusieurs branches. ‖ *Fig.* Se diviser et se subdiviser.

ramilles [ramij] n. f. pl. Petits rameaux.

Ramillies, village de Belgique (comm. de Ramillies-Offus, Brabant), près de Louvain. Marlborough y vainquit Villeroi en 1706.

ramingue [ramɛ̃g] adj. (ital. *ramingo*). Se dit d'un cheval qui se défend contre l'éperon.

Ramire, nom de deux rois d'Aragon et de trois rois de León (IXᵉ s.-XIIᵉ s.).

Ramolino (Maria Letizia), mère de Napoléon Iᵉʳ. V. BONAPARTE.

ramolli, e adj. et n. *Fam.* Qui a un ramollissement du cerveau ; qui est réduit à un état de quasi-imbécillité.

ramollir [ramɔlir] v. t. Rendre mou : *ramollir du cuir.* ‖ **— Se ramollir** v. pr. Devenir mou. ‖ *Fam.* Perdre peu à peu ses facultés mentales.

ramollissant, e adj. Qui ramollit, relâche.

ramollissement n. m. Etat de ce qui est ramolli. ‖ *Méd.* Altération particulière de certains organes qui se ramollissent : *le ramollissement cérébral.* ‖ Etat de quasi-imbécillité.

Ramon (Gaston), biologiste et vétérinaire français, né à Bellechaume (Yonne) [1886-1963]. Il a continué l'œuvre de Pasteur et de Roux par sa découverte des anatoxines diphtérique et tétanique (vaccins contre la diphtérie et le tétanos).

Ramón y Cajal (Santiago). V. CAJAL (Santiago RAMÓN Y).

ramonage n. m. Action de ramoner. (Le ramonage annuel des cheminées est obligatoire.)

ramoner [ramɔne] v. t. (de l'anc. fr. *ramon*, balai). Racler l'intérieur d'une cheminée, pour enlever la suie qui s'y est déposée. ‖ En alpinisme, effectuer une escalade à l'intérieur d'une cheminée.

ramoneur n. m. Personne dont le métier est de ramoner les cheminées.

rampant, e adj. Qui rampe : *animal rampant.* ‖ *Fig.* Humble, bassement soumis devant les grands : *homme, caractère rampant.* ‖ *Archit.* Qui va en pente : *un arc rampant.* ‖ *Bot.* Etalé sur le sol, horizontal : *tige rampante.* ‖ *Hérald.* Dressé sur ses pieds de derrière : *lion rampant.*

rampant n. m. *Arg. mil.* Membre du personnel non navigant, dans l'aviation. ‖ *Archit.* Bord extérieur, en

château de **Rambouillet**

Phot. Lauros-Giraudon (2).

pente, d'un fronton, d'un pignon, d'un gable ou d'un arc-boutant.

rampe [rɑ̃p] n. f. Pente, portion inclinée d'une rue, d'une route, d'une voie de chemin de fer. ‖ Rangée de lumières sur le devant de la scène d'un théâtre, dans la devanture d'un magasin, etc. ‖ *Aéron.* Alignement de projecteurs pour éclairer une piste. ● *Rampe de chargement,* plate-forme sur laquelle sont réunis des postes de chargement. ‖ *Rampe des culbuteurs,* ensemble des culbuteurs et de leur support, dans un moteur à explosion. ‖ *Rampe d'escalier,* balustrade à hauteur d'appui et servant de main courante. ‖ *Rampe de lancement,* plan incliné pour le lancement des avions catapultés, de certains projectiles autopropulsés, missiles, etc. (V. *encycl.*) ‖ *Rampe tympanique, vestibulaire* (Anat.), chacune des deux parties du limaçon de l'oreille interne, séparées par la lame spirale et communiquant la première avec la caisse du tympan par la fenêtre ronde, la seconde avec le vestibule.
— ENCYCL. C'est à la fin de la Seconde Guerre mondiale, en 1944, que les Allemands édifièrent les premières *rampes de lancement* pour missiles. Ces rampes, construites en béton dans le nord de la France occupée, servaient à lancer les V 1 destinés à bombarder l'Angleterre. Elles représentaient des ouvrages importants, qui furent des objectifs privilégiés pour les services de renseignements et les bombardiers alliés. Depuis, de nombreux missiles sol-sol sont lancés à partir de rampes de lancement mobiles généralement automotrices.

rampeau [rɑ̃po] n. m. Coup que l'on joue à certains jeux (principalement aux dés) lorsque les adversaires ont obtenu le même nombre de points.

rampement n. m. Action de ramper : *le rampement du serpent.* (Syn. REPTATION.)

ramper [rɑ̃pe] v. i. (francique **hrampon,* grimper). Se traîner sur le ventre : *passer sous un barbelé en rampant.* ‖ Cheminer sur un support solide sans cesser de conserver une large surface d'appui. (V. REPTATION.) [La tige d'une plante est dite *rampante* lorsqu'elle s'allonge sur le sol horizontalement.] ‖ *Fig.* Etre bassement soumis : *ramper devant un supérieur.*

ramponneau [rɑ̃pɔno] n. m. *Fam.* Coup, poussée.

Rāmpur, v. de l'Inde (Uttar Pradesh) ; 136 800 h.

Ramsay (*sir* William), chimiste anglais, né à Glasgow (1852-1916). Il expliqua en 1879 le mouvement brownien, découvrit l'hélium (1894), l'argon (1895) et les autres gaz rares (1898). [Prix Nobel de chimie, 1904.]

Ramsden (Jesse), physicien anglais, né à Salterhebble (Yorkshire) [1735-1800]. Il imagina une machine électrostatique et inventa le théodolite.

Ramsès, nom porté par onze pharaons des XIXe et XXe dynasties égyptiennes. Les plus célèbres sont : RAMSÈS Ier, roi d'Egypte (v. 1314-1312), fondateur de la XIXe dynastie ; — RAMSÈS II *Méiamoun,* qui succéda à son père, Séthi Ier, et régna de 1301 à 1235 env. av. J.-C. Il fit la guerre en Syrie et s'allia avec les Hittites après avoir été longtemps avec eux en état d'hostilité ; il multiplia les constructions (statues colossales, spéos d'Abou-Simbel, Ramesseum de Thèbes). La tradition légendaire, transmise par les Grecs, le connaît encore sous le nom d'OSYMANDYAS et le confond parfois avec Senousret III. — RAMSÈS III, roi d'Egypte (v. 1198-1166 av. J.-C.), qui arrêta l'invasion des « Peuples de la mer » et rétablit l'influence égyptienne en Palestine. On lui doit surtout le grand temple de Médinet Habou.

Ramsgate, v. de Grande-Bretagne (Kent), à l'embouchure de la Tamise ; 36 900 h. Station balnéaire. Centre de yachting.

ramure [ramyr] n. f. Ensemble des branches et des rameaux d'un arbre : *l'épaisse ramure du chêne.* ‖ Bois du cerf, du daim.

Ramus [-mys] (Pierre DE LA RAMÉE, plus connu sous le nom latin de), humaniste français, né à Cuts (Vermandois) [1515-1572]. Malgré la condamnation de la Sorbonne, qui frappait ses deux ouvrages contre Aristote (*Dialecticae partitiones* et *Aristotelicae animadversiones,* 1543), il devint principal du collège de Presles (1545), et, grâce au cardinal de Lorraine, il fut le premier professeur de mathématiques au Collège royal (Collège de France) [1551]. Ouvertement partisan de la Réforme, il s'exila un moment en Allemagne, mais revint en France après la paix de Saint-Germain (1570). Il fut tué lors de la Saint-Barthélemy.

Ramuz [-my] (Charles Ferdinand), écrivain suisse d'expression française, né à Cully (cant. de Vaud) [1878-1947]. Il a exprimé la poésie de la nature et de la vie vaudoise dans ses recueils lyriques (*le Petit Village,* 1903 ; *Salutation paysanne,* 1921), ses récits (*Vie de Samuel Belet,* 1913 ; *Joie dans le ciel,* 1921 ; *la Grande Peur dans la montagne,* 1926 ; *Derborence,* 1934) et son *Journal* (1945).

ranales n. f. pl. Ordre de plantes à fleurs d'un type assez primitif, dont chaque carpelle forme à lui seul un fruit. (Syn. POLYCARPIQUES.)
— ENCYCL. On compte plus de 3 000 espèces de *ranales,* réparties entre une famille principale (renonculacées) et diverses familles moins nombreuses : magnoliacées, lauracées, berbéridacées, ménispermacées, nymphéacées. Ces plantes ont de nombreuses ressemblances avec les monocotylédones, mais certaines d'entre elles semblent annoncer les grands groupes de dicotylédones : rosales, papavérales, apétales, disciflores, etc. Principaux types : le magnolia, le laurier, l'épine-vinette, l'aconit, la nigelle, le populage, le nénuphar, l'hellébore et le bouton-d'or.

ranatre [ranatr] n. f. Insecte des eaux stagnantes, à corps très allongé terminé par un tube respiratoire. (Long. 5 cm ; ordre des hétéroptères.)

Ranavalona III (1862-1917), reine de Madagascar (1883-1897). Sur l'initiative de Gallieni, elle fut déposée par les Français et exilée en Algérie en 1897.

Rancagua, v. du Chili central ; 61 800 h.

rancard ou **rancart** n. m. V. RENCARD, RENCART.

rancart [rɑ̃kar] n. m. (de *rencarter,* écarter des cartes au jeu). *Mettre, jeter au rancart* (Fam.), mettre, jeter de côté, au rebut.

rance [rɑ̃s] adj. et n. m. (lat. *rancidus*). Se dit de tout corps gras qui a contracté une odeur forte et une saveur âcre : *lard rance ; sentir le rance.*

Rance (la), fleuve de Bretagne, qui passe à Dinan et se jette dans la Manche ; 100 km. Usine marémotrice sur son estuaire.

Rancé (Armand Jean LE BOUTHILLIER DE), religieux français, né à Paris (1626-1700). Il se retira à l'abbaye cistercienne de Notre-Dame-de-la-Trappe, qu'il réforma (*trappistes*).

rancescible [rɑ̃sɛsibl] adj. Qui peut rancir : *huiles rancescibles.*

ranch [rɑ̃ʃ *ou* rɑ̃tʃ] ou **rancho** [-ʃo *ou* -tʃo] n. m. (mot anglo-amér., empr. à l'esp.). Ferme de la Prairie américaine. ‖ Pl. des *ranches,* des *ranchos.*

ranche [rɑ̃ʃ] n. f. (du lat. *ramex,* pieu). Chacune des chevilles de fer ou de bois qui traversent une pièce de bois pour servir d'échelon.

rancher [rɑ̃ʃe] n. m. Sorte d'échelle formée d'un seul montant.

Rānchi, v. de l'Inde (Bihār) ; 154 700 h. Métallurgie.

rancio [rɑ̃sjo] n. m. Vin de liqueur qu'on a laissé vieillir.

rancir [rɑ̃sir] v. i. Devenir rance : *lard qui rancit.*

rancissement n. m., ou **rancissure** n. f. Action de rancir. (Le rancissement du beurre est dû à la transformation, par fermentation, du lactose restant dans le beurre en acide butyrique, par le bacille amylobacter.)

rancœur [rɑ̃kœr] n. f. (lat. *rancor,* état de ce qui est rance). Rancune, ressentiment tenace que l'on garde à la suite d'une déception, d'une injustice.

rançon [rɑ̃sɔ̃] n. f. (lat. *redemptio,* rachat). Ce qu'on donne pour la délivrance d'un captif, d'un prisonnier de guerre : *payer rançon.* ‖ *Fig.* Prix, inconvénient : *la rançon de la gloire.*

rançonnement n. m. Action de rançonner. ‖ Extorsion d'argent.

rançonner v. t. Exiger de force ce qui n'est pas dû : *voleurs qui rançonnent les passants.* ‖ Exiger de quelqu'un plus qu'il ne faut pour une chose : *hôtelier qui rançonne les voyageurs.*

rançonneur, euse n. Personne qui rançonne.

rancune [rɑ̃kyn] n. f. (lat. *rancor,* état de ce qui est rance, et *cura,* souci). Ressentiment qu'on garde d'une offense. (Syn. : ANIMOSITÉ, HAINE, HOSTILITÉ, INIMITIÉ, RANCŒUR.) ● *Sans rancune* (Fam.), oublions les sujets d'animosité.

rancunier, ère adj. et n. Sujet à la rancune.

Randan (63310), ch.-l. de c. du Puy-de-Dôme (arr. de Riom) ; 1 278 h. (989 aggl.). Château du XVIe s.

Randens [rɑ̃dɑ̃] (73220 Aiguebelle), comm. de la Savoie (arr. de Saint-Jean-de-Maurienne), sur l'Arc ; 606 h. (221 aggl.). Centrale hydro-électrique (les eaux de l'Isère y sont amenées par un tunnel long de 11,7 km).

Randers, port du Danemark (Jylland) ; 63 800 h.

Randfontein, v. de l'Afrique du Sud (Transvaal), dans le Witwatersrand ; 34 600 h. Mines d'or.

Randon (Jacques César, *comte*), maréchal de France, né à Grenoble (1795-1871). Il fut collaborateur de Bugeaud en Algérie, puis ministre de la Guerre (1860-1867).

randonnée [rɑ̃dɔne] n. f. (de l'anc. fr. *randonner,* courir rapidement). Circuit que fait le cerf, le chevreuil, après avoir été lancé. ‖ Course longue et généralement ininterrompue : *faire une randonnée en automobile.*

randonneur, euse n. Celui, celle qui fait des excursions à pied.

rang [rɑ̃] n. m. (francique **hring,* cercle). Ordre, disposition de personnes, de choses sur une même ligne : *un rang de soldats, d'arbres.* ‖ Place qu'on doit occuper dans une assemblée, dans une cérémonie. ‖ Place qu'on occupe dans la hiérarchie sociale, dans l'estime des hommes : *tenir un rang honorable.* ‖ Au Canada, terroir allongé d'une exploitation agricole, perpendiculaire à une rivière ou à une route. ‖ *Mar.* Anc. classification des vaisseaux d'après leur taille et leur armement : *vaisseau de premier rang.* ● *Au rang de,* au nombre de : *mettre quelqu'un au rang de ses amis.* ‖ *Avoir rang de,* avoir le grade de. ‖ *Homme du rang* (Mil.), terme générique pour désigner tout militaire qui n'est ni officier ni sous-officier. (On disait autrefois HOMME DE TROUPE.) ‖ *Rang serré* (Mil.), v. ORDRE SERRÉ. ‖ *Se mettre sur les rangs,* parmi les prétendants à une place. ‖ *Serrer les rangs,* se rapprocher pour tenir moins de place, et, au *fig.,* pour s'aider. ‖ *Sorti du rang,* se dit d'un militaire devenu officier sans passer par une école militaire.

Rangabês, Rangabê ou **Rangavis** (Alexandros Rizos), homme d'Etat et écrivain grec, né à Constantinople (1810-1892). Archéologue, il devint ministre des Affaires étrangères (1856), puis ambassadeur, et il contribua à faire du grec moderne une langue littéraire.

rangé, e adj. *Fig.* Qui a de l'ordre, de la conduite : *homme rangé.* ● *Bataille rangée,* celle que se livrent deux armées régulièrement disposées en face l'une de l'autre.

rangée n. f. Suite d'objets disposés sur une même ligne : *rangée d'arbres.*

Ramsès II buste dit « à la perruque » musée du Caire

l'usine marémotrice sur l'estuaire de la Rance

Phot. Tel - André Vigneau, Doc. E. D. F. - Brigaud.

rangement n. m. Action de ranger. ‖ Disposition de ce qui est rangé.

ranger [rɑ̃ʒe] v. t. (conj. **1**). Mettre en rang : *ranger des troupes en ordre de bataille.* ‖ Mettre en ordre : *ranger des papiers.* ‖ Mettre de l'ordre dans : *ranger une chambre.* ‖ Mettre de côté pour laisser la voie libre : *ranger une voiture.* ‖ — *Fig.* Mettre sous la dépendance : *ranger un pays sous ses lois.* ‖ Mettre au nombre : *ranger un auteur parmi les classiques.* ‖ *Mar.* Longer, passer près de : *ranger une côte.* ‖ — **Se ranger** v. pr. S'écarter pour faire place. ‖ Se placer dans un certain ordre, en parlant des personnes : *se ranger autour d'une table.* ‖ *Fig.* Prendre une conduite plus réglée. ● *Se ranger à un avis,* l'adopter. ‖ *Se ranger du côté de,* s'engager dans le parti de.

ranger [randʒər] n. m. (mot. amér.). Soldat d'un corps de choc de l'armée de terre américaine. ‖ Membre d'une des branches du scoutisme.

Rangoon, cap. de la Birmanie, dans le sud du pays, sur la *rivière de Rangoon,* près de l'embouchure de l'Irrawaddy ; 1 617 000 h. Centre politique, Rangoon est aussi un grand port (exportation de riz) et un centre industriel actif (textiles, métallurgie, chimie).

rani [rani] n. f. Femme d'un rāja.

ranidés [ranide] n. m. pl. (du lat. *rana,* grenouille). Famille de batraciens anoures, comprenant les *grenouilles.*

Raniganj, v. de l'Inde (Bengale-Occidental) ; 30 100 h. Houille. Sidérurgie et métallurgie.

ranimable adj. V. RÉANIMABLE.

ranimation n. f. V. RÉANIMATION.

ranimer [ranime] v. t. Rendre la vie : *Jésus, dit l'Evangile, ranima Lazare.* ‖ — *Fig.* Réveiller, rajeunir : *le printemps ranime la nature.* ‖ Exciter : *ranimer le courage.*

ranimer ou **réanimer** v. t. Redonner de la vigueur, rendre à quelqu'un ses forces : *ranimer une personne évanouie.*

Ranke (Leopold VON), historien allemand, né à Wiehe (1795-1886), auteur d'une *Histoire d'Allemagne au temps de la Réforme.* Il fut un des grands initiateurs de la science historique allemande au XIXe s.

Rankine (William), ingénieur écossais, né à Edimbourg (1820-1872). En thermodynamique, il proposa le terme d'*énergie* et effectua la distinction entre les énergies mécaniques potentielle et cinétique, créant ainsi l'énergétique.

Ransart, comm. de Belgique (Hainaut), près de Charleroi ; 10 300 h. Charbonnages.

Rantzau (Jean, *comte* DE), général danois, né à Steinburg (Holstein) [1492-1565], l'un des plus sûrs soutiens de Frédéric Ier. — JOSIAS, comte **de Rantzau,** son parent, maréchal de France, né à Bothkamp (Holstein) [1609-1650], s'illustra à Rocroi.

Ranvier (Louis Antoine), histologiste français, né à Lyon (1835-1922). Professeur d'anatomie au Collège de France, il a laissé des ouvrages d'anatomie et d'histologie.

ranz [rɑ̃ *ou* rɑ̃z] n. m. (mot de la Gruyère). Air populaire que les bergers suisses chantent ou jouent sur le cor des Alpes. (On dit plus souvent RANZ DES VACHES.)

Raon-l'Étape [rɑ̃-] (88110), ch.-l. de c. des Vosges (arr. de Saint-Dié), sur la Meurthe ; 7 779 h. (*Raonnais*). Industries du bois. Textiles.

Raoul ou **Rodolphe** (m. en 936), duc de Bourgogne (921-923) et roi de France (923-936). Il lutta contre les Normands.

Raoul de Cambrai, chanson de geste du XIIIe s., poème de la révolte féodale.

Raoult (François), chimiste et physicien français, né à Fournes-en-Veppes (Nord) [1830-1901]. En 1882, il découvrit les lois de la cryométrie, de l'ébulliométrie et de la tonométrie, qui permettent la détermination des masses moléculaires.

raout [raut] n. m. (angl. *rout*). Réunion, fête mondaine.

Rapa, île de la Polynésie française (îles Australes).

rapace [rapas] adj. (lat. *rapax, rapacis*). Ardent à poursuivre sa proie : *le vautour est rapace.* ‖ *Fig.* Avide de gain : *usurier rapace.* ‖ — N. m. pl. Super-ordre d'oiseaux carnivores, caractérisés par leurs griffes aiguës et recourbées (serres) ainsi que par leur bec supérieur rabattu en pointe devant l'inférieur, et répartis dans les deux ordres des *falconiformes,* ou *accipitriformes* (rapaces diurnes), et des *strigiformes* (rapaces nocturnes). ‖ Sing. un *rapace.*
— ENCYCL. Les *rapaces* sont remarquables sous le double rapport de la vision et du vol. La face plate et la vision binoculaire des hiboux et des chouettes, associées à une excellente adaptation aux faibles lumières, permettent à ces oiseaux d'apprécier avec précision la distance des proies. Quant aux rapaces diurnes, l'« œil d'aigle » mérite sa réputation. L'aptitude au vol plané et au « piqué » en chute libre des falconiformes est inégalée, tandis que la bordure particulière des rémiges (sourdine alaire) permet aux strigiformes un vol silencieux. Il s'agit donc de redoutables chasseurs, mais, comme leurs proies habituelles sont des serpents, des mulots et divers rongeurs nuisibles, on doit les tenir pour des oiseaux utiles et les protéger. Outre l'aigle, « roi des oiseaux », citons le faucon (V. FAUCONNERIE), le vautour, qui assure l'hygiène de bien des villages asiatiques en dévorant ordures et cadavres, le condor d'Amérique, l'épervier, le milan, la buse, le busard et, parmi les nocturnes, les trois ducs (grand, moyen, petit), le hibou, la chevêche, la hulotte et l'effraie.

rapacité n. f. Avidité de l'animal qui se jette sur sa proie. ‖ *Fig.* Avidité au gain : *la rapacité de l'usurier.* ‖ — Syn. : CONVOITISE, CUPIDITÉ.

râpage n. m. Action de râper.

Rapallo, v. d'Italie (Ligurie) ; 20 600 h. Petit port et station balnéaire à l'est de Gênes. Traité du 12 novembre 1920 entre l'Italie, qui conservait Zara, et le royaume des Serbes, Croates et Slovènes, qui acquérait la Dalmatie. Fiume devenait Etat libre. Traité du 16 avril 1922 entre l'Allemagne et la Russie soviétique.

rapatrié, e [rapatrije] adj. et n. Renvoyé dans sa patrie : *un convoi de rapatriés.*

rapatriement n. m. Action de rapatrier, et en particulier renvoi dans leur patrie, par les consulats, de marins, soldats ou voyageurs.

rapatrier v. t. Ramener ou renvoyer dans sa patrie.

râpe [rɑp] n. f. (du germ. *raspôn,* rafler). Ustensile de ménage pour réduire en poudre, en petits morceaux certaines substances alimentaires : *râpe à fromage.* ‖ *Technol.* Grosse lime plate ou demi-ronde, pour user la surface des matières tendres. ‖ *Vitic.* Syn. de RAFLE.

râpé n. m. Boisson obtenue en ajoutant de l'eau au marc de raisin venant du pressurage. ‖ Fromage râpé.

râpé, e adj. Pulvérisé, réduit en miettes : *du gruyère râpé.* ● *Vêtement râpé,* usé jusqu'à la corde.

râper v. t. Réduire en poudre avec la râpe : *râper un fromage.* ‖ User la surface d'un corps avec une râpe, pour la dresser ou l'arrondir : *râper une pièce de bois.*

râperie n. f. Atelier où l'on râpe les betteraves destinées à la fabrication du sucre, le bois pour faire de la pâte à papier, etc.

faucon

vautour

aigle

rapaces
v. également ***aigle royal, duc, hulotte***

grand duc

serpentaire

chouette chevêchette

Rangoon
la grande pagode de Skwe Dagon

Phot. Higham, Mériet - Atlas-Photo, Dragesco, Scaïoni, Goldner, Bille, Roger-Viollet.

rapetassage n. m. *Fam.* Action de rapetasser.

rapetasser [raptase] v. t. (du provenç. *petassar,* rapiécer). *Fam.* Raccommoder grossièrement : *rapetasser de vieux vêtements.*

rapetissement n. m. Action de rapetisser ; résultat de cette action.

rapetisser [raptise] v. t. Rendre plus petit : *la distance rapetisse les objets.* || *Fig.* Diminuer le mérite de : *rapetisser les actions des autres.* || — V. i. Devenir plus petit, plus court : *les jours rapetissent.*

râpeux, euse adj. Rude comme une râpe : *les molaires râpeuses des herbivores.* || *Fig.* Qui a une saveur âpre : *vin râpeux.*

Raphaël, un des archanges cités par la Bible. Il fut le génie de Tobie.

Raphaël (Raffaello SANTI ou SANZIO, dit), peintre italien, né à Urbino (1483-1520). Fils du peintre Giovanni Santi, orphelin en 1494, il fut placé chez le peintre Timoteo Viti puis entra en 1499 dans l'atelier du Pérugin, à Pérouse, où il demeura quatre ans, collaborant avec son maître auquel il doit le sens de la grâce et de l'élégance. Il peignit durant cette première période de sa vie *le Songe du chevalier* (National Gallery, Londres), *les Trois Grâces* (Chantilly), *le Mariage de la Vierge* (Brera, Milan). En 1504, il vint à Florence, où il étudia les œuvres de Fra Bartolomeo et surtout de Léonard de Vinci. Il exécuta une série de madones, représentant la Vierge comme une aimable jeune femme ; mais la noblesse de son inspiration anime ces compositions d'un sentiment divin (*la Belle Jardinière,* Louvre ; *la Vierge au chardonneret,* Offices, Florence). Le pape Jules II l'appela à Rome en 1508 et lui confia la décoration des pièces de son appartement (Chambres de Raphaël), qu'il exécuta seul (*Chambre de la Signature, Chambre d'Héliodore*) ou avec l'aide de ses élèves (*Chambre de l'Incendie du bourg*) ; il conçut la décoration des Loges, ornées de grotesques, dessina les cartons pour les tapisseries de la Sixtine, peignit à fresque la *Galatée* de la Farnésine, exécuta encore de nombreuses madones (*Madone à la chaise,* Pitti ; *Madone de Saint-Sixte,* Dresde) et des portraits (*Baldassarre Castiglione,* Louvre). Bien que mort très jeune, Raphaël, doué d'une grande facilité, a laissé une œuvre abondante. Il connut un succès considérable et exerça une influence prolongée. Son art, classique par excellence, est fait d'équilibre et d'harmonie, unissant la précision du dessin à la délicatesse du coloris. Architecte, Raphaël travailla notamment à Saint-Pierre après la mort de Bramante.

raphaélesque [rafaelɛsk] ou **raphaélique** [-lik] adj. Qui a les qualités de Raphaël. || Qui rappelle les types de Raphaël : *madone raphaélesque.*

raphia [rafja] n. m. (mot d'une langue de Madagascar). Palmier d'Afrique et d'Amérique, fournissant une fibre très solide, qui sert à faire des liens. || Cette fibre elle-même.

rapiat [rapja], **e** [-at] adj. et n. *Fam.* Avide, cupide.

rapide [rapid] adj. (lat. *rapidus*). Qui parcourt beaucoup d'espace en peu de temps. || Qui s'accomplit avec rapidité : *conquête rapide.* || — Contr. : LENT, LONG, TRAÎNARD. || Très incliné : *pente rapide.* ● *Acier rapide,* acier spécial utilisé pour l'usinage des métaux.

rapide n. m. Section d'un cours d'eau où l'écoulement est accéléré en raison d'une augmentation brutale de la pente du lit : *les rapides sont de graves obstacles pour la navigation.* || *Ch. de f.* Train à marche aussi accélérée que possible.

rapidement adv. Avec rapidité.

rapidité n. f. Caractère de ce qui est rapide ; grande vitesse : *la rapidité d'une fusée ;* et, au *fig.* : *la rapidité du temps.* (Syn. : CÉLÉRITÉ, PRÉCIPITATION, PROMPTITUDE, VÉLOCITÉ, VIVACITÉ.)

rapiècement ou **rapiéçage** n. m. Action de rapiécer ; son résultat.

rapiécer [rapjese] v. t. (conj. **5**). Raccommoder, réparer avec des pièces.

rapière [rapjɛr] n. f. Epée à lame fine et longue, dont on se servait dans les duels (XVe-XVIIIe s.).

rapin [rapɛ̃] n. m. (orig. obscure). *Fam.* Autrefois, apprenti peintre. || *Par extens.* Peintre vivant dans la bohème, sans talent.

Rapin (Nicolas), magistrat et poète français, né à Fontenay-le-Comte (v. 1535-1608). Avocat au parlement de Paris, grand prévôt de la connétablie de France, puis lieutenant criminel de la prévôté de Paris, il est un des auteurs de la *Satire Ménippée.*

Rapin (*le P.* René), jésuite, né à Tours (1621-1687), historien du jansénisme.

rapine [rapin] n. f. (lat. *rapina*). Action de prendre par violence. || Ce qui est pris par violence : *vivre de rapines.* || *Fig.* Pillage, concussion : *s'enrichir par des rapines.*

rapiner v. t. et i. Prendre par rapine : *il s'enrichit en rapinant.*

rapinerie n. f. Action de rapiner. || Acte de rapine.

raplatir v. t. Aplatir de nouveau.

Rapp (Jean *comte*), général français, né à Colmar (1772-1821). Il se défendit un an à Dantzig (1813), dont il était gouverneur, et fut chambellan de Louis XVIII.

rappareiller [rapareje] v. t. Assortir de nouveau à son pareil : *rappareiller des potiches.*

Raphaël
portrait de Jeanne d'Aragon, *Louvre*
v. également ***Italie***

rappariement [-rimɑ̃] n. m. Action de rapparier ; son résultat.

rapparier [raparje] v. t. Réunir deux choses de façon à refaire la paire : *rapparier des gants.*

rappel [rapɛl] n. m. (de *rappeler*). Action par laquelle on rappelle : *rappel de militaires de la disponibilité.* || Batterie de tambour, sonnerie de clairon pour rassembler une troupe : *sonner, battre le rappel.* || Action de faire revenir un artiste sur la scène, en l'applaudissant. || Paiement d'une portion d'appointements ou d'arrérages restée en suspens. || Action de faire souvenir. || Système de retour en arrière d'un mécanisme : *touche de rappel.* ● *Battre le rappel,* rassembler, réunir les personnes, les ressources nécessaires. || *Injection de rappel,* injection de vaccin faite un an après une vaccination, puis tous les deux, trois ou cinq ans selon les vaccins. || *Rappel de corde,* en alpinisme, procédé permettant de descendre une paroi verticale à l'aide d'une corde double, récupérable ensuite. || *Rappel à l'ordre,* réprimande faite par le président d'une assemblée délibérante à un membre qui entrave le déroulement des débats ou qui manque à la bienséance.

rappelable adj. Qui peut être rappelé.

rappelé, e adj. et n. Convoqué de nouveau sous les drapeaux.

rappeler [raple] v. t. (conj. **5**). Appeler de nouveau, spécialem. au téléphone. || Faire revenir en appelant ou en applaudissant : *rappeler un acteur sur la scène.* || Faire revenir quelqu'un d'un pays étranger où il exerçait des fonctions : *rappeler un ambassadeur.* || Permettre à un exilé de rentrer dans sa patrie : *rappeler des proscrits.* || — *Fig.* Faire revenir, ramener quelqu'un à : *rappeler à la vie ; rappeler à l'ordre, au devoir.* || Faire revenir à la mémoire : *rappeler un souvenir.* || Présenter une ressemblance avec : *fille qui rappelle son père.* || **— Se rappeler** v. pr. Se souvenir. (Dites : *se rappeler quelque chose, je me le rappelle ; je me souviens de quelque chose, je m'en souviens.*)

rappliquer [raplike] v. i. *Pop.* Revenir.

raphias à Madagascar

rappointis [rapwɛ̃ti] n. m. Pointe de fer enfoncée dans un bois pour retenir le plâtre.

rapport [rapɔr] n. m. Revenu, produit : *le rapport d'une terre.* || Etat d'un fonds qui donne un produit : *terre en plein rapport.* || Compte rendu : *rédiger un rapport.* || Conformité, analogie : *l'italien a beaucoup de rapports avec le latin.* || *Dr.* Action par laquelle celui qui a reçu une somme, un bien les rapporte à la succession pour faire compte au partage : *le rapport des immeubles se fait en nature.* || *Gramm.* Relation grammaticale entre les mots d'une phrase. || *Log.* Lien établi par la pensée entre deux concepts : *le jugement est un rapport.* || *Math.* Quotient exact de deux grandeurs de même espèce, dont les mesures sont faites avec la même unité : *le rapport du périmètre d'un cercle à son diamètre est* π. || *Mil.* Rassemblement quotidien d'une unité militaire pour recevoir les ordres de son chef. ● *Demander le rapport d'un chef,* lui demander une entrevue. || *Maison de rapport,* immeuble dont la location procure des revenus au propriétaire. || *Rapport de masse,* dans une fusée, rapport entre le poids au départ et le poids à l'arrivée. || — Pl. Relations que les hommes ont entre eux : *entretenir des rapports d'amitié avec quelqu'un.* || — Loc. prép. **Par rapport à,** en proportion de : *la Terre est petite par rapport au Soleil.* || **Sous le rapport de,** du point de vue de, eu égard à.

rapportable adj. Qui peut ou doit être rapporté : *un fait rapportable.*

rapporter [rapɔrte] v. t. Apporter une chose au lieu où elle était : *rapportez-moi le livre que je vous ai prêté.* || Apporter de voyage : *rapporter des cigares de La Havane.* || Donner comme produit, bénéfice, revenu : *cette terre rapporte beaucoup de blé.* || Faire le récit de ce qu'on a vu et entendu : *rapporter un fait comme il s'est passé.* || Redire, répéter par indiscrétion ou par malice : *on n'ose rien dire devant lui, il rapporte tout.* || Faire remonter : *rapporter un fait à telle époque.* || Abroger, annuler : *rapporter un décret.* || Effectuer un rapport avant un partage. || *Fig.* Diriger vers un but ; rattacher à : *l'égoïste rapporte tout à lui.* || Compléter une chose en y ajoutant : *rapporter un morceau à une étoffe.* || *Chass.* En parlant d'un chien, apporter le gibier tué. || *Topogr.* Tracer sur le papier le dessin des mesures prises sur le terrain : *rapporter des angles.* || **— Se rapporter [à]** v. pr. Avoir rapport à, se rattacher à : *le pronom relatif se rapporte à son antécédent.* ● *S'en rapporter à quelqu'un,* s'en remettre à sa décision, lui faire confiance.

rapporteur, euse adj. et n. Qui rapporte, par indiscrétion ou par malice, ce qu'il a vu ou entendu.

rapporteur n. et adj. m. Celui qui est chargé de faire l'exposé d'un procès, d'une affaire, de faire le rapport des conclusions que propose une commission parlementaire, etc. : *le rapporteur général du budget ; juge rapporteur.* || — N. m. *Math.* Demi-cercle gradué, servant à mesurer ou à rapporter des angles sur un dessin.

rapprendre ou **réapprendre** v. t. Apprendre de nouveau.

rapprochement n. m. Action de rapprocher, de se rapprocher. || — *Fig.* Réconciliation : *le rapprochement de deux familles.* || Action de mettre en parallèle des faits, des idées, pour les comparer.

rapprocher v. t. Approcher de nouveau ; mettre, faire venir plus près : *rapprocher deux planches disjointes.* || — *Fig.* Disposer à la confiance, à l'union, à la bienveillance : *le besoin rapproche les hommes.* || Réconcilier : *rapprocher deux personnes.* || Envisager ensemble, mettre en parallèle : *rapprocher des idées, des textes.*

rapprovisionnement ou **réapprovisionnement** n. m. Action de rapprovisionner.

rapprovisionner ou **réapprovisionner** v. t. Approvisionner de nouveau.

rapsodie n. f. V. RHAPSODIE.

rapt [rapt] n. m. (du lat. *raptus,* enlevé). Enlèvement d'une personne par fraude, violence ou séduction.

râpure n. f. Ce qu'on enlève en râpant : *râpure d'ivoire.*

raquette [rakɛt] n. f. (arabe *râhat,* paume de la main). Instrument formé d'un cadre ovale garni d'un réseau de boyaux et terminé par un manche, pour jouer à la paume, au tennis, etc. || Lame de bois, garnie ou non de liège, de caoutchouc, etc., munie d'un manche, pour jouer au Ping-Pong. || Large semelle pour marcher sur la neige molle. || Tige aplatie et charnue du nopal, ou opuntia.

rare [rar] adj. (lat. *rarus*). Qui n'est pas commun, qu'on ne voit pas souvent : *un timbre rare.* (Contr. : ABONDANT, COMMUN, COURANT, FRÉQUENT, ORDINAIRE.) || Clairsemé : *cheveux rares.* || Qui a un mérite exceptionnel : *un homme rare.* || Dont les visites sont moins fréquentes : *un ami qui se fait rare.*

raréfaction n. f. Action de raréfier ou de se raréfier. || Etat qui en résulte : *la raréfaction de l'air, d'une marchandise.*

raréfiable adj. Qui peut se raréfier.

raréfier [rarefje] v. t. Rendre rare. || *Phys.* Diminuer la densité, la pression. || **— Se raréfier** v. pr. Devenir plus rare, moins dense, moins fréquent.

rarement adv. Peu souvent.

rarescent [rarɛsɑ̃], **e** [-ɑ̃t] adj. Qui se raréfie.

rareté n. f. (lat. *raritas*). Etat de ce qui est rare : *la rareté du diamant en fait le prix.* || Pénurie : *la rareté*

Phot. Giraudon, Coopération.

du blé. ‖ Chose qui n'arrive pas souvent : *la neige en mai est une rareté.* ‖ Objet curieux : *un cabinet de raretés.*

rarissime adj. *Fam.* Très rare : *un livre rarissime.*

Rarotonga, île de Polynésie, dans l'archipel des îles Cook ; 8 700 h.

ras [rɑ] n. m. (du lat. *ratis,* radeau). *Mar.* Plate-forme flottante, servant aux réparations d'un navire, près de la flottaison.

ras [rɑs] n. m. Chef, en Ethiopie : *le ras Makonnen.*

ras [rɑ], **e** [rɑz] adj. (lat. *rasus,* rasé). Coupé jusqu'à la peau, en parlant des poils, des cheveux : *barbe rase.* ‖ Qui a le poil fort court : *velours ras.* ● *Faire table rase,* mettre de côté, considérer comme nul ce qui a été dit ou fait antérieurement : *l'esprit révolutionnaire fait table rase du passé.* ‖ *Mesure rase,* pleine jusqu'au bord. ‖ *Rase campagne,* pays plat et découvert. ‖ *Table rase,* expression désignant, chez Aristote, Leibniz et Locke, l'esprit antérieurement à toute représentation (par analogie avec une tablette de cire où rien n'est encore écrit). ‖ — Adv. De très près : *cheveux coupés ras.* ‖ **— Au ras de, à ras de** loc. prép. Au niveau de.

rasade [rɑzad] n. f. (de *ras*). Liquide qui remplit un verre à boire jusqu'au bord.

rasage n. m. Action de raser.

Rā's al-Khayma, l'un des Emirats arabes unis, sur le golfe Persique ; 24 500 h. Cap. *Rā's al-Khayma.*

rasance [rɑzɑ̃s] n. f. Rapport entre la hauteur à laquelle s'élève la trajectoire d'un projectile et celle de l'objectif visé.

rasant, e adj. *Mil.* Qui ne s'élève pas à une hauteur supérieure à celle de l'objectif : *tir rasant.* ‖ *Fam.* Ennuyeux, fatigant : *livre rasant.*

rascasse [raskas] n. f. (provenç. *rascasso*). Nom donné à plusieurs poissons osseux de la Méditerranée et du golfe de Gascogne, comestibles, mais couverts d'épines venimeuses.

rase-mottes n. m. inv. *Aéron.* Vol à très basse altitude, presque à toucher terre : *mitrailler en rase-mottes.*

raser [rɑze] v. t. (du lat. *radere,* tondre). Couper ras le poil : *raser la barbe.* ‖ Abattre à ras de terre : *raser un édifice.* ‖ *Fig.* Passer tout près, effleurer : *raser les murs.* ‖ *Fam.* Importuner, ennuyer. ‖ **— Se raser** v. pr. Couper sa barbe. ‖ *Fam.* S'ennuyer.

rasette n. f. Petit soc qui se fixe sur une charrue, en avant du coutre, et qui a pour fonction de couper les mauvaises herbes.

raseur, euse n. *Fam.* Personne ennuyeuse.

rash [raʃ] n. m. Eruption érythémateuse de courte durée, qui s'observe dans diverses maladies.

Rasmussen (Knud), explorateur danois, né à Jakobshavn (Groenland) [1879-1933]. Il dirigea plusieurs expéditions dans l'Arctique et étudia les Esquimaux.

rasoir n. m. Instrument tranchant dont on se sert pour se couper la barbe. ● *Rasoir électrique,* appareil électrique qui permet le rasage à sec. ‖ *Rasoir de sûreté,* lame de rasoir munie d'un dispositif empêchant de se blesser. ‖ — Adj. *Pop.* Ennuyeux : *film rasoir.*

Raspail (François), chimiste et homme politique français, né à Carpentras (1794-1878). Il prit part aux journées de 1830 et proclama la république à l'Hôtel de Ville lors de la révolution de 1848. Il fut inculpé et détenu lors de la journée du 15 mai. Exilé en Belgique, il ne rentra en France qu'en 1863 et fut député de l'opposition en 1869-1870. Sa popularité lui vint surtout de ses ouvrages de vulgarisation médicale.

Raspoutine (Grigori Lefimovitch), aventurier russe, né à Pokrovskoïe, près de Tobolsk (1872-1916). Dès 1905, il gagna la confiance du tsar et surtout de la tsarine par sa réputation de thaumaturge ; il abusa de son influence, qui finit par jeter le discrédit sur la cour de Russie. En février 1916, il réussit à imposer comme président du conseil son candidat, Stürmer. Il fut assassiné par le prince Ioussoupov.

raspoutitsa [rasputitsa] n. f. (mot russe désignant la saison où les chemins sont hors d'usage). En Russie, période de dégel qui, transformant la surface du sol en boue gluante, rend les chemins impraticables.

rassasiement [-zimɑ̃] n. m. Etat d'une personne rassasiée.

rassasier [rasazje] v. t. (du lat. *satiare*). Apaiser la faim. ‖ *Fig.* Satisfaire pleinement : *être rassasié d'un spectacle.*

rassemblement n. m. Action de rassembler : *rassemblement de troupes.* ‖ Sonnerie pour rassembler une troupe. ‖ Grande réunion de personnes ; attroupement : *disperser un rassemblement.* ‖ Union de groupements politiques ou parti qui prétend regrouper des adhérents d'origines politiques diverses.

Rassemblement du peuple français (R. P. F.), mouvement fondé en avril 1947 par le général de Gaulle et qui joua un rôle politique important jusqu'en 1953.

rassembler [rasɑ̃ble] v. t. Réunir, mettre ensemble : *amis que le hasard rassemble ; rassembler des matériaux.* ‖ Mettre en ordre : *rassembler des papiers.* ‖ *Fig.* Réunir, concentrer : *rassembler ses forces, ses idées.* ● *Rassembler un cheval,* le tenir dans la main et dans les jambes, de façon à le préparer aux mouvements qu'on veut lui faire exécuter.

rasseoir v. t. (conj. **38**). Asseoir de nouveau ; replacer.

rasséréner [raserene] v. t. (conj. **5**). Rendre le calme à : *cette bonne nouvelle le rasséréna.* ‖ **— Se rasséréner** v. pr. Retrouver son calme.

Ras Shamra, site de Syrie, près de Lattaquié. Ruines de la puissante cité antique d'Ougarit*.

rassir v. i. (de *rassis,* participe). *Fam.* Durcir, en parlant du pain.

rassis [rasi], **e** [-iz] adj. (part. passé de *rasseoir,* diminuer). *Esprit rassis,* calme, réfléchi. ‖ *Pain rassis,* pain qui n'est plus frais, mais qui n'est pas encore dur.

rassortiment n. m. V. RÉASSORTIMENT.

rassortir v. t. V. RÉASSORTIR.

rassurant, e adj. Propre à rassurer : *nouvelle, figure rassurante.*

rassurer [rasyre] v. t. Rendre la confiance, l'assurance, la tranquillité : *cette nouvelle me rassure.*

rastaquouère [rastakwɛr] et, par abrév., **rasta** n. m. (esp. *rastracuero*). *Fam.* Etranger menant grand train et dont on ne connaît pas les moyens d'existence.

Rastatt ou **Rastadt,** v. de l'Allemagne occidentale (Bade-Wurtemberg) ; 26 000 h. Electronique. Le traité de Rastatt (1714) mit fin à la guerre de Succession d'Espagne. Le congrès de Rastatt (1797-1799) se termina par le massacre des plénipotentiaires français.

Rastignac, personnage créé par Balzac, type de l'arriviste élégant. Il apparaît dans *le Père Goriot* et on le retrouve dans la plupart des romans qui se déroulent dans la société parisienne.

rat [ra] n. m. Genre de mammifères rongeurs comprenant de grandes espèces omnivores à queue nue, souvent anthropophiles et extrêmement nuisibles. (Type du sous-ordre des myomorphes.) [V. *encycl.*] ‖ *Fam.* Homme avare. ‖ Jeune élève de la classe de danse, à l'Opéra. ● *Rat de bibliothèque* (Fam.), homme qui passe son temps à consulter des livres dans les bibliothèques. ‖ *Rat-de-cave,* commis des contributions indirectes, qui visite les caves contenant des vins et des spiritueux ; longue mèche recouverte de cire et repliée sur elle-même, qui sert à éclairer. ‖ *Rat d'eau,* v. CAMPAGNOL. ‖ *Rat d'hôtel* (Fam.), filou qui dévalise les hôtels. ‖ *Rat musqué,* v. ONDATRA.
— ENCYCL. Les *rats* proprement dits sont le *rat noir* et le *surmulot,* ou rat d'égout, appelé aussi « rat de Norvège ». Ces animaux, aussi incapables d'entrer en hibernation que d'accumuler des provisions, dépendent strictement des provisions humaines pendant tout l'hiver et continuent en fait à les exploiter toute l'année. Leur pouvoir reproducteur incomparable (en trois ans, un seul couple pourrait engendrer 20 millions de descendants si tous atteignaient la vieillesse), leur énorme appétit (ils mangent leur propre poids en trois jours), leur manie de ronger même ce qu'ils n'avalent pas (y compris le plomb des conduites d'eau et de gaz), leur aptitude à propager la peste et d'autres maladies épidémiques font d'eux des animaux particulièrement nuisibles. Des services publics de *dératisation* par le piège, le poison, les gaz toxiques et les virus existent dans la plupart des pays, et une surveillance particulière est exercée sur les navires. (V. illustr. RONGEURS.)

rata [rata] n. m. (abrév. de *ratatouille*). *Pop.* Ragoût de pommes de terre ou de haricots. ‖ Pitance : *un maigre rata.*

ratafia [ratafja] n. m. (mot créole). Liqueur faite d'eau-de-vie, de sucre et de certains fruits.

ratage n. m. Action de rater ; échec.

rataplan [rataplɑ̃], onomatopée du roulement d'un tambour.

ratatiné [ratatine], **e** adj. Flétri, ridé : *figure ratatinée.* ‖ *Fam.* Rapetissé par l'âge : *vieillard tout ratatiné.*

ratatiner (se) v. pr. (de l'anc. franç. *tatin,* petite quantité). Se raccourcir, se resserrer.

ratatouille [ratatuj] n. f. *Fam.* Ragoût grossier. ● *Ratatouille niçoise,* mélange d'aubergines, de courgettes et de tomates assaisonnées, cuites longuement dans l'huile d'olive.

rate n. f. Femelle du rat.

rate [rat] n. f. (néerl. *rate,* rayon de miel). Organe lymphoïde situé dans l'hypocondre gauche. (V. *encycl.*) ● *Dilater la rate* (Fam.), faire rire. ‖ *Ne pas se fouler la rate* (Fam.), travailler sans ardeur.
— ENCYCL. La *rate* mesure 18 cm de long sur 8 cm de large, pèse 200 g et a grossièrement la forme d'une pyramide triangulaire dont le sommet est situé vers le haut ; elle est placée sous la coupole gauche du diaphragme, en arrière de l'estomac et en avant du rein gauche ; elle tient en réserve des globules rouges, qu'elle libère en se contractant, et fabrique des lymphocytes. La rate s'hypertrophie dans de nombreuses maladies infectieuses parasitaires ou tumorales, ou lorsque la circulation sanguine est gênée et ralentie dans la veine splénique.

raté [rate] n. m. Coup d'une arme à feu qui n'est pas parti. ‖ Légère détonation qui se produit à l'échappement d'un moteur à explosion, lorsque l'allumage du mélange carburé se produit à contretemps.

raté, e n. et adj. *Fam.* Personne qui, faute de talent ou de chance, n'a pas réussi.

râteau [rɑto] n. m. (lat. *rastellus*). Instrument d'agriculture et de jardinage, qui est formé d'une traverse munie de dents et adaptée à un manche. ‖ Instrument ayant la forme d'un petit rateau sans dents, avec lequel le croupier ramasse l'argent sur la table de jeu. ● *Râteau à cheval,* instrument agricole constitué de dents courbes montées sur un bâti et que l'on fait tirer par un cheval pour rassembler le foin. ‖ *Râteau faneur,* appareil constitué de dents portées par des tambours à axe oblique par rapport au sens de la marche et qui sert soit à former des andains, soit à faner le fourrage, selon le sens de rotation choisi.

Rateau (Auguste), ingénieur français, né à Royan (1863-1930). Il s'est surtout intéressé aux fluides (air, eau, vapeur) en tant que forces motrices, ainsi qu'aux machines dans lesquelles agissent ces fluides et qu'il dénomma « turbomachines ». On lui doit aussi la turbine multicellulaire à action (1901), à laquelle son nom est resté attaché, un type de turbocompresseur à roues étagées, des pompes centrifuges à haut rendement et à grand débit, ainsi que des ventilateurs « hélicocentrifuges » pour l'aérage des mines.

ratel [ratɛl] n. m. Mammifère carnassier de l'Afrique et de l'Inde, à dessus blanc et argenté, et à dessous noir. (Long. 60 cm, sans la queue.)

râtelage n. m. Action de râteler.

râtelée n. f. Ce qu'on peut ramasser d'un seul coup de râteau.

raquettes

râteau faneur

rascasse

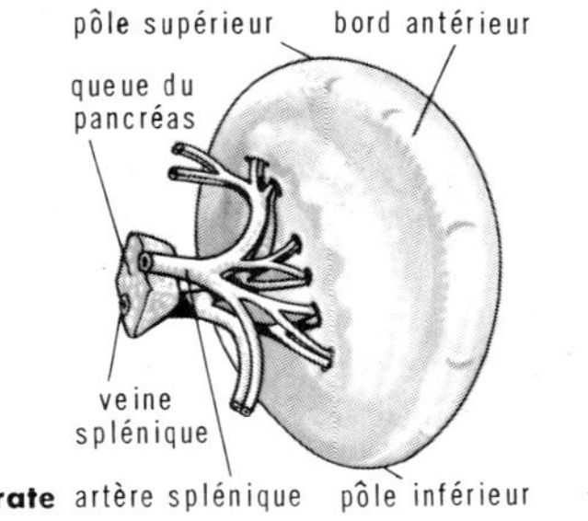

rate

Phot. X, « Reporters associés ».

râteler [rɑtle] v. t. (conj. **3**). Ramasser avec le râteau : *râteler du foin.*

râteleur, euse adj. et n. Qui râtelle les foins.

râtelier [rɑtəlje] n. m. Assemblage à claire-voie de barres de bois, pour mettre le foin et la paille qu'on donne aux animaux. ‖ Chevalets munis d'encoches, sur lesquels sont placés les fusils dans les bâtiments militaires. ‖ Appareil de fausses dents. ‖ Tringle disposée le long d'un établi pour y placer les outils. ● *Manger à deux râteliers, à plusieurs râteliers* (Fam.), servir avec profit deux causes opposées ; tirer avantage d'emplois différents.

râtelures n. f. pl. Ce qu'on ramasse avec le râteau.

rater [rate] v. i. (de *rat*). Ne pas partir, en parlant d'une arme à feu. ‖ *Fig.* et *fam.* Echouer : *projet qui rate.* ‖ — V. t. Manquer : *rater un lièvre ;* et, au *fig.* et *fam.* : *rater un examen.*

Rathenau (Walter), homme politique allemand, né à Berlin (1867-1922). Ministre de la Reconstruction (1921), il négocia avec Loucheur l'accord de Wiesbaden sur les réparations. Ministre des Affaires étrangères en 1922, il signa avec les Russes le traité de Rapallo. Il fut assassiné par les nationalistes antisémites.

ratiboiser [ratibwaze] v. t. *Fam.* Prendre, rafler : *ratiboiser au jeu l'argent de quelqu'un.*

Ratibor. V. RACIBÓRZ.

ratier n. m. Chien qui prend les rats.

ratière n. f. Piège pour prendre des rats.

ratification n. f. Approbation, confirmation authentique de ce qui a été fait ou promis. ‖ Acte juridique par lequel une personne prend à son compte l'engagement contracté en son nom par une autre qui n'était pas habilitée. ‖ Confirmation qui rend exécutable un acte ou un traité international.

ratifier [ratifje] v. t. (du lat. *ratum,* ce qui est confirmé). Confirmer authentiquement ce qui a été fait ou promis : *ratifier un projet.* ‖ Reconnaître la validité d'un engagement pris par un mandataire irrégulier. ‖ Confirmer un engagement international : *ratifier un traité.*

Rätikon (le), massif des Alpes, aux confins de la Suisse, du Liechtenstein et de l'Autriche ; 2 969 m.

ratinage n. m. Frisure donnée à certaines étoffes.

ratine [ratin] n. f. Etoffe de laine croisée, dont le poil est tiré au-dehors et frisé.

ratiner v. t. Passer une étoffe, un drap à la machine à friser.

ratio [rasjo] n. m. (mot lat. passé en angl.). Rapport entre deux postes du bilan.

ratiocination n. f. *Péjor.* Abus du raisonnement ; raisonnement subtil.

ratiociner [rasjɔsine] v. i. (lat. *ratiocinari ;* de *ratio,* raison). *Péjor.* Raisonner d'une façon subtile et pédantesque.

ration [rasjɔ̃] n. f. (lat. *ratio,* compte). Portion journalière de vivres, de fourrage, distribuée aux troupes, aux prisonniers, aux animaux, etc. (La ration d'entretien d'un homme adulte au repos doit apporter une énergie de 2 400 calories.)

rational n. m. *Antiq. hébr.* Syn. de PECTORAL.

rationalisation n. f. Simplification et amélioration d'une organisation technique en vue d'un meilleur rendement. ● *Rationalisation des choix budgétaires* (*R. C. B.*), modalité d'application en France de méthodes d'évaluation originaires des Etats-Unis et relatives aux décisions d'ordre économique.

rationalisé, e adj. Se dit de formules d'électrostatique et d'électromagnétisme employées habituellement avec le système d'unités M. K. S. A. Giorgi.

rationaliser [rasjɔnalize] v. t. Déterminer, organiser suivant des calculs ou des raisonnements : *rationaliser l'alimentation.* ‖ Rendre plus efficace et moins coûteuse une production : *rationaliser une fabrication.*

rationalisme [rasjɔnalism] n. m. Philosophie fondée sur la raison, dans le domaine de la connaissance, de la morale, etc. : *le rationalisme cartésien.* ‖ Doctrine d'après laquelle les idées viennent non pas de l'expérience, mais de la raison elle-même : *le rationalisme de Kant s'oppose à l'empirisme de Hume.* ‖ Doctrine qui rejette toute autre autorité que celle de la raison, et qui, en particulier, refuse tout fondement à la foi religieuse. ‖ Doctrine artistique selon laquelle la beauté de l'objet ou de l'édifice est le résultat d'une juste appropriation à l'usage auquel ils sont destinés.

rationaliste adj. Relatif au rationalisme. ‖ — N. Partisan de cette théorie.

rationalité n. f. Caractère de ce qui est rationnel : *la rationalité d'un fait scientifique.*

rationnaire adj. et n. Qui reçoit une ration : *les rationnaires d'une place assiégée.*

rationnel [rasjɔnɛl], **elle** adj. (du lat. *ratio,* raison). Qui est fondé sur la seule raison : *certitude rationnelle.* ‖ Conforme à la raison : *méthode rationnelle.* ‖ Qui est déduit par le raisonnement et n'a rien d'empirique : *mécanique rationnelle.* ‖ Déterminé par des calculs ou par des raisonnements : *alimentation rationnelle.* ‖ *Math.* Se dit d'une expression algébrique ne comportant aucun radical.

Maurice **Ravel**

Ravenne
San Vitale

rationnellement adv. D'une manière rationnelle : *agir rationnellement.*

rationnement n. m. Action de rationner ; distribution de quantités mesurées.

rationner v. t. Mettre à la ration : *rationner des soldats.* ‖ Distribuer par rations, par quantités mesurées : *rationner la viande.*

Ratisbonne, en allem. **Regensburg,** v. de l'Allemagne occidentale (Bavière), sur le Danube ; 125 000 h. Cathédrale (XIIIe-XVIe s.). Hôtel de ville (XIVe s.). Célèbre pont de pierre (1135). Port fluvial. Métallurgie. Victoire de Napoléon sur les Autrichiens en 1809. Lieu de réunion de plusieurs diètes d'Empire, principalement au XVIe s.

ratissage n. m. Action de ratisser ; son résultat.

ratisser [ratise] v. t. (de l'anc. fr. *rater,* racler). Nettoyer et unir avec un râteau : *ratisser une allée.* ‖ *Mil.* Fouiller méthodiquement une zone de terrain pour chasser ou capturer les éléments adverses qui s'y sont infiltrés.

ratites [ratit] n. m. pl. Sous-classe d'oiseaux coureurs à ailes réduites et à sternum sans bréchet (*autruche, nandou, émeu, aptéryx*). ‖ Sing. un *ratite.*

raton [ratɔ̃] n. m. Petit rat. ● *Raton laveur,* mammifère carnassier d'Amérique, recherché pour sa fourrure de couleur gris fauve. (Omnivore, il trempe ses aliments dans l'eau avant de les manger.) [V. illustr. CARNASSIERS.]

rattachement n. m. Action de rattacher ; son résultat : *le rattachement d'une province à un Etat.*

rattacher v. t. Attacher de nouveau. ‖ *Fig.* Faire dépendre une chose d'une autre ; établir un lien entre : *rattacher une question à une autre ; rattacher une commune à un département.*

rattrapage n. m. Action de rattraper ou de se rattraper.

rattraper v. t. Attraper de nouveau : *rattraper un prisonnier.* (Syn. : RECOUVRER, REPRENDRE, RESSAISIR.) ‖ Rejoindre : *allez devant, je vous rattraperai.* ‖ Réduire, corriger : *rattraper le jeu d'un roulement.* ‖ **— Se rattraper** v. pr. Se retenir : *se rattraper à une branche.* ‖ — *Fig.* Se dédommager. ‖ Se remettre au courant.

raturage n. m. Action de raturer.

rature [ratyr] n. f. (du lat. *radere,* raser). Trait passé sur ce qu'on a écrit pour l'annuler : *manuscrit chargé de ratures.*

raturer v. t. Annuler par des ratures : *raturer un texte.*

Ratzel (Friedrich), géographe allemand, né à Karlsruhe (1844-1904), auteur d'une *Anthropogéographie.*

R. A. U., sigle de *République arabe* unie.*

raucheur [roʃœr] n. m. Ouvrier mineur chargé du boisage des galeries.

raucité [rosite] n. f. Rudesse, âpreté de la voix.

Raucourt (Françoise Marie Antoinette SAUCEROTTE, dite Mlle), actrice française, née à Paris (1756-1815). Elle mena une vie aventureuse, quitta deux fois la Comédie-Française et, sous l'Empire, dirigea une troupe française en Italie. Louis XVIII intervint pour lui faire obtenir des obsèques religieuses qu'on lui refusait à Saint-Roch.

Raucourt-et-Flaba (08450), ch.-l. de c. des Ardennes (arr. de Sedan) ; 1 196 h. Fabrique de boucles.

Rauh (Frédéric), philosophe français, né à Saint-Martin-le-Vinoux (Isère) [1861-1909], auteur d'une théorie de la morale positive. Il a écrit notamment *l'Expérience morale* (1903).

rauque [rok] adj. (lat. *raucus*). Rude et comme enroué : *une voix rauque.*

Rauschenberg (Robert), peintre américain, né à Port Arthur (Texas) en 1925. Il a fait la liaison entre l'expressionnisme abstrait et le pop'art, avant de se consacrer à l'art « technologique ».

rauwolfia [rovɔlfja] n. m. Arbre ou arbuste des régions chaudes d'Asie, d'Afrique, d'Amérique et d'Océanie, dont la fleur est caractérisée par une corolle tordue. (Ses alcaloïdes, notamment la *réserpine,* sont employés dans le traitement de l'hypertension artérielle et comme sédatifs en neuropsychiatrie.)

Ravachol (François Claudius KŒNIGSTEIN, dit), anarchiste français, né à Saint-Chamond (1859-1892). Auteur de nombreux attentats, il fut guillotiné.

ravage [ravaʒ] n. m. (de *ravir*). Dommage, dégât important causé par la guerre, les orages, etc. ‖ *Fig.* Violents désordres ; ruine : *les ravages de l'alcoolisme.*

ravager v. t. (conj. **1**). Faire du ravage (au *pr.* et au *fig.*) : *ravager un champ ; être ravagé par les soucis.* (Syn. : DÉTÉRIORER, DÉTRUIRE, DÉVASTER, ENDOMMAGER, INFESTER, SACCAGER.)

ravageur n. m. Celui qui ravage. ‖ Autref., homme qui cherchait des débris de ferraille dans les ruisseaux.

Ravaillac (François), conspirateur français, né à Touvre, près d'Angoulême (1578-1610). Il fut expulsé de l'ordre des Feuillants pour ses excentricités. Impressionné par les campagnes de libelles justifiant le régicide, il poignarda Henri IV, qui mourut sur le coup. Même sous les tortures il affirma n'avoir pas eu de complices.

Ravaisson-Mollien (Félix LACHER, dit), philosophe français, né à Namur (1813-1900), auteur d'un ouvrage sur *l'Habitude* (1839).

ravalement n. m. Crépi ou enduit que l'on fait à un mur. ‖ Nettoyage et remise en état d'un mur de façade. ‖ Action de receper le vieux bois d'un arbre.

ravaler [ravale] v. t. (de *val*). Avaler de nouveau : *ravaler sa salive.* ‖ Crépir une construction. ‖ Remettre en état une façade par brossage, lavage, grattage, crépissage, etc. ‖ *Fig.* Déprécier, rabaisser : *ravaler le mérite de quelqu'un.* ‖ **— Se ravaler** v. pr. S'abaisser, s'avilir.

ravaleur n. et adj. m. Ouvrier qui fait le ravalement des immeubles.

ravaudage n. m. Raccommodage de vêtements usés.

ravauder [ravode] v. t. Raccommoder à l'aiguille, repriser : *ravauder des bas.*

ravaudeur, euse n. Personne qui raccommode les vêtements.

rave [rav] n. f. (provenç. *rava*). Plante potagère à racine ronde et plate, voisine du navet.

Ravel (Maurice), compositeur français, né à Ciboure (1875-1937). De père suisse et de mère basque espagnole, il a subi tour à tour les influences de D. Scarlatti, de Liszt, de Saint-Saëns et des Russes. Il a été attiré autant par l'Espagne que par l'Orient méditerranéen. Elève de Fauré, il peut être tenu pour l'un des classiques de la musique française. On lui doit *l'Heure espagnole* (1907), *Ma mère l'Oye* (1908), *l'Enfant et les sortilèges* (1920-1925). Maître de l'orchestre (*la Valse,* 1919-1920 ; *Boléro,* 1928 ; suites de *Daphnis et Chloé,* 1909-1912), il a également écrit pour le piano (*Jeux d'eau,* 1901 ; *Gaspard de la nuit,* 1908 ; deux concertos, dont l'un pour la main gauche, 1931).

Ravello, v. d'Italie (Campanie), près de Naples ; 2 600 h. Monuments médiévaux et jardins dans un site exceptionnel au-dessus du golfe de Salerne.

ravenala [ravenala] n. m. Plante de Madagascar, appelée aussi *arbre du voyageur,* car la base de ses feuilles recueille l'eau de pluie. (Famille des musacées.)

ravenelle [ravnɛl] n. f. Nom usuel de la *moutarde des champs* et du *radis sauvage.*

Ravenne, v. d'Italie (Emilie), reliée par un canal à l'Adriatique ; 129 000 h. Ville riche en monuments byzantins des Ve et VIe siècles (San Vitale, mausolée de Galla Placidia, Sant'Apollinare Nuovo, Sant'Apollinare in Classe, tombeau de Théodoric), ornés de remarquables mosaïques. Tombeau de Dante. Exploitation de gaz

Phot. Lipnitzki, Chevallier.

naturel. Pétrochimie. Cap. de l'empire d'Occident sous Honorius (402), Ravenne fut ensuite la capitale de Théodoric (493). Reprise par les Byzantins (540), elle devint en 584 le siège d'un exarchat qui groupait les possessions byzantines d'Italie. Prise par les Lombards (751), elle fut donnée au pape par Pépin le Bref.

Ravensbrück, localité de l'Allemagne orientale (distr. de Potsdam). Camp de déportation surtout réservé aux femmes (1934-1945). 10 000 Françaises y furent déportées.

Rāvi (la), l'une des cinq grandes rivières du Pendjab*, affl. de la Chenāb (r. g.) ; 725 km.

ravier [ravje] n. m. Petit plat oblong, dans lequel on sert des hors-d'œuvre.

ravière n. f. Terrain semé de raves.

ravigote [ravigɔt] n. f. Sauce relevée à l'échalote.

ravigoter [ravigɔte] v. t. (altér. de *revigorer*). *Fam.* Remettre en appétit, en force.

ravilir [ravilir] v. t. Rendre méprisable.

ravin [ravɛ̃] n. m. Lit creusé par une ravine.

ravine n. f. (lat. *rapina,* enlèvement). Torrent. ‖ Rigole creusée par les eaux de ruissellement.

ravinement n. m. Formation de ravins par les eaux de pluie, sur les pentes déboisées des reliefs.

raviner [ravine] v. t. Ravager un terrain par des ravines : *l'orage a raviné les terres.*

ravioli [ravjɔli] n. m. inv. (mot ital.). Petit carré de pâte renfermant des viandes hachées.

ravir [ravir] v. t. (du lat. *rapere*). Enlever de force : *ravir un enfant à sa mère.* ‖ — *Fig.* Faire perdre : *ravir l'honneur.* ‖ Faire éprouver un vif sentiment d'enchantement, d'admiration : *son chant me ravit.* ‖ **— A ravir** loc. adv. Admirablement : *peindre, danser à ravir.*

raviser (se) [səravize] v. pr. Changer d'avis.

ravissant, e adj. Qui charme l'esprit, les sens : *beauté ravissante.*

ravissement n. m. Etat de l'esprit transporté de joie, d'admiration : *être dans le ravissement.* (Syn. : ENTHOUSIASME, EXTASE, TRANSPORT.) ‖ Enlèvement fait avec violence : *le ravissement d'Hélène* (vieilli).

ravisseur, euse adj. et n. Qui ravit, enlève avec violence : *les loups ravisseurs; poursuivre un ravisseur.*

ravitaillement n. m. Action de ravitailler ; résultat de cette action. (V. *encycl.*) ● *Ravitaillement en vol,* transfert du combustible d'un avion à un autre pendant que les deux appareils poursuivent leur vol. (V. *encycl.*)
— ENCYCL. L'organisation du *ravitaillement* des armées en campagne fut pendant longtemps laissée à la charge d'entreprises civiles. A partir du début du XIXe s., elle fut progressivement confiée à des services militaires spécialisés comme ceux de l'intendance* puis du matériel* par exemple. De nos jours, le ravitaillement des grandes unités en opération s'effectue généralement par l'intermédiaire de « bases d'opérations » qui servent d'organes régulateurs entre les services fournisseurs et les formations combattantes. — Le *ravitaillement en vol* des appareils permet d'accroître dans des proportions très notables leur rayon d'action et, par conséquent, la variété des missions qui peuvent leur être confiées. C'est ainsi que les « Mirage IV » de la force nucléaire stratégique française sont ravitaillés par des avions-citernes.

ravitailler [ravitɑje] v. t. (de l'anc. fr. *avitailler;* de *vitaille,* victuaille). Fournir de vivres : *ravitailler un village isolé; ravitailler un détachement militaire; ravitailler un port bloqué.* ‖ Fournir du carburant à un véhicule.

ravitailleur n. et adj. m. Soldat, navire, avion porteur de ravitaillement.

ravivage n. m. Action de raviver.

raviver [ravive] v. t. Rendre plus vif : *raviver le feu.* ‖ *Fig.* Ranimer : *raviver l'espérance.*

ravoir v. t. Avoir de nouveau. (N'est usité qu'à l'infinitif.)

Ravoire (La) [73490], ch.-l. de c. de la Savoie (arr. de Chambéry); 3 295 h.

Rawalpindi, v. du Pākistān septentrional, au pied de l'Himalaya occidental ; 404 300 h. Métallurgie.

Rawa-Ruska, v. de l'U. R. S. S. (Ukraine), au nord de Lvov. Un camp de représailles pour les prisonniers de guerre y fut établi par les Allemands pendant la Seconde Guerre mondiale.

ray [rɛ] n. m. (mot annamite). En Indochine, culture sur brûlis.

Ray ou **Wray** (John), naturaliste anglais, né à Black-Notley (Essex) [1627-1705], un des fondateurs de la science botanique anglaise.

rayage n. m. Action de rayer ; son résultat : *le rayage d'une carrosserie.*

rayé, e adj. Qui a des raies ou des rainures. ● *Canon rayé,* canon d'une arme à feu dont l'intérieur est muni de rayures. ‖ *Vaisseau rayé* (Bot.), vaisseau du bois où les épaississements de lignine ont l'aspect de raies transversales.

rayer [reje] v. t. (conj. **2**). Faire des raies, détériorer par des raies : *rayer une glace.* ‖ Annuler au moyen d'un trait ; effacer : *rayer un mot.* ‖ *Fig.* Exclure : *rayer quelqu'un de la liste des candidats.* ‖ Pratiquer des rayures dans le canon d'une arme à feu.

ray-grass

rayère [rɛjɛr] n. f. Ouverture longue et étroite, pratiquée dans le mur d'une tour pour en éclairer l'intérieur.

ray-grass [rɛgrɑ *ou* -grɑs] n. m. (mot angl.). Nom donné à diverses graminacées appartenant au genre *lolium,* dont les principales sont le *ray-grass anglais,* le *ray-grass d'Italie* et l'*ivraie enivrante.* (Les deux premières sont fourragères ; la troisième est une plante nuisible dont la graine est toxique.)

rayia [raja] ou **raïa** n. m. Sujet non musulman de l'Empire turc.

Rayleigh (John William STRUTT, *lord*), physicien anglais, né à Langford Grove (Essex) [1842-1919]. Il détermina la dimension de certaines molécules grâce à l'étude des couches minces (1892), participa à la découverte de l'argon et étudia la diffusion de la lumière dans l'atmosphère. (Prix Nobel de physique, 1904.)

Raymond, nom de sept comtes de Toulouse. (V. RAIMOND.)

Raynal (*abbé* Guillaume), historien et philosophe français, né à Saint-Geniez-d'Olt (1713-1796). Auteur d'une *Histoire philosophique et politique des établissements et du commerce des Européens dans les deux Indes* (1770) ; il s'y élevait contre la colonisation et le clergé.

Raynouard (François), écrivain français, né à Brignoles (1761-1836). Député à l'Assemblée législative, il fut emprisonné avec les Girondins. Ses tragédies historiques (*Caton d'Utique,* 1794 ; *les Templiers,* 1805 ; *les Etats de Blois,* 1810) abondent en allusions aux événements politiques contemporains. Ses travaux d'érudition ont préparé la renaissance occitane. (Acad. fr.)

Rayol-Canadel-sur-Mer [rajɔl-] (83820), comm. du Var (arr. de Draguignan), sur la côte des Maures ; 613 h. Stations balnéaires.

rayon [rɛjɔ̃] n. m. (empr. au francique). **Gâteau de cire que font les abeilles :** ***rayon de miel.*** **‖ Chaque tablette d'une bibliothèque, d'une armoire, etc. ‖ Ensemble de certains comptoirs d'un magasin affectés à un même genre de marchandises :** ***le rayon des soieries.*** **‖ Barre de cuivre montée sur pieds à roulettes et qui sert, dans les magasins de couture, à suspendre les cintres avec leurs vêtements.**

rayon n. m. (du lat. *radius*). Trajectoire suivie par la lumière : *rayon lumineux.* ‖ *Fig.* Lueur, apparence : *un rayon d'espérance.* ‖ *Agric.* Sillon qu'on trace en labourant. ‖ *Math.* Dans un cercle, segment joignant le centre du cercle à tout point de la circonférence. ‖ Vecteur joignant un point déterminé à un point variable. ‖ Choses qui partent d'un centre commun et vont en divergeant : *rayons d'une roue.* ● *Dans un rayon de dix kilomètres,* à dix kilomètres à la ronde. ‖ *Rayons* α, β, γ, *X*, V. ALPHA, BÊTA, GAMMA, X. ‖ *Rayon d'action,* distance maximale à laquelle un mobile (avion, navire, char, etc.) peut s'éloigner de son point de ravitaillement en carburant ; et, au *fig.,* zone d'influence, d'activité. ‖ *Rayons cathodiques,* faisceau d'électrons émis par la cathode dans un tube à gaz très raréfié. ‖ *Rayon vert,* éclat d'un beau vert limpide, qui illumine rapidement le couchant à la disparition complète du soleil, et qui est dû à la dispersion atmosphérique.

Rayons et les Ombres (*les*), recueil de poésies lyriques, par V. Hugo (1840), qui contient notamment la *Tristesse d'Olympio* et *Oceano Nox.*

rayonnage n. m. Action de tracer des rayons, des sillons dans un jardin, dans un champ, etc. ‖ Ensemble des rayons d'une étagère, d'un bureau, d'un magasin, d'une boutique, etc.

rayonnant, e adj. Qui rayonne : *rayonnant de lumière.* ● *Chaleur rayonnante,* chaleur qui se transmet par *rayonnement,* c'est-à-dire par des rayons qui partent d'un corps chaud et qui sont analogues aux rayons lumineux. ‖ *Chapelles rayonnantes,* chapelles absidales ouvrant sur le déambulatoire du chœur, et disposées obliquement autour de la chapelle axiale consacrée à la Vierge. ‖ *Rayonnant de joie,* dont les traits, les yeux expriment une vive satisfaction. ‖ *Style gothique rayonnant,* style intermédiaire entre le premier gothique et le flamboyant, et caractérisé par le remplage rayonnant des fenêtres et des rosaces.

rayonne [rɛjɔn] n. f. Désignation des fils textiles continus réalisés en viscose.

rayonné, e adj. Disposé en forme de rayons. ‖ Orné de rayons. ‖ — N. m. pl. Anc. division du règne animal, qui comprenait les échinodermes et les cœlentérés.

rayonnement n. m. Action de rayonner. ‖ Mode de propagation de l'énergie, sans support matériel, à partir d'un centre d'émission. ‖ Ensemble des radiations émises par un corps : *rayonnement solaire.* ‖ — *Fig.* Eclat de la gloire ; influence : *le rayonnement d'un maître auprès de ses disciples.* ‖ Vive expression du bonheur : *rayonnement de joie.*

rayonner v. i. Emettre des rayons. ‖ Emettre de l'énergie qui se transmet à travers l'espace. ‖ — *Fig.* Faire sentir son action sur une certaine étendue. ‖ Porter l'expression du bonheur : *visage qui rayonne.* ‖ Circuler à partir d'un même point.

Rays (Gilles DE). V. RAIS.

rayure n. f. Façon dont une chose est rayée. ‖ Partie rayée : *les rayures d'une étoffe.* ‖ Rainure hélicoïdale pratiquée à l'intérieur du canon d'une arme à feu, pour imprimer au projectile un mouvement de rotation qui en augmente la précision.

raz [rɑ] n. m. (mot breton). Courant très violent dans un passage étroit communiquant avec deux mers. ‖ Ce passage : *le raz Blanchart.* ● *Raz de marée,* énorme vague de translation, qui peut atteindre de 20 à 30 m de hauteur, provoquée par un tremblement de terre ou par une éruption volcanique sous-marine ; *fig.,* phénomène brutal et massif qui bouleverse une situation donnée : *le raz de marée de l'opposition aux élections amena la démission du chef de l'Etat.*

Raz [rɑ] (*pointe du*), cap de Bretagne (Finistère), à l'extrémité de la Cornouaille, en face de l'île de Sein. Passage dangereux pour la navigation.

Razès, comté de France, cap. *Limoux.* Réuni à la Couronne en 1247.

Razilly (Isaac DE), administrateur français, né près de Chinon (1587-1635). Gouverneur de l'Acadie, il développa la colonisation jusqu'aux rives du Saint-Laurent.

Razine (Stepan, dit **Stenka**), chef des Cosaques du Don, né à Zimoveïskaïa (v. 1630-1671). Il déclencha une vaste révolte paysanne (1667-1670). Capturé, il fut écartelé.

razzia [razja] n. f. (arabe *rhāzya,* attaque). Incursion faite en territoire ennemi afin d'enlever les troupeaux, de faire du butin, etc.

razzier v. t. Soumettre à une razzia : ***razzier une tribu.*** ‖ Piller.

Rb, symbole chimique du ***rubidium.***

rd, symbole du ***radian,*** unité d'angle plan.

R. D. A., sigle de ***République démocratique allemande*** (ou ***Allemagne* orientale***).

Re, symbole chimique du ***rhénium.***

ré [re] n. m. invar. Note de musique. ‖ Deuxième degré de la gamme de ***do.***

Ré (***île de***), île de l'océan Atlantique, qui dépend du dép. de la Charente-Maritime (arr. de La Rochelle) et forme 2 cant., dont les ch.-l. sont ***Ars-en-Ré*** (17590), et ***Saint-Martin-en-Ré*** (17410); 85,3 km² ; 9 805 h. (***Rétais***). Cultures (primeurs, vigne). Ostréiculture. Tourisme.

Rê (en composition ***Râ,*** sauf en fin de mot), grand dieu solaire des Egyptiens, représenté sous les traits d'un homme qui porte sur la tête un disque solaire.

réa [rea] n. m. Roue dont le pourtour est creusé en forme de gorge.

réabonnement n. m. Action de réabonner, de se réabonner.

réabonner v. t. Abonner de nouveau.

réabsorber v. t. Absorber de nouveau.

réabsorption n. f. Nouvelle absorption.

réaccoutumer v. t. Accoutumer de nouveau.

réacteur n. m. Propulseur aérien utilisant l'air ambiant comme comburant, et fonctionnant par réaction directe sans entraîner d'hélice. ‖ Installation industrielle où s'effectue une réaction chimique en présence d'un catalyseur. ● *Réacteur nucléaire,* source d'énergie utilisant la fission. (Au cours de la fission d'un noyau d'uranium ou de plutonium, une grande quantité d'énergie est libérée ; plusieurs neutrons sont émis en même temps, provoquant d'autres fissions. Pour éviter que les réactions en chaîne se fassent trop rapidement, le réacteur contient des éléments qui les contrôlent [plaques de cadmium qui absorbent de façon contrôlable les neutrons].)

réactif, ive adj. Qui réagit : *force réactive.*

réactif n. m. Substance employée en chimie pour reconnaître la nature des corps, par suite des réactions qu'elle produit.

réaction [reaksjɔ̃] n. f. Action qu'un corps exerce sur un autre corps qui le choque ou le comprime. ‖ Phénomène qui se produit entre des corps chimiques mis en contact et qui donne naissance à de nouvelles substances. ‖ Action en retour. ‖ Effort suscité en retour par une action : *cet événement ne saurait nous laisser sans réaction.* ‖ Action d'un parti politique qui s'oppose aux modifications politiques et sociales rompant avec les principes

traditionnels et qui tente de faire revivre les institutions du passé; parti politique ayant ces opinions : *battre la réaction.* ‖ Comportement d'un être vivant qui se manifeste en présence d'un *stimulus.* (La réaction peut être soit *inconditionnelle,* ou naturelle, par exemple dans le *réflexe inconditionnel*,* soit *conditionnelle.* Elle peut être locale ou générale. Elle peut consister en un mouvement, en une sécrétion ou en une modification des rythmes vitaux [respiration, etc.].) ‖ *Phys.* Détente progressive d'un fluide (eau, vapeur, gaz). ● *Avion à réaction* (Aéron.), avion dont la propulsion est assurée par un moteur à réaction. ‖ *Moteur à réaction,* moteur éjectant un flux de gaz extrêmement rapide, qui, en vertu du principe de l'action et de la réaction, fait avancer un engin dans le sens opposé. (V. *encycl.*) ‖ *Réaction biologique,* méthode de biochimie ou de sérologie permettant le diagnostic de certaines maladies. ‖ *Réaction de défense,* manière dont l'organisme réagit à certaines situations ou agressions (réaction allergique, réaction au chaud, au froid, etc.). ‖ *Temps de réaction* (Psychol.), v. LATENCE.
— ENCYCL. La *propulsion par réaction* d'un mobile placé dans un certain fluide s'obtient par l'éjection d'une certaine « quantité de mouvement » (produit de la masse par la vitesse) dans le sens opposé à celui qu'on veut imprimer. Cette projection de quantité de mouvement vers l'arrière peut s'obtenir soit en empruntant au mobile une partie de sa masse, soit en aspirant une certaine quantité de fluide à l'avant du mobile et en la rejetant vers l'arrière à une vitesse plus élevée. Dans la *propulsion par réaction avec utilisation de l'air ambiant,* on distingue d'une part la *propulsion par réaction indirecte,* dans laquelle l'air ambiant est accéléré par une hélice actionnée mécaniquement par un moteur alternatif classique (motopropulseur) ou par une turbine à gaz (turbopropulseur), et d'autre part la *propulsion par réaction directe,* dans laquelle l'augmentation de la vitesse de l'air ambiant est directement obtenue par effet thermique, l'air étant successivement comprimé, échauffé par un combustible et enfin détendu (motoréacteur, turboréacteur, statoréacteur, pulsoréacteur). La *propulsion par réaction sans utilisation de l'air ambiant* fait appel à la fusée, qui est d'ailleurs le seul mode de propulsion permettant l'exploration des très hautes altitudes et des espaces interplanétaires en raison de son fonctionnement, qui n'est pas influencé par la raréfaction ou l'absence de l'air ambiant. Comme elle emporte à la fois combustible et comburant, sa consommation est considérable et sa durée de fonctionnement très limitée.

réactionnaire adj. et n. Qui appartient à la réaction (au sens politique) : *politique réactionnaire.*

réactionnel, elle adj. Relatif à la réaction physiologique et psychologique.

réactivation n. f. Action de réactiver : *la réactivation d'un sérum.* ● *Réactivation d'une maladie,* intervention contrôlée permettant d'établir si cette maladie est encore virulente.

réactiver v. t. Faire réapparaître des propriétés, des phénomènes disparus.

réactivité n. f. Aptitude à réagir.

réadaptation n. f. Action d'adapter de nouveau. ‖ Action de se réadapter à une activité interrompue pendant un certain temps.
— ENCYCL. Une *réadaptation* physique et professionnelle est nécessaire après certaines maladies (notamment celles qui entraînent des paralysies), certaines blessures ou certaines affections mentales. Un régime alimentaire, des exercices physiques appropriés, un traitement par massage et kinésithérapie, un soutien de l'état psychique permettent un retour progressif vers une vie normale.

réadapter v. t. Adapter de nouveau, et en particulier, après un accident, adapter les muscles à leur ancienne fonction.

Reade (Charles), écrivain anglais, né à Ipsden (Oxfordshire) [1814-1884]. Il chercha dans les journaux et la chronique des tribunaux les thèmes et la documentation de ses récits réalistes (*Jamais trop tard pour s'amender,* 1856; *Tentation terrible,* 1871).

Reading, v. de Grande-Bretagne, ch.-l. du Berkshire; 126 000 h. Université. Industries alimentaires et mécaniques.

Reading, v. des Etats-Unis (Pennsylvanie); 98 200 h. Métallurgie. Industries chimiques.

réadmettre v. t. (conj. **49**). Admettre de nouveau.

réadmission n. f. Nouvelle admission.

réaffirmer v. t. Affirmer de nouveau et de manière plus catégorique.

réagir v. i. En parlant d'un corps, agir à son tour sur un autre corps dont il a éprouvé l'action. ‖ *Fig.* Opposer une action contraire; résister : *ne vous laissez pas abattre, réagissez; réagir contre les passions.* ‖ *Chim.* Entrer en réaction.

réajustement n. m., **réajuster** v. t. V. RAJUSTEMENT, RAJUSTER.

réal [real], **e, aux** [-o] adj. (esp. *real*). *Galère réale,* ou *réale,* n. f., galère que montait le roi ou le général des galères.

réal n. m. (de l'esp. *real*). Petite monnaie d'Espagne, valant le quart de la peseta. ‖ Pl. des *réaux.*

Réal (Pierre François, *comte*), homme politique français, né à Chatou (1757-1834). Il déjoua la conspiration de Cadoudal et fut préfet de police sous l'Empire.

réalésage n. m. Action de réaléser.

Réaumur
gravure par J. Planchon

réaléser v. t. Augmenter le diamètre d'un cylindre pour faire disparaître l'ovalisation due à l'usure.

réalgar [realgar] n. m. (arabe *rahdjalgâr*). Sulfure naturel d'arsenic, de couleur rouge.

réalisable adj. Qui peut se réaliser : *un projet facilement réalisable.* ‖ Qui peut être vendu ou escompté : *valeurs réalisables.*

réalisateur, trice adj. et n. Personne qui réalise. ‖ — N. Auteur d'un film. ‖ Technicien qui assume le montage et la direction d'une émission de télévision.

réalisation n. f. Action de réaliser : *la réalisation d'un dessein, d'un film.* ‖ Chose réalisée : *les réalisations sociales.* ‖ *Fin.* Transformation d'obligations financières en capitaux. ‖ *Mus.* Action de réaliser un chiffrage.

réaliser [realize] v. t. (de l'anc. fr. *réal,* lat. *realis;* de *res,* chose). Rendre réel et effectif : *réaliser des promesses.* ‖ Effectuer, exécuter : *réaliser un exploit.* ‖ Concevoir d'une manière nette, comme réelle; se rendre compte : *réalisez-vous ce que vous dites?* ‖ Vendre un bien, corporel ou non : *réaliser son portefeuille.* ‖ Présenter un effet de commerce à l'escompte. ‖ *Cin.* Diriger la préparation et l'exécution d'un film. ‖ *Mus.* Compléter, dans une partition ancienne, les accords imposés par leur note de basse chiffrée. ‖ — Syn. : ACCOMPLIR, EFFECTUER, EXÉCUTER. ‖ — **Se réaliser** v. pr. Devenir effectif.

réalisme n. m. Tendance de certains artistes ou de certains écrivains à représenter la nature telle qu'elle est, sans chercher à l'idéaliser : *le réalisme de l'art flamand; le réalisme de Flaubert.* (V. *encycl.*) ‖ Doctrine qui affirme que l'être existe indépendamment de l'esprit qui le perçoit (par oppos. à l'*idéalisme,* pour qui rien n'existe en dehors de la pensée). ● *Réalisme socialiste,* doctrine esthétique proclamée en 1934, en U. R. S. S., au Congrès littéraire pansoviétique et qui condamne les recherches formelles ainsi que l'attitude critique de l'écrivain à l'égard de la société. (Elle assigne à l'art la tâche de décrire l'homme dans son travail et son combat social.)
— ENCYCL. Le *réalisme* est, au sens large, le caractère de toute œuvre qui donne une image exacte de la nature et des hommes, en faisant une large part aux détails communs de l'existence quotidienne, en reproduisant le langage de la vie courante. Mais on attribue particulièrement le nom de « réalisme » à un moment précis de l'histoire littéraire, qui correspond à une réaction contre le romantisme et les excès du lyrisme. Influencé par le développement des sciences biologiques, le courant réaliste trouve son expression philosophique dans le positivisme d'Auguste Comte et le déterminisme de Taine. Il s'incarne en littérature dans l' « école de la sincérité dans l'art » avec Champfleury, Duranty, Flaubert, Maupassant, les Goncourt et Zola. Il préside à la création du drame bourgeois et de la comédie de mœurs avec E. Augier et A. Dumas fils. D'abord attitude globale de la sensibilité, il évolue vers une doctrine définie, et s'achève dans le naturalisme*. S'il a connu en France sa forme la plus rigoureuse, il est aussi un phénomène européen : anglais (Thackeray, G. Eliot), italien (Verga), allemand (G. Hauptmann) et scandinave (G. Brandes).

réaliste adj. et n. Qui appartient au réalisme, en philosophie, en littérature et en art. ‖ Qui a le sens des réalités; qui a l'esprit pratique.

réalité [realite] n. f. Existence effective : *la réalité du monde extérieur.* ‖ Chose réelle : *nos espoirs sont devenus des réalités.* ‖ — **En réalité** loc. adv. Réellement, effectivement.

Réalmont (81120), ch.-l. de c. du Tarn (arr. d'Albi); 2 577 h.

réanimable ou **ranimable** adj. Qui peut être réanimé.

réanimateur n. m. Médecin spécialisé en réanimation.

réanimation ou **ranimation** n. f. Ensemble des moyens physiques, chimiques et biologiques destinés à maintenir ou à rétablir un équilibre humoral et fonctionnel normal au cours des interventions chirurgicales ou dans les agressions pathologiques graves.
— ENCYCL. Les principaux procédés de *réanimation* consistent dans l'administration d'analeptiques, de perfusions médicamenteuses diverses, dans la pratique de transfusions sanguines, de l'oxygénothérapie, du réchauffement, de la respiration artificielle et de massages cardiaques. En chirurgie, des soins et des examens sont effectués avant l'opération; les fonctions circulatoires et respiratoires ainsi que le bon maintien de l'équilibre biologique du patient sont contrôlés pendant l'intervention, et les mesures nécessaires sont prises en cas de défaillance; les soins et une surveillance attentive jouent un rôle capital dans la période postopératoire.
La réanimation des asphyxiés, des noyés, des grands brûlés, des sujets choqués, gravement traumatisés ou victimes d'intoxications aiguës, pose des problèmes très divers et nécessite des moyens appropriés à chaque cas.

réanimer v. t. V. RANIMER.

réapparaître v. i. (conj. **58**). Apparaître de nouveau.

réapparition n. f. Action d'apparaître de nouveau.

réapprovisionnement n. m., **réapprovisionner** v. t. V. RAPPROVISIONNEMENT, RAPPROVISIONNER.

réargenter v. t. Argenter de nouveau.

réarmement n. m. Action de réarmer : *le réarmement d'un navire, d'un pays.*

réarmer v. t. Armer de nouveau.

réarrangement n. m. Action d'arranger différemment. ● *Réarrangement moléculaire* (Chim.), migration d'atomes ou de radicaux au sein d'une molécule.

réassignation n. f. Nouvelle assignation.

réassigner v. t. Assigner de nouveau.

réassortiment ou **rassortiment** n. m. Action de réassortir.

réassortir ou **rassortir** v. t. Assortir de nouveau.

réassurance n. f. Opération par laquelle une compagnie d'assurances, après avoir assuré un client pour une somme très importante, se couvre elle-même d'une partie du risque en se faisant assurer à son tour par une ou plusieurs autres compagnies.

réassurer v. t. Faire une réassurance à.

Réaumur (René Antoine FERCHAULT DE), physicien et naturaliste français, né à La Rochelle (1683-1757). Il employa le microscope pour examiner la structure des métaux et étudia la préparation et la trempe de l'acier. Il construisit un thermomètre à alcool, pour lequel il utilisa l'échelle 0-80 (v. 1730). En sciences naturelles, il observa la vie et les mœurs des invertébrés.

Rebais (77510), ch.-l. de c. de Seine-et-Marne (arr. de Meaux); 1 324 h. Eglise romane. Papeterie.

rebaptisant n. m. Nom donné, au IIIe s., aux chrétiens qui demandaient un nouveau baptême pour ceux qui avaient été d'abord baptisés par des hérétiques.

rebaptiser v. t. Baptiser une seconde fois.

rébarbatif [rebarbatif], **ive** [-iv] adj. (de l'anc. fr. *se rebarber,* faire face à l'ennemi). Rude, repoussant (au *pr.* et au *fig.*) : *figure rébarbative; mots rébarbatifs.*

rebâtir v. t. Bâtir de nouveau ce qui a été détruit.

rebattement n. m. *Hérald.* Répétition des pièces honorables (pal, fasce, etc.).

rebattre v. t. (conj. **48**). Battre de nouveau, ● *Rebattre un matelas,* le refaire en battant la laine avec des baguettes. ‖ *Rebattre les oreilles* (et non *rabattre*), répéter à satiété. ‖ *Rebattre un tonneau,* en resserrer les douves en frappant sur les cercles.

rebattu, e adj. *Fig.* Souvent répété, traité : *sujet rebattu.* ● *Avoir les oreilles rebattues d'une chose,* être fatigué de l'entendre.

rebec [rəbɛk] n. m. (de l'arabe *rabâb*). Sorte de viole à trois cordes et à archet, dont jouaient les ménestrels, les jongleurs.

Rébecca, femme d'Isaac, mère d'Esaü et de Jacob, selon la Bible.

Rebel (Jean Ferry), compositeur et violoniste français, né à Paris (1661-1747), un des créateurs de la sonate pour violon et l'un des maîtres de la symphonie chorégraphique (*les Caractères de la danse*). — Son fils FRANÇOIS, né à Paris (1701-1775), violoniste, surintendant de la musique, administra l'Opéra (1739-1753).

rebelle [rəbɛl] adj. et n. (lat. *rebellis;* du préf. *re,* et de *bellum,* guerre). Qui refuse de se soumettre à l'autorité. ‖ Qui n'obéit pas : *il est rebelle à nos conseils.* ‖ — Adj. Se dit d'une chose qui ne se laisse pas manier facilement : *mèche rebelle.* ● *Maladie rebelle,* celle qui résiste aux remèdes.

rebeller (se) v. pr. Refuser d'obéir à l'autorité légitime. ‖ *Fig.* Se révolter : *les gens se rebellent contre la raison.*

rébellion [rebɛljɔ̃] n. f. Résistance, avec violence et voies de fait, contre des agents de l'autorité. ‖ Ensemble des rebelles.

rebiffer (se) [sərəbife] v. pr. *Fam.* Regimber; se refuser à quelque chose avec brusquerie.

reblochon [rəbləʃɔ̃] n. m. Fromage de lait de vache, à pâte pressée, à croûte lavée, fabriqué et affiné en Haute-Savoie.

reboisement n. m. Action de reboiser : *le reboisement des montagnes.*

reboiser v. t. Planter de nouveau en bois un terrain qui avait été déboisé : *reboiser une lande.*

rebond n. m. Action de rebondir : *le rebond d'une balle.*

rebondi, e adj. Arrondi, gonflé par embonpoint : *joues rebondies.*

Phot. Lauros-Giraudon.

rebondir v. i. Faire un ou plusieurs bonds après avoir touché un obstacle. ‖ *Fig.* Se ranimer après un arrêt passager : *une affaire qui rebondit.*

rebondissement n. m. Action de rebondir. ‖ *Fig.* Reprise de l'activité après un arrêt momentané.

rebord n. m. Bord en saillie : *rebord d'une table.* ‖ Bord naturel d'une chose qui a de la profondeur : *le rebord d'un fossé.* ‖ Bord replié, renversé : *rebord d'un manteau.*

reborder v. t. Border de nouveau : *reborder une robe.*

rebot [rəbo] n. m. Jeu de pelote basque.

reboucher v. t. Boucher de nouveau.

Reboul (Jean), poète français, dit **le Boulanger de Nîmes,** né à Nîmes (1796-1864). Boulanger, il publia des chansons satiriques, des tragédies et des recueils de vers (*Poésies,* 1836 ; *les Traditionnelles,* 1857), et encouragea la formation du félibrige.

rebours [rəbur] n. m. (lat. *reburrus,* qui a les cheveux rebroussés). Sens contraire de ce qui doit être (principalement en parlant du contre-poil des fourrures) [vx]. ‖ — **A rebours, au rebours** loc. adv. A contre-pied, à contresens : *aller à rebours.* ● *Compte à rebours,* dans les techniques spatiales, horaire des opérations de lancement qui précèdent la mise à feu. ‖ — **Au rebours de** loc. prép. Au contraire de.

rebouteur [rəbutœr] ou **rebouteux** [-tø] n. m. Empirique qui guérit ou prétend guérir les luxations, les fractures, etc. (La profession de rebouteur constitue une forme de l'exercice illégal de la médecine.)

reboutonner v. t. Boutonner de nouveau.

rebroussement n. m. Action de rebrousser. ‖ Changement de sens sur une direction.

rebrousse-poil (à) loc. adv. A contre-poil. ‖ *Fig.* A contresens.

rebrousser [rəbruse] v. t. Relever en sens contraire du sens naturel les cheveux, le poil. ● *Rebrousser chemin,* retourner en arrière.

rebuffade [rəbyfad] n. f. (de l'ital. *rebuffo*). Mauvais accueil; refus accompagné de paroles dures : *essuyer une rebuffade.*

rébus [rebys] n. m. (du lat. *de rebus quae geruntur,* des choses qui se passent). Jeu d'esprit qui consiste à exprimer des mots ou des phrases par des dessins ou des signes dont le nom offre de l'analogie avec ce qu'on veut faire entendre, comme *G a* (*j'ai grand appétit : g* grand, *a* petit).

rebut [rəby] n. m. Chose dédaignée, considérée comme sans valeur : *avoir le rebut d'un autre.* ‖ *Fig.* En parlant des personnes, ce qu'il y a de plus vil : *rebut de l'humanité.* ● *De rebut,* sans valeur : *marchandises de rebut.*

rebutant, e adj. Qui rebute, répugne : *travail rebutant ; mine rebutante.*

rebuter [rəbyte] v. t. (de *but ;* proprem. repousser du but). Rejeter avec dureté : *il me rebute toujours.* ‖ Décourager, dégoûter, lasser : *la moindre chose le rebute.* ‖ Choquer, déplaire : *ses manières me rebutent.*

recacheter v. t. (conj. **4**). Cacheter de nouveau : *recacheter une lettre.*

recalcification n. f. Procédé propre à augmenter la fixation du calcium dans l'organisme.

récalcitrant [rekalsitrɑ̃], **e** [-ɑ̃t] adj. (lat. *recalcitrans,* qui se rue). Qui résiste avec opiniâtreté. (Syn. : ENTÊTÉ, OPINIÂTRE, RÉTIF, TÊTU. — Contr. : DOCILE, OBÉISSANT, SOUPLE.)

recalé, e adj. et n. *Fam.* Qui a été refusé à un examen : *les recalés du baccalauréat.*

recaler [rəkale] v. t. *Fam.* Refuser à un examen.

Récamier (Julie BERNARD, *M*me), née à Lyon (1777-1849). Mariée en 1793 au banquier Récamier, elle fait la connaissance de Mme de Staël et, sous le Consulat, attire autour d'elle nombre d'admirateurs (Lucien Bonaparte, Moreau, Bernadotte). Son mari ayant subi des revers de fortune, elle séjourne à Coppet et songe à épouser le prince Auguste de Prusse. Sous la Restauration, elle se retire à l'Abbaye-aux-Bois, où, autour de Chateaubriand, elle réunit la plus brillante société.

récapitulatif, ive adj. Qui sert à récapituler : *tableau récapitulatif.*

récapitulation n. f. Répétition sommaire de ce qu'on a déjà dit ou écrit.

récapituler [rekapityle] v. t. (préf. *ré,* et lat. *capitulum,* point principal). Résumer, redire sommairement.

recarder v. t. Carder de nouveau.

recarrelage n. m. Action de recarreler.

recarreler v. t. (conj. **3**). Carreler de nouveau.

recauser v. i. Causer de nouveau : *nous recauserons de cette affaire.*

Reccared Ier (m. en 601), roi des Wisigoths d'Espagne de 586 à 601. Il abjura l'arianisme en 589 et l'Espagne devint officiellement catholique.

recéder v. t. (conj. **5**). Céder à quelqu'un ce qu'il nous avait cédé auparavant, ou une chose qu'on avait achetée pour soi.

recel [rəsɛl] ou **recèlement** [rəsɛlmɑ̃] n. m. Action de receler : *le recel d'objets qu'on sait volés constitue une complicité de vol.*

Mme Récamier, par Eulalie Morin
château de Versailles

receler [rəsle] v. t. (conj. **3**). Garder et cacher une chose volée par un autre : *receler des bijoux.* ‖ Soustraire aux recherches de la justice : *receler un meurtrier.* ‖ Renfermer, contenir : *que de beautés cet ouvrage recèle !* ‖ — Syn. : CACHER, DISSIMULER, VOILER.

receleur, euse n. Personne qui recèle.

récemment [resamɑ̃] adv. Depuis peu.

récence n. f. Caractère d'une chose récente : *effet de la récence dans un apprentissage.*

recensement n. m. Opération administrative qui consiste à faire le dénombrement de la population d'un Etat, d'une ville, des suffrages d'un vote, etc. ‖ Dénombrement, effectué par les mairies, des jeunes gens atteignant l'âge du service militaire l'année suivante : *le recensement de la classe.* (V. APPEL.)

recenser [rəsɑ̃se] v. t. (préf. *re,* et lat. *censere,* évaluer). Faire le recensement de : *recenser la population.*

recenseur, euse n. et adj. Personne chargée d'un recensement.

recension n. f. Vérification d'un texte d'après les manuscrits.

récent [resɑ̃], **e** [-ɑ̃t] adj. (lat. *recens,* frais). Nouvellement fait ou arrivé : *découverte récente.*

recepage ou **recépage** n. m. Action de receper ; son résultat.

receper [rəsəpe] ou **recéper** [-sepe] v. t. (conj. **5**). Couper un jeune arbre près de terre. ‖ Couper la tête des pieux, dans un pilotis, à une hauteur égale.

récépissé [resepise] n. m. (lat. *recepisse,* avoir reçu). Ecrit par lequel on reconnaît avoir reçu des papiers, un colis, une somme, etc.

réceptacle [resɛptakl] n. m. (du lat. *receptare,* recevoir). Lieu où se trouvent rassemblées des choses, des personnes venues de plusieurs endroits : *lac qui est le réceptacle de plusieurs rivières.* ‖ Extrémité plus ou moins élargie du pédoncule d'une fleur, sur laquelle s'insèrent les différentes pièces florales.

récepteur [resɛptœr], **trice** [-tris] adj. (du lat. *receptus,* reçu). Qui reçoit (un courant, un signal) : *poste récepteur.*

récepteur n. m. Organe, mécanisme qui, sous l'action d'une énergie de nature déterminée, produit un autre effet énergétique. ‖ Appareil permettant de capter et de reproduire les signaux transmis à l'aide des ondes électromagnétiques. (V. *encycl.*) ‖ Appareil télégraphique qui reçoit les dépêches transmises par un autre appareil. ‖ Elément sensoriel, comme les cellules visuelles de la rétine. ● *Récepteur hormonal,* organe sensible à l'action d'une hormone (organes génitaux, glandes mammaires, etc.).
— ENCYCL. Un *récepteur* comporte avant tout un collecteur d'ondes (antenne ou cadre). La réception d'émissions locales peut être effectuée sans amplifier les faibles courants engendrés dans ce collecteur. Il suffit de les détecter au moyen, par exemple, d'un cristal de galène. Un récepteur à amplification directe se compose d'un étage amplificateur haute fréquence, qui assure à la fois la sensibilité et la sélectivité, d'un étage détecteur, puis d'un étage amplificateur basse fréquence, fournissant au haut-parleur la puissance nécessaire. Dans un appareil superhétérodyne, on améliore la réception en ramenant, avant amplification, la fréquence des tensions engendrées dans le collecteur d'ondes à une valeur constante pour un récepteur donné, dite « moyenne fréquence » ou « fréquence intermédiaire ».

réceptif, ive adj. Susceptible de recevoir des impressions. ‖ Susceptible de contracter des maladies contagieuses : *organisme réceptif.*

réception [resɛpsjɔ̃] n. f. (lat. *receptio*). Action de recevoir : *la réception d'un paquet.* ‖ Manière de recevoir, accueil : *faire bonne réception à quelqu'un.* ‖ Action de recevoir avec un certain cérémonial : *il y a eu réception à l'Elysée.* ‖ Cérémonie par laquelle on est reçu dans une compagnie : *discours de réception à l'Académie.* ‖ Ensemble des épreuves auxquelles est soumis un ouvrage avant d'être admis par l'administration à laquelle on le destine : *réception d'un pont.* ‖ *Sports.* Manière de retomber au sol après un saut. ‖ Manière de recevoir un ballon, une balle.

réceptionnaire adj. et n. Qui est chargé de la réception des marchandises livrées par un fournisseur.

réceptionner v. t. Vérifier des marchandises lors de leur réception.

réceptionniste adj. et n. Personne chargée d'accueillir les voyageurs dans un hôtel, les clients dans un magasin, etc.

réceptivité [resɛptivite] n. f. *Méd.* Aptitude à contracter certaines maladies, notamment les maladies infectieuses. ‖ *Philos.* Aptitude à recevoir des impressions. ‖ Qualité d'un récepteur de T. S. F. capable de capter des ondes de longueurs très diverses.

recercler v. t. Mettre de nouveaux cercles ou un nouveau cercle : *recercler des tonneaux.*

récessif, ive adj. Qui subsiste à l'état latent. ● *Caractère récessif* (Génét.), caractère héréditaire ou gène qui ne se manifeste qu'en l'absence du gène contraire, dit *dominant.*

récession [resesjɔ̃] n. f. (lat. *recessio*). Action de revenir en arrière ; recul : *récession économique.*

récessivité n. f. Etat d'un gène ou d'un caractère récessif.

recette [rəsɛt] n. f. (du lat. *receptus,* reçu). Ce qui est reçu en argent : *compter la recette.* ‖ Recouvrement de ce qui est dû : *faire la recette d'une maison de commerce.* ‖ Fonction de receveur : *recette buraliste.* ‖ Bureau d'un receveur : *porter son argent à la recette.* ‖ Procédé dont on fait usage dans l'économie domestique : *recette pour conserver les fruits.* ‖ Dans une mine, ensemble des abords d'un puits qui servent à la manutention et au déchargement des berlines. ● *Garçon de recette,* employé chargé d'encaisser les effets de commerce dans une maison de commerce ou une banque.

recevabilité n. f. *Dr.* Qualité de ce qui est recevable : *examiner la recevabilité d'un pourvoi.*

recevable adj. Qui peut être admis, reçu, en parlant des choses : *offre, excuse recevable.* ‖ *Dr.* Admis à poursuivre en justice, en parlant des personnes. ‖ Se dit d'une demande qui peut être accueillie : *appel recevable.*

receveur, euse n. Personne chargée de recevoir les deniers publics : *receveur des contributions directes.* ‖ Employé qui perçoit la recette dans les voitures publiques : *receveur d'autobus.* ‖ Administrateur d'un bureau de poste. ‖ — N. m. Malade sur lequel on a fait la transplantation d'un organe prélevé sur un donneur. ● *Receveur universel,* individu appartenant à un groupe sanguin (le groupe AB) lui permettant de recevoir le sang de tous les groupes. ‖ — N. m. *Receveur de douche,* bac d'une seule pièce, destiné à recevoir et à évacuer l'eau de la douche.

recevoir [rəsəvwar] v. t. (lat. *recipere*) [conj. **29**]. Accepter, prendre ce qui est offert, donné, envoyé : *recevoir un présent, son journal.* ‖ Toucher ce qui est dû : *recevoir sa pension.* ‖ Donner accès chez soi, accueillir : *recevoir un ami.* ‖ Admettre : *recevoir un candidat.* ‖ Absorber, recueillir : *la mer reçoit les fleuves.* ‖ Agréer : *recevoir une offre.* ‖ Admettre dans l'usage : *ce mot est reçu.* ‖ Subir, éprouver : *recevoir un bon accueil.* ‖ Tirer, emprunter : *la Lune reçoit sa lumière du Soleil.* ‖ Prendre, accueillir ce qui est transmis ou communiqué : *recevoir la vie, l'instruction, un sacrement.* ‖ — V. i. Avoir des visites, donner des repas, des soirées : *cette personne reçoit beaucoup.* ‖ **— Se recevoir** v. pr. Prendre contact avec le sol après un saut.

Recey-sur-Ource (21290), ch.-l. de c. de la Côte-d'Or (arr. de Montbard) ; 729 h. (*Recéens*). Patrie de Lacordaire.

réchampir [reʃɑ̃pir] v. t. (de *champ*). Faire ressortir sur le fond un ornement, soit en accusant les contours, soit en usant d'une couleur différente.

réchampissage n. m. Action de réchampir. ‖ Ouvrage réchampi.

rechange n. m. Action de mettre un objet à la place d'un autre. ● *De rechange,* se dit d'objets qu'on tient en réserve pour remplacer d'autres objets semblables : *roue de rechange.*

rechanter v. t. Chanter une seconde fois : *rechanter une chanson.* ‖ *Fam.* Répéter.

rechapage n. m. Action de rechaper.

rechaper [rəʃape] v. t. Reconstituer la bande de roulement d'une enveloppe de pneu usagée.

réchapper [reʃape] v. i. ou t. ind. [**à, de**]. Echapper par chance à : *réchapper d'un massacre.* ‖ Sortir indemne, vivant : *il a réchappé à une maladie grave.*

recharge n. f. Remise en état de fonctionnement : *recharge d'une batterie d'accumulateurs.* ‖ Ce qui permet de réapprovisionner : *recharge de stylo, de gaz.*

rechargement n. m. Action de recharger.

recharger v. t. (conj. **1**). Charger de nouveau des marchandises : *recharger des bagages.* ‖ Mettre une nouvelle charge dans : *recharger son fusil.* ‖ Remettre en état de fonctionnement : *recharger un accumulateur.* ● *Recharger une route,* l'empierrer de nouveau.

rechasser v. t. Chasser une seconde fois : *rechasser un importun.*

réchaud [reʃo] n. m. Petit fourneau portatif.

réchauffage n. m. Action de réchauffer.

Phot. Giraudon.

réchauffé n. m. Chose réchauffée : *ce dîner n'est que du réchauffé.* ‖ *Fam.* Ce qui est vieux, connu, et que l'on donne comme neuf : *ce livre ne contient que du réchauffé.*

réchauffement n. m. Action de se réchauffer : *un réchauffement de l'atmosphère.*

réchauffer v. t. Chauffer ce qui est refroidi : *réchauffer du potage.* ‖ *Fig.* Exciter de nouveau, ranimer : *réchauffer le zèle.* ‖ **— Se réchauffer** v. pr. Réchauffer ses membres, son corps. ‖ Devenir plus chaud : *le temps se réchauffe.*

réchauffeur n. m. Appareil dans lequel on élève ou on maintient la température d'un corps avant son utilisation immédiate.

réchauffoir n. m. Dans un poêle de salle à manger, four qui sert à réchauffer les plats.

rechaussement n. m. Action de rechausser.

rechausser v. t. Chausser de nouveau. ● *Rechausser un arbre,* remettre de la terre au pied. ‖ *Rechausser un mur,* en rétablir le pied en y apportant de nouveaux matériaux.

rêche [rɛʃ] adj. (francique *rubisk*). Rude au toucher : *peau rêche.* ‖ Apre au goût : *vin rêche.*

recherche [rəʃɛrʃ] n. f. Action de rechercher : *faire des recherches dans les archives.* ‖ *Fig.* Affectation, raffinement : *recherche dans le style.* ‖ Travail scientifique, d'érudition : *se consacrer à la recherche.*

Recherche de l'absolu (*la*), roman d'H. de Balzac (1834). L'alchimiste Balthazar Claës, en proie à une passion unique et mortelle, est une des incarnations de l'avidité intellectuelle de Balzac.

recherche de la vérité (*De la*), traité philosophique de Malebranche (1674-1675), où, après avoir exposé les causes de nos erreurs, il professe une méthode voisine de celle de Descartes.

recherche du temps perdu (*A la*). V. A LA RECHERCHE DU TEMPS PERDU.

recherche scientifique (*Centre national de la*) **[C. N. R. S.]**, établissement public français, dépendant du ministère de l'Education nationale et chargé de développer et de coordonner les recherches scientifiques de tous ordres.

Recherches de la France, ouvrage d'Etienne Pasquier (1560), qui comporte 10 volumes dans l'édition posthume de 1621. C'est un bilan de l'histoire et de la littérature de la France.

Recherches logiques, ouvrage de Husserl (1900-1901), dans lequel se trouve exposée la méthode de la phénoménologie*.

recherché, e adj. Peu commun, rare : *ouvrage très recherché.* ‖ *Fig.* Qui manque de naturel, affecté : *style recherché ; toilette recherchée.*

rechercher v. t. Chercher de nouveau. ‖ Chercher avec soin : *rechercher la cause d'un phénomène.* ‖ Tâcher d'obtenir : *rechercher l'amitié de quelqu'un.* ‖ Désirer la société, la fréquentation de quelqu'un : *tout le monde le recherche.* ‖ *Dr.* Poursuivre juridiquement ; faire une enquête sur : *rechercher l'auteur d'un crime.*

Réchicourt-le-Château (57141), ch.-l. de c. de la Moselle (arr. de Sarrebourg) ; 982 h. (524 aggl.).

rechigné, e adj. De mauvaise humeur : *avoir un air rechigné.*

rechignement n. m. Action de rechigner.

rechigner [rəʃiɲe] v. i. ou t. ind. **[à]** (francique **kînan,* tordre la bouche). Témoigner de la mauvaise humeur, de la répugnance : *rechigner devant* [*à*] *une besogne facile.*

Recht, v. de l'Iran, près de la Caspienne ; 144 000 h. Industrie textile.

rechute n. f. Retour, réapparition d'une maladie, la cause n'en étant pas disparue : *faire une rechute.* ‖ *Fig.* Nouvelle faute.

rechuter v. i. Retomber malade.

récidive [residiv] n. f. (du lat. *recidivus,* qui revient). Etat d'une personne qui, ayant fait l'objet d'une condamnation définitive pour une infraction antérieure, commet une nouvelle infraction. ‖ Réapparition d'une maladie après un temps plus ou moins long de guérison.

récidiver v. i. Commettre de nouveau la même faute, le même délit, le même crime. ‖ Réapparaître, en parlant d'une maladie.

récidiviste n. et adj. Personne qui tombe dans la récidive, c'est-à-dire qui commet le même délit, le même crime pour lequel elle a déjà été condamnée.

récidivité n. f. Tendance à la récidive.

récif [resif] n. m. (esp. *arrecife,* empr. à l'arabe). Chaîne de rochers à fleur d'eau, au voisinage des côtes : *des récifs bordent la côte du Calvados.* ● *Récif corallien,* récif formé par la croissance des coraux dans les mers tropicales. (On distingue notamment le *récif-barrière,* qui borde le rivage à une certaine distance de la côte, le *récif frangeant,* fixé au littoral, et l'atoll*.)

Recife, anc. **Pernambouc,** port du Brésil, cap. de l'Etat de Pernambouc, sur l'Atlantique ; 1 046 000 h. Métropole du Nord-Est, Recife est un port d'exportation de produits tropicaux (cacao, coton et sucre), possédant quelques industries (alimentation, textile).

Recife : le pont Nassau et le centre

récipiendaire [resipjɑ̃dɛr] n. m. (du lat. *recipiendus,* qui doit être reçu). Celui que l'on reçoit dans une compagnie, dans un corps savant, avec un certain cérémonial.

récipient [resipjɑ̃] n. m. Vase servant à recevoir, à contenir un liquide, un fluide.

Recipon (Georges), sculpteur et peintre français, né à Paris (1860-1920). Il est notamment l'auteur des deux quadriges surmontant le Grand Palais des Champs-Elysées.

réciprocité [resiprɔsite] n. f. Etat et caractère de ce qui est réciproque : *réciprocité de sentiments, de services ; traité de réciprocité entre Etats.*

réciproque [resiprɔk] adj. (lat. *reciprocus*). Qui a lieu entre deux personnes, deux choses agissant l'une sur l'autre ; mutuel : *amitié réciproque.* ‖ Se dit de deux propositions dont l'une implique nécessairement l'autre. ‖ *Math.* Se dit d'une transformation telle que si *b* est le transformé de l'élément *a,* celui-ci est le transformé de *b.* ● *Proposition réciproque d'une autre* (Math.), proposition qui se déduit d'une proposition initiale lorsqu'on permute l'hypothèse et la conclusion.

réciproque n. f. La pareille : *rendre la réciproque.* ‖ *Log.* Proposition réciproque : *chercher si la réciproque est vraie.*

réciproquement adv. De façon réciproque : *se flatter réciproquement.*

récit [resi] n. m. Relation écrite ou orale d'un fait : *récit historique.* (Syn. : CONTE, NARRATION ; NOUVELLE.) ‖ Dans une tragédie, relation d'événements qui viennent de se passer hors de la scène : *le récit de Théramène, dans « Phèdre ».* ‖ *Mus.* Nom donné à une œuvre pour voix seule, déclamée librement : *un récit de basse.* (Syn. RÉCITATIF.) ‖ Nom donné à l'un des claviers de l'orgue, depuis le XVIIe s., et qui permettait de faire entendre des jeux en solo. (Ce clavier deviendra « expressif » au XIXe s.)

récital [resital] n. m. (angl. *recital ;* de *to recite*). Audition d'un seul artiste, sur un seul instrument : *un récital de piano.* (Les premiers récitals ont été donnés vers 1840 par Paganini, Liszt et Chopin.) ‖ Pl. des *récitals.*

récitant, e adj. et n. Qui récite ; en particulier, qui commente l'action sur scène, au théâtre ou au cinéma. ‖ — N. Personne qui, dans un oratorio, une cantate ou une scène lyrique, est chargée de chanter les récits.

récitatif n. m. (ital. *recitativo*). Dans l'opéra, l'oratorio ou la cantate, fragment chanté dont la déclamation se rapproche du langage parlé, et soutenu par un ou plusieurs instruments.
— ENCYCL. On trouve déjà le principe du *récitatif* dans le chant liturgique. On distinguera dans l'opéra le récitatif à la française, soutenu par le clavecin ou quelques instruments, et qui comporte toujours une partie mélodique expressive, du *recitativo secco* des Italiens, d'un débit très rapide et dont seules les fins de phrase sont ponctuées de brèves cadences de clavecin. Le récitatif a pris une ampleur nouvelle, parallèlement à l'*arioso,* avec Wagner, Moussorgski et Debussy. Un récitatif parlé, avec quelques inflexions musicales, se rencontre chez Schönberg et Ravel. Quant au récitatif instrumental, on le trouve notamment chez Beethoven, Berlioz et Liszt.

récitation n. f. Action de réciter : *la récitation des leçons.* ‖ Texte à apprendre par cœur : *savoir sa récitation.*

réciter [resite] v. t. (lat. *recitare,* lire à haute voix). Prononcer ce que l'on sait par cœur : *réciter une leçon.*

Recklinghausen, v. de l'Allemagne occidentale (Rhénanie-du-Nord-Westphalie), dans la Ruhr ; 129 000 h. Houille. Sidérurgie. Industrie chimique.

réclamant, e n. et adj. Qui réclame : *calmer les réclamants.*

réclamation n. f. Action de réclamer, de revendiquer ou de s'opposer.

réclame n. m. Cri et signe pour faire revenir un faucon.

réclame n. f. Petit article d'un journal qui contient l'éloge d'un livre, d'un objet, etc. ‖ Toute sorte de publicité par voie d'affiche, de prospectus, etc. : *faire de la réclame.* ● *Produit en réclame,* produit vendu à prix réduit.

réclamer [reklame] v. t. (lat. *reclamare,* protester). Demander avec instance une chose due ou juste : *réclamer la parole.* ‖ Implorer : *réclamer du secours.* ‖ Exiger, en parlant d'une chose : *la culture de la vigne réclame beaucoup de soins.* ‖ — Syn. : EXIGER, REQUÉRIR, REVENDIQUER. ‖ — V. i. Protester : *réclamer contre une injustice.* ‖ Intercéder : *réclamer en faveur des absents.* ‖ **— Se réclamer [de]** v. pr. Se prévaloir : *se réclamer de ses ancêtres.*

reclassement n. m. Action de reclasser ; son résultat : *le reclassement de la fonction publique.*

reclasser v. t. Classer de nouveau. ‖ Rétablir les traitements des fonctionnaires, les salaires, par référence à ceux d'autres catégories.

reclus [rəkly], **e** [-yz] adj. et n. (lat. *reclusus,* enfermé). Enfermé étroitement ; qui ne fréquente point le monde : *vivre en reclus.*

Reclus (Elisée), géographe français, né à Sainte-Foy-la-Grande (1830-1905), auteur d'une *Géographie universelle* (1875-1894). — Son frère aîné, ELIE, né à Sainte-Foy-la-Grande (1827-1904), participa activement à la Commune. — Leur frère PAUL, chirurgien français, né à Orthez (1847-1914), a décrit la maladie kystique de la mamelle et a répandu l'emploi de la cocaïne comme anesthésique local. On lui doit deux ouvrages : un *Traité de chirurgie* et, en collaboration avec Forgue, un *Traité de thérapeutique chirurgicale.*

réclusion [reklyzjɔ̃] n. f. *Réclusion criminelle,* peine afflictive et infamante, consistant dans la privation de la liberté avec assujettissement au travail. (Dans ses échelles les plus élevées, elle a remplacé la peine des travaux forcés à temps ou à perpétuité.)

réclusionnaire n. Personne qui subit la réclusion.

récognitif [rekɔgnitif] adj. m. (du lat. *recognitus,* reconnu). *Dr.* Se dit d'un acte par lequel on reconnaît une obligation, en rappelant le titre qui l'a créée.

récognition [-gni-] n. f. Reconnaissance de l'état d'une personne, de la qualité d'une chose.

recoiffer v. t. Coiffer de nouveau ; réparer le désordre d'une coiffure.

recoin n. m. Coin plus caché, moins en vue : *les coins et les recoins d'une maison.* ‖ *Fig.* Ce qu'il y a de plus caché : *les recoins du cœur.*

récolement n. m. Vérification des objets contenus dans un inventaire, une saisie : *faire le récolement d'une bibliothèque.* ‖ Vérification d'une coupe de bois.

récoler [rekɔle] v. t. (lat. *recolere,* se rappeler). Vérifier par un nouvel examen. ‖ *Dr.* Lire à des témoins leurs dépositions, pour voir s'ils y persistent.

recollage ou **recollement** n. m. Action de recoller.

récollection [rekɔlɛksjɔ̃] n. f. (lat. *recollectio*). Retraite spirituelle de courte durée.

recoller [rəkɔle] v. t. Coller de nouveau.

récollet [rekɔlɛ] n. m. Nom porté par des religieux réformés chez les augustins et chez les frères mineurs.

récoltable adj. Que l'on peut récolter.

récoltant, e adj. et n. Qui récolte.

récolte [rekɔlt] n. f. (ital. *ricolta*). Action de recueillir les produits de la terre. ‖ Ces produits eux-mêmes : *faire une riche récolte.* ‖ *Fig.* Ce qu'on recueille, en général : *récolte de documents.*

récolter v. t. Faire une récolte, recueillir (au *pr.* et au *fig.*) : *je me suis mêlé de cette affaire, je n'y ai récolté que des ennuis.* (Syn. : CUEILLIR, MOISSONNER, RAMASSER, RECUEILLIR.)

recommandable adj. Estimable.

recommandation n. f. Action de recommander quelqu'un : *solliciter la recommandation d'un personnage important.* ‖ Avis, conseil : *les recommandations paternelles.* ‖ Engagement que prend la poste (moyennant une taxe spéciale) de remettre une lettre, un paquet en main propre.

recommandé, e adj. Se dit d'une lettre ou d'un paquet ayant fait l'objet d'une recommandation postale.

recommander [rəkɔmɑ̃de] v. t. Charger quelqu'un de faire une chose : *je lui ai recommandé de veiller sur vous.* ‖ Exhorter à faire une chose : *on lui a recommandé d'être sage.* ‖ Signaler à la bienveillance, à la protection : *recommander un élève à ses maîtres.* ‖ Envoyer une lettre, un paquet sous recommandation. ‖ **— Se recommander** v. pr. *Se recommander à quelqu'un,* implorer son secours, son assistance. ‖ *Se recommander de quelqu'un,* invoquer son appui, son témoignage.

recommencement n. m. Action de recommencer ; résultat de cette action.

recommencer v. t. (conj. **1**). Commencer de nouveau ; refaire depuis le début : *recommencer un travail.* ‖ — V. t. ind. **[à** ou **de]**. Commencer de nouveau à faire quelque chose : *recommencer à pleurer.* ‖ — V. i.

Phot. Roger-Viollet.

Commencer de nouveau à être, à se produire : *la pluie recommence.*

recomparaître v. i. (conj. **58**). Comparaître de nouveau.

récompense n. f. Faveur, don que l'on fait à quelqu'un en reconnaissance d'un service, d'une bonne action. ‖ Indemnité en espèces due à l'un des époux par la communauté à la dissolution de celle-ci. ‖ — Syn. : PRIME, PRIX.

récompenser [rekɔ̃pɑ̃se] v. t. (lat. *recompensare*, compenser). Accorder une récompense à : *récompenser un bon élève.* ‖ *Par antiphr.* Punir : *récompenser un traître de ses perfidies.*

recomposable adj. Qui peut être recomposé.

recomposer v. t. Composer de nouveau : *recomposer une maquette.*

recomposition n. f. Action de recomposer; son effet.

recompter v. t. Compter de nouveau : *recompter une addition.*

réconciliateur, trice n. Celui, celle qui réconcilie des personnes brouillées ensemble.

réconciliation n. f. Raccommodement entre personnes : *ménager une réconciliation entre deux frères brouillés.* ‖ Acte par lequel un hérétique est réuni à l'Eglise catholique. ‖ Nouvelle bénédiction d'une église profanée.

réconcilier [rekɔ̃silje] v. t. Remettre d'accord des personnes brouillées. ‖ Faire revenir sur une opinion fâcheuse : *cette bonne action me réconcilie avec lui.* ‖ **— Se réconcilier** v. pr. Se remettre bien avec quelqu'un : *elles se sont réconciliées.*

reconduction n. f. Renouvellement d'une location, d'un bail à ferme, d'un crédit. ‖ Continuation : *reconduction de la politique actuelle.* ● *Tacite reconduction*, renouvellement du bail, s'opérant par le fait de la continuation de jouissance du preneur sans opposition du bailleur.

reconduire v. t. (conj. **64**). Accompagner par civilité une personne dont on a reçu la visite. ‖ *Iron.* Econduire, expulser : *reconduire un importun.* ‖ Continuer, renouveler.

réconfort [rekɔ̃fɔr] n. m. Consolation, secours dans l'affliction : *apporter du réconfort à un malheureux.*

réconfortant, e adj. Qui réconforte : *paroles réconfortantes.*

réconforter v. t. (de l'anc. fr. *conforter;* du lat. *fortis*, courageux). Redonner de la force : *boisson qui réconforte.* ‖ Consoler : *parole qui réconforte.*

reconnaissable adj. Facile à reconnaître.

reconnaissance n. f. Action de reconnaître : *la reconnaissance d'un droit.* ‖ Souvenir, gratitude d'un bienfait reçu : *témoigner de la reconnaissance.* ‖ Aveu, confession : *reconnaissance d'une faute.* ‖ Examen détaillé, vérification : *la reconnaissance des lieux.* ‖ *Dr.* Acte par lequel on admet l'existence d'une obligation : *reconnaissance de dette.* ‖ Acte par lequel on reconnaît un gouvernement comme légal. ‖ Reçu d'un dépôt au crédit municipal. ‖ *Mil.* Opération visant à obtenir des renseignements sur l'ennemi dans une zone donnée. ‖ Formation (avions, blindés, fantassins) chargée de cette mission. ‖ *Psychol.* Fait de reconnaître le passé comme passé : *la mémoire comporte la reproduction, la reconnaissance et la localisation du souvenir.* ● *Avoir la reconnaissance du ventre* (Fam.), manifester de la gratitude pour la personne qui vous a nourri. ‖ *Fausse reconnaissance*, paramnésie à caractère pathologique, par différence avec l'*illusion* du déjà vu.* (Elle s'observe dans certaines maladies mentales : psychose de Korsakov, confusion mentale, etc.) ‖ *Reconnaissance d'enfant*, acte par lequel on reconnaît officiellement être le père (ou la mère) d'un enfant naturel. ‖ *Reconnaissance d'utilité publique*, acte par lequel l'Etat accorde un statut privilégié à une association.

reconnaissant, e adj. Qui a de la reconnaissance. (Contr. INGRAT.)

reconnaître v. t. (lat. *recognoscere*) [conj. **58**]. Se remettre dans l'esprit l'image d'une chose, d'une personne qu'on revoit : *reconnaître un ami d'enfance.* ‖ Distinguer à certains caractères : *reconnaître quelqu'un à sa voix.* ‖ Admettre comme vrai, réel : *on a reconnu son innocence.* ‖ Avouer, confesser : *reconnaître ses torts.* ‖ Observer, explorer : *aller reconnaître les lieux.* ‖ Avoir de la gratitude : *reconnaître un bienfait.* ● *Reconnaître un enfant*, s'en déclarer l'auteur. ‖ *Reconnaître un gouvernement*, admettre comme légitime le gouvernement d'un nouveau régime établi par des moyens extrajuridiques (coup d'Etat, révolution). ‖ **— Se reconnaître** v. pr. Retrouver son image, son caractère dans quelqu'un ou dans quelque chose : *se reconnaître dans ses enfants.* ‖ S'orienter : *je commence à me reconnaître.* ‖ — *Fig.* S'avouer : *se reconnaître coupable.* ‖ Reprendre ses sens, ses esprits : *laissez-moi le temps de me reconnaître.*

reconquérir v. t. (conj. **13**). Conquérir de nouveau. ‖ *Fig.* Recouvrer : *reconquérir l'amitié de quelqu'un.*

reconquête n. f. Action de reconquérir.

Reconquista, mot espagnol désignant la reconquête de la péninsule Ibérique par les chrétiens sur les musulmans.

reconsidérer v. t. Reprendre l'examen d'une question en vue d'une nouvelle décision.

reconsolidation n. f. Action de reconsolider.

reconsolider v. t. Consolider de nouveau.

reconstituant, e adj. et n. m. Se dit d'un médicament qui ramène l'organisme fatigué à l'état normal.

reconstituer v. t. Constituer, former de nouveau : *reconstituer un parti.* ● *Reconstituer un crime*, déterminer, par les résultats d'une enquête, les conditions dans lesquelles il a été commis.

reconstitution n. f. Action de reconstituer; résultat de cette action.

reconstruction n. f. Action de reconstruire; son résultat.

reconstruire v. t. Rebâtir après destruction : *reconstruire une usine.*

reconvention n. f. *Dr.* Demande que forme un défendeur contre celui qui, le premier, en a formé une contre lui.

reconventionnel, elle adj. *Dr.* De la nature d'une reconvention : *demande reconventionnelle.*

reconventionnellement adv. Par mode de reconvention.

reconversion n. f. Action de transformer une chose qui avait déjà été transformée. ‖ Adaptation de la production de guerre à la production de paix, et, *par ext.*, d'une production ancienne à une nouvelle production : *reconversion des entreprises.*

reconvertir v. t. Procéder à la reconversion de : *reconvertir l'industrie de guerre.*

recopier v. t. Copier de nouveau. ‖ Mettre au propre : *recopier un devoir.*

recoquillement n. m. Action de recoquiller, de se recoquiller.

recoquiller [rəkɔkije] v. t. Retrousser en forme de coquille : *recoquiller les pages d'un livre.* ‖ *Art culin.* Remettre dans sa coquille : *recoquiller des escargots.* ‖ **— Se recoquiller** v. pr. S'enrouler sur soi-même : *les feuilles sèches se recoquillent.*

record [rəkɔr] n. m. (mot angl.). Exploit sportif officiellement constaté, et surpassant tout ce qui a été fait dans le même genre : *battre un record.* ‖ Résultat remarquable surpassant tout ce qui a été obtenu dans un genre quelconque : *record de production.* ‖ — Adj. Qui surpasse ce qui a été fait antérieurement : *chiffre record d'accidents.*

recordage n. m. Action de recorder.

recorder v. t. Attacher de nouveau avec une corde. ‖ Remettre des cordes à : *recorder une raquette.*

recordman [rəkɔrdman] n. m. (mot angl.). Homme qui détient un record. (Fém. *recordwoman.*) ‖ Pl. des *recordmen* ou des *recordmans.*

recorriger v. t. (conj. **1**). Corriger de nouveau : *recorriger un ouvrage.*

recors [rəkɔr] n. m. (de l'anc. fr. *record*, rappel). Celui qui accompagne un huissier pour lui servir de témoin et lui prêter main-forte au besoin. (On dit aussi PRATICIEN.)

recoucher v. t. Coucher de nouveau.

recoudre v. t. (conj. **52**). Coudre ce qui est décousu ou déchiré. ‖ *Fig.* Joindre, réunir.

recoupage n. m. Action de recouper.

recoupe [rəkup] n. f. Farine très bise obtenue par une deuxième mouture du son. (V. REMOULAGE.) ‖ Eau-de-vie provenant du mélange d'alcool avec de l'eau. ‖ Seconde coupe de fourrage.

recoupement n. m. Vérification d'un fait au moyen de renseignements provenant de sources diverses. ‖ *Constr.* Large retraite faite à chaque assise de pierre pour consolider un bâtiment. ‖ Procédé particulier de levé de plans.

recouper v. t. Couper de nouveau. ‖ Mélanger des vins de divers crus avec les produits d'un premier coupage. ‖ *Fig.* Opérer un recoupement. ‖ — V. i. Faire une seconde coupe aux cartes.

recourbement n. m. Action de recourber; résultat de cette action.

recourber v. t. Courber de nouveau. ‖ Ployer par le bout : *recourber une branche.*

recourbure n. f. Etat d'une chose recourbée. ‖ Partie recourbée d'un objet.

recourir [rəkurir] v. i. (lat. *recurrere*) [conj. **21**]. Courir de nouveau. ‖ — V. t. ind. [**à**]. S'adresser à quelqu'un pour obtenir quelque chose de lui : *recourir à Dieu, au médecin.* ‖ Se servir de (en parlant des choses) : *recourir à la force.*

recours [rəkur] n. m. (lat. *recursus*, retour en arrière). Action de rechercher de l'assistance, du secours : *il n'a recours qu'à vous.* ‖ Refuge; ressource : *la fuite est le recours des faibles.* ‖ *Dr.* Action en garantie ou en dommages-intérêts que l'on a contre quelqu'un. ‖ Pourvoi : *recours en cassation.* ● *Recours en grâce*, demande adressée au chef de l'Etat en vue de la remise ou de la commutation d'une peine.

recouvrable adj. Qui peut être recouvré : *somme facilement recouvrable.*

recouvrage n. m. Travail fait pour recouvrir : *le recouvrage d'un parapluie.*

recouvrement n. m. Action de recouvrer ce qui était perdu : *recouvrement de titres.* ‖ Perception de sommes dues : *faire des recouvrements.*

recouvrement n. m. Action de recouvrir. ‖ *Constr.* Partie d'une pierre, d'un morceau de bois, etc., qui couvre un joint, une entaille.

recouvrer [rəkuvre] v. t. (lat. *recuperare*). Rentrer en possession de : *recouvrer la vue.* ‖ Opérer la perception de : *recouvrer l'impôt.*

recouvrir v. t. (conj. **10**). Couvrir de nouveau. ‖ Couvrir complètement : *la neige recouvre la plaine.* ‖ *Fig.* Cacher sous des apparences trompeuses.

recracher v. t. Rejeter ce qu'on a pris dans la bouche. ‖ — V. i. Cracher de nouveau.

recréance [rəkreɑ̃s] n. f. (de l'anc. verbe *recroire*, rendre). *Lettres de recréance* ou *de rappel*, lettres envoyées à un ambassadeur pour qu'il les présente au chef de l'Etat d'auprès de qui on le rappelle.

récréatif, ive adj. Qui récrée : *lecture récréative.*

récréation [rekreasjɔ̃] n. f. Ce qui interrompt le travail et délasse : *prendre un peu de récréation.* ‖ Temps accordé aux enfants dans les écoles pour jouer. ‖ — Syn. : AMUSEMENT, DÉLASSEMENT, DISTRACTION, PASSE-TEMPS.

recréer [rəkree] v. t. Créer de nouveau.

récréer [rekree] v. t. (lat. *recreare*). Délasser, divertir par quelque amusement.

recrépir v. t. Crépir de nouveau : *recrépir un mur.*

recrépissage n. m. Action de recrépir.

recreuser v. t. Creuser de nouveau ou plus avant.

récrier (se) [sərekrije] v. pr. Faire une exclamation de surprise, de mécontentement, de protestation : *ils se sont tous récriés à la vue de ce tableau.*

récriminateur, trice adj. Qui récrimine. ‖ Qui a le caractère de la récrimination.

récrimination n. f. Action de récriminer; reproche, critique amère : *se répandre en récriminations contre tout le monde.*

récriminatoire adj. Qui contient une récrimination : *discours récriminatoire.*

récriminer [rekrimine] v. i. (lat. *recriminari;* de *crimen*, accusation). Trouver à redire; critiquer amèrement : *il récrimine sans cesse et à propos de tout.*

récrire v. t. (conj. **65**). Ecrire ou rédiger de nouveau. (On dit parfois RÉÉCRIRE.) ‖ — V. i. ou t. ind. [**à**]. Répondre à une lettre.

recristallisation n. f. Transformation des roches qui se produit lorsque des minéraux cristallins sont dissous, puis forment de nouveaux cristaux.

recroquevillé [rəkrɔkvije], **e** adj. Tordu, replié. ‖ *Fig.* Tassé, replié sur soi-même.

recroqueviller (se) v. pr. (du préf. *re*, de *croc* et de *vrille*). Se rétracter, se replier sous l'action de la chaleur, du froid, etc. ‖ *Fig.* Se tasser, se pelotonner.

recru [rəkry], **e** adj. (de l'anc. fr. *se recroire*, se rendre à merci). Harassé de fatigue.

recrû [rəkry] n. m. (du part. pass. de *croître*). Pousse annuelle d'un bois taillis.

recrudescence [rəkrydɛsɑ̃s] n. f. (du lat. *recrudescere*, reprendre des forces). Intensité plus grande des symptômes d'une maladie, des ravages d'une épidémie, etc., après une accalmie : *l'hiver amène une recrudescence de misère.*

recrudescent, e adj. (lat. *recrudescens*, qui devient plus violent). Qui reprend de l'intensité.

recrue [rəkry] n. f. (de *croître;* proprem. « ce qui vient accroître »). Jeune soldat qui vient d'être appelé au service militaire. ‖ *Fig.* Personne qui s'ajoute à une société, à un groupe.

recrutement n. m. Action de recruter. ‖ Opération ayant pour but de fournir des effectifs aux forces armées. ● *Service du recrutement*, service chargé d'effectuer cette opération. (Le service du recrutement, auquel les centres de sélection* ont été rattachés en 1966, dispose dans chaque région* militaire d'un ou de plusieurs bureaux de recrutement. Ces bureaux sont chargés de l'administration des jeunes gens [entre leur recensement et leur appel* au service* national actif] et des hommes de la disponibilité* et de la réserve.)

recruter [rekryte] v. t. Appeler, rassembler des recrues : *recruter un régiment.* ‖ Engager du personnel. ‖ Attirer dans une société, un parti : *recruter des associés.* ‖ **— Se recruter** v. pr. Etre recruté, entretenu au moyen de recrues : *les corps d'élite se recrutent difficilement.*

recruteur n. m. et adj. m. Autref., personne chargée de faire du recrutement : *sergent recruteur.* ‖ Celui qui recrute pour le compte d'un parti, d'une société.

recta [rɛkta] adv. (mot lat. signif. *en droite ligne*). *Fam.* Ponctuellement : *payer recta.*

rectal [rɛktal], **e, aux** [-o] adj. Relatif au rectum : *la température rectale.* ● *Toucher rectal*, examen médical du rectum à l'aide d'un doigt.

rectangle [rɛktɑ̃gl] n. m. (lat. *rectus*, droit, et *angulus*, angle). *Math.* Parallélogramme ayant un angle droit.

(V. illustr. SURFACES* ET VOLUMES.) || — Adj. *Trapèze rectangle,* trapèze dont un côté est perpendiculaire aux bases. || *Triangle rectangle,* triangle qui a un angle droit.

rectangulaire adj. (lat. *rectus,* droit, et *angulus,* angle). *Math.* Qui a ses angles droits. ● *Système de coordonnées rectangulaires,* système de coordonnées dans lequel chaque point est rapporté à deux axes fixes rectangulaires.

recteur [rɛktœr] n. m. (lat. *rector;* de *regere,* diriger). Autref., chef d'une université; auj., chef d'une des académies qui forment l'Université de France. || Directeur de certains collèges religieux, notamment chez les jésuites. || En Bretagne, curé d'une paroisse.

recteur, trice adj. Qui dirige.

rectifiable adj. Qui peut être rectifié : *erreur rectifiable.* || *Math.* Se dit d'un arc, d'une courbe dont la longueur peut être définie comme la borne supérieure des longueurs de toutes les lignes brisées pouvant y être inscrites.

rectificateur n. m. Appareil s'adaptant à un alambic et où s'effectue la rectification.

rectificatif, ive adj. Qui rectifie; qui sert à rectifier : *acte rectificatif.*

rectificatif n. m. Document apportant une rectification.

rectification n. f. Action de corriger ce qui est fautif; son résultat : *la rectification d'un compte.* || Modification apportée ultérieurement à un article de journal, à un passage d'une publication : *insérer une rectification.* || *Industr.* Distillation fractionnée d'un liquide volatil pour le purifier ou en séparer les constituants. || *Mécan.* Achèvement à la meule d'une surface usinée. (La rectification permet, généralement après un traitement thermique, de donner à une pièce ses dimensions en respectant des tolérances étroites. L'opération s'effectue à l'aide de meules de grande qualité et de machines de haute précision, dites *rectifieuses.*) ● *Rectification d'une courbe, d'un arc de courbe* (Math.), calcul de sa longueur.

rectifier [rɛktifje] v. t. (lat. *rectus,* droit, et *facere,* faire). Rendre droit : *rectifier le tracé d'une route.* || Rendre une chose exacte : *rectifier un calcul.* || Purifier par distillation : *rectifier de l'eau-de-vie.* || Parachever par meulage la surface d'une pièce usinée.

rectifieur n. m. Ouvrier professionnel capable de conduire une rectifieuse, permettant de donner, avec précision, la forme définitive à une pièce métallique.

rectifieuse n. f. Machine-outil servant à rectifier.

rectiligne adj. (lat. *rectus,* droit, et *ligne*). Qui concerne la ligne droite. || Formé uniquement de lignes droites : *figure rectiligne.* || — N. m. *Rectiligne d'un dièdre* (Math.), angle plan obtenu en coupant ce dièdre par un plan perpendiculaire à l'arête : *tous les rectilignes d'un dièdre sont égaux.*

rectilinéaire adj. Se dit d'un objectif photographique qui ne déforme pas l'image.

rection n. f. *Linguist.* Propriété qu'ont les verbes, les prépositions d'être accompagnés d'un complément déterminé grammaticalement.

rectite n. f. Inflammation du rectum.

rectitude [rɛktityd] n. f. (du lat. *rectus,* droit). Qualité de ce qui est droit : *la rectitude d'une ligne.* || *Fig.* Conformité à la raison, au devoir : *rectitude de jugement.*

recto [rɛkto] n. m. (lat. *recto folio,* à feuille droite). Première page d'un feuillet, celle qui se trouve à la droite lorsque le livre est ouvert (par oppos. à *verso,* qui est la seconde page). || Pl. des *rectos.*

recto-colite n. f. Inflammation simultanée du rectum et du côlon.

rectoral, e, aux adj. Relatif au recteur : *dignité rectorale.*

rectorat [-ra] n. m. Charge de recteur. || Temps pendant lequel on l'exerce. || Bureau de l'administration rectorale d'une académie.

rectoscope n. m. Endoscope spécial pour l'examen optique du rectum.

rectoscopie n. f. Examen du rectum avec le rectoscope.

rectrice n. f. Plume de la queue des oiseaux, qui dirige le vol.

rectum [rɛktɔm] n. m. (lat. *rectum intestinum,* intestin droit). Dernière partie du gros intestin, qui aboutit à l'anus. (Le rectum a environ 15 cm de longueur et se trouve en avant du sacrum et du coccyx dans les deux sexes, en arrière de la vessie et de la prostate chez l'homme, de l'utérus et du vagin chez la femme; sa partie supérieure, distendue, constitue l'ampoule rectale.) [V. illustr. DIGESTION.]

reçu [rəsy] n. m. (part. pass. de *recevoir*). Quittance sous seing privé, par laquelle on reconnaît avoir reçu une somme : *les reçus des sommes importantes doivent porter un timbre-quittance.* (*Reçu* est un part. pass. inv. quand il est employé par ellipse devant l'énoncé d'une somme, pour en reconnaître le paiement.)

recueil [rəkœj] n. m. (de *recueillir*). Réunion de divers actes, de divers écrits, etc. : *recueil de lois, de poésies.*

recueillement n. m. Action, état d'une personne qui se recueille.

recueilli, e adj. Qui se concentre dans le recueillement : *homme recueilli.* || Qui témoigne du recueillement : *attitude recueillie.*

recueillir v. t. (lat. *recolligere*) [conj. **12**]. Retirer, en parlant d'un avantage : *recueillir le fruit de son travail.* || Recevoir par héritage : *recueillir la succession de quelqu'un.* || Rassembler ce qui est dispersé : *recueillir des documents.* || Donner refuge à : *recueillir un malheureux.* || — **Se recueillir** v. pr. Se replier sur soi-même, réfléchir. || Se livrer à de pieuses méditations.

recuire v. i. (lat. *recoquere*) [conj. **54**]. Cuire de nouveau. || — V. t. Exposer de nouveau à l'action du feu. || Améliorer les qualités d'un métal par le recuit. || Diminuer la fragilité d'un verre par le recuit.

recuit n. m. Action de recuire, de soumettre de nouveau à l'action de la chaleur. || Traitement thermique consistant en un chauffage d'un produit métallurgique à une température suffisante pour assurer son équilibre physicochimique et structural, et que l'on fait suivre d'un refroidissement lent. (V. *encycl.*)

— ENCYCL. Le *recuit* permet d'obtenir les meilleures caractéristiques de ductilité du métal et les plus faibles valeurs de résistance à la déformation. On l'utilise : soit pour restaurer la malléabilité d'un métal ou d'un alliage qui a subi antérieurement un écrouissage, déformant ses cristaux et augmentant sa résistance (*recuit de recristallisation*); soit pour atténuer l'hétérogénéité de la composition chimique d'un produit brut de coulée, surtout dans le cas des bronzes et des fontes spéciales (*recuit d'homogénéisation*); soit aussi pour éliminer des contraintes mécaniques internes qui se sont produites dans les pièces après trempe ou traitements mécaniques (*recuit de stabilisation* ou *de détente*); soit encore après un traitement thermique défectueux (*recuit de régénération*). Le *recuit d'adoucissement* facilite l'usinage de l'acier traité par trempe et revenu, alors que le *recuit de malléabilisation* permet d'obtenir la fonte malléable dite « à cœur noir » par chauffage prolongé de fonte blanche. Le recuit s'effectue dans des fours chauffés soit par des résistances électriques, soit par des brûleurs à gaz ou à mazout. Il est souvent pratiqué sous une atmosphère de protection pour éviter l'oxydation des produits traités par l'air ambiant à haute température.

recul [rəkyl] n. m. Mouvement en arrière. || Mouvement vers l'arrière, effectué par une bouche à feu au départ du coup. || — *Fig.* Mouvement en sens contraire du progrès : *un recul de la civilisation.* || Eloignement dans l'espace ou dans le temps : *il faut un certain recul pour apprécier les événements.*

reculade n. f. Action de reculer. || *Fig.* Action de celui qui, s'étant trop avancé dans une affaire, est obligé de revenir sur ses pas : *une honteuse reculade.*

reculé, e adj. Isolé, lointain : *quartier reculé.* || Eloigné dans le temps : *époque reculée.*

reculée n. f. (mot jurassien). Espace qui permet le recul. || Sur la bordure occidentale du Jura, vallée profonde, aux parois verticales, qui se termine en cul-de-sac au pied d'un escarpement calcaire, le « bout du monde ».

reculement n. m. Pièce du harnais qui couvre l'arrière du cheval.

reculer v. t. (de *cul*). Tirer, pousser en arrière : *reculer sa chaise.* || Accroître, étendre : *reculer les bornes, les frontières d'un Etat.* || *Fig.* Ajourner, retarder : *reculer un paiement.* || — V. i. Aller en arrière : *faire reculer un cheval.* || Perdre du terrain, rétrograder : *au lieu d'avancer, il recule.* || — *Fig.* Hésiter, renoncer, céder : *reculer devant une difficulté.* ● *Il ne recule devant rien,* il est prêt à tout faire. || *Reculer pour mieux sauter,* hésiter devant une décision désagréable qu'il faudra prendre tôt ou tard.

reculons (à) [arkylɔ̃] loc. adv. En reculant; en allant en arrière : *marcher à reculons.*

récupérable adj. Qui peut être récupéré.

récupérateur n. m. *Industr.* Appareil pour la récupération de la chaleur ou de l'énergie. || — Adj. m. Qui récupère : *ressort récupérateur.*

récupération n. f. Action de récupérer; son résultat.

récupérer [rekypere] v. t. (lat. *recuperare*) [conj. **5**]. Rentrer en possession de : *récupérer une somme que l'on avait prêtée.* || Recueillir ce qui pourrait être perdu : *récupérer de la ferraille.* || — V. i. Reprendre ses forces après un effort violent.

récurage n. m. Action de récurer.

récurer [rekyre] v. t. Nettoyer en frottant avec un objet rugueux : *récurer des casseroles.*

récurrence n. f. Retour sur soi-même, répétition. ● *Raisonnement par récurrence,* raisonnement par lequel on étend à toute une série une propriété de l'un des termes, en montrant que, si elle appartient à un premier terme et qu'elle puisse s'affirmer d'un second, elle appartient à un troisième, et ainsi de suite.

récurrent [rekyrɑ̃], **e** [-ɑ̃t] adj. (lat. *recurrens,* courant en arrière). *Anat.* Qui revient en arrière : *nerfs récurrents.* (Se détachant des deux nerfs pneumogastriques, ils vont innerver le larynx.) ● *Fièvre récurrente,* maladie microbienne due à un spirochète et caractérisée par des accès de fièvre entrecoupés de périodes de rémission de quelques jours. (Syn. TYPHUS RÉCURRENT.) || *Image récurrente,* image qui subsiste après que l'œil a été impressionné par un objet vivement éclairé. (Syn. IMAGE CONSÉCUTIVE.) || *Série récurrente* (Math.), série dont chaque terme se calcule au moyen d'un certain nombre de termes qui le précèdent.

récursif, ive adj. *Log.* et *Linguist.* Qui peut être répété de façon indéfinie : *construction récursive.*

récursivité n. f. Propriété de ce qui est récursif.

récursoire [rekyrswar] adj. *Dr.* Qui ouvre un recours : *action récursoire.*

récusable adj. Qui peut être récusé : *témoin récusable.* || En qui ou en quoi l'on peut ne pas avoir foi : *témoignage récusable.* || — Contr. IRRÉCUSABLE.

récusation n. f. Action de récuser.

récuser [rekyze] v. t. (lat. *recusare,* refuser). Refuser de reconnaître la compétence d'un tribunal, d'un juge, d'un expert, d'un témoin. || Rejeter, ne pas admettre : *je récuse son témoignage.* (Syn. : DÉCLINER, REPOUSSER.) || — **Se récuser** v. pr. Se déclarer incompétent pour juger une cause, décider d'une question.

recyclage [rəsiklaʒ] n. m. Formation complémentaire donnée à des cadres et agents de maîtrise, à des techniciens, pour leur permettre de s'adapter, dans leur spécialité, aux progrès industriels et scientifiques. || Action de réintroduire des matières ou des produits dans une fraction d'un circuit ou d'un cycle de traitement lorsque la transformation de ces matières ou de ces produits est incomplète par un passage unique.

recycler v. t. Effectuer le recyclage. || — **Se recycler** v. pr. Acquérir une formation complémentaire.

rédacteur, trice n. (du lat. *redactus,* part. pass. de *redigere,* arranger). Personne qui rédige.

rédaction [redaksjɔ̃] n. f. Action de rédiger; la chose rédigée. || Ensemble des rédacteurs. || Bureau des rédacteurs : *la rédaction d'un journal.*

rédactionnel, elle adj. Relatif à la rédaction.

redan ou **redent** [rədɑ̃] n. m. (de *dent*). *Archit.* Découpure de pierre en forme de dent. || *Constr.* Ressaut ménagé de distance en distance dans un mur édifié sur un terrain en pente. || *Fortif.* Ouvrage de la fortification bastionnée, en angle saillant. || *Technol.* Groupe d'entailles faites en sens opposés, dans deux pièces qu'on veut rendre solidaires.

Redange, ch.-l. de cant. du Luxembourg; 1 700 h.

reddition [redisjɔ̃] n. f. Action de rendre ou de se rendre : *reddition de comptes; reddition d'une ville.*

redécouvrir v. t. (conj. **10**). Découvrir de nouveau.

redéfaire v. t. (conj. **72**). Défaire de nouveau : *redéfaire une robe.*

redemander v. t. Demander de nouveau : *redemander du pain.* || Demander à quelqu'un ce qu'on lui a prêté.

rédempteur, trice adj. et n. (du lat. *redemptus,* racheté). Qui rachète : *une œuvre rédemptrice.* ● *Le Rédempteur* (avec une majuscule), Jésus-Christ, qui, selon la doctrine chrétienne, a racheté le genre humain par sa mort.

rédemption [redɑ̃psjɔ̃] n. f. (lat. *redemptio*). *Théol. chrétienne.* Rachat du genre humain par Jésus-Christ : *le mystère de la Rédemption.* (Prend une majuscule.)

rédemptoriste [redɑ̃ptɔrist] n. m. Membre d'une congrégation religieuse missionnaire fondée à Naples par saint Alphonse-Marie de Liguori, en 1731, sous le nom de congrégation du Très-Saint-Rédempteur.

redent n. m. V. REDAN.

redescendre v. i. (conj. **46**). Descendre de nouveau. || Descendre après s'être élevé : *ballon qui redescend.* || — V. t. Porter de nouveau en bas.

redevable [rədəvabl] adj. et n. Qui verse une redevance. || — Adj. Qui doit encore quelque chose après un paiement. || Qui a une obligation envers quelqu'un : *je vous suis redevable de la vie.*

redevance n. f. Dette, charge, rente qu'on doit acquitter à termes fixes : *redevance en nature.*

redevenir v. i. (conj. **16**). Recommencer à être ce que l'on était auparavant.

rédhibition n. f. Annulation d'une vente obtenue par l'acheteur, lorsque la chose vendue est entachée de vices.

rédhibitoire [redibitwar] adj. (du lat. *redhibere,* restituer). Qui tend à faire prononcer l'annulation d'une vente : *action rédhibitoire.* || Qui peut motiver l'annulation d'une vente : *dans la vente d'un cheval, le cornage chronique est un vice rédhibitoire.* || Qui constitue un obstacle radical : *un prix rédhibitoire.*

rédiger [rediʒe] v. t. (lat. *redigere,* mettre en ordre) [conj. **1**]. Exprimer par écrit, dans l'ordre voulu, dans la forme définitive : *rédiger des Mémoires, un article.*

redingote [rədɛ̃gɔt] n. f. (de l'angl. *ridingcoat,* vêtement pour aller à cheval). Vêtement masculin à basques qui se rejoignent par-devant. || Manteau de femme, cintré à la taille.

rédintégration [redɛ̃tegrasjɔ̃] n. f. *Philos.* Retour intégral de quelque chose, par exemple d'un souvenir dans l'esprit.

redire v. t. (conj. **68**). Répéter ce qu'on a déjà dit : *il redit toujours les mêmes choses.* || Répéter ce qu'un autre a dit. || Révéler par indiscrétion : *il redit tout.* || — V. i. Blâmer : *trouver à redire.*

rediseur, euse n. Celui, celle qui répète les mêmes choses : *éternel rediseur.*

redistribuer v. t. Remettre de nouveau ou remettre en de nouvelles mains : *redistribuer les revenus.*

redistribution n. f. Action de redistribuer ; son résultat : *la redistribution des terres.*

redite n. f. Répétition fréquente et souvent inutile.

Redon (Odilon), peintre et graveur français, né à Bordeaux (1840-1916). Elève de Bresdin, il a pratiqué un art essentiellement spiritualiste et symboliste. Visionnaire, dans ses dessins, ses lithographies, ses pastels, ses peintures aux couleurs somptueuses et subtiles, il a créé un monde mystérieux et onirique. Par sa soumission aux données de l'inconscient, il est un précurseur du surréalisme (*le Sacré-Cœur, l'Araignée,* Louvre ; *la Naissance de Vénus,* Petit Palais, Paris).

Redon (35600), ch.-l. d'arr. d'Ille-et-Vilaine, sur la Vilaine ; 10 780 h. (*Redonnais*). Briquets. Matériel agricole. — L'arr. a 7 cant., 54 comm., 66 819 h.

redondance n. f. Superfluité de mots, de paroles : *discours plein de redondances.* ‖ Diminution de la quantité d'information dans un message, sans changement de la longueur.

redondant [rədɔ̃dɑ̃], **e** [ɑ̃t] adj. Superflu ; qui est de trop : *expression redondante.* ‖ Où il y a du superflu : *style redondant.*

redonner v. t. Donner de nouveau la même chose. ‖ Rendre à celui qui avait déjà eu. (Syn. : REMETTRE, RESTITUER.) ‖ *Fig.* Faire renaître, rendre : *redonner des forces, de l'espérance.* ‖ — V. i. Revenir à la charge : *l'infanterie redonna avec un nouveau courage.* ‖ Retomber : *redonner dans la paresse.*

redorer v. t. Dorer de nouveau (au *pr.* et au *fig.*). ● *Redorer son blason* (Fam.), épouser une riche roturière, en parlant d'un noble pauvre.

redoublant, e adj. et n. Se dit d'un élève qui recommence une année de scolarité.

redoublé, e adj. *Pas redoublé,* v. PAS. ‖ **— A coups redoublés** loc. adv. Avec violence.

redoublement n. m. Augmentation : *redoublement de joie.* ‖ Répétition d'un mot, d'un élément de mot, d'une syllabe, ayant le plus souvent une valeur grammaticale (parfait grec) ou une valeur expressive (*dada*).

redoubler v. t. Remettre une doublure : *redoubler une robe.* ‖ Renouveler avec augmentation : *redoubler ses cris.* ‖ Recommencer : *redoubler une classe.* ‖ — V. t. ind. *Redoubler de,* apporter plus de : *redoubler de soins.* ‖ — V. i. S'accroître : *la fièvre redouble.*

redoul [rədul] n. m. Arbrisseau des coteaux secs du Midi, riche en tanin. (Syn. : CORROYÈRE, HERBE AUX TANNEURS.)

redoutable adj. Fort à craindre : *ennemi redoutable.*

redoute [rədut] n. f. (ital. *ridotto,* réduit). Petit ouvrage de fortification isolé. ‖ Endroit public où l'on dansait, où l'on donnait des fêtes ; et, *par ext.,* la fête elle-même : *organiser une redoute costumée.*

redouter [rədute] v. t. Craindre fort : *redouter la mort.* (Syn. : APPRÉHENDER, AVOIR PEUR.)

redoux [rədu] n. m. Période d'adoucissement des températures.

redresse (à la) loc. adv. et adj. *Pop.* Energique.

redressement n. m. Action de redresser ; résultat de cette action : *redressement de la taille.* ‖ *Electr.* Transformation d'un courant alternatif en un courant d'un seul sens. ‖ *Fig.* Action de corriger, de réparer : *redressement de torts ; redressement de la situation.* ● *Maison de redressement,* établissement chargé de la rééducation de jeunes délinquants.

redresser [rədrɛse] v. t. Rendre droit ce qui est penché, courbé : *redresser un poteau.* ‖ Remettre debout : *redresser une statue.* ‖ — *Fig.* Donner de la rectitude, rectifier : *redresser le jugement.* ‖ Réparer, réformer, corriger : *redresser des abus.* ‖ *Electr.* Transformer un courant alternatif en courant d'un seul sens. ‖ **— Se redresser** v. pr. Se remettre droit. ‖ Reprendre son essor : *pays qui se redresse après une guerre.* ‖ *Fig.* Prendre une attitude fière.

redresseur n. m. *Electr.* Appareil dans lequel un courant alternatif est transformé en un courant unidirectionnel. (V. *encycl.*) ● *Redresseur de torts,* chevalier errant qui vengeait les victimes de l'injustice ; et, *fam.,* personne qui a la manie de vouloir réformer, corriger. ‖ — Adj. m. Qui change le sens d'une grandeur.

— ENCYCL. *Electr.* Les appareils redresseurs de courant alternatif sont de deux sortes :

● les *redresseurs mécaniques,* qui comportent des contacts métalliques mobiles, supprimant à chaque période une des deux alternances du courant alternatif ;

● les *redresseurs statiques,* qui opposent au courant alternatif une résistance beaucoup plus grande dans un sens que dans l'autre. Ce sont les *redresseurs à arc* (à vapeur de mercure), les *redresseurs secs,* qui utilisent les propriétés des semi-conducteurs (sélénium, germanium, silicium) et les *redresseurs thermo-électriques,* qui comprennent les tubes à vide et les tubes à gaz (diode). Les redresseurs statiques sont d'un emploi très étendu en électronique et en électricité industrielle.

Red River, fl. des Etats-Unis, dont une branche rejoint le Mississippi (r. dr.) et une autre branche (la plus importante) se jette directement dans le golfe du Mexique (2 000 km). — Riv. des Etats-Unis et du Canada, tributaire du lac Winnipeg ; 1 060 km.

réducteur, trice adj. (du lat. *reductus,* ramené). Qui diminue. ‖ Qui fait diminuer. ‖ — Adj. et n. m. *Chim.* Se dit des corps qui ont la propriété de désoxyder : *le charbon est un réducteur.* ‖ *Mécan.* Se dit d'un mécanisme qui diminue la vitesse de rotation d'un arbre : *réducteur de vitesse.*

réductibilité n. f. Caractère de ce qui est réductible.

réductible adj. Qui peut être réduit. ‖ Qui peut être diminué. ‖ *Chir.* Qui peut être remis en place : *luxation réductible.* ● *Equation réductible,* équation dont le degré peut être abaissé. ‖ *Figure réductible,* figure qui peut être transformée en une figure plus simple ou plus petite, en conservant telle ou telle de ses propriétés. ‖ *Fraction réductible,* fraction qui peut être simplifiée.

réduction [redyksjɔ̃] n. f. Action de réduire ; effet de cette action : *réduction des impôts.* ‖ Diminution de prix : *consentir une réduction à un client.* ‖ Copie réduite : *la réduction d'une statue.* ‖ *Chim.* Opération par laquelle on enlève l'oxygène à un corps qui en contient. (La réduction d'un élément, transformation opposée à son oxydation, se traduit par un gain d'électrons pour son atome.) ‖ *Chir.* Action de remettre à leur place les os luxés ou fracturés. ‖ *Math.* Opération par laquelle on remplace une figure par une autre semblable, mais plus petite. ‖ Transformation remplaçant une expression algébrique par une autre équivalente, mais plus simple ou plus commode. ‖ *Fig.* Action de soumettre, de dompter : *réduction d'une ville.* ● *Réduction chromatique,* diminution de moitié du nombre des chromosomes d'une cellule, qui se réalise au cours d'une des divisions préludant à la formation des cellules reproductrices. ‖ *Réduction de classe* (Mil.), sanction disciplinaire qui consiste à renvoyer à la deuxième classe les soldats et matelots de première classe. ‖ *Réduction au même dénominateur,* recherche, pour plusieurs fractions arithmétiques, d'un dénominateur commun, de valeur aussi basse que possible.

réduire [redɥir] v. t. (lat. *reducere,* ramener) [conj. **64**]. Ramener à des proportions moindres : *réduire ses dépenses, une figure géométrique.* (Syn. : AMOINDRIR, DIMINUER, MINIMISER, RESTREINDRE.) ‖ Résoudre une chose en une autre : *réduire du blé en farine.* ‖ Rendre plus concentré par l'ébullition : *réduire une solution ; réduire une sauce.* ‖ *Chim.* Enlever de l'oxygène à un corps qui en contient. ‖ *Chir.* Remettre à leur place les os luxés ou fracturés : *réduire une fracture.* ‖ *Math.* Transformer, simplifier : *réduire deux fractions au même dénominateur.* ‖ — *Fig.* Anéantir, dominer : *réduire les dernières résistances.* ‖ Contraindre à : *réduire quelqu'un au silence.* ‖ Faire tomber dans un état fâcheux : *réduire quelqu'un à la misère.* ‖ — V. i. Subir une réduction, une diminution : *ce sirop n'a pas assez réduit.*

réduit [redɥi] n. m. (lat. *reductus,* qui est à l'écart). Petit logement retiré : *réduit paisible.* ‖ Galetas : *misérable réduit.* ‖ Ouvrage fortifié à l'intérieur d'un autre, servant d'emplacement pour l'ultime défense. ‖ *Mar.* Au XIXᵉ s., compartiment cuirassé ou était rassemblée l'artillerie des gros navires de guerre.

réduplication n. f. Répétition d'une syllabe, d'une lettre.

réduve [redyv] n. m. (lat. *reduviae,* dépouilles [par allusion aux débris dont la larve se recouvre]). Grande punaise ailée dont la piqûre est douloureuse.

Reed (sir Carol), metteur en scène de cinéma anglais, né à Londres en 1906. On lui doit notamment *Sous le regard des étoiles* (1939), *Huit Heures de sursis* (1947), *le Troisième Homme* (1949), *la Clé* (1958), *Notre agent à la Havane* (1959), *Oliver* (1968).

réédification n. f. Action de réédifier.

réédifier v. t. Rebâtir (au *pr.* et au *fig.*).

rééditer v. t. Faire une nouvelle édition de.

réédition n. f. Edition nouvelle.

rééducation n. f. Action d'éduquer à nouveau. ‖ Méthode permettant de faire recouvrer aux convalescents de maladies ou de blessures l'usage normal de leurs fonctions perturbées. (V. *encycl.*) ● *Rééducation professionnelle,* apprentissage, à certains handicapés, d'un travail convenant à leurs possibilités.

— ENCYCL. La *rééducation motrice* comprend une action sur les muscles, sur le système nerveux et sur le psychisme. La kinésithérapie en est le premier élément, comportant la mobilisation passive, puis active des différents segments de membres ou de groupes musculaires atteints. Elle est complétée par le réapprentissage des gestes de la vie courante, puis par ceux de certaines professions. Dans de nombreux cas, la psychothérapie apporte au sujet la confiance en soi, le désir de progresser et une acceptation réfléchie de son état, lui permettant de tirer le maximum de ses possibilités.

La *rééducation du langage* constitue maintenant une discipline distincte, qui est l'orthophonie.

La *rééducation psychique* permet aux sujets atteints de différentes affections mentales ou aux enfants déficients ou débiles mentaux de recouvrer ou d'acquérir des fonctions psychiques aussi normales que possible. Outre la psychothérapie, elle met en œuvre des activités physiques, des occupations permettant de donner ou de redonner au sujet le goût de l'activité et d'éliminer les tendances, les impulsions et les pensées néfastes.

rééduquer v. t. Faire la rééducation.

réel [reɛl], **elle** adj. (lat. *realis ;* de *res,* chose). Qui existe effectivement : *besoins réels.* ‖ Qui concerne une chose (par oppos. à PERSONNEL). [L'hypothèque confère un *droit réel* sur l'immeuble hypothéqué ; le prêt d'une somme d'argent ne confère qu'un *droit personnel* sur l'emprunteur.] ● *Nombre réel,* nombre pouvant servir à définir la position d'un point sur un axe. (L'ensemble R des nombres réels comprend les nombres rationnels, dont les entiers sont un cas particulier, et les nombres irrationnels.) ‖ *Point réel,* en géométrie analytique, point dont les coordonnées sont des nombres réels.

réel n. m. Ce qui existe effectivement : *contact avec le réel.*

réélection n. f. Action d'élire de nouveau : *réélection d'un député.*

rééligibilité n. f. Qualité d'une personne rééligible.

rééligible adj. Qui peut être réélu.

réélire v. t. (conj. **69**). Elire de nouveau.

réellement adv. Effectivement, véritablement : *besogne réellement trop lourde.*

réémetteur n. m. Emetteur servant à retransmettre les programmes transmis par un émetteur principal.

réemploi n. m. V. REMPLOI.

réensemencement n. m. Action de réensemencer.

réensemencer v. t. (conj. **1**). Ensemencer de nouveau.

réescompte n. m. Acte par lequel un banquier fait escompter par un autre banquier un effet de commerce qu'il a lui-même acquis par voie d'escompte. (Tout effet revêtu de trois signatures solvables est dit *bancable* parce qu'il peut être présenté au réescompte de la Banque de France.)

réescompter v. t. Escompter de nouveau.

réévaluation n. f. Action d'évaluer de nouveau.

réévaluer v. t. Evaluer de nouveau.

réexamen n. m. Nouvel examen.

réexaminer v. t. Examiner une seconde fois et plus profondément.

réexpédier v. t. Expédier de nouveau.

réexpédition n. f. Nouvelle expédition.

réexportation n. f. Action de réexporter.

réexporter v. t. Transporter hors d'un Etat, d'un pays, des marchandises qui y avaient été importées.

refaçonner v. t. Façonner de nouveau.

réfaction [refaksjɔ̃] n. f. (de *refaire*). Réduction sur le prix des marchandises à la livraison, lorsqu'elles ne correspondent pas aux conditions convenues.

refaire v. t. (conj. **72**). Faire de nouveau ce qu'on a déjà fait : *refaire un voyage.* ‖ Remettre en bon état, réparer : *refaire un mur,* et, au *fig. : refaire sa santé.* ‖ *Fam.* Tromper, duper : *il s'est laissé refaire.* ‖ — V. i. Recommencer : *cette donne est à refaire.* ‖ **— Se refaire** v. pr. Reprendre des forces : *se refaire à la campagne.*

réfection [refɛksjɔ̃] n. f. (lat. *refectio ;* de *reficere,* refaire). Action de refaire, de remettre à neuf : *réfection d'une route.*

réfectoire [refɛktwar] n. m. (du lat. *refectorius,* qui restaure.) Lieu où les repas se prennent en commun.

refend [rəfɑ̃] n. m. *Bois de refend,* bois scié en long. ‖ *Ligne de refend,* ligne tracée sur un mur pour marquer ou simuler le joint des pierres. ‖ *Mur de refend,* gros mur formant séparation intérieure dans un bâtiment.

refendre v. t. (conj. **46**). Fendre de nouveau. ‖ Scier de long : *refendre l'ardoise.*

référé [refere] n. m. Procédure d'urgence par laquelle le président du tribunal règle provisoirement un litige. ‖ Arrêt rendu selon cette procédure : *solliciter un référé.*

référence [referɑ̃s] n. f. (du lat. *referre,* rapporter). Autorité, texte auquel on se rapporte : *indiquer des références.* ‖ Indication placée en tête d'une lettre, à rappeler dans la réponse. ● *Ouvrage de référence,* ouvrage non à lire, mais à consulter. ‖ — Pl. Attestation servant de recommandation : *avoir de bonnes références.*

référencer v. t. (conj. **1**). Pourvoir d'une référence.

référendaire [referɑ̃dɛr] adj. (du lat. *referre,* rapporter). *Conseiller référendaire à la Cour des comptes,* magistrat à la Cour des comptes, chargé d'examiner les pièces de la comptabilité publique, d'en faire un rapport et de rédiger les arrêts. ‖ *Loi référendaire,* loi adoptée par voie de référendum.

référendum [referɛ̃dɔm] n. m. (lat. *referendum,* ce qui doit être rapporté). Vote direct des citoyens, dont l'objet est soit de ratifier — après vote du Parlement — une mesure d'ordre législatif ou constitutionnel, soit d'adopter directement une telle mesure, soit encore de faire prendre en considération par le Parlement — ou d'adopter directement — une proposition de loi d'initiative populaire. ‖ Consultation des membres d'un groupement, d'une collectivité. ‖ Pl. des *référendums.*

référentiel [referɑ̃sjɛl] n. m. Ensemble d'éléments formant un système de référence. ‖ Ensemble des éléments liés à ce système. ‖ Ensemble général dont les ensembles étudiés constituent des sous-ensembles.

référer [refere] **(à)** v. t. ind. (lat. *referre,* rapporter) [conj. **5**]. Faire rapport, en appeler à : *il faut en référer aux autorités supérieures.* ‖ **— Se référer** v. pr. Se rapporter : *je m'en réfère à votre avis.*

refermer v. t. Fermer de nouveau.

refiler v. t. *Pop.* Donner, écouler : *refiler une pièce fausse.*

réfléchi, e adj. *Rayon réfléchi, onde réfléchie* (Phys.), rayon, onde provenant d'une réflexion.

réfléchi, e adj. Qui est dit ou fait avec réflexion. ‖ Qui agit avec réflexion : *jeune homme réfléchi.* ● *Conscience réfléchie* (Philos.), conscience que le sujet a de lui-même. ‖ *Verbes, pronoms réfléchis,* verbes, pronoms indiquant qu'une action retombe sur le sujet de la proposition.

réfléchir [refleʃir] v. t. (du lat. *reflectere,* replier). Renvoyer dans une autre direction : *les miroirs réfléchissent les rayons lumineux.* ‖ **— Se réfléchir** v. pr. Etre réfléchi : *arbres qui se réfléchissent dans un lac.*

réfléchir v. i. et t. ind. [**à**] (lat. *reflectere mentem,* détourner son esprit vers). Penser, méditer longuement : *réfléchissez avant d'agir.*

réfléchissant, e adj. Qui réfléchit la lumière, le son.

réflecteur [reflɛktœr] n. m. Appareil servant à réfléchir la lumière, la chaleur, les ondes.

réflectorisé, e adj. Se dit d'objets réfléchissant la lumière des phares d'automobile : *les plaques d'immatriculation peuvent être réflectorisées.*

reflet [rəflɛ] n. m. (ital. *riflesso*). Réflexion de la lumière, de la couleur d'un corps sur un autre : *reflet d'un tableau, d'une étoffe.* ‖ *Fig.* Reproduction affaiblie : *c'est le reflet de son père.*

refléter v. t. (conj. **5**). Renvoyer la lumière, la couleur sur un corps voisin. ‖ *Fig.* Reproduire, exprimer : *visage qui reflète la bonté.* ‖ **— Se refléter** v. pr. *Fig.* S'étendre sur : *sa gloire se reflète sur sa famille.*

refleurir v. i. Fleurir de nouveau.

reflex adj. Se dit d'un système de visée photographique caractérisé par le renvoi de l'image sur un verre dépoli au moyen d'un miroir incliné à 45°. ‖ — N. m. Appareil qui utilise ce système.

réflexe [reflɛks] adj. et n. m. (lat. *reflexus,* réfléchi). Se dit d'un mouvement ou d'une sécrétion qui se manifeste d'une façon constante, involontaire et automatique à la suite d'une excitation donnée du système nerveux. (V. *encycl.*) ‖ — N. m. Réaction rapide en présence d'un événement soudain : *avoir de bons, de mauvais réflexes.* ● *Réflexe conditionnel, conditionné* ou *acquis,* mécanisme nerveux qui apparaît lorsqu'un stimulus (une excitation) est appliqué de nombreuses fois à l'organisme en même temps que celui-ci effectue un acte primitivement sans rapport avec ce stimulus, et qui aboutit à l'exécution automatique de l'acte chaque fois que le stimulus se produit. ‖ *Réflexe inconditionnel, inné* ou *naturel,* réflexe qui existe dans l'individu du fait de la conformation de son système nerveux, en dehors de toute habitude ou éducation.

— Encycl. Le *réflexe* élémentaire nécessite un neurone sensitif qui reçoit l'excitation et la transmet à un centre nerveux où l'influx agit sur un neurone moteur qui provoque une réponse musculaire donnée, toujours la même pour la même excitation. De nombreux réflexes élémentaires sont mis en évidence par l'examen clinique : réflexes tendineux, réflexes cutanés, réflexes oculaires à la lumière, etc. Leur disparition indique la suppression de la transmission nerveuse en un point du circuit (neurone sensitif, centre nerveux ou neurone moteur). Le fonctionnement du système nerveux comporte des réflexes qui font intervenir des neurones intermédiaires dans les centres supérieurs (tronc cérébral, cerveau), et les mécanismes sont d'autant plus nombreux et complexes qu'il s'agit d'êtres plus évolués.
Les *réflexes conditionnels* ont été étudiés par Pavlov dès 1903. Les observations de celui-ci portaient sur la sécrétion salivaire, puis gastrique du chien, qui est normalement provoquée par le contact des aliments avec la muqueuse buccale et qu'on peut provoquer par une stimulation toute différente (tel le bruit d'une cloche) lorsqu'on associe de nombreuses fois la prise de la nourriture et cette stimulation. Le dressage des animaux et l'éducation des humains met à profit une multitude de réflexes conditionnels, qui peuvent expliquer de nombreux phénomènes du comportement.

réflexibilité n. f. Propriété de ce qui peut être réfléchi.

réflexible adj. Qui peut être réfléchi, renvoyé par réflexion.

réflexif, ive adj. *Philos.* Qui concerne la conscience se connaissant elle-même : *la méthode réflexive remonte des conditions de la pensée à l'unité de la pensée.* ‖ *Math.* Se dit d'une relation qui, liant certains couples d'éléments d'un ensemble, est vérifiée si ces deux éléments sont identiques.

réflexion [reflɛksjɔ̃] n. f. (lat. *reflexio,* action de tourner en arrière). Action d'un corps qui change de direction après avoir choqué un autre corps. ‖ *Phys.* Changement de direction des ondes lumineuses, calorifiques ou sonores qui tombent sur une surface réfléchissante : *réflexion de la lumière, du son.* ● *Angle de réflexion,* angle que fait la normale au miroir, menée au point d'incidence, avec le rayon réfléchi. (L'angle de réflexion est égal à l'angle d'incidence.)

réflexion [reflɛksjɔ̃] n. f. (de *réfléchir*). Action de l'esprit qui réfléchit, qui examine et compare ses pensées : *agir sans réflexion.* ‖ Jugement qui en résulte : *réflexion morale.* ● *Toute réflexion faite,* tout bien examiné.

Réflexions critiques sur la poésie et la peinture, ouvrage de l'abbé Du Bos (1719), qui, exaltant la dignité des passions, annonce l'évolution du théâtre français, de la tragédie voltairienne au drame romantique, ainsi que les principes de la critique picturale de Diderot.

réflexivité n. f. *Math.* Caractère d'une relation réflexive. (La réflexivité est une propriété de la relation d'équivalence.)

réflexogramme n. m. Enregistrement graphique d'un réflexe : *le réflexogramme achilléen* (*du tendon d'Achille*) *renseigne sur le fonctionnement de la glande thyroïde.*

réflexologie n. f. Etude scientifique des réflexes.

refluer [rəflye] v. i. (lat. *refluere,* couler en arrière). En parlant des eaux, retourner vers le lieu d'où elles ont coulé. ‖ En parlant des personnes, revenir vers le lieu d'où elles sont parties.

reflux [rəfly] n. m. Mouvement de la mer qui s'éloigne du rivage. ‖ *Méd.* Trouble constitué par l'écoulement d'un liquide dans un canal en sens inverse de la normale : *reflux œsophagien.* ‖ Marée descendante. (Syn. jusant.) ‖ Retour en arrière : *le reflux de la foule.*

refondre v. t. (conj. **46**). Fondre de nouveau : *refondre une statue.* ‖ *Fig.* Refaire entièrement : *refondre un dictionnaire.*

refonte n. f. Action de refondre (au *pr.* et au *fig.*) : *la refonte des monnaies, d'un ouvrage.*

réformable adj. Qui peut être réformé : *toutes les lois sont réformables.*

reformage n. m. Mot préconisé par l'Administration pour remplacer reforming.

réformateur, trice adj. et n. Qui réforme : *s'ériger en réformateur.*

réformation n. f. (lat. *reformatio*). Action de corriger : *réformation des mœurs; réformation d'un jugement.* ‖ *Hist.* Syn. de Réforme.

réforme n. f. Changement opéré en vue d'une amélioration *: réforme des mœurs, des institutions.* ‖ Amélioration apportée à une règle trop relâchée, dans un ordre religieux : *la réforme de Cîteaux.* ‖ Position d'un militaire à qui son emploi a été provisoirement ou définitivement retiré pour infirmités ou par mesure disciplinaire, avant qu'il n'ait acquis des droits à une pension de retraite. ‖ Position d'une personne jugée inapte au service militaire. ‖ Situation du matériel ou des animaux de l'armée jugés impropres à servir.

Réforme (la), mouvement religieux qui, au xvie s., a soustrait à l'obédience du pape une partie de l'Europe et donné naissance aux Eglises protestantes.

— La Réforme est née de causes religieuses, mais ses progrès ont été grandement aidés ou contrariés, selon les pays et les époques, par diverses circonstances politiques. Elle eut pour cause principale la conviction de ses chefs et de leurs disciples que le christianisme devait être ramené à sa pureté primitive en supprimant les *indulgences* et en soumettant les décisions et les traditions ecclésiastiques au contrôle de l'Ecriture sainte. L'instigateur de la Réforme fut Martin Luther, qui crut d'abord pouvoir opérer la Réforme sans schisme. Excommunié (1520), mis au ban de l'Empire (1521), il refusa de se soumettre. La Confession d'Augsbourg (1530) définit la doctrine luthérienne, dont les points capitaux sont l'autorité souveraine de l'Ecriture sainte en matière de foi et le salut par la foi. La noblesse allemande adopta les idées nouvelles, qui lui permettaient de séculariser les biens ecclésiastiques et de résister aux empereurs autrichiens et catholiques (ligue de Smalkalde). Après la mort de Luther (1546), les luthériens furent vaincus à Mühlberg (1547); mais le traité d'Augsbourg (1555) reconnut l'existence légale du luthéranisme en Allemagne.
De la Saxe, le luthéranisme se propagea dans l'ancienne Prusse et dans les provinces slaves de la Baltique. Le Danemark, la Suède, la Norvège, l'Islande adoptèrent aussi la doctrine de Luther (1523-1537). En Suisse, la Réforme fut propagée par Zwingli, et, en France, par Calvin, sous François Ier, qui la toléra d'abord et la réprima ensuite. Obligé de quitter la France, Calvin vint s'établir à Bâle, à Strasbourg, enfin à Genève (1536-1541). La doctrine de Calvin proclame la souveraineté absolue et exclusive de Dieu, la double prédestination des élus et des réprouvés, l'Ecriture norme unique de la foi; elle supprime la confession auriculaire, le célibat des prêtres, les vœux monastiques. Le culte, exprimé en langue vulgaire, s'adresse à Dieu seul. (V. aussi Calvin.) Le calvinisme gagna de nombreux adeptes en France sous Henri II. L'Hospital s'efforça vainement de faire triompher les principes de la tolérance. Le massacre de Wassy (1562), ordonné par le duc de Guise, déchaîna les guerres de Religion. Le calvinisme triompha dans les cantons protestants de la Suisse, en Ecosse (John Knox), en Flandre et dans les Pays-Bas (Provinces-Unies), malgré les persécutions de Philippe II. L'Angleterre se sépara de Rome en 1531 sous Henri VIII, et adopta sous Edouard VI (1547-1553) l'anglicanisme, forme mitigée de calvinisme, sorte de compromis avec le luthéranisme et le catholicisme.

réformé, e adj. *Religion réformée,* le protestantisme. ‖ — N. et adj. Protestant, et plus particulièrement calviniste. ‖ Religieux d'un ordre réformé.

réformé n. m. Qui a été mis à la réforme : *un réformé militaire.*

reformer [rəfɔrme] v. t. Former de nouveau. ‖ Refaire ce qui était défait : *reformer les rangs.* ‖ **— Se reformer** v. pr. En parlant des troupes, de groupes, se rallier après avoir été dispersés.

réformer [refɔrme] v. t. (lat. *reformare*). Donner une meilleure forme; corriger : *réformer les lois, les mœurs.* (Syn. : améliorer, amender, redresser.) ‖ Supprimer ce qui est nuisible : *réformer un abus.* ‖ *Mil.* Prononcer la réforme d'un militaire, d'un animal ou des matériels de l'armée. ‖ **— Se réformer** v. pr. Renoncer à de mauvaises habitudes; se corriger.

reforming [rifɔrmiŋ] n. m. (mot angl. signif. *action de réformer*). *Pétr.* Procédé de raffinage qui consiste à modifier la composition d'une essence sous l'effet de la température et de la pression. (L'Administration préconise reformage.)

— Encycl. Le *reforming,* imaginé vers 1930, est une forme particulière de cracking qui permet d'augmenter considérablement l'indice d'octane grâce à la transformation de certains hydrocarbures. Les produits à traiter sont maintenus sous pression élevée, à haute température, puis refroidis brusquement par l'injection d'une huile moins chaude appelée *quench.* Comme dans le cracking, les principales modifications de structure sont des dissociations de molécules, qui donnent des oléfines et des combinaisons par polymérisation. Avec une température de 600 °C et une pression de 75 bars, l'essence obtenue peut avoir un indice d'octane de l'ordre de 80. Le *reforming catalytique,* mis au point entre 1940 et 1950, engendre des réactions beaucoup plus complètes permettant de réaliser des indices d'octane de 95 et dans des conditions plus économiques (500 °C et 30 bars). De plus, le procédé, dans lequel le catalyseur est constitué par du platine déposé sur un support d'alumine, produit de très grandes quantités d'hydrogène à très bas prix : il transforme, en effet, certains hydrocarbures naphténiques en hydrocarbures aromatiques avec libération d'hydrogène suivant le processus

$$\underset{\text{cyclohexane}}{C_6H_{12}} \rightarrow \underset{\text{benzène}}{C_6H_6} + \underset{\text{hydrogène}}{3H_2}$$

Les réactions étant endothermiques, les réacteurs sont disposés en série, avec des fours de réchauffage intermédiaires.
Les quantités importantes d'hydrogène devenues ainsi disponibles (10 tonnes par jour dans une raffinerie moyenne) ont permis l'élaboration de toute une série de procédés nouveaux : d'une part, des procédés de désulfuration (hydrodésulfuration); d'autre part, des procédés de cracking (hydrocracking).

réformisme n. m. Système politique selon lequel la transformation de la société, en vue d'une plus grande justice sociale, peut s'effectuer dans le cadre des institutions existantes, au moyen de réformes législatives successives (par oppos. à *révolution*).

reforming

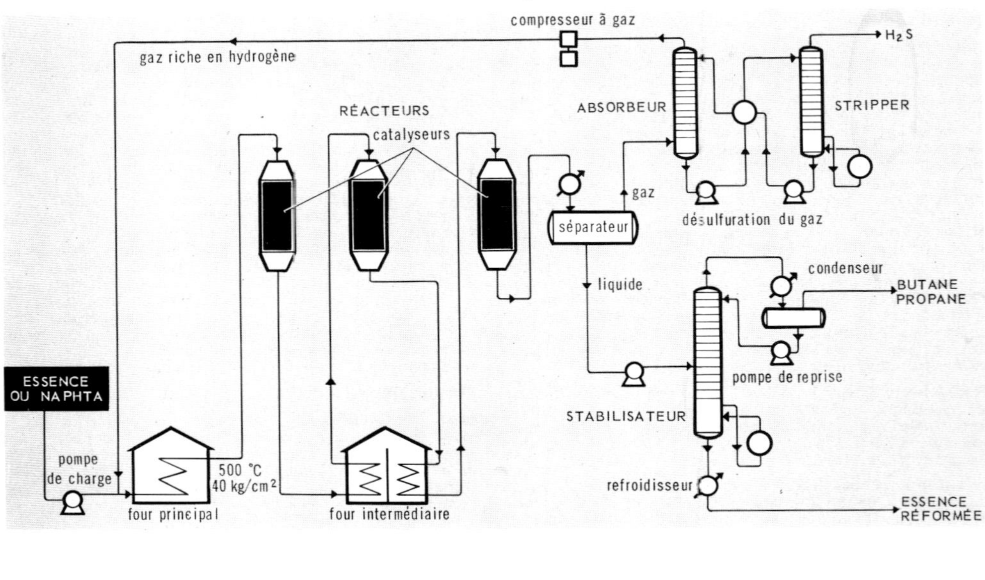

réformiste n. et adj. Partisan d'une réforme politique, religieuse, etc. ‖ Partisan du réformisme.

refouillement n. m. Action de refouiller. ‖ Evidement dans le bois, la pierre, etc.

refouiller v. t. Creuser de nouveau une partie d'une sculpture.

refoulé, e adj. et n. Se dit d'un individu qui souffre de refoulement.

refoulement n. m. Action de refouler ; résultat de cette action : *le refoulement des ennemis.* ‖ *Psychanal.* Opposition inconsciente à la réalisation de tendances jugées condamnables, qui subsistent ensuite dans l'esprit de façon latente. (La théorie du refoulement est due à Freud.) [Syn. CENSURE.]

refouler [rəfule] v. t. Comprimer avec le refouloir. ‖ Faire reculer, repousser : *refouler l'ennemi.* ‖ Faire entrer de force : *refouler une cheville.* ‖ *Fig.* Comprimer : *refouler ses larmes.* ‖ *Psychanal.* Procéder au refoulement d'un souvenir, d'une tendance, etc. ● *Refouler le fer* (Industr.), battre le fer rouge en bout pour en augmenter la section initiale. ‖ *Refouler un train,* le faire reculer.

refouloir n. m. Bâton garni d'un cylindre, qui servait jadis à pousser le projectile dans une bouche à feu.

réfractaire [refraktɛr] adj. (du lat. *refractus,* brisé). Qui résiste à certaines influences physiques ou chimiques. ‖ Qui résiste à de très hautes températures : *argile réfractaire.* ‖ *Biol.* Qui résiste à une infection microbienne : *les oiseaux sont réfractaires au charbon.* ● *Prêtre réfractaire,* prêtre qui, sous la Révolution, avait refusé de prêter serment à la Constitution civile du clergé. ‖ — N. m. Au XIXe s., conscrit qui cherchait à échapper au service militaire. (On dit aujourd'hui INSOUMIS.) ‖ De 1942 à 1944, nom donné à celui qui se dérobait au service du travail obligatoire en Allemagne.

réfracter [refrakte] v. t. Produire la réfraction : *le prisme réfracte la lumière.*

réfracteur adj. et n. m. Qui réfracte : *prisme réfracteur.*

réfraction n. f. (du lat. *fractus,* brisé). *Phys.* Changement de direction qu'éprouve la lumière en passant d'un milieu dans un autre.
— Les *lois de réfraction* sont au nombre de deux : 1° le rayon incident AI, le rayon réfracté IR′ et la normale NIN′ sont dans un même plan, appelé *plan d'incidence ;* 2° le rapport entre le sinus de l'angle d'incidence *i* et le sinus de l'angle de réfraction *i′* est constant pour une radiation et deux milieux bien définis. Ce rapport est appelé *indice de réfraction.*

réfractomètre n. m. Instrument de mesure des indices de réfraction.

refrain [rəfrɛ̃] n. m. (de l'anc. fr. *refraindre,* moduler). Répétition de mots à la fin de chaque couplet d'une chanson, d'une ballade, etc. ‖ Phrase musicale qui revient après chaque couplet d'une composition strophique ou en rondeau. ‖ Ce qu'une personne répète sans cesse : *c'est toujours le même refrain.*

réfrangibilité n. f. Propriété de ce qui est réfrangible : *chaque rayon coloré a son degré de réfrangibilité.*

réfrangible [refrɑ̃ʒibl] adj. Susceptible de réfraction : *les rayons violets sont les plus réfrangibles.*

refrènement n. m. Action de refréner.

refréner [rəfrene] ou **réfréner** [refrene] v. t. (lat. *refrenare,* retenir par le frein) [conj. **5**]. Mettre un frein à ; réprimer : *refréner sa colère.* (Syn. : ENDIGUER, ENRAYER, JUGULER, MODÉRER, RETENIR.)

réfrigérant, e adj. (lat. *refrigerans,* refroidissant). Qui abaisse la température : *la glace pilée et le sel marin constituent un mélange réfrigérant.* ‖ *Fig.* Dont l'abord est glacial.

réfrigérant n. m. Appareil, installation pour refroidir. ‖ Echangeur de chaleur utilisé pour refroidir un liquide ou un gaz par un fluide plus froid : *réfrigérant atmosphérique.*

réfrigérateur à compression

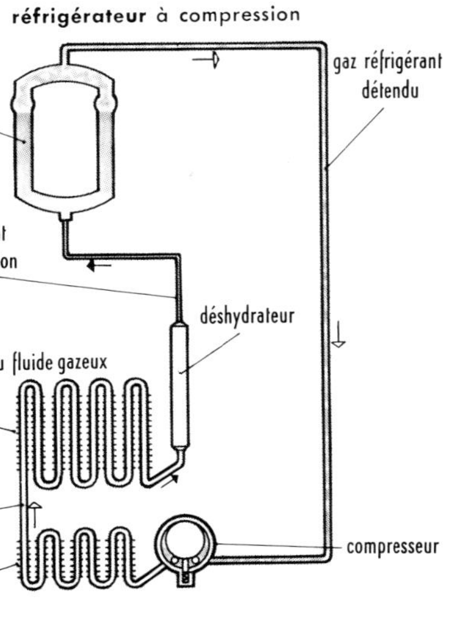

réfrigérateur, trice adj. Qui réfrigère.

réfrigérateur n. m. Appareil de production du froid.
— ENCYCL. Les *réfrigérateurs* sont de deux sortes. Dans les *appareils à compression,* le froid est produit par l'évaporation du fluide à l'intérieur de l'évaporateur. Les vapeurs ainsi produites sont aspirées par le compresseur, puis refoulées dans le condenseur, où, comprimées et refroidies, elles se liquéfient pour être renvoyées dans l'évaporateur, où le cycle recommence. Dans les *appareils à absorption,* le froid est dû à la vaporisation d'ammoniac à l'intérieur de l'évaporateur. Les vapeurs produites vont se dissoudre dans l'absorbeur contenant de l'eau distillée. Sous l'action d'une source de chaleur, l'ammoniac se sépare sous forme de vapeur qui, refoulée dans un condenseur, s'y liquéfie. L'ammoniac liquide est renvoyé dans l'évaporateur, où le cycle recommence.

réfrigération n. f. Abaissement artificiel de la température. ‖ Production du froid.

réfrigérer [refriʒere] v. t. (lat. *refrigerare,* refroidir) [conj. **5**]. Refroidir, soumettre à la réfrigération.

réfringence [refrɛ̃ʒɑ̃s] n. f. Propriété de réfracter la lumière : *la réfringence du verre.*

réfringent, e adj. (lat. *refringens,* brisant). *Phys.* Qui réfracte la lumière : *milieu réfringent.*

refroidir [rəfrwadir] v. t. Rendre froid ; abaisser la température de : *refroidir un bouillon.* ‖ *Fig.* Diminuer l'ardeur, l'activité : *la vieillesse refroidit les passions.* ‖ — V. i. Devenir froid. ‖ **— Se refroidir** v. pr. Devenir froid. ‖ Prendre froid.

refroidissement n. m. Abaissement de la température : *refroidissement de l'air.* ‖ Indisposition causée par un froid subit : *prendre un refroidissement.* ‖ *Fig.* Diminution de tendresse, d'affection, etc. : *il y a du refroidissement entre eux.*

refroidisseur n. m. *Industr.* Appareil pour refroidir.

refuge [rəfyʒ] n. m. (lat. *refugium*). Asile, retraite, lieu où l'on se retire pour échapper à un danger : *les églises étaient jadis des lieux de refuge.* ‖ Asile pour les indigents. ‖ Petit trottoir pour piétons, au milieu des voies urbaines à forte circulation. ‖ Abri en haute montagne. ‖ *Fig.* Soutien, secours : *il est le refuge des malheureux.* ‖ — Adj. *Valeur refuge,* valeur mobilière — et, par extension, toute chose susceptible d'être achetée — recherchée par l'épargnant désireux d'investir un certain capital en le protégeant contre les effets de la dépréciation monétaire.

réfugié, e adj. et n. Qui a quitté son pays pour éviter des persécutions, ou pour se soustraire à une condamnation, ou pour fuir une invasion : *accueillir un réfugié.* ‖ — N. m. pl. Nom donné aux protestants qui s'expatrièrent après la révocation de l'édit de Nantes.

réfugier (se) [sərefyʒje] v. pr. Se retirer en quelque lieu pour y être en sûreté.

refus [rəfy] n. m. Action de refuser : *essuyer un refus.* ‖ Désobéissance d'un cheval devant un obstacle. ‖ Touffe d'herbe à végétation luxuriante qui, dans les prés, se développe à l'endroit où est tombée une bouse et que les animaux refusent de manger.

refusable adj. Qui peut être refusé : *ce service n'est pas refusable.*

refuser [rəfyze] v. t. (lat. *refutare,* croisé avec *recusare*). Ne pas accepter une chose offerte : *refuser un présent.* ‖ Ne pas accorder ce qui est demandé : *refuser une grâce.* ‖ Ne pas recevoir à un examen. ‖ Ne pas reconnaître : *refuser toute qualité à un ennemi.* ‖ — V. i. *Mar.* En parlant du vent, venir plus de l'avant. ‖ En parlant du cheval, s'arrêter devant un obstacle. ‖ **— Se refuser** v. pr. Se priver de : *l'avare se refuse le nécessaire.* ● *Se refuser à,* ne pas consentir, ne pas être disposé à : *se refuser à une demande.*

réfutable adj. Qui peut être réfuté : *argument réfutable.*

réfutation n. f. Action de combattre victorieusement par des preuves contraires. ‖ Raisons alléguées pour réfuter : *la réfutation d'un argument.* ‖ Preuve qui détruit ce qui a été allégué : *ses actions sont la réfutation de ses paroles.*

réfuter [refyte] v. t. (lat. *refutare*). Détruire par des raisons solides ce qu'un autre a affirmé : *réfuter une erreur.* (Syn. : CONTREDIRE, DÉMENTIR.) ● *Réfuter quelqu'un,* démontrer la fausseté de ses opinions.

reg [rɛg] n. m. Au Sahara, désert de pierrailles.

regagner v. t. Retrouver ce qu'on avait perdu : *regagner son argent.* (Syn. : RECOUVRER, REPRENDRE.) ‖ Acquérir de nouveau : *regagner l'estime de ses concitoyens.* ‖ Retourner vers ; rejoindre : *regagner son logis.* ● *Regagner du terrain,* reprendre le dessus, l'avantage.

regain [rəgɛ̃] n. m. (de l'anc. fr. *gaïn,* fourrage). Herbe qui repousse dans un pré après la fauchaison : *couper un regain.* ‖ *Fig.* Recrudescence, renouvellement : *regain de jeunesse ; regain de plaisir.*

régal [regal] n. m. (de l'anc. fr. *gale,* réjouissance). Mets qui plaît beaucoup : *c'est un régal pour moi.* ‖ Grand plaisir que l'on trouve à quelque chose : *la flatterie est le régal des sots.* ‖ Pl. des *régals.*

régalade n. f. Feu vif et clair. ● *Boire à la régalade,* boire en se versant la boisson dans la bouche sans que le vase touche les lèvres.

régalage ou **régalement** n. m. *Trav. publ.* Aplanissement : *régalage d'un terrain.*

régale [regal] n. m. (lat. *regalis,* royal). Anc. instrument de musique à vent, à réservoir d'air et à anches battantes.

régale adj. f. (lat. *regalis,* royal). *Eau régale,* mélange d'acide nitrique et d'acide chlorhydrique, qui dissout l'or et le platine.

régale n. f. (lat. *regalia jura,* droits du roi). Droit qu'avaient les rois de France de toucher les revenus des évêchés vacants et d'y faire les nominations ecclésiastiques. (Ce droit fut l'occasion d'un conflit entre Louis XIV et le pape Innocent XI, entre 1673 et 1693.)

régalement n. m. *Dr.* Répartition proportionnelle, entre plusieurs personnes, d'une taxe dont le total est arrêté. ‖ *Trav. publ.* V. RÉGALAGE.

régaler v. t. (de *régal*). Offrir un bon repas à quelqu'un. ‖ **— Se régaler** v. pr. Se donner le plaisir d'un bon repas.

régaler [regale] v. t. (de *égal*). Aplanir la surface d'un terrain ou suivant une pente donnée. ● *Régaler une taxe* (Dr.), la répartir proportionnellement entre les contribuables.

régalien [regaljɛ̃] adj. m. (du lat. *regalis,* royal). *Droit régalien,* droit attaché à la souveraineté royale : *la frappe des monnaies était, en principe, un droit régalien.*

regard [rəgar] n. m. Action ou manière de regarder : *avoir le regard fixe.* ‖ *Technol.* Ouverture pour faciliter la visite d'un conduit. ‖ *Fig.* Attention : *les regards de l'Europe sont fixés sur ce pays.* ● *Droit de regard,* possibilité juridique de contrôler les actes d'une personne ou, généralement, d'une société. ‖ *Regard d'une faille,* orientation géographique du plan de la faille sur le compartiment soulevé. ‖ **— En regard** loc. adv. Vis-à-vis : *traduction avec texte en regard.* ‖ **— Au regard de** loc. prép. Aux termes de, par rapport à.

regardant, e adj. *Fam.* Qui regarde de trop près à la dépense : *maîtresse de maison très regardante.*

regarder v. t. (de *garder*). Porter la vue sur : *regarder quelqu'un en face.* (Syn. : ADMIRER, CONTEMPLER, EXAMINER, LORGNER, OBSERVER, SCRUTER.) ‖ — *Fig.* Etre tourné vers : *cette maison regarde le midi.* ‖ Concerner, intéresser : *cela vous regarde.* ● *Regarder d'un bon œil,* considérer avec bienveillance. ‖ *Regarder comme,* tenir pour, juger. ‖ *Regarder de travers,* considérer avec mépris ou colère. ‖ — V. t. ind. [**à**]. Donner toute son attention à : *regardez bien à ce que vous allez faire.* ‖ Ne dépenser qu'avec regret : *regarder à deux francs.* ● *Regarder de près à quelque chose,* y prêter grande attention. ‖ *Y regarder à deux fois,* n'agir qu'après réflexion. ‖ **— Se regarder** v. pr. Etre en face l'un de l'autre : *maisons qui se regardent.*

regarnir v. t. Garnir de nouveau.

régate [regat] n. f. (du dialecte ital. de Venise *regata,* défi). Course de bateaux. ‖ Cravate formant un nœud à pans tombant verticalement.

régater v. i. Prendre part à une régate.

regel n. m. Congélation nouvelle survenant après un dégel. (Le regel de l'eau est le phénomène par lequel deux morceaux de glace se soudent quand on les comprime l'un contre l'autre. Il est dû à ce que le point de fusion de la glace s'abaisse au-dessous de 0 °C quand la pression augmente.)

regeler v. t. et impers. (conj. **3**). Geler de nouveau.

régence [reʒɑ̃s] n. f. (du lat. *regere,* gouverner). Dignité, fonction de celui qui gouverne un Etat pendant l'absence ou la minorité du souverain. ‖ Durée de cette dignité. ‖ — Adj. inv. Qui rappelle les mœurs, le style de la régence de Philippe d'Orléans : *un boudoir Régence.* ● *Style Régence,* style de transition entre le Louis XIV et le Louis XV.

Régence (*la*), gouvernement de Philippe d'Orléans pendant la minorité de Louis XV (1715-1723). Cette période fut marquée par un essai de décentralisation gouvernementale (polysynodie), par des expédients financiers (système Law) et par un grand relâchement des mœurs, le régent donnant lui-même l'exemple d'une vie dissolue.

Régences barbaresques, anc. nom des Etats musulmans du nord-ouest de l'Afrique.

régénérateur, trice adj. et n. Qui régénère.

régénérateur n. m. Appareil pour régénérer un catalyseur. ‖ Empilage de briques réfractaires dans lequel la chaleur sensible des fumées est cédée périodiquement à l'air ou au gaz de chauffage. ● *Régénérateur de prairie,* instrument agricole employé pour briser la couche superficielle du sol des prairies.

régénération n. f. Réformation, amélioration, renouvellement moral. ‖ Fonction assurant, chez les animaux, la reconstitution des parties amputées ou lésées. (Le pouvoir de régénération est très inégal selon les espèces.) ‖ Opération qui consiste à rétablir l'activité d'un catalyseur.

régénéré, e adj. Se dit de certains produits industriels qu'on a débarrassés de leurs impuretés et ramenés à l'état de neuf : *caoutchouc régénéré.*

régénérer [reʒenere] v. t. (lat. *regenerare*) [conj. **5**]. Rétablir ce qui était détruit (notamment en biologie). ‖ Rétablir l'activité d'un catalyseur. (On dit aussi RÉACTIVER.) ‖ *Fig.* Renouveler moralement : *régénérer une nation.*

régénérescence n. f. Transformation de ce qui se régénère (notamment en biologie).

Regensburg, nom allem. de *Ratisbonne*.*

régent [reʒɑ̃], **e** [-ɑ̃t] n. et adj. (du lat. *regens,* qui gouverne). Chef du gouvernement pendant la minorité, l'absence ou la maladie du souverain : *le régent; reine régente.*

régent n. m. Professeur de collège (vx) : *régent de rhétorique.* ‖ Membre du conseil général de la Banque de France (de 1806 à 1936.) ● *Le Régent* (avec une majuscule dans ce sens et le suiv.), Philippe d'Orléans, régent de France de 1715 à 1723 ; célèbre diamant de la couronne de France, qui fut acheté en 1717 par ce prince. (Le poids du « Régent » est de 137 carats.)

régenter v. t. Gouverner à son gré ; faire la leçon : *il veut régenter tout le monde.*

Reger (Max), compositeur allemand, né à Brand (1873-1916). Il a su adapter les formes classiques (chorals, sonates, suites, quatuors, pièces d'orgue) au langage romantique.

Reggane, bordj du Sahara algérien, dans le sud du Touat. Un centre d'expérimentation de missiles et d'armes nucléaires y fut maintenu par la France jusqu'en 1967 à la suite des accords d'Evian (1962). La première bombe atomique française y fut expérimentée en février 1960.

Reggio (*duc* DE). V. OUDINOT.

Reggio di Calabria, v. d'Italie (Calabre), sur le détroit de Messine ; 163 000 h. Un séisme l'anéantit en 1908.

Reggio nell'Emilia, v. d'Italie (Emilie) ; 126 000 h. Centre agricole.

régicide [reʒisid] n. (lat. *rex, regis,* roi, et *caedere,* tuer). Assassin d'un roi : *le régicide Ravaillac.* ‖ Chacun de ceux qui avaient voté la condamnation à mort de Louis XVI : *les régicides furent exilés par la seconde Restauration.* ‖ — N. m. Meurtre d'un roi : *commettre un régicide.* ‖ — Adj. Relatif à l'assassinat d'un roi.

régie [reʒi] n. f. (de *régir*). Mode de gestion d'un service public. (On distingue la *régie directe,* lorsque le service est assuré par des fonctionnaires, et la *régie intéressée,* lorsque le service est assuré par un entrepreneur privé, garanti par l'Administration contre tout risque de gestion, bien qu'il participe aux bénéfices éventuels.) ‖ Perception directe des impôts et revenus par l'Etat ou la commune. ‖ Administration chargée de cette perception. ‖ Son personnel. ‖ Ses bureaux. ‖ Direction du service intérieur d'un théâtre, d'une production cinématographique. ● *Travaux mis en régie,* travaux publics exécutés par l'Etat sous la surveillance de ses agents.

Régille, v. des Sabins, auprès de laquelle se trouvait le *lac Régille* (auj. disparu), où le dictateur Postumius vainquit entre 496 et 449 av. J.-C. les Latins révoltés.

regimber [rəʒɛ̃be] v. i. (de l'anc. fr. *giber,* secouer). Ruer, en parlant des animaux. ‖ *Fig.* Refuser d'obéir, résister : *regimber contre une autorité.*

regimbeur, euse adj. et n. Qui a l'habitude de regimber.

régime [reʒim] n. m. (lat. *regimen,* direction). Règle observée dans la manière de vivre, et surtout pour ce qui regarde les aliments et les boissons : *suivre un régime.* (V. *encycl.*) ‖ Forme de gouvernement d'un Etat : *régime parlementaire.* ‖ Ensemble des lois relatives à un objet particulier : *le régime des assurances sociales.* ‖ Administration de certains établissements : *régime des prisons.* ‖ Convention matrimoniale : *régime de la communauté.* ‖ Ensemble des règles légales et fiscales qui régissent certains produits : *le régime des boissons.* ‖ Mode de fonctionnement d'une machine à l'état normal. ‖ Vitesse de rotation d'un moteur. ‖ Caractère de l'écoulement d'un fluide : *régime turbulent.* ‖ *Bot.* Assemblage de fruits à l'extrémité d'un rameau : *un régime de bananes.* ● *Ancien Régime,* gouvernement qui existait en France avant 1789. ‖ *Régime d'un cours d'eau,* ou *régime fluvial,* caractère, dans le temps (à un point donné) ou dans l'espace (sur l'ensemble de son cours), de l'écoulement d'un fleuve ou d'une rivière, déterminé par les variations de son débit. (V. *encycl.*) ‖ *Régime de croisière,* régime d'une machine, d'un moteur, etc., tel qu'en même temps le rendement soit élevé, la consommation faible et l'usure acceptable.

— ENCYCL. *Méd.* L'étude des *régimes* alimentaires est essentielle à la conservation et au rétablissement de la santé. Le régime des sujets sains comporte les notions de *ration* (c'est-à-dire de quantité) et d'*équilibre* (c'est-à-dire de variété dans les aliments). Le régime varie suivant les âges (nourrissons, enfants, adolescents, adultes, vieillards), suivant l'activité ou les conditions physiologiques (travailleurs sédentaires ou de force, sportifs, femmes enceintes).

Dans le traitement des maladies, on applique des régimes de restriction globale (dans l'obésité) ou limitée à un groupe d'aliments, lorsque ces aliments sont nocifs à l'équilibre de l'organisme. Les régimes sans sel sont appliqués dans les maladies du rein, les rétentions d'eau (œdèmes) et l'hypertension ; la restriction des glucides (sucres) est appliquée dans le diabète, la restriction sur les graisses dans les affections du foie et l'hypercholestérolémie, et les restrictions protidiques dans les néphrites avec augmentation de l'urée sanguine.

— *Hydrogr. fluv.* Les *régimes* simples ont des moyennes mensuelles qui présentent une seule saison de hautes eaux et une seule saison de basses eaux, c'est-à-dire que le débit varie sous l'influence largement prédominante d'un seul facteur. Le *régime glaciaire* est caractérisé par des hautes eaux en été (fonte des glaces accumulées en altitude pendant l'hiver, saison de basses eaux) : c'est le cas de l'Arve à Chamonix. Lorsque l'altitude est plus basse, la fonte est plus précoce ; la période des hautes eaux est la fin du printemps ou le début de l'été dans le *régime nival d'altitude* (Isère supérieure). Dans les régions enneigées de plaine, la fonte et les hautes eaux se situent au printemps. Le *régime nival de plaine* est typique de l'U. R. S. S. (Volga, Ob') et du Canada (affluents du Saint-Laurent). Dans le *régime pluvial océanique* (rivières de l'ouest de la France), les hautes eaux (moins marquées) se situent en hiver, saison la plus arrosée et surtout pendant laquelle l'évaporation est minimale. Dans les régions tropicales, le climat équatorial détermine des hautes eaux toujours abondantes (Amazone), et le climat tropical proprement dit une saison des hautes eaux (correspondant à la période des pluies, c'est-à-dire l'été).

Mais souvent deux facteurs se combinent pour déterminer un régime fluvial qui présente alors deux périodes de hautes eaux séparées par des périodes où l'écoulement est moins abondant. Dans le *régime nivo-pluvial* (Verdon, Bléone), un premier maximum a lieu au printemps et un second (moins marqué) en automne, correspondant respectivement à la fonte des neiges et à la période pluvieuse. Le *régime pluvio-nival* (Jura, Vosges, Massif central) est identique, à ceci près que le principal maximum est automnal (l'influence des pluies étant ici prépondérante). Il existe naturellement toutes les formes de transition entre ces divers régimes ; ces formes de transition se succèdent d'ailleurs souvent sur le cours d'un seul fleuve, si celui-ci traverse des régions topographiquement et climatiquement bien différentes. Ainsi, le Rhône (du moins avant son aménagement), en amont du lac Léman, a un régime glaciaire. Peu en aval de Lyon, l'influence de la Saône (pluviale) avance à mars la période des hautes eaux, reportée à juin après le confluent de l'Isère, avancée à nouveau (en mai) à Beaucaire avec l'apport des rivières cévenoles, tandis que l'été devient la saison des basses eaux dans cette partie inférieure du fleuve.

régiment [reʒimɑ̃] n. m. (du lat. *regere,* diriger). Unité militaire formant corps, commandée par un colonel et composée de plusieurs bataillons, escadrons ou groupes. ‖ *Fig.* Multitude.

— ENCYCL. C'est au XVIe s. que les compagnies furent groupées en *régiments* et que les quatre premiers régiments d'infanterie (de Picardie [1557], de Champagne, de Navarre et de Piémont [1558]) furent créés. Par la suite, sous l'Ancien Régime, les régiments d'infanterie et d'artillerie continuèrent à porter le nom de la province ou de la ville dans laquelle ils étaient cantonnés, tandis que ceux de cavalerie portaient souvent le nom du colonel qui les commandait.

Selon l'époque, leur composition et leurs effectifs, déjà différents suivant l'arme ou le service auquel ils appartiennent, ont constamment varié. Mais le régiment a toujours été et demeure l'unité morale et traditionnelle au sein de laquelle se développe l'esprit de corps, concrétisé par le drapeau et l'écusson.

régimentaire adj. Relatif au régiment : *unités régimentaires.*

Regina, v. du Canada, cap. de la Saskatchewan ; 131 100 h. Archevêché. Centre commercial. Raffinage du pétrole. Constructions mécaniques.

réginglard [reʒɛ̃glar] n. m. Petit vin aigrelet.

Regiomontanus (Johann MÜLLER, dit), astronome et mathématicien allemand, né près de Königsberg (1436-1476). Son véritable mérite est d'avoir considéré les comètes comme des astres possédant un mouvement déterminé et dont les positions successives peuvent être établies astronomiquement. En trigonométrie, il introduisit l'usage des tangentes et créa le terme de *sinus.*

région [reʒjɔ̃] n. f. (lat. *regio*). Etendue de pays qui doit son unité à des causes physiques (climat, végétation, relief) ou humaines (peuplement, économie, structures politiques ou administratives) : *la région amazonienne ; la région parisienne.* (Déterminantes dans un milieu primitif, les causes physiques s'effacent souvent totalement dans les pays développés.) ‖ *Anat.* Espace déterminé de la surface du corps : *la région pectorale.* ‖ Circonscription territoriale militaire, aérienne ou maritime, englobant plusieurs départements et commandée par un officier général. (V. *encycl.*) ‖ ● *Région économique,* ancienne dénomination des chambres régionales de commerce et d'industrie.

— ENCYCL. Le territoire français est divisé en sept *régions militaires,* dont les chefs-lieux sont Paris, Lille, Rennes, Bordeaux, Lyon, Metz et Marseille, et en quatre *régions aériennes,* dont les chefs-lieux sont Metz, Paris, Bordeaux et Aix-en-Provence. Enfin, le littoral est réparti en trois *régions maritimes,* dont les chefs-lieux sont Cherbourg, Brest et Toulon.

régional, e, aux adj. Affecté à une certaine région : *école régionale.*

régional n. m. Réseau téléphonique régional.

régionalisme n. m. Doctrine qui favorise les groupements régionaux. ‖ Caractère de l'œuvre d'un régionaliste. ‖ Mot, locution propres à une région.

régionaliste adj. Relatif à une région d'un pays : *littérature régionaliste.* ‖ — N. et adj. Auteur d'écrits dont l'action ou le cadre appartient à une région particulière d'un pays.

régir [reʒir] v. t. (lat. *regere,* diriger). Administrer, gérer : *régir des biens.* ‖ *Fig.* Déterminer la forme, l'action de : *lois qui régissent le mouvement des astres.* ‖ *Gramm.* Avoir pour complément, en parlant du verbe.

Régis (*saint* François). V. JEAN FRANÇOIS RÉGIS (*saint*).

régisseur n. m. Qui régit, à charge de rendre compte : *le régisseur d'une propriété.* ‖ Dans un théâtre, dans une production cinématographique, celui qui fait exécuter les ordres du metteur en scène (recrutement de figurants, fournitures d'accessoires, organisation du plateau) et qui porte la responsabilité du déroulement du spectacle devant la direction.

registration n. f. Art de choisir les registres ou les différents jeux d'un orgue ou d'un clavecin pour l'exécution d'une pièce musicale.

registre [rəʒistr] n. m. (du lat. *regestus,* inscrit). Tout livre public ou particulier où l'on inscrit certains faits ou actes dont on veut conserver le souvenir : *les registres de l'état civil.* ‖ Chacune des sections (grave, médiane, aiguë) de l'échelle musicale. ‖ Etendue de l'échelle vocale. ‖ Boutons commandant les différents jeux d'un orgue. ‖ *Technol.* Mécanisme réglant le débit d'un fluide : *registre de vapeur.*

registre [rəʒistr] n. m. (angl. *register*). Dans un calculateur électronique, dispositif de mémoire faisant partie des organes de calcul ou de commande.

réglable adj. Qui peut être réglé.

réglage n. m. Manière de régler du papier. ‖ Action de régulariser la marche d'un mécanisme : *le réglage d'une montre.* ● *Réglage d'un tir* (Mil.), opération ayant pour objet d'amener au plus près du but les coups tirés par une bouche à feu. (Qu'il s'agisse d'un réglage de précision ou d'un réglage sommaire, le réglage d'un tir d'une pièce ou d'un ensemble de pièces donne généralement lieu à un tir d'essai suivi d'un tir d'amélioration. Il s'effectue soit par encadrement de l'objectif, soit par déplacement du point moyen du tir, selon les possibilités de l'observation.)

règle [rɛgl] n. f. (lat. *regula*). Instrument long, à arêtes vives et rectilignes, pour tracer des lignes. ‖ — *Fig.* Principe, enseignement : *les règles de la politesse, de la grammaire.* (Syn. : LOI, NORME, RÈGLEMENT.) ‖ Ordre, discipline : *rétablir la règle dans un couvent.* ‖ Exemple, modèle : *servir de règle.* ‖ Statuts d'un ordre religieux. (Les quatre règles fondamentales de la vie religieuse sont celles de saint Basile, de saint Augustin, de saint Benoît et de saint François d'Assise.) ‖ *Log.* Eléments de métalogique déterminant quelles expressions sont admises dans le discours logique (*règles de formation*) et quelles inférences sont légitimes (*règles de démonstration*). [Les lois du discours logique peuvent être transposées en règles métalogiques : ainsi, à une loi logique qui est une *implication* peut correspondre une règle de *démonstration.*] ● *En bonne règle,* suivant l'usage, la bienséance. ‖ *En règle générale,* dans la plupart des cas. ‖ *Les quatre règles,* les quatre opérations fondamentales de l'arithmétique (addition, soustraction, multiplication et division). ‖ *Règle à calcul,* instrument utilisé pour les calculs rapides, relevant de l'emploi des logarithmes, et constitué par une réglette graduée mobile se déplaçant dans une autre règle munie d'autres graduations. ‖ *Règle proportionnelle,* clause, fréquemment introduite dans les contrats d'assurance, qui permet à l'assureur de n'indemniser que partiellement l'assuré lorsque la valeur réelle des biens assurés était supérieure à la valeur inscrite au contrat lors du sinistre. ‖ *Règle de trois,* calcul d'une grandeur inconnue à partir de trois autres connues, dont deux varient soit en proportion directe, soit en proportion inverse. ‖ *Se mettre en règle,* faire ce qu'il faut pour être dans l'état exigé par la loi, les convenances, etc. ‖ — Pl. Syn. de MENSTRUES.

réglé, e adj. Rayé de lignes droites : *papier réglé.* ‖ *Fig.* Discipliné, modéré : *jeune homme réglé.* ● *Surface réglée* (Math.), surface engendrée par une droite mobile dépendant d'un paramètre.

règlement [rɛgləmɑ̃] n. m. Ordonnance, instruction qui prescrit ce que l'on doit faire : *règlement de police.* ‖ Ensemble des prescriptions définissant la conduite à tenir par les militaires en toute circonstance. ‖ Ordre que l'on impose à ses actions : *un règlement de vie.* ‖ Action d'arrêter, de régler en général : *règlement d'une affaire.* ‖ Solde d'un compte. ● *Règlement d'administration publique* (*R. A. P.*), décret pris par le gouvernement, le Conseil d'Etat entendu, en vue de développer les dispositions d'une loi. ‖ *Règlement d'atelier* ou *règlement intérieur,* écrit par lequel un chef d'entreprise fait connaître les conditions du travail et de la discipline dans les ateliers et bureaux. ‖ *Règlement intérieur,* ensemble des règles d'organisation et de fonctionnement d'une assemblée délibérante.

réglementaire adj. Qui concerne le règlement : *pouvoir réglementaire.* ‖ Conforme au règlement : *tenue réglementaire.*

réglementairement adv. En vertu des règlements.

réglementation n. f. Action de fixer par des règlements. ‖ Ensemble des mesures légales et réglementaires régissant une question : *la réglementation des loyers.*

réglementer v. t. Soumettre à un règlement : *réglementer une industrie.*

régler [regle] v. t. (conj. **5**). Tirer, avec une règle, des lignes sur du papier. ‖ Rendre exact un instrument de mesure : *régler une pendule.* ‖ Mettre au point le fonctionnement d'une machine : *régler un tour.* ‖ — *Fig.* Assujettir à certaines règles ; conformer : *régler sa dépense sur son revenu.* ‖ Soumettre à un certain ordre ; fixer : *régler l'emploi de ses journées.* ‖ Décider d'une façon définitive : *régler une affaire ; régler un différend.* ‖ Arrêter : *régler un compte.* ‖ Acquitter : *régler une note.* ‖ Mettre en ordre : *régler ses affaires.* ● *Régler un tir,* procéder à son réglage.

réglet [reglɛ] n. m. *Archit.* Petite moulure plate et rectiligne, séparant les compartiments dans un panneau. ‖ Ruban d'acier à ressort, gradué, et servant pour la mesure des longueurs. ‖ *Typogr.* Filet horizontal.

RÉGULATION DU MILIEU INTÉRIEUR

(sur l'exemple du sang humain)

CARACTÈRE	VALEUR HABITUELLE	PROCESSUS RÉGULATEURS élévateurs	PROCESSUS RÉGULATEURS abaisseurs
quantité	1/13 du poids du corps	soif réserves lymphatiques rate	excrétion urinaire (reins induits par l'hypophyse)
richesse en globules rouges	5×10^6 par mm^3	hématopoïèse (moelle des os)	hématolyse du foie
concentration ionique (salinité)	équivalent à 8-9 g/l ClNa		soif
réaction ionique (pH)	7,35	réserve alcaline (bicarbonates) et rejet de CO_2 par les poumons sur ordre du bulbe	effet tampon
température	37 °C	frisson thermique	transpiration
distension des parois artérielles	10-16	action du cœur, constriction des petites artères organe avertisseur : le sinus carotidien	ralentissement du cœur, dilatation des petites artères organes avertisseurs : le sinus carotidien, la crosse aortique
richesse en glucose (glycémie)	1 gramme/litre	capsules surrénales, hypophyse, etc. agissant sur le foie	pancréas endocrine (insuline) agissant sur le foie
richesse en calcium (calcémie)	0,1 gramme/litre	parathyroïdes	fixation sur le squelette

réglette n. f. Petite règle, employée notamment en topographie pour la mesure des angles.

régleur, euse n. Spécialiste chargé du réglage des machines.

réglisse [reglis] n. f. (du gr. *glukurrhiza,* racine douce). Genre de papilionacées dont la racine est employée en médecine pour composer des boissons rafraîchissantes. ‖ En confiserie, extrait aqueux obtenu par pression et par évaporation de cette plante, moulé en bâtons cylindriques à saveur sucrée.

réglure n. f. Manière dont le papier est réglé : *une réglure espacée.*

régnant, e adj. Qui règne : *le prince régnant.* ‖ *Fig.* Dominant : *le goût régnant.*

Regnard (Jean-François), auteur dramatique français, né à Paris (1655-1709). Enlevé par des corsaires, il vécut à Alger de 1678 à 1681. Libéré, il continua sa vie aventureuse et voyagea jusqu'en Laponie (1681-1683). De retour à Paris, il acheta une charge de trésorier de France et écrivit pour le Théâtre-Italien et le Théâtre-Français des comédies qui valent surtout par l'habileté et la verve de l'intrigue (*Attendez-moi sous l'orme,* 1694 ; *le Joueur,* 1696 ; *le Légataire universel,* 1708).

Regnault (Victor), physicien français, né à Aix-la-Chapelle (1810-1878). Il a effectué sur les gaz et sur les vapeurs des mesures (compressibilité et dilatations, densités, chaleurs massiques) d'une remarquable précision.

Regnault (ou **Regnaud**) **de Saint-Jean-d'Angély** (Michel, *comte* DE), homme d'Etat français, né à Saint-Fargeau (1761-1819). [Acad. fr.] — Son fils AUGUSTE, maréchal de France, né à Paris (1794-1870), commandant de la garde impériale de 1854 à 1869, fut créé maréchal de France pour sa conduite à Magenta.

règne [rɛɲ] n. m. (lat. *regnum*). Gouvernement d'un souverain : *le règne d'Henri IV fut glorieux.* ‖ Durée, époque du gouvernement d'un prince. ‖ Gouvernement exercé par une autorité quelconque : *le règne de la république.* ‖ Autorité morale, influence : *le règne des lois, de la mode.* ‖ *Hist. nat.* Chacune des grandes divisions du monde vivant : *règne animal, végétal.* (Chaque règne se divise en embranchements ; l'expression *règne minéral* n'est plus usitée.)

régner v. i. (lat. *regnare*) [conj. **5**]. Gouverner un Etat comme chef suprême, et spécialement comme roi : *Louis XIV régna de 1643 à 1715.* ‖ Gouverner, agir en roi : *l'art de régner.* ‖ — *Fig.* Dominer, être en vogue, prévaloir : *telle mode règne en ce moment.* ‖ Etre, exister, durer un certain temps : *le silence régnait dans l'assemblée.* ‖ Sévir, en parlant des maladies, des fléaux.

Régnier (Mathurin), poète français, né à Chartres (1573-1613). Neveu de Desportes, il entra dans l'Eglise pour hériter des bénéfices ecclésiastiques de son oncle. Satirique vigoureux, il défendit contre Malherbe la libre inspiration et la fantaisie.

Régnier (Henri DE), écrivain français, né à Honfleur (1864-1936). Il subit l'influence parnassienne (*Lendemains,* 1885), puis symboliste (*Poèmes anciens et romanesques,* 1890) avant de revenir à un art plus classique dans ses recueils de vers (*les Médailles d'argile,* 1900) et ses romans, dans lesquels il affectionne une expression précieuse ou archaïque (*la Double Maîtresse,* 1900). [Acad. fr.]

Régnier-Desmarais (François), écrivain français, né à Paris (1632-1713), auteur d'une *Grammaire,* destinée à compléter le *Dictionnaire de l'Académie.* (Acad. fr.)

Regnitz (la), riv. de l'Allemagne occidentale, formée par les deux Rezat, affl. du Main (r. g.) ; 210 km. Elle baigne Fürth, où elle reçoit la Pegnitz, et Bamberg. En amont de Fürth, elle porte aussi le nom de REDNITZ.

régolite [regɔlit] n. m. Manteau de débris résultant de la fragmentation des roches sous-jacentes.

regonflement n. m. Action de regonfler. ‖ Elévation du niveau des eaux courantes arrêtées par un obstacle.

regonfler v. t. Gonfler de nouveau : *regonfler un ballon.* ‖ *Fam.* Redonner du courage à quelqu'un, le réconforter. ‖ — V. i. Devenir gonflé de nouveau.

regorgement n. m. Action de ce qui regorge, de ce qui reflue en s'enflant.

regorger [rəgɔrʒe] v. i. [conj. **1**]. Avoir en abondance : *regorger de biens.*

regrattage n. m. Action de regratter : *le regrattage d'un mur.*

regratter v. t. Gratter de nouveau. ‖ Nettoyer par grattage.

regrattier [rəgratje], **ère** [-ɛr] n. Sous l'Ancien Régime, personne qui vendait au détail les grains, le charbon, le sel, etc.

regréer v. t. Remplacer le gréement de.

regreffer v. t. Greffer pour la seconde fois : *regreffer un poirier.*

régresser [regrese] v. i. (du lat. *regressus,* retourné en arrière). Diminuer en nombre, en force ou en intensité.

régressif, ive adj. Qui revient sur soi-même : *série régressive ; conduite régressive.*

régression n. f. (lat. *regressio*). Recul, diminution : *la régression d'une épidémie.* ‖ *Biol.* Retour d'un tissu, d'un individu à un état antérieur. ‖ *Psychanal.* Evolution de la conduite vers des formes primitives, à la suite d'une frustration. ● *Régression marine,* baisse du niveau de la mer, qui provoque une reprise de l'érosion.

regret [rəgrɛ] n. m. Chagrin causé par la mort d'une personne : *la perte de cet ami m'a laissé un grand regret.* ‖ Déplaisir d'avoir perdu un bien qu'on possédait, ou de n'avoir pu obtenir celui qu'on désirait. ‖ Repentir : *le regret d'une faute.* ● *Etre au regret,* éprouver un déplaisir d'avoir fait ou de ne pouvoir faire quelque chose. ‖ **— A regret** loc. adv. A contrecœur ; avec déplaisir.

Regrets (*les*), recueil poétique de J. du Bellay (1558), suite de sonnets dans lesquels le poète exprime sa déception devant la vie de la cour romaine et la nostalgie de sa patrie.

regrettable adj. Qui mérite d'être regretté : *un avantage regrettable.* ‖ Dont on doit avoir du regret : *une erreur regrettable.* ‖ — Syn. : DÉPLORABLE, FÂCHEUX.

regretter v. t. (de l'anc. scandin. *grāta,* gémir). Eprouver du chagrin au souvenir de quelqu'un qu'on a perdu : *regretter ses parents.* ‖ Eprouver de la peine de n'avoir pas ou de n'avoir plus : *regretter un emploi.* ‖ Eprouver de la contrariété, du mécontentement au sujet de : *regretter ses paroles.* ‖ Eprouver du repentir : *regretter d'avoir mal agi.*

regrimper v. i. et t. Grimper de nouveau.

regros [rəgro] n. m. Grosse écorce de chêne, dont on fait le tan.

regroupement n. m. Action de regrouper.

regrouper v. t. Grouper, rassembler ce qui est dispersé.

Reguibat ou **Regueibat,** Maures du Sahara occidental.

régularisation n. f. Action de régulariser ; son résultat : *régularisation d'une signature.* ‖ *Géogr.* Diminution des irrégularités d'une forme de relief, d'un rivage. ‖ Travaux ayant pour objet de donner à un cours d'eau un lit unique et bien délimité. ‖ *Fam.* Action de contracter mariage après avoir vécu en concubinage.

régulariser [regylarize] v. t. (du lat. *regula,* règle). Rendre conforme aux règlements, à la loi : *faire régulariser un passeport.* ‖ Rendre régulier : *régulariser la marche d'une montre.*

régularité n. f. Conformité à des règles : *régularité du mouvement des corps célestes.* ‖ Juste proportion ; harmonie : *régularité des traits.* ‖ Ponctualité réglée : *régularité des repas.*

régulateur, trice adj. Qui règle : *pouvoir régulateur.*

régulateur n. m. Grande horloge de précision. ‖ Appareil capable de maintenir ou de faire varier suivant une loi déterminée un élément de fonctionnement d'une machine : courant, tension, fréquence, pression, vitesse, puissance, débit, etc. ‖ Mécanisme d'une charrue, maintenant les dimensions choisies d'un labour. ‖ Appareil servant à régler le passage de la vapeur, de la chaudière d'une locomotive aux cylindres.

régulation n. f. Action de régler, d'organiser : *la régulation des transports.* ‖ *Physiol.* Ensemble de mécanismes permettant le maintien de la constance d'une fonction : *régulation thermique, glycémique.* ● *Régulation des naissances,* utilisation de procédés en vue de limiter le nombre des naissances. (V. CONTRÔLE* DES NAISSANCES.)

régule [regyl] n. m. Alliage antifriction à base de plomb ou d'étain, utilisé pour le garnissage des coussinets.

— ENCYCL. Les *régules* à base de plomb sont conçus pour améliorer les qualités d'antifriction à chaud du plomb pur ainsi que la résistance à la corrosion des huiles de graissage. Les régules à base d'étain sont les plus répandus dans l'aviation, l'automobile et les chemins de fer. Ils sont utilisés sur les coussinets de ligne d'arbre ou les bielles de moteur.

régulier [regylje], **ère** [-ɛr] adj. (lat. *regularis ;* de *regula,* règle). Conforme aux règles, aux lois naturelles : *le flux et le reflux de la mer ont lieu à des périodes régulières.* ‖ Qui a lieu à jour ou à heure fixes : *un train régulier.* ‖ Exact, ponctuel : *un employé régulier.* ‖ Conforme aux devoirs de la morale : *vie régulière.* ‖ Bien proportionné, harmonieux : *des traits réguliers.* ‖ *Bot.* Se dit d'une corolle, d'un calice dont les éléments sont égaux. ‖ Constant, continu : *un travail régulier.* ● *Clergé régulier,* ensemble des ordres religieux soumis à une règle (par oppos. à *clergé séculier*). ‖ *Polyèdre régulier* (Math.), polyèdre ayant toutes ses faces égales et tous ses dièdres égaux. ‖ *Polygone régulier* (Math.), polygone ayant tous ses angles égaux et tous ses côtés égaux. ‖ *Troupes régulières,* troupes recrutées et organisées par les pouvoirs publics pour constituer la force armée officielle d'un Etat (par oppos. à *francs-tireurs*). ‖ *Verbes réguliers,* verbes conformes aux types de conjugaison donnés comme modèles.

régulier n. m. Moine, religieux.

régulièrement adv. De façon régulière ; exactement, uniformément.

Regulus (Marcus Atilius), général romain, célèbre par son dévouement et sa loyauté, consul en 256 av. J.-C. Pris par les Carthaginois lors de la première guerre punique, il fut envoyé à Rome, sur parole, pour proposer un échange de prisonniers, mais il dissuada le sénat d'accepter les propositions de Carthage, et, à son retour, il mourut dans les tortures.

Régulus, la vingtième des étoiles les plus brillantes du ciel dans la constellation du Lion, située à une distance de 67 années de lumière.

regur [regyr] n. m. Dans l'Inde, terre noire d'origine volcanique, d'une grande fertilité, qui sert à la culture du coton.

régurgitation n. f. Retour dans la bouche, sans effort de vomissement, de matières contenues dans l'estomac ou l'œsophage.

régurgiter [regyrʒite] v. t. (du lat. *gurges,* gouffre). Faire revenir dans la bouche.

Reims

réhabilitable adj. Qui peut être réhabilité.

réhabilitation n. f. Action de réhabiliter ; son résultat : *la réhabilitation d'un condamné.*

réhabilité, e adj. et n. Qui a obtenu sa réhabilitation : *condamné réhabilité.*

réhabiliter [reabilite] v. t. Rétablir une personne dans des droits, une capacité, une situation juridique qu'elle avait perdus : *réhabiliter un failli.* ‖ *Par ext.* Faire recouvrer l'estime : *réhabiliter quelqu'un dans l'opinion.*

réhabituer v. t. Faire reprendre une habitude : *réhabituer au travail.*

rehaussage n. m. Action de relever par des rehauts.

rehaussement n. m. Action de rehausser : *le rehaussement d'un mur.*

rehausser v. t. Placer plus haut : *rehausser un plancher.* ‖ — *Fig.* Faire valoir ; vanter avec excès : *rehausser le mérite d'une action.* ‖ Donner plus d'éclat à : *la parure rehausse la beauté.*

rehaut n. m. *Bx-arts.* Dans un dessin, une peinture, retouche destinée à faire ressortir certains détails.

Réhon (54430), comm. de Meurthe-et-Moselle (arr. de Briey) ; 5 174 h. (3 189 aggl.) [*Rehonnais*]. Métallurgie.

Reich (Wilhem), psychanalyste et essayiste américain d'origine autrichienne (1897-1957). Il est l'auteur d'une synthèse entre des éléments de la psychanalyse (la *répression*) et de l'analyse marxiste de la société. Son expérience de psychothérapeute l'a conduit à placer l'orgasme au centre de la théorie psychanalytique de la sexualité (*la Fonction de l'orgasme,* 1927 ; *la Psychologie collective du fascisme,* 1933 ; *la Révolution sexuelle,* 1944).

Reich, mot allem. signif. *empire.* — On distingue le *Ier Reich* (962-1806), le *IIe Reich* (1871-1918), réalisé par Bismarck, et le *IIIe Reich* (1933-1945), ou régime hitlérien.

Reicha (Antonin), compositeur et théoricien tchèque, naturalisé français, né à Prague (1770-1836), maître de Gounod, C. Franck, Berlioz, Liszt. Auteur de 26 quintettes pour instruments à vent, il a renoué avec la tradition modale.

Reichenbach (Hans), philosophe et logicien allemand, né à Hambourg (1891-1953), un des fondateurs du cercle de Vienne et du néo-positivisme américain.

Reichshoffen (67110 Niederbronn les Bains), comm. du Bas-Rhin (arr. de Haguenau) ; 4 283 h. Pendant la bataille de Frœschwiller, perdue par Mac-Mahon contre les Prussiens, les cuirassiers y exécutèrent une charge héroïque pour dégager le gros des troupes françaises (6 août 1870).

Reichsmark [rajʃsmark] n. m. invar. Unité monétaire principale de l'Allemagne de 1924 à 1948, remplacée par le *deutsche Mark,* qui est également divisé en 100 pfennige.

Reichsrat, Parlement de l'anc. Empire austro-hongrois. — En Allemagne, Conseil d'Empire, ou Chambre haute composée des représentants de chaque pays (1919-1934).

Reichstadt, en tchèque **Zákupy,** village de Bohême ; 1 800 h. Seigneurie érigée en duché en 1818 pour le fils de Napoléon Ier. (V. NAPOLÉON II.)

Reichstag, Parlement de l'Empire allemand, siégeant à Berlin (1867-1945). Le bâtiment du Reichstag fut incendié en 1933 par les nazis, qui accusèrent les communistes, ce qui permit des représailles contre ces derniers.

Reichstett (67460 Souffelweyersheim), comm. du Bas-Rhin (arr. de Strasbourg-Campagne) ; 2 548 h. Raffinage du pétrole.

Reichswehr (mot allem. signif. *défense de l'empire*), appellation donnée, de 1921 à 1935, à l'armée de 100 000 hommes concédée à l'Allemagne par le traité de Versailles.

Reid (Thomas), philosophe écossais, né à Strachan (1710-1796). Sa doctrine, opposée à l'idéalisme de Berkeley et au scepticisme de Hume, repose sur l'expérience interne et le sens commun.

Reid (Thomas Mayne), connu sous le nom de **capitaine Mayne Reid,** écrivain anglais, né à Ballyroney (comté de Down) [1818-1883]. Trappeur, journaliste, capitaine dans la guerre (1845) contre le Mexique, il combattit aux côtés des Hongrois révoltés (1849). Il publia de nombreux romans d'aventures qui peignent les mœurs des Indiens (*les Chasseurs de chevelures,* 1851).

Reigate, v. de Grande-Bretagne (Surrey), au sud de Londres ; 53 700 h. Industries chimiques et mécaniques.

Reignier (74800 La Roche sur Foron), ch.-l. de c. de la Haute-Savoie (arr. de Saint-Julien-en-Genevois) ; 2 299 h.

Reillanne (04110), ch.-l. de c. des Alpes-de-Haute-Provence (arr. de Forcalquier) ; 602 h. (402 aggl.).

Reille (Honoré, *comte*), maréchal de France, né à Antibes (1775-1860). Il se distingua à Essling, à Wagram (1809) et à Waterloo (1815), et fut nommé maréchal par Louis-Philippe (1847). Il adhéra au coup d'Etat de 1851 et devint sénateur en 1852.

réimperméabiliser v. t. Imperméabiliser de nouveau.

réimplantation n. f. Action de placer une dent arrachée dans un alvéole dentaire.

réimportation n. f. Action de réimporter ce qui a été exporté.

réimporter v. t. Importer de nouveau.

réimposer v. t. Etablir une nouvelle imposition pour compléter le paiement d'une taxe : *réimposer les contribuables.* ‖ Imposer de nouveau une feuille, une forme d'imprimerie.

réimposition n. f. Nouvelle imposition ou imposition complémentaire.

réimpression n. f. Impression nouvelle d'un ouvrage ; son résultat.

réimprimer v. t. Imprimer de nouveau : *réimprimer un livre.*

Reims [rɛ̃s] (51100), ch.-l. d'arr. de la Marne, sur la Vesle ; 158 634 h. (*Rémois*). Archevêché. Université. Académie. Cité historique. Reims est aujourd'hui une importante ville industrielle. A la traditionnelle préparation des vins de Champagne (et activités annexes : verrerie, papeterie-cartonnerie, etc.), dont Reims est la capitale, et à l'industrie textile (laine) se sont plus récemment ajoutées de nombreuses usines de construction mécanique (appareils ménagers, construction automobile, etc.). La population de la ville s'est accrue d'environ 30 p. 100 entre 1954 et 1968. — L'arr. a 11 cant., 177 comm., 240 818 h.
● *Histoire.* Capitale de la province romaine de Gaule Belgique, Reims fut le siège d'un évêché dès 290. Clovis y fut baptisé (496) et les rois de France y furent sacrés. Reims fut le siège d'une université de 1548 à 1793. Objectif de plusieurs offensives allemandes pendant la Première Guerre mondiale, la ville, ainsi que sa cathédrale, subit de nombreux bombardements. C'est à Reims qu'Eisenhower reçut la capitulation de la Wehrmacht à l'issue de la Seconde Guerre mondiale (7 mai 1945). — Patrie de Colbert, des teinturiers Gobelin, de Robert Nanteuil, Drouet d'Erlon.
● *Beaux-arts.* Malgré les destructions des deux guerres mondiales, la ville conserve de remarquables monuments. La cathédrale Notre-Dame, un des chefs-d'œuvre de l'architecture gothique, fut élevée, sur un plan voisin de celui de Chartres, de 1211 à la fin du XIIIe s. Elle possède un ensemble de sculptures remarquables, tant aux portails que dans les parties hautes de la façade et à son revers, ainsi que des vitraux du XIIIe s. (V. illustr. ARCHITECTURE ET SCULPTURE GOTHIQUES*.) L'église abbatiale Saint-Rémi, commencée v. 1015, a été remaniée à la fin du XIIe s. (vitraux du XIIIe s.). Citons encore l'arc gallo-romain dit « porte de Mars » et la place Royale, dédiée à Louis XV. Musées.

rein [rɛ̃] n. m. (lat. *ren*). Organe pair de l'homme et des vertébrés, assurant une part de la régulation du sang circulant, tant du point de vue de sa composition chimique que du point de vue de sa pression, et dont le produit d'excrétion est l'*urine.* ● *Rein artificiel,* appareil mécanique et physico-chimique qui permet de remplacer les reins dans leurs fonctions. (V. *encycl.*) ‖ — Pl. Lombes, partie inférieure de l'épine dorsale. ‖ *Archit.* Partie d'une voûte comprise entre la ligne de l'extrados, le prolongement des pieds-droits et la ligne horizontale. ● *Avoir les reins solides* (Fam.), être riche, puissant.
— ENCYCL. Le *rein* est, de pair avec le cerveau, l'organe le plus irrigué du corps humain : la masse totale du sang le traverse plus de 200 fois par jour. Il est constitué par un assemblage de plusieurs millions d'unités anatomiques, les *tubes urinifères.* Chaque tube a pour point de départ une *capsule de Bowmann,* entourant un *glomérule* de capillaires sanguins et qui se remplit de plasma désalbuminé par une sorte de filtration. Mais, tout au long du tube, d'autres capillaires sanguins résorbent la plus grande partie de l'urine (notamment la totalité du glucose), ne laissant dans les voies urinaires que l'*urée* (200 fois plus concentrée que dans le sang), l'acide urique, le pigment urinaire et une partie des sels minéraux. Le sang veineux qui quitte le rein est donc surtout débarrassé des déchets azotés de l'activité cellulaire. A cette fonction excrétrice, le rein ajoute une importante fonction régulatrice du transit de l'eau, de la tension artérielle et de la concentration ionique du sang.
Chez les poissons, ce sont les reins qui adaptent l'animal à vivre en eau douce ou en eau salée sans que change la concentration saline de son sang.
Le rein peut être le siège d'inflammations diffuses (néphrites), de lésions infectieuses localisées (tuberculose, abcès), de lésions dégénératives et de tumeurs.
Le *rein artificiel* permet de prélever du sang chargé de déchets, de le traiter par osmose à travers une membrane laissant passer l'urée et les autres déchets, et de le réinjecter au sujet après épuration. Il s'emploie au cours des anuries aiguës et des néphrites avec rétention d'urée.

Reinach (Joseph), homme politique français, né à Paris (1856-1921). Ami et collaborateur de Gambetta, il fut son chef de cabinet (1881-1882) ; après sa mort, il prit la direction de *la République française.* Il rompit avec la *Ligue des patriotes* quand celle-ci se mit au service du boulangisme. Député des Basses-Alpes (1889-1898, 1906-1914), il se voua, malgré l'hostilité de la droite, à la révision des procès de Dreyfus. Il a laissé une importante *Histoire de l'Affaire Dreyfus* (7 vol., 1901-1911). — Son frère SALOMON, né à Saint-Germain-en-Laye (1858-1932), directeur du musée des Antiquités nationales à Saint-Germain-en-Laye (1902), a laissé de nombreux ouvrages concernant les arts plastiques. — THÉODORE, frère des précédents, né à Saint-Germain-en-Laye (1860-1928), fut professeur d'histoire au Collège de France (1924).

réincarnation n. f. Nouvelle incarnation. (Syn. : MÉTEMPSYCOSE, PALINGÉNÉSIE.)

réincarner (se) v. pr. Revivre sous une nouvelle apparence corporelle. (Selon les pythagoriciens et Platon, les âmes injustes se réincarnaient dans des animaux méprisables.)

réincorporer v. t. Incorporer de nouveau : *réincorporer des troupes.*

reine [rɛn] n. f. (lat. *regina*). Femme d'un roi. ‖ Souveraine d'un royaume : *la reine des Pays-Bas.* ‖ Femelle féconde, chez les insectes sociaux (abeilles, fourmis, termites). ‖ *Fig.* La première, la plus belle : *la rose est la reine des fleurs.* ‖ Aux échecs, pièce principale après le roi, et la plus puissante.

Reine morte (*la*), drame en 3 actes d'H. de Montherlant (1942). Le roi Ferrante fait périr Inés de Castro, que le prince héritier don Pedro a épousée secrètement. Mais Ferrante meurt, et Pedro couronne une reine morte.

Reine-Charlotte (*archipel de la*), groupe d'îles canadiennes (Colombie britannique) du Pacifique.

rein

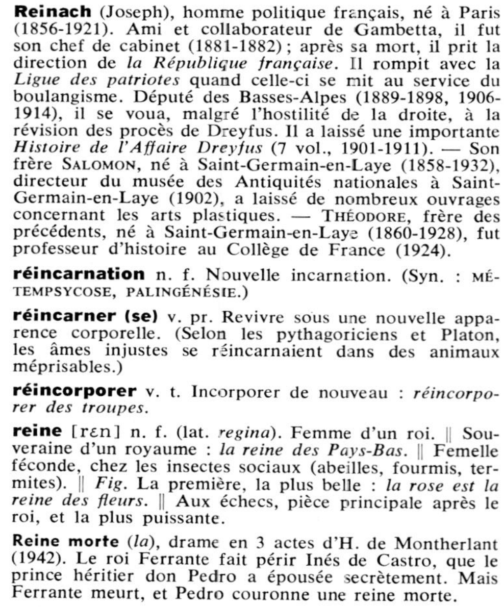

Phot. Alain Perceval.

reine-claude [rɛnklod] n. f. Prune très estimée. ‖ Pl. des *reines-claudes.*

reine-des-prés n. f. Nom usuel de la *spirée.* ‖ Pl. des *reines-des-prés.*

reine-marguerite n. f. Plante voisine de la marguerite, originaire d'Asie, cultivée pour ses capitules à languettes blanches, rouges, bleues. ‖ Pl. des *reines-marguerites.*

reinette [rɛnɛt] n. f. Nom donné à diverses variétés de pommes à couteau : *reinette du Mans, de Caux, grise, du Canada, clochard, reine des reinettes.*

Reinhardt (Max GOLDMANN, dit **Max**), directeur de théâtre autrichien, né à Baden, près de Vienne (1873-1943). Il fut au Kleines Theater, puis au Deutsches Theater de Berlin et au festival annuel de Salzbourg un des grands novateurs de la technique théâtrale. Il émigra aux Etats-Unis (1933), où il se consacra au cinéma.

Reinhardt (Jean-Baptiste Reinhardt, dit **Django**), guitariste de jazz français, né à Liberchies (Belgique) [1910-1953]. Il fut l'un des fondateurs, en 1934, du quintette du Hot Club de France avec le violoniste Stéphane Grappelly, auquel s'adjoindra, en 1939, Hubert Rostaing. A la dissolution du quintette, il partit pour les Etats-Unis, se produisit en concert avec Duke Ellington, puis revint jouer à Paris, au Club Saint-Germain (1951). Il est le seul musicien de jazz européen à avoir fait école aux Etats-Unis.

Reinken (Jan Adams), organiste et compositeur allemand, né à Wilshausen (Alsace) [1623-1722]. Organiste de Hambourg, connu pour son talent d'improvisateur, il a laissé des pièces de clavier et a formé nombre d'organistes virtuoses de l'Allemagne du Nord.

réinscription n. f. Action de réinscrire, de se réinscrire.

réinscrire v. t. Inscrire de nouveau.

réinsérer v. t. Insérer de nouveau, réintroduire : *réinsérer des handicapés physiques dans la vie sociale.*

réinsertion n. f. Action de réinsérer.

réinstallation n. f. Action de réinstaller.

réinstaller v. t. Installer de nouveau.

réintégrable adj. Qui peut être réintégré.

réintégration n. f. Action de réintégrer ; son résultat : *fonctionnaire révoqué qui a obtenu sa réintégration.*

réintégrer v. t. (lat. *reintegrare,* rétablir) [conj. **5**]. *Dr.* Rétablir quelqu'un dans la possession d'un bien, d'un emploi dont il avait été dépouillé. ‖ Reconduire : *réintégrer quelqu'un en prison.* ‖ Rentrer dans : *réintégrer le domicile conjugal.*

réintroduction n. f. Nouvelle introduction.

réintroduire v. t. Introduire de nouveau.

reis [reis] n. m. (de l'arabe *ra'īs*). Titre décerné à certains officiers de l'ancien Empire turc.

Reisebilder. V. IMAGES DE VOYAGES.

réitératif, ive adj. Qui réitère.

réitération n. f. Action de réitérer ; son résultat.

réitérer [reitere] v. t. et i. (du lat. *iterare,* recommencer) [conj. **5**]. Faire de nouveau : *réitérer un ordre.* (Syn. : RÉCIDIVER, RECOMMENCER, RENOUVELER, RÉPÉTER.)

reître [rɛtr] n. m. (allem. *Reiter*). Du XVe au XVIIe s., cavalier allemand mercenaire au service de la France. ‖ *Fig.* Soudard.

Rej (Mikołaj), écrivain polonais, né à Żórawno (1505-1569). Considéré comme le père de la littérature nationale, il a donné dans le *Miroir de tous les états* (1568) un tableau des mœurs de la Pologne ancienne.

rejaillir v. i. Jaillir avec force, en parlant des liquides. ‖ *Fig.* Retomber : *la honte en rejaillit sur lui.*

rejaillissement n. m. Mouvement de ce qui rejaillit.

Réjane (Gabrielle RÉJU, dite), actrice française, née à Paris (1856-1920). Elle contribua au succès d'un grand nombre de drames et de comédies modernes (*Madame Sans-Gêne, la Robe rouge*) et acquit le Nouveau-Théâtre, qui devint le théâtre Réjane.

rejet [rəʒɛ] n. m. Action de rejeter, de ne pas agréer : *le rejet d'un projet de loi.* ‖ *Agric.* Nouvelle pousse née de la souche d'une plante. ‖ *Dr.* Renvoi d'une partie d'un compte sur un autre compte. ‖ *Géol.* Dénivellation produite par une faille. ‖ *Métr.* Action de rejeter au début du vers suivant un ou plusieurs mots nécessaires au sens. ● *Rejet de greffe* (Méd.), mécanisme immunitaire qui aboutit à la destruction d'un tissu ou organe transplanté d'un sujet à un autre. (Le choix judicieux du donneur et certains traitements permettent d'éviter le rejet.)

rejetable adj. Qui doit ou peut être rejeté : *cette excuse est rejetable.*

rejeter v. t. (conj. **4**). Renvoyer, repousser : *rejeter une balle.* ‖ Renvoyer hors de soi : *la mer rejette les débris des naufrages.* ‖ Remettre, en lançant, à sa place antérieure : *rejeter dans l'eau un poisson trop petit.* ‖ — *Fig.* Ne pas admettre : *rejeter un projet de loi.* ‖ Ne pas agréer : *rejeter une offre.* ● *Rejeter quelque chose sur quelqu'un,* l'en rendre responsable. ‖ **— Se rejeter** v. pr. Se jeter de nouveau ; se porter en arrière.

rejeton [rəʒtɔ̃] n. m. Nouvelle pousse qui apparaît au niveau du pied d'une plante, d'un arbre. (Syn. REJET.) ‖ *Fig.* Descendant, enfant : *le dernier rejeton d'une illustre famille.*

Réjane en 1902

reines-marguerites

rejoindre v. t. (conj. **81**). Réunir des parties séparées : *rejoindre les lèvres d'une plaie.* ‖ Aller retrouver : *je vous rejoindrai d'ici peu.*

rejointoiement n. m. Action de rejointoyer ; son résultat.

rejointoyer v. t. (conj. **2**). Refaire des joints de maçonnerie mal exécutés ou dégradés.

rejouer v. t. et i. Jouer de nouveau : *rejouer un air.*

réjoui, e adj. Qui exprime la joie, la gaieté : *air réjoui.*

réjouir [reʒwir] v. t. (préf. *re* et anc. fr. *esjouir*). Donner de la joie : *cette nouvelle réjouit tout le monde.* ‖ Causer une sensation agréable : *cette couleur réjouit la vue.* ‖ **— Se réjouir** v. pr. Se divertir : *se réjouir avec des amis.* ‖ Eprouver de la joie : *se réjouir d'un succès.*

réjouissance n. f. Amusement, divertissement, démonstration de joie : *se livrer à la réjouissance.* ‖ — Pl. Fêtes publiques : *on a ordonné des réjouissances.*

réjouissant, e adj. Qui réjouit : *conte réjouissant.*

relâche [rəlɑʃ] n. m. Interruption dans un travail, un exercice (n'est plus usité en ce sens que dans quelques expressions) : *donner un moment de relâche.* ‖ *Théâtr.* Suspension momentanée des représentations. ● *Sans relâche,* sans interruption.

relâche n. f. *Mar.* Action de relâcher, de séjourner sur un point d'une côte. ‖ Lieu où l'on relâche : *Singapour est une relâche fréquentée.*

relâché, e adj. Qui n'est pas assez sévère, pas assez rigoureux : *morale, mœurs relâchées.*

relâchement n. m. Diminution de tension : *le relâchement des cordes d'un violon.* ‖ Perturbation des fonctions intestinales, diarrhée. ‖ *Fig.* Ralentissement de zèle, d'ardeur, de sévérité, etc. : *relâchement dans le travail.*

relâcher [rəlɑʃe] v. t. Détendre : *relâcher une corde.* ‖ Libérer : *relâcher un prisonnier.* ‖ — *Fig.* Rendre moins sévère, plus mou : *relâcher la discipline.* ‖ Rabattre, diminuer : *il a beaucoup relâché de ses prétentions.* ‖ — V. i. *Mar.* S'arrêter en quelque endroit pour une cause quelconque : *relâcher pour faire du charbon.* ‖ **— Se relâcher** v. pr. Perdre de son zèle ; diminuer d'activité : *cet écolier se relâche.* ‖ Devenir moins rigoureux, moins sévère : *la discipline se relâche.*

relais [rəlɛ] n. m. (de *relayer*). *Véner.* Troupe de chiens placés en un endroit déterminé pour être découplés pendant la chasse. ‖ Chevaux frais et préparés de distance en distance pour remplacer les chevaux fatigués (vx). ‖ Lieu où l'on mettait les relais. ‖ Petit sachet de poudre adjoint à un obus de mortier pour augmenter sa charge et, donc, sa portée. ‖ *Télécomm.* Dispositif qui retransmet, en l'amplifiant considérablement, le signal qu'il a reçu. ● *Course de relais,* épreuve sportive dans laquelle les coureurs d'une même équipe se succèdent. ‖ *Prendre le relais* (Fig.), succéder, poursuivre une action : *ce parti a pris le relais des syndicats pour développer les revendications sociales.* ‖ *Relais électrique,* dispositif de contrôle de l'intensité du courant électrique dans un circuit.

relance [rəlɑ̃s] n. f. Au poker, nouvel enjeu, supérieur à celui de l'adversaire. ‖ *Fig.* Action de donner un nouvel élan, un nouvel essor : *relance de l'économie.*

relancer v. t. (conj. **1**). Lancer de nouveau : *relancer une balle.* ‖ *Véner.* Faire repartir : *relancer un cerf.* ‖ Faire une relance. ● *Relancer quelqu'un* (Fam.), le poursuivre avec insistance partout où il se trouve.

relaps [rəlaps], **e** adj. et n. (lat. *relapsus,* retombé). Retombé dans l'hérésie ou l'infidélité : *Jeanne d'Arc fut brûlée à Rouen comme relapse.*

rélargir [relarʒir] v. t. Rendre plus large.

rélargissement n. m. Action de rélargir.

relater [rəlate] v. t. (du lat. *relatus,* raconté). Raconter en détaillant les circonstances.

relatif [rəlatif], **ive** [-iv] adj. Qui se rapporte à : *études relatives à l'histoire.* ‖ Qui n'a rien d'absolu ; qui dépend d'autre chose : *toute connaissance humaine est relative.* (Syn. : ACCIDENTEL, CONTINGENT, VARIABLE.) ‖ *Math.* Se dit d'un nombre affecté d'un signe, + pour un nombre positif, — pour un nombre négatif. (L'ensemble des entiers relatifs [positifs, négatifs et le zéro] se désigne par Z.) ‖ *Mus.* Se dit de deux gammes dont l'armure est la même et dont l'une est majeure et l'autre mineure. (La gamme relative est plus basse d'une tierce mineure que la gamme majeure correspondante.) ● *Pronom relatif* (Gramm.), pronom qui sert, dans une subordonnée, à joindre au reste de la phrase le mot dont il tient la place. (V. *encycl.*) ‖ *Proposition relative,* proposition introduite par un pronom relatif.

— ENCYCL. *Gramm.* Les *pronoms relatifs* sont :

masc. sing.	masc. plur.
Lequel.	Lesquels.
Duquel.	Desquels.
Auquel.	Auxquels.
fém. sing.	**fém. plur.**
Laquelle.	Lesquelles.
De laquelle.	Desquelles.
A laquelle.	Auxquelles.

des deux genres et des deux nombres
Qui, que, quoi, dont, où.

Le rapport du pronom relatif avec son antécédent doit toujours être établi de manière à ne donner lieu à aucune équivoque. Ne dites donc pas : *j'apporte des* BONBONS *pour mes* ENFANTS QUI *sont dans la poche de mon manteau.*

Toute équivoque disparaîtra si l'on rapproche le pronom *qui* de son antécédent *bonbons : j'apporte pour mes enfants des* BONBONS QUI *sont dans la poche de mon habit.*

S'il y a ambiguïté, et que le pronom relatif ne puisse être rapproché de son antécédent, on remplace *qui, que, dont,* par *lequel, duquel, auquel,* etc. : *tous les voyageurs parlent de la* FERTILITÉ *de ce pays,* LAQUELLE *est vraiment extraordinaire.*

Il faut éviter l'emploi des pronoms *que, qui* subordonnés les uns aux autres. Ne dites pas : *c'est un négociant* QUE *je crois* QUI *est riche,* mais : *c'est un négociant* QUE *je crois riche.*

Il en est de même de plusieurs *qui* se succédant dans une suite de propositions qui dépendent les unes des autres. Ne dites pas : *j'ai reçu une lettre* QUI *m'a été écrite par mon frère,* QUI *habite le village* QUI *a donné son nom à ma famille,* QUI *l'a fait bâtir il y a quelques siècles.*

Dites : *j'ai reçu une lettre de mon frère,* QUI *habite le village* AUQUEL *ma famille doit son nom, et* QU'*elle a fait bâtir il y a quelques siècles.*

Qui **employé sans antécédent.** — *Qui* peut s'employer sans antécédent, comme sujet et comme complément ; comme il ne s'applique alors qu'aux personnes, il est toujours du masculin singulier : *dis-moi* QUI *tu hantes et je te dirai* QUI *tu es.*

Qui **précédé d'une préposition.** — *Qui,* précédé d'une préposition, ne se dit que des personnes et des choses personnifiées : *l'enfant* À QUI *les parents cèdent tout devient vite très malheureux ; Rochers, je n'ai que vous* À QUI *je puisse me plaindre.*

En parlant des choses, au lieu de se servir de *qui* après une préposition, on emploie *lequel, laquelle, auquel,* etc. : *la rose est la fleur* À LAQUELLE *les poètes donnent la préférence.*

Quelquefois, on fait usage du neutre *quoi,* surtout avec un pronom indéfini comme antécédent : *il n'y a rien* SUR QUOI *l'on ait plus écrit.*

Que **sujet.** — L'emploi de *que* comme sujet, fréquent dans les proverbes, est un archaïsme : *advienne* QUE *pourra.*

La langue moderne remplace *que* par *ce qui.*

Que est aujourd'hui, le plus souvent, complément d'objet : *les hommes* QUE *j'ai vus,* ou complément de temps ou de manière : *du temps* QUE *les bêtes parlaient.*

Le pronom relatif ne doit pas exprimer dans la proposition qu'il introduit le même rapport que son antécédent dans la proposition dont dépend la relative. Ne dites pas : *c'est à lui* À QUI *je parle ; c'est dans cette maison* OÙ *je vais.* Dites : *c'est à lui* QUE *je parle, c'est dans cette maison* QUE *je vais.*

relation [rəlasjɔ̃] n. f. (lat. *relatio*). Rapport existant entre deux grandeurs, deux phénomènes : *relation entre la cause et l'effet.* ‖ Correspondance, liaison d'affaires, d'amitié : *être en relation avec quelqu'un.* ‖ Personne avec laquelle on est en rapport : *il a éloigné de lui toutes ses relations.* ‖ Récit, narration : *relation de voyage.* ‖ *Log.* Fonction propositionnelle à deux arguments, par exemple *l'égalité* (=), la *différence* (≠), *l'équivalence* (≡), etc. ‖ *Math.* Condition qui lie les valeurs de deux ou plusieurs grandeurs. ‖ Dans un ensemble, liaison existant entre certains couples d'éléments. ‖ Dans la philosophie de Kant, ensemble de trois catégories constituées par deux sous-catégories : 1° substance et accident ; 2° cause et effet ; 3° réciprocité entre l'agent causal et son effet. ● *Calcul des relations* (Log.), partie de la théorie des relations, dont l'objet est d'établir les lois formelles qui régissent les fonctions permettant de construire de nouvelles relations à partir de relations données. ‖ *Fonctions de relation* (Physiol.),

Phot. Reutlinger, Lauros - Atlas-Photo.

ensemble des fonctions organiques qui assurent la relation avec le milieu extérieur (motricité, sensibilité), par oppos. aux fonctions de nutrition et de reproduction. ‖ *Relations publiques,* activités professionnelles dont l'objet est d'informer l'opinion sur les réalisations de collectivités de tout type. ‖ *Théorie des relations,* partie fondamentale de la logique moderne, comprenant le calcul des relations, ainsi que l'étude des divers types de relations et de leurs propriétés générales. (On étudie notamment les relations d'équivalence et les relations d'ordre.)

relativement adv. Par comparaison ; d'une manière relative.

relativisme n. m. Théorie philosophique fondée sur la relativité de la connaissance : *la philosophie kantienne est un relativisme.*

relativiste adj. et n. Partisan du relativisme. ‖ — Adj. Qui concerne la théorie de la relativité ou le relativisme : *mécanique relativiste.*

relativité n. f. Caractère de ce qui est relatif : *la relativité de deux propositions ; relativité de la connaissance.* ● *Théorie de la relativité,* branche de la physique moderne, due à Einstein, prolongeant le principe de relativité de Galilée. (V. *encycl.*)
— ENCYCL. La mécanique classique, valable tant qu'il s'agit de vitesses faibles, n'est plus applicable quand les vitesses ne sont pas négligeables devant celle de la lumière. D'après la *relativité restreinte* (1905), la durée d'un phénomène, évaluée par divers observateurs en mouvement, est une quantité propre à chaque observateur. Cette relativité du temps entraîne celle des longueurs. L'espace et le temps ne sont pas indépendants. La vitesse c de la lumière dans le vide est une vitesse limite ; la masse d'un corps augmente avec sa vitesse v et tend vers l'infini quand v tend vers c. Il y a équivalence entre la masse et l'énergie, selon la formule $W = mc^2$.
La *relativité généralisée* (1916) impose aux lois physiques d'être indépendantes du système de référence et range la gravitation parmi les inerties. Elle a pour conséquence la déviation de la lumière et le ralentissement des horloges dans les champs de gravitation. La géométrie euclidienne n'est pas applicable à l'espace, qui s'incurve au voisinage de la matière. L'univers ne peut être en équilibre, prédiction corroborée par l'apparence de fuite des galaxies.

rélaver v. t. Laver de nouveau.

relaxation n. f. Relâchement, état de détente : *relaxation des muscles.* ‖ Mise en liberté : *relaxation d'un prisonnier.*
— ENCYCL. La *relaxation* des muscles, réalisée par diverses méthodes, permet l'obtention rapide d'une sensation de détente et de repos, avec récupération des forces, ayant, comme conséquence, une amélioration de l'état psychique. Elle s'obtient soit par décontraction volontaire et systématique de tous les groupes musculaires les uns après les autres, soit par une concentration de l'esprit sur des idées de détente à l'aide de phrases décrivant l'état vers lequel le sujet doit s'orienter.

relaxe n. f. Décision du juge pénal qui abandonne l'action engagée contre un prévenu.

relaxer [rəlakse] v. t. (lat. *relaxare,* relâcher). Renvoyer des fins de la poursuite le prévenu qui en était l'objet. ‖ Mettre en état de décontraction. ‖ **— Se relaxer** v. pr. *Fam.* Détendre ses muscles, son esprit.

relayer [rəleje] v. t. (de l'anc. fr. *laier,* laisser) [conj. **2**]. Remplacer dans un travail, une épreuve sportive : *relayer un camarade.* ‖ **— Se relayer** v. pr. Se remplacer mutuellement ; travailler alternativement.

Relecq-Kerhuon (LE) [29219], comm. du Finistère (Nord) [arr. de Brest] ; 7 001 h. (6 932 aggl.).

relecture n. f. Nouvelle lecture.

relégation n. f. Action de reléguer dans un lieu déterminé. ‖ Pénalité qui consistait dans l'internement perpétuel des récidivistes dans une colonie française.

reléguer [rəlege] v. t. (lat. *relegare,* bannir) [conj. **5**]. Exiler dans un endroit déterminé. ‖ Eloigner ; mettre à l'écart : *reléguer quelqu'un à la campagne ; reléguer un meuble au grenier.*

relent [rəlɑ̃] n. m. (du préf. *re,* et du lat. *lentus,* visqueux). Mauvais goût qu'un aliment contracte dans un lieu fermé. ‖ Mauvaise odeur : *un relent d'égout.*

relevage n. m. Action de relever.

relevailles n. f. pl. Cérémonie au cours de laquelle une femme relevée de couches se fait bénir par un prêtre.

relève n. f. Remplacement d'une troupe, d'une équipe par une autre : *la relève de la garde.* ‖ Troupe, équipe qui exécute cette opération.

relevé, e adj. Au-dessus du commun : *condition relevée.* ‖ Noble, généreux : *sentiments relevés.* ‖ Sublime : *pensée relevée.* ‖ Elevé : *style relevé.* ‖ Piquant, de haut goût : *sauce très relevée.*

relevé n. m. Détail, résumé écrit : *faire le relevé d'un compte.* ‖ *Chorégr.* Mouvement qui dresse la danseuse ou le danseur sur pointes ou sur demi-pointes, pour les faire revenir ensuite à leur position initiale.

relèvement n. m. Action de relever une chose : *le relèvement d'un mur.* ‖ *Mar.* Détermination exacte de la position d'un point : *le relèvement d'un écueil.* ‖ *Math.* Opération inverse du rabattement. ‖ — *Fig.* Augmentation : *le relèvement des salaires.* ‖ Redressement : *le relèvement d'un pays.*

relever [rəlve] v. t. (lat. *relevare*) [conj. **5**]. Remettre debout une personne ; remettre une chose dans sa position naturelle : *relever un enfant ; relever une chaise.* ‖ Rétablir ce qui tombait en ruine : *relever un mur.* ‖ Remettre à flot : *relever un vaisseau.* ‖ Rendre plus élevé : *relever un virage.* ‖ Retrousser : *relever ses manches.* ‖ Redresser : *relever la tête.* ‖ — *Fig.* Rétablir la prospérité de : *relever une maison de commerce.* ‖ Augmenter : *relever les prix.* ‖ Faire remarquer : *relever une faute.* ‖ Copier, prendre note de : *relever une date, une consommation d'électricité.* ‖ Ranimer : *relever le courage.* ‖ Délier d'un engagement : *relever d'un vœu.* ‖ Faire valoir : *la parure relève la beauté.* ‖ Déterminer la position d'un objet qu'on aperçoit : *relever une côte.* ‖ Procéder à la relève d'une troupe, d'une sentinelle : *relever la garde.* ‖ Révoquer : *relever quelqu'un de ses fonctions.* ‖ Donner un goût plus piquant : *relever une sauce.* ● *Relever une maille,* reprendre dans un tricot une maille glissée ou mise en attente. ‖ — V. i. Remonter : *ce veston relève par-devant.* ‖ — V. t. ind. [**de**]. Sortir de : *relever de maladie.* ‖ Dépendre de : *ne relever de personne.* ● *Relever de couches,* commencer à se lever et à sortir après ses couches. ‖ **— Se relever** v. pr. Se remettre debout. ‖ *Fig.* Se remettre ; sortir heureusement de : *il ne s'en relèvera jamais.*

releveur adj. et n. m. Qui relève ; qui fait des relevés. ‖ Se dit des muscles dont la fonction est de relever les parties auxquelles ils sont attachés.

reliage n. m. Action de relier.

relief [rəljɛf] n. m. (de *relever*). Ce qui fait saillie sur une surface : *le relief d'une médaille.* ‖ Ensemble des inégalités de la surface terrestre, de celle d'un pays : *le relief de la France.* ‖ Ouvrage de sculpture dont les volumes, selon leur accentuation, se détachent plus ou moins du fond (haut-relief, bas-relief). ‖ — *Fig.* Eclat qui naît de l'opposition, du contraste : *certaines couleurs se donnent mutuellement du relief.* ‖ Caractère qui sort de la banalité : *donner du relief à son style.* ● *Mettre en relief,* faire ressortir. ‖ *Relief acoustique,* sensation auditive de l'espace, donnée par l'emploi simultané des deux oreilles. ‖ — Pl. Restes d'un repas.

relier [rəlje] v. t. Lier de nouveau : *relier une gerbe.* ‖ Assembler et coudre ensemble les feuillets d'un livre pour les couvrir d'un carton résistant, sur lequel on colle une peau ou une toile. ‖ Faire communiquer : *relier deux routes.* ‖ *Fig.* Unir ; établir un lien entre : *relier le présent au passé.*

relieur, euse n. Spécialiste de la reliure. ‖ — Adj. Qui effectue la reliure d'ouvrages : *ouvrier relieur.*

religieuse n. f. Gâteau monté, fait d'éclairs ou de choux réunis.

religieusement adv. Avec religion : *vivre religieusement.* ‖ Exactement, scrupuleusement : *observer religieusement les traités.*

religieux, euse adj. Qui appartient à la religion : *chant religieux.* ‖ Pieux : *homme religieux.* ‖ — N. Personne engagée par des vœux monastiques. (V. *encycl.*)
— ENCYCL. Les *religieux* vivent en communauté et s'obligent à observer les conseils évangéliques par les vœux d'obéissance, de chasteté et de pauvreté. L'admission en religion comporte le postulat, le noviciat et la profession. On distingue les ordres à vœux solennels et les congrégations à vœux simples.
La première forme de la vie religieuse fut le monachisme, qui s'épanouit d'abord en Orient, puis en Occident (règle bénédictine) ; à partir du XIIIe s. se développèrent les ordres mendiants (franciscains, dominicains). La Contre-Réforme, puis l'action missionnaire de l'Eglise provoquèrent une grande diversification dans la vie religieuse : les congrégations de clercs réguliers (jésuites), de prêtres vivant en communauté (oratoriens), de missionnaires (lazaristes), de religieux laïcs enseignants (frères des écoles chrétiennes) se multiplièrent, notamment au XIXe s. Parallèlement se créèrent de nombreuses congrégations de religieuses.
De nouvelles formes de vie religieuse (instituts séculiers) sont nées des nécessités actuelles de l'apostolat.

religion [rəliʒjɔ̃] n. f. (lat. *religio*). Culte rendu à la divinité. ‖ Foi ; convictions religieuses, croyance : *un homme sans religion.* ‖ Doctrine religieuse : *religion chrétienne.* ● *Eclairer la religion de quelqu'un,* le renseigner. ‖ *Se faire une religion d'une chose,* s'en faire une obligation.

Religion (*guerres de*), conflit qui opposa catholiques et réformés français, et ensanglanta la France de 1562 à 1598. Nées de la Réforme*, elles devinrent inévitables par l'esprit d'intolérance de l'époque et furent déclenchées par le massacre des protestants à Wassy (1562). Les épisodes les plus marquants furent le massacre de la Saint-Barthélemy (24 août 1572), l'assassinat du duc de Guise (1588) et celui d'Henri III (1589). Converti au catholicisme en 1593, Henri IV mit fin aux guerres de Religion par la paix de Vervins et l'édit de Nantes (1598).

religiosité n. f. Disposition pour les sentiments religieux, surtout en dehors de toute religion particulière : *la religiosité de Jean-Jacques Rousseau.*

reliquaire n. m. Boîte, coffret, cadre destinés à contenir des reliques.

reliquat [rəlika] n. m. (du lat. *reliqua,* choses restantes). Ce qui reste dû après un arrêté de comptes. ‖ Suites, séquelles d'une maladie.

relique [rəlik] n. f. (du lat. *reliquiae,* restes). Partie du corps d'un saint, objet ayant été à son usage ou ayant servi à son supplice, que l'on conserve religieusement : *on vénère à Paris les reliques de sainte Geneviève.* ● *Garder comme une relique,* soigneusement, avec de grands égards.

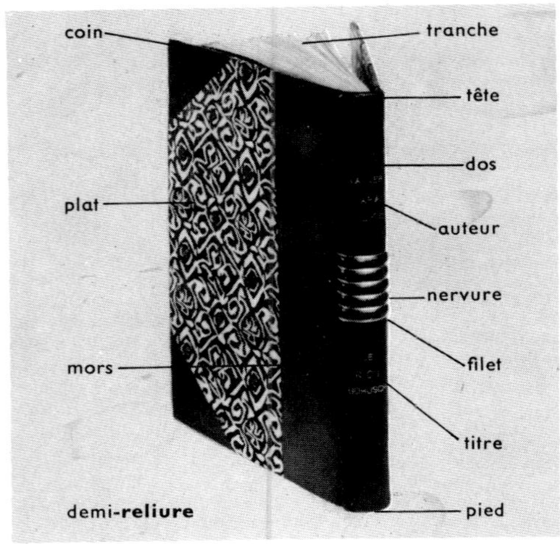

relire v. t. Lire de nouveau. ‖ — V. t. et **se relire** v. pr. Lire ce qu'on vient d'écrire, pour en corriger les fautes.

reliure [rəljyr] n. f. Art de relier les livres. ‖ Couverture dont un livre est relié : *une riche reliure.*

Relizane. V. IGHIL IZANE.

relouer v. t. Louer à nouveau.

réluctance [relyktɑ̃s] n. f. Quotient de la force magnétomotrice d'un circuit magnétique par le flux d'induction qui le traverse.

reluire [rəlɥir] v. i. (lat. *relucere*). Briller, luire en réfléchissant la lumière.

reluisant, e adj. Qui reluit : *armes reluisantes.* ● *Peu reluisant,* médiocre : *situation peu reluisante.*

reluquer [rəlyke] v. t. (préf. *re,* et de l'anc. franç. *luquer,* regarder ; d'orig. germ.). *Fam.* Lorgner du coin de l'œil, avec curiosité ou convoitise.

remâcher v. t. Mâcher une seconde fois, en parlant des ruminants. ● *Remâcher sa colère,* garder en son esprit des sentiments d'amertume, de colère.

remaillage ou **remmaillage** n. m. Action ou manière de remailler.

remailler [rəmɑje] ou **remmailler** [rɑ̃mɑje] v. t. Reconstituer les mailles d'un tricot, d'un filet, à l'aide d'une aiguille ou d'un crochet.

remake [rimɛk] n. m. (mot angl.). Nouvelle version d'un film.

Rémalard (61110), ch.-l. de c. de l'Orne (arr. de Mortagne-au-Perche) ; 1 256 h. Eglise (portail roman). Château (XVIIe s.).

rémanence [remanɑ̃s] n. f. (du lat. *remanere,* rester). *Phys.* Persistance de l'aimantation dans un barreau d'acier qui a été soumis à l'action d'un champ magnétique. ‖ *Psychol.* Propriété qu'ont certaines sensations ou images de subsister un certain temps après l'excitation qui leur a donné naissance.

rémanent, e adj. Qui subsiste. ● *Image rémanente,* image qui reste après la disparition du stimulus.

remanger v. t. et i. Manger de nouveau.

remaniable adj. Qui peut ou doit être remanié.

remaniement n. m. Action de remanier. ‖ Changement, modification : *un remaniement ministériel.* ‖ — Syn. TRANSFORMATION.

remanier v. t. Changer, modifier par un nouveau travail : *ouvrage entièrement remanié.*

remariage n. m. Nouveau mariage.

remarier v. t. Marier de nouveau.

remarquable adj. Digne d'être remarqué : *acte remarquable.* (Syn. : EXTRAORDINAIRE, INSIGNE, NOTABLE, SINGULIER.)

remarquablement adv. De façon remarquable : *remarquablement doué.*

remarque n. f. Action de remarquer, d'observer : *chose digne de remarque.* ‖ Observation : *remarque judicieuse.* ‖ Note, observation écrite : *ouvrage plein de remarques.* ‖ Petite figure gravée dans la marge d'une estampe.

remarquer [rəmarke] v. t. Marquer de nouveau : *remarquer du linge.* ‖ — *Fig.* Observer attentivement : *cet enfant remarque tout.* ‖ Distinguer parmi d'autres : *remarquer quelqu'un dans la foule.*

remasticage n. m. Action de remastiquer.

remastiquer v. t. Mastiquer de nouveau.

remballage n. m. Action de remballer. ‖ Nouvel emballage d'un objet.

remballer v. t. Remettre des marchandises en balle, en ballot. ‖ Emballer de nouveau.

La présence de nombreux vestiges de l'Antiquité sur le sol de l'Italie explique en partie la genèse de la Renaissance, phénomène spécifiquement italien, mais les causes qui l'ont engendrée sont multiples. On s'accorde à en fixer, quelque peu arbitrairement, les débuts en 1400 et la fin aux environs de 1560. Elle marque une révolution profonde dans la manière de penser et dans l'expression artistique héritées du Moyen Âge, affirmant la légitimité d'un art profane, glorifiant la beauté du corps humain, apportant le triomphe de l'individualisme. La statuaire conquiert son autonomie, se détache de l'architecture, qui perd sa suprématie au profit de la peinture. La gravure assure la diffusion artistique. L'art de la Renaissance devient essentiellement un art de la raison ; les architectes étudient les règles de proportion des édifices, peintres et sculpteurs les proportions du corps humain. Tous tendent vers un idéal de perfection défini par *Alberti* dans son traité *De re aedificatoria*. L'approfondissement des lois de la perspective, donnant à la peinture la troisième dimension, lui assure la conquête de l'espace. Les figures peintes peuvent rivaliser en relief avec la sculpture.

Il est convenu de distinguer deux époques dans la Renaissance italienne : la première Renaissance (XVe s.) et la Renaissance dite « classique » (XVIe s.). L'architecte et sculpteur *Filippo Brunelleschi* (1377-1446) [San Spirito, Florence (1)] fut l'initiateur de la Renaissance à Florence, où il éleva le dôme de la cathédrale, construisit plusieurs églises, la chapelle Pazzi et le palais Pitti. Dans le Nord, la chartreuse de Pavie est due en partie à *Giovanni Antonio Amadeo* (façade fin XVe-XVIe s. [2]). Trois sculpteurs florentins dominent cette période : *Lorenzo Ghiberti* (1378-1455), *Donatello* (1386-1466) [Cantoria provenant de la cathédrale de Florence (4)], *Verrocchio* (1435-1488) [Bartolomeo Colleoni, à Venise (5)]. Pour la peinture, l'école de Florence l'emporte également avec *Masaccio* (1401-1429), premier grand peintre de la Renaissance italienne (Adam et Ève chassés du paradis, Santa Maria del Carmine, Florence [7]), *Paolo Uccello* (1397-1475), passionné par la perspective, *Sandro Botticelli* (1444-1510) [Mars et Vénus (8)], *Ghirlandaio* (1449-1494), *Piero Della Francesca* (v. 1410/1420-1492). Cependant, *Melozzo da Forli* (1438-1494) est originaire de Romagne, *Luca Signorelli* et *le Pérugin* (tous deux 1445-1523) d'Ombrie. *Andrea Mantegna* (1431-1506), *Giovanni Bellini* (v. 1429-1516), *Vittore Carpaccio* (v. 1455 - v. 1525) travaillent en Vénétie, comme *Antonello da Messina* (v. 1430-1479) à la fin de sa vie. Au XVIe s., de 1499, date de l'arrivée de Bramante, à 1527, date du sac de la ville par les Impériaux, Rome devient la capitale de l'art. La Renaissance classique a une prédilection pour les édifices à plan central ; *Bramante* (1444-1514) [« Tempietto » près de San Pietro in Montorio, à Rome, 1503 (3)] conçoit pour Saint-Pierre un plan en forme de croix grecque, mais ce sera *Michel-Ange* qui élèvera la coupole. *Jules Romain* (1492-1546) construit et décore le palais du Te à Mantoue. *Andrea Palladio* (1508-1580), qui travailla à Vicence et à Venise, fut le plus grand architecte de la fin de la Renaissance. *Michel-Ange* (1475-1564) domine tous les autres sculpteurs (Pietà de la cathédrale de Florence, v. 1550 [6]). Il joue aussi un rôle important en peinture (décoration de la chapelle Sixtine, à Rome). La Lombardie, Rome, l'Émilie, Florence se partagent les peintres : *Léonard de Vinci* (1452-1519) [l'Annonciation, Offices (9)], qui finit sa vie en France, *Raphaël* (1483-1520), *le Corrège* (1489-1534), *Pontormo* (1494-1557), *Giorgione* (v. 1477-1510), *Titien* (v. 1490-1576) [la Vénus d'Urbino, Offices (10)], *le Tintoret* (1518-1594), *Véronèse* (1528-1588).

1

2

3

4

5

6

Phot. Scala, Bevilacqua, Prud'homme - Lauros - Giraudon, Scala, Jidébé, Scala.

10 7

8

9

La Renaissance italienne exerça son influence sur toute l'Europe. En France, elle se fit sentir dès l'expédition de Charles VIII à Naples, en 1495, et de nombreux artistes italiens vinrent travailler chez nous. L'architecture civile prend le pas sur l'architecture religieuse ; la Renaissance se manifeste dans les châteaux de la Loire, Amboise, Blois, Chambord, qui présentent encore des survivances de type féodal. Vers le milieu du siècle, le goût s'oriente vers un art classique avec des architectes comme *Philibert Delorme* (Tuileries, château d'Anet [chapelle (1)], *Pierre Lescot* (Louvre), *Jean Bullant* (château d'Écouen), *Jacques Androuet Du Cerceau*, qui servit la propagation de l'architecture française de la Renaissance à l'étranger. Les sculpteurs *Jean Goujon* (v. 1510-v. 1568) et *Germain Pilon* (v. 1537-1590) [le Chancelier de Birague, détail de l'orant de bronze (3)] sont sensibles à l'influence du Primatice, *Ligier Richier* l'est, à la fin de sa vie (v. 1500-1567), à celle de Michel-Ange. Des peintres « maniéristes » italiens, *le Rosso, le Primatice, Nicolo dell'Abate*, des orfèvres comme *Benvenuto Cellini* travaillent à la décoration de Fontainebleau, donnent de nombreuses peintures de nus aux formes élégantes et recherchées. Ils forment ce qu'on a appelé l'« école de Fontainebleau ». *Jean Cousin* lui appartient, *Antoine Caron* la rappelle. *François Clouet* (1520-1572) exécute des scènes dans le goût du Primatice, mais, peintre favori de Henri II, il est surtout connu, ainsi que son père *Jean Clouet* (v. 1475-1541), par l'admirable série de portraits qu'ils nous ont laissée (François Ier [2]) ; ce furent les meilleurs peintres français de cette époque. *Léonard Limosin* s'est illustré dans la technique de l'émail, *Bernard Palissy* dans celle de la céramique.

1

2

3

Phot. Giraudon, Fleming, Giraudon (2), Bottin, Giraudon (2

rembarquement n. m. Action de rembarquer ou de se rembarquer.

rembarquer v. t. Embarquer de nouveau. ‖ — V. i. S'embarquer de nouveau : *passagers qui rembarquent.* ‖ **— Se rembarquer** v. pr. Se remettre en mer. ‖ *Fig.* S'engager de nouveau dans : *se rembarquer dans une affaire.*

rembarrer [rɑ̃bare] v. t. *Fig.* et *fam.* Reprendre vivement quelqu'un, le remettre à sa place.

remblai [rɑ̃blɛ] n. m. Action de remblayer; son résultat. ‖ Masse de matière rapportée pour élever un terrain ou combler un creux. ‖ Matériau stérile utilisé pour combler les vides d'une exploitation minière.

remblaiement [-ɛmɑ̃] n. m. Action d'une eau courante qui dépose les matériaux qu'elle transporte.

remblaver v. t. Ensemencer de nouveau, quand le premier ensemencement n'a pas réussi.

remblayage n. m. Action de remblayer; son résultat.

remblayer [rɑ̃bleje] v. t. (conj. **2**). Rapporter une masse de matière pour élever un terrain ou combler un creux.

remblayeuse n. f. Machine pour effectuer le remblayage.

remboîtage ou **remboîtement** n. m. Action de remboîter; son résultat : *pratiquer le remboîtement d'un os démis.*

remboîter v. t. Remettre en place ce qui a été déboîté : *remboîter un os.*

rembourrage n. m. Action de rembourrer; son résultat.

rembourrer [rɑ̃bure] v. t. Garnir d'une matière plus ou moins compressible (crin, bourre, etc.) : *rembourrer un fauteuil.*

rembourrure n. f. Matière servant à rembourrer.

remboursable adj. Qui peut, qui doit être remboursé : *emprunt remboursable.*

remboursement n. m. Action de rembourser : *effectuer le remboursement d'une dette.* ‖ Paiement d'une somme due. ● *Envoi contre remboursement,* envoi d'une marchandise délivrable contre paiement de sa valeur et, éventuellement, des frais de port.

rembourser [rɑ̃burse] v. t. (du préf. *re* et *embourser*). Rendre l'argent déboursé.

Rembrandt (Rembrandt Harmenszoon VAN RIJN, dit), peintre et graveur néerlandais, né à Leyde (1606-1669). Appartenant profondément à l'école hollandaise par un certain réalisme, Rembrandt se différencie nettement des autres peintres et les dépasse par l'universalité des sentiments qu'il exprime. Il a su, par l'intense poésie de son clair-obscur, rendre perceptible, à travers le monde visible, celui de la vie intérieure. Nourri de la Bible dès son plus jeune âge, il emprunte ses sujets au Nouveau Testament, mais surtout à l'Ancien.
Fils d'un meunier, il est l'élève de Jacob Van Swanenburgh, puis de Pieter Lastman, chez qui il s'initie à la peinture italienne. Après une retraite dans le moulin paternel, où il étudie seul, recevant déjà de nombreuses commandes, il se fixe à Amsterdam. En 1634, il épouse Saskia Van Huylenburgh, connaît plusieurs années heureuses et gagne beaucoup d'argent. Mais Saskia meurt en 1642, lui laissant un enfant d'un an, Titus. Il vit avec sa servante, Hendrickje Stoffels, qui, comme Saskia, lui sert de modèle. Les commandes se raréfiant, il se lance dans des aventures commerciales malheureuses. En 1657, ses créanciers font vendre ses biens. Il se réfugie dans le quartier juif. Durant cette dernière période, il donne quelques-uns de ses plus grands chefs-d'œuvre. Il perd Hendrickje en 1662 et Titus en 1668. Il fut un des plus grands dessinateurs qui soient et sans doute le plus grand aquafortiste. Dans son œuvre abondant, citons : au Louvre, *le Philosophe en méditation, Autoportrait, les Pèlerins d'Emmaüs, le Bœuf écorché;* au Rijksmuseum d'Amsterdam, *la Ronde de nuit, les Syndics des drapiers, la Leçon d'anatomie du professeur Jean Dayman, la Fiancée juive;* à celui de La Haye, *la Leçon d'anatomie du docteur Tulp;* au musée de Berlin, *l'Homme au casque d'or.*

rembranesque [rɑ̃branɛsk] adj. Qui rappelle la manière de peindre de Rembrandt.

rembrunir [rɑ̃brynir] v. t. et i. Rendre, devenir plus brun. ‖ **— Se rembrunir** v. pr. Devenir sombre, triste : *à cette nouvelle son front se rembrunit.* ● *Le temps se rembrunit,* le ciel se couvre de nuages.

rembuchement ou **rembucher** n. m. Rentrée d'une bête fauve dans une forêt.

rembucher [rɑ̃byʃe] v. t. (préf. *re* et *embucher*). Suivre la bête avec le limier jusqu'à la rentrée dans le fort ou dans la forêt : *rembucher un cerf.*

remède [rəmɛd] n. m. (lat. *remedium*). Toute substance employée à combattre les maladies. ‖ — *Fig.* Ce qui sert à apaiser les souffrances morales. ‖ Tout ce qui fait cesser un inconvénient, un mal : *imaginer un remède à l'inflation monétaire.*

remédiable adj. A quoi l'on peut apporter remède : *mal remédiable.*

remédier [à] v. t. ind. (lat. *remediare*). Apporter un remède à : *remédier au mal de mer.* ‖ Prévenir ou combattre un mal : *remédier à des abus.*

remembrement n. m. Opération consistant à mettre fin au morcellement excessif de la propriété rurale par un système d'échanges obligatoires de parcelles.

remembrer [rəmɑ̃bre] v. t. Réunir en une ou plusieurs grandes parcelles de petites parcelles dispersées.

remémoration n. f. Fait de se rappeler un souvenir.

remémorer [rəmemɔre] v. t. (lat. *rememorari*). Remettre en mémoire : *remémorer un fait.* ‖ **— Se remémorer** v. pr. Se rappeler : *se remémorer une date.*

remerciement [-simɑ̃] n. m. Action de remercier. ‖ Paroles par lesquelles on remercie.

remercier [rəmɛrsje] v. t. Rendre grâce à : *je vous remercie de ou pour vos conseils.* ‖ Refuser : *on l'invita à dîner, il remercia.* ‖ Congédier, renvoyer : *remercier un employé.*

réméré [remere] n. m. (du lat. *emere,* acheter). *Dr.* Clause par laquelle on se réserve le droit de racheter dans un certain délai la chose qu'on vend, en remboursant à l'acquéreur le prix principal et les frais de son acquisition : *vente à réméré.*

remettre v. t. (lat. *remittere*) [conj. **49**]. Replacer les personnes, les choses à l'endroit où elles étaient : *remettre un enfant au lit, un livre à sa place.* ‖ Mettre de nouveau : *remettre un manteau.* ‖ Replacer, remboîter : *remettre un bras.* ‖ Donner une chose à celui à qui elle est destinée : *remettre une lettre.* ‖ Mettre en dépôt : *je lui ai remis mes fonds.* ‖ Se dessaisir de : *remettre une charge.* ‖ — *Fig.* Rétablir la santé : *l'air de la campagne l'a remis.* ‖ Replacer dans l'état ancien : *remettre une coutume en usage.* ‖ Confier : *je remets mon sort entre vos mains.* ‖ Reconnaître, se ressouvenir de : *je vous remets à présent.* ‖ Pardonner : *remettre les péchés.* ‖ Faire grâce de : *remettre une peine.* ‖ Différer : *remettre une affaire au lendemain.* ● *Remettre ça* (Fam.), recommencer. ‖ *Remettre à sa place* (Fam.), rappeler aux convenances, réprimander. ‖ *Remettre quelqu'un au pas,* le contraindre à faire son devoir. ‖ **— Se remettre** v. pr. Se replacer : *se remettre à table.* ‖ Recommencer : *se remettre à jouer.* ‖ — *Fig.* Se rappeler : *je me remets votre visage.* ‖ Revenir à un meilleur état de santé, de situation, de calme : *se remettre d'une émotion.* ● *S'en remettre à quelqu'un,* s'en rapporter à lui.

remeubler v. t. Regarnir de meubles ou garnir de nouveaux meubles.

Remi ou **Remy** (*saint*), évêque de Reims, né à Laon (v. 437-v. 533). Il décida Clovis à se convertir au catholicisme et le baptisa le 25 décembre **496**. Apôtre des Francs, il a fondé les évêchés de Thérouanne, de Laon et d'Arras. — Fête le 1er octobre.

Remich, ch.-l. de cant. du Luxembourg; 1 800 h. Vins.

rémige [remiʒ] n. f. (lat. *remex, remigis,* rameur). Chacune des grandes plumes de l'aile d'un oiseau.

remilitarisation n. f. Action de remilitariser; son résultat.

remilitariser v. t. Réinstaller un dispositif militaire.

Remington (Philo), ingénieur et industriel américain, né à Lichtfield (New York) [1816-1889]. Il inventa un fusil à chargement par la culasse et entreprit la fabrication de la machine à écrire de Sholes et Glidden après l'avoir profondément modifiée.

réminiscence [reminisɑ̃s] n. f. (du lat. *reminisci,* se ressouvenir). Image remémorée du passé, qui n'est pas reconnue comme appartenant au passé. ‖ Chose, expression dont on se souvient inconsciemment : *roman plein de réminiscences.*

réminiscence n. f. (mot angl.). *Psychol.* Rappel brusque de réponses mnémoniques, que l'on ne pouvait plus reproduire antérieurement, et qui reparaissent sans que l'on ait cherché à les rappeler.

Remiremont (88200), ch.-l. de c. des Vosges (arr. d'Epinal), sur la Moselle; 10 313 h. (*Romarimontains*). Eglise (XIVe-XVIIIe s.). Palais abbatial (XVIIIe s.). Métallurgie.

remisage n. m. Action de remiser.

remise [rəmiz] n. f. (lat. *remissa,* chose remise). Action de remettre dans un lieu : *la remise en place d'un meuble.* ‖ Action de remettre, de livrer : *la remise d'un paquet.* ‖ Endroit où le gibier se remet quand on le fait lever. ‖ Rabais consenti sur le prix fort de certaines marchandises. ‖ Réduction que l'on fait à un débiteur d'une partie de sa dette. ‖ Renvoi de l'examen d'un procès à une audience ultérieure. ‖ Local servant d'abri à des voitures. ● *Remise de peine,* grâce que l'on accorde à un condamné d'une partie de sa peine. ‖ *Voiture de grande remise,* automobile de luxe que l'on peut louer avec son conducteur.

remiser v. t. Placer sous une remise. ● *Remiser quelqu'un* (Fam.), le rembarrer. ‖ **— Se remiser** v. pr. Se poser après avoir couru ou volé, en parlant du gibier.

remisier [rəmizje] n. m. Intermédiaire rémunéré entre un agent de change et un client.

rémissible adj. Qui peut être remis; pardonnable : *faute rémissible.*

rémission [remisjɔ̃] n. f. Pardon : *rémission des péchés.* ‖ Grâce faite à un coupable : *pas de rémission.* ‖ *Méd.* Atténuation momentanée des symptômes d'une maladie. ● *Sans rémission,* sans interruption, implacablement.

rémittence n. f. Caractère des affections rémittentes. ‖ Atténuation momentanée dans une maladie.

rémittent [remitɑ̃], **e** [-ɑ̃t] adj. *Méd.* Qui diminue d'intensité par intervalles : *fièvre rémittente.*

rémiz [remiz] n. m. Oiseau passereau voisin des mésanges, qui construit un nid en forme de bourse suspendu à une branche. (Long. 12 cm.)

remmaillage n. m. Action d'ajuster ensemble des mailles. ‖ Opération industrielle utilisée pour le montage des pieds de bas et des coutures dans les tricots. ‖ V. REMAILLAGE.

Rembrandt

v. également gravure

« l'Homme au casque d'or » *musée de Berlin*

« la Fiancée juive » *Rijksmuseum Amsterdam*

Phot. X, Rijksmuseum, Amsterdam.

remmailler v. t. V. REMAILLER.

remmailloter v. t. Emmailloter de nouveau.

remmancher v. t. Emmancher de nouveau.

remmener v. t. (conj. **5**). Emmener après avoir amené.

remodelage n. m. Action de modifier pour adapter aux besoins actuels : *le remodelage d'un vieux quartier, d'un terroir.*

rémois [remwa], **e** [-waz] adj. et n. De Reims.

Rémois, petit pays de Champagne, autour de Reims.

remontage n. m. Action de tendre de nouveau le ressort d'un mécanisme : *le remontage d'une horloge.* ‖ Action de remettre à leur place primitive les pièces d'une machine démontée.

remontant, e adj. Qui va vers le haut. ‖ Se dit d'une plante qui refleurit à diverses époques.

remontant n. m. Boisson qui redonne de la force.

remonte n. f. Action de remonter un cours d'eau. ‖ Ensemble des poissons qui remontent un cours d'eau pour frayer. ‖ *Mil.* Action de pourvoir en chevaux une unité. ● *Service des remontes,* service qui était autrefois chargé de cette mission.

remontée n. f. Action de remonter. ● *Remontée mécanique,* nom générique des installations utilisées par les skieurs pour atteindre le sommet des pentes (téléskis, télébennes, etc.)

remonte-pente n. m. Appareil aménagé sur un champ de neige pour permettre aux skieurs de gagner un point élevé sans quitter leurs skis. (On dit aussi MONTE-PENTE, TÉLÉSKI.) ‖ Pl. des *remonte-pentes.*

remonter v. i. Monter de nouveau du lieu où l'on était descendu : *remonter à cheval, du fond de la mine.* ‖ Aller vers la source d'un cours d'eau. ‖ S'élever, faire un mouvement de bas en haut : *son col remonte.* ‖ — *Fig.* Augmenter de valeur après avoir baissé : *la rente remonte.* ‖ Reprendre les choses à leur origine : *remonter jusqu'à la source d'un bruit.* ‖ Tirer son origine : *cette famille remonte aux croisades.* ● *Remonter dans le vent* (Mar.), naviguer au plus près du vent, louvoyer. ‖ — V. t. Gravir de nouveau : *remonter un escalier.* ‖ Exhausser : *remonter un mur.* ‖ Mettre en état de fonctionnement : *remonter une montre.* ‖ Remettre en place : *remonter un robinet.* ‖ Rajuster les différentes pièces d'une machine : *remonter une bicyclette.* ● *Remonter le courant,* redresser une situation compromise. ‖ *Remonter un cours d'eau,* aller vers sa source. ‖ *Remonter une maison,* la pourvoir de nouveau des choses nécessaires. ‖ *Remonter le moral,* relever le courage. ‖ **— Se remonter** v. pr. Se pourvoir de nouveau des forces nécessaires. ‖ *Fam.* Reprendre des forces.

remonteur, euse n. Celui, celle qui remonte.

remontoir n. m. Appareil au moyen duquel on peut remonter une montre sans l'aide d'une clef et sans être obligé de l'ouvrir : *montre à remontoir.*

remontrance n. f. Avertissement, réprimande, observation ayant un caractère de reproche, de critique : *faire des remontrances.* ‖ — Pl. Sous l'Ancien Régime, discours adressé au roi par le parlement ou les autres cours souveraines, pour lui signaler les inconvénients d'un édit, etc.

remontrer v. t. Montrer de nouveau. ‖ Représenter à quelqu'un les inconvénients d'une action : *remontrez-lui ses torts.* ● *En remontrer à quelqu'un,* lui faire la leçon ; lui être supérieur.

rémora [remɔra] n. m. (lat. *remora,* retard). Poisson marin de la Méditerranée et des mers chaudes, ne dépassant pas 40 cm de long, possédant sur la tête un disque formant ventouse, qui lui permet de se faire transporter par d'autres poissons, comme les requins, des tortues marines, des cétacés et même des bateaux.

remordre v. t. (lat. *remordere*). Mordre de nouveau.

remords [rəmɔr] n. m. (de *remordre*). Vif reproche de la conscience, qui a le sentiment d'avoir commis une faute : *la voix du remords.* (Syn. : ATTRITION, CONTRITION, REGRET, REPENTIR, RÉSIPISCENCE.)

remorquage n. m. Action de remorquer.

remorque n. f. Traction exercée sur un véhicule à l'aide d'un autre véhicule : *prendre un bateau en remorque.* ‖ Véhicule remorqué par un autre. ‖ Câble servant au remorquage. ● *Etre à la remorque de quelqu'un,* le suivre aveuglément.

remorquer [rəmɔrke] v. t. (ital. *rimorchiare*). Traîner à sa suite (un bateau, une voiture, etc.).

remorqueur, euse adj. Qui remorque : *locomotive remorqueuse.*

remorqueur n. m. Bâtiment de petite tonnage, mais muni de machines puissantes, construit spécialement pour remorquer d'autres navires.

remoudre v. t. (conj. **51**). Moudre de nouveau.

remouiller v. t. Mouiller de nouveau.

rémoulade [remulad] n. f. (du lat. *armoracia,* raifort). Sorte de mayonnaise additionnée de moutarde et de fines herbes.

remoulage n. m. Action de faire un nouveau moulage.

remoulage n. m. (de *remoudre*). Action de remoudre. ‖ Farine bise, obtenue par une première mouture du son, et plus fine que les recoupes (v. ce mot).

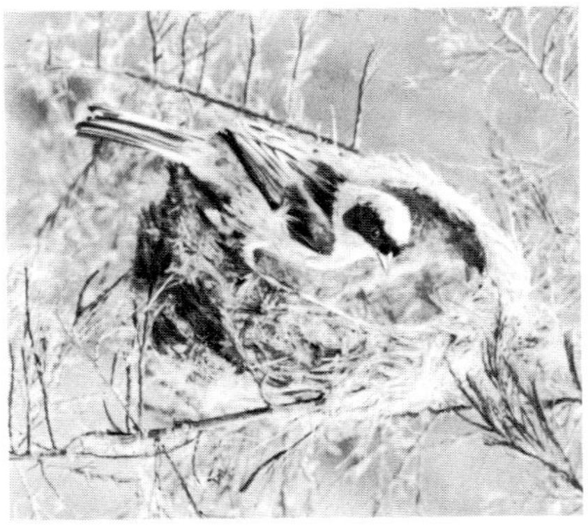

rémiz sur son nid suspendu

rémora fixé au ventre d'un squale

rémouleur [remulœr] n. m. (de *rémoudre,* émoudre de nouveau). Ouvrier qui aiguise les outils tranchants.

Remoulins (30210), ch.-l. de c. du Gard (arr. de Nîmes), sur le Gard ; 1 510 h. Château du XIIe s.

remous [rəmu] n. m. (provenç. *remou*). Tourbillon d'eau qui se forme derrière un navire en marche. ‖ Tourbillon qui se forme après le passage de l'eau sur un obstacle. ‖ Contre-courant le long des rives d'un cours d'eau. ‖ *Fig.* Mouvements en sens divers : *les remous de la foule.*

rempaillage n. m. Ouvrage du rempailleur.

rempailler [rɑ̃pɑje] v. t. Garnir de paille le siège des chaises, des fauteuils, des tabourets, etc.

rempailleur, euse n. Personne qui rempaille.

rempaqueter v. t. (conj. **4**). Empaqueter de nouveau.

rempart [rɑ̃par] n. m. (de l'anc. fr. *emparer,* fortifier). Muraille entourant une place de guerre ou un château fort. ‖ *Fig.* Ce qui sert de défense : *le courage est le meilleur rempart.*

rempiétement n. m. Reprise en tous sens des fondations d'un mur, d'un édifice.

rempiéter [rɑ̃pjete] v. t. (conj. **5**). Refaire le pied : *rempiéter des bas.*

rempiler v. t. Empiler de nouveau. ‖ — V. i. *Arg. mil.* Rengager.

remplaçable adj. Qu'on peut remplacer.

remplaçant, e n. Personne qui en remplace une autre dans une occupation quelconque.

remplacement n. m. Action de remplacer une chose par une autre, ou une personne dans une fonction. ‖ Système qui, jusqu'en 1872, permit à certains privilégiés d'échapper à l'obligation du service militaire par l'achat d'un remplaçant. ‖ *Dr.* Syn. de REMPLOI.

remplacer [rɑ̃plase] v. t. (conj. **1**). Mettre à la place de : *remplacer de vieux meubles par des neufs.* ‖ Suppléer à une autre chose : *le miel remplace le sucre.* ‖ Prendre la place d'un autre, lui succéder : *remplacer un maire.* ‖ Donner un successeur à : *remplacer un domestique.* ‖ Occuper momentanément la place d'un autre : *remplacer un employé malade.*

remplage [rɑ̃plaʒ] n. m. Pierre, brique, moellon posés en blocage entre deux parements d'un mur en pierre. ‖ A l'intérieur d'une fenêtre gothique, armature de pierre subdivisant le vitrail en multiples secteurs décoratifs.

rempli n. m. Pli fait à une étoffe pour la rétrécir ou la raccourcir sans la couper.

remplir [rɑ̃plir] v. t. Emplir de nouveau : *remplir un tonneau vide.* ‖ Emplir entièrement : *remplir une bouteille.* ‖ — *Fig.* Exercer : *remplir une fonction.* ‖ Accomplir, effectuer, réaliser : *remplir son devoir, une promesse.* ‖ Répondre à : *remplir l'attente.* ‖ Employer : *remplir son temps.* ‖ Faire retentir : *remplir l'air de ses cris.* ‖ Abonder dans : *les étrangers remplissent la ville.* ‖ Occuper : *la lecture remplit ses journées.* ● *Etre rempli de soi-même,* avoir une très haute opinion de sa valeur. ‖ *Remplir une fiche, une formule,* y inscrire les indications nécessaires. ‖ **— Se remplir** v. pr. Devenir plein : *la citerne se remplit d'eau.*

remplissage n. m. Action de remplir. ‖ *Fig.* Développement inutile ou étranger au sujet : *scènes de remplissage dans une pièce.* ‖ *Constr.* Matériau non portant. ‖ *Mus.* Action d'écrire les notes intermédiaires d'un accord entre la basse et le dessus.

remploi ou **réemploi** n. m. (de *remployer*). Achat d'un bien avec le produit de la vente ou de l'indemnisation de la perte d'un autre bien. (Les notaires devaient [avant la suppression du régime dotal] assurer le remploi des sommes provenant de l'aliénation d'un bien dotal.) ‖ Placement nouveau d'un capital.

remployer v. t. (conj. **2**). Employer de nouveau.

remplumer (se) [sərɑ̃plyme] v. pr. Se recouvrir de plumes, en parlant des oiseaux. ‖ *Fam.* Rétablir sa santé, ses affaires.

rempocher v. t. *Fam.* Remettre en poche : *rempocher son argent.*

rempoissonnement n. m. Action de rempoissonner.

rempoissonner v. t. Repeupler de poissons : *rempoissonner un étang.*

remporter v. t. Reprendre, emporter ce qu'on avait apporté. ‖ Enlever : *on le remporta mort.* ‖ *Fig.* Gagner, obtenir : *remporter une victoire.*

rempoter v. t. Transporter une plante dans un pot plus grand, ou qui contient de la terre nouvelle : *rempoter des rosiers.*

remprunter v. t. Emprunter de nouveau.

Remscheid, v. de l'Allemagne occidentale (Rhénanie-du-Nord-Westphalie) ; 133 000 h. Métallurgie. Chimie.

remuable adj. Que l'on peut remuer.

remuage n. m. Action de remuer du vin, du blé.

remuant, e adj. Qui est sans cesse en mouvement : *enfant remuant.* ‖ *Péjor.* Qui aime l'agitation pour elle-même : *esprit remuant.*

remue [rəmy] n. f. (de *remuer*). Mode d'activité montagnard qui consiste en un va-et-vient, réglé selon les saisons, entre les différents étages d'une exploitation rurale. ‖ Lieu de séjour temporaire du bétail dans un haut pâturage.

remue-ménage n. m. inv. *Fam.* Dérangement de meubles, de choses que l'on transporte d'un lieu en un autre. ‖ *Fig.* Trouble, désordre qui résulte de changements subits ou violents.

remuement [rəmymɑ̃] n. m. Action, mouvement de ce qui remue : *le remuement des lèvres.*

remuer [rəmɥe] v. t. (préf. *re* et *muer*). Mouvoir une chose : *remuer la tête.* ‖ Changer de place : *remuer un meuble.* ‖ *Fig.* Emouvoir : *remuer l'âme.* ‖ — V. i. Changer de place : *cet enfant remue continuellement.* ‖ Etre ébranlé : *dent qui remue.* ‖ **— Se remuer** v. pr. Se mouvoir. ‖ *Fig.* Se donner du mouvement pour réussir.

remugle [rəmygl] n. m. (préf. *re,* et normand *mucre,* moisi). Odeur particulière que prennent les objets longtemps enfermés ou exposés à l'air vicié.

rémunérateur, trice adj. Qui est avantageux : *travail rémunérateur.*

rémunération n. f. Prix d'un travail, d'un service rendu : *demander la juste rémunération de son travail.*

rémunératoire adj. Qui tient lieu de récompense. ‖ Qui est bien payé : *contrat rémunératoire.*

rémunérer [remynere] v. t. (lat. *remunerare*) [conj. **5**]. Rétribuer, payer : *rémunérer quelqu'un pour son travail.*

Remus, frère du premier roi de Rome, Romulus, qui le tua.

Rémusat (Claire Elisabeth GRAVIER DE VERGENNES, *comtesse* DE), née à Paris (1780-1821), auteur de *Mémoires* intéressants sur la cour de Napoléon Ier, où elle avait été dame d'honneur, et d'un *Essai sur l'éducation des femmes.* — Son fils CHARLES, né à Paris (1797-1875), fut député libéral (1830-1847) et ministre des Affaires étrangères (1871-1873). [Acad. fr.]

Rémusat (Abel), sinologue français, né à Paris (1788-1832), rénovateur des études chinoises en France.

Rémuzat (26510), ch.-l. de c. de la Drôme (arr. de Nyons) ; 301 h.

renâcler [rənɑkle] v. i. (de l'anc. fr. *naquer,* flairer). Faire du bruit en reniflant. (Se dit des animaux.) ‖ *Fig.* et *fam.* Témoigner de la répugnance, refuser de faire : *renâcler à la besogne.*

Renage (38140 Rives sur Fure), comm. de l'Isère (arr. de Grenoble) ; 3 037 h. Métallurgie. Papeterie.

renaissance n. f. Action de renaître : *la renaissance du phénix est une fable.* ‖ Renouvellement, retour : *la renaissance du printemps, des lettres, des arts.* ‖ *Spécialem.* V. art. suiv. ● *Renaissance carolingienne,* nom donné au bref mais remarquable essor des arts qui marqua les règnes des premiers souverains carolingiens. ‖ — Adj. inv. Qui appartient à l'époque ou au style de la Renaissance : *des ornements Renaissance.*

Renaissance, nom donné à la rénovation littéraire, artistique et scientifique qui se produisit en Europe au XVe et au XVIe s., particulièrement sous l'influence de la culture antique, remise en honneur. Elle fut facilitée surtout par la découverte de l'imprimerie, qui fit connaître les

Phot. Yeates, X.

œuvres des grands génies de l'Antiquité, et par l'invention de la gravure, qui vulgarisa les œuvres d'art. En Italie, la Renaissance eut pour protecteurs Jules II et Léon X, lesquels prodiguèrent leurs encouragements aux écrivains et aux artistes. C'est l'époque de l'Arioste, de Machiavel, de Bembo, du Tasse, de Trissino, de Brunelleschi, de Donatello, de Luca Della Robbia, de Fra Angelico, de Léonard de Vinci, de Raphaël, de Michel-Ange, de Bramante, etc. En Italie, la renaissance littéraire et scientifique poursuivit sa carrière parallèlement à la renaissance artistique. La France sentit le même enthousiasme de rénovation, et elle y fut encouragée par le spectacle qu'elle eut sous les yeux au cours des campagnes d'Italie. François Ier fonda le Collège de France. Marot se fit remarquer par son « élégant badinage »; Rabelais publia *Gargantua* et *Pantagruel;* Ronsard, du Bellay et la Pléiade s'efforcèrent d'enrichir la langue et prêchèrent l'imitation des Grecs, des Latins et des Italiens; à la fin du XVIe siècle, Montaigne dégageait de l'idéal humaniste une morale pleine de sagesse. Dans les arts, la France tient une place glorieuse, tant par les travaux de ses nationaux que par ceux des artistes qu'elle s'enorgueillit d'attirer chez elle : il suffit de citer les noms de Léonard de Vinci, du Primatice, de Del Sarto, de Cellini, appelés par François Ier et qui eurent de brillants émules : Lescot, Bullant, Delorme, Goujon, Jean Cousin, Germain Pilon, Caron, les Clouet.

voir hors-texte en couleurs

renaissant, e adj. Qui renaît : *les forces renaissantes d'un convalescent.* ‖ Qui a trait à l'art de la Renaissance : *l'art renaissant ; la peinture renaissante.*

renaître v. i. (conj. **59,** mais n'a pas de part. passé ni de temps composés). Naître de nouveau : *le phénix, suivant les mythes grecs, renaissait de ses cendres.* ‖ Croître de nouveau, repousser : *les fleurs renaissent au printemps.* ‖ *Fig.* Reprendre des forces, de la vie : *renaître après une longue maladie.* ● *Renaître à,* être rendu à, animé de nouveau par : *renaître à l'espérance.* ‖ *Renaître par le baptême,* naître à l'état de grâce après être né à la vie physique.

Renaix [-nɛ], en néerl. **Ronse,** v. de Belgique (Flandre-Orientale); 25 300 h. Eglise romane. Textiles.

rénal [renal], **e, aux** [-o] adj. (du lat. *ren, renis,* rein). Qui a rapport aux reins : *fonction rénale.*

Renan (Ernest), écrivain français, né à Tréguier (1823-1892). Elève à Paris au petit séminaire de Saint-Nicolas-du-Chardonneret, puis au séminaire d'Issy et à Saint-Sulpice, où il apprend l'hébreu, il renonce au sacerdoce après avoir reçu les ordres mineurs. Lauréat du prix Volney pour son *Essai historique et théorique sur les langues sémitiques* (1847), agrégé de philosophie (1848), il exprime dans *l'Avenir de la science,* qu'il ne publiera qu'en 1890, sa conviction que la science libérale est seule capable de résoudre les grands problèmes humains. Chargé du classement des manuscrits syriaques à la Bibliothèque nationale (1850), il soutient une thèse sur *Averroès et l'averroïsme* (1852) et songe à un grand ouvrage sur les origines du christianisme. En 1860, il part en mission archéologique en Syrie, en compagnie de sa sœur, qui mourra des fièvres. Nommé à la chaire d'hébreu du Collège de France (1862), il voit son cours supprimé pour le scandale soulevé par l'application de ses méthodes critiques à la *Vie de Jésus* (1863). Introduit dans les milieux littéraires, il entreprend un nouveau voyage en Asie Mineure et en Grèce, et rapporte d'Athènes les éléments de sa *Prière sur l'Acropole.* Il tente cependant de jouer un rôle politique et, après la guerre de 1870-1871, se donne pour mission d'établir un plan de « réforme intellectuelle et morale » de la France. Rallié à la République, dont il devient un personnage officiel, il achève la publication de son *Histoire des origines du christianisme* (1863-1881) et de l'*Histoire du peuple d'Israël* (1887-1893), composant entre-temps, pour se distraire, ses *Drames philosophiques* (1886), relatant ses *Souvenirs d'enfance et de jeunesse* (1883) et ne cessant d'envisager le progrès de l'humanité selon la « catégorie de l'idéal ». (Acad. fr.)

renard [rənar] n. m. (du francique *Reginhart* n. pr.). Mammifère carnassier de la famille des canidés à queue velue et à museau pointu, grand destructeur d'oiseaux et de petits mammifères : *le renard est renommé pour sa ruse.* (Cri : le renard *glapit.*) ‖ Fourrure de cet animal : *renard roux ; renard argenté.* ‖ *Fig.* Homme rusé. ‖ Fissure d'une canalisation, d'un barrage, par où se produit une fuite.

— ENCYCL. Les *renards* sont des canidés de taille médiocre, à livrée rousse ou fauve. Ils vivent dans de profonds terriers, d'où ils sortent ordinairement la nuit pour aller piller les basses-cours; ils détruisent aussi le petit gibier et de nombreux animaux nuisibles dans les champs (rats, mulots, campagnols, etc.). [V. illustr. CARNASSIERS.]

Renard (Charles), officier et ingénieur militaire français, né à Damblain (Vosges) [1847-1905]. Il rénova l'aérostation militaire en substituant aux règles empiriques l'art de l'ingénieur. Il construisit notamment le dirigeable *la France,* qui fut le premier appareil aérien à réaliser un parcours en circuit fermé (1884). Il publia de nombreuses études sur l'aérodynamique, le vol vertical et les moteurs d'avion. Il imagina également une série de nombres à laquelle son nom est resté attaché et qui fut, par la suite, l'une des bases de la normalisation.

Renard (Jules), écrivain français, né à Châlons (Mayenne) [1864-1910]. Auteur de romans et de nouvelles réalistes, où il manifeste un humour cruel (*l'Ecornifleur,* 1892 ; *Histoires naturelles,* 1896 ; *les Philippe,* 1907), il créa le type de l'enfant souffre-douleur dans *Poil de carotte* (1894), qu'il porta à la scène (1900). Son *Journal,* qu'il tint de 1887 à 1910, est une source précieuse de renseignements sur la vie littéraire de cette période. (Acad. Goncourt.)

Renan, par Bonnat

Jules Renard

Louis Renault

renarde n. f. Femelle du renard.

renardeau n. m. Petit du renard.

renarder v. i. Agir avec ruse, comme le renard.

renardière n. f. Tanière du renard.

Renart. V. ROMAN DE RENART.

Renau d'Éliçagaray ou **Élissagaray** (Bernard), ingénieur militaire français, né à Armendarits (Béarn) [1652-1719]. Il imposa la construction des navires selon des formules mathématiques et inventa les galiotes à bombes, qu'il mena lui-même contre Alger (1682) et Gênes (1683).

Renaud (Madeleine), actrice française, née à Paris en 1900. Après avoir appartenu à la Comédie-Française de 1921 à 1946, elle prit la direction d'une compagnie avec son mari, J.-L. Barrault. Interprète du répertoire traditionnel (Marivaux) et moderne (Beckett), elle a également tourné de nombreux films.

Renaud, personnage de *la Jérusalem délivrée,* du Tasse. C'est l'Achille chrétien, mais qui se laisse longtemps retenir loin de l'armée des croisés dans les jardins de l'enchanteresse Armide.

Renaud (ou **Renaut**) **de Montauban,** héros d'une chanson de geste et du roman des *Quatre Fils Aymon.*

renauder [rənode] v. i. *Pop.* Grogner, se plaindre.

Renaudot (Théophraste), médecin et journaliste français, né à Loudun (1586-1653). Médecin du roi (1612), il s'intéressa au sort des pauvres et ouvrit un « bureau d'adresses », à la fois office de renseignements et de placement, et un dispensaire. De ses feuilles d'annonces naquit *la Gazette* (1631), qui donnait des nouvelles politiques et relatait les événements parisiens. En 1635, Renaudot prit la direction du *Mercure français.* Son nom a été donné à un prix littéraire fondé en 1925 et décerné chaque année en même temps que le prix Goncourt.

Renault (Louis), ingénieur et industriel français, né à Paris (1877-1944). Il fut l'un des pionniers de l'industrie automobile et en devint le plus grand producteur en France. En 1898, il construisit de ses propres mains sa première voiture, sauf le moteur, dont le succès lui fit poursuivre, en association avec son frère MARCEL, né à Boulogne-Billancourt (1882-1903), la fabrication en petite série. Une notoriété considérable s'attacha alors à sa marque. Pendant la Première Guerre mondiale, ses usines travaillèrent pour l'aviation, fabriquèrent des munitions et mirent au point en 1918 le *tank Renault,* léger, maniable et sûr, qui devint l'engin d'accompagnement de l'infanterie dans toutes les offensives. La paix revenue, Renault continua d'accroître le potentiel industriel de ses installations de Boulogne-Billancourt, s'attachant notamment à la mise au point des groupes marins et industriels ainsi qu'à la réalisation des moteurs Diesel pour véhicules lourds. A sa mort, ses usines, qui avaient dû, sous l'Occupation, travailler pour les autorités allemandes, furent nationalisées.

Renazé (53800), comm. de la Mayenne (arr. de Château-Gontier); 3 007 h. Ardoisières.

rencaissage ou **rencaissement** n. m. Action de rencaisser.

rencaisser v. t. Remettre en caisse.

rencard [rɑ̃kar] n. m. *Arg.* Renseignement.

rencarder v. t. *Arg.* Renseigner.

rencart ou **rancart** [rɑ̃kar] n. m. *Pop.* Rendez-vous.

renchérir [rɑ̃ʃerir] v. t. Rendre plus cher : *renchérir une marchandise.* ‖ — V. i. Devenir plus cher : *les loyers renchérissent.* ‖ *Fig.* Dire ou faire plus qu'un autre : *il renchérit sur tout ce qu'il entend raconter.*

renchérissement n. m. Augmentation de prix d'une marchandise.

renchérisseur, euse n. Personne qui renchérit.

rencogner [rɑ̃kɔɲe] v. t. *Fam.* Pousser, serrer dans un coin : *rencogner quelqu'un dans une embrasure.* ‖ — **Se rencogner** v. pr. *Fam.* Se blottir dans un coin.

rencontre [rɑ̃kɔ̃tr] n. f. Hasard, circonstance qui fait trouver fortuitement une personne ou une chose. ‖ Choc de deux corps : *rencontre de deux voitures.* ‖ Combat imprévu de deux troupes adverses en mouvement. ‖ Compétition sportive. ‖ Combat singulier, duel : *rencontre au pistolet.* ● *Aller à la rencontre de,* aller au-devant de.

rencontre n. m. *Hérald.* Tête d'animal représentée seule et de face.

rencontrer v. t. Trouver par hasard sur son chemin : *rencontrer quelqu'un, un obstacle.* ‖ **— Se rencontrer** v. pr. Se trouver : *un homme s'est rencontré qui...* ‖ Entrer en compétition. ‖ Exister : *cela ne se rencontre guère.* ‖ Avoir, exprimer la même pensée qu'un autre : *les beaux esprits se rencontrent.*

rendement [rɑ̃dmɑ̃] n. m. Production, rapport total : *le rendement d'une terre.* ‖ Effet utile d'un travailleur intellectuel ou manuel. ‖ *Chim.* Dans la préparation d'un corps, rapport de la masse obtenue à celle qu'aurait fournie une réaction totale. ‖ *Industr.* Rapport entre le travail utile obtenu et la quantité d'énergie dépensée : *le rendement de toute machine est inférieur à l'unité.*

rendez-vous [rɑ̃devu] n. m. Convention que font deux ou plusieurs personnes de se trouver à la même heure en un même lieu : *prendre des rendez-vous.* ‖ Lieu où l'on doit se trouver : *arriver le premier au rendez-vous.* ‖ Lieu où l'on a l'habitude de se réunir.

rendormir v. t. Faire dormir de nouveau. ‖ **— Se rendormir** v. pr. Recommencer à dormir.

rendosser v. t. Remettre sur son dos : *rendosser un vêtement.*

rendre [rɑ̃dr] v. t. (lat. *reddere,* altéré par *prehendere,* saisir) [conj. **46**]. Restituer une chose, la remettre à qui elle appartient : *rendre des livres empruntés.* ‖ Renvoyer, ne pas accepter : *rendre un cadeau.* ‖ Rejeter, vomir : *rendre son déjeuner.* ‖ Livrer : *rendre une place.* ‖ Produire : *ce blé rend beaucoup de farine.* ‖ Exhaler : *la rose rend une odeur agréable.* ‖ Reproduire : *ce peintre a bien rendu vos traits.* ‖ Traduire : *mal rendre un passage.* ‖ Prononcer : *rendre un arrêt.* ‖ Faire devenir : *rendre un chemin praticable.* ‖ Faire recouvrer : *rendre la santé.* ‖ Faire entendre : *ce violon rend des sons harmonieux.* ‖ S'acquitter de : *rendre les derniers devoirs à quelqu'un.* ‖ *Absol.* Produire, rapporter : *cette ferme ne rend guère.* ● *Rendre les armes,* s'avouer vaincu. ‖ *Rendre à quelqu'un sa parole,* le dégager d'une promesse. ‖ **— Se rendre** v. pr. Se transporter : *se rendre à Paris.* ‖ Aboutir : *les fleuves se rendent à la mer.* ‖ — *Fig.* Se soumettre, capituler devant : *se rendre à l'ennemi.* ‖ Céder : *je me rends à son avis.* ‖ Se montrer : *se rendre utile.* ● *Se rendre maître de,* s'emparer de.

rendu, e adj. Fatigué, harassé : *le pauvre piéton était rendu.* ‖ Arrivé : *enfin, nous voilà rendus.* ‖ Porté : *des marchandises rendues à domicile.*

rendu n. m. *Fam.* Action de rendre la pareille. (V. PRÊTÉ.) ‖ Ce qui, dans une œuvre d'art, est vigoureusement exprimé : *le rendu d'un dessin, d'une photographie.*

rendzine [rɛ̃dzin] n. f. (mot polon.). Sol peu lessivé des versants calcaires.

rêne [rɛn] n. f. (du lat. *retinere,* retenir). Courroie fixée au mors du cheval et que le cavalier tient à la main pour guider sa monture. ‖ — Pl. *Fig.* Moyen de direction : *tenir les rênes de l'Etat.*

René, roman de Chateaubriand, publié en 1802 dans le *Génie du christianisme,* puis à part en 1805. L'auteur y décrit le mal du siècle, le « vague des passions ».

René Goupil (*saint*), chirurgien français, né en Anjou (1607-1642); un des martyrs canadiens, tué chez les Iroquois, où il avait accompagné le père Jogues. — Fête le 26 septembre.

René Ier le Bon, né à Angers (1409-1480), duc d'Anjou, duc de Bar (1430-1480) et de Lorraine (1431-1453), comte de Provence (1434-1480), roi effectif de Naples (1438-1442) et titulaire de Sicile (1434-1480). Il était fils de Louis II, roi de Sicile et duc d'Anjou. Malheureux en politique, il se retira dès 1471 en Provence, écrivit des poésies et des traités de morale, et s'entoura de gens de lettres et d'artistes.

René II (1451-1508), duc de Lorraine (1473-1508) et de Bar (1480-1508), petit-fils du précédent. Chassé de ses Etats par Charles le Téméraire, il le battit et le tua devant Nancy (1477). Frustré de l'héritage de son grand-père maternel par les menées de Louis XI, il ne put jamais rentrer dans ses droits.

Phot. Braun, Manuel (2).

Renée de France, duchesse de Ferrare, née à Blois (1510-v. 1575), fille de Louis XII. Elle se retira à Montargis, où elle protégea les protestants.

renégat [rənega], **e** [-at] n. (ital. *rinnegato*). Personne qui renie sa religion. ‖ *Fig.* Personne qui abjure ses opinions ou trahit son passé : *renégat politique.*

Renens, v. de Suisse (Vaud) ; 16 200 h. Centre ferroviaire. Industrie chimique.

rénette [renɛt] n. f. (de *rouanne*). Instrument pour couper l'ongle du cheval par sillons. ‖ Outil à pointe recourbée, pour tracer des lignes sur le bois, le cuir : *rénette de charpentier.*

rénetter v. t. Couper le sabot par sillons avec la rénette.

renfermé, e adj. *Fam.* Peu communicatif : *enfant renfermé.*

renfermé n. m. Mauvaise odeur qu'exhale une chose qui a été longtemps enfermée, ou une pièce qui a été longtemps fermée : *maison qui sent le renfermé.*

renfermer v. t. Enfermer de nouveau : *renfermer un prisonnier évadé.* ‖ — *Fig.* Comprendre, contenir : *ce livre renferme de grandes vérités.* ‖ Restreindre, réduire dans de certaines bornes : *renfermer une pensée dans peu de mots.* ‖ **— Se renfermer** v. pr. Se concentrer, se dissimuler : *se renfermer dans le silence.* ● *Se renfermer en soi-même,* se recueillir.

renfiler v. t. Enfiler de nouveau.

renflé, e adj. Dont le diamètre est plus grand vers la partie médiane : *colonne renflée.*

renflement n. m. Etat de ce qui est renflé ; partie remplie : *les renflements d'une racine.*

renfler [rɑ̃fle] v. t. Augmenter le volume de : *renfler les joues.*

renflouage ou **renflouement** n. m. Action de renflouer (au *pr.* et au *fig.*).

renflouer [rɑ̃flue] v. t. *Mar.* Remettre à flot : *renflouer un navire échoué.* ● *Renflouer une entreprise,* lui fournir les fonds nécessaires pour rétablir sa situation.

renfoncement n. m. *Constr.* Creux ménagé dans une partie d'un ouvrage : *renfoncement d'un caisson.*

renfoncer v. t. (conj. **1**). Enfoncer de nouveau ou plus avant.

renforçateur n. m. Bain de renforcement photographique. ‖ — Adj. m. Qui renforce : *agent renforçateur d'une réaction conditionnelle.*

renforcement ou **renforçage** n. m. Action de renforcer ; son résultat. ‖ *Phot.* Accroissement de l'intensité des noirs dans un cliché photographique. ‖ *Psychol.* Présentation du stimulus qui déclenche la réaction inconditionnelle, à la place du stimulus conditionnel.

renforcer [rɑ̃fɔrse] v. t. (conj. **1**). Rendre plus fort, plus solide : *renforcer une poutre.* ‖ Donner plus d'intensité à : *renforcer sa voix.*

renformir [rɑ̃fɔrmir] v. t. *Constr.* Remplacer les pierres manquantes d'un vieux mur et le crépir.

renformis [rɑ̃fɔrmi] n. m. Crépissage plus épais qu'un enduit ordinaire.

renfort [rɑ̃fɔr] n. m. (de *renforcer*). Effectif ou moyen supplémentaire destiné à renforcer : *renfort de troupes ; renfort d'artillerie, d'aviation.* ‖ *Technol.* Surcroît d'épaisseur donné en un point à une pièce pour augmenter sa solidité. ‖ Partie la plus épaisse d'un canon. ‖ **— A grand renfort de** loc. prép. Au moyen d'une grande quantité de.

Renfrewshire, comté de l'Ecosse occidentale ; 356 800 h. Ch.-l. *Paisley.*

renfrognement n. m. Action de se renfrogner ; son résultat.

renfrogner (se) [sərɑ̃frɔɲe] v. pr. (de l'anc. fr. *froigne,* mine renfrognée). Contracter son visage par mécontentement : *les gens susceptibles se renfrognent facilement.*

rengagé n. m. Militaire qui, son temps achevé, s'est lié au service pour une nouvelle période.

rengagement ou **réengagement** n. m. Action de se rengager ou de remettre en gage. ‖ Acte par lequel un militaire libérable contracte un nouvel engagement.

rengager ou **réengager** v. t. (conj. **1**). Engager de nouveau. ‖ Mettre de nouveau en gage. ‖ — V. i. ou **se rengager** v. pr. Contracter un nouvel engagement.

rengaine [rɑ̃gɛn] n. f. (de *rengainer*). *Fam.* Chanson, paroles répétées à satiété.

rengainer [rɑ̃gene] v. t. Remettre dans la gaine, dans le fourreau. ‖ *Fig.* Retenir ou ne pas achever ce qu'on voulait dire : *rengainer son compliment.*

rengorgement n. m. Action de se rengorger ; attitude vaniteuse.

rengorger (se) [sərɑ̃gɔrʒe] v. pr. (conj. **1**). Avancer la gorge en ramenant la tête un peu en arrière : *le paon se rengorge.* ‖ *Fig.* Faire l'important.

rengraisser v. i. Redevenir gras.

rengrènement n. m. Action de rengréner : *le rengrènement du gruau.*

rengréner ou **rengrener** v. t. (conj. **5**). Remplir la trémie de nouveau grain. ‖ *Mécan.* Engager de nouveau entre les dents d'une roue dentée : *rengréner un pignon.*

Reni (Guido). V. GUIDE (*le*).

reniement [rənimɑ̃] n. m. Action de renier ; son résultat : *le reniement de saint Pierre.*

renier [rənje] v. t. (de *nier*). Déclarer, contre la vérité, qu'on ne connaît point une personne, une chose. ‖ Refuser de reconnaître comme tel : *renier son fils.* ‖ Désavouer : *renier sa famille.* ‖ Renoncer à, abjurer : *renier sa religion.*

reniflard [rəniflar] n. m. Appareil qui sert à évacuer les eaux de condensation dans certaines conduites, ou les vapeurs d'huile de graissage d'un moteur. (Syn. PURGEUR.)

reniflement n. m. Action de renifler ; son résultat.

renifler [rənifle] v. i. (préf. *re,* et anc. fr. *nifler*). Aspirer fortement par le nez en faisant du bruit. ● *Renifler sur* (Fam.), répugner à faire une chose. ‖ — V. t. Aspirer par le nez : *renifler du tabac.*

renifleur, euse n. et adj. Se dit d'une personne qui renifle.

réniforme [renifɔrm] adj. Qui a la forme d'un rein : *grain réniforme.*

rénitence n. f. Caractère de ce qui est rénitent.

rénitent [renitɑ̃], **e** [-ɑ̃t] adj. (du lat. *renitens,* qui résiste). Qui offre une certaine résistance à la pression : *tumeur rénitente.*

renne [rɛn] n. m. (allem. *Renn,* empr. au scandin.). Mammifère ruminant sauvage et domestique des régions froides, aux cornes ramifiées présentes chez les deux sexes et dont l'élevage rend possible la vie humaine dans le Grand Nord (Alaska, Sibérie, Laponie, Labrador).
— ENCYCL. Elevé en troupeaux, le *renne* se contente d'une nourriture réduite : herbe, lichens, bourgeons, varech. On l'attelle aux traîneaux, on le trait, on mange sa viande, on tanne sa peau. Le troupeau mondial n'atteint pourtant pas 1 million de têtes. En Europe, la période froide et sèche qui a suivi la dernière glaciation est « l'âge du renne » : cet animal est représenté sur les parois des grottes, et une partie de l'outillage magdalénien est fait de ses os (aiguilles) ou de ses bois (« bâtons de commandement »). [V. illustr. MAMMIFÈRES* ONGULÉS.]

Jean Renoir une scène de « la Grande Illusion » avec Erich von Stroheim Jean Gabin et Pierre Fresnay

Rennequin (René SUALEM, dit), mécanicien liégeois, né à Jemeppe-sur-Meuse (1645-1708). Son nom est resté attaché à la construction qu'il entreprit, à la demande de Louis XIV, de la machine élévatoire des eaux de la Seine, ou « machine de Marly » (1676-1682), pour l'alimentation en eau du château de Versailles.

Renner (Karl), homme politique autrichien, né à Untertannowitz (Moravie) [1870-1950], président de la République autrichienne (1945-1950).

Rennes, ch.-l. d'Ille-et-Vilaine, au confluent de l'Ille et de la Vilaine, dans le *riche bassin de Rennes,* à 360 km à l'ouest de Paris ; 188 515 h. (*Rennais*). Traditionnel centre administratif (la ville fut le siège du parlement de Bretagne), judiciaire (cour d'appel), militaire, intellectuel (université) et religieux (archevêché), Rennes a vu croître sa fonction industrielle en partie avec la politique de décentralisation. A l'imprimerie, à la confection et à l'alimentation se sont notamment ajoutées les constructions mécaniques (automobiles) et électroniques (une raffinerie de pétrole s'est implantée à proximité). Le dynamisme actuel de Rennes est attesté par sa récente évolution démographique. De 1954 à 1968, la population de la ville s'est accrue de près de 50 p. 100. — L'arr. a 21 cant., 185 comm., 386 832 h.
● *Beaux-arts.* La ville conserve l'église Notre-Dame, du XIVe s., un palais de justice bâti sur les plans de Salomon de Brosse, richement décoré, et un hôtel de ville de style Louis XV, dessiné par J. Gabriel. La cathédrale, achevée au XIXe s., a une façade classique. Musée des beaux-arts et musée de Bretagne.

Rennes-les-Bains (11190 Couiza), comm. de l'Aude (arr. de Limoux) ; 192 h. Station thermale.

Reno, v. des Etats-Unis (Nevada) ; 51 500 h. Les lois de l'Etat, qui accordent des divorces rapides, attirent de nombreux résidents temporaires. Centre touristique (jeux).

Renoir (Auguste), peintre français, né à Limoges (1841-1919). Un des maîtres de l'impressionnisme, Renoir fut le peintre de la sensualité et de la joie de vivre. Paysagiste, auteur de scènes de la vie contemporaine, de portraits et de nus, il traduisit avec bonheur les effets de la lumière. Fils d'un petit tailleur limousin établi à Paris, il entra à l'âge de treize ans en apprentissage chez un décorateur de porcelaine. A l'Ecole nationale supérieure des beaux-arts, il connut quelques-uns de ceux qui formèrent le groupe des impressionnistes, avec qui il exposa. Mais, admirateur des maîtres de la Renaissance, il redonna toute son importance au modelé des volumes. Au cours de la dernière partie de sa vie, assombrie par de terribles crises de rhumatisme, il peignit dans le Midi, à Cagnes, des toiles d'une touche plus libre, rutilantes et dorées, et s'adonna également à la sculpture. Le Louvre conserve plusieurs de ses toiles : *Chemin montant dans les herbes, la Balançoire, le Moulin de la Galette, les Baigneuses, la Liseuse.* (V. illustr. IMPRESSIONNISME.)

Renoir (Jean), metteur en scène de cinéma français, né à Paris en 1894, fils du précédent. Son œuvre, abondante et diverse, le place parmi les plus grands cinéastes contemporains : *la Fille de l'eau* (1924), *la Chienne* (1931), *le Crime de Monsieur Lange* (1935), *Une partie de campagne* (1936), *la Grande Illusion* (1937), *la Bête humaine* (1938), *la Règle du jeu* (1939), *l'Homme du Sud* (1945), *le Fleuve* (1951), *le Carrosse d'or* (1952), *French Cancan* (1955), *le Caporal épinglé* (1962).

renom [rənɔ̃] n. m. Célébrité : *ville de grand renom.* (Syn. : GLOIRE, POPULARITÉ, RÉPUTATION.)

renommé, e adj. Célèbre, réputé : *écrivain renommé.*

renommée [rənɔme] n. f. Renom, réputation : *bonne, mauvaise renommée.* ● *Preuve par commune renommée* (Dr.), enquête au cours de laquelle les témoins rap-

Rennes

Phot. X, Alain Perceval.

renoncules

portent ce qu'ils ont entendu dire ou croient savoir, et non pas des faits certains.

Renommée, divinité allégorique, messagère de Jupiter, enfantée par la Terre et douée d'un grand nombre d'yeux et de bouches.

renommer v. t. Nommer, élire de nouveau.

renonce n. f. (de *renoncer*). Action de ne pas fournir la couleur demandée, aux jeux de cartes.

renoncement n. m. Action de renoncer : *renoncement aux honneurs, aux plaisirs.* ‖ Action de se priver volontairement de certains biens : *mener une vie de renoncement.* ● *Renoncement à soi-même,* abnégation, sacrifice complet de soi-même.

renoncer [rənɔ̃se] (**à**) v. t. ind. (lat. *renuntiare*) [conj. **1**]. Abandonner la possession de : *renoncer à une succession.* ‖ Quitter, abandonner : *renoncer au monde.* ‖ — V. i. Au jeu, mettre une carte d'une couleur autre que la couleur demandée.

renonciataire n. Personne en faveur de qui l'on fait une renonciation.

renonciateur, trice n. Personne qui fait une renonciation.

renonciation n. f. Acte par lequel on renonce à une chose, à un droit, à une charge, à une fonction.

renonculacées n. f. pl. Famille de plantes dicotylédones, type de l'ordre des ranales, comprenant des espèces aussi différentes que la clématite, le bouton-d'or, la pivoine, l'hellébore, l'ancolie, la ficaire, le populage, l'aconit et le pied-d'alouette. (Les renonculacées se caractérisent par leurs étamines tournées vers l'extérieur et par leurs carpelles indépendants.)

renoncule [rənɔ̃kyl] n. f. (lat. *ranunculus,* petite grenouille [parce qu'une des espèces, la *grenouillette,* est aquatique]). Plante herbacée, type de la famille des renonculacées, dont il existe de nombreuses espèces à fleurs jaunes dans les prés, les chemins (*boutons-d'or*), et d'autres à fleurs blanches dans les marais, les ruisseaux (*boutons-d'argent*).

renouée [rənwe] n. f. Genre de plantes de la famille des polygonacées, dont une espèce cultivée est le *sarrasin,* ou *blé noir.*

renouement [rənumɑ̃] n. m. Action de renouer (au *pr.* et au *fig.*) : *renouement d'amitié.*

renouer v. t. Nouer une chose dénouée : *renouer un ruban.* ‖ *Fig.* Reprendre après interruption : *renouer la conversation.* ‖ — V. t. ind. Se lier de nouveau : *renouer avec quelqu'un.*

renouveau n. m. Le printemps, saison où la nature se renouvelle. ‖ Renouvellement, retour : *mode qui connaît un renouveau de faveur.*

renouvelable adj. Qui peut être renouvelé : *concession renouvelable.*

renouvelant, e n. Enfant qui renouvelle sa première communion.

renouveler [rənuvle] v. t. (de *nouveau*) [conj. **3**]. Rendre nouveau, en substituant une personne ou une chose à une autre : *renouveler son personnel, sa garde-robe.* ‖ *Par ext.* Recommencer, refaire : *renouveler une promesse, sa première communion.* ‖ Conclure un nouveau contrat du même type que celui qui expire : *renouveler un bail.* ‖ — *Fig.* Rappeler, remettre dans l'esprit : *renouveler un souvenir.* ‖ Remettre en vigueur : *renouveler une mode.* ‖ Transformer : *renouveler la face de l'histoire.* ‖ Rendre nouveau par une découverte : *renouveler une question.* ‖ **— Se renouveler** v. pr. Revenir de nouveau. ‖ Ne pas garder le même aspect.

renouvellement [rənuvɛlmɑ̃] n. m. Action de renouveler : *renouvellement de bail.* ‖ Retour périodique : *renouvellement des saisons.* ‖ Accroissement : *renouvellement d'ardeur.* ‖ Prorogation de l'échéance d'une dette, d'un effet de commerce.

Renouvier (Charles), philosophe français, né à Montpellier (1815-1903), un des fondateurs du néo-criticisme.

rénovateur, trice adj. et n. Qui renouvelle : *influence rénovatrice.*

rénovation n. f. Renouvellement : *rénovation des vœux.* ‖ Changement en mieux : *rénovation des mœurs.* ‖ Rétablissement d'une chose dans l'état où elle était auparavant : *rénovation d'un titre.*

rénover [renɔve] v. t. (lat. *renovare*). Donner une nouvelle forme, une nouvelle existence : *rénover les institutions politiques.*

renseignement n. m. Indication, éclaircissement servant à faire connaître une chose : *prendre des renseignements.* ● *Service de renseignements* (abrév. S. R.) [Mil.], organisme chargé de la recherche des renseignements sur l'ennemi. (V. *encycl.*)

— ENCYCL. En France, depuis 1947, la recherche du *renseignement* à l'étranger a été spécialement confiée au *Service de documentation et de contre-espionnage* (S. D. E. C. E.). Ce service, qui est commandé par un officier général, a été rattaché, en 1966, au ministère des Armées.

renseigner [rɑ̃seɲe] v. t. Donner des renseignements à : *renseigner un passant.* ‖ **— Se renseigner** v. pr. S'informer, obtenir des renseignements.

rentabilisation n. f. Action de rentabiliser.

rentabiliser v. t. Faire en sorte que quelque chose produise un revenu, un profit : *la vente par correspondance exige de gros investissements longs à rentabiliser.*

rentabilité n. f. Aptitude à produire un bénéfice. ● *Taux de rentabilité,* rapport entre les profits tirés d'une entreprise (avant et après amortissements) et les capitaux engagés.

rentable adj. Qui donne un bénéfice satisfaisant; fructueux.

rentamer v. t. Recommencer, reprendre : *rentamer un discours.*

rente [rɑ̃t] n. f. (de *rendre*). Revenu annuel : *vivre de ses rentes.* ‖ Ce qui est dû tous les ans pour des fonds placés ou un bien mis à ferme : *rente foncière.* ‖ Emprunt de l'Etat, représenté par un titre qui donne droit à un intérêt contre remise de coupons : *rente 5 %.* (Les rentes sur l'Etat peuvent être *perpétuelles* [lorsqu'il n'y a pas engagement pris de rembourser le capital prêté] ou *amortissables.*) ‖ Profit réalisé par une entreprise du fait que sa situation ou son organisation lui assure des prix de revient inférieurs à ceux de ses concurrents, alors que ses prix de vente sont les mêmes. ● *Rente viagère,* pension payée à une personne sa vie durant.

renté, e adj. Qui a des rentes : *être bien, mal renté.*

renter v. t. Faire une rente, assurer un revenu à : *renter un hôpital.*

rentier, ère n. Personne qui possède des rentes ou qui vit de revenus non professionnels.

rentoilage n. m. Action de rentoiler; son résultat.

rentoiler v. t. Soutenir, conserver la toile usée d'un tableau en la collant sur une toile neuve. ‖ Détacher les couleurs d'une toile usée et les transporter sur une autre toile.

rentoileur, euse n. Ouvrier, ouvrière spécialisé dans le rentoilage des tableaux.

rentrage n. m. Action de rentrer : *le rentrage du bois.*

rentraîner v. t. Entraîner de nouveau.

rentraiture [rɑ̃tretyr] n. f. Couture faite en rentrayant.

rentrant, e adj. *Angle rentrant,* angle supérieur à 180°. (Contr. SAILLANT.)

rentrayer [-treje] v. i. Réparer à l'aiguille les défauts du tissu après foulage, tonte et apprêt. ‖ Effectuer à l'aiguille la réparation d'une tapisserie.

rentré, e adj. Dont l'action s'est portée en dedans : *sueur rentrée.* ‖ Obligé de se contraindre : *colère rentrée.* ‖ Cave, creux : *avoir les yeux rentrés.*

rentrée n. f. Action de rentrer : *la rentrée des voitures le dimanche.* ‖ Action de reprendre ses fonctions, ses travaux après des vacances ou une absence : *rentrée des classes, d'un acteur.* ‖ Recouvrement de fonds : *rentrée difficile.* ‖ Enlèvement d'une récolte : *rentrée des foins.* ‖ *Jeux.* Cartes qu'on prend au talon, à la place de celles qu'on a écartées.

rentrer v. i. Entrer de nouveau ou après être sorti. ‖ Reprendre son travail, ses occupations : *les tribunaux sont rentrés.* ‖ S'emboîter : *tubes qui rentrent les uns dans les autres.* ‖ Etre payé, perçu : *fonds qui rentrent mal.* ‖ Etre compris virtuellement : *cet article rentre dans le précédent.* ● *Rentrer dans son devoir,* y revenir. ‖ *Rentrer dans ses droits,* les recouvrer. ‖ *Rentrer en grâce,* obtenir son pardon. ‖ *Rentrer en soi-même,* réfléchir, faire des réflexions plus sages. ‖ — V. t. Engranger, mettre à l'abri : *rentrer des foins, des bestiaux.* ‖ Refouler : *rentrer ses larmes.*

rentrouvrir v. t. (conj. **10**). Entrouvrir de nouveau.

renvelopper v. t. Envelopper de nouveau : *renvelopper un paquet.*

renversable adj. Qui peut être renversé.

renversant, e adj. *Fam.* Qui étonne profondément : *nouvelle renversante.*

renverse n. f. *Mar.* Vent ou courant venant d'une direction opposée à celle qu'il avait auparavant. ‖ **— A la renverse** loc. adv. Sur le dos : *tomber à la renverse.*

renversé, e adj. Qui est ou paraît être dans une position contraire à la position normale : *bec de gaz à manchon renversé; image renversée d'un objet.* ‖ Troublé, altéré par une émotion profonde : *figure renversée.* ‖ *Bot.* Syn. de ANATROPE. ● *C'est le monde renversé,* cela va au rebours de la raison, du bon sens. ‖ *Crème renversée,* crème moulée que l'on peut retourner sur un plat.

renversement n. m. Action de renverser. ‖ Etat d'une chose renversée. ‖ — *Fig.* Ruine : *le renversement d'un Etat.* ‖ Retournement complet : *renversement d'une situation.* ‖ *Mus.* Etat d'un accord dont la fondamentale ne se trouve pas à la basse.

renverser [rɑ̃vɛrse] v. t. (de l'anc. fr. *enverser;* de *envers*). Mettre à l'envers, sens dessus dessous; basculer : *renverser un verre.* ‖ Faire tomber par terre. ‖ *Mar.* En parlant du courant de la marée, changer de direction. ‖ — *Fig.* Détruire, troubler l'ordre politique : *renverser un Etat.* ‖ Chasser, faire tomber : *renverser un roi.* ‖ *Fam.* Causer de l'étonnement, du trouble : *cela me renverse.* ‖ — Syn. : ABATTRE, BOULEVERSER, FAUCHER, SACCAGER, TERRASSER. ● *Renverser un ministère,* obtenir la démission des ministres composant un gouvernement. (En régime parlementaire, une assemblée renverse un gouvernement en refusant la confiance ou en adoptant une motion de censure.) ‖ *Renverser la vapeur,* mettre une locomotive en marche arrière, pour l'arrêter rapidement.

renvidage n. m. Action de renvider.

renvider v. t. Enrouler sur les bobines l'aiguillée de fil obtenue par le métier à filer.

renvideur n. m. Métier mécanique à renvider.

renvoi [rɑ̃vwa] n. m. (de *renvoyer*). Envoi d'une chose à la personne qui l'avait expédiée : *renvoi de marchandises.* ‖ Congé : *renvoi de troupes.* ‖ Destitution : *le renvoi de Necker par Louis XVI précipita la Révolution.* ‖ Action de renvoyer devant une commission, devant un juge : *renvoi d'une proposition, d'une demande.* ‖ Ajournement : *le tribunal a prononcé le renvoi de la cause à huitaine.* ‖ Indication par laquelle le lecteur d'un livre est averti de l'endroit où il trouvera le complément du passage qu'il a sous les yeux. ‖ Emission par la bouche de gaz provenant de l'estomac. ‖ *Mécan.* Mécanisme permettant, sur une transmission, de faire passer une courroie d'une poulie sur une autre, de changer la direction d'un mouvement. ‖ *Mus.* Signe qui indique une reprise.

renvoyer [rɑ̃vwaje] v. t. (conj. **2**). Envoyer de nouveau ou en retour. ‖ Faire retourner : *renvoyer une escorte.* ‖ Ne pas accepter : *renvoyer un présent.* ‖ Rendre un objet prêté, oublié : *renvoyer un livre, des gants.* ‖ Relancer, réfléchir : *renvoyer la balle, les sons.* ‖ Congédier : *renvoyer un domestique.* ‖ Décharger d'une accusation : *renvoyer un accusé.* ‖ — *Fig.* Adresser une personne à quelqu'un ou à quelque chose qui puisse la renseigner : *renvoyer à des notes en fin de livre.* ‖ Remettre à un autre temps, ajourner : *renvoyer un procès.*

Renwez [rɑ̃we] (08150 Rimogne), ch.-l. de c. des Ardennes (arr. de Charleville-Mézières); 1 261 h.

réoccupation n. f. Nouvelle occupation : *la réoccupation d'un pays.*

réoccuper v. t. Occuper de nouveau : *réoccuper un poste.*

Réole (LA) [33190], ch.-l. de c. de la Gironde (arr. de Langon), sur la Garonne; 5 109 h. (4 203 aggl.) [*Réolais*]. Tabac. Vins. Eaux-de-vie.

réorchestrer v. t. Orchestrer de nouveau : *réorchestrer un opéra.*

réordination n. f. Seconde ordination, destinée à suppléer une première ordination dont la nullité a été reconnue.

réorganisateur, trice adj. et n. Qui réorganise, qui opère la réorganisation : *décret réorganisateur.*

réorganisation n. f. Action d'organiser de nouveau; son résultat : *réorganisation d'une société.*

réorganiser v. t. Organiser de nouveau : *réorganiser un service.*

réorientation n. f. Action de réorienter.

réorienter v. t. Orienter dans une nouvelle direction.

réouverture n. f. Action de rouvrir : *réouverture d'un théâtre.* ‖ Mesure judiciaire consistant à reprendre un débat précédemment clos.

repaire [rəpɛr] n. m. (de l'anc. fr. *repairier,* retourner chez soi). Retraite de bêtes féroces, de brigands, de malfaiteurs.

repairer v. i. (lat. *repatriare*). *Véner.* Etre au repaire, au gîte.

repaître [rəpɛtr] v. t. (conj. **74**). *Repaître ses yeux de...,* regarder avec avidité. ‖ **— Se repaître** v. pr. *Se repaître de chimères,* se livrer à de vaines espérances. ‖ *Se repaître de sang, de carnage,* être sanguinaire, cruel.

répandre [repɑ̃dr] v. t. (conj. **46**). Laisser tomber : *répandre du vin par terre.* ‖ Epancher, verser : *répandre des larmes.* ‖ Etendre au loin : *le soleil répand sa lumière.* ‖ — *Fig.* Propager, faire connaître : *répandre une nouvelle.* ‖ Faire entrer dans l'esprit : *cette affaire a répandu le trouble.* ‖ Exhaler : *répandre une odeur agréable.* ‖ Distribuer : *répandre des bienfaits.* ‖ **— Se répandre** v. pr. Paraître, se manifester au-dehors : *la tristesse se répand sur tous les visages.* ● *Se répandre en invectives, en louanges, en compliments, etc.,* dire beaucoup d'injures, faire beaucoup de louanges, de compliments, etc.

Phot. Bille.

répandu, e adj. Propagé, porté au loin : *c'est un bruit habilement répandu.* ‖ Communément admis : *l'opinion la plus répandue.* ● *Etre répandu dans le monde,* aller souvent dans la société.

réparable adj. Qui peut être réparé.

reparaître v. i. (conj. **58**). Paraître de nouveau.

réparateur, trice adj. et n. Qui répare.

réparation n. f. Action de réparer; son résultat : *réparation d'un pont.* ‖ *Fig.* Satisfaction d'une offense : *refuser réparation.* ● *Coup de pied de réparation,* penalty. ‖ *Question des réparations,* ensemble des problèmes posés par le paiement des dommages de guerre imposés à l'Allemagne par le traité de Versailles (1919). ‖ *Réparation par les armes,* duel.

réparer [repare] v. t. (lat. *reparare*). Remettre en bon état de fonctionnement; raccommoder : *réparer une montre.* ‖ — *Fig.* Rétablir : *réparer ses forces.* ‖ Effacer, expier : *réparer une offense.*

reparler v. i. Parler de nouveau.

répartement n. m. (de *répartir*). Ensemble des opérations relatives à la répartition de l'impôt dans les degrés supérieurs à celui de la répartition individuelle.

repartie n. f. Prompte réplique : *repartie spirituelle.*

repartir [rəpartir] v. t. (de *partir,* partager) [conj **22**, mais avec l'auxil. *avoir*]. Répliquer promptement, sur-le-champ : *il ne lui a reparti que des impertinences.*

repartir v. i. (conj. **22**). Partir de nouveau, retourner.

répartir [repartir] v. t. (se conj. comme *finir*). Partager, distribuer : *répartissez cette somme.*

répartiteur n. m. Personne qui fait une répartition, en particulier celle de l'impôt direct dans les communes.

répartition n. f. Partage, distribution. ● *Impôt de répartition,* celui dont le contingent, fixé annuellement, est réparti de degré en degré entre les départements, les arrondissements, les communes et les contribuables.

repas [rəpɑ] n. m. (de l'anc. fr. *past,* nourriture). Nourriture que l'on prend chaque jour à certaines heures réglées.

repassage n. m. Action d'aiguiser un couteau, un canif, etc. ‖ Action de repasser du linge.

repasser [rəpɑse] v. i. Passer de nouveau, revenir : *je repasserai ce soir.* ‖ — V. t. Traverser de nouveau : *repasser les mers.* ‖ Transporter de nouveau : *le batelier vous repassera.* ‖ Aiguiser : *repasser un couteau.* ‖ Défriper au moyen d'un fer chaud : *repasser du linge.* ‖ — *Fig.* Relire, redire pour s'assurer que l'on sait : *repasser sa leçon.* ‖ Se remettre en mémoire : *repasser dans son esprit les vacances dernières.* ● *Machine à repasser,* machine faite d'une plaque chauffante courbe contre laquelle le linge est pressé par un cylindre rotatif et actionnée par un levier ou par un pédalier.

repasseur n. m. Ouvrier qui aiguise les couteaux, les ciseaux, etc.

repasseuse n. f. Femme dont le métier est de repasser le linge.

repavage ou **repavement** n. m. Paver de nouveau.

repaver v. t. Paver de nouveau.

repayer v. t. (conj. **2**). Payer de nouveau.

repêchage n. m. *Fam.* Action de repêcher.

repêcher [rəpɛʃe] v. t. Retirer de l'eau ce qui y est tombé. ● *Repêcher un candidat* (Fam.), le recevoir en majorant ses notes.

repeindre v. t. (conj. **55**). Peindre de nouveau.

repeint n. m. Endroit d'un tableau sur lequel on a appliqué de nouvelles couleurs.

rependre v. t. (conj. **46**). Pendre de nouveau.

repenser v. t. Reprendre l'examen de : *repenser un problème.*

repentance n. f. Regret, repentir (vx).

repentant, e adj. Qui se repent : *pécheur repentant.*

repenti, e adj. Qui s'est repenti : *coupable repenti.*

repentir [rəpɑ̃tir] n. m. Vif regret d'avoir fait ou de n'avoir pas fait une chose.

repentir (se) v. pr. (du lat. *poenitere*) [conj. **15**]. Avoir un véritable regret : *se repentir de ses fautes.*

repérable adj. Qui peut être repéré. ● *Grandeur, quantité repérable,* grandeur telle qu'on peut définir l'égalité ou l'inégalité, mais non la somme ou le rapport de deux grandeurs de cette espèce (par ex., la température).

repérage n. m. Action de repérer, de mettre au point, de localiser : *repérage par le son, par radar.* ‖ Indication de l'endroit où des dessins tracés sur des feuilles séparées doivent se réunir.

répercussion n. f. Action de répercuter ou de se répercuter : *répercussion du son.* ‖ *Fig.* Conséquence : *événement qui aura de graves répercussions.*

répercuter [repɛrkyte] v. t. (lat. *repercutere,* repousser). Réfléchir, renvoyer : *rocher qui répercute la voix.* ‖ *Fig.* Faire supporter par d'autres personnes, en parlant d'un impôt ou d'une taxe : *répercuter la taxe à la valeur ajoutée sur les consommateurs.* ‖ Transmettre aux divers échelons d'une hiérarchie : *répercuter les consignes du chef du personnel dans tous les services d'une entreprise.* ‖ **— Se répercuter** v. pr. *Fig.* Avoir une conséquence.

reperdre v. t. (conj. **46**). Perdre de nouveau : *reperdre tous ses avantages.*

repère [rəpɛr] n. m. (de l'anc. fr. *repairier,* revenir). Marque faite aux pièces d'un assemblage pour les reconnaître et les ajuster. ‖ *Constr.* Marque servant à indiquer ou à retrouver un alignement, un niveau, une hauteur, etc. ‖ Plaque scellée dans un mur, indiquant l'altitude d'un lieu. ● *Point de repère,* marque, indice qui sert à se retrouver.

repérer v. t. (conj. **5**). Marquer de repères : *repérer un alignement.* ‖ Découvrir, localiser la position exacte de : *repérer un sous-marin.*

répertoire [repɛrtwar] n. m. (du lat. *repertus,* trouvé). Table, recueil où les matières sont rangées dans un ordre qui les rend faciles à trouver : *répertoire alphabétique.* ‖ Titre de certains recueils : *répertoire de jurisprudence.* ‖ Liste des pièces qui constituent le fonds d'un théâtre : *répertoire du Théâtre-Français.* ‖ Ensemble des œuvres interprétées habituellement par un artiste dramatique ou lyrique, ou par un instrumentiste. ‖ — *Fig.* Ensemble de connaissances : *ouvrage qui est un vaste répertoire de souvenirs.* ‖ Personne qui se souvient de beaucoup de choses et qui est toujours prête à en instruire les autres : *c'est un répertoire vivant.*

répertorier v. t. Inscrire dans un répertoire : *répertorier des livres.* ‖ Faire un répertoire de.

répéter [repete] v. t. (lat. *repetere,* aller chercher de nouveau) [conj. **5**]. Redire ce qu'on a déjà dit ou ce qu'un autre a dit : *répéter dix fois la même chose.* ‖ Recommencer : *répéter une expérience.* ‖ Reproduire : *répéter des signaux télégraphiques* ‖ Reproduire pour la symétrie : *répéter un ornement.* ‖ S'étudier à dire seul ce qu'on devra débiter en public : *répéter un rôle.* ‖ *Dr.* Réclamer ce qu'on a prêté ou ce qu'on prétend avoir été pris sans droit. ‖ **— Se répéter** v. pr. Tomber dans des redites.

répéteur n. m. Amplificateur téléphonique utilisé sur les lignes à grandes distances.

répétiteur, trice n. Personne qui donne des répétitions à des élèves : *répétiteur de mathématiques.* ‖ Autref., surveillant des études.

répétitif, ive adj. Qui se reproduit de façon monotone, qui se répète sans cesse : *le caractère répétitif du travail à la chaîne.*

répétition n. f. Redite; retour de la même idée, du même mot : *évitez les répétitions.* ‖ Réitération d'une même action : *la répétition d'un geste.* ‖ Leçon particulière donnée à un élève. ‖ Essai d'une pièce, d'un morceau de musique qu'on doit jouer en public. ● *Arme à répétition,* arme à feu dont la vitesse de tir est augmentée par le chargement automatique des munitions dans la chambre : *le fusil Lebel (1886) était une arme à répétition.* ‖ *Centre de répétition d'ordre* n, pour certaines figures planes, point tel qu'une rotation d'un $n^{ième}$ de tour autour de ce point amène la figure en coïncidence avec sa position initiale. ‖ *Répétition générale,* v. GÉNÉRAL, adj. ‖ *Répétition de l'indu* (Dr.), restitution d'une somme reçue par erreur.

répétitorat n. m. Fonction, situation du répétiteur.

repeuplement n. m. Action de repeupler; son résultat.

repeupler v. t. Peupler de nouveau un pays d'habitants, un parc de gibier, un étang de poissons, etc.

repiquage ou **repiquement** n. m. Action de repiquer; transplantation d'une jeune plante venue de semis. ‖ Remplacement des pavés enfoncés ou cassés d'une chaussée par des pavés neufs ou retaillés.

repiquer v. t. Piquer de nouveau. ‖ *Agric.* Transplanter : *repiquer un plant.* ‖ Enregistrer une émission de radio sur une bande magnétique, un disque. ‖ — V. t. ind. [**à**]. *Pop.* Revenir à quelque chose : *repiquer à un plat.*

repiqueur, euse n. Personne qui repique.

repiqueuse n. f. Machine servant à repiquer les jeunes plants.

répit [repi] n. m. (lat. *respectus,* regard en arrière). Délai, relâche : *ne laisser aucun répit.*

replacement n. m. Action de replacer : *replacement d'une statue.*

replacer v. t. (conj. **5**). Remettre en place. ‖ Donner de nouveau une place à : *replacer un fonctionnaire.*

replantation n. f. Action de replanter.

replanter v. t. Planter de nouveau.

replat [rəpla] n. m. Terrasse en épaulement au versant d'une vallée.

replâtrage n. m. Réparation superficielle faite avec du plâtre. ‖ *Fig.* et *fam.* Mauvais arrangement, destiné à durer peu de temps.

replâtrer v. t. Recouvrir de plâtre : *replâtrer un mur.* ‖ *Fig.* Réparer d'une manière superficielle et précaire.

replet [rəplɛ], **ète** [-ɛt] adj. (lat. *repletus,* rempli). Qui a de l'embonpoint : *femme replète.*

réplétif [repletif], **ive** [-iv] adj. *Méd.* Qui sert à remplir : *injections réplétives.*

réplétion n. f. (de *replet*). Excès d'embonpoint. ‖ Etat d'un organe rempli : *réplétion gastrique.*

repli [rəpli] n. m. Double pli. ‖ *Mil.* Action de se replier. ‖ — Pl. Sinuosités, ondulations : *les replis d'un terrain, d'un serpent.* ‖ *Fig.* Ce qu'il y a de plus caché, de plus intime : *les replis du cœur humain.*

repliable adj. Qui peut être replié.

repliement [rəplimɑ̃] n. m. Action de replier. ‖ Etat de ce qui est replié (au *pr.* et au *fig.*).

replier v. t. Plier une chose qui avait été dépliée. ‖ **— Se replier** v. pr. Se plier, se courber une ou plusieurs fois : *se replier en tous sens.* ‖ Faire un mouvement en arrière et en bon ordre : *l'armée se replia.* ● *Se replier sur soi-même,* se recueillir, réfléchir.

réplique n. f. Repartie; réponse à ce qui a été dit ou écrit : *réplique ingénieuse.* ‖ Partie d'un dialogue théâtral dite par un acteur entre deux autres répliques de son ou de ses partenaires. ‖ *Spécialem.* Dernier mot de cette réplique indiquant au partenaire que c'est à son tour de parler. ‖ Exemplaire d'une œuvre d'art qui n'est pas l'original. ● *Donner la réplique à un acteur,* prendre part à un dialogue où cet acteur a le rôle principal.

répliquer [replike] v. t. (lat. *replicare*). Dire comme réplique : *répliquer une insolence.* ‖ — V. i. Répondre avec impertinence.

replisser v. t. Plisser de nouveau.

reploiement [rəplwamɑ̃] n. m. Syn. de REPLIEMENT.

replonger v. t. (conj. **1**). Plonger de nouveau : *replonger une étoffe dans le bain de teinture.* ‖ *Fig.* Faire retomber. ‖ — V. i. S'enfoncer de nouveau dans l'eau.

reployer v. t. Syn. de REPLIER.

repolir v. t. Polir de nouveau.

repolissage n. m. Action de repolir.

répondant, e n. Celui, celle qui répond la messe. ‖ Caution, garant : *être le répondant de quelqu'un.*

répondeur, euse adj. Qui réplique aux remontrances. ‖ — N. m. Dispositif qui permet d'enregistrer un message téléphoné ou de donner automatiquement des renseignements à un correspondant utilisant le téléphone.

répondre [repɔ̃dr] v. t. (lat. *respondere*) [conj. **46**]. Faire une réponse à ce qui est dit, écrit ou demandé : *répondre une impertinence.* ‖ Assurer, affirmer : *je vous réponds que cela est ainsi.* ‖ — Syn. : OBJECTER, RÉCRIMINER, REPARTIR, RÉPLIQUER, RÉTORQUER, RIPOSTER. ● *Répondre la messe,* répondre, pendant la messe, aux paroles prononcées par le célébrant. ‖ — V. i. Faire une réponse : *bien répondre.* ‖ Raisonner au lieu d'obéir : *ne répondez point!* ‖ Répéter le son : *l'écho répond.* ‖ Se faire sentir par contrecoup : *la douleur du bras me répond à la tête.* ‖ — V. t. ind. [**à**]. Apporter des raisons contre : *répondre à une objection.* ‖ Etre en proportion de : *ses forces ne répondent pas à son courage.* ‖ Satisfaire à : *répondre aux espérances d'autrui.* ‖ Payer de retour : *répondre à une politesse.* ‖ Correspondre d'une manière symétrique : *ce pavillon répond à l'autre.* ‖ — [**de**]. Etre garant, responsable : *répondre de quelqu'un.*

répons [repɔ̃] n. m. (lat. *responsum*). Paroles qui sont chantées ou qui sont dites dans les offices de l'Eglise catholique, alternativement par une ou quelques voix et le chœur, représentant l'assistance.

réponse n. f. (lat. *responsum*). Parole ou écrit adressés en retour : *réponse affirmative.* ‖ Réfutation : *réponse victorieuse.* ‖ Lettre qu'on écrit pour répondre. ‖ *Mus.* Terme qui, dans une fugue, sert à désigner le sujet présenté au ton de la dominante. ‖ *Psychol. expérimentale.* Syn. de RÉACTION. ● *Droit de réponse,* droit, pour une personne mise en cause par un article de journal ou de revue, de faire paraître dans la publication une lettre de réponse aux assertions de cet article. ‖ *Temps de réponse d'un appareil,* temps qui s'écoule avant que cet appareil agisse sous l'effet d'une sollicitation donnée.

repopulation n. f. Action de repeupler.

report [rəpɔr] n. m. (de *reporter*). Action de reporter un total d'une colonne ou d'une page sur une autre : *faire un report.* ‖ La somme ainsi reportée. ‖ Opération de Bourse traitée à la liquidation d'un marché à terme en vue de proroger la spéculation jusqu'à la liquidation suivante. ‖ Bénéfice réalisé par le détenteur de capitaux qui prête au spéculateur les fonds nécessaires pour cette prorogation. ‖ Transport par décalque, sur pierre ou sur métal, d'un dessin, d'une gravure, d'un texte composé. ‖ Action de remettre à un autre moment : *le report d'une question à une séance ultérieure.* ‖ *Turf.* Gain d'une première course que l'on engage dans une autre course.

reportage n. m. Fonctions, service de reporter dans un journal. ‖ Article de journal écrit d'après l'enquête d'un reporter. ‖ Enquête radiodiffusée, filmée ou télévisée.

reporter [rəpɔrtɛr] n. m. (mot angl.). Journaliste qui recueille des renseignements, des nouvelles de tout genre.

reporter [rəpɔrte] v. t. Porter une chose au lieu où elle était auparavant. ‖ Réinscrire ailleurs : *reporter une somme à une autre page.* ‖ Remettre à un autre moment : *reporter une fête.* ‖ Faire un report en Bourse. ‖ **— Se reporter** [**à**] v. pr. *Fig.* Se transporter en pensée, en esprit : *se reporter aux jours de son enfance.* ‖ Revenir au témoignage de : *se reporter à tel ou tel document.*

reporter-cameraman n. m. Journaliste chargé de recueillir, avec une caméra, des éléments d'information visuels. (L'Administration préconise REPORTEUR D'IMAGES.) ‖ Pl. des *reporters-cameramen.*

reporteur n. m. Celui qui opère des reports en Bourse. ● *Reporteur d'images,* expression préconisée par l'Administration pour remplacer REPORTER-CAMERAMAN.

repos [rəpo] n. m. Cessation, absence de mouvement : *se tenir en repos.* ‖ Cessation de travail : *prendre un peu de repos.* ‖ Sommeil : *perdre le repos.* ‖ Tranquillité, quiétude : *avoir la conscience en repos.* ‖ Pause dans la lecture ou la déclamation. ● *Repos!* commandement militaire indiquant l'abandon de la position du garde-à-vous. ‖ *Repos des femmes en couches* (Dr.), repos que toute femme enceinte peut prendre pendant quatorze semaines, au moment de son accouchement. ‖ *Repos hebdomadaire,* repos d'un jour par semaine (en principe le dimanche), que l'employeur doit accorder à ses salariés.

reposant, e adj. Qui atténue la fatigue ; qui apaise.

repose n. f. Action de remettre en place ce qui avait été enlevé ou déposé : *la dépose et la repose d'une baignoire.*

reposé, e adj. Qui a repris son calme habituel ; qui a de la fraîcheur : *air, teint reposé.* ‖ **— A tête reposée** loc. adv. Mûrement et avec réflexion : *lire à tête reposée.*

reposée n. f. *Vener.* Lieu où une bête se repose pendant le jour.

reposer [rəpoze] v. t. (du lat. *pausare,* s'arrêter). Poser de nouveau ; remettre en place : *reposer une serrure.* ‖ Mettre dans un état d'inaction ; délasser : *reposer ses membres fatigués.* ‖ Procurer du calme, du délassement à : *cela repose l'esprit.* ● *Reposer ses yeux sur un objet,* les y arrêter avec plaisir. ‖ — V. i. Dormir, être dans un état de repos : *passer la nuit sans reposer.* ‖ Etre déposé : *le saint sacrement repose dans cette chapelle.* ‖ Etre enterré : *ici repose...* ‖ Etre établi, fondé : *la maison repose sur le roc* ; et, au *fig.* : *ce raisonnement ne repose sur rien de certain.* ● *Laisser reposer une pâte,* laisser une pâte au repos après l'avoir travaillée, avant de la faire cuire. ‖ *Laisser reposer une terre,* la laisser en jachère. ‖ *Laisser reposer du vin,* lui donner le temps de s'éclaircir, de déposer. ‖ **— Se reposer** v. pr. Prendre du repos. ● *Se reposer sur ses lauriers,* demeurer inactif après un succès. ‖ *Se reposer sur quelqu'un,* s'en remettre à lui, avoir confiance en lui.

repose-tête n. m. inv. Syn. d'APPUI-TÊTE.

reposoir n. m. *Relig. cath.* Autel préparé lors d'une procession, pour y faire reposer le saint sacrement.

repoussage n. m. Formage à froid de pièce métallique à paroi mince, ayant un axe de révolution.

repoussant, e adj. Qui inspire du dégoût, de l'aversion : *laideur repoussante.*

repousse n. f. Action de repousser, en parlant des cheveux.

repoussé adj. et n. m. Se dit d'un travail exécuté au marteau sur une lame mince de métal que supporte une matière élastique : *statue en argent repoussé ; un beau repoussé.*

repousser [rəpuse] v. t. Renvoyer : *repousser la balle.* ‖ Résister victorieusement à : *repousser un assaut.* ‖ Faire reculer : *repousser l'ennemi.* ‖ Réaliser une forme par une opération de repoussage. ‖ — *Fig.* Ecarter de la pensée : *repousser une tentation.* ‖ Ne pas agréer, ne pas accepter : *repousser une demande.* ‖ Produire de nouveau : *cet arbre a repoussé d'autres branches.* ‖ — V. i. Produire un effort qui tend à écarter, à éloigner : *ressort qui ne repousse pas assez.* ‖ Pousser de nouveau : *sa barbe repousse.*

repoussoir n. m. Cheville pour chasser un clou ou une autre cheville. ‖ Outil utilisé pour le repoussage des métaux. ‖ Partie d'un tableau plus vigoureuse de ton, pour donner de l'éloignement aux autres parties. ‖ *Fam.* Chose, personne qui en fait valoir une autre par contraste. ‖ *Fam.* Personne très laide.

répréhensible [repreɑ̃sibl] adj. Digne de blâme, de châtiment : *acte répréhensible.*

répréhension n. f. (du lat. *reprehensus,* repris). Réprimande, blâme.

reprendre v. t. (lat. *reprehendere*) [conj. **50**]. Prendre de nouveau : *reprendre du pain.* ‖ Se rendre de nouveau maître de : *reprendre une ville.* ‖ Enlever, ôter ce qu'on avait donné : *reprendre un cadeau.* ‖ Chercher : *je viendrai vous reprendre.* ‖ Continuer une chose interrompue : *reprendre un travail.* ‖ Recevoir, accepter, engager de nouveau : *reprendre du personnel.* ‖ Blâmer : *reprendre un enfant.* ‖ Recouvrer : *reprendre des forces.* ‖ Attaquer de nouveau : *sa goutte l'a repris.* ● *On ne m'y reprendra plus,* je ne commettrai plus cette maladresse, cette erreur. ‖ *Reprendre une pièce,* la jouer de nouveau. ‖ — V. i. Prendre de nouveau racine : *cet arbre reprend bien.* ‖ Se rétablir : *ce malade a bien repris.* ‖ Revenir : *le froid reprend.* ‖ Se rejoindre, en parlant des chairs d'une plaie. ‖ Critiquer, blâmer : *il trouve à reprendre dans les meilleurs auteurs.* ‖ **— Se reprendre** v. pr. Se rétracter, corriger ce qu'on vient de dire.

représailles [rəprezɑj] n. f. pl. (de *reprendre*). Maux que l'on fait subir à un ennemi pour s'indemniser d'un dommage qu'il a causé, ou pour se venger. (S'emploie rarement au sing.) ● *User de représailles,* rendre le mal qu'on a subi.

représentable adj. Qui peut être représenté.

représentant, e n. Personne qui a mandat d'en représenter une autre. ‖ Commis voyageur, courtier : *représentant de commerce.* ‖ *Dr.* Celui qui est appelé à une succession à la place de son ascendant prédécédé. ● *Chambre des représentants,* l'Assemblée nationale en Belgique et aux Etats-Unis. ‖ *Représentant du peuple,* député.

représentatif, ive adj. Qui représente : *signe représentatif.* ‖ Qui concerne la représentation : *l'activité représentative de l'esprit.* ‖ Se dit d'un organisme auquel est reconnu le droit de représenter une nation, une communauté. ● *Gouvernement représentatif,* forme de gouvernement suivant laquelle la nation délègue à un Parlement l'exercice du pouvoir législatif. ‖ *Homme représentatif* (Fam.), homme qui a une belle prestance.

représentation n. f. Action de présenter de nouveau : *exiger la représentation d'un passeport.* ‖ Idée que nous nous faisons du monde ou d'un objet donné. ‖ Action de jouer des pièces de théâtre : *représentation d'une tragédie.* ‖ Reproduction par la peinture, la sculpture, la gravure : *représentation d'une bataille.* ‖ Remontrances faites avec mesure : *faire des représentations.* ‖ Corps des représentants d'une nation : *la représentation nationale.* ‖ *Dr.* Action de recueillir une succession à la place d'un ascendant prédécédé. ‖ Action de traiter des affaires pour le compte d'une maison de commerce.

représentativité n. f. Caractère représentatif.

représenter v. t. (lat. *repraesentare,* reproduire). Présenter de nouveau : *représenter des candidats à un examen.* ‖ Figurer par la peinture, la gravure, le récit, etc. : *représenter un naufrage.* ‖ Jouer en public une pièce de théâtre : *représenter « l'Avare »* ; y remplir un rôle : *représenter Harpagon.* ‖ Tenir la place de quelqu'un : *les ambassadeurs représentent les chefs d'Etat.* ‖ Faire observer : *représenter les inconvénients d'une action.* ‖ — V. i. Avoir un certain maintien : *cet homme représente bien.* ‖ **— Se représenter** v. pr. Se figurer, imaginer : *représente-toi son étonnement.* ‖ Se présenter de nouveau : *se représenter à un examen.*

répressif, ive adj. Qui réprime ; qui a pour but de réprimer : *lois répressives.*

répression [represjɔ̃] n. f. (du lat. *repressus,* arrêté). Action de réprimer : *la répression des délits.*

réprimande [reprimɑ̃d] n. f. (lat. *reprimenda culpa,* faute qui doit être réprimée). Reproche que l'on adresse à une personne pour une faute, pour un manquement : *cela mérite une réprimande.* (Dans les armées, la réprimande est une punition disciplinaire non restrictive de liberté qui peut être infligée à un officier ou à un sous-officier.)

réprimander v. t. Faire une réprimande à : *réprimander un enfant.* (Syn. : ADMONESTER, GRONDER, HOUSPILLER, MORIGÉNER, REPRENDRE, SEMONCER, SERMONNER.)

réprimer [reprime] v. t. Arrêter l'effet, le progrès d'une chose : *réprimer une révolte ; réprimer des abus.*

repris [rəpri] n. m. *Repris de justice,* celui qui a subi une précédente condamnation.

reprisage n. m. Action de repriser ; résultat de cette action.

reprise [rəpriz] n. f. (part. pass. de *reprendre*). Action de s'emparer de nouveau : *la reprise d'une ville.* ‖ Continuation d'une chose interrompue : *travail fait à plusieurs reprises.* ‖ Nouvel essor : *la reprise d'une affaire ; la reprise économique.* ‖ Réparation faite à une étoffe trouée : *faire une reprise à un bas.* ‖ Action de déduire du prix de vente d'un objet la valeur actuelle d'un objet analogue mais usagé, et cédé par l'acheteur au vendeur. ‖ Remise en scène, au théâtre : *la reprise d'un drame.* ‖ Réfection des parties d'une construction. ‖ *Mus.* Répétition d'une partie d'un morceau, indiquée par des *barres de reprise.* ‖ Toute partie d'un air, d'une chanson, qui doit être exécutée, chantée deux fois, bien qu'elle ne soit écrite qu'une fois. ‖ *Sports.* Chacune des parties d'un assaut d'escrime, d'un combat de boxe. ‖ Groupe de cavaliers s'exerçant dans un manège sous la conduite d'un moniteur. ‖ *Technol.* Dans un moteur, passage rapide d'un bas régime à un régime supérieur. ‖ — Pl. *Dr.* Ce que chacun des époux a le droit de prélever avant partage sur la masse des biens de la communauté, lorsqu'elle est dissoute. ● *A plusieurs reprises,* plusieurs fois successivement.

repriser v. t. Faire des reprises dans une étoffe : *repriser une robe.*

réprobateur, trice adj. Qui exprime la réprobation : *ton réprobateur.*

réprobation [reprɔbasjɔ̃] n. f. (lat. *reprobatio*). Action de réprouver. ‖ *Théol.* Jugement par lequel Dieu exclut un pécheur du bonheur éternel. ‖ Blâme très sévère : *encourir la réprobation des honnêtes gens.*

reprochable adj. Qui mérite des reproches : *action reprochable.*

reproche n. m. Ce qu'on dit à une personne pour lui exprimer son mécontentement ou pour lui faire honte : *supporter impatiemment les reproches.* (Contr. : COMPLIMENT, ÉLOGE, LOUANGE.) ● *Sans reproche,* à qui l'on ne peut rien reprocher.

reprocher [rəprɔʃe] v. t. (lat. *repropiare,* mettre sous les yeux). Dire à quelqu'un une chose qui doit lui faire honte : *reprocher sa paresse à un écolier.* ‖ Rappeler avec aigreur : *reprocher son ingratitude à quelqu'un.* ‖ **— Se reprocher** v. pr. Se blâmer d'une chose : *se reprocher sa faiblesse.*

reproducteur, trice adj. Qui sert à la reproduction : *organes reproducteurs.* ‖ — N. Animal employé à la reproduction.

reproducteur n. m. Gabarit en forme de la pièce à obtenir, utilisé sur les machines-outils à reproduire.

reproductible adj. Susceptible de reproduction.

reproductif, ive adj. Qui favorise une nouvelle production : *force reproductive.*

reproduction n. f. Fonction des individus vivants, qui leur permet de produire d'autres individus de la même espèce, capables de vivre sans leur secours. (V. *encycl.*) ‖ Imitation fidèle. ‖ *Arts graph.* Fixation matérielle d'une œuvre littéraire ou artistique par tous procédés permettant sa communication au public d'une manière indirecte. ● *Droit de reproduction,* droit que possède l'auteur ou le propriétaire d'une œuvre littéraire ou artistique d'en autoriser la diffusion et d'en tirer un bénéfice.

— ENCYCL. Toute cellule vivante jeune *se multiplie,* tout tissu jeune *grandit,* certains organes (feuilles des arbres) sont *renouvelés* pendant toute la vie de l'individu. Il n'y a cependant *reproduction* que lorsque le « système vivant » nouvellement constitué se détache de celui qui l'a engendré et se montre capable de mener une vie autonome et de se reproduire à son tour. C'est ainsi que le partage du corps en plusieurs segments reformant chacun un individu entier est bien un procédé de reproduction chez les annélides marines, chez qui ce partage se fait de lui-même ; il n'en est pas un chez le lombric tranché d'un coup de bêche et qui *régénère* les parties manquantes, ni chez le géranium bouturé artificiellement. Pour certains auteurs, la reproduction de type végétatif (par stolons, caïeux, rhizomes ou tubercules, arceaux ou drageons) n'est qu'une simple *multiplication,* et il n'y a de reproduction que *sexuée,* c'est-à-dire par formation de cellules reproductrices spécialisées (*gamètes*) ne contenant chacune que la moitié (*n*) du nombre normal de chromosomes (2 *n*) et par union de deux de ces cellules (amphimixie ou *fécondation*).

voir illustration page suivante

reproductrice n. f. Machine permettant en particulier de répéter les données d'un fichier de cartes perforées sur des cartes vierges.

reproduire v. t. (conj. **64**). Produire de nouveau. ‖ Insérer dans un journal, dans un recueil ce qui appartient à un autre ouvrage : *reproduire un article déjà paru.* ‖ Présenter de nouveau : *reproduire sans cesse les mêmes arguments.* ‖ Imiter : *reproduire un tableau.* ● *Machine à reproduire,* machine-outil permettant d'exécuter une pièce similaire d'un modèle donné avec un coefficient d'amplification ou de réduction différent de l'unité. ‖ **— Se reproduire** v. pr. Se produire de nouveau : *les mêmes abus se sont reproduits.* ‖ Se perpétuer par la génération.

reprographie n. f. Ensemble des techniques permettant de reproduire un document.

réprouvé, e adj. et n. Damné : *les justes et les réprouvés.* ‖ Qui est tenu en aversion.

réprouver [repruve] v. t. (lat. *reprobare*). Désapprouver, rejeter : *réprouver une doctrine.* ‖ *Théol.* Condamner aux peines éternelles.

reps [rɛps] n. m. (mot angl.). Etoffe d'ameublement à côtes perpendiculaires aux lisières.

reptation [rɛptasjɔ̃] n. f. (lat. *reptatio ;* de *repere,* ramper). Mode de locomotion des animaux qui *rampent* à la surface du sol.

— ENCYCL. Les types de *reptation* sont différents selon les animaux. Les lombrics rampent en allongeant et en raccourcissant tour à tour leur corps, qui s'accroche au sol par des crochets ventraux. L'escargot rampe sur un vaste pied adhérant au support par un mucus et parcourant par des ondes de contraction d'arrière en avant. Les sangsues et les chenilles arpentent leur support plutôt qu'elles n'y rampent. Les serpents progressent en prenant appui sur les obstacles situés à droite et à gauche, et s'agrippent au sol par les reflets écailleux de leur ventre, que redresse l'action des côtes vertébrales. Dans l'eau, les mollusques rampent de même sur les roches à l'aide d'un pied.

reptiles [rɛptil] n. m. pl. (lat. *repere,* ramper). Classe de vertébrés terrestres généralement ovipares, respirant par un ou deux poumons dès leur éclosion, ne présentant ni poils ni plumes, et dont la température interne est variable, tout au moins dans les groupes actuels. ‖ — N. m. sing. : *un reptile.* ‖ *Fam.* Personne d'un caractère bas et rampant. ‖ — Adj. : *animal reptile.*

— ENCYCL. On a pu appeler le secondaire l'*ère des reptiles* tant ces animaux ont dominé la faune de cette période, aussi bien dans les eaux (ichtyosaures, mosasaures, plésiosaures) que sur terre (dinosaures) ou dans les airs (ptérosauriens). Le refroidissement du climat au début du tertiaire leur a été fatal, et il ne subsiste plus actuellement que 5 000 espèces environ, dont très peu sont de grande taille. On divise les reptiles en quatre ordres très différents : les *crocodiliens* (cœur à quatre cavités, dents implantées dans des alvéoles, habitat fluvial, très peu d'espèces), les chéloniens ou *tortues* (pas de dents, carapace osseuse et écailleuse, habitat marin, fluvial ou terrestre, nourriture parfois végétale), les lacertiliens ou *lézards* (corps allongé, régime souvent insectivore, habitat terrestre souvent chaud et sec : lézard, caméléon, varan, iguane, orvet), enfin les ophidiens ou *serpents* (corps très allongé et dépourvu de pattes) [v. l'ensemble SERPENTS].

voir hors-texte en couleurs

reptilien, enne adj. Relatif aux reptiles : *on admet l'origine reptilienne des oiseaux et des mammifères.*

repu [rəpy], **e** adj. (de *repaître*). Qui a satisfait sa faim ; rassasié.

républicain, e adj. Qui appartient à une république ou à la république : *gouvernement républicain.* ● *Parti républicain,* un des deux grands partis aux Etats-Unis. ‖ — Adj. et n. Qui est partisan de la république.

républicain n. m. Oiseau passereau africain qui bâtit des nids collectifs.

républicanisme n. m. Sentiments républicains.

république [repyblik] n. f. (lat. *res publica,* chose publique). Forme d'un Etat dans lequel le peuple exerce la souveraineté directement ou par l'intermédiaire de délégués élus. ● *La république des lettres,* l'ensemble des gens de lettres.

République (*la*), traité politique de Platon. Cet ouvrage expose la conception platonicienne de l'Etat. De même qu'il y a trois parties dans l'âme (l'esprit, le courage et le corps), de même existe-t-il trois classes dans la cité : celles des philosophes, des guerriers et des commerçants. La psychologie de la société et de l'Etat ne diffère pas de celle de l'individu, et l'idéal à rechercher est d'établir un juste équilibre entre les trois parties. Le traité contient le mythe de la Caverne*.

république (*De la*), traité politique et philosophique de Cicéron, sous forme de dialogues, sur la Constitution romaine et sur l'idéal politique. On y remarque le *Songe de Scipion*.

république (*Traité de la*), par Jean Bodin (1576). Bodin est en quelque sorte le fondateur de la science politique et le précurseur de Montesquieu. Il étudie les modalités des relations qui doivent exister entre le gouvernement et les gouvernés.

République (Ire), régime politique de la France, de l'abolition de la royauté (21 septembre 1792*) à la proclamation de l'Empire (18 mai 1804). Pendant cette période se succédèrent la Convention*, le Directoire* et le Consulat*. Le calendrier républicain ne disparut que le 31 décembre 1805.

République (IIe), régime politique de la France, du 25 février 1848 au 2 décembre 1852. Il est issu de la révolution de 1848, qui mit fin à la monarchie de Juillet. Un gouvernement provisoire, élu le 24 février 1848, proclama la République et instaura le suffrage universel. L'Assemblée constituante, élue le 23 avril 1848, se montra réticente sur le plan social ; la fermeture des Ateliers nationaux provoqua une formidable insurrection populaire (juin) qui fut écrasée par Cavaignac. Ce dernier exerça une véritable dictature jusqu'à l'élection à la présidence de la République de Louis-Napoléon Bonaparte (décembre) ; la Constitution de novembre 1848 s'avéra réactionnaire comme le fut l'Assemblée législative élue le 28 mai 1849. La gauche éliminée (juin 1849), l'Assemblée — dominée par les monarchistes — vota la loi Falloux (1850), favorable à l'enseignement catholique, et la loi du 31 mai 1850, qui priva la majorité des ouvriers du droit de vote. Un conflit s'aggrava entre l'Assemblée et le prince-président : celui-ci se débarrassa d'elle par le coup d'Etat du 2 décembre 1851. Une nouvelle Constitution (14 janvier 1852) — autoritaire — prépara le rétablissement de l'Empire. (V. SECOND EMPIRE*.)

République (IIIe), régime politique de la France, du 4 septembre 1870 au 10 juillet 1940. La République fut proclamée après la capitulation de Sedan, mais le gouvernement provisoire ne put éviter la défaite (1871). Bismarck, au moment de l'armistice franco-prussien, exigea que fût élue une Assemblée nationale ; celle-ci (1871-1875) fit la paix avec l'Allemagne, mais, après avoir écarté Thiers (1873), remplacé par Mac-Mahon, ne put imposer la monarchie ; elle se retira après avoir voté une Constitution de compromis (1875). Quand Mac-Mahon démissionna, laissant la présidence de la République à Jules Grévy (1879), le pouvoir exécutif et le pouvoir législatif furent entièrement entre les mains des républicains : les *opportunistes* dirigèrent les affaires durant vingt ans (1879-1899), mais durent faire face à de graves crises (boulangisme, 1887-1889 ; scandale de Panamá, 1892-1893 ; attentats anarchistes, 1892-1894 ; surtout Affaire Dreyfus, 1897-1899). L'Affaire Dreyfus détermina un glissement vers la gauche et l'accession au pouvoir des *radicaux* (1899), qui pratiquèrent une politique violemment anticléricale, mais durent compter avec la montée socialiste et avec une grave agitation sociale. La Première Guerre mondiale (1914-1918), gagnée par la France au prix d'énormes sacrifices, réalisa l'*Union sacrée*. Mais les difficultés surgirent de nouveau après la victoire. La droite, victorieuse aux élections de 1919 (chambre bleu horizon), fut écartée du pouvoir en 1924 par le Cartel des gauches. Le socialisme, un moment affaibli par la scission entre socialistes et communistes (congrès de Tours, 1920), reprit sa marche en avant et triompha aux élections de 1936, préliminaires à la formation d'un gouvernement de Front populaire (1936-1938) qui réalisa d'importantes réformes sociales (accords Matignon). Mais la crise économique mondiale (à partir de 1930), l'isolement diplomatique de la France et de l'Angleterre face à la montée du fascisme et du nazisme, l'instabilité ministérielle endémique précipitèrent la décadence de la IIIe République, qui fut emportée lors de la victoire allemande de juin 1940.

République (IVe), régime politique de la France, du 3 juin 1944 au 4 octobre 1958. Un « gouvernement provisoire de la République » succéda, à la libération, à l'Etat français, et une Assemblée constituante fut élue le 21 octobre 1945. Un premier projet de Constitution fut rejeté par le référendum du 5 mai 1946. Le projet d'une deuxième Assemblée fut adopté par le référendum du 13 octobre 1946. Les débuts du régime furent marqués par des nationalisations, la création de comités d'entreprise, la généralisation de la Sécurité sociale. Vincent Auriol fut élu président de la République en 1947 ; René Coty lui succéda. Les gouvernements dits de « Troisième Force » (M. R. P., socialistes et libéraux) qui se succédèrent de 1947 à 1952 eurent à compter avec l'opposition communiste et gaulliste et à affronter de graves problèmes, à l'intérieur (inflation monétaire) comme à l'extérieur (conflit d'Indochine). Le R. P. F. gaulliste l'emporta aux élections de 1951 ; le front républicain créé par les radicaux et les socialistes triompha aux élections de 1956. Le gouvernement Guy Mollet, alors constitué (1956-1957), appliqua un large programme social et décolonisateur, ratifia le traité de Rome instituant le Marché commun européen, mais échoua dans l'expédition de Suez et en Algérie. L'aggravation de la situation algérienne fut à l'origine immédiate de la chute du régime et de l'appel au général de Gaulle (1958).

République (V^e^), régime instauré en France par le retour du général de Gaulle au pouvoir (1er juin 1958) et par l'entrée en vigueur de la Constitution de 1958, approuvée par le référendum du 28 septembre. Le 21 décembre 1958, le général de Gaulle fut élu président de la République (il sera réélu au suffrage universel en 1965) ; Michel Debré fut Premier ministre du 8 janvier 1959 au 14 avril 1962 ; il fut remplacé par Georges Pompidou. Durant quatre ans, la vie politique de la Ve République fut dominée (1958-1962) par la guerre d'Algérie, à laquelle mirent fin les accords d'Evian. Ce fut l'occasion d'un renforcement des pouvoirs du président de la République. La politique indépendante du régime à l'extérieur, la réalisation d'un projet de force de frappe atomique, des difficultés économiques et sociales favorisèrent ensuite la montée de l'opposition de gauche : celle-ci se révéla particulièrement redoutable lors des élections présidentielles de 1965 et surtout lors des élections législatives de mars 1967. Après la crise de mai 1968 (manifestations violentes et grèves), les élections de juin marquent un net recul de l'opposition parlementaire. Mais, le 27 avril 1969, un projet portant sur la régionalisation et la réforme du Sénat est repoussé par un référendum. Le général de Gaulle démissionne le lendemain. G. Pompidou est élu en juin à la présidence de la République. Il aura pour Premiers ministres Jacques Chaban-Delmas, puis, à partir de 1972, Pierre Messmer. Après la mort de G. Pompidou (avril 1974), les élections portent à la présidence le leader des républicains indépendants, Valéry Giscard d'Estaing, qui nomme Jacques Chirac Premier ministre. Diverses

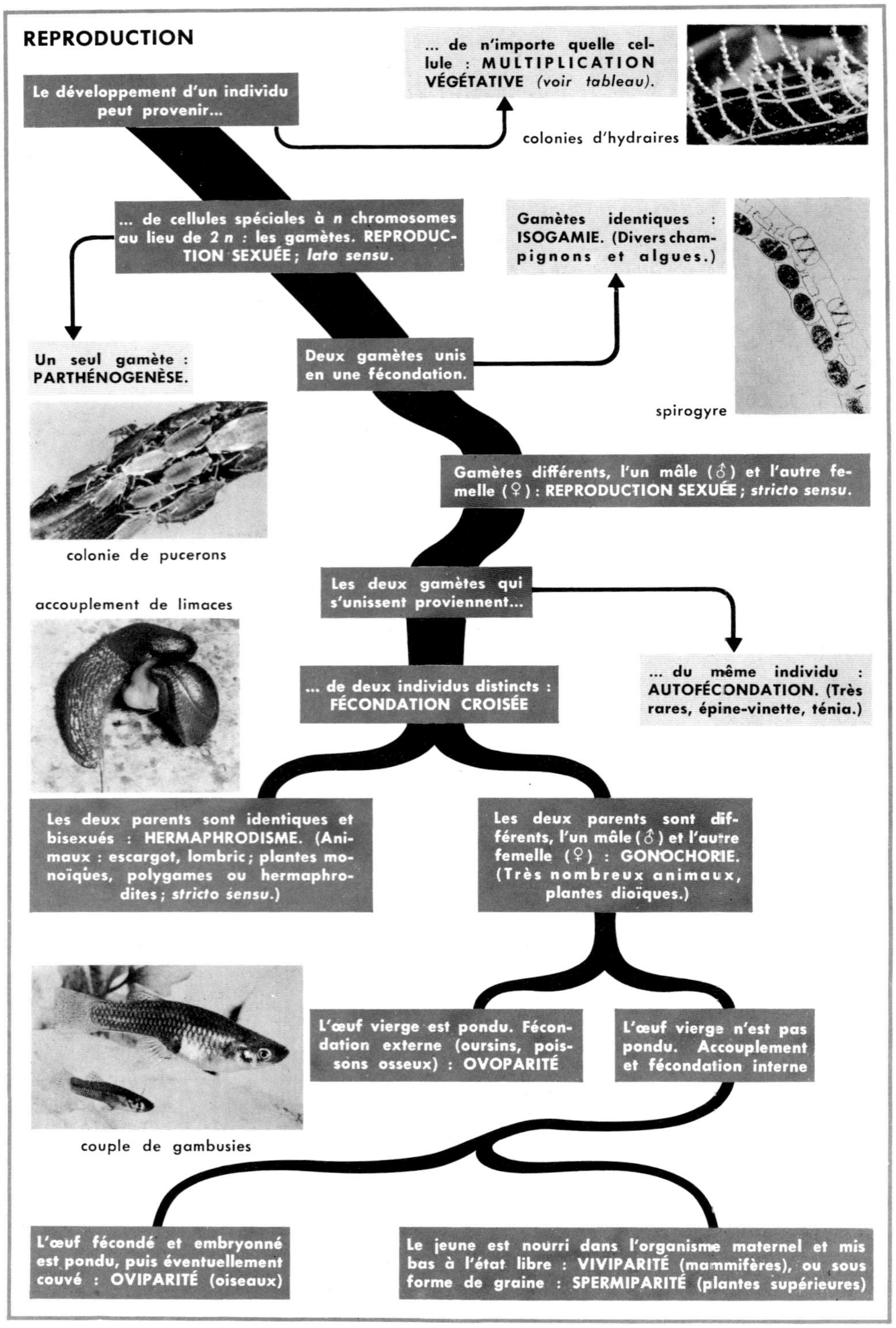

LACERTILIENS

lézard vert

gecko

seps

caméléon

fouette-queue

egernia

TORTUES

tortue grecque

tortue du Mississippi

caret

CROCODILES

alligator

crocodile du Nil

Phot. Six (4), Markham, Six, Lauros - Atlas-Photo, Margiocco (2), Six, J.-F. et M. Terrasse.

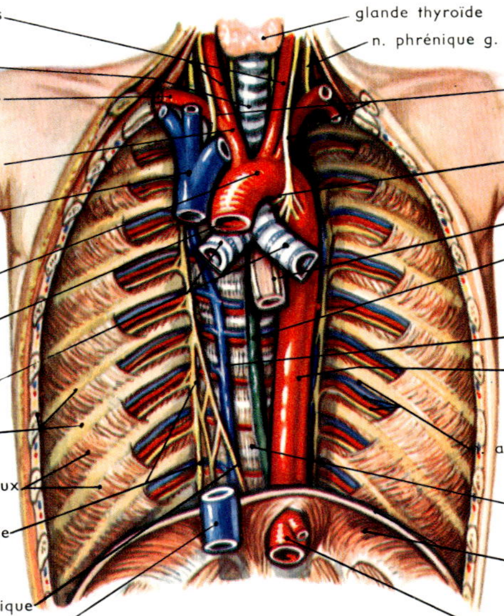

PLANS PROFONDS

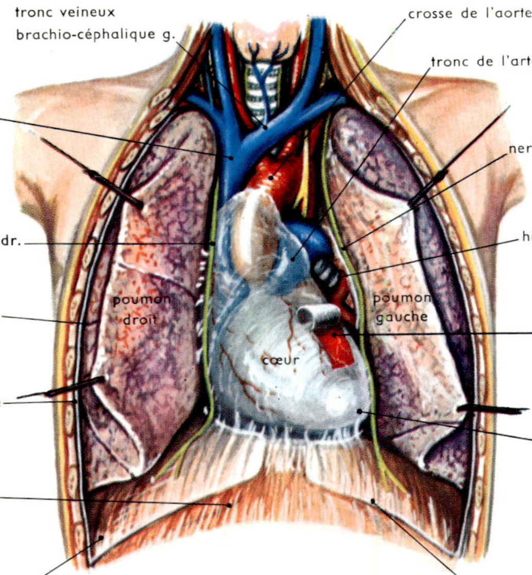

PLANS ANTÉRIEURS
poumons réclinés

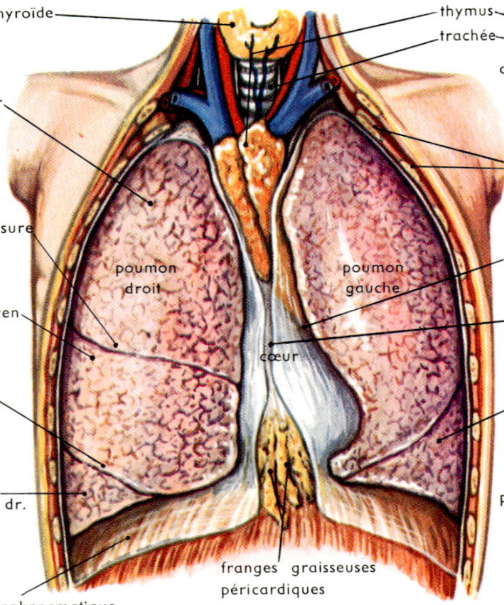

PLANS SUPERFICIELS
thorax d'enfant

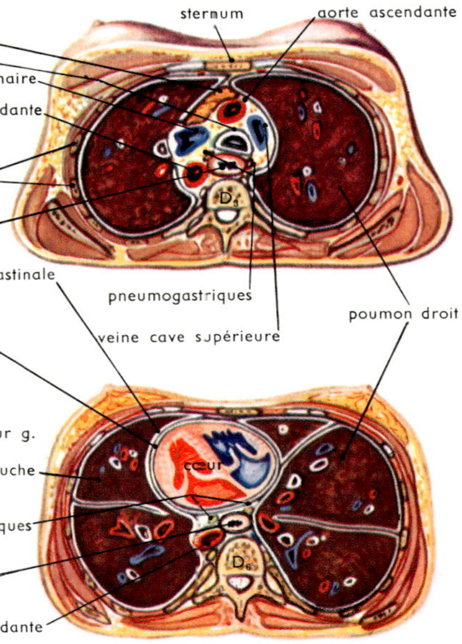

COUPES HORIZONTALES
passant par les 3e et 6e vertèbres dorsales

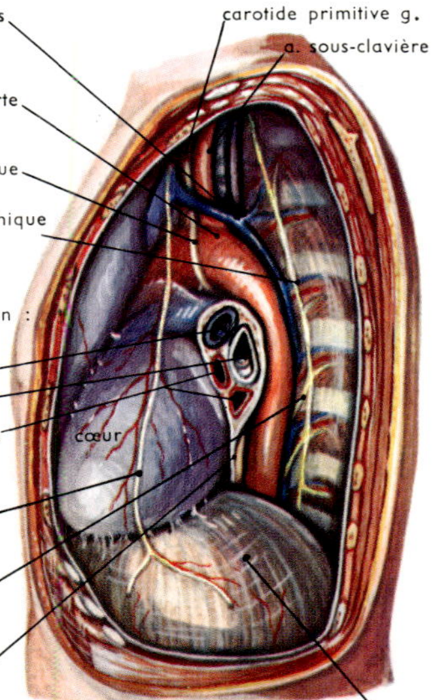

MÉDIASTIN
vue latérale gauche

PHOTOGRAPHIES ENDOSCOPIQUES
œsophagoscopie

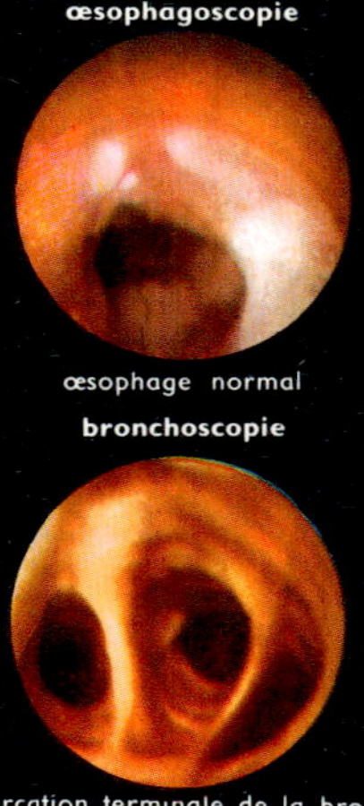
œsophage normal
bronchoscopie
trifurcation terminale de la bronche du lobe inférieur gauche

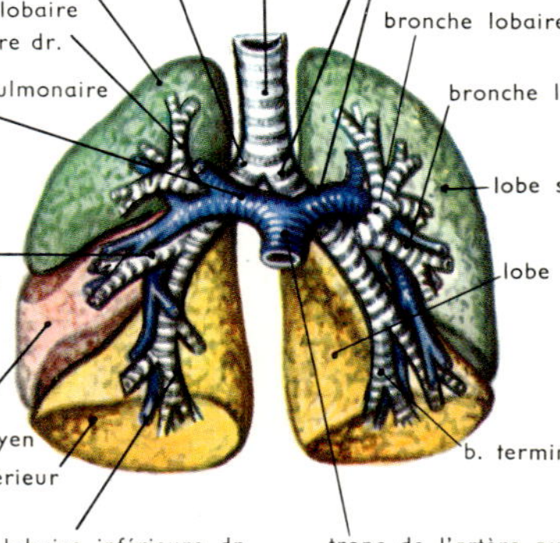

VENTILATION ET CIRCULATION ARTÉRIELLE PULMONAIRES

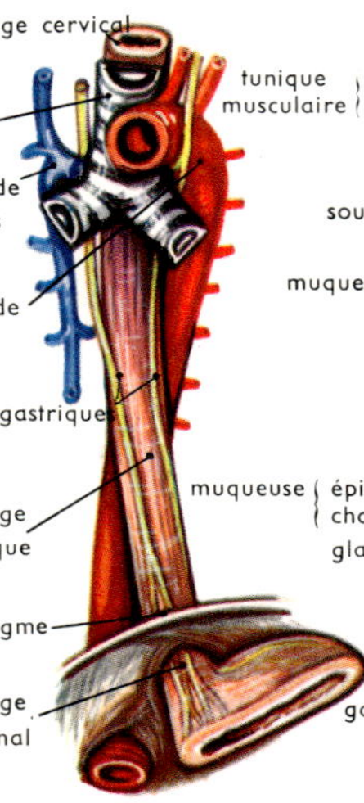

ŒSOPHAGE **vue antérieure**

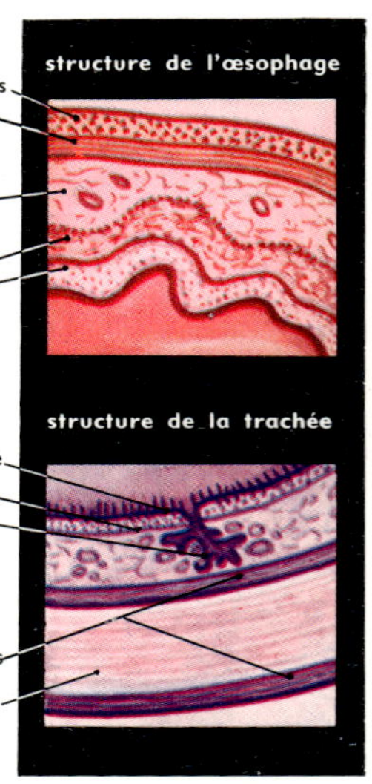

réformes sont alors entreprises, portant sur la majorité, qui est ramenée à dix-huit ans, sur la libéralisation de l'avortement, sur les modalités du divorce, sur certains impôts (suppression de la patente).

répudiation n. f. Action de répudier ; son résultat.

répudier [repydje] v. t. (lat. *repudiare*). Renvoyer sa femme avec les formalités légales : *Philippe Auguste répudia la reine Isambour.* ‖ Rejeter, renoncer à : *répudier une politique.*

répugnance n. f. Aversion pour quelqu'un ou pour quelque chose. (Syn. : ANTIPATHIE, DÉGOÛT, NAUSÉE, RÉPULSION.)

répugnant, e adj. Qui inspire de la répugnance.

répugner [repyɲe] (**à**) v. t. ind. (lat. *repugnare*, s'opposer). Avoir de la répugnance : *répugner à faire une chose.* ‖ Inspirer de la répugnance : *cet homme me répugne.*

répulsif, ive adj. (du lat. *repulsus*, repoussé). Qui repousse : *force répulsive.* ‖ *Fig.* Qui déplaît, repousse : *physionomie répulsive.*

répulsion [repylsjɔ̃] n. f. (lat. *repulsio*, action de repousser). Résultat des forces qui tendent à éloigner deux corps l'un de l'autre : *la répulsion de deux corps électrisés.* ‖ *Fig.* Répugnance, aversion : *éprouver de la répulsion pour quelqu'un.* ‖ — Contr. : ATTRACTION, ATTRAIT.

réputation n. f. Opinion publique favorable ou défavorable : *avoir une bonne réputation.* ‖ Renom, estime : *compromettre sa réputation.*

réputé, e adj. Qui jouit d'un grand renom : *médecin réputé.*

requérable adj. *Dr.* Que le créancier doit aller chercher : *rente requérable.*

requérant, e adj. et n. *Dr.* Qui requiert, qui demande en justice.

requérir [rəkerir] v. t. (lat. *requirere ;* de *re*, et *quaerere*, chercher) [conj. **13**]. Demander en justice : *requérir l'application d'une peine.* ‖ Sommer : *requérir quelqu'un de faire une chose.* ‖ Délivrer à une autorité militaire une réquisition de la force armée : *requérir le général commandant la région militaire.* ‖ *Fig.* En parlant des choses, demander, exiger : *travaux qui requièrent une grande application.*

Requeséns (Luis DE ZÚÑIGA Y), général et homme d'Etat espagnol, né à Barcelone (1528-1576). Gouverneur des Pays-Bas en 1573, il ne put y dompter l'insurrection.

requête [rəkɛt] n. f. (de *requeste*, part. pass. de *requérir*). Demande effectuée auprès d'une autorité ayant pouvoir de décision. (La décision prise par un magistrat en réponse à une requête porte le nom d'*ordonnance*.) ‖ Demande écrite ou verbale, supplique : *présenter une requête.* ● *Maître des requêtes*, magistrat qui fait office de rapporteur au Conseil d'Etat. ‖ *Requête civile*, voie de recours extraordinaire consistant à demander à un tribunal la rétractation d'une décision rendue dans certains cas strictement délimités.

requeté [rekete] n. m. Nom donné en Espagne aux volontaires carlistes.

requiem [rekɥijɛm] n. m. inv. (mot lat. qui commence cette prière et qui signifie *repos*). Prière de l'Eglise catholique pour les morts : *chanter un requiem.* ‖ Musique composée sur le texte de cette prière.

Requiem, de Mozart, sa dernière œuvre (1791), chef-d'œuvre, écrit pour solistes, chœurs et orchestre. — D'autres *Requiem* sont dus à Du Caurroy, Moulinié, Gilles, Campra, Palestrina, de Lassus, Brahms, Verdi, Fauré. Berlioz avait écrit une *Grand-Messe des morts.*

requin [rəkɛ̃] n. m. (orig. obscure). Nom commun aux poissons cartilagineux de la section des *squaloïdes*, caractérisés par leur corps fusiforme, leurs dents tranchantes et leur nage rapide à la surface des mers.
— ENCYCL. Les *requins* abondent dans toutes les mers. Leur taille adulte varie de 0,5 m (petite roussette) à 18 m (requin baleine), mais la plupart des espèces mesurent de 2 à 3 m. Ces poissons ont une sorte de rostre surmontant une bouche ventrale. Il y a, derrière une arcade dentaire fonctionnelle, plusieurs rangées de dents de remplacement. Les *écailles placoïdes* qui recouvrent la peau ont la même structure que les dents. L'absence d'opercules permet d'observer cinq paires de fentes branchiales. Le lobe supérieur de la nageoire caudale contient l'extrémité de la colonne vertébrale. L'appareil digestif, le cœur, le système nerveux, l'appareil génital, le sang présentent de profondes différences avec ceux des poissons osseux, ainsi que le squelette, entièrement cartilagineux. Le régime est généralement carnivore (plusieurs espèces sont dangereuses pour l'homme), la reproduction comporte un accouplement, et chez certains requins (émissole) on observe une véritable gestation placentaire et vivipare.

requinquer [rekɛ̃ke] v. t. (pour *reclinquer ;* de *clinquant*). *Fam.* Redonner une belle apparence. ‖ **— Se requinquer** v. pr. *Fam.* Se rétablir après une maladie.

requis [rəki], **e** [-iz] adj. (de *requérir*). Convenable, nécessaire : *les conditions requises pour la retraite.*

requis n. m. Civil désigné par les pouvoirs publics pour exercer un emploi déterminé, qu'il ne peut refuser.

réquisition [rekizisjɔ̃] n. f. Demande incidente faite à l'audience, pour requérir la représentation d'une pièce ou d'une personne : *prendre des réquisitions.* ● *Réquisition civile*, opération par laquelle les pouvoirs publics

requins

ci-contre, requin bleu montrant les cinq fentes branchiales
ci-dessous, mâchoire d'*isurus* montrant les dents de remplacement
à droite, *carcharhinus* montrant la caudale vertébrée

réséda

exigent d'une personne ou d'une collectivité soit une prestation de service, soit la remise d'un bien (voiture, usine, local d'habitation, etc.). [Les réquisitions civiles sont régies par les lois du 3 juillet 1877 et du 11 juillet 1938.] ‖ *Réquisition de la force armée*, acte par lequel certaines autorités civiles confient par écrit à une autorité militaire une mission de maintien de l'ordre ou de police judiciaire. (La forme et la procédure des réquisitions de la force armée pour le maintien de l'ordre sont déterminées de façon très précise. C'est ainsi, notamment, que l'autorité civile doit obligatoirement adresser à l'autorité militaire déjà requise une nouvelle réquisition complémentaire spéciale, s'il doit être fait usage des armes.) ‖ — Pl. Syn. de RÉQUISITOIRE.

réquisitionner v. t. Procéder à des réquisitions : *réquisitionner des vivres, des logements.*

réquisitoire n. m. (du lat. *requisitus*, recherché). Développement écrit ou oral par lequel le procureur de la République — ou son substitut — demande au juge d'appliquer la loi à un inculpé. (Syn. RÉQUISITIONS.) ‖ Reproches violents.

réquisitorial, e, aux adj. Qui tient du réquisitoire : *plaidoyer réquisitorial.*

Réquista (12170), ch.-l. de c. de l'Aveyron (arr. de Rodez) ; 2 904 h.

resaler v. t. Saler de nouveau.

rescapé [rɛskape], **e** adj. et n. (forme picarde de *réchappé*). Sorti sain et sauf d'un danger ou d'une catastrophe.

rescindable adj. *Dr.* Qui peut être rescindé : *contrat rescindable.*

rescindant, e adj. *Dr.* Qui donne lieu à la rescision : *circonstances rescindantes.*

rescinder [resɛ̃de] v. t. (lat. *rescindere*). *Dr.* Casser, annuler : *rescinder une convention.*

rescision n. f. (lat. *rescissio*). *Dr.* Annulation d'un acte pour cause de vice radical.

rescisoire adj. (lat. *rescisorius*). *Dr.* Qui donne lieu à la rescision : *clause rescisoire.*

rescisoire n. m. Action intentée sur le fond, après que l'acte ou le jugement a été annulé.

rescousse [rɛskus] n. f. (préf. *re*, et lat. *excussa*, secousse). Nouvelle attaque (vx). ‖ **— A la rescousse** loc. adv. *Venir à la rescousse*, venir au secours.

rescrit [rɛskri] n. m. (lat. *rescriptum*). A Rome, réponse de l'empereur aux questions adressées par les gouverneurs des provinces, les juges, etc., au sujet de certaines difficultés à résoudre. ‖ Ordonnance du chef de l'Etat dans certains pays. ‖ Lettre du pape (bulle ou bref) en faveur de certaines personnes et pour une affaire particulière.

réseau [rezo] n. m. (dimin. de *rets*). Fond de dentelle à mailles géométriques. ‖ Entrelacement des vaisseaux sanguins. ‖ Ensemble de voies ferrées, de lignes téléphoniques, de postes radiophoniques, etc. ‖ Ensemble des personnes qui sont en liaison en vue d'une action clandestine : *sous l'occupation allemande de 1940-1944, les résistants constituèrent des réseaux.* ‖ *Phys.* Ensemble de traits fins, parallèles et très rapprochés, qui diffractent la lumière. ‖ *Zool.* Bonnet, deuxième poche de l'estomac des ruminants. ● *Réseaux de communication* (Psychol. sociale), ensemble des moyens par lesquels les membres d'un groupe communiquent entre eux. ‖ *Réseau cristallin*, disposition régulière des atomes au sein d'un cristal.

résection [resɛksjɔ̃] n. f. (du lat. *resecare*, retrancher). *Chir.* Action de couper, de retrancher une portion d'organe, en rétablissant la continuité de sa fonction : *résection intestinale.* ● *Résection endoscopique*, résection d'une lésion de la prostate ou de l'urètre par les voies naturelles, avec un endoscope spécial.

réséda [rezeda] n. m. (du lat. *resedare*, calmer). Plante type de la famille des *résédacées*, dicotylédone dialypétale, dont on cultive une espèce originaire d'Afrique, pour ses fleurs odorantes. (La *gaude* est un réséda indigène dont on extrayait une teinture jaune.)

réséquer [reseke] v. t. (lat. *resecare*). Faire la résection : *réséquer un os.*

réserpine [rezɛrpin] n. f. Alcaloïde utilisé comme apaisant dans le traitement de certains troubles maniaques.

réservataire [rezɛrvatɛr] n. et adj. *Dr.* Héritier qui ne peut être légalement écarté d'une succession.

réservation n. f. Action de retenir une place dans un avion, sur un bateau, une chambre dans un hôtel, etc.

réserve [rezɛrv] n. f. Action de mettre de côté. ‖ Chose réservée : *faire des réserves de sucre.* ‖ Toute surface soustraite momentanément, à l'aide d'un isolant ou autrement, à l'action d'un colorant, d'une encre, d'un acide, etc. ‖ Portion de bois qu'on réserve dans une coupe, qu'on laisse croître en haute futaie. ‖ Dans certains pays, territoire réservé aux indigènes : *les réserves indiennes du Canada.* ‖ *Chass.* et *Pêch.* Canton réservé pour le repeuplement. ‖ Ensemble des citoyens soumis aux obligations militaires légales et qui ne sont plus en service actif. (V. *encycl.*) ‖ Troupe maintenue disponible pour être envoyée en renfort. ‖ Fraction de sa succession dont une personne ne peut disposer au détriment de certains héritiers : *la réserve s'oppose à la quotité disponible.* ‖ Dans les collections publiques, ensemble de tableaux, de livres, de pièces, de documents divers qui ne peuvent être ni exposés ni communiqués sans contrôle. ‖ — *Fig.* Prudence qui

Phot. Lerner, Buzzini, Couzett et Huber-Rapho, Cousteau.

retient de dire ou de faire : *parler avec réserve.* (Syn. : CIRCONSPECTION, DISCRÉTION, PUDEUR, RETENUE.) ‖ Restriction : *l'amitié n'admet point de réserve.* ● *Réserve légale,* fonds que toute société de capitaux doit constituer jusqu'à concurrence d'un certain montant, au moyen de prélèvements sur les bénéfices. ‖ *Réserve naturelle,* territoire délimité et réglementé pour la sauvegarde de l'ensemble des espèces animales et végétales qui y ont élu domicile (*réserve naturelle intégrale*), ou de certaines d'entre elles (*réserve botanique, zoologique, ornithologique,* etc.). ‖ — Pl. *Dr.* Clauses restrictives. ‖ Protestation que l'on fait contre le sens d'un acte que l'on accomplit. ‖ *Physiol.* Substances entreposées dans un organe en vue de leur utilisation ultérieure. (V. *encycl.*) ‖ — Loc. adv. **En réserve,** à part, de côté : *mettre en réserve.* ‖ **Sans réserve,** sans exception, sans restriction. ‖ **Sous toute réserve,** en faisant la part de toute rectification possible ; sans garantie.

— ENCYCL. *Physiol.* Il est exceptionnel qu'un être vivant exploite immédiatement et directement l'énergie contenue dans les aliments qu'il vient d'absorber. En règle générale, un être vivant se nourrit de ses *réserves,* et le rôle de l'alimentation est de reconstituer celles-ci. Chez les êtres les plus simples, les réserves sont réparties dans tout le corps, mais animaux et végétaux supérieurs ont des *organes de réserve* spécialisés. Chez l'homme, le foie constitue un organe de réserve pour les glucides (glycogène), les lipides et le fer, tandis que la graisse dermique est une importante réserve lipidique, le squelette une réserve de calcium, la lymphe interstitielle une réserve organique et minérale polyvalente, la rate un organe de stockage pour les globules rouges, les muscles eux-mêmes une réserve protidique en cas de famine. Une régulation complexe assure dans chaque cas l'approvisionnement ou, au contraire, l'exploitation des diverses réserves. Chez les végétaux, la spécialisation des organes de réserve est encore plus marquée : un rhizome d'iris, une racine pivotante de carotte, un bulbe d'oignon, un tubercule de pomme de terre sont des *organes souterrains pérennants :* ils survivent en hiver quand le reste de la plante est mort, et ils reforment au printemps suivant de nouvelles « pousses », comme ferait une graine en germination.

L'humanité tire un parti majeur pour son alimentation de tels organes pérennants. A ces réserves des organismes adultes, il faut ajouter les *réserves initiales* contenues dans les œufs ou dans les graines et chargées d'alimenter l'embryon jusqu'au jour où il aura acquis les organes nécessaires pour se nourrir par lui-même. Le jaune et le blanc des œufs de poule, la farine des grains de blé ou des haricots, l'huile de noix soulignent ici encore le parti alimentaire que l'homme tire des réserves organiques.

La fonction des masses nutritives accumulées dans les *fruits charnus* est beaucoup moins évidente, et on ne les classe pas parmi les réserves.

— *Mil.* L'organisation des *réserves* a été à nouveau modifiée en 1965 par la loi de recrutement du service* national. Désormais, à l'issue des cinq années passées dans le service actif et la disponibilité, les citoyens sont versés dans la réserve*, d'abord pendant douze ans au titre des obligations du service militaire, puis jusqu'à l'âge de cinquante ans au titre des obligations du service de défense. D'autre part, les statuts des *officiers et sous-officiers de réserve* ont été eux aussi modifiés et ils ont notamment prévu que la durée des obligations du service militaire des cadres de réserve serait en principe la même que celle des hommes du rang.

réservé, e adj. Discret, circonspect : *langage réservé.* ● *Cas réservé,* péché que le pape ou l'évêque peuvent seuls absoudre.

réserver v. t. (lat. *reservare*). Mettre à part quelque chose d'un tout : *réserver une part du butin.* ‖ Garder pour un autre temps, pour un autre usage : *réserver quelque argent pour des besoins imprévus.* ‖ Destiner : *à quoi réservez-vous cela ?* ‖ — **Se réserver** v. pr. Attendre : *se réserver pour une autre occasion.* ● *Se réserver à* ou *de faire quelque chose,* attendre pour faire cette chose le moment qu'on jugera convenable.

réserviste n. m. Celui qui appartient à la réserve des forces armées.

réservoir n. m. Lieu aménagé pour y tenir certaines choses en réserve. ‖ Récipient destiné à recevoir un liquide : *réservoir d'essence.*

résidant, e adj. Qui réside : *le lieu où il est résidant.* ‖ — Adj. et n. Se dit de fonctionnaires qui résident dans la ville où ils ont leur travail.

résidence n. f. Demeure habituelle dans un lieu déterminé : *la résidence ne coïncide pas toujours avec le domicile légal.* ‖ Séjour obligé au lieu où l'on exerce une fonction : *évêque astreint à la résidence.* ‖ Groupe d'habitations d'un certain confort. ● *Résidence secondaire,* lieu d'habitation, en propriété ou en location permanente, s'ajoutant au logement habituel, et dans lequel, en général, on séjourne pendant les vacances et les week-ends.

résident n. m. Personne qui réside dans un autre endroit que son pays d'origine. ● *Résident général,* haut fonctionnaire qui était placé par un pays protecteur auprès du souverain d'un pays sous protectorat.

résidentiel [rezidɑ̃sjɛl], **elle** adj. Réservé aux habitations privées : *quartier résidentiel.*

résider [rezide] v. i. (lat. *residere,* demeurer). Demeurer, être établi en quelque endroit. ‖ — *Fig.* Avoir son fondement, sa place dans : *le pouvoir réside dans le peuple.* ‖ Consister en : *en cela réside la difficulté.*

résidu [rezidy] n. m. (lat. *residuus,* qui est de reste). Ce qui reste. ‖ Reste des substances soumises à l'action de divers agents : *les cendres sont le résidu de la combustion du bois.* ‖ Syn. de RESTE, dans une division. ● *Méthode des résidus,* une des méthodes d'induction préconisées par J. Stuart Mill, et qui consiste à retrancher d'un phénomène la portion dont on connaît déjà les causes, afin de trouver par élimination les causes de la portion restante.

résiduaire adj. Qui forme un résidu : *eaux résiduaires.*

résiduel, elle adj. Qui provient d'un reste. ● *Relief résiduel,* massif qui a été préservé de l'érosion.

résignation n. f. Soumission à la volonté de quelqu'un, au destin : *souffrir avec résignation.*

résigné, e adj. Qui supporte un mal sans révolte : *malade résigné.*

résigner [reziɲe] v. t. (lat. *resignare,* décacheter). Renoncer volontairement à ; se démettre de : *résigner ses fonctions.* ‖ — **Se résigner** v. pr. Se soumettre sans protestation ; accepter en dépit de ses répugnances : *se résigner à une perte.*

résiliable adj. Qui peut être résilié en cours d'exécution.

résiliation n. f. Annulation d'un contrat par le simple accord de toutes les parties : *résiliation d'un bail.*

résilience n. f. Nombre caractérisant la résistance au choc d'un matériau.

résilier [rezilje] v. t. (lat. *resilire,* se retirer). Mettre fin à une convention, à un contrat, à un acte.

résille [rezij] n. f. (de *réseau*). Sorte de filet dont on enveloppe les cheveux. ‖ Ensemble des minces barres de plomb réunissant les fragments d'un vitrail.

résine [rezin] n. f. (lat. *resina*). Substance visqueuse, insoluble dans l'eau, soluble dans l'alcool, combustible, produite par certains végétaux. (V. *encycl.*) ● *Résine artificielle,* ou *synthétique,* produit artificiel, doué de propriétés analogues à celles de la résine naturelle. (V. *encycl.*)

— ENCYCL. Les *résines naturelles* sont constituées par des dérivés terpéniques. Elles sont principalement fournies par les conifères et les térébinthacées. Elles entrent dans la composition des onguents et dans la préparation de nombreux vernis industriels. Les deux principaux types encore utilisés pour la fabrication de vernis, de peintures et d'enduits sont la colophane et les copals, produits de la sécrétion de plusieurs végétaux en général exotiques.

— Parmi les *résines artificielles,* on distingue : d'une part, les *résines thermoplastiques,* qui se ramollissent par chauffage ; d'autre part, les *résines thermodurcissables,* qui viennent toutes de polycondensation et ne prennent leur dureté définitive qu'après un certain temps de cuisson. La pétrochimie fournit des matières plastiques de structure comparable aux résines naturelles, comme les résines acryliques ou vinyliques.

résiner v. t. Extraire la résine de. ‖ Enduire de résine.

résineux, euse adj. Qui tient de la résine. ‖ — Adj. et n. m. Qui en produit : *bois résineux.*

résingle [resɛ̃gl] n. f. Outil avec lequel l'orfèvre redresse les formes bossuées.

résinier, ère n. Professionnel effectuant des saignées dans les pins et récoltant la résine qui s'en écoule, dans des pots fixés aux arbres. ‖ — Adj. Qui a trait aux produits résineux : *l'industrie résinière.*

résinifère adj. Qui produit de la résine.

résipiscence [resipisɑ̃s] n. f. (du lat. *resipiscere,* se repentir). Reconnaissance de sa faute, avec amendement : *amener, venir à résipiscence.*

résistance n. f. Qualité d'un corps qui réagit contre l'action d'un autre corps. ‖ Force par laquelle on supporte la fatigue, la faim : *soldats qui ont de la résistance.* ‖ Défense contre une attaque : *opposer une forte résistance à des assaillants.* ‖ Opposition, refus de soumission aux volontés d'un autre : *obéir sans résistance.* ‖ Force qui s'oppose au mouvement. (V. *encycl.*) ‖ Quotient d'une différence de potentiel appliquée aux extrémités d'un conducteur par l'intensité du courant qu'elle produit lorsque le conducteur n'est pas le siège d'une force électromotrice. (V. *encycl.*) ‖ Conducteur électrique dont on utilise spécialement la résistance. ‖ *Psychanal.* Tout ce qui s'oppose, au cours de l'investigation psychanalytique, à la « règle fondamentale » de la psychanalyse, selon laquelle le patient doit tout dire à l'analyste sans rien choisir et sans rien exclure volontairement. (La résistance se manifeste par l'arrêt du discours, par l'évitement de certains thèmes ou, subjectivement, par une impression de tension, de malaise, d'anxiété. Les résistances ont un sens psychologique que l'analyse a pour but de rendre conscient.) ● *Centre de résistance,* groupement des organisations défensives d'un bataillon articulé en points d'appui. ‖ *Plat, pièce de résistance,* plat principal d'un repas. ‖ *Résistance de l'air,* force que l'air, même immobile, oppose au déplacement d'un corps et particulièrement à un projectile. ‖ *Résistance des matériaux,* science ayant pour but de déterminer les dimensions des éléments d'une construction afin de leur permettre de résister aux efforts qu'ils auront à supporter. ‖ *Solide d'égale résistance,* forme sous laquelle un corps soumis à une action extérieure supporte des efforts égaux dans toutes ses parties.

— ENCYCL. *Electr.* La *résistance* d'un conducteur est le quotient de la puissance électrique transformée en chaleur par le carré de l'intensité du courant. Pour un fil cylindrique et homogène, elle a pour expression $R = \rho \frac{l}{s}$, *l* étant la longueur, *s* la section et ρ la résistivité.

— *Mécan.* Toute pièce soumise à un effort se déforme et, pour que cette déformation ne devienne pas dangereuse, il faut que la contrainte, ou fatigue, subie par la pièce ne dépasse pas une limite appelée *résistance admissible.* Comme les phénomènes qui interviennent dans ce domaine sont extrêmement complexes et se prêtent mal à l'analyse mathématique, on a été amené à émettre une série d'hypothèses reposant sur les essais effectués et qui conduisent à des résultats suffisamment proches de la réalité pour donner toute sécurité à l'application. L'hypothèse fondamentale suppose la matière constituée par des fibres rectilignes ou curvilignes, mais toutes parallèles et liées les unes aux autres par des forces de liaison.

Résistance (la), nom donné à l'action clandestine menée, au cours de la Seconde Guerre mondiale, par les organisations civiles et militaires de plusieurs pays d'Europe, qui se sont opposés à l'occupation de leur territoire par l'Allemagne.

En France, ces mouvements furent fédérés en 1943 par le Conseil national de la Résistance (C. N. R.), dirigé par Jean Moulin, puis par Georges Bidault, dont les groupes armés, les *Forces françaises de l'Intérieur* (F. F. I.), furent placés en 1944 sous les ordres du général Kœnig. Par son activité (informations transmises aux Alliés, constitution de maquis, sabotages, etc.), la Résistance, qui a compté de nombreuses victimes, a largement contribué en 1944 à la libération du territoire et au renforcement de la Ire armée française.

En Europe occidentale, la Résistance a été très active en Belgique, en Hollande, au Danemark et en Norvège (« bataille de l'eau lourde »). La Résistance s'affirma de façon très violente en Tchécoslovaquie (Lidice), en Pologne (Varsovie) et dans les territoires occupés par la Wehrmacht en U. R. S. S. En Yougoslavie et en Grèce, la lutte fut également très dure, d'abord contre les Allemands, mais aussi entre maquis communistes et royalistes.

résistant, e adj. Qui oppose de la résistance : *l'acajou est un bois résistant.* ‖ Qui refuse de se soumettre à l'oppresseur. ‖ — N. Membre des organisations de résistance pendant la Seconde Guerre mondiale.

Resistencia, v. de l'Argentine, cap. du territoire du Chaco, sur le Paraná ; 94 000 h.

résister [reziste] **(à)** v. t. ind. (lat. *resistere,* se tenir ferme). Ne pas céder au choc d'un autre corps : *le fer froid résiste au marteau.* ‖ Opposer la force à la force, se défendre : *résister aux attaques de l'ennemi.* ‖ *Fig.* Tenir ferme, ne pas succomber : *résister à la fatigue, à la tentation.*

résistivité n. f. Caractéristique électrique d'une substance conductrice, numériquement égale à la résistance d'un cylindre de cette substance de longueur et de section unités.

Reşiţa, v. de Roumanie (Banat) ; 56 700 h. Métallurgie.

Resnais (Alain), metteur en scène de cinéma français, né à Vannes en 1922. Après avoir tourné quelques courts et moyens métrages (*Van Gogh,* 1948 ; *Guernica,* 1950 ; *Nuit et brouillard,* 1955), il obtint un grand succès de critique avec *Hiroshima mon amour* (1959), qui marqua un renouvellement dans le cinéma français, *l'Année dernière à Marienbad* (1961), *Muriel* (1963), *La guerre est finie* (1965) et *Je t'aime, je t'aime* (1967).

résolu [rezɔly], **e** adj. (part. pass. de *résoudre*). Qui est ferme dans ses projets, dans ses desseins ; hardi, déterminé : *homme résolu.*

résoluble adj. Dont la solution est possible : *ce problème n'est pas résoluble.* ‖ Qui peut être annulé : *contrat résoluble.*

résolument adv. Avec résolution ; avec courage : *marcher résolument au combat.*

résolutif, ive adj. et n. m. Se dit de médicaments qui déterminent la résolution des engorgements : *cataplasme résolutif.*

résolution n. f. (lat. *resolutio,* action de relâcher). Action de se résoudre, de se réduire : *résolution d'un nuage en pluie.* ‖ Moyen par lequel on tranche un cas douteux, une question : *résolution d'une difficulté, d'un problème.* ‖ Dessein que l'on prend : *former une résolution.* ‖ Fermeté, hardiesse : *manquer de résolution.* (Contr. : INDÉCISION, INDÉTERMINATION, IRRÉSOLUTION,

Alain Resnais
une scène de « Hiroshima mon amour »

Phot. X.

LÂCHETÉ.) ‖ *Dr.* Dissolution d'un contrat pour inexécution des conditions ou des charges. ‖ Motion adoptée par une assemblée délibérante, qui constitue soit un simple vœu, soit une disposition du règlement intérieur. ‖ *Mus.* Arrêt provisoire ou définitif d'un passage mélodique ou d'un enchaînement d'accords, qui aboutissent à un temps de repos. ● *Résolution d'une équation* (Math.), détermination des racines de cette équation. ‖ *Résolution d'un triangle* (Math.), calcul, à partir de trois éléments qui déterminent ce triangle, des autres éléments de ce triangle. ‖ *Résolution d'une tumeur* (Méd.), action par laquelle elle disparaît peu à peu.

résolutoire adj. Qui a pour objet de résoudre un acte : *condition résolutoire.*

résolvante [rezɔlvɑ̃t] n. f. *Résolvante d'une équation* (Math.), seconde équation dont la résolution facilite celle de la première.

résonance n. f. Propriété d'accroître la durée ou l'intensité du son : *la résonance d'une salle.* ‖ Mode de transmission des ondes sonores par un corps. ‖ *Phys.* Grande augmentation de l'amplitude d'une oscillation sous l'influence d'impulsions régulières de même fréquence. ● *Caisse de résonance* (Fig.) média, organisme, groupement quelconque, grâce auxquels se développent des discussions, d'où sont diffusées des informations relatives à une question donnée : *ce congrès médical a servi de caisse de résonance aux problèmes de l'avortement.* ‖ *Résonance électrique,* phénomène analogue à la résonance physique, produit par induction à distance.

résonateur n. m. Appareil qui vibre par résonance : *un résonateur acoustique.*

résonnant, e adj. Susceptible d'entrer en résonance : *circuit résonnant.*

résonnement n. m. Retentissement et renvoi du son.

résonner [rezɔne] v. i. (lat. *resonare*). Renvoyer le son, retentir : *cette salle résonne trop.* ‖ Rendre un son prolongé ; être sonore : *cette cloche résonne bien.*

résorber [rezɔrbe] v. t. (lat. *resorbere,* absorber). Opérer la résorption d'une humeur. ‖ *Fig.* Faire disparaître : *résorber un déficit.* ‖ — **Se résorber** v. pr. Disparaître par résorption.

résorcine [rezɔrsin] n. f., ou **résorcinol** [-nɔl] n. m. Phénol dérivé du benzène : *la résorcine est antiseptique et réductrice.*

résorption [rezɔrpsjɔ̃] n. f. Action d'absorber de nouveau. ‖ *Méd.* Absorption interne.

résoudre [rezudr] v. t. (lat. *resolvere,* délier) [conj. **54**]. Décomposer un corps en ses éléments constituants. ‖ Faire disparaître peu à peu : *résoudre une tumeur.* ‖ — *Fig.* Prendre une détermination, décider : *il a résolu de changer de conduite.* ‖ Annuler : *résoudre un contrat.* ‖ Trouver la solution, décider d'une question : *résoudre un problème.* ● *Résoudre une équation* (Math.), déterminer les valeurs qui, substituées à l'inconnue, transforment l'équation en identité. ‖ — **Se résoudre** v. pr. Se déterminer : *se résoudre à partir.* ‖ Se changer en : *les nuages se résolvent en pluie.*

respect [rɛspɛ] n. m. (lat. *respectus,* égard). Sentiment qui porte à traiter quelqu'un ou quelque chose avec de grands égards, une profonde déférence : *respect filial ; respect des lois.* ● *Respect humain,* crainte qu'on a du jugement des hommes. ‖ *Sauf votre respect,* que cela ne vous offense pas. ‖ *Tenir quelqu'un en respect,* le contenir, lui en imposer. ‖ — Pl. Hommages, civilités : *présenter ses respects.*

respectabilité n. f. (angl. *respectability*). Qualité d'une personne respectable.

respectable adj. Digne de respect. ‖ D'une importance dont on doit tenir compte ; assez grand : *un nombre respectable de convives.*

respecter [rɛspɛkte] v. t. Avoir du respect, de la déférence pour quelqu'un : *respecter les vieillards.* ‖ Ne porter aucune atteinte à quelque chose : *respecter le bien d'autrui.* ‖ — *Fig.* Traiter avec égard, ménager : *certains enfants ne respectent rien.* ‖ Avoir égard à ; ne pas troubler : *respecter le travail, le sommeil de quelqu'un.* ‖ — **Se respecter** v. pr. Garder les bienséances qui conviennent à sa situation, à sa dignité.

respectif [rɛspɛktif], **ive** [-iv] adj. (du lat. *respectus,* égard). Qui concerne chaque personne, chaque chose, par rapport aux autres.

respectivement adv. De façon respective.

respectueusement adv. Avec respect.

respectueux, euse adj. Qui témoigne du respect : *enfant respectueux.* ‖ Qui marque du respect ; qui est empreint de respect : *langage respectueux.*

Respighi (Ottorino), compositeur italien, né à Bologne (1879-1936), auteur de poèmes symphoniques (*les Pins de Rome, les Fontaines de Rome*) et d'œuvres lyriques.

respirable adj. Qu'on peut respirer : *l'air trop chargé de gaz carbonique cesse d'être respirable.*

respirateur adj. m. Qui sert à la respiration : *muscles respirateurs.* ‖ — N. m. Appareil employé pour pratiquer la respiration artificielle.

respiration n. f. Fonction par laquelle les cellules vivantes oxydent les substances organiques, et qui se manifeste par une consommation d'oxygène et un rejet de gaz carbonique et d'eau avec production d'énergie. (V. *encycl.*) ‖ Fonction des organes (appareil respiratoire) permettant ces échanges gazeux. ● *Respiration artificielle,* traitement de l'asphyxie et des paralysies respiratoires qui consiste à provoquer manuellement ou avec des appareils les mouvements respiratoires lorsque ceux-ci ne se font pas naturellement. ‖ *Respiration assistée* ou *contrôlée,* méthode permettant d'assurer le fonctionnement de l'appareil respiratoire pendant les anesthésies et certains états pathologiques.

— ENCYCL. La *respiration* se produit de façon constante et dans chaque cellule de l'organisme ; elle se traduit par le fait que la cellule absorbe de l'oxygène moléculaire et rejette de l'eau et du gaz carbonique. La respiration cellulaire correspond à une oxydation des glucides, des lipides et des protides. Dans chaque cas, il y a une succession de réactions au cours desquelles la substance en cause est progressivement oxydée. Toutes ces réactions, qui se font par l'intermédiaire d'enzymes, libèrent de l'énergie. Le bilan global de la combustion du glucose, par exemple, est :

$$C_6H_{12}O_6 + 6O_2 \rightarrow 6CO_2 + 6H_2O + \text{énergie.}$$

Bien entendu, le détail des réactions est beaucoup plus complexe. De nombreux *enzymes respiratoires* intracellulaires ionisent, transportent, fixent ou détachent l'oxygène, l'hydrogène et le carbone des aliments, de sorte que l'énergie apparaît « en petite monnaie », aussitôt engagée dans des synthèses organiques ou des actes fonctionnels (sécrétion glandulaire, contraction musculaire) avec le minimum de formation de chaleur. L'emploi des isotopes radio-actifs a montré récemment que l'oxygène contenu dans le CO_2 rejeté par nos poumons provient non pas de l'oxygène respiratoire, mais de celui des aliments. A elle seule, la *respiration cellulaire* est donc un phénomène très complexe.

Lorsque l'organisme a une grande taille, la plupart de ses cellules sont enfouies, loin de l'air ou de l'eau constituant le milieu respiratoire. L'oxygène est alors conduit jusqu'aux cellules et le gaz carbonique en est évacué par un appareil *circulatoire, respiratoire* ou *mixte.*

A. *Prédominance de la circulation :* chez un ver de terre et, dans une large mesure, chez une grenouille, c'est à travers la peau, sans appareil spécial, que l'oxygène pénètre dans l'organisme, et le transport des gaz respiratoires est entièrement assuré par le sang. Il y a *respiration cutanée.*

B. *Prédominance de la respiration :* chez les insectes, un système de tuyaux ramifiés à l'extrême, les trachées et trachéoles, conduit l'oxygène jusqu'à chacune des cellules. Dans cette *respiration trachéenne,* le sang ne joue aucun rôle respiratoire.

C. *Les systèmes mixtes :*

a) *Les branchies :* propres aux animaux aquatiques (mollusques, crustacés, poissons), ce sont des expansions localisées, d'une très grande superficie, au niveau desquelles le sang puise l'oxygène de l'eau et rejette le gaz carbonique ;

b) *Les poumons :* propres aux animaux aériens (vertébrés terrestres, araignées, escargots), ce sont des cavités ouvertes sur l'extérieur par un orifice étroit, et le sang puise l'oxygène et rejette le gaz carbonique à travers la paroi plus ou moins plissée de cette cavité (chez l'homme la surface de la paroi des poumons atteint 200 m²). Ce système diminue énormément l'intensité de l'évaporation. Qu'il y ait des trachées, des branchies ou des poumons, la respiration exige des *mouvements respiratoires* en vue du remplacement rapide de l'air ou de l'eau après usage.

D. *La respiration végétale :* les plantes vertes éclairées élaborent elles-mêmes leur oxygène par photosynthèse*. A l'obscurité, ou dans leurs parties non vertes, elles présentent une respiration observable, les échanges gazeux se faisant par les *stomates* des feuilles. Les plantes aquatiques ont des dispositifs particuliers pour atteindre l'oxygène (*pneumatophores* des racines du cyprès chauve) ou pour le stocker (lacunes aérifères).

Chez l'homme, les phénomènes mécaniques de la respiration comportent le passage des gaz dans les voies respiratoires supérieures (nez, bouche, pharynx, larynx, trachée), où ils sont débarrassés des poussières et réchauffés, puis leur acheminement dans les alvéoles pulmonaires. Les mouvements gazeux se font sous l'action des changements de volume de la cage thoracique (inspiration et expiration), provoqués par des muscles (diaphragme, intercostaux, pectoraux, muscles du dos) et commandés par un centre nerveux (centre respiratoire) situé dans le bulbe rachidien. Le volume gazeux maximal rejeté par une expiration forcée après une inspiration forcée est la capacité vitale ; c'est l'un des éléments permettant de mesurer la fonction respiratoire. Le rapport entre la quantité d'oxygène (O_2) consommé et celle de gaz carbonique (CO_2) rejeté est le quotient respiratoire $\frac{CO_2}{O_2} = QR.$

Ce quotient est de 1 si l'organisme consomme uniquement des glucides, de 0,80 s'il consomme des protides et de 0,70 s'il consomme des lipides. En moyenne, le quotient respiratoire est de 0,85 à 0,90 ; s'il s'abaisse, c'est que l'organisme consomme ses réserves de lipides (donc est dénutri). Lorsque la pression partielle d'oxygène diminue (altitude), l'organisme compense immédiatement le déficit par augmentation de l'amplitude et de la fréquence des mouvements respiratoires, puis par une mise en circulation accélérée de globules rouges. Une gêne apportée aux échanges respiratoires (corps étranger des voies respiratoires, immersion, paralysie respiratoire) provoque l'asphyxie, dont les manifestations immédiates sont l'anoxémie et l'anoxie.

La respiration artificielle permet de pallier l'arrêt des mouvements respiratoires chez les noyés, les électrocutés, les intoxiqués par l'oxyde de carbone et tous sujets qui ne respirent pas, mais dont le cœur continue à battre, notamment le nouveau-né dans les cas où il ne respire pas dès l'expulsion. Le moyen le plus facile, le plus rapide de respiration artificielle est le bouche-à-bouche, qui nécessite une désobstruction des voies respiratoires, une mise en extension de la tête (portée en arrière), l'ouverture de la bouche et l'insufflation rythmée de l'air d'expiration du sauveteur dans la bouche du sujet.

Différentes méthodes (de Sylvester, de Schaefer, de Nielsen-Hederer) permettent de rétablir artificiellement les mouvements respiratoires en agissant sur la cage thoracique et les membres supérieurs. Des appareils respirateurs et respirateurs permettent d'aider ou de suppléer les actions manuelles sur le thorax, ainsi que d'effectuer l'insufflation d'oxygène dans les voies respiratoires.

respiratoire adj. Qui se rapporte à la respiration : *insuffisance respiratoire.* ● *Appareil respiratoire,* ensemble des organes servant à la respiration. (V. *encycl.*) ‖ *Quotient respiratoire,* rapport du volume de gaz carbonique expiré au volume d'oxygène absorbé pendant le même temps par un animal ou un végétal. (V. RESPIRATION.)

— ENCYCL. L'*appareil respiratoire* comprend les voies respiratoires supérieures, les bronches et les poumons. Les voies respiratoires supérieures sont constituées par le nez et ses cavités accessoires (sinus), la bouche, le pharynx, le larynx et la trachée. Les bronches souches (droite et gauche) font suite à cette dernière et gagnent chacune le poumon correspondant, où elles se divisent en bronches lobaires, lobulaires et bronchioles, aboutissant aux alvéoles, où se font les échanges respiratoires. Les muscles agissant sur la cage thoracique et les centres nerveux qui les commandent sont indispensables au bon fonctionnement de l'appareil respiratoire.

L'*insuffisance respiratoire* résulte d'un empêchement à l'accomplissement de ces fonctions : elle peut être *aiguë* (corps étranger obstruant les voies respiratoires supérieures [larynx, bronches], intoxication ou maladie paralysant le centre respiratoire) ou *chronique,* par destruction d'une partie du parenchyme pulmonaire (tuberculose, emphysème, etc.), par sclérose de celui-ci ou par adhérences entre le poumon et le thorax, limitant les mouvements de la cage thoracique.

respirer [rɛspire] v. i. (lat. *respirare*). Absorber l'air ambiant et le rejeter après qu'il a régénéré le sang. ‖ Absorber l'oxygène de l'air et rejeter du gaz carbonique : *les végétaux respirent.* ‖ Vivre : *il respire encore.* ‖ *Fig.* Prendre quelque relâche : *laissez-moi respirer un moment.* ‖ — V. t. Absorber en aspirant : *respirer un bon air.* ‖ *Fig.* Marquer, exprimer : *tout ici respire la joie.*

resplendir [rɛsplɑ̃dir] v. i. (lat. *resplendere,* être éclatant). Briller avec grand éclat : *le soleil resplendit.*

LA RESPIRATION

FLUIDE CIRCULANT	MILIEU EXTÉRIEUR : *air*	MILIEU EXTÉRIEUR : *eau*
air seulement	trachées (insectes)	trachéo-branchies (larves aquatiques d'insectes)
sang seulement	respiration cutanée (lombric)	branchies (poissons, etc.)
air, puis sang	poumons (homme)	

resplendissant, e adj. Qui resplendit : *resplendissant de santé.*

resplendissement n. m. Grand éclat formé par l'expansion ou par la réflexion de la lumière.

responsabilité n. f. Obligation de réparer le dommage causé à autrui par soi-même, par une personne qui dépend de soi, ou par un animal ou une chose qu'on a sous sa garde. ‖ Obligation de supporter le châtiment prévu pour l'infraction qu'on a commise. ‖ Capacité de prendre une décision sans en référer préalablement à une autorité supérieure. ‖ Nécessité, pour un ministre, d'abandonner ses fonctions lorsque le Parlement lui refuse sa confiance : *la responsabilité ministérielle caractérise le régime parlementaire.* ● *Responsabilité civile,* obligation imposée par la loi de réparer le dommage causé à autrui par l'inexécution d'une obligation (*responsabilité contractuelle*) ou par un acte fautif accompli avec ou sans intention de nuire (*responsabilité délictuelle*). ‖ *Responsabilité collective,* fait de considérer tous les membres d'un groupe comme solidairement responsables de l'acte commis par un des membres de ce groupe.

responsable [rɛspɔ̃sabl] adj. (du lat. *respondere,* se porter garant). Qui doit répondre, être garant de ses propres actions ou de celles d'autrui dont il a la charge : *gouvernement responsable.* ‖ — N. Personne qui a la capacité de prendre des décisions, mais qui doit en rendre compte à une autorité supérieure ou à ses mandants.

resquille [rɛskij] n. f. *Fam.* Action du resquilleur.

resquiller v. i. et t. (du provenç. *resquiha,* glisser). *Fam.* Se procurer un avantage auquel on n'a pas droit.

resquilleur, euse n. *Fam.* Personne qui resquille.

ressac [rəsak] n. m. (esp. *resaca,* action de tirer en arrière). *Mar.* Retour violent des vagues sur elles-mêmes, lorsqu'elles se brisent contre un obstacle.

ressaigner [rə-] v. i. Perdre à nouveau son sang.

ressaisir [rə-] v. t. Saisir de nouveau. ‖ Reprendre possession. ‖ Ramener sous son autorité : *ressaisir le pouvoir.* ‖ **— Se ressaisir** v. pr. Redevenir maître de soi.

ressasser [rəsase] v. t. Répéter sans cesse : *ressasser toujours les mêmes plaisanteries.*

ressasseur, euse n. Personne qui ressasse.

ressaut [rəso] n. m. (ital. *risalto*). *Constr.* Partie d'un bâtiment faisant saillie en dehors de l'une des surfaces planes dudit bâtiment. ‖ Saillie qui interrompt un plan horizontal : *un ressaut de terrain.*

ressauter v. i. Sauter de nouveau. ‖ Faire ressaut.

ressayer [reseje] v. t. (conj. **2**). Essayer de nouveau.

ressemblance n. f. Conformité, rapport de physionomie, de forme, de caractère, etc., entre les personnes ou les choses, entre une personne et son image : *cet enfant a une grande ressemblance avec son père.* ‖ *Fig.* Analogie. ‖ — Contr. : DÉSACCORD, DIFFÉRENCE, DISPARITÉ, DISSEMBLANCE, HÉTÉROGÉNÉITÉ.

ressemblant, e adj. Qui ressemble : *portrait bien ressemblant.*

ressembler [rəsɑ̃ble] (à) v. t. ind. Avoir de la ressemblance avec quelqu'un ou avec quelque chose.

ressemelage n. m. Action de ressemeler; son résultat.

ressemeler [rəsəmle] v. t. (conj. **3**). Remettre une semelle à une chaussure.

ressemer [rə-] v. t. (conj. **5**). Semer une seconde fois.

ressentiment n. m. Souvenir d'une injure, avec désir de s'en venger : *conserver un vif ressentiment d'une offense.* (Syn. : ANIMOSITÉ, HAINE, HOSTILITÉ, INIMITIÉ, MALVEILLANCE, RANCUNE.)

ressentir [rə-] v. t. Sentir, éprouver : *ressentir un malaise.* ‖ **— Se ressentir** v. pr. Sentir quelque reste d'un mal qu'on a eu : *se ressentir d'un rhumatisme.* ‖ *Fig.* Eprouver les suites, les conséquences fâcheuses de : *le pays se ressentira longtemps de la guerre.*

resserre [rəsɛr] n. f. Endroit où l'on met quelque chose à l'abri.

resserré, e adj. Enfermé à l'étroit; étroit : *vallon resserré.*

resserrement n. m. Action par laquelle une chose est resserrée (au *pr.* et au *fig.*) : *resserrement d'une alliance.*

resserrer v. t. Serrer davantage : *resserrer un cordon.* ‖ *Fig.* Rendre plus étroit : *resserrer les liens de l'amitié.*

resservir [rə-] v. i. et t. Servir de nouveau.

Ressons-sur-Matz [-mɑ] (60490), ch.-l. de c. de l'Oise (arr. de Compiègne); 1 144 h. Combats en 1918.

ressort [rəsɔr] n. m. (de *sortir*). Organe élastique pouvant supporter d'importantes déformations et destiné à réagir après avoir été plié, tordu ou comprimé. ‖ Elasticité : *ressort de l'air.* ‖ — *Fig.* Ce qui met en mouvement; ce qui est l'origine de : *nous ignorons tous les ressorts de cette affaire.* ‖ Force, énergie : *cet homme manque de ressort.*

ressort n. m. (de *ressortir,* être d'une juridiction). Etendue de juridiction : *le ressort d'un tribunal, d'une cour.* ‖ Limite de compétence de chaque corps judiciaire. ‖ Action, pouvoir, compétence : *cela n'est pas de mon ressort.* ● *Juger en dernier ressort,* sans appel.

ressortir [rəsɔrtir] v. i. (conj. **23**). Sortir de nouveau; sortir après être entré. ‖ Apparaître nettement par un effet de contraste : *faire ressortir les défauts d'autrui.* ‖ — V. impers. Résulter : *il ressort de là que...*

ressortir [rəsɔrtir] (à) v. t. ind. (se conj. comme *finir*). Etre de la juridiction, de la compétence, du ressort de : *affaire qui ressortit au juge d'instance.*

ressortissant, e n. Personne qui appartient à une nationalité : *un consul protège ses ressortissants.*

ressouder [rəsude] v. t. Souder de nouveau.

ressource [rəsurs] n. f. (de l'anc. fr. *resourdre,* rejaillir). Ce qu'on emploie dans une extrémité fâcheuse pour se tirer d'embarras : *ce sera ma dernière ressource.* ‖ *Aéron.* Moyen de redressement d'un avion à la suite d'un piqué. ● *Homme de ressource,* homme fertile en expédients. ‖ *Sans ressource,* sans remède. ‖ — Pl. Moyens d'existence d'une personne; éléments de la richesse ou de la puissance d'une nation : *les ressources de la France.*

ressouvenir (se) v. pr. (conj. **16**). Se souvenir de nouveau.

ressuage [rəsɥaʒ] n. m. Action, état d'un corps qui ressue. ‖ Séparation d'une phase liquide au cours du chauffage d'un alliage, le reste de la masse restant solide.

ressuer v. i. En parlant de certains corps, rendre de l'humidité intérieure : *mur qui ressue.* ‖ Pratiquer le ressuage.

ressui [resɥi] n. m. (de *ressuyer*). *Véner.* Lieu où les bêtes fauves et le gibier se retirent pour se sécher, après la pluie ou la rosée du matin.

ressusciter [resysite] v. t. (du lat. *ressuscitare,* réveiller). Ramener de la mort à la vie : *Jésus ressuscita Lazare.* ‖ Ramener d'une grave maladie à la santé. ‖ Renouveler, faire revivre : *ressusciter une mode.* ‖ — V. i. Revenir de la mort à la vie; et, *par ext.,* d'une grave maladie à la santé.

ressuyage n. m. Action d'enlever l'excès de terre laissé sur les légumes lors de l'arrachage.

ressuyer [resɥije] v. t. (conj. **2**). Sécher : *le vent ressuie bien les étoffes mouillées.*

restant, e adj. Qui reste : *il est le seul héritier restant.* ● *Poste restante,* mention indiquant qu'une lettre doit rester au bureau de poste pendant un certain délai afin de permettre à son destinataire de venir la réclamer.

restant n. m. Ce qui reste.

restaurant [rɛstɔrɑ̃] n. m. Etablissement public où l'on sert des repas moyennant paiement.

restaurateur, trice n. Personne qui restaure, remet en état une œuvre d'art : *restaurateur de tableaux.* ‖ Personne qui rétablit : *restaurateur des lettres.* ‖ Personne qui tient un restaurant.

restauration n. f. Réparation, réfection : *restauration d'un monument.* ‖ — *Fig.* Nouvelle vigueur, nouvelle existence donnée à quelque chose : *restauration des arts.* ‖ Rétablissement d'une dynastie déchue : *restauration des Bourbons.*

Restauration, époque qui s'écoula depuis le rétablissement des Bourbons, en 1814, jusqu'à leur chute en 1830 (règnes de Louis XVIII et de Charles X). On distingue la première Restauration (avr. 1814-mars 1815) et la seconde, après les Cent-Jours (juill. 1815-juill. 1830).
La *première Restauration* et la Charte constitutionnelle accordée par Louis XVIII furent accueillies calmement par le pays; mais, malgré la sagesse du roi, la Restauration prit vite une allure d'Ancien Régime; les maladresses des ultras et surtout les licenciements d'officiers mis en demi-solde contribuèrent à développer l'impopularité de la monarchie restaurée et à faciliter le retour éphémère de Napoléon.
La *seconde Restauration* fut d'abord marquée par une violente réaction contre les bonapartistes. L'élection de la Chambre dite *introuvable* et la Terreur blanche (1815) en furent les principales manifestations. La politique modérée de Richelieu et de Decazes (1815-1820) apaisa les esprits, mais l'assassinat du duc de Berry (1820) et l'avènement de Charles X (1824) favorisèrent le retour à une politique *ultra,* notamment sous Villèle (1821-1828) et Polignac (1829-1830). En juillet 1830, la royauté légitime fut éliminée.

restaurer [rɛstɔre] v. t. (lat. *restaurare*). Réparer, remettre en bon état : *restaurer une statue.* ‖ Redonner de la force : *ce bouillon m'a restauré.* ‖ — *Fig.* Remettre en vigueur : *restaurer la discipline.* ‖ Remettre sur le trône : *restaurer les Stuarts.* ‖ **— Se restaurer** v. pr. Rétablir ses forces en prenant de la nourriture.

ressorts

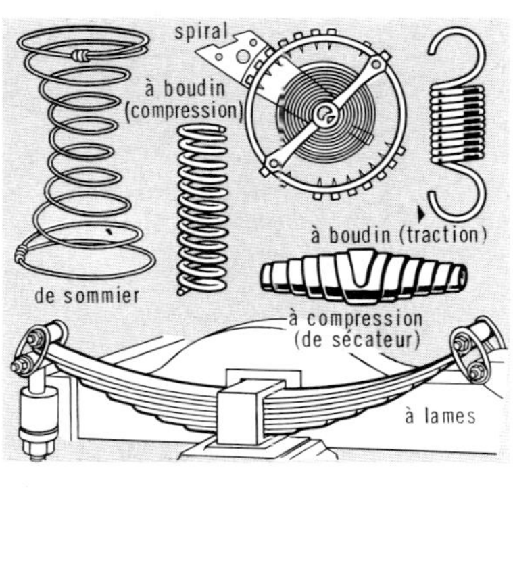

reste [rɛst] n. m. (de *rester*). Ce qui demeure d'une quantité dont on a retranché une partie : *le reste d'une somme.* ‖ Ce qui est encore à faire, à dire : *je n'ai pas le temps de tout vous dire, je vous écrirai plus tard le reste.* ‖ *Math.* Résultat d'une soustraction. ‖ Excès du dividende sur le produit du diviseur par le quotient, dans une division. ‖ Nombre qu'il faut ajouter au carré de la racine carrée d'un nombre pour retrouver ce nombre. ‖ Mets entamé, mais non entièrement consommé dans un repas. ● *Jouir de son reste,* jouir des derniers moments d'une situation qu'on va perdre. ‖ *Ne pas demander son reste,* se retirer rapidement et sans rien dire. ‖ — Pl. Cadavre, ossements : *les restes d'un grand homme.* ‖ — Loc. adv. **Au reste, du reste,** au surplus, d'ailleurs. ‖ **De reste,** plus qu'il ne faut.

Restefond (*col de*), col des Alpes françaises, emprunté par une route reliant les vallées de l'Ubaye et de la Tinée; 2 643 m.

rester v. i. (lat. *restare,* s'arrêter) [se conj. avec l'auxiliaire *être*]. Demeurer, subsister : *voilà tout ce qui reste de sa fortune.* ‖ Demeurer un certain temps à : *rester à Paris.* ‖ Continuer à être tel ou tel : *il est resté fidèle à ses camarades.* ‖ Mettre du temps : *vous êtes resté trop longtemps à faire cela.* ● *En rester là,* se borner à, ne pas aller plus avant : *ils en restèrent là jusqu'à plus ample informé.*

Restif (ou **Rétif**) **de La Bretonne** (Nicolas RESTIF, dit), écrivain français, né à Sacy (Yonne) [1734-1806]. Fils d'un laboureur bourguignon, apprenti typographe à Auxerre, puis imprimeur à Paris, il romança ses expériences rurales et parisiennes, se révélant dans plus de deux cents ouvrages, qu'il imprima lui-même, un observateur aigu des mœurs (*le Paysan perverti ou les Dangers de la ville,* 1775; *la Vie de mon père,* 1779; *Monsieur Nicolas ou le Cœur humain dévoilé,* 1794-1797).

restituable adj. Que l'on doit rendre : *avance restituable sur demande.*

restituer [rɛstitɥe] v. t. (lat. *restituere*). Rétablir, remettre en son premier état : *restituer un texte.* ‖ Rendre ce qui a été pris ou ce qui est possédé indûment : *restituer le bien d'autrui.*

restitution n. f. Action de rendre à quelque chose sa forme primitive : *la restitution d'un texte, d'un édifice antique.* ‖ Action de restituer : *opérer une restitution.* ‖ Chose restituée.

restitutoire adj. Qui sert à restituer. ‖ Relatif à la restitution : *décision restitutoire.*

Restoroute [rɛstɔrut] n. m. (nom déposé). Restaurant aménagé au bord d'une route à grande circulation pour servir rapidement les automobilistes.

Restout ou **Retout,** famille de peintres français dont le plus connu est JEAN II, né à Rouen (1692-1768). Il exécuta des portraits, des peintures mythologiques (*Vénus demandant à Vulcain des armes pour Enée*) et surtout des tableaux religieux (*Ananie impose les mains à saint Paul,* Louvre; *la Mort de sainte Scholastique,* Tours). Il fut professeur (1733) et directeur (1760) de l'Académie de peinture.

restreindre [rɛstrɛ̃dr] v. t. (lat. *restringere,* serrer fortement) [conj. **55**]. Réduire à des limites plus étroites; limiter : *restreindre ses désirs.* ‖ **— Se restreindre** v. pr. Réduire sa dépense.

restrictif, ive adj. (du lat. *restrictus,* serré). Qui restreint, qui limite : *clause restrictive.*

restriction [rɛstriksjɔ̃] n. f. Condition qui restreint : *cette mesure a été adoptée sans restriction.* ‖ Diminution des dépenses : *s'imposer des restrictions.* ● *Restriction mentale,* réserve, omission d'un détail, faite pour tromper ceux à qui l'on parle. ‖ — Pl. Mesures de rationnement édictées en temps de pénurie économique.

restringent [rɛstrɛ̃ʒɑ̃], **e** [-ɑ̃t] adj. *Méd.* Qui resserre.

restructuration [rə-] n. f. *Psychol.* Phénomène par lequel une nouvelle structure perceptive se substitue à une autre.

restructurer v. t. *Psychol.* Faire la restructuration de quelque chose.

resucée n. f. *Fam.* Répétition : *son cours n'est qu'une resucée.*

résultant, e adj. Qui résulte. ‖ Qui est relatif au résultat de la composition de tous les éléments d'un système.

résultante n. f. *Math.* et *Mécan.* Vecteur unique (s'il existe) équivalant à un système de vecteurs glissants. (Des vecteurs concourants ont toujours une résultante : leur somme géométrique appliquée au point de concours de leurs supports.) ‖ *Fig.* Résultat de l'action conjuguée de plusieurs facteurs; conséquence. ● *Résultante de transformations* (*d'opérations*), transformation (opération) équivalant à l'ensemble de ces transformations (opérations) effectuées successivement.

résultat [-ta] n. m. Ce qui résulte d'une action, d'un fait, d'un principe, d'un calcul : *le résultat d'une division.* (Syn. : ABOUTISSEMENT, CONCLUSION, DÉNOUEMENT, FIN, ISSUE, SOLUTION, TERMINAISON.) ‖ — Pl. Solde du compte des profits et pertes : *les résultats de l'exercice ont été bons.*

résulter [rezylte] v. t. ind. (du lat. *saltare,* sauter). S'ensuivre, être la conséquence de : *les dispositions résultent de l'application stricte de la loi; de la discussion, il résulte que...*

résumé n. m. Abrégé, sommaire : *résumé d'un discours.* ‖ **— En résumé** loc. adv. En résumant; en récapitulant.

résumer [rezyme] v. t. (lat. *resumere*, recommencer). Rendre en peu de mots ce qui a été dit ou écrit plus longuement : *la péroraison résume le discours.* ‖ **— Se résumer** v. pr. Reprendre sommairement ce qu'on a dit plus au long et conclure.

résurgence [rezyrʒɑ̃s] n. f. (du lat. *resurgere*, renaître). Réapparition à l'air libre, sous forme de grosse source, d'une nappe d'eau souterraine.

resurgir [rəsyrʒir] v. i. Surgir de nouveau.

résurrection [rezyrɛksjɔ̃] n. f. (du lat. *resurgere*, se relever). Retour de la mort à la vie : *la résurrection des morts.* | Fête où l'Eglise catholique célèbre la résurrection de Jésus-Christ. ‖ Tableau qui représente la résurrection du Christ. (En ce sens, comme dans le précédent, prend une majuscule.) ‖ Retour au succès, au progrès : *la résurrection des arts.* ‖ Retour à la santé.

retable [rətabl] n. m. (esp. *retablo ;* de *tabla*, planche). *Bx-arts.* Dans une église, construction contre laquelle est appuyé l'autel, ou qui surmonte celui-ci, ornée de peintures ou de sculptures et parfois des deux. (Les premiers retables connus remontent au Xe s.)

rétablir [retablir] v. t. Remettre en son premier état, ou en meilleur état : *rétablir ses affaires.* ‖ Ramener, faire renaître : *rétablir l'ordre.* ‖ Redonner des forces : *ce régime l'a rétabli.* ‖ **— Se rétablir** v. pr. Recouvrer la santé.

rétablissement n. m. Action de rétablir. ‖ Etat de ce qui est rétabli. ‖ *Absol.* Retour à la santé. ‖ Mouvement de gymnastique permettant de s'élever en prenant un point d'appui sur chaque poignet, après une traction sur les bras.

retaille n. f. Morceau retranché d'une chose qu'on a façonnée.

retailler v. t. Tailler de nouveau. ‖ Refaire des stries à : *retailler une meule, une lime.*

rétamage n. m. Action de rétamer ; son résultat.

rétamer v. t. Etamer de nouveau des ustensiles de cuisine.

rétameur n. m. Ouvrier qui rétame.

retapage n. m. *Fam.* Action de retaper.

retaper [rətape] v. t. *Fam.* Remettre à neuf. ‖ Réparer un objet quelconque. ‖ *Fam.* Arranger sommairement. ‖ **— Se retaper** v. pr. *Fam.* Recouvrer la santé.

retard [rətar] n. m. Action d'arriver, d'agir trop tard : *il est en retard ; apporter du retard à quelque chose.* ‖ Ralentissement du mouvement d'une horloge. ‖ *Mus.* Prolongation d'une note d'un accord sur un accord où elle est étrangère. ● *Sans retard*, sans délai. ‖ — Adj. inv. *Injection retard, forme retard, solution retard*, mode d'administration d'un médicament, qui permet de prolonger son action en évitant les inconvénients d'une prise unique très forte et ceux de la répétition fréquente des prises : *insuline retard.*

retardataire adj. et n. Qui est en retard.

retardateur, trice adj. Qui ralentit un mouvement, une action chimique : *frottement retardateur.* ● *Action retardatrice* (Mil.), forme du combat défensif menée sur des positions successives pour ralentir la progression de l'adversaire, tout en évitant de se laisser fixer.

retardement n. m. *Engin à retardement*, engin muni d'un dispositif qui en retarde l'explosion jusqu'à un moment déterminé.

retarder v. t. (lat. *retardare*). Remettre à un temps plus éloigné : *retarder son départ.* (Syn. : AJOURNER, ATERMOYER, DIFFÉRER, RECULER, RENVOYER, SURSEOIR, TEMPORISER.) ‖ Faire arriver plus tard ; empêcher d'arriver : *les mauvais chemins nous ont retardés.* ● *Mouvement retardé* (Phys.), mouvement dont la vitesse diminue. ‖ *Retarder une montre*, lui faire marquer une heure moins avancée. ‖ — V. i. Aller trop lentement : *votre montre retarde.* ‖ *Fig.* Etre en retard sur les idées modernes.

reteindre v. t. (conj. **55**). Teindre de nouveau.

retendoir [rətɑ̃dwar] n. m. Outil servant à détendre ou à retendre les cordes d'un piano.

retendre v. t. Tendre de nouveau : *retendre un piège, une corde.*

retenir v. t. (lat. *retinere*) [conj. **16**]. Garder par-devers soi ce qui est à un autre : *retenir le bien d'autrui.* ‖ Conserver : *il ne retint que certains principes de cette doctrine.* ‖ Ne pas laisser aller ; contenir : *retenir les eaux d'une rivière par un barrage.* ‖ S'assurer par précaution : *retenir une place dans le train.* ‖ Déduire, prélever : *retenir tant sur un salaire.* ‖ Faire demeurer : *retenir quelqu'un à dîner.* ‖ Arrêter, maintenir : *retenir un cheval qui s'emporte.* ‖ — *Fig.* Modérer, contenir : *retenir ses larmes, sa colère.* ‖ Garder dans sa mémoire : *retenir par cœur.* ● *Retenir un chiffre*, dans une opération arithmétique, le réserver pour le joindre aux chiffres de la colonne suivante. ‖ **— Se retenir** v. pr. S'accrocher à quelque chose pour ne pas tomber. ‖ Se modérer. ‖ *Fam.* Différer de satisfaire un besoin naturel.

rétention [retɑ̃sjɔ̃] n. f. (lat. *retentio*). Action de retenir, de réserver. ‖ *Géogr.* Immobilisation de l'eau sous forme de neige (*rétention nivale*) ou de glace (*rétention glaciaire*). ‖ *Méd.* Fait qu'un liquide destiné à être évacué du corps y est conservé dans une cavité : *la rétention d'urine ne doit pas être confondue avec l'anurie.* ‖ *Psychol.* Période pendant laquelle ce qui a été mémorisé se trouve conservé de façon latente. ● *Droit de rétention*, faculté donnée à un créancier de refuser la restitution d'un gage tant que le débiteur ne s'est pas intégralement acquitté. ‖ *Rétention placentaire*, persistance dans l'utérus de débris placentaires après un accouchement ou un avortement.

retentir [rətɑ̃tir] v. i. (du lat. *retinnire*). Rendre, renvoyer un son éclatant : *la rue retentit du bruit d'un camion qui passe.* ‖ Produire un son éclatant : *la trompette retentit.* ‖ *Fig.* Avoir des répercussions : *cet événement retentit loin des frontières.*

retentissant, e adj. Qui retentit, sonore : *voix retentissante.*

retentissement n. m. Son renvoyé avec éclat. ‖ *Fig.* Répercussion, effet qui se propage d'un point à un autre : *cette nouvelle a eu un grand retentissement.*

retenue [rətəny] n. f. Action de garder : *retenue des marchandises par la douane.* ‖ Somme qu'un employeur peut ou doit déduire du salaire ou traitement dû : *la retenue destinée à la Sécurité sociale est appelée « précompte ».* ‖ Privation de récréation ou de sortie dans les établissements scolaires : *mettre un élève en retenue.* ‖ Qualité d'une personne qui contient ses sentiments, garde une réserve discrète : *perdre toute retenue.* (Syn. : DISCRÉTION, MESURE, MODÉRATION, MODESTIE, PONDÉRATION.) ‖ *Constr.* Assujettissement des extrémités d'une poutre dans un mur. ‖ Cordage servant à maintenir un objet que l'on hisse. ‖ *Math.* Dans une opération mathématique, chiffre reporté. ‖ *Trav. publ.* Hauteur d'eau emmagasinée dans un réservoir, un bief. ● *Retenue d'eau*, barrage. ‖ *Retenue de garantie*, fraction du montant d'un marché qui n'est pas réglée à l'entrepreneur ou au fournisseur à la réception provisoire, mais à la réception définitive.

reterçage n. m. Action de retercer.

retercer [rətɛrse] v. t. (conj. **1**). Donner un quatrième labour à la vigne.

Rethel (08300), ch.-l. d'arr. des Ardennes, sur l'Aisne ; 8 342 h. (*Rethélois*). Textiles. Turenne prit la ville sous Louis XIV, en 1655. Combats en 1940. — L'arr. a 6 cant., 109 comm., 36 066 h.

Rethondes (60153), comm. de l'Oise (arr. de Compiègne), sur l'Aisne ; 451 h. Les armistices du 11 novembre 1918 et du 22 juin 1940 furent signés dans une clairière de la forêt de Compiègne proche de Rethondes.

rétiaire [resjɛr] n. m. (du lat. *rete*, filet). Gladiateur armé d'un trident, d'un poignard et d'un filet, dans lequel il cherchait à envelopper son adversaire.

réticence [retisɑ̃s] n. f. (du lat. *reticere*, taire). Omission volontaire d'une chose qu'on devrait ou qu'on pourrait dire : *parler sans réticence.* ‖ *Fam.* Hésitation.

réticent, e adj. Qui fait preuve de réticence : *se montrer réticent.* ‖ *Fam.* Hésitant.

réticulaire adj. Qui a la forme d'un réseau : *tissu réticulaire.* ● *Substance réticulaire*, syn. de SUBSTANCE RÉTICULÉE.

réticulation n. f. Plissement de la gélatine d'un phototype, provoqué par la différence de température entre deux bains successifs.

réticule [retikyl] n. m. (lat. *reticulum*, petit filet). Petit sac à main. ‖ Disque percé d'une ouverture coupée par deux fils très fins se croisant à angle droit, et qui sert à faire des visées dans une lunette.

réticulé [retikyle], **e** adj. Marqué de nervures formant réseau : *élytre réticulé.* ‖ Se dit d'un type de parement architectonique en usage chez les Romains, formé de petits moellons rectangulaires. ● *Porcelaine réticulée*, porcelaine à deux enveloppes, dont l'extérieure est découpée à jour. ‖ *Substance réticulée*, ou *réticulée* n. f., formation de cellules nerveuses du tronc cérébral qui est le siège des fonctions supérieures du système neurovégétatif. (Syn. SUBSTANCE RÉTICULAIRE.)

Retiers (35240), ch.-l. de c. d'Ille-et-Vilaine (arr. de Rennes) ; 3 169 h. (1 810 aggl.).

rétif [retif], **ive** [-iv] adj. (du lat. *restare*, s'arrêter). Qui s'arrête ou qui recule au lieu d'avancer : *cheval rétif.* ‖ *Fig.* Difficile à conduire, à persuader : *esprit rétif.*

rétine [retin] n. f. (du lat. *rete*, filet). Membrane à plusieurs couches de cellules, qui tapisse l'hémisphère postérieur de l'œil, et au niveau de laquelle l'image du champ visuel se forme et donne naissance à un message nerveux que transmet le nerf optique.

— ENCYCL. Anatomiquement, la *rétine* apparaît comme une fraction évaginée et spécialisée de l'écorce cérébrale, et ses cellules sont des neurones. Chez l'homme et les vertébrés en général, la couche cellulaire *visuelle* est celle qui touche directement la membrane pigmentée, ou choroïde, située à l'extérieur de la rétine. Cette couche comprend une zone particulièrement sensible, la *fovéa*, où se forme l'image de ce que l'on regarde directement et où chaque cellule est reliée au cerveau par un neurone particulier. Les cellules de la fovéa, dites *cônes*, sont de divers types, ce qui permet la distinction des couleurs. La périphérie de la rétine contient des cellules un peu différentes, dites *bâtonnets*, dont les messages s'accumulent sur un petit nombre de neurones, ce qui leur permet une sensibilité presque parfaite aux faibles énergies lumineuses (vision nocturne des étoiles de magnitude 6), mais sans distinction nette des couleurs. Au point d'émergence du nerf optique (entre la fovéa et le côté nasal du globe oculaire) existe une *tache aveugle*, sans cellules sensibles. On la met en évidence par l'expérience de Mariotte.

rétinien, enne adj. Relatif à la rétine.

rétinite n. f. Inflammation de la rétine. (V. *encycl.*) ‖ *Géol.* Roche acide vitreuse.

— ENCYCL. La *rétinite* peut être la conséquence de diverses maladies (syphilis, diabète, albuminurie, hypertension, etc.) et se manifeste par des troubles plus ou moins importants de la vue. L'ophtalmoscopie révèle des hémorragies, de l'œdème, des exsudats, des lésions dégénératives et permet d'affirmer le diagnostic.

rétique adj. V. RHÉTIQUE.

retiration [rətirasjɔ̃] n. f. Impression du verso d'une feuille déjà imprimée d'un côté. ● *Presse à retiration*, presse imprimant successivement le recto et le verso en un seul passage de la feuille.

retiré, e adj. Peu fréquenté : *lieu retiré.* ‖ Se dit d'un commerçant, d'un industriel qui a quitté les affaires. ● *Vie retirée*, qui s'écoule dans la retraite.

retirement n. m. Contracture, raccourcissement, en parlant des nerfs, des muscles.

retirer [rətire] v. t. Tirer à soi, ramener en arrière : *retirer la jambe.* ‖ Tirer une personne, une chose de l'endroit où elle était : *retirer un enfant du lycée ; retirer une balle d'une plaie.* ‖ Reprendre, ôter : *retirer à quelqu'un sa place.* ‖ — *Fig.* Cesser d'accorder : *retirer à quelqu'un sa confiance.* ‖ Dégager, rétracter : *retirer sa parole.* ‖ Obtenir, recueillir : *retirer tant d'un bien.* ‖ **— Se retirer** v. pr. S'en aller, s'éloigner : *se retirer à la campagne.* ‖ Rentrer chez soi : *se retirer de bonne heure.* ‖ Rentrer dans son lit, en parlant d'un cours d'eau : *la rivière se retire.* | Battre en retraite : *armée qui se retire.* ‖ Refluer : *la mer se retire.* ‖ Quitter un genre de vie, sa profession : *se retirer du monde.* ‖ Se rétrécir : *cette étoffe se retire.*

retissage n. m. Action de retisser.

retisser v. t. Tisser de nouveau.

rétivité n. f. Humeur rétive.

retombe n. f. *Archit.* Syn. de RETOMBÉE.

retombé n. m. *Chorégr.* Chute naturelle du corps après un temps d'élévation.

retombée n. f. *Constr.* Naissance d'une voûte ; ensemble des voussoirs situés au-dessus des pieds-droits et qui peuvent se maintenir sans cintres. ‖ Ce qui retombe : *retombée de rideaux ; retombées radio-actives.* ‖ — N. f. pl. Conséquences qui peuvent découler de recherches effectuées dans un domaine quelconque : *les retombées des expériences spatiales peuvent être importantes pour la métallurgie.*

retomber [rətɔ̃be] v. i. (se conj. avec l'auxil. *être*). Tomber encore : *l'enfant tombe et retombe.* ‖ Tomber après s'être élevé : *la vapeur retombe en pluie.* ‖ Etre pendant : *lianes qui retombent.* ‖ — *Fig.* Etre atteint de nouveau d'un mal ; subir une rechute : *retomber malade.* ‖ Revenir après un détour : *la conversation retombe sur le même sujet.* ‖ Rejaillir : *le blâme retombera sur lui.*

retondre v. t. Tondre de nouveau. ‖ *Archit.* Tailler pour refaire les parties superficielles.

retordage ou **retordement** n. m. Action de retordre ; son résultat.

retordeur, euse n. Dans une filature, conducteur, conductrice d'une machine à retordre les fils.

retordre v. t. (lat. *retorquere*) [conj. **46**]. Tordre de nouveau. ● *Donner du fil à retordre à quelqu'un*, lui susciter des embarras, des soucis.

réto-roman, e adj. V. RHÉTO-ROMAN, E.

rétorquer [retɔrke] v. t. (lat. *retorquere*, renvoyer). Répondre, en employant contre son adversaire les arguments, les raisons dont il s'est servi : *rétorquer un raisonnement.*

retors [rətɔr], **e** [-ɔrs] adj. Qui a été tordu plusieurs fois : *soie retorse.* ‖ — Adj. *Fig.* Fin, rusé, artificieux : *esprit retors.*

rétorsion [retɔrsjɔ̃] n. f. (du lat. *retorquere*, rétorquer). Action de rétorquer : *argument sujet à rétorsion.* ‖ Acte juridique par lequel un Etat applique aux ressortissants d'un autre Etat une mesure que ce dernier a préalablement appliquée aux siens : *mesure de rétorsion.*

retouche n. f. Action de retoucher ; correction. ‖ Rectification d'un vêtement en confection aux mesures d'un client. ● *Boutique de retouches*, boutique spécialisée dans les retouches à faire sur des vêtements apportés par la clientèle.

retoucher [rətuʃe] v. t. et t. ind. [**à**]. Toucher de nouveau. ‖ *Fig.* Perfectionner, corriger : *retoucher un ouvrage, à un ouvrage ; retoucher un vêtement.* ‖ Faire une correction après coup à une peinture, à une gravure ou à une photographie : *retoucher un cliché photographique.*

retoucheur, euse n. Personne qui fait la retouche des photographies. ‖ Personne qui prépare les retouches à l'essayage d'un vêtement.

retouper [rətupe] v. t. Reprendre un ouvrage de poterie qui a été manqué.

retour [rətur] n. m. Action de revenir : *le retour des hirondelles.* ‖ Renvoi d'une lettre de change, d'un billet non payé, à un client, à un compte courant. ‖ Coude d'une ligne, d'une surface : *retour d'une façade.* ‖ Répétition : *le retour des mêmes abus.* ‖ Mouvement imprévu en sens opposé : *retour de manivelle ; retour de flamme.* ‖ — *Fig.* Vicissitude, changement : *les retours de la fortune.* ‖ Réciprocité de sentiments : *aimer sans espoir* *de retour.* ‖ *Dr.* Droit en vertu duquel un donateur rentre en possession de choses par lui données, si le donataire décède avant lui. ● *Etre de retour,* être revenu. ‖ *Etre sur le retour,* être au moment de revenir chez soi ; et, au *fig.,* commencer à vieillir. ‖ *Retour d'âge,* période de la vie où la vieillesse approche ; ménopause. ‖ *Retour en batterie,* mouvement automatique ramenant le canon d'une bouche à feu à sa position de tir après le départ du coup. ‖ *Retour de couches,* la première menstruation après un accouchement. ‖ *Retour éternel,* théorie des stoïciens, puis de Nietzsche, selon laquelle tout se répète et revient identiquement, de façon cyclique. ‖ *Retour de flamme,* renouveau de passion, d'activité. ‖ *Retour sur soi-même,* sérieuse réflexion sur sa conduite. ‖ — Loc. adv. **En retour,** en échange. ‖ **Sans retour,** pour toujours, à jamais.

Retournac (43130), ch.-l. de c. de la Haute-Loire (arr. d'Yssingeaux) ; 2 677 h. (1 820 aggl.).

retournage n. m. Action de retourner un vêtement.

retourne n. f. *Arts graph.* Partie d'un article de journal commencé en première page et continué sur une des pages suivantes. ‖ *Jeux.* Carte qu'on retourne pour déterminer l'atout.

retournement n. m. Action de retourner dans un autre sens ; son résultat. ‖ *Math.* Rotation d'une figure de 180° autour d'une droite.

Retournemer [-mɛr] (*lac de*), petit lac des Vosges, au pied du Hohneck ; 5,5 ha.

retourner [rəturne] v. i. Aller de nouveau : *retourner chez le médecin.* ‖ — V. t. ind. [**à**]. Revenir à, être restitué : *maison qui retourne à son premier propriétaire.* ‖ — V. t. Tourner de nouveau : *tourner et retourner un objet.* ‖ Tourner de manière à mettre dessus ce qui était dessous : *retourner une carte ; retourner un vêtement ; retourner la terre.* ‖ Renvoyer : *retourner une lettre ; retourner un compliment.* ‖ Examiner à fond : *retourner un projet.* ‖ *Fam.* Faire changer d'opinion, de sentiment : *il était de notre avis, mais on l'a retourné.* ‖ Emouvoir vivement : *la vue de certains spectacles vous retourne.* ‖ **— Se retourner** v. pr. Se tourner dans un autre sens. ‖ Regarder derrière soi. ‖ *Fig.* Prendre d'autres mesures : *il saura bien se retourner.* ● *S'en retourner,* revenir à son point de départ. ‖ — V. impers. *De quoi retourne-t-il ?,* que se passe-t-il ?

Retout (Jean II). V. RESTOUT.

retracer v. t. (conj. **1**). Tracer de nouveau ou autrement. ‖ *Fig.* Raconter, exposer, rappeler au souvenir : *retracer les événements d'une époque.*

rétractable adj. Qui peut être rétracté : *concession rétractable.* ‖ Qui peut être tiré en arrière : *crayon à mine rétractable.*

rétractation n. f. Action de se rétracter, de désavouer ce qu'on a fait.

rétracter [retrakte] v. t. (lat. *retractare,* retirer). Tirer en arrière : *le colimaçon rétracte ses cornes.* ‖ **— Se rétracter** v. pr. Se contracter. ‖ *Fig.* Revenir sur ce qu'on a dit ; se dédire : *se rétracter publiquement.*

rétractif, ive adj. Qui produit une rétraction : *force rétractive.*

rétractile adj. (du lat. *retractus,* retiré). Qui a la faculté de se retirer, de rentrer en dedans : *les griffes du chat sont rétractiles.*

rétractilité n. f. Qualité de ce qui est rétractile.

rétraction n. f. *Méd.* Raccourcissement, contraction : *la rétraction d'un caillot sanguin laisse exsuder le sérum.*

retraduire v. t. (conj. **64**). Traduire de nouveau ou sur une traduction.

retrait n. m. (de l'anc. fr. *retraire,* retirer). Diminution de volume éprouvée par une substance, par suite de cuisson, de solidification, de dessiccation, etc. : *le retrait du béton.* ‖ Action de retirer : *retrait bancaire ; retrait d'emploi, etc.*

retraitant, e n. Personne qui fait une retraite pieuse.

retraite [rətrɛt] n. f. (de l'anc. fr. *retraire,* retirer). Action de se retirer : *l'heure de la retraite est arrivée.* ‖ Marche en arrière d'une armée après un combat malheureux. ‖ Signal équivalant autrefois au couvre-feu et marquant aujourd'hui la fin d'une manœuvre ou d'un tir : *battre, sonner la retraite.* ‖ Etat d'une personne retirée des affaires, de la vie active : *vivre dans la retraite ;* lieu où elle se retire : *paisible retraite.* ‖ Etat de l'employé, du fonctionnaire (civil ou militaire), etc., qui, ayant atteint un certain âge, abandonne ou perd son emploi et reçoit une pension : *professeur en retraite.* ‖ Cette pension elle-même : *toucher sa retraite.* ‖ Eloignement momentané du monde, pour se recueillir, se préparer à un devoir religieux : *faire huit jours de retraite.* ‖ Lettre de change que le porteur d'une traite impayée tire sur le tireur de celle-ci ou sur l'un de ses endosseurs. ● *Battre en retraite,* se retirer devant l'ennemi. ‖ *Caisses de retraite,* institutions organisées par l'Etat ou avec son autorisation pour assurer, moyennant des versements annuels effectués pendant un certain temps, une pension de retraite à certaines catégories de personnes.

retraité, e n. et adj. Personne qui a cessé toute activité professionnelle ; qui perçoit une retraite : *officier retraité ; un retraité.*

retranchement n. m. Suppression, diminution. ‖ Obstacle, naturel ou artificiel, organisé pour défendre une position. ‖ *Fig.* Position de défense : *attaquer quelqu'un dans ses derniers retranchements.*

retrancher [rətrɑ̃ʃe] v. t. Oter quelque chose d'un tout : *retrancher un passage d'un ouvrage.* ‖ Fortifier par des retranchements. ‖ **— Se retrancher** v. pr. Se fortifier : *l'ennemi se retranche solidement.* ‖ *Fig.* Chercher la défense dans : *se retrancher derrière le secret professionnel.*

retranscription n. f. Nouvelle transcription.

retranscrire v. t. (conj. **65**). Transcrire de nouveau.

retransmetteur n. m. Appareil qui, en télécommunication, retransmet automatiquement les signaux qu'il reçoit.

retransmettre v. t. (conj. **49**). Transmettre de nouveau : *retransmettre un message.* ‖ Assurer le relais d'une émission radiophonique ou télévisée. ‖ Diffuser directement un concert, un spectacle, etc., par radio ou par télévision.

retransmission n. f. Action de retransmettre ; résultat de cette action.

retravailler v. t. et i. Travailler de nouveau : *retravailler le sol.*

retraverser v. t. Traverser de nouveau : *il retraversa la place.*

rétréci, e adj. Borné, étroit : *esprit rétréci.*

rétrécir [retresir] v. t. (de l'anc. fr. *étrécir,* empr. au lat. *strictus,* étroit). Rendre plus étroit. ‖ — V. i. et **se rétrécir** v. pr. Devenir plus étroit : *ce drap a rétréci, s'est rétréci au lavage.*

rétrécissement n. m. Action de rétrécir. ‖ Etat d'une chose rétrécie. ‖ Diminution pathologique du calibre d'un canal ou d'un orifice organique (rétrécissement de l'urètre à la suite d'une blennorragie, de l'orifice mitral du cœur par épaississement et soudure de ses valves, de l'œsophage à la suite de l'ingestion d'un liquide caustique, etc.).

rétreindre [retrɛ̃dr] v. t. (conj. **55**). En chaudronnerie, diminuer les dimensions d'objets en tôle emboutie, en certains de leurs points, pour les amener à leur forme définitive.

rétreint n. m. *Industr.* Action de rétreindre.

retrempe n. f. *Industr.* Nouvelle trempe.

retremper v. t. Tremper de nouveau : *retremper du linge dans l'eau.* ‖ Donner une nouvelle trempe : *retremper une lame d'acier.* ‖ *Fig.* Redonner de la force, de l'énergie : *l'adversité l'a retrempé.*

rétribuer [retribɥe] v. t. (lat. *retribuere*). Donner un salaire à quelqu'un : *rétribuer un employé.* ‖ Payer : *rétribuer un service.*

rétribution n. f. Salaire d'un travail. (Syn. : APPOINTEMENTS, CACHET, ÉMOLUMENTS, GAGES, GAIN, HONORAIRES, PAIE, RÉMUNÉRATION, SOLDE, TRAITEMENT.)

retriever [retrivœr] n. m. (mot angl.). Chien de chasse dressé à rapporter le gibier.

rétro [retro] n. m. (lat. *retro,* en arrière). *Fam.* Au billard, effet de recul : *faire un rétro.*

rétroactif, ive adj. (préf. *rétro* et *actif*). Qui agit sur le passé : *avoir un effet rétroactif.*

rétroaction n. f. Effet de ce qui est rétroactif. ‖ Dans un calculateur électronique, retour d'une fraction de la sortie d'un système, d'une machine, d'un processus, pour exercer une autocorrection ou une commande modifiant le déroulement des opérations. ‖ Syn. de FEED-BACK.

rétroactivité n. f. Qualité, caractère de ce qui est rétroactif : *la rétroactivité d'une mesure.*

rétrocéder [retrɔsede] v. t. (lat. *retrocedere,* reculer) [conj. **5**]. Céder ce qui nous a été cédé auparavant. ‖ Céder une chose achetée pour soi-même.

rétrocession n. f. Acte par lequel on rétrocède un droit acquis : *faire rétrocession d'une terre.*

rétroflexe adj. *Phonét.* Se dit d'une consonne (ou de sa prononciation) qui est produite à l'aide du retournement de la pointe de la langue vers l'arrière.

rétrofusée n. f. Fusée de freinage, utilisée en astronautique.

cardinal de Retz
par Nanteuil

rétrogradation n. f. Action de rétrograder. ‖ Mesure disciplinaire par laquelle un fonctionnaire, un sous-officier ou bien un travailleur subordonné est placé dans une situation hiérarchique inférieure à la précédente.

rétrograde adj. Qui va, qui se fait en arrière : *marche rétrograde.* ‖ *Fig.* Opposé au progrès : *esprit rétrograde.* ‖ *Mécan.* et *Astron.* Se dit du sens du mouvement des aiguilles d'une montre. ● *Amnésie rétrograde,* forme d'amnésie qui consiste dans la perte des souvenirs anciens (par oppos. à l'*amnésie antérograde,* où le malade conserve tous ses souvenirs anciens, mais ne peut en acquérir de nouveaux). [On dit aussi AMNÉSIE DE CONSERVATION.]

rétrograder [retrɔgrade] v. i. (lat. *retrogradi*). Revenir en arrière. ‖ Descendre les vitesses d'une automobile. ‖ *Fig.* Perdre de ce que l'on avait acquis. ‖ — V. t. Soumettre à la rétrogradation.

rétrogression [retrɔgresjɔ̃] n. f. (préf. *rétro,* et lat. *gressus,* marche). Mouvement en arrière.

rétropédalage n. m. Pédalage en arrière.

rétropédaler v. i. Pédaler en arrière.

rétropropulsion n. f. Freinage d'un véhicule spatial par fusée.

rétrospectif, ive adj. (lat. *retro,* en arrière, et *spectare,* regarder). Qui se rapporte au passé : *revue rétrospective.*

rétrospection [retrɔspɛksjɔ̃] n. f. Action de regarder en arrière, vers le passé.

rétrospective n. f. Exposition présentant les œuvres d'un artiste, d'une école, d'une époque.

rétrospectivement adv. De façon rétrospective.

retroussé, e adj. Relevé : *nez retroussé.*

retroussement n. m. Action de retrousser ; son résultat : *le retroussement des lèvres.*

retrousser [rətruse] v. t. Relever : *retrousser ses manches.* ‖ **— Se retrousser** v. pr. Relever son vêtement, sa jupe, pour éviter de les salir dans la poussière ou la boue.

retroussis [-si] n. m. Partie retroussée du bord d'un chapeau, d'un vêtement.

retrouvailles n. f. pl. Action de retrouver des personnes dont on était séparé : *d'étonnantes retrouvailles après vingt ans d'abandon.*

retrouver v. t. Trouver de nouveau : *retrouver une bonne place.* ‖ Trouver une chose perdue, oubliée : *retrouver ses clefs.* ‖ Recouvrer : *retrouver le calme.* ‖ Retourner vers quelqu'un : *j'irai vous retrouver.* ‖ *Fig.* Reconnaître : *on ne retrouve plus cet auteur dans ses derniers écrits.* ‖ **— Se retrouver** v. pr. Se trouver réunis de nouveau après une séparation. ‖ Reconnaître son chemin après s'être égaré.

rétroversion [retrɔvɛrsjɔ̃] n. f. (préf. *rétro,* et lat. *versum ;* de *vertere,* tourner). Action de se renverser. ‖ Position de l'utérus basculé en arrière : *la rétroversion utérine gêne la fécondation.*

rétroviseur [retrɔvizœr] n. m. Miroir placé à côté du conducteur de voiture et qui lui permet de voir derrière lui.

rets [rɛ] n. m. (lat. *rete*). Filet pour prendre des oiseaux, des poissons. ‖ *Fig.* Ruse, piège, embûche : *tomber dans les rets de l'ennemi.*

Retz (*pays de*), région de l'ouest de la France, au sud de l'estuaire de la Loire.

Retz (Gilles DE). V. RAIS.

Retz [rɛ] (Paul DE GONDI, *cardinal* DE), homme politique et écrivain français, né à Montmirail (1613-1679). Coadjuteur de l'archevêque de Paris avec le titre d'évêque *in partibus* de Corinthe, il joua un rôle important dans les troubles de la Fronde. Il anima la résistance parisienne, fit l'union des deux Frondes après la paix de Rueil et contribua à l'exil de Mazarin. Créé cardinal en 1652, il ne cessa cependant d'intriguer : arrêté, prisonnier au château de Vincennes, puis à Nantes, il s'échappa et se réfugia à Rome. Il démissionna de l'archevêché de Paris en 1662 et devint abbé de Saint-Denis. Il a laissé un récit de la *Conjuration de Fiesque* et d'intéressants *Mémoires.*

Reubell (Jean-François). V. REWBELL.

Reuchlin (Johannes), humaniste et exégète allemand, né à Pforzheim (1455-1522), un des promoteurs des études hébraïques et grecques en Occident.

réuni, e adj. *Droits réunis,* nom donné, sous le premier Empire, aux contributions indirectes réunies en une seule administration : *les droits réunis furent très impopulaires.*

réunion n. f. Action de réunir, de rassembler : *réunion de la Bourgogne à la France ; réunion d'objets hétéroclites.* ‖ Rapprochement de parties désunies : *réunion des lèvres d'une plaie.* ‖ Assemblée de personnes : *réunion nombreuse.* ● *Réunion de deux ensembles* (Math.), ensemble dont les éléments appartiennent soit à l'un, soit à l'autre de ces deux ensembles.

Réunion (*île de la*) [**974**], autref. **île Bourbon,** île de l'océan Indien, à l'est de l'Afrique, formant un dép. français d'outre-mer ; 2 511 km² ; 416 525 h. (*Réunionnais*). Ch.-l. *Saint-Denis.*
● *Géographie.* C'est une île volcanique, au relief accidenté (3 069 m au piton des Neiges), où les plaines, alluviales, sont rejetées à la périphérie. Située près du Tro-

Phot. Lauros-Giraudon.

pique, la Réunion a un climat tempéré localement par l'altitude. La disposition du relief explique l'abondance des précipitations à l'est, exposé à l'alizé pluvieux (4 000 mm à Saint-Benoît), et la relative sécheresse de l'ouest, abrité (500 mm à Saint-Paul). La végétation naturelle a presque totalement disparu au-dessous de 700-800 m. Les pentes des volcans et les basses terres ont été recouvertes par les plantations de canne à sucre (fournissant le sucre, puis le rhum, ressources presque exclusives de l'île), juxtaposant toutes les formes d'exploitation (de la grande propriété au métayage). La balance commerciale est fortement déficitaire (le taux de couverture des importations est régulièrement et largement inférieur à 50 p. 100), d'autant que s'accroît à un rythme trop rapide (3 p. 100 par an) une population (formée surtout des émigrants africains et des descendants de colons) dont la densité dépasse en moyenne 160 h. au kilomètre carré (600 h. par kilomètre carré cultivé). Une partie de cette population doit quitter l'île (autrefois vers Madagascar), qui ne survit (misérablement) qu'avec l'aide financière de la métropole, dont les investissements récents n'éclaircissent guère l'avenir, lié largement à la solution du problème démographique.

● *Histoire*. Les Portugais sont considérés traditionnellement comme les découvreurs de l'île (1513). Les Français en prirent possession en 1638 et lui donnèrent d'abord le nom d'*île Bourbon*, qu'elle échangea en 1793 pour son nom actuel. Au XVIIe et au XVIIIe s., la Compagnie des Indes orientales y introduisit la culture des épices et du caféier. La culture de la canne à sucre (après 1815), l'abolition de la traite (1817) et de l'esclavage (1848) favorisèrent l'essor économique et démographique de la Réunion.

réunir [reynir] v. t. Rapprocher, rejoindre ce qui était séparé : *réunir les deux bouts d'une corde*. ‖ Faire correspondre une chose avec une autre : *cette galerie réunit les deux pavillons*. ‖ Rassembler, grouper : *réunir les membres d'une assemblée*. ‖ **— Se réunir** v. pr. S'assembler : *se réunir dans un bois*.

réunissage n. m. Action de réunir des fils de coton dans les filatures.

Reus, v. d'Espagne (Catalogne); 41 000 h. Textiles.

Reuss (la), riv. de Suisse, qui traverse le lac des Quatre-Cantons et se jette dans l'Aar (r. dr.); 160 km.

Reuss, nom de deux anc. principautés d'Allemagne, réunies à la Thuringe en 1919.

réussi, e adj. Exécuté avec succès : *une photographie tout à fait réussie*. ‖ Brillant, parfait en son genre : *une soirée réussie*.

réussir [reysir] v. i. (ital. *riuscire*, ressortir). Avoir un résultat heureux : *il réussit en tout*. ‖ Avoir une heureuse issue : *vos projets ont tous réussi*. ‖ S'acclimater, bien venir : *la vigne réussit dans cette région*. ‖ — V. t. ind. [**à**]. Obtenir un succès à : *réussir à un examen*. ‖ Parvenir : *j'ai réussi à lui parler*. ‖ — V. t. Faire avec succès : *réussir un portrait, un plat*.

réussite n. f. Succès, heureux résultat : *la réussite d'une entreprise*. (Contr. : DÉFAITE, ÉCHEC, INSUCCÈS, REVERS.) ‖ Combinaison de cartes à jouer.

Reutlingen, v. d'Allemagne occidentale (Bade-Wurtemberg); 73 400 h. Remparts médiévaux.

revaccination n. f. Action de revacciner. (La revaccination renforce ou rétablit l'immunité.)

revacciner v. t. Vacciner de nouveau : *revacciner un enfant*.

Reval ou **Revel'.** V. TALLIN.

revaloir v. t. (conj. **34**). Rendre la pareille : *je lui revaudrai cela !*

revalorisation n. f. Action de revaloriser; son résultat : *la revalorisation des pensions et des retraites*.

revaloriser v. t. Relever le pouvoir d'achat d'une monnaie ou d'un salaire dépréciés, l'autorité conférée par un emploi : *revaloriser le franc, la fonction gouvernementale*. ‖ *Fig*. Donner à nouveau de la valeur : *revaloriser une idée*.

revanchard, e adj. et n. *Fam*. Qui est dominé par le désir de revanche, en particulier militaire.

revanche [rəvɑ̃ʃ] n. f. Action de rendre la pareille pour un mal que l'on a reçu : *j'aurai ma revanche*. ‖ Seconde partie qu'on joue après avoir perdu la première. ● *A charge de revanche*, à condition qu'on rendra la pareille. ‖ **— En revanche** loc. adv. En compensation.

rêvasser [rɛvase] v. i. S'abandonner à des rêveries : *perdre son temps à rêvasser*.

rêvasserie n. f. Action de rêvasser.

rêvasseur, euse adj. et n. Qui rêvasse.

rêve [rɛv] n. m. (de *rêver*). Ensemble d'images, d'idées, souvent incohérentes, qui se présentent à l'esprit durant le sommeil. ‖ — *Fig*. Idée poursuivie avec l'espoir de réussir : *des rêves de fortune*. ‖ Chimère, idée sans fondement : *cet espoir n'est qu'un rêve*.

revêche [rəvɛʃ] adj. (du lat. *reverti*, revenir). Peu accommodant, rébarbatif : *personne, humeur revêche*. (Syn. : ACARIÂTRE, GRINCHEUX, HARGNEUX.)

réveil [revɛj] n. m. Passage de l'état de sommeil à l'état de veille : *sauter du lit dès son réveil*. ‖ Sonnerie de clairon qui annonce aux soldats l'heure de se lever. ‖ — *Fig*. Retour à l'activité : *le réveil de la nature*. ‖ Fait de sortir de l'erreur, de l'inaction : *le réveil d'un peuple*. ‖ Ensemble des mouvements religieux qui marquèrent le renouveau protestant en Europe à la fin du XVIIIe s. et au XIXe s.

réveille-matin n. m. inv. ou **réveil** n. m. Petite pendule à sonnerie, pour réveiller à une heure déterminée à l'avance.

réveiller v. t. Tirer du sommeil : *réveiller un malade*. ‖ Faire sortir d'un état de torpeur : *réveiller une personne évanouie*. ‖ *Fig*. Exciter, susciter de nouveau, ranimer : *réveiller le courage*. ‖ **— Se réveiller** v. pr. Cesser de dormir.

réveillon [revɛjɔ̃] n. m. Repas fait au milieu de la nuit, surtout dans la nuit de Noël et du jour de l'an.

réveillonner v. i. *Fam*. Faire le réveillon.

Revel (31250), ch.-l. de c. de la Haute-Garonne (arr. de Toulouse), dans la vallée du Sor; 6 957 h. (5 283 aggl.) [*Revélois*]. Bonneterie.

révélateur, trice adj. Qui fait connaître.

révélateur n. m. Bain qui fait apparaître l'image latente d'un phototype.

révélation n. f. Action de révéler; chose révélée : *révélation d'un secret; faire des révélations*. ‖ Action de Dieu faisant connaître aux hommes les vérités que leur raison ne saurait découvrir. ‖ La religion révélée. (Prend une majuscule en ce sens.)

révélé, e adj. Communiqué par révélation divine : *dogme révélé; religion révélée*.

révéler [revele] v. t. (lat. *revelare*, mettre à nu) [conj. **5**]. Découvrir, faire connaître ce qui était inconnu et secret : *révéler ses desseins*. ‖ Etre l'indice, la marque de : *ce roman révèle un grand talent*. ‖ En parlant de Dieu, faire connaître par une inspiration surnaturelle : *les vérités que Dieu a révélées à son Eglise*. ‖ **— Se révéler** v. pr. Se manifester, apparaître : *son génie se révéla tout à coup*.

revenant [rəvnɑ̃] n. m. Esprit, âme d'un mort qu'on suppose revenir de l'autre monde.

revendeur, euse n. Personne qui achète pour revendre.

revendicatif, ive adj. Qui exprime une revendication : *mots d'ordre revendicatifs*. ‖ Qui comporte une revendication.

revendication n. f. Action de revendiquer; son résultat : *poser une revendication de salaires*.

revendiquer [rəvɑ̃dike] v. t. (du lat. *vindicare*, réclamer). Réclamer une chose qui nous appartient et dont nous sommes privés : *revendiquer un héritage*. ‖ En parlant d'une collectivité, réclamer l'exercice d'un droit politique ou social, une amélioration des conditions de vie ou de travail. ‖ Réclamer pour soi, assumer : *revendiquer une responsabilité*.

revendre v. t. (conj. **46**). Vendre ce qu'on a acheté : *revendre une chose plus cher qu'elle n'a coûté*. ‖ Vendre de nouveau : *revendre plusieurs fois le même objet*. ● *Avoir d'une chose à revendre*, en avoir en abondance.

revenez-y [rəvnezi] n. m. inv. *Fam*. Chose à laquelle on aime à revenir : *plat qui a un goût de revenez-y*. ‖ Action de recommencer.

revenir v. i. (lat. *revenire*) [conj. **16**]. Venir de nouveau, ou venir une autre fois : *je reviens vous chercher*. ‖ Se rendre au lieu d'où l'on était parti : *revenir à Paris*. ‖ Reparaître, se reproduire : *le printemps est revenu; fête qui revient à date fixe*. ‖ — *Fig*. Se présenter, se faire sentir de nouveau : *la joie est revenue*. ‖ Se présenter à l'esprit : *son nom ne me revient pas*. ‖ Se livrer, se donner de nouveau à : *revenir à ses études*. ‖ Se dédire, se rétracter; changer d'opinion, de sentiment : *revenir sur ce qu'on a promis*. ‖ Se corriger, renoncer à : *revenir d'une erreur*. ‖ Répéter, reprendre ce qu'on a déjà dit : *revenons à ce que nous disions*. ‖ Recommencer à faire : *c'est bon pour cette fois, mais n'y revenez pas*. ‖ *Fam*. Plaire, inspirer confiance : *sa figure ne me revient pas*. ‖ Coûter : *cet habit me revient à tant*. ‖ Echoir, appartenir : *cela lui revient de droit*. ‖ Produire des retours de goût désagréables : *le boudin revient*. ● *Cela revient au même*, c'est la même chose. ‖ *Cela revient à dire*, cela équivaut à dire. ‖ *Faire revenir de la viande*, lui faire subir un commencement de cuisson dans le beurre ou dans la graisse. ‖ *Il me revient tant de bénéfice*, j'ai tant pour ma part. ‖ *Il m'est revenu que*, j'ai appris que; je me suis rappelé que. ‖ *Je n'en reviens pas*, j'en suis très surpris. ‖ *Revenir sur le compte de quelqu'un*, changer d'opinion à son égard. ‖ *Revenir de loin*, échapper à un grand danger; guérir d'une maladie grave. ‖ *Revenir d'une maladie, en revenir*, recouvrer la santé, se rétablir. ‖ *Revenir à soi*, reprendre ses esprits après un évanouissement.

revente n. f. Seconde vente.

revenu [rəvny] n. m. Ce que rapporte un fonds, un capital, une activité professionnelle. ‖ Traitement thermique consistant à chauffer uniformément, à une température inférieure à la température de transformation, une pièce métallique qui a subi antérieurement une trempe, et à la laisser refroidir, en vue de détruire l'état de faux équilibre dû à la trempe. (V. *encycl.*) ● *Impôt sur le revenu*, impôt calculé d'après le revenu annuel des contribuables. ‖ *Politique des revenus*, intervention des pouvoirs publics en vue de répartir harmonieusement entre les catégories sociales les revenus nouveaux provenant de l'expansion économique. ‖ *Revenu national*, ensemble des revenus que les entreprises et les particuliers tirent de l'activité productrice de la nation au cours d'une année : *la répartition du revenu national*. ‖ *Revenus publics* ou *de l'Etat*, ce que l'Etat retire soit des contributions, soit de ses propriétés.

— ENCYCL. *Métall*. Le *revenu* sur un acier trempé supprime les tensions internes de trempe et transforme par chauffage la structure martensitique de trempe pour se rapprocher d'une structure stable du point de vue physico-chimique. On diminue ainsi la dureté, la résistance à la traction et la limite d'élasticité, mais on augmente la résilience. Par un choix judicieux de la température, généralement comprise entre 300 et 700 °C, et du temps de revenu, on arrive à combiner des caractéristiques diverses et à donner ainsi à l'acier ses propriétés d'emploi optimales. Pour effectuer le revenu suivant les températures désirées, les pièces sont soit immergées dans un bain d'huile, dans un bain de sels fondus ou dans un bain de métal fondu (plomb), soit placées dans un four de traitement thermique pour les plus hautes températures.

revenu, e adj. Désabusé : *il est très revenu sur son compte*.

revenue [rəvny] n. f. Jeune bois qui revient sur une coupe.

rêver [rɛve] v. i. (du lat. pop. *exvagus*, errant). Faire des rêves : *j'ai rêvé toute la nuit*. ‖ Etre distrait, penser de manière vague : *il ne fait que rêver*. ‖ *Fam*. Dire des choses déraisonnables, extravagantes : *vous rêvez !* ‖ — V. t. ind. *Rêver à*, songer à, méditer sur : *rêver à des projets d'avenir*. ‖ *Rêver de*, voir en rêve pendant la nuit : *rêver de quelqu'un*. ‖ — V. t. Voir en rêve : *j'ai rêvé toutes les nuits la même chose*. ‖ Désirer vivement : *rêver le pouvoir*. ● *Il ne rêve que plaies et bosses*, se dit de quelqu'un qui est batailleur, querelleur.

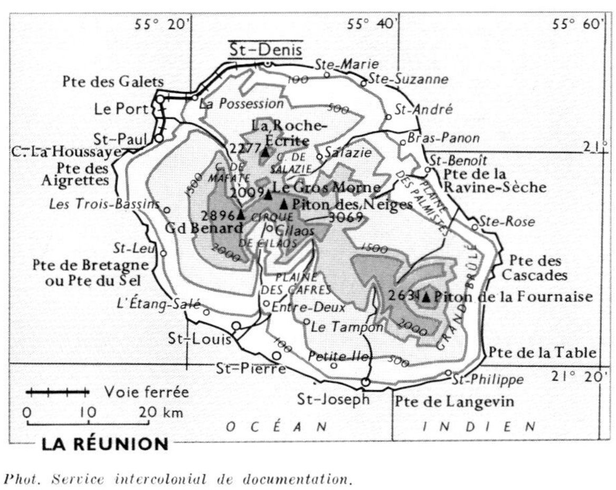

LA RÉUNION

île de la Réunion

le piton d'Anchain

Phot. Service intercolonial de documentation.

réverbération n. f. Réflexion de la lumière ou de la chaleur. ‖ Persistance des sensations auditives dans une salle, après qu'a cessé l'émission du son.

réverbère [revɛrbɛr] n. m. Lanterne munie de réflecteurs, pour éclairer les rues pendant la nuit. ● *Four à réverbère,* four dans lequel les matières à traiter sont chauffées indirectement par l'intermédiaire de la voûte, qui, portée à haute température par les flammes et les gaz chauds, rayonne fortement sur la sole.

réverbérer [revɛrbere] v. t. (lat. *reverberare,* repousser un coup) [conj. **5**]. Réfléchir, renvoyer la lumière, la chaleur.

revercher [rəvɛrʃe] v. t. Boucher les trous d'une pièce de poterie d'étain avec le fer à souder.

reverdie n. f. *Littér.* Petit poème lyrique médiéval inspiré par le retour du printemps.

reverdir v. t. Rendre sa verdure à : *le printemps reverdit les bois.* ‖ — V. i. Redevenir vert : *les arbres reverdissent.* ‖ *Fig.* Rajeunir, redevenir plus fort : *ce vieillard reverdit.*

reverdissement n. m. Action de reverdir.

reverdoir [rəvɛrdwar] n. m. Dans une brasserie, petit réservoir collecteur, d'où les moûts s'écoulent vers la chaudière à bière.

Reverdy (Pierre), poète français, né à Narbonne (1889-1960). Il se lia avec les peintres de Montmartre (Picasso, Braque, Matisse) et entreprit de donner dans ses premiers recueils une transposition littéraire du cubisme (*la Lucarne ovale,* 1916; *la Guitare endormie,* 1919). Salué comme un maître par les surréalistes (*les Epaves du ciel,* 1924), il se retira en 1925 près de l'abbaye de Solesmes, où il médita sur la réalité poétique du monde (*Pierres blanches,* 1930; *Main-d'œuvre,* 1949).

révérence [reverɑ̃s] n. f. Respect profond, vénération : *traiter quelqu'un avec révérence.* ‖ Mouvement du corps que l'on fait pour saluer, soit en s'inclinant, soit en pliant les genoux. ● *Révérence parler* (Fam.), se dit pour excuser un propos jugé inconvenant. ‖ *Tirer sa révérence,* saluer en s'en allant; s'en aller.

révérenciel, elle adj. Inspiré par la révérence : *crainte révérencielle.*

révérencieusement adv. Avec respect.

révérencieux, euse adj. Qui fait trop de révérences; qui est trop cérémonieux.

révérend [reverɑ̃], **e** [-ɑ̃d] adj. et n. (lat. *reverendus,* digne de vénération). Titre d'honneur donné aux religieux et aux religieuses. ‖ Titre des pasteurs anglicans.

révérendissime adj. Titre d'honneur conféré aux évêques, aux archevêques, aux généraux d'ordres religieux et aux abbés de certains monastères.

révérer [revere] v. t. (lat. *revereri*) [conj. **5**]. Honorer, traiter avec un profond respect.

rêverie n. f. Etat de l'esprit qui s'abandonne à des souvenirs, à des images : *passer des heures dans la rêverie.* ‖ Idée chimérique, extravagante : *les rêveries des astrologues.*

Rêveries du promeneur solitaire (*les*), ouvrage posthume de J.-J. Rousseau (1782). L'auteur passe la dernière année de sa vie à évoquer les souvenirs les plus doux de son passé ou les plus marquantes de ses impressions actuelles.

Revermont (le), rebord occidental du Jura.

revers [rəvɛr] n. m. (lat. *reversus,* qui est retourné). Côté d'une chose opposé au côté principal ou à celui qui se présente d'abord : *le revers d'une tapisserie.* ‖ Le côté d'une médaille, d'une monnaie, opposé à l'avers. ‖ Envers, replié sur l'endroit, d'un col, d'un bas de manche ou de pantalon. ‖ Repli au haut d'une botte, d'une autre couleur que la tige. ‖ Au tennis, coup de raquette où le joueur attaque la balle à sa gauche s'il est droitier, à sa droite s'il est gaucher. ‖ *Géogr.* V. CÔTE. ‖ — *Fig.* Evénement malheureux qui transforme une situation : *éprouver des revers de fortune.* ‖ Echec militaire. ● *A revers,* par-derrière : *attaquer à revers.* ‖ *Revers de la main,* dos de la main, surface opposée à la paume. ‖ *Revers de la médaille,* mauvais côté d'une chose.

réversal [revɛrsal], **e, aux** [-o] adj. (du lat. *reversus,* retourné). S'est dit d'un acte d'assurance donné à l'appui d'un engagement précédent. ● *Lettres réversales,* ou *réversales* n. f. pl., lettres par lesquelles on fait une concession en échange d'une autre.

reversement n. m. Transfert de fonds d'une caisse à une autre.

reverser v. t. Verser de nouveau. ‖ *Fig.* Transporter, reporter sur : *reverser un titre de propriété sur la tête de ses enfants.*

reversi ou **reversis** [rəvɛrsi] n. m. (de l'ital. *rovescino*). Jeu de cartes où celui qui fait le moins de levées et de points gagne la partie.

réversibilité n. f. Qualité de ce qui est réversible : *la réversibilité d'un mouvement.*

réversible [revɛrsibl] adj. (du lat. *reversus,* qui est retourné). Se dit des biens qui doivent, en certains cas, retourner au propriétaire qui en a disposé, ou d'une pension dont le service des arrérages est continué à d'autres personnes à la mort du titulaire. ‖ *Phys.* Se dit d'une transformation mécanique, physique ou chimique qui peut, à un instant quelconque, changer de sens sous l'influence d'une modification infinitésimale dans les conditions de production du phénomène. ‖ *Fig.* Qui peut revenir en arrière : *l'histoire n'est pas réversible.* ‖ Se dit d'un phénomène dans lequel l'effet et la cause peuvent être intervertis. ‖ Se dit d'un tissu et, par extens., d'un vêtement dont les deux faces sont utilisables soit à la suite d'un tissage spécial, soit à la suite d'un collage de deux tissus. ● *Hélice à pas réversible* (Aéron.), hélice dont on peut changer le sens de l'effort par une rotation des pales autour de leur axe.

réversion n. f. (lat. *reversio*). Droit de retour en vertu duquel les biens dont une personne a disposé en faveur d'une autre lui reviennent quand celle-ci meurt sans enfants. ● *Pension de réversion,* retraite versée au conjoint survivant d'un travailleur décédé après s'être acquis des droits à la retraite.

reversis n. m. V. REVERSI.

reversoir [rəvɛrswar] n. m. Barrage par-dessus lequel l'eau s'écoule en nappe.

revêtement [rəvɛtmɑ̃] n. m. Partie supérieure d'une chaussée : *un revêtement antidérapant.* ‖ Placage en bois, en plâtre, en ciment, en pierre, etc., dont on recouvre une muraille pour la protéger, la décorer ou la consolider. ‖ Ouvrage de brique, de pierre ou de béton, construit pour empêcher l'éboulement d'un talus.

revêtir v. t. (conj. **20**). Se couvrir d'un vêtement : *revêtir un habit.* ‖ Recouvrir, enduire : *revêtir de plâtre.* ‖ *Fig.* Investir d'un emploi, d'une dignité. ● *Revêtir l'aspect de,* ressembler à.

rêveur, euse adj. et n. Qui se complaît dans des pensées vagues; distrait. ‖ — Adj. Qui indique la rêverie : *air rêveur.*

rêveusement adv. En rêvant.

revient [rəvjɛ̃] n. m. *Prix de revient,* coût total d'une marchandise, d'un produit ou d'un service.

revif [rəvif] n. m. Période de la marée comprise entre la morte-eau et la vive-eau.

Revigny-sur-Ornain (55800), ch.-l. de c. de la Meuse (arr. de Bar-le-Duc); 3 988 h. Combats pendant la bataille de la Marne (sept. 1914). Cimetière militaire.

revigorer [rəvigɔre] v. t. Redonner de la vigueur.

Revin (08500), ch.-l. de c. des Ardennes (arr. de Charleville-Mézières), sur la Meuse; 12 156 h. Métallurgie. Usine hydro-électrique.

revirement [rəvirmɑ̃] n. m. Changement brusque et complet : *revirement d'opinion.*

révisable adj. Qui peut être révisé : *jugement révisable.*

réviser [revize] v. t. (lat. *revisere*). Revoir, examiner de nouveau, pour modifier s'il y a lieu : *réviser son jugement; réviser une pension.* ‖ Examiner en vue de réparer; remettre en bon état de marche : *réviser un moteur.*

réviseur n. m. Personne qui revoit après une autre. ‖ Celui qui fait la révision des épreuves typographiques.

révision n. f. Action de réviser; son résultat : *la révision des listes électorales.* ‖ *Dr.* Examen, par une juridiction supérieure, d'une décision d'une autre juridiction : *la révision est possible en matière pénale.* ● *Conseil de révision,* v. APPEL.

révisionnisme n. m. Attitude de ceux qui remettent en cause les bases fondamentales d'une doctrine, d'une Constitution.

révisionniste adj. et n. Qui suggère ou effectue une révision. ‖ Qui favorise le révisionnisme.

revitaliser v. t. Donner une force nouvelle, rétablir le bon fonctionnement d'un organisme.

revivification n. f. Action de revivifier, de ranimer.

revivifier v. t. Vivifier de nouveau. ‖ *Fig.* Réveiller, ranimer. ‖ *Chim.* Tirer de sa combinaison et ramener à l'état métallique : *revivifier du mercure.*

reviviscence [rəvivisɑ̃s] n. f. Propriété de certains animaux ou végétaux qui peuvent, après avoir été desséchés, reprendre vie à l'humidité : *la reviviscence a été constatée chez les rotifères, les nématodes et les tardigrades.* ‖ *Fig.* Réapparition d'états de conscience oubliés.

reviviscent, e adj. Doué de reviviscence.

revivre v. i. (conj. **57**). Revenir à la vie. ‖ — *Fig.* Etre rappelé ou représenté : *un père revit dans son enfant.* ‖ Renaître, se renouveler : *l'espoir revit dans les cœurs.* ● *Faire revivre une chose,* la renouveler, lui rendre son éclat.

Revizor (*le*) *ou l'Inspecteur général,* comédie de Gogol' (1836), satire de la corruption de l'Administration russe.

révocabilité n. f. Etat de celui ou de ce qui est révocable.

révocable adj. Qui peut être révoqué : *procuration révocable.*

révocation n. f. Action de révoquer, de mettre à néant : *révocation d'un testament.* ‖ Action de destituer : *la révocation d'un fonctionnaire.*

révocatoire adj. Qui révoque.

revoici, revoilà prép. ou adv. *Fam.* Voici de nouveau, voilà de nouveau.

revoir v. t. (conj. **36**). Voir de nouveau : *revoir un ami.* ‖ Revenir auprès de : *revoir sa patrie.* ‖ Examiner de nouveau, en vue d'améliorer, de réparer : *revoir un manuscrit, une voiture.* ‖ — N. m. Action de revoir : *adieu, jusqu'au revoir.* ● *Au revoir,* formule de politesse pour prendre congé de quelqu'un.

revoler v. i. Retourner en volant. ‖ *Fig.* Retourner avec rapidité : *revoler au combat.*

révoltant, e adj. Qui révolte, indigne : *ce procédé est révoltant.*

révolte [revɔlt] n. f. Rébellion, soulèvement contre l'autorité légitime. ● *Révolte militaire,* rébellion collective. (Elle est très sévèrement sanctionnée. Le Code de justice militaire prévoit notamment la peine de mort si elle a lieu en présence de l'ennemi ou de bande armée.)

révolté, e adj. et n. En état de révolte.

révolter v. t. (ital. *rivoltare,* retourner). Indigner, choquer fortement : *procédé, mesure qui révolte.* ‖ — **Se révolter** v. pr. Se soulever contre une autorité. ‖ S'indigner, s'irriter.

révolu [revɔly], **e** adj. (lat. *revolutus*). Achevé, complet : *avoir vingt ans révolus.*

révolution [revɔlysjɔ̃] n. f. (lat. *revolutio;* de *revolvere,* retourner). Mouvement circulaire par lequel un mobile revient à sa position d'origine : *la révolution d'une planète.* ‖ Temps mis par ce mobile pour effectuer ce mouvement. ‖ Mouvement, autour d'un axe, d'une figure de forme invariable. ‖ Changement brusque et violent dans la structure économique, sociale ou politique d'un Etat : *la révolution de 1848.* (Syn. : INSURRECTION, RÉBELLION, RÉVOLTE, SOULÈVEMENT.) ‖ Transformation complète : *révolution dans les arts.* ● *La Révolution* (Absol.), la révolution de 1789. ‖ *Surface de révolution,* surface engendrée par la rotation d'une ligne de forme invariable, appelée *génératrice* ou *méridienne,* autour d'un axe appelé *axe de la surface de révolution.*

révolution d'Angleterre (*première*), révolution (1642-1649) qui mit fin au règne de Charles Ier et établit la république sous le protectorat de Cromwell. L'avènement des Stuarts (1603) et leur politique absolutiste provoquèrent la révolte de l'Ecosse. Charles Ier recourut d'abord au Parlement, puis déclencha la guerre civile (1642-1646), qui opposa les royalistes, ou « Cavaliers », aux partisans du Parlement, ou « Têtes rondes ». En 1647, le roi fut livré au Parlement; il fut exécuté en 1649, et Cromwell devint le maître de la situation.

révolution d'Angleterre (*seconde*), révolution (1688-1689) qui substitua Guillaume III de Nassau à Jacques II Stuart. C'est la conversion de Jacques II au catholicisme et la naissance de son fils (1688) qui provoquèrent la révolution. A l'appel de quelques notables, Guillaume d'Orange, gendre de Jacques II, débarqua en Angleterre : le Parlement le reconnut roi (Guillaume III) conjointement avec sa femme (Mary II). Jacques II se réfugia en France.

révolution culturelle prolétarienne (*grande*), mouvement politique chinois, dont le début date officiellement d'août 1966. Il se marque par une série de campagnes dans lesquelles un mouvement de jeunesse, les *gardes rouges,* joue un rôle prépondérant. Idéologiquement, ce mouvement s'oppose à la conception politique soviétique, qualifiée de « révisionniste », et repose sur l'idée que les structures du parti communiste ne peuvent, par leur seule existence, être le garant d'une société révolutionnaire.

Révolution française (1789-1799), ensemble des mouvements révolutionnaires qui mirent fin, en France, à l'Ancien Régime. Le prélude en fut la réunion des Etats généraux à Versailles (5 mai 1789) et la proclamation de l'Assemblée* nationale par les députés du Tiers (17 juin). Les gouvernements qui dirigèrent la France pendant les dix années qui suivirent furent : l'*Assemblée* nationale constituante* (9 juill. 1789-1er oct. 1791), qui vota la Constitution de 1791; l'*Assemblée* législative* (1er oct. 1791-21 sept. 1792), qui s'efforça d'organiser une monarchie constitutionnelle, puis suspendit le roi de ses fonctions (10 août 1792) et déclara la guerre à l'Autriche; la *Convention* nationale* (21 sept. 1792-21 oct. 1795), qui proclama la République; le *Directoire** (26 oct. 1795-9 nov. 1799), qui évolua dans le sens d'une république bourgeoise et dut céder la place à Bonaparte, Premier consul.

révolution française de 1830. V. JUILLET 1830 (*révolution* ou *journées de*).

révolution française de 1848, mouvement révolutionnaire qui aboutit à l'abdication de Louis-Philippe et à la proclamation de la IIe République. A l'origine immédiate du mouvement il y eut la campagne des banquets réformistes. L'un d'eux ayant été interdit par le gouvernement, des barricades furent dressées dans Paris (23 févr.). Le renvoi de Guizot ne calma pas les esprits : des échauffourées sanglantes provoquèrent l'abdication de Louis-Philippe (24 févr.). Dès le lendemain, un gouvernement provisoire dominé par Lamartine proclamait la République.

révolution russe de 1905, manifestations qui eurent lieu en Russie contre le régime impérial et qui aboutirent à l'élection d'une douma*. Les principaux épisodes de cette révolution furent la manifestation ouvrière du 22 janvier (9 janv. anc. style) [Dimanche rouge], la rébellion du cuirassé *Potemkine** (juin-juill.), la dissolution, par le gouvernement, du soviet de Saint-Pétersbourg et l'écrasement, par la force, de la grève générale déclenchée à Moscou le 20 (7) décembre.

révolution russe de 1917, ensemble des mouvements révolutionnaires qui ont amené l'abdication de Nicolas II (révolution dite « de Février », mais qui, en fait, s'est déroulée en mars selon le calendrier grégorien), la prise du pouvoir par le parti bolcheviste et la fondation de l'U. R. S. S. (révolution dite « d'Octobre » [novembre]). Les mouvements révolutionnaires furent favorisés par l'échec des *doumas,* par le mécontentement populaire, exploité par les socialistes et les bolchevistes, par la guerre mondiale et les désastres de l'armée russe. Au moment de l'abdication de Nicolas II, le pouvoir était entre les mains des sociaux-démocrates (mencheviks) et des « constitutionnels-démocrates » (parti K. D.). Peu à peu, l'influente minorité des bolchevistes, dont Lénine prit le commandement, eut le dessus, malgré les efforts de Kerenski. Les 6 et 7 novembre (24 et 25 oct.), les bolchevistes occupèrent facilement Petrograd; seul le palais d'Hiver résista quelques jours. Mis en face du fait accompli, le IIe congrès des soviets élit un præsidium où les bolchevistes — désormais maîtres du pouvoir — eurent la majorité.

révolutionnaire adj. Relatif à des révolutions politiques ou à une révolution en particulier : *période révolutionnaire.* ‖ — Adj. et n. Favorable à une transformation radicale de la structure politique et sociale d'un pays.

révolutionnairement adv. Par des moyens révolutionnaires.

révolutionner v. t. Causer du trouble, bouleverser : *cette nouvelle m'a révolutionné.* (Contr. : APAISER, CALMER.)

revolver [revɔlvɛr] n. m. (mot angl.; de *to revolve,* retourner). Arme à feu individuelle, que l'on tient dans la main, à répétition, et dont le magasin est constitué par un barillet.
— ENCYCL. Les *revolvers* furent très utilisés au XIXe s. et les « revolvers d'ordonnance » modèles 1873 et 1892 armèrent pendant longtemps notamment les officiers et certains sous-officiers. Ces armes, dont la fabrication a été pratiquement abandonnée, ont été remplacées par les pistolets* automatiques, dont les chargeurs permettent un approvisionnement beaucoup plus rapide.

révoquer [revɔke] v. t. (lat. *revocare,* revenir sur une sentence). Oter à quelqu'un les fonctions, le pouvoir qu'on lui avait donnés; destituer : *révoquer un fonctionnaire.* ‖ Déclarer nul : *révoquer un ordre.* ● *Révoquer en doute,* mettre en doute, contester.

revue [rəvy] n. f. Recherche, inspection exacte : *faire la revue de ses papiers.* ‖ Inspection détaillée des effectifs ou du matériel d'un corps de troupes : *passer une revue de détail.* ‖ Parade militaire : *la revue du 14-Juillet.* ‖ Titre de certains écrits périodiques : *revue scientifique.* ‖ Pièce comique où l'on met en scène les événements de l'année, des personnalités, les membres importants d'une communauté. ‖ Spectacle de music-hall formé par une succession de tableaux à grande mise en scène. ● *Passer en revue,* examiner tour à tour ou successivement : *passer en revue divers projets.* ‖ *Revue de presse,* examen et lecture des principaux articles de journaux parus dans le jour ou dans la semaine, et reflétant les diverses opinions politiques.

Revue blanche (*la*), recueil bimensuel illustré, fondé à Liège et à Paris en 1889 par Auguste Jeunehomme et Paul Leclercq. Dirigée par Alexandre Natanson et ses frères, elle défendit des idées neuves et hardies en art et en littérature.

Revue des Deux Mondes (*la*), périodique fondé en 1828 par Mauroy et Ségur-Dupeyron. Dès 1831, le rédacteur en chef en fut François Buloz, auquel succéda son fils Charles en 1877. Son histoire est intimement liée à toutes les manifestations artistiques et politiques du XIXe s. et du début du XXe s.

revuiste n. m. Auteur dramatique qui écrit des revues.

révulsé, e adj. Retourné, bouleversé : *avoir les yeux révulsés.*

révulser [revylse] v. t. (du lat. *revulsus,* arraché). Produire une révulsion.

révulsif, ive adj. et n. m. Se dit des remèdes qui produisent une révulsion : *les sinapismes, les vésicatoires, les cautères sont des révulsifs.*

révulsion n. f. (lat. *revulsio,* action d'arracher). Irritation locale provoquée pour faire cesser un état congestif ou inflammatoire.

Rewbell ou **Reubell** (Jean-François), homme politique français, né à Colmar (1747-1807), Conventionnel, président des Cinq-Cents, puis directeur de 1796 à 1799.

Rey (Jean), chimiste et médecin français, né au Bugue (v. 1583-1645). Il observa l'augmentation de la masse de l'étain et du plomb chauffés au contact de l'air.

Reybaud (Louis), économiste et écrivain français, né à Marseille (1799-1879), auteur du roman satirique et social *Jérôme Paturot à la recherche d'une position sociale* (1843).

Reyes (Alfonso), écrivain mexicain, né à Monterrey (1889-1959). Poète, essayiste et romancier, il s'est efforcé de revenir aux sources de l'inspiration nationale et de la civilisation aztèque (*Visión de Anáhuac,* 1917).

Reykjavik, cap. de l'Islande, sur le littoral sud-ouest de l'île; 79 200 h. Principal port et ville du pays, dont elle concentre plus de 40 p. 100 de la population totale. Pêche et conserveries.

Reymont (Władysław Stanisław), écrivain polonais, né à Kobiele-Wielkie, près de Radom (1867-1925). Ses nouvelles et ses récits composent une vaste évocation lyrique de la nature polonaise et de la vie paysanne (*les Paysans,* 1904-1909). Il publia également plusieurs romans historiques (*l'Année 1794,* 1913-1918; *la Révolte,* 1924). [Prix Nobel, 1924.]

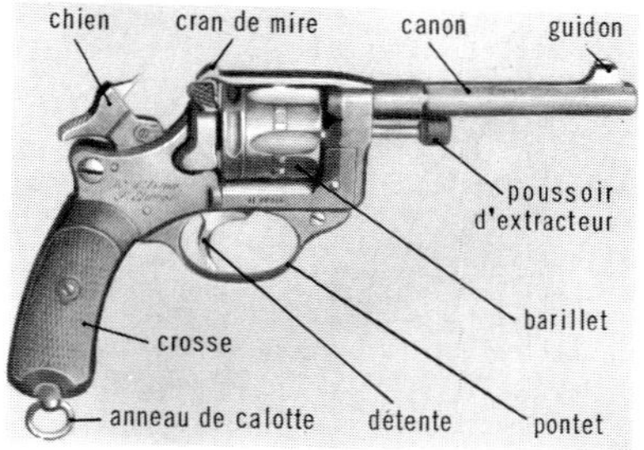

revolver

en 1892, le praxinoscope d'Émile **Reynaud** lui permet d'assurer une première projection publique d'un dessin animé

Reynaud (Emile), inventeur français, né à Montreuil (1844-1918). Il créa en 1877 le praxinoscope et fut l'un des premiers inventeurs du dessin animé en imaginant des bandes sur pellicule, peintes et dessinées par lui-même, pour les spectacles du musée Grévin.

Reynaud (Paul), homme politique français, né à Barcelonnette (1878-1966). Avocat et député à partir de 1919, il fut titulaire de divers portefeuilles sous la IIIe République, et notamment de celui des Finances sous le gouvernement Daladier (1939-1940). Président du Conseil et ministre des Affaires étrangères en mars 1940, il eut à faire face à la grave situation créée par l'invasion allemande (10 mai); il prit en main la Défense nationale, mais ne put empêcher la défaite. Hostile à l'armistice, il démissionna le 16 juin. Le gouvernement de Vichy le fit interner (1940-1942); il fut ensuite déporté par les Allemands (1942-1944). Il joua encore un rôle parlementaire important sous la IVe et la Ve République.

Reynolds (*sir* Joshua), peintre anglais, né à Plympton Erle (1723-1792). Il peut être considéré comme le fondateur de l'école anglaise de peinture. Coloriste brillant et raffiné, il a peint de nombreux et élégants portraits (*Portrait de George Hare enfant,* Louvre).

Reza chāh Pahlavi. V. PAHLAVI (Reza chāh).

Rezāye, anc. **Ourmia,** v. du nord-ouest de l'Iran, sur le *lac de Rezāye;* 110 700 h.

rez-de-chaussée [redʃose] n. m. inv. Ensemble des pièces d'une habitation situées au niveau du sol.

Rezé (44400), ch.-l. de c. de la Loire-Atlantique (arr. de Nantes), au sud de Nantes; 33 943 h. (*Rezéens*).

Rezonville (57130 Ars sur Moselle), comm. de la Moselle (arr. de Metz); 230 h. Une bataille indécise, dénommée aussi *bataille de Gravelotte* ou *de Mars-la-Tour,* s'y déroula (16 août 1870) entre les Français de Bazaine et les Allemands de Frédéric-Charles.

R. F. A., sigle de *République fédérale allemande* (ou *Allemagne* occidentale*).

rH, indice analogue au pH, représentant quantitativement la valeur du pouvoir oxydant ou réducteur d'un milieu.

Rh, symbole chimique du *rhodium.*

Rh, abrév. de *Rhésus* (facteur).

rhabdomancie [rabdɔmɑ̃si] n. f. Recherche d'une source ou d'objets cachés, au moyen d'une baguette.

rhabdomancien, enne n. Personne qui pratique la rhabdomancie.

rhabillage n. m. Action de rhabiller.

rhabiller v. t. Habiller de nouveau. ‖ Remettre en état : *rhabiller une montre.* ‖ — **Se rhabiller** v. pr. Remettre ses habits.

rhabilleur, euse n. Personne qui fait des rhabillages.

Rhadamanthe. *Myth. gr.* Un des trois juges des Enfers, fils de Zeus et frère de Minos.

Rhadamès. V. GHADAMÈS.

rhamnacées [ramnase] n. f. pl. Famille de plantes dialypétales, comprenant le *nerprun,* le *jujubier.*

rhapsode n. m. (gr. *rhapsôdos;* de *rhaptein,* coudre, et *ôdê,* chant). Dans la Grèce ancienne, aède qui allait de ville en ville en récitant des poèmes.

rhapsodie [rapsɔdi] n. f. Chant ou morceau contenant un épisode des poèmes homériques. ‖ Mouvement de musique libre, voire improvisé, écrit dans l'esprit rhapsodique et utilisant ou non des éléments populaires.

rhapsodique adj. Se dit du style qui distingue une musique d'esprit libre, de caractère emporté, voire tourmenté, et d'un accent lyrique certain.

Rharb. V. GHARB.

Rhaznévides ou **Ghaznévides,** dynastie d'origine turque, qui régna trois siècles (Xe-XIIe s.) sur l'Afghānistān et le Pendjab.

Rhea. *Myth. gr.* Epouse de Cronos.

Rhea Silvia, mère de Romulus et de Remus.

Reynolds
« Georgina, comtesse Spencer, et sa fille »
coll. part.

Rhee (REE SYN MAN, dit **Syngman**), homme politique coréen, né dans la prov. de Hwanghae (1875-1965), président de la république de Corée du Sud (1948-1960).

Rheine, v. de l'Allemagne occidentale (Rhénanie-du-Nord-Westphalie), sur l'Ems; 48 300 h.

Rheinfelden, v. de Suisse (Argovie), sur le Rhin; 5 200 h. Centrale hydro-électrique. Salines.

Rheinhausen, v. de l'Allemagne occidentale (Rhénanie-du-Nord-Westphalie), sur le Rhin; 71 800 h. Sidérurgie.

rhénan [renɑ̃], **e** [-an] adj. Relatif au Rhin; situé aux bords du Rhin : *les pays rhénans.*

rhénan (*Massif schisteux*), massif ancien de l'Allemagne occidentale, de part et d'autre du Rhin, dans le prolongement de l'Ardenne. V. pr. *Coblence.* Il est formé de plateaux boisés (Taunus, Hunsrück, Westerwald, Sauerland, Eifel) et entaillés par de profondes vallées (Rhin, Moselle, Lahn).

Rhénanie, en allem. **Rheinland,** région de l'Allemagne occidentale, sur le Rhin, de la frontière française à la frontière néerlandaise.
Occupée par les Romains, puis par les Germains et les Francs, la Rhénanie fit partie de l'Austrasie, puis de la Lotharingie. Au Moyen Age, le pays se morcela, tandis que les villes épiscopales acquéraient leur indépendance. Au XIVe s., les cités rhénanes étaient d'importants centres économiques et culturels. Partiellement gagnée à la Réforme, la Rhénanie s'ouvrit, au XVIIe s., à l'influence française. Louis XIV y multiplia les « réunions »; la France révolutionnaire annexa la rive gauche du Rhin (1793). Le congrès de Vienne attribua la Rhénanie à la Prusse (1815); en 1919, le traité de Versailles imposa à l'Allemagne la démilitarisation de la Rhénanie; un moment, la France favorisa un mouvement autonomiste rhénan, qui n'aboutit pas (1921-1923). La Rhénanie fut évacuée par les Alliés en 1930; Hitler la remilitarisa en 1936.

Rhénanie-du-Nord-Westphalie, en allem. **Nordrhein-Westfalen,** Etat de l'Allemagne occidentale; 34 000 km²; 16 832 000 h. Cap. *Düsseldorf.* De loin le plus peuplé de l'Allemagne occidentale, dont il groupe près de 30 p. 100 de la population totale, l'Etat s'étend au sud sur l'extrémité du Massif schisteux rhénan (Sauerland), à l'est sur une partie des monts de la Weser (Teutoburgerwald) et au nord sur le bassin de Münster, région agricole où domine l'élevage, sauf dans la frange méridionale lœssique et céréalière. Il est traversé

Phot. X, Bulloz.

par la vallée du Rhin, qui s'élargit à sa sortie du Massif schisteux rhénan (à Bonn, cap. fédérale) et arrose Cologne avant de traverser Düsseldorf, où commence le paysage urbain et industriel de la Ruhr*, partie vitale de la Rhénanie-du-Nord-Westphalie (et même de l'Allemagne occidentale), qu'une acception élargie étend de Mönchengladbach à Remscheid et de Krefeld à Recklinghausen. Plus de la moitié de la population de l'Etat se groupe alors dans le quadrilatère ainsi délimité (en y ajoutant les agglomérations de Hagen et de Dortmund), dont le poids économique (charbon, acier, métallurgie de transformation, chimie) est encore bien supérieur au poids démographique.

Rhénanie-Palatinat, en allem. **Rheinland-Pfalz,** Etat de l'Allemagne occidentale ; 19 831 km² ; 3 620 000 h. Cap. *Mayence.* En dehors des plateaux du Palatinat au sud, dominant la plaine du Rhin, l'Etat s'étend sur une grande partie du Massif schisteux rhénan (Eifel et Hunsrück à l'ouest du fleuve, Westerwald à l'est). Une agriculture souvent médiocre domine, en dehors de la vallée du Rhin, plus riche, site des trois seules villes dépassant 100 000 h. (Ludwigshafen, Mayence et Coblence).

rhénium [renjɔm] n. m. Métal blanc (Re), rare, de numéro atomique 75, analogue au manganèse.

rhéomètre [reɔmɛtr] n. m. (du gr. *rheos,* courant, et *metron,* mesure). Instrument de jaugeage pour les fluides.

rhéostat [reɔsta] n. m. (gr. *rheos,* courant, et lat. *stare,* rester immobile). *Electr.* Résistance variable qui, placée dans un circuit, permet de modifier l'intensité du courant.

rhéostatique adj. Relatif au rhéostat.

rhésus [rezys] n. m. Espèce de singe, appartenant au genre *macaque.* ● *Facteur Rhésus,* v. FACTEUR.

rhéteur [retœr] n. m. (gr. *rhêtôr*). Dans l'Antiquité, celui qui enseignait l'art de l'éloquence. ‖ Orateur emphatique.

Rhétie, contrée de l'Helvétie (Grisons, Tyrol, nord de la Lombardie), soumise aux Romains sous Auguste, prov. de l'Empire à partir de 15 av. J.-C.

rhétique ou **rétique** [retik] adj. De Rhétie.

Rhétiques (*Alpes*), partie des Alpes centrales (Grisons et régions italiennes limitrophes).

rhétoricien n. m. Celui qui sait la rhétorique (vx). ‖ Autref., élève de première.

rhétorique [retɔrik] n. f. (gr. *rhêtorikê*). Art qui donne les règles du bien-dire. ‖ Autref., classe de première. ‖ Affectation d'éloquence : *ce n'est que de la rhétorique.* ● *Chambres de rhétorique,* sociétés littéraires créées dès le XIVe s. en Artois et en Flandre. ‖ *Figure de rhétorique,* tournure de style qui rend plus vive l'expression de la pensée. (V. *encycl.*)
— ENCYCL. On distingue, dans les *figures de rhétorique,* les *figures de mots,* qui consistent à détourner le sens des mots (*ellipse, syllepse, inversion, hypallage, pléonasme, métaphore, allégorie, catachrèse, synecdoque, métonymie, euphémisme, antonomase, antiphrase,* etc.), et les *figures de pensée,* qui consistent en certains tours de pensée indépendants de l'expression (*antithèse, apostrophe, exclamation, interrogation, énumération, gradation, réticence, périphrase, hyperbole, litote, prosopopée,* etc.).

rhétoriqueur n. m. Nom que se donnaient eux-mêmes les poètes de cour, de France, de Bourgogne, de Flandre et de Bretagne, au XVe s.
— ENCYCL. Sans former d'école proprement dite, de nombreux poètes, dans les dernières années du XVe s. et le premier tiers du XVIe, manifestent, en Bourgogne, en Flandre et à la cour de France, des réactions identiques aux mêmes événements et se réclament de la même tradition littéraire : les *rhétoriqueurs* sont nourris des auteurs sacrés et des poètes latins, pratiquent les historiens et les encyclopédistes antiques, et s'intéressent aux travaux des premiers humanistes. Concevant la poésie comme l'expression par images des vérités de la morale traditionnelle, ils enseignent la vertu par des portraits et des récits exemplaires. Ils attachent cependant la plus grande importance aux questions de langue et de style. Attentifs aux qualités formelles du langage, fidèles à la pensée allégorique, ils s'efforcent d'enrichir et d'orner le français, suivant l'exemple d'Alain Chartier et de Georges Chastellain. Pendant longtemps on ne voulut voir dans l'art des rhétoriqueurs qu'une virtuosité gratuite ; on reconnaît aujourd'hui que Jean Molinet (*Art de rhétorique,* v. 1482-1492), Octovien de Saint-Gelais (*Séjour d'honneur,* écrit v. 1489-1493), Guillaume Crétin (*Chronique,* 1515-1525), Jean Lemaire de Belges (*Illustrations de Gaule et singularités de Troie,* 1511-1512 ; *Concorde des deux langages,* 1513), Jean Bouchet (*le Temple de Bonne Renommée,* 1515) ont annoncé et préparé le grand essor de la Pléiade.

rhéto-roman, e ou **réto-roman, e** adj. Se dit des dialectes romans de la Suisse orientale (anc. Rhétie), du Tyrol et du Frioul.

Rheydt, v. de l'Allemagne occidentale (Rhénanie-du-Nord-Westphalie), dans la Ruhr ; 98 000 h. Métallurgie. Textiles.

Rhigas (Constantin), dit **Phéraios,** poète grec, né à Velestino (Thessalie) [1760-1798], auteur d'hymnes patriotiques.

Rhin (le), en allem. **Rhein,** en néerl. **Rijn,** fl. de l'Europe occidentale ; 1 298 km. Formé en Suisse par la réunion de deux torrents alpins (le *Rhin antérieur,* né dans le massif du Saint-Gothard, et le *Rhin postérieur,* issu du massif de l'Adula), le fleuve traverse le lac de Constance, franchit le Jura (chutes de Schaffhouse), reçoit l'Aar (r. g.) avant d'atteindre Bâle. En aval, le Rhin s'écoule vers le nord, dans une vallée élargie, en suivant le fossé d'effondrement d'Alsace et de Bade, et reçoit l'Ill (r. g.), le Neckar (r. dr.) et le Main (r. dr.). Au-delà de Mayence, le lit se resserre à travers le Massif schisteux rhénan : c'est le « Rhin héroïque », qui se grossit de la Moselle (r. g.) et de la Lahn (r. dr.). A Bonn, le Rhin entre définitivement en plaine, reçoit la Ruhr (r. dr.) et la Lippe (r. dr.), pénètre aux Pays-Bas, où il se partage en deux bras principaux (le Lek et le Waal), qui se ramifient à leur tour avant de gagner la mer du Nord.

rhinanthe

Le régime se modifie d'amont en aval : hautes eaux d'été et maigres d'hiver en amont de Bâle, débit plus étalé en aval, très régulier même à partir de Cologne. Le rôle économique du fleuve est considérable. C'est la plus importante artère navigable de l'Europe occidentale, desservant la Suisse, la France de l'Est, une partie de l'Allemagne occidentale (dont la Ruhr) et les Pays-Bas. Accessible aux chalands de 2 000 t jusqu'à Bâle, le fleuve est jalonné de ports actifs, dont les principaux, mis à part Rotterdam, sont Duisburg-Ruhrort, Mannheim et Ludwigshafen, Strasbourg, Bâle. C'est encore une importante source d'énergie d'origine hydro-électrique (centrales suisses et allemandes entre le lac de Constance et Bâle, centrales françaises du grand canal d'Alsace).

Rhin (*dép. du Bas-*) [**67**], dép. formé d'une partie de l'Alsace ; préf. *Strasbourg ;* s.-préf. *Erstein, Haguenau, Molsheim, Saverne, Sélestat, Strasbourg-Campagne, Strasbourg-Ville, Wissembourg ;* 8 arr., 43 cant., 561 comm. ; 4 787 km² ; 827 400 h. Le dép. s'étend sur une partie du *plateau lorrain* (au nord-ouest), des *Vosges* (au sud-ouest), régions d'élevage, localement de vignobles (collines sous-vosgiennes entre la Liepvrette et la Zorn), et sur la moitié septentrionale de la *plaine d'Alsace,* portant des cultures céréalières et industrielles (tabac, houblon) sur les sols lœssiques, des forêts (Haguenau) sur les terres sableuses et caillouteuses. L'agriculture emploie environ le huitième de la population active. L'industrie domine largement (plus de 40 p. 100 de la population active). Représentée surtout par la métallurgie, les activités alimentaires et textiles, elle est surtout développée dans l'agglomération de Strasbourg (la ville est l'un des grands ports rhénans), qui regroupe près de la moitié de la population totale du dép., où elle bénéficie de l'énergie fournie par les centrales du grand canal d'Alsace et par le pétrole, raffiné à proximité (Reichstett, Herrlisheim).

Rhin (*dép. du Haut-*) [**68**], dép. formé d'une partie de l'Alsace ; préf. *Colmar ;* s.-préf. *Altkirch, Guebwiller, Mulhouse, Ribeauvillé, Thann ;* 6 arr., 30 cant., 384 comm. ; 3 523 km² ; 585 000 h. Les *collines sous-vosgiennes,* couvertes de vignobles renommés, séparent la partie la plus élevée des *Vosges,* région de forêts et d'élevage, de la moitié méridionale de la *plaine d'Alsace,* portant des cultures de céréales, de tabac, de houblon, en dehors de secteurs marécageux (les *rieds,* entre Ill et Rhin, partiellement assainis et transformés en prairies) ou forestiers (Harth). Le *Sundgau,* pays céréalier aux sols lœssiques, occupe le sud du dép. L'industrie, très développée, emploie la moitié de la population active (à peine le dixième pour l'agriculture). Elle est représentée, en dehors de l'extraction de la potasse et des aménagements hydro-électriques du grand canal d'Alsace, par les textiles (coton), les constructions mécaniques, les produits alimentaires, et localisée principalement dans les vallées vosgiennes, depuis peu à Colmar et surtout dans l'agglomération de Mulhouse (qui regroupe le tiers de la population totale du dép.).

Rhin (*ligue du*), formée en 1658, à l'instigation de Mazarin et de l'Electeur de Mayence, par plusieurs princes allemands, pour garantir contre l'empereur germanique les clauses du traité de Westphalie. Louis XIV fut le protecteur de la ligue du Rhin.

rhinanthe [rinɑ̃t] n. m. (gr. *rhis, rhinos,* nez, et *anthos,* fleur). Plante des prairies, parasite d'autres plantes par ses racines. (Famille des scrofulariacées. Nom usuel : *crête-de-coq.*)

Rhinau (67230 Benfeld), comm. du Bas-Rhin (arr. d'Erstein) ; 1 770 h. Centrale hydro-électrique sur le grand canal d'Alsace.

rhinencéphale [rinɑ̃sefal] n. m. (gr. *rhis, rhinos,* nez, *en,* dans, et *kephalê,* tête). Ensemble des structures ner-

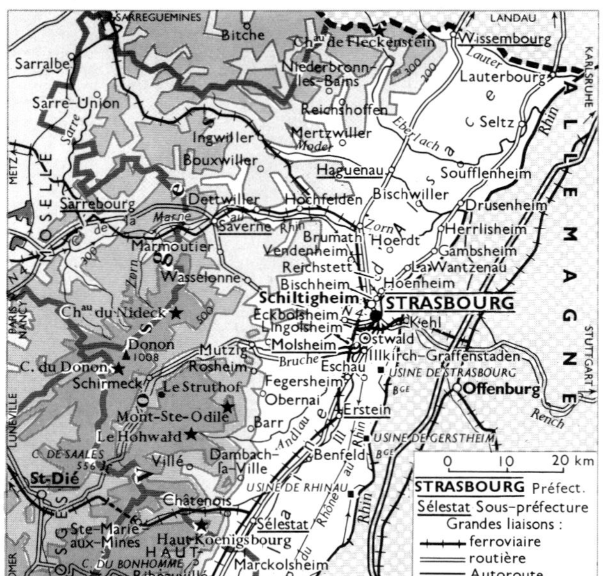

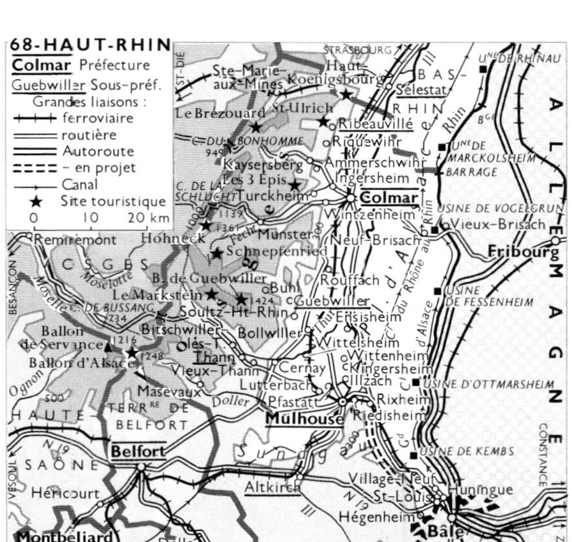

Phot. Montégut.

veuses situées à la face interne et inférieure de l'hémisphère cérébral.

rhingrave [rɛ̃grav] n. m. (néerl. *rijngraf*). Autref., comte du Rhin; titre de quelques princes d'Allemagne. ‖ — N. f. Sorte de haut-de-chausses en usage au XVIIᵉ s.

rhingraviat [-vja] n. m. Dignité de rhingrave.

rhinite [rinit] n. f. (du gr. *rhis, rhinos,* nez). Inflammation de la muqueuse nasale. (Syn. CORYZA.)

rhinocéros [rinɔserɔs] n. m. Mammifère ongulé périssodactyle d'Afrique et d'Asie, caractérisé par une peau épaisse et plissée, des pattes à trois doigts et la possession d'une ou de deux cornes médianes sur le nez. (Cri : le rhinocéros *barète.*)
— ENCYCL. Le *rhinocéros noir d'Afrique* atteint 3,50 m de longueur et possède deux cornes, dont l'antérieure atteignait plus de 1 m de long avant que des massacres sélectifs aient détruit les races les mieux pourvues. Le *rhinocéros camus* (dit à tort « blanc »), également africain, est encore plus grand (longueur 5 m). L'Indonésie abrite un petit rhinocéros bicorne, et la Birmanie un rhinocéros n'ayant qu'une seule petite corne, mais une peau épaisse, coriace et quasi écailleuse. De nombreuses espèces de rhinocéros ont tenu une place importante à certaines périodes du quaternaire et ont disparu pendant les temps préhistoriques (rhinocéros laineux, de Merck, à narines cloisonnées, etc.). [V. illustr. MAMMIFÈRES* ONGULÉS.]

rhinologie [rinɔlɔʒi] n. f. Etude des affections nasales.

rhinolophe [rinɔlɔf] n. m. Chauve-souris dont le nez porte un appendice en forme de fer à cheval. (V. illustr. CHAUVES-SOURIS.)

rhino-pharyngite [rinɔfarɛ̃ʒit] n. f. Inflammation du rhino-pharynx.
— ENCYCL. La *rhino-pharyngite* est surtout fréquente chez les enfants en raison du développement important de l'amygdale pharyngienne (son hypertrophie constitue les végétations); elle se manifeste par une obstruction des voies nasales, de la fièvre et se complique souvent d'otite. La trop grande répétition de rhino-pharyngites et d'otites incite souvent à enlever chirurgicalement les « végétations ».

rhino-pharynx [rinɔfarɛ̃ks] n. m. Partie du pharynx située en arrière des fosses nasales. (Le rhino-pharynx présente sur sa paroi supérieure une formation lymphoïde nommée *amygdale pharyngienne* et sur chacune de ses parois latérales l'orifice pharyngien de la trompe d'Eustache; en avant, il correspond aux orifices postérieurs des fosses nasales.)

rhinoplastie [rinɔplasti] n. f. (gr. *rhis, rhinos,* nez, et *plastos,* formé). Opération chirurgicale qui a pour but de reconstituer ou de remodeler le nez en cas de malformation ou d'accident.

rhinoscopie [rinɔskɔpi] n. f. (gr. *rhis, rhinos,* nez, et *skopia,* examen). Examen des fosses nasales avec un spéculum (rhinoscopie antérieure) ou avec un miroir placé derrière le voile du palais (rhinoscopie postérieure).

rhizobium [rizɔbjɔm] n. m. Bactérie du sol, qui vit en symbiote sur les racines des légumineuses, y formant des *nodosités* au sein desquelles s'effectuent des échanges avantageux pour les deux parties. (La bactérie fixe et transmet l'azote atmosphérique, et la plante verte lui fournit des glucides; c'est la présence du rhizobium qui fait des légumineuses des plantes « enrichissantes ».)

rhizocarpées n. f. pl. Ordre de plantes qui comprend des fougères aquatiques à spores de deux types. (On dit plutôt auj. *hydrofilicales.*)

rhizoctone [rizɔktɔn] n. m. ou **rhizoctonie** [-ni] n. f. Nom de diverses maladies cryptogamiques des plantes cultivées, causées par des champignons : *rhizoctone brun* de la pomme de terre, *rhizoctone violet* qui attaque au collet et aux racines la carotte, la betterave, la luzerne et l'asperge. (Un autre champignon microscopique du même genre se trouve dans les racines des orchidées et en permet la tubérisation.)

rhizome [rizom] n. m. (du gr. *rhiza,* racine). Tige souterraine horizontale vivace, portant des racines adventives sur sa face inférieure et formant chaque année sur sa face supérieure de nouvelles pousses feuillues. (De nombreux rhizomes contiennent des réserves nutritives utilisables pour l'homme et les animaux.)

rhizophore [rizɔfɔr] n. m. V. MANGLIER.

rhizopodes [rizɔpɔd] n. m. pl. (gr. *rhiza,* racine, et *pous, podos,* pied). Embranchement de protozoaires possédant des pseudopodes, et comprenant les *amibes,* les *foraminifères,* les *radiolaires.*

rhizosphère [rizɔsfɛr] n. f. Région du sol végétal qui entoure immédiatement les racines d'une plante et dont la composition chimique et bactériologique est modifiée par la présence de cette plante. (La rhizosphère contient en abondance les espèces bactériennes tolérées ou favorisées par la plante supérieure; on n'y rencontre pas les espèces pour lesquelles les sécrétions radiculaires sont toxiques; certaines graines ne peuvent pas y germer.)

rhizostome [rizɔstɔm] n. m. Méduse d'un blanc crémeux, à bras orangés et festonnés, commune dans les mers d'Europe occidentale. (Diamètre : jusqu'à 60 cm; embranchement des cœlentérés, classe des acalèphes.)

rhô [ro] n. m. Lettre de l'alphabet grec (ρ), correspondant à *r.*

rhodamines [rɔdamin] n. f. pl. Nom générique de matières colorantes rouges, de constitution analogue à celle des fluorescéines.

rhodanien [rɔdanjɛ̃], **enne** [-ɛn] adj. Qui appartient, qui a rapport au Rhône : *le sillon rhodanien.*

rhodanien (*Sillon* ou *Couloir*), région déprimée, correspondant à la vallée du Rhône, entre le Massif central et les Préalpes.

Rhode Island, un des Etats unis d'Amérique, en Nouvelle-Angleterre; 901 000 h. Cap. *Providence.* Plus petit Etat de l'Union (3 200 km²), mais l'un des plus densément peuplés, le Rhode Island, sur l'Atlantique (au sud de Boston), associe l'élevage bovin aux cultures légumières et fruitières. La pêche est active. Le textile et l'électronique sont les industries dominantes.

Rhodes, île grecque de la mer Egée (Dodécanèse); 61 800 h. Tabac; vin. Pêche des éponges. Ch.-l. *Rhodes* (27 400 h.). La ville conserve de nombreux monuments médiévaux et est un centre touristique actif. Colonisée par des Doriens, Rhodes se rallia à la ligue de Délos. L'île connut une particulière prospérité à l'époque hellénistique. Romaine, puis byzantine, Rhodes reçut au Moyen Age de nombreuses colonies génoises et vénitiennes. En 1309, les chevaliers de Saint-Jean-de-Jérusalem s'y établirent, mais durent la quitter pour Malte en 1522 quand les Turcs l'eurent prise. Rhodes devint italienne en 1912 et grecque en 1947.

Rhodes (*colosse de*), une des Sept Merveilles du monde, statue d'Apollon de 32 m de hauteur, en airain, placée à l'entrée du port de Rhodes (v. 281-280 av. J.-C.), et qui fut renversée par un tremblement de terre (223 av. J.-C.).

Rhodes (Cecil), homme d'affaires et administrateur colonial anglais, né à Bishop Stortford (1853-1902). Il s'enrichit dans la prospection du diamant. Il entreprit la colonisation de la région appelée ultérieurement « Rhodésie ». Premier ministre du Cap, il fut le champion de la politique impérialiste.

Rhodes-Extérieures, Rhodes-Intérieures, subdivisions du canton suisse d'Appenzell*.

Rhode-Saint-Genèse, comm. de Belgique (Brabant); 13 100 h. Papeterie.

Rhodésie, région de l'Afrique orientale, dans le bassin du Zambèze. Elle avait constitué deux territoires du Commonwealth, qui furent intégrés en une Fédération, avec le Nyassaland, jusqu'en 1963. Auj., la *Rhodésie du Nord* est devenue indépendante sous le nom de *Zambie,* et le Nyassaland forme le *Malawi;* la *Rhodésie du Sud* s'appelle auj. simplement *Rhodésie* (v. art. suivant).

Rhodésie, République de l'Afrique orientale; 389 362 km²; 5 500 000 h. (*Rhodésiens*). Cap. *Salisbury.* Langue : *anglais.*

Géographie.

● *Géographie physique.* Le pays est formé de deux ensembles de hauts plateaux cristallins; au nord-est, le Mashonaland, qui est incliné vers le Zambèze; au sud-ouest, le Matabeleland, qui s'abaisse vers le Kalahari. Au-dessus du Mozambique s'élèvent, à l'est, des massifs (monts de l'Inyanga); ceux-ci, qui dépassent 2 500 m, arrêtent l'alizé pluvieux de l'océan Indien et expliquent la (relative) sécheresse de l'intérieur (environ 800 mm à Salisbury et 600 mm à Bulawayo) avec prédominance de la savane arborée et de la prairie. Les températures, en deçà du tropique, sont modérées par l'altitude. Les moyennes mensuelles oscillent entre 15 et 23 °C.

● *Géographie humaine et économique.* La population est formée de groupes bantous, mais comprend une minorité européenne (220 000 unités), importante numériquement (représentée surtout à Salisbury et à Bulawayo, les deux principales villes), mais plus encore économiquement et politiquement, puisqu'elle détient tous les pouvoirs.

L'agriculture africaine est presque exclusivement vivrière. Le mil et le maïs en sont les principales productions. L'agriculture européenne, développée surtout autour de Salisbury, est à vocation largement commerciale, orientée vers la production de maïs et surtout de tabac. L'élevage bovin s'est développé dans le Matabeleland; le thé est cultivé autour d'Umtali, le coton près de Chipinga, et la canne à sucre dans la vallée du Zambèze. L'or (extrait surtout à Que Que) a été le principal facteur de peuplement (européen), mais l'amiante (près de Gwelo), le charbon (Wankie), le chrome et le fer constituent aussi aujourd'hui d'importantes ressources minières. L'industrie de transformation s'est développée après la création de l'aciérie de Que Que, mais elle est encore largement limitée à la valorisation des produits du sol (manufactures de tabac). Elle doit être favorisée par l'ouverture d'une raffinerie de pétrole (près d'Umtali), succédant à la mise en service de la centrale hydraulique de Kariba* sur le Zambèze, qui fournit une part importante d'une production totale d'électricité de l'ordre de 4 TWh.

La balance commerciale est excédentaire grâce aux ventes de tabac (35 p. 100 des exportations) et de minerais (amiante). Parmi les importations dominent les biens d'équipement et de consommation, et les produits chimiques. La Grande-Bretagne a été le principal partenaire commercial de la Rhodésie jusqu'à l'indépendance.

Histoire.

Le pays des Matabélés fut exploité par Cecil Rhodes — qui lui donna son nom — à partir de 1889 et par la British South Africa Chartered Company après 1895. En 1911, il fut partagé en Rhodésie du Nord, érigée en protectorat en 1924, et en colonie de Rhodésie du Sud.

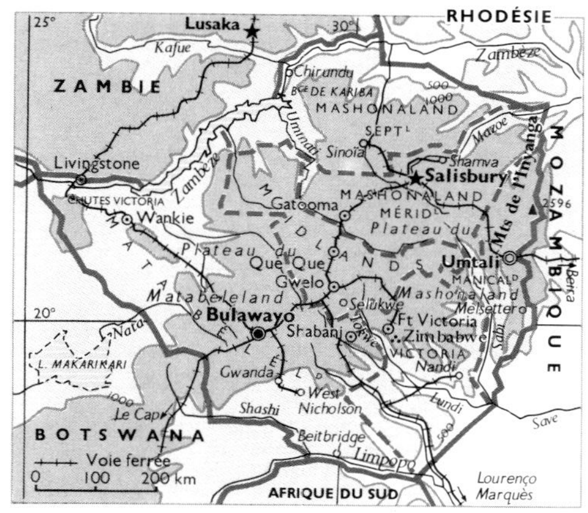

les chutes Victoria

le barrage de Kariba

Phot. Pingault, Paolo Koch-Rapho.

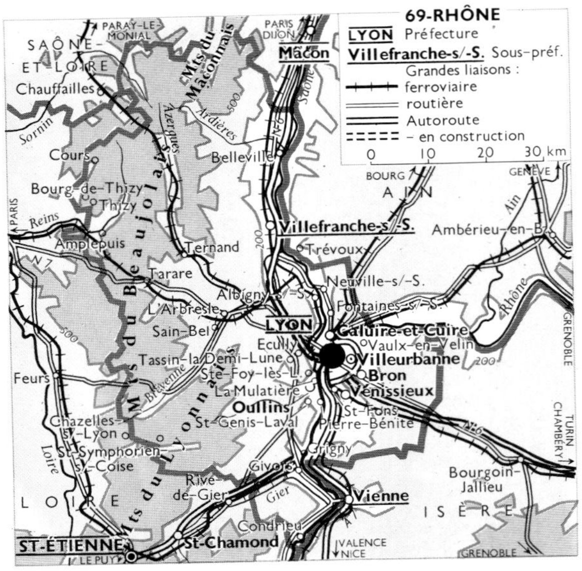

En 1953, ces deux territoires constituèrent avec le protectorat du Nyassaland une fédération à laquelle mit fin le retrait du Nyassaland en 1963. En 1964, la Rhodésie du Nord devint indépendante sous le nom de Zambie. En 1965, Ian Smith, le Premier ministre de la Rhodésie du Sud (devenue simplement la Rhodésie), proclame unilatéralement l'indépendance de son pays, où la domination blanche est assurée par une nouvelle Constitution. En 1968, la rupture est complète entre la Grande-Bretagne et son ancienne colonie, qui devient une république en 1970.

Rhodes-Intérieures et **Rhodes-Extérieures,** subdivisions du canton suisse d'Appenzell.

rhodite [rɔdit] n. m. Insecte hyménoptère dont une espèce pond sur les rosiers et y détermine une galle appelée *bédéguar*. (Long. 2 mm.)

rhodium [rɔdjɔm] n. m. Métal (Rh) de numéro atomique 45, de densité 12,4, fusible vers 2 000 °C, ayant des analogies avec le chrome et le cobalt.

rhododendron [rɔdɔdɛ̃drɔ̃] n. m. (gr. *rhodon*, rose, et *dendron*, arbre). Arbrisseau de montagne, cultivé pour ses fleurs. (Famille des éricacées.) [Syn. ROSAGE.]

Rhodoïd [rɔdɔid] n. m. (nom déposé). Matière thermoplastique incombustible, à base d'acétate de cellulose.

Rhodope, massif montagneux de Bulgarie et de Grèce ; 2 925 m au *pic Musala*.

rhodophycées [rɔdɔfise] n. f. pl. Nom scientifique de la classe des *algues rouges*, dont les cellules contiennent un pigment caractéristique, la *phycoérythrine*, qui absorbe les radiations lumineuses de courte longueur d'onde. (Syn. FLORIDÉES [sauf pour *bangia*].)
— ENCYCL. Les *algues rouges* se rencontrent depuis une profondeur marine relativement grande, où elles sont seules capables d'utiliser l'énergie lumineuse, jusqu'aux flaques de retrait de la marée, voire aux eaux douces (*batrachospermum*). Elles ont souvent une forme extrêmement élégante. Ce sont des plantes très originales, tant au point de vue chimique (amidon de type particulier, ester glycérogalactosique, etc.) qu'au point de vue du mode de reproduction.
L'œuf n'est jamais pondu, il germe sur le pied sexué en donnant une petite plante, le *gonimoblaste*, dont la fonction est de répandre des spores diploïdes (*carpospores*). Les carpospores germent en donnant des pieds asexués (sporophytes), identiques aux pieds sexués, mais producteurs de *tétraspores* haploïdes, qui, à leur tour, se dispersent et redonnent des pieds sexués. Le cycle reproductif comporte donc deux dispersions. Les genres les plus connus sont : delessséria, rhodyménia, gigartina, céramium, némalion, corallina (qui s'encroûte de calcaire), chondrus (comestible), bangia (d'un type beaucoup plus primitif), etc.

rhœadales [readal] n. f. pl. Ordre de plantes angiospermes dicotylédones. (On dit aussi PAPAVÉRALES.)

rhombe [rɔ̃b] n. m. (gr. *rhombos*). Instrument de musique (Amérique, Australie, Nouvelle-Guinée), généralement constitué de deux pièces de bois qu'on balance ou qu'on fait tourner au bout d'une ficelle. ‖ Anc., losange.

rhombique adj. Qui a la forme d'un losange.

rhomboèdre [rɔ̃bɔɛdr] n. m. (gr. *rhombos*, losange, et *edra*, base). Parallélépipède dont les six faces sont des losanges égaux.

rhomboédrique adj. Qui a la forme d'un rhomboèdre.

rhomboïdal, e, aux adj. Qui a la forme d'un losange : *figure rhomboïdale*.

rhomboïde [rɔ̃bɔid] n. m. Anc., parallélogramme. ‖ Muscle large et mince de la région dorsale, ayant la forme d'un losange.

rhododendron

rhubarbe

Rhön, petit massif volcanique d'Allemagne, à l'ouest de la Thuringe ; 950 m.

Rhondda, anc. **Ystradyfodwg,** v. de Grande-Bretagne (Galles) ; 96 000 h. Houille.

Rhône (le), fl. de Suisse et de France ; 812 km (dont 522 en France). Né à 1 750 m d'altitude, au glacier de la Furka, dans le massif du Saint-Gothard, le Rhône draine le couloir du Valais, où il est alimenté par de grands glaciers, puis entre dans le lac Léman, où ses eaux se décantent. Au sortir du lac, il reçoit l'Arve (r. g.), entre en France, traverse le Jura par des défilés (Bellegarde), remonte vers le nord-ouest, se grossit de l'Ain (r. dr.), puis vient se heurter, à Lyon (au confluent de la Saône [r. dr.]), au Massif central. Il coule alors du nord au sud entre le Massif central et les Alpes, tantôt s'encaissant, tantôt s'élargissant, et reçoit l'Isère (r. g.). En amont d'Avignon, près de laquelle les eaux de la Durance, aujourd'hui détournées, rejoignaient le fleuve (r. g.), la vallée s'élargit. A partir d'Arles commence le delta. Le Rhône, le plus abondant des fleuves français, possède un régime complexe, de type glaciaire en amont du confluent de l'Ain, avec atténuation des maigres hivernaux après Lyon et crues automnales dans le cours aval, avec l'apport des torrents cévenols. En raison de la rapidité de son cours, le fleuve pose des problèmes difficiles à la navigation. La *Compagnie nationale du Rhône*, créée en 1934, a déjà accompli une œuvre considérable, surtout dans le domaine des aménagements hydro-électriques (Génissiat, Pierre-Bénite, Beauchastel, Baix-Le Logis-Neuf, Bourg-lès-Valence, Montélimar, Donzère-Mondragon). Elle vise encore à améliorer les conditions de navigation et à développer l'irrigation. Le fleuve alimente aussi partiellement les canaux d'irrigation des plaines du Languedoc*.

Rhône (*Côtes du*), coteaux de la vallée du Rhône, au sud de Lyon. Vignobles.

Rhône (*dép. du*) [**69**], dép. de la bordure orientale du Massif central ; préf. *Lyon ;* s.-préf. *Villefranche-sur-Saône ;* 2 arr., 40 cant., 296 comm. ; 3 215 km² ; 1 325 600 h. Le dép. s'étend sur le *Beaujolais* et le *Lyonnais*, régions d'élevage, de petites industries textiles (Tarare) et localement de vignobles (*côte beaujolaise*). Il doit son importance économique et la répartition socio-professionnelle de sa population active (5 p. 100 dans l'agriculture, 50 p. 100 dans l'industrie) à l'agglomération de Lyon*, qui concentre la quasi-totalité des activités industrielles et plus des quatre cinquièmes de la population totale du département.

Rhône-Alpes, circonscription d'action régionale groupant les dép. suivants : Ain, Ardèche, Drôme, Isère, Loire, Rhône, Savoie, Haute-Savoie.

Rhône au Rhin (*canal du*), canal de l'est de la France, joignant les deux fleuves par les vallées du Doubs et de l'Ill ; 320 km. La faiblesse de son gabarit explique celle du trafic. Une liaison Rhône-Rhin adaptée aux conditions modernes de navigation est envisagée.

rhotacisme [rɔtasism] n. m. (gr. *rhôtakismos*). Emploi fréquent ou prononciation vicieuse de la lettre *r* (en gr. *rhô*). ‖ Substitution de *r* à une autre consonne.

rhubarbe [rybarb] n. f. (lat. *reubarbarum* ou *rheubarbarum*). Plante vivace à racines et à tiges laxatives. (On fait des confitures et des compotes des pétioles de ses larges feuilles. Famille des polygonacées.)

rhum [rɔm] n. m. (angl. *rum*). Eau-de-vie provenant de la fermentation et de la distillation de jus de sirop ou de mélasses de canne à sucre.

rhumatisant, e adj. et n. Affecté de rhumatisme : *vieillard rhumatisant*.

rhumatismal, e, aux adj. Qui concerne un rhumatisme : *douleur rhumatismale*.

rhumatisme [rymatism] n. m. (gr. *rheumatismos*, fluxion). Nom donné à différentes affections ayant pour caractère commun l'atteinte douloureuse des articulations, des muscles, des tendons, etc.
— ENCYCL. Les rhumatismes ont des aspects divers, et leur classification est complexe.
Les *rhumatismes dégénératifs*, qui se localisent souvent au genou (arthrose du genou), à la hanche (coxarthrose) et au niveau de la colonne vertébrale, sont la conséquence du vieillissement des différents éléments constitutifs des articulations et sont caractérisés par des proliférations osseuses (ostéophytes ou « becs-de-perroquet ») ainsi que par leur évolution chronique.
Les *rhumatismes polyarticulaires inflammatoires* se reconnaissent par l'existence de fluxions articulaires et de signes biologiques d'inflammation, mais ne s'accompagnent d'aucune infection locale ; leur évolution est variable suivant la variété. Citons : la polyarthrite chronique évolutive, la spondylarthrite ankylosante, le rhumatisme articulaire aigu, ou maladie de Bouillaud (due à un streptocoque hémolytique qui ne laisse aucune séquelle articulaire, mais qui peut léser le cœur), les rhumatismes subaigus après les angines de l'adulte, déclenchés également par un streptocoque (de type A).
Les *rhumatismes infectieux* sont consécutifs à l'action directe des germes sur les jointures (tuberculose, gonococcie, etc.).
Les *rhumatismes d'origine métabolique* sont surtout représentés par les arthropathies goutteuses.
Les *rhumatismes abarticulaires* (en dehors des articulations) atteignent les muscles et les tendons.

rhumatologie n. f. Partie de la médecine qui traite des rhumatismes, et spécialement des rhumatismes chroniques.

rhumatologue n. Médecin spécialiste en rhumatologie.

rhumb [rɔ̃b] n. m. (néerl. *ruim*, espace). Quantité angulaire comprise entre deux des trente-deux aires de vent du compas et égale à $\frac{360^{\circ}}{32}$, soit 11° 15′.

rhume [rym] n. m. (gr. *rheuma*, écoulement). Nom usuel du catarrhe de la muqueuse nasale et des affections qui produisent la toux. ● *Rhume de cerveau*, coryza. ‖ *Rhume des foins*, irritation de la muqueuse des yeux et du nez, d'origine allergique (pollen de graminacées, poussière, etc.).

rhumé [rɔme], **e** adj. Additionné de rhum : *eau-de-vie rhumée*.

rhumerie [rɔmri] n. f. Distillerie de rhum. ‖ Etablissement public où l'on boit du rhum.

Rhune (la), montagne des Pyrénées-Atlantiques, sur la frontière espagnole ; 900 m.

Rhuys [rɥis] (*presqu'île de*), presqu'île fermant le golfe du Morbihan vers le sud.

rhynchite [rɛ̃kit] n. m. Insecte coléoptère de la famille des charançons, vivant sur le chêne, l'aubépine, le prunellier. (Long. 3 à 9 mm.)

rhynchonelle [rɛ̃kɔnɛl] n. f. Genre de brachiopodes marins, fossiles, abondants à l'ère secondaire.

rhynchotes [rɛ̃kɔt] n. m. pl. (du gr. *rhynkhos*, groin). Anc. nom du super-ordre des insectes *hémiptéroïdes*, comprenant les deux ordres des *homoptères* (pucerons) et des *hétéroptères* (cigales, punaises).

rhyolite [rjɔlit] n. f. Roche éruptive voisine du granite.

rhytidome [ritidɔm] n. m. (gr. *rhutidôma*, ride). Ensemble des tissus extérieurs au liège d'une racine ou d'une tige âgée, qui se crevassent ou s'exfolient, et forment ce qu'on appelle usuellement l'*écorce* d'un tronc.

rhyton [ritɔ̃] n. m. (mot grec). *Archéol.* Vase à boire.

ria [rja] n. f. (mot esp.). Partie aval d'une vallée encaissée envahie par la mer : *les rias de la côte bretonne*.

Riad. V. RIYĀD.

Riaillé (44440), ch.-l. de c. de la Loire-Atlantique (arr. d'Ancenis) ; 1 757 h. (802 aggl.).

Rialto (*pont du*), pont de Venise, sur le Grand Canal, construit au XVIe s. (Il est en forme de dos d'âne, et porte deux rangées de boutiques.)

Rians (83560), ch.-l. de c. du Var (arr. de Brignoles) ; 1 492 h.

riant [rijɑ̃], **e** [-ɑ̃t] adj. Qui annonce de la gaieté : *visage riant*. ‖ Agréable à la vue : *campagne riante*. ‖ *Fig.* Agréable à l'esprit : *idées riantes*.

Riantec (56670), comm. du Morbihan (arr. de Lorient) ; 4 126 h. Pêche. Station balnéaire.

Riazan', v. de l'U. R. S. S. (R. S. F. S. de Russie), au sud-est de Moscou ; 311 000 h. Raffinage du pétrole. Métallurgie.

ribambelle [ribɑ̃bɛl] n. f. (du mot dialect. *riban*, ruban). *Fam.* Kyrielle, longue suite : *ribambelle d'enfants*.

ribaud [ribo], **e** [-od] adj. et n. (de l'anc. fr. *ribauder*, paillarder). Au Moyen Age, homme ou femme suivant une armée. ‖ Personne de mœurs déréglées. ● *Roi des ribauds*, chef des ribauds de l'armée royale.

ribaudequin [ribodkɛ̃] n. m. Arme des XIVe et XVe s., formée de plusieurs piques ou de plusieurs bouches à feu montées parallèlement sur un chariot.

Ribbentrop (Joachim VON), homme politique allemand, né à Wesel (Rhénanie) [1893-1946]. Ministre des Affaires

Phot. Viollon-Rapho, Vincent.

étrangères du IIIe Reich (1938-1945), il fut l'un des agents les plus efficaces de la politique nazie; il fut condamné à mort par le tribunal de Nuremberg.

Ribeauvillé (68150), ch.-l. d'arr. du Haut-Rhin; 4 485 h. (*Ribeauvilléens*). Maisons anciennes; restes d'enceinte. Aux environs, ruines de burgs féodaux. Textiles. Vins. — L'arr. a 4 cant., 32 comm., 46 715 h.

Ribécourt (60170), ch.-l. de c. de l'Oise (arr. de Compiègne); 2 260 h. Industries chimiques.

Ribeirão Preto, v. du Brésil (São Paulo); 147 400 h. Centre commercial et industriel.

Ribemont (02240), ch.-l. de c. de l'Aisne (arr. de Saint-Quentin); 2 157 h.

Ribera (José DE), dit **l'Espagnolet,** peintre espagnol, né à Játiva (v. 1588-1652). Il se fixa à Naples v. 1616, subit l'influence du Caravage dont il adopta les éclairages contrastés et le réalisme, puis évolua vers une conception plus nuancée, riche et diverse. Il donna de 1637 à 1651 un ensemble capital, la décoration de la chartreuse de San Martino à Naples. D'une œuvre abondante, citons : au Louvre, *le Pied-Bot* et *l'Adoration des bergers;* à Rouen, *Zacharie;* à Montpellier, *Sainte Marie l'Egyptienne;* à Nancy, *le Baptême du Christ;* à Amiens, *le Miracle de saint Donat d'Arezzo.*

Ribérac (24600), ch.-l. de c. de la Dordogne (arr. de Périgueux); 4 110 h. (2 691 aggl.) [*Ribéracois*].

ribésiacées [ribezjase] n. f. pl. Famille de plantes dicotylédones dialypétales, comprenant le *groseillier,* le *cassis.* (On dit aussi GROSSULARIACÉES.)

Ribiers (05300 Laragne Montéglin), ch.-l. de c. des Hautes-Alpes (arr. de Gap); 481 h. (292 aggl.).

riblon [riblɔ̃] n. m. Déchet d'acier ou de fer.

ribonucléique adj. Se dit d'un groupe d'acides nucléiques, localisés dans le cytoplasme et le nucléole, et qui jouent un grand rôle dans la synthèse des protéines.
— ENCYCL. Les *acides ribonucléiques* sont désignés par leur fonction biochimique : l'*acide ribonucléique messager* (A. R. N.) se forme dans le noyau de la cellule au contact de l'acide désoxyribonucléique des chromosomes et passe dans le cytoplasme, où il apporte l'information génétique, qui est lue par un autre acide ribonucléique (dit *ribosomique*) permettant à l'*acide ribonucléique de transfert* de contrôler la synthèse des protéines à partir des acides aminés présents, suivant le modèle propre à chaque individu.

ribosome n. m. Particule de protéide intervenant dans le contrôle de la synthèse des protéines cellulaires par l'acide ribonucléique.

Ribot (Théodule), philosophe français, né à Guingamp (1839-1916), auteur d'études de psychologie expérimentale.

Ribot (Alexandre), homme politique français, né à Saint-Omer (1842-1923), un des chefs du parti républicain modéré, plusieurs fois ministre des Finances ou des Affaires étrangères et président du Conseil (1892-1917). [Acad. fr.]

ribote [ribɔt] n. f. *Pop.* Excès de table et de boisson.

ribouldingue [ribuldɛ̃g] n. f. (de l'auvergnat *riboulâ,* manger à satiété). *Pop.* Fête, noce (vx).

Ricamarie (LA) [42150], comm. de la Loire (arr. de Saint-Etienne); 11 539 h. Houille. Métallurgie. Textiles.

ricanement n. m. Action de ricaner.

ricaner [rikane] v. i. (de l'anc. fr. *recaner,* braire, altéré par *rire*). Rire à demi, sottement ou avec une intention moqueuse.

ricaneur, euse adj. et n. Qui ricane. ‖ — Adj. Qui exprime le ricanement : *air ricaneur.*

ric-à-rac loc. adv. V. RIC-RAC.

Ricard (Gustave), peintre français, né à Marseille (1823-1872). Il est l'auteur de portraits pénétrants.

Ricardo (David), économiste anglais, né à Londres (1772-1823). Un des premiers théoriciens de l'économie politique classique, il établit notamment la loi de la rente foncière.

Riccardi (*palais*), anc. palais des Médicis, à Florence, élevé à partir de 1444 par Michelozzo. Bibliothèque. Fresques de Gozzoli dans la chapelle (le *Cortège des Rois mages*).

Ricci (Lorenzo), général des jésuites, né à Florence (1703-1775). Il vit son ordre supprimé par Clément XIV (1773), qui le fit garder à vue.

Ricci (Sebastiano), peintre italien, né à Belluno (1659-1734). Grand voyageur, il finit par se fixer à Venise; c'est l'un des artistes les plus agréables du XVIIIe s. dans son pays.

Ricciarelli (Daniele), dit aussi **Daniele da Volterra,** peintre et sculpteur italien, né à Volterra (1509-1566). Il subit l'influence de Michel-Ange. A Rome, il décora une des chapelles de la Trinité-des-Monts et acheva la décoration de la Salle royale au Vatican.

Ricci-Curbastro (Gregorio), mathématicien italien, né à Lugo (1853-1925). On lui doit la création, vers 1885, du calcul différentiel absolu (calcul tensoriel), à l'élaboration et au développement duquel son compatriote Levi-Civita prit une grande part.

riccie [riksi] n. f. Genre d'hépatiques qui croissent sur les terres humides.

José de Ribera
« Diogène », *musée Ingres, Montauban*

Riccoboni (Luigi), acteur et auteur italien, né à Modène (v. 1675-1753). Sous le nom de **Lelio,** il se rendit célèbre dans l'emploi des premiers amoureux à la Comédie-Italienne de Paris, qu'il fut chargé par le Régent de reconstituer. Il est l'auteur d'une *Histoire du théâtre italien depuis la décadence de la comédie latine* (1728-1731). — Sa seconde femme, Elena Virginia **Balletti,** née à Ferrare (1686-1771), connue sous le nom de FLAMINIA, créa plusieurs rôles de soubrettes de Marivaux. — Leur fils, FRANCESCO ANTONIO, dit **Lelio fils,** né à Mantoue (1707-1772), écrivit des comédies imitées de Goldoni. — La femme de celui-ci, Marie-Jeanne **Laboras de Mézières,** née à Paris (1714-1792), actrice et femme de lettres française, acheva *la Vie de Marianne* de Marivaux et publia des romans sentimentaux influencés par Richardson et Sterne.

ricercare [ritʃɛrkare] n. m. (terme d'orig. ital.). Forme musicale de style polyphonique, sectionnée en plusieurs épisodes et utilisant une même cellule thématique.

Riceys (LES) [10340], ch.-l. de c. de l'Aube (arr. de Troyes); 1 567 h. Vins.

richard [-ar] n. m. *Fam.* Homme très riche.

Richard Ier Cœur de Lion, né à Oxford (1157-1199), roi d'Angleterre (1189-1199), troisième fils d'Henri II. Il s'allia à Philippe Auguste contre son père. Devenu roi, il prit une part importante à la 3e croisade et, au retour, fut retenu en captivité par l'empereur Henri VI, qui en tira une énorme rançon. Remis en liberté, Richard fit la guerre à Philippe Auguste (1194) et périt devant le château de Châlus. — RICHARD II, né à Bordeaux (1367-1400), roi d'Angleterre (1377-1399), fils d'Edouard, le Prince Noir. Il soutint de longues luttes contre le Parlement anglais et contre son cousin Henri de Lancastre, qui le fit prisonnier. Richard II mourut en prison. — RICHARD III, né à Fotheringhay (1452-1485), roi d'Angleterre (1483-1485) à la suite du meurtre des enfants d'Edouard IV, dont il était le tuteur. Il régna par la terreur et fut tué à Bosworth par Henri Tudor.

Richard II, drame historique de Shakespeare (v. 1595), tableau dramatique de la faiblesse du roi, dominé par de néfastes conseillers.

Richard III, drame historique de Shakespeare (1592-1593), peinture de l'ambition qui pousse aux dernières violences le criminel souverain. On y trouve la fameuse exclamation de Richard à la bataille de Bosworth, au moment où il se voit perdu : « Un cheval ! un cheval ! Mon royaume pour un cheval ! »

Richard (François), dit **Richard-Lenoir,** industriel français, né à Epinay-sur-Odon (Normandie) [1765-1839]. Associé avec Lenoir-Dufresne (1797), il apprit à fabriquer les basins anglais, jusque-là importés, et fonda une filature de coton en France, dont le succès fut immense. A la mort de son associé (1806), il prit le nom de « Richard-Lenoir ». Malheureusement, l'établissement des droits sur le coton le ruina.

Richards (Theodore William), chimiste américain, né à Germantown (Pennsylvanie) [1868-1928]. Créateur, en 1905, du calorimètre adiabatique, il trouva une différence entre les masses atomiques du plomb ordinaire et de celui qui dérive de la radio-activité de l'uranium. (Prix Nobel de chimie, 1914.)

Richardson (Samuel), écrivain anglais, né dans le Derbyshire (1689-1761). Ses romans, qui allient le réalisme des mœurs à une sentimentalité moralisante (*Paméla ou la Vertu récompensée,* 1740; *Clarisse Harlowe,* 1747-1748; *Histoire de sir Charles Grandison,* 1753), connurent dans toute l'Europe du XVIIIe s. une admiration passionnée.

Richardson (*sir* Owen Williams), physicien anglais, né à Dewsbury (Yorkshire) [1879-1959]. Il énonça en 1901 les lois relatives à l'émission électronique par les métaux incandescents. (Prix Nobel de physique, 1928.)

riche [riʃ] adj. et n. (francique *rîki*). Qui possède de grands biens. ‖ Abondant, fertile : *sol riche; riche moisson.* ‖ Qui renferme quelque chose en abondance : *minerai riche en argent.* ‖ Qui a beaucoup de prix; magnifique : *de riches broderies.* ‖ *Fig.* Qui est pourvu de beaucoup de qualités : *être riche d'un grand talent.* ● *Langue riche,* langue abondante en mots, en expressions. ‖ *Rimes riches,* rimes qui comportent trois éléments communs (ainsi la répétition de la voyelle accentuée précédée et suivie de consonnes), comme *destinée* et *matinée.*

Riche (LA) [37000 Tours], comm. d'Indre-et-Loire (arr. de Tours); 6 360 h. Château de Plessis-lez-Tours.

Richelet (César Pierre), lexicographe français, né à Cheminon (Champagne) [1631-1698], auteur d'un *Dictionnaire français* (1680).

richelieu [riʃəljø] n. m. Soulier bas, à lacets.

Richelieu (le), riv. du Canada (Québec), affl. du Saint-Laurent (r. dr.) à Sorel; 130 km.

Richelieu (37120), ch.-l. de c. d'Indre-et-Loire (arr. de Chinon); 2 267 h. Ville bâtie sur un plan régulier par Jacques Lemercier pour le cardinal de Richelieu.

Richelieu (Armand Jean DU PLESSIS, *cardinal* DE), homme d'Etat français, né à Paris (1585-1642). Evêque de Luçon à vingt et un ans, il représente le clergé aux états généraux de 1614; soutenu par le parti « dévot », il gagne la faveur de Marie de Médicis, qui le fait nommer secrétaire d'Etat à la Guerre (1616). En 1620, il négocie la réconciliation de Louis XIII et de sa mère. Cardinal (1622), il est appelé au Conseil du roi en 1624 et en devient rapidement le chef. Son but est de fonder

Richard III
école anglaise
du XVe s.
Nat. Gallery

gisant de **Richard Ier**
abbaye de Fontevrault

Phot. Giraudon (2), Fleming.

l'absolutisme royal en brisant les coteries et les particularismes. Il assagit la noblesse en lui interdisant les duels (édits de 1626) et cherche à faire d'elle la garante de l'ordre provincial (assemblée des notables, 1626-1627); il se débarrasse des nobles révoltés (Chalais, Cinq-Mars, de Thou). Il travaille en même temps à réduire le parti protestant en obtenant la reddition de La Rochelle; après le sac de Privas (1629), il accorde aux protestants la liberté du culte, mais supprime leurs garanties militaires (grâce d'Alès, 1629). A l'extérieur, il entreprend la lutte contre la maison d'Autriche. Après avoir fait occuper la Valteline (1624-1625), Richelieu s'allie avec les protestants allemands contre les Habsbourg, prend Pignerol et Saluces (1630). Il réconcilie la Suède avec la Pologne (1629), lui donnant ainsi l'occasion d'intervenir contre l'Autriche. Après la mort de Gustave-Adolphe, il déclare la guerre à l'Espagne (1635), occupe Brisach (1638) et conquiert le Portugal (1640) et le Roussillon (1642). Ces guerres accroissant les difficultés financières, il recourt à des expédients, provoquant ainsi des jacqueries. Il met en œuvre une politique économique strictement mercantiliste et crée des compagnies à monopole. Il fait construire la Sorbonne et le Palais-Cardinal (auj. Palais-Royal) et fonde l'Académie française (1635). Artisan actif de la centralisation administrative, il fait d'utiles réformes financières, militaires et législatives (code Michau).

Richelieu (Armand DE VIGNEROT DU PLESSIS, *duc* DE), maréchal de France, né à Paris (1696-1788), petit-neveu du cardinal. Il se distingua à Fontenoy (1745), obtint le bâton de maréchal en 1748, fut gouverneur de Guyenne et de Gascogne, et obtint la reddition du duc de Cumberland à Kloster Zeven (1757). Ami de Voltaire, il incarna le libertin du XVIIIe s. (Acad. fr.)

Richelieu (Armand Emmanuel DU PLESSIS, *duc* DE), homme politique français, né à Paris (1766-1822), petit-fils du maréchal de Richelieu. Emigré en Russie, il fut le second fondateur de la ville d'Odessa (1803). Devenu Premier ministre à la Restauration (1815-1818 et 1820-1821), il signa le second traité de Paris et représenta la France au congrès d'Aix-la-Chapelle, où il obtint la libération anticipée du territoire et l'admission de la France dans la Quintuple Alliance. Son gouvernement fut considéré comme modéré. (Acad. fr., 1816.)

richement adv. De façon riche : *doter richement sa fille.*

Richemont (57750), comm. de Moselle (arr. de Thionville-Ouest); 3 099 h. (1 026 aggl.). Centrale thermique.

Richemont (Arthur DE BRETAGNE, *comte* DE). V. ARTHUR III.

Richepin (Jean), écrivain français, né à Médéa (Algérie) [1849-1926]. Ancien élève de l'École normale supérieure, franc-tireur en 1870, journaliste, il mena une vie de bohème. Condamné à un mois de prison et 500 francs d'amende pour son premier recueil de poèmes (*la Chanson des gueux,* 1876), il se révéla dans ses romans influencé par Jules Vallès (*la Glu,* 1881; *la Clique,* 1917). Il fit jouer plusieurs drames, dont *Nana Sahib* (1883), qu'il interpréta aux côtés de Sarah Bernhardt. (Acad. fr.)

Richer, moine du Xe s., qui écrivit à Reims, en latin, une *Chronique* (879-995) qui est la continuation des *Annales* d'Hincmar. La *Chronique* contient de précieux renseignements sur l'époque où vécut l'auteur.

richesse n. f. Abondance de biens. (Syn. : AISANCE, FORTUNE, OPULENCE, PROSPÉRITÉ. — Contr. : GÊNE, MISÈRE, PAUVRETÉ.) || Fécondité, fertilité : *la richesse du sol.* || Eclat, magnificence : *ameublement d'une grande richesse.* || *Fig.* Fécondité en idées, en images : *richesse de style.* || — Pl. Produits de l'activité économique d'une collectivité nationale; ressources naturelles (exploitées ou non) d'un pays.

richesse des nations (*Recherche sur la nature et les causes de la*), ouvrage d'Adam Smith (1776), inaugurant un système d'économie politique qui se résume par : *Laissez faire, laissez passer.*

Richet (Alfred Didier), chirurgien français, né à Dijon (1816-1891). Il a laissé un traité pratique d'anatomie médico-chirurgicale. — Son fils CHARLES, physiologiste, né à Paris (1850-1935), découvrit avec Portier l'anaphylaxie et étudia les phénomènes dits « occultes », connus sous le nom de « métapsychiques ». (Prix Nobel de médecine, 1913.)

richi n. m. V. RISHI.

Richier (Ligier), sculpteur français, né à Dagonville, près de Saint-Mihiel (Meuse) [v. 1500-1567]. Il se rattache encore au Moyen Age par son réalisme et les thèmes qu'il a traités, bien que s'étant formé en Italie. L'influence de Michel-Ange se manifeste à la fin de sa vie. Son œuvre capitale est la statue funéraire, ou *transi,* de René de Chalon (collégiale Saint-Pierre, Bar-le-Duc).

Richier (Germaine), sculpteur français, née à Grans (1904-1959). Un expressionnisme angoissé, le sens du fantastique caractérisent son œuvre, dont l'influence a été grande.

richissime adj. *Fam.* Très riche.

Richland, v. des Etats-Unis (Washington); 23 600 h. Centrale nucléaire.

Richmond, agglomération de la banlieue ouest de Londres. Parc.

Richmond, v. des Etats-Unis, cap. de la Virginie, sur la James River; 218 000 h. Industries chimiques. Tabac. Capitale des sudistes pendant la guerre de Sécession;

cardinal de Richelieu
par Philippe de Champaigne
château de Versailles

défendue par Lee, elle fut prise par Grant après un siège très long (1865).

Richter (Jeremias Benjamin), chimiste allemand, né à Hirschberg (Silésie) [1762-1807]. Il montra qu'il existe des rapports fixes entre les masses des constituants des sels et détermina les masses équivalentes des divers acides et bases.

Richter (Johann Paul Friedrich), dit **Jean-Paul,** écrivain allemand, né à Wunsiedel (1763-1825). Après des études à la faculté de théologie de Leipzig, il adopte le pseudonyme français de « Jean-Paul » pour publier son premier ouvrage (*les Procès groenlandais,* 1783). Réduit à la gêne par la mort de son père, il devient précepteur, puis ouvre une école à Schwarzenbach. La célébrité que lui apportent ses récits (*la Vie du joyeux maître d'école Marie Wuz à Auenthal,* 1790; *Hesperus,* 1795; *Siebenkäs,* 1796) lui permet de se consacrer à la littérature. Marié et installé à Bayreuth, Richter unit, dans ses romans et ses idylles, l'idéalisme sentimental à une ironie qui fait de son œuvre baroque l'une des plus originales du romantisme allemand (*le Titan,* 1800-1803; *les Années de gourme,* 1804-1805).

Richter (Hans Werner), écrivain allemand, né à Bensin (Usedom) en 1908. Il fonda le *Groupe 47,* qui, réunissant des écrivains décidés à mettre en commun leurs expériences indépendamment de tout dogme politique ou littéraire, assura le renouveau de la littérature dans l'Allemagne de l'après-guerre. Il a utilisé dans ses récits les procédés de narration propres au reportage et au cinéma pour peindre la vie allemande au lendemain de la défaite (*les Vaincus,* 1949; *Tombés de la main de Dieu,* 1951; *Tu ne tueras pas,* 1955).

Richthofen (Ferdinand, *baron* VON), géologue et explorateur allemand, né à Carlsruhe (haute Silésie) [1833-1905]. Il voyagea en Asie orientale et publia des études sur la Chine.

Ricimer, général romain d'origine suève (m. en 472). Il fut un moment (461-467) le maître de l'Italie et extermina les Alains.

ricin [risɛ̃] n. m. (lat. *ricinus*). Euphorbiacée dont les graines fournissent une huile purgative et de graissage. (V. illustr. FLEURS.)

riciné, e adj. Imprégné d'huile de ricin : *collodion riciné.*

rickettsie [rikɛtsi] n. f. Genre de micro-organismes intermédiaires entre les virus et les bactéries, agents de certaines maladies contagieuses (typhus).

rickettsiose n. f. Nom générique de toutes les maladies causées par des rickettsies (typhus exanthématique, typhus murin, fièvre boutonneuse de la Méditerranée, fièvre pourprée des montagnes Rocheuses, fièvre fluviale du Japon, etc.).

ricocher v. i. Faire des ricochets.

ricochet [rikɔʃɛ] n. m. Bond que fait une pierre plate jetée obliquement sur la surface de l'eau ou un projectile rencontrant un obstacle. ● *Par ricochet,* indirectement.

Ricord (Philippe), chirurgien français, né à Baltimore (Etats-Unis) [1800-1889]. Il fit connaître comment se propageait et évoluait la syphilis, et établit la distinction qui existe entre cette maladie et le chancre mou.

ridelles

ric-rac [rikrak] ou **ric-à-rac** [rikarak] loc. adv. Avec une exactitude rigoureuse ou parcimonieuse : *payer ric-rac.*

rictus [riktys] n. m. (mot lat. signif. *fente de la bouche*). Contraction de la bouche qui découvre toutes les dents en donnant au visage l'expression ou l'apparence du rire : *un rictus moqueur.*

ridage n. m. *Mar.* Action de rider un cordage.

ride [rid] n. f. (de *rider*). Pli du front, du visage, des mains, ordinairement sous l'effet de l'âge. || Strie qui se forme sur une surface quelconque : *le vent forme des rides sur l'eau.* || *Mar.* Petit cordage servant à tendre des haubans, etc.

ridé, e adj. Couvert de rides : *un visage ridé.*

rideau [rido] n. m. (de *rider*). Voile ou pièce d'étoffe qui coulisse sur une tringle, devant une ouverture, pour intercepter le jour ou masquer quelque chose. || Grande toile peinte qu'on lève ou qu'on abaisse devant la scène d'un théâtre. || Assemblage de feuilles de tôle, de lames de bois, qu'on peut baisser ou relever : *rideau de magasin.* || Ligne d'objets formant obstacle à la vue : *rideau d'arbres.* || Talus qui sépare deux champs étagés sur le versant d'une vallée et qui ralentit l'érosion. ● *Rideau de fer,* expression servant parfois à désigner la frontière qui sépare les républiques socialistes d'Europe orientale des Etats d'Europe occidentale. || *Tirer le rideau sur* (Fig.), mettre à dessein dans l'ombre.

ridée [ride] n. f. Filet pour prendre les alouettes.

ridelle [ridɛl] n. f. (de l'anc. allem. *reidel,* grande perche). Balustrade légère, pleine ou à claire-voie, formant chacun des côtés d'une charrette ou d'un camion.

rider [ride] v. t. (de l'anc. allem. *rîdan,* tourner). Produire des rides : *le chagrin ride le front.* || *Fig.* Strier : *le vent ride la surface de l'eau.* || *Mar.* Tendre fortement au moyen de ridoirs. || **— Se rider** v. pr. Se couvrir de rides.

Ridgway (Matthew), général américain, né à Fort Monroe (Virginie) en 1895. Après avoir commandé une division aéroportée en Normandie (juin 1944), il dirigea les forces de l'O. N. U. en Corée (1951-1952) et les forces du Pacte Atlantique (1952-1953).

ridicule [ridikyl] adj. (lat. *ridiculus*). Propre à exciter le rire, la moquerie : *discours ridicule.* || Qui est insignifiant, minime : *une somme ridicule.* || — N. m. Ce qui est ridicule : *tomber dans le ridicule.* || Travers, manière d'être digne de moquerie : *peindre les ridicules de son temps.*

ridiculement adv. De façon ridicule.

ridiculiser v. t. Tourner en ridicule.

ridoir [ridwar] n. m. *Mar.* Appareil permettant de tendre un cordage, une chaîne.

Riec-sur-Belon [rjɛk-] (29124), comm. du Finistère (Sud) [arr. de Quimper]; 4 308 h. Ostréiculture.

Riedisheim (68400), comm. du Haut-Rhin (arr. de Mulhouse); 9 910 h.

Riefenstahl (Leni), actrice et réalisatrice de cinéma allemande, née à Berlin en 1902. Elle joua dans *la Lumière bleue* (1932), puis fut chargée de faire des films sur le congrès nazi de Nuremberg en 1934 et sur les jeux Olympiques de Berlin de 1936 (*les Dieux du stade*).

Riego y Núñez (Rafael DEL), général et patriote espagnol, né à Santa María de Tuña en 1785, mis à mort en 1823 sur l'ordre de Ferdinand VII. L'hymne qui porte son nom devint l'hymne officiel de la République espagnole en 1931.

Riehen, comm. de Suisse (Bâle-Ville); 20 300 h.

Riel (Louis), métis canadien, né à Saint-Boniface (1844-1885). Il dirigea la résistance des métis de la région de la rivière Rouge et de l'Ouest, opposés au lotissement des terres aux colons (1869 et 1884-1885). Vaincu, il fut pendu.

Riemann (Bernhard), mathématicien allemand, né à Breselenz (Hanovre) [1826-1866]. Ses travaux eurent un retentissement considérable sur les mathématiques modernes, notamment sur la théorie des fonctions de variables complexes, dans laquelle il introduisit les célèbres surfaces auxquelles son nom est resté attaché. D'autre part, sans être à l'origine des géométries non euclidiennes, il développa cependant l'idée d'une géométrie fondée sur l'hypothèse suivant laquelle, par un point, on ne peut mener aucune parallèle à une droite. Enfin, certaines de ses recherches peuvent être considérées comme les premières bases de la topologie.

Riemann (Hugo), théoricien et musicographe allemand, né à Grossmehlra (1849-1919), auteur d'un *Dictionnaire de la musique* (1882).

Riemenschneider (Tilman), sculpteur allemand, né à Osterode (v. 1460-1531). Il a pratiqué la sculpture sur pierre et sur bois, exécutant des retables et des tombeaux (*tombeau de l'empereur Henri II et de sa femme Cunégonde,* Bamberg). Aimant le pittoresque, il excella dans le rendu de la grâce juvénile ou féminine.

rien [rjɛ̃] pron. indéf. (lat. *rem;* de *res,* chose). Quelque chose : *est-il rien de plus beau?* || Peu de chose : *se fâcher pour rien.* || Aucune chose (avec la particule négative *ne*) : *n'en dites rien.* ● *Cela ne fait rien,* cela importe peu. || *Cela ne me dit rien* (Fam.), je n'en ai aucune envie. || *C'est un homme de rien,* méprisable, de mauvaise conduite. | *Comme si de rien n'était,* comme

Phot. Giraudon.

si la chose n'était pas arrivée. || *Compter pour rien,* ne faire aucun cas de ; être considéré comme une quantité négligeable. || *En moins de rien,* en très peu de temps. || *Il ne fait plus rien,* il ne travaille plus, il n'a plus d'emploi. || *N'être rien à quelqu'un,* n'être ni son parent ni son allié. || *Pour rien,* gratuitement : *il a fait ce travail pour rien ;* pour peu d'argent : *il a eu cette maison pour rien.* || *Rien moins que, rien de moins que,* V. MOINS. || *Rien que,* seulement. || — N. m. Chose sans importance, bagatelle : *un rien lui fait peur ; s'amuser à des riens.*

Rienzo (Cola DI), homme politique italien, né à Rome (1313 ou 1314-1354). Il se fit élire tribun et libérateur de l'Etat romain (1347) ; il fut massacré dans une révolte de rues.

Riesener [rjɛsnɛr] (Jean-Henri), ébéniste français d'origine allemande, né à Gladbeck, près d'Essen (1734-1806). Formé dans l'atelier d'Œben, dont il prit la direction à sa mort, il acheva le bureau de Louis XV (Louvre), devint ébéniste de la Cour et fournisseur de Marie-Antoinette. Il a laissé une œuvre abondante, d'abord de style Louis XV, puis caractéristique du style Louis XVI (musée du Louvre, musée des Arts décoratifs, Petit-Trianon). — Son petit-fils LÉON, né à Paris (1808-1878), peintre, cousin de Delacroix, est considéré comme un des précurseurs du romantisme. Il a exécuté des décorations à l'église Saint-Eustache et au palais du Luxembourg.

Riesengebirge. V. KARKONOSZE.

riesling [risliŋ] n. m. Cépage blanc à petits fruits en grappes compactes, cultivé principalement dans les vallées du Rhin et de la Moselle.

Riesman (David), sociologue américain, né à Philadelphie en 1909. Il a introduit la notion de l'historicité de la mentalité (ce vers quoi « se dirige » l'homme), qui suit selon lui une évolution corrélative de l'histoire de la division du travail et des productions de biens matériels (*la Foule solitaire,* 1950).

Rieumes (31370), ch.-l. de c. de la Haute-Garonne (arr. de Muret) ; 1 987 h. (1 287 aggl.).

Rieupeyroux (12240), ch.-l. de c. de l'Aveyron (arr. de Villefranche-de-Rouergue) ; 2 767 h. Eglise (XVe-XVIe s.).

rieur [rijœr], **euse** [-øz] adj. et n. Qui rit ; qui aime à rire, à railler. ● *Avoir, mettre les rieurs de son côté,* faire rire aux dépens de son adversaire.

rieuse n. f. Sorte de mouette.

Rieux (31310 Montesquieu Volvestre), ch.-l. de c. de la Haute-Garonne (arr. de Muret) ; 1 194 h. (821 aggl.). Anc. cathédrale gothique.

Riez (04500), ch.-l. de c. des Alpes-de-Haute-Provence (arr. de Digne) ; 1 379 h. (*Riézois*). Vestiges romains. Commerce de l'essence de lavande. Evêché du Ve s. à 1790.

Rif (le), chaîne plissée du Maroc septentrional, au-dessus de la Méditerranée, s'étendant de Tanger à l'embouchure de la Moulouya. (Hab. *Rifains.*) Le Rif fut de 1921 à 1926 le théâtre d'un soulèvement dirigé par Abd el-Krim. Celui-ci vainquit les Espagnols à Anoual (1921), mais fut contenu par Lyautey et vaincu par Pétain. Il se rendit au général Ibos (mai 1926).

rifain [rifɛ̃], **e** [-ɛn] adj. et n. Du Rif.

rififi n. m. *Arg.* Bagarre.

riflard [riflar] n. m. (de l'anc. fr. *rifler,* érafler). Ciseau en forme de palette, qui sert aux maçons pour ébarber les ouvrages de plâtre. || Outil à fût, utilisé dans le corroyage du bois. || Grosse lime pour dégrossir les métaux. || Laine la plus grosse et la plus longue d'une toison.

riflard n. m. (du nom d'un personnage de *la Petite Ville,* comédie de Picard). *Pop.* Grand parapluie.

rifle [rifl *ou* rajfl] n. m. (mot angl.). Carabine à long canon.

rifloir [riflwar] n. m. Nom donné à diverses limes.

Rift Valley, nom donné à la suite de dépressions qui s'allongent depuis l'Asie occidentale (mer Morte) jusqu'en Afrique orientale (lacs Tanganyika et Malawi).

Riga, v. de l'U. R. S. S., cap. de la Lettonie, port actif sur la Baltique, au fond du *golfe de Riga ;* 680 000 h. Pendant la Première Guerre mondiale, la ville fut prise par les Allemands en 1917. Pendant la Seconde Guerre mondiale, elle fut occupée par la Wehrmacht en juillet 1941 et reprise par l'armée rouge en 1944.

Rigaud (Hyacinthe RIGAU Y ROS, dit **Hyacinthe**), peintre français, né à Perpignan (1659-1743). Surnommé **le Peintre des grands,** il fit une carrière de portraitiste extrêmement brillante, peignant les effigies de Philippe V, de Louis XIV, de Louis XV et de quantité de grands personnages, faisant montre d'une profonde acuité psychologique. Il est fort bien représenté au Louvre.

rigaudon ou **rigodon** [rigɔdɔ̃] n. m. Air et danse vive à deux temps, d'origine provençale, en vogue aux XVIIe et XVIIIe s.

Rigault de Genouilly (Charles), amiral français, né à Rochefort (1807-1873). Commandant l'escadre d'Indochine, il s'empara de Canton (1857), occupa Saigon (1859) et joua un rôle important dans l'établissement de la France en Indochine.

Rigel, la huitième des étoiles les plus brillantes du ciel, située dans la constellation d'Orion et dont la luminosité intrinsèque correspond à un éclat égal à 15 000 fois celui du Soleil.

Hyacinthe Rigaud
autoportrait au turban
musée Rigaud, Perpignan

Righi (Augusto), physicien italien, né à Bologne (1850-1920). Il est l'auteur de recherches sur la lumière polarisée et a étudié la réflexion des ondes électromagnétiques sur les surfaces métalliques (1893).

Rigi ou **Righi,** montagne de Suisse, entre les lacs des Quatre-Cantons et de Zoug ; 1 800 m.

rigide [riʒid] adj. (lat. *rigidus*). Raide, inflexible : *une barre de fer rigide.* (Contr. : FLEXIBLE, MOU, SOUPLE.) || *Fig.* D'une grande sévérité : *Caton fut un homme rigide.*

rigidement adv. Avec rigidité.

rigidifier v. t. Rendre rigide.

rigidité n. f. Résistance qu'oppose une substance solide aux efforts de torsion ou de cisaillement : *la rigidité d'une barre de fer.* || *Fig.* Sévérité, austérité inflexible : *la rigidité des jansénistes, des magistrats.*

Rigil kentarus, la troisième des étoiles les plus brillantes du ciel dans la constellation du Centaure. Cette étoile, qui est double, est la plus rapprochée de la Terre (4,3 a.l.).

Rignac (12390), ch.-l. de c. de l'Aveyron (arr. de Rodez) ; 1 907 h. (849 aggl.).

rigodon n. m. V. RIGAUDON.

rigolade n. f. *Pop.* Action de rire. || Chose dite pour faire rire. || Chose faite sans effort, comme par jeu.

rigolage n. m. *Hortic.* Action de creuser de petites rigoles pour y planter de jeunes sujets.

rigolard [-ar], **e** [-ard] adj. et n. *Pop.* Qui aime à rire.

rigole [rigɔl] n. f. (empr. à l'anc. néerl.). Canal étroit pour l'écoulement de l'eau. || Petite tranchée pour recevoir les fondations d'un mur. || Tranchée pour recevoir des semis ou de jeunes plants.

rigoler v. t. Couper par des rigoles : *rigoler un pré.*

rigoler [rigɔle] v. i. *Pop.* Rire, s'amuser beaucoup. || Ne pas parler sérieusement.

Rigoletto, opéra en 4 actes, livret italien de Piave, musique de Verdi, dont le sujet est tiré du drame de Victor Hugo *Le roi s'amuse.*

rigoleuse n. f. Charrue spéciale, munie de deux coutres, destinée à tracer des rigoles d'irrigation ou d'assainissement.

rigolo, ote adj. et n. *Pop.* Plaisant et amusant.

rigorisme [rigɔrism] n. m. Morale sévère : *le rigorisme des puritains.*

rigoriste adj. et n. Qui pousse trop loin la sévérité des principes.

rigoureusement adv. Avec rigueur, dureté : *punir rigoureusement.* || Exactement : *démontrer rigoureusement.*

rigoureux [rigurø], **euse** [-øz] adj. D'une sévérité inflexible : *maître rigoureux.* || Dur, difficile à supporter : *châtiment rigoureux.* || Rude, âpre : *hiver rigoureux.* || Précis, exact, sans réplique : *examen rigoureux des faits.*

rigueur [rigœr] n. f. (lat. *rigor*). Sévérité, dureté : *user de rigueur envers quelqu'un.* || Apreté, violence : *rigueur du froid.* || Grande exactitude : *la rigueur d'une démonstration.* || — Loc. adv. **A la rigueur,** au pis aller. || **De rigueur,** rigoureusement exigible, indispensable : *tenue de rigueur.*

Rigveda, le premier des quatre livres sacrés (*Veda*) de l'Inde, écrit en sanskrit. Le *Rigveda* renferme l'essentiel de la mythologie, de la cosmogonie et de la philosophie brahmaniques.

Rijeka, anc. **Fiume,** port de Yougoslavie (Croatie), sur l'Adriatique ; 111 000 h. Principal port yougoslave. Industries alimentaires. Raffinage du pétrole.

rikiki adj. V. RIQUIQUI.

Rila (le), partie occidentale, la plus élevée (2 925 m), du massif du Rhodope*, en Bulgarie. Monastère (XIIIe s.).

Rilke (Rainer Maria), écrivain autrichien, né à Prague (1875-1926). Destiné à la carrière des armes, il fréquente bientôt les milieux littéraires de Prague. Romantique (*Couronné de rêve,* 1897), puis influencé par les symbolistes (*Légende d'amour et de mort du cornette Christophe Rilke,* 1899 ; *le Livre des images,* 1902), il voyage en Russie, où il rencontre Tolstoï, puis vient à Paris, où il sert quelque temps de secrétaire à Rodin. Il reprend bientôt une existence vagabonde, signe de l'inquiétude profonde qui anime son œuvre et de son désir de participer plus intimement à la réalité concrète de la vie (*le Livre d'heures,* 1905 ; *Cahiers de Malte Laurids Brigge,* 1910). C'est en Suisse que, malade, il passe les dernières années de sa vie et qu'il achève sa méditation poétique, qui n'est qu'un long effort pour dominer l'angoisse de la mort (*Elégies de Duino,* 1923 ; *Sonnets à Orphée,* 1923).

Rille. V. RISLE.

rillettes [rijɛt] n. f. pl. (de l'anc. fr. *rille,* morceau de porc). Morceaux de porc, de volaille ou de gibier cuits dans la graisse.

Rillieux ou **Rillieux-la-Pape** (69140), ch.-l. de c. du Rhône (arr. de Lyon), au nord de Lyon ; 9 631 h.

rillons n. m. pl. Résidus de porc ou d'oie que l'on a fait fondre pour en avoir la graisse.

Rimailho [rimajo] (Emile), officier et ingénieur français, né à Paris (1864-1954). Il mit au point, sous la direction de Sainte-Claire Deville, le frein du canon de 75, inventé par le colonel Deport, et conçut un matériel d'artillerie lourde à tir rapide. Préoccupé de questions sociales, il quitta l'armée pour se consacrer à l'organisation du travail et à l'étude de la structure économique des entreprises, imaginant notamment une méthode de comptabilité industrielle permettant l'intéressement du personnel aux bénéfices.

rimailler [rimɑje] v. t. et i. Faire de mauvais vers.

rimailleur, euse n. *Fam.* Celui qui fait de mauvais vers : *rimailleur qui se croit poète.*

rimaye [rimaj *ou* -mɛ] n. f. (lat. *rima,* fente). Crevasse profonde qui sépare un névé des parois du cirque où il est niché.

Rimbaud (Arthur), poète français, né à Charleville (1854-1891). Génie précoce et rebelle, il vient à Paris en pleine guerre (1871), apportant des poèmes de forme encore régulière (*le Dormeur du val, le Bateau ivre*), mais où la création est déjà assimilée à la quête de l'impossible. Rêvant d'une alchimie verbale (*Sonnet des voyelles*), d'une poésie qui serait une œuvre de « voyant », il fait la connaissance de Verlaine, l'accompagne en Angleterre et en Belgique. Mais cette amitié orageuse prend fin tragiquement à Bruxelles (10 juill. 1873). Rimbaud, blessé par son ami de deux coups de revolver, exprime ses « délires » dans une suite de poèmes en prose (*Une saison en enfer,* 1873), puis mène une existence errante : soldat, puis déserteur de l'armée néerlandaise à Java, contremaître à Chypre, vagabond

Rainer Maria
Rilke

Rimbaud
par
Fantin-Latour

Phot. Giraudon, Martinie, Giraudon.

la baie de **Rio de Janeiro**, vue du Corcovado

en Allemagne et en Autriche, trafiquant d'ivoire et d'armes en Éthiopie. Alors qu'il rédige pour la Société de géographie et *le Bosphore égyptien* des comptes rendus de ses explorations africaines, *la Vogue* publie son recueil de proses et de vers libres, *Illuminations* (1886). Rimbaud meurt à l'hôpital de Marseille, au moment où son œuvre commence à être reconnue comme l'aboutissement des recherches romantiques et baudelairiennes. Nourrie de révolte, auréolée de légende, revendiquée par le surréalisme, la poésie de Rimbaud a profondément influencé la sensibilité créatrice moderne.

rime [rim] n. f. (lat. *rhythmus*, empr. au gr.). Retour du même son à la fin de deux ou plusieurs vers. ● *Rimes féminines*, rimes dont les mots se terminent par une syllabe muette, comme *tête* et *fête*, *appellent* et *renouvellent*. || *Rimes masculines*, rimes dont les mots se terminent par un son plein, sans *e* muet, comme *actif*, *craintif*. || *Sans rime ni raison* (Fig.), sans bon sens.

rimer v. i. Avoir les mêmes sons, en parlant des finales des mots : « *étude* » et « *solitude* » *riment*. || *Par ext.* Faire des vers : *aimer à rimer*. ● *Ne rimer à rien*, être dépourvu de sens : *cette démarche ne rime à rien*. || — V. t. Mettre en vers : *rimer un conte*.

rimeur, euse n. Celui, celle qui fait des vers (en mauv. part).

Rimini, v. d'Italie (Emilie), sur l'Adriatique ; 112 000 h. Station balnéaire. Archevêché. Palais de la Renaissance ; temple des Malatesta.

Rimini (Francesca DA), Italienne du XIIe s., femme de Lanciotto Malatesta, dont Dante a immortalisé, dans *l'Enfer*, les amours avec son beau-frère Paolo Malatesta.

Rimouski, v. du Canada (Québec), sur le Saint-Laurent ; 20 300 h. Archevêché.

Rimski-Korsakov (Nicolaï), compositeur russe, né à Tikhvin (1844-1908), auteur d'opéras (*Sadko, Tsar Saltan, le Coq d'or, Kitège*), d'œuvres symphoniques (*Schéhérazade, Antar, Capriccio espagnol*) et d'un *Traité d'harmonie* (1884). Il a fait partie du groupe des Cinq. Il est l'un des premiers à avoir dirigé, en France, de la musique russe.

rinçage n. m. Action de rincer. || Lavage à l'eau pure du linge savonné.

rinceau [rɛ̃so] n. m. (lat. *ramusculus*, petit rameau). Ornement courant de peinture ou de sculpture emprunté aux rameaux des plantes qui se recourbent en volutes. (Il décore en général les frises ou les pilastres.)

rince-bouche n. m. inv. Gobelet contenant de l'eau tiède parfumée, que l'on présentait aux convives pour qu'ils puissent se rincer la bouche après les repas.

rince-bouteilles n. m. inv. Appareil pour rincer les bouteilles. (Syn. RINCEUSE.)

rince-doigts n. m. inv. Bol servant à se rincer les doigts à table.

rincée n. f. *Pop.* Volée de coups.

rincer [rɛ̃se] v. t. (du lat. *recens*, frais ; proprement *rafraîchir*) [conj. **1**]. Nettoyer en lavant et en frottant : *rincer un verre*. || Laver à l'eau pure, après un nettoyage laissant un résidu que l'on veut faire disparaître : *rincer un drap*. || **— Se rincer** v. pr. *Se rincer la bouche*, se laver la bouche avec un liquide que l'on recrache. || *Se rincer l'œil* (Fam.), observer un spectacle osé, obscène.

rincette n. f. *Fam.* Petite quantité d'eau-de-vie qu'on verse dans son verre ou dans sa tasse à café après les avoir vidés.

rinceuse n. f. Syn. de RINCE-BOUTEILLES.

rinçure n. f. Eau qui a servi à rincer.

rinforzando [rinfɔrtsɑdo] adv. (mot ital.). *Mus.* En renforçant, en passant du piano au forte. (S'indique en abrégé *rinf.* ou <.)

ring [riŋ] n. m. (mot angl. signif. *cercle*). Estrade pour combats de boxe, de catch ou de lutte.

ringard [rɛ̃gar] n. m. *Fam.* Acteur sur le retour, à demi oublié.

ringard [rɛ̃gar] n. m. (du wallon *ringuèle*, levier). Outil utilisé pour activer la combustion sur une grille ou pour remuer la matière en traitement dans un four.

ringardage n. m. Dans un foyer, brassage du combustible avec un ringard pour attiser le feu.

Ringuet (Philippe PANNETON, dit), écrivain canadien d'expression française, né à Trois-Rivières (1895-1960). Ses contes et ses romans évoquent avec réalisme la vie des paysans canadiens (*30 Arpents*, 1938).

Rinuccini (Ottavio), poète florentin (1562-1621). Il donna plusieurs livrets à Peri, Monteverdi, etc.

Rio de Janeiro, v. du Brésil, cap. de l'Etat de Guanabara (qui correspond à l'agglomération étendue de Rio de Janeiro), sur l'Atlantique ; 4 102 000 h. (*Cariocas*). La ville, fondée en 1565, doit son nom (« Rivière de Janvier ») au Portugais A. Gonçalves, qui découvrit en janvier 1502 l'entrée de la baie de Guanabara, qu'il crut être l'estuaire d'une rivière. Elle ne prit de l'importance qu'au début du XVIIIe s., lorsqu'une route la relia aux mines d'or du Minas Gerais. Elle doit une part de sa célébrité à la beauté de son site, une baie dominée par des pitons abrupts (Corcovado et surtout Pain de Sucre) où s'épanouit la végétation tropicale. Sa croissance a été la conséquence de sa fonction de capitale du Brésil de 1763 à 1960. Aujourd'hui, Rio a vu décroître son rôle politique et n'est plus que la deuxième ville du pays (dépassée par la métropole économique São Paulo), mais demeure tout de même le principal débouché maritime brésilien, une plaque tournante aérienne internationale, une capitale intellectuelle, financière et commerciale, et un grand centre touristique célèbre par ses plages (Copacabana) et par son carnaval. La fonction industrielle, moins développée, n'est cependant pas négligeable (métallurgie, chimie, textiles). Mais son insuffisance, jointe à l'attrait de la ville, explique largement la juxtaposition, à côté des résidences luxueuses du front de mer, des bidonvilles (*favelas*) des terrains marécageux de la baie ou des pentes des pitons.

Rio de Janeiro, Etat du Brésil oriental ; 4 506 000 h. Cap. *Niterói*. En bordure de l'Atlantique, dominé par l'escarpement de la Serra do Mar (dépassant localement 2 000 m), l'Etat enveloppe l'*agglomération de Rio de Janeiro*. La culture du café a reculé devant celle de la canne à sucre.

Rio de Oro, anc. protectorat espagnol du Sahara, sur l'Atlantique ; 184 000 km²; 5 300 h. V. pr. *Villa Cisneros*. C'est auj. la partie sud du Sahara* espagnol.

Rio Grande do Norte, Etat du nord-est du Brésil ; 1 291 000 h. Cap. *Natal*. Extrémité nord-est du Brésil, l'Etat, au climat chaud et sec, est presque exclusivement agricole (canne à sucre et coton), en dehors de l'exploitation de salines et de gisements d'étain.

Rio Grande do Sul, Etat du Brésil méridional ; 6 561 000 h. Cap. *Porto Alegre*. Cet Etat, au climat subtropical humide (précipitations variant entre 1 000 et 2 000 mm), est une importante région agricole, consacrée aux céréales (blé, maïs, riz), à la viticulture, à la culture du tabac et domaine de l'élevage bovin et ovin, qui alimente quelques industries (viande, cuirs et peaux, laine).

Riom (63200), anc. cap. des ducs d'Auvergne, ch.-l. d'arr. du Puy-de-Dôme ; 16 652 h. (*Riomois*). Cour d'appel. Anciens hôtels particuliers. Eglises Notre-Dame-du-Marthuret (*Vierge à l'oiseau*, sculpt. gothique) et Saint-Amable (romane et gothique). Tabac. — L'arr. a 13 cant., 138 comm., 102 861 h.

Riom-ès-Montagnes (15400), ch.-l. de c. du Cantal (arr. de Mauriac) ; 3 875 h. Abbatiale cistercienne.

Río Muni, partie continentale de la Guinée équatoriale ; 26 000 km²; 183 400 h. Ch.-l. *Bata*.

Rion (le), anc. **Phase,** fl. de Géorgie, qui descend du Caucase et se jette dans la mer Noire ; 314 km. Son bassin inférieur constitue la Colchide*.

Riopelle (Jean-Paul), peintre canadien, né à Montréal en 1923. Fixé à Paris, il pratique un art plutôt abstrait, couvrant sa toile de taches et de facettes de couleur qui s'organisent selon des rythmes d'un grand dynamisme, auxquels concourt le souvenir des spectacles de la nature. Il est représenté dans les principaux musées d'art moderne à travers le monde.

Riorges (42300 Roanne), comm. de la Loire (arr. et faubourg de Roanne) ; 8 544 h.

Río Tinto. V. MINAS DE RÍOTINTO.

Riourik (m. en 879), chef des Varègues et fondateur de la principauté de Novgorod.

Rioz [rjoz] (70190), ch.-l. de c. de la Haute-Saône (arr. de Vesoul) ; 644 h.

ripage ou **ripement** n. m. Action de riper un cordage, une chaîne d'ancre. || Action de déplacer latéralement.

ripaille [ripɑj] n. f. *Fam.* Grande chère, débauche de table : *faire ripaille*.

ripailleur, euse n. *Fam.* Celui, celle qui aime à faire ripaille.

ripe n. f. Outil de tailleur de pierre, pour donner à la pierre son dernier poli.

riper [ripe] v. t. (néerl. *rippen*, palper). Gratter avec la ripe. || Déplacer latéralement. || *Mar.* Faire glisser : *riper un cordage*. ● *Riper une voie* (Ch. de f.), la déplacer, la dresser sans la démonter. || — V. i. Déraper. || *Pop.* S'en aller, s'évader.

Ripolin [ripɔlɛ̃] n. m. (nom déposé). Peinture émail très brillante.

ripoliner v. t. Peindre au Ripolin.

riposte n. f. (ital. *riposto ; de rispondere*, répondre) Repartie prompte ; réponse vive à une raillerie : *avoir la riposte facile*. || *Escr.* Attaque qui suit une parade. ● *Théorie de la riposte graduée* (Mil.), théorie stratégique américaine opposée à celle des « représailles massives », et qui consiste à adapter le plus exactement possible à la nature et à la puissance de la menace ou de l'action exercée par un adversaire le choix des moyens militaires (nucléaires notamment) à mettre en œuvre pour lui répondre. (Cette théorie a été élaborée après 1961 par le secrétaire d'Etat américain à la Défense McNamara.)

riposter [ripɔste] v. i. Répondre vivement à une raillerie, à une injure : *riposter à propos*. || *Escr.* Attaquer immédiatement après avoir paré.

ripper [ripɛr] n. m. Syn. de ROOTER.

ripple-mark [riplmɑrk] n. f. (mot angl.). Petite ride de sable ou de gravier formée par la mer sur les plages.

ripuaire [ripɥɛr] adj. (du lat. *ripa*, rive). Se dit des anciens peuples germaniques des bords du Rhin, et particulièrement des Francs.

Riquet (Pierre Paul DE), ingénieur français, né à Béziers (1604-1680). Il entreprit la construction du canal du Midi (1666-1681), réunissant la Méditerranée à l'Atlantique. L'insuffisance des fonds mis à sa disposition l'obligea à consacrer sa fortune à son œuvre, qui exigea quatorze années de travaux inouïs.

Riquet à la houppe, conte en prose, de Perrault. Le prince Riquet, intelligent mais laid, épouse une princesse belle, mais bête, en échangeant avec elle, grâce aux fées, de l'esprit contre de la beauté.

Riquewihr (68340), comm. du Haut-Rhin (arr. de Ribeauvillé) ; 1 322 h. Restes de remparts. Château du XVIe s., restauré. Vins blancs.

riquiqui ou **rikiki** [rikiki] adj. invar. *Fam.* Se dit d'une personne ou d'une chose petite et d'aspect mesquin.

rire [rir] v. i. (lat. *ridere*) [conj. **61**]. Marquer un sentiment de gaieté par un mouvement des lèvres, de la bouche, et souvent avec bruit : *rire aux éclats*. (Syn. : S'ESCLAFFER, POUFFER, RICANER, SOURIRE.) || Prendre une expression de gaieté : *des yeux qui rient*. || Se divertir : *aimer à rire*. ● *Avoir le mot pour rire*, savoir dire des choses plaisantes. || *Prêter à rire*, donner sujet de rire, de railler. || *Rire sous cape*, éprouver une satisfaction maligne qu'on cherche à dissimuler. || *Vous me faites rire*, ce que vous dites est absurde. || *Vous voulez rire*, vous ne parlez pas sérieusement. || — V. t. ind. [**de**]. Se moquer : *tous rient de sa sottise*. ● *Rire des menaces de quelqu'un*, n'en pas tenir compte. || **— Se rire** v. pr. [**de**]. Se moquer.

Phot. Lénars - Atlas-Photo.

La peinture romane s'est surtout manifestée dans la décoration monumentale, continuant la tradition carolingienne (crypte de Saint-Germain d'Auxerre, du IXe s.). En France, elle s'est principalement développée de la fin du XIe s. au milieu du XIIe. Les artistes n'utilisaient pas la véritable technique de la fresque, employée en Italie. Ils peignaient sur un enduit à la chaux, sec, en posant une première couche de peinture à la colle, en couleurs mates, réchauffées ensuite par des tons clairs délayés à la cire.

Décorative, cette peinture couvrait les vastes surfaces que les églises romanes lui offraient, réservant les absides et les culs-de-four au Christ ou à la Vierge en majesté, les voûtes aux cycles narratifs, les espaces entre les arcades aux portraits de saints et de prophètes. Elle remplissait un rôle d'enseignement auprès des fidèles illettrés. Les thèmes, peu nombreux, appartiennent au fonds paléochrétien et byzantin, ou sont nés en Occident, comme ceux qui ont été inspirés par la *Psychomachie* de Prudence, décrivant symboliquement le combat des Vices et des Vertus, dont l'âme était le champ clos. On rencontre parfois aussi des thèmes profanes (scènes de chasse, à Ebreuil). La représentation est schématique, la traduction du visage, des mains, du mouvement, des plis des étoffes, est fixée par la tradition ou les habitudes d'école. Pour chaque figure, vêtement, objet est choisi un ton local qui ne varie guère en fonction de l'espace suggéré, essentiellement symbolique ; une ligne ondulée indique la mer, un demi-cercle le paradis. À l'intérieur de ces lois générales, la peinture romane, cependant, présente un visage divers selon les régions et les ateliers.

On distingue souvent deux groupes aux frontières mal définies. L'*école aux fonds clairs* se développa dans l'Ouest et le Centre : Berry, Poitou, Touraine, Anjou, Auvergne ; on lui doit l'ensemble de Saint-Savin-sur-Gartempe (Saint Savin et saint Cyprien comparaissant devant Ladicius [4]), le plus important qui ait été conservé, ceux de Tavant (Descente aux limbes, musée des Monuments français [2]), du Liget, de Brinay, de Nohan-Vic (la Visitation, v. 1100 [1]), d'Ebreuil. L'*école aux fonds bleus* (Bourgogne, Provence, Velay, Languedoc) se rapproche de la technique byzantine, les couleurs sont plus riches, un vernis brillant recouvrait la surface ; les exemples en sont les décorations de l'église du prieuré clunisien de Berzé-la-Ville (Christ en majesté, apôtres et saints, v. 1100 [3]), de celle de Brioude, de la cathédrale du Puy. Il faut ajouter l'école catalane (Saint-Martin-de-Fonollar).

Le domaine de la peinture romane s'est également étendu à l'Italie (Galliano, prov. de Côme ; Rome ; Sant'Angelo in Formis, près de Capoue), au nord de l'Espagne (musée de Barcelone), à l'Allemagne occidentale, à l'Autriche, à la Suisse et au sud de l'Angleterre.

● Les miniatures carolingiennes furent souvent une source d'inspiration pour les sculpteurs et les peintres romans. Au XIe s., l'art de l'*enluminure* subit une éclipse en France, mais il est vigoureux en Allemagne (Évangéliaire de Bamberg), en Angleterre, dans le nord de l'Espagne et en Italie. Au XIIe s., l'atelier de Cîteaux (Bible d'Étienne Harding) marque le renouveau de la miniature en France, également illustré par la Bible de Souvigny (*la Création du monde :* Adam et Ève, seconde moitié du XIIe s. [5]). Le pays le plus novateur fut l'Angleterre, avec le Psautier de Saint Albans et la Bible de Winchester.

1

2

3

4

5

Phot. Giraudon (5).

L'ART ROMANTIQUE

1

2

3

4

5

L'art romantique s'oppose au classicisme. Il fait appel à l'imagination, donne la primauté au sentiment sur la raison, au mystère sur l'évidence, à la couleur sur la ligne, au clair-obscur sur la lumière égale et froide, au mouvement sur l'équilibre. Les romantiques, dans leur quête de dépaysement, ne se tournent plus vers l'Antiquité gréco-romaine, mais vers le Moyen Âge nimbé de légendes ou vers l'Orient méditerranéen. Ils découvrent le paysage non plus comme un décor, mais pour lui-même, associant la nature aux émotions humaines.

Le mouvement romantique connut toute son ampleur en France, et singulièrement dans la peinture. Trois hommes l'annoncèrent ou le préparèrent directement : *Pierre Paul Prud'hon* **(1758-1823), avec ses éclairages mystérieux de** La Justice et la Vengeance divine poursuivant le crime **(Louvre),** *Gros* **(1771-1835)** [les Pestiférés de Jaffa, **Louvre**] **et** *Géricault* **(1791-1824), dont** le Radeau de la Méduse **(Louvre)** [1] **préfigure à la fois le réalisme et le romantisme. Le plus grand des peintres romantiques fut** *Eugène Delacroix* **(1798-1863), dont le** Dante et Virgile aux Enfers **(1822)** [2] **provoqua de violentes polémiques, et qui s'affirma avec les** Massacres de Scio **(1824). La** Mort de Sardanapale **(1828)** [3] **consomma la rupture entre les jeunes novateurs et les partisans de la tradition classique. L'Orient inspira à Delacroix les** Femmes d'Alger **(1834), et le Moyen Âge** l'Entrée des croisés à Constantinople **(1841)** [**tous ces tableaux sont au Louvre**]. *Théodore Chassériau* **(1819-1856) tenta d'unir la pureté de dessin de son maître Ingres aux coloris éclatants de Delacroix** (Nymphe endormie, 1850 [4]).

Eugène Devéria **se rendit célèbre avec la** Naissance d'Henri IV. *Decamps* **se fit une spécialité de l'orientalisme. Parmi les petits maîtres, on peut citer encore** *Ary Scheffer, Paul Delaroche, Louis Boulanger; Tony* **et** *Alfred Johannot, Célestin Nanteuil, Achille Devéria* **donnent des illustrations;** *Raffet* **popularise l'épopée napoléonienne par la lithographie.**

Georges Michel **(1763-1843), admirateur des Hollandais, est un précurseur du paysage romantique, dont le représentant le plus typique est** *Paul Huet* **(1803-1869). Il convient de noter l'influence que les Anglais ont eue sur le développement du paysage romantique français, notamment avec** *Constable,* **dont la** Charette de foin **fit grande impression au Salon de 1824,** *Turner,* **les aquarellistes comme** *Bonington,* **qui fit toute sa carrière en France et se lia avec Delacroix et Eugène Isabey. Par certains côtés, les peintres de l'***école de Barbizon* **(Théodore Rousseau, Narcisse Diaz, Dupré, Daubigny) peuvent être rattachés au romantisme. En Allemagne, une tendance au fantastique caractérise les paysages de** *C. D. Friedrich* **(1774-1840).**

Si le romantisme ne réussit pas à créer un style architectural, nous lui devons deux grands sculpteurs : *François Rude* **(1784-1855), auteur du** Départ des volontaires ou la Marseillaise **(5), haut-relief de l'arc de triomphe de l'Étoile à Paris, et l'animalier** *Antoine Barye* **(1796-1875). À côté d'eux, notons** *David d'Angers, Auguste Préault, Jehan Du Seigneur,* **sans grand talent mais dont le** Roland enchaîné et furieux, **exposé au Salon de 1831, fut considéré comme le manifeste de la nouvelle école.**

Phot. Giraudon (4), Lauros-Giraudon

rire n. m. Action de rire : *le rire, a dit Rabelais, est le propre de l'homme.*

ris [ri] n. m. (lat. *risus*). Action de rire (vx) : *ris moqueur.* || — N. m. pl. *Fig.* Divinités qui présidaient à la gaieté : *les Jeux et les Ris.*

ris [ri] n. m. (anc. scandin. **rifs*). *Mar.* Partie d'une voile où passent les garcettes, qui permettent de la serrer sur la vergue pour diminuer sa surface. ● *Prendre un ris,* diminuer ainsi la surface d'une voile.

ris [ri] n. m. Nom usuel du thymus du veau et de l'agneau, placé sous la gorge, et qui est un mets délicat : *croquettes de ris d'agneau.* (Syn. FAGOUE.)

risberme [risbɛrm] n. f. (néerl. *rys,* branchage, et *berme*). Espace rempli de fascines chargées de pierres, pour protéger les fondations d'un ouvrage hydraulique.

Riscle (32400), ch.-l. de c. du Gers (arr. de Mirande); 1 845 h. (1 453 aggl.).

risée [rize] n. f. Moquerie : *être un objet de risée.* || *Mar.* Petite brise subite et passagère. ● *Etre la risée de,* être un objet de moquerie pour.

risette n. f. (de *ris*). Sourire; sourire d'un enfant : *faire risette.*

rishi [riʃi] n. m. *Myth. hindoue.* Homme d'une grande sainteté. (On écrit aussi RICHI.)

risible adj. Propre à faire rire : *aventure, conte risible.* (Syn. : BURLESQUE, COCASSE, DÉSOPILANT, DRÔLE, GROTESQUE, RIDICULE.)

Risle [ril] ou **Rille** (la), riv. de Normandie, affl. de la Seine (r. g.); 140 km.

Ris-Orangis (91130), ch.-l. de c. de l'Essonne (arr. d'Evry); 23 750 h. Maison de retraite des artistes lyriques.

Risorgimento, mot ital. signif. *Renaissance,* appliqué au mouvement idéologique et politique qui a permis la formation de l'unité italienne.

risorius [rizɔrjys] n. m. et adj. (du lat. *risor,* rieur). Petit muscle peaucier qui s'attache aux commissures des lèvres et contribue à l'expression du rire.

risotto [rizɔto] n. m. (mot ital.). Plat italien, fait de riz coloré au safran, avec du beurre et du parmesan.

risque [risk] n. m. (ital. *risco*). Danger, inconvénient possible : *courir un risque; s'exposer à un risque.* || Préjudice, sinistre éventuel, que les compagnies d'assurances garantissent moyennant le paiement d'une prime. ● *A ses risques et périls,* en assumant sur soi toute la responsabilité d'une chose, d'une entreprise. || *A tout risque,* à tout hasard. || *Risque social,* perte de l'emploi, diminution du niveau de vie familial, maladie, accident, maternité, invalidité, vieillesse, décès, que la politique moderne de sécurité sociale vise à prévenir ou à réparer. || **— Au risque de** loc. prép. Au hasard de, en s'exposant à.

risquer v. t. Hasarder, exposer à un danger possible : *risquer sa vie.* || Tenter avec risque : *il risqua la bataille.* || — V. t. ind. *Risquer de* (suivi d'un infinitif), être exposé à, courir le risque de : *risquer de tomber.*

risque-tout n. inv. Personne très audacieuse.

rissole [risɔl] n. f. (du lat. *russeolus,* rougeâtre). Filet à petites mailles, pour pêcher les anchois dans la Méditerranée. || Petite pâtisserie.

rissoler [risɔle] v. t. et i. Rôtir de manière à faire prendre une couleur dorée.

Rist (Charles), économiste français, né à Lausanne (1874-1956), auteur d'ouvrages sur l'histoire des doctrines économiques.

ristourne [risturn] n. f. (ital. *ristorno*). Réduction accordée au client, généralement par un courtier qui lui abandonne une partie de sa commission. || Part des bénéfices d'une coopérative, accordée en fin d'année au sociétaire. || Annulation d'un contrat d'assurance maritime au profit de l'assureur. || Réduction de la cotisation de Sécurité sociale relative aux accidents du travail, susceptible d'être accordée aux employeurs qui ont réalisé des efforts en vue de prévenir les accidents du travail et les maladies professionnelles.

ristourner v. t. Faire une ristourne.

ritardando adv. (mot ital.). *Mus.* En retenant le mouvement. (S'indique en abrégé *rit.* ou *ritard.*)

rite [rit] n. m. (lat. *ritus*). Ensemble des règles et des cérémonies qui se pratiquent dans une religion : *le rite de l'Eglise romaine.* (On a écrit anciennement RIT.) || Cérémonial quelconque. || *Ethnogr.* Acte magique ayant pour objet d'orienter une force occulte vers une action déterminée.

ritournelle [riturnɛl] n. f. (ital. *ritornello*). Courte phrase musicale qui précède ou suit un chant. (Toujours d'ordre instrumental, elle peut être confiée soit à un orchestre, soit à un instrument d'harmonie [clavecin, orgue, luth, piano]. Elle annonce souvent, par son thème, la phrase qui va être chantée.) || *Fam.* Propos que l'on répète sans cesse.

Ritter (Karl), géographe allemand, né à Quedlinburg (1779-1859). Il a étudié les rapports entre les phénomènes physiques et humains.

ritualisme n. m. Tendance de ceux qui cherchent à augmenter l'importance des cérémonies du culte.

ritualiste adj. et n. Qui fait preuve de ritualisme. || Qui appartient au ritualisme.

rituel [ritɥɛl], **elle** adj. (lat. *ritualis*). Conforme aux rites : *chant rituel.*

rituel n. m. Livre énumérant les cérémonies qu'on doit observer dans l'administration des sacrements et pour la célébration des offices. || *Fig.* Ensemble de règles, d'habitudes : *le rituel monotone de la vie quotidienne.*

rituellement adv. De façon rituelle.

Riva-Bella, plage d'Ouistreham* (Calvados).

rivage [rivaʒ] n. m. (de *rive*). Bande de terre qui borde une étendue d'eau, généralement marine. (On parle plutôt de RIVE* en ce qui concerne les eaux douces.)

rival [rival], **e, aux** [-o] adj. et n. (lat. *rivalis,* riverain autorisé à faire usage d'un cours d'eau). Qui aspire aux mêmes avantages qu'un autre avec lequel il est en compétition : *surpasser ses rivaux; nations rivales.*

rivaliser v. i. Chercher à égaler ou à surpasser quelqu'un : *rivaliser d'efforts avec quelqu'un.*

rivalité n. f. Concurrence de personnes qui prétendent à la même chose : *les rivalités politiques et religieuses.*

Rivarol (Antoine RIVAROL, dit **le Comte de**), écrivain français, né à Bagnols (Languedoc) [1753-1801]. Bel esprit, célèbre pour sa conversation et son élégance, il reçut le prix de l'Académie de Berlin pour son *Discours sur l'universalité de la langue française* (1784). Les haines littéraires et politiques que lui avaient values son *Petit Almanach des grands hommes de la Révolution* (1790) et ses articles des *Actes des apôtres* le contraignirent à émigrer à Hambourg, où il fit le projet d'un *Nouveau Dictionnaire de la langue française,* puis à Berlin, où il mourut.

Rivas (Ángel de SAAVEDRA, *duc* DE), homme politique et écrivain espagnol, né à Cordoue (1791-1865). Secrétaire des Cortes pendant la période libérale de 1820-1823, il dut s'exiler sous le gouvernement absolutiste de Ferdinand VII. Rentré en Espagne (1834), il fut ambassadeur en France, puis président du Conseil d'Etat (1862). Poète (*Romances historiques,* 1841), il a marqué par son drame *Don Álvaro ou la Force du destin* (1835) l'avènement du romantisme en Espagne.

rive [riv] n. f. (lat. *ripa*). Bande de terre qui borde un étang, un fleuve : *les rives de la Loire.* || *Constr.* Ce qui limite un pan de couverture sur ses côtés : *rive latérale.* ● *Pain de rive,* pain bien cuit (qui se trouvait sur la *rive du four*). || *Poutre de rive,* chacune des poutres longitudinales d'un pont placées à la partie extrême et de chaque côté, et soutenant le tablier de ce pont. || *Rive droite, rive gauche,* bord d'un cours d'eau qu'on a à sa droite, à sa gauche, quand on regarde dans le sens du courant.

Rive-de-Gier [-ʒje] (42800), ch.-l. de c. de la Loire (arr. de Saint-Etienne); 16 992 h. (*Ripagériens*). Aciérie. Verrerie.

rivelaine [rivlɛn] n. f. Pic de mineur, à deux pointes.

river [rive] v. t. (empr. à l'anc. néerl.). Rabattre et aplatir la pointe d'un clou, d'un rivet, etc., sur l'autre côté de l'objet qu'il traverse. || Assujettir à demeure : *river deux tôles ensemble.* || Assembler deux ou plusieurs éléments par écrasement d'une partie de l'un d'eux dans une partie adéquate de l'autre : *river les anneaux d'une chaîne.* || Assembler au moyen de rivets. (On dit aussi RIVETER.) ● *River son clou à quelqu'un* (Fam.), lui répondre vertement, le réduire au silence.

Rivera (Diego), peintre mexicain, né à Guanajuato (1886-1957). Après des séjours en Europe, il revient définitivement dans son pays, où il exécute de grandes compositions murales à tendances sociales, aux formes sculpturales et aux couleurs vives, cherchant à retrouver la simplicité des artistes précolombiens. Peintre de chevalet et lithographe, il est représenté dans les grandes collections publiques d'Amérique et d'Europe.

riverain [rivrɛ̃], **e** [-ɛn] adj. et n. Qui habite le long d'une rivière. || Qui a une propriété le long d'une forêt, d'une route, etc. : *les riverains de route nationale; propriétaire riverain.*

riveraineté n. f. Droits que les propriétaires dont le fonds borde une rivière non navigable possèdent sur les eaux de celle-ci et sur leur utilisation.

Riyāḍ : le ministère de l'Intérieur

Phot. ambassade d'Arabie Saoudite.

Rivers (William Halse), ethnologue britannique, né à Luton (Kent) [1864-1922]. Il a apporté à l'anthropologie culturelle certaines méthodes de la psychanalyse, et montré l'importance de la notion de filiation.

Rives (38140), ch.-l. de c. de l'Isère (arr. de Grenoble); 4 589 h. (*Rivois*). Papeterie. Métallurgie.

Rivesaltes (66600), ch.-l. de c. des Pyrénées-Orientales (arr. de Perpignan); 6 737 h. (*Rivesaltais*). Vins liquoreux. Patrie de Joffre.

rivet [rivɛ] n. m. Elément d'assemblage non démontable de pièces relativement minces, formé d'une tige cylindrique renflée à une extrémité en forme de tête conique ou hémisphérique.

Rivet (Paul), anthropologue et ethnologue français, né à Wassigny (1876-1958). Il est l'auteur de travaux sur les populations américaines et il a créé le musée de l'Homme (1937).

rivetage n. m. Opération consistant à assembler deux pièces par écrasement de l'extrémité de l'une d'elles dans un logement de l'autre. || Opération consistant à assembler divers éléments au moyen de rivets.

riveter v. t. (conj. **4**). *Industr.* Syn. de RIVER.

riveteuse n. f. Machine qui sert à poser les rivets. (On dit parfois RIVEUSE.)

riveur n. m. Ouvrier qui rive.

Rivier (Jean), compositeur français, né à Villemomble en 1896, auteur de sept symphonies, de concertos et de musique religieuse. Il a été professeur de composition au Conservatoire de Paris.

Riviera (la), nom donné au littoral italien du golfe de Gênes, de la frontière française à La Spezia, parsemé de stations balnéaires et de villégiatures : Bordighera, San Remo, Imperia à l'ouest de Gênes (*Riviera di Ponente*), Rapallo à l'est (*Riviera di Levante*). Le nom de *Riviera* a parfois été étendu à la Côte* d'Azur française.

rivière [rivjɛr] n. f. (du lat. *riparius,* qui se trouve sur la rive). Toute espèce de cours d'eau abondant, et particulièrement celui qui se jette dans un fleuve. || Obstacle artificiel formé par une pièce d'eau et placé sur le parcours d'un steeple. ● *Rivière de diamants,* collier sur lequel sont enchâssés des diamants.

Rivière (Henri), marin français, né à Paris (1827-1883). Il prit Hanoi en 1882, mais fut tué dans une sortie pour dégager la ville.

Rivière (Jacques), écrivain français, né à Bordeaux (1886-1925), directeur de la *Nouvelle Revue française* de 1919 à 1925. On a publié sa *Correspondance avec Paul Claudel* (*1902-1914*) et sa *Correspondance avec Alain-Fournier* (*1905-1914*).

Rivière (Joseph), sculpteur français, né à Tours (1912-1961). S'intéressant au nu masculin autant que féminin, pratiquant un art robuste, dont la souplesse n'est pas exclue, il est l'auteur de nombreuses figurines, de monuments et de décorations (*Monument aux démineurs du ballon d'Alsace,* 1952).

Rivière-du-Loup, v. du Canada (Québec), sur le Saint-Laurent; 11 600 h.

Rivière-Pilote (97211), comm. du sud de la Martinique; 12 048 h.

Rivières-du-Sud, anc. nom des régions littorales de la Guinée.

rivoir n. m. Machine à river. || Marteau dont on se sert pour river.

Rivoli, localité d'Italie, sur l'Adige, où Bonaparte vainquit les Autrichiens en 1797; 1 900 h.

rivure n. f. Action de river; son résultat.

rixdale [riksdal] n. f. Anc. monnaie d'argent de différentes valeurs, frappée dans divers pays nordiques ou de l'Europe centrale.

rixe [riks] n. f. (lat. *rixa*). Querelle violente, accompagnée d'injures et de coups.

Rixheim (68170), comm. du Haut-Rhin (arr. de Mulhouse); 5 821 h.

Riyāḍ ou **Riad,** cap. de l'Arabie Saoudite, dans l'intérieur de la péninsule d'Arabie; 300 000 h.

riz [ri] n. m. (ital. *riso;* du lat. *oryza*). Genre de graminacées cultivées dans les terrains humides et chauds, et dont le grain farineux est un excellent aliment. (Nom scientifique : *oryza.*) || Le grain de cette plante.

voir céréales

(V. *encycl.*) ● *Eau de riz,* boisson astringente obtenue en faisant cuire du riz dans de l'eau. || *Paille de riz,* paille fournie par la partie ligneuse du riz, utilisée pour la confection des chapeaux. || *Poudre de riz,* fécule de riz réduite en poudre et parfumée pour la toilette. || *Riz précuit,* riz vendu dans le commerce et qui a déjà subi une première ébullition pour attendrir l'enveloppe. || *Riz prétraité,* riz précuit auquel une légère caramélisation donne un goût spécial.

— ENCYCL. Largement répandue en Asie, la culture du *riz* a gagné l'Afrique, l'Amérique du Nord, l'Espagne, l'Italie et, plus récemment, la France (Camargue). Le grain, imbibé d'eau, est semé à la volée en bonne terre; quand le plant atteint 15 cm, on le repique en rizière, abondamment irriguée; la récolte a lieu 4 à 5 mois après le semis. L'Asie méridionale fournit plus de 90 p. 100 de la production mondiale, qui dépasse 260 millions de tonnes. La production française (150 000 tonnes) dépasse les besoins nationaux. (V. illustr. CÉRÉALES.)

Rizal ou **Pasay,** v. des Philippines (Luçon) ; 158 000 h.

rizerie n. f. Usine où l'on traite le riz.

riziculture n. f. Culture du riz.

rizière n. f. Champ de riz.

V. illustr. ***Asie, Chine, Inde, Indonésie, Japon***

riz-pain-sel n. m. inv. Sobriquet donné aux militaires du service de l'intendance.

Rn, symbole chimique du *radon.*

roadster [rodstœr] n. m. (mot angl.). *Autom.* Syn. de CABRIOLET.

Roanne (42300), ch.-l. d'arr. de la Loire, sur la Loire, dans la *plaine du Roannais* (entre les monts de la Madeleine et du Beaujolais) ; 54 748 h. (*Roannais*). [L'agglomération compte 77 926 h.] Centre textile (tissage du coton, confection, bonneterie, textiles artificiels). Métallurgie. — L'arr. a 10 cant., 116 comm., 156 579 h.

rob [rɔb] n. m. (arabe *robub* ou *robob*). Suc épuré d'un fruit cuit, épaissi jusqu'à consistance de miel.

rob [rɔb] ou **robre** [rɔbr] n. m. (angl. *rubber,* partie liée). Au jeu de bridge, chacune des manches jouées avec le même partenaire.

robage ou **robelage** n. m. Action de rober.

Robbe-Grillet (Alain), écrivain français, né à Brest en 1922. Théoricien (*Pour un nouveau roman,* 1964) et illustrateur de la nouvelle école du roman, il s'efforce de modifier profondément la technique de ce genre en refusant les héros et la psychologie traditionnels pour ne donner qu'une image objective d'un univers impénétrable à l'homme (*les Gommes,* 1953 ; *le Voyeur,* 1955 ; *la Jalousie,* 1957 ; *Dans le labyrinthe,* 1959 ; *la Maison de rendez-vous,* 1965). Son esthétique du « regard » l'a conduit à l'écriture cinématographique, avec A. Resnais dans *l'Année dernière à Marienbad* (1961), puis comme seul réalisateur (*l'Immortelle,* 1963 ; *Trans-Europ-Express,* 1966 ; *l'Eden et après,* 1970 ; *Glissements progressifs du plaisir,* 1973).

Robbia. V. DELLA ROBBIA.

Robbins (Jerome), danseur et chorégraphe américain, né à New York en 1918. Alliant les styles classique et moderne, il a créé une forme de ballet typiquement américaine (*Fancy Free,* 1944). Collaborateur au New York City Ballet, fondateur du Ballet U. S. A. (1958-1962), puis du Laboratory Ballet (troupe sans étoiles), il occupe une place éminente dans le ballet contemporain, qu'atteste l'influence d'œuvres comme *Interplay* (1946), *The Cage* et *The Pied Piper* (1951), *Afternoon of a Faun* (1953), *Events* (1961). On lui doit également les chorégraphies de comédies musicales et de films : *The King and I* (1951) et *West Side Story* (1957).

robe [rɔb] n. f. (empr. au germ.). Vêtement féminin composé d'un corsage et d'une jupe d'un seul tenant. ‖ Vêtement long et ample, que portent les juges, les avocats, les professeurs, dans l'exercice de leurs fonctions ou dans certaines occasions. ‖ Profession de la magistrature : *gens de robe.* ‖ Couleur d'un vin. ‖ Feuille de tabac constituant l'enveloppe d'un cigare. (Syn. CAPE.) ‖ Pelage : *ce cheval a une belle robe.* ‖ Enveloppe : *robe d'une fève, d'un oignon.* ● *Homme de robe,* magistrat. ‖ *Pommes de terre en robe de chambre, en robe des champs,* cuites sans être épluchées. ‖ *Robe de chambre,* vêtement d'intérieur tombant jusqu'aux pieds.

rober [rɔbe] v. t. Dépouiller la garance de sa robe, de son écorce. ‖ Entourer les cigares d'une feuille extérieure, dite *robe.*

Robert (LE) [97231], comm. de la Martinique, sur la côte est ; 13 934 h.

Robert (*saint*) [m. en 1067], moine clunisien qui fonda le monastère de La Chaise-Dieu. — Fête le 17 avril.

Robert de Molesmes (*saint*), moine français, né en Champagne (v. 1029-1111). Il fonda l'abbaye de Molesmes, puis celle de Cîteaux, berceau de la réforme cistercienne. — Fête le 29 avril.

Robbe-Grillet

Jerome Robbins à gauche travaillant avec Nora Kaye et James Mitchell

Robert le Fort (m. en 866), comte d'Anjou et de Blois, marquis de Neustrie. Entre Loire et Seine, il résista aux Bretons, puis aux Normands. En 862, il contraignit Louis le Bègue à la soumission.

Robert Ier (v. 865-923), roi de France (922-923), second fils de Robert le Fort. Il fut élu par les grands à Reims contre Charles III le Simple. Il fut tué à Soissons en combattant celui-ci. — ROBERT II *le Pieux,* né à Orléans (v. 970-1031), roi de France (996-1031), fils et successeur d'Hugues Capet, qui l'associa au trône dès 987. Malgré sa piété, il fut excommunié pour avoir répudié son épouse Rosala et pour avoir épousé sa cousine Berthe de Bourgogne, dont il dut se séparer. Sa troisième femme, Constance, fille de Guillaume, comte de Provence, jeta le trouble dans la famille royale. Robert lutta contre l'anarchie féodale et annexa divers fiefs au domaine royal. Il fit sacrer son fils Henri Ier de son vivant (1027).

Robert II Courteheuse (v. 1054-1134), duc de Normandie (1087-1106). Il participa à la première croisade et refusa la couronne de Jérusalem.

Robert le Sage (1278-1343), duc d'Anjou et roi de Naples (1309-1343). Il fut un moment (1316-1324) maître de l'Italie. C'était un juriste averti.

Robert Ier le Vaillant (1216-1250), comte d'Artois (1237-1250), frère de Saint Louis. Il fut tué à Mansourah. — ROBERT III (1287-1342), comte d'Artois (1302-1309). Sa tante Mahaut prit le comté en 1309 et le fit débouter de ses droits.

Robert d'Arbrissel, moine français, né à Arbrissel (v. 1047-1117). Il fonda l'abbaye double de Fontevrault.

Robert de Courçon, théologien d'origine anglaise, né à Kedleston (v. 1160-1219), promoteur des statuts de l'université de Paris, dont il fut chancelier (1215).

Robert de Luzarches, architecte français, né à Luzarches à la fin du XIIe s. On lui attribue les fondations de la nef, le transept sud et la façade de la cathédrale d'Amiens.

Robert Bellarmin (saint), prélat italien, né à Montepulciano (1542-1621). Jésuite, il fut chargé de réviser la Vulgate. Archevêque de Capoue et cardinal, il fut le plus savant controversiste de son temps. Il est docteur de l'Eglise. — Fête le 17 septembre.

Robert Ier Bruce, né à Turnberry (1274-1329), roi d'Ecosse (1306-1329). En 1314, il anéantit l'armée anglaise à Bannockburn.

Robert de Courtenay (m. en 1228), empereur latin d'Orient de la maison capétienne, de 1221 à 1228.

Robert Guiscard (v. 1015-1085), comte, puis duc des Pouilles et de Calabre (1057-1085), un des aventuriers qui fondèrent les Etats normands d'Italie du Sud.

Robert (Pierre), compositeur français (v. 1618-1698). Sous-maître de la musique de la Chapelle du roi, il composa vingt-quatre motets concertants à deux chœurs.

Robert (Hubert), peintre et graveur français, né à Paris (1733-1808). En Italie, il reçut les conseils de Pannini. Sacrifiant à la mode, il introduisit des ruines dans ses paysages et, leur associant des architectures souvent réelles, créa des compositions de fantaisie. Ce fut aussi un chroniqueur des événements parisiens. Il sut traduire la lumière, et il peut être considéré comme un précurseur du romantisme. Il a aménagé les *Bains d'Apollon,* à Versailles (1777-1781). Le Louvre conserve de nombreuses toiles de sa main.

Robert (Léopold), peintre suisse, né aux Eplatures, près de La Chaux-de-Fonds (1794-1835). Elève de David, il a peint des scènes de la vie populaire italienne dans un style classique.

Robert-Houdin (Jean Eugène), prestidigitateur français, né à Blois (1805-1871). Les premières applications qu'il sut faire de l'électricité, l'ingéniosité de ses expériences, la construction extraordinaire de ses automates lui valurent une renommée universelle.

Roberti (Ercole DE), peintre italien, né à Ferrare (v. 1450-1496). Elève de Cosme Tura*, il développa le style aigu de son maître et travailla avec lui et avec Fr. Del Cossa aux fresques du palais Schifanoia (allégorie de *Septembre,* avec le char de la luxure). Il fut également actif à Bologne (prédelle du *polyptyque Grifoni* de Cossa, à San Petronio).

Roberts (*lord* Frederick SLEIGH), maréchal britannique, né à Cawnpore (Inde) [1832-1914]. Il se distingua en Afghānistān, où il prit Kaboul et Kandahar (1880), commanda l'armée des Indes (1886), dirigea la campagne contre les Boers (1899), où il rétablit la situation compromise, et fut généralissime de l'armée britannique (1901-1905).

Robertson (*sir* William Robert), maréchal britannique, né à Welbourn (1860-1933). Pendant la Première Guerre mondiale, il devint chef d'état-major impérial (1916-1918) ; il commanda les forces d'occupation britanniques en Allemagne (1919-1920).

Roberval (Jean François DE LA ROQUE DE), colonisateur français (Carcassonne 1500-Paris 1561). Il emmena un groupe de colons au Canada (1542), mais dut les rembarquer l'année suivante.

Roberval (Gilles PERSONNE ou PERSONNIER DE), mathématicien et physicien français, né à Roberval (Beauvaisis) [1602-1675]. Il étudia la quadrature des surfaces et le volume des solides, déterminant ainsi l'aire d'une arche de la cycloïde (1637) et la mesure du volume qu'elle engendre en tournant autour de son axe. En mécanique, il démontra la règle de composition des forces et imagina un système de balance (1670), auquel son nom est resté attaché.

Robespierre (Maximilien DE), homme politique français, né à Arras (1758-1794). Avocat, il fut élu député du Tiers aux Etats généraux (1789) ; il se signala à la Constituante par ses interventions démocratiques. Sous la Législative, son influence s'exerça surtout par l'intermédiaire du club des Jacobins, dont il fut l'âme. Député

Hubert Robert
« Démolition des maisons du pont Notre-Dame en 1786 »

Robespierre, école française du XVIIIe s.
musée Carnavalet

Phot. Lauros-Giraudon, Camera-Press - Parimage, Serge Lido, Giraudon.

de Paris à la Convention (1792), il finit par faire éliminer les Girondins. Il devint membre du Comité de salut public (1793) et fut le principal inspirateur de la Terreur. Ses convictions démocratiques, fortifiées par son déisme, le portèrent à exalter l'Etre Suprême cher à son maître J.-J. Rousseau : parmi ses admirateurs, les plus farouches furent son frère Augustin et Saint-Just. S'étant débarrassé des « factions » (hébertistes, mars 1794 ; dantonistes, avr. 1794), Robespierre exerça une dictature de fait. La loi du 22 prairial (10 juin) inaugura la Grande Terreur, qui fit de nombreuses victimes. Par ailleurs, Robespierre imposa ses convictions religieuses en organisant le culte de l'Etre suprême. Cependant, l'opinion se lassait, et quand la victoire de Fleurus vint rendre moins justifiable la Terreur, Robespierre — *l'Incorruptible* — fut attaqué par une faction où dominaient des hommes menacés par lui en raison de leur corruption ou de leur modération. Le 9 thermidor (27 juill. 1794), la Convention le fit mettre en accusation. Délivré par les soins de la Commune de Paris, il fut de nouveau arrêté par Barras et bientôt guillotiné avec plusieurs de ses amis et disciples.

Robespierre (Augustin DE), frère puîné du précédent, né à Arras (1763-1794). Conventionnel, il mourut sur l'échafaud avec son frère.

robeuse n. f. Ouvrière qui applique aux cigares la dernière enveloppe, ou *robe*.

robin n. m. *Fam.* et *péjor.* Homme de robe, magistrat (vx).

Robin Hood, héros légendaire du Moyen Age anglais, qui symbolise la résistance des Saxons aux envahisseurs normands. (*Robin des Bois,* pour les Français.)

robinet [rɔbinɛ] n. m. (emploi fig. de *robin,* mouton). Appareil permettant d'établir ou de suspendre à volonté l'écoulement d'un fluide contenu dans un réservoir ou dans une conduite de distribution : *robinet à eau.* ‖ La clef seule du robinet : *tourner le robinet.* ● *Robinet d'incendie armé,* robinet raccordé en permanence à un tuyau avec lance, pour combattre éventuellement le feu. (On dit aussi improprement POSTE D'INCENDIE.)

robinetier n. m. et adj. Fabricant de robinets.

robinetterie [rɔbinɛtri] n. f. Fabrication de robinets. ‖ Manufacture de robinets.

robinier [rɔbinje] n. m. (de *Robin,* jardinier du roi [1550-1629]). Arbre venant de l'Amérique du Nord, à feuilles composées pennées et à grappes de fleurs blanches odorantes, souvent planté en France, où on l'appelle à tort *acacia.* (Haut. 20 m ; longévité : 2 à 3 siècles ; famille des papilionacées.)

Robinson. V. PLESSIS-ROBINSON (*Le*).

Robinson (*sir* Robert), chimiste anglais, né à Chesterfield en 1886. Il étudia les colorants des fleurs et réalisa la synthèse d'hormones sexuelles ainsi que celle de la pénicilline. (Prix Nobel de chimie, 1947.)

Robinson (Emanuel GOLDENBERG, dit **Edward G.**), acteur américain d'origine roumaine, né à Bucarest en 1893. Il interpréta notamment *Little Caesar* (1931), *Toute la ville en parle* (1935), *la Femme au portrait* (1944), *Key Largo* (1948), *la Maison des étrangers* (1949).

Robinson (Walker SMITH, dit **Ray Sugar**), boxeur américain, né à Detroit en 1920. Remarquable styliste et redoutable frappeur, il a poursuivi jusqu'en 1966 une carrière entamée en 1940, qui lui permit de devenir successivement champion du monde des welters et des poids moyens.

Robinson Crusoé (*la Vie et les étranges aventures de*), roman de Daniel Defoe (1719). Ce récit s'inspire des aventures d'un marin écossais, Alexandre Selkirk, abandonné pendant cinq ans sur l'île de Juan Fernandez. Robinson, seul survivant d'un naufrage, parvient à vivre pendant 28 ans dans une île déserte et à se créer un bonheur relatif ; il est ensuite aidé par le Noir *Vendredi* et peut enfin revenir dans sa patrie.

Robinson suisse (*le*), livre à l'usage de l'enfance, par Johann David Wyss (1812), imitation du précédent.

robinier

Ray Sugar Robinson

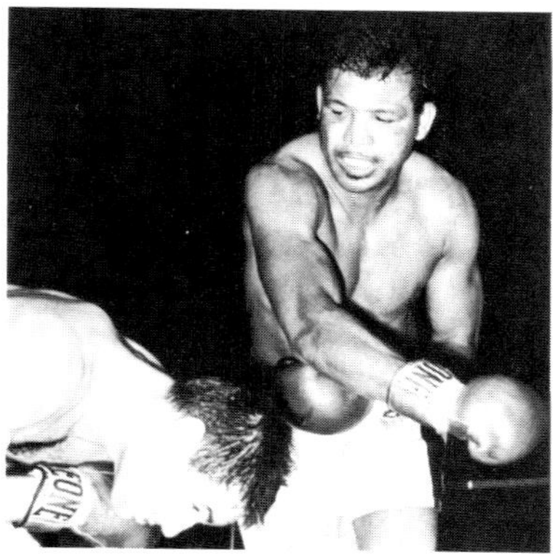

Robiquet (Pierre Jean), chimiste et pharmacien français, né à Rennes (1780-1840). Auteur de travaux sur les colorants d'origine végétale, il a découvert la narcotine et la codéine.

Roboam Ier, roi de Juda (v. 930-v. 913 av. J.-C.), fils et successeur de Salomon. Sa tyrannie causa le schisme des dix tribus ; il ne régna plus que sur Juda et sur Benjamin.

robot [rɔbo] n. m. (tchèque *robota,* corvée). Appareil capable d'agir de façon automatique pour une fonction donnée.

Rob Roy (Robert), montagnard écossais (1671-1734), célèbre par ses brigandages.

robotiser v. t. Enlever à quelqu'un toute initiative, réduire un travail à une tâche automatique, comparable à celle d'un robot.

robuste [rɔbyst] adj. (lat. *robustus ;* de *robur,* force). Capable de supporter la fatigue : *enfant robuste.* (Syn. : FORT, VIGOUREUX.) ‖ *Fig.* Ferme, inébranlable : *foi, conviction robuste.*

robustesse n. f. Force, vigueur.

roc [rɔk] n. m. (ital. *rocca*). Masse de pierre très dure, qui tient à la terre : *bâtir sur le roc.* ● *Ferme comme un roc,* d'une très grande fermeté.

rocade [rɔkad] n. f. *Mil.* Voie de communication parallèle à la ligne de combat. ‖ Voie destinée à détourner la circulation d'une région, qui part d'une voie principale et qui aboutit à une autre voie principale.

rocaillage n. m. Revêtement en rocaille.

rocaille n. f. Terrain rempli de cailloux. ‖ Ouvrage ornemental imitant les rochers et les pierres naturelles. ‖ — Adj. *Style rocaille,* style caractérisé par la fantaisie de lignes contournées s'inspirant des festons de certains coquillages, de madrépores, de pierres taraudées. (Il s'est épanoui en France de la Régence au deuxième tiers du règne de Louis XV, et plus encore dans d'autres pays.) [V. ROCOCO.]

rocailleur n. m. Cimentier spécialisé dans la confection de rocaille.

rocailleux, euse adj. Plein de petits cailloux : *chemins rocailleux.* ‖ *Fig.* Heurté, dur : *style rocailleux ; voix rocailleuse.*

Rocamadour ou **Roc-Amadour** (46350), comm. du Lot (arr. de Gourdon) ; 750 h. (144 aggl.). Site pittoresque ; pèlerinage à la Vierge. Château (XIVe s., remanié). Portes fortifiées et chapelles (XIIIe-XVe s.). Eglise romane.

rocambole [rɔkɑ̃bɔl] n. f. (allem. *Rockenbollen*). Echalote d'Espagne, espèce d'ail plus doux que l'ail ordinaire.

Rocambole, personnage aux aventures extraordinaires, héros d'une trentaine de romans de Ponson du Terrail.

rocambolesque [rɔkɑ̃bɔlɛsk] adj. Qui tient, par ses invraisemblances, des aventures de Rocambole (héros de Ponson du Terrail) : *une histoire rocambolesque.*

Roch [rɔk] (*saint*), né à Montpellier (v. 1295-v. 1327). Il se voua au soulagement des pestiférés ; on l'invoque contre les maladies contagieuses. — Fête le 16 août.

rochage [rɔʃaʒ] n. m. Dégagement de gaz, préalablement dissous, qui se produit au cours de la solidification de certains métaux ou alliages, et qui forme des cloques irrégulières à la surface de la partie solidifiée.

Rochambeau (Jean-Baptiste DE VIMEUR, *comte* DE), maréchal de France, né à Vendôme (1725-1807). Commandant des troupes envoyées au secours des Américains, il contribua à la victoire de Yorktown (1781).

rochassier n. m. Alpiniste spécialisé dans l'escalade en rochers.

Rochdale, v. de Grande-Bretagne (Lancashire) ; 87 000 h. Berceau du mouvement coopératif.

roche [rɔʃ] n. f. (ital. *rocca*). Masse minérale présentant la même composition, la même structure et la même

voir texte et illustration page suivante

origine. ● *Clair comme de l'eau de roche,* extrêmement clair ; évident. ‖ *Cœur de roche,* cœur dur, insensible. ‖ *Eau de roche,* eau très limpide, qui sourd d'une roche. ‖ *Il y a anguille sous roche,* il y a quelque chose de secret dont on soupçonne l'existence. ‖ *Roche-magasin,* couche géologique, site de gisements d'hydrocarbures. ‖ *Roche mère,* roche inaltérée qui se trouve à proximité du sol, ou couche géologique où se sont formés les hydrocarbures.

Roche-Bernard (LA) [56130], ch.-l. de c. du Morbihan (arr. de Vannes), sur la Vilaine ; 1 031 h. Pont routier.

Roche-Canillac (LA) [19320 Marcillac la Croisille], ch.-l. de c. de la Corrèze (arr. de Tulle) ; 282 h. Château du XVe s., restauré.

Rochechouart (87600), ch.-l. d'arr. de la Haute-Vienne ; 4 059 h. (*Rochechouartais*). Château Renaissance (peintures du XVIe s.). Eglise des XIe et XIIIe s. Chaussures. Ganterie. — L'arr. a 5 cant., 31 comm., 39 444 h.

Roche-Derrien (LA) [22450], ch.-l. de c. des Côtes-du-Nord (arr. de Lannion) ; 946 h. Eglise (XIIIe-XIVe s.). Ruines d'un château du XIe s.

Rochefort (17300), ch.-l. d'arr. de la Charente-Maritime, sur la Charente ; 34 780 h. (28 223 aggl.) [*Rochefortais*]. Musée (dessins français et italiens, peintures, sculptures khmères). — L'arr. a 11 cant., 81 comm., 140 453 h.
● *Histoire.* Ancien port de guerre créé par Colbert (1666), la ville est devenue ensuite port de commerce. Au cours de la Seconde Guerre mondiale, elle fut occupée jusqu'à l'armistice par les Allemands réfugiés dans la poche de La Rochelle.

Rochefort (Henri, *marquis* DE ROCHEFORT-LUÇAY, dit **Henri**), journaliste politique français, né à Paris (1831-1913), fondateur de *la Lanterne* (1868), violent pamphlet hebdomadaire dirigé contre l'Empire. Sous la IIIe République, il se jeta dans l'action nationaliste.

Rochefort-en-Terre (56220 Malansac), ch.-l. de c. du Morbihan (arr. de Vannes) ; 670 h. Maisons anciennes.

Rochefort-Montagne (63210), ch.-l. de c. du Puy-de-Dôme (arr. de Clermont-Ferrand) ; 1 272 h. (600 aggl.).

Rochefort-sur-Nenon (39700 Orchamps), ch.-l. de c. du Jura (arr. de Dole) ; 294 h.

Rochefoucauld (LA) [16110], ch.-l. de c. de la Charente (arr. d'Angoulême) ; 3 832 h. (*Rupificaldiens*). Château Renaissance avec restes d'un donjon du XIIe s.

Rochefoucauld (LA), écrivain français. V. LA ROCHEFOUCAULD.

Roche-Guyon (LA) [95780], comm. du Val-d'Oise (arr. de Pontoise), sur la Seine ; 631 h. Château des XIIIe-XVIIIe s.

Roche-la-Molière (42230), comm. de la Loire (arr. de Saint-Etienne) ; 10 569 h. Houille. Industrie chimique.

Rochelle (LA) [17000], ch.-l. de la Charente-Maritime, sur l'Atlantique, à 477 km au sud-ouest de Paris ; 75 497 h. (*Rochelais*). Evêché. Principal port de pêche français, au sud de la Bretagne, La Rochelle s'est récemment industrialisée (construction automobile dans la banlieue). — L'arr. a 7 cant., 57 comm., 135 045 h.
● *Histoire.* Grâce à son port, La Rochelle prit de l'importance durant la guerre de Cent Ans. Dès 1554, le calvinisme y fut en forte position, et les huguenots y constituèrent presque une république indépendante. En 1573, le duc d'Anjou (Henri III) ne put forcer ses remparts, mais, en 1627-1628, le cardinal de Richelieu triompha de l'opiniâtre résistance du maire Guiton. Patrie de Réaumur, Billaud-Varenne.

Rocamadour

Phot. Yan-Dieuzaide, Robin, Presse-Sports.

ROCHES

calcaire à nummulites

granite porphyroïde

gneiss

On divise les roches, d'après leur origine, en trois groupes principaux. Les *roches* formées en profondeur sont dites *éruptives*, ou *magmatiques*, ou *endogènes*. D'après leur lieu de consolidation (à grande profondeur, près de la surface ou même à l'air libre), influençant leur mode de gisement, on distingue les *roches intrusives*, ou *plutonites* (c'est-à-dire essentiellement le granite), et les *roches volcaniques (volcanites* ou *roches extrusives)*. Les roches éruptives sont constituées de minéraux souvent cristallins dont les plus fréquents sont la silice (quartz notamment) et divers silicates (feldspath et feldspathoïdes, micas, amphiboles, pyroxènes et péridots). La structure de ces roches peut être grenue (granite, gabbro), microgrenue (porphyre bleu de l'Esterel), ophitique (grands cristaux de feldspath reliés par de petits cristaux de silicates basiques : dolérite, ophite), microlitique (rhyolite, andésite, basalte), vitreuse (obsidienne).
Les *roches* formées à la surface sont dites *exogènes* ou, plus fréquemment, *sédimentaires*. Leur composition est liée, à leur origine, qui peut être détritique (assemblage de fragments de roches préexistantes), organique (réunion de débris d'animaux ou de végétaux), chimique (précipités de sel dissous), indiquant qu'il ne s'agit pas de roches originelles. Parmi les roches sédimentaires, stratifiées, hétérogènes, renfermant souvent des fossiles, il existe des roches meubles et des roches adhérentes. Les conglomérats, le grès, la mollasse et le flysch sont les principales roches détritiques (ou clastiques). Les roches d'origine biologique ou chimique sont divisées en roches siliceuses (diatomite, meulière), carbonatées (calcaire), salines (gypse, sel gemme), phosphatées. Les *roches métamorphiques* sont des roches d'origine interne ou externe ayant subi une transformation appelée métamorphisme*. On y retrouve notamment les principaux minéraux des roches éruptives (en dehors des feldspathoïdes). Beaucoup de roches métamorphiques ont une structure feuilletée *(roches cristallophylliennes)*. Parmi celles-ci émergent les schistes et les phyllades, les micaschistes et les gneiss. Les cornéennes, les marbres et les quartzites sont les principales roches métamorphiques non cristallophylliennes (au sens strict). Roches métamorphiques et roches éruptives intrusives (ou éruptives de massif) forment les *roches cristallines*.

grès : paysage de l'Ennedi, au Tchad

basalte : « la chaussée des Géants », en Irlande

La Rochelle

● *Beaux-arts*. L'entrée du port est flanquée de deux tours du XIVᵉ s. La ville possède en outre de nombreux monuments : tour de la Lanterne (XVᵉ s.), hôtel de ville Renaissance, cathédrale par Jacques et Ange Gabriel, porte de la Grosse-Horloge (XIIIᵉ-XVIIᵉ s.), rues à arcades, vieilles maisons, remparts. Musée.

Rochemaure (07400 Le Teil d'Ardèche), ch.-l. de c. de l'Ardèche (arr. de Privas) ; 970 h. (783 aggl.). Château en ruine. Barrage sur le Rhône.

Roche-Posay (LA) [86270], comm. de la Vienne (arr. de Châtellerault) ; 1 323 h. (1 020 aggl.). Station hydrominérale aux eaux bicarbonatées calciques froides (11 à 13 °C) contenant de la silice et du sélénium, et employées dans le traitement des maladies de la peau (eczémas, prurits, psoriasis, acné). Remparts ; donjon du XIIᵉ s. Eglise (XIᵉ-XVIᵉ s.).

rocher [rɔʃe] n. m. Grande masse de pierre dure, escarpée. ‖ *Anat*. Partie massive de l'os temporal, qui renferme l'oreille moyenne et l'oreille interne.

rocher [rɔʃe] v. i. Mousser, en parlant de la bière qui fermente. ‖ Se couvrir d'excroissances, en parlant de l'argent en fusion.

Rocheservière (85620), ch.-l. de c. de la Vendée (arr. de La Roche-sur-Yon) ; 1 774 h. (1 012 aggl.).

Rochester, v. des Etats-Unis (New York), sur le Genesee ; 305 000 h. Appareils photographiques.

Rochester, v. de Grande-Bretagne (Kent) ; 50 100 h. Cathédrale (XIIᵉ et XIVᵉ s.). Château fort.

Roche-sur-Foron (LA) [74800], ch.-l. de c. de la Haute-Savoie (arr. de Bonneville) ; 5 695 h.

Roche-sur-Yon (LA) [85000], ch.-l. du dép. de la Vendée, à 429 km au sud-ouest de Paris ; 38 749 h. (*Yonnais*). Cette ville, créée par Napoléon Iᵉʳ, a porté le nom de *Napoléon-Vendée* sous les deux Empires, et celui de *Bourbon-Vendée* sous la Restauration. Appareils ménagers. — L'arr. a 10 cant., 97 comm., 168 142 h.

rochet [rɔʃɛ] n. m. (empr. au francique). Surplis à manches étroites, que portent les évêques et certains dignitaires ecclésiastiques.

rochet n. m. (francique *hrok*). Grosse bobine pour la soie. ● *Roue à rochet*, roue à dents taillées en biseau de façon à ne pouvoir soulever que dans un sens un cliquet qui l'immobilise dans l'autre sens.

Rochette (LA) [73110], ch.-l. de c. de la Savoie (arr. de Chambéry) ; 3 021 h. Cartonnerie.

Rocheuses (*montagnes*), système montagneux de l'ouest de l'Amérique du Nord, s'étendant de l'Alaska au Mexique et formé de plusieurs chaînes (Rocheuses proprement dites, à l'est, au-dessus des Grandes Plaines ; chaîne de l'Alaska, chaîne côtière canadienne, chaîne des Cascades, Sierra Nevada et chaîne côtière américaine, à l'ouest, dominant le Pacifique). Ces montagnes enserrent de hauts plateaux (Columbia, Grand Bassin, Colorado) ; 6 187 m au mont McKinley.

rocheux, euse adj. Couvert, formé de roches, de rochers : *côte rocheuse*.

rochier n. m. Nom usuel de plusieurs poissons qui vivent près des côtes rocheuses.

rock [rɔk] n. m. (arabe *rokh*). Oiseau énorme, souvent cité dans les contes orientaux.

Phot. Lauros - Atlas-Photo (2), Six, Michel Huet - Hoa-Qui, Cash-British Travel and Holidays Association, Ray-Delvert.

rock and roll [rɔkɛndrɔl] n. m. (angl. *rock,* balancer, et *roll,* rouler). Danse et style de danse voisins du swing. (On dit aussi ROCK.)

Rockefeller (John Davison), industriel américain, né à Richford (New York) [1839-1937]. Il fut l'un des premiers à pressentir l'avenir du pétrole. Après avoir éliminé la plupart de ses concurrents, il fonda la Standard Oil (1882) et réussit à dominer toute l'industrie pétrolière américaine par le contrôle des transports pétroliers. Il acquit ainsi l'une des plus grosses fortunes du monde, dont il distribua une partie à différentes institutions.

Rockford, v. des Etats-Unis (Illinois) ; 126 700 h.

rocking-chair [rɔkiŋtʃɛr] n. m. (mot angl.). Fauteuil à bascule que l'on peut faire osciller par un simple mouvement du corps. ‖ Pl. des *rocking-chairs.*

rococo [rɔkɔko] n. m. (dérivé de *rocaille*). Genre d'ornementation en vogue en Europe au XVIIIe s., et caractérisant plus particulièrement une variété du baroque germanique d'une grande exubérance. ‖ Genre ou objet vieux et passé de mode. ‖ — Adj. inv. Démodé.

rocou [roku] n. m. (empr. à une langue indigène du Brésil). Matière tinctoriale rouge, extraite des graines de rocouyer.

rocouer [rɔkwe] v. t. Teindre avec du rocou.

rocouyer [rɔkuje] n. m. Arbuste de l'Amérique du Sud, dont la graine est entourée d'un arille qui fournit un colorant rouge, appelé *rocou,* servant à teinter les fromages de Hollande. (Famille des bixacées.)

Rocquencourt (78150 Le Chesnay), comm. des Yvelines (arr. de Versailles) ; 886 h. Siège du quartier général de l'O. T. A. N. (S. H. A. P. E.) de 1951 à 1967.

Rocroi (08230), ch.-l. de c. des Ardennes (arr. de Charleville-Mézières) ; 2 997 h. (2 538 aggl.) [*Rocroyens*]. Fortifications terminées par Vauban. En 1643, Condé y écrasa l'infanterie espagnole.

Rod (Edouard), écrivain suisse d'expression française, né à Nyon (1857-1910). Admirateur de Zola, il évolua dans ses romans de l'observation naturaliste à l'analyse psychologique (*Palmyre Veulard,* 1881 ; *le Sens de la vie,* 1889 ; *L'ombre s'étend sur la montagne,* 1907).

rodage n. m. Action de roder. ‖ *Mécan.* Opération ayant pour but d'obtenir une surface unie et polie, et, dans le cas de surfaces frottantes, une portée aussi parfaite que possible des pièces en contact. ‖ Fonctionnement contrôlé d'un moteur neuf. ‖ Période pendant laquelle les pièces mobiles d'un moteur neuf s'ajustent les unes aux autres. ‖ *Fig.* Début d'une entreprise quelconque, d'une réforme, période de mise en œuvre : *le rodage de la participation dans les entreprises est lent.*

rôdailler v. i. Flâner, errer çà et là.

Rodange, v. du Luxembourg, à la frontière française ; 4 000 h. Mines de fer. Sidérurgie et métallurgie.

Rodenbach (Georges), écrivain belge d'expression française, né à Tournai (1855-1898). Ami d'Emile Verhaeren et avocat comme lui, il collabora à *la Jeune Belgique,* puis, attiré par le mouvement symboliste, vint vivre à Paris. Poète précieux et maladif des demi-teintes, il introduisit, par ses recueils de vers (*le Règne du silence,* 1891) et ses romans (*Bruges-la-Morte,* 1892), la poésie de la Flandre dans la littérature contemporaine.

rodéo [rɔdeo] n. m. (mot esp.). Fête donnée à l'occasion du marquage des bêtes, dans certaines régions d'Amérique. ‖ Jeu américain qui consiste, pour le cavalier, à maîtriser un cheval ou un bœuf sauvages.

roder [rɔde] v. i. (lat. *rodere,* ronger). Faire disparaître, par usure intentionnelle, les aspérités laissées par les procédés habituels d'usinage. ‖ Exécuter le rodage d'un moteur. ‖ Mettre au point le fonctionnement d'un organisme, d'un système d'organisation.

rôder [rode] v. i. (lat. *rotare,* tourner). Errer çà et là. ‖ Tourner autour en épiant, le plus souvent avec de mauvaises intentions.

Rodéric. V. RODRIGUE.

rôdeur, euse n. Personne qui rôde, qui aime à rôder : *un rôdeur de nuit.*

Rodez [-dɛz] (12000), ch.-l. de l'Aveyron, sur l'Aveyron, à 610 km au sud de Paris ; 26 398 h. (*Ruthénois*). Anc. cap. du Rouergue. Evêché. Cathédrale gothique (XIIIe-XVIe s.). Maisons anciennes, hôtels particuliers (XVe et XVIe s.). Musées. Ganterie. — L'arr. a 21 cant., 140 comm., 128 869 h.

Rodin (Auguste), sculpteur français, né à Paris (1840-1917). Il fut un des plus grands sculpteurs de tous les temps et exerça une forte influence. Son génie novateur lui valut une carrière difficile. Elève de Lecoq de Boisbaudran pour le dessin, recevant les leçons de Carpeaux et de Barye, il fut refusé au concours d'entrée de l'Ecole des beaux-arts. Il travailla de bonne heure comme ornemaniste et mouleur, accompagnant Carrier-Belleuse à Bruxelles, où il demeura plusieurs années. En Italie, il admira Donatello et Michel-Ange. Son *Age d'airain* (1877) déclencha le premier des scandales que ses œuvres provoquèrent. Il travailla durant de longues années à une entreprise finalement inachevée, *la Porte de l'Enfer,* mais nombre de figures qu'elle comporte furent agrandies (*Eve, le Penseur, le Baiser, les Ombres*). Il travailla, de 1884 à 1889, au monument des *Bourgeois de Calais,* puis modela le monument de Victor Hugo, celui de Balzac, qui souleva de violentes polémiques, et de nombreux bustes. Il connut la gloire à la fin de sa vie. Son œuvre est immense. Lyrique, angoissé et sensuel, son art, soutenu par une science profonde de l'anatomie, une rigoureuse observation de la vie, cherche l'expression frémissante autant que la beauté formelle. Ses principales œuvres sont conservées au musée Rodin (Paris) et dans une villa de Meudon, sa dernière résidence.

Rodó (José Enrique), essayiste et philosophe uruguayen, né à Montevideo (1872-1917). Dans ses essais, il évolua du positivisme au bergsonisme.

Rodogune, fille de Mithridate, roi des Parthes (IIe s. av. J.-C.), et seconde épouse de Démétrios II Nikatôr, roi de Syrie.

Rodogune, tragédie de Corneille (1644-1645). Le caractère de la reine Cléopâtre, jalouse de son pouvoir jusqu'à sacrifier la vie de ses fils, est un des plus violents qu'ait créés le poète.

rodoir n. m. Outil pour roder.

Rodolphe (*lac*), lac de l'Afrique orientale, dans le nord du Kenya ; 8 600 km^2.

Rodolphe, nom porté par trois rois de Bourgogne (Xe-XIe s.).

Rodolphe Ier de Habsbourg, né à Limburg an der Lahn (1218-1291), roi des Romains (1273-1291). Son élection mit fin au Grand Interrègne. Fondateur de la maison d'Autriche, il étendit son domaine au détriment d'Otakar II de Bohême, qu'il vainquit et tua à Dürnkrut en 1278. — RODOLPHE II, né à Vienne (1552-1612), empereur germanique (1576-1612), roi de Hongrie (1572-1608) et de Bohême (1575-1611), fils de Maximilien II. Il installa sa capitale à Prague et favorisa la réforme catholique. Il s'intéressa aux sciences et aux arts et protégea Tycho Brahé et Kepler.

Rodolphe de Habsbourg, archiduc d'Autriche, né à Laxenburg (1858-1889), fils unique de l'empereur François-Joseph Ier. Il se suicida avec Marie Vetsera dans le pavillon de chasse de Mayerling.

rodomont [rɔdɔmɔ̃] n. m. (du nom d'un personnage brave, mais arrogant, du *Roland furieux* de l'Arioste). Fanfaron, faux brave, vantard : *faire le rodomont.*

rodomontade n. f. Fanfaronnade, forfanterie : *vouloir en imposer par des rodomontades.*

Rodrigue ou **Rodéric,** dernier roi des Wisigoths d'Espagne, tué par les Arabes en 711.

Rodrigue, en esp. **Rodrigo Díaz de Bivar.** V. CID CAMPEADOR.

Rœderer (Pierre Louis, *comte*), homme d'Etat français, né à Metz (1754-1835). Il rédigea l'Acte de médiation de la Confédération suisse (1803) et fut ministre sous le premier Empire. (Acad. fr.)

Roentgen, famille d'ébénistes allemands, dont l'un des membres, DAVID, né à Herrenhag, près de Francfort (1743-1807), vint travailler en France pour Marie-Antoinette. On lui doit surtout des meubles à secret, à surprises, ornés de marqueterie.

Rogatien (*saint*). V. DONATIEN.

rogations [rɔgasjɔ̃] n. f. pl. (lat. *rogatio,* demande). *Relig. cath.* Prières publiques et processions faites pendant les trois jours précédant l'Ascension et en la fête de saint Marc (25 avril), pour attirer sur les champs la bénédiction du ciel.

rogatoire [rɔgatwar] adj. (du lat. *rogatus,* interrogé). Qui concerne une demande. • *Commission rogatoire,* commission qu'un tribunal adresse à un autre pour l'inviter à faire, dans l'étendue de son ressort, un acte de procédure ou d'instruction qu'il ne peut faire lui-même ; en matière criminelle, mandat qu'un juge donne à un officier de police judiciaire pour procéder en ses lieu et place à des actes d'instruction.

rogatoirement adv. Par voie rogatoire.

rogaton [rɔgatɔ̃] n. m. (lat. *rogatum,* chose demandée). *Fam.* Reste de mets : *vivre de rogatons.*

Roger Ier, né en Normandie (1031-1101), comte de Sicile (1062-1101), fils de Tancrède de Hauteville. Avec son frère Robert Guiscard, il conquit l'Italie et la Sicile. — ROGER II (v. 1095-1154), fils du précédent, fut le premier roi de Sicile (1130-1154).

Roger Bontemps. V. COLLERYE.

Roger-Ducasse (Jean), compositeur français, né à Bordeaux (1873-1954), auteur de *Cantegril,* comédie lyrique, *Orphée,* mimodrame, et disciple de Fauré. Professeur de composition au Conservatoire national, il a laissé de nombreuses partitions de musique de chambre.

Rogers (Carl), psychologue américain, né à Chicago en 1902. On lui doit une méthode psychothérapique fondée sur la non-directivité.

montagnes **Rocheuses**
parc national de Banff

Rodenbach

Rodin
« l'Enfant prodigue »
musée Rodin, Paris

Phot. Canadian Pacific Railway, Nadar-Coll. Sirot, Lauros-Giraudon.

Rogliano (20247), ch.-l. de c. de la Corse (arr. de Bastia), à l'extrémité du cap Corse ; 560 h.

Rognac (13340), comm. des Bouches-du-Rhône (arr. d'Aix-en-Provence), près de l'étang de Berre ; 4 262 h.

rognage n. m. Action de rogner ; son résultat.

rogne [rɔɲ] n. f. (lat. *aranea*, araignée). *Fam.* Colère, mauvaise humeur : *être en rogne*.

rogner [rɔɲe] v. t. (lat. pop. *rotundiare*, couper en rond). Retrancher quelque chose sur les bords : *rogner un livre*. ‖ *Fig.* Retrancher une partie de : *rogner les appointements de quelqu'un*. ● *Rogner les ailes à quelqu'un*, l'empêcher d'agir. ‖ *Rogner les ongles à quelqu'un*, diminuer son profit, son pouvoir. ‖ — V. i. *Pop.* Pester, être furieux.

rogneur, euse n. Ouvrier, ouvrière qui rogne le papier.

rognon [rɔɲɔ̃] n. m. (du lat. *ren*, rein). Rein de certains animaux, considéré surtout comme comestible : *brochette de rognons*. ‖ Masse minérale arrondie : *rognon de silex*. ● *Table rognon*, table comprenant un dessus en forme de rognon.

rognure n. f. Résidu, déchet du rognage : *rognures de papier*.

rogomme [rɔgɔm] n. m. *Fam.* Liqueur forte, et surtout l'eau-de-vie. ● *Voix de rogomme*, voix enrouée par l'abus des liqueurs.

rogue [rɔg] adj. (anc. scandin. *hrôkz*, arrogant). Arrogant ; d'une raideur hautaine : *ton rogue*.

rogue n. f. (danois et norvégien *rogn*). Œufs de poissons salés, employés comme appât dans la pêche à la sardine.

rogué, e adj. *Pêch.* Qui a des œufs : *hareng rogué*.

Rohan (56580), ch.-l. de c. du Morbihan (arr. de Pontivy), au pied du *plateau de Rohan* ; 562 h. (*Rohannais*).

Rohan (Henri, *duc* DE), général français, né à Blain (1579-1638), chef des calvinistes sous Louis XIII. Il conquit en 1633 la Valteline.

Rohan (Louis, *chevalier* DE) [1635-1674], grand veneur de France. Il conspira contre Louis XIV et fut décapité.

Rohan (Edouard, *prince* DE), cardinal français et grand aumônier de France, né à Paris (1734-1803). Evêque de Strasbourg (1779), il fut compromis dans l'Affaire du collier. (Acad. fr.)

Rohan (*hôtel de*), somptueuse demeure parisienne bâtie par Delamair, en 1705-1708, pour le cardinal de Rohan et qui, réunie à l'hôtel de Soubise, est affectée aux Archives nationales.

rohart [rɔar] n. m. (anc. norrois *hroshval*). Ivoire de morse et d'hippopotame.

Rohner (Georges), peintre français, né à Paris en 1913. Il se réclame de la tradition des réalistes du XVIIe s.

Rohrbach-lès-Bitche [-bak-] (57410), ch.-l. de c. de la Moselle (arr. de Sarreguemines) ; 1 636 h.

roi [rwa] n. m. (lat. *rex, regis*). Chef d'Etat investi de la souveraineté : *les rois de France*. ‖ Principale pièce au jeu d'échecs. ‖ Figure de jeu de cartes représentant un roi. ● *Le Grand Roi*, titre du roi de Perse, d'Alexandre le Grand, des souverains séleucides et de l'empereur byzantin. ‖ *Le jour des Rois*, l'Epiphanie. ‖ *Morceau de roi*, mets exquis. ‖ *Le roi des animaux*, le lion. ‖ *Le Roi Catholique*, le roi d'Espagne. ‖ *Les Rois Catholiques*, Isabelle Ire, reine de Castille, et Ferdinand II roi d'Aragon. ‖ *Le roi de la création*, l'homme. ‖ *Le roi des oiseaux*, l'aigle. ‖ *Roi de Prusse*, personnage symbolique pour lequel on est censé faire une chose sans profit : *travailler pour le roi de Prusse*. (L'expression tire son origine d'une anecdote sur Frédéric II, roi de Prusse.) ‖ *Le Roi des rois*, titre du souverain d'Ethiopie. ‖ *Le roi des Romains*, titre que portait dans l'Empire germanique le successeur désigné de l'empereur régnant. ‖ *Le Roi Très Chrétien*, le roi de France.

Roi de Rome (le), le fils de Napoléon Ier. V. NAPOLÉON II.

Roi d'Ys (*le*), opéra en 3 actes, paroles d'Edouard Blau, musique de Lalo (1888).

Roi Lear (*le*), drame en 5 actes, de Shakespeare (v. 1606). Le vieux roi a déshérité la plus jeune de ses filles, Cordelia, au profit des deux aînées, Goneril et Régane. Celles-ci chassent leur père de son palais ; la pauvre Cordélia le recueille, mais le vieux roi, devenu fou de douleur, erre dans la tempête, accompagné de sa fille, jusqu'au moment où Cordelia meurt étranglée. Lear expire sur son cadavre.

roi s'amuse (*Le*), drame de V. Hugo (1832). L'action se passe sous François Ier et a pour héros Triboulet, le bouffon du roi. (V. RIGOLETTO.)

Rois (*Livres des*) ou *Livres des Règnes*, 4 livres canoniques pour la Vulgate de l'Ancien Testament, contenant l'histoire du peuple juif depuis Samuel jusqu'à la destruction du temple de Jérusalem. Actuellement, on distingue Samuel I et II, pour les deux premiers livres, et Rois I et II pour les deux derniers.

Rois (*vallée des*), vallon d'Egypte, sur le versant ouest de la vallée du Nil, en face de Louxor. Site choisi comme lieu de sépulture par les souverains du Nouvel Empire.

roide [rwad] adj., **roideur** n. f., **roidir** v. t. Autre graphie de RAIDE, RAIDEUR, RAIDIR.

Roi-Guillaume (*terre du*), île de l'archipel arctique canadien.

Roisel (80240), ch.-l. de c. de la Somme (arr. de Péronne) ; 1 908 h.

hôtel de **Rohan**, à Paris

Roissy-en-France (95500 Gonesse), comm. du Val-d'Oise (arr. de Montmorency), au nord-est de Paris ; 1 359 h. Aéroport Charles-de-Gaulle, ouvert en 1974.

roitelet [rwatlɛ] n. m. Roi d'un très petit Etat. ‖ Petit oiseau passereau insectivore, reconnaissable à la huppe orange ou jaune qu'il porte sur la tête. (Long. 10 cm.)

Rojas (Fernando DE), écrivain espagnol, né à Puebla de Montalbán (v. 1465-v. 1541). Il fut gouverneur de Salamanque. Il est l'auteur présumé de *la Célestine**.

Rojas y Zorrilla (Francisco DE), poète dramatique espagnol, né à Tolède (1607-1648). Ses drames (*Hormis le roi, personne, ou Garcia del Castañar*) et ses comédies, publiées en deux volumes (1640-1645), comptent parmi les œuvres les plus imitées par le théâtre français du XVIIe s.

Rokossovski (Konstantine), maréchal soviétique, né à Varsovie (1896-1968). Il se distingua à la défense de Moscou (1941), remporta les victoires d'Orel et de Briansk (1943), et conduisit l'offensive en direction de Varsovie (1944). Après la guerre, il fut ministre de la Défense en Pologne (1949-1956), puis vice-ministre de la Défense en U. R. S. S. (1958-1962).

Roland, le plus célèbre des héros du cycle légendaire de Charlemagne. Selon le chroniqueur Eginhard, il fut tué en 778 dans un combat contre les montagnards basques, alors qu'il commandait l'arrière-garde de l'armée. La légende en fit le modèle des paladins (*la Chanson* de Roland*).

Roland amoureux, poème de Boiardo en 3 livres et 69 chants. Les deux premiers livres furent publiés en 1487 ; l'édition des 69 chants est de 1495. L'œuvre, inachevée, s'inspire de l'épopée carolingienne et des romans bretons, mais joint à la peinture des combats contre les infidèles les épisodes merveilleux (enchantements, anneaux magiques, châteaux ensorcelés) et le récit de la passion de Roland pour Angélique.

Roland furieux, poème de l'Arioste, publié en 40 chants en 1516, puis sous sa forme définitive (46 chants) en 1532. L'Arioste reprend le *Roland amoureux* au point où Boiardo l'avait interrompu. Il conte notamment la folie de Roland, dédaigné par Angélique, le voyage dans la lune d'Astolphe, monté sur l'hippogriffe et qui rapporte la fiole qui doit guérir Roland, les amours de Roger et de Bradamante, d'où sortira la famille d'Este. Chaque chant débute par une digression historique ou politique sur la société du temps.

Roland de La Platière (Jean-Marie), homme politique français, né à Thizy (Beaujolais) [1734-1793]. Ministre de l'Intérieur en 1792 et ami des Girondins, il fut mis hors la loi avec ceux-ci et s'enfuit en Normandie. Il se donna la mort en apprenant l'exécution de sa femme.

Roland de La Platière (Manon PHLIPON, plus tard Mme), femme du précédent, née à Paris (1754-1793). Elle tint à Paris un salon dont l'influence politique fut considérable et où fréquentaient surtout les Girondins. Elle périt sur l'échafaud.

rôle [rol] n. m. (du lat. *rota*, rouleau). Liste, catalogue : *le rôle de l'équipage*. ‖ Liste des causes inscrites dans l'ordre où elles doivent se plaider. ‖ Recto et verso d'un feuillet sur lequel sont transcrits certains actes juridiques (actes notariés, expéditions de jugement, cahiers des charges, etc.). ‖ Cahiers portant la liste des contribuables, avec indication de leur cotisation individuelle : *consulter le rôle des contribuables*. ● *Matrice du rôle des contributions*, registre original d'après lequel sont établis les rôles des contributions.

rôle n. m. (même étymol. qu'à l'art. précéd.). Ensemble diffus ou explicite des droits et des obligations d'un individu dans un groupe social, en rapport avec son statut juridique ou sa fonction dans ce groupe : *le rôle de chacun dans une entreprise*. ‖ Ce que doit dire ou faire un acteur dans une pièce de théâtre, dans un film, un danseur dans un ballet : *apprendre un rôle*. ‖ Personnage représenté par l'acteur : *comprendre son rôle*. ‖ Emploi, fonction : *le rôle du verbe dans la phrase ; quel est son rôle dans cette affaire ?* ● *A tour de rôle*, chacun à son tour. ‖ *Créer un rôle*, le jouer pour la première fois. ‖ *Jouer un rôle*, tenir tel ou tel rang, tel ou tel emploi.

Rolland (Romain), écrivain français, né à Clamecy (1866-1944). Issu d'une vieille famille de bourgeoisie bourguignonne, il entre à l'Ecole normale supérieure (1886), est reçu à l'agrégation d'histoire, puis passe deux ans à l'Ecole française de Rome. Sous la double influence de Malwida von Meysenbug, qui a été l'amie de Wagner et de Nietzsche, et des chefs-d'œuvre de l'art italien, il élabore son univers mental, où se répondent le culte des héros et la passion de la musique. Son angoisse de la solitude et sa sympathie sans illusion pour tous les hommes animent ses drames historiques et philosophiques (*Aërt*, 1897 ; *les Loups*, 1897 ; *Danton*, 1901), et ses ouvrages biographiques (*Beethoven*, 1903 ; *Michel-Ange*, 1907 ; *Hændel*, 1910 ; *Tolstoï*, 1911), dont les thèmes se retrouvent amplifiés dans le vaste roman de *Jean-Christophe* (1904-1912). Son appel à la lucidité et à la justice au cours de la Première Guerre mondiale (*Au-dessus de la mêlée*, 1915) lui attire des haines violentes, mais il ne cesse de rechercher la paix dans la sagesse populaire (*Colas Breugnon*, 1920) ou dans les philosophies de l'Inde (*la Vie de Vivekananda et l'Evangile universel*, 1930). Il fonde la revue *Europe* (1922), manifeste son intérêt pour la politique sociale et culturelle de la Russie soviétique, et approfondit sa méditation mystique et humanitaire dans le cycle de *l'Ame enchantée* (1922-1934), dans de nouveaux drames (*le Jeu de l'amour et de la mort*, 1925 ; *Robespierre*, 1939) et dans un essai sur *Beethoven : les grandes époques créatrices* (1929-1944). Alors que son idéal de beauté et de liberté lui assure à l'étranger un vaste rayonnement, il consacre ses dernières années à son autobiographie intellectuelle et morale (*le Voyage intérieur*, 1943). [Prix Nobel, 1915.]

Rolle (Michel), mathématicien français, né à Ambert (1652-1719). On lui doit un théorème (1691) auquel son nom est resté attaché et aux termes duquel « une fonction ne peut s'annuler plus d'une fois dans l'intervalle séparant deux racines réelles consécutives de sa dérivée ».

rollier [rɔlje] n. m. Oiseau passereau de la taille d'un geai, à plumage bleuté, passant en été dans le sud de la France. (Long. 30 cm.)

Rollin (Charles), pédagogue et écrivain français, né à Paris (1661-1741). Professeur au collège du Plessis, puis au Collège de France (1688), il devint recteur de l'université de Paris (1694). Il fut un janséniste ardent. Il a publié une *Histoire ancienne* et une *Histoire romaine*, et son *Traité des études* (1726-1728) demeure un important document sur la pédagogie.

Rollinat (Maurice), poète français, né à Châteauroux (1846-1903). Il passa d'une inspiration rustique (*Dans les branches*, 1877) aux vers macabres des *Névroses* (1883).

rollmops [rɔlmɔps] n. m. (mot allem.). Hareng fendu, roulé sur une brochette de bois et mariné au vin blanc.

Rollon, chef normand (m. en 927). Il se fit céder par Charles III le Simple une partie de la Neustrie, qui prit le nom de *Normandie* (traité de Saint-Clair-sur-Epte, 911).

roll on-roll off [rɔlɔnrɔlɔf] n. m. (mots angl. signif. littér. « qui roule dedans, qui roule dehors »). Type de transport maritime sans rupture de charge, dans lequel des camions entrent directement dans le navire.

Rolphton, localité du Canada (Ontario). Centrale nucléaire.

Romagne, anc. prov. d'Italie, sur l'Adriatique, et qui fit partie de l'Etat pontifical. Elle forme auj., avec l'Emilie, la région d'*Emilie*-Romagne*.

Romagnosi (Gian Domenico), philosophe et jurisconsulte italien, né à Salsomaggiore (1761-1835), spécialiste du droit pénal et criminel.

romain [rɔmɛ̃], **e** [-ɛn] adj. et n. (lat. *romanus*). Qui appartient à l'ancienne Rome : *art romain* ; à la Rome actuelle : *les commerçants romains*. ‖ Se dit d'un caractère d'imprimerie dont les traits sont perpendiculaires à la direction de la ligne et dont on se sert généralement pour toute la partie courante d'un livre. (Contr. ITALIQUE.) ● *Chiffres romains*, lettres numéraires I, V, X, L, C, D, M, qui valent respectivement 1, 5, 10, 50, 100, 500, 1 000, et qui, diversement combinées, servaient aux Romains à former tous les nombres. (Les Romains n'avaient pas de chiffre *zéro*.) ‖ *Eglise romaine*, l'Eglise catholique.

Romain, né à Gallese (début du IXe s.-897), pape en 897. Il ne régna que trois mois.

Romain Ier Lécapène (m. en 944), empereur d'Orient (920-944). Il profita de la minorité de Constantin VII

Romain Rolland

Phot. Lauros-Giraudon, Freund.

pour s'imposer ; il fut lui-même renversé par ses fils. — ROMAIN II (939-963), empereur d'Orient (959-963), fils de Constantin VII. Frivole, il laissa gouverner sa femme Théophano. — ROMAIN III *Argyre* (v. 970-1034), empereur d'Orient (1028-1034). Il épousa Zoé, fille de Constantin VIII ; celle-ci le fit périr. — ROMAIN IV *Diogène* (m. en 1071), empereur d'Orient (1068-1071). Les Turcs lui enlevèrent la réalité du pouvoir.

Romain (Giulio PIPPI, dit **Jules**), en ital. **Giulio Romano,** peintre et architecte italien, né à Rome (1492 ou 1499-1546). Il fut l'élève et le collaborateur de Raphaël, terminant les œuvres laissées inachevées par le maître. Sa plus grande entreprise fut la construction et la décoration du palais du Te à Mantoue, qu'il a orné de peintures mythologiques dont le pathos et la virtuosité influencèrent l'école maniériste.

romaine n. f. (arabe *rommāna,* balance). Balance à levier, formée d'un fléau à bras inégaux. (Sur le bras le plus long, qui est gradué, on fait glisser un poids pour équilibrer l'objet suspendu à l'autre bras.) [V. illustr. BALANCE.] ‖ — Adj. f. : *balance romaine.*

romaine n. f. Variété de laitue.

Romains (Jules), écrivain français, né à Saint-Julien-Chapteuil (Haute-Loire) [1885-1972]. Il participe à l'organisation du groupe de l'Abbaye* et, dès 1903, conçoit l'idée de l'unanimisme*, que traduisent ses recueils poétiques (*l'Ame des hommes,* 1904 ; *la Vie unanime,* 1908) et ses romans (*le Bourg régénéré,* 1906), non sans un humour parodique (*les Copains,* 1913 ; *Donogoo-Tonka,* 1920) qui anime son théâtre (*Knock ou le Triomphe de la médecine,* 1923). Il entreprend ensuite de peindre la complexité de la vie sociale moderne dans la suite romanesque des *Hommes de bonne volonté* (1932-1947) et réfléchit dans ses essais sur les problèmes posés à la conscience humaine par l'évolution de la civilisation contemporaine (*Pour raison garder,* 1960-1967). [Acad. fr.]

Romainville (93230), ch.-l. de c. de la Seine-Saint-Denis (arr. de Bobigny) ; 24 139 h. Constructions mécaniques. Produits pharmaceutiques.

roman [rɔmɑ̃], **e** [-an] adj. Se dit des langues dérivées du latin (français, italien, espagnol, portugais, roumain, etc.). ‖ Se dit de l'art qui s'est épanoui en Europe aux XIe et XIIe s.

roman n. m. Langue dérivée du latin, qui a précédé historiquement le français. ‖ Art ou style roman.

voir texte et illustrations pages suivantes

roman n. m. (de *roman,* langue dans laquelle étaient écrits les récits). Ancienn., œuvre narrative, en prose ou en vers, écrite en langue romane : *le « Roman de la Rose » ; le « Roman de Renart ».* ‖ Auj., œuvre d'imagination, constituée par un récit en prose d'une certaine longueur, dont l'intérêt est dans la narration d'aventures, l'étude de mœurs ou de caractères, l'analyse de sentiments ou de passions. ‖ *Fig.* Aventure dénuée de vraisemblance : *cela a tout l'air d'un roman.*
— ENCYCL. La fiction romanesque est en partie un legs de l'Antiquité. Le XVIIe s. faisait remonter l'art du *roman* à Aristide de Milet et à Antonios Diogène. On peut considérer le *Daphnis et Chloé* de Longus comme le prototype du roman d'amour, *l'Histoire vraie* de Lucien comme le modèle du roman philosophique, *l'Ane d'or* d'Apulée comme le premier roman « picaresque ». Cependant, dans la littérature de l'Europe médiévale, le roman se définit d'abord comme un phénomène de langue. Est roman ce qui n'est pas écrit en latin. Mais le *roman de chevalerie* apparaît surtout comme un succédané du poème épique, qu'il met à la portée d'un public plus vaste, et c'est dans les fabliaux qu'il faut chercher la peinture de caractères, de mœurs et de conditions sociales, qui formera un des traits fondamentaux de la littérature romanesque. Parodie nostalgique du roman de chevalerie, le *Don Quichotte* de Cervantès ouvre l'ère du roman moderne : ce héros négatif d'une épopée inverse consacre la disparition d'une éthique et la naissance d'une esthétique nouvelle. Depuis lors, le système romanesque repose sur la reconnaissance d'une distance entre l'homme et le monde ; écrire un roman, c'est célébrer cette distance. Huet, l'évêque d'Avranches, dans sa lettre à Segrais, voit naître le roman psychologique de la distance entre « les objets présents » et l'âme trop vaste du héros qui « cherche dans le passé et dans l'avenir, dans la vérité et dans le mensonge, dans les espaces imaginaires et dans l'impossible même » la réalisation d'espérances perpétuellement déçues. Lukács ne parlera pas autrement du héros de *l'Education sentimentale,* Frédéric Moreau, « dont l'âme est trop large pour s'adapter au monde », ce qui explique l'échec de sa tentative d'ordonner « les morceaux du réel simplement juxtaposés dans leur dureté ». Lorsque les écrivains classiques parlent de la fausseté des romans, ce n'est pas qu'ils leur reprochent de conter des histoires fabuleuses : ils avouent que la raison d'être du genre est dans la traduction de l'écart entre l'imagination et la réalité. Le roman trahit l'absence de l'harmonie rêvée. Il se déroule comme si l'on voulait réduire l'intervalle entre un monde vécu et un monde conçu. Mais il ne peut que « mentir agréablement », car si le héros et le monde semblent tendre perpétuellement vers l'abolition de la distance qui les sépare, l'aboutissement de ce mouvement jamais achevé serait la négation même du roman et la redécouverte de l'univers épique. De Mme de La Fayette à Beckett, l'écriture romanesque, vivant sur cette donnée fondamentale, ne s'est posé et n'a résolu que des problèmes techniques, se révélant une forme d'une extraordinaire souplesse : transposant le dépouillement de la tragédie racinienne dans *l'Adolphe* de Benjamin Constant aussi bien que dans *la Princesse de Clèves,* traduisant la curiosité réaliste et exotique de tout un siècle avec Defoe, Swift, Fielding, Voltaire, Prévost et Bernardin de Saint-Pierre, faisant le bilan d'une expérience humaine et poétique avec Goethe, Hölderlin et Novalis, passant de la confession personnelle (*René* de Chateaubriand) à l'analyse scientifique des écrivains naturalistes, moyen d'observation visionnaire pour Balzac ou « miroir », inquiet et lucide, « promené » par Stendhal « le long du chemin ». Cette double complicité, entre le héros et le monde, entre le romancier et sa création, n'est qu'une forme de l'humour. Or, le mysticisme de Melville (*Moby Dick*) et le sens du sacré que retrouve le roman russe avec Tolstoï et surtout Dostoïevski remettent en cause l'équilibre du roman, qui aspire à la totalité avec Proust et Joyce. Mais, après deux guerres mondiales, la faillite des valeurs traditionnelles et l'usure de leur expression littéraire conduisent les écrivains à douter de l'écriture même, à souhaiter l'apparition d'un *antiroman* qui, comme l'écrit Sartre préfaçant *le Portrait d'un inconnu* de Nathalie Sarraute, « soit aux grandes œuvres composées de Dostoïevski et de Meredith ce qu'était aux tableaux de Rembrandt et de Rubens cette toile de Miró intitulée *Assassinat de la peinture* ». Cette attitude aboutit au refus du héros traditionnel, de l'anecdote, de la psychologie et de son évolution saisie à travers une série linéaire d'événements. Le *nouveau roman* ne croit plus à la profondeur du monde. Devant un univers lisse, impénétrable, l'homme est réduit à un regard. Les choses ne renvoient qu'à elles-mêmes. Le romancier enregistre les contours des objets, mesure leurs distances réciproques. Face à une réalité d'autant plus étrangère qu'elle est plus présente, la langue nouvelle ne peut être qu'intransitive. Seule « l'écriture romanesque, écrit Robbe-Grillet, constitue la réalité ».

Jules Romains

Phot. Freund.

Roman d'Alexandre le Grand. A la fin du XIIe s. et au début du XIIIe, plusieurs poètes, Lambert le Tort, Alexandre de Bernay, Pierre de Saint-Cloud, reprenant une version poitevine d'un récit de la vie d'Alexandre, choisirent le vers de douze syllabes, qui reçut ainsi le nom d'« alexandrin ». Cet ensemble de romans, qui fit pénétrer dans les imaginations françaises le goût du merveilleux oriental, remonte à un récit fabuleux d'un romancier grec du IIe s. apr. J.-C., le pseudo-Callisthène.

Roman bourgeois (*le*), de Furetière (1666). C'est une satire de la petite bourgeoisie et des gens de loi.

Roman comique (*le*), de Scarron (1651-1657). Ce récit des aventures d'une troupe de comédiens ambulants, laissé inachevé par Scarron, fut continué par Girault (1678) et Préchac (1679).

Roman de Renart, collection de vingt-sept poèmes français des XIIe et XIIIe s., dont les principaux personnages sont des animaux : le goupil (Renart), le loup (Isengrin), le lion (Noble), l'ours (Brun), le chat (Tibert), l'âne (Baudouin), etc. Puisés dans les fabulistes de l'Antiquité ou empruntés à la tradition populaire, ces poèmes ont deux sources principales : un poème latin du Xe s., qui raconte la rivalité du loup et du goupil (*Ecbasis captivi*), et une épopée satirique latine de Nivard de Gand (*Ysengrimus,* 1148). D'abord parodies des romans d'amour et de chevalerie, les diverses « branches » du Roman de Renart évoluent vers la satire sociale et politique, Renart devenant le symbole de la corruption qui a étendu son empire sur le monde.

Roman de la Rose, poème allégorique et didactique, composé de deux parties. La première, écrite vers 1236 par Guillaume de Lorris, comprend 4 058 vers et décrit, dans le cadre fictif d'un songe, la tentative d'un amant pour s'emparer de l'objet aimé, représenté par une rose dans le verger de Déduit. Ce poème est un art d'aimer selon les règles de la courtoisie. — La seconde partie, rédigée entre 1275 et 1280 par Jean de Meung, compte plus de 17 000 vers. C'est une encyclopédie des connaissances et une satire de la société du temps, dans laquelle la délicatesse précieuse fait place à l'ironie et à la verve gauloise.

romance [rɔmɑ̃s] n. f. (esp. *romance,* petit poème). Chanson sur un sujet tendre et sentimental. (Née sous Louis XVI, elle est souvent conçue dans la forme strophique avec ou sans refrain et peut être accompagnée par la guitare, la harpe ou le piano.)

romance n. m. (mot esp.). *Littér. esp.* Poème en vers de huit syllabes, dont les vers pairs sont assonancés, et les impairs, libres.

romancer v. t. (conj. 1). Donner la forme ou le caractère d'un roman.

romancero [rɔmɑ̃sero] n. m. Recueil rassemblant des poèmes, ou « romances » espagnols, soit relatifs à une même légende, soit écrits à une même époque. (Les romanceros se sont constitués à partir du XVe s.) ‖ Ensemble de tous les romances, considéré comme un genre propre à la littérature espagnole. ‖ Pl. des *romanceros.*

romanche [rɔmɑ̃ʃ] n. m. (lat. *romanicum*). Nom de la langue rhétoromane parlée dans les Grisons et devenue depuis 1938 la quatrième langue officielle de la Confédération suisse.

Romanche (la), riv. des Alpes françaises du Nord, affl. du Drac (r. dr.) ; 78 km. La vallée est jalonnée de centrales hydro-électriques, alimentant des usines d'électrométallurgie et d'électrochimie.

Romanches, population de la Suisse (Grisons), parlant le *romanche,* langue dérivée du latin.

romancier, ère n. Auteur de romans.

romand [rɔmɑ̃], **e** [-ɑ̃d] adj. Se dit de la partie de la Suisse où l'on parle le français : *la Suisse romande.*

Romanèche-Thorins (71720), comm. de Saône-et-Loire (arr. de Mâcon) ; 1 915 h. (334 aggl.). Vins réputés. Musée du compagnonnage.

romanée [rɔmane] n. m. Vin rouge classé parmi les grands vins de Bourgogne et récolté dans la comm. de *Vosne-Romanée* (Côte-d'Or).

romanesque adj. et n. Qui tient du roman ; fabuleux : *aventure romanesque.* ‖ *Fig.* Rêveur ; qui voit la vie comme un roman : *esprit romanesque.*

roman-feuilleton n. m. Roman destiné à paraître en feuilletons dans un journal. ‖ Pl. des *romans-feuilletons.*

roman-fleuve n. m. Roman très long, dans lequel le récit se déroule tantôt avec lenteur, tantôt avec rapidité comme le cours d'un fleuve. (L'expression a été employée par R. Rolland à propos de son roman *Jean-Christophe.*) ‖ Pl. des *romans-fleuves.*

romanichel [rɔmaniʃɛl], **elle** n. (du mot tzigane *romani*). Tzigane ou bohémien nomade. ‖ Vagabond.

romanisant, e adj. et n. Se dit de la tendance d'un culte étranger (ou de ceux qui ont cette tendance) à se rapprocher des rites de l'Eglise romaine. ‖ Spécialiste de la philologie romane.

romanisation n. f. Extension de la langue et de la civilisation romaines.

romaniser [rɔmanize] v. t. (du lat. *romanus,* romain). Donner les mœurs, les habitudes des Romains. ‖ — V. i. Embrasser la foi de l'Eglise romaine.

romaniste n. Spécialiste des langues romanes.

romanistes n. m. pl. Peintres flamands du XVIe s. qui s'inspiraient des maîtres de la Renaissance italienne.

Romanov, famille d'origine lituanienne, qui régna sur la Russie de 1613 à 1917.

roman-photo n. m. Intrigue romanesque ou policière racontée sous forme de photos accompagnées de texte. ‖ Pl. des *romans-photos.*

Romans-sur-Isère [-mɑ̃-] (26100), ch.-l. de c. de la Drôme (arr. de Valence), sur l'Isère ; 32 812 h. (*Romanais*). Eglise du XIIIe s. (portail roman). Musée dauphinois. Industrie de la chaussure. Tanneries.

romanticisme n. m. Italianisme dont use Stendhal pour définir, en 1823, une littérature moderne opposée aux traditions classiques.

romantique adj. Qui relève du romantisme : *littérature romantique.* ‖ Passionné, exalté. ‖ — Adj. et n. Se dit des écrivains qui, au commencement du XIXe s., s'affranchirent des règles de composition et de style établies par les auteurs classiques.

romantisme [rɔmɑ̃tism] n. m. Ensemble de mouvements intellectuels et artistiques qui, à partir de la fin du XVIIIe s., firent prévaloir comme principes esthétiques en littérature, en musique et dans les beaux-arts le sentiment sur la raison, l'imagination sur l'analyse critique.
— ENCYCL. Le *romantisme* est un mouvement européen qui se manifeste dans les lettres dès la fin du XVIIIe s. en Angleterre et en Allemagne, puis au XIXe s. en France, en Italie et en Espagne. Il se caractérise par une réaction du sentiment contre la raison ; cherchant l'évasion dans le rêve, dans l'exotisme ou le passé, il exalte le goût du mystère et du fantastique. Il réclame la libre expression de la sensibilité et, prônant le culte du « moi », affirme son opposition à l'idéal classique. Le romantisme se dessine dès les romans anglais de Richardson (milieu du XVIIIe s.) et les poèmes d'Ossian, et prend forme avec Goethe (*Werther,* 1774) et Hölderlin en Allemagne, Southey et Wordsworth (*Ballades lyriques,* 1798) en Grande-Bretagne. Plus tardif dans le reste de l'Europe, le romantisme triomphe en France avec Lamartine, Hugo, Vigny, Musset, qui prolongent un courant qui remonte à J.-J. Rousseau en passant par Mme de Staël et Chateaubriand. Entre la révolution de 1830 et celle de 1848, le romantisme s'impose comme « une nouvelle manière de sentir », notamment en Italie (Manzoni, Leopardi) et en Espagne (J. Zorrilla). Son influence dépasse les genres littéraires proprement dits ; c'est à lui qu'est dû le développement de l'histoire au XIXe s. (A. Thierry, Michelet) et de la critique (Sainte-Beuve). A partir du milieu du XIXe s., le romantisme survit à travers la poésie de V. Hugo et les œuvres des écrivains scandinaves, tandis que les littératures occidentales voient l'apparition du réalisme. — Parallèlement au romantisme littéraire, le romantisme artistique fut une réaction contre le néo-classicisme de l'école de

ART ROMAN

1

6

7

Après une période d'essai, de réapprentissage, durant le Xe s. et la première partie du XIe, dite du premier art roman (Lombardie, Catalogne, Bourgogne : narthex de Saint-Philibert **de Tournus [2]), le roman s'affirme en France dans la seconde moitié du XIe s. Il donne, à la charnière entre le XIe et le XIIe s., une étonnante profusion de grands monuments religieux :** Cluny, Saint-Hilaire **de Poitiers,** Sainte-Foy **de Conques,** Saint-Étienne **de Caen,** Saint-Sernin **de Toulouse, puis, au XIIe s.,** Vézelay, Saint-Lazare **d'Autun,** Saint-Front **de Périgueux. Cet art, qui naît et s'épanouit en France, se répand en Europe, où l'illustrent** Saint-Jacques de Compostelle **en Espagne, la** cathédrale de Worms, Sainte-Marie **de Cologne en Allemagne,** San Zeno **de Vérone en Italie, la** cathédrale de Durham **en Angleterre. Bien qu'il demeure des témoignages de l'architecture civile** (donjon de Langeais, Château-Gaillard, maisons de Provins **[13]**, de Cluny)**, nous le connaissons presque uniquement par les monuments religieux qu'il a suscités.**

La réinvention de la taille et de l'appareillage de la pierre constitua un progrès capital pour le nouvel essor de l'architecture, elle permit de construire arcades et voûtes. La voûte en pierre, en berceau plein cintre généralement, plus rarement brisé (Bourgogne), se substitue à la couverture en bois, conservée dans les grands édifices normands. Sa poussée est contrebutée par les bas-côtés, qui ont parfois la même hauteur que la nef, l'éclairage est alors indirect; lorsqu'ils ne comprennent qu'un rez-de-chaussée et une tribune, des fenêtres sont percées à la naissance de la voûte. Le plan comprend une nef rectangulaire flanquée de bas-côtés, un transept, un chœur pourvu de chapelles rayonnantes et d'un déambulatoire. Le clocher, très souvent unique, est alors placé devant la façade, formant porche, une tour est élevée sur le carré du transept, les

2

3

4

5

Phot. Pougnet-Rapho, Philippe-Rapho, Arch. phot., Yan, Feher, Jean Roubier, Boudot-Lamotte.

9

10

rcs sont en plein cintre. Chaque région a trouvé ses solutions propres aux problèmes osés. On distingue les écoles : ***bourguignonne*** **(Autun, Paray-le-Monial [7]),** ***auver-nate*** (Notre-Dame-du-Port à **Clermont-Ferrand [4], Brioude [6]),** ***poitevine*** (Notre-ame-la-Grande à Poitiers), ***du Sud-Ouest*** **(église à coupoles** Saint-Front de **Périgueux),** ***anguedocienne*** (Saint-Sernin de **Toulouse),** ***provençale*** (Saint-Trophime **d'Arles),** ***nor-ande*** (abbaye aux Hommes [1] et abbaye aux Dames **de Caen).**

l'étranger, l'*école lombarde*, dont l'expansion en Europe fut considérable, est la plus riginale. Elle fait reposer sur des lions accroupis les colonnettes qui soutiennent ses orches, transforme en galeries praticables, aux absides, les niches du premier art oman (cathédrale de Parme). L'influence lombarde est sensible en Dalmatie (Split, rogir); en Italie du Sud et en Sicile, elle s'exerce conjointement avec celle des Normands. n Toscane, l'église de San Miniato [5] apporte une refonte du plan basilical en même mps qu'un premier témoignage du goût ornemental florentin. Dans les pays rhénans, es édifices grandioses sur plan carolingien empruntent leur ornementation aux arts mbard ou bourguignon (abbatiale de Maria Laach). En Angleterre, l'architecture nor-ande, introduite par la conquête de 1066, produit des édifices souvent plus considé-ables que ceux du duché continental (cathédrales de Lincoln, de Peterborough). En spagne, si les maîtres français apportent les plans des nouveaux édifices à la suite e la reconquête sur les Maures et de la vogue du pèlerinage de Compostelle, des éments indigènes (premier art roman de Catalogne, art mozarabe) ne s'en mêlent as moins aux constructions. Un art roman tardif se manifeste en Europe centrale mporté de Lombardie ou de Bourgogne) et dans les pays scandinaves (en provenance Allemagne ou d'Angleterre). Enfin, l'art roman français a connu au-delà des mers un épisode consécutif à l'établissement des croisés au Proche-Orient (cathédrale de Beyrouth; chapiteaux historiés de Nazareth, de Naplouse).

● **La sculpture monumentale renaît en France** (linteau de l'église de Saint-Génis-des-Fontaines, 1020) et s'épanouit au XIIe s. Elle occupe les chapiteaux historiés, les piédroits, les voussures et le tympan des portails, se pliant aux impératifs du cadre architectural. Seuls, les sculpteurs poitevins ornent toute la façade. Les statues-colonnes, adossées aux piédroits et au trumeau, en très haut relief, puis presque en ronde bosse, nées à Saint-Denis, n'ont pas d'antécédents dans l'histoire de l'art. Parfois purement ornementale, la sculpture prend ses thèmes dans les Saintes Écritures, s'enrichissant d'une iconographie d'origine orientale. Toulouse fut, avec Cluny, le foyer le plus important de la sculpture romane. La porte Miégeville de Saint-Sernin, les portails de Cahors, Beaulieu, et surtout Saint-Pierre de Moissac [3] témoignent pour l'ardeur du foyer toulousain, comme l'église de la Madeleine de Vézelay et la cathédrale d'Autun [8 et 10] pour Cluny. À l'Auvergne se rattache le tympan de Conques [9]. En Provence, la sculpture fut influencée par les modèles gallo-romains (Saint-Gilles-du-Gard, Saint-Trophime d'Arles [12]). Comme l'architecture, la sculpture romane diffère selon les écoles régionales, parmi lesquelles il faut encore citer celles de l'Auvergne et du Poitou.
La sculpture du nord de l'Espagne témoigne de contacts avec le Languedoc, mais ses réussites (porte des Orfèvres à Saint-Jacques de Compostelle [11], portails de San Isidoro de León) ne le cèdent ni pour la date ni pour la qualité aux œuvres toulousaines. En Italie, sous l'impulsion de Wiligelmo, qui sculpte en 1099 les reliefs de la cathédrale de Modène, se constitue une école lombarde sensible aux leçons de la Bourgogne et de la Provence, qui s'épanouit à la fin du XIIe s. dans l'œuvre de *Benedetto Antelami* (baptistère de Parme).

11

12

13

Phot. Giraudon, Lacoste, Jean Roubier, Giraudon, Jean Roubier, Arch. phot.

ROME

1

4

5

3

1. Église Santa Maria in Cosmedin, Ve-VIIIe s., campanile du XIIe s.

2. Église Santa Croce, reconstruite au XVIIIe s.

3. Église Santa Agnese, XVIIe s.

4. Palais Farnèse, ambassade de France, XVIe s.

5. Fontaine de Trevi, XVIIIe s.

6. Gare centrale, Stazione Termini.

2

6

David, réaction animée par les peintres Gros et Géricault, Delacroix, Devéria, le sculpteur David d'Angers. Le romantisme musical fut représenté par Weber, Schubert, Schumann, Berlioz, Chopin, Liszt notamment.

romarin [rɔmarɛ̃] n. m. (lat. *rosmarinus*, rosée de mer). Genre de labiacées comprenant de petits arbrisseaux aromatiques, à fleurs douées de propriétés stimulantes.

Romas (Jacques DE), physicien français, né à Nérac (1713-1776). Il eut l'idée, en 1752, de se servir d'un cerf-volant pour capter l'électricité atmosphérique.

Rombas (57120), ch.-l. de c. de la Moselle (arr. de Metz-Campagne), sur l'Orne; 12 412 h. (*Rombasiens*). Sidérurgie. Cimenterie.

rombière [rɔ̃bjɛr] n. f. (orig. obscure). *Pop.* Femme un peu ridicule et prétentieuse : *une vieille rombière.*

Rome, nom donné à l'un des principaux Etats de l'Antiquité. A l'origine de l'histoire romaine, la tradition veut qu'il y eut sept rois. En 510 av. J.-C., après la chute de la royauté, Rome possédait déjà un certain nombre d'institutions : les *gentes* patriciennes participaient seules aux activités politiques; la *plèbe* n'avait ni droit politique ni statut juridique. La religion était pénétrée de superstition. L'établissement de la république entraîna la création de nouvelles fonctions, telles que le consulat et la dictature. Les premiers temps qui suivirent le nouvel ordre des choses furent remplis presque tout entiers par la lutte des patriciens et des plébéiens, lutte qui se termina, v. l'an 300 av. J.-C., par l'admission de la plèbe à toutes les magistratures. Solidement constituée au-dedans, Rome songea à étendre son territoire : de 496 à 272, elle conquit le reste de l'Italie; de 264 à 201, elle fit les deux premières guerres puniques*; de 200 à 130, elle intervint en Orient, détruisit Carthage (troisième guerre punique, 149-146), réduisit la Grèce en province romaine (destruction de Corinthe, 146) et subit l'influence de ces Hellènes que ses armes avaient vaincus. Elle se rendit maîtresse de l'Asie Mineure, de la Syrie, de la Judée, de l'Espagne, de la Gaule (IIe-Ier s. av. J.-C.). Mais les luttes intestines ne tardèrent pas à perdre la république (rivalité de Marius et de Sulla; triumvirat de César, de Pompée et de Crassus; rivalité de Pompée et de César après la conquête de la Gaule; dictature et meurtre de César; rivalité d'Octavien et d'Antoine). Vainqueur d'Antoine à Actium en 31 av. J.-C., Octavien, neveu et fils adoptif de César, demeura le seul maître du monde antique; il prit alors le nom d'*Auguste* et gouverna sous le titre d'*imperator,* s'arrogeant les pouvoirs essentiels sous des apparences républicaines, notamment la puissance tribunitienne, l'*imperium* proconsulaire et le souverain pontificat. Auguste pratiqua une politique de paix et de prospérité. Avec lui commence la dynastie julio-claudienne (Tibère, Caligula, Claude, Néron, Galba, Othon, Vitellius) [27 av. J.-C.-69 apr. J.-C.], à laquelle succédèrent les Flaviens (Vespasien, Titus, Domitien) [69-96]. Les Antonins (Nerva, Trajan, Hadrien, Antonin, Marc Aurèle, Verus et Commode) vinrent ensuite (96-192). Depuis la mort de Commode jusqu'à l'avènement de Dioclétien, l'histoire romaine comprend trois périodes : celle des Sévères (193-235), celle de l'anarchie militaire (235-268) et celle des empereurs illyriens (268-284). C'est le triomphe du militarisme, le règne des prétoriens. A partir de Dioclétien (284-305), s'installa la tétrarchie (284-310), deux augustes aidés de deux césars se partageant le territoire. Sous Constantin (306-337), qui fonda Constantinople, le christianisme devint la religion officielle de l'Empire, et la main ferme de cet empereur arrêta un moment la décadence; mais les empereurs qui vinrent ensuite la précipitèrent, et virent leurs frontières céder sous les coups des Barbares. Quand Théodose Ier (379-395) mourut, Rome était prête pour l'invasion et la ruine. L'Empire était désormais partagé en deux (Orient et Occident), mais, tandis que l'empire d'Orient se maintenait (jusqu'en 1453), l'empire d'Occident entrait tout de suite en agonie; il disparaissait dès 476.

Rome, cap. de l'Italie, dans le Latium, sur le Tibre; 2 631 000 h. (*Romains*). Après une longue éclipse de plus de dix siècles, Rome a retrouvé son importance avec l'unification du royaume d'Italie (1870), dont elle devint la capitale. En un siècle, la population de la ville a plus que décuplé, ayant connu un développement particulièrement rapide pendant l'ère fasciste et depuis 1950. Aux vieux quartiers de l'intérieur de la boucle du Tibre (à l'intérieur de l'enceinte d'Aurélien) s'opposent les grands ensembles de la périphérie. Métropole politique, Rome est encore aujourd'hui une capitale religieuse et un centre de pèlerinage (Vatican), ainsi qu'un haut lieu touristique et un centre intellectuel et artistique. Les fonctions économiques (en dehors du commerce) sont moins importantes. La fonction industrielle, notamment, est encore peu développée, liée presque exclusivement au marché urbain (biens de consommation, construction). Son insuffisance pose le problème de l'emploi dans une ville dont l'attrait est grand sur les masses rurales du Sud. Aux portes de Rome commence le Mezzogiorno. — Siège des jeux Olympiques en 1960.

● *Histoire.* Rome est née de la réunion d'un groupe de villages latins et sabins établis sur quelques-unes de ses collines. Les Etrusques contribuèrent largement (VIIe-VIe s. av. J.-C.) à faire de Rome une ville grâce à l'apport de leur technique. Rome devint bientôt la capitale d'un empire immense; sous les empereurs, elle compta un million d'habitants; elle était alors couverte

Phot. Prud'homme - Lauros - Giraudon, Alinari, Prud'homme - Lauros - Giraudon, Alinari, Anderson - Giraudon, E. N. I. T.

de monuments magnifiques. L'apparition des Barbares amena la ville à organiser sa défense (IIIe s.), ce qui ne l'empêcha pas d'être dévastée plusieurs fois (Ve s.). Le choix de Constantinople comme capitale orientale et la fin de l'empire d'Occident précipitèrent la décadence de Rome, réduite au rang de capitale religieuse, et dépeuplée. Les papes de la Renaissance lui rendirent une partie de sa splendeur, mais ce ne fut qu'à partir de 1870 (Rome, capitale du royaume d'Italie) qu'elle prit un essor démographique et économique qui en fit la digne capitale de l'Italie moderne. Elle profita aussi du prestige renouvelé de la papauté.
● *Beaux-arts.* Rome conserve de très nombreux monuments. Parmi ceux qui datent de l'Antiquité, citons : le Panthéon, le Colisée, les restes de la basilique de Constantin, des temples de Mars, de Vesta et de la Fortune virile. Les ruines du Forum romain sont les plus imposantes, ainsi que celles qui subsistent sur le mont Palatin. Les thermes les plus importants sont ceux de Caracalla; les arcs de triomphe les plus célèbres ceux d'Auguste, de Titus, de Trajan. Mentionnons enfin la statue de Marc Aurèle sur la place du Capitole, les tombeaux de la *via Appia,* la colonne Trajane, les catacombes de Saint-Calixte et de Prétextat.
Les premières grandes constructions de la Rome chrétienne sont les basiliques de Saint-Jean-de-Latran, Sainte-Marie-Majeure, Saint-Paul-hors-les-Murs, suivies des églises romano-byzantines de Sainte-Pudentienne, Sainte-Praxède, Sainte-Marie-Antique.
L'époque gothique a laissé peu de témoignages à Rome, mais la Renaissance et l'art baroque y prirent un magnifique essor : basilique Saint-Pierre, églises baroques, parmi lesquelles celles du Gesù, de Saint-Ignace et de Saint-Charles-aux-Quatre-Fontaines; palais de Venise, Barberini, Chigi, du Capitole, Farnèse, du Quirinal.
Les fontaines, très nombreuses, sont parmi les plus séduisantes parures de Rome (fontaine de Trevi).
Le XIXe s. n'a à peu près rien produit à Rome qui soit comparable à la qualité de ses monuments anciens. Au XXe s., la gare centrale (Stazione Termini, 1952) est considérée comme un des chefs-d'œuvre de l'architecture moderne.

Rome (le *Roi de*). V. NAPOLÉON II.

Romé de l'Isle (Jean-Baptiste), minéralogiste français, né à Gray (1736-1790). Il énonça la loi de constance des angles en cristallographie.

Roméo et Juliette, drame en 5 actes, de Shakespeare (1594-1595). Malgré la haine qui sépare leurs deux familles, Roméo et Juliette s'aiment et se marient; la fatalité des circonstances les entraîne dans la mort. — Berlioz (1839) et Gounod (1867) ont mis ce drame en musique. Prokofiev a composé une partition de ballet sur ce thème (1935). Versions chorégraphiques de L. Lavrovski (1940), S. Lifar (1955), M. Béjart (1966).

Römer (Olaüs), astronome danois, né à Århus (1644-1710). En 1676, il détermina la vitesse de la lumière en utilisant les immersions et les émersions des satellites de Jupiter dans le cône d'ombre de la planète.

Romford, agglomération de la banlieue de Londres; 115 000 h.

Romilly-sur-Seine (10100), ch.-l. de c. de l'Aube (arr. de Nogent-sur-Seine); 17 423 h. (*Romillons*). Industries mécaniques. Appareils ménagers.

Romme (Charles), Conventionnel français, né à Riom (1750-1795). Il s'occupa de la réforme du calendrier républicain. Condamné à mort après le 1er-Prairial, il se poignarda.

Rommel (Erwin), maréchal allemand, né à Heidenheim (Wurtemberg) [1891-1944]. Il commanda la 7e division blindée pendant la campagne de France (1940). A la tête de l'Afrikakorps (1941-1943) en Libye, il menaça un moment l'Egypte, mais fut battu à El-Alamein (1942). Rappelé pour commander le front maritime de la Manche en 1944, il fut blessé au cours de la bataille de Normandie. Sa sympathie pour les conjurés du 20 juillet 1944 entraîna son arrestation et son suicide sur l'ordre de Hitler. Ses souvenirs ont été publiés en 1953.

Romney (George), peintre anglais, né à Dalton in Furness (Lancashire) [1734-1802]. Portraitiste rival de Reynolds, il a surtout laissé des images féminines, tendres et romanesques (*Mrs. Mark Currie, la Fille du vicaire,* National Gallery), peignant de nombreuses fois lady Hamilton, devenue son amie alors qu'elle n'était encore qu'Emma Lyon.

Romorantin-Lanthenay (41200), ch.-l. d'arr. de Loir-et-Cher, en Sologne, sur la Sauldre; 14 305 h. (*Romorantinais*). Eglise, château et maisons du Moyen Age et de la Renaissance. Musée de Sologne. Industries textiles et mécaniques. En 1560, François II y promulgua un édit de tolérance. — L'arr. a 6 cant., 48 comm., 60 222 h.

rompre [rɔ̃pr] v. t. (lat. *rumpere*) [conj. **46**]. Mettre en fragments, briser, casser : *rompre une branche, un bâton.* ‖ Défoncer : *le fleuve a rompu ses digues.* ‖ Enfoncer, disperser : *rompre le front ennemi.* ‖ — *Fig.* Faire cesser : *rompre le silence, le combat, le contact.* ‖ Déranger : *rompre un tête-à-tête.* ‖ Fatiguer, assourdir : *rompre la tête, les oreilles à quelqu'un.* ‖ Rendre nul, faire cesser : *rompre un marché, un entretien, des fiançailles.* ● *A tout rompre,* avec grand bruit, avec frénésie : *applaudir à tout rompre.* ‖ *Rompre ses fers,* s'échapper de prison ou se dégager d'une liaison. ‖ *Rompre les rangs,* se disperser. ‖ — V. i. Se briser : *cette poutre va rompre.* ‖ *Sports.* Reculer. ‖ — *Fig.* Cesser d'être amis. ‖ Ôter toute valeur à une promesse de mariage. ‖ **— Se rompre** v. pr. *Se rompre le cou,* se tuer ou se blesser grièvement en faisant une chute.

le maréchal **Rommel**
sur le front d'Afrique du Nord
en août 1942

rompu, e adj. (de *rompre*). Expérimenté, habile : *rompu aux affaires.* ‖ **— A bâtons rompus** loc. adv. A diverses reprises : *travailler à une chose à bâtons rompus.* ‖ Sur divers sujets, sans suite : *conversation à bâtons rompus.*

rompu n. m. Fraction d'une valeur mobilière.

romsteck ou **rumsteck** [rɔmstɛk] n. m. (angl. *rump-steak,* tranche de croupe). Partie la plus haute de la culotte de bœuf.

Romuald (*saint*), abbé, né à Ravenne (v. 950-1027), fondateur de la congrégation des Camaldules. — Fête le 7 février.

Romulus, frère jumeau de Remus, fondateur éponyme et premier roi de Rome. Chef belliqueux, il disparut, dit-on, au milieu d'un orage, pendant une revue.

Romulus Augustule, né v. 461, dernier empereur romain d'Occident (475-476), déposé par Odoacre.

Ronarc'h (Pierre), amiral français, né à Quimper (1865-1940). Il se distingua à la tête des fusiliers marins à Dixmude (1914).

ronce [rɔ̃s] n. f. (lat. *rumex*). Genre de rosacées épineuses dont les fruits (mûres sauvages) sont rafraîchissants : *les ronces croissent au bord des chemins.* (Le framboisier est une espèce cultivée de ronce.) ‖ Veine arrondie dans certains bois ou sur des lames damassées. ● *Ronce artificielle,* fil de fer barbelé*.

ronceraie n. f. Terrain encombré de ronces.

ronceux, euse adj. Se dit d'un bois qui a des veines arrondies : *acajou ronceux.*

Roncevaux, en esp. **Roncesvalles,** bourg d'Espagne (Navarre), dans un vallon boisé des Pyrénées. C'est là qu'en 778 l'arrière-garde de l'armée de Charlemagne fut taillée en pièces par les Vascons et que périt le comte Roland. — Le *col de Roncevaux* ou *d'Ibañeta* est à 1 057 m d'alt.

Ronchamp (70250), comm. de la Haute-Saône (arr. de Lure); 3 058 h. (2 212 aggl.). Chapelle Notre-Dame-du-Haut par Le Corbusier. Métallurgie.

Ronchin (59790), comm. du Nord (arr. de Lille); 14 301 h. (*Ronchinois*). Métallurgie.

ronchonnement n. m. *Fam.* Action de ronchonner.

ronchonner [rɔ̃ʃɔne] v. i. (du mot dialect. *roncher,* ronfler). *Fam.* Grogner, murmurer.

ronchonneur, euse n. et adj. Personne qui a l'habitude de ronchonner.

roncier n. m. ou **roncière** n. f. Touffe de ronces.

Roncq (59223), comm. du Nord (arr. de Lille); 7 820 h. (4 109 aggl.). Textiles.

rond [rɔ̃], **e** [rɔ̃d] adj. (lat. *rotundus*). *Math.* Se dit d'un corps, d'une figure que l'on peut obtenir par révolution d'une surface ou d'une ligne autour d'un axe : *la sphère, le cylindre, le cône sont des corps ronds.* ‖ *Fam.* Gros et court : *une petite fille toute ronde.* ‖ *Fig.* Qui agit avec sincérité et décision : *être rond en affaires.* ‖ *Pop.* Ivre. ● *Nombre, compte rond,* sans fraction. ‖ — Adv. *Ne pas tourner rond* (Fam.), ne pas bien fonctionner; être indisposé. ‖ *Tourner rond,* en parlant d'un moteur, tourner régulièrement.

rond n. m. Cercle, ligne circulaire : *tracer un rond; faire des ronds dans l'eau.* ‖ Objet de forme circulaire : *un rond de serviette.* ‖ *Arg.* Sou, centime : *je n'ai plus que vingt ronds.* ● *Faire des ronds de jambe,* avoir une attitude obséquieuse. ‖ *Rond de jambe* (Chorégr.), mouvement de la jambe qui décrit un demi-cercle ou un cercle complet sur le sol ou à une certaine hauteur. ‖ *Rond de sorcière,* dans un pré ou un bois, anneau sur lequel poussent les champignons issus d'une même spore. (L'herbe y est plus verte qu'alentour.) ‖ **— En rond** loc. adv. En cercle : *s'asseoir en rond.*

rondache [rɔ̃daʃ] n. f. Bouclier rond, en usage jusqu'à la fin du XVIe s.

rondade [rɔ̃dad] n. f. Prise d'élan en acrobatie au sol.

rond-de-cuir n. m. Coussin en forme de couronne, que des employés de bureau mettaient sur leur siège. ‖ *Fam.* Bureaucrate. ‖ Pl. des *ronds-de-cuir.*

ronde [rɔ̃d] n. f. Parcours pour vérifier que tout est en bon ordre, et notamment pour s'assurer du respect des consignes par les postes isolés : *faire une ronde.* ‖ Ensemble de ceux qui sont chargés de cette mission : *signaler l'approche d'une ronde.* ‖ Chanson accompagnée d'une danse en rond, où les danseurs se tiennent par la main. ‖ Sorte d'écriture en caractères ronds et verticaux. ‖ Note prise comme unité de rythmique musicale et qui se divise en durées de plus en plus brèves. (V. NOTE, tableau des valeurs relatives.) ● *Chemin de ronde,* chemin sur la saillie de la muraille, derrière les créneaux. ‖ **— A la ronde** loc. adv. Alentour : *être connu à vingt lieues à la ronde.* ‖ Circulairement, chacun à son tour : *boire à la ronde.*

rondeau n. m. Rouleau de bois que l'on passe sur la terre ensemencée.

rondeau [rɔ̃do] n. m. Genre lyrique à forme fixe, de la poésie française. (V. *encycl.*) ‖ *Mus.* Forme instrumentale ou vocale caractérisée par l'alternance d'un même refrain et de couplets différents et en nombre variable. On le trouve depuis le XIIIe s.
— ENCYCL. Au XIIIe s., le terme de *rondeau* désigne une chanson de danse dont la structure musicale détermine la forme métrique, très variable. Un point est commun à toutes les sortes de rondeaux : un refrain, de deux vers au moins, de huit vers au plus, est placé en tête et repris deux fois, partiellement ou intégralement, une fois au milieu de la pièce, puis à la fin. Le *rondeau simple* (sept ou huit vers sur deux rimes) reçut au XVIe s. le nom de *triolet*. Le *rondeau double* (treize vers) fut illustré par Charles d'Orléans. Le *rondeau parfait* comportait six quatrains.

ronde-bosse [rɔ̃dbɔs] n. f. Ouvrage de sculpture en plein relief, dont les volumes se développent dans les trois dimensions (par opp. à la *demi-bosse* et au *bas-relief*). [On écrit sans trait d'union la locution *en ronde bosse.*] ‖ Pl. des *rondes-bosses.*

rondel [rɔ̃dɛl] n. m. Syn. de RONDEAU.

rondelet, ette adj. *Fam.* Un peu rond; qui a un peu d'embonpoint. ● *Somme rondelette,* somme assez importante.

Rondelet (Jean-Baptiste), architecte français, né à Lyon (1743-1829). Collaborateur et successeur de Soufflot, il acheva la coupole du Panthéon et appropria le monument à sa nouvelle destination de sépulture des grands hommes. Il a publié un *Traité théorique et pratique de l'art de bâtir* (1802-1817).

rondelle [rɔ̃dɛl] n. f. *Technol.* Pièce de faible épaisseur, généralement ronde, percée d'un trou en son milieu pour pouvoir être enfilée sur une tige. ‖ Petite tranche mince et ronde : *rondelle de saucisson.* ● *Rondelle Grower,* rondelle d'acier trempé, à arête vive et à section carrée, coupée suivant un de ses rayons, puis déformée suivant une hélice, et qui, placée entre une pièce à serrer et un écrou, empêche ce dernier de se desserrer.

rondement adv. Promptement; avec décision, avec ardeur : *affaire menée rondement.* ‖ Loyalement, franchement : *il y va rondement.*

rondeur n. f. Etat de ce qui est rond : *la rondeur de la Terre.* ‖ Chose ronde. ‖ — *Fig.* Nombre, harmonie du style : *la rondeur des périodes.* ‖ Franchise, loyauté : *rondeur de caractère.*

rondin n. m. Bois à brûler rond et court. ‖ Gros bâton. ‖ Tronc dénudé de sapin.

rondo [rɔ̃do] n. m. (mot ital.). *Mus.* Structure musicale comportant une alternance de refrains et de couplets, sur le modèle du rondeau français, dont l'orthographe a été italianisée. (Il a été adopté dès le milieu du XVIIIe s. dans la musique instrumentale, notamment pour les finales des sonates, trios, quatuors, quintettes et symphonies.)

rondouillard [rɔ̃dujar], **e** [-ard] adj. *Fam.* Rond, grassouillet.

rond-point n. m. Place circulaire à laquelle aboutissent plusieurs voies, plusieurs routes, souvent décorée par une fontaine, un bassin, un édifice : *le rond-point des Champs-Elysées.* ‖ Pl. des *ronds-points.*

ronflant, e adj. Sonore, bruyant : *voix ronflante.* ‖ *Fig.* Déclamatoire, emphatique : *style ronflant.* ● *Promesses ronflantes,* magnifiques, mais mensongères.

ronflement n. m. Bruit qu'un dormeur fait en ronflant. ‖ Bruit qui a quelque rapport avec le ronflement d'un dormeur : *ronflement d'un moteur.*

ronfler [rɔ̃fle] v. i. Faire un certain bruit de la gorge et des narines en respirant pendant le sommeil. ‖ Produire un bruit sourd et prolongé : *un moteur qui ronfle.* ● *Faire ronfler des vers,* les déclamer avec emphase.

ronfleur, euse n. Personne qui ronfle, qui a l'habitude de ronfler.

rongement n. m. Action de ronger.

ronger [rɔ̃ʒe] v. t. (du lat. *rodere,* ronger) [conj. **1**]. Couper avec les dents ou le bec, peu à peu : *ronger ses ongles.* ‖ User lentement, corroder : *la rouille ronge le fer.* ‖ Miner : *la mer ronge les falaises.* ‖ Serrer plusieurs fois avec les dents : *cheval qui ronge son mors.* ‖ *Fig.* Consumer, tourmenter : *il a des soucis, des remords qui le rongent.*

rongeur, euse adj. Qui ronge : *animal rongeur.*

Phot. Zentralbild.

RONGEURS

hystricomorphes

cobaye

cabiai

ragondins

porc-épic

sciuromorphes

écureuil

castor

myomorphes
souris

lagomorphes
lapin

Ronsard
école
française
du XVIe s.
musée
de Blois

Röntgen

Franklin D. **Roosevelt** répondant aux acclamations des délégués de la Democratic National Convention, à Chicago, en 1932

rongeurs n. m. pl. Ordre de mammifères comprenant ceux qui présentent des incisives à croissance continue faites pour ronger, tels que le lapin, le rat, l'écureuil et le porc-épic.
— ENCYCL. Les *rongeurs* forment, de tous les ordres de mammifères, le plus nombreux en espèces (environ 1 500) et en individus. La plupart sont de petite taille (le plus grand des rongeurs, le cabiai, mesure jusqu'à 1 m sans la queue). Leur denture comporte en général une seule paire d'incisives fonctionnelles, très développées, à chaque mâchoire, une longue barre sans canines et une série de molaires à crêtes transversales. Leurs pattes sont munies de griffes. Leur régime alimentaire est principalement végétarien, bien que les rats soient omnivores. Beaucoup de rongeurs sont remarquables par leurs terriers (« chien de prairie ») ou par leurs constructions en branchages (castor). Certains (loir, marmotte) sont hibernants. L'aspect des oreilles, celui de la queue et celui du pelage peuvent présenter des traits caractéristiques (lapin, souris, porc-épic, etc.). La reproduction rapide et le grand appétit des rongeurs rendent généralement ceux-ci redoutables pour les cultures, les greniers et les entrepôts. On élève le lapin pour sa chair, le ragondin et le rat musqué pour leur fourrure, le hamster, le cobaye et la souris pour les expériences de laboratoire.

rönier n. m. Syn. de BORASSUS.

ronron [rɔ̃rɔ̃] n. m. (onomat.). Bruit que le chat tire de sa gorge pour marquer son contentement. || Bruit sourd et continu : *le ronron d'un moteur.*

ronronnement n. m. Ronron.

ronronner v. i. Faire des ronrons.

Ronsard (Pierre DE), poète français, né au château de la Possonnière (paroisse de Couture-sur-Loir) [1524-1585]. Page à la cour de France, puis d'Ecosse, il est bientôt attaqué d'un mal qui le laisse à demi sourd (1540). Il se consacre alors aux lettres et, en compagnie d'Antoine de Baïf et de Joachim du Bellay, apprend le grec sous la direction de Dorat. Désireux de donner à la poésie française richesse et majesté, il s'impose très vite comme le chef de la nouvelle école, « la Brigade », qui devient « la Pléiade » en 1556. S'inspirant de Pindare et d'Horace dans ses *Odes* (1550-1552), imitant Pétrarque et Anacréon dans ses poésies amoureuses et légères (*Amours,* 1552 ; *Bocage,* 1554 ; *Continuation des Amours,* 1555-1556), il trouve dans les *Hymnes* (1555-1556) le ton de l'épopée. Conseiller et aumônier ordinaire du roi (1559), il célèbre la fonction de guide que le poète doit remplir à l'égard des peuples et des rois, et prend parti dans les guerres civiles (*Discours,* 1562-1563), exaltant la monarchie et la nation dans les quatre premiers chants de *la Franciade* (1572), qui restera inachevée. S'il compose encore des pièces de circonstance pour les divertissements de la Cour (*Elégies, mascarades et bergeries,* 1565), l'avènement d'Henri III marque le déclin de son prestige : supplanté par Desportes, il exprime sa nostalgie dans ses derniers poèmes d'amour (*les Amours d'Hélène,* 1578) et se retire dans son prieuré de Saint-Cosme-lès-Tours. Les critiques de Malherbe et de Boileau devaient ruiner pour deux siècles sa réputation, que Sainte-Beuve rétablit dans son *Tableau historique et critique de la poésie et du théâtre français au XVIe siècle* (1828).

röntgen [røntgɛn] n. m. (du nom du physicien *Röntgen*). Unité de quantité de rayonnement X ou γ (symb. : R), équivalant à la quantité de rayonnement X ou γ telle que l'émission corpusculaire qui lui est associée, dans 0,001 293 gramme d'air, produise, dans l'air, des ions transportant une quantité d'électricité de l'un ou de l'autre signe égale à $\frac{1}{3 \cdot 10^9}$ coulomb.

Röntgen (Wilhelm Conrad), physicien allemand, né à Lennep (Rhénanie) [1845-1923]. En 1895, il découvrit les rayons X et étudia leurs principales propriétés. (Prix Nobel de physique, 1901.)

röntgenthérapie n. f. (de *Röntgen*). Traitement par les rayons X.

Roodepoort, v. de l'Afrique du Sud (Transvaal), dans le Witwatersrand ; 95 200 h. Mines d'or.

rookerie ou **rookery** [rukəri] n. f. Rassemblement de manchots (palmipèdes).

Roosebeke. V. ROZEBEKE.

Roosendaal, v. des Pays-Bas (Brabant-Septentrional) ; 44 000 h.

Roosevelt (Theodore), homme d'Etat américain, né à New York (1858-1919). Républicain, il dirigea le bureau de police de New York avant de participer à la guerre contre l'Espagne (1898). Gouverneur de New York (1898), il devint vice-président des Etats-Unis (1900), puis président (1901) après la mort de McKinley ; il fut réélu en 1904. Il renforça l'influence américaine dans les Antilles et intervint comme médiateur dans la guerre russo-japonaise (1905). [Prix Nobel de la paix, 1906.]

Roosevelt (Franklin Delano), homme d'Etat américain, né à Hyde Park (Etat de New York) [1882-1945], cousin et neveu par alliance du précédent. Sénateur démocrate et secrétaire adjoint à la Marine (1913-1921), il renforça la marine américaine. Gouverneur de New York depuis 1929, il fut élu président des Etats-Unis en 1932 ; il fut réélu en 1936, en 1940 et en 1944. Il releva l'économie des Etats-Unis (New Deal), menacée par une grave crise économique, supprima la prohibition, décida les Etats-Unis à participer à la Seconde Guerre mondiale, après l'attaque de Pearl Harbor

Phot. Baufle, Goldner, Nat. Parks Service, Lauros - Atlas-Photo, Markham, Six, Canadian Pacific Railway, Stella-Presse, musée de Blois, Ullstein, U. S. I. S.

(1941), et fut l'un des principaux artisans de la victoire alliée. Il participa aux accords de Téhéran (1943) et de Yalta (1945), et fit élaborer le plan de l'Organisation des Nations unies (O. N. U.).

Roost-Warendin [rostvarɑ̃dɛ̃] (59286), comm. du Nord (arr. de Douai) ; 6 410 h. Houille.

rooter [rutœr] n. m. (mot angl.). Matériel auxiliaire de terrassement à grand débit, servant à défricher un terrain très dur avant le terrassement. (Syn. RIPPER.)

Ropartz (Guy), compositeur français, né à Guingamp (1864-1955), élève de Franck. On lui doit de la musique de chambre, des mélodies, cinq symphonies, un *Requiem* et l'opéra *le Pays,* pages en lesquelles se combinent les influences de Franck, Wagner, Fauré.

Rops (Félicien), peintre, graveur et lithographe belge, né à Namur (1833-1898). Doué d'une imagination fantasque et souvent érotique, il produisit, entre autres œuvres, des recueils d'eaux-fortes.

Roquebillière (06450 Lantosque), ch.-l. de c. des Alpes-Maritimes (arr. de Nice) ; 1 640 h.

Roquebrune-Cap-Martin (06190), comm. des Alpes-Maritimes (arr. de Nice), sur la Méditerranée ; 8 617 h. (*Roquebrunois*). Station balnéaire. Anc. château dans le vieux bourg.

Roquebrussanne (LA) [83136], ch.-l. de c. du Var (arr. de Brignoles) ; 710 h.

Roquecourbe (81210), ch.-l. de c. du Tarn (arr. de Castres), sur l'Agout ; 2 012 h. Pont du XIIIe s.

Roquefavour, localité des Bouches-du-Rhône (comm. d'Aix-en-Provence). Aqueduc (1842-1847) franchissant la vallée de l'Arc.

roquefort [rɔkfɔr] n. m. (de *Roquefort* n. pr.). Fromage à moisissures bleues internes, fabriqué avec du lait de brebis dans tout le sud-ouest de la France et en Corse, et affiné exclusivement dans les caves de Roquefort-sur-Soulzon.

Roquefort (40120), ch.-l. de c. des Landes (arr. de Mont-de-Marsan) ; 2 170 h. (1 955 aggl.). Papeterie.

Roquefort-sur-Soulzon (12250), comm. de l'Aveyron (arr. de Millau) ; 1 349 h. (*Roquefortais*). On y affine de célèbres fromages au lait de brebis dans des grottes calcaires.

Roquemaure (30150), ch.-l. de c. du Gard (arr. de Nîmes), sur le Rhône ; 3 411 h. (2 733 aggl.). Restes de deux châteaux. Coulée basaltique.

roquer [rɔke] v. i. (de *roc,* anc. nom de la tour au jeu d'échecs). Au jeu des échecs, placer l'une de ses tours auprès de son roi et faire passer le roi de l'autre côté de la tour en un seul mouvement.

Roquestéron, ch.-l. de c. des Alpes-Maritimes (arr. de Nice) ; 422 h.

roquet [rɔkɛ] n. m. Sorte de petit chien. ‖ *Fig.* Individu petit de taille, hargneux, mais peu redoutable.

roquette [rɔkɛt] n. f. (ital. *ruchetta*). Crucifère à fleurs jaunes d'une odeur forte, cultivée pour ses feuilles, que l'on mange en salade, ou à cause de ses propriétés médicinales.

roquette n. f. (angl. *rocket,* fusée). Autref., fusée de guerre. ‖ Auj., projectile tactique orienté mécaniquement au départ, autopropulsé pendant une phase initiale et soumis ensuite aux seules lois de la balistique.
— ENCYCL. La *roquette* est un projectile tactique, car sa portée utile est limitée. En effet, assujettie au seul préguidage de sa rampe de lancement, la roquette n'est pas guidée comme le missile. Son élément moteur est le plus souvent constitué par une fusée à poudre. La suppression du problème du recul au départ permet de faire appel à des matériels rudimentaires et légers tout en supprimant les efforts que l'arme automatique fait endosser au matériel support. De plus en plus nombreuses et variées, les roquettes sont particulièrement utilisées comme armes antichars et à bord des avions, où elles constituent des armes redoutables tant pour l'attaque des appareils adverses que pour l'appui des troupes au sol.

Roquette (la), anc. prison de Paris (1830-1900). — La *Petite-Roquette,* prison destinée aux femmes, a été construite en 1832 et démolie en 1974.

Roquevaire (13360), ch.-l. de c. des Bouches-du-Rhône (arr. de Marseille) ; 3 856 h. (2 332 aggl.). Gypse.

Rore (Cyprien DE), compositeur des Pays-Bas (1516-1565). Il a passé sa vie en Italie et, par ses messes et ses madrigaux, peut être tenu pour un des plus grands précurseurs de Monteverdi.

rorqual [rɔrkwal] n. m. Syn. de BALÉNOPTÈRE. ‖ Pl. des *rorquals.*

Rorschach, v. de Suisse (Saint-Gall), sur le lac de Constance ; 12 500 h.

Rorschach (Hermann), psychiatre et neurologue suisse, né à Zurich (1884-1922). Créateur du test psychologique qui porte son nom et qui est fondé sur l'interprétation de taches noires ou de couleurs, il est l'auteur d'un ouvrage intitulé *Psychodiagnostik* (1921).

Rorschach [rɔrʃa] (*test de*), test projectif, constitué par une série de planches représentant des taches que le sujet doit interpréter ; les réponses permettent de déceler les aspects de la personnalité du sujet.

Rosa (Salvatore), peintre et poète italien, né à l'Arenella, près de Naples (1615-1673). Il composa de véhémentes « satires ». Peintre, il exécuta des paysages pleins de fougue, animés de petits personnages, et recourut à des sujets littéraires volontiers macabres (*la Pythonisse d'Endor,* Louvre).

quatre **roquettes** de 76 mm, placées sous l'aile d'un chasseur britannique « Hawker Sideley Gnat »

le test de **Rorschach**

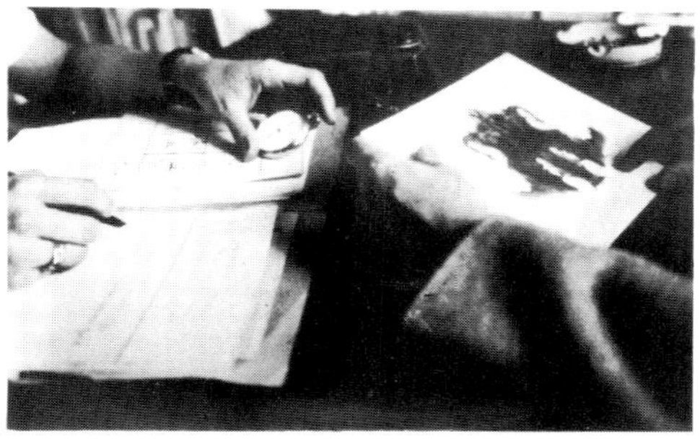

« Catalonia »

« Captain Harvey »

roses

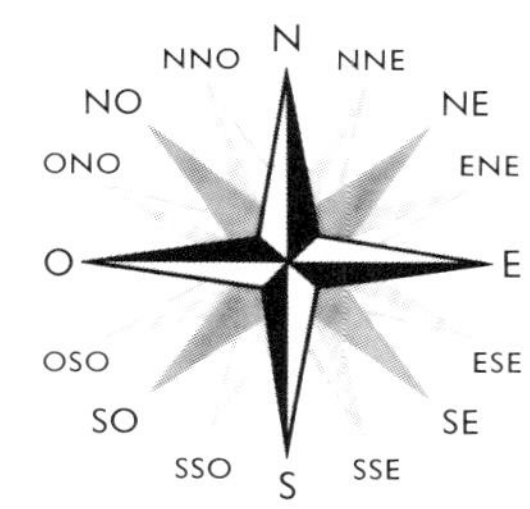

rose des vents

rosace n. f. (de *rose*). *Archit.* Ornement circulaire en forme de rose épanouie, les feuilles se groupant symétriquement autour du bouton. ‖ Grand vitrail d'église de forme circulaire, à remplage rayonnant, appelé aussi *rose : les rosaces de Chartres.*

rosacée n. f. Syn. de COUPEROSE.

rosacées n. f. pl. Famille de plantes à fleurs particulièrement importante en horticulture et en arboriculture fruitière.
— ENCYCL. De nombreuses plantes fruitières (arbres [pommier, poirier, pêcher, abricotier, cognassier, néflier, sorbier, prunier, cerisier], arbustes [framboisier, ronce], herbes [fraisier]) appartiennent à la famille des *rosacées.* La rose est la forme cultivée de l'églantier. D'autres espèces (benoîte, potentille, pimprenelle, aubépine) sont des plantes sauvages très communes. Ce qui caractérise les rosacées, c'est leur fleur, dont le calice est le plus souvent doublé extérieurement par un *calicule,* auquel les étamines, souvent nombreuses, restent attachées après la chute des pétales, qui sont toujours libres. Rien n'est plus variable, au contraire, que la forme du réceptacle, la position de l'ovaire et, par voie de conséquence, la structure du fruit. On compte d'ailleurs près de 5 000 espèces de rosacées.

rosage n. m. Syn. de RHODODENDRON.

rosaire [rozɛr] n. m. (lat. *rosarium,* guirlande de roses). Grand chapelet, composé de quinze dizaines d'avés, précédées chacune d'un pater : *l'invention du rosaire est attribuée à saint Dominique.* ‖ Les prières elles-mêmes : *réciter un rosaire.*

Rosalba (Rosa Alba CARRIERA, dite), pastelliste italienne, née à Venise (1675-1757). Portraitiste célèbre, elle séjourna à Paris (1720-1721), où elle connut Watteau, qu'elle admirait, fit son portrait et celui de Louis XV, et composa des scènes imaginaires. Elle contribua à promouvoir la mode du pastel en France.

rosalbin [rozalbɛ̃] n. m. Espèce de cacatoès.

Rosalie (*sainte*), vierge sicilienne, née à Santo Stefano Quisquina (m. en 1160). Elle est la patronne de Palerme. — Fête le 4 septembre.

rosaniline [rozanilin] n. f. Base azotée dont les dérivés (*fuchsine, bleu de Lyon, violet de Paris,* etc.) sont des couleurs teignant directement la fibre animale.

Rosans [-zɑ̃] (05150), ch.-l. de c. des Hautes-Alpes (arr. de Gap) ; 488 h. (276 aggl.).

Rosario, v. de l'Argentine, sur le Paraná ; 600 000 h. Grand port fluvial. Industries diverses.

Rosas (Juan Manuel DE), homme d'Etat argentin, né à Buenos Aires (1793-1877). Il s'imposa comme dictateur (1829-1831 et 1835-1852) et fut renversé par une coalition sud-américaine.

rosat [roza] adj. inv. (lat. *rosatus,* rosé). Où il entre des roses, et en particulier des roses rouges : *miel rosat ; huile rosat* (vieilli).

Rosati (les) [anagramme d'*Artois*], société littéraire fondée à Arras en 1778.

rosâtre adj. Qui a une teinte rose sale.

rosbif [rɔsbif] n. m. (angl. *roast,* rôti, et *beef,* bœuf). Morceau de bœuf pris généralement dans l'aloyau.

Roscelin, philosophe scolastique du XIe s., fondateur du *nominalisme* et l'un des maîtres d'Abélard.

Roscoff (29211), comm. du Finistère (Nord) [arr. de Morlaix] ; 3 838 h. (2 474 aggl.) [*Roscovites*]. Port de pêche et station balnéaire. Station climatique pour les enfants et adolescents atteints de troubles de la nutrition et de rhumatismes. On y applique la thalassothérapie et l'on pratique la rééducation des affections ostéo-articulaires et musculaires. Laboratoire de biologie marine.

rose [roz] n. f. (lat. *rosa*). Fleur du rosier : *les roses présentent d'infinies variétés de couleur et de port.* ‖ *Fig.* Couleur vermeille : *teint de rose.* ‖ Grand vitrail d'église, de forme circulaire. (On dit parfois ROSACE.) ‖ Diamant taillé à facettes et dont la culasse est plane. ● *Bois de rose,* bois fourni par un arbre du Brésil, et qui a une odeur de rose. ‖ *Eau de rose,* essence tirée des roses par distillation et utilisée en cosmétologie. ‖ *Envoyer sur les roses* (Fam.), repousser avec rudesse, se débarrasser vivement de quelqu'un. ‖ *Rose de Jéricho,* genre de crucifères des régions sablonneuses d'Orient, qui se contracte en boule par temps sec et s'étale à l'humidité. ‖ *Rose de Noël,* hellébore noir. ‖ *Rose des sables* ou *rose des déserts,* agglomération de cristaux de gypse, jaune ou rose, qu'on rencontre dans certains déserts. ‖ *Rose trémière,* espèce de guimauve appelée aussi *primerose, passerose, althæa,* cultivée pour ses grandes fleurs colorées. ‖ *Rose des vents,* figure circulaire sur le cadran du compas, et marquée de trente-deux divisions.

Roses (*guerre des* **Deux-**). V. DEUX-ROSES.

rose adj. Qui a une couleur rouge clair, semblable à celle de la rose commune : *des étoffes roses, rose clair.* ‖ — N. m. La couleur rose : *aimer le rose.* ● *Voir tout en rose,* voir tout en beau.

Rose (*mont*), massif des Alpes Pennines, partagé entre la Suisse et l'Italie ; 4 638 m à la *pointe Dufour.*

rosé, e adj. Faiblement teinté de rouge.

rosé n. m. Vin de couleur rosée.

roseau [rozo] n. m. (empr. au germ.). Nom commun à de nombreuses plantes monocotylédones constituant des peuplements (roselières) en bordure des étangs.
— ENCYCL. Les *roseaux* sont soit des graminacées (genres *arundo, phragmites* et voisins), soit des aracées (genre *acorus*), ou encore des typhacées (roseau-massue).

Phot. Couffinhal, X, Truffaut (2).

roseaux

Roberto **Rossellini**
une scène de « Rome ville ouverte »

Le bambou et la canne à sucre sont aussi appelés parfois des *roseaux.* Dans tous les cas, il s'agit de plantes à chaume rectiligne et élevé formant des peuplements serrés dans la vase émergée ou immergée ; les roselières abritent une riche faune d'oiseaux aquatiques, de petits mammifères, de grenouilles, de libellules, de mollusques des eaux douces, de vers, de larves d'insectes, etc.

Rosebery (Archibald Philip PRIMROSE, comte DE), homme d'Etat anglais, né à Londres (1847-1929). Libéral, il fut Premier ministre (1894-1895).

rose-croix n. m. inv. Membre de la Rose-Croix. || Grade de la franc-maçonnerie.

Rose-Croix, secte d'illuminés d'origine allemande, répandus en Europe au XVIIe s.

rosée [roze] n. f. (du lat. *ros, roris,* rosée). Ensemble de fines gouttelettes produites par la condensation de la vapeur d'eau atmosphérique, à la fin de la nuit, sur des objets en plein air. ● *Tendre comme rosée,* très tendre.

Rosegger (Peter), écrivain autrichien, né à Alpl (Styrie) [1843-1918]. Il a peint dans ses romans la vie de son pays et défendu les mœurs traditionnelles contre les transformations sociales et techniques modernes (*la Forêt natale,* 1877 ; *Jacob le dernier,* 1888).

Roselend [-lɛ̃d], localité de Savoie (comm. de Beaufort). Retenue sur le *Doron de Roselend,* alimentant la centrale de La Bâthie*.

roselier n. m. Substance qui se trouve dans le minerai d'argent.

roselière n. f. Lieu couvert de roseaux.

Rosemonde ou **Rosamonde** (VIe s.), fille de Cunimond, roi des Gépides. Forcée d'épouser Alboïn, roi des Lombards, qui avait tué son père, elle l'assassina.

Rosendaël [rozɛ̃dal], anc. comm. du Nord annexée par Dunkerque en 1972. Station balnéaire.

Rosenmüller (Johann), compositeur allemand, né à Ölsnitz (v. 1620-1684), auteur de sonates, d'œuvres pour orchestre de chambre, etc.

roséole [rozeɔl] n. f. (de *rosé*). Eruption de taches roses, caractéristique de certaines maladies, notamment de la période secondaire de la syphilis. (Ne pas confondre avec *rubéole.*)

roseraie n. f. Terrain planté de rosiers.

rosette n. f. Nœud de ruban en forme de rose. || Insigne de certains ordres civils ou militaires, qui se porte à la boutonnière : *les officiers de la Légion d'honneur portent la rosette.* || Petit cadran sur lequel est placée l'aiguille commandant l'avance ou le retard d'une montre. || *Bot.* Ensemble de feuilles étalées en cercle près du sol.

rosette n. m. Saucisson pur porc emballé dans la partie du boyau du même nom.

Rosette, en ar. **Rachīd,** v. d'Egypte, sur la branche ouest du Nil ; 32 800 h. Un fragment de basalte découvert à Rosette en 1799 et portant des inscriptions en caractères démotiques, en grec et en hiéroglyphes permit à Champollion de déchiffrer ces derniers.

Rosheim (67560), ch.-l. de c. du Bas-Rhin (arr. de Molsheim), au pied des Vosges ; 3 291 h. Eglise du XIIe s.

Rosi (Francesco), cinéaste italien, né à Naples en 1922, auteur de : *Salvatore Giuliano* (1961), *Main basse sur la ville* (1963), *les Hommes contre* (1970), *l'Affaire Mattei* (1971).

rosier [rozje] n. m. Arbrisseau épineux de la famille des rosacées, cultivé en Orient, puis en Europe, pour ses magnifiques fleurs odorantes (*roses*), dont on connaît des milliers de variétés.

rosière n. f. Jeune fille vertueuse à laquelle, dans certaines localités, on décerne solennellement une récompense. (Ce prix consistait jadis en une couronne de *roses.*)

Rosières-en-Santerre (80170), ch.-l. de c. de la Somme (arr. de Montdidier) ; 2 605 h. Bonneterie.

rosiériste n. Horticulteur qui s'occupe spécialement de la culture des rosiers.

rosir v. i. Prendre une teinte rose.

Roskilde, v. du Danemark (Sjaelland), capitale du pays du Xe au XVe s. ; 37 000 h. Cathédrale gothique (sépultures royales).

Roslin (Alexander), peintre suédois, né à Malmö (1718-1793). Il s'établit à Paris, où il se maria et fit carrière comme portraitiste, exposant régulièrement au Salon (portrait de *Mme Roslin,* Louvre).

Rosny (Joseph Henri BOEX [1856-1940] et son frère Séraphin Justin [1859-1948], tous deux nés à Bruxelles et connus sous le pseudonyme commun de **J.-H.**), écrivains français. D'abord disciples de Zola (*Nell Horn,* 1886), ils publièrent des romans évoquant la préhistoire ou des mondes imaginaires (*les Xipéhuz,* 1887). Ils cessèrent leur collaboration en 1909 et firent paraître séparément des récits et des essais. On doit notamment à J.-H. Rosny aîné *la Guerre du feu* (1911) et à J.-H. Rosny jeune *Sépulcres blanchis* (1913). Les deux frères firent partie de l'Académie Goncourt.

Rosny-sous-Bois [ro-] (93110), ch.-l. de c. de la Seine-Saint-Denis (arr. de Bobigny) ; 30 727 h. (*Rosnéens*).

Rosny-sur-Seine (78710), comm. des Yvelines (arr. de Mantes-la-Jolie), sur la Seine ; 2 843 h. Château de Sully.

Rosporden (29140), ch.-l. de c. du Finistère (Sud) [arr. de Quimper] ; 3 527 h. (*Rospordinois*).

Ross (*barrière de*), falaises de glace de l'Antarctique, en bordure de la *mer de Ross,* englobant l'*île de Ross* (qui porte les volcans *Erebus* et *Terror*).

Ross (*sir* John), marin britannique, né à Inch (comté de Wigtown, Ecosse) [1777-1856], explorateur des régions arctiques. Il a situé la position du pôle magnétique Nord. — Son neveu *sir* JAMES CLARKE, né à Londres (1800-1862), découvrit la terre Victoria.

Ross (*sir* Ronald), médecin anglais, né à Almora (Inde) [1857-1932]. Il démontra que la transmission de la malaria était due aux piqûres de moustiques. (Prix Nobel de médecine, 1902.)

rossard [-ar] n. m. *Fam.* Fainéant, méchant.

Rossbach, village de l'Allemagne orientale (Saxe). Frédéric II, en 1757, y battit les Français et leurs auxiliaires allemands, commandés par Soubise.

rosse [rɔs] n. f. (allem. *Ross,* coursier). *Fam.* Cheval sans force, sans vigueur. || *Fam.* Personne méchante, dure, qui aime à tourmenter. || — Adj. Qui est d'une ironie mordante : *chanson rosse.* || Qui cherche à nuire. || Très exigeant, sévère : *un professeur rosse.*

rossée n. f. *Fam.* Action de rosser ; volée de coups.

Rosselange (57780), comm. de la Moselle (arr. de Thionville-Ouest), sur l'Orne ; 4 485 h. Sidérurgie.

Rosselli (Cosimo), peintre italien, né à Florence (1439-1507). Il a participé à la décoration de la chapelle Sixtine.

Rossellini (Roberto), metteur en scène de cinéma italien, né à Rome en 1906. Il fut l'un des grands metteurs en scène néo-réalistes avec *Rome ville ouverte* (1945), *Païsa* (1946) et *Allemagne année zéro* (1948). On lui doit également : *Voyage en Italie* (1953), *le Général Della Rovere* (1959), *la Prise de pouvoir par Louis XIV* (1965 ; film réalisé pour la télévision).

Rossellino (Bernardo), architecte et sculpteur italien, né à Settignano (1409-1464). On lui attribue la construction du palais de Venise, à Rome. Sculpteur, il créa un nouveau type de tombeau avec le monument de Leonardo Bruni dans l'église Santa Croce, à Florence. — Son frère et élève ANTONIO, né à Settignano (1427-1479), sculpteur, fit du tombeau du cardinal de Portugal à San Miniato de Florence une véritable chapelle, accentuant le relief comme au tombeau de Marie d'Aragon, à Naples. Avec son *Saint Sébastien,* aux volumes pleins, il annonça la nouvelle orientation de la sculpture.

rosser [rɔse] v. t. (du lat. *rustum,* ronce). *Fam.* Battre quelqu'un violemment : *il s'est fait rosser.* (Syn. : FLAGELLER, FOUETTER, FUSTIGER.)

rosserie n. f. *Fam.* Petite méchanceté ; perfidie : *dire des rosseries.*

Rossetti (Dante Gabriel), peintre et poète anglais, né à Londres (1828-1882). Fils de l'écrivain napolitain Gabriele Rossetti, exilé pour ses opinions politiques, il fut l'un des initiateurs du préraphaélisme. Ses tableaux (*Beata Beatrix, le Rêve de Dante*) et ses poèmes (*la Demoiselle élue,* 1847 ; *Poèmes,* 1870) s'inspirent des légendes médiévales et des thèmes de la poésie primitive anglaise et italienne.

Rossi (Luigi), compositeur italien, né à Torremaggiore, près de Foggia (v. 1598-1653), un des maîtres de la cantate, de l'oratorio et de l'opéra naissant (*Orfeo*). Il a été appelé à Paris par Mazarin pour y diriger son *Orfeo* (1647).

Rossi (Pellegrino, *comte*), diplomate et économiste italien naturalisé français, né à Carrare (1787-1848). Ambassadeur de France à Rome (1845-1848), ministre de Pie IX, il fut assassiné à Rome au cours d'une émeute.

rossignol [rɔsiɲɔl] n. m. (du lat. *luscinia,* altéré par *russus,* roux). Oiseau passereau à plumage brun clair séjournant l'été dans les bois et parcs d'Europe occidentale, et dont le mâle est un chanteur remarquable. (Long. 15 cm ; famille des turdidés.) [Cri : le rossignol *chante.*] (V. illustr. OISEAUX.) || *Fam.* Crochet dont se servent les serruriers et les voleurs pour ouvrir les serrures. || *Fam.* Marchandise défraîchie, démodée. ● *Voix de rossignol,* voix pure et très flexible.

rossinante [rɔsinɑ̃t] n. f. Rosse, mauvais cheval, par allusion au cheval de don Quichotte.

Rossini (Gioacchino), compositeur italien, né à Pesaro (1792-1868). On lui doit notamment *le Barbier de Séville* (1816), chef-d'œuvre de l'opéra bouffe, *Otello, La Gazza ladra* (*la Pie voleuse*), *le Comte Ory, Guillaume Tell,* un *Stabat Mater* et une messe. Il connut à Paris de grands succès sous la Restauration.

Rosso (Giovanni Battista DI IACOPO DE' ROSSI, dit **le**), peintre et décorateur italien, né à Florence (1494-1540). Il travailla dans l'atelier d'Andrea Del Sarto, mais étudia surtout Michel-Ange, séjourna à Rome et à Arezzo, puis vint en France, où il demeura, appelé par François Ier. Le roi lui confia la direction des travaux de décoration de Fontainebleau. Il régna sur l'art français durant dix ans, acclimatant le maniérisme et exerçant une grande influence (*Pietà,* Louvre ; fresques de la *Galerie François-Ier,* château de Fontainebleau). [V. illustr. ÉCOLES DE FONTAINEBLEAU*.]

Rostand (Edmond), écrivain français, né à Marseille (1868-1918). Poète virtuose dans ses recueils (*les Musardises,* 1890) et ses fantaisies dramatiques (*la Princesse lointaine,* 1895 ; *Chantecler,* 1910), il sut combler le besoin populaire de panache et de sentimentalité avec sa comédie héroïque de *Cyrano de Bergerac* (1897) et son drame de *l'Aiglon* (1900), qu'interpréta Sarah Bernhardt. — Sa femme, Rose Etiennette **Gérard,** dite **Rosemonde Gérard,** née à Paris (1871-1953), publia des recueils de vers (*les Pipeaux,* 1889). — Leur fils MAURICE, né à Paris (1891-1968), est l'auteur de poèmes et de romans. — JEAN, né à Paris en 1894, frère du précédent, biologiste, est l'auteur d'importants travaux sur la parthénogenèse expérimentale. (Acad. fr.)

Rostock, port de l'Allemagne orientale, sur la Warnow ; 179 400 h. (avec son avant-port *Warnemünde,* sur la Baltique). Principal débouché maritime du pays. Métallurgie.

Rostopchine (Fedor, *comte*), homme politique russe, né dans le gouvern. d'Orel (1763-1826). Gouverneur de Moscou en 1812, il fit, dit-on, incendier cette ville lors de l'entrée des Français. Sa fille fut la comtesse de Ségur.

Rostov, v. de l'U. R. S. S. (R. S. F. S. de Russie), au nord-ouest de Moscou ; 29 200 h. Centre d'une principauté puissante jusqu'au XIIIe s. Nombreux monuments anciens.

Rostov-sur-le-Don, v. de l'U. R. S. S. (R. S. F. S. de Russie), près de la mer d'Azov ; 757 000 h. Port fluvial.

Rossini

Edmond Rostand

Jean Rostand

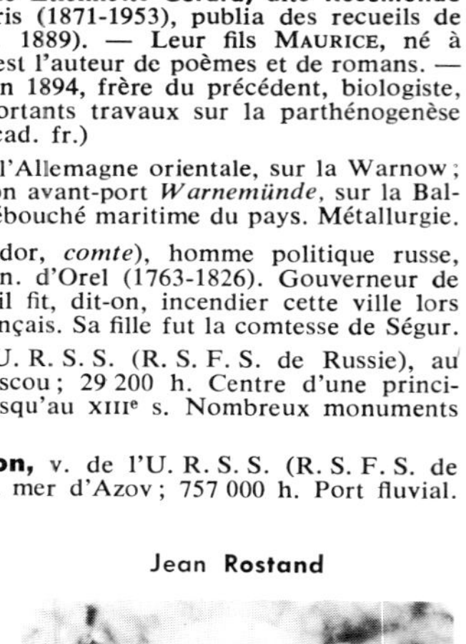

Phot. Rapho-Goursat, Cinémathèque française, Carjat, Femina, J. Rostand.

Métallurgie. Raffinage du pétrole. Rostov, qui avait marqué l'avance extrême des Allemands en Ukraine pendant la Première Guerre mondiale (1918), fut prise par la Wehrmacht en 1941, réoccupée aussitôt par les Soviétiques, reprise en 1942 et réoccupée par l'armée rouge en 1943.

rostral, e, aux adj. (du lat. *rostrum,* éperon de navire). *Antiq. rom.* En forme d'éperon de navire. ● *Colonne rostrale,* colonne ornée de proues de navire, élevée en souvenir d'une victoire navale. ‖ *Couronne rostrale,* récompense accordée au soldat qui était le premier monté sur un vaisseau ennemi.

rostre [rɔstr] n. m. (lat. *rostrum,* bec). Eperon d'un navire antique. ‖ *Entomol.* Pièces buccales allongées et piqueuses de certains insectes (punaises, pucerons). ‖ Pointe antérieure de la carapace de certains crustacés. ‖ — Pl. Tribune aux harangues, à Rome, ainsi appelée parce qu'elle était ornée d'éperons de navire. (Prend une majuscule en ce sens.)

Rostrenen [-nɛ̃] (22110), ch.-l. de c. des Côtes-du-Nord (arr. de Guingamp); 3 653 h.

rot [rɔt] n. m. (mot angl.). Maladie cryptogamique des plantes, dont il existe plusieurs variétés.

rot [ro] n. m. (de *roter*). *Pop.* Emission par la bouche, et avec un bruit rauque, de gaz stomacaux. (Syn. ÉRUCTATION.)

rôt n. m. V. RÔTI.

rotacé, e adj. En forme de roue.

rotang [rɔtɑ̃g] n. m. (du malais *rotan*). Palmier d'Inde et de Malaisie, appelé aussi *jonc d'Inde,* dont les tiges fournissent le rotin.

rotangle [rɔtɑ̃gl] n. m. Gardon dont les nageoires et les yeux sont rouge vif.

rotary [rɔtari] n. m. (mot angl.). Appareil de sondage par rotation. ‖ Système de téléphonie automatique dans lequel certains organes sont animés d'un mouvement de rotation continu.

rotateur adj. m. (du lat. *rotare,* faire tourner). Se dit des muscles qui produisent le mouvement de rotation des os sur leur axe : *muscles rotateurs de l'épaule, du fémur,* etc.

rotatif, ive adj. Qui agit en tournant : *pompe rotative.* ● *Moteur rotatif,* moteur dans lequel le mouvement est transmis à l'arbre moteur par un piston, sans avoir recours à une bielle, à un volant ou à tout autre organe intermédiaire. (Les principaux avantages du moteur rotatif sur les moteurs à explosion classiques sont un meilleur équilibrage, un encombrement et un poids réduits, ainsi qu'un rendement supérieur.)

rotation [rɔtasjɔ̃] n. f. (du lat. *rotare,* tourner). Mouvement d'un corps autour d'un axe fixe, matériel ou non : *rotation de la Terre.* ‖ Emploi méthodique et successif de matériel, de marchandises, de procédés, etc. ‖ Succession de diverses plantes sur un sol. (On dit aussi ASSOLEMENT.) ‖ Fréquence des voyages effectués par un moyen de transport (bateau, avion, voiture de chemin de fer, etc.) affecté à une ligne régulière. ● *Rotation du capital, du stock,* rapport de l'utilisation annuelle à la valeur moyenne. ‖ *Rotation du personnel,* pourcentage du personnel remplacé, pendant un an dans une entreprise, par rapport à l'effectif moyen.

rotative [rɔtativ] n. f. Presse à imprimer dont la forme est cylindrique et dont le mouvement rotatif continu permet une très grande vitesse d'impression. (Le papier à imprimer est maintenu contre le cylindre portant la forme grâce à un autre cylindre. Il existe des rotatives à retiration, imprimant recto verso en un seul passage, et des rotatives à plusieurs couleurs.)

rotatoire adj. Circulaire; qui tourne : *mouvement rotatoire de la Terre autour du Soleil.* (On dit aussi ROTATIF.) ‖ Qui fait tourner le plan de polarisation de la lumière : *pouvoir rotatoire d'une substance.*

rote [rɔt] n. f. (breton *hrotta*). Anc. instrument de musique à cordes pincées.

rote n. f. (lat. *rota,* roue). Juridiction ecclésiastique de Rome, composée de vingt juges et dont le rôle de tribunal d'appel s'applique particulièrement aux causes de nullité de mariage : *auditeurs de rote.*

roténone [rɔtenɔn] n. f. Substance insecticide extraite de la racine de légumineuses d'Asie tropicale.

roter v. i. *Pop.* Faire des rots.

Rotgang (*saint*). V. CHRODEGANG.

Rothéneuf, station balnéaire d'Ille-et-Vilaine (comm. de Paramé). Rochers sculptés par l'abbé Fouré au début du XXe s.

Rotherham, v. d'Angleterre (Yorkshire); 87 000 h. Houille. Aciérie.

Rothko (Mark), peintre américain d'origine russe, né à Dvinsk (1903-1970). D'abord réaliste, il fut l'un des principaux représentants de la « nouvelle abstraction ».

Rothschild (Meyer Amschel), banquier d'origine allemande et israélite, ancêtre d'une puissante famille de financiers, né à Francfort-sur-le-Main (1743-1812). Ses cinq fils amplifièrent son œuvre en donnant à la maison un caractère international.

rôti ou **rôt** n. m. Viande rôtie. ‖ Service consistant en viandes rôties.

rôtie n. f. Tranche de pain qu'on a fait rôtir : *manger des rôties beurrées.*

Rotterdam

rotifères [rɔtifɛr] n. m. pl. (lat. *rota,* roue, et *ferre,* porter). Classe d'invertébrés microscopiques caractérisés par les deux lobes ciliés qui encadrent la bouche et dont les mouvements ont les mêmes effets que ceux de roues à aubes.
— ENCYCL. Les eaux douces pullulent de *rotifères,* tantôt fixés par le pied aux plantes aquatiques, tantôt nageant activement. Le courant d'eau créé par leurs « roues » précipite dans leur bouche des proies microscopiques, qu'un estomac broyeur (*mastax*) écrase ensuite rythmiquement.

rotin [rɔtɛ̃] n. m. (empr. au malais). Branche de rotang qu'on emploie pour faire des cannes, des sièges, etc.

rôtir [rotir] v. t. (francique *raustjan*). Faire cuire à la broche ou au four. ‖ Dessécher, brûler : *le soleil rôtit les fleurs.* ‖ — V. i. et **se rôtir** v. pr. *Fam.* Etre exposé à une grande chaleur : *on rôtit ici; se rôtir au soleil.*

rôtissage n. m. Action de rôtir : *le rôtissage d'une volaille.*

rôtisserie n. f. Boutique du rôtisseur.

rôtisseur, euse n. Personne qui fait rôtir des viandes pour les vendre.

rôtissoire n. f. Ustensile de cuisine qui sert à rôtir la viande.

rotogravure [rɔtɔgravyr] n. f. Procédé d'héliogravure.

rotonde [rɔtɔ̃d] n. f. (ital. *Rotonda,* n. pr. d'une église; du lat. *rotundus,* rond). *Archit.* Petit pavillon circulaire porté par des colonnes. ‖ Bâtiment de forme circulaire, surmonté d'une couverture hémisphérique.

rotondité [rɔtɔ̃dite] n. f. (lat. *rotunditas*). Etat, forme de ce qui est rond : *rotondité d'une sphère.* ‖ *Fam.* Grosseur, embonpoint.

rotor [rɔtɔr] n. m. Ensemble du moyeu et des surfaces en rotation assurant la sustentation des giravions. ‖ Ensemble tournant, dans certaines constructions mécaniques et électromécaniques (par oppos. au *stator*).

Rotrou (Jean DE), auteur dramatique français, né à Dreux (1609-1650). Lieutenant particulier au bailliage de Dreux, il mourut victime de ses devoirs de magistrat en se dévouant lors d'une épidémie. Il s'était attaché aux comédiens du roi, pour qui il composait des pièces, et fut remarqué par Richelieu. Il est l'auteur de comédies dans la tradition de Plaute et des Italiens (*la Sœur,* 1647), de tragi-comédies et de tragédies, dans lesquelles il s'inspire du théâtre espagnol (*Bélisaire,* 1643; *Saint Genest,* 1646; *Venceslas,* 1647).

rotrouenge [rɔtruɑ̃ʒ] ou **rotruenge** [rɔtryɑ̃ʒ] n. f. Aux XIIe et XIIIe s., poésie composée de strophes monorimes, accompagnées ou non d'un refrain.

Rotterdam, port des Pays-Bas (Hollande-Méridionale), sur la « Nouvelle Meuse » (Nieuwe Maas, prolongement du Lek), branche médiane du delta commun au Rhin et à la Meuse; 724 000 h.
● *Géographie.* Jusqu'au milieu du XIXe s., Rotterdam fut une ville d'importance moyenne (100 000 h. vers 1850), partageant les fonctions de port du delta avec Dordrecht, Delft et Brielle. Son essor date de la liberté (limitée) de navigation sur le Rhin reconnue par les

rotifères dans une goutte d'eau d'étang

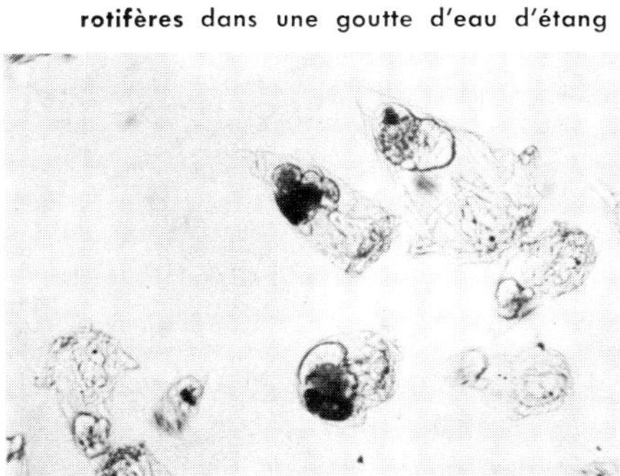

conventions de Mayence (1831) et de Mannheim (1868), stimulant le trafic sur le fleuve, en même temps que s'édifiait la région industrielle de la Ruhr. Rotterdam aménagea le Nieuwe Waterweg, chenal amenant à la mer les eaux du Lek, et capta la quasi-totalité du trafic. Dès lors, le port se développa par l'aménagement progressif de bassins d'amont en aval, qui s'étendent aujourd'hui sur 30 km de Rotterdam à la mer (Pernis, Botlek et enfin Europoort). L'ensemble constitue aujourd'hui le premier port maritime du monde, avec un trafic annuel dépassant 140 Mt, dont les entrées constituent les quatre cinquièmes et le pétrole la moitié des marchandises débarquées ou embarquées. La fonction portuaire déborde largement le cadre national, intéressant tous les pays rhénans. Elle a favorisé la croissance d'une industrie où la chimie éclipse aujourd'hui la métallurgie (chantiers navals) et les industries alimentaires. Très endommagée par la Seconde Guerre mondiale, la ville a été reconstruite selon les principes modernes d'urbanisme, avec notamment un centre fonctionnel groupant l'essentiel de l'armature économique et financière sur un espace restreint. A cette *city* s'opposent notamment les quartiers industriels développés dans la zone portuaire.
● *Histoire.* Le port n'acquit de l'importance qu'au XIVe s., grâce aux privilèges accordés par les comtes de Hollande. Au XVIIe s., Rotterdam était la seconde ville commerçante des Provinces-Unies. Détruite par les Allemands en 1940, elle est devenue l'un des premiers ports du monde.
● *Beaux-arts.* La ville possède le riche musée Boymans. Une statue monumentale de Zadkine commémore les destructions de la guerre.

rotule [rɔtyl] n. f. (lat. *rotula,* petite roue). Os mobile, placé en avant du genou. (Syn. PATELLE.) [V. *encycl.*] ‖ *Mécan.* Articulation de forme sphérique.
— ENCYCL. La *rotule* est un os triangulaire dont la base est située en haut et le sommet dirigé vers le bas; elle est aplatie d'avant en arrière et s'articule avec la trochlée du fémur. Le muscle quadriceps s'insère sur la base et le tendon rotulien au niveau du sommet.

rotulien, enne adj. Qui concerne la rotule. ● *Ligament rotulien,* tendon terminal du muscle quadriceps qui va du sommet de la rotule à la tubérosité antérieure du tibia. ‖ *Réflexe rotulien,* extension de la jambe en réponse à un coup frappé sous la rotule. (C'est un test neurologique usuel.)

roture [rɔtyr] n. f. (lat. *ruptura,* terre brisée). Condition d'une personne qui n'est pas noble : *naître dans la roture.* ‖ Ensemble des roturiers : *fréquenter la roture.*

roturier, ère adj. et n. Qui n'est pas noble : *biens roturiers.*

Roty (Louis Oscar), graveur en médailles et sculpteur français, né à Paris (1846-1911). Il grava « la Semeuse » des pièces de monnaie françaises.

rouable [rwabl] n. m. (lat. *rutabulum*). Perche terminée par un crochet et servant aux boulangers pour tirer la braise du four. ‖ Râteau sans dents, pour ramasser le sel dans les salines.

Rouad (*île*), petite île de la Méditerranée, en face des côtes de Syrie, occupée par la France en 1916.

rouage [rwaʒ] n. m. Ensemble ou chacune des roues qui font partie d'un mécanisme. ‖ *Fig.* Personne, service participant au fonctionnement d'une administration, d'une entreprise.

rouan [rwɑ̃], **anne** [-an] adj. (esp. *roano*). Se dit d'un cheval dont les crins sont noirs et la robe formée de poils rougeâtres et de poils blancs.

Rouanda-Ouroundi. V. RUANDA-URUNDI.

rouanne [rwan] n. f. (gr. *rhukanê,* rabot). *Technol.* Compas servant à marquer le bois de charpente. ‖ Outil pour tailler, dégrossir et évider le bois.

rouannette n. f. Petite rouanne.

Rouault (Georges), peintre français, né à Paris (1871-1958). Il fit son apprentissage chez un maître verrier; il eut Gustave Moreau pour professeur à l'Ecole des beaux-arts, où il connut Matisse et Marquet, avec lesquels il exposa dans la « cage aux fauves » en 1905. Mais il est surtout un expressionniste, un des plus grands, et le plus important peintre religieux de son temps. Il a peint avec une violence vengeresse ou pitoyable les filles, les juges, les clowns, usant aussi bien de l'aquarelle que de la gouache ou de l'huile. Une grande part de son œuvre illustre les Evangiles. Coloriste remarquable, doué d'une

Phot. Frits Monshouwer, Fauré-Frémiet.

Rouen

profonde sensibilité, il a su exprimer une poésie tragique et prenante. Graveur, il a donné le *Miserere*, des illustrations pour *les Fleurs du mal.* (Musée national d'Art moderne, musée d'Art moderne de la Ville de Paris.) [V. illustr. EXPRESSIONNISME.]

Roubaix (59100), ch.-l. de c. du Nord (arr. de Lille), au nord-est de Lille ; 114 774 h. (*Roubaisiens*). La ville est un grand centre de l'industrie de la laine, plus secondairement du coton et de la bonneterie, souffrant aujourd'hui du déclin relatif du textile. Roubaix est, avant Tourcoing, le pôle majeur d'une agglomération de plus de 350 000 h., de plus en plus étroitement unie à l'agglomération lilloise. ● *Histoire*. Bourgade au début du XIXe s., Roubaix a décuplé sa population en un siècle, devenant l'une des métropoles de la laine. A cet essor rapide furent liés de graves problèmes sociaux et la progression du socialisme.

roublard [rublar], **e** [-ard] adj. et n. (de *rouble ;* proprem. « homme à roubles »). *Fam.* Habile, rusé, capable d'user de moyens peu délicats. (Syn. : FINAUD, FUTÉ, MALICIEUX, RETORS, ROUÉ.)

roublardise n. f. *Fam.* Caractère du roublard ; habileté, ruse.

rouble [rubl] n. m. (mot russe). Unité monétaire principale de l'U. R. S. S. (symb. : RBL), divisée en 100 kopecks.

Roubliov (Andreï), peintre russe (v. 1360-1430). Il est l'auteur de la fresque du *Jugement dernier* à la cathédrale de Vladimir et d'icônes, parmi lesquelles la célèbre *Trinité* (galerie Tretiakov, Moscou).

Roubtsovsk, v. de l'U. R. S. S. (R. S. F. S. de Russie), au pied de l'Altaï ; 142 000 h. Tracteurs.

rouchi [ruʃi] n. m. Patois du nord de la France.

roucoulade n. f. (de *roucouler*). Tendre murmure. (S'emploie surtout par ironie.)

roucoulement n. m. (de *roucouler*). Cri des pigeons et des tourterelles.

roucouler [rukule] v. i. (onomat.). Crier, en parlant du pigeon et de la tourterelle. ‖ *Fam.* Tenir des propos tendres. ‖ Chanter langoureusement. ‖ — V. t. : *roucouler une romance.*

roue [ru] n. f. (lat. *rota*). Organe plat, de forme circulaire, tournant autour d'un axe passant par son centre. ‖ Supplice qui consistait à rompre les membres du patient, puis à le laisser mourir sur une roue. ● *Cinquième roue d'un carrosse,* chose, personne complètement inutile. ‖ *Deux-roues,* véhicules à deux roues (bicyclettes, motocyclettes, etc.). ‖ *Faire la roue,* déployer en roue les plumes de sa queue, en parlant de certains volatiles comme le paon ; en parlant d'une personne, tourner latéralement sur soi-même en s'appuyant successivement sur les mains et sur les pieds. ‖ *Mettre, jeter des bâtons dans les roues* (Fig.), susciter des obstacles. ‖ *Pousser à la roue,* aider à la réussite d'une affaire. ‖ *Roue dentée,* roue dont le pourtour est muni de dents. ‖ *La roue de la fortune,* les vicissitudes humaines. ‖ *Roue de friction,* mécanisme de transmission dans lequel l'entraînement des roues se fait par la simple action du frottement. ‖ *Roue hydraulique,* machine transformant en énergie mécanique l'énergie disponible d'une petite chute d'eau. ‖ *Roue libre,* dispositif permettant à un organe moteur d'entraîner un mécanisme sans être entraîné par lui. ‖ *Roue motrice,* roue commandée par le moteur et qui assure la traction du véhicule. ‖ *Roue de secours,* roue de rechange, destinée à remplacer une roue dont le pneu est crevé.

roué [rwe], **e** adj. et n. Qui a subi le supplice de la roue. ‖ Excédé, rompu : *être roué de fatigue, de coups.* ‖ Qui est très rusé : *une petite rouée.* ‖ — N. m. Nom donné aux compagnons de débauche du Régent. ‖ Débauché élégant de la même époque : *le maréchal de Richelieu fut le plus célèbre des roués.*

Roubliov
icône de la Trinité, les trois anges à la table d'Abraham
galerie Tretiakov, Moscou

rouelle [rwɛl] n. f. (lat. *rotella,* petite roue). Partie de la cuisse du veau coupée en rond. ‖ Tranche coupée en rond.

Rouelle (Guillaume François), chimiste français, né à Mathieu, près de Caen (1703-1770). Maître apothicaire à Paris, il établit que les sels résultent de l'action des acides sur les bases ; il étudia les constituants des plantes et les embaumements des anciens Egyptiens.

Rouen, ch.-l. de la Seine-Maritime, sur la Seine, à 123 km au nord-ouest de Paris ; 124 577 h. (*Rouennais*). Cour d'appel. Académie. Important port de commerce (point de transbordement entre la navigation maritime et la navigation fluviale) depuis le Moyen Age, Rouen connut un certain déclin de 1750 à 1850. Des travaux de dragage ont rendu, au moins partiellement, son importance à la fonction portuaire, complétant aujourd'hui plutôt que concurrençant Le Havre. En 1967, le trafic a été de l'ordre de 11,5 Mt (en dehors des hydrocarbures dominent les exportations de céréales et les importations de produits tropicaux). L'industrie, partiellement liée au port, est ancienne. Au textile (laine, coton) se sont successivement ajoutées la métallurgie, l'alimentation et, plus récemment, la chimie. Rouen est encore une importante ville commerciale, religieuse (archevêché) et universitaire, au centre d'une agglomération étirée, dans la vallée de la Seine, d'Oissel à Grand-Couronne et qui groupe environ 370 000 h. — L'arr. a 20 cant., 221 comm., 529 424 h.
● *Histoire*. Capitale de la Normandie, Rouen fut au Moyen Age une ville drapière et un port fluvial dont le trafic était monopolisé par une hanse. Les rois d'Angleterre firent sa fortune au XIIe s. Jeanne d'Arc y fut brûlée en 1431 par les Anglais, qui n'abandonnèrent la ville qu'en 1449. Siège d'un parlement en 1515, Rouen était la deuxième ville de France au XVIe s. Détruite en partie en 1944, la ville s'est relevée et a pris l'allure d'une vivante capitale régionale. — Patrie de P. et Th. Corneille, de Fontenelle, de Boieldieu, d'Armand Carrel, de Géricault, de G. Flaubert.
● *Beaux-arts*. La ville est, malgré les destructions de la Seconde Guerre mondiale, très riche en monuments, surtout gothiques. La cathédrale Notre-Dame, commencée au XIe s., fut achevée au XVIe s. (tour de Beurre, fin du XVe s.). L'église Saint-Ouen est typique du style gothique rayonnant, et Saint-Maclou du style flamboyant (buffet d'orgue et vitraux Renaissance). L'*aître Saint-Maclou* (XVIe s.) est un des derniers exemples des charniers du Moyen Age. Le Gros-Horloge date du XVIe s., et le palais de justice du début du même siècle (mutilé en 1944). Importants musées.

rouennais [rwanɛ], **e** [-ɛz] adj. et n. De Rouen.

rouer [rwe] v. t. (lat. *rotare,* tourner comme une roue). Faire mourir par le supplice de la roue. ● *Rouer quelqu'un de coups,* le battre violemment.

rouergat [rwɛrga], **e** [-at] adj. et n. Du Rouergue.

Rouergue, anc. pays du midi de la France ; cap. *Rodez.* Il a été réuni à la Couronne en 1607 par Henri IV et correspond au dép. de l'Aveyron.

rouerie [ruri] n. f. Ruse, habileté de roué.

rouet [rwɛ] n. m. (de *roue*). Machine à roue, mue au moyen d'une pédale, et qui servait autrefois à filer le chanvre et le lin. ‖ Cercle de bois servant d'assise dans la fondation d'un puits. ‖ Garde d'une serrure. ‖ Aux XVIe et XVIIe s., rondelle d'acier dentée, qui, battant sur un silex, provoquait l'étincelle et faisait partir le coup des anciennes armes à feu (*arquebuse, platine à rouet*).

rouf [ruf] n. m. (néerl. *roef*). Construction établie sur le pont supérieur d'un navire et qui ne s'étend pas sur toute la largeur de ce pont.

Rouffach [-fak] (68250), ch.-l. de c. du Haut-Rhin (arr. de Guebwiller) ; 5 364 h. Eglises (XIIIe-XVe s.).

rouflaquette [ruflakɛt] n. f. *Pop.* Mèche de cheveux collée sur la tempe, en forme d'accroche-cœur.

rouge [ruʒ] adj. (lat. *rubeus,* rougeâtre). Qui a la couleur du sang, du feu, des coquelicots, etc. : *des tissus rouge foncé.* ‖ Qui est d'un roux ardent : *des cheveux rouges.* ‖ Se dit d'un groupement politique de gauche et de ses adhérents. ‖ — N. m. L'une des couleurs fondamentales de la lumière, qui est la moins réfrangible. ‖ Température à laquelle les corps, devenus incandescents, émettent cette couleur : *porter un métal au rouge.* ‖ Couleur rouge : *teindre une étoffe en rouge.* ‖ Matière qui fournit une couleur rouge : *rouge d'Andrinople.* ‖ Fard rouge à l'usage des femmes : *se mettre du rouge.* ‖ Couleur caractéristique des signaux d'arrêt ou de danger. ‖ *Pop.* Vin rouge : *un litre de rouge.* ● *Le rouge lui monte au visage,* il, elle devient rouge de pudeur, de honte ou de colère. ‖ — Adv. *Se fâcher tout rouge,* se fâcher sérieusement. ‖ *Voir rouge,* avoir un violent accès de colère.

Rouge (*fleuve*), en vietnamien **Sông Koi** (le), fl. du Viêt-nam du Nord, né au Yun-nan (Chine), qui rejoint la mer de Chine méridionale en formant le delta du Tonkin* (à la tête duquel se trouve Hanoi) ; 1 200 km.

Rouge (*mer*), anc. **golfe Arabique** ou **mer Érythrée,** dépendance de l'océan Indien (avec lequel elle communique par le détroit de Bāb al-Mandab), entre l'Asie et l'Afrique, reliée à la Méditerranée par le canal de Suez. La mer Rouge occupe l'emplacement d'un fossé d'effondrement, et sa profondeur maximale est supérieure à 2 000 m. Elle baigne les côtes de l'Egypte, du Soudan, de l'Ethiopie, du Yémen, de l'Arabie Saoudite, de la Jordanie et d'Israël.

Rouge (*place*), place principale de Moscou, en bordure du Kremlin. Mausolée de Lénine.

Rouge (*rivière*). V. RED RIVER.

Rouge et le Noir (*le*), roman de Stendhal (1830). Stendhal s'est inspiré d'un fait divers, le procès du séminariste Berthet, condamné à mort à Grenoble en 1827, auquel il a joint un grand nombre d'éléments autobiographiques pour composer le personnage de son héros. Enfant du peuple, admirateur de Napoléon, Julien Sorel est né trop tard pour prétendre à la gloire des armes. Orgueilleux, mais timide, il met toute son énergie à dominer ses faiblesses pour conquérir sa place dans le monde. Il devient l'amant de Mme de Rênal, mère des enfants dont il est le précepteur, puis secrétaire du marquis de La Môle, dont il conquiert la fille, Mathilde. Il est sur le point de l'épouser quand une lettre de Mme de Rênal brise sa fortune. Sacrifiant son ambition à sa vengeance, Julien tire sur sa première maîtresse deux coups de pistolet. Mais, guérie, celle-ci vient le voir dans sa prison, et les derniers mois qu'il y passe avant la guillotine sont les plus heureux de sa vie. Tentant de concilier ses deux fascinations, celle de Rousseau et celle de Napoléon, Stendhal a superposé au roman de la volonté le roman du bonheur, faisant de Mme de Rênal une sorte d'idéal imaginaire qui incarne à la fois la mère dont la tendresse lui avait manqué et la femme dont rêvait sa sensibilité et qu'il ne devait jamais rencontrer.

Rougé (44660), ch.-l. de c. de la Loire-Atlantique (arr. de Châteaubriant) ; 1 995 h. (433 aggl.). Minerai de fer.

rougeâtre [-ʒɑtr] adj. Qui tire sur le rouge.

rougeaud [-ʒo], **e** [-od] adj. et n. *Fam.* Qui a le visage rouge, haut en couleur.

rouge-gorge n. m. Oiseau passereau à plumage brun, avec la gorge et la poitrine rouges, commun en France, où il reste l'hiver. (Long. 15 cm ; nom usuel : *rubiette ;* famille des turdidés.) [V. illustr. OISEAUX.] ‖ Pl. des *rouges-gorges.*

Rougemont (25680), ch.-l. de c. du Doubs (arr. de Besançon) ; 1 102 h.

Rougemont-le-Château (90110), ch.-l. de c. du Territoire de Belfort ; 1 436 h.

Phot. Alain Perceval, Union-Photo.

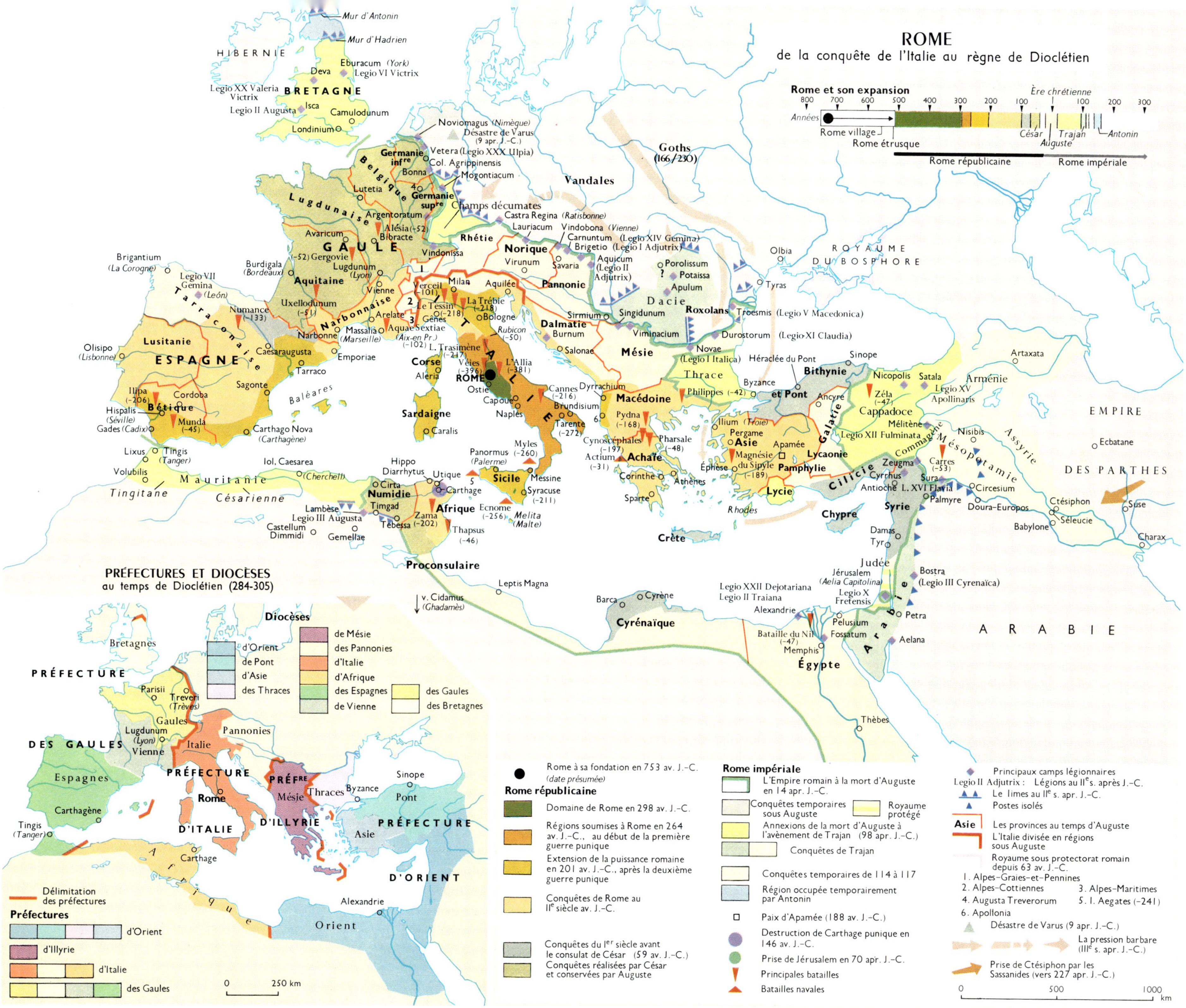
ROME
de la conquête de l'Italie au règne de Dioclétien
Rome et son expansion
Années
800 700 600 500 400 300 200 100 | 100 200 300
Ère chrétienne
Rome village
Rome étrusque
César
Auguste
Trajan
Antonin
Rome républicaine
Rome impériale
Rome à sa fondation en 753 av. J.-C. (date présumée)
Rome républicaine
Domaine de Rome en 298 av. J.-C.
Régions soumises à Rome en 264 av. J.-C., au début de la première guerre punique
Extension de la puissance romaine en 201 av. J.-C., après la deuxième guerre punique
Conquêtes de Rome au IIe siècle av. J.-C.
Conquêtes du Ier siècle avant le consulat de César (59 av. J.-C.)
Conquêtes réalisées par César et conservées par Auguste
Rome impériale
L'Empire romain à la mort d'Auguste en 14 apr. J.-C.
Conquêtes temporaires sous Auguste
Royaume protégé
Annexions de la mort d'Auguste à l'avènement de Trajan (98 apr. J.-C.)
Conquêtes de Trajan
Conquêtes temporaires de 114 à 117
Région occupée temporairement par Antonin
Paix d'Apamée (188 av. J.-C.)
Destruction de Carthage punique en 146 av. J.-C.
Prise de Jérusalem en 70 apr. J.-C.
Principales batailles
Batailles navales
Principaux camps légionnaires
Legio II Adjutrix : Légions au IIe s. après J.-C.
Le limes au IIe s. apr. J.-C.
Postes isolés
Asie Les provinces au temps d'Auguste
L'Italie divisée en régions sous Auguste
Royaume sous protectorat romain depuis 63 av. J.-C.
1. Alpes-Graies-et-Pennines
2. Alpes-Cottiennes
3. Alpes-Maritimes
4. Augusta Treverorum
5. I. Aegates (-241)
6. Apollonia
Désastre de Varus (9 apr. J.-C.)
La pression barbare (IIIe s. apr. J.-C.)
Prise de Ctésiphon par les Sassanides (vers 227 apr. J.-C.)
0 500 1000 km
HIBERNIE
Mur d'Antonin
Mur d'Hadrien
BRETAGNE
Eburacum (York)
Legio VI Victrix
Deva
Legio XX Valeria Victrix
Legio II Augusta
Isca
Camulodunum
Londinium
GAULE
Germanie infre
Germanie supre
Belgique
Lugdunaise
Aquitaine
Narbonnaise
Noviomagus (Nimègue)
Désastre de Varus (9 apr. J.-C.)
Vetera (Legio XXX Ulpia)
Col. Agrippinensis
Bonna
Mogontiacum
Lutetia
Champs décumates
Argentoratum
Alésia (-52)
Bibracte
Avaricum
(-52) Gergovie
Lugdunum (Lyon)
Burdigala (Bordeaux)
Vienne
Uxellodunum (-51)
Arelate
Aquae Sextiae (Aix-en Pr.) (-102)
Massalia (Marseille)
Narbonne
Vindonissa
Rhétie
Norique
Pannonie
Castra Regina (Ratisbonne)
Lauriacum
Vindobona (Vienne)
Carnuntum (Legio XIV Gemina)
Brigetio (Legio I Adjutrix)
Aquincum (Legio II Adjutrix)
Virunum
Savaria
Vandales
Goths (166/230)
Dacie
Porolissum
Potaissa
Apulum
Roxolans
Sirmium
Singidunum
Viminacium
Troesmis (Legio V Macedonica)
Durostorum (Legio XI Claudia)
Novae (Legio I Italica)
Olbia
Tyras
ROYAUME DU BOSPHORE
ESPAGNE
Tarraconaise
Lusitanie
Bétique
Brigantium (La Corogne)
Legio VII Gemina (León)
Numance (-133)
Caesaraugusta
Tarraco
Emporiae
Olisipo (Lisbonne)
Sagonte
Baléares
Ilipa (-206)
Cordoba
Munda (-45)
Hispalis (Séville)
Gades (Cadix)
Carthago Nova (Carthagène)
ITALIE
Milan
Aquilée
Verceil (-101)
Le Tessin (-218)
La Trébie (-218)
Gênes
Bologne
Rubicon (-50)
L. Trasimène (-217)
Véies (-396)
L'Allia (-381)
ROME
Ostie
Capoue
Naples
Cannes (-216)
Brundisium
Tarente (-272)
Corse
Aleria
Sardaigne
Caralis
Sicile
Panormus (Palerme)
Myles (-260)
Messine
Syracuse (-211)
Ecnome (-256)
Melita (Malte)
Dalmatie
Burnum
Salonae
Mésie
Thrace
Macédoine
Dyrrachium
Pydna (-168)
Cynoscéphales (-197)
Pharsale (-48)
Actium (-31)
Achaïe
Corinthe
Athènes
Sparte
Crète
Philippes (-42)
Byzance
Héraclée du Pont
Sinope
Bithynie et Pont
Ilium (Troie)
Pergame
Asie
Apamée
Éphèse
Magnésie du Sipyle (-189)
Rhodes
Lycie
Pamphylie
Lycaonie
Galatie
Ancyre
Cappadoce
Nicopolis
Zéla (-47)
Satala
Legio XV Apollinaris
Mélitène
Legio XII Fulminata
Arménie
Artaxata
Commagène
Cilicie
Zeugma
Cyrrhus
Antioche
L. XVI Flavia
Chypre
Syrie
Carres (-53)
Nisibis
Mésopotamie
Assyrie
Sura
Circesium
Palmyre
Doura-Europos
Ctésiphon
Séleucie
Babylone
Suse
Charax
Ecbatane
EMPIRE DES PARTHES
Damas
Tyr
Judée
Jérusalem (Aelia Capitolina)
Legio X Fretensis
Bostra (Legio III Cyrenaïca)
Petra
Aelana
Arabie
ARABIE
Legio XXII Dejotariana
Legio II Traiana
Alexandrie
Pelusium
Fossatum
Bataille du Nil (-47)
Memphis
Égypte
Thèbes
Barca
Cyrène
Cyrénaïque
Leptis Magna
v. Cidamus (Ghadamès)
Proconsulaire
Afrique
Utique
Carthage
Hippo Diarrhytus
Cirta
Numidie
Timgad
Zama (-202)
Thapsus (-46)
Tebessa
Lambèse
Legio III Augusta
Castellum Dimmidi
Gemellae
Iol. Caesarea (Cherchell)
Maurétanie Césarienne
Tingis (Tanger)
Lixus
Volubilis
Tingitane
PRÉFECTURES ET DIOCÈSES
au temps de Dioclétien (284-305)
Diocèses
d'Orient
de Pont
d'Asie
des Thraces
de Mésie
des Pannonies
d'Italie
d'Afrique
des Espagnes
de Vienne
des Gaules
des Bretagnes
Délimitation des préfectures
Préfectures
d'Orient
d'Illyrie
d'Italie
des Gaules
PRÉFECTURE DES GAULES
PRÉFECTURE D'ITALIE
PRÉFRE D'ILLYRIE
PRÉFECTURE D'ORIENT
Bretagnes
Parisii
Treveri (Trèves)
Gaules
Lugdunum (Lyon)
Vienne
Espagnes
Carthagène
Tingis (Tanger)
Italie
Pannonies
Rome
Mésie
Thraces
Byzance
Sinope
Pont
Asie
Carthage
Afrique
Alexandrie
Orient
0 250 km

Temple dit « de la Fortune virile », à Rome, v. le Ier s. av. J.-C.

L'art romain doit sans doute beaucoup au fonds étrusque dans lequel il a d'abord puisé, mais il est aussi très redevable à l'art grec, au point qu'il fut longtemps considéré comme n'en étant que le prolongement. On tend aujourd'hui à lui accorder un pouvoir créateur plus original. Pourtant, la période classique de l'art romain ne commence qu'au IIe s. av. J.-C., lorsque Rome, étendant ses conquêtes, fut mise, en Italie du Sud puis en Grèce même, en contact direct avec l'hellénisme. Œuvres et artistes grecs affluèrent alors à Rome, qui connut son âge d'or au cours des deux premiers siècles de notre ère, pour subir ensuite l'influence d'arts populaires et orientaux se faisant jour dans son empire.

• Le génie romain s'est surtout manifesté dans l'*architecture*. Empruntant l'arc et la voûte aux Étrusques, les Romains en épuisèrent presque toutes les possibilités : berceau, voûte d'arêtes, coupole. L'utilisation du béton (pierres noyées dans du mortier), souvent associé à la brique, prévalut à partir du début de notre ère et permit d'élever rapidement de vastes édifices d'une grande solidité. Il y eut toujours chez les Romains une tendance à l'ostentation, au colossal, qui s'accentua à la fin de l'Empire. Le décor, pris à la Grèce, accordant une place privilégiée à l'*ordre corinthien*, enrichi de l'*ordre toscan* dérivé du dorique, se plaquait sur une construction de nature très différente. Le forum constituait le cœur de la cité, édifiée généralement selon un plan géométrique. Autour de lui se groupaient les temples, bâtis sur de hauts podiums à escaliers, en lesquels s'alliaient les traditions étrusque et grecque. La *basilique*, édifice public à usage civil, rectangulaire, était divisée en nefs par des rangées de colonnes. Si le théâtre grec fournit le modèle du théâtre romain, l'*amphithéâtre*, le *cirque*, l'*arc de triomphe*, les *thermes* furent des créations romaines. Les romains élevèrent de nombreuses constructions utilitaires, comme des aqueducs, des fontaines, des ponts, des fortifications. Les maisons particulières et les villas de campagne s'organisaient autour d'un atrium.
Non seulement à Rome et en Italie, mais dans tous les territoires de l'Empire, demeurent des témoignages de l'architecture romaine qui empruntait parfois aux traditions locales.

• La *sculpture* est anonyme. Elle est d'abord nettement étrusque, puis subit l'influence des œuvres grecques. Nous lui devons peu d'images de divinités, mais par contre une grande quantité de *portraits*; le génie romain s'y manifeste par un souci de *réalisme*. Peu enclins à l'art pour l'art, cherchant toujours l'utile, les sculpteurs romains créent le bas-relief narratif, tel celui, long de 200 mètres, qui enroule ses récits de guerre autour de la colonne Trajane. Des bas-reliefs décoraient aussi les sarcophages.

• La *peinture* jouait un très grand rôle dans la décoration des intérieurs. Les tombeaux et les maisons (Herculanum, Pompéi) ont livré de nombreuses fresques. Certains motifs ornementaux, retrouvés dans la maison Dorée de Néron (enfouie sur l'Esquilin, à Rome), sont à l'origine des *grotesques*. L'art de la *mosaïque* jouit d'une faveur constante, tant en Italie que dans l'Empire.

Détail de la colonne Trajane, à Rome, dédiée en 113 : la lutte contre les Daces.

« Les Noces Aldobrandines », peinture murale du Ier s. *Musée du Vatican, Rome.*

Tête de Tibère, bronze. *Musée national des Thermes, Rome.*

La Porta Nigra, à Trèves (Allemagne), IIIe ou IVe s.

L'arc de Constantin, à Rome (312-315). Certaines sculptures sont des remplois d'époques antérieures.

Phot. Scala, Giraudon-Garanger, Irmer, Giraudon (3

rougeoiement [-ʒwamɑ̃] n. m. Lueur, reflet rouge.

rougeole [ruʒɔl] n. f. (lat. pop. *rubeola*). Maladie contagieuse caractérisée par une éruption de taches rouges sur la peau, qui atteint surtout les enfants. ‖ *Bot.* Mélampyre des champs.
— Encycl. La *rougeole* est due à un virus filtrant et confère une immunité solide. Après une période de latence de 10 jours, faisant suite au contact avec un rougeoleux (période d'incubation), la maladie débute par un catarrhe des yeux et du nez, accompagné par une fièvre variable. Quatre jours plus tard, précédée d'un énanthème caractérisé par la présence de petits points blancs (taches de Koplik) sur la face interne des joues, l'éruption apparaît. Elle commence par la face (en même temps que la fièvre atteint 40), envahit tout le corps en 36 heures et est faite de petites taches rouges qui, isolées ou groupées en plaques, laissent entre elles des intervalles de peau saine. Puis la fièvre baisse rapidement, et l'éruption s'efface en quelques jours.

rougeoleux, euse adj. et n. Qui a la rougeole.

rougeoyer [ruʒwaje] v. i. (conj. **3**). Prendre une teinte rougeâtre.

rouge-queue n. m. Oiseau passereau à queue rouge, dit *rossignol des murailles.* ‖ Pl. des *rouges-queues.*

rouge-queue

rouget [ruʒɛ] n. m. Nom donné à des poissons qui n'ont de commun que leur coloration rouge, particulièrement le *rouget-barbet,* ou mulet, comestible estimé, et le *rouget-grondin,* variété rouge du grondin. ‖ *Vétér.* Maladie infectieuse du porc. ‖ Forme larvaire d'un acarien de la famille des trombididés, qui, seule, est parasite de l'homme. (Cette larve microscopique abonde dans l'herbe en été et en automne [d'où les noms d'*aoûtat* et de *vendangeur* sous lesquels on la désigne fréquemment] et provoque de très vives démangeaisons.)

rouget

Rouget de Lisle (Claude), officier français, né à Lons-le-Saunier (1760-1836). Il était capitaine de génie à Strasbourg lorsqu'il composa le *Chant de guerre pour l'armée du Rhin* (1792), qui devint *la Marseillaise.*

rougeur n. f. Couleur rouge : *la rougeur des lèvres.* ‖ Teinte rouge passagère qui apparaît sur la peau du visage et qui révèle une émotion : *sa rougeur trahit un mensonge.* ‖ — Pl. Taches rouges sur la peau.

rougir [ruʒir] v. t. Rendre rouge : *fer rougi au feu.* ● *Rougir son eau,* y mettre un peu de vin. ‖ — V. i. Devenir rouge : *l'écrevisse rougit en cuisant.* ‖ *Fig.* Éprouver de la honte, de la confusion.

rougissant, e adj. Qui devient rouge.

Rougon-Macquart (*les*), série de vingt romans, dans lesquels Emile Zola fait l'« Histoire naturelle et sociale d'une famille sous le second Empire ». L'auteur applique les méthodes expérimentales de la science (notamment les recherches sur les lois de l'hérédité) à la description de la vie individuelle et à l'étude des phénomènes sociaux : *la Fortune des Rougon* (1871), *la Curée* (1872), *le Ventre de Paris* (1873), *la Conquête de Plassans* (1874), *la Faute de l'abbé Mouret* (1875), *Son Excellence Eugène Rougon* (1876), *l'Assommoir* (1877), *Une page d'amour* (1878), *Nana* (1880), *Pot-Bouille* (1882), *Au Bonheur des dames* (1883), *la Joie de vivre* (1884), *Germinal* (1885), *l'Œuvre* (1886), *la Terre* (1887), *le Rêve* (1888), *la Bête humaine* (1890), *l'Argent* (1891), *la Débâcle* (1892), *le Docteur Pascal* (1893).

Rouher (Eugène), homme politique français, né à Riom (1814-1884). Ministre d'Etat (1863-1869), puis président du Sénat, il joua un rôle capital durant la période libérale du second Empire; il soutint l'expédition du Mexique. Celui qu'on surnomma « le vice-empereur sans responsabilité » fut député bonapartiste au début de la IIIe République.

Rouïba, comm. d'Algérie (dép. d'Alger), dans la Mitidja; 16 700 h. Constructions mécaniques (camions).

Rouillac (16170), ch.-l. de c. de la Charente (arr. d'Angoulême); 1 551 h. (817 aggl.). Distillerie. Clocher du XIIe s.

rouille [ruj] n. f. (lat. *robigo, robiginis*). Oxyde ferrique hydraté, qui est une sorte de crasse d'un rouge-orangé dont se couvrent les objets de fer exposés à l'air humide. ‖ *Bot.* Maladie cryptogamique atteignant surtout les céréales et se manifestant par des taches brunes ou jaunes sur les tiges et les feuilles : *les rouilles sont produites par des champignons de l'ordre des urédinales.* ● *Rouille des feuilles* (Vitic.), syn. de MILDIOU.

rouillé, e adj. Qui est atteint par la rouille : *couteau rouillé.* ‖ Se dit d'une personne qui a perdu la pratique d'une chose, l'entraînement.

rouiller v. t. Produire de la rouille sur un corps : *l'humidité rouille le fer.* ‖ Produire la rouille des céréales sur : *rouiller le blé.* ‖ *Fig.* Altérer, faute d'exercice : *l'oisiveté rouille l'esprit.* ‖ — V. i. et **se rouiller** v. pr. Se couvrir de rouille. ‖ *Fig.* Perdre son activité, sa force.

rouillure n. f. Effet de la rouille sur le fer; effet de la maladie de la rouille sur les céréales.

rouir [rwir] v. t. (empr. au francique). Pratiquer l'opération du rouissage : *rouir du lin.*

rouissage n. m. Opération permettant d'éliminer, par un séjour plus ou moins prolongé en milieu humide, les matières pectiques de la zone libérienne, dans lesquelles sont enrobés les faisceaux de fibres de certaines plantes textiles (lin, chanvre, jute, etc.), afin d'extraire ces fibres. (Ce sont des bactéries, se trouvant normalement sur les végétaux, qui sécrètent les diastases solubilisant les matières pectiques. L'opération peut se faire soit à l'eau [en rivière ou en cuve], soit sur pré.)

rouissoir n. m. *Industr.* Endroit où l'on met rouir le chanvre, le lin.

Roujan (34320), ch.-l. de c. de l'Hérault (arr. de Béziers); 1 610 h. Eglise (XIIe-XIVe s.).

roulade n. f. Action de rouler de haut en bas. ‖ Pièce de viande roulée ou tranche de viande masquée de farce et roulée en ballottine. ‖ *Mus.* Vocalise brillante sur une seule syllabe.

roulage n. m. Action de rouler : *le roulage des voitures.* ‖ Opération consistant à faire passer un rouleau sur un champ pour briser les mottes. ‖ Opération permettant de donner une forme précise à un morceau de métal en le roulant entre deux tables en mouvement ou en le faisant tourner entre deux matrices qui portent des empreintes au profil à obtenir. ‖ Transport de marchandises par voiture. ‖ Etablissement qui se charge de ce transport. ‖ Transport du charbon en berlines sur les rails des galeries de mine.

Roulans [-lɑ̃] (25640), ch.-l. de c. du Doubs (arr. de Besançon); 504 h. Ruines d'un château du XIIIe s.

roulant, e adj. Qui roule aisément : *voiture bien roulante.* ‖ *Pop.* Très amusant, comique. ● *Cuisine roulante,* ou *roulante* n. f., voiture, cuisine ambulante employée par les troupes en campagne. ‖ *Escalier, tapis roulant,* appareil élévateur ou transporteur pour les personnes, les colis. ‖ *Feu roulant,* feu de mousqueterie continu; et, au *fig.,* succession vive et ininterrompue : *feu roulant d'épigrammes.* ‖ *Matériel roulant,* ensemble des voitures, des wagons, des locomotives employés dans une exploitation.

roulant n. m. et adj. m. *Fam.* Se dit du personnel employé à bord des véhicules d'entreprises de transport en commun, généralement des chemins de fer.

roule [rul] n. m. Cylindre de bois dur.

roulé, e adj. *Bien roulée* (Pop.), se dit d'une jeune fille, d'une jeune femme bien proportionnée.

rouleau [rulo] n. m. (dimin. de *rôle*). Objet formé par une chose disposée en cylindre : *rouleau de papier;* ou par des objets empilés en cylindre : *rouleau de pièces d'or.* ‖ Cylindre de fonte, de bois, de papier, etc. ‖ Instrument de culture pour briser les mottes de terre et plomber. ‖ Cylindre dont les pâtissiers se servent pour étendre la pâte. ‖ Bigoudi. ‖ Manchon en peau de mouton ou en matière plastique dont on se sert pour étaler la peinture. ‖ Grande vague déferlante. ‖ *Sports.* Un des styles particuliers du sauteur en hauteur. ● *Etre au bout de son rouleau* (Fam.), avoir épuisé tous ses moyens, toutes ses ressources; être à bout de forces. ‖ *Rouleau compresseur,* engin automoteur pour le compactage des sols, composé de plusieurs cylindres métalliques de grand diamètre, montés sur un châssis. ‖ *Rouleau à pieds de mouton,* rouleau compresseur formé d'un cylindre muni à sa périphérie de fouloirs radiaux qui transmettent aux matériaux la pression de l'engin.

rouissage du chanvre en rivière

roulement n. m. Mouvement de ce qui roule : *le roulement d'une bille.* ‖ Batterie de tambour où l'on bat à coups égaux et pressés. ‖ — *Fig.* Bruit semblable à celui d'un corps qui roule : *roulement de tonnerre.* ‖ Action de se remplacer alternativement dans certaines fonctions : *le roulement des tribunaux.* ● *Fonds de roulement,* ensemble des biens dont dispose une entreprise pour faire face aux dépenses d'exploitation. ‖ *Roulement à billes, à rouleaux, à aiguilles,* coussinet dans lequel l'arbre tourne à l'intérieur d'un anneau formé de billes, de rouleaux d'acier cylindriques ou coniques, ou d'aiguilles. ‖ *Roulement d'yeux,* action de rouler* les yeux.

rouler [rule] v. t. (du lat. *rota,* roue). Mouvoir une chose en la faisant tourner sur elle-même : *rouler un tonneau.* ‖ Passer un rouleau sur : *rouler un champ.* ‖ Envelopper en forme de rouleau : *rouler une cigarette.* ‖ Mettre en rouleau : *rouler une pièce d'étoffe.* ‖ *Fig.* Former, méditer : *rouler un projet dans sa tête.* ‖ *Fam.* Duper, mystifier : *rouler un acheteur.* ● *Rouler sa bosse,* se déplacer, voyager fréquemment. ‖ *Rouler les « r »,* les faire vibrer fortement. ‖ *Rouler les yeux,* les porter rapidement de côté et d'autre. ‖ — V. i. Se mouvoir en tournant sur soi-même : *rouler de haut en bas d'un escalier.* ‖ — *Fig.* Faire entendre des roulements : *le tonnerre roule sur nos têtes.* ‖ Avoir pour sujet : *sa conversation roule toujours sur l'argent.* ‖ *Mar.* En parlant d'un navire, être animé, sous l'effet de la mer, de mouvements alternatifs sur un bord et sur l'autre. ● *Rouler sur l'or,* être fort riche. ‖ *Tout roule là-dessus,* c'est le point dont le reste dépend. ‖ **— Se rouler** v. pr. Etant couché, se tourner et se retourner : *se rouler dans la poussière.*

Roulers, en néerl. **Roeselare,** v. de Belgique (Flandre-Occidentale); 40 100 h. Métallurgie et textiles.

roulette n. f. (de *roue*). Petite roue montée dans une chape mobile autour d'un axe vertical, et permettant le déplacement aisé des objets au pied desquels elle est fixée. ‖ Petite roue en cuivre dont les relieurs se servent pour fixer la dorure sur les livres. ‖ Jeu de hasard où le gagnant est désigné par l'arrêt d'une boule sur un numéro d'un plateau tournant : *jouer à la roulette.* ● *Aller comme sur des roulettes* (Fam.), ne rencontrer aucun obstacle. ‖ *Roulette à patron,* petite roue dentée en acier, munie d'un manche servant, en couture, à reproduire un tracé sur les tissus ou sur les patrons.

rouleur, euse n. Ouvrier, ouvrière qui travaille tantôt dans un atelier, tantôt dans un autre.

rouleur n. m. Ouvrier qui pousse des chariots, des brouettes. ‖ Cric d'automobile monté sur roues.

rouleur n. m. Coureur cycliste doué de qualités d'endurance pour les parcours de plat.

roulier [rulje] n. m. Voiturier qui transportait des marchandises (vx).

roulis [ruli] n. m. Mouvement d'oscillation d'un bord sur l'autre que prend un véhicule autour d'un axe longitudinal, sous l'influence d'une force perturbatrice. ● *Quille de roulis,* quille latérale destinée à atténuer le roulis d'un navire.

roulis

compresseur — rouleaux — à pieds de mouton

Phot. Markham, S. P. I. E. A., Dumontier, X, Baranger.

les puits de pétrole de Ploieşti

Roumanie

le mont Suharcelul dans les Carpates moldaves

le centre de vinification de Panciu

roulotte [rulɔt] n. f. Grande voiture où logent les forains, les nomades. || Voiture automobile ou remorque aménagée en logement. (On dit plutôt CARAVANE.) ● *Vol à la roulotte* (Fam.), vol d'objets dans une voiture en stationnement.

roulotter v. t. Ourler, surjeter en rouleau.

roulure [rulyr] n. f. Maladie des arbres qui provoque un décollement des couches ligneuses. || *Pop.* Personne méprisable ; prostituée.

roumain [rumɛ̃], **e** [-ɛn] adj. et n. De Roumanie. || — N. m. Langue romane parlée en Roumanie.

Roumanie, en roumain **România,** république socialiste de l'Europe orientale, sur la mer Noire ; 237 500 km²; 20 470 000 h. (*Roumains*). Cap. *Bucarest.* Langue : *roumain.*

Géographie.

● *Géographie régionale.* Les Carpates* constituent « la pièce maîtresse de l'architecture de l'Etat roumain ». Elles enserrent le plateau de Transylvanie et dominent vers l'extérieur les plateaux et collines de la Moldavie, l'extrémité orientale du Bassin pannonien (dont une partie du Banat) et les plaines (Olténie, Burnazul, Bară-gan) qui bordent la vallée alluviale du Danube, elle-même limitée, au sud du delta terminal sur la mer Noire, par les collines de la Dobroudja.

Entre la frontière ukrainienne et la vallée de la Dîmboviţa, les *Carpates orientales* sont caractérisées par une altitude moyenne relativement basse, de l'ordre de 1 200 m (plus de 2 000 m toutefois dans le massif du Rodna), une fragmentation du relief liée à la complexité de la structure et de la géologie (juxtaposant noyaux cristallins, cônes volcaniques et terrains sédimentaires). Les bassins intérieurs sont des zones de cultures et des sites urbains (Braşov). La montagne fournit de l'hydro-électricité (centrales de la Bistriţa) et est localement aménagée pour le tourisme. L'altitude est plus élevée dans les *Carpates méridionales,* ou *Alpes de Transylvanie* (entre la Dîmboviţa et le Danube), liée à l'extension des roches cristallines. De nombreux sommets dépassent 2 500 m (2 543 m au Moldoveanul). Les hauts plateaux d'érosion abondent, et les dépressions (Petroşani, Hateg) sont rares. La forêt de hêtres monte jusqu'à 500 m et les conifères jusqu'à près de 2 000 m. Le tourisme s'est récemment développé dans cette région (parc national de Retezat), où l'érosion glaciaire a été intense. Dans les *Carpates occidentales,* étendues sur plus de 300 km entre le Danube et le Someş, l'altitude ne dépasse jamais 2 000 m. Au sud, les monts du Banat sont formés de schistes cristallins avec intrusions granitiques, couverts de hêtres et de paturages, et recelant quelques gisements miniers. Au nord du Mureş, les Apuseni (dont le massif de Bihor constitue la partie centrale) sont largement déboisés, et l'agriculture et l'élevage y constituent les principales ressources à côté des traditionnelles activités minières (or, cuivre, fer, bauxite). L'ensemble de la région carpatique a un climat rude, mais la température moyenne mensuelle n'est inférieure à 0 °C qu'au-dessus de 1 800-2 000 m (limite supérieure de la forêt, qui recouvre une grande partie du massif), où l'enneigement dure plus de la moitié de l'année et où la hauteur des précipitations est supérieure à 1 200 mm (au-dessous, la hauteur des précipitations est seulement de l'ordre de 1 000 m).

Le *plateau de Transylvanie* juxtapose une partie de collines au nord (entre 400 et 600 m), riche région agricole (céréales, betterave à sucre, tournesol), et une partie méridionale plus élevée (de 600 à 700 m), à la topographie contrastée (plateau des Tirnăve), souvent basse, portant quelques vignobles et dont le sous-sol recèle du méthane. Le *plateau moldave* est une plate-forme inclinée vers la vallée du Prout. Son extrémité nord-est est une région basse intensément mise en culture (céréales, vignobles). Les plantes industrielles dominent dans la région de Suceava, où l'altitude se relève (de 400 à 600 m). La forêt a reculé plus au sud (autour de Bîrlad), cédant la place à une agriculture caractérisée par une dispersion de l'habitat.

La *plaine roumaine* (entre le Danube et les Carpates méridionales) s'étend sur une longueur de 600 km et une largeur variant entre 20 et 150 km. La topographie associe interfluves et terrasses fluviales, l'ensemble étant recouvert par d'épaisses formations lœssiques, favorisant une riche agriculture (essentiellement vivrière). A l'est, le lit majeur du Danube (*Băltă* ou *Lúncă*) est une vaste étendue marécageuse, en cours d'aménagement. La navigation est active sur l'ensemble de la partie roumaine entre Calafat et Galaţi. A l'ouest, la partie orientale de la plaine de la Tisza appartient à la Roumanie. Le relief y est mou, les vallées sont peu marquées, et les altitudes, peu contrastées, varient seulement entre 80 et 180 m. Les céréales et les plantes industrielles y sont répandues. A la périphérie des Carpates se sont établies les villes (Oradea, Arad, Timişoara).

La *Dobroudja* est formée d'une partie septentrionale relativement élevée (400-500 m), souvent forestière, domaine de l'agriculture, et d'une partie méridionale tabulaire, plus basse, steppique en retrait de Constanţa et forestière dans son extrémité sud. Au sud du delta amphibie du Danube, où la pêche est active (esturgeon, maquereau), le littoral de la mer Noire est une côte à falaise, interrompue aux embouchures ensablées des limans. L'activité portuaire et touristique se concentre dans l'ensemble Constanţa-Mamaia. L'ensemble des plateaux et des plaines a aussi un climat de tendance continentale, mais sensiblement moins rude que dans les Carpates. A Bucarest, seuls janvier et février ont une moyenne (très légèrement) inférieure à 0 °C, alors que, d'avril à octobre, les moyennes mensuelles dépassent 10 °C (plus de 20 °C en juillet et en août). Les précipitations diminuent d'ouest en est (630 mm à Timişoara, 590 mm à Bucarest et 365 mm seulement à Constanţa), tombant avec un maximum estival.

● *Géographie humaine et économique.* Les Roumains (individualisés notamment par une langue romane) constituent plus de 85 p. 100 d'une population comprenant plusieurs minorités (allemande et surtout hongroise). Le rythme d'accroissement de la population est aujourd'hui réduit (de l'ordre de 0,6 p. 100 par an) en raison de la chute récente du taux de natalité (inférieure à 15 p. 1 000 en 1967), plus sensible que celle d'un taux de mortalité pourtant très bas (9,3 p. 1 000). Près de 40 p. 100 de cette population se groupent aujourd'hui dans les villes, dont plus d'une quinzaine dépassent 100 000 h. et parmi lesquelles émerge notamment Bucarest*.

L'agriculture emploie la moitié de la population active, mais fournit moins de 30 p. 100 du produit matériel net. Entreprise dès 1945, la collectivisation des terres n'a été achevée qu'en 1962. Le secteur privé n'emploie plus guère que le dixième de la population active agricole et ne possède que 6 p. 100 des terres exploitées. Celles-ci sont la propriété d'entreprises de deux types : les fermes d'Etat (qui, au nombre de 700 environ, emploient 300 000 salariés et exploitent plus de 2 millions d'hectares) et les coopératives de production (4 700 coopératives regroupent plus de 80 p. 100 de la population rurale et exploitent près de 9 millions d'hectares). Sur le plan des productions dominent les céréales (maïs et blé), la betterave à sucre et le vignoble ; l'élevage (surtout ovins) est aussi développé.

L'industrie emploie près du quart de la population active, mais assure la moitié du produit matériel net. Le développement a été favorisé par la richesse énergétique du sous-sol en hydrocarbures (13 Mt de pétrole [Ploieşti],

Phot. ambassade de Roumanie (2), Bureau d'inform. roumain.

21 milliards de mètres cubes de gaz naturel [Tîrgu Mureş]), complétée par des productions non négligeables de houille et de lignite (le potentiel hydro-électrique est encore faiblement mis en valeur et ne fournit qu'une part infime d'une production globale d'électricité dépassant 24 TWh). Le minerai de fer est présent dans le Sud-Ouest, où sa localisation explique (avec la proximité du charbon) celle du principal centre sidérurgique, Hunedoara (avant l'achèvement de l'important complexe de Galaţi). La métallurgie des non-ferreux est développée (usine d'aluminium de Slatina). Parmi les branches de transformation émergent les constructions mécaniques et le textile (Bucarest, Ploieşti, Braşov), ainsi que la chimie (pétrochimie de Gheorghe Gheorghiu-Dej).
Rançon d'une industrialisation progressive, la balance commerciale est souvent déficitaire. Les matières premières industrielles et les biens d'équipement représentent près de 80 p. 100 des importations, mais la part des articles manufacturés est déjà importante parmi les exportations (le cinquième pour les biens d'équipement), venant toutefois légèrement après les ventes d'hydrocarbures. Le commerce extérieur s'effectue en majeure partie avec les Etats socialistes (40 p. 100 avec la seule U. R. S. S.), mais les échanges se développent aujourd'hui avec les pays occidentaux, libéralisation extérieure qui est accompagnée, sur le plan intérieur, d'une décentralisation et d'un assouplissement de la planification, ainsi que d'une autonomie plus grande de l'entreprise.

Histoire.

● *La formation du peuple roumain.* Depuis la plus haute antiquité (XIIe s. av. J.-C.), les plaines du sud et de l'est du pays forment l'extrémité des empires des steppes (Cimmériens, Scythes, Sarmates). Sur le littoral, des cités grecques sont fondées au VIIe s. av. J.-C. Un Etat dace est formé au IIe s. par les Gètes. En 75 av. J.-C., les Romains apparaissent sur le Danube inférieur et constituent la province de Mésie, à l'époque d'Auguste. Les campagnes de Trajan aboutissent (107) à la création d'une province de Dacie, mais Aurélien évacuera cette province entre 271 et 275. Malgré le passage de différentes vagues de Barbares entre le IIIe et le XIIIe s., les paysans de Dacie, Romains ou romanisés, sont restés sur place, et le pays gardera sa langue, d'origine latine, et son nom. D'ailleurs, la Transylvanie et les Carpates, régions montagneuses, mettent à l'abri des diverses invasions. Du Xe au XIIIe s. se constituent de petites principautés roumaines de confession orthodoxe, de liturgie bulgare et de langue latine. La conquête hongroise (X^e-XIe s.) refoule les Roumains vers les plaines danubiennes, où se constituent la Moldavie et la Valachie.
● *Les principautés roumaines (XIVe-XVIIIe s.).* La Valachie s'émancipe avec la victoire de Jean Basarab sur Charles Ier Robert (1330); la Moldavie, avec Bogdan Ier, rejette la suzeraineté hongroise (1359). Au nord, la Transylvanie reste longtemps sous l'influence de la Hongrie. Moldavie et Valachie ont à leur tête un *voïévode*, ou hospodar, élu par l'assemblée des boyards parmi les membres d'une famille princière. L'élevage l'emporte alors sur la culture des céréales : le commerce n'est important que dans les ports. Le roi de Hongrie et, à partir du XVe s., celui de Pologne cherchent à saisir ces ports et à vassaliser les deux principautés en attisant les querelles dynastiques. Finalement, l'invasion turque les fait passer sous la domination du Sultan malgré la résistance héroïque d'Etienne le Grand (1457-1504) et de Michel le Brave (1593-1601), qui avait réuni, pour la première fois sous une seule domination, les terres roumaines, y compris la Transylvanie. Au XVIIIe s., celle-ci passe aux mains de l'Autriche.
La Porte semble se contenter d'abord de la vassalité des principautés du Sud (Valachie) et de l'Est (Moldavie), qui ne sont astreintes qu'à un tribut modéré et à un contingent militaire. Cependant, à partir de 1711 pour la Moldavie, la Porte décide de ne plus nommer que des Phanariotes (Grecs du quartier du Phanar, à Constantinople) au poste d'hospodar, ce qui intensifie l'influence hellénique dans le pays. Le XVIIIe s. est marqué par l'essor d'une culture nationale enrichie par l'apport des pays latins, avec lesquels les principautés ont noué, dès le XVe s., des relations pour mieux lutter contre les Polonais, les Hongrois et surtout les Ottomans (forte influence de la culture française sur la haute société du XVIIIe s.). Peu à peu, le slavon est abandonné comme langue officielle et liturgique au profit du roumain. La littérature roumaine commence par des ouvrages religieux (première Bible publiée en Valachie en 1688), puis historiques.
Les Autrichiens et les Russes conquièrent sur les Turcs des territoires peuplés en partie ou en totalité de Roumains : annexion par les premiers de la Bucovine (1775), par les seconds de la Bessarabie (1812).
● *L'éveil du nationalisme au XIXe s.* En 1821, une révolte nationale amène la Porte à désigner des hospodars d'origine roumaine. Le traité de Paris (1856) plaça sous la garantie des puissances les deux principautés de Valachie et de Moldavie, qui, en élisant le même prince, Alexandre Cuza (1859), réussirent à obtenir la reconnaissance de leur union en un Etat unique. Renversé sept ans plus tard, celui-ci est remplacé par Charles de Hohenzollern.
● *Le royaume de Roumanie.* La guerre russo-turque (1877-1878), où la Roumanie lutte aux côtés de la Russie, vaut à cette première la Dobroudja et donne à Charles Ier, en 1881, la couronne royale. La Transylvanie a été définitivement annexée par la Hongrie en 1867.
La Roumanie participe à la deuxième guerre balkanique de 1913 pour enlever la région située au sud de la Dobroudja à la Bulgarie. Lorsque éclate la Première Guerre mondiale, le roi ne parvient pas à entraîner son pays dans le camp allemand et meurt peu après. Son neveu et successeur, Ferdinand Ier (1914-1927), conseillé par Jon Brătianu, finit par intervenir aux côtés des Alliés (août 1916). L'armée roumaine est écrasée et se replie sur le Siret (déc. 1916). A la faveur de la révolution russe, la Bessarabie se constitue en République socialiste soviétique moldave, mais elle est occupée par les troupes roumaines et annexée (déc. 1918). A la faveur de la victoire, la Roumanie récupère la Bucovine, la Transylvanie, le Banat et, sur les Hongrois en outre, le banat de Temesvár. En 1921 est formée, avec la Tchécoslovaquie et la Yougoslavie, la Petite Entente, surtout destinée à s'opposer au révisionnisme hongrois. Deux ans auparavant, la Roumanie avait d'ailleurs détruit le régime communiste de Béla Kun en Hongrie.
La situation économique et sociale est grave. Les paysans, qui avaient réagi par des révoltes (ainsi en 1888 et en 1907) contre l'oppression des grands, obtiennent le vote d'une loi agraire (1921), mais ils sont souvent obligés de vendre par manque d'argent le lopin de terre qui leur a été alloué. La vie politique manque de stabilité. La Constitution de 1923 confirme le suffrage universel, mais le roi et les ministres continuent à fausser le jeu parlementaire. Les rivalités des partis s'accentuent lorsque la crise économique de 1929 atteint le royaume. Le roi Ferdinand laisse à sa mort (1927) le trône à son petit-fils, Michel Ier, âgé de six ans. Mais celui-ci est déposé en juin 1930 par son père, Charles II (1930-1940), qui, en 1938, impose une dictature. La Garde de Fer, mouvement totalitaire fondé en 1931, est dissoute, mais ses partisans continuent leurs attentats.
L'affaiblissement de l'influence française fait tomber le royaume, à partir de 1938, sous la coupe du Reich hitlérien, qui trouve en Roumanie le blé, le maïs et surtout le pétrole, indispensable à l'économie de guerre allemande. L'entente germano-soviétique (1939) permet à l'U. R. S. S. de saisir la Bessarabie et la Bucovine du Nord (juin 1940); Hitler et Mussolini obligent la Roumanie à donner à la Hongrie le nord de la Transylvanie (août 1940). Le général Antonescu, favorable à l'Axe, prend alors le pouvoir et doit céder à la Bulgarie la Dobroudja du Sud. La Roumanie est occupée par la Wehrmacht en octobre et entre en guerre aux côtés de l'Allemagne (déclaration de guerre à l'U. R. S. S. en juin 1941). Vaincue en 1944, elle signe un armistice et déclare la guerre à l'Allemagne.
● *La République.* Les élections de 1946 voient le triomphe du parti communiste et amènent le roi Michel Ier (1940-1947) à abdiquer. Une Constitution est votée en avril 1948, qui fait de la Roumanie une République populaire. La même année, les sources d'énergie et les industries sont nationalisées; les paysans riches sont expropriés l'année suivante, mais la collectivisation agraire ne se terminera qu'en 1962. Une série d'épurations élimine de la scène politique les hommes de l'ancien régime, puis les leaders marxistes accusés de déviationnisme, en particulier Ana Pauker (1952). Une nouvelle Constitution (1952) crée une région autonome hongroise au sud-ouest de la Transylvanie, afin de résoudre le problème posé par la plus importante minorité nationale. Une autre Constitution la remplace en août 1965, prévoyant un contrôle juridictionnel élargi de l'Assemblée nationale sur les organes de l'Etat et de l'Administration. En décembre 1966, une réforme électorale donne aux électeurs la possibilité de choisir sur la liste unique entre plusieurs candidats. Groza (1947-1955), puis Gheorghiu-Dej (1955-1965) ont dominé la vie politique roumaine depuis la création de la République populaire. A la mort de Gheorghiu-Dej, le pouvoir est passé à Ion Maurer, président du Conseil, Chivu Stoica, chef de l'Etat, et Nicolae Ceauşescu, chef du parti des travailleurs (parti communiste roumain). La Roumanie, devenue République socialiste en 1965, en même temps qu'est promulguée une nouvelle Constitution, ne cesse d'affirmer sa politique propre au sein de l'Europe de l'Est.

Roumanille (Joseph), écrivain provençal, né à Saint-Remy-de-Provence (1818-1891). Poète et conteur (*les Bavardages,* 1883), il publia une anthologie des écrivains de langue provençale (*les Provençales,* 1851) et participa à la fondation du félibrige, dont il fut, après Mistral et jusqu'à sa mort, « capoulié ».

Jean-Jacques Rousseau
par Quentin de La Tour, *musée de Saint-Quentin*

Roumélie, nom donné par les Ottomans aux provinces de Thrace et de Macédoine, conquises par les Turcs au XIVe s.

roumi [rumi] n. m. Nom par lequel les Arabes désignent un chrétien.

Roumois, pays de Normandie entre la Seine et la Risle.

round [rawnd *ou* rund] n. m. (mot angl. signif. *tour*). Reprise, dans un combat de boxe.

roupie [rupi] n. f. *Fam.* Humeur qui découle des fosses nasales et qui pend au nez par gouttes.

roupie n. f. (hindī *rūpya*). Unité monétaire principale de l'Inde (symb. : RUPI) et du Pākistān (symb. : RUPP).

roupiller [rupije] v. i. *Pop.* Sommeiller.

rouquin [rukɛ̃], **e** [-in] adj. et n. *Fam.* Qui a les cheveux roux.

Rourkela, v. de l'Inde (Orissa); 90 300 h. Sidérurgie.

rouscailler [ruskɑje] v. i. *Pop.* Protester.

Rousies (59131), comm. du Nord (arr. d'Avesnes-sur-Helpe); 5 002 h. Métallurgie.

rouspétance n. f. *Fam.* Action de rouspéter.

rouspéter [ruspete] v. i. *Pop.* Protester.

rouspéteur, euse adj. et n. *Pop.* Qui aime à protester; grincheux.

roussâtre adj. Qui tire sur le roux : *une chevelure roussâtre.*

rousse [rus] n. f. *Arg.* Police (vx).

Rousseau (Jean-Baptiste), poète français, né à Paris (1671-1741). Célèbre pour ses *Odes* et ses *Cantates,* il se défendit mal de l'accusation d'avoir publié certains couplets calomnieux et fut condamné au bannissement (1712); il passa le reste de sa vie à Vienne et à Bruxelles.

Rousseau (Jean-Jacques), écrivain de langue française, né à Genève (1712-1778). Fils d'un horloger capricieux et instable, il coûte en naissant la vie à sa mère et, livré à lui-même durant son enfance, est finalement abandonné à dix ans par son père. Son éducation se poursuit au hasard des circonstances et des rencontres : commis de greffier, apprenti graveur, catéchumène à Turin, laquais, séminariste à Annecy, engagé dans la maîtrise de la cathédrale de Lyon, aventurier à Berne et à Paris, il revient à pied à Chambéry chez sa première bienfaitrice, Mme de Warens, et passe dans sa propriété des Charmettes les années les plus calmes de sa vie (1732-1740). Après avoir proposé à l'Académie un nouveau système de notation musicale, il suit à Venise l'ambassadeur de France, se brouille avec lui et revient à Paris faire applaudir chez le financier La Popelinière son opéra *les Muses galantes* (1745). Les salons s'intéressent alors à lui; Diderot lui demande des articles sur la musique pour l'*Encyclopédie.* Son *Discours* sur les sciences et les arts* (1750), couronné par l'académie de Dijon, lui apporte la gloire, qu'accroît sa singularité : il loge dans une mansarde, copie de la musique pour vivre, affiche sa liaison avec une servante d'auberge, Thérèse Levasseur, et refuse les avantages officiels que pourraient lui assurer son opéra *le Devin du village* (1752) et sa comédie *Narcisse* (1753). Il participe à la Querelle des bouffons contre Rameau et les partisans de la musique française (1752-1754). Redevenu citoyen de Genève et calviniste (1754), il provoque de nouveau l'opinion par son *Discours* sur l'origine de l'inégalité* (1755) et commence à méditer son œuvre future à l'Ermitage, pavillon que Mme d'Epinay lui a offert en forêt de Montmorency. Mais son amour sans espoir pour Mme d'Houdetot, belle-sœur de Mme d'Epinay, les indiscrétions de Diderot et de Grimm, l'irritabilité née de la maladie le brouillent avec son hôtesse (1757). C'est dans une maison de campagne du maréchal de Luxembourg qu'il achève la *Lettre* à d'Alembert sur les spectacles* (1758) et qu'il travaille à ses trois ouvrages fondamentaux, *Julie* ou la Nouvelle Héloïse* (1761), *Du contrat* social* (1762) et l'*Emile** (1762), qui, condamné par le parlement, le contraint à l'exil. De Môtiers-Travers, en Suisse, il se défend contre l'archevêque de Paris, contre le Grand Conseil de Genève (*Lettres de la Montagne,* 1764) et contre Voltaire. Chassé de cette retraite, il séjourne deux mois dans l'île de Saint-Pierre, au milieu du lac de Bienne, puis gagne l'Angleterre, où il rompt bientôt avec le philosophe Hume, qui l'a accueilli. Rentré en France (1767), il erre en proie à la folie de la persécution, puis regagne Paris. Dans son modeste logis de la rue Plâtrière, il copie des partitions et rédige un *Dictionnaire* de musique (1767), pensant encore à réformer l'organisation politique de la Corse et de la Pologne, et procédant à un dernier examen de conscience qui est une apologie (*Confessions*,* 1782-1789; *Rêveries* du promeneur solitaire,* 1782; *Rousseau juge de Jean-Jacques,* 1789). Il meurt subitement à Ermenonville chez le marquis de Girardin. Inhumé dans l'île des Peupliers, son corps est transféré au Panthéon en 1794. Révélant son siècle à lui-même, Rousseau affirma contre les encyclopédistes les droits du cœur, les impératifs de la conscience et les rapports spontanés entre la créature et le Créateur. Sa sensibilité devait imprégner plusieurs générations : Chateaubriand et les romantiques lui doivent leurs thèmes lyriques et l'exaltation du moi. Inspirateur de la Déclaration des droits de l'homme de 1793, plus passionné de liberté et d'égalité que Montesquieu et Voltaire, ayant merveilleusement pressenti le mécanisme de la « pensée sauvage », Rousseau est également, dans sa prose musicale, le véritable poète du XVIIIe s.

Rousseau (Théodore), peintre français, né à Paris (1812-1867). Après avoir voyagé à travers la France et

Théodore **Rousseau,** « la Mare »
musée des Beaux-Arts, Reims

Henri **Rousseau,** « la Bohémienne endormie »
Museum of Modern Art, New York

essuyé des échecs répétés au Salon, il se retire en forêt de Fontainebleau, vivant la vie des paysans et s'efforçant de retrouver la leçon des grands paysagistes hollandais. D'autres peintres le rejoignent et forment avec lui l'école de Barbizon ; Rousseau en fut une des principales personnalités. A la fois réalistes et de sentiment romantique, ses paysages le font aussi considérer comme un précurseur de l'impressionnisme (*l'Allée de châtaigniers,* Louvre).

Rousseau (Henri, dit **le Douanier**), peintre français, né à Laval (1844-1910). Commis à l'Octroi de Paris, autodidacte, il se rattache à la veine des peintres populaires, bien que son art soit assez médité. Ce fut son compatriote Alfred Jarry qui le présenta à des peintres et à des écrivains. A la fin de sa vie, des amateurs et des marchands commencèrent à s'intéresser à ses œuvres. Moqué de son vivant, il est aujourd'hui considéré comme un des peintres « naïfs » les plus importants. Ses tableaux, harmonieux de couleurs, dégagent une étrange poésie (*la Guerre, la Charmeuse de serpent,* Louvre).

Roussel (Ker Xavier), peintre français, né à Lorry-lès-Metz (1867-1944). Ami de Vuillard, il fit partie du groupe des nabis. Il prit dans la mythologie les sujets de ses tableaux et exécuta de grandes décorations.

Roussel (Albert), compositeur français, né à Tourcoing (1869-1937), l'un des maîtres de la symphonie (quatre), du poème symphonique (*Evocations,* 1910-1911), du ballet (*le Festin de l'araignée,* 1912 ; *Bacchus et Ariane,* 1931 ; *Aeneas,* 1935), de la suite (*Suite en « fa »,* 1926), de la musique de chambre, de la mélodie, de l'opéra-ballet (*Padmâvatî,* joué en 1923). Dans son art, la discipline polyphonique de Vincent d'Indy s'allie à la séduction debussyste ainsi qu'à une rythmique obstinée, annonciatrice des recherches contemporaines.

Roussel (Raymond), écrivain français, né à Paris (1877-1933). Son écriture, riche en imaginations fantastiques et soumise à des procédés rigoureux, a influencé aussi bien les surréalistes que les adeptes du « nouveau roman » (*la Doublure,* 1897 ; *Impressions d'Afrique,* 1910 ; *Locus solus,* 1914 ; *la Poussière des soleils,* 1926).

rousserolle [rusrɔl] n. f. Oiseau passereau voisin des fauvettes et construisant près des rivières et des marais un nid suspendu. (Long. 20 cm.)

Rousses (Grandes), massif cristallin des Alpes françaises, entre l'Arc et la Romanche ; 3 468 m.

Rousses (Les) [39220], comm. du Jura (arr. de Saint-Claude) ; 1 914 h. (1 372 aggl.). Sports d'hiver.

roussette [rusɛt] n. f. Nom général donné aux chauves-souris de grande taille, d'Asie et d'Afrique : *les roussettes sont frugivores.* || Squale de petite taille, abondant sur les côtes d'Europe et nommé aussi *touille, chat* ou *chien de mer.*

rousseur n. f. Qualité de ce qui est roux. ● *Tache de rousseur,* syn. de ÉPHÉLIDE.

roussi n. m. Odeur d'une chose que le feu a brûlée superficiellement : *cela sent le roussi.* ● *Sentir le roussi* (Fig.), être suspect d'hérésie, ou d'opinion opposée à celle de la majorité.

Roussillon, anc. prov. de France, espagnole à partir du XIIIe s., réunie à la couronne de France en 1659. Cap. *Perpignan.* Il s'étend sur la majeure partie du dép. des Pyrénées-Orientales*. Les cultures irriguées des fruits et légumes, le vignoble et le tourisme constituent les principales ressources de la région.

Roussillon (38150), ch.-l. de c. de l'Isère (arr. de Vienne) ; 7 410 h. (*Roussillonnais*). Industries textiles et chimiques.

roussin [rusɛ̃] n. m. (de l'anc. fr. *roncin,* cheval de charge). Cheval de forte taille, que l'on montait surtout à la guerre. || *Arg.* Policier. ● *Un roussin d'Arcadie,* un âne.

Albert **Roussel**

Raymond **Roussel**

rousserole

Roussin (André), acteur et auteur dramatique français, né à Marseille en 1911. Ses comédies mêlent la satire de mœurs à la verve du théâtre de boulevard (*la Petite Hutte,* 1947 ; *les Œufs de l'autruche,* 1948 ; *Lorsque l'enfant paraît,* 1951 ; *la Mamma,* 1957) [Acad. fr.].

roussir [rusir] v. t. Rendre roux : *le soleil a roussi cette étoffe.* || Brûler légèrement : *roussir du linge.* || — V. i. Devenir roux.

roussissement n. m. ou **roussissure** n. f. Action de roussir ; état de ce qui est roussi.

Roussy (Gustave), médecin français, né à Vevey (Suisse) [1874-1948]. Il posa le problème des relations entre l'hypothalamus et l'hypophyse, et provoqua avec Camus le diabète insipide expérimental par lésion du troisième ventricule cérébral. Il fonda l'Institut du cancer de Villejuif.

Roustchouk ou **Rušcuk.** V. Ruse.

routage n. m. Action de router.

route [rut] n. f. (lat. *via rupta,* voie frayée). Voie carrossable, aménagée pour aller d'un lieu à un autre : *route pavée.* || Itinéraire à suivre pour aller d'un endroit à un autre : *prendre la route de Paris.* ● *Code de la route,* ensemble des réglementations concernant la circulation routière. || *Faire fausse route,* s'écarter de sa route, s'égarer ; et, au *fig.,* se tromper.

— Encycl. La *route* fut d'abord établie pour servir d'armature à des constructions politiques : réseau routier des Romains dès l'an 312 av. J.-C. pour le fonctionnement de leur administration et le déplacement de leurs armées ; réseau des routes françaises convergeant vers Paris, destiné à favoriser le rayonnement de la monarchie centralisée. Mais les transformations économiques du XIXe s. modifièrent complètement le rôle de la route et entraînèrent un développement sans précédent des réseaux. Une route est définie par son tracé en plan, son profil en long et son profil en travers. Le *tracé en plan* est composé d'alignements droits réunis par des courbes. Le *profil en long* est l'intersection de la route par une surface verticale passant par l'axe de la route ; il se compose de lignes généralement droites, ayant, par rapport à l'horizontale, des inclinaisons variables (pentes ou rampes). Le *profil en travers* définit la largeur de la chaussée en fonction de l'importance de la circulation et le bombement, ou rapport de la flèche à la largeur totale de la voie, qui assure l'écoulement des eaux de ruissellement. Pour permettre aux véhicules de prendre aisément les virages, on donne une surlargeur à la voie en ces endroits. On obtient l'assainissement du sous-sol par un drainage, constitué par une tranchée remplie de grosses pierres avec, à la partie inférieure, une série de petits tuyaux en poterie qui présentent une pente dirigée vers des fossés. Si le sous-sol est formé de matériaux inconsistants, il faut le stabiliser par apport de sable, de cailloux ou de mâchefer afin de mieux asseoir la chaussée proprement dite. Les *routes empierrées* comportent d'une part une couche de fondation établie une fois pour toutes et constituée par des blocs de pierre placés un à un, puis tassés à l'aide d'un cylindre compresseur, d'autre part une couche d'usure qui, soumise à l'action directe des véhicules, est faite de matériaux de haute qualité et renouvelés lors des remises en état. On emploie des calcaires durs, des silex, des quartzites, des grès, des laitiers de haut fourneau, etc. Les liants destinés à relier les matériaux entre eux peuvent être des sables argileux, des goudrons, des bitumes ou du ciment. Les liants hydrocarbonés peuvent être utilisés soit à chaud, soit à froid sous forme d'émulsion, le travail étant complété par des opérations de gravillonnage et de cylindrage. Les *chaussées en béton de ciment* sont constituées soit par une seule couche, soit par une couche de fondation et une couche de roulement. Le béton est répandu, égalisé, vibré et surfacé par des machines spéciales roulant sur rails, qui assurent à la surface une régularité parfaite. Si le sous-sol est de qualité douteuse, on peut armer le béton. Les *routes stabilisées* permettent d'utiliser le sol naturel, dont on comprime et dont on soude les éléments : après un défonçage du terrain, dont on pulvérise les mottes, on ajoute les matériaux qui peuvent être nécessaires (limons, sables ou graviers), on porte à la teneur en eau désirée et l'on comprime avec des engins spéciaux en donnant le profil voulu.

router v. t. Grouper et réunir en liasses, par destination, les imprimés, journaux, prospectus, etc., confiés à la poste. || Diriger un document sur sa destination.

routier n. m. (de *route*). Conducteur de camion sur longues distances. || Cycliste qui dispute des épreuves sur route. || Scout âgé de plus de seize ans. ● *Vieux routier,* homme devenu habile par une longue pratique. || — Pl. Bandes de partisans, de soldats pillards, au Moyen Age.

routier, ère adj. Relatif aux routes : *réseau routier.* ● *Carte routière,* carte où les routes sont indiquées.

routière n. f. Automobile permettant de réaliser de longues étapes dans d'excellentes conditions.

routine [rutin] n. f. (de *route*). Habitude prise de faire une chose toujours de la même manière.

routinier, ère adj. et n. Qui agit par routine : *personne routinière.* || — Adj. Qui a le caractère de la routine : *procédé routinier.*

Phot. Giraudon (2), Lipnitzki, Edit. J.-J. Pauvert, Markham.

Routot (27350), ch.-l. de c. de l'Eure (arr. de Bernay); 882 h. Eglise en partie du XIIe s.

rouverin ou **rouverain** [ruvrɛ̃] adj. m. Se dit du fer que les impuretés incomplètement éliminées rendent cassant et difficilement soudable.

Rouvier (Maurice), homme politique français, né à Aix-en-Provence (1842-1911), président du Conseil en 1887 et en 1905, ministre des Finances de 1889 à 1892 et de 1902 à 1905.

rouvieux [ruvjø] n. m. Sorte de gale, sur l'encolure du cheval et le dos du chien. ‖ — Adj. m. Qui est atteint de cette maladie.

rouvraie n. f. Lieu planté de rouvres.

Rouvray (*forêt de*), forêt de la rive gauche de la Seine, dans sa boucle en face de Rouen; 3 240 ha.

rouvre [ruvr] n. m. et adj. (du provenç. *rover*). Chêne qui se plaît sur les coteaux, en terrains sains, peu argileux ou même sablonneux. (Il se distingue par ses feuilles pétiolées et ses glands sans pédoncule.) [On dit aussi CHÊNE ROUVRE.]

rouvrir v. t. (conj. **10**). Ouvrir de nouveau. ● *Rouvrir une blessure, une plaie,* renouveler une douleur.

Rouvroy (62320), comm. du Pas-de-Calais (arr. d'Arras); 9 780 h. Houille.

roux [ru], **rousse** [rus] adj. (lat. *russus*). D'une couleur entre le jaune et le rouge. ‖ — Adj. et n. Qui a les cheveux roux : *une femme rousse.*

roux n. m. Couleur rousse : *il est d'un roux ardent.* ‖ Préparation faite avec de la farine roussie dans le beurre, et qui sert à lier les sauces.

Roux, comm. de Belgique (Hainaut); 10 400 h. Verrerie.

Roux (Emile), bactériologiste français, né à Confolens (1853-1933). Disciple de Pasteur, il s'associa à ses travaux et découvrit avec lui la vaccination par inoculation des microbes atténués dans leur virulence. Il découvrit la toxine diphtérique (1889) et réalisa la sérothérapie (1894), en particulier celle de la diphtérie.

Roux-Spitz (Michel), architecte français, né à Lyon (1888-1957). Auteur de nombreux immeubles à Paris, il a édifié à Versailles une annexe de la Bibliothèque nationale. Il a été l'architecte en chef de la reconstruction de Nantes en 1945.

Rouyn, v. du Canada, dans l'ouest du Québec; 18 600 h. Cuivre.

Rove (LE) [13740], comm. des Bouches-du-Rhône (arr. d'Aix-en-Provence); 1 709 h.
— Le *tunnel du Rove,* long de 7 120 m, permet au canal de Marseille au Rhône de franchir la chaîne de l'Estaque. Il est inutilisable depuis 1964.

Rovigo, v. d'Italie (Vénétie); 48 000 h. Marché agricole.

Rovigo (*duc* DE). V. SAVARY.

rowing [rɔwiŋ] n. m. (mot angl.). Sport de l'aviron.

Rowland (Henry Augustus), physicien américain, né à Honesdale (Pennsylvanie) [1848-1901]. En 1876, il montra, en faisant tourner un disque électrisé à grande vitesse, qu'une charge électrique mobile crée un champ magnétique. En 1882, il construisit des réseaux de diffraction pour l'étude du spectre solaire.

Rowlandson (Thomas), caricaturiste anglais, né à Londres (1756-1827). Il a été particulièrement sévère à l'égard de Napoléon Ier.

Roxane, femme d'Alexandre le Grand, mise à mort par ordre de Cassandre v. 310 av. J.-C.

Roxane, héroïne de *Bajazet,* tragédie de Racine; type de femme passionnée et jalouse.

Roxelane (v. 1505-v. 1559), épouse préférée de Soliman II, mère de Selim II.

Roy (Mgr Camille), prélat et écrivain canadien d'expression française, né à Berthier-en-Bas (Québec) [1870-1943]. Il fit une carrière de pédagogue au séminaire de Québec, puis à l'université de Laval. Ses essais critiques révèlent son souci de ne pas décourager une littérature à laquelle il recommande l'usage d'une langue épurée et l'exemple des œuvres classiques françaises (*Nos origines littéraires,* 1909; *Romanciers de chez nous,* 1935).

rouvre

détail de la feuille et du gland

Roy (Pierre), peintre français, né à Nantes (1880-1950). Il adhéra au surréalisme en 1920. Il produisit des tableaux finement peints, représentant des objets usuels, mais baignant dans une atmosphère mystérieuse. Il est représenté à Paris (musée national d'Art moderne), ainsi qu'à New York et dans d'autres villes des Etats-Unis. (V. illustr. SURRÉALISME.)

Roy (Gabrielle), femme de lettres canadienne d'expression française, née à Saint-Boniface (Manitoba) en 1919. Ses romans et ses nouvelles peignent les problèmes psychologiques des petites gens de son pays natal (*Bonheur d'occasion,* 1945; *la Route d'Altamont,* 1966).

Roya (la), riv. des Alpes (France et Italie), tributaire de la Méditerranée; 60 km.

royal [rwajal], **e, aux** [-o] adj. (lat. *regalis;* de *rex, regis,* roi). Qui appartient, qui se rapporte à un roi : *château royal.* ‖ Qui émane de l'autorité d'un roi : *ordonnance royale.* ‖ Digne d'un roi : *magnificence royale.* ‖ Se dit, dans une monarchie, de certains établissements dont le gouvernement a la direction : *bibliothèque royale.* ● *Famille royale,* ensemble des personnes formant la famille du roi. ‖ *Prince royal,* héritier présomptif de la couronne. ‖ *Tigre, aigle royal,* de la plus grande espèce.

royale n. f. Petite touffe de barbe sous la lèvre inférieure (époque Louis XIII).

royalement adv. Avec une grande magnificence : *traiter royalement un hôte de marque.*

royalisme n. m. Attachement à la monarchie : *être d'un royalisme éprouvé.*

royaliste adj. et n. Partisan du roi, de la royauté. ‖ — Adj. Qui concerne ce parti : *journaux royalistes.* ● *Etre plus royaliste que le roi,* défendre les intérêts de quelqu'un plus qu'il ne le fait lui-même.

royalty [rwajalti] n. f. (mot angl.). Redevance due au propriétaire d'un brevet, à un auteur, à un éditeur ou au propriétaire du sol sur lequel sont exploités des mines ou des puits de pétrole ou sur lequel passe un pipe-line ou un feeder. (L'Administration préconise REDEVANCE.) ‖ Pl. des *royalties.*

Royan [rwajɑ̃] (17200), ch.-l. de c. de la Charente-Maritime (arr. de Rochefort), à l'entrée de l'estuaire de la Gironde; 18 041 h. (*Royannais*). Royan fut très endommagé en 1945, lors de la reprise de la « poche de Royan » par les troupes françaises du général de Larminat, appuyées par l'aviation américaine. La ville, reconstruite selon des conceptions assez modernes, est une grande station balnéaire. Eglise par Guillaume Gillet.

Royat [rwaja] (63130), comm. du Puy-de-Dôme (arr. de Clermont-Ferrand); 4 441 h. (*Royatais*). Taillerie de diamants. Eglise romane fortifiée (XIIe s.). Station thermale pour les maladies du cœur et des vaisseaux. Les eaux bicarbonatées calciques (de 28 à 34 °C) contiennent du gaz carbonique. On les emploie en bains carbogazeux, en pulvérisations, en humages ou en douches. Les artérites et les oblitérations artérielles sont avec l'hypertension les meilleures indications. Les affections du cœur, surtout celles qui sont en rapport avec les précédentes, sont également améliorées, ainsi que les affections articulaires d'origine vasculaire. L'infarctus du myocarde récent est une contre-indication.

royaume [rwajom] n. m. (lat. *regimen,* gouvernement [altéré par *royal*]). Etat gouverné par un roi. ● *Royaume des cieux,* le paradis. ‖ *Royaume des morts* (Myth.), les Enfers.

Royaumont [rwajomɔ̃], écart de la comm. d'Asnières-sur-Oise (Val-d'Oise). Restes d'une abbaye cistercienne fondée par Saint Louis en 1228 : centre culturel international.

royauté n. f. Dignité de roi : *aspirer à la royauté.* ‖ Gouvernement royal. (A peu près syn., en ce sens, de MONARCHIE.) ‖ Les rois : *les erreurs de la royauté.*

Roybon (38940), ch.-l. de c. de l'Isère (arr. de Grenoble); 1 536 h. (*Roybonnais*). Restes d'enceinte.

Roye (80700), ch.-l. de c. de la Somme (arr. de Montdidier); 5 369 h. (*Royens*). Sucrerie. Cartonnerie.

Royer-Collard (Pierre Paul), homme politique français, né à Sompuis (Champagne) [1763-1845]. Avocat, puis professeur de philosophie à la Sorbonne (1811-1814), il fut sous la Restauration le chef des doctrinaires. (Acad. fr., 1827.)

Royère-de-Vassivière (23460), ch.-l. de c. de la Creuse (arr. d'Aubusson); 771 h. (*Royérauds*). Eglise du XIIe s.

Rozay-en-Brie (77540), ch.-l. de c. de Seine-et-Marne (arr. de Melun); 1 548 h.

Rozebeke, auj. **Westrozebeke,** comm. de Belgique (Flandre-Occidentale); 2 200 h. Charles VI y défit les Gantois, commandés par Filips Van Artevelde, qui y trouva la mort (1382).

Rozoy-sur-Serre (02360), ch.-l. de c. de l'Aisne (arr. de Laon); 1 212 h. Caravanes.

ru [ry] n. m. (lat. *rivus*). Petit ruisseau.

Ru, symbole chimique du *ruthénium.*

ruade [rɥad] n. f. Action de ruer. ‖ *Fig.* Attaque brusque, inattendue.

Ruanda ou **Rwanda,** république de l'Afrique centrale; 26 338 km²; 4 millions d'h. Cap. *Kigali.* Langue officielle : *français.*

Géographie.

En bordure du grand fossé de l'Afrique orientale (occupé notamment par le lac Kivu), le Ruanda est un pays de montagnes et de hauts plateaux, oscillant entre 1 500 et 2 500 m, altitude qui modère les températures à des latitudes équatoriales. La population, très dense (125 h. au kilomètre carré en moyenne), juxtapose une majorité d'origine bantoue (*Hutus*) et une minorité d'origine hamitique (*Tutsis*). Elle se consacre presque exclusivement à l'agriculture vivrière (patate, manioc, maïs) et commerciale (café), en dehors d'exploitations minières (étain). Le café et le thé assurent ensemble plus de 90 p. 100 des exportations, largement inférieures aux importations, où dominent les articles manufacturés.

route, types divers de chaussées

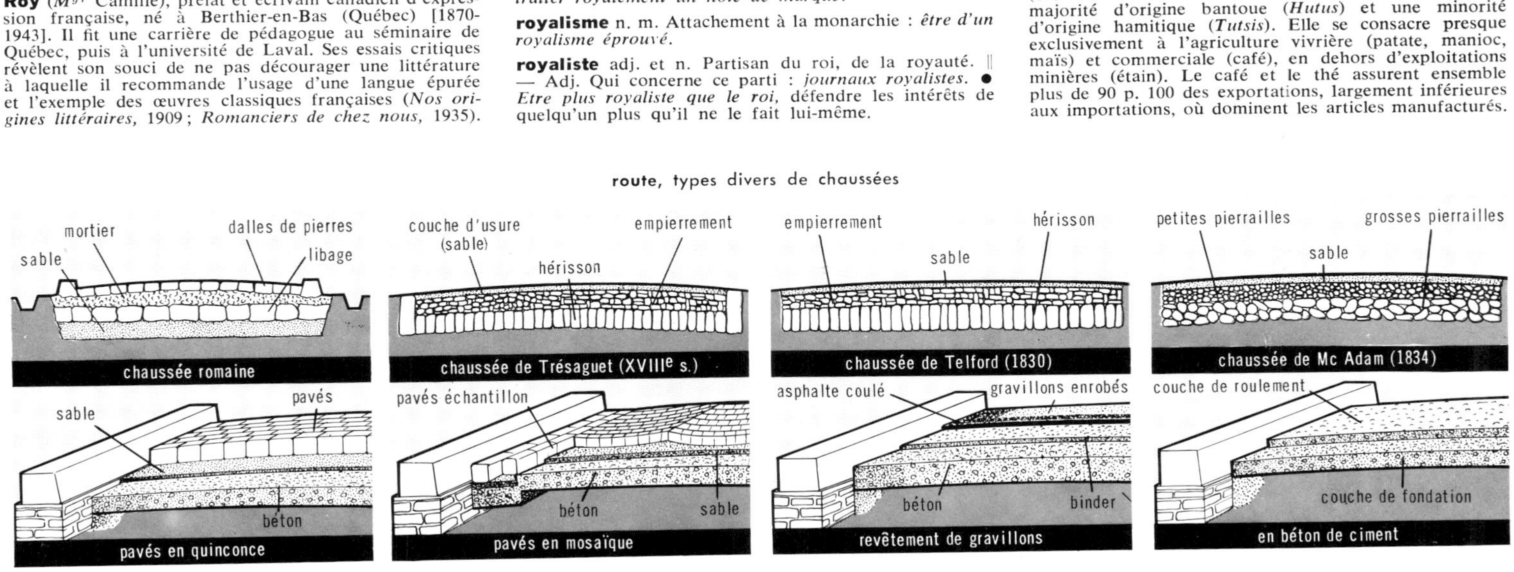

Phot. Vincent (2).

Ruanda : cultures en terrasses

La Belgique demeure le principal fournisseur du Ruanda (dont le commerce extérieur souffre de la continentalité du pays), dont les Etats-Unis constituent le premier client.

Histoire.

La république du Ruanda, constituée en 1961 et proclamée indépendante en 1962, était auparavant la partie septentrionale du Ruanda-Urundi, ancienne colonie allemande (Afrique-Orientale allemande) et territoire sous tutelle belge depuis 1922. En 1960, le Ruanda-Urundi avait été séparé du Congo belge.

Ruanda-Urundi, anc. territoire de l'Afrique-Orientale allemande, placé en 1919 sous mandat belge, puis sous tutelle de la Belgique. Il a été partagé en 1961 entre le *Ruanda* et le *Burundi.*

Rub'al-Khālī (le), désert du sud de la péninsule arabique.

ruban [rybɑ̃] n. m. (anc. néerl. *ringhband*). Tissu plat, mince et étroit, en soie, en coton, en laine, en velours, etc., employé notamment comme ornement de la toilette féminine. ‖ Fragment plat et long comme un ruban : *un ruban d'acier; scie à ruban.* ‖ Insigne de certains ordres ou décoration portés à la boutonnière : *porter le ruban de la croix de guerre.* ‖ *Archit.* Ornement imitant le ruban. ● *Ruban bleu,* trophée accordé au paquebot qui traverse le plus rapidement l'Atlantique. ‖ *Ruban magnétique,* ruban de matière plastique contenant un oxyde magnétique et servant à enregistrer le son dans un magnétophone, les données dans un calculateur électronique.

rubané, e adj. *Canon rubané,* canon d'arme à feu fabriqué avec du fer tordu.

rubanerie n. f. Industrie, commerce de rubans : *la rubanerie est florissante à Saint-Etienne.*

rubanier, ère adj. Relatif à la fabrication, à la vente des rubans : *l'industrie rubanière.*

rubato [rubato] adv. (mot ital.). *Mus.* Mot indiquant que l'on doit exécuter un passage avec une grande liberté rythmique.

rubéfaction [rybefaksjɔ̃] n. f. Rougeur produite à la surface de la peau par des médicaments irritants ou par une maladie.

rubéfiant, e adj. et n. m. Qui rubéfie : *un rubéfiant.*

rubéfier v. t. (lat. *ruber,* rouge, et *facere,* faire). Produire la rubéfaction : *rubéfier la peau.*

rubellite [rybelit] n. f. Variété rouge de tourmaline.

Ruben, fils aîné de Jacob. Il donna son nom à l'une des tribus d'Israël.

Rubén Darío. V. DARÍO (*Rubén*).

Rubens (Petrus Paulus), peintre flamand, né à Siegen (Westphalie) [1577-1640]. Il est un des plus grands représentants de l'art baroque. Formé dans les ateliers de Van Noort et de Van Veen, il fait un séjour de huit années en Italie, où il est au service de Vincent de Gonzague à Mantoue. Revenu à Anvers, il est nommé peintre des archiducs Albert et Isabelle. Il épouse Isabelle Brandt en 1609. Sa carrière commence alors, féconde et brillante, avec l'*Erection de la croix* et la *Descente de croix* (cathédrale d'Anvers). Il exécutera de nombreuses œuvres religieuses, mais ce sensuel est plus à l'aise dans les sujets mythologiques. Après la mort d'Isabelle, il épouse Hélène Fourment (1630), qui devient son modèle favori. Entre-temps, il voyage, peint pour le palais du Luxembourg, à Paris, la suite de l'*Histoire de Marie de Médicis* (Louvre), va à Madrid et à Londres chargé de missions diplomatiques. Si grande que fût sa facilité de travail, il n'aurait pu suffire à assurer seul la production de son atelier et s'entoura de nombreux aides. Rubens manifesta une merveilleuse joie de vivre et de créer, aimant modeler d'opulents corps de femme à la carnation lumineuse, s'enivrant de mouvement et de couleurs. Il exerça une influence profonde dans son pays et au-delà de ses frontières. Parmi ses œuvres, on peut citer, au Louvre, le portrait du *Baron Henri de Vicq,* la *Kermesse, Hélène Fourment et ses enfants, Suzanne Fourment.*

rubéole [rybeɔl] n. f. (lat. pop. *rubeola;* de *rubens,* rouge). Maladie éruptive, contagieuse et épidémique, dont les symptômes ressemblent à ceux de la rougeole. — ENCYCL. La *rubéole* se distingue de la rougeole par l'absence de catarrhe du nez et des yeux, par le peu d'intensité de la fièvre, par la présence de ganglions hypertrophiés (cou, aisselles, aines) et par l'aspect variable des éléments éruptifs. Bénigne chez l'enfant, elle est grave chez la femme enceinte dans les trois premiers mois de la grossesse, car elle peut être cause de malformations de l'embryon.

rubéoleux, euse ou **rubéolique** adj. Qui se rapporte à la rubéole.

rubiacées [rybjase] n. f. pl. (du lat. *rubia,* garance). Famille de plantes dicotylédones gamopétales, comprenant le *gaillet,* le *caféier,* le *quinquina,* la *garance,* le *gardénia.*

rubican [rybikɑ̃] adj. m. (esp. *rubican,* à la queue blanche). Se dit d'un cheval noir, bai ou alezan, à robe semée de poils blancs.

Rubicon (le), rivière qui séparait l'Italie de la Gaule Cisalpine. César le franchit quand il décida de sortir de la légalité pour marcher sur Rome. L'expression *franchir le Rubicon* sert à désigner une résolution hardie et décisive.

rubicond [rybikɔ̃], **e** [-ɔ̃d] adj. (lat. *rubicundus*). Rouge, en parlant du visage : *face rubiconde.*

rubidium [rybidjɔm] n. m. Métal alcalin (Rb), de numéro atomique 37, de densité 1,52, fusible à 39 °C, analogue au potassium, mais beaucoup plus rare.

rubiette [rybjɛt] n. f. Un des noms du *rouge-gorge.*

rubigineux [rybiʒinø], **euse** [-øz] adj. (du lat. *rubigo, -inis,* rouille). Plein de rouille. ‖ Qui a la couleur de la rouille.

rubine [rybin] n. f. Anc. nom de certains corps rouges : *la rubine d'arsenic est un sulfure.*

Rubinstein (Anton), pianiste et compositeur russe, né à Vykhvatintsy (1829-1894), fondateur des conservatoires de Saint-Pétersbourg et de Moscou. Il a écrit des opéras, des symphonies et des concertos.

Rubinstein (Ida), danseuse et mécène russe, née à Kharkov (v. 1885-1960).

rubis [rybi] n. m. (du lat. *rubeus,* rougeâtre). Pierre précieuse, variété de corindon (alumine cristallisée), transparente et d'un rouge vif nuancé de rose ou de pourpre : *les rubis les plus estimés sont ceux de Birmanie.* ‖ Pierre dure servant de support à un pivot de rouage d'horlogerie. ● *Payer rubis sur l'ongle,* payer immédiatement et complètement ce qu'on doit.

rubrique [rybrik] n. f. (lat. *rubrica,* titre en rouge). Titre qui, dans les livres de droit, était autrefois marqué en rouge. ‖ Indication de matière, dans un catalogue, une revue, un journal. ‖ — Pl. Règles des livres liturgiques, toujours imprimées en rouge et indiquant la manière d'officier.

Rubroek, Ruysbroek ou **Rubruquis** (Guillaume DE), religieux flamand, né à Rubroek, près de Cassel (v. 1220-apr. 1293). Envoyé par Saint Louis auprès du Grand Khān (1253), il a laissé un important récit de son voyage.

Ruchard (*camp du*), camp militaire d'Indre-et-Loire (comm. de l'Ile-Bouchard).

ruche [ryʃ] n. f. (empr. au gaul.). Habitation préparée pour un essaim d'abeilles : *ruche à cadres.* (V. encycl.) ‖ Essaim habitant une même ruche. ‖ *Par anal.* Agglomération active. ‖ Bande plissée de tulle, de dentelle ou de toile, servant d'ornement dans la toilette.
— ENCYCL. Les *ruches* peuvent être construites en liège, en osier, en paille, en bois, etc. Elles contiennent des rayons verticaux, où les abeilles construiront leurs alvéoles ; un *trou de vol,* à la partie inférieure, permet aux abeilles d'entrer et de sortir. Les ruches peuvent être disposées soit en plein air, soit à couvert, dans un lieu abrité des vents violents et légèrement ombragé. (V. illustr. ABEILLES.)

ruché n. m. Bande d'étoffe légère ou ruban plissé ou froncé, cousu sur une seule ligne et laissant les bords libres former garniture : *un ruché de guimpe.*

ruchée n. f. Population d'une ruche.

rucher n. m. Endroit où sont les ruches. ‖ Ensemble des ruches.

rucher v. t. Plisser en ruche ; garnir de ruche : *rucher un bonnet.*

Rückert (Friedrich), poète et orientaliste allemand, né à Schweinfurt (1788-1866). Il composa des poèmes patriotiques exaltant la résistance à Napoléon (*Poésies alle-*

Rubens

« Suzanne Fourment ou le Chapeau de paille » *Nat. Gallery, Londres*

le « Mage d'Éthiopie » *maison de Rubens à Anvers*

Phot. Prévost - Afrique-Photo, Anderson-Giraudon, Giraudon.

mandes, 1814), puis, professeur de langues orientales à Erlangen et à Berlin, adapta au lyrisme allemand les rythmes de la poésie persane (*les Roses d'Orient,* 1822 ; *Sagesse du brahmane,* 1836-1839). Ses *Kindertotenlieder* (publiés en 1872) ont été mis en musique par G. Mahler (1902).

Ruda Śląska, v. de Pologne, en haute Silésie ; 143 000 h. Sidérurgie et métallurgie.

Rūdakī, poète persan, né près de Rūdak, région de Samarkand (fin du IXe s. - 940). Il fut le panégyriste officiel de l'émir sāmānide de Boukhara. Il ne reste que quelques fragments de son œuvre, qui fait de lui le premier grand poète lyrique persan.

Rudbeck (Olof), savant et écrivain suédois, né à Västerås (1630-1702). Médecin, il découvrit le rôle des glandes lymphatiques ; architecte, il construisit l'institut anatomique de l'université d'Uppsala ; écrivain, il soutint dans *Atland ou Manheim* (1679-1702) que la Suède était à la fois l'Atlantide et le Paradis terrestre : les adeptes de cette théorie formèrent l'école hyperboréenne.

rudbeckie [rydbɛki] n. f. ou **rudbeckia** [-kja] n. m. Plante originaire de l'Amérique du Nord, cultivée pour ses fleurs jaunes ornementales. (Famille des composées.)

rude [ryd] adj. (lat. *rudis,* brut). Apre au toucher : *peau rude.* ‖ Raboteux : *chemin rude.* ‖ — *Fig.* Qui cause de la peine, de la fatigue, de la souffrance : *rude métier ; saison rude.* ‖ Apre au goût : *vin rude.* ‖ Désagréable à entendre : *voix rude.* ‖ *Fam.* Redoutable : *c'est un rude adversaire.*

Rude (François), sculpteur français, né à Dijon (1784-1855). Encore classique par sa génération et par l'enseignement qu'il reçut de son maître Cartellier, puis de David, à Bruxelles où il séjourna après la Restauration, il est pourtant le plus grand sculpteur romantique par le mouvement qu'il sut donner au *Départ des volontaires* (appelé *la Marseillaise*) de l'arc de triomphe de l'Etoile et au *Monument du maréchal Ney,* à Paris. (V. illustr. ROMANTISME.)

rudement adv. De façon rude : *parler rudement à un enfant.* ‖ *Fig.* Durement, cruellement : *être rudement éprouvé.* ‖ *Fam.* Beaucoup : *il fait rudement froid.*

rudenté, e adj. (du lat. *rudens,* câble). Se dit d'une colonne, d'un pilastre qui a des rudentures.

rudenter v. t. *Archit.* Orner de rudentures.

rudenture [rydɑ̃tyr] n. f. *Archit.* Ornement en forme de câble ou de bâton, dont on remplit jusqu'au tiers environ de la hauteur les cannelures d'une colonne ou d'un pilastre.

rudéral [ryderal], **e, aux** [-o] adj. (du lat. *rudera,* décombres). *Bot.* Qui croît dans les décombres.

rudération [ryderasjɔ̃] n. f. (du lat. *rudis,* gravois). Pavage en cailloux ou en petites pierres.

rudesse n. f. Etat de ce qui est rude : *rudesse de la peau.* ‖ — *Fig.* Etat de ce qui est désagréable à voir, à entendre : *la rudesse des traits, de la voix.* ‖ Dureté, sévérité : *traiter quelqu'un avec rudesse.*

rudiment [rydimɑ̃] n. m. (lat. *rudimentum,* début des études). Premières notions d'une science, d'un art : *les rudiments de la géométrie.* ‖ Premiers linéaments de la structure des organes : *les rudiments des plantes.*

rudimentaire adj. Elémentaire, peu développé : *organe, science rudimentaire.*

rudimentairement adv. De façon rudimentaire.

rudistes [rydist] n. m. pl. Mollusques bivalves fossiles en forme de cornets, caractéristiques des terrains secondaires. ‖ Sing. un *rudiste.*
— ENCYCL. Les *rudistes* se rencontrent dans les sédiments marins, en colonies souvent nombreuses et serrées que l'on a comparées à des récifs. Le caractère le plus surprenant de tels récifs est l'absence de toute autre espèce fossile associée, comme si les rudistes avaient fait fuir les autres animaux. Un rudiste semble être dérivé d'un bivalve tel que *mégalodon,* dont l'une des valves serait devenue un vaste cornet fixé au fond, de forme enroulée (*diceras*) ou droite (*hippurite*), tandis que l'autre valve serait devenue un simple couvercle. Signalons enfin que le cornet est constitué par la valve gauche dans certaines lignées, par la valve droite dans les autres.

Rudnicki (Adolf), écrivain polonais, né à Varsovie en 1912. Il traduit dans ses chroniques, qu'il donne sous le titre de *Feuillets bleus,* et ses récits (*les Rats,* 1932 ; *la Mer vive et morte,* 1952) son expérience de la souffrance humaine.

rudoiement [-dwamɑ̃] n. m. Action de rudoyer : *le rudoiement est un mauvais système d'éducation.*

rudoyer [rydwaje] v. t. (conj. **2**). Traiter rudement. (Syn. : BRUTALISER, HOUSPILLER, MALMENER, MALTRAITER, MOLESTER.)

rue [ry] n. f. (lat. *ruga,* ride). Voie de circulation ménagée dans une ville ou dans un bourg, entre les maisons ou les propriétés closes. ‖ Habitants des maisons qui bordent une rue : *toute la rue est en émoi.* ● *Etre à la rue,* n'avoir pas de logis. ‖ *Homme de la rue,* le premier venu, n'importe qui.

rue [ry] n. f. (lat. *ruta*). Plante vivace de la famille des rutacées, à fleurs jaunes, vivant dans les endroits secs : *la rue est une plante officinale.*

Rue (80120), ch.-l. de c. de la Somme (arr. d'Abbeville) ; 3 077 h. (2 147 aggl.). Chapelle du Saint-Esprit (XIIIe-XIVe s.) ; beffroi (XVe-XVIe s.). Sucrerie.

ruée [rɥe] n. f. Action de se ruer.

Rueff (Jacques), économiste français, né à Paris en 1896, auteur d'ouvrages sur les problèmes monétaires. (Acad. fr.)

Rueil-Malmaison (92500), ch.-l. de c. des Hauts-de-Seine (arr. de Nanterre), à l'ouest de Paris ; 62 933 h. (*Ruellois*). Château et musée napoléonien de Malmaison. Ce fut le séjour préféré du Premier consul, puis de l'impératrice Joséphine après son divorce.

ruelle [rɥɛl] n. f. Espace entre un côté du lit et le mur. ‖ Au XVIe et au XVIIe s., partie de la chambre à coucher où se trouvait le lit (les personnes de haut rang y recevaient des invités). ‖ Petite rue étroite.

Ruelle (16600), ch.-l. de c. de la Charente (arr. d'Angoulême), sur la Touvre ; 6 635 h. Fonderie de canons.

ruer [rɥe] v. i. (du lat. *ruere,* se précipiter). Jeter en l'air avec force les pieds de derrière, en parlant d'un cheval, d'un âne, etc. ‖ **— Se ruer** v. pr. Se jeter impétueusement : *se ruer à l'attaque.*

Ruffec (16700), ch.-l. de c. de la Charente (arr. d'Angoulême) ; 4 449 h. (*Ruffécois*). Restes d'enceinte fortifiée. Eglise des XIIe-XVe s.

ruffian ou **rufian** [ryfjɑ̃] n. m. (ital. *ruffiano*). Homme débauché.

Ruffieux (73310 Chindrieux), ch.-l. de c. de la Savoie (arr. de Chambéry) ; 429 h. (100 aggl.).

Rufisque, v. du Sénégal, près de Dakar ; 50 000 h. Centre commercial. Cimenterie.

rugby [rygbi] n. m. (de *Rugby,* nom d'une ville anglaise). Sport pratiqué avec un ballon ovale, opposant deux équipes de quinze joueurs, chacune cherchant à marquer plus de points que l'autre. ● *Rugby à treize,* sport dérivé du rugby (en 1893-1895), dont certaines règles ont été modifiées, et pratiqué par deux équipes de treize joueurs. (Le *rugby à treize,* ou, plus communément aujourd'hui, *jeu à treize,* est, à la différence du rugby à quinze, un sport où existe le professionnalisme.)
— ENCYCL. Le *rugby* naquit en 1823 au collège de la ville anglaise de Rugby (d'où son nom), mais ne commença à être codifié qu'en 1846 (sous le nom de *Football Rugby* pour le différencier de *Football Association*). La *Rugby Football Union* (anglaise) fut créée en 1871 (année où eut lieu le premier match international Ecosse-Angleterre). Le premier club français fut fondé au Havre en 1872 par des Anglais, mais le rugby s'est surtout développé dans le Sud-Ouest. Une fédération internationale, l'*International Board,* fut créée en 1890. La Fédération française de rugby fut fondée en 1920. Le premier tournoi des Cinq Nations (Angleterre, Ecosse, France, pays de Galles et Irlande), épreuve annuelle, eut lieu en 1910. La France dut attendre 1954 pour le remporter (à égalité avec l'Angleterre et le pays de Galles) et 1959 pour occuper seule la première place.
Le match de rugby est dirigé par un arbitre assisté de deux juges de touche. Il dure 80 minutes (deux mi-temps de 40 minutes chacune). Le ballon est joué au pied ou à la main, chaque équipier devant se tenir en retrait du possesseur du ballon sous peine d'être hors-jeu. Certaines fautes, comme la passe à la main en avant, donnent lieu à une *mêlée,* où les huit *avants* s'arc-boutent les uns contre les autres et essaient, en poussant et talonnant, de gagner le ballon lancé sur le sol par le *demi de mêlée,* qui peut le transmettre (s'il le récupère) au *demi d'ouverture,* qui a la possibilité de lancer ses *trois-quarts* ou même l'*arrière,* intercalé. Pour s'opposer aux attaques, les joueurs ont le droit de « plaquer » l'adversaire porteur du ballon. Les points s'obtiennent par l'essai (3 points), la transformation de l'essai (2 points supplémentaires), le but (3 points), réussi notamment à la suite d'un coup franc, et le drop-goal (3 points).

Rugby, v. d'Angleterre (Warwickshire), sur l'Avon ; 51 700 h. Collège célèbre (où naquit le *rugby* en 1823).

Rügen, île de la Baltique (Allemagne orientale) ; 926 km² ; 89 000 h.

Ruggieri (Cosimo), astrologue florentin (m. en 1615), favori de Catherine de Médicis.

Ruggieri, famille d'artificiers originaire de Bologne. En 1730, les cinq frères PIETRO, FRANCESCO, ANTONIO, PETRONIO et GAETANO vinrent à Paris et émerveillèrent les spectateurs de la Comédie-Italienne par leurs feux d'artifice.

rugine [ryʒin] n. f. Instrument de chirurgie servant à racler les os.

ruginer v. t. Racler avec la rugine.

rugir [ryʒir] v. i. (lat. *rugire*). Pousser des rugissements : *le lion rugit.* ‖ *Fig.* Pousser des cris de fureur : *rugir de colère.*

rugissant, e adj. Qui rugit : *lion rugissant.*

rugissement n. m. Cri du lion et de certains animaux féroces. ‖ Cri violent, semblable à celui du lion : *les rugissements de la tempête.*

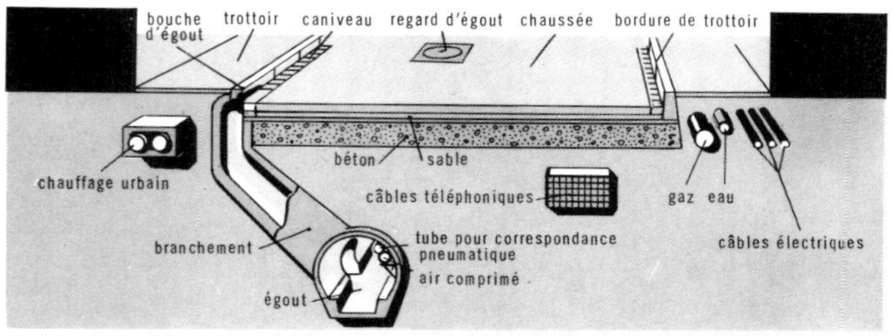

coupe d'une **rue**

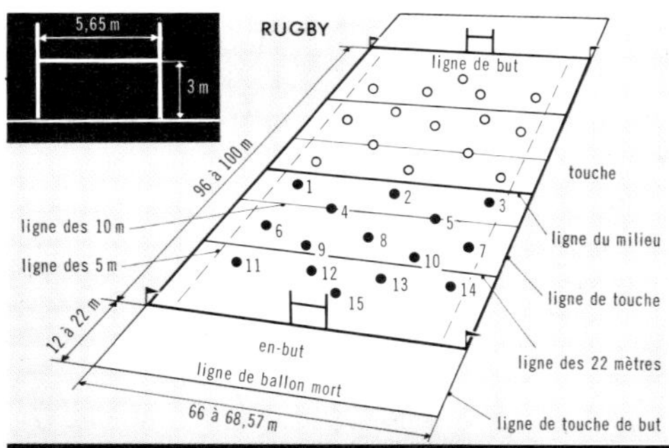

1,2,3. Avants première ligne ; 4,5. Avants deuxième ligne ; 6,7,8. Avants troisième ligne ; 9. Demi de mêlée ; 10. Demi d'ouverture ; 11. Trois quarts aile gauche ; 12,13. Trois quarts centre ; 14. Trois quarts aile droite ; 15. Arrière.

attaque à la main

prise de ballon à la touche

sortie de mêlée

Phot. Presse-Sports (3).

Rugles (27250), ch.-l. de c. de l'Eure (arr. d'Evreux); 2 767 h. (2 496 aggl.). Tréfilerie. Eglise (XVe-XVIe s.). Ruines d'un château fort.

rugosité n. f. Etat d'une surface qui présente des aspérités. || Aspérité.

rugueux [rygø], **euse** [-øz] adj. Qui a des rugosités : *peau rugueuse.*

rugueux n. m. Dispositif de mise à feu par friction dans un artifice.

Ruhmkorff (Heinrich Daniel), électricien et mécanicien allemand, né à Hanovre (1803-1877). En imaginant de produire des courants d'induction dans une bobine de grandes dimensions qui comportait deux circuits isolés l'un de l'autre, il créa la bobine* d'induction à laquelle son nom est resté attaché.

Ruhr (la), riv. de l'Allemagne occidentale, affl. du Rhin (r. dr.), qu'elle rejoint à Duisburg; 232 km. Elle a donné son nom à la région industrielle de la Ruhr.

Ruhr (la), région industrielle de l'Allemagne occidentale, à l'est du Rhin, au pied septentrional du Massif schisteux rhénan.
● *Géographie.* Entre Duisburg et Dortmund, entre Recklinghausen et Essen, sur moins de 2 000 km² se concentrent 5 millions d'hab. dans le plus puissant foyer industriel de l'Europe occidentale. L'essor de la Ruhr vient de sa richesse en houille, qui a permis d'édifier une grande industrie métallurgique à laquelle s'est récemment juxtaposée la chimie. L'extraction houillère, qui a débuté dans le Sud (près de la rivière Ruhr), s'est progressivement déplacée vers le nord avec l'épuisement ou le manque de rentabilité des premiers sièges. Les nouvelles structures énergétiques l'ont ralentie, mais, en 1967, la production dépasse encore 100 Mt (le double de la production française). La houille a entraîné le développement de la sidérurgie, propriété de grandes sociétés (Thyssen, Krupp, etc.). La relative stagnation de l'extraction houillère et de la sidérurgie a été compensée par l'essor de la métallurgie de transformation et de la chimie, celle-ci greffée sur le charbon et sur le pétrole importé. Ainsi se maintient la prééminence de cette nébuleuse urbaine, où s'imbriquent étroitement habitat et industries, atout essentiel de l'Allemagne occidentale dans la compétition européenne après avoir été le facteur d'expansion de la Prusse et des IIe et IIIe Reich.
● *Histoire.* Occupée par les Français de 1923 à 1925 à la suite de la non-exécution par le Reich des clauses du traité de Versailles, la Ruhr fut violemment bombardée pendant la Seconde Guerre mondiale par les aviations américaine et britannique, surtout lors de l'été 1943. Après le franchissement du Rhin par les Alliés (mars 1945), la Ruhr fut encerclée, et les Américains y capturèrent 350 000 hommes.

Ruhrort. V. DUISBURG.

ruiler [rɥile] v. t. Raccorder avec du plâtre pour remplir un joint entre un toit et un mur.

ruine [rɥin] n. f. (lat. *ruina*). Ecroulement, destruction d'un bâtiment : *maison qui tombe en ruine.* || — *Fig.* Perte de la fortune, de la prospérité, de l'honneur : *il court à sa ruine.* || Effondrement : *la ruine d'une théorie.* ● *Ce n'est plus qu'une ruine,* se dit de quelqu'un qui a beaucoup perdu de ses qualités physiques ou morales. || — Pl. Décombres, restes d'un édifice détruit.

ruine-de-rome n. f. Nom usuel de la *cymbalaire* des murailles.

ruiner v. t. Ravager : *la grêle a ruiné les vignes.* || — *Fig.* Causer la perte de la santé, de la fortune, de la vie, etc. || Infirmer : *ruiner un raisonnement.* || — **Se ruiner** v. pr. Causer sa propre ruine : *se ruiner au jeu.*

ruineusement adv. De façon ruineuse.

ruineux, euse adj. Qui cause la ruine par des dépenses excessives : *une entreprise ruineuse.*

ruiniforme adj. *Géol.* Se dit d'une roche ou d'un relief auxquels l'érosion a donné un aspect de ruine : *les calcaires ruiniformes de Montpellier-le-Vieux.*

ruiniste n. Peintre de ruines (vx).

ruinure [rɥinyr] n. f. *Technol.* Entaille faite sur les côtés des solives et des poteaux pour donner prise à la maçonnerie.

Ruisdael (Jacob VAN). V. RUYSDAEL.

ruisseau [rɥiso] n. m. (lat. pop. *rivuscellus*). Cours d'eau peu considérable : *les petits ruisseaux font les grandes rivières.* || Son lit : *creuser un ruisseau.* || Petit canal ménagé dans une rue pour l'écoulement des eaux ménagères ou pluviales. || — *Fig.* Tout ce qui coule en abondance : *ruisseaux de larmes.* || Source impure, état ignoble : *calomnie ramassée dans le ruisseau.*

ruisselant, e adj. Qui ruisselle. || *Fig.* Très mouillé : *front ruisselant de sueur.*

ruisseler [rɥisle] v. i. (conj. **3**). Couler comme un ruisseau : *son sang ruisselait.* || Etre inondé d'un liquide qui coule : *ruisseler de sueur.*

ruisselet n. m. Petit ruisseau.

ruissellement n. m. Action de couler comme un ruisseau. || Ecoulement rapide des eaux pluviales sur les pentes des terrains. || Emission de jets de lumière chatoyante : *ruissellement de pierreries.* ● *Ruissellement en nappe,* dans les régions où la végétation est rare et les pluies violentes, écoulement rapide des eaux en lames minces, qui couvrent toute la surface des pentes.

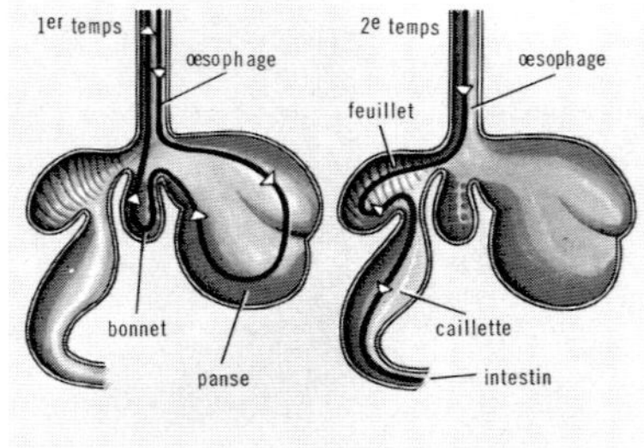

rumination

Ruitz (62620 Barlin), comm. du Pas-de-Calais (arr. de Béthune); 1 016 h. Constructions mécaniques (boîtes de vitesses).

Ruiz (Juan), plus souvent nommé **l'Archiprêtre de Hita,** écrivain espagnol, né probablement à Alcalá de Henares (v. 1285-v. 1350). Prêtre, il fut emprisonné plusieurs années par ordre de l'archevêque de Tolède et composa pendant sa détention un long poème autobiographique, mêlé de légendes, d'allégories et d'épisodes satiriques (*le Livre du bon amour,* 1343).

Ruiz de Alarcón y Mendoza (Juan), poète dramatique espagnol, né au Mexique (v. 1581-1639), auteur de comédies (*la Vérité suspecte,* 1630) et de drames (*le Tisserand de Ségovie,* 1634).

rumba [rumba] n. f. Danse cubaine d'origine africaine. (Sa mélodie comprend huit mesures à 2/4, rythmées sur des contretemps.)

Rumbeke, comm. de Belgique (Flandre-Occidentale); 9 400 h.

Rumelange, v. du Luxembourg, près de la frontière française; 4 300 h. Fer. Sidérurgie. Industries chimiques.

rumen [rymɛn] n. m. (mot lat. signif. *mamelle*). Panse, premier compartiment de l'estomac des ruminants.

rumeur [rymœr] n. f. (lat. *rumor*). Nouvelle qui se répand dans le public. || *Poét.* Bruit confus : *la rumeur des flots.* ● *Rumeur publique,* opinion de la foule.

rumex [rymɛks] n. m. (mot lat. signif. *pointe de dard*). *Bot.* Genre de polygonacées comprenant diverses espèces, usuellement nommées *oseille* et *patience.*

Rumford (Benjamin THOMPSON, *comte*), physicien américain, né à Woburn (Massachusetts) [1753-1814], qui vécut en Bavière, puis en France. Il imagina un calorimètre et un photomètre, détermina la température du maximum de densité de l'eau et montra la constance de la masse de la glace qui fond.

Rumigny (08290), ch.-l. de c. des Ardennes (arr. de Charleville-Mézières); 522 h.

Rumilly (74150), ch.-l. de c. de la Haute-Savoie (arr. d'Annecy); 6 807 h. (*Rumilliens*). Lait concentré.

ruminant, e adj. Qui rumine : *animaux ruminants.*

ruminants n. m. pl. Mammifères à sabots pouvant posséder une paire de cornes frontales, et dont la digestion comporte une régurgitation normale dans la bouche d'aliments précédemment accumulés dans une panse. || Sing. un *ruminant.*
— ENCYCL. Les *ruminants* présentent toujours au bout de chaque patte deux doigts principaux égaux entre eux; deux doigts latéraux plus réduits s'y ajoutent chez les formes peu évoluées; les métacarpiens (ou métatarsiens) sont soudés en un seul organe, l'*os canon.* La denture se caractérise par la grande différence entre les deux mâchoires, celle du bas portant à l'avant une rangée de huit dents tranchantes (3 incisives et une canine de chaque côté), celle d'en haut ne portant aucune incisive et n'ayant de canines que chez les espèces sans cornes — les molaires sont nombreuses et du type sélénodonte (replis en croissants de lune).
Absentes chez le chameau, réduites à de petites saillies osseuses chez la girafe, les cornes sont, chez les bovidés, des organes épidermiques cornés soutenus par des cornillons osseux, persistant toute la vie et pouvant exister dans les deux sexes (vache, chèvre) ou chez le mâle seulement (mouton). Chez les cervidés, ce sont des formations osseuses et dermiques ramifiées, propres au mâle, et qui tombent et se reconstituent chaque année.
L'estomac des ruminants comporte une très vaste *panse,* occupant le flanc gauche, et où est accumulée l'herbe hâtivement broutée, qui y subit une importante fermentation bactérienne, mais sans digestion proprement dite. L'animal au repos *rumine :* une poche spéciale, le *bonnet,* forme des boulettes alimentaires et les renvoie à la bouche, où les molaires les broient soigneusement. Le broyat est ravalé et dirigé par une *gouttière œsophagienne* vers les estomacs digestifs : *feuillet* et *caillette,* auxquels fait suite un intestin très long (50 m chez la vache).
Aucun groupe animal n'est aussi utile à l'homme que celui des ruminants : vivants, ils tirent charrettes, charrues et traîneaux, et la femelle fournit son lait aux mille dérivés; morts, ils donnent leur viande et leur peau. L'importance du bœuf, du mouton et de la chèvre dans le monde presque entier, celle du chameau et du dromadaire dans les déserts chauds, celle du lama dans les Andes, celle du yack sur les hauts plateaux du Tibet, celle du renne dans tout le Grand Nord sont littéralement vitales pour les populations.

rumination n. f. Mode de digestion particulier aux mammifères ruminants, qui emmagasinent dans la panse l'herbe non mâchée, puis la ramènent par boulettes dans la bouche, où elle subit une trituration avant de redescendre dans le feuillet et la caillette, pour y subir la digestion gastrique.

ruminer [rymine] v. t. (lat. *ruminare*). Remâcher les aliments ramenés de l'estomac dans la bouche, en parlant des ruminants : *les bœufs ruminent leur pâture;* et, *absol. : la brebis, le chameau ruminent.* || *Fig.* Tourner et retourner une chose dans son esprit : *ruminer un projet, une vengeance.*

Rummel ou **Rhumel** (le), fl. d'Algérie, dont les gorges entourent Constantine et qui prend plus en aval le nom d'*oued el-Kebir;* 250 km.

rumsteck n. m. V. ROMSTECK.

runabout [rønabawt] n. m. (mot angl.). Petit canot de course ou de plaisance dont le moteur, de grande puissance, est logé à l'intérieur de la coque.

Rundstedt (Karl Rudolf Gerd VON), maréchal allemand, né à Aschersleben (1875-1953). Il participa à la réorganisation de la Reichswehr, mais, sans sympathie pour le régime nazi, il prit sa retraite en 1938. Rappelé au service au début de la Seconde Guerre mondiale, il commanda un groupe d'armées en Pologne (1939), en France (1940), où son groupe attaqua par les Ardennes, et en U. R. S. S. (1941), où il conquit l'Ukraine. Il commanda le front ouest (1942-1944), fut remplacé par von Kluge après la réussite du débarquement allié (juill. 1944), puis dirigea l'ultime contre-offensive des Ardennes (fin de 1944). Prisonnier des Anglais, il fut libéré en 1949.

Runeberg (Johan Ludvig), poète finlandais d'expression suédoise, né à Jakobstad (1804-1877). Professeur de littérature latine à l'université de Helsingfors, puis à Borgå, il entra dans les ordres en 1838. L'inspiration lyrique et épique de son œuvre (*Idylles et épigrammes,* 1830; *les Chasseurs d'élan,* 1832; *le Roi Fjalar,* 1844; *Récits de l'enseigne Stål,* 1848) fait de lui le poète national de la Finlande.

runes [ryn] n. f. pl. (scandin. *runar*). Caractères des plus anciens alphabets germaniques et scandinaves.

Rungis (94150), comm. du Val-de-Marne (arr. de L'Haÿ-les-Roses), au sud de Paris; 2 686 h. Marché-gare qui remplace les Halles de Paris.

runique adj. Relatif aux runes : *inscription runique.*

ruolz [rɥɔls] n. m. (du nom de l'inventeur). Alliage utilisé en orfèvrerie, de couleur claire et blanche se rapprochant de celle de l'argent, et composé de cuivre, de nickel et d'argent.

Ruolz (*comte* Henri DE), savant français, né à Paris (1811-1887). Avec l'Anglais Henry Elkington, il découvrit le procédé de l'argenture des métaux par la galvanoplastie, auquel son nom est resté attaché en France (1840).

Rupel (le), riv. de Belgique, affl. de l'Escaut (r. dr.); 12 km. Il est formé par la réunion de la Dyle et de la Nèthe.

Rupert (le), fl. du Canada (Québec), tributaire de la baie James; 600 km.

Rupert (Robert, *comte palatin,* dit **le Prince**), amiral anglais, né à Prague (1619-1682). Chef royaliste, il essuya de nombreux échecs pendant la première révolution anglaise.

rupestre [rypɛstr] adj. (du lat. *rupes,* rocher). Qui croît dans les rochers : *plante rupestre.* || Réalisé sur ou dans des rochers : *art rupestre.*

rupicole [rypikɔl] n. m. *Zool.* Syn. de COQ DE ROCHE.

rupin [rypɛ̃], **e** [-in] adj. et n. (romani *roup*). *Pop.* Riche, luxueux.

rupteur n. m. Sur une automobile, dispositif destiné à rompre le courant dans un système d'allumage électrique pour produire l'étincelle à la bougie.

Rupt-sur-Moselle [ry-] (88360), comm. des Vosges (arr. d'Epinal); 3 970 h. (2 256 aggl.). Coton.

rupture [ryptyr] n. f. (du lat. *ruptus,* rompu). Action par laquelle une chose est rompue : *effort de rupture.* || Résultat de cette action : *rupture d'une digue.* || — *Fig.* Division entre des personnes unies par traité, par amitié, etc. : *rupture passagère.* || Cassation d'un acte public ou particulier : *rupture de la paix, d'un mariage.*

rural [ryral], **e, aux** [-o] adj. (du lat. *rus, ruris,* campagne). Qui appartient aux champs, à la campagne : *vie rurale.*

ruraux n. m. pl. Les habitants de la campagne.

Rurik. V. RIOURIK.

ruse [ryz] n. f. Finesse, artifice dont on se sert pour tromper : *ruse de guerre.* (Syn. : ASTUCE, MACHIAVÉLISME, ROUERIE, STRATAGÈME.)

Ruse, anc. **Roustchouk** ou **Rušcuk,** v. de Bulgarie, sur le Danube; 128 000 h. Chantiers navals. Raffinage du pétrole.

rusé, e adj. et n. Fin, adroit. || — Adj. Qui annonce de la ruse : *figure rusée.*

ruser v. i. (lat. *recusare,* refuser, repousser). Se servir de ruses, de moyens de tromper.

rush [rœʃ] n. m. (mot angl.). Effort final impétueux, assaut.

rushes [rœʃ] n. m. pl. (mot angl.). Ensemble des prises de vues cinématographiques telles qu'elles apparaissent avant le choix du montage. (L'Administration préconise ÉPREUVES DE TOURNAGE.)

Ruskin (John), critique d'art et sociologue anglais, né à Londres (1819-1900). Il commença par prendre la défense de Turner et des préraphaélites (*les Peintres modernes,* 1843-1860), puis développa ses idées esthétiques, alliant la critique d'art à la prédication (*les Sept Lampes de l'architecture,* 1849; *les Pierres de Venise,* 1851-1853) et analysant les problèmes sociaux et moraux nés de la civilisation moderne (*l'Economie politique de l'art,* 1857; *Sésame et les lis,* 1865; *la Bible d'Amiens,* 1880-1885). Il a laissé également des lettres familières (*Fors Clavigera,* 1871-1887) et une autobiographie (*Praeterita,* 1885-1889). Ami de Carlyle, il exerça sur Proust, qui le traduisit, une influence notable.

Ruskin

russe [rys] adj. et n. De la Russie. ‖ — N. m. Langue slave parlée dans une grande partie de l'U. R. S. S. (Le russe est une langue indo-européenne écrite dès la seconde moitié du IXe s. dans l'alphabet cyrillique.)

— ENCYCL. La *littérature russe* ancienne est écrite en slavon, langue d'Eglise importée des Balkans. La Russie ancienne a donc pratiqué deux langues, le russe utilitaire et le slavon littéraire. Dominée par la théologie, la littérature s'inspire, à ses débuts, des écrivains byzantins; mais le peuple se plaît à entendre des rhapsodes rustiques lui chanter les *bylines,* épopées ordonnées en cycles autour de quelques héros légendaires (Ilia de Mourom, Aliocha Popovitch, le marchand Sadko). Le premier orateur sacré de la Russie est le métropolite Hilarion (*Sermon sur la loi et la grâce,* XIe s.), tandis qu'apparaît la littérature annalistique (*Chronique de Nestor,* XIIe s.), à laquelle se rattachent des séries de chroniques continuées par les clercs, dans les couvents, jusqu'au XVIIIe s. Si la littérature didactique et morale est illustrée dès le début du XIIe s. par l'*Instruction* du prince Vladimir Monomaque, le genre narratif se développe : récits hagiographiques, avec les Vies de saints, dont la collection (*Grandes Ménées*) sera rassemblée au XVIe s. sous la direction du métropolite Macaire; récits de voyages, comme le *Voyage aux Lieux saints de l'hégoumène Daniel* (début du XIIe s.) ou le *Voyage par-delà trois mers* du marchand Afanassi Nikitine, qui se rendit en Inde de 1469 à 1472; récit historique, comme *le Dit de la campagne d'Igor',* dont l'authenticité est discutée.

● La littérature monastique se poursuit jusqu'au XVIe s. avec un curieux traité d'économie domestique (*Domostroï*), dont le patriarcalisme enchantera les slavophiles du XIXe s., mais le slavon est en pleine décadence. Des genres nouveaux apparaissent : la poésie, qui, avec Siméon de Polotsk (*le Jardin multicolore,* 1678), use du vers syllabique et rimé; le théâtre, pratiqué dans les académies ecclésiastiques, où l'on donne des pièces bibliques en allemand d'abord, puis traduites en russe. Mais la rupture avec le passé est symbolisée par le schisme des vieux-croyants, qui font un large emploi du parler vulgaire et dont le chef, l'archiprêtre Avvakoum, laisse avec l'histoire de sa *Vie* (1672-1675) le premier chef-d'œuvre de la prose littéraire russe.

● Avec Pierre le Grand, la Russie se rapproche définitivement de l'Europe : en 1703 paraît la *Gazette de Moscou,* le premier journal russe. Mais à peine libéré de l'emprise du slavon, le russe est conquis par les langues étrangères : on traduit de nombreux livres techniques à l'aide de mots empruntés au hollandais, à l'allemand, au français. Le classicisme de Boileau inspire les satires du prince Antioch Cantemir et les odes de Vassili Trediakovski (*Sur la prise de Dantzig,* 1734). Le chaos linguistique et littéraire ne prend fin qu'avec Mikhaïl Lomonossov, qui dote le russe de sa première grammaire (1755), formule la théorie des « trois styles » (*Avant-propos sur l'utilité des livres d'Eglise,* 1758) et crée le nouveau vers syllabo-tonique (*Ode sur la prise de Khotine,* 1739), tandis qu'Aleksandr Soumarokov inaugure le répertoire dramatique national (*Khorev,* 1747).

Le règne de Catherine II voit un premier éveil de l'intérêt pour l'histoire et la civilisation russes. Si Ippolit Bogdanovitch (*Douchenka,* 1778-1783) et Gavriil Derjavine (*Felitsa,* 1783) illustrent la poésie, si Aleksandr Radichtchev pose pour la première fois le problème du servage dans son *Voyage de Pétersbourg à Moscou* (1790), c'est le théâtre qui connaît l'épanouissement le plus remarquable avec les comédies de Denis Fonvizine (*le Mineur,* 1782) et de Vassili Kapnist (*la Chicane,* 1798).

● Publiciste, romancier (*Lettres d'un voyageur russe,* 1791-1792), historien, Nikolaï Karamzine rapproche le russe écrit de la langue de la bonne société et marque la transition entre l'école classique, encore représentée par le tragique Ozerov (*Œdipe à Athènes,* 1804), et le romantisme, dont Vassili Joukovski (*le Barde au Kremlin,* 1816) répand les thèmes et l'esprit par ses traductions de poètes anglais et allemands. Si Konstantine Batiouchkov s'attarde encore à l'imitation des Français, Aleksandr Griboïedov est l'auteur de la première comédie vraiment nationale (*Le malheur d'avoir trop d'esprit,* 1831). Mais le véritable créateur de la littérature moderne est Aleksandr Pouchkine, qui fonde, en même temps qu'un mouvement qui fait écho au romantisme européen, la tendance au réalisme critique, qui restera un des caractères dominants de la littérature russe (*Rouslan et Lioudmila,* 1817-1820; *Eugène Onéguine,* 1823-1831; *la Dame de pique,* 1834; *la Fille du capitaine,* 1836). Son meilleur disciple, Mikhaïl Lermontov, « Byron à l'âme russe », s'exprime dans des poèmes (*le Novice,* 1840) et des romans (*Un héros de notre temps,* 1839-1840) qui sont autant de cris de révolte, tandis qu'Alekseï Koltsov s'inspire de la vie paysanne et des chansons populaires. Nikolaï Gogol' est cependant pour la prose russe ce qu'est Pouchkine pour la poésie : par son ironie mélancolique, sa verve satirique (*le Revizor,* 1836) et son goût du mysticisme, il est le père du récit réaliste (*Tarass Boulba,* 1835; *le Manteau,* 1841; *les Ames mortes,* 1842), sur lequel réfléchit le critique Vissarion Bielinski, apôtre de l'art engagé.

● La génération qui entre en scène après 1840 rompt résolument avec la rhétorique des écrivains officiels. Les « naturalistes » peignent les propriétaires terriens, les paysans et les petits fonctionnaires. La littérature revendicatrice apparaît avec Aleksandr Herzen (*A qui la faute?,* 1845-1846). Tandis que l'intelligentsia se partage en deux camps, les occidentalistes, qui veulent l'européanisation de la Russie, et les slavophiles, qui, comme les poètes Konstantine et Ivan Aksakov, mettent l'accent sur les traits originaux de la culture russe, la critique radicale refuse, avec Nikolaï Tchernychevski (*Que faire?,* 1863) et Dimitri Pissarev (*le Prolétariat pensant,* 1865), de considérer l'art comme une fin en soi et juge de la littérature dans la mesure de son utilité sociale. Le roman domine toute la seconde moitié du XIXe s. Si, dans ses diverses manifestations, il présente des caractéristiques communes (sympathie pour les humbles, ouverture à toutes les doctrines spirituelles et sociales, recherche de la justice, ampleur de la composition), on peut toutefois distinguer trois courants principaux : l'un plus classique avec Ivan Gontcharov (*Oblomov,* 1859) et Tourgueniev (*Récits d'un chasseur,* 1847-1852), l'autre plus désespéré avec Alekseï Pissemski (*Amère Destinée,* 1859) et Mikhaïl Saltykov-Chtchedrine (*la Famille Golovliov,* 1880), le troisième plus artiste avec Nikolaï Leskov (*Gens d'Eglise,* 1872). Mais les deux grands maîtres du roman, dont l'art influe profondément sur les lettres européennes, restent Dostoïevski (*Crime et Châtiment,* 1866; *l'Idiot,* 1868; *les Possédés,* 1871-1872; *les Frères Karamazov,* 1879-1880) et Tolstoï (*Guerre et Paix,* 1865-1869; *Anna Karénine,* 1876-1877; *Résurrection,* 1899), pour qui tout conflit humain révèle le combat mystique et incessant du Bien et du Mal. Le réalisme évolue cependant sous la double influence de la veine populiste de Nikolaï Zlatovratski (*les Piliers,* 1878-1883) et de Gleb Ouspenski (*la Puissance de la terre,* 1882), et de la satire dramatique d'Aleksandr Ostrovski (*l'Orage,* 1860) pour aboutir à la peinture désabusée de la Russie que Tchekhov fait dans ses pièces mises en scène par Stanislavski au Théâtre d'art de Moscou (*la Mouette,* 1896; *Oncle Vania,* 1897; *les Trois Sœurs,* 1900; *la Cerisaie,* 1903-1904). La poésie, qui connaît en Fiodor Tiouttchev un disciple de Pouchkine, s'incarne principalement dans les vers de Nikolaï Nekrassov, chantre exalté mais prosaïque de la nature et du peuple russes (*Pour qui fait-il bon vivre en Russie?,* 1869-1874).

A partir de 1880, le réalisme, malgré Ivan Bounine (*le Village,* 1910) et Leonid Andreïev (*Récit des sept pendus,* 1908), se disperse à la recherche de l'étrange, du piquant, du scabreux même, et seul Maksim Gorki, qui sera salué comme le modèle de l'écrivain prolétarien, sait lui donner un nouveau contenu (*Foma Gordeïev,* 1899; *les Artamonov,* 1925).

● Alors que le réalisme décline, naît un vaste mouvement intellectuel et littéraire, qui, à la suite du philosophe Vladimir Soloviov, affirme le primat des valeurs spirituelles et esthétiques. Les symbolistes proclament d'abord le retour au culte du Beau : ainsi Dimitri Merejkovski, Valeri Brioussov (*Chefs-d'œuvre,* 1895), Konstantine Balmont (*Visions solaires,* 1903), Fiodor Sologoub (*le Diable mesquin,* 1907). Puis ils entreprennent de faire de la poésie un moyen de connaissance : ainsi Viatcheslav Ivanov, Alekseï Remizov, Andreï Bielyï (*le Pigeon d'argent,* 1910; *Kotik Letaïev,* 1917-1918) et surtout Aleksandr Blok (*le Masque de neige,* 1907; *les Douze,* 1918). Le symbolisme russe n'est d'ailleurs pas une école : il compte autant de mouvements que de représentants. Climat de mystère et de recherches ésotériques, il éclate dès les premières manifestations de la révolution.

● Les dévastations de la guerre civile et les restrictions politiques et économiques suspendent provisoirement toute vie littéraire. La reprise s'amorce en 1921 avec la « nouvelle politique économique », qui fait renaître l'édition privée. Les groupements d'avant-garde se multiplient : futurisme, imaginisme, qui se constitue autour de Sergheï Iessenine. Mais nombre d'écrivains émigrent (Bounine, Remizov, Balmont); d'autres combattent et meurent (Goumiliov). Boris Pasternak (*Ma sœur, la Vie,* 1922), Ossip Mandelstamm, Anna Akhmatova poursuivent un temps leur méditation, puis se taisent. Vladimir Maïakovski salue la révolution en renouvelant les genres classiques de l'ode et de l'épopée (*150 000 000,* 1920), mais bientôt se suicide. C'est la guerre civile qui fournit à la littérature communiste naissante ses meilleurs auteurs et ses thèmes les plus exaltants : *le Train blindé nº 1469* (1922) de Vsevolod Ivanov, *l'Année nue* (1922) de Boris Pilniak, *Cavalerie rouge* (1926) d'Issaak Babel', *le Don paisible* (1928-1940) de Mikhaïl Cholokhov.

● A partir des années 1925-1930, les écrivains sont conviés à participer, comme les travailleurs, à l'effort de reconstruction du pays. La littérature, d'un intérêt surtout documentaire, chante les réalisations des bâtisseurs avec Fiodor Gladkov (*le Ciment,* 1925) et Ilia Ehrenbourg (*le Deuxième Jour,* 1934). Les romans et les comédies satiriques de Valentine Petrovitch Kataïev (*la Quadrature du cercle,* 1929) connaissent cependant le succès.

● Mais bientôt, au nom du réalisme socialiste, on ne tolère plus que les « héros positifs » de Dmitri Andreïevitch Fourmanov (*Tchapaïev,* 1923), d'Aleksandr Fadeïev (*la Défaite,* 1927), de Nikolaï Ostrovski (*Et l'acier fut trempé,* 1932-1934) et de Nikolaï Pogodine (*l'Homme au fusil,* 1937). Les recherches formelles sont condamnées au même titre que les erreurs idéologiques et politiques. La Seconde Guerre mondiale amène une détente passagère et provoque l'éclosion d'une littérature patriotique. Le roman historique triomphe avec Alekseï Tolstoï (*Ivan le Terrible,* 1943), tandis que Konstantine Simonov (*les Jours et les nuits,* 1943-1944) et Aleksandr Tvardovski (*Vassili Tiorkine,* 1942-1945) exaltent l'héroïsme des combattants.

L'après-guerre est une nouvelle époque de reconstruction. Le rôle de l'art et de l'écrivain est défini par

alphabet russe

IMPRIMERIE		ÉCRITURE		TRANSCRIPTION
А	а	А	а	a
Б	б	Б	б	b
В	в	В	в	v
Г	г	Г	г	g, gh
Д	д	Д	д	d
Е Ё	е ё	Е	е	é ie io
Ж	ж	Ж	ж	j
З	з	З	з	z
И	и	И	и	i
Й	й	Й	й	ï
К	к	К	к	k
Л	л	Л	л	l
М	м	М	м	m
Н	н	Н	н	n
О	о	О	о	o
П	п	П	п	p
Р	р	Р	р	r
С	с	С	с	s, ss
Т	т	Т	т	t
У	у	У	у	ou
Ф	ф	Ф	ф	f
Х	х	Х	х	kh
Ц	ц	Ц	ц	ts
Ч	ч	Ч	ч	tch
Ш	ш	Ш	ш	ch
Щ	щ	Щ	щ	chtch
Ъ	ъ		ъ	signe dur
Ы	ы		ы ы	y
Ь	ь		ь	signe mou
Э	э	Э	э	é
Ю	ю	Ю	ю	iou
Я	я	Я	я	ia

Phot. British Council.

Jdanov (*A propos des revues « Etoile » et « Leningrad »*, 1946) : Vassili Ajaïev (*Loin de Moscou*, 1948) et Semion Babaïevski (*la Lumière au-dessus de la terre*, 1949-1950) le remplissent scrupuleusement.

● La mort de Staline crée les conditions d'une renaissance littéraire. Le premier signe de renouveau est la nouvelle d'Ehrenbourg *le Dégel* (1954), qui traduit le sentiment confus de libération que connaît la Russie et qui s'affirme à travers les romans de Vladimir Doudintsev (*L'homme ne vit pas seulement de pain,* 1956) et les nouvelles d'Aleksandr Soljenitsine (*Une journée d'Ivan Denissovitch,* 1962), tandis que Konstantine Paoustovski fait le bilan de quarante années d'expériences brutales et grandioses (*Histoire d'une vie*, 1945-1955). Deux courants principaux animent la littérature contemporaine : un réalisme critique, qui traite de sujets jusqu'alors interdits (répressions policières, problèmes de la jeunesse et de la vie rurale) et qui s'incarne dans les récits de Vera Panova, de Viktor Nekrassov (*Kira*, 1961), de Vladimir Tendriakov et de Vladimir Soloooukhine, alors qu'Iouri Kazakov se montre plus soucieux de recherches formelles ; un lyrisme personnel, qui renoue avec la tradition des années 1920 et qu'illustrent Boulat Okoudjava, Ievgheni Ievtouchenko (*Babi Iar,* 1961), et Andreï Voznessenski. Une troisième voie unit la verve satirique à l'inspiration fantastique et s'exprime dans des cercles littéraires clandestins et dans les récits d'Eugenia Gunzbourg, d'Aleksandr Guinzbourg, de Valeri Tarsis, et surtout d'Iouli Daniel et d'Andreï Siniavski, dont le procès retentissant a révélé les résistances au désir passionné de liberté éprouvé par les intellectuels soviétiques.

Russell (William, *lord*), homme d'Etat anglais (1639-1683). Il conspira contre Charles II et mourut sur l'échafaud.

Russell (Edward), amiral anglais (1653-1727), vainqueur de Tourville en 1692 à la Hougue.

Russell (John, *comte* DE), homme d'Etat anglais, né à Londres (1792-1878), chef du parti whig. Premier ministre (1846-1852 ; 1865-1866) et ministre des Affaires étrangères (1852-1855 ; 1860-1865).

Russell (Bertrand, 3e *comte*), mathématicien, philosophe et sociologue britannique, né à Trellek (pays de Galles) [1872-1970]. Maître de conférences à Cambridge, il doit démissionner en 1916 pour ses opinions pacifistes. Après des séjours en Russie, en Chine et aux Etats-Unis, il reprend sa chaire en 1944 à Cambridge. Russell fut l'un des promoteurs de la logique moderne : il chercha, dans une analyse abstraite de la pensée, les origines des mathématiques et de la logique. Sa philosophie générale est également une philosophie de logicien préoccupé avant tout de la théorie de la connaissance. Il a mis son autorité au service du pacifisme et de l'objection de conscience, et il s'est montré un vigoureux adversaire de l'utilisation militaire de l'énergie nucléaire. Son ouvrage principal est *Principia mathematica* (en collaboration avec N. Whitehead, 1910-1913). On lui doit aussi : *Vers la liberté : le socialisme, l'anarchie et le syndicalisme* (1918), *Analyse de l'esprit* (1921), *la Conquête du bonheur* (1930), *Histoire de la philosophie occidentale* (1946), *la Connaissance humaine, son but et ses limites* (1948). Il avait commencé une *Autobiographie de Bertrand Russell* (1er vol. paru en 1967).

Russell (Henry Norris), astronome américain, né à Oyster Bay (New York) [1877-1957]. A la suite des découvertes de Hertzsprung, il imagina de classer les étoiles d'après leurs spectres en étoiles supergéantes, géantes et naines, et établit un diagramme, le *diagramme de Hertzsprung-Russel,* représentant la magnitude absolue des étoiles en fonction de leur classe spectrale.

Rüsselsheim, v. de l'Allemagne occidentale (Hesse), sur le Main ; 49 300 h. Importante usine d'automobiles.

Russey (LE) [25210], ch.-l. de c. du Doubs (arr. de Montbéliard) ; 1 809 h. (1 217 aggl.). Métallurgie.

Russie, nom appliqué naguère au vaste empire des tsars, qui s'étendait des rives de la Baltique au Pacifique. Auj., il est restreint à la République socialiste fédérative soviétique russe (R. S. F. S. R.), qui constitue la masse principale de l'*U. R. S. S.**, et qui compte 17 075 400 km², 127 312 000 h. (*Russes*). Cap. *Moscou ;* v. pr. *Leningrad, Gorki, Novossibirsk, Kouïbychev, Sverdlovsk, Tcheliabinsk, Perm'*.

Histoire.

● *Le Moyen Age.* Des Slaves s'établissent à partir de 500 sur le Dniepr moyen. Peuple commerçant, ils trafiquent avec les pays de la Baltique, de la Vistule et de la Volga. Des Scandinaves (*Russes* ou *Varègues*) finissent par s'imposer et fondent des principautés ; ainsi Askold à Kiev et Riourik à Novgorod (IXe s.). Kiev maintient son hégémonie de 980 à 1169, notamment sous saint Vladimir Ier (980-1015) et Iaroslav le Sage (1017, 1019-1054) : ce dernier prend le titre de « grand prince ». Puis la Russie se disloque. Les Mongols envahissent le pays au XIIIe s., déferlent sur la Pologne, la Hongrie, la Silésie, puis reviennent s'installer sur la Volga ; de là, ils régissent leur vaste conquête, dont ils respectent la structure politique et la religion. Sous leur suzeraineté s'affirme la prééminence de la principauté de Moscou, fondée vers 1260. Cependant, grâce à Alexandre Nevski (1236-1263), Novgorod échappe longtemps à l'emprise des Mongols. En 1328, Ivan Ier Danilovitch Kalita obtient des Tatars le titre de « grand prince » de Moscovie. Parallèlement se développe la Lituanie, dont les princes (Gédymin, 1316-1341 ; Olgierd, v. 1345-1377) se révèlent les seuls adversaires redoutables des Mongols. Mais la conversion au catholicisme de Jagellon, fils d'Olgierd (1386), rejette les Russes vers Moscou, dont

Bertrand Russell

le rôle primordial est favorisé par l'effondrement de la Horde d'Or.

● *De la Moscovie à la nation russe.* Ivan III (1462-1505) peut unifier la Moscovie ; il enlève Novgorod à la protection des Jagellons. Ceux-ci, en 1495, lui reconnaissent le titre de « souverain de toute la Russie » (1495). Après la chute de Constantinople (1453), Moscou s'érige en capitale de la chrétienté, la « troisième Rome », héritière de Byzance. En 1499, Ivan III atteint l'Oural, qu'Ivan IV le Terrible (1533-1584) dépassera après avoir annexé les terres de la Volga et de la mer d'Azov. Mais Ivan IV, qui prend le titre de *tsar,* échoue contre la Pologne d'Etienne Báthory (1582). Dans les steppes méridionales, il se heurte aux Cosaques. Suit le « temps des troubles » avec Boris Godounov, tsar de 1598 à 1605, et les « faux » Dimitri (1605-1606 et 1607-1610). Les Polonais arrivent jusqu'à Moscou, et les Suédois menacent Novgorod.

● *Le XVIIe et le XVIIIe s.* La conscience nationale se réveille avec Michel III (1613-1645), fondateur de la dynastie des Romanov. Sous Alexis (1645-1676), l'hetman des Cosaques se soumet au tsar, qui lui laisse une large autonomie (1654), mais l'Eglise russe est troublée par les agissements des vieux-croyants (*raskol*). Pierre le Grand (1682-1725) délivre son pays des menaces suédoise, polonaise et ukrainienne par la victoire de Poltava (1709), et donne à la Russie une frontière maritime européenne ; en 1703, il fonde Saint-Pétersbourg. En même temps, il pratique une politique réformiste, d'inspiration autocratique, militariste et fiscale. A sa mort, sa femme, Catherine Ire, est proclamée impératrice (1725-1727). Sous ses successeurs, Pierre II (1727-1730) et Anna (1730-1740), la Russie, dirigée par des ministres allemands, s'allie à l'Autriche contre Stanislas Leszczyński de Pologne. Mais, en 1741, Elisabeth, fille de Pierre le Grand, devient impératrice. Alliées de la France dans la guerre de Sept Ans, ses armées battent celles de la Prusse en 1759. Son neveu et successeur Pierre III (1762) voulant passer dans le camp de la Prusse contre l'Autriche et la France, une conspiration le force à abdiquer, et sa femme, Catherine II, devenue impératrice en 1762, consolide son pouvoir par des guerres heureuses contre les Turcs (1768-1792). Son ingérence dans la politique polonaise aboutit aux trois partages de la Pologne (1772-1795), dont la Russie profite largement. Catherine II remanie l'Administration et confirme les privilèges de la noblesse, qui se voue aux tâches économiques ; sous son règne, le servage se développe. Son fils Paul Ier (1796-1801) s'associe à la coalition contre la France, puis se tourne contre l'Angleterre.

● *Le XIXe s.* Alexandre Ier (1801-1825) s'efforce de libéraliser le régime tsariste ; vaincu par Napoléon (1805-1807), il s'allie avec lui à Tilsit (1807), avant de mener contre lui en Russie la « guerre patriotique » (1812). En 1814 et 1815, il est l'arbitre de l'Europe (Sainte Alliance). Les tsars cherchent dès lors de plus en plus à s'agrandir aux dépens de la Turquie, à s'avancer vers Constantinople malgré les efforts de la diplomatie européenne et malgré, surtout, la politique anglaise en Méditerranée. Nicolas Ier (1825-1855), après avoir triomphé des décabristes (membres de la conspiration organisée contre le tsar en décembre 1825), maintient le régime autocratique ; en 1831, il écrase l'insurrection polonaise. Il bat plusieurs fois les Turcs (1828-1829, 1833), mais la guerre de Crimée, menée contre les Turcs, les Français et les Anglais (1854-1856), tourne à son désavantage. Alexandre II (1855-1881) supprime le servage (1861), crée des zemstvos élus (1864) et poursuit l'avance russe en Sibérie ; mais, après ses succès contre la Turquie (1877-1878), le congrès de Berlin l'oblige à abandonner ses avantages. En 1881, la montée révolutionnaire aboutit à l'assassinat du tsar. Alexandre III (1881-1894) préside à un réel essor économique, tout en maintenant l'autocratie réactionnaire ; il fait alliance avec la France (1891-1894), sortant ainsi la Russie de l'isolement diplomatique où l'a enfermée l'alliance austro-allemande.

● *La fin des Romanov.* Nicolas II (1894-1917) poursuit la même politique d'absolutisme et de russification des allogènes. La poussée russe vers l'Extrême-Orient (Mandchourie) provoque la guerre russo-japonaise, qui se termine par la défaite des Russes (1904-1905) et par la révolution de 1905 ; celle-ci amène le tsar à accorder des concessions libérales (doumas), sur lesquelles il cherche ensuite à revenir. La Première Guerre mondiale trouve la Russie mal préparée (1914) : la montée du marxisme et les défaites de 1914 et de 1915 préparent la révolution* de 1917, qui entraîne la chute du tsarisme et la fondation de l'U. R. S. S.*.

Russie (*campagne de*), expédition menée en 1812 par les armées de Napoléon contre le tsar Alexandre Ier. Elle se termina par la *retraite de Russie.*

Russie Blanche. V. BIÉLORUSSIE.

russifier v. t. Obliger à adopter les institutions ou la langue russes : *les tsars ont voulu russifier la Pologne.*

russo-japonaise (*guerre*), guerre entre le Japon et la Russie (févr. 1904-sept. 1905), qui se termina par la défaite de cette dernière. Sans déclaration de guerre, une escadre japonaise attaqua la flotte russe en rade de Port-Arthur et des troupes débarquaient en Corée. Assiégé, Port-Arthur dut capituler après un long siège, tandis que les armées russes étaient bientôt battues définitivement à Moukden. Après un long périple, l'escadre russe de la Baltique fut écrasée à Tsushima. Le traité de Portsmouth permit au Japon d'établir son protectorat sur la Corée et obligea les Russes à évacuer la Mandchourie.

russophile [rysɔfil] adj. et n. Partisan des Russes.

russule [rysyl] n. f. Champignon à lames, à chapeau coloré en jaune, vert, rouge ou brun violacé. (On trouve les russules en été et en automne dans les bois ; certaines sont comestibles [*russule charbonnière*], d'autres, toxiques, ont une saveur âcre ou poivrée. Classe des basidiomycètes, famille des agaricacées.) [V. illustr. CHAMPIGNONS.]

rustaud [rysto], **e** [-od] adj. et n. (de *rustre*). Grossier, lourd dans ses manières.

Rustenburg, v. de l'Afrique du Sud (Transvaal). Centre d'extraction du platine.

rusticage [rystikaʒ] n. m. Mortier très clair projeté à l'aide d'une sorte de balai contre un mur pour le crépir.

rusticité [-site] n. f. Simplicité allant jusqu'à la grossièreté. ‖ Qualité d'une plante rustique.

rustique [rystik] adj. (lat. *rusticus*). Qui appartient à la campagne : *travaux rustiques.* ‖ Façonné avec une grande simplicité : *meuble rustique.* ‖ — *Fig.* Grossier, rude : *air rustique.* ‖ Qui résiste aux intempéries : *plante rustique.* ● *Ordre rustique* (Archit.), ordre où les colonnes, l'entablement sont ornés de bossages d'apparence brute ou vermiculés.

rustique n. m. Marteau de tailleur de pierre, à tranchant dentelé.

rustiquer v. t. Tailler une pierre en lui donnant l'aspect brut.

rustre [rystr] adj. et n. (lat. *rusticus*). Grossier : *avoir l'air d'un rustre.*

rut [ryt] n. m. (lat. *rugitus,* rugissement). Etat physiologique des animaux, spécialement des mammifères, qui les pousse à rechercher l'accouplement.

rutabaga [rytabaga] n. m. (du suédois *rotabagge,* chou-navet). Espèce de chou à racine tubérisée comestible, appelée aussi *chou-navet.*

rutacées [rytase] n. f. pl. Famille de plantes dicotylédones dialypétales, dont le type est la *rue,* et qui renferme le citronnier, l'oranger, le pamplemoussier.

Rutebeuf, poète français (m. v. 1285). On ne sait de sa vie que ce qu'il en dit dans ses œuvres : d'origine champenoise, il mena, malgré quelques protections, une existence misérable de jongleur. Auteur d'un monologue comique (*Dit de l'herberie*), de poèmes satiriques (*Dit*

rutabaga

Rutebeuf priant la Vierge
miniature du XIIIe s.
Bibliothèque royale de Bruxelles

Phot. British Council, Bibl. royale de Bruxelles.

des ribauds de Grève), d'une « branche » du *Roman de Renart* (*Renart le Bestourné*, v. 1270), d'un des plus anciens « miracles de Notre-Dame » (*le Miracle de Théophile*, v. 1261), il est le premier poète à s'être libéré de l'emprise des traditions courtoises.

Ruth, femme moabite, belle-fille de Noémi. Un livre de l'Ancien Testament, le livre de Ruth, raconte comment elle épousa le riche Booz.

ruthène [rytɛn] adj. et n. De Ruthénie.

Ruthénie, anc. région orientale de la Tchécoslovaquie. (V. UKRAINE SUBCARPATIQUE.)

ruthénium [rytenjɔm] n. m. Métal (Ru) appartenant au groupe du platine, de numéro atomique 44, de densité 12,3, fondant vers 2 500 °C.

Rutherford of Nelson (Ernest, *lord*), physicien anglais, né à Nelson (Nouvelle-Zélande) [1871-1937]. En 1903, il donna avec Soddy la loi des transformations radioactives, montra, en 1906, que les particules alpha sont des noyaux d'hélium et réalisa en 1919 la première transmutation provoquée, celle de l'azote en oxygène. Dès 1911, il avait imaginé un modèle d'atome analogue au système solaire. (Prix Nobel de chimie, 1908.)

rutilance n. f. ou **rutilement** n. m. Etat, qualité de ce qui est rutilant.

rutilant, e adj. D'un rouge éclatant. ‖ Qui brille d'un vif éclat. (Ce dernier sens est déconseillé par certains grammairiens.) ● *Vapeurs rutilantes* (Chim.), peroxyde d'azote NO_2 impur.

rutile [rytil] n. m. Oxyde naturel de titane TiO_2.

rutiler [rytile] v. i. (lat. *rutilare*). Briller d'un rouge ardent. ‖ Briller d'un vif éclat. (Ce dernier sens est déconseillé par certains grammairiens.)

Rütli ou **Grütli** (le), prairie de la Suisse, sur la partie sud-est du lac des Quatre-Cantons, célèbre par le serment prêté en 1291 par les patriotes des trois Waldstätten, qui voulaient se débarrasser de la tyrannie d'Albert d'Autriche.

Rutules, anc. peuple du Latium. Cap. *Ardea*.

Ruwenzori, massif montagneux de l'Afrique, entre le Zaïre et l'Ouganda ; 5 119 m.

Ruy Blas, drame en 5 actes et en vers de V. Hugo (1838). A la fin du XVIIe s., à la cour d'Espagne, don Salluste, grand seigneur disgracié, décide de se venger de la reine. Il substitue à son cousin don César de Bazan son valet Ruy Blas. Aimé de la reine, Ruy Blas devient Premier ministre et entreprend de faire cesser la corruption dans l'Etat. Au bout de quelques mois, don Salluste attire la reine dans sa maison secrète et lui révèle l'identité de celui qu'elle aime. Ruy Blas tue son maître, s'empoisonne et meurt en emportant le pardon de la reine.

Rutherford of Nelson

Ruynes-en-Margeride (15320), anc. **Ruines,** ch.-l. de c. du Cantal (arr. de Saint-Flour) ; 672 h. (318 aggl.). Aux environs, viaduc de Garabit.

Ruysbroek (Guillaume DE). V. RUBROEK.

Ruysbroek (Jan VAN). V. VAN RUUSBROEC.

Ruysdael ou **Ruisdael** (Jacob VAN), peintre hollandais, né à Haarlem (1628 ou 1629-1682). Ce n'est qu'au XIXe s. qu'il fut reconnu comme un des grands paysagistes hollandais. Il exprime dans ses paysages un sentiment vrai de la nature et, par les jeux de la lumière, un lyrisme presque romantique (*le Buisson, le Coup de soleil,* Louvre).

Ruyter (Michiel Adriaansz DE), amiral hollandais, né à Flessingue (1607-1676). Il arrêta la flotte franco-britannique en Zélande (1671) et fut vaincu par Duquesne en 1676.

ruz [ry] n. m. Dans le Jura, vallée creusée sur le flanc d'un anticlinal.

Ružička (Leopold), chimiste suisse d'origine tchèque, né à Vukovar (Croatie) en 1887. Il est l'auteur de recherches sur les terpènes et sur les hormones. (Prix Nobel de chimie, 1939.)

Rwanda. V. RUANDA.

Rybinsk, de 1946 à 1957 **Chtcherbakov,** v. de l'U. R. S. S. (R. S. F. S. de Russie) ; 212 000 h. Importante centrale hydro-électrique sur la Volga supérieure.

Rybnik, v. de Pologne, en haute Silésie ; 35 000 h. Centre houiller.

Rydberg (Johannes Robert), physicien suédois, né à Halmstad (1854-1919). Il établit une relation entre les spectres des divers éléments chimiques.

Rydz-Śmigły (Edward), maréchal polonais, né à Lwów (1886-1944). Disciple de Piłsudski, il participa à la lutte contre les Ukrainiens et contre les Soviétiques (1918-1920). Commandant en chef des forces polonaises en 1939, il se réfugia en Roumanie après la défaite. Il aurait regagné Varsovie en 1940 et serait mort pendant l'insurrection de 1944.

Ryes [ri] (14400 Bayeux), ch.-l. de c. du Calvados (arr. de Bayeux) ; 377 h.

Ryswick, auj. **Rijswijk,** v. des Pays-Bas ; 47 000 h. En 1697 y fut signé le traité qui mit fin à la guerre de la ligue d'Augsbourg ; la France y conserve Strasbourg, mais reconnaît l'accession de Guillaume III au trône d'Angleterre.

rythme [ritm] n. m. (lat. *rhythmus,* empr. au gr.). Disposition symétrique et à retour périodique des temps forts et des temps faibles dans un vers, dans une phrase musicale, etc. : *rythme poétique.* ‖ Fréquence d'un phénomène physiologique périodique : *rythme cardiaque.* ‖ *Fig.* Cours régulier : *rythme des habitudes.*
— ENCYCL. *Mus.* Indépendant de la mesure, le *rythme* constitue un des éléments de la phrase musicale. Il peut être binaire ou ternaire, régulier ou irrégulier, simple ou composé. Les compositeurs contemporains ont fait du rythme ou des rythmes superposés une des constantes de leur langage, favorisée par l'emploi de plus en plus répandu des instruments à percussion.

rythmé, e adj. Qui a du rythme, de la cadence : *période, phrase rythmée.*

rythmer v. t. Donner du rythme, de la cadence.

rythmique adj. Qui appartient au rythme ; qui a du rythme : *lecture rythmique ; gymnastique* rythmique.*

Ryū kyū, archipel du Pacifique occidental, entre Kyūshū et Formose ; 2 196 km² ; 935 000 h. Ch.-l. *Naha* (dans l'île d'Okinawa*, la plus grande de l'archipel). En partie administrées par les Etats-Unis après la Seconde Guerre mondiale, les îles ont été entièrement restituées au Japon en 1972.

Rzeszów, v. de Pologne, dans le sud-est du pays ; 71 000 h. Raffinage du pétrole.

Ruysdael : « le Coche d'eau », *coll. part.*

Phot. Larousse, Giraudon.

S s

s [ɛs] n. m. Dix-neuvième lettre de l'alphabet et quinzième des consonnes : *le « s » est une consonne sifflante.* (L'*s* placé entre deux voyelles se prononce comme un *z : rose* [roz], *vase* [vɑz].) ‖ **— S,** succession de virages en forme d'S ; trajet sinueux. ‖ Symbole chimique du *soufre.* ‖ **— s,** symbole de la *seconde* de temps.

sa adj. poss. f. V. SON.

S. A. (abrév. de *Sturm Abteilung,* section d'assaut), formation paramilitaire du parti national-socialiste allemand. Fondée par Hitler en 1921, réorganisée par le capitaine Röhm en 1931, elle joua un rôle essentiel dans l'accession au pouvoir de Hitler en 1933. Son rôle diminua considérablement après l'élimination de Röhm en 1934.

S. A., sigle de SOCIÉTÉ* ANONYME.

Saadi ou **Sa'dī** (Mucharrif al-Dīn), poète persan, né à Chīrāz (v. 1184-v. 1290). Il étudia à Bagdad, fit plusieurs fois le pèlerinage de La Mecque et, fait prisonnier par les croisés, fut racheté par un marchand d'Alep, qui lui donna sa fille en mariage. De retour à Chīrāz vers 1258, il se fixa aux environs de la ville dans un ermitage. Il y composa ses recueils lyriques le *Gulistān** et le *Bustān,* qui révèlent son attrait pour le soufisme et sa morale indulgente d'homme désabusé. C'est par son œuvre que l'Occident fut initié à la poésie persane (le *Gulistān* fut traduit en français dès 1634), dont Saadi reste aujourd'hui l'un des auteurs les plus populaires.

Saale (la), riv. d'Allemagne, affl. de l'Elbe (r. g.) ; 427 km. Elle arrose Iéna et Halle.

Saales [sɑl] (67420), ch.-l. de c. du Bas-Rhin (arr. de Molsheim), dans les Vosges, près du *col de Saales ;* 1 116 h. En 1806, victoire française sur les Prussiens.

Saalfeld, v. de l'Allemagne orientale, sur la *Saale ;* 27 000 h. En 1806, victoire française sur les Prussiens.

Saarinen (Eero), architecte américain d'origine finlandaise, né à Kirkkonummi (1910-1961). Il joua un rôle important avec son père, Eliel **Saarinen** (1873-1950), dans l'évolution de l'architecture américaine. On lui doit de remarquables réalisations, comme le Centre technique de la General Motors, à Detroit, surnommé le « Versailles américain » en raison de la synthèse des arts qui y est réalisée, les usines I. B. M. de Rochester et, parmi ses dernières œuvres, l'aérogare de la TWA, à New York-Idlewild, qui évoque un oiseau aux ailes déployées.

Saarlautern. V. SARRELOUIS.

Saas Fee, station d'été et de sports d'hiver de Suisse (Valais) [alt. 1 800-2 870 m].

Saavedra Lamas (Carlos), homme politique argentin, né à Buenos Aires (1878-1959), prix Nobel de la paix en 1936.

Saba, en ar. **Saba',** Etat antéislamique de l'Arabie du Sud-Ouest (Yémen), qui étendit sa domination jusqu'en Abyssinie (VIIIᵉ s. av. J.-C.) et qui tomba en 570 sous la domination perse. L'une de ses souveraines (légendaire), la *reine de Saba,* appelée par le Coran « Balkis », célèbre par son faste, alla, sur le renom de la sagesse de Salomon, visiter ce prince.

Sabadell, v. d'Espagne (prov. de Barcelone) ; 128 400 h. Textiles.

Sabah, anc. **Bornéo-Septentrional,** Etat de la fédération de Malaysia, occupant l'extrémité septentrionale de l'île de Bornéo ; 80 500 km² ; 670 000 h. Cap. *Kota Kinabalu.* Aux basses latitudes, c'est une région en grande partie montagneuse et forestière, où l'altitude (4 175 m au Kinabalu*) modère localement les températures. Le riz est la base de l'alimentation d'une population qui comprend 25 p. 100 de Chinois. Le caoutchouc constitue la principale ressource commerciale (avec les bois).

Sabart, écart de la comm. de Tarascon-sur-Ariège*. Aluminium.

Sabatier (Auguste), théologien protestant français, né à Vallon-Pont-d'Arc (Ardèche) [1839-1901]. Professeur à la faculté de théologie de Strasbourg (1868), puis de Paris (1877), il professa le subjectivisme de la connaissance religieuse.

Sabatier (Paul), chimiste français, né à Carcassonne (1854-1941). En collaboration avec Senderens, il a découvert les propriétés catalytiques du nickel réduit relativement aux hydrogénations et réalisé par ce moyen la synthèse de nombreux hydrocarbures. (Prix Nobel de chimie, 1912.)

sabayon [sabajɔ̃] n. m. (ital. *zabaione*). Crème liquide à base de vin ou de liqueur, d'œufs, de sucre et d'aromates.

sabbat [saba] n. m. (hébr. *schabbat,* repos). Repos sacré que, d'après la loi de Moïse, les juifs doivent observer le septième jour de la semaine. ‖ Assemblée nocturne de sorciers et de sorcières qui, suivant une superstition populaire, se tenait le samedi à minuit sous la présidence de Satan. ‖ *Fam.* Tapage.

sabbatique adj. Qui appartient au sabbat : *repos sabbatique.* ‖ Se dit, chez les juifs, de chaque septième année, sanctifiée par la cessation des travaux agricoles. ‖ Se dit d'une année de congé accordée à certains employés ou cadres dans les entreprises, à des professeurs d'université de certains pays.

sabéen [sabeɛ̃], **enne** [-ɛn] adj. et n. Du pays de Saba : *les Sabéens habitaient jadis l'Arabie Heureuse.* ‖ Membre d'une secte religieuse de l'époque ancienne de l'islām.

sabelle [sabɛl] n. f. Ver marin vivant dans un tube enfoncé dans la vase, et portant deux lobes de branchies filamenteuses. (Long. jusqu'à 25 cm.)

sabellianisme [sabɛljanism] n. m. Doctrine de Sabellius.

Sabelliens, en lat. **Sabelli,** ancien groupe de populations de l'Apennin.

Saadi, *Bibl. nat.*

Sabellius, hérésiarque du IIIᵉ s., négateur de la distinction des trois personnes dans la Sainte Trinité (sabellianisme).

sabine [sabin] n. f. (lat. *sabina herba,* herbe des Sabins). Genévrier de l'Europe méridionale, dont les feuilles ont des propriétés médicinales.

Sabine, anc. pays de l'Italie centrale, entre le Picenum au nord, l'Ombrie et l'Etrurie à l'ouest, le Latium au sud et le Samnium à l'est.

Sabins, peuple montagnard de la Sabine, auquel est attaché notamment l'épisode de l'enlèvement des Sabines par les Romains.

Sabins (*monts*), massif montagneux d'Italie, dans le Latium.

Sabinus (Julius) [m. en 79 apr. J.-C.], chef gaulois qui tenta un moment (69-70) de rendre à la Gaule son indépendance. Il fut livré à Vespasien.

sabir [sabiʀ] n. m. (esp. *saber,* savoir). Langage mêlé d'arabe, de français, d'italien, d'espagnol, et qui était en usage dans les ports méditerranéens. ‖ Toute langue formée d'éléments disparates : *le pidgin est un sabir.*

sablage n. m. Action de sabler.

sable [sɑbl] n. m. (du lat. *sabulo,* gravier). Ensemble de grains ou de menus fragments de minéraux ou de roches. (Généralement à base de quartz, les sables se divisent, d'après leur taille, en *sables grossiers* [entre 0,5 et 2 mm], *sables moyens* [entre 0,2 et 0,5 mm] et *sables fins* [entre 0,02 et 0,2 mm].) ● *Bâtir sur le sable,* fonder une entreprise sur quelque chose de peu solide. ‖ *Sables mouvants,* sables qui s'enfoncent sous le pied.

sable n. m. (du polon. *sabol,* martre zibeline). *Hérald.* La couleur noire.

sablé, e adj. Couvert de sable : *allée sablée.* ● *Pâte sablée* (Cuis.), pâte dans laquelle il entre une forte proportion de beurre.

sablé n. m. Sorte de gâteau sec fait avec de la pâte sablée.

Sablé (Madeleine DE SOUVRÉ, *marquise* DE), femme de lettres française, née en Touraine (1599-1678). Elle fréquenta l'hôtel de Rambouillet, puis tint, à partir de 1646, un salon où elle lança la mode des portraits et des maximes.

sabler v. t. Couvrir de sable : *sabler une allée.* ‖ Décaper une surface au moyen de sable présentant un taux de silice élevé ou de tout autre abrasif minéral projeté par l'action de l'air comprimé. ● *Sabler le champagne,* boire du champagne à l'occasion d'une réjouissance.

Sables-d'Olonne (LES) [85100], ch.-l. d'arr. de la Vendée, sur l'Atlantique ; 19 077 h. (*Sablais*). Station balnéaire et port de pêche. Conserves. — L'arr. a 11 cant., 86 comm., 138 810 h.

Sables-d'Or-les-Pins (22240 Pléhérel), station balnéaire des Côtes-du-Nord (comm. de Pléhérel).

Sablé-sur-Sarthe (72300), ch.-l. de c. de la Sarthe (arr. de La Flèche), sur la Sarthe ; 10 047 h. (*Saboliens*). Château (XVIIIᵉ s.). Métallurgie.

sableur n. m. Ouvrier qui pratique le sablage.

sableuse n. f. Machine à sabler.

sableux, euse adj. Mêlé de sable.

sablier n. m. Appareil dans lequel une certaine quantité de sable fin, en s'écoulant d'un compartiment dans un autre placé au-dessous, mesure une durée déterminée.

sablière n. f. Carrière de sable. ‖ *Ch. de f.* Réservoir contenant du sable destiné à empêcher le patinage des roues sur les rails.

sablière n. f. *Constr.* Pièce de bois horizontale, qui supporte d'autres pièces de la charpente d'une toiture.

sablon n. m. Sable très menu.

sablonneux, euse adj. Où il y a beaucoup de sable.

sablonnière n. f. Lieu d'où l'on tire le sablon.

Saboly (Nicolas), poète et musicien provençal, né à Monteux (1614-1675), auteur d'un recueil de *noëls.*

sabord [sabɔr] n. m. (de *bord* et d'un élément obscur). Ouverture quadrangulaire, pouvant être fermée, pratiquée dans la muraille d'un navire.

sabordage ou **sabordement** n. m. Action de saborder.

saborder [sabɔrde] v. t. Percer un navire au-dessous de la ligne de flottaison pour le faire couler. ‖ *Fig.* Ruiner, détruire par des manœuvres subversives. ‖ **— Se saborder** v. pr. Couler volontairement son navire. ‖ *Fig.* Mettre volontairement fin à l'activité d'une entreprise financièrement viable : *plusieurs journaux se sont sabordés sous l'occupation allemande.*

sabot [sabo] n. m. (de *botte* et *savate*). Chaussure de bois. ‖ Ongle développé, entourant l'extrémité des doigts des mammifères ongulés (cheval, bœuf, porc, etc.) et sur lequel ils marchent. ‖ Garniture de cuivre aux pieds de certains meubles. ‖ Jouet d'enfant, en forme de toupie. ‖ Baignoire de dimension réduite. ‖ Partie travaillante d'un frein, qui presse sur la circonférence extérieure du bandage d'une roue. ‖ Garniture protégeant l'extrémité d'une pièce de charpente ou d'un pieu de pilotis. ‖ *Fig.* Se dit d'un outil, d'un instrument, d'une machine, etc., qui ne vaut rien.

sabotage n. m. Fabrication des sabots. ‖ Opération consistant à entailler les traverses des chemins de fer

Phot. Lauros-Giraudon.

pour y fixer les coussinets ou les rails. ‖ Malfaçon volontaire dans un travail. ‖ Détérioration volontaire d'un outillage commercial, industriel, et, au *fig.*, d'une affaire.

saboter v. t. Munir d'un sabot le pied d'un poteau. ‖ Entailler une traverse de chemin de fer au droit du patin du rail. ‖ Exécuter vite et mal : *saboter son travail.* ‖ Détériorer volontairement : *saboter un avion ;* et, au *fig. : saboter une entreprise.*

saboterie n. f. Fabrique de sabots.

saboteur [sabɔtœr], **euse** [-øz] n. Personne qui exécute mal un travail, détériore une machine, entrave la bonne exécution d'une tâche. ‖ Ouvrier qui exécute le sabotage des traverses de chemin de fer.

sabotier n. m. Ouvrier qui fabrique des sabots.

sabra adj. et n. (mot hébr. signif. *cactus*). Se dit d'un juif né en Israël.

sabre [sɑbr] n. m. (allem. *Säbel*). Arme blanche, droite ou recourbée, qui ne tranche que d'un côté : *sabre d'abordage, de cavalerie, d'infanterie.* (V. *encycl.*) ‖ Art du maniement du sabre. ● *Sabre d'abattis,* sabre assez court, à large lame, utilisé pour se frayer un chemin à travers la brousse. ‖ *Sabre-baïonnette,* autref., sabre court qu'on pouvait fixer à l'extrémité d'un fusil. ‖ *Sabre de bois,* batte d'Arlequin ; juron familier. ‖ *Sabre-briquet,* aux XVIIIe et XIXe s., sabre court des fantassins. ‖ *Traîneur de sabre,* militaire qui affecte des airs de bravache.
— ENCYCL. A l'origine, les termes de *sabre* et d'*épée* étaient employés indifféremment pour désigner la même arme. Progressivement, une distinction s'est établie : tandis que l'épée, plus légère, n'était employée que pour pointer, le sabre conservait seul la double possibilité de trancher et de pointer. La forme et la dimension du sabre ont varié au cours des âges. Dans l'armée, chaque subdivision d'arme avait son modèle particulier et, à la fin du XIXe s., il existait encore un sabre d'infanterie, deux sabres de cavalerie (droit et courbe) et un sabre de marine, ressemblant à l'ancien sabre d'abordage. De nos jours, le sabre n'arme plus que la garde républicaine de Paris, mais il est encore porté, lors des défilés et des prises d'armes, par les officiers de marine et les officiers ou élèves-officiers de certaines écoles militaires. (V. illustr. ARMES* BLANCHES.)

sabrer v. t. Donner des coups de sabre. ‖ *Fam.* Faire vite et mal : *sabrer un travail.* ‖ Biffer, faire des coupures : *sabrer une tirade.* ‖ *Fam.* Critiquer, réprimander violemment.

Sabres (40630), ch.-l. de c. des Landes (arr. de Mont-de-Marsan) ; 1 209 h. (764 aggl.).

sabretache [sabrətaʃ] n. f. (allem. *Säbeltasche*). Sorte de sacoche plate portée par les officiers et les cavaliers au XVIIIe s. et jusqu'en 1870.

sabreur n. m. Celui qui donne des coups de sabre (vx). ‖ *Fam.* Homme qui travaille vite et mal.

Sabunde, Sebond ou **Sebonde** (Raimundo), médecin et philosophe espagnol (m. en 1436). Sa *Théologie naturelle,* publiée en 1484, fut traduite par Montaigne (1569), qui consacra à son apologie un chapitre de ses *Essais* (chapitre XII du livre II).

saburral [sabyral], **e, aux** [-o] adj. Se dit de la langue ou des muqueuses digestives recouvertes, dans certaines maladies, d'un enduit blanchâtre.

sac n. m. (lat. *saccus*). Sorte de poche faite de toile, de papier, de cuir, etc., et ouverte par le haut. ‖ Son contenu : *sac de blé.* ‖ Habit de toile que l'on portait dans certains ordres religieux, par esprit de pénitence. ‖ Enveloppe en forme de sac : *sac de couchage.* ‖ *Anat.* Cavité tapissée d'une membrane. ● *L'affaire est dans le sac* (Fam.), l'affaire est en bonne voie. ‖ *Homme de sac et de corde,* scélérat qui mérite la potence. ‖ *Prendre quelqu'un la main dans le sac,* le prendre sur le fait. ‖ *Sac aérien,* cavité pleine d'air, en relation avec l'appareil respiratoire des oiseaux et avec leurs os pneumatiques. ‖ *Sac à dos,* sac de toile muni de bretelles et utilisé par les alpinistes et les campeurs. ‖ *Sac embryonnaire* (Bot.), chez les plantes à fleurs, masse centrale de l'ovule, contenant l'oosphère. ‖ *Sac à main,* sac, en général de cuir, où les femmes mettent les menus objets dont elles peuvent avoir besoin. ‖ *Sac à vin,* ivrogne. ‖ *Vider son sac,* dire tout ce qu'on a sur le cœur.

sac n. m. (ital. *sacco*). Pillage d'une ville ; massacre de ses habitants : *le sac de Rome par les troupes du connétable de Bourbon.*

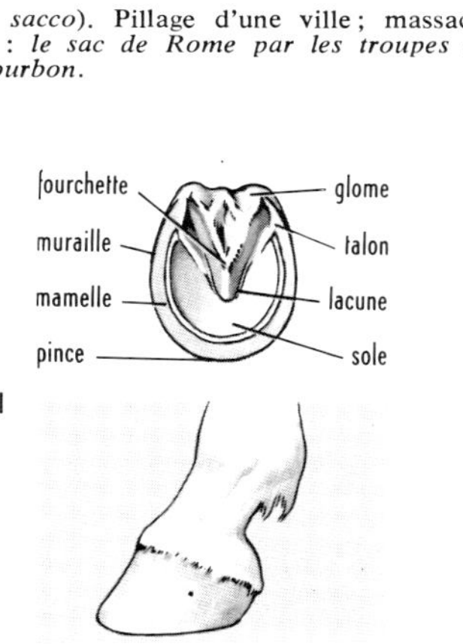

sabot de cheval

saccade [sakad] n. f. (de l'anc. fr. *saquer,* tirer). Brusque secousse donnée à un cheval en lui tirant les rênes ou les guides. ‖ Mouvement brusque et intermittent : *avancer par saccades.*

saccadé, e adj. Brusque, irrégulier : *mouvements, gestes saccadés.* ● *Style saccadé,* à phrases courtes, heurtées.

saccage n. m. Action de saccager.

saccager [sakaʒe] v. t. (ital. *saccheggiare ;* de *sacco,* sac) [conj. **1**]. Mettre à sac, au pillage : *saccager une ville.* (Syn. : DÉVASTER, RAVAGER.) ‖ *Fam.* Mettre en désordre, bouleverser : *les enfants ont saccagé le jardin.*

saccageur, euse n. Personne qui saccage.

saccharase [sakarɑz] n. f. Diastase de l'intestin grêle, hydrolysant le saccharose. (Syn. : INVERTINE, SUCRASE.)

saccharate [sakarat] n. m. Combinaison du sucre avec un oxyde métallique.

saccharifère [sakarifɛr] adj. Qui produit, contient du sucre : *plante saccharifère.*

saccharification [sakarifikasjɔ̃] n. f. Transformation des glucides à haut poids moléculaire (amidon, cellulose) en sucres fermentescibles (maltose, glucose) sous l'action de certaines enzymes.

saccharifier [sakarifje] v. t. Changer, transformer en sucre.

saccharimètre [sakarimɛtr] n. m. *Chim.* Instrument pour doser le sucre en dissolution dans un liquide. (Cet appareil, fondé sur la mesure du pouvoir rotatoire, se compose d'un polariseur et d'un analyseur, entre lesquels est placée la solution à étudier. On compense la rotation du plan de polarisation en faisant tourner l'un des deux nicols ou en interposant des prismes de quartz dont la rotation compense celle qui est due à la solution.)

saccharimétrie n. f. Ensemble des procédés servant à mesurer la quantité de sucre en dissolution dans un liquide.

saccharin [sakarɛ̃], **e** [-in] adj. Qui est de la nature du sucre.

saccharine [sakarin] n. f. (du lat. *saccharum,* sucre, empr. au gr.). Substance blanche, dérivée du toluène, donc chimiquement sans rapport avec les vrais sucres, donnant cependant une saveur sucrée, utilisée dans le régime des diabétiques. (A poids égal, la saccharine sucre 300 fois plus que le sucre.)

saccharoïde [sakarɔid] adj. Qui a l'apparence du sucre : *gypse saccharoïde.*

saccharolé [sakarɔle] n. m. Nom générique d'un médicament à base de sucre.

saccharomyces [sakarɔmisɛs] n. m. Levure produisant la fermentation alcoolique de jus sucrés, intervenant dans la fabrication du vin, de la bière, du cidre, etc.

saccharose [sakaroz] n. m. Glucide du groupe des osides, fournissant par hydrolyse du glucose et du fructose, constituant des sucres de canne et de betterave. (De formule $C_{12}H_{22}O_{11}$, le saccharose est un solide incolore cristallisé, soluble dans l'eau, qui fond vers 160 °C et se solidifie en une masse vitreuse [sucre d'orge]. A température supérieure, il se transforme en caramel. Sa solution est dextrogyre, ce qui permet de le doser au saccharimètre.)

saccharure [sakaryr] n. m. Médicament solide à base de sucre.

Sacchetti (Franco), écrivain italien, né à Raguse (v. 1330-v. 1400). Poète lyrique et auteur de méditations religieuses, il composa un recueil de contes qui forment un tableau pittoresque de la vie populaire du XIVe s. (*les Trois Cents Nouvelles*).

Sacchini (Antonio), compositeur italien, né à Florence (1730-1786), auteur d'opéras et de comédies musicales qu'il fit exécuter en Italie (Naples, Milan, Venise), en Allemagne, en France et en Angleterre.

Sacco et Vanzetti (*affaire*), affaire judiciaire américaine. L'exécution, en 1927, de deux anarchistes italiens immigrés, condamnés à mort (1921) sans preuves certaines pour un double assassinat, provoqua de violentes protestations dans le monde.

saccule [sakyl] n. m. (lat. *sacculus,* petit sac). Petite cavité de l'oreille interne, contenant des récepteurs sensibles à la pesanteur.

sacculine [sakylin] n. f. Crustacé parasite des crabes.
— ENCYCL. On classe la *sacculine* parmi les cirripèdes à cause de ses formes larvaires voisines de celles de l'anatife ; mais la larve avancée possède un dard à l'aide duquel elle injecte dans l'abdomen d'un crabe un amas de cellules indifférenciées, qui s'y développeront à la façon d'un champignon, donnant un « adulte » en forme de sac tout rempli d'œufs ; il y a là un exemple typique de dégradation parasitaire.

sacerdoce [sasɛrdɔs] n. m. (lat. *sacerdotium*). Dignité et fonction des ministres d'un culte. ‖ Fonction qui présente un caractère respectable en raison du dévouement qu'elle exige : *le sacerdoce des infirmières.*

Sacerdoce et de l'Empire (*lutte du*), conflit qui, de 1154 à 1250, opposa, en Allemagne et en Italie, l'autorité pontificale (Sacerdoce) à l'autorité laïque (Empire). Ce fut l'élection, en 1152, au trône impérial, de Frédéric de Hohenstaufen, décidé à faire de l'Empire une réalité politique et à rabaisser l'autorité pontificale, qui entraîna la querelle. Frédéric Ier Barberousse opposa un antipape au pape Alexandre III (1159) : celui-ci provoqua le soulèvement des villes lombardes et força Frédéric à ne plus intervenir dans les élections pontificales. Après la mort de Frédéric, l'Allemagne se divisa en guelfes* et en gibelins*. Arbitre de la situation, le pape Innocent III favorisa l'élection du jeune Frédéric II et libéra progressivement l'Italie de la domination allemande, mais la lutte reprit avec Grégoire IX (1227), puis avec Innocent IV : le concile de Lyon (1245), en mettant Frédéric II au ban de l'Empire, proclama la supériorité de la tiare sur la couronne impériale. La mort de Frédéric II (1250) consacra — momentanément — le triomphe de la papauté.

sacerdotal, e, aux adj. (du lat. *sacerdos, sacerdotis,* prêtre). Qui appartient aux prêtres, au sacerdoce : *habits sacerdotaux.*

sachée [saʃe] n. f. Contenu d'un sac.

sachem [saʃɛm] n. m. Membre du conseil de la nation, chez certaines tribus indiennes de l'Amérique du Nord.

Sacher-Masoch (Leopold, *chevalier* VON), écrivain autrichien, né à Lemberg (1836-1895). Docteur en droit, il abandonna une carrière de professeur pour se consacrer à la littérature. Il anima plusieurs revues littéraires et publia des contes (*la Fausse Hermine,* 1873 ; *Histoires galiciennes,* 1876) et des romans (*Vénus en fourrure*) où s'exprime un érotisme dominé par la volupté de la souffrance, qui a été appelé *masochisme*.*

sachet [saʃɛ] n. m. Petit sac. ‖ Petit coussin où l'on met des parfums.

Sachs (Hans), poète allemand, né à Nuremberg (1494-1576). Cordonnier, il cultiva le chant et fut reçu maître chanteur. Après avoir parcouru plusieurs villes allemandes, il revint s'installer dans sa ville natale en 1516. Luthérien, il consacra un hymne à Luther (*le Rossignol de Wittenberg,* 1523), composa des tragédies profanes ou religieuses et peignit avec réalisme la vie quotidienne dans ses *Farces de Carnaval* (1517-1563). Ses poèmes lyriques gardent cependant l'esprit et la forme de la poésie médiévale. R. Wagner a fait de Hans Sachs le héros de ses *Maîtres chanteurs de Nuremberg.*

Sachs (Léonie, dite **Nelly**), femme de lettres suédoise d'origine allemande, née à Berlin (1891-1970). Issue d'une famille israélite aisée, elle découvre sa vocation d'écrivain à la lecture des œuvres de Selma Lagerlöf. Réfugiée à Stockholm, elle fait de son œuvre poétique (*Dans les habitations de la mort,* 1947 ; *Voyage dans des pays sans poussière,* 1961) et dramatique (*Signe sur le sable,* 1962), qui allie le symbolisme hassidique au mysticisme germanique, un témoignage du martyre du peuple juif. (Prix Nobel avec S.-J. Agnon, 1966.)

Sackville (Thomas), baron DE BUCKHURST et comte DE DORSET, homme d'Etat et poète anglais, né à Buckhurst (Sussex) [v. 1530-1608]. Il a écrit, avec Thomas Norton, la première tragédie classique anglaise, *Gorboduc ou Ferrex et Porex* (1561-1562).

Saclay (91400 Orsay), comm. de l'Essonne (arr. de Palaiseau) ; 1 991 h. (381 aggl.). Centre de recherches nucléaires.

sacoche [sakɔʃ] n. f. (ital. *saccoccia*). Sorte de grosse bourse de cuir. ‖ Sac des garçons de recette. ‖ Sac de toile ou de cuir de formes diverses : *sacoche de bicyclette.*

sacolève [sakɔlɛv] n. f. ou **sacoléva** [-leva] n. m. Navire caboteur du Levant, courbé et relevé de l'arrière : *les sacolèves ont une marche très rapide.*

sacquer ou **saquer** v. t. (de *sac*). *Pop.* Chasser, renvoyer.

sacralisation n. f. Action de sacraliser.

sacraliser [sakralize] v. t. Attribuer un caractère sacré à une chose profane.

sacramentaire n. m. Livre qui contenait les prières de la messe propres au célébrant, et qui a été remplacé en 1614 par le *rituel.*

sacramental n. m. Rite sacré institué par l'Eglise catholique pour obtenir un effet spirituel, comme différentes bénédictions attachées à la célébration de la messe et des sacrements.

sacramentel [sakramɑ̃tɛl], **elle** adj. (du lat. *sacramentum,* sacrement). Qui forme l'essence du sacrement : *espèces sacramentelles.* ● *Paroles sacramentelles* (Fam.), formule essentielle pour la conclusion d'une affaire, d'un traité.

Sacramento, v. des Etats-Unis, cap. de la Californie, sur le *Sacramento,* tributaire de la baie de San Francisco (620 km) ; 227 000 h.

sacre [sakr] n. m. (de *sacrer*). Action, cérémonie religieuse par laquelle on consacre un roi, un évêque : *le sacre des rois de France se faisait dans la cathédrale de Reims.*

sacre n. m. (arabe *çaqr*). Grand faucon de l'Europe méridionale et de l'Asie.

Sacre du printemps (*le*), ballet d'I. Stravinski (1913), chorégraphie de Nijinski, créé à Paris par les Ballets russes. L'apport de cette partition se situe dans le domaine du rythme et dans celui de l'orchestration. Une version de ce ballet a été donnée par M. Béjart (1959).

sacré [sakre], **e** adj. Consacré au culte : *vases sacrés.* ‖ *Fig.* Qui doit inspirer une vénération inviolable ; respectable : *la personne d'un père est sacrée pour ses enfants.* ‖ *Fam.* Maudit, exécré : *sacré menteur.* ● *Art sacré,* expression souvent utilisée pour désigner l'art religieux s'inspirant de l'esthétique contemporaine.

● *Feu sacré*, sentiments nobles et passionnés : *le feu sacré de la liberté;* ardeur au travail : *cet écolier n'a pas le feu sacré.* ‖ *Livres sacrés*, l'Ancien et le Nouveau Testament. ‖ *Ordres sacrés*, le sous-diaconat, le diaconat et la prêtrise. ‖ *Sacré Collège*, le collège des cardinaux, à Rome. ‖ — N. m. Ce qui est sacré : *le sacré et le profane.*

sacrées (*guerres*), nom donné à trois guerres entre Grecs qui eurent lieu entre 590 et 346 av. J.-C. et qui avaient pour but la domination sur le sanctuaire de Delphes; elles se terminèrent par l'intervention macédonienne.

Sacré (*mont*), colline voisine de Rome, sur laquelle les plébéiens se retirèrent, en 494 av. J.-C., pour se soustraire à la tyrannie des patriciens.

sacré, e adj. Qui appartient au sacrum : *vertèbres sacrées.* ● *Canal sacré*, canal creusé dans le sacrum, qui constitue la terminaison du canal rachidien et livre passage aux racines nerveuses sacrées, qui entrent dans la composition du plexus sacré. ‖ *Plexus sacré*, plexus nerveux formé par la réunion du tronc lombo-sacré et des trois premières racines sacrées, et qui donne notamment le nerf sciatique.

Sacré-Cœur (le), cœur de Jésus, à qui l'Eglise catholique rend un culte de latrie.

Sacré-Cœur (*basilique du*), construite à Paris, sur la butte Montmartre, d'après les plans de Paul Abadie (1876-1910).

sacrement [sakrəmɑ̃] n. m. (lat. *sacramentum*, serment, obligation). Acte religieux ayant pour but la sanctification de celui qui en est l'objet. ‖ Chez les chrétiens, signe sacré institué par Jésus-Christ pour donner ou augmenter la grâce. (Il y a sept sacrements catholiques : le *baptême*, la *confirmation*, l'*eucharistie*, la *pénitence*, l'*extrême-onction*, l'*ordre* et le *mariage*. La majorité des protestants n'admettent que deux sacrements : le *baptême* et la *cène*.) ‖ *Spécialem.* Mariage : *se lier par le sacrement.* ● *Les derniers sacrements*, pénitence, eucharistie et extrême-onction, que les catholiques reçoivent quand ils sont en danger de mort. ‖ *Fréquenter les sacrements*, se confesser et communier souvent. ‖ *Le saint sacrement*, l'eucharistie.

sacrer v. t. (lat. *sacrare;* de *sacer*, saint). Conférer un caractère sacré au moyen de cérémonies religieuses : *Charlemagne fut sacré empereur par le pape Léon III.* ‖ — V. i. Jurer, blasphémer.

sacret n. m. Sacre mâle; tiercelet.

sacrificateur n. m. *Antiq.* Prêtre qui offrait le sacrifice : *les sacrificateurs romains.* ● *Grand sacrificateur*, grand prêtre des Juifs, que l'on choisissait dans la famille d'Aaron.

sacrificatoire adj. Qui a rapport au sacrifice : *pompe sacrificatoire.*

sacrifice [sakrifis] n. m. (lat. *sacrificium*). Offrande faite à la divinité, avec certaines cérémonies. ‖ *Fig.* Renoncement volontaire ou forcé : *l'honneur exige que vous fassiez ce sacrifice.* ● *Le saint sacrifice*, la messe. ‖ *Sacrifice humain*, immolation d'une personne à une divinité. ‖ — Pl. Privations, dépenses que l'on s'impose : *faire des sacrifices pour ses enfants.*

sacrifier v. t. Offrir en sacrifice : *sacrifier des victimes.* ‖ Faire périr : *sacrifier quelqu'un à la vengeance publique.* ‖ — *Fig.* Délaisser une personne, une chose pour une autre : *sacrifier ses intérêts à un ami.* ‖ Mettre à un rang inférieur : *l'auteur a sacrifié ce rôle.* ‖ Employer, consacrer entièrement à : *sacrifier sa fortune à l'éducation de ses enfants.* ‖ — V. t. ind. **[à]**. *Sacrifier à une passion*, s'y abandonner. ● *Sacrifier à la mode*, s'y conformer. ‖ **— Se sacrifier** v. pr. Se dévouer entièrement : *se sacrifier à la patrie.*

sacrilège [sakrilɛʒ] n. m. (lat. *sacrilegus*). Profanation des choses sacrées : *l'usage indigne d'un sacrement est un sacrilège.* ‖ Attentat sur une personne sacrée ou digne de vénération : *frapper son père est un sacrilège.* ‖ Celui qui s'en rend coupable.

sacrilège adj. Souillé d'un sacrilège : *main sacrilège.* ‖ Qui a le caractère d'un sacrilège : *vœu, intention sacrilège.*

sacripant [sakripɑ̃] n. m. (de *Sacripante*, personnage de Boiardo et de l'Arioste). Vaurien, mauvais drôle capable de toutes les violences.

sacristain [sakristɛ̃] n. m. Celui qui a soin de la sacristie d'une église ou d'une chapelle.

sacristi! [sakristi] ou **sapristi!** [sapristi] interj. Juron familier.

sacristie [sakristi] n. f. (lat. *sacristia*). Local où l'on range les ornements d'église, où les prêtres vont revêtir leurs habits sacerdotaux.

sacristine n. f. Religieuse qui, dans une maison religieuse, a soin de la sacristie.

sacro-saint, e adj. Très saint, doublement saint. (Souvent ironique.)

sacrum [sakrɔm] n. m. (lat. *os sacrum*, os sacré [offert aux dieux en sacrifice]). Os formé par la soudure des cinq vertèbres sacrées, et s'articulant avec les os iliaques pour former le bassin.

Sacy (Isaac SILVESTRE DE). V. SILVESTRE DE SACY.

Sadd al-'Ālī (« barrage d'Ālī »), nom officiel du *second* ou *haut barrage d'Assouan*.*

Sade (Donatien Alphonse François, *marquis* DE), écrivain français, né à Paris (1740-1814). D'une très ancienne maison d'Avignon, comptant parmi ses aïeux la Laure

safran

de Pétrarque, Sade, officier de cavalerie, prend part à la guerre de Sept Ans et succède en 1767 à son père comme lieutenant général de Bresse. Mais, dès l'année suivante, ses débauches et ses scandales lui valent un emprisonnement au château de Saumur. Désormais sa vie n'est plus qu'un long démêlé avec la police, ponctué d'incarcérations, de libérations ou de fuites. La Révolution lui permet d'échapper à la Bastille : secrétaire de la section des Piques (1792), il peut publier plusieurs des écrits qu'il a composés en prison (*Justine ou les Malheurs de la vertu*, 1791; *la Philosophie dans le boudoir*, 1795; *la Nouvelle Justine, suivie de l'Histoire de Juliette sa sœur*, 1797). Arrêté par la police du Premier consul (1801), il est interné en 1803 à l'asile des fous de Charenton, où il restera jusqu'à sa mort. Une grande partie de ses ouvrages ne fut éditée qu'au XXe s. (*Dialogue entre un prêtre et un moribond*, 1926; *les Cent Vingt Journées de Sodome*, 1931-1935; *Histoire secrète d'Isabelle de Bavière*, 1952). Maintes pages de ses livres n'ont qu'un intérêt clinique et n'ont d'utilité que de permettre l'étude du *sadisme**. Mais Sainte-Beuve, Apollinaire et les surréalistes l'ont salué comme un des inspirateurs de l'esthétique moderne : libertin et passionné de philosophie, Sade a poussé jusqu'au délire les caractères de son siècle. Surtout, il a le premier exprimé à travers des fictions, qui, à force d'outrance, atteignent la puissance, la vision d'un monde sans signification, où le mal est aussi naturel que le bien.

Sá de Miranda (Francisco DE), écrivain portugais, né à Coimbra (v. 1485-1558). Influencé par un long séjour en Italie, il introduisit au Portugal la chanson, l'épître, l'ode et le sonnet. Il pratiqua cependant les genres traditionnels (cantiga, vilancete, glosa, esparsa).

sadique adj. (de *Sade* n. pr.). Qui a le caractère du sadisme. ‖ — Adj. et n. Qui se plaît à faire souffrir.

sadisme [sadism] n. m. Plaisir malsain à voir ou à faire souffrir autrui.
— ENCYCL. Le *sadisme* est considéré comme une perversion sexuelle dans la mesure où le plaisir sexuel ne peut être obtenu par les sadiques que par la souffrance physique ou morale d'autrui. Il est souvent associé au masochisme, réalisant le sadomasochisme. Le sadisme peut se manifester à l'égard d'individus du même sexe (dans l'homosexualité) ou à l'égard d'animaux (dans la bestialité).

Sadolet (Jacques), cardinal et humaniste italien, né à Modène (1477-1547). Il chercha à réconcilier catholiques et protestants.

sadomasochisme [sadɔmazɔʃism] n. m. Association des pulsions agressives dirigées contre autrui et contre soi-même.

Sadoveanu (Mihail), écrivain roumain, né à Paşcani (Moldavie) [1895-1961]. Auteur de romans évoquant la vie des campagnes moldaves.

Sadowa, en tchèque **Sadová**, bourg de Bohême orientale. Les Prussiens y remportèrent une victoire sur les Autrichiens commandés par Benedek le 3 juillet 1866. Cette victoire révéla à l'Europe l'efficacité de l'armée prussienne.

saducéen ou **sadducéen** [sadyseɛ̃], **enne** [-ɛn] n. et adj. Membre d'une secte juive opposée aux pharisiens, favorable à l'hellénisme, et qui se recrutait surtout parmi les riches : *les saducéens niaient l'immortalité de l'âme et la résurrection.*

safari [safari] n. m. (mot souahéli, de l'arabe *safara*, voyager). En Afrique noire, expédition de chasse. ● *Safari photo*, excursion dans une réserve naturelle, destinée à prendre des photographies d'animaux sauvages et non à les chasser.

Šafařik (Pavel Josef), philosophe tchèque, né à Kobeliarovo (1795-1861), auteur d'un ouvrage sur *les Antiquités slaves* (1837).

Safi, port du Maroc, sur l'Atlantique; 100 000 h. Pêche et conserveries. Exportation de phosphates.

safran [safrɑ̃] n. m. (arabe *za'farān*). Crocus cultivé pour ses fleurs, dont le stigmate fournit une teinture jaune et sert à assaisonner certains mets. ● *Safran des prés*, nom usuel du *colchique.*

safran n. m. (esp. *azafrán*, d'orig. arabe). Surface du gouvernail d'un navire sur laquelle agissent les filets d'eau.

safrané, e adj. Qui présente la couleur du safran : *teint safrané.*

safranière n. f. Plantation de safran.

safre [safr] n. m. (de *saphir*). Oxyde de cobalt, de couleur bleue.

saga [saga] n. f. (mot scandin.). Nom générique d'anciens récits et légendes scandinaves, rédigés pour la plupart en Islande du XIIe au XIVe s. : *la mythologie des sagas.*
— ENCYCL. Transcriptions de traditions orales relatant des faits authentiques, les *sagas* sont d'abord de brèves chroniques, dont la langue reproduit le parler courant. Elles prennent ensuite plus d'ampleur pour atteindre leur plus parfait développement dans la première moitié du XIIIe s., puis retombent dans la compilation et la sécheresse des simples annales. On distingue généralement trois groupes de sagas : celles qui traitent d'événements islandais, comme l'*Islendingabok* d'Are Frode et la *Sturlungasaga*, qui renferme l'histoire de l'Islande de 1120 à 1284; celles qui content les exploits des rois norvégiens, comme l'*Heimskringla* de Snorri Sturluson; celles qui relatent les faits marquants des autres contrées scandinaves et qui nous renseignent notamment sur les plus anciens voyages au Groenland, comme la *Saga d'Erik le Rouge.*
Lorsque disparaît la tradition orale, un nouveau genre de saga apparaît, inspiré des anciens poèmes héroïques et où la fantaisie poétique se donne libre cours : c'est ainsi que l'on compose des sagas mythiques, comme la célèbre *Volsungasaga.*

Saga, v. du Japon (Kyū shū); 135 000 h. Métallurgie.

sagace [sagas] adj. (lat. *sagax*, qui a l'odorat subtil). Doué de sagacité : *critique sagace.*

sagacité n. f. Perspicacité, pénétration d'esprit : *il a fallu beaucoup de sagacité pour deviner cette énigme.*

sagaie [sagɛ] n. f. (de l'arabe *az-zaghāya*). Javelot des peuples primitifs. (On dit aussi ZAGAIE.)

Sagamihara, v. du Japon (Honshū); 163 000 h.

Sagan (Françoise QUOIREZ, dite **Françoise**), femme de lettres française, née à Cajarc en 1935. Ses romans (*Bonjour tristesse*, 1954; *Un certain sourire*, 1956; *Dans un mois, dans un an*, 1957; *la Chamade*, 1965; *Un peu de soleil dans l'eau froide*, 1969) et son théâtre (*Un château en Suède*, 1960; *le Cheval évanoui*, 1966) font une peinture désinvolte d'une société désabusée.

Sāgar ou **Saugor**, v. de l'Inde (Madhya Pradesh); 115 300 h. Université.

sagard [sagar] n. m. Ouvrier qui débite le bois en planches, dans une scierie forestière.

Sagasta (Práxedes Mateo), homme d'Etat espagnol, né à Torrecilla de Cameros (1827-1903). Il fut le chef du parti libéral.

sage [saʒ] adj. et n. Prudent, circonspect : *agir en homme sage.* ‖ Réglé dans ses mœurs et sa conduite : *sage dans ses désirs.* ‖ Qui n'est point turbulent; posé, doux, obéissant : *enfant sage.* ‖ Pudique, chaste : *femme, fille sage.* ‖ — N. m. Appellation de certains conseillers appelés par un gouvernement, un organisme, pour examiner un projet. ‖ — Adj. Conforme aux règles de la sagesse : *conduite, réponse sage.*

Sages (*les Sept*), nom donné à sept philosophes ou hommes d'Etat grecs qui acquirent une popularité particulière à l'époque hellénistique.

sage-femme n. f. (de *sage*, au sens anc. de *savant*). Femme qui fait professionnellement des accouchements. ‖ Pl. des *sages-femmes.*
— ENCYCL. La profession de *sage-femme* est réglementée : l'accès en est subordonné à la possession d'un diplôme particulier; le contrôle en est assuré par un ordre professionnel semi-public.

sagement adv. De façon sage.

sagesse n. f. Circonspection, retenue, maîtrise de soi : *il agit avec sa sagesse habituelle.* ‖ Docilité, en parlant des enfants : *remporter le prix de sagesse.* ‖ En parlant des femmes, chasteté : *la sagesse de Pénélope.* ‖ Caractère de ce qui est sage : *sagesse d'une réponse.*

Sagesse ou **de la Sapience** (*Livre de la*), livre deutérocanonique de l'Ancien Testament, rédigé v. 80 av. J.-C. Son thème est la récompense des justes dans la vie future.

Saginaw, v. des Etats-Unis (Michigan); 98 300 h. Métallurgie.

sagittaire [saʒitɛr] n. m. (du lat. *sagitta*, flèche). *Antiq. rom.* Archer.

sagittaire n. f. *Bot.* Plante des eaux douces calmes, à feuilles aériennes en forme de fer de flèche. (Famille des alismacées, noms usuels : *flèche d'eau, fléchière.*)

▼

Phot. Moreau, Le Boyer.

le grand erg occidental — Sahara — exploitation pétrolière à Hassi-Messaoud

Sagittaire, la plus australe des constellations zodiacales, dont une moitié environ se trouve englobée dans la Voie lactée, selon la direction dans laquelle est situé le noyau de la Galaxie. — Neuvième signe du Zodiaque, correspondant à la période du 22 novembre au 22 décembre.

sagittal, e, aux adj. En forme de flèche. ‖ Suivant le plan de symétrie antéropostérieur du corps (celui que traverse une flèche) : *coupe sagittale.* ● *Suture sagittale,* suture qui unit les deux os pariétaux.

sagitté [saʒite], **e** adj. (du lat. *sagitta,* flèche). Qui a la forme d'un fer de flèche : *feuille sagittée.*

Sagone (20118), port de Corse (comm. de Vico), sur le *golfe de Sagone.*

Sagonte, v. de l'Espagne ancienne, prise par Hannibal, après un terrible siège (219 av. J.-C.). C'est l'actuelle **Sagunto ;** 40 300 h. Sidérurgie.

sagou [sagu] n. m. (malais *sâgû*). Fécule qu'on retire de la moelle des sagoutiers.

sagouin [sagwɛ̃] n. m. (empr. à une langue indigène du Brésil). Petit singe d'Amérique du Sud. ‖ *Fam.* Homme malpropre. (Fém. : *sagouine.*)

sagoutier [sagutje] n. m. Palmier de l'Asie du Sud-Est, dont le stipe contient une moelle fournissant le sagou.

Sagro-di-Santa-Giulia (*canton de*), canton de Corse (arr. de Bastia), dont le ch.-l. est fixé à *Brando.*

Saguenay (le), riv. du Canada (Québec), affl. du Saint-Laurent (r. g.) ; 200 km. Importantes installations hydro-électriques.

Saguia el-Hamra ou **Sekia el-Hamra,** partie nord du Sahara* espagnol ; 82 000 km² ; 18 500 h. V. pr. *El-Aiun.*

Sahara (le), le plus vaste désert du monde, en Afrique, s'allongeant sur 5 000 km de l'Atlantique à la mer Rouge et sur 2 000 km du pied méridional de l'Atlas à un parallèle Saint-Louis-Khartoum, limite septentrionale approximative du climat sahélien. Coupé en son milieu par le tropique du Cancer, il s'étend sur le Maroc, l'Algérie, la Tunisie, la Libye, l'Egypte, le Soudan, le Tchad, le Niger, le Mali, la Mauritanie et le Sahara espagnol.
● *Géographie.* L'unité du Sahara est liée à une très grande sécheresse résultant de l'extension et de la permanence de la masse des hautes pressions tropicales, maintenant un temps sec en toutes saisons. La hauteur annuelle de précipitations est dérisoire dans le centre du Sahara, particulièrement dans les régions basses (les reliefs provoquent quelques averses orographiques). Elle est de 15 mm à In-Salah (51 mm à Tamanrasset, en bordure du Hoggar). Elle se relève (légèrement) sur la frange septentrionale (recevant quelques pluies automnales et hivernales « méditerranéennes » : 56 mm à Ghardaïa) et la frange méridionale (bénéficiant de quelques averses tropicales : 181 mm à Agadir, au pied de l'Aïr et à la limite de la zone sahélienne). Les régions relativement arrosées portent des formations steppiques peu denses ; les zones les plus arides peuvent porter temporairement après les averses un maigre tapis herbacé (l'*acheb*). L'ensemble du désert est naturellement aréique. Le relief est plus varié. Au centre et à l'est s'étendent les grands massifs montagneux, en partie volcaniques, du Hoggar (2 918 m), de l'Aïr et du Tibesti. Au nord dominent d'immenses champs dunaires (Grand Erg occidental et Grand Erg oriental). Le reste du désert est parsemé de vastes plaines et plateaux couverts de pierres (le *reg*).
En dehors des oasis (jalonnant notamment le pied de l'Atlas et nombreuses également à l'ouest de la basse vallée du Nil), le Sahara est le domaine traditionnel des grands nomades, éleveurs de chameaux (Maures et Touaregs). La densité y est inférieure à 1 h. au kilomètre carré en moyenne. L'intérêt économique du Sahara s'est récemment accru avec la prospection et l'exploitation des richesses du sous-sol (fer de Mauritanie, uranium du Niger, gaz naturel et surtout pétrole d'Algérie et de Libye), mais ces formes d'économie modernes, destinées à la satisfaction de marchés extérieurs, se sont surimposées sur un milieu qu'elles ne peuvent que très localement aménager.
● *Histoire.* Avant d'être le plus vaste désert du monde, le Sahara connut au quaternaire plusieurs périodes humides. Au paléolithique et au néolithique s'y développa une civilisation avancée. C'est vers 45 av. J.-C. que s'ouvrit la période dite « du chameau ». Les Romains s'avancèrent jusqu'aux limites nord du Sahara pour protéger leurs possessions africaines et contrôler le courant caravanier. Le repli des Romains (IIIe-IVe s. apr. J.-C.) favorisa la progression vers le nord des grands nomades, qui finirent par imposer leur domination aux populations sédentaires des oasis. Au VIIe s., les Arabes s'infiltrèrent au Sahara ; à part quelques populations comme les Touaregs, les Berbères furent islamisés et vassalisés. Bientôt les tribus arabes dominèrent le désert. Au XIXe s., leur domination recula devant celle des Européens, et notamment des Français, qui, au début du XXe s., étaient les maîtres de la plus grande partie du Sahara ; cependant les Espagnols s'installaient dans le Rio de Oro et les Italiens en Libye.

Sahara espagnol, terme désignant les territoires du Rio de Oro et de la Saguia el-Hamra, qui forment la « province » du Sahara ; 226 000 km² ; 48 000 h. Ch.-l. *El-Aiun.*

Sahāranpur, v. de l'Inde (Uttar Pradesh) ; 205 000 h. Métallurgie.

saharien [saarjɛ̃], **enne** [-ɛn] adj. Qui concerne le Sahara.

saharienne n. f. Veste de toile.

Sahel (le) [nom arabe signif. *bordure, littoral*], régions proches des côtes en Algérie et en Tunisie. Le terme désigne aussi la zone qui borde le Sahara vers le sud.

Saïan, montagnes comprises entre l'U. R. S. S. et la Mongolie ; 3 491 m.

saïga

Sa'īd pacha (Muḥammad), né au Caire (1822-1863), fils de Méhémet-Ali, vice-roi d'Egypte (1854-1863). Il soutint le projet du canal de Suez.

Saïda, v. d'Algérie, ch.-l. du *dép. de Saïda,* au pied des *monts de Saïda ;* 33 000 h.

Saïda, v. du Liban. V. ṢAYDĀ.

saie [sɛ] n. m. (du lat. *sagum*). Manteau court en laine, vêtement militaire des Romains et des Gaulois, que l'on attachait sur les épaules au moyen d'une broche.

saie n. f. (pour *soie*). Petite brosse en soie de porc à l'usage des orfèvres.

saietter [sɛjete] v. t. Nettoyer avec la saie.

saïga [saiga] n. m. Genre d'antilopes de l'Orient, au nez bossu et bombé.

saignant, e adj. Qui dégoutte de sang : *blessure saignante.* ● *Plaie encore saignante,* injure, douleur toute récente. ‖ *Viande saignante,* viande peu cuite.

saignée n. f. Ouverture de la veine pour tirer du sang. (V. *encycl.*) ‖ Sang tiré par cette ouverture : *saignée abondante.* ‖ Pli formé par le bras et l'avant-bras : *recevoir un coup sur la saignée.* ‖ Rigole creusée dans un terrain pour en retirer l'eau. ‖ *Fam.* Sacrifice d'argent : *s'imposer une saignée.*
— ENCYCL. *Méd.* La *saignée* a été dans l'ancienne médecine un moyen thérapeutique très usité, presque une panacée, à tel point que des auteurs comiques la tournèrent en dérision. Actuellement, les indications de la saignée sont bien précisées ; ce sont : l'excès de pression du système veineux cave, où elle permet d'éviter l'œdème aigu du poumon ; l'hypertension artérielle, quand celle-ci entraîne un déséquilibre entre les actions des ventricules droits et gauches du cœur ; certaines formes d'asthme ; certaines maladies du sang (excès de globules rouges). C'est enfin l'un des temps de l'exsanguino-transfusion.

saignement n. m. Ecoulement de sang, principalement par le nez. ● *Temps de saignement,* temps pendant lequel saigne une petite plaie faite au lobule de l'oreille, et qui renseigne sur la défense de l'organisme contre les hémorragies.

saigner [seɲe] v. t. (lat. *sanguinare ;* de *sanguis, sanguinis,* sang). Tirer du sang en ouvrant une veine : *saigner un malade au bras.* ‖ Tuer : *saigner un poulet.* ‖ Faire écouler l'eau par des rigoles : *saigner un fossé.* ‖ *Fig.* Rançonner ; arracher de l'argent à : *saigner les contribuables.* ‖ — V. i. Perdre du sang naturellement ou par une blessure : *saigner du nez.* ● *Le cœur me saigne,* je ressens une vive douleur. ‖ *La plaie saigne encore,* se dit d'un malheur, d'un chagrin dont on ressent encore les effets. ‖ **— Se saigner** v. pr. *Fam.* S'imposer de lourdes dépenses : *se saigner pour ses enfants.*

Saignes (15240), ch.-l. de c. du Cantal (arr. de Mauriac) ; 702 h. (551 aggl.).

saigneur n. et adj. m. Celui qui saigne un animal : *un saigneur de porcs.*

Saigon, cap. du Viêt-nam du Sud, sur la *rivière de Saigon ;* 1 600 000 h. Au nord du delta du Mékong, à moins de 100 km de la mer de Chine méridionale, Saigon est un important centre politique et commercial, possédant aussi quelques industries (métallurgie, textiles, alimentation) ; c'est également le principal port du pays. Saigon forme avec la ville voisine de Cho Lon une conurbation de plus de 2 millions d'hab., principal groupement humain de l'Asie du Sud-Est continentale.

Phot. Pierre - Afrique-Photo, Zoological Society of London, Grévin - Afrique-Photo.

Saigon

● *Histoire.* La ville fut prise par les Français en 1859 et devint la capitale de la Cochinchine. Elle fut occupée par les Japonais pendant la Seconde Guerre mondiale. Les troupes françaises s'y réinstallèrent en octobre 1945, mais l'évacuèrent définitivement en 1956.

Saikaku (Ihara), écrivain japonais, né à Ōsaka (1641-1693). Il créa dans son pays le roman de mœurs réaliste et satirique : *Une femme de plaisir* (1686).

Sailer (Toni), skieur autrichien, né à Kitzbühel en 1935. Il a réussi l'exploit de remporter les trois épreuves de ski alpin (descente, slalom spécial et slalom géant) aux jeux Olympiques à Cortina d'Ampezzo (1956).

Saillagouse (66800), ch.-l. de c. des Pyrénées-Orientales (arr. de Prades) ; 789 h.

Saillans (26340), ch.-l. de c. de la Drôme (arr. de Die) ; 1 022 h. Bornes milliaires gallo-romaines. Eglise romane.

saillant, e adj. Qui avance ; qui sort en dehors : *corniche saillante.* ‖ *Fig.* Vif, brillant, frappant : *trait saillant ; idée saillante.* ● *Angle saillant,* angle dont le sommet est en dehors (par opposition à *angle rentrant*).

saillant n. m. Partie de fortification qui fait saillie.

Saillat-sur-Vienne (87720), comm. de la Haute-Vienne (arr. de Rochechouart) ; 1 232 h. Cellulose.

saillie [saji] n. f. Eminence à la surface de certains objets : *os qui fait saillie.* ‖ *Archit.* Partie d'un bâtiment avançant sur le plan d'un mur, comme un pilastre, une corniche, un balcon : *portique en saillie.* ‖ *Peint.* Relief apparent des objets représentés dans un tableau : *cette figure n'a pas de saillie.* ‖ *Fig.* Trait d'esprit brillant et imprévu : *ouvrage plein de saillies.* ‖ Accouplement des animaux domestiques.

saillir [sajir] v. t. (lat. *salire,* sauter) [se conj. comme *finir* et ne s'emploie guère qu'à l'infinitif, aux 3es personnes des temps simples et au participe présent]. Couvrir, s'accoupler à : *étalon qui saillit une jument.*

saillir v. i. (lat. *salire,* sauter) [conj. **27**]. S'avancer en dehors, déborder, dépasser : *balcon qui saille trop ; ses côtes saillaient.*

saïmiri [saimiri] n. m. Genre de singes de l'Amérique tropicale, à longue queue non prenante.

sain [sɛ̃], **e** [sɛn] adj. (lat. *sanus*). Qui a une constitution non viciée d'éléments morbides : *homme sain ; corps sain.* ‖ Qui n'est point gâté : *ce bois est sain.* ‖ Salubre ; qui contribue à la santé : *air sain.* ‖ *Mar.* Où il n'y a pas d'écueil : *rade saine.* ‖ *Fig.* Conforme à la raison ; sensé, juste : *il a le jugement sain ; une saine politique.* ● *Sain et sauf,* sans avoir éprouvé aucun dommage.

sainbois n. m. Syn. de GAROU.

Saincaize-Meauce (58000 Nevers), comm. de la Nièvre (arr. de Nevers) ; 776 h. Nœud ferroviaire.

saindoux [sɛ̃du] n. m. (lat. *sagina,* graisse, et *doux*). Graisse de porc fondue. (Syn. AXONGE.)

sainement adv. D'une manière saine : *être sainement logé.* ‖ *Fig.* Judicieusement : *juger sainement les choses.*

sainfoin [sɛ̃fwɛ̃] n. m. (de *sain* et *foin*). Légumineuse fourragère enrichissante, à très longue racine pivotante, introduite dans les rotations au même titre que le trèfle ou la luzerne. (C'est la plante des sols calcaires par excellence. Une espèce ornementale est cultivée sous le nom de *crête-de-coq.*) [Famille des papilionacées.]

Sainghin-en-Weppes [-wɛp] (59184), comm. du Nord (arr. de Lille) ; 4 235 h.

Sains-en-Gohelle [sɛ̃-] (62114), comm. du Pas-de-Calais (arr. de Lens) ; 5 340 h. Houille.

Toni Sailer

sainfoin

Sains-Richaumont (02530), ch.-l. de c. de l'Aisne (arr. de Vervins) ; 1 225 h. Textiles.

saint [sɛ̃], **e** [sɛ̃t] adj. (lat. *sanctus*). Essentiellement pur, souverainement parfait : *la Sainte Trinité.* ‖ Se dit d'une personne qui, par ses mérites et ses vertus, est reconnue, après sa mort, par l'Eglise comme digne d'un culte de dulie : *les saints martyrs.* ‖ Qui vit selon la foi de Dieu : *un saint homme.* ‖ Conforme à la loi divine, à la piété : *vie sainte.* ‖ Qui appartient à la religion : *temple saint.* ‖ Se dit des jours de la semaine qui précèdent le dimanche de Pâques : *mercredi saint ; vendredi saint.* ● *Les Lieux saints, la Terre sainte,* la Palestine. ‖ *Terre sainte,* terre bénite pour inhumer les fidèles : *vouloir être enterré en terre sainte.* ‖ — N. Personne qui vit ou qui est morte en état de sainteté : *les litanies des saints.* ‖ *Par ext.* Homme, femme d'une vie exemplaire. ● *Prêcher pour son saint,* louer, vanter quelque chose pour en tirer profit personnellement. ‖ *Saints de glace,* saint Mamert, saint Pancrace et saint Servais, dont les fêtes, au mois de mai, sont souvent accompagnées de froid. ‖ *Le saint des saints,* la partie la plus sacrée du temple de Jérusalem.

Saint-Acheul, faubourg d'Amiens. Anc. abbaye. Station préhistorique (*acheuléen*).

Saint-Affrique (12400), ch.-l. de c. de l'Aveyron (arr. de Millau), sur la Sorgue ; 8 887 h. (*Saint-Affricains*).

Saint-Agnant (17620), ch.-l. de c. de la Charente-Maritime (arr. de Rochefort) ; 1 205 h. (264 aggl.).

Saint-Agrève (07320), ch.-l. de c. de l'Ardèche (arr. de Tournon) ; 2 434 h. (1 598 aggl.).

Saint-Aignan [-aɲɑ̃ *ou* -ɛɲɑ̃] (41110), ch.-l. de c. de Loir-et-Cher (arr. de Blois), sur le Cher ; 3 607 h. (*Saint-Aignanais*). Eglise des XIe-XIIe s. Château.

Saint-Aignan-sur-Roë (53390), ch.-l. de c. de la Mayenne (arr. de Château-Gontier) ; 756 h. (445 aggl.).

Saint-Alban-Leysse (73230), ch.-l. de c. de la Savoie (arr. de Chambéry) ; 2 920 h.

Saint Albans, v. de Grande-Bretagne (Hertfordshire) ; 50 300 h. Pendant la guerre des Deux-Roses, deux batailles y furent gagnées : l'une par le parti d'York (1455), l'autre par le parti de Lancastre (1461). Cathédrale (XIe-XIIe s.). Constructions aeronautiques.

Saint-Alban-sur-Limagnole (48120), ch.-l. de c. de la Lozère (arr. de Mende) ; 2 368 h. (1 111 aggl.).

Saint-Alvère (24510), ch.-l. de c. de la Dordogne (arr. de Bergerac) ; 798 h. (387 aggl.) [*Saint-Alvérois*].

Saint-Amand-en-Puisaye (58310), ch.-l. de c. de la Nièvre (arr. de Cosne-sur-Loire) ; 1 427 h. (953 aggl.) [*Saint-Amandois*]. Château Renaissance.

Saint-Amand-les-Eaux (59230), ch.-l. de c. du Nord (arr. de Valenciennes), sur la Scarpe ; 17 530 h. (*Amandinois*). Métallurgie. Confection. Parc régional. Station thermale aux eaux sulfatées calciques et magnésiennes tièdes (26 °C) employées en bains et pour préparer des boues végéto-minérales elles-mêmes employées en bains et en applications locales dans les rhumatismes, les névralgies et les arthroses. La richesse des eaux en gaz sulfureux permet également le traitement des affections respiratoires supérieures. La ville s'est formée autour d'une abbaye fondée par saint Amand en 647, et dont il reste une tour du XVIIe s. et un pavillon Renaissance.

Saint-Amand-Longpré (41310), ch.-l. de c. de Loir-et-Cher (arr. de Vendôme) ; 940 h.

Saint-Amand-Mont-Rond ou **Saint-Amand-Montrond** (18200), ch.-l. d'arr. du Cher, sur le Cher ; 12 013 h. (*Saint-Amandois*). Métallurgie. Bonneterie. — L'arr. a 11 cant., 116 comm., 77 157 h.

Saint-Amans (48700), ch.-l. de c. de la Lozère (arr. de Mende) ; 227 h. (135 aggl.).

Saint-Amans-des-Cots [-ko] (12460), ch.-l. de c. de l'Aveyron (arr. de Rodez) ; 1 020 h. (518 aggl.).

Saint-Amans-Soult [-sult] (81240), ch.-l. de c. du Tarn (arr. de Castres) ; 1 732 h. (971 aggl.). Laine. Patrie du maréchal Soult.

Saint-Amant (Marc Antoine GIRARD, *sieur* DE), poète français, né à Quevilly (1594-1661). Fils d'un armateur de Rouen, il voyagea en Amérique et aux Indes. Il s'installa vers 1619 à Paris, où il fréquenta l'hôtel de Rambouillet. Il accompagna le duc de Créqui en Italie, et le comte d'Harcourt dans ses navigations autour de l'Europe, et se rendit en Pologne auprès de la reine Louise-Marie de Gonzague. Moderniste convaincu, il ignorait le latin, mais savait l'anglais, l'italien, l'espagnol et les mathématiques. Son œuvre, influencée par le marinisme, comprend des poèmes lyriques (*la Solitude*), réalistes (*le Melon*), satiriques (*Rome ridicule,* 1643) et une idylle biblique, *Moïse sauvé* (1653). [Acad. fr.]

Saint-Amant-de-Boixe (16330), ch.-l. de c. de la Charente (arr. d'Angoulême) ; 842 h. Abbaye dont il reste une belle église du XIIe s. (fresques gothiques).

Saint-Amant-Roche-Savine (63890), ch.-l. de c. du Puy-de-Dôme (arr. d'Ambert) ; 724 h. (279 aggl.).

Saint-Amant-Tallende (63450), ch.-l. de c. du Puy-de-Dôme (arr. de Clermont-Ferrand) ; 1 331 h.

Saint-Amarin (68550), ch.-l. de c. du Haut-Rhin (arr. de Thann) ; 2 013 h.

Saint-Ambroix (30500), ch.-l. de c. du Gard (arr. d'Alès) ; 4 164 h. (3 714 aggl.). Carrelages.

Saint-Amour (39160), ch.-l. de c. du Jura (arr. de Lons-le-Saunier) ; 2 856 h. (2 282 aggl.). Vins.

Saint-Amour (Guillaume DE). V. GUILLAUME *de Saint-Amour.*

Saint-André, en néerl. **Sint-Andries,** comm. de Belgique (Flandre-Occidentale) ; 15 600 h.

Saint-André (97440), comm. de la Réunion, sur l'océan Indien ; 22 100 h.

Saint-André (59350), comm. du Nord (arr. de Lille) ; 11 757 h. (*Andrésiens*). Industries textiles et chimiques.

Saint-André (Jacques D'ALBON, *seigneur* DE), maréchal de France, né au château d'Albon (Dauphiné) [v. 1505-1562], un des principaux chefs du parti catholique au début des guerres de Religion. Il fut assassiné.

Saint-André (*ordre de*), le plus élevé des anciens ordres militaires russes, institué en 1698. Ruban bleu clair porté en écharpe.

Phot. Roger-Viollet, Presse-Sports.

Saint-Brieuc

Saint-Benoît-sur-Loire
église de l'abbaye

Saint-André-de-Cubzac (33240), ch.-l. de c. de la Gironde (arr. de Bordeaux), près de la Dordogne ; 4 597 h. (3 431 aggl.). Beau pont. Vins rouges.

Saint-André-de-l'Eure (27220), ch.-l. de c. de l'Eure (arr. d'Evreux), dans la *plaine de Saint-André ;* 1 946 h. (1 784 aggl.).

Saint-André-de-Valborgne (30940), ch.-l. de c. du Gard (arr. du Vigan) ; 524 h. (280 aggl.).

Saint-André-les-Alpes (04170), ch.-l. de c. des Alpes-de-Haute-Provence (arr. de Castellane) ; 1 022 h.

Saint-André-les-Vergers (10120), comm. de l'Aube (arr. de Troyes) ; 7 666 h. (*Driats*). Bonneterie.

Saint Andrews, v. de Grande-Bretagne, en Ecosse (Fife), sur la mer du Nord ; 9 900 h. Université. Cathédrale en ruine, du XIIe s.

Saint-Ange (*château*), édifice construit à Rome par Hadrien pour servir de mausolée, terminé en 139. Il était composé, sur une massive base quadrangulaire, de deux constructions cylindriques superposées dont il ne reste qu'une. Il fut le lieu de sépulture des empereurs jusqu'à Caracalla, devint refuge pour les papes, puis prison d'Etat.

Saint-Anthème (63660), ch.-l. de c. du Puy-de-Dôme (arr. d'Ambert) ; 1 402 h. (531 aggl.). Sports d'hiver.

Saint-Anton. V. SANKT ANTON AM ARLBERG.

Saint-Antonin-Noble-Val (82140), ch.-l. de c. de Tarn-et-Garonne (arr. de Montauban) ; 1 950 h. (1 133 aggl.). Hôtel-de-ville (XIIe-XIIIe s.).

Saint-Apollinaire (21000 Dijon), comm. de la Côte-d'Or (arr. de Dijon) ; 2 403 h. Electronique.

Saint-Arnaud (ARNAUD, dit **Achille Leroy de**), maréchal de France, né à Paris (1798-1854). Après s'être distingué en Algérie, il organisa le coup d'Etat du 2 décembre 1851 de Louis Napoléon Bonaparte. Commandant des troupes de Crimée, il battit les Russes à l'Alma (1854) et mourut du choléra.

Saint-Arnaud. V. EULMA (*El-*).

Saint-Arnoult-en-Yvelines (78730), ch.-l. de c. des Yvelines (arr. de Rambouillet) ; 1 584 h.

Saint-Astier (24110), ch.-l. de c. de la Dordogne (arr. de Périgueux) ; 4 250 h. (2 166 aggl.). Chaux. Centre d'instruction des gendarmes auxiliaires.

Saint-Auban (06850), ch.-l. de c. des Alpes-Maritimes (arr. de Grasse) ; 211 h. Matières plastiques.

Saint-Auban (04600), écart de la comm. de Château-Arnoux* (Alpes-de-Haute-Provence). Electrochimie.

Saint-Aubin (Charles DE), graveur et aquarelliste français, né à Paris (1721-1786), auteur de dessins et d'aquarelles de fleurs. — Son frère GABRIEL, né à Paris (1724-1780), peignit de charmants tableaux de genre et fut, par ses dessins, le chroniqueur spirituel de la vie parisienne. Il grava une cinquantaine d'eaux-fortes originales (le *Couronnement de Voltaire,* Louvre).

Saint-Aubin-d'Aubigné (35250), ch.-l. de c. d'Ille-et-Vilaine (arr. de Rennes) ; 1 602 h. (818 aggl.).

Saint-Aubin-du-Cormier (35140), ch.-l. de c. d'Ille-et-Vilaine (arr. de Fougères) ; 2 894 h. (1 117 aggl.). Donjon.

Saint-Aubin-lès-Elbeuf (76410), comm. de la Seine-Maritime (arr. de Rouen) ; 8 331 h. Produits pharmaceutiques. Textiles.

Saint-Aubin-sur-Mer (14750), comm. du Calvados (arr. de Caen) ; 1 053 h. Station balnéaire.

Saint-Aubin-sur-Mer (76740 Fontaine le Dun), comm. de la Seine-Maritime (arr. de Dieppe) ; 264 h. Station balnéaire.

Saint-Aulaye (24410), ch.-l. de c. de la Dordogne (arr. de Périgueux) ; 1 379 h.

Saint-Avertin (37170 Chambray les Tours), comm. d'Indre-et-Loire (arr. et faubourg de Tours) ; 7 415 h.

Saint-Avold [-avo] (57500), ch.-l. de c. de la Moselle (arr. de Forbach) ; 17 293 h. (*Saint-Avoldiens*). Grand cimetière américain. Pèlerinage. Complexe industriel dit « de Carling* ».

Saint-Aygulf, station balnéaire du Var, près de Fréjus, sur la côte des Maures.

Saint-Barthélemy (97133), une des Antilles françaises, dépendant de la Guadeloupe ; 2 351 h. Ch.-l. *Gustavia.* Suédoise de 1784 à 1876.

Saint-Barthélemy (la), nom donné au massacre général des protestants exécuté sur l'ordre de Charles IX à l'instigation de Catherine de Médicis et des Guises, dans la nuit du 23 au 24 août 1572. Les victimes, dont Coligny, furent au nombre de 3 000. La conséquence directe de la Saint-Barthélemy fut la reprise de la guerre religieuse.

Saint-Béat (31440), ch.-l. de c. de la Haute-Garonne (arr. de Saint-Gaudens) ; 755 h. Eglise romane. Marbre blanc. Patrie de Gallieni.

Saint-Beauzély (12620), ch.-l. de c. de l'Aveyron (arr. de Millau) ; 439 h.

Saint-Benin-d'Azy (58270), ch.-l. de c. de la Nièvre (arr. de Nevers) ; 1 126 h.

Saint-Benoît (97470), comm. de l'île de la Réunion, sur l'océan Indien ; 19 500 h.

Saint-Benoît-du-Sault [-so] (36170), ch.-l. de c. de l'Indre (arr. du Blanc) ; 822 h. Anc. prieuré.

Saint-Benoît-sur-Loire (45110 Châteauneuf sur Loire), comm. du Loiret (arr. d'Orléans) ; 1 597 h. (920 aggl.). Abbaye fondée vers 651, où fut déposé le corps de saint Benoît. L'église (XIe-XIIIe s.) est un des plus beaux édifices romans (clocher-porche, crypte, chapiteaux historiés et à feuillages, dallage en mosaïques rapportées du Ve ou VIe s., sculptures du XIIIe s. au portail nord).

saint-bernard [sɛ̃bɛrnar] n. m. inv. Chien de montagne à poil long et doux, de forte taille, dont les qualités de sauveteur sont légendaires. (V. illustr. CHIENS.)

Saint-Bernard (Grand-), col des Alpes, entre la Suisse (Valais) et l'Italie (vallée d'Aoste), à 2 473 m d'altitude, franchi par une route. Hospice fondé au Xe s. par *saint Bernard* de Menthon, au sommet du col. Bonaparte le franchit en 1800. Tunnel routier à 1 915 m d'alt.

Saint-Bernard (Petit-), col des Alpes françaises (dép. de la Savoie), au sud-ouest du Grand-Saint-Bernard, à 2 188 m d'altitude. Couvent et hospice fondés par *saint Bernard* de Menthon. Le col réunit la Tarentaise et la vallée d'Aoste.

Saint-Bertrand-de-Comminges (31510 Barbazan), comm. de la Haute-Garonne (arr. de Saint-Gaudens) ; 317 h. Evêché jusqu'en 1790. Importants vestiges gallo-romains. Enceinte. Cathédrale (XIIe-XIVe s.) avec stalles du XVIe s. ; cloître roman.

Saint-Blaise, site des Bouches-du-Rhône, dominant la Crau (comm. de Saint-Mitre-les-Remparts). Oppidum très important dès le VIIe s. av. J.-C.

Saint-Blin-Semilly (52700 Andelot), ch.-l. de c. de la Haute-Marne (arr. de Chaumont) ; 541 h.

Saint-Boniface, v. du Canada (Manitoba), près de Winnipeg ; 43 200 h.

Saint-Bonnet (05500), ch.-l. de c. des Hautes-Alpes (arr. de Gap) ; 1 230 h. (919 aggl.).

Saint-Bonnet-de-Joux (71220), ch.-l. de c. de Saône-et-Loire (arr. de Charolles) ; 1 032 h. (534 aggl.).

Saint-Bonnet-le-Château (42380), ch.-l. de c. de la Loire (arr. de Montbrison) ; 2 582 h. Ville pittoresque. Eglise (XVe-XVIe s.).

Saint-Brévin-les-Pins (44250), comm. de la Loire-Atlantique (arr. de Saint-Nazaire), à l'entrée de l'estuaire de la Loire (r. g.) ; 8 113 h. Station balnéaire.

Saint-Briac-sur-Mer (35800 Dinard), comm. d'Ille-et-Vilaine (arr. de Saint-Malo) ; 1 666 h. Station balnéaire.

Saint-Brice-en-Coglès (35460), ch.-l. de c. d'Ille-et-Vilaine (arr. de Fougères) ; 2 054 h. (1 208 aggl.).

Saint-Brice-sous-Forêt (95350), comm. du Val-d'Oise (arr. de Montmorency) ; 4 834 h.

Saint-Brieuc (22000), ch.-l. des Côtes-du-Nord, sur la Manche, à l'embouchure du Gouet, à 460 km de Paris ; 54 763 h. (*Briochins*). Evêché. Cathédrale des XIIIe-XIVe s. Métallurgie. Chauffe-eau. Brosserie. — L'arr. a 17 cant., 126 comm., 218 571 h.

Saint-Calais (72120), ch.-l. de c. de la Sarthe (arr. du Mans) ; 4 591 h. (3 861 aggl.) [*Calaisiens*]. Anc. abbatiale des XIVe et XVe s.

Saint-Cast-du-Guildo (22380), comm. des Côtes-du-Nord (arr. de Dinan) ; 2 275 h. Station balnéaire.

Saint Catharines, v. du Canada (Ontario), au sud de Toronto ; 97 100 h.

Saint-Céré (46400), ch.-l. de c. du Lot (arr. de Figeac) ; 4 177 h.

Saint-Cergues (74140 Douvaine), comm. de la Haute-Savoie (arr. de Saint-Julien-en-Genevois) ; 1 402 h. (59 aggl.). Station touristique.

Saint-Cernin (15310), ch.-l. de c. du Cantal (arr. d'Aurillac) ; 1 533 h. (680 aggl.). Eglise romane.

Saint-Chamas (13250), comm. des Bouches-du-Rhône (arr. d'Aix-en-Provence) ; 5 157 h. (4 234 aggl.). Poudrerie. Centrale hydraulique sur la Durance canalisée.

Saint-Chamond (42400), ch.-l. de c. de la Loire (arr. de Saint-Etienne) ; 38 406 h. (*Saint-Chamonais* ou *Couramiauds*). [L'agglomération compte 76 977 h.] Métallurgie. Textiles.

Saint-Chaptes (30190), ch.-l. de c. du Gard (arr. de Nîmes) ; 714 h.

Saint-Chély-d'Apcher [-ʃe] (48200), ch.-l. de c. de la Lozère (arr. de Mende) ; 5 416 h. (*Barrabans*).

Saint-Chély-d'Aubrac (12470), ch.-l. de c. de l'Aveyron (arr. de Rodez) ; 728 h. (252 aggl.).

Saint-Chéron (91530), ch.-l. de c. de l'Essonne (arr. d'Etampes) ; 2 457 h.

Saint-Chinian (34360), ch.-l. de c. de l'Hérault (arr. de Béziers) ; 2 005 h.

Saint-Christophe-en-Bazelle (36380), ch.-l. de c. de l'Indre (arr. d'Issoudun) ; 429 h. (208 aggl.).

Saint-Ciers-sur-Gironde (33820), ch.-l. de c. de la Gironde (arr. de Blaye) ; 2 156 h. (1 114 aggl.).

Saint-Cirq-Lapopie [-sirk-] (46330 Cabrerets), comm. du Lot (arr. de Cahors), dans le Quercy, au-dessus du Lot ; 191 h. (81 aggl.). Vieux bourg pittoresque.

Saint-Clair, fl. et lac de l'Amérique du Nord, séparant le Canada (Ontario) des Etats-Unis (Michigan).

Saint-Clair-sur-Epte (95770), comm. du Val-d'Oise (arr. de Pontoise), dans le Vexin ; 495 h. Charles III le Simple y conclut en 911 le traité donnant en fief la Normandie à Rollon, chef des Normands.

Saint-Clair-sur-l'Elle (50990), ch.-l. de c. de la Manche (arr. de Saint-Lô) ; 568 h. (346 aggl.).

Saint-Clar (32380), ch.-l. de c. du Gers (arr. de Condom) ; 1 143 h. Anc. châteaux.

Saint-Claud (16450), ch.-l. de c. de la Charente (arr. de Confolens) ; 1 051 h.

Phot. Lapie-Photothèque française, Arch. phot.

cathédrale de **Saint-Denis**

Saint-Claude (39200), ch.-l. d'arr. du Jura, au confluent de la Bienne et du Tacon ; 13 117 h. (*Sanclaudiens*). Evêché. Grand centre de fabrication de pipes. Matières plastiques. — L'arr. a 5 cant., 79 comm., 43 497 h.

Saint-Claude (97120), comm. de la Guadeloupe ; 13 300 h.

Saint-Cloud (92210), ch.-l. de c. des Hauts-de-Seine (arr. de Nanterre), sur la Seine ; 28 560 h. (*Clodoaldiens*). Parc. Champ de courses. Cité surtout résidentielle. Le château de Saint-Cloud, aménagé au XVIIe s., fut le théâtre du coup d'Etat du 19 brumaire an VIII ; Bonaparte s'y proclama empereur (18 mai 1804). Résidence royale, puis impériale, le château fut incendié durant le siège de Paris (1870) et rasé en 1891.

saint-crépin [sɛ̃krepɛ̃] n. m. (du nom du patron des cordonniers). Ensemble des outils du cordonnier.

Saint-Cucufa (*étang de*), site des Hauts-de-Seine (comm. de Rueil-Malmaison).

Saint-Cyprien (24220), ch.-l. de c. de la Dordogne (arr. de Sarlat-La Canéda) ; 1 649 h. (1 233 aggl.).

Saint-Cyr (*Ecole spéciale militaire de*), école de formation des officiers de l'armée de terre. Créée en 1803 par Bonaparte et installée d'abord à Fontainebleau, elle fut transférée à Saint-Cyr en 1808 dans les anciens locaux de la maison d'éducation pour les jeunes filles fondée en 1686 par Mme de Maintenon. Après l'armistice de 1940, elle s'installa à Aix-en-Provence jusqu'en 1942, puis à Cherchell, en Algérie (1943-1945). Les bâtiments de Saint-Cyr ayant été détruits pendant la guerre, elle fut transférée à Coëtquidan (Morbihan) en 1946. Recrutés par concours, les élèves, qui ont gardé l'uniforme traditionnel, reçoivent un enseignement d'une durée de deux ans, complété ensuite dans des écoles d'application.

Saint-Cyran (*abbé* DE). V. DU VERGIER DE HAURANNE.

Saint-Cyr-au-Mont-d'Or (69450), comm. du Rhône (arr. de Lyon) ; 4 498 h. Ecole nationale de la police.

saint-cyrien [sɛ̃siʀjɛ̃] n. m. Elève officier de l'Ecole spéciale militaire de Saint-Cyr (aujourd'hui à Coëtquidan). ‖ Pl. des *saint-cyriens.*

Saint-Cyr-l'École (78210), comm. des Yvelines (arr. et près de Versailles) ; 17 037 h. (*Saint-Cyriens*). V. SAINT-CYR (*Ecole spéciale militaire de*).

Saint-Cyr-sur-Loire (37100 Tours), ch.-l. de c. d'Indre-et-Loire (arr. et faubourg de Tours) ; 11 306 h. (*Saint-Cyriens*). Vins. Roulements à billes.

Saint-Cyr-sur-Mer (83270), comm. du Var (arr. de Toulon) ; 4 246 h. (3 131 aggl.). Station balnéaire.

Saint-Denis (93200), ch.-l. de c. de la Seine-Saint-Denis (arr. de Bobigny), sur le *canal de Saint-Denis,* au nord de Paris ; 99 960 h. (*Dionysiens*). Evêché. L'église abbatiale (XIe-XIIIe s.), plus tard basilique, cathédrale depuis 1966, fut construite sur l'emplacement d'un monastère fondé par Dagobert v. 630. La direction de l'abbé Suger (1122) marque le début du changement de style dans l'architecture française (ordonnance de la façade, croisée d'ogives). L'édifice a été remanié aux XIIIe et XIVe s. Les tombeaux des rois, violés pendant la Révolution, comptent parmi les chefs-d'œuvre de la sculpture ; ils sont dus à Beauneveu, aux Juste, à Ph. Delorme, à P. Bontemps, à G. Pilon et à P. Lescot. Maison d'éducation des jeunes filles de la Légion d'honneur. En 1593, Henri IV fit son abjuration dans l'actuelle cathédrale.

Saint-Denis (97400), ch.-l. de la Réunion, sur la côte nord de l'île ; 86 000 h.

Saint-Denis (Ruth), danseuse, chorégraphe et pédagogue américaine, née à New Jersey (1877-1968). Elle joua un rôle important dans l'évolution de la danse moderne aux Etats-Unis.

Saint-Denis-d'Oléron (17650), comm. de la Charente-Maritime (arr. de Rochefort), dans le nord de l'île d'Oléron ; 984 h. (593 aggl.). Station balnéaire.

Saint-Denis-du-Sig. V. SIG.

Saint-Didier-en-Velay (43140), ch.-l. de c. de la Haute-Loire (arr. d'Yssingeaux) ; 2 834 h. Textiles.

Saint-Dié (88100), ch.-l. d'arr. des Vosges, sur la Meurthe ; 26 340 h. (*Déodatiens*). Evêché. Cathédrale détruite en 1944. Eglise romane. Métallurgie. Textiles. Patrie de J. Ferry. — L'arr. a 8 cant., 91 comm., 96 261 h.

Saint-Dier-d'Auvergne (63520), ch.-l. de c. du Puy-de-Dôme (arr. de Clermont-Ferrand) ; 735 h.

Saint-Dizier (52100), ch.-l. d'arr. de la Haute-Marne, sur la Marne ; 39 034 h. (*Bragards*). Matériel agricole. — L'arr. a 8 cant., 144 comm., 86 827 h.

Saint-Domingue, anc. nom de l'île d'*Haïti**.

Saint-Domingue, anc. **Ciudad Trujillo,** cap. de la république Dominicaine, sur la côte sud ; 560 000 h. Port. Centre commercial. Industries alimentaires.

Saint-Donat-sur-l'Herbasse (26260), ch.-l. de c. de la Drôme (arr. de Valence) ; 2 268 h. Chaussures.

Saint-Doulchard (18230), comm. du Cher (arr. de Bourges), au nord-ouest de Bourges ; 5 274 h. Caoutchouc.

Sainte-Adresse (76310), comm. de la Seine-Maritime (arr. du Havre) ; 8 523 h. Station balnéaire.

Sainte-Anne (97180), comm. de la Guadeloupe ; 13 400 h.

Sainte-Anne-d'Auray (56400 Auray), comm. du Morbihan (arr. de Lorient), près d'*Auray** ; 1 717 h. Pèlerinage.

Sainte-Anne-de-Beaupré, localité du Canada (Québec), sur la rive gauche du Saint-Laurent ; 1 500 h. Important pèlerinage.

Sainte-Assise, centre de télécommunications de Seine-et-Marne (comm. de Seine-Port).

Sainte-Beuve
par Demarquay
musée
de Boulogne-sur-Mer

Saint-Domingue : quartiers neufs

Sainte-Chapelle

sainte-barbe [sɛ̃tbaʀb] n. f. Magasin à poudres dans l'ancienne marine à voile. ‖ Pl. des *saintes-barbes.*

Sainte-Baume (la), chaîne calcaire de la Provence, culminant à 1 154 m.

Sainte-Beuve (Charles Augustin), écrivain français, né à Boulogne-sur-Mer (1804-1869). Issu d'une famille de bourgeoisie provinciale, il suit quelque temps les cours de l'École de médecine et subit l'influence des idéologues. Il entre cependant au *Globe,* se lie avec Hugo et Vigny, et partage la vie et les aspirations du cénacle romantique, remettant en honneur la poésie de la Pléiade (*Tableau historique et critique de la poésie française au XVIe siècle,* 1828). Sa passion pour Adèle Hugo lui fait traverser une crise religieuse et esthétique qui se traduit dans ses poèmes inspirés des lakistes anglais (*Vie, poésies et pensées de Joseph Delorme,* 1829 ; *Consolations,* 1830 ; *Pensées d'août,* 1837) et son roman *Volupté* (1834). Mais bientôt, déçu sur le plan de l'amour et de la création littéraire, il s'oriente vers la critique. Il professe à Lausanne (1837-1838) le cours d'où sortira son œuvre capitale, *Port-Royal** (1840-1859), et tente, dans les articles qu'il donne à *la Revue des Deux Mondes,* au *Constitutionnel,* au *Moniteur* et au *Temps,* de constituer l'« histoire naturelle littéraire » par l'étude des écrivains saisis dans leur milieu biologique, historique et social (*Portraits littéraires,* 1844-1852 ; *Causeries du lundi,* 1851-1862 ; *Nouveaux Lundis,* 1863-1870). Professeur de poésie latine au Collège de France (1855), il enseigne la littérature française à l'Ecole normale (1857-1861) et, rallié à l'Empire, devient sénateur en 1865. Il retrouve cependant dans ses dernières années le libéralisme agressif de sa jeunesse, s'efforçant de se convaincre, devant le tarissement de son inspiration créatrice, que la critique, à laquelle il a consacré sa vie, unit les prestiges de l'art aux certitudes de la science. (Acad. fr.)

Sainte-Chapelle, auj. dans l'enceinte du Palais de Justice de Paris. Commandée par Saint Louis pour servir de reliquaire à la couronne d'épines et à des morceaux de la vraie Croix, elle fut achevée et consacrée en 1248. Chef-d'œuvre de l'architecture gothique, elle se compose de deux chapelles superposées (magnifiques verrières).

Sainte-Claire Deville (Henri), chimiste français, né à Saint-Thomas (Antilles) [1818-1881]. Il découvrit et étudia de nombreuses dissociations thermiques, réalisa la fusion du platine grâce au chalumeau oxhydrique, isola le silicium et le bore, et créa en 1854 la première préparation industrielle de l'aluminium.

Sainte-Croix, en néerl. **Sint-Kruis,** comm. de Belgique (Flandre-Occidentale) ; 12 900 h.

Sainte-Croix, en angl. **Saint Croix,** la plus grande des îles Vierges* américaines ; 218 km² ; 15 000 h.

Sainte-Croix, v. de Suisse (Vaud) ; 6 600 h. Disques.

Sainte-Croix-Volvestre (09230), ch.-l. de c. de l'Ariège (arr. de Saint-Girons) ; 502 h.

Sainte-Énimie (48210), ch.-l. de c. de la Lozère (arr. de Florac) ; 518 h. (299 aggl.). Centre touristique de la région des gorges du Tarn.

Sainte-Foix, v. du Canada (Québec), près de Québec ; 48 300 h.

Sainte-Foy-la-Grande (33220), ch.-l. de c. de la Gironde (arr. de Libourne), sur la Dordogne ; 3 512 h. (*Foyens*). Vins.

Sainte-Foy-lès-Lyon (69110), comm. du Rhône (arr. de Lyon), sur la Saône ; 16 829 h.

Sainte-Gemmes-sur-Loire (49470), comm. de Maine-et-Loire (arr. d'Angers) ; 5 077 h. (1 058 aggl.).

Phot. Lauros-Giraudon, Roger-Viollet, Devos, Arch. phot.

Sainte-Geneviève (*abbaye*), anc. abbaye parisienne, sur la montagne du même nom, dont les bâtiments ont été affectés, en 1802, au lycée Henri-IV.

Sainte-Geneviève-des-Bois (91700), ch.-l. de c. de l'Essonne (arr. de Palaiseau) ; 23 684 h. (*Génovéfains*).

Sainte-Geneviève-sur-Argence (12420), ch.-l. de c. de l'Aveyron (arr. de Rodez) ; 1 145 h.

Saint-Égrève (38120), ch.-l. de c. de l'Isère (arr. et banlieue de Grenoble) ; 11 549 h. Electronique.

Sainte-Hélène, île et colonie britannique de l'Atlantique Sud, à 1 900 km des côtes d'Afrique ; 4 600 h. Ch.-l. *Jamestown.* Découverte en 1502 par les Portugais, l'île fut annexée par les Hollandais en 1633 ; cédée aux Anglais en 1659, elle fut le lieu de déportation de Napoléon Ier (1815), qui y mourut en 1821.

Sainte-Hélène (*médaille de*), décoration française, créée en 1857 pour les anciens soldats des campagnes de 1792 à 1815. Son ruban vert, liséré de rouge, a été repris pour la croix de guerre 1914-1918.

Sainte-Hermandad. V. HERMANDAD.

Sainte-Hermine (85210), ch.-l. de c. de la Vendée (arr. de Fontenay-le-Comte) ; 1 740 h. (1 048 aggl.).

Saint-Élie, en angl. **Saint Elias,** massif des montagnes Rocheuses, aux confins du Canada et de l'Alaska ; 6 050 m au *mont Logan,* le point culminant du Canada.

Sainte-Livrade-sur-Lot (47110), ch.-l. de c. de Lot-et-Garonne (arr. de Villeneuve-sur-Lot) ; 6 227 h. (2 801 aggl.). Conserves.

Saint-Elme (*feu*). V. FEU.

Saint-Éloy-les-Mines (63700), comm. du Puy-de-Dôme (arr. de Riom) ; 6 376 h. Houille. Confection.

Sainte-Lucie, une des Antilles, constituant un Etat du Commonwealth ; 103 000 h. Ch.-l. *Castries.*

Sainte-Marie (97230), comm. de la Martinique ; 19 500 h.

Sainte-Marie-aux-Mines (68160), ch.-l. de c. du Haut-Rhin (arr. de Ribeauvillé) ; 7 510 h. Textiles. Anc. mines d'argent et de plomb.

Sainte-Marthe (DE), famille d'humanistes et d'érudits français, dont les plus célèbres sont : CHARLES, né à Fontevrault (1512-1555), qui enseigna l'hébreu et le grec à Lyon ; — GAUCHER II, dit *Scévole Ier,* neveu du précédent, poète et administrateur, né à Loudun (1536-1623) ; — GAUCHER III, dit *Scévole II,* fils du précédent, né à Loudun (1572-1650), auteur avec son frère de *Gallia christiana.*

Sainte-Maure-de-Touraine (37800), ch.-l. de c. d'Indre-et-Loire (arr. de Chinon), sur le *plateau de Sainte-Maure ;* 3 581 h. (3 034 aggl.).

Sainte-Maxime (83120), comm. du Var (arr. de Draguignan) ; 5 436 h. (3 423 aggl.). Station balnéaire. Les Franco-Américains y débarquèrent le 15 août 1944.

Sainte-Menehould [-mənu] ou **Sainte-Ménehould** (51800), anc. cap. de l'Argonne, ch.-l. d'arr. de la Marne, sur l'Aisne ; 5 583 h. (*Ménehildiens*). Anc. place forte. Cimetière militaire. Mécanique de précision. — L'arr. a 3 cant., 69 comm., 16 968 h.

saintement adv. De façon sainte : *mourir saintement.*

Sainte-Mère-Église (50480), ch.-l. de c. de la Manche (arr. de Cherbourg) ; 1 389 h. (889 aggl.). Parachutage de troupes américaines le 6 juin 1944.

Saint-Émilion (33330), comm. de la Gironde (arr. de Libourne) ; 3 403 h. (943 aggl.) [*Saint-Emilionnais*]. Ville ancienne. Eglise creusée dans le roc (XIe s.) ; collégiale (XIIe-XVe s.). Vins rouges renommés.

Saint Empire romain germanique, désignation officielle de l'empire fondé par Otton Ier le Grand en 962 et dissous en 1806, à la suite de la renonciation de François II à la couronne d'Allemagne.

sainte nitouche n. f. V. NITOUCHE.

Saint-Énogat, station balnéaire de l'Ille-et-Vilaine (comm. de Dinard, arr. de Saint-Malo).

Sainte-Odile (*abbaye de*), abbaye fondée au VIIe s. par sainte Odile, patronne de l'Alsace, sur une hauteur vosgienne. Eglise reconstruite au XVIIIe s.

Sainte-Palaye [-lɛ] (Jean-Baptiste DE LA CURNE DE), philologue français, né à Auxerre (1697-1781), auteur d'un *Dictionnaire historique de l'ancien langage français.* (Acad. fr.)

Sainte-Pélagie, anc. prison de Paris, rue du Puits-de-l'Ermite, démolie en 1895.

Sainte-Rose (97115), comm. de la Guadeloupe ; 11 624 h.

Saintes (17100), ch.-l. d'arr. de la Charente-Maritime, sur la Charente ; 28 138 h. (*Saintais*). Evêché supprimé en 1790. Monuments romains (arc de triomphe, amphithéâtre, thermes). Eglise Saint-Eutrope (XIIe s.), couverte de coupoles. Anc. cathédrale Saint-Pierre (XVe-XVIe s.). Eglise Sainte-Marie-aux-Dames (XIe-XIIe s.). Marché agricole. Ateliers ferroviaires. En 1242, Saint Louis y vainquit Henri III, roi d'Angleterre. — L'arr. a 8 cant., 108 comm., 94 631 h.

Saintes (les), îlots des Antilles françaises, dépendant de la Guadeloupe ; 3 300 h. (*Saintois*). Ch.-l. *Terre-de-Haut.* Pêche. En 1782, l'escadre de De Grasse fut défaite au voisinage par les Anglais.

Sainte-Savine (10300), comm. de l'Aube (arr. de Troyes) ; 11 742 h. Bonneterie.

Saint-Étienne

Saint-Exupéry

Sainte-Sévère-sur-Indre (36160), ch.-l. de c. de l'Indre (arr. de La Châtre) ; 1 056 h. (675 aggl.).

Saintes-Maries-de-la-Mer (13460), ch.-l. de c. des Bouches-du-Rhône (arr. d'Arles), en Camargue ; 2 444 h. (904 aggl.). Pèlerinages (celui des Gitans a lieu en mai). Eglise fortifiée (XIIe s.).

Sainte-Sophie, église byzantine de Constantinople, à coupole, bâtie de 532 à 537 par Anthémios de Tralles et Isidore de Milet sur l'ordre de Justinien, transformée par les Turcs en mosquée. C'est aujourd'hui un musée.

Saint-Esprit [sɛ̃tɛspri] (le), troisième personne de la Sainte-Trinité, qui procède du Père et du Fils.

Saint-Esprit (*ordre du*), le plus illustre des ordres de chevalerie de l'ancienne France, institué par Henri III en 1578, lors des guerres de Religion. Supprimé en 1791, il fut rétabli par Louis XVIII et disparut en 1830.

Saint-Estèphe (33250 Pauillac), comm. de la Gironde (arr. de Lesparre-Médoc) ; 2 171 h. (557 aggl.). Vins rouges renommés.

Saint-Estève-Janson (13610 Le Puy Ste Réparade), comm. des Bouches-du-Rhône (arr. d'Aix-en-Provence) ; 117 h. Centrale hydro-électrique sur la Durance.

Sainte-Suzanne (53270), ch.-l. de c. de la Mayenne (arr. de Laval) ; 888 h. (519 aggl.). Château et remparts.

Sainte-Suzanne (97441), comm. de l'île de la Réunion ; 11 200 h.

sainteté n. f. Qualité de celui ou de ce qui est saint. ● *Sa Sainteté,* titre d'honneur donné au pape.

Sainte-Thérèse, v. du Canada (Québec), au nord-ouest de Montréal ; 15 600 h. Centre ferroviaire.

Saint-Étienne, ch.-l. du dép. de la Loire, sur le Furan, à 462 km au sud-est de Paris ; 216 020 h. (*Stéphanois*). Au centre d'une dépression reliant, par le Furens et le Gier, les vallées de la Loire et du Rhône, Saint-Etienne doit son développement à la présence d'un bassin houiller qui a favorisé l'essor de la métallurgie, représentée par les cycles, les manufactures d'armes, etc. La ville souffre aujourd'hui d'un certain manque de dynamisme de cette branche, sensible aussi dans le textile, qui s'était développé sous l'influence de Lyon. La population de la ville dépasse de moins de 20 p. 100 le chiffre de 1936 ; celle de l'agglomération, de l'ordre de 330 000 h., n'a guère connu une croissance plus rapide. — L'arr. a 12 cant., 76 comm., 445 976 h.

Saint-Étienne-de-Baïgorry [-bai-] (64430), ch.-l. de c. des Pyrénées-Atlantiques (arr. de Bayonne) ; 2 022 h.

Saint-Étienne-de-Lugdarès (07590), ch.-l. de c. de l'Ardèche (arr. de Largentière) ; 620 h. (230 aggl.).

Saint-Étienne-de-Montluc (44360), ch.-l. de c. de la Loire-Atlantique (arr. de Saint-Nazaire) ; 3 759 h.

Saint-Étienne-de-Saint-Geoirs [-ʒwar] (38590), ch.-l. de c. de l'Isère (arr. de Grenoble) ; 1 209 h. (929 aggl.). Donjon du XIVe s.

Saint-Étienne-de-Tinée (06660), ch.-l. de c. des Alpes-Maritimes (arr. de Nice), sur la haute *Tinée ;* 1 721 h. (923 aggl.). Centre touristique.

Saint-Étienne-du-Mont (*église*), église de Paris fondée au XIIIe s., réédifiée entre 1491 et 1626. Elle possède le seul jubé subsistant dans la capitale et contient la châsse de sainte Geneviève, patronne de la ville (clocher du XVe s., façade commencée en 1610, vitraux des XVIe et XVIIe s.).

Saint-Étienne-du-Rouvray (76800), comm. de la Seine-Maritime (arr. de Rouen), dans la vallée de la Seine ; 34 731 h. Textiles. Métallurgie. Papeterie.

Saint-Étienne-en-Dévoluy (05250), ch.-l. de c. des Hautes-Alpes (arr. de Gap) ; 417 h. (104 aggl.).

Saint-Étienne-les-Orgues ou **Saint-Étienne** (04230), ch.-l. de c. des Alpes-de-Haute-Provence (arr. de Forcalquier) ; 478 h.

Saint-Étienne-lès-Remiremont (88200 Remiremont), comm. des Vosges (arr. d'Epinal) ; 3 741 h. Textiles.

Sainte-Trinité (*ordre de la*). V. TRINITAIRES.

Saint-Eustache (*église*), église de Paris, réédifiée au XVIe s. Gothique de structure, elle possède un système décoratif renaissant (façade achevée à la fin du XVIIIe s. ; tombeau de Colbert, beaux tableaux).

Sainte-Vehme. V. VEHME.

Sainte-Victoire (*chaîne de la*), massif calcaire de Provence, à l'est d'Aix-en-Provence ; 1 011 m.

Saint-Évremond (Charles DE MARGUETEL DE SAINT-DENIS DE), écrivain français, né à Saint-Denis-le-Gast (Normandie) [v. 1614-1703]. Enseigne à quinze ans, lieutenant à dix-huit, il combattit à Rocroi et à Nördlingen, où il fut grièvement blessé. Fidèle à la cause royale pendant la Fronde, maréchal de camp en 1652, il fut cependant compromis dans le procès de Fouquet et dut s'exiler en Hollande, puis en Angleterre. Il sollicita longtemps la permission de rentrer en France, mais refusa sa grâce quand elle lui fut accordée en 1689. Disciple mondain de Gassendi et de La Mothe Le Vayer, il a exprimé dans de courts essais et dans sa correspondance son scepticisme religieux et son épicurisme élégant. Admirateur de Corneille et partisan des Modernes, il révèle les affinités qui rapprochent la génération de 1640 de celle de 1680, par-delà la période classique.

Saint-Exupéry (Antoine DE), aviateur et écrivain français, né à Lyon (1900-1944). Entré à la compagnie Latécoère, il est chargé de mettre en service les lignes de Patagonie, puis devient pilote d'essai et entreprend plusieurs raids (Paris-Saigon, New York-Terre de Feu). Pilote de reconnaissance en 1940, il reprend du service en 1942 et disparaît lors d'une mission au large de la Corse. Il a refusé dans ses récits le romantisme de l'aventure individuelle pour célébrer l'esprit d'équipe, la solidarité exaltante dans l'accomplissement d'un métier dangereux ; aux moralistes qui déploraient le déclin des valeurs spirituelles dans un univers dominé par la machine, il chercha à opposer un humanisme nouveau où les vertus traditionnelles d'énergie et de noblesse se mettent à la mesure d'une civilisation vouée au progrès technique (*Courrier Sud,* 1929 ; *Vol de nuit,* 1931 ; *Terre des hommes,* 1939 ; *le Petit Prince,* 1943 ; *Citadelle,* publiée en 1948).

Saint-Fargeau (89170), ch.-l. de c. de l'Yonne (arr. d'Auxerre), sur le Loing ; 1 681 h. Château (XIIIe-XVIIe s.).

Saint-Fargeau-Ponthierry (77310), comm. de Seine-et-Marne (arr. de Melun), sur la rive gauche de la Seine ; 5 735 h. Papiers peints.

Saint-Faust (64110 Jurançon), comm. des Pyrénées-Atlantiques (arr. de Pau) ; 468 h. (44 aggl.). Gaz naturel.

Saint-Félicien (07410), ch.-l. de c. de l'Ardèche (arr. de Tournon) ; 1 311 h.

Saint-Ferréol, écart de la comm. de Revel. Centre touristique sur le *lac de Saint-Ferréol.*

Saint-Firmin (05800), ch.-l. de c. des Hautes-Alpes (arr. de Gap) ; 515 h.

Saint-Florent (20217), comm. de Corse (arr. de Bastia) ; 926 h. Port sur le *golfe de Saint-Florent.*

Saint-Florentin (89600), ch.-l. de c. de l'Yonne (arr. d'Auxerre), sur l'Armançon ; 6 020 h. (*Florentinois*). Eglise gothique et Renaissance. Métallurgie.

Phot. Alain Perceval, Monde et Caméra.

Saint-Gall intérieur de la cathédrale

Saint-Germain-des-Prés

Saint-Germain-l'Auxerrois et beffroi du XIXe s.

château de Saint-Germain-en-Laye

Saint-Florent-le-Vieil (49410), ch.-l. de c. de Maine-et-Loire (arr. de Cholet); 2 203 h. (1 321 aggl.). Combats entre vendéens et républicains (1793).

Saint-Florent-sur-Cher (18400), comm. du Cher (arr. de Bourges); 6 408 h. Château (XVe-XVIe s.).

Saint-Flour (15100), anc. cap. de la haute Auvergne, ch.-l. d'arr. du Cantal; 7 396 h. (5 582 aggl.) [*Sanflorains*]. Evêché. Cathédrale (XIVe-XVe s.). Vieux hôtels. — L'arr. a 9 cant., 110 comm., 52 079 h.

Saint-Fons [-fɔ̃] (69190), comm. du Rhône (arr. de Lyon), dans la banlieue sud de Lyon; 15 096 h. (*Saint-Foniards*). Produits chimiques.

Saint-François, riv. du Canada (Québec), émissaire du *lac Saint-François,* affl. du Saint-Laurent (r. dr.); 260 km.

saint-frusquin [sɛ̃fryskɛ̃] n. m. inv. *Pop.* Tout ce qu'un homme possède d'argent, de vêtements.

Saint-Fulgent (85250), ch.-l. de c. de la Vendée (arr. de La Roche-sur-Yon); 2 258 h. (1 194 aggl.).

Saint-Gall (*canton de*), en allem. **Sankt Gallen,** canton du nord-est de la Suisse; 366 000 h. Ch.-l. *Saint-Gall.* Le canton s'étend au nord sur une partie du Moyen-Pays suisse, formée de collines mollassiques, et au sud sur une partie des Préalpes, reliée par la vallée de la Thur (Toggenburg). A côté de l'élevage se développa anciennement l'industrie textile (surtout à domicile), dont le déclin a précipité l'émigration des ruraux. Le chef-lieu regroupe 20 p. 100 de la population du canton.

Saint-Gall, en allem. **Sankt Gallen,** v. de Suisse, ch.-l. du cant. du même nom; 79 100 h. Evêché. Célèbre abbaye bénédictine qui prit un grand essor littéraire et artistique du Xe au XIIe s. Abbatiale reconstruite au XVIIIe s., devenue cathédrale. Centre d'une région spécialisée dans l'industrie de la broderie.

● *Histoire.* A l'origine de Saint-Gall on trouve un ermitage du VIIe s. transformé en abbaye. Ville impériale en 1401, capitale d'une principauté, Saint-Gall devint en 1803 chef-lieu d'un nouveau canton suisse. L'abbaye fut supprimée en 1836.

Saint-Galmier (42330), ch.-l. de c. de la Loire (arr. de Montbrison); 3 061 h. (2 259 aggl.). Eaux minérales alcalines. Verrerie.

Saint-Gaudens [-dɛ̃s] (31800), ch.-l. d'arr. de la Haute-Garonne, sur la Garonne; 12 636 h. (*Saint-Gaudinois*). Eglise (XIe-XIIe s.). Marché agricole. Industries du bois. — L'arr. a 11 cant., 240 comm., 80 306 h.

Saint-Gaultier (36800), ch.-l. de c. de l'Indre (arr. du Blanc), sur la Creuse; 2 233 h. Eglise du XIe s.

Saint-Gelais (Octavien ou Octovien DE), poète français, né à Cognac (1468-1502). Evêque d'Angoulême (1494), il fut par ses vers d'amour et ses poèmes allégoriques l'un des plus originaux des rhétoriqueurs (*Séjour d'honneur,* 1519).

Saint-Gelais (Mellin DE), poète français, né à Angoulême (1491-1558), fils ou neveu du précédent. Aumônier du roi, favori d'Henri II, il essaya de faire échec à Ronsard. Musicien et causeur agréable, il brilla dans la poésie de cour.

Saint-Genest-Lerpt [-ʒənɛlɛrpt] (42530), comm. de la Loire (arr. et banlieue ouest de Saint-Etienne); 5 382 h. (3 196 aggl.). Houille.

Saint-Genest-Malifaux (42660), ch.-l. de c. de la Loire (arr. de Saint-Etienne); 2 103 h. (1 001 aggl.).

Saint-Gengoux-le-National (71460), ch.-l. de c. de Saône-et-Loire (arr. de Mâcon); 1 070 h. Vins.

Saint-Geniez-d'Olt [-njedɔlt] (12130), ch.-l. de c. de l'Aveyron (arr. de Rodez); 2 419 h. Fraises. Textiles (draps). Patrie de l'abbé Raynal.

Saint-Genis-de-Saintonge (17240), ch.-l. de c. de la Charente-Maritime (arr. de Jonzac); 852 h. (543 aggl.).

Saint-Genis-Laval (69230), ch.-l. de c. du Rhône (arr. de Lyon), près du Rhône; 7 516 h. (5 943 aggl.). En 1944, les Allemands y massacrèrent 120 personnes.

Saint-Genix-sur-Guiers [-nisyrgjɛr] (73240), ch.-l. de c. de la Savoie (arr. de Chambéry); 1 541 h. (892 aggl.). Matériel chirurgical.

Saint-Geoire-en-Valdaine [-ʒwar-] (38620), ch.-l. de c. de l'Isère (arr. de La Tour-du-Pin); 1 333 h.

Saint-George (*canal*), détroit entre la Grande-Bretagne et l'Irlande, et qui unit la mer d'Irlande à l'océan Atlantique.

Saint-Georges (Joseph BOULOGNE, chevalier DE), compositeur et violoniste français, né à la Guadeloupe (1745-1799). Escrimeur, poète et élève, pour la musique, de Gossec, il dirigea les concerts du « Cercle de l'harmonie » et écrivit des quatuors à cordes, des sonates, des concertos de violon, des symphonies et des symphonies concertantes.

Saint-Georges (*ordre de*), ordre militaire russe créé en 1769 par Catherine II et disparu en 1917.

Saint-Georges-de-Didonne (17110), comm. de la Charente-Maritime (arr. de Saintes), sur la Gironde; 3 680 h. Station balnéaire.

Saint-Georges-d'Oléron (17190), comm. de la Charente-Maritime (arr. de Rochefort), dans l'île d'Oléron; 2 664 h. (1 079 aggl.).

Saint-Georges-du-Vièvre (27450), ch.-l. de c. de l'Eure (arr. de Bernay); 706 h. (424 aggl.).

Saint-Georges-en-Couzan (42990), ch.-l. de c. de la Loire (arr. de Montbrison); 631 h. (254 aggl.).

Saint-Georges-lès-Baillargeaux (86130 Jaunay Clan), ch.-l. de c. de la Vienne (arr. de Poitiers); 1 542 h.

Saint-Georges-sur-Loire (49170), ch.-l. de c. de Maine-et-Loire (arr. d'Angers); 2 011 h. (950 aggl.). Vins.

saint-germain [sɛ̃ʒɛrmɛ̃] n. m. inv. Poire fondante sucrée.

Saint-Germain (Claude Louis, *comte* DE), général et ministre français, né au château de Vertamboz, près de Lons-le-Saunier (1707-1778). D'abord au service du Danemark, il fut ensuite appelé par Turgot au secrétariat d'Etat à la Guerre (1775-1777). Il attacha son nom à d'importantes réformes tactiques et à la création de douze écoles militaires.

Saint-Germain-de-Calberte (48240 St Privas de Vallongue), ch.-l. de c. de la Lozère (arr. de Florac); 462 h.

Saint-Germain-des-Fossés (03260), comm. de l'Allier (arr. de Vichy); 3 529 h. Bifurcation ferroviaire importante. Constructions électriques.

Saint-Germain-des-Prés (*abbaye*), abbaye célèbre fondée par Childebert Ier v. 555, et qui fut, de 1631 à 1790, le centre de la congrégation bénédictine de Saint-Maur, célèbre pour ses érudits. L'église date de la fin du Xe s., les premiers étages du clocher sont antérieurs à 1014. Le chœur fut édifié au milieu du XIIe s., et l'ensemble fut très remanié au XVIIe s., ainsi qu'au XIXe (peintures de Flandrin).

Saint-Germain-du-Bel-Air (46310), ch.-l. de c. du Lot (arr. de Gourdon); 409 h. (246 aggl.).

Saint-Germain-du-Bois (71330), ch.-l. de c. de Saône-et-Loire (arr. de Louhans); 2 023 h. (1 010 aggl.).

Saint-Germain-du-Plain (71370), ch.-l. de c. de Saône-et-Loire (arr. de Chalon-sur-Saône); 1 174 h.

Saint-Germain-du-Teil (48500 La Canourgue), ch.-l. de c. de la Lozère (arr. de Mende); 760 h. (332 aggl.).

Saint-Germain-en-Laye [-lɛ] (78100), ch.-l. d'arr. des Yvelines, sur la rive gauche de la Seine; 41 190 h. (*Saint-Germinais*). Le château Renaissance (qui intègre la chapelle de Saint Louis et le donjon de Charles V), construit pour François Ier par Pierre Chambiges, a été très restauré. Depuis 1867, il abrite le musée des Antiquités nationales (riches collections préhistoriques, celtiques, gallo-romaines, mérovingiennes). Pavillons Henri-IV et Sully, restes du *château Neuf,* élevé par Ph. Delorme pour Henri II. Belle forêt de 3 560 ha, bordée par la terrasse de Le Nôtre. C'est à Saint-Germain que fut signé, entre autres, le 10 septembre 1919, le traité de paix entre les Alliés et l'Autriche. — L'arr. a 14 cant., 45 comm., 406 904 h.

Saint-Germain-l'Auxerrois (*église*), église de Paris, en face de la colonnade du Louvre. Brûlée par les Normands, reconstruite du XIIe au XVIe s., elle fut ravagée lors d'une insurrection en 1831, puis restaurée.

Saint-Germain-Laval (42260), ch.-l. de c. de la Loire (arr. de Roanne); 1 721 h. (1 371 aggl.). Textiles.

Phot. Giegel-ONST, Lauros-Giraudon (3).

Saint-Germain-Lembron (63340), ch.-l. de c. du Puy-de-Dôme (arr. d'Issoire); 1 730 h.

Saint-Germain-les-Belles (87380), ch.-l. de c. de la Haute-Vienne (arr. de Limoges); 1 524 h. (827 aggl.). Eglise fortifiée (XIVe s.).

Saint-Germain-l'Herm (63630), ch.-l. de c. du Puy-de-Dôme (arr. d'Ambert); 1 054 h. (650 aggl.).

Saint-Germer-de-Fly (60850), comm. de l'Oise (arr. de Beauvais); 1 327 h. Restes d'une abbaye (XIIe-XIIIe s.); église et sainte-chapelle.

Saint-Gervais-d'Auvergne (63390), ch.-l. de c. du Puy-de-Dôme (arr. de Riom); 2 093 h. (1 280 aggl.).

Saint-Gervais-les-Bains (74170), ch.-l. de c. de la Haute-Savoie (arr. de Bonneville); 5 100 h. (3 656 aggl.) [*Saint-Gervelins*]. Station thermale et de sports d'hiver (alt. 807-1 950 m).

Saint-Gervais-sur-Mare (34610), ch.-l. de c. de l'Hérault (arr. de Béziers); 873 h. (596 aggl.).

Saint-Géry (46330 Cabrerets), ch.-l. de c. du Lot (arr. de Cahors), sur le Lot; 345 h. (177 aggl.).

Saint-Gildas [-dɑ] (*pointe*), pointe de la Loire-Atlantique, au sud de l'embouchure de la Loire.

Saint-Gildas-de-Rhuis [-is] (56730), comm. du Morbihan (arr. de Vannes), sur la côte sud de la presqu'île de Rhuis; 945 h. Anc. abbaye; église romane.

Saint-Gildas-des-Bois (44530), ch.-l. de c. de la Loire-Atlantique (arr. de Saint-Nazaire); 2 951 h. (1 483 aggl.). Eglise (XIIIe-XVe s.); anc. abbaye.

Saint-Gilles, en néerl. **Sint-Gillis** (Brabant); 57 500 h. Faubourg de Bruxelles. — Comm. de Belgique (Flandre-Orientale); 10 500 h.

Saint-Gilles (30800), ou **Saint-Gilles-du-Gard,** ch.-l. de c. du Gard (arr. de Nîmes), sur la *Costière de Saint-Gilles;* 9 247 h. (6 799 aggl.) [*Saint-Gillois*]. Eglise romane, anc. abbatiale, dont la façade est ornée d'un des plus beaux ensembles de la sculpture romane provençale. Musée archéologique.

Saint-Gilles-Croix-de-Vie (85800), ch.-l. de c. de la Vendée (arr. des Sables-d'Olonne), formé en 1967 par la fusion de *Saint-Gilles-sur-Vie* et *Croix-de-Vie;* 6 239 h. Pêche. Station balnéaire.

Saint-Girons [-rɔ̃] (09200), ch.-l. d'arr. de l'Ariège, sur le Salat; 8 737 h. (*Saint-Gironnais*). Papeterie. Fromages. — L'arr. a 6 cant., 85 comm., 31 578 h.

saint-glinglin [sɛ̃glɛ̃glɛ̃] **(à la)** loc. adv. *Fam.* Dans un temps indéterminé, à une époque qui se situe à la fin des temps : *il tiendra sa promesse à la saint-glinglin.*

Saint-Gobain (02410), comm. de l'Aisne (arr. de Laon); 3 119 h. (2 819 aggl.). Importante société, fondée en 1665, fabriquant des glaces et spécialisée aussi, aujourd'hui, dans les produits chimiques. Vaste forêt de 4 200 ha.

Saint-Gond (*marais de*), marais situés au pied de la côte de l'Ile-de-France, drainés par le Petit Morin (Marne). Foch y battit Bülow au cours de la bataille de la Marne (1914), cent ans après les combats qui s'y étaient déroulés pendant la campagne de France (1814).

Saint-Gothard (anc. **Gothard**), en allem. **Sankt Gotthard,** massif des Alpes suisses (3 197 m), entre les hautes vallées de la Reuss et du Tessin, reliées par le *col du Saint-Gothard* (2 112 m). Celui-ci est emprunté par une route touristique utilisable en été. Le massif est percé à 1 155 m d'alt. par un tunnel ferroviaire d'une longueur de 14 997 m, construit entre 1872 et 1882, et emprunté par la ligne Bâle-Milan.

Saint-Gratien (95210), comm. du Val-d'Oise (arr. de Montmorency); 14 951 h. (*Saint-Gratiennois*). Tombeau de Catinat. Résidence d'été de la princesse Mathilde.

Saint-Grégoire-le-Grand (*ordre de*), ordre pontifical créé par Grégoire XVI en 1831. Ruban rouge, liséré orange.

Saint-Guénolé (29131), port de pêche et station balnéaire du Finistère (arr. de Quimper, comm. de Penmarch).

Saint-Guilhem-le-Désert [-gijɛm-] (34150 Gignac), comm. de l'Hérault (arr. de Montpellier); 229 h. Belle église romane des XIe-XVe s. (anc. abbatiale).

Saint-Haon-le-Châtel [sɛ̃taɔ̃-] (42370 Renaison), ch.-l. de c. de la Loire (arr. de Roanne); 392 h. Remparts. Eglise du XIIe s. Château du XVe s.

Saint-Héand (42570), ch.-l. de c. de la Loire (arr. de Saint-Etienne); 2 549 h. (1 604 aggl.).

Saint Helens, v. de Grande-Bretagne (Lancashire); 103 000 h. Grand centre de la verrerie.

Saint-Hélier, ch.-l. de l'île de Jersey; 28 000 h. Port de pêche. Tourisme.

Saint-Herblain (44800), ch.-l. de c. de la Loire-Atlantique (arr. de Nantes); 18 760 h. (2 875 aggl.). Stylos.

Saint-Hilaire (11250), ch.-l. de c. de l'Aude (arr. de Limoux); 751 h. Vignobles. Ruines d'une abbaye; église (XIIe-XIIIe s.); cloître (XIVe s.).

Saint-Hilaire ou **Saint-Hilaire-du-Touvet** (38720), comm. de l'Isère (arr. de Grenoble), sur le plateau des Petites-Roches (Grande-Chartreuse); 1 717 h. (145 aggl.). Sanatoriums.

Saint-Hilaire-des-Loges (85240), ch.-l. de c. de la Vendée (arr. de Fontenay-le-Comte); 1 581 h. (399 aggl.).

Saint-Hilaire-de-Villefranche (17720), ch.-l. de c. de la Charente-Maritime (arr. de Saint-Jean-d'Angély); 881 h. (323 aggl.).

Saint-Hilaire-du-Harcouët (50600), ch.-l. de c. de la Manche (arr. d'Avranches); 5 305 h.

Saint-Hippolyte (25190), ch.-l. de c. du Doubs (arr. de Montbéliard); 1 256 h.

Saint-Hippolyte-du-Fort (30170), ch.-l. de c. du Gard (arr. du Vigan); 3 602 h. Restes de fortifications.

Saint-Honorat (*île*), île du groupe des Lérins (Alpes-Maritimes). Monastère.

saint-honoré [sɛtɔnɔre] n. m. inv. Gâteau fait de petits choux à la crème et décoré de crème Chantilly.

Saint-Honoré ou **Saint-Honoré-les-Bains** (58360), comm. de la Nièvre (arr. de Château-Chinon); 977 h. (732 aggl.). Station thermale pour le traitement de l'asthme et des affections des voies respiratoires supérieures. Les eaux chlorurées et bicarbonatées sodiques et calciques contiennent de l'hydrogène sulfuré (H_2S), du fer, du manganèse, du fluor, du lithium et de l'arsenic.

Saint-Hubert, v. du Canada (Québec), près de Montréal; 17 200 h. Aéroport.

Saint-Hyacinthe, v. du Canada (Québec), au nord-est de Montréal; 23 800 h.

Saint-Imier, v. de Suisse (Berne), dans le *val de Saint-Imier;* 6 700 h. Horlogerie.

Saint-Jacques-de-Compostelle, en esp. **Santiago de Compostela,** v. d'Espagne (Galice); 57 100 h. L'un des pèlerinages les plus fréquentés de la chrétienté occidentale, la légende voulant que le corps de saint Jacques le Majeur, apôtre de l'Espagne, y ait été déposé miraculeusement. Cathédrale romane (1078-v. 1125) [v. illustr. ART ROMAN*], à laquelle on ajouta le porche de la Gloire (1168-1188) et, au XVIIIe s., une façade baroque. Palais archiépiscopal (en grande partie du XIIe s.). Nombreuses églises.

Saint-Jacques-de-la-Lande (35000 Rennes), comm. d'Ille-et-Vilaine (arr. de Rennes); 6 865 h. Aérodrome de Rennes. Station météorologique.

Saint-Jacques-de-l'Épée ou **de Santiago** (*ordre de*), ordre militaire et religieux castillan, fondé en 1164 et remanié en 1907. Ruban rouge. — Ordre du même nom, institué au Portugal en 1725 et devenu en 1862 ordre du mérite scientifique, littéraire ou artistique. Ruban violet. — Ordre du même nom institué au Brésil en 1843.

Saint-Jacut-de-la-Mer (22750), comm. des Côtes-du-Nord (arr. de Dinan); 1 045 h. Station balnéaire. Pêche.

Saint-James (50240), ch.-l. de c. de la Manche (arr. d'Avranches); 2 577 h. (1 930 aggl.).

Saint James, v. du Canada (Manitoba); 35 700 h.

Saint-Jean (*lac*), lac du Canada (Québec), qui se déverse dans le Saint-Laurent par le Saguenay.

Saint-Jean, en angl. **Saint John's,** v. du Canada, cap. de l'île de Terre-Neuve; 79 900 h. Port actif.

Saint-Jean, en angl. **Saint John,** v. du Canada (Nouveau-Brunswick), au fond de la baie de Fundy; 51 600 h. Port et centre industriel (textiles, sucreries, papeteries).

Saint-Jean, v. du Canada (Québec), au sud-est de Montréal; 27 800 h.

Saint-Jean-Bonnefonds (42650), comm. de la Loire (arr. de Saint-Etienne); 4 606 h. (3 035 aggl.).

Saint-Jean-Brévelay (56660), ch.-l. de c. du Morbihan (arr. de Pontivy); 1 967 h. (760 aggl.).

Saint-Jean-Cap-Ferrat (06290), comm. des Alpes-Maritimes (arr. de Nice); 2 356 h. Station balnéaire.

Saint-Jean-d'Acre, anc. **Ptolemaïs,** auj. **Akko,** v. d'Israël, port sur la Méditerranée; 32 400 h. Olives. Prise par Philippe Auguste et Richard Cœur de Lion en 1191. Elle résista à Bonaparte en 1799.

Saint-Jean-d'Angély (17400), ch.-l. d'arr. de la Charente-Maritime, sur la Boutonne; 10 430 h. (*Angériens*). Centre commercial (eau-de-vie). Biscuiterie. — L'arr. a 7 cant., 119 comm., 56 089 h.

Saint-Jean-de-Bournay (38440), ch.-l. de c. de l'Isère (arr. de Vienne); 3 337 h. (2 499 aggl.).

Saint-Jean-de-Braye (45800), ch.-l. de c. du Loiret (arr. et faubourg d'Orléans); 8 000 h. Electronique.

Saint-Jean-de-Daye (50620), ch.-l. de c. de la Manche (arr. de Saint-Lô); 519 h.

Saint-Jean-de-la-Ruelle (45140), ch.-l. de c. du Loiret (arr. et faubourg d'Orléans); 12 973 h.

Saint-Jean-de-Losne [-lɔn] (21170), ch.-l. de c. de la Côte-d'Or (arr. de Beaune), sur la Saône; 1 623 h. (*Losnais*). Port sur le canal de Bourgogne. Métallurgie. Sièges mémorables (1636-1814).

Saint-Jean-de-Luz [-lyz] (64500), ch.-l. de c. des Pyrénées-Atlantiques (arr. de Bayonne), sur la Nivelle; 11 035 h. (*Luziens*). Vieux hôtels. Eglise (XVIe s.) où a été célébré le mariage de Louis XIV (1660). Port sardinier et thonier. Conserveries. Station balnéaire.

Saint-Jean-de-Maurienne (73300), ch.-l. d'arr. de la Savoie, sur l'Arc; 9 317 h. (8 407 aggl.). Evêché. Aluminium. — L'arr. a 6 cant., 67 comm., 46 416 h.

Saint-Jean-de-Monts (85160), ch.-l. de c. de la Vendée (arr. des Sables-d'Olonne); 5 273 h. (2 911 aggl.). Station balnéaire.

Saint-Jean-du-Gard (30270), ch.-l. de c. du Gard (arr. d'Alès), dans les Cévennes; 2 667 h. (1 757 aggl.).

Saint-Jean-de-Royans [-rwajɑ̃] (26190), ch.-l. de c. de la Drôme (arr. de Valence); 2 902 h. (2 500 aggl.).

Saint-Jean-Pied-de-Port (64220), ch.-l. de c. des Pyrénées-Atlantiques (arr. de Bayonne); 1 852 h. Vieilles maisons et remparts.

Saint-Jean-Soleymieux (42560), ch.-l. de c. de la Loire (arr. de Montbrison); 598 h. (195 aggl.).

Saint-Jeoire [-ʒwar] (74490), ch.-l. de c. de la Haute-Savoie (arr. de Bonneville); 1 913 h. (910 aggl.). Station estivale. Electrochimie.

Saint-Jérôme, v. du Canada (Québec), dans les Laurentides; 26 500 h.

Saint John. V. SAINT-JEAN.

Saint-John Perse (Alexis SAINT-LÉGER LÉGER, dit), diplomate et poète français, né à Pointe-à-Pitre en 1887. Entré dans la carrière diplomatique en 1916, secrétaire général du ministère des Affaires étrangères (1933-1940), il se fixe en 1941 à Washington, où il exerce jusqu'en 1946 les fonctions de conseiller de la Bibliothèque du Congrès. Ses recueils lyriques composent une méditation sur le destin de l'homme à la poursuite de lui-même (*Eloges,* 1911; *Anabase,* 1924; *Exil,* 1945; *Vents,* 1946; *Amers,* 1957; *Chronique,* 1960; *Oiseaux,* 1963). [Prix Nobel, 1960.]

Saint John's, ch.-l. de l'archipel anglais des îles Sous-le-Vent; 21 600 h.

Saint-Joseph (97480), comm. de la Réunion; 22 440 h.

Saint-Joseph-d'Alma ou **Alma,** v. du Canada (Québec), dans la région du Saguenay; 22 200 h.

Saint-Josse-ten-Noode, en néerl. **Sint-Joost-ten Node,** comm. de Belgique (Brabant); 23 800 h. Faubourg industriel de Bruxelles.

Saint-Juéry (81160), comm. du Tarn (arr. d'Albi); 5 017 h. Aciers spéciaux et constructions mécaniques au *Saut-du-Tarn.*

Saint-Julien (39320), ch.-l. de c. du Jura (arr. de Lons-le-Saunier); 420 h. (333 aggl.).

Saint-Julien-Chapteuil (43260), ch.-l. de c. de la Haute-Loire (arr. du Puy); 1 738 h. (935 aggl.).

Saint-Julien-de-Vouvantes (44670), ch.-l. de c. de la Loire-Atlantique (arr. de Châteaubriant); 1 008 h. (485 aggl.).

Saint-Julien-du-Sault (89330), ch.-l. de c. de l'Yonne (arr. de Sens); 1 889 h. (485 aggl.). Lames de rasoir.

Saint-Julien-en-Genevois (74160), ch.-l. d'arr. de la Haute-Savoie, près de Genève; 4 336 h. (2 947 aggl.) [*Juliénois*]. — L'arr. a 6 cant., 76 comm., 73 484 h.

Saint-Julien-en-Jarez [-rɛs], anc. comm. de la Loire, incorporée à Saint-Chamond en 1964.

Saint-Julien-l'Ars [-lar] (86800), ch.-l. de c. de la Vienne (arr. de Poitiers); 1 237 h. (792 aggl.).

Saint-Junien (87200), ch.-l. de c. de la Haute-Vienne (arr. de Rochechouart), sur la Vienne; 11 674 h. (8 623 aggl.) [*Saint-Juniauds*]. Eglise romane. Ganterie. Mégisserie.

Saint-Just (Louis DE), homme politique français, né à Decize (Nivernais) [1767-1794]. Dès 1791, il se fit connaître par un ouvrage sur *l'Esprit de la Révolution et de la Constitution de la France.* Député à la Convention (1793), il fut l'un des adversaires les plus acharnés de la Gironde. Membre du Comité de salut public, il lia

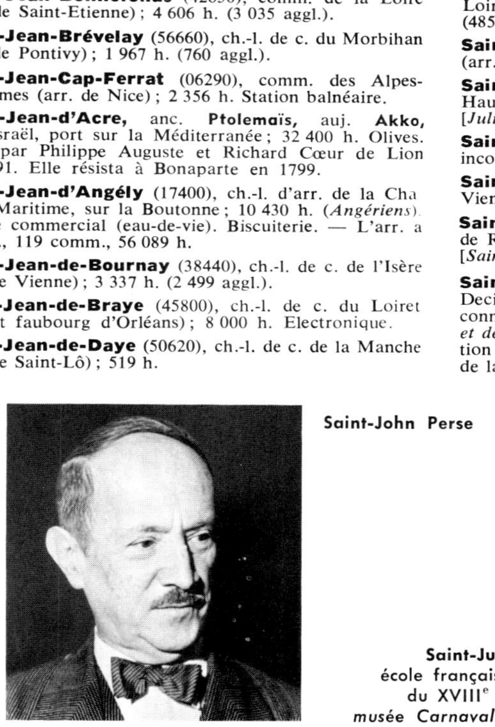

Saint-John Perse

Saint-Just
école française
du XVIIIe s.
musée Carnavalet

Phot. Keystone, Giraudon.

le Saint-Laurent à Québec

Saint-Malo

son sort à celui de Robespierre et se fit le théoricien et le promoteur du gouvernement révolutionnaire, ainsi que l'apologiste de la Terreur. Chargé de mission aux armées, il contribua à la victoire de Fleurus (26 juin 1794). Par des mesures sociales, il tendit à créer une démocratie de petits propriétaires. Il fut entraîné dans la réaction de Thermidor et périt avec Robespierre.

Saint-Just-en-Chaussée (60130), ch.-l. de c. de l'Oise (arr. de Clermont) ; 3 722 h.

Saint-Just-en-Chevalet (42430), ch.-l. de c. de la Loire (arr. de Roanne) ; 2 189 h. (1 462 aggl.).

Saint Kilda, petite île britannique de l'Atlantique, au large de l'Ecosse.

Saint-Lambert, v. du Canada (Québec), banlieue de Montréal ; 16 000 h.

Saint-Lambert (Jean François DE), écrivain français, né à Nancy (1716-1803). Ami des encyclopédistes, il est l'auteur du poème descriptif *les Saisons.* (Acad. fr.)

Saint-Lary-Soulan (65170), comm. des Hautes-Pyrénées (arr. de Bagnères-de-Bigorre) ; 687 h. Sports d'hiver (alt. 820-2 328 m).

Saint-Laurent (le), fl. de l'Amérique du Nord, servant partiellement de frontière entre le Canada et les Etats-Unis ; 1 200 km en aval du lac Ontario pour le Saint-Laurent proprement dit (3 800 km depuis le lac Supérieur). Drainant le sud-est du Canada, il traverse Montréal et Trois-Rivières. En aval de Québec commence son estuaire, qui débouche dans le *golfe du Saint-Laurent,* formé par l'Atlantique. De grands travaux l'ont rendu entièrement accessible aux navires de mer huit mois par an. Le trafic commercial annuel sur le Saint-Laurent est de l'ordre de 50 Mt.

Saint-Laurent, v. du Canada (Québec), banlieue de Montréal ; 59 500 h.

Saint-Laurent (Louis Stephen), homme politique canadien, né à Compton (Québec) [1882-1973]. Premier ministre du gouvernement libéral de 1948 à 1957.

Saint-Laurent-Blangy (62000 Arras), comm. du Pas-de-Calais (arr. d'Arras) ; 3 788 h. (*Imercuriens*). Textiles synthétiques.

Saint-Laurent-de-Chamousset (69930), ch.-l. de c. du Rhône (arr. de Lyon) ; 1 313 h. (845 aggl.).

Saint-Laurent-de-la-Salanque (66250), ch.-l. de c. des Pyrénées-Orientales (arr. de Perpignan) ; 3 679 h. Salines.

Saint-Laurent-de-Neste (65150), ch.-l. de c. des Hautes-Pyrénées (arr. de Bagnères-de-Bigorre) ; 813 h.

Saint-Laurent-Nouan (41220 La Ferté St Cyr), comm. de Loir-et-Cher (arr. de Blois) ; 1 727 h. Centrales nucléaires.

Saint-Laurent-du-Maroni (97320), v. de la Guyane française, port sur le *Maroni ;* 5 000 h. Anc. établissement pénitentiaire.

Saint-Laurent-du-Pont (38380), ch.-l. de c. de l'Isère (arr. de Grenoble) ; 3 761 h. (*Saint-Laurentins*).

Saint-Laurent-du-Var (06700), comm. des Alpes-Maritimes (arr. de Grasse), à l'ouest de l'embouchure du *Var ;* 10 189 h. (8 635 aggl.).

Saint-Laurent-en-Grandvaux (39150), anc. **Saint-Laurent-du-Jura,** ch.-l. de c. du Jura (arr. de Saint-Claude) ; 1 736 h.

Saint-Laurent-et-Benon (33112), ch.-l. de c. de la Gironde (arr. de Lesparre-Médoc) ; 2 034 h. Vins.

Saint-Laurent-sur-Gorre (87310), ch.-l. de c. de la Haute-Vienne (arr. de Rochechouart) ; 1 356 h. (452 aggl.). Ganterie.

Saint-Lazare (*enclos*), léproserie fondée à Paris au XIIe s., donnée en 1632 aux prêtres de la Mission (*lazaristes*), désaffectée en 1789 et devenue prison jusqu'à sa disparition en 1940.

Saint-Lazare (*hospitaliers de*), ordre religieux et militaire, fondé à Jérusalem en 1120 et réuni en 1608 par Henri IV à l'ordre de Notre-Dame-du-Mont-Carmel.

Saint-Léger-sous-Beuvray (71990), ch.-l. de c. de Saône-et-Loire (arr. d'Autun) ; 740 h. (308 aggl.).

Saint-Léon (Arthur), danseur et chorégraphe français, né à Paris (1821-1870). Excellent danseur, il fut également violoniste et compositeur. S'il a réglé de nombreux ballets (*la Source, le Petit Cheval bossu*) et écrit la musique de plusieurs d'entre eux, son nom reste surtout attaché à celui de *Coppélia* (1870). Il a publié en 1852 un système de notation de la danse (*Sténochorégraphie*).

Saint-Léonard-de-Noblat (87400), ch.-l. de c. de la Haute-Vienne (arr. de Limoges), près de la Vienne ; 5 944 h. (4 584 aggl.). Eglise romane. Tannerie. Chaussures. Porcelaine. Papeterie. Patrie de Gay-Lussac.

Saint-Leu (97436), comm. de la Réunion ; 16 900 h.

Saint-Leu-d'Esserent (60340), comm. de l'Oise (arr. de Senlis) ; 3 587 h. Importante église (XIIe-XIIIe s.).

Saint-Leu-la-Forêt (95320), ch.-l. de c. du Val-d'Oise (arr. de Pontoise) ; 10 012 h. Dans l'église, tombeau du roi Louis Bonaparte.

Saint-Lizier (09190), ch.-l. de c. de l'Ariège (arr. de Saint-Girons) ; 1 725 h. (795 aggl.). Papier.

Saint-Lô (50000), ch.-l. du dép. de la Manche, sur la Vire, à 283 km à l'ouest de Paris ; 19 613 h. (*Saint-Lois*). Marché agricole. Briqueterie. Tuilerie. Confection. Patrie de Le Verrier et d'Octave Feuillet. La ville, en ruine, fut prise par les Américains (18 juill. 1944), après leur débarquement en Normandie. — L'arr. a 10 cant., 125 comm., 89 667 h.

Saint Louis, v. des Etats-Unis (Missouri), près du confl. du Mississippi et du Missouri ; 720 000 h. Métallurgie. — Siège des jeux Olympiques de 1904.

Saint-Louis, port du Sénégal, dans une île du Sénégal ; 62 500 h. Les Français s'y étaient établis dès 1638.

Saint-Louis (68300), comm. du Haut-Rhin (arr. de Mulhouse), près de Bâle ; 14 935 h. (*Ludoviciens*). Industries mécaniques, chimiques et textiles.

Saint-Louis (97450), comm. de la Réunion ; 26 700 h.

Saint-Louis (*île*), île de la Seine, à Paris, en amont de l'île de la Cité*.

Saint-Louis (*ordre royal et militaire de*), ordre français créé par Louis XIV en 1693, pour récompenser « la vertu, le mérite et les services rendus ». Supprimé en 1792, il fut rétabli sous la Restauration et disparut en 1830. Ruban rouge.

Saint-Louis-lès-Bitche (57620 Lemberg), comm. de la Moselle (arr. de Sarreguemines) ; 708 h. Cristallerie.

Saint-Loup-Lamairé (79600 Airvault), ch.-l. de c. des Deux-Sèvres (arr. de Parthenay) ; 1 215 h.

Saint-Loup-sur-Semouse (70800), ch.-l. de c. de la Haute-Saône (arr. de Lure) ; 3 468 h. (*Lupéens*).

Saint-Lunaire (35800 Dinard), comm. d'Ille-et-Vilaine (arr. de Saint-Malo) ; 1 578 h. Station balnéaire.

Saint-Lys [-lis] (31470), ch.-l. de c. de la Haute-Garonne (arr. de Muret) ; 1 794 h. (1 147 aggl.).

Saint-Macaire (33490), ch.-l. de c. de la Gironde (arr. de Langon) ; 1 767 h. Remparts.

Saint-Maixent-l'École (79400), ch.-l. de c. des Deux-Sèvres (arr. de Niort), sur la Sèvre Niortaise ; 9 150 h. (*Saint-Maixentais*). Une école militaire d'infanterie s'y installa en 1874 ; elle est devenue en 1951 *Ecole d'application d'infanterie* et, depuis 1963, *Ecole nationale des sous-officiers d'active de l'armée de terre.*

Saint-Malo (35400), ch.-l. d'arr. d'Ille-et-Vilaine, à l'embouchure de la Rance ; 43 722 h. (*Malouins*). A partir du rattachement de la Bretagne à la France, la navigation malouine connut une grande renommée ; les rois de France recrutèrent à Saint-Malo leurs meilleurs corsaires. Aux trois quarts détruite par les Allemands, avant leur capitulation en août 1944 pendant la Seconde Guerre mondiale, la ville a été reconstruite avec beaucoup de soin. Elle conserve de magnifiques remparts en partie du XIIe s. et un château du XVe s., abritant un musée. Patrie de J. Cartier, Duguay-Trouin, Surcouf, Maupertuis, La Mennais, Chateaubriand. — L'arr. a 9 cant., 63 comm., 121 911 h.

Saint-Malo-de-la-Lande (50200 Coutances), ch.-l. de c. de la Manche (arr. de Coutances) ; 235 h.

Saint-Mamert-du-Gard (30730), ch.-l. de c. du Gard (arr. de Nîmes) ; 413 h.

Saint-Mamet-la-Salvetat (15220), ch.-l. de c. du Cantal (arr. d'Aurillac) ; 1 176 h. (378 aggl.).

Saint-Mandé (94160), ch.-l. de c. du Val-de-Marne (arr. de Nogent-sur-Marne) ; 23 312 h.

Saint-Mandrier-sur-Mer (83430), ch.-l. de c. du Var (arr. de Toulon), sur la rade de Toulon ; 5 274 h. Centre d'instruction de la Marine nationale. Port de plaisance.

Saint-Marcellin (38160), ch.-l. de c. de l'Isère (arr. de Grenoble) ; 6 555 h. Fromages. Constructions électriques.

Saint-Marcet (31800 St Gaudens), comm. de la Haute-Garonne (arr. de Saint-Gaudens) ; 401 h. Gaz naturel.

Saint-Marc Girardin (Marc GIRARDIN, dit), écrivain et homme politique français, né à Paris (1801-1873). Libéral, il collabora pendant quarante-cinq ans au *Journal des débats,* fut député de 1834 à 1848 et, vice-président de la Chambre en 1873, contribua au renversement de Thiers. Professeur de poésie française à la Sorbonne, il avait publié un *Cours de littérature dramatique* (1843), dans lequel il se révèle un adversaire déterminé du romantisme. (Acad. fr.)

Saint-Marin, en ital. **San Marino,** petite république enclavée dans la rép. d'Italie, à l'est de Florence ; 61 km² ; 18 000 h. Cap. *San Marino.* Autonome dès le haut Moyen Age, Saint-Marin élargit son territoire au XIe s. Au XVe s., elle se donna un Grand Conseil de 60 membres à vie. Actuellement, le Grand Conseil, élu tous les quatre ans, désigne pour six mois les deux capitaines-régents, chargés du gouvernement.

Saint-Mars-la-Jaille [-mar-] (44540), ch.-l. de c. de la Loire-Atlantique (arr. d'Ancenis) ; 1 883 h. (1 273 aggl.). Machines agricoles.

Saint-Martin, une des Petites Antilles, partagée entre la France (ch.-l. *Le Marigot*) et les Pays-Bas (ch.-l. *Philipsburg*) ; 8 100 h. (dont 4 500 pour la partie française).

Saint-Martin (*canal*), canal qui traverse Paris, de La Villette à la Seine.

Saint-Martin (Louis Claude DE), écrivain et philosophe français, né à Amboise (1743-1803). Il contribua à répandre l'illuminisme.

Saint-Martin-Boulogne (62200 Boulogne sur Mer), comm. du Pas-de-Calais (arr. de Boulogne-sur-Mer) ; 12 623 h. (7 382 aggl.).

Saint-Martin-d'Auxigny (18110), ch.-l. de c. du Cher (arr. de Bourges) ; 1 659 h. (825 aggl.).

Saint-Martin-de-Belleville (73440), comm. de la Savoie (arr. d'Albertville), en Tarentaise ; 1 165 h. Sports d'hiver (alt. 1 800-2 445 m).

Saint-Martin-de-Londres (34380), ch.-l. de c. de l'Hérault (arr. de Montpellier) ; 710 h.

Saint-Martin-de-Ré (17410), ch.-l. de c. de la Charente-Maritime (arr. de La Rochelle), dans l'île de Ré ; 2 142 h. Pêche. Station balnéaire. Pénitencier.

Saint-Martin-de-Seignanx (40390), ch.-l. de c. des Landes (arr. de Dax) ; 2 061 h. (225 aggl.).

Phot. Dermigny - Lauros - Atlas-Photo, Henrard.

Saint-Moritz

Saint-Nazaire

Saint-Martin-de-Valamas (07310), ch.-l. de c. de l'Ardèche (arr. de Tournon) ; 1 625 h. (1 161 aggl.).

Saint-Martin-d'Hères (38400), ch.-l. de c. de l'Isère (arr. de Grenoble) ; 33 605 h.

Saint-Martin-en-Bresse (71620), ch.-l. de c. de Saône-et-Loire (arr. de Chalon-sur-Saône) ; 1 163 h. (340 aggl.).

Saint-Martin-Vésubie (06760), ch.-l. de c. des Alpes-Maritimes (arr. de Nice) ; 1 047 h. Station d'altitude.

Saint-Martory (31360), ch.-l. de c. de la Haute-Garonne (arr. de Saint-Gaudens), sur la Garonne ; 1 101 h. Le *canal de Saint-Martory* sert à l'irrigation des hautes plaines toulousaines.

Saint-Mathieu (87440), ch.-l. de c. de la Haute-Vienne (arr. de Rochechouart) ; 1 613 h. (400 aggl.).

Saint-Mathieu (*pointe*), cap à l'extrémité ouest du Finistère.

Saint-Maur-des-Fossés (94100), ch.-l. de c. du Val-de-Marne (arr. de Créteil), dans une boucle de la Marne ; 77 569 h. (*Saint-Mauriens*). Industries diverses.

Saint-Maurice (le), riv. du Canada (Québec), affl. du Saint-Laurent (r. g.), à Trois-Rivières ; 520 km.

Saint-Maurice (94410), comm. du Val-de-Marne (arr. de Créteil), au sud-est de Paris ; 11 206 h. (*Mauriciens*). Studios cinématographiques. Hôpital psychiatrique, dit parfois « de Charenton ».

Saint-Maurice, v. de Suisse (Valais), sur le Rhône ; 3 200 h. Abbaye d'Agaune, fondée au IVe s. *Grotte des fées*, profonde de 700 m.

Saint-Max [-mɑ] (54130), ch.-l. de c. de Meurthe-et-Moselle (arr. de Nancy) ; 12 489 h. Bonneterie.

Saint-Maximin-la-Sainte-Baume (83470), ch.-l. de c. du Var (arr. de Brignoles) ; 3 209 h. Basilique Sainte-Madeleine (XIIIe-XVIe s.), ancien couvent et cloître.

Saint-Médard-en-Jalles (33160), comm. de la Gironde (arr. de Bordeaux) ; 9 017 h. (4 390 aggl.). Retranchements antiques. Vins rouges de Médoc. Etablissement du service des poudres. Electronique.

Saint-Méen-le-Grand [-meɛ̃-] (35290), ch.-l. de c. d'Ille-et-Vilaine (arr. de Rennes) ; 3 202 h. Anc. abbaye.

Saint-Michel (02500 Hirson), comm. de l'Aisne (arr. de Vervins) ; 4 366 h. Eglise romane. Métallurgie.

Saint-Michel, en néerl. **Sint-Michiels,** comm. de Belgique (Flandre-Occidentale) ; 12 400 h.

Saint-Michel, v. du Canada (Québec), banlieue de Montréal ; 71 400 h.

Saint-Michel (*ordre de*), ordre de chevalerie français créé en 1469 par Louis XI, supprimé à la Révolution, rétabli sous la Restauration et disparu en 1830.

Saint-Michel-Chef-Chef (44730), comm. de la Loire-Atlantique (arr. de Saint-Nazaire) ; 2 542 h. (1 532 aggl.). Station balnéaire.

Saint-Michel-de-Maurienne (73140), ch.-l. de c. de la Savoie (arr. de Saint-Jean-de-Maurienne), sur l'Arc ; 4 117 h. Electrométallurgie.

Saint-Michel-l'Observatoire (04300 Forcalquier), ou **Saint-Michel-de-Provence,** comm. des Alpes-de-Haute-Provence (arr. de Forcalquier) ; 499 h. Observatoire national d'astrophysique.

Saint-Michel-sur-Orge (91240), comm. de l'Essonne (arr. de Palaiseau) ; 15 268 h.

Saint-Mihiel (55300), ch.-l. de c. de la Meuse (arr. de Commercy), sur la Meuse ; 5 382 h. (*Sammiellois*). Fort. Lunetterie. Métallurgie. Patrie de Ligier Richier, dont les églises de la ville conservent les sculptures. Pendant la Première Guerre mondiale, la région subit de violents combats : prise par les Allemands pour isoler Verdun en septembre 1914, elle fut l'objet d'une vaine tentative de reconquête par les Français en avril 1915 ; les Américains y furent victorieux en septembre 1918.

Saint-Moritz, en allem. **Sankt Moritz,** en romanche **San Murezzan,** grande station d'altitude et de sports d'hiver (alt. 1 856-3 303 m) de Suisse (Grisons), dans la haute Engadine, au bord du *lac de Saint-Moritz ;* 3 750 h.

Saint-Nazaire (44600), ch.-l. d'arr. de la Loire-Atlantique, à l'embouchure de la Loire ; 64 003 h. (*Nazairiens*). Développé comme avant-port de Nantes dans la seconde moitié du XIXe s., Saint-Nazaire est aujourd'hui le principal centre français de construction navale. Le manque de dynamisme de cette branche, lié à son écrasante prépondérance dans la ville (qui compte toutefois encore une usine de constructions aéronautiques), pose un problème de l'emploi, d'autant plus grave que la population de Saint-Nazaire a augmenté de près de 50 p. 100 entre 1954 et 1968. — L'arr. a 13 cant., 72 comm., 251 569 h.

● *Histoire*. Pendant la Seconde Guerre mondiale, le port fut en 1942 l'objectif d'un raid de commandos britanniques. Après le débarquement de Normandie, une garnison allemande résista dans la « poche de Saint-Nazaire » jusqu'à l'armistice du 8 mai 1945.

Saint-Nectaire (63710), comm. du Puy-de-Dôme (arr. d'Issoire) ; 783 h. (335 aggl.). Fromages. Station thermale pour les affections des reins (néphrites chroniques, albuminurie, azotémie, néphroses). Les eaux bicarbonatées et chlorurées sodiques sont carbogazeuses (de 22 à 43 °C). On les emploie en bains carbogazeux, en affusions lombaires, en douches et en bains de pieds. Les néphrites aiguës sont une contre-indication. L'église (XIIe s.) est l'une des plus belles de l'art roman auvergnat (chapiteaux).

Saint-Nicolas, en néerl. **Sint-Niklaas,** v. de Belgique (Flandre-Orientale) ; 48 900 h. Textiles.

Saint-Nicolas, comm. de Belgique (Liège) ; 10 000 h. Houille.

Saint-Nicolas-d'Aliermont (76510), comm. de la Seine-Maritime (arr. de Dieppe) ; 3 327 h. Horlogerie. Constructions mécaniques.

Saint-Nicolas-de-la-Grave (82210), ch.-l. de c. de Tarn-et-Garonne (arr. de Castelsarrasin) ; 1 711 h. (903 aggl.).

église de Saint-Nectaire

Saint-Nicolas-de-Port (54210), ch.-l. de c. de Meurthe-et-Moselle (arr. de Nancy), sur la Meurthe ; 7 345 h. (*Portois*). Eglise de pèlerinage (XVe-XVIe s.). Sel gemme. Textiles. Brasserie.

Saint-Nicolas-de-Redon (44460), ch.-l. de c. de la Loire-Atlantique (arr. de Châteaubriant) ; 2 571 h.

Saint-Nicolas-du-Pélem (22480), ch.-l. de c. des Côtes-du-Nord (arr. de Guingamp) ; 2 438 h. (1 356 aggl.).

Saint-Nom-la-Bretèche (78860), ch.-l. de c. des Yvelines (arr. de Saint-Germain-en-Laye) ; 1 870 h.

Saint-Office n. m. Congrégation romaine chargée de veiller à la pureté de la foi, par l'examen des livres et leur mise éventuelle à l'Index. (Depuis 1965, le *Saint-Office* s'appelle la *congrégation pour la Doctrine de la foi ;* son action coercitive a été singulièrement diminuée.)

Saint-Omer (62500), ch.-l. d'arr. du Pas-de-Calais, sur l'Aa ; 19 597 h. (*Audomarois*). A *Sithiu* (anc. nom de Saint-Omer) fut fondée l'abbaye Saint-Bertin par saint Omer, évêque de Thérouanne. Evêché de 1559 à 1790. Basilique des XIIIe-XVe s. Métallurgie. Textiles. — L'arr. a 7 cant., 117 comm., 121 896 h.

Saintonge, comté français ; cap. *Saintes*. Réunie à la Couronne en 1375 par Charles V, la Saintonge constitue le sud du dép. de la Charente-Maritime. (Hab. *Saintongeais*.)

Saint-Ouen [sɛ̃twɛ̃] (93400), ch.-l. de c. de la Seine-Saint-Denis (arr. de Bobigny), sur la Seine ; 48 886 h. (*Audoniens*). Centrale thermique.

Saint-Ouen-l'Aumône (95310), ch.-l. de c. du Val-d'Oise (arr. de Pontoise), sur l'Oise ; 10 245 h. Métallurgie.

Saint-Pair-sur-Mer (50380), comm. de la Manche (arr. d'Avranches) ; 1 840 h. (1 022 aggl.). Plage.

Saint-Palais (64120), ch.-l. de c. des Pyrénées-Atlantiques (arr. de Bayonne) ; 2 293 h. (1 612 aggl.).

Saint-Palais-sur-Mer (17420), comm. de la Charente-Maritime (arr. de Rochefort) ; 2 282 h. (925 aggl.). Station balnéaire.

Saint-Pardoux-la-Rivière (24470), ch.-l. de c. de la Dordogne (arr. de Nontron) ; 1 360 h. (760 aggl.).

Saint-Paterne (72610), ch.-l. de c. de la Sarthe (arr. de Mamers) ; 717 h.

Saint-Paul (*île*), île française de l'océan Indien, dans le groupe de la Nouvelle-Amsterdam.

Saint-Paul ou **Saint-Paul-de-Vence** (06570), comm. des Alpes-Maritimes (arr. de Grasse), au sud de Vence ; 1 811 h. Anc. bourg fortifié. Centre touristique et artistique.

Saint-Paul (04520), ch.-l. de c. des Alpes-de-Haute-Provence (arr. de Barcelonnette) ; 232 h.

Saint Paul, v. des Etats-Unis, cap. du Minnesota, sur le Mississippi ; 318 400 h. Port fluvial. Industries mécaniques et alimentaires.

Saint-Paul (97460), comm. de la Réunion ; 43 200 h. Berceau de la colonie.

Saint-Paul-Cap-de-Joux [-ʒu] (81220), ch.-l. de c. du Tarn (arr. de Castres) ; 920 h. (642 aggl.).

Saint-Paul-de-Fenouillet (66220), ch.-l. de c. des Pyrénées-Orientales (arr. de Perpignan) ; 2 635 h.

Saint-Paul-de-Loanda, en portug. **São Paulo de Loanda.** V. LUANDA.

Saint-Paulien (43350), ch.-l. de c. de la Haute-Loire (arr. du Puy) ; 1 750 h. (1 000 aggl.). Eglise romane.

saint-paulin [sɛ̃polɛ̃] n. m. inv. Fromage au lait de vache, à pâte pressée, à croûte lavée, affiné, voisin du Port-Salut, se présentant sous la forme de petites meules de 20 cm de diamètre. (V. illustr. FROMAGES.)

Saint-Paul-lès-Dax (40990), comm. des Landes (arr. de Dax), sur l'Adour ; 5 795 h. Eglise romane.

Phot. Popper - Atlas-Photo, Arch. phot., Alain Perceval.

Saint-Quentin

Saint-Saëns

Saint-Paul-Trois-Châteaux (26130), ch.-l. de c. de la Drôme (arr. de Nyons) ; 4 350 h. Eglise romane.

Saint-Pé-de-Bigorre (65270), ch.-l. de c. des Hautes-Pyrénées (arr. d'Argelès-Gazost) ; 1 949 h. (1 203 aggl.).

Saint-Péray (07130), ch.-l. de c. de l'Ardèche (arr. de Tournon) ; 3 615 h. (*Saint-Pérollais*). Vins blancs.

saint-père n. m. Nom par lequel on désigne le pape.

Saint-Père (89450 Vézelay), comm. de l'Yonne (arr. d'Avallon), au pied de la colline de Vézelay ; 402 h. Eglise gothique. Fouilles des Fontaines-Salées.

Saint-Père-en-Retz [-rɛ] (44320), ch.-l. de c. de la Loire-Atlantique (arr. de Saint-Nazaire) ; 2 747 h.

Saint-Pétersbourg, anc. nom de *Leningrad**.

Saint Petersburg, port des Etats-Unis (Floride), sur la baie de Tampa ; 181 300 h. Centre touristique.

Saint-Philibert-de-Grand-Lieu (44310), ch.-l. de c. de la Loire-Atlantique (arr. de Nantes) ; 3 363 h. (1 325 aggl.). Eglise des IXe-XIe s. Vignes.

saint-pierre [sɛ̃pjɛr] n. m. inv. Poisson marin à corps haut et comprimé, comestible, commun dans toutes les mers tempérées. (Long. 30 à 50 cm.)

Saint-Pierre (97250), comm. de la Martinique, près de la mer des Antilles, où s'élevait la ville la plus peuplée de l'île (26 000 h., auj. 6 700 h.). Elle fut détruite le 8 mai 1902 par une « nuée ardente » lors de l'éruption de la montagne Pelée.

Saint-Pierre (97410), comm. de la Réunion ; 40 400 h.

Saint-Pierre, ch.-l. de l'archipel de Saint-Pierre-et-Miquelon ; 4 300 h. Port de pêche.

Saint-Pierre (Eustache DE). V. EUSTACHE DE SAINT-PIERRE.

Saint-Pierre (Charles Irénée CASTEL, *abbé* DE), écrivain français, né à Saint-Pierre-Eglise (1658-1743). Abbé de cour et bel esprit, élu à l'Académie française en 1695, il accompagna le cardinal de Polignac au congrès d'Utrecht et publia un *Projet de paix perpétuelle* (1713). Son *Discours sur la polysynodie* (1718), critique de la politique de Louis XIV, lui valut d'être expulsé de l'Académie. Il demandait que l'administration soit confiée non à des ministres, mais à des conseils élus. Il participa à la fondation du club de l'Entresol.

Saint-Pierre de Rome, en ital. *San Pietro in Vaticano*, la plus vaste des basiliques de la chrétienté, à Rome, dans la cité du Vatican. La première basilique, élevée par Constantin (324-344), fut entièrement reconstruite à partir de 1450 environ ; interrompus, les travaux reprirent en 1506 sur un plan de Bramante à croix grecque, puis Raphaël fit adopter la forme de croix latine et Michel-Ange, auteur de la coupole, revint à la croix grecque. Finalement, Paul V adopta le plan à croix latine, chargeant Maderno d'élever la nef et la façade baroque (1605-1629). Le Bernin conçut le portique ovale de la *place Saint-Pierre* (1656-1665). La basilique abrite le baldaquin en bronze du Bernin (1633), de nombreux tombeaux et de nombreuses statues, dont une *Pietà* de Michel-Ange. (V. illustr. VATICAN.)

Saint-Pierre-d'Albigny (73250), ch.-l. de c. de la Savoie (arr. de Chambéry) ; 2 545 h. (1 215 aggl.).

Saint-Pierre-de-Chignac (24330), ch.-l. de c. de la Dordogne (arr. de Périgueux) ; 675 h. (290 aggl.).

Saint-Pierre-des-Corps (37700), ch.-l. de c. d'Indre-et-Loire (arr. et banlieue de Tours) ; 15 402 h. (*Corpopétrussiens*). Centre ferroviaire. Constructions mécaniques.

Saint-Pierre-de-Varengeville (76112), comm. de la Seine-Maritime (arr. de Rouen) ; 1 450 h. (687 aggl.). Constructions électriques.

Saint-Pierre-d'Oléron (17310), ch.-l. de c. de la Charente-Maritime (arr. de Rochefort), au centre de l'île d'Oléron ; 4 258 h. Lanterne des morts (XIIIe s.).

Saint-Pierre-Église (50330), ch.-l. de c. de la Manche (arr. de Cherbourg) ; 1 557 h. (1 066 aggl.).

Saint-Pierre-et-Miquelon, archipel français de l'Atlantique, au sud de Terre-Neuve, constituant depuis 1946 un territoire d'outre-mer ; 242 km² ; 5 100 h. Ch.-l. *Saint-Pierre* (4 300 h.). L'archipel est formé de deux groupes de terres : *Saint-Pierre* et ses dépendances, et *Miquelon* (*Grande-Miquelon* et *Petite-Miquelon*, ou *Langlade*, reliées par l'*isthme Langlade*). La pêche à la morue (et les activités annexes) constituent les ressources essentielles de l'archipel, au climat rude. Les abords de ces îles furent fréquentés dès le XVIe s. par les pêcheurs français et occupés plusieurs fois au XVIIIe s. par les Anglais.

Saint-Pierre-le-Moûtier (58240), ch.-l. de c. de la Nièvre (arr. de Nevers) ; 2 227 h. (1 767 aggl.). Anc. abbatiale (XIIe-XIIIe s.).

Saint-Pierre-Port, ch.-l. de l'île anglo-normande de Guernesey ; 17 000 h. Port. Centre touristique.

Saint-Pierre-Quiberon (56510), comm. du Morbihan (arr. de Lorient), dans la *presqu'île de Quiberon ;* 2 128 h. (1 059 aggl.). Centre touristique.

Saint-Pierre-sur-Dives (14170), ch.-l. de c. du Calvados (arr. de Lisieux) ; 3 868 h. Eglise abbatiale (XIIIe s.). Marché agricole. Industries du bois.

Saint-Pierreville (07190 St Sauveur de Montagut), ch.-l. de c. de l'Ardèche (arr. de Privas) ; 606 h.

Saint-Point (71630 Tramayes), comm. de Saône-et-Loire (arr. de Mâcon) ; 282 h. (74 aggl.). Séjour de prédilection de Lamartine, qui y est enterré.

Saint-Pois (50670), ch.-l. de c. de la Manche (arr. d'Avranches) ; 623 h. (327 aggl.).

Saint-Pol (Louis DE LUXEMBOURG, *comte* DE). V. LUXEMBOURG.

Saint-Pol-de-Léon (29250), ch.-l. de c. du Finistère (Nord) [arr. de Morlaix] ; 8 805 h. (6 194 aggl.) [*Léonais* ou *Léonards*]. Cathédrale (XIIIe-XVe s.) et chapelle du Kreisker. Marché des primeurs.

Saint-Pol Roux (Paul ROUX, dit), poète français, né à Saint-Henry, près de Marseille (1861-1940). Surnommé **le Magnifique** et salué par les surréalistes comme un précurseur de la poésie moderne, il est passé du symbolisme (*la Dame à la faulx*, 1899) à une esthétique qui évoque les forces élémentaires de la nature et le rythme familier de la vie quotidienne (*les Reposoirs de la procession*, 1894 ; *les Féeries intérieures*, 1907 ; *la Randonnée*, 1937).

Saint-Pol-sur-Mer (59430), comm. du Nord (arr. et banlieue de Dunkerque) ; 19 123 h. (*Saint-Polais*).

Saint-Pol-sur-Ternoise (62130), ch.-l. de c. du Pas-de-Calais (arr. d'Arras) ; 6 014 h. (*Saint-Polais* ou *Paulopolitains*).

Saint-Pons [-pɔ̃s] (34220), ch.-l. de c. de l'Hérault (arr. de Béziers) ; 3 716 h. (2 723 aggl.) [*Saint-Ponais*].

Saint-Porchaire (17250), ch.-l. de c. de la Charente-Maritime (arr. de Saintes) ; 1 087 h. (645 aggl.).

Saint-Pourçain-sur-Sioule (03500), ch.-l. de c. de l'Allier (arr. de Moulins) ; 5 360 h. (4 420 aggl.) [*Saint-Pourcinois* ou *Sanpourcinois*]. Eglise prieurale (XIIe-XVe s.). Vignobles.

Saint-Preux, héros de *la Nouvelle Héloïse*, de J.-J. Rousseau.

Saint-Priest [sɛ̃pri] (69800), comm. du Rhône (arr. de Lyon) ; 20 677 h. Ancien château.

Saint-Priest-la-Prugne (42830), comm. de la Loire (arr. de Roanne) ; 880 h. (216 aggl.). Extraction et traitement du minerai d'uranium.

Saint-Privat [-va] (19220), ch.-l. de c. de la Corrèze (arr. de Tulle) ; 1 019 h. (507 aggl.). Eglise (XIIIe-XVIe s.).

Saint-Privat-la-Montagne (57124), comm. de la Moselle (arr. de Metz-Campagne) ; 1 122 h. Défaite des Français par les Prussiens, le 18 août 1870. A la suite de ce revers, Bazaine se replia sur Metz.

Saint-Quay-Portrieux (22410), comm. des Côtes-du-Nord (arr. de Saint-Brieuc) ; 3 607 h. Station balnéaire.

Saint-Quentin (02100), ch.-l. d'arr. de l'Aisne, sur la Somme ; 66 161 h. (*Saint-Quentinois*). La ville demeure un grand centre textile (confection, travail du coton, fibres artificielles, dentelles, etc.). Métallurgie de transformation (cycles, matériel électrique), fabriques de meubles, etc. — L'arr. a 7 cant., 127 comm., 136 060 h.

● *Histoire.* La capitale du Vermandois subit plusieurs sièges, notamment en 1557 et en 1870. Faidherbe y livra en janvier 1871 une bataille malheureuse. Durant la Première Guerre mondiale, Saint-Quentin, réduit de la position Hindenburg, fut gravement endommagé.

● *Beaux-Arts.* La ville possède une collégiale des XIIIe-XVe s., un hôtel de ville de style flamboyant (XIVe-XVIe s.) et un musée conservant quatre-vingts pastels de La Tour.

Saint-Quentin (*canal de*), l'un des canaux les plus fréquentés de France, unissant l'Escaut à l'Oise, de Cambrai à Fargniers ; 92 km.

Saint-Quentin-en-Yvelines, nom donné à la ville nouvelle de la région parisienne en cours de développement entre Trappes et Saint-Cyr-l'Ecole.

Saint-Rambert-d'Albon (26140), comm. de la Drôme (arr. de Valence), sur le Rhône ; 3 822 h. Machines agricoles.

Saint-Rambert-en-Bugey (01230), ch.-l. de c. de l'Ain (arr. de Belley) ; 2 857 h. (2 566 aggl.). Anc. abbaye bénédictine. Vins.

Saint-Rambert-sur-Loire (42170), ch.-l. de c. de la Loire (arr. de Montbrison) ; 4 563 h. (3 765 aggl.). [*Rambertois*]. Eglise romane. Textiles.

Saint-Raphaël (83700), ch.-l. de c. du Var (arr. de Draguignan), sur la Méditerranée ; 18 339 h. (16 117 aggl.) [*Raphaëlois*]. Station balnéaire. Base aéronavale depuis 1912 (premier centre d'expérimentation des hydravions). Les Américains, suivis des Français, y débarquèrent le 15 août 1944.

Saint-Rémy-de-Provence (13210), ch.-l. de c. des Bouches-du-Rhône (arr. d'Arles) ; 8 101 h. (4 905 aggl.). Vestiges du centre romain de *Glanum** ; musée.

Saint-Rémy-en-Bouzemont-Saint-Genest-et-Isson (51290), ch.-l. de c. de la Marne (arr. de Vitry-le-François) ; 540 h.

Saint-Rémy-lès-Chevreuse (78470), comm. des Yvelines (arr. de Rambouillet) ; 3 569 h.

Saint-Rémy-sur-Durolle (63550), ch.-l. de c. du Puy-de-Dôme (arr. de Thiers) ; 2 046 h. (*Saint-Rémois*).

Saint-Renan (29290), ch.-l. de c. du Finistère (Nord) [arr. de Brest] ; 3 627 h. Vieilles maisons. Gisement d'étain.

Saint-Riquier (80100 Abbeville), comm. de la Somme (arr. d'Abbeville) ; 1 176 h. Anc. abbaye ; vaste église (XIIIe-XVIe s.).

Saint-Romain-de-Colbosc (76430), ch.-l. de c. de la Seine-Maritime (arr. du Havre) ; 3 033 h.

Saint-Rome-de-Tarn (12490 St Rome de Cernon), ch.-l. de c. de l'Aveyron (arr. de Millau) ; 729 h. (539 aggl.). Patrie de Mgr Affre.

Saint-Sacrement (*Compagnie du*), congrégation de laïques et de prêtres, fondée vers 1627 par Lévis de Ventadour, dans un dessein de charité. Ses excès de zèle provoquèrent sa disparition en 1665.

Saint-Saëns (76680), ch.-l. de c. de la Seine-Maritime (arr. de Dieppe) ; 2 470 h.

Saint-Saëns [-sɑ̃s] (Camille), compositeur, pianiste et organiste français, né à Paris (1835-1921), auteur de *Samson et Dalila* (1877), d'*Henri VIII* (1883), d'une symphonie avec orgue, de poèmes symphoniques comme *le Rouet d'Omphale* (1871), *la Danse macabre* (1875), de nombreux concertos et morceaux de musique de chambre. La musique de cet improvisateur-né, de cet écrivain alerte, toute française d'inspiration, vaut par la pureté et la perfection de la forme. Il avait fondé en 1871, avec R. Bussine, la Société nationale, destinée à défendre et à diffuser la musique française, et avait entrepris une grande édition de l'œuvre de J.-Ph. Rameau.

Saint-Saulge [-soʒ] (58330), ch.-l. de c. de la Nièvre (arr. de Nevers) ; 1 209 h.

Saint-Saulve [-solv] (59880), comm. du Nord (arr. de Valenciennes) ; 7 071 h. Houille.

Saint-Sauveur-en-Puisaye (89520), ch.-l. de c. de l'Yonne (arr. d'Auxerre) ; 1 226 h. Patrie de Colette.

Saint-Sauveur-Lendelin (50490), ch.-l. de c. de la Manche (arr. de Coutances) ; 1 442 h. (619 aggl.).

Saint-Sauveur-le-Vicomte (50390), ch.-l. de c. de la Manche (arr. de Cherbourg) ; 2 329 h. (1 051 aggl.). Abbaye bénédictine. Patrie de Barbey d'Aurevilly.

Saint-Sauveur-sur-Tinée (06420), ch.-l. de c. des Alpes-Maritimes (arr. de Nice) ; 400 h.

Saint-Savin (33920), ch.-l. de c. de la Gironde (arr. de Blaye) ; 1 640 h. (591 aggl.).

Saint-Savin (86310), ch.-l. de c. de la Vienne (arr. de Montmorillon), sur la Gartempe ; 1 349 h. (1 092 aggl.). Eglise du XIe s. (flèche du XVe s.) [v. illustr. ÉGLISE], qui conserve l'un des plus vastes et des plus beaux ensembles de fresques romanes, représentant des scènes de l'Ancien et du Nouveau Testament. (V. illustr. PEINTURE ROMANE*.)

Saint-Savin (65400 Argelès Gazost), comm. des Hautes-Pyrénées (arr. d'Argelès-Gazost) ; 377 h. Eglise abbatiale (XIe-XIIe s.), anc. cloître, salle capitulaire.

Phot. Alain Perceval, Cautin.

Saint-Savinien (17350), ch.-l. de c. de la Charente-Maritime (arr. de Saint-Jean-d'Angély) ; 2 201 h.

Saint-Sébastien, en esp. **San Sebastián,** v. d'Espagne, ch.-l. de la province basque de Guipúzcoa ; 150 000 h. Port et station balnéaire. Industries chimiques.

Saint-Sébastien-sur-Loire (44230), comm. de la Loire-Atlantique (arr. de Nantes), sur la rive gauche de la Loire ; 14 639 h. (13 685 aggl.).

Saint-Seine-l'Abbaye (21440), ch.-l. de c. de la Côte-d'Or (arr. de Dijon) ; 358 h. Eglise du XIIIe s.

Saint-Sépulcre (le), nom donné à un ensemble de constructions élevées à Jérusalem, peut-être sur l'emplacement du Calvaire et du tombeau du Christ. Bâtis sous Constantin, ces édifices furent souvent remaniés, notamment à l'époque des croisades (église romane). Un incendie détruisit en 1808 la rotonde constantinienne. D'importants travaux de fouille et de restauration ont été effectués ces dernières années.

Saint-Sépulcre (*ordre du*), ordre de chevalerie, le plus ancien des ordres pontificaux. Il fut créé par Alexandre VI à la fin du XVe s. Depuis 1868, il est conféré par le patriarche latin de Jérusalem.

Saint-Sernin-sur-Rance (12380), ch.-l. de c. de l'Aveyron (arr. de Millau) ; 716 h. (563 aggl.).

Saint-Servais, comm. de Belgique (Namur) ; 9 100 h. Faubourg de Namur. Métallurgie.

Saint-Servan-sur-Mer (34500 St Malo), anc. comm. d'Ille-et-Vilaine, réunie en 1967 à Saint-Malo. Station balnéaire. Tour Solidor.

Saint-Sever [-səvɛ] (40500), ch.-l. de c. des Landes (arr. de Mont-de-Marsan), sur l'Adour ; 4 360 h. (2 806 aggl.). Anc. abbatiale romane.

Saint-Sever-Calvados [-səvɛr-] (14380), ch.-l. de c. du Calvados (arr. de Vire) ; 1 478 h. (942 aggl.).

saint-siège n. m. Siège du chef de l'Eglise catholique. ‖ Gouvernement pontifical (en ce sens, prend deux majuscules) : *décision du Saint-Siège.*

Saint-Siège (*États du*). V. ÉTATS DE L'ÉGLISE.

Saint-Simon (02640), ch.-l. de c. de l'Aisne (arr. de Saint-Quentin) ; 564 h.

Saint-Simon (Louis DE ROUVROY, *duc* DE), écrivain français, né à Paris (1675-1755). Issu d'une famille noble, mais pauvre, il était le fils d'un page de Louis XIII créé duc et pair en 1635. Son père l'éleva dans l'admiration de sa race et le culte du roi de sa jeunesse. Mousquetaire à seize ans, mestre de camp à dix-huit, il prend part au siège de Namur et à la bataille de Neerwinden. En 1695, il épouse la fille du maréchal de Lorge, mais, scandalisé de n'être pas nommé brigadier malgré sa naissance, quitte l'armée en 1702. Courtisan exaspéré et fasciné, il se rend fameux par son énergie à défendre les prérogatives des ducs et pairs de France contre les empiétements des princes étrangers et des bâtards légitimés, ce qui lui vaut quelques explications orageuses avec Louis XIV. Il fonde cependant ses espoirs sur le duc de Bourgogne, petit-fils du roi. La mort du Grand Dauphin le comble de joie, mais le duc de Bourgogne meurt à son tour en 1712. Saint-Simon tente alors, sans grand espoir, de conseiller Philippe d'Orléans, dont il est l'ami. Membre du Conseil de régence, il se dégoûte vite de se voir sans influence réelle. Ambassadeur extraordinaire en Espagne en 1721, il quitte les affaires en 1723, après la mort du duc d'Orléans. Retiré dans son château de La Ferté-Vidame, il va pendant trente-deux ans, attristé par la mort de sa femme et de ses deux fils, se consacrer à la composition de ses *Mémoires,* pour lesquels il prend des notes depuis 1694 et qui, déposés aux Archives des Affaires étrangères sur l'ordre de Choiseul, ne seront publiés qu'à partir de 1830. Passionné de généalogie, il a conçu son témoignage de mémorialiste comme une œuvre historique : persuadé que le caractère des grands hommes détermine le cours des choses, cherchant à comprendre les événements dans leurs origines, leurs liaisons et leurs suites, il note les petits faits avec une passion qu'il s'est longtemps reprochée, confiant ses doutes et ses hésitations à Rancé, abbé de La Trappe, près de qui il allait faire retraite. Plongeant dans les intrigues, regrettant le passé mais préparant l'avenir, anachronique et furibond, il a peint avec pittoresque la cour de Louis XIV vieillissant en un style qui ignore toute entrave classique et qui se déroule au gré de sa colère ou de son admiration.

Saint-Simon (Claude Henri, *comte* DE), philosophe et économiste français, né à Paris (1760-1825), de la famille du précédent, chef de l'école politique et sociale des *saint-simoniens* (v. SAINT-SIMONISME). On lui doit notamment : *Mémoire sur la science de l'homme* (1813), *l'Industrie ou Discussions politiques, morales et philosophiques dans l'intérêt de tous les hommes livrés à des travaux utiles et indépendants* (1817). Il fonda en 1819 l'*Organisateur,* puis écrivit le *Système industriel* (1823).

saint-simonien, enne adj. Relatif à Saint-Simon et à sa doctrine. ‖ — N. Disciple de Saint-Simon. ‖ Pl. des *saint-simoniens.*

saint-simonisme n. m. Doctrine de Saint-Simon et de ses disciples, notamment Enfantin et Bazard.
— ENCYCL. Alors que Saint-Simon concevait une sorte d'associationnisme, qu'il appelait « industrialisme », après lui la doctrine des saint-simoniens préconise le collectivisme, qui assurera « à chacun selon ses capacités, à chaque capacité selon ses œuvres », et critique la propriété privée parce qu'elle aboutit à une organisation anarchique de la production et qu'elle consacre l'exploitation de l'homme par l'homme. L'école saint-simonienne évoluera en une véritable secte religieuse. Divisés d'opinion, condamnés par les tribunaux, les saint-simoniens se dispersèrent en 1833. Il faut noter la part active à l'administration économique du pays prise par plusieurs saint-simoniens (notamment les frères Pereire et Enfantin) après la dispersion de l'école.

le port de Saint-Tropez

duc de Saint-Simon par Rigaud *musée de Chartres*

comte de Saint-Simon par Mme Guiard-Labille

Saints-Maurice-et-Lazare (*ordre des*), ordre italien fondé en 1572 et reconnu en 1951 par la République italienne. Ruban vert.

Saint-Sulpice (*église*), église située à Paris sur la place du même nom. La construction commença en 1646, mais la façade ne fut élevée par Servandoni qu'en 1745, et les tours sont postérieures. A l'intérieur (v. illustr. ÉGLISE), statues et tombeaux. La chapelle des Saints-Anges est ornée de célèbres peintures murales par Delacroix (*Lutte de Jacob avec l'Ange, Héliodore chassé du Temple*).

Saint-Sulpice (*Compagnie des prêtres de*) ou **Sulpiciens,** société religieuse fondée en 1641, en même temps que le séminaire de même nom, par M. Olier, curé de Saint-Sulpice, pour la formation des prêtres.

Saint-Sulpice-Laurière (87370), comm. de la Haute-Vienne (arr. de Limoges) ; 1 459 h. (1 244 aggl.). Centre ferroviaire.

Saint-Sulpice-les-Champs (23480), ch.-l. de c. de la Creuse (arr. d'Aubusson) ; 496 h. (158 aggl.).

Saint-Sulpice-les-Feuilles (87160), ch.-l. de c. de la Haute-Vienne (arr. de Bellac) ; 1 399 h. (590 aggl.).

Saint-Symphorien (33113), ch.-l. de c. de la Gironde (arr. de Langon) ; 1 393 h. (1 022 aggl.).

Saint-Symphorien, anc. comm. d'Indre-et-Loire, auj. annexée à Tours.

Saint-Symphorien-de-Lay [-lɛ] (42470), ch.-l. de c. de la Loire (arr. de Roanne) ; 1 604 h. (895 aggl.).

Saint-Symphorien-d'Ozon (69360), ch.-l. de c. du Rhône (arr. de Lyon) ; 3 029 h.

Saint-Symphorien-sur-Coise (69590), ch.-l. de c. du Rhône (arr. de Lyon) ; 3 079 h. Porte du XIVe s.

saint-synode n. m. Conseil suprême de l'Eglise russe, depuis Pierre le Grand.

Saint-Thégonnec (29223), ch.-l. de c. du Finistère (Nord) [arr. de Morlaix] ; 2 127 h. (906 aggl.). Calvaire (1610). Pardon en septembre.

Saint Thomas (*île*), la plus peuplée des îles Vierges américaines (Antilles) ; 19 200 h. Cap. *Charlotte Amalie.* Usine de dessalement de l'eau de mer.

Saint-Thomas, v. du Canada (Ontario), au nord du lac Erié ; 29 600 h.

Saint-Trivier-de-Courtes (01560), ch.-l. de c. de l'Ain (arr. de Bourg-en-Bresse) ; 1 066 h. (581 aggl.).

Saint-Trivier-sur-Moignans (01400 Châtillon sur Chalaronne), ch.-l. de c. de l'Ain (arr. de Bourg-en-Bresse) ; 1 140 h. (533 aggl.).

Saint-Trojan-les-Bains (17370), comm. de la Charente-Maritime (arr. de Rochefort), dans l'île d'Oléron ; 2 171 h. (782 aggl.). Station balnéaire.

Saint-Trond, en néerl. **Sint-Truiden,** v. de Belgique (Limbourg) ; 21 300 h. Métallurgie. Industries alimentaires.

Saint-Tropez [-pe] (83990), ch.-l. de c. du Var (arr. de Draguignan), sur le *golfe de Saint-Tropez ;* 6 151 h. (*Tropéziens*). Importante station balnéaire et touristique. Musée de l'Annonciade (art moderne). Les Américains débarquèrent à Saint-Tropez le 15 août 1944.

Saint-Vaast-la-Hougue [-vɑ-] (50550), comm. de la Manche (arr. de Cherbourg), sur la *baie de la Hougue ;* 2 391 h. Station balnéaire. Ostréiculture.

Saint-Valery-en-Caux (76460), ch.-l. de c. de la Seine-Maritime (arr. de Dieppe) ; 3 174 h. (*Valéricais* ou *Valériquais*). Port de pêche et plage.

Saint-Valery-sur-Somme (80230), ch.-l. de c. de la Somme (arr. d'Abbeville) ; 3 262 h. (*Valéricains*). Port et station balnéaire. Vieilles portes.

Saint-Vallier (26240), ch.-l. de c. de la Drôme (arr. de Valence) ; 5 351 h. (*Valloiriens*).

Saint-Vallier (71230), comm. de Saône-et-Loire (arr. de Chalon-sur-Saône) ; 10 358 h.

Saint-Vallier-de-Thiey (06460), ch.-l. de c. des Alpes-Maritimes (arr. de Grasse) ; 558 h. (427 aggl.).

Saint-Varent (79330), ch.-l. de c. des Deux-Sèvres (arr. de Bressuire) ; 2 628 h. (1 425 aggl.).

Saint-Vaury (23320), ch.-l. de c. de la Creuse (arr. de Guéret) ; 2 669 h. (912 aggl.).

Saint-Venant (62350), comm. du Pas-de-Calais (arr. de Béthune) ; 4 352 h. (2 711 aggl.). Hôpital psychiatrique.

Saint-Véran (05490), comm. des Hautes-Alpes (arr. de Briançon), dans le Queyras ; 220 h. Village le plus haut d'Europe, entre 1 990 et 2 040 m d'altitude.

Saint-Victor (Paul BINS, *comte* DE), connu sous le nom de **Paul de Saint-Victor,** essayiste et critique français, né à Paris (1827-1881). Il fut secrétaire de Lamartine et publia de nombreux recueils d'articles sur l'histoire du théâtre (*les Deux Masques,* 1880-1883).

Saint Vincent, une des Antilles britanniques (îles du Vent) ; 90 000 h. Ch.-l. *Kingstown.*

Saint-Vincent (*cap*), en portug. **São Vicente,** cap. du Portugal, à l'extrémité sud-ouest de la péninsule Ibérique.

Saint-Vincent-de-Paul (*sœurs de*). V. CHARITÉ.

Saint-Vincent-de-Paul (*Société*), société charitable fondée à Paris, en 1833, par Frédéric Ozanam et six étudiants.

Saint-Vincent-de-Tyrosse (40230), ch.-l. de c. des Landes (arr. de Dax) ; 3 249 h.

Saint-Vivien-de-Médoc (33590), ch.-l. de c. de la Gironde (arr. de Lesparre-Médoc) ; 1 018 h. Vins.

Saint-Vulbas (01150 Lagnieu), comm. de l'Ain (arr. de Belley), sur le Rhône ; 402 h. (151 aggl.). Centrale nucléaire en construction.

Saint-Wandrille-Rançon (76490 Caudebec en Caux), comm. de la Seine-Maritime (arr. de Rouen) ; 1 106 h. Abbaye fondée en 649 au lieu-dit « Fontenelle » : bâtiments des XIIe-XVIIe s., ruines de l'abbatiale.

Saint-Yorre (03270), comm. de l'Allier (arr. de Vichy), sur la rive droite de l'Allier ; 3 042 h. Eaux minérales.

Saint-Yrieix-la-Perche [-irje-] (87500), ch.-l. de c. de la Haute-Vienne (arr. de Limoges) ; 7 622 h. (4 655 aggl.) [*Arédiens*]. Kaolin utilisé par la porcelaine limousine. Porcelaine. Imprimerie.

Phot. Giraudon, Geay - Lauros - Atlas-Photo, X.

Saïs, v. ancienne de la Basse-Egypte. Des princes de Saïs gouvernèrent l'Egypte sous les XXIVe, XXVIe, XXVIIIe, XXIXe, XXXe dynasties.

saisi [sezi], **e** n. et adj. Personne dont on saisit un bien. || — Adj. Se dit du bien ayant fait l'objet d'une saisie, ou de la partie d'un procès dont les biens ont été saisis. ● *Tiers saisi,* personne entre les mains de qui est saisi un bien mobilier appartenant à autrui.

saisie [sezi] n. f. *Dr.* Mesure par laquelle l'Administration ou la justice retire à une personne l'usage ou la disposition d'un bien (mobilier ou immobilier) dont elle est propriétaire ou détentrice : *pratiquer une saisie immobiliaire, une saisie de marchandises de contrebande.*

saisie-arrêt n. f. *Dr.* Saisie effectuée sur l'ordre ou avec l'autorisation du juge, par un créancier (*saisissant*), sur une personne (*tiers saisi*) qui détient des sommes dues ou des objets mobiliers appartenant à un débiteur commun. (La femme peut faire effectuer une saisie-arrêt sur le salaire de son mari, lorsqu'il omet de contribuer aux dépenses du ménage.) [Syn. OPPOSITION.] || Pl. des *saisies-arrêts.*

saisie-brandon [sezibrɑ̃dɔ̃] n. f. *Dr.* Saisie des fruits pendant par branches ou par racines, c'est-à-dire des récoltes sur pied. || Pl. des *saisies-brandons.*

saisie-gagerie n. f. V. GAGERIE.

saisine [sezin] n. f. (de *saisir*). Droit à la prise de possession des biens d'un défunt à l'instant même du décès et sans autorisation préalable de justice. (Ce droit est conféré par la loi aux héritiers *ab intestat* ou par le défunt à son exécuteur testamentaire.) || Formalité au terme de laquelle une juridiction peut être amenée à connaître d'un litige. || *Mar.* Cordage servant à maintenir ou à soulever certains objets.

saisir [sezir] v. t. (croisement des franciques *satjan,* mettre, et *sakjan,* revendiquer). Prendre vivement et avec vigueur : *saisir quelqu'un au collet.* || Exposer à feu vif : *saisir une viande.* || Prendre une chose de manière à pouvoir la tenir, s'en servir, la porter, etc. : *saisir un outil par le manche.* || *Dr.* Opérer une saisie : *saisir des meubles.* || — *Fig.* Mettre à profit : *saisir l'occasion.* || Comprendre : *saisir une pensée.* || S'emparer d'une personne, en parlant d'un mal, d'une passion, etc. : *le froid l'a saisi; le désespoir l'a saisi.* ● *Etre saisi,* être frappé d'effroi, de douleur, d'étonnement, etc. || *Saisir un tribunal,* soumettre au juge la solution d'un différend. || — **Se saisir [de]** v. pr. S'emparer de quelque chose, se rendre maître de quelqu'un.

saisissable adj. Qui peut être saisi : *rente, immeuble saisissable.*

saisissant, e adj. Qui surprend tout d'un coup : *froid saisissant.* || *Fig.* Qui émeut vivement : *spectacle saisissant.*

saisissant n. m. Celui au nom de qui se fait une saisie.

saisissement n. m. Impression subite et violente causée par le froid. || *Fig.* Emotion forte et soudaine : *mourir de saisissement.*

saison [sɛzɔ̃] n. f. (lat. *satio, -onis*). Chacune des quatre divisions de l'année. (V. *encycl.*) || Période où dominent certains états de l'atmosphère : *la saison des pluies.* || Epoque où se fait une culture, une récolte : *la saison des semailles.* || Séjour dans une station balnéaire, thermale, etc. || Epoque au cours de laquelle se font certaines choses : *la saison théâtrale.* || *Absol.* Période (été ou hiver) où certaines localités reçoivent des touristes, des vacanciers : *avoir un contrat pour la saison; louer une maison pour la saison.* ● *Etre de saison* (Fig.), être à propos. || *Haute saison,* dans une région touristique, période de l'année correspondant au maximum d'affluence. (Contr. BASSE SAISON.) || *Hors de saison,* déplacé. || *Saison nouvelle,* le printemps.
— ENCYCL. De tout temps, les hommes ont divisé l'année en *saisons,* suivant les variations de la température moyenne. Or, l'élément essentiel qui conditionne cette température est la hauteur à laquelle le Soleil s'élève au-dessus de l'horizon pendant la journée. On a donc réparti les saisons à partir de l'instant des deux équinoxes et à partir des instants intermédiaires des deux solstices : le *printemps* commence à l'équinoxe de printemps et se termine au solstice d'été; viennent ensuite l'*été,* l'*automne* et l'*hiver,* qui se terminent respectivement à l'équinoxe d'automne, au solstice d'hiver et à l'équinoxe de printemps. Le mouvement propre du Soleil sur l'écliptique n'ayant pas une vitesse angulaire constante, il en résulte une inégalité dans la durée des saisons, qui, en plus, subissent des variations séculaires. Actuellement, le printemps, l'été, l'automne et l'hiver ont respectivement pour durée 92 j 20 h, 93 j 15 h, 89 j 19 h et 89 j 0 h. Ces indications doivent être modifiées pour les régions situées au-delà du cercle polaire, pour lesquelles le Soleil reste six mois successivement au-dessus et au-dessous de l'horizon. Elles doivent être inversées pour les régions de l'hémisphère Sud, pour lesquelles l'hiver est la plus longue des saisons; cet hémisphère est, en moyenne, un peu moins chaud que l'hémisphère Nord.

saisonnier, ère adj. Dépendant des saisons : *travail saisonnier.* || — N. m. Ouvrier qui loue ses services pour des travaux saisonniers (moisson, vendanges, etc.).

Saissac (11310), ch.-l. de c. de l'Aude (arr. de Carcassonne); 705 h. (426 aggl.).

Saisset (Bernard) [m. en 1314], évêque de Pamiers, célèbre par ses démêlés avec Philippe le Bel.

sajou [saʒu] ou **sapajou** [sapaʒu] n. m. (empr. à une langue indigène de l'Amérique du Sud). Singe de l'Amérique tropicale, à longue queue prenante, appelé aussi *capucin.* (Long. 60 cm, sans la queue.)

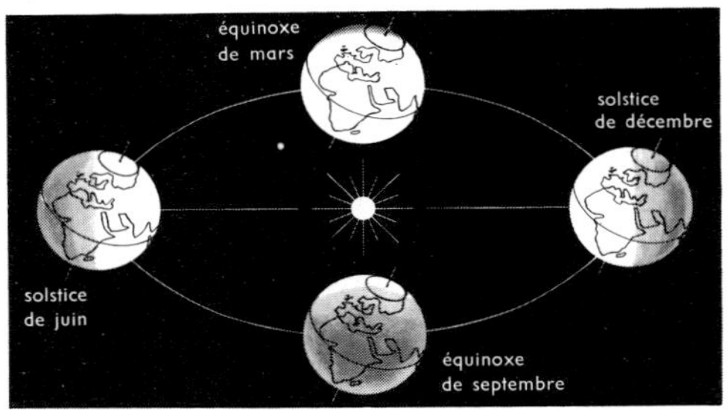

saisons

Sakai, v. du Japon (Honshū); 544 000 h. Métallurgie.

Sakalaves, nom donné à divers peuples de l'ouest de Madagascar, progressivement unis dans un même régime politique.

Sakarya (le), fl. de Turquie, qui se jette dans la mer Noire; 650 km. Mustafa Kemal y battit les Grecs en 1921.

saké [sake] ou **saki** [-ki] n. m. (mot japon.). Boisson japonaise à base de riz fermenté.

Sakhaline (*île*), île montagneuse, à l'est de l'Asie, entre la mer d'Okhotsk et celle du Japon; 87 100 km²; 637 000 h. Partagée en 1905 entre la Russie et le Japon (v. KARAFUTO), elle appartient entièrement à l'U. R. S. S. depuis 1945. Pêcheries et industries du bois. Houille et pétrole.

saki n. m. Singe de l'Amérique du Sud.

Sakkarah. V. SAQQARAH.

Salaberry (Michel DE), officier canadien, né à Beauport (Bas-Canada) [1778-1829]. Il défit les Américains à Châteauguay (1813).

salace [salas] adj. (lat. *salax*). Lubrique.

Salacrou (Armand), auteur dramatique français, né à Rouen en 1899. Journaliste, assistant de cinéma, puis secrétaire général du théâtre de l'Atelier, il subit d'abord l'influence du surréalisme, puis évoque dans ses pièces, marquées par la vivacité du ton et de l'intrigue, l'inquiétude de l'homme aux prises avec les problèmes du monde moderne (*Atlas Hôtel,* 1931; *l'Inconnue d'Arras,* 1935; *La terre est ronde,* 1938; *l'Archipel Lenoir,* 1947; *Boulevard Durand,* 1961). [Acad. Goncourt.]

salade [salad] n. f. (provenç. *salada,* mets salé). Mets composé d'herbes, de légumes crus ou cuits, de viande ou de poisson assaisonnés avec du sel, du vinaigre et de l'huile. || Toute plante servant à faire la salade (chicorée, laitue, etc.). || *Fam.* Réunion de choses confusément assemblées. ● *Salade de fruits,* assortiment de fruits coupés, accommodés avec un sirop et servis froids. || *Salade russe,* macédoine de légumes coupés en petits morceaux et assaisonnés de mayonnaise.

salade n. f. (de l'ital. *celata,* pourvue d'une voûte). Casque en usage du XVe au XVIIe s.

saladero [saladero] n. m. (mot esp.). Cuir salé de bœuf, venant de l'Amérique du Sud.

saladier n. m. Récipient où l'on fait la salade. || Contenu de ce vase.

Saladin Ier, en arabe **Ṣalāḥ al-Dīn Yūsuf,** né à Takrit (Mésopotamie) [1138-1193], sultan ayyūbide d'Egypte (1171-1193) et de Syrie (1174-1193). Il réalisa une large unité territoriale en encerclant le royaume de Jérusalem et les autres principautés franques. Il s'empara de Jérusalem (1187), ce qui provoqua la troisième croisade. Il signa avec les Francs une paix de compromis. Souverain éclairé et chevaleresque, il se fit une réputation qui alimenta un cycle de légendes.

Salado (río), nom de deux riv. d'Argentine, longues de 2 000 km chacune, dont l'une rejoint le Paraná (r. dr.), et l'autre le Colorado (r. g.) [à la saison des pluies seulement].

salage n. m. Action de saler.

salaire [salɛr] n. m. (lat. *salarium,* solde pour acheter du sel). Rémunération du travail effectué par une personne pour le compte d'une autre, en vertu d'un contrat de travail ou d'un mandat salarié. (On appelle COMMISSION la rémunération du représentant.) [Syn. : APPOINTEMENTS, MENSUALITÉ, TRAITEMENT.] (V. *encycl.*) || *Fig.* Récompense, et, par antiphrase, châtiment : *toute peine mérite salaire; tôt ou tard, le crime reçoit son salaire.* ● *Contrat de salaire différé,* rémunération fictive des enfants travaillant sur l'exploitation agricole familiale, et qu'ils peuvent faire valoir au moment du règlement de la succession. || *Salaire de base,* somme mensuelle (théoriquement fonction des salaires minimaux réels) utilisée pour le calcul des prestations familiales. || *Salaire coût,* somme des dépenses effectuées par un employeur en vue de rémunérer le travail fourni par ses salariés, et qui comprend les salaires personnels versés à ces derniers (y compris pendant les jours de fêtes légales chômées et les congés payés), les cotisations sociales obligatoires et conventionnelles, et, éventuellement, les taxes fiscales correspondantes ainsi que les subventions aux œuvres sociales du comité d'entreprise. || *Salaire direct,* rémunération effectivement perçue par le salarié. || *Salaire indirect,* fraction de la masse salariale qui n'est pas individualisée et est répartie entre les familles des salariés en fonction de leurs besoins. || *Salaire minimum interprofessionnel garanti* (S. M. I. G.), salaire minimal audessous duquel la loi interdit de rémunérer un travailleur adulte. || *Salaire social,* fraction du salaire coût constituée par les éléments de ce dernier autres que les salaires personnels et le versement forfaitaire sur les salaires, et répartie entre les salariés et les anciens salariés, non plus en fonction de la quantité et de la qualité du travail fourni, mais des besoins individuels et familiaux (prestations familiales, prestations maladie ou maternité, pensions d'invalidité ou de vieillesse, séjour des enfants en colonies de vacances ou dans des crèches, repas gratuits ou à prix réduit, etc.).
— ENCYCL. Le *salaire* constitue la contrepartie des prestations de travail fournies par le travailleur dépendant. Il doit être versé à des intervalles réguliers (en principe tous les quinze jours pour les ouvriers et tous les mois pour les employés), en espèces, par chèque ou par virement bancaire ou postal (au-delà d'un certain plafond, le paiement en espèces est interdit). Son montant est calculé soit forfaitairement (*salaire au temps*), soit en fonction de la quantité de travail fournie (*salaire aux pièces*).

salaison [salɛzɔ̃] n. f. Action de saler certains aliments (viandes, poissons, etc.). || Denrée alimentaire qu'on a salée pour la conserver : *embarquer des salaisons.*

salaisonnier n. m. Fabricant de la charcuterie industrielle par opposition à l'artisanale.

salamalec [salamalɛk] n. m. (arabe *salām 'alaïk,* « paix sur toi » [formule de politesse]). *Fam.* Révérence profonde; politesse exagérée : *faire de grands salamalecs.*

salamandre [salamɑ̃dr] n. f. (lat. *salamandra,* empr. au gr.). Amphibien urodèle vivipare, assez commun dans les lieux humides et porteur de belles taches jaunes sur fond noir. (La larve est un têtard aquatique à branchies, par ailleurs assez semblable à l'adulte par sa forme.) [V. illustr. AMPHIBIENS.]

Salamanque, en esp. **Salamanca,** v. d'Espagne (León), sur le Tormes; 97 000 h. Université. L'une des villes d'Espagne les plus riches en monuments du Moyen Age, de la Renaissance et des époques classique et baroque. Célèbre Plaza Mayor (XVIIIe s.).

salami [salami] n. m. (pl. de l'ital. *salame*). Sorte de saucisson fait de viande de porc hachée grossièrement et assaisonnée à l'ail.

Salamine, île de la Grèce, sur la côte ouest de l'Attique; 17 800 h. En 480 av. J.-C., Thémistocle, à la tête de la flotte grecque, y remporta une victoire décisive sur la flotte de Xerxès.

Salammbô, roman de Flaubert (1862). C'est le tableau de la guerre que mena Carthage contre ses mercenaires révoltés, après la première guerre punique. L'un des chefs rebelles, le Libyen Mathô, parvient à ravir le zaïmph, voile de Tanit, auquel est attachée la fortune de Carthage. Salammbô, fille d'Hamilcar et prêtresse de Tanit, se livre au Barbare et obtient que l'objet sacré lui soit rendu. Les mercenaires sont vaincus, et Mathô est envoyé au supplice; mais Salammbô, qui l'aime, meurt de douleur.

Salandra (Antonio), homme politique italien, né à Troia (1853-1931), président du Conseil (1914-1916).

salangane [salɑ̃gan] n. f. Genre d'oiseaux passereaux de l'Asie et de l'Océanie, dont on consomme, sous le nom de « nids d'hirondelles », les nids, faits d'algues agglomérées.

salant adj. m. Qui produit du sel : *marais salants.*

salant n. m. Etendue de sol proche de la mer, où apparaissent de légères efflorescences salines.

salarial, e, aux adj. Relatif au salaire. ● *Masse salariale,* somme des rémunérations, directes ou indirectes, perçues par l'ensemble des travailleurs salariés d'un pays.

salariat [-rja] n. m. Etat, condition de salarié. || Mode de rémunération de celui qui fournit sa force de travail au propriétaire des moyens de production. || Ensemble des salariés (par oppos. au *patronat*).

salarié [salarje], **e** n. et adj. Personne liée à une autre par un contrat individuel de travail, qui implique sa subordination et prévoit par un salaire la rémunération du travail qu'elle lui fournit.

salarier v. t. Donner un salaire.

Salat (le), riv. de France, affl. de la Garonne (r. dr.); 75 km.

salaud [salo] n. m. *Pop.* Personne déloyale, malhonnête.

Salazar (Antonio DE OLIVEIRA), homme politique portugais, né à Santa Comba Dão (1889-1970). Professeur d'économie politique, député (1921) et ministre des Finances (1928), il a été président du Conseil de 1932 à 1968. Il détenait en outre les portefeuilles de la Guerre et des Affaires étrangères. Il établit un régime autoritaire, d'inspiration corporatiste.

Salazie (97433), comm. de l'île de la Réunion; 7 100 h. Station thermale et climatique.

Salbris [-bri] (41300), ch.-l. de c. de Loir-et-Cher (arr. de Romorantin-Lanthenay); 5 619 h. (*Salbrisiens*). Constructions mécaniques. Electronique.

Saldanha (João D'OLIVEIRA DAUN, *duc* DE), général et homme d'Etat portugais, né à Lisbonne (1790-1876), un des chefs du parti conservateur.

sale [sal] adj. (anc. allem. *salo*, trouble). Malpropre : *avoir les mains sales*. ‖ Se dit d'une couleur qui manque d'éclat : *un blanc sale*. ‖ *Fig.* Qui blesse la pudeur : *paroles sales*. ‖ *Fam.* Contraire à l'honneur, à la délicatesse ; très désagréable : *c'est une sale affaire*.

salé n. m. Chair de porc salée. ● *Petit salé*, chair de porc cuite dans l'eau salée avec divers condiments.

salé, e adj. Imprégné ou saupoudré de sel : *beurre salé ; poisson salé*. ‖ Qui a le goût du sel. ‖ *Fam.* Risqué, grivois : *un conte salé*. ‖ *Fam.* Exagéré : *c'est un prix un peu salé*.

Salé, v. du Maroc, à l'embouchure du Bou Regreg, en face de Rabat ; 75 800 h.

Salem, v. des Etats-Unis, cap. de l'Oregon ; 51 000 h.

Salem, v. de l'Inde (Tamilnād) ; 297 200 h. Textiles.

salement adv. De façon sale. ‖ *Pop.* Beaucoup, très : *il est salement malade*.

salep [salɛp] n. m. (arabe *sahlap*). Farine alimentaire provenant de la racine de certains orchis.

saler [sale] v. t. (du lat. *sal*, sel). Assaisonner avec du sel. ‖ Mettre du sel sur les viandes et les poissons crus pour les conserver : *saler du porc*. ‖ *Fam.* Faire payer trop cher. ‖ *Fam.* Punir sévèrement.

Salerne, v. d'Italie (Campanie), au sud-est de Naples, sur le *golfe de Salerne ;* 145 000 h. Cathédrale (XIe s.). Ecole de médecine jadis célèbre.

Salernes (83690), ch.-l. de c. du Var (arr. de Draguignan) ; 2 416 h. (1 813 aggl.). Carrelage.

saleron [salrɔ̃] n. m. Partie creuse de la salière. ‖ Petite salière individuelle.

Salers [-lɛr] (15410), ch.-l. de c. du Cantal (arr. de Mauriac) ; 585 h. (*Salersois*). Remparts. Eglise. Maisons du XVe s. Race de bœufs renommée.

Sales. V. FRANÇOIS DE SALES (*saint*).

salésien [salezjɛ̃], **enne** [-ɛn] adj. et n. Se dit des prêtres et des religieuses de Saint-François-de-Sales, congrégation fondée en 1859 par saint Jean Bosco pour la formation des jeunes ouvriers et des jeunes filles.

saleté n. f. Etat de ce qui est sale : *la saleté d'une rue*. ‖ Chose malpropre, ordure : *avoir une saleté dans l'œil*. ‖ — *Fam.* Action vile, procédé peu délicat : *il m'a fait une saleté*. ‖ Parole obscène : *dire des saletés*.

Salette-Fallavaux (LA) [38970 Corps], comm. de l'Isère (arr. de Grenoble) ; 107 h. Pèlerinage à la basilique Notre-Dame-de-la-Salette, à l'emplacement de laquelle la Vierge serait apparue à deux enfants en 1846.

Salève (*mont*), montagne de la Haute-Savoie, dans le Genevois ; 1 375 m. Téléphérique.

Salford, v. de Grande-Bretagne, près de Manchester ; 143 000 h. Industries textiles, mécaniques et chimiques.

salicacées [salikase] n. f. pl. Famille de plantes dicotylédones apétales, comprenant les saules et les peupliers.

salicaire n. f. (du lat. *salix, -icis*, saule). *Bot.* Genre de plantes dont diverses espèces croissent dans les lieux humides. (Famille des lythracées.)

Salice (20121 Azzana), comm. de Corse (arr. d'Ajaccio) ; 201 h.

Saliceti ou **Salicetti** (Antoine), homme politique français, né à Saliceto (Corse) [1757-1809], membre de la Convention et du Conseil des Cinq-Cents, ministre du roi Joseph à Naples.

salicole adj. (lat. *sal, salis*, sel, et *colere*, cultiver). Qui produit le sel : *industrie salicole*.

salicoque n. f. (mot normand). Autre nom des *crevettes*, en particulier de la *crevette rose* ou *bouquet*.

salicorne [salikɔrn] n. f. (empr. à l'arabe). Genre de chénopodiacées des marais salants, dont on extrait de la soude. (On dit SALICOR dans le midi de la France.)

salicoside n. m. ou **salicine** n. f. Glucoside extrait de l'écorce des saules.

salicylate [salisilat] n. m. Sel ou ester de l'acide salicylique. (Divers salicylates sont employés dans le traitement des rhumatismes.)

salicylique adj. Se dit d'un acide antiseptique dérivé du salicoside.

Salazar

salien [saljɛ̃], **enne** [-ɛn] adj. Relatif aux Francs Saliens.

Saliens, tribu franque des bords de l'IJsel.

salière [saljɛr] n. f. Petite pièce de vaisselle pour mettre le sel sur la table. ‖ Enfoncement au-dessus des yeux des vieux chevaux. ‖ *Fam.* Creux en arrière des clavicules, chez les personnes maigres.

Salieri (Antonio), compositeur italien, né à Legnago (1750-1825). Maître de chapelle de l'Empereur à Vienne et directeur de l'Opéra, il a, par ses ouvrages lyriques (*les Danaïdes*), ses oratorios et ses compositions instrumentales, dominé la vie musicale en Autriche durant le premier quart du XIXe s., au côté de Beethoven.

Salies-de-Béarn [salis-] (64270), ch.-l. de c. des Pyrénées-Atlantiques (arr. de Pau) ; 5 892 h. (4 031 aggl.) [*Salisiens*]. Chaussures. Station hydrominérale pour les affections gynécologiques congestives. Les eaux fortement chlorurées sodiques et froides (15 °C) sont employées en bains, en douches et en irrigations vaginales. Les vaginites, les métrites et les annexites sont améliorées, ainsi que les troubles de la puberté et de la ménopause.

Salies-du-Salat (31260), ch.-l. de c. de la Haute-Garonne (arr. de Saint-Gaudens) ; 2 140 h. (1 729 aggl.). Station thermale (maladies de la nutrition).

salifiable adj. *Chim.* Qui a la propriété de former des sels : *base salifiable*.

salification n. f. Formation d'un sel.

salifier v. t. *Chim.* Transformer en sel : *salifier un acide*.

saligaud [saligo], **e** [-od] n. *Pop.* Personne malpropre ou peu honorable.

Salignac-Eyvignes (24590), ch.-l. de c. de la Dordogne (arr. de Sarlat-La Canéda) ; 888 h. Château (XIIe-XIVe s.).

salignon [saliɲɔ̃] n. m. Pain de sel extrait des eaux d'une fontaine salée.

salin [salɛ̃], **e** [-in] adj. (du lat. *sal, salis*, sel). Qui contient du sel : *concrétion saline*. ‖ *Chim.* Qui a les caractères d'un sel. ● *Roches salines*, roches solubles dans l'eau, et provenant de l'évaporation de l'eau de mer dans des lagunes (gypse [sulfate de calcium hydraté], sel gemme [chlorure de sodium], sels de potassium).

salin n. m. Exploitation de caractère agricole, productrice de sel par évaporation des eaux de mer ou de lacs salés sous l'action conjuguée du soleil et du vent.

Salin-de-Giraud (13200 Arles), écart de la comm. d'Arles, dans le sud de la Camargue. Salines et industries chimiques.

Salindres (30340), comm. du Gard (arr. d'Alès) ; 3 845 h. Alumine.

saline [salin] n. f. Etablissement industriel dans lequel on produit du sel en extrayant le sel gemme ou en faisant évaporer des eaux saturées extraites du sous-sol.

salinier n. m. Producteur de sel.

salinité n. f. Teneur en sel : *degré de salinité d'une mer*.

Salins-les-Bains (39110), ch.-l. de c. du Jura (arr. de Lons-le-Saunier) ; 4 567 h. (*Salinois*). Station thermale. Salines.

salique [salik] adj. Relatif aux Francs Saliens. ● *Loi salique* ou *loi des Francs Saliens*, monument de la législation franque, qui est surtout un code civil et pénal, imposant la composition, ou *wergeld*. (Une disposition de cette loi, excluant les femmes de la succession à la terre, a été interprétée plus tard de façon à les évincer de la couronne de France.)

salir [salir] v. t. Rendre sale : *salir son linge*. ‖ — *Fig.* Rendre impur : *ces illustrés salissent l'imagination des enfants*. ‖ Déshonorer, porter atteinte à : *salir la réputation de quelqu'un*. ‖ — Syn. : BARBOUILLER, GRAISSER, MACULER, SOUILLER, TACHER.

Salisbury, anc. **New Sarum**, v. d'Angleterre (Wiltshire), sur l'Avon ; 35 500 h. Cathédrale (XIIIe-XIVe s.).

Salisbury, cap. de la Rhodésie, dans le Mashonaland, à près de 1 500 m d'alt. ; 358 000 h. Archevêché. Métallurgie.

Salisbury (Jean DE). V. JEAN *de Salisbury*.

Salisbury (Robert CECIL, *marquis* DE), homme d'Etat britannique, né à Hatfield (1830-1903). Chef du parti conservateur, ministre des Affaires étrangères, puis Premier ministre (1885-1892, 1895-1902), il combattit le nationalisme irlandais et eut une forte influence sur la politique étrangère et coloniale britannique.

Salishs, Amérindiens de l'ouest du Canada et du nord des Etats-Unis.

salissant, e adj. Qui se salit aisément : *le blanc est une couleur salissante*. ‖ Qui salit : *travail salissant*. ● *Plantes salissantes*, mauvaises herbes des prairies.

salissure n. f. Ordure, souillure.

salivaire adj. Qui a rapport à la salive. ● *Glandes salivaires* (Anat.), glandes qui sécrètent la salive. (On en compte trois paires chez l'homme : les *parotides*, les *sous-maxillaires* et les *sublinguales*.)

salivant, e adj. Qui produit la salivation.

salivation n. f. Sécrétion de la salive : *salivation abondante*.

salive [saliv] n. f. (lat. *saliva*). Liquide transparent, un peu visqueux, sécrété par les glandes salivaires et déversé dans la bouche, où il est incorporé aux aliments, dont il commence la digestion. (La salive contient une enzyme, l'amylase salivaire, qui agit sur les glucides complexes [osides, tel l'amidon] et les transforme en glucides plus simples.) [V. *encycl.*] ● *Dépenser beaucoup de salive* (Fam.), parler beaucoup. ‖ *Perdre sa salive*, parler en vain.

— ENCYCL. La fonction la plus générale de la *salive* est d'engluer les aliments dans la bouche pour faciliter leur cheminement le long du tube digestif ; une action digestive (hydrolyse de l'amidon) s'exerce souvent. Mais à ces fonctions de base s'en ajoutent d'autres, très variables d'un groupe à l'autre. La salive des animaux insectivores qui lèchent leurs proies (fourmilier, pic, caméléon) est particulièrement visqueuse, celle des suceurs de sang (sangsue, moustique, puce) est irritante ou anticoagulante, celle de divers serpents et des poulpes est un venin redoutable, celle des araignées et des fourmis-lions a en outre le pouvoir de liquéfier totalement les proies. On sait que les chenilles de nombreux papillons filent une soie salivaire pour s'en faire un cocon (v. SÉRICICULTURE) et que l'hirondelle de Chine, ou salangane, élabore un nid (comestible) fait de salive et de gélose d'algue. La salive joue de même un rôle important dans la construction du nid de bois mâché des guêpes. Enfin, l'habitude fréquente des mammifères de lécher leur propre pelage et celui de leurs nouveau-nés semble se justifier par une action insecticide ou antiseptique de leur salive.

saliver v. i. Sécréter de la salive. ‖ Rendre beaucoup de salive.

Sallanches (74700), ch.-l. de c. de la Haute-Savoie (arr. de Bonneville) ; 6 734 h. (*Sallanchois* ou *Sallanchards*). Tourisme. Industries textiles et alimentaires.

Sallaumines (62430), comm. du Pas-de-Calais (arr. de Lens) ; 14 768 h. Houille.

salle [sal] n. f. (francique **sal*). Grande pièce d'un appartement : *salle à manger*. ‖ Lieu vaste et couvert, destiné à un service public ou à une grande exploitation : *salle des ventes ; salle de spectacle*. ‖ Public qui remplit une salle : *toute la salle applaudit*. ‖ Dortoir dans un hôpital : *salle de chirurgie*. ● *Salle d'armes*, lieu où les maîtres d'armes donnent leurs leçons d'escrime. ‖ *Salle d'arrêt*, local disciplinaire d'une caserne dans lequel les hommes du rang punis d'arrêts passent la nuit. (On disait autrefois SALLE DE POLICE.) ‖ *Salle de bains*, cabinet de toilette renfermant une baignoire. ‖ *Salle d'eau*, petit cabinet de toilette comprenant une douche. ‖ *Salle à manger*, pièce d'un appartement dans laquelle on prend ses repas. ‖ *Salle obscure*, salle de cinéma. ‖ *Salle des pas perdus*, salle d'un palais de justice, qui précède les salles d'audience ; grand hall qui donne accès aux différents services d'une gare.

Sallé (Marie), danseuse française (1707-1756). Elle a partagé sa carrière entre Paris et Londres, où elle créa *Pygmalion* (1734). Ses tentatives d'allégement du costume féminin furent peu suivies à l'époque. Rivale de la Camargo et de la Barbarina, elle fut l'amie de Voltaire, de Noverre et de Garrick.

Salles-Curan (12410), ch.-l. de c. de l'Aveyron (arr. de Millau) ; 1 579 h. (549 aggl.). Château Renaissance.

Salles-du-Gardon (LES) [30110 La Grand Combe], comm. du Gard (arr. d'Alès) ; 4 548 h. Métallurgie.

Salles-sur-l'Hers (11410), ch.-l. de c. de l'Aude (arr. de Carcassonne) ; 538 h. (331 aggl.).

Salluste, historien latin, né à Amiternum (Sabine) [86-v. 35 av. J.-C.]. Après des aventures scandaleuses qui le firent chasser du sénat, il devint gouverneur de Numidie et amassa une grande fortune. A la mort de César il se retira de la vie politique et se consacra aux études historiques : il est l'auteur de la *Guerre de Jugurtha*, de la *Conjuration de Catilina* et des *Histoires*, écrites en une langue quelque peu archaïque et en un style fortement expressif.

Salm, anc. comté du Saint Empire.

Salisbury (Rhodésie)

Phot. A. F. P., Lénars - Atlas-Photo.

Salmanasar Ier**,** roi d'Assyrie d'env. 1270 à env. 1250 av. J.-C., qui étendit ses domaines jusqu'à l'Euphrate. — Salmanasar II, roi d'Assyrie de 1028 à 1017 av. J.-C. — Salmanasar III, roi d'Assyrie de 858 à 824 av. J.-C. Il combattit une vaste coalition et étouffa une rébellion conduite par son fils. — Salmanasar IV, roi d'Assyrie de 782 à 772 av. J.-C., guerroya contre Damas et l'Ourartou. — Salmanasar V, roi d'Assyrie de 727 à 722 av. J.-C., assiégea Samarie.

salmigondis [salmigɔ̃di] n. m. (de *sel* et de l'anc. fr. *condir,* assaisonner). Ragoût de plusieurs sortes de viandes réchauffées. ‖ *Fig.* Mélange de choses disparates.

salmis [salmi] n. m. Ragoût de pièces de gibier ou de volailles déjà cuites à la broche : *salmis de pintade.*

salmonellose [salmɔneloz] n. f. Maladie infectieuse de divers animaux (porc, volaille, etc.) pouvant provoquer des accidents intestinaux ou des avortements. (Elle est transmissible à l'homme.)

salmoniculture n. f. Elevage des salmonidés (truite, saumon, etc.).

salmonidés [salmɔnide] n. m. pl. Importante famille de poissons des eaux douces froides et oxygénées, tels que la truite, le saumon, l'omble et le corégone. (Les salmonidés se reconnaissent à leur petite nageoire dorsale adipeuse située en arrière de la dorsale principale; les rivières où ils abondent sont dites « cours d'eau de 1re catégorie ».)

saloir n. m. Récipient dans lequel on place les viandes, les poissons, etc., à saler.

salol [salɔl] n. m. Salicylate de phényle.

Salomé [m. v. 72 apr. J.-C.], princesse juive, fille d'Hérode Philippe et d'Hérodiade. Elle obtint de son oncle, Hérode Antipas, la tête de saint Jean-Baptiste.

Salomon (*îles*), en angl. **Solomon Islands,** archipel d'Océanie (Mélanésie), à l'est de la Nouvelle-Guinée, partagé entre la Grande-Bretagne (161 000 h.; ch.-l. *Honiara,* dans l'île de Guadalcanal) et l'Australie (îles Bougainville et Buka, rattachées administrativement à la Nouvelle-Guinée sous tutelle australienne). Pendant la Seconde Guerre mondiale, l'archipel, occupé par les Japonais (1942), fut reconquis presque entièrement par les Américains (1943-1944) au cours de violents combats (Guadalcanal, Bougainville).

Salomon, fils et successeur de David, roi d'Israël de 970 à 931 av. J.-C. Il s'assura d'utiles alliances, construisit des forteresses et une flotte, et équipa une armée de chars. La visite de la reine de Saba* ne fut sans doute pas étrangère à sa politique commerciale. Il construisit le splendide temple de Jérusalem. Son faste et son penchant pour l'idolâtrie favorisèrent la décadence, puis, après sa mort, la scission de son royaume. Cependant, sa sagesse est restée légendaire : témoin le jugement par lequel il trancha le différend entre deux femmes se disputant un enfant. Il a composé des œuvres poétiques, et certains livres de l'Ancien Testament portent son nom à titre apocryphe.

salon [salɔ̃] n. m. (ital. *salone ;* de *sala,* salle). Pièce destinée, dans un appartement, à recevoir les visiteurs. ‖ Exposition annuelle d'œuvres d'artistes vivants : *Salon de peinture.* ‖ Exposition annuelle de diverses industries : *Salon de l'automobile, des arts ménagers.* (S'écrit avec une majuscule dans ces deux derniers sens.) ‖ Nom donné à certains magasins : *salon de thé, de coiffure.* ‖ Société mondaine : *fréquenter les salons.* ● *Danse de salon,* v. danse.

Salons (*les*), comptes rendus des expositions de peinture du Grand Salon du Louvre, que Diderot donna dans la *Correspondance littéraire* de Grimm de 1759 à 1781.

Salon-de-Provence (13300), ch.-l. de c. des Bouches-du-Rhône (arr. d'Aix-en-Provence); 31 732 h. Château (XIIe-XVIe s.). Ecole de l'Air et Ecole militaire de l'Air. Centrale hydraulique sur la Durance canalisée.

Salone ou **Salona,** auj. **Solin,** anc. capit. de la Dalmatie, dans la banlieue de l'actuelle Split. Nombreux monuments paléochrétiens. Amphithéâtre.

Salonique. V. Thessalonique.

salonnard [-ar], **e** [-ard] n. *Fam.* Personne qui fréquente les salons, les gens du monde.

salonnier n. m. Littérateur, journaliste qui rend compte des expositions au Salon.

salopard [salɔpar] n. m. *Pop.* Individu malpropre, peu recommandable ou malfaisant.

salope [salɔp] n. f. *Pop.* Femme très malpropre. ‖ Femme de mauvaise vie.

saloper v. t. *Pop.* Faire très mal un travail quelconque.

saloperie n. f. *Pop.* Saleté, grande malpropreté. ‖ Chose malpropre; discours ordurier. ‖ Chose de très mauvaise qualité : *ce vin est une saloperie.* ‖ Action basse et vile.

salopette [salɔpɛt] n. f. Vêtement de travail. ‖ Tablier d'enfant fermé à l'entrejambe. ‖ Culotte de protection portée par les chasseurs.

Salouen (la ou le), fl. de l'Asie du Sud-Est, né au Tibet, qui sépare la Birmanie de la Thaïlande avant de rejoindre l'océan Indien; 2 500 km.

Saloum (le), fl. de l'Afrique occidentale (Sénégal), se jetant dans l'Atlantique; 250 km.

salpêtrage n. m. Formation du salpêtre, dans les salpêtrières artificielles.

salsifis

racines

salpêtre [salpɛtr] n. m. (lat. *sal,* sel, et *petrae,* de pierre). Nom usuel du *nitrate de potassium.* (V. *encycl.*) ● *Salpêtre du Chili,* nitrate de sodium.

— Encycl. Le *salpêtre* KNO_3 se forme dans le sol sous l'influence de ferments (nitrification). C'est un solide incolore cristallisé très soluble et fondant à 340 °C. Très oxydant, il a longtemps servi à la fabrication de la poudre; on l'utilise pour la conservation des viandes.

salpêtrer v. t. Couvrir de salpêtre : *l'humidité salpêtre les murs.* ‖ Mêler de salpêtre.

salpêtreux, euse adj. Couvert de salpêtre : *mur salpêtreux.*

salpêtrière n. f. Fabrique ou entrepôt de salpêtre (vx).

Salpêtrière, hôpital parisien. Bâtiments du XVIIe s. par Le Vau; chapelle par Bruant.

salpicon [salpikɔ̃] n. m. (mot esp.). Mélange de plusieurs sortes de viandes coupées et de truffes, quenelles, champignons, servant de garniture.

salpingite [salpɛ̃ʒit] n. f. (du gr. *salpinx,* trompe). *Pathol.* Inflammation d'une trompe utérine.

— Encycl. Les causes de *salpingites* sont les maladies vénériennes (gonococcie), la tuberculose et les infections après les accouchements ou les avortements. Les signes en sont des douleurs hypogastriques, la leucorrhée et parfois des signes généraux (fièvre). La salpingite peut se compliquer de péritonite localisée ou généralisée, mais surtout elle est une cause fréquente d'obstruction de la trompe et, par suite, de stérilité.

salsepareille [salsəparɛj] n. f. (esp. *zarzaparrilla*). Plante volubile du Mexique, à rhizome dépuratif. (Famille des liliacées.)

salsifis [salsifi] n. m. (ital. *salsefica*). Plante potagère cultivée pour sa racine à peau blanchâtre, charnue, légèrement sucrée. (Nom sc. : *Tragopogon porrifolius;* famille des composées. Les salsifis se sèment au printemps et se récoltent en automne et en hiver.) ● *Salsifis noir* ou *salsifis d'Espagne,* scorsonère.

Salsigne (11600 Conques sur Orbiel), comm. de l'Aude (arr. de Carcassonne), dans la Montagne Noire; 689 h. Mines (or, argent, cuivre, arsenic, etc.).

salsolacées [salsɔlase] n. f. pl. *Bot.* Syn. de chénopodiacées.

Salsomaggiore Terme, v. d'Italie (Emilie); 17 600 h. Station thermale.

Salta, v. d'Argentine; 121 500 h. Centre commercial.

saltarelle [saltarɛl] n. f. Danse vive d'origine romaine à 3/8 ou 6/8.

saltation [saltasjɔ̃] n. f. Déplacement par bonds successifs des particules entraînées par l'eau ou par l'air.

Saltillo, v. du nord-est du Mexique; 117 800 h. Métallurgie.

saltimbanque [saltɛ̃bɑ̃k] n. m. (ital. *saltimbanco,* qui saute sur le tremplin). Bateleur qui fait des exercices sur les places publiques.

Salt Lake City, v. des Etats-Unis, cap. de l'Utah, près du Grand Lac Salé; 192 000 h. Centre commercial fondé en 1847 par les mormons. Métallurgie (aluminium, cuivre, plomb).

Salto, port fluvial de l'Uruguay, sur l'Uruguay; 60 000 h.

Saltykov (Mikhaïl Ievgrafovitch), connu sous le nom de **Saltykov-Chtchedrine,** écrivain russe, né à Spas-Ougol (gouvern. de Tver') [1826-1889]. D'abord exilé pour ses écrits satiriques (*les Contradictions,* 1848; *Esquisses provinciales,* 1857), il devint ensuite vice-gouverneur de Riazan, puis de Tver'. Les récits qu'il publia composent une peinture désespérée de la société russe (*la Famille Golovliov,* 1880; *Notre Pochekhonié d'autrefois,* 1889).

salubre [salybr] adj. (lat. *salubris;* de *salus,* santé). Sain; qui contribue à la santé : *l'air de la mer est salubre.*

salubrité n. f. Qualité de ce qui est salubre : *la salubrité de l'air marin.* ● *Mesures de salubrité,* mesures édictées par l'Administration en matière d'hygiène des personnes, des animaux et des choses.

Saluces, en ital. **Saluzzo,** v. d'Italie (Piémont), jadis le chef-lieu d'un marquisat fondé en 1142, conquis par la Savoie en 1601; 16 400 h.

saluer [salɥe] v. t. (lat. *salutare*). Donner à quelqu'un une marque extérieure d'attention, de civilité, de respect : *saluer un ami.* ‖ Honorer du signal de civilité réglé par les usages de l'armée ou de la marine : *saluer un navire de vingt coups de canon.* ‖ *Fig.* Acclamer : *saluer l'avènement de la liberté.*

salure n. f. Qualité que le sel communique : *salure de l'eau de mer.*

salut [saly] n. m. (lat. *salus, salutis*). Action de sauver. ‖ Mise hors de danger : *ne devoir son salut qu'à la fuite.* ‖ Personne ou chose qui sauve : *Jeanne d'Arc fut le salut de la France.* ‖ Marque de civilité que l'on donne à une personne en la saluant. ‖ Acte de déférence par lequel un militaire exprime son respect à un supérieur, au drapeau, à un convoi funèbre, etc. (Depuis 1967, le salut militaire n'est plus échangé dans les établissements ouverts au public, les gares et les transports en commun.) ‖ *Relig. cath.* Félicité éternelle obtenue après la mort : *travailler à son salut.* ‖ Exposition du saint sacrement, de courte durée, accompagnée de chants, et qui se clôt par une bénédiction faite par le prêtre avec l'ostensoir.

salut (*Armée du*), association religieuse d'origine méthodiste, caractérisée par son action charitable, sa prédication publique et son organisation militaire. Elle fut fondée par William Booth, à Londres, en 1865.

Salut (*îles du*), petit archipel de la Guyane française, au nord de Cayenne (île du Diable, etc.). Ancien établissement pénitentiaire.

salutaire [salytɛr] adj. Utile pour conserver la santé, la vie, l'équilibre moral, etc. : *remède, conseil salutaire.*

salutairement adv. De façon salutaire.

salutation n. f. Salut, action de saluer : *faire de grandes salutations.* ● *Salutation angélique* (Relig. cath.), prière à la Sainte Vierge (l'*Ave Maria*).

salutiste [salytist] n. et adj. Qui appartient à l'Armée du salut.

Salvador (El), république de l'Amérique centrale, sur le Pacifique; 21 393 km²; 3 530 000 h. Cap. *San Salvador.* Langue : *espagnol.*

Géographie.

Le plus petit Etat de l'Amérique centrale continentale, le Salvador est un pays de relief accidenté (2 386 m au volcan Santa Ana), formé de massifs et de plateaux volcaniques, ouverts par la vallée du río Lempa. Le climat est tropical, nuancé localement par l'altitude. A San Salvador, les moyennes thermiques mensuelles oscillent autour de 22-23 °C. Les précipitations, abondantes (près de 1 800 mm), tombent essentiellement en été.

La population, constituée principalement de métis, est dense (environ 150 h. au kilomètre carré en moyenne). Elle se consacre presque exclusivement à l'agriculture. Le café est le fondement de l'économie; il est cultivé sur les pentes des massifs et des plateaux volcaniques. Le coton tient aussi une place importante. Le maïs est la principale culture vivrière. L'industrialisation est inexistante, limitée presque exclusivement à la valorisation des produits du sol (alimentation, textile).

La balance commerciale est à peu près équilibrée. Le café assure la moitié des exportations, et le coton le cinquième. Parmi les importations dominent les articles manufacturés. Les Etats-Unis constituent, de loin, le principal partenaire commercial du Salvador, dont les échanges se sont toutefois récemment accrus avec les pays voisins, membres du Marché commun d'Amérique centrale (O. D. E. C. A.).

Histoire.

La soumission du pays aux Espagnols commença en 1524. En 1821, les créoles proclamèrent l'indépendance. Ayant refusé l'union avec le Mexique, le Salvador constitua l'une des Provinces-Unies de l'Amérique centrale (1823). Longtemps disputé entre libéraux et conservateurs, le gouvernement passa aux mains de présidents autoritaires (Martínez, 1931-1944; Osorio, 1948-1956). L'élection de Julio Rivera (1962) mit un terme aux coups d'Etat. Les élections de 1967 le remplacent par le colonel F. Sánchez Hernández. A. Molina succède à ce dernier en 1972.

Salvador, anc. **Bahia,** v. du Brésil, cap. de l'Etat de Bahia; 975 000 h. Nombreuses églises baroques. Grand centre commercial. Port exportant le tabac, le cacao, le café.

Salvagnac (81800 Rabastens), ch.-l. de c. du Tarn (arr. d'Albi); 1 016 h. (379 aggl.).

salvateur [salvatœr], **trice** [-tris] adj. et n. Qui sauve : *des mesures salvatrices.* (*Salvatrice* sert aussi de féminin à *sauveur.*)

Salvatore Rosa. V. Rosa (Salvatore).

Phot. Goizet, Roy.

salve [salv] n. f. (lat. *salve,* salut). Décharge simultanée d'armes à feu au combat ou en l'honneur de quelqu'un, ou en signe de réjouissance : *feu de salve.* ● *Salve d'applaudissements* (Fig.), applaudissements éclatants et unanimes.

Salvetat-Payralès (La) [12440], ch.-l. de c. de l'Aveyron (arr. de Rodez) ; 1 676 h. (378 aggl.).

Salvetat-sur-Agout (La) [34330], ch.-l. de c. de l'Hérault (arr. de Béziers) ; 1 361 h. (705 aggl.).

Salvi (Niccolo), architecte italien, né à Rome (1697-1751), auteur de la fontaine de Trevi, à Rome.

Salviac (46340), ch.-l. de c. du Lot (arr. de Gourdon) ; 1 082 h. (495 aggl.).

Salviati (Francesco de' Rossi, dit **Cecco** ou **Cecchino**), peintre italien, né à Florence (1510-1563). Formé sous l'influence d'Andrea Del Sarto et des maniéristes, il composa des fresques au Palazzo Vecchio de Florence (1544), puis, appelé en France en 1554, travailla à Fontainebleau et à Dampierre. Il mourut alors qu'il était à Rome au service de Pie IV.

Salviati (Giuseppe Porta, dit **il**), peintre italien, né à Castelnuovo di Garfagnana (v. 1520-1575). Il exécuta des cartons pour les mosaïques de Saint-Marc. Plusieurs églises de Venise conservent de ses tableaux.

Salvien, écrivain ecclésiastique, né à Trèves (v. 390-v. 484), prêtre à Marseille. Il est l'auteur de traités théologiques (*Du gouvernement de Dieu*).

Salzach (la), riv. d'Autriche et de l'Allemagne occidentale, affl. de l'Inn (r. dr.), qui passe à Salzbourg ; 220 km.

Salzbach. V. Sasbach.

Salzbourg, en allem. **Salzburg,** v. d'Autriche, au pied des *Préalpes de Salzbourg,* sur la Salzach ; 116 000 h. Archevêché. Université. Cathédrale (xviie s.). Eglises, palais, fontaines et maisons anciennes. Patrie de Mozart, auquel est consacré un festival de musique annuel. Verrerie.

Salzgitter, v. de l'Allemagne occidentale (Basse-Saxe), au sud-ouest de Brunswick ; 118 000 h. Mines de fer et de potasse. Métallurgie.

Salzkammergut, région montagneuse de Haute-Autriche et de Styrie, sur le cours supérieur de la Traun. Riches salines.

Sam (*Oncle*) ou **Uncle Sam,** personnification ironique de la démocratie des Etats-Unis et dont le nom est tiré de « U. S. Am. ».

Samain (Albert), poète français, né à Lille (1858-1900). Il prit part à la fondation du *Mercure de France* et publia des recueils lyriques où s'exprime une sensibilité précieuse et maladive (*Au jardin de l'Infante,* 1893 ; *Aux flancs du vase,* 1898 ; *le Chariot d'or,* 1901).

Sāmānides, dynastie iranienne, qui régna en Transoxiane et en Perse de 902 à 1004.

Samar, île des Philippines ; 1 111 000 h.

Samara. V. Kouïbychev.

Samarang. V. Semarang.

samare [samar] n. f. (lat. *samarum,* semence d'orme). *Bot.* Akène ailé, comme chez l'orme, l'érable.

Samarie, région de Palestine, entre la Galilée et la Judée. (Hab. *Samaritains.*) Sa capitale, *Samarie,* fut celle du royaume d'Israël à partir de 880 av. J.-C. Les Samaritains sont restés fidèles à un yahvisme particulier, avec les rites juifs et une Ecriture limitée au Pentateuque. (V. Palestine.)

samaritain [samaritɛ̃], **e** [-ɛn] adj. et n. De la Samarie.

Samaritain (*le Bon*), parabole de l'Evangile enseignant la charité entre tous les hommes.

samarium [samarjɔm] n. m. Métal (Sm) du groupe des terres rares, de numéro atomique 62.

Samarkand, v. de l'U. R. S. S. (Ouzbékistan), en Asie centrale ; 267 000 h. La vieille ville renferme des édifices d'une grande valeur artistique, dont le plus remarquable

chien samoyède

samovar

est la mosquée-mausolée de Chāh-i Zindeh (xive-xve s.). Centre commercial et industriel (textiles, tabac). Tīmūr Lang en fit sa capitale.

Sāmarrā, v. de l'Iraq, au nord de Bagdad ; 15 000 h. Capitale des califes 'abbāssides au ixe s.

Samatan (32130), ch.-l. de c. du Gers (arr. d'Auch) ; 2 133 h. (1 259 aggl.).

samba [sɑ̃ba] n. f. Danse populaire brésilienne à deux temps, de rythme syncopé.

Sambre (la), riv. de France et de Belgique, qui arrose Maubeuge, Charleroi et rejoint la Meuse à Namur (r. g.) ; 190 km.

samedi [samdi] n. m. (lat. *sabbati dies,* jour du sabbat). Septième jour de la semaine. ● *Samedi saint,* le samedi de la semaine sainte, veille de Pâques.

Samer [-me] (62830), ch.-l. de c. du Pas-de-Calais (arr. de Boulogne-sur-Mer) ; 2 675 h. (2 427 aggl.).

samit [sami] n. m. Riche tissu de soie, lamé d'or et d'argent, en usage jusqu'au xviie s.

Sammartini (Giovanni Battista), compositeur italien, né à Milan (1698-1775). Il a grandement contribué au développement de l'art instrumental classique (sonates, symphonies, concertos) et a fortement influencé Mozart et Gluck. Il fut un des premiers organisateurs, en Europe, du genre de la symphonie.

Samnites, peuple italique de race sabine, qui fut absorbé par Rome au iiie s. av. J.-C.

Samnium. *Géogr. anc.* Région montagneuse de l'Italie centrale.

Samoa (*îles*), archipel d'Océanie (Polynésie), au sud de l'équateur, partagé entre les *Samoa* occidentales* et les *Samoa orientales,* ou *Samoa américaines,* dépendance des Etats-Unis (27 000 h. ; ch.-l. *Fagatogo*).

● *Histoire.* Découvertes au xviiie s., les îles Samoa furent longtemps disputées entre Anglais, Allemands et Américains, qui finirent par se mettre d'accord en 1889 pour un protectorat à trois. Après le retrait des Anglais (1899), les Etats-Unis eurent la partie orientale, et l'Allemagne la partie occidentale. En 1920, celle-ci fut placée sous mandat néo-zélandais ; depuis 1962, elle forme un Etat indépendant.

Samoa occidentales, partie de l'archipel des Samoa*, constituant un Etat indépendant ; 2 842 km^2 ; 135 000 h. Cap. *Apia.* Formé essentiellement par les deux îles volcanique de Savaii et d'Upolu, l'Etat a pour ressources ses plantations (cocotiers, cacaoyers, bananiers), l'élevage (bovins et porcins) et la pêche.

Samoëns [-mɔɛ̃s] (74340), ch.-l. de c. de la Haute-Savoie (arr. de Bonneville) ; 1 707 h. (786 aggl.) [*Samoënsiens*]. Station de sports d'hiver (alt. 820-2 100 m).

Samory Touré, souverain soudanais, né à Sanankoro (haut Niger) [v. 1837-1900]. Il se constitua à partir de 1870 un empire à l'est du Niger, mais fut battu par les Français en 1887. Fait prisonnier en 1898, il fut déporté au Gabon.

Samos, île grecque de la mer Egée, dans les Sporades ; 52 000 h. Ch.-l. *Bathy.* Patrie de Pythagore, célèbre pour ses constructions navales dans l'Antiquité, Samos connut sa plus grande prospérité au vi^e s. av. J.-C. Vins muscats.

Samosate, v. de la Syrie ancienne.

Samothrace, île grecque de la mer Egée, près des côtes de la Thrace ; 4 000 h. En 1863 y fut mise au jour la célèbre *Victoire* (au Louvre), érigée en mémoire d'une victoire navale de Démétrios Ier Poliorcète.

samouraï ou **samourai** [samuraj] n. m. Membre de la classe des guerriers, dans l'organisation shōgunale du Japon avant 1868.

samovar [samɔvar] n. m. (mot russe). Bouilloire russe à cheminée intérieure centrale.

samoyède adj. Relatif aux Samoyèdes. ● *Chien samoyède,* race de chiens de traîneau à fourrure épaisse.

Samoyèdes, population mongole rattachée, par la langue, au groupe finno-ougrien, habitant les régions du cours inférieur de l'Ob' et de la presqu'île de Taïmyr. Ce sont des éleveurs de rennes.

sampan [sɑ̃pɑ̃] n. m. (empr. au malais). Petit bateau chinois ou japonais marchant à la godille et à l'aviron, servant souvent d'habitation à toute une famille.

sampi [sɑ̃pi] n. m. Caractère grec conservé seulement comme lettre numérale valant 900.

Sampiero d'Ornano ou **Sampiero Corso.** V. Ornano.

sampot [sɑ̃po] n. m. En Thaïlande, au Cambodge, etc., pièce d'étoffe enveloppant la taille et les cuisses.

Samson, juge des Hébreux (xiie s. av. J.-C.). Les récits qui le concernent ont l'apparence de légendes ; ils sont relatifs à la force surhumaine qui l'aida à lutter contre les Philistins et qui résidait dans sa chevelure.

Samson et Dalila, opéra biblique en trois actes, musique de Saint-Saëns (1877).

Samsonov (Aleksandr), général russe, né à Iekaterinoslav (1859-1914). Commandant la IIe armée russe en Prusse-Orientale au début de la Première Guerre mondiale, il fut vaincu à Tannenberg par Hindenburg (août 1914) et se suicida.

Samsun, port de Turquie, sur la mer Noire ; 143 300 h.

Samuel, prophète et juge d'Israël (m. à Rama au xie s. av. J.-C.). Cherchant un chef pour conduire Israël et repousser les Philistins, il fit proclamer Saül roi de tout le peuple, et plus tard David. — On appelle *Livres de Samuel* (Bible) le récit de la judicature de Samuel et des règnes de Saül et de David.

Samuelson (Paul), économiste américain, né à Gary (Indiana) en 1915. (Prix Nobel, 1970.)

sana n. m. Abrév. de *sanatorium.*

Sana ou **Sanaa,** cap. du Yémen ; 80 000 h.

Sanaga (la), principal fl. du Cameroun ; 520 km. Installation hydro-électrique à Edéa.

San Antonio, v. des Etats-Unis (Texas) ; 650 200 h. Extraction et raffinage du pétrole. Industries chimiques.

Sanary-sur-Mer (83110), comm. du Var (arr. de Toulon) ; 9 011 h. (*Sanaryens*). Station balnéaire.

sanatorial, e, aux adj. Relatif au sanatorium.

sanatorium [sanatɔrjɔm] n. m. (du lat. *sanare,* guérir). Etablissement qui reçoit des malades atteints de tuberculose. ‖ Pl. des *sanatoriums.*

san-benito [sɑ̃benito] n. m. (mot esp. signif. *saint Benoît* [parce que ce vêtement rappelait l'habit des bénédictins]). Casaque de couleur jaune, dont les inquisiteurs revêtaient ceux qu'on allait brûler. ‖ Pl. des *san-benitos.*

San Bernardino, col des Alpes suisses, entre la haute vallée du Rhin postérieur et un affl. du Tessin, la Moesa ; 2 063 m. Tunnel routier à 1 600 m d'alt.

San Bernardino, v. des Etats-Unis, en Californie ; 91 900 h. Conserves de fruits.

San Carlo, principal théâtre de Naples, fondé en 1737. Il est devenu l'un des plus célèbres foyers lyriques.

Sancergues (18140), ch.-l. de c. du Cher (arr. de Bourges) ; 863 h. (603 aggl.). Eglise romane.

El Salvador barrage du 5-Novembre sur le río Lempa

Phot. ambassade du Salvador, Dimont, Lauros - Atlas-Photo.

San Francisco : le pont d'Oakland ; au fond, la Golden Gate

Sancerre (18300), ch.-l. de c. du Cher (arr. de Bourges), près de la Loire ; 2 579 h. (2 037 aggl.) [*Sancerrois*].

Sancerrois, région de collines s'étendant à l'ouest de Sancerre. Vins blancs.

Sanche, nom porté (XIe-XIIIe s.) par quinze souverains d'Aragon, de Castille, de León, de Navarre et de Portugal. Les plus célèbres sont : SANCHE Ier *Ramírez* (m. en 1094), roi d'Aragon (1063-1094) et de Navarre (Sanche V) [1076-1094]. Il réunit la Navarre à l'Aragon (1076) et mena rigoureusement la *Reconquista ;* — SANCHE IV *le Brave* (1257-1295), roi de Castille et de León (1284-1295). Il repoussa une offensive menée par le sultan du Maroc et l'émir de Grenade ; — SANCHE III *Garcés el Grande* (v. 965-1035), roi de Navarre (v. 1000-1035), comte de Castille (1028-1029). Il domina toute l'Espagne chrétienne (sauf le comté de Barcelone) et se fit appeler *rex Iberorum*. Par testament, il partagea ses Etats entre ses quatre fils, créant ainsi les Etats ibériques ; — SANCHE VII *el Fuerte* (1154-1234), roi de Navarre (1194-1234). Il fut un des vainqueurs des Arabes à Las Novas de Tolosa (1212) ; — SANCHE Ier *o Povoador*, né à Coimbra (v. 1154-1211), roi de Portugal (1185-1211). Il poursuivit la *Reconquista* vers le sud contre les Almohades et entreprit la colonisation des territoires conquis en y installant des immigrés anglais, allemands et scandinaves ; — SANCHE II *o Capelo*, né à Coimbra (v. 1210-1248), roi de Portugal (1223-1248). Il conquit sur les Arabes le royaume de l'Alentejo et de l'Algarve (1226-1238).

Sánchez (Tomás), casuiste espagnol, né à Cordoue (1550-1610). Pascal l'accusa de laxisme dans *les Provinciales*.

Sancho Pança, écuyer de Don Quichotte, domestique fidèle, mais bavard et ignorant, dont le bon sens s'oppose aux folles imaginations de son maître. Son âne, qui fait pendant à *Rossinante*, est également célèbre. V. DON QUICHOTTE.

Sancoins (18600), ch.-l. de c. du Cher (arr. de Saint-Amand-Mont-Rond) ; 3 542 h. Matières plastiques.

San Cristóbal, v. du Venezuela ; 156 600 h. Cimenterie.

sanctifiant, e adj. Qui sanctifie : *grâce sanctifiante*.

sanctificateur, trice n. et adj. Qui sanctifie, qui produit la sanctification. ● *Le Sanctificateur* (Absol.), le Saint-Esprit.

sanctification n. f. Action et effet de ce qui sanctifie : *la sanctification des âmes*. ‖ Célébration selon les rites religieux : *sanctification du dimanche*.

sanctifier [sɑ̃ktifje] v. t. (lat. *sanctus*, saint, et *facere*, faire). Rendre saint : *la grâce nous sanctifie*. ‖ Mettre dans la voie du salut : *sanctifier des hommes par son exemple*. ‖ Révérer comme saint : *que votre nom soit sanctifié*. ‖ Célébrer suivant la loi de l'Eglise : *sanctifier le dimanche*.

sanction [sɑ̃ksjɔ̃] n. f. (lat. *sanctio ;* de *sancire*, établir une loi). Acte par lequel le chef de l'Etat rend exécutoire une loi votée par le Parlement. ‖ Approbation, confirmation considérée comme nécessaire : *mot qui a reçu la sanction de l'usage*. (Syn. : ACQUIESCEMENT, ADHÉSION, ASSENTIMENT, CONSENTEMENT, RATIFICATION.) ‖ Conséquence naturelle d'un acte : *l'échec est la sanction de la paresse*. ‖ Conséquence morale d'un acte, châtiment ou récompense : *le ridicule et le blâme sont la sanction des extravagances*. ‖ Peine ou récompense prévues pour assurer l'exécution d'une loi : *sanctions pénales*. ‖ Mesure répressive : *prendre des sanctions*. (Syn. : PEINE, PÉNALITÉ, PUNITION.)

sanctionner v. t. Donner la sanction : *sanctionner une loi*. ‖ Approuver : *sanctionner les décisions d'un mandataire*. ‖ Etre la confirmation de : *exemple qui sanctionne la leçon*. ‖ *Fam.* Infliger une punition.

sanctuaire [sɑ̃ktɥɛr] n. m. (du lat. *sanctus*, saint). Chez les Juifs, la partie secrète du Temple de Jérusalem. ‖ Endroit de l'église où est le maître-autel. ‖ Edifice consacré aux cérémonies religieuses. ‖ — *Fig.* Asile sacré et inviolable. ‖ Ce qu'il y a de plus intime : *dans le sanctuaire de son cœur*.

George Sand, en 1834
par Delacroix

sanctus [sɑ̃ktys] n. m. Partie de la messe, après la préface, où l'on chante une prière commençant par ce mot.

Sancy (*puy de*), point culminant du Mont-Dore (Auvergne) et du Massif central ; 1 886 m. Téléphérique.

Sancy (Nicolas HARLAY DE), homme de guerre français (1546-1629). Surintendant des Finances (1594-1597), il était possesseur d'un diamant célèbre (le « Sancy »).

Sand (Aurore DUPIN, *baronne* DUDEVANT, dite **George**), femme de lettres française, née à Paris (1804-1876). Par sa grand-mère paternelle, elle descendait de Maurice de Saxe et, par sa mère, d'un artisan de Paris. Elevée dans le domaine de Nohant, puis au couvent des Augustines anglaises de Paris, elle traverse une crise mystique. Elle se marie pour échapper à sa famille, mais cette union malheureuse, marquée par la naissance de deux enfants, aboutit à une rupture et à un long procès. C'est à Paris, où elle rejoint Jules Sandeau, qui lui donnera son pseudonyme, qu'elle prend conscience de ses talents littéraires. Elle publie des romans pleins de passion romantique (*Indiana*, 1832 ; *Valentine*, 1832 ; *Lélia*, 1833), puis évolue au gré de ses attachements, aimant à provoquer le scandale par ses mœurs et son costume souvent masculin : amoureuse avec Musset, qu'elle suit à Venise (1833-1834), humanitaire avec Michel de Bourges, socialiste avec Pierre Leroux, attirée par La Mennais, elle redevient romantique avec Chopin, marquant chaque étape de son itinéraire passionnel et philosophique de récits et de méditations (*Mauprat*, 1837 ; *Spiridion*, 1838 ; *Consuelo*, 1842-1843 ; *le Meunier d'Angibault*, 1845). Elle se jette dans l'action politique aux côtés de Ledru-Rollin, mais les journées de juin 1848 ruinent son rêve démocratique : elle s'installe à Nohant, où, si elle peint encore des idylles mondaines (*le Marquis de Villemer*, 1861) et réfléchit sur ses aventures tapageuses (*Elle et lui*, 1859 ; *Impressions et souvenirs*, 1873-1876), elle retrouve avec le cadre de son enfance la forme la plus durable de son inspiration, la veine rustique (*la Mare au diable*, 1846 ; *François le Champi*, 1847-1848 ; *la Petite Fadette*, 1849 ; *les Maîtres sonneurs*, 1853). Pétrie de contradictions, prônant l'indépendance de la femme, mais incapable de vivre sans être liée à un autre être, célébrant le socialisme, mais applaudissant à la répression de la Commune, artiste émancipée et bourgeoise sentimentale, la « bonne dame de Nohant » laisse un personnage bien supérieur à son œuvre.

sandale [sɑ̃dal] n. f. (lat. *sandalium*, empr. au gr.). Chaussure formée d'une simple semelle retenue au pied par des cordons.

sandalette n. f. Petite sandale.

sandaraque [sɑ̃darak] n. f. (gr. *sandarakhê*). Résine extraite d'une espèce de thuya, et employée pour la préparation des vernis, le glaçage du papier, etc.

Sandburg (Carl), poète américain, né à Galesburg (Illinois) [1878-1967]. L'un des chefs de l' « école de Chicago », il a trouvé son inspiration dans la vie populaire et la civilisation industrielle de l'Amérique moderne (*Poèmes de Chicago*, 1916 ; *Fumée et acier*, 1920 ; *le Peuple, oui*, 1936).

Sandeau (Julien, dit **Jules**), écrivain français, né à Aubusson (1811-1883). Il eut avec George Sand une liaison célèbre et signa avec elle un roman (*Rose et Blanche*, 1831) du pseudonyme de JULES SAND. Il porta à la scène ses deux récits les plus célèbres, *Mademoiselle de La Seiglière* (1848 ; version scénique, 1851) et *Sacs et parchemins* (1851), dont il tira avec Emile Augier *le Gendre de M. Poirier* (1854). Il fut conservateur de la bibliothèque Mazarine et bibliothécaire du palais de Saint-Cloud. (Acad. fr.)

sanderling [sɑ̃dɛrlɛ̃] n. m. Petit oiseau échassier vivant sur les côtes. (Long. 15 cm.)

Sandgate, station balnéaire de Grande-Bretagne, sur le pas de Calais.

Sandhurst, v. de Grande-Bretagne (Berkshire), au sud-est de Reading ; 3 700 h. La ville a donné son nom à l'école de formation des officiers britanniques d'infanterie et de cavalerie, créée en 1802 et transférée à Camberley en 1947 pour devenir l'Ecole interarmes de formation des officiers de l'armée de terre.

San Diego, port des Etats-Unis (Californie), sur la *baie de San Diego ;* 675 800 h. Base navale et port de pêche (thon). Constructions aéronautiques.

sandjak [sɑ̃djak] n. m. Anc. subdivision d'une province, en Turquie.

Sandomierz, en franç. **Sandomir,** v. de Pologne (Kielce), sur la Vistule ; 10 000 h. Château des Piast ; hôtel de ville Renaissance. Verrerie.

Sandouville (76430 St Romain de Colbosc), comm. de la Seine-Maritime (arr. du Havre) ; 460 h. (189 aggl.). Automobiles.

Sandow [sɑ̃do *ou* sɑ̃dɔv] n. m. (nom déposé). Câble en caoutchouc, utilisé notamment dans les appareils de gymnastique et pour le lancement des planeurs.

Sandracottos. V. CHANDRAGUPTA.

sandre [sɑ̃dr] n. m. ou f. Poisson voisin de la perche, à chair estimée, d'Europe centrale et de l'est de la France. (Long. jusqu'à 1 m.)

sandwich [sɑ̃dwitʃ] n. m. (de *lord Sandwich*, pour qui un cuisinier nomma ce mets). Tranches minces de pain, beurré ou non, entre lesquelles on a mis une tranche de jambon, de fromage, etc. ‖ Pl. des *sandwiches* ou *sandwichs*.

Sandwich (*îles*), anc. nom des îles *Hawaii**.

Sanem, v. du Luxembourg ; 10 100 h. Métallurgie.

San Fernando, v. d'Espagne (Andalousie) ; 52 400 h. Port. Arsenal.

San Francisco, port des Etats-Unis en Californie ; 750 000 h. Dans une étroite presqu'île entre l'océan Pacifique et la *baie de San Francisco* (qui débouche au nord dans l'océan par la *Golden Gate*), San Francisco s'est développée comme port commercial en liaison avec l'Extrême-Orient et l'Amérique latine. Son trafic, de l'ordre de 35 Mt, le place au premier rang des ports américains sur le Pacifique. Il alimente une importante fonction industrielle (métallurgie, chimie, conserverie, etc.). La ville est le centre d'une vaste conurbation groupant 2,5 millions d'hab. La topographie accidentée de son site, juxtaposant les bas quartiers du port et les collines de l'intérieur, lui confère un aspect pittoresque. ● *Histoire*. La ville se constitue autour d'une mission espagnole consacrée à saint François d'Assise, fondée en 1776. San Francisco fut enlevée au Mexique par les Américains en 1846. Elle fut le siège d'une conférence qui établit la charte des Nations unies (1945). En 1951 y fut signé le traité de paix entre le Japon et la plupart de ses adversaires.

sang [sɑ̃] n. m. (lat. *sanguis, sanguinis*). Liquide cheminant par les artères et les veines qui apporte les éléments nutritifs à toutes les parties du corps et en évacue les déchets. (V. *encycl.*) ‖ — *Fig.* Descendance, extraction : *être d'un sang illustre*. ‖ Famille : *être du même sang*. ‖ Vie : *donner son sang pour la patrie*. ● *Avoir du sang dans les veines* (Fam.), être énergique. ‖ *Avoir le sang chaud*, être ardent, dynamique. ‖ *Avoir le sang qui monte à la tête*, être près de se fâcher. ‖ *Cheval pur sang*, cheval de race. ‖ *Coup de sang* (Fam.), apoplexie. ‖ *Glacer le sang*, causer de l'effroi. ‖ *Liens du sang*, affection entre personnes de la même famille. ‖ *Mettre un pays à feu et à sang*, le saccager. ‖ *Prince du sang*, de la maison royale. ‖ *Sang laqué*, sang ayant subi l'hémolyse. ‖ *Se faire du bon sang*, éprouver du plaisir. ‖ *Se faire du mauvais sang*, s'impatienter, s'inquiéter. ‖ *La voix du sang*, instinct de famille.

— ENCYCL. Le *sang* est constitué d'un liquide visqueux, le plasma, dans lequel baignent les globules blancs, les globules rouges et les plaquettes. Le plasma est constitué

Phot. X., Lauros-Giraudon.

d'eau, de sels minéraux (8 g par litre), de protides (80 g par litre), de glucides (1 g de glucose par litre), de lipides (7 g, dont 2 g de cholestérol par litre) et contient en faible quantité des hormones, qu'il transporte des glandes endocrines aux organes sur lesquels elles doivent agir, des enzymes et des déchets (notamment l'urée, dont le taux ne doit pas dépasser 0,50 g par litre). Les globules rouges, qui donnent au sang sa couleur rouge, sont constitués presque exclusivement d'hémoglobine. Ils transportent l'oxygène (O_2) des poumons aux tissus et du gaz carbonique (CO_2) de ceux-ci aux poumons. Les globules blancs (ou leucocytes) sont divisés en polynucléaires (neutrophiles, éosinophiles et basophiles) et mononucléaires (lymphocytes et monocytes) et concourent à la défense contre les infections, à la formation de l'immunité et à la résorption des tissus lésés ou des corps étrangers. Les plaquettes (ou thrombocytes) apportent un élément (la thromboplastine) essentiel à la coagulation du sang, chaque fois que celui-ci sort hors des vaisseaux, ce qui permet l'arrêt des hémorragies.
L'homme normal possède de 5 à 6 litres de sang. La diminution du nombre des globules rouges constitue l'anémie*, qu'on traite dans les cas graves par les transfusions*, qui doivent se faire en respectant les groupes* sanguins. Quand le sang contient une substance nocive, on peut le remplacer par exsanguino-transfusion. On appelle *maladies du sang* ou *hémopathies* les anomalies de formation, de structure ou de fonctions des globules (anémies, mononucléose, leucémies, etc.).
— *Zool.* En dehors des vertébrés, seules les annélides ont de l'hémoglobine dans le *sang,* plus souvent d'ailleurs sous forme dissoute que fixée sur des globules. Certaines espèces, cependant, remplacent l'hémoglobine par la *chlorocruorine.* Mollusques et arthropodes présentent une circulation imparfaite, en partie vasculaire, en partie lacunaire (sang contenu dans des lacunes des tissus et circulant très lentement) ; le sang contient chez les crustacés et divers mollusques une *hémocyanine,* dont le métal actif est le cuivre et non le fer comme dans l'hémoglobine. Le sang des ascidies contient du vanadium. Celui des sélaciens (requins et raies) est très riche en dérivés ammoniacaux.

Sangallo (Giuliano GIAMBERTI, dit **Giuliano da**), architecte et sculpteur italien, né à Florence (v. 1445-1516). Il joua un rôle dans l'évolution de l'architecture italienne, préparant le style classique par d'importants ouvrages bâtis à la fin du quattrocento en Toscane. Il collabora avec Raphaël à l'élaboration d'un projet pour Saint-Pierre de Rome. Son frère ANTONIO GIAMBERTI, dit **Antonio da Sangallo** *l'Ancien,* né à Florence (v. 1455-1535), fut également architecte, de même que leur neveu ANTONIO CORDIANI, dit **Antonio da Sangallo** *le Jeune,* né à Florence (1483-1546). Celui-ci, exploitant le style de Bramante et de Raphaël, construisit des églises et de nombreux palais (palais Farnèse, Rome). Il fut également ingénieur militaire.

circulation du sang

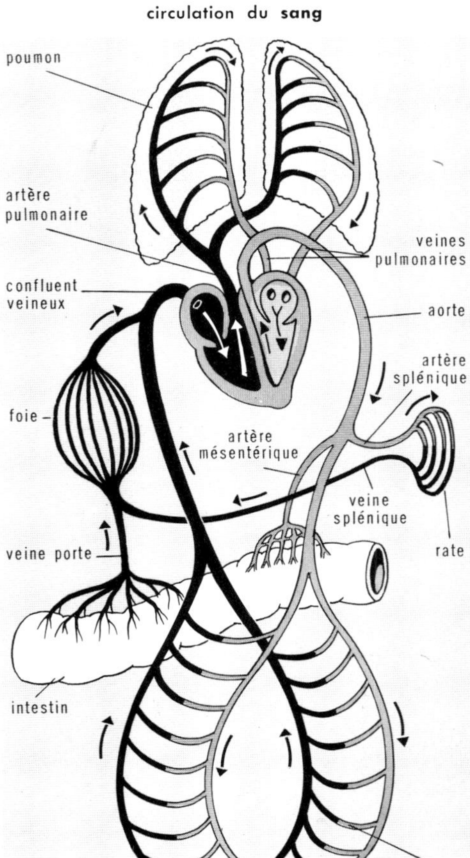

les tours de **San Gimignano**

Sangatte (62100 Calais), comm. du Pas-de-Calais (arr. de Calais) ; 3 340 h. (672 aggl.). Station balnéaire.

sang-dragon ou **sang-de-dragon** n. m. inv. Résine rouge extraite du fruit d'une espèce de palmier du genre *rotang,* et utilisée comme hémostatique.

sang-froid n. m. inv. Tranquillité, maîtrise de soi : *garder son sang-froid dans une occasion grave.* || **— De sang-froid** loc. adv. Calmement, sans emportement.

Sangha (la), riv. de l'Afrique équatoriale, affl. du Congo (r. dr.) ; 1 700 km.

San Gimignano, v. d'Italie (Toscane, prov. de Sienne) ; 10 000 h. La cité, qui a conservé treize de ses tours, garde un aspect médiéval : place de la Citerne (XIIIe s.), cathédrale du XIIe s., palais du Podestat et palais du Peuple du XIIIe s. Dans l'église Sant'Agostino (XIIIe s.) se trouvent d'admirables fresques de Benozzo Gozzoli.

sanglant, e adj. (lat. *sanguilentus*). Taché, souillé de sang : *épée sanglante.* || Où il y a eu beaucoup de sang répandu : *combat sanglant.* || Qui est de la couleur du sang : *nuage sanglant.* || *Fig.* Très offensant, très amer : *affront sanglant.* ● *Mort sanglante,* mort violente avec effusion de sang.

sangle [sɑ̃gl] n. f. (lat. *cingula;* de *cingere,* ceindre). Bande de cuir ou de toile, large et plate, qui sert à ceindre, à serrer, etc. ● *Lit de sangle,* lit composé de deux châssis croisés en X, sur lesquels sont tendues des sangles ou une toile.

sangler v. t. Serrer avec une sangle : *sangler un cheval.*

Sāngli, v. de l'Inde (Mahārāshtra) ; 143 100 h.

sanglier [sɑ̃glije] n. m. (lat. *singularis porcus,* porc solitaire). Genre de mammifères pachydermes, dont le type habite l'Europe : *le sanglier établit sa bauge dans les fourrés.* (Cri : le sanglier *grommelle, nasille.*)
— ENCYCL. Le *sanglier* est le porc sauvage ; c'est un animal puissant, qui cause de grands ravages dans les champs ; sa femelle se nomme *laie,* et ses petits, *marcassins.* La chair de cet animal est bonne à manger. (Long. 1,70 m.) [V. illustr. MAMMIFÈRES* ONGULÉS.]

sanglot [sɑ̃glo] n. m. (lat. *singultus;* de *gluttire,* avaler). Contraction spasmodique du diaphragme par l'effet de la douleur, physique ou morale, suivie de l'émission brusque de l'air contenu dans la poitrine.

sangloter v. i. Pousser des sanglots ; pleurer en sanglotant.

sang-mêlé n. inv. Métis, métisse.

Sangnier (Marc), journaliste et homme politique français, né à Paris (1873-1950). Il quitta l'armée pour se consacrer à l'organisation d'un christianisme démocratique et social. Il lança la revue *le Sillon,* organe d'un mouvement du même nom qui, accusé de modernisme social, fut blâmé par Pie X en 1910. Sangnier se lança alors dans l'action démocratique et humanitaire. La démocratie chrétienne en France le considère comme son père spirituel.

sangria [sɑ̃grija] n. f. (esp. *sangría*). Boisson, typiquement espagnole, constituée par du vin et du jus de citron sucré où macèrent des rondelles de fruits.

sangsue [sɑ̃sy] n. f. (lat. *sanguisuga;* de *sanguis,* sang, et *sugere,* sucer). Genre de vers de l'embranchement des annélides, classe des hirudinées, vivant dans l'eau douce, et dont le corps est terminé par une ventouse à chaque extrémité. (Les sangsues absorbent le sang des vertébrés après avoir pratiqué une incision dans la peau, grâce à trois mâchoires entourant leur bouche ; elles conservent ce sang liquide dans un tube digestif dilatable. On les a longtemps utilisées pour les saignées.) [V. illustr. ANNÉLIDES.] || *Par ext.* Nom donné à toutes les hirudinées. || *Fig.* Homme avide, qui tire de l'argent par tous les moyens.

sanguin [sɑ̃gɛ̃], **e** [-in] adj. (lat. *sanguineus*). Qui a rapport au sang : *écoulement sanguin.* || Où le sang prédomine : *tempérament sanguin.* || De la couleur du sang. ● *Vaisseaux sanguins,* conduits qui servent à la circulation du sang.

sanguinaire [-gi-] adj. Qui se plaît à répandre le sang humain. || Où l'on verse beaucoup de sang : *lutte sanguinaire.* || Cruel : *loi sanguinaire.*

sanguinaire n. f. Genre de plantes de la famille des papavéracées, de l'Amérique du Nord, où leur latex rouge fut utilisé par les indigènes pour se teindre la peau.

Sanguinaires (*îles*), îles de la Corse, à l'entrée du golfe d'Ajaccio.

sanguine [sɑ̃gin] n. f. Variété terreuse et rouge de fer oligiste. || Crayon fait avec de l'ocre rouge. || Dessin fait avec ce crayon. || Pierre fine de couleur gris acier, à éclat métallique, et dont la poussière est rouge. || Orange à chair rougeâtre.

sanguinolent [-gi-], **e** adj. Teint ou mêlé de sang : *crachat sanguinolent.*

Ṣanhādjas, Berbères de l'Afrique du Nord (Kabylie et Atlas marocain).

sanhédrin [sanedrɛ̃] n. m. (empr. à l'araméen). Tribunal des anciens Juifs, à Jérusalem, composé des prêtres, des anciens et des scribes, qui jugeait les affaires criminelles et administratives. ● *Grand sanhédrin,* tribunal, conseil suprême qui siégeait à Jérusalem.

sanicle [sanikl] ou **sanicule** [-kyl] n. f. (lat. *sanare,* guérir [parce qu'on croyait la plante riche de vertus médicinales]). Genre de plantes vivaces de la famille des ombellifères, poussant dans les endroits frais.

sanie [sani] n. f. (lat. *sanies*). Matière purulente qui sort des ulcères et des plaies non soignées.

sanieux, euse adj. De la nature de la sanie. || Qui contient de la sanie : *plaie sanieuse.*

San Isidro, v. d'Argentine, faubourg de Buenos Aires ; 196 200 h.

sanitaire [sanitɛr] adj. (du lat. *sanus,* sain). Relatif à la conservation de la santé, à l'hygiène : *appareil sanitaire.* ● *Action sanitaire et sociale,* activité des caisses de Sécurité sociale et d'Allocations familiales qui revêt une forme collective. || *Etat sanitaire,* santé. || *Installation sanitaire,* ensemble des appareils d'une salle de bains et des w.-c. d'une maison.

sanitaires n. m. pl. Ensemble des installations de propreté (lavabos, w.-c., etc.) d'un camping.

San Jose, v. des Etats-Unis (Californie) ; 437 000 h. Conserves de fruits.

San José, cap. du Costa Rica, dans l'intérieur du pays, à 1 150 m d'alt. ; 186 000 h. Centre commercial. Textiles.

San José de Cúcuta. V. CÚCUTA.

San Juan, cap. de l'île antillaise de Porto Rico, sur la côte nord ; 542 200 h. Centre administratif et industriel. Port (exportation de sucre).

San Juan, v. d'Argentine, en bordure des Andes ; 106 700 h. Industries alimentaires.

San Juan de Pasto. V. PASTO.

Sanjurjo Sacanell (José), général espagnol, né à Pampelune (1872-1936). Haut-commissaire au Maroc (1926), il se réfugia au Portugal après avoir dirigé une insurrection à Séville (1932). En liaison avec le général Franco, il prépara le soulèvement de 1936, mais l'avion qui le ramenait en Espagne s'écrasa au sol.

Sankt Anton am Arlberg, en franç. **Saint-Anton,** station de sports d'hiver d'Autriche (Tyrol) [alt. 1 304-2 811 m].

Phot. Martin-Rapho.

Sankt Pölten, v. d'Autriche (Basse-Autriche) ; 40 100 h. Métallurgie. Textiles synthétiques.

San-Lorenzo (20244), comm. de Corse (arr. de Corte) ; 539 h. (225 aggl.).

Sanlúcar ou **Sanlúcar de Barrameda,** port d'Espagne (Andalousie) ; 40 300 h. Vins. De là partit Colomb pour son troisième voyage.

San Luis Potosí, v. du Mexique ; 194 900 h. Métallurgie.

San Martín (José DE), patriote argentin, né à Yapeyú (Corrientes) [1778-1850]. Ayant réformé l'armée argentine à l'européenne (1814), il franchit les Andes et délivra le Chili. Il entraîna ensuite le Pérou dans l'indépendance et fut élu protecteur de ce pays. Plus tard, il se retira en France.

San-Martino-di-Lota (20200 Bastia), ch.-l. de c. de la Corse (arr. de Bastia) ; 1 506 h. (502 aggl.). Vignobles.

San Miguel, v. du Salvador ; 83 000 h. Vieilles églises.

Sannazzaro (Iacopo), en franç. **Sannazar,** poète et humaniste italien, né à Naples (v. 1456-1530). Son œuvre principale, *l'Arcadie** (1502-1504), mélange de prose et de vers, eut une influence considérable sur la formation du roman pastoral dans la littérature européenne.

San-Nicolao (20230), ch.-l. de c. de la Corse (arr. de Bastia) ; 573 h. (255 aggl.).

Sannois (95110), ch.-l. de c. du Val-d'Oise (arr. d'Argenteuil), au pied des *buttes de Sannois ;* 19 301 h.

San Pedro, nouveau port de la Côte-d'Ivoire, sur la partie occidentale du littoral.

San Remo ou **Sanremo,** v. d'Italie (Ligurie), sur la Méditerranée ; 61 400 h. Station balnéaire. Conférences des Alliés en 1920.

sans [sɑ̃] prép. (lat. *sine*). Marque : 1° la privation, l'absence : *sans argent, sans effort ;* 2° l'exclusion : *partez sans lui ;* 3° la condition négative : *sans vous, j'aurais gagné mon procès.* ‖ — Loc. adv. **Sans cesse,** de manière continue. ‖ **Sans doute,** peut-être. ‖ **Sans quoi,** sinon, autrement : *partez, sans quoi vous serez en retard.* ‖ — **Non sans** loc. prép. Avec : *je l'ai trouvé non sans peine.* ‖ — **Sans que** loc. conj. (avec le subj.) : *il partit sans que je m'aperçusse de rien.*

sans-abri n. inv. Personne qui n'a pas de logement.

San Salvador, cap. du Salvador, au pied du *volcan San Salvador ;* 181 100 h. Industries diverses.

Sansanding, localité du Mali, sur le Niger ; 170 h. Important pont-barrage (irrigation).

sans-cœur n. inv. *Fam.* Qui est sans pitié, sans sensibilité.

sanscrit, e adj. et n. m. V. SANSKRIT.

sans-culotte n. m. Nom par lequel, sous la Convention, les aristocrates désignaient les révolutionnaires, qui avaient remplacé la culotte par le pantalon. ‖ Pl. des *sans-culottes.*

sans-culottide n. f. Jour complémentaire du calendrier républicain.

San Severo, v. d'Italie (Pouilles) ; 51 200 h.

sansevière [sɑ̃səvjɛr] n. f. Liliacée dont les feuilles fournissent des fibres textiles.

sans-façon n. m. inv. Manière d'agir sans retenue.

sans-filiste [sɑ̃filist] n. Amateur ou opérateur de T. S. F. ‖ Pl. des *sans-filistes.*

sans-gêne n. m. inv. Manière d'agir sans tenir compte des formes habituelles de politesse. (Syn. : IMPOLITESSE, INCONVENANCE, INDÉLICATESSE.) ‖ — N. inv. Personne qui agit de cette manière.

sanskrit [sɑ̃skri], **e** [-it] ou **sanscrit, e** adj. Se dit de la langue sacrée des brahmanes et des livres écrits en cette langue. ‖ — N. m. Langue sacrée et littéraire de l'Inde, qui appartient au groupe des langues indo-européennes.

sanskritique adj. Relatif au sanskrit.

sanskritisme n. m. Ensemble des sciences ayant trait à la connaissance du sanskrit.

sanskritiste n. Spécialiste du sanskrit.

sans-le-sou n. inv. *Fam.* Personne qui n'a pas d'argent.

sans-logis n. Personne qui ne dispose pas d'un local d'habitation.

Sanson (Charles), bourreau de Paris, né à Paris (1740-1806), qui exécuta Louis XVI et fit le récit de sa mort. — Son fils HENRI, né à Paris (1767-1840), exécuta la reine, Madame Elisabeth, le duc d'Orléans.

sansonnet [sɑ̃sɔnɛ] n. m. (de *Sansonnet* n. pr., dér. de *Samson*). Autre nom de l'ÉTOURNEAU.

Sansovino (Andrea CONTUCCI, dit **il**), sculpteur et architecte italien, né à Monte San Savino (Arezzo) [1460-1529]. Architecte, il continua la tradition de Bramante. Sculpteur, il donna notamment *le Baptême du Christ* au baptistère de Florence. — Son élève qui prit son nom, IACOPO TATTI, sculpteur et architecte, dit **il Sansovino,** né à Florence (1486-1570), travailla à Rome, puis en 1527 passa à Venise où il adapta la manière florentine et romaine à la tradition vénitienne. Premier architecte de la ville, il éleva et sculpta la *loggetta* du campanile de Saint-Marc, construisit la *Libreria Vecchia,* sur la place Saint-Marc, et le palais Corner.

sans-souci [-si] adj. et n. inv. *Fam.* Qui ne s'inquiète de rien.

Sans-Souci, château royal près de Potsdam, construit de 1745 à 1747 par Knobelsdorff pour Frédéric II. On y trouve des influences du style classique français et du baroque allemand.

San Stefano, auj. **Yeşilköy,** village de Turquie d'Europe, près d'Istanbul, où fut signé le traité que la Russie imposa à la Turquie en 1878 et qui marquait son triomphe dans les Balkans. Ce traité fut révisé au congrès de Berlin.

Santa Ana, v. des Etats-Unis (Californie) ; 100 300 h. Conserves de fruits.

Santa Ana, v. du Salvador, au pied du volcan homonyme ; 121 100 h. Industries textiles.

Santa Anna (Antonio LÓPEZ DE), général et homme politique mexicain, né à Jalapa (v. 1795-1876). Il reconnut l'indépendance du Texas et signa le traité de Guadalupe Hidalgo (1848) consacrant la perte du Nouveau-Mexique et de la Californie.

Santa Catarina, Etat du Brésil méridional ; 2 579 000 h. Cap. *Florianópolis.* Sur l'Atlantique, au sud du tropique, l'Etat, au relief accidenté, juxtapose cultures tempérées (blé, vigne) et tropicales (café).

Santa Clara, v. de Cuba ; 166 800 h.

Santa Claus, dans les pays anglo-saxons, nom familier de *saint Nicolas,* patron des enfants.

Santa Cruz, port de l'île de Tenerife (Canaries) ; 167 700 h. Raffinerie de pétrole.

Santa Cruz, archipel britannique de Mélanésie, au nord des Nouvelles-Hébrides ; 5 000 h. Bataille aéronavale entre Américains et Japonais (1942).

Santa Cruz, v. de Bolivie, à l'est des Andes ; 77 700 h.

Santa Fe, v. d'Argentine, sur un affl. du Paraná ; 259 600 h.

Santa Fe, v. des Etats-Unis, cap. du Nouveau-Mexique ; 37 000 h.

Santa Fe de Bogotá, anc. nom de *Bogotá**.

Santa Isabel. V. MALABO.

santal [sɑ̃tal] n. m. (de l'arabe *sandal*). Arbuste d'Asie, type de la famille des santalacées (dicotylédones apétales), dont le bois parfumé est utilisé en ébénisterie, en parfumerie et en pharmacie.

Santa-Maria-Siché (20190), ch.-l. de c. de la Corse (arr. d'Ajaccio) ; 712 h.

Santa Marta, v. de Colombie, sur la mer des Antilles ; 104 200 h. Port bananier.

Santa Monica, v. des Etats-Unis (Californie), sur l'océan Pacifique ; 83 200 h. Station balnéaire. Constructions aéronautiques.

Santander, port d'Espagne (Vieille-Castille), sur l'Atlantique ; 134 800 h. Cathédrale des XIVe-XVe s. Station balnéaire. Constructions mécaniques (automobiles).

Santarém, v. du Portugal (Ribatejo), sur le Tage ; 16 400 h. Cité historique. Vins.

Santayana (George), philosophe américain, né à Madrid (1863-1952), qui reprit les thèses essentielles d'Aristote dans une perspective matérialiste mécaniste.

santé [sɑ̃te] n. f. (lat. *sanitas, sanitatis*). Etat de celui qui est sain, qui se porte bien : *ménager sa santé.* ‖ Etat habituel d'équilibre de l'organisme : *santé délicate.* ● *A votre santé !,* vœu que l'on fait avant de boire en l'honneur de quelqu'un. ‖ *Boire à la santé de quelqu'un,* faire des vœux pour lui en buvant. ‖ *Maison de santé,* où l'on reçoit les malades pour les soigner, moyennant une rétribution. ‖ *Officier de santé,* officier autorisé, jusqu'en 1892, à exercer la médecine sans le titre de docteur. ‖ *Santé mentale,* aptitude psychique témoignant d'un développement équilibré de la personnalité du sujet (affectivité, intelligence, volonté), le rendant apte à des relations harmonieuses avec autrui. ‖ *Service de santé,* service chargé, dans les forces armées, de l'hygiène et de la santé des militaires, ainsi que du traitement des malades et des blessés. (V. *encycl.*)

— ENCYCL. Sous l'Ancien Régime, les chefs de corps recrutaient eux-mêmes les médecins nécessaires à leurs régiments et, sur les vaisseaux du roi, des « chirurgiens de marine » étaient embarqués. Louis XIV créa un corps permanent des « officiers de santé », mais, en dépit de la célébrité de médecins militaires comme Dominique Larrey sous le premier Empire, le service de santé ne fut véritablement organisé qu'à la fin du XIXe s.

Depuis 1948, une *Direction centrale du service de santé des armées* a été chargée de normaliser les différents services de santé des armées de terre, de la marine et de l'air, qui ont progressivement adopté des méthodes communes et unifié notamment leurs concours hospitaliers et scientifiques. Etroitement associé aux armes combattantes, le service de santé des armées dispose d'une gamme étendue de moyens en personnel (médecins, chirurgiens, pharmaciens, officiers d'administration, infirmiers et infirmières, etc.), en établissements (écoles, hôpitaux, magasins, pharmacies, laboratoires de recherche, etc.) et en matériels médico-chirurgicaux adaptés aux besoins militaires.

santé et de la recherche médicale (INSTITUT NATIONAL DE LA) [I. N. S. E. R. M.], organisme créé en 1964, qui étudie tous les problèmes relatifs à l'état sanitaire du pays, et qui informe le gouvernement et lui donne son avis sur ceux-ci. L'I. N. S. E. R. M. comprend un conseil scientifique de vingt membres et treize commissions spécialisées.

Santé publique (*ordre de la*), décoration française créée en 1938 et remplacée en 1964 par l'ordre national du Mérite.

Santerre (Antoine), révolutionnaire français, né à Paris (1752-1809). Il commanda la garde nationale de Paris en 1792 et 1793, et fut général de division en Vendée.

Santiago. V. SAINT-JACQUES-DE-COMPOSTELLE.

Santiago, cap. du Chili ; 2 390 000 h. Fondée en 1541, dans la grande vallée centrale, entre les Andes proprement dites et la Cordillère côtière, la ville regroupe aujourd'hui dans son agglomération près du tiers de la population chilienne. Centre intellectuel (université), religieux (archevêché) et commercial, elle possède aussi plus de la moitié des industries du pays. Son expansion rapide et désordonnée soulève aujourd'hui des problèmes locaux d'urbanisme et des problèmes plus généraux comme ceux qui sont soulevés par la prépondérance excessive de la capitale dans l'économie.

José de San Martín

il Sansovino la loggetta du campanile de Saint-Marc à Venise

Phot. Larousse, Alinari-Giraudon.

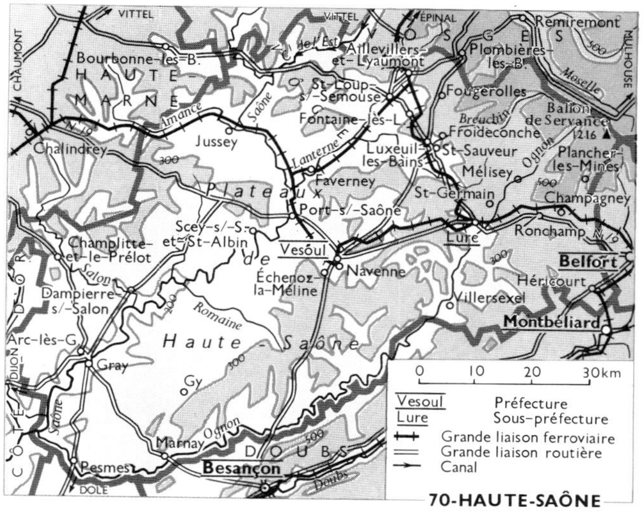

70-HAUTE-SAÔNE

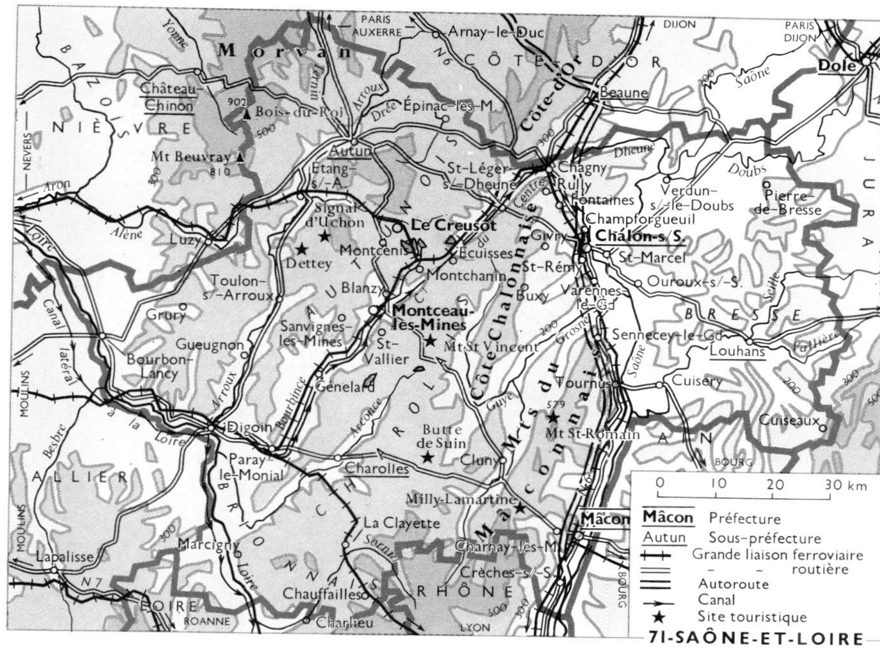

71-SAÔNE-ET-LOIRE

Santiago, port de Cuba ; 231 000 h. Industries alimentaires. Là fut détruite en 1898 une escadre espagnole par une flotte américaine.

Santiago ou **Santiago de los Caballeros,** v. de la république Dominicaine ; 155 200 h. Centre commercial.

Santiago del Estero, v. du nord de l'Argentine ; 103 100 h.

Santillana (Iñigo LÓPEZ DE MENDOZA, *marquis* DE), homme de guerre et écrivain espagnol, né à Carrión de los Condes (1398-1458). Il se distingua contre les Maures à la prise de la forteresse de Helma et à la bataille d'Olmedo. Il a laissé de nombreux poèmes d'amour où s'harmonisent la tradition castillane, le goût de l'allégorie à la manière française et l'imitation des Italiens. Il introduisit le sonnet dans la poésie espagnole.

Säntis, sommet des Alpes suisses ; 2 504 m. Téléphérique.

Santo André, v. du Brésil (São Paulo) ; 289 400 h.

santoline [sɑ̃tɔlin] n. f. Arbrisseau méditerranéen de la famille des composées, dont les graines fournissent une huile vermifuge.

santon [sɑ̃tɔ̃] n. m. (provenç. *santoun,* petit saint). Figurine en terre cuite, peinte, servant en Provence à la décoration des crèches de Noël.

santonine [sɑ̃tɔnin] n. f. (lat. *Santonica herba,* herbe de Saintonge). Substance vermifuge extraite du semen-contra.

Santorin, archipel grec de la partie méridionale des Cyclades, dont l'île principale est *Santorin* ou Thêra ; 15 700 h. Volcan actif. Importants vestiges antiques.

Santos, v. du Brésil (São Paulo) ; 313 800 h. Premier port mondial d'exportation du café. Sidérurgie.

Santos-Dumont (Alberto), ingénieur et aéronaute brésilien, né à Palmyra (auj. Santos Dumont, Minas Gerais) [1873-1932]. Pionnier de la navigation aérienne, il fit construire plusieurs types d'aéronefs. Le 23 octobre 1906, à Bagatelle, il réussit un premier vol en avion sur une distance de 60 m et, le 12 novembre suivant, il réussit une envolée de 220 m d'une durée de 21 secondes, premier record du monde.

sanve [sɑ̃v] n. f. (lat. *sinapi,* moutarde). Autre nom de la MOUTARDE DES CHAMPS.

Sanvic, anc. comm. de la Seine-Maritime, rattachée au Havre.

Sanvignes-les-Mines (71140), comm. de Saône-et-Loire (arr. de Charolles) ; 6 784 h. (3 420 aggl.). Houille. Bonneterie.

São Caetano do Sul, v. du Brésil (São Paulo) ; 114 000 h. Sidérurgie.

São Francisco (le), fl. du Brésil, tributaire de l'Atlantique ; 3 161 km. Né au Minas Gerais, il s'écoule vers le nord-est sur les hautes terres du plateau brésilien. Il est coupé de chutes, localement aménagées pour la production d'hydro-électricité (Três Marias, Paulo Afonso).

São João de Meriti, v. du Brésil (Rio de Janeiro) ; 255 200 h.

São Luís ou **São Luís do Maranhão,** v. du Brésil septentrional, cap. de l'Etat du *Maranhão,* sur l'Atlantique ; 242 000 h. Port actif et centre textile.

São Miguel, la plus grande des Açores ; 184 800 h. Ch.-l. *Ponta Delgada.*

Saône [son] (la), riv. de l'est de la France, née dans le dép. des Vosges, qui baigne Gray, Chalon-sur-Saône, Mâcon et se jette dans le Rhône (r. dr.) à Lyon ; 480 km. Elle régularise le régime du Rhône, grâce à ses hautes eaux hivernales, et a un rôle économique réduit.

Saône (*dép. de la* **Haute-**) [**70**], dép. formé d'une partie de la Franche-Comté ; préf. *Vesoul ;* s.-préf. *Lure ;* 2 arr., 29 cant., 580 comm. ; 5 343 km² ; 214 200 h. Situé aux confins des Vosges et de la Lorraine, le dép. s'étend principalement sur les plateaux et les plaines encadrant le cours supérieur de la Saône, souvent boisés, domaines d'une polyculture à base céréalière et d'un élevage assez médiocres (plus riches cependant dans les fonds de vallée : *val de Saône*). Bien qu'employant plus des deux cinquième de la population active (moins du quart dans l'agriculture), l'industrie demeure modeste. Représentée surtout par les textiles, la petite métallurgie, le travail du bois, elle est localisée essentiellement, en dehors de Vesoul (seule ville dépassant 10 000 h.), dans le nord-est, près de la *porte de Bourgogne.* La faiblesse de l'activité économique globale explique la persistance de l'émigration.

Saône-et-Loire (*dép. de*) [**71**], dép. formé d'une partie de la Bourgogne ; préf. *Mâcon ;* s.-préf. *Autun, Chalon-sur-Saône, Charolles, Louhans ;* 5 arr., 56 cant., 587 comm. ; 8 565 km² ; 550 400 h. En dehors de la partie septentrionale de la *Bresse,* où l'élevage (bovins et surtout volailles) est associé à la polyculture, et de la *vallée de la Saône,* qui juxtapose cultures céréalières, betteravières, maraîchères et prairies, le dép. occupe le nord-est du Massif central. Le vignoble s'étend sur la *côte chalonnaise* et couvre le pied des *monts du Mâconnais* (région de polyculture). L'élevage pour l'embouche demeure la principale ressource des croupes granitiques du *Charolais,* séparées par le sillon Bourbince-Dheune des hauteurs boisées de l'*Autunois ;* elles-mêmes limitées par le *Morvan,* également forestier. L'industrie tient une place importante et emploie plus des deux cinquièmes de la population active (moins du quart pour l'agriculture). Elle est représentée par les textiles, la verrerie (Chalon-sur-Saône), le travail du bois et surtout la métallurgie (développée dans le sillon Bourbince-Dheune, sur le bassin houiller de Blanzy-Montceau-les-Mines, et implantée principalement au Creusot).

São Paulo, Etat du Brésil méridional, sur l'Atlantique ; 247 898 km² ; 18 845 000 h. Cap. *São Paulo.* L'escarpement de la serra do Mar se dresse entre d'étroites plaines littorales alluviales et de hautes terres ; ces dernières sont coupées de bassins (où s'est notamment établie la capitale) et terminées à l'ouest par un front de côte dont le revers s'abaisse sur le río Paraná, limite occidentale de l'Etat. Le climat tropical (tempéré par l'altitude) et la présence de riches terres volcaniques expliquent l'essor de la culture du café, datant d'un siècle, et dont l'Etat fut longtemps la principale région productrice du monde, avant d'être supplanté par le Paraná. Aujourd'hui, l'industrie est l'activité économique prépondérante, représentée surtout dans l'agglomération de São Paulo, qui regroupe le tiers de la population totale de l'Etat.

São Paulo, v. du Brésil méridional, cap. de l'Etat de São Paulo ; 6 339 000 h. (*Paulistes*). Fondée en 1554, le jour de la Saint-Paul, la ville est située à 800 m d'altitude dans un bassin intérieur drainé par le Tietê. L'essor de São Paulo a été lié initialement au développement de la culture du café. La population de la ville a été multipliée par 200 en moins d'un siècle (26 000 h. en 1872). Aujourd'hui, São Paulo est la plus grande ville du Brésil, dont elle constitue aussi la métropole économique. Toutes les branches d'industrie y sont représentées, de la métallurgie à la chimie en passant par des

Santiago (Chili)

Santos-Dumont sur la première avionnette, « la Demoiselle »

São Paulo

Phot. Hétier, Agence générale d'illustrations, Almasy.

activités plus traditionnelles (alimentation et textile). La ville est encore un centre intellectuel (université) et artistique (biennale d'art moderne). Les inconvénients d'un site intramontagnard expliquent le morcellement d'un paysage urbain où se juxtaposent bidonvilles, gratte-ciel des quartiers d'affaires et résidences aisées.

São Tomé, île du golfe de Guinée ; 836 km². C'est une anc. possession portugaise qui forme avec l'île du Prince un archipel dont l'indépendance est prévue pour 1975 ; 964 km² ; 73 600 h. Cap *São Tomé*. Cacao, café, huile de palme.

saoudite adj. Relatif à l'Etat d'Arabie fondé par Ibn Sa'ūd en 1932. (On dit aussi SAOUDIEN, ENNE.)

saoul [su], **e** [sul] adj., **saouler** [sule] v. t. V. SOÛL, SOÛLER.

Saoura (la), oued de la partie occidentale du Sahara algérien, jalonné de palmeraies, qui a donné son nom au *dép. de la Saoura.*

sapajou [sapaʒu] n. m. V. SAJOU. ‖ *Fig.* Petit homme laid et ridicule.

sape [sap] n. f. (bas lat. *sappa*). Dans la guerre de siège, communication enterrée ou souterraine : *travaux de sape.* ‖ *Fam.* Le génie militaire, chargé de ces travaux.

sapement n. m. Action de saper.

sapèque [sapɛk] n. f. Pièce de monnaie de faible valeur, en usage en Extrême-Orient.

saper [sape] v. t. (de l'anc. fr. *sape*, boyau). Détruire avec le pic et la pioche, ou par tout autre moyen mécanique, les fondements d'un édifice, d'un bastion, etc., pour le faire tomber. ‖ *Fig.* Détruire sournoisement ; ébranler en attaquant les principes : *saper le moral de la troupe.* ‖ **— Se saper** v. pr. *Pop.* Se vêtir, s'habiller.

saperde [sapɛrd] n. f. Insecte coléoptère grisâtre, jaune ou verdâtre, dont la larve vit dans le tronc de divers arbres. (Long. 15 à 30 mm ; famille des longicornes.)

saperlipopette ! [sapɛrlipɔpɛt] interj. Juron familier.

sapeur [sapœr] n. m. Soldat du génie en général (sapeur-mineur, sapeur-pontonnier, sapeur aéroporté, etc.). ● *Sapeur-pompier,* V. POMPIER.

saphène [safɛn] adj. et n. (du gr. *saphênês*, manifeste). Se dit de veines et de nerfs du membre inférieur.

saphique [safik] adj. Digne de Sappho : *mœurs saphiques.* ● *Vers saphique,* vers grec ou latin de onze syllabes, dont on attribuait l'invention à Sappho.

saphir [safir] n. m. (gr. *sappheiros*). Pierre précieuse, variété transparente de corindon, dont la couleur varie du bleu bleuèt au bleu de nuit.

saphisme [safism] n. m. Inversion sexuelle du sexe féminin.

Sapho. V. SAPPHO.

sapide [sapid] adj. (lat. *sapidus ;* de *sapor,* saveur). Qui a de la saveur : *corps sapide.* (Contr. INSIPIDE.)

sapidité n. f. Qualité de ce qui est sapide.

sapience [sapjɑ̃s] n. f. (lat. *sapientia*). Sagesse (vx).

sapientiaux [sapjɛ̃sjo] adj. m. pl. Se dit des livres de l'Ancien Testament qui contiennent surtout des sentences morales (les Proverbes, l'Ecclésiaste, le Cantique des cantiques, la Sagesse, l'Ecclésiastique) [par oppos. aux *livres historiques*].

sapin [sapɛ̃] n. m. (orig. gaul.). Arbre résineux, au tronc grisâtre, commun dans les montagnes d'Europe occidentale entre 500 et 1 500 m, à feuilles persistantes portant deux lignes blanches en dessous, ce qui les distingue de celles de l'épicéa. (Ordre des conifères.) [V. illustr. ARBRES.]
— ENCYCL. Le *sapin,* qu'il ne faut pas confondre avec le pin, atteint 40 m de haut ; son bois est utilisé en menuiserie, en parquetage, pour la fabrication de la pâte à papier.

sapindacées [sapɛ̃dase] n. f. pl. Famille de plantes dicotylédones dialypétales, renfermant des formes tropicales (*savonnier, litchi*).

sapine [sapin] n. f. Type de grue, fixe ou mobile, pour élever les matériaux de construction. ‖ Planche, solive de sapin. ‖ Baquet en bois de sapin.

sapinette n. f. Nom de diverses espèces d'épicéas de l'Amérique du Nord. ‖ Nom du *cèdre* dans le Midi.

sapinière n. f. Lieu planté de sapins : *les sapinières des Vosges.*

Sapir (Edward), linguiste américain d'origine allemande, né à Lauenburg (1884-1939). Il appartint au groupe de Yale. Etudiant les phonèmes, il est l'un des premiers qui aient fourni des analyses structurales.

saponacé, e [sapɔnase] adj. (du lat. *sapo, saponis,* savon). Qui est de la nature du savon.

saponaire [sapɔnɛr] n. f. (du lat. *sapo, saponis,* savon). Plante à fleurs roses, préférant les lieux humides, dont la tige et les racines contiennent de la saponine et font mousser l'eau comme du savon. (Haut. 50 cm ; famille des caryophyllacées.)

saponifiable adj. Qu'on peut saponifier : *graisse saponifiable.*

Saragosse
l'université, à droite,
et l'église
Santa Maria Magdalena

saponaire

saponification n. f. Transformation des matières grasses en savon, à la suite de leur décomposition par une base en sel d'acide gras et en glycérine. ‖ *Chim.* Action d'une base sur un ester.

saponifier [sapɔnifje] v. t. (du lat. *sapo, saponis,* savon). Transformer en savon : *saponifier des huiles.* ‖ Décomposer un ester par une base.

saponine n. f. Glucoside de la saponaire, du bois de Panama, etc., dont la solution aqueuse mousse comme du savon.

Sapor. V. CHĀHPUHR.

sapotacées [sapɔtase] n. f. pl. Famille de plantes dicotylédones gamopétales, tropicales, dont certaines espèces fournissent le balata, la gutta-percha.

sapotier [sapɔtje] ou **sapotillier** [-tije] n. m. (de l'esp. *zapote,* empr. à l'aztèque). Arbre des Antilles, dont le fruit, la *sapote* ou *sapotille,* est une baie très sucrée. (Famille des sapotacées.)

sappan [sapɑ̃] n. m. Arbre cultivé en Inde et en Indochine pour son bois, utilisé en teinture.

Sappho ou **Sapho,** poétesse grecque, née à Lesbos (v. 625-v. 580 av. J.-C.). Sa vie est mal connue : il semble qu'elle ait pris part aux luttes politiques contre le tyran Pittacos et que, condamnée à l'exil, elle se soit retirée en Sicile. Rentrée à Lesbos, elle anima un cercle littéraire, formant des jeunes filles de l'île à la danse et à la poésie. On croit qu'elle fut mariée et mère d'une fille nommée Cléïs. La tradition veut qu'elle se soit donné la mort à la suite d'un amour malheureux. Elle connut dans l'Antiquité un immense succès : des monnaies furent frappées à son effigie ; ses neuf livres de poèmes furent admirés d'Horace et d'Ovide. Il ne nous reste de son œuvre que 650 vers, dans lesquels, s'inspirant des thèmes populaires de son île natale et créant des rythmes nouveaux (la strophe saphique), elle évoque l'amour, la mort, la beauté.

Sapporo, v. du Japon, ch.-l. de l'île d'Hokkaidō ; 735 000 h. Textiles.

sapristi ! [sapristi] interj. (altér. de *sacristi*). Juron familier.

saprophage [saprɔfaʒ] adj. et n. m. (gr. *sapros,* pourri, et *phagein,* manger). Se dit d'un animal qui se nourrit de matières organiques en décomposition.

saprophyte [saprɔfit] n. m. et adj. (gr. *sapros,* pourri, et *phuton,* plante). Végétal qui tire sa nourriture de substances organiques en décomposition. (Divers champignons sont saprophytes : *amanites, bolets,* etc.) ● *Microbe saprophyte,* germe qui vit sur un hôte sans y provoquer de maladie (par oppos. à *microbe pathogène*).

Saqqarah ou **Sakkarah,** village d'Egypte. Faubourg de l'anc. Memphis. Immense nécropole, riche de nombreuses pyramides.

saquer v. t. V. SACQUER.

Sara ou **Sarah,** épouse d'Abraham et mère d'Isaac.

sarabande [sarabɑ̃d] n. f. (esp. *zarabanda*). *Mus.* Danse noble à trois temps, en vogue aux XVIIe et XVIIIe s. ‖ Composition musicale dans le tempo et le caractère de cette danse. (Elle se situe au centre de la suite, pour clavier notamment, aux XVIIe et XVIIIe s.) ‖ *Fam.* Jeux bruyants, vacarme.

Saradjoglou (Şükrü), homme d'Etat turc, né à Ödemis (1887-1953), ministre des Affaires étrangères (1938-1942) et chef du gouvernement (1942-1946).

Saragat (Giuseppe), homme politique italien, né à Turin en 1898. Socialiste, il rompit avec Nenni en 1947 pour fonder le parti socialiste démocratique italien. Il fut président de la République italienne de 1964 à 1971.

Saragosse, en esp. **Zaragoza,** v. d'Espagne, anc. cap. du royaume d'Aragon, sur l'Ebre ; 395 300 h. Archevêché. Université. Un des plus grands centres d'art mudéjar : Aljafería, ancien palais des souverains musulmans (XIe s.), cathédrale San Salvador (XIIe-XVIe s.). Eglises Nuestra Señora del Pilar (XVIIe s.), San Ildefonso (XVIIe s.), Santa Maria Magdalena (avec tour mudéjare) ; nombreux autres monuments. Métallurgie. Sièges héroïques soutenus contre les Français en 1808 et 1809.

Sarajevo, v. de Yougoslavie, cap. de la Bosnie-Herzégovine, sur la Miljacka ; 227 000 h. Université. Mosquées. L'assassinat à Sarajevo, le 28 juin 1914, de l'archiduc François-Ferdinand déclencha la Première Guerre mondiale.

Sarakollés ou **Soninkés,** ethnie vivant au Mali, en Guinée, en Haute-Volta et au Sénégal. Les Sarakollés ont été fortement islamisés.

Saramon (32450), ch.-l. de c. du Gers (arr. d'Auch) ; 779 h.

Saran (45400 Fleury les Aubrais), comm. du Loiret (arr. d'Orléans) ; 5 882 h.

Saransk, v. de l'U. R. S. S. (R. S. F. S. de Russie), à l'ouest de la Volga moyenne ; 139 000 h.

Sarapis. V. SÉRAPIS.

Sarasate y Navascués (Pablo Melitón), violoniste et compositeur basque-navarrais, né à Pampelune (1844-1908). Virtuose de classe internationale, ses compositions sont basées sur des thèmes populaires.

Sarasin (Jean-François), poète français, né à Caen (v. 1615-1654). Rival de Voiture, il fut un des meilleurs poètes de la société précieuse.

Saratoga Springs, v. des Etats-Unis (New York), au nord d'Albany ; 16 600 h. Capitulation du général anglais Burgoyne, qui assura l'indépendance des Etats-Unis en 1777.

Saratov, v. de l'U. R. S. S. (R. S. F. S. de Russie), sur la Volga ; 758 000 h. Port fluvial. Centrale hydroélectrique. Verrerie. Raffinerie de pétrole.

Sarawak, Etat de la fédération de Malaysia, sur la côte nord-ouest de l'île de Bornéo ; 125 000 km² ; 1 million d'hab. Cap. *Kuching.* Les chaînes périphériques dominent des plaines, marécageuses surtout en bordure du littoral, domaine de la mangrove. Aux latitudes équatoriales, le climat chaud et humide explique la faiblesse du peuplement, juxtaposant Malais, Dayaks et Chinois. Le riz est le fondement de l'alimentation. Le caoutchouc et le poivre sont les principales cultures d'exportation, complétées par les produits du sous-sol (bauxite, pétrole).
● *Histoire.* Monarchie, le Sarawak devint protectorat (1888), puis colonie britannique (1946), avant de faire partie de la fédération de Malaysia (1963).

Sarazin ou **Sarrazin** (Jacques), sculpteur français, né à Noyon (1588-1660). L'un des principaux sculpteurs de Louis XIII, formé à Rome, à la fois classique et baroque, il sculpta les caryatides du pavillon de l'Horloge au Louvre, les deux effigies funéraires du cardinal de Bérulle (Louvre et collège de Juilly) et le monument du cœur d'Henri de Bourbon (musée de Chantilly).

sarbacane [sarbakan] n. f. (esp. *zerbatana,* empr. au malais). Long tuyau qui sert à lancer, en soufflant, de petits projectiles.

sarcasme [sarkasm] n. m. (gr. *sarkasmos ;* de *sarkazein,* mordre de la chair). Raillerie acerbe, ironie mordante : *les sarcasmes de Voltaire.*

Phot. Lauros - Atlas-Photo, Mas.

Sarcelles

sarcelle

sardine

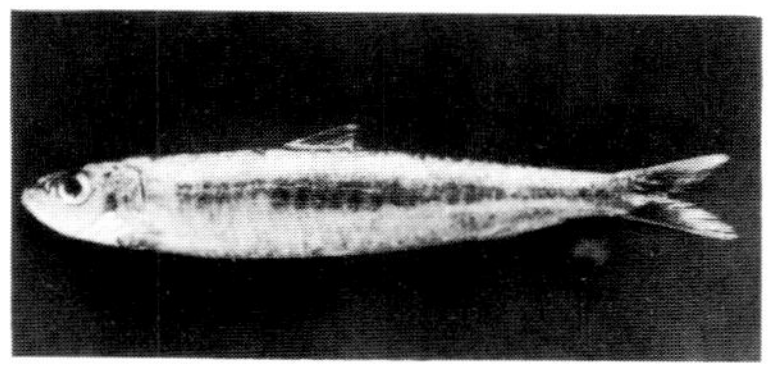

sarcastique adj. Qui tient du sarcasme : *ton, rire sarcastique.* ‖ Qui emploie le sarcasme : *écrivain sarcastique.*

sarcastiquement adv. De façon sarcastique.

sarcelle [sarsɛl] n. f. (lat. pop. *cercedula*). Canard sauvage de petite taille, qui niche souvent en France. (Long. max. 40 cm.)

Sarcelles (95200), ch.-l. de c. du Val-d'Oise (arr. de Montmorency); 51 803 h. (*Sarcellois*). Vaste ensemble résidentiel.

Sarcey (Francisque), critique dramatique français, né à Dourdan (1827-1899). Ses articles du *Temps* guidèrent, pendant quarante ans, le goût du public bourgeois.

sarclage n. m. Action de sarcler.

sarcler [sarkle] v. t. (lat. *sarculare*). Arracher les mauvaises herbes d'un sol cultivé.

sarcloir n. m. Instrument dont on se sert pour sarcler.

sarcoïde [sarkɔid] adj. et n. f. Nom donné à des nodules cutanés et s'appliquant soit à des manifestations de la lymphogranulomatose* bénigne, soit à des manifestations cutanées de la tuberculose.

sarcomateux, euse adj. Qui est de la nature du sarcome.

sarcome [sarkom] n. m. (gr. *sarkôma;* de *sarx,* chair). Tumeur maligne ayant pour point de départ un tissu conjonctif. (On précise en général le tissu intéressé par un préfixe : ostéosarcome, fibrosarcome, chondrosarcome, etc.)

sarcophage n. m. (gr. *sarx, sarkos,* chair, et *phagein,* manger). Tombeau dans lequel les Anciens mettaient les corps qu'ils ne voulaient pas brûler : *les sarcophages égyptiens.*

sarcoplasma n. m. Protoplasme indifférencié de la fibre musculaire (par oppos. au *protoplasme différencié,* constitué par les fibrilles contractiles).

sarcopte [sarkɔpt] n. m. (gr. *sarx, sarkos,* chair, et *koptein,* couper). Animal microscopique parasite de l'homme et de certains vertébrés. (La femelle détermine la gale en creusant dans l'épiderme des galeries où elle dépose ses œufs.) [Long. 0,3 mm; ordre des acariens.] (Syn. ACARUS.)

Sardaigne, île italienne de la Méditerranée, au sud de la Corse; 24 089 km²; 1 484 000 h. (*Sardes*). Elle est formée des prov. de Cagliari, de Nuoro et de Sassari.
● *Géographie.* L'île correspond à une portion de socle hercynien, affleurant largement à l'est et donnant un paysage de hauts plateaux dominés par quelques blocs surélevés ou résiduels (1 834 m au Gennargentu). Le socle, fracturé et basculé, disparaît sous des terrains sédimentaires au centre et sous des dépôts volcaniques au nord-ouest. Au sud-ouest, le massif cristallin de l'Iglesiente domine la plaine du Campidano, région vitale de la Sardaigne. Celle-ci est essentiellement agricole, fournissant des céréales (blé principalement) et des vins. L'élevage ovin tient aussi une place importante. L'industrie est presque exclusivement limitée aux activités extractives (en dehors des branches liées à l'agriculture) : un peu de charbon, de plomb et de zinc. La densité de la population est de l'ordre de 60 h. au kilomètre carré en moyenne, chiffre largement dépassé dans le Campidano (site de Cagliari, la principale ville, port de l'île) et compensant le vide de la montagne et des plateaux cristallins. Le tourisme n'anime que localement et temporairement une île au climat méditerranéen, dont la relative humidité explique l'abondance des formations arbustives et buissonneuses, cependant que les moyennes thermiques mensuelles oscillent généralement entre 10 et 28 °C.
● *Histoire.* Exploitée dès l'âge du bronze pour ses mines, la Sardaigne fut un important établissement phénicien et punique dès le VIIe s. av. J.-C. Conquise difficilement par les Romains (IIIe s. av. J.-C.), infestée par les brigands, l'île devint un bastion des Vandales, chassés en 534 par les Byzantins. Gênes et Pise se la disputèrent, puis (XIVe-XVIIe s.) les Espagnols y implantèrent le régime féodal. En 1718, le duc de Savoie devint roi de Sardaigne; dès lors l'île fit partie intégrante des « Etats sardes » (Piémont, Savoie, Sardaigne). En 1861, elle fut rattachée au royaume d'Italie; en 1948, elle fut constituée en région autonome.

Sardanapale, souverain assyrien, fictif, type du prince débauché. Il aurait péri sur un bûcher avec ses femmes et ses trésors.

sardane [sardan] n. f. Air et danse populaire de Catalogne.

sarde [sard] adj. et n. De la Sardaigne.

Sardes, anc. v. d'Asie Mineure, au pied du Tmolos, sur le Pactole. Anc. capitale de la Lydie, célèbre pour ses richesses. Important centre de fouilles archéologiques.

sardine [sardin] n. f. (lat. *sardina,* de Sardaigne). Poisson voisin du hareng, commun dans la Méditerranée et l'Atlantique. (Pendant la belle saison, les sardines se déplacent par bancs en surface; on les pêche alors pour les consommer fraîches ou conservées dans l'huile.) [Long. 20 cm; dos bleu-vert; ventre argenté; famille des clupéidés.] ‖ *Fam.* Galon de sous-officier.

sardinerie n. f. Endroit où l'on prépare des conserves de sardines.

sardinier, ère n. Pêcheur, pêcheuse de sardines. ‖ Ouvrier, ouvrière travaillant à la mise en conserve de la sardine.

sardinière n. f. Chaloupe non pontée, utilisée autrefois pour la pêche de la sardine.

sardoine [sardwan] n. f. (lat. *sardonux,* empr. au gr.). Variété de calcédoine brune.

sardonique [sardɔnik] adj. (du lat. *Sardonia herba,* herbe de Sardaigne [qui provoquait un rire de fou]). D'une ironie méchante : *rire sardonique.*

sardoniquement adv. De façon sardonique.

Sardou (Victorien), auteur dramatique français, né à Paris (1831-1908). Auteur sifflé à ses débuts (*la Taverne des étudiants,* 1854), il prépara sa revanche en réfléchissant sur « la charpente, les trucs, les ficelles, tout ce qui infuse l'existence à une œuvre dramatique » : *Pattes de mouche* (1860) le fit acclamer comme l'héritier de Scribe. Il mit alors son ingéniosité technique au service des modes nouvelles, de la comédie bourgeoise au drame historique (*Madame Sans-Gêne,* 1893). [Acad. fr.]

Sarema, en estonien **Saarema,** en suéd. **ösel,** île de l'U. R. S. S. (Estonie), fermant le golfe de Riga; 40 000 h.

sargasse [sargas] n. f. (esp. *sargazo,* sorte de varech). Algue brune flottante, dont l'accumulation forme, au large des côtes de Floride (*mer des Sargasses*), une véritable prairie où pondent les anguilles.

Sargasses (*mer des*), vaste région de l'Atlantique Nord, couverte d'algues.

Sargodha, v. du Pākistān occidental; 129 000 h.

Sargon l'Ancien, fondateur du royaume sémitique d'Akkad v. 2600 av. J.-C.

Sargon Ier, roi d'Assyrie (v. 2048-2030 av. J.-C.). — SARGON II (m. en 705 av. J.-C.), roi d'Assyrie (722-705 av. J.-C.), successeur de son frère Salmanasar V. Il triompha de Samarie et des Egyptiens, mena trois campagnes contre l'Ourartou, prit et dévasta Chypre, et reconquit Babylone. Il édifia près de Ninive le palais de Dour-Sharroukîn (auj. Khursabād), d'où proviennent les principales antiquités assyriennes du Louvre, ramenées au XIXe s. par l'archéologue Botta.

Sardaigne
les nuraghi
de Barumini

Phot. ministère de la Construction, Jacques Six, X., Viollon.

femme indienne en sārī

Sarh, anc. **Fort-Archambault,** v. du Tchad méridional; 35 700 h.

sārī [sari] n. m. Robe des femmes de l'Inde.

Sari-d'Orcino (20151), ch.-l. de c. de la Corse (arr. d'Ajaccio) ; 504 h. Fruits et vins.

sarigue [sarig] n. f. (plutôt que n. m. dans l'usage courant) [empr. à une langue indigène du Brésil]. Mammifère de la sous-classe des marsupiaux, d'Amérique, dont la femelle possède une longue queue préhensile à laquelle s'accrochent les jeunes montés sur son dos. (Il existe plusieurs espèces de sarigues, parmi lesquelles l'*opossum*.)

Sarine (la), riv. de Suisse, affl. de l'Aar (r. g.) ; 120 km.

sarisse [saris] n. f. (gr. *sarissa*). Longue lance, particulière aux armées macédoniennes.

S. A. R. L., abrév. de *société à responsabilité limitée.*

Sarlat-La Canéda ou **Sarlat** (24200), ch.-l. d'arr. de la Dordogne, dans le Périgord, sur la Cuze; 9 534 h. (6 775 aggl.) [*Sarladais*]. Hôtels et maisons Renaissance. Cathédrale (XIIe-XVe s.). Centre commercial. Industries alimentaires (conserves). Patrie de La Boétie. — L'arr. a 10 cant., 126 comm., 64 662 h.

Sarmates, peuple nomade venu de l'Asie centrale, qui occupa le pays des Scythes, atteignit le Danube (Ier s. apr. J.-C.), puis se mêla aux Germains.

Sarmatie, vaste contrée de l'Europe orientale, occupée autref. par les Sarmates.

sarment [sarmɑ̃] n. m. (lat. *sarmentum*). Tige ou branche ligneuse grimpante. ‖ Bois que la vigne pousse chaque année.

sarmenteux, euse adj. Qui produit beaucoup de sarments : *vigne sarmenteuse.* ‖ Se dit d'une plante dont la tige est longue, flexible et grimpante comme le sarment.

Sarmiento (Domingo Faustino), homme politique et écrivain argentin, né à San Juan (1811-1888), président de la République (1868-1874). Il est l'auteur du roman *Facundo* (1845).

Sarnen, comm. de Suisse, ch.-l. du demi-canton d'Obwald (Unterwald) ; 6 600 h.

Sarnia, v. du Canada (Ontario), sur le lac Huron; 54 600 h. Raffinage du pétrole et pétrochimie.

Saron, plaine du littoral de l'Etat d'Israël, s'étendant du mont Carmel à la frontière égyptienne. Agrumes.

sarong [sarɔ̃] n. m. Sorte de jupon porté par les Malais des deux sexes.

saros [sarɔs] n. m. (mot gr.). Période chaldéenne de 18 ans et 11 jours, qui comporte 223 lunaisons et qui règle approximativement le retour des éclipses. (Durant cette période, on compte en moyenne 86 éclipses, dont 43 de Soleil et 43 de Lune.)

Sarpédon. *Mythol. gr.* Roi légendaire de Lycie, qui combattit aux côtés des Troyens contre les Grecs pendant la guerre de Troie.

Sarpi (Pietro, dit **Fra Paolo**), historien et homme politique vénitien (1552-1626), auteur d'une *Histoire du concile de Trente* (1619).

sarracenia [sarasenja] n. m. (de *sarrasin*). Plante d'Amérique, à feuilles enroulées en cornet, et que l'on croit être des pièges à insectes.

Sarrail [-raj] (Maurice), général français, né à Carcassonne (1856-1929). Commandant de la IIIe armée pendant la bataille de la Marne (1914), il fut placé à la tête de l'armée d'Orient (1915), organisa le camp retranché de Salonique, reprit Monastir aux Bulgares (1916) et fut remplacé par Guillaumat (1917). Nommé en 1924 haut-commissaire en Syrie, il fut rappelé en France au moment de la révolte des Druzes.

Sarralbe (57430), ch.-l. de c. de la Moselle (arr. de Forbach), sur la Sarre; 4 748 h. (4 131 aggl.). Soude.

sarrancolin [sarɑ̃kɔlɛ̃] n. m. Variété de marbre des Pyrénées, à fond gris, avec des veines rosées et jaunes irrégulières.

Sarrancolin (65410), comm. des Hautes-Pyrénées (arr. de Bagnères-de-Bigorre) ; 1 008 h. Marbres.

sarrasin commun — sarrasin gris ou argenté

sarrasin [sarazɛ̃], **e** [-in] adj. et n. (lat. *Sarracenus*). Nom donné par les Occidentaux du Moyen Age aux musulmans d'Europe et d'Afrique : *la bataille de Poitiers (732) arrêta l'invasion sarrasine.*

sarrasin n. m. (emploi fig. de *Sarrasin* [à cause de la couleur noire du grain]). Céréale secondaire, dite aussi *blé noir,* mais sans aucune parenté avec les graminacées. (Famille des polygonacées.)

— ENCYCL. Le *sarrasin* a des feuilles en fer de flèche, des fleurs en grappes serrées; son fruit est un akène dont la graine est comestible. Le sarrasin est parfois utilisé comme fourrage vert ou comme engrais vert, mais c'est la production de graines qui est le plus souvent visée : entières, ces graines peuvent être données au bétail et aux oiseaux de basse-cour; transformées en farine (non panifiable), elles permettent de faire des galettes, des crêpes et des bouillies.

sarrasine n. f. Herse placée entre le pont-levis et la porte d'une ville, d'un château fort, etc.

sarrau [saro] n. m. (anc. allem. *sarrok*). Tablier d'enfant, boutonné derrière. ‖ Longue blouse de femme. ‖ Pl. des *sarraus* ou *sarraux.*

Sarraute (Nathalie), femme de lettres française, née à Ivanovo (Russie) en 1900. Elle rejette la conception traditionnelle du héros romanesque (*l'Ere du soupçon,* 1956) et esquisse dans ses romans (*Tropismes,* 1939; *Portrait d'un inconnu,* 1949; *le Planétarium,* 1959; *les Fruits d'or,* 1963; *Vous les entendez?,* 1972) et son théâtre (*le Silence,* 1966; *le Mensonge,* 1966; *Isma, ou Ce qui s'appelle rien,* 1970) des personnages solitaires qui s'efforcent d'échapper à la fascination du monde des objets et aux banalités du langage quotidien.

Sarre (la), en allem. **Saar,** riv. de France et de l'Allemagne occidentale, née dans les Vosges, au pied du Donon. Elle arrose Sarreguemines, Sarrebruck et Sarrelouis avant de rejoindre la Moselle (r. dr.); 240 km.

Sarre, Etat de l'Allemagne occidentale, à la frontière française; 1 132 000 h. (*Sarrois*). Cap. *Sarrebruck.* L'importance de la Sarre, où domine un paysage de plateaux gréseux ou sableux, souvent forestiers, tient à l'existence d'un riche bassin houiller jalonné par les villes de Sarrebourg, de Sarrebruck et de Neunkirchen. Sur la houille s'est greffée la sidérurgie (représentée notamment à Dilligen et à Völklingen), puis la céramique, la verrerie, etc. Le développement de l'industrie explique la forte densité de la population, dépassant en moyenne 400 h. au kilomètre carré.

● *Histoire.* La région de la Sarre devint en grande partie française sous Louis XIV, puis, en 1814-1815, prussienne. Les gisements houillers y furent exploités à partir de 1871. Elle fut, à la suite du traité de Versailles en 1919, séparée pendant quinze ans de l'Allemagne et confiée à la Société des Nations. En 1935, un plébiscite décida son retour à l'Allemagne. En 1947, la Sarre, administrativement autonome, fut rattachée économiquement à la France, mais elle fit retour à l'Allemagne le 1er janvier 1957; la réintégration économique à cette dernière fut effectuée en 1959.

sarigue et ses petits

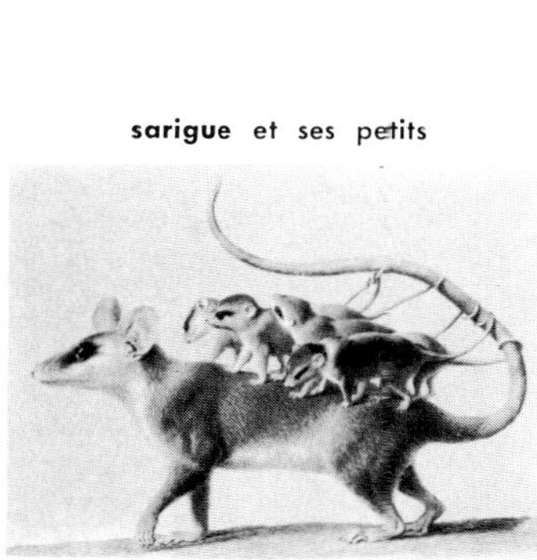

Sarrebourg (57400), ch.-l. d'arr. de la Moselle, sur la Sarre; 12 750 h. Verrerie. Brasserie. — L'arr. a 5 cant., 103 comm., 59 291 h.

Sarrebruck, en allem. **Saarbrücken,** v. de l'Allemagne occidentale, cap. de la Sarre; 134 000 h. (*Sarrebruckois*). Université. Centre houiller, métallurgique, chimique et textile.

Sarreguemines (57200), ch.-l. d'arr. de la Moselle, sur la Sarre; 24 622 h. (*Sarregueminois*). Faïences. Pneumatiques. — L'arr. a 4 cant., 70 comm., 80 559 h.

Sarrelouis, en allem. **Saarlouis** (de 1936 à 1945 **Saarlautern**), v. de l'Allemagne occidentale (Sarre); 36 500 h. Métallurgie. Brasserie. Patrie de Ney.

sarrette [sarɛt] n. f. Nom usuel de la *serratule.*

Sarrette (Bernard), capitaine de la garde nationale, né à Bordeaux (1765-1858), fondateur, en 1795, du Conservatoire national de musique.

Sarre-Union (67260), ch.-l. de c. du Bas-Rhin (arr. de Saverne), sur la Sarre; 2 965 h. Métallurgie.

sarriette [sarjɛt] n. f. (lat. *satureja*). Labiacée aromatique qui sert d'assaisonnement.

sarrois [sarwa], **e** [-waz] adj. et n. De la Sarre.

sarrussophone [sarysɔfɔn] n. m. (de *Sarrus* n. pr., et gr. *phônê,* son). Instrument de musique à vent, en cuivre, à anche double, employé dans les fanfares. (Il a été inventé par Sarrus, chef de musique militaire, en 1863.)

Sartène (20100), ch.-l. d'arr. de la Corse; 6 000 h. (4 117 aggl.) [*Sartenais*]. Centre commercial. — L'arr. a 8 cant., 45 comm., 43 156 h.

Sarthe (la), riv. de l'ouest de la France, née dans le Perche. Elle arrose Alençon, Le Mans et se joint à la Mayenne pour former la Maine; 285 km.

Sarthe (*dép. de la*) [**72**], dép. de l'ouest du Bassin parisien; préf. *Le Mans;* s.-préf. *La Flèche, Mamers;* 3 arr., 36 cant., 376 comm.; 6 210 km²; 461 800 h. (*Sarthois*). Correspondant au *haut Maine,* le dép., bocager, au relief peu accidenté (en dehors de ses confins septentrionaux), est formé de terrains jurassiques et crétacés, souvent sableux (forêts de Bercé, de Vibraye) ou argileux. L'élevage bovin progresse aux dépens du blé et surtout du chanvre, en déclin. L'industrie emploie le tiers de la population active (plus que l'agriculture). Elle est représentée par les textiles, le travail du bois et surtout par les constructions mécaniques (tracteurs, pièces pour automobiles), électriques et électroniques du Mans, cité dix fois plus peuplée que la seconde ville du département, La Flèche.

Sarti (Giuseppe), compositeur italien, né à Faenza (1729-1802). Il a vécu à la Cour danoise, à Milan, à Vienne et en Russie, où il fut le musicien de Catherine II. Il est l'auteur de plus de 80 opéras.

Sartilly (50530), ch.-l. de c. de la Manche (arr. d'Avranches); 1 136 h. (702 aggl.).

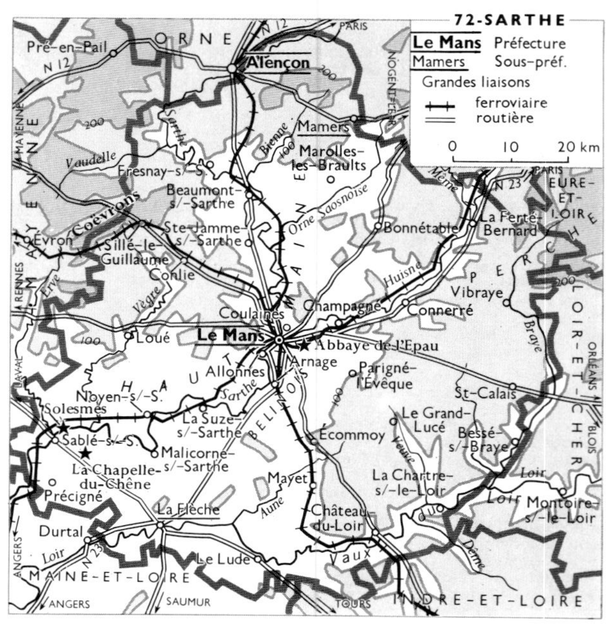

Phot. J.-L. Nou, Larousse.

Sartine (Antoine DE), comte D'ALBY, homme d'Etat français, né à Barcelone (1729-1801), lieutenant général de police (1759-1774), puis ministre de la Marine (1774-1780).

Sarto (Andrea DEL). V. DEL SARTO.

Sartre (Jean-Paul), philosophe et écrivain français, né à Paris en 1905. Normalien, professeur agrégé de philosophie (1931-1945), il publie des essais philosophiques (*l'Imagination,* 1936; *l'Etre* et le Néant,* 1943) et des œuvres romanesques (*la Nausée**, roman, 1938; *le Mur,* recueil de nouvelles, 1939). Il fonde en 1946 la revue *les Temps modernes* et publie des romans : la série intitulée *les Chemins de la liberté* (I. *l'Age de raison;* II. *le Sursis,* 1945; III. *la Mort dans l'âme,* 1949); des pièces de théâtre : *les Mouches* (1943), *Huis* clos* (1944), *Morts sans sépulture* (1946), *la Putain respectueuse* (1946), *les Mains sales* (1948), *le Diable et le Bon Dieu* (1951), *Kean,* d'après Alexandre Dumas (1953), *Nekrassov* (1955), *les Séquestrés d'Altona* (1960); des essais : *Réflexions sur la question juive* (1947), *Situations* (1947 et suiv.), *Saint Genet, comédien et martyr* (1952). Il revient en 1960 à l'exposé de sa pensée philosophique avec un ouvrage sur la *Critique de la raison dialectique.* En 1964, il décrit le monde de son enfance dans *les Mots.* Le principe de l'existentialisme*, dont Sartre est le principal représentant en France, est que « l'existence précède l'essence », c'est-à-dire que la personnalité d'un individu ne constitue nullement pour lui un destin, que la vie procède d'une succession de libres choix qui ne sont jamais totalement justifiables. Sartre fonde ce principe de morale sur une ontologie du « pour-soi », comme liberté absolue et négation de l' « en-soi ». L'en-soi désigne tout ce qui est donné, tant dans le monde que dans l'homme. Le pour-soi s'affirme en « néantisant » ses tendances, prédispositions, habitudes, et il prend conscience de lui-même dans le sentiment d'angoisse suscité par son pouvoir de décision absolue. C'est pourquoi, dans le domaine de la connaissance d'autrui, de la réalisation des valeurs, de l'identification avec l'être ou Dieu, l'expérience fondamentale est celle de l'échec. Enfin, l'existentialisme sartrien s'épanouit dans une philosophie de l'histoire qui s'inspire du matérialisme dialectique, mais qui souligne à la fois l'irréductibilité de la libre initiative de l'homme à la nécessité historique proprement dite et l'intégration de cette liberté dans des totalités sociales particulières et spécifiques de chaque pays et de chaque politique. La « raison dialectique » n'est pas exclusive d'un certain relativisme historique. Ainsi s'explique l'action politique du philosophe, qui, sans jamais adhérer à la doctrine d'un parti, s'est engagé pour la défense d'un idéal révolutionnaire de démocratie et de liberté. Il a refusé le prix Nobel de littérature, qui lui a été décerné en 1964.

Sartrouville (78500), ch.-l. de c. des Yvelines (arr. de Saint-Germain-en-Laye), sur la Seine; 40 277 h.

Sarzeau (56370), ch.-l. de c. du Morbihan (arr. de Vannes); 3 724 h. Château en ruine de Sucinio.

sas [sɑ] n. m. (du lat. *seta,* poil rude). Tamis de crin, de soie, etc., entouré d'un cercle de bois, pour passer les matières pulvérulentes ou liquides. (Syn. CRIBLE.)

sas [sas] n. m. Partie d'un canal comprise entre les deux portes d'une écluse. ‖ Petite chambre munie de deux portes étanches permettant de mettre en communication deux milieux dans lesquels les pressions sont différentes.

Sasbach, v. de l'Allemagne occidentale (Bade-Wurtemberg), près de laquelle fut tué Turenne en 1675; 1 500 h.

Sasebo, port du Japon (Kyū shū); 268 000 h.

Saskatchewan, l'une des provinces de la Prairie canadienne, entre le Manitoba et l'Alberta; 651 827 km^2; 955 300 h. Cap. *Regina.* Affectée dans son ensemble par les glaciations quaternaires, la province juxtapose une partie méridionale où la couverture sédimentaire paléozoïque est localement recouverte de dépôts morainiques et une partie septentrionale plus basse, où affleurent les roches précambriennes du bouclier, forestière et parsemée de lacs. Le climat est rude, même dans le Sud. A Regina, près de la moitié de l'année a une température inférieure à 0 °C (juillet n'atteint pas 20 °C). Les précipitations sont de l'ordre de 400 mm. L'extension des sols noirs a permis celle de la culture du blé, ressource fondamentale avant l'exploitation du sous-sol, qui fournit notamment des hydrocarbures et de la potasse.

Saskatoon, v. du Canada (Saskatchewan); 115 900 h. Centre commercial. Industries mécaniques et alimentaires.

sassafras [sasafra *ou* -fras] n. m. Lauracée d'Amérique, dont les feuilles, pulvérisées et séchées, sont employées comme condiment.

Sassanides, dynastie qui régna en Perse de 226 à 651.

Sassari, v. d'Italie (Sardaigne); 109 200 h.

sassement n. m. Action de sasser.

sassenage n. m. Fromage de Sassenage (Isère).

Sassenage (38360), ch.-l. de c. de l'Isère (arr. de Grenoble); 4 318 h. (3 301 aggl.). Grottes, dites *cuves de Sassenage.* Fromages. Cimenterie.

sasser [sɑse] v. t. Passer au sas : *sasser de la farine.* ‖ Faire passer par le sas. ● *Sasser et ressasser une affaire,* l'examiner minutieusement.

Sassetta (Stefano DI GIOVANNI, dit **il**), peintre italien, né à Sienne (1392-1451). Il associa la grâce siennoise au modèle plus vigoureux de Masolino et de Masaccio, l'idéalisme au réalisme, aimant les détails pittoresques (*Retable de saint François,* Borgo San Sepolcro; *Polyptyque de San Domenico,* Cortone).

Jean-Paul **Sartre** en 1967

Erik **Satie**

sasseur n. m. Ouvrier qui sasse.

Satan, le chef des démons, mentionné fréquemment dans le Nouveau Testament.

satané [satane], **e** adj. *Fam.* Digne de Satan; abominable. ‖ Sert de superlatif : *c'est un satané farceur.* (Syn. SACRÉ.)

satanique adj. Diabolique : *une ruse satanique.*

satanisme n. m. Caractère de ce qui est satanique.

satellisation n. f. Action de satelliser.

satelliser v. t. Etablir un mobile sur une orbite fermée autour de la Terre.

satellite [satɛllit] n. m. (lat. *satelles, satellitis,* escorte). Homme tout dévoué à un autre (vx). ‖ *Astron.* Planète secondaire qui tourne autour d'une planète principale et l'accompagne dans sa révolution en suivant les mêmes lois que les planètes principales dans une gravitation autour du Soleil. (V. *encycl.*) ‖ *Mécan.* Pignon d'engrenage dont l'axe n'est pas fixe et tourne avec la roue qui l'entraîne. ● *Satellite artificiel,* engin placé par une fusée à étages sur une orbite elliptique dont le centre de la Terre est l'un des foyers. (V. *encycl.*) ‖ — Adj. et n. m. Qui dépend d'un autre sur le plan politique ou économique : *pays satellite.*

— ENCYCL. *Astron.* En général, la révolution des *satellites* autour des planètes s'exécute dans le même sens que la révolution de celles-ci autour du Soleil. Pour tous les satellites étudiés, la durée de leur rotation sur eux-mêmes est égale à celle de leur révolution autour de la planète centrale, vers laquelle ils présentent ainsi toujours la même face. On pense que certains satellites des planètes principales sont des corps célestes qui ont été captés par la planète et entraînés à graviter autour d'elle.

● Un *satellite artificiel* est lancé au moyen d'une fusée à plusieurs étages, pour pouvoir atteindre progressivement la vitesse finale du lancement. Le mobile lancé décrit une orbite qui a généralement la forme d'une ellipse dont la Terre est un foyer. Le plan de cette orbite se déplace dans l'espace en même temps que le grand axe de l'ellipse subit une rotation dans son plan. Au moment où le satellite se détache de la fusée, la direction de la vitesse finale doit être perpendiculaire à la direction satellite-Terre. Cette vitesse est dite « horizontale ». Pour chaque altitude, il existe une valeur $(V_0)_c$ de cette vitesse, appelée « vitesse circulaire », qui imprime au satellite une trajectoire circulaire décrite d'un mouvement uniforme. Pour une vitesse inférieure à $(V_0)_c$, le point d'injection du satellite sur sa trajectoire est l'apogée de l'ellipse. Pour une vitesse supérieure, ce point est le périgée de l'orbite décrite par le satellite : c'est de beaucoup le cas le plus fréquent. Pour une valeur déterminée de la vitesse horizontale, la trajectoire, au lieu d'être elliptique, devient parabolique, et le satellite s'éloigne indéfiniment de la Terre. Pour des valeurs encore plus grandes de cette vitesse, la trajectoire devient hyperbolique, et le satellite conserve à l'infini, par rapport à la Terre, une vitesse limite. Pour déterminer la vitesse relative par rapport à la Terre, il faut tenir compte de la vitesse de rotation de la Terre sur elle-même. Suivant que le lancement est fait vers l'est ou vers l'ouest, la rotation de la Terre introduit un appoint positif ou négatif à la vitesse de lancement. Cet appoint dépend de la latitude du lieu de lancement : nul au pôle, il atteint 450 m/s à l'équateur. Le premier satellite artificiel « Spoutnik I » fut lancé d'U. R. S. S. le 4 octobre 1957; il pesait 80 kg environ. Le premier satellite américain, qui pesait 14 kg, fut lancé le 31 janvier 1958. Les satellites sont d'une très grande utilité pour la connaissance de la très haute atmosphère et des basses régions situées en dehors de l'atmosphère. Les *satellites-relais* assurent le relais des communications radiophoniques, télégraphiques et de télévision par-dessus les océans et les continents. Les *satellites météorologiques* permettent une surveillance constante du déplacement des systèmes nuageux autour de la Terre, facilitant ainsi la prévision des changements de temps, ainsi que celle des typhons et des cyclones.

— *Mil.* Il n'y a aucune solution de continuité entre les utilisations commerciales et militaires des *satellites,* notamment dans les domaines de l'observation, de la météorologie, de l'aide à la navigation et des télécommunications. C'est ainsi que, en dehors des satellites dont on peut envisager l'emploi comme plate-forme de bombardement, il existe des *satellites d'observation* et des *satellites d'alerte* comme les satellites américains « Samos » (satellite and missile observation system) et « Midas » (missile defense alarm system).

Sathonay-Camp (69580), comm. du Rhône (arr. de Lyon); 4 531 h. (3 798 aggl.). Camp militaire.

satī n. f. Dans le brahmanisme, nom donné à la veuve qui se faisait brûler sur le bûcher funéraire de son époux.

Satie (Alfred Erik LESLIE-SATIE, dit **Erik**), compositeur français, né à Honfleur (1866-1925), auteur de *Trois Gymnopédies* pour piano (1890), de *Parade* (ballet, 1917), de *Socrate* (oratorio de chambre, 1918).

satiété [sasjete] n. f. (lat. *satietas*). Etat d'une personne complètement rassasiée : *manger jusqu'à satiété.*

Satillieu (07290), ch.-l. de c. de l'Ardèche (arr. de Tournon); 2 154 h. (1 433 aggl.). Tissage de la soie.

satin [satɛ̃] n. m. (arabe *zaytūni,* de la ville de *Zaytūn,* en Chine). Etoffe de soie, de laine ou de coton, fine, moelleuse et brillante. ● *Peau de satin,* peau douce et unie.

satinage n. m. Action de satiner; son résultat.

satiné, e adj. Qui a l'apparence, le brillant du satin. ● *Peau satinée,* peau douce comme du satin.

satiné n. m. Reflet brillant comme celui du satin.

satiner v. t. Donner à une étoffe, à du papier, etc., l'aspect du satin : *presse à satiner.*

satinette n. f. Etoffe de coton et de soie, ou de coton seul, offrant l'aspect du satin.

satineur, euse adj. et n. Qui satine des étoffes, du papier.

satire [satir] n. f. (lat. *satira,* ancienn. *satura,* mélange de prose et de vers). Pièce de vers où l'auteur attaque les vices et les ridicules de son temps : *les satires d'Horace, de Juvénal, de Boileau.* (V. *encycl.*) ‖ Pamphlet, discours, écrit qui s'attaque aux mœurs publiques ou privées, ou qui tourne quelqu'un ou quelque chose en ridicule. (Syn. : DIATRIBE, ÉPIGRAMME, LIBELLE, PAMPHLET, PHILIPPIQUE.)

— ENCYCL. Qu'elle soit personnelle ou politique, religieuse ou littéraire, la *satire* offre une grande diversité de formes. En Grèce, en dehors de la violence des *Ïambes* d'Archiloque et des railleries de la « comédie ancienne », dans la première manière d'Aristophane, le genre n'est guère représenté que par la satire morale de Sémonide d'Amorgos, du philosophe cynique Ménippe et du sceptique Timon, et par les opuscules de Lucien. Les Latins, au contraire, ont revendiqué la satire comme un genre national : c'est à eux qu'elle doit son nom (*satura,* « salade », « macédoine ») et sa forme de libre causerie. Issue peut-être des vieux *chants fescennins,* elle unit dans un discours familier en hexamètres la leçon de morale à la raillerie mordante et devient un genre littéraire avec Lucilius, Horace, Perse, Martial et Juvénal. En France, l'esprit satirique est très vivant dès le Moyen Age : on le rencontre dans les fabliaux, les farces, les sotties, le *Roman de Renart.* Cette verve populaire s'allie à l'esprit de la Renaissance dans l'œuvre de Rabelais, tandis que Ronsard s'indigne au spectacle des guerres civiles (*Discours des misères de ce temps*); la même inspiration anime la *Satire* Ménippée.* La satire redevient pittoresque et morale avec Mathurin Régnier, qui fixe la tradition de la satire française classique, à laquelle Boileau donne sa forme achevée. Cette tradition se maintiendra jusqu'au XVIIIe s. avec Gilbert, Voltaire et Chénier, et, si l'inspiration satirique demeure, la satire poétique trouvera sa dernière expression dans *les Châtiments* de V. Hugo.

Satires d'Horace (v. 35-30 av. J.-C.). Au nombre de dix-huit, elles sont partagées en deux livres. D'abord inspirées du réalisme grossier de Lucilius, elles prennent le ton d'un badinage de poète courtisan. Sous une forme très libre, mêlant les tableaux pittoresques, les confidences et les dialogues, l'auteur propose la morale épicurienne de l'honnête homme tel qu'on le concevait à la cour polie d'Auguste. Les deux plus célèbres satires appartiennent au livre premier (*le Voyage à Brindes* [V] et *le Fâcheux* [IX]).

Phot. Camera-Press, Roger-Viollet.

Satires de Juvénal. Au nombre de seize, elles sont réparties en cinq livres, publiés entre 100 et 120 apr. J.-C. L'auteur attaque les mœurs corrompues de la Rome impériale du Ier s. dans des pièces violentes et réalistes, dont les plus remarquables sont *les Embarras de Rome* (III) et *le Turbot de Domitien* (IV).

Satires de Régnier (1608-1609). Elles sont au nombre de dix-neuf. L'auteur y adapte en une langue drue et pittoresque la satire à la manière d'Horace. Les plus connues sont *le Souper ridicule* (X) et *Macette* (XIII).

Satires de Boileau. Au nombre de douze, elles se divisent en deux groupes : l'un de la jeunesse (1660-1668), l'autre de la vieillesse du poète (1694-1705). Imitant Horace et Juvénal, l'auteur non seulement traite de morale et de problèmes littéraires, mais intervient même à la fin de sa vie dans la querelle qui oppose partisans et adversaires des jésuites (*Sur l'équivoque*, XII). Les pièces les plus célèbres sont *le Repas ridicule* (III), *les Embarras de Paris* (VI), *Sur les femmes* (X).

Satire Ménippée, pamphlet politique dirigé contre la Ligue (1594) et dont les auteurs sont Pierre Pithou, Jacques Gillot, Pierre Le Roy, Nicolas Rapin, Florent Chrestien et les poètes Jean Passerat et Gilles Durand. Son nom lui fut donné en souvenir des *Satires Ménippées* de Varron (v. art. suiv.). Un prologue met en scène deux charlatans, représentant les partis de Lorraine et d'Espagne, et qui débitent la drogue qui permet d'être criminel pour le bien de l'Eglise, le « catholicon » ; puis se déroulent une procession burlesque et l'ouverture des états de la Ligue (1593), au cours desquels le représentant du tiers état déplore les malheurs de la France. Cette œuvre contribua à la victoire définitive d'Henri IV.

Satires Ménippées, œuvre de Terentius Varron. De cet ensemble de 150 livres traitant de tous les problèmes politiques et moraux du Ier s. av. J.-C., il ne reste que quelques fragments. Se réclamant du philosophe grec Ménippe, Varron avait utilisé les formes les plus variées, notamment le mélange de prose et de vers.

Satiricon, roman de Pétrone, mêlé de prose et de vers (Ier s. apr. J.-C.). C'est dans cet ouvrage réaliste et licencieux que se trouve *le Festin de Trimalcion,* description d'un repas où l'auteur a rassemblé toutes les exagérations de la prodigalité romaine.

satirique adj. Qui appartient à la satire : *ouvrage satirique.* ‖ — Adj. et n. Qui écrit des satires : *auteur satirique.* ‖ Enclin à la médisance : *esprit satirique.*

satiriquement adv. De façon satirique.

satiriser v. t. Railler satiriquement.

satisfaction [satisfaksjɔ̃] n. f. Contentement, plaisir qui résulte de l'accomplissement de ce qu'on attend, de ce qu'on désire : *donner satisfaction à ses parents.* ‖ Action par laquelle on répare une offense : *réclamer satisfaction.* ● *Satisfaction sacramentelle* (usuellement *pénitence*), prières ou pratiques imposées par le confesseur au pénitent.

satisfactoire adj. (de *satisfaction*). Propre à expier, à réparer les fautes commises : *œuvre satisfactoire.*

satisfaire v. t. (lat. *satis,* assez, et *facere,* faire) [conj. **72**]. Causer un sentiment de plaisir, contenter : *satisfaire ses maîtres.* ● *Satisfaire l'attente de quelqu'un,* répondre à son désir, à son espérance. ‖ *Satisfaire un besoin,* faire ce que ce besoin exige. ‖ — V. t. ind. [**à**]. Faire ce qu'on doit : *satisfaire à ses obligations.*

satisfaisant [satisfəzɑ̃], **e** [-ɑ̃t] adj. Qui contente, satisfait : *réponse satisfaisante.*

satisfait, e adj. Content de ce qui est, ou de ce qui a été fait ou dit : *je suis satisfait de vos progrès.* (Contr. MÉCONTENT.) ‖ Assouvi, rempli : *ses désirs sont satisfaits.*

satisfecit [satisfesit] n. m. inv. (mot lat. signif. *il a satisfait*). Attestation donnée par un supérieur en témoignage de satisfaction.

Satledj (la). V. SUTLEJ.

Sato (Eisaku), homme politique japonais, né à Tabuse (préf. de Yamaguchi) [1901-1975]. Conservateur, il fut Premier ministre de 1964 à 1972. (Prix Nobel, 1974.)

Satolas-et-Bonce (38290 La Verpillière), comm. de l'Isère (arr. de Vienne), à l'est de Lyon ; 718 h. Aéroport en construction.

Satory, plateau au sud-ouest de Versailles. Les chefs communards y furent fusillés (1871). Etablissement militaire d'expériences de la section technique de l'armée.

Satpura (*monts*), massif du nord du Deccan.

satrape [satrap] n. m. (gr. *satrapês*). Gouverneur d'une province, chez les anciens Perses. ‖ *Fig.* Personnage qui mène une vie fastueuse.

satrapie n. f. Province gouvernée par un satrape.

satrapique adj. Qui appartient à un satrape.

Satu Mare, v. de Roumanie, sur le Someş ; 76 700 h. Industries mécaniques et textiles.

saturabilité n. f. *Chim.* Qualité de ce qui peut être saturé.

saturable adj. *Chim.* Qui peut être saturé.

saturant, e adj. Qui sature. ● *Vapeur saturante,* vapeur d'un liquide en équilibre avec ce liquide.

saturateur n. m. Dispositif servant à augmenter dans une pièce la teneur en vapeur d'eau de l'atmosphère.

saturation n. f. Action de saturer. ‖ Etat d'un liquide saturé : *le point de saturation varie avec la température.* ‖ *Log.* Caractère d'un système axiomatique où l'on ne peut adjoindre un nouvel axiome indépendant des autres sans obtenir une théorie contradictoire. (C'est une notion de métalogique.)

Saturne masque en bronze art romain Louvre

saturé, e adj. Se dit d'une solution qui ne peut dissoudre une quantité supplémentaire de solide, ou d'un composé organique qui ne peut pas fixer d'éléments supplémentaires. ‖ *Fig.* Pleinement rassasié. ‖ *Log.* Se dit d'un système axiomatique caractérisé par une saturation.

saturer [satyre] v. t. (lat. *saturare,* rassasier). Amener une solution à contenir la plus grande quantité possible de corps dissous : *solution saturée de sel.* ‖ *Fig.* Rassasier : *on ne peut saturer la curiosité du public.*

saturnales [satyrnal] n. f. pl. (lat. *saturnalia*). Fêtes romaines en l'honneur de Saturne. ‖ *Fig.* Fête dans laquelle la licence se donne libre cours : *les jours gras étaient de véritables saturnales.*

saturne [satyrn] n. m. Nom donné au plomb par les alchimistes.

Saturne, très ancienne divinité italique et romaine, assimilée au Cronos des Grecs. Chassé du ciel par Jupiter, Saturne se réfugia dans le Latium, où il fit fleurir la paix et l'abondance, et enseigna aux hommes l'agriculture. C'est son règne que les poètes ont appelé l'*âge d'or.*

Saturne, la sixième des planètes principales du système solaire dans l'ordre croissant des distances au Soleil et la deuxième (après Jupiter) dans l'ordre des masses décroissantes. Elle est entourée d'un anneau d'un diamètre total de 285 000 km et d'une épaisseur de l'ordre de 60 km. On y distingue trois zones principales d'éclat différent : la zone extérieure est grise, la zone médiane est très brillante, et la zone intérieure la plus proche de la planète est très sombre. Ce système est en réalité composé d'une multitude de satellites très rapprochés qu'il est impossible de séparer optiquement. Saturne possède dix satellites actuellement connus, qui se meuvent à peu près dans le plan des anneaux, sauf le dernier.

saturnie n. f. Nom savant des papillons appelés aussi *paons de nuit.*

saturnien, enne adj. Relatif à Saturne : *le mythe saturnien.*

saturnin, e adj. (de *Saturne*). Relatif au plomb. ‖ Qui est produit par le plomb : *maladies saturnines.*

Saturnin ou **Sernin** (*saint*), premier évêque de Toulouse, martyrisé à Toulouse vers l'an 250. — Fête le 29 novembre.

saturnisme n. m. (de *Saturne*). Intoxication chronique par le plomb.
— ENCYCL. Le *saturnisme,* fréquent chez les ouvriers qui font usage de sels de plomb (céruse, etc.), se manifeste par les *coliques de plomb,* survenant brusquement après quelques troubles digestifs. Le saturnisme professionnel est pris en charge par l'assurance contre les accidents du travail.

saule pleureur

satyre [satir] n. m. (lat. *satyrus,* empr. au gr.). Divinité secondaire, compagnon de Bacchus, représentée avec une chevelure hérissée, des oreilles pointues, deux petites cornes et des jambes de bouc, tenant une coupe, un thyrse ou un instrument de musique. ‖ *Fig.* Homme débauché, lubrique. ‖ Papillon de jour, à grandes ailes brun-noir.

satyrique adj. Relatif aux satyres : *danse satyrique.* ● *Drame satyrique,* chez les Grecs, poème dramatique, à la fois pathétique et comique, où le chœur était composé de satyres.

sauce [sos] n. f. (du lat. *salsus*). Assaisonnement liquide servi avec certains aliments. ‖ Crayon noir très friable, pour dessiner à l'estompe. ‖ *Fig.* Accompagnement, forme, manière : *mettre à toutes les sauces.*

saucé [sose], **e** adj. Se dit d'une pièce de monnaie antique de cuivre, recouverte d'une couche d'argent très mince.

saucée n. f. *Pop.* Averse. ‖ Correction.

saucer v. t. (conj. **1**). Tremper dans la sauce : *saucer du pain.* ● *Etre saucé* (Fam.), être mouillé par une pluie abondante.

saucier n. m. Cuisinier chargé des sauces.

saucière n. f. Vase dans lequel on sert des sauces sur la table.

saucisse [sosis] n. f. (du lat. *salcicius,* assaisonné de sel). Boyau rempli de viande de porc hachée et assaisonnée. ‖ *Fam.* Ballon captif, d'observation ou de protection antiaérienne. ● *Ne pas attacher ses chiens avec des saucisses,* être ladre, avare.

saucisson n. m. (ital. *salsiccione*). Grosse saucisse, crue ou cuite, fortement assaisonnée. ‖ Charge de poudre ayant la forme d'un long rouleau.

saucissonner v. i. *Fam.* Prendre un repas froid sur le pouce.

Sauerland (*le*), région de l'Allemagne occidentale, au sud de la Ruhr.

sauf [sof], **sauve** [sov] adj. (lat. *salvus*). Sauvé, tiré d'un péril de mort : *avoir la vie sauve.* ‖ Qui n'est point atteint : *l'honneur est sauf.*

sauf prép. (lat. *salvus,* intact). Sans blesser, sans porter atteinte à : *sauf votre respect.* ‖ A la réserve de : *sauf erreur ; sauf avis contraire.* ‖ Hormis, excepté : *vendre tout, sauf la maison.* ‖ — **Sauf que** loc. conj. Excepté que.

sauf-conduit n. m. Permission donnée par une autorité d'aller en quelque endroit, d'y séjourner quelque temps et de s'en retourner librement, sans crainte d'être arrêté : *solliciter un sauf-conduit.* ‖ Pl. des *sauf-conduits.*

sauge [soʒ] n. f. (lat. *salvia ;* de *salvus,* sauf). Plante dont on cultive une espèce à fleurs rouges ornementales. (La *sauge officinale,* à fleurs violettes, a des propriétés toniques.) [Famille des labiacées.] (V. illustr. FLEURS.)

Saugor. V. SĀGAR.

saugrenu [sogrəny], **e** adj. (lat. *sal,* sel, et *grain*). Absurde ; d'une bizarrerie ridicule : *question saugrenue.*

Saugues (43170), ch.-l. de c. de la Haute-Loire (arr. du Puy) ; 2 750 h. (1 319 aggl.).

Sauguet (Henri), compositeur français, né à Bordeaux en 1901. Il est l'auteur de ballets (*les Forains,* 1945 ; *la Rencontre,* 1948), d'opéras (*la Chartreuse de Parme,* 1939) et d'œuvres pour piano.

Saujon (17600), ch.-l. de c. de la Charente-Maritime (arr. de Saintes) ; 3 801 h. Station hydrominérale pour les affections fonctionnelles du système nerveux.

Saül, né à Gabaa, premier roi des Hébreux (v. 1035-v. 1015 av. J.-C.). Désigné par Samuel, il affermit la royauté, combattit les Philistins et les Amalécites. Vaincu par les Philistins à Gelboé, il se donna la mort. Son gendre David lui succéda.

saulaie [solɛ] ou **saussaie** [sosɛ] n. f. Lieu planté de saules.

saule [sol] n. m. (empr. au francique). Arbre ou arbrisseau à feuilles lancéolées, vivant près de l'eau. (On en connaît environ 160 espèces, parmi lesquelles il faut citer : le *saule pourpre* ou *osier rouge ;* le *saule des vanniers* ou *osier blanc ;* le *saule blanc,* très commun dans les régions tempérées, où on le taille en têtard ; le *saule de Babylone* ou *saule pleureur.*) [Famille des salicacées.]

saulée n. f. Rangée de saules.

Saulieu (21210), ch.-l. de c. de la Côte-d'Or (arr. de Montbard) ; 3 549 h. L'église Saint-Andoche (XIIe-XIVe s.) possède de beaux chapiteaux sculptés et renferme le sarcophage du saint (IVe s.). Une salle de musée est réservée au sculpteur Pompon, né à Saulieu (1855).

Sault [so] (84390), ch.-l. de c. de Vaucluse (arr. de Carpentras) ; 1 345 h. (847 aggl.).

Sault-Sainte-Marie, nom de deux villes jumelles : l'une canadienne, de l'Ontario (74 600 h.) ; l'autre américaine, du Michigan (19 000 h.), situées sur la *rivière Sainte-Marie.* Métallurgie. — Le *canal de Sault-Sainte-Marie* relie le lac Supérieur au lac Huron.

Saulx [so] (70240), ch.-l. de c. de la Haute-Saône (arr. de Lure) ; 514 h.

Saulxures-sur-Moselotte [sosyr-] (88290), ch.-l. de c. des Vosges (arr. d'Epinal) ; 3 928 h. (2 760 aggl.) [*Saulxurons*]. Coton.

Phot. Giraudon, Roy.

Saulzais-le-Potier [sozɛ-] (18360), ch.-l. de c. du Cher (arr. de Saint-Amand-Mont-Rond) ; 621 h. (260 aggl.).

Saumaise (Claude), érudit français, né à Semur-en-Auxois (1588-1653). Il fit sa réputation de philologue à Leyde.

saumâtre [somɑtr] adj. (du lat. *salmacidus*). D'un goût approchant celui de l'eau de mer : *des eaux saumâtres.* || *Fig.* Amer, difficile à admettre : *plaisanterie saumâtre.*

saumon [somɔ̃] n. m. (lat. *salmo, salmonis*). Poisson voisin de la truite, à chair estimée, atteignant jusqu'à 1,50 m de long.
— Encycl. Les jeunes *saumons,* ou tacons, vivent deux ans dans les cours d'eau, puis, poursuivant leur croissance en mer pendant plusieurs années, ils remontent enfin les fleuves pour se reproduire et pondent près des sources en décembre.

saumoné, e adj. Se dit des poissons à la chair rosée, comme celle du saumon : *truite saumonée.*

saumoneau n. m. Petit saumon.

Saumur (49400), ch.-l. d'arr. de Maine-et-Loire, au confluent du Thouet et de la Loire ; 23 175 h. (*Saumurois*). Vins blancs mousseux. Textiles. — L'arr. a 10 cant., 120 comm., 125 423 h. Saumur est le siège depuis 1946 de l'*Ecole d'application de l'arme blindée et de la cavalerie,* héritière, avec son Cadre noir, des traditions de l'Ecole d'équitation, fondée au XVIIIe s. et transformée en 1825 en Ecole d'application des troupes à cheval. Les élèves officiers de Saumur défendirent héroïquement le passage de la Loire aux Allemands (19-21 juin 1940).
● *Beaux-arts.* La ville conserve un château des XIVe-XVIe s. (musée municipal des arts décoratifs avec belle collection de céramique; musée du cheval), les églises Saint-Pierre (XIIe-XVIIe s.) et Notre-Dame-de-Nantilly (XIIe-XVe s.), riches en tapisseries anciennes, la rotonde de Notre-Dame-des-Ardilliers (XVIIe s.), un hôtel de ville du début du XVIe s., de vieilles maisons.

saumurage n. m. Action de mettre des matières alimentaires dans la saumure.

saumure [somyr] n. f. (lat. *sal,* sel, et *muria,* saumure). Préparation liquide salée, dans laquelle on conserve des viandes, des poissons ou des légumes. || Eau salée concentrée qu'on évapore pour en retirer le sel.

saumuré, e adj. Mis dans la saumure.

saumurer v. t. Mettre dans la saumure.

sauna [sona] n. m. Bain de chaleur sèche et de vapeur, d'origine finlandaise. || Etablissement où l'on prend ces bains.

saunage n. m. ou **saunaison** n. f. Fabrication et vente du sel. ● *Faux saunage,* fabrication ou vente du sel en fraude.

sauner [sone] v. i. (lat. pop. *salinare;* de *sal,* sel). Extraire le sel. || Produire du sel, en parlant des bassins des marais salants.

saunier n. m. (de *sauner*). Ouvrier qui recueille le sel. || Celui qui le vend. ● *Faux saunier,* sous l'Ancien Régime, celui qui se livrait à la contrebande du sel.

saupiquet [sopikɛ] n. m. (lat. *sal,* sel, et *piquer*). Sauce piquante liée au pain ou sauce à l'échalote liée d'un roux. || Sorte de jambon à la crème, spécialité du Nivernais.

saupoudrage n. m. Action de saupoudrer.

saupoudrer [sopudre] v. t. (lat. *sal,* sel, et *poudrer*). Poudrer de sel, de farine, de sucre, etc. : *saupoudrer un gâteau de sucre.* || *Fig.* Parsemer, orner çà et là : *saupoudrer son discours de citations latines.*

saupoudreuse n. f. Flacon servant à saupoudrer.

saur [sɔr] adj. (empr. à l'anc. néerl.). Salé, puis séché à la fumée : *hareng saur.*

saurage n. m. Syn. de SAURISSAGE.

saurer v. t. (de *saur*). Assurer la conservation par fumage, avec de la saumure et de l'huile.

sauret adj. Syn. de SAUR.

Sauria (Charles), inventeur français, né à Poligny (1812-mort complètement ignoré et dans la plus grande misère). On doit le considérer comme le premier à avoir imaginé les allumettes chimiques, car son expérience de 1831 paraît être l'origine de l'invention, présentée en 1832 par le Wurtembergeois Kammerer, des allumettes dites « à la Congreve ».

sauriens [sɔrjɛ̃] n. m. pl. (du gr. *saura,* lézard). Ordre de reptiles comprenant les *lézards,* les *orvets,* les *caméléons,* etc. || Sing. un *saurien.*

saurin n. m. Hareng nouvellement sauré.

sauripelviens n. m. pl. V. DYNOSAURIENS.

sauris n. m. Saumure qui a servi à caler des harengs dans les caques.

saurissage n. m. Action de saurer.

saurisseur n. et adj. m. Ouvrier qui fait le saurissage.

saussaie n. f. Syn. de SAULAIE.

Saussure (Horace Bénédict DE), naturaliste et physicien suisse, né à Conches, près de Genève (1740-1799). Il entreprit de nombreux voyages botaniques et géologiques, et effectua la deuxième ascension du mont Blanc (1787). Il inventa l'hygromètre à cheveu et posa les premiers principes de la météorologie rationnelle. — Son

Ferdinand de Saussure

arrière-petit-fils FERDINAND, né à Genève (1857-1913), est l'auteur d'un *Cours de linguistique générale* (1916) qui joua un rôle déterminant dans l'évolution de la linguistique moderne.

saut [so] n. m. (lat. *saltus*). Action de sauter : *saut en longueur, en hauteur, à la perche, etc.* || Mode de déplacement ou de locomotion des animaux terrestres consistant à se lancer en avant et vers le haut de façon à perdre momentanément tout contact avec le sol. (V. *encycl.*) || Chute d'eau dans le courant d'une rivière : *le saut du Doubs.* || *Fig.* Passage brusque et sans degrés intermédiaires : *la nature procède parfois par sauts.* || Dans un calculateur électronique, modification de la séquence normale des instructions d'un programme. ● *Au saut du lit,* au sortir du lit. || *Faire le saut,* se déterminer à prendre un parti ; se déshonorer, se laisser séduire, en parlant d'une femme. || *Faire un saut chez quelqu'un,* y passer un court moment. || *Saut de chat* (Chorégr.), v. CHAT. || *Saut en hauteur,* épreuve d'athlétisme consistant à franchir la plus grande hauteur possible. || *Saut en longueur,* épreuve d'athlétisme consistant à franchir la plus grande longueur possible. || *Saut à la perche,* saut en hauteur où l'athlète s'aide d'une perche. || *Saut périlleux,* saut qu'exécutent les acrobates quand le corps fait un tour entier en l'air. || *Triple saut,* épreuve de saut en longueur où le concurrent doit parcourir la plus grande distance en trois sauts.
— Encycl. Dans la plupart des cas (kangourou, grenouille, sauterelle, puce), le *saut* est obtenu par un brusque dépliement des longues pattes postérieures ; l'amortissement lors de la réception sur le sol se fait de façon variable. Chez le taupin (insecte coléoptère), c'est un brusque mouvement de l'abdomen qui produit le saut. Il arrive que le saut serve seulement à l'envol (criquet adulte) ou que l'on appelle *saut* une chute ralentie par une membrane alaire (galéopithèque, polatouche, serpent chrysopélée, etc.). Lorsque le déplacement normal est constitué par une suite de sauts, ceux-ci sont plutôt appelés des *bonds.*

saut-de-lit n. m. Peignoir du matin. || Pl. des *sauts-de-lit.*

saut-de-loup n. m. Fossé profond, sans talus, pour défendre l'entrée d'une propriété sans borner la vue. || Pl. des *sauts-de-loup.*

saut-de-mouton n. m. Passage d'une voie par-dessus une autre voie de même nature (route, chemin de fer, canal) pour éviter les traversées à niveau dans un croisement. || Pl. des *sauts-de-mouton.*

saute n. f. Changement brusque : *saute de vent ;* et, au *fig. : avoir des sautes d'humeur.*

sauté [sote] n. m. Aliment cuit à feu vif avec un corps gras dans une sauteuse ou une poêle.

saute-mouton n. m. inv. Jeu dans lequel les joueurs sautent alternativement les uns par-dessus les autres.

sauter [sote] v. i. (lat. *saltare,* danser). S'élever de terre avec effort, ou s'élancer d'un lieu dans un autre : *sauter de haut en bas.* || Etre détruit par une explosion ; voler en éclats : *la poudrière a sauté.* || S'élancer et saisir avec vivacité : *sauter au collet, à la gorge de quelqu'un.* || *Fig.* Parvenir d'une classe inférieure à une autre plus élevée sans passer par les degrés intermédiaires : *sauter de troisième en première.* ● *Faire sauter* ou, transitiv., *sauter,* faire cuire à feu vif, avec du beurre ou de la graisse, un mets, en le faisant sauter de temps en temps pour l'empêcher d'attacher : *faire sauter un poulet ; pommes de terre sautées.* || *Faire sauter la cervelle à quelqu'un,* le tuer d'un coup de pistolet à la tête. || *Faire sauter la coupe,* remettre adroitement un jeu de cartes dans l'état où il était avant qu'on eût coupé. || *Faire sauter quelqu'un,* lui faire perdre sa place. || *Faire sauter un vaisseau,* mettre le feu aux poudres. || *Sauter aux nues, au plafond* (Fam.), se mettre en colère ; être fort surpris. || *Sauter d'un sujet à l'autre,* passer brusquement d'une chose à une autre. || — V. t. Franchir : *sauter un fossé.* || *Fig.* Omettre, soit en lisant, soit en écrivant : *sauter un mot.*

sautereau [sotro] n. m. Petite tige de bois supportant le bec de plume qui vient griffer la corde correspondant à la touche d'un clavecin. (Les sautereaux glissent à travers des rainures percées dans le sommier de l'instrument.)

sauterelle [sotrɛl] n. f. (de *sauter*). Insecte ordinairement vert, à pattes postérieures sauteuses, possédant une tarière chez la femelle. (On confond souvent *sauterelle* et *criquet* : tous deux appartiennent aux orthoptères, mais les criquets sont plutôt gris ou bruns et n'ont jamais de tarière.) || Fausse équerre formée d'une tige et d'une lame, permettant de relever et de reporter un angle quelconque, de tracer des parallèles obliques par rapport au bord de la pièce. || Appareil de manutention mobile, constitué par un châssis monté sur roues et équipé d'une bande transporteuse sans fin. || Mode d'attache des chaînes, cordes, bat-flanc d'écurie, etc., qui peut se défaire automatiquement.

sauterie n. f. *Fam.* Petite soirée dansante.

sauternes [sɔ- *ou* sotɛrn] n. m. Vin blanc liquoreux récolté dans la région de Sauternes. (Le sauternes est préparé à partir de raisins très mûrs, envahis par la « pourriture noble » [*Botrytis cinerea*], parfois cueillis grain par grain.)

Sauternes (33118), comm. de la Gironde (arr. de Langon) ; 582 h. (*Sauternais*). Vins blancs.

saute-ruisseau n. m. inv. *Fam.* Dans les études d'avoués, de notaires, jeune clerc qui fait des courses (vx).

sauteur, euse n. et adj. Athlète spécialisé dans les épreuves de saut : *sauteur en hauteur.* || Cheval dressé à exécuter différents sauts. || Orthoptère qui a les pattes postérieures propres au saut : *la sauterelle est un orthoptère sauteur.* || *Fam.* Personne à l'esprit changeant, sur qui l'on ne peut compter.

sauteuse n. f. Casserole à bords bas, pour faire sauter la viande.

sautillant, e adj. Qui sautille : *animal sautillant.*

sautillement n. m. Action de sautiller.

sautiller [sotije] v. i. Avancer par petits sauts, comme les oiseaux.

sautoir n. m. Disposition de deux objets mis l'un sur l'autre de manière à former une espèce d'X ou de croix de Saint-André : *deux épées en sautoir sur un cercueil.* || Chaîne d'orfèvrerie que les femmes portent comme un collier descendant sur la poitrine. || Aire sur laquelle un sauteur prend son élan et se reçoit. || *Hérald.* Pièce honorable, formée par une barre et par une bande réunies. ● *Porter un ordre en sautoir,* en passer le ruban ou le cordon en forme de collier tombant en pointe sur la poitrine.

sauvage [sovaʒ] adj. (du lat. *silvaticus ;* de *silva,* forêt). Qui n'est point apprivoisé : *animaux sauvages.* || Qui vient sans culture : *chicorée sauvage.* || Désert, inculte : *site sauvage.* || *Fig.* Qui a quelque chose de rude, de violent : *haine sauvage.* || Qui se développe en dehors des règles, des processus habituels : *les organisations syndicales cherchent à limiter les grèves sauvages.* || — Adj. et n. Qui n'est point civilisé : *peuplade sauvage ; les sauvages.* || *Fig.* Qui fuit la société, qui aime à vivre seul : *homme fort sauvage.*

Sauvage (Frédéric), savant français, né à Boulogne-sur-Mer (1786-1857). En 1812, il eut l'idée d'appliquer à la propulsion des navires l'hélice à spirale entière, que le constructeur havrais Augustin Normand imagina de fractionner en trois branches pour lui donner sa forme actuelle.

sauvagement adv. De façon sauvage.

sauvageon [-ʒɔ̃] n. m. Plant d'arbre qui n'a pas été greffé. || *Fig.* Jeune garçon sauvage, farouche. (Il existe en ce sens un féminin, *sauvageonne.*)

saumon franchissant un barrage

sauterelle

Phot. Jullien, Frank W. Lane - Rapho, Kurt Klein - Atlas-Photo.

sauvagerie n. f. Férocité, cruauté : *la sauvagerie de la guerre.* ‖ Caractère de celui qui ne peut souffrir la société.

sauvagesse n. f. Nom donné quelquefois aux femmes sauvages (vx).

sauvagin, ine adj. et n. m. Se dit du goût et de l'odeur de quelques oiseaux de mer, d'étang, de marais.

sauvagine n. f. Nom collectif des oiseaux qui ont le goût de sauvagin. ‖ Peau de bête sauvage métropolitaine non apprêtée (renard roux, rat musqué, etc.).

Sauve (30610), ch.-l. de c. du Gard (arr. du Vigan); 1 328 h. Bonneterie.

sauvegarde [sovgard] n. f. (de *sauf* et *garde*). Protection accordée par une autorité : *les lois sont la sauvegarde de la liberté.* ‖ *Fig.* Ce qui sert de garantie, de défense : *son obscurité lui servit de sauvegarde contre la proscription.* ‖ Corde, chaîne qui empêche le gouvernail ou tout autre objet de tomber à la mer.

sauvegarder v. t. (de *sauf* et *garder*). Protéger, défendre : *sauvegarder sa réputation.*

sauve-qui-peut n. m. inv. Désarroi où chacun se sauve comme il peut : *le fatal sauve-qui-peut de Waterloo.* (Mais on écrit : *le cri de « sauve qui peut » se fit entendre.*)

sauver [sove] v. t. (lat. *salvare*). Tirer du péril : *sauver quelqu'un du naufrage.* ‖ Rendre la santé : *sauver un malade.* ‖ Procurer le salut éternel : *Jésus est venu pour sauver tous les hommes.* ‖ Conserver intact : *sauver son honneur.* ‖ Pallier, masquer ce qui est défectueux : *la forme de ce livre en sauve le fond.* ‖ **— Se sauver** v. pr. Fuir : *se sauver à toutes jambes.* ‖ S'échapper : *se sauver de prison.* ‖ Assurer son salut éternel : *travailler à se sauver.*

sauvetage n. m. Action de tirer d'un péril et de mettre en sûreté les personnes ou les choses en danger. ● *Bateau de sauvetage,* embarcation insubmersible qui porte secours aux naufragés. ‖ *Ceinture de sauvetage,* appareil qui permet de flotter sur les eaux.

sauveté [sovte] n. f. (de *sauf* adj.). Bourgade rurale créée dans le midi de la France au Moyen Age. ● *Cellule de sauveté* (Apic.), alvéole agrandi par les ouvrières pour l'élevage d'une reine de sauveté. ‖ *Reine de sauveté,* abeille élevée spécialement par les ouvrières à partir d'une larve naissante, et destinée à remplacer une reine morte.

Sauveterre-de-Béarn (64390), ch.-l. de c. des Pyrénées-Atlantiques (arr. d'Oloron-Sainte-Marie); 1 369 h. (912 aggl.). Eglise (XIIe-XIIIe s.).

Sauveterre-de-Guyenne (33540), ch.-l. de c. de la Gironde (arr. de Langon); 1 081 h. (845 aggl.). Bastide.

Sauveterre-de-Rouergue (12800 Naucelle), ch.-l. de c. de l'Aveyron (arr. de Rodez); 964 h. (*Sauveterrats*).

sauveteur adj. et n. m. Qui prend part, qui est employé à un sauvetage.

sauvette (à la) loc. adv. A la hâte, comme en se sauvant (se dit des marchands ambulants qui vendent sur la voie publique sans autorisation). ‖ *Fam. : liquider une question à la sauvette.*

sauveur n. m. et adj. (lat. *salvator*). Libérateur : *Joseph, sauveur de l'Egypte.* ● *Le sauveur du monde* ou, absol., *le Sauveur,* Jésus-Christ.

Sauveur (Joseph), mathématicien et physicien français, né à La Flèche (1653-1716). Il est le créateur de l'acoustique musicale. Il donna l'explication du phénomène d'ondes stationnaires, imaginant la notion de nœuds et de ventres, et découvrit le phénomène des battements (1700). Il étudia les tuyaux sonores ainsi que les cordes vibrantes et observa l'existence des harmoniques.

Sauxillanges (63490), ch.-l. de c. du Puy-de-Dôme (arr. d'Issoire); 1 193 h. (884 aggl.).

Sauzé-Vaussais (79190), ch.-l. de c. des Deux-Sèvres (arr. de Niort); 1 688 h. (1 206 aggl.).

Savaii, île la plus vaste des Samoa* occidentales.

savamment adv. De façon savante : *disserter savamment d'une question.* ● *J'en parle savamment,* en connaissance de cause.

savane [savan] n. f. (esp. *sabana*). Dans la zone tropicale, formation herbacée recouvrant parfaitement le sol, parfois parsemée d'arbres (*savane arborée, savane-parc*). [V. *encycl.*] ‖ Au Canada, terrain bas, parfois marécageux, caractérisé par l'abondance des mousses et la rareté des arbres.
— ENCYCL. Caractéristique des régions chaudes, où s'opposent une saison humide et une saison sèche, approximativement d'égale longueur, la *savane* est une formation largement répandue, notamment en Afrique boréale (entre 10 et 15° de lat.). Elle a été souvent étendue par le défrichement et l'incendie de la forêt dense qui n'a pu se reconstituer.

Savannah, v. des Etats-Unis (Géorgie), sur le fleuve du même nom, tributaire de l'Atlantique (700 km); 149 200 h. Exportation et industrie du coton.

savant [savɑ̃], **e** [-ɑ̃t] adj. (de *savoir*). Qui sait beaucoup : *savant en mathématiques.* ‖ Où il y a de la science, de l'érudition : *livre savant.* ‖ Qui dénote de l'habileté : *la savante retraite de Napoléon.* ● *Animal savant,* animal dressé à certains exercices. ‖ *Femme savante,* femme qui fait un étalage ridicule de sa science. ‖ — N. Celui, celle qui a de la science : *les savants assurent que...*

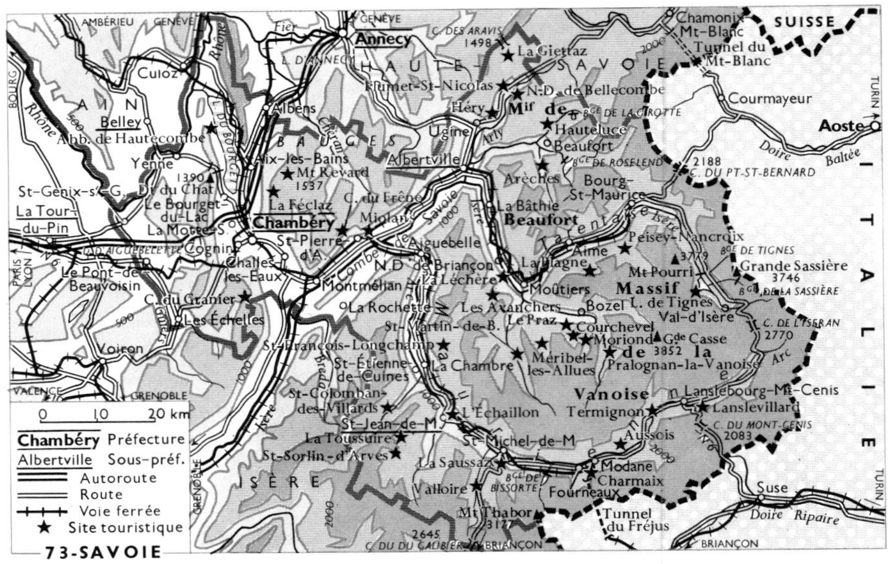

Savard (Félix Antoine), prélat et écrivain canadien d'expression française, né à Québec en 1895. Il a su traduire avec saveur, dans ses romans, l'épopée des paysans canadiens (*Menaud, maître draveur,* 1937; *l'Abatis,* 1943).

savarin [savarɛ̃] n. m. (du nom de *Brillat-Savarin*). Gâteau en pâte levée, imbibé de rhum et souvent couronné de crème.

savart [savar] n. m. (du physicien *Savart*). Unité pratique d'intervalle musical. (Deux sons présentent une différence de hauteur de 1 savart si le logarithme décimal du rapport de leurs fréquences vaut 1/1 000; l'octave représente 301 savarts.)

Savart (Félix), physicien français, né à Mézières (1791-1841). Il étudia les cordes vibrantes et inventa la roue dentée qui porte son nom. En 1820, il a mesuré avec Biot les champs magnétiques créés par les courants.

Savary (Jacques), négociant et économiste français, né à Doué (Anjou) [1622-1690], auteur du *Parfait Négociant,* document important pour l'histoire économique (1675).

Savary (Anne), duc DE ROVIGO, général français, né à Marcq (Ardennes) [1774-1833]. Il se distingua à Ostrołęka et fut ministre de la Police sous le premier Empire. Il est l'auteur de *Mémoires.*

savate [savat] n. f. (anc. provenç. *sabata,* empr. au turc). Vieille pantoufle, soulier usé. ‖ *Fig.* Homme maladroit. ‖ Pièce de bois sur laquelle repose un navire au moment de son lancement. ‖ Sorte de lutte où l'on se sert des pieds et des mains. ● *Traîner la savate* (Fam.), être dans l'indigence; ne rien faire.

Save (la), riv. de Yougoslavie, née dans les Alpes orientales, affl. du Danube (r. dr.) à Belgrade; 940 km.

Save (la), riv. d'Aquitaine, qui descend du plateau de Lannemezan et se jette dans la Garonne (r. g.); 150 km.

Savenay (44260), ch.-l. de c. de la Loire-Atlantique (arr. de Saint-Nazaire); 4 528 h. (3 259 aggl.) [*Savenaisiens*]. En 1793, victoire de Kléber et de Westermann sur les Vendéens.

Saverdun (09700), ch.-l. de c. de l'Ariège (arr. de Pamiers); 4 134 h. (3 007 aggl.).

Saverne (67700), ch.-l. d'arr. du Bas-Rhin, sur la Zorn et le canal de la Marne au Rhin; 10 065 h. (*Savernois*). Château du cardinal de Rohan (XVIIIe s.). Constructions mécaniques. — L'arr. a 6 cant., 134 comm., 79 489 h. — Le *col* ou « trouée » *de Saverne* fait communiquer le plateau lorrain et la plaine de la basse Alsace; alt. 330 m.

savetier n. m. Raccommodeur de vieux souliers (vx).

saveur [savœr] n. f. (lat. *sapor*). Impression que certains corps exercent sur l'organe du goût : *saveur piquante.* ‖ *Fig.* Ce qui flatte le goût, en littérature, en art, etc. : *poésie pleine de saveur.*

Savignac-les-Églises (24420), ch.-l. de c. de la Dordogne (arr. de Périgueux); 625 h. (302 aggl.).

Savigny-sur-Braye (41360), ch.-l. de c. de Loir-et-Cher (arr. de Vendôme); 2 349 h. (1 142 aggl.).

Savigny-sur-Orge (91600), ch.-l. de c. de l'Essonne (arr. de Palaiseau); 32 135 h. (*Saviniens*).

Savines-le-Lac (05160), ch.-l. de c. des Hautes-Alpes (arr. de Gap); 642 h. (450 aggl.). Reconstruit sur un autre site après la formation du lac dû au barrage de Serre-Ponçon. Tourisme.

Savoie, région du sud-est de la France, à la frontière de l'Italie, anc. prov. des Etats sardes; cap. *Chambéry.* Soumise par les Romains, la Savoie fit ensuite partie du royaume des Burgondes, de l'empire de Charlemagne, du royaume de Bourgogne-Provence (888), de l'Empire (1032). Au XIIe s., la Savoie fut intégrée aux Etats de la maison de Savoie. Annexée par la France de 1792 à 1813, elle devint définitivement française en 1860. (Hab. *Savoyards* ou *Savoisiens.*)

Savoie (*dép. de la*) [**73**], dép. des Alpes, formé de la partie sud du duché de Savoie; préf. *Chambéry;* s.-préf. *Albertville, Saint-Jean-de-Maurienne;* 3 arr., 29 cant., 324 comm.; 6 036 km²; 288 900 h. Le dép., montagneux, s'étend d'ouest en est sur : une partie des *Préalpes du Nord* (*Bauges* et *Grande-Chartreuse*), régions d'élevage et d'exploitation forestière; le nord du *Sillon alpin* (*Val d'Arly* et surtout *Combe de Savoie,* où apparaissent les cultures céréalières et fruitières, le tabac); la bande des *massifs centraux* (*Beaufortin*) et la zone intra-alpine (*Vanoise*), ouverte par les vallées de l'Isère supérieure (*Tarentaise*) et de l'Arc (*Maurienne*). L'agriculture, qui emploie le sixième de la population active, a beaucoup reculé devant l'industrie (près des deux cinquièmes de la population active), représentée surtout (en dehors des branches alimentaires et du travail du bois) par l'électrométallurgie (aluminium) et l'électrochimie, et implantée

la savane au Mali

Phot. Naud - Afrique-Photo.

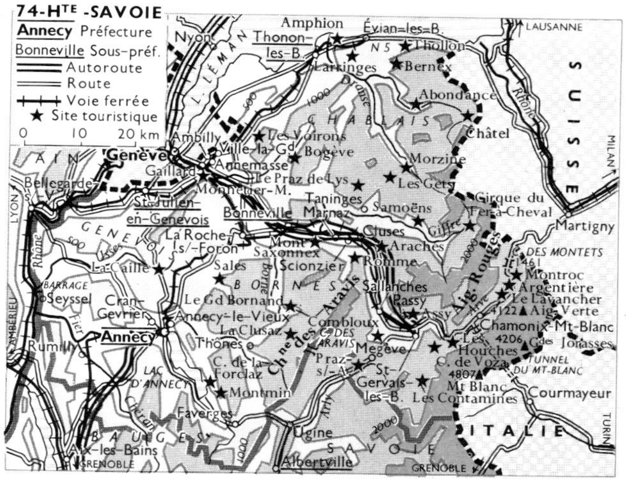

en Tarentaise et principalement en Maurienne, à proximité des aménagements hydro-électriques (Malgovert, Roselend-La Bâthie). Le tourisme, très actif, anime le pourtour du lac du Bourget (Aix-les-Bains) et surtout la haute montagne (stations de sports d'hiver de Tignes, Courchevel, Val-d'Isère, etc.).

Savoie (*dép. de la* **Haute-**) [**74**], dép. des Alpes, formé de la partie nord du duché de Savoie; préf. *Annecy;* s.-préf. *Bonneville, Thonon-les-Bains, Saint-Julien-en-Genevois;* 4 arr., 33 cant., 307 comm.; 4 392 km²; 378 550 h. Le dép. s'étend à l'est sur une partie des *massifs centraux alpins* (*massif du Mont-Blanc,* portant le point culminant de la chaîne, 4 807 m). A l'ouest, il occupe l'extrémité septentrionale des *massifs préalpins* du nord (*Chablais* et *Bornes*), régions d'élevage, ouvertes par les vallées du Fier (*cluse d'Annecy*), de l'Arve et du Giffre (*Faucigny*), où apparaissent les cultures céréalières et les vergers. L'industrie emploie plus des deux cinquièmes de la population active (le septième dans l'agriculture). Aux branches traditionnelles (horlogerie, travail du bois, produits alimentaires) se sont ajoutées des activités modernes (roulements à billes, décolletage, électrométallurgie), parfois liées à l'hydro-électricité (Passy). Le tourisme tient une place importante, surtout sur les rives du Léman et du lac d'Annecy, dans les hautes vallées de l'Arve et de l'Arly (stations de sports d'hiver de Chamonix-Mont-Blanc, de Megève, etc.).

Savoie (*maison de*), famille qui posséda longtemps la Savoie à titre de comté (XIᵉ s.), puis de duché (1416), gouverna le Piémont, la Sardaigne, et régna sur l'Italie jusqu'en 1946.

savoir [savwar] v. t. (lat. *sapere*) [conj. **32**]. Connaître : *ne pas savoir son chemin.* ‖ Etre instruit dans quelque chose; posséder un art, un métier : *savoir l'anglais.* ‖ Etre exercé à : *savoir commander.* ‖ Avoir dans la mémoire : *savoir sa leçon.* ‖ Etre informé de : *savoir un secret.* ‖ Avoir le pouvoir, le moyen de : *je ne saurais flatter.* ‖ Prévoir : *nous ne pouvons savoir ce qui nous attend.* ● *Je ne sache pas que,* je ne suis pas informé que. (Forme qui ne s'emploie qu'à la première personne du singulier; c'est un ancien subjonctif.) ‖ *Que je sache,* d'après ce que je sais. ‖ *Savoir vivre,* connaître les convenances. ‖ *Un je-ne-sais-qui,* personne peu connue ou peu considérée. ‖ *Un je-ne-sais-quoi,* quelque chose d'indéfinissable. ‖ — V. i. Avoir de l'expérience : *si jeunesse savait.* ‖ Etre sûr : *si je savais, je...* ‖ **— A savoir, savoir** loc. adv. qui marquent une énumération : *il y a dix cas, savoir...* ‖ **— A savoir que** loc. conj. qui introduit une explication.

savoir n. m. Ensemble des connaissances acquises, érudition : *homme de grand savoir.*

savoir-faire n. m. inv. Habileté à faire réussir ce qu'on entreprend.

savoir-vivre n. m. inv. Connaissance et pratique des usages du monde : *les règles du savoir-vivre.*

savoisien [savwazjɛ̃], **enne** [-ɛn] adj. et n. V. SAVOYARD.

savon [savɔ̃] n. m. (lat. *sapo*). Produit obtenu par l'action d'un alcali sur un corps gras, et servant au nettoyage ainsi qu'au blanchissage. (V. *encycl.*) ‖ Un pain de cette matière. ‖ *Fam.* Verte réprimande : *passer un savon à quelqu'un.* ● *Bulle de savon,* bulle transparente, irisée, que l'on produit en soufflant dans de l'eau chargée de savon.

— ENCYCL. Les produits les plus couramment utilisés sous le nom de *savons* sont constitués par des sels de sodium ou de potassium d'acides gras, sels qui sont hydrosolubles. Néanmoins, il existe des savons insolubles, d'usages divers, où le sodium ou le potassium sont remplacés par un métal tel que le plomb ou le calcium. La fabrication des savons les plus habituellement employés s'effectue à partir des graisses naturelles d'origine animale ou végétale, ou bien elle met en œuvre directement des acides gras déjà libérés. Graisses ou acides gras, soumis à l'action de la soude ou de la potasse, conduisent à la formation du savon. L'utilisation de la soude donne les savons durs, celle de la potasse les savons mous. Les procédés anciens de fabrication étaient discontinus : ils comportaient généralement, à partir de l'utilisation des graisses, quatre phases principales (empâtage, relargage, cuisson, liquidation), que suivaient la solidification, le découpage et le moulage. Depuis 1934, différents procédés en continu se sont très largement développés et ont transformé les schémas de production industrielle.

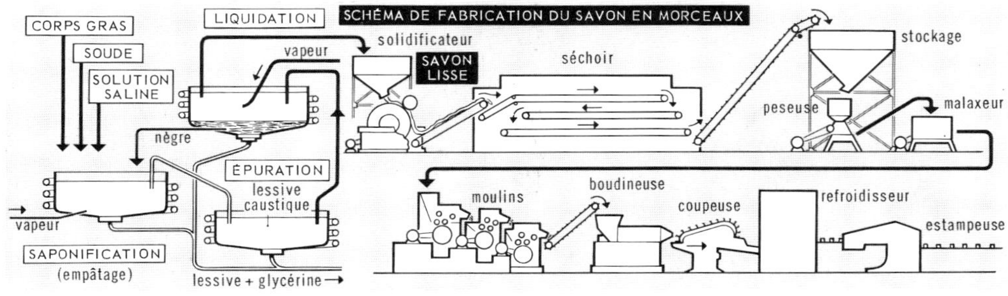

saxifrage

Savonarole
par Fra Bartolomeo
musée Saint-Marc, Florence

Savonarole (Jérôme), en ital. **Girolamo Savonarola,** dominicain italien, né à Ferrare (1452-1498). Austère partisan d'une réforme profonde de l'Eglise, il connut les faveurs du peuple quand il devint prieur du couvent San Marco à Florence (1491). Prédicateur et prophète à la parole ardente et vengeresse, il essaya d'établir à Florence une Constitution moitié théocratique, moitié démocratique. Excommunié par Alexandre VI, qu'il avait nommément accusé, il s'insurgea contre la papauté. Violemment combattu à Florence même, il fut condamné, pendu et brûlé.

Savone, port d'Italie (Ligurie), sur le golfe de Gênes; 78 000 h. Sidérurgie et chimie.

savonnage n. m. Lavage, nettoyage au savon.

savonner v. t. Nettoyer, blanchir avec du savon. ‖ Couvrir de mousse de savon. ‖ *Fam.* Réprimander vertement.

savonnerie n. f. Etablissement industriel où l'on fabrique le savon. ‖ Tapis de la manufacture établie à la Savonnerie. (V. art. suiv.)

Savonnerie (la), anc. manufacture française de tapis, créée en 1604 et transférée en 1627 à Chaillot dans une ancienne savonnerie. En 1712, Louis XIV lui accorde les mêmes privilèges qu'aux Gobelins, auxquels elle est réunie en 1826. Les plus belles pièces furent tissées au XVIIᵉ s. (cartouches encadrés de rinceaux fleuris).

savonnette n. f. Savon parfumé pour la toilette. ● *Montre à savonnette,* montre dont le cadran est recouvert d'un couvercle muni d'un ressort.

savonneux, euse adj. Qui contient du savon : *eau savonneuse.* ‖ Mou et onctueux comme le savon : *argile savonneuse.*

savonnier, ère adj. Relatif au savon, à sa fabrication ou à son commerce : *industrie savonnière.*

savonnier n. m. Fabricant de savon. ‖ Genre de sapindacées des Antilles, dont l'écorce et les fruits, riches en saponine, sont utilisés pour dégraisser les étoffes.

Savorgnan de Brazza. V. BRAZZA.

savourer [savure] v. t. (de *saveur*). Goûter lentement, avec attention et plaisir : *savourer une tasse de café.* ‖ *Fig.* Jouir avec délices de : *savourer les honneurs.*

savoureusement adv. En savourant : *boire savoureusement.*

savoureux, euse adj. Qui a une saveur agréable : *mets très savoureux.* ‖ *Fig.* Que l'on goûte avec grand plaisir : *plaisanterie savoureuse.*

savoyard [savwajar], **e** [-ard] adj. et n. De la Savoie : *la population savoyarde.* (On dit aussi SAVOISIEN, ENNE.)

Sax (Antoine Joseph, dit **Adolphe**), flûtiste et facteur d'instruments de musique d'origine belge, né à Dinant (1814-1894). Après avoir cherché à créer des instruments intermédiaires par leur timbre et leur sonorité entre les bois et les cuivres, il imagina le *saxophone* (1845).

saxe [saks] n. m. Porcelaine de Saxe : *un service de vieux saxe.*

Saxe, région de l'Allemagne orientale, s'étendant sur le versant nord-ouest de l'Erzgebirge* et sur son avant-pays, région agricole, parsemée de grands centres urbains (Leipzig, Dresde, Karl-Marx-Stadt, Zwickau), où, nées souvent de l'extraction du sel et surtout du lignite, la chimie et la métallurgie se sont ajoutées aux traditionnelles industries textiles. — Le nom de *Basse-Saxe* désigne un Etat de l'Allemagne occidentale, sur la mer du Nord (6 982 000 h.; cap. *Hanovre*), à prépondérance agricole, malgré la présence de gisements de fer, de pétrole et de potasse.

● *Histoire.* Au point de vue historique, la Saxe fut un duché dès le IXᵉ s. Le duc Henri l'Oiseleur fonda la dynastie saxonne qui occupa le trône impérial de 962 à 1024. En 1260, le duché fut partagé en deux : la dignité électorale fut attribuée à la lignée de Saxe-Wittenberg en 1356. En 1485, un nouveau partage provoqua la formation des branches Ernestine et Albertine. De 1697 à 1763, les électeurs de Saxe (branche Albertine) furent en même temps rois de Pologne. Royaume de 1806 à 1918, la Saxe devint ensuite république. La branche Ernestine de Saxe se morcela en de multiples maisons, dont les principales sont : la *principauté de Saxe-Cobourg-et-Gotha* (1826-1920), le *duché de Saxe-Meiningen* (1826-1920), le *duché* (1741-1815), puis *grand-duché de Saxe-Weimar-Eisenach* (1815-1918).

Saxe (Maurice, *comte* DE). V. MAURICE DE SAXE.

Saxe-Cobourg (Frédéric Josias, *duc* DE), feld-maréchal d'Autriche, né à Cobourg (1737-1815), vainqueur de Dumouriez à Neerwinden (1793), mais vaincu par Jourdan à Fleurus.

Saxe-Weimar (Bernard, *duc* DE), général allemand, né à Weimar (1604-1639). Pendant la guerre de Trente Ans, il succéda à Gustave-Adolphe à la tête de l'armée suédoise; vainqu à Nördlingen (1634), il s'allia à la France.

saxhorn [saksɔrn] n. m. (de *Sax,* nom de l'inventeur, et de l'allem. *Horn,* cornet). Famille d'instruments à vent, en cuivre, à embouchure et à pistons, comprenant les bugles, le tuba, le bombardon. (Seul le tuba est actuellement employé dans l'orchestre comme basse de trombones.) [V. illustr. INSTRUMENTS À VENT*.]

saxicole [saksikɔl] adj. (lat. *saxum,* rocher, et *colere,* habiter). Qui vit ou croît parmi les rochers : *plante saxicole.*

saxifragacées [saksifragase] n. f. pl. Famille de plantes dicotylédones dialypétales, comprenant les saxifrages, les hortensias, les seringas. (On lui rattache parfois les groseilliers et les cassis.)

saxifrage n. f. (lat. *saxum,* rocher, et *frangere,* briser). Genre de plantes herbacées, qui croissent au milieu des pierres, et dont on cultive certaines espèces ornementales.

saxon [saksɔ̃], **onne** [-ɔn] adj. et n. De la Saxe ou du peuple germanique des Saxons.

Saxons, peuples germaniques qui habitaient la Frise et les pays de l'embouchure de l'Elbe. Au Vᵉ s., ils

Phot. Alinari-Viollet, Popper - Atlas-Photo.

entreprirent la colonisation du sud de l'île de Bretagne. Charlemagne les soumit définitivement en 797 et leur imposa le christianisme.

saxophone [saksɔfɔn] n. m. (de *Sax,* nom de l'inventeur, et gr. *phônê,* voix). Famille d'instruments à vent, en cuivre, à anche simple, munis d'un bec de clarinette et d'un mécanisme de clefs semblable à celui du hautbois. (Cette famille comprend 7 modèles : sopranino, soprano, alto, ténor [le plus employé], baryton, basse et contrebasse. Les compositeurs l'intègrent couramment à l'orchestre. Dans la musique de jazz, il est l'instrument favori des solistes.) [V. illustr. INSTRUMENTS À VENT*.]

Say (Jean-Baptiste), économiste français, né à Lyon (1767-1832). Auteur du premier *Traité d'économie politique* (1803), il est considéré comme un vulgarisateur d'Adam Smith. Il a publié de nombreux ouvrages, dont un *Cours complet d'économie politique pratique.* — Son petit-fils LÉON, homme politique et économiste, né à Paris (1826-1896), ministre des Finances (1872-1873 ; 1875-1879), lutta contre le protectionnisme et le socialisme. (Acad. fr.)

Saydā ou **Saïda,** anc. **Sidon,** port du Liban, sur la Méditerranée ; 22 000 h. Archevêchés catholiques (rites maronite et grec). Ruines de fortifications. Poste de chargement du pétrole acheminé par pipe-line depuis l'Arabie.

saynète [sɛnɛt] n. f. (esp. *sainete,* morceau délicat). Petite pièce comique du théâtre espagnol. ‖ En France, courte pièce, de sujet anodin, qui ne compte que quelques scènes et quelques personnages. (Le mot est tombé en désuétude ; aujourd'hui, on dit plus couramment SKETCH.)

sayon [sɛjɔ̃] n. m. Sorte de casaque de guerre des Romains, des Gaulois et des soldats du Moyen Age.

Sb, symbole chimique de l'*antimoine* (en lat. *stibium*).

sbire [sbir] n. m. (ital. *sbiro*). *Péjor.* Policier.

Sc, symbole chimique du *scandium.*

scabieuse n. f. Plante à fleurs blanches, bleues ou lilas, qu'on utilisait autref. contre les maladies de peau. (Famille des dipsacacées.)

scabieux [skabjø], **euse** [-øz] adj. (du lat. *scabies,* gale). Qui ressemble à la gale : *éruption scabieuse.*

scabreux [skabrø], **euse** [-øz] adj. (du lat. *scaber,* rude). Dangereux, difficile : *entreprise scabreuse.* ‖ Délicat à traiter décemment : *sujets scabreux.*

Scaër (29111), ch.-l. de c. du Finistère (Sud) [arr. de Quimper] ; 7 297 h. (2 849 aggl.). Papeterie.

Scaevola (Mucius). V. MUCIUS SCAEVOLA (Caius).

scaferlati [skafɛrlati] n. m. Tabac ordinaire, coupé demi-fin.

Scala (DELLA) ou **Scaligeri.** V. DELLA SCALA.

scalaire [skalɛr] adj. (du lat. *scala,* échelle). *Math.* Se dit d'une grandeur entièrement définie par sa mesure, en fonction d'une certaine unité, sans égard à sa direction. (Contr. VECTORIEL.) ● *Produit scalaire de deux vecteurs,* produit de leurs longueurs et du cosinus de leur angle : *deux vecteurs orthogonaux ont un produit scalaire nul.*

scalaire n. m. Poisson à corps aplati de 15 cm de long, originaire de l'Amérique du Sud, souvent élevé en aquarium à 25-27 °C. (Les jeunes scalaires sont soigneusement surveillés par leurs parents.)

scalde [skald] n. m. Nom des anciens poètes scandinaves.

scalène [skalɛn] adj. et n. m. (gr. *skalênos,* oblique). *Anat.* Se dit de trois muscles pairs en forme de triangle, tendus de la nuque aux côtes. (Ils prennent naissance sur les apophyses transverses des vertèbres cervicales et se terminent sur les deux premières côtes. Ce sont des muscles inspirateurs.) ‖ *Math.* Se dit d'un triangle dont les trois côtés sont inégaux. (V. illustr. SURFACES* ET VOLUMES.)

Scaliger (Jules-César), en ital. **Giulio Cesare Scaligero,** philosophe et médecin italien, né à Riva del Garda (1484-1558). Après avoir étudié à Bologne et servi dans les troupes autrichiennes et françaises, il suivit Angelo Della Rovere, nommé évêque d'Agen. Erasme ayant attaqué les cicéroniens, Scaliger lui adressa un violent pamphlet (1531). Son œuvre principale est sa *Poétique* (1561), qui pose les principes du classicisme (nécessité des règles, distinction des genres, préoccupations morales). — Son dixième fils, JOSEPH JUSTE, en ital. **Giuseppe Giusto Scaligero,** né à Agen (1540-1609), embrassa le protestantisme et enseigna aux universités de Genève et de Leyde. Il a publié des commentaires d'auteurs latins.

scalp [skalp] n. m. (angl. *scalp,* cuir chevelu). Chevelure détachée du crâne avec la peau, et que les Indiens d'Amérique conservaient comme trophée.

scalpel [skalpɛl] n. m. (lat. *scalpellum ;* de *scalpere,* gratter). Petit couteau d'anatomiste pour inciser et disséquer.

scalper v. t. (lat. *scalpere,* inciser). Détacher la peau du crâne avec un instrument tranchant.

Scamandre ou **Xanthe,** fl. de l'anc. Troade. C'est l'actuel **Menderes.**

Scamozzi (Vincenzo), architecte italien, né à Vicence (1552-1616). Il acheva dans cette ville plusieurs ouvrages de Palladio (la villa Rotonda, le théâtre Olympique). A Venise, il construisit les Nouvelles Procuraties, qui bordent le côté sud de la place Saint-Marc (1584-1611).

J.-B. Say

scandale [skɑ̃dal] n. m. (lat. *scandalum,* piège, obstacle). *Relig.* Occasion de péché où l'on met les autres par l'exemple ou par les paroles : *malheur à ceux par qui le scandale arrive !* ‖ Indignation que produit une action coupable : *au grand scandale des spectateurs.* ‖ Eclat fâcheux que produit un acte honteux : *un scandale financier.* ● *C'est un scandale,* se dit d'une chose qui indigne, qui révolte.

scandaleusement adv. De façon scandaleuse : *vivre scandaleusement.*

scandaleux, euse adj. Qui cause du scandale : *une conduite scandaleuse.*

scandaliser v. t. Porter au mal ; être une cause de péché : *scandaliser un enfant par ses exemples.* ‖ Soulever l'indignation de : *sa conduite scandalise tout le monde.* ‖ — Syn. : BLESSER, CHOQUER, FROISSER, INDIGNER, OFFENSER. ‖ — **Se scandaliser [de]** v. pr. Ressentir de l'indignation.

scander [skɑ̃de] v. t. (lat. *scandere,* lever le pied en mesure). Marquer la quantité ou la mesure des vers grecs, latins, etc. ‖ Souligner fortement : *scander certains passages d'un discours.*

Scanderbeg. V. SKANDER-BEG.

scandinave [skɑ̃dinav] adj. et n. De la Scandinavie.

Scandinavie, nom donné à la partie continentale de l'Europe du Nord, peuplée par les Nordiques, comprenant le Danemark, la Suède et la Norvège (ces deux derniers Etats s'étendant sur la *péninsule scandinave*). Des analogies physiques (géologiques, climatiques, biogéographiques) et humaines (formes d'exploitation du sol) expliquent le fréquent rattachement de la Finlande à la Scandinavie proprement dite.

scandium [skɑ̃djɔm] n. m. Corps simple métallique (Sc), de numéro atomique 21.

Scanie (la), extrémité méridionale et partie la plus fertile de la Suède. V. pr. *Malmö.*

scansion n. f. Action ou façon de scander.

Scapa Flow, rade des Orcades, au nord de l'Ecosse. Base principale de la flotte britannique pendant la Première Guerre mondiale, où la flotte allemande fut rassemblée après l'armistice de 1918 et s'y saborda le 21 juin 1919. La base fut démantelée en 1956.

scaphandre [skafɑ̃dr] n. m. (gr. *skaphê,* barque, et *anêr, andros,* homme). Equipement hermétiquement clos, dans lequel est assurée une circulation d'air au moyen d'une pompe, et dont se revêtent les plongeurs pour travailler sous l'eau. (V. *encycl.*) ● *Scaphandre autonome,* appareil respiratoire individuel, permettant à un plongeur d'évoluer sous les eaux sans aucun lien avec la surface. (V. *encycl.*)

— ENCYCL. Le *scaphandre* classique se compose d'un habit en tissu souple imperméabilisé, qui enveloppe le plongeur des pieds jusqu'au cou, les manches se terminant aux poignets par des joints étanches de manière à laisser les mains libres. Cet habit se raccorde au haut de la poitrine à un plastron métallique terminé par une large collerette, sur laquelle on fixe le casque. Des chaussures à semelles de plomb et deux masses de plomb fixées à la collerette du casque complètent l'équipement du scaphandrier, à la ceinture duquel est attachée une corde dite « corde de sécurité ». L'air envoyé depuis la surface arrive au casque par l'intermédiaire d'un tuyau souple, et un jeu de soupapes commande son admission ainsi que son rejet après expiration. Ce type de scaphandre permet de descendre jusqu'à 80 m, mais la descente et surtout la remontée doivent s'effectuer lentement et par paliers pour éviter les accidents, souvent mortels, que pourraient provoquer les variations trop rapides de pression. Pour les plongées comprises entre 60 et 150 m, on emploie des scaphandres rigides, articulés, équipés de projecteurs et du téléphone, dans lesquels le plongeur n'est plus soumis à la pression de l'eau.

● Le *scaphandre autonome,* dont le premier modèle fut réalisé par le commandant Le Prieur (1926), rend le plongeur complètement indépendant. L'appareil respiratoire, qui est à circuit ouvert, comprend une ou plusieurs bouteilles d'air comprimé, sanglées sur le dos du plongeur et reliées à son masque par l'intermédiaire d'un dispositif détendeur et de tuyaux flexibles. L'équipement comporte en outre des lunettes de plongée, des palmes adaptées aux pieds et, pour les eaux froides, un habit en caoutchouc mousse ajusté au corps. Exposé aux mêmes accidents que le scaphandrier classique, le plongeur autonome est tenu aux mêmes précautions.

scaphandrier n. m. Plongeur muni d'un scaphandre.

scaphite [skafit] n. m. Genre d'ammonites du crétacé, à coquille d'abord spiralée, puis prolongée par une crosse.

scaphoïde [skafɔid] adj. et n. m. (gr. *skaphê,* barque, et *eidos,* forme). Se dit d'un des os du carpe et du tarse.

Scapin, valet de la comédie italienne. Molière l'a introduit dans *les Fourberies de Scapin.*

scalaires

scaphandres

◀ autonomes

▼ spatial

rigide ▶

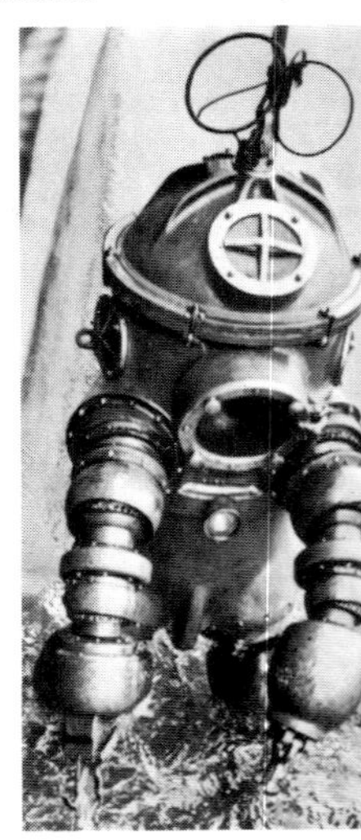

Phot. Larousse, Lauros - Atlas-Photo, U. S. I. S., Unfer-Berlin, France-Reportage.

scapulaire [skapylɛr] n. m. (du lat. *scapula,* épaule). *Relig. cath.* Pièce d'étoffe passée sur les épaules, descendant sur le dos et sur la poitrine, au port de laquelle sont attachés des privilèges spirituels. (On distingue le *grand scapulaire,* porté par les moines, et le *petit scapulaire,* porté par les pieux laïcs.) ‖ — Adj. Relatif à l'épaule : *veine scapulaire.* ● *Ceinture scapulaire,* squelette de l'épaule, formé primitivement de trois os : la clavicule, l'omoplate et la coracoïde. (Chez les mammifères, celle-ci est réduite et se soude à l'omoplate.)

scapulo-huméral, e, aux adj. Qui appartient à l'omoplate et à l'humérus : *périarthrite scapulo-humérale.* ● *Articulation scapulo-humérale,* articulation qui unit la tête de l'humérus à l'omoplate.

scarabée [skarabe] n. m. (lat. *scarabaeus,* empr. au gr.). Nom donné à divers insectes coléoptères voisins du hanneton : *le scarabée sacré se nourrit de bouses.*

scarabéidés n. m. pl. Nombreuse famille d'insectes coléoptères à antennes en lamelles, comprenant notamment le *hanneton,* la *cétoine,* le *scarabée sacré.*

Scaramouche (Tiberio FIORILLI, dit), acteur de la comédie italienne, né à Naples (1608-1694). Il créa un personnage qui tenait du capitan et de l'arlequin, et qui eut un vif succès au Théâtre-Italien de Paris.

Scarborough, v. de Grande-Bretagne (Yorkshire); 42 600 h. Port et station balnéaire sur la mer du Nord.

scare [skar] n. m. (lat. *scarus,* empr. au gr.). Poisson des récifs coralliens, à couleurs variées et brillantes, d'où son nom usuel de *poisson-perroquet.* (Long. 20 à 30 cm.)

scarieux [skarjø], **euse** [-øz] adj. Mince et translucide, en parlant d'organes végétaux.

scarifiage n. m. *Agric.* Action de scarifier, de labourer légèrement le sol avec un scarificateur.

scarificateur n. m. (de *scarifier*). Petit appareil muni de 10 à 12 pointes de lancettes, qui, partant au moyen d'un ressort, font autant d'incisions à la peau. ‖ Instrument qui fend le sol en raies profondes et étroites, pour réaliser un ameublissement grossier.

scarification n. f. *Chir.* Incision superficielle faite avec le scarificateur.

scarifier [skarifje] v. t. (lat. *scarificare,* inciser légèrement). Faire des incisions sur : *scarifier la peau.* ‖ *Agric.* Ameublir le sol au moyen d'un scarificateur.

scarlatine [skarlatin] n. f. (du lat. *scarlatum,* écarlate). Maladie fébrile contagieuse, caractérisée par l'existence de plaques écarlates sur la peau et les muqueuses. — ENCYCL. La *scarlatine* est due à un streptocoque hémolytique et s'observe à tout âge. Après une incubation de 4 jours, une angine, accompagnée d'une fièvre intense, se déclare. L'éruption apparaît 24 ou 48 heures plus tard ; elle est faite de larges plaques rouges d'aspect granité qui s'étendent à tout le corps et parfois aussi à la face, respectant le menton. Vers le 7e ou le 8e jour, lorsque l'éruption a disparu, la desquamation commence ; elle est faite de larges lambeaux et peut se prolonger pendant plusieurs semaines. Simultanément à l'éruption, la langue prend un aspect rouge framboisé et recouvre son état normal vers le 15e jour. Les otites, la néphrite et les rhumatismes sont les complications les plus fréquentes. L'isolement du malade, qui était autrefois de 40 jours, est maintenant réduit à 15 jours si un traitement par les antibiotiques est mis en œuvre.

scarlatiniforme adj. Qui ressemble à la scarlatine.

Scarlatti (Alessandro), compositeur italien, né à Palerme (1660-1725), un des fondateurs de l'école napolitaine, maître de chapelle à la Cour, auteur d'opéras remarquables, de cantates, d'oratorios, de pièces de clavecin, un des créateurs de l'ouverture italienne et de l'*aria da capo.* — Son fils DOMENICO, né à Naples (1685-1757), claveciniste réputé et compositeur, écrivit, outre des opéras, plus de 600 « exercices » ou sonates pour son instrument. Virtuose, il voyagea en Italie, vécut au Portugal et résida vingt-cinq ans à la cour de Madrid. Son art vaut par la truculence du rythme, l'opposition des thèmes, l'harmonie dissonante et l'utilisation totale des possibilités techniques offertes par le clavecin, dont il est, avec Bach et Couperin, l'un des trois grands serviteurs.

scarole [skarɔl] n. f. (du lat. *escariola,* endive). Sorte de chicorée consommée en salade après étiolement des cœurs. (Son synonyme ESCAROLE est de plus en plus abandonné.)

Scarpa (Antonio), anatomiste et chirurgien italien, né à Motta di Livenza (Frioul) [1752-1832]. Il fit des recherches sur les maladies des yeux, les pieds-bots, les anévrismes, l'odorat, les nerfs, les plexus nerveux, les ganglions.

Scarpe (la), riv. du nord de la France, partiellement canalisée, affl. de l'Escaut (r. g.), qui arrose Arras et Douai ; 100 km.

Scarron (Paul), écrivain français, né à Paris (1610-1660). Secrétaire de l'évêque du Mans, il fut, en 1638, atteint de paralysie. Il épousa cependant en 1652 Françoise d'Aubigné, qui devait devenir Mme de Maintenon. Il débuta dans les lettres par des pièces gaillardes, lança la mode du burlesque* (*le Typhon,* 1644 ; *Virgile travesti,* 1648-1652), puis donna des comédies imitées de l'espagnol (*Jodelet,* 1645 ; *Don Japhet d'Arménie,* 1652 ; *l'Ecolier de Salamanque,* 1654) et *le Roman* comique* (1651-1657), peinture savoureuse de la vie de comédiens de campagne.

scat [skat] n. m. (mot amér. signif. *chant* par onomatopée). Style vocal (propre au jazz) où les paroles sont remplacées par des onomatopées.

Domenico **Scarlatti** portrait attribué à Doniago Antonio de Velasco *Alpiorça, Portugal*

Scarron école française du XVIIe s. *musée Tessé, Le Mans*

scatologie [skatɔlɔʒi] n. f. (gr. *skôr, skatos,* excrément, et *logos,* discours). Genre de plaisanterie, de littérature, qui a rapport aux excréments, aux grossièretés.

scatologique adj. Relatif à la scatologie.

scatophile [skatɔfil] adj. (gr. *skôr, skatos,* excrément, et *philos,* ami). Qui vit ou croît sur les excréments.

sceau [so] n. m. (lat. *sigillum ;* de *signum,* marque). Grand cachet employé pour rendre un acte authentique : *le sceau de l'Etat.* ‖ L'empreinte même de ce cachet. ‖ Application du sceau de l'Etat sur un acte : *pièce soumise au sceau.* ‖ Fonction de garde des sceaux : *donner le sceau à quelqu'un.* ‖ *Fig.* Caractère distinctif, marque : *cet ouvrage porte le sceau du génie.* ● *Confier une chose sous le sceau du secret,* à la condition que le secret en sera bien gardé.

sceau-de-salomon n. m. Plante des bois à petites fleurs blanchâtres et à rhizome formé de renflements portant chacun une cicatrice rappelant un sceau. (Famille des liliacées.) ‖ Pl. des *sceaux-de-salomon.*

Sceaux (92330), ch.-l. de c. des Hauts-de-Seine (arr. d'Antony) ; 20 342 h. (*Scéens*). Ville surtout résidentielle. Colbert y construisit un château, où la duchesse du Maine tint une cour brillante au XVIIIe s. ; Il fut remplacé en 1856 par un édifice qui abrite le musée de l'Ile-de-France. Beau parc.

scélérat [selera], **e** [-at] adj. (du lat. *scelus, eris,* crime). Qui a le caractère d'un crime : *actes scélérats.* ‖ De caractère perfide : *conduite scélérate.* ‖ — N. et adj. Personne qui a commis ou qui est capable de commettre des crimes. ‖ Personne à laquelle on reproche une peccadille : *petit scélérat.*

scélératesse n. f. Méchanceté noire, acte de perfidie.

scellage n. m. Action de sceller.

scellement n. m. *Technol.* Action de fixer une pièce dans un trou, à l'aide d'un liant qui s'y durcit. ‖ Partie d'une pièce de serrurerie disposée pour être scellée.

sceller [sele] v. t. (lat. *sigillare*). Appliquer un sceau, le sceau de l'Etat : *sceller un acte à la cire rouge.* ‖ Apposer les scellés sur : *sceller la porte d'un logement.* ‖ Cacheter : *sceller une lettre.* ‖ Effectuer un scellement. ‖ *Fig.* Confirmer : *sceller une promesse de son sang.*

scellés n. m. pl. Ensemble de la bande de papier ou d'étoffe et des deux cachets de cire, revêtus d'un sceau officiel, employés par les juges de paix et les commissaires de police pour empêcher l'ouverture d'un meuble ou d'un local.

scénario [senarjo] n. m. (ital. *scenario ;* de *scena,* scène). Canevas d'une pièce, d'un roman. ‖ Rédaction détaillée des diverses scènes dont un film sera composé. (Se dit aussi, par extension, du DÉCOUPAGE et du SYNOPSIS [v. ces mots].) ‖ Pl. des *scénarios.*

scénariste n. Auteur de scénarios cinématographiques.

scène [sɛn] n. f. (lat. *scaena ;* du gr. *skênê*). Partie d'un théâtre où jouent les acteurs. ‖ Ensemble des décors qui représentent le lieu où se passe l'action : *changement de scène.* ‖ Lieu où est supposée se passer l'action qu'on représente : *la scène est à Rome.* ‖ Art dramatique : *avoir une parfaite connaissance de la scène.* ‖ Subdivision d'un acte : *troisième scène du premier acte.* ‖ *Fig.* Spectacle qui représente quelque chose d'intéressant, d'extraordinaire, d'émouvant : *scène attendrissante.* ‖ Lieu où se passe une action : *la scène du crime.* ‖ *Fam.* Querelle violente : *faire une scène à quelqu'un.* ● *Mettre en scène,* disposer pour la représentation théâtrale ou la prise de vues cinématographiques. ‖ *Mettre sur la scène un événement,* en faire le sujet d'une pièce.

Scènes de la vie de bohème, par Henri Murger (1849), peinture de la vie des artistes et des grisettes.

scénique adj. Relatif à la scène, au théâtre : *art scénique.* ● *Jeux scéniques,* spectacles organisés hors du cadre traditionnel des salles de théâtre, le plus souvent en plein air.

scéniquement adv. Du point de vue de la scène.

scénologie n. f. Art de la scène au théâtre.

scepticisme n. m. Doctrine qui repose sur la suspension du jugement affirmatif ou négatif, surtout en matière métaphysique : *Pyrrhon défendit le scepticisme universel.* ‖ Etat d'esprit de celui qui refuse son adhésion à des croyances ou à des affirmations généralement admises : *accueillir une nouvelle avec scepticisme.*

sceptique [sɛptik] adj. et n. (gr. *skeptikos,* qui observe). Se dit d'une personne qui doute de tout ce qui n'est pas prouvé d'une manière évidente : *esprit sceptique.* (Syn. : INCRÉDULE, INCROYANT, IRRÉLIGIEUX.) ‖ Partisan du scepticisme : *philosophe sceptique.*

sceptiquement adv. De façon sceptique.

sceptre [sɛptr] n. m. (lat. *sceptrum ;* du gr. *skêptron,* bâton). Espèce de bâton de commandement, insigne de la royauté : *le sceptre des rois de France figurait une main.* ‖ *Fig.* La royauté : *ambitionner le sceptre.*

Scève (Maurice), poète français, né à Lyon (1501-1560). Il croit, en 1535, avoir retrouvé dans une église d'Avignon le tombeau de la Laure de Pétrarque et devient célèbre dans la société lettrée de Lyon. Imitant les rhétoriqueurs dans *le Tombeau du Dauphin* (1536) et Clément Marot dans ses *Blasons,* il est le premier à traduire une « expérience poétique » moderne dans les 449 dizains de la *Délie* (1544), une églogue qui exalte la vie solitaire (*la Saulsaye,* 1547) et une épopée sur la chute et la rédemption humaine (*Microcosme,* 1562). Jugée hermétique par ses contemporains, son œuvre apparaît aujourd'hui comme une des plus profondes et des plus accomplies de la poésie française.

Scey-sur-Saône-et-Saint-Albin (70360), ch.-l. de c. de la Haute-Saône (arr. de Vesoul) ; 1 490 h.

Schacht (Hjalmar), financier et homme politique allemand, né à Tingleff (Schleswig) [1877-1970]. Gouverneur de la Banque d'Allemagne de 1924 à 1929, ministre de l'Economie du Reich (1933-1937), il fut acquitté au procès de Nuremberg (1946).

Schaeffer (Pierre), musicien français, né à Nancy en 1910. Chef des services de la recherche de l'O. R. T. F. depuis 1959, il est l'auteur de nombreuses pièces de musique concrète (*4 Etudes,* 1948 ; *Symphonie pour un homme seul,* 1950 ; *Etude aux sons animés,* 1958).

Schaerbeek ou **Schaarbeek,** comm. de Belgique (Brabant), faubourg industriel de Bruxelles ; 121 500 h.

scarabée rhinocéros

scarificateur

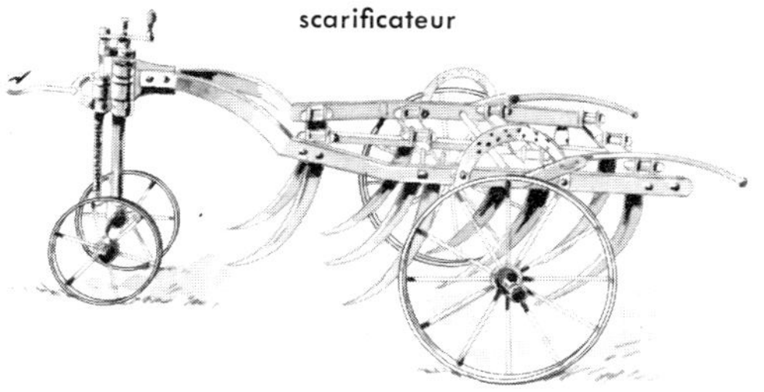

scarabée

scarole

Phot. X., Giraudon, Cassel - Lane - Rapho, Jacques Six, Vilmorin-Andrieux.

Schaffhouse, en allem. **Schaffhausen,** v. de Suisse, ch.-l. du canton du même nom, en amont de l'endroit où le Rhin forme une chute ; 38 000 h. Cathédrale romane, donjon, maisons anciennes. Textiles. Métallurgie.

Schaffhouse (*canton de*), canton du nord de la Suisse ; 72 000 h. Ch.-l. *Schaffhouse.* Situé en majeure partie au nord du Rhin, le canton est une région de plateaux calcaires. Les hommes et les activités se regroupent dans les vallées entaillant ces plateaux (vallée du Rhin notamment, site du chef-lieu).

schako n. m. V. SHAKO.

schappe [ʃap] n. f. Bourre de soie.

Scharnhorst (Gerhard VON), général prussien, né à Bordenau (Hanovre) [1755-1813]. Avec Gneisenau, il réorganisa l'armée prussienne après Tilsit. Il périt à Lützen.

Schaumburg-Lippe, anc. pays d'Allemagne, auj. en Basse-Saxe.

Scheel (Walter), homme d'Etat allemand, né à Solingen en 1919. Libéral, il a été élu président de la République fédérale en 1974.

Scheele (Carl Wilhelm), chimiste suédois, né à Stralsund (1742-1786). Il isola l'hydrogène et l'oxygène, découvrit le chlore (1774), la glycérine (1779) et l'acide cyanhydrique (1782). Il montra que le graphite est du carbone, constata le noircissement du chlorure d'argent à la lumière et découvrit l'adsorption des gaz par le charbon de bois.

Scheffer (Arie, dit **Ary**), peintre français, né à Dordrecht (1795-1858). Il peignit de nombreux tableaux pour la Galerie historique du château de Versailles.

Schefferville, v. du Canada (Québec), dans le Labrador, créée sur les mines de fer de Knob Lake ; 3 100 h.

Schéhérazade (*la sultane*), personnage des *Mille et Une Nuits.* Elle fait au sultan Chāhriyār, son époux, ces récits merveilleux afin de reculer le jour où il doit la faire périr. — Poème symphonique de Rimski-Korsakov (1888).

scheidage [ʃɛdaʒ] n. m. (de l'allem. *scheiden,* séparer). Triage à la main du minerai.

Scheidt (Samuel), compositeur allemand, né à Halle (1587-1654). On lui doit des œuvres de musique vocale et des pages pour clavier (*Tabulatura nova*). Il a été l'un des plus grands organistes de l'Allemagne et a fait profiter ses élèves de sa connaissance de la tradition anglonéerlandaise (fantaisies, ricercari, variations).

Schein (Johann Hermann), compositeur allemand, né à Grünhain (Saxe) [1586-1630], auteur d'une importante œuvre vocale religieuse. Cantor de Saint-Thomas de Leipzig, il a subi très fortement l'influence italienne.

Scheiner (Julius), astrophysicien allemand, né à Cologne (1858-1913). Il inventa un sensitomètre et créa une échelle de mesure des sensibilités des émulsions photographiques.

schelem n. m. V. CHELEM.

Scheler (Max), philosophe allemand, né à Munich (1874-1928), auteur d'importantes analyses phénoménologiques (*Nature et forme de la sympathie,* 1923).

Schelling (Friedrich Wilhelm Joseph VON), philosophe allemand, né à Leonberg (1775-1854). Après des études de philosophie et de théologie à Tübingen (où il fut le condisciple de Hegel) et à Leipzig, il fut notamment professeur à l'université de Munich (1826). En 1841, le roi Frédéric-Guillaume IV l'appela à Berlin, où il professa ses *Leçons sur la philosophie de la mythologie et de la Révélation.* La philosophie de Schelling est une suite de créations géniales et d'intuitions nouvelles, dont le centre est le sentiment romantique de la nature. On peut fixer trois époques dans le développement de sa pensée. La première (*philosophie de l'identité*) va de 1792 à 1799. En apparence simple interprète de Fichte, Schelling prétend le dépasser par l'intuition de la nature et de l'infini. A cette période se rattachent les *Lettres sur le dogmatisme et le criticisme* (1796). La deuxième période (*philosophie de l'esprit*) va de 1800 à 1809. La philosophie de la nature s'approfondit dans une théorie de l'art et de l'intuition esthétique. « L'art est la révélation du divin dans les choses. » A cette période appartiennent le *Système de l'idéalisme transcendantal* (1800), *Philosophie et religion* (1804). La troisième période (*philosophie de la religion et de la mythologie*) va de 1809 à la fin, où Schelling « rationalise » toutes les données de l'existence en les justifiant d'un point de vue théologique.

schéma [ʃema] n. m. (lat. *schema,* manière d'être, du gr. *skhêma*). Dessin ne comportant que les traits essentiels de la figure représentée, afin d'indiquer non sa forme, mais ses relations et son fonctionnement. ‖ Plan d'un ouvrage littéraire, d'un projet d'entreprise. ● *Schéma corporel* (Psychol.), image que chacun se fait de son propre corps. (Elle est élaborée depuis l'enfance à l'aide des sensations proprioceptives, extéroceptives, etc.) [V. *encycl.*] ‖ *Schéma directeur,* programme d'aménagement des villes ou des régions en voie d'urbanisation.
— ENCYCL. *Psychol.* Le *schéma corporel* n'est pas inné, mais il se construit progressivement de la naissance jusque vers 6 ans. Voici les principales étapes de son élaboration :
● De la naissance à 3 mois, les informations fournies par les sens ne sont pas coordonnées (l'intéroception joue toutefois un rôle primordial) ;

Schiller, par Christian Jakob Höflinger
musée de Wiesbaden

● Entre le 3e et le 6e mois, on observe une soudure progressive entre les données intéroceptives et extéroceptives, mais avec un décalage (elle est plus précoce pour les mains que pour les pieds) ;
● Le 8e mois marque une étape importante dans l'évolution de l'enfant. C'est en effet à cette époque que les psychanalystes situent la constitution de l'objet (Spitz) et, parmi ces objets, le sujet lui-même (le schéma corporel). A cette même époque, l'enfant commence à se reconnaître dans l'image que lui renvoie un miroir ;
● Vers 15 mois, l'enfant devient capable de marcher ; le schéma corporel se complète par la conscience de la posture du corps dans le milieu ambiant. L'image d'autrui peut alors être interprétée en fonction du schéma corporel. L'imitation, qui est systématique à cet âge, permet également à l'enfant de mettre en relation son corps propre avec le corps d'autrui ;
● Ce n'est que vers 6 ans qu'un enfant est capable de reconnaître la droite et la gauche sur son propre corps (vers 9 ans sur le corps d'autrui).

schématique adj. Qui se fait au moyen d'un schéma : *croquis schématique.* ‖ Réduit aux caractères essentiels : *exposé schématique d'une doctrine.*

schématiquement adv. De façon schématique.

schématisation n. f. Généralisation, présentation simplifiée.

schématiser v. t. Représenter d'une manière schématique.

schématisme n. m. Etat de ce qui est simplifié, esquissé. ‖ Système fondé sur le schème.

schème [ʃɛm] n. m. (gr. *skhêma,* figure). *Philos.* Représentation intermédiaire entre le concept et la perception : *le nombre est un schème, selon Kant.* ● *Schème moteur,* ensemble d'images ou de sensations kinesthésiques.

Schenectady, v. des Etats-Unis (New York) ; 91 800 h.

schéol [ʃeɔl] n. m. Nom que les Hébreux donnaient au séjour des morts.

Scherens (Jozef, dit **Jef**), coureur cycliste belge, né à Werchter (Brabant) en 1909. Il a dominé la vitesse sur piste immédiatement avant la Seconde Guerre mondiale, gagnant six fois de suite le championnat du monde (1932-1937) et remportant un septième titre en 1947.

scherzo [skɛrtso] ou **scherzando** [-tsando] adv. (mot ital.). *Mus.* Vivement et gaiement. ‖ — N. m. Morceau de musique de mesure ternaire, d'un style léger et brillant, qui peut remplacer le menuet dans la sonate et la symphonie, ou constituer une pièce isolée.

Scheveningen, agglomération des Pays-Bas (Hollande-Méridionale), dépendance de La Haye. Port de pêche et station balnéaire.

Schiaparelli (Giovanni), astronome italien, né à Savigliano (1835-1910). Il montra que les orbites de certains essaims de météores sont exactement celles de certaines comètes (1866). Mais il est surtout connu par ses études de la planète Mars et par la découverte de ses « canaux ».

Jef Scherens, à droite

schibboleth [ʃibɔlɛt] n. m. (mot hébreu dont les gens de Galaad se servaient pour reconnaître ceux d'Ephraïm, qui prononçaient *sibboleth,* et qu'ils égorgeaient aussitôt). *Fam.* Epreuve qui doit faire juger de la capacité d'une personne.

Schickard (Wilhelm), savant allemand, né à Herrenberg (Wurtemberg) [1592-1635]. Il fut l'un des premiers à reconnaître les immenses possibilités des logarithmes et chercha à les présenter ainsi qu'à les calculer d'une façon différente de celle de Napier. Mais il est surtout connu pour avoir conçu en 1623 une machine à calculer à roues dentées avec transfert des dizaines.

schiedam [skidam] n. m. (du n. de la ville). Eau-de-vie parfumée au genièvre, en Belgique et aux Pays-Bas.

Schiedam, v. des Pays-Bas (Hollande-Méridionale) ; 82 000 h. Eaux-de-vie.

Schifflange, v. du Luxembourg méridional ; 6 200 h.

Schiller (Friedrich VON), écrivain allemand, né à Marbach (Wurtemberg) [1759-1805]. Destiné d'abord à la théologie, il entreprend des études de droit et de médecine, mais s'adonne à la poésie lyrique. Son premier drame, *les Brigands* (1782), représenté à Mannheim, est un grand succès, mais l'esprit de révolte qui anime l'œuvre déplaît au duc de Wurtemberg. Schiller, qui est alors chirurgien-major, se rend en Saxe, où il poursuit sa dénonciation de la tyrannie (*la Conjuration de Fiesque,* 1783 ; *Don Carlos,* 1787) et des préjugés sociaux (*Intrigue et amour,* 1784). Nommé professeur à l'université d'Iéna, il exprime une philosophie idéaliste de l'histoire (*Histoire du soulèvement des Pays-Bas,* 1788 ; *Histoire de la guerre de Trente Ans,* 1791-1793), s'initie à la pensée de Kant et lie, dans ses essais sur l'esthétique, la recherche du beau à la perfection morale (*Lettres sur l'éducation esthétique de l'homme,* 1793-1794). Déçu par l'évolution de la France après 1789, peu sensible au titre de citoyen d'honneur que lui décerne la République en 1792, Schiller pense que toute régénération passe par l'effort individuel vers la beauté et le bien : il noue avec Goethe une amitié qui ne cessera qu'avec sa mort et se rend à Weimar, où les deux poètes composent ensemble *les Xénies.* Schiller revient à la poésie lyrique, qu'il a quelque peu délaissée depuis *l'Hymne à la joie* (1785), utilisé par Beethoven dans sa *IXe Symphonie.* Il donne alors quelques-unes des *Ballades* les plus célèbres de la littérature allemande (*les Grues d'Ibycus, l'Anneau de Polycrate*) et *le Chant de la cloche* (1799). Il entreprend, cependant, de saisir la marche de l'histoire à travers les grands personnages historiques (*Wallenstein**, 1796-1799 ; *Marie Stuart,* 1800 ; *la Pucelle d'Orléans,* 1801), unissant la simplicité de la tragédie grecque (*la Fiancée de Messine,* 1803) à la saveur de la légende populaire (*Guillaume Tell,* 1804).

schilling [ʃiliŋ] n. m. Unité monétaire principale de l'Autriche (symb. : SCH), divisée en 100 groschen.

Schiltigheim (67300), ch.-l. de c. du Bas-Rhin (arr. de Strasbourg), près de l'Ill ; 29 251 h. (*Schilikois*). Brasserie. Métallurgie.

Schiner (Matthäus), prince-évêque de Sion, cardinal, né à Mühlebach (Valais) [v. 1470-1522]. Dévoué à Jules II, il ne put cependant empêcher ses compatriotes de conclure avec François Ier la paix perpétuelle de 1516. Il fut le protecteur d'Erasme.

Schirmeck (67130), ch.-l. de c. du Bas-Rhin (arr. de Molsheim, au pied des Vosges, sur la Bruche, près du *col de Schirmeck* ; 2 763 h. Electronique. Camp de concentration allemand pendant la Seconde Guerre mondiale.

schismatique adj. et n. Qui se sépare de la communion des fidèles de son Eglise.

schisme [ʃism] n. m. (gr. *skhisma,* division). Séparation de la communion d'une religion. ‖ Division d'opinions.

schisme d'Occident (*grand*), scission qui exista dans l'Eglise catholique de 1378 à 1417, et pendant laquelle il y eut deux papes à la fois, l'un séjournant à Rome, l'autre à Avignon. En 1409, il y en eut même un troisième à Pise. Le concile de Constance (1414), puis l'élection du pape Martin V (1417) y mirent fin.

schisme d'Orient, scission entre l'Eglise byzantine et l'Eglise romaine. Une rupture grave eut lieu de 863 à 867 sous le patriarche Photios. La rupture définitive intervint en 1054, quand le patriarche Keroularios excommunia le pape Léon IX après avoir été excommunié par lui. Ces excommunications ont été levées de part et d'autre en 1966.

schiste [ʃist] n. m. (lat. *schistus lapis ;* du gr. *skhistos,* qui peut être fendu). Nom général des roches à texture feuilletée, comme l'ardoise, pouvant se diviser mécaniquement en lames. (Ce sont d'anciennes argiles devenues feuilletées sous l'effet de la pression.)

schisteux, euse adj. De la nature du schiste : *terrain schisteux.*

schistoïde adj. Qui a l'apparence feuilletée du schiste : *roche schistoïde.*

schistosité n. f. Etat d'une roche divisible en feuillets minces.

schizoïde [skizɔid] adj. Se dit d'une constitution mentale prédisposant à la schizophrénie sans qu'une telle évolution soit inéluctable.

schizophrène n. Malade atteint de schizophrénie.

schizophrénie [skizɔfreni] n. f. (gr. *skhizein,* fendre, et *phrên, phrênos,* pensée). Psychose survenant surtout chez les sujets jeunes, caractérisée par une dissociation

Phot. Steinkopf, « Miroir-Sprint ».

des fonctions psychiques et une sorte d'indifférence, de séparation avec le réel.
— ENCYCL. La *schizophrénie,* décrite à la fin du siècle dernier sous le nom de *démence précoce,* est une affection mentale grave. La maladie commence progressivement par de simples troubles du comportement peu évocateurs (désintérêt, apathie, inertie) ou parfois brusquement par un épisode aigu (accès de manie aiguë, confusion mentale, etc.). Ultérieurement, la schizophrénie est plus aisée à reconnaître en raison du nombre de symptômes qui permettent d'affirmer la perte de contact avec le réel. Les anomalies dans le comportement extérieur (indifférence spéciale nommée *autisme,* conduites paradoxales, etc.) et les troubles intellectuels (mélange des pensées, perturbations du langage, etc.) sont alors caractéristiques; les manifestations motrices (stéréotypies, accès d'agitation, mutisme, etc.) sont accentuées, et les délires sont fréquents. La cure par l'insuline (cure de Sakel), les électrochocs, l'administration de neuroleptiques permettent souvent d'obtenir des améliorations cliniques très satisfaisantes. La précocité du traitement a une grande importance.

schizophytes [skizɔfit] n. m. pl. Groupe de végétaux très primitifs, dont le caractère essentiel est de se reproduire par simple division, qui vivent isolément ou restent en files. (Ce groupe comprend les bactéries* et les cyanophycées*.)

schlague [ʃlag] n. f. (allem. *Schlag,* coup). Punition militaire longtemps en usage en Allemagne, consistant dans l'application de coups de baguette.

schlamm [ʃlam] n. m. Déchets provenant du bocardage des minerais.

Schlegel (August Wilhelm VON), écrivain allemand, né à Hanovre (1767-1845). Après avoir collaboré un moment à la revue *les Heures,* que dirigent Goethe et Schiller, il s'installe à Berlin et forme avec les poètes Tieck et Novalis, les philosophes Fichte et Schelling le premier groupe romantique. Il se lie avec Mme de Staël et marquera de son influence le livre *De l'Allemagne*.* Traducteur de Shakespeare et de Calderón, théoricien plus que poète, il s'oppose à la fois au classicisme français et à l'idéalisme de Schiller (*Cours de littérature dramatique,* 1808-1809). — Son frère FRIEDRICH, né à Hanovre (1772-1829), fonda la revue *Athenaüm* (1798), publia un roman (*Lucinde,* 1799) et des études sur le persan et le sanskrit (*Sur la langue et la philosophie des Indiens,* 1808).

Schleiermacher (Friedrich), théologien protestant allemand, né à Breslau (1768-1834), mystique et contemplatif (*Discours sur la religion*).

Schleswig-Holstein, Etat du nord de l'Allemagne occidentale; 2 489 000 h. Cap. *Kiel.* Au nord de l'Elbe inférieur, s'étendant essentiellement sur la partie méridionale de la péninsule du Jylland, l'Etat appartient à la grande plaine de l'Europe du Nord, affectée par les glaciations quaternaires. D'est en ouest se succèdent un paysage de collines morainiques, partiellement boisées, une région sableuse de cultures pauvres (seigle, pomme de terre) et d'élevage du mouton, et des polders sur le littoral de la mer du Nord (précédé d'îles), portant des prairies et des cultures plus riches (blé). Les villes se localisent sur le littoral de la Baltique : Flensburg, Lübeck et surtout Kiel (relié par le canal de Kiel à la mer du Nord).
● *Histoire.* Le duché du Schleswig devint propriété personnelle du roi de Danemark en 1460. Les tentatives faites à partir de 1846 par le Danemark pour l'annexer, ainsi que le duché de Holstein, aboutirent à la guerre des Duchés (1864), puis à la guerre austro-prussienne (1866). La Prusse, victorieuse, annexa les duchés. En 1920, le nord du Schleswig fut rendu au Danemark.

Schlick (Moritz), philosophe allemand, né à Berlin (1882-1936). Professeur à Vienne (1922), de tendance néopositiviste et partisan d'un empirisme sans métaphysique, il a publié notamment *l'Espace et le temps dans la physique contemporaine* (*Raum und Zeit in der gegenwärtigen Physik*) [1917-1922].

Schlieffen (Alfred, comte VON), maréchal allemand, né à Berlin (1833-1913). Chef du grand état-major de 1891 à 1906, il s'employa à développer la puissance de l'armée et donna son nom au plan de campagne élaboré en 1898, constamment mis au point jusqu'en 1905 et appliqué par l'Allemagne en 1914. Ce plan consistait à contenir les Russes à l'Est et à détruire rapidement l'armée française à l'Ouest en débordant son aile gauche à travers la Belgique et le nord de la France. (V. GUERRE MONDIALE [*Première*].)

Schliemann (Heinrich), archéologue et helléniste allemand, né à Neubukow (1822-1890), célèbre par ses découvertes des ruines de Troie et de Mycènes.

schlittage n. m. Descente, au moyen de la schlitte, des bois coupés dans la forêt.

schlitte [ʃlit] n. f. (de l'allem. *Schlitten,* traîneau). Traîneau servant à descendre le bois des montagnes, notamment dans les Vosges, et glissant sur une voie faite de troncs d'arbres.

schlitter v. t. En parlant du bois, faire descendre à l'aide de schlittes.

schlitteur n. et adj. m. Ouvrier qui transporte le bois avec la schlitte.

Schlœsing (Jean-Jacques Théophile), chimiste et agronome français, né à Marseille (1824-1919). Il est l'auteur de recherches sur la composition du sol et sur la fixation de l'azote par les végétaux. — Son fils ALPHONSE THÉOPHILE, né à Paris (1856-1930), a étudié les fermentations, la nitrification du fumier et le grisou.

Schönberg

Florent **Schmitt**

Schlucht [ʃluxt] (*col de la*), col des Vosges (1 139 m), au nord du Hohneck.

Schmalkalden. V. SMALKALDE.

Schmelzer (Johann Heinrich), compositeur autrichien (v. 1623-1680). Maître de chapelle de l'Empereur, il est l'auteur de musique instrumentale et religieuse.

Schmid (Christoph), dit **le Chanoine Schmid,** écrivain allemand, né à Dinkelsbühl (Bavière) [1768-1854]. Il publia des livres pour enfants qui furent très populaires en Allemagne (*les Œufs de Pâques,* 1816; *le Bon Fridolin et le Méchant Thierry,* 1830).

Schmidt (Helmut), homme d'Etat allemand, né à Hambourg en 1918. Social-démocrate, il est devenu chancelier de la République fédérale en 1974.

Schmitt (Florent), compositeur français, né à Blâmont (Meurthe-et-Moselle) [1870-1958], auteur du *Psaume XLVII,* de la *Tragédie de Salomé,* d'un *Quintette* avec piano, de nombreuses pages symphoniques (*Antoine et Cléopâtre, Salammbô*), vocales, ou de musique de chambre d'un grand lyrisme.

Schnæbelé (*Affaire*), incident de frontière franco-allemand provoqué par l'arrestation, en territoire allemand, du commissaire français Schnæbelé (20 avr. 1887). Le sang-froid de Jules Grévy et de Bismarck évita la guerre.

schnaps [ʃnaps] n. m. (mot allem.). *Fam.* Eau-de-vie.

Schneider, famille d'industriels français. ADOLPHE, né à Nancy (1802-1845), et son frère EUGÈNE, né à Bidestroff (1805-1875), reprirent en 1836 sous la dénomination « MM. Schneider Frères et Cie » la très ancienne fonderie royale du Creusot, dont ils développèrent les ateliers de mécanique, bientôt considérés comme les plus modernes du monde. Dès l'apparition de l'acier, ils s'assurèrent non seulement la fabrication des rails, mais encore celles des tôles et des barres pour les fabrications de guerre. Tout au long de sa vie, Eugène créa de nombreuses institutions sociales (allocations familiales, assurances, retraites, prêts, etc.). — HENRI, fils d'Eugène, né au Creusot (1840-1898), développa sous toutes leurs formes les fabrications d'armement et les constructions mécaniques. — EUGÈNE, fils d'Henri, né au Creusot (1868-1942), coordonna dès l'ouverture des hostilités en 1914 l'ensemble des industries d'armement, permettant ainsi la réalisation de programmes de fabrication hardis qui aideront au succès des armées alliées. — CHARLES, fils du précédent, né à Paris (1898-1960), s'attacha à l'œuvre considérable de reconstruction et de modernisation des usines de son groupe, ravagées par la Seconde Guerre mondiale. En même temps, il transforma la structure de son groupe, composé désormais, sous l'égide de MM. Schneider et Cie, d'une série de sociétés travaillant en coordination.

Schneider (Hortense), actrice et chanteuse française, née à Bordeaux (1838-1920), interprète préférée d'Offenbach.

Schnitzler (Arthur), écrivain autrichien, né à Vienne (1862-1931). Il est l'auteur de drames (*Amourette,* 1896), de dialogues humoristiques (*la Ronde,* 1900), de romans et de nouvelles (*Lieutenant Gustl,* 1901; *Mademoiselle Else,* 1924; *Thérèse,* 1928) qui évoquent le charme ironique et mélancolique de la Vienne d'autrefois.

Schollander

schnorchel [ʃnɔrkɛl] n. m. (mot allem.). Dispositif permettant à un sous-marin de rester longtemps en plongée grâce à un double tube rabattable, qui, affleurant la surface de la mer, l'alimente en air frais tout en évacuant les gaz de combustion de ses moteurs : *le schnorchel fut adopté par la marine allemande en 1943.*

Schobert (Johann), compositeur silésien (v. 1740-1767), auteur de sonates et de concertos pour clavecin. Il a quelque peu influencé Mozart.

Schœlcher (Victor), homme politique français, né à Paris (1804-1893). Député de la Martinique et de la Guadeloupe, il prépara le décret d'abolition de l'esclavage (27 avril 1848).

Schöffer (Peter), imprimeur allemand, né à Gernsheim (v. 1425-1502). Associé de Gutenberg et de Fust, dont il épousa la fille, il perfectionne l'imprimerie en imaginant l'interligne ainsi que les notes marginales, et en imprimant le premier, en couleurs, les rubriques et les capitales.

Schöffer (Nicolas), plasticien et théoricien d'art français d'origine hongroise, né à Kalocsa en 1912. Il a construit des assemblages métalliques, dans lesquels il introduit la lumière, le son et le mouvement.

Schola cantorum, école de musique fondée à Paris, en 1894, par Ch. Bordes, A. Guilmant et V. d'Indy. A la suite d'une scission, en 1935, les collaborateurs de V. d'Indy se sont regroupés dans une *école César-Franck.*

Scholastique (*sainte*), sœur de saint Benoît, née à Nursie (v. 480-547). Elle ouvrit un monastère de femmes près du Mont-Cassin. — Fête le 10 février.

Schongauer, « l'Annonciation »
musée Unterlinden, Colmar

Schollander (Donald, dit **Don**), nageur américain, né à Charlotte (Caroline du Nord) en 1946. En 1964, aux jeux Olympiques de Tōkyō, il a remporté quatre titres olympiques : le 100 m et le 400 m nage libre, le 4 × 100 m quatre nages et le 4 × 200 m nage libre.

Schomberg (Gaspard DE), capitaine allemand, au service de la France, né à Meissen (1540-1599). — Son fils HENRI, né à Paris (1575-1632), et son petit-fils CHARLES, né à Nanteuil (1601-1656), furent tous deux maréchaux de France.

Schomberg ou **Schonberg** (Frédéric Armand, *duc* DE), maréchal de France, né à Heidelberg (1615-1690). Au service du prince d'Orange, puis de la France et du roi de Portugal, il fut tué en combattant Jacques II, en Irlande.

Schönbein (Christian Friedrich), chimiste allemand, né à Metzingen (Wurtemberg) [1799-1868]. Il a découvert l'ozone (1839), le coton-poudre et le collodion (1847).

Schönberg (Arnold), compositeur autrichien, né à Vienne (1874-1951), un des théoriciens de l'atonalité fondée sur la méthode sérielle. Il est l'auteur des *Gurrelieder* (1900), de musique de chambre (quatuors à cordes), d'opéras (*Erwartung,* 1909), de *Pierrot lunaire* (1912), d'un quintette à vents (1924), de *Moïse et Aron* (1932). Il a résumé sa doctrine dans une *Méthode de composition avec 12 sons* (1921).

Schönbrunn, quartier de Vienne. Château (1744-1750), résidence des Habsbourg, où furent signés les traités de Presbourg (1805) et de Vienne (1809), et où mourut le duc de Reichstadt (1832).

Schönebeck, v. de l'Allemagne orientale, sur l'Elbe; 45 900 h. Salines. Industries chimiques.

Schongauer (Martin), peintre et graveur alsacien, né à Colmar (?) [v. 1450-1491]. Il n'a laissé qu'un petit nombre de tableaux (*la Vierge au buisson de roses,* Colmar), mais il a gravé au burin cent quinze planches

Phot. Martinie, Man Ray, Presse-Sports, Giraudon.

Schubert
par W. A. Rieder, *musée de Vienne*

Schumann
par Gustav Jäger

Schütz

d'une grande fermeté, qui représentent presque toutes les scènes de la Passion et qui exercèrent une forte influence en Italie, en Allemagne et notamment sur la jeunesse de Dürer (*la Mort de la Vierge, le Portement de croix*).

schooner [ʃunœr] n. m. (mot angl.). *Mar.* Petit bâtiment à deux mâts, gréé comme une goélette.

Schopenhauer (Arthur), philosophe allemand, né à Dantzig (1788-1860). Il soutint en 1813, à Iéna, une thèse sur la *Quadruple Essence du principe de la raison suffisante* et publia en 1818 son grand ouvrage *le Monde comme volonté et comme représentation.* Il enseigna à Berlin de 1820 à 1831, puis se retira à Francfort. Shopenhauer s'inspire à la fois de l'idéalisme de Kant et de la morale des philosophes de l'Inde. Sa doctrine est fondée sur la distinction de la *volonté,* substratum des phénomènes, et qui se manifeste chez les êtres vivants par le vouloir-vivre, et de la *représentation* du monde par l'intelligence. Son pessimisme le porte à chercher le bonheur dans l'extinction du vouloir-vivre et de tout rapport au réel. On lui doit, en outre, un *Essai sur le libre arbitre* (1839).

schorre [sxɔr] n. m. (mot flamand). Partie haute des vasières littorales, souvent recouverte de prairies (prés salés).

Schoten, comm. de Belgique (Anvers); 28 900 h. Industries mécaniques et textiles.

Schribaux (Emile), agronome et botaniste français, né à Richebourg (1857-1951). Auteur de travaux sur le contrôle et l'essai des graines, il créa plusieurs variétés de blé et d'avoine.

Schrödinger (Erwin), physicien autrichien, né à Vienne (1887-1961). Il appliqua à l'atome la mécanique ondulatoire et établit l'équation de propagation qui permet de calculer la fonction d'onde d'un corpuscule. (Prix Nobel de physique, 1933.)

Schubert (Franz), compositeur autrichien, né à Lichtenthal, près de Vienne (1797-1828). Il doit sa célébrité à plus de 600 lieder, dont l'inspiration spontanée et profonde est proche de la veine populaire. Il est l'auteur de *la Jeune Fille et la Mort,* de la *Truite,* du *Roi des aulnes,* de huit symphonies (*la Symphonie inachevée*) et de pages célèbres de musique de chambre (quatuors, quintettes). On lui doit aussi de la musique de scène et des opéras (*Alfonso et Estrella*), ainsi que sept messes.

Schulz (Bruno), écrivain polonais, né à Drohobycz (1892-1942). Ses romans, qui unissent l'inspiration surréaliste à l'angoisse de Kafka, ont exercé une influence importante sur les nouvelles générations d'écrivains, après la Seconde Guerre mondiale (*Boutiques de cannelle,* 1934).

Schuman (Robert), homme politique français, né à Luxembourg (1886-1963). Député démocrate-populaire (1919-1940), puis M. R. P. (1945-1962), il fut président du Conseil de novembre 1947 à juillet 1948 et ministre des Affaires étrangères de 1948 à 1953. Partisan convaincu d'une Europe unie, il fut à l'origine de la Communauté européenne du charbon et de l'acier (1950). En 1955, il fut élu président du Mouvement européen. En 1958, il devint président de l'Assemblée parlementaire de Strasbourg.

Schumann (Robert), compositeur allemand, né à Zwickau (Saxe) [1810-1856], auteur de lieder d'une inspiration émouvante (*les Amours du poète, l'Amour et la vie d'une femme*), d'œuvres pour piano qui ont rénové le style propre à l'instrument (*Etudes symphoniques, Scènes d'enfant, Carnaval, Novelettes*), de quatre symphonies, de *Manfred,* de pages célèbres de musique de chambre (deux sonates de violon, quintette). Très attiré par la littérature, il a dirigé la *Nouvelle Revue musicale* jusqu'en 1844. Avec Mendelssohn, il est à l'origine de la *Bachgesellschaft,* première publication intégrale de l'œuvre de J.-S. Bach. Il avait épousé la pianiste Clara Wieck (1819-1896), qui diffusera l'œuvre de son mari en Europe.

schupo [ʃupo] n. m. (abrév. de l'allem. SCHUtzPOlizist, policier de protection). Agent de police allemand.

Schuschnigg (Kurt VON), homme d'Etat autrichien, né à Riva en 1897. Chancelier d'Autriche en 1934, il ne put empêcher l'Anschluss. Hitler l'emprisonna.

schuss [ʃus] n. m. (mot allem. signif. *élan*). A ski, descente directe dans le sens de la plus grande pente.

Schütz (Heinrich), compositeur allemand, né à Köstritz (1585-1672), attaché à la cour de Dresde. Il est l'un des plus grands maîtres de l'école allemande. On lui doit de nombreuses œuvres religieuses (*Psaumes de David, les Sept Paroles du Christ,* trois *Passions, la Résurrection*), encore très influencées par l'art de Monteverdi. Il a écrit également des motets de pur style polyphonique flamand, ainsi que des cantiques spirituels pour voix seule et accompagnement.

Schutzenberger (Paul), chimiste français, né à Strasbourg (1829-1897). Il découvrit les hydrosulfites et les acétates de cellulose (1869).

Schwäbisch Gmünd, v. de l'Allemagne occidentale (Bade-Wurtemberg); 40 000 h.

Schwann (Theodor), biologiste allemand, né à Neuss am Rhein (1810-1882). On lui doit la théorie cellulaire (1839).

Schwarz (Berthold), moine et inventeur allemand, né à Fribourg-en-Brisgau (v. 1310-1384). On lui a attribué à tort l'invention de la poudre à canon. En revanche, on lui doit l'art de fondre les canons de bronze, et ses ateliers de Venise coulèrent les pièces qui furent employées pour la première fois au siège de Chioggia (1379).

Schwarzenberg (Karl Philipp, *prince* VON), général et diplomate autrichien, né à Vienne (1771-1820). Il commanda les armées alliées qui combattirent à Dresde, à Leipzig (1813), et envahirent la France. — Son neveu FÉLIX, né à Krumau (1800-1852), fut nommé chancelier durant la révolution de 1848. Il favorisa l'avènement de François-Joseph et rédigea la Constitution libérale de 1849, supprimée dès 1851. Avec les Russes, il vainquit les insurgés hongrois à Világos (1849). Partout, et particulièrement en Italie, il rétablit l'autorité des Habsbourg. Il s'opposa aux projets d'hégémonie allemande ébauchés par la Prusse (reculade d'Olmütz, 1850).

Schwedt, v. de l'Allemagne orientale, sur l'Oder. Raffinerie de pétrole. Pétrochimie.

Schweinfurt, v. de l'Allemagne occidentale (Bavière); 59 000 h. Centre industriel (roulements à billes).

Schweinfurth (Georg), voyageur allemand, né à Riga (1836-1925). Il explora les pays du Nil, l'Erythrée, l'Arabie du Sud, et fonda l'Institut égyptien du Caire.

Schweitzer (Albert), organiste, musicologue, pasteur et médecin français, né à Kaysersberg (Haut-Rhin) [1875-Lambaréné 1965]. En 1913, il fonda au Gabon l'hôpital de Lambaréné (clinique chirurgicale à laquelle une léproserie est annexée). On lui doit des ouvrages de religion, de musique (*J.-S. Bach le musicien-poète,* 1905) et de philosophie. (Prix Nobel de la paix, 1952.)

Schwerin, v. de l'Allemagne orientale, anc. cap. du Mecklembourg-Schwerin; 93 000 h. Industries chimiques.

Schwyz, v. de Suisse, ch.-l. du *cant. de Schwyz,* 12 100 h.

le docteur **Schweitzer** à Lambaréné

Schwyz (*canton de*), canton de la Suisse centrale qui a donné son nom au pays; 92 100 h. Ch.-l. *Schwyz.* Situé dans la zone préalpine, le canton est une terre d'élevage bovin et une région de passage (vers le Saint-Gothard). Il disparut entre 1798 et 1803 parce qu'il était opposé à la Constitution unitaire.

sciable adj. Qui peut être scié.

sciage n. m. Action de scier. ‖ Travail de celui qui scie le bois, la pierre. ‖ Bois de construction ou de menuiserie, provenant de troncs sciés dans toute leur longueur.

Scialytique [sjalitik] n. m. (marque déposée) [du gr. *skia,* ombre]. Dispositif d'éclairage qui ne projette pas d'ombre et qui est utilisé en chirurgie.

sciatique [sjatik] adj. (du gr. *iskhion,* hanche). Qui a rapport à la hanche et à l'os ischion. ● *Echancrure sciatique,* échancrure que présente le bord postérieur de chaque os iliaque. ‖ *Nerf sciatique,* nom donné à deux nerfs du membre inférieur : le nerf grand sciatique et le nerfs petit sciatique, ou nerf fessier inférieur. (V. *encycl.*) — ENCYCL. Le grand *nerf sciatique* fait suite au sommet du plexus sacré; il sort du bassin en traversant l'échancrure sciatique, descend dans la fesse, puis à la face postérieure de la cuisse, et se divise au niveau du creux poplité en deux branches terminales : le nerf sciatique poplité interne et le nerf sciatique poplité externe.

sciatique n. f. Affection très douloureuse du nerf sciatique.
— ENCYCL. La *sciatique* est le plus souvent la conséquence d'une irritation des racines nerveuses due à une lésion discale, parfois minime, causée par un faux mouvement ou un effort trop important; dans d'autres cas, elle a une cause rhumatismale (névrite); elle peut être, mais beaucoup plus rarement, une manifestation de maladies plus générales (hémopathies, cancer des vertèbres, etc.). La sciatique se manifeste par une douleur siégeant dans la région lombaire, à la fesse, à la face postérieure de la cuisse et, suivant le disque atteint, à la face externe de la jambe, sur le dessus du pied et au gros orteil, ou à la face postérieure de la jambe et à la plante du pied. Toute élongation du nerf accroît la douleur (signe de Lasègue). Les médicaments antalgiques, ceux qui calment l'inflammation ou diminuent la contracture, et le repos assurent souvent la guérison des sciatiques communes; des tractions ou des manipulations vertébrales ainsi que des infiltrations sont parfois indiquées. Le recours à la chirurgie est exceptionnellement nécessaire.

scie [si] n. f. (de *scier*). Lame, ruban ou disque d'acier portant sur un côté une série de dents d'égale dimension, et servant à débiter le bois, la pierre, les métaux, etc. : *la scie à métaux a des dents plus fines que la scie à bois.* ‖ *Fam.* Personne ou chose ennuyeuse. ‖ Rengaine, répétition fastidieuse. ‖ *Zool.* Syn. de POISSON-SCIE.

sciemment [sjamɑ̃] adv. (du lat. *sciens,* sachant). Avec réflexion, avec connaissance.

science [sjɑ̃s] n. f. (lat. *scientia;* de *scire,* savoir). Ensemble organisé de connaissances relatives à certaines catégories de faits ou de phénomènes : *les sciences physiques, naturelles.* ‖ Ensemble des connaissances humaines sur la nature, la société et la pensée, acquises par la découverte des lois objectives des phénomènes, et leur explication : *les progrès de la science.* ● *Sciences humaines,* sciences qui cherchent à connaître les différents aspects de l'homme et de la société, comme l'histoire, la sociologie, etc. ‖ *Science pure,* science pratiquée indépendamment de tout souci d'application technique.

Science chrétienne (*Christian Science*), doctrine religieuse fondée en 1879, à Boston, par Mrs. B. Eddy, et qui prétend guérir les maladies par des moyens spirituels.

science-fiction n. f. Genre romanesque faisant appel aux thèmes du voyage dans le temps et dans l'espace extra-terrestre et où l'auteur imagine l'évolution de l'humanité, en particulier les conséquences de ses progrès scientifiques.

sciène [sjɛn] n. f. Genre de poissons osseux de l'Atlantique, dont la chair est très estimée : *les sciènes poursuivent les bancs de maquereaux et de sardines.* (Long. jusqu'à 2 m.)

scientifique adj. Relatif à la science ou à une science : *nomenclature scientifique.* ‖ Qui a la rigueur et l'objectivité de la science : *méthode scientifique.* ‖ Qui s'occupe de la science : *travailleur scientifique.* ‖ — N. Spécialiste des sciences exactes et des sciences de la nature.

scientifiquement adv. De façon scientifique.

scientisme n. m. Confiance totale dans les possibilités infinies de la science, théoriques et pratiques.

scientiste adj. Relatif au scientisme. ‖ — N. Partisan du scientisme.

scier [sje] v. t. (lat. *secare*). Couper, diviser avec une scie : *scier du bois, du marbre.* ● *Scier le dos à quelqu'un* (Fam.), l'ennuyer par la répétition d'une plaisanterie, d'une taquinerie.

scierie [siri] n. f. Usine où plusieurs scies mécaniques débitent le bois en planches.

scieur n. m. Ouvrier qui exécute un travail de sciage. ● *Scieur de long,* ouvrier qui procédait au sciage à la main de grandes pièces de bois, dans le sens du fil.

scille [sil] n. f. Plante bulbeuse, dont une espèce du Midi est employée comme tonicardiaque et diurétique. (Famille des liliacées.)

Scilly ou **Sorlingues** (*îles*), îles anglaises, au sud-ouest de la Grande-Bretagne; 2 000 h.

Phot. Meyer, Brückmann, A. F. P., Bärenreiter.

scinder [sɛ̃de] v. t. (lat. *scindere,* fendre). Diviser, fractionner : *scinder une question.* ‖ **— Se scinder** v. pr. Se diviser : *parti politique qui s'est scindé en deux groupes.*

scinque [sɛ̃k] n. m. Reptile voisin des lézards, dont une espèce, mesurant 20 cm de long, habite les lieux sablonneux de l'Afrique septentrionale. (Type de la famille des *scincidés.*)

scintigramme ou **scintillogramme** [sɛ̃-] n. m. Enregistrement graphique des rayons radio-actifs émis par certains organes après l'introduction dans l'organisme d'une substance radio-active appropriée. (Certains corps radio-actifs se fixent électivement sur un organe particulier : ainsi l'iode radio-actif se fixe sur la glande thyroïde, l'or radio-actif sur le foie, etc.)

scintigraphie [sɛ̃-] n. f. Image obtenue en présentant une surface photosensible devant un organe après injection dans l'organisme d'une substance radio-active.

scintillant, e adj. Qui scintille.

scintillation n. f. Etat de ce qui présente de rapides variations d'éclat.

scintillement [sɛ̃tijmɑ̃] n. m. Action de scintiller. ‖ En télévision, sensation de discontinuité de la perception des images lumineuses, due à l'intervalle de temps séparant les images successives.

scintiller [sɛ̃tije] v. i. (lat. *scintillare*). Briller en jetant des éclats par intervalles : *les étoiles, les diamants scintillent.*

scion [sjɔ̃] n. m. (francique **kīth,* rejeton). Pousse de l'année, rejeton tendre et flexible. ‖ Jeune branche destinée à être greffée. ‖ Extrémité la plus fine d'une canne à pêche.

Scionzier (74300 Cluses), ch.-l. de c. de la Haute-Savoie (arr. de Bonneville); 5 046 h.

sciotte [sjɔt] n. f. Scie à main, avec ou sans dents, des marbriers et tailleurs de pierre.

Scipion, en lat. **Scipio,** surnom d'une famille de la Rome antique, de la *gens Cornelia.* Ses deux membres les plus illustres sont : SCIPION *l'Africain,* en lat. **Publius Cornelius Scipio** *Africanus* (235-183 av. J.-C.). En 211, il fut désigné comme proconsul en Espagne : il y rallia les chefs ibères contre Carthage et conquit le sud de la péninsule. Consul en 205, il recruta une armée en Sicile et passa en Afrique, où il vainquit les Carthaginois (Zama, 202). Il seconda ensuite son frère Lucius en Asie. A son retour à Rome, il se heurta à la jalousie de ses adversaires : il se retira alors dans son domaine de Liternum. — SCIPION EMILIEN (185-129 av. J.-C.), fils de Paul Emile et petit-fils adoptif du précédent. Consul en 147, il acheva la troisième guerre punique en détruisant Carthage. De nouveau consul en 134, il fit capituler Numance. Il s'opposa aux Gracques.

scirpe [sirp] n. m. (lat. *scirpus,* jonc). Plante vivant au bord des eaux, à feuilles plates (ce qui la fait distinguer des joncs à feuilles et tiges cylindriques). [Famille des cypéracées.]

scission [sisjɔ̃] n. f. (lat. *scissio*). Division dans une assemblée, dans un parti politique, un syndicat, une association.

scissionniste adj. et n. Qui tend à provoquer une division.

scissipare adj. Se dit des êtres qui se multiplient par scissiparité.

scissiparité n. f. Forme de multiplication ou de génération dans laquelle l'organisme se divise en deux parties égales : *la scissiparité existe chez les protozoaires.* (On dit aussi FISSIPARITÉ.)

scissure n. f. (lat. *scissura;* de *scissus,* fendu). *Anat.* Fente naturelle à la surface de certains organes : *la scissure de Sylvius sépare le lobe temporal des lobes frontal et pariétal du cerveau.*

sciure [sjyr] n. f. (de *scier*). Poudre produite par le sciage d'une matière : *sciure de bois.*

sciuridés [sjyride] n. m. pl. Famille de mammifères rongeurs, comprenant les écureuils.

sclérenchyme [sklerɑ̃ʃim] n. m. (gr. *sklêros,* dur, et *enkhuma,* effusion). Tissu végétal de soutien, lignifié.

scléreux, euse adj. Epaissi, fibreux : *tissu scléreux.*

sclérophylle [sklerofil] adj. *Bot.* Qui a des feuilles dures, à cuticule épaisse, et, de ce fait, bien adaptées à la sécheresse.

scléroprotéine n. f. Protéine très résistante, comprenant la kératine des cheveux, de la corne.

sclérose [skleroz] n. f. (du gr. *sklêros,* dur). Induration pathologique d'un tissu, due à l'hypertrophie du tissu conjonctif qu'il contient. (V. *encycl.*) ‖ *Fig.* Impossibilité de s'adapter à une situation nouvelle.
— ENCYCL. La *sclérose* apparaît lors du vieillissement des tissus ou est l'aboutissement de leur cicatrisation, lorsque, à la suite d'une altération pathologique (inflammation, nécrose, plaie, etc.), les cellules différenciées qu'ils contiennent sont remplacées non par des cellules analogues, mais par des éléments conjonctifs, qui ne possèdent pas les propriétés des cellules disparues et n'ont qu'un rôle de soutien. La sclérose, lorsqu'elle atteint des organes nobles, altère leur fonctionnement; celle des artères est nommée *artériosclérose.*
— *Neurol.* Le terme de *sclérose* entre dans la dénomination de plusieurs maladies du système nerveux.
La *sclérose en plaques* est caractérisée par des foyers de sclérose disséminés sur la moelle épinière; elle atteint surtout les sujets jeunes, évolue pendant de longues années avec des périodes de rémission et se manifeste par des troubles moteurs (paraplégie), sensitifs (fourmillements, zones d'anesthésie) et visuels (amaurose passagère).
La *sclérose latérale amyotrophique* est due à des lésions des cornes antérieures de la moelle, ayant en particulier pour conséquence une sclérose du faisceau pyramidal; elle entraîne une atrophie des membres supérieurs, une paraplégie et, à un stade avancé, des troubles liés à l'atteinte du bulbe.

sclérosé, e adj. et n. Atteint de sclérose.

scléroser v. t. Provoquer la sclérose dans un but thérapeutique : *scléroser des varices.* ‖ **— Se scléroser** v. pr. Se durcir. ‖ *Fig.* Perdre toute souplesse; se figer : *se scléroser dans ses habitudes.*

sclérotique n. f. (du gr. *sklêrotês,* dureté). Membrane fibreuse résistante formant les cinq sixièmes postérieurs de la coque oculaire (le sixième antérieur étant constitué par la cornée). [La sclérotique a une surface externe de couleur blanche et présente au niveau du pôle postérieur du globe oculaire un orifice par où passe le nerf optique. Sur elle se fixent les muscles moteurs de l'œil.]

scolaire [skɔlɛr] adj. (du lat. *schola,* école). Qui a rapport aux écoles : *programme scolaire.* ● *Age scolaire,* période de la vie durant laquelle la loi fait une obligation d'aller à l'école. ‖ — N. m. Ouvrage destiné aux écoles.

scolarisation n. f. Action de scolariser. ‖ Fréquentation des écoles.

scolariser v. t. Pourvoir d'établissements scolaires : *scolariser un pays.*

scolarité n. f. Durée des études : *prolonger la scolarité.* ‖ Etudes scolaires : *faire sa scolarité.*

scolasticat [skɔlastika] n. m. Maison où les jeunes religieux, après leur noviciat, achèvent leurs études. ‖ Temps que ces étudiants passent dans cette maison.

scolastique [skɔlastik] adj. (gr. *skholastikos,* relatif à l'école). Relatif aux écoles du Moyen Age et à leur méthode d'enseignement, fondée sur la tradition et l'emploi du syllogisme : *la philosophie de Descartes rompt avec la tradition scolastique.* ‖ — N. m. Celui qui écrit sur la théorie scolastique.

scolastique n. f. Enseignement philosophique propre au Moyen Age.

scolex [skɔlɛks] n. m. Extrémité antérieure du ténia, portant des ventouses.

scoliaste [skɔljast] n. m. Annotateur des ouvrages des Anciens.

scolie [skɔli] n. f. (gr. *skholion,* explication). Note de grammaire ou de critique sur les auteurs anciens.

scoliose [skɔljoz] n. f. (du gr. *skolios,* tortueux). Déviation latérale de la colonne vertébrale.
— ENCYCL. Dans la *scoliose,* la colonne vertébrale, vue de dos, fait un S plus ou moins allongé. Cette anomalie peut s'accompagner ou non d'autres déformations (cyphose, lordose). Les causes sont variables : mauvaises attitudes scolaires, insuffisance des muscles vertébraux, affection des disques intervertébraux ou des vertèbres, inégalité des membres inférieurs. Lorsqu'il ne s'agit que d'une attitude incorrecte, la gymnastique médicale et la rééducation suffisent à obtenir une amélioration. S'il s'agit de déformations vertébrales, le port de corsets orthopédiques et parfois la chirurgie sont nécessaires.

scolopendre [skɔlɔpɑ̃dr] n. f. (lat. *scolopendra*). *Bot.* Fougère à feuilles en fer de lance atteignant 50 cm de long. ‖ *Zool.* Mille-pattes du midi de la France et des régions chaudes, à morsure dangereuse pour l'homme. (Long. max. 30 cm.)

scolyte [skɔlit] n. m. Insecte coléoptère qui creuse des galeries dans les arbres des forêts et se rend ainsi très nuisible. (Long. 5 mm.)

scombridés [skɔ̃bride] n. m. pl. (de *scomber,* n. lat. du maquereau). Famille de poissons osseux comprenant les *maquereaux,* les *thons.*

sconse [skɔ̃s] n. m. (angl. *skunks,* empr. à l'algonquin). Fourrure provenant des carnassiers du genre *moufette.* (On écrit aussi SCONS, SKONS, SKUNS et SKUNKS.)

scoop [skup] n. m. (mot angl.). Information exclusive et importante donnée par une agence de presse ou publiée par un journal.

scooter [skutœr *ou* -tɛr] n. m. (mot angl.). Véhicule à moteur, à deux roues, à cadre ouvert et caréné, où le conducteur est assis et non pas à califourchon.

scootériste n. Personne qui conduit un scooter.

Scopas, sculpteur et architecte grec, né à Paros (IVe s. av. J.-C.). Il reconstruisit et décora le temple de Tégée, collabora à la décoration du mausolée d'Halicarnasse et de l'*Artémision* d'Ephèse, sculpta une *Bacchante* d'un mouvement fougueux (réplique à Dresde) et introduisit le pathétique dans l'expression des visages.

scopolamine [skɔpɔlamin] n. f. Alcaloïde extrait de la mandragore, voisin de l'atropine et ayant les mêmes effets qu'elle.
— ENCYCL. La *scopolamine* est sédative du parasympathique. Sur le système nerveux central, elle a une action calmante, surtout nette pour les tremblements, et, de ce fait, est employée dans le traitement de la maladie de Parkinson.

scorbut [skɔrbyt] n. m. (lat. médiéval *scorbutus,* empr. au russe). Maladie générale entraînant des hémorragies et due à une avitaminose C.
— ENCYCL. Le *scorbut,* autrefois fréquent à bord des navires, est provoqué par l'absence, dans l'alimentation, de légumes et de fruits frais. Une faiblesse générale, des douleurs des muscles et des articulations en marquent le début; bientôt apparaissent des hémorragies des gencives, de la muqueuse nasale ainsi que du tube digestif et des viscères, aboutissant à la cachexie. La prise régulière de vitamine C (par exemple un citron par jour) permet d'en prévenir l'apparition et de guérir rapidement la maladie si elle est constituée.
De nos jours, on n'observe plus le tableau complet du scorbut, mais des avitaminoses C légères sont fréquentes en hiver, qu'on peut compenser, en l'absence de fruits, par la prise de 0,05 à 0,5 g de vitamine C par jour.

scorbutique adj. De la nature du scorbut : *affection scorbutique.* ‖ — Adj. et n. Atteint de scorbut.

score [skɔr] n. m. (mot angl.). Nombre de points acquis par chaque équipe ou par chaque adversaire dans un match. (Syn. MARQUE.) ‖ Nombre de points à un test.

scoriacé, e adj. De la nature des scories : *lave scoriacée.*

scorie [skɔri] n. f. (gr. *skôria*). Sous-produit d'opération d'élaboration métallurgique, ayant une composition à base de silicates. (V. *encycl.*) ‖ Matière volcanique bulleuse, rude au toucher, légère. ● *Scorie de déphosphoration,* résidu de la déphosphoration du minerai de fer, utilisé comme engrais.
— ENCYCL. Les *scories* sont parfois réutilisées soit en raison de leur teneur en métal (cuivre, fer), soit pour des applications particulières : c'est notamment le cas des scories de déphosphoration du convertisseur Thomas pour la fabrication d'engrais phosphatés ou celui de la laine de scorie pour la constitution de calorifuges, de briques de construction, etc.

scorpène [skɔrpɛn] n. f. *Zool.* Nom scientifique de la *rascasse.*

scorpion [skɔrpjɔ̃] n. m. (lat. *scorpio,* empr. au gr.). Arachnide des régions chaudes et arides, caractérisé par une paire de fortes pinces et par un postabdomen étroit et mobile terminé par un dard venimeux.
— ENCYCL. Les *scorpions,* connus à l'état fossile dès le silurien, semblent être parmi les premiers animaux parfaitement adaptés au milieu terrestre sec. Ils n'ont qu'une paire d'yeux simples et s'abritent sous les pierres pendant le jour pour chasser plutôt de nuit. Leurs chélicères ne sont pas venimeuses, la proie étant tuée par la piqûre du dard, rabattu par-dessus la tête. Ce sont les pédipalpes qui forment les pinces, suivies de quatre paires de pattes. L'abdomen, annelé, comprend une partie rétrécie, le postabdomen, ou « queue », que termine le dard. La face ventrale porte une paire d'organes assez énigmatiques, les *peignes,* et l'orifice des quatre paires de poumons, par lesquels l'animal respire. Les scorpions sont ovovivipares; la femelle dévore souvent le mâle à la suite de l'accouplement. L'aptitude des scorpions à un jeûne prolongé est remarquable. Les espèces françaises sont presque inoffensives pour l'homme.

scolopendre fougère

scolyte

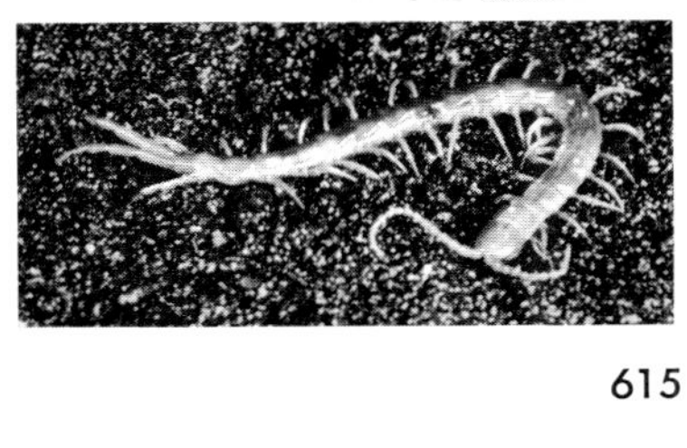

scolopendre mille-pattes

Phot. d'Aguilar, Jacques Six (2).

Walter Scott par Lawrence

Robert Falcon Scott

Scorpion, constellation zodiacale, située tout entière dans l'hémisphère austral et comprenant deux amas ouverts M 6 et M 7, visibles à l'œil nu. Son étoile principale est Antarès. — Huitième signe du Zodiaque, qui correspond à la période du 24 octobre au 23 novembre.

scorsonère [skɔrsɔnɛr] n. f. (ital. *scorzonera*). Salsifis noir alimentaire.

Scot (John DUNS). V. DUNS SCOT.

scotch [skɔtʃ] n. m. (mot angl. signif. *écossais*). Whisky écossais.

Scot Erigène (Jean), philosophe et théologien du IXe s., né en Ecosse ou en Irlande. Il se signala par la hardiesse de ses opinions à tendances panthéistes. Charles le Chauve l'appela auprès de lui.

scotie [skɔsi] n. f. (lat. *scotia*). Moulure de profil concave, reliant deux tores en saillie de la base d'une colonne.

scotisme [skɔtism] n. m. Ensemble des opinions du philosophe Duns Scot.

Scotland, nom angl. de l'*Ecosse*.

scotome n. m. Perte ou altération de la vision dans une zone limitée du champ visuel.
— ENCYCL. Le *scotome* se manifeste comme une tache aveugle dans le champ visuel. Il est dû à une lésion localisée de la rétine ou du nerf optique. Le *scotome scintillant,* observé dans la migraine ophtalmique, se manifeste par la perception passagère de vives lumières.

Scots, nom générique des pirates et des aventuriers irlandais du haut Moyen Age, et plus particulièrement des colons irlandais établis en Ecosse au VIe s. et qui donnèrent leur nom au pays (*Scotland*).

Scott (*sir* Walter), écrivain écossais, né à Edimbourg (1771-1832). Avocat, il se passionne pour les légendes écossaises, dont il recueille la tradition orale (*Chants de la frontière écossaise,* 1802), et devient très vite un poète célèbre (*le Lai du dernier ménestrel,* 1805 ; *la Dame du lac,* 1810). Mais le succès de *Wawerley* (1814) l'incite à se consacrer au roman historique : *l'Antiquaire* (1816), *les Puritains d'Ecosse* (1816), *la Fiancée de Lammermoor* (1819), *Ivanhoé* (1820), *Kenilworth* (1821), *Quentin Durward* (1823) lui valent une renommée universelle et une fortune considérable. La faillite de l'entreprise de ses éditeurs, dans laquelle il a engagé de gros intérêts, l'oblige à mettre en chantier de nombreux ouvrages, qui épuisent rapidement ses forces (*la Vie de Napoléon,* 1827 ; *les Contes d'un grand-père,* 1828-1831 ; *la Jolie Fille de Perth,* 1828 ; *le Château périlleux,* 1832). L'évocation, inexacte souvent mais toujours vivante, qu'il fit du passé de l'Ecosse a exercé une profonde influence sur la génération romantique.

Scott (Robert Falcon), explorateur britannique, né à Devonport (1868-1912). Il dirigea deux expéditions dans l'Antarctique (1901-1904 et 1910-1912) et périt au retour d'un raid dans lequel il avait, peu après Amundsen, atteint le pôle Sud.

scottish-terrier [skɔtiʃtɛrje] n. m. Chien basset à poil dur.

scout, e adj. Qui se rapporte aux scouts : *fraternité scoute.*

scout, e [skut] n. (mot angl.). Jeune garçon, jeune fille faisant partie d'une association de scoutisme.

scoutisme n. m. Organisation créée en 1909 par Baden-Powell pour développer les qualités physiques et morales des jeunes garçons et des jeunes filles.

Scranton, v. des Etats-Unis (Pennsylvanie) ; 105 000 h.

scraper [skrapœr] n. m. (mot angl.). Engin de terrassement utilisé pour l'excavation, le transport et le déversement des matériaux. (L'Administration préconise DÉCAPEUSE.)

scratch [skratʃ] n. m. et adj. (mot angl.). *Sports.* Concurrent ne bénéficiant d'aucun avantage ou handicap.

scratcher v. t. Eliminer (pour absence, retard, etc.) un concurrent d'une épreuve sportive.

Scriabine (Aleksandr). V. SKRIABINE.

scribe [skrib] n. m. (lat. *scriba ;* de *scribere,* écrire). *Antiq.* Personnage faisant fonction de secrétaire ou, parfois, d'intendant. ‖ Chez les Juifs, docteur qui interprétait la Loi. ‖ Auj., homme employé à faire des écritures, des copies.

Scribe (Eugène), auteur dramatique français, né à Paris (1791-1861). Il débuta par de petites pièces, écrites souvent en collaboration (*l'Ours et le pacha,* 1820), puis connut le succès pendant près de quarante ans avec ses vaudevilles, ses comédies (*le Mariage de raison,* 1826 ; *Bertrand et Raton,* 1833 ; *le Verre d'eau,* 1840 ; *Une chaîne,* 1841) et ses livrets d'opéras (*la Muette de Portici,* 1828 ; *Robert le Diable,* 1831 ; *les Huguenots,* 1836 ; *l'Etoile du Nord,* 1854), qui ramènent à des jeux d'intrigue les conflits sociaux et affectifs de la société bourgeoise de son temps.

scribouillard [skribujar] n. m. *Péjor.* Employé aux écritures.

script [skript] n. m. (lat. *scriptum*). Document représentant la fraction de la valeur des intérêts ou du capital remboursable d'un obligataire que la collectivité emprunteuse ne peut payer à échéance. ‖ Scénario de film découpé en scènes et accompagné des dialogues. ● *Ecriture script,* écriture simplifiée, composée de lettres réduites à des traits et à des cercles.

scripte [skript] n. m. ou f. Collaborateur du réalisateur d'un film ou d'une émission de télévision, qui note tous les détails relatifs à la prise de vues et qui est responsable de la continuité de la réalisation.

scripteur n. m. En graphologie, celui qui, de sa main, a écrit ou copié un document.

scripturaire adj. Relatif aux Ecritures : *les textes scripturaires.*

scriptural [skriptyral], **e, aux** [-o] adj. *Monnaie scripturale,* dénomination des moyens de paiement autres que les billets de banque et les pièces de monnaie (comptes en banque, effets de commerce, etc.).

scrofulaire n. f. (de *scrofule,* affection que l'on soignait avec cette plante). Plante vivant de préférence au bord des eaux. (Syn. HERBE AUX ÉCROUELLES.)

scrofulariacées n. f. pl. Famille principale de l'ordre des personales, comprenant des plantes aux fleurs gamopétales plus ou moins tubulaires telles que la gueule-de-loup, la ruine-de-Rome, la scrofulaire, la véronique, la digitale, l'euphraise, la rhinanthe et le mélampyre (environ 2 000 espèces au total). [Syn. anc. PERSONÉES.]
— ENCYCL. Les *scrofulariacées* sont des plantes herbacées annuelles ; certaines d'entre elles, bien que chlorophylliennes, vivent partiellement en parasites des racines des autres plantes (semi-parasitisme du mélampyre par exemple).

scrofule [skrɔfyl] n. f. (lat. *scrofula*). Affection due à des troubles nutritifs qui prédisposent à la tuberculose. (Syn. anc. : ÉCROUELLES, HUMEURS FROIDES, STRUME.)

scrofuleux, euse adj. Qui cause ou accompagne les scrofules : *tumeur scrofuleuse.* ‖ — Adj. et n. Qui a des scrofules.

scrotum [skrɔtɔm] n. m. (mot lat.). *Anat.* Petit sac qui renferme les testicules. (Syn. BOURSES.)

scrubber [skrœbœr] n. m. (mot angl.). Tour où se fait l'épuration d'un gaz à l'aide d'un jet d'eau finement pulvérisée qui entraîne les poussières en suspension.

scrupule [skrypyl] n. m. (lat. *scrupulus,* petit caillou). Anc. poids de 24 grains. ‖ Inquiétude de conscience, inspirée par une grande délicatesse : *avoir des scrupules.* ● *Avoir scrupule,* hésiter. ‖ *Se faire un scrupule de quelque chose,* ne pas vouloir le faire, par sentiment du devoir.

scrupuleusement adv. De façon scrupuleuse : *compte scrupuleusement exact.*

scrupuleux, euse adj. Sujet à avoir des scrupules : *conscience scrupuleuse.* ‖ *Fig.* Exact, minutieux : *apporter une attention scrupuleuse.*

scrutateur, trice adj. et n. Qui scrute : *regard scrutateur.*

scrutateur, trice n. Personne qui concourt au dépouillement ou à la vérification d'un scrutin.

scruter [skryte] v. t. (lat. *scrutari*). Chercher à pénétrer à fond : *scruter les intentions de quelqu'un.* (Syn. : EXAMINER, SONDER.)

scrutin [skrytɛ̃] n. m. (lat. *scrutinium,* examen). Vote émis par boules ou bulletins déposés dans une urne et comptés ensuite : *dépouiller le scrutin.*
— ENCYCL. On distingue le *scrutin secret,* qui garantit au votant la certitude que nul ne pourra percer l'anonymat de son vote, et le *scrutin public,* qui permet à tous de connaître le vote émis par chacun. (Au Parlement français, le *scrutin public à la tribune* désigne un mode de votation public auquel participent seuls les présents.) Le *scrutin majoritaire,* dans lequel est élu le candidat ayant obtenu le plus grand nombre de voix (v. MAJORITÉ *absolue* et *relative*), s'oppose au *scrutin avec représentation proportionnelle,* dans lequel chaque liste de candidats obtient un nombre d'élus plus ou moins proportionnel à celui des voix qu'elle a réunies. Le *scrutin uninominal,* où l'électeur ne vote que pour un candidat, s'oppose au *scrutin de liste,* où l'on vote pour plusieurs candidats choisis sur une seule liste lorsque le panachage est interdit, ou sur plusieurs listes lorsque le panachage est permis. Le *scrutin d'arrondissement* est un système uninominal majoritaire, qui, en France, a toujours comporté deux tours, la majorité absolue étant nécessaire pour être élu au premier, la majorité relative suffisant au second. (Sa dénomination provient du fait que, originairement, l'arrondissement constituait la circonscription électorale.)

Scudéry (Georges DE), écrivain français, né au Havre (1601-1667). Auteur de tragi-comédies (*Lygdamon et Lydias ;* 1631 ; *la Comédie des comédiens,* 1634), il prit parti contre Corneille dans la querelle du *Cid,* puis fit paraître sous son nom des romans dus presque entièrement à sa sœur (v. art. suiv.). Protégé par Richelieu, nommé gouverneur du fort de Notre-Dame-de-la-Garde, il se déclara pour Condé pendant la Fronde et fut exilé à Rouen, où il composa un poème épique, *Alaric ou Rome vaincue* (1654). [Acad. fr.]

Scudéry (Madeleine DE), femme de lettres française, née au Havre (1607-1701), sœur du précédent. Elle tint un salon, où, chaque samedi à partir de 1652, les écrivains comme Chapelain, Conrart et Pellisson prirent l'habitude de se réunir ; à la fois frivoles et pédants, les « samedis de Sappho » furent une des manifestations les plus caractéristiques de la préciosité. Les romans que Madeleine de Scudéry publia sous le nom de son frère et avec sa collaboration mêlent aux aventures guerrières et aux analyses sentimentales les portraits de personnalités de la société contemporaine (*Ibrahim ou l'Illustre Bassa,* 1642 ; *Artamène ou le Grand Cyrus,* 1649-1653 ; *Clélie**, 1654-1660).

scull [skœl] n. m. (mot angl.). En aviron, rame de couple. ‖ Embarcation à un rameur de couple, ou *skiff.*

sculpté, e adj. Orné de sculptures : *bois sculpté.*

sculpter [skylte] v. t. Tailler avec le ciseau dans le bois, la pierre, etc. : *sculpter une statue, un bas-relief.* ‖ Produire un ouvrage en relief ou en ronde bosse par tout procédé, y compris le modelage.

sculpteur n. m. (lat. *sculptor*). Artiste qui sculpte.

sculptural, e, aux adj. Relatif à la sculpture : *l'art sculptural.* ‖ Digne d'être sculpté : *beauté sculpturale.*

sculpture n. f. (lat. *sculptura*). Art de sculpter : *la sculpture grecque.* ‖ Œuvre du sculpteur : *une belle sculpture.*

Scultet (Johann SCHULTES, dit **Jean**), chirurgien allemand, né à Ulm (1595-1645), inventeur d'appareils pour le traitement des fractures.

Scutari, v. d'Albanie. V. SHKODËR.

Scutari, localité de Turquie. V. ÜSKÜDAR.

scutellaire [skytelɛr] n. f. Plante des lieux humides, de la famille des labiacées.

Scylax, navigateur grec sous Darios Ier. Il explora l'Indus et le golfe Arabique.

Scylla, écueil du détroit de Messine, en face de Charybde. V. CHARYBDE.

scyphozoaires [sifɔzɔɛr] n. m. pl. Syn. de ACALÈPHES.

Scyros. V. SKÝROS.

Scythes, population d'origine iranienne, qui forma en Scythie un Etat qui se dissocia peu à peu (IIe-Ier s. av. J.-C.).

Scythie. *Géogr. anc.* Pays du nord-est de l'Europe, situé, au sens le plus étroit, du Danube au Don, au sens large au nord de la mer Noire.

scythique [sitik] adj. Qui appartient aux Scythes.

S. D. N., sigle de la *Société* des Nations.*

se [sə] pron. pers. de la 3e pers. des deux genres et des deux nombres. (Il peut être complément d'objet direct [*il se regarde dans la glace ; ils se sont combattus*], complément d'objet indirect [*ils se nuisent*] ou complément d'attribution [*ils se sont donné quelques jours pour réfléchir*].)

Se, symbole chimique du *sélénium.*

Seaborg (Glenn Theodore), chimiste américain, né à Ishpeming (Michigan) en 1912. Avec McMillan, il a découvert le plutonium (1941) et mis au point l'extraction de ce métal. Par la suite, il obtint l'américium, le curium, le berkélium et le californium. (Prix Nobel de chimie, 1951.)

sea-line [silajn] n. m. (mot angl.). Canalisation immergée permettant le chargement ou le déchargement en mer ou sur rade d'un produit pétrolier. ‖ Pl. des *sea-lines.*

Phot. Braun, Thomson.

séance [seɑ̃s] n. f. (de *seoir*). Réunion d'une assemblée constituée. ‖ Durée de cette réunion : *ouvrir, suspendre, lever la séance.* ‖ Temps pendant lequel une personne est à la disposition d'un homme de métier : *faire un portrait en trois séances ; une séance de gymnastique.* ‖ Temps qu'on passe à une occupation ininterrompue : *faire de longues séances à table.* ‖ Réunion où l'on assiste à une conférence, à un concert, à une représentation théâtrale, cinématographique, etc.

séant [seɑ̃], **e** [-ɑ̃t] adj. (de *seoir*). Décent, convenable : *il n'est pas séant de vous habiller ainsi à votre âge.*

séant n. m. Derrière de l'homme : *se mettre sur son séant.*

Seattle, port des Etats-Unis (Washington) ; 574 000 h. Centre industriel (constructions navales, mécaniques et aéronautiques).

seau [so] n. m. (lat. *sitella*). Récipient cylindrique de bois, de métal, de toile, etc., propre à puiser, à transporter de l'eau. ‖ Récipient de même forme, servant à divers usages. ‖ Son contenu : *un seau de glace.* ● *Il pleut à seaux* (Fam.), il pleut très fort. ‖ *Seau hygiénique,* seau dans lequel on verse les eaux de toilette.

sébacé [sebase], **e** adj. (du lat. *sebum,* suif). De la nature du suif : *matières sébacées.* ● *Glande sébacée,* glande cutanée annexée à un poil et sécrétant du sébum, qui lubrifie le poil à la surface de la peau.

sébaste [sebast] n. m. Poisson voisin de la rascasse, commun dans le golfe de Gascogne et en Méditerranée. (Long. 20 à 30 cm.)

Sébastiani de La Porta (Horace, *comte*), maréchal de France, né à La Porta (Corse) [1772-1851]. Il participa à toutes les campagnes de l'Empire. Ministre de la Marine, puis des Affaires étrangères de Louis-Philippe, il démissionna (1832) et devint ambassadeur à Londres (1835-1840).

Sebastiano del Piombo (Sebastiano LUCIANI, dit), peintre italien, né à Venise (v. 1485-1547). Il fut formé dans l'atelier de Giovanni Bellini et subit l'influence de Giorgione. Venu à Rome, il collabora à la décoration de la Farnésine et fit connaître la manière vénitienne. Il tenta de rivaliser avec Michel-Ange et avec Raphaël, et certaines toiles attribuées à ce dernier sont aujourd'hui reconnues de sa main (*la Mort d'Adonis,* Offices). Sa charge de chancelier des Bulles (*Uffizio del Piombo*) lui valut son surnom.

Sébastien (*saint*), martyr romain (IIIe s.). Chef d'une cohorte prétorienne à Rome, il aida les chrétiens. Dénoncé, percé de flèches, il fut soigné par une chrétienne ; repris, il fut flagellé à mort. Il est le patron des archers. — Fête le 20 janvier.

Sébastien, né à Lisbonne (1554-1578), roi de Portugal (1557-1578), petit-fils du roi Jean III. Il rêva de se constituer un grand domaine maghrébin, mais n'obtint pas l'aide de Philippe II d'Espagne. L'expédition qu'il entreprit contre le Maroc s'acheva par sa défaite et sa mort dans la plaine d'Alcaçar-Quivir.

Sébastopol', port de l'U. R. S. S. (Ukraine), en Crimée ; 229 000 h. Constructions navales. Investie par les forces anglo-franco-turques en octobre 1854, la ville résista jusqu'au 8 septembre 1855, jour où fut prise la position de Malakoff. Pendant la Seconde Guerre mondiale, la Wehrmacht atteignit Sébastopol' dès novembre 1941, mais la ville résista jusqu'en juillet 1942. L'armée rouge la réoccupa en mai 1944 après un nouveau siège d'un mois.

Sébennytique (*bouche*), nom ancien d'une branche du delta du Nil.

Sebha, oasis de Libye, dans le Fezzan ; 7 200 h.

sébile [sebil] n. f. (orig. obscure). Ecuelle de bois, ronde et presque plate : *la sébile d'un aveugle.*

Sébillet (Thomas) [et non SIBILET], écrivain français (v. 1512-1589). Disciple de Marot, il se montra cependant sensible à l'esthétique de la Pléiade (*Art poétique français,* 1548).

sebkha [sɛpka] n. f. (mot arabe). Marécage salé, sans écoulement vers la mer : *la sebkha d'Oran.*

Sebonde (Raymond DE). V. SABUNDE.

séborrhée [sebɔre] n. f. Hypersécrétion de sébum. (Au niveau du cuir chevelu, la séborrhée est une cause fréquente d'alopécie.)

Sebou (*oued*), fl. du Maroc, né dans le Moyen Atlas, qui rejoint l'Atlantique ; 458 km.

sébum [sebɔm] n. m. (lat. *sebum,* suif). Sécrétion grasse produite par les glandes sébacées.

sec [sɛk], **sèche** [sɛʃ] adj. (lat. *siccus*). Qui a peu ou point d'humidité ; aride : *terrain sec ; temps sec.* ‖ Qui a perdu son humidité naturelle ; qui n'est plus vert : *noix sèche.* ‖ Qui n'est pas mouillé, humecté : *avoir la bouche sèche.* ‖ Qui n'a pas d'embonpoint ; maigre, décharné : *homme grand et sec.* ‖ — *Fig.* Sans agrément : *style sec.* ‖ Brusque, rude : *réponse sèche.* ‖ Qui n'a pas de sensibilité : *cœur sec.* ● *Coup sec,* coup donné vivement. ‖ *Mettre à sec,* tarir. ‖ *Pain sec,* pain pour tout aliment. ‖ *Passer une rivière à pied sec,* la traverser quand il n'y a point d'eau. ‖ *Perte sèche,* perte que ne compense aucun avantage. ‖ *Regarder d'un œil sec,* sans être attendri. ‖ *Tout sec,* tout seul, sans rien de plus : *un merci tout sec.*

sec n. m. Ce qui n'est point humide. ● *Mettre un cheval au sec,* au fourrage sec. ‖ — Adv. *Boire sec,* boire beaucoup et sans eau. ‖ — Loc. adv. **A sec,** sans eau : *mettre un étang à sec.* ‖ *Fam.* Sans argent : *se trouver à sec.* ● *A sec de toile,* se dit d'un bateau qui navigue sans se servir de ses voiles, poussé par un fort vent arrière. ‖ **Aussi sec** (Pop.), sans délai ; du tac au tac. ‖ **En cinq sec,** rapidement, sans traîner : *régler une affaire en cinq sec.*

sécable [sekabl] adj. Qui peut être coupé. (Contr. INSÉCABLE.)

sécant, e adj. Qui coupe une ligne, une surface ou un volume : *plan sécant ; droite sécante.* ‖ *Math.* Se dit d'un premier ensemble qui a des points communs avec un second ensemble. (Chacun de ces ensembles peut être une droite, une ligne, un plan, une surface.)

sécante [sekɑ̃t] n. f. (du lat. *secare,* couper). *Math.* Syn. de DROITE SÉCANTE. ● *Sécante d'un angle,* inverse de son cosinus. (V. TRIGONOMÉTRIE.)

sécateur [sekatœr] n. m. (du lat. *secare,* couper). Gros ciseaux pour la taille des arbustes. ‖ Instrument pour découper les volailles.

Secchi (*le R. P.* Angelo), jésuite et astronome italien, né à Reggio nell'Emilia (1818-1878). Véritable fondateur de la spectroscopie stellaire, il étudia les spectres d'environ quatre cents étoiles, qu'il répartit en quatre types distincts suivant leur coloration. Ces quatre classes constituèrent longtemps la base de toutes les classifications d'étoiles par familles spectrales.

sécession [sesesjɔ̃] n. f. (lat. *secessio ;* de *secedere,* se retirer). Action de se séparer d'un groupe auquel on appartenait, notamment en parlant d'une population qui se sépare d'une collectivité nationale.

Sécession (*guerre de*) [*Civil War*], nom donné à la guerre civile qui, aux Etats-Unis et à propos de la suppression de l'esclavage des Noirs, opposa de 1861 à 1865 une confédération d'Etats du Sud aux Etats du Nord et se termina par la victoire de ces derniers. L'élection à la présidence de l'antiesclavagiste Lincoln (1860) entraîna les Etats esclavagistes du Sud à faire sécession et à former à Richmond, sous la direction de Jefferson Davis, une confédération opposée à la fédération des Etats du Nord. Les « sudistes », ou « confédérés », commandés par Lee, prirent l'offensive (avr. 1861) et menacèrent un moment Washington. Après les victoires de Richmond et de Fredericksburg (1862), ils échouèrent à Gettysburg (juill. 1863) et, finalement, durent s'enfermer dans Petersburg (1864). Pendant que leur flotte, sous les ordres de Farragut, s'emparait de La Nouvelle-Orléans (1862) et bloquait les ports sudistes, les « nordistes », ou « fédéraux », commandés par Grant, pénétrèrent à l'ouest dans la vallée du Mississippi, puis s'emparèrent de Vicksburg (juill. 1863) et de Chattanooga (nov.), obtenant ainsi la rupture avec la confédération des Etats à l'ouest du Mississippi. Grant confia alors l'armée du Tennessee à Sherman, qui, après avoir pris Atlanta (nov. 1864), atteignit l'Atlantique à Savannah et obligea Johnston à se rendre à Durham (avr. 1865). De son côté, Grant, à la tête de l'armée du Potomac, s'empara de Petersburg et força Lee, cerné à Appomattox, à capituler (avr. 1865). Quelques jours après la fin du conflit, qui avait coûté 617 000 morts aux Etats-Unis, Lincoln était assassiné par un sudiste.

sécessionniste adj. et n. Qui fait sécession ; qui rompt l'union.

séchage n. m. Action d'enlever par évaporation l'excès d'humidité : *le séchage des foins.* ‖ Elimination des éléments volatils d'un vernis ou d'une peinture.

sèche [sɛʃ] n. f. *Pop.* Cigarette.

sèche-cheveux n. m. inv. Appareil électrique qui sèche les cheveux grâce à un courant d'air chaud. (Syn. SÉCHOIR.)

sèchement adv. De façon froide, peu agréable ; de façon brève et rude : *répondre sèchement.*

sécher [seʃe] v. t. (lat. *siccare*) [conj. **5**]. Débarrasser de son humidité : *le vent sèche les chemins.* ‖ *Arg. scol.* Ne pas assister à une classe : *sécher un cours.* ● *Sécher les larmes,* consoler. ‖ — V. i. Devenir sec : *ces fleurs ont séché.* ‖ *Arg. scol.* Ne pas pouvoir répondre à une question. ● *Sécher sur pied,* se consumer d'ennui, de tristesse.

sécheresse n. f. Etat de ce qui est sec : *la sécheresse de la terre nuit à la végétation.* ‖ Absence de pluie : *il y eut une grande sécheresse cette année-là.* ‖ — *Fig.* Froideur, brusquerie : *répondre avec sécheresse.* ‖ Manque de sentiments : *sécheresse de cœur.* ‖ Absence d'images, de charme, d'ornements : *sécheresse du style.*

sécherie n. f. Etablissement industriel spécialisé dans le séchage de certaines marchandises, en vue de leur conservation : *sécherie de poissons.*

sécheur n. m., **sécheuse** n. f. Dispositif, appareil de séchage.

séchoir n. m. Local destiné à opérer le séchage. ‖ Appareil ou support servant à faire sécher le linge. ‖ Syn. de SÈCHE-CHEVEUX.

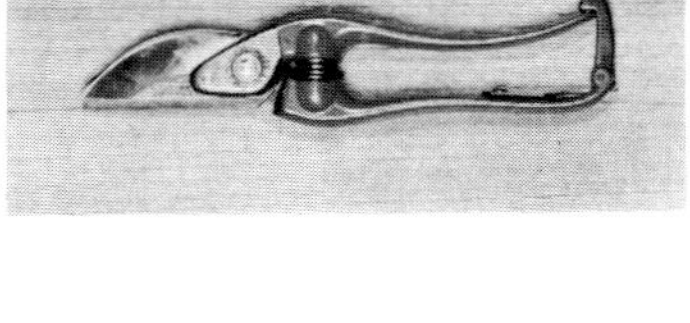

sécateur de jardinier

Seclin (59113), ch.-l. de c. du Nord (arr. de Lille) ; 9 394 h. (*Seclinois*). Eglise du XIIIe s. et hôpital Renaissance.

second [səgɔ̃], **e** [-ɔ̃d] adj. (lat. *secundus*). Qui est immédiatement après le premier : *la seconde place.* ‖ Autre : *c'est un second Alexandre.*

second n. m. Le deuxième étage d'une maison : *monter au second.* ‖ Celui qui tient le second rang : *être le second.* ‖ Personne qui en aide une autre dans une affaire, dans un emploi. ‖ Officier venant immédiatement après le commandant, à bord d'un navire. ● *Etre dans un état second,* être séparé de la réalité, comme sous l'effet d'une drogue. ‖ — **En second** loc. adv. Sous les ordres d'un autre : *capitaine en second.*

Second (Jean EVERAERTS, dit **Jean**), humaniste flamand, né à La Haye (1511-1536), auteur des *Baisers,* petits poèmes érotiques en latin, souvent imités au XVIe s.

secondaire adj. Qui vient en second ; accessoire : *motif secondaire.* ‖ *Bot.* Se dit de la structure présentée par une racine ou une tige âgée, quand fonctionnent les assises génératrices, ou *cambiums,* qui assurent la croissance en épaisseur ; se dit également des tissus produits par ces méristèmes. ‖ *Méd.* Se dit de phénomènes pathologiques consécutifs à d'autres, et qui sont provoqués par ceux-ci et non par une cause propre : *hémorragie secondaire à un ulcère.* ‖ Se dit aussi de phénomènes qui en suivent d'autres dans le cours normal d'une maladie : *syphilis secondaire.* ‖ *Psychol.* Se dit, en caractérologie, d'une personne dont les réactions sont lentes, durables et profondes. ● *Ere secondaire* ou *secondaire* n. m., troisième division des temps géologiques, succédant au primaire, d'une durée de 125 millions d'années environ. (Syn. MÉSOZOÏQUE.) [V. *encycl.*] ‖ *Secteur secondaire,* ensemble des activités économiques correspondant à la transformation des matières premières en biens productifs ou en biens de consommation. (La mécanisation des entreprises et l'organisation du travail tendent à réduire la main-d'œuvre employée par les industries de ce secteur.)

— ENCYCL. *Paléontol.* Les sédiments marins du *secondaire* ne contiennent plus ni trilobites ni graptolites ; ils abondent en empreintes de coquilles de céphalopodes : rostres de *bélemnites* (voisines des calmars actuels), *ammonites* au sens restreint du mot, aux sutures de plus en plus compliquées. On y observe des récifs, les uns formés de *rudistes* (mollusques bivalves), les autres d'*hexacoralliaires* (polypiers à symétrie d'ordre 6). Les fossiles d'origine continentale attestent un développement extraordinaire des reptiles (dinosauriens géants, reptiles volants, reptiles des lacs et des fleuves [plésiosaures, ichtyosaures, mosasaures]) ; les oiseaux amorcent leur différenciation (archéoptéryx) au jurassique ; les mammifères, encore de petite taille, prennent quelque importance au crétacé. C'est également au crétacé que les plantes à fleurs commencent à dominer le monde végétal terrestre et que les insectes à métamorphoses complètes établissent leur prédominance.

La fin du secondaire est aussi celle de la plupart des groupes de reptiles ainsi que des ammonites, des bélemnites et des rudistes : tant de disparitions appellent une explication qui n'a pas encore été trouvée.

secondaire n. m. *Electr.* Enroulement relié au circuit d'utilisation dans un transformateur ou une bobine d'induction. ‖ Syn. de ENSEIGNEMENT* SECONDAIRE.

secondairement adv. De façon secondaire, accessoire.

seconde [səgɔ̃d] n. f. Classe qui constitue la cinquième année de l'enseignement secondaire. ‖ Unité de mesure de temps (symb. : s) équivalant à la fraction 1/31 556 925,974 7 de l'année tropique pour 1900 janvier zéro, à 12 heures de temps des éphémérides. ‖ Unité d'angle et d'arc (symb. : ″) égale au soixantième de minute. ‖ *Fam.* Temps très court : *attendez une seconde.* ‖ *Escr.* Engagement dans la ligne basse et en dehors. (Le fleuret est tenu les ongles en dessous.) ‖ *Mus.* Intervalle de deux degrés conjoints. (La seconde peut être majeure [1 ton] ou mineure [1/2 ton].)

secondement adv. En second lieu, dans une énumération.

seconder [səgɔ̃de] v. t. Servir d'aide à quelqu'un ; venir en aide : *un assistant le seconde dans son travail.* (Syn. : AIDER, ASSISTER, COLLABORER, COOPÉRER, PARTICIPER, SERVIR.)

Secondigny [-gɔ̃-] (79130), ch.-l. de c. des Deux-Sèvres (arr. de Parthenay) ; 2 062 h. (1 104 aggl.).

secouement [səkumɑ̃] n. m. Action de secouer ou de se secouer.

secouer [səkwe] v. t. (lat. *succutere*). Agiter fortement et à plusieurs reprises : *secouer un arbre.* ‖ *Fam.* Ne pas ménager, réprimander. ‖ Donner une commotion morale, ébranler : *cette maladie, ces mauvaises nouvelles l'ont fortement secoué.* ● *Secouer la poussière,* la faire tomber. ‖ *Secouer la tête,* la remuer en signe de doute, d'hésitation, de refus. ‖ — **Se secouer** v. pr. *Fam.* Ne pas se laisser aller à l'inertie, au découragement ; ne pas s'écouter.

secoueur n. m. Mécanisme de la batteuse favorisant la séparation du grain et de la paille.

secourable adj. Qui secourt ; qui aime à secourir : *il s'est toujours montré secourable envers les malheureux.*

secourir [səkurir] v. t. (lat. *succurrere*) [conj. **21**]. Venir en aide, porter assistance à : *secourir les malheureux.*

secourisme n. m. Méthode de premiers secours et de sauvetage.

Phot. Lauros - Atlas-Photo.

secouriste n. Membre d'une organisation de secours pour les victimes d'un accident, d'une catastrophe.

secours [səkur] n. m. Aide, assistance qui permet de sortir d'une situation dangereuse : *demander, prêter secours.* ‖ Ce qui est utile : *ma mémoire m'a été d'un grand secours en cette occasion.* ‖ Renfort : *un secours de dix mille hommes.* ● *Plan d'organisation des secours* (dit plan ORSEC), v. PROTECTION CIVILE. ‖ — Pl. Choses qui servent à secourir : *secours en espèces.*

secousse [səkus] n. f. (lat. *succussus*). Ebranlement : *donner une secousse.* ‖ Chacune des oscillations du sol dans un tremblement de terre. ‖ *Fig.* Atteinte portée à la santé, au crédit, à l'ordre établi : *cette maladie a été pour lui une secousse.*

secret [səkrɛ], **ète** [-ɛt] adj. (lat. *secretus*). Peu connu ; que l'on tient caché : *négociation secrète.* ‖ Qui est placé de façon à être dissimulé : *escalier secret ; porte secrète.* ‖ Qui n'est pas apparent ; invisible : *charme secret.*

secret n. m. (lat. *secretum,* chose secrète). Ce qui doit être caché ; ce qu'il ne faut pas dire : *confier un secret à quelqu'un.* ‖ Organe, ressort caché : *le secret d'une serrure.* ‖ Lieu séparé, dans une prison : *mettre un prisonnier au secret.* ‖ Silence sur une chose confiée : *observer le secret.* ‖ Moyen caché pour réussir à quelque chose : *le secret de plaire.* ‖ Moyen peu connu de faire une chose : *secret pour guérir une maladie.* ‖ Une des parties les plus difficiles, les plus essentielles d'un art, d'une science : *le secret de l'art d'écrire.* ● *Dans le secret du cœur,* dans l'intimité. ‖ *Secret d'Etat,* chose dont la divulgation nuirait aux intérêts généraux. ‖ *Secret professionnel,* interdiction légale de divulguer un secret dont on a eu connaissance dans l'exercice de ses fonctions : *les médecins sont liés par le secret professionnel, même devant les tribunaux.* ‖ — **En secret** loc. adv. Sans témoin.

secrétaire n. (de *secret*). Personne chargée d'écrire sous la dictée de quelqu'un ou de rédiger sa correspondance, ses écritures. ‖ Membre du bureau d'une assemblée délibérante chargé d'assister le président et de rédiger le procès-verbal de la séance. ● *Secrétaire d'administration,* fonctionnaire chargé des travaux de rédaction. ‖ *Secrétaire d'Etat,* personne pourvue d'un département ministériel : *secrétaire d'Etat à l'Intérieur, à l'Agriculture, etc. ;* titre du ministre des Affaires étrangères des Etats-Unis ; titre du cardinal chargé des rapports extérieurs au Vatican. ‖ *Secrétaire général,* personne chargée des problèmes d'organisation administrative dans un établissement public ou certaines grandes entreprises privées. ‖ *Secrétaire de mairie,* personne qui fait les écritures d'une mairie. ‖ *Secrétaire de rédaction,* journaliste qui assure la mise en pages.

secrétaire n. m. Meuble muni d'un abattant, auprès duquel on peut s'asseoir pour écrire.

secrétaire n. m. *Zool.* Syn. de SERPENTAIRE.

secrétairerie n. f. Organisme administratif que dirige le cardinal secrétaire d'Etat.

Secrétan (Charles), philosophe suisse, né à Lausanne (1815-1895), auteur d'une *Philosophie de la liberté.* Il a tenté une conciliation du christianisme et de la philosophie rationnelle.

secrétariat n. m. Fonctions de secrétaire. ‖ Bureau de secrétaire. ‖ Ensemble des personnes remplissant les fonctions de secrétaire.

secrète n. f. *Relig. cath.* Oraison qui termine l'offertoire de la messe.

secrètement adv. En secret : *avertir quelqu'un secrètement.*

sécréter [sekrete] v. t. (conj. **5**). Opérer la sécrétion : *le foie sécrète la bile.*

sécréteur, euse ou **trice** adj. *Physiol.* Qui sécrète : *les organes sécréteurs de la salive.*

sécrétine n. f. Hormone sécrétée par la muqueuse duodénale à l'arrivée du chyme, et qui déclenche la sécrétion du suc pancréatique et du suc intestinal.

sécrétion n. f. (lat. *secretio,* dissolution). Fonction par laquelle une cellule ou un tissu émet une substance qui intervient ensuite dans la physiologie de l'organisme. ‖ Cette substance.
— ENCYCL. La *sécrétion* peut être continue, la cellule produisant régulièrement une substance qui s'écoule par l'un de ses pôles (sécrétion mérocrine), ou intermittente, la cellule accumulant la substance à l'un de ses pôles, puis l'expulsant en bloc, par rupture de la membrane, au pôle sécrétoire (sécrétion holocrine). Les sécrétions sont dites *externes* (ou *exocrines*) lorsque le liquide formé est expulsé à l'extérieur de l'organisme (glandes sudoripares) ou dans un canal d'excrétion (rein, foie) ; elles sont dites *internes* (ou *endocrines*) lorsque ce liquide est déversé dans le sang (thyroïde, surrénales, hypophyse).

sécrétoire adj. Relatif à la sécrétion : *organe, appareil sécrétoire.*

sectaire adj. et n. Qui témoigne d'une étroitesse d'esprit : *esprit sectaire.*

sectarisme n. m. Caractère d'une personne sectaire.

sectateur n. m. Partisan déclaré d'une secte, d'une opinion, d'un système (vieilli).

secte [sɛkt] n. f. (lat. *secta ;* de *sequi,* suivre). Ensemble de personnes qui professent la même doctrine : *la secte d'Epicure.* ‖ Ensemble de ceux qui se sont détachés d'une communion religieuse : *la secte des adventistes.*

secteur [sɛktœr] n. m. (lat. *sector ;* de *secare,* couper). *Math.* Surface plane limitée par deux segments rectilignes et un arc de courbe. ‖ Subdivision d'un réseau de distribution électrique. ‖ *Mil.* Zone d'action ou circonscription confiée à une grande unité. ‖ *Fig.* Partie, aspect particulier d'un ensemble ; domaine : *secteur économique.* ● *Secteur circulaire,* portion de cercle limitée par deux rayons. (On trouve la surface d'un secteur en multipliant la longueur de l'arc qui lui sert de base par la moitié du rayon, ou encore en multipliant l'aire du cercle par la fraction $\frac{n}{360}$, *n* étant le nombre de degrés de l'arc du secteur.) ‖ *Secteur postal* (abrév. S. P.), circonscription du service de la poste aux armées. ‖ *Secteur privé,* ensemble des entreprises appartenant à des personnes physiques ou morales de droit privé. ‖ *Secteur public,* ensemble des organismes de droit privé gérés suivant des directives émanant des pouvoirs publics. ‖ *Secteur sphérique,* solide engendré par un secteur circulaire tournant autour d'un diamètre qui ne le traverse pas. ‖ *Sous-secteur,* zone d'action d'un régiment.

section [sɛksjɔ̃] n. f. (lat. *sectio,* division). Action de couper. ‖ Endroit où une chose est coupée : *la section des tendons.* ‖ Division ou subdivision d'une ville, d'un parcours d'autobus, etc. ‖ Division administrative : *section de commune ; section de vote ; section d'un tribunal ; sections du Conseil d'Etat.* ‖ Dessin en coupe mettant en évidence certaines particularités d'une construction, d'une machine, etc. ‖ Profil exécuté sur un dessin représentant un édifice, de manière à montrer les hauteurs et profondeurs des divers étages. ‖ *Math.* Ensemble des points communs à deux surfaces : *la section plane d'un cône circulaire est une ellipse, une parabole ou une hyperbole.* ‖ Surface déterminée par la rencontre d'un solide et d'un plan, ou de deux solides. ‖ Coupe pratiquée par un ensemble dans un autre. ‖ Syn. de INTERSECTION. ‖ *Mil.* Unité élémentaire de l'infanterie, du génie, etc., commandée par un lieutenant, un sous-lieutenant ou un adjudant-chef. ● *Section droite d'un prisme ou d'un cylindre,* section de ce prisme ou de ce cylindre par un plan perpendiculaire aux arêtes ou aux génératrices. ‖ *Section homogène,* partie d'une entreprise, d'une usine, d'un atelier, etc., constituée de moyens de production semblables, dont les coûts horaires de fonctionnement sont très proches. ‖ *Section mouillée,* surface obtenue en coupant par un plan vertical et transversal un cours d'eau, et qui sert à la mesure du débit.

sectionnement n. m. Action de sectionner ; son résultat.

sectionner v. t. Diviser par sections : *sectionner une administration.* ‖ Couper, trancher : *la balle avait sectionné l'artère.*

sectionneur n. m. Appareil permettant de rompre la continuité d'un circuit électrique, spécialement pour des questions de sécurité, mais ne fonctionnant qu'à vide.

sectoriel, elle adj. Relatif à un secteur, à une catégorie professionnelle : *une revendication sectorielle.*

sectorisation n. f. Répartition en plusieurs secteurs, en diverses unités géographiques.

séculaire [sekylɛr] adj. (lat. *saecularis ;* de *saeculum,* siècle). Qui se fait de siècle en siècle : *fête séculaire.* ‖ Qui est âgé d'un ou de plusieurs siècles : *chêne séculaire.* ‖ Très ancien : *préjugé séculaire.* ● *Année séculaire,* année qui termine le siècle.

séculairement adv. De siècle en siècle : *tradition séculairement fortifiée.*

sécularisation n. f. Action de séculariser : *la sécularisation des biens ecclésiastiques.*

séculariser v. t. (du lat. *saeculum,* siècle). Rendre à la vie laïque les personnes ou les choses consacrées à la vie ecclésiastique : *séculariser un couvent.*

sécularité n. f. Etat du clergé séculier.

séculier [sekylje], **ère** [-ɛr] adj. (du lat. *saeculum,* siècle). Qui vit dans le siècle, c'est-à-dire dans le monde, hors de la règle d'un monastère (par oppos. à *régulier*) : *prêtre séculier ; clergé séculier.* ‖ Laïque, temporel : *tribunaux séculiers.* ● *Bras séculier,* justice temporelle : *livrer un ecclésiastique au bras séculier.*

séculier n. m. Laïque ou prêtre non religieux (par oppos. à *régulier,* ou *religieux*).

secundo [sekɔ̃do ou səgɔ̃do] adv. (mot lat.). Secondement, en second lieu. (S'écrit 2°.)

sécurisant, e adj. Qui procure un sentiment de sécurité : *il dispense une chaleur humaine sécurisante pour ceux qui se confient à lui.*

sécuriser v. t. Donner le sentiment de sécurité.

sécurité [sekyrite] n. f. (lat. *securitas ;* de *securus,* sûr). Confiance, tranquillité d'esprit résultant de la pensée qu'il n'y a pas de péril à redouter. ‖ Absence de risques d'accidents. ‖ *Mil.* Dispositif bloquant la détente d'une arme à feu pour empêcher tout départ inopiné du coup : *placer une arme à la sécurité.* ● *Sécurité militaire,* service créé en 1945 et chargé de la protection du moral des armées. ‖ *Sécurité publique,* élément de l'ordre public. ‖ *Sécurité routière,* ensemble de services visant à la protection des usagers de la route. ‖ *Sécurité sociale,* ensemble des législations (ainsi que des organismes qui les appliquent) qui ont pour objet de garantir les individus et les familles contre certains risques sociaux. (V. *encycl.*)
— ENCYCL. En France, on distingue les *assurances sociales* (maladie, maternité, décès, invalidité, vieillesse), l'*assurance contre les accidents du travail* (dont le monopole a été confié aux caisses de Sécurité sociale dans les professions non agricoles) et les *prestations familiales.* Conçue initialement pour protéger les salariés les plus défavorisés, la Sécurité sociale a été progressivement étendue à tous les salariés, puis à l'ensemble des non-salariés. Certaines doctrines économiques (Beveridge) la considèrent comme un des facteurs de redistribution des revenus susceptibles de maintenir l'activité économique en expansion continue et à l'abri des crises.

Sedaine (Michel Jean), auteur dramatique français, né à Paris (1719-1797). Il est l'auteur de drames historiques et de livrets d'opéras-comiques, ainsi que du chef-d'œuvre de la comédie sérieuse telle que la définit Diderot, *le Philosophe sans le savoir* (1765). [Acad. fr.]

sedan [sədɑ̃] n. m. Drap fin, fabriqué à Sedan.

Sedan (08200), ch.-l. d'arr. des Ardennes, sur la Meuse ; 22 998 h. (*Sedanais*). Métallurgie. Patrie de Turenne. — L'arr. a 5 cant., 79 comm., 67 157 h.
● *Histoire.* Durant la guerre franco-allemande de 1870, l'armée de Châlons, commandée par Mac-Mahon, fut rejetée sur Sedan après les combats de Grandpré, de Buzancy, de Nouart et de Beaumont (26-30 août 1870). Malgré les prouesses de l'infanterie de marine à Bazeilles et les charges héroïques des chasseurs d'Afrique des généraux Margueritte et Galliffet, l'armée dut capituler le 2 septembre, et Napoléon III, qui l'avait accompagnée, fut fait prisonnier. A l'annonce de cette nouvelle, le régime impérial était renversé à Paris le 4 septembre. Pendant la Seconde Guerre mondiale, les divisions blindées allemandes de von Kleist, couvertes et appuyées par une puissante aviation, forcèrent la Meuse à Sedan le 13 mai 1940, après avoir traversé l'Ardenne belge. Cette percée, exploitée aussitôt en direction d'Abbeville, permit l'encerclement des forces alliées en Belgique.

sédatif [sedatif], **ive** [-iv] adj. et n. m. (du lat. *sedare,* calmer). Qui calme les douleurs : *potion sédative.* ● *Eau sédative,* eau légèrement révulsive.

sédation n. f. Apaisement, modération dans le fonctionnement exagéré d'un organe.

Sédécias (m. à Babylone en 586 av. J.-C.), roi de Juda (597-586 av. J.-C.). Révolté contre Nabuchodonosor, dont il était le vassal, il fut emmené prisonnier à Babylone.

sédentaire [sedɑ̃tɛr] adj. et n. (du lat. *sedere,* être assis). Qui demeure ordinairement assis : *être trop sédentaire.* ‖ Qui sort peu, qui reste souvent chez soi : *en vieillissant, on devient sédentaire.* ‖ — Adj. Qui se passe, s'exerce dans le même lieu : *vie, emploi sédentaire.*

sédentairement adv. De façon sédentaire : *vivre sédentairement.*

sédentarisation n. f. Passage de l'état nomade à l'état sédentaire.

sédentarité n. f. Le fait d'être sédentaire.

Séderon (26560), ch.-l. de c. de la Drôme (arr. de Nyons) ; 363 h. (290 aggl.).

sedia gestatoria [sedjaʒɛstatɔrja] n. f. (mots ital. signif. *chaise à porteurs*). Chaise sur laquelle on porte le pape dans certaines cérémonies.

sédiment [sedimɑ̃] n. m. (lat. *sedimentum,* affaissement). Dépôt qui se forme dans un liquide où des substances sont en suspension. ‖ Dépôt laissé par les eaux, le vent, etc. (D'après leur origine, ils peuvent être marins, fluviatiles, lacustres, glaciaires, etc.).

sédimentaire adj. De la nature du sédiment. ● *Roches sédimentaires,* roches formées à la surface de la Terre, d'origine clastique (destruction d'autres roches), chimique ou organogène (construction des coraux).

sédimentation n. f. Formation de sédiments. ‖ Progression lente d'un dépôt. ● *Vitesse de sédimentation,* méthode d'examen du sang qui permet de mesurer la vitesse de chute des hématies, dans le sang rendu incoagulable, selon des conditions bien définies. (Cette vitesse est accélérée dans les maladies aiguës, dans certains rhumatismes, etc.)

sédimentologie n. f. *Géol.* Etude des sédiments.

séditieusement adv. De façon séditieuse.

séditieux, euse adj. et n. (lat. *seditiosus*). Qui est en révolte contre une autorité établie. ‖ Enclin à la sédition : *esprit séditieux.* ‖ Qui provoque la sédition : *discours séditieux.*

sédition n. f. (lat. *seditio*). Emeute populaire ; révolte contre l'autorité établie.

séducteur [sedyktœr], **trice** [-tris] n. et adj. Qui séduit, fait tomber en faute. ● *L'esprit séducteur,* le démon.

séduction n. f. Action par laquelle on séduit. ‖ Agrément, attrait irrésistible : *les séductions de la richesse.*

séduire [sedɥir] v. t. (lat. *seducere,* conduire à l'écart) [conj. **64**]. Faire perdre à une femme sa vertu, à une jeune fille son innocence. ‖ Plaire par quelque attrait ; toucher : *ses manières m'ont séduit.* (Syn. : ATTIRER, CAPTIVER, ENCHANTER, ENVOÛTER, RAVIR, SUBJUGUER.)

séduisant, e adj. Qui charme : *homme séduisant ; offre séduisante.*

sédum [sedɔm] n. m. *Bot.* Nom scientifique de l'*orpin.* (Famille des crassulacées.)

Seebeck (Thomas Johann), physicien allemand, né à Reval (auj. Tallin) [1770-1831]. Il découvrit la thermo-électricité (1821), qu'il employa à la mesure des températures.

Seeckt (Hans VON), général allemand, né à Schleswig (1866-1936). Il succéda en 1920 à Hindenburg à la tête de la Reichswehr et la réorganisa en armée de cadres, lui donnant un règlement à base de principes offensifs et recréant secrètement le grand état-major. Relevé de ses fonctions en 1926, il fut député (1930 et 1932). Il milita en faveur de Hitler et fut chargé en 1935 de la réorganisation de l'armée chinoise.

Seeland. V. SJAELLAND.

Sées (61500), anc. **Séez** [se], ch.-l. de c. de l'Orne (arr. d'Alençon) ; 4 904 h. (3 421 aggl.) [*Sagiens*]. Evêché. Cathédrale des XIIIe et XVe s.

sefardi [səfardi] ou **sefaraddi** n. et adj. Nom donné aux juifs d'Espagne et du Portugal au Moyen Age. ‖ — Adj. Nom donné à la majorité des communautés juives des pays méditerranéens. ‖ Pl. des *sefardim* ou des *sefaraddim* [-dim].

Séféris (Georgios SEFERIADIS, dit **Georgios**), diplomate et poète grec, né à Smyrne (1900-1971). Écrivain de langue démotique, il unit dans ses recueils l'évocation des mythes antiques à la peinture de la vie quotidienne de la Grèce moderne (*Strophe*, 1931 ; *Mythologie*, 1935 ; *Journal de bord*, 1940-1955). [Prix Nobel, 1963.]

Séfévides ou **Ṣafawides**, dynastie qui régna sur la Perse de 1502 à 1736. Les Séfévides, issus du cheikh Ṣafī al-Dīn, instaurèrent définitivement en Perse la doctrine chī'ite. Ils durent soutenir de longues guerres contre la Turquie et furent renversés par Nādir chāh.

ségala [segala] n. m. Terrain planté de seigle.

Ségala (le), plateaux cristallins du sud-ouest du Massif central, autref. très pauvres (« pays du seigle »).

Segalen (Victor), écrivain français, né à Brest (1878-1919). Il découvrit en Chine les monuments funéraires des Han et le mysticisme oriental qui inspire ses poèmes (*Stèles*, 1912) et ses romans (*les Immémoriaux*).

Segall (Lasar), peintre brésilien d'origine lituanienne, né à Vilna (auj. Vilnious) [1885-1957]. Après avoir voyagé en Europe et participé à la vie artistique allemande, il se fixa au Brésil en 1923. Marqué par le cubisme et l'expressionnisme, il peignit dans un style dramatique des scènes représentatives de la vie des Juifs en Europe centrale et de celle du peuple brésilien.

Segantini (Giovanni), peintre italien, né à Arco (1858-1899). Il a exécuté à la manière divisionniste des scènes et des paysages de la vie montagnarde.

Ségeste, v. de la Sicile antique, entre Palerme et Trapani. Détruite par Agathocle en 307 av. J.-C., elle retrouva sa prospérité sous les Romains. Restes d'un temple dorique de Déméter et d'un théâtre.

Seghers (Daniel), peintre flamand, né à Anvers (1590-1661). Il entra dans l'ordre des Jésuites en 1614. Il s'est plu à peindre des ornements, des guirlandes entourant les sujets, généralement religieux, qui constituent l'essentiel de son œuvre.

Seghers (Hercules), peintre néerlandais, né à Haarlem (?) [v. 1590-v. 1640]. Il est l'auteur de quelques paysages de petites dimensions qui font de lui un des grands peintres hollandais, ainsi que d'étonnantes eaux-fortes (*les Trois Livres, le Crâne, le Sapin moussu*). Son art inquiet et visionnaire a influencé Rembrandt.

segment [sɛgmɑ̃] n. m. (lat. *segmentum*, morceau coupé). *Math*. Portion bien délimitée, détachée d'une figure, d'un ensemble. ● *Segment circulaire, elliptique*, etc., surface limitée par un arc de courbe et la corde qui le sous-tend. (La surface d'un segment est égale à la surface du secteur de même arc diminuée de la surface du triangle ayant son sommet au centre et ayant pour base la corde du segment.) ‖ *Segment de droite*, portion de droite limitée par deux points. ‖ *Segment de frein*, pièce en forme de croissant, sur laquelle est fixée une garniture spéciale, dont le frottement contre le tambour de frein assure le freinage. ‖ *Segment orienté*, segment de droite doté d'un sens. (La mesure d'un segment orienté s'exprime par un nombre algébrique.) ‖ *Segment de piston*, anneau élastique coupé suivant une génératrice ou une hélice, utilisé dans le mécanisme piston-cylindre pour assurer l'étanchéité entre les deux milieux séparés par le piston.

segmentaire adj. Formé de plusieurs segments : *organes segmentaires*.

segmentation n. f. Division en segments. ‖ *Biol*. Première étape du développement de l'œuf chez les animaux, consistant en une suite de divisions cellulaires rapides sans augmentation de la masse totale.
— ENCYCL. *Biol*. La *segmentation* est *totale* lorsque l'œuf est petit et pauvre en réserves vitellines ; elle reste *partielle* lorsqu'il est riche en réserves. Une segmentation partielle peut être discoïdale (oiseaux) ou périphérique (insectes). Une segmentation totale peut être droite ou spirale ; dans les deux cas, elle peut aboutir à des cellules toutes de même diamètre (segmentation égale) ou à deux types cellulaires, les *micromères*, issus du pôle animal de l'œuf, et les *macromères*, plus gros, issus du pôle végétatif. Au cours de la segmentation, le nombre des cellules de l'embryon reste longtemps égal à une puissance de 2 (on parle du « stade 16 », du « stade 64 »). Son aboutissement est la *morula*, à partir de laquelle commenceront la *différenciation* (apparition de nombreux types cellulaires) et l'*organisation* (formation des tissus et des organes).

segmenter v. t. Partager en segments ; couper.

Segner (Johann Andreas VON), naturaliste allemand, né à Presbourg (1704-1777). Il est l'auteur d'une théorie de la capillarité, dans laquelle il assimile la surface d'un liquide à une membrane tendue (1752).

Marc Seguin

comtesse de Ségur

Segni (Antonio), homme politique italien, né à Sassari (1891-1972). Démocrate chrétien, il a été président de la République de 1962 à 1964.

Segonzac (16130), ch.-l. de c. de la Charente (arr. de Cognac) ; 2 182 h. Eglise (XIIe-XIVe s.). Eaux-de-vie.

Ségou, v. du Mali, sur le Niger ; 31 000 h.

Ségovie, en esp. **Segovia**, v. d'Espagne (Vieille-Castille) ; 36 000 h. (*Ségoviens*). Nombreux monuments anciens : aqueduc romain, fortifications médiévales, églises romanes, église de la Vera Cruz (1208), cathédrale du XVIe s., ancien alcazar (XIIIe-XVe s., restauré).

ségrairie [segreri] n f. (de *ségrais*). Possession d'un bois par indivis. ‖ Ce bois lui-même.

ségrais [segrɛ] n. m. (du lat. *secretum*, mis à part). Bois isolé, qu'on exploite à part.

Segrais (Jean REGNAULT DE), poète français, né à Caen (1624-1701). Il dut à son poème *Athis* et à ses *Eglogues* (publiées en 1723) sa réputation de poète pastoral. C'est sous son nom que Mme de La Fayette fit paraître *la Princesse de Montpensier* et *Zaïde*. (Acad. fr.)

Sègre (la ou le), riv. d'Espagne (Catalogne), affl. de l'Èbre (r. g.) ; 260 km.

Segré (49500), ch.-l. d'arr. de Maine-et-Loire, sur l'Oudon, affl. de la Mayenne ; 6 471 h. (5 603 aggl.) [*Segréens*]. Mine de fer. — L'arr. a 5 cant., 61 comm., 52 872 h.

Segrè (Emilio), physicien américain d'origine italienne, né à Tivoli en 1905. Il découvrit le technétium et l'astate ; en 1955, il réalisa avec Chamberlain la production de l'antiproton. (Prix Nobel de physique, 1959.)

ségrégabilité n. f. Tendance qui pousse les grains les plus gros d'un mélange hétérogène à se séparer de l'agrégat dans le sens de la pesanteur.

ségrégation [segregasjɔ̃] n. f. Action de séparer d'un tout, de mettre à part. ‖ Action de séparer les personnes d'origines, de races ou de religions différentes, à l'intérieur d'un même pays : *ségrégation raciale*. ‖ *Industr*. Séparation partielle de diverses parties homogènes d'un alliage pendant sa liquéfaction.

ségrégationnisme n. m. Politique de ségrégation raciale.

ségrégationniste n. et adj. Partisan de la ségrégation raciale.

séguedille [segədij] n. f. V. SEGUIDILLA.

seguia [segja] n. f. (mot arabe). Rigole d'irrigation, en Afrique du Nord.

seguidilla [segidiʎa] n. f. (mot esp. ; de *seguida*, suite). Chanson et danse populaires espagnoles à 3/4, de rythme vif, d'origine andalouse. (On dit aussi SÉGUEDILLE.)

Séguier (Antoine), président à mortier au parlement de Paris, né à Paris (1552-1624) ; il soutint contre la Ligue les thèses gallicanes. — PIERRE, neveu du précédent, né à Paris (1588-1672), chancelier de France sous Louis XIII et Louis XIV, fut l'un des protecteurs de l'Académie française. Il soutint Mazarin pendant la Fronde ; en 1661, il accabla Fouquet mis en accusation. — ANTOINE LOUIS, né à Paris (1726-1792), avocat général au parlement de Paris, fut l'adversaire des philosophes et de Turgot. (Acad. fr.) — ANTOINE MATHIEU, fils du précédent, né à Paris (1768-1848), premier président de la cour d'appel de Paris (1802), pair de France (1815), instruisit le procès de Ney.

Seguin (Marc), ingénieur français, né à Annonay (1786-1875). Il imagina le principe des ponts suspendus, dont il construisit le premier sur le Rhône, entre Tain-l'Hermitage et Tournon (1824). Mais son nom est resté attaché à la chaudière tubulaire, qu'il perfectionna d'une manière telle qu'on le considère comme son inventeur : il inversa la fonction des tubes, qu'il fit traverser par les gaz chauds du foyer au lieu de les faire parcourir par l'eau à chauffer (1827). Ayant obtenu avec ses frères, en 1826, une concession pour construire le chemin de fer de Saint-Etienne à Lyon, il en assura l'exécution.

Ségur (Philippe Henri, *marquis* DE), maréchal de France, né à Paris (1724-1801). Il devint secrétaire d'Etat à la Guerre (1780-1787) et fut créé maréchal (1783). Il organisa l'artillerie et le génie, et renforça la cavalerie et l'infanterie. — Son fils LOUIS PHILIPPE, comte **de Ségur** né à Paris (1753-1830), fut ambassadeur en Russie (1784-1789), où il négocia le traité de commerce de 1787. Sous l'Empire, il devint grand maître des cérémonies (1804). Il est l'auteur d'une *Histoire de France* (1824-1834). [Acad. fr., 1803.] — JOSEPH ALEXANDRE, vicomte **de Ségur,** né à Paris (1756-1805), frère du précédent, fut député de la Noblesse aux Etats généraux. Sa dernière œuvre, *les Femmes, leurs mœurs, leurs passions, leur influence et leur condition dans l'ordre moral* (1801), a été souvent réimprimée. — PHILIPPE PAUL, comte **de Ségur,** né à Paris (1780-1873), fils de Louis Philippe de Ségur, devint pair et lieutenant général (1831). Il est l'auteur d'une *Histoire de Napoléon et de la Grande Armée de 1812* (2 vol. ; 1824). Ses *Mémoires* (8 vol. ; 1873) parurent sous le titre *Un aide de camp de Napoléon, 1800-1812* (3 vol. ; 1894-1895). [Acad. fr., 1830.]

Ségur (Sophie ROSTOPCHINE, *comtesse* DE), femme de lettres française, née à Saint-Pétersbourg (1799-1874). Fille du comte Rostopchine*, gouverneur de Moscou, elle épousa le comte Eugène de Ségur, petit-fils du comte Louis Philippe. Elle écrivit pour ses petits-enfants des récits humoristiques ou émouvants qui ont toujours gardé la faveur de la jeunesse (*les Petites Filles modèles*, 1858 ; *Mémoires d'un âne*, 1860 ; *les Malheurs de Sophie*, 1864 ; *le Général Dourakine*, 1866).

Séguy (Georges), syndicaliste français, né à Toulouse en 1927, secrétaire général de la C. G. T. depuis 1967.

seiche [sɛʃ] n. f. (lat. *sepia*). Mollusque céphalopode extrêmement commun, caractérisé par sa coquille dorsale interne (« os »), qui lui sert de flotteur, et par l'encre noire (sépia) qu'elle rejette lorsqu'elle fuit. (Sous-classe des dibranches ; ordre des décapodes.)
— ENCYCL. La *seiche* présente dix tentacules, dont deux seulement, longs et terminés en raquettes, servent à capturer les proies, les huit autres se bornant à les maintenir. Comme tous les céphalopodes, c'est un animal marin, carnivore, nageur rapide de surface, doué d'une excellente vision et d'un psychisme élevé. Son caractère propre est la structure lacunaire de sa coquille calcaire dorsale, qui fait de celle-ci un flotteur de masse spécifique de 0,5 environ. En cas de fuite, la seiche rejette une encre noire, la sépia, dont on fait usage en dessin. La natation normale est assurée par une nageoire ondulante qui borde entièrement les flancs. Les œufs, volumineux et noirs, forment le « raisin de mer ». Signalons enfin l'extrême aptitude de la seiche à changer rapidement de couleur pour mieux se confondre avec son milieu. (V. illustr. MOLLUSQUES.)

seiche n. f. Variation du niveau de l'eau près du littoral ou dans un lac, déterminée parfois par des différences locales de pression atmosphérique.

Seiches-sur-le-Loir (49140), ch.-l. de c. de Maine-et-Loire (arr. d'Angers) ; 2 199 h. (1 859 aggl.).

séide [seid] n. m. (du nom de *Zayd ibn Ḥāritha*, affranchi de Mahomet). Homme d'un dévouement aveugle et fanatique : *Séjan était le séide de Tibère*.

Séide. V. ZAYD IBN ḤĀRITHA.

seigle [sɛgl] n. m. (lat. *secale*). Céréale originaire du sud de l'Europe et de l'Asie centrale, cultivée dans les régions nordiques, dans les montagnes et sur les terrains pauvres. (Famille des graminacées.) [V. illustr. CÉRÉALES.]
— ENCYCL. Le *seigle* est une plante annuelle monocotylédone, à épis barbus portant des grains allongés, cultivée pour son grain, pour sa paille et comme fourrage vert. La production mondiale, de l'ordre de 35 millions de tonnes, provient surtout de l'U. R. S. S. (15 millions), de la Pologne (7 millions), de l'Allemagne occidentale (3 millions) et de l'Allemagne orientale (2 millions). La production française, en baisse, est inférieure à 400 000 tonnes.

Seignelay (89250), ch.-l. de c. de l'Yonne (arr. d'Auxerre) ; 1 042 h. Eglise (XVIe s.).

Seignelay (Jean-Baptiste COLBERT, *marquis* DE), né à Paris (1651-1690), fils de Colbert, ministre de la Marine.

seigneur [sɛɲœr] n. m. (lat. *seniorem*, accusatif de *senior*, plus âgé). Possesseur d'un fief, d'une terre. ‖ Titre donné à certains nobles : *haut et puissant seigneur*. ‖ Propriétaire, maître absolu : *être maître et seigneur chez soi*. ● *Faire le seigneur, le grand seigneur*, prendre des airs d'homme cossu, dépenser sans compter. ‖ *Le Grand Seigneur*, le Sultan. ‖ *Le Seigneur*, Dieu.

seigneuriage n. m. Tout droit d'un seigneur.

seigneurial, e, aux adj. Qui appartenait à un seigneur ; qui donnait des droits de seigneur : *terre seigneuriale*.

seigneurie n. f. Autorité d'un seigneur. ‖ Territoire sur lequel s'étendait cette autorité. ● *Votre Seigneurie*, titre d'honneur des anciens pairs de France et des membres de la Chambre des lords en Angleterre.

Seignosse (40510), comm. des Landes (arr. de Dax) ; 769 h. Station balnéaire.

Seilhac [sɛjak] (19700), ch.-l. de c. de la Corrèze (arr. de Tulle) ; 1 247 h. (723 aggl.) [*Seilhacois*].

seille [sɛj] n. f. (lat. *situla*). Seau et, en général, récipient quelconque en bois.

Seille (la), riv. de la Bresse, affl. de la Saône (r. g.) ; 110 km.

Seille Lorraine (la), riv. de Lorraine, affl. de la Moselle (r. dr.), à Metz ; 130 km.

seillon n. m. Petit baquet peu profond.

seime [sɛm] n. f. Fente qui se forme au sabot du cheval : *les seimes occasionnent la boiterie*.

Phot. X, Carjat.

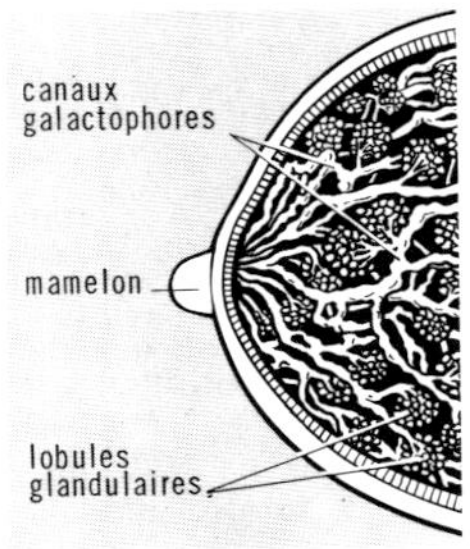

sein

sein [sɛ̃] n. m. (du lat. *sinus*, pli). La glande mammaire et ses conduits excréteurs, qui aboutissent au mamelon. ‖ Partie du corps humain depuis le bas du cou jusqu'au creux de l'estomac : *presser quelqu'un contre son sein.* ‖ Poitrine d'une femme. (V. MAMELLE.) ‖ Chacune des mamelles de la femme : *donner le sein à un enfant.* ‖ Siège de la conception : *elle l'a porté dans son sein.* ‖ Partie interne : *dans le sein de la terre.* ‖ — *Fig.* Milieu où un fait se produit : *vivre au sein des grandeurs.* ‖ Cœur, pensée : *déposer un secret dans le sein d'un ami.* ● *Le sein de Dieu,* le paradis. ‖ *Le sein de l'Eglise,* la communion de l'Eglise catholique.

Sein (*île de*) [29162], île et comm. du Finistère (Sud) [arr. de Quimper]; 835 h. Pêche.

seine ou **senne** [sɛn] n. f. (lat. *sagena*). Filet de pêche triangulaire, que l'on traîne sur les fonds sableux peu profonds.

Seine (la), fl. de France, drainant une partie du Bassin parisien; 776 km. Née sur le plateau de Langres, à 471 m d'alt., la Seine traverse la Champagne humide, puis la Champagne pouilleuse, passant à Troyes. Entre son confluent avec l'Aube (r. dr.) et l'Yonne (r. g.), à Montereau, elle longe la côte de l'Ile-de-France. Peu en amont de Paris, le fleuve reçoit son affluent le plus long, la Marne (r. dr.). Il décrit alors de très grands méandres et se grossit de l'Oise (r. dr.). Après le confluent de l'Eure (r. g.), il forme de nouveau des méandres très allongés, arrose Rouen et rejoint la Manche par un vaste estuaire sur lequel est établi Le Havre. Dans l'ensemble, le fleuve a un régime régulier avec de modestes écarts de débit. Toutefois, des crues redoutables peuvent se produire par suite de pluies exceptionnelles sur les terrains de son bassin supérieur gorgés d'eau et ne jouant plus leur rôle de réservoirs (aujourd'hui la réalisation du réservoir « Seine » [voir MORGE] en limite l'intensité). La Seine demeure une excellente voie navigable, utilisée essentiellement entre la Manche et Paris.

Seine (*basse*), région située de part et d'autre de la Seine, en aval de Rouen, caractérisée par une navigation intense sur le fleuve et la présence de nombreuses industries dans la vallée (raffineries de pétrole et industries chimiques, usines métallurgiques et textiles).

Seine (*dép. de la*), anc. dép. du Bassin parisien, correspondant à la ville de Paris et à sa proche banlieue. La loi de 1964 a amené sa subdivision en quatre nouveaux départements (Hauts-de-Seine, Paris, Seine-Saint-Denis et Val-de-Marne).

Seine-et-Marne (*dép. de*) [**77**], dép. du Bassin parisien; préf. *Melun;* s.-préf. *Meaux, Provins;* 3 arr., 30 cant., 531 comm.; 5 917 km²; 604 300 h. La majeure partie du dép. s'étend sur la *Brie,* qui porte sur ses sols limoneux de riches cultures (blé, betteraves à sucre) associées à un important élevage bovin pour la viande et les produits laitiers (fromages); des forêts s'étendent là où le limon est absent (forêt d'Armainvilliers). Les céréales dominent sur les plateaux du nord (*Goële, Multien*), et l'élevage dans le *Gâtinais,* plus verdoyant, qui fait suite, au sud, à la vaste *forêt de Fontainebleau* (sur sols sableux). L'industrie emploie près de la moitié de la population active (le douzième seulement pour l'agriculture très mécanisée, souvent le fait de grandes exploitations). L'industrie est représentée par des branches alimentaires et chimiques, les constructions mécaniques et électriques, la cimenterie, la verrerie. Elle se localise surtout dans les vallées de la Seine (qui longe l'extrémité méridionale de la *côte de l'Ile-de-France*) et de la Marne, jalonnées par les principales villes (Melun et Meaux).

Seine-et-Oise (*dép. de*), anc. dép. du Bassin parisien (préf. *Versailles*), partagé, par la loi de 1964, entre l'Essonne, le Val-d'Oise et les Yvelines, principalement.

Seine-Maritime (*dép. de*) [**76**], dép. du Bassin parisien, en Normandie; préf. *Rouen;* s.-préf. *Dieppe, Le Havre;* 3 arr., 56 cant., 753 comm.; 6 254 km²; 1 114 000 h. Le *pays de Bray,* dépression argileuse, **région d'élevage** bovin, limite à l'est le *pays de Caux,* plateau crayeux où les fréquents placages limoneux permettent les cultures céréalières, industrielles (betterave à sucre, lin, colza) et fourragères (associées à un important élevage pour les produits laitiers). L'extrémité sud-ouest de la *Picardie,* où se retrouve le même type d'économie, constitue la partie nord-est du département. L'agriculture emploie seulement le dixième de la population active. L'industrie doit son importance (environ 40 p. 100 de la population active) aux usines de la *basse Seine.* Entre Rouen et Le Havre (deuxième port français) sont implantés les industries chimiques et alimentaires, la métallurgie, les constructions mécaniques, le textile et un très important complexe de raffinage de pétrole. Le littoral est jalonné de ports et de stations balnéaires (Fécamp, Le Tréport et, surtout, Dieppe).

Seine-Saint-Denis (*dép. de la*) [**93**], dép. créé par la loi de 1964 et s'étendant sur le nord-est de l'anc. dép. de la Seine et sur des comm. de l'anc. Seine-et-Oise; préf. *Bobigny;* s.-préf. *Le Raincy;* 2 arr., 34 cant., 40 comm.; 236 km²; 1 251 800 h. Le dép. juxtapose trois paysages bien différents. Dans la moitié occidentale, proche de Paris, de part et d'autre du canal de l'Ourcq, s'imbriquent étroitement usines (métallurgie surtout) et habitations ouvrières (Saint-Denis, Aubervilliers, Pantin). Au sud-est, particulièrement le long de la Marne, la fonction résidentielle prend le pas sur l'activité industrielle, pourtant présente (Neuilly-sur-Marne). Dans le nord-est (Tremblay-lès-Gonesse), la grande culture céréalière et betteravière est encore présente, mais tend à disparaître devant l'expansion urbaine.

seing [sɛ̃] n. m. (lat. *signum,* marque). Autref., signe tenant lieu de signature. ‖ Auj., signature d'une personne sur un acte, pour en attester l'authenticité : *apposer son seing.* ● *Blanc-seing,* v. à son ordre alphab. ‖ *Sous seing privé,* se dit d'un acte qui n'a pas été passé devant un officier public (par oppos. à *acte authentique*).

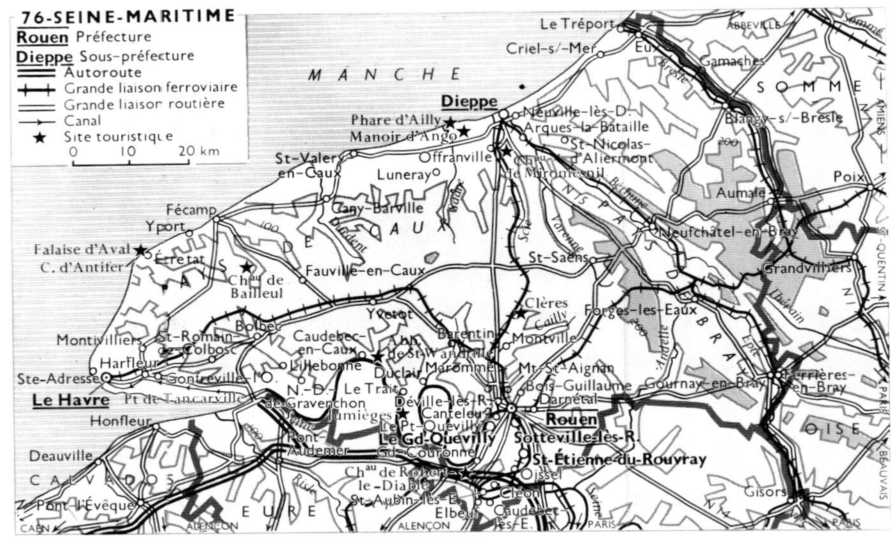

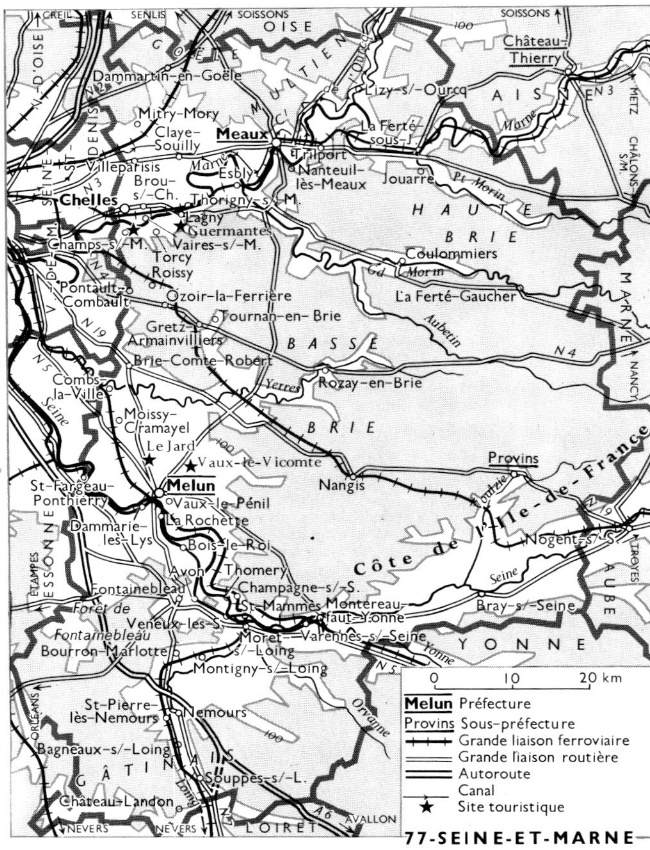

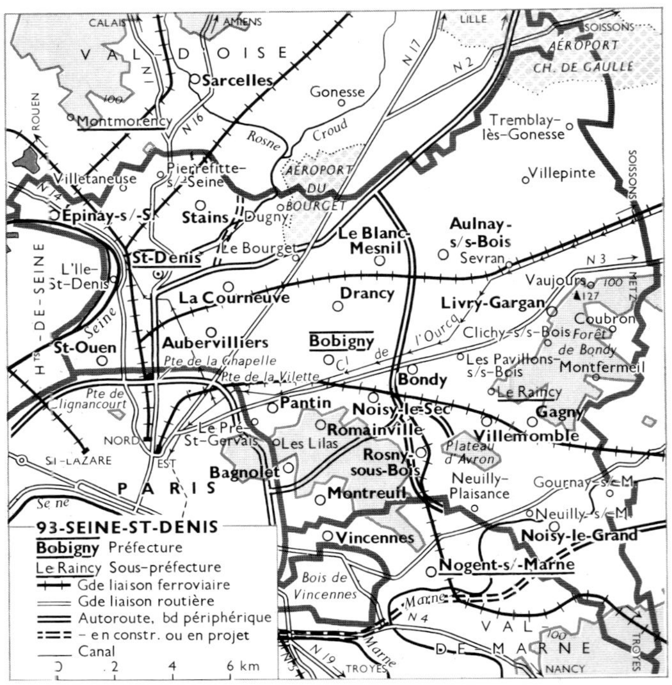

Seipel (Ignaz), prélat et homme d'Etat autrichien, né à Vienne (1876-1932), chancelier d'Autriche de 1922 à 1924 et de 1926 à 1929.

Sei Shōnagon, femme de lettres japonaise (v. 968-début du XIe s.). Entrée au service de l'impératrice Sadako en 991, elle quitta la Cour en 1000, à la mort de sa maîtresse. Selon la tradition, elle aurait terminé sa vie dans la pauvreté. Elle est l'auteur d'un recueil de notes, le *Makura-no-sōshi* (*Notes de chevet*), qui forme la première manifestation et l'un des chefs-d'œuvre du genre *zuihitsu* (essais « écrits au fil du pinceau »).

séismal ou **sismal, e, aux** adj. Se dit de la ligne qui suit l'ordre d'ébranlement, dans un tremblement de terre.

séisme [seism] n. m. (gr. *seismos,* tremblement de terre). Secousse plus ou moins violente imprimée au sol, et qui se produit toujours à une certaine profondeur à partir d'un épicentre.

séismicité ou **sismicité** n. f. Fréquence des tremblements de terre, qui est en rapport avec les grandes lignes de fracture de l'écorce terrestre.

séismique ou **sismique** adj. Qui a rapport aux tremblements de terre. ● *Prospection séismique,* méthode de prospection géophysique, fondée sur la propriété qu'ont les ondes sonores provoquées par une explosion au voisinage de la surface du sol de subir des réfractions et des réflexions aux surfaces de contact de couches ayant des vitesses de transmission différentes, suivant des lois analogues à celles de l'optique.

séismographe ou **sismographe** n. m. Instrument très sensible, destiné à enregistrer l'heure, la durée et l'amplitude des tremblements de terre. (Les séismographes sont fondés sur l'inertie des masses maintenues en équilibre par un système élastique. Tout déplacement du support de l'instrument détermine un changement de position de la masse, qui est enregistré.)

séismologie ou **sismologie** n. f. Science des tremblements de terre.

Séistan, région d'Iran et d'Afghānistān.

seize [sɛz] adj. num. (lat. *sedecim*). Nombre qui suit quinze dans la suite naturelle des nombres entiers : *seize personnes.* || Seizième : *Louis seize.* || — N. m. inv. Seizième jour du mois : *le seize septembre.*

seizième adj. num. ord. Qui occupe le rang marqué par le nombre *seize.* || — N. : *être le, la seizième.* || — N. m. Fraction de l'unité, obtenue par division par seize.

seizièmement adv. En seizième lieu, dans une énumération.

Séjan, ministre et favori de Tibère, né à Volsinies (Bolsena) [v. 20 av. J.-C.-31 apr. J.-C.]. Préfet du prétoire, il intrigua pour succéder à Tibère, qui le fit étrangler.

séjour [seʒur] n. m. (de *séjourner*). Résidence plus ou moins longue dans un lieu, dans un pays. || Le lieu même où l'on séjourne : *séjour enchanteur.* ● *Salle de séjour* (ou *séjour,* n. m.), pièce d'un appartement où l'on se tient ordinairement.

Séjourné (Paul), ingénieur français, né à Orléans (1851-1939). Chef d'école pour la construction des ponts en maçonnerie, il imagina pour les grandes voûtes de couper les rouleaux en tronçons et de les serrer en injectant du mortier sec partout où une fissure était à craindre.

séjourner v. i. (lat. *subdiurnare,* durer un certain temps). Demeurer quelque temps dans un lieu : *séjourner à Paris.*

sel [sɛl] n. m. (lat. *sal*). Substance incolore, cristallisée, friable, soluble et d'un goût âcre, employée comme assaisonnement. (V. *encycl.*) || *Chim.* Composé formé par le remplacement de l'hydrogène d'un acide par un métal. || *Fig.* Ce qu'il y a de fin, de vif dans la conversation ou dans un ouvrage de l'esprit : *goûter le sel d'une plaisanterie.* ● *Sel d'Angleterre, de Sedlitz* ou *d'Epsom,* ou *sel de magnésie,* sulfate de magnésium. || *Sel de Glauber,* sulfate de sodium. || *Sel gris* ou *de cuisine,* sel marin mêlé d'impuretés. || *Sel de Saturne,* acétate de plomb cristallisé. || *Sel de Vichy,* bicarbonate de sodium. || — Pl. Ce que l'on fait respirer pour ranimer : *un flacon de sels.*
— Encycl. Constitué par du chlorure de sodium (NaCl) à l'état plus ou moins pur, le *sel* est très abondant dans la nature. Il est soit extrait des mines (sel gemme), dans lesquelles, provenant de l'évaporation des mers géologiques, il est disposé en couches souvent considérables, soit produit dans des salines (sel *de flamme,* ou ignigène ou raffiné), ou encore récolté sur des salins ou des marais salants (sel de mer), ou sur des lacs salés (sel de lac). Dans les mines, on l'obtient soit à l'état solide, par abattage de blocs que l'on soumet à divers traitements (concassage, broyage, tamisage), soit à l'état de saumure, extraite par pompage de nappes salées souterraines ou produite par dissolution à l'aide d'injection d'eau douce dans le gisement de sel gemme. Dirigée vers l'usine d'utilisation, ou saline, cette saumure permet d'obtenir du sel par évaporation, après élimination préalable des constituants indésirables par précipitation. La cristallisation en milieu non agité avec extraction continue conduit au gros sel, tandis que le sel fin est obtenu par ébullition en milieu agité et par extraction continue. D'autre part, l'eau de mer renferme environ 30 kg de sel par mètre cube. On en extrait le sel sur des surfaces appelées « partènements », où, par le jeu de l'évaporation solaire et du vent, l'eau concentre, en abandonnant ses sels de fer, son carbonate de calcium et son sulfate de calcium. Cette eau saturée est envoyée sur de nouvelles surfaces, appelées « tables », où a lieu la précipitation du sel. Le dépôt récolté est transporté jusqu'à un atelier où il est lavé, puis stocké.
— *Méd.* Les régimes sans *sel* (sans chlorure de sodium) sont indiqués en cas de maladie des reins, d'hypertension, d'œdèmes, d'obésité spongieuse. L'apport à l'organisme des autres sels minéraux (potassium, calcium, magnésium) doit être suffisant et équilibré ; il est parfois nécessaire d'ajouter certains de ceux-ci à l'alimentation sous forme de comprimés ou de sirops.

sélaciens [selasjɛ̃] n. m. pl. (du gr. *selakhos,* requin). Super-ordre de poissons cartilagineux, comprenant les requins et les raies.
— Encycl. Les *sélaciens* sont tous des poissons marins et carnivores, dépourvus de matière osseuse, mais portant des écailles placoïdes de structure semblable à celle des dents. Ils ont une bouche « ventrale » (située au-dessous du museau), cinq à sept paires de fentes branchiales visibles (pas d'opercule) et de nombreuses particularités quant à l'appareil digestif, au sang et à la reproduction. On les divise en deux groupes : les requins* (dits aussi *pleurotrèmes* ou *squaloïdes*) et les raies (*hypotrèmes* ou *bathoïdes*). Les raies ont d'importantes nageoires pectorales, une caudale réduite ou absente et divers moyens d'attaque et de défense (aiguillon venimeux, décharge électrique, etc.), tandis que leurs dents forment un pavage apte à briser la coquille des mollusques dont elles se nourrissent. Au repos, elles restent couchées sur le fond. Des formes intermédiaires existent entre les requins et les raies, par exemple le poisson-scie, connu pour son rostre bordé de dents.
Les sélaciens forment, avec le minuscule groupe des holocéphales, l'ensemble des élasmobranches.

sélaginelle [selaʒinɛl] n. f. Plante des forêts tropicales, d'aspect de mousses, mais faisant partie des cryptogames vasculaires.

Selangor, un des Etats de la Malaysia, sur la côte ouest de la Malaisie ; 1 386 000 h. Cap. *Kuala Lumpur.*

Sélassié. V. Hailé Sélassié Ier.

Selborne (Roundell Palmer, *comte* de), homme d'Etat anglais, né à Mixbury (1812-1895). Il fut le chef des libéraux unionistes, réforma le système judiciaire anglais et créa la Cour suprême.

Sel-de-Bretagne (Le) [35320], ch.-l. de c. d'Ille-et-Vilaine (arr. de Redon) ; 456 h. (294 aggl.).

Seldjoukides ou **Saldjūqides,** famille princière du peuple turc des Oghouz, qui domina l'Orient musulman aux XIe-XIIe s. Le fondateur et éponyme, Saldjūq, s'établit à l'embouchure du Syr-Daria peu avant 1000. Ses successeurs conquirent progressivement le Khurāsān, la Perse, Bagdad, la Syrie, la Palestine, l'Arménie et l'Asie Mineure. L'armée des Seldjoukides était puissante et l'Administration dévouée, bien qu'elle fût confiée à des indigènes et à des esclaves (mamelouks). Mais leur empire, immense et rapidement constitué, s'effrita dès le XIe s. Les principautés confiées à des branches cadettes passèrent rapidement à des mains étrangères. Seul le sultanat de Rūm, en Asie Mineure, eut une longue histoire (1081-1302) avant d'être détruit par les Mongols.

sélect [selɛkt] adj. (mot angl.). *Fam.* De premier ordre, choisi, distingué : *des réunions sélects.* (Ne change pas au fém.)

sélecteur n. m. Dispositif de sélection. || Pédale actionnant le changement de vitesse sur une motocyclette.

sélaginelles

sélectif, ive adj. Qui fait une sélection, un choix. || Se dit d'un poste récepteur de radiodiffusion qui isole bien l'émission choisie.

sélection [selɛksjɔ̃] n. f. (lat. *selectio,* tri). Choix raisonné : *faire une sélection parmi des candidats.* || Ensemble de ceux qui ont été choisis. || Choix, naturel ou provoqué, d'animaux ou de végétaux en vue de la reproduction. || *Mil.* Opération préliminaire à l'appel* du contingent, ayant pour but de faire passer l'examen médical prévu par la loi et de déceler, au moyen de tests psychotechniques, les aptitudes des futures recrues. (V. *encycl.*) ● *Sélection artificielle,* choix des reproducteurs en vue de l'amélioration d'une race. (Il existe trois méthodes de sélection : la *sélection massale,* d'après l'apparence et les aptitudes d'un reproducteur ; la *sélection généalogique,* d'après le pedigree ; la *sélection sur la descendance,* d'après la valeur des premiers produits fournis par le reproducteur. [V. testage.]) || *Sélection naturelle,* survivance des variétés animales ou végétales les mieux adaptées dans les conditions considérées, aux dépens des moins aptes : *la théorie de la sélection naturelle est due à Darwin.* || *Sélection professionnelle,* choix des candidats à une profession, selon les qualités nécessaires à l'exercice de cette profession.
— Encycl. *Mil.* La *sélection* précède dorénavant le passage devant le conseil de révision. Les jeunes gens sont convoqués dans des centres spécialisés, appelés *centres de sélection,* environ dix-huit mois avant la date prévue pour leur incorporation. Ils y subissent, pendant trois jours au maximum, des examens médicaux et psychotechniques à l'issue desquels ils sont répartis en trois catégories : aptes, ajournés, exemptés.

sélectionné, e adj. et n. Sportif, sportive choisi pour représenter un club ou un pays.

sélectionner v. t. Faire une sélection.

sélectionneur, euse n. Personne qui procède à une sélection.

sélectivement adv. De façon sélective.

sélectivité n. f. Qualité d'un récepteur de radiodiffusion sélectif.

séléné n. f. Papillon exotique du genre *écaille.* (V. illustr. papillons.)

sélénieux et **sélénique** adj. m. *Chim.* Se dit de deux acides oxygénés du sélénium.

séléniteux, euse adj. Qui contient du sulfate de calcium.

sélénium [selenjɔm] n. m. (du gr. *selênê,* lune [par analogie avec le *tellure*]). Métalloïde (Se) de numéro atomique 34, solide, de densité 4,8, fusible à 217 °C, analogue au soufre, et dont la conductivité électrique augmente avec la lumière qu'il reçoit.

séléniure n. m. Combinaison du sélénium avec un métal.

sélénographie n. f. (gr. *selênê,* lune, et *graphein,* décrire). Description de la Lune.

sélénographique adj. Relatif à la sélénographie.

Sélestat (67600), ch.-l. d'arr. du Bas-Rhin, sur l'Ill ; 14 904 h. (*Sélestadiens*). Restes de remparts (XIVe et XVIIe s.). Eglise (XIIe-XIIIe-XVe s.). Maisons médiévales. Métallurgie. — L'arr. a 4 cant., 64 comm., 64 960 h.

Séleucides, dynastie hellénistique qui régna en Asie de 305 environ à 64 av. J.-C. Elle fut fondée par le Macédonien *Séleucos Ier,* satrape de Babylonie (321), puis roi (v. 305), qui étendit sa domination de l'Inde à la Méditerranée. La force de l'Etat séleucide résida surtout dans la Syrie (au sens le plus large), d'où le nom de *royaume de Syrie*.* Afin de sauvegarder la cohésion de leur Etat hétéroclite, les Séleucides favorisèrent l'hellénisation et multiplièrent les cités autonomes, aux institutions grecques et à la population en partie grecque. La persistance des cultures traditionnelles et la faiblesse de la population gréco-macédonienne facilitèrent l'éclosion des révoltes locales. A partir de 192, l'intervention d'Antiochos III en Grèce provoqua une réaction romaine. En 64-63, Pompée déposa deux prétendants séleucides, et la Syrie devint province romaine.

Séleucie, v. de l'Asie ancienne, sur le Tigre, près de Bagdad. Cap. des Séleucides, puis des Parthes.

Séleucos Ier Nikatôr (« le Vainqueur »), général macédonien, né à Europos (v. 355-280 av. J.-C.), satrape de Babylonie (321-316 et 312-305) et roi fondateur de

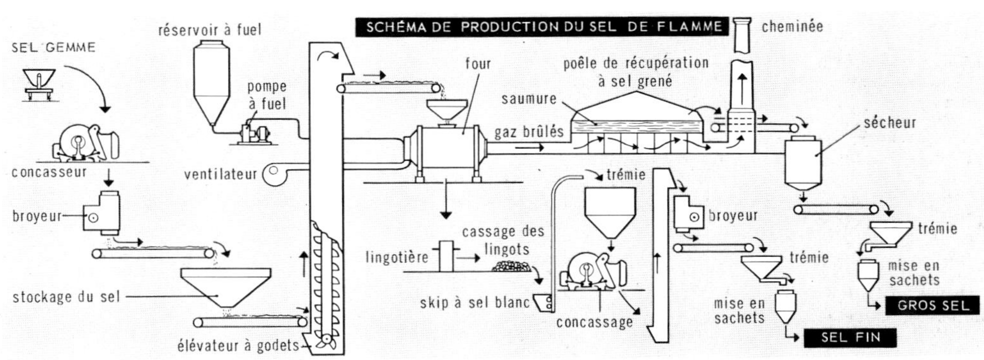

la dynastie des Séleucides (v. 305-280). Lieutenant d'Alexandre, il ne reçut une satrapie que longtemps après la mort du conquérant. Après avoir repoussé les attaques de Démétrios et d'Antigonos Monophtalmos (310-308), il entreprit une expédition jusqu'aux Indes. Il établit sa capitale à Antioche. Les conflits ultérieurs entre princes macédoniens lui permirent de prendre la Cilicie, puis la partie méridionale de l'Asie Mineure (victoire du Couropédion, 281). Il fut assassiné alors qu'il projetait d'étendre ses conquêtes. — SÉLEUCOS II *Kallinikos* (« le Grand Vainqueur ») [v. 265-226 av. J.-C.], fils d'Antiochos II. Il dut lutter contre Ptolémée III. La guerre ne lui fut pas favorable (246-241) : son frère Antiochos Hierax se rendit maître de l'Asie Mineure, et Séleucos ne parvint à s'en débarrasser qu'à la veille de sa propre mort. — SÉLEUCOS III *Sôter Keraunos* (m. en 223 av. J.-C.), roi séleucide (226-223 av. J.-C.). Il fut assassiné lors d'une campagne contre Attalos Ier de Pergame. — SÉLEUCOS IV *Philopatôr* (m. en 175 av. J.-C.), roi séleucide (187-175 av. J.-C.), second fils d'Antiochos III. Il chargea son ministre Héliodore de s'emparer du trésor du temple de Jérusalem ; celui-ci échoua et assassina le souverain à son retour. — SÉLEUCOS V *Nikatôr* (m. en 125 av. J.-C.), roi séleucide (125 av. J.-C.), fils de Démétrios II. Sa mère, Cléopâtre Théa, le fit tuer aussitôt après son avènement. — SÉLEUCOS VI *Epiphane Nikatôr* (m. en 95 av. J.-C.), roi séleucide (96-95 av. J.-C.), fils d'Antiochos VIII. Il fut chassé du pouvoir par Antiochos X, issu d'une autre branche royale.

self [sɛlf] n. f. Mot couramment mais improprement employé comme abrév. de *self-inductance*.

self-government [sɛlfgɔvɛrnmɛnt] n. m. (mot angl. signif. *gouvernement par soi-même*). Système d'administration des dominions britanniques qui ont obtenu leur autonomie.

self-inductance n. f. Coefficient d'auto-induction.

self-induction n. f. Syn. de AUTO-INDUCTION.

self-service n. m. (mot angl.). Syn. de LIBRE-SERVICE. ‖ Pl. des *self-services*.

Selim ou **Salim Ier le Cruel,** né à Amasya (1467-1520), sultan ottoman (1512-1520). Fils de Bāyazīd II, il prit sa place de force. Il fit massacrer de nombreux chī'ites et battit le chāh (chī'ite) de Perse à Tchaldirān (Azerbaïdjan) en 1513. Ses conquêtes le menèrent jusqu'en Egypte (Le Caire, 1517). — SELIM II, né à Magnésie (1524-1574), sultan ottoman (1566-1574). C'est sous son règne que Chypre fut conquise (1570) et que la flotte turque fut détruite à Lépante par les chrétiens (1571). — SELIM III, né à Constantinople (1761-1808), sultan ottoman (1789-1807). Sous son règne, l'Empire turc essuya des défaites de tous côtés, tandis qu'à l'intérieur les Serbes se révoltaient. Selim fut détrôné par les janissaires.

Sélinonte, v. de la Sicile antique, colonie mégarienne sur la côte méridionale. Ruines de sept temples grecs.

Selkirk (*monts*), chaîne de montagnes du Canada occidental (Colombie britannique) ; 3 250 m.

selle [sɛl] n. f. (lat. *sella*, siège). Sorte de siège que l'on met sur le dos d'une bête de somme pour la commodité

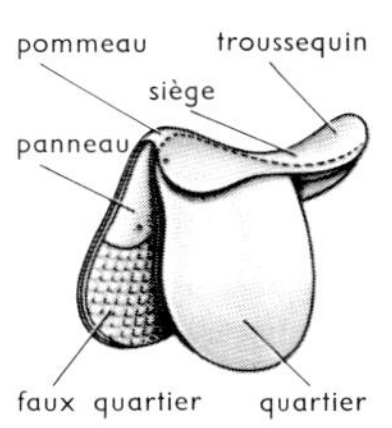

du cavalier : *selle anglaise ; selle arabe*. ‖ Petit siège de cuir sur lequel s'assied un cycliste, un motocycliste. ‖ Cabinets : *aller à la selle*. ‖ Plateau tournant monté sur un escabeau, où le sculpteur pose l'ouvrage qu'il est en train de modeler. ‖ Groupe d'anneaux renflés, chez le lombric, produisant le mucus entourant la ponte. ● *Cheval de selle*, propre à être monté. ‖ *Etre bien en selle* (Fig.), être bien affermi dans son emploi, dans sa place. ‖ *Remettre quelqu'un en selle*, le rétablir dans sa situation. ‖ *Selle de mouton, d'agneau, de chevreuil*, etc., partie de la bête qui s'étend de la première côte au gigot. ‖ *Selle turcique* (Anat.), cavité de la base du crâne (dans le sphénoïde) où est logée l'hypophyse. ‖ — Pl. Evacuation par les voies naturelles : *selles abondantes*.

seller v. t. Assujettir la selle sur le dos d'un cheval, d'un mulet, etc. : *seller sa monture*.

sellerie n. f. Commerce, industrie du sellier. ‖ Lieu où l'on range les selles et les harnais. ‖ Ensemble des selles et harnais d'une maison.

sellerie-bourrellerie n. f. Art de fabriquer et de réparer toutes les pièces composant l'équipement du cheval monté ou attelé.

sellerie-garniture n. f. Art de faire des pièces de garniture et de garnir l'intérieur des véhicules.

sellerie-maroquinerie n. f. Art de travailler les cuirs et les peaux pour la confection d'articles variés, et principalement de voyage.

Selles-sur-Cher (41130), ch.-l. de c. de Loir-et-Cher (arr. de Romorantin-Lanthenay) ; 4 143 h. Châteaux du Moyen Age et de la Renaissance. Eglise (XIIe-XIVe s.).

sellette n. f. Petit siège de bois sur lequel on faisait asseoir un accusé. ‖ *Sculpt.* Petite selle. ‖ Petit siège suspendu à une corde, à l'usage de certains ouvriers du bâtiment. ● *Tenir quelqu'un sur la sellette*, le questionner longuement.

sellier n. m. Ouvrier qui fabrique des selles et tout ce qui concerne l'équipement et le harnachement des chevaux.

Sellières (39230), ch.-l. de c. du Jura (arr. de Lons-le-Saunier) ; 889 h.

Selommes (41100 Vendôme), ch.-l. de c. de Loir-et-Cher (arr. de Vendôme) ; 714 h. (530 aggl.). Eglise du XIe s. Ruines d'un château (XVe s.).

selon [səlɔ̃] prép. 1° Conformément à : *selon leur témoignage*. ‖ 2° Eu égard à : *selon ses forces*. ‖ 3° Suivant, d'après : *Evangile selon saint Luc ; selon moi ; selon ses goûts*. ● *C'est selon* (Fam.), cela dépend des circonstances. ‖ — **Selon que** loc. conj. Ainsi que ; dans la même proportion que.

Seloncourt (25230), comm. du Doubs (arr. de Montbéliard) ; 5 308 h. Métallurgie.

Selongey (21260), ch.-l. de c. de la Côte-d'Or (arr. de Dijon) ; 2 139 h. Restes de fortifications. Eglise (XIIIe-XVIIe s.). Appareils ménagers.

Seltz (67470), ch.-l. de c. du Bas-Rhin (arr. de Wissembourg) ; 2 388 h. Anc. établissement romain.

Sem, fils aîné de Noé. Selon la Bible, il est la tige des peuples de race sémitique.

semailles [səmɑj] n. f. pl. Action de semer : *les semailles se font surtout en automne et au printemps*. ‖ Epoque où l'on sème.

semaine [səmɛn] n. f. (lat. *septimana*, espace de sept jours). Période de sept jours fixée par le calendrier : *le dimanche est le premier jour de la semaine*. ‖ Suite de sept jours consécutifs. ‖ Travail d'un ouvrier pendant la semaine ; prix de ce travail : *toucher sa semaine*. ● *Etre de semaine*, être chargé de certaines fonctions durant une semaine. ‖ *Prêter à la petite semaine*, prêter de l'argent en réclamant l'intérêt chaque semaine. ‖ *Semaine anglaise*, organisation du travail, d'abord appliquée en Angleterre, dans laquelle, au repos du dimanche, s'ajoute l'après-midi du samedi qui le précède. (En fait, la majeure partie des entreprises françaises pratiquent actuellement la semaine de 5 jours.) ‖ *Semaine sainte*, semaine qui précède Pâques.

Semaine (*la*) *ou la Création du monde*, poème de Du Bartas (1578), qui décrit les « sept journées » de la création. — La *Seconde Semaine* (1585) suit l'histoire biblique jusqu'à la captivité de Babylone.

semainier, ère n. Personne qui est de semaine pour remplir quelque fonction.

semainier n. m. Bracelet composé de sept anneaux séparables et figurant chacun un jour de la semaine. ‖ Meuble à sept tiroirs.

Semangs, ethnie de Négritos*, nomade, habitant la chaîne centrale de la péninsule malaise.

sémantique [semɑ̃tik] adj. (gr. *sêmantikos ;* de *sêma*, signe). Qui a trait à la signification : *le contenu sémantique d'un mot*. ● *Système sémantique* (Log. moderne), système de lois concernant un langage et permettant de dire quelles sont les *propositions* de ce langage, ce qu'une proposition *désigne* et à quelles conditions une proposition est *vraie*.

sémantique n. f. Etude des mots considérés dans leurs significations.

sémaphore [semafɔr] n. m. (gr. *sêma*, signe, et *phoros*, qui porte). *Ch. de f.* Signal d'arrêt employé en signalisation de bloc. ‖ Télégraphe aérien établi sur une côte pour signaler les navires en vue et pour correspondre avec eux.

sémaphorique adj. Relatif au sémaphore : *poste sémaphorique*.

Semarang, v. d'Indonésie, sur la côte nord de Java ; 520 600 h. Industries métallurgiques et textiles.

semblable adj. De même nature ; de même qualité. (Syn. : ANALOGUE, PAREIL, SIMILAIRE, TEL.) ‖ D'une telle nature : *ne tenez pas de semblables discours*. ‖ *Math.* Se dit de deux figures dont les angles correspondants sont égaux, et les longueurs correspondantes proportionnelles : *des triangles semblables*. ‖ — N. m. Qui a même nature, même caractère : *il n'a point son semblable*. ‖ Homme, animal, considéré par rapport aux autres hommes, aux autres animaux : *aimer son semblable*.

semblablement adv. De façon semblable ; aussi, également.

Semblançay (Jacques DE BEAUNE, *baron* DE), financier français, né à Tours (1457-1527), banquier de Louis XII, puis de François Ier, et membre du conseil des Finances. Accusé, très probablement à tort, d'avoir dilapidé le Trésor, il fut pendu au gibet de Montfaucon.

semblant n. m. Apparence : *un semblant d'amitié*. ● *Faire semblant*, feindre, avoir l'air. ‖ *Ne faire semblant de rien* (Fam.), prendre un air indifférent pour tromper.

sembler [sɑ̃ble] v. i. (lat. *simulare*). Avoir une certaine apparence ; avoir l'air : *ce vin me semble trouble*. ‖ — V. impers. Il paraît, on dirait : *il semble que cette chose soit facile*. ● *Ce me semble*, selon moi, à mon avis. ‖ *Il me semble que*, je crois que. ‖ *Que vous en semble ?*, qu'en pensez-vous ? ‖ *Si bon vous semble*, si vous le trouvez bon.

semé [səme], **e** adj. *Hérald.* Se dit de l'écu ou des meubles portant de petites pièces en nombre indéterminé : *écu semé de fleurs de lis*.

sème n. m. *Linguist.* Trait pertinent sémantique minimal.

Séméac (65600), ch.-l. de c. des Hautes-Pyrénées (arr. de Tarbes) ; 5 122 h. Electromécanique.

séméiologie [semejɔlɔʒi] ou **sémiologie** n. f. (gr. *sêmeion*, signe, et *logos*, discours). Partie de la médecine qui s'occupe des signes et symptômes, dont le groupement et l'étude raisonnée permettent d'établir le *diagnostic* et le *pronostic* des maladies. (V. SYMPTOMATOLOGIE.) ‖ Etude du développement et du rôle des signes culturels dans la vie des groupes ; théorie générale des signes. (On dit parfois SÉMIOTIQUE.)

séméiologique ou **sémiologique** adj. Relatif à la séméiologie : *théorie séméiologique*.

Sémélé. *Myth. gr.* Divinité d'origine thrace. Elle est la mère de Dionysos.

semelle [səmɛl] n. f. (altér. du lat. *solea*). Pièce de cuir ou de caoutchouc qui forme le dessous de la chaussure. ‖ Pièce de même forme que l'on met dans une chaussure : *semelle de feutre*. ‖ Longueur d'un pied d'homme chaussé. ‖ *Constr.* Elément d'assise reposant horizontalement sur un support, et destiné à soutenir une charge ou à répartir un effort. ‖ Tôle placée perpendiculairement à l'âme d'un élément (poutre, poteau, etc.) de construction métallique. ● *Battre la semelle*, frapper en cadence ses pieds sur le sol pour les réchauffer. ‖ *Ne pas avancer d'une semelle*, ne faire aucun progrès. ‖ *Ne pas quitter quelqu'un d'une semelle*, le suivre de près. ‖ *Ne pas reculer d'une semelle*, ne pas reculer, ne pas transiger.

semence [səmɑ̃s] n. f. (lat. *sementis*). Toute graine qui se sème. ‖ Graine ou partie du fruit propre à la reproduction, et que l'on met en terre pour qu'elle germe. ‖ Petit clou à large tête, employé notamment par les tapissiers. ‖ Syn. de SPERME.

semen-contra [semɛnkɔ̃tra] n. m. inv. (lat. *semen*, semence, et *contra*, contre). Ensemble composé de capitules de plusieurs espèces d'armoise, actifs contre certains vers intestinaux.

semer [səme] v. t. (lat. *seminare ;* de *semen*, semence) [conj. **5**]. Mettre une graine en terre afin de la faire germer : *semer de la laitue, des céréales*. ‖ Répandre çà et là : *semer des clous sur la route*. ‖ Couvrir, parsemer : *semer un chemin de fleurs*. ‖ *Fig.* Propager : *semer la discorde, l'erreur*. ‖ *Pop.* Quitter adroitement, se débarrasser : *semer un importun*. ● *Semer son argent*, le dépenser à profusion.

semestre [səmɛstr] n. m. (lat. *sex*, six, et *mensis*, mois). Espace de six mois : *pension payée par semestre*. ‖ Rente, traitement qui se paie tous les six mois : *toucher son semestre*.

semestriel, elle adj. Qui se fait par semestre ; qui a lieu tous les six mois : *assemblée semestrielle*. ‖ Qui dure six mois : *congé semestriel*.

semestriellement adv. Tous les six mois.

semeur, euse n. Personne qui sème du grain. ‖ *Fig.* Personne qui répand çà et là : *semeur de faux bruits*.

semi [səmi] préf. empr. au lat. et signif. *à moitié, voisin ;* qui appartient à une espèce ressemblante, mais différente : *série semi-convergente*.

semi-aride adj. Se dit des régions, du climat, dans les zones proches des déserts : *les hautes plaines algériennes ont un climat semi-aride*.

semi-automatique adj. *Arme semi-automatique* (Mil.), arme dont le fonctionnement ne requiert l'intervention du tireur que pour provoquer le départ du coup.

semi-balistique adj. Se dit d'un projectile dont le mouvement utilise tour à tour l'action des forces de gravitation, de propulsion et de la portance de l'air.

semi-chenillé adj. et n. m. Se dit d'un véhicule muni à la fois de roues et de chenilles.

semi-circulaire adj. En demi-cercle. ● *Canaux semi-circulaires*, organes de l'oreille interne donnant le sens des positions de la tête, base de l'équilibration.

semi-coke n. m. Produit de la distillation de la houille à basse température (550 °C), intermédiaire entre la houille et le coke.

semi-conducteur n. m. *Electr.* Corps non métallique qui conduit imparfaitement l'électricité et dont la résistivité décroît lorsque la température augmente.
— ENCYCL. A l'état pur et aux températures peu élevées, un *semi-conducteur* présente une résistivité élevée (entre 1 et 10^6 Ωm), mais qui diminue rapidement avec une élévation de la température, car l'agitation thermique arrache des électrons à un certain nombre d'atomes ; le cheminement des électrons ainsi rendus libres crée un courant électrique lorsqu'une différence de potentiel est appliquée entre deux points du semi-conducteur. Cette résistivité baisse d'ailleurs si l'on introduit dans le semi-conducteur certaines impuretés en très petite quantité. La présence d'atomes étrangers perturbe sa structure cristalline et donne lieu à des phénomènes d'ionisation : certains atomes deviennent positifs, des électrons les ayant quittés. La résistivité des semi-conducteurs peut également varier sous l'action de la lumière. Leurs propriétés permettent de les utiliser comme redresseurs de courant, comme éléments photo-électriques et en font la base des transistors.

semi-consonne n. f. Syn. de SEMI-VOYELLE.

semi-convergente adj. f. *Math.* Se dit d'une série convergente qui devient divergente si l'on remplace ses termes par leurs valeurs absolues.

sémie n. f. Signe culturel étudié par la séméiologie.

sémillant [semijɑ̃], **e** [-ɑ̃t] adj. Très vif et gai : *enfant sémillant ; esprit sémillant.*

sémillon [semijɔ̃] n. m. Cépage blanc de Bordeaux, donnant un vin très sucré.

semi-lunaire adj. *Anat.* Qui a la forme d'une demi-lune : *os semi-lunaire du carpe.*

séminaire [seminɛr] n. m. (du lat. *seminarium,* pépinière). Etablissement religieux où l'on instruit les jeunes gens qui se destinent pour la plupart à l'état ecclésiastique : *grand séminaire ; petit séminaire.* ‖ Les élèves mêmes : *tout le séminaire est sorti.* ‖ Temps que l'on passe au séminaire : *il finit son séminaire.* ‖ Groupe d'études dans l'enseignement supérieur : *organiser un séminaire de linguistique tous les ans.* ‖ Réunion de techniciens, de scientifiques, dont l'objet est une recherche commune.

séminal [seminal], **e, aux** [-o] adj. (du lat. *semen, seminis,* semence). Qui a rapport à la semence. ● *Cellules séminales,* cellules des gonades, dont la maturation aboutit à la formation des gamètes. ‖ *Vésicules séminales,* organes glandulaires pairs de l'homme, situés au-dessus de la prostate et dont les canaux excréteurs rejoignent l'urètre, près de l'abouchement des canaux déférents.

séminariste n. m. Celui qui est élevé, instruit dans un séminaire.

semi-nomade adj. et n. Qui pratique le semi-nomadisme.

semi-nomadisme n. m. Genre de vie combinant une agriculture occasionnelle et un élevage nomade, le plus souvent en bordure des déserts.

sémiologie [semjɔlɔʒi] n. f. V. SÉMÉIOLOGIE.

sémiologique adj. V. SÉMÉIOLOGIQUE.

sémiotique [semjɔtik] n. f. Dans la logique mathématique, théorie des symboles. ‖ Syn. de SÉMÉIOLOGIE.

Semipalatinsk, v. de l'U. R. S. S. (Kazakhstan), sur l'Irtych ; 236 000 h. Industries alimentaires et textiles.

semi-perméable adj. Se dit d'une membrane ou d'une cloison qui, séparant deux solutions, laisse passer les molécules du solvant, mais arrête celles des corps dissous.

Sémiramis, reine légendaire d'Assyrie et de Babylonie, à qui la tradition attribue la fondation de Babylone et de ses jardins suspendus.

semi-remorque n. m. ou n. f. Ensemble formé par un tracteur routier et une remorque qui peut être désolidarisée du premier.

semi-rigide adj. Se dit d'un dirigeable à carcasse rigide, mais à enveloppe flexible.

semis [səmi] n. m. (de *semer*). Action ou manière de semer : *les plantes annuelles ne se multiplient guère que par semis.* (Les semis se font soit à la volée, soit en lignes, soit en poquets. L'opération se fait à la main ou au moyen d'un semoir.) ‖ Terrain ensemencé : *marcher dans un semis.* ‖ Plant d'arbrisseaux, de fleurs, etc., qui ont été semés en graines : *un semis d'œillets.*

sémite [semit] n. Personne appartenant au groupe ethnique et linguistique auquel on attribue Sem comme ancêtre.

sémitique adj. (de *Sem,* fils de Noé). Qui appartient aux Sémites. ● *Langues sémitiques,* ensemble des langues parlées par le groupe ethnique des Sémites.

sémitisme n. m. Caractère sémitique.

semi-voyelle n. f. Voyelle pourvue d'éléments consonantiques lui permettant de former une diphtongue avec une autre voyelle, comme *y, w* [ou], *u* dans *yeux, oui, huit.* (Syn. SEMI-CONSONNE.)

Semmelweis (Ignác Fülöp), médecin hongrois, né à Buda (1818-1865). Il reconnut le caractère transmissible de la fièvre puerpérale et préconisa, le premier, les soins d'asepsie au cours de l'accouchement.

Semmering (le), col des Alpes autrichiennes, emprunté par la voie ferrée de Vienne à Trieste et Zagreb ; 986 m.

semnopithèque [sɛmnɔpitɛk] n. m. (gr. *sêmnos,* vénérable, et *pithêkos,* singe). Singe des forêts d'Asie, vivant en bandes. (Long. 75 cm, sans la queue.)

semoir n. m. Sac où le semeur tient son grain dans les semis à la main. ‖ Machine agricole pour effectuer les semis.

Semois (la), ou, en France, la **Semoy,** riv. de Belgique et de France, affl. de la Meuse (r. dr.), née dans le Luxembourg belge ; 198 km.

semonce [səmɔ̃s] n. f. (de l'anc. verbe *semondre*). Avertissement mêlé de reproches, donné par un supérieur. ● *Coup de semonce,* coup de canon accompagnant l'ordre donné par un navire armé à un autre navire de montrer ses couleurs et, au besoin, de stopper.

semoncer v. t. [conj. **1**]. Réprimander (vx).

semoule [səmul] n. f. (ital. *semola ;* du lat. *simila,* fleur de farine). Produit alimentaire, plus ou moins granuleux, de couleur ambrée, extrait des blés durs. ‖ Matière alimentaire tirée des pommes de terre, du maïs ou du riz.

Sempach, comm. de Suisse (cant. de Lucerne), sur le lac homonyme ; 1 300 h. Victoire suisse sur les Autrichiens (1386), où s'illustra Arnold Winkelried.

semper virens [sɛ̃pɛrvirɛ̃s] n. m. inv. (mots lat. signif. *toujours vert*). Nom spécifique de plantes qui portent des feuilles vertes toute l'année.

sempervivum [sɛ̃pɛrvivɔm] n. m. (mot lat. signif. *toujours vivant*). Plante de la famille des crassulacées, vivant longtemps sans eau ni terre, appelée encore *joubarbe.*

sempiternel [sɛ̃pitɛrnɛl], **elle** adj. (lat. *semper,* toujours, et *aeternus,* éternel). Qui ne cesse point : *des remontrances sempiternelles.* (Syn. : CONTINUEL, ÉTERNEL.)

sempiternellement adv. Sans cesse.

semple [sɑ̃pl] n. m. Disposition de ficelles formant une partie du métier à tisser les étoffes de soie.

Semur-en-Auxois [-oswa] (21140), ch.-l. de c. de la Côte-d'Or (arr. de Montbard), sur l'Armançon ; 4 779 h. (3 747 aggl.) [*Semurois*]. Eglise (XIIIe s.) ; remparts ; vieilles demeures. Machines agricoles.

Semur-en-Brionnais (71110 Marcigny), ch.-l. de c. de Saône-et-Loire (arr. de Charolles) ; 858 h.

sen [sɛn] n. m. Unité monétaire divisionnaire dans divers pays d'Extrême-Orient.

Sénac de Meilhan (Gabriel), administrateur français, né à Paris (1736-1803), auteur d'ouvrages sur la société à la fin de l'Ancien Régime.

Senallié (Jean-Baptiste), violoniste et compositeur français, né à Paris (1687-1730). Ses sonates de violon, de style italianisant, annoncent celles de J.-M. Leclair.

Senancour (Etienne PIVERT DE), écrivain français, né à Paris (1770-1846). Destiné par son père à l'état ecclésiastique, il s'enfuit en Suisse et, malade et désenchanté, passa sa vie à étudier, en analyste idéologue, son inadaptation au monde dans ses essais (*Rêveries sur la nature primitive de l'homme,* 1799 ; *Libres Méditations d'un solitaire inconnu sur le détachement du monde et sur d'autres objets de la morale religieuse,* 1819) et ses romans (*Oberman,* 1804 ; *Isabelle,* 1833).

Sénanque (*abbaye de*), église et monastère cisterciens du XIIe s. (comm. de Gordes, Vaucluse).

Sénart (*forêt de*), forêt occupant l'extrémité nord-est du dép. de l'Essonne.

sénat [sena] n. m. (lat. *senatus ;* de *senex,* vieux). Chez les Romains, notamment sous la République, assemblée politique qui était la plus haute autorité de l'Etat. (A *Rome,* sous les rois, le sénat était un conseil de vieillards composé des chefs des grandes familles, les pères conscrits. Sous la République, le sénat devint la plus haute autorité de l'Etat : il gérait les finances, dirigeait la politique extérieure, contrôlait les provinces et veillait au respect de la religion nationale. L'Empire marqua la décadence du sénat romain, dont le rôle tendit à devenir purement honorifique. Au Bas-Empire, il fut réduit au rôle de simple conseil municipal de Rome.) ‖ Dénomination fréquente d'une assemblée parlementaire composée de personnalités désignées ou élues en fonction de leur âge et de leur notabilité. ‖ Nom donné à l'organe essentiel du gouvernement dans l'ancienne république de Venise. (Au nombre de 300 à la fin du XVe s., ses membres siégeaient de un à trois ans. Le sénat vénitien dirigeait la politique étrangère et la défense nationale, et contrôlait la vie économique, les finances et l'Administration.) ‖ Lieu où les sénateurs s'assemblent.

séneçon

semoir à doubles disques

Sénat, l'une des deux assemblées constituant le Parlement français.
Sous le *Consulat,* le Sénat, créé par la Constitution de l'an VIII (1800), était composé de soixante membres, nommés à vie et inamovibles. Constamment augmenté sous l'Empire, il favorisa la dictature de Napoléon, qui anoblit les sénateurs, lesquels, gardiens de la Constitution, pouvaient la modifier, en accord avec le gouvernement, par voie de *sénatus-consulte.* Le Sénat disparut en 1814. Recréé par la Constitution de 1852, il joua un rôle semblable sous le *second Empire ;* avec l'évolution libérale du régime, il reçut le droit de renvoyer une loi au Corps législatif, sans toutefois l'amender (1867). Le sénatus-consulte du 8 septembre 1869 fit du Sénat impérial une véritable Chambre haute.
En 1875 fut créé un Sénat formé de 75 sénateurs inamovibles (supprimés en 1884) et de 225 sénateurs élus et renouvelables par tiers tous les trois ans par un collège électoral essentiellement composé de délégués des communes. Le Sénat, sous la *IIIe République,* fut réellement une seconde Chambre qui pouvait être constituée en Haute Cour de justice. Le président du Sénat était le deuxième personnage de l'Etat.
Sous la *Ve République* (Constitution de 1958), les sénateurs sont élus pour neuf ans au suffrage indirect et renouvelables par tiers tous les trois ans. Les pouvoirs législatifs du Sénat sont les mêmes que ceux de l'Assemblée, bien que les lois de finances soient toujours soumises à l'Assemblée avant de l'être au Sénat et que l'accord entre le gouvernement et la majorité de l'Assemblée nationale permette l'adoption par cette dernière d'un texte qui n'a pas reçu l'approbation du Sénat.

sénateur n. m. Membre d'un sénat. ● *Train de sénateur* (Fam.), démarche lente, grave.

sénatorerie n. f. Dotation accordée à un sénateur, sous le premier Empire.

sénatorial, e, aux adj. Qui appartient au sénateur : *la dignité sénatoriale.*

sénatus-consulte [senatyskɔ̃sylt] n. m. (lat. *senatus consultum*). Autref., décision du sénat romain. ‖ Acte voté par le Sénat conservateur, pendant le premier et le second Empire, et ayant la valeur d'une loi.

Sendai, v. du Japon (Honshū) ; 515 000 h. Métallurgie. Textiles. Four solaire.

séné [sene] n. m. (arabe *senā*). Nom donné à diverses espèces de cassier d'Afrique et d'Asie, et à la drogue purgative que l'on tire de leurs feuilles et de leurs follicules. (Le faux séné, ou séné bâtard, est le *baguenaudier.*)

sénéchal [seneʃal] n. m. (francique **siniskalk*). Officier féodal ou royal qui, dans un certain ressort, était chef de la justice. ‖ Nom donné aux baillis dans les provinces du midi de la France.

sénéchaussée n. f. Etendue de la juridiction d'un sénéchal. ‖ Tribunal de sénéchal ; lieu où il se tenait.

séneçon [sɛnsɔ̃] n. m. (lat. *senecio ;* de *senex,* vieillard). Plante de la famille des composées, dont il existe de nombreuses espèces. (Certaines sont des herbes sauvages très courantes dans les champs et les jardins ; d'autres, vivant en Afrique, atteignent la taille d'arbres.)

Senefelder (Aloys), inventeur allemand, né à Prague (1771-1834). On lui doit la technique de la lithographie, qu'il découvrit par hasard et à laquelle il donna son premier développement commercial.

Seneffe, comm. de Belgique (Hainaut) ; 3 000 h. Victoire de Marceau sur les Autrichiens (1794).

Sénégal (le), fl. de l'Afrique occidentale ; 1 700 km. Né en Guinée, dans le sud du massif du Fouta-Djalon, il arrose le Mali, passe à Kayes et forme la frontière entre la Mauritanie et l'*Etat du Sénégal ;* il se jette dans l'Atlantique à Saint-Louis.

Sénégal (*république du*), Etat de l'Afrique occidentale, au sud du *fleuve Sénégal ;* 197 161 km² ; 4 millions d'h. (*Sénégalais*). Cap. *Dakar.* Langue : *français.*

Géographie.

● *Géographie physique.* En bordure de l'Atlantique, c'est un pays plat, où l'altitude ne dépasse 100 m que dans la presqu'île calcaro-marneuse et volcanique du Cap-Vert à l'ouest, et dans les vestiges de plateaux de roches éruptives de massif (dolérites) s'élevant vers la Guinée à l'est. Au centre se développe la grande cuvette sénégalaise, subsidence partiellement comblée depuis le milieu du secondaire par des sédiments marins et des dépôts continentaux. La platitude du relief n'empêche pas les nuances climatiques (surtout pluviométriques) à des latitudes tropicales. Les précipitations oscillent autour de 1 m dans le Sud-Est, recouvert par la forêt claire. Elles varient entre 600 et 900 mm un peu plus au nord, où la végétation arbustive est discontinue. Dans le Ferlo et au-delà, elles sont de l'ordre de 300 mm ; c'est le domaine de la steppe à épineux. Le littoral s'individualise par une humidité plus grande : près de 600 mm à Dakar. Dans tous les cas, les pluies tombent essentiellement de mai à octobre. Partout les moyennes thermiques mensuelles dépassent 20 °C.
● *Géographie humaine et économique.* La population est formée de divers groupes, parmi lesquels émergent les Ouolofs, les Sérères, les Niominkas et les Toucouleurs, et compte une importante minorité d'origine européenne (plus de 30 000 personnes). Cette population s'accroît aujourd'hui, à un rythme annuel supérieur à

Phot. Lauros - Atlas-Photo, Etabl. Gougis.

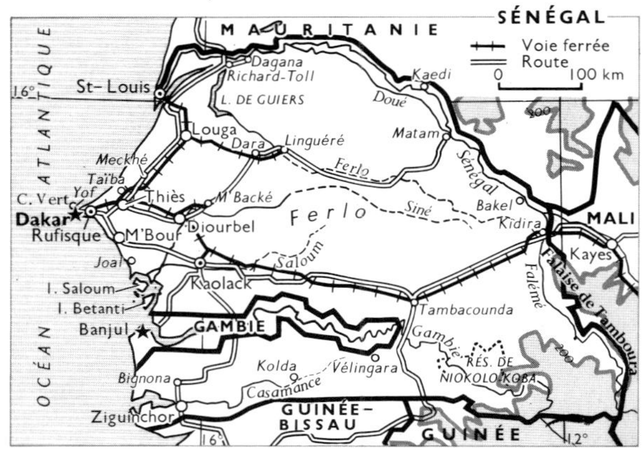

la côte du cap Vert

ci-dessous, à gauche, culture de l'arachide à Bambey, dans le centre du Sénégal ; *à droite,* exploitation des phosphates de Taïba

2 p. 100. Elle se concentre essentiellement dans la vallée du fleuve Sénégal et surtout à l'extrémité du littoral, où se sont établis les principales villes, Thiès, Kaolack, et les ports de Saint-Louis et surtout de Dakar, métropole politique et économique du pays.
L'agriculture emploie encore environ les quatre cinquièmes de la population active. Héritage partiel de la colonisation, l'arachide, cultivée surtout dans le Centre-Ouest, demeure le fondement de l'économie. La production, de l'ordre de 1 Mt, dépasse, en tonnage, celle des cultures vivrières : mil (cultivé souvent en assolement avec l'arachide), riz (vallée du Sénégal), maïs (dans la partie méridionale, humide), manioc, etc. L'élevage occupe une place importante, tant celui des bovins que celui des ovins, développés tous deux surtout dans le Nord. La pêche, maritime et fluviale, apporte un complément alimentaire appréciable. L'industrie est encore peu développée. Le sous-sol recèle des phosphates (région de Thiès-Taïba). Des usines, localisées essentiellement dans la presqu'île du Cap-Vert, valorisent les produits de l'agriculture (huileries, conserveries de poissons), traitent les produits importés (sucreries, manufactures de tabac, textiles, raffinerie de pétrole). L'économie est favorisée par une bonne infrastructure routière, ferroviaire et portuaire, héritée de la colonisation.
La balance commerciale est traditionnellement déficitaire. Le taux de couverture des importations oscille, selon les années, entre 60 et 75 p. 100. Les produits de la culture de l'arachide assurent les trois quarts des exportations. Parmi les importations dominent les produits manufacturés. Plus de la moitié du commerce extérieur (passant essentiellement par Dakar) s'effectue encore avec la France, qui absorbe notamment 80 p. 100 des exportations sénégalaises.

Histoire.

Les Toucouleurs apparurent au Sénégal au IXe s. Au contact des Almoravides, ils se convertirent à l'islām et constituèrent de nombreux royaumes indépendants. A partir du XVe s., les Portugais explorèrent les côtes sénégalaises. Les Français fondèrent Saint-Louis (v. 1638), puis supplantèrent les Hollandais à Gorée en 1677 et firent de l'île un centre important du commerce des esclaves vers les Antilles. La colonisation française, ralentie durant la première moitié du XIXe s., reprit avec le général Faidherbe, qui, gouverneur de 1854 à 1865, rejeta au nord du fleuve Sénégal les Maures et vainquit les Toucouleurs. Le Sénégal devint le point de départ de la conquête française de l'Afrique occidentale. En 1958, le Sénégal devint une république, qui, de janvier à août 1960, adhéra à la Fédération du Mali. En 1962, Senghor, président depuis septembre 1960, établit un régime de type présidentiel.

sénégalais [senegalɛ], **e** [-ɛz] adj. et n. Du Sénégal. ● *Tirailleurs sénégalais,* nom donné, depuis leur création en 1857 jusqu'à l'indépendance des anciennes colonies françaises d'Afrique noire (1960), aux militaires recrutés par la France d'abord au Sénégal, puis parmi les populations des autres territoires français d'Afrique noire.

Sénégambie, nom donné parfois à la région de l'Afrique s'étendant sur le territoire du Sénégal et sur la Gambie.

Sénèque, en lat. **Annaeus Seneca,** dit **Sénèque le Père,** écrivain latin, né à Cordoue (v. 55 av. J.-C.-v. 39 apr. J.-C.). De condition aisée (il appartenait à l'ordre équestre), il vint jeune à Rome et s'y passionna pour la rhétorique. Il est l'auteur d'une *Histoire de Rome,* aujourd'hui perdue, et de *Controverses,* qui sont un précieux document sur l'éducation oratoire au Ier s.

Sénèque, en lat. **Lucius Annaeus Seneca,** dit **Sénèque le Philosophe,** né à Cordoue (v. 4 av. J.-C.-65), fils du précédent. Il étudie à Rome l'éloquence et la philosophie, et obtient comme avocat des succès qui excitent la jalousie de Caligula. Sénateur, possesseur d'une grande fortune, il participe aux intrigues de la cour de Claude et est exilé en Corse. Rentré en grâce par la faveur d'Agrippine, il devient précepteur de Néron et tente de lutter contre les passions du prince, qui, devenu empereur, le nomme consul (57). Mais, impliqué dans la conjuration de Pison, il reçoit l'ordre de s'ouvrir les veines. Disciple des stoïciens et pratiquant la vie mondaine, riche de 300 millions de sesterces et vantant la pauvreté, contempteur du mensonge et parfait courtisan, Sénèque présente dans sa vie et dans sa doctrine bien des contradictions. Sa philosophie s'exprime dans des traités (*De la clémence*), des dialogues (*Consolations à Helvia, Sur la brièveté de la vie*) et ses *Lettres à Lucilius.* Les tragédies que l'on a placées parfois sous le nom d'un Sénèque le Tragique sont aujourd'hui considérées, pour la plupart, comme son œuvre (*les Troyennes, Médée, Phèdre, Œdipe*). Usant du rythme de la langue parlée, de métaphores et d'antithèses, Sénèque manifeste cependant peu de souci de la composition. Ce style précieux lui valut les critiques de Quintilien et de Tacite, mais sa pensée connut la faveur des Pères de l'Eglise, qui tentèrent de la concilier avec la morale chrétienne.

sénescence [senɛsɑ̃s] n. f. Etat des organismes vivants ayant dépassé la période de reproduction active. — ENCYCL. *Biol.* Chez l'homme, la *sénescence* correspond à une diminution de l'activité de tous les organes, notamment des organes génitaux. Elle évolue souvent de pair avec l'athérosclérose*, qui engendre des perturbations dans la circulation des différents organes (cœur, cerveau, articulations, etc.). L'étude des phénomènes de sénescence est le domaine de la gériatrie.
Les caractéristiques des animaux et des plantes marqués défavorablement par l'âge sont difficiles à observer, la mort dans les milieux naturels atteignant généralement des individus encore en pleine force. En outre, il n'y a peut-être pas une cause commune au vieillissement chez tous les êtres. Un grand arbre, par exemple, peut dépasser 2 000 ans sans présenter aucun signe de sénescence (séquoias de Californie), parce que l'énorme masse de bois mort supporte les parties vivantes sans leur faire tort. Les êtres unicellulaires ne connaissent la sénescence que si leur milieu ne se renouvelle pas. Seuls des animaux relativement supérieurs et quelques plantes vivaces à floraison unique (agave) montrent à l'achèvement de leur période fertile une évolution plus ou moins régressive ou pathogène suivie de mort. Les traits de cette évolution sont très variés selon l'espèce : amorce d'une inversion du sexe, dépigmentation, perte des phanères et, éventuellement, des dents, décalcification du squelette, moins bonne assimilation des aliments, perte de l'élasticité des tissus conjonctifs, etc. Leur variabilité individuelle est considérable, elle aussi.

sénescent, e adj. Qui présente de la sénescence.

senestre [senɛstr] adj. (lat. *sinister,* gauche). Se dit des coquilles de gastropode lorsque la columelle (axe d'enroulement) se trouve à gauche d'un sujet imaginaire descendant du sommet jusqu'à l'ouverture. (Ce cas est tout à fait exceptionnel, sauf chez un petit nombre d'espèces, les physes et les clausilies, dont l'enroulement est normalement senestre.) [Contr. DEXTRE.]

senestrochère [senɛstrɔkɛr] n. m. (de *senestre,* et du gr. *kheir,* main). *Hérald.* Bras gauche représenté sur un écu.

sénevé [sɛnve] n. m. (lat. *sinapi*). Moutarde noire.

Senez [-nɛz] (04330 Barrême), ch.-l. de c. des Alpes-de-Haute-Provence (arr. de Castellane); 174 h. (*Senéziens*). Anc. évêché et anc. cathédrale du XIIIe s.

Senghor (Léopold Sédar), homme d'Etat et écrivain sénégalais, né à Joal en 1906, président de la république du Sénégal depuis 1960. Il a publié des essais, où il définit la notion de *négritude,* et des recueils de poésie (*Ethiopiques,* 1956 ; *Nocturnes,* 1961). ▶

sénile [senil] adj. (lat. *senilis ;* de *senex,* vieillard). Relatif au vieillard, à la vieillesse : *démence sénile.*

sénilité n. f. Affaiblissement du corps et de l'esprit, produit par la vieillesse.

senior [senjɔr] n. m. (mot lat. signif. *plus âgé*). *Sports.* Se dit des concurrents qui ont dépassé l'âge des juniors

Phot. Vincent - Afrique-Photo, Naud - Afrique-Photo (2).

et qui n'ont pas atteint celui des vétérans. (Les limites varient suivant les sports.)

Senlis (60300), ch.-l. d'arr. de l'Oise, sur la Nonette ; 11 169 h. (*Senlisiens*). Belle enceinte gallo-romaine, à laquelle s'appuient les restes du château royal du Moyen Age. L'ancienne cathédrale Notre-Dame est un des chefs-d'œuvre du premier âge gothique (commencée en 1155). Eglises désaffectées Saint-Frambourg et Saint-Pierre. Anc. abbaye Saint-Vincent (XIIe-XVIIe s.). Anc. évêché (XIIIe-XVIe s.). Hôtel de ville (fin du XVe s. et XVIIIe s.). Vieilles maisons. Musée archéologique du Haubergier et musée de la Vénerie. Constructions mécaniques. — L'arr. a 7 cant., 133 comm., 183 256 h.

Sennachérib (m. en 681 av. J.-C.), roi d'Assyrie (705-681 av. J.-C.), fils et successeur de Sargon II. Il fit des expéditions en Chaldée (destruction de Babylone, 689), en Judée, en Arménie, en Médie, en Arabie. Il s'occupa de l'administration et de l'embellissement de son empire (jardins de Ninive). Il fut assassiné.

Sennar ou **Sannār,** v. du Soudan, sur le Nil Bleu ; 8 000 h. Barrage sur le fleuve.

senne n. f. Syn. de SEINE.

Senne (la), riv. de Belgique, qui arrose Bruxelles et se jette dans la Dyle (r. g.) ; 103 km.

Sennecey-le-Grand (71240), ch.-l. de c. de Saône-et-Loire (arr. de Chalon-sur-Saône) ; 2 118 h. (1 762 aggl.).

Sennep (Jean Jacques Charles PENNÈS, dit), dessinateur français, né à Paris en 1894. Il est l'auteur de caricatures politiques.

Sennett (Michael SINNOTT, dit **Mack**), metteur en scène de cinéma américain, né à Danville (Canada) [1884-1960]. Créateur du comique burlesque, il produisit et réalisa une foule de courts métrages avec Fatty, Buster Keaton, Harold Lloyd et Charlie Chaplin, qui comptent parmi les meilleures réussites du cinéma comique.

sénonais [senɔnɛ], **aise** [-ɛz] adj. et n. De Sens.

Sénonais (le), pays situé près de Sens, sur la rive gauche de la Seine.

Senonches (28250), ch.-l. de c. d'Eure-et-Loir (arr. de Dreux) ; 3 050 h. (2 592 aggl.). Matériel agricole. Forêt.

Senones (88210), ch.-l. de c. des Vosges (arr. de Saint-Dié) ; 4 015 h. (*Senonais*). Textiles.

Senones, Sénons ou **Sénonais,** peuple de l'anc. Gaule (bassin supérieur de l'Yonne).

senorita [seɲɔrita] n. m. (esp. *señorita,* demoiselle). Petit cigare analogue aux ninas.

Senousis ou **Sanūsīs,** membres d'une grande confrérie musulmane, dont la première zāwiya fut fondée par Muḥammad ibn 'Alī al-Sanūsī en 1837, près de La Mecque. Les Senousis, établis en Tripolitaine, luttèrent contre l'occupation française au Sahara. En 1930, la confrérie fut dissoute. Elle a retrouvé de l'importance avec l'indépendance de la Libye*.

Sénousret ou **Sésostris,** nom porté par trois pharaons de la XIIe dynastie égyptienne (XXe-XIXe s. av. J.-C.).

sens [sɑ̃s] n. m. (lat. *sensus*). Chacune des fonctions par lesquelles l'homme ou les animaux reçoivent l'impression des objets extérieurs par l'intermédiaire des organes de relation : *la vue, l'ouïe, l'odorat, le goût et le toucher sont les cinq sens.* (V. *encycl.*) ‖ Côté d'un corps, d'une chose : *couper un objet dans le sens de la longueur.* ‖

Senlis, « la Dormition de la Vierge » *détail* du portail central de la cathédrale

Sens portail sud de la cathédrale et cour du palais synodal

◀ trièdre de **sens** direct

sens direct de la mesure de l'angle $\widehat{AOM}$ de A vers M ▼

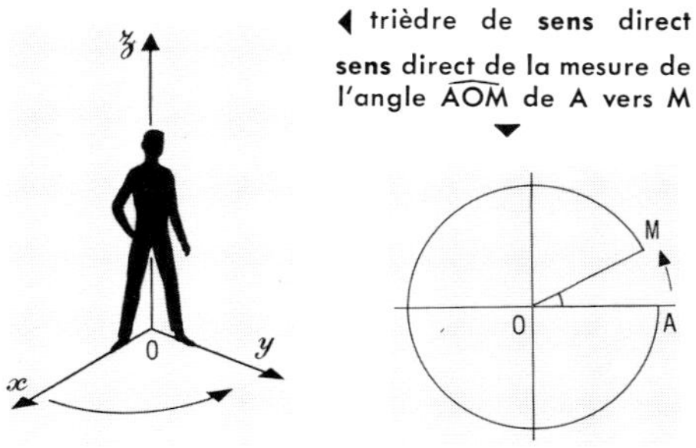

le président **Senghor**

Direction : *aller en sens contraire.* ‖ Manière de comprendre, de juger ; opinion : *j'abonde dans votre sens.* ● *Le bon sens,* la droite raison. ‖ *En dépit du bon sens,* contrairement à la simple raison. ‖ *Sens direct, sens trigonométrique, sens positif* (Math.), sens de rotation inverse du mouvement des aiguilles d'une montre. ‖ *Sens rétrograde,* sens de rotation inverse du sens direct. ‖ *Sens unique,* voie sur laquelle la circulation, par décision administrative, ne s'effectue que dans une seule direction. ‖ — Pl. *Les plaisirs des sens,* sensualité, plaisirs sexuels le plus souvent. ‖ — Loc. adv. **Sens dessus dessous,** de façon que ce qui devait être dessous ou en haut se trouve dessous ou en bas : *renverser un objet sens dessus dessous ;* dans un grand désordre : *sa bibliothèque est sens dessus dessous ;* et, au *fig.,* dans un grand trouble : *événement qui met quelqu'un sens dessus dessous.* ‖ **Sens devant derrière,** de telle sorte que ce qui devait être devant se trouve derrière.

— ENCYCL. *Biol.* Les principaux organes des *sens* sont : l'œil, sensible aux rayons lumineux ; l'oreille, adaptée aux vibrations acoustiques ; la langue, siège du goût ; la muqueuse nasale, organe de l'olfaction ; la peau, qui permet les impressions de chaud, de froid et de contact. De plus, les tissus, les organes fournissent des sensations diffuses, soit proprioceptives (degré de tension des muscles, attitude, etc.), soit intéroceptives (impression de soif, de bien-être, etc.).

Sens [sɑ̃s] (89100), ch.-l. d'arr. de l'Yonne, sur l'Yonne ; 24 563 h. (*Sénonais*). Archevêché. Cathédrale gothique, l'une des plus anciennes, commencée en 1140, achevée en 1168 (chapelles latérales du XIVe s., façades du transept des XVe-XVIe s., portails sculptés à la façade occidentale, vitraux, trésor). Palais synodal (XIIIe s.), églises et demeures anciennes, musée (sculpture gallo-romaine). Constructions électriques. Coffres-forts. — L'arr. a 9 cant., 117 comm., 76 155 h.

Sens (*hôtel de*), anc. résidence des archevêques de Sens, située à Paris dans le quartier Saint-Paul. Bon exemple d'architecture civile de la fin du XVe s. Bibliothèque Forney (arts et techniques).

sensation [sɑ̃sasjɔ̃] n. f. (du lat. *sensus ;* de *sentire,* sentir). Information reçue par le système nerveux central, lorsqu'un organe des sens réagit à un stimulus extérieur : *sensation tactile.* ● *Avoir la sensation que,* avoir l'impression que. ‖ *Faire sensation,* produire une impression marquée d'intérêt, de surprise, d'admiration, etc. ‖ *Nouvelle à sensation,* destinée à causer de l'émotion, à attirer l'attention.

sensationnel, elle adj. De nature à faire sensation.

sensé [sɑ̃se], **e** adj. Qui a du bon sens : *personne sensée.* ‖ Conforme au bon sens : *discours sensé.*

Sensée (la), riv. de la Flandre française, affl. de l'Escaut (r. g.) ; 60 km. Elle est réunie à la Scarpe par l'important *canal de la Sensée* (25 km).

sensément adv. De façon sensée : *parler, agir sensément.*

sensibilisateur n. m. Ce qui sert à sensibiliser : *sensibilisateur photographique.*

sensibilisation n. f. *Pathol.* Etat d'un organisme qui, après avoir été au contact de certaines substances (surtout protéines), acquiert à leur égard des propriétés de réaction, utiles ou non, qui sont produites même par de faibles doses. (V. ALLERGIE, ANAPHYLAXIE et IMMUNITÉ.) ‖ *Phot.* Action de rendre impressionnable.

sensibiliser v. t. Rendre sensible à une action physique, chimique, etc. ‖ Rendre sensible à une émotion violente : *sensibiliser l'opinion publique.* ‖ *Pathol.* Provoquer la sensibilisation. ‖ *Phot.* Rendre impressionnable.

sensibilité n. f. Propriété commune à tous les êtres vivants et qui se traduit extérieurement par une *réaction* (mouvement, sécrétion ou autre acte physiologique) répondant à une *stimulation* (contact, lumière, vibration, changement rapide d'une grandeur physique ou clinique, agression microbienne, etc.). [V. *encycl.*] ‖ Faculté de percevoir des impressions morales. ‖ *Phys.* Qualité d'un instrument de mesure qui peut déceler de très petites variations de la grandeur mesurée : *la sensibilité d'une balance.* ‖ *Fig.* Disposition à être ému de compassion, de pitié, de tendresse, etc. : *personne d'une grande sensibilité.*

— ENCYCL. La *sensibilité,* en tant que prise de conscience de phénomènes extérieurs ou intérieurs à l'organisme, n'existe que chez l'homme et les animaux supérieurs ; elle est liée à l'existence de voies nerveuses sensitives (centripètes) unissant des cellules réceptrices sensibles à des centres nerveux spécialisés. La sensibilité externe résulte de l'action des agents extérieurs sur les organes des sens et est donc localisée ; la sensibilité interne est la conséquence de modifications internes et est plus diffuse.

sensible [sɑ̃sibl] adj. (du lat. *sensus ;* de *sentire,* sentir). Qui peut être perçu par les sens : *la lumière rend les objets sensibles à la vue.* ‖ Qui ressent aisément les moindres impressions physiques ou morales : *être sensible au froid, aux éloges.* ‖ *Phot.* Se dit de la qualité d'une couche noircissant sous l'action de la lumière. ‖ *Phys.* Qui indique les plus légères variations : *balance sensible.* ‖ — *Fig.* Qui est facilement ému, touché : *cœur sensible.* (Syn. : COMPATISSANT, GÉNÉREUX, HUMAIN, TENDRE. — Contr. : CRUEL, DUR, IMPITOYABLE, INHUMAIN.) ‖ Qu'on remarque aisément : *progrès sensible.* ● *Côté sensible,* ou *sensible* n. f., septième degré de la gamme, situé un demi-ton au-dessous de la tonique.

sensiblement adv. De façon sensible, perceptible : *le flux monte sensiblement.*

sensiblerie n. f. Sensibilité fausse et outrée.

sensitif [sɑ̃sitif], **ive** [-iv] adj. Qui a la faculté de sentir. ‖ Qui conduit l'influx nerveux d'un organe sensoriel à un centre : *nerf sensitif.* ‖ — Adj. et n. *Fig.* Facilement impressionnable, qu'un rien blesse ou effarouche.

sensitive [sɑ̃sitiv] n. f. Légumineuse dont les feuilles se replient si on les touche. (La sensitive est dite aussi MIMOSA*.)

sensoriel [sɑ̃sɔrjɛl], **elle** adj. Relatif aux sens : *les phénomènes sensoriels.*

sensorimétrique adj. Destiné à mesurer la sensation : *méthodes sensorimétriques.*

sensori-moteur, trice adj. Relatif à la fois aux phénomènes sensoriels et à l'activité motrice.

sensualisme [sɑ̃sɥalism] n. m. (du lat. *sensualis,* qui concerne les sens). Philosophie d'après laquelle toutes les idées proviennent des sensations : *le sensualisme de Condillac.*

sensualiste adj. Relatif au sensualisme. ‖ — N. Partisan de cette doctrine.

sensualité n. f. Attachement aux plaisirs des sens : *vivre avec sensualité.* ‖ Tempérament d'une personne sensuelle.

sensuel [sɑ̃sɥɛl], **elle** adj. et n. Attaché aux plaisirs des sens : *homme sensuel.* ‖ — Adj. Qui flatte les sens : *plaisirs sensuels.*

sente [sɑ̃t] n. f. (lat. *semita*). Petit sentier.

sentence [sɑ̃tɑ̃s] n. f. (lat. *sententia*). Pensée courte, d'une portée générale et de valeur morale. (Syn. : MAXIME, PRÉCEPTE.) ‖ Jugement rendu par des juges ou par des arbitres : *sentence de mort.*

sentencieusement adv. De façon sentencieuse : *parler sentencieusement.*

sentencieux, euse adj. Qui s'exprime ordinairement par sentences : *homme sentencieux.* ‖ Qui contient des sentences : *langage sentencieux.* ‖ Qui a la forme d'une sentence : *phrase sentencieuse.* ‖ D'une gravité affectée : *ton sentencieux.*

senteur [sɑ̃tœr] n. f. (de *sentir*). Ce qui frappe l'odorat : *la senteur d'un mets.*

senti, e adj. Fortement conçu et exprimé : *paroles bien senties.*

Phot. Keystone, Jean Roubier, Lauros - Giraudon.

Séoul

sentier [sɑ̃tje] n. m. (de *sente*). Chemin étroit. ‖ *Fig.* Voie morale : *les sentiers de l'honneur.*

sentiment [sɑ̃timɑ̃] n. m. (de *sentir*). Manière de penser, d'apprécier : *exprimer son sentiment.* ‖ Connaissance ou savoir donnés d'une manière immédiate : *avoir le sentiment de sa force.* ‖ Simple impression : *j'ai le sentiment que c'est agir à contresens.* ‖ Penchant bon ou mauvais : *être animé de nobles sentiments.* ‖ Disposition à être facilement ému, touché : *agir par sentiment plus que par réflexion.* ‖ Affection, tendresse : *montrer les sentiments d'un père.*

sentimental, e, aux adj. (mot angl. ; de *sentiment*). Où il y a du sentiment, vrai ou affecté : *ton sentimental.* ‖ Qui a ou qui affecte une sensibilité un peu romanesque : *un jeune homme sentimental.*

sentimentalement adv. De façon sentimentale.

sentimentalisme n. m. Affectation qui consiste à se guider sur la sensibilité ou sur le sentiment : *le sentimentalisme de Rousseau.*

sentimentalité n. f. Etat d'une personne sentimentale.

sentine [sɑ̃tin] n. f. Partie de la cale d'un navire où s'amassent les eaux.

sentinelle [sɑ̃tinɛl] n. f. (ital. *sentinella*). Soldat en arme placé en faction.

sentir [sɑ̃tir] v. t. (lat. *sentire*, percevoir) [conj. **15**]. Recevoir une impression par l'un des sens : *sentir une odeur agréable ; sentir le froid, la faim.* ‖ Avoir une saveur particulière : *ce vin sent son terroir.* ‖ Exhaler une odeur de : *ce tabac sent la violette.* ‖ Flairer : *sentir une rose.* ‖ — *Fig.* Apprécier, comprendre : *sentir les beautés d'un ouvrage.* ‖ Avoir la conscience de : *je sens renaître ma colère ; je sens que ce livre vous plaira.* ‖ Avoir les manières, l'apparence : *cela sent le pédant.* ● *Faire sentir*, faire éprouver ; faire reconnaître. ‖ *Ne pouvoir sentir quelqu'un*, avoir pour lui de l'antipathie. ‖ *Sentir le fagot* (Fam.), être entaché d'hérésie. ‖ *Sentir le sapin* (Fam.), n'avoir plus longtemps à vivre. ‖ — V. i. Exhaler, répandre une odeur : *ce bouquet sent bon ;* et, en particulier, une mauvaise odeur : *ce poisson sent.* ‖ Prévoir : *sentir de loin.* ‖ **— Se sentir** v. pr. Connaître, apprécier dans quelle disposition physique ou morale on se trouve : *je ne me sens pas bien ; il ne se sent plus la force d'aller plus loin.* ‖ Reconnaître en soi : *se sentir du courage.*

Seo de Urgel ou **Urgel,** v. d'Espagne (Catalogne) ; 7 200 h. L'évêché d'Urgel partage avec le chef de l'Etat français la souveraineté sur la principauté d'Andorre.

seoir [swar] v. i. (lat. *sedere*, être assis) [conj. **40**]. Aller bien, convenir à : *cette coiffure ne vous sied pas.* ‖ — V. impers. : *il vous sied mal de parler ainsi.*

Séoul ou **Kyŏngsong,** cap. de la Corée du Sud, dans le nord-ouest du pays ; 3 805 000 h. Le partage de la Corée a restreint l'influence de la ville, reconstruite après 1953 (il subsiste, de l'ancienne cité fortifiée, trois palais du XIVe s.). Séoul demeure toutefois une métropole politique et commerciale, où l'industrie est largement liée à la présence d'un important marché de consommation et de main-d'œuvre (métallurgie, textile, alimentation).

sep [sɛp] n. m. (lat. *cippus*, pieu). Pièce où s'emboîte le soc de la charrue. (V. illustr. CHARRUE.)

sépale [sepal] n. m. (de *séparer* et *pétale*). *Bot.* Pièce florale, habituellement verte, située au-dessous de la corolle. (L'ensemble des sépales forme le calice.)

sépaloïde adj. En forme de sépale.

séparable adj. Qui peut se séparer.

séparateur, trice adj. Qui sépare. ● *Pouvoir séparateur*, qualité de l'œil ou d'un instrument d'optique qui permet de distinguer deux points rapprochés. (Le *pouvoir séparateur*, ou limite de résolution, d'un microscope, d'une lunette ou d'un télescope peut être limité par les aberrations du système optique, par l'acuité visuelle de l'observateur ou par la diffraction de la lumière.)

séparateur n. m. Appareil servant à opérer un choix : *séparateur magnétique.* ‖ Cloison mince, isolante, perforée, placée entre les plaques d'un accumulateur.

séparation n. f. (lat. *separatio*). Action de séparer, de se séparer. ‖ Chose qui sépare (mur, cloison, etc.). ● *Séparation de biens*, régime matrimonial dans lequel chacun des époux conserve la propriété et la gestion de ses biens, à charge pour lui de contribuer aux dépenses du ménage. (On distingue la séparation de biens *conventionnelle*, librement choisie avant le mariage, de la séparation de biens *judiciaire*, prononcée par le juge sur la demande de la femme en cas de mauvaise gestion du mari.) ‖ *Séparation de corps*, situation légale des époux qui ont obtenu — pour l'une des causes susceptibles de motiver le divorce — une décision judiciaire les déliant du devoir de cohabitation, et substituant la séparation des biens à leur régime matrimonial antérieur. ‖ *Séparation des Eglises et de l'Etat*, système d'organisation des rapports des Eglises et de l'Etat, dans lequel les premières sont considérées comme des groupements de droit privé. ‖ *Séparation des patrimoines*, fiction juridique qui assure aux créanciers d'une personne décédée une priorité de paiement sur les biens de la succession par rapport aux créanciers personnels des héritiers.

séparatisme n. m. Tendance des habitants d'un territoire à séparer celui-ci de l'Etat dont il fait partie : *séparatisme sicilien.*

séparatiste adj. et n. Qui cherche à se séparer d'un Etat.

séparé, e adj. Distinct : *des intérêts séparés.* ‖ *Dr.* Qui est sous un régime de séparation.

séparément adv. A part l'un de l'autre : *vivre séparément.*

séparer [separe] v. t. (lat. *separare*, disposer à part). Désunir ce qui était joint : *séparer la tête du corps.* (Syn. : DISJOINDRE, DISSOCIER, ISOLER, PARTAGER.) ‖ Ranger à part l'un de l'autre ; trier : *séparer l'ivraie du bon grain.* ‖ Partager : *séparer ses cheveux sur le front.* ‖ Diviser : *séparer une chambre en trois.* ‖ Etre placé entre : *la mer sépare la France de l'Angleterre.* ‖ Eloigner l'un de l'autre : *le vent sépara les deux flottes.* ‖ Empêcher de se battre : *séparer des combattants.* ‖ *Fig.* Considérer à part : *séparer une question de l'ensemble d'un problème.* ‖ **— Se séparer** v. pr. Se quitter mutuellement : *ils se sont séparés bons amis.* ‖ Cesser de vivre ensemble : *époux qui se séparent.*

sépia [sepja] n. f. (ital. *seppia*). Nom scientifique de la *seiche.* ‖ Liqueur noirâtre, propre au lavis, que l'on retire de la seiche. ‖ Dessin fait avec cette matière. ‖ Pl. des *sépias.*

seps [sɛps] n. m. (gr. *sêps*). Lézard à pattes très courtes, vivant dans les pays méditerranéens. (Long. 20 cm.)

sept [sɛt] adj. num. (lat. *septem*). Nombre qui vient après six dans la suite naturelle des nombres entiers : *les sept jours de la semaine.* ‖ Septième : *Charles sept.* ‖ — N. m. inv. Chiffre qui exprime le nombre sept. ‖ Le septième jour du mois : *le sept octobre.*

Sept Ans (*guerre de*), guerre qui eut lieu de 1756 à 1763 entre l'Angleterre et la Prusse d'une part, l'Autriche, la France et leurs alliés d'autre part. Ses causes furent la rivalité économique et coloniale franco-anglaise en Amérique du Nord et dans l'Inde, et la volonté de Marie-Thérèse d'Autriche de reprendre la Silésie au roi de Prusse Frédéric II. Les hostilités, commencées en fait dès 1755, se déroulèrent à la fois sur mer, dans les colonies et en Allemagne. Elles furent marquées par des défaites françaises au Canada (prise de Québec ; reddition de Montréal, 1760) et dans l'Inde (capitulation de Lally-Tollendal à Pondichéry, janv. 1761). L'intervention de l'Espagne (« pacte de Famille* », 1761) ne permit pas de vaincre l'Angleterre, qui s'empara de la Floride et de Cuba.
En Allemagne, l'invasion de la Saxe par Frédéric II entraîna les princes allemands, la Russie et la Suède à se joindre à l'alliance franco-autrichienne (mai 1757). Après avoir remporté d'éclatants succès (reprise de la Bohême ; capitulation de l'armée anglo-hanovrienne à Kloster Zeven (sept. 1757), les Français et les Allemands furent battus à Rossbach (nov. 1757) par Frédéric II, qui écrasa les Autrichiens à Leuthen en décembre. Mais Frédéric II, après l'offensive victorieuse des Russes (1759), fut sauvé de la défaite par l'avènement du tsar Pierre III (1762).
Le traité de Paris* (1763) consacra l'hégémonie anglaise et l'humiliation française. Par le traité d'Hubertsbourg (1763), l'Autriche abandonna la Silésie.

Sept Chefs (*guerre des*), guerre légendaire entre Etéocle, roi de Thèbes, son frère Polynice et six autres chefs. Les deux frères se tuent dans un combat singulier ; mais, dix ans après, les Epigones, fils des Sept Chefs, s'emparèrent de Thèbes. La lutte d'Etéocle et de Polynice a inspiré notamment Eschyle dans *les Sept contre Thèbes*, Euripide dans *les Phéniciennes*, Racine dans *la Thébaïde ou les Frères ennemis.*

septain [sɛtɛ̃] n. m. Strophe de sept vers. (Il a été fréquent au Moyen Age.)

septante [sɛptɑ̃t] adj. num. Soixante-dix. (Employé en Suisse et en Belgique.)

Septante (*version des*), nom donné à la traduction grecque de l'Ancien Testament, faite aux IIIe-IIe s. C'est la plus ancienne et la plus célèbre des traductions de la Bible.

septembre [sɛptɑ̃br] n. m. Le septième mois de l'année, quand elle commençait en mars ; auj. le neuvième : *le mois de septembre a trente jours.*

Septembre (*convention de*), loi signée à Paris le 15 septembre 1864 entre la France et l'Italie, et qui réglait provisoirement la question romaine.

Septembre (*lois de*), lois votées, à la suite de l'attentat de Fieschi (1835), contre la liberté de la presse. Toute discussion sur le principe du gouvernement ou sur la personne du roi était interdite.

Septembre (*massacres de*), massacres de prisonniers politiques, qui eurent lieu dans les prisons de Paris, particulièrement à l'Abbaye, à la Force, aux Carmes, au Châtelet, du 2 au 6 septembre 1792. Ils furent en partie provoqués par la nouvelle de l'invasion prussienne.

Septembre (*révolution du 4-*), révolution parisienne qui amena la chute du second Empire après la capitulation de Sedan (1er septembre 1870).

septembriseur n. m. Personne qui prit part aux massacres des détenus politiques dans les prisons de Paris du 2 au 6 septembre 1792.

Septèmes-les-Vallons (13240), comm. des Bouches-du-Rhône (arr. d'Aix-en-Provence) ; 5 844 h.

septemvir [sɛptɛmvir] n. m. (lat. *septem*, sept, et *vir*, homme). *Antiq. rom.* Magistrat qui faisait partie d'un collège de sept membres.

septennal [sɛptenal], **e, aux** [-o] adj. (lat. *septem*, sept, et *annus*, année). Qui arrive tous les sept ans. ‖ Qui dure sept ans : *période septennale.*

septennalité n. f. Qualité de ce qui est septennal, de ce qui dure sept ans.

septennat [sɛptena] n. m. Durée du mandat du président de la République française (sept ans).

septentrion [sɛptɑ̃trijɔ̃] n. m. (lat. *septemtriones*, les sept bœufs [étoiles placées vers le pôle Nord]). Nord, celui des pôles du monde qui est situé près de la constellation de la Petite Ourse.

septentrional, e, aux adj. Du côté du nord : *pays septentrional.*

septicémie [sɛptisemi] n. f. (gr. *sêptikos*, pourri, et *haima*, sang). Maladie causée par l'introduction et la pullulation, dans le sang, de bactéries pathogènes.
— ENCYCL. La *septicémie* s'observe à la suite de l'évolution d'un foyer infectieux initial, qui est la porte d'entrée dans le sang et qui, souvent, passe inaperçu : plaie, furoncle, infection dentaire, atteinte intestinale (fièvre typhoïde, colibacillose) ; elle se manifeste par une altération profonde de l'état général, une fièvre intense et l'existence de grands frissons. Le germe en cause (streptocoque, staphylocoque, colibacille, etc.) peut être identifié par l'hémoculture. Les antibiotiques permettent de traiter avec efficacité les septicémies ; la désinfection des plaies assure leur prévention après les traumatismes.

septicémique adj. Relatif à la septicémie : *affection septicémique.*

septicité n. f. Caractère de ce qui est septique.

septidi [sɛptidi] n. m. Septième jour de la décade, dans le calendrier républicain.

septième [sɛtjɛm] adj. num. ord. (lat. *septimus*). Qui occupe le rang marqué par le nombre sept. ● *Etre au septième ciel*, être dans un bonheur parfait. ‖ *Septième ciel*, dans l'astronomie des Anciens, ciel de Saturne, la plus éloignée des planètes alors connues. ‖ — N. : *être le, la septième.* ‖ — N. m. Fraction de l'unité obtenue par

Phot. Almasy.

division par sept. ‖ — N. f. La septième classe : *finir sa septième.* ‖ *Mus.* Intervalle de sept degrés. (La septième peut être majeure ou mineure.)

septièmement adv. En septième lieu, dans une énumération.

Sept-Îles, port du Canada (Québec), sur le Saint-Laurent, au débouché de la voie ferrée desservant les mines de fer du Labrador ; 19 000 h.

Septimanie, partie sud-occidentale de la Gaule, longtemps occupée par les Wisigoths et appelée aussi *Gothie.*

septime [sɛptim] n. f. (lat. *septimus*). L'une des lignes d'engagement à l'escrime.

Septime Sévère, né à Leptis Magna (146-211), empereur romain (193-211). Il remplaça les prétoriens par de nouveaux soldats d'origine provinciale, combattit avec succès ses compétiteurs à l'Empire (Pescennius Niger, Albinus) et assura durablement son pouvoir à Rome par la terreur. Il fit des campagnes contre les Parthes de 197 à 202. Il favorisa l'essor des cultes orientaux. Les noms des jurisconsultes Papinien et Ulpien restent attachés à son œuvre législative.

septimo [sɛptimo] adv. (mot lat.). Septièmement.

septique [sɛptik] adj. (gr. *sêptikos ;* de *sêpein,* pourrir). Qui est souillé ou porteur de germes : *plaie septique.* ‖ Causé par les microbes. ● *Fosse septique,* fosse d'aisances où les matières fécales subissent une fermentation rapide, qui les liquéfie.

septmoncel [semɔ̃sɛl] n. m. Fromage cylindrique à moisissures bleues internes, fabriqué dans le Jura avec du lait de vache. (Syn. GEX.)

Septmoncel [sɛmɔ̃sɛl] (39310), comm. du Jura (arr. de Saint-Claude) ; 726 h. (433 aggl.). Fromages.

septuagénaire [sɛptɥaʒenɛr] adj. et n. (du lat. *septuageni,* soixante-dix). Âgé de soixante-dix ans.

septuagésime [sɛptɥaʒezim] n. f. (lat. *septuagesimus*). *Dimanche de la septuagésime,* dimanche qui était célébré environ 70 jours avant la solennité pascale. ‖ *Temps de la septuagésime,* période liturgique de trois semaines, précédant le carême.

septuor [sɛptɥɔr] n. m. (de *sept,* formé sur *quatuor*). *Mus.* Composition à sept parties vocales ou instrumentales.

septuple [sɛptypl] adj. (lat. *septuplus*). Qui vaut sept fois autant : *nombre septuple.* ‖ — N. m. Nombre septuple : *quatorze est le septuple de deux.*

septupler v. t. Multiplier par sept : *septupler son revenu.* ‖ — V. i. Devenir septuple : *revenu qui a septuplé.*

sépulcral, e, aux adj. Qui a rapport à un sépulcre : *inscription sépulcrale.* ● *Voix sépulcrale,* voix sourde et profonde, qui semble sortir d'un tombeau.

sépulcre [sepylkr] n. m. (lat. *sepulcrum*). Tombeau (langage biblique). ● *Le Saint-Sépulcre,* le tombeau de Jésus-Christ, à Jérusalem. (V. à son ordre alphab.)

sépulture [sepyltyr] n. f. (lat. *sepultura*). Lieu où l'on enterre : *Saint-Denis était la sépulture des rois de France.* ‖ Ensevelissement, inhumation : *recevoir les honneurs de la sépulture.*

Séquaniens, Séquanais ou **Séquanes** [-kwa-], peuple de la Gaule, sur la rive gauche de la Saône, et dont la capitale était *Vesontio* (Besançon).

séquelle [sekɛl] n. f. (lat. *sequela,* suite). Trouble qui persiste après une maladie ou après une blessure. (S'emploie surtout au plur.)

séquence [sekɑ̃s] n. f. (du lat. *sequens,* suivant). *Cin.* Suite d'images ou de scènes formant un ensemble, même si elles ne se présentent pas dans un même décor. ‖ *Jeux.* Série de cartes qui se suivent. ‖ *Liturg. cath.* Nom donné aux proses qui, les jours de fête, se chantent à la messe après le graduel et l'alléluia. ‖ *Mus.* Reproduction d'un motif mélodique ou rythmique sur différents degrés de la gamme.

séquentiel, elle adj. Relatif à une suite, à une séquence.

séquestration n. f. Action de séquestrer ; son résultat. ‖ Infraction qui consiste à maintenir arbitrairement une personne enfermée.

séquestre n. m. (lat. *sequester,* arbitre). Dépôt provisoire, entre les mains d'un tiers, d'une chose dont la possession est discutée, ou d'un gage : *mettre un bien sous séquestre.* ‖ Dépositaire d'une chose mise en séquestre. ‖ *Chir.* Fragment osseux retenu dans les tissus après fracture ou infection de l'os.

séquestrer [sekɛstre] v. t. Mettre une chose en séquestre : *séquestrer des biens.* ‖ Maintenir une personne enfermée arbitrairement. (Séquestrer une personne constitue un délit ou un crime suivant que l'infraction a duré moins ou plus de dix jours.)

sequin [səkɛ̃] n. m. (ital. *zecchino,* empr. à l'arabe). Monnaie d'or de valeur variable, en usage autrefois dans différents États italiens et du Levant.

séquoia [sekɔja] n. m. Conifère qui atteint 140 m de haut et peut vivre plus de 2 000 ans : *des séquoias majestueux se trouvent en Californie.* (Syn. WELLINGTONIA.)

sérac [serak] n. m. (mot savoyard). Amas chaotique de glaces aux endroits où la pente du lit glaciaire s'accentue et où l'adhérence du glacier demeure. ‖ Fromage blanc des Alpes.

Septime Sévère, *musée du Vatican*

sérail [seraj] n. m. (ital. *serraglio,* empr. au turc). Dans les pays de civilisation turque, palais royal. ‖ Partie du palais où les femmes étaient enfermées.

Seraing, comm. de Belgique (Liège), sur la Meuse ; 40 900 h. Sidérurgie.

Serajevo. V. SARAJEVO.

sérançage n. m. Action de sérancer.

sérancer [serɑ̃se] v. t. (mot gaulois) [conj. **1**]. Diviser la filasse du lin ou du chanvre après qu'elle a été séparée de la chènevotte.

séranceur n. et adj. m. Ouvrier qui sérance.

sérancolin [serɑ̃kɔlɛ̃] n. m. V. SARRANCOLIN.

serapeum [serapeɔm] n. m. (mot latin ; du gr. *Serapeion*). Nécropole des taureaux Apis, en Egypte. ‖ Temple de Sérapis, en Grèce.

séraphin [serafɛ̃] n. m. (hébr. *seraphim*). Esprit céleste de la première hiérarchie des anges, dans la Bible et dans la théologie chrétienne.

Séraphins (*ordre des*), le plus important des ordres suédois, créé en 1285.

Séraphine (Séraphine LOUIS, dite), femme peintre française, née à Arsy (Oise) [1864-1942]. Autodidacte, elle a peint des tableaux de fleurs imaginaires, lyriques et somptueux. Sa renommée est considérable.

séraphique adj. Qui appartient aux Séraphins. ‖ *Fig.* Ethéré, digne des séraphins : *amour séraphique.*

Sérapis ou **Sarapis,** nom d'un dieu grec introduit en Egypte sous les Ptolémées. Les Romains firent d'Isis et d'Anubis ses parèdres avant d'en faire un dieu suprême, assimilé à Zeus.

serbe [sɛrb] adj. et n. De Serbie.

Serbie, l'une des républiques fédérées de la Yougoslavie ; 55 968 km² ; 5 046 000 h. (*Serbes*). Cap. *Belgrade.* ● *Géographie.* Au sens strict, la Serbie, dans la Yougoslavie orientale, est limitée au nord par la Save en amont de Belgrade et par le Danube en aval. Généralement on lui rattache la Vojvodine*, qui constitue l'extrémité nord-est de la Yougoslavie (aux confins de la Hongrie et de la Roumanie), ainsi que le territoire autonome de Kosovo-Metohija, près de l'Albanie. L'ensemble ainsi constitué compte 88 361 km² (plus du tiers de la superficie totale du pays) et 8 117 000 h. (plus de 40 p. 100 de la population yougoslave).
Alors que la Serbie, *stricto sensu,* est montagneuse, appartenant à la péninsule balkanique proprement dite, ouverte par les vallées des Morava et du Timok notamment, au nord de l'axe Save-Danube domine un paysage de plaines, terminaison méridionale de la grande plaine hongroise, où sont associées les cultures du blé et du maïs. Dans les montagnes, aujourd'hui souvent dépeuplées, l'élevage est la principale ressource en dehors des centres miniers (Bor et Majdanpek [cuivre] notamment) et des vallées industrialisées.
● *Histoire.* Disputée par les Barbares, successivement vassale des empereurs byzantins, des Grecs, des Bulgares, etc., la Serbie devint indépendante en 1180. Elle eut une Eglise autocéphale en 1221. L'apogée du royaume serbe se situe sous le règne d'Etienne IX (1331-1355), qui fut couronné tsar des Serbes par le patriarche de Peć. Les Turcs soumirent la Serbie après la bataille de Kosovo (1389) et la conservèrent intégralement jusqu'en 1815, malgré l'insurrection de Karageorges (1804-1813). En 1815, Miloš Obrenović prit la tête d'un nouveau soulèvement ; en 1830, il fit de la Serbie une principauté autonome, tout en continuant à reconnaître la suzeraineté de la Porte. Quarante ans plus tard (1856), le traité de Paris plaçait sous la garantie de l'Europe les privilèges octroyés par le Sultan à la principauté. Lorsque éclata le soulèvement de l'Herzégovine (1875), la Serbie se mit en état de rébellion contre la Porte. Ses troupes furent vaincues, mais la Russie intervint, triompha des armées ottomanes et fit reconnaître par le traité de Berlin la complète indépendance de la Serbie (1878). Ce pays fut érigé en royaume héréditaire en 1882 au profit de la maison des Obrenović, remplacée en 1903 par celle des Karagjorgjević, en la personne de Pierre Ier. Une guerre victorieuse contre la Turquie (1912-1913) et contre la Bulgarie (1913) l'avait considérablement agrandie lorsque, à la suite de l'attentat de Sarajevo, éclata la guerre de 1914-1918. Les armées serbes réussirent d'abord à refouler les Austro-Hongrois, mais, en 1915, elles durent battre en retraite vers l'Albanie et Corfou après l'entrée en guerre de la Bulgarie. Regroupées en Corse et à Bizerte, les troupes serbes participèrent ensuite à la campagne de Macédoine en 1917 et en 1918. La Serbie fut délivrée en 1918 par les victoires de Franchey d'Esperey. Elle fut le cœur du royaume des Serbes, Croates et Slovènes, qui prit en 1929 le nom de *Yougoslavie.*

serbo-croate n. m. Langue slave parlée en Yougoslavie (en Serbie, en Croatie, en Bosnie-Herzégovine, dans le Monténégro).

Sercq, en angl. **Sark,** une des îles Anglo-Normandes ; 550 h.

serdeau [sɛrdo] n. m. (pour *sert d'eau*). Officier de bouche, à l'ancienne cour des rois de France.

serein [sərɛ̃], **e** [-ɛn] adj. (lat. *serenus ;* de *serum,* soir). Clair, pur et calme : *temps serein.* ‖ — *Fig.* Exempt d'agitation, de trouble : *passer des jours sereins.* ‖ Qui marque le calme, la tranquillité d'esprit : *visage serein.* ● *Goutte sereine,* syn. de AMAUROSE.

Serein (le), riv. de Bourgogne, affl. de l'Yonne (r. dr.), passant à Chablis ; 186 km.

sereinement adv. de façon sereine.

Serémange-Erzange (57610), comm. de la Moselle (arr. de Thionville-Ouest) ; 4 976 h. Sidérurgie. Constructions électriques.

Serena (LA), v. du Chili central ; 55 200 h.

sérénade [serenad] n. f. (ital. *serenata,* ciel serein). Concert de voix et d'instruments, donné la nuit, en plein air, sous les fenêtres de quelqu'un, pour lui rendre hommage. (Certains compositeurs ont donné ce titre à des suites ou symphonies, notamment pour orchestre de chambre.) ‖ *Fam.* Tapage nocturne.

sérénissime [serenisim] adj. (ital. *serenissimo*). Qualification donnée à quelques hauts personnages ou à certains Etats : *une altesse sérénissime ; la sérénissime république de Venise.*

sérénité [serenite] n. f. (lat. *serenitas*). Absence d'agitation, de trouble : *la sérénité de l'âme.*

Sérères, ethnie proche des Ouolofs*, habitant le Sénégal (plus de 300 000 représentants en 1968). Ils parlent une langue soudanaise.

séreuse n. f. Membrane qui tapisse un certain nombre d'organes et de cavités du corps, et sécrète une sérosité. — ENCYCL. Les *séreuses splanchniques* (plèvre, péritoine, etc.) comprennent deux feuillets, qui, lubréfiés par la sérosité qu'ils sécrètent, glissent aisément l'un sur l'autre : l'un (feuillet viscéral) recouvre un organe (poumon, intestin, etc.), l'autre (feuillet pariétal) tapisse la cavité qui le contient ; les *séreuses articulaires* ne tapissent que la face interne des capsules articulaires ; les *bourses séreuses* sont intercalées entre les tendons, les muscles et facilitent leur glissement.

séreux [serø], **euse** [-øz] adj. (du lat. *serum,* petit-lait). Qui a les caractères de la sérosité : *la partie séreuse du lait.* ‖ Qui sécrète des sérosités.

serf [sɛrf], **serve** [sɛrv] adj. (lat. *servus,* esclave). Dont la personne et les biens dépendent d'un maître : *paysans serfs.* ‖ Relatif à l'état des personnes dépendant d'un maître : *condition serve.* ‖ — N. Dans les pays féodaux, personne attachée à la glèbe et dépendant d'un seigneur.

serfouette [sɛrfwɛt] n. f. Outil de jardinier comprenant une houe et une langue, ou une langue et une fourche.

serfouir [sɛrfwir] v. t. (lat. *circumfodere,* entourer d'un fossé [des arbres]). Cultiver, ameublir avec la serfouette.

serfouissage n. m. Ameublissement de la terre avec une serfouette.

serge [sɛrʒ] n. f. (du lat. *sericus,* de soie). Tissu léger de laine dérivant du sergé. ‖ Etoffe de soie travaillée comme la serge.

Serge ou **Sergius Ier** (*saint*), né en Syrie (m. en 701), pape de 687 à 701. Il mit fin au schisme d'Aquilée. — Fête le 9 septembre. — SERGE ou SERGIUS II, né à Rome (m. en 847), pape de 844 à 847. Il fut soumis à l'autorité de Lothaire. — SERGE ou SERGIUS III, né à Rome (m. en 911), pape de 904 à 911. Il se laissa complètement dominer par Marozia. — SERGE ou SERGIUS IV, né à Rome (m. en 1012), pape de 1009 à 1012. Sous son règne, la maison de Tusculum resta maîtresse de Rome.

Serge (m. en 638), patriarche de Constantinople de 610 à 638. Il défendit Constantinople contre les Avars (626) et inspira le monothélisme.

sergé n. m. Armure utilisée pour le tissage d'étoffes qui présentent de fines côtes obliques.

sergent [sɛrʒɑ̃] n. m. (lat. *serviens,* qui sert). Autref., officier de justice chargé de signifier les exploits, les assignations, de faire les saisies, d'arrêter ceux contre lesquels il y avait prise de corps. ‖ Premier grade de la hiérarchie des sous-officiers, dans l'infanterie, le génie, etc., et dans l'armée de l'air. ‖ *Technol.* V. SERRE-JOINT. ● *Sergent-chef, sergent-major,* grades successifs de la hiérarchie des sous-officiers, compris entre ceux de sergent et d'adjudant, dans les armées de terre et de l'air. (Pl. des *sergents-chefs,* des *sergents-majors.*) ‖ *Sergent fourrier,* sergent adjoint au sergent-major, pour la

Phot. Brogi-Giraudon.

comptabilité et l'administration d'une unité. || *Sergent de ville,* syn. anc. de GARDIEN DE LA PAIX.

Sergents de La Rochelle (*les Quatre*). On désigne ainsi quatre sous-officiers du 45e de ligne en garnison à La Rochelle qui, affiliés aux carbonari, furent arrêtés et décapités en 1822.

sergette n. f. Etoffe de laine légère.

Sergines (89640), ch.-l. de c. de l'Yonne (arr. de Sens); 733 h.

Sergipe (le), Etat du Brésil oriental, sur l'Atlantique; 851 000 h. Cap. *Aracaju*. Canne à sucre.

serials [serjal] n. m. pl. (mot angl. signif. *publications périodiques*). Films à épisodes contant les diverses aventures d'un même personnage. (Parmi les serials les plus célèbres, on peut citer *les Mystères de New York* [1914] avec Pearl White et les films de Louis Feuillade [*les Vampires, Judex,* etc.].)

séricicole [serisikɔl] adj. (lat. *sericum,* soie, et *colere,* cultiver). Qui a rapport à l'élevage des vers à soie : *industrie séricicole.*

sériciculteur n. m. Eleveur de vers à soie.

sériciculture n. f. Industrie qui a pour objet la production de la soie. (V. ce mot.)

séricigène [serisiʒɛn] adj. (lat. *sericum,* soie, et gr. *gennân,* produire). Qui produit de la soie : *glande séricigène.*

série [seri] n. f. (lat. *series*). Suite, succession : *série de difficultés.* || Suite ininterrompue : *poser une série de questions.* || Ensemble de choses analogues : *ranger des objets par séries.* || *Chim.* Groupe de corps composés présentant de nombreuses analogies, et se distinguant par une différence constante dans certains radicaux. || *Mar.* Ensemble de yachts ayant des caractéristiques suffisamment comparables pour qu'on puisse les faire courir ensemble. || Répétition d'un même type. || *Math.* Suite de termes se succédant d'après une loi déterminée. || *Sports.* Catégorie, épreuve préliminaire dans certaines compétitions. ● *Développement d'une fonction en série,* formation d'une série dont la somme représente cette fonction dans un intervalle donné. || *En série* (Electr.), se dit de plusieurs conducteurs, générateurs ou récepteurs électriques dont les bornes de noms contraires se trouvent réunies électriquement, et qui sont parcourus par le même courant. || *Hors série,* qui n'est pas de fabrication courante; et, au *fig.,* qui n'est pas habituel : *destin hors série.* || *Production en série,* type de production où un atelier ne change pas de travail pendant une longue période. || *Série de prix,* barème établi par l'Administration, dans lequel chaque acte d'un métier est tarifé et qui sert de base à l'établissement des devis, des marchés et des factures. || *Travail en série,* exécution d'un travail donné, sur un grand nombre de pièces, par des méthodes qui permettent d'abaisser le prix de revient.

sériel [serjɛl], **elle** adj. Relatif à une série. ● *Musique sérielle,* musique qui repose sur l'exploitation d'une série, c'est-à-dire d'un ensemble défini des douze sons de la gamme chromatique, dont l'agencement systématique commande toute l'œuvre. (V. DODÉCAPHONISME.)

sérier v. t. Classer par séries : *sérier les questions.*

sérieusement adv. Sans plaisanterie : *parler sérieusement.* || Avec application : *travailler sérieusement à un examen.* || Gravement : *être sérieusement malade.*

sérieux [serjø], **euse** [-øz] adj. (du lat. *serius*). Qui a un caractère grave, exempt de frivolité : *homme sérieux.* || Qui marque ce caractère : *air sérieux.* || Vrai, réel, sincère : *promesses sérieuses.* || Important, qui peut avoir des suites fâcheuses : *maladie sérieuse.*

sérieux n. m. Air grave : *garder son sérieux.* ● *Prendre au sérieux,* regarder comme réel, important.

sérigraphie [serigrafi] n. f. Procédé d'impression à l'aide soit d'un écran de tissu tel que de la soie ou un tissu analogue, soit d'un tamis extrêmement fin constitué par une toile métallique.

serin [sərɛ̃], **e** [-in] n. (empr. à un parler du Midi). Petit oiseau des îles Canaries, à plumage ordinairement jaune : *le chant des serins est très agréable.* || *Fam.* Niais, étourdi : *c'est un serin.*

sérine [serin] n. f. *Biochim.* L'un des acides aminés essentiels constitutifs des polypeptides et des protéines ($C_3H_7NO_3$), de poids moléculaire 105. || Protéine du sang, dont le poids moléculaire est d'environ 70 000 et qu'on peut isoler soit par précipitation des globulines, soit par électrophorèse. (Syn. ALBUMINE, SÉRO-ALBUMINE.)

seriner v. t. Instruire un serin ou tout autre oiseau avec la serinette. || *Fam.* Répéter souvent une chose à quelqu'un pour la lui apprendre : *seriner une règle à un écolier.*

serinette n. f. Boîte à musique dont on se sert pour instruire les serins.

seringa ou **seringat** [sərɛ̃ga] n. m. (lat. *syringa,* seringue). Arbuste souvent cultivé pour ses fleurs blanches, odorantes. (Famille des saxifragacées.)

seringage [sərɛ̃gaʒ] n. m. Arrosage pratiqué de telle sorte que l'eau arrive en pluie fine sur les plantes.

seringue [sərɛ̃g] n. f. (lat. *syringa*). Petite pompe portative, dont on se sert pour repousser l'air ou les liquides. || Instrument avec lequel on introduit ou on prélève des liquides dans les tissus, dans les cavités naturelles du corps. (La seringue se compose d'un corps cylindrique dans lequel coulisse un piston; sa base porte un ajutage sur lequel peut être adaptée une aiguille creuse.)

serins

sérique adj. Relatif au sérum ou à l'administration thérapeutique de sérum : *accidents sériques.*

Serlio (Sebastiano), architecte et sculpteur italien, né à Bologne (1475-1554). Il diffusa les principes d'une architecture fondée sur les ordres antiques, mais pittoresque et variée. De 1541 à sa mort, il travailla à Fontainebleau et construisit le château d'Ancy-le-Franc (1546). Il a publié un important traité d'architecture.

Sermaize-les-Bains (51250), comm. de la Marne (arr. de Vitry-le-François); 2 741 h. Eaux minérales.

Sermano (20250 Corte), ch.-l. de c. de la Corse (arr. de Corte); 141 h.

serment [sɛrmã] n. m. (lat. *sacramentum;* de *sacrare,* rendre sacré). Affirmation solennelle d'une personne, en vue d'attester la vérité d'un fait, la sincérité d'une promesse, l'engagement de bien remplir les devoirs de son état (officiers ministériels, avocats) ou de sa fonction (garde-chasse, gendarme) : *le faux serment prêté devant un tribunal constitue un délit.* || Promesse solennelle : *oublier ses serments.* ● *Serment d'ivrogne* (Fam.), serment sur lequel il ne faut pas compter.

Sermisy (Claudin DE), compositeur français (av. 1490-1562). Sous-maître de la chapelle du roi et chanoine de la Sainte-Chapelle, il a écrit des messes, des motets, des lamentations et 150 chansons polyphoniques.

sermon [sɛrmɔ̃] n. m. (lat. *sermo,* discours). Discours religieux prononcé en chaire. || *Fam.* Remontrance longue et ennuyeuse.

sermonnaire n. m. Auteur de sermons : *Bossuet et Bourdaloue sont les deux plus grands sermonnaires du XVIIe siècle.* || Recueil de sermons : *sermonnaire pour l'avent.*

sermonner v. t. Faire des remontrances à : *sermonner un jeune homme.*

sermonneur, euse n. et adj. Personne qui aime à faire des remontrances.

Sernin (*saint*). V. SATURNIN (*saint*).

sérodiagnostic n. m. Méthode de diagnostic de certaines maladies microbiennes fondée sur la propriété que possède le sérum des sujets vaccinés, ou présentant l'infection, d'agglutiner les microbes spécifiques.

sérologie [serɔlɔʒi] n. f. Etude des sérums, de leurs propriétés, de leurs applications. (La sérologie rend possible le diagnostic de nombreuses maladies dont l'agent pathogène est difficile à mettre en évidence grâce à des réactions qui permettent de révéler dans les sérums ou liquides de l'organisme l'existence d'anticorps microbiens.)

sérosité [serozite] n. f. (du lat. *serum,* petit-lait). Liquide analogue au sérum sanguin, sécrété et contenu dans certaines membranes. || Nom donné aux liquides des œdèmes, des phlyctènes, de l'hydropisie.

sérothérapie n. f. Méthode de traitement préventive ou curative par des sérums immunisants. (La sérothérapie, contrairement à la vaccination, confère une immunité immédiate, passive et de courte durée.)

Serov, v. de l'U. R. S. S. (R. S. F. S. de Russie), à l'est de l'Oural; 105 000 h. Métallurgie.

Serov (Valentine Aleksandrovitch), peintre russe, né à Saint-Pétersbourg (1865-1911), auteur de portraits.

Serov (Vladimir Aleksandrovitch), peintre soviétique, né à Emmaus [auj. Kalinine] (1910-1968), doctrinaire du « réalisme socialiste ».

sérovaccination n. f. Vaccination où l'on associe au vaccin un sérum spécifique.

Serpa Pinto (Alexandre Alberto DA ROCHA), explorateur portugais, né à Tendais (1846-1900). Il voyagea dans les régions du cours supérieur du Zambèze et développa la colonisation dans le Mozambique et en Angola.

serpe [sɛrp] n. f. (du lat. *sarpere,* tailler). Instrument à lame recourbée, plus grande que le manche, pour couper du bois, tailler des arbres, etc. ● *Ouvrage fait à la serpe, à coups de serpe* (Fam.), grossièrement.

serpent [sɛrpã] n. m. (lat. *serpens, serpentis;* de *serpere,* ramper). Reptile de forme extrêmement allongée, totalement dépourvu de pattes et se distinguant des lézards sans pattes (orvets) par de nombreux caractères : absence de paupières, peau renouvelée d'un seul coup, mâchoire désarticulée permettant de dévorer de grosses proies, larges écailles ventrales, un seul poumon, etc. (V. tableau.) [Cri : le serpent *siffle.*] || *Fig.* Personne perfide et méchante. || Instrument de musique à vent, en bois recouvert de cuir, percé de neuf trous qui en règlent l'intonation, ainsi appelé à cause de sa forme : *l'ophicléide a remplacé le serpent.* ● *Langue de serpent,* personne très médisante. || *Réchauffer un serpent dans son sein,* accorder ses bienfaits à un ingrat qui se retourne contre son bienfaiteur.

Serpent (le), constellation de l'hémisphère boréal.

serpentaire n. m. Oiseau rapace d'Afrique, qui se nourrit de serpents. (La huppe que porte sa tête lui a valu aussi le nom de SECRÉTAIRE.)

serpenteau n. m. Petit serpent. || Pièce d'artifice.

serpentement n. m. Etat de ce qui serpente.

serpenter v. i. Avoir un cours tortueux : *ruisseau qui serpente à travers la prairie.*

serpentin n. m. Tube enroulé en hélice ou en spirale de manière à faire tenir une grande longueur de tube dans un récipient ou une enceinte de dimensions limitées. || Longue et étroite bande de papier coloré, enroulée sur elle-même.

serpentine n. f. Silicate de magnésium hydraté, contenu dans les roches métamorphiques. (Sa couleur vert sombre fait utiliser la serpentine en décoloration.) || Anc. pièce d'artillerie.

serpette n. f. Petite serpe.

serpigineux [sɛrpiʒinø], **euse** [-øz] adj. Se dit des affections cutanées à contours sinueux.

serpillière [sɛrpijɛr] n. f. Grosse toile d'étoupe, servant à l'emballage ou au nettoyage.

serpolet [sɛrpɔlɛ] n. m. (mot provenç.). Plante aromatique du genre du thym.

Serpollet (Léon), industriel français, né à Culoz (1858-1907). Il construisit la première chaudière à vaporisation instantanée (1881) et un tricycle à vapeur, qui peut être considéré comme l'ancêtre de l'automobile (1887). Il fut le premier titulaire du permis de conduire pour Paris, alors que la circulation sur les routes était libre.

Serpoukhov, v. de l'U. R. S. S. (R. S. F. S. de Russie), au sud de Moscou; 124 000 h. Radiotélescope.

serpule [sɛrpyl] n. f. (lat. *serpullum*). Ver marin construisant un tube calcaire. (Long. 5 cm; embranchement des annélides, classe des polychètes.)

serra n. f. V. SIERRA.

Serra-di-Scopamène (20127), ch.-l. de c. de la Corse (arr. de Sartène); 1 086 h.

serrage n. m. Action de serrer.

serran [sɛrã] n. m. Poisson des côtes rocheuses, voisin du mérou. (V. illustr. POISSONS.)

Serrano y Domínguez (Francisco), duc DE LA TORRE, maréchal et homme d'Etat espagnol, né à San Fernando (1810-1885), régent du royaume (1869-1871), puis président du Conseil.

serrate [sɛrat] adj. (lat. *serratus;* de *serra,* scie). Se dit de certaines monnaies romaines en argent, dont les bords sont découpés en dents de scie.

serratule [sɛratyl] n. f. Plante à fleurs pourpres, pouvant fournir une teinture jaune. (Famille des composées. Nom usuel : *sarrette.*)

serre [sɛr] n. f. (de *serrer*). Construction vitrée, destinée à abriter du froid certains végétaux et à leur fournir, au besoin, une certaine chaleur : *mettre des fleurs en serre.* (Au cours des dernières années, la culture en grand sous serres vitrées ou en plastique s'est considérablement développée et a permis la production industrielle, hors saison, de nombreux fruits et légumes [tomates, concombres, salades, etc.].)

serre n. f. (de *serrer*). Action de serrer, de presser : *donner une première serre au raisin.* || — Pl. Griffes ou ongles des oiseaux de proie : *les serres de l'aigle.*

serre n. m. Dans le sud de la France, crête étroite et allongée, entre deux vallées profondes.

serré, e adj. Dont les parties constituantes sont très rapprochées : *tissu serré.* || — *Fig.* Rigoureux : *logique serrée.* || Précis, concis : *style serré.* ● *Serré du devant, du derrière,* se dit d'un cheval dont les membres antérieurs ou postérieurs sont trop rapprochés. || — Adv. *Jouer serré,* jouer avec application et prudence : agir avec prudence.

Serre-Chevalier, station de sports d'hiver des Hautes-Alpes (alt. 1 350-2 480 m), au-dessus de la Guisane.

serre-file n. m. Gradé placé derrière une troupe en marche pour s'assurer que chacun suit à sa place. || Dernier navire d'une ligne de marche ou de combat. || Pl. des *serre-files.*

serre-fils n. m. inv. Instrument pour réunir deux fils électriques.

serre-frein ou **serre-freins** n. m. inv. Employé chargé de serrer les freins dans un train.

serre-joint ou **serre-joints** n. m. inv. *Technol.* Instrument pour maintenir serrées l'une contre l'autre des pièces de bois. (On dit par corruption SERGENT.)

serre-livres n. m. inv. Accessoire de bureau destiné à maintenir des livres serrés les uns contre les autres.

serrement n. m. Action de serrer : *serrement de mains.* || Digue dans l'intérieur des galeries de mine. ● *Serrement de cœur,* émotion pénible.

Serre-Ponçon, site de la vallée de la Durance, en aval du confl. de l'Ubaye. Grand barrage en terre formant un lac.

Phot. Rapho.

SERPENTS

On rassemble dans l'ordre des ophidiens ou serpents 2 300 espèces vivantes de reptiles, réparties entre quatre familles principales : les colubridés (env. 1 700 espèces), les typhlopidés (env. 200 espèces), les boïdés (env. 100 espèces) et les vipéridés (env. 170 espèces). Selon les caractères des dents venimeuses, les serpents sont, en outre, répartis entre quatre groupes correspondant à ce tableau. Seuls, les colubridés se partagent entre plusieurs de ces groupes.

AGLYPHES	OPISTHOGLYPHES	PROTÉROGLYPHES	SOLÉNOGLYPHES
(pas de dent venimeuse)	(dents venimeuses insérées en arrière; proies intoxiquées en cours de déglutition)	(dents venimeuses fixes insérées à l'avant des mâchoires et creusées d'un sillon)	(dents venimeuses articulées ou *crochets*, creusées d'un canal et se dépliant pour piquer, la bouche pouvant demeurer fermée)
inoffensifs pour l'homme		venimeux	venimeux

COLUBRIDÉS

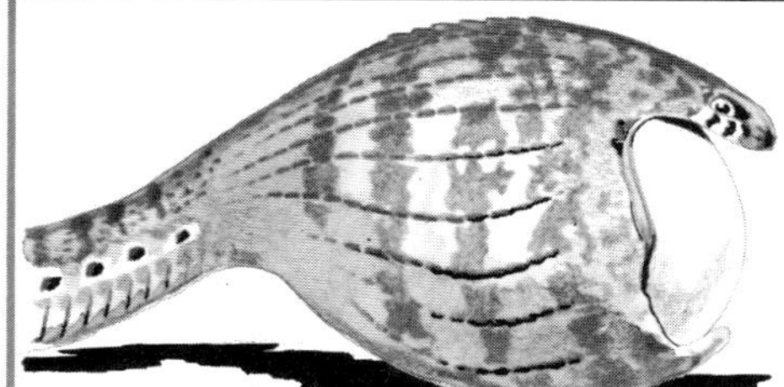

DASYPELTIS avalant un œuf

« Serpent à groin »

Les quatre COULEUVRES aglyphes de France

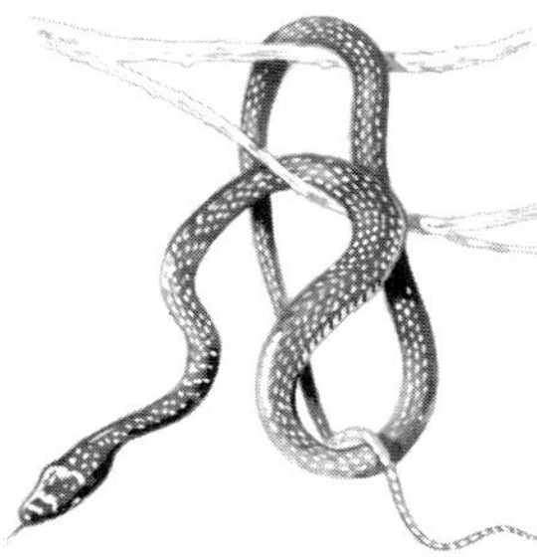

CHRYSOPÉLÉE

« Crête de coq »

Nasique

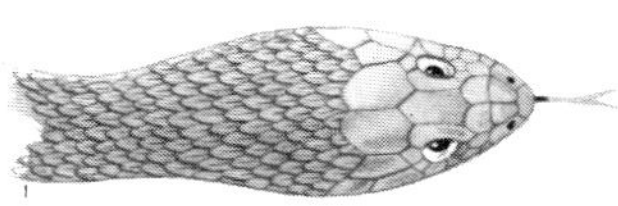

Tête de COULEUVRE nageuse

COULEUVRE de Montpellier. *Ci-dessous,* coupe montrant les dents venimeuses

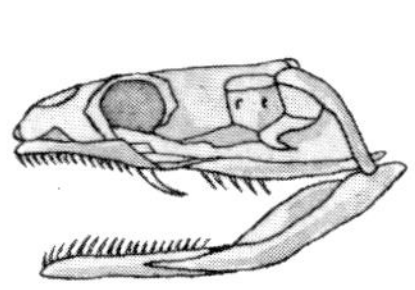

CAUSUS (coupe montrant la glande venimeuse)

MAMBA noir

CORAIL

NAJA ou COBRA

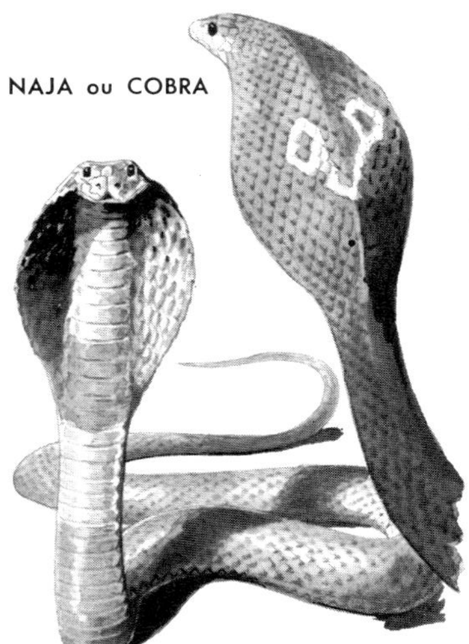

Serpents marins :

HYDROPHIS

PÉLAMIDE

BOÏDÉS

PYTHON molure sur un arbre

TYPHLOPIDÉS

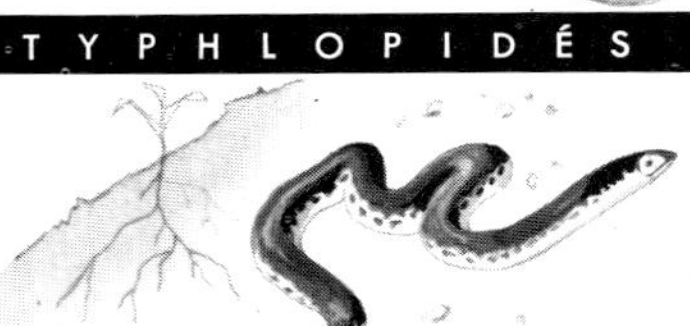

«Serpent minute» dans le sol

VIPÉRIDÉS

VIPÈRE péliade

VIPÈRE aspic

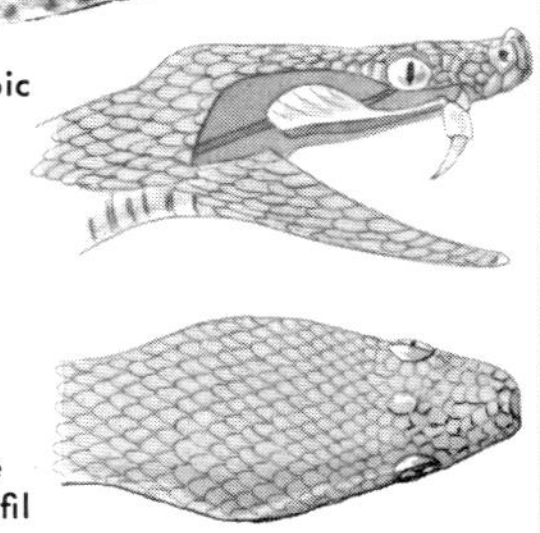

Détails de la tête vue de profil et vue de dessus

CÉRASTE

VIPÈRE du Gabon

CROTALE

Cascabelle du crotale

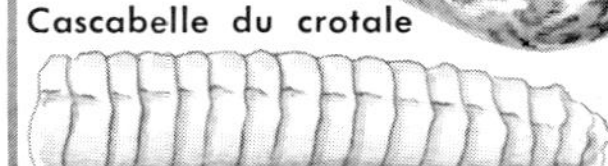

serrer [sere] v. t. (du lat. *serrare*, fermer avec une barre). Etreindre, presser : *serrer quelqu'un dans ses bras; serrer la main*. ‖ Rapprocher : *serrer les rangs*. ‖ Placer en un lieu sûr, convenable; ranger : *serrer du linge*. ● *Serrer le cœur* (Fig.), causer une vive douleur. ‖ *Serrer les dents*, presser fortement l'une contre l'autre les deux mâchoires. ‖ *Serrer quelqu'un de près*, être sur le point de l'atteindre. ‖ *Serrer le vent* (Mar.), gouverner le plus près possible de la direction d'où vient le vent. ‖ *Serrer une voile*, la plier et l'attacher le long d'une vergue ou d'un mât.

Serres (05700), ch.-l. de c. des Hautes-Alpes (arr. de Gap); 1 405 h.

Serres (Olivier DE), agronome français, né à Villeneuve-de-Berg (Vivarais) [1539-1619], auteur d'un *Théâtre d'agriculture et mesnage des champs* (1600). Il réforma l'agriculture en faisant connaître la pratique méthodique de l'assolement.

serre-tête n. m. inv. Bandeau dont on se serre la chevelure. ‖ Coiffure très enveloppante.

Serrières (07340), ch.-l. de c. de l'Ardèche (arr. de Tournon); 1 651 h. Vestiges gallo-romains.

serriste n. Agriculteur dont la production est obtenue dans des serres.

serrure [seryr] n. f. (lat. *sera*). Appareil qui sert à réaliser une fermeture au moyen d'une clef ou d'un ressort : *forcer une serrure*.

serrurerie n. f. Branche de la construction qui s'occupe de la fabrication de tous les dispositifs de fermeture et des objets en métal ouvré. ‖ Art, état, ouvrage du serrurier.

serrurier n. m. Celui qui exécute des ouvrages de serrurerie.

sertão [sɛrtɑ̃] n. m. (mot portugais). Nom donné aux régions intérieures du nord-est du Brésil, couvertes de brousses et souvent affectées de graves sécheresses.

serte n. f. (de *sertir*). Enchâssement des pierres fines.

sertir [sɛrtir] v. t. (du lat. *sartus*, mis en bon état). En joaillerie, enchâsser une pierre dans une monture : *sertir un diamant*. ‖ Rabattre le bord d'une pièce de tôle ou une mince paroi contre un rebord, afin d'assurer la fixation de cette pièce par rapport à une autre.

sertissage n. m. Action de sertir.

sertisseur, euse n. et adj. Personne qui sertit.

sertisseur n. m. ou **sertisseuse** n. f. Appareil pour sertir.

sertissure n. f. Manière dont une pierre est sertie. ‖ Partie du chaton qui sertit la pierre.

Sertorius (Quintus), général romain, né à Nursia (v. 123-72 av. J.-C.). Anc. lieutenant de Marius, révolté contre Sulla, il organisa une partie de l'Espagne en pays indépendant, battit Metellus et Pompée, s'allia à Mithridate, mais fut assassiné à l'instigation de son lieutenant Perpenna.

Sertorius, tragédie de P. Corneille (1662).

sérum [serɔm] n. m. (lat. *serum*, petit-lait). Liquide se séparant du caillot après coagulation du sang, de même composition que le plasma, mais sans fibrinogène. ‖ Plus particulièrement, sérum extrait du sang d'un animal, habituellement le cheval, vacciné contre une maladie microbienne ou contre une substance toxique. (V. *encycl.*) ● *Sérum artificiel* ou *sérum physiologique*, solution saline de composition déterminée et isotonique au plasma sanguin.
— ENCYCL. Le *sérum* des sujets ayant eu certaines maladies infectieuses ou inoculées avec des venins contient des antitoxines actives contre les manifestations morbides dues aux toxines correspondantes. Les sérums les plus usités sont destinés au traitement de la diphtérie, du tétanos, du botulisme et des morsures de serpent. Les *sérums physiologiques*, employés en perfusions pour réhydrater les blessés et les malades, et pour rééquilibrer leurs taux de sels minéraux, sont constitués par des solutions de 8 p. 1 000 de chlorure de sodium, auxquelles on ajoute souvent des vitamines, des analeptiques, etc.

Sérurier (Jean Philibert, *comte*), maréchal de France, né à Laon (1742-1819). Il conquit la Toscane et Lucques (1799). Sénateur, il fut gouverneur des Invalides et maréchal (1804), comte (1808) et commandant de la garde nationale de Paris (1809).

Sérusier (Paul), peintre et théoricien français, né à Paris (1865-1927). Il rencontra Gauguin à Pont-Aven et peignit sur ses indications le *Talisman* (paysage représentant, sur une boîte à cigares, le « Bois d'Amour »), qui devait avoir une influence déterminante sur le groupe des « nabis ». Ses peintures, souvent traitées par aplats de couleurs, sont caractéristiques d'un certain style « fin de siècle ». Il a fait des décors de théâtre et publié des traités théoriques.

servage n. m. (du lat. *servus*, esclave). Etat de serf : *le servage a été aboli en Russie en 1861 par Alexandre II*. ‖ *Fig*. Privation de sa liberté d'action.

serval [sɛrval] n. m. (du portug. *cerval*, cervier). Espèce de grand chat propre à l'Afrique, recherché pour sa fourrure. ‖ Pl. des *servals*.

Servance (*ballon de*), un des sommets des Vosges; 1 216 m.

Servandoni (Giovanni Niccolo), architecte et peintre italien, né à Florence (1695-1766). Il se fixa à Paris en 1728, devint architecte du roi et construisit notamment

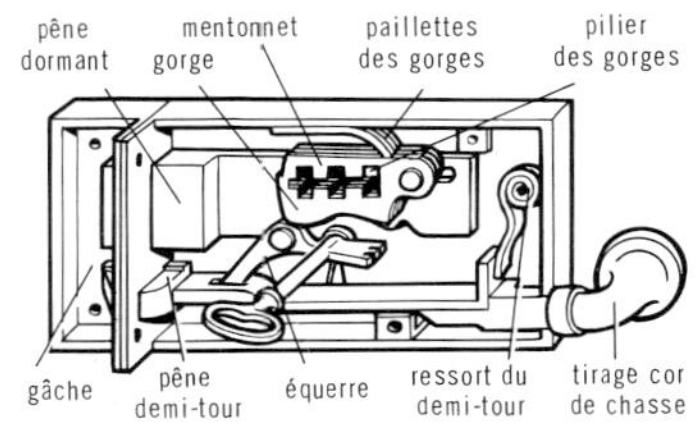

serrure

la façade (1732-1745) et la chapelle de la Vierge de l'église Saint-Sulpice. Appelé à Dresde en 1755, il y dessina la place du Théâtre. Proche du style rocaille dans ses décorations, il est, comme architecte, l'un des premiers à revenir au classicisme.

servant adj. m. *Cavalier servant*, homme qui rend des hommages assidus à une femme. ‖ *Frère servant*, religieux convers, employé aux travaux manuels d'un monastère. ‖ — N. m. Militaire affecté au service d'une arme : *servant de canon, de mitrailleuse*, etc. ‖ *Sports*. Syn. de SERVEUR.

servante n. f. Femme ou fille à gages, employée aux travaux du ménage. ‖ Support utilisé par les forgerons, les menuisiers, pour soutenir les longues pièces pendant qu'on travaille à l'une de leurs extrémités.

Servante maîtresse (*la*), opéra bouffe en 2 actes, livret italien de Nelli (traduction française de Baurans), musique de Pergolèse (1733). Cette pièce fut le signal d'une querelle artistique, pour ou contre l'italianisme (*Querelle des bouffons*), qui éclata à Paris seize ans après la mort de son auteur (1752).

Servet (Michel), médecin et théologien espagnol, né à Tudela ou à Villanueva de Sigena (1511-1553). Adepte de Melanchthon, il scandalisa les protestants par ses théories trinitaires. Il exerça la médecine à Lyon et dans le Dauphiné (1539-1553). En 1553, dans son *Christianismi restitutio*, il attaqua l'*Institution* de Calvin. Passant par Genève, il fut arrêté sur l'ordre de ce dernier, condamné au bûcher et exécuté.

serveur, euse n. Personne qui sert dans un café, dans un restaurant. ‖ Personne qui met la balle en jeu.

serviabilité n. f. Qualité d'une personne serviable.

serviable [sɛrvjabl] adj. Qui aime à rendre service : *un garçon gentil et serviable*.

serviablement adv. Avec serviabilité.

Servian (34290), ch.-l. de c. de l'Hérault (arr. de Béziers); 3 053 h. Vins.

service [sɛrvis] n. m. (lat. *servitium*). Etat de domestique : *entrer au service de quelqu'un*. ‖ Ouvrage à faire dans une maison : *service pénible*. ‖ Ensemble des plats servis à table dans un ordre donné. ‖ Transport, distribution : *service des dépêches*. ‖ Fonction dans l'Etat : *avoir trente ans de service*. ‖ Organisme de certaines institutions publiques ou privées, chargé d'une fonction particulière : *le service des hôpitaux; le service de l'Intendance*. ‖ Ensemble du personnel employé dans une telle organisation : *chef du service de la publicité*. ‖ Produit de l'activité de l'homme destiné à la satisfaction d'un besoin humain, mais qui ne se présente pas sous l'aspect d'un bien matériel (transport, leçon, recherche scientifique, travail ménager, consultation médicale ou juridique, etc.) : *le produit national brut d'un pays est la somme des biens et des services créés par ses habitants*. ‖ Disposition : *je me mets à votre service*. ‖ Aide, assistance : *rendre service à quelqu'un*. ‖ Usage que l'on tire de certaines choses : *ce vêtement m'a fait un bon service*. ‖ Assortiment de vaisselle ou de linge pour la table : *service à café*. ‖ Célébration de l'office divin. ‖ Cérémonies, prières pour un mort : *fonder un service perpétuel*. ‖ En divers sports, mise en jeu de la balle. ● *Escalier de service*, escalier qui est destiné au service de la maison, aux fournisseurs, etc. ‖ *Etre de service*, être dans l'exercice de ses fonctions. ‖ *Louage de service*, dénomination juridique du contrat de travail. ‖ *Service armé*, service militaire dans un emploi de combattant. ‖ *Service national*, ensemble des obligations imposées à tous les hommes âgés de 18 à 50 ans pour les besoins de la défense du pays. (V. *encycl.*) ‖ *Service de presse*, service qui envoie les ouvrages d'une maison d'édition aux critiques, aux journalistes; l'ouvrage lui-même. ‖ *Service public*, entreprise gérée par l'Administration, en vue de satisfaire certains besoins collectifs (transport des correspondances, fourniture de gaz, etc.). ‖ — Pl. Bons offices : *offrir ses services*.
— ENCYCL. *Mil*. Le *service national* comprend : le service militaire, destiné à répondre aux besoins des armées; le service de défense, destiné à satisfaire les besoins de la défense en personnel non militaire; le service de l'aide* technique et le service de la coopération* technique. Quelle qu'en soit la forme, la durée de ses obligations d'activité est fixée à 24 mois, dont 16 mois de service actif, susceptibles d'être réduits à 12 mois à partir de 1969.
Le *service militaire* s'étend sur 17 ans, dont 5 ans dans le service actif (de 12 à 16 mois) et la disponibilité* et 12 ans dans la réserve*. Des dispenses d'activité sont prévues en faveur des proches parents de militaires « morts pour la France » ou décédés « en service commandé », des jeunes gens résidant dans des pays étrangers éloignés et de certains soutiens* de famille.
Le *service de défense* concerne certains inaptes au service militaire et les personnes qui ne sont pas encore ou qui ne sont plus soumises aux obligations du service militaire, ainsi que celles qui se trouvent en excédent des besoins des armées ou qui ont souscrit un engagement particulier. Les *affectés de défense*, qui ont pratiquement remplacé les anciens « affectés spéciaux », sont soumis à un statut spécial et reçoivent une affectation collective ou individuelle.

Service distingué (*ordre, croix du*), décorations militaires anglaise (*Distinguished Service Order*, abrév. : D. S. O., créée en 1886) et américaine (*Distinguished Service Cross*, créée en 1918).

Service du travail obligatoire (S. T. O.), service institué en France occupée pour fournir pendant la Seconde Guerre mondiale la main-d'œuvre exigée par l'Allemagne (février 1943). Les réfractaires au S. T. O. se retrouvèrent en grand nombre dans les maquis.

Servien (Abel), diplomate français, né à Grenoble (1593-1659), un des principaux négociateurs des traités de Westphalie. (Acad. fr.)

serviette [sɛrvjɛt] n. f. Linge de table et de toilette. ‖ Sorte de grand portefeuille. ● *Serviette nid d'abeilles*, serviette tissée en alvéoles.

serviette-éponge n. f. Serviette de toilette en tissu bouclé. ‖ Pl. des *serviettes-éponges*.

servile [sɛrvil] adj. (lat. *servilis*; de *servus*, esclave). Qui appartient à l'état d'esclave, de domestique : *condition servile*. ‖ — *Fig*. Qui a un caractère d'esclave; bas : *homme servile*. ‖ Qui suit trop étroitement le modèle : *imitation servile*. ● *Œuvres serviles* (Théol.), travail manuel.

servilement adv. De façon servile.

servilité n. f. Esprit de servitude, de basse soumission : *la servilité d'un vaincu*. ‖ Bassesse d'âme.

servir [sɛrvir] v. t. (lat. *servire*, être esclave) [conj. **14**]. S'acquitter de certaines fonctions, de certains devoirs : *servir sa patrie*. ‖ Vendre, fournir des marchandises : *ce marchand me sert depuis longtemps*. ‖ Placer sur la table : *servir le potage*. ‖ Donner une portion d'un mets à un convive. ‖ Obliger : *servir ses amis*. ‖ Flatter, satisfaire : *servir les passions de quelqu'un*. ‖ *Véner*. Tuer une bête fauve, une bête noire aux abois : *servir un sanglier au couteau*. ● *Servir une arme*, exécuter les opérations diverses que comporte son emploi. ‖ *Servir Dieu*, lui rendre le culte qui lui est dû. ‖ *Servir l'Etat*, exercer un emploi public, être militaire. ‖ *Servir la messe*, assister le prêtre qui la dit. ‖ *Servir une rente*, en payer les intérêts. ‖ — V. t. ind. [**à, de**]. Tenir lieu : *servir de père à quelqu'un*. ‖ Etre propre, bon à : *cet instrument sert à tel usage*. ● *Cela ne sert à rien* (ou *de rien*), cela n'est d'aucune utilité. ‖ *Faire servir à*, employer pour un résultat. ‖ — V. i. Etre d'un certain usage : *cela ne peut plus servir*. ‖ Etre militaire. ‖ *Sports*. Mettre la balle en jeu. ‖ — **Se servir [de]** v. pr. Faire usage : *se servir du compas*. ‖ Faire soi-même ce qu'on pourrait faire faire : *qui se sert est bien servi*. ‖ Prendre d'un mets : *servez-vous*.

servites [sɛrvit] n. m. pl. Membres d'un ordre religieux (*serviteurs de Marie*) établi en Italie en 1233.

serviteur n. m. Celui qui est au service, aux gages de quelqu'un : *on doit toujours bien traiter ses serviteurs*. ‖ Terme de civilité : *je suis votre serviteur*, ou, ellipt., *serviteur* (fém. *servante*). ● *Serviteur de Dieu* (Fig.), homme pieux. ‖ *Serviteur de l'Etat*, fonctionnaire.

servitude n. f. (lat. *servitudo*). Etat de celui qui est esclave : *délivrer de la servitude*. ‖ Perte de l'indépendance nationale. ‖ Contrainte, assujettissement : *c'est une grande servitude d'être obligé de...* ‖ Charge, obligation : *les prestations communales sont des servitudes*. ‖ *Dr*. Charge qui grève un bien immeuble (dit *fonds servant*), au profit d'un autre bien immeuble (dit *fonds dominant*) appartenant à un propriétaire différent : *servitude de vue, de passage, d'écoulement des eaux, de voirie*, etc. ● *Bâtiments de servitude*, bateaux destinés au service d'un port ou d'une base navale. ‖ *Servitudes militaires*, mesures interdisant ou limitant la construction dans certaines zones.

Servitude et grandeur militaires, ouvrage d'Alfred de Vigny (1835), en trois récits (*Laurette et le cachet rouge; la Veillée de Vincennes; la Vie et la mort du capitaine Renaud ou la Canne de jonc*), où l'auteur oppose aux devoirs de la discipline militaire la grandeur morale du soldat, faite d'abnégation et d'honneur.

Servius Tullius, sixième roi de Rome (traditionnellement, 578-535 av. J.-C.). On lui attribue la division du peuple romain en centuries. Il serait d'origine étrusque.

servocommande n. f. Mécanisme auxiliaire ayant pour objet de suppléer la force musculaire de l'homme en assurant automatiquement, par amplification, la force nécessaire au fonctionnement d'un ensemble.

servofrein n. m. Servocommande destinée à assurer le fonctionnement des freins.

servomécanisme n. m. Mécanisme conçu pour réaliser seul un certain programme d'action, à la suite d'une comparaison entre les consignes qui lui sont données et le travail qu'il exécute.
— ENCYCL. Un *servomécanisme* a pour objet soit de maintenir constante une quantité ou de régler celle-ci en fonction d'un paramètre ou suivant un programme donné, soit de fixer dans l'espace la position d'un organe mobile en fonction de la position d'un autre organe. Il peut être mécanique, électromagnétique ou électronique.

Un servomécanisme électronique ne se distingue que par la nature physique de l'amplificateur, qui permet, dans ce cas, la réalisation de grands coefficients d'amplification à partir de courants très faibles. Un tel servomécanisme tient compte, d'une façon continue, de la variation du paramètre considéré et peut apporter en temps voulu les corrections nécessaires.

servomoteur n. m. Organe de commande dont l'énergie de manœuvre est empruntée à une source extérieure, en vue de réduire les efforts à mettre en œuvre ou de faciliter la commande à distance.

ses adj. poss. Pl. de SON, SA.

sésame [sezam] n. m. (gr. *sêsamon*). Plante annuelle, gamopétale, très anciennement cultivée en Asie tropicale pour ses graines, qui fournissent jusqu'à 50 p. 100 d'huile.

sésamoïde [sezamɔid] adj. et n. m. Petit os situé dans l'épaisseur des tendons ou au voisinage des articulations. (On en observe notamment à la main, au pied et au jarret.)

sesbania [sɛsbanja] n. m. ou **sesbanie** [-ni] n. f. Arbuste des régions tropicales, cultivé dans l'Inde pour la filasse qu'on extrait des tiges et dont on fait du papier à cigarettes. (Famille des papilionacées.)

sésie [sezi] n. f. (gr. *sês*, larve). Petit papillon, dont le corps annelé de jaune (ou de rouge) et de noir ressemble à celui d'une guêpe.

Sésostris. V. SÉNOUSRET.

sesqui [sɛskɥi] préf. signif. *un et demi*. (Ex. : *sesquioxyde de fer*, Fe_2O_3.)

sessile [sesil] adj. (lat. *sessilis*; de *sedere*, être assis). *Hist. nat.* Se dit de tout organe inséré sur l'axe directement et sans support : *fleur sessile*. ● *Faune sessile*, ensemble des animaux qui vivent fixés sur un support : hydraires, balanes, ascidies, etc.

session [sesjɔ̃] n. f. (angl. *session*; du lat. *sessio*, séance). Période de l'année pendant laquelle une assemblée délibérante peut valablement exercer ses fonctions : *session ordinaire*; *session extraordinaire*. ● *Session d'examens*, temps pendant lequel les examens ont lieu.

sesterce [sɛstɛrs] n. m. (lat. *sestertium*). Monnaie d'argent des Romains, valant deux as et demi.

Sestos, anc. v. de Thrace, sur l'Hellespont (Dardanelles), en face d'*Abydos*.

Sesto San Giovanni, v. d'Italie (Lombardie), près de Milan; 89 400 h. Aciérie.

Sestrières, en ital. **Sestriere,** station de sports d'hiver d'Italie (Piémont) [alt. 2 035-2 580 m], à l'est du col du Mont-Genèvre.

set [sɛt] n. m. (mot angl.). Une manche, au tennis, au Ping-Pong. ‖ Plateau sur lequel ont lieu les prises de vues de cinéma. ‖ Ensemble de napperons qui remplace la nappe dans le service de table.

sétacé [setase], **e** adj. (du lat. *seta*, soie). Se dit de tout organe qui a la forme d'une soie de porc.

Se-tchouan. V. SSEU-TCH'OUAN.

Sète (34200), anc. **Cette,** ch.-l. de c. de l'Hérault (arr. de Montpellier); 41 044 h. (*Sétois*). Ecole d'hydrographie. Port actif sur la Méditerranée et l'étang de Thau (pétrole, vin). Industries chimiques. Patrie de P. Valéry (musée).

Seth, troisième fils d'Adam et d'Eve. (Bible.)

Séthi ou **Seti'** (littéral. « celui du dieu Seth »), en gr. **Sethôsis,** nom porté par deux pharaons de la XIXe dynastie : SÉTHI Ier (1312-1298 av. J.-C.), ancien prêtre de Seth, et qui fut un grand constructeur (Memnonium d'Abydos). Son tombeau, dans la Vallée des rois, est célèbre pour ses reliefs polychromes; — SÉTHI II (1210-1205 av. J.-C.), qui prit le pouvoir en renversant Méneptah.

setier [sətje] n. m. (lat. *sextarius*, sixième). Anc. mesure de capacité qui variait suivant le pays et la matière mesurée (environ 0,4 litre).

Sétif, v. de l'Algérie orientale, ch.-l. du dép. de ce nom; 87 600 h. (*Sitifiens*). Marché agricole.

séton [setɔ̃] n. m. (ital. *setone*; de *seta*, soie). Bandelette de linge ou cordon qu'on passait sous un pont de peau pour entretenir une plaie suppurante, dite *exutoire*. ● *Plaie en séton*, plaie faite par une arme blanche ou par un projectile qui entre et ressort simplement en passant sous la peau et sans entamer les muscles ou autres organes.

setter [setɛr] n. m. (mot angl.). Race de chiens d'arrêt à poil long, doux et ondulé.

Settons (*réservoir des*), lac-réservoir situé dans le Morvan et alimenté par la Cure. Tourisme.

Setúbal, port du Portugal; 44 400 h. Pêche. Conserves de poissons.

Seudre (la), fl. côtier de la Charente-Maritime; 69 km. Ostréiculture. Salines.

seuil [sœj] n. m. Grande pierre dure ou pièce de bois recouvrant la partie inférieure de l'ouverture d'une porte. ‖ Couloir de basses terres qui fait communiquer deux régions entre elles et qui sert de voie de passage : *le seuil du Lauragais fait communiquer le Midi aquitain et le Midi méditerranéen*. ‖ Longue élévation du fond de la mer entre deux bassins. ‖ *Psychol.* Minimum perceptible. ● *Seuil absolu*, intensité minimale que doit atteindre une stimulation quelconque pour être sentie. ‖ *Seuil différentiel*, quantité minimale dont il faut

Seurat : étude pour « les Poseuses »
Louvre, salles du Jeu de Paume

accroître un stimulus pour qu'un changement soit perçu. ‖ *Seuil d'excitation*, intensité minimale d'un excitant pour provoquer une réaction. ‖ *Substances à seuil*, substances, comme le chlorure de sodium, le glucose, qui doivent atteindre une certaine concentration dans le sang pour être éliminées par les reins. ‖ — **Au seuil de** loc. prép. Au commencement de : *au seuil de la vie*.

seul [sœl], **e** adj. (lat. *solus*). Qui est sans compagnie; isolé : *vivre seul*. ‖ A l'exclusion de tout autre : *il est seul coupable de*... ‖ Qui n'est point aidé : *mon bras seul suffit*. ‖ Unique : *un seul Dieu*. ‖ Simple, sans rien d'autre : *la pensée seule de la mort effraie*. ● *Seul à seul*, en tête à tête.

seulement adv. Rien de plus; pas davantage : *être deux seulement*. ‖ Uniquement : *dites-lui seulement*. ‖ Mais, toutefois : *il consent, seulement il demande des garanties*. ‖ Pas plus tôt que : *il est arrivé seulement ce soir*. ‖ Au moins : *si seulement on profitait de l'expérience*. ● *Pas seulement*, pas même : *il n'a pas seulement de quoi payer sa pension*. ‖ — **Non seulement** loc. adv. (ordinairement suivie de *mais* ou de *mais encore*). Introduit le premier de deux groupes, dont le second marque une insistance, une addition, etc.

Seurat (Georges), peintre français, né à Paris (1859-1891). L'un des fondateurs du Salon des indépendants (1884), il s'intéressa aux théories optiques, s'appuya sur les travaux de Chevreul, appliquant les lois du « contraste simultané », évitant les mélanges de couleurs et peignant par petites touches séparées. Il exerça une forte influence sur ceux que l'on a appelés les « divisionnistes », les « pointillistes » et les « néo-impressionnistes ». Il a laissé des dessins aux dégradés d'ombre et de lumière saisissants. Ses compositions peintes les plus élaborées sont : *la Baignade* (Tate Gallery, Londres), *Un dimanche d'été à la Grande Jatte* (Art Institute, Chicago), *les Poseuses* (fondation Barnes, Merion, Pennsylvanie), et *le Cirque* (Louvre).

Seurre (21250), ch.-l. de c. de la Côte-d'Or (arr. de Beaune); 2 683 h. (*Seurrois*). Château du XIIIe s.

Seu-tchouan. V. SSEU-TCH'OUAN.

Sevan (*lac*), lac de l'Arménie soviétique; 1 400 km².

setter

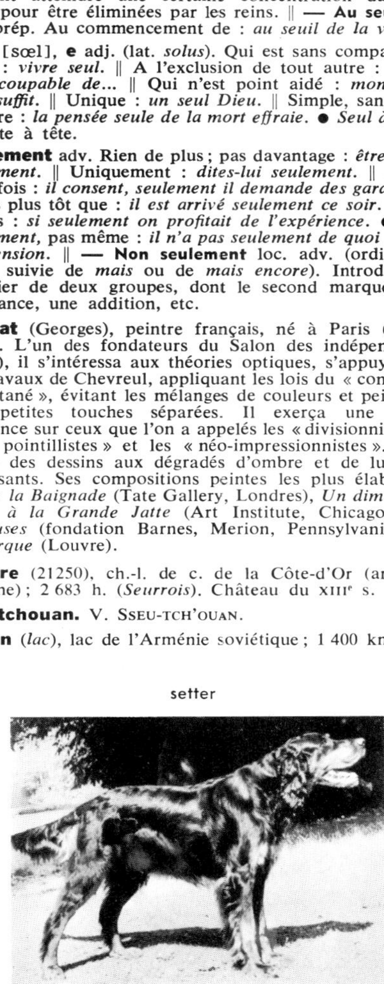

sève [sɛv] n. f. (lat. *sapa*, vin cuit). Liquide circulant dans les vaisseaux des plantes supérieures terrestres. ‖ *Fig.* Vigueur : *la sève de la jeunesse*.
— ENCYCL. La solution aqueuse très diluée, puisée dans le sol par les poils absorbants des racines, subit un premier contrôle en traversant l'*endoderme*; le résultat de ce contrôle est la *sève brute*, qui se rassemble dans les vaisseaux du *bois*, par lesquels elle est conduite jusqu'aux feuilles. La photosynthèse charge alors la sève de produits organiques solubles (glucose en particulier), tandis que l'évaporation élimine une grande partie de l'eau. La *sève élaborée* ainsi obtenue circule dans les tubes du *liber*, qui la distribuent à toutes les parties de la plante, en particulier aux organes souterrains de réserve (rhizomes, tubercules, racines), aux graines et aux fruits. Il n'y a aucun retour direct de liquide des vaisseaux du liber à ceux du bois, l'eau de transport devant être renouvelée constamment (contrairement à ce qui se passe pour le sang des animaux). En outre, la sève ne transporte que des aliments; elle ne véhicule ni excréments, ni gaz respiratoires. Ses fonctions, encore que vitales pour la plante, sont moins diverses que celles du sang.

Séverac (Déodat DE), compositeur français, né à Saint-Félix-de-Caraman (1873-1921). Il a fait sa part à l'inspiration folklorique dans un opéra (*le Cœur du moulin*) et dans des recueils pour piano (*En Languedoc, Cerdaña, Baigneuses au soleil*).

Sévérac-le-Château (12150), ch.-l. de c. de l'Aveyron (arr. de Millau); 3 116 h. (2 431 aggl.).

sévère [sevɛr] adj. Qui n'a pas d'indulgence; qui exige une extrême régularité : *maître sévère*. ‖ Austère : *morale sévère*. ‖ — Contr. : DOUX, HUMAIN, INDULGENT. ‖ Rigoureux : *jugement sévère*. ‖ Qui annonce le mécontentement : *ton sévère*. ‖ *Bx-arts*. Qui a peu d'ornements : *décor sévère*. ‖ Grave par son importance, considérable : *des pertes sévères*.

Sévère, né en Illyrie (m. en 307), empereur romain de 306 à 307.

Sévère, né en Lucanie (m. en 465), empereur romain d'Occident (461-465). Il ne fut que l'instrument de Ricimer.

Sévère Alexandre, né à Acé (Phénicie) [205 ou 208-235], empereur romain (222-235). Il fut adopté par Elagabal. Partisan du syncrétisme religieux, il toléra le christianisme. Après une campagne heureuse contre la Perse (232), il fut tué dans une sédition militaire.

Sévère, personnage de *Polyeucte*, de Corneille. Il fait assaut de générosité avec Pauline, son ancienne fiancée, et, touché par l'héroïsme de Polyeucte, s'engage à défendre auprès de l'empereur une politique de tolérance.

sévèrement adv. Avec sévérité : *réprimander sévèrement un écolier*.

Sévères (les), dynastie romaine (193-235) qui compta les empereurs Septime Sévère, Caracalla, Geta, Elagabal et Sévère Alexandre.

Séverin (*saint*), apôtre du Norique (m. v. 482). Il évangélisa les régions danubiennes. Il est vénéré à Naples. — Fête le 8 janvier.

Séverin (m. en 640), pape du 28 mai au 2 août 640.

Severini (Gino), peintre italien, né à Cortona (Arezzo) [1883-1966]. Il fut à Paris le principal représentant du mouvement futuriste (*la Danse du Pan-Pan au Monico*, 1910-1912). A partir de 1921, il revient à un art plus classique et se consacre bientôt à l'art sacré et à la mosaïque.

sévérité n. f. Rigidité, austérité, rigueur : *traiter avec sévérité*. ‖ — Pl. Actes durs, sans indulgence : *des sévérités révoltantes*.

Severn (la), fl. de Grande-Bretagne, qui se jette dans le canal de Bristol (Atlantique); 338 km.

Severnaïa Zemlia (« Terre du Nord »), archipel arctique de l'U. R. S. S. entre la mer de Kara et la mer des Laptev.

sévices [sevis] n. m. pl. (du lat. *saevus*, cruel). Mauvais traitements exercés à l'encontre d'une personne sur laquelle on a autorité. ‖ Voies de fait. (Les sévices et injures graves constituent des causes de divorce, ou de révocation pour ingratitude des donations et dispositions testamentaires.)

Sévigné (Marie DE RABUTIN-CHANTAL, *marquise* DE), femme de lettres française, née à Paris (1626-1696). Orpheline de père et de mère à six ans, elle est placée sous la tutelle de son grand-père Philippe de Coulanges. Elle épouse à dix-huit ans un gentilhomme breton de bonne race, mais volage, qui est tué en duel. Veuve en 1651, avec deux enfants, elle mène une vie élégante, mais résiste aux nombreux soupirants qui la courtisent. La disgrâce de Fouquet, chez qui on a trouvé de ses lettres, l'incite à une vie plus discrète. Mme de Sévigné marie sa fille au comte de Grignan et partage son temps entre son domaine des Rochers, en Bretagne, et Paris, où elle a loué l'hôtel de Carnavalet. Privée de la compagnie de sa fille, qui a suivi son mari, nommé lieutenant général en Provence, elle entreprend une longue correspondance qui durera un quart de siècle. Elle fait cependant plusieurs fois le voyage de Grignan, et c'est là qu'elle meurt, après avoir sauvé sa fille d'une terrible maladie. Outre sa fille, elle eut de multiples correspondants : Bussy-Rabutin, les Coulanges, Mme de La Fayette, Pomponne... Elle savait que ses lettres étaient lues dans le cercle de leurs intimes et même ailleurs : il arrivait à Mme de Thianges d'envoyer un laquais chez

Phot. Giraudon, Sally Thompson.

Mme de Coulanges pour demander la « lettre du Cheval » ou la « lettre de la Prairie ». Aussi, son grand art fut-il d'avoir conservé sa spontanéité de femme charmante, sa sincérité qui lui permit d'avouer la tiédeur de sa dévotion ou son impatience de l'absolutisme royal. Cultivée sans pédantisme, libérée du formalisme rhétorique, elle a usé d'un style impressionniste, vif, discontinu, dont Proust sut reconnaître la modernité.

marquise de **Sévigné**
par Mignard, *musée Carnavalet*

Sevilla, v. de la Colombie andine ; 104 500 h.

Séville, en esp. **Sevilla,** v. d'Espagne (Andalousie), sur le Guadalquivir ; 549 000 h. Archevêché. Industries textiles et chimiques.
● *Histoire.* Ancienne ville ibérique, *Hispalis* fut conquise par César et devint le chef-lieu de la province romaine de Bétique. Sous la domination des rois wisigoths, les évêques Léandre et Isidore firent de Séville un grand centre d'humanisme chrétien. De 712 à 1031, la ville appartint au califat omeyyade. Elle devint ensuite la capitale d'un des royaumes de Taifas, celui des 'Abbādides. Les Almoravides, puis les Almohades la fortifièrent contre les attaques des chrétiens et l'embellirent. Séville fut reconquise par Ferdinand III de Castille en 1248 et fut dès lors la base de la reconquête du royaume de Grenade. Elle devint ensuite la principale place de commerce avec l'Amérique espagnole. Elle déclina au XVIIIe s. au profit de Cadix.
● *Beaux-arts.* La vieille ville a conservé de nombreux monuments (dont beaucoup d'art musulman ou mudéjar) : cathédrale (XVe s.) et minaret de la Giralda ; alcazar ; *Tour de l'Or* (XIIIe s.) ; église Santa Ana de Triana (XIIIe s.) ; couvent de Santa Paula (XVe-XVIe s.) ; hôtel de ville (XVIe s.) ; hôpital de la Sangre (XVIe-XVIIe s.) ; églises baroques ; palais et maisons anciennes.

Séville : *au premier plan,* la cathédrale et le minaret de la Giralda

sévir [sevir] v. i. (lat. *saevire,* être furieux). Punir avec rigueur : *sévir contre un coupable.* || *Fig.* Se faire sentir vivement : *le froid sévit encore.*

sevrage n. m. Action, manière de sevrer.
— ENCYCL. Le *sevrage* des nourrissons est fait progressivement à partir du 3e mois, date à laquelle on ajoute au lait des bouillies ; il se continue à partir du 6e mois par l'adjonction d'aliments semi-solides. Dans tous les cas, l'apport de lait doit être poursuivi en quantité suffisante jusqu'à 2 ou 3 ans.

Sevran (93270), ch.-l. de c. de la Seine-Saint-Denis (arr. du Raincy) ; 20 266 h. (*Sevranais*). Poudrerie nationale. Industries diverses.

Sèvre Nantaise (la), riv. de France, qui rejoint la Loire (r. g.) à Nantes ; 126 km.

Sèvre Niortaise (la), fl. de France, qui prend sa source dans le dép. des Deux-Sèvres, passe à Niort et rejoint l'Atlantique ; 150 km.

sevrer [səvre] v. t. (lat. *separare,* séparer) [conj. **5**]. Cesser l'allaitement d'un enfant ou d'un petit d'animal pour lui donner une alimentation plus solide : *il ne faut pas sevrer un nourrisson débile.* || *Fig.* Priver : *sevrer quelqu'un de caresses.* ● *Sevrer une marcotte,* la séparer du pied mère après qu'elle a pris racine.

sèvres [sɛvr] n. m. Porcelaine fabriquée à la manufacture de Sèvres : *un service de vieux sèvres.*

Sèvres (92310), ch.-l. de c. des Hauts-de-Seine (arr. de Boulogne-Billancourt), sur la Seine ; 20 228 h. (*Sévriens*). Pavillon de Breteuil, siège du Bureau international des poids et mesures. Manufacture nationale de porcelaine (ancienne manufacture royale de Vincennes, transférée à Sèvres en 1756, et qui fut protégée par Mme de Pompadour). Le Musée national de la céramique, fondé en 1824, possède des collections remarquables. Traité signé le 10 août 1920 entre la Turquie et les Alliés, et qui réduisait considérablement la superficie de l'Empire turc ; il fut révisé par le traité de Lausanne en 1923, consécutif aux victoires turques.

Sèvres (*dép. des* **Deux-**) [**79**], dép. de l'ouest de la France ; préf. *Niort ;* s.-préf. *Bressuire, Parthenay ;* 3 arr., 33 cant., 352 comm. ; 6 004 km² ; 326 500 h. La moitié septentrionale du dép., appartenant en majeure partie au Massif armoricain, est une région surtout bocagère, vouée à l'élevage bovin pour la viande et les produits laitiers ; elle s'oppose à la partie méridionale, formée de plaines calcaires, découvertes, consacrées surtout aux céréales. L'agriculture domine toujours largement : elle emploie plus du tiers de la population active. L'industrie (30 p. 100 de la population active) est seulement représentée par quelques usines alimentaires et textiles, des constructions mécaniques et, localement (à Niort, seule ville importante), par le travail du bois et du cuir. La faiblesse de l'industrialisation et de l'urbanisation explique la persistance de l'émigration.

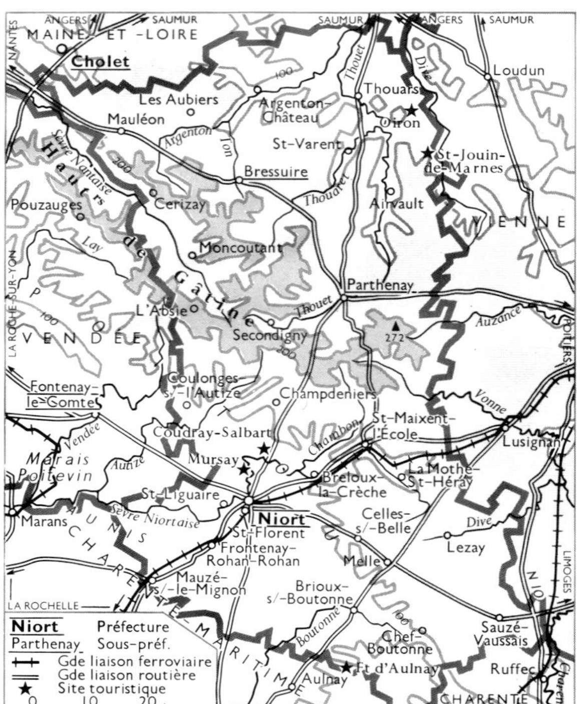

79-DEUX-SÈVRES

sévrienne [sevrjɛn] n. f. Elève de l'Ecole normale supérieure de jeunes filles, installée autref. à Sèvres, auj. boulevard Jourdan, à Paris.

sexagénaire [sɛksaʒenɛr] adj. et n. (du lat. *sexaginta,* soixante). Qui a soixante ans.

sexagésimal [sɛksaʒezimal], **e, aux** [-o] adj. Qui a pour base le nombre soixante. || Se dit d'une fraction dont le dénominateur est une puissance de soixante.

sexagésime [sɛksaʒezim] n. f. (lat. *sexagesimus,* soixantième). Le deuxième dimanche avant le commencement du carême, soit à peu près le soixantième jour avant Pâques.

sex-appeal [sɛksapil] n. m. (mot anglo-amér.). Expression américaine ayant le sens de *attirance sexuelle.*

sexe [sɛks] n. m. (lat. *sexus,* de *secare,* couper ; notion de séparation en deux catégories). Chacune des deux formes adultes complémentaires, dont l'union assure la reproduction chez la plupart des espèces vivantes. (V. tableau REPRODUCTION et *encycl.*) || Organe de la génération. || Ensemble des individus qui ont le même sexe : *des personnes des deux sexes.* ● *Le sexe faible, le beau sexe* (Fam.), les femmes. || *Le sexe fort* (Fam.), les hommes.
— ENCYCL. Il n'existe à proprement parler deux *sexes* que dans les espèces *gonochoriques,* chez lesquelles chaque adulte a un sexe et un seul. Ce cas, banal chez les animaux, est beaucoup plus rare chez les plantes (espèces *dioïques* telles que le dattier). La différence entre les sexes peut être quasi nulle (champignons, algues de divers groupes, oursins, divers poissons, pigeons) ou soulignée par des *caractères sexuels secondaires* plus ou moins accentués (bois du cerf, ergot du coq, mandibules du lucane). Parfois la femelle garde un aspect larvaire (ver luisant) ou, au contraire, c'est le mâle qui est nain (poisson *ceratias*). Chez les papillons notamment, une grande diversité d'aspect peut exister, soit chez le mâle seulement (pœcilandrie), soit chez la femelle seulement (pœcilogynie). En règle générale, une population animale compte à peu près autant de mâles que de femelles. Mais si la parthénogenèse est possible, les mâles peuvent être rares (spanandrie) ou même inexistants. Mâles et femelles sont rares tous les deux chez les insectes sociaux (abeilles, fourmis, termites), chez qui la majorité des adultes sont stériles et constituent des *castes :* ouvrières, soldats. A l'inverse, dans les espèces hermaphrodites (escargot, lombric), tous les individus sont à la fois mâles et femelles. La notion de sexe s'applique alors aux organes reproducteurs : l'organe qui élabore le gamète fécondant (testicule des animaux, étamine des plantes) est dit « mâle », et l'organe qui élabore le gamète fécondé (ovaire des animaux, pistil des plantes) est dit « femelle ».
On connaît diverses anomalies du sexe, qui entraînent généralement la stérilité.
Dans les espèces gonochoriques, le déterminisme du sexe est purement génétique. Dans l'espèce humaine, un ovocyte donnera une fille s'il est fécondé par un spermatozoïde de type X et un garçon s'il est fécondé par un spermatozoïde de type Y. Ces deux types de gamète mâle sont en nombre égal, ce qui explique le nombre à peu près égal de naissances masculines et féminines. Chez les oiseaux, ce sont les ovocytes qui sont de deux types. Chez certains champignons, on constate la répulsion entre deux thalles de « même sexe » et l'attraction entre deux thalles de « sexe opposé », mais on est encore incapable de dire en quoi consiste la différence des sexes. Il y a *hétérothallisme.*

sexisme n. m. *Péjor.* Nom donné par les défenseurs des droits de la femme à un système social dans lequel cette dernière est en position inférieure.

sexologie n. f. Etude scientifique de la sexualité et de ses problèmes psychophysiologiques.

sexologue n. Spécialiste de la sexologie.

sex-shop [sɛksʃɔp] n. f. (mot angl.). Magasin spécialisé dans la vente de livres ou de revues érotiques ou pornographiques, de produits aphrodisiaques, anticonceptionnels, etc.

sextant [sɛkstɑ̃] n. m. (lat. *sextans,* sixième partie). Instrument à réflexion, dont le limbe gradué s'étend sur 60°, et qui permet de mesurer des hauteurs d'astres à partir d'un navire ou d'un aéronef. (En mesurant avec le sextant la hauteur du Soleil, on détermine la latitude.)

sexte [sɛkst] n. f. (lat. *sexta hora,* la sixième heure). La troisième des heures canoniales, qui devait se célébrer à la sixième heure du jour (midi).

sextidi [sɛkstidi] n. m. Sixième jour de la décade, dans le calendrier républicain.

sextine [sɛkstin] n. f. Poème à forme fixe, comprenant six strophes et demie, où les mêmes mots reviennent à la rime dans un ordre déterminé.

sexto [sɛksto] adv. (mot lat.). Sixièmement.

sextolet [sɛkstɔlɛ] n. m. *Mus.* Groupe de six notes, d'égale valeur, surmontées du chiffre 6, à exécuter dans le même temps que quatre notes de même figure.

Phot. Fotografias Aereas - Direction générale du tourisme, Bulloz.

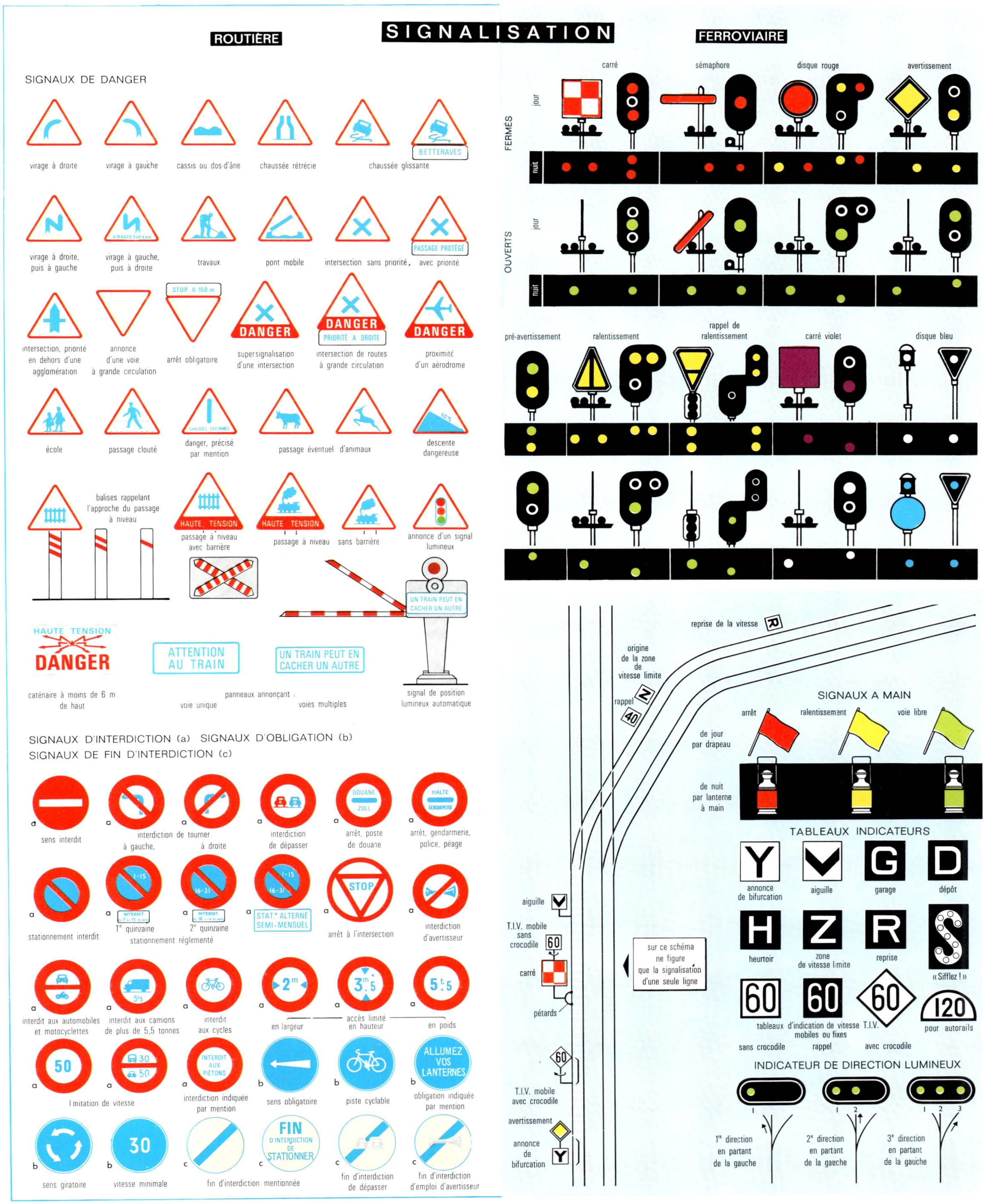

SIGNALISATION
ROUTIÈRE
SIGNAUX DE DANGER
virage à droite
virage à gauche
cassis ou dos-d'âne
chaussée rétrécie
BETTERAVES
chaussée glissante
virage à droite, puis à gauche
virage à gauche, puis à droite
travaux
pont mobile
intersection sans priorité, avec priorité
PASSAGE PROTÉGÉ
intersection, priorité en dehors d'une agglomération
annonce d'une voie à grande circulation
STOP A 150 m
arrêt obligatoire
DANGER
supersignalisation d'une intersection
DANGER
PRIORITÉ A DROITE
intersection de routes à grande circulation
DANGER
proximité d'un aérodrome
école
passage clouté
danger, précisé par mention
passage éventuel d'animaux
10%
descente dangereuse
balises rappelant l'approche du passage à niveau
HAUTE TENSION
passage à niveau avec barrière
HAUTE TENSION
passage à niveau
sans barrière
annonce d'un signal lumineux
UN TRAIN PEUT EN CACHER UN AUTRE
HAUTE TENSION
DANGER
caténaire à moins de 6 m de haut
ATTENTION AU TRAIN
UN TRAIN PEUT EN CACHER UN AUTRE
panneaux annonçant :
voie unique
voies multiples
signal de position lumineux automatique
SIGNAUX D'INTERDICTION (a) SIGNAUX D'OBLIGATION (b)
SIGNAUX DE FIN D'INTERDICTION (c)
a sens interdit
a a interdiction de tourner à gauche, à droite
a interdiction de dépasser
DOUANE ZOLL
a arrêt, poste de douane
HALTE GENDARMERIE
a arrêt, gendarmerie, police, péage
a stationnement interdit
1-15
a 1re quinzaine
16-31
a 2e quinzaine
stationnement réglementé
a STAT.T ALTERNÉ SEMI-MENSUEL
STOP
a arrêt à l'intersection
a interdiction d'avertisseur
a interdit aux automobiles et motocyclettes
5t5
a interdit aux camions de plus de 5,5 tonnes
a interdit aux cycles
2m
a en largeur
3m5
a accès limité en hauteur
5t5
a en poids
50
a
30 50
a limitation de vitesse
INTERDIT AUX PIÉTONS
a interdiction indiquée par mention
b sens obligatoire
b piste cyclable
ALLUMEZ VOS LANTERNES
b obligation indiquée par mention
b sens giratoire
30
b vitesse minimale
c fin d'interdiction mentionnée
FIN D'INTERDICTION DE STATIONNER
c
c fin d'interdiction de dépasser
c fin d'interdiction d'emploi d'avertisseur
FERROVIAIRE
carré
sémaphore
disque rouge
avertissement
FERMÉS
jour
nuit
OUVERTS
jour
nuit
pré-avertissement
ralentissement
rappel de ralentissement
carré violet
disque bleu
reprise de la vitesse
R
origine de la zone de vitesse limite
Z
rappel
40
SIGNAUX A MAIN
arrêt
ralentissement
voie libre
de jour par drapeau
de nuit par lanterne à main
TABLEAUX INDICATEURS
Y
annonce de bifurcation
aiguille
G
garage
D
dépôt
H
heurtoir
Z
zone de vitesse limite
R
reprise
S
« Sifflez ! »
60
60
60
120
tableaux d'indication de vitesse T.I.V. mobiles ou fixes
sans crocodile
rappel
avec crocodile
pour autorails
INDICATEUR DE DIRECTION LUMINEUX
1
1 2
1 2 3
1re direction en partant de la gauche
2e direction en partant de la gauche
3e direction en partant de la gauche
aiguille
T.I.V. mobile sans crocodile
60
carré
pétards
sur ce schéma ne figure que la signalisation d'une seule ligne
60
T.I.V. mobile avec crocodile
avertissement
annonce de bifurcation
Y

Le Soleil et ses principales planètes

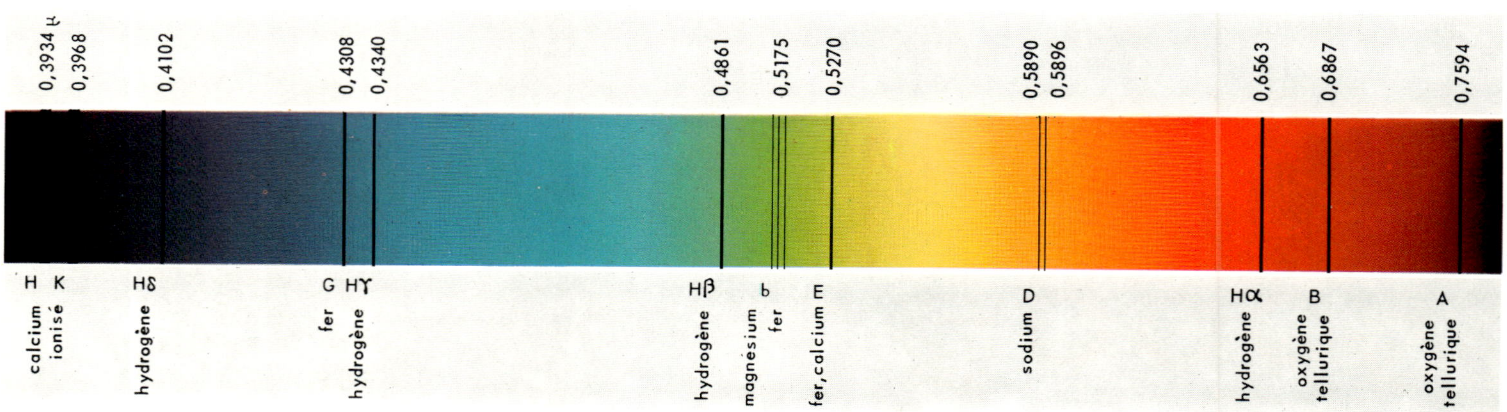

Principales raies d'absorption du spectre solaire *(Raies de Fraunhofer)*

Mars

Saturne et ses anneaux

Jupiter

Phot. P. Guérin, Herbig, P. Guérin.

sextuor [sɛkstɥɔr] n. m. (du lat. *sex,* six, d'après *quatuor*). *Mus.* Composition à six parties vocales ou instrumentales.

sextuple [sɛkstypl] adj. Qui vaut six fois autant. ‖ — N. m. Nombre sextuple : *douze est le sextuple de deux.*

sextupler v. t. Multiplier par six : *sextupler une somme.* ‖ — V. i. Devenir sextuple : *revenu qui a sextuplé.*

Sextus Empiricus, en gr. **Sextos o Empeirikos,** astronome, mathématicien et philosophe grec du IIIᵉ s., né très probablement à Mytilène. Il vécut à Alexandrie et à Athènes, et fut à la tête de l'école sceptique de 180 à 210. Avec Pyrrhon et Ænésidème, il fut le principal représentant du scepticisme.

sexualité n. f. (du lat. *sexus,* sexe). Ensemble des caractères spéciaux, externes ou internes, que présentent les individus, et qui sont déterminés par leur sexe.

sexué, e adj. Qui a un sexe : *phylloxéra sexué.* ● *Reproduction sexuée,* celle qui se réalise par l'intermédiaire de cellules spécialisées, les gamètes mâles et femelles.

sexuel [sɛksyɛl], **elle** adj. Qui caractérise le sexe des animaux et des plantes : *différences sexuelles.* ‖ Relatif au sexe. ● *Caractères sexuels,* ensemble des manifestations anatomiques et physiologiques déterminées par le sexe. (On distingue des caractères *sexuels primaires* [organes génitaux] et des caractères *sexuels secondaires* [pilosité (barbe, etc.), voix], spéciaux à chaque sexe.)

sexy [sɛksi] adj. (mot angl.). *Fam.* Se dit d'une femme qui a un charme attirant, d'un film, d'un spectacle, d'une publication qui présentent un caractère érotique.

seyant [sɛjɑ̃], **e** [-ɑ̃t] adj. Qui sied, qui va bien : *une coiffure très seyante.*

Seybouse (la), fl. d'Algérie, passant près d'Annaba (Bône); 225 km.

Seychelles (les), îles britanniques de l'océan Indien, au nord-est de Madagascar; 51 000 h. Ch.-l. *Victoria,* dans l'île Mahé. Découvertes par les Portugais (XVIᵉ s.), ces îles furent données à la Compagnie des Indes en 1756 et cédées à la Grande-Bretagne en 1814. Coprah.

Seyches (47350), ch.-l. de c. de Lot-et-Garonne (arr. de Marmande); 1 023 h.

Seymour (Jeanne). V. JEANNE SEYMOUR. — EDWARD, duc de Somerset (v. 1506-1552), vit sa fortune assurée par le mariage de sa sœur Jeanne Seymour avec Henri VIII. Il fut nommé protecteur par le Conseil de régence à l'avènement d'Edouard VI (1547). Sa politique tendit à faire triompher la Réforme et à soulager les classes populaires, appauvries par la crise financière du XVIᵉ s. Une révolte des catholiques le renversa; Dudley, son successeur, le fit exécuter.

Seyne (04140), ch.-l. de c. des Alpes-de-Haute-Provence (arr. de Digne); 1 305 h. (701 aggl.).

Seyne-sur-Mer (LA) [83500], ch.-l. de c. du Var (arr. de Toulon), sur la rade de Toulon; 44 458 h. (42 958 aggl.) [*Seynois*]. Chantiers navals.

Seynod (74000 Annecy), ch.-l. de c. de la Haute-Savoie (arr. d'Annecy); 3 780 h.

Seyssel (01420), ch.-l. de c. de l'Ain (arr. de Belley), sur le Rhône; 1 029 h.

Seyssel (74270 Frangy), ch.-l. de c. de la Haute-Savoie (arr. de Saint-Julien-en-Genevois), sur le Rhône, en face de Seyssel dans l'Ain; 1 717 h. (1 294 aggl.). Barrage et installation hydro-électrique.

Seyssinet-Pariset (38170), comm. de l'Isère (arr. de Grenoble); 10 869 h.

Seyss-Inquart (Arthur), homme politique autrichien, né à Stannern (1892-1946). Nazi, il devint, après l'Anschluss, qu'il prépara, chancelier (11 mars 1938), puis statthalter d'Autriche (15 mars 1938-1ᵉʳ mai 1939). Il fut condamné à mort par le tribunal de Nuremberg.

Sézanne (51120), ch.-l. de c. de la Marne (arr. d'Epernay); 6 042 h. Constructions mécaniques.

Sèze (Romain DE). V. DESÈZE.

Sfax, port de Tunisie, sur le golfe de Gabès; 250 000 h. Exportation de phosphates. Engrais.

S. F. I. O., sigle de *Section française de l'Internationale ouvrière,* qui désignait le parti socialiste français, créé en 1905.

Sforza, famille milanaise issue de Muzio (ou Giacomo) ATTENDOLO, né à Cotignola (1369-1424). Condottiere, il se mit au service de Jean-Galéas Visconti à Milan, puis de Florence contre Milan et Pise, et, enfin, du duc d'Este à Ferrare. Il aida ensuite Louis II, puis Louis III d'Anjou à conquérir Naples, et il se mit au service de la reine Jeanne contre Alphonse V d'Aragon. — Son fils FRANÇOIS Iᵉʳ, né à San Miniato (1401-1466), prit les Marches au pape Eugène IV pour le compte du duc de Milan, dont il épousa la fille (1441). Proclamé duc (1450), il étendit son protectorat dans la plaine du Pô, s'allia aux Médicis et acquit Gênes (1464). Il entretint une cour brillante. — GALÉAS-MARIE, né à Fermo (1444-1476), fils de François, lui succéda comme duc en 1466. — JEAN-GALÉAS, né à Abbiategrasso (1469-1494), fils de Galéas-Marie, régna sous la régence de sa mère, Bonne de Savoie, puis fut évincé (1480) par son oncle Ludovic* le More, dont le fils MAXIMILIEN (1493-1530) fut battu à Marignan (1515) par François Iᵉʳ, à qui il céda ses Etats moyennant une pension. — FRANÇOIS II (1495-1535), second fils de Ludovic le More, fut rétabli comme duc par Léon X et Charles Quint (1521), à qui il légua son duché.

sforzando [sfɔrtsɑdo] adv. (mot ital.). *Mus.* En renforçant progressivement l'intensité du son. (Indique une nuance moins prolongée que *crescendo.*)

Sganarelle, personnage de Molière personnifiant le bon sens vulgaire. Il apparaît en des rôles assez différents : mari jaloux (*Sganarelle ou le Cocu imaginaire*), tuteur (*l'Ecole des maris*), valet (*Dom Juan*), père (*l'Amour médecin*), fagotier (*le Médecin malgré lui*).

S. G. D. G., sigle de la formule « sans garantie du gouvernement », par laquelle les pouvoirs publics dégagent leur responsabilité quant à la valeur des inventions brevetées en France.

sgraffite [sgrafit] n. m. (ital. *sgraffiato,* égratigné). Genre de peinture à fresque, consistant à appliquer sur un fond noir de stuc un enduit blanc, qu'on enlève ensuite par hachures pour former les ombres.

's Gravenhage. V. HAYE (*La*).

Shaba, nouveau nom du **Katanga***.

Shackleton (*sir* Ernest), explorateur britannique, né à Kilkee (Irlande) [1874-1922]. Il tenta, sans succès, d'atteindre le pôle Sud et mourut au cours d'une expédition.

Shaftesbury (Anthony, *comte* DE), homme politique anglais, né à Wimborne (Dorset) [1621-1683]. Il servit Cromwell, puis se rallia à Charles II et fut nommé chancelier en 1672. Chef de l'opposition protestante, il fit voter le bill de l'*Habeas Corpus* (1679). — Son petit-fils ANTHONY, né à Londres (1671-1713), est l'auteur d'une philosophie du sentiment, hostile au pessimisme de Hobbes.

shāh [ʃa] n. m. V. CHĀH.

Shāhjahānpur, v. de l'Inde (Uttar Pradesh); 123 300 h.

shake-hand [ʃɛkand] n. m. inv. (de l'angl. *to shake,* secouer, et *hand,* main). Poignée de main. (La forme anglaise est *handshake.*)

shaker [ʃɛkœr] n. m. (de l'angl. *to shake,* secouer). Appareil dans lequel on agite avec de la glace les éléments d'un cocktail.

Shakespeare (William), poète dramatique anglais, né à Stratford on Avon (1564-1616). Fils d'un commerçant aisé qui connut des revers de fortune, il semble avoir interrompu assez tôt ses études. Marié à dix-neuf ans à Anne Hathaway, dont il aura trois enfants, il débute comme acteur à Londres en 1588 : dès 1592, Robert Greene parle de lui comme d'un acteur célèbre et d'un auteur plein de talent. A partir de 1594, il réside à Londres sans se détacher complètement de sa ville natale. Auteur et actionnaire de la compagnie des « Lord Chamberlain's Men », qui passera sous le patronage du roi Jacques Iᵉʳ, Shakespeare, après vingt années de succès, se retire à Stratford en 1613. Cette vie peu romanesque en regard de la richesse de l'œuvre a conduit certains critiques et historiens à penser que Shakespeare n'était qu'un prête-nom derrière lequel se cachait un haut personnage cultivé comme Francis Bacon ou le comte d'Oxford. Cependant, si l'authenticité d'un petit nombre de ses pièces est douteuse, les précisions que l'on possède sur la vie de Shakespeare sont abondantes quand on les compare à ce que l'on sait d'autres écrivains de l'époque élisabéthaine.
En dehors de deux poèmes (*Vénus et Adonis* 1593; *le Viol de Lucrèce,* 1594) et d'un recueil de *Sonnets* (1609), Shakespeare n'a écrit que pour la scène. Son œuvre, qui comprend des pièces historiques, des comédies, des tragi-comédies et des tragédies, semble correspondre à trois périodes d'inspiration différente. De 1590 à 1600, c'est l'époque des comédies légères et des fresques historiques qui flattent l'orgueil national (*Henri VI,* 1590-1592; *la Comédie des erreurs,* 1592; *Richard III,* 1592-1593; *la Mégère apprivoisée,* 1593-1594; *Peines d'amour perdues,* 1594; *Roméo et Juliette,* 1594-1595; *Richard II,* 1595; *le Songe d'une nuit d'été,* 1595; *le Roi Jean,* 1596; *le Marchand de Venise,* 1596; *Henri IV,* 1597; *Beaucoup de bruit pour rien,* 1598; *Henri V,* 1598; *Jules César,* 1599; *les Joyeuses Commères de Windsor,* 1599; *Comme il vous plaira,* 1599; *la Nuit des rois,* 1600-1601). De 1600 à 1608, sous l'effet de déceptions personnelles et de désillusions politiques, Shakespeare donne quelques comédies amères et ses grandes tragédies (*Hamlet,* 1600; *Troïlus et Cressida,* 1601; *Othello,* 1604; *Mesure pour mesure,* 1604; *Macbeth,* 1605; *le Roi Lear,* 1606; *Antoine et Cléopâtre,* 1606; *Coriolan,* 1607). A partir de 1608, le poète connaît une période d'apaisement (*Cymbeline,* 1609; *le Conte d'hiver,* 1610; *la Tempête,* 1611; *Henri VIII,* 1612).
Shakespeare s'est assez peu soucié de sa gloire posthume : des trente-six ou trente-sept pièces qui lui sont généralement attribuées, seize seulement furent publiées de son vivant. En 1623, deux de ses amis, Heminge et Condell, firent paraître un recueil de ses pièces, première authentification de l'œuvre shakespearienne. Ecrit pour un public londonien composé d'aristocrates, de bourgeois et d'artisans, soumis aux caprices de la mode et aux nécessités de la représentation matérielle, le théâtre de Shakespeare a cependant connu une extraordinaire survie : il la doit au foisonnement des personnages, à la vie intense de ses héros tourmentés (Hamlet, Macbeth, le roi Lear, Othello), de ses héroïnes craintives (Desdémone, Ophélie), de ses bouffons truculents (Falstaff), ainsi qu'à la vigueur d'un style imagé, vigoureux ou humoristique, qui sait unir les ressources du vers blanc à celles de la prose quotidienne.

shakespearien [ʃɛkspirjɛ̃], **enne** [-ɛn] adj. Qui est propre à Shakespeare; qui rappelle le style, la manière de Shakespeare : *drame shakespearien.*

shako [ʃako] n. m. (mot hongrois). Coiffure militaire, généralement rigide et tronconique, portée notamment par les saint-cyriens et la garde de Paris.

shamisen [ʃamizɛn] n. m. Instrument de musique japonais à cordes, s'apparentant à la guitare.

shampooineuse ou **shampoingneuse** n. f. Employée d'un coiffeur, chargée plus spécialement du lavage des cheveux.

shampooing [ʃɑ̃pwɛ̃] n. m. (d'un mot angl. empr. à l'hindī). Lavage de la chevelure au savon. ‖ Savon liquide servant à ce lavage.

Shanghai. V. CHANG-HAI.

Shannon (le), fl. d'Irlande, tributaire de l'Atlantique; 368 km. Il forme plusieurs lacs.

Shannon (Claude Elwood), mathématicien américain, né à Gaylord (Michigan) en 1916, auteur de la *Théorie des communications.*

Shape (abrév. de *Supreme Headquarters of Allied Powers in Europe*), quartier général européen des forces alliées du pacte de l'Atlantique Nord, installé en 1951 à Rocquencourt (Yvelines) et depuis 1967 près de Mons (Belgique). Les commandants successifs en ont été les généraux américains Eisenhower, Ridgway, Gruenther, Norstad, Lemnitzer et Goodpaster (1969).

Shâpur. V. CHÂHPUHR.

shaving [ʃɛviŋ] n. m. (mot angl.). Opération de finition de pièces mécaniques pour lesquelles il est demandé une très grande précision d'ajustage.

Shaw (George Bernard), écrivain irlandais, né à Dublin (1856-1950). Il débute comme journaliste, se joint à un groupe d'intellectuels, la « Société Fabienne », et lutte pour le triomphe des idées socialistes dans ses essais politiques et sociaux (*le Fabianisme et l'Empire,* 1904). Il publie également des articles de critique musicale, artistique et dramatique, ainsi que des romans (*Un socialiste peu social,* 1884; *la Profession de Cashel Byron,* 1886), mais découvre sa vocation théâtrale. Dans ses premières pièces « plaisantes » (*le Héros et le soldat,* 1894; *Candida,* 1894; *On ne peut jamais dire,* 1895-1896) et « déplaisantes » (*L'argent n'a pas d'odeur,* 1892), puis dans les œuvres de la maturité (*César et Cléopâtre,* 1901; *Homme et surhomme,* 1903; *Pygmalion,* 1912; *Sainte Jeanne,* 1923), il s'attaque à toutes les manifestations du conformisme social. Après sa mort, on a donné, sous le titre de *Cher Menteur* (1957), une adaptation théâtrale de la correspondance qu'il échangea pendant quarante ans avec une de ses interprètes, miss Patrick Campbell. (Prix Nobel, 1925.)

Shakespeare
portrait attribué à John Taylor
National Portrait Gallery

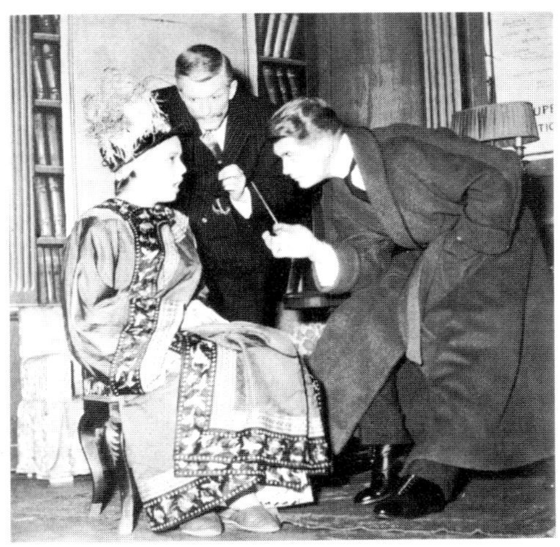

George Bernard **Shaw**
une scène de « Pygmalion »
avec Jean Marais et Jeanne Moreau

Phot. Fleming, Lipnitzki.

Shawinigan, v. du Canada (Québec), sur le Saint-Maurice ; 30 800 h. Hydro-électricité. Aluminium.

Sheffield, v. d'Angleterre (Yorkshire) ; 534 000 h. Centre métallurgique (aciers spéciaux, coutellerie, etc.).

Sheldon (William Herbert), psychologue américain, né à Warwich (Rhode Island) en 1899, auteur d'une typologie* fondée sur trois composantes psychologiques et trois composantes physiques.

Shelley (Percy Bysshe), poète anglais, né à Field Place, près de Horsham (Sussex) [1792-1822]. Fils d'un riche baronet, il fait ses études à Eton, puis à Oxford, d'où il est expulsé pour avoir publié un pamphlet sur *la Nécessité de l'athéisme* (1811). Renié par sa famille, il vit à Londres, où il enlève Harriet Westbrook, qu'il épouse à Edimbourg. Il séjourne alors dans le district des Lacs en Irlande, au pays de Galles, où il écrit son premier grand poème, *la Reine Mab* (1813). Il se sépare de sa femme, quitte l'Angleterre avec la fille de William Godwin, Mary Wollstonecraft, et se lie avec Byron au cours d'un séjour en Suisse. Il revient à Londres pour apprendre le suicide de Harriet et abandonne définitivement sa patrie avec Mary, devenue son épouse. Phtisique, il choisit de vivre en Italie, où il compose ses œuvres maîtresses (*Prométhée délivré,* 1819 ; *les Cenci,* 1819 ; *l'Ode au vent d'ouest, l'Ode à l'alouette, la Sensitive*). Il retrouve Byron à Pise, et, en 1821, la mort de Keats à Rome lui inspire l'élégie *Adonaïs.* Il compose cependant un traité, *la Défense de la poésie.* En avril 1822, il périt dans le naufrage de son yacht *Ariel* entre La Spezia et Livourne. La mer rejeta son corps, qui fut brûlé sur la plage en présence de Byron et de Leigh Hunt. — Sa femme, Mary **Wollstonecraft,** née à Londres (1797-1851), fille de William Godwin, est l'auteur d'un roman noir (*Frankenstein ou le Prométhée moderne,* 1818) et d'un récit autobiographique (*Ladore,* 1835).

Sherbrooke, v. du Canada (Québec), dans les cantons de l'Est ; 75 700 h. Archevêché. Université. Centre industriel (textiles, métaux, bois, papier, caoutchouc).

Sheridan (Richard Brinsley Butler), auteur dramatique et homme politique anglais, né à Dublin (1751-1816). Auteur de comédies à succès (*les Rivaux,* 1775 ; *l'Ecole de la médisance,* 1777), directeur du théâtre de Drury Lane, il abandonna la scène pour la politique et fit partie des divers ministères whigs jusqu'en 1812.

Sheridan (Philip Henry), général américain, né à Albany (New York) [1831-1888]. Il se distingua pendant la guerre de Sécession dans les rangs nordistes.

shérif [ʃerif] n. m. (angl. *sheriff*). Officier d'administration qui représente la Couronne dans chaque comté d'Angleterre. (Le shérif préside à l'exécution des sentences capitales.) ‖ Aux Etats-Unis, officier d'administration élu, ayant un pouvoir judiciaire limité.

Sherlock Holmes. V. HOLMES.

Sherman (William), général américain, né à Lancaster (1820-1891). Pendant la guerre de Sécession, il se distingua dans les rangs nordistes en effectuant la « Grande Marche à la mer », d'Atlanta à Savannah. Il commanda les armées de l'Union de 1869 à 1884.

Sherpas, peuple de l'Himalaya qui a fourni leurs guides aux expéditions d'alpinisme.

Sherrington (*sir* Charles Scott), physiologiste anglais, né à Londres (1857-1952), prix Nobel en 1932 pour ses recherches sur le système nerveux. Ses travaux ont mis en évidence l'importance de l'intégration à propos de chacun des arcs réflexes, notamment les réflexes conditionnés.

sherry [ʃeri] n. m. Nom donné par les Anglais au vin de Xérès.

shetland [ʃɛtlɑ̃d] n. m. (des îles *Shetland*). Tissu fabriqué avec la laine des moutons d'Ecosse.

Shetland ou **Zetland,** archipel britannique, au nord de l'Ecosse ; 17 900 h. Ch.-l. *Lerwick* (5 900 h.), dans la principale île, *Mainland.*

Shetland du Sud, archipel formant une partie du territoire de l'Antarctique britannique.

shift [ʃift] n. m. (mot angl.). Chacune des deux périodes constituant la journée de travail des dockers.

Shikoku ou **Sikok,** île du Japon, au sud de Honshū ; 18 757 km² ; 3 975 000 h. La plus petite et la moins peuplée des quatre grandes îles du Japon, Shikoku a un relief montagneux, plus élevé dans le Sud, où l'altitude approche 2 000 m. Les plaines, étroites et discontinues, sont rejetées à la périphérie, notamment sur le littoral de la mer Intérieure. Le climat est doux, du moins sur les côtes (où la température moyenne de janvier est de l'ordre de 5 °C), et les précipitations sont abondantes. L'agriculture juxtapose les productions tempérées et tropicales (riz, blé, soja, canne à sucre, etc.). La pêche est souvent associée à la culture sur la côte de la mer Intérieure. L'industrie est encore peu développée (extraction du cuivre à Besshi, travaillé à Niihama ; cimenteries, papeterie et armurerie dans la préfecture de Kōchi ; textile à Tokushima ; raffinage du pétrole et pétrochimie à Matsuyama). Takamatsu assure la majeure partie des liaisons commerciales avec Honshū.

shilling [ʃiliŋ] n. m. (mot angl.). Unité monétaire divisionnaire anglaise (symb. : s) du système « livre sterling », valant 1/20 de livre.

Shillong, v. de l'Inde, cap. de l'Assam, sur le *plateau de Shillong ;* 121 400 h.

Shimazaki (Tōson), écrivain japonais, né dans la préfecture de Nagano (1872-1943). D'abord poète romantique, il devint le chef du mouvement naturaliste avec la publication de son roman *Hakai* (*Forfaiture*) [1906].

Shelley
par Amelia Curran
National Portrait Gallery

Sibelius

Shimizu, v. du Japon (Honshū) ; 230 000 h.

shimmy [ʃimi] n. m. (mot angl.). Mouvement d'oscillations latérales qui affecte les roues directrices d'une automobile à certaines vitesses.

Shimonoseki ou **Simonoseki,** port du Japon (Honshū), sur le *détroit de Shimonoseki,* qui sépare Honshū de Kyū shū ; 276 000 h. Industries chimiques et métallurgiques. Traité qui mit fin à la guerre sino-japonaise (1894-1895) et par lequel la Chine se voyait dans l'obligation de céder l'île de Formose (1895).

shintō [ʃin- *ou* ʃɛ̃to] ou **shintoïsme** [-ɔism] n. m. Religion nationale du Japon, antérieure à l'introduction du bouddhisme. Elle honore les ancêtres et les forces de la nature.

Shirley (James), auteur dramatique anglais, né à Londres (1596-1666). Héritier du théâtre élisabéthain, il est l'auteur de comédies de mœurs (*le Traître*).

shirting [ʃœrtiŋ] n. m. (mot angl.). Tissu de coton fabriqué en armure toile et utilisé pour la confection d'articles de lingerie et de chemiserie.

Shizuoka ou **Sizuoka,** v. du Japon (Honshū) ; 392 000 h. Produits chimiques. Bois.

Shkodër ou **Shkodra,** en ital. **Scutari,** en serbo-croate **Skadar,** v. de l'Albanie septentrionale, sur la rive sud-est du *lac de Shkodër,* ou *Shkodra,* ou *Scutari,* ou *Skadar ;* 48 000 h.

shogoun ou **shōgun** [ʃɔgun] n. m. Nom donné aux dictateurs militaires du Japon de 1192 à 1867.

Sholāpur, v. de l'Inde (Mahārāshtra) ; 399 000 h. Filatures de coton.

shoot [ʃut] n. m. (mot angl.). Au football, coup de pied vers les buts adverses. (Syn. TIR.)

shooter [ʃute] v. i. (de *shoot*). Au football, faire un shoot. (Syn. TIRER.)

shoping ou **shopping** [ʃɔpiŋ] n. m. (mot angl.). Action de courir les magasins, de regarder les étalages des vitrines.

short [ʃɔrt] n. m. (mot angl.). Culotte de sport très courte.

short ton [ʃɔrttœn] n. m. Unité de mesure de masse américaine (symb. : t ou ton) valant 2 000 pounds, soit 907,184 kg. (Le nom français correspondant est TONNE AMÉRICAINE.)

Shoshones ou **Chochones,** groupe d'ethnies nord-américaines, constituant une importante famille linguistique, mais sans unité culturelle puisqu'il comprend notamment les Hopis et les Comanches.

show [ʃo] n. m. (mot angl.). Spectacle centré sur un acteur de music-hall, un chanteur ou un animateur.

Shqipnija ou **Shqiprija,** nom albanais de l'*Albanie**.

shrapnell ou **shrapnel** [ʃrapnɛl] n. m. (du nom de l'inventeur, le général britannique Shrapnel, 1761-1842). Obus chargé intérieurement de balles.

Shreveport, v. des Etats-Unis (Louisiane) ; 182 000 h. Centre commercial et industriel.

Shrewsbury, v. d'Angleterre, ch.-l. du Shropshire, sur la Severn ; 54 000 h.

shunt [ʃœt] n. m. (angl. *to shunt,* dériver). Dérivation prise sur un circuit électrique de façon à ne laisser passer dans ce circuit qu'une fraction de courant. ‖ Dérivation du courant sanguin, pathologique ou opératoire.

shuntage n. m. Action de shunter.

shunter v. t. Munir d'un shunt.

Shylock, personnage principal du *Marchand de Venise,* de Shakespeare ; usurier juif et créancier impitoyable.

si [si] conj. (lat. *si*). Marque un fait positif dont on admet la réalité, et qui exprime une idée de temps, de cause, etc. : *si je ris, tous rient.* ‖ Marque un fait sur la réalité duquel on ne peut se prononcer, mais qui peut se réaliser : *s'il vient, je serai content ; s'il venait, je serais content.* ‖ Marque un fait contraire à la réalité : *si j'avais de l'argent, je vous en prêterais.* ‖ Exprime le motif : *si je suis gai, c'est que... ;* l'opposition : *si l'un dit oui, l'autre dit non ;* le souhait, le désir, le regret : *si nous allions nous promener? si j'avais su!* ● *Si ce n'est,* sinon. ‖ *Si ce n'est que,* excepté que. ‖ *Si ... ne,* à moins que ... ne : *les voilà, si je ne me trompe.* ‖ *Si tant est que,* s'il est vrai que. ‖ — Adv. Introduit une proposition interrogative indirecte : *je me demande s'il viendra ; il faut voir s'il peut travailler.* ‖ — N. m. inv. : *je n'aime pas les si, les mais.*

si [si] adv. (lat. *sic,* ainsi). Indique : 1° la quantité (tellement) : *le vent est si fort que... ;* 2° la manière (aussi) : *ne courez pas si vite ;* (quelque) : *si petit qu'il soit ;* 3° l'affirmation (oui, en réponse à une négation) : *vous ne l'avez pas vu? — Si ; vous me dites que non et je vous réponds que si.* ‖ — Loc. conj. **Si bien que,** de sorte que. ‖ **Si peu que,** pour peu que ; quelque peu que.

Si, symbole chimique du *silicium.*

si [si] n. m. inv. Note de musique. ‖ Septième degré de la gamme de *do.* ‖ Signe qui représente cette note.

sial [sjal] n. m. (premières syllabes de SIlicium et ALuminium). Partie superficielle de l'écorce terrestre, d'une épaisseur de 10 à 15 km, d'une densité de 2,7 à 3, formée principalement de roches cristallines (granite, gneiss), où dominent les silicates d'aluminium.

sialagogue [sjalagɔg] adj. et n. m. *Méd.* Se dit d'un médicament ou d'un poison, qui augmente la production de la salive.

sialis [sjalis] n. m. Insecte abondant près des eaux et à larve aquatique. (Long. 2 cm ; ordre des névroptères.)

Sialkot, v. du Pākistān occidental, près du Cachemire ; 167 000 h.

sialorrhée [sjalɔre] n. f. (du gr. *sialon,* salive). Evacuation abondante, excessive de salive.

Siam. V. THAÏLANDE.

Siam (*golfe de*), golfe formé par la mer de Chine méridionale, au sud de la péninsule indochinoise.

siamois [sjamwa], **e** [-az] adj. et n. Du royaume de Siam. ‖ Se dit d'une race de chats. ● *Frères siamois* et *sœurs siamoises,* d'abord nom de deux jumeaux siamois (1811-1874) réunis par une membrane placée à la hauteur de la poitrine ; et, *par ext.,* nom donné aux jumeaux présentant une malformation analogue.

Sian. V. SI-NGAN.

Siang-t'an, v. de Chine (Hou-nan), sur le Siang-kiang ; 183 600 h. Centre industriel.

Sibelius (Jean), musicien finlandais, né à Hämeenlinna (1865-1957). D'une grande richesse d'inspiration, il a donné un concerto de violon, sept symphonies, des poèmes symphoniques (*Kullervo, Finlandia*), près de 120 pièces de piano, des musiques de scène et un quatuor. Il est le musicien le plus représentatif de la Finlande. Sa *Valse triste* lui a acquis une notoriété internationale.

Sibérie, partie septentrionale de l'Asie.
● *Géographie.* Comprise entre l'Oural et le Pacifique, l'océan Arctique et les chaînes de l'Asie centrale, entièrement englobée dans l'U. R. S. S. (R. S. F. S. de Russie et, secondairement, Kazakhstan), la Sibérie occupe une superficie triple de celle de l'Europe (U. R. S. S. exclue). Les plateaux d'entre Ienisseï et Lena y séparent une partie occidentale, basse et marécageuse, d'une région orientale, montagneuse, formée de chaînes plissées de plus en plus récentes et élevées vers l'est. La rigueur du climat, continental, aux hivers très froids et très longs, augmente généralement avec la longitude et la latitude. Celle-ci explique (avec la disposition des reliefs) la succession zonale de la végétation : toundra*, taïga*, steppe*. Les conditions climatiques, limitant considérablement les possibilités agricoles (les steppes du Sud-Ouest sont cependant partiellement mises en valeur), ont entravé le peuplement. Celui-ci, amorcé avec la construction du Transsibérien*, s'est développé rapidement, mais très localement, avec l'exploitation d'importantes ressources minières (charbon du Kouzbass*, notamment) et, plus récemment, avec l'édification de grandes centrales

Phot. National Portrait Gallery, A. I.

hydrauliques (Bratsk*, Krasnoïarsk*), qui ont amené l'implantation de la grande industrie (métallurgie surtout). — De plus en plus, on distingue de la Sibérie le littoral du Pacifique et le bassin de l'Amour inférieur, réunis sous le nom d'*Extrême-Orient soviétique*.
● *Histoire*. Parcourue par les Mongols et les Turcs, la Sibérie ne s'ouvrit aux Moscovites qu'au XVe s. Tobolsk fut fondé en 1587, Iakoutsk en 1632 ; le Kamtchatka fut atteint en 1648. Pierre le Grand et Catherine II favorisèrent particulièrement la colonisation, cependant que la Sibérie était (jusqu'en 1899) un lieu de déportation. La guerre russo-japonaise arrêta l'expansion territoriale russe (1905), mais le peuplement se poursuivit intensément jusqu'en 1914. Il reprit avec le régime soviétique, et la Sibérie joua un grand rôle pendant la Seconde Guerre mondiale comme région d'accueil pour de nombreuses industries. Après la guerre, la « conquête des terres vierges » y amena de nouveaux colons.

sibérien [siberjɛ̃], **enne** [-ɛn] adj. et n. De Sibérie.

sibilant [sibilɑ̃], **e** [-ɑ̃t] adj. (du lat. *sibilare*, siffler). *Méd*. Qui a le caractère d'un sifflement : *râle sibilant*.

Sibilet (Thomas). V. SEBILLET.

Sibiu, v. de Roumanie, en Transylvanie ; 110 000 h. Monuments anciens. Industries mécaniques et chimiques.

Sibour (Marie), prélat français, né à Saint-Paul-Trois-Châteaux (1792-1857). Archevêque de Paris (1848), il mourut assassiné par un prêtre interdit.

sibylle [sibil] n. f. (lat. *sibylla*). Chez les Anciens, femme qui prédisait l'avenir : *la sibylle de Cumes*.

sibyllin, e adj. Qui a rapport aux sibylles : *oracles sibyllins*. ‖ Qui est obscur ; dont le sens est difficile à saisir : *un langage sibyllin*.

sic [sik] adv. (mot lat. signif. *ainsi*). Se met entre parenthèses après un mot, une expression, pour indiquer que l'on cite textuellement.

Sica (Vittorio DE). V. DE SICA (Vittorio).

sicaire [sikɛr] n. m. (lat. *sicarius ;* de *sica*, poignard). Assassin gagé : *soudoyer des sicaires*.

Sicambres, anc. peuple de la Germanie, établi au sud de la Lippe.

Sicanes, population primitive de l'ouest et du sud de la Sicile.

Sicard (Roch Ambroise CUCURRON, dit), pédagogue français, né au Fousseret (1742-1822). Il entra dans les ordres et fut placé par l'archevêque de Bordeaux à la tête de l'institut des sourds-muets de cette ville, puis, après l'abbé de l'Epée, prit la direction de l'établissement de Paris (1789).

Sicard (Jean), médecin français, né à Marseille (1873-1929). Avec Forestier, il imagina les injections d'huile iodée opaque à la radiographie. Il a également amélioré le traitement de certaines algies par l'alcoolisation des nerfs et celui des varices par les injections sclérosantes.

siccateur n. m. Assemblage de perches sur lequel on met à sécher le foin, plus particulièrement dans les pays à climat humide et où le sol se maintient frais à l'époque de la fenaison.

siccatif [sikatif], **ive** [-iv] adj. et n. m. (du lat. *siccare*, sécher). Qui accélère considérablement la dessiccation : *huile siccative*.

siccité [siksite] n. f. (du lat. *siccus*, sec). Qualité de ce qui est sec : *évaporer à siccité*.

Sichem, anc. cap. de la Samarie. Détruite par les Romains, elle fut remplacée par Naplouse.

Sicié (*cap*), cap. du dép. du Var ; haut. 360 m.

Sicile, île italienne de la Méditerranée ; 25 708 km^2 ; 4 890 000 h. (*Siciliens*). Elle est formée des provinces d'Agrigente, Caltanissetta, Catane, Enna, Messine, Palerme, Raguse, Syracuse et Trapani.
● *Géographie*. Le nord de l'île prolonge l'Apennin. Un massif long d'environ 250 km et dont la hauteur maximale approche 2 000 m isole d'étroites plaines littorales, très discontinues. Dans le Centre et l'Ouest domine un paysage confus de collines et de moyennes montagnes dont l'altitude oscille entre 500 et 700 m. A l'est s'individualise le massif volcanique de l'Etna (3 295 m), qui limite au nord la plaine de Catane, bordée au sud par le massif calcaire des monts Iblei. L'ensemble de l'île a un climat méditerranéen, avec une tendance à l'aridité dans le Sud et l'Ouest, où la hauteur moyenne de précipitations, variant d'une année à l'autre, est inférieure à 600 mm (environ 700 mm dans le Nord et l'Est). Les moyennes thermiques mensuelles oscillent généralement entre 10 et 28 °C.
La Sicile est une importante région agricole, fournissant notamment des céréales (blé et orge), des vins (Marsala), de l'huile d'olive (Agrigente), des agrumes (oranges et citrons des côtes septentrionale et orientale). L'élevage (même celui des ovins) est, en revanche, peu important. La pêche est surtout pratiquée sur le littoral sud-ouest. L'industrie est liée à la valorisation des produits de l'agriculture et du sous-sol. Le pétrole a relayé le soufre. Extrait dans les régions de Gela et de Raguse, il alimente des industries chimiques à Gela, Augusta-Syracuse notamment.
L'économie sicilienne, dont l'insuffisance quantitative est aggravée par la persistance fréquente d'une structure sociale archaïque, est impuissante à employer une population dont la densité moyenne approche 200 h. au kilomètre carré. L'émigration est ancienne. Bien que ralentie depuis la Première Guerre mondiale, elle se perpétue. La pression démographique accélère l'exode rural, qui gonfle démesurément les grandes villes du littoral : Palerme, Catane, Messine, plus tertiaires encore que secondaires. La Sicile bénéficie aujourd'hui de l'essor général du tourisme, mais paie encore une longue somnolence commencée au Moyen Age, poursuivie après l'unification italienne même et que n'ont pas fait disparaître les efforts déployés dans le cadre du développement du Mezzogiorno.
● *Histoire*. Occupée par les Phéniciens, puis par les Grecs, qui y fondèrent des colonies prospères (Syracuse), devenue l'une des régions essentielles de l'Empire carthaginois, la Sicile fut conquise par Rome après la première guerre punique (212 av. J.-C.). Le brigandage, la piraterie accélérèrent la décadence de cette riche province romaine. Foulée par les Vandales, par les Byzantins, les Arabes, elle devint au XIe s. un Etat normand qui, à partir de 1130, fut vassal du Saint-Siège. Elle passa sous la tutelle des empereurs germaniques à la fin du XIIe s., puis sous celle de la maison d'Anjou (1266). Mais, en 1282, à la suite des Vêpres siciliennes, le royaume angevin de Sicile fut scindé en deux parties (Sicile et Italie méridionale), qui portèrent toutes deux officiellement le nom de « royaume de Sicile ». En 1442, le prince d'Aragon Alphonse V les réunit sous le nom de « royaume des Deux-Siciles ». Mais, en 1458, il y eut une nouvelle scission. Savoyarde (1714), la Sicile fut ensuite donnée aux Habsbourg (1720), puis encore au royaume des Deux-Siciles dépendant des Bourbons (1738). Fréquemment agitée par des troubles, la Sicile fut occupée par les Mille de Garibaldi, avant d'être rattachée au royaume de Piémont (1860). En 1948, la Sicile a reçu un statut d'autonomie. La Sicile est très riche en monuments antiques (Agrigente, Ségeste, Sélinonte, Syracuse, Taormina, etc.).

Siciles (DEUX-). V. DEUX-SICILES.

sicilien [sisiljɛ̃], **enne** [-ɛn] adj. et n. De la Sicile.

sicilienne n. f. *Mus*. Morceau instrumental composé sur le tempo d'une danse sicilienne à 6/8 ou 12/8 de caractère pastoral, et utilisé parfois comme mouvement lent d'une œuvre en plusieurs parties.

sicle [sikl] n. m. (de l'hébr. *cheqel*, monnaie d'argent ou d'or). Chez les Hébreux, poids et monnaie pesant environ 6 grammes.

Sicules, peuple primitif de l'est de la Sicile.

Sicyone, v. de la Grèce ancienne (Péloponnèse). Ruines près de Corinthe.

side-car [sɑj- *ou* sidkar] n. m. (mot angl.). Véhicule à une seule roue, accouplé latéralement à une motocyclette.

Sider (EL-), port pétrolier de Libye, en Tripolitaine.

sidéral [sideral], **e, aux** [-o] adj. (du lat. *sidus, sideris*, astre). Qui concerne les astres : *observations sidérales ; année* sidérale ; jour* sidéral*.

sidérant, e adj. Qui frappe de stupeur.

sidéré, e adj. Stupéfait, abasourdi.

sidérer [sidere] v. t. (du lat. *sideratus ;* atteint par l'influence maligne des astres). Frapper de stupeur : *cette nouvelle l'a sidéré*. (Syn. : ÉTONNER, STUPÉFIER.)

sidérite [siderit] n. f. V. SIDÉROSE.

sidérographie [siderɔgrafi] n. f. (gr. *sidêros*, fer, et *graphê*, écriture). Art de graver sur fer, sur acier.

sidérolitique ou **sidérolithique** [siderɔlitik] adj. et n. m. (gr. *sidêros*, fer, et *lithos*, pierre). Se dit de formations tertiaires riches en minerais de fer, en placages ou en poches.

sidérose [sideroz] n. f. (du gr. *sidêros*, fer). Carbonate naturel de fer. (On dit aussi SIDÉRITE.)

sidérostat [siderɔsta] n. m. (lat. *sidus, sideris*, astre, et *stare*, se tenir). Appareil destiné à annuler, pour l'observateur, le déplacement apparent des astres.

sidéroxylon [siderɔksilɔ̃] n. m. Arbre des pays chauds, fournissant un bois dur et incorruptible, dit *bois de fer*. (Famille des sapotacées.)

sidérurgie [sideryrʒi] n. f. (gr. *sidêros*, fer, et *ergon*, travail). Ensemble des techniques qui permettent de produire et de travailler le fer, les fontes et les aciers.

sidérurgique adj. Relatif à la sidérurgie : *industrie sidérurgique*.

sidérurgiste n. m. Spécialiste du travail ou de la transformation des produits ferreux.

Sidi-bel-Abbès, v. d'Algérie (Oran), sur l'oued Mekerra ; 87 000 h. Ce fut le berceau de la Légion étrangère française.

Sidi-Brahim, marabout d'Algérie, situé entre Oran et Nemours (auj. Ghazaouet), où 3 000 cavaliers d'Abd el-Kader attaquèrent le 8e bataillon de chasseurs et le 2e escadron du 2e régiment de hussards (23-25 sept. 1845). L'anniversaire de ce combat est devenu la fête traditionnelle des chasseurs à pied. Abd el-Kader fit sa reddition au général Lamoricière à Sidi-Brahim en 1847.

Sidi-Ferruch, petite baie à l'ouest d'Alger. C'est sur les plages de Sidi-Ferruch que débarqua en Algérie l'armée française du général Bourmont le 14 juin 1830.

Sidi-Kacem, anc. **Petitjean**, v. du Maroc septentrional ; 19 500 h. Raffinage du pétrole.

Sidney (*sir* Philip), diplomate et écrivain anglais, né à Penshurst (Kent) [1554-1586], auteur de sonnets et d'un roman pastoral, l'*Arcadia* (1590).

Sidobre (le), plateau granitique du Massif central, entre l'Agout et la Durenque.

Sidoine Apollinaire (*saint*), évêque de Clermont-Ferrand, né à Lyon (v. 430-v. 487). Fils d'un préfet du prétoire, il épousa (452) la fille d'Avitus, qui fut un moment empereur. Il devint préfet de Rome, puis patrice. Elu évêque de Clermont (471/472), il défendit l'Auvergne contre les Wisigoths. Il a laissé 24 poèmes antérieurs à son épiscopat et 147 lettres qui contiennent de précieux renseignements sur l'histoire du Ve s. — Fête le 23 août.

Sidon. *Géogr. anc*. V. de Phénicie, sur la Méditerranée (auj. Saydā, Liban). Bâtie en partie sur une île, la ville était le grand port de la Phénicie au IIe millénaire av. J.-C. Supplantée par Tyr, elle fut ruinée par les Assyriens en 678 av. J.-C., puis de nouveau par un tremblement de terre en 501 apr. J.-C. Les Arabes en firent un port militaire. — Dans les environs, importantes nécropoles, qui remontent au milieu du IIe millénaire ; des tombes aux murs peints, d'époque hellénistique, ont été retrouvées dans les contreforts du Liban.

siècle [sjɛkl] n. m. (lat. *saeculum*). Durée de cent années. ‖ Période de cent années numérotées de 1 à 100, de 101 à 200, de 201 à 300, etc., en comptant à partir d'un point de départ chronologique, appelé *ère*. ‖ Epoque rendue célèbre par un grand homme, une grande découverte, etc. : *le siècle de Périclès, de l'atome*. ‖ Temps où l'on vit : *il faut être de son siècle*. ‖ *Théol*. Le monde, considéré du point de vue de ses vanités : *vivre dans le siècle*. ‖ *Fam*. Temps qu'on trouve trop long : *il y a un siècle qu'on ne vous a vu*. ● *Aux siècles des siècles*, toujours. ‖ *Le Grand Siècle*, en France, l'époque de Louis XIV.

Siècle de Louis XIV (*le*), ouvrage historique de Voltaire (1751). Description de la civilisation du « Grand Siècle », cette œuvre est aussi une critique du despotisme et du fanatisme.

la Sicile vue de la côte est

Phot. Chevallier.

Siegbahn (Manne), physicien suédois, né à Örebro en 1886. Il a découvert la réfraction des rayons X. (Prix Nobel de chimie, 1924.)

siège [sjɛʒ] n. m. (du lat. *sedere*, s'asseoir). Meuble ou autre objet fait pour s'asseoir. ‖ Place où le juge s'assied pour rendre la justice. ‖ Surface sur laquelle repose une pièce mécanique : *le siège d'une soupape*. ‖ Mandat d'un administrateur élu : *perdre des sièges aux élections législatives*. ‖ Centre : *le siège de la maladie*. ‖ Opération militaire dirigée contre un ouvrage, une place forte, en vue de s'en emparer de vive force. (V. *encycl.*) ● *Bain de siège*, bain de derrière. ● *Etat de siège*, régime d'exception conférant à l'autorité militaire certains des pouvoirs normalement attribués à l'autorité civile pour le maintien de l'ordre et la police. ‖ *Magistrat de siège* (ou *assis*), juge inamovible qui rend la justice (par oppos. à *magistrat du parquet* [ou *debout*], qui requiert la justice au nom de la nation, parle debout et qui est amovible). ‖ *Mon siège est fait*, mon parti est pris. ‖ *Siège d'un empire*, résidence du gouvernement. ‖ *Siège épiscopal*, évêché et sa juridiction. ‖ *Siège social*, lieu où fonctionnent les organes administratifs d'une société. ‖ *Siège d'un tribunal, d'une cour*, endroit où ils résident pour rendre la justice.

— ENCYCL. *Mil.* L'art des *sièges*, ou poliorcétique, a toujours occupé une place de choix dans la tactique militaire, la prise des villes et des places fortes concrétisant pendant longtemps à elle seule le succès d'une guerre.
Dans l'Antiquité, la forteresse procurait une supériorité incontestable aux défenseurs, mais, à partir du Moyen Age, l'invention de la poudre et ses applications aux mines et à l'artillerie vinrent contrebalancer cet avantage. Au XVIIIe s., Vauban codifia les principes de la guerre des sièges en préconisant le *siège régulier*, qui consistait essentiellement à engager successivement les opérations suivantes : investissement de la place par établissement de lignes de contrevallation* et de circonvallation*, choix du point d'attaque (sur deux bastions par exemple), ouverture de la tranchée permettant de pratiquer la brèche par laquelle les assaillants devraient pénétrer dans la place assiégée.
Ces principes furent appliqués avec plus ou moins de succès jusqu'à la Première Guerre mondiale lors de sièges célèbres, comme ceux de Moscou (1812), de Sébastopol' (1854), de Metz, de Strasbourg et de Paris (1870-1871), d'Anvers et de Maubeuge (1914). L'apparition de l'aviation, venant relayer l'artillerie pour pratiquer la brèche à distance, n'a pas beaucoup modifié ces principes, et, pendant la Seconde Guerre mondiale, le siège de Sébastopol' par les Allemands (1941-1942) offre encore l'exemple d'un siège régulier de 250 jours.

siéger v. i. (conj. 1). Faire partie d'une assemblée, d'un tribunal : *siéger au Sénat*. ‖ Résider, tenir ses séances : *la Cour de cassation siège à Paris*. ‖ *Fig.* Etre, se trouver : *l'endroit où siège le mal*.

Siegfried, héros mythique germanique (*Chanson des Nibelungen*), le même que le scandinave *Sigurd**.

Siegfried, drame musical de R. Wagner qui fait partie de la *Tétralogie, l'Anneau du Nibelung*.

Siegfried (*ligne*), nom donné au système fortifié élevé de 1937 à 1940 par l'Allemagne sur sa frontière occidentale de Bâle à Clèves. Composée de nombreux petits ouvrages établis en profondeur, elle était très différente dans sa conception de la ligne Maginot.

Siegfried (Jules), homme politique français, né à Mulhouse (1837-1922). L'un des dirigeants de l'Alliance démocratique, fondée par Waldeck-Rousseau, il fut ministre du Commerce et de l'Industrie (déc. 1892-mars 1893). — Son fils ANDRÉ, né au Havre (1875-1959), professeur à l'Ecole libre des sciences politiques (1911) et au Collège de France (1933), a fait œuvre de novateur en matière de géographie électorale (*Tableau politique de la France de l'Ouest sous la troisième République*, 1914) et a consacré de nombreux ouvrages au Canada, à la Grande-Bretagne, aux Etats-Unis, à la Suisse, etc. (Acad. fr., 1944.)

Sie Ho, peintre chinois du VIe s., auteur des *Six Principes* qui définissent la peinture chinoise.

siemens [si *ou* zimɛns] n. m. (de *Siemens* n. pr.). Unité de mesure de la conductance électrique (symb. : S) dans le système M. K. S. A. (Le siemens, inverse de l'ohm, était précédemment dénommé « mho ».)

Siemens (VON), famille d'ingénieurs et d'industriels allemands. WERNER, né à Lenthe (Hanovre) [1816-1892], fonda en 1847 avec J. G. Halske (1814-1890), la Société Siemens et Halske, qui installa la première grande ligne de communications télégraphiques européennes, reliant Berlin à Francfort (1848-1849), puis les premières lignes télégraphiques russes (1850). Avec ses frères Wilhelm et Carl, il posa plusieurs câbles transatlantiques à partir de 1874. Il donna le principe de la dynamo (1866) par modification de la magnéto, dont il excitait l'électro-aimant par une dérivation prise sur la machine elle-même. Il réalisa la première locomotive électrique (1879) et une ligne de tramways avec deux rails conducteurs. Anobli par l'empereur Frédéric III, il prit part à la rédaction de la loi allemande sur les brevets. — Son frère WILHELM, né à Lenthe (1823-1883), émigra en 1844 en Grande-Bretagne. Il améliora les procédés électrochimiques d'Elkington et perfectionna le procédé d'élaboration de l'acier. Anobli en 1883, il devint **sir William Siemens.** — FRIEDRICH, frère des précédents, né à Menzendorf (1826-1904), imagina avec Wilhelm le four à régénération pour la fonte de l'acier et du verre (1856). — CARL, frère des précédents, né à Menzendorf (1829-1906), établit de nombreux réseaux télégraphiques à l'étranger (1853-1855) et introduisit l'éclairage électrique en Russie, en l'installant à Saint-Pétersbourg.

Werner von **Siemens**

Sienkiewicz

Sienne
le palais public sur la Piazza del Campo

Siemianowice Śląskie, v. de Pologne, au nord de Katowice ; 67 000 h. Houille. Métallurgie.

sien [sjɛ̃], **enne** [-ɛn] adj. poss. de la 3e pers. du sing. Qui est à lui, à elle : *regarder une chose comme sienne*. ‖ — Pr. poss. *Le sien, la sienne*, ce qui appartient à lui, à elle. ‖ — N. m. *Le sien*, son bien, son travail, sa peine : *mettre du sien*. ‖ — N. m. pl. Ses parents : *vivre au milieu des siens*. ‖ — N. f. pl. *Faire des siennes* (Fam.), faire des folies, des fredaines.

Sienkiewicz (Henryk), écrivain polonais, né à Wola Okrzejska (1846-1916). Journaliste, il débute par des images de la vie paysanne (*Esquisses au fusain*, 1877), puis rapporte de ses voyages, notamment aux Etats-Unis, des *Lettres de voyage* et des nouvelles (*le Gardien du phare*, 1880). En 1882, il prend la direction du quotidien *Słowo* et entreprend de maintenir en éveil la conscience nationale de la Pologne divisée et asservie par une grande trilogie romanesque (*Par le fer et par le feu*, 1884 ; *le Déluge*, 1886 ; *Messire Wolodyjowski*, 1888). Il glorifie ensuite la victoire de l'esprit sur la force matérielle dans *Quo Vadis?* (1895) et exalte la résurrection de la Pologne médiévale dans *les Chevaliers Teutoniques* (1897-1900). Usant de son prestige d'écrivain pour défendre la cause de son pays auprès de Guillaume II et devant l'opinion universelle, il est célébré comme un héros national lors de son jubilé littéraire (1900). Il meurt à Vevey, en Suisse, mais ses cendres sont ramenées solennellement à Varsovie en 1924. (Prix Nobel, 1905.)

Sienne, v. d'Italie (Toscane) ; 66 000 h. (*Siennois*). Archevêché.
● *Histoire*. La ville prit de l'importance à cause de sa situation au sud du carrefour des routes de France et de Venise à Rome ; elle devint une place bancaire de premier ordre. Longtemps soumise à son évêque, elle s'affranchit en 1147. Gibeline, elle lutta contre Florence. La puissance florentine et la peste noire (XIVe s.) provoquèrent sa décadence économique, mais son rayonnement artistique resta très grand. Au XVIe s., Sienne fut absorbée dans le grand-duché de Toscane.
● *Beaux-arts*. Sienne est une riche ville d'art : Piazza del Campo, palais public (1297 à 1310) [fresques de Lorenzetti], palais de la Mercanzia (XVe s.), cathédrale romane et gothique, baptistère (XIVe s.), église San Francesco (XIVe s.), hôpital Santa Maria della Scala (XIIIe s.), palais. Pinacothèque.

Sierck-les-Bains [sjɛrk-] (57480), ch.-l. de c. de la Moselle (arr. de Thionville-Est) ; 1 471 h.

Sierentz (68510), ch.-l. de c. du Haut-Rhin (arr. de Mulhouse) ; 1 633 h.

Sierpiński (Wacław), mathématicien polonais, né à Varsovie (1882-1969). Chef de l'école mathématique polonaise moderne, il a largement contribué au progrès de la théorie des ensembles, de la théorie des fonctions à variable réelle et de la topologie.

sierra [sjɛra] n. f. (mot esp. signif. *scie*). Chaîne de montagnes, dans les pays de langue espagnole. (Dans les pays de langue portugaise, on dit SERRA.)

Sierra Leone (la), État de l'Afrique occidentale, sur l'Atlantique ; 72 323 km² ; 2 600 000 h. Cap. *Freetown*. Langue : *anglais*.

Géographie.

● *Géographie physique*. La Sierra Leone est constituée essentiellement de terrains anciens, précambriens et primaires. La région côtière est basse et souvent marécageuse (en dehors du massif cristallin de la péninsule de Freetown) ; le littoral, qui est bordé d'une côte à rias au nord, est plus régularisé, avec ses lagunes et ses cordons littoraux, au sud. La région intérieure est formée de hauts plateaux granitiques entaillés par de profondes vallées. Le climat est chaud et humide. Les moyennes thermiques mensuelles oscillent autour de 25 °C. Les précipitations décroissent du littoral (plus de 3 000 mm à Freetown) vers l'intérieur (dépassant toutefois encore 2 000 mm). Tandis que la mangrove a envahi le littoral, marécageux, la forêt, végétation naturelle, a été dégradée par les défrichements.
● *Géographie humaine et économique*. La population est composée de groupes variés, parmi lesquels émergent les Mandés et les Temmes. Elle s'accroît à un rythme annuel supérieur à 2 p. 100. La densité est de 35 h. au kilomètre carré en moyenne, chiffre relativement élevé et largement dépassé sur le littoral, site de Freetown, la plus grande ville et le principal port.
Le riz, cultivé dans la zone côtière et dans les plaines inondables de l'intérieur, est la base de l'alimentation, complétée par le manioc, le mil et la patate douce. Le palmier à huile, le café, le cacao et le gingembre sont les principales cultures commerciales. L'élevage et la pêche ne revêtent qu'une faible importance. Il n'en est pas de même des activités minières : diamants (précieux et industriels), rutile, bauxite et surtout fer (mines de Marampa). L'industrie de transformation est pratiquement limitée à l'alimentation.
La balance commerciale est déficitaire. Les diamants assument les deux tiers des exportations, le fer plus de 15 p. 100, et les palmistes le dixième. En dehors des compléments alimentaires (céréales), les articles manufacturés constituent l'essentiel des importations. La Grande-Bretagne, malgré l'indépendance, demeure de loin le principal partenaire commercial du pays, dont elle fournit le tiers des importations et absorbe les trois quarts des exportations.

Histoire.

La côte de la Sierra Leone fut découverte par les Portugais en 1462. La traite et la piraterie y attirèrent ensuite les Anglais. La région côtière devint colonie de la Couronne en 1807. Après une pénétration progressive des Anglais vers l'intérieur, un protectorat britannique fut créé en 1896. Il accéda à l'indépendance en 1961 et demeura dans le Commonwealth.

Sierre, comm. de Suisse (Valais) ; 11 200 h. Centre touristique.

sieste [sjɛst] n. f. (esp. *siesta ;* du lat. *sexta*, sixième heure). Repos pris après le repas de midi.

sieur [sjœr] n. m. (lat. *senior*, plus vieux). Qualification dont on fait précéder un nom propre d'homme, en style juridique. ‖ Quelquefois terme de dénigrement : *le sieur Un tel*.

Sieyès (Emmanuel Joseph), homme politique français, né à Fréjus (1748-1836). Vicaire général de Chartres (1787), il publia une brochure *Qu'est-ce que le Tiers Etat?* (1789), qui eut un profond retentissement. Député du Tiers à la Constituante, il fit accepter la vérification en commun des pouvoirs (10 juin 1789) et, avec Mirabeau, s'opposa au coup de force de la Cour contre l'Assemblée (23 juin). Sous la Convention, s'il vota la mort du roi, il ne se manifesta pas. Membre du Comité de salut public en 1795, il négocia à La Haye l'alliance avec la République batave. Il fut député aux Cinq-Cents et, après le 18-Fructidor, fut un an ambassadeur à Berlin (1798). Il succéda ensuite à Rewbell comme directeur. Pour obtenir une révision de la Constitution dans un sens favorable à l'exécutif, il organisa le coup d'Etat du 18-Brumaire avec l'aide du général Bonaparte,

Phot. Ullstein, Bibl. polonaise, Jean Roubier.

SIGLES ET ABRÉVIATIONS

A. D.	*Anno Domini* (apr. J.-C.).
A. D. N.	Acide désoxyribonucléique.
A. E. L. E.	Association européenne de libre-échange.
A. F.	Allocations familiales.
A. I.	Altesse Impériale.
al	année de lumière.
A. R.	Altesse Royale.
A. R. N.	Acide ribonucléique.
A. S.	Assurances sociales.
B. C. G.	Vaccin bilié Calmette-Guérin (antituberculeux).
Benelux.	BElgique-NEderland-LUXembourg.
B. I. T.	Bureau international du travail.
B. O.	*Bulletin officiel.*
B. P. F.	Bon pour francs.
C. A. P.	Certificat d'aptitude professionnelle.
C. C.	Corps consulaire.
C. C. P.	Compte chèques postaux.
C. D.	Corps diplomatique.
C. E. C. A.	Communauté européenne du charbon et de l'acier.
CEDEX	Courrier d'entreprise à distribution exceptionnelle.
C. E. E.	Communauté économique européenne.
CERN	Organisation européenne pour la recherche nucléaire.
Cf.	Conférez (reportez-vous à... pour comparer).
C. F. D. T.	Confédération française démocratique du travail.
C. F. T. C.	Confédération française des travailleurs chrétiens.
C. G. A.	Confédération générale de l'agriculture.
C. G. C.	Confédération générale des cadres.
C. G. T.	Confédération générale du travail.
C. G. T.-F. O.	Confédération générale du travail-Force ouvrière.
C. H. U.	Centre hospitalo-universitaire.
C. I. A.	Central Intelligence Agency.
C. N. C. E.	Centre national du commerce extérieur.
C. N. E. S.	Centre national des études spatiales.
C. N. P. F.	Conseil national du patronat français.
C. N. R. S.	Centre national de la recherche scientifique.
C.-R. F.	Croix-Rouge française.
C. R. S.	Compagnie républicaine de sécurité.
D. B., D. I.	Division blindée, division d'infanterie.
D. C. A.	Défense contre aéronefs.
d°	*Dito* (« ce qui a été dit »).
D. O. T.	Défense opérationnelle du territoire.
D. P. L. G.	Diplômé par le gouvernement.
D^{r}	Docteur.
E. D. F.	Electricité de France.
E. N. A.	Ecole nationale d'administration.
E. N. S.	Ecole normale supérieure.
Esq.	Esquire (terme honorifique anglais).
Etc.	*Et cætera* (« et le reste »).
E.-U.	Etats-Unis (Amérique).
E. V.	En ville.
F^{co}	Franco.
F. A. O.	Food and Agriculture Organization.
F. G. D. S.	Fédération de la gauche démocrate et socialiste.
F. M.	Franchise militaire.
F. M. I.	Fonds monétaire international.
G. D. F.	Gaz de France.
G. Q. G.	Grand quartier général.
H. L. M.	Habitations à loyer modéré.
Ibid.	*Ibidem* (« au même endroit »).
Id.	*Idem* (« le même »).
In-4°, in-8°	In-quarto (« en quatre »), in-octavo (« en huit »).
I. N. R. A.	Institut national de la recherche agronomique.
I. N. R. I.	*Iesus Nazarenus Rex Iudaeorum* (« Jésus de Nazareth, roi des Juifs »).
I. N. S. E. E.	Institut national de la statistique et des études économiques.
J.-C.	Jésus-Christ.
J. O.	*Journal officiel.*
LL. AA., LL. EEm.	Leurs Altesses, Leurs Eminences.
LL. MM.	Leurs Majestés.
M.	Monsieur.
Mgr	Monseigneur.
MM.	Messieurs.
Mme, Mlle	Madame, mademoiselle.
M. R. P.	Mouvement républicain populaire.
Mrs.	Mistress (« madame »).
M/S	Motor ship (navire à moteur Diesel).
NASA	National Aeronautics and Space Administration.
N., E., S., O. ou W.	Nord, est, sud, ouest.
N. B.	*Nota bene* (« notez bien »).
N.-D.	Notre-Dame.
N.-S. J.-C.	Notre-Seigneur Jésus-Christ.
O. C. A. M.	Organisation commune africaine et malgache.
O. C. D. E.	Organisation de coopération et de développement économiques.
O. E. A.	Organisation des Etats américains.
O. F. M.	Ordre des frères mineurs (franciscains).
O. I. T.	Organisation internationale du travail.
O. M. S.	Organisation mondiale de la santé.
O. N. U.	Organisation des Nations unies.
O. P.	Ordre des prêcheurs (dominicains).
O. R. T. F.	Office de radiodiffusion-télévision française.
O. S. B.	Ordre de Saint-Benoît (bénédictins).
O. T. A. N.	Organisation du traité de l'Atlantique Nord.
O. T. A. S. E.	Organisation du traité de l'Asie du Sud-Est.
O. U. A.	Organisation de l'unité africaine.
P. C.	Poste de commandement.
P. C. B.	Physique, chimie, biologie.
P. C. C.	Pour copie conforme.
P. C. F.	Parti communiste français.
P. D. G.	Président-directeur général.
P. J.	Police judiciaire.
P. M. E.	Petites et moyennes entreprises.
P. M. U.	Pari mutuel urbain.
P. p. c.	Pour prendre congé.
P.-S.	Post-scriptum.
P. S. U.	Parti socialiste unifié.
P. S. V.	Pilotage sans visibilité.
P. T. T.	Postes et télécommunications.
P.-V.	Procès-verbal (contravention).
Q. G.	Quartier général.
R. A. F.	Royal Air Force.
R. A. T. P.	Régie autonome des transports parisiens.
R. A. U.	République arabe unie.
R. D. A.	République démocratique d'Allemagne (Allemagne orientale).
R. F.	République française.
R. G.	Renseignements généraux.
R. S. V. P.	Répondez, s'il vous plaît.
S. ou S^{t}, S^{te}	Saint, sainte.
S. A. I. et R.	Son Altesse Impériale et Royale.
S. D. N.	Société des Nations.
S. Em.	Son Eminence (un cardinal).
S. E.	Son Excellence.
S. Exc.	Son Excellence (un évêque).
S. F. I. O.	Section française de l'internationale ouvrière.
S. G. D. G.	Sans garantie du gouvernement.
S. H. A. P. E.	Supreme Headquarters of the Allied Powers in Europe.
S. J.	*Societas Jesu* (Compagnie de Jésus).
S. M.	Sa Majesté.
S. M. I. C.	Salaire minimum de croissance.
S. N. C. F.	Société nationale des chemins de fer français.
S. P.	Secteur postal.
S. R.	Service de renseignements.
SS.	Saints.
S. S.	Sa Sainteté.
S. S.	*Schutzstaffeln* (sections de protection dans l'Allemagne hitlérienne).
S. S.	Sécurité sociale.
S/S	Steam ship (navire à vapeur).
S. T.	Surveillance du territoire.
T. S. F.	Télégraphie sans fil.
T. S. V. P.	Tournez, s'il vous plaît.
T U	Temps universel.
T. V. A.	Taxe à la valeur ajoutée.
U. A. M. C. E.	Union africaine et malgache de coopération économique.
U. D. R.	Union pour la défense de la République.
U. K.	United Kingdom.
U. N. E. S. C. O.	United Nations Educational, Scientific and Cultural Organization.
U. R. S. S.	Union des républiques socialistes soviétiques.
U. S. A.	United States of America (« Etats-Unis d'Amérique »).
Var.	Variante.
V. O.	Version originale.
V. R. P.	Voyageur, représentant, placier.
Z. U. P.	Zone à urbaniser en priorité.
&	Et (lettres *e* et *t* dans une ligature).

qui tira à lui tout le bénéfice de la journée. Sieyès, président du Sénat (1800) et comte (1809), fut en fait écarté du pouvoir. Proscrit comme régicide en 1816, il ne rentra qu'en 1830. (Acad. fr., 1803.)

sifflant, e adj. Qui produit un sifflement : *prononciation sifflante.* ● *Consonne sifflante,* ou *sifflante* n. f., consonne caractérisée par un sifflement (*s, z, ch, j* en français).

sifflement n. m. Bruit fait en sifflant : *le sifflement du merle.* ‖ Bruit aigu produit par le vent, par un projectile, etc.

siffler [sifle] v. i. (lat. *sibilare*). Produire un son aigu soit avec la bouche, soit avec un instrument. ‖ Produire un son aigu semblable à celui d'un sifflet : *entendre siffler les balles.* ‖ — V. t. Reproduire en sifflant : *siffler un air.* ‖ Appeler en sifflant : *siffler son chien.* ‖ Témoigner sa désapprobation à coups de sifflet, à l'égard de quelqu'un ou de quelque chose : *siffler un acteur, une pièce.* ● *Siffler un verre* (Pop.), l'avaler rapidement.

sifflet [siflɛ] n. m. Petit instrument avec lequel on siffle. ‖ Appareil de signalisation sonore actionné par la vapeur ou l'air comprimé : *sifflet d'alarme.* ● *Couper le sifflet à quelqu'un* (Pop.), lui couper la gorge ou le mettre hors d'état de répondre. ‖ *En sifflet,* en biseau. ‖ *Joint en sifflet,* assemblage de deux pièces de bois par coupes obliques. ‖ — Pl. Désapprobation marquée par des coups de sifflet : *cette pièce a été accueillie par des sifflets.*

siffleur, euse adj. et n. Qui siffle.

sifflotement n. m. Action de siffloter.

siffloter v. i. et t. Siffler doucement, légèrement : *siffloter un air.*

sifilet [sifilɛ] n. m. Paradisier de la Nouvelle-Guinée dont la tête est ornée de six pennes fines.

Sig, anc. **Saint-Denis-du-Sig,** comm. d'Algérie (dép. d'Oran), dans la *plaine du Sig,* région marécageuse, où se termine le *Sig* (220 km) ; 27 700 h. Centre commercial.

Sigean (11130), ch.-l. de c. de l'Aude (arr. de Narbonne) ; 3 033 h. — Sur l'*étang de Sigean,* salines.

Sigebert Ier (535-575), roi d'Austrasie (561-575), fils de Clotaire Ier. Il fut en butte à la rivalité agressive de son demi-frère Chilpéric Ier. Il épousa en 566 Brunehaut, fille du roi des Wisigoths. Chilpéric ayant épousé, puis laissé assassiner Galswinthe, sœur de Brunehaut, Sigebert dut la venger et finit par s'emparer de tout le royaume de Chilpéric, mais il fut assassiné. — SIGEBERT II (v. 601-613), roi de Bourgogne et d'Austrasie. Les leudes le livrèrent au roi de Neustrie Clotaire II, qui le fit mettre à mort. — SIGEBERT III (631-656), roi d'Austrasie (634-656), fils de Dagobert Ier. Il abandonna le pouvoir réel au maire du palais Grimoald, qui écarta du trône Dagobert II, fils de Sigebert.

Sigebert de Gembloux, chroniqueur brabançon, moine de Gembloux (v. 1030-1112), auteur d'une *Chronographia,* qui s'étend de 381 à 1111.

Siger de Brabant, professeur de l'université de Paris (v. 1235-1281), adepte d'Averroès. Il fut condamné par l'évêque de Paris.

sigillaire [siʒilɛr] adj. (du lat. *sigillum,* sceau). Relatif aux sceaux.

sigillaire n. f. Arbre fossile du carbonifère, qui atteignait 30 m de haut et qu'on trouve dans les terrains houillers.

sigillé, e adj. (du lat. *sigillum,* sceau). Marqué d'un sceau. ‖ *Archéol.* Se dit d'une céramique gallo-romaine décorée en relief par l'application de poinçons ou de sceaux sur les moules de fabrication.

sigillographie n. f. (lat. *sigillum,* sceau, et gr. *graphê,* description). Etude des sceaux. (Syn. SPHRAGISTIQUE.)

sigillographique adj. Relatif à la sigillographie : *discussion sigillographique.*

sigisbée [siʒisbe] n. m. (ital. *cicisbeo*). *Ironiq.* Cavalier servant d'une dame.

Sigismond (*saint*) [m. en 523], roi des Burgondes (516-523), fils et successeur de Gondebaud. Il élimina les Wisigoths d'Auvergne. Il fut vaincu par les Francs et capturé par Clodomir, qui le fit exécuter. — Fête le 1er mai.

Sigismond de Luxembourg, né à Nuremberg (1368-1437), roi de Hongrie (1387-1437), roi des Romains (1411-1433), empereur germanique (1433-1437) et roi de Bohême (1419-1437), fils cadet de l'empereur Charles IV. Il attaqua les Turcs, mais fut battu par eux à Nicopolis 1396. Il convoqua le concile de Constance pour mettre fin au schisme qui divisait la papauté (1414). La condamnation de Jan Hus par le concile souleva les Tchèques contre Sigismond, qui se rendit difficilement maître du royaume de Bohême, dont il hérita à la mort de son frère Venceslas (1419).

Sigismond Ier Jagellon le Vieux, né à Kozienice (1467-1548). Il soutint de longues guerres contre les Moscovites, qu'il battit à Orcha (1514), et contre lesquels il s'allia aux Habsbourg (1515). Il occupa la Prusse (1520) et contint les chevaliers Teutoniques en conférant au grand maître de l'ordre le titre de duc héréditaire en Prusse, en échange de la reconnaissance de sa suzeraineté. — SIGISMOND II AUGUSTE JAGELLON, né à Cracovie (1520-1572), roi de Pologne et grand-duc de Lituanie (1548-1572), fils du précédent. Par le traité de Wilno (1561), il annexa la Livonie. Pour résister aux Moscovites, il proclama l'Union de Lublin (1569), qui fit de la Pologne et de la Lituanie une seule république. Sa tolérance religieuse permit aux calvinistes de s'implanter en Pologne. Avec lui s'éteignit la dynastie des Jagellons. — SIGISMOND III Vasa, né à Stockholm (1566-1632), roi de Pologne (1587-1632) et de Suède (1592-1599), fils de Jean III Vasa de Suède et de Catherine Jagellon, sœur de Sigismond II Auguste. Il fut élu roi de Pologne et succéda à son père sur le trône de Suède, mais il fut rapidement éliminé dans ce dernier pays. Il transféra la capitale polonaise de Cracovie à Varsovie et contribua à la victoire définitive de la Contre-Réforme en Pologne. Il intervint en Russie, où il soutint le faux Dimitri, et récupéra Smolensk (1618).

siglaison n. f. Formation d'un sigle ; son emploi.

sigle [sigl] n. m. (lat. *siglum*). Lettre initiale ou groupe de lettres initiales constituant l'abréviation de mots fréquemment employés.

sigma [sigma] n. m. Lettre de l'alphabet grec (σ, ς), correspondant à *s*.

Sigmaringen, v. de l'Allemagne occidentale (Bade-Wurtemberg); 10 500 h. Cap. de l'anc. principauté de Hohenzollern. Refuge de membres du gouvernement de Pétain (1944-1945).

sigmoïde [sigmɔid] adj. (de *sigma*). *Anse sigmoïde,* dernière portion du côlon, qui décrit un S avant le rectum. ‖ *Cavité sigmoïde,* cavité articulaire de certains os (radius, cubitus). ‖ *Valvules sigmoïdes,* les trois valvules situées à l'origine de l'aorte et de l'artère pulmonaire.

Signac (Paul), peintre français, né à Paris (1863-1935). Sa rencontre avec Seurat fut déterminante. Demeuré fidèle au néo-impressionnisme jusqu'à la fin de sa vie, il fut président du Salon des indépendants durant vingt-six ans. Navigateur passionné, il découvrit Saint-Tropez et y attira de nombreux peintres. Ses aquarelles lumineuses sont plus libres que ses toiles, savamment composées. Théoricien, il a publié *D'Eugène Delacroix au néo-impressionnisme* (1899).

signal [siɲal] n. m. (lat. *signalis;* de *signum,* signe). Signe convenu pour remplacer le langage à distance. ‖ Appareil disposé sur le bord d'une voie pour régler la marche des véhicules. ‖ En cybernétique, variation d'une grandeur de nature quelconque, grâce à laquelle, dans un équipement, un élément en influence un autre. ● *Donner le signal de,* annoncer, provoquer.

signalé, e adj. Indiqué par un signal : *passage à niveau signalé.* ‖ Remarquable, important : *rendre un signalé service.*

signalement n. m. Description de l'aspect extérieur de quelqu'un pour le faire reconnaître : *envoyer le signalement d'un criminel.*

signaler v. t. Annoncer par des signaux : *signaler une flotte.* ‖ Appeler l'attention sur : *signaler quelqu'un à la police.* (Syn. : DÉNONCER, DÉSIGNER, INDIQUER, MONTRER, RÉVÉLER.) ‖ **— Se signaler** v. pr. Se distinguer, se faire remarquer : *se signaler par de belles actions.*

signalétique adj. Qui donne le signalement, la description : *état signalétique.*

signaleur n. m. Celui qui s'occupe d'une signalisation.

signalisation n. f. Emploi de divers signaux pour donner à distance des renseignements d'un ordre particulier. ‖ Installation, disposition de signaux sur une voie ferrée, à l'entrée d'un port, sur une route, etc.

signataire n. Personne qui a signé un acte, une pièce quelconque : *le signataire d'un contrat.*

signature n. f. (de *signe*). Nom ou marque qu'une personne appose au bas d'un document écrit pour attester la vérité des assertions qu'il contient ou la sincérité de l'engagement pris. (La signature est généralement constituée par le nom patronymique accompagné ou non d'une ou de plusieurs initiales, d'un ou de plusieurs prénoms.) ‖ Action de signer : *la signature du contrat a lieu aujourd'hui.* ‖ Chiffre, lettre ou marque mis au bas de la première page d'une feuille imprimée, pour en faciliter le pliage, ainsi que l'assemblage avec d'autres feuilles. ● *Signature sociale,* signature qui engage une société.

signe [siɲ] n. m. (lat. *signum*). Indice, marque : *signe de pluie.* ‖ Marque distinctive : *marquer ses livres d'un signe.* ‖ Ce qui sert à représenter : *les mots sont les signes des idées.* ‖ Manifestation extérieure de ce qu'on pense, de ce qu'on veut : *signe de tête.* ‖ *Méd.* Manifestation élémentaire d'une maladie. (On distingue les signes physiques [observés par le médecin], les signes fonctionnels, ou symptômes [dont certains ne sont perceptibles que par le malade], et les signes généraux.) ‖ *Math.* Symbole indiquant un sens ou une opération algébrique. ● *Ne pas donner signe de vie,* sembler mort; et, au *fig.*, ne pas donner de ses nouvelles. ‖ *Signes abréviatifs astronomiques,* signes adoptés par les astronomes pour la représentation des divers éléments du système solaire. ‖ *Signe de la croix,* représentation de la Croix que font les chrétiens par le mouvement de la main. ‖ *Sous le signe de,* en astrologie, sous l'influence de : *sous le signe de Mars, de Mercure.* ‖ — Pl. *Signes extérieurs de richesse,* indices que le fisc tire du mode de vie du contribuable pour évaluer son revenu.

signer v. t. (lat. *signare*). Marquer de sa signature : *signer une pétition.* ‖ Apposer comme signature : *ne pas savoir signer son nom.* ‖ Attester par sa signature qu'on est l'auteur de : *signer un tableau.* ‖ **— Se signer** v. pr. Faire le signe de la croix.

signet [siɲɛ] n. m. Petit ruban attaché au haut d'un livre pour retrouver facilement une page.

signifiant n. m. Image acoustique ou manifestation phonique du signe linguistique.

significatif, ive adj. Qui exprime d'une manière manifeste une pensée, une intention : *geste significatif.*

signification n. f. Ce que signifie une chose : *signification d'un mot.* ‖ Notification d'un acte, d'un jugement, d'un fait par la voie judiciaire : *signification par huissier.*

significativement adv. De façon significative.

signifié n. m. Valeur ou sens d'un signe linguistique.

signifier [siɲifje] v. t. (de *signe*). Vouloir dire; avoir le sens de : *en latin, le mot* murus *signifie « mur ».* ‖ Faire connaître d'une manière expresse : *signifier ses intentions.* ‖ Notifier par voie judiciaire : *signifier un jugement.*

Signac
« Inondation à Paris »
aquarelle
musée municipal de Cambrai

Signorelli (Luca), dit **Luca da Cortona,** peintre italien, né à Cortone (v. 1445-1523). Par la puissance de son dessin, le drame de ses éclairages, la précision anatomique de ses personnages, il annonce Michel-Ange. Il a peint de grandes fresques à la chapelle Sixtine, au cloître de Monte Oliveto et surtout à la chapelle Saint-Brice de la cathédrale d'Orvieto (1499-1504).

v. *chapelle* Sixtine

Signy-l'Abbaye (08460), ch.-l. de c. des Ardennes (arr. de Charleville-Mézières); 1 711 h. (1 437 aggl.).

Signy-le-Petit (08380), ch.-l. de c. des Ardennes (arr. de Charleville-Mézières); 1 592 h. (1 312 aggl.). Métallurgie.

Sigoulès (24240), ch.-l. de c. de la Dordogne (arr. de Bergerac); 616 h.

Sigüenza, v. d'Espagne (Nouvelle-Castille), sur le Henares; 4 500 h. Cathédrale des XIIe-XVIe s.

Sigurd, héros mythique des Scandinaves, un des personnages de l'*Edda* et des *Nibelungen.*

Sihanoukville, anc. **Kompong Som,** v. du Cambodge, sur le golfe de Siam; 13 500 h. Principal débouché maritime du Cambodge.

sikh adj. et n. m. (du sanskrit *çishya,* disciple). Adepte d'une secte de l'Inde fondée par Nānak Dev (1469-1538). [Les sikhs furent soumis par les Anglais en 1849. Ils sont plus de six millions et se trouvent principalement dans l'Hariana et au Pendjab.]

Sikhote-Alin', massif montagneux de l'Extrême-Orient soviétique; 2 078 m.

Si-kiang (le), fl. de la Chine méridionale, aboutissant au *golfe de Canton;* 2 100 km.

Sikkim, Etat de l'Asie, dans l'Himalaya oriental, entre le Népal et le Bhoutan; 7 000 km²; 187 000 h. Cap. *Gangtok.* Dans ce pays montagneux, les hommes et les activités (cultures des céréales, des fruits, de la cardamome [base des exportations]) se concentrent dans les vallées et bassins intérieurs.

● *Histoire.* C'est une principauté qui fut fondée en 1641. Le protectorat anglais y fut établi entre 1861 et 1888; il fut remplacé par celui de l'Inde en 1950. Depuis 1975, le Sikkim est une dépendance de l'Inde.

Sikorski (Władysław), général et homme politique polonais, né à Tuszow, Galicie (1881-1943). Après s'être distingué pendant la guerre polono-soviétique (1920), il fut chef d'état-major général (1921), chef du gouvernement (1922-1923) et ministre de la Guerre (1924-1925). Il se retira en France après le coup d'Etat de Piłsudski. Après la défaite de 1939, il fut chef du gouvernement polonais réfugié en France, puis à Londres. Il se heurta à l'U. R. S. S. à propos de l'affaire de Katyn' (1943) et mourut dans un accident d'avion.

sil [sil] n. m. (mot lat.). Argile rouge ou jaune.

Silbermann (les), nom d'une famille de facteurs d'orgues originaire de Saxe et fixée à Strasbourg dès le début du XVIIIe s. L'un d'eux, ANDRÉ, né à Kleinbobritzsch (Saxe) [1678-1734], a travaillé à Paris chez le facteur François Thierry.

silence [silɑ̃s] n. m. (lat. *silentium*). Etat d'une personne qui s'abstient de parler ou de correspondre : *garder le silence.* ‖ *Mus.* Interruption plus ou moins longue du son. ‖ Signe musical qui représente cette interruption. (Il y a 7 figures de silences, qui équivalent aux 7 figures de notes : pause [ronde], demi-pause [blanche], soupir [noire], 1/2 soupir [croche], 1/4 de soupir [double croche], 1/8 de soupir [triple croche], 1/16 de soupir [quadruple croche].) ‖ Cessation de tout bruit : *le silence de la nuit.* ● *Passer sous silence,* ne pas parler de; omettre.

silencieusement adv. En silence : *s'avancer silencieusement.*

silencieux, euse adj. Qui garde le silence : *demeurer silencieux.* ‖ Taciturne : *homme silencieux.* ‖ Qui a lieu, qui se fait sans bruit : *pas silencieux.* ‖ Où l'on n'entend aucun bruit : *bois silencieux.*

silencieux n. m. Dispositif utilisé pour réduire le bruit du fonctionnement d'un moteur, de la détonation d'une arme à feu, etc.

silène [silɛn] n. m. (de *Silène* n. pr.). Genre de caryophyllacées très répandu dans les bois d'Europe occidentale.

Silène, génie phrygien des Sources et des Fleuves, père des satyres, père nourricier de Dionysos.

Silésie, en polon. **Śląsk,** en allem. **Schlesien,** région de l'Europe centrale, traversée par l'Oder. **Le pays fit partie du premier Etat polonais de la dynastie des Piast et fut évangélisé par les Polonais de Poznań (fondation de l'évêché de Wrocław ou Breslau en 1054). Les Piast, ayant reconnu la suprématie de l'empereur Frédéric Barberousse, favorisèrent la germanisation de la Silésie. Au XIVe s., la Silésie passa progressivement de la suzeraineté polonaise à celle des rois de Bohême. Devenus vassaux des Habsbourg (1526), les duchés adoptèrent la Réforme luthérienne pour renforcer leur autonomie. Conquise par le roi de Prusse Frédéric II (1742), la Silésie connut au XIXe s. un essor économique considérable (charbonnages de haute Silésie). En 1921, la Pologne obtint la partie méridionale de la Silésie prussienne avec la plus grande partie du bassin houiller. En 1939, l'ensemble fut occupé par l'Allemagne hitlérienne. En 1945, la Silésie, à l'exception de la partie tchécoslovaque (v. TCHÉCOSLOVAQUIE), fut donnée à la Pologne, qui procéda à l'expulsion de la population allemande.**
Dans la partie polonaise, une puissante industrie (sidérurgie et métallurgie surtout), née de l'exploitation d'un grand bassin houiller, anime l'Est (*haute Silésie*), parsemé de grandes villes (Katowice, Zabrze, Bytom, Chorzów, Gliwice, Ruda Śląska et Sosnowiec). L'Ouest (*basse Silésie*), moins urbanisé (seuls Wrocław et Wałbrzych dépassent 100 000 h.), est à prépondérance agricole.

silésien, enne adj. Relatif à la Silésie. ‖ — N. Habitant de la Silésie.

silex [silɛks] n. m. (mot lat.). Roche siliceuse très dure, composée de calcédoine et d'opale, de couleur variable, formant des rognons dans certaines roches calcaires. (La cassure du silex, à arêtes tranchantes, l'a fait utiliser par les hommes préhistoriques comme arme et comme outil. On s'en servit comme pierre à fusil et comme pierre à briquet, car, frappé obliquement par du fer ou de l'acier, il produit des étincelles; on l'utilise maintenant à la fabrication du béton et à l'empierrement.)

silhouette [silwɛt] n. f. (de *Silhouette,* contrôleur général impopulaire). Dessin de profil, exécuté en suivant l'ombre projetée par le visage. ‖ Dessin n'indiquant que les lignes générales d'un corps. ‖ Aspect général d'une personne : *avoir une silhouette élégante.*

signes astronomiques

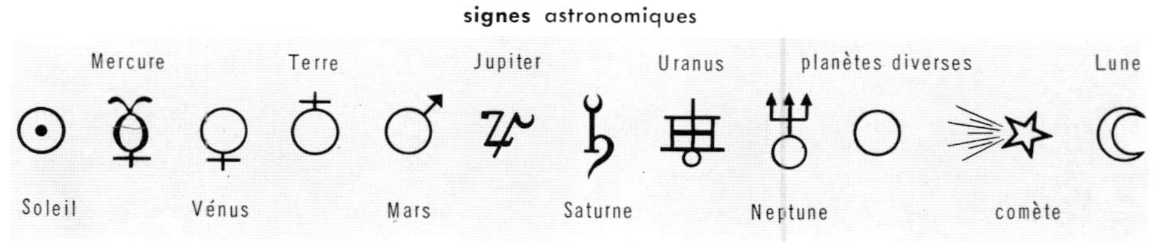

Phot. Giraudon.

Silhouette (Etienne DE), homme politique français, né à Limoges (1709-1767), contrôleur général des Finances (1759). Ses ennemis donnèrent son nom à des dessins le représentant en quelques traits, symbolisant ainsi l'état auquel ses mesures réduisaient les contribuables.

silhouetter v. t. Dessiner une silhouette.

silicate [silikat] n. m. Sel de l'acide silicique.

silice [silis] n. f. (lat. *silex, silicis,* silice). Oxyde de silicium SiO_2. (Il en existe plusieurs variétés naturelles : le quartz cristallisé, la calcédoine à structure fibreuse, l'opale amorphe.) ● *Silice fondue* ou *verre de silice,* forme vitreuse de la silice qui peut supporter d'importants et brusques changements de température.

siliceux, euse adj. De la nature du silex. ‖ Qui contient beaucoup de silice : *sol siliceux.* ● *Roches siliceuses,* famille de roches sédimentaires dures, riches en silice, comme le sable, le grès, le silex, la meulière.

silicicole adj. Se dit d'une plante qui prospère sur les sols siliceux, comme le châtaignier, la bruyère, la digitale.

silicique adj. Se dit d'un acide dérivé de la silice.

silicium [silisjɔm] n. m. Métalloïde (Si) de numéro atomique 14, de densité 2,35, qui, à l'état amorphe, est d'une couleur brune, et qui, à l'état cristallisé, est d'un gris de plomb. (Le silicium fond vers 2 000 °C et se volatilise au four électrique.)

siliciure n. m. Composé d'un métal et de silicium : *siliciure de fer.*

silicone [silikɔn] n. f. Nom générique de substances analogues aux corps organiques, dans lesquelles le silicium remplace le carbone.

silicose [silikoz] n. f. Maladie, en général professionnelle, due à l'inhalation de poussière de silice.
— ENCYCL. La *silicose* se manifeste chez les sujets exposés pendant de longues années aux poussières de silice : carriers, mineurs, sableurs ; le travail au jet de sable et le ponçage y exposent particulièrement. L'affection s'installe très progressivement et est constituée par une réaction fibreuse du tissu pulmonaire, aboutissant à une sclérose, c'est-à-dire à un durcissement du poumon. Il s'ensuit une gêne respiratoire, qui entraîne une fatigue du cœur. Des complications infectieuses peuvent survenir. La reconnaissance du caractère professionnel de la silicose est subordonnée à une expertise spéciale.

silicule n. f. Variété de silique courte.

silique [silik] n. f. Type de fruit sec déhiscent propre aux crucifères. (Une silique se compose de deux valves enfermant une cloison médiane qui porte des graines sur ses deux faces ; à maturité, les valves s'écartent et les graines se détachent de la cloison ; lorsqu'une silique n'est pas de forme allongée, on l'appelle une *silicule.*)

Silius Italicus (Tiberius Catius), poète latin (v. 25 apr. J.-C. - 101). Orateur, consul en 68, courtisan de Néron, puis des Flaviens, il imita Virgile dans un poème en dix-sept chants (*les Puniques,* 90), qui met en vers la troisième décade de Tite-Live.

sillage [sijaʒ] n. m. (de *sillon*). *Mar.* Trace passagère qu'un navire laisse derrière lui à la surface de l'eau. ● *Marcher dans le sillage de quelqu'un,* suivre ses traces, son exemple.

Sillanpää (Frans Eemil), écrivain finlandais d'expression finnoise, né à Hämeenkyrö (prov. de Häme) [1888-1964]. Ses nouvelles et ses romans peignent les mœurs paysannes et la nature de son pays (*Vie et soleil,* 1916 ; *Sainte Misère,* 1919 ; *Silja ou Une brève destinée,* 1931 ; *la Voie de l'homme,* 1932 ; *Des hommes dans la nuit d'été,* 1935). [Prix Nobel, 1939.]

Sillé-le-Guillaume [-gɥijom] (72140), ch.-l. de c. de la Sarthe (arr. du Mans) ; 2 665 h. Château du XVe s. Forêt.

Sillery (51500 Rilly la Montagne), comm. de la Marne (arr. de Reims) ; 861 h. Vignobles. Sucrerie.

Sillery, v. du Canada (Québec), près de Québec ; 14 800 h.

Sillery (Nicolas BRULART, *marquis* DE), diplomate français, né à Sillery (1544-1624). Il négocia la paix de Vervins (1598) et fut chancelier (1607-1624). — Son fils Pierre BRULART, vicomte DE PUISIEUX, marquis **de Sillery,** né à Paris (1583-1640), fut secrétaire d'Etat aux Affaires étrangères (1617-1624).

sillet [sijɛ] n. m. (ital. *ciglietto ;* de *ciglio,* bord). Morceau d'ivoire ou d'ébène appliqué au bout du manche d'un instrument à cordes, et sur lequel portent celles-ci : *la longueur des cordes se mesure du sillet au chevalet.*

Sillitoe (Alan), écrivain britannique, né à Nottingham en 1928. L'un des membres les plus représentatifs du groupe des « Jeunes gens en colère », il exprime avec vigueur son mépris de la société traditionnelle anglaise dans ses poèmes, ses nouvelles (*la Solitude du coureur de fond,* 1959) et ses romans (*Samedi soir, Dimanche matin,* 1958).

sillon [sijɔ̃] n. m. (orig. gaul.). Rigole que fait dans la terre le soc de la charrue. ‖ *Fig.* Trace longitudinale : *sillon de feu tracé par une fusée.* ● *Faire, creuser son sillon,* exécuter avec lenteur et persévérance l'œuvre qu'on s'est proposée. ‖ — Pl. Rides : *les sillons que trace l'âge sur le front.*

Sillon alpin, nom donné à la dépression comprise entre les Préalpes françaises du Nord et les massifs centraux (val d'Arly, combe de Savoie, Grésivaudan, vallée inférieure du Drac).

sillonner v. t. Tracer des sillons, des lignes parallèles. ‖ Parcourir dans tous les sens : *avions qui sillonnent le ciel.*

silo [silo] n. m. (mot esp. ; du gr. *seiros,* fosse à blé). Fosse creusée dans le sol pour y conserver des végétaux (racines, graines, pulpes, etc.). ‖ Réservoir de grande taille qu'on emplit par le haut, destiné à la conservation de produits végétaux (grains, fourrages).

Silo, v. de Palestine, au nord de Jérusalem, qui fut un grand centre religieux des Hébreux jusqu'à Samuel.

Siloé, piscine de Jérusalem, théâtre de la guérison de l'aveugle-né par Jésus-Christ.

Silone (Secondo TRANQUILLI, dit **Ignazio**), écrivain italien, né à Pescina (Aquila) en 1900. L'un des fondateurs du parti communiste italien, il dirigea de Moscou l'activité clandestine antifasciste en Italie. Expulsé du parti communiste (1930), il vécut en Suisse et ne rentra en Italie qu'en 1945. Il a évoqué dans ses romans la vie des paysans du Fucin et leur combat pour la liberté (*Fontamara,* 1930 ; *le Pain et le vin,* 1937 ; *le Grain sous la neige,* 1940 ; *le Secret de Luc,* 1956 ; *le Renard et les camélias,* 1960).

silotage n. m. Action d'ensiler.

silphe [silf] n. m. Insecte coléoptère, dont une espèce est nuisible aux betteraves. (Long. 1 cm.)

silure [silyr] n. m. (lat. *silurus,* empr. au gr.). Poisson d'eau douce portant six longs barbillons autour de la bouche et dont il existe plusieurs formes, surtout dans les régions chaudes. (Notre poisson-chat est un silure.)

silurien [silyrjɛ̃], **enne** [-ɛn] adj. et n. m. Se dit d'une période de l'ère primaire située entre l'ordovicien et le dévonien.

Silvère (*saint*) [m. en 537], pape de 536 à 537. Le roi des Goths, Théodat, le fit élever sur le trône pontifical ; après la prise de Rome par Bélisaire, il fut relégué dans l'île de Palmaria. On l'honore comme martyr. — Fête le 20 juin.

silves [silv] n. f. pl. (du lat. *silva,* forêt). *Littér. lat.* Recueil de pièces poétiques sur des sujets variés : *les silves de Stace.*

Silvestre, nom de plusieurs papes. V. SYLVESTRE.

Silvestre (Israël), dessinateur et graveur français, né à Nancy (1621-1691), évocateur des monuments parisiens au temps de Louis XIV.

Silvestre de Sacy (Isaac), orientaliste français, né à Paris (1758-1838), initiateur des études arabes en France.

sima [sima] n. m. (de SIlicium et de MAgnésium). Zone du globe terrestre, entre le nife et le sial, où dominent les silicates ferromagnésiens.

simagrée [simagre] n. f. *Fam.* Manière affectée, minauderie ridicule : *faire des simagrées.* (Syn. : MINES, SINGERIES [*fam.*].) [S'emploie surtout au plur.]

Simancas, v. d'Espagne (prov. de Valladolid) ; 1 500 h. Dans le château (XIIIe-XIVe s.), précieuses archives.

simarre [simar] n. f. (ital. *cimarra*). Ample vêtement porté par les deux sexes aux XVe et XVIe s.

simaruba [simaruba] n. m. (empr. à une langue indigène d'Amérique). Arbre de l'Amérique tropicale, dont l'écorce a des propriétés apéritives.

simarubacées n. f. pl. Famille de plantes dialypétales comprenant le *simaruba,* l'*ailante.*

simbleau [sɛ̃blo] n. m. Cordeau avec lequel les charpentiers tracent de grandes circonférences.

Simenon (Georges), écrivain belge d'expression française, né à Liège en 1903. Il est l'auteur de nouvelles (*le Bateau d'Emile,* 1954), de pièces de théâtre (*La neige était sale,* 1950), de récits (*le Petit Saint,* 1965) et de romans policiers reliés par la figure du commissaire Maigret (*la Marie du port,* 1938 ; *les Inconnus dans la maison,* 1940 ; *Maigret et le clochard,* 1963 ; *l'Ami d'enfance de Maigret,* 1968).

Siméon, second fils du patriarche Jacob.

Siméon (*saint*) [Ier s.], vieillard juif qui, selon l'Evangile, le jour de la présentation de Jésus au Temple, prit l'enfant dans ses bras et lui rendit hommage par le cantique qui commence par les mots *Nunc dimittis.* — Fête le 8 octobre.

Siméon Stylite (*saint*), dit **l'Ancien,** ascète syrien, né à Sis (v. 390-v. 459), qui aurait vécu quarante ans sur une colonne. — Fête le 5 janvier.

Siméon Ier le Grand (m. en 927), khān des Bulgares (893-927). Il porta l'Empire bulgare à son apogée en luttant contre les Serbes de la Raška et les Slaves de l'Ouest. Il battit l'empereur Léon VI (904) et obtint la Macédoine et l'Albanie méridionale. En 914, il prit Andrinople, mais échoua devant Constantinople. Il obtint alors de Rome le titre de tsar et la création d'une Eglise bulgare indépendante de Byzance.

Siméon II, tsar de Bulgarie, né à Sofia en 1937, fils et successeur de Boris III. Il régna de 1943 à 1946, assisté d'un conseil de régence.

Siméon le Superbe (1316-1353), grand-prince de Moscovie de 1340 à 1353.

Simféropol', v. de l'U. R. S. S. (Ukraine) en Crimée ; 250 000 h.

simien [simjɛ̃], **enne** [-ɛn] adj. (du lat. *simius,* singe). Relatif au singe.

silo
silo-tour métallique à fourrage

simiens n. m. pl. Sous-ordre de mammifères primates comprenant les singes.

simiesque adj. (du lat. *simius,* singe). Qui rappelle le singe.

similaire [similɛr] adj. (du lat. *similis,* semblable). De même nature. (Syn. : ANALOGUE, ÉQUIVALENT, SEMBLABLE.) ‖ Qui peut être assimilé à un autre : *des produits similaires.*

simili [simili] n. m. (lat. *similis,* semblable). Cliché de photogravure obtenu par une trame et permettant de reproduire un document original en demi-teintes. ‖ *Fam.* Une imitation quelconque : *parure en simili.* ‖ — N. f. Similigravure.

similigravure et, par abrév., **simili** n. f. Procédé d'obtention de clichés tramés en partant d'originaux à modelé continu.

similisage [similizaʒ] n. m. *Industr.* Action d'un alcali sur le coton, dont les fibres deviennent ainsi minces, dures et brillantes.

similisé, e adj. Soumis au similisage.

similiste n. m. Spécialiste en similigravure.

similitude [similityd] n. f. (lat. *similitudo*). *Math.* Caractère des figures semblables entre elles : *similitude des triangles.* ‖ Ressemblance, analogie : *similitude de caractère.*

Simla, v. de l'Inde, cap. de l'Himāchal Pradesh ; 42 600 h.

Simmel (Georg), sociologue et philosophe allemand, né à Berlin (1858-1918). Il s'est intéressé au rôle des individus dans l'évolution sociale.

Simmental, vallée de Suisse, dans les Alpes bernoises, drainée par la *Simme* (53 km).

Simon (*saint*), surnommé **le Cananéen,** l'un des douze apôtres de Jésus-Christ. Il fut peut-être crucifié en Perse.

Simon le Mage ou **le Magicien,** juif qui aurait été un chef gnostique. Il voulut acheter à saint Pierre le don de faire des miracles, d'où le nom de *simonie* donné au trafic des choses saintes.

Simon (Richard), oratorien français, né à Dieppe (1638-1712). En 1678, il publia une *Histoire critique du Vieux Testament,* qui fit scandale et qui était en fait le premier essai d'exégèse critique de la Bible. Simon fut exclu de l'Oratoire et poursuivit ses études critiques sur le Nouveau Testament.

Simon (Antoine), cordonnier, né à Troyes (1736-1794), gardien du dauphin Louis XVII au Temple. Il fut guillotiné après le 9-Thermidor.

Georges Simenon

Phot. Lacheroy-Otua, X.

Simon (Jules François Simon SUISSE, dit **Jules**), homme politique français, né à Lorient (1814-1896). Député de l'opposition sous l'Empire (1863-1870), il fut ministre de l'Instruction publique de septembre 1870 à 1873. Mac Mahon le nomma président du Conseil (déc. 1876), mais la lettre de blâme que le maréchal lui adressa à propos du vote de la loi sur la liberté de la presse provoqua sa démission et ouvrit la crise du 16-Mai*. Jules Simon combattit ensuite la politique scolaire de Ferry. Il a laissé d'importants ouvrages d'économie sociale. (Acad. des sc. mor., 1863; Acad. fr., 1875.)

Simon (Pierre-Henri), écrivain français, né à Saint-Fort-sur-Gironde (1903-1972). Professeur à l'université catholique de Lille, puis à Gand et à Fribourg, il subit l'influence d'Emmanuel Mounier, collabore à la revue *Esprit,* puis devient critique littéraire du *Monde* en 1961. Ses poèmes, ses romans et ses essais s'inscrivent dans la tradition de l'humanisme chrétien. (Acad. fr.)

Simon (Claude), écrivain français, né à Tananarive (Madagascar) en 1913. Dans ses romans (*l'Herbe,* 1958; *la Route des Flandres,* 1960; *Histoire,* 1967) et son théâtre (*la Séparation,* 1963), il abandonne progressivement l'intrigue traditionnelle pour camper des personnages dépourvus de toute certitude, qui passent sans cesse du monde des faits au domaine de la mémoire, du réel à l'imaginaire.

simoniaque adj. Entaché de simonie : *contrat simoniaque.* ‖ — N. Personne qui commet une simonie.

Simonide de Céos, poète grec, né à Iulis (île de Céos) [v. 556-467 av. J.-C.]. Il séjourna à Athènes et en Thessalie; dans un concours, il l'emporta sur Eschyle par son élégie sur la bataille de Marathon. Il répondit à l'appel de Hiéron de Syracuse et passa les dernières années de sa vie en Sicile et en Italie méridionale. De son œuvre, par laquelle il constitua les genres du thrène et de l'ode triomphale, il ne reste que quelques épigrammes et des fragments de poèmes lyriques.

simonie [simɔni] n. f. (du nom de *Simon le Magicien*). Trafic des choses saintes; vente des biens spirituels.

Simonov (Kirill Mikhaïlovitch, dit **Konstantine**), écrivain soviétique, né à Petrograd en 1915. Dans ses poèmes, son théâtre et ses romans (*les Jours et les nuits,* 1943-1944), il a célébré l'héroïsme des combattants de la Seconde Guerre mondiale.

simoun [simun] n. m. (mot angl.; de l'arabe *samūm*). Vent chaud et violent du désert.

simple [sɛ̃pl] adj. (lat. *simplex*). Qui n'est pas composé, ou qui est composé d'éléments homogènes, de même nature. ‖ Qui n'est pas compliqué; facile, aisé : *mécanisme, méthode simple.* (Syn. : ÉLÉMENTAIRE, RUDIMENTAIRE, SOMMAIRE.) ‖ Sans recherche, sans ornement : *robe simple.* ‖ Qui fuit l'affectation : *une femme toute simple.* (Syn. : MODESTE, RÉSERVÉ.) ‖ Sans malice, sans déguisement : *simple comme un enfant.* ‖ Naïf, facile à tromper : *il est si simple que...* ‖ Seul, unique : *croire quelqu'un sur sa simple parole.* ● *Corps simple,* corps qui n'est susceptible d'aucune décomposition : *l'or, l'oxygène sont des corps simples.* ‖ *Fleur simple,* celle dont la corolle n'a qu'un rang de pétales. ‖ *Passé simple,* temps du verbe qui indique une période de temps complètement écoulée. (Ex. : *Henri IV mourut en 1610.*) ‖ *Simple comme bonjour* (Fam.), extrêmement simple. ‖ *Simple d'esprit,* sans intelligence. ‖ *Simple particulier,* qui n'exerce point de fonction publique. ‖ *Simple soldat,* qui n'a point de grade. ‖ *Temps simples,* temps du verbe qui se conjuguent sans auxiliaire. ‖ — N. m. Ce qui est simple : *passer du simple au composé.* ‖ Personne simple. ‖ Partie de tennis entre deux joueurs seulement : *faire un simple.*

simplement adv. De façon simple : *être vêtu simplement.* ● *Purement et simplement,* sans réserve et sans condition.

simples n. m. pl. *Bot.* Plantes médicinales : *cueillir des simples.*

simplet, ette adj. Un peu simple, naïf, crédule.

Simplice ou **Simplicius** (*saint*) [m. en 483], pape de 468 à 483. Il lutta longtemps contre les monophysites. — Fête le 12 mars.

simplicité n. f. Qualité de celui ou de ce qui est simple : *simplicité d'un enfant, des mœurs; simplicité d'esprit.*

simplifiable adj. Qui peut être simplifié.

simplificateur, trice adj. et n. Qui simplifie.

simplification n. f. Action de simplifier; son résultat : *la simplification du travail.*

simplifier v. t. Rendre simple, moins compliqué : *simplifier un problème.*

simplisme n. m. Vice de raisonnement qui consiste à négliger des éléments nécessaires à la solution.

simpliste adj. et n. D'une simplicité exagérée : *un esprit simpliste.* ● *Raisonnement simpliste,* raisonnement dans lequel il manque un ou plusieurs éléments nécessaires à la solution.

Simplon (le), passage des Alpes suisses, entre le Valais et le Piémont, à 2 009 m d'alt. Au nord-est ont été construits deux tunnels ferroviaires à voie unique (l'un de 19 801 m, ouvert en 1906; l'autre de 19 821 m, ouvert en 1922), utilisés par les lignes reliant Paris et Milan.

Simpson (Thomas), mathématicien britannique, né à Market Bosworth (Leicestershire) [1710-1761]. Son nom est resté attaché à deux formules : l'une pour le calcul numérique des fonctions trigonométriques, l'autre pour l'évaluation approchée de l'aire d'une courbe.

simulacre n. m. (lat. *simulacrum,* représentation figurée). Apparence, semblant : *simulacre de gouvernement.* ‖ Action par laquelle on fait semblant d'exécuter une chose : *simulacre de combat.*

simulateur, trice n. Personne qui simule une maladie, la folie, etc.

simulateur n. m. Appareil capable de reproduire le comportement d'un appareil dont on désire étudier le fonctionnement, ou d'un corps dont on veut suivre l'évolution. ● *Simulateur de vol,* simulateur conçu spécialement pour faciliter l'étude des conditions de pilotage d'un avion.

simulation n. f. (lat. *simulatio*). Action de simuler : *la simulation d'une maladie.* ● *Simulation de gestion,* méthode de perfectionnement à la gestion des entreprises, par laquelle certaines situations sont créées artificiellement et leurs problèmes résolus suivant des modèles mathématiques programmés à l'aide d'un ordinateur.

simulé, e adj. Feint : *fuite simulée.*

simuler [simyle] v. t. (du lat. *simulare,* copier). Faire paraître comme réelle une chose qui ne l'est point; feindre : *simuler une maladie.* ‖ Faire le simulacre de : *simuler un combat.* ‖ *Dr.* Déguiser un acte sous l'apparence d'un autre : *simuler un contrat.*

simulie [simyli] n. f. Genre de diptères dont les larves vivent fixées aux rochers dans les torrents, et dont les adultes peuvent, dans les pays chauds, transmettre certains parasites.

simultané [simyltane], **e** adj. (du lat. *simul,* en même temps). Qui s'accomplit en même temps : *des mouvements simultanés.*

simultanéisme n. m. Procédé de narration qui consiste à présenter sans transition des événements qui se déroulent au même moment en divers lieux.

simultanéité [-neite] n. f. Existence de plusieurs actions dans le même instant : *la simultanéité de deux événements physiques.*

simultanément adv. En même temps.

Sinaï (le), péninsule montagneuse et désertique d'Egypte, sur la Méditerranée et la mer Rouge (qui y forme les golfes de Suez et d'ʿAqaba). Sur le *massif du Sinaï,* Yahvé donna le Décalogue à Moïse. Le Sinaï fut aussi un des berceaux du monachisme chrétien.

le **Simplon** face aux Alpes bernoises

Sinān (Miʿmar), architecte turc né à Kayseri (1489-1578 ou 1588). Il est l'auteur d'une œuvre abondante, en particulier la mosquée Süleymaniye à Istanbul.

sinanthrope [sinɑ̃trɔp] n. m. (lat. *Sina,* Chine, et gr. *anthrôpos,* homme). Fossile présentant à la fois des caractères primitifs simiens et des caractères évolués hominiens. (Le gisement se trouve près de Pékin.)

sinapisé [sinapize], **e** adj. (de *sinapisme*). Se dit d'un médicament où l'on a mis de la farine de moutarde : *cataplasme sinapisé.*

sinapisme n. m. (du lat. *sinapis,* moutarde). Médicament à base de farine de moutarde : *les sinapismes sont révulsifs.*

sincère [sɛ̃sɛr] adj. (du lat. *sincerus*). Qui s'exprime sans déguiser sa pensée : *homme sincère.* ‖ Qui est éprouvé, dit ou fait d'une manière franche : *regrets sincères.* ‖ — Contr. : FAUX, HYPOCRITE, MENTEUR.

sincèrement adv. De façon sincère.

sincérité n. f. (lat. *sinceritas*). Franchise; qualité de ce qui est sincère : *la sincérité est une qualité précieuse.* ‖ Paroles, propos sincères : *pardonnez à ma sincérité.* ‖ — Contr. HYPOCRISIE.

sincipital, e, aux adj. Du sinciput.

sinciput [sɛ̃sipyt] n. m. (lat. *semi,* demi, et *caput,* tête). *Anat.* Partie supérieure, sommet de la tête. (Son opposé est OCCIPUT.)

Sinclair (*sir* John), économiste britannique, né à Thurso Castle (1754-1835), un des fondateurs de la *statistique.*

Sinclair (Upton), écrivain américain, né à Baltimore (Maryland) [1878-1968]. Ses romans sont autant de pamphlets contre la société capitaliste moderne (*la Jungle,* 1906; *la Métropole,* 1908; *le Roi charbon,* 1917; *le Pétrole,* 1927; *la Fin d'un monde,* 1940).

Sind (le), extrémité sud-est du Pākistān. Région très aride, partiellement mise en culture grâce à l'irrigation.

Sind (le), anc. nom de l'*Indus**.

Sindelfingen, v. de l'Allemagne occidentale (Bade-Wurtemberg); 25 600 h. Grande usine d'automobiles.

Sindermann (Horst), homme politique allemand, né à Dresde en 1915, chef du gouvernement de la République démocratique allemande depuis 1973.

sinécure [sinekyr] n. f. (lat. *sine,* sans, et *cura,* souci). Emploi qui procure un revenu important par rapport au travail exigé.

sine die [sinedje] loc. adv. (mots lat.). Expression employée dans la langue diplomatique et parlementaire et signifiant *sans fixer de jour : renvoyer l'examen d'une question « sine die ».*

sine qua non [sinekwanɔn] loc. adv. (mots lat. signif. [condition] *sans laquelle il n'y a rien à faire*). Indispensable, nécessaire : *condition « sine qua non ».*

sinfonia n. f. Terme emprunté au vocabulaire italien et qui désigne soit une ritournelle plus ou moins longue dans une partition lyrique, soit une page instrumentale ouvrant une cantate ou un oratorio, ou bien déjà une petite symphonie en trois mouvements.

singalette [sɛ̃galɛt] n. f. Dénomination industrielle de la gaze ordinaire et de la gaze apprêtée (simple toile de coton à couverture très claire).

Si-ngan ou **Sian,** v. de Chine, cap. du Chen-si; 1 368 000 h. Industries textiles (coton).

Singapour, en angl. **Singapore,** île et Etat de l'Asie du Sud-Est, à l'extrémité méridionale de la péninsule malaise; 581 km²; 2 190 000 h. Cap. *Singapour.* Langues : *anglais, chinois* et *malais.* Séparée du continent par le détroit de Johore, l'île a un climat équatorial, chaud et humide. Presque toute sa population (composée pour les trois quarts de Chinois) est regroupée dans la *ville de Singapour.* Anglaise à partir de 1819, l'île fut occupée par les Japonais de 1942 à 1945. En 1946, le port et ses environs constituèrent une colonie britannique séparée, qui se transforma en 1959 en Etat autonome, membre du Commonwealth. Celui-ci s'intégra à la Malaysia de 1963 à 1965.

Singapour, cap. de l'*Etat de Singapour,* dans l'*île de Singapour,* édifiée initialement de part et d'autre de la *rivière de Singapour,* sur le *détroit de Singapour* (limite méridionale de l'île); 1 913 000 h. La ville doit sa fortune à sa situation entre l'Europe, l'Afrique et l'Asie occidentale et méridionale, d'une part, l'Extrême-Orient, l'Indonésie et l'Australie, d'autre part. Singapour est une grande place stratégique et un important port commercial.

singe [sɛ̃ʒ] n. m. (lat. *simius*). Nom donné aux mammifères primates du sous-ordre des *simiens,* qui vivent dans les arbres des régions chaudes et évoluent avec agilité parmi les branches. (V. *encycl.*) ‖ — *Fig.* Celui qui contrefait, qui imite les actions des autres : *c'est un vrai singe.* ‖ Personne très laide ou très malicieuse. ‖ *Pop.* Nom que les ouvriers donnent à leur patron. ‖ *Arg. mil.* Bœuf de conserve. ● *Malin, adroit, laid comme un singe,* très malin, très adroit, très laid. ‖ *Payer en monnaie de singe,* en belles paroles, en vaines promesses.
— ENCYCL. Les *singes* ont une face plate et des yeux moins gros que ceux des lémuriens*, et aucun de leurs doigts ne se termine par une griffe. Ils sont surtout frugivores. Il y a cependant de grandes différences entre les espèces. Les singes d'Amérique (platyrhiniens) ont 36 dents, un épaisse cloison entre les deux narines, la queue parfois préhensile. Citons le ouistiti et l'atèle.

v. primates

Phot. Giegel-O. N. S. T.

Les singes d'Afrique et d'Asie (catarhiniens) n'ont que 32 dents et n'ont ni une épaisse cloison entre les narines ni la queue préhensile (principaux types : macaque, colobe, babouin, mandrill). On met à part le petit groupe des *anthropoïdes* (gorille, orang-outan, chimpanzé, gibbon), sans queue, très doués psychiquement. On ne considère aucun des simiens actuels comme l'ancêtre possible de l'homme.

singer v. t. (conj. **1**). Imiter, contrefaire : *singer un camarade.*

Singer (Isaac Merrit), inventeur américain, né à Pittstown (New York) [1811-1875]. Après avoir inventé une perforatrice (1839), il perfectionna en 1851 une machine à coudre pour la fabrication de laquelle il fonda à New York une usine qui devait devenir la Singer Manufacturing Company, de renommée mondiale.

singerie n. f. Ménagerie de singes. ‖ *Fig.* Imitation gauche et maladroite; grimace, geste comique : *faire mille singeries.* ‖ *Fam.* Manière affectée, hypocrite : *ce n'est qu'un faiseur de singeries.*

Singier (Gustave), peintre français d'origine belge, né à Warneton en 1909. Il est devenu après la Libération un des chefs de file de l'art abstrait. Il a participé à la rénovation de l'art sacré.

single [siŋgl] n. m. (mot angl.). Compartiment de voiture-lit à une seule place.

singleton [sɛ̃glətɔ̃] n. m. (mot angl.; de *single,* seul). Au bridge, carte qui est seule de sa couleur dans la main d'un joueur après la distribution. ‖ *Math.* Ensemble ne comprenant qu'un seul élément.

Singlin (Antoine), prêtre janséniste français, né à Paris (1607-1664), un des directeurs de Port-Royal.

singulariser v. t. Distinguer des autres : *votre conduite vous singularise.* ‖ **— Se singulariser** v. pr. Se faire remarquer par quelque étrangeté.

singularité n. f. Ce qui rend une chose singulière : *singularité d'un fait.* ‖ Manière extraordinaire, bizarre, de parler, d'agir : *ses singularités choquent.*

singulier [sɛ̃gylje], **ère** [-ɛr] adj. Qui se distingue par quelque chose d'insuité, d'extraordinaire : *aventure singulière.* ‖ Bizarre, original : *homme singulier.* ● *Combat singulier,* combat d'homme à homme. ‖ — Adj. *Nombre singulier,* ou *singulier* n. m. (*Gramm.*), nombre qui marque une seule personne ou une seule chose.

singulièrement adv. Notamment, principalement : *le quinquina est bon pour toutes les fièvres, et singulièrement pour les fièvres intermittentes.* ‖ Beaucoup : *être singulièrement affecté.* ‖ D'une manière bizarre : *s'habiller singulièrement.*

Sin-hai-lien, v. de Chine (Kiang-sou); 207 600 h.

Sin-hiang, v. de Chine (Ho-nan); 170 500 h.

Si-ning, v. de Chine, cap. du Ts'ing-hai; 300 000 h.

sinisation [sinizasjɔ̃] n. f. Ensemble des apports de civilisation qui ont accompagné l'expansion du peuplement chinois.

sinistre [sinistr] adj. (lat. *sinister,* gauche). De mauvais augure; qui présage le malheur : *bruit sinistre.* ‖ Malheureux, funeste : *avenir sinistre.* ‖ Qui fait naître l'effroi : *regard sinistre.*

sinistre n. m. Fait dommageable pour soi-même ou pour autrui, de nature à mettre en jeu la garantie d'un assureur (incendie, accident de la circulation, etc.).

sinistré, e adj. et n. Victime d'un fait de guerre ou d'un cataclysme naturel : *indemniser des sinistrés.* ‖ — Adj. Qui a subi un sinistre : *maison sinistrée.*

sinistrement adv. De façon sinistre.

Sin-k'iang, anc. **Turkestan chinois,** région autonome de la Chine occidentale, en Asie centrale; 1 646 800 km²; 5 640 000 h. Cap. *Ouroumtsi.* Anc. voie de passage entre l'Asie occidentale et l'Extrême-Orient, le Sin-k'iang est compris entre les chaînes de l'Altaï*, du Pamir*, des Kouen-louen* et de l'Altyntagh. C'est un pays au climat continental marqué. L'extrémité orientale du T'ien-chan sépare la dépression de la Dzoungarie*, au nord, des plateaux désertiques du Takla-makan, au sud. La population se concentre dans les oasis jalonnant le piémont (Ouroumtsi, Kachgar, Khotan).

Sin-le-Noble (59450), comm. du Nord (arr. et banlieue de Douai); 16 065 h. (*Sinois*).

Sinnamary (le), fl. de la Guyane française. — Petit port à l'embouchure du fleuve; 1 800 h.

Sinn Fein [ʃinfɛjn] (expression gaél. signif. *nous-mêmes*), mouvement nationaliste et républicain irlandais, favorisé par l'agitation qui accompagna la discussion du *Home Rule* (1912). Dirigés par Patrick Pearse, les sinn-feiners provoquèrent un soulèvement national (Pâques 1916), qui fut durement réprimé. Le parti triompha aux élections de 1918. De Valera en devint alors le chef. Sa rentrée au Parlement en 1927 et la fondation du parti Fianna* Fáil mirent fin au mouvement.

sinn-feiner [-nœr] n. Partisan du Sinn Fein.

sinologie [sinɔlɔʒi] n. f. Science de l'histoire, de la langue et des institutions de la Chine.

sinologue n. (lat. *Sina,* Chine, et gr. *logos,* science). Spécialiste de sinologie.

sinon [sinɔ̃] conj. (lat. *si non,* si ne ... pas). Autrement, sans quoi : *obéissez, sinon gare!* ‖ **— Sinon que** loc. conj. Si ce n'est que : *je ne sais rien, sinon qu'il est venu.*

Sinop, anc. **Sinope,** port de Turquie, sur la mer Noire; 10 200 h. Défaite navale infligée aux Turcs par les Russes (1853).

sinople [sinɔpl] n. m. (lat. *sinopis,* terre de Sinope). *Hérald.* La couleur verte.

Sint-Amandsberg. V. MONT-SAINT-AMAND.

Sint-Andries. V. SAINT-ANDRÉ.

Sin-tchou, v. de Formose, sur la côte nord-ouest de l'île; 172 700 h.

Sint-Pieters-Leeuw. V. LEEUW-SAINT-PIERRE.

Sintra ou **Cintra,** v. du Portugal, à l'ouest de Lisbonne; 20 300 h. Ancien palais royal. Junot, attaqué par les Anglo-Portugais, y capitula (1808).

sinueux [sinɥø], **euse** [-øz] adj. (du lat. *sinus,* pli). Qui fait des replis, des détours; tortueux : *le cours sinueux de la Seine.*

Sinuiju, v. de la Corée du Nord, à la frontière chinoise; 118 000 h. Textiles.

sinuosité n. f. Détour que fait une chose sinueuse.

sinus [sinys] n. m. (mot lat. signif. *pli*). *Anat.* Nom de diverses cavités de l'organisme. ‖ *Math.* Rapport au rayon OA de la perpendiculaire MP abaissée d'une des extrémités M d'un arc AM sur le diamètre qui passe par l'autre extrémité de cet arc. (V. TRIGONOMÉTRIE.) ● *Sinus carotidien,* renflement que présente l'artère carotide primitive près de sa bifurcation en carotides externe et interne. ‖ *Sinus du cœur,* angle de l'oreillette droite, près duquel se trouve le nœud de Keith et Flack, où prend naissance la commande nerveuse de la contraction du cœur. ‖ *Sinus de la face,* cavités creusées dans les os frontal, maxillaire supérieur, ethmoïde et sphénoïde, et qui communiquent avec les fosses nasales. ‖ *Sinus veineux,* gros canaux veineux à l'intérieur du crâne, qui drainent le sang de l'encéphale.

sinusite [sinyzit] n. f. Inflammation d'un sinus osseux. — ENCYCL. Les *sinusites* sont consécutives à une infection des fosses nasales ou, en ce qui concerne la sinusite maxillaire, à une infection dentaire (abcès de la racine des prémolaires). Elles entraînent des maux de tête et des signes infectieux (fièvre, expulsion de pus par les narines), et nécessitent un traitement général et local.

sinusoïdal, e, aux adj. *Math.* Dont l'allure, la forme ou la variation rappellent celles d'une sinusoïde. ‖ Se dit d'un phénomène périodique dont la représentation en fonction du temps est une sinusoïde.

sinusoïde n. f. *Math.* Courbe plane représentant les variations du sinus quand l'arc varie.

Sion, une des collines de Jérusalem, souvent prise comme symbole de Jérusalem.

Sion, village de Lorraine (Meurthe-et-Moselle, comm. de Saxon-Sion), près de Vaudémont. Pèlerinage. C'est la « Colline inspirée » de Barrès.

Sion, en allem. **Sitten,** v. de Suisse, ch.-l. du Valais; 21 300 h. Evêché catholique. Vins.

Sion (*Notre-Dame-de-*), nom porté par une congrégation de prêtres et par une congrégation de religieuses, fondées en 1842 par le P. Théodore Ratisbonne en vue d'un rapprochement œcuménique, avec les juifs notamment.

sionisme [sjɔnism] n. m. (de *Sion,* montagne de Jérusalem). Mouvement qui eut pour objet la constitution, en Palestine, d'un Etat israélite autonome et qui, depuis la fondation de l'Etat d'Israël (1948), vise à regrouper un nombre croissant de Juifs dans cet Etat. (Des villages de pionniers furent créés en Palestine dès 1882, mais c'est T. Herzl qui, dans son livre *l'Etat juif* [1895], proposa pour la première fois une solution mondiale au problème juif.) [V. ISRAËL.]

sioniste n. Partisan du sionisme. ‖ — Adj. Qui se rapporte au sionisme.

Siouah ou **Sīwa,** oasis d'Egypte; 5 200 h. C'est l'**oasis d'Amon** des Anciens.

Sioule (la), riv. du Puy-de-Dôme et de l'Allier, affl. de l'Allier (r. g.); 150 km.

Sioux, ensemble de peuples de l'Amérique du Nord, qui constituaient une grande famille linguistique. (Les Sioux comprenaient quatre groupes : 1° vallée du Mississippi [Dakotas, Amboines, Iowas, Osages]; 2° vallée du Missouri [Hidatsas, Crows]; 3° vallée de l'Ohio [Ojos]; 4° un groupe oriental.)

Sioux City, v. des Etats-Unis (Iowa); 89 000 h.

siphoïde [sifɔid] adj. En forme de siphon.

siphomycètes [sifɔmisɛt] n. m. pl. Classe de champignons groupant les formes inférieures sans asques ni basides. (Syn. PHYCOMYCÈTES.)

— ENCYCL. Les *siphomycètes* ont un thalle qui n'est pas divisé en cellules. Ce sont de petites plantes qui ont une reproduction par œufs, les unes de façon facultative, les autres de façon obligatoire. On compte parmi elles des moisissures (*mucor* du pain humide), des parasites des plantes cultivées (mildiou de la vigne, rouille blanche des crucifères et autres espèces de l'ordre des *péronosporales*), des formes s'attaquant aux poissons (*saprolégnia*) ou aux insectes (*entomophtora*) et des formes primitives aquatiques.

siphon [sifɔ̃] n. m. (lat. *sipho,* empr. au gr.). Tube en forme d'U renversé, pour transvaser les liquides d'un niveau à un autre plus bas, en les élevant d'abord au-dessus du niveau le plus haut. ‖ Tube recourbé deux fois, dont la courbure inférieure est remplie d'eau, et servant à évacuer les eaux usées tout en empêchant le dégagement des mauvaises odeurs. ‖ Appareil employé pour faire franchir un obstacle à des eaux d'alimentation ou d'évacuation. ‖ Carafe en verre épais, fermée par une soupape commandée par un levier, pour obtenir l'écoulement d'un liquide sous pression. ‖ Organe tubuleux de certains mollusques bivalves fouisseurs, qui leur permet d'assurer le renouvellement de l'eau respiratoire. ‖ En spéléologie, conduit naturel ennoyé.

siphonner v. t. Transvaser avec un siphon.

siphonophores [sifɔnɔfɔr] n. m. pl. Ordre de cœlentérés comprenant des formes coloniales à individus spécialisés, comme la *physalie.*

Šipka ou **Chipka** (*col de*), col du Balkan, en Bulgarie, entre Kazanlăk et Gabrovo. Combats entre Russes et Turcs en 1877.

Siqueiros (David Alfaro), peintre mexicain, né à Chihuahua (1898-1974). Il est l'auteur de compositions murales d'un lyrisme tragique, en particulier son *Histoire de l'humanité,* de plus de 6 000 m², achevée en 1966 pour la ville-jardin de Cuernavaca. (V. illustr. ART LATINO*-AMÉRICAIN.)

sirdār [sirdar] n. m. (persan *serdar*). Nom donné, de 1882 à 1925, au général anglais commandant l'armée égyptienne : *le sirdār Kitchener.*

sire [sir] n. m. (lat. *senior,* plus vieux). Seigneur : *le sire de Joinville.* ‖ Titre qu'on donnait au souverain, en France, en lui parlant ou en lui écrivant.

sirène [sirɛn] n. f. (lat. *siren,* empr. au gr.). Monstre fabuleux, moitié femme et moitié poisson. ‖ *Fig.* Femme séduisante. ‖ Appareil émettant des sons par interruptions et rétablissements périodiques d'un jet d'air. (Une sirène comprend un disque tournant, percé de trous régulièrement espacés, et un ajutage, faisant face à cette rangée de trous et par lequel arrive un jet d'air, périodiquement haché quand le disque tourne. En général, c'est cet air qui fait tourner le disque.)

siréniens [sirenjɛ̃] n. m. pl. Ordre de mammifères, voisins des cétacés, comprenant les *dugongs,* les *lamantins.* (Les siréniens, ou « vaches marines », sont de grands animaux en voie de disparition.)

Singapour

Phot. Almasy.

Siret (le), riv. de Roumanie, née dans les Carpates, affl. du Danube (r. g.) ; 726 km.

sirex [sirɛks] n. m. Insecte hyménoptère dont la larve vit dans le bois des conifères.

Sirey (Jean-Baptiste), jurisconsulte français, né à Sarlat (1762-1845), auteur d'un *Recueil des lois et arrêts,* publié en 1800 et qui a toujours été poursuivi depuis.

Sirice (*saint*), né à Rome (v. 320-399), pape de 384 à 399. On a de lui une décrétale célèbre. — Fête le 26 novembre.

Sirius, étoile la plus brillante du ciel, située dans la constellation du Grand Chien, à une distance de la Terre de l'ordre de 8,6 al. Elle est accompagnée d'une petite étoile qui gravite autour d'elle et qui appartient à la classe des naines blanches.

Sirmione, v. d'Italie (Lombardie), sur le lac de Garde ; 2 500 h. Eaux thermales. Ruines romaines.

Sirmond (*le P.* Jacques), jésuite français, né à Riom (1559-1651), confesseur de Louis XIII. (Acad. fr.)

sirocco [sirɔko] n. m. (ital. *scirocco,* empr. à l'arabe). Vent très sec et très chaud, chargé de poussières, qui souffle du Sahara vers l'Algérie, lorsque des basses pressions règnent sur la Méditerranée.

Široký (Viliam), homme politique tchécoslovaque, né à Bratislava en 1902. Président du parti communiste slovaque (1945), il fut ministre des Affaires étrangères (1950-1953), puis président du Conseil (1953-1963).

sirop [siro] n. m. (du lat. médiéval *sirupus ;* de l'arabe *charāb,* boisson). Liquide formé de sucre en solution concentrée et de substances aromatiques ou médicamenteuses : *sirop de groseille.*

siroter v. t. et i. *Fam.* Boire à petits coups, en dégustant.

sirupeux [sirypø], **euse** [-øz] adj. Qui est de la nature, de la consistance du sirop.

Sirven (Pierre Paul), protestant français, né à Castres (1709-1777). Il fut accusé à tort d'avoir tué sa fille pour l'empêcher de se convertir au catholicisme. Condamné à mort par contumace, Sirven se réfugia en Suisse. Voltaire le fit réhabiliter en 1771.

sirventès [sirvɛ̃tɛs] n. m. Genre poétique provençal.

sis [si], **e** [siz] adj. (du verbe *seoir*). Situé : *maison sise à Paris.*

sisal [sizal] n. m. Variété d'agave du Mexique, dont les feuilles ont des fibres qu'on utilise pour faire des sacs, des cordes.

Sisavong Vong, né à Luang Prabang (1885-1959), roi de Luang Prabang (1904), puis roi du Laos (1946).

Sisinnius, né en Syrie (?) [m. en 708], pape en 708 durant quelques jours.

Sisley (Alfred), peintre français, né à Paris (1839-1899). Peignant surtout les bords de rivière et les sites de l'Ile-de-France (Moret-sur-Loing), dont il sut admirablement traduire la lumière, il participa à la plupart des expositions des impressionnistes. Son œuvre ne connut de succès qu'après sa mort. Il est représenté au Louvre (salles du Jeu de paume). [V. illustr. IMPRESSIONNISME.]

sismal, sismicité, sismique, sismographe, sismologie. V. SÉISMAL, SÉISMICITÉ, etc.

Sismondi (Léonard SIMONDE DE), historien et économiste suisse, né à Genève (1773-1842), l'un des principaux théoriciens du socialisme, auteur de *Nouveaux Principes d'économie politique* (1819).

sissonne ou **sissone** [sisɔn] n. m. ou f. *Chorégr.* Saut effectué après un plié et un appel des deux pieds, suivi d'une retombée sur un seul.

Sissonne (02150), ch.-l. de c. de l'Aisne (arr. de Laon) ; 3 588 h. (2 118 aggl.). Camp militaire.

Sisteron (04200), ch.-l. de c. des Alpes-de-Haute-Provence (arr. de Forcalquier), sur la Durance, au pied d'un défilé ; 6 354 h. (*Sisteronais*). Citadelle (XIIIe-XVIIIe s.). Eglise (XIIe s.). Restes d'une enceinte (XIVe s.).

sister-ship [sistœrʃip] n. m. (mot angl.). Navire exactement semblable à un autre. ‖ Pl. des *sister-ships.*

sistre [sistr] n. m. (lat. *sistrum,* empr. au gr.). Anc. instrument de musique, en usage chez les Egyptiens. (Il consistait en une lame métallique recourbée, fixée sur un manche et traversée de baguettes mobiles qui retentissaient lorsqu'on agitait l'appareil.)

sisymbre [sizɛ̃br] n. m. (gr. *sisumbrion*). Plante herbacée de la famille des crucifères, appelée aussi *roquette, vélar,* et dont une espèce est l'*herbe aux chantres.*

Sisyphe. *Myth. gr.* Fils d'Eole et roi de Corinthe, redoutable par ses brigandages, condamné après sa mort à pousser éternellement sur la pente d'une montagne un énorme rocher qui toujours retombe avant d'atteindre le sommet.

site [sit] n. m. (ital. *sito ;* du lat. *situs,* situation). Paysage considéré du point de vue de son aspect pittoresque. ‖ *Géogr.* Configuration propre du lieu occupé par une ville, et qui lui fournit les éléments locaux de vie matérielle et les possibilités d'extension (ravitaillement en eau, nature du sol, matériaux de construction) : *le site de Laon est une butte témoin.* ● *Angle de site,* angle formé par la ligne de site avec le plan horizontal. (V. TIR.) ‖ *En site propre,* se dit d'une voie réservée à un seul type de transport : *les couloirs de circulation permettent d'établir des lignes d'autobus en site propre.* ‖ *Ligne de site* (Mil.), ligne droite joignant une arme à son objectif au moment du tir.

sit-in [sitin] n. m. (mot angl. ; de *to sit,* s'asseoir). Type de manifestation non violente, consistant, pour une foule, à s'asseoir sur une chaussée, en un lieu public quelconque.

sitogoniomètre n. m. Appareil servant à mesurer les angles de site, les écarts angulaires, etc.

sitôt [sito] adv. (de *si* et *tôt*). Aussitôt : *sitôt pris, sitôt pendu.* ‖ **— De sitôt** loc. adv. Prochainement : *il ne reviendra pas de sitôt.* ‖ **— Sitôt que** loc. conj. Dès que.

sittelle [sitɛl] n. f. Passereau des forêts d'Europe occidentale, qui grimpe avec agilité sur les troncs. (Long. 15 cm.)

Sitter (Willem DE), astronome néerlandais, né à Sneek (1872-1934). Il est surtout connu pour ses travaux sur la théorie de la relativité générale et ses conséquences en astronomie, notamment l'expansion de l'Univers et son origine. Il a introduit un modèle d'univers sphérique dans l'espace-temps, ayant une surface limite à distance finie.

situation n. f. Manière dont un objet est placé ; position : *la situation d'une maison.* ‖ *Géogr.* Position géographique d'une ville par rapport à sa région : *la situation de Dijon, au carrefour de grands axes de communication, était favorable au développement de la ville.* ‖ *— Fig.* Etat, condition d'une personne, d'une chose : *être dans une situation brillante ; la situation est critique.* ‖ Etat où se trouve une caisse, un approvisionnement, etc. ‖ Emploi : *trouver une situation.* ‖ Etat caractéristique des personnages d'un récit, d'un drame : *situation dramatique.*

situationniste adj. et n. Se dit d'un groupe qui préconise une pratique révolutionnaire à l'égard de la société industrielle considérée comme aliénée.

situer [sitɥe] v. t. (du lat. *situs,* situation). Placer, poser dans un certain endroit : *maison bien située.* ‖ *Fig.* Assigner sa place à : *situer une ville sur une carte.* ‖ **— Se situer** v. pr. Se placer, s'insérer dans : *la grève se situe dans un contexte révolutionnaire.*

Siuan-houa, v. de Chine (Ho-pei) ; 114 700 h.

sium [sjɔm] n. m. Nom scientifique du *chervis* et d'une plante aquatique à souche rampante. (Famille des ombellifères.)

Siu-tcheou, v. de Chine (Kiang-sou) ; 700 000 h.

Sivas, anc. **Sébaste,** v. de Turquie, sur le Kızıl Irmak ; 132 500 h.

Siwālik, montagnes de l'Inde, avant-monts de l'Himalaya.

six [si *devant une consonne,* siz *devant une voyelle ou un* h *muet,* sis *à la pause*] adj. num. (lat. *sex*). Nombre qui suit cinq dans la série naturelle des entiers. ‖ Sixième : *Charles six.* ‖ — N. m. : *le six du mois.* ‖ Chiffre qui représente ce nombre : *un six bien fait.*

Six (*groupe des*), groupement, fondé en 1918, de six compositeurs français décidés à se dégager des influences de Debussy, Fauré et Ravel. Le groupe comprenait L. Durey, A. Honegger, D. Milhaud, F. Poulenc, G. Auric et G. Tailleferre. Le poète Jean Cocteau se fit leur porte-parole.

sixain n. m. V. SIZAIN.

Six-Fours-les-Plages (83140), ch.-l. de c. du Var (arr. de Toulon), dans la presqu'île du cap Sicié ; 15 257 h. (7 577 aggl.) [*Six-Fournais*].

six-huit n. m. *Mus.* Dénomination d'une mesure à deux temps qui a la noire pointée pour unité. ‖ Morceau dont la mesure est à six-huit.

sixième [sizjɛm] adj. num. ord. Qui occupe le rang marqué par le chiffre *six.* ‖ — N. : *être le, la sixième.* ‖ — N. m. Fraction de l'unité obtenue par division par six. ‖ Sixième étage. ‖ — N. f. La sixième classe d'un collège, d'un lycée. ‖ Ensemble des élèves de cette classe.

sixièmement adv. En sixième lieu, dans une énumération.

six-quatre-deux (à la) loc. adv. *Fam.* Négligemment, très vite : *travail fait à la six-quatre-deux.*

Sixt [sikst] (74740), comm. de la Haute-Savoie (arr. de Bonneville), sur le Giffre ; 619 h. Tourisme.

sixte [sikst] n. f. *Mus.* Intervalle de six degrés. (Elle peut être majeure ou mineure, augmentée ou diminuée.) ‖ *Escr.* Une des lignes hautes : *parade de sixte.*

Sixte Ier (*saint*) [m. en 125], pape de 115 à 125. Fête le 6 avril. — SIXTE II (*saint*) [m. en 258], pape de 257 à 258. Il travailla à réconcilier l'Eglise de Rome avec celle de Carthage. Il fut tué par des soldats. Fête le 6 août. — SIXTE III (*saint*), né à Rome (m. en 440), pape de 432 à 440. Il veilla à la conservation des droits du Saint-Siège sur l'Illyrie. Fête le 28 mars. — SIXTE IV (Francesco *Della Rovere*), né à Celle Ligure (1414-1484), pape de 1471 à 1484. Franciscain, il devint ministre général de son ordre (1464) et cardinal (1467). Il fut l'adversaire des Médicis et sacrifia au népotisme, subissant notamment l'influence néfaste de son neveu le cardinal Riario. Il accrut la bibliothèque Vaticane et attira à Rome nombre d'artistes et d'érudits. On lui doit notamment la chapelle Sixtine*. — SIXTE V, dit *Sixte Quint* (Felice *Peretti*), né à Grottammare (Marches) [1520-1590], pape de 1585 à 1590. Frère mineur conventuel, vicaire général de son ordre et cardinal (1570), il succéda à Grégoire XIII. Il lutta contre le brigandage et la licence des mœurs. Il soutint la politique réformiste issue du concile de Trente et l'Inquisition romaine. Il encouragea les études bibliques et fit de la Vulgate l'unique version latine autorisée. En 1586, il donna au Sacré Collège sa forme définitive et, en 1588, partagea l'administration romaine entre quinze congrégations. ▶

Sixtine (*chapelle*), chapelle du Vatican, construite sur l'ordre de Sixte IV et décorée de fresques dues notamment à Signorelli, Botticelli, Ghirlandaio, le Pérugin et surtout Michel-Ange. ▶

sizain [sizɛ̃] ou **sixain** n. m. Strophe de six vers. ‖ Paquet de six jeux de cartes.

Sizewell, localité de Grande-Bretagne (Suffolk). Importante centrale nucléaire.

Sizun (29237), ch.-l. de c. du Finistère (Nord) [arr. de Morlaix] ; 2 165 h. (886 aggl.).

Sjaelland, en allem. **Seeland,** la plus grande et la plus peuplée des îles danoises, dans la Baltique ; 7 543 km² ; 2 086 000 h. V. pr. *Copenhague.*

Sjöström (Victor), acteur et metteur en scène de cinéma suédois, né à Silbodal (Värmland) [1879-1960]. Dans ses grandes sagas nordiques, il fut l'un des premiers grands réalisateurs à s'imposer sur le plan mondial par un style qui fit école : lyrisme de la mise en scène, rôle important de la nature, symbolisme des personnages. Ses œuvres principales sont : *Ingeborg Holm* (1913), *les Proscrits* (1917), *la Voix des ancêtres* (1918), *la Charrette fantôme* (1920). Parti pour Hollywood, il y réalisa *la Lettre rouge* (1926), *le Vent* et *la Femme divine,* avec Greta Garbo (1928).

Skadar. V. SHKODËR.

Skagerrak ou **Skagerak,** détroit de l'Europe septentrionale, entre la Norvège et le Danemark, qui unit la mer du Nord au Cattégat.

Skander-beg ou **Scanderbeg** (Georges CASTRIOTA, dit), héros albanais (v. 1403-1468). Musulman converti au christianisme, il lutta efficacement contre les Turcs et se proclama prince d'Albanie et d'Epire.

Skarga (Piotr PAWĘSKI, dit **Piotr**), orateur sacré polonais, né à Grójec (Mazovie) [1536-1612]. Jésuite à Rome, recteur de l'académie de Wilno, puis prédicateur de la cour de Sigismond III, il enflamma le patriotisme et le zèle religieux de ses compatriotes par ses *Vies de saints* (1579) et ses *Sermons politiques* (1597).

skeleton [skeletœn] n. m. (mot angl. signif. *squelette*). Long toboggan métallique articulé.

sketch [skɛtʃ] n. m. (mot angl. signif. *esquisse*). Œuvre dialoguée de courte durée, généralement comique, représentée au théâtre, au music-hall ou au cinéma. ‖ Pl. des *sketches.*

Skhira (LA) ou **La Shkirra,** anc. **La Cekhira,** port pétrolier de Tunisie, sur le golfe de Gabès.

ski [ski] n. m. (mot norvég.). Sorte de patin allongé (2 m environ), en bois, en métal ou en matières synthétiques, pour glisser sur la neige ou sur l'eau. ‖ Sport pratiqué sur ces patins : *faire du ski ; une station de ski.* (V. *encycl.*) ● *Ski nautique,* sport dans lequel l'exécutant, tiré rapidement par un canot automobile, glisse sur l'eau en se maintenant sur un ou deux *skis.*
— ENCYCL. En tant que sport, le *ski* naquit à la fin du XIXe s. dans les pays nordiques (*courses de fond et saut*) et au début du XXe s. dans les Alpes (la première compétition de *descente* eut lieu en 1911, et le premier *slalom* en 1922). Les premiers jeux Olympiques d'hiver eurent lieu à Chamonix en 1924 (où fut créée la Fédération internationale du ski), et la Fédération française de ski vit le jour la même année, mais les épreuves alpines ne furent admises aux jeux Olympiques qu'en 1936.
Aujourd'hui, sur le plan sportif, le ski alpin est le plus connu, comprenant trois épreuves, masculines et féminines. La *descente* est une course de vitesse pure avec une dénivellation de 800 à 1 000 m pour les hommes et de 500 à 700 m pour les femmes. Le *slalom spécial* est une descente consistant en une succession de virages

George **Skibine** et Marjorie Tallchief dans « le Prince du désert » ▶

Sjöström : une scène des « Proscrits »

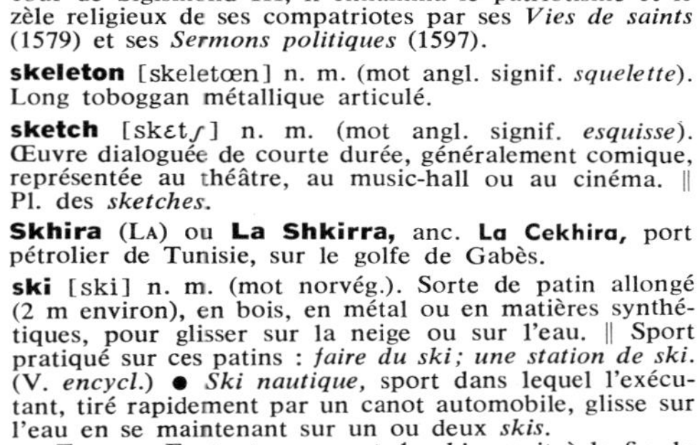

Phot. *Cinémathèque française.*

Sixte IV
par Melozzo
da Forli
Vatican

ci-dessus, détail
d'une fresque
de Signorelli
« l'Ange et Moïse »

ci-contre, détail
d'une fresque
du plafond
de Michel-Ange

chapelle
Sixtine

délimités par des piquets, formant des « portes » qu'il faut franchir. La dénivellation varie entre 180 et 220 m pour les hommes, 120 à 180 m pour les femmes. Le nombre de portes oscille entre 55 et 75 pour les hommes, 40 et 60 pour les femmes. Le *slalom géant* tient à la fois de la descente et du slalom spécial. La dénivellation est de 400 m au moins pour les hommes et de 300 m pour les femmes. Le nombre minimal de portes est de 30. Le *combiné alpin* est un classement établi sur les résultats de deux au moins des trois épreuves précédentes.

skiable adj. *Piste skiable,* piste dont l'état permet de skier.

skiascopie [skjaskɔpi] n. f. (gr. *skia,* ombre, et *skopein,* examiner). Méthode permettant de déterminer d'une façon objective les caractéristiques optiques de l'œil, et fondée sur l'étude de l'ombre que porte la pupille sur la rétine.
— ENCYCL. Dans la *skiascopie,* la lumière d'une lampe est réfléchie sur la pupille du patient à l'aide d'un miroir plan percé en son centre d'un orifice. A travers ce dernier, la pupille éclairée paraît rouge (lueur pupillaire) au médecin observateur. Si celui-ci fait légèrement mouvoir l'instrument, une ombre succède à la lueur; elle se déplace dans le même sens que le miroir si l'œil est hypermétrope et en sens inverse s'il est myope. En interposant une lentille convergente ou divergente entre l'œil du sujet examiné et le miroir, il est possible de déterminer objectivement et avec exactitude le type et le degré d'amétropie, ce dernier étant indiqué par la puissance de la lentille, qui fait changer le sens du déplacement de l'ombre.

Skibine (George), danseur et chorégraphe d'origine russe naturalisé américain, né en 1920. Ayant appartenu à diverses compagnies, il voit sa carrière artistique interrompue par la guerre. Démobilisé, il reprend son activité. De 1947 à 1958, il est danseur étoile à la Compagnie du marquis de Cuevas, puis chorégraphe à l'Opéra de Paris jusqu'en 1962. De 1965 à 1967, il est directeur artistique au Harkness Ballet. Il s'est révélé un brillant et élégant chorégraphe dans *le Prisonnier du Caucase* (1951), *Idylle* (1954), *Concerto* (1958), *Danses brèves* (1963), *la Péri* (1966), une version de *Raymonda* (1967).

skier v. i. Pratiquer le ski.

skieur, euse n. Personne qui pratique le ski. ● *Eclaireur skieur,* fantassin d'une unité spécialisée dans les reconnaissances et le combat en haute montagne.

skiff [skif] n. m. (mot angl.; du fr. *esquif*). Bateau de sport très étroit et très long, à un seul rameur.

Skikda, anc. **Philippeville,** port de l'Algérie orientale; 60 600 h. Débouché maritime du Constantinois.

Skinner (Burrhus Frederic), psychologue américain, né à Susquehanna (Pennsylvanie) en 1904. Il a été nommé professeur de psychologie à Harvard (1948-1957), puis à Edgar Pierce depuis 1958. Il est l'auteur de *Behavior of Organisms* (1938), *Verbal Behavior* (1957), *Cumulative Record* (1959). Ses travaux ont porté notamment sur le conditionnement et l'apprentissage, à propos desquels il a dégagé l'importance du renforcement. Il peut être considéré comme à l'origine de l'enseignement programmé*.

skin-shirt [skinʃœrt] ou **shirteen** [ʃœrtin] n. m. (mots angl. signif. *tricot de corps*). Tricot de corps qui s'accompagne d'un slip ou d'un short assorti.

Skobelev (Mikhaïl), général russe, né à Riazan' (1843-1882). Il dirigea l'expédition qui donna le Turkestan à la Russie (1881).

Skopje ou **Skoplje,** anc., en turc, **Usküb,** v. de Yougoslavie, cap. de la Macédoine, sur le Vardar; 228 000 h. Université. Sidérurgie. Enlevée aux Turcs par les Serbes en 1912, elle fut conquise par les Bulgares en 1915 et libérée par un raid de cavalerie française en septembre 1918. Détruite par un tremblement de terre en 1963, qui fit plus de 2 000 victimes, la ville est en grande partie reconstruite.

Skriabine ou **Scriabine** (Aleksandr Nikolaïevitch), pianiste et compositeur russe, né à Moscou (1872-1915). Ses œuvres pour piano et pour orchestre dénotent de curieuses recherches d'ordre harmonique (*Poème de l'extase, Poème du feu*).

skunks [skɔ̃s] n. m. (mot angl.). V. SCONSE.

Skye, une des Hébrides; 8 300 h.

skye-terrier [skɑjtɛrje] n. m. (mot angl.). Terrier de l'île de Skye.

Skýros ou **Scyros,** île grecque de la mer Egée; 4 100 h. Ch.-l. *Skýros.*

slalom [slalɔm] n. m. (mot norvég.). Descente à skis consistant en une succession de virages délimités par des piquets formant des portes qu'il faut franchir : *slalom géant, slalom spécial.* ‖ Parcours sinueux.

slang [slaŋ] n. m. (mot angl.). Argot anglais.

Slauerhoff (Jan Jacob), écrivain hollandais, né à Leeuwarden (1898-1936). Médecin de la marine, il exprima dans ses romans et ses poèmes, d'inspiration romantique, son rêve d'évasion et d'aventure (*Archipel,* 1923; *Clair-obscur,* 1927; *Eldorado,* 1928).

slave [slav] adj. et n. Du groupe qui comprend les Russes, les Polonais, les Serbes, les Tchèques, etc.

Slavejkov (Petko), écrivain bulgare, né à Tărnovo (v. 1827-1895). Il recueillit près de 18 000 proverbes et dictons bulgares, traduisit la Bible et milita pour une Eglise bulgare indépendante. L'un des chefs du parti libéral, il fut ministre de l'Intérieur et de l'Instruction publique. — Son fils PENČO, écrivain bulgare, né à Trjavna (1866-1912), subit l'influence de Nietzsche et exalta l'énergie morale dans ses essais et ses recueils lyriques (*Chants épiques,* 1907; *l'Hymne sanglant,* 1911-1913).

Slaves, population d'Europe centrale et orientale, de l'ordre de 250 millions de personnes et qui doit son unité à un domaine linguistique ne correspondant nullement à une entité politique ou ethnique. Les *Vénèdes* ont eu leur premier habitat au nord des Carpates. Le nom de *Slaves,* que s'attribuent ces peuples, apparaît au VIe s. sous diverses variantes (Slovènes, Esclavons). A partir du VIe s., suivant l'exemple des autres envahisseurs, les Slaves déferlent sur les Balkans. Ceux de l'Hellade et du Péloponnèse s'enracinent et s'hellénisent. D'autres subissent la domination des Bulgares, qui se laissent slaviser. D'autres encore vont imposer leur marque durable aux régions illyriennes; ceux-là sont les Yougoslaves, ou Slaves du Sud. En Germanie, les Slaves progressent grâce au déplacement des Germains vers l'ouest. C'est alors que s'installent Slovaques, Tchèques, Sorabes, Obodrites, Poméramiens et Polanes. Seuls Tchèques et Polanes préservent leur individualité, créant les Etats de Bohême et de Pologne. Les Allemands détruisent ou assimilent, à partir du Xe s., les Slaves du Nord-Ouest; bientôt la poussée germanique s'effectue aux dépens des domaines tchèque, polonais et slovène. Les Magyars, également, divisent et submergent le domaine slave. Les Slaves de l'Est sont organisés en Etats (Novgorod, Kiev) par une poignée d'éléments russes. La conversion au christianisme (VIIIe-XIIe s.) crée une division culturelle : les Slaves de l'Ouest deviennent catholiques, et ceux de l'Est, évangélisés par Cyrille et Méthode, auront des Eglises nationales. A la fin du Moyen Age, les Slaves du Sud tombent sous la domination ottomane, puis la Pologne est partagée, et la Bohême et la Croatie sont absorbées dans l'Empire allemand. Le panslavisme* n'empêche pas la Russie de se désintéresser relativement du sort des Slaves. A partir du milieu du XIXe s., ceux-ci prennent conscience de leur fraternité et réussissent à constituer des Etats libres : Bulgarie (1885), Pologne, Tchécoslovaquie et Yougoslavie (1918).

Slaviansk, v. de l'U. R. S. S. (Ukraine); 124 000 h. Industries chimiques.

slavisant, e ou **slaviste** n. Spécialiste des langues slaves.

slaviser v. t. Donner le caractère slave.

slavisme n. m. V. PANSLAVISME.

slavon n. m. Langue artificielle développée à partir du vieux slave et utilisée anciennement comme langue religieuse et littéraire en Russie, en Serbie et en Bulgarie.

Slavonie, région de Yougoslavie (Croatie), entre la Save et la Drave.

sleeping-car [slipiŋkar] n. m. (mot angl.). V. VOITURE-LIT.

Slesvig. V. SCHLESWIG.

slikke [slik] n. f. (mot flamand). Partie basse des vasières littorales, recouverte à chaque marée.

Phot. Anderson-Giraudon (4), Serge Lido.

slip [slip] n. m. (mot angl. ; de *to slip,* glisser). Culotte ou caleçon très court. || Plan incliné pour haler à sec les navires à réparer.

Slipher (Vesto Melvin), astronome américain, né à Mulberry (Indiana) [1875-1969]. En 1914, il découvrit, en même temps que Max Wolf, la rotation des nébuleuses spirales et calcula la vitesse radiale de certaines de ces formations. Ses observations, généralisées par Hubble, sont à l'origine de la théorie de l'expansion de l'Univers.

Sliven, v. de Bulgarie orientale ; 68 000 h. Industries textiles et mécaniques.

Slochteren, localité des Pays-Bas (prov. de Groningue). Important gisement de gaz naturel.

Slodtz (Sébastien), sculpteur flamand, né à Anvers (1655-1726). Il travailla pour Louis XIV à Versailles. — Son fils RENÉ MICHEL, dit *Michel-Ange,* né à Paris (1705-1764), fut un sculpteur baroque. Durant son séjour à Rome, il donna un *Saint Bruno refusant les honneurs de l'épiscopat* pour la basilique Saint-Pierre. A Paris, il sculpta le mausolée de Languet de Gergy (église Saint-Sulpice).

slogan [slɔgɑ̃] n. m. (mot angl.). Sentence publicitaire ou de propagande, brève et frappante.

sloop [slup] n. m. (mot angl., empr. au néerl.). Navire à voiles à un mât, n'ayant qu'un seul foc à l'avant.

Slough, v. de Grande-Bretagne, à l'ouest de Londres ; 80 500 h. Centre industriel.

sloughi [slugi] n. m. Variété de lévriers d'Afrique à robe de couleur sable.

slovaque [slɔvak] adj. De Slovaquie.

Slovaquie, partie orientale de la Tchécoslovaquie ; 49 008 km²; 4 432 000 h. Occupant l'extrémité nord-ouest des Carpates, la Slovaquie est longtemps demeurée presque exclusivement forestière et pastorale. La collectivisation a favorisé la pénétration de l'agriculture moderne (cultures et élevage intensifs) et surtout le développement industriel (grâce aux aménagements hydro-électriques) dans les principaux centres urbains : Bratislava, Košice, Banská Bystrica, Huko.
● *Histoire.* A partir du XVIe s., la Slovaquie fit preuve de velléités d'indépendance à l'égard de l'Autriche. Entre la politique de germanisation et la pression magyare, la minorité slovaque finit par prendre conscience de sa nationalité au XIXe s. Elle se heurta à une hostilité obstinée des Hongrois. T. Masaryk travailla au rapprochement des Tchèques et des Slovaques. La Tchécoslovaquie naquit ainsi à la suite de l'effondrement de l'Empire austro-hongrois (1918). Le parti populiste slovaque se transforma peu à peu en parti fasciste, et la Slovaquie, **sous l'égide de Mgr Tiso, se plaça en 1939 sous la protection allemande. Depuis le 1er janvier 1969, la Slovaquie constitue l'un des deux Etats de la république fédérale de Tchécoslovaquie.**

slovène [slɔvɛn] adj. et n. De Slovénie.

Slovénie, l'une des républiques fédérées de la Yougoslavie ; 20 226 km²; 1 679 000 h. (*Slovènes*). Cap. *Ljubljana.* Constituant l'extrémité nord-ouest du pays, la Slovénie s'étend essentiellement sur les Alpes (partie des Alpes Juliennes et des Karawanken) et leur avant-pays (plateaux calcaires du Karst notamment). Elle associe la céréaliculture à l'élevage bovin. Le sous-sol fournit du plomb, du zinc et surtout du lignite. La métallurgie s'est implantée à Jesenice et à Maribor.
● *Histoire.* L'administration française des territoires slovènes pendant le premier Empire favorisa l'éveil d'une conscience nationale. Rattachée à la Yougoslavie en 1918, démantelée durant la Seconde Guerre mondiale, la Slovénie est république fédérale yougoslave depuis 1946.

Słowacki (Juliusz), poète polonais, né à Krzemieniec (1809-1849). Il quitta Varsovie après l'insurrection de 1831 et s'établit en France. Ses poèmes lyriques et philosophiques (*le Roi Esprit,* 1846-1849) et ses drames (*Marie Stuart,* 1830 ; *Kordian,* 1833 ; *Mazepa,* 1840) mêlent aux thèmes romantiques un spiritualisme messianiste.

slow-fox [slofɔks] ou **slow** n. m. (de l'angl. *slow,* lent, et de *fox,* abrév. de *fox-trot*). Fox-trot de tempo lent.

Słupsk, v. de la Pologne septentrionale ; 68 300 h. Métallurgie.

Sluter (Claus), sculpteur d'origine hollandaise, né à Haarlem (v. 1340-1350 - 1405 ou 1406). Il est à Bruxelles en 1379 et à Dijon en 1383, dans l'atelier de Jean de Marville à qui il succède comme imagier du duc Philippe le Hardi. Considéré comme le fondateur de l'école bourguignonne, il a sculpté, pour la chartreuse de Champmol (Dijon), une *Vierge à l'enfant* au portail de la chapelle et le *Puits de Moïse,* un des plus puissants chefs-d'œuvre du Moyen Age.

Sm, symbole chimique du *samarium.*

smala [smala] ou **smalah** n. f. (mot arabe). Ensemble des équipages de la maison d'un chef arabe. (La plus célèbre est celle d'Abd el-Kader, prise par les Français en 1843.) || *Fam.* Famille nombreuse.

Småland, anc. prov. de la Suède méridionale.

Smalkalde, en allem. **Schmalkalden,** v. de l'Allemagne orientale, au pied du Thüringerwald ; 14 400 h. Les protestants y conclurent en 1531, avec l'appui de la France, une ligue contre Charles Quint ; elle fut dissoute en 1547.

smalt [smalt] n. m. Verre coloré en bleu par l'oxyde de cobalt.

smaltine n. f. Arséniure naturel de cobalt.

smaragdin, e adj. Qui est d'un vert d'émeraude.

Sluter « Christ » v. 1400 *musée archéologique de Dijon*

smaragdite [smaragdit] n. f. (du lat. *smaragdus,* émeraude). Minéral d'un beau vert d'émeraude.

smart [smart] adj. (mot angl.). *Fam.* Elégant (vx).

smash [smatʃ *ou* smaʃ] n. m. (mot angl.). *Sports.* Coup pris au-dessus de la tête et par lequel on rabat violemment la balle ou le ballon.

smasher v. i. Effectuer un smash.

smectique [smɛktik] adj. (du gr. *smêgma,* savon). Se dit d'une substance servant à dégraisser la laine : *argile smectique.*

Smetana (Bedřich), compositeur et pianiste tchèque, né à Litomyšl (1824-1884), auteur de l'opéra *la Fiancée vendue* (1866) et de poèmes symphoniques (*Ma patrie,* cycle de six poèmes symphoniques). Il est le père de la musique moderne en Bohême.

smicard n. m. *Fam.* Personne dont le salaire est simplement égal « au salaire minimum de croissance » (S. M. I. C.).

smilax [smilaks] n. m. Nom scientifique de la *salsepareille.*

smillage n. m. Dégrossissage des moellons bruts à l'aide de la smille.

smille [smij] n. f. (gr. *smilê*). Marteau à deux pointes, utilisé par les tailleurs de pierre.

Smith (Adam), économiste écossais, né à Kirkcaldy (1723-1790), auteur de *Recherches sur la nature et les causes de la richesse des nations* (1776). Le travail source de toute richesse, la valeur fondée sur l'offre et la demande, le commerce affranchi de toute prohibition, la concurrence élevée à la hauteur d'un principe, tels sont les éléments principaux de sa doctrine.

Smith (Joseph), premier prophète des mormons, né à Sharon (Vermont) [1805-1844]. Il publia le *Livre de Mormon* et organisa la secte des mormons. Il mourut lynché.

Smith (Elisabeth SMITH, dite **Bessie**), chanteuse noire américaine, née à Chattanooga (Tennessee) [1894-1937]. Elle domine l'histoire du blues.

Smith (Ian Douglas), homme politique rhodésien, né à Selukwe en 1919. Premier ministre de Rhodésie (1964), il proclama unilatéralement l'indépendance de son pays (1965), provoquant ainsi une rupture avec Londres. En 1969, il fait approuver par référendum une Constitution instituant la République.

smithsonite [smitsɔnit] n. f. Carbonate naturel de zinc.

smocks [smɔks] n. m. pl. (mot angl.). Fronces rebrodées sur l'endroit, servant de garniture aux vêtements d'enfants. (Certains sont en nid d'abeilles.)

smoking [smɔkiŋ] n. m. (de l'angl. *smoking-jacket,* jaquette que l'on met après le dîner pour fumer). Costume habillé d'homme, à revers de soie.

Smolensk, v. de l'U. R. S. S. (R. S. F. S. de Russie), sur le Dniepr ; 211 000 h. Textiles. D'importants combats s'y déroulèrent en 1812. Pendant la Seconde Guerre mondiale, la ville fut prise par les Allemands (1941) et reconquise par les Russes (1943).

Smuts (Jan Christiaan), homme politique et maréchal d'Afrique du Sud, né à Bovenplaats (Le Cap) [1870-1950]. Il combattit dans les rangs des Boers ; partisan d'une entente avec Londres, il devint en 1914 général en chef des troupes d'Afrique du Sud. Premier ministre de 1919 à 1924, il fut nommé maréchal britannique et membre du cabinet de guerre britannique en 1941.

Smyrne. V. IZMIR.

Sn, symbole chimique de l'*étain* (en lat. *stannum*).

snack-bar [snakbar] n. m. (mot angl. ; de *snack,* portion, et *bar*). Restaurant servant rapidement des repas à toute heure. || Pl. des *snack-bars.*

Snake River, riv. des Etats-Unis, affl. de la Columbia (r. g.) ; 1 450 km.

Sneakers [snikœrs] n. m. pl. (mot amér. signif. *sandales de gymnastique*). Marque déposée de sandales de corde dont la semelle remonte sur le pourtour de toile.

Snell van Royen (Willebrord), dit **Villebrordus Snellius,** astronome et mathématicien flamand, né à Leyde (1580 ou 1591-1626). Il est surtout connu pour avoir, le premier, introduit la méthode de triangulation dans la mesure des arcs de méridien : il détermina ainsi la longueur d'un arc de 1° 11′ entre Alkmar et Bergen-op-Zoom (1615). Il fut également le premier à découvrir la loi de la réfraction de la lumière (1620).

snob [snɔb] adj. et n. (mot angl.). Qui fait preuve de snobisme.

snober v. t. (de *snob*). Chercher à s'imposer par une attitude snob.

snobisme n. m. Admiration pour tout ce qui est en vogue, dans les milieux qui passent pour distingués.

Snoilsky (Carl, *comte*), poète suédois, né à Stockholm (1841-1903). Il est l'auteur de recueils lyriques qui unissent les thèmes historiques aux légendes populaires (*Images italiennes,* 1865 ; *Poèmes,* 1869 ; *Sonnets,* 1871 ; *Images suédoises,* 1886).

Snorri Sturluson ou **Snorre Sturlasson,** poète islandais, né à Hvamm (v. 1179-1241). Issu de la puissante famille des Sturlunga, il fut un des chefs les plus redoutés de l'Islande. Ami du roi Haakon IV de Norvège, auquel il avait promis de soumettre l'Islande, il devint bientôt l'adversaire du souverain. Il dut ensuite lutter contre son gendre, qui le tua. Snorri Sturluson est l'auteur de l'*Heimskringla,* ou *Saga des rois de Norvège,* et il a rassemblé les éléments de l'*Edda* prosaïque.*

snow-boot [snobut] n. m. (mot angl.). Chaussure caoutchoutée et fourrée, pour la neige.

Snowdon, massif montagneux de Grande-Bretagne, dans le nord-ouest du pays de Galles, portant le point culminant de la région (1 085 m).

Snyders ou **Snijders** (Frans), peintre flamand, né à Anvers (1579-1657). Collaborateur de Rubens et de Jordaens, il peignit des scènes de chasse et des natures mortes bien équilibrées, d'un bel effet décoratif.

Sobieski (Jean III). V. JEAN III SOBIESKI.

Sobrarbe, pays d'Espagne (prov. de Huesca), noyau de l'anc. royaume d'Aragon.

Adam Smith

Snyders « Nature morte avec personnages » *musée municipal de Cambrai*

Phot. Giraudon, Larousse, Giraudon.

sobre [sɔbr] adj. (lat. *sobrius*). Qui mange et qui boit avec modération. ‖ — *Fig.* Qui use de certaines choses avec discrétion, modération : *être sobre de louanges.* ‖ Sans excès d'ornementation ; simple : *un décor, un style sobre.*

sobrement adv. D'une manière sobre. ‖ *Fig.* Avec retenue, circonspection : *parler sobrement.*

sobriété n. f. Tempérance dans le manger et le boire. ‖ — *Fig.* Retenue, modération : *il faut user de toutes choses avec sobriété.* ‖ Absence de recherche : *la sobriété de l'art florentin.*

sobriquet [sɔbrikɛ] n. m. Surnom, donné le plus souvent par dérision.

soc [sɔk] n. m. (empr. au gaul.). Partie de la charrue qui creuse le sillon en coupant la terre horizontalement.

Soccia (20125), comm. de Corse (arr. d'Ajaccio) ; 716 h.

Sochaux (25600), ch.-l. de c. du Doubs (arr. de Montbéliard) ; 6 116 h. (*Sochaliens*). Usine d'automobiles.

sociabilité n. f. Aptitude, penchant à vivre en société.

sociable adj. (lat. *sociabilis ;* de *sociare,* associer). Né pour vivre en société : *l'homme est naturellement sociable.* ‖ Avec qui il est facile de vivre : *caractère sociable et généreux.*

social [sɔsjal], **e, aux** [-o] adj. Qui concerne la société : *ordre social.* ‖ Qui concerne une société de commerce : *raison sociale ; signature sociale.* ● *Action sanitaire et sociale,* activités des caisses de Sécurité sociale et d'Allocations familiales, qui revêtent une forme collective. ‖ *Catholicisme social,* mouvement de pensée et d'action qui essaie, depuis le début du XIXe s., de promouvoir une réforme des structures sociales et économiques selon l'esprit de l'Evangile. ‖ *Insectes sociaux,* insectes vivant en groupes organisés, tels que les abeilles, les fourmis, etc. ‖ *Législation sociale,* ensemble des dispositions législatives et réglementaires qui font intervenir en faveur des individus et des foyers la solidarité de la collectivité. ‖ *Psychologie sociale,* celle qui étudie les interactions entre l'individu et les groupes auxquels il appartient. (V. *encycl.*) ‖ *Sciences sociales,* ensemble des sciences (sociologie, économie, etc.) qui étudient les groupes humains, leur nature, leur comportement, etc.

— ENCYCL. La *psychologie sociale* se distingue de la psychologie générale et de la sociologie. Elle est différente de la première en ce qu'elle s'intéresse aux facteurs sociaux et aux conditions sociales (par ex., elle met en évidence les facteurs sociaux dans la perception, en comparant entre elles les informations données après coup par des sujets d'origines sociales différentes, concernant un même objet perçu antérieurement par tous les sujets) ; d'autre part, elle étudie les relations d'un sujet avec un autre et l'interaction au sein d'un groupe. Elle se distingue de la sociologie en ce qu'elle s'intéresse au comportement d'individus en les rapportant à chacun d'eux, alors que la sociologie les rapporte aux déterminations sociales, telles que, par exemple, les institutions.

● *Objet.* La psychologie sociale étudie en particulier les processus de l'acculturation et les variétés de l'apprentissage social dans les diverses cultures. Elle met en évidence l'histoire de la *personnalité,* en montrant par exemple les rôles des conditions sociales dans la forme prise par la conscience de soi. Dans l'étude des *interactions* entre les individus d'un groupe, la psychologie sociale étudie les formes instituées de ces interactions, par exemple le langage, considéré comme l'instrument de conduites qui exercent de multiples fonctions. Enfin la psychologie sociale s'intéresse aux *comportements collectifs,* qui s'étendent à l'ensemble des phénomènes de masse, tels que la mode, les rumeurs, l'opinion publique.

● *Méthodes.* Elles ne sont pas spécifiques de la psychologie sociale, mais c'est la convergence de leurs résultats qui tend à constituer la psychologie sociale comme science autonome. Ce sont principalement : l'interview, l'échelle* d'attitude, l'analyse de contenu, le psychodrame et le test sociométrique.

sociale (*guerre*), insurrection de l'Italie contre la domination romaine, de 91 à 88 av. J.-C. Les Italiens alliés (*socii*) de Rome ne jouissaient pas du droit de cité romaine ni des privilèges qui en découlaient. Ils se liguèrent donc pour les conquérir. Conduits par Pompedius Silo, les Italiens furent battus par Marius, puis par Sulla.

social-chrétien adj. et n. m. Se dit du parti démocrate-chrétien en Belgique et de ses membres. ‖ Pl. des *sociaux-chrétiens.*

— ENCYCL. Le *parti social-chrétien belge* (P. S. C.), créé en 1945, est l'héritier du parti catholique. Souvent majoritaire (notamment de 1951 à 1961), le P. S. C. a été presque constamment au pouvoir, soit seul, soit avec les libéraux ou les socialistes. Cependant le parti est sorti affaibli des élections de 1968 et de la scission d'ordre linguistique qui les a précédées.

social-démocrate adj. et n. Partisan de la social-démocratie. ‖ Pl. des *sociaux-démocrates.*

social-démocratie n. f. Dénomination du parti socialiste dans certains pays étrangers, notamment en Allemagne et en Scandinavie. (V. *encycl.*) ‖ Ensemble des organisations et des hommes politiques qui se rattachent au socialisme parlementaire et réformiste.

— ENCYCL. Fondée en 1875, la *social-démocratie allemande* s'imposa à la vie politique grâce surtout à Bernstein. Ayant, en majorité, rallié la politique belliciste de Guillaume II en 1914, les socialistes se montrèrent très modérés après la défaite de 1918 et furent incapables de résister au courant nazi (1933). Le parti s'est reconstitué en 1945 : il fait partie d'un gouvernement de coalition avec les démocrates-chrétiens de la C. D. U. (Kiesinger) depuis 1966. En *Scandinavie,* les partis sociaux-démocrates, créés entre 1878 et 1889, dominent la vie politique et sociale depuis la fin de la Première Guerre mondiale.

socialement adv. Relativement à la société.

socialisant, e adj. et n. Qui se rapproche du socialisme. ‖ Qui met l'accent sur les réalités économiques et sociales : *historien socialisant.*

socialisation n. f. Mise en commun des moyens de production et d'échange. (Les nationalisations opérées en France en 1936 et en 1945 ont été des tentatives de socialisation au profit de la nation dans certaines branches de l'activité économique.) ‖ Adaptation d'un enfant à la vie de groupe (famille, école, etc.).

socialiser v. t. Déposséder par rachat, expropriation ou réquisition les personnes propriétaires de certains moyens de production ou d'échange, au bénéfice d'une collectivité. ‖ Adapter un enfant à la vie de groupe.

socialisme n. m. Dénomination de diverses doctrines économiques, sociales et politiques reliées par une commune condamnation de la propriété privée des moyens de production et d'échange.

— ENCYCL. A la base du *socialisme,* on trouve la dénonciation des inégalités sociales, dénonciation qui, de Platon à Gracchus Babeuf, n'a qu'un fondement moral. Ensuite viendront les explications techniques de ces inégalités, puis des propositions de palliatifs (Sismondi, Saint-Simon) ; c'est ainsi qu'apparaissent à la fin du XIXe s. le *socialisme d'Etat,* ou *socialisme de la chaire,* puis, au XXe s., l'interventionnisme.

Le socialisme véritable met en cause les institutions et non plus seulement leur fonctionnement. Les *saint-simoniens* (Enfantin, Bazard) et les associationnistes (Fourier et Louis Blanc en France, Owen en Angleterre) préconisent la substitution au régime de la propriété privée soit d'une socialisation étatique, soit d'un fédéralisme d'associations de producteurs, qui s'est, depuis, partiellement concrétisé dans le mouvement coopérateur, dont la branche « coopératives de consommation » a connu une certaine réussite, alors que la branche « coopératives de production », davantage dans la ligne de pensée des associationnistes, a végété. Avec Marx et Engels apparaît le *socialisme scientifique,* ou *marxisme,* qui ne se borne pas à imaginer une transformation de structures, mais déclare que cette transformation est inéluctable, qu'elle est la conséquence logique des contradictions internes du régime capitaliste. Le marxisme constitue le fondement théorique de la plupart des partis socialistes. Prolongé par Lénine, il est la base de l'activité doctrinale et pratique des divers partis communistes.

socialiste adj. Qui se rapporte au socialisme. ● *Parti socialiste,* nom porté habituellement par les organismes socialistes politiques, notamment en France (S. F. I. O.), en Belgique (P. S. B.) et en Italie (P. S. U. I.). [V. *encycl.*] ‖ — Adj. et n. Qui est partisan du socialisme.

— ENCYCL. Le *parti socialiste français* est le nom qui désignait aussi la *Section française de l'Internationale ouvrière* (*S. F. I. O.*), créée en 1905 à la suite de l'unification des différents partis socialistes. Cependant, à la suite du congrès de Tours (1920), socialistes et communistes se séparèrent. Le journal *l'Humanité* étant devenu communiste, la S. F. I. O. eut comme organe *le Populaire,* animé par Léon Blum. En 1928, elle comptait 100 députés à la Chambre ; elle en eut 132 en 1932. Malgré différentes sécessions, elle compta 149 députés en 1936, et son chef — Léon Blum — devint le président du premier gouvernement de *Front populaire.* En juillet 1940, 29 députés S. F. I. O. et 7 sénateurs refusèrent le pouvoir constituant au maréchal Pétain. De nombreux socialistes participèrent à la Résistance. A partir de 1945 — et en dépit de la formation d'un *parti socialiste unitaire* (P. S. U.) —, la S. F. I. O. joua un rôle important dans la vie politique comme élément du tripartisme ; sous la Ve République, elle passa rapidement dans l'opposition et constitua avec divers autres groupes de la gauche non communiste la *Fédération de la gauche démocrate et socialiste* (F. G. D. S.). En 1969, elle s'est intégrée à un nouveau *parti socialiste.*

Le *parti socialiste belge* (P. S. B.) est le nom porté depuis 1945 par l'ancien *parti ouvrier belge* (P. O. B.), fondé en 1885. Jusqu'en 1914, ce parti lutta pour le relèvement du niveau de la vie ouvrière et pour l'instauration du suffrage universel. Après 1945, le P. S. B. participa plusieurs fois au gouvernement ; il a maintenu ses effectifs notamment en Wallonie, malgré la scission d'ordre linguistique survenue lors des élections de 1968. En Italie, un *parti ouvrier italien* (P. O. I.), fondé en 1882, se transforma en *parti socialiste italien* en 1893. Ce parti orchestra une violente agitation sociale avant la Première Guerre mondiale. En 1921 se détacha le *parti communiste italien,* section de la IIIe Internationale. Rejetés dans la clandestinité par le fascisme, les socialistes revinrent au pouvoir en 1945. Mais, en 1947, le socialisme italien se scinda en un *parti socialiste italien* (Nenni) et en un *parti social-démocrate italien* (Saragat) ; il se réunifia en 1966. En 1969, une nouvelle scission détacha du *parti socialiste italien* un *parti socialiste unitaire.*

socialité n. f. Caractère de ce qui est social.

social-révolutionnaire adj. et n. m. S'est dit du parti russe (et de ses membres) créé en 1900 et qui fut éliminé par Lénine après 1918. ‖ Pl. des *sociaux-révolutionnaires.*

sociétaire adj. et n. Qui fait partie d'une société d'acteurs, d'une mutuelle, etc. ● *Sociétaire de la Comédie-Française,* acteur qui possède un certain nombre de parts dans la distribution des bénéfices du théâtre.

sociétariat n. m. Qualité de sociétaire de la Comédie-Française.

société [sɔsjete] n. f. (lat. *societas ;* de *socius,* compagnon). Réunion d'hommes, d'animaux vivant en groupes organisés. ‖ Chacun des divers stades de l'évolution du genre humain : *société primitive, féodale, capitaliste.* ‖ Union de plusieurs personnes soumises à un règlement commun : *une société littéraire.* ‖ Réunion de gens qui s'assemblent pour la conversation, le jeu ou d'autres plaisirs : *jeu de société.* ‖ Commerce, relations habituelles : *rechercher la société de quelqu'un.* ‖ *Dr.* Groupement de plusieurs personnes ayant mis quelque chose en commun en vue de partager le bénéfice qui pourra en résulter, et auquel la loi reconnaît une personnalité morale considérée comme propriétaire du patrimoine social. (On distingue les *sociétés commerciales,* dont l'objet principal est l'exécution d'actes de commerce, et les *sociétés civiles.* Les sociétés par actions, les sociétés à responsabilité limitée, les sociétés tendant à l'exploitation de mines ou d'immeubles par étages sont toujours réputées commerciales.) ● *Haute société,* ensemble des personnes marquantes par leur condition sociale, par leur fortune. ‖ *Règle de société* ou *de compagnie,* règle qui permet de partager une somme entre plusieurs associés d'après la quotité de leurs mises. ‖ *Société animale,* ensemble d'animaux de la même espèce qui vivent longtemps et en grand nombre dans les mêmes lieux et entre lesquels existent des relations d'interdépendance qui dépassent les nécessités de la reproduction. (V. *encycl.*) ‖ *Société anonyme,* société de capitaux constituée entre 7 associés au moins et soumise à un strict contrôle des apports. (C'est la forme le plus généralement adoptée par les grandes entreprises.) ‖ *Société de capitaux,* société commerciale dans laquelle chaque associé n'est engagé qu'à concurrence de son apport (société en commandite par actions, société anonyme). [Les actions sont librement cessibles.] ‖ *Société en commandite,* société commerciale qui comporte deux catégories d'associés, les uns étant solidairement tenus des dettes de la société sur leur fortune personnelle, les autres (dits *commanditaires**) ne l'étant qu'à concurrence de leurs apports. ‖ *Société de consommation,* V. CONSOMMATION. ‖ *Société de personnes* ou *par intérêts,* société commerciale dans laquelle chaque associé s'engage personnellement jusqu'à concurrence de sa fortune entière (société en nom collectif, société en commandite simple, société en participation). [Les parts des associés ne peuvent être cédées qu'avec le consentement de tous.] ‖ *Société à responsabilité limitée* (S. A. R. L.), société commerciale d'un type particulier, intermédiaire entre celui des sociétés de personnes et celui des sociétés de capitaux.

— ENCYCL. *Société animale.* Les rassemblements migratoires ou reproducteurs (oiseaux migrateurs, bancs de poissons, criquets pèlerins) ne forment pas des sociétés. Celles-ci, presque toujours sédentaires, se caractérisent par les services mutuels que se rendent les individus : échanges de nourriture (insectes), réchauffement mutuel, soins donnés aux jeunes par d'autres que leurs parents (abeille, pingouin), entreprises collectives de construction (termites), protection contre les ennemis (ruminants sauvages), etc. Elles reposent sur une *division du travail* qui peut être extrêmement poussée, surtout chez les insectes, et sur quelque chose d'analogue à une *hiérarchie* chez les mammifères et les oiseaux (l'initiative venant toujours des mêmes individus, que les autres imitent). La plupart des sociétés animales sont intolérantes envers les animaux de même espèce qui tenteraient de s'y joindre tardivement. En revanche, elles acceptent souvent des commensaux d'autres espèces. Des phénomènes rappelant la guerre, l'esclavage et la révolution ont été décrits chez les fourmis*.

Société des Nations (S. D. N.), organisme créé en 1920 entre les Etats signataires du traité de Versailles et ayant pour objet de développer la coopération entre les nations et de garantir la paix et la sécurité. Elle a été remplacée en 1946 par l'O. N. U.

Société royale de Londres, en angl. *Royal Society of London,* équivalent britannique de l'Académie des sciences. Elle fut constituée en 1662.

Société (*îles de la*), principal archipel de la Polynésie française (Océanie) ; 68 200 h. Ch.-l. *Papeete,* à Tahiti. On distingue les îles du Vent, avec Tahiti, Moorea, Makatea, et les îles Sous-le-Vent*. Plantation de cocotiers. Pêche. Tourisme. Découvertes par Wallis (1767) et Cook (1769), les îles de la Société furent placées sous le protectorat de la France entre 1880 et 1887.

Socin (Lelio SOZZINI ou SOCINI, dit), protestant italien, né à Sienne (1525-1562). Il fonda la doctrine antitrinitaire, connue sous le nom de *socinianisme.* — Son neveu FAUSTO, né à Sienne (1539-1604), organisa une Eglise antitrinitaire en Pologne.

socinianisme [sɔsinjanism] n. m. Système religieux de Lelio et de Fausto Socin. (Il est caractérisé par le rejet du dogme de la Trinité et par la négation de la divinité du Christ, puis par le libéralisme.)

socioculturel, elle adj. Relatif à la classe sociale ou au groupe social, ainsi qu'à la culture qui contribue à les caractériser : *le niveau socioculturel.*

sociodramatique adj. Relatif au sociodrame : *méthode sociodramatique.*

sociodrame n. m. Scène dramatique improvisée, sur un thème très large proposé, par un ensemble de personnes données, dans le dessein de faire apparaître certaines structures latentes du groupe.

socioéconomique adj. Qui intéresse la société définie en termes économiques : *l'évolution socioéconomique de l'emploi dans une région.*

sociogramme [sɔsjɔgram] n. m. Représentation graphique des résultats du *test sociométrique* soit sous forme de schéma figuré, où les attractions et les répulsions entre les *atomes sociaux* sont représentées par des flèches pleines ou en pointillé entre des cercles symbolisant les individus, soit sous forme de tableau en carré, où chaque atome social figure en abscisse et en ordonnée, l'abscisse représentant le choix émis par l'individu, l'ordonnée celui dont il est l'objet. (V. SOCIOMÉTRIE.)

sociologie [sɔsjɔlɔʒi] n. f. (de *société*, et gr. *logos*, science). Science des phénomènes sociaux.
— ENCYCL. Héritière d'une longue tradition de philosophie de l'histoire et de science politique, dont elle ne s'est jamais complètement démarquée, y compris dans plusieurs de ses tendances actuelles, la *sociologie* a été constituée *de fait* par les doctrinaires sociaux du XIXe s. : Saint-Simon, Proudhon, Comte (inventeur du terme) et Marx. La révolution industrielle s'accompagne d'un bouleversement des structures socio-économiques et d'un affaiblissement des « garants métasociaux de l'ordre » (A. Touraine), c'est-à-dire des éléments qui, tout en constituant des phénomènes sociaux, dominent le social en se référant à l'ordre moral supérieur (la famille, la religion, l'art, etc.). L'œuvre de ces doctrinaires est le reflet de ces changements : il s'y fait jour l'exigence d'une étude positive des phénomènes sociaux, étude rompant avec les points de vue finaliste (la seule recherche de l'organisation politique et sociale, « la meilleure ») et normatif (la préoccupation immédiate d'établir des règles d'action pour la vie collective), qui caractérisaient les premières études sur les sociétés (recherche des lois qui régissent la *cité idéale* ou l'*ordre naturel*).
Nouvelle discipline, la sociologie devait, progressivement, prendre conscience de la spécificité du social, et par là rompre l'attraction des sciences les plus voisines qui, successivement, conduisit à une sociologie organiciste, assimilant la société à un organisme vivant, et à une sociologie psychologique, soit qu'elle privilégiait l'imitation comme règle de comportement (Gabriel Tarde), soit qu'elle postulait une âme collective (*psychologie des foules* de Gustave Le Bon). En France, il appartenait à Émile Durkheim, chef d'une école dont Mauss, Simiand et Halbwachs furent les principaux représentants, d'affirmer la non-réductibilité du social à un quelconque « substrat » biologique, physique ou psychologique : « La première règle et la plus fondamentale est de considérer les faits sociaux comme des choses. » Si la notion de conscience collective, chère à Durkheim, était lourde d'ambiguïtés par ses résonances philosophiques, elle n'en établissait pas moins que les consciences individuelles forment, dans leurs actions réciproques, une synthèse qui est plus que la somme des éléments, affirmant ainsi la nature objective des relations sociales.
En Allemagne, l'influence de Max Weber fut prédominante : la construction de « types idéaux » doit permettre non pas tant de dégager les lois générales de la vie sociale, mais surtout d'expliciter les situations concrètes dans ce qu'elles ont d'unique par rapport au sens que les individus donnent à leur action dans ces situations. Conjointement à l'élaboration des premières techniques empiriques d'enquête par le Français Le Play, qui connurent une extraordinaire floraison au XXe s., la sociologie de Max Weber est à l'origine de la sociologie américaine. Par la suite, celle-ci s'orientera vers l'étude de l'intégration des individus dans le système social de leurs valeurs, et, devenant de plus en plus utilitaire et instrumentale, identifiera les régularités statistiques aux normes de comportement; la construction de modèles mathématiques sur de petits groupes expérimentaux tendant à constituer une *psychologie sociale* autonome par rapport à la sociologie et proche de la psychologie.
En fait, érigée en discipline autonome depuis un siècle, la sociologie est toujours à la recherche de son statut scientifique et de la définition des critères de ce statut, malgré une accumulation de résultats due à l'élargissement des recherches. A côté des domaines traditionnels (sociologie du travail, des classes sociales, de la connaissance, des religions, du droit, etc.) se sont ajoutées des recherches sur l'art, la littérature, les loisirs, l'économie, les communications de masse, l'éducation, etc., rendant plus urgent le développement d'études pluridisciplinaires; sous l'effet du structuralisme (Lévi-Strauss), l'ethnologie affirme son autonomie, tout au moins au niveau des méthodes. A cet élargissement du champ d'application correspond un éclatement théorique : la diversité des méthodes et des techniques de recherche, malgré l'emploi accru d'instruments mathématiques et statistiques, ne permet pas la construction d'une théorie sociologique unifiée, condition d'une sociologie scientifique, seule à même de préserver l'étude des phénomènes sociaux des illusions du savoir immédiat, très dangereux dans ce domaine « en raison du rapport particulier qui s'établit entre l'expérience savante et l'expérience naïve du monde social » (P. Bourdieu).

sociologique adj. Relatif à la sociologie.

sociologisme n. m. Tendance à tout ramener à la sociologie.

sociologiste adj. et n. Qui fait preuve de sociologisme.

sociologue n. Savant qui s'occupe de sociologie.

sociométrie [sɔsjɔmetri] n. f. Etude des relations entre individus d'un même groupe et entre plusieurs groupes de même appartenance.
— ENCYCL. Les relations interindividuelles dans leur aspect qualitatif apparaissent dans le sociodrame*. Partant d'un système de valeur sociale simple, tel que la « vie en commun » ou le « travail en commun », appelé *critère sociométrique*, une enquête, appelée *test sociométrique*, est menée auprès des individus d'un groupe, au cours de laquelle chacun d'eux indique, à part des autres, en fonction du critère donné, laquelle des deux ou des trois attitudes suivantes est la sienne vis-à-vis de chacun des autres individus : attirance, répulsion, auxquelles on a parfois ajouté indifférence. Dans certains cas, il indique également s'il se croit choisi, rejeté par chacun des membres du groupe, éventuellement, s'il pense lui être indifférent. Les réponses de tous les individus sont réparties graphiquement sous forme de *sociogramme**. Partant du choix spontané de l'individu, le sociogramme traduit la structure intime du groupe face à sa structure visible ou officielle. La comparaison entre celles-ci peut, par exemple, permettre une meilleure distribution des tâches dans un groupe de travail : tel est l'un des objectifs d'une *sociométrie dynamique*. L'interprétation des sociogrammes est renforcée par la comparaison de ceux-ci avec la probabilité mathématique de la distribution des choix effectués. Des tables types ont ainsi été élaborées, en fonction du nombre des individus et du nombre de choix possibles. La comparaison fournit alors des informations précieuses sur la configuration du groupe et sur le niveau d'intégration de ses divers membres (*sociométrie descriptive* ou *statistique*).

sociométrique adj. Relatif à la sociométrie : *échelle sociométrique*.

socioprofessionnel, elle adj. Relatif au groupe social en relation avec le secteur et le niveau économiques qui contribuent à le caractériser : *un milieu socioprofessionnel*.

socle [sɔkl] n. m. (ital. *zoccolo*, sabot). *Archit.* Base unie ou moulurée plus large que haute, servant de support à une colonne, à un élément quelconque d'architecture, à une statue. (Un socle continu prend le nom de *soubassement* ou de *stylobate*.) ‖ *Géogr.* Ensemble de terrains anciens, souvent cristallins, aplanis par l'érosion, recouverts ou non par des sédiments plus récents.

Socoa, port de la comm. de Ciboure (Pyrénées-Atlantiques). Station balnéaire.

Socotora ou **Socotra,** île de l'océan Indien, partie du Yémen démocratique; 15 000 h.

socque [sɔk] n. m. (lat. *soccus*, sandale). Dans l'Antiquité, chaussure basse employée par les acteurs comiques. ‖ La comédie : *quitter le socque et le cothurne*. ‖ Chaussure à semelle de bois.

Socquette [sɔkɛt] n. f. (marque déposée). Chaussette basse s'arrêtant à la cheville.

Socrate, en gr. **Sôkratês,** philosophe grec, né à Alôpekê (Attique) [v. 470-399 av. J.-C.], fils du sculpteur Sôphroniskos et de la sage-femme Phainaretê. Il fut l'élève de Prodicos et du géomètre Théodore de Cyrène, et le maître d'Alcibiade, aux côtés de qui il combattit. Nous connaissons Socrate non directement, puisqu'il n'a rien écrit, mais par des traditions multiples, dont la principale est celle de Platon. Aristophane ne nous présente qu'un portrait satirique de Socrate, et les *Mémorables* de Xénophon n'apportent rien de plus que les dialogues de Platon, écrits sous le coup de l'indignation après la condamnation à mort de son maître (*Apologie, Criton, Phédon, le Banquet, Théétète*). La vie de Socrate est inséparable de son enseignement. On le représente vêtu d'un manteau grossier, parcourant les rues pieds nus par tous les temps; d'un tempérament robuste, à l'extérieur vulgaire, au nez camus, à la figure de Silène, il ne ressemblait nullement aux sophistes richement habillés qui attiraient les Athéniens. On le rencontrait partout où se portait la foule, et tout servait de prétexte à son enseignement; il se présentait comme celui qui ne sait rien, interrogeait sans cesse les Athéniens, notamment les jeunes, pour détruire l'éducation acquise sans réflexion, les préjugés enrobés de sophistique, pour y substituer un savoir tiré de soi-même. Cette *ironie socratique* devait le faire condamner à mort sous le prétexte d'avoir ébranlé la tradition. Il but la ciguë en conversant et mourut avec sérénité.
La philosophie de Socrate est sans doute celle des premiers dialogues de Platon. Le *Phédon* nous présente l'histoire spirituelle de Socrate, qui aurait décidé de « laisser la nature aux dieux » pour ne s'occuper que des hommes, des problèmes de morale. La méthode consiste à confronter les opinions (la *dialectique*), puis à dégager par *induction* une idée générale donnant la *définition* de l'objet cherché. La découverte du savoir par la réflexion personnelle, par la *maïeutique*, ou obstétrique mentale, est possible grâce à la *réminiscence*, à un savoir des notions intellectuelles et morales que l'homme possède en lui. Sa morale, fondée sur la maxime « Connais-toi toi-même », suppose que nul n'est méchant volontairement : en prenant connaissance de lui-même l'homme sera rendu à sa nature et à sa moralité premières.

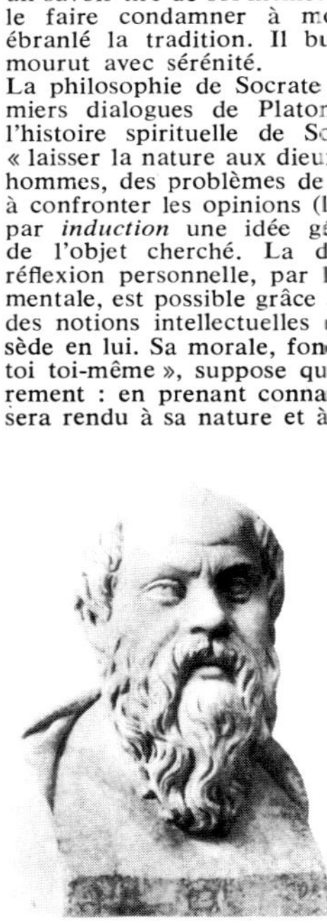

Socrate
musée de Naples

socratique [sɔkratik] adj. Relatif à Socrate : *philosophie socratique*. ● *Mœurs socratiques*, pédérastie.

soda [sɔda] n. m. (de l'angl. *soda water*, eau de soude). Eau chargée de gaz carbonique, ordinairement additionnée de sirop de fruit.

Soddy (*sir* Frederick), chimiste et physicien anglais, né à Eastbourne (1877-1956). Il donna la loi de filiation des éléments radioactifs (1902) et découvrit, en 1903, le phénomène d'isotopie. (Prix Nobel de chimie, 1921).

sodé, e adj. Qui contient de la soude.

sodique adj. Qui contient du sodium : *sel sodique*.

sodium [sɔdjɔm] n. m. (de *soude*). Métal (Na) de numéro atomique 11, de densité 0,97, fondant à 98 °C, très répandu dans la nature à l'état de chlorure (sel marin et sel gemme) et de nitrate. (Blanc et mou, il s'altère rapidement à l'air humide, en donnant naissance à de la soude caustique. Comme il réagit violemment sur l'eau, on le conserve dans du pétrole.)

sodoku [sɔdɔky] n. m. (mot japon.). Maladie infectieuse due à un spirochète, transmise par morsure de rat, et qui sévit surtout au Japon et en Chine. (Le sodoku se manifeste par plusieurs accès fébriles et par une éruption cutanée.)

Sodoma (Giovanni Antonio BAZZI, dit **le**), peintre italien, né à Verceil (1477-1549). Son art se rattache à celui de Léonard de Vinci. Fixé à Sienne, il orna une des chapelles de l'église San Domenico de fresques illustrant la vie de sainte Catherine.

Sodome, anc. v. de Palestine, près de la mer Morte, qui, selon la Bible, fut détruite par le feu du ciel en raison de sa dépravation. (Hab. *Sodomites*.)

sodomie [sɔdɔmi] n. f. (de *Sodome*). Coït contre nature.

Soekarno. V. SUKARNO.

Soerabaya. V. SURABAYA.

Soerakarta. V. SURAKARTA.

sœur [sœr] n. f. (lat. *soror*). Fille née du même père et de la même mère qu'une autre personne, ou de l'un des deux seulement. ‖ Nom donné à toutes les femmes qui ont fait des vœux religieux. ‖ *Fig.* Se dit de deux choses qui ont beaucoup de rapports : *la poésie et la peinture sont sœurs*. ● *Belle-sœur*, v. ce mot. ‖ *Bonne sœur*, religieuse. ‖ *Les neuf Sœurs*, les Muses. ‖ *Sœur de lait*, nourrie par la même nourrice.

sœurette n. f. *Fam.* Petite sœur.

sofa [sɔfa] n. m. (arabe *ṣuffa*, coussin). Sorte de lit de repos à trois dossiers et à coussins.

soffite [sɔfit] n. m. (ital. *soffito*; du lat. *suffixus*, suspendu). *Archit.* Face inférieure du larmier. ‖ Plafond à caissons, décoré de rosaces.

Sofia, cap. de la Bulgarie, dans l'ouest du pays; 801 000 h. Au pied du mont Vitoša (2 290 m), la ville s'est développée dans un petit bassin intérieur (dont l'altitude est inférieure à 600 m), près de l'Iskăr. Son essor est récent, puisqu'elle comptait 20 000 h. seulement en 1880. Sa population a pratiquement doublé depuis 1945. Aujourd'hui, Sofia, outre sa prépondérance politique, intellectuelle et commerciale, est la métropole secondaire incontestée du pays, dont elle possède le tiers du potentiel industriel. Aux branches traditionnelles, modernisées (alimentation, travail du cuir, tabac) se sont ajoutées notamment les constructions mécaniques et électriques, ainsi que la chimie.
● *Histoire*. Antique *Serdica*, Sofia fut la capitale de la Dacie sous Aurélien. Elle fut occupée par les Turcs de

le Sodoma
« la Flagellation »
musée des Beaux-Arts
Rouen

Phot. Alinari-Giraudon, Giraudon.

Sofia
cathédrale
Alexandre-
Nevski

hôtel
« Pliska »

la fin du XIVe s. à 1878; elle devint alors capitale de la Bulgarie (1878). Les forces soviétiques de Tolboukhine y firent leur entrée en septembre 1944.

software [sɔftwɛr] n. m. (mot angl. formé d'après *hardware**, et *soft,* doux). Ensemble des activités qui ont pour objet la conception et l'emploi des calculateurs électroniques (codification, organisation, analyse, programmation, etc.) [par oppos. à *hardware*].

Sogdiane, anc. contrée d'Asie, entre l'Iaxarte et l'Oxus. V. pr. *Samarkand.*

Sognefjord, le plus long fjord de Norvège, au nord de Bergen; 175 km.

Soho, quartier du centre de Londres.

soi [swa] (lat. *se*) pron. pers. réfléchi de la 3e pers. et des deux genres, qui se rapporte ordinairement à un sujet indéterminé : *aimer parler de soi.* ● *Aller de soi,* n'offrir aucune difficulté. ‖ *A part soi* (Fam.), en son particulier, dans son for intérieur : *faire une réflexion à part soi.* ‖ *En soi,* de nature : *la vertu est aimable en soi.* ‖ *Sur soi,* sur sa personne : *n'avoir pas d'argent sur soi.* ‖ — **En-soi, pour-soi** n. m. *Philos.* Catégories de l'existence distinguées par les existentialistes modernes.

soi-disant adj. inv. Qui prétend être, qu'on ne reconnaît pas pour tel : *les soi-disant philosophes.* ‖ — Loc. adv. A ce qu'on prétend : *ils sont partis, soi-disant pour aller le chercher.*

soie [swa] n. f. (lat. *saeta,* poil rude). Substance textile de nature protéique sécrétée par des glandes spécialisées de plusieurs groupes d'animaux articulés. (Les larves de nombreux papillons et de quelques autres insectes sécrètent une *soie salivaire,* celle du bombyx du mûrier servant de matière première à l'industrie de la soie naturelle; les araignées sécrètent une *soie abdominale* dont elles font les usages les plus variés et que l'homme utilise quelquefois.) [V. *encycl.*] ‖ Etoffe faite avec la soie produite par la chenille du bombyx du mûrier, ou *ver à soie.* ‖ Poil dur et raide du porc, du sanglier et de certains invertébrés (lombric, polychètes). ‖ Partie du fer d'une arme blanche, d'un couteau, qui entre dans le manche, dans la poignée.
— ENCYCL. La *soie* est une substance visqueuse, élaborée par les araignées et par certains insectes, dont le ver à soie (*Bombyx mori*), grâce à des glandes séricigènes. Les fils sortent du corps par un ou plusieurs orifices nommés « filières », et ils se durcissent au contact de l'air. La soie des chenilles de bombyx, sécrétée par les glandes salivaires, constitue le cocon, où elles abritent leur nymphose. L'élaboration des fils de soie comprend la sériciculture, la filature, ou tirage, et le moulinage. La *sériciculture* englobe toutes les opérations se rapportant à l'élevage du ver à soie jusqu'à la production du cocon. Cet élevage se fait à l'air libre en Chine, mais il faut le plus souvent aux vers (*bombyx* ou, dans le midi de la France, *magnans*) un local spécial (*magnanerie*), où la température soit régulière. Des œufs de vers à soie (*graines*) sortent de petites chenilles filiformes, qui se mettent, dès leur éclosion, à manger des feuilles de mûrier; les vers changent plusieurs fois de peau (*mue*), puis ils choisissent sur des branches de genêt placées près d'eux une place où ils s'installent pour filer leur cocon. La *filature* n'est que le dévidage du fil continu formant le cocon. Placés dans de l'eau bouillante, les cocons sont battus par une brosse pour éliminer les premières couches et dégager l'extrémité libre du fil de soie. On dévide ensuite simultanément un certain nombre de cocons, dont les fils sont réunis en un seul filament par le passage dans une filière, puis on croise fortement deux groupes de fils ou le même fil sur lui-même et l'on obtient la « soie grège ». Le *moulinage* est destiné à régulariser le fil de soie grège, à le purger de ses impuretés et à lui donner la torsion nécessaire pour augmenter sa résistance. Pour cela, on soumet les écheveaux à l'action de l'eau savonneuse chaude ou de la mousse de savon. La perte de poids subie est compensée en précipitant sur la fibroïne un silicophosphate d'étain : la fibre gonfle ainsi et couvre mieux au tissage.

soierie [swari] n. f. Marchandises de soie, commerce de la soie. ‖ Fabrique de soie.

soif [swaf] n. f. (lat. *sitis*). Désir, besoin de boire. ‖ *Fig.* Désir immodéré : *soif de l'or.*
— ENCYCL. Chez le sujet normal, la *soif* résulte de la déshydratation provoquée par l'élimination urinaire et cutanée d'eau, qui est augmentée par les efforts et la chaleur. De nombreux états morbides accentuent la soif; ce sont la fièvre, les diarrhées, les vomissements, le diabète. Certains médicaments peuvent également entraîner une soif importante : purgatifs, diurétiques, etc.

soiffard [swafar], **e** [-ard] n. *Fam.* Personne qui boit trop.

soigner [swaɲe] v. t. Avoir soin de quelqu'un ou de quelque chose : *soigner un malade; soigner sa santé.* ‖ Apporter du soin à quelque chose : *soigner son style.*

soigneur n. m. Celui qui prend soin de l'état physique d'un athlète.

soigneusement adv. Avec soin.

soigneux, euse adj. Qui apporte du soin à ce qu'il fait : *ouvrier soigneux.* ‖ Qui prend soin de : *soigneux de sa personne, de ses vêtements.* ‖ Fait avec soin : *soigneuses recherches.*

Soignies, v. de Belgique (Hainaut); 11 400 h. Collégiale romane.

soin [swɛ̃] n. m. (empr. au francique). Attention, application à quelque chose : *objet travaillé avec soin.* ‖ Charge, devoir de veiller à quelque chose : *confier à quelqu'un le soin de ses affaires.* ‖ — Syn. : DILIGENCE, EXACTITUDE, MINUTIE, SOLLICITUDE, VIGILANCE. ● *Avoir soin de, prendre soin de,* être attentif à, veiller sur. ‖ — Pl. Moyens hygiéniques, diététiques et thérapeutiques par lesquels on s'efforce de rendre la santé à un malade : *donner les premiers soins à un blessé.* ● *Etre aux petits soins auprès de quelqu'un,* avoir pour lui des attentions délicates.

soir [swar] n. m. (lat. *sero,* tard). Dernière partie du jour. ● *A ce soir,* nous nous reverrons dans la soirée du jour où nous sommes.

soirée n. f. Espace de temps depuis le déclin du jour jusqu'au moment où l'on se couche : *les longues soirées d'hiver.* ‖ Réunion dans la soirée, pour causer, jouer, etc. : *donner une soirée dansante.* ● *En soirée* (par oppos. à *en matinée*), se dit d'une représentation donnée dans la soirée (vers 21 heures).

Soirées de Médan (*les*), recueil de six nouvelles paru en 1880. Portant sur les événements de 1870, elles constituent une sorte de manifeste du naturalisme : *l'Attaque du moulin,* de Zola; *Boule-de-Suif,* de Maupassant; *Sac au dos,* de Huysmans; *la Saignée,* d'Henry Céard; *l'Affaire du grand sept,* de Léon Hennique; *Après la bataille,* de Paul Alexis.

Soissonnais, pays de l'Ile-de-France; cap. *Soissons.*

Soissons (02200), ch.-l. d'arr. de l'Aisne, sur l'Aisne, dans le *Soissonnais;* 27 641 h. (*Soissonnais*). Evêché. Marché agricole. Constructions mécaniques. Caoutchouc. L'arr. a 6 cant., 164 comm., 88 713 h.
● *Histoire.* En 486, Clovis y vainquit Syagrius, victoire qui est à l'origine de l'anecdote célèbre dite du *vase de Soissons.* La ville a été dévastée par l'artillerie allemande (1914-1918).
● *Beaux-arts.* La cathédrale Saint-Gervais-et-Saint-Protais (XIIe-XIIIe s.) est de pur style gothique (vitraux du XIIIe s.); elle est dominée par une tour de 66 m. La ville possède en outre les restes de l'abbaye Saint-Médard, nécropole des Mérovingiens. Un musée a été installé dans l'ancienne abbatiale Saint-Léger.

Soisy-sous-Montmorency (95230), ch.-l. de c. du Val-d'Oise (arr. de Montmorency); 14 587 h. (*Soiséens*).

soit [swa *devant une consonne,* swat *devant une voyelle ou quand le mot est employé adverbialement*] (lat. *sit*) conj. marquant une alternative : *soit l'un, soit l'autre;* une supposition : *soit 4 à multiplier par 3;* une explication (c'est-à-dire) : *il a perdu une forte somme,*

schéma de fabrication de la soie

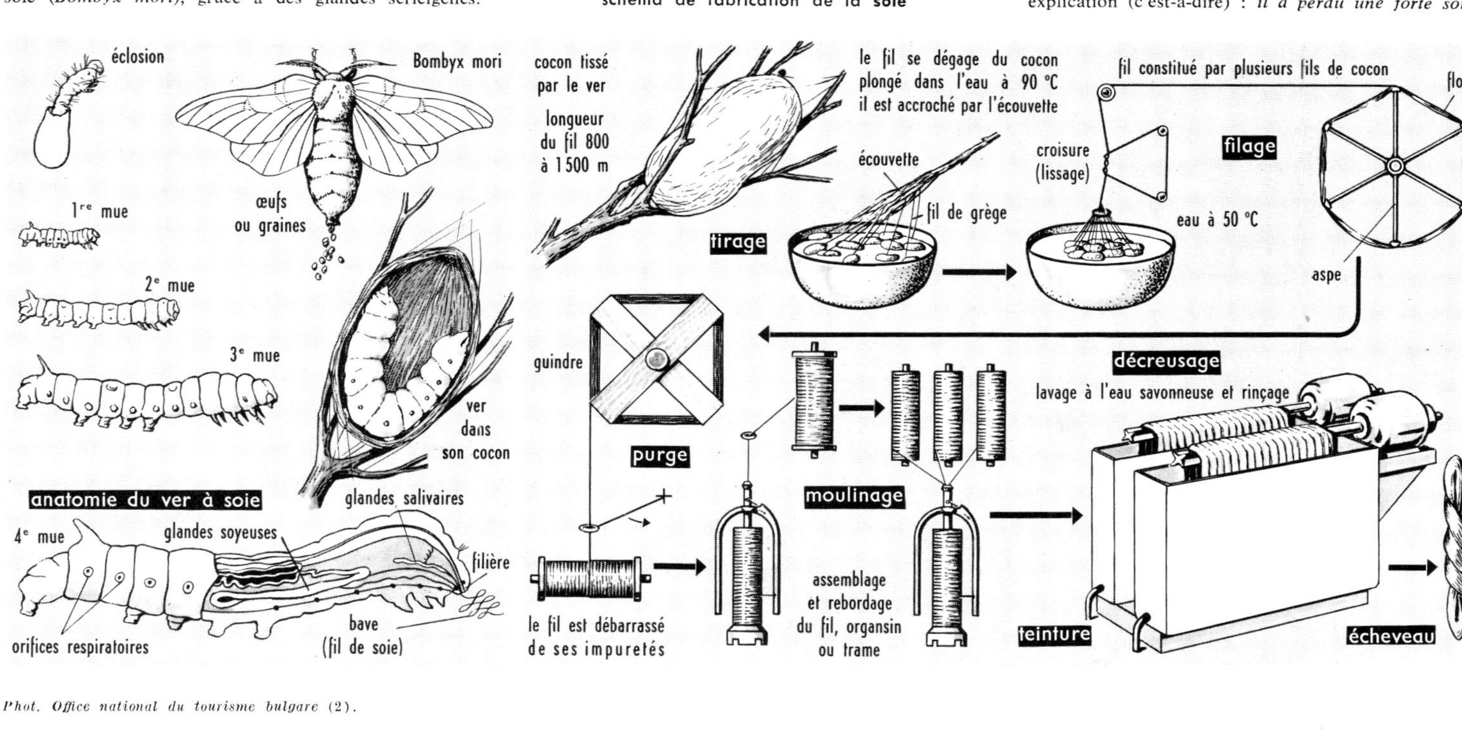

soit un million. ‖ — Adv. Ellipse de « que cela soit, je le veux bien » : *vous aimez mieux cela, soit.* ‖ **— Tant soit peu** loc. adv. Très peu. ‖ **— Soit que** loc. conj. Indique une alternative (suivi du subjonctif) : *soit que vous restiez, soit que vous partiez.*

soit-communiqué n. m. *Ordonnance de soit-communiqué,* ordonnance par laquelle un juge d'instruction communique le dossier de sa procédure au parquet, pour que celui-ci prenne ses réquisitions.

soixantaine n. f. Collection de soixante objets (ou d'environ soixante) : *une soixantaine de francs.* ● *Avoir la soixantaine,* avoir soixante ans environ.

soixante [swasɑ̃t] adj. num. (du lat. *sexaginta*). Six fois dix. ‖ Soixantième : *page soixante.* ‖ — N. m. Nombre soixante : *faire un soixante au piquet.*

soixantième adj. num. ord. Qui occupe le rang marqué par le chiffre *soixante.* ‖ — N. : *être le, la soixantième.* ‖ — N. m. Fraction de l'unité obtenue en divisant par soixante.

soja [sɔʒa] ou **soya** [sɔja] n. m. Plante herbacée annuelle (haute de 0,40 à 0,70 m), voisine du haricot (famille des papilionacées).
— Encycl. Originaire d'Asie, semble-t-il, le *soja* est cultivé depuis la plus haute antiquité. Les principaux producteurs actuels sont la Chine, la Mandchourie, le Japon et l'Amérique, particulièrement les Etats-Unis depuis le début du siècle. Il nécessite la présence de certaines bactéries dans le sol : aussi faut-il procéder à un ensemencement bactérien préalable pour réussir sa culture dans les terres qui n'en ont pas précédemment porté. On le cultive surtout pour ses graines qui ont une valeur alimentaire élevée et équilibrée et une teneur en huile assez faible. Ses usages sont multiples : alimentation humaine (pain, biscuits, aliments de régime), succédané du café après torréfaction, lait végétal obtenu en traitant la farine avec de l'eau et permettant la fabrication de fromages spéciaux, huile pour consommation humaine et usages industriels, tourteau pour l'alimentation du bétail. Aussi sa production s'est-elle considérablement accrue : 37 millions de tonnes (dont 23 pour les Etats-Unis et 11 pour la Chine).

Sokolovski (Vassili), maréchal soviétique, né à Kozliki (1897-1968). Il se distingua pendant la Seconde Guerre mondiale à Viazma, à Smolensk et à Roslavl', et participa à la conquête de la Pologne et de la Sibérie. En 1946, il devint commandant en chef des forces soviétiques en Allemagne, avant d'être nommé vice-ministre des Forces armées (1949), puis chef d'état-major général (1953-1960).

Sokols (mot tchèque signif. *Faucons*), sociétés de gymnastique créées en Bohême à partir de 1862 et qui constituèrent, jusqu'en 1914, des éléments d'opposition et de résistance à la domination autrichienne.

Sokoto, v. du Nigeria ; 89 800 h.

Sokoto, anc. empire soudanais fondé par les Haoussas entre le Niger et le Tchad. Il fut occupé en 1903 par les troupes anglaises.

sol [sɔl] n. m. (lat. *solum*). Terre considérée par rapport à ses qualités productives : *sol fertile.* ‖ Terrain sur lequel on bâtit, on marche : *sol peu solide.* ‖ Partie superficielle de la croûte terrestre, altérée au contact de l'atmosphère et pénétrée par la vie animale et végétale. (V. *encycl.*)
— Encycl. Le *sol* résulte des actions climatiques et biologiques exercées simultanément soit sur la roche en place, soit sur la roche travaillée par l'homme (sols cultivés). Dans les deux cas, il y a décomposition des roches mères, solubilisation et mobilisation des éléments constitutifs, augmentation et surtout fermentation de la matière organique, migration d'éléments sous l'influence de l'eau, fixation d'éléments solubles par la végétation superficielle et par la microflore propre du sol.
Le sol est un milieu complexe, dynamique, dont les changements, quoique lents, peuvent modifier entièrement les caractéristiques : il existe des sols jeunes, récemment parvenus à l'état de sols cultivables, des sols « usés » soit mécaniquement (érosion éolienne ou pluviale), soit chimiquement (épuisement d'un ou plusieurs des éléments indispensables à la croissance des végétaux), ou encore biologiquement (acidité trop grande, alcalinité excessive, toxicité). Dans ce dernier cas, il y a à la fois réduction de l'activité de la microflore des sols, modification de cette activité et réduction de la fertilité. Les phénomènes d'évolution bénéfique ou maléfique des sols sont modérés et lents sous les climats tempérés, relativement intenses sous les hautes températures et les fortes humidités des climats tropicaux.
Il existe plusieurs types de classification des sols, basés tant sur des critères physiques que sur des critères chimiques ou biologiques.
La « science du sol » est une catégorie de connaissances en perpétuelle évolution, par les apports successifs qu'elle reçoit de tous les secteurs de la science contemporaine.

sol n. m. Solution colloïdale.

sol n. m. inv. *Mus.* Cinquième degré de la gamme de *do.* ‖ Signe qui représente cette note.

sol n. m. Anc. forme du mot français *sou.*

solaire [sɔlɛr] adj. (du lat. *sol,* soleil). Relatif au Soleil : *rayon, année solaire.* ● *Four solaire,* appareil dans lequel on utilise la chaleur rayonnée par le Soleil pour obtenir des températures élevées. ‖ *Plexus solaire* (Anat.), centre neurovégétatif de l'abdomen, formé de ganglions nerveux situés en avant de la colonne vertébrale, derrière l'estomac. (Il reçoit des filets nerveux du sympathique et du parasympathique, et commande les fonctions des organes de la partie supérieure de l'abdomen.) ‖ *Système solaire,* ensemble du Soleil et des astres qui gravitent autour de lui.

solanacées [sɔlanase] n. f. pl. (du lat. *solanum,* morelle). Famille de plantes dicotylédones gamopétales comprenant la *pomme de terre,* la *tomate,* la *belladone,* le *tabac,* le *pétunia.*

solarigraphe [sɔlarigraf] n. m. Appareil pour mesurer le rayonnement solaire.

Solario ou **Solari** (Cristoforo), dit **il Gobbo,** sculpteur et architecte italien, né à Angera? (prov. de Varese) [1460-1527]. Il sculpta les tombeaux de Béatrice d'Este et de Ludovic le More à la chartreuse de Pavie. — Son frère Andrea, peintre actif de 1495 à 1522, subit l'influence de Léonard de Vinci et des Vénitiens, et travailla en France (*la Vierge au coussin vert,* Louvre).

Solario ou **Solari** (Antonio), dit **lo Zingaro,** peintre d'origine vénitienne (fin du xve s.-xvie s.). On lui doit les fresques de la *Vie de saint Benoît* (Naples).

solarium [sɔlarjɔm] n. m. Etablissement où l'on traite certaines affections par la lumière solaire. ‖ Emplacement réservé aux bains de soleil. ‖ Pl. des *solariums.*

solaster [-tɛr] n. m. Astéride caractérisé par un nombre élevé de bras (14). [V. illustr. ÉCHINODERMES.]

soldanelle [sɔldanɛl] n. f. (de l'anc. provenç. *soltz,* viande à la vinaigrette). Genre de primulacées à fleurs violettes, des pays montagneux.

soldat [sɔlda] n. m. (ital. *soldato ;* de *soldare,* payer une solde). Homme équipé et instruit par l'Etat pour la défense du territoire. ‖ Tout homme qui appartient à la profession militaire (dans l'armée de terre). ‖ Chez les termites, caste d'individus à tête et à mandibules énormes, chargés de la défense de la société. ● *Soldat de 1re classe,* soldat titulaire d'une distinction en raison de sa conduite. (Les autres sont dits *soldats de 2e classe.*)

Soldat fanfaron (*le*) [*Miles gloriosus*], comédie de Plaute (iie s. av. J.-C.).

Soldat inconnu (le), soldat français d'identité inconnue, tombé pendant la guerre de 1914-1918 et inhumé le 11 novembre 1920 sous l'Arc de triomphe à Paris, afin que soient honorés en lui les 1 400 000 morts français de la Première Guerre mondiale.

soldatesque n. f. (ital. *soldatesco*). Troupe de soldats indisciplinés. ‖ — Adj. Qui a la rudesse du soldat : *manières soldatesques.*

solde [sɔld] n. f. (ital. *soldo,* pièce de monnaie). Traitement des militaires et de certains fonctionnaires assimilés. ‖ *Mil.* Elément de base du traitement des militaires servant sous contrat. ‖ Ce traitement tout entier (solde et indemnités diverses). ● *Etre à la solde de quelqu'un,* défendre les intérêts de quelqu'un pour de l'argent.

solde n. m. (de *solder*). Différence entre le débit et le crédit d'un compte : *le solde d'une facture.* ‖ Reliquat d'une somme à payer. ‖ Marchandise vendue au rabais : *des soldes intéressants.*

solder v. t. (ital. *soldare*). Acquitter une dette, régler un compte : *solder un mémoire.* ‖ Vendre au rabais : *solder des marchandises.* ‖ **— Se solder [par]** v. pr. Avoir pour résultat : *se solder par un échec.*

soldeur, euse n. Personne qui achète des marchandises dépréciées pour les revendre.

sole [sɔl] n. f. (anc. provenç. *sola*). Poisson plat, ovale, très recherché pour la délicatesse de sa chair. (Ordre des pleuronectes.)

sole n. f. Chaque partie d'une terre alternativement soumise aux différentes cultures pendant telle ou telle année de l'assolement.

sole n. f. (lat. *solea,* sandale). Plaque cornée formant le dessous du sabot d'un animal. ‖ Pièce horizontale d'une charpente disposée pour soutenir le bâti d'une machine. ‖ Fond d'un bateau plat. ● *Sole d'un four,* partie réfractaire horizontale d'un four, sur laquelle on place les produits à traiter.

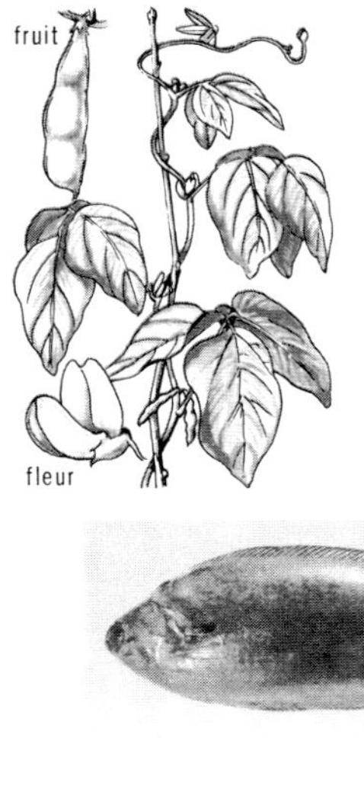

soja

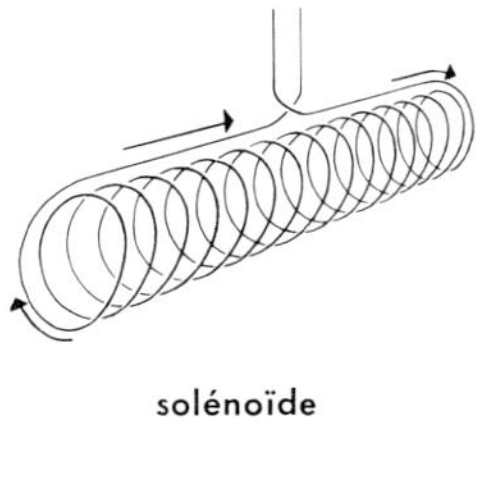
solénoïde

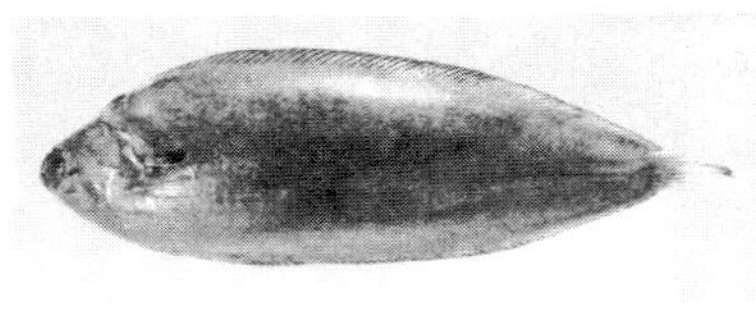
sole

soléaire [sɔleɛr] adj. et n. m. (de *sole*). *Anat.* Se dit d'un muscle placé à la partie postérieure de la jambe. (Il s'unit aux jumeaux pour former le triceps sural, qui se termine par le tendon d'Achille.)

solécisme [sɔlesism] n. m. (de *Soles,* colonie grecque de Cilicie où l'on parlait très mal le grec). Faute grammaticale concernant la syntaxe. (Ex. : *quoiqu'il est tard,* pour *quoiqu'il soit tard.*)

soleil [sɔlɛj] n. m. (du lat. *sol, solis*). Astre central, lumineux, du monde que nous habitons, et autour duquel gravitent les planètes : *la lumière du Soleil.* (Dans ce sens, s'écrit avec une majuscule.) [V. *encycl.*] ‖ Astre considéré comme centre d'un système planétaire : *les étoiles sont autant de soleils.* ‖ Pièce d'artifice tournante, qui jette des feux en forme de rayons. ‖ Image du Soleil : *les mousquetaires portaient un soleil sur la poitrine.* ‖ *Bot.* Nom usuel de l'*hélianthe.* ‖ Figure à la barre fixe. ● *Bien au soleil,* propriété immobilière. ‖ *Piquer un soleil* (Fam.), rougir. ‖ *Le Roi-Soleil,* Louis XIV. ‖ *Sous le soleil,* sur la terre, dans le monde.
— Encycl. Le *Soleil* est une étoile dont l'énergie réside dans les phénomènes thermonucléaires de transformation de l'hydrogène en hélium. Sa température superficielle est estimée à 5 750 °C. La surface lumineuse, ou *photosphère,* présente l'aspect d'un réseau à mailles irrégulières, formé par une multitude de points brillants, appelés *grains de riz,* qui se projettent sur un fond relativement sombre. Dans cette couche, instable, se forment des *taches* d'une très grande diversité de forme et d'étendue. On observe également des *facules,* régions très brillantes qui semblent siéger dans une région plus élevée de l'atmosphère solaire, la *chromosphère,* siège des *protubérances.* Enfin, la dernière enveloppe autour du Soleil constitue la *couronne,* qui se montre comme une gloire rayonnante. Le rayon du globe solaire, considéré comme sphérique, vaut 109 fois le rayon équatorial de la Terre, soit 695 000 km environ. Sa densité par rapport à l'eau n'est que de 1,41, de sorte que sa masse est seulement 33 000 fois celle de la Terre. La distance moyenne de la Terre au Soleil est de l'ordre de 149,5 millions de kilomètres, soit 23 400 rayons terrestres. Sa lumière met 8 mn 18 s pour parvenir jusqu'à nous.

solen [sɔlɛn] n. m. (gr. *sôlên,* canal). Mollusque bivalve, à coquille allongée, appelé usuellement *couteau,* et qui vit enfoncé dans le sable des plages. (Long. 20 cm.)

solennel [sɔlanɛl], **elle** adj. (lat. *solemnis*). Accompagné des cérémonies de la religion : *service solennel.* ‖ Pompeux ; qui se fait avec apparat : *entrée solennelle.* ‖ Accompagné d'actes qui donnent une importance considérable : *un contrat solennel.* ‖ Emphatique : *ton solennel.*

solennellement adv. De façon solennelle : *entrer solennellement dans une ville.*

solenniser v. t. Célébrer publiquement et avec pompe.

solennité [sɔlanite] n. f. Fête solennelle : *la solennité de Pâques.* ‖ Cérémonie publique qui accompagne une fête : *les solennités du culte catholique.* ‖ Formalités, actes qui donnent une grande importance à un fait : *la solennité d'un serment.* ‖ Emphase, affectation de gravité majestueuse : *parler avec solennité.*

solénoïdal, e, aux adj. Relatif au solénoïde : *champ solénoïdal.*

solénoïde [sɔlenɔid] n. m. (gr. *sôlên,* canal, et *eidos,* forme). *Electr.* Fil métallique enroulé en hélice sur un cylindre, et qui, parcouru par un courant, crée un champ magnétique comparable à celui d'un aimant droit. (A l'intérieur d'un solénoïde suffisamment long, le champ magnétique est uniforme, et son induction a pour valeur, en unités M.K.S.A., $B = 4\pi\, 10^{-7}\, Ni/l$, N étant le nombre de spires, *l* la longueur du cylindre et *i* l'intensité du courant.)

Soler y Ramos (Antonio), compositeur et théoricien espagnol, né à Olot (prov. de Gérone) [1729-1783]. Maître de chœur et organiste de l'Escorial, il a laissé de la musique religieuse, des quintettes pour orgue et cordes, des sonates pour clavecin. Il a été le plus grand musicien espagnol de la fin du xviiie s.

soleret [sɔlrɛ] n. m. Partie de l'armure qui protégeait le pied.

Solesmes (59730), ch.-l. de c. du Nord (arr. de Cambrai) ; 6 300 h. (*Solesmois*). Métallurgie. Textiles.

Solesmes [sɔlɛm] (72300 Sablé sur Sarthe), comm. de la Sarthe (arr. de La Flèche) ; 820 h. (563 aggl.). Abbaye bénédictine fondée au xie s., qui est depuis 1833 le centre de la congrégation bénédictine de France ; foyer de plain-chant grégorien. Célèbres sculptures du xvie s. (*Mise au tombeau*).

Soleure, en allem. **Solothurn,** v. de Suisse, ch.-l. de cant. du même nom, sur l'Aar ; 18 800 h. Cathédrale baroque. Constructions mécaniques. Textiles. Ville libre impériale (1218), Soleure adhéra à la Ligue urbaine du Rhin (1385) et fut admise dans la Confédération (1481). Elle fut la résidence des ambassadeurs du roi de France. Les Français l'occupèrent en 1798.

Soleure (*canton de*), canton du nord-ouest de la Suisse ; 222 000 h. Ch.-l. *Soleure.* Le Nord s'étend sur le Jura boisé, où se maintient, à côté de l'élevage, une petite industrie horlogère. Le Sud s'étend sur une petite partie de la vallée de l'Aar, site de la ville de *Soleure.* Le canton fut admis dans la Confédération en 1481.

Phot. Lauros - Atlas-Photo.

solfatare [sɔlfatar] n. f. Grande plaque de soufre déposée par les vapeurs qui sortent d'un volcan en repos. (V. SOUFRIÈRE.)

solfège [sɔlfɛʒ] n. m. (ital. *solfeggio*). Action de solfier. ‖ Recueil gradué de notes, de morceaux de chant, pour l'étude de la musique.

Solferino, village d'Italie (Lombardie), près du Mincio ; 1 800 h. Les troupes franco-piémontaises de Napoléon III y vainquirent, le 24 juin 1859, les troupes autrichiennes de François-Joseph. Le caractère sanglant des combats détermina les initiatives de Dunant, qui aboutirent à la création de la Croix-Rouge.

solfier [sɔlfje] v. t. Chanter un morceau de musique en nommant les notes.

solicitor [sɔlisitœr] n. m. (mot angl.). Homme d'affaires anglais dont les fonctions s'apparentent à celles de l'avoué et du notaire français.

solidago [sɔlidago] n. m. Plante à fleurs jaunes, assez souvent cultivée comme ornementale. (Famille des composés.)

solidaire [sɔlidɛr] adj. (du lat. *in solidum*, solidairement). Qui est dans un rapport d'aide mutuelle : *ils sont solidaires les uns des autres.* ‖ *Dr.* Se dit des personnes qui répondent les unes des autres. ‖ Qui lie plusieurs personnes, chacune étant responsable de la totalité de l'obligation : *obligation solidaire.* ‖ Qui est responsable par les termes d'une obligation le liant à d'autres personnes : *le mari est solidaire des dettes de sa femme.*

solidairement adv. Avec solidarité.

solidariser (se) [avec] v. pr. S'unir par des actes de solidarité.

solidarité n. f. Dépendance mutuelle entre les hommes. ‖ Sentiment qui pousse les hommes à s'accorder une aide mutuelle. ‖ *Dr.* Modalité d'une obligation.

solide [sɔlid] adj. (lat. *solidus*, massif). Qui a une forme propre (par oppos. à *fluide*) : *corps solide.* ‖ Vigoureux, fortement constitué : *solide gaillard.* ‖ Ferme, capable de durer, de résister : *bâtiment solide.* ‖ *Fig.* Qui a un fondement réel, effectif, durable : *de solides raisons.*

solide n. m. Corps dont les différents points sont à des distances invariables, de sorte que sa forme et son volume sont déterminés : *les solides se dilatent moins que les liquides.* ‖ Portion d'espace bien délimitée et envisagée, en mathématiques, comme un tout indéformable. ‖ *Fig.* Ce qui est durable, sérieux : *joindre au plaisant le solide et l'utile.*

solidement adv. De façon solide.

solidification n. f. Passage d'un corps de l'état liquide à l'état solide. (Sous pression fixe, la solidification d'un corps pur, phénomène inverse de sa fusion, se fait à une même température fixe. Elle est accompagnée d'un dégagement de chaleur et, en général, d'une contraction.)

solidifier v. t. Faire passer à l'état solide : *solidifier un liquide.* ‖ **— Se solidifier** v. pr. Devenir solide.

solidité n. f. Qualité de ce qui est solide, résistant (au *pr.* et au *fig.*) : *la solidité d'une étoffe, d'une argumentation.*

soliflore n. m. Vase destiné à ne contenir qu'une seule fleur.

solifluxion ou **solifluction** [sɔliflyksjɔ̃] n. f. (de *sol*, et du lat. *fluere*, couler). *Géogr.* Déplacement en masse du sol superficiel gorgé d'eau, sous l'action du gel et du dégel.

Solignac-sur-Loire (43370), ch.-l. de c. de la Haute-Loire (arr. du Puy); 801 h. (419 aggl.). Eglise du XIIe s.

Soligny-la-Trappe (61380 Moulins la Marche), comm. de l'Orne (arr. de Mortagne-au-Perche); 553 h. Monastère réformé au XVIIe s. par l'abbé de Rancé; cette réforme est à l'origine de l'ordre des Trappistes.

soliloque [sɔlilɔk] n. m. (lat. *solus*, seul, et *loqui*, parler). Discours d'un homme qui s'entretient avec lui-même ; monologue.

soliloquer v. i. Se parler à soi-même.

Soliman ou **Süleyman Ier** (m. en 1411), sultan ottoman (1403-1411). Proclamé sultan après la capture de son père, Bāyazīd Ier, par Tīmūr, il fut vaincu et tué dans une bataille contre son frère Mūsā. — SOLIMAN II *le Magnifique* (1494-1566), sultan ottoman (1520-1566), fils de Sélim Ier, à qui il succéda. Il prit Belgrade et Rhodes (1522), et battit à Mohács (1526) le roi de Hongrie, qu'il remplaça par Jean Zápolya. Après avoir échoué devant Vienne (1529), il lutta avec succès contre la Perse (1534-1555), tandis que, sur mer, les corsaires ottomans déployaient une grande activité en Méditerranée. Soliman II fut également un grand législateur et un grand bâtisseur. Il fit de Constantinople un brillant centre intellectuel. — SOLIMAN III, né à Constantinople (1642-1691), sultan ottoman (1687-1691). Il succéda à son frère Mehmet IV. La fin de son règne fut marquée par le pouvoir effectif du vizir Köprülü.

Solimena (Francesco), peintre italien, né à Canale (Serino) [1657-1747]. Décorateur d'un baroque tumultueux, on lui doit des fresques à San Paolo Maggiore et au Gesù Nuovo de Naples. Il eut de nombreux élèves.

solin [sɔlɛ̃] n. m. (de *sole*). Enduit de plâtre ou saillie de pierre ou de métal, servant à combler un vide, à raccorder des surfaces, à empêcher les infiltrations.

Solingen, v. de l'Allemagne occidentale (Rhénanie-du-Nord-Westphalie) ; 174 000 h. Coutellerie renommée.

Soliman II le Magnifique miniature du XVIIe s.

solipède [sɔlipɛd] adj. et n. m. (lat. *solidus*, massif, et *pes, pedis*, pied). *Zool.* Dont le pied ou la main ne présente qu'un doigt terminé par un sabot.

solipèdes n. m. pl. Autre nom de la famille des *équidés* (cheval, âne, zèbre).

solipsisme [sɔlipsism] n. m. (lat. *solus*, seul, et *ipse*, soi-même). Théorie philosophique idéaliste, affirmant que rien n'existe en dehors de la pensée individuelle et que tout ce que l'on perçoit n'est qu'une sorte de rêve que l'on fait.

soliste [sɔlist] adj. et n. *Mus.* et *Chorégr.* Qui exécute un solo.

Solís y Rivadeneira (Antonio), historien et écrivain espagnol, né à Alcalá de Henares (1610-1686), auteur de l'*Histoire de la conquête du Mexique.*

solitaire [sɔlitɛr] adj. (lat. *solitarius ;* de *solus*, seul). Qui est seul; qui aime à être, à vivre seul. ‖ Qui est placé dans un lieu écarté, désert : *hameau solitaire.*

solitaire n. m. Personne qui vit seule, qui se plaît dans la solitude. ‖ Vieux sanglier mâle. ‖ Diamant monté seul. ‖ Jeu de combinaisons, auquel on joue seul.

solitairement adv. De façon solitaire.

solitude [sɔlityd] n. f. (lat. *solitudo ;* de *solus*, seul). Etat d'une personne seule, retirée du monde : *les charmes de la solitude.* ‖ Isolement moral : *la solitude du cœur.* ‖ Lieu éloigné de la fréquentation des hommes : *se retirer dans la solitude.*

solive [sɔliv] n. f. (de *sole*). Pièce de charpente qui sert à soutenir un plancher et qui porte sur les murs ou les poutres.

soliveau [-vo] n. m. Petite solive de remplissage. ‖ *Fam.* Homme sans caractère ou d'une nullité complète : *ce n'est qu'un soliveau.*

Soljenitsyne (Aleksandr), écrivain soviétique, né à Kislovodsk en 1918. Après des études de physique et de mathématiques dans sa ville natale, il se rend à Moscou, où il suit des cours de philosophie et de littérature. Mobilisé en 1941, il est arrêté en 1945 sur la foi d'une accusation politique et emprisonné pendant huit ans. Réhabilité en 1957, il se fixe à Riazan', où il enseigne la physique et les mathématiques. Il s'est imposé par sa dénonciation du régime stalinien et ses revendications des libertés littéraires et politiques (*Une journée d'Ivan Denissovitch*, 1962 ; *la Maison de Matriona*, 1966 ; *le Pavillon des cancéreux*, 1968 ; *l'Archipel du Goulag*, 1973-1974). [Prix Nobel, 1970.]

sollicitation n. f. Action de solliciter, de prier instamment : *c'est à votre sollicitation que...*

solliciter [sɔlisite] v. t. (lat. *sollicitare*, inquiéter). Demander avec déférence : *solliciter une audience.* ‖ *Fig.* Attirer, provoquer : *solliciter l'attention des spectateurs.* ● *Solliciter un cheval*, l'exciter, l'animer. ‖ *Solliciter quelqu'un de faire quelque chose*, le prier instamment de le faire.

Solvay

solliciteur, euse n. Personne qui sollicite une place, une grâce, une faveur.

sollicitude n. f. (lat. *sollicitudo*). Soins attentifs, affectueux : *sollicitude maternelle.*

Solliès-Pont (83210), ch.-l. de c. du Var (arr. de Toulon) ; 4 214 h. (3 640 aggl.).

solo [sɔlo] n. m. (mot ital. signif. *seul*). *Mus.* Morceau joué ou chanté par un seul artiste, que les autres accompagnent : *faire un solo.* ‖ *Chorégr.* Partie d'un ballet dansée par un seul artiste (en général, danseur ou danseuse étoile). [Pl. des *solos* ou *soli.*] ‖ — Adj. Qui joue seul : *violon solo.*

Solo. V. SURAKARTA.

Sologne (la), région sableuse et argileuse du sud du Bassin parisien, dans la boucle de la Loire. Le sol, souvent marécageux, a été partiellement drainé et amendé, et porte quelques cultures limitées par l'extension des grands domaines de chasse.

solognot [sɔlɔɲo], **e** [-ɔt] adj. et n. De la Sologne.

Solomos (Dionysios, *comte*), poète grec, né à Zante (1798-1857). Après avoir écrit d'abord en italien, il adopta sa langue maternelle, le grec, dès le début de la guerre de l'Indépendance (1821). Son *Hymne à la liberté* (1823) est devenu l'hymne national grec. Il est le premier grand poète de la Grèce moderne.

Solon, en gr. **Solôn,** homme politique athénien (v. 640-v. 558 av. J.-C.). La conquête de l'île de Salamine, dont il dirigea peut-être l'expédition victorieuse (612), mais dont il fut sûrement le promoteur, lui acquit une grande popularité. Devenu archonte (594/593 ou 592/591), il fit des réformes en faveur du peuple et réduisit la puissance des clans. Il encouragea le développement économique par une législation favorable. Sur le plan politique, il favorisa la démocratisation, créa le sénat, ou *boulê*, et le tribunal populaire de l'*héliée*. Cependant, on ne connaît pas les limites exactes de son œuvre dans ce domaine.

Solothurn, nom allem. de *Soleure**.

Solre-le-Château [sɔr-] (59740), ch.-l. de c. du Nord (arr. d'Avesnes-sur-Helpe) ; 2 050 h.

solstice [sɔlstis] n. m. (lat. *solstitium ;* de *sol*, soleil, et *stare*, s'arrêter). *Astron.* Chacun des deux points de l'écliptique les plus éloignés de l'équateur céleste. ‖ Epoque à laquelle le Soleil atteint l'un de ces points. — ENCYCL. Les *solstices* sont situés sur le diamètre de l'écliptique perpendiculaire à la ligne des équinoxes. Le passage du Soleil en ces points, approximativement le 21 juin et le 21 décembre, marque respectivement le début de l'été et celui de l'hiver ou le jour le plus long et le jour le plus court de l'année.

solsticial, e, aux adj. Relatif aux solstices : *points solsticiaux.*

solubiliser v. t. Rendre soluble.

solubilité n. f. Qualité de ce qui est soluble : *la solubilité varie avec la température.*

soluble [sɔlybl] adj. (lat. *solubilis ;* de *solvere*, dissoudre). Qui peut se dissoudre dans un solvant : *le sucre est soluble dans l'eau.* ‖ *Fig.* Qui peut être résolu : *problème soluble.*

soluté [sɔlyte] n. m. Solution d'une substance médicamenteuse. ‖ Corps dissous.

solution [sɔlysjɔ̃] n. f. (lat. *solutio ;* de *solvere*, délier). Dénouement d'une difficulté ; réponse à une question, à un problème : *la solution d'un rébus.* ‖ *Math.* Système de valeurs des inconnues satisfaisant à une équation ou à un système d'équations. ‖ Conclusion ; action de terminer : *affaire qui demande une prompte solution.* ‖ Mélange liquide homogène de deux ou plusieurs corps. ‖ Liquide contenant un corps dissous : *une solution sucrée.* ● *Solution solide*, mélange homogène de plusieurs solides.

solutionner v. t. Donner une solution à ; résoudre : *solutionner un problème.* (Ce terme est condamné par certains grammairiens.)

solutréen [sɔlytreɛ̃], **enne** [-ɛn] adj. (de *Solutré*, station préhistorique). Se dit d'une industrie du paléolithique supérieur, où le travail du silex atteignit son apogée.

Solutré-Pouilly (71910 Davayé), comm. de Saône-et-Loire (arr. de Mâcon) ; 378 h. (218 aggl.). Vins blancs renommés. Station préhistorique (*solutréen*).

solvabilité n. f. Etat d'une personne solvable : *la solvabilité d'un commerçant.*

solvable [sɔlvabl] adj. (du lat. *solvere*, payer). Qui a les moyens de payer : *locataire solvable.*

solvant [sɔlvɑ̃] n. m. Substance, généralement liquide, capable de dissoudre d'autres substances.

solvate n. m. Combinaison chimique d'un corps dissous avec son solvant.

Solvay (Ernest), industriel et philanthrope belge, né à Rebecq-Rognon (Brabant) [1838-1922]. Il chercha et réussit à réaliser la fabrication industrielle du carbonate de sodium, en décomposant le chlorure de sodium par l'ammoniac et le gaz carbonique (1861-1865). Ce procédé, précédemment découvert par Schlœsing, qui

Phot. Giraudon, Larousse.

Mogadishu

république de **Somalie**

troupeau de chèvres

n'avait pu l'exploiter avec succès, concurrença rapidement celui de Leblanc, puis le supplanta entièrement.

soma [sɔma] n. m. (gr. *sôma*, corps). Ensemble des cellules non reproductrices des êtres vivants (par oppos. au *germen*, qui comprend les cellules reproductrices).

Somain (59490), comm. du Nord (arr. de Douai); 15 261 h. (*Somainois*). Houille. Centre ferroviaire.

somali adj. et n. V. SOMALIS. ‖ — N. m. Langue des Somalis.

Somalie (*république de*), Etat de l'Afrique orientale, sur l'océan Indien; 637 660 km²; 2 860 000 h. Cap. *Mogadishu*. Langue : *somali*.

Géographie.

● *Géographie physique*. Le Nord, sur le golfe d'Aden, est formé d'une dorsale montagneuse (monts Ogo) retombant directement sur l'océan Indien à l'est et dominant une plaine chaude (Guban) à l'ouest. Le Sud, sur l'océan Indien proprement dit, est formé de bas plateaux et de plaines bordant un littoral bas et rectiligne, inhospitalier. A des latitudes tropicales et même équatoriales en raison de la permanence de vents secs (issus notamment de l'Asie occidentale), la Somalie est un pays semi-aride, parfois désertique. Les précipitations sont à peine supérieures à 400 mm à Mogadishu. Elles sont inférieures à ce chiffre dans l'intérieur, où les températures oscillent souvent constamment autour de 30 °C.
● *Géographie humaine et économique*. Les conditions climatiques expliquent largement la faiblesse numérique de la population (4 h. au kilomètre carré en moyenne), formée principalement de Somalis, généralement islamisés et surtout nomades. L'élevage (chameaux et surtout ovins) est le fondement de l'économie. Les cultures (mil, maïs, canne à sucre, banane), bénéficiant parfois de l'irrigation, occupent moins de 2 p. 100 du sol. Le littoral est localement animé par la pêche (squale, thon) et possède une saline. L'industrie, en dehors de quelques usines traitant les produits du sol ou de l'élevage, est inexistante. La balance commerciale est traditionnellement et lourdement déficitaire. Les bananes constituent près de la moitié des exportations (les produits de l'élevage plus du tiers), dirigées principalement vers l'Italie et l'Arabie Saoudite. Parmi les importations, en dehors d'importants compléments alimentaires (céréales), dominent les produits manufacturés, fournis essentiellement par l'Italie.

Histoire.

Un royaume musulman somali se forma dès le XIVe s. et tenta la conquête de l'Ethiopie. Puis les différentes tribus des Somalis et des Afars reprirent une existence indépendante, vivant principalement de razzias. En 1889, les Italiens s'installèrent sur la côte, puis étendirent leur autorité sur tout le pays, qui devint colonie en 1905. En 1941, les Anglais occupèrent la Somalie italienne, qu'ils administrèrent jusqu'en 1950. Puis la Somalie fut mise sous tutelle italienne par l'O. N. U. pour une période de dix ans, au bout de laquelle la république indépendante de Somalie fut proclamée (1er juill. 1960). Depuis lors, des contestations de frontières ont donné lieu à des incidents avec l'Ethiopie et le Kenya.

Somalie britannique ou **Somaliland,** anc. territoire sous protectorat britannique de l'Afrique orientale; le ch.-l. était *Hargeisa*.

Somalie italienne, anc. colonie italienne (de 1885 à 1944), qui fut placée sous administration italienne jusqu'en 1960.

Somalis, ethnie musulmane habitant la Somalie, appartenant au type hamitique, et parlant un dialecte couchitique. Ils sont essentiellement pasteurs.

Somalis (*Côte française des*), anc. nom du *Territoire français des Afars* et des Issas*.
● *Histoire*. Les Français occupèrent Obock en 1884 et créèrent Djibouti en 1888. Le chemin de fer franco-éthiopien fut construit entre 1897 et 1917. Territoire d'outre-mer depuis 1946, la Côte des Somalis fut pourvue en 1957 d'un Conseil de ministres, présidé par le gouverneur et élu par l'Assemblée territoriale. Des troubles, dus aux autonomistes (1966), provoquèrent en 1967 un référendum qui se prononça pour le maintien au sein de la République française avec un statut renouvelé. En

juillet 1967, le Territoire a pris le nom de *Territoire français des Afars et des Issas*.

somation n. f. *Biol*. Variation atteignant le soma d'un organisme, par conséquent non transmissible par hérédité (par oppos. à la *mutation*).

somatique adj. (gr. *sôma, sômatos*, corps). Qui concerne le corps : *affection somatique*.

somatotonique adj. et n. Dans la typologie* de Sheldon, se dit d'individus qui ont besoin d'exercice et de mouvement, qui ont le goût du risque et du pouvoir. (Les somatotoniques s'opposent aux *viscérotoniques* et aux *cérébrotoniques*.)

somatotrope [sɔmatɔtrɔp] adj. *Hormone somatotrope*, l'une des hormones de l'hypophyse, agissant sur la croissance.

Sombernon (21540), ch.-l. de c. de la Côte-d'Or (arr. de Dijon); 561 h.

sombre [sɔ̃br] adj. Peu éclairé : *maison sombre*. ‖ Foncé; qui tire sur le brun : *couleur sombre*. ‖ Obscur, ténébreux : *nuit sombre*. ‖ — *Fig*. Mélancolique, taciturne, morne : *caractère sombre*. ‖ Qui ne laisse place à aucun sentiment de satisfaction : *sombre avenir*.

sombrer [sɔ̃bre] v. i. *Mar*. Couler, être englouti dans l'eau : *navire qui sombre*. ‖ — *Fig*. Tomber : *sombrer dans le vice*. ‖ Etre anéanti : *fortune qui sombre*.

sombrero [sɔ̃brero] n. m. (mot esp.). Chapeau de feutre à larges bords. ‖ Pl. des *sombreros*.

Sombreuil (Marie VIROT DE), fille du gouverneur des Invalides (1774-1823). Son attitude fit épargner son père lors des massacres de Septembre.

Somers ou **Sommers** (John, *baron*), homme d'Etat et écrivain anglais, né près de Worcester (1651-1716), un des chefs du parti whig.

Somerset, comté du sud-ouest de l'Angleterre; 644 000 h. Ch.-l. *Taunton*.

Somerville, v. des Etats-Unis (Massachusetts); 86 000 h.

Someş (le) ou **Szamos,** riv. de Roumanie et de Hongrie, affl. de la Tisza (r. g.); 411 km.

Somis (Giovanni Battista), violoniste et compositeur italien, né à Turin (1686-1763). Elève de Corelli, il est le fondateur de l'école piémontaise de violon et eut pour élèves Guignon, Leclair et Guillemain. Il a laissé des sonates en trio.

sommaire [sɔmɛr *ou* sɔmmɛr] adj. (du lat. *summa*, abrégé). Exposé en peu de mots : *analyse sommaire*. (Syn. : BREF, CONCIS, COURT, ÉLÉMENTAIRE, RUDIMENTAIRE, SUCCINCT. — Contr. : DIFFUS, LONG.) ‖ Expéditif : *justice sommaire*. ‖ Qui est réduit à la forme la plus simple : *repas sommaire; examen sommaire*.

sommaire n. m. Analyse abrégée d'un ouvrage ou d'une de ses parties.

sommairement adv. Brièvement.

sommation [sɔmasjɔ̃] n. f. (de *sommer*). *Dr*. Mise en demeure faite au débiteur d'une obligation d'avoir à exécuter celle-ci. ‖ Exploit d'huissier contenant une mise en demeure. ‖ *Mil*. Appel lancé par une sentinelle, un représentant qualifié de la force publique, enjoignant à une ou à plusieurs personnes de s'arrêter. ‖ En cas de troubles, appel solennel ordonnant à une foule de se disperser avant tout emploi de la force armée. (V. *encycl.*) ‖ *Physiol*. Succession efficace de plusieurs excitations semblables, qui, isolément, seraient inefficaces, sur un muscle ou sur un nerf.
— ENCYCL. En cas d'emploi de la force armée pour disperser des attroupements, les *sommations* sont faites par l'autorité civile et elles peuvent être remplacées par des sonneries de trompette ou de clairon, des roulements de tambour, des feux ou des fusées rouges. Deux sommations sont nécessaires après que l'autorité civile a manifesté sa présence, et, s'il doit être fait usage des armes, la dernière sommation doit être répétée.

sommation n. f. *Math*. Opération par laquelle on fait la somme de plusieurs quantités. (Le signe de la sommation est Σ.)

somme [sɔm] n. f. (lat. *summa;* de *summus*, qui est au point le plus haut). Résultat d'une addition arithmétique ou algébrique. ‖ Certaine quantité d'argent. ‖ *Fig*. Ensemble : *la somme des biens et des maux*. ‖ Titre d'un ouvrage qui traite en abrégé de toutes les parties d'une science (avec une majuscule en ce sens) : *la Somme théologique de saint Thomas*. ● *Arrondir une somme*, ajouter ou supprimer des décimales ou des unités pour obtenir un chiffre s'exprimant par des milliers, des centaines, des dizaines. ‖ *Somme géométrique de plusieurs vecteurs*, résultat de la composition de ces vecteurs. ‖ *Somme logique* (Log.), ensemble de l'extension de deux ou plusieurs concepts. ‖ *Somme d'une série*, limite de la somme des n premiers termes de cette série, lorsque n tend vers l'infini. ‖ **— Somme toute, en somme** loc. adv. Enfin, en résumé.

somme n. f. (lat. *sagma*, bât, charge). *Bête de somme*, animal propre à porter des fardeaux.

somme n. m. (lat. *somnus*). *Fam*. Temps plus ou moins long pendant lequel on dort.

Somme (la), fl. de Picardie, qui se jette dans la Manche (*baie de la Somme*); 245 km. Elle arrose Saint-Quentin, Péronne, Amiens, Abbeville. Victoire franco-anglaise qui soulagea le front de Verdun en 1916. Violents combats en juin 1940 pour tenter d'arrêter la ruée allemande vers le sud.

Somme (*dép. de la*) [**80**], dép. du Bassin parisien, formé d'une partie de la Picardie; préf. *Amiens;* s.-préf. *Abbeville, Montdidier, Péronne;* 4 arr., 44 cant., 819 comm.; 6 175 km²; 512 100 h. En arrière du littoral, jalonné de petits ports et de stations balnéaires et bordé par des régions basses (*Bas-Champs*), où domine l'élevage, le dép. s'étend sur le plateau limoneux de la *Picardie*.

Phot. Amari - Afrique-Photo (2).

Celui-ci porte de riches cultures céréalières, betteravières et fourragères (associées à l'élevage bovin, qui se développe) ; il est entaillé par la vallée humide de la Somme, où des marécages assainis ont été transformés en jardins maraîchers (hortillonnages). L'industrie est surtout représentée par la serrurerie (Vimeu), la petite métallurgie et les textiles (Abbeville et surtout Amiens, seule ville dépassant 30 000 h., devenue récemment une capitale du pneumatique).

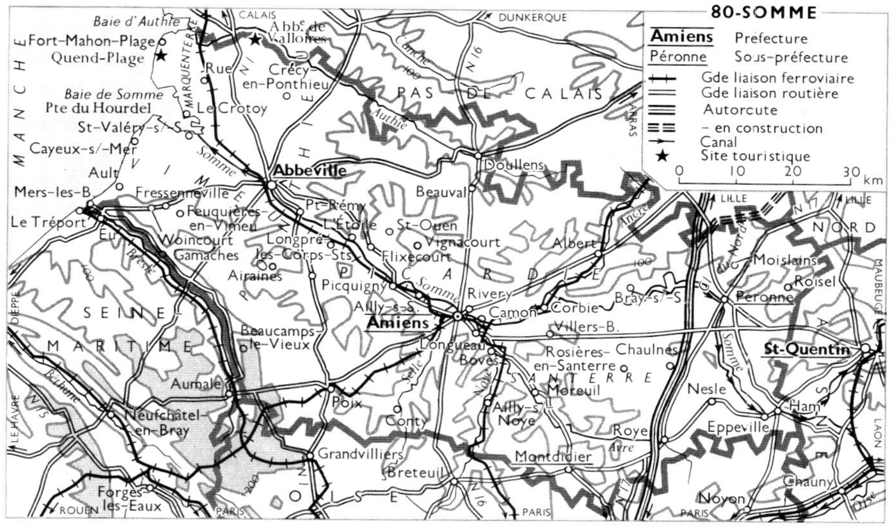

Somme théologique, ouvrage de saint Thomas d'Aquin, où l'auteur, empruntant la forme syllogistique, expose avec clarté et rigueur les principales questions de la théologie dans leurs relations avec la philosophie.

sommeil [sɔmɛj] n. m. (lat. *somnus*). Etat que présentent, à intervalles réguliers, selon un rythme diurne, l'homme, les animaux et quelques plantes, et qui est caractérisé par l'inactivité extérieure, une diminution de certaines formes de la sensibilité et un ralentissement de certains processus physiologiques. (V. *encycl.*) ‖ Envie, besoin de dormir : *avoir sommeil.* ‖ *Fig.* Etat d'inertie, d'inactivité : *l'hiver est le sommeil de la nature.* ● *Maladie du sommeil,* maladie contagieuse produite par un flagellé, le trypanosome, que transmet un diptère piqueur, la glossine, ou mouche tsé-tsé. (La maladie sévit en Afrique tropicale et équatoriale.) [V. *encycl.*] ‖ *Mettre en sommeil,* réduire ou suspendre l'activité d'un groupement ou d'un établissement. ‖ *Le sommeil éternel,* la mort. ‖ *Sommeil hivernal,* v. HIBERNATION.

— ENCYCL. Le *sommeil* est une fonction physiologique commandée par un centre nerveux situé dans l'hypothalamus ; il permet la restauration des fonctions organiques et est aussi nécessaire que l'alimentation. Il est caractérisé par une perte de conscience du monde extérieur, par l'abolition plus ou moins complète des fonctions de relation du système nerveux et par le ralentissement de la vie organique ; il est en général précédé par une phase d'endormissement, au cours de laquelle l'attention diminue et certains muscles se relâchent (muscles releveurs des paupières et de la nuque), tandis que les fonctions visuelles, puis auditives, disparaissent. Sa durée optimale est d'environ huit heures pour les adultes, sauf en cas de grandes fatigues ou de veilles prolongées. Les enfants dorment beaucoup et les vieillards peu. L'électro-encéphalogramme apporte la preuve que, pendant le sommeil, des rêves se produisent, dont le sujet ne se souvient que s'ils précèdent de peu le réveil. De nombreuses théories ont été élaborées et beaucoup d'expérimentations faites pour essayer d'expliquer le sommeil : expériences de circulation céphalique croisée, qui permettent de défendre l'hypothèse de déchets circulant dans le sang, et dans lesquelles un chien reposé s'endort lorsque son cerveau est perfusé par du sang d'un chien fatigué ; expériences de neurophysiologie prouvant l'existence, dans le diencéphale, d'un centre du sommeil, dont l'excitation électrique entraîne à volonté le sommeil.

— L'analyse encéphalographique de l'activité cérébrale de l'homme pendant son sommeil a conduit à distinguer deux états principaux :

a) le *sommeil lent,* sans rêves, au rythme cérébral lent (ondes *delta*), avec conservation d'une part du tonus musculaire, mais une très grande immobilité ;

b) le *sommeil paradoxal,* celui pendant lequel on rêve, et qui est caractérisé par de brusques mouvements, d'importantes rotations des globes oculaires et un rythme cérébral aussi rapide qu'à l'état de veille, en dépit d'une chute de tonus musculaire encore plus grande que dans le sommeil lent.

Le début de la nuit est voué au sommeil lent, puis la part du sommeil paradoxal s'accroît.

Ces deux sommeils ont un rôle physiologique distinct : la suppression du sommeil paradoxal (on réveille le sujet lorsque l'encéphalogramme devient rapide) est ressentie comme une insupportable frustration et est compensée par un surcroît important de rêves, au détriment du sommeil lent, dès que cesse l'expérience. Le support anatomique des deux fonctions est également distinct : formation réticulée pour l'un, hypothalamus pour l'autre. Toutefois, ces deux états ont assez de traits communs (perte de la conscience du lieu et de la perception en général, détente musculaire, suspension de la pensée logique, obtention du repos) pour que la notion générale de « sommeil » garde sa valeur.

Le « sommeil » des plantes est évidemment un phénomène très différent, et les espèces qui le présentent sont trop rares pour qu'on puisse être assuré de son utilité. Il consiste essentiellement en reploiement d'organes (feuilles, pétales).

— *Pathol. Maladie du sommeil.* Elle se manifeste dans une première phase par une fièvre irrégulière et des troubles mentaux, puis par des symptômes nerveux (maux de tête, dépression, somnolence) et une atteinte cardio-vasculaire grave. La maladie entraîne la mort au bout d'un an environ.

sommeiller v. i. Dormir d'un sommeil léger. ‖ *Fig.* Etre en repos, en état d'inactivité : *passions qui sommeillent.*

sommelier [sɔməlje] n. m. (anc. provenç. *saumalier,* conducteur de bêtes de somme, puis officier chargé du service des vivres). Professionnel chargé du service des vins et liqueurs dans un restaurant.

sommellerie [-mɛlri] n. f. Fonction du sommelier.

sommer v. t. (bas lat. *sommare*). Signifier à quelqu'un, dans les formes établies, qu'il ait à faire une chose : *sommer un débiteur d'avoir à s'exécuter.*

sommer [sɔme] v. t. (de *somme*). *Math.* Faire la somme de : *sommer les termes d'une série.*

Sommerfeld (Arnold), physicien allemand, né à Königsberg (1868-1951). Il enseigna la physique théorique à Aix-la-Chapelle (1900), puis à Munich (1906). Appliquant à l'atome la mécanique relativiste, il expliqua la structure fine des raies spectrales. Il développa la théorie électronique des métaux.

sommet [sɔmɛ] n. m. (du lat. *summum,* qui est en haut). Le haut, la partie la plus élevée : *le sommet d'une montagne.* ‖ *Fig.* Degré suprême ; point culminant : *le sommet des grandeurs.* ● *Conférence au sommet,* conférence internationale réunissant les dirigeants des principaux pays. ‖ *Sommet d'un angle* (Math.), point de rencontre des deux côtés de cet angle. ‖ *Sommet d'un angle solide, d'un cône,* point d'où partent toutes les génératrices de l'angle, du cône. ‖ *Sommet d'un polyèdre,* point de rencontre de trois au moins de ses faces. ‖ *Sommet d'un polygone,* point de rencontre de deux côtés consécutifs. ‖ *Sommet d'un triangle,* sommet de l'un de ses angles ; et, *particul.,* sommet de l'angle opposé au côté pris pour base.

sommier [sɔmje] n. m. (du lat. *summus,* qui est au plus haut point). *Archit.* Pierre qui reçoit la retombée d'une voûte ou d'un arc, ou qui occupe la partie supérieure d'une colonne, et sur laquelle s'appuie l'architrave. ‖ Partie de la charpente d'un clocher à laquelle la cloche est suspendue. ‖ Pièce de charpente qui sert de linteau à l'ouverture des portes, des croisées.

sommier n. m. (du bas lat. *sagma,* bât). Sorte de cadre muni de ressorts et supportant le matelas. ‖ Elément de l'orgue constitué par de grandes caisses de bois (enrichies de soupapes et de barres de registres) dans lesquelles l'air est envoyé sous pression. ‖ Gros registre utilisé par certains comptables publics. ‖ Traverse métallique maintenant les barreaux d'une grille. ● *Sommiers judiciaires,* fichier constitué à Paris par les extraits des condamnations prononcées par les juridictions répressives françaises.

Sommières (30250), ch.-l. de c. du Gard (arr. de Nîmes), sur le Vidourle ; 3 541 h. (3 051 aggl.). Textiles.

sommité [sɔmmite] n. f. Pointe, extrémité des branches, des plantes fleuries. ‖ *Fig.* Personne distinguée par ses talents, sa situation.

somnambule [sɔmnɑ̃byl] adj. et n. (lat. *somnus,* sommeil, et *ambulare,* marcher). Qui marche, agit, parle tout en demeurant dans l'état de sommeil. (Si le somnambule a généralement les yeux ouverts, son regard est celui d'un sujet atteint d'amaurose, et ses sens ne paraissent que peu impressionnés ; le somnambule ne garde aucun souvenir à son réveil.)

somnambulisme n. m. Mouvements automatiques qui se produisent pendant le sommeil naturel ou provoqué. ● *Somnambulisme provoqué* ou *magnétique,* hypnotisme.

somnifère [sɔmnifɛr] adj. et n. m. (lat. *somnus,* sommeil, et *ferre,* porter). Qui provoque, qui cause le sommeil : *breuvage somnifère.* (L'opium, les barbituriques, la chloralose, etc., sont des somnifères.)

somnolence n. f. (lat. *somnolentia*). Etat intermédiaire entre le sommeil et la veille. ‖ *Fig.* Manque d'activité ; mollesse extrême.

somnolent, e adj. Qui a rapport à la somnolence : *état somnolent.* ‖ *Fig.* Inactif.

somnoler [sɔmnɔle] v. i. Etre dans un demi-sommeil.

Somosierra (*col de*), passage de la sierra de Guadarrama, faisant communiquer les deux Castilles (1 430 m). Les Français y remportèrent une victoire sur les Espagnols en 1808.

Somport (*col de*) ou **col de Canfranc,** passage des Pyrénées-Atlantiques, entre la vallée de l'Aragón et la vallée d'Aspe, à 1 640 m d'alt., percé par un tunnel ferroviaire (ligne Pau-Saragosse).

somptuaire [sɔ̃ptɥɛr] adj. (du lat. *sumptus,* dépense). Qui a rapport à la dépense : *réformes somptuaires.* ● *Lois somptuaires,* lois qui ont pour objet de restreindre le luxe et la dépense.

somptueusement adv. De façon somptueuse : *vivre somptueusement.*

somptueux [sɔ̃ptɥø], **euse** [-øz] adj. (lat. *sumptuosus* ; de *sumptus,* dépense). D'une grande richesse : *festin somptueux.* (Syn. : ÉCLATANT, MAGNIFIQUE, POMPEUX, SPLENDIDE.)

somptuosité n. f. Caractère de ce qui est somptueux ; magnificence.

Sompuis (51320), ch.-l. de c. de la Marne (arr. de Vitry-le-François) ; 301 h. Patrie de Royer-Collard.

son [sɔ̃], **sa** [sa], **ses** [se] adj. poss. (lat. *suus*). De lui, d'elle, de soi (indique la possession ou l'intérêt) : *son père ; sa sœur ; son âme.* (*Son* s'emploie pour *sa* devant un nom fém. commençant par une voyelle ou un *h* muet.) ‖ *Fam.* Le, la (avec les verbes *faire, sentir*) : *faire son malin.*

son [sɔ̃] n. m. (lat. *sonus*). Effet des vibrations rapides des corps, se propageant dans les milieux matériels et excitant l'organe de l'ouïe : *son aigu ; son grave.* ● *Spectacle son et lumière,* spectacle nocturne, généralement historique, prenant pour cadre un édifice ancien.

— ENCYCL. Quand un corps sonore a été frappé, ses différentes parties éprouvent aussitôt un mouvement de *vibration.* L'air qui environne ce corps participe à ce mouvement et forme autour de lui des *ondes* qui parviennent à l'oreille. L'air est donc le principal véhicule du *son,* qui se propage avec une vitesse de 340 mètres par seconde (à la température ordinaire). Les liquides le transmettent avec plus de rapidité : sa vitesse dans l'eau est de 1 425 mètres par seconde ; dans les solides, la vitesse est encore plus grande. Le son ne se transmet pas dans le vide, et son intensité augmente ou diminue en même temps que la pression du gaz qui le transmet.

Lorsque les ondes sonores rencontrent un obstacle fixe, elles se réfléchissent. C'est sur cette propriété qu'est fondée la théorie de l'*écho.* Les sons perceptibles ont une fréquence comprise entre 16 périodes et 15 000 périodes par seconde ; les *infrasons* ont une fréquence inférieure à 16, et les *ultrasons* une fréquence supérieure à 15 000. Les sons se distinguent par trois caractères : la *hauteur,* qualité d'un son plus ou moins aigu ou grave, liée à la fréquence des vibrations ; l'*intensité,* qualité d'un son plus ou moins fort ou faible, liée à leur amplitude ; le *timbre,* qui fait distinguer les sons émis par des instruments différents, et qui est lié à la forme des vibrations, c'est-à-dire à la présence d'harmoniques superposés au son fondamental.

son [sɔ̃] n. m. (de l'anc. fr. *saonner,* rejeter). Partie périphérique des grains de céréales, lorsqu'elle a été séparée par l'action de la mouture : *le son contient la plupart des vitamines.* ● *Tache de son,* tache de rousseur.

sonar [sɔnar] n. m. (sigle de l'angl. SO[*und*] NA[*vigation*] R[*anging*]). Appareil de détection par le son, permettant le repérage des sous-marins.

— ENCYCL. Le *sonar* est fondé sur le même principe que le radar*, mais les ondes électromagnétiques sont remplacées par des ultrasons.

Une installation militaire de détection sous-marine comporte généralement deux types de sonars :

a) le *sonar de veille,* normalement conjugué avec un appareil d'écoute microphonique et dont le rôle consiste à détecter tous les bruits anormaux transmis par la mer ;

b) le *sonar d'attaque,* destiné à fournir des indications précises sur le gisement et le site du but décelé par le sonar de veille.

sonate [sɔnat] n. f. (ital. *sonata*). Terme désignant habituellement, depuis la fin du XVIIᵉ s., une composition de musique instrumentale en trois ou quatre mouvements, pour un ou deux instruments, et dont le premier mouvement obéira dès le milieu du XVIIIᵉ s. à un plan déterminé. (V. *encycl.*) ● *Forme sonate,* se dit de la forme du premier mouvement (quelquefois de l'un des autres mouvements) d'une sonate, d'une symphonie, d'un quatuor, constitué par l'exposition, le développement et la réexposition de deux sujets.

— ENCYCL. Les origines de la *sonate* remontent en Italie au début du XVIIe s. Composée pour deux dessus et une basse chiffrée, la sonate à trois des Italiens a connu deux types : la sonate d'église (*da chiesa*) et la sonate de chambre (*da camera*). La première groupait des mouvements de musique pure (largo, allegro, adagio, presto), la seconde des mouvements de danse (allemande, courante, sarabande, gigue). Ces deux types de sonates ont subsisté jusqu'au milieu du XVIIIe s. De ce tronc originel s'est détaché, à la fin du XVIIe s., la sonate pour un soliste et basse chiffrée. Au XVIIIe s'est formée également la sonate pour clavier seul, dont l'allegro initial à deux thèmes donnera son nom à la forme sonate.

sonatine n. f. Petite sonate, en général assez facile.

sondage n. m. Action de sonder; son résultat : *sondage d'un terrain; sondage de l'opinion.* || *Méd.* Introduction dans un canal naturel d'une sonde destinée à évacuer le contenu de la cavité où elle aboutit (*sondage vésical*), ou à étudier le calibre, la profondeur de l'organe considéré. (Dans ce dernier sens, syn. de CATHÉTÉRISME.) || *Mar.* et *Océanogr.* Mesure de la profondeur sous-marine. (V. *encycl.*) || *Min.* Action de sonder, d'exécuter un trou de sonde. (V. *encycl.*) ● *Enquête par sondage* ou *sondage d'opinion,* procédé d'étude d'un marché ou d'une opinion publique, qui consiste à rapporter à la totalité d'une population les résultats obtenus par l'interview d'un petit nombre de personnes considérées, directement ou après pondération, comme représentatives de l'ensemble de cette population. (V. également ENQUÊTE.) || *Sondage aérologique,* détermination, au moyen d'un ballon-sonde, de la direction et de la vitesse du vent à diverses altitudes.

— ENCYCL. *Mar.* et *Océanogr.* Le *sondage* comprend trois opérations distinctes : la mesure de la profondeur, la réduction de cette mesure à un repère fixe pour que l'ensemble des sondes soit comparable, et la détermination du point de sondage. Pour les profondeurs inférieures à 30 m, la mesure est faite à l'aide d'un plomb fixé à une ligne graduée. Pour la recherche des hauts-fonds, on utilise un flotteur remorqué et lesté, de manière à rester en profondeur, ou la drague flottante, qui permet des dragages de plus de 3 000 m. On utilise aussi des appareils fondés sur la réflexion des ultrasons, appareils qui enregistrent automatiquement les profondeurs pendant la marche du navire.

— *Min.* Normalement, un sondage est fait verticalement depuis la surface du sol, mais il existe aussi des sondages souterrains exécutés à partir de galeries, ainsi que des sondages inclinés, obliques, horizontaux, etc. Les *sondages de reconnaissance* sont exécutés pour prospecter un terrain vierge ou pour délimiter et déterminer la profondeur, l'épaisseur ainsi que la teneur d'un gisement déjà décelé. Les *sondages de production* servent à l'extraction de la substance liquide ou gazeuse : eau, pétrole, gaz naturel, sel dissous par de l'eau injectée dans des sondages, etc. Les *sondages de cimentation* et les *sondages de congélation* sont des cas particuliers pour des travaux miniers en terrains aquifères. Les *sondages de dégazage* sont destinés, dans les mines grisouteuses, à « capter le grisou » pour l'utiliser en surface comme combustible. Les *sondages d'injection d'eau* sont faits dans le front de taille au charbon, pour y injecter de l'eau sous pression afin de diminuer la formation de poussières lors de l'abattage et de faciliter celui-ci en fracturant le massif.

sonde [sɔ̃d] n. f. Appareil servant à déterminer la profondeur de l'eau et la nature du fond. || Tige métallique employée par les douaniers pour contrôler le contenu des ballots. || Instrument que l'on enfonce dans certaines masses alimentaires pour en retirer une petite partie et s'assurer de leur qualité : *sonde à fromage.* || *Chir.* Instrument à l'aide duquel on pratique un sondage. || *Min.* Appareil de forage permettant d'atteindre les moyennes et les grandes profondeurs. ● *Sonde spatiale,* véhicule spatial lancé à titre expérimental vers d'autres planètes de notre système solaire ou même au-delà de celui-ci.

Sonde (*archipel de la*), îles de l'Insulinde, prolongeant la presqu'île de Malacca jusqu'aux Moluques. On y distingue parfois les grandes îles de la Sonde à l'ouest (Sumatra, Java) et les petites îles de la Sonde à l'est (de Bali à Timor).

sonder v. t. Reconnaître, au moyen de la sonde, la profondeur de l'eau, la nature d'un terrain, l'état d'une plaie, etc. || Evacuer la vessie avec une sonde. || Effectuer un contrôle ou une enquête par sondage. || Chercher à connaître la pensée, les intentions d'un groupe ou d'une personne : *sonder quelqu'un.* ● *Sonder le terrain,* chercher à connaître la situation.

Sonderbund (le), association séparatiste des sept cantons suisses catholiques, formée en 1844 contre le gouvernement fédéral. Elle fut dissoute par le général Dufour à la suite d'une guerre civile (1847).

sondeur n. m. Personne qui sonde. || Appareil indiquant la profondeur de l'eau au-dessous d'un bateau ou la hauteur d'un avion par rapport au sol : *sondeur à ultrasons.* || Personne qui effectue une enquête par sondage.

sondeuse n. f. Petite sonde, généralement montée sur camion, et destinée au forage des puits à faible profondeur.

Sondrio, v. d'Italie (Lombardie), sur l'Adda; 21 300 h.

Song, dynastie chinoise qui régna de 960 à 1280 et qui compta dix-huit empereurs, dont le dernier fut vaincu par Kūbīlāy.

songe [sɔ̃ʒ] n. m. (lat. *somnium*). Rêve, association souvent incohérente d'idées qui se forment en nous pendant le sommeil, et dont les Anciens tiraient des présages.

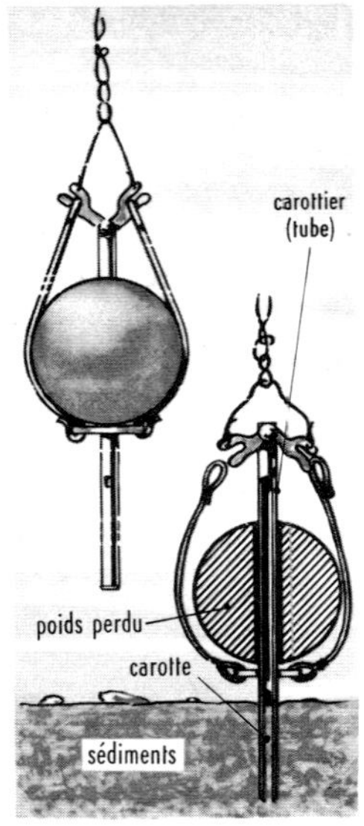

sonde
le poids touche le fond, le raidissement des crochets cesse, ce qui libère le câble de soutien : la carotte seule est remontée

sonde à neutrons mesure de l'humidité du sol

Songe d'une nuit d'été (*le*), de Shakespeare (v. 1595), comédie-féerie où paraissent les souverains des Sylphes, Obéron, Titania, et le lutin Puck. — Partition musicale de Mendelssohn, d'après la pièce de Shakespeare (1843).

songe de Poliphile (*Discours du*) ou *Hypnerotomachie,* ouvrage de Francesco Colonna. Ce récit d'un rêve consacré à l'exaltation de la beauté et à ses formes éternelles parut à Venise en 1499, chez Alde Manuce, avec des gravures sur bois; c'est l'un des chefs-d'œuvre de l'art du livre.

Songe du vergier (*le*), ouvrage écrit en 1376, composé probablement sur l'ordre de Charles V. Sous une forme allégorique sont exposées les prétentions réciproques de la papauté et de la monarchie française.

songe-creux n. m. inv. Homme qui nourrit sans cesse son esprit de chimères.

Songeons (60380), ch.-l. de c. de l'Oise (arr. de Beauvais); 850 h.

songer [à] v. t. ind. (conj. 1). Avoir l'intention de : *songer à se marier.* || S'occuper de; penser à : *songer à l'avenir.* ● *Songer à quelqu'un,* penser à le satisfaire, se souvenir de lui. || — V. i. Avoir présent à l'esprit, réfléchir : *songez qu'il y va de votre intérêt.*

songerie n. f. Rêverie sans objet.

songeur, euse adj. Préoccupé, pensif : *un air songeur.*

Songhaïs ou **Sonrhaïs,** peuple de l'Afrique occidentale, habitant le Moyen Niger. Ils constituèrent un empire, qui eut Gao pour capitale au début du XIe s. Ils furent alors islamisés. L'empire atteignit son apogée au XVe s., s'étendant sur le Mali, le Sénégal; mais il fut détruit par les Marocains au début du XVIe s.

Sông Kôi. V. ROUGE (*fleuve*).

Song Lô. V. CLAIRE (*rivière*).

sonie [sɔni] n. f. Unité définissant la grandeur de la sensation du son, en relation avec la pression acoustique.

Soninkés. V. SARAKOLLÉS. || — N. m. *Soninké,* langue parlée par les Sarakollés.

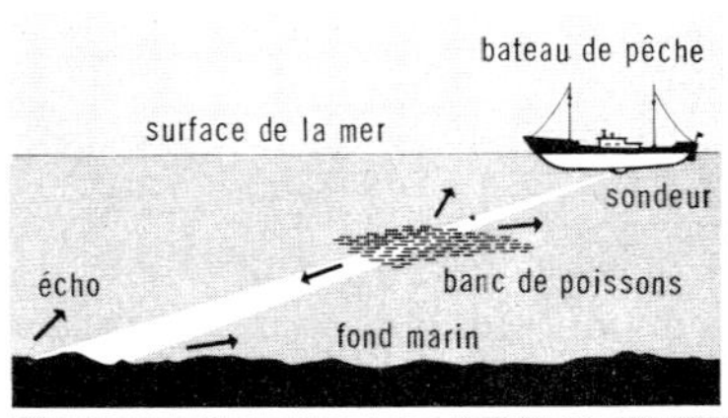

SONDAGE

Schéma de fonctionnement d'un sondeur à ultrasons avec la bande d'enregistrement qu'il permet d'obtenir

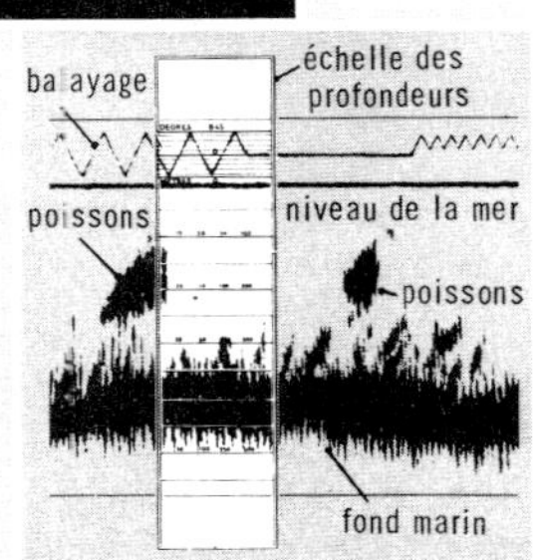

sonique adj. Qui concerne la vitesse du son. || Qui possède une vitesse égale à celle du son : *vitesse sonique.*

Sonis (Gaston DE), général français, né à Pointe-à-Pitre (1825-1887). Il se distingua à la tête des zouaves pontificaux à la bataille de Loigny (1870).

sonnaille [sɔnaj] n. f. Clochette attachée au cou des bestiaux.

sonnailler n. m. Animal qui, dans un troupeau, marche le premier avec la clochette.

sonnailler v. i. Sonner souvent et sans besoin.

sonnant, e adj. Qui sonne : *horloge sonnante.* ● *A huit heures sonnantes,* à huit heures précises. || *Espèces sonnantes,* monnaie métallique.

sonné, e adj. Annoncé par le son de la cloche : *il est midi sonné.* || Révolu, accompli : *il a cinquante ans sonnés.* || *Pop.* Qui a perdu la raison; qui vient de recevoir une forte commotion.

sonner [sɔne] v. i. (lat. *sonare*). Rendre un son : *les cloches sonnent.* || Tirer des sons de : *sonner du cor.* || Etre annoncé par un son : *la messe sonne.* (*Au moment où midi a sonné* marque le fait; *midi est sonné* marque l'état.) || Arriver, en parlant d'un moment, d'une époque : *la dernière heure sonne pour tout le monde.* ● *Ce mot sonne mal,* choque l'oreille. || *Faire sonner une action, une victoire, une conquête,* etc., les faire valoir beaucoup. || *Faire sonner une lettre,* la faire sentir, appuyer dessus en prononçant. || — V. t. Faire résonner : *sonner les cloches.* || *Fam.* Frapper violemment quelqu'un à la tête; assommer, étourdir. || Appeler par le son d'une sonnette : *sonner sa femme de chambre.* || Annoncer par une sonnerie : *sonner la retraite.* || Faire entendre en sonnant : *sonner le tocsin.* || Vérifier le bon état d'un circuit, d'une installation électrique.

sonnerie n. f. Son de plusieurs cloches sonnant ensemble; appel du téléphone, etc. || Totalité des cloches d'une église. || *Technol.* Assemblage de toutes les pièces qui servent à faire sonner une pendule, un appareil d'alarme ou de contrôle, etc. : *la sonnerie du réveil est dérangée.* || Air sonné par un clairon ou une trompette, par un ou plusieurs cors de chasse. ● *Sonnerie électrique,* appareil d'appel, d'alarme ou de contrôle, actionné par un électro-aimant.

sonnet [sɔnɛ] n. m. (ital. *sonnetto*). Pièce de poésie de quatorze vers alexandrins, composée de deux quatrains et de deux tercets, et soumise à des règles fixes pour la disposition des rimes.

sonnette n. f. Petite clochette pour appeler ou pour avertir. || *Trav. publ.* Charpente en forme de pyramide, utilisée pour le guidage du mouton dans le battage des pieux. || Petit appareil de sondage qui lève l'outil de forage. ● *Serpent à sonnette,* nom usuel du *crotale.*

sonneur n. m. Celui qui sonne les cloches, qui joue du cor, etc.

Sonnini de Manoncourt (Charles), naturaliste français, né à Lunéville (1751-1812), auteur d'une *Histoire naturelle des reptiles* (1802).

sono n. f. *Fam.* Abrév. de *sonorisation.*

sonomètre n. m. (lat. *sonus,* son, et gr. *metron,* mesure). Instrument de physique destiné à comparer les sons et intervalles musicaux.

sonore [sɔnɔr] adj. (lat. *sonorus*). Propre à rendre des sons : *corps sonore.* || Qui a un son éclatant : *voix sonore.* || Qui renvoie bien le son : *amphithéâtre sonore.* || — Syn. : BRUYANT, RETENTISSANT, TONITRUANT, VIBRANT. ● *Consonnes sonores,* celles qui sont émises avec des vibrations des cordes vocales, par exemple *b, d, g,* etc.

sonorisation n. f. Action de sonoriser.

Phot. La Photothèque.

sonoriser v. t. Rendre sonore : *sonoriser un film.* ‖ Munir d'une installation destinée à l'amplification des sons : *sonoriser une église.*

sonorité n. f. Qualité de ce qui est sonore. ‖ Qualité de ce qui rend un son agréable : *sonorité d'un violon.*

sonothèque [sɔnɔtɛk] n. f. Archives contenant des enregistrements de divers bruits.

Son Tây, v. du Viêt-nam du Nord (Tonkin), prise par l'amiral Courbet (1883) ; 7 000 h.

Soorts-Hossegor [sor-] (40150 Hossegor), comm. des Landes (arr. de Dax) ; 2 071 h. (1 359 aggl.). — Station balnéaire à *Hossegor.*

Sophie (*sainte*), martyre à Rome, avec ses trois filles, en 137. — Fête le 30 septembre.

Sophie (Sainte-). V. SAINTE-SOPHIE.

sophisme [sɔfism] n. m. (gr. *sophisma*). Raisonnement qui n'est logiquement correct qu'en apparence, et conçu avec l'intention d'induire en erreur.

sophiste n. m. (gr. *sophistês*). Chez les anciens Grecs, philosophe rhéteur : *Socrate combattit les sophistes.* (Les sophistes les plus marquants furent : Thrasymaque, Critias, Protagoras, Gorgias, Calliclès.) ‖ Personne qui fait des raisonnements faux.

sophistication n. f. Action de sophistiquer. ‖ Manque de naturel.

sophistique adj. De la nature du sophisme : *raisonnement sophistique.*

sophistique n. f. Mouvement de pensée qui, dans les cités grecques et particulièrement à Athènes, a été représenté par les sophistes.

sophistiqué, e adj. Qui manque de naturel par excès de recherche. ‖ Se dit d'un appareil, d'une technique très perfectionnés, d'une grande complexité : *un avion de combat très sophistiqué.*

sophistiquer v. t. Falsifier, frelater une liqueur, une drogue, etc.

Sophocle, poète tragique grec, né à Colone (entre 496 et 494 av. J.-C. - 406). Fils d'un armurier aisé, il reçut une éducation soignée et fut notamment l'élève du célèbre musicien Lampros. Son activité politique est mal connue : on sait cependant qu'il fut hellénotame (magistrat financier) et deux fois stratège. De sa femme, Nicostraté, il eut un fils, Iophon, qui fut lui-même poète tragique, et de Théoris de Sicyone un fils illégitime, Ariston, père de Sophocle le Jeune. Sa carrière théâtrale fut très brillante. Il composa cent vingt-trois drames et remporta dans les concours plus de vingt victoires sans jamais descendre au-dessous du second rang. Sept pièces seulement nous sont parvenues entières (*Ajax,* v. 450 ; *Antigone,* v. 442 ; *Œdipe roi,* v. 430 ; *Electre,* v. 425 ; *les Trachiniennes,* v. 420-410 ; *Philoctète,* 409 ; *Œdipe à Colone,* 401). Des autres pièces on connaît souvent les titres ou des fragments, en particulier quatre cents vers des *Limiers,* retrouvés sur un papyrus d'Egypte. Avec Sophocle, la technique théâtrale a connu une évolution capitale : il introduisit dans l'action un troisième acteur et porta de douze à quinze le nombre des choreutes. Il substitua à la trilogie liée la trilogie libre, où chaque drame forme un tout. Surtout il modifia le sens du tragique en approfondissant l'étude des caractères et en faisant de ces derniers le ressort essentiel de l'action.

Sophonisbe, reine de Numidie, née à Carthage (235-203 av. J.-C.), épouse de Syphax, puis de Masinissa, roi de Numidie, qui la fit s'empoisonner pour lui épargner de figurer dans le triomphe de Scipion.

Sophonisbe, titre de plusieurs tragédies, notamment de Trissino (1515), de Mairet (1634, première pièce en France à se conformer à la règle des trois unités), de P. Corneille (1663).

sophora [sɔfɔra] n. m. Arbre originaire d'Extrême-Orient, planté en Europe comme ornemental. (Haut. 15 à 30 m ; famille des papilionacées.)

soporifique [sɔpɔrifik] adj. (lat. *sopor,* sommeil, et *facere,* faire). Qui a la propriété d'endormir. ‖ *Fig.* Endormant, ennuyeux : *livre soporifique.* ‖ — N. m. Médicament qui provoque le sommeil.

Sopot, v. de Pologne, près de Gdańsk ; 44 400 h. Station balnéaire.

sopraniste n. m. Castrat qui a une voix de soprano.

soprano [sɔprano] n. m. (mot ital.). Voix de femme ou de jeune garçon la plus élevée. ‖ Le chanteur lui-même. ‖ Pl. des *sopranos* ou des *soprani.*

Sopron, en allem. **Ödenburg,** v. de Hongrie, à la frontière autrichienne ; 43 100 h. Eglises gothiques.

Sorabes, Slaves de Lusace, tombés au IXᵉ s. sous la domination des Allemands, qui les appelaient *Wendes.*

sorbe [sɔrb] n. f. (lat. *sorbum*). Fruit comestible du sorbier domestique ou du cormier. (Syn. CORME.)

sorbet [sɔrbɛ] n. m. (ital. *sorbetto,* du turc *chorbet*). Boisson à demi glacée, à base de sucre et de jus de fruits. ‖ Sorte de glace sans crème.

sorbetière n. f. Récipient de métal où l'on prépare les glaces et les sorbets.

sorbier n. m. Arbre de la famille des rosacées, dont certaines espèces (alisier, cormier) produisent des fruits comestibles. (Haut. jusqu'à 15 ou 20 m.)

Sorbon (Robert DE), théologien français, né à Sorbon, près de Rethel (1201-1274). Chanoine de Notre-Dame de Paris, il prêcha la croisade contre l'Aragon et fonda le collège qui porte son nom, la Sorbonne (1253).

sorbonnard [sɔrbɔnar], **e** [-ard] n. et adj. *Fam.* Etudiant, professeur en Sorbonne.

Sorbonne (la), établissement public d'enseignement supérieur, à Paris, groupant la faculté des lettres et sciences humaines, la faculté des sciences, l'Ecole des chartes, ainsi que certains instituts rattachés aux facultés. Elle a pris le nom de son fondateur, Robert de Sorbon, dont le but avait été de créer un établissement spécial pour faciliter aux écoliers pauvres les études théologiques (1257). Dès 1554, la Sorbonne devint le lieu des délibérations générales de la faculté de théologie, que l'on s'habitua dès lors à désigner sous le nom de « Sorbonne ». Hostile aux jésuites au XVIᵉ s., elle condamna les jansénistes au XVIIᵉ s. Elle intervenait en tant que tribunal ecclésiastique pour censurer les ouvrages contraires à l'orthodoxie. En 1625, Richelieu décida la reconstruction de la Sorbonne : les travaux furent exécutés sur les plans de Lemercier et terminés en 1642 ; la chapelle, édifiée de 1635 à 1653, contient le tombeau de Richelieu par Girardon (1694) et des peintures de Philippe de Champaigne. Les bâtiments, sauf la chapelle, ont été reconstruits de 1885 à 1901 par l'architecte Nénot. Le grand amphithéâtre a été décoré par Puvis de Chavannes (*le Bois sacré*).

sorcellerie [sɔrsɛlri] n. f. (de *sorcier*). Opération, profession de sorcier : *la sorcellerie était considérée au Moyen Age comme un crime.* ‖ Tours d'adresse qui paraissent surnaturels.

sorcier [sɔrsje], **ère** [-ɛr] n. et adj. (de *sort*). Personne que le peuple croyait autrefois en relation avec le diable pour faire des maléfices. ‖ *Fam.* Personne fort habile : *il faut être sorcier pour lire ce grimoire.* ● *Vieille sorcière* (Fam.), se dit d'une femme vieille et méchante. ‖ — Adj. *Fam.* Difficile à comprendre, à résoudre : *cela n'est pas sorcier.*

sordide [sɔrdid] adj. (lat. *sordidus* ; de *sordes,* saleté). Sale, dégoûtant : *vêtements sordides.* ● *Avarice sordide,* avarice qui atteint un degré honteux.

sordidement adv. De façon sordide.

sore [sɔr] n. m. (gr. *sôros,* tas). Groupe de sporanges chez les fougères.

Sore (40430), ch.-l. de c. des Landes (arr. de Mont-de-Marsan) ; 933 h. (569 aggl.). Eglise du XIIIᵉ s.

Sorel, v. du Canada (Québec), sur le Saint-Laurent ; 19 000 h. Port fluvial. Centrale thermique. Métallurgie.

Sorel (Agnès), née à Fromenteau (Touraine) [v. 1422-1450], surnommée **la Dame de Beauté,** du nom de la seigneurie de Beauté-sur-Marne, que Charles VII lui avait donnée. Favorite de ce dernier, elle exerça sur lui une grande influence.

sorbier

sorgho

Agnès Sorel
école française du XVIᵉ s., *coll. part.*

Sorel (Charles), sieur DE SOUVIGNY, écrivain français, né à Paris (v. 1600-1674). Il fut historiographe du roi, mais dut vivre de sa plume. Il a publié une bibliographie (*Bibliothèque française,* 1664), des ouvrages d'histoire, de théologie et de pédagogie, un pamphlet favorable à Corneille au cours de la querelle du *Cid,* une parodie de *l'Astrée* (*le Berger extravagant,* 1627) et des romans réalistes (*l'Histoire comique de Francion,* 1623 ; *Polyandre,* 1648).

Sorel (Albert), historien français, né à Honfleur (1842-1906), auteur de *l'Europe et la Révolution française* (1885-1904), un des maîtres de l'histoire diplomatique. (Acad. fr.)

Sorel (Georges), sociologue français, né à Cherbourg (1847-1922), auteur de *Réflexions sur la violence* (1908), où il préconise l'usage de la violence pour l'accession au pouvoir de la classe ouvrière, et d'ouvrages sur des problèmes philosophiques, économiques et moraux.

Sorel (Julien), héros du roman de Stendhal *le Rouge et le Noir.* Il lutte contre sa sentimentalité en s'obligeant à l'ambition et à l'énergie.

Sørensen (Søren), chimiste danois, né à Havrebjerg (1868-1939). En 1909, il définit le pH, qui caractérise l'acidité d'un milieu.

sorgho [sɔrgo] n. m. (ital. *sorgo*). Plante herbacée pouvant atteindre 4 m de hauteur. (Famille des graminacées.) Il existe une centaine de variétés mal définies, dont certaines cultivées pour leurs graines, leur paille, comme fourrage et pour l'extraction du sucre. Citons le *sorgho commun,* le *sorgho d'Alep,* le *sorgho à balais,* le *sorgho sucré.* Le sorgho est surtout utilisé en Afrique.

Sorgue de Vaucluse (la), riv. de France, affl. du Rhône (r. g.) ; 36 km. Elle sort de la fontaine de Vaucluse.

Sorgues (84700), comm. de Vaucluse (arr. d'Avignon) ; 13 661 h. Célèbres fresques du XIVᵉ s., transférées au Louvre. Poudrerie. Constructions mécaniques.

Sophocle
une scène d'« Electre » interprétée par la troupe du théâtre du Pirée

Phot. Buzzini, Jacques Six, Bernand, Giraudon.

Soria, v. d'Espagne (Vieille-Castille), sur le Douro; 20 200 h. Eglises romanes et gothiques. Engrais.

sorite [sɔrit] n. m. (gr. *sôreitês;* de *sôros,* monceau). Argument composé d'une suite de propositions liées entre elles de manière que l'attribut de chacune d'elles devienne le sujet de la suivante, et ainsi de suite, jusqu'à la conclusion, qui a pour sujet le sujet de la première et pour attribut l'attribut de la dernière proposition avant la conclusion.

Sorlingues (*îles*). V. SCILLY.

Sornac (19290), ch.-l. de c. de la Corrèze (arr. d'Ussel); 1 017 h. (382 aggl.).

sornette [sɔrnɛt] n. f. (de l'anc. fr. *sorner,* railler). Discours frivole, bagatelle : *dire des sornettes.* (S'emploie surtout au pl.)

Sorocaba, v. du Brésil (São Paulo); 142 800 h. Métallurgie.

Sorokin (Pitirim), sociologue américain d'origine russe, né à Touria, près de Syktyvkar (1889-1968). Il a dirigé le département de sociologie d'Harvard de 1930 à 1959. Il s'est surtout intéressé au phénomène de la mobilité sociale.

sororat [sɔrɔra] n. m. *Ethnol.* Système en vertu duquel un homme remplace l'épouse morte par la sœur cadette de celle-ci.

Sorrente, v. d'Italie, célèbre par la beauté du site, sur le golfe de Naples; 11 400 h.

sort [sɔr] n. m. (lat. *sors, sortis*). Destinée : *se plaindre de son sort.* ‖ Rencontre fortuite d'événements; hasard : *le sort en a décidé.* (Syn. : CHANCE, DESTIN, FATALITÉ.) ‖ Manière de décider quelque chose par le hasard : *beaucoup de magistrats d'Athènes étaient choisis par le sort.* ‖ Pratiques consistant en paroles, gestes, etc., en vue de faire des maléfices : *jeter un sort sur un troupeau.* ● *Faire un sort à quelque chose,* le propager, le faire valoir, et, *fam.,* l'utiliser à son profit. ‖ *Le sort en est jeté,* le parti en est pris.

sortable adj. *Fam.* Que l'on peut sortir en public : *un garçon qui n'est pas sortable.* (S'emploie surtout négativement.)

sortant, e adj. Qui sort : *numéraire sortant.* ‖ — Adj. et n. m. Personne qui sort : *les entrants et les sortants.* ‖ Qui cesse, par extinction de son mandat, de faire partie d'une assemblée : *députés sortants.*

sorte [sɔrt] n. f. (lat. *sors*). Espèce, genre : *toutes sortes de bêtes.* ‖ Etat, condition : *un homme de cette sorte.* ‖ Façon, manière : *s'y prendre de telle ou telle sorte.* ● *Faire en sorte de* ou *que,* tâcher d'arriver à ce que. ‖ *Une sorte de,* une chose ou quelquefois une personne qui ressemble à. ‖ **— En quelque sorte** loc. adv. Pour ainsi dire. ‖ **— De sorte que, en sorte que** loc. conj. Si bien que, de manière que.

sortie [sɔrti] n. f. Action de sortir : *faire sa première sortie après une maladie.* ‖ Endroit par où l'on sort; issue : *cette maison a deux sorties.* ‖ Action de quitter la scène : *acteur qui fait une fausse sortie.* ‖ Opération menée par une garnison assiégée pour rompre le front des assiégeants. ‖ Mission de combat accomplie par un avion militaire : *le 6 juillet 1944, l'aviation alliée effectua plus de douze mille sorties.* ‖ Transport des marchandises hors de l'endroit où elles étaient : *droits de sortie.* ‖ Transfert d'une information de la mémoire interne d'un calculateur électronique à l'extérieur. ‖ Manière d'échapper à quelque embarras : *se ménager une sortie.* ‖ *Fam.* Algarade, emportement soudain contre quelqu'un : *je ne m'attendais pas à cette sortie.* ‖ **— A la sortie de** loc. prép. Au moment où l'on sort de : *à la sortie du spectacle.*

sortie-de-bain n. f. Peignoir dont on s'enveloppe en sortant du bain. ‖ Pl. des *sorties-de-bain.*

sortie-de-bal n. f. Manteau ou cape portés sur une robe du soir. ‖ Pl. des *sorties-de-bal.*

sortilège [sɔrtilɛʒ] n. m. (lat. *sors, sortis,* sort, et *legere,* choisir). Maléfice de sorcier : *avoir recours à des sortilèges.*

sortir [sɔrtir] v. i. (conj. **23,** avec l'auxil. *être*). Passer du dedans au dehors : *sortir de chez soi.* ‖ Aller se promener : *jeune fille qui ne sort pas seule.* ‖ Pousser au-dehors : *les blés sortent de la terre.* ‖ S'exhaler, s'échapper : *une douce odeur sort de ces fleurs.* ‖ Passer d'une époque, d'une condition dans une autre : *sortir de l'hiver, de l'esclavage.* ‖ Cesser d'être dans tel état physique ou moral; être délivré de : *sortir de maladie, d'inquiétude.* ‖ S'écarter, s'éloigner de : *sortir du sujet.* ‖ Se dégager : *sortir d'embarras.* ‖ S'échapper : *sortir de la mémoire.* ‖ Etre issu : *sortir de bonne famille.* ‖ Avoir été élève : *sortir de Saint-Cyr.* ● *Cela sort des mains d'un tel,* un tel en est l'auteur. ‖ *En sortir* (Fam.), ou, pronominalement, *s'en sortir,* se tirer d'affaire, d'embarras. ‖ *Ne pas sortir de là,* persister dans son opinion. ‖ *Sortir de* (Fam.) [avec un infinitif, indique un passé tout proche], venir de : *il sortait de manger.* ‖ *Sortir de la vie,* mourir. ‖ *Les yeux lui sortent de la tête,* il est animé par un sentiment violent. ‖ — V. t. (avec l'auxil. *avoir*). Tirer dehors : *sortir un cheval de l'écurie; sortir quelqu'un d'embarras.* ‖ *Fam.* Faire sortir : *sortir un importun.* ‖ Mettre en vente un article nouveau : *sortir un livre, un type d'automobile.* ‖ — V. impers. S'exhaler, s'échapper : *il sort de ces fleurs une douce odeur.* ‖ **— Au sortir de** loc. prép. Au moment où l'on sort de : *au sortir de l'école, de l'enfance.*

sortir v. t. (lat. *sortiri*) [se conj. comme *finir* et seulement à la 3ᵉ pers.]. *Dr.* Obtenir, avoir : *cette sentence sortira son plein et entier effet.*

S. O. S. [ɛsoɛs] n. m. Signal de détresse radiotélégraphique, émis par les navires ou les avions en danger. (Ce signal a été adopté en 1906 par la Conférence radiotélégraphique de Berlin.)

sosie [sozi] n. m. (de *Sosie,* n. pr.). Personne qui ressemble parfaitement à une autre.

Sosie, valet d'Amphitryon dans les pièces de Plaute et de Molière qui portent ce titre. Mercure réussit à faire douter Sosie, dont il a pris les traits, de sa propre identité.

Sosigène, astronome d'Alexandrie (Iᵉʳ s. av. J.-C.). Il fut le collaborateur de Jules César pour la réforme du calendrier.

Sosnowiec, v. de Pologne, en haute Silésie; 143 000 h. Métallurgie lourde.

Sospel (06380), ch.-l. de c. des Alpes-Maritimes (arr. de Nice); 2 582 h. (1 996 aggl.) [*Sospellois*].

sostenuto [sɔstenuto] adv. (mot ital.). *Mus.* Note ou passage devant être joués de façon soutenue.

sot [so], **sotte** [sɔt] adj. et n. Dénué d'esprit, de jugement. ‖ — Adj. Embarrassé, confus : *il reste tout sot.* ‖ Fâcheux, ridicule : *sotte affaire.*

sotch [sɔtʃ] n. m. Dans le relief karstique des Grands Causses, dépression fermée. (Syn. DOLINE.)

Sotchi, v. de l'U. R. S. S. (R. S. F. S. de Russie), sur la mer Noire; 224 000 h.

Sothos, ethnie habitant le Lesotho*, notamment, mais répandue dans le sud de l'Afrique. (On dit aussi BASOTHOS, BASSOUTOS.)

sotie n. f. V. SOTTIE.

sot-l'y-laisse n. m. inv. Morceau délicat qui se trouve au-dessus du croupion d'une volaille.

Soto (Hernando DE), navigateur espagnol, né à Barcarrota (1500-1542), explorateur de la région du Mississippi (1540-1541).

sottement adv. D'une manière sotte.

Sotteville-lès-Rouen (76300), ch.-l. de c. de la Seine-Maritime (arr. de Rouen), sur la Seine; 35 433 h. (*Sottevillais*). Métallurgie.

Sotteville-sur-Mer (76980 Veules les Roses), comm. de la Seine-Maritime (arr. de Dieppe); 324 h. Plage.

sottie ou **sotie** [sɔti] n. f. (de *sot*). Genre dramatique des XIVᵉ, XVᵉ et XVIᵉ s., qui relève de la satire sociale ou politique.

sottise [sɔtiz] n. f. Manque d'esprit et de jugement : *la vanité marque la sottise.* ‖ Parole, action qui indique un manque de jugement : *ne faire que des sottises.* ‖ Injure : *il m'a dit des sottises.*

sottisier n. m. Recueil de sottises.

sou [su] n. m. (lat. *solidus,* massif). Anc. pièce de 5 centimes, valant 1/20 du franc, créée à la Révolution française. ‖ Autref., nom de diverses monnaies françaises : *sou d'or; sou parisis.* ● *Cent sous,* pièce de cinq francs. ‖ *Etre près de ses sous* (Fam.), être regardant. ‖ *Gros sou,* pièce en bronze de dix centimes. ‖ *N'avoir pas le sou, être sans le sou, sans un sou vaillant,* être sans argent. ‖ *N'avoir pas un sou de, pas pour un sou de,* n'avoir pas de : *n'avoir pas pour un sou de talent.* ‖ *Sou du franc,* remise d'un sou par franc d'achat, consentie par certains commerçants aux domestiques qui se fournissaient chez eux. ‖ *Un sans-le-sou,* une personne sans argent. ‖ **— Sou à sou, sou pour sou** loc. adv. Par petites sommes : *payer sou à sou.*

Souabe, en allem. **Schwaben,** pays peuplé par les Souabes, anc. duché d'Allemagne, auj. division administrative au sud-ouest de la Bavière. Cap. *Augsbourg.* ● *Histoire.* Des ducs nationaux tentèrent de se rendre indépendants, mais les empereurs de Germanie s'efforcèrent de conserver le duché dans leur famille. Les Hohenstaufen furent maîtres de la Souabe de 1079 à 1268. Le pays, tombé dans l'anarchie, fut définitivement démantelé par le traité de Westphalie (1648).

Souabe et Franconie (*bassin de*), bassin sédimentaire de l'Allemagne occidentale (englobant le *Jura* souabe et franconien*), au nord du Danube, entre la Forêt-Noire et le massif de Bohême, partagé entre la Bavière, le Bade-Wurtemberg et la Hesse.

souahéli [swaeli], **e** ou **swahili, e** adj. et n. (ar. *sawāḥil,* bords de la mer). Se dit d'une langue bantoue écrite en caractères arabes depuis le XVIᵉ s. et diffusée dans toute l'Afrique orientale.

Souahélis ou **Swahilis,** ethnie habitant la Tanzanie, sur la côte en face de Zanzibar.

souchet

soubassement [subasmɑ̃] n. m. (de *bas*). Partie inférieure d'une construction.

Soubise (Benjamin DE ROHAN, *seigneur* DE), homme de guerre français, né à La Rochelle (1583-1642). Chef du parti protestant sous Louis XIII, il défendit La Rochelle contre les troupes royales.

Soubise (Charles DE ROHAN, *prince* DE), maréchal de France, né à Paris (1715-1787), vaincu à Rossbach par Frédéric le Grand.

Soubise (*hôtel de*), résidence historique située dans le Marais, à Paris, auj. occupée par les Archives nationales. De la construction primitive (XIVᵉ s.), il reste la porte flanquée de deux tourelles. Le prince de Soubise fit construire par Delamair (1705-1709), puis par Boffrand, les bâtiments actuels qui furent décorés par Boucher, Carle Van Loo, Natoire, Restout et Lemoyne.

soubresaut [subrəso] n. m. (esp. *sobresalto*). Saut brusque, subit : *le cheval fit un soubresaut.* ‖ Mouvement convulsif et violent. ‖ *Chorégr.* Saut bref au cours duquel le corps reste dans la position verticale, jambes serrées et pointes de pieds baissées.

soubrette [subrɛt] n. f. (provenç. *soubreto;* de *soubret,* affecté). Suivante de comédie. ‖ *Fam.* Femme de chambre.

soubreveste [subrəvɛst] n. f. (ital. *sopravesta,* veste de dessus). Casaque sans manches, portée autref. par-dessus les armes.

souche [suʃ] n. f. (gaulois *tsukka*). Partie du tronc de l'arbre qui reste dans la terre après que l'arbre a été coupé. ‖ Personnage dont descend une famille : *Robert de Clermont, sixième fils de Saint Louis, est la souche des Bourbons.* ‖ Origine, source : *mot de souche indo-européenne.* ‖ Partie qui reste des feuilles d'un registre, pour vérifier si l'autre partie, détachée, s'y rapporte exactement : *carnet à souches.* ● *Faire souche,* avoir une suite de descendants. ‖ *Partage par souche,* partage d'une succession en autant de fractions qu'il existe de groupes familiaux pour y prétendre. (Lorsque le défunt ne laisse ni descendants, ni frères et sœurs, ni neveux, la succession est partagée par moitié entre les ascendants de la ligne paternelle et les ascendants de la ligne maternelle.) ‖ *Rester comme une souche* (Fam.), être inactif. ‖ *Souche de cheminée,* massif de maçonnerie renfermant les tuyaux d'évacuation des fumées, qui s'élève au-dessus d'un comble.

Sou Che ou **Sou Tong-p'o,** poète chinois (1036-1101). Il occupa de nombreux postes à la Cour, mais fut plusieurs fois exilé, notamment à Hang-tcheou. Son œuvre exprime sa sympathie humaine et son désir de liberté (*la Falaise rouge*).

souchet [suʃɛ] n. m. Sorte de canard à bec large, en forme de cuiller. (Long. 47 cm.) ‖ *Bot.* Plante du bord des eaux, dont une espèce a un rhizome alimentaire, et une autre est le papyrus. (Famille des cypéracées.)

Souchez (62153), comm. du Pas-de-Calais (arr. d'Arras); 1 800 h. Combats en 1915.

souchong ou **sou-chong** [suʃɔ̃] n. m. Thé noir de Chine, très estimé.

souci [susi] n. m. (de *se soucier*). Préoccupation relative à une personne ou à une chose à laquelle on porte intérêt : *vivre sans souci.* ‖ Objet de soin, d'affection : *son fils est son unique souci.*

souci n. m. (bas lat. *solsequia,* tournesol). Plante de la famille des composées, dont une espèce est cultivée pour ses fleurs jaunes ornementales.

soucier (se) v. pr. (lat. *sollicitare,* inquiéter). S'inquiéter; se mettre en peine : *je ne m'en soucie guère.*

soucieusement adv. Avec souci : *réfléchir soucieusement à l'avenir.*

soucieux, euse adj. Inquiet, pensif : *mère soucieuse.* ‖ Qui s'occupe avec soin : *peuple soucieux de sa liberté.* ‖ Qui marque du souci : *air soucieux.*

soucoupe [sukup] n. f. Petite assiette qui se place sous une tasse. ● *Soucoupe volante,* objet mystérieux de forme ronde et aplatie que certaines personnes auraient aperçu se déplaçant dans l'espace : *les soucoupes volantes constituent l'un des mythes des récits de science-fiction.*

soudable adj. Qui peut être soudé.

soucis

Phot. Dragesco, Lauros - Atlas-Photo.

soudage n. m. Opération qui consiste à faire une soudure.

soudain [sudɛ̃], **e** [-ɛn] adj. (lat. *subitaneus*). Qui se fait dans l'instant : *mort soudaine*. ‖ — Adv. Dans le même instant ; aussitôt après : *il apparut soudain*.

soudainement adv. Subitement.

soudaineté n. f. Caractère de ce qui est soudain : *la soudaineté d'une attaque*.

Soudan, zone climatique de l'Afrique boréale, intermédiaire entre le Sahel* et la zone de la forêt, caractérisée par le passage, du nord au sud, de la steppe à la savane, résultant de l'allongement de la saison des pluies (été).

Soudan (*république du*), en ar. **Bilād as-Sūdān** (« le Pays des Noirs »), Etat de l'Afrique orientale, au sud de l'Egypte ; 2 506 000 km² ; 16 millions d'h. (*Soudanais*). Cap. *Khartoum*. Langue : *arabe*.

Géographie.

● *Géographie physique*. S'étendant des basses latitudes équatoriales au tropique et largement drainé par la vallée méridienne du haut Nil*, le Soudan est formé de régions climatiquement bien différentes ; plaines et plateaux dominent topographiquement (la montagne n'apparaît que dans l'extrémité occidentale du pays [Darfour]). Le Soudan méridional est une cuvette, qui est marécageuse en sa partie centrale. Le climat, tropical, est relativement humide (les précipitations oscillent autour de 1 000 mm), permettant la juxtaposition des cultures dans les régions basses et de l'élevage sur les contreforts de la périphérie. De Malakal à Khartoum, le Soudan central est une plaine qui s'élève vers l'ouest (Kordofan) et l'est (Ethiopie). Les précipitations sont beaucoup plus faibles, de l'ordre de 300 à 400 mm en moyenne, et les cultures (céréales, arachide, coton) nécessitent généralement l'appoint de l'irrigation. Le Soudan septentrional est franchement désertique ; les précipitations sont inférieures à 50 mm et davantage ; les hommes et les cultures se concentrent dans la vallée du Nil. Les moyennes thermiques mensuelles dépassent toujours 20 °C dans le Sud. Elles peuvent s'abaisser à 15 °C en hiver dans le Nord, où, en revanche, elles dépassent 30 °C en été.
● *Géographie humaine et économique*. Le Soudan, le plus vaste Etat d'Afrique, en raison, partiellement, des conditions climatiques, n'est que faiblement peuplé. La population, essentiellement noire dans le Sud, est mêlée d'apports arabes dans le Centre et le Nord. Elle s'accroît à un rythme annuel proche de 3 p. 100 et se concentre surtout dans la région de Khartoum.
L'agriculture est le fondement de l'économie, puisqu'elle emploie plus des trois quarts de la population active et fournit la moitié du produit intérieur brut. Les cultures occupent pourtant moins de 3 p. 100 de la superficie totale ; elles sont localisées dans la vallée du Nil, qui permet l'irrigation (barrage de Sennar notamment). Parmi les cultures vivrières, le sorgho joue un rôle primordial ; les cultures commerciales sont représentées par le sésame, l'arachide et surtout le coton. L'élevage (bovins et ovins) est l'activité prédominante des plaines et des plateaux du Centre et du Nord. L'industrie n'occupe qu'une place très réduite. Le sous-sol fournit des quantités modestes de chrome, de cuivre et de sel. La raffinerie de pétrole de Port-Soudan est l'implantation industrielle moderne la plus notable.
La balance commerciale est traditionnellement (et souvent lourdement) déficitaire. Le coton (brut) assure la moitié des exportations (les produits oléagineux le quart), dirigées surtout vers le Marché commun (Allemagne occidentale et Italie), la Grande-Bretagne, la Chine et l'U. R. S. S. Parmi les importations, en dehors d'importants compléments alimentaires, dominent les produits manufacturés, fournis surtout par la Grande-Bretagne.

Histoire.

Les Egyptiens conquirent le pays, qui fut fortement islamisé, à partir de 1820, et l'Anglais Kitchener l'occupa en 1898. Un condominium anglo-égyptien y fut établi en 1899. En 1951, malgré l'importance du mouvement autonomiste, Farouk prit le titre de roi du Soudan. Cependant, la république indépendante du Soudan fut proclamée en 1956. Les antagonismes entre les Arabes du Nord et les Noirs du Sud prennent fin par un accord en 1972.

Soudan français, nom que portait le *Mali** avant l'indépendance.

soudanais [sudanɛ], **e** [-ɛz] ou **soudanien** [-jɛ̃], **enne** [-jɛn] adj. et n. Du Soudan.

soudant, e adj. Se dit de la température du rouge blanc à laquelle on porte le fer pour le souder.

soudard [sudar] n. m. (de *sou ;* auquel on donne une solde). Autref., soldat de métier. ‖ Auj., individu grossier et brutal.

soude [sud] n. f. (de l'arabe *suwwād*). Plante des terrains salés du littoral, dont on tirait autref. la soude du commerce. (Famille des chénopodiacées.) ‖ Nom commercial du carbonate de sodium Na_2CO_3, qu'on retirait des cendres de ces plantes et qu'on prépare aujourd'hui à partir du chlorure de sodium. ● *Soude caustique*, hydroxyde de sodium NaOH. (La soude caustique est un solide blanc très soluble, fondant à 320 °C. C'est une base forte et ayant de nombreux usages.)

souder [sude] v. t. (lat. *solidare*, affermir). *Technol.* Effectuer une soudure. ‖ *Fig.* Unir, lier étroitement : *ils étaient soudés autour de leur chef*. ‖ — **Se souder** v. pr. En parlant de deux parties primitivement distinctes, se réunir pour former un tout : *deux os qui se soudent*.

soudeur, euse n. Personne qui soude.

soudier, ère adj. Relatif à la soude : *industrie soudière*.

soudière n. f. Usine où l'on fabrique de la soude.

soudo-brasage n. m. Opération qui consiste à unir deux pièces métalliques par une brasure.

soudoyer [sudwaje] v. t. (de *sold*, anc. forme de *sou*) [conj. **2**]. S'assurer le concours de quelqu'un à prix d'argent : *soudoyer des assassins*.

soudure n. f. Mode d'assemblage permanent de deux pièces métalliques ou de certains produits synthétiques, exécuté par voie thermique. (V. *encycl.*) ‖ Procédé d'assemblage, en confection, par ultrason et impulsion de chaleur. ‖ Endroit soudé. ‖ Alliage fusible à basse température, utilisé pour réaliser l'assemblage de deux métaux. ‖ Travail de celui qui soude. ‖ *Fig.* Jonction ; réunion d'éléments distincts. ‖ *Méd.* Jonction par adhésion. ● *Faire la soudure*, satisfaire aux besoins des consommateurs ou d'une entreprise à la fin d'une période comprise entre deux récoltes, deux livraisons, importations ou rentrées financières.
— ENCYCL. La *soudure* de deux corps métalliques est réalisée par collage, qui se fait soit par apport d'un métal ou d'un alliage à point de fusion aussi bas que possible, jouant le rôle de ciment, soit par fusion et interpénétration des éléments voisins juxtaposés.
● La *soudure par métal d'apport* est utilisée dans tous les cas où il est impossible de réaliser une soudure par fusion, soit par suite de la nature des métaux à assembler, soit par suite de la température à atteindre. La *soudure par fusion des métaux à assembler* consiste à unir des corps de même nature par fusion des parties en contact, sans métal d'apport ou avec addition d'un métal d'apport ayant à peu près la même composition que celui des pièces à assembler. Il existe plusieurs procédés dont les principaux sont : la *soudure de forge*, dans laquelle les pièces à assembler, chauffées au blanc « soudant », sont placées l'une sur l'autre et martelées énergiquement ; la *soudure au chalumeau*, encore appelée *soudure autogène* ou *soudure oxyacétylénique*, parce que la chaleur nécessaire est fournie par la combustion d'acétylène dans de l'oxygène à la sortie d'un chalumeau ; la *soudure électrique*, réalisée soit par résistance (les pièces sont appliquées l'une contre l'autre et traversées par un courant de forte intensité, lequel, trouvant une grande résistance, produit un échauffement local par effet Joule), soit par un arc électrique jaillissant entre la pièce à souder et une électrode, qui, par fusion, fournit le métal d'apport.
● Le *soudage par ultrasons* résulte d'une interpénétration des matériaux, assemblés sans fusion proprement dite et sans modification de la structure cristalline des matériaux unis. On l'exécute en comprimant les pièces à assembler entre un doigt métallique animé d'un mouvement vibratoire de fréquence ultrasonore et une enclume massive servant de réflecteur.

soue [su] n. f. (du lat. *sus*, porc). Etable à porcs.

soufflage n. m. Action de souffler. ‖ Procédé de fabrication de la verrerie. ‖ *Mar.* Revêtement extérieur, en planches, de la carène.

soufflante n. f. Ventilateur de soufflerie.

soufflard n. m. Jet intermittent de vapeur d'eau, dans les régions volcaniques.

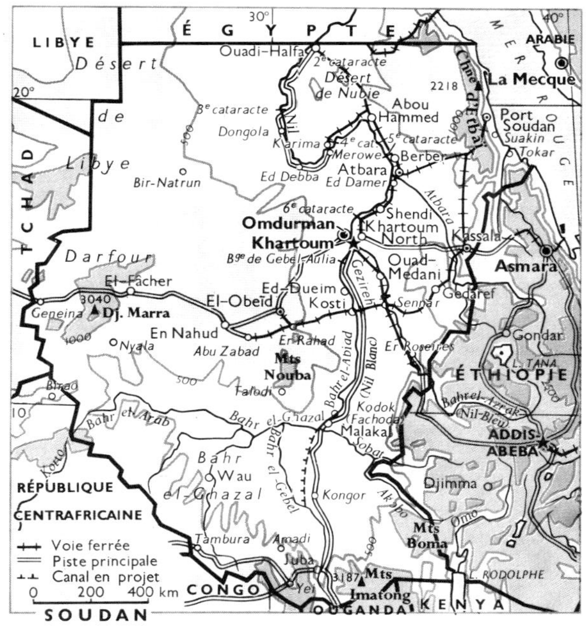

Soudan

culture du coton

désert de Nubie

Phot. Almasy (2).

souffle [sufl] n. m. Agitation de l'air : *le souffle des vents.* || Vent produit en soufflant de l'air par la bouche : *éteindre une bougie avec son souffle.* || Déplacement d'air extrêmement brutal, provoqué par une explosion : *l'effet de souffle d'une explosion atomique est considérable.* || Expiration de l'air inspiré : *écouter le souffle d'un malade.* || Simple respiration : *reprendre son souffle.* || *Méd.* Bruit anormal produit par un organe malade, et perceptible à l'auscultation : *souffle cardiaque.* || *Fig.* Inspiration, influence : *le souffle du génie.* ● *Manque de souffle,* essoufflement au cours d'un effort ; et, au *fig.*, manque de force (en parlant d'œuvres littéraires). || *N'avoir plus que le souffle,* être à l'agonie. || *Second souffle,* dans le langage sportif, regain de vitalité après une défaillance momentanée.

soufflé, e adj. et n. m. Se dit d'un plat auquel l'addition de blancs d'œufs donne à la cuisson une augmentation de volume caractéristique : *soufflé au fromage.* || — Adj. *Pop.* Etonné.

soufflement n. m. Action de souffler.

Soufflenheim (67620), comm. du Bas-Rhin (arr. de Haguenau) ; 4 027 h. Poteries. Confection. Chaussures.

souffler v. i. (lat. *sufflare,* souffler sur). Mettre l'air en mouvement : *la bise souffle.* || Envoyer de l'air avec la bouche : *souffler dans ses doigts.* || Respirer avec effort : *souffler comme un bœuf.* || Reprendre haleine : *laisser les chevaux souffler.* || Se déplacer, en parlant de l'air : *le mistral souffle violemment.* || Crier, en parlant du buffle. || — V. t. Activer au moyen du vent : *souffler le feu.* || Eteindre : *souffler la chandelle.* || Suggérer : *souffler une bonne idée à quelqu'un.* ● *Ne pas souffler mot,* ne rien dire. || *Souffler une dame, un pion* (Jeux), l'enlever à son adversaire, quand il ne s'en est pas servi pour prendre. || *Souffler un emploi à quelqu'un* (Fam.), l'obtenir à son détriment. || *Souffler à quelqu'un sa leçon,* lui dire tout bas les mots qui échappent à sa mémoire. || *Souffler le verre, l'émail,* les dilater en soufflant dans la masse au moyen d'un tube.

soufflerie n. f. Machine destinée à produire le vent nécessaire à la marche d'une installation métallurgique, à l'aération d'une mine, etc. || Ensemble des soufflets d'un orgue, d'une forge, etc. ● *Soufflerie aérodynamique,* installation d'essai utilisée en aérodynamique pour étudier l'action, sur un corps, d'un écoulement d'air, de vitesse et de caractéristiques connues. (V. *encycl.*)
— ENCYCL. Une *soufflerie* permet de procéder à des essais aérodynamiques sur une maquette immobile dans un fluide mobile. Elle comprend trois parties essentielles : le *collecteur,* ou *convergent,* dans lequel on accélère progressivement l'air tout en amortissant les fluctuations de vitesse et à l'entrée duquel est fréquemment disposé un « filtre cellulaire » en vue d'uniformiser les vitesses dans la veine ; puis une *chambre d'expérience* dans l'ensemble de laquelle les conditions d'écoulement de l'air sont les mêmes ; enfin, un *diffuseur,* ou *divergent,* qui réduit la vitesse de l'air à la sortie et diminue ainsi l'énergie cinétique perdue et, par suite, la puissance consommée. Les souffleries actuelles fonctionnent en général par aspiration et peuvent être ou bien *en circuit ouvert,* l'air aspiré dans l'atmosphère ambiante étant rejeté directement dans celle-ci, ou bien *en circuit fermé,* disposition qui s'impose chaque fois que l'on veut utiliser un fluide différent de l'air ambiant ou conditionné en température ou en pression. L'entraînement du fluide est assuré par un ventilateur pour de faibles vitesses de veine et, dans le cas contraire, par des pompes à vide ou des compresseurs à étages multiples.

soufflet [suflɛ] n. m. Instrument qui sert à souffler : *soufflet de forge.* || Pièce en forme de triangle, cousue dans une fente pour élargir ou évaser un bord. || Partie pliante d'une chambre photographique. || *Ch. de f.* Couloir flexible de communication entre deux voitures de voyageurs. || *Mus.* Appareil servant à alimenter en air différents instruments de musique (orgue, régale, etc.).

soufflet n. m. Coup du plat ou du revers de la main, sur la joue. || *Fig.* Affront qui atteint vivement l'amour-propre : *il a reçu un rude soufflet.*

souffleter v. t. (conj. **4**). Donner un soufflet.

souffleur, euse n. Personne qui, au théâtre, est chargée de souffler leur rôle aux acteurs.

souffleur n. m. Gros cétacé du genre *dauphin.*

souffleur n. m. Ouvrier façonnant le verre à chaud pour lui donner sa forme définitive.

souffleuse n. f. Au Canada, chasse-neige muni d'un dispositif hélicoïdal qui projette la neige à distance.

Soufflot (Germain), architecte français, né à Irancy, près d'Auxerre (1713-1780). Représentant du classicisme sous le règne de Louis XVI, il accomplit de nombreux travaux à Lyon (théâtre, hôtel-Dieu) et à Paris, où il entreprit la construction de Sainte-Geneviève (Panthéon).

soufflure n. f. *Industr.* Cavité remplie de gaz occlus, formée au cours de la solidification d'une masse en fusion.

souffrance n. f. Douleur physique ou morale ; état de quelqu'un qui souffre : *être dur à la souffrance.* (Syn. : AFFLICTION, MAL, PEINE, TOURMENT.) ● *Affaires en souffrance,* affaires en suspens. || *Colis en souffrance,* colis qui n'a pas été délivré ou réclamé. || *Jour de souffrance* ou *de tolérance,* baie, placée à une hauteur d'au moins 2,60 m, qu'on peut ouvrir sur la propriété d'un voisin, à condition de la garnir d'une grille.

souffrant, e adj. Qui souffre : *personne infirme et souffrante.* ● *Eglise souffrante* (Relig. cath.), les âmes qui sont au purgatoire.

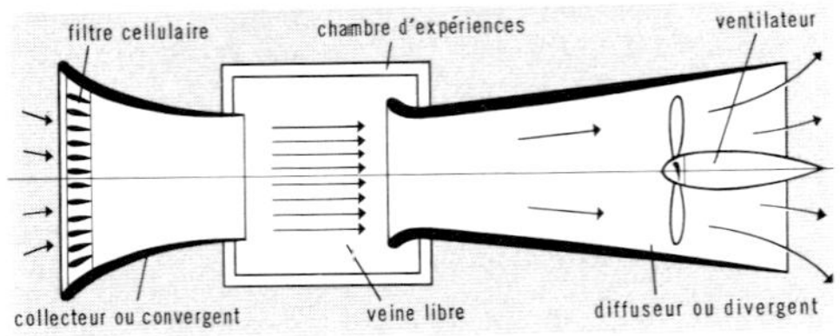

soufflerie

souffre-douleur n. m. inv. Personne qui est continuellement exposée aux tracasseries des autres.

souffreteux, euse adj. (de l'anc. fr. *soufraite,* disette). Qui est habituellement souffrant ; chétif, malingre : *un enfant souffreteux.*

souffrir [sufrir] v. t. (lat. *sufferre*) [conj. **10**]. Endurer : *il ne peut souffrir le mensonge.* || Tolérer, ne pas empêcher : *pourquoi souffrez-vous cela ?* || Permettre : *souffrez que je vous parle.* || Admettre, être susceptible de : *cela ne souffre aucun retard.* || Ressentir, éprouver : *souffrir la faim, la soif.* || — Syn. : ACCEPTER, ENDURER, PÂTIR, SUBIR, SUPPORTER. ● *Ne pouvoir souffrir une personne,* avoir pour elle de l'antipathie, de l'aversion. || *Souffrir le martyre,* éprouver de grandes douleurs. || — V. i. Eprouver un mal physique ou moral : *il est malade et souffre beaucoup.* ● *Souffrir de,* avoir mal à : *souffrir de l'estomac ;* être endommagé : *les vignes ont souffert de la grêle.* || **— Se souffrir** v. pr. Se supporter mutuellement.

soufi ou **ṣūfī** [sufi] n. m. (mot arabe signif. *vêtu de laine*). Ascète de l'islām.

soufisme [sufism] n. m. (de *soufi*). Mouvement d'ascèse mystique de l'islām (IXe au XIIe s.).

soufrage n. m. Action d'imprégner de soufre les allumettes, de soumettre au gaz sulfureux les étoffes qu'on veut blanchir. || Action de répandre du soufre en poudre sur certains végétaux : *le soufrage de la vigne prévient l'oïdium.*

soufre [sufr] n. m. (lat. *sulphur*). Métalloïde solide (S), de numéro atomique 16, d'une couleur jaune citron, insipide et inodore.
— ENCYCL. Le *soufre* a une densité voisine de 2 ; il fond vers 115 °C et bout à 444,6 °C. Ce point d'ébullition sert de référence pour la détermination des températures. Insoluble dans l'eau, le soufre se dissout dans le benzène et le sulfure de carbone. Mauvais conducteur de la chaleur et de l'électricité, il brûle à l'air en donnant du gaz sulfureux. Le soufre est très répandu dans la nature, où on le trouve à l'état de sulfures ou de sulfates, ou même à l'état natif au voisinage des anciens volcans (Sicile, Louisiane) ; en France, on l'extrait du gaz de Lacq. On utilise le soufre pour fabriquer des allumettes chimiques, pour faire du sulfure de carbone, de l'acide sulfurique, pour prendre des empreintes de médailles ; on s'en sert également en médecine. Le soufre en poudre (*fleur de soufre*) sert au soufrage des vignes.

soufrer v. t. Enduire de soufre : *soufrer des allumettes.* || Couvrir de fleur de soufre : *soufrer une treille.* || Exposer au gaz sulfureux : *soufrer des laines.* ● *Soufrer un tonneau,* y faire brûler du soufre pour détruire les micro-organismes.

soufreur, euse n. Personne qui est chargée de soufrer.

soufreuse n. f. Appareil pour soufrer les vignes.

soufrière n. f. Lieu d'où l'on extrait le soufre. (V. SOLFATARE.)

Soufrière (la), volcan de la Guadeloupe, portant le point culminant de l'île ; 1 467 m.

Souge (*camp de*), camp militaire à l'ouest de Bordeaux (commune de Saint-Médard-en-Jalles).

Sougé-le-Ganelon (72130 Fresnay sur Sarthe), comm. de la Sarthe (arr. de Mamers) ; 856 h. Isolants.

souhait [swɛ] n. m. (empr. au francique). Vœu, désir qu'une chose s'accomplisse : *des souhaits de bonheur.* ● *A vos souhaits,* formule de politesse adressée à une personne qui éternue. || **— A souhait** loc. adv. Selon ses désirs : *tout lui réussit à souhait.*

Souillac : l'église Sainte-Marie

souhaitable adj. Désirable.

souhaiter v. t. Désirer pour soi ou pour autrui : *souhaiter du bien à tous.* || Exprimer sous forme de vœu, de compliment : *souhaiter la bonne année ; je souhaite qu'il vienne.*

Souillac (46200), ch.-l. de c. du Lot (arr. de Gourdon), près de la Dordogne ; 3 918 h. (*Souillagais*). L'église Sainte-Marie (XIIe s.), couverte de coupoles, possède de remarquables sculptures romanes, restes de son portail, qui se rapprochent de celles de Moissac.

souillard [-jar] n. m. (de *souiller*). Trou percé dans une pierre pour livrer passage à l'eau ou pour en recevoir la chute.

souille n. f. Lieu bourbeux où se vautre le sanglier. || *Mar.* Enfoncement formé dans la vase ou le sable par un navire échoué. || Trace sur le sol d'un obus qui ricoche.

souiller [suje] v. t. (du lat. *suculus,* porcelet). Salir, couvrir de boue, d'ordure. || *Fig.* Déshonorer, avilir : *souiller sa réputation.*

souillon n. *Fam.* Personne malpropre : *une petite souillon.*

souillure n. f. Ce qui souille, tache : *linge couvert de souillures.* || *Fig.* Tache morale : *la souillure du péché.*

Souilly (55220), ch.-l. de c. de la Meuse (arr. de Verdun) ; 352 h. Quartier général de Pétain pendant la bataille de Verdun, en 1916.

souïmanga ou **souï-manga** [swimɑ̃ga] n. m. Petit oiseau passereau d'Afrique, dont le mâle porte un plumage aux couleurs éclatantes. (Famille des nectariniidés.)

souk [suk] n. m. (mot arabe). Marché, dans les pays arabes.

Souk-Ahras, v. d'Algérie ('Annaba) ; 35 500 h.

Soukhoumi, v. de l'U. R. S. S. (Géorgie), cap. de la rép. auton. d'Abkhazie, sur la mer Noire ; 102 000 h.

soûl, e [su], [sul] adj. (lat. *satullus ;* de *satur,* rassasié). Qui est ivre. (L'anc. orthographe est SAOUL, E.) ● *Etre soûl de quelque chose,* en être rassasié jusqu'au dégoût. || — N. m. *En avoir tout son soûl* (Fam.), autant qu'on peut en désirer.

Soulac-sur-Mer (33780), comm. de la Gironde (arr. de Lesparre-Médoc) ; 2 213 h. (1 833 aggl.). Station balnéaire sur l'Atlantique.

soulagement n. m. Diminution d'une charge, d'une douleur physique ou morale : *apporter du soulagement.*

soulager [sulaʒe] v. t. (du lat. *solacium,* consolation) [conj. **1**]. Débarrasser d'une partie d'un fardeau : *soulager un porteur trop chargé.* || — *Fig.* Diminuer, adoucir une souffrance physique ou morale : *soulager la douleur.* || Diminuer la misère de ; secourir : *soulager les malheureux.* || Diminuer le travail, la peine ; aider : *la machine a-t-elle soulagé l'ouvrier ?* || *Technol.* Diminuer l'effort, le travail de : *soulager une poutre qui fatigue.* || — Syn. : ALLÉGER, APAISER, CALMER. || **— Se soulager** v. pr. Se procurer du soulagement. || *Fam.* Satisfaire un besoin naturel.

Soulaines-Dhuys [-dɥis] (10200 Bar sur Aube), ch.-l. de c. de l'Aube (arr. de Bar-sur-Aube) ; 311 h.

soulane [sulan] n. f. Syn. de ADRET.

soûlard, e n. et adj. *Pop.* Ivrogne, ivrognesse : *un vieux soûlard.*

soûlaud, e ou **soûlot, ote** n. et adj. *Pop.* Ivrogne, ivrognesse.

Soule (*pays de*), anc. prov. du Pays basque ; la capitale était *Mauléon.*

soûler [sule] v. t. *Pop.* Gorger de boisson ; enivrer. (L'anc. orthographe est SAOULER.) || **— Se soûler** v. pr. *Pop.* S'enivrer. || *Fig.* Se rassasier, s'étourdir : *il se soûle de phrases vides de sens.*

soûlerie n. f. Partie de débauche où l'on s'enivre.

soulevé n. m. Mouvement d'haltérophilie consistant à saisir une barre à terre et à la soulever jusqu'à complète extension des jambes, le corps étant absolument vertical.

soulèvement n. m. Grande agitation : *soulèvement des flots.* || *Fig.* Mouvement de révolte, d'insurrection. ● *Soulèvement de cœur,* mal d'estomac causé par le dégoût.

soulever [sulve] v. t. (conj. **5**). Elever à une petite hauteur : *soulever un fardeau.* || — *Fig.* Susciter des sentiments d'irritation, d'indignation : *son insolence souleva l'assemblée.* || Pousser à la révolte : *soulever le peuple.* ● *Soulever le cœur,* causer du dégoût. || *Soulever la poussière,* la faire voler en tourbillons. || *Soulever une question,* la faire naître. || *Soulever un voile,* découvrir en partie. || **— Se soulever** v. pr. *Fig.* Se révolter. ● *Le cœur se soulève,* on est écœuré.

Souli ou **Suli,** village de l'Epire. Les habitants (*Souliotes*) de sa région se sont illustrés par leur résistance aux Turcs (1790-1822).

soulier [sulje] n. m. (bas lat. *subtelaria*). Chaussure à semelle rigide, qui couvre le pied en tout ou en partie. ● *Etre dans ses petits souliers* (Fam.), être embarrassé.

Soulier de satin (*le*), drame de P. Claudel (1929). La trame de la pièce est l'impossible amour du conquistador espagnol don Rodrigue pour doña Prouhèze.

soulignement n. m. Action de souligner ; son résultat.

Phot. Ray-Delvert.

ALPINISME

AUTOMOBILE

ATHLÉTISME

BASKET-BALL

AVIRON

BOXE

CYCLISME

ÉQUITATION

ESCRIME

Phot. Marcel Ichac, Presse Sports (3), Rapho, Presse Sports (4).

SPORTS

FOOTBALL

HALTÉROPHILIE

GYMNASTIQUE

JUDO

NATATION

PATINAGE ARTISTIQUE

SKI

TENNIS

TAUROMACHIE

RUGBY

VOLLEY-BALL

Phot. Miroir-Sprint, Larousse, Keystone, Parimage, Presse Sports (3), Larousse, Presse Sports, Stevens-Camera Press, Presse Sports.

maréchal **Soult** par L. H. de Rudder d'après Broc château de Versailles

souligner [suliɲe] v. t. Tirer un trait, une ligne sous : *souligner un mot.* || *Fig.* Attirer l'attention sur quelque chose par une inflexion de voix ou par tout autre moyen : *inutile de souligner ce que vous voulez dire.*

soûlographe n. *Fam.* Personne qui se livre à la soûlographie.

soûlographie [sulɔgrafi] n. f. *Fam.* Ivrognerie, orgie : *se livrer à la soûlographie.*

Soulom (65260 Pierrefitte Nestalas), comm. des Hautes-Pyrénées (arr. d'Argelès-Gazost); 521 h. Electrochimie.

Soulou. V. SULU.

Soulouque (Faustin), Noir d'Haïti, né à Petit-Goâve (1782-1867), empereur d'Haïti (1849-1859) sous le nom de FAUSTIN Ier. Son despotisme provoqua sa chute.

Soult (Jean DE DIEU, dit Nicolas), duc DE DALMATIE, maréchal de France, né à Saint-Amans-la-Bastide (auj. Saint-Amans-Soult) [1769-1851]. Général en 1794, maréchal en 1804, il s'illustra à Austerlitz (1805). Duc de Dalmatie (1807), il remporta de nombreux succès en Espagne. En 1814, il freina la marche victorieuse de Wellington (bataille de Toulouse). Rallié à Louis XVIII, il devint ministre de la Guerre (1814-1815); il se mit cependant aux côtés de Napoléon lors des Cent-Jours et fut nommé major général de l'armée et pair de France. Banni en 1816, il rentra en 1819, redevint pair (1827), puis ministre de la Guerre (1830-1832). Il fut président du Conseil en 1832, en 1839 et de 1840 à 1847.

soulte [sult] n. f. (du lat. *solvere*, payer). Somme d'argent qui, dans un partage ou dans un échange, compense l'inégalité de valeur des lots ou des biens échangés.

Soultz-Haut-Rhin [sults-] (68360), ch.-l. de c. du Haut-Rhin (arr. de Guebwiller); 4 910 h.

Soultz-sous-Forêts (67250), ch.-l. de c. du Bas-Rhin (arr. de Wissembourg); 1 877 h.

Soumarokov (Aleksandr Petrovitch), auteur dramatique russe, né à Lappeenranta (Finlande) [1718-1777]. Sa pièce *Khorev* (1747) inaugura l'ouverture du premier théâtre russe.

soumettre [sumɛtr] v. t. (lat. *submittere*) [conj. **49**]. Ranger sous sa puissance, sous son autorité; dompter, réduire : *soumettre des rebelles.* || Devenir maître : *soumettre ses passions.* || — *Fig.* Proposer au jugement, à l'examen de quelqu'un : *je vous soumets un projet.* || Faire subir une opération à : *soumettre un produit à une analyse.* || **— Se soumettre** v. pr. Faire sa soumission. || S'en rapporter : *je me soumets à sa décision.*

soumis [sumi], **e** [-iz] adj. Disposé à l'obéissance : *enfant soumis.* || Qui annonce la soumission : *air soumis.* ● *Fille soumise,* prostituée.

soumission n. f. (lat. *submissio,* action d'abaisser). Disposition à obéir : *soumission parfaite.* || Action d'obéir; son résultat : *cette ville a fait sa soumission.* || Déclaration écrite par laquelle on s'engage à se charger d'un ouvrage, d'une fourniture, etc., à certaines conditions.

soumissionnaire n. m. Celui qui fait une soumission pour une entreprise.

soumissionner v. t. Faire une soumission pour des fournitures ou des travaux.

Soummam, nom du cours inférieur de l'oued Sahel, en Algérie.

Soumy, v. de l'U. R. S. S. (Ukraine); 159 000 h.

Soungari (le), riv. de la Chine du Nord-Est, affl. de l'Amour (r. dr.); 1 800 km.

Sounion ou **Colonne** (*cap*), promontoire de l'extrémité sud-est de l'Attique (Grèce). Ruines monumentales du temple de Poséidon.

soupape [supap] n. f. (de *sous,* et anc. fr. *paper,* manger; « coup sous le menton, qui fait fermer la bouche »). Obturateur sous tension, dont le déplacement, perpendiculairement au plan du siège, est utilisé pour régler le mouvement d'un fluide. || Dispositif qui, dans un circuit électrique, ne laisse passer le courant que dans un sens. ● *Soupape en chapelle* ou *latérale,* soupape disposée la tête en haut, sur le côté du cylindre, dans un moteur à explosion. || *Soupape de sûreté,* soupape qui, montée sur une capacité sous pression, s'ouvre automatiquement quand la pression intérieure dépasse une certaine limite. || *Soupape en tête* ou *en dessus,* dans un moteur à explosion, soupape disposée la tête en bas, au-dessus de la culasse.

soupçon [supsɔ̃] n. m. (du lat. *suspicere,* regarder). Opinion désavantageuse portée sur quelqu'un dont on a des raisons de se méfier : *conduite exempte de tout soupçon.* || Simple conjecture; simple opinion : *j'ai quelque soupçon que c'est lui.* || Apparence légère : *il n'y a pas le moindre soupçon d'hypocrisie dans sa conduite.* ● *Un soupçon de quelque chose* (Fam.), une petite quantité de cette chose : *un soupçon de vin.*

soupçonnable adj. Qui peut être soupçonné : *sa conduite est soupçonnable.*

soupçonner v. t. Avoir une opinion désavantageuse fondée sur de simples conjectures : *soupçonner quelqu'un de fraude.* || Conjecturer, présumer : *je soupçonne une ruse de sa part.* (Syn. : SE DOUTER, FLAIRER, PRESSENTIR, SUSPECTER.)

soupçonneusement adv. Avec soupçon.

soupçonneux, euse adj. Défiant, enclin à soupçonner : *esprit soupçonneux.*

soupe [sup] n. f. (francique **suppa*). Aliment composé de bouillon et de pain. || Potage aux légumes. || *Fam.* Repas des soldats : *aller à la soupe.* ● *S'emporter comme une soupe au lait,* se mettre très promptement en colère. || *Soupe populaire,* institution de bienfaisance qui distribue des repas aux indigents. || *Trempé comme une soupe* (Fam.), très mouillé.

soupente [supɑ̃t] n. f. (du lat. *suspendere,* suspendre). Réduit pratiqué dans la partie haute d'une pièce coupée en deux par un plancher, sous un escalier.

souper [supe] n. m. Repas du soir. || Mets qui le composent : *il y avait un bon souper.* || Repas qu'on fait dans la nuit à la sortie d'un spectacle, au cours d'une soirée.

souper v. i. Prendre le repas du soir ou un repas tard dans la nuit. ● *Avoir soupé d'une chose* (Pop.), en avoir assez.

soupeser [supəze] v. t. (conj. **5**). Lever un fardeau avec la main pour en estimer le poids.

soupeur, euse n. Personne qui a l'habitude de souper après un spectacle.

soupière n. f. Récipient creux à couvercle, pour servir la soupe, le potage.

soupir [supir] n. m. (de *soupirer*). Respiration forte et prolongée, occasionnée par la douleur, une émotion, etc. : *pousser de profonds soupirs.* || *Mus.* Pause qui équivaut à une noire. ● *Rendre, exhaler le dernier soupir,* mourir.

soupirail [supiraj] n. m. (de *soupirer,* au sens d'exhaler). Ouverture à la partie inférieure d'un bâtiment, pour donner de l'air et du jour aux caves ou aux sous-sols. || Pl. des *soupiraux.*

soupirant n. m. *Vx* ou *par iron.* Celui qui aspire à se faire aimer d'une femme : *écarter les soupirants.*

soupirer v. i. (lat. *suspirare*). Pousser des soupirs. || — V. t. ind. [**après**]. *Fig.* Désirer ardemment : *soupirer après une place.*

souple [supl] adj. (lat. *supplex,* qui plie les genoux pour supplier). Qui se plie facilement; flexible : *osier, cuir souple.* || Qui a les membres agiles : *la gymnastique rend souple.* || *Fig.* Docile, complaisant : *avoir un caractère souple.* ● *Avoir l'échine souple, les reins souples,* être soumis, complaisant.

souplesse n. f. Qualité de celui ou de ce qui est souple, flexible. || *Fig.* Docilité, adresse, aisance à se plier aux circonstances ou aux volontés d'autrui : *manquer de souplesse.*

Souppes-sur-Loing (77460), comm. de Seine-et-Marne (arr. de Melun); 4 457 h. (3 712 aggl.). Carrières.

cap **Sounion**

soupape de moteur à explosion

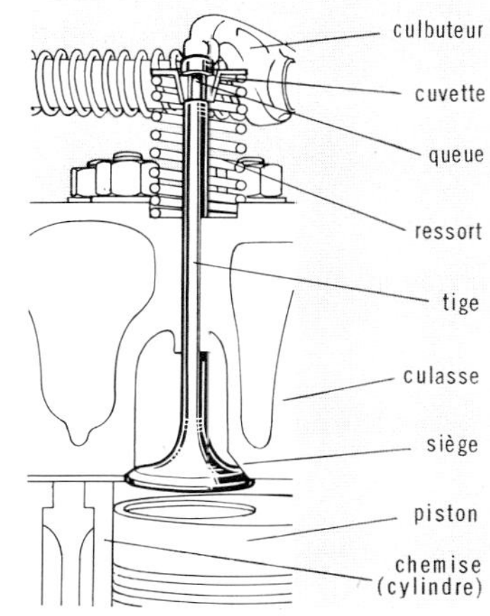

souquenille [suknij] n. f. (anc. allem. *sukenie;* d'orig. slave). Longue blouse.

souquer [suke] v. t. (du provenç. *souca,* serrer un nœud). *Mar.* Raidir, serrer fortement : *souquer une amarre.* || — V. i. Faire effort : *souquer sur les avirons.*

sourate n. f. V. SURATE.

source [surs] n. f. (du participe de *sourdre*). Point d'émergence à la surface du sol de l'eau emmagasinée à l'intérieur. (L'eau d'infiltration revient au jour sous forme de source lorsque la couche imperméable sur laquelle elle coule affleure à l'air libre, à flanc de coteau par ex.) || Liquide quelconque qui jaillit de terre : *une source de pétrole.* || Origine, cause : *le travail est une source de richesses.* || Document original : *les nombreuses sources de l'histoire contemporaine.* ● *Retenue à la source,* système dans lequel l'impôt est défalqué du revenu avant le paiement de celui-ci. || *Source de chaleur, de lumière,* endroit d'où la chaleur, la lumière se propagent. || *Tenir une nouvelle de bonne source,* la tenir de personnes bien informées.

sourcier n. m. Homme qui possède le talent de découvrir les sources souterraines à l'aide d'une baguette, d'un pendule, etc.

sourcil [sursi] n. m. (lat. *supercilium*). Saillie arquée, revêtue de poils, qui s'étend au-dessus de l'orbite de l'œil. || Ensemble des poils qui garnissent cette région : *avoir les sourcils très fournis.* ● *Froncer le sourcil* (Fig.), témoigner du mécontentement, de la mauvaise humeur.

sourcilier [sursilje], **ère** [-ɛr] adj. Qui concerne les sourcils : *l'arcade sourcilière.*

sourciller [sursije] v. i. Remuer les sourcils en signe de mécontentement, de surprise. ● *Sans sourciller,* en restant impassible dans une circonstance critique : *entendre sans sourciller la décision des juges.*

sourcilleux, euse adj. D'un orgueil sévère : *il se montre à votre égard très sourcilleux.* ● *Front sourcilleux,* front sévère, hautain.

sourd [sur], **e** [surd] adj. (lat. *surdus*). Privé plus ou moins complètement du sens de l'ouïe : *devenir sourd.* || — *Fig.* Insensible, inexorable : *sourd à la pitié.* || Caverneux : *voix sourde.* || Dont le son est étouffé : *bruit sourd.* || Incertain; qui n'est pas encore public : *une rumeur sourde qui se répand.* || Qui se fait secrètement, sans bruit : *guerre sourde.* ● *Consonnes sourdes,* celles qui sont dépourvues de vibrations laryngiennes (*f, s, ch, p, t, k*). || *Douleur sourde,* douleur généralisée à une région et peu aiguë. || *Faire la sourde oreille,* faire semblant de ne pas entendre. || *Lame sourde* (Mar.), lame qui se lève sans bruit. || *Sourd comme un pot* (Fam.), extrêmement sourd. || — N. Personne privée de l'ouïe : *un sourd de naissance.* ● *Crier comme un sourd,* très fort. || *Frapper comme un sourd,* sans pitié.

sourdement adv. De façon sourde : *le tonnerre grondait sourdement.* || Secrètement : *agir sourdement.*

Sourdeval (50150), ch.-l. de c. de la Manche (arr. d'Avranches); 3 545 h. (2 254 aggl.).

sourdine [surdin] n. f. (ital. *sordina*). Petit morceau de bois en forme de peigne, disposé sur le chevalet du violon, du violoncelle, etc., pour en affaiblir le son. || Appareil en bois, en carton, etc., que l'on met dans le pavillon de certains instruments à vent pour en assourdir le son. ● *Mettre une sourdine à,* rendre moins tapageur, moins éclatant : *mettre une sourdine à ses réclamations.* || **— En sourdine** loc. adv. Secrètement, à la dérobée.

Sourdis (Francis D'ESCOUBLEAU, *cardinal* DE), archevêque de Bordeaux, né dans cette ville (1575-1628). Il célébra le mariage de Louis XIII et d'Anne d'Autriche. — Son frère HENRI, homme de guerre et archevêque de Bordeaux (1593-1645), prit part au siège de La Rochelle.

sourd-muet, sourde-muette n. Personne privée de l'ouïe et de la parole. (Les sourds-muets ne parlent pas non parce que leurs organes phonateurs sont mal conformés, mais parce que, n'entendant pas la parole, ils n'ont pas imité les sons et les bruits qui la constituent.) || Pl. des *sourds-muets,* des *sourdes-muettes.*

Phot. Giraudon, Roger-Viollet.

sourdre [surdr] v. i. (lat. *surgere*, jaillir) [conj. **75**]. Sortir de terre, en parlant de l'eau, d'un liquide quelconque.

Sour el-Ghozlane, anc. **Aumale,** v. d'Algérie (Médéa); 13 500 h.

souriant, e adj. Qui sourit : *un visage souriant.*

souriceau [suriso] n. m. Petit d'une souris.

souricier n. m. Preneur ou mangeur de souris : *le hérisson est un excellent souricier.*

souricière [surisjɛr] n. f. Piège pour prendre les souris. ‖ Piège tendu par la police : *les gangsters sont tombés dans une souricière.*

sourire [surir] v. i. ou t. ind. [**à**] (lat. *subridere*) [conj. **61**]. Rire sans éclat, et seulement par un léger mouvement de la bouche et des yeux : *sourire malicieusement.* ‖ — *Fig.* Présenter un aspect agréable, favorable : *tout sourit à la jeunesse.* ‖ Etre favorable : *la fortune lui sourit.* ‖ Plaire, convenir : *cette affaire me sourit.*

sourire n. m. Action de sourire. ‖ Rire léger, silencieux : *sourire engageant.*

souris [suri] n. f. (lat. *sorex, soricis*). Petite espèce de rat extrêmement commune dans les maisons et qui y cause de nombreux ravages. (La souris, de couleur grise, mesure 9 cm du museau à la base de la queue, qui mesure elle-même 9 cm; elle a d'assez longues moustaches et une queue nue aux replis écailleux annelés; elle est adulte à six semaines et peut avoir environ 30 petits dans l'année en six portées.) [V. illustr. RONGEURS.] ‖ *Bouch.* Muscle charnu tenant à l'os d'un gigot.

Sournia (66130 Ille sur Têt), ch.-l. de c. des Pyrénées-Orientales (arr. de Prades); 339 h.

sournois [surnwa], **e** [-az] adj. et n. (de l'anc. provenç. *sorn*, sombre). Qui cache ce qu'il pense : *homme sournois.* ‖ Qui annonce la dissimulation : *un air sournois.* ‖ — Syn. : DISSIMULÉ, FAUX, FOURBE, HYPOCRITE.

sournoisement adv. De façon sournoise; avec dissimulation : *desservir sournoisement un concurrent.*

sournoiserie n. f. Dissimulation hypocrite. (Contr. FRANCHISE.)

sous [su] prép. (lat. *subtus*, dessous). Marque : 1° la situation par rapport à ce qui est plus haut ou en contact : *mettre un oreiller sous sa tête;* 2° le temps, l'époque : *sous la III*e *République;* 3° le moyen, l'instrument : *écraser un serpent sous ses pieds;* 4° la cause : *agir sous l'empire de la colère;* 5° le point de vue : *voir les choses sous un mauvais jour;* 6° la condition : *sous votre responsabilité;* 7° la dépendance : *avoir des hommes sous ses ordres.* ● *Sous peu*, bientôt. ‖ *Sous prétexte de*, en feignant de. ‖ *Sous ce rapport*, à cet égard.

sous, préfixe qu'on joint à différents mots pour indiquer une idée d'infériorité : *sous-chef, sous-estimer.* ‖ Préfixe qu'on joint à différents noms de sels chimiques pour indiquer que le métal est en excès : *sous-acétate, sous-carbonate, sous-chlorure, etc.*

Sous (*oued*), fl. du Maroc méridional, qui draine la *plaine du Sous;* 180 km.

sous-alimentation n. f. Alimentation insuffisante en quantité ou carencée en divers éléments indispensables (vitamines, protéines d'origine animale, sels minéraux). ‖ Pl. des *sous-alimentations.*

sous-alimenter v. t. Alimenter insuffisamment.

sous-amendement n. m. Modification à un amendement. ‖ Pl. des *sous-amendements.*

sous-arbrisseau n. m. Plante qui tient le milieu entre l'arbrisseau et l'herbe : *les pivoines sont souvent des sous-arbrisseaux.* ‖ Pl. des *sous-arbrisseaux.*

sous-arrondissement n. m. Subdivision d'un arrondissement maritime. ‖ Pl. des *sous-arrondissements.*

sous-barbe n. f. Partie de la mâchoire inférieure du cheval, qui supporte la gourmette. ‖ Pièce du licou qui réunit les montants. ‖ *Mar.* Ensemble des cordages qui maintiennent le beaupré en place. ‖ Pl. des *sous-barbes.*

sous-bois n. m. Végétation qui pousse sous les arbres d'une forêt.

sous-brigadier n. m. Douanier ou gardien de la paix d'un rang analogue à celui de caporal dans l'armée. ‖ Pl. des *sous-brigadiers.*

sous-calibré, e adj. Se dit d'un projectile de calibre inférieur à celui du canon qui le tire. (Il permet d'obtenir une très grande vitesse initiale.)

Sousceyrac (46190), ch.-l. de c. du Lot (arr. de Figeac); 1 236 h. (582 aggl.) [*Sousceyracois*].

sous-chef n. m. Celui qui seconde le chef ou qui dirige en l'absence de celui-ci : *sous-chef de bureau.* ‖ Pl. des *sous-chefs.*

sous-classe n. f. *Log.* Subdivision d'une classe. ‖ Pl. des *sous-classes.*

sous-clavier [suklavje], **ère** [-ɛr] adj. *Anat.* Qui est sous la clavicule : *artère sous-clavière.* ‖ Pl. des *sous-claviers.*

sous-commission n. f. Réunion d'un petit nombre de personnes désignées parmi les membres d'une commission, afin de préparer les discussions de cette dernière. ‖ Pl. des *sous-commissions.*

sous-comptoir n. m. Comptoir dépendant d'un autre.

sous-consommation n. f. Consommation inférieure soit à une consommation moyenne, soit à une consommation minimale. ‖ Consommation inférieure aux besoins. (Les économistes modernes considèrent que les crises cycliques dites jadis « de surproduction » sont en réalité des crises de sous-consommation.) ‖ Pl. des *sous-consommations.*

souscripteur [suskriptœr] n. m. Celui qui souscrit un effet de commerce : *le souscripteur d'une lettre de change.* ‖ Celui qui prend part à une souscription : *les souscripteurs à un emprunt.*

souscription n. f. (lat. *subscriptio*). Signature mise au-dessous d'un acte pour l'approuver. ‖ Signature d'une lettre, accompagnée de certaines formules de civilité. ‖ Engagement pris de s'associer à une entreprise, d'acheter un ouvrage en cours de publication, etc. ‖ Somme qui doit être versée par le souscripteur. ● *Droit de souscription*, privilège accordé à un actionnaire de participer par priorité à une augmentation de capital.

souscrire [suskrir] v. t. (lat. *sub*, sous, et *scribere*, écrire) [conj. **65**]. Signer au bas d'un acte pour l'approuver : *souscrire une obligation.* ‖ — V. t. ind. [**à**]. Consentir, adhérer à : *souscrire à un arrangement.* ‖ — V. i. Fournir ou s'engager à fournir une certaine somme pour une entreprise : *souscrire pour un monument.* ‖ Prendre l'engagement d'acheter, moyennant un prix convenu, un ouvrage qui doit être publié.

souscrit, e adj. Se dit d'une lettre qui est écrite sous une autre, dans certains alphabets.

sous-cutané, e adj. Qui est situé sous la peau : *kyste sous-cutané.* ‖ Qui se fait sous la peau : *une injection sous-cutanée.* (Syn. HYPODERMIQUE.)

sous-développé, e adj. *Pays sous-développé*, pays dont les habitants ont un faible niveau de vie moyen, en raison de l'insuffisance de la production agricole et du faible développement de l'industrie, autre qu'extractive (souvent, dans ce cas, partiellement aux mains de sociétés internationales), fréquemment aggravés par la croissance démographique, plus rapide que la progression du revenu national, réparti, de plus, d'une manière généralement très inégale entre les diverses couches de la population. (On dit de plus en plus souvent, par euphémisme, PAYS EN VOIE DE DÉVELOPPEMENT.)

sous-développement n. m. Etat d'un pays sous-développé. ‖ Pl. des *sous-développements.*

sous-diaconat n. m. Le premier des ordres majeurs, dans la hiérarchie catholique. (Il oblige à garder le célibat.) ‖ Pl. des *sous-diaconats.*

sous-diacre n. m. Celui qui est promu au sous-diaconat. ‖ Pl. des *sous-diacres.*

sous-directeur, sous-directrice n. Personne qui dirige en second. ‖ Pl. des *sous-directeurs*, des *sous-directrices.*

sous-dominante n. f. *Mus.* Quatrième degré de la gamme diatonique, au-dessous de la dominante. ‖ Pl. des *sous-dominantes.*

sous-économe n. m. Employé adjoint à l'économe. ‖ Pl. des *sous-économes.*

sous-emploi n. m. Emploi d'une partie seulement de la main-d'œuvre disponible. ‖ Pl. des *sous-emplois.*

sous-ensemble n. m. *Sous-ensemble d'un ensemble E* (Math.), ensemble dont tous les éléments appartiennent à l'ensemble E. ‖ Pl. des *sous-ensembles.*

sous-entendre v. t. (conj. **46**). Ne pas exprimer nettement sa pensée; laisser entendre quelque chose sans le dire. ‖ *Gramm.* Ne pas exprimer des mots qui peuvent être aisément suppléés.

sous-entendu n. m. Ce qu'on sous-entend : *parler par sous-entendus.* ‖ Pl. des *sous-entendus.*

sous-entrepreneur n. m. Entrepreneur qui se substitue, pour l'exécution d'un travail, à l'entrepreneur qui en a reçu la commande. ‖ Pl. des *sous-entrepreneurs.*

sous-équipé, e adj. Dont l'équipement industriel est insuffisant.

sous-équipement n. m. Etat d'une région insuffisamment équipée sur le plan économique. ‖ Pl. des *sous-équipements.*

sous-estimation n. f. Action de sous-estimer; son résultat.

sous-estimer ou **sous-évaluer** v. t. Apprécier au-dessous de sa valeur réelle.

sous-exposer v. t. Exposer insuffisamment une émulsion photographique.

sous-exposition n. f. Action de sous-exposer; son résultat.

sous-faîte n. m. Pièce de charpente qui est placée au-dessous du faîte. ‖ Pl. des *sous-faîtes.*

sous-famille n. f. *Hist. nat.* Syn. de TRIBU. ‖ Pl. des *sous-familles.*

sous-fifre n. m. *Fam.* Individu occupant un emploi tout à fait secondaire. ‖ Pl. des *sous-fifres.*

sous-frutescent, e adj. Qui ressemble à un sous-arbrisseau : *plante sous-frutescente.*

sous-garde n. f. Pièce qui protège la détente d'une arme à feu. ‖ Pl. des *sous-gardes.*

sous-gorge n. f. Partie de la bride qui passe sous la gorge du cheval et se rattache de chaque côté de la têtière. ‖ Pl. des *sous-gorges.*

sous-groupe n. m. Subdivision d'un groupe. ‖ Pl. des *sous-groupes.*

sous-ingénieur n. m. Cadre subalterne servant sous les ordres d'un ingénieur. ‖ Pl. des *sous-ingénieurs.*

sous-jacent [suʒasɑ̃], **e** [-ɑ̃t] adj. (de *sous*, et lat. *jacens*, qui est étendu). Qui est placé dessous (au *pr.* et au *fig.*) : *muscles sous-jacents.* ‖ Qui ne se manifeste pas clairement : *idées sous-jacentes.*

sous-jupe n. f. Jupe qui se porte sous une robe ouverte ou d'étoffe transparente. ‖ Pl. des *sous-jupes.*

Sous-le-Vent (*îles*), chapelet d'îles des Antilles, s'étendant le long de la côte du Venezuela et comprenant l'île de Curaçao (Pays-Bas). — Les Anglais appellent « îles Sous-le-Vent » (*Leeward Islands*) la partie septentrionale des îles du Vent* (Antigua, Montserrat, îles Vierges; 142 900 h.; ch.-l. *Saint John's*).

Sous-le-Vent (*îles*), partie de l'archipel de la Société* (Polynésie française), au nord de Tahiti, comprenant les îles Bora Bora, Huahine, Maupiti, Raïatea et Tahaa.

sous-lieutenant n. m. Premier grade de la hiérarchie des officiers des armées de terre et de l'air. ‖ Pl. des *sous-lieutenants.*

sous-locataire n. Personne qui occupe un local qui lui est loué par une personne qui n'en est elle-même que locataire principal. ‖ Pl. des *sous-locataires.*

sous-location n. f. Action de sous-louer. ‖ Pl. des *sous-locations.*

sous-louer v. t. Donner à loyer une partie d'une maison ou d'un appartement dont on est locataire. ‖ Prendre à loyer du principal locataire une portion de maison ou d'appartement : *sous-louer un appartement.*

sous-main n. m. inv. Accessoire de bureau sur lequel on place son papier pour écrire. ‖ — **En sous main** loc. adv. *Fig.* En cachette, clandestinement.

sous-maître n. m. Appellation donnée à certains officiers du « cadre noir » de Saumur. ‖ Pl. des *sous-maîtres.*

sous-marin, e adj. Qui existe sous la mer : *plante sous-marine; volcan sous-marin.* ‖ Qui s'effectue sous la mer : *navigation sous-marine; guerre sous-marine.* ● *Chasse sous-marine*, sport qui consiste à s'approcher à la nage du poisson et à le tirer avec un fusil-harpon.

sous-marin n. m. *Mar.* Bâtiment de guerre conçu pour naviguer et combattre en plongée. ‖ Pl. des *sous-marins.* — ENCYCL. Après la réalisation des premiers bâtiments expérimentaux par Bushnell (1775), par Fulton (1798) et surtout par Gustave Zédé (1887), l'essor définitif de la navigation sous-marine date de la construction, par Laubeuf, du « submersible » *Narval* (1899), qui restera longtemps le prototype des *sous-marins.*
Depuis cette époque, leur propulsion, leur vitesse de plongée, leur armement, leur protection, etc., n'ont cessé de s'améliorer, et, pendant les deux guerres mondiales, ils ont joué un rôle très important (11 et 14 millions de tonnes de navires alliés coulés par les sous-marins allemands). En dépit, cependant, des perfectionnements dont ils ont bénéficié, en particulier à partir de 1943 (Schnorchel* pour naviguer en plongée, turbine à gaz utilisant l'eau oxygénée, etc.), les dispositions prises pour lutter contre eux (navigation en convoi, protection aérienne, emploi de l'asdic et du radar, etc.) réduisirent leur efficacité dans de très larges proportions.
L'utilisation de l'énergie nucléaire, qui fournit la chaleur à un turboréacteur actionnant un moteur électrique, a constitué pour le sous-marin une véritable révolution. Le premier bâtiment de ce type, le *Nautilus* américain, a été lancé en 1954. Depuis cette date, le sous-marin nucléaire

coupe d'un sous-marin atomique

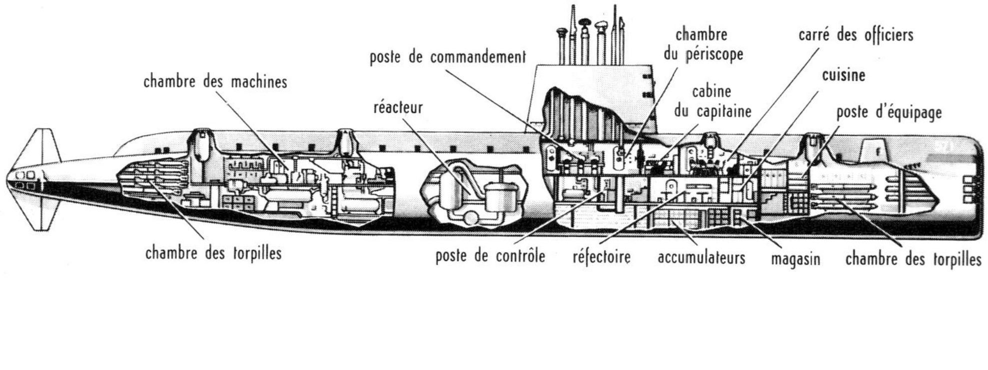

est considéré comme l'arme de guerre la plus sûre et comme le support le plus efficace de la dissuasion*. Capable de naviguer continuellement en plongée à plus de 30 nœuds, il dispose d'une autonomie théoriquement illimitée : ses possibilités sont sans commune mesure avec celles des sous-marins classiques, pour lesquels la navigation en plongée n'était que temporaire.
On distingue deux types de sous-marins nucléaires : le *sous-marin nucléaire d'attaque ou de chasse,* qui agit contre les convois et les autres sous-marins ; le *sous-marin nucléaire lance-engins* (S. N. L. E.), d'un tonnage plus important (de 7 à 9 000 tonnes), qui porte des missiles genre « Polaris ».
Après les Etats-Unis, l'U. R. S. S. et la Grande-Bretagne, qui disposent déjà de bâtiments de ce type, la France a lancé, en 1967, le *Redoutable,* premier des quatre sous-marins nucléaires lance-engins qui constituent la troisième génération de sa force* nucléaire stratégique.

sous-marinier n. m. Membre de l'équipage d'un sous-marin. || Pl. des *sous-mariniers.*

sous-maxillaire adj. Situé sous la mâchoire. ● *Glande sous-maxillaire,* glande salivaire située à la face interne du maxillaire inférieur. (Son canal excréteur [canal de Wharton] s'ouvre près du frein de la langue.)

sous-multiple adj. *Math.* Se dit d'un nombre, d'une grandeur contenus un nombre entier de fois dans un autre nombre, une autre grandeur. || — N. m. Cette quantité : *trois est un sous-multiple de neuf.* || Pl. des *sous-multiples.*

sous-nappe n. f. Molleton qu'on place sous la nappe. || Pl. des *sous-nappes.*

sous-normale n. f. *Math.* Projection sur un axe, et spécialement sur un axe de coordonnées, du segment de la normale en un point d'une courbe compris entre ce point et le point où la normale rencontre l'axe considéré. || Pl. des *sous-normales.*

sous-œuvre n. m. Fondement d'une construction. ● *En sous-œuvre,* par-dessous les fondations. || *Reprendre un mur en sous-œuvre,* réparer les fondations de ce mur. || Pl. des *sous-œuvres.*

sous-off [suzɔf] n. m. *Fam.* Abrév. de *sous-officier.*

sous-officier n. m. Militaire d'un corps intermédiaire entre celui des officiers et la troupe, et dont les grades sont compris entre ceux de sergent (ou de maréchal des logis) et d'adjudant-chef dans les armées de terre et de l'air, et entre ceux de second maître et de maître principal dans la marine. || Pl. des *sous-officiers.*
— Encycl. Certains *sous-officiers* d'active bénéficient d'un statut particulier, dit *des sous-officiers de carrière,* qui les soustrait aux aléas des rengagements et leur procure des avantages, et notamment une stabilité dans l'emploi, comparables à ceux des officiers. Ce statut s'applique aux sous-officiers confirmés qui, après cinq ou six ans de service, dont un ou deux ans dans le grade de sous-officier, ont obtenu du ministre, après avis des conseils de régiment, leur admission dans ce cadre. Seuls les gendarmes y sont admis de droit après cinq ans de service.

sous-orbitaire adj. Situé sous l'orbite : *artères sous-orbitaires.*

sous-ordre n. m. Personne soumise aux ordres d'une autre ; subalterne. || *Hist. nat.* Subdivision d'un ordre. || **— En sous-ordre** loc. adv. De façon subordonnée, au second rang. ● *Créancier en sous-ordre,* créancier d'un créancier. || Pl. des *sous-ordres.*

sous-palan (en) loc. adv. Se dit d'une marchandise qui doit être livrée au port prête pour l'embarquement.

sous-payer v. t. Payer en dessous du taux légal.

sous-peuplé, e adj. Peuplé insuffisamment.

sous-peuplement n. m. Peuplement insuffisant, eu égard aux ressources exploitées ou potentielles d'un pays : *le sous-peuplement est souvent combattu par l'immigration.* || Pl. des *sous-peuplements.*

sous-pied n. m. Bande de cuir ou d'étoffe qui passe sous le pied et s'attache au bas d'une guêtre ou d'un pantalon. || Pl. des *sous-pieds.*

sous-préfectoral, e, aux adj. Qui appartient, qui a rapport à une sous-préfecture, à un sous-préfet.

sous-préfecture n. f. Subdivision de préfecture, administrée par un sous-préfet. || Ville où réside le sous-préfet. || Fonction, demeure, bureau du sous-préfet. || Ensemble des services du sous-préfet. || Pl. des *sous-préfectures.*

sous-préfet n. m. Fonctionnaire chargé de l'administration d'un arrondissement, d'un département. || Pl. des *sous-préfets.*

sous-préfète n. f. Femme de sous-préfet. || Pl. des *sous-préfètes.*

sous-production n. f. Production inférieure aux besoins solvables des consommateurs.

sous-produit n. m. Corps obtenu accessoirement au cours de la fabrication d'une autre substance, ou comme résidu d'une extraction : *le goudron est un des sous-produits de la distillation de la houille.* || *Fam.* Se dit d'une personne ou d'une chose qui paraît sans originalité. || Pl. des *sous-produits.*

sous-programme n. m. Dans un calculateur électronique, séquence d'instructions permettant de résoudre une partie d'un problème et pouvant être incorporée dans un programme principal. || Pl. des *sous-programmes.*

sous-prolétariat n. m. Partie du prolétariat la plus mal rémunérée, constituée souvent de travailleurs immigrés dépourvus de formation syndicale et politique : *le sous-prolétariat est souvent peu revendicatif.*

sous-pubien, enne adj. Qui est sous le pubis.

sous-représentation n. f. Nombre de délégués, de députés, etc., proportionnellement insuffisant par rapport au nombre donné par la comparaison avec d'autres représentants.

sous-scapulaire adj. Qui est placé sous l'omoplate : *muscles sous-scapulaires.*

Sousse, port de Tunisie, sur le golfe de Hammamet ; 83 000 h. Musée riche en mosaïques d'époque romaine. Textiles.

sous-secrétaire n. m. *Sous-secrétaire d'Etat,* membre d'un gouvernement, adjoint à un secrétaire d'Etat. || Pl. des *sous-secrétaires d'Etat.*

sous-secrétariat n. m. *Sous-secrétariat d'Etat,* administration dirigée par un sous-secrétaire d'Etat. || Pl. des *sous-secrétariats d'Etat.*

sous-seing n. m. Acte sous seing* privé. || Pl. des *sous-seings.*

soussigné [susiɲe], **e** adj. et n. Qui a mis son nom au bas d'un acte : *le soussigné déclare...*

sous-sol n. m. Couche immédiatement au-dessous de la terre végétale : *un sous-sol sablonneux.* || Construction située au-dessous du rez-de-chaussée. || Pl. des *sous-sols.*

Soussous, ethnie du groupe mandingue habitant les régions côtières de la Guinée.

sous-station n. f. Ensemble des appareils de transformation ou de distribution groupés dans un bâtiment ou à l'air libre, et destinés à l'alimentation d'un réseau électrique. || Pl. des *sous-stations.*

sous-tangente n. f. *Math.* Projection sur un axe, et spécialement sur un axe de coordonnées, du segment de la tangente en un point d'une courbe compris entre le point de contact et le point où la tangente rencontre l'axe considéré. || Pl. des *sous-tangentes.*

Soustelle (Jacques), homme politique et ethnologue français, né à Montpellier en 1912. Agrégé de philosophie (1932), spécialiste de l'ethnologie des Aztèques, sous-directeur au musée de l'Homme (1938), il participa au gouvernement de Gaulle à Londres (1940-1943). Ministre de l'Information, puis des Colonies (1945), secrétaire général du R. P. F. (1947-1952), gouverneur général de l'Algérie (1955-1956), il contribua au retour du général de Gaulle, qui le nomma ministre de l'Information (1958), puis ministre des Départements d'outre-mer (1959). Opposé à la politique algérienne du général de Gaulle, il fut exclu de l'U. N. R. (1960).

sous-tendre v. t. (conj. **46**). *Math.* Joindre les extrémités d'un arc de courbe : *corde qui sous-tend un arc de cercle.* || Etre à la base de quelque chose : *cette théorie sous-tend la lutte des classes.*

sous-tension n. f. Tension électrique inférieure à la normale. || Pl. des *sous-tensions.*

sous-titre n. m. Titre placé après le titre principal d'un livre. || *Cin.* Traduction des paroles d'un film en version originale, qui paraît au bas de l'image sur l'écran. || Pl. des *sous-titres.*

sous-titré adj. m. Se dit d'un film en version originale muni de sous-titres.

sous-titrer v. t. Mettre un sous-titre à.

Soustons (40140), ch.-l. de c. des Landes (arr. de Dax), près de l'étang du même nom ; 4 532 h.

soustractif, ive adj. *Math.* Relatif à la soustraction. || Qui doit être soustrait : *terme soustractif.*

soustraction [sustraksjɔ̃] n. f. Action de soustraire : *soustraction frauduleuse.* || *Math.* Pour deux entiers naturels *a* et *b,* opération, inverse de l'addition, qui consiste à enlever au premier autant d'unités que le second en contient. (V. *encycl.*)
— Encycl. En arithmétique, la *soustraction* ne peut être effectuée que si le nombre qu'on soustrait est inférieur, ou au plus égal, au nombre dont on le soustrait. Le résultat de la soustraction manifeste alors l'*excès* du plus grand nombre sur le plus petit, le *défaut* du plus petit relativement au plus grand ou la *différence* entre l'un et l'autre. L'introduction des nombres négatifs dans le calcul a permis de faire de la soustraction une opération que l'on peut effectuer dans tous les cas : soustraire un nombre négatif, c'est l'additionner en le prenant positivement.

soustraire [sustrɛr] v. t. (lat. *subtrahere,* retirer) [conj. **73**]. Prendre par adresse ou par fraude : *soustraire des papiers.* || Faire échapper à : *rien ne peut vous soustraire à sa vengeance.* || *Math.* Effectuer une soustraction ; retrancher. || **— Se soustraire** v. pr. Se dérober : *se soustraire au châtiment.*

sous-traitance n. f. Exécution, par un artisan ou un industriel, d'une fabrication ou d'un traitement de pièces selon les directives techniques et pour le compte d'un autre industriel, le donneur d'ordres, conformément à des plans ou à des normes imposés.

sous-traitant n. m. Entrepreneur qui se charge de l'exécution d'une partie d'un travail concédé dans sa totalité à un entrepreneur principal. || Pl. des *sous-traitants.*

sous-traiter v. t. Prendre en charge tout ou partie d'un marché primitivement conclu par un autre.

sous-ventrière n. f. Courroie attachée aux deux limons d'une voiture, et qui passe sous le ventre du cheval. || Pl. des *sous-ventrières.*

sous-verge n. m. inv. Cheval attelé, non monté, placé à la droite d'un autre attelé et qui porte le cavalier.

sous-verre n. m. inv. Ensemble consistant en une plaque de verre et un carton, entre lesquels on place une gravure ou une photographie.

sous-vêtement n. m. Pièce de lingerie ou de bonneterie que l'on porte sous les vêtements. || Pl. des *sous-vêtements.*

sous-virer v. i. En parlant d'une automobile, avoir ses roues avant qui, dans un virage, tendent à s'échapper latéralement vers l'extérieur de la courbe.

sous-vireur, euse adj. Se dit d'un véhicule automobile qui, dans un virage, a tendance à s'échapper vers l'extérieur de la courbe.

soutache [sutaʃ] n. f. (du hongr. *sujtás*). Passementerie, tresse de galon appliquée sur diverses parties du costume militaire (écussons) et des vêtements de femme.

soutacher v. t. Garnir de soutache : *soutacher un corsage.*

soutane [sutan] n. f. (ital. *sottana*). Sorte de robe boutonnée par-devant, que portent les ecclésiastiques dans l'exercice de leurs fonctions sacrées. (A l'extérieur, il leur est possible, depuis 1963, de porter l'habit de clergyman.) || Etat ecclésiastique : *renoncer à la soutane.*

soutanelle n. f. Redingote à collet droit, qui remplace la soutane comme habit de ville dans certains pays. || Petite soutane des enfants de chœur.

Sou-tcheou, v. de Chine (Kiang-sou), port sur le canal Impérial ; 650 000 h. Constructions mécaniques. Textiles.

soute [sut] n. f. (anc. provenç. *sota*). Magasin établi dans l'entrepont ou dans la cale d'un bateau : *soute à charbon.*

soutenable adj. Qui peut être supporté, enduré : *joug qui n'est pas soutenable.* || *Fig.* Qui peut se soutenir par de bonnes raisons : *opinion soutenable.*

soutenance n. f. Action de soutenir une thèse.

soutenant n. m. Celui qui soutient une thèse.

soutènement n. m. Action de soutenir. ● *Mur de soutènement,* mur épais qui sert à contenir la poussée des terres ou des eaux, à épauler un remblai ou une terrasse. || *Soutènement de compte,* justifications présentées en justice pour établir la sincérité d'un compte.

souteneur n. m. Celui qui soutient, qui défend. (Se prend en mauv. part.) || Individu vivant aux dépens d'une fille publique : *le souteneur commet le délit de vagabondage spécial.*

soutenir [sutnir] v. t. (lat. *sustinere*) [conj. **16**]. Supporter ; tenir par-dessous : *colonnes qui soutiennent les voûtes ; le tuteur soutient la branche.* || *Chorégr.* Maintenir une attitude ; poursuivre un effort. || *— Fig.* Aider, secourir quelqu'un dans le besoin : *soutenir une famille.* || Empêcher de faiblir : *soutenir le courage.* || Appuyer : *soutenir des troupes.* || Défendre : *soutenir l'innocence.* || Résister à : *soutenir une attaque.* || Affirmer : *je vous soutiens que...* ● *Soutenir la conversation,* ne point la laisser languir. || *Soutenir une épreuve,* la supporter avec courage. || *Soutenir son rang,* vivre d'une manière convenable à son rang. || *Soutenir sa réputation,* s'en montrer digne. || *Soutenir une thèse,* faire valoir les arguments en faveur de cette thèse et réfuter les objections. || *Soutenir la voix,* prolonger le son avec la même force. || **— Se soutenir** v. pr. Se tenir debout : *ne pouvoir se soutenir sur ses jambes.* || S'empêcher réciproquement de tomber. || Etre porté sans enfoncer, sans tomber : *se soutenir sur l'eau.* || *— Fig.* Continuer, se maintenir : *l'intérêt d'un bon roman se soutient jusqu'au bout.* || Se prêter une mutuelle assistance.

soutenu, e adj. Constamment noble, élevé : *style soutenu.* || Qui ne languit point ; qui ne ralentit pas : *intérêt soutenu ; efforts soutenus.*

souterrain [sutɛrɛ̃], **e** [-rɛn] adj. (de *sous* et *terre*). Qui est sous terre : *chemin souterrain.* ● *Voies souterraines* (Fig.), pratiques cachées pour parvenir à ses fins.

souterrain n. m. Galerie qui s'enfonce sous terre. || Ouvrage construit au-dessous du niveau du sol et devant livrer passage à une voie de communication ou à une galerie d'amenée ou d'évacuation des eaux. (On dit aussi tunnel.)

Souterraine (La) [23300], ch.-l. de c. de la Creuse (arr. de Guéret) ; 5 570 h. (4 433 aggl.). Eglise (XIIe-XIIIe s.). Textiles (laines). Chaussures.

souterrainement adv. De façon souterraine.

Southampton, port d'Angleterre (Hampshire), sur la Manche ; 210 000 h. Port de voyageurs. Constructions navales et aéronautiques.

South Bend, v. des Etats-Unis (Indiana) ; 138 000 h.

South Dum Dum, v. de l'Inde (Bengale-Occidental) ; 132 900 h.

Southend-on-Sea, v. d'Angleterre (Essex), à l'embouchure de la Tamise ; 166 000 h. Station balnéaire.

Southey (Robert), écrivain anglais, né à Bristol (1774-1843). La Révolution française l'enthousiasma et lui inspira un long poème épique (*Jeanne d'Arc,* 1796). Il voyagea ensuite dans la péninsule Ibérique (*Lettres écrites pendant un court séjour en Espagne et au Portugal*) et pensa composer une *Histoire du Portugal.* Après avoir donné un nouveau poème épique (*Thalaba le Destructeur,* 1801), il se retira à Greta Hall, publiant des recueils lyriques (*Roderick, le dernier des Goths,* 1814) et de nombreux ouvrages biographiques (*Vie de Nelson,* 1813; *Vie de Wesley,* 1820).

South Kensington Museum. V. VICTORIA AND ALBERT MUSEUM.

Southport, v. d'Angleterre (Lancashire), sur la mer d'Irlande; 80 000 h. Station balnéaire.

South Shields, v. de Grande-Bretagne (Durham), sur l'estuaire de la Tyne; 108 000 h. Station balnéaire. Constructions navales.

soutien [sutjɛ̃] n. m. (de *soutenir*). Ce qui aide. ‖ *Fig.* Appui, défenseur : *le soutien d'un parti.* ● *Soutien de famille,* jeune homme dont la présence est reconnue indispensable pour assurer la subsistance de sa famille, laquelle bénéficie pendant son service militaire d'une indemnité dite « allocation militaire ». (V. *encycl.*) ‖ *Unités de soutien,* unités qui appuient le premier échelon dans une attaque.
— ENCYCL. Depuis 1965, certaines catégories de *soutiens de famille* peuvent être dispensées des obligations d'activité du service national. La qualité de soutien de famille attribuée par le conseil de révision* est déterminée en tenant compte de la situation familiale et des ressources dont dispose la famille. Les intéressés sont classés en plusieurs catégories, et le gouvernement fixe chaque année celles de ces catégories qui doivent bénéficier de la dispense.

soutien-gorge n. m. Pièce de lingerie féminine servant à soutenir la poitrine. ‖ Pl. des *soutiens-gorge.*

soutier [sutje] n. m. Membre de l'équipage d'un navire, chargé d'alimenter en charbon les chaufferies.

Soutine (Chaïm), peintre français d'origine lituanienne, né à Smilovitch (gouvern. de Minsk) [1894-1943]. Arrivé en 1911 à Paris, où il suivit les cours de l'Ecole nationale supérieure des beaux-arts, il connut une vie difficile. Il a peint, avec une grande violence expressionniste, des paysages, des portraits et des natures mortes tragiques, d'une matière précieuse, aux couleurs subtilement accordées. Il est représenté au musée national d'Art moderne et au musée d'Art moderne de la Ville de Paris. (V. illustr. EXPRESSIONNISME.)

soutirage n. m. Action de soutirer.

soutirer [sutire] v. t. (de *sous* et *tirer*). Transvaser du vin, un liquide ou un gaz d'un récipient dans un autre. ‖ Obtenir par ruse ou par adresse : *soutirer de l'argent à quelqu'un.*

Sou Tong-p'o. V. SOU CHE.

soutra [sutra] n. m. V. SŪTRA.

souvenir [suvnir] n. m. Impression, idée que la mémoire conserve d'une chose. ‖ La faculté même de la mémoire : *se rappeler au souvenir de quelqu'un.* ‖ Ce qui rappelle un fait, la mémoire de quelque chose. ‖ Objet donné par une personne pour qu'on se souvienne d'elle.

souvenir (se) v. pr. (conj. **16**). Avoir présent à l'esprit : *souvenez-vous des leçons du passé.* (Contr. OUBLIER.) ● *Je m'en souviendrai,* je me vengerai; il me le paiera. ‖ — V. impers. : *vous souvient-il que...*

souvent [suvɑ̃] adv. (lat. *subinde,* aussitôt). Plusieurs fois en peu de temps. (Syn. FRÉQUEMMENT.)

souverain [suvrɛ̃], **e** [-rɛn] adj. (du lat. *super,* au-dessus). Suprême; qui atteint le plus haut degré : *le souverain bien ; une souveraine habileté.* ‖ Qui s'exerce sans contrôle : *puissance souveraine.* ‖ Extrême : *souverain mépris.* ‖ Très efficace : *remède souverain.* ● *Cour souveraine,* tribunal qui juge en dernier ressort. ‖ — N. et adj. Personne qui, dans un Etat, détient la souveraineté : *le peuple souverain.* ‖ Chef d'un Etat monarchique.

souverain n. m. Monnaie d'or britannique de 20 shillings, équivalant à une livre sterling : *le souverain valait 25 francs avant 1914.*

souverainement adv. Au plus haut point : *souverainement bon; livre souverainement ennuyeux.* ‖ Sans appel : *la Cour de cassation juge souverainement.*

souveraineté n. f. Autorité suprême : *souveraineté du peuple.* ‖ Territoire d'un prince souverain. ‖ Pouvoir, dont dispose l'Etat, de commander et de contraindre. ‖ Qualité du pouvoir politique d'un Etat ou d'un organisme qui n'est soumis au contrôle ni d'un autre Etat ni d'un autre organisme. ● *Souveraineté nationale,* principe du droit public français selon lequel la souveraineté, jadis exercée par le roi, l'est aujourd'hui par le peuple, personnifié dans la nation.

Souverain-Wandre, écart de la comm. de Wandre (Belgique, prov. de Liège), sur la Meuse. Port pétrolier.

Souvigny (03210), ch.-l. de c. de l'Allier (arr. de Moulins); 2 212 h. (1 435 aggl.). Belle église des XIe-XIIe s. à laquelle fut ajoutée au XVe s. une façade flamboyante et qui conserve encore les tombeaux de deux ducs de Bourbon et de leurs épouses (XVe s.).

Souvorov (Aleksandr Vassilievitch, *comte,* puis *prince*), général russe, né à Moscou (1729-1800). Gouverneur de Crimée (1786), il remporta des succès contre les Turcs (1787-1789). Catherine II le nomma feld-maréchal. Lors de la deuxième coalition, il lutta avec succès contre les troupes françaises en Italie (victoire de la Trébie [17-19 juin 1799] et de Novi [15 août]), mais fut arrêté en Suisse par la victoire française de Zurich (25-27 sept. 1799).

Paul Henri Spaak

Souzdalie, principauté russe fondée au XIIe s. par Dolgorouki, et qui fut le noyau de l'Etat moscovite.

soviet [sɔvjɛt] n. m. (mot russe signif. *conseil*). Conseil des délégués des ouvriers, des paysans et des soldats en U. R. S. S.
— ENCYCL. Le *soviet* a constitué la cellule de la société marxiste en U. R. S. S. après 1917. Les conseils d'ouvriers et de soldats ont permis la réussite des deux révolutions de 1917. La première Constitution révolutionnaire (1918) ayant organisé l'administration politique sur les bases d'une hiérarchie des conseils des ouvriers, paysans et soldats, les divers Etats constituant l'U. R. S. S. ont reçu la dénomination de « républiques socialistes soviétiques ».

soviétique adj. Qui se rapporte aux soviets. ‖ Qui se rapporte à l'U. R. S. S. : *l'économie soviétique.* ‖ — N. Citoyen de l'U. R. S. S.

soviétisation n. f. Action de soviétiser.

soviétiser v. t. Soumettre au régime des soviets.

Sovietsk. V. TILSIT.

sovkhoze [sɔvkoz] n. m. (mot russe). En U. R. S. S., grande ferme modèle d'Etat, jouant le rôle d'exploitation pilote.

sovnarkhoze [sɔvnarkoz] n. m. Conseil chargé de la gestion de l'économie d'une des régions de l'U. R. S. S. (La suppression des sovnarkhozes a été décidée en 1965.)

soya [sɔja] n. m. V. SOJA.

Soyaux (16800), ch.-l. de c. de la Charente (arr. d'Angoulême); 11 680 h.

soyer [swaje] n. m. Verre de champagne glacé, qu'on boit avec une paille.

soyeux [swajø], **euse** [-øz] adj. Qui est de la nature de la soie : *matière soyeuse.* ‖ Fin et doux au toucher comme de la soie : *laine soyeuse.*

soyeux n. m. Industriel qui fabrique des soieries : *un soyeux de Lyon.*

Spa, comm. de Belgique (Liège); 9 600 h. Eaux minérales renommées.

Spaak (Paul Henri), homme politique belge, né à Schaerbeek (1899-1972). A partir de 1936, il fut à plusieurs reprises ministre des Affaires étrangères et Premier ministre. Président de l'Assemblée consultative du Conseil de l'Europe (1949-1951) et secrétaire général de l'O. T. A. N. (1957-1961), il a joué un rôle important dans la construction de l'Europe unie. En 1961, il constitua avec Théo Lefèvre un gouvernement groupant socialistes et sociaux-chrétiens (avr. 1961), où il reprit le portefeuille des Affaires étrangères; il garda ce portefeuille dans le gouvernement Harmel (1965-1966).

spacieusement adv. Au large; avec beaucoup d'espace : *être logé spacieusement.*

spacieux [spasjø], **euse** [-øz] adj. (lat. *spatiosus*). Vaste; de grande étendue : *jardin spacieux.* (Contr. : ÉTROIT, PETIT, RESSERRÉ.)

Spada (Lionello), peintre italien, né à Bologne (1576-1622), élève d'Annibale Carrache.

spadassin [spadasɛ̃] n. m. (ital. *spadaccino ;* de *spada,* épée). Bretteur, ferrailleur; personne qui recherche les duels : *un spadassin à gages.*

spadice [spadis] n. m. (gr. *spadix*). *Bot.* Inflorescence constituée par un épi enveloppé dans une bractée appelée *spathe,* qu'on rencontre chez les palmiers et les arums.

spaghetti [spagɛti] n. m. pl. (mot ital.). Pâte alimentaire de semoule de blé dur, déshydratée et présentée à l'emploi culinaire sous forme de longs bâtonnets pleins.

spahi [spai] n. m. (du turc *sipahi*). Cavalier turc. ‖ En Afrique du Nord, cavalier appartenant à un corps dont le recrutement était en principe à base d'autochtones.
— ENCYCL. Les *spahis* algériens furent créés en 1834 et organisés en subdivision d'arme de la cavalerie en 1841. Au cours de la Seconde Guerre mondiale, la plupart des régiments de spahis furent convertis en unités blindées, qui s'illustrèrent notamment en Italie. Les dernières formations à cheval, qui, dans leurs uniformes prestigieux, avaient été maintenues comme troupes de parade, furent dissoutes en 1962, au lendemain de la guerre d'Algérie.

Spalato. V. SPLIT.

spalax [spalaks] n. m. Rongeur de l'Europe centrale (long. 20 cm), qui creuse de profondes galeries.

Spallanzani (Lazzaro), biologiste italien, né à Scandiano (1729-1799). Il fit des expériences sur la génération, la circulation, la digestion et la respiration. Il réfuta les théories régnantes sur la génération spontanée des infusoires, ce qui fait de lui un précurseur de Pasteur.

spallation [spalasjɔ̃] n. f. (mot angl.). Eclatement du noyau d'un atome sous l'influence d'un bombardement corpusculaire suffisamment intense : *la spallation divise le noyau en un grand nombre de particules plus petites.*

spalter [spaltɛr] n. m. Brosse plate dont les peintres en bâtiment et les peintres décorateurs se servent pour faire les faux bois.

Spandau, faubourg de Berlin, sur la Spree. A Spandau furent incarcérés les principaux criminels de guerre allemands jugés à Nuremberg en 1946.

Spanheim (Ezechiel), diplomate brandebourgeois, né à Genève (1629-1710). Ambassadeur en France, il a laissé une *Relation de la cour de France en 1690.*

sparadrap [sparadra] n. m. Tissu recouvert de caoutchouc (ou d'un autre adhésif) sur une de ses faces et servant à maintenir de petits pansements. (Certains sparadraps contiennent en outre de l'oxyde de zinc ou un antiseptique, et peuvent servir de pansement à eux seuls.)

spardeck [spardɛk] n. m. (mot angl.; de *spar,* barre, et *deck,* pont). *Mar.* Pont qui s'étend sans interruption de l'avant à l'arrière d'un navire sans dunette ni gaillards.

sparganier [sparganje] n. m. Plante aquatique, dite communément *ruban d'eau.* (V. illustr. OCÉAN.)

sparring-partner [spariŋpartnœr] n. m. (mot angl.). Boxeur entraînant un autre boxeur avant un match. ‖ Pl. des *sparring-partners.*

spart ou **sparte** [spart] n. m. (gr. *sparton*). Nom de plusieurs herbes, entre autres l'alfa, dont les feuilles sont utilisées en sparterie.

Spartacus, chef d'esclaves révoltés, tué en 71 av. J.-C. Berger thrace, devenu esclave et gladiateur, il s'évada en 73 et constitua en Italie du Sud une troupe d'esclaves qu'il encouragea à la révolte et qui s'installa sur le Vésuve. Remontant vers le nord, il remporta une série de victoires sur le proconsul Cassius L. Varus. Mais, ne pouvant satisfaire à l'entretien d'une armée qui s'accroissait toujours (100 000 hommes), il se replia en Lucanie, où il fut vaincu et tué par Crassus, qui fit supplicier 6 000 prisonniers. Pompée eut raison des survivants.

spartakisme [spartakism] n. m. Mouvement socialiste, puis communiste allemand dirigé par Karl Liebknecht et Rosa Luxemburg de 1914 à 1919.

spartakiste adj. et n. m. (de *Spartacus*). Qui appartenait au spartakisme.
— ENCYCL. Le *groupe spartakiste* réunissait autour de Karl Liebknecht et de Rosa Luxemburg les éléments minoritaires de la social-démocratie qui refusaient de s'associer à la politique de défense nationale adoptée par le parti malgré les résolutions de la IIe Internationale socialiste. Transformé, après la défaite, en parti communiste allemand (déc. 1918), le groupe échoua dans une tentative de coup de force, au cours de laquelle Liebknecht et Rosa Luxemburg furent assassinés.

Sparte ou **Lacédémone,** en gr. **Spartê** ou **Lakedaimôn.** *Géogr. anc.* V. de Grèce, dans le Péloponnèse, sur l'Eurotas (Laconie). Sparte fut constituée au IXe s. av. J.-C. par le groupement de quatre villages d'origine dorienne. Elle conquit d'abord le bassin inférieur de l'Eurotas, qui lui donnait accès à la mer, puis la Laconie. Dès cette époque, la structure sociale de l'Etat spartiate était en place : les citoyens spartiates, ou *homoioi* (« égaux »), possédaient chacun un lot, ou *klêros,* de la terre conquise, cultivée par les vaincus asservis, ou *hilotes,* et se consacraient au métier des armes. Les terres les plus éloignées n'étaient pas confisquées, et leurs propriétaires, ou *périèques,* restaient libres dans leurs biens et leur personne. Au VIIIe s., la poussée démographique entraîna la recherche de nouvelles terres et la conquête de la Messénie voisine (première guerre de Messénie, 735-716 ?). Les institutions originelles, attribuées traditionnellement à Lycurgue, avaient établi la souveraineté de l'assemblée des citoyens (*apella*), équilibrée par une double monarchie et une puissante assemblée aristocratique (*gérousia*). A la fin du VIIIe et au VIIe s., l'aristocratie s'assura le contrôle du pouvoir, neutralisant les rois par l'institution de magistrats chargés de les surveiller (*éphores*). Sparte, à cette époque, rayonnait sur l'Hellade, entretenant des échanges fructueux avec la Grèce, l'Egypte et l'Asie Mineure, et cultivant les arts (céramique). A partir du VIe s., les institutions lacédémoniennes se figèrent. A l'extérieur, Sparte se contenta d'une politique de non-intervention, absorbée dans la défense de ses conquêtes et tranquillisée par la création de la Ligue péloponnésienne. Lors des guerres médiques*, l'étroitesse de la politique extérieure spartiate laissa à Athènes la gloire de sauver l'Hellade et entraîna l'effacement de Sparte en face de l'essor de l'Empire athénien. L'affrontement des deux puissances était inévitable et, si Sparte réussit enfin à triompher d'Athènes dans la guerre du Péloponnèse* (431-404), elle sortit épuisée de la lutte. Elle ne sut pas gérer l'Empire athénien dont elle avait hérité, et son despotisme souleva les Grecs contre elle (coalition Athènes-Argos-Thèbes-Corinthe, 394). Elle accepta finalement l'arbitrage perse, et la « paix du Roi » (387-386) consacra son échec impérialiste par la cession des cités grecques d'Asie aux Perses.

Phot. Actualit-Rapho.

Sparte, affaiblie, se montra incapable de s'opposer à l'ascension de Thèbes, puis à celle de la Macédoine, et Philippe de Macédoine la réduisit à la Laconie, en face d'une Messénie indépendante et agrandie (337 av. J.-C.). Sparte, intégrée à la province romaine de Macédoine en 146 av. J.-C., fut détruite par les invasions au IVe s.

spartéine [spartein] n. f. Alcaloïde que l'on trouve dans le spart à balai et qui est employé en médecine comme tonique du cœur et comme diurétique.

sparterie [spartri] n. f. Ouvrage, tel que corde, natte, tapis, panier, etc., tressé soit en alfa ou en spart, soit en crin végétal.

spartiate [sparsjat] adj. et n. De Sparte : *la législation spartiate fut l'œuvre de Lycurgue.* ‖ *Fig.* Austère, plein de fermeté, comme les habitants de Sparte. ● *A la spartiate,* sévèrement.

spartiate n. f. Sandale à lanières.

spasme [spasm] n. m. (gr. *spasmos,* contraction). Contraction involontaire et convulsive des muscles. (Les spasmes des muscles des organes creux [estomac, vésicule biliaire, uretère, etc.] produisent de violentes douleurs paroxystiques.) [Syn. CONVULSION.]

spasmodique adj. Relatif au spasme : *contraction spasmodique.* ‖ *Fig.* Qui a les caractères d'un mouvement involontaire et brusque.

spasmophilie n. f. Prédisposition aux convulsions par hyperexcitabilité neuromusculaire.

spatangue [spatɑ̃g] n. m. Oursin en forme de cœur, qui vit dans les sables vaseux des côtes. (Long. 10 cm.)

spath [spat] n. m. (allem. *Spath*). Nom de divers minerais pierreux à structure lamelleuse. ● *Spath d'Islande,* variété de calcite cristallisée et transparente, présentant le phénomène de double réfraction.

spathe [spat] n. f. (gr. *spathê*). Bractée entourant l'épi dans les spadices.

spathique adj. De la nature du spath.

spatial [spasjal], **e, aux** [-o] adj. Relatif à l'espace. ‖ Relatif à l'espace intersidéral : *navire spatial.* ● *Charge spatiale,* accumulation d'électrons qui entourent le filament d'un tube électronique. ‖ *Vaisseau spatial,* spationef de grande dimension.
— ENCYCL. Depuis le lancement du premier spoutnik en 1957, les recherches et réalisations *spatiales* ont étendu au cosmos l'espace où s'affrontent les grandes puissances. Cette extension à des fins scientifiques et pacifiques donne cependant lieu à des compétitions qui peuvent être génératrices de conflits et qui, en tout cas, procurent de nouveaux moyens susceptibles, comme les moyens nucléaires, d'être utilisés à des fins militaires. C'est ainsi que la possibilité d'une *guerre spatiale* est apparue et que l'utilisation de l'espace apporte un nouvel élément de puissance considérable à ceux qui possèdent les engins nouveaux (satellites* de tous genres, plates-formes stabilisées, engins antisatellites, etc.). Offensives ou défensives, ces nouvelles *armes spatiales* sont aussi nombreuses que variées.

spatialité n. f. (lat. *spatium,* espace). Caractère de ce qui est spatial.

spationaute n. En astronautique (ou *spationautique*), membre d'un personnel navigant.

spationautique [spasjonotik] n. f. Syn. d'ASTRONAUTIQUE.

spationef [spasjonɛf] n. m. Appareil capable d'évoluer dans l'espace.

spatio-temporel, elle adj. Qui se rapporte à la fois à l'espace et au temps : *l'univers spatio-temporel.*

spatule [spatyl] n. f. (lat. *spatula,* cuiller). Instrument de métal, de bois, etc., en forme de petite pelle aplatie ou de couteau mousse et flexible. ‖ Partie antérieure et recourbée du ski. ‖ Oiseau échassier à bec élargi en forme de spatule, qui niche sur les côtes ou dans les roseaux. (Long. 80 cm.)

speaker [spikœr] n. m. (mot angl. signif. *celui qui parle*). Président de la Chambre des communes, en Angleterre. ‖ Celui qui annonce les programmes, les nouvelles à la radio et à la télévision. (En ce sens, il existe un fém. *speakerine.*) [Certains grammairiens préconisent l'emploi d'ANNONCEUR, EUSE.]

Spearman (Charles), psychologue et mathématicien anglais, né à Londres (1863-1945). Il est le premier à avoir utilisé l'analyse factorielle, fondant ainsi la psychologie différentielle. Dans son livre *les Aptitudes de l'homme* (1927), il propose une méthode d'évaluation de l'*intelligence* en définissant, pour les tests de niveau, le *facteur G,* particulier à l'individu et commun à tous les tests, et le *facteur S,* spécifique du test particulier à l'aptitude testée et à l'individu.

spécial [spesjal], **e, aux** [-o] adj. (du lat. *species,* espèce). Particulier à une espèce de personnes ou de choses : *aptitude, autorisation spéciale.* ● *Armes spéciales,* nom donné depuis 1945 aux armes nucléaires, bactériologiques et chimiques. (Contr. ARMES CLASSIQUES.) ‖ *Mathématiques spéciales,* ou *spéciale* n. f., dans les lycées et collèges, classe où l'on enseigne les mathématiques supérieures.

spécialement adv. De façon spéciale : *s'intéresser spécialement à une science.*

spécialisation n. f. Action de spécialiser, de se spécialiser.

spécialisé, e adj. Qui est limité à une spécialité, qui est affecté à un travail déterminé : *un juriste spécialisé dans le droit international.* ● *Ouvrier spécialisé,* celui qui effectue un travail nécessitant une certaine mise au courant, une certaine formation professionnelle, une pratique suffisante du métier, sans cependant exiger un véritable apprentissage. (Les conventions collectives comportent des barèmes établissant une hiérarchie entre le manœuvre-balai, le manœuvre spécialisé, les ouvriers spécialisés [OS 1, OS 2, OS 3] et les ouvriers hautement qualifiés ou professionnels [P1, P2, P3].)

spécialiser v. t. Faire acquérir des connaissances spéciales pour exécuter un travail ou pour pratiquer une science, un art : *spécialiser des ouvriers dans un travail déterminé.* ‖ — **Se spécialiser** v. pr. Acquérir une spécialisation : *se spécialiser dans l'histoire romaine.*

spécialiste adj. et n. Qui s'occupe exclusivement d'une science, d'un art. ‖ *Méd.* Médecin qui consacre toute son activité à une branche particulière de la médecine, où il acquiert des connaissances approfondies.

spécialité n. f. Caractère de ce qui est spécial. ‖ Ce dont on s'occupe principalement; branche d'étude, de travail à laquelle on s'adonne particulièrement : *le paysage est la spécialité de ce peintre.* ‖ *Pharm.* Médicament préparé à l'avance, présenté sous un conditionnement particulier, vendu dans plus d'une officine et enregistré au ministère de la Santé publique. ● *Spécialité administrative,* principe du droit public selon lequel le pouvoir de chaque autorité administrative est limité à sa sphère d'attributions. ‖ *Spécialité médicale,* branche de la médecine dont la pratique régulière et exclusive est réservée aux praticiens qui justifient d'études complémentaires.

spécieusement adv. De façon spécieuse : *défendre spécieusement une théorie.*

spécieux [spesjø], **euse** [-øz] adj. (lat. *speciosus;* de *species,* aspect). Qui n'a qu'une apparence de vérité et de justice : *raisonnement spécieux.*

spécieux n. m. Ce qu'il y a de spécieux : *le spécieux d'un prétexte.*

spécification n. f. Expression, détermination spéciale d'une chose. ‖ Définition des caractéristiques auxquelles doivent répondre une installation, une construction, un matériel, une fabrication, un produit, etc.

spécificité n. f. Qualité de ce qui est spécifique : *spécificité d'un symptôme.* ‖ Caractère d'un phénomène biologique propre à une seule espèce, à une seule réaction biochimique ou à une seule substance. (V. *encycl.*)
— ENCYCL. L'échec habituel des greffes d'organes animaux d'une espèce à l'autre (hétérogreffes) souligne la *spécificité* des tissus animaux (celle des tissus végétaux est beaucoup moindre). Les anticorps contenus dans les sérums médicaux d'origine équine sont assez vite rejetés par l'organisme humain : c'est là un effet de spécificité. Il y a *spécificité parasitaire* chez les êtres qui ne peuvent parasiter qu'une seule espèce et *spécificité d'action biochimique* chez les enzymes qui ne peuvent attaquer qu'un seul substrat et d'une seule manière (ex. : lactase, saccharase, maltase).

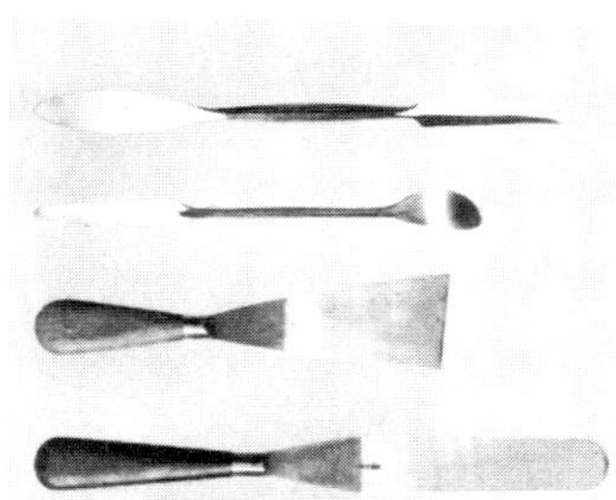

spatules ▲ ▼ spatule

spécifier [spesifje] v. t. Exprimer, déterminer en détail : *la loi ne peut pas spécifier tous les cas de délit.*

spécifique adj. Qui est exclusivement propre à une espèce : *nom spécifique.* ‖ Qui est caractéristique d'une espèce morbide : *le microbe spécifique de la peste.* ‖ — N. m. Médicament qui agit spécialement contre une affection déterminée : *la quinine est un spécifique de la fièvre paludéenne.*

spécifiquement adv. De façon spécifique.

spécimen [spesimɛn] n. m. (mot lat.). Echantillon, modèle. ‖ — Adj. : *numéro spécimen d'une publication.*

spéciosité n. f. Caractère spécieux : *la spéciosité d'un argument.*

spectacle [spɛktakl] n. m. (lat. *spectaculum*). Tout ce qui attire le regard, l'attention : *le spectacle de la nature.* ‖ Représentation théâtrale, cinématographique, etc. : *aimer le spectacle.* ‖ Mise en scène : *féerie à grand spectacle.* ● *Servir de spectacle, se donner en spectacle,* être exposé à l'attention, aux critiques du public.

spectacles (*Lettre sur les*). V. LETTRE À D'ALEMBERT SUR LES SPECTACLES.

spectaculaire adj. Propre à constituer un spectacle : *match spectaculaire.* ‖ Qui fait sensation, prodigieux : *résultats spectaculaires.*

spectateur, trice n. (lat. *spectator,* qui regarde). Personne qui est témoin oculaire d'un événement. ‖ Personne qui assiste à une représentation théâtrale, cinématographique, etc.

Spectator (*The*), périodique publié par Addison et Steele de 1711 à 1714, tableau de mœurs et peinture des ridicules et des travers de la société anglaise.

spectral, e, aux adj. Qui a le caractère d'un spectre, d'un fantôme : *vision spectrale.* ‖ *Phys.* Qui concerne un spectre lumineux : *analyse spectrale.*

spectre [spɛktr] n. m. (lat. *spectrum*). Fantôme, apparition fantastique que l'on croit voir; et, au *fig.* : *le spectre de la faim.* ‖ *Fam.* Personne grande, hâve et maigre : *c'est un véritable spectre.* ‖ *Fig.* Epouvantail : *le spectre de la guerre.* ‖ *Phys.* Ensemble des rayons colorés résultant de la décomposition d'une lumière complexe. (V. *encycl.*)
— ENCYCL. La décomposition de la lumière solaire donne une image appelée *spectre solaire,* qui comprend les couleurs de l'arc-en-ciel. On distingue les *spectres d'émission,* produits par les sources lumineuses, et les *spectres d'absorption,* obtenus au moyen de faisceaux ayant traversé des corps non parfaitement transparents. Alors que les spectres des solides et des liquides sont continus, les spectres d'émission et d'absorption produits par les éléments gazeux sont des *spectres de raies,* comportant des radiations isolées, dont les fréquences sont caractéristiques de l'élément. Cette observation est à l'origine de l'*analyse spectrale.*

Spectre de la rose (*le*), ballet de M. Fokine, musique de Weber (*l'Invitation à la valse*), créé en 1911 par V. Nijinski et T. Karsavina.

spectrogramme [spɛktrɔgram] n. m. Photographie d'un spectre au moyen d'un spectrographe.

spectrographe [spɛktrɔgraf] n. m. Spectroscope à plaque photographique. ● *Spectrographe de masse,* appareil servant à séparer les atomes d'un ou de plusieurs corps selon leur masse.

spectrohéliographe n. m. Instrument servant à photographier les détails de la surface solaire en utilisant la lumière provenant d'une radiation unique du spectre.

spectroscope [spɛktrɔskɔp] n. m. (de *spectre,* et gr. *skopein,* regarder). Appareil destiné à étudier les différents spectres lumineux, particulièrement dans la disposition des raies qu'ils présentent. (Il comporte habituellement un prisme placé au centre de l'appareil, autour duquel peuvent se déplacer trois branches : l'une porte un collimateur qui reçoit la lumière à analyser au travers d'une fente, dont les rayons sont rendus parallèles et amenés sur le prisme; à leur sortie, ils sont recueillis dans une lunette par laquelle l'observateur regarde l'image du spectre.)

spectroscopie n. f. *Phys.* Etude des spectres lumineux, et plus généralement des radiations électromagnétiques.

spectroscopique adj. Relatif à la spectroscopie.

spéculaire [spekylɛr] adj. (du lat. *speculum,* miroir). Se dit des minéraux composés de feuillets brillants : *le mica est une pierre spéculaire.* ‖ Relatif au miroir. ● *Hallucination spéculaire,* hallucination dans laquelle le malade se voit lui-même devant lui, comme dans un miroir. ‖ *Poli spéculaire,* poli parfait d'une pièce mécanique.

spéculateur, trice n. Personne qui fait des spéculations commerciales ou financières. (Se prend souvent en mauvaise part.)

spéculatif, ive adj. (du lat. *speculari,* observer). Qui s'attache à la théorie sans se préoccuper de la pratique : *esprit spéculatif.* ‖ Qui a rapport à une spéculation commerciale ou financière : *des manœuvres spéculatives.*

spéculation n. f. Recherche abstraite; théorie (par oppos. à *pratique*). ‖ Opération sur des biens meubles ou immeubles en vue d'obtenir un gain d'argent de leur revente ou, parfois, de leur exploitation : *spéculation boursière.*

spéculativement adv. De façon spéculative.

Phot. Lauros - Atlas-Photo, Popper - Atlas-Photo.

spéculer [spekyle] v. i. (lat. *speculari*, observer). Méditer, raisonner, faire de la théorie pure : *spéculer sur la métaphysique.* || Effectuer des opérations commerciales ou financières dont on espère tirer un bénéfice du seul fait de la variation des cours ou des prix. || Compter sur : *spéculer sur la faiblesse d'un adversaire.*

spéculum [spekylɔm] n. m. (mot lat. signif. *miroir*). Instrument dont se sert le médecin ou le chirurgien pour élargir certaines cavités du corps et en faciliter l'examen. || Pl. des *spéculums.*

speech [spitʃ] n. m. (mot angl.). *Fam.* Petit discours de circonstance : *faire un speech.* || Pl. des *speeches.*

speiss [spɛs] n. m. Minerai de nickel qui a subi un premier grillage.

Speke (John Hanning), voyageur anglais, né à Jordans (Somerset) [1827-1864]. Il explora le centre de l'Afrique, où il découvrit le lac qu'il nomma *Victoria.*

spéléologie [speleɔlɔʒi] n. f. (gr. *spêlaion*, caverne, et *logos*, science). Science et sport qui ont pour objet l'étude ou l'exploration des cavités naturelles du sol : *Martel a été le fondateur de la spéléologie.*
— ENCYCL. En tant que sport, la *spéléologie* nécessite de grandes capacités d'endurance, d'agilité et de vigueur. En tant que science, elle intéresse de nombreuses disciplines : géologie, minéralogie, cristallographie, hydrogéologie (formation et datation des cavernes, études des cours d'eau souterrains), paléontologie, archéologie préhistorique, etc.

spéléologue n. Spécialiste en spéléologie.

Spemann (Hans), biologiste allemand, né à Stuttgart (1869-1941), prix Nobel en 1935 pour ses recherches sur les mécanismes de l'évolution des êtres vivants.

spencer [spɛ̃sɛr *ou* spɛnsɛr] n. m. (du nom de *Spencer*). Habit sans basques.

Spencer (Herbert), philosophe anglais, né à Derby (1820-1903), fondateur de la philosophie évolutionniste. Ses études furent surtout consacrées au processus de différenciation, ou passage de l'homogène à l'hétérogène, qui est la loi de tout développement organique.

Spengler (Oswald), philosophe et historien allemand, né à Blankenburg (1880-1936), auteur du *Déclin de l'Occident* (1918-1922).

Spenser (Edmund), poète anglais, né à Londres (1552-1599). Son premier poème, d'inspiration pastorale (*le Calendrier du berger*, 1579), publié sous le pseudonyme de COLIN CLOUT, lui donna la célébrité. Mais son chef-d'œuvre, *la Reine des fées* (1590-1596), est parvenu incomplet, les six derniers chants ayant été perdus par l'auteur en 1598, lors d'une émeute de révoltés irlandais qui le chassèrent de son domaine de Kilcolman.

spéos [speɔs] n. m. (mot gr. signif. *grotte souterraine*). Temple souterrain égyptien.

spergule [spɛrgyl] n. f. Petite plante des champs et des bois, à feuilles en lanières. (Famille des caryophyllacées.) [Syn. ESPARGOUTE ou SPARGOUTE.]

spermaceti [spɛrmaseti] n. m. (gr. *sperma*, semence, et lat. *cetus*, baleine). Nom scientifique du *blanc* de baleine.*

spermaphytes [spɛrmafit] n. f. pl. (du gr. *sperma*, semence, et *phuton*, plante). Nom actuel de l'embranchement des plantes à graines appelées autrefois *phanérogames.* (Syn. SPERMATOPHYTES.)
— ENCYCL. Les *spermaphytes* constituent les deux tiers des espèces végétales et les quatre cinquièmes de la flore terrestre. Leur supériorité réside dans le fait que le gamète femelle est fécondé au sein de la plante mère ; l'embryon commence son développement à l'abri des tissus de celle-ci et à leurs dépens, puis constitue une *graine* mûre*, c'est-à-dire un organe d'attente et de dispersion protégé par de fortes enveloppes et bien pourvu en réserves alimentaires. La croissance ne reprend que lors de la *germination*, parfois de nombreuses années après la dissémination. Les spermaphytes forment deux sous-embranchements : les *gymnospermes*, à fruit ouvert et à fécondation simple, dominantes du carbonifère au jurassique inclus, mais actuellement presque réduites à l'ordre des conifères ; les *angiospermes*, à fruit clos et à fécondation double (existence d'un ovaire et d'un albumen), dominantes à partir du crétacé. Les angiospermes, à leur tour, forment deux grandes classes, très différentes par l'aspect de leurs feuilles notamment : les *monocotylédones* (blé, palmier, lis, orchis) et les *dicotylédones* (haricot, chêne, menthe, carotte, pâquerette, bouton-d'or, moutarde).

spermatique adj. (gr. *spermatikos*). Relatif au sperme. ● *Cordon spermatique*, ensemble du canal déférent et des veines et artères du testicule.

spermatogenèse n. f. Formation des cellules reproductrices mâles.

spermatophytes n. m. pl., syn. de SPERMAPHYTES.

spermatozoïde [spɛrmatɔzɔid] n. m. (gr. *sperma*, semence, *zôon*, animal, et *eidos*, figure). Cellule reproductrice mâle des animaux.
— ENCYCL. Dans le règne animal presque entier, le gamète mâle, ou *spermatozoïde*, est une cellule presque dépourvue de cytoplasme et dont le noyau (à *n* chromosomes seulement) est précédé d'un organite de fécondation (*acrosome*) et suivi d'un *flagelle* qui assure sa progression rapide dans les milieux liquides. Le gamète mâle de certains végétaux (mousses, fougères), souvent nommé *anthérozoïde*, ressemble assez au gamète mâle des animaux pour que de nombreux auteurs modernes lui appliquent également le nom de *spermatozoïde.*

sperme [spɛrm] n. m. (gr. *sperma*, semence). Liquide émis par les glandes reproductrices mâles, et contenant les spermatozoïdes. (Syn. SEMENCE.)

spermophile n. m. Animal voisin de l'écureuil, qui se nourrit de grains.

Spessivtseva (Olga), danseuse russe, née en 1895. Considérée comme la dernière grande danseuse romantique, elle incarna une émouvante *Giselle.* Malade, elle quitta définitivement la scène en 1937. En 1967, elle a publié *Technique for the Ballet artiste.*

Spétsai, île grecque de la mer Egée.

Spezia (LA), v. d'Italie (Ligurie), sur le *golfe de La Spezia ;* 129 000 h. Port commercial et base navale. Chantiers navals. Raffinage du pétrole.

Sphactérie, île de la Grèce, dans la mer Ionienne, en face de Pylos. La garnison spartiate y capitula devant les Athéniens en 425 av. J.-C.

sphaigne [sfɛɲ] n. f. Mousse dont la décomposition concourt à la formation de la tourbe.

sphénoïdal, e, aux adj. Relatif au sphénoïde.

sphénoïde [sfenɔid] adj. (gr. *sphên*, coin, et *eidos*, aspect). *Os sphénoïde*, ou *sphénoïde* n. m., un des os de la tête, à la base du crâne.
— ENCYCL. Le *sphénoïde* est impair et médian ; il comprend une partie moyenne, le *corps*, dont la face supérieure contient la loge de l'hypophyse et dont la face inférieure contribue à former le plafond des fosses nasales, et des parties latérales, les *ailes* (grandes et petites).

sphère [sfɛr] n. f. (gr. *sphaira*, boule). Surface fermée dont tous les points sont à la même distance (rayon) d'un point intérieur appelé « centre » : *les sections planes d'une sphère sont des cercles.* (V. *encycl.*) || Solide limité par la surface précédente. (V. *encycl.*) || — *Fig.* Etendue de pouvoir, de savoir, de talents, etc. : *étendre la sphère des connaissances humaines.* || Milieu dans lequel l'autorité, le talent, etc., de quelqu'un, l'action, l'influence d'une chose produisent leur effet : *les hautes sphères de la politique, de la finance.* ● *Sphère d'activité*, domaine dans lequel s'exerce l'action de quelqu'un ou de quelque chose. || *Sphère d'attributions*, ensemble des matières relevant de la compétence d'un agent, d'une autorité : *le fonctionnaire qui sort de sa sphère d'attributions commet un excès de pouvoir, justiciable du Conseil d'Etat.* || *Sphère céleste*, sphère imaginaire, de rayon indéterminé, ayant pour centre l'œil de l'observateur et servant à définir la direction des astres indépendamment de leur distance. || *Sphère d'influence*, région du globe sur laquelle une grande puissance s'est vu reconnaître — explicitement ou tacitement — par les autres des droits d'intervention particuliers.
— ENCYCL. La surface d'une *sphère* s'obtient en multipliant 3,141 6 par 4 fois le carré du rayon ; le volume, en prenant les 4/3 de 3,141 6 et en multipliant le résultat par le cube du rayon.

sphéricité n. f. Etat de ce qui est sphérique : *la sphéricité de la Terre n'est pas absolue.*

sphérique adj. Qui a la forme d'une sphère : *figure sphérique.* || Qui se rapporte à la sphère. ● *Anneau sphérique*, solide engendré par la rotation d'un segment de cercle autour d'un diamètre du cercle qui ne traverse pas le segment. || *Fuseau sphérique*, portion de surface de la sphère, comprise entre deux demi-grands cercles. || *Onglet sphérique*, solide découpé dans une sphère par un dièdre ayant un diamètre pour arête. || *Secteur sphérique*, solide engendré par un secteur circulaire tournant autour d'un diamètre du cercle qui ne traverse pas le secteur. || *Segment sphérique*, portion du volume de la sphère comprise entre deux plans parallèles. || *Triangle sphérique*, triangle tracé sur la sphère, et dont les côtés sont des arcs de grands cercles.

sphéroïdal, e, aux adj. Qui est ou qui concerne un sphéroïde : *forme sphéroïdale.*

sphéroïde [sferɔid] n. m. (de *sphère*, et gr. *eidos*, forme). Solide dont la forme approche de celle de la sphère : *la Terre est un sphéroïde.*

sphéroïdique adj. Qui appartient aux sphéroïdes.

sphéromètre n. m. Instrument permettant de mesurer la courbure des surfaces sphériques.

sphex [sfɛks] n. m. Insecte voisin des guêpes, qui paralyse des criquets, des grillons, etc., et les ramène à son terrier pour servir de nourriture aux larves. (Long. 2 cm.)

sphincter [sfɛ̃ktɛr] n. m. (gr. *sphinktêr ;* de *sphingein*, serrer). Muscle annulaire servant à fermer ou à resserrer un orifice ou un canal naturel.
— ENCYCL. Il existe des *sphincters* lisses (formés de muscles lisses), indépendants de l'action de la volonté (pylore, sphincter d'Oddi [situé à l'abouchement du canal cholédoque dans l'intestin], sphincter lisse de la vessie), et des sphincters striés (formés de muscles striés), soumis à la volonté (anus, sphincter strié de la vessie).

sphinge n. f. Sphinx à buste de femme.

sphinx [sfɛ̃ks] n. m. (mot lat. empr. au gr.). Chez les Egyptiens et les Grecs, monstre fabuleux à corps de lion et à tête humaine que les Egyptiens représentaient couché. (Souvent, des sphinx bordaient l'allée d'accès aux pylônes du temple. Le grand sphinx de Guizèh, taillé en plein roc, mesure 17 m de haut et 39 m de long. Les Grecs firent du sphinx un animal mystérieux, et l'introduisirent dans leur mythologie.) || — *Fig.* Individu habile à poser des questions difficiles, des problèmes. || Personne énigmatique.

sphinx

sphinx n. m. Papillon nocturne dont on connaît de nombreuses espèces : *le sphinx tête-de-mort pénètre dans les ruches à la recherche de miel.*

sphygmomanomètre [sfigmɔmanɔmɛtr] ou **sphygmotensiomètre** [sfigmɔtɑ̃sjɔmɛtr] n. m. Appareil permettant la mesure de la pression artérielle. (Syn. TENSIOMÈTRE.)

sphyrène [sfirɛn] n. f. Poisson marin vorace, dont une espèce de la mer des Antilles est le *barracuda.*

spic [spik] n. m. (du lat. *spica*, épi). Lavande dont on extrait une huile odorante.

spica [spika] n. m. (mot lat. signif. *épi*). Bandage croisé qu'on place à la racine d'un membre. (Les tours de bande sont faits alternativement autour du membre seul et autour de la partie voisine du tronc.)

spicilège [spisilɛʒ] n. m. (lat. *spicilegium ;* de *spica*, épi, et *legere*, choisir). Recueil d'actes, de pièces, de traités, d'observations.

spicule [spikyl] n. m. (lat. *spicula*, petit épi). Nom des corpuscules siliceux ou calcaires qui constituent le squelette des éponges.

spider [spidɛr] n. m. (mot angl.). Cavité ménagée derrière la capote d'un cabriolet, dans laquelle on pouvait mettre des bagages et, à la rigueur, des passagers.

spiegel [spigɛl *ou* ʃpigəl] n. m. (mot allem.). Fonte au manganèse utilisée dans la fabrication de l'acier.

Spiez, comm. de Suisse (Berne) ; 8 200 h. Château. Métallurgie.

Špilberk (le), en allem. **Spielberg**, citadelle de Brno, en Moravie. Jadis prison d'Etat autrichienne, où furent détenus le baron von der Trenck et Silvio Pellico.

spin [spin] n. m. (mot angl.). Moment cinétique propre de l'électron ou de toute autre particule, dû à la rotation de la particule sur elle-même.

spina-bifida [spinabifida] n. m. (mots lat. signif. *épine dorsale fendue*). Malformation congénitale du dos, consistant en une hernie, sous la peau, d'une partie du contenu du canal rachidien.

spinal [spinal], **e, aux** [-o] adj. (du lat. *spina*, épine). Relatif à l'épine dorsale. ● *Nerf spinal*, nerf crânien, moteur des muscles du cou, du larynx et du pharynx.

spinalien [spinaljɛ̃], **enne** [-ɛn] adj. et n. D'Epinal.

spina-ventosa [spinavɛ̃toza] n. m. (mots lat. signif. *épine venteuse*). Affection tuberculeuse du squelette des doigts, qui boursoufle ces derniers.

Spincourt (55230), ch.-l. de c. de la Meuse (arr. de Verdun) ; 465 h. Cimetière militaire.

spinelle n. m. (lat. *spinella*). Pierre fine constituée par de l'aluminate de magnésium, de couleur rose, rouge, rouge-brun, bleu-gris, bleu-violet, grisâtre, verdâtre.

Spinello Aretino (Spinello di Luca SPINELLI, dit), peintre italien, né à Arezzo (v. 1350-1410). Il exécuta des fresques dans la tradition de Giotto à San Miniato de Florence et au campo santo de Pise.

Spinola (Ambrogio, *marquis* DE), homme de guerre italien, né à Gênes (1569-1630). Il se distingua, au service de l'Espagne, dans les Pays-Bas et en Lombardie.

Spinola (Antonio Sebastião RIBEIRO DE), général et homme d'Etat portugais, né à Estremoz en 1910. Porté à la présidence de la République par le Mouvement des forces armées qui rétablit la démocratie (25 avril 1974), il démissionne dès le 30 septembre 1974 et doit s'exiler au Brésil.

Spinoza (Baruch DE), philosophe hollandais, né à Amsterdam (1632-1677). Après une brillante éducation qui lui permit de recevoir des connaissances étendues sur l'histoire religieuse, politique et critique du judaïsme, Spinoza fut excommunié de la synagogue pour une attitude jugée trop libre à l'égard des pratiques religieuses. C'est dans les milieux chrétiens qu'il trouva les maîtres qui l'initièrent aux sciences profanes, tel le médecin F. A. Van den Enden ; il y trouva aussi des amis et des disciples. Acquis à la philosophie cartésienne, il se retira à La Haye, gagnant sa vie à polir des verres pour les microscopes, consacrant ses loisirs à la méditation. Son ouvrage principal est *l'Ethique** (1677), véritable somme de toute sa philosophie : il expose une doctrine du salut par la connaissance de Dieu. Cette recherche de la sagesse ou béatitude par la voie exclusive de la *connaissance* caractérise le rationalisme de Spinoza. La réflexion sur soi conduit à la connaissance de Dieu parce que notre âme est originellement une partie de l'entendement divin. Après un premier livre qui traite de la connaissance de Dieu, *l'Ethique* se développe comme un traité de l'homme, qui analyse l'âme humaine, ses affections et ses passions, tous les éléments de l'existence individuelle. Mais ce détour doit permettre à l'individu concret de s'élever librement, par l'analyse de l'attribut « pensée », à la réalisation de lui-même en Dieu. Enfin, la « méthode géométrique » de *l'Ethique* s'inspire de la géométrie

Phot. Le Charles.

génétique de Hobbes. Le panthéisme et le rationalisme de Spinoza ont, pendant plusieurs siècles, excité l'imagination des plus grands penseurs ; Fichte est sans doute celui qui l'a le mieux compris ; Hegel, après Schelling, est à l'origine du contresens qui fait de la philosophie de Spinoza un irrationalisme. Les principaux ouvrages de Spinoza sont : les *Cogitata metaphysica* (*Pensées métaphysiques*), un *Tractatus theologico-politicus* (1670), un *Court Traité de Dieu, de l'homme et de la béatitude* (1660), un *Tractatus de intellectus emendatione* (*De la réforme de l'entendement*) [v. 1661], un *Tractatus politicus* (*Traité politique*) [écrit de 1675 à 1677].

spinozisme n. m. Système du philosophe Spinoza.

spiracle [spirakl] n. m. *Zool.* Orifice d'évacuation de l'eau qui a baigné les branchies internes des têtards anoures.

spiral, e, aux adj. Qui a la forme d'une spirale.

spiral n. m. Petit ressort d'horlogerie qui actionne un balancier circulaire.

spirale [spiral] n. f. (de *spire*). *Math.* Courbe non fermée, composée d'une suite d'arcs de cercle raccordés. ‖ Courbe plane dont le rayon polaire est une fonction constamment croissante (ou décroissante) de l'angle polaire. ‖ — **En spirale** loc. adv. En forme de spirale.

spiralé, e adj. Roulé en spirale.

spirant [spirɑ̃], **e** [-ɑ̃t] adj. et n. f. (du lat. *spirare*, respirer). *Phonét.* Se dit d'une consonne produite par un rétrécissement du canal vocal sans frottement de l'air nettement perçu, comme *f, v, s, z, ch, j.* (Syn. FRICATIVE.)

spire [spir] n. f. (gr. *speira*, enroulement). Tour d'une ligne spirale, d'une hélice. ‖ Partie élémentaire d'un enroulement électrique dont les extrémités sont, en général, très rapprochées l'une de l'autre. ‖ Ensemble des tours d'une coquille enroulée, comme celle des gastropodes.

Spire, en allem. **Speyer,** v. de l'Allemagne occidentale (Rhénanie-Palatinat), sur le Rhin ; 41 000 h. Cathédrale romane (XIe-XIIe s.). Constructions aéronautiques. Raffinage du pétrole. Ville libre impériale en 1294, Spire fut le siège de plusieurs diètes, dont celle de 1529, tenue par Charles Quint, où les princes réformés « protestèrent » contre la restriction de la liberté religieuse.

spirée [spire] n. f. Plante de la famille des rosacées, dont certaines espèces sont cultivées pour leurs fleurs odorantes, et dont une espèce sauvage des lieux humides est la *reine-des-prés.*

spirifer [spirifɛr] n. m. Brachiopode de l'ère primaire.

spirille [spirij] n. m. Nom générique des bactéries en forme de filaments allongés et contournés en spirale.

spirillose [spirilloz] n. f. Maladie provoquée par un spirille.

spiritain [spiritɛ̃] n. m. Religieux de la congrégation missionnaire du Saint-Esprit.

spirite [spirit] n. (de l'angl. *spirit-rapper*, esprit frappeur). Personne qui passe pour avoir la faculté de se mettre en relation avec les esprits. ‖ Personne qui s'occupe de spiritisme. ‖ — Adj. Qui concerne le spiritisme : *revue spirite.*

spiritisme n. m. Doctrine des spirites, consistant à provoquer la manifestation d'êtres immatériels, ou « esprits », en particulier celle des âmes des personnes défuntes, et à entrer en communication avec eux.

spiritualisation n. f. Action de spiritualiser. ‖ Interprétation dans le sens spirituel.

spiritualiser v. t. Donner un esprit, une âme à : *spiritualiser la matière.* ‖ Donner un caractère spirituel, dégager de toute matérialité, de toute sensualité : *spiritualiser l'amour.*

spiritualisme n. m. Doctrine philosophique qui admet l'existence de l'esprit comme réalité substantielle : *le spiritualisme de Leibniz.* (S'oppose à *matérialisme.*)

spiritualiste n. et adj. Partisan du spiritualisme. ‖ — Adj. Relatif à cette doctrine.

spiritualité n. f. Qualité de ce qui est esprit : *la spiritualité de l'âme.* ‖ *Théol.* Tout ce qui a pour objet la vie spirituelle : *livre de spiritualité.*

spirituel [spiritɥɛl], **elle** adj. (lat. *spiritualis*, de *spiritus*, esprit). Qui appartient à l'esprit, à l'âme : *vie spirituelle.* ‖ Relatif à la religion, à la vie de l'âme : *exercices spirituels.* ‖ Relatif à l'Eglise : *pouvoir spirituel.* ‖ Qui a de l'esprit : *homme spirituel.* ‖ Où il y a de l'esprit, de la finesse, de l'intelligence : *réponse spirituelle.* ‖ Qui annonce de l'esprit : *physionomie spirituelle.* ● *Concert spirituel*, composé de musique religieuse.

spirituel n. m. Pouvoir spirituel : *le spirituel et le temporel.*

spirituellement adv. Avec esprit : *répondre spirituellement.* ‖ En esprit : *communier spirituellement avec le prêtre.*

spiritueux [spiritɥø], **euse** [-øz] adj. (du lat. *spiritus*, esprit [de vin]). Qui contient de l'alcool.

spiritueux n. m. Liqueur à base d'alcool.

spirochète [spirɔkɛt] n. m. (de *spire*, et du gr. *kaitê*, chevelure longue). Protozoaire très grêle, dont le corps, contourné en spirale et entouré d'une membrane ondulante, est dépourvu de noyau et de flagelle.
— ENCYCL. Il existe trois genres de *spirochètes*, qui provoquent diverses maladies : le genre *spirochæta* cause des fièvres, ou le typhus récurrent ; le genre *treponema*

Spinoza

comprend les agents pathogènes de la syphilis et du pian ; le genre *leptospira* provoque la leptospirose, ou spirochétose ictéro-hémorragique.

spirochétose [spirɔketoz] n. f. Maladie causée par un spirochète. (La plus répandue est la leptospirose ictéro-hémorragique, qui, provoquée par un spirochète du genre *leptospira*, se manifeste par une fièvre procédant par poussées successives, par un ictère [jaunisse] et par des hémorragies.)

spirographe [spirɔgraf] n. m. Ver marin vivant dans le sable vaseux et construisant un tube assez souple, d'où sort son panache branchial en hélice. (Long. 30 cm ; embranchement des annélides.)

spirographie n. f. Enregistrement graphique du débit des gaz respiratoires dans la respiration.

spiroïdal [spirɔidal], **e, aux** [-o] adj. Contourné en spirale.

spiromètre [spirɔmɛtr] n. m. (lat. *spirare*, respirer, et gr. *metron*, mesure). Instrument servant à mesurer la capacité respiratoire des poumons.

spirorbe [spirɔrb] n. m. Petit ver marin, très abondant sur les côtes, où il construit un tube calcaire, blanc, spiralé. (Diamètre du tube 2 mm ; embranchement des annélides.)

spirule n. f. Mollusque céphalopode marin, qui vit à une grande profondeur. (V. illustr. MOLLUSQUES.)

Spitta (Philipp), musicologue allemand, né à Wechold (Hanovre) [1841-1894]. Auteur d'une biographie critique de Jean-Sébastien Bach (1873-1880), il a publié l'œuvre d'orgue de Buxtehude et les œuvres de Schütz.

Spitteler (Carl), poète suisse d'expression allemande, né à Liestal (1845-1924). Après des études de droit et de théologie, il est précepteur en Russie, professeur à Berne, journaliste à Bâle et à Zurich, puis il se retire à Lucerne. Sous le pseudonyme de **Felix Tandem,** puis sous son propre nom, il publie un poème philosophique (*Prométhée et Epiméthée*, 1880-1881), qu'il remaniera plus tard (*Prométhée le patient*, 1924). Il fait paraître ensuite quelques romans, mais il se consacre surtout à son grand poème épique et allégorique, *Printemps olympien* (1900-1905). [Prix Nobel, 1919.]

Spitz (Mark), nageur américain, né à Modesto (Californie) en 1950, sept fois champion olympique en 1972.

Spitzberg ou **Spitsberg,** partie du Svalbard*.

splanchnique [splɑ̃knik] adj. Qui appartient, qui a rapport aux viscères. ● *Cavités splanchniques*, grandes cavités du corps : abdomen, thorax. ‖ *Nerfs splanchniques*, nerfs du système végétatif, nés du plexus solaire et qui règlent notamment les fonctions de l'intestin.

splanchnologie [splɑ̃k-] n. f. (gr. *splankhnon*, viscère, et *logos*, discours). Partie de l'anatomie qui traite des viscères.

spleen [splin] n. m. (mot angl. signif. *rate*). Ennui de toutes choses ; dégoût de la vie.

splendeur [splɑ̃dœr] n. f. (lat. *splendor*). Grand éclat de lumière : *la splendeur du soleil.* ‖ *Fig.* Magnificence, éclat : *la splendeur d'un spectacle.*

Splendeurs et misères des courtisanes, roman d'H. de Balzac (1839-1847) [*Scènes de la vie parisienne*]. C'est une suite des *Illusions perdues.* On y assiste à l'ascension de Lucien de Rubempré, à ses amours avec la courtisane Esther, à sa mort et à la « dernière incarnation » de Vautrin, qui devient chef de la Sûreté.

splendide adj. (lat. *splendidus*). D'un grand éclat lumineux : *un soleil splendide.* ‖ Magnifique, somptueux : *palais splendide.*

splendidement adv. Avec splendeur.

splénectomie [splenɛktɔmi] n. f. (gr. *splên*, rate, et *ektomê*, ablation). Ablation chirurgicale de la rate.

splénique [splenik] adj. (du gr. *splên*, rate). Qui concerne la rate : *artère splénique.*

splénite n. f. Inflammation de la rate.

splénomégalie n. f. Augmentation de volume de la rate ; grosse rate.

Split, en ital. **Spalato,** port de Yougoslavie (Croatie), sur l'Adriatique ; 109 000 h. Dioclétien y fit construire un palais au début du IVe s. Constructions navales.

Splügen (le), col des Alpes, entre Coire et le lac de Côme ; 2 117 m.

Spohr (Louis), violoniste et compositeur allemand, né à Brunswick (1784-1859). Violoniste virtuose, chef d'orchestre à Vienne, puis à Kassel, il est l'auteur de symphonies, de concertos pour son instrument et de musique de chambre. Il fut le rival de Paganini.

Spokane, v. des Etats-Unis (Washington) ; 187 000 h. Constructions aéronautiques.

Spolète, en ital. **Spoleto,** v. d'Italie (Ombrie) ; 39 700 h. Cathédrale (XIIe-XVIe s.) avec fresques de Filippo Lippi. Sidérurgie. Siège d'un duché puissant du VIIe au Xe s.

spoliateur, trice adj. et n. Qui spolie : *une mesure spoliatrice.*

spoliation n. f. Action de spolier.

spolier [spɔlje] v. t. (lat. *spoliare*, dépouiller). Déposséder par fraude ou par violence.

spondaïque adj. Se dit d'un rythme où dominent les spondées. ‖ Se dit aussi d'un vers de la métrique grecque et latine, l'hexamètre dactylique, dont le cinquième pied est un spondée.

Sponde (Jean DE), humaniste et poète français, né à Mauléon (1557-1595). De famille protestante, il suivit la fortune d'Henri IV, abjura en même temps que lui et reçut la charge de lieutenant général de la sénéchaussée de La Rochelle, ce qui lui valut de violentes attaques de la part de ses anciens coreligionnaires. Outre des éditions d'Homère, d'Hésiode et d'Aristote, il a laissé des sonnets qui composent un des meilleurs monuments de la poésie baroque de la fin du XVIe s.

spondée [spɔ̃de] n. m. (gr. *spondeion*). *Métr.* Pied composé de deux syllabes longues.

spondias [spɔ̃djɑs] n. m. Arbre de Tahiti et d'Amérique, dont les fruits sont appelés *pommes de Cythère.* (Famille des anacardiacées ; nom usuel : *mombin.*)

spondylarthrite [spɔ̃dilartrit] n. f. (gr. *spondulos*, vertèbre, et *arthrite*). Inflammation rhumatismale des vertèbres. ● *Spondylarthrite ankylosante* ou *spondylose rhizomélique*, maladie rhumatismale de caractère inflammatoire, caractérisée par une ankylose des régions lombaire et dorsale, une ossification des ligaments vertébraux et une évolution prolongée.

spondyle [spɔ̃dil] n. m. (gr. *spondulos*, vertèbre). Anc. nom des vertèbres.

spongiaires n. m. pl. (du lat. *spongia*, éponge). Embranchement d'animaux pluricellulaires extrêmement primitifs, qui vivent fixés au fond de la mer. (Il y a un genre des eaux douces, la *spongille.*) [Syn. ÉPONGES.]
— ENCYCL. Ce qui caractérise les *spongiaires*, ce sont les cellules flagellées à collerette, dont les battements entretiennent un courant d'eau depuis d'innombrables orifices d'entrée (pores inhalants) jusqu'à un petit nombre d'orifices de sortie (oscules). Ce renouvellement assure à la fois toutes les fonctions de nutrition. Les tissus mous sont soutenus par un squelette corné (éponge de toilette), calcaire ou siliceux, souvent formé d'éléments de forme très régulière, les *spicules.*
Le haut pouvoir de régénération des éponges s'explique par leur extrême simplicité. Certains auteurs voient en elles les descendantes directes des algues vertes pluricellulaires les plus simples (volvocales). D'autres en font un sous-règne particulier, les *parazoaires.*

spongieux [spɔ̃ʒø], **euse** [-øz] adj. (du lat. *spongia*, éponge). De la nature de l'éponge ; poreux. ‖ Qui s'imbibe comme une éponge : *sol spongieux.* ● *Tissu spongieux*, tissu qui forme la presque totalité des os courts et les extrémités des os longs.

spongille [-ʒij] n. f. Eponge d'eau douce.

spongiosité n. f. Qualité de ce qui est spongieux.

Sponsus ou **Jeu des vierges sages et des vierges folles,** drame liturgique de la fin du XIe s., composé de strophes en latin et en français.

spirales

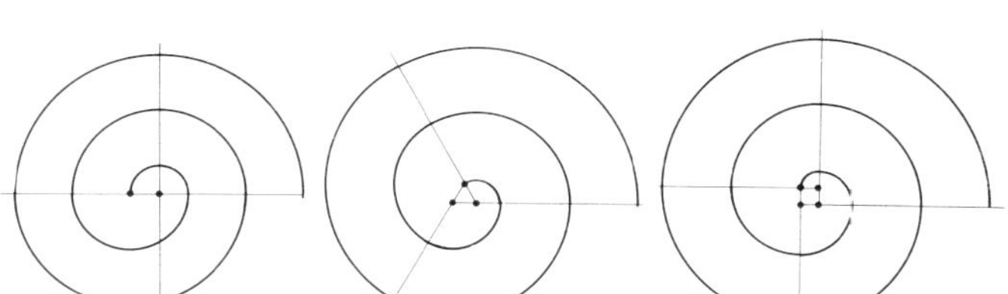

à deux centres — à trois centres — à quatre centres

Phot. Lauros-Giraudon.

spontané [spɔ̃tane], **e** adj. (du lat. *sponte,* de son plein gré). Qui s'exécute de soi-même et sans cause apparente : *les mouvements du cœur sont spontanés.* || Que l'on fait de soi-même : *action spontanée.* || *Bot.* Qui pousse à l'état sauvage. ● *Génération spontanée,* selon certaines théories, apparition d'êtres vivants à partir de la matière inerte : *Pasteur a montré que les micro-organismes ne se forment pas par génération spontanée.*

spontanéisme n. m. Attitude politique de ceux qui, à l'extrême gauche, cherchent à développer des actions révolutionnaires dans le peuple en profitant d'événements qu'ils jugent capables de mobiliser les masses.

spontanéité n. f. Caractère de ce qui est spontané.

spontanément adv. De façon spontanée : *faire spontanément une concession.*

Spontini (Gaspare), compositeur italien, né à Maiolati (1774-1851). A Paris, il fit représenter son chef-d'œuvre, *la Vestale* (1807).

Sporades, îles grecques de la mer Egée. On distingue les *Sporades du Nord,* voisines de l'île d'Eubée, et les *Sporades du Sud,* ou Dodécanèse, proches de l'Asie Mineure.

Sporades équatoriales ou **Line Islands** (« îles de la Ligne » [l'équateur]), archipel du Pacifique central, de part et d'autre de l'équateur, partagé entre la Grande-Bretagne et les Etats-Unis.

sporadicité n. f. Caractère de ce qui se présente à l'état sporadique.

sporadique [spɔradik] adj. (gr. *sporadikos;* de *speirein,* semer). Qui existe çà et là, isolément : *des résistances sporadiques.* || Se dit des maladies qui n'atteignent que quelques individus isolément (par oppos. à *épidémique*). || Se dit des espèces animales ou végétales dont les individus sont épars dans diverses régions.

sporadiquement adv. D'une manière sporadique : *maladie qui sévit sporadiquement.*

sporange [spɔrɑ̃ʒ] n. m. (de *spore,* et gr. *angeion,* réceptacle). Organe végétal au sein duquel mûrissent les spores et qu'elles quittent pour se disperser.
— Encycl. Des *sporanges* s'observent déjà chez les plus primitifs des champignons, les myxomycètes. On les retrouve chez tous les champignons inférieurs et, sous le nom d'*asques,* chez certains champignons supérieurs. La plupart des algues en présentent, de même que les mousses (« urnes » ou « capsules ») et les fougères, chez lesquelles les sporanges siègent ordinairement sous les feuilles. Enfin les étamines des plantes à fleurs portent des *anthères,* qui sont des sporanges mâles.

spore [spɔr] n. f. (gr. *spora,* semence). Cellule végétale directement issue de la méiose, rejetée par la plante mère et apte à germer en donnant un *gamétophyte,* ou *prothalle* uni- ou bisexué. (V. *encycl.*) || *Par ext.* Toute bouture naturelle unicellulaire formée par une plante.
— Encycl. Les *spores* proprement dites sont aussi nommées *tétraspores,* du fait que quatre spores identiques sont issues de la réduction chromosomique (méiose) de chaque cellule mère. La plante diploïde qui produit les spores est le *sporophyte;* la plante haploïde, issue de la germination des spores, est le *gamétophyte,* appelé *prothalle* chez les fougères. Il arrive que les spores soient toutes identiques, mais qu'elles engendrent les unes un prothalle femelle, les autres un prothalle mâle (espèces isosporées : prêle); il arrive aussi que les spores femelles soient plus grosses que les spores mâles (macrospores et microspores des sélaginelles).
Les boutures formées par les jeunes sporophytes des algues rouges sont les *carpospores.* Les champignons parasites à hôtes alternés peuvent former des spores de passage (écidiospores), des spores d'hibernation (téleutospores), etc. Parmi les bactéries, nombreuses sont les espèces qui forment des *spores de résistance* lorsque les conditions deviennent défavorables.
Quelles qu'elles soient, les spores peuvent germer après une longue période de vie ralentie.

sporogone [spɔrɔgɔn] n. m. Chez les mousses, ensemble du sporange en urne et de la soie qui le porte.

sporophyte [spɔrɔfit] n. m. Plante issue du développement de l'œuf fécondé, formée de cellules diploïdes et capable d'engendrer des spores*.
— Encycl. Le développement relatif du *sporophyte* et du gamétophyte* est très variable parmi les algues. Chez les mousses, le sporophyte (nommé aussi *sporogone*) ne comprend que la soie et le sporange, tandis que, chez les fougères, les prêles, et plus encore chez les plantes à graines, il forme la quasi-totalité du végétal.

sporotriche [spɔrɔtriʃ] n. m. (de *spore,* et gr. *trix, trikhos,* cheveu). Moisissure parasite produisant, chez l'homme, des lésions cutanées, ou *sporotrichose.*

sporotrichose [spɔrɔtrikoz] n. f. Mycose due à une invasion de sporotriches.
— Encycl. La *sporotrichose* se manifeste par de multiples petites nodosités sous-cutanées qui augmentent progressivement de volume et évoluent vers l'ulcération. Les lésions peuvent également siéger dans les muscles et même atteindre les os.

sporozoaires [spɔrɔzɔɛr] n. m. pl. Embranchement de protozoaires comprenant des parasites de l'homme, comme le plasmodium du paludisme, et la coccidie, qui parasite les cellules épithéliales de vertébrés et d'invertébrés.

sport [spɔr] n. m. (mot angl.; de l'anc. fr. *desport,* amusement). Ensemble des exercices physiques se présentant sous forme de jeux individuels ou collectifs, pratiqués en observant certaines règles précises, et sans but utilitaire immédiat : *le sport améliore les qualités physiques de l'homme.* (V. *encycl.*) ● *Sports d'hiver,* vacances d'hiver en montagne, ne nécessitant pas obligatoirement la pratique des sports de neige ou de glace : *passer huit jours aux sports d'hiver.* || Ensemble des sports pratiqués sur la neige ou la glace (ski, patinage, hockey, luge, bobsleigh). || — Adj. : *costume sport.*
— Encycl. Le nom de *sport* recouvre une très grande variété d'exercices physiques intéressant chacun des effectifs très inégaux. L'athlétisme et la natation, disciplines « naturelles » et bases des jeux Olympiques, sont avec le football les sports les plus universellement pratiqués. D'autres sports ont une extension géographique très large, notamment la boxe, le basket-ball, et à un degré moindre le cyclisme. Certains, en revanche, bien que d'implantation ancienne et localement très en vogue, n'intéressent qu'un nombre restreint de nations. Les pays de langue ou de peuplement britannique sont pratiquement les seuls (avec la France) où le rugby ait conquis droit de cité. Quant au ski, son développement est évidemment réduit par les conditions climatiques et de relief qu'il exige. Parfois coexistent deux catégories de pratiquants (entre lesquelles, d'ailleurs, la frontière est souvent bien floue) : les amateurs et les professionnels. Seuls, les amateurs sont admis aux jeux Olympiques, qui constituent le grand rendez-vous du sport mondial. L'automobile, la boxe, le cyclisme, le football et le tennis sont les grands sports à section professionnelle.

v. hors-texte

En France, le sport est placé sous l'autorité du ministre de la Jeunesse et des Sports, qui forme notamment les cadres nécessaires à son développement, finance l'équipement de terrains, l'organisation du sport à l'école et subventionne certains groupements. Le Comité national des sports rassemble les fédérations sportives qu'il représente auprès de ce ministère. Le Comité olympique français, comme son nom l'indique, regroupe les représentants des sports admis aux jeux Olympiques et se préoccupe de la préparation de la délégation française à ces compétitions.
— *Milit.* La pratique du *sport* occupe une place importante dans l'instruction militaire, tant en raison de sa valeur éducative que du concours qu'elle apporte à la formation physique du combattant. Tous les problèmes concernant cette discipline sont traités par le *Service interarmées de l'éducation physique et des sports.* Les relations entre le sport militaire et les activités sportives du secteur civil sont organisées au sein des *commissions nationales ou régionales des sports militaires.*

sportif, ive adj. Qui concerne les sports : *épreuve sportive.* || — N. Personne qui pratique les sports.

sportivement adv. Loyalement : *reconnaître sportivement sa défaite.*

sportivité n. f. Caractère sportif; loyauté.

sportule [spɔrtyl] n. f. (lat. *sportula;* de *sporta,* corbeille). Don que les patriciens romains faisaient distribuer quotidiennement à leurs clients.

sporulation n. f. Reproduction par spores. || Emission de spores.

sporuler v. i. Former des spores.

spot [spɔt] n. m. Tache lumineuse projetée sur un écran. || Le projecteur qui produit cette tache. || Surface d'impact du faisceau d'électrons sur l'écran fluorescent d'un tube cathodique, où il se forme une tache luminescente. (Sur l'écran d'un téléviseur, le spot parcourt environ 10 kilomètres par seconde.) || Film publicitaire de courte durée. (L'Administration préconise MESSAGE PUBLICITAIRE.) || Petit projecteur de cinéma, de télévision ou de théâtre.

spoutnik [sputnik] n. m. (mot russe). Satellite artificiel lancé par l'U. R. S. S.

sprat [sprat *ou* spra] n. m. (mot angl.). Poisson abondant dans la Manche et la mer du Nord, voisin du hareng, mais plus petit (long. 15 cm), que l'on pêche pendant l'été. (Famille des clupéidés.) [Syn. HARENGUET.]

spray [sprɛ] n. m. (mot angl. signif. *brouillard*). Jet de liquide en fines gouttelettes lancé par un pulvérisateur. || Le pulvérisateur lui-même.

Sprée (la), en allem. **Spree,** riv. d'Allemagne, qui arrose Berlin et se jette dans la Havel (r. dr.); 403 km.

springbok [spriŋgbɔk] n. m. (mot hollandais). Antilope commune en Afrique du Sud.

Springfield, v. des Etats-Unis (Massachusetts); 166 000 h. Métallurgie. Textiles. — V. des Etats-Unis, cap. de l'Illinois; 85 500 h. Métallurgie. — V. des Etats-Unis (Ohio); 82 700 h. Matériel agricole. — V. des Etats-Unis (Missouri); 95 900 h. Minoteries. Métallurgie.

Springs, v. de l'Afrique du Sud, près de Johannesburg; 137 300 h. Mines d'or. Papier.

sprint [sprint] n. m. (mot angl.). Accélération d'un coureur à l'approche du but.

sprinter [sprintœr] n. m. Coureur de vitesse sur petites distances ou capable de pointes de vitesse en fin d'une longue course.

sprinter [sprinte] v. i. Augmenter sa vitesse en arrivant près du but.

spumescent [spymɛsɑ̃], **e** [-ɑ̃t] adj. (du lat. *spuma,* écume). Qui ressemble à de l'écume. || Qui jette de l'écume.

spumeux, euse adj. (du lat. *spuma,* écume). Qui est couvert d'écume. || Qui a l'apparence de l'écume.

spumosité n. f. Qualité de ce qui est spumeux : *la spumosité de la bière.*

squale [skwal] n. m. (lat. *squalus*). Nom donné aux requins, aux roussettes.

squaloïdes [skwalɔid] n. m. pl. Ordre de poissons cartilagineux de la sous-classe des sélaciens, comprenant les requins*. (Syn. PLEUROTRÈMES.)

squame [skwam] n. f. (lat. *squama,* écaille). Lamelle épidermique qui se détache de la peau, particulièrement dans les dermatoses (pityriasis, psoriasis, etc.) : *les squames sont dites « pityriasiques » ou « furfuracées ».*

squameux, euse adj. (du lat. *squama,* écaille). Ecailleux, en forme d'écaille. || Qui se manifeste par des squames : *dermatose squameuse.*

squamifère adj. Qui est revêtu d'écailles, comme la plupart des poissons.

squamule n. f. Petite écaille telle que celles qui recouvrent les ailes des papillons.

Squarcione (Francesco), peintre italien, né à Padoue (1397-1468). Excellent professeur et passionné par les antiques, il dirigea un atelier où se formèrent notamment C. Tura et A. Mantegna.

square [skwar] n. m. (mot angl. signif. *place carrée*). Jardin public, généralement entouré d'une grille.

squatina [skwatina] n. m. Requin de l'Atlantique et de la Méditerranée, inoffensif. (Long. 2 m.) [Syn. ANGE DE MER.]

squatter [skwɔtœr *ou* skwatɛr] n. m. (mot angl.). Aux Etats-Unis, pionnier qui se fixait dans les Etats non encore occupés. || En Australie, propriétaire de troupeaux de moutons qui paissent sur des terrains loués au gouvernement. || En France, personne sans abri qui, de sa propre autorité, occupe avec sa famille un logement vacant.

squelette [skəlɛt] n. m. (gr. *skeletos,* desséché). Ensemble des parties dures assurant le maintien des formes et fournissant un appui aux mouvements chez les animaux. (V. *encycl.*) || Ensemble des os, des cartilages et des articulations des vertébrés. (V. *encycl.*) || Carcasse, charpente : *squelette d'un navire.* || — *Fig.* Personne extrêmement maigre et décharnée. || Canevas général; esquisse aride : *un dictionnaire sans exemples est un squelette.*
— Encycl. Un *squelette externe,* ou *exosquelette,* essentiellement protecteur, existe chez la plupart des animaux et sous les formes les plus diverses : test des oursins, coquille des mollusques, carapace des arthropodes, des tortues et des tatous, boîte crânienne et cage thoracique de l'homme, etc. Plus original est le *squelette axial,* ou *endosquelette,* des membres des vertébrés, chez qui les os et leurs articulations occupent la région axiale de la patte et sont entourés par des muscles.
Des premiers vertébrés terrestres (ichtyostégidés) jusqu'à l'homme, il y a une certaine unité de plan dans le squelette. La pièce maîtresse est la *colonne vertébrale,* divisée en nombreuses vertèbres, et qui porte :
1° une tête osseuse avec boîte crânienne, cavités sensorielles paires et deux mâchoires;
2° une cage thoracique comprenant des paires de côtes et, le plus souvent, un sternum;
3° deux ceintures (scapulaire et pelvienne) portant chacune une paire de membres.

squelettique adj. Relatif au squelette. ● *Maigreur squelettique,* extrême maigreur.

squire [skwajœr] n. m. (mot angl.). En Angleterre, simple gentilhomme, puis propriétaire campagnard.

squirre ou **squirrhe** [skir] n. m. (gr. *skirrhos*). Variété de carcinome caractérisée par sa dureté, due à la richesse en tissu fibreux, et par son évolution lente.

squirreux, euse adj. De la nature du squirre : *tumeur squirreuse.*

Sr, symbole chimique du *strontium.*

sr, symbole du *stéradian.*

Sri Lanka (*république de*), nom pris par **Ceylan*** depuis 1972.

Srīnagar, v. de l'Inde, cap. (avec Jammu) de l'Etat de Jammu-et-Cachemire; 295 100 h. Textiles.

S. S. n. m. pl. (abrév. de *Schutz-Staffel,* échelon de protection). Formation de police militarisée du parti nazi. Placée sous l'autorité de Himmler dès 1929, elle permit à Hitler de liquider Röhm et les S. A. en 1934. A partir de 1939, elle fut chargée, avec la Gestapo, de la surveillance des territoires occupés et de la gestion des camps de concentration. A partir de 1940, elle constitua des unités militaires, dites *Waffen S. S.*

Sseu-ma Siang-pou, poète chinois, né à Tch'eng tou (Sseu tch'ouan) [179 av. J.-C.-117 av. J.-C.]. Il est l'un des auteurs les plus célèbres du genre *fou,* poésie aristocratique et savante née à l'époque des Han.

Sseu-ma Ts'ien, écrivain chinois, né à Long-men (Ho-nan) [v. 140 av. J.-C.-v. 86 av. J.-C.]. Il est l'auteur du *Che Ki* (*Mémoires historiques*), source principale de documentation pour l'histoire ancienne de la Chine.

Sseu-tch'ouan ou **Seu-tch'ouan,** prov. de la Chine centrale, drainée par le Yang-tseu; 569 000 km²; 72 160 000 h. Cap. *Tch'eng-tou.* La province juxtapose une plaine sédimentaire centrale (le *Bassin rouge*), intensément mise en valeur, et une partie périphérique montagneuse (*Alpes du Sseu-tch'ouan*).

St, symbole du *stokes.*

st, symbole du *stère.*

SPORTS D'HIVER

saut à ski

tremplin de saut à Innsbruck

ski de descente

luge

hockey sur glace

bobsleigh

ski de fond

patinage de vitesse

patinage artistique

Phot. Presse-Sports, A. F. P., Office du tourisme norvégien, Presse-Sports (2), Associated Press, Séraillier-Rapho, Giegel-O. N. S. T., J. P. Klein.

Staal [stal] **de Launay** (Marguerite Jeanne CORDIER, *baronne* DE), femme de lettres française, née à Paris (1684-1750). Femme de chambre de la duchesse du Maine, elle écrivit des comédies pour le théâtre de Sceaux. Entraînée par la duchesse dans la conspiration de Cellamare, elle passa deux ans à la Bastille. Elle a laissé des *Lettres* et des *Mémoires* (1755).

stabat mater [stabatmatɛr] n. m. inv. (mots lat. signif. *la Mère était debout*). Prose qu'on chante dans les églises pour retracer les douleurs de la mère du Christ, sur un texte de Iacopone da Todi. (Parmi les stabat mater de caractère concertant, citons ceux de Pergolèse, de Rossini, de Szymanowski et de Poulenc.)

Stabies, v. de la Campanie ancienne, voisine de Pompéi, et détruite en 79 apr. J.-C. par l'éruption du Vésuve.

stabilimètre n. m. *Psychol. expérimentale.* Appareil permettant de mesurer et d'enregistrer les déplacements non contrôlés du centre de gravité du corps.

stabilisateur, trice adj. Qui stabilise.

stabilisateur n. m. Mécanisme destiné à éviter ou à amortir les oscillations. ‖ Chacun des deux plans fixes, vertical et horizontal, formant l'empennage d'un avion.

stabilisation n. f. Action de stabiliser : *stabilisation de la monnaie.* ‖ *Pétr.* Syn. de DÉGAZAGE.

stabiliser v. t. Mettre dans un état durable : *stabiliser les prix.*

stabilité n. f. (du lat. *stabilis,* stable). Qualité de ce qui est stable : *vérifier la stabilité d'un pont.* ‖ Aptitude d'une grandeur à retrouver une valeur dite « normale », lorsqu'elle vient à en être momentanément et accidentellement écartée. ‖ Etat d'un solide en équilibre qui tend à revenir à sa position initiale si on l'en écarte. ‖ *Chim.* Caractère d'une combinaison difficilement décomposable. ‖ *Météorol.* Etat de l'atmosphère caractérisé par la superposition de couches de densités décroissantes vers le haut. ‖ *Fig.* Qualité de ce qui est assuré, durable : *la stabilité du pouvoir, d'un Etat.*

stable [stabl] adj. (lat. *stabilis;* de *stare,* être debout). Qui est dans un état, dans une situation ferme, solide : *édifice stable.* ‖ *Chim.* Se dit d'un composé chimique qui résiste à la décomposition. ‖ *Mécan.* Se dit d'un équilibre qui n'est pas détruit par une faible variation des conditions. ‖ *Fig.* Durable, assuré : *situation stable.*

stabulation [stabylasjɔ̃] n. f. (du lat. *stabulum,* étable). Séjour des animaux dans l'étable. ‖ *Stabulation entravée,* celle où les animaux sont attachés en permanence par des chaînes ou des colliers et occupent dans l'étable une place fixe. ‖ *Stabulation libre,* celle où les animaux se déplacent librement vers les rateliers à fourrage placés à l'intérieur et à l'extérieur de l'étable, à laquelle est généralement adjointe une salle de traite.

staccato [stakato] adv. (mot ital. signif. *détaché*). *Mus.* Mot indiquant que, dans une suite de notes rapides, chacune d'elles doit être détachée des autres. ‖ — N. m. Ce mode d'exécution : *un staccato.* ‖ Pl. des *staccatos.*

Stace, en lat. **Publius Papinius Statius,** poète latin, né à Naples (v. 45 apr. J.-C.-96). Il est l'auteur de deux poèmes épiques, *la Thébaïde* (90) et *l'Achilléide* (inachevé), mais la partie la plus originale de son œuvre est un recueil de pièces de circonstance (*Silves*).

stade [stad] n. m. (lat. *stadium,* empr. au gr.). Chez les Grecs, mesure itinéraire de 600 pieds, dont la longueur variait entre 147 et 192 m. ‖ Lieu destiné à des manifestations sportives. ‖ *Fig.* Degré, période d'un développement : *les différents stades d'une évolution.*

stadia [stadja] n. m. Mire parlante utilisée pour mesurer au tachéomètre la distance entre deux points.

Stadion (Johann Philipp, *comte* VON), homme politique autrichien, né à Mayence (1763-1824). Ambassadeur en Suède (1787), à Londres (1790-1793), à Berlin (1801), puis en Russie (1803), il soutint la lutte contre la France. Devenu ministre des Affaires étrangères (1806-1809), il offrit sa médiation à Talleyrand (1807) et adhéra au Blocus continental.

Mme de Staël
par Jean-Baptiste Isabey, Louvre

stalactites et stalagmites
dans l'aven d'Orgnac

Stael (Nicolas DE), peintre français d'origine russe, né à Saint-Pétersbourg (1914-1955). Il est considéré comme un des grands peintres abstraits, bien que, peu de temps avant de se suicider, il soit revenu à une sorte de figuration allusive.

Staël-Holstein (Germaine NECKER, *baronne* DE), dite **Mme de Staël** [stal], femme de lettres française, née à Paris (1766-1817). Fille du Genevois Necker, ministre de Louis XVI, elle est admise très jeune aux réunions d'écrivains que sa mère tient dans son salon. Enfant prodige, elle compose à onze ans des *Eloges* et à quinze ans commente *l'Esprit des lois.* En 1786, elle épouse le baron de Staël-Holstein, ambassadeur de Suède à Paris. Dès le début de la Révolution, rêvant de jouer un rôle politique, elle ouvre son salon de la rue du Bac à des hommes de tendances différentes; elle quitte cependant Paris après la chute de la royauté (sept. 1792) et voyage en Suisse et en Angleterre. En 1794, elle noue avec Benjamin Constant une liaison orageuse qui ne cessera qu'en 1808. Revenue à Paris après Thermidor, elle devient vite suspecte au Directoire et regagne son château de Coppet, d'où elle lance son premier grand ouvrage : *De l'influence des passions sur le bonheur des individus et des nations* (1796). De nouveau à Paris en 1797, elle reçoit les idéologues et les libéraux du Tribunat. Son prestige littéraire s'accroît par la publication de son essai *De la littérature considérée dans ses rapports avec les institutions sociales* (1800) et de son roman *Delphine* (1802). Elle voudrait devenir l'égérie de Bonaparte, mais celui-ci lui témoigne son hostilité lorsque Benjamin Constant se range dans l'opposition : exilée à 40 lieues de Paris, elle partage alors son existence entre Coppet et de nombreux voyages, à Weimar (où elle rencontre Goethe, Schiller et Wieland), à Berlin et en Italie, d'où elle rapporte un nouveau roman (*Corinne,* 1807). Elle entreprend, cependant, de révéler aux Français la civilisation germanique, mais son livre *De l'Allemagne** (1810) est saisi par la police impériale. Elle parcourt alors l'Europe, intriguant contre Napoléon et préparant deux ouvrages qui ne paraîtront qu'après sa mort (*Considérations sur les principaux événements de la Révolution française,* 1818; *Dix Années d'exil,* 1821). A la Restauration, elle rouvre son salon à Paris, mais la mort ne tarde pas à mettre un terme à son existence passionnée.

staff [staf] n. m. (mot angl.). *Fam.* Groupe formé par la direction et les cadres supérieurs d'une entreprise, les dirigeants d'une organisation quelconque : *le staff d'un leader politique.*

staff [staf] n. m. (mot angl.). Mélange plastique de plâtre, de ciment et de glycérine, servant à composer des ornements moulés.

Staffa, une des îles Hébrides, où se trouve la grotte de Fingal.

Staffarde, en ital. **Staffarda,** village d'Italie (Piémont, prov. de Cuneo). Monastère. Victoire de Catinat sur le duc de Savoie (1690).

staffeur n. et adj. m. Ouvrier qui emploie le staff.

Stafford, v. d'Angleterre, ch.-l. du *Staffordshire* (1 821 000 h.); 53 000 h. Eglise gothique.

stage [staʒ] n. m. (bas lat. *stagium*). Période d'études pratiques, exigée des candidats à l'exercice de certaines professions libérales : *stage d'un avocat; stage pédagogique d'un agrégatif.* ‖ Période pendant laquelle une personne exerce une activité temporaire dans une entreprise, en vue de sa formation.

stagiaire adj. et n. Qui fait un stage : *avocat stagiaire.* ‖ — Adj. Relatif au stage : *période stagiaire.*

Stagire, auj. **Stavro,** v. de la Macédoine. Patrie d'Aristote, souvent appelé *le Stagirite.*

stagnant [stagnɑ̃], **e** [-ɑ̃t] adj. (du lat. *stagnum,* étang). Qui ne coule pas : *eaux stagnantes.* ‖ *Fig.* Qui ne fait aucun progrès : *l'état stagnant des affaires.*

stagnation [stagnasjɔ̃] n. f. Etat de ce qui est stagnant. ‖ *Fig.* Inertie, suspension d'activité.

stagner [stagne] v. i. (lat. *stagnare;* de *stagnum,* étang). Ne pas couler (en parlant d'un fluide). ‖ *Fig.* Ne faire aucun progrès.

Stahl (Georg Ernst), médecin et chimiste allemand, né à Ansbach (Bavière) [1660-1734], auteur, en médecine, du système connu sous le nom d'*animisme* et, en chimie, de la théorie du *phlogistique.*

Stains (93240), ch.-l. de c. de la Seine-Saint-Denis (arr. de Bobigny); 32 174 h. (*Stanois*).

stakhanovisme [stakanɔvism] n. m. (de *Stakhanov,* nom de l'ouvrier créateur de cette méthode vers 1935, dans les mines du Donetz). Dans les pays d'économie socialiste, méthode fondée sur l'initiative du travailleur pour augmenter le rendement.

stakhanoviste adj. et n. Qui concerne ou qui pratique le stakhanovisme.

stalactite [stalaktit] n. f. (du gr. *stalaktos,* qui coule goutte à goutte). Colonne qui descend de la voûte d'une grotte, et qui est formée par des concrétions calcaires.

stalag [stalag] n. m. (sigle de l'allem. STAmmLAGer, camp de base). Pendant la Seconde Guerre mondiale, camp de prisonniers réservé aux sous-officiers et aux soldats.

stalagmite [stalagmit] n. f. (du gr. *stalagmos,* écoulement goutte à goutte). Colonne formée par des concrétions calcaires à partir du sol des grottes.

stalagmomètre [stalagmɔmɛtr] n. m. Instrument pour mesurer le poids ou le volume des gouttes.

stalagmométrie n. f. Mesure de la tension superficielle en déterminant le poids ou le volume d'une goutte de liquide à l'extrémité d'un tube capillaire.

Stalinabad. V. DOUCHANBE.

Staline (Joseph [Iossif] Vissarionovitch DJOUGATCHVILI, dit), homme d'Etat soviétique, né à Gori (Géorgie) [1879-1953]. Fils d'un cordonnier géorgien, il est d'abord séminariste, puis il se lance dans le mouvement révolutionnaire dès 1898 et est déporté à plusieurs reprises. En 1904, il se rallie au bolchevisme. Rédacteur en chef de la *Pravda* en 1917 et commissaire du peuple aux nationalités, il joue un rôle important dans la révolution d'Octobre. Malgré l'opposition de Trotski, il devient secrétaire général du parti communiste (1922) et s'assure la succession de Lénine (1924) en éliminant Trotski (1927), puis Zinoviev et Kamenev, qui l'avaient aidé contre Trotski, et enfin les bolchevistes de droite, comme Rykov et Boukharine (1929); il fait exécuter les derniers opposants en 1936. Maître de la Russie soviétique, il entreprend des réformes de structure : plan quinquennal (1928), collectivisation forcée des campagnes (1930). Il devient président du Conseil des commissaires du peuple en 1941, commandant en chef suprême en 1942 et maréchal en 1943. A l'intérieur, il gouverne en autocrate. A l'extérieur, il conclut le pacte germano-soviétique (1939), puis mène la lutte contre l'Allemagne (1941 à 1945), place sous l'influence soviétique les Etats voisins (« démocraties populaires »), reconstitue l'Internationale communiste (« Kominform », 1947) et dirige l'opposition de l'U. R. S. S. et de ces pays aux Etats « capitalistes » (guerre froide). Ses ouvrages en font un des principaux théoriciens du marxisme. Après sa mort, divers aspects de sa politique (culte de la personnalité) ont été condamnés par les nouveaux dirigeants de l'U. R. S. S., et certaines de ses victimes ont été réhabilitées.

Stalingrad, anc. **Tsaritsyne** et depuis 1961 **Volgograd***, v. de l'U. R. S. S., sur la Volga. Pendant l'hiver 1942-1943, l'armée allemande de Paulus, qui attaquait la ville, fut encerclée et contrainte à la capitulation le 31 janvier 1943, par les armées russes de Rokossovski et de Ieremenko. Cette défaite marqua le début de la contre-

Staline aux obsèques de Jdanov
à ses côtés, Molotov, Malenkov, Kaganovitch

Phot. Giraudon, Perret, Keystone.

offensive victorieuse des forces soviétiques, et un tournant capital dans la Seconde Guerre mondiale.

stalinien [stalinjɛ̃], **enne** [-ɛn] adj. et n. Qui soutient les théories et les méthodes de Staline.

stalinisme n. m. (de *Staline*). Ensemble des théories et méthodes de Staline.

Stalino. V. DONETSK.

Stalinogorsk. V. NOVOMOSKOVSK.

Stalinogród. V. KATOWICE.

Stalinsk. V. NOVO-KOUZNETSK.

Stalinstadt. V. EISENHÜTTENSTADT.

stalle [stal] n. f. (ital. *stallo*). Chacun des sièges disposés par rangées autour du chœur d'une église, à l'usage du clergé. ‖ Dans une écurie, espace réservé à un cheval et limité par les cloisons des compartiments contigus. ‖ Mot préconisé par l'Administration pour désigner un box d'automobile.

Stambolijski (Alexandre), homme politique bulgare, né à Slavovica (1879-1923). Président du Conseil (1919), il signa le traité de Neuilly (1919) et promulgua des réformes favorables aux paysans. Partisan d'un rapprochement avec la Yougoslavie, il fut considéré comme antipatriote et fusillé lors du coup d'Etat du 9 juin 1923.

Stambolov ou **Stamboulov** (Stefan), homme politique bulgare, né à Tărnovo (1854-1895). Chef du parti libéral, il fut nommé régent après l'abdication d'Alexandre de Battenberg (1886). Premier ministre de Ferdinand de Saxe-Cobourg, il fut assassiné.

Stamboul. V. ISTANBUL.

Stamford, port des Etats-Unis (Connecticut) ; 108 000 h.

staminal [staminal], **e, aux** [-o] adj. Relatif aux étamines.

staminé, e adj. (du lat. *stamen, -inis,* étamine). Se dit des fleurs qui ne possèdent que des étamines.

staminifère adj. Qui porte des étamines.

Stamitz (Johann) ou **Stamic** (Jan Václav), compositeur tchèque, né à Německý Brod (Bohême) [1717-1757], chef de l'école de Mannheim, un des foyers de l'art symphonique en Europe. On lui doit des sonates pour violon seul, des duos, près de cent trios et de cent cinquante symphonies, ainsi que des concertos. — Son fils CARL, né à Mannheim (1745-1801), séjourna à Paris en 1778 et 1785, après avoir voyagé en Europe. Virtuose de la viole d'amour, il a laissé soixante-dix symphonies, des sonates en trio, des quatuors et des concertos.

stance [stɑ̃s] n. f. (ital. *stanza,* strophe). Groupe de vers offrant un sens complet, et suivi d'un repos.

stand [stɑ̃d] n. m. (mot angl. ; de *to stand,* se dresser). Endroit aménagé pour le tir de précision à la cible avec des armes à feu. ‖ Espace réservé aux participants d'une exposition. ‖ Poste de ravitaillement d'un coureur sur piste (auto, moto, vélo).

standard [stɑ̃dar] adj. (mot angl.; du fr. *étendard*). Qui est conforme à une norme de fabrication, à un modèle, à un prix : *un pneu standard.* ● *Prix standard,* prix d'ordre fixé pour tous les coûts de l'entreprise (matières, main-d'œuvre, etc.) afin d'obtenir des résultats comptables indépendants de la variation des prix.

standard n. m. Règle fixée à l'intérieur d'une entreprise pour caractériser un produit, une méthode de travail, une quantité à produire, etc. ‖ Appareil permettant la desserte de nombreux postes téléphoniques connectés à un groupe très restreint de lignes. ● *Standard de vie,* niveau de vie d'un individu.

standardisation n. f. Action d'établir des standards. ‖ Action de réduire le nombre de modèles de fabrication.

standardiser v. t. Etablir un standard ; unifier, simplifier.

standardiste n. Personne affectée au service d'un standard téléphonique.

standing [stɑ̃diŋ] n. m. (mot angl.). Position sociale, rang d'une personne dans le monde : *avoir un haut standing.* ‖ Confort, luxe : *standing d'un appartement.* (L'Administration préconise CLASSE.)

Stanhope (James, *comte* DE), général et homme d'Etat anglais, né à Paris (1673-1721). Il dirigea la politique étrangère à partir de 1714.

Stanislas (*saint*), martyr, né à Szczepanow (1030-1079). Evêque de Cracovie, il fut tué par le roi Boleslas II, qu'il avait excommunié. — Fête le 7 mai. Patron de la Pologne.

Stanislas Kotstka (*saint*), novice jésuite polonais, né à Rostkow (1550-1568). Il mourut saintement quelques mois après son entrée dans la Compagnie de Jésus. — Fête le 13 novembre.

Stanislas Ier Leszczyński, né à Lwów (1677-1766), roi de Pologne en titre de 1704 à 1766 et en fait de 1704 à 1709 et de 1733 à 1736. Imposé par la Suède comme successeur d'Auguste II, il dut se réfugier en Suède après Poltava (1709). Il se fit élire de nouveau en Pologne à la mort d'Auguste II (1733), mais il fut chassé par les armées austro-russes. Son gendre Louis XV le contraignit à abdiquer et, par le traité de Vienne (1738), lui donna la souveraineté sur le Barrois et la Lorraine. Le roi Stanislas constitua une cour brillante dans ses capitales, Lunéville et Nancy, qu'il embellit considérablement. — STANISLAS II AUGUSTE PONIATOWSKI, né à Wołczin (1732-1798), fut élu roi de Pologne avec l'appui des troupes russes (sept. 1764). Il tenta vainement de s'interposer entre la Russie et les patriotes de la Confédération de Bar (1768). Le premier partage de la Pologne (1772) lui enleva tout pouvoir réel. Il abdiqua après le troisième partage (1795).

Stanislas II

Stanley

Stanislavski (Konstantine Sergheïevitch ALEKSEÏEV, dit), acteur et metteur en scène russe, né à Moscou (1863-1938), animateur du Théâtre d'art de Moscou.

Stanković (Borisav), écrivain serbe, né à Vranja (1876-1927). Ses contes (*le Vieil Evangile,* 1899), ses drames et ses romans (*le Sang impur,* 1911) peignent les régions du sud de la Serbie, sous la domination turque.

Stanley (John ROWLANDS, *sir* **Henry Morton**), explorateur britannique, né à Denbigh (pays de Galles) [1841-1904]. Il voyagea en Afrique centrale, où il retrouva Livingstone, puis traversa l'Afrique équatoriale d'est en ouest. Il se mit au service du roi des Belges Léopold II pour créer un Etat libre du Congo.

Stanley Pool, auj. **Pool Malebo,** lac sur le Congo ; 450 km². Sur ses bords sont construites les deux villes de Brazzaville et de Kinshasa.

Stanleyville. V. KISANGANI.

stanneux [stanø] adj. m. Se dit des sels d'étain où le métal a la valence 2.

stannifère adj. Qui contient de l'étain.

stannique adj. Se dit d'un acide oxygéné de l'étain, dérivé de SnO_2. ‖ Se dit des sels d'étain où le métal a la valence 4.

Stanovoï (*monts*), chaîne de montagnes de la Sibérie orientale ; 2 998 m.

Stans, comm. de la Suisse, ch.-l. du demi-canton de Nidwald (Unterwald) ; 5 200 h.

Staouéli, v. d'Algérie, à l'ouest d'Alger ; 8 000 h. Anc. domaine des trappistes. Vignobles.

staphisaigre [stafizɛgr] n. f. (lat. *staphis agria,* raisin sauvage). Espèce de dauphinelle du Midi, appelée aussi *herbe aux poux,* car sa décoction est toxique pour ces parasites.

staphylier [stafilje] n. m. Arbuste des bois et rocailles de l'est de la France, appelé aussi *faux pistachier.*

staphylin, e adj. (du gr. *staphulê,* luette). *Anat.* Qui appartient à la luette.

staphylin [stafilɛ̃] n. m. (du gr. *staphulê,* grain de raisin). Insecte coléoptère carnassier, à élytres courts et à abdomen mobile.

staphylococcie [stafilɔkɔksi] n. f. Infection par le staphylocoque : *staphylococcie maligne de la face.*
— ENCYCL. Le furoncle, l'anthrax, l'ostéomyélite, certaines infections de la peau et la septicémie à staphylocoques sont des *staphylococcies.* La *staphylococcie maligne de la face* commence par un furoncle de la lèvre supérieure, suivi d'un énorme gonflement de la face et pouvant se compliquer de phlébite des veines intracrâniennes (sinus caverneux) et de septicémie. Plusieurs antibiotiques permettent de s'opposer aux staphylococcies, mais, suivant les souches de staphylocoques, ce ne sont pas toujours les mêmes qui sont les plus actifs.

staphylocoque n. m. (gr. *staphulê,* grain de raisin, et *kokkos,* graine). Bactérie formée de corps sphériques (*cocci*) réunis en grappe de raisin, prenant la coloration du Gram et responsable des staphylococcies*. (Il existe trois variétés de staphylocoques : blanc [*albus*], citrin [*citreus*] et doré [*aureus*], ce dernier étant le plus virulent et le plus pathogène.)

staphylin

staphylome n. m. Tumeur de la cornée de l'œil.

star [star] n. f. (mot angl. signif. *étoile*). Vedette de cinéma. ● *Star system,* dans les industries du spectacle, expression anglaise désignant l'organisation de la production et de la distribution, lorsqu'elles sont centrées sur le prestige d'une grande vedette.

Stara Planina, nom bulgare du *Balkan**.

Stara Zagora, v. de Bulgarie ; 89 000 h. Engrais. Tabac.

Starhemberg ou **Starchemberg** (Ernst RÜDIGER, *comte* VON), homme de guerre autrichien, né à Graz (1638-1701). En 1683, il défendit Vienne contre les Turcs.

Stark (Johannes), physicien allemand, né à Schickenhof (Bavière) [1874-1957]. Il observa le dédoublement des raies spectrales sous l'action d'un champ électrique. (Prix Nobel de physique, 1919.)

starlette n. f. Jeune débutante, au cinéma.

staroste [starɔst] n. m. Jadis, chef d'un village slave. ‖ Dans la Russie tsariste, chef de l'administration du mir.

starter [startɛr] n. m. (mot angl.; de *to start,* faire partir). Celui qui, dans les courses ou sur un terrain d'aviation, donne le signal du départ. ‖ *Mécan.* Dispositif auxiliaire d'un carburateur, qui, en augmentant la richesse en carburant du mélange gazeux, facilite le départ à froid d'un moteur à explosion.

starting-block [startiŋblɔk] n. m. (mot angl.). Cale de départ pour les coureurs à pied. ‖ Pl. des *starting-blocks.*

starting-gate [startiŋgɛt] n. m. (mot angl.). Appareil formé de rubans élastiques tendus au milieu de la piste, et qu'on relève pour donner le départ aux chevaux de course. ‖ Pl. des *starting-gates.*

Stas (Jean Servais), chimiste belge, né à Louvain (1813-1891). Collaborateur de Dumas, il détermina avec précision de nombreuses masses atomiques.

stase [stɑz] n. f. (gr. *stasis,* arrêt). Arrêt ou ralentissement d'un liquide organique qui circule (sang, humeurs, etc.).

Stassfurt, v. de l'Allemagne orientale ; 26 800 h. Mines de potasse et de sel.

statère [statɛr] n. m. (gr. *statêr*). Chez les Grecs anciens, poids de valeur variable. ‖ Monnaie d'argent valant de 2 à 4 drachmes. ‖ Etalon de la monnaie d'or, valant de 20 à 28 drachmes.

stathouder [statudɛr] ou **stadhouder** [-dudɛr] n. m. (mot néerl. signif. *gouverneur*). Dans les Pays-Bas, titre porté d'abord par le gouverneur de chaque province, puis par les chefs militaires de l'Union, notamment par les princes d'Orange.

stathoudérat n. m. Dignité de stathouder. ‖ Fonctions du stathouder.

statice [statis] n. m. Plante à fleurs roses ou mauves. (Les statices croissant sur les sables littoraux sont appelés *immortelle bleue, lavande de mer ;* les espèces de montagne, *gazon d'Olympe.* Famille des plombaginacées.)

station [stasjɔ̃] n. f. (lat. *statio ;* de *stare,* se tenir debout). Façon de se tenir : *la station verticale.* ‖ Pause, arrêt de durée variable qu'on fait dans un lieu : *faire une longue station à l'arrêt de l'autobus.* ‖ Point où l'on se place, dans les opérations de triangulation et de géodésie, pour faire des observations. ‖ Lieu de séjour temporaire : *station thermale.* ‖ Lieu où s'arrêtent les voitures publiques, les trains de chemin de fer, etc., pour prendre ou laisser des voyageurs. ‖ Etablissement de recherches scientifiques : *station météorologique.* ‖ *Relig.* Chacune des quatorze pauses du chemin de croix. ‖ Suite de sermons prêchés pendant un avent ou un carême. ● *Station d'émission,* poste émetteur de radio, de télévision. ‖ *Station de lavage, de graissage,* emplacement où les véhicules routiers sont lavés, graissés, dans un garage ou une station-service.

stationnaire adj. Qui demeure au même point, sans avancer ni reculer, sans faire de progrès : *état stationnaire.* ‖ Qui conserve la même valeur ou les mêmes propriétés : *ondes stationnaires.*

stationnaire n. m. Bâtiment de guerre mouillé à l'entrée d'une rade, d'un port, pour en assurer la surveillance.

stationnale adj. et n. f. Se dit d'une église désignée pour la célébration des offices ou pour la visite des fidèles qui veulent gagner une indulgence, spécialement l'indulgence du jubilé.

stationnement n. m. Action de stationner, de s'arrêter en un lieu.

stationner v. i. Faire une station ; s'arrêter momentanément en un lieu.

station-service n. f. Poste offrant aux automobilistes et aux motocyclistes toutes les ressources nécessaires à la bonne marche de leur véhicule, y compris les dépannages d'urgence. ‖ Pl. des *stations-service.*

statique adj. (gr. *statikos,* qui concerne l'équilibre). Qui a rapport à l'équilibre des forces. ‖ Qui demeure au même point (par oppos. à *dynamique*).

statique n. f. Branche de la mécanique qui a pour objet l'équilibre des systèmes de forces.
— ENCYCL. La *statique,* science de l'équilibre, peut être considérée comme un cas particulier de la dynamique, celui qui correspond à l'absence du mouvement. Elle s'est constituée bien avant la dynamique, puisque ses premiers éléments sont dus à Archimède. Un corps de dimensions

Phot. Larousse, Roger-Viollet, Jacques Six.

très réduites (point matériel) est en équilibre si la somme géométrique des forces appliquées est nulle. Un système indéformable (corps solide) soumis à des forces extérieures est en équilibre si la somme géométrique de ces forces est nulle et si, de plus, la somme géométrique de leurs moments en un point est nulle : on dit aussi que le système de forces est lui-même en équilibre. Analytiquement, il y a équilibre si les sommes algébriques X, Y, Z des projections des forces sur trois axes rectangulaires sont nulles ainsi que les sommes L, M, N de leurs moments par rapport aux mêmes axes : $X = 0$; $Y = 0$; $Z = 0$; $L = 0$; $M = 0$; $N = 0$. Ces conditions restent valables pour un solide soumis à des liaisons (solide gêné) si l'on adjoint aux forces directement appliquées des forces dites *forces de liaison*. Enfin, les mêmes conditions s'appliquent aux systèmes déformables (fil, ressort, etc.), mais, dans ce cas, elles constituent des conditions nécessaires de l'équilibre, sans être toutefois suffisantes.

statiquement adv. De façon statique.

statisticien, enne n. Personne qui s'occupe de recherches statistiques.

statistique [statistik] n. f. (allem. *Statistik;* du lat. *status,* état). Branche des mathématiques appliquées, dont les principes découlent de la théorie des probabilités et qui a pour objet le groupement méthodique ainsi que l'étude de séries de faits ou de données numériques. (V. *encycl.*) ‖ Tableau numérique d'un fait se prêtant à la statistique : *statistique de la natalité.* ‖ — Adj. Relatif à cette science, à cette méthode : *rapports statistiques.*
— ENCYCL. S'appliquant à tous les faits pour lesquels la multiplicité des causes, leur complexité et leur enchevêtrement interdisent l'emploi de la méthode expérimentale, la *méthode statistique* comporte trois grandes phases. Dans la première, tous les documents rassemblés sur la question à étudier sont dépouillés pour en extraire des résultats, dont certains sont corrigés ou modifiés. Les résultats définitifs obtenus sont alors soit réunis dans un tableau, soit représentés sous la forme d'un graphique. Dans la deuxième phase, le statisticien procède à une mise en ordre logique des nombres recueillis, en les classant et en les groupant. Puis il opère la réduction des données en substituant à l'ensemble de celles-ci un petit nombre de résultats numériques qu'il tire de l'ensemble ordonné des données numériques. Il est ainsi amené, par induction, à formuler des hypothèses dont il cherche la vérification par déduction à partir des données. Les résultats de cette vérification permettent au statisticien de tenter une explication des observations qu'il a recueillies. Enfin, la dernière phase consiste à tirer du travail d'analyse certaines conclusions qui comportent, certes, une part d'incertitude, mais dont on sait dans quelles limites elles sont valables.

statocyste n. m. Organe creux contenant des grains pesants (*statolites*), entouré d'une paroi sensible, qui renseigne de nombreux groupes d'animaux sur leur orientation dans le champ de la pesanteur.

stator [statɔr] n. m. *Technol.* Partie fixe d'une machine tournante (par oppos. à la partie mobile, ou *rotor*).

statoréacteur n. m. *Aéron.* Propulseur à réaction sans organe mobile, constitué par une tuyère thermopropulsive.
— ENCYCL. Le *statoréacteur* est le plus simple des moteurs à réaction. Il possède un rendement élevé aux vitesses supersoniques. Il peut également développer des poussées incomparablement plus élevées que celles des turbopropulseurs, mais son rendement n'est acceptable qu'aux grandes vitesses. Son principal inconvénient est son incapacité de développer une poussée au point fixe ; aussi, faut-il lui adjoindre un moteur auxiliaire pour le mettre en route.

statthalter [statalter *ou* ʃtataltər] n. m. (mot allem. ; de *statt,* au lieu de, et *Halter,* tenant). Gouverneur en pays allemand, et particulièrement celui de l'Alsace-Lorraine à partir de 1879. ‖ Chacun des gouverneurs établis par Hitler en Allemagne à la tête des Länder, et en Autriche après l'Anschluss.

statuaire adj. Relatif aux statues : *l'art statuaire.* ‖ Propre à faire des statues. ‖ — N. Sculpteur qui fait des statues. ‖ — N. f. Art de faire des statues.

statue [staty] n. f. (lat. *statua ; de stare,* être debout). Ouvrage de sculpture en ronde bosse, représentant un être animé. ‖ *Fig.* Personne froide ou sans énergie.

statuer [statɥe] v. t. et i. Régler, décider : *statuer sur un litige.*

statuette n. f. Petite statue.

statufier v. t. *Fam.* Elever une statue à.

statu quo [statyko *ou* -kwo] n. m. inv. (du lat. *in statu quo ante,* dans l'état où se trouvaient précédemment [et où se trouvent encore] les choses). Etat actuel des choses : *maintenir le « statu quo ».*

stature [statyr] n. f. (lat. *statura*). Taille d'une personne : *il est d'une haute stature.*

statut [staty] n. m. (du lat. *statuere,* établir). Texte ou ensemble de textes portant fixation des garanties fondamentales accordées à une collectivité, à un corps : *statut des minorités, des fonctionnaires.* ‖ — Pl. Texte qui pose les règles du fonctionnement d'une association.

statutaire adj. Conforme aux statuts. ‖ Fixé ou désigné par les statuts : *gérant statutaire.*

statutairement adv. Conformément aux statuts.

Staudinger (Hermann), chimiste allemand, né à Worms (1881-1965). Il a reconnu l'existence de macromolécules et déterminé leurs structures. (Prix Nobel, 1953.)

Steinbeck

stellaires

Stauffenberg (Claus SCHENK, *comte* VON), officier allemand, né à Jettingen (1907-1944). Il prépara et exécuta l'attentat du 20 juillet 1944, auquel échappa Hitler ; il fut fusillé.

Stavanger, port de Norvège, sur l'Atlantique ; 81 000 h. Pêche et conserveries. Métallurgie. Constructions navales.

Stavelot, v. de Belgique (Liège) ; 4 800 h. Restes d'une abbaye.

Stavisky (*affaire*), affaire d'escroquerie du crédit municipal de Bayonne, qui provoqua en partie les sanglantes journées des 6 et 12 février 1934. A son origine se trouvait Alexandre Stavisky, né à Slobodka (Russie) [1886-1934].

Stavropol', anc. **Vorochilovsk,** v. de l'U. R. S. S. (R. S. F. S. de Russie), au nord du Caucase ; 198 000 h. Métallurgie.

stayer [stɛjœr] n. m. (mot angl. ; de *to stay,* montrer de l'endurance). Coureur cycliste de demi-fond (derrière moto).

steak [stɛk] n. m. (mot angl.). Syn. de BIFTECK.

steamer [stimœr] n. m. (mot angl. ; de *steam,* vapeur). Navire à vapeur.

stéarate [stearat] n. m. Sel ou ester de l'acide stéarique.

stéarine [stearin] n. f. (du gr. *stear,* graisse). Corps gras, principal constituant des graisses animales.

stéarinerie n. f. Fabrique de stéarine.

stéarique adj. Se dit d'un acide contenu dans les graisses animales et servant surtout à fabriquer des bougies.

stéatite [steatit] n. f. Variété compacte de talc, qu'on trouve dans certaines roches métamorphiques.

stéatome [steatɔm] n. m. Tumeur graisseuse, bénigne. (Syn. LOUPE.)

stéatopygie [steatɔpiʒi] n. f. Caractère racial des Hottentots et des Bochimans, marqué, surtout chez les femmes, par le développement d'une masse graisseuse dans la région sacro-fessière.

stéatose [steatoz] n. f. (du gr. *stear, -atos,* graisse). Dégénérescence graisseuse d'un tissu.

Steele (*sir* Richard), écrivain irlandais, né à Dublin (1672-1729). Auteur de comédies (*l'Amant menteur,* 1703 ; *les Amants réservés,* 1722), il se tourna vers la politique, soutint le parti whig et fut élu membre de la Chambre des communes. Exclu pour son pamphlet *la Crise* (1814), il devint directeur du théâtre de Drury Lane. Fondateur de nombreux journaux (*The Guardian,* 1713 ; *The Englishman,* 1713-1716), il doit sa célébrité aux publications qu'il entreprit avec Addison : *The Tatler* (*le Babillard*) [1709-1711] et *The Spectator** (1711-1712).

Steen (Jan), peintre hollandais, né à Leyde (1626-1679). Artiste fécond, il est l'auteur de scènes populaires où se manifeste souvent une intention moralisante et satirique. Le Louvre possède trois de ses œuvres.

Steenkerque. V. STEINKERQUE.

Steenvoorde [stẽvɔrd] (59114), ch.-l. de c. du Nord (arr. de Dunkerque) ; 3 761 h.

steeple-chase [stipləṭʃɛz] n. m. (mots angl. ; de *steeple,* clocher, et *chase,* chasse). Course à pied (3 000 m) ou à cheval, comportant le franchissement d'obstacles variés. (On dit plus souvent STEEPLE.) ‖ Pl. des *steeple-chases.*

Stefan (Josef), physicien autrichien, né à Sankt Peter, près de Klagenfurt (1835-1893). Il a donné l'une des lois du rayonnement du corps noir (1879).

Steffani (Agostino), compositeur italien, né à Castelfranco Veneto (1654-1728). Prêtre, directeur de la musique du duc de Brunswick, puis de la cour de Hanovre, il a écrit nombre d'opéras et diffusé l'esthétique italienne en Allemagne.

stégocéphales n. m. pl. Important ordre d'amphibiens, complètement éteints, apparus au dévonien et disparus au trias. (V. illustr. AMPHIBIENS.)

stégomyie [stegɔmii] n. f. Moustique des pays chauds, qui propage la fièvre jaune par ses piqûres.

stégosaure [stegɔzɔr] n. m. (gr. *stegein,* couvrir, et *sauros,* reptile). Reptile du crétacé d'Amérique, mesurant 7 m de long et portant sur le dos de grandes plaques osseuses.

Stein (Karl, *baron* VON), homme politique allemand, né à Nassau (1757-1831). Ministre d'Etat (1804-1808), il proposa d'importantes réformes libérales après le traité de Tilsit et incarna, avec Scharnhorst, la résistance germanique à Napoléon.

Stein (Gertrude), femme de lettres américaine, née à Alleghany (Pennsylvanie) [1874-1946]. Etablie à Paris en 1903, elle reçut dans sa maison de la rue de Fleurus les écrivains et les artistes américains de passage, et fut étroitement mêlée au mouvement pictural d'avant-garde. Son œuvre, rédigée en un style d'une naïveté artificielle et marquée par l'angoisse que lui pose le problème de l'identité, a influencé l'art de Sherwood Anderson, d'Hemingway et des romanciers de la « génération perdue » (*Trois Vies,* 1909 ; *Américains d'Amérique,* 1925 ; *Autobiographie d'Alice B. Toklas,* 1933 ; *Autobiographie,* 1937).

Steinbeck (John), écrivain américain, né à Salinas (Californie) [1902-1968]. Pour poursuivre ses études universitaires à Stanford, il exerce divers métiers (ouvrier agricole, employé de laboratoire, maçon, gardien d'immeuble). Le petit peuple californien et ses problèmes quotidiens lui fournissent la matière de ses romans (*les Pâturages du ciel,* 1932 ; *Tortilla Flat,* 1935 ; *En un combat douteux,* 1936 ; *Des souris et des hommes,* 1937 ; *les Raisins de la colère,* 1939 ; *Rue de la Sardine,* 1944). Il évolue ensuite vers une écriture plus symbolique (*A l'est d'Eden,* 1952). [Prix Nobel, 1962.]

Steinkerque, auj. **Steenkerque,** comm. de Belgique (Hainaut) ; 400 h. Le maréchal de Luxembourg y vainquit Guillaume III en 1692.

Steinlen (Théophile Alexandre), dessinateur et peintre français d'origine suisse, né à Lausanne (1859-1923). Il a été mêlé à la vie montmartroise, s'est inspiré des pauvres gens de la ville qu'il a représentés avec un sentiment de fraternité et de révolte. Il a donné des affiches et illustré des livres.

Steinway, nom sous lequel Heinrich Engelhard STEINWEG, né à Wolfshagen (1797-1871), fonda en 1853, à New York, une manufacture de pianos.

Stekene, comm. de Belgique (Flandre-Orientale) ; 8 900 h. Textiles.

stèle [stɛl] n. f. (lat. *stela,* empr. au gr.). Monument monolithe, formé d'une pierre placée debout, chez les Egyptiens et les Grecs. ‖ Colonne brisée, cippe, plaque de pierre destinée à porter une inscription, le plus souvent funéraire.

stellage n. m. A la Bourse, sorte de marché à terme avec option.

stellaire [stɛlɛr] adj. (du lat. *stella,* étoile). Qui se rapporte aux étoiles : *magnitude stellaire.* ‖ Rayonné en étoile : *disposition stellaire.* ● *Ganglion stellaire,* ganglion cervical du système sympathique, aux ramifications étoilées.

stellaire n. f. Plante de la famille des caryophyllacées, dont le *mouron des oiseaux* est une espèce.

stellérides n. m. pl. Classe d'échinodermes, appelés usuellement *étoiles de mer.*

stellionat [stɛljɔna] n. m. (du lat. *stellio, -onis,* lézard [animal pris pour symbole de la fraude]). Fait de vendre ou d'hypothéquer un même bien à deux ou plusieurs personnes.

stellionataire n. et adj. Coupable de stellionat.

Stello, *les Consultations du Docteur Noir,* d'Alfred de Vigny (1832). L'auteur prétend montrer que le poète est une victime de la société sous tous les régimes.

Stelvio (*col du*), col des Alpes italiennes, près de la frontière suisse, débouché de la Valteline ; 2 757 m.

Stenay (55700), ch.-l. de c. de la Meuse (arr. de Verdun), sur la Meuse ; 4 201 h. Papeterie.

stencil [stɛ̃sil *ou* stɛnsil] n. m. (mot angl.). Support d'écriture permettant la reproduction d'un grand nombre de copies à l'aide d'un duplicateur.

stenciliste n. Spécialiste de la dactylographie sur stencil.

Stendhal (Henri BEYLE, dit), écrivain français, né à Grenoble (1783-1842). Issu d'une famille de bourgeoisie aisée, il se montre, dès son enfance, partagé entre un besoin de tendresse, frustrée par la mort de sa mère, et une antipathie violente à l'égard de son père. Il affiche son hostilité à la monarchie et à l'Eglise, et, suivant son goût pour les études scientifiques, arrive à Paris en 1799 pour se présenter à l'Ecole polytechnique. Mais il renonce

Phot. Camera Press, Stella-Presse.

bientôt au concours et entre dans l'armée, où son cousin Daru, le futur ministre de Napoléon, le fait travailler sous ses ordres. Sous-lieutenant de dragons, il découvre l'Italie (1800), qui marque définitivement sa conception de l'art et de l'existence. Mais las de la carrière militaire, il démissionne et s'installe à Paris, lisant avec passion les idéologues et rêvant de devenir un grand auteur dramatique. Un moment épicier à Marseille (1805) pour l'amour d'une actrice, il reprend du service en 1806 comme commissaire des guerres. Auditeur au Conseil d'Etat (1810), il participe ensuite à la campagne de Russie. Intendant en Silésie (1813), il reste sans emploi à la chute de l'Empire. Il décide de vivre en Italie et passe à Milan (1814-1821) «la fleur de sa vie», s'essayant à l'écriture par des compilations (*Lettres sur Haydn,* 1814) et rassemblant les éléments d'un récit de voyage (*Rome, Naples et Florence,* 1817) qu'il publie sous le nom de « Stendhal ». Contraint de quitter Milan pour ses idées libérales, il revient en France avec le livre que lui a inspiré sa passion pour Métilde Dembowski (*De l'amour**, 1822). Il rapporte également des réflexions sur le romantisme (*Racine* et Shakespeare,* 1823-1825). Ecrivant dans les journaux de Paris et les revues anglaises, il fait figure de dilettante perpétuellement amoureux et malheureux, invité pour son esprit dans les salons libéraux. Il publie cependant *Armance* (1827), les *Promenades dans Rome* (1829) et *le Rouge* et le Noir* (1830). Il obtient de la monarchie de Juillet un poste de consul à Trieste, puis à Civitavecchia. Il fuit le plus possible sa triste résidence, profitant de congés à Paris pour publier les *Mémoires d'un touriste* (1838), *la Chartreuse* de Parme* (1839) et les principales *Chroniques* italiennes,* dont *l'Abbesse de Castro* (1839). Le 24 mars 1842, à Paris, il tombe frappé d'apoplexie dans la rue. Ses œuvres posthumes, romans inachevés (*Lucien* Leuwen,* 1855 ; *Lamiel,* 1889 ; *la Vie de Henri Brulard,* 1890 ; *Souvenirs d'égotisme,* 1892), et sa correspondance, dont l'édition complète a commencé en 1963, ont ajouté à la gloire d'un écrivain dont le caractère et l'importance avaient été méconnus de ses contemporains, à l'exception de Balzac. Unissant le culte de l'énergie à la recherche passionnée du bonheur, il a su, en un style précis et nerveux, faire vivre des héros lyriques semblables à leur créateur et qui dissimulent leur sensibilité sous un apparent cynisme.

stendhalien [stɛ̃daljɛ̃], **enne** [-ɛn] adj. Propre à Stendhal. ‖ Qui est dans la manière de Stendhal.

Stene, comm. de Belgique (Flandre-Occidentale) ; 9 600 h.

sténodactylo [stenɔdaktilo] n. f. (abrév. de *sténodactylographe*). Dactylo qualifiée pour l'enregistrement, par signes écrits, des éléments d'une dictée, d'une conversation, d'un discours.

sténodactylographie n. f. Emploi de la sténographie et de la dactylographie combinées.

sténogramme [stenɔgram] n. m. Tracé en sténographie d'une syllabe ou d'un mot.

sténographe [stenɔgraf] n. Personne capable de prendre en dictée, à la vitesse de conversation, un texte à l'aide de signes sténographiques.

sténographie n. f. (gr. *stenos,* serré, et *graphein,* écrire). Procédé d'écriture formé de signes abréviatifs et conventionnels, qui sert à transcrire la parole aussi rapidement qu'elle est prononcée.
— ENCYCL. Les divers systèmes modernes de *sténographie* s'appuient toujours sur une base phonétique. Certains notent des syllabes détachées, mais, généralement, chaque mot est représenté par un sténogramme. En dehors des systèmes allemands, repris en Italie, en Europe centrale et en Russie, où la pente est unique et où les pleins et les déliés rappellent l'écriture cursive, les méthodes composées de droites, de cercles, de portions de cercles et de points sont plus ou moins dérivées de celle qu'imagina Samuel Taylor en 1786. Une des méthodes les plus répandues en langue française est celle que créa Hippolyte Prévost et que perfectionna son élève Delaunay en 1866. Vélocité (parfois plus de 200 mots par minute) et fidélité d'interprétation sont les aspects de cet art, qui fait appel à une grande culture.

sténographier v. t. Prendre en dictée à l'aide de la sténographie.

sténographique adj. Qui est relatif à la sténographie.

sténographiquement adv. D'après les procédés sténographiques.

sténopé [stenɔpe] n. m. Objectif photographique consistant en un simple trou d'épingle dans une paroi de la chambre noire.

sténorynque n. m. Crabe à carapace triangulaire, répandu dans les mers chaudes et tempérées. (V. illustr. CRUSTACÉS.)

sténosage [stenozaʒ] n. m. Traitement des fibres cellulosiques pour les durcir et les insolubiliser.

sténose [stenoz] n. f. (du gr. *stenos,* serré). Rétrécissement d'un conduit ou d'un organe naturel : *sténose du pylore.*

sténotype [stenɔtip] n. f. (gr. *stenos,* serré, et *tupos,* caractère). Machine pour transcrire à la vitesse de la parole la plus rapide des textes sous une forme phonétique simplifiée.

sténotypie n. f. Technique d'écriture de la parole à l'aide d'une sténotype.

sténotypiste n. Employé capable de sténographier, à l'aide d'une sténotype, des conversations ou des discours.

stentor [stɑ̃tɔr] n. m. (du nom d'un guerrier grec). Homme qui a une voix retentissante : *voix de stentor.* ‖ Protozoaire d'eau douce, en forme de trompe. (Long. 1 mm ; embranchement des ciliés.)

Stendhal par Södermark *coll. part.*

G. Stephenson par H.W. Pickersgill *National Portrait Gallery*

Stentor. *Myth. gr.* Héros de la guerre de Troie, doué d'une forte voix.

Stephenson, famille d'ingénieurs britanniques. GEORGE, né à Wylam, près de Newcastle (1781-1848), doit être considéré comme le véritable créateur de la traction à vapeur sur voie ferrée. Il fut le premier à comprendre le principe de l'adhérence des roues lisses sur une surface lisse (1813) et à appliquer à une locomotive le principe du chauffage tubulaire créé par Seguin. La locomotive ainsi construite, *The Rocket,* remporta de haute lutte le célèbre concours organisé à Rainhill (1829) pour décider du type à adopter. Mais l'œuvre capitale de Stephenson fut l'établissement du chemin de fer de Liverpool à Manchester (1826-1830), qu'il conçut et réalisa entièrement. — Son fils ROBERT, né à Willington Quay (1803-1859), établit des voies ferrées en Suède, au Danemark, en Belgique, en Suisse ainsi qu'en Egypte et construisit de nombreux ponts tubulaires, dont il est l'inventeur.

Stepinac (Aloysius), prélat yougoslave, né à Krašič (1898-1960). Archevêque de Zagreb (1937), il refusa d'accepter la création d'une Eglise indépendante. Sa nomination au cardinalat (1953) provoqua la rupture des relations entre son pays et le Vatican.

steppe [stɛp] n. f. (du russe *step*). Formation discontinue de végétaux xérophiles, souvent herbacés, des régions tropicales et subtropicales ainsi que des régions de climat continental semi-arides. (Intermédiaire entre les formations arbustives ou herbeuses continues et les déserts, la steppe recouvre de larges espaces, représentée notamment entre le Sahara et la zone de la savane en Afrique boréale, dans le sud-ouest de l'U. R. S. S., de part et d'autre de l'Oural.) ● *Art des steppes,* production artistique, à l'âge du bronze, des peuples nomades des steppes de l'Eurasie (Scythes et Sarmates notamment).

steppique adj. Formé de steppes.

stéradian [steradjɑ̃] n. m. Unité d'angle solide (symb. : sr), équivalant à l'angle solide qui, ayant son sommet au centre d'une sphère, découpe, sur la surface de cette sphère, une aire équivalente de celle d'un carré dont le côté est égal au rayon de la sphère.

signes de sténographie

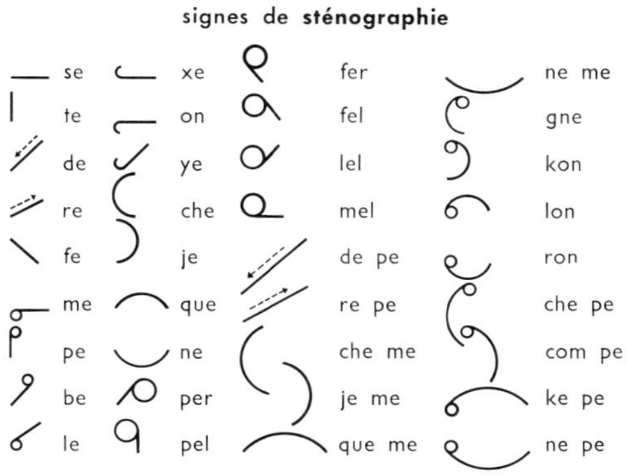

stercoraire [stɛrkɔrɛr] n. m. (du lat. *stercus, stercoris,* fumier). Oiseau palmipède à plumage brun et blanc, des mers arctiques, qui se nourrit de poissons dérobés à d'autres oiseaux. (On appelle souvent les stercoraires *mouettes ravisseuses.* Ils peuvent atteindre 60 cm de long.)

stercoral [stɛrkɔral], **e, aux** [-o] adj. (du lat. *stercus, -oris,* excrément). Qui concerne les excréments.

sterculiacées [stɛrkyljase] n. f. pl. Famille de plantes dialypétales, comprenant le *cacaoyer,* le *kolatier.*

stère [stɛr] n. m. (gr. *stereos,* solide). Unité de mesure de volume (symb. : st), équivalant au mètre cube et employée pour mesurer le volume du bois de chauffage empilé.

stéréobate [stereɔbat] n. m. (gr. *stereos,* solide, et *batês,* qui va). Soubassement sans moulures, situé à la base d'un édifice.

stéréochimie n. f. Représentation des composés chimiques par des formules développées dans l'espace. (Imaginée en chimie organique par Le Bel et Van't Hoff pour interpréter certaines isomériés, la stéréochimie repose sur la disposition tétraédrique des quatre liaisons du carbone.)

stéréochromie [stereɔkrɔmi] n. f. (du gr. *stereos,* solide, et *khrôma,* couleur). Méthode de fixation des peintures à l'eau.

stéréocomparateur n. m. Appareil utilisé dans les levés de plans par la photographie pour effectuer des mesures de coordonnées de très grande précision et pour en déduire la position de points topographiques.

stéréognosie [stereɔgnozi] n. f. Perception de la forme et des volumes des corps, utilisant les sensibilités superficielle (tactile) et profonde (musculaire).

stéréogramme [stereɔgram] n. m. Syn. de BLOC-DIAGRAMME.

stéréographie [stereɔgrafi] n. f. (gr. *stereos,* solide, et *graphein,* décrire). Art de représenter les solides.

stéréographique adj. Qui appartient, qui a rapport à la stéréographie : *projection stéréographique.*

stéréométrie [stereɔmetri] n. f. Partie de la géométrie qui traite de la mesure des solides.

stéréométrique adj. Relatif à la stéréométrie.

stéréophonie [stereɔfɔni] n. f. Technique de la reproduction des sons enregistrés ou transmis par radio, caractérisée par la reconstitution spatiale des sources sonores.
— ENCYCL. Les systèmes de *stéréophonie* font, le plus souvent, appel à deux chaînes de transmission. Les sons à transmettre ou à enregistrer sont captés à l'aide de deux microphones, disposés à la manière de deux oreilles, et les courants des deux microphones sont appliqués à un amplificateur distinct. S'il s'agit d'enregistrement, les courants amplifiés inscrivent alors leurs variations sur des pistes distinctes d'un film de cinéma ou bien d'une bande magnétique, ou encore sur les deux flancs du même sillon d'un disque. A la reproduction, chaque modulation est amplifiée séparément et alimente un groupe de haut-parleurs correspondant. Dans le cas le plus fréquent, les sons émanent de deux groupes de haut-parleurs, l'un disposé à gauche, l'autre à droite. L'auditeur placé dans l'axe du système situe alors les sources sonores dans tout l'espace compris entre deux groupes de haut-parleurs. Pour la transmission stéréophonique par radio, on peut se servir de deux émetteurs, l'un diffusant la modulation du microphone de gauche, l'autre celle du microphone de droite. On doit alors utiliser deux récepteurs disposés de façon appropriée.

stéréophonique adj. Relatif à la stéréophonie.

stéréophotographie n. f. Photographie stéréoscopique.

stéréoscope [stereɔskɔp] n. m. (gr. *stereos,* solide, et *skopein,* observer). Instrument d'optique dans lequel deux images planes, superposées par la vision binoculaire, donnent l'impression d'une seule image en relief.

stéréoscopique adj. Relatif au stéréoscope : *vue stéréoscopique.*

stéréotomie [stereɔtɔmi] n. f. (gr. *stereos,* solide, et *tomê,* coupe). Science de la taille et de la coupe des solides employés dans l'industrie et dans la construction.

stéréotomique adj. Relatif à la stéréotomie : *procédés stéréotomiques.*

stéréotype [stereɔtip] n. m. (gr. *stereos,* solide, et *tupos,* caractère). *Pathol.* Comportement, paroles caractérisés par la répétition automatique d'un modèle antérieur, anonyme ou personnel, et dépourvus d'originalité, d'adaptation à la situation présente. (Syn. STÉRÉOTYPIE.) ‖ *Arts graph.* Cliché obtenu par coulage de plomb dans un flan ou une empreinte. (On dit aussi CLICHÉ.)

stéréotypé, e adj. Marqué, caractérisé par un stéréotype : *gestes stéréotypés.* ‖ Banal, sans originalité : *formules stéréotypées.*

stéréotyper v. t. *Arts graph.* Faire un stéréotype. (On dit aussi CLICHER.) ‖ Imprimer avec des stéréotypes.

stéréotypie n. f. *Arts graph.* Branche de la clicherie qui permet la multiplication de formes, de textes ou de clichés au moyen de flans. ‖ *Pathol.* Syn. de STÉRÉOTYPE.

stérer [stere] v. t. (conj. 5). Evaluer le volume d'une quantité de bois : *stérer du bois.*

stéride [sterid] n. m. *Chim.* Corps gras du groupe des éthers-sels, dont l'alcool est un stérol.

Phot. Bulloz, Fleming.

stérile [steril] adj. (lat. *sterilis*). Qui ne porte point de fruits : *arbre stérile*. || Qui ne produit pas : *terre stérile*. || Qui est impropre à la génération : *femelle stérile*. || *Bactériol.* Qui est exempt de tout germe microbien. || — *Fig.* Qui ne produit rien de lui-même : *esprit stérile*. || Sans résultats ; vain, inutile : *discussions stériles*.

stérile n. m. Roche non utilisable comme minerai.

stérilement adv. De façon stérile.

stérilet [sterilɛ] n. m. Appareil utilisé pour la contraception. (Il est constitué d'une petite tige spiralée en matière plastique, placée à demeure dans l'utérus par un gynécologue.)

stérilisant, e adj. Qui stérilise.

stérilisateur n. m. Appareil que l'on emploie pour stériliser.

stérilisation n. f. Action de stériliser (au *pr.* et au *fig.*). || Action de détruire les microbes existant dans une substance ou sur un objet, par des procédés physiques (chaleur, radiations ultraviolettes) ou chimiques (antiseptiques).

stérilisé, e adj. Soumis à la stérilisation : *lait stérilisé*.

stériliser v. t. Rendre stérile (au *pr.* et au *fig.*) : *stériliser une terre*. || *Bactériol.* Débarrasser entièrement une substance des ferments ou microbes qu'elle contient et dont l'action nuirait à sa conservation : *stériliser une eau*. || *Chirurg.* Rendre stérile soit par castration, soit par ligature ou résection des voies génitales (trompes chez la femme, canaux déférents chez l'homme).

stérilité n. f. Etat de ce qui ne produit pas : *la stérilité du sol*. || Inaptitude à se reproduire. (V. *encycl.*) || *Fig.* Pauvreté de faits, de développements : *stérilité d'un sujet*. — ENCYCL. Dans le couple humain, la *stérilité* peut être due soit à l'homme (absence de spermatozoïdes dans le sperme due à diverses causes), soit à la femme (malformation des organes génitaux, obstruction des trompes, troubles de l'ovulation, troubles endocriniens).

sterlet [stɛrlɛ] n. m. Espèce d'esturgeon, dont les œufs servent à fabriquer le caviar.

sterling [stɛrliŋ] adj. et n. m. inv. (mot angl.). Se dit des monnaies, valeurs, etc., évaluées en livres* sterling. || Qualificatif donné en Angleterre, au commencement du règne d'Henri II, à l'étalon monétaire (*standard*), principale monnaie d'argent. (On disait ESTERLIN.)

Sterlitamak, v. de l'U. R. S. S. (R. S. F. S. de Russie), au sud d'Oufa ; 185 000 h. Pétrole.

Stern (Daniel). V. AGOULT (*comtesse* D').

Stern (Otto), physicien américain, né à Sorau (auj. Zary) [1888-1969]. Il a mesuré la vitesse des molécules gazeuses (1932), découvert les propriétés magnétiques des atomes et étudié la matérialisation des photons. (Prix Nobel de physique, 1943.)

sternal, e, aux adj. Relatif au sternum.

Sternberg (Josef VON), metteur en scène américain d'origine autrichienne, né à Vienne (1894-1969). Il débuta à Hollywood, tourna *les Nuits de Chicago* (1927) et *les Damnés de l'océan* (1928), revint en Allemagne découvrir Marlène Dietrich et réaliser *l'Ange bleu* (1930), puis, de retour aux Etats-Unis, donna plusieurs œuvres de style profondément baroque : *Blonde Vénus* (1932), *l'Impératrice rouge* (1934), *la Femme et le pantin* (1935), *The Sanghai Gesture* (1941).

sterne [stɛrn] n. f. Oiseau palmipède à tête noire et à dos gris, vivant sur les côtes et parfois près des rivières. (Long. 40 cm ; nom usuel : *hirondelle de mer*.)

Sterne (Laurence), écrivain anglais, né à Clonmel (Irlande) [1713-1768]. Entré dans les ordres grâce à un oncle chanoine d'York, il menait à Sutton in the Forest une existence épicurienne lorsqu'en 1759 la publication des deux premiers volumes de *la Vie et les opinions de Tristram* Shandy, gentleman* le rendit célèbre. Après avoir fait paraître un recueil de *Sermons* (1760), il voyagea, pour raison de santé, en France et en Italie, d'où il rapporta *le Voyage* sentimental* (1768). Après sa mort furent publiés différents recueils de sa correspondance, notamment les *Lettres de Yorick à Eliza* (1775). Sa désinvolture et son humour ont exercé sur Diderot une influence notable.

sterno-cléido-mastoïdien [stɛrnokleidomastɔidjɛ̃] adj. et n. m. Se dit d'un muscle de la partie antérieure et latérale du cou, qui s'insère en bas sur le sternum et la clavicule, en haut sur l'apophyse mastoïde (derrière l'oreille). [Le sterno-cléido-mastoïdien fléchit la tête, l'incline et la fait tourner.]

sternum [stɛrnɔm] n. m. (mot lat. empr. au gr.). Os plat situé à la partie antérieure du thorax. (Le sternum comprend de haut en bas la poignée [manubrium], le corps et l'appendice xiphoïde. Les clavicules s'articulent avec les angles du manubrium. Les cartilages des côtes s'insèrent latéralement sur le manubrium et le corps. L'apophyse xiphoïde donne insertion aux muscles de l'abdomen. Chez les oiseaux, le sternum porte une lame osseuse ventrale, le *bréchet*.)

sternutation [stɛrnytasjɔ̃] n. f. (du lat. *sternutare*, éternuer). Action d'éternuer.

sternutatoire adj. Qui provoque l'éternuement : *poudre sternutatoire*.

stéroïde n. m. Substance dérivée d'un stérol.

stérol [sterɔl] n. m. Substance organique à plusieurs cycles d'atomes de carbone et à fonction alcool : *le cholestérol est le type des stérols*.

stéthoscopes

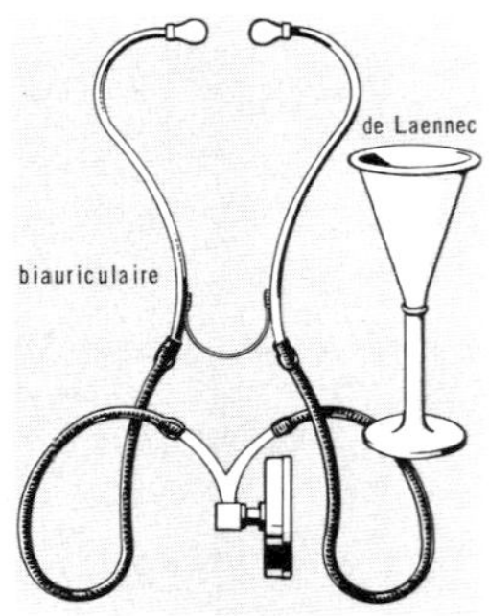

sterne

— ENCYCL. La structure commune à tous les *stérols* est formée par l'accolement de trois cycles à 6 atomes de carbone et d'un cycle à 5 atomes de carbone. Cette structure est modifiée par adjonction d'éléments divers (doubles liaisons, fonctions cétones, hydroxyle, chaînes carbonées linéaires, etc.) pour donner un grand nombre de dérivés, notamment la vitamine D, les hormones corticosurrénales (cortisone) et génitales, qu'on englobe sous le terme général de *stéroïdes*. La combinaison de la fonction alcool d'un stérol avec un acide gras donne un éther-sel, qui est un corps gras du groupe des stérides. De nombreux dérivés synthétiques des stérols sont utilisés en thérapeutique pour leur action anti-inflammatoire (ils dérivent de la cortisone).

stertoreux [stɛrtɔrø], **euse** [-øz] adj. Caractérisé par le ronflement, le râle : *respiration stertoreuse*.

Stésichore, poète grec (v. 640-v. 550 av. J.-C.). Né probablement à Himère, en Sicile, il s'appelait Tisias, mais il dut à son art de recevoir le surnom de **Stésichore** (« Maître du chœur »). La légende rapporte qu'il devint aveugle pour avoir parlé d'Hélène avec irrévérence et qu'il recouvra la vue après avoir fait amende honorable. Son œuvre, dont il ne reste que des fragments, et qui comprenait des péans, des hymnes héroïques et des poèmes pastoraux, a exercé une influence décisive sur le développement du lyrisme choral. Stésichore créa la triade, composée de la strophe, de l'antistrophe et de l'épode.

stéthoscope [stetɔskɔp] n. m. (gr. *stêthos*, poitrine, et *skopein*, examiner). Instrument inventé par Laennec, et servant à ausculter.
— ENCYCL. Le *stéthoscope* de Laennec est un tube de bois ou de métal évasé à une extrémité (qu'on place sur le corps) et terminé à l'autre par un petit disque (sur lequel on place l'oreille). Les stéthoscopes biauriculaires à membrane permettent une meilleure audition. Les stéthoscopes électroniques permettent l'amplification et l'enregistrement des sons de l'auscultation.

Stettin, nom allem. de *Szczecin**.

Stevenage, v. nouvelle de Grande-Bretagne, au nord de Londres ; 60 000 h. Electronique. Armement.

Stevens, famille d'industriels et d'inventeurs américains. JOHN, né à New York (1749-1838), créa la première législation fédérale sur les brevets en Amérique (1790). Il construisit un bateau à vapeur, le *Phœnix*, qui, en reliant New York à Philadelphie, accomplit la première traversée à vapeur de l'Atlantique. — Son fils ROBERT, né à Hoboken (1787-1856), doit être considéré comme le véritable inventeur du rail Vignole.

Stevens (Alfred), peintre belge, né à Bruxelles (1823-1906). Il a peint avec charme la Parisienne du second Empire.

Stevenson (Robert Louis BALFOUR), écrivain écossais, né à Edimbourg (1850-1894). Remarqué dès ses premiers ouvrages (*Voyage avec un âne dans les Cévennes*, 1879), il connaît le succès avec son roman d'aventures *l'Ile au trésor* (1883). Malade, il séjourne en France, à Barbizon, puis à Hyères, où il compose un recueil de poèmes (*le Jardin poétique de l'enfant*, 1884). Il voyage ensuite en Océanie et s'installe aux Samoa, où il meurt. Il a également publié des romans historiques (*le Maître de Ballantrae*, 1889), des romans de terreur et de mystère (*Docteur Jekyll et M. Hyde*, 1886), et des récits pour les enfants (*la Flèche noire*, 1888).

Stevin (Simon), dit aussi **Simon de Bruges,** mathématicien et physicien flamand, né à Bruges (1548-1620). Il publia les premières grandes tables d'intérêt (1582). Il proposa l'adoption du système décimal pour l'évaluation des mesures et des monnaies (1585). En mécanique, il résolut le problème de la composition des forces (1586) et, en hydrostatique, il établit la valeur de la pression exercée par un liquide sur les parois du récipient qui le contient.

steward [stjuward] n. m. (mot angl.). Maître d'hôtel ; garçon à bord des paquebots, des avions, dans les cercles.

Stewart (Dugald), philosophe écossais, né à Edimbourg (1753-1828).

Steyr, v. d'Autriche, au confl. de la *Steyr* et de l'Enns ; 38 300 h. Construction automobile.

sthène [stɛn] n. m. (gr. *sthenos*, force). Unité de mesure de force (symb. : sn), dont l'emploi a été supprimé lors de la mise en application du système légal SI. (Le sthène équivalait à la force qui, en 1 seconde, communique à une masse égale à 1 tonne un accroissement de vitesse de 1 mètre par seconde.)

stibié [stibje], **e** adj. (du lat. *stibium*, antimoine). Où il entre de l'antimoine : *pommade stibiée*.

stibine n. f. Sulfure naturel d'antimoine Sb_2S_3. (C'est le principal minerai servant à la fabrication de l'antimoine.)

stichomythie [stikɔmiti] n. f. Dialogue tragique où les interlocuteurs se répondent vers pour vers.

stick [stik] n. m. (mot angl.). Equipe de parachutistes largués par le même avion.

stick n. m. Canne flexible. || Crosse du joueur de hockey sur glace. || Fard solide et coloré dont on se sert pour souligner le bord des paupières. || Produit d'hygiène solidifié en bâton : *stick déodorant*.

Stiernhielm (Georg), savant et poète suédois, né à Vika (Dalécarlie) [1598-1672]. Assesseur à la haute cour de Dorpat (1630), anobli (1631), il fut le poète favori de la cour de la reine Christine. Il donna une forme savante à la poésie suédoise (*Hercule*, 1658).

Stifter (Adalbert), écrivain autrichien, né à Oberplan (auj. Horní Planá) [Bohême] (1805-1868). Penseur idéaliste, il laisse transparaître dans ses romans et ses nouvelles son optimisme moral (*l'Eté de la Saint-Martin*, 1857).

stigmate [stigmat] n. m. (lat. *stigma*, marque de flétrissure). Marque que laisse une plaie, une maladie : *les stigmates de la petite vérole*. || *Fig.* Trace, marque honteuse : *les stigmates du vice*. || *Bot.* Partie supérieure du pistil. || *Zool.* Orifice respiratoire des trachées chez les insectes, les arachnides. || — Pl. Marques semblables à celles des cinq plaies de Jésus crucifié, reçues par certains saints de l'Eglise catholique.

stigmatique adj. Doué de stigmatisme.

stigmatisation n. f. Action de stigmatiser.

stigmatiser v. t. Marquer de stigmates avec un fer rouge. || *Fig.* Flétrir, blâmer avec dureté et publiquement : *stigmatiser le vice*.

stigmatisme n. m. Qualité d'un système optique qui donne un point image d'un point objet.

Sternberg
une scène de « l'Ange bleu »
avec Marlène Dietrich

Stevenson

Phot. Rödle, Cinémathèque française, British Council.

Stilicon, général romain d'origine vandale (v. 360-408). Maître de la milice, régent d'Honorius, il défendit avec succès l'Italie contre les Barbares.

stillation [stilasjɔ̃] n. f. (du lat. *stillatio,* goutte). Ecoulement d'un liquide goutte à goutte.

stillatoire adj. Qui tombe goutte à goutte.

Stiller (Mauritz), metteur en scène de cinéma suédois, né à Helsinki (1883-1928). Parmi ses principaux films, citons *Dans les remous* (1918), *le Trésor d'Arne* (1919), *la Légende de Gösta Berling* (1924).

stilligoutte [stiligut] n. m. Syn. de COMPTE-GOUTTES.

Stilwell (Joseph), général américain, né à Palatka (Floride) [1883-1946]. Chef d'état-major de Tchang Kaï-chek, il dirigea les opérations du théâtre d'opérations Inde-Chine-Birmanie, mais dut rentrer aux Etats-Unis en 1944 à cause de ses divergences avec Chang Kaï-chek. En 1945, il se distingua à Okinawa, à la tête de la Xe armée.

stimulant, e adj. Propre à accroître l'activité : *potion stimulante.* ‖ — N. m. : *faire usage de stimulants.* ‖ *Fig.* Ce qui augmente l'ardeur : *sa paresse a besoin d'un stimulant.*

stimulateur n. m. Appareil qui stimule : *stimulateur cardiaque.*

stimulation n. f. Action de stimuler. ‖ *Méd.* Action produite par les stimulants.

stimuler [stimyle] v. t. (lat. *stimulare ;* de *stimulus,* aiguillon). Exciter, aiguillonner : *stimuler un enfant.* (Syn. : ANIMER, ENCOURAGER, EXHORTER, INCITER.) ‖ *Méd.* Accroître les fonctions d'un organe. ‖ Accroître l'activité : *stimuler l'industrie.*

stimuline n. f. Nom donné à certaines hormones, en particulier aux hormones hypophysaires, qui provoquent la sécrétion d'autres hormones par des organes situés à distance.

stimulus [stimylys] n. m. (mot lat.). *Physiol.* Excitation brève d'un organe. ‖ Forme d'énergie appliquée à un récepteur sensitif d'un animal et susceptible de provoquer une réaction réflexe ou de déclencher un comportement instinctif. ‖ Pl. des *stimuli.* (V. *encycl.*)
— ENCYCL. Tout changement suffisamment brusque et suffisamment grand dans un état quelconque du milieu qui touche ou entoure l'animal peut constituer un *stimulus* efficace : chaleur et froid, lumière et obscurité, établissement et rupture d'un courant électrique, acidité, choc, vibration sonore ou ultrasonore, substance odorante ou sapide, etc. On définit quantitativement les *seuils* de durée, d'intensité, de « pente d'établissement » en dessous desquels le stimulus ne produit aucune réaction.

Stinnes (Hugo), industriel allemand, né à Mülheim an der Ruhr (1870-1924). Il acquit mines et aciéries, et devint un des plus gros industriels de la Ruhr. Pendant la Première Guerre mondiale, il réalisa de très fructueuses spéculations. Après l'armistice, il contribua à sauver l'industrie allemande. Elu député au Reichstag (1920-1924), il défendit opiniâtrement les positions de l'Allemagne sur la question des réparations. Par ses entreprises, il précipita la chute du mark (1923).

stipe [stip] n. m. (lat. *stipes,* tige). Tronc non ramifié, recouvert par les cicatrices des feuilles, comme chez les palmiers, l'aloès.

stipendié, e adj. et n. *Péjor.* Qui est payé pour accomplir une action : *espion stipendié.*

stipendier [stipãdje] v. t. (du lat. *stipendium,* solde militaire). Avoir à sa solde : *stipendier des assassins.*

stipulaire adj. Qui appartient, qui a rapport aux stipules.

stipulation n. f. Clause, convention énoncée dans un contrat.

stipule [stipyl] n. f. (lat. *stipula,* petite paille). Petit organe pair, semblable à une feuille réduite, qui flanque la base de la gaine de la feuille chez diverses plantes. (Les stipules ne prennent un développement appréciable que lorsque la feuille est transformée en vrille, comme chez la gesse.)

stipuler [stipyle] v. t. (lat. *stipulari*). Formuler de façon très nette une clause, une convention dans un contrat : *stipuler une garantie.* ‖ Convenir de quelque chose.

Stiring-Wendel (57350), comm. de la Moselle (arr. de Forbach) ; 13 757 h. (*Stiringeois*). Houille. Métallurgie.

Stirling, v. de l'Ecosse centrale, sur le Forth, ch.-l. du *comté de Stirling ;* 28 000 h. Château fort. Université.

stochastique [stɔkastik] adj. (du gr. *stokhastês,* devin). Se dit de processus qui ne sont soumis qu'aux lois du hasard. ‖ — N. f. Application du calcul des probabilités aux nombres recueillis par la statistique.

stock [stɔk] n. m. (mot angl.). Ensemble des marchandises disponibles sur un marché, dans un magasin, etc. ‖ Ensemble des marchandises, des matières premières, des produits semi-ouvrés, des produits finis, etc., qui sont la propriété d'une entreprise.

stockage n. m. Action de stocker.

stock-car n. m. (mots angl.). Voiture automobile engagée dans une course où les obstructions et les carambolages sont de règle. ‖ La course elle-même. ‖ Pl. des *stock-cars.*

stocker v. t. Mettre en stock. ‖ Constituer des stocks de matières et de fournitures plus importants que ne l'exigent les besoins de l'entreprise, ou conserver en stock des produits finis, bien que l'écoulement immédiat en soit assuré.

Stockholm

stockfisch [stɔkfiʃ] n. m. (de l'anc. néerl. *stocvisch,* poisson de bâton). Morue séchée à l'air. ‖ Poisson séché, en général.

Stockhausen (Karlheinz), compositeur allemand, né à Mödrath, près de Cologne, en 1928. Il est à la tête du mouvement sériel en Allemagne et pousse ses recherches dans le domaine de la musique électronique (*Gesang der Jünglinge*). Mais il compose également pour des orchestres classiques. Il est l'auteur d'une technique de composition appelée *Raummusik,* sorte de stéréophonie naturelle qui donne l'impression d'une musique en mouvement dans l'espace.

Stockholm, cap. de la Suède, au débouché du lac Mälaren, dans le skärgård (archipel côtier) de la mer Baltique ; 808 500 h. Académies. Ecole militaire. La ville a pris naissance sur les petites îles de Riddarholmen, d'Helgeandsholmen et de Staden mellan broarna, avant de déborder sur le continent. Coupée de voies d'eau, elle constitue un ensemble néanmoins assez homogène, aéré de parcs et de jardins. L'agglomération groupe plus du dixième de la population de la Suède, dont elle constitue la métropole politique, culturelle, financière et commerciale, le principal centre industriel (constructions mécaniques et électriques, chimie, textiles, etc.) et un des ports les plus actifs.
● *Histoire.* La ville fut édifiée au milieu du XIIIe s. par Birger Jarl ; importante place de la Hanse, elle commença à jouer un rôle politique important avec Gustave Vasa (1523) et fut embellie au XVIIe s. par la reine Christine.
● *Beaux-arts.* Stockholm possède de nombreux musées, dont le Musée national, le Nordiska museet, le musée en plein air du Skansen, le Moderna museet. La ville s'orne de monuments remarquables : église des Chevaliers (XIIIe s.), château royal (XVIIe-XVIIIe s.), maison de la Noblesse (XVIIe s.), hôtel de ville moderne (1923-1932).

stockiste n. m. Commerçant ou industriel qui détient en magasin le stock disponible d'un fabricant. ‖ Agent d'une firme d'automobiles, etc., qui tient en dépôt des pièces détachées fabriquées par cette maison.

Stockport, v. d'Angleterre (Cheshire), sur la Mersey ; 141 000 h. Textiles.

Stockton, v. des Etats-Unis (Californie) ; 86 300 h.

Stockton-on-Tees, port d'Angleterre (Durham), sur le Tees ; 84 000 h. Métallurgie.

Stodola (Aurel), ingénieur suisse d'origine slovaque, né à Liptovský Švatý Mikuláš (1859-1942). Educateur remarquable en même temps qu'illustre savant, il étendit ses activités aux mathématiques, à la physique et à la thermodynamique. Il contribua pour beaucoup au développement des turbines à vapeur et à gaz.

stœchiométrie [stekjɔmetri] n. f. Partie de la chimie qui étudie les proportions suivant lesquelles les corps réagissent.

stœchiométrique adj. Relatif à la stœchiométrie.

Stofflet (Jean), général vendéen, né à Lunéville (v. 1751-1796). Il prit Cholet. Capturé, il fut exécuté.

stoïcien, enne adj. et n. (du gr. *stoa,* portique [parce que les philosophes stoïciens se rassemblaient sous le Portique, à Athènes]). Qui appartient au stoïcisme ; qui en est adepte. ‖ Ferme, inébranlable.

stoïcisme [stɔisism] n. m. Doctrine philosophique de Zénon, appelée aussi « doctrine du Portique », lieu de réunion de ses disciples. ‖ *Fig.* Fermeté, austérité : *supporter ses malheurs avec stoïcisme.*
— ENCYCL. Le *stoïcisme* est une forme de panthéisme faisant consister la substance dans un feu subtil, qui est à la fois matière et force. Il est surtout célèbre pour sa morale, qui place le souverain bien dans l'effort, pour n'obéir qu'à la raison en se rendant indifférent aux circonstances extérieures : fortune, santé, douleur, etc.

stoïque adj. Se dit d'une personne ferme, maîtresse d'elle-même : *rester stoïque devant les menaces.*

stoïquement adv. De façon stoïque : *affronter stoïquement la mort.*

Stoke-on-Trent, v. d'Angleterre (Staffordshire), près de Manchester ; 276 000 h. Poteries et porcelaines. Sidérurgie.

stoker [stɔkɛr *ou* -kœr] n. m. (mot angl.). Dispositif d'alimentation mécanique en charbon du foyer d'une locomotive à vapeur.

stokes [stɔks] n. m. Unité de mesure de viscosité cinématique (symb. : St) dans le système C. G. S.

Stokes (*sir* George), mathématicien et physicien irlandais, né à Bornat Skreen (comté de Sligo) [1819-1903]. En hydrodynamique, il établit la loi qui régit la chute d'un solide sphérique au sein d'un liquide. Il étudia la fluorescence, la diffraction lumineuse, la double réfraction et l'effet de la lumière polarisée sur les plaques photographiques. En 1896, il établit l'identité de la nature des rayons X et de la lumière, avec des longueurs d'onde plus petites.

stolon [stɔlɔ̃] n. m. (lat. *stolo,* rejeton). *Bot.* Tige aérienne rampante, terminée par un bourgeon qui, de place en place, produit des racines adventives, point de départ de nouveaux pieds (par ex. chez le fraisier).

stolonifère adj. Se dit des plantes qui émettent des stolons.

Stolypine (Piotr Arkadievitch), homme d'Etat russe, né à Dresde (1862-1911). Ministre de l'Intérieur en 1904, puis président du Conseil (1906), il favorisa l'émancipation des paysans. Il fut assassiné par un révolutionnaire.

stomacal [stɔmakal], **e, aux** [-o] adj. (du lat. *stomachus,* estomac). Qui appartient à l'estomac : *digestion stomacale.*

stomachique [stɔmaʃik] adj. et n. m. (du lat. *stomachus,* estomac). Propre à rétablir le fonctionnement troublé de l'estomac.

stomate [stɔmat] n. m. (gr. *stoma, -atos,* bouche). *Bot.* Appareil microscopique de l'épiderme des végétaux, percé d'un minuscule orifice (*ostiole*) par lequel se réalisent les échanges gazeux avec l'atmosphère. (La face inférieure des feuilles porte de nombreux stomates.)

stomatite n. f. (du gr. *stoma, -atos,* bouche). Inflammation de la muqueuse de la bouche et des gencives.

stomatologie n. f. Spécialité médicale dont l'objet est l'étude et le traitement des affections de la bouche et du système dentaire.

stomatologiste n. Médecin spécialisé en stomatologie.

stomocordés n. m. pl. Petit embranchement du règne animal, auj. fossile (v. CORDÉS).

stomoxe [stɔmɔks] n. m. Mouche qui pique les bestiaux et peut transmettre des microbes (streptocoques, microbe du charbon, etc.).

Stonehenge, localité de Grande-Bretagne (Wiltshire). Vaste cromlech à plan complexe, d'époque tardive (v. 1500 av. J.-C.).

Stoney (George Johnstone), astronome et physicien irlandais, né à Oakley Park (King's County) [1826-1911], l'un des pionniers des conceptions modernes sur la structure de la matière. En 1874, il émit l'hypothèse selon laquelle l'électricité était due à des corpuscules élémentaires identiques, auxquels il donna, en 1891, le nom d' « électrons », et tenta de calculer leur charge.

Phot. Wigfusson-Office national du tourisme suédois.

Strasbourg

stop! [stɔp] interj. (mot angl. signif. *arrête!*). Ordre impératif d'arrêter, de cesser toute manœuvre. ‖ Terme servant, dans les télégrammes, à séparer nettement les phrases. ‖ Panneau de signalisation routière imposant impérativement un arrêt.

Stoph (Willi), homme politique allemand, né à Berlin en 1914, chef du gouvernement de la République démocratique allemande depuis 1964, chef de l'Etat depuis 1973 (président du Conseil d'Etat).

stoppage n. m. Action de refaire la trame et la chaîne d'un tissu pour réparer une déchirure.

stopper [stɔpe] v. t. Faire un stoppage.

stopper v. t. et i. (de *stop*). Arrêter la marche d'un navire, d'un train, d'une machine, etc. ‖ *Fig.* Arrêter définitivement : *stopper une offensive.*

stoppeur, euse n. et adj. Personne qui fait le stoppage. (On dit aussi RENTRAYEUR, EUSE.)

storax [stɔraks] n. m. V. STYRAX.

store [stɔr] n. m. (ital. *stora,* natte). Rideau de tissu ou panneau déroulable en lattes de bois, qui se lève et se baisse devant une fenêtre. ‖ Grand rideau intérieur de fenêtre, suspendu par des anneaux à une tringle, et qui se tire latéralement.

Storm (Theodor), écrivain allemand, né à Husum (1817-1888). Il fit des études de droit à Kiel, où il se lia avec les frères Theodor et Tycho Mommsen, publiant avec eux un recueil de poésies (*le Livre des chants de trois amis,* 1843). Obligé de quitter le Schleswig après le mouvement antidanois de 1848, il entra dans la magistrature prussienne. Si ses poèmes célèbrent la nature de l'Allemagne du Nord (*Histoires et chants d'été,* 1851), les nouvelles, auxquelles il consacra toute son activité littéraire après 1864, peignent le combat de l'homme avec sa destinée tragique (*Immensee,* 1849 ; *l'Homme au cheval blanc,* 1886-1888).

Storting (le), Parlement norvégien, composé de deux Chambres : le *Lagting* (Chambre haute) et l'*Odelsting* (Chambre basse).

Storyville, quartier réservé de La Nouvelle-Orléans, où prit naissance le style de jazz du même nom.

Stoss (Veit). V. STWOSZ (Wit).

stoupa [stupa] n. m. V. STŪPA.

Stourdza. V. STURDZA.

stout [stawt] n. m. (mot angl.). Bière anglaise brune, alcoolisée.

Stowe (*Mrs.* **Beecher-**). V. BEECHER-STOWE.

strabique adj. et n. Affecté de strabisme.

strabisme [strabism] n. m. (du gr. *strabos,* louche). Infirmité caractérisée par un défaut de parallélisme des axes optiques oculaires, entraînant l'impossibilité de regarder un même objet avec les deux yeux.
— ENCYCL. Le *strabisme* concomitant, invariable quelle que soit la direction du regard, est caractérisé par son apparition dans l'enfance et par l'absence de diplopie ; il se traite par le port de lunettes, la gymnastique oculaire et l'opération chirurgicale. Le strabisme paralytique, qui est plus rare, est variable suivant la direction du regard et s'accompagne de diplopie.

Strabon, géographe grec, né à Amasya (Cappadoce) [v. 58 av. J.-C.-entre 21 et 25 apr. J.-C.], auteur de *Mémoires historiques* et d'une précieuse *Géographie.*

Stradella (Alessandro), compositeur et chanteur italien, né à Naples (1645-1682), auteur d'œuvres instrumentales, de cantates, d'opéras, d'oratorios (*Suzanna*). Il est mort assassiné à Gênes.

stradiot [stradjo] ou **estradiot** n. m. (du gr. *stratiôtes,* soldat). Soldat de cavalerie légère, originaire de Grèce ou d'Albanie. (Il servait dans diverses armées aux XVᵉ et XVIᵉ s.)

stradivarius [stradivarjys] n. m. Violon fabriqué par Stradivarius.

Stradivarius (Antonio), luthier italien, né à Crémone (v. 1644-1737). Elève d'Amati, il a construit plus d'un millier d'instruments ; on en connaît environ quatre cents répartis dans le monde entier.

Strafford (Thomas WENTWORTH, *comte* DE), homme d'Etat anglais, né à Londres (1593-1641). Avec l'archevêque Laud, il seconda la politique autoritaire de Charles Iᵉʳ, qui, plus tard, l'abandonna et le fit exécuter.

Straits Settlements, anc. colonie britannique de la péninsule Malaise.

Stralsund, port de l'Allemagne orientale, sur la Baltique ; 69 000 h. Port de pêche. Charles XII y soutint un siège en 1713-1715 contre les Danois alliés aux Prussiens et aux Saxons.

stramoine [stramwan] n. f. Plante vénéneuse du genre *datura,* croissant dans les champs et les décombres, à grandes fleurs blanches et à fruit épineux.

strangulation [strɑ̃gylasjɔ̃] n. f. (du lat. *strangulare,* étrangler). Action d'étrangler ; son résultat : *mort par strangulation.*

strapontin [strapɔ̃tɛ̃] n. m. Siège repliable que l'on trouve dans les voitures dites « familiales », dans les cars, dans les salles publiques. ‖ *Fig.* Place secondaire dans une assemblée quelconque : *se contenter d'un strapontin au conseil d'administration.*

Strasbourg, ch.-l. du dép. du Bas-Rhin, sur l'Ill et le Rhin, à 447 km à l'est de Paris ; 254 038 h. (*Strasbourgeois*). Evêché dépendant directement de Rome.
Capitale de la région de programme *Alsace* et centre d'une communauté urbaine, deuxième port fluvial français, sièges d'organismes internationaux (Conseil de l'Europe), Strasbourg est encore une grande ville intellectuelle (université) et industrielle. La population de l'agglomération, d'Illkirch-Graffenstaden à Hœnheim et d'Eckbolsheim au Rhin, dépasse 330 000 h. L'importance de la ville est liée à sa situation de carrefour (notamment à sa localisation sur la voie rhénane), plus récemment à sa position frontalière (qui fut longtemps un handicap). Le trafic du port dépasse largement 10 Mt, caractérisé par une nette prépondérance des sorties (potasse, produits métallurgiques). L'industrie est partiellement liée à la fonction portuaire. Elle est représentée notamment par la métallurgie (construction automobile) et l'alimentation (brasseries). Le pétrole est raffiné au nord de la ville, qui bénéficie aussi de l'énergie fournie par les dernières centrales du canal d'Alsace*, qui se termine à Strasbourg. — Strasbourg forme 2 arr. : *Strasbourg-Campagne,* avec 4 cant., 102 comm., 128 345 h. ; *Strasbourg-Ville,* avec 8 cant., 249 396 h.
● *Histoire.* Ancien camp de légionnaires romains (*Argentoratum*), la ville devint un important centre commerçant de la province de Germanie. Sous la domination de ses évêques, Strasbourg fut ville libre en 1201. Son rayonnement intellectuel s'accrut en même temps que son essor économique. Gutenberg y résida de 1434 à 1447. Membre de l'Union protestante en 1608, la ville reçut une université en 1621. Restée indépendante après le traité de Westphalie (1648), annexée par Louis XIV en 1681, elle fut fortifiée par Vauban, et sa possession fut confirmée à la France par le traité de Ryswick. Annexée au IIᵉ Reich (traité de Francfort, mai 1871), Strasbourg fut la capitale du Reichsland d'Alsace-Lorraine de 1871 à 1918. Occupée de nouveau par les Allemands en 1940, elle fut libérée par la division Leclerc le 23 novembre 1944. — Patrie de Kléber.
● *Beaux-arts.* La construction de la célèbre cathédrale Notre-Dame, en grès rose, fut entreprise au XIIᵉ s. (chœur, transept nord) et se poursuivit au XIIIᵉ s. (transept sud, nef) ; la façade fut commencée en 1277, et la flèche terminée au XVᵉ s. ; la cathédrale s'orne de remarquables sculptures et de vitraux des XIIIᵉ et XIVᵉ s. Le palais Rohan date du XVIIIᵉ s. La ville possède en outre des églises, de nombreuses maisons anciennes et des musées.

Strasbourg (*serments de*), traité d'alliance conclu par Louis le Germanique et Charles le Chauve ligués contre Lothaire (842). Les formules de ces serments sont les plus anciens monuments des langues française et allemande.

strass ou **stras** [stras] n. m. (de *Stras,* l'inventeur). Sorte de verre coloré à l'aide d'oxydes métalliques pour imiter les diverses gemmes. ‖ *Fig.* Ce qui brille d'un faux éclat.

strasse [stras] n. f. (ital. *straccio,* chiffon). Bourre, rebut de soie.

stratagème [strataʒɛm] n. m. (gr. *stratêgêma*). Ruse de guerre pour tromper l'ennemi. ‖ Finesse, subtilité, tour d'adresse : *plaisant stratagème.*

strate [strat] n. f. (lat. *stratum,* chose étendue). *Géol.* Couche formée par des roches sédimentaires. ‖ *Psychol. sociale.* Dans une enquête, subdivision d'un échantillon. (Chaque élément est de nombre proportionnel à l'importance de chaque strate de l'échantillon, lui-même de grandeur proportionnelle à la population totale.)

stratège [stratɛʒ] n. m. (gr. *stratêgos*). Principal magistrat à Athènes. ‖ Auj., spécialiste ou praticien de la stratégie.

stratégie n. f. Art de combiner, en vue du succès, l'action des forces militaires, politiques, morales, économiques, impliquées dans la conduite d'une guerre moderne ou dans la préparation de la défense d'un Etat. (V. *encycl.*) ‖ Art de diriger un ensemble de dispositions : *la stratégie politique.*
— ENCYCL. Le mot *stratégie* ne fut employé en France qu'à partir du XVIIIᵉ s. et il ne s'appliquait alors qu'à la conduite des opérations militaires. Peu à peu, la politique et les ressources démographiques et économiques des nations furent considérées elles aussi comme des éléments de la stratégie. Napoléon donna tout son sens à cette *stratégie classique* en la nommant l' « art de la guerre », et Clausewitz, en l'étudiant, la considéra comme le moyen d'obtenir par la force l'objectif politique recherché par l'Etat. A la différence de la tactique*, qui peut revêtir de multiples formes, la stratégie classique est unique et elle obéit à quelques principes simples de puissance, de sûreté et d'économie des forces, excellemment définis par Foch et qui ont conservé toute leur valeur. Mais le caractère total de la guerre moderne a entraîné une évolution qui s'est traduite par l'impossibilité de séparer en matière de stratégie les responsabilités du commandement militaire de celles du pouvoir politique. La *stratégie générale* ressortit désormais conjointement à la compétence du haut commandement des forces armées et à celle du gouvernement d'une nation ou d'une alliance de nations.
C'est ainsi que, en 1967, les pays de l'alliance atlantique adoptaient, à la suite de l'Amérique, une stratégie dite « de la riposte* graduée ». Pour les théoriciens marxistes-léninistes, la stratégie est devenue la science de la conduite de la lutte permanente des classes, qui constitue le principe moteur de l'évolution de l'humanité. Cette *stratégie globale* est à la fois l'impératif qui définit les objectifs à atteindre et la science qui définit la façon de les atteindre. Si la stratégie intervient dans des secteurs de plus en plus étendus, elle ne peut cependant se résumer en une science dont il soit possible de déterminer le développement. Ordonnée à la guerre, donc à l'homme, elle fait appel en effet à l'intuition autant qu'à la raison. Elle dépend de la personnalité, de la compétence et des conceptions des hommes qui la définissent et la conduisent.

stratégique adj. Qui intéresse la stratégie : *objectif, bombardement, force* nucléaire stratégique.*

stratégiquement adv. D'après les règles de la stratégie.

Stratford, v. du Canada (Ontario) ; 23 100 h.

Stratford-on-Avon, v. d'Angleterre (Warwickshire) au S.-E. de Birmingham, sur la rive droite de l'*Avon ;* 24 000 h. Patrie de Shakespeare (mémorial) ; église (XIIIᵉ-XVᵉ s.), où est le tombeau de l'écrivain.

stratification n. f. *Géol.* Disposition des roches en strates superposées. ‖ *Psychol. sociale.* Modalité d'échantillonnage d'une population, qui consiste à la diviser en strates.

stratifié, e adj. Qui se présente en couches superposées. ‖ Se dit de produits fabriqués à partir de supports divers (papier, toiles, etc.) et imprégnés d'un vernis thermoplastique.

stratifier [stratifje] v. t. (du lat. *stratum,* chose étendue). Disposer par couches superposées. ‖ Disposer en strates.

Phot. Alain Perceval.

Davos, dans les Grisons.

Interlaken, dans le canton de Berne.

Zermatt, dans le Valais.

Fribourg.

Worb, dans le canton de Berne.

Paysage du Jura.

Romainmôtier, dans le canton de Vaud.

ot. Zopfi - Off. nat. suisse du tourisme (2), Giegel - Off. nat. suisse du tourisme (2), Off. nat. suisse du tourisme, Giegel - Off. nat. suisse du tourisme (2).

SUISSE

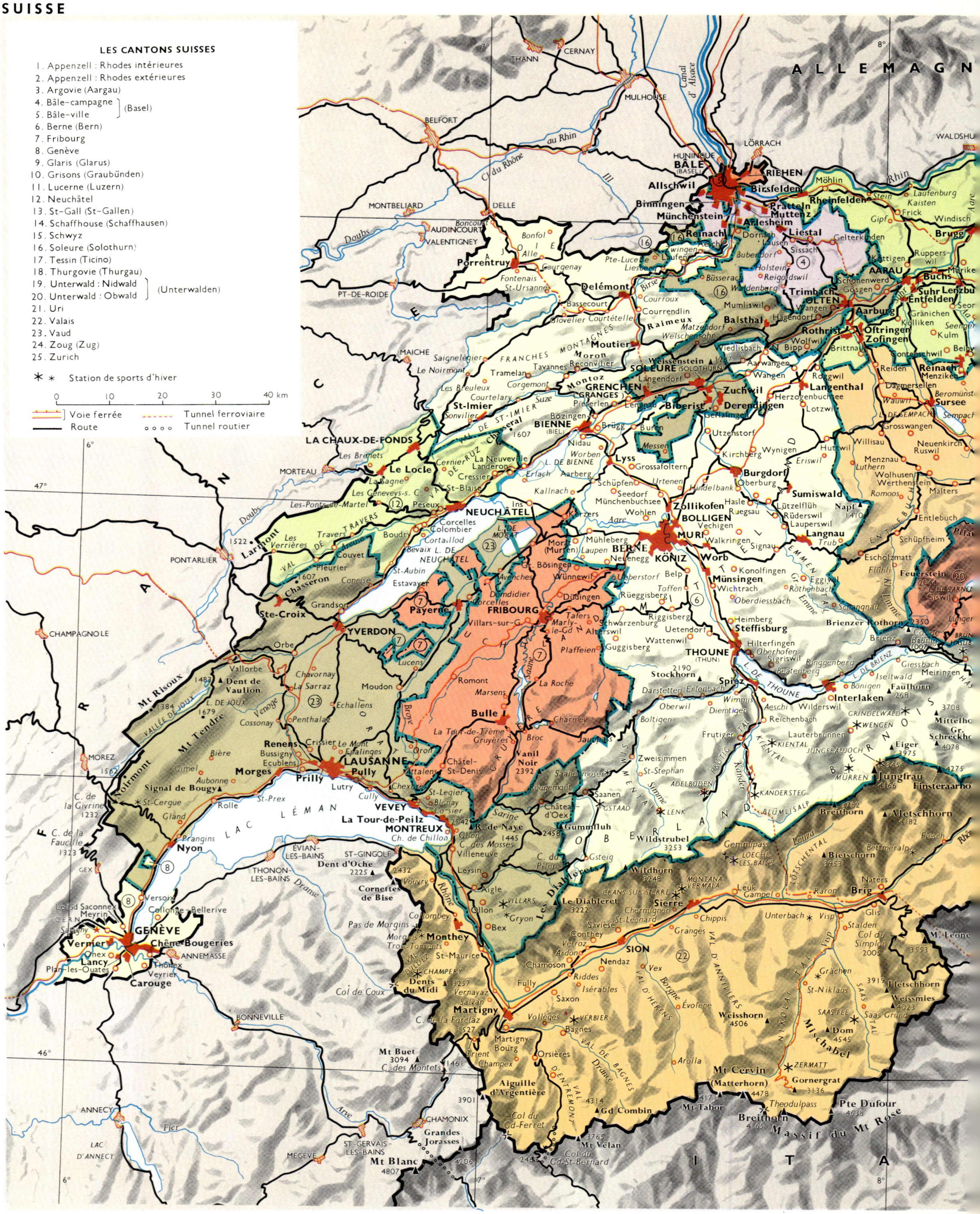
LES CANTONS SUISSES
1. Appenzell : Rhodes intérieures
2. Appenzell : Rhodes extérieures
3. Argovie (Aargau)
4. Bâle-campagne
5. Bâle-ville
(Basel)
6. Berne (Bern)
7. Fribourg
8. Genève
9. Glaris (Glarus)
10. Grisons (Graubünden)
11. Lucerne (Luzern)
12. Neuchâtel
13. St-Gall (St-Gallen)
14. Schaffhouse (Schaffhausen)
15. Schwyz
16. Soleure (Solothurn)
17. Tessin (Ticino)
18. Thurgovie (Thurgau)
19. Unterwald : Nidwald
20. Unterwald : Obwald
(Unterwalden)
21. Uri
22. Valais
23. Vaud
24. Zoug (Zug)
25. Zurich
Station de sports d'hiver
0 10 20 30 40 km
Voie ferrée
Route
Tunnel ferroviaire
Tunnel routier
ALLEMAGNE
FRANCE
ITALIE
JURA
BÂLE
MULHOUSE
BELFORT
LÖRRACH
RIEHEN
Allschwil
Birsfelden
Pratteln
Muttenz
Liestal
Rheinfelden
Delémont
Porrentruy
AARAU
OLTEN
Aarburg
Zofingen
SOLEURE
GRENCHEN
Langenthal
BIENNE
LA CHAUX-DE-FONDS
Le Locle
NEUCHÂTEL
BERNE
Köniz
Burgdorf
Langnau
FRIBOURG
Payerne
YVERDON
Ste-Croix
Bulle
LAUSANNE
Pully
Prilly
Renens
Morges
VEVEY
La Tour-de-Peilz
MONTREUX
Nyon
GENÈVE
Chêne-Bougeries
Vernier
Lancy
Carouge
LAC LÉMAN
THONON-LES-BAINS
ÉVIAN-LES-BAINS
ANNEMASSE
THOUNE
Spiez
Interlaken
Jungfrau
Finsteraarhorn
Eiger
Aletschhorn
Brig
Sierre
SION
Martigny
Monthey
Le Diablerets
Wildstrubel
Mt Cervin (Matterhorn) 4478
Pte Dufour 4638
Massif du Mt Rose
Gd Combin
Mt Blanc 4807
CHAMONIX
Dent de Vaulion
Chasseron
Mt Tendre
Dôle
Lac de Joux
PONTARLIER
CHAMPAGNOLE
ANNECY
MORTEAU
MONTBÉLIARD

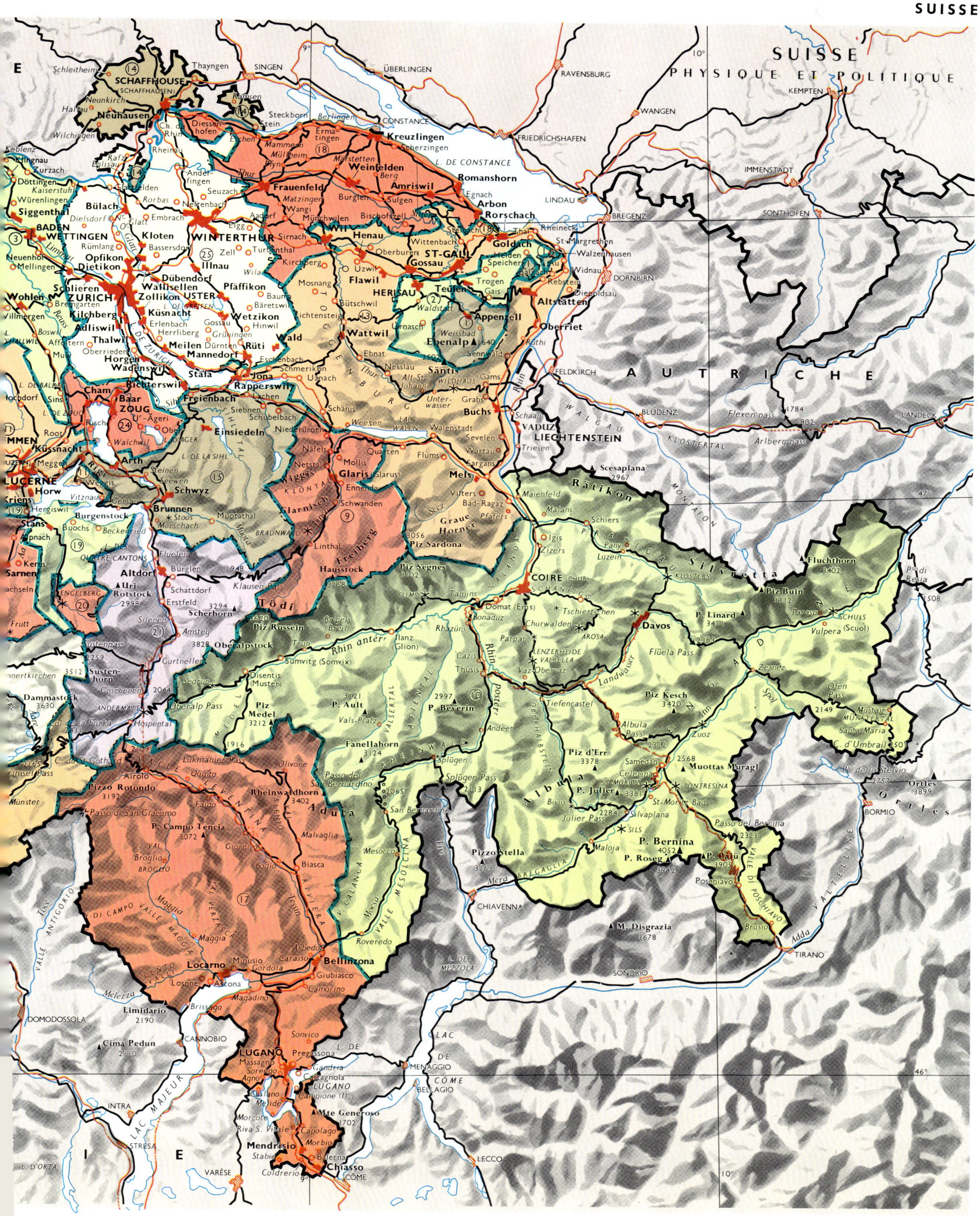
SUISSE
PHYSIQUE ET POLITIQUE
AUTRICHE
I E
L. DE CONSTANCE
SCHAFFHOUSE
Neuhausen
Frauenfeld
Kreuzlingen
Weinfelden
Amriswil
Romanshorn
Arbon
Rorschach
WINTERTHUR
Goldach
ST-GALL
Gossau
Herisau
Appenzell
Altstätten
Oberriet
Flawil
Wattwil
ZURICH
Kloten
Dübendorf
Wallisellen
Uster
Wetzikon
Küsnacht
Meilen
Horgen
Wädenswil
Stäfa
Rapperswil
Richterswil
ZOUG
Einsiedeln
Schwyz
Brunnen
LUCERNE
Kriens
Horw
Stans
Altdorf
Glaris
Buchs
VADUZ
LIECHTENSTEIN
Säntis
COIRE (CHUR)
Davos
Klosters
Rätikon
Silvretta
Piz Buin 3312
Fluchthorn 3402
Tödi
Disentis (Muster)
Ilanz
Thusis
Albula
Piz Kesch 3420
St-Moritz
Samedan
Pontresina
P. Bernina 4052
Zernez
Schuls (Scuol)
Poschiavo
Brusio
Bellinzona
Locarno
Ascona
LUGANO
Mendrisio
Chiasso
Airolo
Pizzo Rotondo 3192
P. Campo Tencia 3072
Lukmanier Pass
Splügen Pass
Maloja
CHIAVENNA
SONDRIO
TIRANO
BORMIO
Ortles 3899
DOMODOSSOLA
COME
LECCO
VARÈSE
LAC MAJEUR
L. DE LUGANO
LAC DE CÔME
BREGENZ
LINDAU
FRIEDRICHSHAFEN
KEMPTEN
FELDKIRCH
BLUDENZ
LANDECK
SINGEN
ÜBERLINGEN
CONSTANCE
RAVENSBURG
WANGEN
IMMENSTADT
SONTHOFEN
DORNBIRN
Arlberg-pass
Flexen-pass
Monte Generoso 1702
M. Disgrazia 3678
Limidario 2190
Cima Pedun 2110

2

3

5

4

6

● Succédant aux cultures *préhistoriques* et *helvètes*, l'art *romain* a laissé des restes de villas et de monuments publics, ainsi que des mosaïques; le *haut Moyen Âge*, de petites églises dans les Grisons et le Tessin, et des enluminures.

● À l'époque *romane*, l'influence clunisienne se fait sentir sur les abbatiales de Payerne et de Romainmôtier. Les cathédrales de Coire et de Schaffhouse sont romanes, de même que, pour partie, celle de Bâle (et un de ses portails sculptés), celle de Zurich et la collégiale de Neuchâtel. Des peintures subsistent également.

● La cathédrale de Genève appartient à un style de transition, celle de Lausanne est le plus bel édifice *gothique* de la Suisse romande. Les ordres mendiants bâtissent des églises dans les cantons alémaniques, où les cathédrales de Fribourg et de Berne (XVe s., voûtes du XVIe [1]) sont les plus représentatives. La tapisserie et le vitrail (Crucifixion, XVe s., musée de Lausanne [2]) se développent. De nombreux châteaux forts (Chillon, Gruyères) continuent ceux de l'époque romane. La peinture de retables est illustrée au XVe s. par *Konrad Witz*, puis par *Hans Fries*.

● La *Renaissance* du XVIe s. est un âge d'or pour la peinture : *Hans Holbein* fait une partie de sa carrière dans le milieu humaniste bâlois; *Niklaus Manuel Deutsch* (Intercession de saint Jacques et saint Roch auprès de sainte Anne pour la cessation de la peste, musée de Bâle [3]) est originaire de Berne; *Urs Graf*, lansquenet turbulent, de Soleure, *Tobias Stimmer*, de Schaffhouse. Des monuments, des maisons reçoivent un décor peint, interne ou externe.

● Si au XVIe s. *Luini* est venu travailler à Lugano, en retour, au XVIIe, le Tessin donne à l'art italien les peintres *G. Serodine* et *P. F. Mola*, les architectes *G.* et *D. Fontana*, ainsi que *Borromini*, l'un des maîtres du baroque romain. Au XVIIe s. s'expatrient également, faute de commandes, les miniaturistes *J. Werner*, de Berne, et *J. Petitot* (émailleur), de Genève, qui travailleront à la cour de Louis XIV.

● L'architecture civile du XVIIIe s. adapte avec bonheur les modèles *classiques* français; les églises suivent le courant baroque : cathédrale de Soleure (par les *Pisoni*, d'Ascona), abbatiales d'Einsiedeln et de Saint-Gall inspirées du rococo allemand. Parmi les peintres, *Jean Étienne Liotard* et *Angelika Kaufmann* font une carrière internationale, *Heinrich Füssli* travaille en Angleterre; les thèmes alpestres commencent à inspirer dessinateurs et graveurs.

● Au début du XIXe s. se constitue une école genevoise avec le peintre *Wolfgang Adam Tœpffer* et son fils *Rodolphe*, l'animalier *J.-L. Agasse*, les paysagistes alpestres *F. Diday* et *A. Calame*. *Léopold Robert*, puis *A. Böcklin* travaillent en Italie. De nouveaux paysagistes apparaissent, tels *Barthélemy Menn* (Ruisseau dans la prairie, musée d'Aarau [4]) et *F. Bocion*. Le sculpteur *J. Pradier* fait carrière à Paris.

● L'œuvre de *Hodler*, au tournant du XIXe et du XXe s. (le Printemps, Folkwang Museum, Essen [5]) établit la jonction entre les pôles alémanique et latin de l'art suisse; *Vallotton* travaille en France. Après eux viennent des peintres comme *C. Amiet*, *R. Auberjonois*, *O. Meyer-Amden*, *M. Barraud*, *H. Erni*. De 1915 à 1919, Zurich est un des centres du mouvement dada, auquel participe *Sophie Taeuber-Arp*; *Paul Klee* s'installe à Berne en 1933; *Max Bill* est le principal représentant de l'abstraction géométrique. La sculpture compte *Rodo de Niederhausen*, *H. Haller*, *O. C. Bänninger*, *A. Giacometti* (Bronze [6]). En architecture, l'ingénieur *R. Maillart* a été l'un des pionniers du béton armé et *Le Corbusier* l'un des plus grands découvreurs du siècle.

Phot. Garanger-Giraudon, Held, Giraudon, Held, Carfred Halbach, galerie Maeght

stratigraphie [stratigrafi] n. f. (lat. *stratum*, chose étendue, et *graphein*, décrire). Partie de la géologie qui étudie les couches de l'écorce terrestre en vue d'établir l'ordre normal de superposition et l'âge relatif. || *Electroradiol.* Méthode de tomographie dans laquelle l'ampoule reste fixe.

stratigraphique adj. Relatif à la stratigraphie.

strato-cumulus [stratokymylys] n. m. Nuage sombre, à la base ondulée, situé à une altitude moyenne de 2 000 m.

Straton de Lampsaque, physicien et péripatéticien grec qui séjourna longtemps à la cour de Ptolémée Philadelphe (v. 335-268 av. J.-C.).

Stratonice (m. en 254 av. J.-C.), princesse grecque, fille de Démétrios Poliorcète, épouse de Séleucos Ier Nikator, roi en Asie. Elle divorça pour épouser son beau-fils, Antiochos Sôter.

stratosphère [stratɔsfɛr] n. f. (lat. *stratum*, chose étendue, et *sphère*). Partie de l'atmosphère* entre la troposphère* et la mésosphère*, qui est épaisse d'une trentaine de kilomètres et où la température est sensiblement constante. (On connaît la stratosphère grâce aux ballons-sondes.)

stratosphérique adj. Relatif à la stratosphère. || Qui peut s'y maintenir : *avion stratosphérique.*

stratovision [stratɔvizjɔ̃] n. f. Technique de diffusion des émissions télévisées à partir d'avions volant à haute altitude, afin de desservir une vaste étendue d'un territoire.

stratus [stratys] n. m. (mot lat. signif. *qui est étendu*). Nuage inférieur qui se présente en couche uniforme grise formant un voile continu.

Strauss (David), historien allemand, né à Ludwigsburg (1808-1874), auteur d'une *Vie de Jésus* (1835), où il considère la personne et les actes du Christ comme un mythe.

Strauss (Johann II), compositeur autrichien, né à Vienne (1825-1899), auteur de valses. Il succéda à son père, JOHANN Ier (1804-1849), comme chef d'orchestre des bals de la cour de Vienne.

Strauss (Richard), chef d'orchestre et compositeur allemand, né à Munich (1864-1949), auteur de mélodies, d'opéras (*Salomé*, 1905 ; *Elektra*, 1908 ; *le Chevalier à la rose*, 1911 ; *Ariane à Naxos*, 1912 ; *Capriccio*, 1942) et de poèmes symphoniques (*Don Juan*, 1889 ; *Mort et Transfiguration*, 1890 ; *Till Eulenspiegel*, 1895 ; *Ainsi parla Zarathoustra*, 1896 ; *Don Quichotte*, 1898) d'une orchestration des plus colorées. Finalement, son romantisme a fait place à un classicisme de haut style dans les *Métamorphoses*.

Stravinski (Igor'), compositeur russe naturalisé français, puis américain, né à Oranienbaum, près de Saint-Pétersbourg (1882-1971), l'un des plus grands créateurs de l'époque contemporaine dans le domaine du rythme, de l'orchestre, de la mélodie et des musiques écrites pour formations réduites. Auteur de *l'Oiseau de feu* (1910), de *Petrouchka* (1911), du *Sacre du printemps* (1913), de *Renard*, de *Mavra*, des *Noces* (1917), d'*Œdipus rex*, de la *Symphonie des psaumes* et de symphonies, sonates, concertos, il a touché à tous les genres et à toutes les esthétiques, du néo-classicisme (*Pulcinella*, 1920 ; *Apollon Musagète*, 1928 ; *The Rake's Progress*, 1951) au dodécaphonisme (*Agon*, 1957 ; *Threni*, 1958). Toutes ces œuvres et les suivantes plus encore sont marquées par son lyrisme personnel (*The Flood*, 1962 ; *Variations pour orchestre*, 1965).

Streltsy, corps militaire d'arquebusiers qui fut la garde des tsars et la première armée permanente russe. Elle se révolta en 1682 sous le règne de Sophie et en 1698 sous Pierre le Grand, qui la supprima.

streptococcie [strɛptɔkɔksi] n. f. Infection causée par le streptocoque (érysipèle, lymphangite, phlegmon, néphrite aiguë, bronchopneumonie, etc.).

streptocoque n. m. (gr. *streptos*, arrondi, et *kokkos*, graine). Microbe du groupe des coques, qui, en milieu liquide, donne des colonies en forme de chaînettes. (Le streptocoque se trouve dans l'air, dans l'eau, sur le sol ; il s'observe dans la bouche et, plus rarement, dans l'intestin. Certaines espèces sont responsables de maladies graves. Le streptocoque est sensible à de nombreux antibiotiques.)

streptomycine [strɛptɔmisin] n. f. Antibiotique extrait d'une moisissure du sol (*Streptomyces griseus*). [La streptomycine, étant active contre le bacille de Koch, est principalement utilisée dans le traitement des tuberculoses ; elle est également efficace contre de nombreux autres microbes (bacilles du charbon, de la diphtérie et de la peste, colibacille, méningocoque, pneumocoque, etc.).]

Strépy-Bracquegnies, comm. de Belgique (Hainaut) ; 8 600 h.

Stresa, v. d'Italie, sur le lac Majeur ; 4 800 h. Centre touristique. Conférence entre la France, l'Angleterre et l'Italie à la suite du rétablissement en Allemagne du service militaire obligatoire (11-14 avril 1935).

Stresemann (Gustav), homme politique allemand, né à Berlin (1878-1929). Chancelier en 1923, il réprima les troubles sociaux. Ministre des Affaires étrangères (1923-1929), il obtint que la Ruhr fût évacuée (juill.-août 1925). Partisan d'une politique pacifique avec la France, il signa les accords de Locarno avec Briand (oct. 1925) et le pacte Briand-Kellogg (1928), fit admettre l'Allemagne à la S. D. N. et établir le plan Young. (Prix Nobel de la paix, avec Briand, 1926.)

Strindberg
une scène de « la Sonate des spectres »

stress [strɛs] n. m. (mot angl.) Ensemble des perturbations organiques, psychiques, provoquées par des agents agresseurs variés, comme le froid, une maladie infectieuse, une émotion, un choc chirurgical, etc. || Action des agents ou des conditions entraînant ces perturbations.

stressant, e adj. Se dit de ce qui provoque un stress : *agent stressant.*

Stretch (marque déposée) n. m. (de l'angl. *to stretch*, étirer). Procédé conférant à un tissu une élasticité horizontale par simple torsion des fils, sans adjonction de caoutchouc. || *Par extens.* Tissu ainsi traité : *un pantalon en Stretch.*

Stretford, v. de Grande-Bretagne (Lancashire) ; 60 400 h. Centre industriel.

strette [strɛt] n. f. *Mus.* Partie d'une fugue, précédant la conclusion, où les entrées de la tête du thème se multiplient et se chevauchent. (On dit aussi STRETTO.)

striation n. f. Action de strier. || Etat de ce qui est strié.

strict [strikt], **e** adj. (lat. *strictus*, serré). Qui ne laisse aucune latitude ; rigoureux : *devoir strict.* || Sévère : *un professeur très strict.*

strictement adv. De façon stricte.

striction n. f. *Méd.* Constriction, ligature. || *Métall.* Diminution de section d'une éprouvette de métal soumise à un effort de traction, peu avant la rupture, dans la zone où celle-ci se produira. || *Mécan. des fluides.* Diminution de la section d'écoulement d'un fluide sous l'action d'éléments mécaniques ou d'un autre écoulement. || *Phys.* Phénomène électromagnétique qui agit sur un gaz et par lequel est confiné un plasma*.

stridence n. f. Sonorité stridente.

strident [stridɑ̃], **e** [-ɑ̃t] adj. (du lat. *stridere*, grincer). Qui rend un son aigu, perçant : *bruit strident.*

stridulant, e adj. Qui fait entendre un bruit aigu : *insectes stridulants.*

stridulation n. f. (du lat. *stridulus*, sifflant). Crissement aigu que produisent certains insectes (criquets, grillons, cigales).

striduler [stridyle] v. i. Faire une stridulation.

striduleux, euse adj. (lat. *stridulus*, sifflant). Un peu strident. ● *Bruits striduleux* (Méd.), bruits respiratoires aigus et sifflants.

strie [stri] n. f. (lat. *stria*). *Archit.* Chacun des filets ou listels séparant les cannelures des colonnes ou des pilastres. || Chacun des petits sillons parallèles, à la surface d'un objet, d'une roche : *les stries glaciaires.*

strié, e adj. Dont la surface présente des stries : *colonne striée ; les roches striées trahissent l'action des glaciers.* ● *Corps striés* (Anat.), masses de substance grise situées à la base du cerveau, et intervenant dans le tonus musculaire et dans l'accomplissement des mouvements automatiques. || *Muscle strié,* muscle à contraction rapide, dont les fibres montrent au microscope une striation transversale, due à l'alternance de disques clairs et sombres dans les fibrilles.

strier [strije] v. t. Faire des stries sur : *le sable strie le verre.*

strige [striʒ] n. f. (lat. *striga* ; du gr. *strinx*, oiseau de nuit). Vampire des légendes orientales.

strigidés [striʒide] n. m. pl. (du lat. *strix, strigis*, chouette). Famille d'oiseaux rapaces nocturnes comprenant les *hiboux*, les *chouettes.*

strigile [striʒil] n. m. (lat. *strigilis*, étrille). Etrille ou racloir dont les Romains, dans l'Antiquité, se servaient pour frotter et nettoyer leur peau après les bains de vapeur.

Strindberg (August), écrivain suédois, né à Stockholm (1849-1912). Après une enfance difficile, qu'il a décrite dans *le Fils de la servante* (1886-1887), il s'inscrit à l'université d'Uppsala en 1867, mais abandonne bientôt ses études. Tour à tour instituteur, acteur, journaliste, il est attiré par le théâtre et subit l'influence de Kierkegaard et de Brandes. Après avoir vainement essayé de faire jouer la première version de *Maître Olof* (1872), il devient secrétaire à la Bibliothèque royale (1874-1882), mais, en 1879, le scandale causé par la publication de *la Chambre rouge*, premier roman naturaliste suédois, lui apporte la célébrité. Strindberg compose alors des nouvelles à sujets historiques, des romans satiriques (*le Royaume nouveau*, 1882) et des pièces de théâtre, qu'interprète sa femme, Siri von Essen, divorcée d'un officier suédois, le baron Wrangel (*le Secret de la guilde*, 1880 ; *la Femme du chevalier Bengt*, 1882). En 1883, il s'établit à Paris et donne les premiers signes d'un déséquilibre nerveux. Il publie *Mariés* (1884), recueil de nouvelles qui lui vaut un procès retentissant. Sa susceptibilité maladive s'aggrave dans *le Plaidoyer d'un fou* (1887-1888), tandis qu'il donne au théâtre *Père* (1887) et *Mademoiselle Julie* (1888). Il divorce (il se remariera deux fois, en 1893 et en 1901), s'intéresse à la pensée nietzschéenne, puis au catholicisme et frôle la folie au cours de la crise de l'*Inferno* (1897) ; il en sort gagné par le mysticisme. S'il écrit une série de pièces historiques (*Eric XIV*, 1899 ; *Christine*, 1903) et donne encore quelques œuvres dans la ligne naturaliste (*la Danse de mort*, 1900), ses drames retracent son évolution spirituelle (*le Songe*, 1902). Résigné, replié sur lui-même, il crée le Théâtre-Intime, où il fait jouer les « Kammarspel » (*la Sonate des spectres*, 1907). Mais son esprit satirique se manifeste encore à la fin de sa vie dans le roman *Drapeaux noirs* (1907) et des articles qui attaquent la société bourgeoise (*Discours à la nation suédoise*, 1910). Strindberg pratiqua également la peinture ; ses marines témoignent d'une sorte d'intuition de l'informel.

strioscopie [strijɔskɔpi] n. f. Etude, par la méthode photographique, du sillage produit dans l'air par un projectile ou par un profil d'aile dans une soufflerie aérodynamique.

strioscopique adj. Relatif à la strioscopie : *examen strioscopique.*

stripping [stripiŋ] n. m. (mot angl.). Entraînement des fractions légères et volatiles d'un liquide : *le stripping réduit l'inflammabilité des produits.* || *Méd.* Méthode d'ablation chirurgicale des varices.

strip-tease [striptiz] n. m. (angl. *to strip*, déshabiller, et *to tease*, agacer). Déshabillage lent et suggestif exécuté en public sur une musique de fond ou de danse.

stripteaseuse n. f. Jeune femme pratiquant le strip-tease.

striure n. f. Etat de ce qui est strié. || Strie.

strobile [strɔbil] n. m. (gr. *strobilos*, objet en spirale). Fruit en cône : *strobiles de houblon.*

stroboscope [strɔbɔskɔp] n. m. Appareil permettant d'illuminer, par des éclairs brefs et régulièrement espacés, un corps animé d'un mouvement périodique. (Si les éclairs sont émis à la même fréquence que le mouvement, le corps paraît immobile, parce que les éclairs le saisissent toujours à la même phase du mouvement ; une petite variation de la fréquence des éclairs donne l'illusion d'un mouvement ralenti dans l'un ou l'autre sens.)

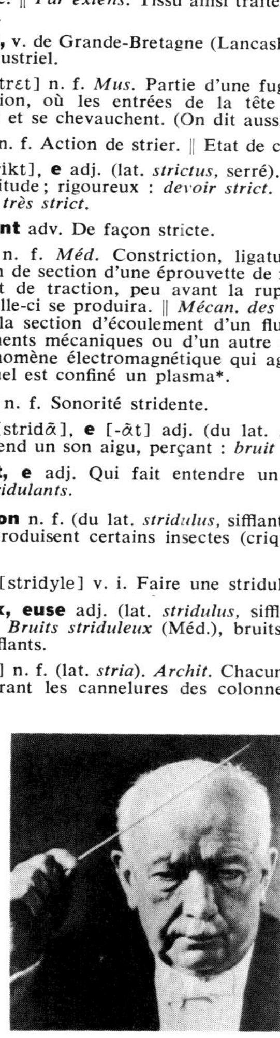
Richard Strauss

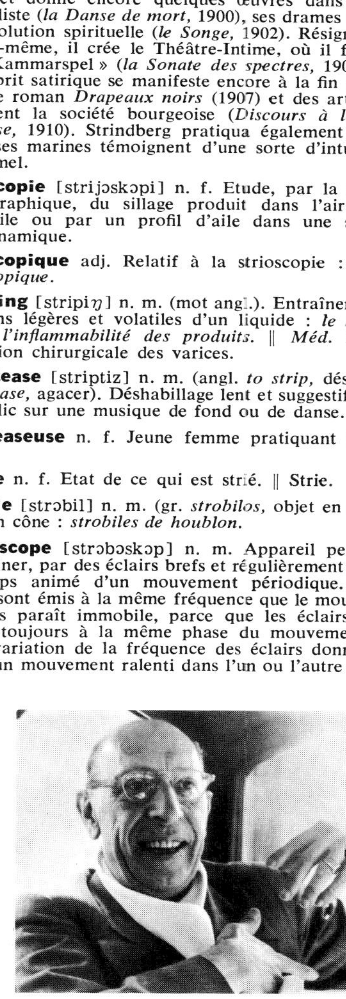
Stravinski

Phot. Pic, Roger-Viollet, Lipnitzki.

stroboscopie n. f. (gr. *strobos*, tourniquet, et *skopein*, observer). Méthode d'observation fondée sur le principe du stroboscope.

Stroheim (Erich STROHEIM VON NORDENWALL, dit **Erich von**), acteur et metteur en scène de cinéma autrichien, naturalisé américain en 1926, né à Vienne (1885-1957). Son œuvre, qui allie le naturalisme au romantisme parfois désespéré, influença de nombreux cinéastes : *Folies de femmes* (1922), *les Rapaces* (1923), *la Symphonie nuptiale* (1927), *Queen Kelly* (1928).

strombe [strɔ̃b] n. m. Mollusques des mers chaudes, dont la coquille sert à fabriquer des camées.

Stromboli, une des îles Eoliennes, formée d'un volcan en activité (926 m).

strombolien [strɔ̃bɔljɛ̃], **enne** [-ɛn] adj. Du Stromboli. ‖ Se dit d'un type d'éruption volcanique caractérisée, à son paroxysme, par l'écoulement de laves fluides et par la projection de scories (parfois aussi englobées dans les coulées de laves).

strongle [strɔ̃gl] ou **strongyle** [strɔ̃ʒil] n. m. Ver parasite de l'intestin du cheval, de l'âne. (Long. max. 5 cm ; classe des nématodes.)

strongylose [strɔ̃ʒiloz] n. f. Entérite chronique de divers animaux.

strontiane [strɔ̃sjan] n. f. Oxyde ou hydroxyde de strontium, employé dans les sucreries.

strontium [strɔ̃sjɔm] n. m. (de *Strontian* [Ecosse], où il fut découvert pour la première fois). Métal jaune (Sr), de numéro atomique 38, analogue au calcium. (On utilise le nitrate de strontium en pyrotechnie, pour colorer les flammes en rouge.)

strophantine n. f. Alcaloïde tiré du strophantus et utilisé en médecine dans les insuffisances cardiaques.

strophantus [strɔfɑ̃tys] n. m. (mot lat. ; du gr. *strôphan*, tourner sur soi). Liane des régions tropicales, contenant une substance toxique que les indigènes utilisent pour empoisonner leurs flèches. (A petites doses, le strophantus est tonicardiaque. Famille des apocynacées.)

strophe [strɔf] n. f. (lat. *stropha* ; gr. *strophê*). Groupe de vers formant une unité et s'ordonnant de manière à présenter une correspondance métrique avec un ou plusieurs groupes semblables.
— ENCYCL. *Littér. anc.* Dans le théâtre antique, air que chante le chœur en évoluant sur la scène, la *strophe* se compose de plusieurs périodes, ou vers, et constitue une unité métrique de longueur indéterminée. Elle est disposée de façon à préparer le retour d'une unité identique, dite « antistrophe », avec correspondance de syllabe à syllabe, pour la quantité (brève ou longue), et parfois de mot à mot. Le caractère différent des strophes permet de définir deux grandes familles dans le lyrisme grec : le lyrisme dorien, de Pindare et de la tragédie attique, use d'une strophe de composition très libre, qui forme généralement le premier élément d'une triade* (la strophe dorienne a été notamment imitée par Ronsard et Claudel dans ses *Grandes Odes*) ; le lyrisme éolien, de Sappho et d'Alcée, est caractérisé par des strophes qui, sous l'aspect de petits couplets, se répètent toutes selon le même schéma. (Elles furent imitées en latin, dans ses *Odes*, par Horace.) Une variante simplifiée du lyrisme éolien est constituée par les couplets ioniens d'Archiloque et d'Anacréon, plus proches de la poésie française.
— *Littér. française.* Dans la versification la strophe est un groupe de vers libres unis dans un système complet de rimes. La strophe présente généralement une unité de sens, mais, depuis A. Chénier, on admet l'enjambement du sens d'une strophe sur l'autre, et les poètes romantiques ont tiré de cette ressource de puissants effets. Le XVIIe s. distinguait entre la stance, qui excédait rarement dix vers et qui demandait un repos intérieur, et la strophe, plus longue et continue. Cette distinction a aujourd'hui disparu. La strophe, de longueur variable (de 7 à 20 vers) et groupant des vers isométriques ou hétérométriques, est en réalité limitée par la capacité de l'oreille à percevoir l'unité du système. Au-delà d'une certaine étendue, l'oreille saisit difficilement le rythme. Au-dessous de quatre vers, il n'y a pas de véritable strophe. Certains poèmes à forme fixe sont définis par la structure de leurs strophes (ballades, rondeaux, sonnets, etc.).

Štrosmajer ou **Strossmayer** (Josip Juraj), prélat croate, né à Osijek (1815-1905). Evêque de Djakovo (1849), il fut un des grands animateurs du mouvement yougoslave. En 1874, il fonda l'université de Zagreb.

Strozzi, famille florentine rivale de celle des Médicis (XVe s.). Elle passa au service de la France. Ainsi, PIERO, né à Florence (1510-1558), fut maréchal de France.

structural, e, aux adj. Relatif à la structure. ● *Surface structurale*, surface constituée par la partie supérieure d'une couche dure, dégagée par l'érosion d'une couche tendre se trouvant au-dessus.

structuralisme n. m. Théorie commune à certaines sciences humaines, comme la linguistique, l'anthropologie sociale, etc., et visant à appréhender le fait humain qu'elles étudient comme un ensemble d'éléments qui se déterminent les uns les autres quant à leur nature et leurs fonctions, en vertu de lois générales.
— ENCYCL. Le *structuralisme* ne se considère pas comme une philosophie, mais comme une théorie impliquant une méthodologie. La notion de *structure* n'est pas une découverte ; mais diverses spécialités, comme la linguistique avec les travaux de Saussure (*Cours de linguistique*, publiés en 1916), la psychologie avec la théorie gestaltiste (Köhler, *Gestalt Psychologie*, 1929), l'ethnologie avec la théorie fonctionnaliste (Malinowski, Radcliffe-Brown), mettent en évidence une nouvelle manière de concevoir

Erich von **Stroheim** dans « la Grande Illusion »

l'interdépendance des phénomènes humains. C'est la linguistique qui lui donne la première une formulation scientifique (v. *langage**). Cl. Lévi-Strauss s'imprègne des travaux de la linguistique américaine (Sapir, Bloomfield, Jacobson), qui complètent les concepts élaborés par Saussure, pour construire une nouvelle méthodologie (v. *anthropologie* sociale*). D'autres secteurs sont touchés par le structuralisme : l'histoire par la rencontre de recherches déjà anciennes, comme celles de Dumézil et Braudel, qui retrouvent dans le structuralisme un terrain revivifiant, l'histoire des idées et notamment le marxisme (Althusser, *Pour Marx*, 1965), la philosophie de l'histoire (Foucault, *les Mots et les Choses*, 1966), la psychanalyse (dans laquelle Lacan [*Ecrits*, 1966] occupe une place particulière), la critique littéraire (R. Barthes, *Critique et Vérité*, 1966). Le développement d'un structuralisme indépendant des spécialités et commun à toutes est parallèle au passage de celles-ci au statut scientifique (naissance de la notion des *sciences humaines*). En effet les notions fondamentales du structuralisme, la totalité et l'interdépendance, sont idéalement susceptibles à chaque application particulière d'une formulation logico-mathématique. Ainsi un système de parenté* peut être considéré comme une structure récurrente ; sur ces bases, le chercheur peut reconstruire un système de parenté dont il n'aurait qu'une connaissance partielle ; la notion de structure permet de comprendre en ethnologie une variante dans un mythe, en linguistique un allomorphe dans un système morphologique donné, etc., chaque fois comme variante combinatoire, intégrée à un ensemble structurant les transformations mêmes du mythe en question, du morphème en question. La structure n'est pas pour les structuralistes une simple construction abstraite, comme l'est le modèle* logico-mathématique auquel l'analyse structurale a fréquemment recours : le modèle n'est en effet qu'une simplification du réel, mais il est utile, puisque c'est grâce à lui qu'une structure peut être mise en évidence. En fait la structure participe aussi au réel, fait corps avec lui en ce sens qu'elle s'impose en quelque sorte au chercheur, à qui il arrive de changer de modèles pour rendre compte d'une structure existante.

structuraliste adj. Qui appartient au structuralisme. ‖ — N. Partisan du structuralisme.

structurant, e adj. Se dit d'un réaménagement urbain, d'un nouveau mode de transport susceptible d'amener une évolution dans la répartition des activités et la structure économique d'un quartier de ville, d'une région : *le caractère structurant de l'infrastructure autoroutière.*

structuration n. f. Action de structurer ; état de ce qui est structuré.

structure [stryktyr] n. f. (lat. *structura* ; de *struere*, construire). Manière dont un édifice est construit, dont une chose est disposée, arrangée : *la structure d'un réseau routier.* ‖ Manière dont les parties d'un tout sont arrangées entre elles : *la structure du corps humain.* ‖ *Fig.* Disposition, agencement : *la structure d'un poème.* ‖ *Géol.* Nature des couches géologiques et agencement de ces couches les unes par rapport aux autres. ‖ *Math.* Caractère d'un ensemble résultant des opérations qui y sont définies et des propriétés de ces opérations : *structure de groupe, structure d'anneau.* ‖ *Psychol.* Ensemble organisé de formes qui, d'après les gestaltistes, serait

strombe

perçu d'emblée avant que chaque détail soit isolé. (V. FORME.) ● *Réforme de structure* (Dr.), réforme législative qui modifie profondément une des structures administratives, économiques ou sociales d'une collectivité. ‖ *Structure latente d'un groupe*, configuration des membres d'un groupe telle que l'analyse d'un test sociométrique permet de la mettre en évidence.

structurel, elle adj. Constitué par une structure.

structurer v. t. Doter d'une structure.

Struensee (Johann Friedrich, *comte* DE), homme politique danois, né à Halle (1737-1772). Médecin du roi Christian VII (1768), conseiller d'Etat, il devint l'amant de la reine Caroline-Mathilde. Il inspira d'importantes réformes (abolition du servage, de la torture, de la prison pour dettes, des corporations). Inculpé de complot contre le roi, il fut décapité.

Struma (la), le **Strymon** des Grecs anciens, fl. de Bulgarie et de Grèce, tributaire de la mer Egée ; 430 km.

strume [strym] n. m. Syn. anc. de GOITRE.

Struthof, village d'Alsace (comm. de Natzwiller, Bas-Rhin). Camp d'extermination allemand pendant la Seconde Guerre mondiale, où moururent 20 000 détenus. Nécropole nationale de la Déportation.

Struve (Otto), astronome américain d'origine russe, né à Kharkov (1897-1963). Ses travaux ont notamment porté sur la spectrographie des étoiles et des nébuleuses, sur la mesure des vitesses radiales, sur la nature de la matière interstellaire, ainsi que sur la théorie des raies et des bandes d'absorption.

strychnine [striknin] n. f. (du gr. *strukhnos*, plante qui a des propriétés vomitives). Alcaloïde de la noix vomique.
— ENCYCL. La *strychnine* est douée, à très petite dose, de propriétés stimulantes et stomachiques, mais elle est toxique (doses maximales pour l'adulte : 0,006 g par prise et 0,018 g par 24 heures). Au-delà de ces doses, elle provoque des contractures musculaires intenses, des nausées et des vomissements, puis la mort.

strychnos [striknos] n. m. (mot gr.). Arbre des régions tropicales. (Une espèce a pour graine la noix vomique, dont on tire la strychnine ; d'autres espèces fournissent le curare.)

Strymon. V. STRUMA.

Stuart, grande famille d'Ecosse, d'où sont issus les rois d'Ecosse depuis 1371, également rois d'Angleterre de 1603 à 1688.

stuc [styk] n. m. (ital. *stucco*). Enduit imitant le marbre, et composé ordinairement de plâtre fin, de chaux éteinte et de poussière de marbre ou de craie.

stucage n. m. Application de stuc ; son résultat.

stucateur n. m. Ouvrier travaillant le stuc.

stud-book [stœdbuk] n. m. (mot angl. signif. *livre de haras*). Registre où sont inscrites la généalogie et les performances des chevaux pur sang.

studette n. f. Petit studio.

studieusement adv. Avec application.

studieux [stydjø], **euse** [-øz] adj. (du lat. *studium*, zèle). Qui aime l'étude ; qui est appliqué : *écolier studieux.*

studio [stydjo] n. m. (mot anglo-amér.). Petit appartement composé d'une pièce principale et de pièces accessoires (cuisine, salle de bains, etc.). ‖ Atelier d'artiste, cabinet de travail. ‖ Local où se font les prises de vues ou de son pour le cinéma et pour les émissions télévisées ou radiophoniques. ‖ Salle de répétition de danse.

stuka [ʃtuka] n. m. (abrév. de STURZKAmpfflugzeug, avion de combat en piqué). Nom donné, pendant la Seconde Guerre mondiale, au Junkers 87, bombardier allemand d'attaque en piqué.

stūpa [stupa] n. m. inv. ou **stoupa** n. m. Monument hémisphérique d'origine indienne, contenant des reliques, ou simplement commémoratif.

stupéfaction n. f. Etonnement profond : *être frappé de stupéfaction.*

stupéfait, e adj. (lat. *stupefactus*). Interdit, immobile de surprise : *il resta stupéfait.*

stupéfiant, e adj. Qui stupéfie : *la morphine est stupéfiante.* ‖ *Fig.* Qui frappe de stupeur : *nouvelle stupéfiante.*

stupéfiant n. m. Médicament provoquant un engourdissement progressif de l'esprit et du corps, et employé pour calmer les douleurs violentes.
— ENCYCL. Les principaux *stupéfiants* sont la cocaïne, la morphine et les corps synthétiques dont l'action est analogue. Ils apportent un soulagement aux douleurs intolérables, passagères (coliques néphrétiques, hépatiques) ou durables (cancers), mais leur usage provoque un état d'euphorie qui peut les faire employer abusivement. La diminution de leurs effets conduit à une augmentation des doses, et la continuation de leur emploi aboutit à un état de besoin caractéristique des toxicomanies. Pour ces raisons leur emploi est strictement réglementé (tableau « B » des substances toxiques).

stupéfier v. t. Causer une grande surprise à : *cette nouvelle m'a stupéfié.* ‖ Mettre dans un état d'inertie physique et mentale : *l'opium stupéfie les fumeurs qui en usent.*

stupeur [stypœr] n. f. (lat. *stupor*). Engourdissement de l'intelligence et de la sensibilité. ‖ *Fig.* Sorte d'immobilité causée par un grand étonnement, une vive émotion : *rester muet de stupeur.*

Phot. Cinémathèque française, Lauros - Atlas-Photo.

stupide [stypid] adj. (lat. *stupidus*, frappé de stupeur). D'un esprit lourd et pesant : *il est si stupide qu'on ne peut rien faire de lui.* || Qui dénote la sottise, l'inintelligence : *un air stupide.*

stupidement adv. De façon stupide : *répondre stupidement.*

stupidité n. f. Privation totale d'esprit, de jugement. || Parole, action stupide : *dire une stupidité.*

stupre [stypr] n. m. (lat. *stuprum*). Acte de débauche honteuse ; infamie.

stuquer [styke] v. t. Enduire de stuc.

Sturdee (*sir* Frederick Charles Doveton), amiral anglais, né à Charlton (Kent) [1859-1925]. Vainqueur de l'amiral allemand von Spee aux îles Falkland (1914), il participa à la bataille du Jutland (1916).

Sturdza ou **Stourdza,** famille moldave représentée par MIHAIL (1795-1884), prince de Moldavie (1834-1849) ; — VASILE (1810-1870) ; — DIMITRIE, né à Miclăuşeni (1833-1914), président du Conseil de 1895 à 1909.

Sturm (Johannes), humaniste et réformateur allemand, né à Schleiden (1507-1589). Converti au protestantisme, il dirigea l'académie de Strasbourg.

Sturm (Charles), mathématicien français d'origine suisse, né à Genève (1803-1855). Avec Colladon, il détermina, par une méthode directe réalisée dans le lac Léman, la vitesse de propagation du son dans l'eau. Son nom est resté attaché à un théorème qui précise le nombre des racines réelles d'une équation numérique comprises entre deux limites données.

Sturm und Drang (proprem. *tempête et élan*), mouvement littéraire qui exerça une influence profonde sur la littérature allemande entre 1770 et 1790, et qui emprunta son nom au titre d'une tragédie de Klinger*. S'inspirant des idées de J.-J. Rousseau, il constitue une réaction contre le rationalisme et le classicisme. Il a été illustré par H. L. Wagner, Lenz, Klinger, Herder et surtout par Goethe et Schiller à l'époque de leur jeunesse.

Sturzo (Luigi), homme politique italien, né à Caltagirone (1871-1959). Prêtre (1894), il entra dès 1896 dans le premier mouvement de la démocratie chrétienne. En 1919, il fonda le parti populaire italien. Opposé au fascisme, il quitta l'Italie en 1924. A New York, il constitua le parti démocrate-chrétien. Rentré en Italie en 1946, il fut nommé en 1953 sénateur à vie.

Stuttgart, v. de l'Allemagne occidentale, cap. du Bade-Wurtemberg, sur le Neckar; 618 000 h. Carrefour routier et ferroviaire ainsi que port fluvial, Stuttgart est encore un grand centre commercial et industriel (métallurgie de transformation [automobiles], chimie, textile). Château (XVIe s.). Cathédrale (XVe s.).

Stwosz (Wit), en allem. **Veit Stoss,** sculpteur polonais (?) [v. 1440-1533]. Il vint de Nuremberg à Cracovie, où il sculpta le retable en bois de la *Dormition de la Vierge* (église Notre-Dame, Cracovie), chef-d'œuvre de la sculpture gothique achevé en 1486. Revenu à Nuremberg (1496), il produisit des œuvres d'une vigueur moindre.

style [stil] n. m. (lat. *stilus*). Poinçon de métal dont les Anciens se servaient pour écrire sur des tablettes enduites de cire. || Tige dont l'ombre marque l'heure sur un cadran solaire. || *Technol.* Aiguille pointue servant à l'inscription sur un appareil enregistreur. || *Bot.* Partie moyenne du pistil d'une fleur, formant généralement une colonne insérée au sommet de l'ovaire et surmontée des stigmates. (Le style contient un tissu « conducteur » particulier qui guide la croissance des tubes polliniques vers l'ovaire ; il résulte de la soudure des axes carpellaires dans leur partie moyenne ; en soulevant les stigmates au-dessus de la fleur, il favorise leur pollinisation.)

style n. m. (même étymol. qu'à l'art. précédent). Manière particulière d'écrire, d'exprimer sa pensée : *soigner son style.* (V. *encycl.*) || *Sports.* Manière d'exécuter un geste avec une certaine aisance ou une certaine efficacité. || Manière particulière à un artiste, à un genre, à une époque : *style gothique.*
— ENCYCL. *Littér.* Le *style* est l'ensemble des procédés par lesquels un écrivain s'approprie, pour s'exprimer, les ressources d'une langue. Le choix des mots et des tours, la recherche de certaines harmonies et de certains rythmes constituent le style, expression de la personnalité de l'écrivain. Cependant, l'époque, qui impose sa marque aux individus, contribue à déterminer les caractères du style : on parle du style romantique, du style naturaliste, etc. L'ancienne rhétorique distinguait les styles *simple, fleuri, tempéré* et *sublime.* Chaque genre littéraire possède également son style propre : le style épique, le style lyrique, etc. Mais, aujourd'hui, la stylistique, ou science du style, délaisse les classifications pour tenter une définition scientifique des procédés de style à partir de l'étude particulière de chaque écrivain.

styler v. t. Former selon les règles de la bienséance : *styler un domestique.* || Former à prendre certaines attitudes.

stylet [stilɛ] n. m. (ital. *stiletto ;* de *stilo,* poignard). Petit poignard à lame très effilée. || *Hist. nat.* Organe fin et pointu, chez certains animaux : *stylets perforants des pièces buccales des rhynchotes.* || *Méd.* Instrument de chirurgie.

stylisation n. f. Action de styliser.

styliser v. t. Modifier un objet naturel par l'interprétation et la simplification afin de lui donner une plus grande valeur plastique ou décorative : *styliser une fleur.* || Réduire à une ligne générale.

stylisme n. m. Soin extrême que l'on donne à son style. || Recherche et détermination des caractéristiques d'un tissu et de la forme des vêtements, conciliant les tendances de la mode et la demande d'une clientèle définie.

styliste n. Ecrivain qui brille surtout par le style.

stylisticien, enne n. Spécialiste de stylistique.

stylistique n. f. Etude scientifique des procédés de style.

stylite [stilit] n. et adj. Ermite qui passait sa vie sur une colonne : *philosophe stylite.*

stylo [stilo] n. m. Abrév. usuelle de *stylographe.*

stylobate [stilɔbat] n. m. (gr. *stulobatês*). Piédestal ou soubassement qui porte un rang de colonnes.

stylographe [stilɔgraf] ou, par abrév., **stylo** n. m. Porte-plume dont le corps, évidé, contient un réservoir d'encre.

stylographique adj. Qui sert pour le stylographe : *encre stylographique.*

Stymphale (*lac*), lac de la Grèce ancienne (Arcadie). Sur ses bords, selon la mythologie, Héraclès extermina des oiseaux qui se nourrissaient de chair humaine.

styptique [stiptik] adj. et n. m. (gr. *stuptikos,* astringent). Se dit d'un astringent qui contracte fortement les muqueuses (alun, sels solubles de plomb, de fer, etc.).

styrax [stiraks] n. m. Arbrisseau exotique fournissant le benjoin et un baume appelé aussi *styrax.* (Famille des styracacées ; nom usuel : *aliboufier.* Le styrax liquide est tiré d'un liquidambar d'Asie Mineure.) [Syn. STORAX.]

styrène [stirɛn] ou **styrolène** [stirɔlɛn] n. m. Hydrocarbure benzénique servant de matière première pour de nombreuses matières plastiques.

Styrie, en allem. **Steiermark,** prov. du sud-est de l'Autriche ; 1 137 900 h. Cap. *Graz.* Au sud de l'Enns, la province s'étend essentiellement sur les Niedere Tauern et les Alpes de Styrie (séparés par la Mur). Le sous-sol fournit du lignite et surtout du fer (Erzberg), à l'origine, notamment, de la métallurgie de Leoben-Donawitz.

Stuttgart

● *Histoire.* A partir du XIe s., les châtelains de *Steyr* se rendirent indépendants de la Carinthie et donnèrent leur nom à leur domaine, qui fut érigé en duché en 1180, mais qui passa aux Habsbourg dès le XIIIe s. La colonisation allemande y réduisit grandement la proportion de la population slovène.

Styx (le), fl. des Enfers, dont il faisait sept fois le tour. Ses eaux rendaient invulnérable.

su [sy] n. m. Usité dans l'expression *au vu et au su de,* à sa connaissance : *au vu et au su de tout le monde.*

suage [sɥaʒ] n. m. Petit ourlet sur le bord d'un plat d'étain. || Partie carrée du pied d'un flambeau.

suage n. m. Eau qui sort par les deux bouts d'une bûche exposée à la chaleur du feu.

suaire [sɥɛr] n. m. (lat. *sudarium,* linge pour essuyer la sueur). Linceul dans lequel on ensevelit un mort. ● *Le saint suaire,* linceul qui servit à ensevelir Jésus-Christ.

Suard (Jean-Baptiste Antoine), écrivain français, né à Besançon (1732-1817). Critique dramatique, protégé de Mme Geoffrin, il fut élu en 1774 à l'Académie française, où il eut beaucoup d'influence. Proscrit en 1797, il revint en France après le 18-Brumaire et devint en 1803 secrétaire perpétuel de la section littéraire de l'Institut. Il a laissé cinq volumes de *Mémoires,* publiés en 1858. — Sa femme, née à Lille (1750-1830), sœur du libraire Ch. J. Panckoucke, tint un salon littéraire.

Suarès (Isaac Félix, dit **André**), écrivain français, né à Marseille (1868-1948). Esprit solitaire, il manifeste son goût de l'héroïsme dans une œuvre empreinte de mysticisme et qui se présente comme une suite de méditations : *le Livre de l'émeraude* (1902), *Voyage du Condottiere* (1910-1932), *Xénies* (1923), *Vues sur Napoléon* (1933), *Trois Grands Vivants* (1937).

Suárez (Francisco), jésuite et théologien espagnol, né à Grenade (1548-1617), auteur de la *Défense de la foi* (1613), où il place le pouvoir spirituel au-dessus du pouvoir temporel.

suave [sɥav] adj. (lat. *suavis*). D'une douceur agréable : *parfum, musique suave.* (Syn. : DÉLICIEUX, DOUX, EXQUIS.)

suavement adv. De façon suave.

suavité n. f. Qualité de ce qui est suave.

subaigu [subegy], **ë** adj. Qui n'est pas tout à fait aigu : *maladie subaiguë.*

subalpin, e adj. Se dit des régions situées en bordure des Alpes : *lacs subalpins.*

subalterne [sybaltɛrn] adj. et n. (lat. *sub,* sous, et *alter,* autre). Qui est subordonné à quelqu'un ; qui dépend d'un autre : *officier subalterne.* || Inférieur, secondaire : *emploi subalterne.*

subcarpatique adj. Se dit d'une région située au pied des Carpates : *Ukraine subcarpatique.*

subconscience n. f. Conscience obscure, ou demi-conscience.

subconscient, e adj. (lat. *sub,* sous, et *conscient*). Dont on n'a qu'une demi-conscience.

subconscient n. m. Zone de l'esprit intermédiaire entre la conscience et l'inconscient : *selon la psychanalyse, certains désirs sont refoulés dans notre subconscient.*

subdélégation n. f. Action de subdéléguer. || Commission donnée à un subdélégué.

subdélégué n. m. Sous l'Ancien Régime, fonctionnaire placé sous les ordres de l'intendant.

subdéléguer v. t. (conj. **5**). Confier à quelqu'un l'autorité qu'on a reçue soi-même par délégation.

subdiviser v. t. (lat. *sub,* sous, et *dividere,* diviser). Diviser les parties d'un tout qui a déjà été divisé.

subdivision n. f. Division d'une des parties d'un tout déjà divisé.

Stwosz
retable
de la Dormition
de la Vierge
détail
église Notre-Dame
Cracovie

Phot. Office du tourisme allemand, X.

subdivisionnaire adj. Relatif à une subdivision.

suber [sybɛr] n. m. (mot lat.). Nom scientifique du tissu végétal qui forme le liège*.

subéreux [syberø], **euse** [-øz] adj. (du lat. *suber*, liège). Qui a la consistance du liège.

subérine [syberin] n. f. (du lat. *suber*, liège). Substance organique qui entre dans la composition du liège.

Subiaco, v. d'Italie (Latium); 8 600 h. Benoît de Nurcie y fonda l'ordre des Bénédictins au début du VIe s. La ville a été endommagée pendant la Seconde Guerre mondiale.

subintrant [sybɛ̃trɑ̃], **e** [-ɑ̃t] adj. Se dit d'un mal dont un accès nouveau commence avant la fin du précédent : *crises d'asthme subintrantes.*

subir [sybir] v. t. (lat. *subire*, soumettre). Se soumettre de gré ou de force à ce qui est prescrit : *subir un interrogatoire.* ‖ Supporter, endurer : *subir des tortures, une conversation ennuyeuse.* ‖ — Syn. : ÉPROUVER, ESSUYER, PÂTIR, SOUFFRIR. ● *Subir un changement*, être changé, modifié. ‖ *Subir un examen*, en soutenir l'épreuve.

subit [sybi], **e** [-it] adj. (lat. *subitus*). Soudain; qui arrive tout à coup : *changement subit.*

subitement adv. Soudainement.

subito [sybito] adv. (mot lat.). *Fam.* Subitement.

subjacent [sybʒasɑ̃], **e** [-ɑ̃t] adj. Syn. de SOUS-JACENT.

subjectif [sybʒɛktif], **ive** [-iv] adj. (du lat. *subjectus*, mis dessous). Individuel; qui varie avec le jugement, les sentiments, les habitudes, etc., de chacun : *les goûts sont subjectifs.* ‖ Qui se rapporte au sujet pensant (par oppos. à *objectif*, qui se rapporte à l'objet pensé).

subjectif n. m. Ce qui est subjectif.

subjectile [sybʒɛktil] n. m. Ce qui supporte une couche de peinture.

subjectivement adv. De façon subjective.

subjectivisme n. m. *Philos.* Système qui n'admet d'autre réalité que celle du sujet pensant.

subjectiviste adj. Relatif au subjectivisme. ‖ — Adj. et n. Qui professe le subjectivisme.

subjectivité n. f. Etat, caractère de ce qui est subjectif.

subjonctif [sybʒɔ̃ktif] n. m. et adj. (lat. *subjunctivus*, subordonné). Mode du verbe indiquant qu'une action est conçue comme subordonnée à une autre, ou comme douteuse, possible, voulue.
— ENCYCL. Dans la proposition indépendante, le *subjonctif* exprime :
1° un ordre : *qu'il vienne immédiatement ;*
2° une défense : *que rien ne soit décidé en mon absence ;*
3° une supposition : *qu'il ose vous interrompre, et nous saurons le faire taire.*
Dans les propositions subordonnées conjonctives, le subjonctif s'emploie quand le verbe de la proposition exprime :
1° la volonté : *il veut qu'on le craigne ;*
2° le doute : *je crains qu'il n'arrive en retard ;*
3° le sentiment : *nous sommes heureux que vous soyez reçu à votre examen.*
Dans les propositions subordonnées conjonctives ou relatives, le subjonctif s'emploie quand la subordonnée exprime une idée :
1° de but : *hâtez-vous pour que vous soyez à l'heure ;*
2° de concession : *bien que le film fût médiocre, il ne s'est pas ennuyé ;*
3° de condition : *réglons cette affaire, à moins que vous ne vouliez réfléchir ;*
4° de conséquence : *il n'est pas un d'entre nous qui ne puisse faire ce travail.*
Le subjonctif est donc le mode employé dans les propositions subordonnées pour exprimer un fait douteux, indéterminé ou subordonné à une restriction quelconque. Toutefois, on évitera de croire que le subjonctif des propositions subordonnées exprime toujours un fait non réalisé et dont la nature soit d'être incertain. Dans une phrase telle que *je ne comprends pas que vous ayez dit cela, ayez dit* marque un fait réel.
Les formes du subjonctif se répartissent ainsi : *présent* et *imparfait*, formes simples; *passé* et *plus-que-parfait*, formes composées.
Seuls le présent et le passé sont largement usités. L'imparfait et le plus-que-parfait appartiennent à la langue littéraire, surtout à la troisième personne du singulier ou du pluriel.

subjuguer [sybʒyge] v. t. (lat. *sub*, sous, et *jugum*, joug). Exercer un puissant ascendant sur; dominer : *subjuguer les esprits.*

Subligny (Adrien Thomas PERDOU DE), écrivain français (1636-1696). Ami de Molière, il publia une gazette en vers, *la Muse dauphine* (1666), et écrivit une pièce, *la Folle Querelle* (1668), critique de l'*Andromaque* de Racine.

sublimation n. f. Transformation directe d'un solide en vapeur, sans passer par l'état liquide, et transformation inverse : *sublimation de l'iode.* ‖ *Fig.* Action d'élever jusqu'au sublime : *la sublimation d'une passion.* ‖ *Psychanal.* Mécanisme de défense du moi par lequel certaines pulsions, détachées de leur objet primitif, sont intégrées à la personnalité en s'investissant dans des objets équivalents ayant une valeur sociale positive.

sublime [syblim] adj. (lat. *sublimis*, élevé dans les airs). Le plus haut, le plus élevé, en parlant des choses morales, intellectuelles : *éloquence sublime.* ‖ Très grand, noble dans ses actes, ses paroles, ses écrits : *être sublime de dévouement.* ‖ — N. m. Ce qu'il y a de plus élevé dans le style, les sentiments, etc.

sublime (*Traité du*), ouvrage de critique littéraire longtemps attribué à Longin, mais dû vraisemblablement à un rhéteur grec inconnu du Ier s. apr. J.-C. Ce livre, qui réunit les exemples capables de suggérer aux orateurs le sens d'un art à la fois raffiné et sincère, a été rendu célèbre par la traduction de Boileau et l'usage qu'il en fit dans la querelle des Anciens et des Modernes.

Sublime Porte. V. PORTE.

sublimé n. m. *Chim.* Corps volatilisé et recueilli à l'état solide. ● *Sublimé corrosif* ou, simplement, *sublimé*, chlorure mercurique $HgCl_2$ (substance caustique employée comme antiseptique, mais très vénéneuse) : *le blanc d'œuf et le lait sont les antidotes du sublimé.*

sublimement adv. De façon sublime.

sublimer v. t. (lat. *sublimare*, distiller les éléments volatils). Faire passer directement de l'état solide à l'état gazeux, ou inversement. ‖ Elever jusqu'au sublime : *l'art permet de sublimer les réalités de la vie.* ‖ *Psychanal.* Transposer une pulsion sur un plan supérieur de réalisation : *sublimer une passion.*

subliminal, e, aux adj. (lat. *sub*, à l'entrée de, et *limen*, seuil). Qui ne dépasse pas le seuil de la conscience. ● *Perception subliminale*, perception d'un objet à la limite de sa reconnaissance par le sujet, en raison de l'éloignement, de l'éclairement, etc. (On dit aussi SUBLIMINAIRE.)

sublimité n. f. Qualité de ce qui est sublime : *la sublimité du style.*

sublingual [syblɛ̃gwal], **e, aux** [-o] adj. (lat. *sub*, sous, et *lingua*, langue). Sous la langue : *les glandes sublinguales produisent une salive très visqueuse.*

sublunaire adj. *Astron.* Qui est entre la Terre et l'orbite de la Lune : *région sublunaire.* ● *Le monde sublunaire* (par plaisant.), la Terre.

subluxation n. f. Léger déplacement des extrémités articulaires des os, proche de la luxation.

submerger [sybmɛrʒe] v. t. (lat. *sub*, sous, et *mergere*, plonger) [conj. 1]. Inonder, couvrir d'eau. ‖ *Fig.* Emporter, anéantir : *Etat submergé par l'anarchie.* ● *Etre submergé de travail*, être accablé de travail.

submersible adj. Qui peut être submergé. ‖ Qui peut fonctionner en étant submergé : *moteur submersible.*

submersible n. m. Nom donné de 1899 à 1914 aux sous-marins français de haute mer.

submersion n. f. Action de submerger; son résultat.

subodorer [sybɔdɔre] v. t. (lat. *subodorari*, flairer). Sentir de loin. ‖ *Fig.* Se douter de quelque chose : *je subodore quelque vilain projet.* (Syn. : FLAIRER, PRESSENTIR, SOUPÇONNER.)

subordination n. f. Ordre établi entre les personnes, et qui rend les unes dépendantes des autres. ‖ Dépendance d'une chose par rapport à une autre. ‖ *Log.* Relation de l'espèce au genre. ● *Conjonction de subordination* (Gramm.), celle qui unit une proposition principale à une proposition subordonnée qui en dépend et la complète : *« que » est une conjonction de subordination.*

subordonnant n. m. Syn. de CONJONCTION DE SUBORDINATION*.

subordonné, e adj. Qui est soumis à un supérieur; qui dépend de quelqu'un ou de quelque chose. ● *Proposition subordonnée* (Gramm.), proposition qui complète le sens d'une autre proposition, à laquelle elle est le plus souvent rattachée par une conjonction de subordination, par un pronom relatif ou interrogatif, ou par un adjectif ou un adverbe interrogatif. ‖ — N. Personne qui est sous la dépendance d'une autre.

subordonner [sybɔrdɔne] v. t. (lat. *sub*, sous, et *ordinare*, mettre en ordre). Etablir un ordre de dépendance de l'inférieur au supérieur. ‖ *Fig.* Faire dépendre de : *subordonner sa réponse à une nouvelle demande.*

subornation n. f. Action de suborner. (La subornation de témoins est punie des mêmes peines que le faux témoignage.)

suborner [sybɔrne] v. t. (lat. *subornare*, dresser en vue d'une mauvaise action). Porter à agir contre le devoir, à faire une mauvaise action : *suborner des témoins.*

suborneur, euse adj. et n. Qui emploie des mensonges, des promesses fallacieuses, pour séduire.

Subotica, v. de Yougoslavie (Vojvodine); 77 000 h. Métallurgie.

subrécargue [sybrekarg] n. m. Sur un navire affrété, représentant des chargeurs, dont il défend les intérêts.

subreptice [sybrɛptis] adj. (du lat. *subreptum*, supin de *subripere*, dérober). Se dit de toute chose qui se fait furtivement, d'une façon déloyale, illicite : *pacte subreptice.*

subrepticement adv. De façon subreptice : *dérober subrepticement des objets.*

subreption [-sjɔ̃] n. f. Emploi de moyens subreptices : *obtenir une faveur par subreption.*

subrogateur adj. m. *Dr.* Relatif à une subrogation. ‖ — N. m. *Dr.* Magistrat désigné pour en remplacer un autre en qualité de rapporteur.

subrogatif, ive adj. Qui exprime, qui constitue une subrogation.

subrogation n. f. Substitution, dans un rapport juridique, d'une personne (*subrogation personnelle*) ou d'une chose (*subrogation réelle*) à une autre.

subrogatoire adj. *Dr.* Qui subroge : *acte subrogatoire.*

subrogé, e adj. *Subrogé tuteur*, personne choisie par le conseil de famille pour remplacer le tuteur et surveiller sa gestion.

subroger [sybrɔʒe] v. t. (lat. *subrogare*, faire venir à la place de) [conj. 1]. *Dr.* Désigner une personne pour remplir les fonctions ou exercer les droits d'une autre : *la caisse de sécurité sociale qui a versé des prestations à un assuré victime d'un accident causé par un tiers est subrogée dans les droits et actions de l'assuré contre le tiers.* ‖ Substituer une chose à une autre pour en être l'équivalent et lui faire remplir le même rôle. (Dans le régime de la communauté, l'immeuble acquis avec le produit de la vente d'un immeuble propre est subrogé à ce dernier et est également propre.)

subséquemment [-kamɑ̃] adv. Ensuite, après. ‖ *Ironiq.* En conséquence.

subséquent [sypsekɑ̃], **e** [-ɑ̃t] adj. (lat. *subsequens*, qui suit immédiatement). Qui suit, qui vient après : *un testament subséquent annule le premier.* ‖ Se dit d'un cours d'eau ou d'une dépression qui suivent le pied d'un relief monoclinal.

subside [sypsid] n. m. (lat. *subsidium*, secours). Secours d'argent qu'un prince, un Etat s'engageaient à fournir à un autre prince, à un autre Etat. ‖ Somme d'argent versée à titre de secours, de subvention.

subsidence [sypsidɑ̃s] n. f. (du lat. *subsidere*, être placé en réserve). Lent mouvement d'affaissement de certaines parties de l'écorce terrestre sous le poids des dépôts sédimentaires et sous l'action de déformations. ‖ Mouvement généralisé d'affaissement qui affecte une masse d'air.

subsidiaire [sypsidjɛr] adj. (du lat. *subsidium*, secours). Donné accessoirement pour venir à l'appui de quelque chose de principal : *raison subsidiaire.* ‖ Destiné à suppléer autre chose : *lorsque le plaideur craint que ses conclusions ne soient pas retenues, il dispose des conclusions subsidiaires.* ● *Question subsidiaire*, question posée en sus d'une question principale.

subsidiairement adv. De façon subsidiaire; en second lieu.

subsistance n. f. Nourriture et entretien : *pourvoir à la subsistance de sa famille.* ‖ — Pl. Ensemble des vivres et des objets au moyen desquels on subsiste. ● *Mise en subsistance*, opération par laquelle un homme de troupe est rattaché administrativement à une autre unité que la sienne. ‖ *Service des subsistances*, service de l'intendance militaire ayant pour mission de fournir ce qui est nécessaire à l'alimentation de la troupe.

subsistant, e adj. Qui subsiste. ‖ — N. Assuré social qui perçoit ses prestations de la caisse de sa résidence accidentelle au lieu et place de la caisse dont il relève normalement.

subsistant n. m. Militaire mis en subsistance.

subsister [sybziste] v. i. (lat. *subsistere*, durer). Exister encore; continuer d'être : *cet ancien édifice subsiste de nos jours.* ‖ Etre encore en vigueur; se maintenir : *cette loi subsiste.* ‖ Vivre, pourvoir à ses besoins : *ne subsister que d'aumônes.* ‖ — Syn. : DURER, PERSISTER, RESTER.

subsonique [sypsɔnik] adj. Dont la vitesse est inférieure à celle du son. ‖ Relatif aux vitesses inférieures à celle du son. ‖ — Contr. SUPERSONIQUE.

substance [sypstɑ̃s] n. f. (lat. *substantia*; de *substare*, se tenir dessous). *Philos.* Ce qu'il y a de permanent dans les choses qui changent. ‖ Toute sorte de matière : *substance dure, molle.* ‖ Ce qu'il y a de meilleur, de plus nourrissant : *les plantes tirent leur substance de la terre.* ‖ *Fig.* Ce qu'il y a d'essentiel dans un ouvrage, dans un acte, etc. : *rapporter la substance d'un discours.* ‖ — **En substance** loc. adv. En ne retenant que l'essentiel, en résumé.

substantialisme n. m. Philosophie qui croit à l'existence de la substance.

substantialiste adj. Qui concerne ou qui soutient le substantialisme : *Descartes et Spinoza sont des philosophes substantialistes.* ‖ — N. Partisan du substantialisme.

substantialité n. f. Caractère de ce qui est une substance.

substantiel, elle adj. Nourrissant : *aliment substantiel.* ‖ Essentiel, important : *extraire d'un livre ce qu'il y a de plus substantiel.* ‖ *Philos.* Relatif à la substance : *idée substantielle.*

substantiellement adv. De façon substantielle.

substantif [sypstɑ̃tif] n. m. (lat. *substantivum*, appliqué seulement pour qualifier le verbe *être*). *Linguist.* Syn. de NOM.

substantivement adv. Comme substantif : *adjectif employé substantivement.*

substantiver v. t. *Linguist.* Donner la valeur et la fonction de nom.

substituer [sypstitɥe] v. t. (lat. *sub*, sous, et *statuere*, placer). Mettre une personne ou une chose à la place d'une autre : *substituer un enfant, un mot à un autre.* ● *Substituer un héritier*, l'appeler à hériter à la place d'un autre, avec mission de lui remettre plus tard l'héritage.

substitut [sypstity] n. m. (de *substituer*). Magistrat chargé de suppléer, de remplacer au parquet le procureur général ou le procureur de la République. ‖ Celui qui remplit une fonction à la place d'un autre (peu us.).

substitutif, ive adj. Se dit d'une chose qui a été substituée à une autre : *médication substitutive; objet substitutif.*

substitution n. f. Action de substituer; son résultat : *substitution d'enfant.* ‖ *Chim.* Réaction chimique dans laquelle un élément d'un composé est remplacé par un autre élément chimique. ‖ *Math.* Remplacement d'une opération par une autre. ‖ Permutation effectuée sur *n* éléments distincts. ‖ Changement de variables dans une fonction de plusieurs variables. ‖ Application biunivoque d'un ensemble fini sur lui-même. ‖ *Psychanal.* Remplacement d'un objet par un autre autorisé par la censure, et entraînant la même décharge affective. ● *Substitution fidéicommissaire,* disposition consistant à exiger d'un donataire ou d'un légataire qu'il conserve toute sa vie le bien donné ou légué afin de le transmettre à un second bénéficiaire désigné par le donateur ou par le testateur lui-même. (La substitution fidéicommissaire, qui, sous l'Ancien Régime, avait facilité la constitution de grandes fortunes, est prohibée par le Code civil, sauf en ce qui concerne la protection des petits-enfants ou des neveux.) ‖ *Substitution vulgaire* (Dr.), disposition consistant à désigner la personne qui recevra un don ou un legs dans le cas où le donataire ou le légataire désigné en première ligne ne pourrait le recueillir.

substrat [sypstra] ou **substratum** [-tratɔm] n. m. (mot lat.; de *substernere,* étendre sous). *Philos.* Ce qui forme la partie essentielle de l'être, sur quoi reposent les qualités. ‖ Langue parlée jadis dans un pays et considérée dans son influence sur une langue différente parlée ensuite dans le même pays : *le substrat gaulois en France.* ‖ *Biochim.* Substance sur laquelle agit électivement une enzyme déterminée : *le maltose est le substrat de la maltase.*

subsumer v. t. *Philos.* Rapporter un cas particulier à un concept, à une loi générale.

subterfuge [sypterfyʒ] n. m. Moyen détourné pour se tirer d'embarras : *user de subterfuges.* (Syn. : ÉCHAPPATOIRE, FAUX-FUYANT, RUSE.)

subtil [syptil], **e** adj. (lat. *subtilis,* délié). Ingénieux, perspicace : *esprit subtil.* ‖ Qui exige beaucoup de finesse, de sagacité : *question subtile.* ● *Bacille subtil,* bacille Gram négatif, doué de propriétés bactériostatiques et bactéricides à l'encontre des autres espèces microbiennes, et utilisé de ce fait dans le traitement des infections intestinales.

subtilement adv. De façon adroite, délicate.

subtilisation n. f. Action de subtiliser.

subtiliser [syptilize] v. t. *Fam.* Dérober adroitement : *on lui a subtilisé sa bourse.* ‖ — V. i. Penser, raisonner avec une finesse excessive.

subtilité n. f. Pensée, raisonnement d'une finesse excessive : *trop de subtilité nuit.*

subtropical, e, aux adj. Situé près des tropiques, mais à une latitude plus élevée : *les régions subtropicales.*

subulé [sybyle], **e** adj. (du lat. *subula,* alène). Terminé en pointe comme une alène : *antenne subulée.*

suburbain, e adj. (lat. *suburbanus;* de *sub,* sous, et *urbs,* ville). Qui est tout près de la ville : *la population suburbaine.*

suburbicaire [sybyrbikɛr] adj. Se dit des sièges épiscopaux proches de Rome (Ostie, Frascati, etc.), dont sont titulaires les cardinaux évêques.

subvenir [sybvənir] (**à**) v. t. ind. (lat. *subvenire,* venir au secours de) [conj. **16,** mais prend toujours l'auxiliaire *avoir*]. Pourvoir, suffire : *subvenir aux besoins de quelqu'un.*

subvention [sybvɑ̃sjɔ̃] n. f. (lat. *subventio,* aide). Somme versée à fonds perdus à un individu, à une association, à une école, etc., par l'Etat, une collectivité locale, une société ou un mécène.

subventionnel, elle adj. Qui constitue une subvention.

subventionner v. t. Accorder une subvention : *subventionner un théâtre, une industrie.*

subversif, ive adj. (du lat. *subversus,* renversé). Propre à détruire, à saper l'état de choses établi : *propos subversifs.*

subversion [sybvɛrsjɔ̃] n. f. Action de troubler, de renverser un état de choses, des lois ou des principes établis.

subversivement adv. De façon subversive.

suc [syk] n. m. (lat. *sucus,* sève). Liquide qui s'extrait des viandes, des plantes, etc., et qui est ce qu'elles ont de plus substantiel. ‖ Substance fondamentale d'organites cellulaires : *suc vacuolaire.* ‖ *Fig.* Ce qui existe de plus substantiel en fait de doctrine : *le suc de la science.*

succédané [syksedane], **e** adj. et n. m. (lat. *succedaneus;* de *succedere,* remplacer). Se dit de tout médicament, de tout produit qu'on peut substituer à un autre parce qu'il produit à peu près les mêmes effets : *les succédanés de l'opium.*

succéder [syksede] (**à**) v. t. ind. (lat. *succedere*) [conj. **5**]. Venir après; prendre la place : *la nuit succède au jour.* ‖ Parvenir après un autre à un emploi, à une dignité : *Louis XIII succéda à Henri IV.* ‖ Recueillir une succession. ‖ **— Se succéder** v. pr. Succéder l'un à l'autre; venir l'un après l'autre : *les victoires se sont succédé.*

succenturié [syksɑ̃tyrje], **e** adj. *Ventricule succenturié,* première partie de l'estomac des oiseaux.

succès [syksɛ] n. m. (lat. *successus,* réussite). Issue heureuse, réussite : *le succès d'une entreprise.* (Syn. : AVANTAGE, RÉUSSITE, TRIOMPHE, VICTOIRE.)

successeur n. m. Personne qui prend la suite d'une autre dans un état, une profession, certaines fonctions, ou dans ses droits ou obligations.

successibilité n. f. Droit de succéder. ‖ Ordre de succession.

successible adj. *Dr.* Qui peut légitimement succéder : *parents successibles.* ‖ Qui rend habile à succéder : *parents à un degré successible.*

successif, ive adj. Qui se succède sans interruption : *l'ordre successif des jours et des nuits.* ‖ *Dr.* Qui a rapport aux successions : *le droit successif.* ● *Contrat successif,* contrat où l'une des parties au moins s'engage à des prestations périodiques.

succession [syksesjɔ̃] n. f. (lat. *successio*). Suite, série de personnes ou de choses qui se succèdent sans interruption ou à peu d'intervalle : *succession de rois, d'idées.* ‖ Transmission légale à des personnes vivantes des biens et obligations d'une personne décédée. ‖ Biens qu'une personne laisse en mourant. ● *Droits de succession,* droits de mutation que les bénéficiaires d'une succession doivent verser à l'enregistrement. ‖ *Ordre de succession,* manière dont la loi règle les successions *ab intestat* suivant le degré de parenté des héritiers. ‖ *Succession anomale,* succession de certains biens du défunt qui échappent aux règles générales (droits d'auteur, qui vont au conjoint survivant; biens qui retournent aux donateurs, etc.).
— ENCYCL. *Dr.* Il y a *succession ab intestat* lorsque le défunt est décédé sans avoir testé; ses biens vont alors à ses *héritiers,* qui sont classés en ordres appelés l'un après l'autre à la succession : 1° les descendants; 2° les ascendants et collatéraux privilégiés (père et mère d'une part, frères et sœurs et leurs descendants d'autre part); 3° les ascendants ordinaires; 4° le conjoint survivant (ce dernier peut toutefois concourir avec des héritiers plus proches, mais seulement pour une part en usufruit, sauf cependant lorsqu'il vient en concours avec des ascendants dans une seule ligne, cas où il hérite d'une moitié ou des trois quarts en pleine propriété); 5° les collatéraux ordinaires jusqu'au 6e degré (jusqu'au 12e, lorsque le défunt, non interdit légal, était incapable de tester). En principe, les héritiers d'un même ordre se partagent la succession en parts égales, sauf en ce qui concerne les ascendants et collatéraux privilégiés, s'ils sont en concours entre eux (1/4 de la succession à chacun des deux ascendants privilégiés); les modalités du partage sont différentes lorsqu'il y a application du système de la *fente* (cas de collatéraux privilégiés qui ne sont pas du même lit; cas où sont en concours des collatéraux ordinaires; cas où le conjoint survivant hérite en pleine propriété en présence d'ascendants ordinaires dans une seule ligne) ou du système de la *représentation* (des petits-enfants sont, du fait du décès de leur auteur, en concours avec des enfants du défunt, c'est-à-dire avec leurs oncles; ils reçoivent alors la part qui aurait été dévolue à leur auteur s'il avait survécu et se la partagent entre eux par tête).
Il y a succession *testamentaire* lorsque le défunt a fait un testament valable. Les bénéficiaires de ce dernier sont des *légataires.* La loi interdit à celui qui fait un testament d'exclure de sa succession un certain nombre d'héritiers dits *réservataires* (descendants; ascendants privilégiés); en présence de tels héritiers, il ne peut disposer librement que d'une fraction de ses biens, appelée *quotité disponible.*
On appelle *succession vacante* celle que personne ne réclame, et *succession en déshérence* celle pour laquelle il n'existe ni légataire ni héritier au degré successible, et qui est alors dévolue à l'Etat.
La succession porte sur les biens, les créances et les dettes du défunt; mais il est possible de n'accepter une succession que *sous bénéfice d'inventaire.*

Succession d'Autriche (*guerre de la*) [1740-1748], guerre provoquée à la mort de l'empereur Charles VI (1740) par les ambitions de la Prusse, de la Bavière et de l'Espagne. Frédéric II s'empara de la Silésie (1740-1741), tandis que les Franco-Bavarois occupaient la Bohême et la Haute-Autriche. L'Autriche, qui s'était assuré l'alliance anglaise, céda la Silésie à la Prusse (1742), puis accorda la paix à la Bavière, vaincue (1745). La France continua la guerre en Flandre. La victoire de Fontenoy (1745) lui livra les Pays-Bas, mais elle ne conserva aucune de ses conquêtes à la paix d'Aix-la-Chapelle (1748).

Succession de Bavière (*guerre de la*), conflit qui opposa l'Autriche à la Prusse et subsidiairement à la Russie (1778-1779). Issu de la mort de Maximilien III de Bavière, sans enfants, et de la querelle née entre l'empereur Joseph II et Charles II, duc de Deux-Ponts, relativement à leurs droits respectifs, il se traduisit par une intervention armée de Frédéric II en faveur de Charles II. L'Autriche s'inclina (traité de Teschen, 1779).

Succession d'Espagne (*guerre de la*) [1701-1714], guerre causée par l'avènement de Philippe V, petit-fils de Louis XIV, au trône d'Espagne, où l'appelait le testament de Charles II (1700). La France dut combattre à la fois l'Autriche, l'Angleterre et les Provinces-Unies. La lutte fut signalée d'abord par des succès en Italie (1702) et en Allemagne (1703), bientôt suivis de revers : l'invasion de l'Espagne par l'archiduc Charles (1707); la défaite d'Audenarde, qui amena l'invasion de la France du Nord, arrêtée par Villars à la bataille de Malplaquet (1709) et par la victoire de Denain (1712). La guerre prit fin par les traités d'Utrecht (1713), de Rastatt et de Bade (1714). Le premier de ces traités fondait la puissance maritime et coloniale de l'Angleterre.

Succession de Pologne (*guerre de la*) [1733-1738], conflit qui mit aux prises la France, alliée de l'Espagne, avec la Russie. A la mort d'Auguste II, roi de Pologne, l'empereur Charles VI et la Russie prétendirent intervenir par la force pour soutenir l'élection d'Auguste III, tandis que Stanislas Leszczyński était proclamé roi de Pologne par la diète de Varsovie. Auguste III, soutenu par les Impériaux et les Russes, chassa son compétiteur. La France dut intervenir; elle remporta les victoires de Parme et de Guastalla. Fleury, partisan de la paix, consentit, par la paix de Vienne (1738), à reconnaître Auguste III roi de Pologne; Stanislas eut en compensation les duchés de Lorraine et de Bar.

successivement adv. L'un après l'autre; par degrés successifs.

successoral, e, aux adj. Relatif aux successions : *loi successorale.* ● *Accroissement successoral,* augmentation de la part d'un héritier, résultant du renoncement d'un autre.

succin [syksɛ̃] n. m. (lat. *succinum*). Syn. de AMBRE* JAUNE.

succinct [syksɛ̃], **e** [-sɛ̃t] adj. (lat. *succinctus,* court vêtu). Dit en peu de mots; bref, concis, laconique : *récit succinct.* ‖ *Par ext.* Qui s'exprime en peu de mots : *être succinct dans ses réponses.* ‖ *Fam.* Peu abondant : *repas succinct.* ‖ — Contr. : DIFFUS, PROLIXE, VERBEUX.

succinctement adv. Brièvement.

succinique adj. Se dit d'un acide découvert dans le succin.

succion [syksjɔ̃] n. f. (du lat. *suctus*). Action de sucer : *pratiquer la succion d'une plaie.*

succomber [sykɔ̃be] v. i. (lat. *succumbere*). Etre accablé sous un fardeau, sous un poids (au *pr.* et au *fig.*). ‖ Mourir : *le malade a succombé.* ‖ Perdre un combat, un procès, etc. ‖ — V. t. ind. [**à**]. *Fig.* Ne pas résister, céder à : *succomber à la tentation.*

succube [sykyb] n. m. Sorte de démon féminin (par oppos. à *incube*). ‖ — Adj. : *démon succube.*

succulence n. f. Qualité d'un mets succulent.

succulent [sykylɑ̃], **e** [-ɑ̃t] adj. (lat. *succulentus*). Qui a beaucoup de suc nourrissant et qui flatte le goût; savoureux : *viande succulente.*

succursale [sykyrsal] n. f. (du lat. *succurrere,* secourir). Etablissement commercial ou financier dépendant d'un autre, bien que jouissant d'une certaine autonomie : *société à succursales multiples.*

succursalisme n. m. Forme de commerce concentré disposant d'un réseau composé d'un grand nombre de petits magasins.

succussion [sykkysjɔ̃] n. f. (lat. *succussio,* secousse). *Méd.* Mode d'exploration qui consiste à secouer le malade pour produire un bruit de fluctuation thoracique ou stomacale.

sucement n. m. Action de sucer.

sucer [syse] v. t. (du lat. *sugere,* sucer) [conj. **1**]. Aspirer avec la bouche un liquide, une substance; pratiquer sur un objet un mouvement d'aspiration : *sucer un bonbon, un crayon.* ● *Sucer avec le lait,* contracter, recevoir dès l'enfance.

sucette n. f. Petite tétine que l'on donne à sucer aux nourrissons. ‖ Bonbon fixé à l'extrémité d'un bâtonnet.

suceur, euse adj. et n. Qui suce.

Suchet (Louis), duc D'ALBUFERA, maréchal de France, né à Lyon (1770-1826). Il combattit en Italie (1800), à Austerlitz, à Iéna et en Espagne, où il fit capituler Lérida (1810) et Tarragone (1811). Maréchal (1811), il contraignit Valence à se rendre (1812).

suçoir n. m. *Bot.* Organe fixant une plante parasite à son hôte et y prélevant la sève. ‖ *Zool.* Organe de la bouche des insectes, qui sert à sucer.

suçon [sysɔ̃] n. m. *Fam.* Marque qu'on fait à la peau en la suçant fortement.

suçoter v. t. Sucer à plusieurs reprises.

sucrage n. m. Action de sucrer : *le sucrage des moûts augmente la teneur du vin en alcool.*

sucrant, e adj. Qui sucre : *pouvoir sucrant.*

sucrase n. f. Diastase qui hydrolyse le saccharose en glucose et en lévulose. (Syn. : INVERTINE, SACCHARASE.)

sucrate n. m. Saccharate.

sucre [sykr] n. m. (de l'ital. *zucchero,* empr. à l'arabe). Aliment de saveur douce, cristallisé, que l'on extrait surtout de la canne et de la betterave à sucre : *sucre en poudre; sucre en morceaux.* (Nom scientifique : *saccharose.*) ‖ Nom général donné aux glucides en C_6 et C_{12}, donnant la saveur sucrée : *sucre de lait* (lactose). ● *Casser du sucre sur le dos de quelqu'un* (Fam.), dire du mal de lui.
— ENCYCL. Le *sucre,* qui existe dans un grand nombre de végétaux, est surtout extrait de la betterave et de la canne à sucre, ainsi que de l'érable au Canada et aux Etats-Unis; l'amidon et la fécule fournissent du glucose.
● *Sucre de betterave.* Après lavage, les betteraves sont découpées en fines lanières, ou « cossettes », dont on extrait un jus par diffusion. Additionné d'une certaine

quantité de chaux, qui le fait floculer, ce jus est partiellement neutralisé par du gaz carbonique, pour former un précipité de carbonate de calcium très fin, que l'on élimine par filtration. Le sirop est ensuite concentré, et les cristaux de sucre qui se forment constituent la masse cuite, qui est versée dans des malaxeurs, où se poursuit, par refroidissement, la cristallisation. Un turbinage sépare les cristaux du liquide appelé « égout », et un lavage à l'eau ou à la vapeur donne du sucre blanc. Les égouts provenant de la centrifugation de la masse cuite et de ce lavage sont à nouveau concentrés et cristallisés pour fournir un deuxième jet de sucre. Le dernier égout, incristallisable, constitue la *mélasse,* utilisée comme source d'autres produits. Le *sucre cristallisé* ainsi obtenu est soit utilisé directement, soit livré aux raffineries pour être amené sous une forme plus présentable.

● *Sucre de canne.* Le jus sucré, ou « vesou », extrait par broyage des cannes, dont le résidu fibreux, ou « bagasse », sert de combustible pour les foyers, est clarifié par floculation, décantation et filtration. Puis il est traité comme en sucrerie de betterave, en subissant les mêmes opérations.

Sucre, anc. **Chuquisaca** et **La Plata,** cap. constitutionnelle de la Bolivie, dans les Andes, à plus de 2 700 m d'alt. ; 72 000 h.

Sucre (Antonio José DE), patriote vénézuélien, né à Cumaná (1795-1830), lieutenant de Bolívar. Il participa à la libération de l'Amérique du Sud, remporta la victoire d'Ayacucho (1824) et devint président de la République bolivienne (1826).

sucré, e adj. Qui a le goût du sucre : *des poires sucrées.* ‖ *Fig.* Mielleux ; d'une douceur affectée : *langage sucré.* ‖ — N. *Faire la sucrée,* affecter un air doucereux, jouer la modestie.

sucrer v. t. Adoucir avec du sucre : *sucrer des fruits.* ‖ **— Se sucrer** v. pr. *Pop.* Toucher, s'octroyer la plus large part.

sucrerie n. f. Lieu où l'on fabrique le sucre.

sucreries n. f. pl. Friandises préparées avec du sucre.

sucrier, ère adj. Relatif à la production du sucre : *betterave sucrière ; industrie sucrière.*

sucrier n. m. Fabricant de sucre. ‖ Ouvrier qui travaille à la fabrication du sucre. ‖ Récipient où l'on met du sucre.

Sucy-en-Brie (94370), comm. du Val-de-Marne (arr. de Créteil) ; 17 400 h. Verrerie.

sud [syd] n. m. (de l'anc. angl. *suth*). Celui des quatre points cardinaux qui est opposé au nord. ‖ Pays ou partie d'un pays situé au sud. (En ce sens, prend une majuscule.)

sud-africain, e adj. et n. Qui est de la république d'Afrique du Sud. ‖ Pl. des *Sud-Africains.*

sud-africaine (*République*). V. AFRIQUE DU SUD (*république d'*).

sud-américain, e adj. et n. Qui est de l'Amérique du Sud. ‖ Pl. des *Sud-Américains.*

sudation [sydasjɔ̃] n. f. (lat. *sudatio*). Production de sueur physiologique ou artificielle. ‖ *Bot.* Emission d'eau sous forme liquide par les feuilles.

sudatoire adj. Accompagné de sueur.

Sudbury, v. du Canada (Ontario) ; 80 100 h. Centre minier (nickel).

sud-coréen, enne adj. et n. Qui est de la Corée du Sud. ‖ Pl. des *Sud-Coréens.*

Sudermann (Hermann), écrivain allemand, né à Matzicken (Prusse-Orientale) [1857-1928]. Pharmacien, précepteur, puis journaliste, il commença par écrire des romans (*Frau Sorge,* 1887 ; *le Sentier des chats,* 1889) avant de s'imposer comme auteur dramatique (*l'Honneur,* 1889). Mais son théâtre, qui sacrifiait trop à la mode, tomba dans l'oubli après la Première Guerre mondiale.

sud-est [sydɛst] adj. Qui est situé entre le sud et l'est : *la région sud-est de la France.* ‖ — N. m. Contrée située au sud-est. (En ce sens, prend une majuscule.)

Sudètes (*monts des*), bordure nord-est de la Bohême, en Tchécoslovaquie. — Sur le plan historique, le nom de Sudètes s'est appliqué à toute la bordure de la Bohême où les Allemands constituaient une partie importante du peuplement. La *région des Sudètes* fut annexée par l'Allemagne de 1938 à 1945 ; rendue à la Tchécoslovaquie, elle a été le théâtre d'un vaste transfert de la population d'origine allemande vers l'Allemagne.

sudiste n. m. Partisan des Etats du Sud, dans la guerre de Sécession (1861-1865).

sudorifique [sydɔrifik] adj. et n. m. (du lat. *sudor,* sueur). Qui provoque la sudation : *la tisane de tilleul est un sudorifique.*

sudoripare [sydɔripar] ou **sudorifère** [-fɛr] adj. Qui produit la sueur : *les glandes sudoripares.*

sud-ouest [sydwɛst] adj. Qui est situé entre le sud et l'ouest : *la région sud-ouest de l'Europe.* ‖ — N. m. Contrée située au sud-ouest. (En ce sens, prend une majuscule.)

Sud-Ouest africain ou **Namibie,** territoire de l'Afrique australe, sur l'Atlantique ; 822 876 km² ; 650 000 h. Ch.-l. *Windhoek.*

● *Géographie.* Intégré en fait dans l'Afrique du Sud, le Sud-Ouest africain, entre les fleuves Orange et Cunene, est un pays aride, formé d'une étroite plaine littorale (désert de Namib) dominée par la bordure occidentale de la cuvette du Kalahari et de hauts plateaux (Namaqualand). Les précipitations sont inexistantes (de l'ordre de 10 à 20 mm par an) sur le littoral. Elles se relèvent dans l'intérieur, augmentant du sud (200 mm) vers le nord (plus de 500 mm en deçà du 20e parallèle).
La population est très peu dense (moins de 1 h. au kilomètre carré en moyenne). Elle est constituée pour plus des trois quarts par des Bantous et comporte des minorités de populations primitives (Hottentots, Bochimans) ainsi qu'une importante colonie européenne (forte de 75 000 unités), prépondérante politiquement et économiquement. Les principales ressources de cette contrée aride sont l'élevage ovin (race karakul), celui des bovins, quelques cultures (maïs et millet), localisées dans le Nord, relativement humide, les produits du sous-sol (diamants, plomb, zinc, cuivre, argent) et aussi la pêche (dont les bases sont Lüderitz et Walvis Bay). Depuis 1954, les statistiques du commerce extérieur sont incluses dans le bilan des échanges de l'Afrique du Sud.

● *Histoire.* La colonisation allemande commença en 1883 ; d'abord possession de la Société coloniale allemande, la région fut prise en charge par le Reich en 1892. Conquis par les troupes sud-africaines en 1915, le pays fut placé sous le mandat de l'Union sud-africaine en 1920. Mais, en 1966, l'O. N. U. révoque le mandat de l'Afrique du Sud sur le territoire, où un mouvement de libération nationale se développe.

entrée du général **Sucre** à Cuzco
par Borges-Salas

Sud Viêt-nam. V. VIÊT-NAM.

sud-vietnamien, enne adj. et n. De la république du Viêt-nam du Sud. ‖ Pl. des *Sud-Vietnamiens.*

Sud-Yémen. V. YÉMEN (*République populaire du* SUD-).

Sue [sy] (Marie-Joseph, dit **Eugène**), romancier français, né à Paris (1804-1857). D'abord chirurgien de la marine, il se consacre, après un héritage, à la carrière littéraire. Il commence par exploiter ses souvenirs de marin (*la Salamandre,* 1832), puis se tourne vers le roman mondain. Ayant perdu les sympathies du faubourg Saint-Germain à la suite de la publication de *Mathilde ou Mémoires d'une jeune femme* (1841), il s'engage dans la voie du roman-feuilleton et la description des bas-fonds parisiens. Le succès des *Mystères de Paris* (1842-1843) et du *Juif errant* (1844-1845) lui valut d'être élu député en 1848.

suède [syɛd] n. m. Peau de gant dont le côté chair est à l'extérieur.

Suède, en suédois **Sverige,** Etat de l'Europe septentrionale ; 450 000 km² ; 8 110 000 h. (*Suédois*). Cap. *Stockholm.* Langue : *suédois.*

Géographie.

● *Géographie physique.* En dehors de son extrémité méridionale, continentale (Scanie) et insulaire (Öland et Gotland), formée de plaines et de bas plateaux sédimentaires, la Suède correspond au rebord oriental du socle ancien de la péninsule scandinave. L'altitude s'abaisse de la frontière norvégienne (où apparaît seulement un paysage de montagnes) vers la Baltique. Les plateaux, de roches anciennes, ont été affectés par les glaciations quaternaires ; celles-ci sont responsables des dépôts morainiques qui empâtent la topographie ainsi que de l'action érosive qui a creusé des cuvettes lacustres sur les cours supérieur et moyen des fleuves aboutissant au golfe de Botnie (les mouvements tectoniques sont partiellement responsables de la formation des grands lacs du centre : Vänern, Vättern, Mälaren). La disparition presque totale des glaciers a provoqué le soulèvement du socle allégé et est responsable de l'émersion de l'archipel côtier (*skjärgård*).
Plus que le relief, c'est le climat qui influence la géographie humaine de la Suède. L'Etat s'étend du 55e parallèle jusqu'au-delà du cercle polaire. La barrière élevée des Alpes scandinaves ou plutôt des monts Kjølen, à la frontière norvégienne, empêche, au-desssus de 60° de lat. nord, la pénétration des influences océaniques. Latitude et disposition des reliefs se combinent pour expliquer un accroissement de la continentalité du climat du sud vers le nord. Dans la partie méridionale (*Götaland*), les moyennes thermiques de janvier oscillent autour de 0 °C, et celles de juillet approchent 20 °C ; les précipitations sont de l'ordre de 600 à 800 mm, régulièrement réparties sur l'ensemble de l'année. A Stockholm, dans la Suède centrale (*Svealand*), déjà quatre mois ont une température moyenne inférieure à 0 °C (18 °C en juillet) ; les précipitations sont inférieures à 550 mm, avec un maximum estival déjà sensible. Sur les plateaux du *Norrland,* le climat est très rude. Sur le 65e parallèle, la moitié de l'année a une température inférieure à 0 °C (avec 2 ou 3 mois à —10 °C), et juillet ne dépasse pas 13 °C ; les précipitations sont inférieures à 500 mm, avec un très net maximum estival. En dehors de la bordure norvégienne occidentale et de l'extrême Nord, domaines d'une végétation squelettique s'apparentant à la toundra, domine la forêt de conifères, largement conservée au-dessus du 60e parallèle et recouvrant au total près de la moitié du territoire.

● *Géographie humaine et économique.* Le climat explique la répartition de la population. Celle-ci est groupée essentiellement au sud du 60e parallèle, principalement sur le littoral ou à proximité immédiate de celui-ci. La densité, inférieure à 20 h. au kilomètre carré

schéma de fabrication du **sucre**

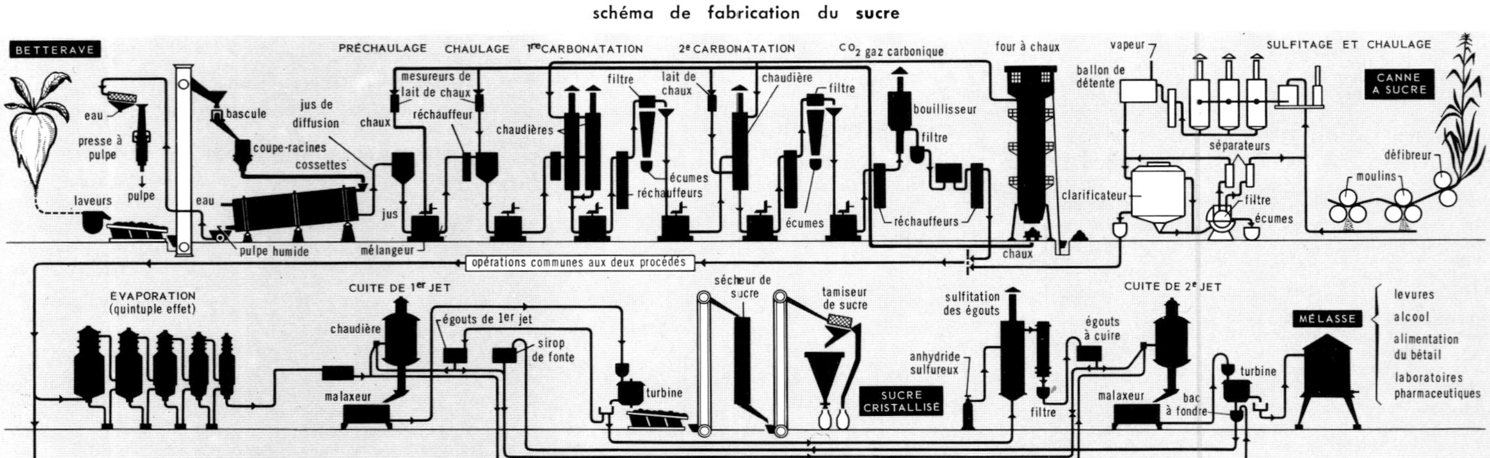

Phot. Larousse-Giraudon.

paysage du Jämtland

Kiruna, la ville du fer

banlieue de Göteborg

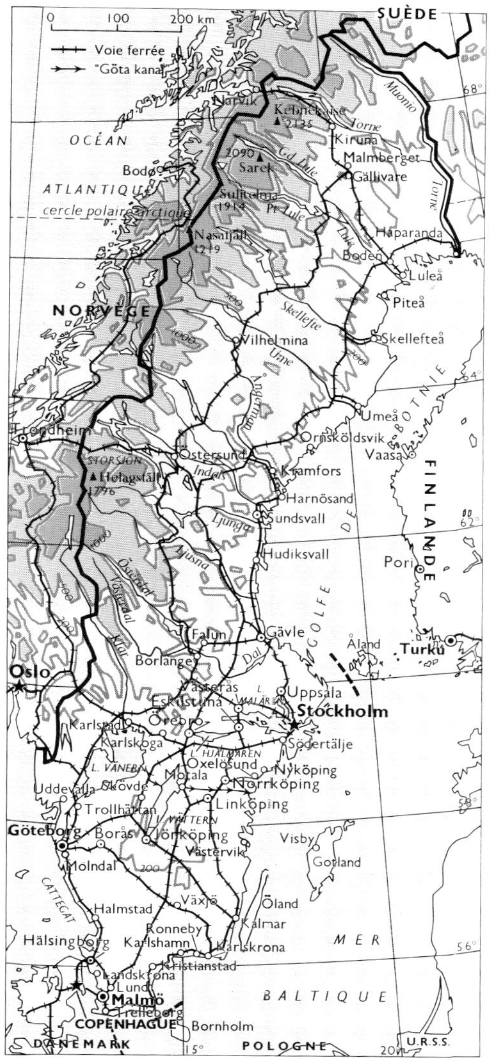

en moyenne, est supérieure ici à 40 h. Les trois principales villes (les seules dépassant 100 000 h.) sont des ports : Stockholm, Göteborg et Malmö. La population ne s'accroît aujourd'hui qu'à un rythme annuel très lent, de l'ordre de 0,5 p. 100. Si le taux de mortalité est bas (10 p. 1 000), le taux de natalité n'est guère plus élevé (15 p. 1 000). Cette quasi-stagnation démographique est partiellement liée à l'existence d'un niveau de vie élevé, le plus haut de l'Europe. Le revenu individuel moyen dépasse largement 2 000 dollars. Il existe une voiture pour 3 h., un téléphone pour 2 h. et un téléviseur pour 3 h. Dans le domaine du logement, la densité moyenne d'occupation par pièce est largement inférieure à l'unité ; plus des trois quarts des logements possèdent une salle de bains. Les disponibilités en produits industriels de base sont très élevées : 5 t de charbon-équivalence pour l'énergie, plus de 7 000 kWh d'électricité, 650 kg d'acier, etc.

Cette prospérité n'est que lointainement liée aux conditions naturelles. L'agriculture, particulièrement défavorisée par le climat, qui la limite à la partie méridionale, n'emploie guère que le dixième de la population active et fournit une part encore inférieure du produit intérieur brut. L'orge et l'avoine, puis le blé sont les principales cultures avec celles de la pomme de terre et de la betterave à sucre. Au total, les cultures n'occupent que 7 p. 100 de la superficie totale. L'élevage est plus développé, particulièrement celui des bovins, orienté surtout vers la fourniture des produits laitiers. La pêche apporte un complément alimentaire appréciable. L'extension de la forêt explique en partie l'importance de la sylviculture. Celle-ci est à la base des industries du bois, représentées par les scieries et surtout par les usines de pâte à papier et de papier (Kvarnsveden, Skoghall, Norrköping), les fabriques d'allumettes, etc. L'abondance de l'hydroélectricité (54 TWh), fournie à bon marché, a permis le développement de ces activités ainsi que de la métallurgie, branche aujourd'hui dominante. La construction navale (localisée dans les trois grandes villes précitées) est la première d'Europe (1,3 million de tonneaux) et ne paraît pas souffrir de la concurrence japonaise. L'industrie automobile s'est très rapidement développée. Localisée à Göteborg et à Torslanda, elle fournit plus de 250 000 véhicules par an (dont près de 90 p. 100 de voitures de tourisme). La Suède produit encore du matériel ferroviaire et des machines-outils (matériel électrique), et travaille les minerais non ferreux (bauxite, cuivre). La métallurgie est alimentée par une importante sidérurgie (Oxelösund, Borlänge, etc.), favorisée par la richesse en fer. La Suède est le quatrième producteur mondial de fer (plus de 17 Mt), fourni par les mines du Norrland (Kiruna et Gällivare), où la teneur en métal dépasse 50 p. 100. Parallèlement à la métallurgie s'est développée la chimie (explosifs, engrais, produits pharmaceutiques, etc.), cependant que se maintiennent des branches traditionnelles (verrerie du Kronoberg : Orrefors ; porcelaine de Lidköping et Gustavsberg). Le textile (dont Norrköping est la capitale) n'occupe qu'une place secondaire.

L'importance de la production industrielle et l'étroitesse du marché intérieur expliquent le volume du commerce extérieur, qui, globalement, représente 50 p. 100 du produit national brut. La balance commerciale est (légèrement) déficitaire. Les biens d'équipement constituent plus du tiers des exportations, et les produits fruitiers le quart. Parmi les importations dominent aussi les biens d'équipement (mais moins de 30 p. 100), puis les matières premières industrielles (combustibles inclus). La Suède appartient à la zone de libre-échange, vers laquelle se dirigent plus de 30 p. 100 de ses ventes (le tiers vers le Marché commun). Le déficit commercial est partiellement comblé par les revenus de la navigation. La balance globale est à peu près rééquilibrée par les opérations en capital (le montant des réserves monétaires variant peu d'une année à l'autre).

Histoire.

Peuplé dès le néolithique, le pays commerce avec les régions méditerranéennes au IIe millénaire avant notre ère. La tribu des Svears impose sa suzeraineté aux Goths, établis dans le Sud. Au IXe s., les Suédois participent aux expéditions des Vikings. Certains, sous la direction de Riourik, fondent les principautés de Novgorod et de Kiev. Le christianisme, prêché par Anschaire (830), ne fait des progrès qu'après le baptême du roi Olof Skötkonung (1008). A la mort d'Edmond le Vieux, en 1060, l'extinction de la dynastie provoque des guerres entre familles rivales. Cependant, l'Eglise se développe, obtient d'importants privilèges et pousse Erik IX le Saint à entreprendre une croisade contre les Finnois, païens, prélude à la conquête de la Finlande (1157). Les luttes dynastiques se poursuivent jusqu'en 1222.

A la mort d'Erik Eriksson (1250), son beau-frère, Birger Jarl, fonde la dynastie des Folkung, qui règnera jusqu'en 1363. Il fait élire à la royauté son fils Valdemar, occupe le sud-est de la Finlande, unifie la législation et favorise l'exploitation du cuivre et l'installation des Allemands dans le pays. Il établit aussi la capitale à Stockholm. Par la suite, la noblesse augmente ses pouvoirs aux dépens de la monarchie, et la Hanse accapare le commerce extérieur. Magnus VII Eriksson reçoit en 1319 les couronnes de Suède et de Norvège.

Marguerite, régente de Danemark et de Norvège, défait en 1389 Albert de Mecklembourg, roi de Suède depuis 1363. Par l'Union de Kalmar (1397), elle obtient que l'union personnelle des trois royaumes en la personne de son petit-fils, Erik de Poméranie, soit maintenue au profit de ses successeurs. Mais la royauté commune se heurte en de multiples occasions à l'opposition nationale suédoise. Ainsi, Engelbrekt reçoit en 1435 la régence du royaume, qui est confiée aux Sture à partir de 1470. Le roi Christian II de Danemark essaie de noyer les résistances dans le « bain de sang de Stockholm » (1520), mais c'est en fait l'insurrection finale qu'il suscite. Dirigée par Gustave Vasa, celle-ci aboutit à l'indépendance du pays (1523). En qualité de roi, Gustave libère son pays des privilèges accordés à la Hanse et l'affranchit de Rome en favorisant la diffusion de la Réforme, en étatisant l'Eglise et en confisquant ses biens. Par ailleurs, il développe le commerce. Son successeur, Erik XIV (1560-1568), est détrôné par la noblesse au cours d'une guerre malheureuse de sept ans (1563-1570) et remplacé par son frère Jean III (1568-1592), qui continue l'expansion vers l'est. Sigismond III Vasa est évincé, en raison de ses sympathies pour le catholicisme, par son oncle Charles de Sudermanie, d'abord régent (1595), puis roi sous le nom de Charles IX (1607-1611).

De 1611 à 1718, la Suède connaît sa période de grandeur. Gustave-Adolphe (1611-1632) rêve de faire de la Baltique un lac suédois. Il enlève l'Ingrie et la Carélie orientale à la Russie, réorganise les institutions d'Etat, crée un Tribunal suprême (1624), modernise l'armée et développe l'industrie minière. Il occupe la Prusse polonaise (1626) et intervient victorieusement dans la guerre de Trente Ans (1630). Sa fille, la reine Christine, et

Phot. Office nat. du tourisme suédois (3).

Charles X, qui lui succède (1654), concluent des traités qui font de la Suède la maîtresse de la Baltique (Brömsebro, 1645; Westphalie, 1648; Roskilde, 1658). Cette maîtrise est perdue sous Charles XII (1697-1718), qui gouverne en souverain absolu. Les défaites de ce prince épuisent la nation, et la royauté doit s'humilier devant le Parlement et l'aristocratie.
Ce qu'on a appelé l'ère de la liberté (1718-1772) est marqué en fait par les rivalités des partis adverses, celui des *Chapeaux*, soutenu par la France, et celui des *Bonnets*, appuyé par la Russie. Les guerres contre la Russie (1741-1743), puis contre la Prusse (1756-1763) sont désastreuses, malgré le rapide progrès de l'industrie, de l'art et de la culture. Gustave III restaure l'absolutisme en 1789. Gustave IV se fait prendre la Finlande par les Russes (1808). Il est renversé au profit de Charles XIII (1809-1818), qui fait la paix, mais son successeur désigné par voie d'élection, Bernadotte, engage aussitôt la lutte contre Napoléon. Au traité de Kiel (1814), la Norvège est cédée à la Suède par le Danemark, mais la Suède perd la Finlande au profit de la Russie. Bernadotte devient roi sous le nom de Charles XIV (1818-1844). Il pratique une politique de neutralité à l'extérieur et d'absolutisme à l'intérieur. En 1840, il accepte cependant la réforme de la Constitution de 1809 dans un sens plus libéral. Oscar Ier (1844-1859), Charles XV (1859-1872) et Oscar II (1872-1907) poursuivent la politique de neutralité, tandis que l'évolution libérale s'accélère. Le développement économique rapide provoque l'adoption du libre-échange et favorise la constitution des partis (agriculteurs, sociaux-démocrates). Toutefois, la Norvège obtient en 1905 la dissolution de l'union avec la Suède. Malgré le rapide progrès de la production, un prolétariat rural se crée, qui fournit une bonne part de l'important contingent d'émigrants vers l'Amérique. Les sociaux-démocrates obtiennent le suffrage universel (1907), l'assurance vieillesse (1913), le vote des femmes et la journée de huit heures (1918). Sous Gustave V (1907-1950), les réformes sociales se poursuivent, et le pays conserve sa neutralité lors des deux guerres mondiales, malgré une position délicate au voisinage de l'Allemagne hitlérienne et de l'U. R. S. S. Avec l'avènement de Gustave VI Adolphe (1950), puis celui de Charles XVI Gustave (1973), la politique sociale s'est poursuivie dans le respect de la tradition monarchique. Les sociaux-démocrates sont au pouvoir depuis 1932. Une réforme constitutionnelle, adoptée en 1968, prévoit la suppression du Sénat. La Suède est membre de l'O. E. C. E. (1948) et du Conseil de l'Europe (1949).

suédé, e adj. Se dit d'un tissu ayant été traité aux apprêts pour lui donner l'aspect de la peau de Suède.

suédine n. f. Tissu de coton qui rappelle le suède.

suédois [sɥedwa], **e** [-waz] adj. et n. De Suède. ● *Allumette suédoise,* allumette de sûreté qui ne s'enflamme que sur un frottoir spécial.

suédois n. m. Langue scandinave parlée principalement en Suède.

suée n. f. *Fam.* Transpiration abondante à la suite d'un travail pénible, d'une émotion.

suer [sɥe] v. i. (lat. *sudare*). Rendre par les pores de la peau un liquide appelé *sueur.* ‖ Suinter : *les murs suent par les temps humides.* ● *Faire suer quelqu'un* (Pop.), le fatiguer. ‖ — V. t. *Suer l'ennui,* exhaler l'ennui de toute sa personne. ‖ *Suer sang et eau* (Fam.), se donner une peine extrême.

Suess (Eduard), géologue autrichien, né à Londres (1831-1914), auteur de *la Face de la Terre.*

Suétone, historien latin, né à Ostie ou à Hippone (v. 69 apr. J.-C.-v. 125), auteur des *Vies des douze Césars* (de César à Domitien), recueil d'anecdotes historiques.

suette [sɥɛt] n. f. Maladie caractérisée par une sueur abondante.

sueur n. f. (lat. *sudor*). Sécrétion aqueuse, contenant un peu de chlorure de sodium et d'urée, formée par les glandes sudoripares et émise par les pores de la peau. (La sueur a un rôle d'élimination modérée des déchets, mais son évaporation est l'un des éléments essentiels de la lutte contre la chaleur, permettant la thermorégulation.) ‖ Action de suer : *être en sueur.* ‖ Travail pénible : *vivre de la sueur du peuple.* ● *A la sueur de son front,* par un travail pénible et persévérant.

Suèves, peuple de Germanie, fixé au IIIe s. apr. J.-C. en Souabe. Ils fondèrent un royaume en Galice (409-585).

Suez (*isthme de*), isthme entre la mer Rouge et la Méditerranée, traversé par un canal. L'idée d'une voie navigable creusée à travers l'isthme de Suez intéressa Bonaparte. Ferdinand de Lesseps reprit le projet et le mena à bien; le canal fut inauguré par l'impératrice des Français en 1869. En 1875, le gouvernement égyptien vendit ses titres à l'Angleterre, qui devint le principal actionnaire de la Compagnie du canal de Suez. Le statut international du canal fut fixé par la convention de Constantinople (1888). La nationalisation du canal par Nasser (juill. 1956) entraîna un conflit avec Israël, la France et l'Angleterre, mais l'action militaire de ces puissances contre l'Egypte fut arrêtée par l'intervention des Etats-Unis et de l'O. N. U. A la suite du conflit de 1967, les Israéliens ont occupé la rive orientale du canal, où le trafic est interrompu.
— Le canal a une longueur de 161 km entre Port-Saïd et Suez, et une profondeur minimale voisine de 12 m. Son trafic en 1966 a été de 275 Mt, avec une nette prépondérance du courant sud-nord, résultant des ventes de pétrole du golfe Persique vers l'Europe occidentale, qui constituent l'essentiel du trafic. Le conflit entre les pays arabes et Israël arrêta tout trafic en 1967 et précipita la construction de très grands pétroliers dont le gabarit n'est plus adapté aux normes du canal. Le retour de la rive orientale à l'administration égyptienne (1973) est suivi par la réouverture de la voie d'eau à la navigation (1975).

TABLEAU DES SUFFIXES

suffixes servant à former des noms

suffixes	sens	exemples
-ace, -asse	péjoratif	populace, filasse
-ade	action, collectif	bravade, citronnade
-age	action, collectif	balayage, pelage
-aie	plantation de végétaux	pineraie, roseraie
-ail	instrument	éventail, soupirail
-aille	péjoratif, collectif	ferraille, mangeaille
-ain, -aine	origine	romain, thébain
-aine	collectif	centaine, dizaine
-aire	agent	commissionnaire, incendiaire
-aison, -ion, -tion, -ation, -sion, -ison	action	livraison, production, augmentation, guérison
-ance	résultat de l'action	appartenance, croyance, espérance
-ard	péjoratif	chauffard, fuyard
-at	profession, état	internat, rectorat
-âtre	péjoratif	idolâtre, marâtre
-ature, -ure	action, instrument	armature, peinture
-aud	péjoratif	lourdaud, maraud
-cule, -ule	diminutif	animalcule, follicule
-eau, -elle, -ille	diminutif	chevreau, radicelle, brindille
-ée	contenu	assiettée, maisonnée
-ement, -ment	action	renouvellement, stationnement

suffixes	sens	exemples
-er, -ier, -ière	agent	boucher, épicier, pâtissier
-erie	local, qualité, etc.	charcuterie, épicerie, pruderie
-esse	défaut, qualité	maladresse, sagesse
-et, -ette	diminutif	garçonnet, fillette
-eté, -té, -ité	qualité	propreté, générosité, humanité
-eur, -ateur	agent	rôdeur, dessinateur
-ie	état	envie, jalousie
-ien, -en	profession, origine	chirurgien, parisien, lycéen
-is	résultat d'une action, état	fouillis, gâchis, hachis, taillis
-ise	défaut, qualité	gourmandise, franchise
-isme	doctrine	communisme, surréalisme
-iste	qui exerce un métier, adepte d'une doctrine	bouquiniste, dentiste, fumiste, calviniste, existentialiste, socialiste
-ite	état maladif	gastrite, méningite
-itude	qualité	exactitude, servitude
-oir, -oire	instrument	perchoir, baignoire
-ole	diminutif	bestiole, carriole
-on, -eron, -illon	diminutif	aiglon, chaton, moucheron, aiguillon
-ot	diminutif	chariot, îlot

suffixes servant à former des adjectifs

suffixes	sens	exemples
-able, -ible, -uble	possibilité	aimable, audible soluble
-ain, -ien	habitant	africain, indien
-ais, -ois	habitant	japonais, chinois
-al	qualité	glacial, vital
-an	origine	birman, persan
-ard	péjoratif	richard, vantard
-asse	péjoratif	blondasse, fadasse
-âtre	péjoratif	bleuâtre, douceâtre, rougeâtre
-aud	péjoratif	noiraud, rustaud
-é	état	bosselé, dentelé
-el	qui cause	accidentel, mortel

suffixes	sens	exemples
-esque	qualité	pédantesque, romanesque
-et, -elet	diminutif	propret, aigrelet
-eux	dérivé du nom	peureux, valeureux
-ier	qualité	altier, hospitalier
-if	qualité	maladif, oisif
-in	diminutif ou péjoratif	blondin, libertin
-ique	qui a rapport à	chimique, ironique
-iste	qui se rapporte à	égoïste, réaliste
-ot	diminutif ou péjoratif	pâlot, vieillot
-u	qualité	barbu, charnu

suffixes servant à former des verbes

suffixes	sens	exemples
-ailler	péjoratif	rimailler, tournailler
-asser	péjoratif	rapetasser, rêvasser
-eler	dérivé du nom	écarteler, renouveler
-er	dérivé du nom	destiner, exploiter
-eter	diminutif	tacheter, voleter
-ifier	qui rend, cause	bêtifier, pétrifier
-iller	diminutif, péjoratif	fendiller, habiller, mordiller
-iner	mouvement répété et rapide	piétiner, trottiner

suffixes	sens	exemples
-ir	dérivé d'adjectif	grandir, noircir, rougir, verdir
-iser	qui rend	angliciser, ridiculiser
-ocher	péjoratif (surtout)	effilocher, flânocher
-onner	péjoratif, diminutif	chantonner, mâchonner
-oter	péjoratif	barboter, vivoter
-oyer	devenir	nettoyer, poudroyer

mots latins employés comme suffixes

suffixes	sens	exemples
-cide	qui tue	infanticide
-cole	relatif à la culture	vinicole, viticole
-culteur	celui qui cultive	agriculteur
-culture	art de cultiver	horticulture
-fère	qui porte	mammifère
-fique	qui produit	frigorifique

suffixes	sens	exemples
-forme	qui a la forme de	cunéiforme, filiforme
-fuge	qui fuit ou fait fuir	transfuge, vermifuge
-pare	qui enfante	ovipare
-pède	qui a des pieds	bipède, quadrupède
-vore	qui se nourrit	carnivore, herbivore

Suez, port d'Egypte, sur la mer Rouge, au fond du *golfe de Suez,* à l'entrée sud du *canal de Suez.* La ville fut en grande partie détruite par les combats de 1967.

suffète [syfɛt] n. m. (lat. *suffes, suffetis*). Nom des magistrats suprêmes de l'ancienne Carthage.

suffire [syfir] (à) v. t. ind. (lat. *sufficere,* fournir) [conj. **67**]. Pouvoir satisfaire à : *suffire à ses obligations.* ‖ Etre en assez grande quantité pour : *cette somme lui suffira pour payer ses dettes.* ‖ — V. impers. *Cela suffit, il suffit, suffit,* c'est assez. ‖ *Il suffit de,* il n'est besoin que de. ‖ *Il suffit que,* c'est assez que. ‖ — **Se suffire** v. pr. N'avoir pas besoin du secours des autres.

suffisamment adv. Assez.

suffisance n. f. Quantité assez grande : *avoir sa suffisance de pain.* ‖ Présomption insolente dans les manières, dans le ton; satisfaction de soi : *sotte suffisance.* ‖ — **A suffisance, en suffisance** loc. adv. Suffisamment.

suffisant, e adj. (de *suffire*). Qui est en quantité assez grande : *somme suffisante.* ‖ — Adj. et n. Présomptueux, vaniteux : *ton suffisant.*

suffixal, e, aux adj. Relatif aux suffixes : *dérivation suffixale.*

suffixation n. f. Procédé de formation des mots à l'aide de suffixes.

suffixe [syfiks] n. m. (lat. *subfixus,* fixé sous). Terminaison qui, ajoutée à la racine d'un mot, en modifie le sens.

suffixé, e adj. Pourvu d'un suffixe : *mot suffixé.*

suffocant, e adj. Qui gêne la respiration.

mots grecs employés comme suffixes

suffixes	sens	exemples
-algie	douleur	névralgie
-archie	commandement	monarchie
-arque	qui commande	triérarque
-atre	qui soigne	pédiatre
-bare	pression	isobare
-bole	qui lance	discobole
-carpe	fruit	péricarpe
-cène	récent	éocène
-céphale	tête	dolicéphale
-cosme	monde	microcosme
-crate	qui a le pouvoir	aristocrate, bureaucrate
-cratie	pouvoir	ploutocratie
-cycle	qui a une ou des roues	tricycle bicyclette
-dactyle	qui a des doigts	ptérodactyle
-derme	peau	hypoderme, pachyderme
-doxe	opinion	paradoxe
-drome	course	hippodrome
-èdre	face, base	dodécaèdre
-émie	sang	anémie
-game	qui engendre	cryptogame
-gamie	mariage	polygamie
-gène	qui engendre	hydrogène
-glotte	langue	épiglotte, polyglotte
-gone	angle	polygone
-gramme	un écrit	télégramme
-graphe	qui écrit	dactylographe
-graphie	art d'écrire	sténographie
-hydre	eau	anhydre
-id(e)	qui a la forme	sinusoïde
-lâtrie	adoration	idolâtrie
-lithe(-lite)	pierre	monolithe
-logie	science	psychologie
-logue	qui étudie	astrologue
-mancie	divination	cartomancie
-mane	qui a la passion de	bibliomane, cleptomane
-manie	passion, obsession	anglomanie
-mètre	mesure	centimètre
-nome	qui règle	économe
-nomie	art de mesurer	astronomie
-onyme	qui porte le nom	patronyme
-pathe	malade de	psychopathe
-pédie	éducation	encyclopédie
-phage	qui mange	anthropophage
-phagie	action de manger	aérophagie
-phane	qui brille	diaphane
-phile	ami de	russophile
-philie	amitié pour	américanophilie
-phobe	ennemi de	anglophobe
-phobie	inimitié pour	agoraphobie
-phone	qui transmet les sons	microphone, électrophone
-phonie	transmission des sons	radiophonie, téléphonie
-phore	qui porte	sémaphore
-pithèque	singe	anthropopithèque
-pode	pied	myriapode
-pole	ville	métropole
-ptère	aile	hélicoptère
-scope	qui voit	télescope
-scopie	vision	radioscopie
-sphère	globe	stratosphère
-taphe	tombeau	cénotaphe
-technie	science	électrotechnie
-technique	qui sait	polytechnique
-thèque	armoire	bibliothèque
-thérapie	guérison, qui guérit	héliothérapie radiothérapie
-therme	chaleur	isotherme
-tomie	action de couper	trachéotomie
-type	caractère	Linotype
-typie	impression	phototypie
-urie	urine	anurie, polyurie, hématurie

suffocation n. f. Etouffement produit par la perte ou la gêne de la respiration.

Suffolk, comté de l'Angleterre, baigné par la mer du Nord, auj. divisé en *Suffolk oriental* (376 000 h.; ch.-l. *Ipswich*) et *Suffolk occidental* (155 000 h.; ch.-l. *Bury Saint Edmunds*).

Suffolk (William DE LA POLE, *duc* DE). V. POLE.

suffoquer [syfɔke] v. t. (lat. *suffocare*, étouffer). Etouffer, faire perdre la respiration : *les sanglots le suffoquent.* ‖ *Fam.* Causer une émotion violente. ‖ — V. i. Perdre la respiration : *suffoquer de colère.*

suffragant [syfragɑ̃] adj. et n. m. (lat. *suffragans*, qui seconde). Se dit d'un évêque dépendant d'un archevêque : *l'évêque de Paris resta suffragant de Sens jusqu'en 1622.*

suffrage [syfraʒ] n. m. (lat. *suffragium*). Vote, voix donnés en matière d'élection : *refuser son suffrage.* ‖ Approbation : *enlever tous les suffrages du public.* ● *Suffrage direct*, système dans lequel l'électeur vote lui-même pour le conseiller, le député, le président à élire. ‖ *Suffrage indirect*, système dans lequel le conseiller, le député, le sénateur ou le président sont élus par les membres de corps élus ou par des délégués élus par le corps électoral. ‖ *Suffrage universel*, système dans lequel le corps électoral est constitué par tous les citoyens (en France, les hommes et les femmes justifiant de la nationalité française et d'une résidence dans la commune) qui n'ont pas été privés de leurs droits politiques à la suite d'une condamnation de droit commun.

suffragette n. f. Nom donné en Angleterre aux militantes qui réclamaient pour les femmes le droit de voter.

Suffren de Saint-Tropez (Pierre André DE), dit **le bailli de Suffren,** marin français, né à Saint-Cannat, près d'Aix-en-Provence (1729-1788). Bailli dans l'ordre de Malte, capitaine de vaisseau dans la marine royale, il servit dans la guerre d'Amérique, puis aux Indes contre les Anglais (1782-1783). Vice-amiral (1784), il fut ensuite ambassadeur de l'ordre de Malte en France.

suffusion [syffyzjɔ̃] n. f. (lat. *suffusio*). Action d'une humeur qui se répand sous la peau.

Suger, moine français, né à Saint-Denis ou à Argenteuil (v. 1081-1151). Habile diplomate, il fut à la fois abbé de Saint-Denis et conseiller du roi. Pendant la deuxième croisade, il fut régent du royaume. Il tenta de s'opposer au renvoi d'Aliénor d'Aquitaine, dont il prévoyait les conséquences désastreuses. Il fit de son abbaye un grand centre artistique et écrivit un certain nombre d'ouvrages historiques, notamment une *Vie de Louis VI.*

suggérer [sygʒere] v. t. (lat. *suggerere*, procurer) [conj. **5**]. Faire venir dans la pensée, inspirer à quelqu'un une opinion, un dessein : *suggérer une solution.*

suggestibilité n. f. Aptitude à recevoir les suggestions.

suggestif, ive adj. (angl. *suggestive*). Qui produit une suggestion; évocateur. ‖ Qui inspire des idées érotiques : *des photographies suggestives.*

suggestion [sygʒɛstjɔ̃] n. f. Action de suggérer; son résultat : *faire une suggestion.* ● *Suggestion hypnotique*, volonté, désir, idée provoqués chez une personne en état d'hypnose.

suggestionner v. t. Produire la suggestion chez un sujet.

suggestivité n. f. Caractère de ce qui est suggestif.

Suharto, homme politique indonésien, né près de Jogjakarta en 1921, président de la République depuis 1968.

Sui, localité du Pākistān, au sud-ouest de Multān. Gaz naturel.

suicidaire adj. et n. *Psychopathol.* Qui est prédisposé au suicide.

suicide [sɥisid] n. m. (lat. *sui*, de soi, et *caedere*, tuer). Meurtre de soi-même. ‖ *Fig.* Destruction de son activité propre.

suicidé, e adj. et n. Qui s'est donné la mort.

suicider (se) v. pr. Se donner volontairement la mort. ‖ *Fig.* Détruire soi-même son activité, son influence.

Suidas (*lexique de*), ouvrage grec de l'époque byzantine (Xe s. apr. J.-C.), riche en renseignements lexicologiques et biographiques, et qui contient des fragments d'œuvres aujourd'hui perdues. C'est par une déformation du titre (*Suda*) qu'on a créé le nom de l'auteur supposé.

suidés [sɥide] n. m. pl. (du lat. *sus*, porc). Famille de mammifères ongulés présentant quatre doigts complets à chaque patte, des canines puissantes et tournées vers le dehors, des molaires bunodontes, un régime omnivore, un habitat forestier, des formes trapues (sanglier, porc, phacochère, babiroussa, potamochère, pécari).

suie [sɥi] n. f. (gaul. **sudia*). Matière noire et épaisse, que la fumée dépose à la surface des corps : *comme engrais, la suie nourrit l'herbe et tue la mousse.*

suif [sɥif] n. m. (lat. *sebum*). Nom donné en boucherie à une partie de la graisse des ruminants : *suif de mouton; chandelle de suif.*

suiffer v. t. Enduire de suif.

suiffeux, euse adj. De la nature du suif.

sui generis [sɥiʒeneris] (mots lat. signif. *de son genre*). Locution employée parfois ironiquement en parlant de ce qui caractérise une chose : *une odeur « sui generis ».*

suint [sɥɛ̃] n. m. (de *suer*). Matière grasse qui imprègne la toison des moutons, dans le poids de laquelle elle entre pour 25 à 60 p. 100 selon les races.
— ENCYCL. Le *suint* est produit en partie par les glandes sudoripares de l'animal, en partie par les glandes sébacées situées dans l'épaisseur du derme, sécrétant une matière grasse spéciale, qui se répand à la surface des fibres de laine et les rend souples et non mouillables par la pluie.

suintement n. m. Action de suinter : *suintement d'une plaie.*

suinter [sɥɛ̃te] v. i. S'écouler, sortir presque insensiblement (en parlant des liquides) : *l'eau suinte à travers les rochers.* ‖ Laisser s'écouler un liquide : *ce mur suinte.*

Suippes (51600), ch.-l. de c. de la Marne (arr. de Châlons-sur-Marne); 4 252 h. (3 065 aggl.). Camp militaire (15 000 ha) en prolongement du camp de Mourmelon.

suisse adj. Qui appartient à la Suisse. ● *Gardes suisses*, troupes helvétiques qui faisaient partie de la maison militaire du roi de France et dont l'origine remonte à

le bailli de Suffren par François-Mathieu Latil *château de Versailles*

Charles VIII (1496). [Du XVe au XIXe s., de nombreux soldats suisses servirent en corps dans les armées étrangères, et surtout en France. Il existe encore une garde suisse pontificale, qui fut créée en 1506.]

suisse n. m. (de *Suisse*, nom de peuple). Portier d'une grande maison, que l'on prenait autrefois parmi les Suisses. ‖ Employé d'une église chargé d'y assurer l'ordre. ‖ Petit fromage blanc frais, de forme cylindrique, contenant 60 p. 100 de matière grasse. ● *Faire suisse*, boire ou manger seul, sans inviter personne.

Suisse [sɥis], **Suissesse** [sɥisɛs] n. Habitant de la Suisse.

Suisse ou **Confédération suisse,** république fédérale de l'Europe centrale; 41 295 km²; 6 310 000 h. (*Suisses*). Cap. *Berne*, siège du gouvernement fédéral.

Géographie.

● *Géographie régionale.* Du sud-est au nord-ouest, la Suisse s'étend sur trois régions.

Les *Alpes* occupent 60 p. 100 de la superficie du pays, dont elles comptent à peine le sixième de la population. La moitié septentrionale, au nord du sillon Rhône-Rhin antérieur, en constitue la partie la plus riche. A l'ouest de la Kander, dans les Préalpes méridionales, massif compact au-dessus de la vallée du Rhône et du Léman oriental, domine l'élevage, notamment dans la vallée de la basse Sarine (Gruyère) et dans le Simmental. Le tourisme s'est développé sur les bords du Léman (Vevey, Montreux) et dans l' « intérieur » (climatisme à Leysin et sports d'hiver à Adelboden, aux Diablerets, à Gstaad). Au nord-est de cet ensemble, l'altitude se relève, mais le relief a été aéré par l'érosion des glaciers, façonnant cirques et surtout lacs, dont les rives sont jalonnées de stations touristiques (Interlaken, entre les lacs de Thoune et de Brienz) et de petits centres industriels (Stans et Altdorf, à proximité du lac des Quatre-Cantons). Dans la région forestière, limitée au sud par les hauts massifs encore englacés de l'Oberland bernois et de l'Aar, le tourisme, estival plus encore qu'hivernal (Lauterbrunnen, Wengen, Grindelwald), est associé à l'élevage. Cette région, la plus élevée du pays, est productrice d'hydro-électricité. Elle est aussi une zone de passage qu'il a fallu aménager (route et tunnel du Saint-Gothard, tunnel du Lötschberg). Dans les Alpes de Glaris et de Saint-Gall, l'altitude est toujours inférieure à 4 000 m. Le tourisme et même l'élevage s'effacent ici devant une industrie de tradition ancienne, animant les petites villes de Glaris, d'Herisau, d'Appenzell, où domine encore le textile. Le Valais correspond au bassin du Rhône supérieur. C'est une longue et profonde vallée, où l'économie traditionnelle, associant cultures (céréales, tabac, vignoble) des bas versants et pâturages d'altitude, a reculé d'abord devant le tourisme, initialement estival (Zermatt), puis hivernal (Zermatt encore, Saas Fee, Montana-Vermala, Verbier, etc.), ensuite devant l'industrie, activité économique dominante, liée partiellement à la richesse en électricité (aluminium à Chippis, chimie à Viège et à Monthey, chaussures à Sion). Le Valais est aussi une zone de passage (Simplon, Grand-Saint-Bernard). L'économie est moins riche dans la vallée du Rhin antérieur (Rheintal). Les cultures du maïs, de la vigne et des arbres fruitiers se développent en amont de Coire, nœud de communications. A l'est, dans les Grisons (en dehors du Rheintal), plus des deux tiers de la superficie sont au-dessus de 1 500 m, et les cultures sont inexistantes. L'hydro-électricité est presque entièrement exportée. L'élevage bovin a longtemps constitué la ressource presque exclusive d'une population qui était peu dense avant l'apparition du tourisme. Les centres principaux de cette activité sont Davos et la haute Engadine (Pontresina et surtout Saint-Moritz). Sur le versant méridional des Alpes, le Tessin, au relief morcelé, a une teinte méridionale, traduite par la présence des mûriers (en net recul), de la vigne et de la *coltura promiscua*, qui annonce l'Italie. L'industrie est variée (horlogerie à Locarno, matériel ferroviaire à Bellinzona, mais le tourisme domine, surtout sur les lacs (Locarno sur le lac Majeur, Lugano sur le lac du même nom).

Le *Mittelland*, ou *Moyen-Pays*, occupe moins du tiers de la superficie de la Suisse, mais compte 70 p. 100 de la population et toutes ses grandes villes (en dehors de

Phot. Giraudon.

Bâle). C'est une région de collines mollassiques découpées par les affluents de l'Aar. Sa prépondérance humaine et économique s'explique d'abord par des conditions naturelles relativement favorables. L'altitude n'y dépasse qu'exceptionnellement 1 000 m. Quant aux moyennes thermiques mensuelles, elles oscillent généralement entre 0 et 20 °C. Les précipitations, à dominante estivale, y sont de l'ordre de 1 m (dans les Alpes, la moitié des moyennes thermiques mensuelles est souvent inférieure à 0 °C, les précipitations dépassent fréquemment 1 500 mm et l'enneigement dure plusieurs mois, favorisant sans doute une certaine forme de tourisme, mais s'opposant à toute forme d'occupation humaine dense et continue). L'extrémité sud-ouest du Mittelland est dominée par Genève, dont le rayonnement déborde le cadre national. Sur les rives abritées du Léman se sont développés la viticulture et aussi le tourisme, dont Lausanne, ville universitaire et commerciale, constitue un centre. Plus au nord, sur des plateaux plus austères, dominent les cultures céréalières. Fribourg est la capitale de ce Moyen-Pays romand. L'altitude se relève dans la région bernoise. L'élevage est développé dans l'Emmental et la vallée de l'Aar, site de Berne, ville essentiellement tertiaire. L'industrie est la ressource essentielle au nord-est du Mittelland ainsi que dans les régions avoisinant les lacs des Quatre-Cantons, de Constance et surtout de Zurich, métropole économique du pays. Elle a une importance moindre autour de Lucerne, où le tourisme est actif, mais elle s'intensifie à partir de Zoug et conserve une grande importance à Saint-Gall, malgré le déclin du textile. Le sillon subjurassien est aussi jalonné de cités manufacturières : Orbe, Yverdon, Neuchâtel (aux fonctions plus diversifiées, sur le lac du même nom), Bienne, Granges, Soleure, Olten, Aarau.

Le *Jura* occupe le dixième de la superficie du pays et compte environ le septième de sa population. La montagne, plissée au sud, tabulaire au nord, a un climat rude (les moyennes thermiques mensuelles hivernales descendent à nouveau au-dessous de 0 °C). Dans le Sud, partie la plus élevée, l'agriculture a presque disparu devant l'élevage. Entre 600 et 700 m, le Jura tabulaire est fortement boisé. L'horlogerie est la principale activité manufacturière d'une montagne fortement industrialisée. Le Locle et La Chaux-de-Fonds en sont les grands centres. A l'extrémité septentrionale du Jura, Bâle est le débouché de la navigation fluviale sur le Rhin.

● *Géographie humaine et économique.* Compte tenu de l'étendue des régions montagneuses, la densité moyenne de population est extrêmement élevée, approchant 150 h. au kilomètre carré. Cette population s'accroît naturellement de près de 1 p. 100 par an en raison des différences entre taux de natalité (18,3 p. 1 000) et de mortalité (9,1 p. 1 000). La montagne se dépeuple : 90 p. 100 des habitants sont établis à moins de 800 m. Près de la moitié de la population est urbanisée.

L'agriculture emploie seulement le dixième de la population active et fournit 7 p. 100 du produit intérieur brut. Le blé, la betterave à sucre et la pomme de terre sont les principales cultures, éclipsées toutefois par l'élevage (bovins surtout), qui assure les trois quarts des revenus ruraux (viande et produits laitiers). La sylviculture a reculé. L'agriculture suisse satisfait environ 60 p. 100 des besoins nationaux. L'industrie occupe la moitié de la population active et assure une part à peu près égale du produit intérieur brut. La Suisse doit importer la quasi-totalité de ses combustibles solides ou liquides (raffineries de pétrole à Aigle et Cressier) ainsi que des minerais, étant riche seulement en hydro-électricité (30 TWh). Celle-ci a favorisé le développement de la métallurgie de transformation, branche dominante devant l'horlogerie et la chimie. Le textile, qui a longtemps occupé la première place dans l'industrie, vient seulement au quatrième rang.

Le commerce extérieur se caractérise par son ampleur (60 p. 100 du produit national brut pour l'ensemble importations-exportations). Mais le déficit de la balance commerciale est traditionnel. Il est comblé par les revenus assurés par le tourisme (6 millions de visiteurs) et divers « services » (assurances), indépendamment des mouvements de capitaux, dont l'afflux a été une conséquence de la stabilité politique du pays et a favorisé un rôle international, déjà dévolu à la position géographique de la Suisse. La structure des échanges rend compte de celle de l'économie. Les articles manufacturés constituent 90 p. 100 des exportations, mais 60 p. 100 seulement des importations ; les matières premières industrielles et les compléments alimentaires forment une part importante des importations. Malgré l'appartenance de la Suisse à la zone de libre-échange, la majeure partie du commerce (50 p. 100) s'effectue avec le Marché commun (Allemagne occidentale en tête).

Le poids économique du pays est hors de rapport avec sa population et sa superficie. Au carrefour de l'Europe du Nord-Ouest et de l'Europe méridionale, de l'Europe atlantique et de l'Europe centre-orientale, s'est édifiée une nation dont le niveau de vie élevé indique l'accroissement et la continuité de la prospérité, que ne compromettent pas certains problèmes (tendances inflationnistes nées de l'expansion, afflux de main-d'œuvre étrangère, etc.). Le revenu annuel par habitant dépasse les 2 000 dollars. Il existe une automobile pour 5 h., un téléphone pour 2,5 h. et un téléviseur pour 6 h. La densité d'occupation par pièce est seulement de 0,7 personne. 25 p. 100 des dépenses seulement sont consacrées à l'alimentation.

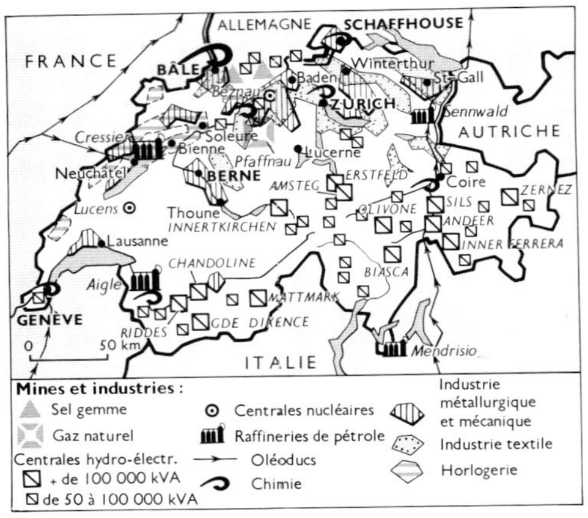

Histoire.

Primitivement habité par les Helvètes, de race celtique, le pays passe au pouvoir des Romains après la conquête de César en 58 av. J.-C. La diversité culturelle du pays est en partie la conséquence des invasions des Barbares, qui commencent à la fin du IIIe s. Les Burgondes, latinisés, prennent Genève comme capitale. Les Alamans, encore païens, germanisent le bassin du Rhin et de l'Aar inférieur. Ils refoulent et isolent les parlers romanches, même après leur conversion au christianisme par les moines irlandais (saint Gall). La création du Saint Empire romain germanique (962) et l'intégration à celui-ci du royaume de Bourgogne (1032) rétablissent l'ordre et font renaître à la fois le commerce et la vie urbaine. Des Etats féodaux se forment à partir du XIe s. Celui des Zähringen domine une partie de la Suisse alémanique, mais la dynastie de ces derniers s'éteint en 1218, et une large fraction de leurs possessions passe à des parents, les Habsbourg, qui contrôlent par leurs « avoueries » une bonne partie de la Suisse centrale et occidentale. A la mort de l'empereur Rodolphe de Habsbourg, les cantons montagnards et forestiers de Schwyz, d'Uri et de Nidwald se lient, par un pacte perpétuel, pour la défense de leurs droits et libertés (1er août 1291) : ainsi naît la Confédération suisse (du nom de Schwyz, le principal des cantons associés).

Pour se défendre contre les Habsbourg, les cantons confédérés en appellent à l'Empereur, qui confirme leurs droits (1309). Une guerre avec les Habsbourg se termine par la défaite de ceux-ci à Morgarten (1315). D'autres cantons s'unissent aux premiers : Lucerne (1332), Zurich (1351), Glaris et Zoug (1352), Berne (1353). Battus à Sempach (1386) et à Näfels (1388), les Habsbourg doivent reconnaître, un an après, l'indépendance des cantons. Par la « paix perpétuelle » de 1474, la Confédération, forte de huit cantons, est définitivement constituée et émancipée, tout en restant membre de l'Empire.

La Confédération se fortifie par des conquêtes communes (Thurgovie, 1460), par des victoires sur Charles le Téméraire (1476) et sur Maximilien Ier (1499), et par l'adjonction de cantons nouveaux : Fribourg et Soleure en 1481, Bâle et Schaffhouse en 1501, Appenzell en 1513. Deux ans après, François Ier bat les Suisses à Marignan, mais conclut avec eux la paix perpétuelle de Fribourg (1516), transformée, cinq ans plus tard, en alliance défensive et offensive, qui accorde au roi de France le droit de lever jusqu'à 6 000 mercenaires (plus tard 16 000) et qui placera la Suisse dans l'orbite française jusqu'en 1815.

La Réforme se répand dans une partie de la Suisse grâce aux humanistes bâlois, puis à Zwingli. En 1531, celui-ci prend l'offensive contre les cantons demeurés catholiques, mais il est vaincu et tué à Kappel. Calvin s'installe à Genève cinq ans plus tard, et Genève devient ainsi la « Rome du protestantisme ». Théodore de Bèze le remplace en 1564. Pour ne pas détruire un équilibre fragile, les cantons pratiquent une stricte neutralité lors des guerres de Religion ou de la guerre de Trente Ans. Malgré quelques escarmouches — annexion du pays de Gex par la France —, les puissances finissent par reconnaître de droit l'indépendance et la neutralité de la Confédération (traité de Westphalie, 1648).

Au cours des XVIIe et XVIIIe s., le commerce par les cols alpins et les progrès de l'industrie textile et de l'horlogerie profitent surtout à un patriciat très fermé, dont l'activité bancaire s'étend. Pendant que les querelles religieuses s'apaisent (traité d'Aarau, 1712), les idées démocratiques (J.-J. Rousseau) font des progrès, et plusieurs révoltes populaires contre la bourgeoisie ont lieu. L'aménagement du pacte confédéral (1777) ne réussit pas à réveiller la vie politique. Aussi, malgré le massacre des Suisses aux Tuileries (1792), le pays fait bon accueil à la Révolution française.

La France occupe en 1792 l'évêché de Bâle, puis l'annexe (département du Mont-Terrible, 1793). Quatre ans plus tard, Bonaparte rattache la Valteline à la république Cisalpine. En 1798, le canton de Vaud, poussé par le Directoire, se proclame indépendant. A la suite de l'invasion française, la République helvétique unitaire est imposée par la France, qui annexe plusieurs territoires jurassiens. Mais, en 1803, Bonaparte accorde l'Acte de médiation, qui reconstitue l'organisation confédérale tout en laissant à la France le contrôle du pays. De 1804 à 1813, la Suisse, ruinée par le Blocus continental, bénéficie cependant de grands travaux routiers (Simplon, 1806).

L'Acte de médiation est supprimé en décembre 1813, et un nouveau pacte confédéral est ratifié par le congrès de Vienne (1815). La Suisse compte vingt-deux cantons, le pouvoir confédéral reste faible et les cantons sont paralysés par des gouvernements conservateurs. De 1827 à 1831, la bourgeoisie libérale impose des réformes importantes (suffrage universel, impôt direct) à douze cantons, mais les grandes villes oligarchiques (Neuchâtel, Bâle) résistent, ainsi que les vieux cantons montagnards. En 1845, les sept cantons catholiques signent un pacte séparé (Sonderbund), mais ils sont vaincus deux ans plus tard.

En septembre 1848, une nouvelle Constitution établit entre les vingt-cinq cantons et demi-cantons une véritable union fédérale, dotée d'un gouvernement central siégeant à Berne. Le pouvoir fédéral est légèrement renforcé en 1874 ; la même année, le pays adopte le droit de référendum, puis, en 1891, celui d' « initiative ». Le tourisme se développe. On perce le tunnel du Saint-Gothard (1872-1882), puis celui du Simplon (1898-1905). En 1937, une charte du travail est due à la collaboration des syndicats et du patronat, ainsi qu'à l'action de la social-démocratie. La Suisse est demeurée neutre durant les deux guerres mondiales. La Croix-Rouge est née sur le sol national en 1863, et son siège international y est demeuré. Entre les deux guerres, la Société des Nations résidait en Suisse. Une certaine agitation s'est manifestée dans le Jura bernois à partir de 1963 et, par référendum, une partie de la population francophone de cette région décide de constituer un nouveau canton (1974).

Langues et littératures.

● On parle en Suisse quatre langues, qui sont, dans l'ordre d'importance numérique, l'allemand, le français, l'italien, le rhéto-roman. Apparenté aux dialectes du Frioul, le rhéto-roman fut très tôt une langue littéraire, imprimée dès le XVIe s. Les langues nationales sont sur un pied de stricte égalité. Cependant, les cantons germaniques disposent d'une double expression : l'allemand littéraire et le dialecte. Mais, sans distinction de langue, on relève en Suisse, communs à tous les habitants, des traits marqués par l'histoire, la nature et l'organisation politique et sociale. Il existe une façon spécifiquement helvétique de voir les choses, donc une littérature nationale. La Suisse ne connaît d'ailleurs qu'une seule société des gens de lettres : on s'y oppose moins par la langue que sur les questions débattues.

● *Littérature d'expression allemande.* Les premières œuvres, du VIIIe au début du XIe s., se trouvent à l'abbaye de Saint-Gall. Au XIIe et au XIIIe s. se développe une littérature courtoise, que prolonge une poésie épique et guerrière (le *Chant de Sempach,* 1386). Dès le début du XVIe s., l'humanisme, puis la Réforme s'étendent à la Suisse. A côté des polémiques sur la religion, on voit naître la curiosité pour le monde alpestre chez Ulrich Zwingli et le Bernois Niklaus Manuel, dit N. M. Deutsch. Après un XVIIe s. assez terne, soumis aux modes étrangères, le XVIIIe s. voit s'épanouir une véritable renaissance littéraire. J. J. Bodmer (*Traité critique du merveilleux dans la poésie,* 1740) et J. J. Breitinger (*Critique de l'art poétique,* 1740) réagissent contre l'école de Leipzig, confinée dans l'imitation du classicisme français : se passionnant pour Shakespeare, les légendes nordiques et la poésie médiévale, ils annoncent les thèmes du romantisme, dont le sentimentalisme apparaît dans les poèmes d'Albrecht von Haller (*les Alpes,* 1729) et les *Idylles* (1756) de Salomon Gessner.

Au XIXe s., la Suisse donne à la littérature de langue allemande trois de ses plus grands narrateurs : Jérémias Gotthelf (*Uli le Valet,* 1841), Conrad Ferdinand Meyer (*Jürg Jenatsch,* 1876) et Gottfried Keller (*Henri le Vert,* 1854-1855) ; un poète d'inspiration philosophique, Carl Spitteler (*Printemps olympien,* 1906-1910) ; un historien de réputation mondiale, Jacob Burckhardt (*Considérations sur l'histoire universelle,* 1905). Le XXe s. est d'abord le siècle du roman et de la nouvelle, d'inspiration régionaliste et rustique avec Ernst Zahn et Meinrad Lienert, ou reprenant le rythme goethéen du *Bildungsroman* avec Jakob Schaffner (*Johannes,* 1922). Puis c'est le théâtre qui devient, avec Friedrich Dürrenmatt (*le Mariage de M. Mississippi,* 1952 ; *la Visite de la vieille dame,* 1956 ; *Frank V, opéra d'une banque privée,* 1959) et Max Frisch (*Biedermann et les incendiaires,* 1958 ; *Andorra,* 1961), le lieu privilégié d'analyse des mécanismes psychologiques et sociaux du monde moderne.

● *Littérature d'expression française.* Au Moyen Age, la Suisse romande ne produit aucune œuvre qui mérite d'être signalée, sauf les poésies d'Othon de Granson, en qui Chaucer voyait « la fleur de ceux qui font des vers en France ». C'est la Réforme qui vient stimuler la vie de l'esprit, avec les chroniqueurs comme François de Bonivard et les réformateurs, dont Pierre Viret est le seul qui appartienne à la terre romande et qui possède une réelle originalité (*Instruction chrétienne en la doctrine de la loi et de l'évangile,* 1564). Genève est, grâce à Calvin, le principal foyer, après Paris, de la vie intellectuelle française.

Après une période de stagnation, un réveil se produit, comme en Suisse allemande, au XVIIIe s. Les protestants, chassés de France à la révocation de l'édit de Nantes, donnent un nouvel essor à la vie des lettres. Les auteurs sont alors des érudits, des jurisconsultes, et le premier ouvrage vraiment littéraire est dû à un patricien de Berne, Béat de Muralt, qui préfère le français à sa langue maternelle (*Lettres sur les Anglais et les Français,* 1725). Autour du Genevois Jean-Jacques Rousseau s'ordonne une nouvelle sensibilité qui s'incarne dans les récits du philosophe et naturaliste Horace Bénédict de Saussure (*Voyage dans les Alpes,* 1779), les poèmes du Doyen Bridel (*Poésies helvétiennes,* 1782), créateur de l' « helvétisme » littéraire, les romans de Mme de Charrière (*Caliste ou Lettres écrites de Lausanne,* 1785-1788). La Révolution française suscite une littérature politique et philosophique, représentée par Mallet du Pan, F. C. de La Harpe, Charles Pictet de Rochemont, tandis que

Mme de Staël et Benjamin Constant, que tant d'attaches familiales unissent à la Suisse romande, illustrent une période riche en événements, sur lesquels Charles Léonard de Sismondi (*Histoire des républiques italiennes,* 1807-1818) et Charles Victor de Bonstetten (*l'Homme du Midi et l'homme du Nord ou Influence du climat,* 1824) exercent leur esprit d'analyse.
Au XIXe s., la littérature, pénétrée par le romantisme, se révèle d'abord préoccupée de thèmes historiques et politiques, puis on assiste à un « réveil protestant », dominé par l'œuvre d'Alexandre Vinet (*Etudes sur Pascal,* 1848), qui ouvre la voie à toute une école de moralistes et de philosophes comme Ch. Secrétan, F. M. Naville et surtout H. F. Amiel (*Journal intime,* 1882-1884). En même temps se constituent des littératures régionales : avec Rodolphe Toepffer (*Voyages en zigzag,* 1845) et, plus tard, Philippe Monnier (*Mon village,* 1909) pour Genève ; Juste Olivier (*le Canton de Vaud,* 1837-1841) et Eugène Rambert (*les Alpes suisses,* 1865-1875) pour le pays de Vaud ; Philippe Godet pour Neuchâtel ; V. Rossel pour le Jura bernois. Cependant, alors que Victor Cherbuliez reprend la tradition du cosmopolitisme (*Meta Holdenis,* 1873), Edouard Rod (*la Vie privée de Michel Teissier,* 1893) se tourne vers le naturalisme.
Avec le XXe s. s'ouvre une ère originale de la littérature romande : Charles Ferdinand Ramuz (*la Grande Peur dans la montagne,* 1926 ; *Derborence,* 1934) et Gonzague de Reynold (*Contes et légendes de la Suisse héroïque,* 1913) entreprennent l'évocation de la réalité profonde et quotidienne de la Suisse. Ce travail d'émancipation et d'affirmation est poursuivi par Alexandre et Charles Albert Cingria, Robert de Traz (*l'Esprit de Genève,* 1929) et le théâtre du Jorat de René Morax (*la Dîme,* 1903 ; *Tell,* 1914). La littérature contemporaine s'incarne notamment dans les analyses pénétrantes de critiques comme Denis de Rougemont (*l'Amour et l'Occident,* 1939), Marcel Raymond et Jean Starobinski, et dans les recherches de romanciers comme Maurice Zermatten, Jacques Mercanton, Georges Borgeaud, Yves Velan.
● *Littérature de langue italienne.* L'aire linguistique italienne comprend le canton du Tessin et quelques vallées grisonnes s'ouvrant sur la Valteline. A l'époque de la Renaissance, elle a vu naître des humanistes, des architectes et des peintres qui travaillèrent dans l'Europe entière. Au XVIIIe s., la ville de Lugano prit une certaine importance culturelle, et Alessandro Manzoni y fut l'élève de l'abbé Francesco Soave, auteur des *Nouvelles morales* (1782). Mais la plus grande figure de la littérature de la Suisse italienne demeure Francesco Chiesa, poète, romancier et historien de l'art, qui joint à un don d'observation pittoresque une veine d'humour lombard (*Feux du printemps,* 1919 ; *le Soir étoilé,* 1933). Son inspiration se prolonge chez Giuseppe Zoppi (*le Livre de l'Alpe,* 1922), Guido Calgari, Felice Filippini (*Seigneur des pauvres morts,* 1942), Giovanni Bonalumi et Giorgio Orelli.
● *Littérature rhéto-romane.* Le rhéto-roman, dans ses deux principaux dialectes, le « romanche » (vallée du Rhin) et le « ladin » (Engadine), a produit une littérature abondante qui a connu deux moments principaux : le XVIe et le XVIIe s., illustrés par une riche poésie d'inspiration religieuse ; l'époque moderne, depuis la fin du XIXe s., marquée par l'œuvre lyrique de Peider Lansel (*Collier d'ambre,* 1912 ; *le Vieil Encrier,* 1929) et les récits de Reto Caratsch.

Suisse normande, nom donné parfois à la partie sud du Bocage normand, la plus élevée.

Suisse saxonne, région de l'Allemagne orientale et de la Tchécoslovaquie, de part et d'autre de l'Elbe.

Suita, v. du Japon (Honshū) ; 198 000 h.

suite [sɥit] n. f. (du lat. *secutus,* ayant suivi). Cortège qui accompagne quelqu'un pour lui faire honneur : *suite d'un prince.* ‖ Ce qui vient après une chose déjà connue : *pour comprendre ce passage, il faut lire la suite.* ‖ Continuation d'une œuvre écrite : *la suite d'un roman.* ‖ Succession, enchaînement de faits qui se suivent : *suite de succès.* ‖ Collection d'objets de même nature. ‖ Série de choses rangées les unes à côté des autres : *suite de mots.* ‖ Conséquence, résultat : *cette affaire aura des suites graves.* ‖ Ordre, liaison : *raisonnements sans suite.* ‖ *Math.* Ensemble d'éléments classés dans un ordre déterminé : *la suite des nombres entiers.* ‖ *Mus.* Série de pièces instrumentales écrites dans le même ton et relevant de la danse. (V. *encycl.*) ● *Avoir de la suite dans les idées,* être capable d'une attention continue, de persévérance. ‖ *Droit de suite,* droit accordé à l'auteur d'une œuvre d'art originale — et à ses héritiers pendant la période où ils jouissent des droits d'auteur — d'effectuer un prélèvement minime sur le prix de cette œuvre chaque fois qu'elle fait l'objet d'une vente publique. ‖ *Esprit de suite,* persévérance dans le même ordre d'idées. ‖ — Loc. adv. **De suite,** sans interruption : *faire dix kilomètres de suite.* ‖ **Par suite,** par une conséquence naturelle ou logique. ‖ **Tout de suite,** immédiatement, sans délai : *obéissez tout de suite.* (C'est une faute d'employer *de suite* pour *tout de suite.*) ‖ — Loc. prép. **A la suite de,** après : *marcher à la suite de quelqu'un.* ‖ **Par suite de,** en conséquence de.
— ENCYCL. *Mus.* Ecrite primitivement pour le luth ou le clavecin, la *suite* groupe dans une même tonalité une allemande, une courante, une sarabande et une gigue, qui en constituent l'ossature essentielle. Elle a pu s'adjoindre plus tard des danses d'origine italienne (forlane), française (bourrée, gavotte, menuet) et passer du domaine du clavier à celui des cordes frottées jusqu'au point d'apparaître comme une des sources de la sonate de chambre (*sonata da camera* italienne). Elle a disparu devant la sonate et la symphonie au XIXe s., et a reparu au XXe s. jusque dans la musique symphonique.

suitée [sɥite] adj. f. Se dit d'une jument suivie de son poulain.

le président **Sukarno** en 1957

suivant [sɥivɑ̃] prép. Dans la direction de : *marcher suivant l'axe d'une vallée.* ‖ A proportion de ; en raison de : *suivant le mérite.* ‖ Selon l'opinion de : *suivant l'Ecriture.* ‖ — **Suivant que** loc. conj. Selon que : *suivant qu'il est là ou non.*

suivant, e adj. Qui est après : *au chapitre suivant.* ‖ — N. Celui ou celle qui accompagne, escorte, notamment dans les pièces de théâtre.

suiveur n. m. Celui qui suit une course cycliste. ‖ *Fam.* Homme qui suit les femmes dans la rue. ‖ Celui qui suit au lieu de diriger. ‖ *Psychol. sociale.* Contraire de MENEUR.

suivi, e adj. Où il y a de la liaison : *raisonnement bien suivi.* ‖ Fréquenté : *théâtre suivi.*

suivisme n. m. *Péjor.* Attitude de celui qui s'aligne sur un parti politique, une organisation syndicale, sans faire preuve d'esprit critique.

suivre [sɥivr] v. t. (du lat. *sequi*) [conj. **56**]. Aller, venir après ; accompagner : *suivre quelqu'un pas à pas.* ‖ Chercher à atteindre ; épier : *il faut suivre cet homme-là.* ‖ Longer : *suivre la lisière d'un bois.* ‖ Marcher sur : *suivre un chemin.* ‖ Aller aussi vite que : *suivre un cheval au galop.* ‖ — *Fig.* Accompagner : *cette image me suit partout.* ‖ Se conformer à ; imiter : *suivre une mode.* ‖ Observer : *suivre les progrès des négociations.* ‖ Se conformer à la doctrine de : *suivre Descartes.* ‖ Imiter : *un exemple à suivre.* ‖ Ecouter attentivement pour comprendre : *suivre un discours.* ‖ Venir après, par rapport au temps : *le printemps suit l'hiver.* ‖ S'attacher à : *l'envie suit la gloire.* ‖ Etre au niveau de : *suivre sa classe.* ● *Suivre une affaire,* s'en occuper sérieusement. ‖ *Suivre un cours,* y assister assidûment. ‖ *Suivre ses goûts,* s'y abandonner. ‖ *Suivre une méthode,* la pratiquer. ‖ — V. i. Aller à la suite : *c'est à vous de suivre.* ‖ *Jeux.* Tenir l'enjeu de ses adversaires. ‖ — V. impers. Résulter : *il suit de là que...* ‖ — **Se suivre** v. pr. Se succéder : *les jours se suivent.* ‖ Etre placé l'un après l'autre dans un ordre régulier : *numéros qui se suivent.* ‖ S'enchaîner : *ces raisonnements se suivent.*

sujet [syʒɛ] n. m. (lat. *subjectum,* ce qui est subordonné). Cause, raison, motif : *une querelle sans sujet.* ‖ Matière sur laquelle on parle, on écrit, on compose : *le sujet d'une conversation ; sujet de tragédie, de tableau.* ‖ *Gramm.* Dans une proposition, mot ou groupe de mots représentant la personne ou la chose dont le verbe exprime l'état ou l'action : *le verbe s'accorde en nombre et en personne avec le sujet.* ‖ *Mus.* Thème principal d'une fugue. (Il sera repris successivement par chacune des voix, sous sa forme originale, ou transposé en réponse.) ‖ *Philos.* Esprit qui connaît, par rapport à l'objet qui est connu. ● *Etre plein de son sujet,* en être pénétré. ‖ *Mauvais sujet,* personne méchante et vicieuse. ‖ *Petit et grand sujet,* quatrième et cinquième échelon de la hiérarchie du corps de ballet de l'Opéra de Paris.

sujet [syʒɛ], **ette** [-ɛt] adj. (lat. *subjectus,* soumis). Exposé à éprouver certaines maladies, certains inconvénients : *sujet à la migraine.* ‖ Porté à ; enclin à : *sujet à s'enivrer.* ‖ Susceptible de : *sujet à se tromper.* ‖ — N. Personne qui est soumise à l'autorité d'un souverain.

sulfatage de la vigne, dans la région des Graves

sujétion [syʒesjɔ̃] n. f. Dépendance, état de celui qui est soumis à un pouvoir, à une domination : *vivre dans la sujétion.* ‖ Contrainte, assujettissement à quelque nécessité : *certaines habitudes deviennent des sujétions.*

Sukarno (Achmed), homme politique indonésien, né à Surabaya (Java) [1901-1970]. Président de la république d'Indonésie depuis 1945, il a été contraint d'abandonner ses pouvoirs en 1967.

Sukarnopura, anc. **Hollandia,** auj. **Djajapura,** cap. de la Nouvelle-Guinée occidentale ; 36 500 h.

Sukkur, v. du Pākistān, sur l'Indus ; 103 000 h. Barrage d'irrigation.

Sulawesi. V. CÉLÈBES.

sulcature [sylkatyr] n. f. (du lat. *sulcare,* sillonner). Trace en forme de sillon.

sulciforme [sylsifɔrm] adj. (lat. *sulcus,* sillon, et *forme*). En forme de sillon.

sulf- [sylf] ou **sulfo-** [sylfo] (du lat. *sulfur,* soufre), préfixe indiquant la présence du soufre dans un composé.

sulfamide [sylfamid] n. m. Nom générique de composés organiques azotés et soufrés, dont plusieurs catégories sont employées en thérapeutique.
— ENCYCL. Les premiers *sulfamides,* dérivés de l'acide sulfonique et dont le type est le benzène-sulfamide, étaient employés pour leur action antagoniste des bactéries avant l'apparition des antibiotiques d'origine fongique. Par extension, le terme de *sulfamide* s'applique à de nombreux corps antimicrobiens comportant des groupements sulfone, sulfoxyde, thiosulfone, dont certains, très actifs à petites doses, sont toujours employés. Les sulfamides antidiabétiques ou hypoglycémiants, introduits en thérapeutique à partir de 1954, font baisser le taux du sucre sanguin chez les diabétiques et permettent le plus souvent d'éviter les injections d'insuline. Les sulfamides diurétiques, d'introduction encore plus récente, permettent d'augmenter considérablement la sécrétion urinaire et de réduire les œdèmes importants ; leur action sur les sels minéraux peut provoquer un déséquilibre du taux de ceux-ci (perte de potassium), nécessitant une correction précise, par conséquent une prescription et un contrôle médicaux.

sulfatage n. m. Epandage sur les végétaux de sulfate de cuivre ou de sulfate de fer pour les préserver des maladies cryptogamiques.

sulfate n. m. (du lat. *sulfur,* soufre). Sel de l'acide sulfurique : *sulfate de fer.*

sulfaté, e adj. Qui renferme un sulfate : *eau sulfatée.*

sulfater [sylfate] v. t. Asperger de sulfate de cuivre : *sulfater les vignes pour combattre le mildiou.*

sulfateuse n. f. Appareil pour pulvériser les bouillies anticryptogamiques à base de sulfate de cuivre ou de fer.

sulfhydrique [sylfidrik] adj. m. (lat. *sulfur,* soufre, et gr. *hudôr,* eau). Se dit d'un acide (H_2S) formé de soufre et d'hydrogène, et qui est un gaz incolore, très toxique, à odeur d'œuf pourri, produit par la décomposition des matières animales. (On l'appelle encore HYDROGÈNE SULFURÉ.)

sulfinisation [sylfinizasjɔ̃] n. f. Cémentation au soufre.

sulfitage n. m. Emploi de l'anhydride sulfureux (comme désinfectant, antiseptique, antioxydant, décolorant, etc.), fréquent en vinification.

sulfite [sylfit] n. m. *Chim.* Sel de l'acide sulfureux.

sulfocarbonate n. m. Composé obtenu en mettant le sulfure de carbone en présence des alcalis.

sulfoné [sylfɔne], **e** adj. Se dit de dérivés obtenus par action de l'acide sulfurique sur les composés benzéniques.

sulfovinique adj. Se dit d'un acide obtenu par l'action de l'acide sulfurique sur l'alcool. (Syn. ÉTHYLSULFURIQUE.)

sulfurage n. m. Opération qui a pour but l'introduction dans le sol d'une certaine quantité de sulfure de carbone : *le sulfurage est destiné à combattre le phylloxéra.*

sulfuration n. f. Action de sulfurer.

sulfure [sylfyr] n. m. (lat. *sulfur,* soufre). *Chim.* Combinaison du soufre et d'un élément. ‖ Sel de l'acide sulfhydrique. (Le sulfure de carbone CS_2 est utilisé pour vulcaniser le caoutchouc, extraire le parfum des plantes, dégraisser les draps, etc., et aussi comme insecticide [sulfurage].) ‖ Objet en cristal, décoré dans la masse soit d'un camée, soit d'une sujet émaillé.

sulfuré, e adj. *Chim.* A l'état de sulfure. ● *Hydrogène sulfuré,* syn. de ACIDE SULFHYDRIQUE.

sulfurer v. t. Combiner avec le soufre.

sulfureux, euse adj. *Chim.* Qui a la nature du soufre, qui contient une combinaison du soufre : *eau, exhalaison sulfureuse.* ● *Anhydride sulfureux,* composé oxygéné (SO_2) dérivé du soufre. (C'est un gaz incolore, suffocant, que l'on emploie comme décolorant et comme désinfectant.)

sulfurique adj. *Acide sulfurique,* acide oxygéné (H_2SO_4) dérivé du soufre, corrosif très violent, appelé dans le commerce *huile de vitriol.* (Il sert à la fabrication de nombreux acides, des sulfates et aluns, des superphosphates, du glucose, d'explosifs et de colorants ; on l'emploie aussi dans les accumulateurs.)

Phot. ambassade d'Indonésie, Graffoulière.

sulfurisé, e adj. Se dit du papier traité par l'acide sulfurique.

Suli. V. SOULI.

sulky [sylki] n. m. (mot angl.). Voiture très légère, sans caisse, à deux roues, utilisée pour les courses de trot attelé.

Sulla ou **Sylla** (Lucius Cornelius), général et homme politique romain (138 av. J.-C.-78 av. J.-C.). Cet aristocrate servit Marius avant d'être nommé consul en 88. Il joua un rôle décisif dans la guerre sociale et obtint le commandement dans la guerre contre Mithridate. Marius l'ayant dépossédé illégalement de ce commandement, il entra par force à Rome et fit mettre Marius hors la loi. Il fit voter des lois renforçant les pouvoirs du sénat, puis partit pour la Grèce, où il vainquit Mithridate (87-85). En 83, il revint à Rome, où les partisans de Marius s'étaient réinstallés dès 86. Redevenu maître de Rome, il se fit attribuer une dictature sans limites (*lex Valeria*) et inaugura le régime des proscriptions aux dépens des partisans de Marius et de la classe équestre, mais dix mille esclaves furent affranchis. Sulla réduisit les attributions des chevaliers et les pouvoirs des tribuns, et doubla les effectifs du sénat. Le gouvernement des provinces et le commandement des armées furent retirés aux consuls et aux préteurs au profit des promagistrats. Annonciateur de l'Empire, Sulla s'entoura d'une garde personnelle, fit frapper des monnaies à son effigie et se fit proclamer *Felix*. Outre diverses mesures sociales (allégement des dettes, baisse des prix), il établit de nombreuses colonies au profit de ses vétérans. Mais il ne put empêcher l'union des nobles et de Pompée contre lui ; sentant le pouvoir lui échapper, il abdiqua brusquement en 79 pour se retirer en Campanie.

Sully (Maurice DE), évêque de Paris, né à Sully-sur-Loire (v. 1120-1196). Il décida d'entreprendre la construction de Notre-Dame (1163).

Sully (Maximilien DE BÉTHUNE, *baron* DE ROSNY, *duc* DE), ministre d'Henri IV, né au château de Rosny (Ile-de-France) [1560-1641]. Noble campagnard, protestant, il combattit sous les ordres d'Henri de Navarre. Devenu roi de France, Henri l'appela au conseil des Finances (1596). Sully gagna la confiance du roi par le soutien qu'il apporta à la politique de pacification religieuse. Surintendant des Finances, il réorganisa les impôts (1597-1609), annula les anoblissements récents (1598), fit accepter l'édit de la Paulette (1604). Les économies ainsi réalisées lui permirent de dégager le domaine de la Couronne, aliéné à des particuliers et à des officiers (1607-1609). Grand voyer de France (1599), il favorisa la construction des routes, des ponts et des canaux, mais maintint les douanes intérieures, lucratives. Il soutint la propagande d'Olivier de Serres en faveur de l'agriculture. Grand maître de l'artillerie et superintendant des Fortifications (1599), gouverneur de la Bastille (1602), il créa un arsenal important et fit fortifier les frontières. Il fut nommé gouverneur du Poitou en 1604 ; le duché-pairie de Sully fut créé pour lui en 1606. Lors de l'arrivée au pouvoir du parti catholique de Marie de Médicis, Sully fut contraint de se retirer du Conseil (26 janv. 1611) ; dans la retraite, il rédigea ses *Mémoires des sages et royales économies d'Etat de Henry le Grand* (1638).

Sully (*hôtel de*), situé à Paris, rue Saint-Antoine et place des Vosges. C'est un des chefs-d'œuvre de Jean Ier Androuet Du Cerceau (1624). Il abrite certains services de la Direction de l'architecture et de la Caisse nationale des monuments historiques.

Sully Prudhomme (René François Armand PRUDHOMME, dit), poète français, né à Paris (1839-1907). Ayant abandonné une carrière d'ingénieur, puis de juriste pour se consacrer à la poésie, il se montra préoccupé des problèmes posés à la conscience moderne (*le Problème des causes finales,* 1902). Ses poèmes philosophiques n'évitent pas les dangers du vers didactique et prosaïque (*les Solitudes,* 1869 ; *les Destins,* 1872 ; *les Vaines Tendresses,* 1875). [Acad. fr., 1881 ; prix Nobel, 1901.]

Ginak prince d'Edin
Louvre

tête de Goudéa
Louvre

art sumérien

tête de taureau tombe royale d'Our
Louvre

vase d'Entéména en argent et bronze
Louvre

Sully-sur-Loire (45600), ch.-l. de c. du Loiret (arr. d'Orléans) ; 4 278 h. (*Sullylois*). Château (XIVe-XVIIe s.) ayant appartenu à Sully. Roulements à billes.

Sulpice (*saint*), évêque de Bourges (m. en 591). — Fête le 29 janvier.

Sulpice Sévère, historien ecclésiastique, né en Aquitaine (v. 360-v. 420), auteur d'une *Histoire sacrée* et d'une *Vie de saint Martin.*

sulpicien n. m. Prêtre qui appartient à la société cléricale de Saint-Sulpice*, fondée au XVIIe s. par Monsieur Olier.

sultan [syltɑ̃] n. m. (mot arabe signif. *pouvoir*). Titre de l'empereur des Turcs. ‖ Titre donné à certains princes musulmans.

sultanat [-na] n. m. Dignité du sultan. ‖ Règne d'un sultan.

sultane n. f. Epouse du sultan.

Sulu ou **Soulou** (*îles*), archipel des Philippines, séparant la *mer de Sulu* de la mer des Célèbes.

sumac [symak] n. m. (arabe *summāq*). Arbre des régions chaudes, fournissant des vernis, des laques, des tanins. (Famille des anacardiacées. Le *fustet* est un sumac cultivé comme ornemental.)

Sumatra, la plus grande des îles de la Sonde (Indonésie) ; 473 606 km² ; 15 739 000 h.
● *Géographie.* Allongée sur 1 500 km du nord-ouest au sud-est, l'île est formée, à l'ouest, par une partie occidentale montagneuse (monts Barisan), partiellement volcanique, et, à l'est, par une région basse, souvent marécageuse. La grande forêt en recouvre la majeure partie. La faiblesse du peuplement et la colonisation expliquent la juxtaposition, encore actuelle, de la culture sur brûlis (ladang) et des plantations commerciales (tabac, café et surtout hévéas). Les principales villes sont situées sur le littoral septentrional : Medan et Palembang, qui exporte du pétrole, principale ressource du sous-sol indonésien.
● *Histoire.* Les Portugais furent remplacés à Sumatra par les Hollandais au XVIIe s. Le commerce du poivre, puis les plantations (riz, tabac, café, caoutchouc) firent de Sumatra une île très riche qui, intégrée à la République indonésienne (1950), a manifesté à plusieurs reprises des tendances autonomistes.

Šumava, en allem. **Böhmerwald,** massif montagneux de Tchécoslovaquie, formant le rebord sud-ouest de la Bohême ; 1 380 m.

Sumbawa ou **Sumbava,** île de l'Indonésie, au sud des Célèbes ; 315 000 h.

Šumen, anc. **Kolarovgrad,** v. du nord de la Bulgarie ; 60 800 h. Constructions mécaniques.

Sumène (30440), ch.-l. de c. du Gard (arr. du Vigan) ; 1 913 h. (1 535 aggl.). Bonneterie.

Sumer. *Géogr. anc.* Région de la basse Mésopotamie, près du golfe Persique.

Sumériens, peuple qui s'établit dans la basse vallée de l'Euphrate au IVe millénaire av. J.-C. et y créa une brillante civilisation fondée sur des techniques fondamentales (terre cuite, écriture, irrigation) et sur la pratique du commerce des métaux avec des pays éloignés. Les temples sumériens comportaient une grande tour appelée *ziggourat**. Les villes les plus puissantes furent Lagash, puis Ourouk, au temps où Lougalzaggizi fonda un empire éphémère, et enfin Our (IIIe millénaire). Au IIe millénaire, le pays de Sumer entra en décadence, mais les Sumériens transmirent aux Assyriens les éléments de leur art et de leur mythologie.

summum [sɔmmɔm] n. m. (mot lat.). Le plus haut degré : *le summum d'une civilisation.*

Sund. V. ØRESUND.

Sunderland, port d'Angleterre (Durham), sur la mer du Nord ; 219 000 h. Sidérurgie. Constructions navales.

Sunderland (Robert SPENCER, *comte* DE), homme politique anglais, né à Paris (1640-1702), agent dévoué de la politique de Louis XIV.

Sundgau (le), pays du sud de l'Alsace.

sunlight [sœnlajt] n. m. (mot angl. signif. *lumière du soleil*). Fort projecteur pour prises de vues cinématographiques.

sunna [suna] n. f. (mot arabe signif. *tradition*). Chez les musulmans, recueil des préceptes d'obligation tirés des pratiques du Prophète et des quatre califes orthodoxes. ‖ Orthodoxie musulmane.

sunnite n. m. Musulman orthodoxe, adepte de la sunna, attaché aux traditions des califes orthodoxes (par opposition aux *chī'ites*).

Sun Yat-sen, homme politique chinois, né à Hiang-chan (Kouang-tong) [1866-1925]. Docteur en médecine, converti au protestantisme, il fonda (1894) l'Association pour la régénération de la Chine, qui devint le Kouo-min-tang. Lors de la révolution de 1911, il débarqua à Chang-hai et fut élu président de la République à Nankin. Il dut s'effacer devant Yuan Che-k'ai en 1912. En 1918, il constitua à Canton un gouvernement séparatiste. En 1923, il réorganisa le Kouo-min-tang et se rapprocha de l'U. R. S. S. En 1925, il entra triomphalement à Pékin, mais mourut peu après.

Suomi, nom finnois de la *Finlande.*

super [sypɛr] n. m. Abrév. fam. de *supercarburant.*

superbe [sypɛrb] adj. (lat. *superbus,* orgueilleux). Beau, magnifique, de somptueuse apparence. (Syn. : ADMIRABLE, EXTRAORDINAIRE, MERVEILLEUX, PRODIGIEUX, SPLENDIDE, SUBLIME.) ‖ — N. m. Orgueilleux (vx) : *Dieu punit les superbes.* ‖ — N. f. Orgueil, présomption (vx).

Superbagnères, station de sports d'hiver (alt. 1 800-2 260 m), dans les Pyrénées (Haute-Garonne).

Sully, par François Quesnel
musée Condé, Chantilly

château de **Sully-sur-Loire**

Phot. Giraudon (4), Vigneau-Ed. Tel, Giraudon.

superbement adv. Magnifiquement.

Superbesse. V. BESSE-EN-CHANDESSE.

supercarburant n. m. Essence de qualité supérieure, à indice d'octane qui avoisine et parfois dépasse 100. (On dit aussi, par abrév., SUPER.)

supercherie [sypɛrʃəri] n. f. (ital. *soperchieria,* excès). Tromperie calculée, fraude : *une supercherie littéraire.*

superciment n. m. Ciment portland artificiel à très hautes résistances initiale et finale.

supère [sypɛr] adj. *Bot.* Se dit d'un ovaire situé au-dessus du point d'insertion des sépales, pétales et étamines, comme chez la tulipe, le coquelicot. (Contr. INFÈRE.)

superfétation [sypɛrfetasjɔ̃] n. f. (du lat. *superfetare,* concevoir de nouveau). Chose qui s'ajoute inutilement à une autre; redondance : *superfétation de mots.*

superfétatoire adj. Qui s'ajoute inutilement à quelque chose.

superficie [sypɛrfisi] n. f. (lat. *superficies,* surface). Etendue d'une surface. || *Fig.* Connaissance légère, imparfaite des choses : *s'arrêter à la superficie.*

superficiel, elle adj. Qui n'existe qu'à la superficie : *plaie superficielle.* || Relatif à la surface d'un solide ou d'un corps : *tension superficielle.* || — *Fig.* Qui ne va pas au fond des choses : *esprit superficiel.* || Incomplet, non approfondi : *connaissances superficielles.*

superficiellement adv. De façon superficielle.

superfinition n. f. *Mécan.* Opération qui consiste, sur une surface métallique rectifiée, à faire disparaître la couche superficielle de métal amorphe décarburé, résultant de l'action de l'outil.

superflu [sypɛrfly], **e** adj. (du lat. *superfluere,* couler par-dessus). Qui est de trop : *ornement superflu.* || Inutile : *regrets superflus.*

superflu n. m. Ce qui est au-delà du nécessaire : *donner un peu de son superflu.*

superfluité [sypɛrflyite] n. f. Abondance excessive et inutile : *superfluité de paroles.* || — Pl. Choses superflues, inutiles : *que de superfluités!*

superforteresse n. f. V. FORTERESSE.

supergrand n. m. *Fam.* L'une des superpuissances.

superhétérodyne n. m. et adj. Récepteur radio-électrique dans lequel les oscillations électriques engendrées dans l'antenne sont superposées à celles d'un oscillateur local pour donner lieu à des oscillations d'une fréquence constante qui peuvent être aisément amplifiées et filtrées.
— ENCYCL. Dans le *superhétérodyne,* inventé en 1917 par Lucien Lévy, les signaux reçus, quelle qu'en soit la fréquence, sont, avant de subir une amplification à gain élevé, soumis à des battements avec les tensions à haute fréquence d'un oscillateur local, de manière que la fréquence différentielle qui en résulte soit toujours la même. Dans les récepteurs de radiodiffusion, en France, cette fréquence intermédiaire, ou moyenne fréquence, est fixée à 455 kHz. Les tensions de fréquence intermédiaire sont ensuite amplifiées dans un ou plusieurs étages, puis détectées pour donner lieu à des courants de basse fréquence, qui, convenablement amplifiés à leur tour, sont appliqués au haut-parleur. Le même principe de changement de fréquence est appliqué dans les récepteurs de télévision, où, en abaissant la fréquence particulièrement élevée des signaux reçus, on assure aisément l'amplification avant de les détecter pour obtenir les courants de vidéofréquence.

supérieur [syperjœr], **e** adj. (lat. *superior*). Qui est situé au-dessus (par oppos. à *inférieur*) : *étage supérieur.* || Qui atteint un degré plus élevé : *température supérieure à la normale.* || *Fig.* Qui surpasse les autres en dignité, en mérite, en force, en rang, en qualité, etc. : *talent supérieur.* ● *Etre supérieur aux événements,* les dominer avec courage. || — N. Personne qui dirige une communauté, un établissement religieux.

Supérieur (*lac*), le plus vaste (82 380 km²) et le plus occidental des cinq grands lacs de l'Amérique du Nord, entre le Canada et les Etats-Unis, communiquant avec le lac Huron par la rivière Sainte-Marie. Long de 600 km, il est large de 260 km. La navigation y est très active (exportations de fer par Duluth et des grains canadiens par Port Arthur et Fort William).

Sun Yat-sen

Phot. Keystone.

supérieurement adv. De façon supérieure : *être supérieurement doué.* || Parfaitement.

supériorité n. f. Etat d'une personne, d'une chose qui est au-dessus des autres par quelque qualité : *supériorité du mérite.* (Syn. : AVANTAGE, PRÉÉMINENCE, PRÉPONDÉRANCE, PRIMAUTÉ, SUPRÉMATIE.) || Dignité de supérieur ou de supérieure dans un couvent. ● *Supériorité aérienne, navale* (Mil.), état d'un parti qui dispose en une zone et à un moment donnés des moyens capables de surclasser l'adversaire.

superlatif [sypɛrlatif] n. m. (du lat. *superlatum,* ce qui est porté au-dessus). *Gramm.* Degré de signification qui exprime une qualité portée à un très haut degré.
— ENCYCL. Le *superlatif* est la forme prise par l'adjectif qualificatif lorsqu'il qualifie un être, un objet comparés à tous les êtres, à tous les objets semblables (*superlatif relatif*), ou lorsqu'il exprime la qualité portée à un très haut degré (*superlatif absolu*).
Le superlatif *relatif* se marque par le comparatif précédé de l'article défini : *Paris est* LA PLUS BELLE *ville du monde;* ou par le comparatif précédé de l'adjectif possessif : *c'est* MON MEILLEUR *ami.* Le superlatif *absolu* se marque par les adverbes *très, fort, bien, extrêmement,* etc., les préfixes *extra-, super-, sur-, ultra-, archi-* : TRÈS *sage,* FORT *riche,* ULTRA-*rapide,* ARCHI-*faux,* etc.

superlativement adv. Extrêmement.

superman [sypɛrman] n. m. (mot angl., du nom d'un héros de bande dessinée). Homme doté de pouvoirs extraordinaires, qu'il utilise pour la défense des faibles et de la justice. || Pl. des *supermen.*

supermarché n. m. Magasin de grande surface (400 à 2 500 m²) offrant des produits très variés, qui y sont vendus en libre-service.

supernova [sypɛrnɔva] n. f. *Astron.* Terme impropre appliqué à certaines catégories d'étoiles, analogues à des novae, qu'une sorte d'explosion vide de toute leur énergie d'ordre nucléaire et qui présentent subitement une magnitude considérable. || Pl. des *supernovae.*

superovarié [sypɛrɔvarje], **e** adj. Se dit d'une plante dont l'ovaire est supère.

superphosphate n. m. Produit obtenu en traitant du phosphate tricalcique naturel par l'acide sulfurique, pour faciliter son assimilation.
— ENCYCL. Le *superphosphate,* très rapidement utilisable par les plantes, donne de bons résultats dans toutes les terres. Contrairement à ce qui a été prétendu, il n'a pas d'action acidifiante sur le sol; il a en outre l'avantage d'apporter un oligo-élément important, le soufre.

superposable adj. Qui peut être superposé : *deux carrés superposables.*

superposer v. t. Poser l'un au-dessus de l'autre. || — **Se superposer** v. pr. Venir s'ajouter à (au *pr.* et au *fig.*).

superposition n. f. Action de superposer; état de ce qui est superposé.

superproduction n. f. Film produit et lancé à grands frais.

superpuissance n. f. L'une des deux grandes puissances mondiales, les Etats-Unis ou l'U. R. S. S.

supersonique adj. Dont la vitesse est supérieure à celle du son. || Relatif aux vitesses supérieures à celle du son.

superstitieusement adv. De façon superstitieuse.

superstitieux, euse adj. et n. Qui a de la superstition. || — Adj. Où il y a de la superstition : *crainte superstitieuse.*

superstition [sypɛrstisjɔ̃] n. f. (lat. *superstitio,* croyance). Déviation du sentiment religieux, fondée sur la crainte ou l'ignorance, et qui prête un caractère sacré à certaines pratiques, obligations, etc. || Vain présage tiré d'événements purement fortuits (comme d'une salière renversée, du nombre treize, etc.). || *Fig.* Attachement excessif : *avoir la superstition du passé.*

superstrat [sypɛrstra] n. m. Ensemble des faits caractérisant une langue qui a été parlée sur un territoire linguistique donné, et qui, après sa disparition, a laissé des traces plus ou moins importantes (ainsi le francique par rapport au gallo-romain).

superstructure n. f. Construction élevée sur une autre. || Ensemble des travaux exécutés par-dessus les terrassements et les ouvrages d'art, et qui concerne particulièrement l'établissement d'une voie ferrée. || Sur un navire, construction placée sur le pont supérieur et s'étendant sur toute la largeur du bâtiment. || — *Fig.* Tout ce qui se superpose à quelque chose qui lui sert de base. || Ensemble des institutions, des idées, de la culture d'une société (par oppos. à l'*infrastructure,* qui est la base matérielle, économique, de cette même société).

supertanker n. m. Navire-citerne de port en lourd égal ou supérieur à 100 000 t.

Supervielle (Jules), poète français, né à Montevideo (Uruguay) [1884-1960]. Tout en conservant la rime et le rythme, il chercha à assouplir la versification traditionnelle (*Débarcadères,* 1922; *Gravitations,* 1925). Ses derniers poèmes témoignent de plus de sensibilité (*Naissances,* 1951; *le Corps tragique,* 1959), tandis que son théâtre (*la Belle au bois,* 1932; *Robinson,* 1949) et ses nouvelles révèlent une fantaisie ironique (*l'Homme de la pampa,* 1923; *le Voleur d'enfants,* 1926).

superviser v. t. Contrôler et réviser un travail fait.

supervision n. f. Action de superviser.

supin [sypɛ̃] n. m. Forme nominale du verbe latin.

supinateur [sypinatœr] adj. et n. m. (du lat. *supinus,* renversé sur le dos). Se dit des muscles qui amènent la paume de la main en dehors et en avant.

supination n. f. Position de la main renversée et présentant la paume en dessous. || Mouvement de l'avant-bras plaçant la main la paume en avant et le pouce à l'extérieur. || — Contr. PRONATION.

Suppé (Franz VON), compositeur autrichien d'origine belge, né à Spalato (1819-1895), auteur de musique légère (vaudevilles et opérettes).

supplanter [syplɑ̃te] v. t. (lat. *supplantare,* renverser par un croc-en-jambe). Faire perdre à quelqu'un une faveur, un emploi, etc., et prendre sa place : *supplanter un rival.* || Remplacer, éliminer, en parlant d'une chose.

suppléance n. f. Action, droit de suppléer. || Fonction de suppléant : *une suppléance vacante.*

suppléant, e adj. et n. Qui supplée, remplace : *juge suppléant; un suppléant.*

suppléer [syplee] v. t. (du lat. *supplere,* remplir). Ajouter ce qui manque; compléter : *si vous ne pouvez réunir toute la somme, je suppléerai le reste.* || Remplacer : *suppléer un professeur.* || — V. t. ind. [**à**]. Remédier au manque de quelque chose : *la valeur supplée au nombre.*

supplément [syplemɑ̃] n. m. (lat. *supplementum*). Ce qu'on donne en plus : *supplément de solde.* || Ce qu'on ajoute à un livre pour le compléter. || Billet que délivre un contrôleur de chemin de fer, de théâtre, etc., pour constater que l'on a payé une somme supplémentaire. ● *Supplément d'un angle* (Math.), ce qui lui manque pour valoir 180 degrés.

supplémentaire adj. Qui sert de supplément : *crédit supplémentaire.* || Fait en supplément : *heures supplémentaires.* ● *Angle supplémentaire* (Math.), angle qui, ajouté à un autre, forme avec lui une somme égale à deux angles droits. || *Lignes supplémentaires* ou *accidentelles* (Mus.), petites lignes tracées au-dessus ou au-dessous de la portée, sur ou entre lesquelles viennent se placer les notes. (Ce sont comme des fragments de nouvelles portées.)

supplétif [sypletif], **ive** [-iv] adj. (du lat. *supplere,* remplir). Se dit de militaires autochtones engagés temporairement en complément. || — N. m. Un de ces militaires.

supplétoire [sypletwar] adj. *Dr.* Se dit d'un serment déféré par le juge à une des parties, pour suppléer à l'insuffisance des preuves.

suppliant, e adj. et n. Qui supplie : *une mère suppliante.* || — Adj. Qui annonce la supplication : *voix suppliante.*

Suppliantes (*les*), la plus ancienne des tragédies d'Eschyle, représentée à Athènes entre 493 et 490 av. J.-C. Début d'une trilogie dont les deux autres pièces sont perdues (*les Egyptiens, les Danaïdes*), elle a pour thème les supplications de Danaos et de ses filles, demandant la protection du roi d'Argos, Pélasgos.

Suppliantes (*les*), tragédie d'Euripide, représentée probablement en 422 av. J.-C. Les mères des chefs argiens tombés devant Thèbes implorent le secours des Athéniens afin qu'on leur rende les corps de leurs fils. Thésée bat les Thébains et rend aux morts les honneurs funèbres.

supplication n. f. (lat. *supplicatio*). Prière faite avec instance et soumission.

supplice [syplis] n. m. (lat. *supplicium*). Punition corporelle ordonnée par la justice : *le supplice de la roue.* || Souffrances corporelles qu'on fait subir à une victime. || Violente douleur physique : *le mal de dents est un supplice.* || *Fig.* Ce qui cause une forte peine, une souffrance morale : *sa vue est pour moi un supplice.* ● *Etre au supplice,* souffrir de quelque mal. || *Supplice de Tantale,* tourment de celui qui ne peut atteindre une chose qu'il désire vivement.

supplicié, e n. Personne qui subit ou qui a subi un supplice.

supplicier v. t. Exécuter (vx) : *supplicier un condamné.* || Torturer. || *Fig.* Faire souffrir.

supplier [syplije] v. t. (lat. *supplicare*). Prier avec instance et humilité : *je vous supplie de me croire.* || Demander d'une manière pressante : *laissez-moi partir, je vous en supplie.*

supplique n. f. (ital. *supplica*). Requête écrite pour demander une grâce, une faveur.

support [sypɔr] n. m. Objet placé sous un autre pour le soutenir ou le consolider : *les supports d'une voûte.* || Matériel qui, dans un calculateur électronique, est de nature à recevoir l'information (disque, bande magnétique, etc.). || *Hérald.* Figure d'animal placée à côté de l'écu et qui semble le supporter. ● *Support publicitaire,* média quelconque (presse, annonce télévisée, affichage, etc.) considéré dans son utilisation pour la publicité.

supportable adj. Qu'on peut endurer : *douleur supportable.* || Qu'on peut tolérer, excuser : *cela n'est pas supportable.*

supporter [sypɔrtœr *ou* -tɛr] n. m. (mot angl.). Partisan d'un athlète ou d'une équipe qu'il encourage exclusivement. || Partisan d'une politique, d'un gouvernement.

supporter [sypɔrte] v. t. (lat. *supportare,* porter). Soutenir par-dessous : *piliers qui supportent une voûte.*

‖ — *Fig.* Résister à; endurer : *supporter le froid.* ‖ Souffrir avec patience : *supporter un malheur.* ‖ Permettre, tolérer : *il ne faut pas supporter que les enfants soient insolents.* ‖ Avoir la charge de : *supporter les frais d'un procès.* ‖ Résister à l'épreuve de : *ce livre ne supporte pas l'examen.* ● *Supporter quelqu'un,* tolérer sa présence, sa société. ‖ **— Se supporter** v. pr. Se tolérer mutuellement.

supposable adj. Qu'on peut supposer.

supposé, e adj. Faux : *testament, nom supposé.* ‖ Admis, posé comme hypothèse : *cette circonstance supposée...* ‖ **— Supposé** prép. V. EXCEPTÉ. ‖ **— Supposé que** loc. conj. Dans la supposition que.

supposer [sypoze] v. t. (du lat. *supponere,* mettre sous). Poser par hypothèse une chose comme établie, comme admise : *supposons que cela soit vrai.* ‖ Exiger l'existence de : *les droits supposent les devoirs.*

supposition n. f. Action d'admettre par hypothèse. ‖ Opinion qui n'est pas fondée sur des preuves positives, certaines : *une supposition gratuite.* ● *Supposition de part* ou *d'enfant,* V. PART n. m. ‖ *Une supposition que* (Pop.), admettons, comme exemple, que...

suppositoire [sypozitwar] n. m. (lat. *suppositorius,* placé dessous). Médicament solide qu'on introduit dans le rectum.

suppôt [sypo] n. m. (lat. *suppositus,* placé dessous). Fauteur et partisan des mauvais desseins de quelqu'un : *les suppôts d'un parti.* ● *Suppôt de Satan,* agent du diable; personne méchante.

suppression [syprɛsjɔ̃] n. f. Action de supprimer : *la suppression des privilèges dans la nuit du 4 août 1789.* ‖ Etat de ce qui est supprimé. ● *Suppression de part* ou *d'enfant,* V. PART n. m.

supprimer [syprime] v. t. (lat. *supprimere*). Empêcher de continuer à exister : *supprimer un journal.* ‖ Faire disparaître : *supprimer des emplois inutiles.* ‖ Retrancher : *supprimer une phrase.* ‖ — Syn. : ABOLIR, ABROGER, ANNULER, EXTERMINER, ÔTER, RETIRER. ‖ **— Se supprimer** v. pr. *Fam.* Se donner la mort.

suppurant, e adj. Qui suppure.

suppuration n. f. Production ou écoulement de pus. — ENCYCL. La *suppuration* est l'aboutissement des inflammations provoquées par les microbes, lorsque les défenses de l'organisme n'ont pas pu limiter la multiplication de ceux-ci et qu'il se forme du pus constitué de débris de leucocytes, de tissus et de germes.

suppurer [sypyre] v. i. (lat. *suppurare*). Rendre du pus : *abcès qui suppure.*

supputation n. f. Action de supputer : *la supputation des dates.*

supputer [sypyte] v. t. (lat. *supputare,* calculer). Evaluer indirectement une quantité par le calcul de certaines données : *supputer une dépense.*

supra [sypra] adv. lat. Plus haut, ci-dessus. (Contr. INFRA.)

supraconducteur adj. et n. m. Se dit d'un métal présentant le phénomène de supraconduction.

supraconduction n. f. Phénomène présenté par certains métaux dont la résistivité électrique devient pratiquement nulle au-dessous d'une certaine température. (On dit aussi SUPRACONDUCTIBILITÉ.)

supranational, e, aux adj. Qui appartient à un organisme, à un pouvoir placé au-dessus des gouvernements de chaque nation.

supranationalité n. f. Caractère de ce qui est supranational.

suprasensible adj. Au-dessus des sens; qui ne peut être senti.

supraterrestre adj. Relatif à l'au-delà.

suprématie [sypremasi] n. f. (angl. *supremacy;* du fr. *suprême*). Supériorité qui élève au-dessus des autres : *prétendre à la suprématie.*

suprême [syprɛm] adj. (lat. *supremus*). Qui est au-dessus de tout : *dignité suprême.* ‖ Le plus important : *voici l'instant suprême.* ● *Cour suprême,* tribunal qui tranche en dernier ressort. ‖ *Moment, heure suprême,* le moment, l'heure de la mort. ‖ *Pouvoir suprême,* la souveraineté. ‖ *Volontés suprêmes,* dernières dispositions d'un mourant.

suprême n. m. Filets de poisson ou de volaille, servis avec un velouté à la crème.

suprêmement adv. De façon suprême, extrêmement.

sur [syr] prép. (lat. *super*). Marque : 1° la situation par rapport à ce qui est plus bas ou en contact : *monter sur le toit; mettre un chapeau sur sa tête;* 2° la place, le lieu : *la clef est sur la porte; aller sur la gauche;* 3° la direction : *revenir sur Paris;* 4° la cause, le motif : *sur ma recommandation;* 5° l'évaluation approximative (vers) : *sur le soir; elle va sur ses dix ans;* 6° la proportion : *huit mètres sur cinq;* 7° la matière dont on parle, sur laquelle on écrit, on travaille : *écrire sur l'histoire; peindre sur la porcelaine;* 8° le point de vue : *juger sur les apparences.* ● *Sur ce,* cela dit ou fait : *sur ce, je vous quitte.*

sur [syr], **e** adj. (empr. au francique). D'un goût acide et aigre : *des pommes sures.*

sûr [syr], **e** adj. (lat. *securus*). A qui l'on peut se fier : *ami sûr.* ‖ Qui n'offre aucun danger : *route sûre.* ‖ Dont on ne peut douter : *le fait est sûr.* ‖ Qui sait d'une manière certaine : *j'en suis sûr.* ‖ Qui doit arriver infailliblement : *bénéfice sûr.* ‖ Qui produit son effet : *remède sûr.* ‖ — Contr. : DOUTEUX, INCERTAIN. ● *Avoir le coup d'œil sûr,* bien juger à la simple vue. ‖ *Avoir le goût sûr,* discerner la qualité des mets; bien juger des ouvrages de l'esprit. ‖ *Avoir la main sûre,* avoir la main ferme, qui ne tremble point. ‖ *Avoir le pied sûr,* ne pas broncher. ‖ *Mettre quelqu'un en lieu sûr,* dans un lieu où il n'ait rien à craindre, ou bien d'où il ne puisse s'échapper. ‖ *Le temps n'est pas sûr,* il est possible qu'il devienne mauvais. **— A coup sûr, pour sûr** loc. adv. Infailliblement, certainement.

Surabaya, Surabaja ou **Soerabaya,** port d'Indonésie, sur la côte nord de l'île de Java, en face de Madura; 1 318 900 h.

surabondamment adv. Plus que suffisamment : *démontrer surabondamment.*

surabondance n. f. Excès dans l'abondance : *surabondance de blé.*

surabondant, e adj. Très abondant : *récolte surabondante.* ‖ Qui va au-delà du nécessaire, superflu : *détails surabondants.* ‖ — Syn. : EXCESSIF, INUTILE, SUPERFLU, VAIN.

surabonder v. i. Etre très abondant.

suractivité n. f. Excédent d'activité.

surah [syra] n. m. (mot hindî). Etoffe de soie croisée, douce et légère, originaire de l'Inde.

suraigu [syregy], **ë** adj. Très aigu.

surajouter v. t. Ajouter par surcroît : *surajouter des preuves.*

Surakarta ou **Soerakarta,** anc. **Solo,** v. d'Indonésie (Java); 451 000 h.

suralimentation n. f. Augmentation de la ration alimentaire absorbée par un individu : *traiter un malade par la suralimentation.* ‖ Alimentation d'un moteur à combustion interne avec de l'air à une pression supérieure à la pression atmosphérique.

suralimenter v. t. Pratiquer la suralimentation : *suralimenter un malade, un moteur.*

suranné [syrane], **e** adj. (de *sur* et *an*). Qui n'est plus d'usage : *vêtement, cérémonial suranné.* (Syn. : DÉMODÉ, PÉRIMÉ.)

surarbitre n. m. Arbitre choisi en second lieu quand les premiers arbitres sont en désaccord.

Surat, v. de l'Inde (Gujerāt); 348 000 h. Port de commerce.

surate [surat] ou **sourate** n. f. (de l'arabe *sūra,* chapitre). Chacun des chapitres du Coran.

surbaissé, e adj. Qui est notablement abaissé : *carrosserie d'automobile surbaissée.* ‖ *Archit.* Se dit d'un arc ou d'une voûte dont la flèche ou la montée est moindre que la moitié de son ouverture.

surbaissement n. m. *Archit.* Quantité dont une voûte ou un arc sont surbaissés.

surbaisser v. t. *Archit.* Donner une forme surbaissée à : *surbaisser une voûte.*

surcharge n. f. Excès de charge. ‖ Surplus de poids imposé à certains chevaux de course. ‖ Poids de bagages excédant celui qui est alloué à chaque voyageur. ‖ Surcroît d'épaisseur donné à un enduit. ‖ Effort supplémentaire que peut avoir à supporter une construction, un appareil ou une machine dans des conditions exceptionnelles. ‖ — *Fig.* Surcroît de peine, de dépense; excès : *surcharge des programmes scolaires.* ‖ Mot écrit sur un autre mot : *en comptabilité les surcharges sont interdites.* ‖ Impression typographique faite sur un timbre-poste, en général pour en modifier la valeur.

surcharger v. t. (conj. **1**). Imposer une charge excessive : *surcharger un cheval.* ‖ — *Fig.* Accabler : *surcharger d'impôts.* ‖ Faire une surcharge sur une écriture, un timbre.

surchauffe n. f. Action de surchauffer. ‖ Etat instable d'un corps dont la température est supérieure à la température d'équilibre correspondant à son état physique. ‖ Etat d'un liquide dont la température est supérieure à son point d'ébullition. ‖ Chauffage exagéré d'un métal ou d'un alliage, mais sans fusion, même partielle. ‖ Etat d'une économie nationale qui est en expansion et qui est menacée d'inflation.

surchauffer v. t. Porter un liquide à une température supérieure à son point d'ébullition sans qu'il prenne l'état gazeux. ‖ Porter un métal à une température trop élevée, qui altère ses caractéristiques mécaniques.

surchauffeur n. m. Appareil servant pour la surchauffe de la vapeur.

surchoix n. m. Première qualité.

surclasser v. t. Triompher d'un adversaire en montrant une incontestable supériorité sur lui.

surcompensation n. f. Reversement du surplus de caisses excédentaires de l'Etat à des caisses déficitaires.

surcomposé, e adj. *Gramm.* Se dit d'un temps passé conjugué avec deux auxiliaires. (Ex. : *j'aurai eu fini.*)

surcompression n. f. Augmentation de la compression d'un corps soit par réduction de volume, soit par élévation de la pression à laquelle on le soumet. ‖ Méthode consistant à réaliser, sur un moteur d'avion, une compression variable avec l'altitude.

Surcouf
peinture anonyme, *musée de Saint-Malo*

surcomprimé, e adj. Relatif à la surcompression. ‖ Soumis à la surcompression. ● *Moteur surcomprimé,* moteur dans lequel le taux de compression du mélange détonant est porté au maximum.

surcontre n. m. *Jeux.* Action de surcontrer.

surcontrer v. t. *Jeux.* Confirmer une annonce contrée par un adversaire, au bridge en particulier.

surcot [syrko] n. m. (de *sur* et *cotte*). Vêtement de dessus porté jadis par les deux sexes.

Surcouf (Robert), marin français, né à Saint-Malo (1773-1827). Il fit la course contre les Anglais dans l'océan Indien, puis s'installa comme armateur à Saint-Malo.

surcoupe n. f. *Jeux.* Action de surcouper.

surcouper v. t. *Jeux.* Couper avec un atout supérieur à celui qui vient d'être jeté.

surcreusement n. m. Phénomène se caractérisant par l'excavation de certaines parties des lits glaciaires, ce qui provoque la formation de lacs dans les périodes postglaciaires.

surcroît [syrkrwa] n. m. Augmentation, accroissement : *surcroît de travail.* ‖ **— Par surcroît, de surcroît** loc. adv. En plus.

surdi-mutité n. f. (lat. *surdus,* sourd, et *mutus,* muet). Etat du sourd-muet.

surdité [syrdite] n. f. (du lat. *surdus,* sourd). Perte ou grande diminution du sens de l'ouïe : *surdité complète.* (V. *encycl.*) ● *Surdité verbale,* troubles des aphasiques qui entendent, mais ne comprennent plus le langage.
— ENCYCL. Les causes de *surdité* sont multiples : malformation de l'appareil auditif, traumatismes détruisant l'oreille ou sectionnant le nerf auditif (fractures du crâne), otites lésant l'oreille moyenne ou l'oreille interne, ankylose des osselets. Le traitement comporte d'abord celui de la cause lorsqu'il est possible (par exemple traitement des suppurations), l'appareillage par prothèse auditive et, dans certains cas, la chirurgie (fenestration, mobilisation de l'étrier, lorsque la surdité est due à une immobilisation de la chaîne des osselets).

surdos n. m. Bande de cuir placée sur le dos du cheval, pour soutenir les traits.

Sûre (la), riv. née en Belgique, qui traverse le Luxembourg et sépare ce pays de l'Allemagne occidentale avant de rejoindre la Moselle (r. g.); 173 km.

sureau [syro] n. m. (de l'anc. franç. *seureau*). Arbuste à fleurs blanches et à fruits rouges ou noirs. (Haut. 10 m; longévité jusqu'à 100 ans; famille des caprifoliacées.)

surélévation n. f. Action de surélever. ‖ Elévation excessive. ‖ Elévation faite après coup au-dessus d'une autre construction déjà existante.

fleurs et fruits de **sureau**

Phot. Philippot, Lauros - Atlas-Photo.

surélever v. t. (conj. **5**). Donner un surcroît d'élévation à : *surélever un mur.*

sûrement adv. Avec sûreté : *argent sûrement placé.* || Certainement : *il sera déjà sûrement arrivé.*

suréminent, e adj. Eminent au suprême degré : *la dignité suréminente du pape.*

surémission n. f. Emission exagérée.

Suréna, *général des Parthes,* la dernière tragédie de P. Corneille (1674). Une rivalité amoureuse achève de perdre le bon serviteur d'un prince, que ses mérites mêmes ont rendu suspect.

surenchère n. f. Enchère au-dessus d'une autre ou au-dessus du prix d'adjudication. || *Fig.* Action de rivaliser de promesses : *surenchère électorale.*

surenchérir v. i. Faire une surenchère. || *Fig.* Promettre plus qu'un autre.

surenchérissement n. m. Nouvel enchérissement.

surenchérisseur, euse n. Personne qui fait une surenchère.

surentraînement n. m. *Sports.* Entraînement excessif.

surentraîner v. t. *Sports.* Entraîner de façon excessive et nuisible à la forme.

suréquipé, e adj. Dont l'équipement économique dépasse les possibilités de consommation.

surérogation [syrerɔgasjɔ̃] n. f. Ce qu'on fait au-delà de ce qu'on avait promis.

Suresnes (92150), ch.-l. de c. des Hauts-de-Seine (arr. de Nanterre), sur la Seine; 41 263 h. (*Suresnois*). Constructions aéronautiques. Parfumeries. Cimetière américain. Fort du mont Valérien*.

surestaries [syrɛstari] n. f. pl. (préf. *sur,* et *estarie* ou *starie*). Jours pendant lesquels le chargement ou le déchargement d'un navire sont continués moyennant le paiement d'une indemnité. || Sommes payées à l'armateur en cas de retard dans le chargement ou le déchargement.

surestimation n. f. Estimation exagérée.

surestimer v. t. Estimer au-delà de son prix.

suret [syrɛ], **ette** [-ɛt] adj. Un peu acide.

sûreté [syrte] n. f. (lat. *securitas,* sécurité). Eloignement de tout péril : *voyager en sûreté.* || Certitude qui empêche de se tromper : *sûreté de coup d'œil.* || Ensemble des dispositions permettant à une force militaire d'éviter la surprise et procurant au commandement la liberté d'action indispensable à la conduite de la bataille. || Garantie, caution : *l'hypothèque constitue une sûreté réelle, la caution une sûreté personnelle.* ● *En sûreté,* dans un endroit où l'on est à l'abri, d'où l'on ne peut s'échapper. || *Serrure de sûreté,* serrure très difficile à forcer. || *Sûreté individuelle,* garantie que la loi accorde aux citoyens contre les arrestations et les pénalités arbitraires. || *Sûreté nationale* ou *la Sûreté* (avec une majuscule), direction générale du ministère de l'Intérieur, chargée de la police.

Sûreté générale (*loi de*), loi votée après l'attentat d'Orsini (1858), et en vertu de laquelle le ministre de l'Intérieur avait la faculté d'interner ou de déporter tout citoyen condamné pour opposition au régime. Elle fut abrogée en 1870.

surévaluer v. t. Surestimer.

surexcitable adj. Sujet à la surexcitation.

surexcitation n. f. Très vive excitation. || Animation passionnée.

surexciter v. t. Exciter au-delà des limites ordinaires.

surexposer v. t. *Phot.* Donner un temps de pose excessif.

surexposition n. f. *Phot.* Exposition trop prolongée d'une surface sensible à la lumière.

surf [sœrf] ou **surf-riding** [sœrfridiŋ] n. m. (mot angl. ; de *surf,* ressac). Exercice nautique d'origine polynésienne consistant à se maintenir en équilibre sur une planche portée par une vague déferlante.

surfaçage n. m. Action de surfacer.

surface [syrfas] n. f. (de *sur* et *face*). Partie extérieure d'un corps. || *Math.* Ensemble des points limitant une portion de l'espace : *la surface de la Terre.* || *Fig.* Extérieur, dehors, apparence : *ne pas s'arrêter à la surface des choses.* || *Fam.* Garantie de solvabilité : *avoir de la surface.* ● *Faire surface,* émerger, en parlant d'un sous-marin. || *Grande surface,* magasin exploité en libre-service et présentant une superficie consacrée à la vente supérieure à 400 m². || *Surface développable,* surface

v. illustrations p. suivante

réglée dont toutes les génératrices sont tangentes à une même courbe : *une surface conique est une surface développable.* || *Surface de niveau,* surface que l'on peut parcourir dans toutes les directions sans monter ni descendre. || *Surface réglée,* surface engendrée par une droite mobile. || *Surface de révolution,* surface engendrée par la rotation, autour d'un axe, d'une courbe de forme invariable.

surfacer v. t. et i. Réaliser des surfaces régulières par l'emploi de machines ou d'appareils spéciaux.

surfaire v. t. et i. (conj. **72**). Demander un prix trop élevé d'une marchandise : *surfaire un objet.* || *Fig.* Vanter à l'excès : *surfaire un écrivain.*

surfait, e adj. Estimé au-dessus de sa valeur, de son mérite.

Surinam
vue du barrage
près d'Afobakka
v. carte **Guyanes**

surfaix [syrfɛ] n. m. Bande de cuir ou d'étoffe servant à attacher une couverture sur le dos d'un cheval ou à retenir les quartiers d'une selle.

surfil [-fil] n. m. Surjet très lâche, exécuté par-dessus un bord coupé, et de gauche à droite.

surfilage n. m. Supplément de torsion donné aux matières textiles, lors du filage. || Action de surfiler un bord d'étoffe coupé, pour l'empêcher de s'effilocher.

surfiler [syrfile] v. t. Faire un point de surfil. || *Industr.* Augmenter la torsion d'un fil.

surfin, e adj. De qualité très fine.

surfusion n. f. *Phys.* Phénomène par lequel un corps reste accidentellement liquide à une température inférieure à sa température de fusion.

surgélation n. f. Procédé de conservation par le froid, qui consiste à soumettre les denrées très rapidement à un froid extrêmement pénétrant, de manière à franchir très vite la zone de cristallisation maximale, de façon à préserver les structures cytologiques et tissulaires des produits.

surgelé, e adj. *Produit surgelé,* se dit d'un produit alimentaire conservé dans son état naturel à des températures de — 25 °C pour être consommé frais une fois remis à la température normale.

surgeler v. t. (conj. **3**). Congeler rapidement à très basse température.

surgeon [syrʒɔ̃] n. m. (de *surgir*). Rejeton qui sort au pied d'un arbre.

Surgères (17700), ch.-l. de c. de la Charente-Maritime (arr. de Rochefort); 5 911 h. Eglise romane. Château du XVIᵉ s. Ecole de laiterie. Lait en poudre.

surgir [syrʒir] v. i. (lat. *surgere,* s'élever). Se montrer en s'élevant : *une voile surgit à l'horizon.* || *Fig.* Apparaître, s'élever brusquement : *de nouvelles difficultés surgissent.* || — Syn. : ÉMERGER, PARAÎTRE, POINDRE, SORTIR, SURVENIR.

surgissement n. m. Action de surgir.

surhaussé, e adj. *Archit.* Se dit d'un arc ou d'une voûte dont la montée est plus grande que la moitié de leur ouverture. (Contr. SURBAISSÉ.)

surhaussement n. m. Action de surhausser; son résultat. || Elévation donnée à un arc, à une voûte, au-delà du plein cintre de cet arc, de cette voûte.

surhausser v. t. Augmenter la hauteur de : *surhausser un mur.* || Augmenter la flèche de l'ouverture d'un arc, d'une voûte au-dessus du plein cintre. || *Fig.* Mettre à un plus haut prix ce qui était déjà assez cher.

surhomme n. m. Dans la philosophie de Nietzsche, type d'homme supérieur par la volonté. || Homme supérieurement doué.

surhumain, e adj. Qui est au-dessus des forces ou des qualités de l'homme : *effort surhumain.*

surimposer v. t. Frapper d'un surcroît d'impôts : *l'alcool est surimposé.*

surimposition n. f. Surcroît d'imposition. || *Géogr.* Phénomène qui amène un cours d'eau à entailler, du fait de son enfoncement, des structures géologiques différentes de celles sur lesquelles il s'est installé.

surimpression n. f. Impression de deux ou plusieurs images sur la même surface sensible : *les scènes de rêve, au cinéma, s'obtiennent par surimpression.*

surin [syrɛ̃] n. m. (de *sur,* acide). Jeune pommier non encore greffé.

surin n. m. *Arg.* Couteau.

Surinam (le), nom officiel de l'anc. **Guyane hollandaise,** territoire du nord de l'Amérique du Sud qui doit son nom à un fleuve affluent de l'Atlantique (350 km); 142 822 km²; 389 000 h. Cap. *Paramaribo.*
● *Géographie.* Le Sud est occupé par les lourds plateaux du massif des Guyanes, et le Nord est constitué par une vaste plaine, parfois marécageuse. Des savanes s'étendent dans l'intérieur, la forêt dense domine à proximité du littoral, au climat équatorial typique (plus de 2 000 mm de pluies à Paramaribo). La population se concentre près de ce littoral. Elle est formée de créoles, d'Asiatiques (Indiens et Indonésiens) et d'une petite minorité d'Européens, cependant que des tribus noires et amérindiennes se dispersent dans l'intérieur. La culture du riz fournit la base de l'alimentation. Les exportations sont constituées à 80 p. 100 par la bauxite (extraite le long du cours inférieur du fleuve Surinam), dont le pays est le troisième producteur mondial. La balance commerciale est toutefois lourdement déficitaire, et l'économie doit être soutenue par les Pays-Bas, qui, pour la valeur du commerce effectué avec le Surinam, viennent après les Etats-Unis.
● *Histoire.* Les Hollandais reçurent des Anglais cette partie de la Guyane à la paix de Breda (1667), en échange de la Nouvelle-Hollande. Les Britanniques l'occupèrent de nouveau de 1799 à 1816. L'esclavage y fut aboli en 1863, et la colonie se peupla d'Indiens et d'Indonésiens. Le Surinam jouit depuis 1950 d'un régime parlementaire et du suffrage universel : cette autonomie a été confirmée par le statut entré en vigueur en 1954. Les pourparlers avec le gouvernement néerlandais doivent aboutir, en juillet 1975, à la proclamation de l'indépendance de la « république de Surinam ».

suriner v. t. *Arg.* Donner un coup de couteau.

surinfection n. f. Infection survenant chez un sujet déjà atteint d'une maladie.

surintendance n. f. Charge de surintendant. || Bureaux d'un surintendant.

surintendant n. m. Autref., officier chargé de la surveillance des intendants militaires. ● *Surintendant des Finances,* du XVIᵉ s. à 1661, en France, administrateur général des Finances.

surintendante n. f. Femme d'un surintendant. || Dame qui avait la première charge dans la maison de la reine. || Directrice de certaines maisons d'éducation. || Chef du service social de certaines entreprises.

surintensité n. f. *Electr.* Intensité de courant supérieure à celle du régime normal.

surir [syrir] v. i. Devenir sur, aigre.

surjalée [syrʒale] adj. f. *Mar.* Se dit d'une ancre dont la chaîne fait un tour sur le jas.

surjectif, ive adj. *Math.* Se dit d'une application dans laquelle un élément du second ensemble a au moins un antécédent.

surjection [syrʒɛksjɔ̃] n. f. *Math.* Application d'un ensemble E dans un ensemble F, si cette application recouvre l'ensemble F en entier.

surjet n. m. (de *sur* et *jeter*). Couture faite à deux morceaux d'étoffe appliqués l'un sur l'autre, bord à bord.

surjeter [syrʒəte] v. t. (conj. **4**). Coudre en surjet (s'emploie surtout au passif) : *couture surjetée.*

sur-le-champ loc. adv. Sans délai.

surlendemain n. m. Jour qui suit le lendemain.

surlonge n. f. Morceau de bœuf situé au niveau des trois premières vertèbres dorsales.

surloyer n. m. Somme venant en plus du montant fixé par le contrat de location.

surmenage n. m. Etat résultant d'une grande fatigue.

surmener [syrməne] v. t. (conj. **5**). Excéder de fatigue; faire travailler trop vite et trop longtemps.

sur-moi n. m. *Psychanal.* Formation inconsciente, consécutive à l'identification de l'enfant avec ses parents, exerçant la fonction de censure à l'égard des pulsions instinctuelles, en les dirigeant vers des objets substitutifs. (Certaines névroses s'expliqueraient par le non-fonctionnement de la substitution, le sur-moi exerçant un refoulement continuel vers l'inconscient.)

surmontable adj. Que l'on peut surmonter : *difficulté aisément surmontable.*

surmonter v. t. Dépasser en s'élevant par-dessus : *l'eau surmontait les maisons.* || S'élever sur le haut de : *statue qui surmonte une colonne.* || *Fig.* Vaincre, dominer : *surmonter les obstacles, sa colère.*

Phot. ambassade des Pays-Bas.

SURFACES ET VOLUMES

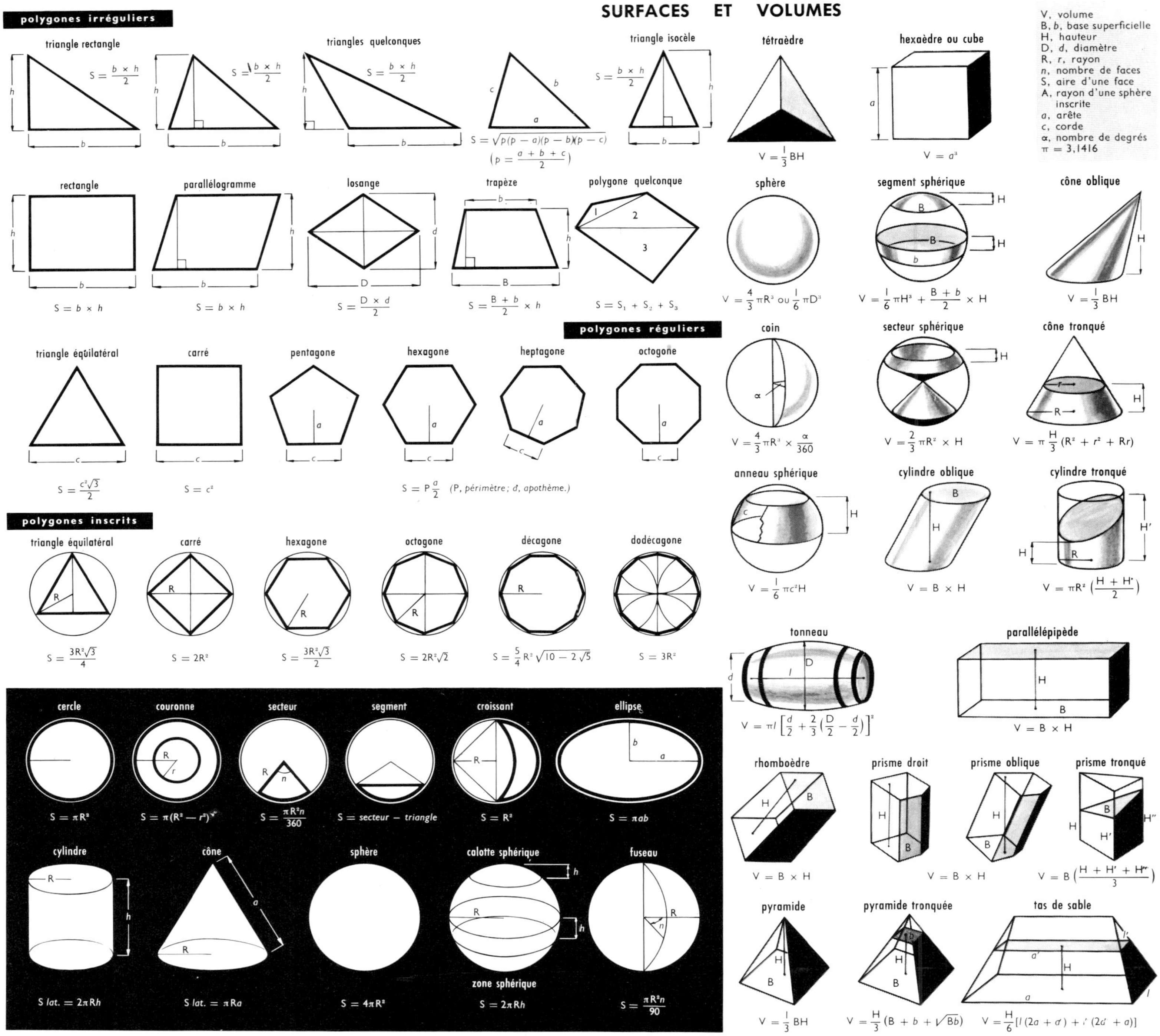

surmoulage n. m. Moulage pris sur un autre moulage.

surmoule n. m. Moule pris sur un objet moulé.

surmouler v. t. Mouler une figure dans un moule pris sur un objet moulé.

surmulet [syrmylɛ] n. m. Poisson marin côtier, appelé aussi *rouget-barbet*.

surmulot [syrmylo] n. m. Espèce de rat, appelé aussi *rat d'égout*. (Long. 25 cm, sans la queue.)

surmultiplié, e adj. *Mécan.* Se dit d'une combinaison d'engrenages, dans un changement de vitesse, donnant à l'arbre de transmission une vitesse de rotation supérieure à celle de l'arbre moteur.

surnager v. i. (conj. **1**). Flotter à la surface d'un liquide. ‖ *Fig.* Subsister : *de cette époque, il ne surnage que quelques souvenirs.*

surnaturalisme n. m. Système théologique ou philosophique donnant au surnaturel une définition ou une fonction spécifiques.

surnaturel, elle adj. Qui dépasse les forces de la nature : *pouvoir surnaturel.* ‖ Qui n'est connu que par la foi : *vérités surnaturelles.* ‖ Extraordinaire : *montrer une adresse surnaturelle.*

surnaturel n. m. Ce qui est surnaturel.

surnaturellement adv. De façon surnaturelle.

surnom n. m. Nom ajouté ou substitué au nom propre d'une personne ou d'une famille.

surnombre n. m. Nombre qui dépasse le terme fixé.

surnommer v. t. Donner un surnom : *Louis XIV fut surnommé « le Grand ».*

surnuméraire adj. et n. (de *sur*, et du lat. *numerus*, nombre). En sus du nombre fixé : *avoir un doigt surnuméraire.*

surmulot

Phot. Baufle.

suroffre n. f. Offre plus avantageuse qu'une offre déjà faite.

suroît [syrwa] n. m. (forme normande de *sud-ouest*). *Mar.* Vent soufflant du sud-ouest. ‖ Chapeau de toile imperméable que portent les marins par mauvais temps. ‖ Vareuse de laine à capuchon. (Vieilli.)

suros [syro] n. m. Tumeur sur la jambe du cheval.

suroxyder v. t. Pousser l'oxydation au plus haut degré.

suroxygéné, e adj. Qui contient un excès d'oxygène.

surpaie n. f. Gratification accordée en sus de la paie.

surpasser v. t. Etre plus haut, plus élevé : *surpasser son voisin de toute la tête.* ‖ — *Fig.* Excéder les forces, l'intelligence, les ressources : *cela surpasse ses moyens.* ‖ Etre au-dessus de ; l'emporter sur : *surpasser ses rivaux en talent.* ‖ *Fam.* Causer un grand étonnement : *cet événement me surpasse.* ‖ **— Se surpasser** v. pr. Se montrer supérieur à soi-même ; faire encore mieux qu'à l'ordinaire.

surpâturage n. m. Exploitation excessive d'un pâturage par les troupeaux, entraînant la dégradation du sol.

surpayer v. t. (conj. **2**). Payer, acheter trop cher.

surpeuplé, e adj. Peuplé à l'excès.

surpeuplement n. m. Peuplement excessif par rapport à l'état de la mise en valeur du pays : *le surpeuplement de l'île de Java.*

surplace n. m. Immobilité d'un cycliste en équilibre : *le surplace est utilisé dans les courses de vitesse pour un départ en bonne position.*

surplis [syrpli] n. m. (lat. *superpellicium,* qui est sur la pelisse). Vêtement d'église fait de toile blanche et fine, qui se porte sur la soutane.

surplomb [syrplɔ̃] n. m. *Archit.* Partie supérieure d'une construction en saillie par rapport à la base.

surplombement n. m. Action de surplomber : *le surplombement d'un mur.*

surplomber [syrplɔ̃be] v. i. Etre hors de la verticale : *ce mur surplombe.* ‖ — V. t. Dépasser l'aplomb, dominer : *les rochers surplombent le ravin.*

surplus [syrply] n. m. Ce qui est en plus ; excédent : *vendre le surplus de sa récolte.* ‖ — Pl. Matériel militaire en excédent après une campagne : *les surplus américains.* ‖ **— Au surplus** loc. adv. Au reste.

surpopulation n. f. Population en excès dans un pays.

surprenant, e adj. Qui cause de la surprise : *nouvelle surprenante.*

surprendre [syrprɑ̃dr] v. t. (conj. **50**). Prendre sur le fait : *surprendre un voleur.* ‖ Prendre à l'improviste : *la pluie nous a surpris.* ‖ Arriver auprès de quelqu'un sans être attendu : *j'irai vous surprendre un jour.* ‖ — *Fig.* Déconcerter : *cette nouvelle m'a surpris.* ‖ Tromper, abuser : *surprendre la crédulité.* ● *Surprendre un secret,* le découvrir.

surpression n. f. Pression dont la valeur dépasse celle qui est normalement admise.

surprime n. f. Prime supplémentaire demandée par un assureur pour couvrir un risque exceptionnel.

surprise [syrpriz] n. f. (du part. passé de *surprendre*). Action de prendre ou d'être pris à l'improviste : *s'emparer d'un pont par surprise.* ‖ Etonnement, chose qui surprend par son inattendu : *causer une grande surprise.* ‖ Cadeau, plaisir inattendu : *faire une surprise à quelqu'un le jour de sa fête.*

Surprise de l'amour (*la*), titre de deux comédies de Marivaux, représentées l'une au Théâtre-Italien en 1722, l'autre au Théâtre-Français en 1727. L'intrigue analogue des deux pièces présente une marquise, veuve inconsolable, et un chevalier, qui, grâce à leurs épanchements mutuels et à l'habileté de leurs valets, sont amenés à l'amitié, puis au mariage.

surprise-partie [syrprizparti] n. f. (de l'angl. *surprise party*). Réunion dansante privée. ‖ Pl. des *surprises-parties.*

surproduction n. f. Production excessive d'un produit ou d'une série de produits au-delà de la demande ou des besoins des consommateurs solvables. (Les crises générales de surproduction résultent souvent d'une insuffisance du pouvoir d'achat des consommateurs.)

surproduire v. t. Pratiquer une surproduction.

surréalisme [syrrealism] n. m. Mouvement littéraire et artistique, qui, en refusant les cadres de la pensée logique, tend à exprimer le contenu de l'inconscient, des rêves, et à favoriser l'épanouissement de l'être profond. — ENCYCL. Proclamant la toute-puissance du rêve, de l'instinct, du désir et de la révolte, le *surréalisme* se dresse contre toutes les formes d'ordre, logique, moral, social. Se réclamant de la psychanalyse et de philosophes comme Hegel, voyant des précurseurs en Baudelaire, Lautréamont, Rimbaud, Jarry, il procède du mouvement dada* de Tristan Tzara. Annoncé par Apollinaire dans sa conférence sur *l'Esprit nouveau* (1917), défini par André Breton (*Manifeste du surréalisme,* 1924), le nouveau mouvement se signale par des manifestations agressives (publication du pamphlet *Un cadavre* à l'occasion de la mort d'A. France), par des publications (les revues *Littérature, la Révolution surréaliste*) et par des prises de position politiques (contre la guerre du Rif, l'Exposition coloniale, le fascisme). Le groupe surréaliste évolue ensuite au gré des engagements (adhésion au parti communiste d'Aragon, de Breton, d'Eluard et de Péret), des querelles et des anathèmes (départ de Desnos, de Leiris, de Prévert et de Queneau en 1929 ; affaire Aragon en 1931-1932). Exclu du parti communiste en 1935, Breton se déclare désormais en faveur d'un art qui porte en lui-même sa propre force révolutionnaire. La Seconde Guerre mondiale met un terme provisoire à l'activité surréaliste, que Breton s'efforce de renouveler par la fondation de nouvelles revues (*la Brèche,* 1961) et l'organisation d'expositions rétrospectives (galerie Cordier, 1956 ; galerie de l'Œil, 1965). S'il a échoué dans sa tentative de résoudre l'antinomie poésie-action, s'il n'a pas « changé la vie », le surréalisme a cependant fait sentir son influence sur toutes les formes artistiques modernes, poésie, roman, peinture (Ernst, Miró, Picabia, Dali), cinéma (Buñuel), sculpture (Arp), et même sur le décor de la vie quotidienne (affiches, vitrines, etc.).

surréaliste adj. Relatif au surréalisme. ‖ — N. Partisan du surréalisme.

surrection [syrɛksjɔ̃] n. f. Action de surgir, de se soulever : *la surrection d'une chaîne de montagnes.*

surréel n. m. Ce qui dépasse le réel (dans le vocabulaire du surréalisme).

surremise n. f. Remise supplémentaire consentie à certains acheteurs de grosses quantités.

surrénal [syrrenal], **e, aux** [-o] adj. Qui est au-dessus des reins. ● *Glande surrénale,* ou *surrénale* n. f., glande endocrine située au-dessus de chaque rein. — ENCYCL. Les *glandes surrénales,* au nombre de deux, coiffent chacune le pôle supérieur d'un rein. Elles pèsent chacune de 5 à 7 g, et leur coupe montre qu'elles sont constituées de deux substances : l'une centrale, médullaire ou *médullo-surrénale ;* l'autre périphérique, corticale ou *cortico-surrénale.* La zone médullaire sécrète l'adrénaline, hormone sympathicomimétique qui joue un rôle important dans la régulation de la tension artérielle. La zone corticale sécrète de nombreuses hormones, intervenant dans le métabolisme des sels minéraux, des glucides et des protides, parmi lesquelles se trouve notamment la cortisone.

surrénalectomie n. f. Ablation de la glande surrénale.

Surrey, comté d'Angleterre, au sud de Londres ; 720 000 h.

Surrey (Henry Howard, *comte* DE), homme politique et poète anglais (v. 1518-1547). Familier d'Henri VIII, puis disgracié et exécuté, il a laissé des poésies, *Songs and Sonnets,* publiées en 1557 avec celles de Th. Wyat. Considéré comme l'un des meilleurs poètes amoristes, il a créé la forme anglaise du sonnet trois quatrains et un distique final).

sursalaire n. m. Supplément s'ajoutant au salaire normal.

sursaturation n. f. Action de sursaturer. ‖ Etat d'une solution sursaturée.

sursaturer v. t. Obtenir une solution plus concentrée que la solution saturée. (Une solution sursaturée peut être obtenue par refroidissement d'une solution concentrée ; cette sursaturation disparaît par addition d'un petit cristal du corps dissous.) ‖ *Fig.* Rassasier jusqu'au dégoût.

sursaut [syrso] n. m. Mouvement brusque, occasionné par quelque sensation subite ou violente. ‖ **— En sursaut** loc. adv. Subitement, brusquement : *s'éveiller en sursaut.*

sursauter v. i. Faire un sursaut : *sursauter à une mauvaise nouvelle.*

sursemer v. t. (conj. **5**). Semer de nouveau une terre déjà ensemencée.

surseoir [syrswar] (**à**) v. t. ind. (conj. **39**). Interrompre, différer : *surseoir à des poursuites.*

sursis [syrsi] n. m. (subst. particip. de *surseoir*). Ajournement. (La peine infligée à un condamné qui bénéficie du sursis est annulée si, dans les cinq années suivantes, l'intéressé n'encourt aucune condamnation pour un délit de droit commun.) ● *Sursis d'incorporation,* possibilité accordée à certains jeunes gens de reculer la date de leur incorporation pour leur permettre notamment de terminer leurs études. (En 1967, la réglementation concernant les sursis a été simplifiée, les mesures de contrôle ont été assouplies et les incorporations des sursitaires ont été étalées. Désormais, notamment, les élèves des écoles donnant droit à la sécurité sociale peuvent demander un sursis comme les bacheliers.) ‖ *Sursis à statuer,* décision par laquelle un tribunal remet à une date ultérieure l'examen et le jugement d'une affaire.

sursitaire n. Personne qui bénéficie d'un sursis d'incorporation.

sursoufflage n. m. Alimentation forcée en air des convertisseurs d'aciérie en opération d'affinage.

surtaux n. m. Taux excessif.

surtaxe n. f. Taxe supplémentaire. ● *Surtaxe postale,* taxation supplémentaire infligée au destinataire d'un envoi insuffisamment affranchi ; taxe supplémentaire exigée pour un acheminement plus rapide.

surtaxer v. t. Faire payer une surtaxe. ‖ Elever le taux de certaines taxes : *surtaxer les produits de luxe.*

surtension n. f. Tension électrique anormale ou supérieure à la tension normale, pouvant exister en service normal entre deux parties conductrices. (On dit aussi, mais à tort, SURVOLTAGE.)

surtout adv. Principalement, par-dessus tout. ‖ **— Surtout que** loc. conj. *Fam.* D'autant plus que : *prêtez-moi votre livre, surtout que ce ne sera pas pour longtemps.*

surtout [syrtu] n. m. Vêtement fort large, qu'on mettait par-dessus tous les autres habits : *surtout de chasse.* ‖ Grande pièce d'orfèvrerie qu'on place comme ornement sur la table.

surveillance n. f. Action de surveiller : *exercer une surveillance active.* ● *Sous la surveillance de,* surveillé par : *être sous la surveillance de la police.*

surveillant, e n. Personne chargée de surveiller. ‖ Personne chargée de surveiller les élèves : *surveillant des études.*

surveiller v. t. Veiller avec grande attention, autorité, et souvent avec défiance : *surveiller des travaux, des élèves, des prisonniers.*

survenance n. f. *Dr.* Le fait de venir après coup : *survenance d'enfant* (après donation faite).

survenir v. i. (conj. **16**). Arriver inopinément ou accidentellement.

survente n. f. Vente à un prix qui laisse un bénéfice considérable.

survenue n. f. Venue inopinée.

survêtement n. m. Vêtement chaud que l'on met par-dessus la tenue sportive entre les épreuves.

survie n. f. Etat de celui qui survit à un autre. ‖ Vie future, prolongement de l'existence au-delà de la mort. ● *Gains* ou *droits de survie* (Dr.), tous avantages que, dans un acte, les contractants stipulent au profit du survivant. ‖ *Tables de survie,* statistique indiquant, pour chaque âge, la proportion de survivants.

survirer v. i. En parlant d'un véhicule automobile, avoir son train arrière qui, dès le début d'un virage, tend à glisser latéralement vers l'extérieur de la courbe.

survireur, euse adj. Se dit d'un véhicule automobile qui survire.

survitesse n. f. Vitesse supérieure à la vitesse normale.

survivance [syrvivɑ̃s] n. f. Fait de survivre à quelqu'un. ‖ *Hist.* Privilège accordé par le roi au titulaire d'une charge non vénale et intransmissible de désigner d'avance son successeur. ‖ — *Fig.* Ce qui subsiste après une disparition, une perte : *survivance d'une époque révolue.* ‖ Opinion, coutume qui continue d'exister après la disparition de ce qui l'avait suscitée (souv. péjor.).

survivant, e n. et adj. Qui survit à un autre : *le survivant des époux ; l'époux survivant.*

survivre v. i. et t. ind. [**à**] (conj. **57**). Demeurer en vie après un autre. ‖ *Fig.* Subsister après la perte de : *survivre à son honneur.*

survol n. m. Action de survoler.

survoler v. t. Voler au-dessus de. ‖ *Fig.* Examiner rapidement : *survoler une question.*

survoltage n. m. *Electr.* Syn. impropre de SURTENSION.

survolté, e adj. *Electr.* Se dit d'une lampe subissant une tension plus élevée que la normale. ‖ *Fig.* Au paroxysme de l'excitation : *auditoire survolté ; une existence survoltée.*

survolter v. t. Augmenter la tension électrique au-delà de la valeur normale.

survolteur n. m. *Electr.* Machine auxiliaire dont la force électromotrice s'ajoute à la tension fournie par une autre source électrique.

survolteur-dévolteur n. m. *Electr.* Machine ou transformateur disposés de façon à augmenter ou à diminuer la tension fournie par une source électrique. ‖ Pl. des *survolteurs-dévolteurs.*

sus [sys *ou* sy] adv. (lat. *sursum,* en haut). Usité surtout dans l'expression *courir sus à quelqu'un,* le poursuivre avec des intentions hostiles. ‖ — Interj. pour exciter, exhorter : *sus, mes amis, sus donc !* ‖ **— En sus** loc. adv. En plus. ‖ **— En sus de** loc. prép. En plus de.

susceptibilité n. f. Disposition à se vexer trop aisément.

susceptible [sysɛptibl] adj. (du lat. *susceptus,* reçu). Capable de recevoir, de prendre, de faire : *la cire est susceptible de plusieurs formes ; enfant susceptible de s'améliorer.* ‖ *Fig.* Qui se vexe, s'offense aisément : *homme susceptible.* (Syn. : CHATOUILLEUX, IRASCIBLE, IRRITABLE, OMBRAGEUX.)

susciter [sysite] v. t. (lat. *suscitare,* exciter). Faire naître ; être cause de : *susciter une querelle.* (Syn. : DÉCLENCHER, PROVOQUER.)

suscription [syskripsjɔ̃] n. f. Adresse écrite sur l'enveloppe d'une lettre.

susdit [sysdi], **e** [-it] adj. et n. Nommé ci-dessus.

sus-dominante n. f. *Mus.* Note au-dessus de la dominante, sixième du ton. ‖ Pl. des *sus-dominantes.*

Suse. *Géogr. anc.* V. de l'Elam. Capitale d'un royaume indépendant, détruite par Assurbanipal (v. 640 av. J.-C.), elle fut, au temps de l'Empire perse, la résidence de Darios et de ses successeurs. Les fouilles de Suse, exécutées par des missions françaises à partir de 1884, ont mis au jour de riches vestiges, des vases peints, des reliefs et des bronzes, dont certains sont au Louvre (*Frise des archers,* en briques émaillées).

Suse, en ital. **Susa,** v. d'Italie (Piémont), au débouché des routes du Mont-Cenis et du Mont-Genèvre, dit *pas de Suse,* barricadé par le duc de Savoie et forcé par Louis XIII en 1629 ; 5 400 h. Arc romain. Cathédrale du XIe s.

sus-hépatique adj. Qui est situé au-dessus du foie.

Susiane, autre nom de l'ELAM.

sus-maxillaire adj. Situé à la mâchoire supérieure. ‖ — N. m. Os maxillaire supérieur.

susmentionné, e adj. Mentionné plus haut.

susnommé, e n. et adj. Nommé plus haut : *entre les susnommés, il a été convenu...*

suspect [syspɛ], **e** [-ɛkt] adj. et n. (lat. *suspectus*). Qui inspire de la défiance : *témoignage suspect.* ‖ Dont la qualité est douteuse : *un vin suspect.* ● *Suspect de,* qui est soupçonné, qui mérite d'être soupçonné de : *suspect de partialité.*

Suspects (*loi des*), loi rendue par la Convention le 17 septembre 1793 et rapportée le 4 octobre 1795. Etaient suspects « ceux qui, n'ayant rien fait contre la liberté, n'avaient cependant rien fait pour elle ». Cette loi fut à l'origine de la Terreur*.

suspecter v. t. Soupçonner, tenir pour suspect : *suspecter l'honnêteté de quelqu'un.*

L'ART SURRÉALISTE

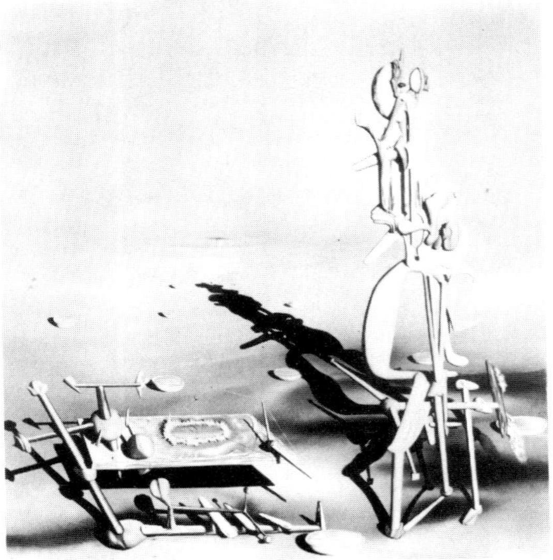

Le *surréalisme* succéda au mouvement *dada* après la rupture entre Breton et Tzara. Alors que le dadaïsme manifestait une volonté de négation, de destruction, le mouvement surréaliste se voulait, par la voix de celui qui en fut le chef intransigeant, André Breton, révolutionnaire dans un sens constructif. Il entendait apporter à l'homme de nouvelles connaissances sur lui-même et ses rapports avec le monde. Mouvement littéraire, il fit une large place aux arts plastiques, répudiant la musique.
Le *Manifeste du surréalisme* précise ce que devait être la démarche surréaliste dans la quête d'une vérité souterraine inaccessible à la pensée rationnelle, trop limitée par son appareil logique : un « automatisme psychique par lequel on se propose d'exprimer soit verbalement, soit par écrit, ou de toute autre manière le fonctionnement réel de la pensée ». Le surréalisme repose sur la croyance à la réalité supérieure de certaines formes d'association négligées jusqu'à lui, à la toute-puissance du rêve, au jeu désintéressé de la pensée. Breton et ses amis, passionnés par les théories de Freud, cherchaient à retrouver dans leur inconscient ce qu'ils considéraient comme la vie réelle.
Déjà, des peintres du fantastique, comme Bosch, Arcimboldi, Füssli, Odilon Redon, s'étaient engagés dans une voie proche de la leur. Plus près d'eux, l'Italien Giorgio De Chirico exécutait, dès 1910, des toiles purement oniriques. Les surréalistes s'efforcèrent, en utilisant les objets du monde visible, de créer un univers au-delà du réel, surréel, capable d'émouvoir

Tanguy, « Divisibilité infinie », 1942, *coll. part.*

De Chirico, « les Muses inquiétantes », 1916, *coll. part.*

Delvaux, « la Ville inquiète », 1942, *coll. part.*

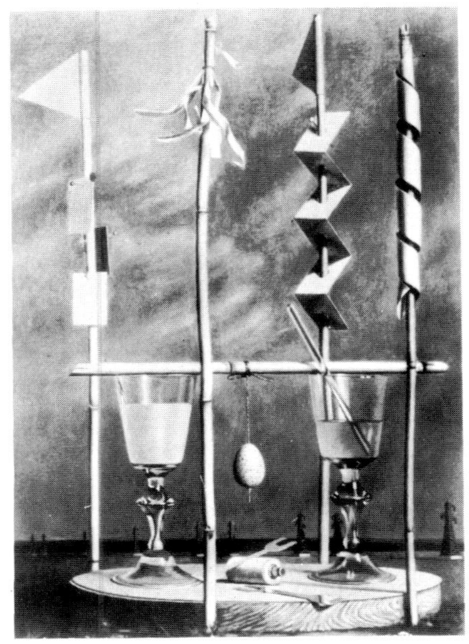

Roy, « Électrification des campagnes », 1930
Wadsworth Atheneum, Hartford

suspendre [syspɑ̃dr] v. t. (lat. *suspendere*) [conj. **46**]. Fixer en haut et laisser pendre : *suspendre un lustre.* ‖ — *Fig.* Différer : *suspendre l'exécution des arrêts.* ‖ Interrompre : *suspendre sa marche.* ‖ Interdire pour un temps : *suspendre un journal.* ‖ Retirer temporairement ses fonctions à une personne : *suspendre un maire, un fonctionnaire.* ‖ *Suspendre son jugement,* rester sur l'expectative. ‖ *Suspendre ses paiements,* cesser de payer ses créanciers.

suspendu, e adj. Qui est en suspens. ‖ Se dit d'une voiture dont le corps ne porte pas directement sur les essieux, mais sur des ressorts interposés. ● *Pont suspendu,* pont dont le tablier est soutenu par des câbles. ‖ *Vallée suspendue* (Géogr.), vallée secondaire dont la confluence avec la vallée principale est marquée par une très forte accentuation de la pente.

suspens [syspɑ̃] adj. (lat. *suspensus,* suspendu). Se disait autref. d'un clerc suspendu de ses fonctions. ‖ — **En suspens** loc. adv. Non résolu, non terminé : *laisser une affaire en suspens.*

suspense [syspɑ̃s] n. f. *Dr. canon.* Peine ecclésiastique consistant à retirer à un clerc l'usage de ses fonctions ou de son bénéfice.

suspense [sœspɛns *ou* syspɛ̃s] n. m. (mot angl.). Moment d'un film, d'une œuvre littéraire, où l'action, s'arrêtant un instant, tient le spectateur, l'auditeur ou le lecteur dans l'attente angoissée de ce qui va se produire.

suspenseur adj. m. *Anat.* Qui tient suspendu : *ligament suspenseur.* ‖ — N. m. *Bot.* Organe transitoire de la graine en formation, qui joue un rôle nutritif pour l'embryon.

suspensif, ive adj. *Dr.* Qui suspend ; qui arrête l'exécution d'un jugement, d'un contrat : *appel suspensif ; condition suspensive.* ● *Points suspensifs* (Gramm.), suite de points qui servent à marquer une suspension ou une interruption du sens d'une phrase.

suspension [syspɑ̃sjɔ̃] n. f. Action de suspendre ; état d'une chose suspendue : *la suspension du pendule.* ‖ Ensemble des organes qui transmettent aux essieux le poids d'un véhicule, tout en amortissant les chocs dus aux inégalités du chemin de roulement. (V. *encycl.*) ‖ Objet d'ameublement, suspendu au plafond et destiné à l'éclairage de la pièce où il est fixé : *suspension en bronze.* ‖ Interdiction momentanée faite à un fonctionnaire d'exercer ses fonctions. ‖ Cessation momentanée : *suspension de paiements.* ‖ *Chim.* Etat d'un solide très divisé, mêlé à la masse d'un liquide sans être dissous par lui. ‖ *Géogr.* Mode de transport d'un matériel détritique dans la masse d'un fluide (air, eau), où il se maintient sous l'influence de forces ascensionnelles. ‖ *Gramm.* Interruption de sens, marquée par des points dits *points de suspension.* ● *Suspension d'armes,* cessation concertée, momentanée et locale, des hostilités.
— ENCYCL. La plupart des *suspensions* utilisent des ressorts à lames ou en hélice. Ces derniers sont moins encombrants et permettent une grande variation dans la souplesse de la suspension. En revanche, ils ne présentent pratiquement pas d'amortissement et doivent être jumelés avec des amortisseurs ou des ressorts à lames montés en parallèle. Sur une automobile, la suspension comporte un premier étage, constitué par les pneumatiques, et un deuxième étage, autrefois formé par des ressorts à lames. Aujourd'hui, ce deuxième étage de suspension est pneumatique. On obtient alors une flexibilité variable avec la charge et on assure une hauteur constante du châssis au-dessus du sol. Certaines voitures de tourisme sont équipées d'un système hydropneumatique. On peut également utiliser les propriétés élastiques d'une barre encastrée travaillant en torsion. Pour les véhicules sur voie ferrée, la suspension la plus simple est celle des wagons à essieux. Les bogies de type moderne sont dotés de deux étages de suspension, assurés par des ressorts en hélice, souvent doublés d'amortisseurs, et quelquefois par des barres de torsion.

suspensoir n. m. Ce qui sert à suspendre. ‖ Bandage destiné à soutenir le scrotum et son contenu.

suspente [syspɑ̃t] n. f. *Aéron.* Chacune des cordes rattachant la nacelle au filet d'un ballon. ‖ Chacune des tresses assurant la liaison entre le parachute et le harnais. ‖ *Mar.* Cordage amarré à un mât et qui soutient une vergue en son milieu. ‖ *Trav. publ.* Organe de liaison entre les câbles porteurs et les poutres de rigidité d'un pont suspendu. (Les suspentes peuvent être constituées soit par des tiges cylindriques rectilignes pleines, soit par des tronçons de fils spiralés.)

suspicion [syspisjɔ̃] n. f. (lat. *suspicio,* soupçon). Action de tenir quelqu'un pour suspect : *une juste suspicion.* (Syn. : DÉFIANCE, SOUPÇON.) ● *Suspicion légitime* (Dr.), crainte qu'un plaideur peut éprouver de voir son procès jugé avec partialité par un tribunal, et qui, si elle est reconnue fondée, peut aboutir au renvoi de l'affaire devant un autre tribunal du même ordre.

Susquehanna (la), fl. des Etats-Unis, qui se jette dans la baie de Chesapeake ; 750 km.

Sussex, comté d'Angleterre, sur la Manche, divisé en *Sussex oriental* (718 000 h. ; ch.-l. *Lewes*) et *Sussex occidental* (456 000 h. ; ch.-l. *Chichester*). Le royaume saxon de Sussex fut indépendant du VIe au IXe s.

Susten (*col du*), col des Alpes suisses, reliant les vallées de l'Aar et de la Reuss ; 2 262 m.

sustentation n. f. Action de sustenter par des aliments. ‖ Position d'un corps sur un autre qui le soutient. ●

Phot. Albright Knox Art Gallery, New York, Giacomelli, Bijtebier, Mayer.

en nous les zones obscures du subconscient. Ils peignirent des paysages comme nous en rencontrons dans nos rêves, architectures mystérieuses baignées par une lumière égale et froide chez De Chirico, **plages hérissées d'ossements à la manière de** Tanguy. **D'autres, plus nombreux, mettaient en présence des objets qui n'auraient pas dû se rencontrer, ou bien les assemblaient entre eux de façon inhabituelle, créant un sentiment d'insolite. La technique réaliste, minutieuse, allant parfois jusqu'au trompe-l'œil, accentuait encore l'impression d'étrangeté qu'ils souhaitaient susciter. La première exposition de groupe eut lieu en 1925. Elle réunissait** Ernst, Man Ray, Arp, Miró, Picasso, **qui se joignit un moment au mouvement,** De Chirico, Klee, André Masson **et** Pierre Roy. **En 1926 s'ouvrit une galerie surréaliste qui dut fermer ses portes en 1929;** Marcel Duchamp **y exposa.** Salvador Dali, Yves Tanguy, René Magritte, Victor Brauner **vinrent grossir les rangs des surréalistes. En 1935, le mouvement conquit une audience internationale, organisa des expositions à l'étranger; à Paris, en 1938, la galerie des Beaux-Arts présenta un ensemble d'œuvres venues de nombreux pays. Après la guerre, durant laquelle le surréalisme exerça son influence en Amérique, prennent place les expositions de 1947, 1959, 1965.**

Le surréalisme a fortement marqué la sensibilité contemporaine et son esprit continue d'animer des artistes comme Delvaux, Léonor Fini, Matta, Wilfredo Lam, Lucien Coutaud, Francis Bacon.

Miró, « Intérieur hollandais II », 1928, *coll. part.*

Coutaud, « la Jupe verte », 1945
musée nat. d'Art moderne

Max Ernst
« Après moi, le sommeil », 1958
musée nat. d'Art moderne

Salvador Dali, « le Sphinx » ou Shirley Temple, 1939, *coll. part.*

Plan de sustentation, aile d'un avion. ‖ *Polygone de sustentation,* courbe fermée, convexe, contenant tous les points par lesquels un corps solide repose sur un plan.

sustenter [systɑ̃te] v. t. (lat. *sustentare,* alimenter). Nourrir, entretenir les forces par des aliments : *sustenter un malade.*

susurrement n. m. Murmure, bruissement : *le susurrement du vent dans les feuilles.*

susurrer [sysyre] v. i. (lat. *susurrare,* bourdonner). Parler à voix basse, chuchoter. ‖ — V. t. Murmurer doucement.

susvisé [sysvize], **e** adj. Indiqué ci-dessus.

Sutlej ou **Satledj** (la), riv. de l'Inde et du Pākistān, l'une des cinq rivières du Pendjab, affl. de l'Indus (r. g.); 1 600 km.

sūtra [sutra] n. m. (mot sanskr. signif. *fil conducteur*). Dans la littérature de l'Inde, traité où sont réunies, sous forme de courts aphorismes, les règles du rituel, de la morale, de la vie quotidienne. (On écrit aussi SOUTRA.)

sutural, e, aux adj. Qui a rapport aux sutures.

suture [sytyr] n. f. (du lat. *suere,* coudre). Opération consistant à coudre les lèvres d'une plaie. ‖ *Anat.* Articulation dentelée de deux os : *les sutures du crâne.* ‖ *Bot.* Ligne de soudure entre les carpelles d'un pistil. ‖ *Zool.* Chez les nautiles, les ammonites, ligne d'insertion des cloisons transversales sur les parois de la coquille.

suturer v. t. Faire une suture à : *suturer une plaie.*

Suva, cap. des îles Fidji, sur l'île de Viti Levu; 55 000 h.

Suwon, v. de la Corée du Sud; 123 000 h.

Suzanne, femme célèbre par sa beauté et par sa chasteté, dont l'histoire est racontée par la Bible dans le Livre de Daniel (appendice). Elle avait été injustement accusée d'adultère par deux vieillards. Mais leur faux témoignage fut dénoncé par Daniel, et ils furent exécutés.

Suzanne (*sainte*), martyre (IIIe s.). Sa passion est légendaire. — Fête le 11 août.

suzerain [syzrɛ̃], **e** [-ɛn] n. et adj. (de *sus,* d'après *souverain*). *Féod.* Seigneur qui possédait un fief dont dépendaient d'autres fiefs.

suzeraineté n. f. Qualité de suzerain. ‖ Droit d'un suzerain, d'un Etat sur un pays, un Etat protégé.

Suze-sur-Sarthe (LA) [72210], ch.-l. de c. de la Sarthe (arr. du Mans); 2 807 h.

Svalbard, possession norvégienne de l'océan Arctique, au nord-est du Groenland, comprenant notamment l'archipel du Spitzberg (dont l'île du Spitzberg occidental, qui recèle un gisement houiller, est la principale terre); 62 420 km²; 2 800 h. V. pr. *Longyearbyen.*

Svartö, v. de Suède, sur le golfe de Botnie, près de Luleå. Nouveau port minéralier.

svastika [svastika] n. m. (mot sanskrit). Symbole religieux de l'Inde, en forme de croix gammée à branches égales tournées à droite.

Svealand, partie centrale de la Suède.

Svedberg (Theodor), chimiste suédois, né à Valbo (1884-1971). Il est l'auteur de travaux sur les colloïdes et les solutions de masses moléculaires élevées. (Prix Nobel, 1926.)

svelte [svɛlt] adj. (ital. *svelto,* vif). D'une forme légère et élancée : *une taille svelte.*

sveltesse n. f. Qualité de ce qui est svelte.

Sverdlovsk, anc. **Iekaterinenbourg,** v. de l'U. R. S. S. (R. S. F. S. de Russie), dans l'Oural; 1 026 000 h. Centre métallurgique.

Sverdrup (Harold Ulrick), météorologue et océanographe norvégien, né à Sogndal (1888-1957).

Svevo (Ettore SCHMITZ, dit **Italo**), écrivain italien, né à Trieste (1861-1928). Ami de Joyce, qui le révéla à Valery Larbaud et au public français, il avait déjà publié *Une vie* (1892) et *Sénilité* (1898) lorsque son troisième roman, *la Conscience de Zeno* (1923), l'imposa comme un maître de la littérature introspective et intimiste. On a publié de lui un roman posthume : *le Bon Vieux et la belle enfant* (1929).

s. v. p. [ɛsvepe]. Abrév. des mots S'IL VOUS PLAÎT.

swahili, e adj. et n. V. SOUAHÉLI.

Swammerdam (Jan), naturaliste hollandais, né à Amsterdam (1637-1680), auteur de travaux sur les insectes.

Swan (*sir* Joseph), électricien et chimiste britannique, né à Sunderland (Durham) [1828-1914]. Dès 1845, il conçut l'idée de l'ampoule électrique à incandescence à filament de carbone, qu'il réalisa seulement en 1878. On lui doit également le papier au charbon (1862) et le papier au bromure (1879), utilisés en photographie, ainsi que l'accumulateur au plomb à plaques alvéolées.

Swansea, port de Grande-Bretagne (pays de Galles), sur le canal de Bristol; 171 000 h. Métallurgie (cuivre).

swap [swap] n. m. (de l'angl. *to swap,* troquer). Troc effectué par des banques, portant sur des monnaies différentes. ‖ Syn. CRÉDIT CROISÉ.

Swatow. V. CHAN-T'EOU.

Phot. Arch. phot., Almasy, Scala, Giraudon.

Swaziland ou **Souaziland,** Etat de l'Afrique australe, entre l'Afrique du Sud et le Mozambique ; 17 363 km²; 410 000 h. Cap. *Mbabane.*
● *Géographie.* Juxtaposant une partie occidentale montagneuse et, à l'est, une région de collines, le Swaziland est un pays aux températures modérées (oscillant généralement entre 10 et 20 °C), relativement arrosé (entre 600 et 1 000 mm). La population, formée essentiellement de Bantous (Swazis et Zoulous), comprend une petite minorité européenne (moins de 10 000 unités). Le Swaziland est principalement agricole. A côté d'un important élevage bovin dominent les cultures du maïs et de la canne à sucre. Le sous-sol fournit de l'amiante. Des gisements de fer commencent à être exploités.
● *Histoire.* A l'issue de la guerre des Boers (1903), le Swaziland, royaume bantou indépendant, passa sous le protectorat du Transvaal. En 1907, la Grande-Bretagne en confia l'administration au haut-commissaire en Afrique du Sud. Territoire autonome en 1967, le protectorat du Swaziland est devenu indépendant le 6 septembre 1968. On lui donne parfois le nom de *Ngwane.*

Swazis, ethnie du groupe ngoni* (Afrique australe).

sweater [switœr] n. m. (mot angl. ; de *to sweat,* suer). Chandail de laine tricotée.

sweating-system [switiŋsistɛm] n. m. (mots angl. signif. *système qui fait suer*). Procédé d'exploitation de la main-d'œuvre tendant à avilir les salaires. (Le Code du travail interdit le marchandage, adaptation française du sweating-system, qui consiste à confier à un intermédiaire la réalisation d'une tâche payée à forfait, à charge pour lui de recruter la main-d'œuvre nécessaire, sa rémunération étant d'autant plus importante qu'il paye cette main-d'œuvre moins cher.)

Swedenborg (Emanuel), savant et philosophe suédois, né à Stockholm (1688-1772). Fondateur de la première revue scientifique suédoise, assesseur au Collège royal des mines, il s'intéressa surtout à la géologie et à la biologie (*Opera philosophica et mineralia,* 1734). Mais, en proie à des phénomènes psychiques curieux, il se crut la mission d'explorer le monde suprasensible. Ses expériences de communication avec les esprits et les anges sont consignées dans les *Arcanes célestes* (1749-1756) et *la Nouvelle Jérusalem* (1758), qui eurent une influence capitale sur la constitution de l'esprit romantique.

Sweelinck (Jan Pieterszoon), organiste et compositeur néerlandais, né à Deventer (1562-1621). Il a enrichi la littérature du clavier (toccate, variations, ricercari, fantaisies) et celle de l'art vocal.

sweepstake [swipstɛk] n. m. (mot angl. ; de *to sweep,* enlever, et *stake,* enjeu). Loterie consistant à tirer au sort les chevaux engagés dans une course dont le résultat fixe les gagnants.

Swiętochłowice, v. de Pologne, en haute Silésie ; 58 500 h. Métallurgie lourde.

Swift (Jonathan), écrivain irlandais, né à Dublin (1667-1745). Secrétaire d'un diplomate influent, précepteur d'une jeune fille à qui il adressera le *Journal à Stella* (1766-1768), il entre dans le clergé anglican, dont il se fait le défenseur (*le Conte du tonneau,* 1704), et prend parti dans la querelle des Anciens et des Modernes (*la Bataille des livres,* 1696-1704). Ambitieux, il se mêle aux luttes politiques, plaide la cause de l'Irlande et publie de nombreux pamphlets (*Lettres de M. B., drapier,* 1724). Déçu dans sa carrière ecclésiastique et ses aspirations sentimentales, il écrit une satire dirigée contre la société anglaise et contre la civilisation, *les Voyages de Samuel Gulliver** (1726), œuvre qui fait de lui le grand écrivain du siècle classique anglais.

Swinburne (Algernon Charles), poète anglais, né à Londres (1837-1909). Poète érudit, influencé à la fois par la culture française et le préraphaélisme, il connut le succès avec sa tragédie antique *Atalante en Calydon* (1865), mais sa sensibilité passionnée fit scandale (*Poèmes et ballades,* 1866). Il tenta d'échapper à ses thèmes érotiques et morbides en célébrant un idéal humanitaire, la cause de l'indépendance de l'Italie (*Chants d'avant le lever du soleil,* 1871). Critique littéraire, il a laissé en français une œuvre inédite importante.

Swindon, v. de Grande-Bretagne (Wiltshire) ; 100 000 h. Constructions aéronautiques.

swing [swiŋ] n. m. (mot angl.). En boxe, coup porté latéralement en balançant le bras. ‖ Manière d'exécuter la musique de jazz, consistant en une distribution typique des accents, donnant à l'exécution un balancement rythmique vivant et souple.

Syagrius (Afranius), chef gallo-romain (v. 430-486). Il gouverna l'étroit territoire qui restait en Gaule aux Romains, avant d'être battu et tué par Clovis.

Sybaris, anc. v. de l'Italie (Lucanie), colonie achéenne, détruite par Crotone en 510 av. J.-C., célèbre par la mollesse de ses habitants (*Sybarites*).

sybarite [sibarit] adj. et n. Personne qui mène une vie molle et voluptueuse, comme les habitants de Sybaris.

sybaritique adj. Propre aux Sybarites.

sybaritisme n. m. Vie, mœurs semblables à celles des Sybarites.

sycomore [sikɔmɔr] n. m. (gr. *sukomoros*). Variété d'érable, l'érable blanc, appelé aussi « faux platane » (*Acer pseudoplatanus*).

sycophante [sikɔfɑ̃t] n. m. (gr. *sukon,* figue, et *phainein,* faire voir). Nom donné, à Athènes, à ceux qui dénonçaient les voleurs de figues. ‖ Dénonciateur, calomniateur.

Swift

Swinburne
par G. F. Watts
Nat. Portrait Gallery

sycosis [sikozis] n. m. (du gr. *sukon,* figue). Infection de la peau se manifestant au voisinage des poils de la barbe et de la moustache, et causée par le staphylocoque ou par un champignon, le trichophyton.

Sydenham (Thomas), médecin anglais, né à Wynford Eagle (Dorset) [1624-1689]. On lui doit la formule du laudanum.

Sydney, v. de l'Australie orientale, cap. de l'Etat de la Nouvelle-Galles du Sud, sur l'océan Pacifique ; 2 540 000 h. Fondée en 1788, Sydney est aujourd'hui la plus grande ville et le principal port de l'Australie (plus de 12 Mt), après en avoir été la capitale de 1901 à 1927. La ville est un grand centre intellectuel (université), commercial et industriel (métallurgie, textile, alimentation). Elle regroupe plus du cinquième de la population du pays.

Sydney, port du Canada (Nouvelle-Ecosse) ; 32 800 h. Sidérurgie.

Syène, v. de l'Egypte ancienne. (Auj. *Assouan.*)

syénite [sjenit] n. f. (de *Syène,* en Egypte). Roche éruptive, de texture grenue, sans quartz, formée de feldspaths potassiques et amphiboles.

Syktyvkar, v. de l'U. R. S. S. (R. S. F. S. de Russie), à l'ouest de l'Oural ; 102 000 h. Industries du bois.

Sylla. V. SULLA.

syllabaire n. m. Livre élémentaire pour apprendre à lire aux enfants.

syllabe [sillab] n. f. (lat. *syllaba ;* du gr. *sullabê,* réunion). Groupe formé de consonnes et de voyelles qui se prononcent d'une seule émission de voix : « *Paris* » *a deux syllabes.*

syllabique adj. Relatif aux syllabes. ● *Ecriture syllabique,* écriture où chaque syllabe est représentée par un caractère. ‖ *Vers syllabique,* vers où la mesure est déterminée par le nombre et non par la valeur des syllabes.

syllabisme n. m. Système d'écriture dans lequel chaque syllabe est représentée par son signe propre (telle l'écriture assyrienne).

syllabus [sillabys] n. m. (mot lat. signif. *sommaire*). Enumération sommaire des questions tranchées par l'autorité ecclésiastique.

Syllabus (le), formulaire publié par ordre du pape Pie IX à la suite de l'encyclique *Quanta cura* (1864), et qui contient les affirmations contemporaines jugées inacceptables par le pape. Mgr Dupanloup tenta de lui donner une interprétation rassurante, tandis que les adversaires de l'Eglise faisaient du *Syllabus* le symbole de l'obscurantisme du Vatican.

syllepse [sillɛps *ou* silɛps] n. f. (gr. *sullêpsis,* compréhension). *Gramm.* Accord des mots dans la phrase selon le sens, et non selon les règles grammaticales. (Ex. : *une personne* [féminin] *me disait qu'un jour il* [masculin, parce que *homme* est sous l'idée de *personne*] *avait eu une grande joie.*)

syllogisme [sillɔʒism] n. m. (gr. *sullogismos ;* de *sun,* avec, et *logos,* discours). Raisonnement qui contient trois propositions (la majeure, la mineure et la conclusion), et tel que la conclusion est déduite de la majeure par l'intermédiaire de la mineure. (Ex. : *tous les hommes sont mortels* [majeure] ; *or, tu es un homme* [mineure] ; *donc tu es mortel* [conclusion].)

syllogistique adj. Qui appartient au syllogisme : *forme syllogistique.* ‖ — N. f. Science des syllogismes.

sylphe [silf] n. m. (lat. *sylphus,* génie). Génie de l'air, dans la mythologie celtique du Moyen Age.

sylphide n. f. Sylphe femelle. ‖ *Fig.* Femme gracieuse et légère.

Sylphide (*la*), premier ballet romantique, chorégr. de F. Taglioni, mus. de Schneitzhöffer, créé à Paris en 1832 par Maria Taglioni.

Sylt, île de l'Allemagne occidentale, à l'ouest de la côte du Schleswig-Holstein.

sylvain ou **silvain** [silvɛ̃], **e** [-ɛn] adj. (lat. *sylvanus ;* de *sylva,* forêt). Qui croît, passe sa vie dans les forêts.

sylvains n. m. pl. Divinités romaines de rang inférieur, protectrices des bois, apparentées aux satyres.

sycomore ▲

▼ Sydney (Australie)

Phot. Fleming (2), Jacques Six, Almasy.

sylve [silv] n. f. Forêt.

sylvestre adj. (du lat. *sylva,* forêt). Qui croît dans les bois : *pin sylvestre.*

Sylvestre Ier *(saint),* né à Rome (m. en 335), pape de 314 à 335. Il s'est intéressé à la construction des basiliques romaines et combattit les ariens. Fête le 31 déc. — SYLVESTRE II *(Gerbert),* né en Auvergne (v. 938-1003), pape de 999 à 1003. Il se rendit célèbre par son érudition, fut mêlé aux affaires du royaume de France et facilita l'avènement d'Hugues Capet. Archevêque de Reims (981), puis archevêque de Ravenne (998), il se fit le promoteur de la réforme ecclésiastique. Son pontificat fut occupé par la lutte contre la simonie. — SYLVESTRE III *(Jean),* né à Rome (v. 1000-apr. 1046), pape du 20 janvier au 10 mars 1045. Elu à l'instigation d'un capitaine romain, Gerardo di Sasso, il fut déposé par le concile de Sutri.

sylvicole adj. (lat. *sylva,* forêt, et *colere,* habiter). Relatif à la sylviculture : *l'industrie sylvicole.* ‖ Qui vit dans les forêts.

sylviculteur n. m. Celui qui fait de la sylviculture.

sylviculture n. f. (lat. *sylva,* forêt, et *cultura,* culture). Science de l'intervention de l'homme dans la production forestière.
— ENCYCL. La *sylviculture* assure le renouvellement et la protection de la forêt. Elle comporte le choix du type de peuplement : peuplements purs (une seule essence) ou mélangés (par exemple essences d'ombre et de lumière ou feuillus et résineux); peuplements uniformes (d'un seul âge) ou multiples (d'âges mêlés). On distingue plusieurs modes de traitement : futaie régulière, taillis simple, futaie jardinée, taillis sous futaie.

sylvinite [silvinit] n. f. (du lat. *sylva,* forêt). Chlorure de potassium naturel KCl, extrait des gisements d'Alsace et utilisé comme engrais.

symbiose [sɛ̃bjoz] n. f. (gr. *sun,* avec, et *bios,* vie). Mode de vie commune de deux (ou de plus de deux) espèces animales ou végétales différentes qui ne peuvent survivre qu'en association permanente ou semi-permanente.
— ENCYCL. La *symbiose* la plus fréquente est l'association d'un végétal vert avec un végétal sans chlorophylle ou avec un animal. La plante verte fournit les glucides résultant de sa photosynthèse et reçoit en retour des protéines élaborées par le constituant non vert, ou simplement une protection contre la sécheresse. Exemples : les lichens (algue microscopique sur un champignon); les zoochlorelles (algues vivant par exemple dans les tissus de l'hydre verte ou de la convolute); les mycorhizes (truffes, champignons des orchidacées); les bactéries des racines des légumineuses (rhizobium). Mais plusieurs êtres non verts peuvent s'associer, par exemple, pour tirer un parti nutritif du bois, que l'un peut seul ingérer et l'autre seul digérer. Exemple : bactéries et flagellés de la panse des ruminants. Les limites de la symbiose sont imprécises. Certaines « chaînes alimentaires » placent les diverses espèces du même milieu dans un état de dépendance mutuelle qui ne diffère de la symbiose que par l'absence de contact physique entre les espèces, tandis que de nombreuses symbioses résultent d'un équilibre précaire, l'un des constituants dévorant l'autre dès qu'il n'a plus besoin de lui.
Les lichens sont les seules symbioses qui, par la constance et l'originalité de leurs formes spécifiques, aient conduit les botanistes à les définir comme des espèces végétales; ils constituent un sous-embranchement de thallophytes.

symbiote n. m. Chacun des êtres associés en symbiose.

symbiotique adj. Relatif à la symbiose. ‖ Qui vit en symbiose.

symbole [sɛ̃bɔl] n. m. (gr. *sumbolon,* signe). Etre ou objet qui représente une chose abstraite, qui est l'image d'une chose : *le chien est le symbole de la fidélité; la balance est le symbole de la justice.* ‖ Résumé des vérités essentielles de la religion chrétienne (en ce sens, prend une majuscule) : *le Symbole des apôtres; le Symbole de Nicée; le Symbole de saint Athanase.* ‖ Tout signe conventionnel abréviatif. ‖ Signe figuratif d'une grandeur, d'un nombre, d'un être mathématique ou logique de nature quelconque. ‖ *Chim.* Lettre ou groupe de lettres adoptées pour désigner la masse atomique d'un élément : *« Pb » est le symbole du plomb.*

symbolique adj. Qui sert de symbole; qui a le caractère d'un symbole : *le glaive symbolique de la loi.*

symbolique n. f. Ensemble des symboles propres à une religion, à un peuple, etc. : *la symbolique égyptienne.* ‖ Science qui explique les symboles. ‖ Livre qui traite de cette science.

symboliquement adv. De façon symbolique.

symbolisation n. f. Action de représenter par des symboles. ‖ *Log.* Démarche tendant à exprimer un raisonnement par un symbolisme.

symboliser v. t. Exprimer par un symbole : *l'olivier symbolise la paix.*

symbolisme n. m. Système de symboles exprimant des croyances. ‖ Système de signes écrits dont l'agencement répond à des règles, et qui traduit visuellement la formalisation d'un raisonnement. ‖ Mouvement littéraire et artistique qui place la valeur de l'œuvre d'art non dans la traduction fidèle de la réalité, mais dans la combinaison de sentiments et de pensées, de figures et de formes régies par leurs lois propres. (V. *encycl.*)
— ENCYCL. Réagissant contre le positivisme et la littérature naturaliste, le *symbolisme* cherche à donner des « équivalents plastiques » de la nature. Il bannit l'art clinquant du Parnasse pour trouver derrière les choses le mystère, que traduit un vers souple, musical, « porteur de significations indéfinies ». Il trouve un initiateur en Baudelaire et ses maîtres en Verlaine et Mallarmé. Mais, tel que le définit Jean Moréas dans son manifeste du *Figaro* (1886), le mouvement groupe surtout des poètes idéalistes (Viélé-Griffin, H. de Régnier), auxquels s'opposent les décadents*. Le symbolisme, qui n'atteindra le grand public que par le théâtre, notamment celui de Maeterlinck, devient international avec les poètes belges (Rodenbach, Verhaeren), anglais (Oscar Wilde), allemands (Stefan George), russes (Balmont), espagnols (R. Darío), hongrois (Endre Ady) et le Danois Georg Brandes. A la mort de Mallarmé (1898), le symbolisme, par l'absence du chef-d'œuvre absolu qu'il annonce, par son art hermétique, précieux et volontiers archaïque, voit son énergie décroître. Mais son influence se fera sentir sur toutes les recherches artistiques du XXe s.

symboliste adj. et n. Adepte du symbolisme. ‖ — Adj. Relatif au symbolisme : *mouvement symboliste.*

symédiane n. f. Dans un triangle, droite issue d'un sommet et symétrique de la médiane par rapport à la bissectrice intérieure correspondante. (V. LIGNE.)

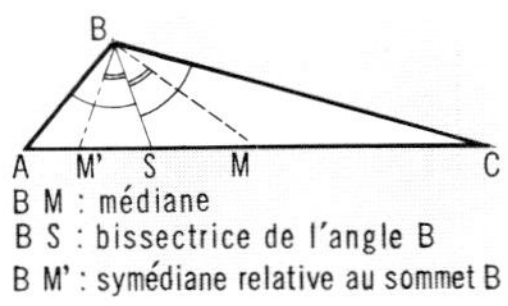

▲ symédiane

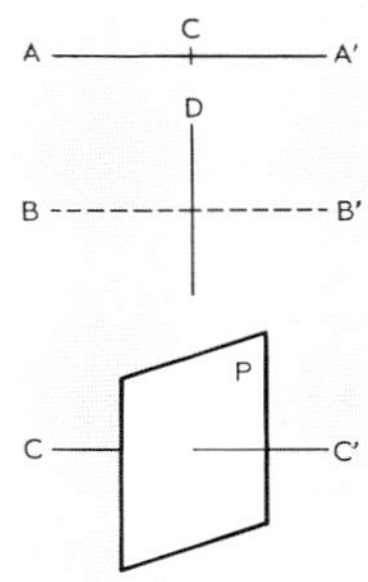

symétrie ▶

sont symétriques A et A' par rapport au point C, B et B' par rapport à la droite D, C et C' par rapport au plan P

symétrie [simetri] n. f. (lat. *symmetria;* du gr. *sun,* avec, et *metron,* mesure). Correspondance de position, de forme, de mesure par rapport à un axe entre les éléments d'un ensemble ou entre deux ou plusieurs ensembles : *symétrie architecturale; tableaux arrangés avec symétrie.* ‖ *Biol.* Répétition des organes ou des segments ou articles du corps par rapport à une ligne ou à un plan. (V. *encycl.*) ‖ Correspondance régulière entre les membres d'une phrase. ‖ *Math.* Mise en relation particulière de deux figures ou d'une figure avec elle-même. (V. *encycl.*)
— ENCYCL. *Biol.* La plupart des êtres vivants combinent en eux plusieurs types de *symétrie* ou associent une symétrie externe à une dissymétrie interne. Chez l'homme, la symétrie bilatérale externe est parfaite, mais de nombreux organes abdominaux, estomac, pancréas, rate, foie, sont totalement dissymétriques. Les plantes supérieures terrestres ont ordinairement une symétrie axiale, soulignée par la disposition des feuilles (phyllotaxie); leurs fleurs peuvent avoir aussi une symétrie axiale (fleurs actinomorphes), mais celle-ci est souvent masquée par une symétrie bilatérale secondairement acquise (fleurs zygomorphes, dites à tort « irrégulières » : orchidacées, légumineuses, labiacées, scrofulariacées). Les animaux marins présentent souvent de telles superpositions de symétries : un mollusque bivalve tel que la coquille Saint-Jacques présente une valve creuse et une valve plate, l'une et l'autre symétriques par rapport à un plan perpendiculaire à la charnière, tandis que les bivalves moins évolués (moule) sont symétriques par rapport au plan de jonction des valves; de même, les poissons « plats » tels que la sole ont acquis une forte dissymétrie (les deux yeux sont du même côté, l'autre côté est incolore, etc.), mais compensée par une symétrie nouvelle entre le dos et le ventre; enfin, les oursins dits « irréguliers » (spatangue) ont acquis une symétrie bilatérale qui masque leur symétrie axiale d'ordre 5 sans la supprimer complètement. Dans un autre groupe, celui des gastropodes, la perte de la symétrie résulte de la formation d'une coquille *spirale,* généralement dextre (axe d'enroulement situé à droite de la spirale, parcourue du sommet à la base).
Le petit groupe des cœlentérés cténaires se singularise par sa symétrie par rapport à deux plans à la fois.
Bien entendu, les « proportions » du corps sont indépendantes de la symétrie : de trois poissons osseux à symétrie bilatérale rigoureuse, l'un peut être « comprimé » (développement dans le plan de symétrie : scalaire), le deuxième « déprimé » (développement horizontal : baudroie) et le troisième serpentiforme (développement en longueur : anguille).
— *Math.* Dans un plan, deux figures symétriques par rapport à un point sont directement égales, mais inversement égales si elles sont symétriques par rapport à une droite. Dans l'espace, deux figures symétriques par rapport à un point, à une droite et à un plan sont, dans cet ordre, inversement, directement et inversement égales. Mais, quelle que soit la *symétrie* envisagée, deux figures symétriques d'une même figure sont directement égales.

symétrique adj. Qui a de la symétrie : *deux constructions symétriques.* ● *Fonction symétrique,* fonction de plusieurs variables qui n'est pas modifiée si on permute les variables. ‖ *Relation symétrique* (Math.), relation qui, si elle est vraie pour *a* et *b* pris dans cet ordre, l'est aussi pour *b* et *a* pris dans cet ordre : *la relation d'égalité est symétrique.*

symétriquement adv. Avec symétrie.

Symmaque (Quintus Aurelius), orateur et homme politique romain, né à Rome (v. 340-v. 410). Préfet de Rome en 384, consul en 391, il défendit le paganisme contre saint Ambroise. Il a laissé des *Lettres.*

Symmaque *(saint),* né en Sardaigne (v. 450-514), pape de 498 à 514. Candidat du roi des Ostrogoths Théodoric, Symmaque ne put exercer son pouvoir pontifical qu'après quatre ans de compétition. — Fête le 19 juillet.

sympathectomie [sɛ̃patɛktɔmi] n. f. *Chir.* Ablation de ganglions ou de filets nerveux du système sympathique.

sympathie [sɛ̃pati] n. f. (gr. *sumpatheia;* de *sun,* avec, et *pathein,* ressentir). Penchant instinctif qui porte deux personnes l'une vers l'autre : *éprouver de la sympathie pour quelqu'un.*

sympathique adj. Qui inspire de la sympathie : *personne sympathique.*

sympathique adj. et n. m. *Système nerveux sympathique,* ou *sympathique,* ou *grand sympathique* (Anat.), l'un des deux systèmes nerveux régulateurs de la vie végétative des organes (l'autre étant le *parasympathique*). [Syn. ORTHOSYMPATHIQUE.]
— ENCYCL. Le *système nerveux sympathique* est composé d'une double chaîne de ganglions qui, placés symétriquement le long de la colonne vertébrale, sont reliés entre eux par un cordon nerveux. De ces ganglions partent, d'une part, des nerfs qui vont au système nerveux cérébro-spinal et, d'autre part, des nerfs qui se rendent aux viscères. L'excitation du sympathique accélère le cœur, augmente la tension artérielle, dilate les bronches et ralentit les contractions du tube digestif. Le parasympathique a une action inverse. De l'équilibre entre les deux systèmes résulte le fonctionnement normal des organes.

sympathiquement adv. Avec sympathie : *accueillir sympathiquement un visiteur.*

sympathisant, e adj. et n. Qui manifeste de la sympathie (envers une doctrine, un parti, etc.).

sympathiser [avec] v. i. Avoir de la sympathie, de l'amitié : *sympathiser avec un camarade.*

symphonie [sɛ̃fɔni] n. f. (lat. *symphonia;* du gr. *sun,* avec, et *phônê,* son). *Mus.* Composition musicale pour orchestre, empruntant la forme de la sonate.
— ENCYCL. Anciennement, le terme de *symphonie,* écrit souvent « sinfonia », désignait une composition pour un ensemble d'instruments [musique pure, chorégraphique, dramatique]. Devenue sonate pour orchestre, la symphonie s'est développée concurremment en France, en Italie et en Allemagne au milieu du XVIIIe s. Elle s'est organisée progressivement sur le modèle de la sonate, avec un allégro initial à 2 thèmes, un andante, un menuet et un final souvent en forme de rondo. Paris, Vienne, Mannheim, Milan et Londres ont été les grands foyers de cet art symphonique préclassique, que Haydn devait contribuer à organiser définitivement. Boccherini, Clementi et Mozart profiteront de ses recherches, et Beethoven, Schubert, Mendelssohn, Schuman et Brahms poursuivront cet effort avec un esprit plus éloquent, tandis que les symphonistes Berlioz, Liszt, Strauss et les Russes (Tchaïkovski, Prokofiev, Stravinski) pousseront leurs recherches dans une nouvelle voie, celle du poème symphonique.

Symphonie fantastique *ou Episode de la vie d'un artiste,* de Berlioz (1830), grande fresque dans laquelle l'auteur a cherché à évoquer sa passion pour Harriet Smithson.

symphonique adj. Relatif à la symphonie.

symphoniquement adv. De façon symphonique.

symphoniste n. Personne qui compose ou exécute des symphonies.

Symphorien *(saint),* né à Autun (v. 160-179), martyr à Autun. — Fête le 22 août.

symphorine [sɛ̃fɔrin] n. f. Arbrisseau souvent cultivé dans les haies, à petites fleurs roses et à fruits blancs de la taille de cerises. (Famille des caprifoliacées.)

symphyse [sɛ̃fiz] n. f. (gr. *sumphusis,* union naturelle). *Anat.* Articulation peu mobile, formée de tissu conjonctif élastique : *la symphyse pubienne.* ‖ *Pathol.* Accolement anormal des deux feuillets d'une séreuse : *symphyse pleurale, péricardique.*

symposium [sɛ̃pozjɔm] ou **symposion** [-zjɔn] n. m. (gr. *sumposion,* banquet). Ensemble de travaux se rapportant à une même question et dus à des auteurs différents (par analogie avec le dialogue de Platon intitulé *le Banquet,* où divers orateurs parlent tour à tour de l'amour). ‖ Réunion, congrès.

symptomatique adj. Qui est le symptôme de quelque maladie. ‖ *Fig.* Qui révèle un certain état de choses, un état d'esprit particulier. ● *Traitement symptomatique,* celui qui combat les symptômes, sans tenter de s'attaquer à la cause (par oppos. au traitement fondé sur l'étiologie).

symptomatologie n. f. Etude des symptômes des maladies. (Syn. SÉMÉIOLOGIE.)

symptôme [sɛ̃ptom] n. m. (gr. *sumptôma,* coïncidence). Phénomène qui révèle un trouble fonctionnel ou une lésion : *des symptômes d'anémie.* ‖ *Fig.* Indice, présage : *des symptômes de rébellion.*

synagogal, e, aux adj. Relatif à la synagogue.

synagogue [sinagɔg] n. f. (gr. *sunagôgê,* réunion). Assemblée des fidèles sous l'ancienne loi juive. ‖ Lieu où s'assemblent les juifs pour l'exercice de leur culte.
— ENCYCL. Il est admis que la *synagogue* a vu le jour en Babylonie durant l'exil (VIe s. av. J.-C.). C'était un lieu de réunion pour la prière. Les synagogues se multiplièrent avec l'usage des lectures publiques de la Tora (Ve s. av. J.-C.). Les fouilles archéologiques ont mis au jour les ruines de nombreuses et belles synagogues, en Palestine et hors de Palestine. Peu d'entre elles sont antérieures au IIIe s. apr. J.-C. Le culte synagogal s'est distingué du culte antique en ce sens qu'il est surtout spirituel; le rituel comprend lecture et explication de la Bible et de la Mishna, prières et psaumes. Le service, de nos jours, est généralement présidé par un rabbin. Le local est orienté vers Jérusalem et contient l'armoire où est enfermée la Tora, une veilleuse constamment allumée, un candélabre à sept branches et le pupitre de l'officiant.

synalèphe [sinalɛf] n. f. Réunion de deux syllabes en une seule, dans la prononciation.

synallagmatique [sinalagmatik] adj. (du gr. *sunallattein,* unir). Se dit d'un contrat dans lequel deux personnes s'engagent à des obligations réciproques dont chacune est la contrepartie de l'autre (bail, contrat de travail, vente, etc.).

synanthérées [sinɑ̃tere] n. f. pl. *Bot.* Autre nom de la famille des *composées.*

synapse [sinaps] n. f. (gr. *sun,* avec, et *aptein,* joindre). Point de contact entre les prolongements de deux cellules nerveuses. ‖ Fine communication entre les protoplasmes de deux cellules voisines à travers de fins canalicules de la membrane.

synarchie [sinarʃi] n. f. Mode de gouvernement dans lequel plusieurs chefs, souverains ou techniciens, administrent simultanément les diverses parties d'un Etat. ‖ Autorité exercée par un groupe de personnes.

synarthrose [sinartroz] n. f. *Anat.* Articulation fixe entre deux os : *les sutures sont des synarthroses.*

synchrocyclotron [sɛ̃krɔsiklɔtrɔ̃] n. m. Accélérateur de particules, analogue au cyclotron, où se trouve rétabli le synchronisme que tend à détruire l'augmentation de masse des particules avec la vitesse.

synchrone [sɛ̃krɔn] adj. (gr. *sunkhronos;* de *sun,* avec, et *khronos,* temps). Se dit des mouvements qui se font dans un même temps. ‖ Se dit d'une machine électrique dont la vitesse angulaire est toujours égale à la pulsation du courant alternatif qu'elle reçoit ou produit, ou en est un sous-multiple ou un multiple entier.

synchronie [sɛ̃krɔni] n. f. Ensemble de phénomènes linguistiques considérés à un moment déterminé de l'histoire. (Contr. DIACHRONIE.)

synchronique adj. Qui se passe dans le même temps. ‖ Relatif à la synchronie. ● *Tableau synchronique,* tableau qui représente sur plusieurs colonnes les faits arrivés en même temps dans plusieurs pays.

synchroniquement adv. De façon synchronique.

synchronisation n. f. Action de synchroniser. ‖ *Cin.* Mise en concordance des images et des sons dans un film.

synchroniser v. t. Rendre synchrones. ‖ Assurer le synchronisme.

synchronisme n. m. Etat de ce qui est synchrone : *synchronisme de deux pendules, de deux événements.* ‖ Coïncidence des dates dans l'histoire des peuples.

synchrotron [sɛ̃krɔtrɔ̃] n. m. Accélérateur de particules de grande puissance, qui tient à la fois du cyclotron et du bêtatron.

synclinal [sɛ̃klinal], **e, aux** [-o] adj. et n. m. *Géol.* Se dit de la partie en creux d'un pli. (Contr. ANTICLINAL.)

syncopal, e, aux adj. Relatif à la syncope.

syncope [sɛ̃kɔp] n. f. (gr. *sunkopê;* de *koptein,* briser). Arrêt ou affaiblissement notable des battements du cœur avec suspension de la respiration et perte de connaissance. (V. *encycl.*) ‖ *Mus.* Note émise sur un temps faible ou sur la partie faible d'un temps, et prolongée sur un temps fort. (La syncope est ordinairement figurée par un signe ondulé semblable à celui de la liaison ⌒ ou ◡.)
— ENCYCL. Une *syncope* peut être la conséquence d'une maladie du cœur, des poumons, d'une hémorragie, d'une blessure, etc. Après un début brusque ou, au contraire, progressif accompagné de vertiges, de tintements d'oreilles, etc., la face pâlit, les extrémités se refroidissent et le pouls devient imperceptible; puis, après un bref instant, les fonctions circulatoires et respiratoires se rétablissent, et la sensibilité reparaît.
La *syncope respiratoire* est un arrêt de la respiration sans arrêt du cœur; dans ce cas, le sang n'étant plus oxygéné, le malade devient bleu.

syncoper v. t. *Mus.* Faire une syncope.

syncrétique adj. Qui fait preuve de syncrétisme : *les tendances syncrétiques d'une religion décadente; perception syncrétique.*

syncrétisme [sɛ̃kretism] n. m. Système philosophique ou religieux qui tend à fondre plusieurs doctrines différentes. ‖ Perception globale et confuse, qui, selon certains psychologues, serait la perception première chez l'enfant, et d'où émergeraient ensuite des objets distinctement perçus.

syndactyle [sɛ̃daktyl] adj. (gr. *sun,* avec, et *daktulos,* doigt). Qui a les doigts soudés entre eux.

Synge

synderme [sɛ̃dɛrm] n. m. Substitut du cuir naturel, obtenu par agglomération de fibres de cuir et de latex de caoutchouc naturel ou synthétique.

syndic [sɛ̃dik] n. m. (gr. *sundikos,* qui assiste quelqu'un en justice). Celui qui a été désigné pour prendre soin des affaires d'un groupe de personnes, d'une compagnie ou d'une corporation. ‖ A Paris, titre d'un des membres du bureau du conseil municipal.

syndical, e, aux adj. Qui appartient au syndicat : *l'action syndicale.*

syndicalisation n. f. Action de syndicaliser.

syndicalisme n. m. Mouvement qui a pour objectif de grouper les personnes exerçant une même profession, en vue de la défense de leurs intérêts communs. (V. *encycl.*) ‖ Doctrine visant à faire jouer un rôle aux syndicats dans la vie organique de la nation. ‖ Action des syndicats. ‖ Ensemble des syndicats.
— ENCYCL. Sous l'Ancien Régime, un syndic était le représentant d'une communauté professionnelle, mais son rôle n'était que rarement revendicatif. La législation révolutionnaire, essentiellement individualiste et libérale, exclut la notion de *syndicalisme.* Cependant, au cours du XIXe s., se constituèrent des Chambres syndicales, issues des sociétés de secours mutuels et plus ou moins inspirées par le chartisme et le trade-unionisme britanniques.
En France, l'intense agitation sociale de la période 1840-1848 donna naissance à de nombreuses organisations ouvrières. Sous le Second Empire, le travail fait par la délégation ouvrière à l'Exposition universelle de Londres (1862) puis l'obtention du droit de grève (1864) favorisèrent l'essor des Chambres syndicales. Le législateur de 1884, Waldeck-Rousseau, qui accorda au syndicalisme un statut, céda devant les faits et espéra faciliter le contrôle de l'action ouvrière en la légalisant. Au début du XXe siècle se constituèrent des fédérations puis des Confédérations de syndicats ouvriers et patronaux. Les deux plus anciennes centrales syndicales ouvrières sont la Confédération générale du Travail (C. G. T., 1902) et la Confédération française des travailleurs chrétiens (C. F. T. C., 1919).

syndicaliste adj. et n. Personne qui milite dans un syndicat.

syndicat [sɛ̃dika] n. m. Groupement formé pour la défense d'intérêts communs : *syndicat ouvrier; syndicat patronal.* ● *Syndicat de communes,* établissement public créé par deux ou plusieurs communes en vue d'exercer un service intercommunal. ‖ *Syndicat financier,* groupement temporaire de personnes physiques ou morales, ayant pour objet l'étude ou la réalisation d'une opération financière. ‖ *Syndicat d'initiative,* organisme dont l'objet est de favoriser le tourisme dans une localité ou dans une région. ‖ *Syndicat des propriétaires,* association de propriétaires constituée soit sur l'initiative des intéressés, soit sur l'injonction de l'Administration, en vue d'effectuer des travaux d'utilité générale sur l'ensemble de leurs propriétés.

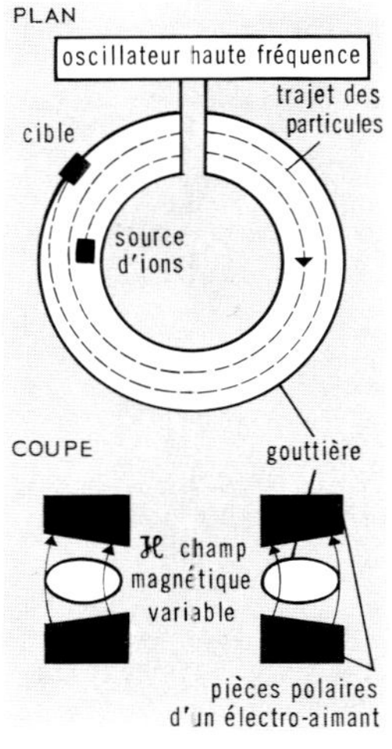

synchrotron

syndicataire n. Personne qui fait partie d'un syndicat de propriétaires ou d'un syndicat financier. ‖ — Adj. Qui se rapporte ou qui appartient à un tel syndicat.

syndiqué, e n. et adj. Membre d'un syndicat.

syndiquer v. t. Organiser en syndicat : *syndiquer une profession.* ‖ — **Se syndiquer** v. pr. S'organiser en syndicat; adhérer à un syndicat.

syndrome [sɛ̃drom] n. m. (gr. *sundromê,* concours). Ensemble des symptômes qui caractérisent un état pathologique et qui, sans en indiquer la cause, orientent le diagnostic. ● *Syndrome d'adaptation générale,* ensemble des réactions décrites par Selye comme apparaissant dans l'organisme de façon toujours identique à la suite d'agressions par des agents variés (froid, émotion, plaie, etc.). [Ce syndrome est caractérisé par des variations de la glycémie, de la pression artérielle, du taux des hormones sécrétées par les glandes surrénales, etc. Il entraîne à court terme une mise en alerte de l'organisme, à moyen terme une adaptation et à long terme un épuisement mortel.] ‖ *Syndrome biologique,* ensemble des modifications biochimiques, physiques, sérologiques et bactériologiques caractérisant un état pathologique donné. ‖ *Syndrome clinique,* ensemble des seuls signes cliniques constatés au cours d'un état pathologique.

synecdoque [sinɛkdɔk] n. f. (gr. *sunekdokhê,* compréhension de plusieurs choses à la fois). Procédé de style qui consiste à prendre la partie pour le tout (« payer tant par tête », c'est-à-dire « par personne »), le tout pour la partie (« acheter un vison » pour « un manteau fait de la peau de cet animal »), le genre pour l'espèce, l'espèce pour le genre, etc.

synérèse [sinerɛz] n. f. (gr. *sunairesis,* rapprochement). *Chim.* Séparation du liquide d'un gel. ‖ *Gramm.* Fusion de deux voyelles contiguës en une diphtongue. (Ex. : *lier* [*li-er*].)

synergie [sinɛrʒi] n. f. (gr. *sun,* avec, et *ergon,* travail). Association de plusieurs organes pour l'accomplissement d'une fonction.

synesthésie [sinɛstezi] n. f. (gr. *sun,* avec, et *aisthêsis,* sensation). *Physiol.* Trouble dans la perception des sensations. (Une impression unique portant sur une région sensible définie évoque deux sensations : l'une provenant de la région précisément excitée, l'autre d'une région éloignée de la précédente et n'ayant été le siège d'aucune excitation.) ‖ *Psychol.* Association spontanée (et qui varie selon les individus) entre des sensations de nature différente, mais qui semblent se suggérer l'une l'autre. (Par exemple, pour certaines personnes, un son déterminé évoque une couleur déterminée ou une odeur particulière, etc.)

Synge (John Millington), auteur dramatique irlandais, né à Rathfarnham, près de Dublin (1871-1909). Il s'attacha à fondre dans la plus pure langue anglaise les thèmes folkloriques de son pays et l'observation de la vie quotidienne de province. Le public de Dublin fut choqué à la fois par le réalisme et la poésie de son théâtre, qui provoqua des polémiques passionnées (*la Chevauchée vers la mer,* 1904; *la Fontaine aux saints,* 1905; *le Baladin du monde occidental,* 1907; *Deirdre des douleurs,* 1910).

syngnathe [sɛ̃gnat] n. m. Poisson marin à corps et museau très allongés. (Long. max. sur les côtes européennes : 50 cm.)

synodal, e, aux adj. Relatif au synode.

synode [sinɔd] n. m. (gr. *sunodos,* réunion). Assemblée d'ecclésiastiques convoquée pour les affaires de l'Eglise ou d'un diocèse. (En 1967 s'est réuni à Rome, pour la première fois, un synode épiscopal en vue de repenser ou d'appliquer certaines réformes introduites dans la liturgie ou les mœurs par le deuxième concile du Vatican.) ‖ Assemblée des délégués (pasteurs et laïcs) des paroisses protestantes. ● *Synode israélite,* assemblée de rabbins et de laïcs dans la religion israélite. ‖ *Saint-synode,* collège ecclésiastique, étroitement contrôlé par le tsarisme, qui remplaça le patriarcat de Moscou de 1721 à 1917.

synodique adj. Qui émane d'un synode. ● *Lettre synodique,* lettre écrite, au nom des conciles, aux évêques absents.

synodique adj. (gr. *sunodikos*). *Révolution synodique* (Astron.), temps que met une planète pour revenir en conjonction avec le Soleil.

synonyme [sinɔnim] adj. et n. m. (gr. *sunônumos;* de *sun,* avec, et *onuma,* nom). Se dit des mots qui ont à peu près le même sens (*épée* et *glaive*).

synonymie n. f. Qualité des mots synonymes.

synonymique adj. Relatif à la synonymie.

synopsis [sinɔpsis] n. m. Bref exposé d'un sujet de film, constituant l'ébauche d'un scénario.

synoptique [sinɔptik] adj. (gr. *sunoptikos,* qui embrasse tout d'un coup d'œil). Qui permet de saisir d'un même coup d'œil les diverses parties d'un ensemble : *tableau synoptique.* ● *Evangiles synoptiques,* les trois Evangiles de saint Matthieu, saint Marc et saint Luc, qui présentent de grandes ressemblances dans le récit.

synovial, e, aux adj. Relatif à la synovie.

synoviale n. f. Séreuse sécrétant la synovie.

synovie [sinɔvi] n. f. Humeur qui lubrifie les jointures articulaires et les gaines synoviales des tendons. (La synovie est normalement en quantité très faible dans une articulation; elle peut devenir abondante dans certains états pathologiques [traumatisme, inflammation].)

Phot. Edit. du Sagittaire.

synovite n. f. Inflammation d'une membrane synoviale articulaire ou tendineuse. (On distingue la synovite séreuse, ou hydarthrose, et la synovite sèche, ou synovite crépitante.)

syntacticien, enne n. Spécialiste de la syntaxe.

syntactique adj. Relatif à l'arrangement des mots dans la phrase.

syntactique n. f. Science des combinaisons logiques.

syntagmatique adj. Relatif au syntagme. ● *Modèle syntagmatique,* modèle de grammaire visant à décrire les langues naturelles à partir des constituants* et des structures de phrase.

syntagme [sɛ̃tagm] n. m. Dans une phrase, unité syntaxique élémentaire (groupe nominal, groupe verbal). [En pratique, le syntagme désigne un type de constituant* intermédiaire entre le mot et la phrase, par exemple *le garçon, le petit garçon, le petit garçon que j'ai rencontré.*]

syntaxe [sɛ̃taks] n. f. (gr. *suntaxis ;* de *sun,* avec, et *taxis,* ordre). Partie de la grammaire qui traite de la fonction et de la disposition des mots et des propositions dans la phrase.

syntaxique adj. Relatif à la syntaxe. ● *Système syntaxique,* en logique moderne, système de lois permettant d'étudier un langage sous son aspect purement formel, sans faire référence aux usagers du langage ou à la signification des expressions de celui-ci.

synthèse [sɛ̃tɛz] n. f. (gr. *sunthesis,* action de mettre ensemble). Méthode de démonstration qui descend des principes aux conséquences, des causes aux effets : *la synthèse est l'opération inverse de l'analyse.* ‖ Exposé réunissant les divers éléments d'un ensemble : *synthèse historique.* ‖ *Chim.* Formation artificielle d'un corps composé à partir de ses éléments : *la synthèse de l'ammoniac.* ‖ *Biol.* Opération chimique complexe par laquelle les cellules vivantes fabriquent les diverses substances plastiques, énergétiques ou fonctionnelles dont l'organisme auquel elles appartiennent a besoin pour subsister, croître et se multiplier. (V. *encycl.*) ● *Conseiller de synthèse,* conseiller extérieur se mettant à la disposition d'un chef d'entreprise pour l'aider à étudier et à résoudre ses problèmes sur un plan très général. ‖ *Synthèse additive,* procédé de photographie en couleurs par addition, en proportions convenables, de trois couleurs primaires, le vert, le bleu et le rouge. ‖ *Synthèse soustractive,* procédé de photographie en couleurs par superposition de couleurs transparentes complémentaires, jaune, pourpre et bleu-vert, dans des proportions convenables.

— ENCYCL. *Biol.* La *synthèse* par les animaux ou les plantes de substances complexes ou à molécule volumineuse peut se faire selon deux processus très différents :

1° la *condensation,* par simple élimination d'eau, processus inverse de celui de l'hydrolyse digestive. Le glucose est condensé en amidon ou en glycogène, les acides aminés sont condensés en polypeptides, etc. Des réserves alimentaires insolubles sont ainsi constituées et stockées dans des organes spéciaux (foie des animaux, organes souterrains des plantes vivaces) ;

2° l'*anabolisme,* édification beaucoup plus coûteuse au point de vue énergétique et qui réalise l'inverse des dégradations respiratoires cellulaires : formation de glucose à partir du gaz carbonique et de l'eau, formation d'amino-acides à partir des nitrates, etc. Les plantes vertes éclairées trouvent dans la lumière l'énergie nécessaire à l'anabolisme : il y a *photosynthèse*.* Les bactéries du soufre et du fer, par exemple, obtiennent cette énergie en agissant chimiquement sur le milieu où elles vivent : il y a *chimiosynthèse.* Les animaux l'obtiennent par dégradation (catabolisme) d'une quantité d'aliments beaucoup plus grande que celle qu'ils anabolisent : il y a *synthèse couplée.*

Il y a d'ailleurs de nombreuses substances dont les animaux sont incapables de faire la synthèse, quelle que soit l'énergie dont ils disposent : c'est le cas général des *vitamines,* qu'ils doivent emprunter, toutes faites, aux végétaux. L'homme tire un immense profit pharmaceutique des synthèses originales réalisées par telle ou telle plante (alcaloïdes, antibiotiques, neuroleptiques, etc.) jusqu'au jour où il devient capable de faire en laboratoire les synthèses interdites à son organisme.

synthétique adj. Qui appartient à la synthèse : *méthode synthétique.* ‖ Obtenu par synthèse : *caoutchouc synthétique.*

synthétiquement adv. De façon synthétique.

synthétiser v. t. Réunir par synthèse : *synthétiser les faits.*

syntonisation [sɛ̃tɔnizasjɔ̃] n. f. Méthode de réglage des récepteurs de radiodiffusion.

Syphax (m. v. 202 av. J.-C.), roi de la Numidie occidentale, époux de Sophonisbe. Il fut battu par les Romains et orna le triomphe de Scipion.

syphilis [sifilis] n. f. Maladie infectieuse et contagieuse, transmise essentiellement par contact vénérien et due à un spirochète (*Treponema pallidum*).

— ENCYCL. La *syphilis* est une maladie cyclique. On distingue trois périodes : la *période primaire,* caractérisée par le chancre d'inoculation ; la *période secondaire,* qui se manifeste par une éruption de la peau faite de taches rose pâle et par des plaques muqueuses ; la *période tertiaire,* au cours de laquelle apparaissent des ulcérations, des atteintes viscérales. La syphilis nerveuse se manifeste par le tabès, dû à des lésions de la moelle épinière, et par la paralysie générale, causée par l'atteinte du cerveau. Chez l'enfant, la syphilis congénitale qui se déclare à la naissance est comparable à une syphilis secondaire, alors que la syphilis congénitale qui ne se manifeste que plus tard dans la vie lèse le système nerveux ou les organes sensoriels (kératite, surdité). La syphilis est une affection dont les conséquences redoutables justifient les mesures de prophylaxie prises contre elle. Un traitement par la pénicilline appliqué de manière suffisamment précoce permet d'obtenir la guérison.

Syracuse, le théâtre grec

syphilitique adj. Relatif à la syphilis. ‖ — Adj. et n. Qui est atteint de la syphilis.

Syra, une des îles Cyclades (Grèce) ; 35 000 h. Ch.-l. *Hermoupolis.*

Syracuse, port de Sicile, sur la côte est ; 101 000 h. Ancienne colonie de Corinthe, fondée vers 734 av. J.-C., Syracuse devint la première ville de Sicile. Lorsque l'île d'Ortygie, où elle était bâtie, ne lui suffit plus, elle s'étendit sur la terre ferme. Elle connut une grande prospérité, au Vᵉ s. av. J.-C., sous les tyrans Gélon et Hiéron. Elle fut assiégée par les Athéniens (414-413), dont l'équipée échoua lamentablement. Le tyran Denys l'Ancien (405-367), dictateur militaire, accrut considérablement la puissance syracusaine en Sicile. En 317 av. J.-C., Agathocle s'empara du pouvoir et lutta contre les Carthaginois. Hiéronymos (215 av. J.-C.) opta pour Carthage, et Rome entreprit de s'emparer de Syracuse, mais n'y réussit qu'après un siège long et difficile (213-212). — De la ville antique il subsiste un remarquable ensemble de ruines (théâtre grec du Vᵉ s., amphithéâtre romain, latomies, voie des tombeaux).

Syracuse, v. des Etats-Unis (New York) ; 216 000 h. Université. Métallurgie. Industries chimiques. Electronique.

Syr-Daria (le), anc. **Iaxarte,** fl. de l'U. R. S. S., en Asie ; 2 860 km. Né au Kirghizistan, il se jette dans la mer d'Aral.

syriaque [sirjak] adj. et n. m. Se dit d'une langue sémitique ancienne, encore employée dans la liturgie de certaines Eglises syriennes.

Syrie

Alep : à gauche, au second plan, la Grande Mosquée

Syrie, l'**Aram** de la Bible, région de l'Asie occidentale, baignée à l'ouest par la Méditerranée, et limitée au nord par les chaînes du Taurus, à l'est par l'Euphrate, au sud-est et au sud par l'Arabie.

Histoire.

Au carrefour de trois continents, la Syrie a été le point de convergence des civilisations de Babylonie, d'Egypte et de Grèce. Le pays fut d'abord occupé par les Sémites ; les Egyptiens s'en emparèrent au XVIᵉ s. av. J.-C., puis vinrent les Hittites (XIVᵉ s. av. J.-C.), qui, un moment, partagèrent la Syrie avec Ramsès II. Après les « Peuples de la mer », le pays fut conquis par les Assyriens (VIIIᵉ-VIIᵉ s. av. J.-C.), qui atteignirent le Nil.

La prise de Babylone par Cyrus (539) fit de la Syrie, augmentée de la Palestine et de Chypre, une satrapie de l'Empire perse. Après la mort d'Alexandre, qui avait conquis le pays (IVᵉ s. av. J.-C.), la Syrie fut influencée par la civilisation hellénistique. Les Séleucides firent de la Syrie et d'Antioche le centre de leur Etat. En 64 av. J.-C., Pompée occupa la Syrie, qui devint province romaine et prospéra durant plusieurs siècles, protégée par les Romains contre les Parthes et les Perses. La Syrie fut un des premiers foyers du christianisme (saint Pierre à Antioche) et du monachisme. Disputée entre les Perses Sassanides et les Byzantins, elle tomba finalement aux mains des Arabes (634-640) : les Omeyyades, installés à Damas, donnèrent à la civilisation musulmane en Syrie un éclat incomparable.

La première croisade (XIᵉ s.) aboutit à la fondation d'Etats chrétiens pourvus des institutions féodales de l'Occident. Sous les coups des mamelouks, les derniers établissements francs disparurent à la fin du XIIIᵉ s.

Les Turcs Ottomans conquirent la Syrie en 1517. Bonaparte l'envahit en 1799, mais échoua devant Acre ; à son tour, le pacha d'Egypte Méhémet-Ali convoita la Syrie, qu'il conquit (1831-1832), mais qu'il dut restituer au Sultan (1841). En 1860, la France intervint en Syrie contre les Druzzes, qui persécutaient les chrétiens maronites. A l'issue de la Première Guerre mondiale, les troupes britanniques libérèrent la Palestine et la Syrie de la domination turque (1917-1918), puis la Syrie et le Liban passèrent sous mandat français (1920). La lutte des nationalistes s'intensifia jusqu'à la Seconde Guerre mondiale et aboutit à l'indépendance du Liban et de la Syrie (1941).

Syrie (*république de*), Etat de l'Asie occidentale, sur la Méditerranée ; 184 480 km² ; 6 450 000 h. (*Syriens*). Cap. *Damas.* Langue : *arabe.*

Géographie.

La double barrière montagneuse, proche de la Méditerranée, délimite des régions bien différentes. Le djabal Anṣariya domine de petites plaines littorales au climat méditerranéen. A Lattaquié (principal port du pays), la hauteur annuelle des précipitations est voisine de 750 mm. Les moyennes thermiques mensuelles sont de l'ordre de 12 à 15 °C en hiver et approchent 30 °C pendant l'été, sec. Entre le djabal Anṣariya (prolongé au sud par les chaînons de l'Anti-Liban et de l'Hermon) et le djabal Zāwiya s'étire le fossé tectonique du Ghab, drainé par l'Oronte. Le Ghab est déjà aride, ainsi que les piémonts orientaux des massifs. A Damas, Homs, Ḥamā et Alep, la hauteur annuelle des précipitations varie entre 200 et 300 mm (la sécheresse estivale est totale), et les amplitudes thermiques augmentent, surtout avec une plus grande rigueur en hiver. Les précipitations décroissent encore rapidement vers l'est du pays, formé de plateaux arides (*désert de Syrie*), s'abaissant à 100 mm sur le site de l'antique Palmyre.

Le Ghab et les piémonts montagneux, valorisés par l'irrigation, sont les parties vitales de la Syrie, pays essentiellement agricole. Les céréales (blé et orge) sont largement cultivées en bordure des reliefs, notamment dans le Djézireh. Les cultures spécialisées (fruits, tabac, coton) sont plus répandues dans les petites plaines méditerranéennes et dans le Ghab, ainsi que dans les oasis. L'élevage (ovins principalement) pratiqué par des

Phot. Giraudon, Roger-Viollet.

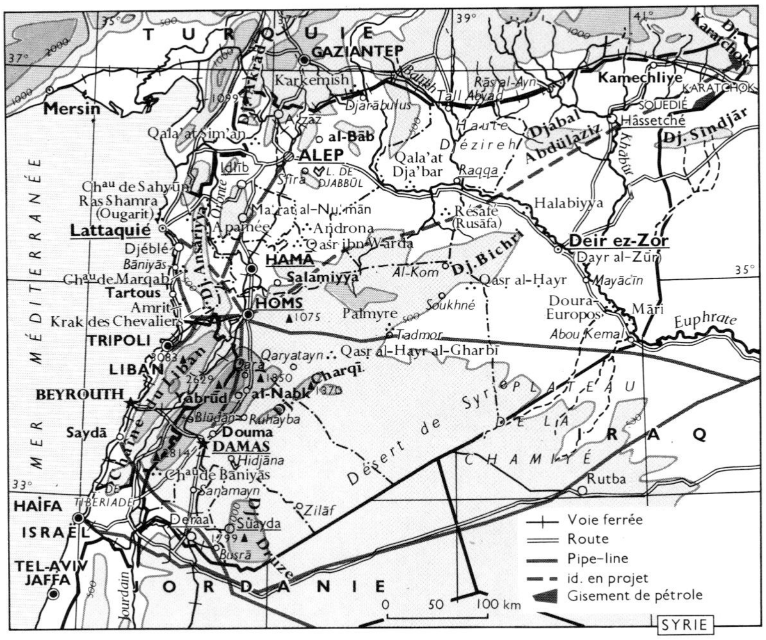

Bédouins en voie de sédentarisation, est la ressource essentielle des plateaux désertiques. L'industrie est très peu développée, limitée pratiquement à la transformation des produits du sol et de l'élevage (textile, manufacture de tabac, pelleterie), et parfois liée au tourisme. Elle ne fournit guère que le septième du produit intérieur brut (plus du tiers pour l'agriculture).

La balance commerciale est traditionnellement déficitaire. Le coton (brut) assure plus de 40 p. 100 des exportations, complétées par les ventes de céréales, de fruits et de viande (mouton). Parmi les importations dominent naturellement les articles industriels. L'Allemagne occidentale est le premier fournisseur de la Syrie, dont le Liban constitue le principal client. Le déficit commercial est partiellement comblé par les revenus perçus pour le passage d'oléoducs aboutissant à la côte méditerranéenne (à Bāniyās notamment) et alimentant auparavant une raffinerie de pétrole à Homs.

La population s'accroît aujourd'hui à un rythme annuel de l'ordre de 3 p. 100; elle est concentrée principalement sur le littoral, dans le Ghab et dans les grandes villes du piémont oriental, déjà citées. En majorité musulmane, elle comprend des minorités chrétiennes (surtout des Grecs orthodoxes).

Histoire.

Déclarée indépendante en 1941, la Syrie ne le devient réellement qu'avec l'évacuation des troupes franco-anglaises (1945-1946). En février 1945, elle déclare la guerre à l'Axe et obtient dès l'origine un siège à l'O. N. U. Membre fondateur de la Ligue arabe (mars 1945), elle intervient en Palestine contre les Israéliens (mai 1948). L'armistice d'avril 1949 n'empêche pas la répétition des incidents de frontière. La Syrie est menacée par le dessein hāchémite d'une union syro-irakienne, et connaît plusieurs putschs en 1949. Le colonel Chīchaklī, qui prend alors le pouvoir, suspend, deux ans plus tard, le gouvernement constitutionnel, se fait élire président de la République en 1953, mais s'exile l'année suivante pour éviter une intervention irakienne. La Syrie prend parti pour l'Egypte dans l'affaire de Suez (1956) et fusionne avec elle dans la République arabe unie en 1958. La sécession de la « province syrienne » intervient à la suite d'un soulèvement militaire en 1961. La politique de nationalisation est reprise depuis 1963 (banques, pétroles, commerce extérieur). Damas se rapproche du Caire en novembre 1966 et participe à la guerre des six jours (1967) : les hauteurs de Golan, importante position stratégique à l'extrémité sud-ouest du pays, sont occupées par Israël. Le Baath, parti socialiste arabe, détient le pouvoir depuis 1963. En novembre 1970, le général al-Asad, représentant d'une tendance de ce parti, s'empare du pouvoir et libéralise le régime. En 1971, avec l'Egypte et la Libye, la Syrie constitue la « République arabe unifiée ». La quatrième guerre israélo-arabe (octobre 1973) se traduit, après une avance initiale sur le Golan, par un nouveau recul de l'armée syrienne. En mai 1974, un accord sur le dégagement du Golan intervient entre Israël et la Syrie, qui récupère près de la moitié des territoires perdus en 1967 et en 1973.

syrien [sirjɛ̃], **enne** [-ɛn] adj. et n. De la Syrie. ‖ — N. m. Dialecte arabe de Syrie.

syringomyélie [sirɛ̃gɔmjeli] n. f. Maladie caractérisée par l'apparition de cavités allongées dans la moelle épinière. (La syringomyélie, maladie des adultes jeunes, évolue très lentement; elle se manifeste essentiellement par des troubles de la sensibilité thermique et douloureuse, et par une atrophie des muscles de la main. La cause en est inconnue.)

syrinx [sirɛ̃ks] n. f. (gr. *surinx,* tuyau). Organe du chant, chez les oiseaux, situé à la bifurcation des bronches. ‖ Nom donné par les Grecs anciens à tout instrument appartenant à la famille des flûtes.

Syrinx. *Myth. gr.* Nymphe d'Arcadie, qui, poursuivie par Pan, fut changée en roseau harmonieux.

syrphe [sirf] n. m. Mouche à abdomen jaune et noir, commune sur les fleurs.

Syrtes, nom antique de deux golfes : *Grande Syrte* (encore employé auj. pour désigner une large échancrure de la côte de Libye) et *Petite Syrte* (golfe de Gabès), sur la côte de Tunisie.

systématique adj. Erigé en système : *doute systématique.* ● *Esprit systématique,* esprit qui, dominé par certaines idées, veut en faire partout l'application. ‖ — N. f. Classification des êtres vivants d'après un système.

systématiquement adv. De façon systématique.

systématisation n. f. Action de systématiser.

systématiser v. t. Réduire en système. ‖ Avoir la manie des systèmes.

système [sistɛm] n. m. (gr. *sustêma,* ensemble). Réunion de principes, liés ensemble de manière à établir une doctrine : *le système philosophique de Descartes.* ‖ Combinaison de parties qui se coordonnent pour concourir à un résultat ou de manière à former un ensemble : *système nerveux.* ‖ Mode d'organisation : *le système de Taylor; système de parenté.* ‖ Mode de gouvernement, d'administration, de votation : *les systèmes électoraux.* ‖ *Géol.* Se dit des périodes qui divisent les ères : *système dévonien.* ‖ *Hist. nat.* Méthode de classification fondée sur l'emploi d'un seul ou d'un petit nombre de caractères : *le système de Linné.* ‖ Pièce métallique montée sur pivot, dans laquelle se pose l'aviron. ‖ Ensemble de divers organes analogues : *système articulé.* ● *Courir sur le système* (Pop.), ennuyer, énerver. ‖ *Système de construction,* emploi d'éléments déterminés pour réaliser une construction, notamment de façon industrielle. ‖ *Système d'équations,* ensemble de plusieurs équations liant simultanément plusieurs variables. ‖ *Système de forces,* ensemble d'un nombre fini de forces appliquées à un même corps solide. ‖ *Système nuageux,* ensemble des différents types de nuages qui accompagnent une perturbation complète. ‖ *Système de référence,* ensemble de corps (considérés eux-mêmes comme fixes, pour la démonstration) par rapport auxquels on définit le mouvement d'un autre corps. ‖ *Système d'unités,* ensemble cohérent d'unités de mesure. ‖ — **Par système** loc. adv. De parti pris.

systole [sistɔl] n. f. (gr. *sustolê,* contraction). Période de contraction du muscle cardiaque, qui se fait simultanément pour les deux oreillettes, puis pour les deux ventricules. (Contr. DIASTOLE.)

systyle [sistil] adj. (gr. *sun,* avec, et *stulos,* colonne). *Archit.* Se dit d'une ordonnance où l'entrecolonnement était de deux diamètres ou quatre modules. ‖ — N. m. : *un systyle.*

Syzran', v. de l'U. R. S. S. (R. S. F. S. de Russie), sur la Volga; 174 000 h. Raffinage du pétrole.

syzygie [siziʒi] n. f. (gr. *suzugia,* réunion). *Astron.* Conjonction ou opposition de la Lune avec le Soleil.

Szczecin, en allem. **Stettin,** v. de Pologne, sur l'Odra; 337 200 h. Port actif. Sidérurgie. Chantiers navals.

Szeged, v. de Hongrie, au confluent de la Tisza et du Mureș; 121 000 h. Université. Textiles.

Székesfehérvár, anc. **Albe Royale,** v. de Hongrie, au nord-est du lac Balaton; 72 000 h. Monuments du XVIIIe s.

Szent-Györgyi (Albert), biochimiste hongrois, né à Budapest en 1893. Auteur de travaux sur les réactions chimiques de l'organisme, il a découvert la vitamine C. (Prix Nobel de médecine, 1937.)

Szigligeti (József Szathmáry, dit **Edo**), acteur et auteur hongrois, né à Váradolaszi (1814-1878). Il est le créateur du drame populaire en Hongrie (*le Déserteur,* 1843; *le Prétendant,* 1868).

Szolnok, v. de Hongrie, sur la Tisza; 59 000 h. Université. Constructions mécaniques.

Szombathely, v. de Hongrie; 65 000 h. Constructions mécaniques. Industries chimiques et textiles.

Szondi (*test de*), test dû au psychologue hongrois Lipót Szondi (Nitra, 1893), constitué par des photographies de malades mentaux, entre lesquelles on demande au sujet un choix de préférence et un choix de rejet.

Szopienice, v. de Pologne, en haute Silésie; 53 000 h. Sidérurgie.

Sztálinváros. V. DUNAÚJVÁROS.

Szymanowski (Karol), compositeur polonais, né à Tymoszówka (1882-1937), un des chefs de l'école symphonique et dramatique polonaise. On lui doit un ballet (*Harnasie*) et un *Stabat Mater.* Il a dirigé le conservatoire de Varsovie à partir de 1926.

Syrie
à gauche, maisons sur l'Oronte, à Ḥamā
à droite, l'Euphrate, près de Mayādīn

Phot. Z. F. A.-Laborde, Zuber-Multiphoto.

L'usage du tapis à étendre sur le sol était connu dès la plus haute Antiquité, et considéré comme une preuve de grand luxe. Milet fut, durant des siècles, le centre de fabrication le plus connu. Bien que le Levant n'ait jamais cessé d'en produire, le tapis ne fut introduit en Occident que par les croisés. Les anciens tapis d'Orient se classent en trois groupes principaux : ceux à décors géométriques dérivant de l'art des nomades d'Asie centrale ; ceux à décors à figures révélant une influence chinoise ; ceux à décors floraux, de tradition perse et hellénistique. Les plus beaux furent tissés en Perse au XVIe s., de soie, de fils d'or et d'argent. Au XVe s., leur fabrication se généralisa en Italie, à l'imitation de l'Orient. Ils étaient importés en France d'Espagne, où les Arabes avaient installé des métiers. Au XVIIe s. fut fondée à Chaillot la « Manufacture royale de tapis, façon du Levant et de Turquie », dite la « Savonnerie ». Des bouquets, des scènes historiques aux volumes indiqués remplacèrent les décorations géométriques, les figures décoratives sans relief des tapis d'Orient. Les cartons furent demandés à des peintres célèbres comme *Lemoyne*. Le tapis de la grande galerie du Louvre comprend plus de quatre-vingts motifs. Aubusson commença à fabriquer des tapis à la fin du XVIIIe s.

Le développement de l'outillage mécanique a permis celui de l'industrie du tapis, qui a pris une grande extension. On s'inspire aujourd'hui des formes d'art les plus avancées.
Les tapis exécutés à la main sont pratiquement tous au point noué. Le spécimen le plus ancien que nous connaissions est un tapis d'*Ardabil*, daté de 1539 (Victoria and Albert Museum, Londres). Ces tapis se distinguent par le type de nœud utilisé et par le nombre de rangées de nœuds qu'ils comportent par mètre de tapis (de 250 à 450 dans les qualités courantes). Ils sont tissés sur des métiers de basse lisse pour ceux de petites et moyennes dimensions et sur des métiers de haute lisse pour les plus grands. Les principaux centres de production se trouvent en Iran, en Asie Mineure, dans le Caucase et en Afrique du Nord.

Les tapis mécaniques comprennent les tapis à velours, les plus importants, composés d'un velours et d'un dossier, et les tapis sans velours. Les premiers peuvent être tissés suivant différentes techniques ou non tissés ; ils sont de conception récente, sauf les tapis à points noués mécaniques et les tapis brodés. Les tapis sans velours, produits, en général, sur un métier à tisser ordinaire, présentent l'apparence d'une grosse toile.

Tapis de laine à rehauts d'or et d'argent, Perse, XVIe s.
Musée historique des tissus, Lyon.

Tapis de Konya, Turquie, XVIe s. décor floral et géométrique. *Coll. part.*

Phot. Giraudon (2).

Grand tapis de laine (détail : scène navale), Perse, XVIe-XVIIe s.
Musée historique des tissus, Lyon.

Fragment d'un tapis d'Aubusson du XVIIe s.
Musée des Arts décoratifs, Paris.

Tapis pour la galerie d'Apollon au Louvre. Paris, Savonnerie, 1667. *Louvre.*

Petit tapis de la Savonnerie, XVIIIe s.
Musée Camondo, Paris.

Bram Van Velde : *Parcours*, tapis de haute laine nouée à la main.
Coll. Galerie La Demeure, Paris.

Phot. Giraudon, Musées nationaux, Larousse, Giraudon (2).

Apocalypse d'Angers : *La femme qui vient d'enfanter, menacée par le dragon.*

Les Cerfs ailés, France, milieu du XVe s. ?
Musée départemental des antiquités de Rouen.

La tapisserie a, dans le Moyen-Orient et les pays de la Méditerranée, un long passé mal connu. En Occident, elle est essentiellement un art de la France et des Pays-Bas méridionaux (l'actuelle Belgique), dont les débuts se situeraient au haut Moyen Age, dans des ateliers monastiques. La production par des ateliers laïques semble attestée à Paris dès le XIIIe s., et la plus ancienne tapisserie européenne conservée, tissée à Paris ou à Arras au milieu du XIVe s., serait la Présentation au Temple du musée du Cinquantenaire, à Bruxelles. Tapisseries à *histoires* et *verdures* habillent églises, châteaux et campements de guerre. Les lissiers parisiens, sous la direction de Nicolas Bataille, exécutent à partir de 1377, pour Louis d'Anjou, l'immense tenture de l'Apocalypse (quatre-vingt-dix scènes en sept pièces, accompagnées de versets calligraphiés et encadrées de bordures, partiellement conservées au château d'Angers). La guerre de Cent Ans désorganisa les ateliers parisiens au profit de ceux d'Artois, Flandre, Hainaut et Brabant. Les problèmes d'attribution aux différentes villes productrices se compliquent du fait de l'existence d'ateliers ambulants. À Arras, centre prépondérant au XVe s., succède Tournai, qui est sans doute, autour de 1500, la capitale de ces mille-fleurs, tapisseries à fonds parsemés de fleurettes, illustrant des thèmes de la vie élégante (tenture de la Dame à la licorne, hôtel de Cluny). Au cours du XVIe s., l'influence de la Renaissance italienne va bouleverser les règles qui faisaient précédemment l'originalité esthétique de la tapisserie, la subordonnant à la peinture, qu'elle interprétera souvent trop étroitement à partir de cette époque, au prix d'un rapetissement du point et d'une multiplication des nuances de couleurs. En 1515, le pape Léon X fait exécuter par Pierre Van Aelst, de Bruxelles, la tenture des *Actes des Apôtres,* d'après Raphaël (à nouveau tissée, cent ans plus tard, à Mortlake, en Angleterre); des manufactures se montent en Italie; à Fontainebleau, François Ier crée un atelier éphémère, qui reproduit le décor, dû au Rosso et au Primatice, de la galerie du château.

Pour faire renaître la tapisserie française, Henri IV favorise la venue à Paris de praticiens flamands, tels François de La Planche et Marc de Coomans, qui s'installent aux Gobelins* (*Histoire d'Artémise,* d'après Antoine Caron et Henri Lerambert). Les ateliers parisiens, interprétant des peintres tels que Toussaint Du Breuil, Rubens, Vouet, La Hyre, Le Sueur, deviennent rapidement prospères. De 1662 à

Histoire d'Artémise : *le Colosse de Rhodes.*

Phot. Giraudon (3).

LA TAPISSERIE

Histoire du roi, d'après Le Brun : *le Roi visitant les Gobelins.*

1667, Colbert transforme les Gobelins en manufacture royale sous la direction de Le Brun; la production (en *haute lisse* pour les plus belles pièces) est intense jusqu'à la mort de ce dernier, en 1690 (tenture de l'*Histoire du roi*). Pour les besoins des particuliers, Colbert fonde une manufacture à Beauvais, et donne un statut officiel aux ateliers d'Aubusson, puis à ceux de Felletin, dans la Marche (ces trois villes étaient des centres traditionnels de la production en *basse lisse*).
Au XVIIIe s., la direction artistique d'Oudry (1736-1755), suivie par celle, plus libérale, de François Boucher, impose une virtuosité excessive à la fabrication des Gobelins. Par contre, après la solennité du temps de Louis XIV apparaissent des sujets d'une charmante fantaisie (Portières des dieux de Claude Audran, maintes fois retissées avec des variantes). À la fin du siècle, le goût antiquisant entraîne les Gobelins sur la voie d'un académisme figé. La même évolution se retrouve à Beauvais, qui produit en outre des tapisseries de siège; Aubusson se consacre à des compositions aimables, à des verdures de qualité inégale. À l'étranger, diverses manufactures s'étaient créées sur le modèle des Gobelins; elles durèrent peu, sauf celle de Santa Bárbara en Espagne, pour laquelle Goya peignit de gracieuses compositions. Bruxelles conserva sa vitalité jusqu'au milieu du XVIIIe s.
Le XIXe s. ne connaît guère qu'une production académique, mais un mouvement de rénovation se dessine aux Gobelins dès le début du XXe s. Il se précise, à la veille de la Seconde Guerre mondiale, par des commandes passées à des artistes comme Dufy, Gromaire, Lurçat. Ce dernier devient l'artisan de la renaissance qui touche une partie des ateliers d'Aubusson et de Felletin. Sur des bases techniques assainies, disposant à nouveau de vastes surfaces murales à animer, la tapisserie, d'inspiration figurative ou abstraite, connaît actuellement un essor remarquable dans de nombreux pays.

Les Portières des dieux : *Junon.*

Mario Prassinos : *le Songe d'une nuit d'été,* 1963, Aubusson.

Phot. Giraudon, Lauros-Giraudon, Larousse.

T t

t n. m. Vingtième lettre de l'alphabet et la seizième des consonnes. (La consonne *t* est une dentale sourde.) ‖ **— T,** symbole de *téra.* ‖ Symbole du *tesla.* ‖ Symbole chimique du *tritium.* ● *En T,* qui a la forme de la lettre T. ‖ **— t,** symbole de la *tonne.*

ta adj. poss. fém. V. TON.

Ta, symbole chimique du *tantale.*

Taaffe (Eduard, *comte* VON), homme politique autrichien, né à Vienne (1833-1895). Président du Conseil de 1868 à 1870, puis de 1879 à 1893, il pratiqua une politique fédéraliste appuyée sur l'aristocratie des minorités nationales.

tabac [taba] n. m. (esp. *tabaco,* empr. à une langue indigène d'Amérique). Espèce de solanacée originaire de l'île de *Tobago,* dont les feuilles, diversement préparées, se fument, se prisent ou se mâchent. (V. *encycl.*) ‖ Feuilles de tabac préparées : *tabac à priser.* ‖ Débit de tabac. ● *C'est le même tabac* (Fam.), c'est la même chose. ‖ *Passer à tabac* (Fam.), malmener, rouer de coups. ‖ *Pot à tabac,* personne petite et boulotte. ‖ — Pl. Administration des tabacs de la Régie : *entrer dans les Tabacs.* (La dénomination officielle est *Service d'exploitation industrielle des tabacs et des allumettes* [S. E. I. T. A.].) ‖ — Adj. inv. Se dit d'une couleur brun roux, rappelant celle du tabac : *une étoffe tabac.*
— ENCYCL. Le *tabac* est une plante qui peut atteindre 2 m de haut, dont les feuilles mesurent 70 cm de long et dont les fleurs sont rouges, jaunes ou blanches. Au point de vue chimique, le tabac est caractérisé par la présence d'un alcaloïde spécial, la *nicotine.* Originaire probablement des Antilles, importé en Europe par les Espagnols et introduit en France vers 1560 par l'ambassadeur de Catherine de Médicis, Jean Nicot, il est cultivé à peu près dans tous les pays, notamment à Cuba, au Brésil, aux Etats-Unis, aux Philippines, en Europe orientale, en Asie Mineure, etc. En France, sa culture n'est autorisée que dans 46 départements. A cause de l'extrême finesse de sa graine, le tabac est semé en pépinière pour être ensuite transplanté. Les feuilles récoltées sont séchées, enfilées en guirlandes, puis triées par qualité et mises en manoques (paquets de 10 à 50 feuilles). Elles sont alors amenées à la manufacture, où elles sont traitées diversement pour préparer cigarettes, cigares et scaferlatis, tabacs bruns ou blonds, poudre à priser et tabac à mâcher. L'apprêt comporte un assouplissement par réhumidification à l'eau ou à la vapeur, un hachage en lanières plus ou moins fines et une dessiccation à plus haute température pour les tabacs bruns que pour les tabacs blonds. Pour les produits de goût français et anglais, on n'additionne le tabac d'aucun autre élément qu'un agent éventuel contre les altérations et les moisissures ; pour ceux de goût américain, on ajoute une sauce parfumée, un cas particulier étant celui des cigarettes mentholées. En France, culture, fabrication et vente des tabacs sont monopole d'Etat à gestion directe depuis 1811. Depuis 1961, le Service d'exploitation industrielle des tabacs et allumettes (S. E. I. T. A.) est un établissement public à caractère industriel et commercial, sous tutelle du ministère des Finances.

tabagie [tabaʒi] n. f. (de *tabac*). Endroit où l'on fume souvent et qui conserve l'odeur du tabac. ‖ Au Canada, magasin où l'on vend du tabac.

tabagisme n. m. Syn. de NICOTINISME.

Tabago. V. TOBAGO.

tabard [tabar] n. m. Au Moyen Age, manteau qu'on portait sur l'armure.

Tabarin (Antoine GIRARD, dit), charlatan français, né à Paris (1584-1633). Frère de Mondor, qu'il secondait dans la vente de son baume sur les tréteaux de la place Dauphine, il fut vanté par La Fontaine et copié par Molière. Il reste le type des bateleurs de son temps.

tabarinade [tabarinad] n. f. (de *Tabarin*). Grosse farce.

Tabarly (Eric), officier de marine et navigateur français, né à Nantes (1931). Vainqueur, en 1964, de la course transatlantique en solitaire à bord du *Pen Duick II,* il gagne en 1967 toutes les courses croisières auxquelles sa goélette *Pen Duick III* participe, notamment le Fastnet et, dans sa catégorie, la course Sydney-Hobart. En 1969, il remporte la course transpacifique en solitaire.

tabasser v. t. *Pop.* Battre violemment.

tabatière n. f. Boîte où l'on met du tabac à priser. ● *Châssis* ou *fenêtre à tabatière,* châssis ou fenêtre ayant la même inclinaison que le toit sur lequel on l'adapte.

tabellaire [tabɛllɛr] adj. (du lat. *tabella,* tableau). *Impression tabellaire,* celle qu'on faisait avec des planches gravées.

tabellion [tabɛljɔ̃] n. m. (lat. *tabellio*). Fonctionnaire autref. chargé de mettre en grosse les actes dont les minutes étaient dressées par les notaires. ‖ Anc. officier public jouant le rôle de notaire dans les juridictions subalternes. ‖ *Fam.* Notaire (vx).

tabernacle [tabɛrnakl] n. m. (lat. *tabernaculum,* tente). Chez les Hébreux, tente sous laquelle reposait l'arche d'alliance. ‖ *Liturg. cath.* Petite armoire placée sur l'autel, et dans laquelle on conserve les hosties consacrées. ● *Fête des Tabernacles,* une des trois grandes solennités des Hébreux, célébrée après la moisson, sous des tentes, en mémoire de leur campement dans le désert après la sortie d'Egypte.

tabès [tabɛs] n. m. (lat. *tabes,* consomption). Forme de syphilis nerveuse atteignant les voies sensitives de la moelle épinière. (Le tabès n'entraîne pas de paralysie, mais une abolition des réflexes et de la coordination des mouvements, aboutissant à l'ataxie locomotrice.)

tabétique adj. et n. Atteint de tabès.

tablature [tablatyr] n. f. Ancienn., écriture musicale faite de lignes et de signes conventionnels (notes, chiffres, lettres) : *la tablature de luth pouvait être très compliquée.* (Les plus anciennes tablatures remontent au début du XIVe s. Il en existe pour luth, orgue et clavecin ; elles ont été utilisées jusqu'à la fin du XVIIe s. Certaines continuent à présenter des difficultés de transcription très grandes.)

table [tabl] n. f. (lat. *tabula,* planche). Meuble de bois, de marbre, etc., fait d'un plateau horizontal posé sur un ou plusieurs pieds : *la table sert principalement à servir les repas.* ‖ Mets qu'on y sert habituellement : *avoir une table frugale.* ‖ Dans les salins et les marais salants, bassin sur le fond duquel les eaux saturées déposent le sel qu'elles contiennent. ‖ Recueil de nombres ou d'observations que l'on inscrit dans un ordre méthodique, propre à faciliter les recherches : *table des logarithmes.* ‖ Tableau qui indique méthodiquement ou alphabétiquement les sujets traités dans un livre : *table des matières.* ● *Aimer la table,* aimer la bonne chère. ‖ *Les Douze Tables,* code de lois publiées à Rome par les décemvirs et gravées sur douze tables d'airain. ‖ *Mettre, dresser la table,* placer sur la table les choses nécessaires pour le repas. ‖ *Sainte table,* enceinte basse qui entoure en partie ou entièrement le sanctuaire, et devant laquelle se présentent les fidèles pour communier. ‖ *Se mettre à table,* s'asseoir autour de la table pour les repas ; et, *pop.,* avouer. ‖ *Table finlandaise,* cotation de performances athlétiques, remplacée par la *table internationale,* permettant en particulier les classements du *pentathlon* et du *décathlon.* ‖ *Table d'harmonie,* partie d'un instrument de musique sur laquelle les cordes sont tendues. (Elle est généralement faite en sapin, qui est le meilleur bois de résonance et dont le rôle est d'amplifier la vibration des cordes.) ‖ *Table d'hôte,* table servie à heures fixes et à tant par tête. *Table de lecture,* syn. de PLATINE (d'un électrophone). ‖ *Tables de la Loi,* tables de pierre sur lesquelles, selon la Bible, était gravée la Loi, que Dieu donna à Moïse. ‖ *Table de nuit,* petite table qui se place à côté du lit. ‖ *Table d'opération,* table articulée sur laquelle on place le sujet pour les interventions chirurgicales. ‖ *Table d'orientation,* table circulaire permettant de reconnaître les détails d'un point de vue. ‖ *Table ronde,* conseil réunissant diverses personnalités officielles pour conclure un accord. ‖ *Table de rotation,* dans les grandes sondeuses pour forage, plateau circulaire qui entraîne le train des tiges de sonde dans sa rotation. ‖ *Table roulante,* petite table à double plateau, montée sur roulettes. ‖ *Table de vérité* (Log.), tableau indiquant en abscisse les propositions (par ex., P et Q) et l'opérateur choisi (par ex., la conjonction P∧Q), et en ordonnée les valeurs vraies (V) ou fausses (F) des propositions. (A chaque valeur de P et de Q correspond une valeur de la conjonction P∧Q.)

Table ronde (*chevaliers de la*). V. ARTHUR.

tableau [tablo] n. m. Châssis de planches peintes en noir pour écrire à la craie, principalement en usage dans les écoles. ‖ Ouvrage de peinture exécuté sur une toile tendue sur un châssis, un panneau de bois, etc. (Les

▲ pied de **tabac** ▼ traitement du **tabac**

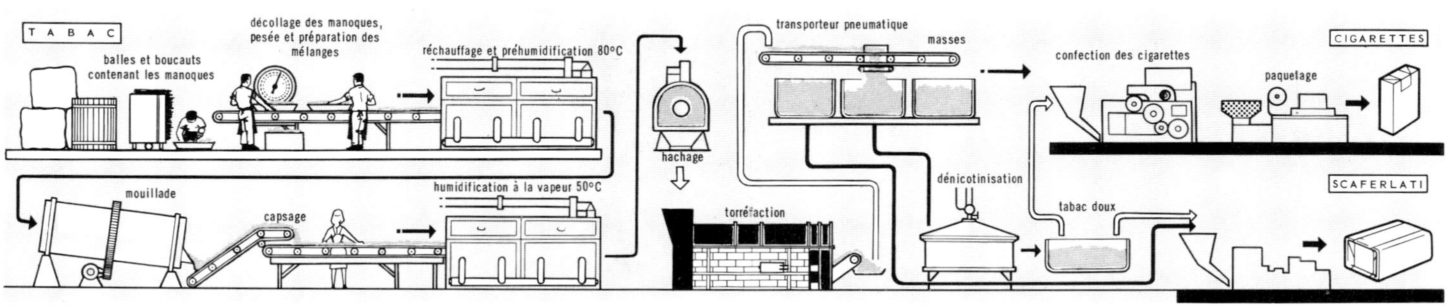

Phot. Nadau.

tableaux, objets portatifs, apparurent au XIIIe s. en Italie et au XIVe s. en France.) ‖ Liste des membres d'un corps, d'une société : *tableau des avocats*. ‖ Feuille sur laquelle des matières sont rangées méthodiquement : *tableau chronologique*. ‖ — *Fig.* Ensemble d'objets qui frappent la vue, qui font impression : *de cette hauteur, on découvre un tableau magnifique*. ‖ Représentation imagée d'une chose ; récit vivant : *faire un tableau fidèle des événements*. ‖ *Théâtr.* Subdivision d'un acte, marquée par un changement de décor. ● *Tableau d'avancement,* liste, dressée périodiquement, du personnel civil ou militaire d'une administration ou d'un corps jugé digne d'avancement : *aucune promotion n'est possible pour celui qui ne figure pas au tableau d'avancement*. ‖ *Tableau de baie,* partie de l'épaisseur d'un mur située en dehors d'une baie de porte ou de fenêtre. ‖ *Tableau de bord,* ensemble des organes placés bien en vue du pilote ou du conducteur, et destinés à lui permettre de surveiller la marche de son véhicule. ‖ *Tableau de contrôle,* ensemble des appareils de commande, de mesure, de réglage et de sécurité d'une machine, d'un groupe de machines ou d'une installation complète. ‖ *Tableau vivant,* groupe de personnes immobiles représentant une scène artistique.

Tableaux d'une exposition, suite pour piano de Moussorgski, dont les pièces sont inspirées par les toiles de son ami le peintre Hartmann (1874). Ravel l'orchestra en 1922.

tableautin n. m. Petit tableau.

tablée n. f. Ensemble des personnes prenant un repas à la même table.

tabler [sur] v. t. ind. Fonder ses calculs sur quelque chose : *tabler sur un événement hypothétique*. (Syn. : ATTENDRE, COMPTER [*sur*], ESCOMPTER, ESPÉRER.)

tabletier [tablətje], **ère** [-ɛr] n. Personne qui fabrique ou qui vend des jeux d'échecs, de dames ou autres menus ouvrages d'ivoire, de bois, de nacre, etc.

tablette n. f. Planche disposée pour recevoir des papiers, des livres, etc. ‖ Pierre plate qui termine les murs d'appui ou d'autres pièces de maçonnerie : *tablette de cheminée*. ‖ Préparation alimentaire moulée, de forme plate : *tablette de chocolat*. ‖ — Pl. Feuilles de parchemin, de papier, etc., qu'on portait sur soi et dont on se servait pour prendre des notes. ‖ Dans l'Antiquité, planchette de bois ou d'ivoire, enduite de cire, sur laquelle on écrivait avec un poinçon. ● *Mettez cela sur vos tablettes,* prenez-en bonne note. ‖ *Rayez cela de vos tablettes,* n'y comptez pas.

tabletterie [tablɛtri] n. f. Métier, commerce, ouvrage du tabletier.

tablier [tablije] n. m. (de *table*). Pièce d'étoffe que l'on attache devant soi pour préserver ses vêtements. ‖ Blouse enveloppante. ‖ Rideau de tôle qui se trouve devant une cheminée. ‖ Dans un pont, plate-forme horizontale supportant la chaussée ou la voie ferrée. ‖ Cloison séparant le moteur de la caisse d'une auto, et portant divers accessoires. ‖ Côté du damier ou de l'échiquier sur lequel on joue. ● *Rendre son tablier* (Fam.), se démettre de ses fonctions.

tabloïd [tablɔid] adj. et n. m. Se dit, aux Etats-Unis, d'une publication dont le format est la moitié du format ordinairement adopté pour les journaux.

tabor [tabɔr] n. m. Corps de troupes marocain équivalant à un bataillon d'infanterie. (Donné au XIXe s. aux premières formations de l'armée marocaine, le nom de *tabor* fut repris, sous le protectorat français, pour désigner une unité composée de plusieurs goums*.

Tabor (*mont*). V. THABOR.

Tábor, v. de Tchécoslovaquie (Bohême) ; 19 900 h. Principale forteresse des hussites (v. HUS), dont les plus intransigeants furent appelés *taborites*.

tabou [tabu] n. m. (empr. à une langue polynésienne). *Ethnogr.* Caractère d'un objet, d'un être ou d'un acte dont il faut se détourner en raison de sa nature sacrée : *la violation d'un tabou entraîne les châtiments célestes*. ‖ — Adj. (parfois invar. en genre). Marqué de ce caractère : *un mot tabou*. ‖ *Fam.* Qui ne peut être critiqué : *un règlement tabou*.

tabouret [taburɛ] n. m. (de l'anc. fr. *tabour,* empr. au persan). Petit siège à quatre pieds, sans dossier et sans bras. ‖ Petit meuble sur lequel on pose les pieds quand on est assis.

Tabourot (Jehan), écrivain français, né à Dijon (1519 ou 1520-1595 ou 1596). Il publia (sous le nom de THOINOT ARBEAU) le premier ouvrage de notation chorégraphique (*Orchésographie,* 1588).

Ṭabqa, village de Syrie, près de l'Euphrate. Un grand barrage sur le fleuve permet le développement de l'irrigation dans la vallée.

Tabrīz, anc. **Tauris,** v. de l'Iran (Azerbaïdjan) ; 403 000 h. Centre commercial. Soieries. Tapis. Fonderie.

tabulaire [tabylɛr] adj. (du lat. *tabula,* table). En forme de table : *relief tabulaire*.

tabulateur [tabylatœr] n. m. Dispositif d'une machine de bureau, permettant de retrouver automatiquement les mêmes zones d'arrêt à chaque ligne.

tabulatrice n. f. Machine servant à exploiter les cartes perforées.

tac [tak] n. m. (onomat.). Bruit sec. ● *Répondre du tac au tac,* rendre vivement la pareille.

tacaud [tako] n. m. Poisson de l'Atlantique et de la Manche, voisin de la morue, à dos brunâtre. (Long. 30 cm ; famille des gadidés.)

tacca [taka] n. m. (mot lat.). Plante des pays tropicaux, dont le tubercule fournit une fécule alimentaire.

tacet [tasɛt] n. m. Mot lat. signif. *il se tait,* employé en musique pour indiquer le silence d'une partie.

tache [taʃ] n. f. Marque salissante : *tache de graisse*. ‖ Marque naturelle sur la peau de l'homme ou le poil des animaux : *taches de rousseur*. ‖ *Astron.* Partie obscure sur le disque du Soleil, de la Lune ou d'une planète. ‖ — *Fig.* Défaut dans une œuvre intellectuelle. ‖ Tout ce qui blesse l'honneur, la réputation : *une vie sans tache*. ‖ *Théol.* Effet du péché sur l'âme : *tache originelle*. ● *Faire tache,* être déplacé dans ; faire le déshonneur de : *cet homme fait tache dans cette société*. ‖ *Tache auditive,* zone de l'utricule et du saccule de l'oreille interne, sensible à la pesanteur et aux accélérations. ‖ *Tache jaune,* autre nom de la MACULA.

tâche [tɑʃ] n. f. (du lat. *taxare,* taxer). Ouvrage à exécuter dans un temps fixé. ‖ *Fig.* Ce que l'on a à faire par devoir ou par nécessité. ● *A la tâche,* à prix convenu pour un travail fixé d'avance : *travailler à la tâche*. ‖ *Prendre tâche de,* s'efforcer de.

tachéomètre [takeɔmɛtr] n. m. Sorte de théodolite destiné aux levés de plans et aux mesures d'altitude.

tachéométrie n. f. Ensemble des procédés employés pour lever des plans avec le tachéomètre.

tacher [taʃe] v. t. Salir, faire une tache. ‖ *Fig.* Souiller : *tacher sa réputation*.

tâcher [tɑʃe] **(de)** v. t. ind. Faire des efforts pour venir à bout : *tâchez de terminer ce travail*. (Syn. : CHERCHER [*à*], S'EFFORCER [*de*], ESSAYER [*de*], S'ÉVERTUER [*à*].) ‖ — V. t. *Tâcher que,* faire en sorte que.

tâcheron n. m. Petit entrepreneur qui exécute des travaux soit avec la seule aide de sa famille, soit avec le concours de quelques ouvriers.

tacheter v. t. [conj. **4**]. Marquer de petites taches.

tachina [takina] n. m. Mouche noire, commune sur les fleurs, et dont les larves parasitent certaines chenilles. (Long. 1 cm.)

tachisme [taʃism] n. m. Nom donné à une des tendances de la peinture abstraite.

tachiste adj. Relatif au tachisme. ‖ — N. Peintre qui pratique le tachisme.

tachistoscope [takistɔskɔp] n. m. Appareil servant à présenter à un sujet des images lumineuses pendant un court instant afin d'expérimenter et de mesurer certaines modalités de la perception.

tachistoscopique adj. Relatif au tachistoscope : *présensation tachistoscopique d'un stimulus visuel*.

Tachkent, v. de l'U. R. S. S., cap. de l'Ouzbékistan, près du Syr-Daria ; 1 241 000 h. C'est la plus grande ville et la métropole intellectuelle et économique (commerce métallurgique, industrie du coton) de l'Asie centrale soviétique. En 1965, un accord mettant fin à leur conflit armé y fut signé entre l'Inde et le Pākistān.

tachycardie [takikardi] n. f. (gr. *takhus,* rapide, et *kardia,* cœur). Battement accéléré du cœur. (Il y a tachycardie lorsque la fréquence du pouls dépasse 90 pulsations par minute au repos ; cette fréquence peut atteindre 180 pulsations par minute. Il faut savoir que, dans les efforts violents, le pouls atteint normalement 140 et même 150 pulsations, mais le retour à la normale, dès le repos, doit se faire en dix à quinze minutes.)

tachymètre [takimɛtr] n. m. (gr. *takhus,* rapide, et *mètre*). Instrument employé pour la mesure en permanence des vitesses.

tachyphémie [takifemi] n. f. Trouble de l'émission du langage, caractérisé par la rapidité du débit.

tacite [tasit] adj. (du lat. *tacitus,* qui se tait). Qui n'est pas formellement exprimé, mais qui est sous-entendu : *consentement tacite*.

Tacite, historien latin (v. 55-v. 120 apr. J.-C.). De famille sénatoriale, il fit une carrière politique qui le mena jusqu'au proconsulat (v. 110-113). Son *Dialogue des orateurs* (v. 81) est une discussion d'orateurs sur les lettres contemporaines. *La Germanie* (v. 98) décrit les mœurs des Germains. Les *Histoires* sont le récit des événements de son temps (à partir de la mort de Néron). Les *Annales,* écrites plus tard, vers 115-117, racontent l'histoire de la période qui va de Tibère à Néron. Tacite est un historien de grande classe, bien documenté, un styliste minutieux et un moraliste sévère. On ne possède malheureusement qu'une partie de ses œuvres.

Tacite, empereur romain (275-276), né à Amiternum (v. 200-276), assassiné après dix mois de règne.

tacitement adv. De façon tacite.

taciturne [tasityrn] adj. (lat. *taciturnus ;* de *tacere,* taire). Qui parle peu.

taciturnité n. f. Etat d'une personne taciturne.

Tacna, v. du Pérou méridional ; 16 600 h. Centre minier. Tacna appartint au Chili de 1883 à 1929.

Tacoma, v. des Etats-Unis (Etat de Washington) ; 148 800 h. Métallurgie.

tacon [takɔ̃] n. m. Jeune saumon, avant sa descente en mer, mesurant au plus 15 cm.

taconeos [takɔneɔs] n. m. pl. (mot esp. ; de *taconear,* frapper du talon). Dans la danse flamenca, rythmes donnés par le martèlement des talons.

tacot [tako] n. m. *Fam.* Véhicule automobile démodé et défectueux.

tact [takt] n. m. (lat. *tactus,* toucher). Sensation produite par le contact mécanique d'un objet avec la peau, et reçue par les corpuscules de Meissner (contact léger) et de Vater-Pacini (pression). [Le tact n'est qu'une partie du toucher, qui comprend aussi les sensations thermiques et douloureuses.] ‖ *Fig.* Sentiment délicat des convenances, de la mesure : *manquer de tact*.

tacticien, enne n. Personne qui a l'art d'employer des moyens pour réussir.

tacticien n. m. Spécialiste ou théoricien de la tactique militaire.

tactile [taktil] adj. (lat. *tactilis ;* de *tactus,* tact). Qui a rapport au tact ou, plus généralement, au toucher : *corpuscules tactiles*.

tactique [taktik] n. f. (gr. *taktikê tekhnê,* art de ranger). Art de combiner l'action des troupes ou des moyens propres aux différentes armes en vue d'obtenir le maximum d'efficacité au combat. (V. *encycl.*) ‖ *Fig.* Moyens qu'on emploie pour parvenir à un résultat : *changer de tactique*. ‖ — Adj. Qui a rapport à la tactique : *l'emploi tactique des blindés*.

— ENCYCL. La *tactique* est, avec la logistique*, la partie exécutive de la stratégie*. Science du champ de bataille, elle détermine les procédés de combat et elle ne peut être fixée qu'en fonction de très nombreux facteurs, parmi lesquels on peut citer : la force (recrutement) et la nature (terrestre, aérienne ou navale) des armées, les moyens (armements, véhicules, navires, aéronefs, etc.) mis en œuvre, le milieu géographique et humain, les caractéristiques de l'adversaire. Il y a donc une multiplicité de tactiques qui, toutes, évoluent et se perfectionnent sans cesse. C'est ainsi que l'on parle non seulement de tactique terrestre, aérienne ou navale et de tactique d'infanterie ou de chars, mais aussi de tactique des grandes et des petites unités, de la guérilla, de la guerre éclair, etc.

tactisme [taktism] n. m. Mouvement d'un être vivant orienté par un facteur externe, indépendamment de la croissance. (Le tactisme, souvent pris comme synonyme de tropisme, comprend notamment le phototactisme et le chimiotactisme.)

Tachkent le centre et le nouveau théâtre

Phot. Zelmy - A. P. N.

Tademaït (*plateau du*), région du Sahara algérien, au nord d'In-Salah.

Tadjikistan ou **Tadjikie,** république fédérale de l'U. R. S. S., en Asie centrale, à la frontière de la Chine et de l'Afghānistān ; 142 000 km²; 2 654 000 h. (*Tadjiks*). Cap. *Douchanbe.* C'est un pays essentiellement montagneux (la moitié du territoire est au-dessus de 4 000 m), possédant le point culminant de l'U. R. S. S. (pic Communisme, 7 495 m) et ouvert par quelques vallées et bassins, où se concentrent les hommes et les activités. A côté des cultures céréalières et fruitières et des champs de coton s'est développé l'élevage (bovins et surtout ovins). Le sous-sol, minéralisé, est peu exploité (fournissant surtout un peu de charbon).

Tādj Maḥall, mausolée élevé près d'Āgra par l'empereur Chāh Jahān à la mémoire de sa femme (XVIIe s.). Il est considéré comme l'un des chefs-d'œuvre de l'architecture indo-musulmane de type moghol. (V. illustr. INDE.)

Tadjoura, petit port du Territoire français des Afars et des Issas ; 1 150 h.

Tadla, plaine du Maroc occidental.

tadorne [tadɔrn] n. m. Canard à bec rouge et à plumage multicolore, passant sur les côtes d'Europe occidentale. (Long. 60 cm.)

Taegu, v. de la Corée du Sud, au nord de Pusan ; 845 000 h. Centre textile.

Taejon, v. de la Corée du Sud ; 307 000 h.

tael [taɛl] n. m. Unité monétaire chinoise.

tænia [tenja] n. m. V. TÉNIA.

Tafarī Makonnen. V. HAILÉ SÉLASSIÉ Ier.

taffetas [tafta] n. m. (ital. *taffeta,* empr. au persan). Etoffe de soie.

tafia [tafja] n. m. (mot créole). Eau-de-vie fabriquée avec les mélasses, les gros sirops et les débris du sucre de canne.

Tafilalet ou **Tafilelt,** région du Sahara marocain, au sud du Haut Atlas. Nombreuses oasis.

Tafna (la), fl. côtier d'Algérie (Tlemcen), qui a donné son nom au traité conclu en 1837 entre Bugeaud et Abd el-Kader.

Taft (William Howard), homme politique américain, né à Cincinnati (1857-1930). Il fut président républicain des Etats-Unis de 1909 à 1913. Battu par Wilson, il devint président de la Cour suprême.

tagal [tagal] n. m. Langue nationale des Philippines. (On dit aussi *tagalog.*)

Tagals, peuple des Philippines, principal groupe de l'île de Luçon, habitant aussi Mindoro et Mindanao.

Taganrog, port de l'U. R. S. S. (R. S. F. S. de Russie), sur la mer d'Azov ; 254 000 h. Matériel agricole. Chimie.

Tage (le), en esp. **Tajo,** en portug. **Tejo,** le plus long fleuve de la péninsule Ibérique ; 1 006 km. Né dans l'Aragon, le Tage s'écoule vers l'ouest, traverse la Nouvelle-Castille (arrosant Tolède) et l'Estrémadure avant de pénétrer au Portugal et de rejoindre l'Atlantique par un estuaire sur lequel est établi Lisbonne.

tagetes [taʒetɛs] n. m. Autre nom de l'ŒILLET D'INDE.

Tagliamento (le), fl. de l'Italie septentrionale, qui se jette dans l'Adriatique entre Venise et Trieste, à travers des lagunes ; 170 km. Victoire de Bonaparte sur l'archiduc Charles (1797).

Taglioni (Filippo), danseur et chorégraphe italien né à Milan (1777-1871). Danseur, puis maître de ballet au Théâtre royal de Stockholm, il travailla ensuite dans toute l'Europe, composant de très nombreux ballets dont *la Sylphide* (1832), premier ballet romantique, *la Fille du Danube* (1836), *l'Ombre* (1839). — Sa fille MARIA (ou MARIE), une des plus grandes danseuses romantiques, née à Stockholm (1804-1884). Elle apporta à la danse son style aérien et ouvrit une période de virtuosité. Rivale de Fanny Elssler, elle créa les ballets que son père réglait pour elle et triompha principalement dans *la Sylphide.* Elle dansa à Londres *le Pas de quatre* (1845) de Jules Perrot et *le Pas des déesses* (1846). Ayant interrompu sa carrière en 1847, elle fut, à la fin de sa vie, professeur de danse et de maintien.

Tagore (Rabindranāth THAKUR, dit), écrivain indien, né à Calcutta (1861-1941). Elevé par son père, qui s'était consacré au renouveau spirituel du Bengale, dans le respect des conceptions panthéistes traditionnelles, il s'initie à la littérature et à la musique européennes au cours d'un voyage en Angleterre (1878-1880). Après avoir écrit des souvenirs de voyages, des drames musicaux et un roman historique, il se révèle poète avec *les Chants du crépuscule* (1882), *les Chants de l'aurore* (1883), *Citrā* (1896), *Ephémère* (1900) et surtout le *Gitān jali* (1910), que Gide traduit sous le titre de *l'Offrande lyrique* (1913). Dès lors, par les conférences qu'il donne au cours de ses nombreux voyages à l'étranger et par la création d'une école, puis d'une université (1921) à Santiniketan, il défend un idéal humanitaire qu'il confond avec l'amour mystique de la providence divine, sans cependant cesser de publier de nombreuses œuvres littéraires : romans (*Gōra,* 1910), drames (*la Machine,* 1922), poèmes (*la Jeune Lune,* 1913 ; *la Fugitive,* 1918). [Prix Nobel, 1913.]

Tahiti, île principale de l'archipel de la Société (Polynésie française); 45 400 h. (*Tahitiens*). Ch.-l. *Papeete.* Située par près de 20° de lat. sud, Tahiti est constituée par la réunion de deux volcans. Son relief est montagneux (l'altitude y dépasse localement 2 000 m); les plaines forment un liséré étroit sur le littoral, bordé d'un récif-barrière corallien presque continu. Le climat est chaud (tempéré toutefois par l'alizé) et assez humide, favorable au cocotier, ressource essentielle de l'île avec la pêche et surtout le tourisme. La population, en majeure partie polynésienne, est métissée. Elle comprend des minorités chinoise et européenne, concentrées surtout à Papeete, qui regroupe la moitié de la population totale de l'île.

Maria Taglioni

● *Histoire.* L'île fut explorée par les Français (Bougainville) et les Anglais (Cook) dans la seconde moitié du XVIIIe s. Les missionnaires de la *London Missionary Society,* arrivés en 1797, soutinrent un des chefs, Pomaré II, qui devint le maître de toute l'île (1815). L'expulsion des missionnaires catholiques français (1836) provoqua l'intervention du capitaine de vaisseau Dupetit-Thouars, qui établit le protectorat français (1842). L'annexion n'eut lieu qu'en 1880, après le règne de plusieurs souverains du nom de Pomaré. Tahiti, qui s'était ralliée à la France libre en 1940, devint le centre des Etablissements français d'Océanie (Polynésie française).

taïaut! ou **tayaut!** [tajo] interj. (onomat.). Cri du veneur à la vue du gibier, pour lancer les chiens à sa poursuite.

Taïba, localité du Sénégal, au nord de Thiès. Phosphates.

T'ai-chou, v. de Chine (Kiang-sou) ; 159 800 h.

taie [tɛ] n. f. (lat. *theca,* gr. *thêkê,* boîte). Enveloppe de tissu fin, dans laquelle on glisse les oreillers ou les traversins. ‖ Tache, blanche, opaque, sur la cornée.

taïga [taiga] n. f. (mot russe). Formation végétale du nord de l'Eurasie et de l'Amérique, constituée par la forêt de conifères à feuilles persistantes (mêlés parfois de bouleaux), caractéristique des régions froides à été court, mais encore sensible.

taillable adj. Sujet à la taille : *le serf était taillable et corvéable à merci.*

taillade n. f. Entaille dans les chairs. ‖ Coupure en long dans une étoffe.

taillader v. t. Faire des taillades, des entailles : *se taillader le visage.*

taillage n. m. Usinage spécial : *le taillage d'une roue d'engrenage.*

taillanderie n. f. Métier, commerce du taillandier.

taillandier [tɑjɑ̃dje] n. m. (de *tailler*). *Technol.* Forgeron qui réalise plus particulièrement des outils tels que haches, marteaux, bêches, etc.

taillant n. m. Tranchant d'une lame.

taille [tɑj] n. f. (de *tailler*). Action ou manière de couper, de tailler certaines choses : *la taille des arbres ; la taille des diamants.* ‖ Tranchant d'une épée. ‖ Bois coupé qui commence à repousser : *taille de deux ans.* ‖ Dimension en hauteur du corps humain : *homme de grande taille.* ‖ Partie du corps comprise entre le bas de la cage thoracique et les hanches : *taille svelte.* ‖ Hauteur et grosseur des animaux, d'un objet quelconque. ‖ Petit morceau de bois sur lequel les boulangers marquaient, par des incisions, la quantité de pain qu'ils vendaient à crédit à leurs clients. ‖ Impôt direct, en France, jusqu'en 1789, mis sur les roturiers : *être exempt de la taille.* ‖ *Chir.* Opération qui a pour objet d'ouvrir la vessie, afin d'extraire les calculs qui s'y sont formés. (Syn. CYSTOTOMIE.) ‖ *Grav.* Incision qui se fait avec le burin, dans la planche de cuivre ou de toute autre matière. ‖ *Mus.* Anc. nom de la voie de ténor : *récit chanté en taille.* ● *Etre de taille à,* être capable de. ‖ *Tour de taille,* la ceinture.

taillé, e adj. Prêt, préparé : *voilà votre besogne taillée.* ‖ Fait pour, propre à : *il n'est pas taillé pour cela.* ● *Homme bien taillé,* d'une taille forte et bien conformée. ‖ — Adj. et n. m. *Hérald.* Se dit de l'écu divisé en deux parties égales par une diagonale, de l'angle senestre du chef à l'angle dextre de la pointe : *le taillé est une des quatre principales partitions.*

Taillebourg (17350 St Savinien), comm. de la Charente-Maritime (arr. de Saint-Jean-d'Angély), sur la Charente ; 681 h. Victoire de Saint Louis sur les Anglais (1242).

taille-crayon n. m. Petit outil, généralement conique, garni à l'intérieur d'une lame tranchante, dont on se sert pour tailler les crayons. ‖ Pl. des *taille-crayon* ou *taille-crayons.*

taille-douce n. f. *Arts graph.* Gravure faite au burin seul (sans eau-forte), sur une planche de métal. ‖ Estampe obtenue par ce procédé. ‖ Pl. des *tailles-douces.*

tailler [tɑje] v. t. (du lat. *talea,* bouture). Couper, retrancher d'une chose, d'un objet, pour lui donner une certaine forme : *tailler un arbre.* (Syn. : COUPER, DÉCOUPER, HACHER, SECTIONNER, TRANCHER, TRONÇONNER.) ● *Tailler en pièces une armée,* la défaire entièrement. ‖ **— Se tailler** v. pr. *Pop.* Partir.

taillerie n. f. Art de tailler les cristaux et les pierres fines. ‖ Atelier où s'exécute ce travail : *taillerie de diamants.*

tailleur n. m. Celui qui taille : *tailleur de pierre.* ‖ Celui qui fait des vêtements. ● *Costume tailleur* ou, absol., *tailleur,* costume de femme, comprenant une jaquette et une jupe.

tailleuse n. f. Ouvrière qui taille et confectionne les vêtements de femme.

taillis [tɑji] n. m. (de *tailler*). Bois que l'on coupe à intervalles rapprochés et dont le renouvellement est assuré uniquement par des rejets de souches et des drageons. ‖ — Adj. m. : *bois taillis.*

tailloir n. m. Plateau pour découper la viande. ‖ *Archit.* Partie supérieure ou abaque d'un chapiteau, qui, l'élargissant, donne une meilleure assise à la retombée qu'il supporte.

Taïmyr, presqu'île massive de l'Arctique sibérien, recouverte par la toundra.

tain [tɛ̃] n. m. (de *étain*). Amalgame d'étain, qui sert à l'étamage des glaces.

T'ai-nan, v. de l'île de Formose, près de la côte sud-ouest ; 449 100 h. Centre commercial.

Taine (Hippolyte), philosophe, critique et historien français, né à Vouziers (1828-1893). Son indépendance d'esprit, condamnée par l'administration impériale, lui

Tahiti le port de Papeete

Phot. Serge Lido, Aubert de la Rüe.

une rue de **T'ai-pei**

talitre

fit quitter l'université. Après un *Essai sur les fables de La Fontaine* (1853), il apparaît surtout comme un historien de la littérature (*Essais de critique et d'histoire,* 1858). Mais il s'efforce de définir, à la lumière de la physiologie, les conditions du développement de l'esprit. Après une critique des *Philosophes français du XIX*[e] *siècle* (1857), il conçoit l'art et la littérature comme les fonctions naturelles de l'homme qui s'exercent chez l'écrivain sous l'influence d'une « faculté maîtresse », dominée par les trois facteurs de la race, du moment et du milieu (*Histoire de la littérature anglaise,* 1863 ; *De l'intelligence,* 1870). Chargé du cours d'histoire de l'art à l'Ecole des beaux-arts (1866), il applique à l'esthétique son déterminisme, qui fait de l'art le témoignage de l'évolution spirituelle des sociétés (*Philosophie de l'art,* 1882). Il étudie également les causes des difficultés politiques et militaires françaises dans ses *Origines de la France contemporaine* (1875-1893), et laisse des essais, des récits de voyages et un livre de souvenirs (*Vie et opinions de Thomas Graindorge,* 1867). [Acad. fr.]

Tain-l'Hermitage (26600), ch.-l. de c. de la Drôme (arr. de Valence) ; 5 623 h. (*Tinois*). Vignobles.

T'ai-pei ou **Taipeh,** cap. de Formose, dans le nord de l'île ; 1 663 000 h. Centre politique, commercial et industriel.

T'ai-p'ing, mouvement politique et religieux de la Chine, qui, recruté surtout dans la paysannerie, se manifesta à partir de 1851 contre la dynastie régnante ; il fut vaincu en 1864.

taire [tɛr] v. t. (lat. *tacere*) [conj. **71**]. Ne pas dire, cacher : *taire la vérité.* ‖ **— Se taire** v. pr. Garder le silence. ‖ Ne pas divulguer un secret. ‖ Ne pas faire de bruit. ● *Faire taire* (avec ellipse du pronom), imposer silence ; et, au *fig.,* faire cesser : *faites taire votre ressentiment.*

T'ai-tchong, v. de Formose, dans l'ouest de l'île ; 414 300 h.

T'ai-wan. V. FORMOSE.

T'ai-yuan, anc. **Yang-ku,** v. de Chine, cap. du Chan-si ; 1 020 000 h. Métallurgie.

Taizé (71530 Cormatin), comm. de Saône-et-Loire (arr. de Mâcon) ; 128 h. Communauté de frères protestants à esprit œcuménique.

Takamatsu, port du Japon (Shikoku) ; 271 000 h. Textiles.

Takaoka, v. du Japon (Honshū) ; 158 000 h. Textiles.

Takasaki, v. du Japon (Honshū) ; 184 000 h. Soie.

Takatsuki, v. du Japon (Honshū) ; 178 000 h.

Takawa, v. du Japon (Kyū shū) ; 100 100 h.

Takeda Izumo, auteur dramatique japonais, né à Yedo (Tōkyō) [1691-1756]. Formé par son père, directeur du Takemoto-za, et par le célèbre Chikamatsu* Monzaemon, il fut un auteur de *jōruri**. Ses pièces (*le Prince Oto, soutien du Soleil du matin,* 1723 ; *les Mille Cerisiers de Yoshitsune,* 1747 ; *Chūshingura**, 1748) sont encore représentées aujourd'hui dans leur style original.

Takla-makan, désert de Chine (Sinkiang).

Takoradi, principal port du Ghāna ; 101 500 h. (avec *Sekondi*).

Talaat ou **Talât Pacha,** homme politique turc, né dans la province d'Edirne (1872-1921). Un des chefs du parti jeune-turc, il fut ministre de l'Intérieur, puis grand vizir.

Talabot (Paulin), ingénieur français, né à Limoges (1799-1885). Il établit les premières lignes de chemin de fer du sud-est de la France, notamment la ligne Alès-Beaucaire (1837-1840) et les premiers tronçons du Lyon-Méditerranée.

Talange (57300 Hagondange), comm. de la Moselle (arr. de Metz-Campagne) ; 6 985 h.

talapoin [talapwɛ̃] n. m. Prêtre bouddhiste siamois.

Talara, v. du Pérou septentrional ; 41 000 h. Second port de commerce péruvien. Raffinage du pétrole.

Talaudière (LA) [42350], comm. de la Loire (arr. de Saint-Etienne) ; 4 866 h. (3 543 aggl.). Houille.

Talavera de la Reina, v. d'Espagne (Nouvelle-Castille), sur le Tage ; 31 900 h. Faïences réputées aux XVIIe et XVIIIe s. En 1809, victoire de Wellington sur les Français.

Talbot (John DE), comte DE SHREWSBURY, gentilhomme anglais (v. 1388-1453). Il combattit en Normandie et fut tué à la bataille de Castillon.

Talbot (William Henry), physicien anglais, né à Lacock Abbey, près de Chippenham (1800-1877). Il a réalisé le premier, en 1834, la photographie sur papier (*talbotypie*).

talc [talk] n. m. (arabe *talq*). Silicate naturel de magnésium, onctueux et tendre, de texture lamelleuse, qu'on rencontre dans les schistes cristallins : *la poudre de talc est employée pour les soins de la peau.* (L'exposition prolongée à la poussière de talc provoque une pneumoconiose [maladie professionnelle].)

Talca, v. du Chili central ; 80 300 h.

Talcahuano, port du Chili central ; 102 300 h. Université.

talé [tale], **e** adj. (empr. au germ.). Meurtri, en parlant des fruits : *poires talées.*

Talence (33400), ch.-l. de c. de la Gironde (arr. et dans la banlieue de Bordeaux) ; 31 374 h. (*Talençais*).

talent [talɑ̃] n. m. (lat. *talentum ;* du gr. *talanton*). Poids usité chez les Grecs anciens (environ 26 kg en Attique). ‖ Monnaie grecque représentant la valeur d'une somme d'or ou d'argent pesant un talent. ‖ — *Fig.* Aptitude, supériorité naturelle ou acquise pour faire une chose : *le talent de la parole.* ‖ Personne qui excelle en son genre : *c'est un talent de premier ordre.*

talentueux, euse adj. *Fam.* Qui a du talent.

taleth [talɛt] ou **talleth** n. m. Voile dont les juifs se couvrent les épaules pour réciter les prières.

Ta-lien, anc. **Dairen,** en russe **Dalny,** port de la Chine du Nord-Est (Leao-ning), russe jusqu'en 1905 ; 1 590 000 h. Sidérurgie. Chantiers navals. Textiles.

talion [taljɔ̃] n. m. (lat. *talio ;* de *talis,* tel). Punition identique à l'offense. ● *Loi du talion,* loi qui exige de punir l'offense par une peine du même ordre.

talisman [talismɑ̃] n. m. (du persan *tilismān ;* du gr. *telesma,* rite). Objet marqué de signes cabalistiques, auquel on attribue la vertu de porter bonheur, de communiquer un pouvoir surnaturel, etc. ‖ *Fig.* Ce qui a un pouvoir irrésistible, des effets merveilleux : *l'or est un puissant talisman.*

talismanique adj. Relatif aux talismans.

talitre [talitr] n. m. Petit crustacé sauteur, qui pullule dans le sable des plages. (Long. 2 cm ; ordre des amphipodes ; nom usuel : *puce de mer.*)

tallage n. m. Production de talles par une plante : *le roulage du blé facilite le tallage.*

Tallahassee, v. des Etats-Unis, cap. de la Floride ; 71 800 h. Université.

Tallano-Scopamène (*canton de*), canton de Corse (arr. de Sartène) ; ch.-l. *Serra-di-Scopamène.*

Tallard (05130), ch.-l. de c. des Hautes-Alpes (arr. de Gap) ; 1 063 h.

Tallart (Camille D'HOSTUN, *comte* DE), maréchal de France et diplomate, né à Lyon (1652-1728). Il fut vaincu et fait prisonnier à Höchstädt (1704).

talle n. f. (lat. *thallus*). Tige secondaire munie de racines adventives, apparaissant à partir du pied principal d'une plante.

Tallemant des Réaux (Gédéon), mémorialiste français, né à La Rochelle (1619-1690). Auteur d'une tragédie restée inédite (*Œdipe*), il a composé un vaste recueil d'anecdotes, les *Historiettes* (1657-1675, publiées en 1834), qui forment une peinture pittoresque de la société de son époque.

taller [tale] v. i. Pousser des talles.

Talleyrand-Périgord [talrɑ̃- *ou* talɛrɑ̃-] (Charles Maurice DE), prélat et diplomate français, né à Paris (1754-1838). Destiné, quoique sans vocation, à l'état ecclésiastique, il fut évêque d'Autun dès 1788. Député aux Etats généraux, il fit voter par la Constituante le décret mettant les biens du clergé à la disposition de la nation. Il célébra la messe au Champ-de-Mars lors de la fête de la Fédération (juill. 1790) et devint le chef du clergé constitutionnel. Condamné par le pape comme schismatique, il abandonna l'Eglise et fit ses débuts de diplomate en 1792, à Londres. Emigré peu après, il revint en 1796, prit part au complot qui aboutit au 18-Brumaire, acquit la confiance de Bonaparte et s'installa dans le ministère des Affaires étrangères (1797-1807), négociant les grands traités de l'époque et recevant diverses hautes dignités (prince de Bénévent, 1806). Il se détacha peu à peu de l'Empereur, dont il n'approuvait pas la politique belliqueuse et impérialiste. Il poussa le tsar à ne pas soutenir Napoléon (Erfurt, 1808) et fut disgracié en 1809. En 1814, il constitua un gouvernement provisoire et fit proclamer la déchéance de Napoléon. De nouveau ministre des Affaires étrangères, il signa le premier traité de Paris et commença à disloquer la coalition. Il joua un rôle de premier plan au congrès de Vienne (1814-1815). Après les Cent-Jours, il passa dans l'opposition orléaniste. Il fut ambassadeur à Londres de 1830 à 1835.

Tallien (Jean Lambert), homme politique français, né à Paris (1767-1820). Député montagnard sous la Convention et représentant en mission à Bordeaux, il commit dans cette dernière ville des excès qui incitèrent Robespierre à le rappeler ; menacé, Tallien contribua à la chute de Robespierre (9-Thermidor). Personnalité de premier plan à l'époque thermidorienne, il fut ensuite membre des Cinq-Cents. — Sa femme, Thérésa **Cabarrus,** marquise *de Fontenay,* puis princesse *de Chimay,* née à Carabanchel Alto, près de Madrid (1773-1835), fut d'abord mariée au marquis de Fontenay (1789), dont elle divorça en 1793. Arrêtée à Bordeaux, elle devint la maîtresse de

Taine, par Bonnat
coll. part.

Talleyrand
par Ingres, *coll. part.*

Mme **Tallien,** par David
musée de Douai

Phot. Almasy, Jacques Six, Bulloz, Giraudon, Bulloz.

Tallien, qu'elle épousa en 1794. Surnommée **Notre-Dame de Thermidor,** elle fut une des merveilleuses les plus originales. Après un nouveau divorce (1802), elle épousa (1805) le comte de Caraman, futur prince de Chimay.

Tallin ou **Tallinn,** anc. **Reval** ou **Revel',** port de l'U. R. S. S., cap. de l'Estonie, sur le golfe de Finlande ; 363 400 h. Métallurgie.

Talloires (74290 Veyrier du Lac), comm. de la Haute-Savoie (arr. d'Annecy), sur le lac d'Annecy; 709 h. (208 aggl.). Tourisme. Restes d'une abbaye (XVe-XVIIe s.).

Talma (François-Joseph), acteur français, né à Paris (1763-1826). Pensionnaire de la Comédie-Française en 1787, puis sociétaire de 1789 à 1791 et de 1799 à 1824, il interpréta les grands rôles du répertoire classique (Rodrigue du *Cid,* Auguste de *Cinna,* Sévère de *Polyeucte,* Alceste du *Misanthrope*). Epris de vérité historique, il substitua aux habillements de fantaisie des costumes copiés par David sur des statues et des médailles antiques. Il réforma la diction, qu'il rendit plus réaliste, et laissa des *Réflexions sur Lekain et l'art théâtral.* Il fut l'acteur préféré de Napoléon Ier.

Talmont-Saint-Hilaire (85440), ch.-l. de c. de la Vendée (arr. des Sables-d'Olonne) ; 3 424 h. (*Talmondais*). Anc. port. Belle église romane.

Talmud (mot hébr. signif. *étude*), vaste recueil de littérature religieuse juive, comportant des textes allant du IIIe s. av. J.-C. jusqu'à la fin du Ve s. apr. J.-C.
Le Talmud représente l'expression de la loi orale, complément de la Tora, ou loi écrite, dont c'est, dans une certaine mesure, le commentaire. Il comprend la Mishna* et la Gemârâ, la seconde étant constituée par les commentaires de la première. En fait, il existe deux Talmuds (celui de Babylone et celui de Jérusalem). Le Talmud de Jérusalem a été surtout l'œuvre de Rabbi Yohanan (199-279), chef de l'académie de Tibériade. Le Talmud de Babylone, qui a fait l'objet de bien plus de commentaires, a été rédigé en grande partie par Rav Ashi (352-427), et il est, avec la Bible, l'autorité de référence dans le domaine religieux du judaïsme.

talmudique [talmydik] adj. Relatif au Talmud : *les traditions talmudiques.*

talmudiste n. Savant juif versé dans l'étude du Talmud.

taloche [talɔʃ] n. f. (de *taler,* meurtrir). *Fam.* Coup donné sur la tête avec la main ouverte. ‖ Planchette dont une face porte un manche, et avec laquelle les maçons et les plâtriers étendent le plâtre sur un mur, un plafond.

talocher v. t. *Fam.* Donner une ou des taloches à : *talocher un enfant.*

talon [talɔ̃] n. m. (du lat. *talus*). Partie postérieure et inférieure du pied de l'homme, dont le squelette est le calcanéum. ‖ Partie du pied du cheval située entre les quartiers. ‖ Partie d'une chaussure, d'un bas, sur laquelle repose la partie postérieure de la plante du pied. ‖ Partie saillante ajoutée à cet endroit à la semelle d'une chaussure. ‖ Saillie, le plus souvent parallélépipédique, sur une surface destinée à servir d'appui ou de butée. ‖ Croûton d'un pain. ‖ Extrémité d'un jambon. ‖ Ce qui reste des cartes après distribution à chaque joueur. ‖ Partie d'une feuille d'un carnet ou d'un registre qui reste attachée à la souche lorsque la partie principale de la feuille est détachée, les deux fractions de la feuille portant généralement des mentions identiques. ‖ *Archit.* Motif ornemental formé de deux quarts de cercle, l'un convexe, l'autre concave, qui se raccordent. ‖ *Mar.* Extrémité de la quille d'un navire, du côté de l'arrière. ● *Montrer, tourner les talons,* s'enfuir. ‖ *Sur les talons de quelqu'un,* immédiatement derrière lui. ‖ *Talon d'Achille,* point vulnérable, côté faible de quelqu'un.

Talon (Omer), magistrat français, né à Paris (1595-1652). Lors de la Fronde, il défendit les droits du parlement contre la royauté.

Talon (Jean), administrateur français, né à Châlons-sur-Marne (1625-1694). Premier intendant de la Nouvelle-France (1665), cet envoyé de Colbert amorça l'essor du Canada.

talonnage n. m. Au rugby, action de diriger le ballon vers son camp, dans une mêlée.

talonner v. t. Presser du talon ou de l'éperon : *talonner son cheval.* ‖ Au rugby, pratiquer le talonnage. ‖ Poursuivre de près : *talonner l'ennemi.* ‖ *Fig.* Presser vivement : *être talonné par ses créanciers.* ‖ — Syn. : POURCHASSER, POURSUIVRE, TOURMENTER, TRAQUER. ‖ — V. i. *Mar.* Toucher du talon : *navire qui talonne.*

Talma, par Delacroix
Comédie-Française

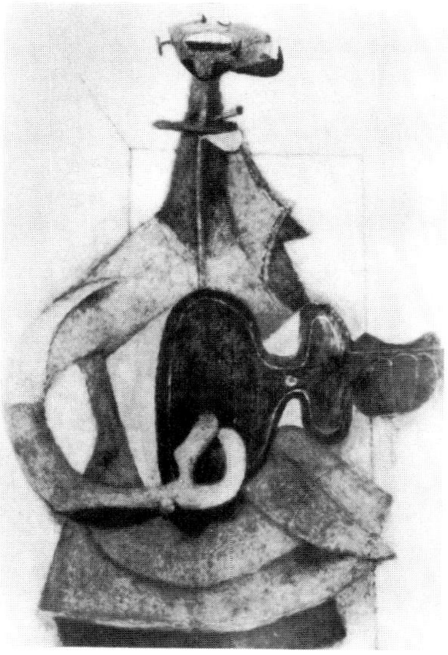

Tamayo, « Homme chantant »
musée nat. d'Art moderne

talonnette n. f. Lame de liège ou de toute autre matière, taillée en biseau et placée sous le talon, à l'intérieur du soulier. ‖ Garniture de cuir ou de ganse, cousue au bas d'un pantalon pour en éviter l'usure.

talonneur n. m. Au rugby, joueur qui se trouve dans la mêlée entre les deux piliers et qui est chargé du talonnage.

talonnière n. f. Chacune des ailes que Mercure, messager des dieux, portait aux talons.

talpack [talpak] n. m. Coiffure des janissaires (XIVe s.), puis des chasseurs à cheval (second Empire).

talquer [talke] v. t. Enduire de talc.

talqueux, euse adj. De la nature du talc : *schiste talqueux.*

talus [taly] n. m. (empr. au gaul.). Terrain en pente. ‖ Pente d'un revêtement, d'un terrassement ou d'une construction ; leur surface. ● *Tailler, couper en talus,* obliquement. ‖ *Talus continental,* déclivité marquée, limitant le plateau continental vers la haute mer.

talus [talys] adj. m. *Pied talus,* pied bot dont le talon porte seul à terre, le pied étant renversé vers la jambe.

talweg ou **thalweg** [talvɛg] n. m. (mot allem. ; de *Tal,* vallée, et *Weg,* chemin). *Géogr.* Ligne joignant les points les plus bas du fond d'une vallée.

tamahet [tamaɛ] n. m. Langue parlée par les Touaregs. (C'est la seule langue berbère écrite ; elle utilise un système alphabétique, le tifinagh.)

tamandua [tamɑ̃dɥa] n. m. (mot de la langue des Caraïbes). Animal voisin du tamanoir, mais plus petit. (Long. 50 cm.)

tamanoir [tamanwar] n. m. (empr. à la langue des Caraïbes). Mammifère édenté de l'Amérique du Sud, atteignant 2,50 m de long (avec la queue) et appelé *grand fourmilier,* car il se nourrit d'insectes (fourmis, termites), capturés avec sa longue langue visqueuse.

Tamanrasset, oasis du Sahara algérien (dép. des Oasis), dans le Hoggar. Le P. de Foucauld s'y établit en 1905 et y fut assassiné en 1916.

Jean **Talon,** par Claude François
Hôtel-Dieu de Québec

tamarin [tamarɛ̃] n. m. (de l'arabe *tamâr hindi,* datte de l'Inde). Autre nom du TAMARINIER et du TAMARIS. ‖ Pulpe du fruit du tamarinier, dont l'action est laxative.

tamarin n. m. Singe de l'Amérique du Sud, voisin du ouistiti.

tamarinier [tamarinje] n. m. Arbre cultivé dans les régions tropicales pour la pulpe comestible et légèrement laxative de son fruit. (Famille des césalpiniacées.)

tamaris [tamaris] n. m. (de l'arabe *tamâr,* datte). Arbrisseau à très petites feuilles et à grappes de fleurs roses, souvent planté dans le Midi et près des littoraux.

Tamaris, station balnéaire du Var (comm. de La Seyne-sur-Mer).

Tamatave, en malgache **Toamasina,** port de Madagascar ; 54 700 h. Raffinage du pétrole.

Tamayo (Rufino), peintre mexicain, né à Oaxaca en 1899. Auteur de vastes fresques, il a été influencé par le cubisme (notamment par Picasso) et par l'art populaire mexicain (*Homme chantant,* musée national d'Art moderne).

tambouille [tɑ̃buj] n. f. *Pop.* Cuisine.

tambour [tɑ̃bur] n. m. (du persan *tabir*). Caisse cylindrique dont les fonds sont formés de peaux tendues, sur lesquelles on frappe avec deux baguettes pour en tirer des sons. ‖ Celui qui bat du tambour. ‖ Cylindre portant à sa périphérie une graduation permettant de mesurer une grandeur par lecture, en face, d'un index. ‖ Chacune des assises de pierre cylindriques composant le fût d'une colonne. ‖ Partie cylindrique d'un édifice. ‖ Cylindre, en bois ou en métal, sur lequel s'enroule le câble d'un treuil. ‖ Cylindre sur lequel est tendue une étoffe que l'on veut broder à l'aiguille. ‖ Ouvrage de menuiserie fermé, formant enceinte, avec une ou plusieurs portes, placé à l'entrée principale de certains édifices pour empêcher le vent ou le froid d'y pénétrer. ● *Mener quelqu'un tambour battant* (Fam.), rudement. ‖ *Sans tambour ni trompette,* sans bruit, en secret : *partir sans tambour ni trompette.* ‖ *Tambour de basque,* tambourin garni d'une seule peau et muni de grelots. ‖ *Tambour de frein* (Technol.), pièce circulaire solidaire de la pièce à freiner, et sur laquelle s'exerce le frottement du segment de frein. ‖ *Tambour magnétique,* dans les calculateurs électroniques, cylindre de métal, recouvert d'un alliage de cobalt et de nickel, sur lequel peuvent être enregistrés sous forme de points magnétiques des chiffres ou des lettres en système alphanumérique* à numérotation binaire*.

tambourin n. m. Tambour plus long et plus étroit que le tambour ordinaire et que l'on bat avec une seule baguette. ‖ Air de danse vif, à deux temps, dont on marque la mesure sur cet instrument. ‖ Petit tambour plat pour jouer à la balle.

tambourinage ou **tambourinement** n. m. Action de tambouriner.

tambourinaire n. m. Joueur de tambourin, en Provence.

tambouriner v. i. Battre du tambour. ‖ Imiter le bruit du tambour : *la pluie tambourine sur les vitres.* ‖ Frapper à coups répétés : *tambouriner sur la porte.* ‖ — V. t. Annoncer au son du tambour. ‖ *Fig.* Publier, répandre partout : *tambouriner une nouvelle.*

tambourineur n. m. Joueur de tambourin.

tambour-major n. m. Sous-officier, chef des tambours ou de la clique dans une musique militaire. ‖ Pl. des *tambours-majors.*

Tambov, v. de l'U. R. S. S. (R. S. F. S. de Russie), au nord-est de Moscou ; 229 000 h.

Tamerlan. V. TĪMŪR LANG.

tamier [tamje] n. m. (lat. *taminia uva,* raisin sauvage). Plante grimpante commune dans les haies. (Famille des dioscoréacées.)

Tamilnād, anc. **Etat de Madras** et **Tamizhagam,** Etat de l'Inde méridionale, sur le golfe du Bengale ; 36 857 000 h. Cap. *Madras.* L'escarpement des Ghāts orientaux sépare les plateaux gneissiques du Deccan de la plaine littorale de Coromandel. Le climat subtropical explique l'importance des cultures du coton et de la canne à sucre (alimentant les seules branches industrielles notables), à côté de la culture du riz.

Tamines, comm. de Belgique (Namur) ; 8 000 h.

tamis [tami] n. m. (empr. au gaul.). Instrument qui sert à passer des matières pulvérulentes ou des liquides épais. ● *Passer au tamis,* examiner sévèrement.

tamisage n. m. Action de tamiser.

Tamise (la), en angl. **Thames,** fl. d'Angleterre, qui passe à Oxford, traverse Londres et rejoint par un large estuaire (siège d'un trafic maritime intense) la mer du Nord ; 336 km.

Tamise, en néerl. **Temse,** comm. de Belgique (Flandre-Orientale) ; 14 700 h.

tamiser [tamize] v. t. Passer au tamis : *tamiser de la farine.* ‖ Laisser passer en adoucissant : *vitraux qui tamisent la lumière.* ‖ — V. i. Passer à travers un tamis ou ce qui peut être comparé à un tamis. ● *Voile qui tamise* (Mar.), voile si usée qu'elle laisse passer le vent.

tamiseur, euse n. Ouvrier, ouvrière qui tamise.

Tammerfors. V. TAMPERE.

Tammūz. V. DOUMOUZI.

tamoul [tamul] ou **tamil** [-mil] n. m. Langue parlée dans le sud de l'Inde par les Tamouls.

Phot. Giraudon (2), Inventaire des Œuvres d'art, Québec.

Tananarive

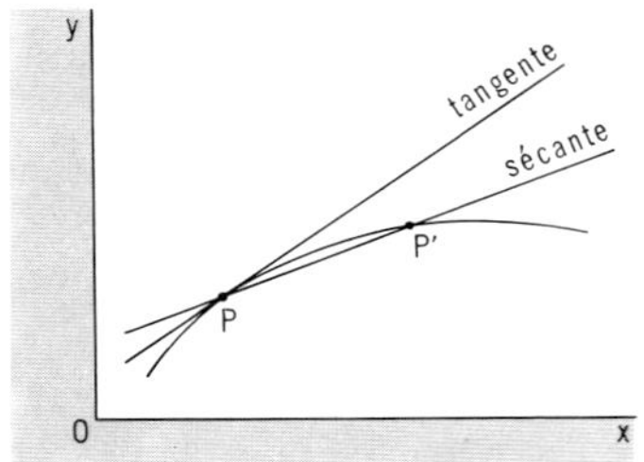

tangente

tangage

tanche

Tamouls ou **Tamils,** groupe ethnique de l'Inde méridionale et de Ceylan.

Tampa, port des Etats-Unis (Floride), sur le golfe du Mexique ; 302 000 h.

Tampere, en suédois **Tammerfors,** v. de Finlande, à l'ouest de la région des lacs ; 155 600 h. Industries textiles et mécaniques.

tampico [tɑ̃pikɔ] n. m. Espèce d'agave fournissant un crin végétal. ‖ Ce crin.

Tampico, port du Mexique, sur l'Atlantique ; 151 000 h. Exportation et raffinage du pétrole.

tampon [tɑ̃pɔ̃] n. m. (francique **tappo*). Gros bouchon destiné à obturer un trou. ‖ Calibre cylindrique, lisse ou fileté, utilisé pour la vérification des dimensions d'un trou à paroi lisse (*alésage*) ou filetée (*taraudage*). ‖ Etoffe ou autre matière roulée ou pressée, servant à frotter ou à imprégner. ‖ Plaque de métal ou de caoutchouc gravée, et qui, imprégnée d'encre, permet d'imprimer le timbre d'une administration, d'une société, etc. ‖ Cheville de bois ou de métal mou enfoncée dans un mur de maçonnerie afin d'y placer une vis ou un clou. ‖ *Ch. de f.* Plateau métallique vertical, muni de ressorts, placé à l'extrémité des voitures ou des wagons pour amortir les chocs. ‖ *Chim.* Substance ou solution qui maintient la constance du pH (ex. : le mélange acide carbonique-carbonate dans le sang).

Tampon (LE) [97430], comm. de la Réunion ; 31 500 h.

tamponnement n. m. Action de heurter avec violence. ‖ Collision de deux véhicules circulant dans le même sens. ‖ Introduction d'une compresse, d'une mèche, roulée ou pliée, dans une cavité naturelle : *tamponnement des fosses nasales en cas d'épistaxis.*

tamponner v. t. Boucher avec un tampon. ‖ Percer un mur pour y introduire un tampon, qui recevra un clou ou une vis. ‖ Heurter, rencontrer avec violence : *train qui en tamponne un autre.* (Syn. : CHOQUER, EMBOUTIR, HEURTER, TÉLESCOPER.) ‖ Apposer un cachet.

tamponneur, euse adj. Qui tamponne : *le train tamponneur.* ● *Voiture tamponneuse,* petit véhicule pour deux personnes, conçu pour se heurter avec d'autres (c'est une attraction dans les fêtes foraines).

tamponnoir n. m. Outil pour préparer dans un mur la place d'un tampon.

tam-tam [tamtam] n. m. (onomat.). Instrument de musique d'origine chinoise, composé d'une plaque circulaire de métal, suspendue verticalement, et qu'on frappe avec un maillet. ‖ En Afrique, sorte de tambour. ‖ Bruit produit par des chocs répétés sur un objet de métal. ‖ *Fam.* Publicité : *faire du tam-tam.* ‖ Pl. des *tam-tams.*

tan [tɑ̃] n. m. (mot gaul.). Ecorce de chêne, d'un brun roux, réduite en poudre pour le tannage des peaux.

Tana (la) ou le **Teno,** fl. de Laponie, séparant la Finlande de la Norvège ; 304 km.

Tana ou **Tsana** (*lac*), lac d'Ethiopie, qui donne naissance au Nil Bleu.

Tanagra, village de Grèce (Béotie) ; 600 h. (*Tanagréens*). Dans l'Antiquité, surtout au IVᵉ s. av. J.-C., centre de production d'élégantes statuettes de terre cuite (notamment jeunes femmes et enfants).

Tanaïs, nom anc. du *Don.*

tanaisie [tanezi] n. f. Plante des bords des chemins, des talus, dont les fleurs jaunes ont une action vermifuge. (Famille des composées.)

Tananarive, en malgache **Antananarivo,** cap. de Madagascar, sur le plateau de l'Imerina, à 1 400 m d'altitude ; 364 500 h. Archevêché. Université. Centre commercial.

Tanaro (le), riv. d'Italie, affl. du Pô (r. dr.) ; 276 km.

Tancarville (76430 St Romain de Colbosc), comm. de la Seine-Maritime (arr. du Havre), sur l'estuaire de la Seine ; 921 h. Château (XIᵉ-XVIᵉ s.). — Le *canal de Tancarville* aboutit à l'arrière-port du Havre (26 km). — Un pont routier suspendu franchit l'estuaire.

tancer [tɑ̃se] v. t. (du lat. pop. *tantiare*) [conj. **1**]. Réprimander vertement ; gronder : *tancer un enfant.*

tanche [tɑ̃ʃ] n. f. (mot gaul.). Genre de poissons cyprinidés des eaux douces. (La tanche est trapue, ovale ; elle se plaît dans les fonds vaseux et calmes des étangs. Ordinairement verdâtre, bronzée, elle devient parfois d'une superbe teinte dorée, avec des taches noires. Sa taille ne dépasse pas 35 cm. Sa chair est estimée.)

tanche n. f. Variété d'olivier cultivé surtout dans la Drôme. ‖ Son fruit (olive de Nyons et des Baronnies).

Tancrède (m. en 1112), prince de Galilée (1099-1112), prince d'Antioche (1111-1112), petit-fils de Robert Guiscard. Il se couvrit de gloire durant la première croisade. Le Tasse en a fait un des héros de sa *Jésuralem délivrée.*

tandem [tɑ̃dɛm] n. m. (mot angl.). Cabriolet découvert, attelé de deux chevaux en flèche. ‖ Bicyclette conçue pour être actionnée par deux personnes placées l'une derrière l'autre. ● *Attelage en tandem,* attelage en flèche ; dans les cirques, ensemble de deux chevaux en flèche, non attelés, et dont le second est monté.

tandis que [tɑ̃dikə *ou* tɑ̃diskə] loc. conj. (lat. *tamdiu,* aussi longtemps, et *que*). Marque : 1° la simultanéité de deux actions (pendant que) : *travaillons tandis que nous sommes jeunes ;* 2° la substitution d'une action à une autre, le contraste, l'opposition : *vous reculez, tandis qu'il faudrait avancer.*

Tandjungkarang-Telukbetung, port d'Indonésie (Sumatra) ; 133 900 h.

Tandjungpriok, port de Djakarta*.

Tanezrouft (« pays de la soif »), région très désertique du Sahara, à l'ouest du Hoggar.

T'ang, dynastie chinoise qui a régné de 618 à 907.

tangage [tɑ̃gaʒ] n. m. Mouvement d'oscillation d'un véhicule (navire, avion, etc.) qui se produit dans le sens de la longueur (par oppos. au *roulis*).

Tanganyika (*lac*), grand lac de l'Afrique orientale, entre le Zaïre et l'ancien Tanganyika, qui se déverse dans le fleuve Congo (r. dr.) par le Lukuga ; 31 900 km². Découvert en 1858 par Burton et Speke, c'est un lac d'origine tectonique, très profond (1 435 m).

Tanganyika, anc. territoire sous tutelle britannique, puis Etat de l'Afrique orientale, auj. partie principale de la Tanzanie*.

● *Histoire.* Des marchands indiens, persans et arabes furent relayés par les Portugais aux XVIᵉ et XVIIᵉ s. En 1832, l'imām de Mascate soumit les villes de la côte à une domination islamique. L'accord de 1890 entre l'Allemagne et la Grande-Bretagne constitua l'Afrique-Orientale allemande, conquise durant la Première Guerre mondiale et transformée en territoire du Tanganyika, sous mandat britannique (1920-1946), puis sous patronage des Nations unies. Sous la direction de Julius Nyerere, le parti nationaliste (TANU) mena la lutte politique pour l'indépendance. Celle-ci fut déclarée en 1961, et la république fut proclamée en 1962.

tangara [tɑ̃gara] n. m. (mot indigène de Guyane). Oiseau passereau d'Amérique, aux vives couleurs.

T'ang-chan, v. de Chine (Ho-pei), à l'est de Pékin ; 800 000 h.

tangence n. f. *Math.* Etat de ce qui est tangent. (On dit aussi CONTACT.) ● *Point de tangence,* point unique où deux lignes, deux surfaces se touchent.

tangent [tɑ̃ʒɑ̃], **e** [-ɑ̃t] adj. (lat. *tangens, tangentis,* touchant). Qui est en contact par un seul point : *droite tangente à un cercle.* ‖ *Fam.* Qui est sur le point de se réaliser ; qui est sur le point d'obtenir. ● *Surfaces tangentes en un point,* surfaces qui admettent en ce point le même plan tangent.

tangente n. f. *Math.* Position limite d'une sécante PP′ à une courbe, lorsqu'un des points d'intersection P′ se rapproche indéfiniment de l'autre P en restant sur cette courbe. (P est alors le « point de contact » de la tangente à la courbe.) ‖ *Arg. scol.* Surveillant pendant les examens. ● *S'échapper par la tangente, prendre la tangente* (Fam.), se tirer d'affaire habilement, s'esquiver ; éluder par des faux-fuyants les arguments de son adversaire. ‖ *Tangente d'un angle* ou *d'un arc,* quotient du sinus par le cosinus de cet angle ou de cet arc (symb. : tg). ‖ *Tangente à une surface,* tangente à une courbe quelconque tracée sur celle-ci.

tangentiel [tɑ̃ʒɑ̃sjɛl], **elle** adj. *Math.* Qui est tangent ; relatif à la tangence ou aux tangentes. ● *Accélération tangentielle,* projection de l'accélération sur la tangente à la trajectoire. ‖ *Force tangentielle,* force dirigée suivant la tangente à la trajectoire.

tangentiellement adv. De façon tangentielle.

Tanger, port du Maroc, sur le détroit de Gibraltar ; 142 000 h.

● *Histoire.* Tanger, qui joua un rôle important dès l'époque romaine, appartint aux Portugais (1471-1661), puis aux Anglais (1661-1684) avant de retourner au Maroc. Guillaume II y fit en 1905 une déclaration, hostile à la France, en faveur de l'indépendance du Maroc. La ville devint une zone internationale dont le statut fut fixé en 1923. En 1940, elle fut réunie autoritairement au Maroc espagnol, mais les Espagnols durent l'évacuer en 1945. Le régime international fut aboli en 1956, et les privilèges économiques et fiscaux qui l'accompagnaient furent supprimés en 1960.

tangibilité n. f. Etat de ce qui est tangible.

tangible [tɑ̃ʒibl] adj. (du lat. *tangere,* toucher). Que l'on peut toucher : *les corps tangibles.* ‖ Sensible, réel : *un signe tangible.*

tangiblement adv. D'une façon tangible.

tango [tɑ̃go] n. m. (mot hispano-amér.). Danse à deux temps, venue de l'Amérique latine. (Elle se distingue par son rythme ondoyant et son caractère langoureux.) ‖ — Adj. inv. D'une couleur orange : *des étoffes tango.*

tangon [tɑ̃gɔ̃] n. m. (esp. *tangón*). *Mar.* Poutre mobile horizontale, établie perpendiculairement et à l'extérieur de la coque d'un navire, pour amarrer les embarcations.

tangue [tɑ̃g] n. f. Dépôt calcaire marin.
— ENCYCL. Dernier degré de la désagrégation des coquilles des mollusques et de la carapace des crustacés, la *tangue* constitue une fine poussière en suspension dans l'eau et qui se dépose dans les estrans, particulièrement dans les estuaires du Cotentin et de la Bretagne septentrionale. C'est sur cette tangue que se développe la végétation particulière que paissent les moutons de « présalé ». La tangue est utilisée comme amendement calcaire.

tanguer [tɑ̃ge] v. i. (du frison *tängeln,* vaciller). Etre soumis au tangage, en parlant d'un véhicule (navire, avion, voiture de chemin de fer, etc.).

tanguière n. f. Endroit où l'on recueille la tangue.

Tanguy (Yves), peintre américain d'origine française, né à Paris (1900-1955). Il est l'un des principaux représentants du surréalisme. (V. illustr. SURRÉALISME.)

tanière [tanjɛr] n. f. Cavité souterraine servant de repaire aux bêtes sauvages : *la tanière du lion.* ‖ Habitation misérable ou très retirée.

tanin ou **tannin** [tanɛ̃] n. m. (de *tan*). Substance contenue dans plusieurs organes végétaux (écorce de chêne, de châtaignier, noix de galle, etc.), qui rend les peaux imputrescibles, d'où son emploi dans la fabrication des cuirs. (Les tanins fournissent aussi des encres. Ils sont utilisés en médecine comme astringents toniques.)

Taninges (74440), ch.-l. de c. de la Haute-Savoie (arr. de Bonneville) ; 2 109 h. Meubles.

Tanis, v. de l'Egypte ancienne, dans le Delta. Résidence des rois hyksos et berceau de la XXIᵉ dynastie, elle fut peut-être la capitale de Ramsès II.

tanisage ou **tannisage** n. m. Action de taniser. (Le tanisage est utilisé en vinification.)

Phot. Picon - Afrique Photo, Basseau.

Tanjore, le Vimāna

taniser ou **tanniser** [tanize] v. t. Ajouter du tan à une poudre ou à un liquide. ‖ Ajouter du tanin à un vin ou à un moût.

Tanit, anc. déesse phénicienne, une des formes d'Ashtart, qui était adorée à Carthage.

Tanizaki (Junichirō), écrivain japonais, né à Tōkyō (1886-1965). Influencé par la culture occidentale, notamment par Baudelaire et Wilde, il se révèle au grand public comme rédacteur de la revue *Shinchō* (*Pensée nouvelle*). Se dégageant peu à peu du réalisme européen, il retrouve les formes d'expression traditionnelles dans des romans où il peint les conflits du monde moderne et de la civilisation ancestrale (*Neige fine*, 1948; *la Confession impudique*, 1956).

Tanjore ou **Tanjur,** v. de l'Inde (Tamizhagam); 115 500 h.

● *Hist.* et *Beaux-Arts.* Tanjore fut la dernière capitale de la dynastie des Chola. Elle fut pendant plusieurs siècles un des principaux centres politiques, religieux et artistiques de l'Inde. La ville possède notamment un grand temple çivaïte, dont le sanctuaire (*Vimāna*) remonte au XIe s.

tank [tɑ̃k] n. m. (mot angl. signif. *citerne*). Réservoir, citerne destinés à contenir un liquide : *les tanks d'un pétrolier.* ‖ Dans l'Inde, réservoir destiné à l'irrigation. ‖ *Mil.* Char de combat. ● *Tank destroyer,* engin blindé organisé pour la lutte contre les chars.

tanker [tɑ̃kœr] n. m. (mot angl.). Navire destiné au transport de produits pétroliers. (L'Administration préconise PÉTROLIER.)

tannage n. m. *Industr.* Action de tanner les cuirs; résultat de cette action.

— ENCYCL. Le *tannage* a pour but de transformer en cuir les peaux des animaux en vue de leur conserver, à l'état sec, toute la souplesse désirable. Les propriétés assurées par le tannage sont dues à la combinaison de la substance constitutive des fibres dermiques, le collagène, avec certains produits dits « matières tannantes ». Avant tout tannage, les peaux doivent subir une préparation, ou « travail de rivière », qui les réduit au derme, seul utilisable; elles prennent alors le nom de « peau en tripe ». Le *tannage végétal,* plus spécialement appliqué aux cuirs des gros bovins, était réalisé autrefois au moyen de l'écorce de chêne moulue, ou tan. Actuellement, on utilise des extraits concentrés, provenant surtout des bois du quebracho ou du châtaignier. L'invention des tanins artificiels a permis également de réaliser plus aisément un tannage végétal rapide. Le *tannage au chrome* s'applique plus particulièrement aux petites peaux et s'effectue en quelques heures, sous l'action de solutions de sulfate chromique basique. Le *tannage à l'alun* reste utilisé pour la ganterie, tandis que le *tannage aux huiles,* ou chamoisage, donne des peaux pour la ganterie, la gainerie, l'orthopédie et les usages domestiques. Les cuirs bruts de tannage, dits « cuirs en croûte », doivent subir le corroyage, qui leur confère la présentation et les propriétés nécessaires à leur utilisation.

tannant, e adj. Propre au tannage des cuirs : *écorces tannantes.* ‖ *Fam.* Qui importune, ennuie, fatigue.

Tannay (58190), ch.-l. de c. de la Nièvre (arr. de Clamecy); 746 h.

tanne [tan] n. f. Petite tumeur graisseuse qui se forme dans les pores de la peau.

tanné, e adj. Préparé par le tannage : *peau tannée.* ‖ De couleur semblable à celle du tan : *visage tanné par le soleil.*

tanné n. m. Couleur du tan.

tannée n. f. Vieux tan dépourvu de son tanin, et qui a servi à la préparation des cuirs.

Tannenberg, village de l'anc. Prusse-Orientale, auj. en Pologne. En 1410, victoire des Polonais et des Lituaniens sur les chevaliers Teutoniques et les Porte-Glaive. (V. GRUNWALD.) Au début de la Première Guerre mondiale, victoire remportée par les forces allemandes d'Hindenburg sur les forces russes de Samsonov, qui se suicida (26-29 août 1914).

tanner [tane] v. t. Transformer en cuir la peau naturelle brute des animaux, sous l'action chimique de tanins ou d'autres produits. ‖ *Fam.* Ennuyer, importuner.

tannerie n. f. Lieu où l'on tanne les cuirs. ‖ Industrie du tannage.

tanneur n. et adj. m. Celui qui tanne les cuirs. ‖ Celui qui vend des cuirs tannés.

Tannhäuser, poète allemand (v. 1205-1268). Chanteur errant, auteur de poèmes lyriques et de chansons, il est devenu le héros légendaire de récits populaires. — Opéra en 3 actes et 4 tableaux, paroles et musique de Wagner (1845).

tannin n. m. V. TANIN.

tannique adj. Qui contient du tanin.

tanniser v. t. V. TANISER.

Tannou-Touva. V. TOUVA.

tanrec ou **tenrec** [tɑ̃rɛk] n. m. Mammifère insectivore de Madagascar, au corps couvert de piquants. (Long. 35 cm.)

tan-sad [tansad] n. m. (de l'angl. *tan,* abrév. de *tandem,* et de *sad,* abrév. de *saddle,* selle). Siège supplémentaire d'une motocyclette, placé derrière la selle.

tant [tɑ̃] adv. (lat. *tantum;* de *tantus,* si grand). Une si grande quantité; un si grand nombre : *il a tant d'amis que...* ‖ Telle quantité : *il y aura tant pour vous.* ‖ A tel point : *il a tant mangé que...* ‖ Si longtemps : *j'ai tant marché.* ‖ Aussi longtemps : *tant que je vivrai.* ‖ Aussi loin : *tant que la vue peut s'étendre.* ‖ Tellement, si fréquemment : *tant va la cruche à l'eau qu'à la fin elle se casse.* ‖ — Loc. adv. **Tant mieux,** marque que l'on est satisfait d'une chose; **tant pis,** que l'on en est fâché. ‖ **Tant et plus,** beaucoup. ‖ **Tant soit peu, un tant soit peu,** si peu que ce soit. ‖ — Loc. conj. **En tant que,** comme, en qualité de. ‖ **Si tant est que,** supposé que. ‖ **Tant que,** aussi longtemps que. ‖ **Tant s'en faut que,** bien loin que.

Tantah ou **Tanṭā,** v. d'Egypte, au centre du delta du Nil; 230 000 h. Coton.

tantale [tɑ̃tal] n. m. Métal (Ta) de numéro atomique 73, très dur, dense (dens. = 16,6) et peu fusible, qui se présente habituellement sous forme de poudre noire brillante.

tantale n. m. Oiseau voisin de la cigogne, habitant l'Amérique, l'Afrique et l'Asie, à plumage blanc et noir.

Tantale. *Myth. gr.* Roi de Lydie. Ayant reçu la visite des dieux, il leur fit servir les membres de son propre fils, Pélops. Zeus le précipita dans le Tartare et le condamna à être sans cesse en proie à une soif et à une faim dévorantes.

tante [tɑ̃t] n. f. (de l'anc. fr. *ante;* du lat. *amita*). Sœur du père, de la mère, ou femme de l'oncle. ● *Ma tante* (Pop.), le mont-de-piété. | *Tante à la mode de Bretagne,* cousine germaine du père ou de la mère.

tantième [tɑ̃tjɛm] adj. Qui est représenté par le nombre *tant : soit à trouver la tantième partie d'un tout.* ‖ — N. m. Quote-part des bénéfices distribuables d'une société, versée aux administrateurs.

tantine n. f. *Fam.* Dimin. de TANTE.

tantinet [tɑ̃tinɛ] n. m. *Fam.* Très petite quantité : *un tantinet de pain* (vx). ‖ **— Un tantinet** loc. adv. *Fam.* Un peu : *il est un tantinet malin.*

tantôt [tɑ̃to] adv. (de *tant* et *tôt*). Dans peu de temps, en parlant de la même journée et du futur : *j'irai tantôt.* ‖ Il n'y a pas longtemps, en parlant du passé : *je l'ai vu tantôt.* ‖ Répété, exprime l'alternance, la succession : *tantôt il est d'un avis, tantôt il est d'un autre.* ‖ — N. m. *Le tantôt* (Pop.), l'après-midi.

tantrisme n. m. (du sanskrit *tāntra,* doctrine, règle). Ensemble de croyances et de rites relevant de l'hindouisme et du bouddhisme tardif.

Tanucci (Bernardo, *marquis*), homme d'Etat napolitain, né à Stia (Toscane) [1698-1783]. Ministre libéral du roi de Naples Ferdinand IV, il pratiqua le despotisme éclairé.

Tanzanie, en angl. **Tanzania,** république de l'Afrique orientale, sur l'océan Indien, membre du Commonwealth, formée en 1964 par l'union du Tanganyika et de Zanzibar; 939 702 km²; 13 630 000 h. (*Tanzaniens*). Cap. *Dar es-Salaam.* Langue : *souahéli.*

Géographie.

La Tanzanie continentale (anc. Tanganyika) juxtapose une plaine sédimentaire (s'élargissant vers le sud), bordant une côte basse et lagunaire, et un plateau cristallin, plus étendu, disloqué par des fractures qui ont donné naissance à des fossés d'effondrement (jalonnés par divers lacs, dont le lac Rukwa) et au volcanisme (intense dans le Nord, où se trouve le Kilimandjaro, point culminant de l'Afrique). Le climat est constamment chaud, tempéré toutefois localement par l'altitude; les moyennes thermiques mensuelles oscillent généralement entre 20 et 26 °C. La hauteur des précipitations varie entre 600 et 1 200 mm (davantage dans les îles de Zanzibar et de

tantale

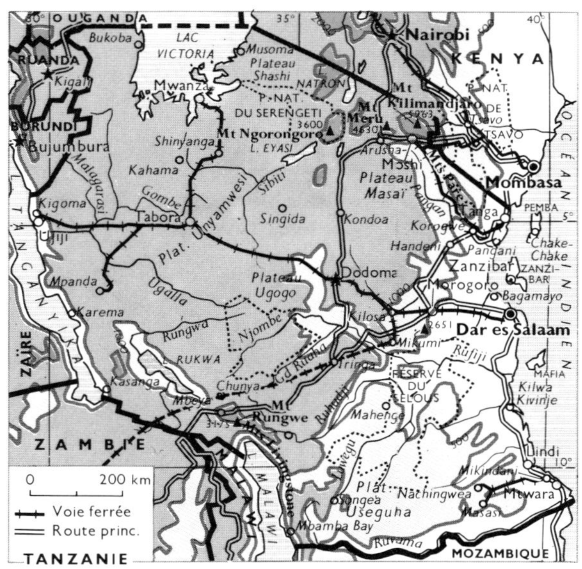

Tanzanie
séchage des fibres de sisal

Phot. India-Office, Dragesco, Almasy.

Tanzanie, rives du lac Rukwa

Pemba); une saison hivernale (été austral) s'oppose toujours à un hiver presque sec. La végétation est variée, mais la forêt et la savane dominent cependant.
La population, formée de divers groupes bantous, comprend des minorités de pasteurs hamites (Masaïs), d'Indiens et d'Arabes. Elle se concentre en bordure du lac Victoria et des massifs volcaniques, sur le littoral septentrional et dans les îles de Zanzibar et de Pemba. Dar es-Salaam et Zanzibar, les deux ports, sont aussi les seules villes importantes.
L'agriculture, fondement de l'économie, fournit plus de la moitié du produit intérieur brut. Le mil, le manioc et la patate sont les principales cultures alimentaires. L'élevage est important (bovins surtout).
Parmi les cultures commerciales émergent le café (sur les pentes du Kilimandjaro), le coton (près du lac Victoria), le giroflier (Pemba et Zanzibar) et surtout le sisal (région de Tanga). La forêt, qui recouvre environ le tiers de la superficie totale (le dixième pour les cultures), fournit notamment des bambous.
L'industrie, en dehors de la raffinerie de pétrole de Dar es-Salaam, est limitée à la valorisation des produits du sol. Le sous-sol fournit de l'or et surtout des diamants. Le sisal, le coton, le café, les diamants et le clou de girofle sont les principaux produits d'exportation. Parmi les importations dominent naturellement les articles industriels. La Grande-Bretagne est le principal partenaire commercial du pays, qui forme une union douanière avec le Kenya et l'Ouganda. La balance commerciale est excédentaire, mais le solde positif ne doit pas faire illusion.

Histoire.

La République unie de Tanzanie est issue de la fusion du Tanganyika et de Zanzibar en avril 1964. J. K. Nyerere en est le président. Sa politique extérieure est marquée par le rapprochement avec les mouvements révolutionnaires africains, sans renoncement à l'aide économique occidentale, parallèlement à une certaine aide de la Chine populaire. La politique à tenir vis-à-vis de la Rhodésie l'amène à rompre temporairement ses liens avec la Grande-Bretagne (1965-1968).

Tao n. m. (mot chinois signif. *Voie*). Dans l'ancienne philosophie chinoise, principe d'ordre qui fait l'unité et l'univers.

taoïsme [taɔism] n. m. Système philosophique et religieux des Chinois, amalgame du culte des esprits de la nature et des ancêtres, des doctrines de Lao-tseu et de croyances diverses. (Les livres fondamentaux du taoïsme philosophique ont été composés vers le IVe s. av. J.-C. Le taoïste aspire à s'unir par la réflexion, la contemplation, puis l'extase à la réalité suprême; uni au Tao, il s'échappe du monde illusoire et obtient l'immortalité.)

taoïste n. Personne qui pratique le taoïsme. ‖ Adj. Qui le concerne.

taon [tɑ̃] n. m. (lat. *tabanus*). Mouche dont la femelle pique l'homme et les bestiaux, et leur suce le sang. (Long. 10 à 25 mm.)

Taormina, v. d'Italie (Sicile); 9 000 h. Ruines antiques (théâtre grec du IIIe s. av. J.-C., agrandi par les Romains) dans un site magnifique, près de l'Etna.

tapage [tapaʒ] n. m. Bruit tumultueux : *faire du tapage.* (Syn. : BROUHAHA, FRACAS, TINTAMARRE, VACARME.)

tapager v. i. Faire du tapage.

tapageur, euse adj. et n. Qui fait, qui a l'habitude de faire du tapage : *un enfant tapageur.* ‖ — Adj. *Fig.* Qui recherche et affecte l'éclat : *luxe tapageur; toilette tapageuse.*

tapageusement adv. De façon tapageuse.

Tapajós, riv. du Brésil, affl. de l'Amazone (r. dr.); 1 980 km.

tapant, e adj. *Fam.* Sonnant : *midi tapant.*

tape n. f. (de *taper*). Coup donné avec la main. ‖ Bouchon servant à fermer un écubier, une bitte creuse, la bouche d'un canon.

tapé, e adj. *C'est bien tapé* (Fam.), c'est bien fait, bien mérité. ‖ *Poire, pomme tapée,* aplatie et séchée au four.

tape-à-l'œil adj. inv. *Fam.* Frappant, voyant. ‖ — N. m. inv. : *c'est du tape-à-l'œil.*

tapecul [tapky] n. m. Voiture cahotante. ‖ Tilbury à deux places. ‖ *Mar.* Voile trapézoïdale appliquée au mât établi tout à fait à l'arrière et dont le gui déborde généralement de la coque.

tapée n. f. *Fam.* Grande quantité, ribambelle : *une tapée d'enfants.*

taper [tape] v. t. (onomatop.). Donner un coup. (Syn.* : BATTRE, FRAPPER.) ‖ *Fam.* Emprunter de l'argent. ‖ Ecrire à la machine. ‖ — V. i. Porter des coups : *taper du pied.* ● *Taper dans l'œil* (Fam.), plaire.

tapette n. f. Petit objet servant à taper. ‖ Manière de jouer aux billes en les tapant contre un mur. ‖ Tampon de graveur. ‖ *Fam.* Langue : *avoir une fière tapette.* ‖ *Vulg.* Homosexuel.

tapeur, euse n. *Fam.* Personne qui emprunte souvent de l'argent.

tapin [tapɛ̃] n. m. *Faire le tapin* (Pop.), en parlant d'une prostituée, faire le trottoir.

tapinois (en) [ɑ̃tapinwa] loc. adv. (de l'anc. fr. *tapin,* qui se dissimule). Sournoisement, en cachette, à la dérobée.

tapioca [tapjɔka] n. m. (mot portug.; d'une langue du Brésil). Fécule que l'on retire de la racine de manioc et dont on fait un potage. ‖ Potage ainsi préparé.

tapir [tapir] n. m. (mot d'une langue du Brésil). Mammifère de l'Asie tropicale et d'Amérique, portant une trompe courte. (Ordre des ongulés, sous-ordre des périssodactyles. Long. 2 m.) [V. illustr. MAMMIFÈRES* ONGULÉS.] ‖ *Arg. scol.* Elève auquel un professeur donne des leçons particulières.

tapir (se) [sətapir] v. pr. (francique **tappjan*). Se cacher en se tenant courbé, ramassé, accroupi.

tapis [tapi] n. m. (gr. *tapêtion*). Pièce d'étoffe dont on couvre une table, un parquet. (V. *encycl.*) ‖ Ce qui forme comme un tapis : *tapis de gazon.* ‖ Table autour de laquelle se réunissent des personnes pour délibérer. ● *Aller au tapis,* en boxe, être envoyé au sol. ‖ *Amuser le tapis,* entretenir la société de choses plaisantes. ‖ *Etre sur le tapis,* faire le sujet de l'entretien ou de l'examen. ‖ *Mettre une affaire sur le tapis,* la proposer pour l'examiner. ‖ *Tapis roulant,* appareil transporteur pour personnes ou marchandises. ‖ *Tapis vert,* table de jeu recouverte d'un tapis vert.
— ENCYCL. Les *tapis* sont soit exécutés à la main, soit fabriqués mécaniquement. Les *tapis exécutés à la main* sont pratiquement tous à « points noués ». Ils sont définis par le nombre de rangées de nœuds qu'ils comportent par mètre de tapis. Les *tapis mécaniques* comprennent les tapis à velours, composés d'un velours et d'un dossier, et les tapis sans velours. Les tapis à velours groupent les tapis tissés et les tapis non tissés. Les tapis tissés ont leur dossier composé d'une chaîne de liage, faite de fils de coton, d'une trame de jute, ou duite, enserrée par les fils de la chaîne de liage, et d'une chaîne de fond, dite « de force » ou « volante », parallèle à la première. Les fils du velours proviennent soit d'une chaîne (tapis unicolores), soit de bobines individuelles (tapis jacquard). Les tapis non tissés sont de différentes sortes : tapis à points noués mécaniques; tapis brodés, obtenus par piquage du fil de velours sur une toile; tapis nappés, fabriqués en plissant une nappe de fils, puis en revêtant une des faces d'un enduit sur lequel est collée une toile de jute qui formera le dossier; tapis floqués, réalisés par une implantation verticale de fibres; tapis tricotés, réalisés sur métier de bonneterie, etc. Les tapis sans velours sont produits sur un métier à tisser ordinaire et ont l'apparence d'une très grosse toile. Les tapis d'Avignon sont obtenus par foulage d'un tissu et par tonte de la face endroit, qui présente ainsi un aspect « poil couché ».

taon

tapis-brosse n. m. Tapis de fibres végétales, à poils durs et serrés. ‖ Pl. des *tapis-brosses.*

tapisser v. t. Revêtir, orner d'une tapisserie ou d'un papier de tenture : *tapisser une chambre.* ‖ Couvrir et revêtir une surface.

tapisserie [tapisri] n. f. Pièce de tissu décoratif, tendant un mur ou couvrant un meuble, fabriquée au métier en entrecroisant deux séries parallèles de fils et où figures et ornements font une partie intégrante de la trame. ‖ Ouvrage fait à l'aiguille sur du canevas. ‖ Art, métier du tapissier. ‖ Papier que l'on étend sur les murs. ● *Faire tapisserie,* se dit d'une personne qui assiste à un bal sans y prendre part.
— ENCYCL. La véritable *tapisserie* est un genre particulier de tissage, exécuté à la main sur métier, dans lequel le motif se forme en même temps que le tissu, au fur et à mesure de la pose des fils de trame (fils teintés, généralement de laine, parfois de soie, d'argent ou d'or), tassés de manière à enrober les fils de chaîne (armature invisible au stade final). Selon la position, horizontale ou verticale, des fils de chaîne, les métiers sont dits *de basse* ou *de haute lisse.* Dans les deux techniques, les praticiens travaillent à l'envers du tissage; fonction de la grosseur des laines, du sujet, de la variété des coloris, la production demeure toujours très lente, mais particulièrement celle du *haut-lissier,* qui, en revanche, compare un peu plus facilement que le *bas-lissier* l'évolution de son travail par rapport au modèle dessiné, ou *carton,* que tous deux transcrivent dans le textile. En dehors du cas où l'artiste et le lissier sont une seule et même personne, il importe qu'une collaboration s'établisse entre eux afin, d'une part, que soit respectée la spécificité d'art *décoratif* de la tapisserie, d'autre part que les intentions du *peintre cartonnier* ne soient pas trahies.

tapissier, ère n. Personne qui fabrique, vend ou pose les tapis et tentures servant à décorer les appartements.

tapissière [tapisjɛr] n. f. Voiture hippomobile légère, munie d'un toit, mais ouverte sur les côtés, qui servait au transport des meubles, des tapis.

tapon [tapɔ̃] n. m. *Fam.* Morceau d'étoffe, de linge, chiffonné, qui forme une sorte de bouchon.

tapoter [tapɔte] v. t. *Fam.* Donner avec la main de petits coups à plusieurs reprises.

taquer [take] v. t. *Arts graph.* Egaliser les lettres d'une forme au moyen du taquoir.

taquet [takɛ] n. m. (onomat.). Petit morceau de bois taillé, qui sert à tenir provisoirement en place un objet. ‖ *Mar.* Pièce de bois ou de métal pour amarrer les cordages. ‖ *Technol.* Pièce servant d'arrêt, de butée.

taquin [takɛ̃], **e** [-in] adj. et n. (ital. *taccagno,* avare). Qui aime à taquiner, à contrarier.

taquin n. m. Jeu de combinaisons, consistant à ranger par simple glissement des plaques numérotées, étroitement juxtaposées.

taquiner v. t. Harceler légèrement pour agacer.

taquinerie n. f. Caractère d'une personne taquine. ‖ Action de celui qui taquine.

taquoir [takwar] n. m. *Arts graph.* Morceau de bois tendre et bien plan, pour égaliser les caractères qui entrent dans la composition d'une forme.

tarabiscot [tarabisko] n. m. (orig. obscure). Petite cavité ménagée entre deux moulures. ‖ Outil servant à creuser cette cavité.

tarabiscoter v. t. Orner, façonner à l'excès (surtout au passif) : *décoration tarabiscotée.*

tarabuster [tarabyste] v. t. (de l'anc. provenç. *tabustar,* faire du bruit). *Fam.* Tracasser sans cesse; importuner.

tarage n. m. Action de tarer.

tarantass [tarɑ̃tas] n. m. Sorte de voiture rustique à quatre roues, employée en Russie.

Tarapur, v. de l'Inde, au nord de Bombay. Centrale nucléaire.

tarare [tarar] n. m. Appareil composé d'un ventilateur et de cribles, utilisé pour le nettoyage des grains après battage.

Tarare (69170), ch.-l. de c. du Rhône (arr. de Villefranche-sur-Saône); 12 424 h. (*Katariens*). Textiles.

Taras (John), danseur, maître de ballet et chorégraphe américain d'origine russe, né à New York en 1919. Maître de ballet dans de nombreuses compagnies (Markova-Dolin, Grand Ballet du marquis de Cuevas, New York

Phot. Almasy, Jacques Six.

City Ballet), il est l'auteur de ballets originaux : *Designs with Strings* (1948), *Piège de lumière* (1952), *Ebony Concerto* (1960).

Tarascon (13150), ch.-l. de c. des Bouches-du-Rhône (arr. d'Arles); 10 857 h. (8 848 aggl.) [*Tarasconnais*]. Château fort (XIVe-XVe s.).

Tarascon-sur-Ariège (09400), ch.-l. de c. de l'Ariège (arr. de Foix), au confluent de l'Ariège et du Vicdessos; 3 901 h. Aluminium.

Tarasp, station climatique et thermale de la Suisse (Grisons), dans la vallée de l'Inn.

tarasque [tarask] n. f. (provenç. *tarasco;* de *Tarascon*). Sorte de mannequin représentant un animal monstrueux, que l'on promenait à la Pentecôte et le jour de la fête de sainte Marthe dans quelques villes du midi de la France, et particulièrement à Tarascon.

Tarass Boulba, récit de Gogol' (1835). Le vieux chef cosaque Tarass Boulba tue son fils Andreï, qui, par amour pour une Polonaise, a trahi son pays et les siens.

taratata! [taratata] interj. *Fam.* Marque le dédain, l'incrédulité, le doute.

taraud [taro] n. m. (altér. de l'anc. fr. *tarel;* d'orig. gauloise). Outil à main ou machine-outil servant à effectuer des filetages à l'intérieur des trous de faible diamètre, destinés à recevoir des vis.

taraudage n. m. Exécution d'un filetage à l'aide d'un taraud sur les parois d'un trou cylindrique. || Trou cylindrique dont les parois portent un filetage.

tarauder [tarode] v. t. Exécuter un filetage à l'intérieur d'un trou à l'aide d'un taraud.

taraudeuse n. f. Machine-outil servant à tarauder mécaniquement.

Tarbes (65000), ch.-l. du dép. des Hautes-Pyrénées, sur l'Adour, à 778 km au sud-ouest de Paris; 59 432 h. (*Tarbais*). Evêché. Cathédrale (XIIIe-XVIIIe s.). Patrie de Th. Gautier et de Foch. En bordure des Pyrénées, ancien centre commercial et ville de garnison, Tarbes est aujourd'hui fortement industrialisé (constructions mécaniques, électriques et aéronautiques). Sa population s'est accrue de plus de 40 p. 100 entre 1954 et 1962. — L'arr. a 12 cant., 225 comm., 132 304 h.

tarbouch ou **tarbouche** [tarbuʃ] n. m. Coiffure des Turcs et des Grecs : *le tarbouch est un bonnet rouge, qui porte un gland de soie bleue.*

tard [tar] adv. (lat. *tarde,* lentement). Après un temps long ou relativement long : *la raison vient tard aux hommes.* || A une heure très avancée de la journée, de la nuit : *se coucher tard.* ● *Tôt ou tard,* un jour ou l'autre. || — N. m. *Sur le tard,* à une heure avancée de la soirée; et, au *fig.*, vers la fin de la vie : *s'assagir sur le tard.*

Tardenois, petit pays de l'anc. France, entre la Vesle et la Marne.

tarder [tarde] v. i. (lat. *tardare*). Etre lent à venir : *pourquoi avez-vous tant tardé?* || — V. t. ind. [**à**]. Différer de faire une chose : *ne tardez pas à remplir un devoir.* || — V. impers. *Il me tarde de...,* j'attends avec impatience de...

Tardets-Sorholus [-dɛ, -lys] (64470), ch.-l. de c. des Pyrénées-Atlantiques (arr. d'Oloron-Sainte-Marie); 915 h.

Tardieu (André), homme politique français, né à Paris (1876-1945). Plusieurs fois ministre et deux fois président du Conseil (1929-1930 et 1932), il marqua de sa forte personnalité la législature 1928-1932, s'efforçant de moderniser l'économie française.

tardif, ive adj. Qui vient tard : *regrets tardifs.* || Qui se développe lentement : *esprit tardif.* ● *Fruits tardifs,* fruits qui mûrissent après les autres de la même espèce.

tardigrades [tardigrad] n. m. pl. (lat. *tardus,* lent, et *gradi,* marcher). Autre nom des *paresseux* (édentés). || Minuscules animaux, vivant pour la plupart dans les mousses et qui semblent proches des ancêtres des arthropodes. (Ils n'ont cependant ni anneaux ni articles, mais ils possèdent quatre paires de pattes, un système nerveux ventral, des yeux, un développement par mues; ils ont le pouvoir d'entrer en vie ralentie par *anhydrobiose* lorsque la mousse se dessèche et de reprendre une vie active, plusieurs années après, par *reviviscence*.)

tardillon, onne n. *Fam.* Dernier-né tardivement venu dans une famille.

tardivement adv. De façon tardive.

tardiveté n. f. *Jard.* Croissance tardive.

tare [tar] n. f. (ital. *tara,* déchet). Poids propre de l'emballage d'une marchandise : *la tare ajoutée au poids net fournit le poids brut.* || *Fig.* Défectuosité physique ou morale, congénitale ou acquise, présentée par un homme ou par un animal domestique. ● *Faire la tare,* placer dans un plateau d'une balance de quoi équilibrer exactement ce qui se trouve dans l'autre plateau.

taré, e adj. (de *tare*). Vicié, corrompu.

Tarentaise, région des Alpes françaises, formée par la vallée supérieure de l'Isère. V. pr. *Bourg-Saint-Maurice* et *Moûtiers.* Elevage de bovins (race « tarine »). Aménagements hydro-électriques (Tignes, Malgovert).

Tarente, port d'Italie (Pouilles), sur le golfe du même nom, formé par la mer Ionienne; 215 000 h. Archevêché. Sidérurgie. Raffinerie de pétrole.
● *Histoire.* Colonie fondée par des exilés de Sparte (v. 708 av. J.-C.), Tarente fut, après la ruine de Sybaris, la première cité de Grande-Grèce. Au IVe s. av. J.-C., les pythagoriciens étaient solidement installés au gouvernement (Archytas). Tarente tomba en 272 av. J.-C. au pouvoir de Rome, qu'elle trahit pendant la seconde guerre punique. A l'époque romaine, son port souffrit de la concurrence de Brindes (Brindisi). Elle périclita par suite des incursions arabes, mais, après l'ouverture du canal de Suez, elle reprit de l'importance en tant que port militaire. Victoire aéronavale anglaise (1940).

tarentelle [tarɑ̃tɛl] n. f. Danse vive et air à danser de l'Italie méridionale.

tarentin [tarɑ̃tɛ̃], **e** [-in] adj. et n. De Tarente.

tarentule [tarɑ̃tyl] n. f. (ital. *tarantola*). Nom usuel d'une grosse araignée du genre *lycose,* commune aux environs de Tarente. (Sa piqûre passait pour causer un grand assoupissement ou une profonde mélancolie, qu'on ne pouvait dissiper qu'en s'agitant. De là cette locution : *être piqué de la tarentule,* être violemment excité.)

tarer v. t. Peser le contenant, l'enveloppe d'une marchandise emballée, et défalquer ce poids du poids total pour obtenir le poids net.

taret [tarɛ] n. m. Mollusque marin qui creuse des galeries dans le bois des bateaux, des pilotis. (Long. jusqu'à 30 cm; la coquille étant très réduite; classe des bivalves.)

Tarfaya, v. du Maroc méridional, près du cap Juby; 6 000 h. Ch.-l. de la province qui correspond à l'ancien Maroc espagnol méridional.

targe [tarʒ] n. f. (francique **targa*). Petit bouclier en usage au Moyen Age.

targette [tarʒɛt] n. f. Petit verrou plat, monté sur une plaque, et servant à fermer de l'intérieur une porte ou une fenêtre.

Targon (33760), ch.-l. de c. de la Gironde (arr. de Langon); 1 132 h. (418 aggl.).

Târgovişte. V. TÎRGOVIŞTE.

Targowica ou **Targovitsa,** village galicien d'Ukraine. Une confédération y fut fondée en 1792 par des conservateurs polonais, avec l'appui de la Russie, en vue de combattre l'œuvre de réforme entreprise par les patriotes polonais.

targuer (se) [sətarge] v. pr. (ital. *targarsi;* du fr. *targe*). Se vanter avec arrogance; se glorifier de : *se targuer de ses richesses.*

targui [targi], **e** adj. et n. V. TOUAREGS.

Tărgu Mureş. V. TÎRGU MUREŞ.

taricheute [tarikøt] n. m. (d'un mot gr.). Embaumeur, chez les anciens Egyptiens.

tarière [tarjɛr] n. f. (empr. au gaul.). Grande vrille de charpentier, de charron, pour faire des trous dans le bois. || Organe allongé, situé à l'extrémité de l'abdomen des femelles de certains insectes et permettant le dépôt des œufs dans le sol, les végétaux, etc. (Syn. OVISCAPTE.)

tarif [tarif] n. m. (ital. *tariffa,* empr. à l'arabe). Tableau indiquant le coût des marchandises, le montant des droits de douane ou des émoluments dus aux officiers ministériels, le prix des transports, etc. ● *Tarif de responsabilité,* montant des honoraires des médecins ou autres praticiens et taux du prix de journée d'hospitalisation, qui servent de base au calcul des prestations en nature des assurances maladie et maternité versées par les caisses de sécurité sociale.

Tarifa, place forte d'Espagne (Andalousie), sur le détroit de Gibraltar; 18 100 h.

tarifaire adj. Relatif au tarif.

tarifer v. t. Etablir le tarif de.

tarification n. f. Action de tarifer.

Tarim (le), fl. de Chine, dans le Sin-kiang; 2 000 km. Il descend du Karakoram, s'appauvrit en s'éloignant de sa source et s'achève dans la dépression du Lob-nor.

tarin [tarɛ̃] n. m. Oiseau passereau vivant dans les bois d'Europe occidentale l'hiver, à plumage jaune verdâtre rayé de noir. (Long. 12 cm. On peut l'élever en cage, ainsi que certains tarins exotiques.) || *Pop.* Nez.

Ṭāriq ibn Ziyād, chef berbère qui franchit le détroit de Gibraltar et remporta en 711 une victoire sur le roi wisigoth Rodéric.

tarir [tarir] v. t. (francique **tharrjan*). Mettre à sec : *la sécheresse tarit les puits.* || *Fig.* Faire cesser : *tarir ses larmes.* || — V. i. Etre à sec : *la source a tari tout à coup.* || *Fig.* Cesser : *ses pleurs ne tarissent pas.* ● *Ne pas tarir sur,* ne pas cesser de parler de : *ne pas tarir d'éloges sur quelqu'un.*

tarissable adj. Qui peut se tarir.

tarissement n. m. Dessèchement.

tarlatane [tarlatan] n. f. Etoffe de coton claire, très légère et très apprêtée.

tarmacadam [tarmakadam] n. m. (angl. *tar,* goudron, et de *macadam*). Matériau destiné au revêtement des chaussées et constitué par des pierres cassées enrobées dans une émulsion de goudron.

Tarn (le), riv. du sud de la France; 375 km. Né au sud du mont Lozère, il traverse les Grands Causses en de pittoresques cañons (entre Sainte-Enimie et Peyreleau), arrose Millau, Albi, Gaillac, Montauban, Moissac, et se jette dans la Garonne (r. dr.).

Tarn (*dép. du*) [**81**], dép. du sud-ouest de la France; préf. *Albi;* s.-préf. *Castres;* 2 arr., 42 cant., 326 comm.; 5 751 km²; 332 000 h. (*Tarnais*). Le dép. s'étend au nord-est et à l'est sur les confins du Massif central : *Ségala,* transformé en terre à blé par le chaulage; *monts de Lacaune,* où s'est développé l'élevage des brebis; hauteurs du *Sidobre* et de la *Montagne noire,* souvent forestières, séparées par la vallée du Thoré. Le centre et l'ouest appartiennent au bassin d'Aquitaine (*Lauragais* et surtout *Albigeois*). Plateaux et collines sont le domaine de la polyculture à base céréalière (à laquelle est fréquemment associé l'élevage des brebis) et sont entaillés par les vallées du Tarn et de l'Agout, qui portent des cultures maraîchères et, localement, des vignobles (Gaillac). L'industrie emploie plus des deux cinquièmes de la population active (le quart, pour l'agriculture). Elle

ci-dessus, à droite
Tarbes

tarentule

tarare

Phot. Jacques Six, Ets Denis-Baire, Photothèque française.

est principalement représentée par la métallurgie, la chimie, la verrerie, nées de l'extraction houillère (région d'Albi et de Carmaux), les textiles (Castres), le délainage des peaux (Mazamet) et la mégisserie (Graulhet).

Tarn-et-Garonne (*dép. de*) [**82**], dép. du bassin d'Aquitaine ; préf. *Montauban ;* s.-préf. *Castelsarrasin ;* 2 arr., 28 cant., 195 comm. ; 3 716 km²; 183 600 h. Entre le *bas Quercy,* domaine de la polyculture et de l'élevage, et la *Lomagne,* surtout consacrée au blé, la vaste plaine alluviale formée au confluent de la Garonne et du Tarn (grossi de l'Aveyron) constitue la partie vitale du dép. Elle porte des cultures céréalières (blé, maïs), fruitières (prunes, chasselas, pêches, pommes), maraîchères (oignons, artichauts, etc.), des prairies (dans les vallées). L'industrie tient une place peu importante ; elle emploie le quart de la population active, et est représentée par des conserveries, quelques usines textiles et mécaniques, et, à Montauban, par des constructions électriques. Sa faiblesse explique la persistance de l'émigration.

Tarnier (Etienne, dit **Stéphane**), chirurgien-accoucheur français, né à Aiserey (Côte-d'Or) [1828-1897]. Un des premiers, il appliqua les idées de Pasteur et de Lister à l'obstétrique et inventa un forceps à tracteur.

Tarnos (40220), comm. des Landes (arr. de Dax) ; 5 144 h. Constructions mécaniques. Engrais.

Tărnovo ou **Tirnovo,** v. de Bulgarie, sur la Jantra ; 27 800 h. Cap. du deuxième royaume bulgare.

Tarnów, v. de la Pologne méridionale ; 76 500 h. Industries mécaniques et chimiques.

taro [taro] n. m. Nom donné à des plantes cultivées dans les régions tropicales pour leurs tubercules comestibles. (Famille des aracées.)

taroté, e adj. *Cartes tarotées,* dont le dos, ou revers, est orné de grisaille en compartiments, comme les tarots.

tarots [taro] n. m. pl. ou **tarot** n. m. (ital. *tarocco*). Jeu de soixante-dix-huit cartes, plus longues et marquées d'autres figures que les cartes ordinaires. ‖ Jeu qu'on joue avec ces cartes.

tarpan [tarpɑ̃] n. m. Race de cheval domestique retournée à l'état sauvage, dans l'Asie occidentale.

Tarpeia, jeune Romaine qui livra aux Sabins la citadelle de Rome, puis fut tuée par eux.

Tarpéienne (*roche*), rocher d'où l'on précipitait les criminels à Rome. (V. CAPITOLE.)

tarpon [tarpɔ̃] n. m. Poisson des régions chaudes de l'Atlantique (Floride), pouvant remonter les fleuves et dont les écailles sont recherchées dans l'ornementation. (Long. 2 m.)

Tarquin l'Ancien, cinquième roi de Rome, d'origine étrusque, que la tradition fait régner de 616 à 579 av. J.-C. Il introduisit à Rome la culture hellénique et exécuta de grands travaux. Il fut assassiné par les fils d'Ancus.

Tarquin le Superbe, septième et dernier roi de Rome, que la tradition fait régner de 534 à 509 av. J.-C. Il fut renversé par une révolution qui éclata quand son fils Sextus (m. en 496 av. J.-C.) fit violence à Lucrèce.

Tarquinia, v. d'Italie. Elle fut peut-être la plus grande cité étrusque. Il en reste la nécropole, dont les tombeaux sont ornés de remarquables peintures. Musée.

Tarraconaise, prov. septentrionale de l'Espagne romaine.

Tarragone, en esp. **Tarragona,** port d'Espagne (Catalogne), sur la Méditerranée ; 47 000 h. Murs cyclopéens, ruines romaines. Cathédrale des XIIe-XIIIe s. (portail sculpté), avec cloître. Riche musée archéologique. Raffinerie de pétrole. Industries chimiques.

Tarrasa, v. d'Espagne (Catalogne) ; 130 500 h. Industries textiles et mécaniques.

tarse [tars] n. m. (gr. *tarsos*). Région postérieure du squelette du pied, formée, chez l'homme, de sept os, dits *os tarsiens.* (On distingue le *tarse postérieur,* formé de l'astragale et du calcanéum [qui forme le talon], et le *tarse antérieur,* formé du scaphoïde, du cuboïde et des trois cunéiformes [qui concourent, avec les métatarsiens, à former la voûte plantaire].) ‖ Lame fibreuse maintenant

Tartaglia

tendue la paupière. ‖ Dernière partie de la patte des insectes, formée de deux à cinq petits articles.

tarsectomie [tarsɛktɔmi] n. f. Ablation chirurgicale des os du tarse.

tarsien, enne adj. Qui concerne le tarse : *os tarsiens.*

tarsiens n. m. pl. Sous-ordre de mammifères primates, nombreux à l'ère tertiaire, représentés de nos jours par le tarsier.

tarsier [tarsje] n. m. Mammifère de Malaisie, nocturne, à grands yeux. (Long. 15 cm, sans la queue ; sous-ordre des tarsiens.)

Tarsus, v. de Turquie, à l'ouest d'Adana ; 78 000 h. Vestiges de l'antique *Tarse,* patrie de saint Paul.

Tartaglia (Niccolo FONTANA, dit), mathématicien italien, né à Brescia (v. 1499-1557). Le premier, il appliqua les mathématiques à l'art militaire et à l'artillerie. Il est surtout connu pour ses travaux sur l'équation du troisième degré, dont il établit la théorie complète et que Cardan, auquel il avait communiqué sa découverte, s'empressa d'exposer dans son *Ars magna,* ce qui donna lieu à de violentes querelles.

tartan [tartɑ̃] n. m. (mot angl. ; de *Tartarie*). Etoffe de laine, à larges carreaux de diverses couleurs, très employée en Ecosse. ‖ Vêtement, châle de cette étoffe.

Tartan n. m. (marque déposée). Aggloméré d'amiante, de matière plastique et de caoutchouc, inaltérable à l'eau, servant de revêtement pour les pistes d'athlétisme.

tartane [tartan] n. f. (anc. provenç. *tartana*). Petit bâtiment de la Méditerranée, portant un grand mât avec voile sur antenne et un beaupré.

tartare adj. *Sauce tartare,* sorte de mayonnaise fortement relevée à la moutarde.

Tartare. *Myth. gr.* Le fond des Enfers.

Tartares. V. TATARS.

Tartarie (*détroit,* anc. *manche de*), détroit du Pacifique, séparant du continent l'île de Sakhaline.

Tartarin de Tarascon (*les Aventures prodigieuses de*), roman d'A. Daudet (1872). Pour mériter la réputation que lui valent d'illusoires récits de chasse, un naïf Tarasconnais part pour l'Algérie, où il finit par tuer un lion apprivoisé. Ses aventures se continuent dans *Tartarin sur les Alpes* (1885) et *Port-Tarascon* (1890).

tartarinade [tartarinad] n. f. (de *Tartarin*). *Fam.* Vantardise (vx).

Tartas (40400), ch.-l. de c. des Landes (arr. de Dax) ; 2 952 h. (1 844 aggl.) [*Tarusates*]. Papeterie.

tarte [tart] n. f. (variante de *tourte*). Pâtisserie plate en pâte brisée, garnie de crème, de confitures, de fruits, etc. : *tarte aux pommes.* ● *Tarte à la crème* (Fig.), idée toute faite, point de vue d'une grande banalité.

tartelette n. f. Petite tarte.

tartine n. f. (de *tarte*). Tranche de pain recouverte de beurre, de confiture, etc. ‖ *Fam.* Longue tirade, long article.

tartiner v. t. Mettre du beurre, de la confiture, etc., sur une tranche de pain.

Tartini (Giuseppe), violoniste et compositeur italien, né à Pirano (1692-1770), maître de chapelle à Padoue. On lui doit des concertos et des sonates pour son instrument (*le Trille du diable*) et des traités concernant le violon.

Tartou, anc. **Dorpat,** v. de l'U. R. S. S. (Estonie) ; 84 000 h. Université.

tartrate n. m. *Chim.* Sel de l'acide tartrique : *tartrate de potassium.*

tartre [tartr] n. m. (orig. obscure). Dépôt salin que laisse le vin dans l'intérieur des tonneaux. ‖ Croûte dure et insoluble, formée de calcaire, qui se dépose sur les parois des chaudières, des canalisations d'eau ou de vapeur, etc. ● *Crème de tartre,* tartrate acide de potassium, qui provient du tartre purifié des tonneaux. ‖ *Tartre dentaire,* sédiment complexe, formé de sels minéraux et de matières organiques, qui se dépose sur l'émail et le cément des dents.

tartré, e adj. Additionné de tartre.

tartreux, euse adj. De la nature du tartre.

tartrique adj. *Acide tartrique,* acide extrait du tartre.

tartufe [tartyf] n. m. Faux dévot, hypocrite.

tartuferie n. f. Affectation de beaux sentiments.

Tartuffe (*le*), ou **Tartufe,** comédie de Molière, en 5 actes et en vers. Jouée aux fêtes de l'Ile enchantée en 1664 dans une version en 3 actes, puis en 1667 sous le titre de *l'Imposteur,* interdite ensuite par le président Lamoignon, la pièce ne fut autorisée définitivement qu'en 1669. L'hypocrite Tartuffe masque ses instincts et sa cupidité sous les dehors de l'ascétisme et de la dévotion. Il gouverne absolument l'esprit et la maison du bourgeois Orgon, qui lui fait une donation générale de ses biens. Démasqué par la femme de son hôte, qu'il tente de séduire, il parle en maître et veut expulser Orgon et sa famille d'un logis qui est devenu légalement le sien. Mais la justice du roi fait saisir l'imposteur au moment où il croit triompher.

Tarvis (*col de*), en ital. **Tarvisio,** col des Alpes, reliant l'Italie (Frioul) à l'Autriche (Carinthie) ; 812 m.

Tarzan, personnage imaginaire popularisé par le roman et le cinéma. Il est l'ami de toutes les bêtes sauvages et d'une force et d'une agilité remarquables.

tas [tɑ] n. m. (francique **tass*). Accumulation d'objets mis les uns sur les autres. ● *Formation sur le tas* (Fam.), formation professionnelle effectuée sur le lieu même du travail, sans que l'apprenti passe par une école. ‖ *Tas de charge,* assise de pierres à lits horizontaux, que l'on place sur un point d'appui pour recevoir des constructions. ‖ *Un tas de* (Fam.), beaucoup de : *un tas de mensonges, de fripons.*

Tascher de La Pagerie (Marie-Josèphe Rose). V. JOSÉPHINE.

Taschereau (Elzéar Alexandre), prélat canadien, né à Sainte-Marie (1820-1898), archevêque de Québec, dont il fut le premier cardinal (1886).

Taschereau (Louis Alexandre), avocat et homme politique canadien, né à Québec (1867-1952). Libéral, il fut Premier ministre du Québec de 1920 à 1936.

Taskin (Pascal), facteur de clavecins, né à Theux, près de Liège (1723-1793). Successeur de Blanchet, il fut au service du roi de France jusqu'en 1790 et apporta divers perfectionnements à la construction du clavecin.

Tasman (Abel Janszoon), navigateur hollandais, né à Lutjegast (Groningen) [1603-1659]. Il découvrit la Tasmanie et la Nouvelle-Zélande en 1642.

Tasmanie, anc. **terre de Van Diemen,** île au sud de l'Australie proprement dite, constituant un Etat du Commonwealth australien ; 68 332 km² ; 371 000 h. (*Tasmaniens*). Cap. *Hobart.* Séparée du continent australien par le détroit de Bass, la Tasmanie, au relief accidenté, a un climat humide. C'est une terre d'élevage (ovins) et de cultures (fruits, orge, blé), où la forêt et le sous-sol (cuivre, zinc, plomb) alimentent les seules branches industrielles notables.

● *Histoire.* Peuplée de Mélanésiens, l'île fut découverte par Abel Tasman en 1642 et s'appela *terre de Van Diemen* jusqu'en 1853. Elle fut occupée par les Anglais à partir de 1807 et reçut des convicts. Les indigènes furent méthodiquement exterminés au cours du XIXe s. La Tasmanie obtint un gouvernement particulier en 1856.

tasse [tɑs] n. f. (arabe *tāssa*). Gobelet à anse dont on se sert pour boire : *une tasse à café.* ‖ Ce qu'il contient : *une tasse de thé.*

Tasse (Torquato TASSO, en franç. **le**), poète italien, né à Sorrente (1544-1595). Après une jeunesse errante passée dans le monde des cours italiennes et pendant laquelle il écrit son poème *Renaud* (1562), il connaît un grand succès avec une fable pastorale, *Aminta** (1573). Tout en composant des poésies amoureuses maniérées qui plaisent à ses contemporains, il travaille à la *Jérusalem* délivrée,* qu'il achève en 1575. Mais le poème lui paraissant peu orthodoxe, il prie son ami Scipion de Gonzague, assisté de quatre collaborateurs, de l'examiner. Rongé par les doutes et les remords, il sombre dans la folie et, pendant quelques moments de lucidité, refait son œuvre sous le titre de *Jérusalem conquise* (1593). Enfermé à l'asile Sainte-Anne de Ferrare, il compose la chanson *Aux princesses de Ferrare.* Libéré en 1586, il reprend une vie vagabonde et meurt au moment où le pape va faire de lui son poète lauréat. Il avait composé en outre une

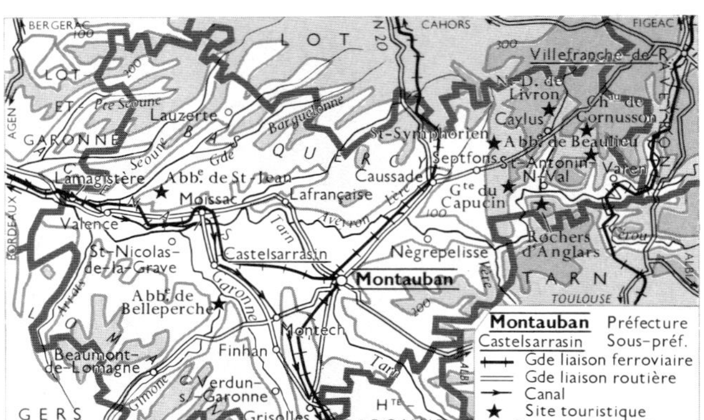

82-TARN-ET-GARONNE

tarpon

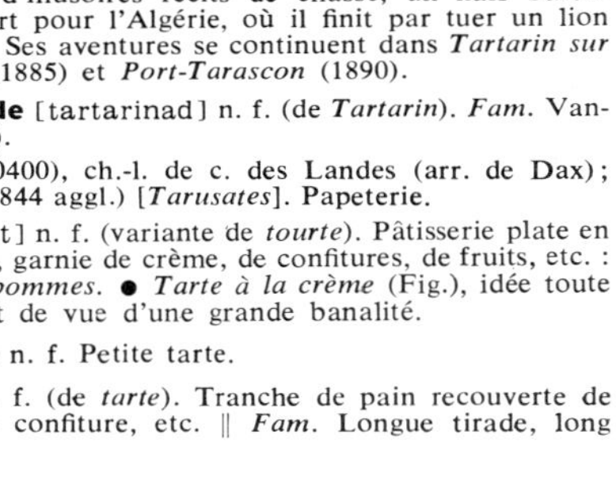

Phot. Larousse, Karl Maslowski-Researchers.

tragédie, *Torrismondo* (1586), des *Discours sur l'art poétique*, 26 *Dialogues*, traduits en 1632 sous le titre *les Morales du Tasse*, et des *Lettres*, document capital sur l'esprit du temps et sur ses crises de conscience.

tasseau [taso] n. m. (lat. *taxillus*, petit dé à jouer). Pièce de bois de petite section, servant à soutenir, à maintenir, à caler une autre pièce. (Syn. LITEAU.)

tassement n. m. Affaissement du sol ou d'une maçonnerie sous l'effet de la pression excessive des matériaux de construction.

tasser [tɑse] v. t. Réduire de volume par pression : *tasser du foin*. || Resserrer dans un petit espace. || **— Se tasser** v. pr. S'affaisser sur soi-même par son propre poids : *le mur se tasse*. || *Fam.* Se calmer, s'apaiser. (Ne se dit que des choses.)

tassette n. f. Pièce de l'armure qui protège le devant des cuisses.

tassili [tasili] n. m. Plateau de grès, au Sahara : *le tassili des Ajjer*.

Tassilon III (v. 742-apr. 794), duc de Bavière (748-788), allié au roi des Lombards Didier. Charlemagne le battit et prit son duché.

Tassin-la-Demi-Lune (69160), comm. du Rhône (arr. de Lyon); 13 208 h. (*Tassilunois*).

Tassoni (Alessandro), poète italien, né à Modène (1565-1635). Esprit critique, il s'attaqua aux idées littéraires reçues dans ses *Pensées* (1608, 1612-1613) et ses *Considérations sur les vers de Pétrarque* (1609). Son œuvre la plus célèbre est un poème héroï-comique, *le Seau enlevé* (1622), dont Boileau s'inspira dans *le Lutrin*.

T. A. T. n. m. (sigle de l'angl. *Thematic Apperception Test*). Test projectif, constitué par des dessins avec personnages représentant une situation ambiguë pour laquelle le sujet doit inventer une histoire complète, avec conclusion.

Tata (Jamshedji Nasarwanji), industriel indien né à Navsāri (Gujerāt) [1839-1904]. Il fut le principal promoteur de l'industrialisation de son pays, fondant notamment en 1874 deux manufactures de textiles à Nāgpur et à Bombay, pour l'approvisionnement desquelles il fit procéder à l'acclimatation en Inde du coton égyptien. Dans les dernières années du XIXe s., il élabora un plan de développement de l'industrie métallurgique indienne.

Tatabánya, v. de Hongrie, à l'ouest de Budapest; 65 000 h. Lignite. Aluminium. Cimenterie.

tatami n. m. (mot japon.). Tapis épais servant à la pratique des sports de combat japonais (judo, jiu-jitsu, etc.).

Tatars (*république autonome des*), région de l'U. R. S. S., dépendance de la R. S. F. S. de Russie, sur la Volga moyenne; 3 127 000 h. Cap. *Kazan'*.

Tatars ou **Tartares,** ensemble des populations d'origine turque et mongole qui envahirent l'Occident au XIIe s.

Tate Gallery, musée de Londres (Chelsea), fondé en 1897 par sir H. *Tate* (1819-1899), industriel. Devenue galerie nationale, elle contient notamment des œuvres de Turner et des impressionnistes, et joue le rôle de musée d'Art moderne.

tâter [tɑte] v. t. (du lat. *taxare*, toucher). Manier doucement, explorer à l'aide du toucher : *tâter une étoffe*. ● *Tâter quelqu'un*, le sonder pour connaître ses intentions. || *Tâter le terrain* (Fam.), s'assurer par avance de l'état des choses, des esprits. || — V. t. ind. [**de** ou **à**]. Essayer, faire l'épreuve de : *tâter d'un métier*. || **— Se tâter** v. pr. Examiner ses propres sentiments; hésiter.

tâteur n. et adj. m. Organe de contrôle d'une machine à planter les pommes de terre, à décolleter les betteraves, etc.

tâte-vin ou **taste-vin** n. m. inv. Petite tasse plate dans laquelle on examine le vin qu'on va goûter. || Tube pour aspirer, par la bonde, le vin qu'on veut goûter.

Tati (Jacques TATISCHEFF, dit **Jacques**), metteur en scène de cinéma français, né au Pecq en 1908. Il a renouvelé le style du film comique français : *Jour de fête* (1947), *les Vacances de M. Hulot* (1953), *Mon oncle* (1958), *Play Time* (1967).

tatillon [tatijɔ̃], **onne** [-ɔn] adj. et n. *Fam.* Qui tatillonne.

tatillonner v. i. *Fam.* S'occuper avec minutie des moindres détails.

Tatius, roi légendaire des Sabins, qui prit les armes pour venger l'enlèvement des femmes de sa nation par les Romains et partagea le pouvoir avec Romulus.

Ta-t'ong, v. de Chine (Chan-si); 400 000 h. Houille. Métallurgie.

tâtonnement n. m. Action de tâtonner. || *Fig.* Recherche hésitante, incertaine.

tâtonner [tɑtɔne] v. i. Chercher en tâtant : *on tâtonne dans l'obscurité*. || *Fig.* Procéder avec hésitation, incertitude : *tâtonner dans des recherches*.

tâtons (à) [atɑtɔ̃] loc. adv. En tâtonnant dans l'obscurité. || *Fig.* A l'aveuglette, sans méthode.

tatou [tatu] n. m. (empr. à une langue indigène du Brésil). Mammifère d'Amérique tropicale, au corps couvert de plaques cornées et pouvant s'enrouler en boule. (Long. 30 cm, sans la queue; ordre des édentés.)

tatouage n. m. Action de tatouer; résultat de cette action.

le Tasse
par Alessandro Allori
Offices, Florence

tatouer [tatwe] v. t. (du tahitien *tatau*). Imprimer sur le corps des dessins indélébiles.

tatoueur adj. et n. m. Qui tatoue.

Tatras (les), partie la plus élevée des Carpates*, aux confins de la Pologne et de la Tchécoslovaquie; 2 663 m.

tau [to] n. m. Figure héraldique en forme de T. (On l'appelle aussi TAF OU CROIX DE SAINT-ANTOINE.) || Lettre de l'alphabet grec, correspondant à notre *t*.

taud [to] n. m. (esp. *toldo*). Tente de grosse toile goudronnée, qu'on dispose au-dessus des barques quand il pleut.

taudis [todi] n. m. (de l'anc. fr. *se tauder*, se mettre à l'abri). Logement misérable, malpropre.

Tauern (les), massif des Alpes autrichiennes, où l'on distingue les *Hohe Tauern* (culminant au Grossglockner*, 3 796 m), à l'ouest, et les *Niedere Tauern*, à l'est.

taule [tol] n. f. V. TÔLE.

Taulé (29231), ch.-l. de c. du Finistère (Nord) [arr. de Morlaix]; 2 284 h. (712 aggl.) [*Taulésiens*].

Tauler (Jean), mystique alsacien, né à Strasbourg (v. 1300-1361). On a conservé ses sermons.

taulier, ère n. V. TÔLIER, ÈRE.

Taunus, partie du Massif schisteux rhénan, au-dessus de Francfort-sur-le-Main; 880 m.

taupe [top] n. f. (lat. *talpa*). Mammifère à pattes antérieures larges et robustes, lui permettant de creuser des galeries dans le sol, où elle chasse insectes et vers. (La taupe est presque aveugle. On doit la considérer comme utile.) [Long. 15 cm; ordre des insectivores.] || Peau de la taupe qui constitue une fourrure estimée. || Autre nom d'un requin. (V. LAMIE.) || Engin servant à creuser des tunnels. || *Arg. scol.* Classe préparatoire à l'Ecole polytechnique. ● *Noir comme une taupe*, très noir.

taupé, e adj. Qui ressemble à la fourrure de la taupe : *feutre taupé*.

taupe-grillon n. m. Nom usuel de la *courtilière*. || Pl. des *taupes-grillons*.

taupier n. m. Preneur de taupes.

taupière n. f. Piège à taupes.

taupin n. m. Nom usuel des insectes de la famille des élatéridés. || *Arg. scol.* Candidat à l'Ecole polytechnique.

tatou

taupin (grossi 3 fois)

taupinière ou **taupinée** n. f. Petit monceau de terre qu'une taupe élève en fouillant.

taure [tɔr] n. f. (lat. *taura*). Jeune vache qui n'a pas encore eu de veau.

taureau [tɔro] n. m. (lat. *taurus*). Mâle reproducteur de l'espèce bovine. (V. BŒUF.) [Cri : le taureau *mugit*.] (V. illustr. BOVIDÉS.) || *Fig.* Homme très vigoureux. ● *De taureau*, très gros, très fort : *cou de taureau*.

Taureau, constellation zodiacale, dont la principale étoile est Aldébaran. Elle comprend également deux amas : les *Hyades*, proches d'Aldébaran, et les *Pléiades*, bien visibles à l'œil nu. — Deuxième signe du zodiaque, correspondant à la période du 20 avril au 20 mai.

Tauride, anc. gouvernement de Russie, qui comprenait la Crimée et quelques littoraux voisins.

taurides [tɔrid] n. f. pl. Etoiles filantes paraissant émaner de la constellation du Taureau.

taurillon n. m. Jeune taureau.

taurin, e adj. Relatif aux taureaux.

taurobole [tɔrɔbɔl] n. m. (gr. *tauros*, taureau, et *bolê*, action de frapper). *Antiq.* Rite de cultes orientaux, dans lequel le prêtre ou les fidèles se faisaient arroser du sang du taureau immolé.

tauromachie [tɔrɔmaʃi] n. f. (gr. *tauros*, taureau, et *makhê*, combat). Art de combattre les taureaux; course de taureaux (*corrida*).

— ENCYCL. En tant que sport, la *tauromachie* est surtout populaire en Espagne, dans les pays d'Amérique latine de langue espagnole et dans le midi de la France. Elle oppose un taureau de combat (âgé de 4 à 7 ans) à un *matador**, aidé de *picadors** et de *banderillos**, et qui, grâce à une petite cape (*muleta*), dévie les charges du taureau, avant de le mettre à mort par un coup d'épée (*estocade*).

tauromachique adj. Relatif à la tauromachie.

Taurus, système montagneux de Turquie, dominant la Méditerranée; 3 734 m à l'Ala Dağ.

tautochrone [-krɔn] adj. Qui a lieu dans des temps égaux.

tautologie [tɔtɔlɔʒi] n. f. (gr. *tautos*, le même, et *logos*, discours). Répétition inutile d'une même idée en termes différents : *« au jour d'aujourd'hui » est une tautologie*. (Syn. : PLÉONASME, REDONDANCE.)

tautologique adj. Relatif à la tautologie.

tautomère adj. Se dit d'une substance chimique qui existe sous plusieurs formes en équilibre.

Tauves (63690), ch.-l. de c. du Puy-de-Dôme (arr. d'Issoire); 1 393 h. Eglise fortifiée (XIIe-XIVe s.).

taux [to] n. m. (de *taxer*). Prix fixé, réglé par une convention ou par l'usage. || Pourcentage du capital donnant pour l'unité de temps (généralement l'année) l'intérêt d'une somme placée (symb. : %) : *prêter au taux de 5 %*. || Pourcentage : *taux d'invalidité; taux d'une pension*. || Proportion d'un facteur dans un phénomène, d'un constituant dans un mélange : *le taux d'urée dans le sang*. || Montant, en parlant des salaires, des impôts, des loyers, de certains prix, etc. ● *Taux de compression*, dans un moteur à explosion, rapport entre le volume de la chambre de combustion quand le piston est au point mort bas et le volume du cylindre quand le piston est au point mort haut.

tauzin [tozɛ̃] n. m. Espèce de chêne à feuilles cotonneuses, de l'ouest et du sud-ouest de la France.

Tavant (37220 L'Île Bouchard), comm. d'Indre-et-Loire (arr. de Chinon); 202 h. Eglise du XIIe s., dont le chœur et la crypte sont ornés de remarquables fresques romanes à fond clair. (V. illustr. PEINTURE ROMANE*.)

Tavaux (39500), comm. du Jura (arr. de Dole); 4 190 h. Industries chimiques.

taveler [tavle] v. t. (de l'anc. fr. *tavel*, carreau) [conj. **5**]. Moucheter, tacheter, gâter par places.

tavelure n. f. Bigarrure d'une peau tavelée. || Nom de diverses maladies des arbres fruitiers, pommiers et poiriers notamment, caractérisées par des crevasses et des taches de couleur noir olivâtre sur les fruits, les feuilles et les rameaux.

Tavernes (83112), ch.-l. de c. du Var (arr. de Brignoles); 414 h. Bauxite.

tavernier, ère n. Personne qui tient une taverne.

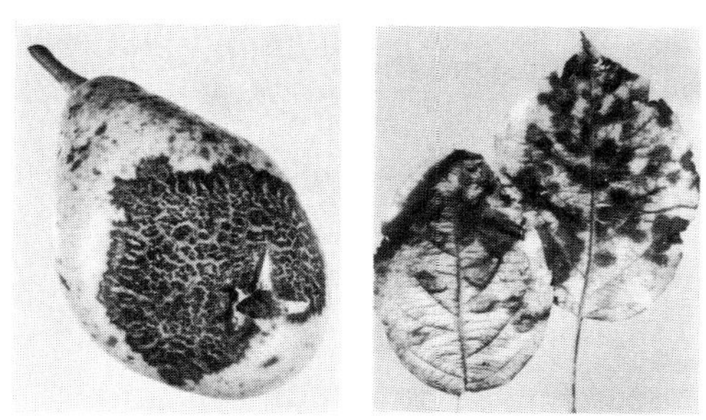

tavelures sur poire et feuilles de pommier

Phot. Scala, Lénars - Atlas-Photo, Jacques Six, Vincent, Esso-Standard.

tauromachie

le défilé
entrée des « cuadrillas »

ci-dessous, de g. à dr.
le picador
la pose des banderilles
une passe de cape
« media veronica »

une passe
de muleta

la mise
à mort

Tavernier (Jean-Baptiste), voyageur français, né à Paris (1605-1689). Il explora la Turquie, la Perse et les Indes.

Taverny (95150), ch.-l. de c. du Val-d'Oise (arr. de Pontoise) ; 13 108 h. (*Tabernaciens*). Eglise (XIIe-XIIIe s.). Centre de commandement de la défense aérienne.

Tavoliere (le), région d'Italie, dans les Pouilles.

Tawfīq (Muḥammad), né au Caire (1852-1892), khédive d'Egypte (1879-1892), fils d'Ismā'īl pacha. Battu par les Anglais, il leur céda la suzeraineté du Soudan.

taxacées [taksase] n. f. pl. Famille de plantes gymnospermes comprenant les *ifs*.

taxateur n. et adj. m. Celui qui taxe : *un juge taxateur*.

taxation n. f. Action de taxer.

taxe [taks] n. f. Prix fixé par les pouvoirs publics. ‖ Procédé de répartition de l'impôt en fonction du service rendu à tel ou tel contribuable. ‖ Impôt : *la taxe sur la valeur ajoutée* (*T. V. A.*). ‖ Taxation, faite par autorité de justice, des frais judiciaires et des honoraires dus aux officiers ministériels.

taxé, e adj. *Prix taxé,* prix fixé par les pouvoirs publics.

taxer v. t. (lat. *taxare,* évaluer). Fixer automatiquement le prix d'une marchandise. ‖ Fixer un impôt : *taxer les produits de luxe*. ‖ Fixer les frais de justice, contrôler les honoraires demandés par un officier ministériel ou public : *le juge taxe les dépens*. ‖ *Fig.* Accuser quelqu'un d'un défaut, d'un tort : *taxer quelqu'un d'avarice*.

taxi [taksi] n. m. (abrév. de *taxi-auto*). Voiture automobile de location munie d'un taximètre.

taxiarque [taksjark] n. m. *Antiq. gr.* Chef d'un corps d'infanterie équivalant approximativement à un bataillon.

taxidermie n. f. (gr. *taxis,* arrangement, et *derma,* peau). Art d'empailler les animaux vertébrés.

Taxila, site archéologique du Pākistān, au nord-ouest de Rawalpindi.

taximètre n. m. (gr. *taxis,* taxe, et *metron,* mesure). Compteur qui établit le prix d'une course en voiture, en fonction du temps pendant lequel on l'occupe et de la distance parcourue.

taxinomie [taksinɔmi] ou **taxonomie** [taksɔ-] n. f. Science des lois de la classification.

Taxiphone [taksifɔn] n. m. (marque déposée). Appareil téléphonique d'où l'on peut obtenir une communication en introduisant un jeton ou des pièces de monnaie. ‖ La cabine où est installé cet appareil.

Tay, fl. de Grande-Bretagne (Ecosse), aboutissant à la mer du Nord par un estuaire (*Firth of Tay*) ; 193 km.

Taygète, montagne du Péloponnèse ; 2 404 m.

Taylor (Brook), mathématicien britannique, né à Edmonton (Middlesex) [1685-1731]. Il s'intéressa à de multiples questions scientifiques : capillarité, mouvement des projectiles, perspective, dont il proposa une nouvelle théorie, etc. Mais il est surtout connu pour la méthode qu'il donna du développement en série d'une fonction (1715) et à laquelle son nom est resté attaché.

Taylor (Isidore, *baron*), philanthrope français, né à Bruxelles (1789-1879). Inspecteur des beaux-arts, il favorisa les artistes.

Taylor (Frederick Winslow), ingénieur américain, né à Germantown (Pennsylvanie) [1856-1915]. Il doit être considéré comme le véritable promoteur de l'organisation scientifique du travail. Il réalisa la première mesure pratique du temps d'exécution d'un travail, calculé à partir de l'activité déployée par l'exécutant. Ses recherches prolongées aboutirent à un ensemble de principes et de procédés appelé *taylorisme*. Il mit au point sa célèbre découverte des aciers à coupe rapide (1900) et précisa alors les règles de la coupe des métaux, qui permirent d'augmenter considérablement le rendement des machines-outils. Il étudia également de nombreuses autres techniques, telles que le portage, le pelletage, les transmissions par courroies, etc.

taylorisation n. f. (de *Taylor,* ingénieur américain). Organisation du travail selon le système établi par Taylor.

tayloriser v. t. Procéder à une taylorisation.

taylorisme [tɛlɔrism] n. m. Système d'organisation du travail, du contrôle des temps d'exécution et de rémunération de l'effort de l'ouvrier, établi par Taylor.

Taza, v. du Maroc, entre le Rif et le Moyen Atlas ; 31 700 h. Zone de passage (*couloir de Taza*) entre le Maroc et l'Algérie.

Tazieff (Haroun), géologue belge, né à Varsovie en 1914. Il s'est spécialisé dans la volcanologie et a réalisé de nombreux films documentaires sur des éruptions.

Tazoult. V. LAMBÈSE.

Tb, symbole chimique du *terbium*.

Tbilissi, anc. **Tiflis,** v. de l'U. R. S. S., cap. de la Géorgie ; 889 000 h. Au sud du Caucase, dans un bassin fermé près de la haute Koura à moins de 500 m d'altitude, ▶ Tbilissi a vu sa population tripler durant le dernier demi-siècle. Aux traditionnelles fonctions, commerciale et intellectuelle, s'est ajoutée l'industrie.

Tc, symbole chimique du *technétium*.

Phot. Dr Marty (4), Cano, Dr Marty.

ci-contre, massif du Tibesti
ci-dessous, le lac Tchad
et récolte du coton

Tchad, grand lac, peu profond et marécageux, de l'Afrique centrale, aux confins du Nigeria, du Niger, du Cameroun et du Tchad ; 25 000 km².

Tchad, république de l'Afrique centrale, à l'est du *lac Tchad*; 1 284 000 km²; 3 900 000 h. (*Tchadiens*). Cap. *N'Djamena.* Langue : *français.*

Géographie.

Entre le 7e degré de lat. nord et le tropique, le Tchad est formé de deux régions topographiquement et climatiquement bien différentes. Le Tchad septentrional est en grande partie montagneux, englobant les massifs du Tibesti (3 415 m à l'Emi Koussi), de l'Ennedi et du Ouadaï. Les précipitations (sauf sur les plus hauts reliefs) sont insignifiantes, inférieures à 100 mm : le Tchad septentrional est une région saharienne. Au sud d'une ligne Abéché-Ati-N'Djamena, avec l'abaissement en latitude, l'importance des précipitations annuelles augmente ; c'est le « Tchad utile », sahélien et soudanais (à N'Djamena même, les précipitations [presque entièrement estivales] dépassent 600 mm). La région occupe une vaste cuvette sur l'emplacement d'une ancienne mer intérieure dont le lac Tchad est une survivance.

L'élevage nomade des chameaux et, accessoirement, celui des ovins sont les ressources presque exclusives du Tchad saharien, pratiquement vide d'hommes en dehors de quelques oasis. L'élevage bovin apparaît à la limite des deux régions climatiques. Au sud se développent les cultures parfois irriguées, qui ne recouvrent toutefois guère plus de 5 p. 100 de la superficie totale. Le mil est destiné à l'alimentation locale ; l'arachide et le coton pourvoient aux exportations. Celles-ci sont sensiblement inférieures aux importations, qui comportent essentiellement les produits d'une industrie pratiquement inexistante. Près de 50 p. 100 du commerce extérieur du pays s'effectuent avec la France. La population, peu dense, juxtapose une minorité de pasteurs arabes islamisés, groupés dans le Nord, et une majorité de Noirs animistes, groupés dans le Tchad méridional. Peu peuplé, desservi par des conditions climatiques souvent peu favorables, pauvre en sources d'énergie et minerais, le Tchad souffre encore d'une position continentale au cœur de l'Afrique.

Histoire.

Les Français commencèrent à établir leur protectorat sur cette région à la fin du XIXe s. et l'occupèrent de 1898 à 1912. Le Tchad, territoire incorporé à l'A.-E. F., ne se constitua en colonie qu'en 1922. Sous l'impulsion du gouverneur Eboué, il fut la première colonie à se rallier à la France libre. Il devint république en 1958 et acquit son indépendance en 1960. De 1969 à 1971, l'aide militaire de la France a contribué à réduire des rébellions.

Tchaïkovski (Piotr), compositeur russe, né à Votkinsk (1840-1893). Il est l'auteur d'opéras (*Eugène Onéguine,* 1878 ; *la Dame de pique,* 1890), de ballets (*le Lac des cygnes,* 1876 ; *Casse-Noisette,* 1892), de symphonies (la « Pathétique »), d'ouvertures (*Roméo et Juliette,* 1812), de concertos pour piano, pour violon. Disciple spirituel de Berlioz et de Liszt, il reste un des maîtres de l'orchestration au XIXe s.

Tchampa. V. CHAMPA.

Tchandragoupta. V. CHANDRAGUPTA.

Tch'ang-cha, v. de la Chine centrale, cap. du Hou-nan ; 703 000 h. Port sur le Siang-kiang.

Tch'ang-houa, v. de l'île de Formose ; 125 900 h.

Tchang Kaï-chek. V. CHANG KAÏ-CHEK.

Tchang-k'ieou, v. de Chine (Ho-nan) ; 134 400 h.

Tch'ang-tcheou, v. de Chine (Kiang-sou), 839 000 h. Textiles. Métallurgie.

Tch'ang-tch'ouen, v. de la Chine du Nord-Est, cap. du Ki-lin, 975 000 h. Automobiles.

Tchan-kiang, port de Chine (Kouang-tong) ; 166 000 h.

Tchao Mong-fou, peintre chinois (1254-1322), de la cour des empereurs Yuan. Il est célèbre pour ses représentations de chevaux et de cavaliers tatars.

Tch'ao-tcheou, v. de Chine (Kouang-tong) ; 170 000 h. Métallurgie.

Tchapek (Karel). V. ČAPEK.

Tcheboksary, v. de l'U. R. S. S. (R. S. F. S. de Russie), sur la Volga ; 216 000 h. Industrie chimique.

tchécoslovaque [tʃekɔslɔvak] adj. et n. De Tchécoslovaquie.

Tbilissi

Tchaïkovski

Phot. Fiévet - Afrique-Photo, Naud - Afrique-Photo, Ozerski - A. P. N., Noyer, Michel Huet - Hoa-Qui.

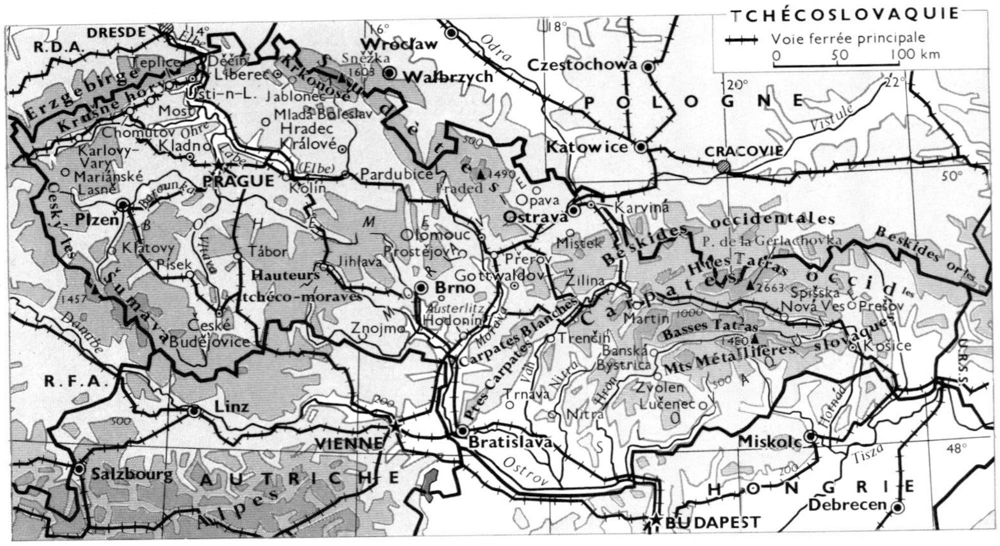

Tchécoslovaquie

le lac Poprad, dans les Hautes Tatras

Bratislava, la tour Saint-Michel

Gottwaldov, la ville de la chaussure

Tchécoslovaquie, en tchèque **Československo,** république de l'Europe centrale; 127 860 km²; 14 500 000 h. (*Tchécoslovaques*). Cap. *Prague*. Langues : *tchèque* et *slovaque*.

Géographie.

● *Géographie régionale*. Entourée par six pays (Allemagne occidentale, Allemagne orientale, Pologne, U. R. S. S., Hongrie et Autriche), la Tchécoslovaquie s'étend sur deux des grands domaines géomorphologiques de l'Europe.

A l'ouest, la *Bohême* appartient au monde hercynien. C'est une région en forme de losange, aux bordures relevées (classiquement appelée *quadrilatère de Bohême*). Au nord, au pied du massif granitique des Krušné Hory, la dépression tectonique Ohře-Bílina est une importante région industrielle. Près de la station thermale de Karlovy Vary, à Sokolov, est extrait le lignite; un second bassin est exploité entre Chomutov et Most. Au lignite sont liées les industries de Záluží et surtout d'Ústí Nad Labem, ainsi que la métallurgie de Děčín. Le textile anime les vallées des Karkonosze, dont Jablonec et Liberec sont les principales villes. Plus au sud, le Polabí, plus bas et limoneux, est la région agricole la plus riche du pays, associant aux cultures du blé, de la betterave, des plantes fourragères, du houblon et des pommes de terre un important élevage (bovins, porcs, volailles). Aux industries alimentaires se sont récemment ajoutées la métallurgie (Hradec Králové, Mladá Boleslav [automobiles]) et la chimie (Pardubice, Kolín). Au pied septentrional des croupes granitiques boisées de la Šumava (prolongeant les Český Les) s'étend le plateau central tchèque, dont l'extrémité orientale relevée porte le nom de *hauteurs tchéco-moraves*. L'agriculture est plus pauvre (seigle, pomme de terre), mais l'industrie tient une place importante. Sur la bordure nord-ouest est extrait le charbon (Kladno), et la présence de fer a favorisé le développement d'une importante métallurgie à Plzeň, célèbre aussi pour ses brasseries et deuxième ville de Bohême, mais loin derrière Prague*, métropole politique et économique de la Tchécoslovaquie.

A l'est de la Bohême, la *Moravie* est une région constituée d'une succession de bassins intérieurs. L'extrémité nord se rattache en fait à la Silésie. La présence de houille y explique l'importance de la métallurgie lourde, représentée à Ostrava, Vitkovice, Kunčice et Trinec. Au sud, le bassin d'Olomouc, dont la richesse rappelle le Polabí, porte des cultures de blé et de betterave à sucre. Gottwaldov, au centre du bassin du même nom, est la capitale de l'industrie de la chaussure. A l'ouest, le bassin de Brno associe cultures et élevage. Brno est aujourd'hui une ville industrielle prospère, où toutes les branches modernes sont représentées (métallurgie de transformation notamment). L'agriculture domine plus au sud, dans le dernier bassin, celui d'Hodonín.

La *Slovaquie* appartient au domaine orogénique alpin. C'est une région en grande partie montagneuse et forestière. Dans la Slovaquie occidentale et la Slovaquie méridionale, l'agriculture domine dans les vallées du Váh, de la Nitra et du Hron, et dans la plaine du Danube, de Bratislava à Komárno. Le maïs alterne avec le blé, et l'élevage de la volaille y est prospère. L'industrie est surtout représentée à Bratislava, capitale de la Slovaquie et ville universitaire. La Slovaquie centrale est presque exclusivement montagneuse. Les hommes et les activités se concentrent dans les bassins intérieurs, dont les centres sont de petites localités industrielles : Banská Bystrica (cimenteries), Žilina (chimie), Žiar (aluminium), Partizánske (chaussures). Le relief s'aère dans la Slovaquie orientale, où la plaine de Michalovce annonce la puszta. L'industrialisation doit être stimulée après 1970 par la mise en service du complexe sidérurgique de Košice.

● *Géographie générale*. La Tchécoslovaquie a un climat de type continental. Sur l'ensemble du territoire, les moyennes de janvier varient entre — 5 et 0 °C, et les moyennes de juillet oscillent autour de 20 °C. La hauteur annuelle des précipitations (à prépondérance estivale) est généralement comprise entre 500 et 800 mm (davantage en altitude). Bien que localement défrichée, la forêt (où prédominent les conifères) occupe encore plus du tiers du sol.

La population est formée presque exclusivement de Tchèques (près de 10 millions) et de Slovaques (plus de 4 millions); elle ne compte que des minorités numériquement peu importantes (Hongrois notamment). La densité moyenne dépasse légèrement 110 h. au kilomètre carré, chiffre plus élevé en Bohême et en Moravie, et sensiblement inférieur en Slovaquie, au relief plus accidenté. Cette population ne s'accroît aujourd'hui qu'à un rythme lent, en raison de la baisse du taux de natalité (15,6 p. 1 000 en 1967), de peu supérieur au taux de mortalité (10 p. 1 000). Les deux tiers de la population sont urbanisés. Quatre villes (Prague, Brno, Bratislava, Ostrava) dépassent 200 000 h. L'industrie est de loin le fondement de l'économie. Employant la moitié de la population active, elle assure les deux tiers du produit matériel net. La socialisation des moyens de production s'est accompagnée d'un développement prioritaire de la Slovaquie, qui, toutefois, n'a pas encore comblé entièrement son retard sur les pays tchèques. Le pays bénéficie d'une solide assise énergétique : plus de 25 Mt de charbon, 75 Mt de lignite, 5 TWh d'hydro-électricité (le huitième de la production totale); seuls les hydrocarbures font fréquemment défaut (le pétrole brut importé est raffiné à Bratislava). La présence de fer a favorisé le développement d'une importante sidérurgie (environ 10 Mt d'acier), à la base d'une métallurgie de transformation très diversifiée. Le textile, les industries du bois, les industries alimentaires, le travail du cuir, la porcelaine et la cristallerie sont encore des branches actives, bien que la chimie se soit récemment développée. L'agriculture fournit seulement le huitième du produit matériel net. Près de 90 p. 100 des terres sont exploitées par des fermes d'Etat et, surtout, par des coopératives. Le blé, l'orge, la betterave à sucre et la pomme de terre sont les principales productions. Les élevages bovin et porcin sont assez importants.

La balance commerciale est équilibrée. Les biens d'équipement et le matériel de transport représentent la moitié des exportations. Parmi les importations dominent les matières premières industrielles. La majeure partie du commerce extérieur s'effectue avec les autres pays socialistes européens voisins (plus du tiers avec la seule U. R. S. S., puis l'Allemagne orientale, la Pologne et la Hongrie). Le niveau de vie moyen est le plus haut de tous les pays socialistes (avec l'Allemagne orientale).

Phot. Lauros - Atlas-Photo, Office du Tourisme tchécoslov., Roger-Viollet.

Histoire.

Les peuples tchèque et slovaque étaient séparés depuis le xe s. L'idée de les réunir en une seule nation apparaît pendant la révolution de 1848 et prend corps à la fin du siècle. Pendant la Première Guerre mondiale, T. Masaryk forme à Londres, puis à Paris un Comité tchécoslovaque (1915), qui devient, l'année suivante, le Conseil national des pays tchèques. Ce Conseil prépare l'intervention d'une armée nationale (1917) aux côtés des Alliés, qui le reconnaissent, un an après, comme gouvernement provisoire. Un Comité national prend le pouvoir à Prague lorsque s'effondre le gouvernement des Habsbourg (1918). La république, proclamée par les Tchèques, est reconnue par les Slovaques, et Masaryk est élu à la présidence de la République. Les traités de Versailles (1919), de Saint-Germain (1919) et de Trianon (1920) établissent les frontières du nouvel Etat.

Très tôt, cependant, les minorités (32 p. 100 de la population) s'agitent et, de leur côté, les autonomistes slovaques, dirigés par l'abbé Hlinka, luttent contre le centralisme tchèque. Une importante réforme agraire exproprie plus de 1 million d'hectares de grands domaines, dont beaucoup appartenaient à des étrangers (avr. 1919). Le pays connaît alors une grave agitation (1920). Mais la poussée sociale est enrayée, et l'Assemblée constituante de 1920 établit une Constitution de style parlementaire. Le Dr. Beneš, inamovible ministre des Affaires étrangères, construit la Petite-Entente avec la Yougoslavie et la Roumanie (1920-1921). La prédominance passe des sociaux-démocrates aux agrariens (1922-1938), qui s'orientent de plus en plus vers la droite. Beneš succède à Masaryk, à la présidence de la République, en 1935.

La pression allemande et la faiblesse des Alliés provoquent le morcellement du pays : en 1938, Hitler se fait céder par la Tchécoslovaquie la région des Sudètes, colonisée par les Allemands ; en 1939, il occupe le reste de la Bohême et la Moravie, et prend sous sa protection l'Etat libre de Slovaquie ; dès 1938, la Pologne a saisi Teschen, et la Hongrie a reçu le sud de la Slovaquie. La Seconde Guerre mondiale est marquée par la tyrannie hitlérienne : mise en coupe réglée du pays, déportations, exécutions et massacres (Lidice, 1942). Beneš constitue à Londres un gouvernement provisoire (1940) et conclut avec l'U. R. S. S. un traité d'assistance (1943).

L'armée rouge ayant libéré la majeure partie du pays, un gouvernement se forme à Košice en 1945 ; il annonce l'expulsion des minorités et une politique de nationalisation. De fait, les Allemands sont expulsés et un échange de population a lieu avec la Hongrie ; en 1945, après une nouvelle réforme agraire, la nationalisation des banques, des mines et des principales industries est effectuée. Deux ans après, un traité de commerce avec l'U. R. S. S. draine les exportations tchécoslovaques vers les pays de l'Est et l'armement vers les pays neutralistes. En février 1948 a lieu le « coup de Prague » : les communistes éliminent les ministres modérés et prennent le pouvoir. Beneš est remplacé par Gottwald.

La Constitution de 1948 fait de la Tchécoslovaquie une démocratie populaire (« République socialiste » en 1960). Celle-ci connaît les persécutions religieuses, les épurations du parti communiste et un achèvement de la collectivisation agricole. Cependant, la Slovaquie rattrape en partie son retard industriel. Un certain libéralisme se fait jour dans l'économie et dans la politique à partir de 1960. En 1968, la libéralisation du régime s'accentue notamment lorsque Novotný est remplacé comme secrétaire du parti par Dubček (janv.) et à la présidence de la République (mars) par Svoboda, qui personnifient la nouvelle politique : moindre dépendance économique à l'égard de l'U. R. S. S., projet de réforme économique de tendance antibureaucratique et autogestionnaire, libéralisation politique (presse d'opinion).

Le nouveau programme politique suscite plusieurs mises en garde de l'U. R. S. S., qui décide l'occupation militaire de la Tchécoslovaquie par les troupes russes, est-allemandes, hongroises, bulgares et polonaises du pacte de Varsovie (août 1968). En novembre, une Constitution fédérale est adoptée, tandis que seules les forces soviétiques continuent à occuper le pays. En avril 1969, Dubček est remplacé au secrétariat du parti par Hušak.

Tche-fou. V. YEN-T'AI.

Tchekhov (Anton Pavlovitch), écrivain russe, né à Taganrog (1860-1904). Petit-fils de serf et fils d'un épicier, Tchekhov, encore collégien, commence par envoyer aux journaux des récits humoristiques pour tenter de subvenir aux besoins d'une famille ruinée. Médecin, il compose des contes et des saynètes, et acquiert avec *la Steppe* (1888) une réputation d'écrivain. Dès lors, il ne cesse plus d'écrire, malgré la maladie, la tuberculose, qui l'oblige à de fréquents séjours à l'étranger et en Crimée. Après un récit de voyage (*l'Ile de Sakhaline,* 1893) et quelques recueils de nouvelles (*la Maison à mezzanine,* 1896), il connaît au théâtre un échec retentissant avec *la Mouette* (1896). Il n'en continue pas moins la peinture des hobereaux russes, qui mènent une vie moribonde dans des propriétés vétustes, en une langue simple, naturelle, qui émerveille Tolstoï (*Douchetchka,* 1898). Dans les dernières années de sa vie, il crée ses trois grandes pièces : *Oncle Vania* (1897), *les Trois Sœurs* (1900), *la Cerisaie* (1903), dont l'art est étroitement lié aux débuts du théâtre de Stanislavski.

Tcheliabinsk, v. de l'U. R. S. S. (R. S. F. S. de Russie), dans l'Oural ; 874 000 h. Sidérurgie. Métallurgie.

Tch'eng-chou, v. de Chine (Kiang-sou) ; 101 400 h.

Tcheng-tcheou, v. de Chine, cap. du Ho-nan, sur le Houang-ho ; 766 000 h.

Tch'eng-tou, v. de Chine, cap. du Sseu-tch'ouan ; 1 135 000 h. Grand centre industriel.

Tchen-kiang, v. de Chine (Kiang-sou), sur le bas Yang-tseu ; 201 000 h.

Tcheou, dynastie chinoise, qui régna de 1050 environ à 249 av. J.-C.

tchèque [tʃɛk] n. et adj. Qui est de Tchécoslovaquie. ‖ Qui est de Bohême, de Moravie, ou d'une partie de la Silésie. ‖ — N. m. Langue slave parlée en Bohême, en Moravie et dans une partie de la Silésie.

Tchérémisses. V. MARIS.

Tcheremkhovo, v. de l'U. R. S. S. (R. S. F. S. de Russie), à l'ouest du lac Baïkal ; 111 000 h. Houille.

Tcherenkov (Pavel Alexeïevitch), physicien soviétique, né en 1904. Il a découvert en 1934 l'émission de lumière par des particules chargées animées d'une vitesse supérieure à celle de la lumière. (Prix Nobel de physique, 1958.)

Tcherepovets, v. de l'U. R. S. S. (R. S. F. S. de Russie), à l'est de Leningrad ; 189 000 h. Métallurgie.

Tcherkassy, v. de l'U. R. S. S. (Ukraine) ; 128 000 h. Textiles.

Tcherkesses, peuple du Caucase septentrional, partiellement islamisé, habitant une *région autonome* de la R. S. F. S. de Russie.

Tchernaïa, riv. de Crimée ; 43 km. Victoire des Français sur les Russes (1855).

Tchernigov, v. de l'U. R. S. S. (Ukraine) ; 159 000 h. Textiles.

Tchernovtsy, en roumain **Cernăuţi,** en allem. **Czernowitz,** v. de l'U. R. S. S. (Ukraine), sur le Prout ; 187 000 h.

tchernoziom [tʃɛrnozjɔm] n. m. (mot russe). Dans le sud de la partie européenne de l'U. R. S. S. (notamment dans l'Ukraine), terre noire très fertile formée sous une végétation dense de graminacées xérophiles. (C'est un sol de steppe convenant notamment à la grande culture céréalière et betteravière.)

Tchernychevski (Nikolaï Gavrilovitch), philosophe et critique russe, né à Saratov (1828-1889). Continuateur de Bielinski, il combat les réformes politiques d'Alexandre II, qu'il juge insuffisantes. Arrêté, il écrit en prison son roman *Que faire ?* (1863), bible de la jeunesse révolutionnaire. Déporté en Sibérie en 1864, il fut mis en résidence forcée à Astrakhan' en 1883, puis gracié en 1889.

Tcherrapoundji. V. CHERRAPUNJI.

Tcherski (*monts*), massif de la Sibérie orientale ; 3 147 m.

tchervonets [tʃɛrvɔnjɛts] n. m. Anc. monnaie russe. ‖ Pl. des *tchervontsy.*

Tchétchènes, peuple musulman du Caucase oriental.

Tchiatoura, v. de l'U. R. S. S. (Géorgie). Principal centre mondial de l'extraction du manganèse.

Tchimkent, v. de l'U. R. S. S. (Kazakhstan) ; 247 000 h. Métallurgie (métaux non ferreux).

Tchistiakovo. V. THOREZ.

Tchita, v. de l'U. R. S. S. (R. S. F. S. de Russie), à l'est du lac Baïkal ; 242 000 h. Métallurgie.

Tchkalov. V. ORENBOURG.

Tchoibalsan (Khorlogine), homme d'Etat mongol, né à Baian-Toumen (auj. *Tchoibalsan*) [1895-1952], créateur de la République populaire de Mongolie.

Tchö-kiang, prov. de la Chine orientale, sur la mer de Chine ; 25 280 000 h. Cap. *Hang-tcheou.* S'étendant au nord de la baie de Hang-tcheou sur une partie du delta du Yang-tseu, pays de rizières, la province est formée au sud de collines et de moyennes montagnes portant de nombreuses plantations de théiers.

Tchong-k'ing, v. de Chine (Sseu-tch'ouan), sur le Yang-tseu-kiang ; 2 765 000 h. Métallurgie. Textiles. Quartier général de Chang Kaï-chek à partir de l'invasion japonaise d'octobre 1938 jusqu'à la fin de la Seconde Guerre mondiale (1945).

Tchouang-tseu, ouvrage fondamental du taoïsme dit « philosophique ». Son auteur, qui vivait à la fin du IVe s. av. J.-C., a exprimé ses idées sur la vie dans un style anecdotique et polémique, inhabituel chez les philosophes chinois.

Tchoudsk (*lac*). V. PEÏPOUS (*lac*).

Tch'ouen ts'ieou (*les Printemps et les automnes*), annales du pays de Lou, qui relatent les événements entre les années 722 et 481 av. J.-C. Attribuées à Confucius, ces annales constituent un des Cinq Classiques chinois.

Tchou Hi, historien et philosophe chinois (1130-1200), commentateur des livres canoniques.

tchouktche adj. et n. m. Se dit des langues paléoasiatiques autres que le gilyak. (Les langues tchouktches comprennent le tchouktche proprement dit, le koriak et le kamtchadal.)

Tchouktches, peuples de l'U. R. S. S., à l'extrémité orientale de la Sibérie. Ce sont des pêcheurs et des éleveurs de rennes.

Tchou-tö. V. CHOU-TEH.

Tchouvaches, peuple de l'U. R. S. S. (sur la moyenne Volga), dont la langue est d'origine turque.

te pron. pers. V. TU.

Te, symbole chimique du *tellure.*

té! interj. fam. du français méridional, équivalant à « tiens ! ».

té [te] n. m. Pièce quelconque ayant la forme d'un T. ‖ Double règle employée par les dessinateurs, composée de deux branches, dont l'extrémité de la plus grande s'assemble au milieu de l'autre à angle droit. ‖ Ferrure en forme de T, employée pour consolider les assemblages de menuiserie dans les croisées et autres baies. ● *Fer en té,* fer employé en construction et dont la section a la forme d'un T.

tea-room [tirum] n. m. (mot angl.). Salon de thé. ‖ Pl. des *tea-rooms.*

Tébessa, v. d'Algérie ('Annaba), au nord des *monts de Tébessa ;* 28 700 h. Importants vestiges de la ville romaine de *Theveste.* Phosphates.

Tech (le), fl. côtier des Pyrénées-Orientales ; 82 km.

technétium [tɛknesjɔm] n. m. Elément chimique (Tc), de numéro atomique 43, obtenu artificiellement. (Syn. MASURIUM.)

technicien, enne n. Personne versée dans la connaissance pratique d'un art, d'une science.

technicité n. f. Caractère de ce qui est technique.

Technicolor n. m. (marque déposée). Procédé de cinéma en couleurs inventé par Herbert T. Kalmus.

technique [tɛknik] adj. (du gr. *tekhnê,* art). Qui appartient en propre à un art, à une science ou à ses applications, à un métier. ‖ Qui prépare aux carrières de techniciens : *collège technique.*

technique n. f. Ensemble des procédés et des méthodes d'un art, d'un métier.

v. tableau p. suivante

techniquement adv. D'une manière technique : *définir techniquement.*

Tchekhov une scène des « Trois Sœurs » au théâtre de l'Œuvre

Phot. Bernand.

1530 L'Allemand Georg Bauer, dit « Agricola », fait paraître le *De re metallica,* somme des connaissances minières et métallurgiques de l'époque. — L'Italien Benvenuto Cellini imagine le balancier monétaire pour la fabrication des monnaies.
1538 Le Flamand Mercator dresse la première carte du monde.
1550 Le Flamand Mercator résout approximativement le problème du report graphique sur une carte du cap donné par l'aiguille aimantée.
1601 Fondation de la Manufacture des Gobelins.
1615 Le Français S. de Caus propose l'emploi de la force motrice de la vapeur.
1623 L'Anglais Robert Mansell découvre le flint-glass.
1625 Création du premier service régulier de coches d'eau en France, de Paris à Tours.
1631 Le Français Vernier invente le vernier.
1650 L'Allemand O. von Guericke invente la machine pneumatique.
1657 Le Hollandais Huygens imagine pour les horloges l'échappement à ancre.
1665 L'Anglais Hooke invente le baromètre à cadran.
1666 Le Français Thévenot invente le niveau à bulle.
1667 Premier essai d'éclairage des rues à Paris par des lanternes à chandelle.
1670 Le Français Roberval invente la balance à deux fléaux.
1673 Le Hollandais Huygens utilise le pendule dans les horloges.
1675 Le Français Papin met au point sa marmite autoclave. — Le Hollandais Huygens utilise le ressort spiral dans les montres.
1676 Le Liégeois Rennequin entreprend la construction de la machine de Marly, pour élever les eaux de la Seine, terminée en 1682.
1679 Le Français Papin invente la soupape de sûreté.
1687 Le Français Papin donne une première théorie d'une machine à vapeur, fonctionnant par le jeu alternatif d'un piston.
1705 L'Anglais Newcomen construit la première machine à vapeur industrielle.
1707 Le Français Papin construit un bateau à vapeur.
1710 L'Anglais Wedgwood crée l'industrie de la faïence fine. — L'Allemand Böttger crée la porcelaine de Saxe.
1713 L'Anglais Potter imagine la distribution automatique de la vapeur.
1721 L'Anglais Halley invente la cloche à plongeur.
1726 L'Anglais Graham invente l'échappement des horloges.
1732 Le Français Pitot invente l'appareil de mesure de la vitesse des fluides.
1733 L'Anglais Kay invente la navette volante.
1735 L'Anglais Darby utilise le coke en sidérurgie. — L'Anglais Harrison construit le premier chronomètre.
1736 L'Anglais Hulls fait breveter un projet d'embarcation mue par une machine à vapeur de Newcomen.
1737 Le Français Vaucanson construit son premier automate, le *Joueur de flûte traversière.*
1742 L'Anglais Robins invente le pendule balistique pour mesurer la vitesse initiale des projectiles.
1745 Construction du métier à tisser automatique, conçu par le Français Vaucanson.
1747 Le Français Fresneau découvre l'arbre à caoutchouc.
1752 L'Américain Franklin invente le paratonnerre.
1757 L'Anglais Dollond réalise les lentilles achromatiques.
1759 Le Français Christophe Oberkampf fonde la première manufacture de toiles imprimées à l'aide de planches de cuivre gravées.
1767 L'Ecossais Watt invente l'indicateur pour la mesure des puissances.
1768 L'Anglais James Hargreaves perfectionne le métier à filer dit « spinning jenny », actionné à la main.
1769 L'Ecossais Watt donne à la machine à vapeur sa forme définitive.
1770 Le Français Cugnot construit son fardier à vapeur.
1774 L'Anglais John Wilkinson imagine une machine à forer et à aléser.
1776 L'Américain Bushnell construit le premier sous-marin à hélice, la *Tortue.*
1778 L'Anglais John Wilkinson construit un tour à fileter.
1779 L'Anglais Darby construit le premier pont en fonte, sur la Severn.
1780 L'Italien F. Fontana découvre le gaz à l'eau.
1782 Le Suisse Argand invente la lampe à double courant d'air.
1783 Le Français Jouffroy d'Abbans fait naviguer à Lyon un bateau à vapeur. — Les Français J. et E. de Montgolfier réalisent le premier aérostat. — Le Français Charles emploie l'hydrogène dans les aérostats.
1784 L'Anglais Shrapnel invente l'obus à balles. — L'Anglais Cort fait breveter le four à réverbère et le puddlage. — L'Ecossais Watt invente le régulateur à boules.
1785 L'Ecossais Watt crée la machine à vapeur à double effet avec distribution par tiroir. — Le Français Blanchard traverse la Manche en ballon. — L'Anglais Cartwright crée le métier à tisser mécanique.
1787 L'Anglais Wilkinson met sur cale le premier navire en fer.
1790 Le Français Jacquard imagine le métier à tisser qui porte son nom. — Le Français Sivrac imagine le *célérifère,* ancêtre de la bicyclette.
1792 Les Français J. et E. de Montgolfier inventent le bélier hydraulique.
1793 Le Français Chappe crée un télégraphe optique.
1794 Inauguration de la première ligne de télégraphe optique, établie entre Paris et Lille.
1795 Le Français Appert imagine le procédé de conservation des aliments par le chauffage en vase clos.
1796 L'Anglais Bramah réalise la presse hydraulique. — L'Autrichien Senefelder découvre la lithographie.
1797 Le Français Garnerin invente le parachute. — Le Français Lebon découvre le gaz d'éclairage en distillant du bois.
1801 L'Américain Hare invente le chalumeau oxhydrique.
1802 L'Anglais Trevithick fait breveter une locomotive à vapeur à haute pression.
1803 L'Américain Fulton construit un navire à vapeur. — L'Anglais Trevithick construit et fait fonctionner la première locomotive à vapeur.
1805 Le Belge Dony crée la métallurgie du zinc. — L'Anglais Congreve réalise une fusée de guerre.
1807 L'Anglais Maudsley invente la transmission par bielle et manivelle. — Construction, aux Etats-Unis, du premier navire à vapeur destiné à un service de passagers, le *Clermont.*
1809 Le Français Cagniard de La Tour invente la sirène. — Création des premières allumettes chimiques.
1810 Le Français Appert conserve les aliments par stérilisation. — Le Français Philippe de Girard réalise la machine à tisser le lin. — L'Allemand König invente la presse d'imprimerie à platine à encrage par rouleaux.
1811 L'Allemand König construit la première presse d'imprimerie à deux cylindres.
1812 L'Anglais Chapman invente le bogie.
1814 L'Anglais Stephenson construit sa première locomotive à vapeur, *Blücher.* — Le Français Pauly invente le fusil à culasse.
1815 Le Français Quintenz invente la bascule. — L'Ecossais McAdam réalise le revêtement des routes à l'aide de pierres cassées.
1816 L'Anglais Davy invente la lampe de sûreté pour mineurs. — L'Anglais Stephenson imagine d'activer le tirage d'un foyer en faisant échapper la vapeur dans la cheminée. — Construction de la première presse d'imprimerie à retiration, dont le principe avait été imaginé par l'Allemand König.
1818 L'Allemand Drais von Sauerbronn invente la draisienne. — L'Ecossais Brewster invente le kaléidoscope. — Le premier service régulier par navire à vapeur est établi entre l'Angleterre et l'Irlande. — Le Français Vicat définit la composition de la chaux hydraulique.
1819 Les Français Maillet et Chorier inventent le maillechort. — Pour la première fois, un bateau à vapeur, le *Savannah,* traverse l'Atlantique.
1821 Le Français Fresnel invente les lentilles à échelons. — Le Français Prony invente le frein dynamométrique.
1822 Les Français Prony et Arago étudient la vitesse du son dans l'air.
1823 Utilisation du gaz de ville pour l'éclairage des phares. — Etablissement de la première voie ferrée en France pour le transport du charbon.
1824 Le Français Seguin construit le premier pont suspendu. — L'Ecossais Aspdin met au point la composition du ciment Portland.
1825 L'Anglais Sturgeon construit le premier électro-aimant. — Inauguration de la première ligne de chemin de fer pour voyageurs (Stockton-Darlington).
1827 Le Français Fourneyron invente la turbine hydraulique. — Le Français Seguin réalise la chaudière tubulaire, qu'il adopte pour les locomotives. — Le Français Niepce invente la photographie.
1829 L'Anglais Stephenson construit la locomotive *Rocket.* — Le Français Galle invente la chaîne à maillons articulés.
1830 Le Français Thimonnier fait breveter sa machine à coudre. — Inauguration du chemin de fer de Manchester à Liverpool.
1831 Le Français Sauria invente les allumettes phosphoriques.
1832 Le Français Sauvage fait breveter une hélice marine. — Le Français Pixii réalise la première machine électrique à induction.
1833 Les Allemands Gauss et Weber construisent un télégraphe électrique. — Le Français Thilorier obtient la neige carbonique.
1834 L'Anglais Talbot réalise la photographie sur papier.
1835 L'Américain Colt invente le pistolet à barillet, dit « revolver ».
1837 L'Allemand Jacobi invente la galvanoplastie. — Le Suédois Ericsson fait naviguer le premier bateau à hélice. — Inauguration de la ligne de chemin de fer de Paris au Pecq.
1838 Ouverture d'une ligne régulière de navigation à vapeur avec le steamer anglais *Great Western,* entre Bristol et New York. — Le Français Daguerre imagine le daguerréotype.
1839 L'Américain Goodyear découvre la vulcanisation du caoutchouc.
1840 L'Autrichien Petzval construit le premier objectif photographique double. — Le Français Ruolz prépare l'alliage qui porte son nom.
1841 L'Allemand Poggendorff construit le premier rhéostat.
1842 Le Français Loubat établit à New York les premières lignes de tramway à traction animale.
1843 L'Américain Morse présente officiellement son télégraphe électrique. — L'Anglais John Lawes produit les premiers superphosphates. — L'Ecossais J. Nasmyth construit un marteau-pilon à vapeur.
1844 Le Français Vidie invente le baromètre anéroïde.
1846 Le Belge Neuville imagine la poutre en treillis métallique.
1847 Le Français Marinoni invente la presse rotative.
1848 Le Français Palmer invente le palmer. — L'Américain Crampton construit les locomotives à grande roue motrice. — Le Français Pecqueur utilise l'air comprimé pour actionner les outils.
1849 Le Français Bourdon invente le manomètre métallique.
1850 L'Italien Porro invente la jumelle à prismes. — L'Anglais Mercer imagine le mercerisage pour les fibres de coton.
1851 L'Allemand Ruhmkorff réalise la bobine d'induction. — L'Anglais Breit réunit Douvres à Calais par le premier câble sous-marin.
1852 Le Français Foucault invente le gyroscope.
1854 Le Français H. Sainte-Claire Deville met au point la préparation industrielle de l'aluminium. — L'Américain Hughes construit un appareil télégraphique imprimeur.
1855 Le Français Hirn emploie la surchauffe dans la machine à vapeur. — L'Allemand Bunsen invente le brûleur à gaz. — L'Américain Yale imagine la serrure de sûreté.
1856 L'Anglais Bessemer invente un procédé de fabrication de l'acier fondu. — L'Allemand F. Siemens invente le four à récupérateur. — Le Français Viguier imagine l'enclenchement automatique entre aiguillages et signaux sur voie ferrée.
1857 Le Français H. Sainte-Claire Deville met au point la préparation industrielle du magnésium.
1858 Le Français Verguin découvre la fuchsine. — L'Anglais Froude crée un frein à résistance hydraulique. — Le Français Giffard invente l'injecteur de vapeur pour l'alimentation des chaudières en eau.

technocrate n. Partisan de la technocratie. || Homme d'Etat ou haut fonctionnaire qui exerce son autorité en fonction d'études théoriques approfondies des mécanismes économiques, sans toujours tenir un compte suffisant des facteurs humains.

technocratie [tɛknɔkrasi] n. f. Système politique dans lequel l'influence déterminante appartient aux techniciens : *la synarchie est une technocratie.*

technologie [tɛknɔlɔʒi] n. f. Etude des outils, des procédés et des méthodes employés dans les diverses branches de l'industrie.

technologique adj. Relatif aux arts et aux métiers, à la technologie : *dictionnaire technologique.*

teck ou **tek** [tɛk] n. m. (portug. *teca*). Arbre de l'Asie tropicale, fournissant un bois dur, de densité moyenne, imputrescible (pour constructions navales).

teckel [tekɛl] n. m. (mot allem.). Chien terrier allongé, bas sur pattes, musclé, à poil ras, dur, ou à poil long.

tectogène adj. et n. m. Se dit d'un sillon où se forme une chaîne de montagnes.

tectonique [tɛktɔnik] n. f. (du gr. *tektôn,* constructeur). Partie de la géologie qui étudie les déformations des terrains, sous l'effet des forces internes, postérieurement à leur mise en place. || — Adj. Qui se rapporte à la tectonique : *carte tectonique.*

Tectosages. *Géog. anc.* Peuplade de la Gaule Narbonnaise. — Peuplade galate de l'Asie Mineure. (Elle était apparentée à la précédente.)

teckels

à poil long

à poil ras

Phot. Dim, X.

1859 Le Français Planté invente l'accumulateur. — L'Américain Drake pratique le premier forage de pétrole à Titusville (Pennsylvanie). — Le Français Lemoine imagine le rouleau compresseur à vapeur.
1860 Le Français Lenoir invente le moteur à gaz. — L'Anglais Walton fabrique le linoléum.
1861 L'Anglais Haswell construit la première grande presse hydraulique. — L'Anglais Dèacon invente une préparation industrielle du chlore.
1862 Le Français Beau de Rochas imagine le cycle à quatre temps.
1864 Le Suédois Nobel invente la dynamite. — Le Français Laussedat crée la photogrammétrie. — Apparition de la locomotive à essieux couplés.
1865 Le Français Martin fait breveter un procédé d'élaboration de l'acier dans un four à sole. — Les Français Ernest et Pierre Michaud munissent la draisienne de pédales et la transforment en vélocipède. — Le Français Riggenbach imagine le chemin de fer à crémaillère. — Le Belge Solvay commence l'exploitation industrielle de son procédé de fabrication du carbonate de sodium.
1866 L'Allemand W. von Siemens donne le principe de la dynamo.
1867 L'Anglais Whitehead procède aux premiers essais de torpille automobile. — Le Français Edoux construit le premier ascenseur. — L'Américain Sholes met au point avec S. Soule et C. Gliden la machine à écrire. — Le Français Leclanché invente la pile électrique à dépolarisant solide.
1868 Le Français Tellier conserve les denrées par le froid. — L'Allemand Bunsen invente la trompe à eau.
1869 Le Français Mège-Mouriès prépare la margarine. — Le Français Bergès utilise la houille blanche. — Les Français Cros et Ducos du Hauron inventent le procédé trichrome.
1870 Le Français Suriray invente le roulement à billes. — L'Américain Pelton invente une roue hydraulique. — Le Français Flaman invente l'enregistreur de vitesse.
1871 Le Belge Gramme présente à l'Académie des sciences la première dynamo.
1872 L'Américain Brayton imagine le cycle à deux temps. — Utilisation, pour la première fois sur un train, du frein à air comprimé, imaginé par Westinghouse.
1873 Le Français Fontaine réalise un transport d'énergie électrique.
1874 Le Français Baudot fait breveter son « système de télégraphie rapide ».
1875 Le Suédois Nobel fabrique de la dynamite-gomme.
1876 L'Américain Bell invente le téléphone. — Les Anglais S. Thomas et P. Gilchrist découvrent le moyen de déphosphorer la fonte. — Le Français Decauville invente le chemin de fer à voie étroite.
1877 L'Américain Hughes invente le microphone. — L'Américain Edison invente le phonographe.
1878 L'Américain Eastman prépare les premières plaques photographiques au gélatino-bromure d'argent. — Le Français Baudot invente le télégraphe imprimeur. — L'Américain Edison invente la lampe à incandescence. — L'Allemand W. von Siemens invente l'alternateur. — Le Français Mallet applique le principe de la détente à la locomotive à vapeur.
1879 L'Allemand W. von Siemens construit la première locomotive électrique. — L'Anglais Lawson imagine la transmission par chaîne de la bicyclette.
1880 Le Français Forest imagine le moteur à essence avec allumage électrique et fonctionnant suivant le cycle à quatre temps. — L'Américain Hollerith construit la première machine à statistiques à cartes perforées.
1881 Premier tramway électrique, à Berlin.
1882 Le Français Marey crée la chronophotographie. — Le Français Eiffel lance le viaduc de Garabit.
1883 Le Suédois De Laval invente la turbine à vapeur à arbre flexible. — Le Français Delamare-Deboutteville fait circuler sur route le premier véhicule automobile actionné par un moteur à explosion.
1884 Les Français Gaton et Albert Tissandier construisent un ballon avec une hélice entraînée par un moteur électrique. — L'Américain sir Hiram Maxim réalise le premier fusil automatique. — Le Français Gaulard invente les transformateurs. — Le Français Chardonnet réalise les premières fibres textiles à base de nitrocellulose. — Le Français Vieille invente les poudres B sans fumée. — L'Anglais Parsons crée la turbine à vapeur à réaction. — Le Français Renard réalise un dirigeable, la *France*. — L'Allemand Nipkow invente le disque explorateur des images à transmettre. — L'Allemand Mergenthaler conçoit le principe de la Linotype.
1885 Le Français Turpin invente la mélinite. — Le Yougoslave Tesla et l'Italien Ferraris découvrent les courants polyphasés. — L'Autrichien Auer invente le manchon pour l'éclairage au gaz.
1886 Le Français Héroult et l'Américain Hall mettent au point simultanément la métallurgie de l'aluminium par l'électrolyse.
1887 L'Italien Ferraris construit le moteur asynchrone. — L'Allemand Daimler invente le carburateur. — L'Américain Lanston fait breveter la Monotype, machine à composer en caractères séparés mobiles.
1888 L'Anglais Hadfield prépare les premiers aciers spéciaux. — L'Ecossais Dunlop fait breveter le pneumatique à valve.
1889 Achèvement de la tour Eiffel, à Paris. — L'Américain Eastman crée le film transparent de nitrocellulose pour la photographie.
1890 L'Allemand Daimler imagine de maintenir constant le niveau du liquide dans le carburateur à l'aide d'un flotteur et d'un pointeau. — Le Français Branly réalise le cohéreur à limaille. — Le Français Ader réussit le premier vol en aéroplane.
1891 Les Français A. et E. Michelin inventent le bandage pneumatique entoilé. — Les Français Panhard et Levassor construisent la première voiture automobile à essence.
1892 Le Français Moissan met au point le four électrique. — L'Allemand Geitel construit une cellule photo-électrique. — Le Français Blondel invente la lampe Holophane. — L'Allemand Diesel prend son premier brevet pour le moteur à combustion interne.
1893 L'Allemand Diesel publie *Théorie et construction d'un moteur thermique rationnel*... — L'Ecossais Dewar invente les vases pour conserver l'air liquide. — Le Russe Alexandre Popov invente l'antenne radio-électrique.
1894 Première course automobile Paris-Rouen.
1895 Les Anglais Cross et Bevan préparent la viscose. — Les Français L. et A. Lumière inventent le cinématographe. — L'Allemand Linde réalise la liquéfaction industrielle de l'air.
1896 L'Italien Marconi réalise la première radiocommunication. — Le Suisse Dussaud invente le pick-up. — Le Belge Vierendeel imagine la poutre composée sans diagonales, dite « poutre à arcades ».
1897 L'Allemand Goldschmidt invente l'aluminothermie. — L'Allemand Braun invente l'oscillographe cathodique. — L'Anglais Ferranti réalise le four à induction. — Le Suisse C. E. Guillaume prépare l'alliage invar. — L'Allemand K. von Linde invente les explosifs à air liquide.
1898 Le Danois Poulsen réalise l'enregistrement magnétique des sons. — L'Allemand Schmidt préconise la surchauffe de la vapeur.
1899 L'Américain Pupin invente la pupinisation. — Le Français Renault imagine la prise directe et le changement de vitesse par trains baladeurs. — Introduction du cardan dans la transmission sur une automobile.
1900 L'Allemand F. von Zeppelin construit des dirigeables rigides. — Inauguration de la première ligne du métropolitain de Paris, construite par le Français Bienvenüe.
1901 Le Français Rateau conçoit la turbine multicellulaire à action, qui porte son nom. — L'Américain Hewitt invente la lampe à vapeur de mercure. — L'Anglais Brinell invente l'essai de dureté à la bille. — Le Brésilien Santos-Dumont gagne en ballon le prix Deutsch de la Meurthe.
1902 L'Anglais Bowden invente le câble de transmission sous gaine souple.
1903 L'Allemand Korn fait les premiers essais de phototélégraphie. — Premier vol en avion des Américains W. et O. Wright. — Le Français L. Lumière imagine la plaque trichrome pour la photographie des couleurs.
1904 L'Anglais Fleming invente la lampe diode.
1905 L'Allemand Gaede invente une pompe rotative à mercure.
1906 Le Brésilien Santos-Dumont réalise une série de vols en avion. — L'Américain De Forest invente la lampe triode.
1907 L'Italien E. Bellini effectue les premiers essais de radiogoniométrie sur cadre.
1908 Le Français Blériot traverse la Manche en avion.
1909 Le Français Bénédictus invente le verre Triplex. — Le Belge Baekeland crée la Bakélite.
1910 L'Allemand Wilm découvre le Duralumin. — Le Français Fabre construit le premier hydravion.
1913 Le Français Mesnager crée la photo-élasticimétrie. — L'Américain Langmuir invente les ampoules électriques à atmosphère gazeuse.
1914 L'Américain Coolidge crée le tube producteur de rayons X. — L'Américain Sperry invente le pilote automatique.
1915 Le Français Estienne imagine les chars d'assaut.
1916 Le Français Rateau crée le turbocompresseur. — L'Allemand Gaede invente les pompes à diffusion.
1917 Le Français Langevin met au point la technique des ultrasons.
1920 L'Autrichien Pollak prépare les plastiques uréeformol. Le Suisse C. E. Guillaume obtient l'élinvar, dont l'élasticité ne dépend pratiquement pas de la température.
1921 L'Allemand Fry découvre la nitruration de l'acier. — L'Allemand Bergius crée la première méthode de synthèse industrielle des carburants.
1922 L'Allemand Busch réalise la première lentille électronique. — L'Américain Langmuir crée le chalumeau à hydrogène atomique. — L'Américain Hull établit le principe du magnétron.
1923 Le Suédois Hevesy utilise les indicateurs radioactifs.
1926 L'Allemand Staudinger prépare les résines de polystyrène. — L'Américain Goddard réalise une fusée à combustion liquide.
1927 L'Américain Lindbergh traverse l'Atlantique en avion.
1928 Le Français Freyssinet invente le béton précontraint.
1929 L'Américain Marrison construit une horloge à quartz.
1930 Le Français M. Ponte met au point le magnétron, qui permettra le développement du radar.
1933 L'Allemand Bock crée le caoutchouc synthétique Buna.
1934 L'Américain Zworykin invente l'iconoscope.
1935 Le Français R. Barthélemy réalise l'analyse entrelacée de l'image en télévision. — L'Anglais Watson-Watt réalise le radar.
1937 Le Français Girod met au point un procédé de déphosphoration dans l'affinage rapide de l'acier. — L'Américain Carothers découvre le Nylon.
1938 L'Américain Varian invente le klystron. — L'Anglais Baird fait des essais de télévision en couleurs.
1939 Premier vol d'un avion à réaction, en Allemagne.
1941 L'Américain W. Bush réalise les premiers cerveaux électroniques.
1945 Le Suisse Piccard réalise le bathyscaphe. — Première bombe atomique, aux Etats-Unis.
1947 L'Américain Yeager franchit en avion le mur du son.
1948 Les Américains Bardeen, Brattain et Shockley inventent le transistor.
1950 Réalisation de la première bombe à hydrogène.
1952 Première explosion de la bombe à hydrogène, aux îles Marshall.
1954 Premier sous-marin atomique américain, le *Nautilus*. — Mise au point définitive de la bombe à hydrogène à Eniwetok.
1957 Envoi du premier satellite artificiel (« Spoutnik »), en U. R. S. S.
1961 Premier cosmonaute, le Soviétique Gagarine.
1962 Satellite américain « Telstar », relais d'ondes radio-électriques.
1965 Rendez-vous spatial, réalisé par les Etats-Unis.
1966 Inauguration de l'usine marémotrice de la Rance. — Premiers essais de l'Aérotrain.
1967 Premiers programmes de télévision en couleurs.
1968 Réalisation par les Américains d'un satellite habité exécutant un circuit dans le voisinage immédiat de la Lune.
1969 Les Américains atteignent deux fois la Lune et en rapportent des échantillons (vols « Apollo XI » et « Apollo XII »).
1971 Vol « Apollo XIV ».

tectrice [tɛktris] adj. et n. f. (du lat. *tectus*, couvert). Se dit des plumes dont le rôle est de recouvrir les rémiges, dans l'aile des oiseaux.

Tecumseh, chef indien, né dans la région de la Mad River (1768-1813). En 1812, il soutint les Anglais contre les Américains.

Tedder (Arthur), maréchal britannique, né à Glenguin (comté de Stirling, Ecosse) [1890-1967]. Après avoir commandé l'aviation britannique en Extrême-Orient (1936-1938) et au Moyen-Orient (1940), puis les forces aériennes alliées en Tunisie, en Sicile et en Italie (1943), il devint l'adjoint d'Eisenhower au commandement des forces qui libérèrent l'Europe occidentale (1944-1945).

teddy-bear [tedibɛr] n. m. (mots angl. : *Teddy*, dimin. de *Theodor* [allusion à Th. Roosevelt, qui était un grand chasseur], et *bear*, ours). Peluche de laine ou de fibre synthétique imitant un peu la fourrure.

Te Deum [tedeɔm] n. m. inv. Cantique latin d'action de grâces de l'Eglise catholique commençant par les mots *Te Deum laudamus*, « Seigneur, nous te louons ». (Son texte a été mis en musique polyphonique ou concertante par de nombreux compositeurs depuis le XVIe s. [Le Jeune, M.-A. Charpentier, Delalande, Blanchard, Le Sueur, Berlioz, Bruckner].)

tee [ti] n. m. (désignation anglaise de la lettre *t*). Au golf, petite cheville fixée en terre et servant, au départ d'un trou, à surélever la balle.

Tee-shirt [tiʃœrt] ou **T-shirt** n. m. (mot angl. ; de *shirt*, chemise) [marque déposée]. Petit maillot de corps à manches courtes et à encolure à ras du cou, et qui, posé à plat, rappelle la forme d'un T. || Pl. des *Tee-shirts*.

Tégée, v. de l'Arcadie ancienne, dont elle fut, à l'époque mycénienne, une des citadelles.

tégénaire [teʒenɛr] n. f. Araignée des maisons, tissant une toile irrégulière dans les angles des murs et derrière les meubles.

Tegetthoff (Wilhelm VON), amiral autrichien, né à Maribor (1827-1871). Il battit la flotte italienne de l'amiral Persano près de Lissa (1866).

Téglath-Phalasar Ier, roi d'Assyrie (1112-1074 av. J.-C.). Il conquit la Commagène et fit campagne en Arménie. — TÉGLATH-PHALASAR III, roi d'Assyrie (745-727 av. J.-C.). Il fit de l'Assyrie un empire fortement organisé et établit sa domination sur l'Asie occidentale.

Tegnér (Esaias), poète suédois, né à Kyrkerud (1782-1846). Professeur, puis prêtre et évêque, il concilia le goût classique de l'ère « gustavienne » et le lyrisme romantique dans ses poèmes patriotiques (*Svea*, 1811), intimes (*Hypocondrie*, 1826) et surtout dans sa populaire *Saga de Frithiof* (1820-1825).

Tegucigalpa, cap. du Honduras ; 170 500 h.

tégument [tegymɑ̃] n. m. (lat. *tegumentum* ; de *tegere*, couvrir). *Anat.* Ce qui couvre le corps de l'homme et des animaux (la peau, les poils, les plumes, les écailles). || *Bot.* Enveloppe de la graine.

tégumentaire adj. Relatif au tégument : *lésion tégumentaire*.

Téhéran, au fond, la chaîne de l'Elbourz

Téhéran, cap. de l'Iran, dans le nord du pays ; 2 720 000 h. Palais du châh. Célèbre mosquée au dôme recouvert de lames d'or. Au pied du Demâvend, carrefour routier et ferroviaire, Téhéran est de loin la plus grande ville du pays. Aux traditionnelles fonctions, politique, commerciale et intellectuelle, s'est ajoutée aujourd'hui la grande industrie. Des branches modernes (métallurgie, chimie) se sont juxtaposées à des activités plus traditionnelles, souvent artisanales (textiles, travail du cuir). Conférence en 1943 entre Staline, Roosevelt et Churchill.

Tehuantepec, isthme du Mexique, large de 210 km, entre le golfe du Mexique et le Pacifique, traditionnelle limite entre l'Amérique du Nord et l'Amérique centrale.

teigne [tɛɲ] n. f. (lat. *tinea*). Petit papillon, appelé aussi *mite,* dont les chenilles vivent sur des plantes cultivées (pomme de terre, betterave), sur des denrées (farines) ou sur des objets ménagers (vêtements, tapis). ‖ Maladie du cuir chevelu et des poils, produite par divers champignons microscopiques et entraînant des chutes partielles de cheveux (alopécies). [Trois variétés de champignons donnent des teignes : *microsporon, trichophyton, achorion.* Les trichophytons provoquent également des mycoses de la peau glabre (herpès, circiné) ; les teignes sont des affections contagieuses soumises à déclaration obligatoire.] ‖ *Fam.* Personne méchante.

teigneux, euse adj. et n. Qui a la teigne.

Teil (Le) [07400], comm. de l'Ardèche (arr. de Privas), sur le Rhône ; 8 795 h. Chaux et ciment.

Teilhard de Chardin (Pierre), savant, philosophe et théologien français, né à Sarcenat (comm. d'Orcines), près de Clermont-Ferrand (1881-1955). Entré dans la Compagnie de Jésus en 1899, ordonné prêtre en 1911, il enseigne la géologie et la paléontologie à l'Institut catholique de Paris de 1920 à 1923. Il participe en 1931 à la Croisière jaune. Le P. Teilhard de Chardin contribue, à partir de 1929, en Chine, aux fouilles de Chou-kou-tien (près de Pékin), où est découvert le sinanthrope dit « homme de Pékin ». En 1951, il est attaché à la Wenner-Gren Foundation de New York, qui, en 1951 et 1953, le charge de superviser et de financer les recherches anthropologiques en Afrique du Sud. Sa doctrine, qui a fait l'objet de vives controverses dans les milieux catholiques, cherche à unifier l'ensemble des phénomènes existants dans une évolution allant de l'inorganique à l'organique, de la vie végétative à l'homme, et de l'homme à un stade humain supérieur. On lui doit notamment : *le Phénomène humain* (1938-1940), *le Cœur de la matière* (1950), *le Christique* (1955). [Acad. des sc., 1950.]

teillage ou **tillage** n. m. Opération mécanique, effectuée après le rouissage, et ayant pour but de séparer du bois et de l'écorce les fibres textiles.

teille [tɛj] ou **tille** [tij] n. f. (lat. *tilia,* chanvre). Ecorce de la tige du chanvre. ‖ Liber du tilleul.

teiller ou **tiller** v. t. *Industr.* Débarrasser de la teille.

Teilleul (Le) [50640], ch.-l. de c. de la Manche (arr. d'Avranches) ; 1 588 h. (663 aggl.).

teilleur, euse n. Personne chargée du teillage.

teilleuse n. f. Machine qui opère simultanément le broyage et le teillage du chanvre ou du lin.

teindre [tɛ̃dr] v. t. (lat. *tingere*) [conj. **55**]. Imprégner, imbiber d'une substance colorante : *teindre des étoffes.*

teint [tɛ̃] n. m. (lat. *tinctus,* teint). Coloris du visage : *teint bronzé.* ‖ Couleur donnée à une étoffe par la teinture : *teint solide.* ● *Bon teint,* couleur solide, qui ne disparaît pas au lavage.

teint [tɛ̃], **e** [tɛ̃t] adj. (de *teindre*). Qui a reçu une teinture : *étoffe teinte.*

teinte n. f. Nuance obtenue par application de couleurs simples ou composées : *teinte grise.* (Syn. : CARNATION, COLORATION, COLORIS, COULEUR.) ‖ Degré de force des couleurs : *teinte forte.* ‖ *Fig.* Apparence légère ; petite dose : *teinte d'ironie.* ● *Demi-teinte,* teinte très faible.

Teilhard de Chardin

teinté, e adj. Qui a reçu une légère teinte : *verres teintés.*

teinter [tɛ̃te] v. t. Couvrir d'une teinte. ‖ Donner une légère couleur : *teinter de l'eau avec du vin.*

teinture n. f. (lat. *tinctura*). Liquide tenant une matière colorante en dissolution et dont on imprègne les tissus ou les cheveux. ‖ Travail, art du teinturier. (V. *encycl.*) ‖ Couleur que prend la chose teinte : *drap d'une belle teinture.* ‖ *Fig.* Connaissance superficielle : *avoir une teinture de latin.* ‖ *Pharm.* Alcool ou éther chargé des principes actifs d'une substance végétale, animale ou minérale : *teinture de benjoin, d'iode.*

— Encycl. La *teinture* des textiles consiste à fixer un colorant sur la fibre d'une manière durable ; la pénétration, même avec un principe soluble, doit être assez intime pour résister à tous les lavages. Dans la *teinture par imprégnation mécanique,* la matière colorante insoluble, en suspension dans l'eau, est retenue physiquement par le tissu comme par les pores d'un filtre. Dans la *teinture par imprégnation chimique,* si la fibre possède une grande affinité pour le colorant, celui-ci se fixe directement ; dans le cas contraire, on fixe la couleur en imbibant le textile d'un mordant capable de retenir celle-ci en l'entraînant dans une combinaison insoluble. La couleur peut également être constituée au sein même de la fibre. Les principales matières colorantes sont soit des substances minérales (oxydes de fer [nankin], de chrome [vert], de manganèse [bistre], chromate de plomb [orangé], etc.), soit des couleurs extraites des animaux ou des végétaux (cochenille, curcuma, garance, orseille, quercitron, etc.). Depuis le milieu du XIXe s., l'art de la teinture a été révolutionné par l'emploi des principes synthétiques des colorants naturels, tels que l'alizarine, et par l'usage de colorants artificiels dérivés des carbures.

teinturerie n. f. Commerce, atelier du teinturier.

teinturier, ère n. et adj. Qui donne des teintes diverses aux étoffes, aux fibres, etc., à l'aide de liquides colorants.

teinturier, ère n. Personne qui nettoie les vêtements.

Teirlinck (Herman), écrivain belge d'expression néerlandaise, né à Sint-Jans Molenbeek (1879-1967). Il a renouvelé le théâtre flamand en prônant un idéal humanitaire dans un style expressionniste (*le Film au ralenti,* 1922 ; *la Pie sur la potence,* 1937 ; *Taco,* 1958).

Teisserenc de Bort (Léon), météorologiste français, né à Paris (1855-1913). Il créa l'observatoire météorologique de Trappes, développa l'emploi des ballons-sondes et découvrit la stratosphère (1899).

Tekakwitha (Catherine), jeune Iroquoise, morte au Canada en odeur de sainteté (1656-1680).

Tekeli (Imre). V. Thököly.

tel [tɛl], **telle** adj. (lat. *talis*). Pareil, semblable : *on ne verra plus de tels hommes.* ‖ Comme cela : *tel est mon avis.* ‖ Si grand que : *son pouvoir est tel que tout lui obéit.* ‖ Un certain : *telle page était griffonnée, telle autre était tachée d'encre.* ● *Tel... tel,* comme... ainsi : *tel père, tel fils.* ‖ *Tel que,* pareil à, exactement comme : *voir les hommes tels qu'ils sont.* ‖ *Tel quel,* comme il est, sans changement : *je vous rends votre livre tel quel.* (Ne pas dire *tel que* dans ce sens.) ‖ — Pr. indéf. Quelqu'un, quelque chose : *tel rit aujourd'hui qui pleurera demain.* ‖ — Pr. et adj. dém. Ce, cet, cela, celui-ci, etc. : *tel fut le résultat de ses efforts.* ‖ **— A telle enseigne que,** V. ENSEIGNE.

télamon [telamɔ̃] n. m. (mot gr.). *Archit.* Caryatide à corps d'homme, soutenant une corniche. (Syn. ATLANTE.)

Tel-Aviv, v. d'Israël, sur la Méditerranée ; 394 400 h. (avec Jaffa). Principale ville et métropole économique du pays, Tel-Aviv a été le centre du mouvement d'immigration juive en Palestine ; elle fut fondée en 1909, au nord-est de Jaffa, pour assurer aux sionistes un quartier indépendant de la ville arabe.

télé [tele] n. f. Abrév. fam. de *télévision.*

télécabine n. f. Téléphérique monocâble aménagé pour le transport de personnes par petites cabines accrochées à des suspentes fixées au câble à intervalles réguliers. (On dit aussi TÉLÉBENNE.)

télécinématographe n. m. Appareil servant à transmettre par télévision un film cinématographique. (On dit aussi TÉLÉCINÉMA.)

télécommande n. f. Action de réaliser à distance une manœuvre quelconque. ‖ Système permettant de réaliser à distance une manœuvre. (V. *encycl.*)

— Encycl. La *télécommande* peut être réalisée par un jeu de transmissions mécaniques, par signaux lumineux, par courants électriques ou par ondes. Les transmissions mécaniques peuvent être utilisées pour de faibles distances. Quand le poste de commande et le récepteur sont fixes, on fait appel à des impulsions électriques qui, transmises par câbles, actionnent des relais agissant à leur tour sur les organes mécaniques qu'on veut commander. Si le poste de commande et le récepteur sont en mouvement l'un par rapport à l'autre, on emploie les ondes électromagnétiques, mais, l'énergie qu'elles transmettent étant extrêmement faible, il est nécessaire de les amplifier. A cet effet, on utilise des trains d'ondes modulées qui agissent sur les relais par résonance sur la fréquence des ondes ou des modulations.

— *Mil.* Depuis la Seconde Guerre mondiale, les applications militaires de la *télécommande* sont très nombreuses. Dans la marine, par exemple, la télécommande est utilisée pour le tir des pièces d'artillerie et des missiles contre les objectifs terrestres, flottants ou aériens.

télécommander v. t. Commander à distance (au *pr.* et au *fig.*).

télécommunication n. f. Ensemble des moyens de communication à distance. ‖ Service groupant toutes les transmissions et tous les procédés de localisation électroniques.

— Encycl. La part la plus importante des *télécommunications* est constituée par le téléphone. Son principe consiste à transmettre par une ligne à deux fils, généralement de cuivre, un courant électrique modulé par l'action des ondes sonores sur un microphone et à reconstituer ces ondes sonores à l'arrivée par l'action du courant sur un récepteur. En pratique, les lignes, d'abord construites en fil de cuivre supporté par des poteaux, sont maintenant presque toujours formées par des paires ou des quartes de fil de cuivre rassemblées dans un câble dont la capacité, très élevée, peut atteindre 900 ou même 1 350 paires dans un câble urbain. Pour la transmission des communications à grande distance, les câbles sont munis, de place en place, d'amplificateurs à lampes ou à transistors. Les câbles récents sont d'un type nouveau (câbles coaxiaux), où chaque paire peut transmettre un grand nombre de communications simultanées, en général 900 ou 2 700. On utilise également des faisceaux hertziens, qui font appel à une transmission radio-électrique dirigée, et, depuis quelques années, les transmissions par satellites artificiels, qui servent de stations de retransmission, concurremment avec les câbles téléphoniques sous-marins. Il ne suffit pas de transmettre correctement la parole ; il faut encore permettre à tout abonné d'être mis en relation avec le correspondant désiré. Cette opération, la commutation, s'est d'abord faite manuellement par l'intermédiaire d'opératrices. A l'heure actuelle, elle se réalise presque toujours automatiquement, selon les indications données par l'abonné lui-même au moyen du cadran (ou d'un ensemble de 10 touches) de son appareil. Les systèmes automatiques comportant des organes tournants font aujourd'hui place à des systèmes à barres croisées, où les connexions s'établissent par pression de contacts portés par des barres se croisant à angle droit. La commutation électronique, dès maintenant essayée en service réel, apportera un nouveau perfectionnement à la commutation.

La télégraphie utilise les mêmes principes de transmission et de commutation que le téléphone : dans sa forme moderne, il s'agit non d'appareils téléphoniques, mais de téléimprimeurs, véritables machines à écrire à distance que l'on relie deux à deux à la demande de l'usager.

Enfin, les transmissions de données entre ordinateurs font déjà et feront de plus en plus une utilisation massive des télécommunications.

télédistribution n. f. Diffusion de programmes de télévision à des abonnés dont l'appareil est relié par câble à la station émettrice.

télédynamie n. f. Action de transmettre au loin la force, en particulier la force électrique.

télédynamique adj. Qui transmet au loin la force, la puissance : *câble télédynamique.*

téléenseignement n. m. Enseignement utilisant la radio et la télévision.

téléférique [teleferik] adj. et n. m. V. TÉLÉPHÉRIQUE.

Phot. Roger-Viollet, Chevalier.

téléga [telega] n. f. Voiture russe à quatre roues.

télégénique [teleʒenik] adj. Qui fait un bel effet à la télévision.

télégramme [telegram] n. m. Communication transmise à l'aide du télégraphe.

télégraphe [telegraf] n. m. (gr. *tēle*, loin, et *graphein*, écrire). Dispositif permettant de communiquer rapidement et à distance des nouvelles, des avis, des dépêches. ‖ Administration dont dépend ce dispositif. ‖ Bâtiment de cette administration.

télégraphie n. f. Système de télécommunication assurant la transmission de messages écrits ou de documents par l'utilisation d'un code de signaux ou par d'autres moyens appropriés. (V. *encycl.*) ● ***Télégraphie sans fil*** (***T. S. F.***), transmission de messages par utilisation des propriétés des ondes électromagnétiques. (Syn. RADIOTÉLÉGRAPHIE.)
— ENCYCL. La *télégraphie* est une des formes des télécommunications, dont elle constitue la manifestation la plus ancienne. Le télégraphe aérien de Chappe, dont l'installation commença en 1793, fut le premier vrai système, resté d'ailleurs en usage jusqu'au milieu du XIXe s. Comptant 534 stations sur une longueur de plus de 5 000 km, il desservait vingt-neuf villes. En 1843, les travaux de Morse permirent l'emploi de l'électricité pour la transmission de signaux. Puis apparurent des appareils de plus en plus perfectionnés, tels que ceux de Wheatstone, de Hugues, et de Baudot. Ceux-ci ont maintenant cédé la place aux téléimprimeurs, ou télétypes, qui équipent les réseaux télex, dont les abonnés connectent leurs appareils entre eux par voie entièrement automatique. La télégraphie pneumatique permet d'acheminer par tubes, à l'aide d'air comprimé ou raréfié, des boîtes cylindriques qui renferment des télégrammes. La transmission d'images ou de photographies à distance peut être rattachée à la télégraphie. L'exploration par un pinceau lumineux très fin de tous les points de l'image est traduite, par cellule photo-électrique, en courants variables que l'on transmet à la station de réception, où, en synchronisme, un processus inverse de celui du départ restitue l'original.

télégraphier v. t. et i. Transmettre au moyen du télégraphe : *télégraphier une nouvelle*.

télégraphique adj. Qui a rapport au télégraphe : *signes télégraphiques*.

télégraphiquement adv. Par le télégraphe : *appeler télégraphiquement*.

télégraphiste n. et adj. Employé au télégraphe. ‖ Porteur de dépêches télégraphiques.

téléguidage n. m. Cas particulier de la télécommande, où celle-ci s'applique à la commande à distance des mouvements d'un engin doté d'autonomie cinétique.
— ENCYCL. Le *téléguidage* est direct lorsque l'opérateur voit continuellement l'engin qu'il commande à distance et indirect lorsque l'opérateur guide cet engin par l'intermédiaire d'un écran de radar. Les messages envoyés sont soit des ondes continues, soit des ondes isolées, matérialisées par l'envoi d'un signal sur une fréquence déterminée. Dans le premier cas, on émet, comme en radio, une onde dont on module la fréquence, et la réception de cette modulation peut commander la vitesse de rotation d'un moteur, la position d'une gouverne, etc. Dans le deuxième cas, la réception du signal ferme un relais sur l'engin et permet l'exécution d'une manœuvre déterminée. En pratique, on travaille simultanément sur plusieurs ondes, ou bien on envoie des signaux ayant dans le temps un espacement bien déterminé, le récepteur n'étant sensible qu'à des couples de signaux séparés par un intervalle donné.

téléguider v. t. Conduire ou piloter à distance : *téléguider une fusée*. ‖ *Fig.* Inspirer une conduite.

téléimprimeur n. m. Appareil télégraphique permettant l'envoi direct d'un texte, au moyen d'un clavier dactylographique, et son inscription au poste de réception sous forme de caractères d'imprimerie. (On dit aussi TÉLÉSCRIPTEUR et TÉLÉTYPE.)

téléinformatique n. f. Technique d'utilisation à distance d'un ordinateur grâce à un circuit téléphonique ou télégraphique.

télékinésie [telekinezi] n. f. En termes de spiritisme, mouvement d'objets sans contact.

télémanipulateur n. m. Mécanisme permettant d'effectuer à distance, derrière un écran de protection, des manipulations portant sur des substances radio-actives.

Telemann (Georg Philipp), compositeur allemand, né à Magdeburg (1681-1767). Son abondante production reflète une double influence française et italienne. Telemann a laissé quarante-quatre passions, quarante opéras, six cents ouvertures à la française et d'innombrables partitions de musique de chambre et de musique symphonique. Il fut directeur de la musique à Hambourg, et son influence, qui s'est étendue à toute l'Allemagne, a éclipsé de son temps celle de Bach.

Télémaque. *Myth. gr.* Fils d'Ulysse et de Pénélope. Encore enfant quand son père partit pour Troie, il alla plus tard à sa recherche, guidé par Athéna, sous les traits de Mentor.

Télémaque (*les Aventures de*), ouvrage de Fénelon, composé pour l'éducation du duc de Bourgogne, et qui parut en 1699 sans le nom de l'auteur et sans son autorisation. Dans cette épopée romanesque en prose, dont le sujet est emprunté à *l'Odyssée*, on voit Mentor former l'esprit de Télémaque par les critiques qu'il fait de la politique du roi de Salente, Idoménée. Louis XIV crut y voir une satire de son règne et exila l'auteur dans son

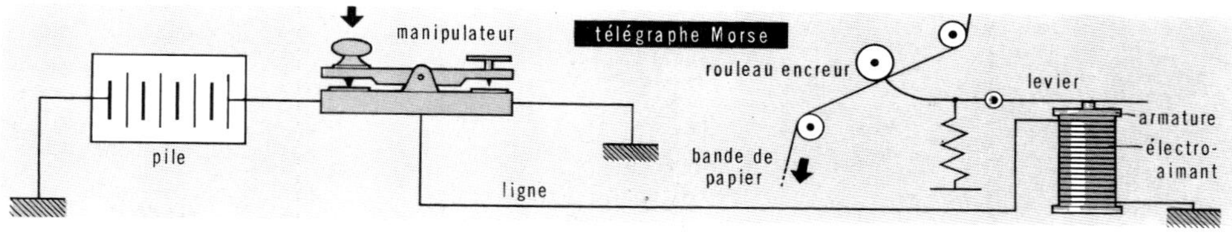

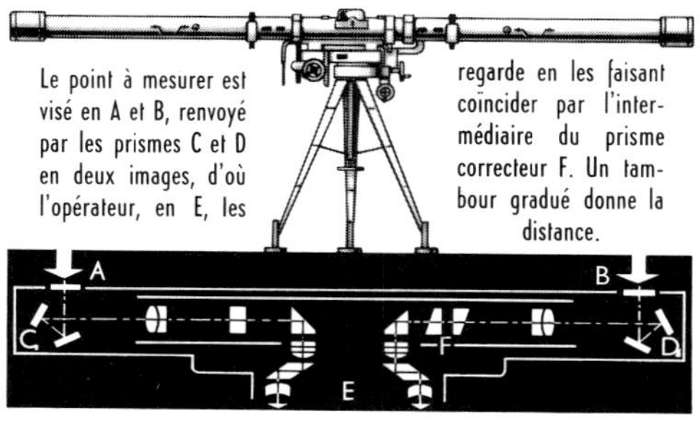

télémètre

diocèse de Cambrai. En 1717, le marquis de Fénelon donna la première édition française du livre, qui connaissait déjà un vif succès à l'étranger.

Telemark, région montagneuse du sud de la Norvège.

télémécanicien n. m. Spécialiste des télécommunications.

télémécanique n. f. Transmission de commandes à distance.

télémesure n. f. Procédé permettant de connaître à distance l'indication d'un appareil de mesure.

télémètre n. m. Instrument servant à mesurer la distance qui sépare un observateur d'un point éloigné.

téléobjectif [teleɔbʒɛktif] n. m. Objectif photographique dont la distance focale est relativement longue pour le format de l'appareil sur lequel il est monté.

téléologie [teleɔlɔʒi] n. f. (gr. *telos, -eos*, fin, et *logos*, discours). *Philos.* Ensemble des spéculations qui s'appliquent à la notion de finalité et aux causes finales.

téléologique adj. *Philos.* Qui concerne la téléologie : *Kant a analysé le jugement téléologique dans sa « Critique du jugement ».*

téléostéens [teleɔsteɛ̃] n. m. pl. Vaste sous-classe de poissons osseux, comprenant tous ceux qui ont un squelette entièrement ossifié, soit les quatre cinquièmes du nombre total des espèces actuelles. (Syn. POISSONS OSSEUX.) ‖ Sing. un *téléostéen*.
— ENCYCL. Les *téléostéens* ont des écailles plates de type cycloïde ou cténoïde et des nageoires aux rayons disposés en éventail. La bouche s'ouvre à l'avant du corps, et la nageoire caudale est en arrière de la colonne vertébrale. Les fentes branchiales sont recouvertes d'un opercule de chaque côté de la tête. Les œufs sont petits et nombreux, et la fécondation est généralement externe. On compte au moins 15 000 espèces de téléostéens, réparties en douze ordres principaux : apodes (anguille), catostéomes (hippocampe), ostariophysaires (poissons de rivière : carpe, gardon, silure), haplomes (brochet), isospondyles (anchois, hareng, sardine, saumon, truite), percésoces (mulet), pleuronectes (turbot, sole), plectognathes (coffre), percomorphes (thon, maquereau, perche, mérou, gobie, grondin), jugulaires (vive), pédiculates (baudroie) et anacanthiniens (morue, merlan).

télépathe adj. et n. Qui pratique la télépathie. ‖ Médium.

télépathie [telepati] n. f. (gr. *tēle*, loin, et *pathos*, affection). Communication directe entre deux esprits dont l'éloignement interdit toute communication par le moyen des sensations usuelles. (Syn. : TÉLESTHÉSIE, TRANSMISSION DE PENSÉE.)

télépathique adj. Relatif à la télépathie.

Télèphe. *Myth. gr.* Roi de Mysie, qu'Achille blessa de sa lance, et qui fut ensuite guéri avec un emplâtre composé de la rouille de cette même lance.

téléphérage n. m. Transport à distance par benne ou cabine suspendue à un câble aérien.

téléphérique [teleferik] n. m. Moyen de transport de personnes ou de marchandises, constitué par un ou plusieurs câbles porteurs sur lesquels se déplace le chariot supportant la cabine des voyageurs ou la benne de matériaux. (V. *encycl.*) ‖ — Adj. Qui concerne le téléphérage.
— ENCYCL. Une installation de *téléphérique* comprend un certain nombre de pylônes qui supportent les câbles. Dans les téléphériques à câbles porteurs et tracteurs distincts, le câble porteur est solidement ancré dans la maçonnerie de la station supérieure, passe sur une poulie à la station inférieure et pend dans un puits en portant à son extrémité libre un contrepoids qui assure sa tension. Les bennes suspendues à un train de galets à gorge, qui roulent sur le câble porteur, sont tractées par un ou — par mesure de sécurité — par plusieurs câbles, dont chacun est capable de supporter le poids des bennes

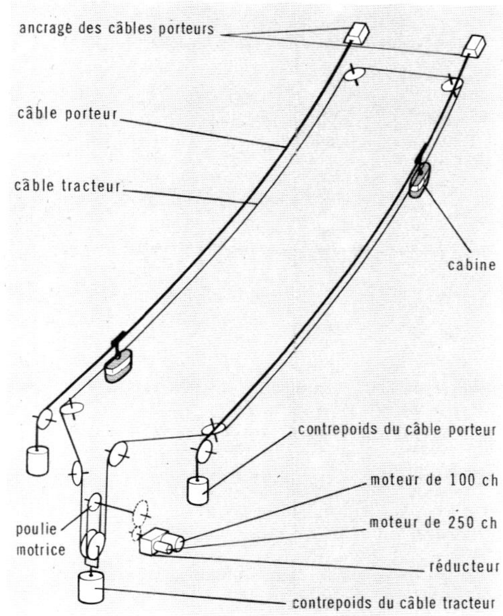

téléphérique

en cas de rupture du câble porteur. Dans les téléphériques à câble unique, celui-ci est à la fois porteur et moteur, et les bennes sont soutenues par des suspentes fixées au câble par des mâchoires. A la station inférieure, des poulies, dont l'axe supporte un contrepoids, assurent la tension du câble. Le système doit être équilibré lorsque toutes les bennes sont vides.

téléphone [telefɔn] n. m. (gr. *tēle*, loin, et *phônê*, voix). Instrument qui permet une conversation entre deux personnes éloignées. ● ***Téléphone arabe*** (Fam.), information, rumeur qui se propage très vite de bouche à oreille.
— ENCYCL. Après l'exposé tout théorique d'un *téléphone* électrique par le Français Bourseul en 1854, après les essais, en 1861, par l'Allemand Reiss, d'un téléphone qui ne transmettait que la hauteur des sons et non leur intensité, l'Américain Graham Bell réalisa pour la première fois la transmission de la voix, le 10 mars 1876, à Boston. Le téléphone ne put vraiment se développer qu'après la mise au point par Hughes d'un microphone qu'Ader améliora par la suite et qui aboutit au microphone à grenaille de charbon encore utilisé à l'heure actuelle. Paris fut en 1879 la première ville d'Europe à être dotée d'un réseau téléphonique urbain. Un tel réseau comprend un certain nombre d'abonnés chez chacun desquels est installé un poste et qui sont reliés à un bureau central chargé d'établir entre eux les liaisons nécessaires. Le poste de chaque abonné comporte : un *microphone* et un *récepteur*, généralement jumelés pour constituer le « combiné » ; un *commutateur*, sur lequel repose ce combiné et dont le mouvement au décrochage établit la communication avec le bureau central et y provoque le fonctionnement d'un relais, qui prévient de son appel soit une opératrice, par l'allumage d'une lampe, si le service est manuel, soit les organes du bureau si le service est automatique ; enfin une *sonnerie*, grâce à laquelle le central appelle l'abonné lorsqu'il est demandé. Dans le cas, de plus en plus fréquent, des réseaux automatiques, l'appareil téléphonique comporte un *cadran d'appel* permettant de transmettre au central le numéro de l'abonné désiré. Les perfectionnements actuels portent sur l'automatisation des réseaux, sur la commutation et sur l'acheminement des conversations. Aux câbles on préfère maintenant les faisceaux hertziens et les guides d'ondes, qui permettent la transmission de bandes de fréquence extrêmement larges (des milliers de mégahertz), correspondant à des dizaines de milliers de voies téléphoniques.

v. illustration p. suivante

téléphoner v. i. Se servir du téléphone. ‖ — V. t. Transmettre par le téléphone : *téléphoner un renseignement*.

téléphonie n. f. Système de télécommunications établi en vue de la transmission de la parole. ● ***Téléphonie sans fil***, transmission de la parole par utilisation des propriétés des ondes électromagnétiques.

téléphonique adj. Relatif au téléphone : *appel téléphonique*.

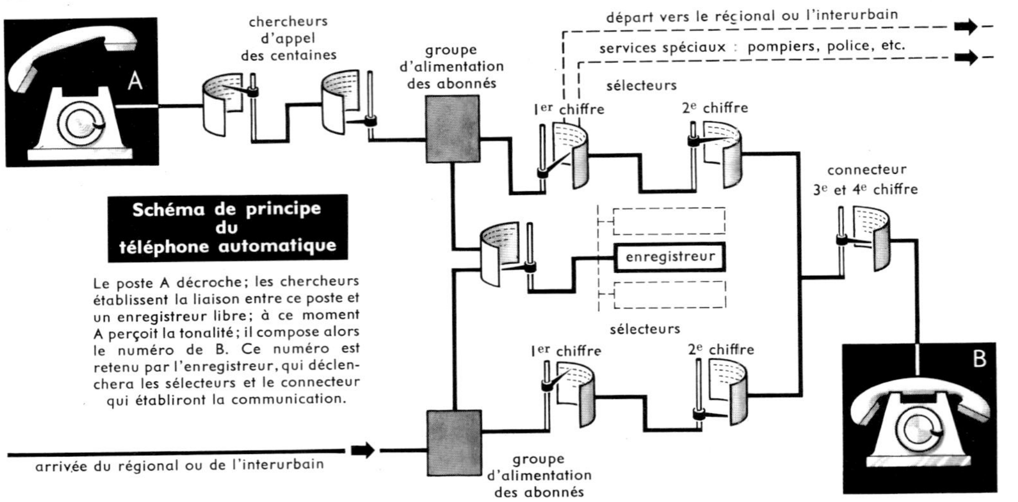

téléphone : schéma d'une communication interurbaine entièrement automatique

téléphoniste n. Personne chargée du service d'un téléphone public ou privé.

téléphotographie n. f. Technique et pratique de la photographie des sujets ou objets éloignés.

télépointage n. m. Dispositif permettant le pointage à distance des canons d'un navire de guerre à partir d'un poste central de tir.

téléradar n. m. Emploi combiné du radar et de la télévision.

téléradiographie n. f. Radiographie pratiquée en plaçant l'ampoule à rayons X loin du sujet (2 à 3 mètres), ce qui supprime la déformation conique de l'image.

télescopage n. m. Collision de deux trains, de deux véhicules qui, circulant en sens inverse sur une même ligne, se rencontrent.

télescope [telɛskɔp] n. m. (gr. *têle,* loin, et *skopein,* examiner). Instrument d'observation astronomique dont l'objectif est un miroir concave. (V. *encycl.*) ● *Télescope électronique,* appareil analogue au télescope, dans lequel les faisceaux lumineux sont remplacés par des flux d'électrons. (V. *encycl.*)
— ENCYCL. Le premier *télescope* fut vraisemblablement réalisé par Newton (1671). Il se compose essentiellement d'un miroir sphérique concave fixé au fond d'un tube ouvert à l'autre extrémité. Le faisceau lumineux émanant de ce miroir est dévié par un petit miroir plan et observé latéralement par un oculaire porté par un tube de tirage pour la mise au point. Dans le *télescope de Cassegrain,* le miroir sphérique principal comporte en son centre une petite ouverture dans laquelle l'image formée est renvoyée par un petit miroir convexe auxiliaire situé dans l'axe de l'instrument. En général, le miroir principal est un miroir parabolique en verre argenté, ou mieux aluminisé, qui concentre les rayons parallèles à son axe exactement en son foyer et annule l'aberration de sphéricité. Dans le *télescope de Schmidt,* le miroir est sphérique et l'aberration de sphéricité est corrigée par une lame à profil exactement calculé. Le champ d'un tel instrument peut atteindre 12° au lieu de 10′ pour les autres modèles. Le *télescope* dit *électronique* utilise un flux d'électrons au lieu de faisceau lumineux. Il comporte un tube à vide contenant une photocathode sur laquelle le système optique de l'instrument vient former l'image de l'objet à observer. De cette plaque partent des électrons qui, réfractés par des lentilles électroniques, vont impressionner une plaque photographique, rendue sensible aux électrons.

télescoper v. t. (de *télescope,* longue-vue dont les tubes s'emboîtent les uns dans les autres). Heurter avec violence. ‖ Mélanger sans discernement des mots, des idées, etc.

télescopique adj. *Astron.* Fait à l'aide du télescope : *observations télescopiques.* ‖ Se dit d'un objet dont les éléments s'emboîtent les uns dans les autres : *pied, fourche télescopique.*

téléscripteur n. m. Syn. de TÉLÉIMPRIMEUR.

télésiège n. m. Téléphérique à câble unique sans fin, le long duquel sont répartis des sièges accrochés par l'intermédiaire de suspentes.

téléski n. m. Syn. de REMONTE-PENTE.

téléspectateur, trice n. Personne qui assiste à un spectacle télévisé.

Télesphore (*saint*) [m. en 136], pape de 125 à 136. — Fête le 5 janvier.

télesthésie [telɛstezi] n. f. (gr. *têle,* loin, et *aisthêsis,* sensation). Impression sensorielle reçue à distance de manière inexpliquée. (Syn. TÉLÉPATHIE.)

télétraitement n. m. Mode d'exploitation d'un ordinateur dont certains organes périphériques, situés à distance de l'unité centrale, communiquent avec celle-ci par voie téléphonique ou télégraphique.

télétype n. m. Syn. de TÉLÉIMPRIMEUR.

télévisé, e adj. Transmis par télévision.

téléviser v. t. Transmettre par télévision.

téléviseur n. et adj. m. Appareil récepteur de télévision.

télévision [televizjɔ̃] n. f. Transmission par voie électrique, à distance, d'images non permanentes d'objets fixes ou mobiles.

télévisuel, elle adj. Relatif à la télévision, comme moyen artistique : *sur le plan purement télévisuel, cette émission est excellente.*

télex [telɛks] n. m. Service de dactylographie à distance, mis à la disposition des usagers au moyen de postes d'abonnement équipés de téléimprimeurs.

Telingas. V. TELOUGOUS.

tell [tɛl] n. m. Au Proche-Orient, colline artificielle formée par les ruines superposées d'une ville ancienne.

Tell (le), régions humides proches des côtes, en Afrique du Nord.

Tell (Guillaume). V. GUILLAUME TELL.

tellement [tɛlmɑ̃] adv. Marque l'intensité affective : *il est tellement gentil; l'âge l'a tellement changé.* ‖ *Fam.* Beaucoup : *je n'aime pas tellement cela.* ● *Tellement... que* marque la conséquence : *cette maison est tellement grande qu'on ne peut pas bien la chauffer; il a tellement mangé qu'il s'est rendu malade.*

Téllez Girón y Guzmán (Pedro), duc d'OSUNA, homme d'Etat espagnol, né à Valladolid (1579-1624), vice-roi de Sicile, puis de Naples.

Tellier (Charles), ingénieur français, né à Amiens (1828-1913). Surnommé **le Père du froid,** il imagina toute une série d'appareils, notamment une machine frigorifique à compression pour maintenir en parfait état des denrées périssables comme la viande de boucherie. Il s'intéressa également à l'étude des moteurs, à la production et à l'emploi de l'air comprimé, au goudronnage des routes, etc.

tellière [teljɛr] n. m. et adj. (du nom du chancelier *Le Tellier*). Format de papier aux dimensions de 34 × 44 cm, et dont une qualité supérieure est le papier ministre.

Tello, nom des ruines de *Lagash**.

tellure [tɛllyr] n. m. (du lat. *tellus, -uris,* terre). Corps simple (Te), solide, de numéro atomique 52, d'un blanc bleuâtre, lamelleux et fragile, de densité 6,2, fusible à 452 °C.

tellureux, euse adj. *Anhydride tellureux,* combinaison oxygénée du tellure.

tellurhydrique [tɛllyridrik] adj. Se dit d'un acide résultant de la combinaison du tellure et de l'hydrogène.

tellurique [tellurik] ou **tellurien** [-rjɛ̃], **enne** [-ɛn] adj. Qui concerne la terre : *courant tellurique.* ‖ *Chim.* Se dit d'un acide oxygéné du tellure.

tellurure n. m. *Chim.* Combinaison du tellure avec un autre élément.

télophase [telɔfaz] n. f. Dernière phase de la mitose cellulaire, pendant laquelle se constituent les noyaux des cellules filles et se forme une nouvelle membrane.

Telougous ou **Telingas,** population mélano-indienne de l'Inde orientale, de teint foncé, de petite taille, et parlant une langue dravidienne, le *telougou.*

telson [tɛlsɔ̃] n. m. Dernier anneau de l'abdomen, chez les arthropodes.

Teluk Betung. V. TANDJUNGKARANG-TELUKBETUNG.

Tema, nouveau port du Ghāna. Centre industriel (aluminium).

téméraire [temerɛr] adj. et n. (lat. *temerarius,* inconsidéré). Hardi jusqu'à l'imprudence : *homme téméraire.* ‖ Inspiré par la témérité : *action téméraire.* ● *Jugement téméraire,* hasardé, porté sans preuves suffisantes.

témérairement adv. Avec témérité.

témérité n. f. Hardiesse imprudente et présomptueuse : *agir avec témérité.*

Temesvár. V. TIMIŞOARA.

Temir-Taou, v. de l'U. R. S. S. (Kazakhstan); 147 000 h. Métallurgie.

Témiscamingue, lac du Canada, aux confins de l'Ontario et du Québec; 280 km².

témoignage n. m. Action de témoigner : *être appelé en témoignage.* ‖ Relation faite par une personne de ce qu'elle a vu ou entendu : *recueillir des témoignages.* ‖ *Fig.* Marque extérieure, preuve : *témoignage d'amitié, de satisfaction.* ● *Faux témoignage,* témoignage mensonger. ‖ *Rendre témoignage à quelque chose,* le reconnaître et y rendre hommage. ‖ *Rendre témoignage à quelqu'un,* attester en sa faveur.

témoigner [temwaɲe] v. t. (de *témoin*). Faire paraître par ses paroles ou ses actions : *témoigner de la joie.* ‖ Être le signe de : *gestes qui témoignent une vive surprise.* ‖ — V. i. Servir de témoin : *témoigner contre quelqu'un en justice.*

témoin [temwɛ̃] n. m. (lat. *testimonium*). Qui témoigne en justice : *les témoins prêtent serment de dire la vérité.* ‖ Personne qui a vu ou entendu quelque chose, et qui peut le certifier : *être témoin d'un accident.* ‖ Personne dont on se fait assister pour certains actes : *servir de témoin pour un mariage.* ‖ Preuve matérielle, attestation quelconque d'un fait : *cette cathédrale est un témoin de la piété de nos aïeux.* ‖ Butte qu'on laisse dans un terrain déblayé, pour évaluer la quantité de matériaux enlevés. ‖ Animal, plante, etc., qui ne subit aucun traitement particulier afin de fournir la comparaison avec des individus de même espèce soumis à des essais divers. ‖ *Sports.* Bâtonnet que se transmettent les coureurs dans une course de relais. ● *Prendre quelqu'un à témoin,* invoquer son témoignage. ‖ *Les témoins d'un duel,* ceux qui en règlent les conditions. ‖ — Adj. : *lampe témoin.*
— REM. Employé sans déterminatif, ce mot n'est variable que dans ces deux cas : *leur entrevue aura lieu sans témoins; vous m'êtes tous témoins que.* Est invariable dans : *je vous prends tous à témoin; témoin les blessures qu'il a reçues.* En parlant d'une femme : *elle est témoin.*

Témoins de Jéhovah. V. JÉHOVAH (*Témoins de*).

tempe [tɑ̃p] n. f. (du lat. *tempus, -oris,* tempe). Partie latérale de la tête, comprise entre l'œil, le front, l'oreille et la joue.

tempe n. f. Morceau de bois qui sert au boucher pour tenir écartés les deux côtés du ventre d'un animal ouvert.

Tempé, vallée de la Grèce (Thessalie), entre l'Olympe et l'Ossa, arrosée par le Pénée. Virgile en a célébré la beauté.

Tempelhof, agglomération de la banlieue sud de Berlin-Ouest. Aéroport.

tempérament [tɑ̃peramɑ̃] n. m. (lat. *temperamentum,* juste proportion). Etat physiologique caractéristique d'un individu, et qui conditionne ses réactions psychophysiologiques. ‖ Caractère, ensemble des penchants : *tempérament violent.* ‖ Système musical qui divise l'octave en douze demi-tons égaux (ou *tempérament égal,* qui existe depuis le deuxième tiers du XVIIe s.). [Dans le *tempérament inégal,* les demi-tons n'ont pas tous la même valeur : *do* dièse ne coïncide pas avec *ré* bémol. J.-S. Bach a illustré les possibilités offertes par ce système en deux recueils célèbres qu'il a intitulés *Wohltemperiertes Klavier.*] ● *Vente à tempérament,* vente où l'acheteur s'acquitte par versements échelonnés.

tempérance [tɑ̃perɑ̃s] n. f. (lat. *temperantia;* de *temperare,* tempérer). Vertu qui modère les désirs, les passions. ‖ Sobriété dans l'usage des aliments, des boissons. ● *Société de tempérance,* association pour combattre l'usage des spiritueux.

tempérant, e adj. Qui a la vertu de la tempérance; sobre.

température [tɑ̃peratyr] n. f. *Phys.* Grandeur physique qui caractérise de façon objective la sensation de chaleur ou de froid laissée par le contact d'un corps. (V. *encycl.*) ‖ État atmosphérique de l'air du point de vue de son action sur nos organes. ‖ *Physiol.* Degré de chaleur du corps. (V. *encycl.*) ‖ Fièvre : *avoir de la température.* ‖ *Météor.* et *climatol.* Ensemble des conditions atmosphériques variables, traduites par nous en sensations relatives de chaud et de froid, et dont l'appréciation exacte est fournie par l'observation du thermomètre. (V. CLIMAT.) ● *Température absolue,* grandeur définie par des considérations théoriques. (V. *encycl.*)
— ENCYCL. *Phys.* Pour définir la température, on choisit une *grandeur thermométrique x,* et l'on pose $t = ax + b$, où a et b sont des constantes. Dans les thermomètres à liquide, x est le volume apparent d'un liquide dans une enveloppe de verre. Les constantes a et b sont fixées par le choix de deux températures conventionnelles; dans les échelles centésimales, les valeurs 0 et 100 ont été assignées à la glace fondante et à l'eau bouillante, sous la pression atmosphérique normale. L'*échelle légale* est une échelle centésimale dans

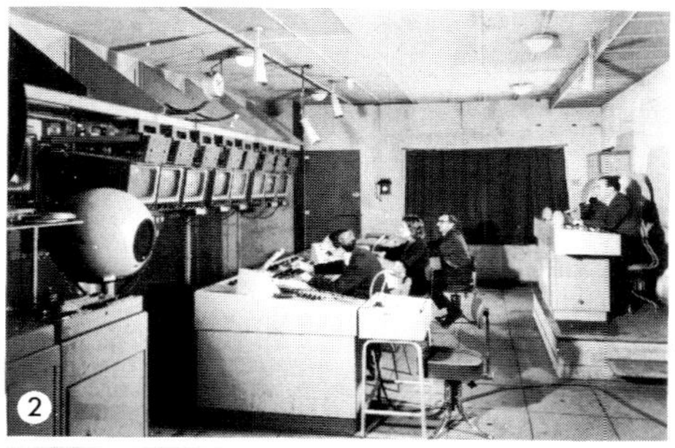

1. Kinescope. Procédé permettant l'enregistrement sur film des programmes de la télévision; 2. Régie des studios des Buttes-Chaumont; 3. Prise de vue en studio; 4. Caméra de prise de vue.

En télévision, la transmission est effectuée par une succession d'images. Chacune de ces images est analysée par lignes horizontales parcourues de gauche à droite et ligne par ligne de haut en bas, à la façon dont on lit une page de livre; les différents points de chaque image sont transmis successivement. Grâce à la persistance des impressions visuelles et à la rapidité avec laquelle est réalisée cette décomposition ou analyse de l'image, le spectateur a la sensation d'une image continue. La définition de l'image est d'autant meilleure que les lignes par image sont plus nombreuses et que le nombre de points discernables sur une ligne est plus grand. Cette analyse, traduction de la luminance de chacun des points en un phénomène électrique (signal de luminance), est effectuée par un tube électronique appelé tube analyseur. Après amplification, le signal de luminance module l'onde porteuse, issue de l'émetteur, exactement comme dans le cas d'une émission radiophonique, mais le spectre des fréquences du signal de luminance, ou vidéo-fréquences, est considérablement plus étendu.

À la réception, le spot du tube-image doit se déplacer comme le faisceau électronique du tube analyseur. Il est donc nécessaire d'ajouter au signal de luminance certains signaux spéciaux qui ont pour but d'annoncer :

— la fin de chaque ligne (signal de synchronisation horizontale);

— la fin de chaque trame (signal de synchronisation verticale).

À la réception, ces signaux de synchronisation sont séparés des signaux de luminance et séparés entre eux par des dispositifs électroniques adéquats.

• *Émetteur de télévision.* Un émetteur de télévision comporte les éléments suivants :

1° la caméra de prise de vues, dont l'élément essentiel est le tube analyseur;

2° le générateur de signaux conformes aux normes;

3° les dispositifs de balayage, horizontal et vertical, assurant le déplacement du faisceau électronique d'analyse;

4° le mélangeur des signaux de synchronisation et de luminance, ainsi que l'amplificateur du signal complet, qui, finalement, module l'onde porteuse d'émission « vision »;

5° la voie « son », qui, après amplification, module une autre onde porteuse;

6° un système d'antennes.

Les standards de télévision diffèrent entre eux, notamment par le nombre d'images émises par seconde (30 aux États-Unis et au Japon, 25 en Europe) et par le nombre de lignes (819 dans le standard à haute définition français, 625 dans le standard européen, 525 dans le standard américain). En France, où les émissions régulières commencèrent en 1937 sur 455 lignes, il existe actuellement deux chaînes de télévision, l'une à 819 lignes et l'autre à 625 lignes. Les divers émetteurs diffusant un même programme constituent une chaîne et sont reliés par câble ou par voie hertzienne.

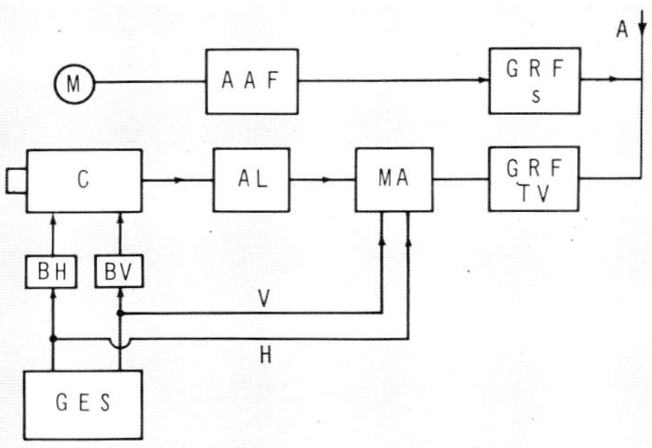

SCHÉMA FONCTIONNEL D'UN ÉMETTEUR DE TÉLÉVISION

C, caméra; GES, générateur d'élaboration de signaux conformes au standard; BH, amplificateurs de balayage horizontal; BV, amplificateurs de balayage vertical; AL, amplificateur du signal de luminance; V, signal de synchronisation verticale; H, signal de synchronisation horizontale; MA, mélangeur et amplificateur de signal complet de télévision; GRF TV, générateur (émetteur) radiofréquence de l'onde porteuse du signal complet de télévision; M, microphone; AAF, amplificateur audiofréquence; GRFs, générateur (émetteur) radiofréquence de l'onde porteuse du signal sonore d'accompagnement de l'image.

• *Récepteur de télévision.* Celui-ci doit amplifier l'onde modulée captée par son antenne, en extraire le signal complet, amplifier ce dernier et appliquer le signal de luminance au tube-image. Il doit aussi extraire du signal complet les signaux de synchronisation, horizontale et verticale, puis appliquer ces derniers aux systèmes de balayage, qui sont ainsi synchronisés avec ceux de la caméra.

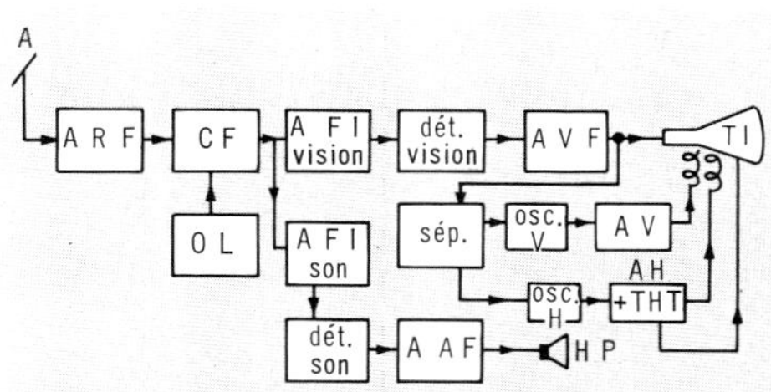

SCHÉMA FONCTIONNEL D'UN RÉCEPTEUR DE TÉLÉVISION

A, antenne; ARF, amplificateur radio-fréquence; CF, changeur de fréquence; OL, oscillateur local; AFI, amplificateur à fréquence intermédiaire; dét., détecteur; AVF, amplificateur vidéo-fréquence; AAF, amplificateur audio-fréquence; sép., séparateur des signaux de synchronisation; osc. V, oscillateur-générateur des signaux de balayage vertical; osc. H, oscillateur-générateur des signaux de balayage horizontal; AV, amplificateur de balayage vertical; AH + THT, amplificateur de balayage horizontal et générateur de la très haute tension d'alimentation du tube-image; HP, haut-parleur; TI, tube-image.

TÉLÉVISION EN COULEURS. (V. hors-texte couleurs.) La reproduction en couleurs est obtenue par synthèse trichrome additive (rouge, vert et bleu). Mais il faut que les émissions polychromes puissent être également reçues par les récepteurs en noir et blanc, sans qu'il soit nécessaire de modifier ceux-ci, et que les émissions en noir et blanc puissent être reçues par les récepteurs polychromes : c'est le principe de la compatibilité. Un tel système implique que soit reconstitué un signal de luminance achrome E_y, à partir d'une caméra trichrome, formée par un ensemble de trois caméras fournissant chacune un signal E proportionnel au contenu de l'énergie à transmettre : E_r pour le rouge, E_v pour le vert, E_b pour le bleu. Cette reconstitution est obtenue par addition des trois signaux dans des proportions qui tiennent compte de la sensibilité relative de l'œil aux trois couleurs primaires :

$$E_y = 0{,}6\ E_v + 0{,}3\ E_r + 0{,}1\ E_b.$$

Pourvu des signaux de synchronisation, le signal de luminance E_y ne diffère pas du signal jusqu'alors classique et permet d'assurer une transmission de télévision normale en noir et blanc. On y ajoute alors deux signaux, dits de chrominance, destinés aux récepteurs polychromes, en prenant soin qu'ils perturbent le moins possible l'image reçue par les récepteurs en noir et blanc. La méthode universellement adoptée consiste à ajouter au signal E_y modulateur une onde, dite sous-porteuse, car elle est modulée elle-même par les signaux de chrominance, et différant de 4,43 MHz de l'onde porteuse.

Les signaux de chrominance sont constitués par les signaux résultant respectivement de la différence des signaux $E_r - E_y$ et $E_b - E_y$. Au niveau du récepteur, on retrouve les signaux E_r et E_b, en ajoutant le signal E_y aux signaux $E_r - E_y$ et $E_b - E_y$. Le troisième signal $E_v - E_y$ peut se déduire des deux autres et l'opération $E_v - E_y + E_y$ permet de retrouver E_v. Enfin, les trois signaux E_r, E_b et E_v commandent le tube-image trichrome et reconstituent ainsi la scène colorée à transmettre.

Les divers procédés de télévision en couleurs diffèrent par la façon dont les signaux de chrominance modulent l'onde sous-porteuse : en phase dans le procédé américain NTSC et dans le procédé allemand PAL, en fréquence dans le procédé français SECAM. Dans ce dernier, on ne transmet qu'un signal de chrominance à la fois, celui-ci étant alterné à chaque ligne. L'un de ces signaux est utilisé directement et, en même temps, mis en réserve dans une ligne à retard, qui le restitue lors de l'exploration de la ligne suivante, et cela alternativement, de sorte qu'à tout moment les circuits de commande du tube-image reçoivent quand même trois informations : le signal de luminance, le signal de chrominance transmis et le signal de chrominance mis en réserve lors de la transmission de la ligne précédente. Les signaux E_r, E_v et E_b commandent finalement l'intensité des faisceaux cathodiques formant, par un balayage commun semblable à celui du tube-image achrome, trois images, rouge, verte et bleue, dont la synthèse visuelle additive aboutit à la reproduction de la scène colorée. Le tube trichrome utilisé à la réception comporte un écran formé d'une mosaïque de pastilles de luminophore, produit qui transforme l'impact électronique, ou chromatome, en lumière visible et qui est de nature différente selon qu'il émet une lumière rouge, verte ou bleue. Les pastilles de luminophore sont disposées par triades ou groupes de trois émettant chacune une couleur différente, et reçoivent les électrons issus de trois canons électroniques, de telle sorte qu'un même canon ne puisse atteindre que les pastilles de luminophore d'une même couleur. Cette sélection est faite par les perforations d'un masque placé derrière l'écran à raison d'une perforation par triade. Le nombre de perforations ou de triades doit être tel que le spot formé des trois faisceaux convergents couvre au moins deux triades, afin de ne jamais risquer, au cours de l'analyse, d'interrompre totalement les faisceaux.

Phot. O. R. T. F., Lauros - Atlas-Photo, O. R. T. F., Paris-Match.

laquelle la grandeur *x* est la pression d'un gaz parfait maintenu à volume constant. La température s'y évalue en *degrés Celsius* (°C).
L'*échelle absolue* définit une température T, proportionnelle à la pression, à volume constant, d'un gaz parfait ; elle se déduit de l'échelle légale par la relation $T = t + 273{,}15$. Elle se mesure en *kelvins* (K).
— *Physiol.* Les animaux à température constante (oiseaux, mammifères) sont nommés homéothermes, et les animaux à température variable (vertébrés à sang froid et invertébrés) poïkilothermes. La température rectale des homéothermes varie avec les espèces : homme, 37 °C environ ; équidés, 37,5-38,4 °C ; bovins, 38,5 °C ; moutons, chèvres, porcs, 39-40 °C ; chat, chien, 38,5-39 °C ; lapin, 39,5 °C ; oiseaux, 40-42 °C.

tempéré, e adj. Ni trop chaud ni trop froid. || *Mus.* Se dit d'un instrument dans lequel l'espace entre les demi-tons est normalisé et égalisé : *clavecin tempéré.* ● *Climat tempéré,* V. CLIMAT.

tempérer [tɑ̃pere] v. t. (lat. *temperare,* adoucir) [conj. **5**]. Diminuer l'excès d'une chose : *tempérer la sévérité.*

tempête [tɑ̃pɛt] n. f. (lat. *tempestas*). Violente tourmente atmosphérique, sur terre ou sur mer. || *Fig.* Explosion subite et violente : *une tempête d'injures.*

Tempête (*la*), comédie-féerie en vers mêlés de prose de W. Shakespeare (v. 1611). Le duc de Milan, Prospero, chassé de ses Etats par une conspiration, aborde avec sa fille dans une île déserte. Doué de pouvoirs magiques, il se fait servir par Ariel, esprit de l'air, léger et bon, et Caliban, esprit de la terre, difforme et méchant. Grâce à ses sortilèges, Prospero marie sa fille au fils du roi de Naples et rentre en possession de son duché.

tempêter v. i. Faire un grand bruit par mécontentement ; quereller : *il ne fait que crier et tempêter.*

tempétueusement adv. Violemment.

tempétueux, euse adj. Sujet aux tempêtes : *mer tempétueuse.* || Qui cause les tempêtes : *vent tempétueux.*

temple [tɑ̃pl] n. m. (lat. *templum*). *Archit.* Edifice consacré au culte d'une divinité : *les temples grecs.* || Edifice dans lequel les protestants célèbrent leur culte. || Edifice religieux élevé à Jérusalem par Salomon. (En ce sens prend une majuscule.)

Temple (le), anc. monastère fortifié des templiers, à Paris, construit au XIIe s., rasé en 1811. L'enclos jouissait du droit d'asile.

Temple (*sir* William), diplomate anglais, né à Londres (1628-1699). Il négocia les traités d'Aix-la-Chapelle et de Nimègue.

templier [tɑ̃plije] n. m. Chevalier de l'ordre du Temple.

Templiers ou *chevaliers du Temple,* ordre militaire et religieux fondé en 1119, et dont les membres se distinguèrent particulièrement en Palestine. Ils acquirent d'importantes richesses et devinrent les banquiers du pape et de nombreux princes. Philippe le Bel, désirant s'emparer de leurs immenses richesses et détruire leur puissance, fit arrêter Jacques de Molay, grand maître de l'ordre, et tous les chevaliers qui se trouvaient en France (1307). A la suite d'un procès indigne, il les fit périr sur le bûcher (1310-1314). Dès 1312, le pape Clément V avait, à l'instigation du roi de France, supprimé l'ordre des Templiers.

tempo [tɛ̃po *ou* tɛmpo] n. m. (mot ital.). Mot employé en musique pour noter les différents mouvements dans lesquels est écrit un morceau. || — **A tempo** loc. adv. Indication qui invite à reprendre le mouvement initial après un ralenti.

temporaire [tɑ̃pɔrɛr] adj. (lat. *temporarius ;* de *tempus, -oris,* temps). Momentané, qui ne dure qu'un certain temps : *pouvoir temporaire.* (Contr. : CONSTANT, DURABLE, PERMANENT.)

temporairement adv. Pour un temps : *s'éloigner temporairement d'un lieu.*

temporal [tɑ̃pɔral], **e, aux** [-o] adj. Qui se rapporte aux tempes : *artères temporales ; muscle temporal.* ● *Os temporal,* ou *temporal* n. m., os de la partie inférieure et latérale du crâne. (V. *encycl.*)
— ENCYCL. Le *temporal* est situé en dessous du pariétal et en avant de l'occipital. Trois parties peuvent y être distinguées : 1° l'écaille, qui forme le squelette de la tempe et présente sur sa face externe l'apophyse zygomatique ; 2° le rocher, qui constitue la partie interne et inférieure de l'os, et qui contient l'oreille moyenne et l'oreille interne ; 3° la mastoïde.

temporalité n. f. Caractère de ce qui existe dans le temps.

temporel [tɑ̃pɔrɛl], **elle** adj. (lat. *temporalis ;* de *tempus, -oris,* temps). Qui a lieu dans le temps (par oppos. à *éternel*) : *l'existence temporelle de l'homme.* || Qui concerne les choses matérielles (par oppos. à *spirituel*) : *les biens temporels.* ● *Pouvoir temporel,* pouvoir des papes en tant que souverains de leur territoire (par oppos. à *pouvoir spirituel*).

temporel n. m. Pouvoir temporel : *le temporel et le spirituel.*

temporellement adv. Durant un temps.

temporisateur, trice adj. et n. Qui temporise : *général temporisateur.*

temporisateur n. m. Appareil introduisant intentionnellement un intervalle de temps entre le début et la fin du fonctionnement d'un dispositif électrique.

temporisation n. f. Retard calculé apporté à une action. || Technique de la commande des temps opératoires, c'est-à-dire de la durée des diverses opérations ou traitements industriels.

temporiser [tɑ̃pɔrize] v. i. (du lat. *tempus, -oris,* temps). Différer une action avec espoir d'une meilleure occasion. (Syn. : AJOURNER, ATERMOYER, LANTERNER, REMETTRE, RENVOYER, RETARDER, SURSEOIR.)

temps [tɑ̃] n. m. (lat. *tempus*). Mesure de la durée des phénomènes. || Durée limitée : *bien employer son temps.* || Moment fixé : *le temps approche.* || Délai : *accordez-moi du temps.* || Loisir : *je n'ai pas le temps.* || Epoque, relativement à certaines circonstances, à l'état des choses, des mœurs, des opinions : *c'était le bon temps.* || Saison : *le temps des vendanges.* || Etat de l'atmosphère : *temps humide.* || *Mus.* Division de la mesure : *mesure à trois, à quatre temps.* || *Gramm.* Modification de la forme du verbe, qui sert à exprimer un rapport de temps (passé, présent, futur) avec le moment où l'on parle ou avec le moment indiqué par le verbe principal. ● *Avoir le temps,* n'être pas pressé. || *Avoir fait son temps,* être hors d'usage. || *Faire son temps,* faire son service militaire. || *Gagner du temps,* temporiser. || *Gros temps,* mauvais temps en mer. || *Passer le temps,* l'employer à. || *Perdre son temps,* ne rien faire. || *Temps atomique,* temps (symb. : TA) dont la mesure est basée sur la fréquence de vibration d'un atome, dans des conditions bien déterminées. (V. *encycl.*) || *Temps civil* (Astron.), temps moyen avancé de douze heures : *le temps civil se compte de 0 à 24 h à partir de minuit, avec changement du quantième à minuit.* || *Temps des éphémérides,* temps (symb. : TE) dont la mesure est basée sur les résultats fournis par la mécanique céleste, notamment par le mouvement général des planètes et, plus particulièrement, par celui de la Lune. (V. *encycl.*) || *Temps moyen* ou *temps astronomique,* temps solaire vrai, auquel on a ajouté une correction pour tenir compte de l'inégalité de l'intervalle de temps séparant deux culminations successives du centre du Soleil au méridien d'un point quelconque de la Terre : *le temps moyen se compte de 0 à 24 h à partir de midi.* (V. *encycl.*) || *Temps sidéral en un lieu donné,* angle horaire du point normal en ce lieu. || *Temps solaire vrai en un lieu donné,* angle horaire du centre du Soleil en ce lieu. || *Temps universel* ou *T.U.,* temps civil de Greenwich (Angleterre). [L'expression incorrecte de « temps moyen de Greenwich », ou GMT, est formellement proscrite.] || — Loc. adv. **A temps,** assez tôt : *vous arrivez à temps ;* pour une durée limitée : *bannissement à temps.* || **Au temps,** v. AUTANT. || **Avant le temps,** prématurément. || **De temps en temps,** quelquefois. || **De tout temps,** toujours. || **En même temps,** ensemble. || **En temps et lieu,** au moment et dans le lieu convenables. || **Entre-temps,** dans l'intervalle.
— ENCYCL. Le problème général qui se pose en astronomie consiste non seulement à mesurer des intervalles de temps, mais surtout à situer tel phénomène dans une chronologie générale pour laquelle il faut avoir défini un instant origine et une échelle rigoureusement constante. Le *temps sidéral* est basé sur la rotation de la Terre sur elle-même, la durée d'une rotation constituant un jour sidéral. Malheureusement, cette rotation ne s'effectue pas à vitesse constante. Outre des fluctuations irrégulières et imprévisibles, elle subit d'une part un ralentissement séculaire dont les effets s'accumulent chaque jour, entraînant une avance générale des phénomènes astronomiques pour arriver à un total de 3 h 20 mn depuis le début de l'ère chrétienne, d'autre part des variations saisonnières qui la font ralentir de quelques centièmes de seconde en mai et accélérer d'autant en octobre. Le *temps solaire* est le seul qui puisse servir d'unité de compte pour les circonstances de la vie quotidienne par la prise en considération des jours, des semaines, des mois, des années, des siècles, etc. Mais, comme le mouvement du Soleil vrai sur l'écliptique, qui définit le *jour solaire vrai,* est irrégulier, on se réfère à un Soleil moyen, qui, décrivant l'équateur, et non plus l'écliptique d'un mouvement uniforme, définit le *jour solaire moyen.* L'écart, naturellement variable, entre les heures de passage au méridien du Soleil vrai et du Soleil moyen s'appelle l'*équation du temps.* Il est compris entre + et — 15 mn environ. Le *temps universel* permet de repérer l'instant d'un phénomène en un point quelconque de la Terre par rapport à un système international. La surface du globe a été divisée en 24 fuseaux ayant respectivement pour lignes médianes 24 méridiens espacés de 15° en 15° à partir du méridien international, très voisin du méridien de Greenwich. Ces fuseaux sont numérotés de 0 à 23 à partir du méridien international, en allant vers l'est. Par convention, le temps correspondant à chacun d'eux est le temps universel augmenté d'un nombre d'heures égal au numéro du fuseau. Au même instant, le nombre des minutes et celui des secondes sont les mêmes pour toute la Terre. Le *temps des éphémérides,* employé en astronomie dans les calculs de la mécanique du système solaire, est fourni par le mouvement de translation de la Terre autour du Soleil et se déduit en principe des mesures de la longitude apparente du Soleil. Mais, comme l'observation de cette longitude est assez peu précise, on la remplace par celle de la longitude de la Lune, qui varie 13 fois plus vite. Le *temps atomique* permet de mesurer des intervalles de temps et, plus particulièrement, des intervalles de temps très courts, notamment des fréquences.

Temps (*le*), journal quotidien fondé en 1861 ; il disparut en 1942. De tendances libérales, il eut une grande influence sous la IIIe République.

Temps modernes (*les*), revue mensuelle, politique et littéraire, fondée en 1946 par Jean-Paul Sartre.

Temuco, v. du Chili central ; 117 100 h. Centre agricole et commercial.

tenable [tənabl] adj. Où l'on peut rester sans trop d'incommodités : *cette place n'est pas tenable.* (S'emploie presque toujours avec la négation.)

tenace [tənas] adj. (lat. *tenax ;* de *tenere,* tenir). Qui adhère fortement : *la poix est tenace.* || Qui résiste à la rupture : *métal tenace.* || — *Fig.* Fortement attaché à ses idées : *personne tenace.* || Difficile à extirper, à détruire : *les préjugés sont tenaces.* || Opiniâtre : *solliciteur tenace.* ● *Mémoire tenace,* mémoire qui retient bien et longtemps.

ténacité [tenasite] n. f. Etat de ce qui est tenace. || Résistance d'un métal à la rupture par traction. || *Fig.* Attachement opiniâtre à une idée, à un projet.

tenaille [tənɑj] n. f. ou **tenailles** n. f. pl. (du lat. *tenere,* tenir). Outil composé de deux pièces croisées, mobiles autour d'un axe et terminées par des mors qu'on peut rapprocher pour saisir ou serrer certains objets. || *Mil.* Elément extérieur de la fortification bastionnée, couvrant la courtine.

tenaillement n. m. Action de tenailler, de tourmenter.

tenailler v. t. Faire souffrir ; causer une vive douleur physique : *la faim le tenaillait.* || Tourmenter moralement : *être tenaillé par le remords.*

tenancier [tənɑ̃sje], **ère** [-ɛr] n. Personne qui dirige une maison de jeu, un hôtel, etc. || Personne qui tenait une terre en roture dépendante d'un fief.

tenant [tənɑ̃], **e** [-ɑ̃t] adj. *Séance tenante,* dans le cours même de la séance, immédiatement.

tenant n. m. Chevalier qui, dans un tournoi, appelait en lice quiconque voulait se mesurer avec lui. || Sportif qui détient un titre. ● *D'un seul tenant,* d'un seul morceau : *une propriété de vingt hectares d'un seul tenant.* || — Pl. *Les tenants et les aboutissants d'une terre,* les lieux contigus à cette terre. || *Connaître les tenants et les aboutissants d'une affaire,* en connaître toutes les circonstances, tous les détails.

Ténare, auj. **Matapan,** cap et caverne de la Laconie, à la pointe extrême du Péloponnèse.

Ténarèze (la), région de l'Armagnac, s'étendant de Nérac à Vic-Fezensac. Eau-de-vie.

Tenasserim (le), partie méridionale de la Birmanie.

Tence, ch.-l. de c. de la Haute-Loire (arr. d'Yssingeaux) ; 2 996 h. (1 827 aggl.).

Tencin (Pierre GUÉRIN, *cardinal* DE), archevêque de Lyon et homme d'Etat français, né à Grenoble (1680-1758). Il lutta contre les jansénistes et fut ministre d'Etat. — Sa sœur, la marquise **de Tencin,** née à Grenoble (1682-1749), tint un salon célèbre et fut la mère de D'Alembert.

tendance [tɑ̃dɑ̃s] n. f. Action, force par laquelle un corps tend à se mouvoir vers quelque chose : *tendance des corps vers la terre.* || *Fig.* Penchant : *tendance au mensonge.* || *Psychol.* Se dit pour désigner certains instincts, certaines pulsions chez l'homme, notamment dans la mesure où cet instinct, cette pulsion sont consciemment éprouvés dans le comportement qu'ils déterminent. || Fraction organisée d'un groupement syndical ou politique. ● *Procès de tendance,* qui est fait non pour ce qui est dit expressément, mais pour les idées suggérées.

tendancieux, euse adj. Qui marque une intention secrète, un parti pris, d'imposer une opinion : *un récit tendancieux.*

tendancieusement adv. De façon tendancieuse.

tendant, e adj. Qui tend à ; qui a pour but : *requête tendante à...*

Tende (06430), ch.-l. de c. des Alpes-Maritimes (arr. de Nice), au sud du *col de Tende ;* 2 144 h. (1 329 aggl.). Cédé par l'Italie à la France en 1947 à la suite d'un référendum. — Le *col de Tende* est à 1 870 m d'alt. ; un tunnel, emprunté par la route de Nice à Turin, s'ouvre à 1 279 m d'alt.

tendelle [tɑ̃dɛl] n. f. Collet pour prendre les grives.

tender [tɑ̃dɛr] n. m. (mot angl.). *Ch. de f.* Véhicule placé immédiatement après une locomotive à vapeur, et contenant l'eau et le combustible nécessaires à l'alimentation de la machine.

tendeur n. m. Celui qui tend quelque chose : *tendeur de pièges.* || Appareil servant à tendre une courroie, une corde, un fil métallique.

tendineux, euse adj. De la nature des tendons : *membrane tendineuse.* ● *Viande tendineuse,* qui contient des fibres dures, coriaces.

tendoir [tɑ̃dwar] n. m. Perche ou corde sur laquelle on fait sécher du linge.

tendon [tɑ̃dɔ̃] n. m. (de *tendre*). Partie amincie, conjonctive, par laquelle un muscle s'insère sur un os. ● *Tendon d'Achille,* gros tendon du talon, par lequel les muscles du mollet s'insèrent sur le calcanéum.

tendre [tɑ̃dr] adj. (lat. *tener*). Qui peut être facilement coupé, divisé, mâché : *pierre, viande tendre.* || — *Fig.* Porté à l'amitié ou à l'amour : *cœur tendre.* || Affectueux, gracieux : *paroles tendres.* || Doux, langoureux : *air tendre.* || Jeune, peu avancé : *dès l'âge tendre.* || Clair, peu foncé : *rose tendre.* ● *Pain tendre,* pain qui vient d'être cuit. || — N. m. Tendresse, amour (vx). ● *Pays du Tendre,* pays allégorique, où les divers chemins de l'amour avaient été imaginés par Mlle de Scudéry et les écrivains de son entourage.

tendre v. t. (lat. *tendere*) [conj. **46**]. Tirer et tenir dans un état d'allongement : *tendre un arc.* ‖ Disposer pour prendre une proie : *tendre un piège.* ‖ Avancer, porter en avant : *tendre la main.* ‖ Elever, dresser : *tendre une tente.* ‖ Tapisser : *tendre une chambre de papier bleu.* ● *Tendre le dos,* se préparer à être battu. ‖ *Tendre son esprit,* l'appliquer avec effort. ‖ — V. t. ind. [**à**]. Aller, aboutir, se diriger vers : *à quoi tendent vos démarches? ; tendre à la perfection.*

tendrement adv. Avec tendresse : *embrasser tendrement.*

tendresse n. f. Sentiment d'amour, d'amitié : *la tendresse d'une mère.* ‖ — Pl. Caresses, témoignages d'affection : *combler de tendresses.*

tendreté n. f. Qualité de ce qui est tendre, en parlant des viandes.

tendron [tɑ̃drɔ̃] n. m. *Fam.* Très jeune fille. ‖ — Pl. Cartilages à l'extrémité de la poitrine de quelques animaux : *des tendrons de veau.*

tendu, e adj. *Esprit tendu,* fortement appliqué. ‖ *Rapports tendus,* rendus difficiles à force de mettre la patience à bout. ‖ *Situation tendue,* situation critique. ‖ *Style tendu,* qui sent l'application, l'effort. ‖ *Tir tendu* (Mil.), tir plongeant dans lequel on utilise une portion de trajectoire voisine d'une droite.

Tène (La), site préhistorique et archéologique à l'extrémité orientale du lac de Neuchâtel (Suisse), qui a donné son nom à l'époque postérieure à celle de Hallstatt, s'étendant du Vᵉ s. av. J.-C. à la conquête romaine.

ténèbres [tenɛbr] n. f. pl. (lat. *tenebrae*). Obscurité profonde : *marcher dans les ténèbres.* ‖ *Fig.* Ignorance, incertitude. ● *L'ange, le prince, l'esprit des ténèbres,* le démon. ‖ *L'empire des ténèbres,* l'enfer.

ténébreusement adv. De façon ténébreuse et perfide : *intriguer ténébreusement.*

ténébreux, euse adj. Plongé dans les ténèbres : *prison ténébreuse.* ‖ Sombre, noir : *les sapins ténébreux.* ‖ — *Fig.* Secret et perfide : *des projets ténébreux.* ‖ Qui s'exprime en termes obscurs : *philosophe ténébreux.*

ténébrion [tenebrijɔ̃] n. m. Insecte coléoptère brun foncé, vivant dans les boulangeries. (Long. 15 mm. Sa larve est appelée *ver de farine.*)

Ténédos, en turc **Bozcaada,** île turque de la mer Egée ; 1 750 h.

Ténéré (le), région du Sahara nigérien.

Tenerife ou **Ténériffe,** la plus grande des îles Canaries ; 387 000 h. Ch.-l. *Santa Cruz de Tenerife.* Vignobles. Orangers. Bananes. Tabac.

ténesme [tenɛsm] n. m. (gr. *tênesmos*). Tension douloureuse et brûlure produites par l'irritation des sphincters (anus, col de la vessie).

teneur [tənœr] n. f. Texte littéral d'un acte, d'un arrêt, d'un écrit quelconque : *la teneur d'un traité.* ‖ Ce qu'un mélange contient d'un corps particulier : *teneur en alcool.* ‖ *Mus.* Terme qui désigne soit la note principale sur laquelle on psalmodie, soit la mélodie ou le fragment de mélodie grégorienne en valeurs longues qui sert de support à la polyphonie.

teneur, euse n. Celui, celle qui tient. ● *Teneur de livres,* personne qui tient la comptabilité.

ténia ou **tænia** [tenja] n. m. (lat. *taenia,* ruban). Ver plat qui vit dans le tube digestif des vertébrés.
— Encycl. Le *ténia armé,* ou *Tænia solium,* et le *ténia inerme,* ou *Tænia saginata,* parasites de l'homme et d'autres mammifères, ont la forme d'un ruban blanc de 3 m (*Tænia solium*) à 10 m (*Tænia saginata*) de longueur, constitué par un grand nombre d'anneaux (de 1 000 à 2 000) qui se détachent de la partie terminale du ver. La tête de *Tænia saginata* porte des ventouses, et celle de *Tænia solium* des crochets, par lesquels le ver se fixe dans l'intestin grêle. Les œufs se développent dans les muscles d'un hôte intermédiaire, qui est le bœuf pour *Tænia saginata* et le porc pour *Tænia solium,* où ils forment des cysticerques. L'homme se contamine en ingérant un cysticerque ; ses sucs digestifs libèrent le scolex, qui se fixe et se met à bourgeonner. Les symptômes provoqués par l'existence, dans l'intestin, d'un ténia sont inconstants (diarrhée, constipation, troubles nerveux), et le seul signe de certitude indiquant sa présence est la constatation d'anneaux du parasite éliminés par les selles.
Le *ténia échinocoque,* long de 3 à 4 mm et vivant à l'état adulte dans l'intestin du chien, provoque à l'état larvaire le kyste hydatique chez l'homme.

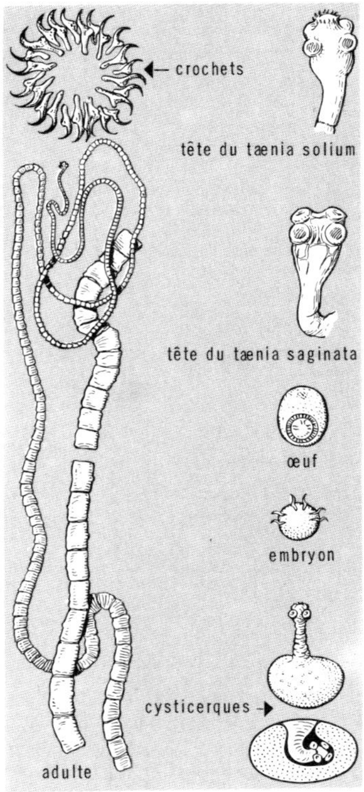

ténia

Teniers (David Iᵉʳ), dit **le Vieux,** marchand de tableaux et peintre flamand, né à Anvers (1582-1649). Son œuvre se confond en partie avec celle de son fils, David II **Teniers,** dit *le Jeune,* né à Anvers (1610-1690). Celui-ci produisit une œuvre extrêmement abondante et de qualité inégale, où dominent les scènes de genre. Il est bien représenté au Louvre.

ténifuge adj. et n. m. (de *ténia,* et du lat. *fugare,* mettre en fuite). Se dit d'un médicament qui provoque l'expulsion ou la destruction des ténias. (Les principaux sont l'extrait éthéré de fougère mâle, le thymol et les sels d'étain.)

tenir [tənir] v. t. (lat. *tenere*) [conj. **16**]. Avoir à la main : *tenir un livre.* ‖ Occuper : *tenir la place de quelqu'un.* ‖ Garder : *tenir en prison.* ‖ Entretenir : *tenir en bon état.* ‖ Contenir : *cette carafe tient un litre.* ‖ Regarder comme : *je tiens l'affaire faite.* ‖ S'emparer de : *quand la colère le tient.* ‖ Observer, respecter : *tenir ses promesses.* ‖ Retenir, arrêter : *il faut savoir tenir sa langue.* ‖ Diriger avec maîtrise : *tenir une classe.* ‖ Etre redevable : *il tient tout de vous.* ‖ Avoir la direction, la propriété, la gérance : *tenir un hôtel.* ● *Tenir la caisse, des livres,* etc., être caissier, teneur de livres, etc. ‖ *Tenir une chose de quelqu'un,* l'avoir reçue de lui. ‖ *Tenir conseil,* délibérer. ‖ *Tenir la mer,* être capable de naviguer en haute mer. ‖ *Tenir des propos, des discours,* parler d'une certaine façon. ‖ *Tenir son rang,* l'occuper dignement. ‖ *Tenir la route,* rouler sans se déporter aux grandes vitesses ou dans les virages. ‖ *Tiens!, tenez!,* s'emploient avec une valeur d'interjection pour attirer l'attention ou pour manifester de la surprise, de l'ironie, etc. ‖ — V. i. Etre contigu : *ma maison tient à la sienne.* ‖ Etre attaché : *la corde tient au mur.* ‖ Durer, subsister : *cette mode ne tiendra pas.* ‖ Etre contenu dans un certain espace : *on tient huit à cette table.* ● *En tenir pour* (Fam.), être amoureux de. ‖ *Tenir bon, ferme,* résister. ‖ — V. t. ind. [**de, à**]. Ressembler à : *il tient de son père.* ‖ *Fig.* Etre attaché à : *tenir à quelqu'un, à sa réputation.* ‖ Participer : *le mulet tient de l'âne et du cheval.* ‖ Résulter, provenir de : *cela tient à plusieurs raisons.* ‖ Avoir un grand désir : *il tient à vous voir.* ‖ — V. impers. *Il ne tient qu'à moi,* cela dépend uniquement de moi. ‖ *Qu'à cela ne tienne,* peu importe. ‖ **— Se tenir** v. pr. Demeurer, rester en un certain lieu : *tenez-vous là ;* dans une certaine attitude : *tenez-vous droit.* ● *S'en tenir à une chose,* ne vouloir rien de plus. ‖ *Tenez-vous bien,* formule d'avertissement ou de menace.

Tennessee (le), riv. de l'est des Etats-Unis, affl. de l'Ohio (r. g.) ; 1 600 km. Son bassin a été mis en valeur par la *Tennessee Valley Authority* (TVA) : équipement hydro-électrique, irrigation, lutte contre l'érosion, etc.

Tennessee, un des Etats unis d'Amérique (Centre-Sud-Est), arrosé par le *Tennessee ;* 3 890 000 h. Cap. *Nashville.* L'Etat s'étend à l'est sur une partie des montagnes appalachiennes, au centre sur le plateau de Cumberland et à l'ouest sur l'extrémité orientale des Grandes Plaines. Le coton et le tabac sont les principales cultures ; l'élevage bovin et l'exploitation forestière sont développés. Le sous-sol fournit du charbon, du zinc et des phosphates. La métallurgie et surtout la chimie sont les principales branches de transformation, représentées notamment à Memphis, principale ville de l'Etat.

tennis [tenis] n. m. (mot angl.). Sport qui consiste, pour deux ou quatre joueurs munis de raquettes, à envoyer une balle par-dessus un filet dans les limites du terrain (*court*). [Syn. LAWN-TENNIS.] (V. *encycl.*) ‖ Flanelle à rayures fines. ● *Tennis de table,* sorte de tennis sur une table de dimensions standardisées. (Syn. : PING-PONG.)
— Encycl. Le *tennis* est né en Grande-Bretagne à la fin du XIXᵉ s. Il se joue en simple (hommes ou femmes), en double (hommes ou femmes) et en double mixte ; il se dispute en cinq sets pour les hommes et en trois sets pour les femmes. Chaque set est remporté par le joueur qui, le premier, a gagné six jeux, à condition qu'il ait deux jeux d'avance sur son adversaire (sinon la partie est poursuivie jusqu'à ce qu'un joueur ait acquis cette avance). Un jeu s'obtient en gagnant quatre points (on annonce 15 pour le premier point, 30 pour le deuxième point, 40 pour le troisième point, jeu pour le quatrième. Il faut deux points d'écart pour remporter un jeu ; en cas d'égalité à 40, le point suivant ne donne qu'*un avantage,* qu'il faut immédiatement confirmer sous peine d'être annulé. La principale compétition par équipe est la coupe Davis*, et les principales épreuves individuelles sont le tournoi de Wimbledon, les Internationaux de France (Roland-Garros), les championnats des Etats-Unis (Forest Hills, près de New York) et d'Australie (Melbourne). Ces épreuves, jusqu'en 1968, ont été disputées exclusivement par des amateurs. Aujourd'hui, certaines sont aussi ouvertes aux professionnels.

tennisman [tɛnisman] n. m. (mot angl.). Joueur de tennis. ‖ Pl. des *tennismen.*

Tennyson (Alfred, *lord*), poète anglais, né à Somersby (Lincolnshire) [1809-1892]. Doté d'une solide culture littéraire par son père, pasteur anglican, Alfred Tennyson s'initie très jeune à la poésie en compagnie d'un de ses frères (*Poèmes de deux frères,* 1827). Après l'accueil favorable de *Poésies surtout lyriques* (1830), les critiques de *Poèmes* (1833) le tiennent silencieux pendant près de dix ans. La publication de nouveaux *Poèmes* (1842), de *la Princesse* (1847) et d'*In memoriam* (1850), ainsi que l'amitié de Gladstone lui valent en 1850 la charge de poète lauréat. Dès lors, interprète des mythes antiques et médiévaux, à travers lesquels il traite les problèmes de la conscience moderne, il apparaît dans ses poésies

Teniers le Jeune, « Joueurs de cartes »

Phot. A. C. L.

court de tennis

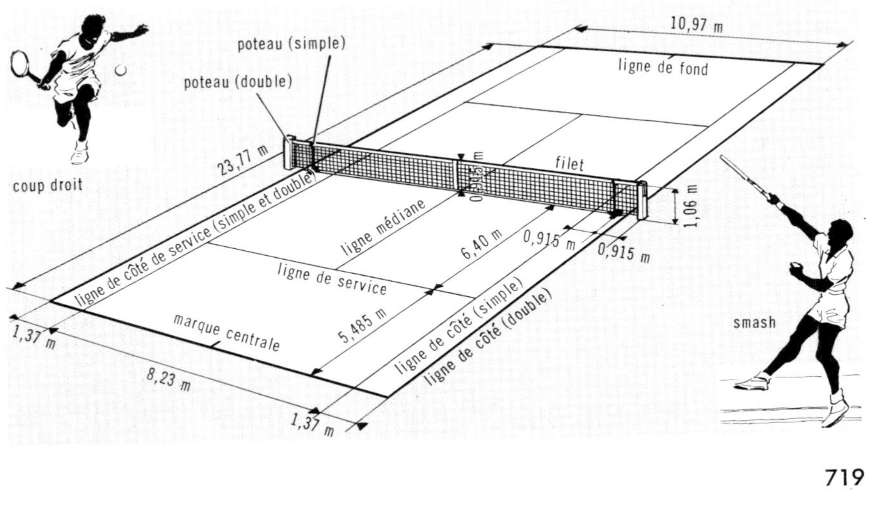

(*Maud,* 1855; *les Idylles* du roi,* 1859, 1869, 1872, 1885; *Enoch* Arden,* 1864) et dans ses drames (*la Reine Marie,* 1875; *Harold,* 1876; *la Coupe,* 1881) comme le chantre aristocratique et national de l'ère victorienne.

Teno. V. TANA.

Tenochtitlán, cap. des Aztèques, fondée en 1325, rasée par les Espagnols (1521). Mexico est située à son emplacement.

tenon [tənɔ̃] n. m. Extrémité d'une pièce qu'on a façonnée pour la faire entrer dans un trou de même équarrissage, appelé *mortaise,* pratiqué dans une autre pièce destinée à être assemblée à la première.

ténor [tenɔr] n. m. (ital. *tenore*). *Mus.* Voix d'homme la plus élevée. ‖ Chanteur qui possède ce genre de voix.

ténorino n. m. (ital. *tenorino*). Ténor très léger, chantant en fausset.

ténorisant, e adj. Qui se rapproche du ténor : *baryton ténorisant.*

ténoriser v. i. Chanter à la manière d'un ténor, dans le registre du ténor.

Tênos ou **Tinos,** l'une des Cyclades; 11 800 h. Vins.

ténotomie [tenɔtɔmi] n. f. (gr. *tenôn,* tendon, et *tomê,* section). Section chirurgicale d'un tendon.

tenrec n. m. V. TANREC.

tenseur [tɑ̃sœr] adj. et n. m. Se dit de chacun des muscles destinés à produire une tension. ‖ — N. m. Grandeur mathématique à plusieurs composantes définies dans le cadre de la géométrie vectorielle et linéaire.

tensiomètre [tɑ̃sjɔmɛtr] n. m. Appareil servant à mesurer les déformations d'un corps soumis à des contraintes extérieures. ‖ Appareil pour mesurer la tension artérielle. (Syn. SPHYGMOMANOMÈTRE.)

tension [tɑ̃sjɔ̃] n. f. (du lat. *tendere,* tendre). Etat de ce qui est tendu : *la tension d'un ressort.* ‖ Etat de raideur qui se manifeste dans certaines parties du corps : *la tension des muscles.* ‖ Désaccord dans les rapports entre Etats, entre classes sociales ou entre partis politiques. ‖ *Electr.* Différence de potentiel électrique : *tension de 110 volts.* ‖ *Phys.* Pression d'une vapeur. ● *Tension* (sous-entendu *artérielle*) [Méd.], réaction des artères à la pression du sang, qu'elle équilibre et qui a donc la même valeur. ‖ *Tension d'esprit,* effort continu de l'esprit. ‖ *Tension oculaire,* pression des liquides de l'œil sur ses parois. (L'augmentation de la tension oculaire constitue le glaucome.)

tenson [tɑ̃sɔ̃] n. f. (bas lat. *tensio,* dispute, querelle). *Littér. franç. et provenç.* Genre poétique dialogué, où les interlocuteurs échangent des invectives ou dissertent sur une question théorique. (La *tenson* se distingue du *débat,* qui met en scène des personnages allégoriques, et du *partimen,* ou *jeu parti,* dans lequel deux interlocuteurs exposent alternativement leurs raisons dans des strophes chantées sur une même mélodie.)

tensoriel, elle adj. *Math.* Relatif à un tenseur ou à l'ensemble des tenseurs : *calcul tensoriel.*

tentaculaire adj. Relatif aux tentacules : *appendices tentaculaires.* ‖ *Fig.* Qui s'étend à la manière des tentacules : *ville tentaculaire.*

tentacule [tɑ̃takyl] n. m. (lat. *tentaculum*). Appendice mobile dont beaucoup d'animaux (mollusques, infusoires) sont pourvus, et qui leur sert d'organe du tact ou de la préhension : *les tentacules des pieuvres.*

tentant, e adj. Qui fait naître un désir, une envie.

tentateur, trice adj. et n. Qui tente, sollicite au mal. ● *L'esprit tentateur,* le démon.

tentation n. f. Attrait vers une chose défendue. ‖ Mouvement intérieur qui incite au mal : *résister à la tentation.* ‖ Désir : *tentation de voyager.*

Tentation de saint Antoine (*la*), par Gustave Flaubert (1874). Ce poème philosophique en prose, qui s'ébauchait dans une œuvre de jeunesse intitulée *Smarh* (1839), avait été achevé en 1849 dans une première version condamnée par les amis de Flaubert, Louis Bouilhet et Maxime Du Camp. L'auteur reprit son œuvre en 1856, puis en 1869. Flaubert projette ses tentations romantiques dans les visions fantastiques qui assaillent le saint sous la forme de désirs charnels, d'erreurs spirituelles et de l'ambition d'une existence et d'une connaissance étendues à l'univers tout entier.

tentative n. f. Action par laquelle on s'efforce d'obtenir un certain résultat : *une tentative inutile.* (Syn. ESSAI.) ● *Faire une tentative,* essayer.

tente [tɑ̃t] n. f. (de *tendre*). Abri portatif, en toile serrée, que l'on dresse en plein air. ● *Se retirer sous sa tente,* abandonner par dépit un parti, une cause (allusion à la colère d'Achille abandonnant la cause des Grecs).

tente-abri n. f. Tente très légère. ‖ Pl. des *tentes-abris.*

tenter [tɑ̃te] v. t. (lat. *tentare*). Entreprendre, essayer, chercher à faire réussir : *tenter une expérience.* ‖ Se proposer de faire quelque chose de hardi ou de difficile : *tenter une expédition.* ‖ Syn. de INDUIRE* EN TENTATION. ‖ Donner envie : *ce fruit me tente.* ● *Tenter Dieu,* entreprendre quelque chose au-dessus des forces de l'homme. ‖ — V. t. ind. **[de]**. Essayer de; chercher à.

tenthrède [tɑ̃trɛd] n. f. (gr. *tenthrêdon,* mouche à scie). Insecte hyménoptère appelé usuellement *mouche à scie,* et dont la larve, à aspect de chenille, vit dans les bois. (Long. 10 à 15 mm.)

tenture [tɑ̃tyr] n. f. Etoffe, papier peint qui couvrent les murs d'un appartement, etc. : *tenture de velours.* ‖ Ensemble de pièces de tapisserie formant une suite où se trouvent représentés les divers épisodes se rapportant à un même thème. ‖ Etoffe noire dont on tend une maison, une église, pour un service funèbre.

tenu [təny], **e** adj. Soigné : *enfant bien tenu.* ‖ En ordre : *maison bien tenue.* ‖ Obligé : *être tenu à.* ‖ En termes de Bourse, ferme dans les prix : *valeurs tenues.*

tenu n. m. Dans certains sports d'équipe, faute commise par un joueur qui immobilise le ballon trop longtemps.

ténu [teny], **e** adj. (lat. *tenuis*). Très délié, très mince : *les fils ténus d'un ver à soie.*

tenue [təny] n. f. (de *tenir*). Temps pendant lequel siègent certaines assemblées : *tenue des assises.* ‖ Manière d'entretenir, de conserver en bon état : *tenue d'une maison.* ‖ Manière de se tenir, de soigner son extérieur : *bonne, mauvaise tenue.* ‖ Manière de se vêtir, notamment militaire. (V. *encycl.*) ‖ *Mus.* Action de prolonger un son pendant quelque temps. ‖ En termes de Bourse, fermeté dans la valeur des fonds. ● *En tenue,* en uniforme. ‖ *Grande tenue,* uniforme, habit de parade. ‖ *Tenue de livres,* action de tenir la comptabilité d'une entreprise. ‖ *Tenue de route,* aptitude d'une voiture à se tenir dans la ligne commandée par le conducteur. ‖ **— Tout d'une tenue, d'une seule tenue** loc. adv. Tout attenant; sans interruption.
— ENCYCL. Dans l'armée française, il existe plusieurs *tenues.* C'est ainsi que, dans la *tenue d'hiver* comme dans la *tenue d'été,* on distingue généralement la *tenue de sortie,* la *tenue de travail* et la *tenue de combat.* Les officiers disposent en outre d'une *tenue de soirée,* naguère appelée *grande tenue,* et d'une *tenue de cérémonie.*

ténuirostres [tenɥirɔstr] n. m. pl. (lat. *tenuis,* mince, et *rostrum,* bec). Anc. sous-ordre de passereaux à bec long et grêle, comme la *huppe,* les *colibris.*

ténuité [tenɥite] n. f. Etat d'une chose ténue.

tenuto [tenuto] adv. *Mus.* Expression italienne signif. *tenu,* et qu'on place au-dessus de certains passages pour indiquer que les sons doivent être tenus pendant toute leur durée. (S'abrège en *ten.*)

teocalli [teɔkali] ou **teocali** n. m. Au Mexique, éminence artificielle en forme de pyramide.

téorbe ou **théorbe** [teɔrb] n. m. (ital. *tiorba*). Grand luth très en faveur à la fin du XVIe s.

Teotihuacán, localité du Mexique, au nord-est de Mexico, sur l'emplacement d'une métropole religieuse. Elle a donné son nom à une civilisation antérieure à celle des Toltèques et qui a produit un art original (300 av. J.-C. - 1000 apr. J.-C.). Restes de nombreux monuments, dont les pyramides du Soleil et de la Lune.

tépale n. m. Pièce florale intermédiaire entre le pétale et le sépale.

téphrite [tefrit] n. f. Mouche commune dans le monde entier, et qui se développe dans les capitules des composées. (V. illustr. INSECTES.)

tepidarium [tepidarjɔm] n. m. (lat. *tepidarium*). Pièce des bains romains où était maintenue une température tiède.

Teplice, v. de Tchécoslovaquie (Bohême); 45 200 h. Eaux thermales. Industries mécaniques.

tequila [tekila] n. f. (d'une localité du Mexique). Alcool d'agave, consommé au Mexique.

ter [tɛr] adv. (mot lat.). Trois fois. ‖ Pour la troisième fois.

téra- [tera] préf. (symb. : T) qui, placé devant une unité de mesure, la multiplie par un billion, soit 10^{12}.

Teramo, v. d'Italie (Abruzzes); 44 200 h.

tératogène [teratɔʒɛn] adj. Qui produit des monstres : *substance tératogène.*

tératologie [teratɔlɔʒi] n. f. (du gr. *teras, -atos,* prodige, et *logos,* science). Partie de l'histoire naturelle et de la biologie qui traite des monstres, des formes exceptionnelles.

tératologique adj. Relatif à la tératologie.

Terauchi (Hisaichi), maréchal japonais (1879-1946). Ministre de la Guerre (1936), il devint commandant des forces japonaises d'invasion en Chine (1938), des forces terrestres dans le Pacifique ouest (1942). Installé à Manille, il dut se replier sur Saigon (1944), où il capitula (1945).

terbium [tɛrbjɔm] n. m. (de la ville d'*Ytterby,* en Suède). Métal (Tb), du groupe des terres rares, de numéro atomique 65.

Terborch ou **Terburg** (Gerard), peintre hollandais, né à Zwolle (1617-1681). Doué d'une grande habileté, excellent coloriste, il a peint des portraits d'une grande finesse psychologique et des scènes de genre dans des intérieurs clos (*la Leçon de musique, la Leçon de lecture,* Louvre).

Terceira, île des Açores; 102 400 h. Ch.-l. *Angra do Heroísmo.*

tercer ou **terser** [tɛrse] v. t. Syn. de TIERCER.

tercet [tɛrsɛ] n. m. (de l'ital. *terzetto;* de *terzo,* tiers). Groupe de trois vers unis par le sens et par certaines combinaisons de rimes.

Tercio (le), nom donné à la Légion étrangère de l'armée espagnole, créée en 1920.

térébelle [terebɛl] n. f. Ver marin vivant dans les fentes de rochers et portant à l'avant des branchies rouges et des filaments orangés. (Long. 5 à 8 cm; embranchement des annélides.)

térébenthène n. m. Hydrocarbure de l'essence de térébenthine. (Syn. PINÈNE.)

térébenthine [terebɑ̃tin] n. f. Nom donné à des résines semi-liquides, tirées du térébinthe (térébenthine de Chio), du mélèze (térébenthine de Venise), du sapin (térébenthine d'Alsace), du pin maritime (térébenthine de Bordeaux). ● *Essence de térébenthine,* essence fournie par la distillation des térébenthines, qu'on utilise pour dissoudre les corps gras, pour fabriquer les vernis, délayer les couleurs, etc.

térébinthacées n. f. pl. Famille d'arbres des régions chaudes, comme l'*anacardier,* le *pistachier,* le *sumac,* le *manguier.* (Classe des dicotylédones, ordre des rutales.) [Syn. ANACARDIACÉES.]

térébinthe [terebɛ̃t] n. m. (gr. *terebinthos*). Arbre du sud de la France et de l'Afrique du Nord, dont l'écorce fournit la térébenthine de Chio. (Famille des anacardiacées; genre *pistachier.*)

térébrant [terebrɑ̃], **e** [-ɑ̃t] adj. (lat. *terebrans,* qui perce avec une tarière). Qui perce, qui pratique des ouvertures : *insectes térébrants.* ● *Douleur térébrante,* douleur très vive, donnant la sensation d'une perforation.

térébratule [terebratyl] n. f. Animal marin abondant à l'ère secondaire et encore représenté actuellement. (Sous-embranchement des brachiopodes.)

Térechkovitch (Constantin), peintre français d'origine russe, né à Moscou en 1902. Il peint dans un style aimablement poétique des jeunes filles, des danseuses, des scènes familiales.

Térée, roi légendaire de Thrace, époux de Procné. (V. PHILOMÈLE.)

Térence, en lat. **Publius Terentius Afer,** poète comique latin, né à Carthage (v. 190-159 av. J.-C.). Amené très jeune à Rome, il fut vendu comme esclave au sénateur Terentius Lucanus, qui lui fit donner une éducation libérale et l'affranchit. Ami de Scipion Emilien et de Laelius, il composa six comédies, jouées de 166 à 160 av. J.-C. (*l'Andrienne, l'Hécyre, l'Heautontimorumenos, l'Eunuque, Phormion*, les Adelphes**) et dans lesquelles il imite les auteurs grecs, combinant souvent deux intrigues en une seule pièce (c'est le procédé de la *contamination*). S'attachant à l'équilibre de la construc-

Térence
gravure sur bois pour « l'Heautontimoroumenos » extraite d'une édition de Térence publiée à Venise en 1561

Phot. X.

TUBE IMAGE A MASQUE PERFORÉ   FOCALISATION D'UN PINCEAU ÉLECTRONIQUE   NOIR ET BLANC OU COULEUR

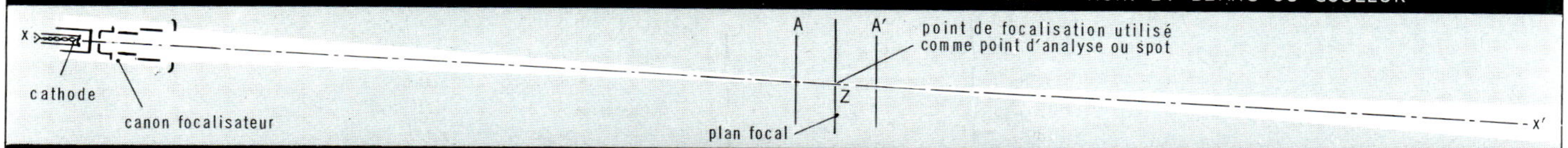

DÉTAIL ENTRE A ET A' : Le point Z devient la zone Z' du fait des phénomènes d'aberration en partie analogues à ceux des systèmes optiques.

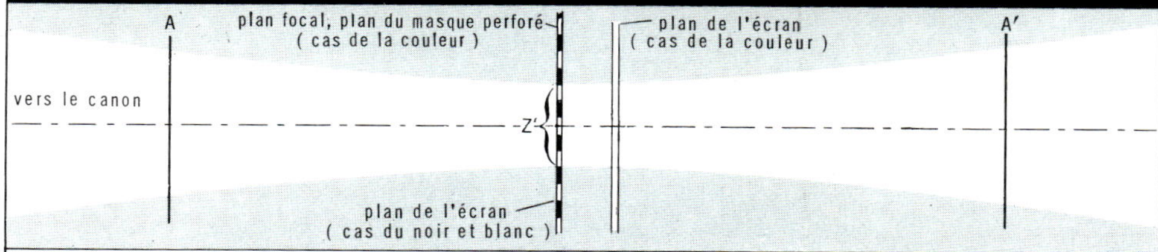

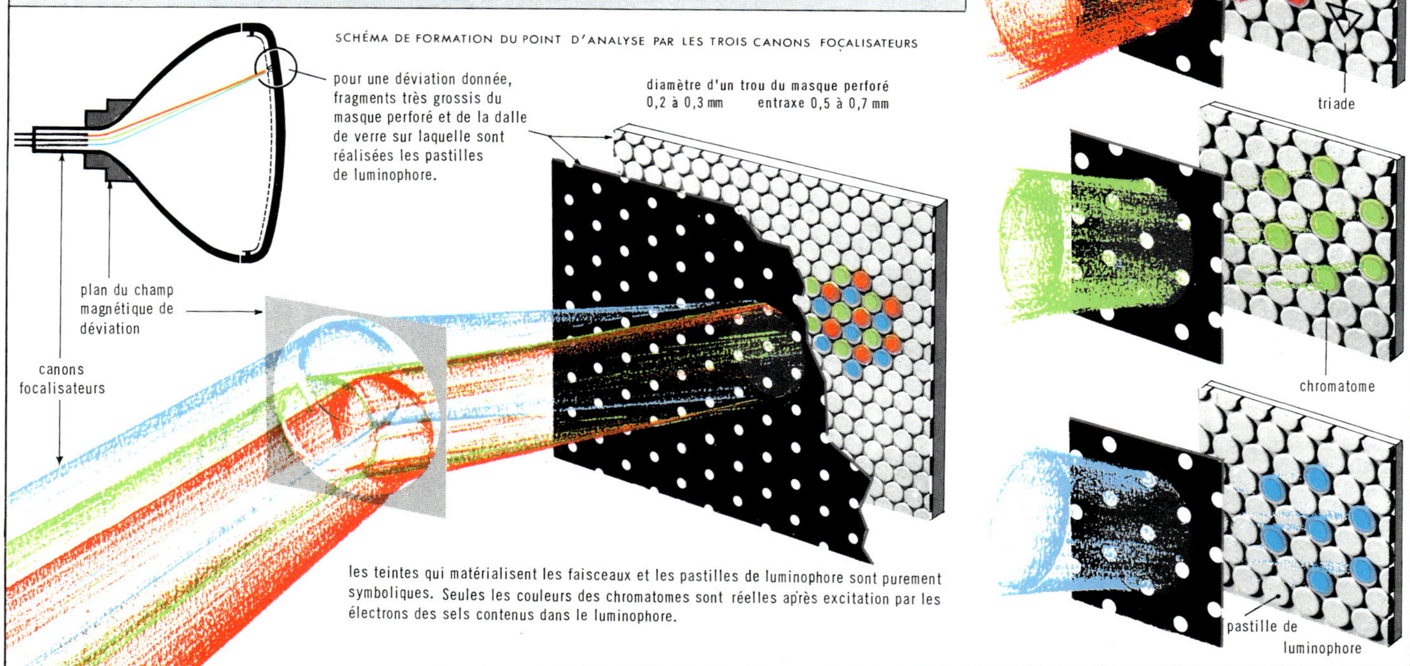

SCHÉMAS D'ÉMISSION ET DE RÉCEPTION

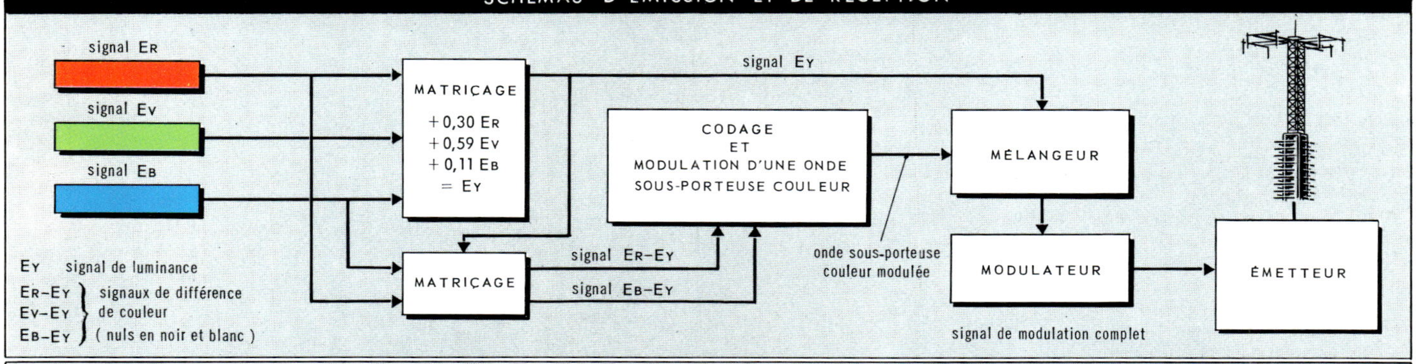

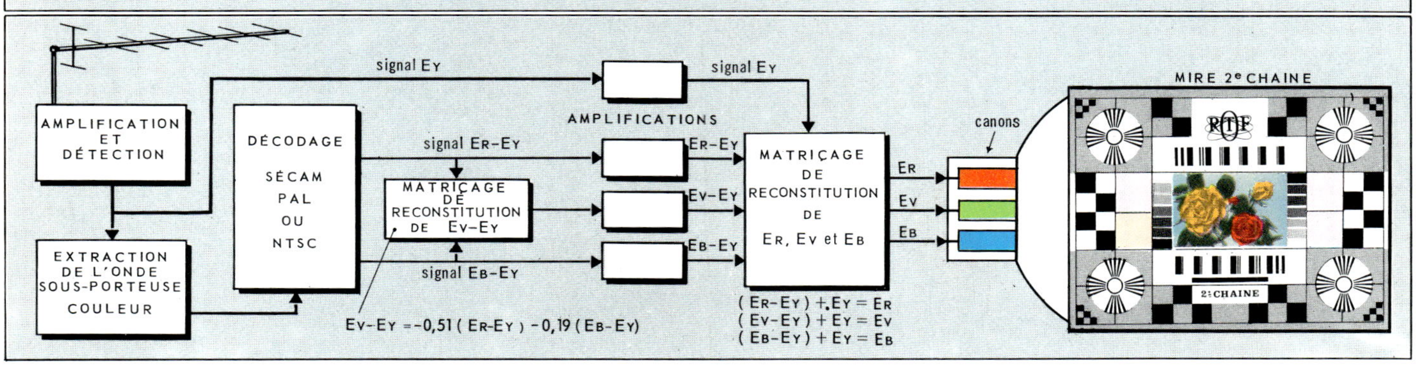

TÊTE ET COU

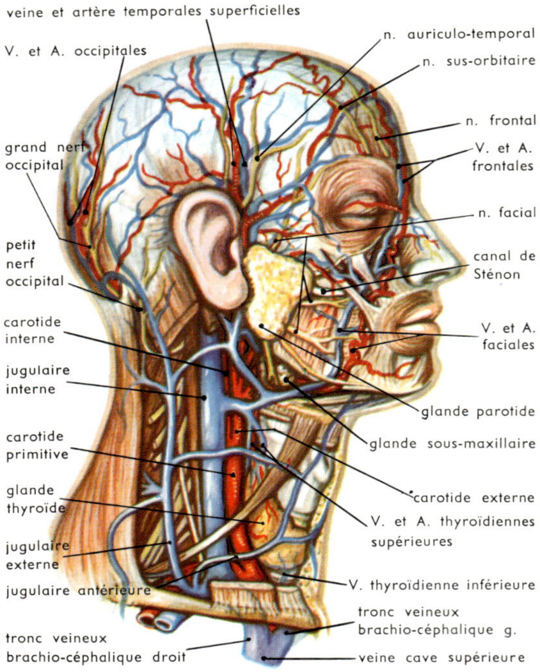

VAISSEAUX ET NERFS SUPERFICIELS DE LA TÊTE ET DU COU

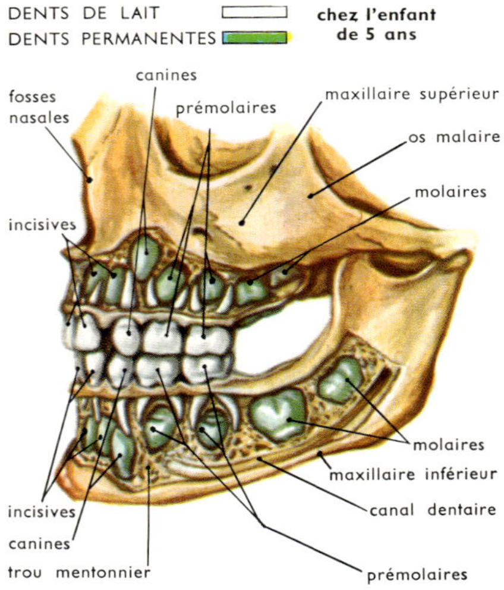

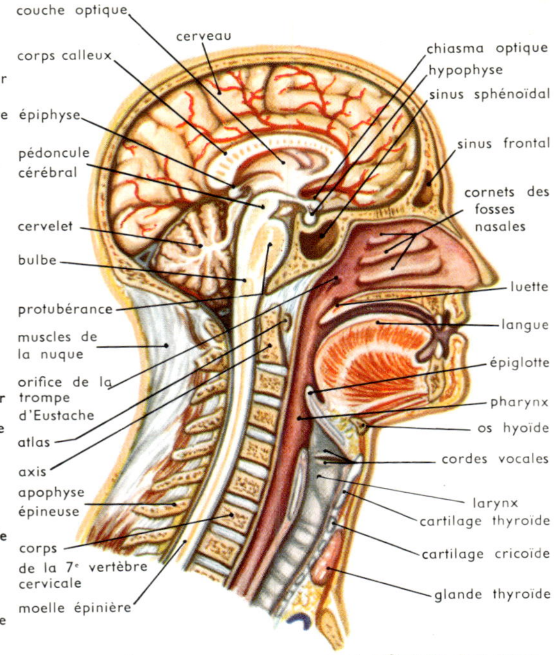

COUPE MÉDIANE SAGITTALE DE LA TÊTE ET DU COU

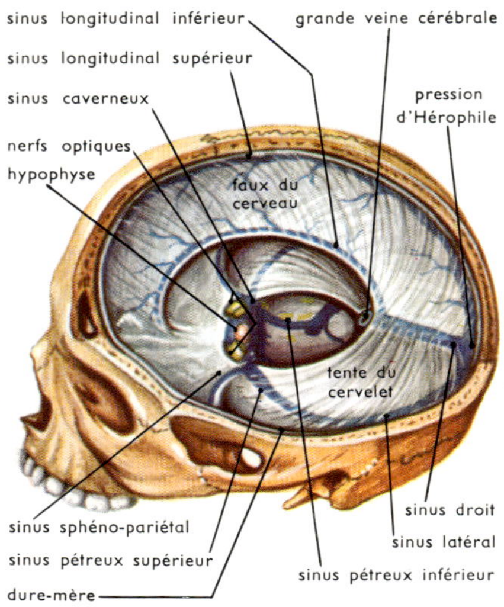

DURE-MÈRE ET SINUS VEINEUX

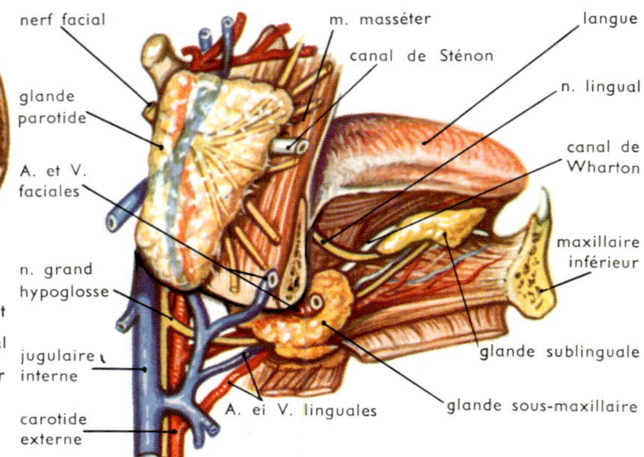

GLANDES SALIVAIRES

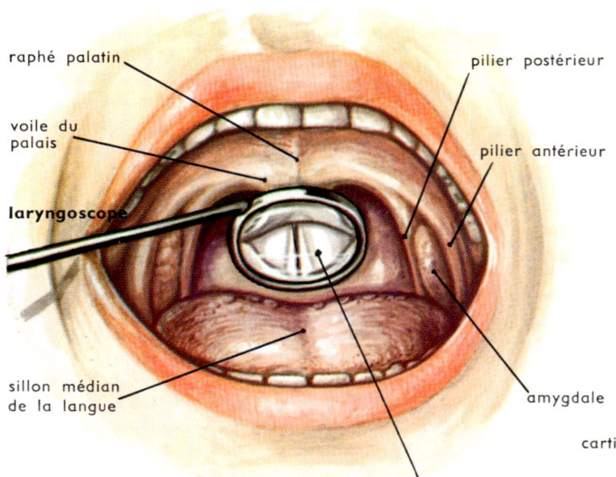

CAVITÉ BUCCALE

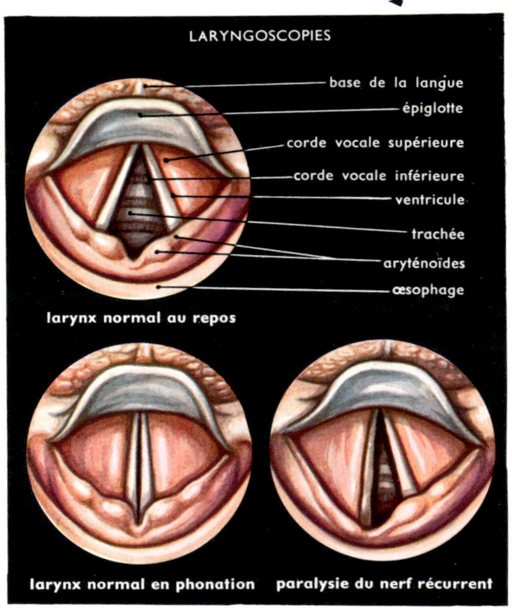

larynx normal au repos

larynx normal en phonation **paralysie du nerf récurrent**

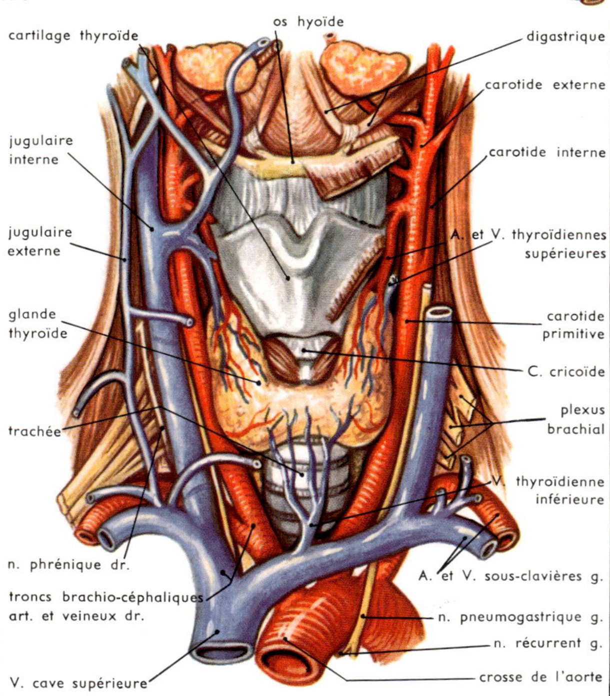

VUE ANTÉRIEURE DU COU

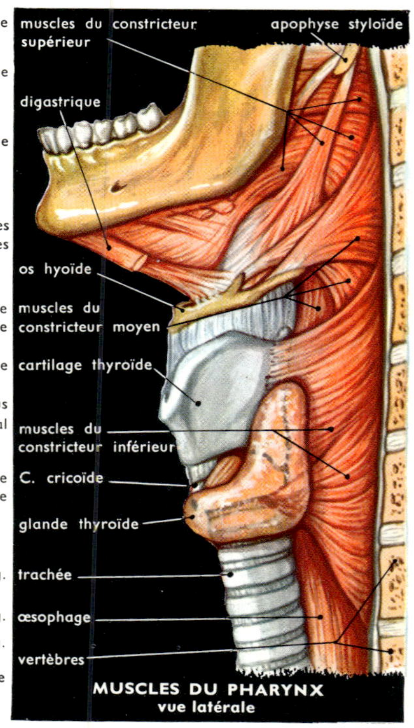

MUSCLES DU PHARYNX
vue latérale

tion et à l'analyse psychologique des personnages, il fut peu goûté du public romain, qui préférait les farces plus colorées de Plaute, mais il devint un modèle pour les classiques français et notamment pour Molière.

Teresina, v. du Brésil, cap. de l'Etat de Piauí, sur le Parnaíba ; 208 000 h.

Tergal [tɛrgal] n. m. (marque déposée). Fil ou fibre synthétique de polyester, de fabrication française.

tergiversation n. f. Action de tergiverser ; hésitation, flottement.

tergiverser [tɛrʒivɛrse] v. i. (lat. *tergiversari,* tourner le dos). Prendre des détours, des faux-fuyants, au lieu d'agir ou de conclure. (Syn. : BIAISER, LOUVOYER.)

Tergnier (02700), ch.-l. de c. de l'Aisne (arr. de Laon), sur le canal de Saint-Quentin ; 12 169 h. Centre ferroviaire.

Terman-Merrill (*échelle* ou *test de*). Echelle mesurant le développement intellectuel, l'une des plus employées actuellement. (Elle est issue du test de Binet*-Simon.)

terme [tɛrm] n. m. (lat. *terminus,* borne). Fin, limite, dans l'espace ou dans le temps : *terme d'une course, de la vie.* ‖ Epoque à laquelle sont payés les loyers, les fermages, les pensions : *le terme est échu.* ‖ Somme due à chacune de ces époques : *payer son terme.* ‖ Ensemble des opérations de Bourse qui doivent se dénouer à chacune des dates fixées, pour les liquidations, par les règlements de la place. ‖ Epoque de l'accouchement naturel : *enfant né avant terme.* ‖ Mot, expression : *choisir ses termes.* ‖ *Archit.* Statue sans bras, dont la partie inférieure se termine par une gaine. ‖ *Log.* Mot considéré sous le rapport de l'étendue de sa signification. ‖ *Log.* Chacun des éléments combinés deux à deux, dans les trois propositions d'un syllogisme. ‖ *Math.* Chacune des quantités qui composent un rapport, une somme, une expression algébrique. ● *Termes d'une fraction,* son numérateur et son dénominateur. ‖ *Terme d'un polynôme,* l'un quelconque des monômes dont le polynôme est la somme. ‖ *Terme d'une série, d'une progression,* chacune des quantités qui forment la série, la progression. ‖ *Vente à terme,* dont le paiement n'est acquitté qu'au bout d'un certain temps. ‖ - Pl. Situation d'une personne à l'égard d'une autre ; rapports sociaux : *en quels termes êtes-vous avec lui?*

Terme, un des dieux de la mythologie romaine, protecteur des limites, et représenté, à la lisière des champs, par une borne surmontée d'un buste.

Termier (Pierre), géologue français, né à Lyon (1859-1930). Il a étudié les mouvements tangentiels dans les Alpes. Il est l'auteur de *A la gloire de la Terre* (1922).

terminaison n. f. Etat d'une chose qui finit : *la terminaison d'une maladie.* ‖ Partie d'un mot variable (par oppos. au *radical*).

terminal n. m. Point d'aboutissement d'un pipe-line aménagé pour le déchargement des pétroliers près d'un littoral. ‖ Dans le centre d'une ville, point d'aboutissement des liaisons avec un aéroport. ‖ *Inform.* Poste relié à un ordinateur et permettant soit de lui envoyer des informations ou des demandes, soit de recevoir les réponses.

terminal, e, aux adj. *Bot.* Qui occupe l'extrémité : *bourgeon terminal.* ‖ Qui termine ; qui marque la fin. ● *Classe terminale,* syn. de TERMINALE.

terminale n. f. Année qui termine l'enseignement secondaire avant le baccalauréat. ‖ Classe qui correspond à cette année.

terminer [tɛrmine] v. t. Achever : *terminer ses études.* ‖ Finir avec soin : *peintre qui ne termine pas ses tableaux.* ‖ **— Se terminer** v. pr. Etre fini. ‖ *Gramm.* Avoir une certaine désinence, en parlant des mots.

Termini Imerese, port d'Italie (Sicile) ; 23 700 h. Station balnéaire.

terminologie [tɛrminɔlɔʒi] n. f. (de *terme,* et gr. *logos,* science). Ensemble des termes particuliers à une science, à un art.

terminologique adj. Relatif à la terminologie.

terminus [tɛrminys] n. m. (mot angl., empr. au lat.). Dernière station d'une ligne de transports.

termite [tɛrmit] n. m. (lat. *termes, termitis,* vers rongeur). Insecte social des régions chaudes, aux métamorphoses incomplètes, mangeur de cellulose et de bois. (Les termites constituent l'ordre des *isoptères.*)

— ENCYCL. La colonie de *termites* a pour fondateur un *couple royal :* gros mâle, femelle démesurée (jusqu'à 10 cm de long) pondant un œuf toutes les trois secondes pendant plusieurs années. Le couple est enfermé dans une *loge royale* aux parois épaisses ; il est nourri et léché par une foule de neutres. Ceux-ci (mâles et femelles aux organes atrophiés) constituent de nombreuses *castes :* sexués de remplacement, ouvriers, soldats, aux fortes mandibules, et nasutés, qui engluent leurs adversaires à l'aide d'une sécrétion nasale. Les ouvriers construisent une termitière en terre, extrêmement solide, qui peut atteindre 6 m de hauteur et abriter 1 million d'individus, à moins qu'ils ne creusent des galeries dans les bois ouvrés.
Les termites ne peuvent digérer le bois, qui constitue leur nourriture presque exclusive, que si leur panse rectale héberge divers protistes flagellés et ciliés (*joenia, trichonympha*). Cependant, quelques espèces cultivent des champignons pour la nourriture des jeunes.

termitière n. f. Construction en terre ou en carton de bois, que les termites fabriquent dans les pays tropicaux.

Termonde, en néerl. **Dendermonde,** v. de Belgique (Flandre-Orientale) ; 9 500 hab. Eglise du XIVe s.

ternaire [tɛrnɛr] adj. (du lat. *terni,* trois). Relatif au nombre trois : *nombre ternaire.* ‖ Distribué par trois : *division ternaire.* ‖ *Chim.* Se dit de substances organiques, comme les glucides et les lipides, constituées de carbone, d'hydrogène et d'oxygène. ‖ *Mus.* Se dit d'un rythme ou d'une mesure divisible par trois. ‖ Se dit d'une œuvre musicale divisée en trois parties.

Ternaux (*baron* Guillaume), manufacturier et homme politique français, né à Sedan (1763-1833). Il fonda de grandes manufactures de textiles et chercha à acclimater en France les chèvres du Tibet. Il créa un genre de châles connus sous le nom de « cachemires de Ternaux ».

terne [tɛrn] n. m. (lat. *ternas,* coup de trois). Trois numéros pris et sortis ensemble à la loterie. ‖ Aux dés, coup où l'on amène les deux trois. ‖ *Electr.* Ensemble des trois câbles de transport d'un réseau triphasé.

terne adj. (de *ternir*). Qui a peu ou point d'éclat : *œil terne.* ‖ *Fig.* Qui manque de brillant, d'éclat ; monotone : *style terne.* ‖ — Contr. : BRILLANT, ÉCLATANT.

Terneuzen, port des Pays-Bas (Zélande), sur l'estuaire de l'Escaut occidental, à l'entrée du canal *Terneuzen-Gand ;* 15 000 h. Pétrochimie.

Terni, v. d'Italie (Ombrie) ; 104 000 h. Centre ferroviaire. Sidérurgie.

ternir v. t. (orig. germ.). Oter le lustre, l'éclat, la couleur : *ternir une étoffe.* (Contr. POLIR.) ‖ *Fig.* Rendre moins pur, moins honorable : *ternir sa réputation.*

ternissement n. m. Action de ternir.

ternissure n. f. Etat de ce qui est terni : *la ternissure d'une glace.*

Terpandre, poète et musicien grec, né à Lesbos (fin du VIIe s. av. J.-C.). On lui attribue la fondation de l'école citharédique de Sparte et de nombreuses inventions musicales (cithare à 7 cordes, modes éolien et béotien).

terpène [tɛrpɛn] n. m. Nom générique des hydrocarbures du type térébenthène. [Les terpènes sont des hydrocarbures de formule $(C_5H_8)_n$. Pour $n = 1$, on a l'isoprène, pour $n = 2$ les terpènes proprement dits, pour $n = 3$ les sesquiterpènes, pour $n = 4$ les diterpènes, etc. La plupart de ces corps sont liquides et chimiquement très actifs.]

terpine [tɛrpin] n. f. Hydrate de térébenthène, qui sert à préparer le terpinéol et est employé comme expectorant. (A faible dose, la terpine augmente et fluidifie les sécrétions bronchiques ; à forte dose, elle les diminue.)

terpinéol n. m. Composé à odeur de muguet, que l'on tire de la terpine.

Terpsichore [-kɔr], muse de la Danse et de la Poésie lyrique, représentée avec une lyre.

terrafungine [tɛrafɔ̃ʒin] n. f. Antibiotique extrait d'une moisissure du sol, actif contre la plupart des bactéries (le bacille tuberculeux excepté), contre les spirochètes, et contre certains virus et protozoaires. (Syn. OXYTÉTRACYCLINE.)

terrage [tɛraʒ] n. m. *Féod.* Droit, pour le seigneur, de prélever du blé ou des légumes sur les produits de la terre.

terrain [tɛrɛ̃] n. m (lat. *terrenus,* formé de terre). Espace de terre : *occuper un vaste terrain.* ‖ Sol considéré du point de vue de sa nature : *terrain argileux, couvert, boisé.* ‖ Lieu où l'on dispute un match. ‖ *Fig.* Situation, état des choses ou des esprits : *sonder le terrain.* ● *Aller sur le terrain,* se battre en duel. ‖ *Connaître le terrain,* connaître les gens auxquels on a affaire. ‖ *Etre sur son terrain,* parler de ce que l'on connaît bien. ‖ *Organisation du terrain* (Mil.), son aménagement en vue du combat. (V. *encycl.*) ‖ *Se placer sur un bon, un mauvais terrain,* soutenir une bonne, une mauvaise cause ; être dans une situation avantageuse, désavantageuse. ‖ *Sur le terrain,* à l'emplacement où se font les recherches géologiques ou géographiques. ‖ *Terrain d'aviation,* espace découvert réservé à l'atterrissage et au décollage des avions. ‖ *Terrain organique,* ensemble des conditions génétiques, physiologiques, tissulaires et humorales considérées du point de vue de la facilité plus ou moins grande qu'elles offrent au développement des maladies.

— ENCYCL. *Mil.* L'*organisation du terrain* permet de modifier à son avantage la valeur d'un terrain en y créant artificiellement des abris, des cheminements, des obstacles, des communications, etc. Utilisée surtout en défensive, elle accroît la capacité de résistance des troupes et entraîne une économie des forces en donnant au feu sa pleine efficacité. Elle est très développée sur un front stabilisé et elle complète la fortification* permanente sur un front fortifié.

terrarium [tɛrarjɔm] n. m. (mot formé à l'imitation d'*aquarium,* sur le lat. *terra,* terre). Emplacement préparé pour l'élevage et l'entretien de reptiles, batraciens, etc.

terrasse [tɛras] n. f. (anc. provenç. *terrassa ;* de *terra,* terre). Exhaussement du sol, obtenu au moyen de terres ou d'autres matériaux maintenus par un ouvrage de maçonnerie. ‖ Ouvrage de maçonnerie en forme de galerie découverte. ‖ Toiture horizontale d'une maison, en plate-forme. ‖ Partie du trottoir longeant un café et où sont installées des tables. ‖ Sur les versants d'une vallée, replat, souvent recouvert de dépôts fluviatiles, qui correspond à un ancien fond de vallée. ‖ Socle plat des pièces d'orfèvrerie. ● *Cultures en terrasses,* cultures pratiquées sur des pentes décomposées en paliers juxtaposés, limités par des murettes.

terrassement n. m. Action de creuser et de transporter des terres. ‖ Ensemble des terres ainsi transportées : *les terrassements d'une voie ferrée.*

terrasser [tɛrase] v. t. Jeter à terre avec violence : *terrasser un adversaire.* ‖ Vaincre : *terrasser l'ennemi.* ‖ *Fig.* Faire perdre courage, consterner : *cette mauvaise nouvelle l'a terrassé.*

terrassier n. m. Ouvrier employé à l'exécution des terrassements.

Terrasson-Lavilledieu (24120), ch.-l. de c. de la Dordogne (arr. de Sarlat-La Canéda) ; 5 528 h. (*Terrassonnais*). Eglise abbatiale (XVe s.). Machines-outils.

Terray (Joseph Marie), ecclésiastique et homme politique français, né à Boën (1715-1778). Contrôleur général des finances (déc. 1769), il eut recours à de nombreux expédients, prorogea le vingtième jusqu'en 1781 et multiplia les taxes. Avec Maupeou et d'Aiguillon, il constitua un « triumvirat » de 1770 à 1774. Très impopulaire, il fut remplacé par Turgot.

terre [tɛr] n. f. (lat. *terra*). Planète du système solaire habitée par l'homme (avec une majuscule en ce sens). [V. *encycl.*] ‖ Couche superficielle du globe, qui produit les végétaux : *les fruits de la terre.* ‖ Terrain par rapport à sa nature : *terre glaise.* ‖ Pays, région : *mourir en terre étrangère.* ‖ Cimetière : *porter en terre.* ‖ Terrain cultivé ; domaine rural : *vivre dans ses terres.* ‖ Masse conductrice de la terre, ou tout conducteur relié à elle par une impédance négligeable. ● *Etre sur terre,* exister. ‖ *Fonds de terre,* propriété. ‖ *Ligne de terre,* en géométrie descriptive, intersection du plan horizontal et du plan vertical de projection. ‖ *Prendre terre,* aborder. ‖ *Terre cuite,* argile façonnée et mise au four ; objet obtenu de cette façon. ‖ *Terres rares,* oxydes de métaux, dont la plupart sont très rares, et qui présentent des propriétés analogues à celles de l'aluminium. (Ce terme désigne quinze éléments chimiques consécutifs de la classification, du no 57 au no 71, souvent associés dans leurs minerais et de propriétés très voisines. Ce sont le lanthane, le cérium, le praséodyme, le néodyme, le prométhéum, le samarium, l'europium, le gadolinium, le terbium, le dysprosium, l'holmium, l'erbium, le thulium, l'ytterbium et le lutécium.) ‖ *Terre de Sienne,* ocre brune utilisée en peinture. ‖ *Terre végétale,* partie du sol mêlée d'humus et propre à la végétation. ‖ **— Terre à terre** loc. adj. inv. Vulgaire, commun, sans élévation : *avoir des goûts terre à terre.* ‖ *Chorégr.* Se dit d'un style de

termitière géante au Natal

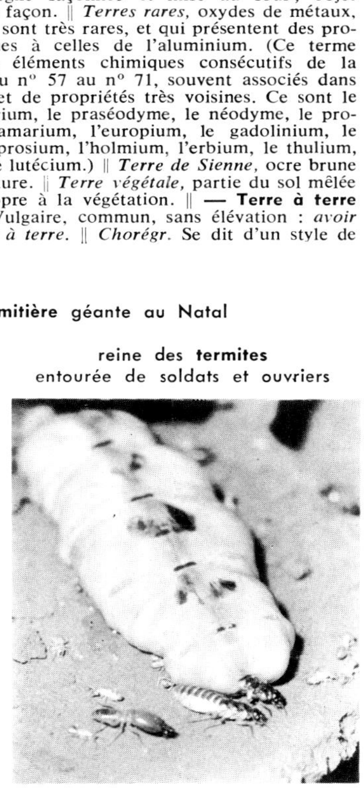

reine des termites
entourée de soldats et ouvriers

Phot. Grassé (2).

danse où l'importance est donnée aux pas de virtuosité exécutés au ras du sol ou sur pointes. (S'oppose à la *danse d'élévation*, qui utilise les grands sauts.)

— ENCYCL. La *Terre* est la troisième des planètes principales du système solaire dans l'ordre croissant des distances au Soleil. Elle tourne sur elle-même d'un mouvement quasi uniforme autour d'un axe passant par son centre de gravité, tout en circulant autour du Soleil sur une orbite elliptique, d'excentricité 1/60 et dont le demi-grand axe mesure en moyenne 149 600 000 km. Aucun de ces deux mouvements, qui sont soumis à de nombreuses perturbations du fait des actions réciproques des planètes les unes sur les autres, n'est régulier. La révolution de la Terre autour du Soleil détermine en gros la durée de l'année, et sa rotation sur elle-même celle du jour. L'axe de rotation n'est pas perpendiculaire au plan de l'orbite, mais fait avec la normale à ce plan un angle de 23° 27′, ce qui entraîne la différenciation des saisons. Considérée en première approximation comme sphérique, la Terre a la forme d'un ellipsoïde de révolution aplati aux pôles et renflé à l'équateur. Le mètre légal, adopté au début comme la dix millionième partie du quart du méridien terrestre, ne correspond pas exactement à cette définition, et la valeur du mètre adoptée actuellement est plus courte de deux dix-millièmes (0,000 2 m) par rapport à cette définition. La Terre a un diamètre équatorial de 12 757 km environ et un diamètre polaire de l'ordre de 12 714 km. Sa circonférence est de 40 077 km suivant l'équateur et de 40 009 km suivant un méridien. Sa superficie est de 510 101.10^3 km^2, son volume de 1 083 320.10^6 km^3, sa densité moyenne de 5,52 et sa masse de 6 × 10^{21} t. La Terre possède un seul satellite, la *Lune*. L'étude des roches radio-actives a permis, par dosage du plomb, dans lequel se sont transformés différents isotopes de l'uranium et du thorium, de remonter à l'âge des premiers socles continentaux, pour lesquels on a trouvé approximativement 4,5 milliards d'années.

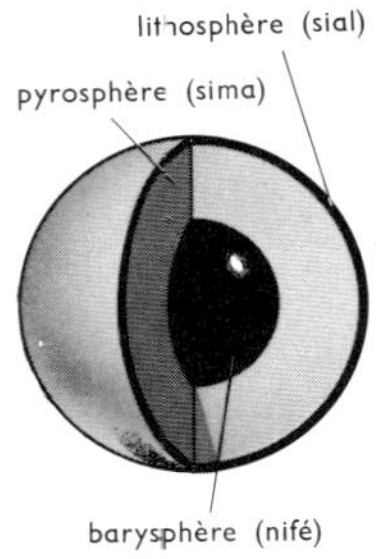

Terre

terreau [tɛro] n. m. Terre formée par la décomposition de matières animales et végétales : *le terreau sert à amender le sol ordinaire.* (On distingue le *terreau de couches* à base de fumier, le *terreau de feuilles* constitué par l'accumulation de feuilles mortes dans les bois et le *terreau de bois* provenant de la pourriture du bois mort.)

terreautage n. m. Travail de surface consistant à recouvrir de terreau les jeunes graines pour les protéger.

terreauter v. t. Entourer ou recouvrir de terreau.

Terre de Feu, anc. **archipel de Magellan,** groupe d'îles au sud de l'Amérique méridionale (Argentine et Chili), séparées du continent par le détroit de Magellan. On réserve parfois le nom de *Terre de Feu* à la principale île de l'archipel.

terrefort [tɛrfɔr] n. m. Dans le sud-ouest de la France, sol argileux formé sur la mollasse.

Terre-Natale (52400 Bourbonne les Bains), ch.-l. de c. de la Haute-Marne (arr. de Langres), constitué en 1972; 736 h.

terre-neuvas [tɛrnœva] n. m. inv. Bateau équipé pour aller pêcher la morue sur le banc de Terre-Neuve. || Le pêcheur lui-même. (On dit aussi TERRE-NEUVIEN ou TERRE-NEUVIER.)

terre-neuve [tɛrnœv] n. m. inv. Chien de pelage foncé, originaire de Terre-Neuve. (Il a les poils longs et soyeux; ses pieds sont palmés, ce qui lui permet de nager avec facilité. Il est intelligent, doux et fidèle.)

Terre-Neuve, en angl. **Newfoundland,** grande île d'Amérique (110 677 km^2; 472 200 h. [*Terre-Neuviens*]), située à l'embouchure du Saint-Laurent, qui constitue, avec le nord-est du Labrador, une des provinces du Canada; 402 346 km^2; 493 400 h. Cap. *Saint-Jean* (*Saint John's*). La province vit surtout de l'exploitation de la forêt et de la pêche (sur les *bancs de Terre-Neuve*, notamment). Mines de fer, aux confins du Québec.

● *Histoire.* L'île fut cédée à l'Angleterre par le traité d'Utrecht (1713), mais la France conserva le monopole de la pêche jusqu'en 1904, ainsi qu'un droit de débarquer sur les côtes nord-est et nord-ouest (« French Shore ») pour sécher le poisson. Elle constitua un dominion à partir de 1917 et se vit rattacher la côte nord-est du Labrador en 1927. Terre-Neuve est devenue la dixième province du Canada en 1949.

terre-neuvien ou **terre-neuvier** n. m. *Mar.* Syn. de TERRE-NEUVAS. || Pl. des *terre-neuviens,* des *terre-neuviers.*

Terrenoire (42250), anc. comm. de la Loire incorporée en 1970 à Saint-Etienne. Métallurgie.

terre-plein n. m. (de l'ital. *terrapieno,* terrassement). Surface plane et unie, formée d'amas de terres rapportées, pour constituer une terrasse ou pour servir de voie de communication. || Pl. des *terre-pleins.*

terrer v. t. Mettre de la nouvelle terre au pied d'une plante : *terrer un arbre.* || Couvrir de terre : *terrer des semis.* || **— Se terrer** v. pr. Se cacher sous terre, en parlant du renard, du lapin, etc. || *Fig.* Eviter de se montrer.

terrestre adj. Relatif à la Terre : *le globe terrestre.* || Qui vit sur la partie solide du globe : *les animaux, les plantes terrestres.* || *Fig.* Qui est temporel (par oppos. à *spirituel*) : *les joies terrestres.* ● *Vie terrestre,* v. *encycl.*

— ENCYCL. *Biol.* La *vie terrestre* ou *aérienne* s'oppose à la vie aquatique (marine ou d'eau douce). Elle se déroule presque toujours dans un air plus ou moins sec, exposant animaux et plantes à un dessèchement dangereux, contre lequel ils disposent de divers moyens de défense. C'est ainsi que la respiration est *pulmonaire,* c'est-à-dire réalisée dans une cavité du corps, ce qui diminue les pertes d'eau corrélatives aux échanges gazeux (vertébrés terrestres, arachnides, cloportes, escargots); chez les insectes, la respiration est *trachéenne,* ce qui aboutit au même résultat. Quant aux plantes, elles ne laissent s'évaporer leur réserve d'eau que par les minuscules *stomates* de la face inférieure des feuilles, et la plupart des grands arbres perdent leurs feuilles à la saison où l'approvisionnement en eau est difficile (hiver des régions tempérées, été des tropiques).
Le second problème vital pour les animaux terrestres est celui du soutènement et du déplacement de leur corps au sein d'un fluide (l'air) de densité mille fois plus faible, et qui ne les « porte » aucunement, sauf lorsqu'un vol actif (oiseaux, chauves-souris, insectes) tire parti de sa viscosité. Même les animaux qui ne volent pas ont besoin d'une musculature et d'un squelette supérieurs à ceux des animaux aquatiques. Les plantes terrestres, en dehors des mousses, ne peuvent baigner entièrement dans l'eau nourricière : il leur faut une *circulation des sèves* qui fasse profiter toute la plante de l'eau puisée par les seules racines.
Enfin, le milieu terrestre semble très défavorable aux formes larvaires : les animaux terrestres pondent des œufs d'où sortent des jeunes proches des adultes, ou encore ils sont vivipares. Seule la vaste classe des insectes fait exception à cette règle. Il est certain que *tous* les groupes terrestres animaux ou végétaux proviennent d'ancêtres aquatiques : les principaux cas de « sortie des eaux » ont eu lieu au silurien et au dévonien, très récemment par rapport aux lointaines origines de la vie.

terreur [tɛrœr] n. f. (lat. *terror*). Epouvante, frayeur, grande crainte : *inspirer la terreur.* || Personne ou chose qui la cause : *être la terreur d'un pays.* ● *La Terreur,* v. art. suiv.

Terreur (la), période de la Révolution française, comprise entre le vote de la *loi des Suspects* (5 sept. 1793) et la chute de Robespierre, le 9 thermidor (27 juill. 1794). Elle fut marquée par l'influence toute-puissante du Comité de salut public, à Paris, et des représentants en mission, dans la province, et par l'organisation du Tribunal révolutionnaire, qui multiplia les exécutions. La Grande Terreur de juin-juillet 1794 envoya à l'échafaud près de 1 400 condamnés.

Terreur blanche (la), nom donné à deux mouvements contre-révolutionnaires dirigés par des royalistes dans le sud-est de la France. La *première Terreur blanche* se développa en mai 1795, après le 12 germinal* et le 1er prairial*. La *seconde Terreur blanche,* après Waterloo (18 juin 1815), fut plus violente et plus spontanée. Des bandes de verdets* massacrèrent protestants et Jacobins, treize anciens mamelouks de la Garde à Marseille, le maréchal Brune à Avignon (22 août 1815), le général Ramel à Toulouse. Le succès des ultras* aux élections (août 1815) entraîna l'institution de la « terreur légale » (exécution de La Bédoyère, des frères Faucher, de Ney), à laquelle le roi Louis XVIII mit fin par la dissolution de la Chambre introuvable (5 sept. 1816).

terreux, euse adj. Mêlé, sali de terre : *avoir les mains terreuses.* || *Fig.* Qui a la couleur de la terre, pâle, grisâtre : *visage terreux.*

terri n. m. V. TERRIL.

terrible adj. (lat. *terribilis;* de *terrere,* épouvanter). Qui cause, inspire de la terreur : *homme terrible.* (Syn. : AFFREUX, ATROCE, EFFRAYANT, EFFROYABLE, ÉPOUVANTABLE, REDOUTABLE, TRAGIQUE.) || *Fig.* Violent, très fort : *vent terrible.* || *Péjor.* Extraordinaire : *un terrible bavard.*

terriblement adv. De façon terrible. || *Fam.* Extrêmement : *manger terriblement.*

terricole adj. Qui vit dans la terre : *amibe terricole.*

terrien, enne adj. et n. Qui possède des terres : *un propriétaire terrien.* || Qui habite la terre (par oppos. à *marin*).

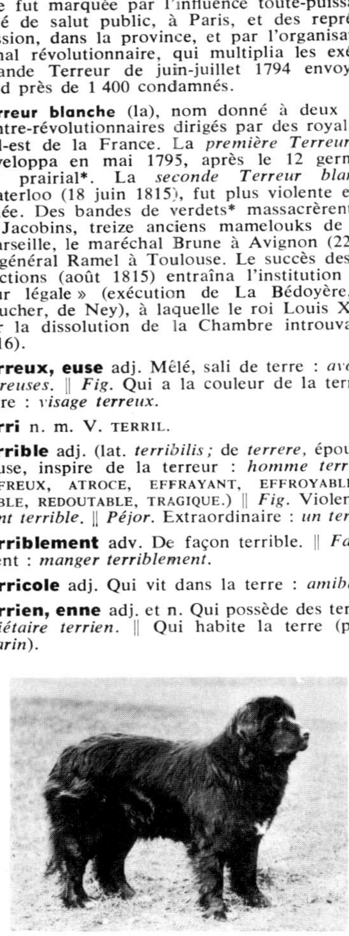
terre-neuve

terrier [tɛrje] n. m. Trou creusé dans la terre par certains animaux comme le lapin, le renard, etc. : *le furet atteint les lapins dans leur terrier.* || Chien du groupe des dogues, propre à chasser les animaux qui habitent des terriers. (Les terriers sont effrontés, rageurs et d'un grand courage. On distingue le *fox-terrier,* le *bull-terrier,* le *skye-terrier,* l'*irish-terrier.*)

terrifier v. t. Frapper de terreur : *terrifier une région.*

terrigène adj. *Dépôt terrigène,* dépôt des fonds océaniques, d'origine continentale.

terril ou **terri** [tɛri] n. m. Dans une exploitation minière, entassement des stériles au jour.

terrine [tɛrin] n. f. (de l'anc. fr. *terrin;* de *terre*). Récipient de cuisine en terre vernissée, servant à cuire et à conserver les viandes. || Viande cuite conservée dans une terrine.

terrinée n. f. Le contenu d'une terrine.

territoire [tɛritwar] n. m. (lat. *territorium*). Etendue de terre dépendant d'un Etat, d'une ville, d'une juridiction, etc. : *le territoire d'une région militaire.* (V. *encycl.*) || *Zool.* Zone occupée par un animal ou un couple, et défendue contre l'accès d'autres individus de même espèce.

— ENCYCL. L'organisation militaire du *territoire* français comprend sept régions* militaires, dont les limites coïncident avec celles des zones* de défense, ainsi que vingt et une divisions* militaires, calquées sur les régions économiques et commandées chacune par un général, représenté dans chaque département par un délégué* militaire départemental.
Cette organisation permet de mettre en œuvre la *défense opérationnelle du territoire* (en abrév. *D. O. T.*), qui a pour objet de s'opposer, sur toute l'étendue du territoire, aux forces ennemies, qu'il s'agisse d'éléments implantés, parachutés, débarqués ou infiltrés.

territorial, e, aux adj. Qui concerne le territoire : *impôt territorial.* ● *Armée territoriale,* ou *territoriale* n. f., portion de l'armée mobilisée formée, avant 1914, par les réservistes des classes anciennes. || *Eaux territoriales,* zone maritime bordant la côte d'un Etat, qui y exerce ses compétences, surtout en matière de pêche, de police, de contrôle douanier et sanitaire.

territorial n. m. Militaire de l'armée territoriale. || Pl. des *territoriaux.*

territorialement adv. Du point de vue territorial.

territorialité n. f. Condition de ce qui fait partie du territoire d'un Etat.

terroir [tɛrwar] n. m. (de *terre*). Terre considérée par rapport à l'agriculture : *terroir fertile.* ● *Goût de terroir,* goût particulier à certains vins. || *Sentir le terroir,* en parlant d'une œuvre littéraire, dépeindre, évoquer les habitudes du pays où l'auteur a vécu.

terroriser [tɛrɔrize] v. t. Frapper de terreur, d'épouvante, tenir sous un régime de terreur.

terrorisme n. m. Ensemble d'actes de violence commis par des groupements révolutionnaires. || Régime de violence institué par un gouvernement.

terroriste adj. et n. Qui participe à un acte de terrorisme : *groupe terroriste.*

tertiaire [tɛrsjɛr] adj. (du lat. *tertius,* troisième). Qui occupe le troisième rang. ● *Ere tertiaire,* ou *tertiaire* n. m., ère géologique précédant l'ère quaternaire, d'une durée de 65 millions d'années, et marquée par le plissement alpin et la diversification des mammifères. (V. *encycl.*) || *Secteur tertiaire,* partie de la population active employée dans le commerce, les services, les banques, les assurances, l'hôtellerie, etc. || — N. Membre d'un tiers ordre.

— ENCYCL. La flore terrestre de l'*ère tertiaire* est déjà très semblable à celle d'aujourd'hui, de même que le monde des invertébrés terrestres (insectes). Les mers de l'éocène et de l'oligocène connaissent un énorme développement d'un type nouveau de foraminifères, les *nummulites,* au point que cette période est parfois appelée le « nummulitique ». Mais le fait le plus caractéristique est l'expansion rapide des vertébrés à sang chaud : oiseaux et mammifères, ces derniers comprenant de nombreuses formes actuellement disparues ou raréfiées : marsupiaux, édentés géants, condylarthres, amblypodes, mastodontes, etc. C'est au cours du tertiaire que la lignée humaine se dégage des lignées qui donneront les singes actuels.

tertio [tɛrsjo] adv. (mot lat.; de *tertius,* troisième). Troisièmement, en troisième lieu.

tertre [tɛrtr] n. m. (abrév. du lat. *termen, terminis*). Elévation peu considérable de terre. ● *Tertre funéraire,* éminence de terre recouvrant une sépulture.

Tertry (80200 Péronne), comm. de la Somme (arr. de Péronne); 174 h. En 687, Pépin de Herstal y fut vainqueur de Thierry III, roi de Neustrie.

Tertullien, apologiste chrétien, né à Carthage (v. 155-v. 220). Après des études à Rome et devenu sans doute prêtre, il écrivit divers traités, dont une *Apologétique* (197), puis adopta les idées rigoristes des montanistes et se lança dans la polémique contre les chrétiens tièdes. On le considère comme le créateur de la littérature théologique latine.

Teruel, v. d'Espagne (Aragon); 20 000 h. Cathédrale (XIVe-XVIe s.). Enjeu de violents combats pendant la guerre civile de 1936-1939.

Terville (57100 Thionville), comm. de la Moselle (arr. de Thionville-Est); 5 771 h.

Phot. X.

Tervuren, comm. de Belgique (Brabant); 10 000 h.

Térylène [terilɛn] n. m. (nom déposé). Fil ou fibre synthétique de polyester, de fabrication anglaise.

terza rima [tɛrtsarima] ou **terzina** [tɛrtsina] n. f. (mot ital. signif. *rime tiercée*). Nom donné, dans la versification italienne, aux rimes ordonnées par groupes de trois vers, de telle sorte que chaque groupe comprenne deux vers rimant ensemble, qui embrassent un troisième vers, lequel rime avec le premier et le troisième du groupe suivant. ‖ Poème composé de tercets, dont la forme fut empruntée à l'Italie par la Pléiade et qui reparut au XIXe s. chez Vigny, Gautier, Heredia.

terzetto [tɛrtsɛto] n. m. (mot ital.). Petite composition pour trois voix ou trois instruments.

tes adj. poss. Pl. de TON, TA.

tesla [tɛsla] n. m. (du nom du savant yougoslave N. *Tesla*). Unité de mesure d'induction magnétique (symb. : T), équivalant à l'induction magnétique uniforme qui, répartie normalement sur une surface de 1 mètre carré, produit à travers cette surface un flux magnétique total de 1 weber.

Tesla (Nikola), physicien yougoslave, né à Smiljan (Croatie) [1857-1943]. Il inventa les courants polyphasés, le moteur asynchrone à champ tournant et imagina le couplage de deux circuits par induction mutuelle.

Tessala (*monts du*), massif de l'Algérie occidentale; 1 061 m.

Tessenderlo, comm. de Belgique (Limbourg), 11 100 h. Industries chimiques.

tessère [tesɛr] n. f. (lat. *tessera*). *Antiq. rom.* Tablette de métal ou d'ivoire, servant de billet d'entrée dans un théâtre, de bulletin de vote, de jeton de distribution, de signe de ralliement.

Tessier (Gaston), syndicaliste français, né à Paris (1887-1960), secrétaire général de la C. F. T. C. (1919-1953), président de la Confédération internationale des syndicats chrétiens à partir de 1947.

Tessin (le), en ital. **Ticino,** riv. de Suisse et d'Italie, qui traverse le lac Majeur, passe à Pavie et se jette dans le Pô (r. g.); 248 km. Hannibal battit P. Scipion sur ses bords (218 av. J.-C.).

Tessin, canton de Suisse, sur le versant méridional des Alpes, au débouché du Saint-Gothard; 2 811 km²; 224 000 h. (*Tessinois*). Ch.-l. *Bellinzona.* Le Nord (*haut Tessin*) est formé de hautes montagnes découpées par de profondes vallées (vallée du Tessin [val Leventina], val Maggia). Celles-ci se réunissent dans le Sud (*bas Tessin*), constituant des lacs (lac Majeur, lac de Lugano) au sortir de la montagne. Dans le Nord, les cultures (maïs, vergers) se réfugient dans les vallées; la vigne est développée dans le Sud, animé par le tourisme.

Tessin (Nicodemus), dit **l'Ancien,** architecte suédois, né à Stralsund (1615-1681). Premier architecte suédois notable, influencé par les traditions franco-hollandaise et italienne, il a construit de nombreux châteaux, dont le palais de Drottningholm. — Son fils NICODEMUS, dit *le Jeune,* né à Nyköping (1654-1728), a réalisé dans son œuvre capitale — le palais royal de Stockholm — la fusion du style français et du baroque italien.

tessiture [tɛsityr] n. f. *Mus.* Ensemble des sons qui conviennent le mieux à une voix : *tessiture grave, aiguë.* ‖ Ensemble des notes qui reviennent le plus souvent dans un morceau, constituant pour ainsi dire la texture, l'étendue moyenne dans laquelle il est écrit.

tesson [tɛsɔ̃] n. m. (de *têt*). Débris d'un objet en verre, en poterie : *tesson de bouteille.*

Tessy-sur-Vire (50240), ch.-l. de c. de la Manche (arr. de Saint-Lô); 1 420 h. (965 aggl.).

test [tɛst] n. m. (lat. *testum,* écaille). Carapace des oursins, des foraminifères, des radiolaires. ‖ Coquille des mollusques.

test [tɛst] n. m. (mot angl. signif. *examen*). Epreuve permettant soit de reconnaître et de mesurer les aptitudes et les acquisitions d'un sujet, soit d'explorer sa personnalité. (V. *encycl.*) ‖ Epreuve en général : *ceci sera un test de sa bonne volonté.*

— ENCYCL. Les *tests de niveau,* comme ceux de Binet-Simon, de Terman, de Wechsler-Bellevue, qui font intervenir des items verbaux ou pratiques, comme des raisonnements arithmétiques, des classements d'images, des assemblages d'objets, donnent des renseignements sur l'âge mental du sujet et sur le rang qu'il occupe parmi les gens de même âge (échelle). Les *tests projectifs* (Rorschach*, T. A. T.*, test de frustration* de Rosenzweig) permettent de mettre en évidence les instances les plus cachées de la personnalité, notamment dans les cas de personnalité pathologique.

testable adj. Qui peut être soumis à un test; qui peut être éprouvé.

testacé, e adj. *Zool.* De la nature du test. ‖ Qui possède un test : *mollusque testacé.*

testacelle [tɛstasɛl] n. f. Mollusque à aspect de limace, à coquille très petite, vivant dans le sol. (Long. 7 cm.)

Test Act, loi promulguée en 1673 en Angleterre, imposant à tous les fonctionnaires l'appartenance à la foi anglicane. Elle fut abrogée en 1828-1829.

testage n. m. Méthode d'appréciation des qualités d'un reproducteur d'après la valeur de ses premiers descendants.

testament [tɛstamɑ̃] n. m. (lat. *testamentum;* de *testari,* attester). Acte par lequel on déclare ses dernières volontés et on dispose de ses biens pour le temps qui suivra sa mort. (La personne qui n'a pas d'héritier peut léguer sa fortune aux personnes de son choix [légataires particuliers, légataires universels ou à titre universel]; en revanche, la personne qui a des héritiers réservataires ne peut disposer librement que de la quotité disponible.) ‖ Tout écrit posthume dans lequel l'auteur fait part de ses vues ou de ses projets : *testament politique, littéraire.* ● *Ancien Testament,* livres saints antérieurs à Jésus-Christ. (V. BIBLE.) ‖ *Nouveau Testament,* les Evangiles, les Actes des Apôtres, les Epîtres, l'Apocalypse. ‖ *Testament authentique* ou *public,* dicté par le testateur à un notaire en présence de témoins. ‖ *Testament mystique* ou *secret,* écrit par un tiers, signé par le testateur et remis sous enveloppe et devant un témoin à un notaire. ‖ *Testament olographe,* écrit en entier, daté et signé de la main du testateur.

Testament (*le*), de François Villon, dit *le Grand Testament* (1461). Dans ce poème écrit en huitains, mais entrecoupé de ballades (*Ballade des dames du temps jadis, Ballade à sa mère pour prier Notre-Dame, Ballade de la Grosse Margot*) et de rondeaux, Villon, qui vient de sortir de la prison de Meung-sur-Loire, jette un regard sur sa vie. Après avoir déploré le triomphe inéluctable de la mort, il procède à une série de legs burlesques, puis, s'étant réconcilié avec ceux qui l'ont persécuté, règle l'ordonnance de ses funérailles.

Testament (*le Petit*), nom donné ordinairement au *Lais,* poème de François Villon (1456). Alors qu'il vient de participer à un vol au collège de Navarre, le poète songe à quitter Paris et à disposer de ses biens. Il procède alors à des legs (*lais* est l'ancienne forme de ce mot), distribuant à ses amis et ennemis de prétendues richesses.

testamentaire adj. Qui concerne le testament. ● *Exécuteur testamentaire,* personne chargée de l'exécution d'un testament.

testateur, trice n. Personne qui fait ou qui a fait un testament.

Teste (LA) [33260], anc. **La Teste-de-Buch,** ch.-l. de c. de la Gironde (arr. de Bordeaux), sur le bassin d'Arcachon; 18 298 h. (11 474 aggl.) [*Testerins*]. Station balnéaire. Port de pêche et ostréiculture.

tester [tɛste] v. i. (lat. *testari*). Faire son testament.

tester v. t. (de *test*). Soumettre à un test.

testeur n. m. Personne qui fait passer un test.

testicule [tɛstikyl] n. m. (lat. *testiculus;* de *testis,* témoin). Glande génitale mâle.

— ENCYCL. Les *testicules,* situés dans les bourses, sont au nombre de deux, de forme ovoïde aplatie transversalement. Chaque glande, dont le bord supérieur est surmonté par l'épididyme, est limitée par une enveloppe fibreuse résistante (l'albuginée) et entourée par une membrane séreuse (la vaginale). Les testicules ont une double fonction : d'une part ils produisent les spermatozoïdes, qui, acheminés vers l'épididyme, passent dans le canal déférent (sécrétion externe), et, d'autre part, grâce à l'action des cellules interstitielles, ou cellules de Leydig, ils sécrètent des hormones mâles, dont la testostérone (sécrétion interne). Les testicules, qui, chez le fœtus, sont dans l'abdomen, ne descendent dans les bourses par le canal inguinal que peu de temps avant la naissance. Lorsque la migration ne s'est pas bien faite, un traitement médical ou chirurgical peut être nécessaire.

testimonial [tɛstimɔnjal], **e, aux** [-o] adj. (du lat. *testimonium,* témoin). *Preuve testimoniale,* preuve par témoins.

teston n. m. Anc. monnaie d'argent, frappée sous Louis XII.

testostérone n. f. Hormone produite par les testicules et agissant sur le développement des glandes génitales et des caractères sexuels secondaires mâles.

Têt (*fêtes du*), rites célébrés par les Vietnamiens le premier jour de l'année du calendrier lunaire (entre le 20 janvier et le 19 février).

têt [tɛ] n. m. (lat. *testum,* vase en terre). *Chim.* Récipient en terre réfractaire, utilisé dans les laboratoires pour la coupellation et la calcination des matières infusibles. ● *Têt à gaz,* capsule de terre sur laquelle on dépose une éprouvette pour recueillir un gaz dans la cuve à eau.

Têt [tɛt] (la), fl. côtier des Pyrénées-Orientales, tributaire de la Méditerranée; 120 km. Elle arrose Prades et Perpignan.

tétanie n. f. ou **tétanisme** n. m. Etat pathologique caractérisé par des crises de contractions musculaires spasmodiques. (L'insuffisance des glandes parathyroïdes, l'abaissement de la calcémie provoquent la tétanie.)

tétanique adj. Relatif au tétanos ou à la tétanie.

tétaniser v. t. Provoquer des accidents tétaniques.

tétanos [tetanos] n. m. *Physiol.* Contraction prolongée d'un muscle obtenue par une suite d'excitations se répétant à une fréquence voisine de 40 par seconde. (Les courants alternatifs à 50 périodes provoquent un tétanos [dit « physiologique »] qui est la cause de la plupart des accidents de l'électrocution.) ‖ *Pathol.* Maladie infectieuse grave, caractérisée par des contractions involontaires et douloureuses de tous les muscles du corps. (V. *encycl.*)

— ENCYCL. Le *tétanos* est une toxi-infection. Le bacille tétanique, anaérobie, se développe dans les plaies anfractueuses souillées, mais parfois au niveau d'une plaie minime, d'une piqûre; il peut pénétrer dans l'organisme à la faveur de manœuvres abortives. C'est la toxine sécrétée par le bacille tétanique qui, transportée par le sang et se fixant sur le système nerveux, provoque d'abord des secousses musculaires, puis des contractures permanentes des muscles, qui surviennent par crises de plus en plus rapprochées et atteignent tout le corps. Atrocement douloureuses, ces contractures aboutissent à un blocage de la cage thoracique, donc de la respiration, et à des troubles bulbaires qui entraînent la mort. La lutte contre le tétanos est essentiellement préventive : elle comporte la vaccination antitétanique (associée le plus souvent aux vaccinations contre la diphtérie et la typhoïde ou la poliomyélite) et l'administration de sérum antitétanique après toute plaie suspecte d'infection tétanique. Si le tétanos se déclare, on emploie le sérum (neutralisation de la toxine), les curarisants et les neuroplégiques (contre les contractures) et la respiration assistée (contre les troubles respiratoires).

têtard [tɛtar] n. m. (de *tête*). Larve des amphibiens, aquatique, à tête fusionnée au tronc en une masse globuleuse, à respiration branchiale. (V. illustr. AMPHIBIENS.) ‖ Arbre taillé de manière à former une touffe au sommet.

tête [tɛt] n. f. (lat. *testa,* pot de terre). Partie du corps présentée par tous les animaux terrestres et par la plupart des animaux aquatiques, et rassemblant, à l'avant du corps, une masse nerveuse directrice (cerveau ou ganglion), des organes sensoriels (les yeux notamment) et la bouche avec ses annexes. (V. *encycl.*) ‖ *Spécialem.* Crâne : *fendre la tête.* ‖ Tout ce qui a quelque rapport de situation ou de forme avec la tête : *tête d'un arbre, d'une épingle, etc.* ‖ Commencement : *la tête d'un chapitre.* ‖ Fraction la plus légère ou la plus volatile, obtenue au cours de la distillation fractionnée d'un mélange. ‖ Partie d'un organe mécanique ou d'un ensemble doué d'une fonction particulière : *tête d'allumage.* ‖ *Sports.* Au football, coup donné avec le front. ‖ — *Fig.* Esprit, imagination : *avoir une chose en tête.* ‖ Raison, sang-froid : *perdre la tête.* ‖ Individu : *payer tant par tête.* ‖ Vie : *il lui en coûta la tête.* ‖ Caractère : *mauvaise tête.* ‖ Volonté : *faire à sa tête.* ‖ Direction, premier rang : *la tête d'une entreprise.* ‖ Personne intelligente et volontaire : *c'est une des meilleures têtes du Parlement.* ‖ *Mil.* Elément le plus avancé d'une colonne. ● *Avoir toute sa tête,* jouir de son bon sens. ‖ *Baisser la tête,* avoir honte. ‖ *Courber la tête,* se soumettre. ‖ *De tête,* de mémoire, d'imagination. ‖ *Jeter à la tête,* rappeler pour blâmer, outrager. ‖ *Monter à la tête,* causer une sorte de trouble. ‖ *Par-dessus la tête,* plus qu'on ne peut. ‖ *Tenir tête,* résister. ‖ *Tête nucléaire,* v. OGIVE. ‖ *Tête baissée,* sans réfléchir, sans regarder le danger. ‖ *Tête chercheuse,* partie antérieure d'un projectile dotée d'un dispositif électronique, en vue de faire coïncider sa trajectoire avec celle de l'objectif à atteindre. ‖ *Tête d'injection* (Industr.), raccord fixé au sommet de la tige de forage. ‖ *Tête de ligne,* origine d'une ligne de transport. ‖ *Tête de mort,* squelette d'une tête humaine. ‖ *Tête de pont,* position provisoire occupée par une force militaire en territoire ennemi, au-delà d'un fleuve ou de la mer, en vue d'un franchissement ou d'un débarquement ultérieurs; région d'où une firme cherche à rayonner sur un marché nouveau; secteur à partir duquel une influence quelconque peut se développer. ‖ *Tourner la tête,* rendre fou; faire adopter ses opinions. ‖ — **A la tête de** loc. prép. Au premier rang, à la direction de : *à la tête d'une armée, d'une affaire.* ‖ — **En tête à tête** loc. adv. Seul à seul.

— ENCYCL. Chez les vertébrés, la *tête* comprend typiquement un *crâne* abritant le cerveau, une *face* creusée de fossettes sensorielles paires pour les yeux, les oreilles et les narines, enfin une paire de *mâchoires* entourant l'orifice buccal. La tête des arthropodes, elle aussi, présente un ganglion cérébroïde, des yeux (simples ou composés) et une bouche entourée de pièces buccales; les antennes s'y ajoutent chez les insectes et les crustacés. Les mollusques gastropodes (escargot) et céphalopodes (poulpe) ont des organes céphaliques tout à fait équivalents à ceux des groupes précédents, mais les bivalves (huître) se singularisent par l'absence totale de tête. On retrouve une tête chez les annélides les plus perfectionnés (polychètes). La symétrie axiale (cœlentérés, échinodermes) est incompatible avec l'existence d'une tête.

tête-à-queue n. m. inv. Pivotement brusque d'un véhicule, généralement à la suite d'un fort coup de frein.

tête-à-tête n. m. inv. Entretien particulier de deux personnes. ‖ Service à café ou à petit déjeuner pour deux personnes.

têteau [tɛto] n. m. Extrémité d'une maîtresse branche.

tête-bêche [tɛtbɛʃ] loc. adv. Se dit de la position de deux personnes ou de deux objets placés à côté l'un de l'autre en sens inverse.

tête-de-clou n. m. Motif d'ornement à quatre facettes taillées en pointe de diamant, appliqué à la décoration des voussures de portails romans. ‖ Pl. des *têtes-de-clou.*

tête-de-loup n. f. Sorte de balai à très long manche pour nettoyer les plafonds. ‖ Pl. des *têtes-de-loup.*

tête-de-Maure n. f. Fromage de Hollande de forme sphérique. ‖ Pl. des *têtes-de-Maure.*

tête-de-moineau n. m. Syn. de GAILLETIN. ‖ Pl. des *têtes-de-moineau.*

tête-de-nègre n. m. et adj. inv. Couleur marron foncé.

tétée n. f. Action de téter. ‖ Quantité de lait qu'un nouveau-né tète en une fois.

téter [tete] v. t. et i. (de *tette,* bout de sein) [conj. **5**]. Sucer le lait de la mamelle de la femme ou de la femelle d'un animal : *enfant qui ne tète plus.*

téterelle [tetrɛl] n. f. Petit appareil en verre qui se place sur le bout du sein d'une nourrice, et avec lequel on aspire le lait au moyen d'un tube.

Téthys. *Myth. gr.* Déesse de la Mer, mère des Océanides.

têtière [tɛtjɛr] n. f. Partie supérieure de la bride d'un cheval, qui passe derrière les oreilles et qui soutient le mors. ‖ *Mar.* Partie supérieure d'une voile carrée.

tétin n. m. Bout de la mamelle.

tétine n. f. (de *téter*). Mamelle d'un mammifère. ‖ Embouchure en caoutchouc, percée de trous, que l'on adapte sur les biberons pour faire téter les enfants.

téton n. m. *Fam.* Mamelle. ‖ *Mécan.* Petite pièce en saillie pour maintenir une autre pièce.

Tétouan, en esp. **Tetuán,** v. du Maroc, anc. cap. de la zone espagnole, près de la Méditerranée ; 101 400 h.

tétracorde [tetrakɔrd] n. m. (préf. *tétra* et *corde*). Sorte de lyre des Anciens, à quatre cordes. ‖ Intervalle de quatre degrés, sur lequel est fondé le système musical de l'Antiquité grecque.

tétradactyle [tetradaktil] adj. *Zool.* Qui a quatre doigts.

tétradyname [tetradinam] adj. *Bot.* Se dit des étamines, au nombre de six, dont quatre sont plus longues, comme celles des crucifères.

tétraèdre [tetraɛdr] n. m. *Math.* Polyèdre à quatre faces ; pyramide à base triangulaire. (V. illustr. SURFACES* ET VOLUMES.) ● *Tétraèdre régulier,* tétraèdre ayant pour faces quatre triangles équilatéraux égaux.
— ENCYCL. Le *tétraèdre* a quatre sommets respectivement opposés aux quatre faces et six arêtes. Le volume du tétraèdre est égal au tiers du produit de l'aire de sa base par la hauteur. Le tétraèdre régulier est le premier des cinq polyèdres réguliers convexes. Si *a* est la longueur de son arête, sa surface totale est $a^2\sqrt{3}$ et son volume $\frac{a^3\sqrt{2}}{12}$.

tétraédrique adj. Relatif au tétraèdre. ‖ En forme de tétraèdre.

tétragone [tetragɔn] n. f. *Bot.* Plante originaire d'Australie, et dont les feuilles sont utilisées comme celles de l'épinard.

tétralogie [tetralɔʒi] n. f. Ensemble de quatre pièces jouées à la suite l'une de l'autre, chez les anciens Grecs. ‖ *Mus.* Ensemble de quatre opéras.

Tétralogie, titre sous lequel est communément désigné le cycle de Wagner, *l'Anneau du Nibelung,* qui groupe *l'Or du Rhin, la Valkyrie, Siegfried, le Crépuscule des dieux* (terminé en 1874).

tétramère [tetramɛr] adj. *Hist. nat.* Divisé en quatre parties.

tétrapode [tetrapɔd] adj. Qui a quatre pattes. ‖ — N. m. pl. Ensemble des batraciens, des reptiles, des oiseaux et des mammifères dont le squelette des quatre membres est construit sur le même type.

tétraptère [tetraptɛr] adj. Qui possède deux paires d'ailes, en parlant des insectes.

tétrapyrrole n. m. Noyau de l'hémoglobine et de la chlorophylle, également appelé PORPHINE.

tétrarchat [-ka] n. m. Dignité de tétrarque. ‖ Exercice des fonctions de tétrarque.

tétrarchie [-ʃi] n. f. (gr. *tetra,* quatre, et *arkhein,* commander). Gouvernement de l'Empire romain, divisé par Dioclétien entre quatre empereurs. ‖ Nom donné à chaque gouvernement dans un pays divisé en quatre territoires.

tétrarque [tetrark] n. m. Chef, gouverneur d'une tétrarchie. (Hérode était tétrarque de Galilée, une des quatre divisions romaines de la Palestine au début de l'Empire.)

tétras [tetrɑ] n. m. (lat. *tetrax,* empr. au grec). Syn. de COQ* DE BRUYÈRE.

tétras-lyre n. m. Coq des bouleaux.

tétrastyle adj. et n. m. Qui possède en façade quatre colonnes de front : *temple tétrastyle.*

tétrasyllabe ou **tétrasyllabique** adj. Qui a quatre syllabes.

tétratomique adj. Formé de quatre atomes : *molécule tétratomique.*

tétrodon [tetrɔdɔ̃] n. m. Poisson des mers chaudes, couvert d'écailles épineuses, et appelé *poisson-globe* pour sa faculté de devenir globuleux en se gonflant d'air.

tette [tɛt] n. f. (orig. germ.). Bout de la mamelle, en parlant des animaux.

têtu [tety], **e** adj. et n. (de *tête*). Très attaché à ses idées ; insensible aux arguments : *un enfant têtu.* (Syn. : BUTÉ, ENTÊTÉ, OBSTINÉ, TENACE. — Contr. : DOCILE, OBÉISSANT, SOUMIS.)

Tetzel (Johannes), dominicain allemand, né à Pirna (v. 1465-1519). Ses prédications sur les indulgences provoquèrent les protestations de Luther, d'où sortit la Réforme.

Teucros. *Myth. gr.* Fils de Télamon, il aurait fondé un royaume à Chypre.

teuf-teuf [tœftœf] n. m. inv. (onomat. figurant le bruit de l'explosion dans les automobiles). *Fam.* Voiture automobile : *un vieux teuf-teuf.*

Teutatès, titre donné au dieu de la tribu chez les Gaulois.

teuton [tøtɔ̃], **onne** [-ɔn] adj. et n. Relatif à l'ancienne Germanie ; habitant de cette région.

teutonique adj. Relatif aux Teutons : *langue teutonique.*

Teutonique (*ordre*), ordre hospitalier et militaire, fondé en 1198 à Jérusalem par les croisés, mais qui exerça surtout son influence en Allemagne, où il se recruta, s'incorporant en 1237 les chevaliers Porte-Glaive et propageant la culture germanique en Prusse. Sa puissance fut brisée par les Polonais à Grunwald (1410) et au traité de Toruń (1466). La puissance teutonique fut alors réduite à la Prusse-Orientale, sous suzeraineté polonaise. La conversion au luthéranisme du grand maître Albert de Brandebourg (1525) acheva de le ruiner. Il subsiste en Autriche.

Teutons, peuple de la Germanie ancienne. Ils envahirent la Gaule avec les Cimbres et furent taillés en pièces par Marius près d'Aix-en-Provence (102 av. J.-C.).

Teverone (le). V. ANIENE.

Tewkesbury, v. de Grande-Bretagne (Gloucestershire) ; 5 800 h. Edouard IV d'York y triompha des lancastriens, conduits par la reine Marguerite (1471).

tex [tɛks] n. m. Unité de mesure utilisée pour le numérotage et le titrage des fils textiles, et représentée par le poids en grammes de 1 000 m de fil.

texan [tɛksɑ̃], **e** [-an] adj. et n. Du Texas.

Texas, un des Etats unis d'Amérique, sur le golfe du Mexique ; 10 752 000 h. (*Texans*). Cap. *Austin.* Le plus vaste Etat de l'Union (692 407 km²), sensiblement plus grand que la France, le Texas s'étend du golfe du Mexique aux Rocheuses. L'altitude s'élève progressivement vers l'intérieur, cependant que les précipitations décroissent dans le même sens ; le Nord-Ouest (Llano Estacado) est semi-désertique. Les cultures (coton, céréales) sont surtout développées dans les régions arrosées ; l'élevage (bovins principalement) domine dans l'intérieur. Toutefois, l'agriculture, malgré l'importance de la production, est de plus en plus éclipsée par l'industrie. Le pétrole et le gaz naturel, dont le Texas est le principal Etat producteur, ont notamment donné naissance à la chimie, représentée dans les grandes villes de l'intérieur (Dallas, San Antonio) et le long du golfe (Corpus Christi, Houston, etc.).
● *Histoire.* Jusqu'en 1821, le territoire releva de la vice-royauté espagnole de la Nouvelle-Espagne, puis il devint un Etat de la république fédérale du Mexique. Devenu une république indépendante après la défaite de Santa Anna (21 avr. 1836), le Texas fut incorporé aux Etats-Unis en 1845. Après la guerre du Mexique (1846-1847), le traité de Guadalupe Hidalgo (2 févr. 1848) accorda aux Etats-Unis les territoires au nord du rio Grande.

Texel, île néerlandaise renommée par ses ovins.

texte [tɛkst] n. m. (lat. *textus,* tissu). Propres termes qui constituent un écrit, une œuvre (par oppos. aux *commentaires,* aux *traductions,* etc.) : *revoir, corriger un texte.* ‖ Teneur exacte d'une loi, d'un acte, etc.

textile [tɛkstil] adj. (lat. *textilis,* tissé). Qui peut être divisé en fibres propres à faire un tissu, comme le chanvre, le lin, la laine, l'amiante, etc. ‖ Qui se rapporte à la fabrication des tissus : *l'industrie textile.* ‖ — N. m. Matière textile. ‖ Syn. de TISSU. ‖ Ensemble des industries textiles. ● *Textile artificiel,* textile fabriqué à partir de produits naturels ou de substances protéiniques végétales ou animales. ‖ *Textile synthétique,* textile fabriqué à partir de produits obtenus par synthèse.

textuel, elle adj. Conforme au texte : *citation textuelle.*

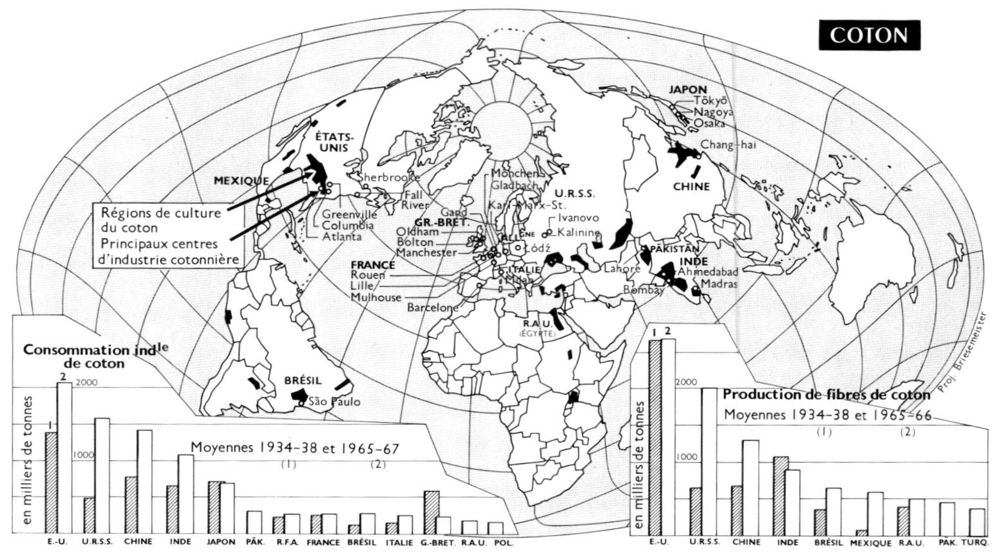

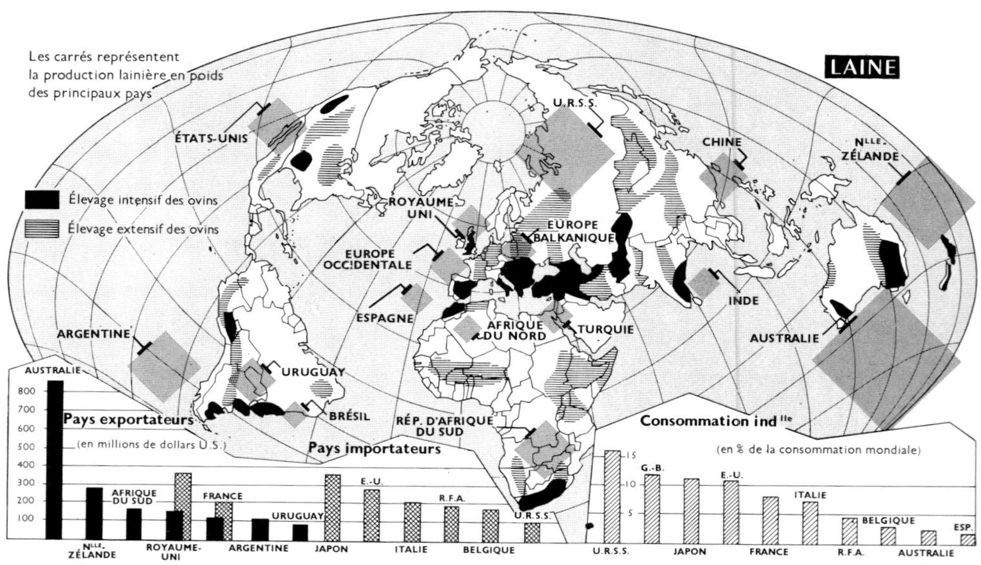

textuellement adv. Conformément au texte : *citer textuellement un passage.*

texture [tɛkstyr] n. f. Genre, mode d'entrecroisement des fils de tissage. (Syn. ARMURE.) ‖ Etat d'une chose tissée. ‖ Disposition des parties d'un corps : *texture de la peau.* ‖ *Pétrogr.* Disposition et dimensions relatives des éléments d'une roche : *texture grenue, vitreuse.* ‖ *Fig.* Disposition des parties d'un ouvrage : *la texture d'un roman.*

texturisation n. f. Opération ayant pour objet de modifier les propriétés physiques des fils de textiles synthétiques. (On dit aussi TEXTURATION.)

— ENCYCL. La *texturisation* consiste à tordre très fortement un fil de textile synthétique de superpolyamide, à fixer cette torsion par l'action de la chaleur, grâce à la thermoplasticité de la matière, puis à détordre complètement le fil. Les filaments qui le composent, ayant reçu de fortes ondulations, donnent un fil très élastique, utilisé notamment en bonneterie. On obtient des produits très voisins en écrasant le fil unilatéralement sur une plaque métallique chauffée ou en le soumettant à une forte compression entre deux cylindres, puis en le comprimant sur lui-même. Le fil ainsi traité subit un gonflement très caractéristique.

Th, symbole chimique du *thorium.*

th, symbole de la *thermie.*

Thabor ou **Tabor** (*mont*), sommet des Alpes françaises, au sud-ouest de Modane (Savoie) ; 3 177 m.

Thabor ou **Tabor** (*mont*), montagne d'Israël, au sud-est de Nazareth (588 m), où eut lieu la transfiguration du Christ.

Thackeray (William MAKEPEACE), écrivain anglais, né à Calcutta (1811-1863). Ruiné, il vit de ses talents de caricaturiste et de journaliste, et publie quelques essais (*les Snobs,* 1846-1847). Consacré écrivain par la publication de *la Foire aux vanités* (1847-1848), il poursuit dans ses romans (*l'Histoire de Pendennis,* 1848-1850 ; *les Newcome,* 1853-1855), ses récits historiques (*l'Histoire d'Henri Esmond,* 1852) et ses conférences (*les Humoristes anglais du XVIIIe siècle,* 1853) la critique des hypocrisies et des ridicules de la société britannique.

Thaddée (*saint*). V. JUDE (*saint*).

thaï [taj], **thaïe** adj. De Thaïlande. ‖ — N. m. Groupe de langues parlées au Laos et en Thaïlande.

Thaïlande, anc. **Siam,** royaume de l'Asie du Sud-Est, dans la partie occidentale de la péninsule indochinoise ; 514 000 km² ; 39 790 000 h. (*Thaïlandais*). Cap. *Bangkok.* Langue : *thaï.*

Géographie.

La Thaïlande juxtapose des régions variées. Le Nord-Est, classiquement appelé *plateau de Korat,* est en fait une région déprimée (entre 100 et 200 m), parcourue par la Moun et la Chi, et où la couverture gréseuse a été largement érodée. Abrité des vents pluvieux par des bordures, occidentale (Dong Praya) et méridionale (Dan Rek), relevées, le Nord-Est est assez sec. Le riz domine, couvrant près de 3 millions d'hectares (200 000 ha seulement pour les autres cultures : coton, jute, arachide, tabac, etc.). L'élevage bovin et porcin est développé. Le Nord possède un relief accidenté. Des vallées méridiennes (Ping, Yom) découpent la montagne. Les précipitations oscillent entre 1 000 et 1 500 mm. Dans les bassins habités par les Thaïs, deux récoltes de riz sont fréquemment obtenues, auxquelles s'ajoutent le maïs, l'arachide et le tabac. Les cultures fruitières se sont répandues autour de la principale ville, Chiengmai (ou Chiangmai). Dans la montagne, des minorités (Karens, Meos) pratiquent la culture sur brûlis, cependant qu'est exploitée la forêt (teck). La plaine centrale, drainée par le Ménam (ou Chao Phraya), est la partie vitale du pays, fournissant notamment la moitié de la production

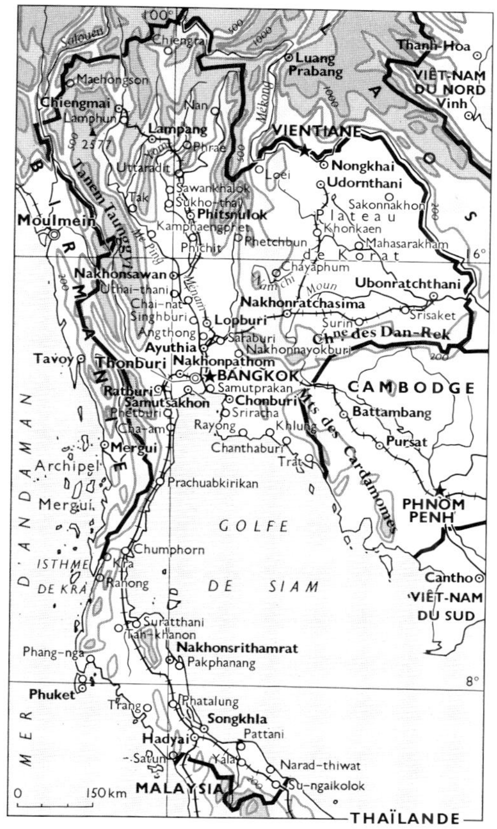

totale de riz, qui couvre ici encore près de 3 millions d'hectares. Le riz est presque une monoculture ; des cultures fruitières se sont cependant développées près de Bangkok*, capitale politique, métropole économique et principal port du pays. Au sud-est, la région de Chanthaburi, bordée par un littoral à mangrove, possède quelques plantations de poivriers et d'hévéas. La Thaïlande péninsulaire est humide, surtout sur la mer d'Andaman. La riziculture y est présente, mais les plantations d'hévéas y tiennent une place importante, le sous-sol fournit de l'étain (île de Phuket).

La population est formée en quasi-totalité de Thaïs. La densité avoisine 60 h. au kilomètre carré en moyenne, chiffre qu'elle dépasse largement dans la plaine centrale ; mais elle est inférieure à 40 dans le Nord, montagneux. Elle s'accroît aujourd'hui à un rythme rapide, voisin de 3 p. 100 par an, si bien qu'elle augmente d'environ 1 million de personnes par an. Bangkok est la seule grande ville du pays.

L'agriculture emploie environ les trois quarts de la population active et fournit le tiers du produit intérieur brut. Le riz (10 Mt) est naturellement la principale culture (plus de la moitié des superficies exploitées) et la base de l'alimentation, complétée par une pêche maritime et fluviale active. Le caoutchouc et le jute sont surtout destinés au marché extérieur. L'industrie n'assure guère que 15 p. 100 du produit intérieur brut. En dehors des branches liées à l'agriculture (alimentation, textile), les activités extractives dominent (étain principalement).

La balance commerciale est légèrement déficitaire. Les articles manufacturés constituent plus de la moitié des importations. Le riz (dont la production est excédentaire) représente plus du tiers des exportations, et le caoutchouc près de 20 p. 100. Le Japon est, devant les Etats-Unis, le principal partenaire commercial du pays.

Histoire.

A partir du VIIIe s., les Thaïs, venus du Yun-nan, s'établissent parmi les Môns et les Khmers, fondant plusieurs Etats féodaux. Le bouddhisme s'épanouit au XIVe s. sous le pieux roi Lü Thaï. Le prince d'Ou Thong fonde alors la ville d'Ayuthia (1347), soumet le roi (1349) et se fait sacrer à son tour sous le nom de Râmâdhipati (1350-1369) : il est considéré comme le fondateur du Siam.

Les rois d'Ayuthia étendent leur domaine à l'ensemble du bassin du Ménam et au nord de la péninsule malaise. Les princes khmers sont maintenus en vassalité jusqu'au XVIe s., mais les Birmans l'emportent sur les Thaïs pendant une vingtaine d'années, jusqu'à la révolte de Phra Naret, héros national (1584). Depuis le début du siècle, le commerce s'est organisé avec les Portugais, puis avec les Néerlandais et les Anglais. Sous Phra Narai (1657-1688), un aventurier européen, Constantin Phaulkon, devenu Premier ministre, favorise les missionnaires français et la Compagnie française des Indes, et suscite un échange d'ambassades (réception à la cour de Louis XIV, 1684). A la suite d'une réaction nationaliste, le roi est déposé et Phaulkon exécuté (1688). Le pays connaît alors une longue période de crises pendant lesquelles l'influence chinoise grandit.

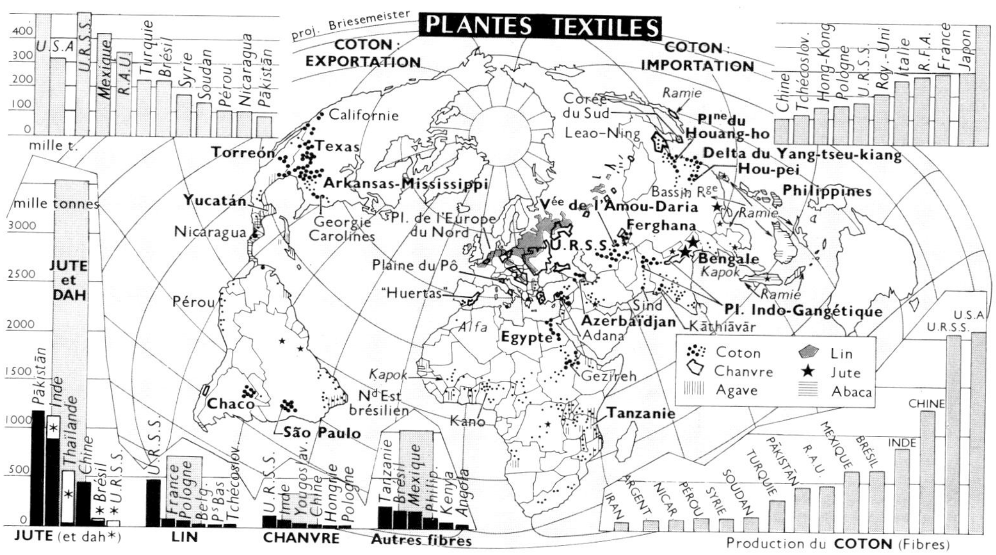

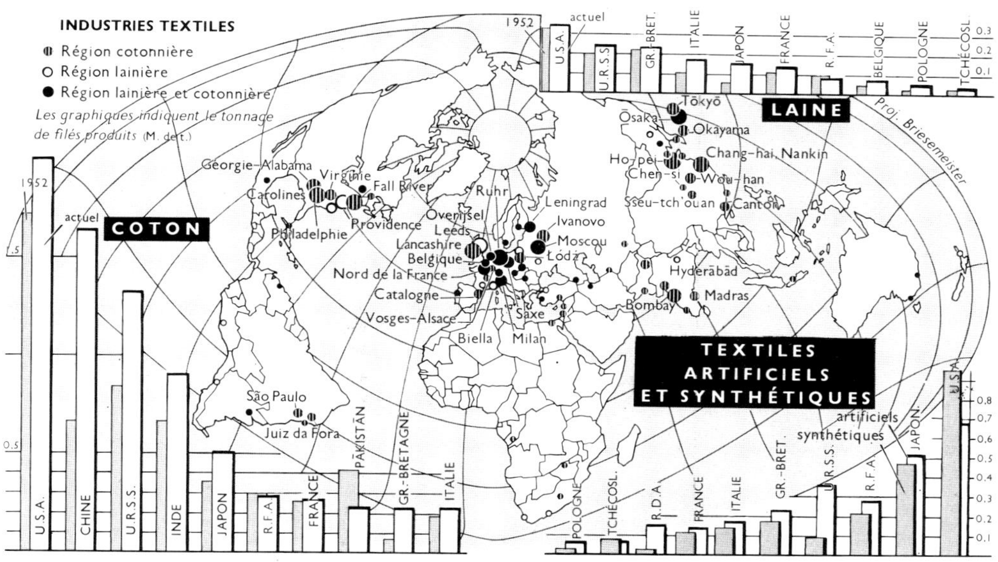

TEXTILES

TEXTILES NATURELS

1° pour les tissus :
- chanvre
- coton
- laine
- lin
- soie

2° pour nattes, tapis, cordages, chapeaux, etc. : fibres exotiques végétales (aloès, jute, ramie, raphia, phormium)

TEXTILES ARTIFICIELS

fabriqués à partir de produits *naturels* à composition macromoléculaire (cellulose ou substances protéiniques animales ou végétales)

procédé originel de Chardonnet (1884)

1° Dissolution de la nitrocellulose dans un solvant alcoolique pour former un collodion, que l'on forçait à travers des filières de verre ;
2° par évaporation du solvant, obtention d'un *fil de nitrocellulose,* dangereux en raison de sa grande inflammabilité.

production de rayonne cupro-ammoniacale ou rayonne au cuivre

1° Dissolution de la cellulose dans une liqueur cupro-ammoniacale ;
2° filature dans de l'eau du collodion ainsi préparé et obtention de fils très fins.
(Ce procédé est encore utilisé en Allemagne pour la fabrication de la rayonne [Bemberg]).

production de fils de cellulose régénérée, dits « fils de viscose » (1900)

(En raison de son prix de revient très intéressant, ce procédé s'est considérablement développé : il représente plus de 80 p. 100 de la production totale des textiles artificiels.)

1° Transformation de la cellulose (sous forme de pâte de bois) en *alcalicellulose* par action de la soude caustique ;
2° transformation de l'alcalicellulose en *xanthate de cellulose* par action du sulfure de carbone ;
3° obtention de la *viscose* par dissolution du xanthate de cellulose dans une solution diluée de soude caustique ;
4° filature sous pression de la viscose, à travers une filière en platine, dans un bain de coagulation acide : dès l'arrivée en milieu acide, le complexe cellulosique alcalin que constitue la viscose est détruit, et la cellulose régénérée.

- **filature centrifuge**
  - ● A la sortie de la filière, le fil tombe dans un pot cylindrique placé à l'extrémité verticale d'une broche tournant à très grande vitesse. Il reçoit une certaine torsion et se dispose sous la forme d'un cylindre creux, dit « gâteau de filature » ;
  - ● le gâteau de filature, recueilli sur le métier de filature, est lavé, désulfuré, blanchi, ensimé et séché.
- **filature en continu** (procédé très intéressant pour la fabrication de fils de gros deniers) : A la sortie de la filière, le fil passe successivement dans tous les bains de traitement (lavage, désulfuration, blanchiment, ensimage), est séché puis reçoit, à la base du métier, une forte torsion pour s'envider, sous forme de bobines, sur un broche verticale.

utilisation de l'acétate de cellulose

1° Préparation de l'acétate de cellulose par action de l'anhydride acétique sur la cellulose ;
2° transformation, par hydrolyse partielle, de l'acétate de cellulose en « acétate de cellulose secondaire » ;
3° obtention d'un collodion par dissolution de l'acétate de cellulose secondaire dans l'acétone ou dans un mélange acétone-éther ;
4° filature de ce collodion, à température assez élevée, dans des filières. L'évaporation du solvant fournit immédiatement un fil formé d'acétate de cellulose, que l'on recueille sans torsion sur une bobine.

fibres artificielles

Production sur les mêmes principes chimiques de fabrication
— cupro-ammoniacale ;
— viscose ;
— acétate de cellulose.

(Les fibres formées de viscose constituent la *fibranne.* Les fibres d'autres origines chimiques portent le nom du procédé utilisé pour leur production : fibre d'acétate de cellulose.)
1° Obtention des fibres sur des métiers comportant de très grosses filières à trous multiples ;
2° réalisation d'un épais ruban de filaments continu par la réunion de la production de toutes les filières d'un même métier ;
3° coupe à la demande de ce ruban, suivant la destination de la fibre (coupe laine, coupe lin, coupe coton) ;
4° traitement chimique des morceaux pour épuration éventuelle, frisage et séchage.

TEXTILES SYNTHÉTIQUES

Pures créations chimiques, à haut degré de polymérisation, obtenues par synthèse, à partir, notamment, de la houille ou du pétrole :
— grande ténacité ;
— hydrophobie très marquée (réalisation de tissus se tachant peu et se remettant en forme après lavage, sans repassage) ;
— grande thermoplasticité (fabrication de fils texturés et réalisation de tissus se plissant de façon permanente à la chaleur).

polymères de condensation

superpolyamides (type : le Nylon)

Nylon (d'invention américaine) :
1° Obtention du sel Nylon par condensation de l'acide adipique et de l'hexaméthylènediamine ;
2° production — par polymérisation du sel Nylon sous l'action de la chaleur et de la pression — du polyhexaméthylène-adipamide, qu'on fragmente finement et qui constitue le polymère ;
3° fusion à l'abri de l'air (275 °C) et extrusion du polymère à grande vitesse (1 000 m/mn) à travers les orifices d'une filière en platine ;
4° bobinage du fil obtenu ;
5° étirage à sec, afin d'orienter dans l'axe du fil les chaînes macromoléculaires qui le composent.
Rilsan (de fabrication française) : obtenu en partant de l'acide undécylénique, extrait de l'huile de ricin.
Urylon (de fabrication japonaise) : obtenu à partir de l'huile de baleine.

polyesters (type : le Térylène)

Térylène (d'invention et de réalisation britanniques) :
1° Polymérisation de l'éthylène-glycol combiné au théréphtalate-diméthyle, dérivé lui-même de l'acide théréphtalique ;
2° filature à sec du polymère obtenu ;
3° étirage du fil pour orienter ses chaînes moléculaires.
Tergal (de production française).
Dacron (de fabrication américaine).

polyuréthanes (type : le Lycra)

Lycra (de fabrication américaine) :
- Obtenu par polycondensation du furfurol sur l'isocyanate.
- Caractérisé par une élongation et une résistance supérieures à celles des fibres élastiques usuelles.
- Utilisé pour réaliser des tissus élastiques.

polymères d'addition

fibres polyvinyliques

Rhovyl, Fibravyl, Thermovyl (de fabrication française) :
1° Polymérisation du chlorure de vinyle, produit par action du chlore sur l'acétylène ;
2° dissolution du polymère obtenu dans un mélange de sulfure de carbone et d'acétone ;
3° filage et étirage après fabrication.
Vinyon : fibre obtenue en polymérisant un mélange de chlorure de vinyle et d'acétate de vinyle.

fibres polyacryliques (type : l'Orlon)

Orlon (de fabrication américaine), **Crylor** (de fabrication française), **Courtelle** (de fabrication britannique) :
1° Polymérisation en émulsion aqueuse du cyanure de vinyle (acrylonitrile) ;
2° mise en solution du polyacrylonitrile ;
3° filage à sec ou dans un bain de précipitation ;
4° étirage du fil.
Dynel, Vinyon N et **Acrilan :** fibres fabriquées en réalisant des copolymères de sels de vinyle et d'acrylonitrile.

fibres polyoléfines (type : le Meraklon)

fibres obtenues en partant de l'éthylène ou du propylène.

fils et fibres de verre :

Silionne *(fibres continues)*
Verranne *(fibres discontinues)*

- Fibres obtenues par fusion du verre et extrusion à travers les orifices d'une filière.
- Se présentent sous une forme lisse et lustrée.
- Offrent une résistance :
  — nulle à l'action des alcalis ;
  — faible au frottement ;
  — très élevée à la traction (mais diminuant légèrement au mouillé) ;
  — excellente à l'action des solvants organiques, aux mites et aux moisissures.
- Utilisées principalement pour la réalisation de tissus d'ameublement (incombustibilité).

SCHÉMA DE FABRICATION DU POLYAMIDE 66

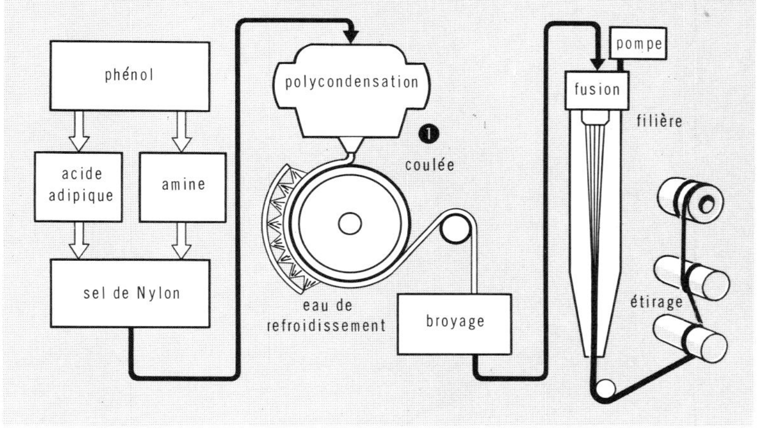

SCHÉMA DE FABRICATION DE LA VISCOSE

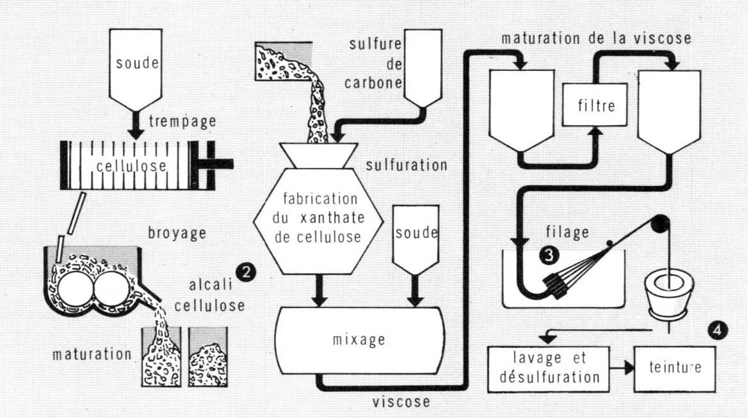

TEXTILES

La production des textiles chimiques (artificiels ou synthétiques) concurrence sérieusement les produits naturels. C'est en 1884 que le comte Hilaire Bernigaud de Chardonnet présenta à l'Académie des sciences le premier échantillon de soie artificielle, appelée depuis « rayonne » pour éviter toute confusion avec la soie naturelle. En 1891, il montait en France la première usine de textiles artificiels. Le principe de la fabrication des textiles chimiques est fondé sur l'obtention, à partir des produits de base (cellulose pour les textiles artificiels et produits chimiques d'espèces définies pour les textiles synthétiques), d'une matière filable, que l'on transforme en filaments par passage à travers une filière. À la sortie de celle-ci, les filaments peuvent être soit rassemblés en un fil continu, soit coupés en fibres discontinues, plus ou moins courtes. Ces fibres discontinues sont transformées en filés qui présentent des propriétés textiles et ont des emplois différents de ceux des fils continus.

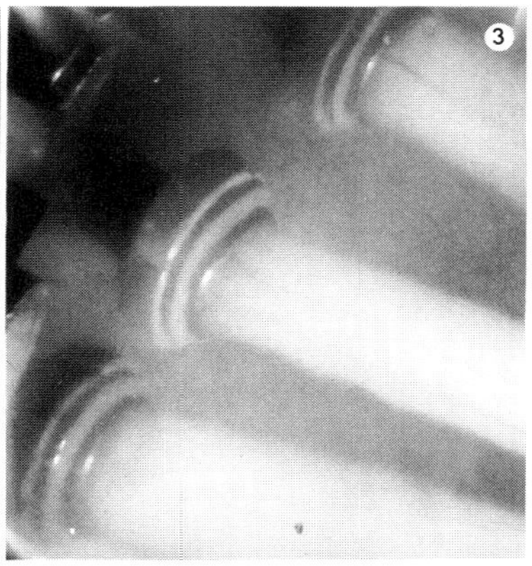

SCHÉMA DE FABRICATION DU VERRE TEXTILE

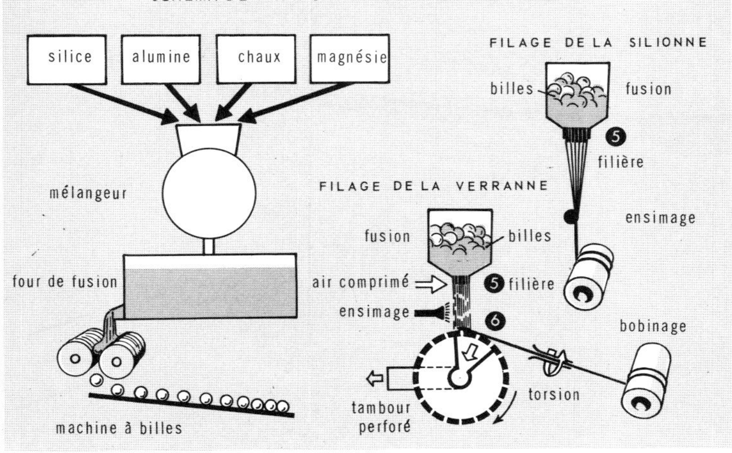

Phot. S. I. T. A. S.

grand Bouddha couché à Ayuthia — **Thaïlande** — repiquage du riz

Sous Râma IV (1851-1868), les Anglais commencent à implanter leurs capitaux dans les mines et les plantations. Au prix de quelques rectifications de frontières, le Siam reçoit une garantie de neutralité (1896) qui préserve son indépendance. Le roi Chulalongkorn (1868-1910) supprime l'esclavage et la corvée. Favorisé par un essor particulier de la riziculture pour l'exportation, le Siam se modernise à dater du règne de Râma VI (1910-1925). Un coup d'Etat impose une monarchie constitutionnelle, puis l'abdication de Râma VII (1925-1935). Sous le régime militariste de Luang Pibul Songgram (à partir de 1938), l'entente avec le Japon se manifeste (traité d'amitié de 1940) et se concrétise après la défaite française, tandis que le royaume prend le nom de *Thaïlande* (« Terre des Thaïs »), ce qui traduit le désir de regrouper les populations thaïes des Etats voisins. La conquête de territoires appartenant au Laos français est entreprise, et le Japon contraint le gouvernement de Vichy à une cession territoriale (1941). L'entrée en guerre aux côtés du Japon (1942) est suivie de l'annexion du nord de la Malaisie et de territoires Chans. En 1944, Pridi Phanomyong prend la place de Pibul Songgram et limite les conséquences de la politique passée. La Thaïlande doit revenir à ses frontières de 1940. En 1947, Pibul Songgram revient au pouvoir et s'y maintient jusqu'en 1957. Le militarisme reparaît, mais cette fois dans une entente avec les Etats-Unis contre le communisme; les militaires doivent faire face aux infiltrations du Pathet Lao et aux rébellions locales (Nord-Est et Sud). Les bases de Thaïlande servirent, à partir de 1967, pour les opérations américaines au Viêt-nam. En 1973, un gouvernement civil a été mis en place.

thaïlandais [tailɑ̃dɛ], **e** [-ɛz] adj. et n. De Thaïlande.

Thaïs, ensemble ethnique d'affinités mongoloïdes formant une partie de la population des montagnes du Viêtnam septentrional, la plus grande partie de la population du Laos, de la Thaïlande, et occupant quelques régions méridionales de la Chine et de la Birmanie.

Thaïs, courtisane grecque du IVe s. av. J.-C., maîtresse d'Alexandre, puis de Ptolémée Ier.

Thaïs *(sainte)*, pénitente égyptienne (IVe s.). Courtisane, elle aurait été convertie par un anachorète. — Fête le 8 octobre.

thalamus [talamys] n. m. *Anat.* Partie de l'encéphale située à la base du cerveau. (C'est un relais sensitif, et il intervient dans l'humeur, l'expression des émotions, la conscience.) [Syn. COUCHES OPTIQUES.]

thalassoma n. m. Poisson des récifs. (V. illustr. POISSONS.)

thalassothérapie [talasɔterapi] n. f. (gr. *thalassa,* mer, et *therapeia,* traitement). Traitement par les bains d'eau de mer (froide ou réchauffée) et par les climats maritimes.

thaler [talɛr] n. m. (mot allem.). Anc. monnaie prussienne d'argent.

Thalès, mathématicien et philosophe grec de l'école ionienne, né à Milet (fin du VIIe s. - début du VIe s. av. J.-C.). Il aurait rapporté d'Egypte en Grèce les fondements de la véritable géométrie. On lui attribue notamment, outre la résolution du problème de l'inscription d'un triangle dans un cercle et la détermination de la hauteur d'un objet au moyen de son ombre, certaines connaissances sur les rapports des angles avec les triangles auxquels ils appartiennent. Sa doctrine philosophique constitue un premier essai de « philosophie de la nature » et l'ébauche d'une science de la nature systématisée.

Thalie, muse de la Comédie et de l'Idylle, représentée avec un masque et une guirlande de lierre.

thalle [tal] n. m. Appareil végétatif des végétaux inférieurs, où l'on ne peut distinguer ni racine, ni tige, ni feuilles.

thallium [taljɔm] n. m. (du gr. *thallos,* rameau). *Chim.* Métal blanc (Tl), de numéro atomique 81, qui existe dans certaines pyrites.

thallophytes [thallɔfit] n. f. pl. Embranchement du règne végétal, comprenant des plantes pluricellulaires et différenciées, mais n'ayant ni tiges, ni feuilles, telles que les algues*, les champignons* et les lichens*.

thalweg n. m. V. TALWEG.

Thalwil, v. de Suisse (Zurich); 13 000 h.

Thames, nom angl. de la *Tamise.*

Thāna, v. de l'Inde (Mahārāshtra); 127 200 h. Textiles.

Thann (68800), ch.-l. d'arr. du Haut-Rhin, sur la Thur; 8 345 h. (*Thannois*). Collégiale Saint-Thiébaut (XIIIe-XVIe s.). Industries mécaniques, textiles et chimiques. — L'arr. a 4 cant., 53 comm., 69 440 h.

Thant (Sithu **U**), homme politique birman, né à Pantánaw (1909-1974), secrétaire général de l'O. N. U. (1961-1971).

Thaon di Revel (Paolo), amiral italien, né à Turin (1859-1948). Chef d'état-major de la marine (1913), chef des forces navales alliées dans l'Adriatique (1917), il fut ministre de la Marine à l'époque du fascisme et se rallia en 1943 au régime instauré par Mussolini en Italie du Nord.

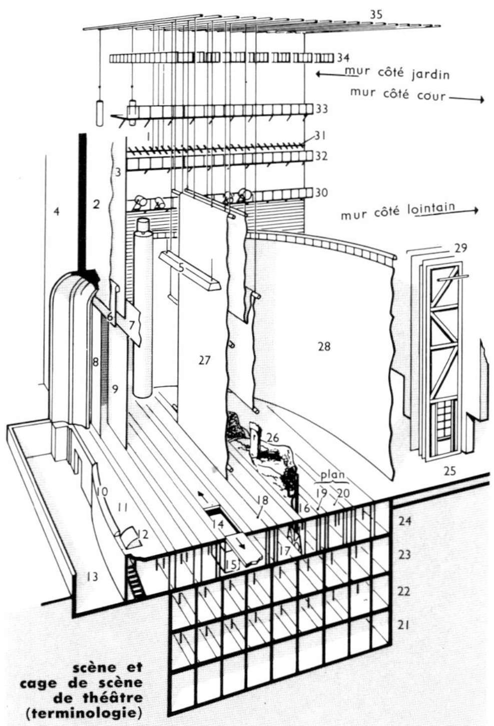

scène et cage de scène de théâtre (terminologie)

1. Fils de commande; 2. Rideau de fer; 3. Rideau d'avant-scène; 4. Mur de face; 5. Herse; 6. Lambrequin; 7. Frise; 8. Draperie; 9. Pendrillons; 10. Rampe; 11. Proscénium; 12. Trou du souffleur; 13. Fosse d'orchestre; 14. Trappe d'apparitions; 15. Monte-charge; 16. Portant; 17. Chariot; 18. Costières et trappillons; 19. Fausse rue; 20. Rue; 21. Quatrième dessous; 22. Troisième dessous; 23. Deuxième dessous; 24. Premier dessous; 25. Plancher de scène; 26. Châssis (terrain); 27. Rideau de fond; 28. Cyclorama; 29. Cases à décors; 30. Passerelle de projection; 31. Lisse et palettes; 32. Premier service; 33. Deuxième service; 34. Troisième service; 35. Gril.

Thaon-les-Vosges [tɑ̃-] (88150), comm. des Vosges (arr. d'Epinal); 7 729 h. (*Thaonnais*). Textiles.

Thapsus, anc. v. d'Afrique, où César anéantit les restes du parti de Pompée (46 av. J.-C.).

Thar *(désert de)*, région aride du Pākistān et de l'Inde, entre l'Indus et les monts Aravalli.

Thasos, île grecque du nord de la mer Egée; 15 200 h. V. pr. *Thasos.* Célèbre pour ses vignes, ses mines d'or et d'argent et ses carrières de marbre, l'île fit partie de la Confédération athénienne. Révoltée contre Athènes (465 av. J.-C.), elle fut châtiée par Cimon (463 av. J.-C.).

Thau *(étang de)*, lagune de l'Hérault, communiquant par le canal de Sète avec la Méditerranée; 7 000 ha. Bassin industriel du port de Sète.

thaumaturge [tomatyrʒ] n. m. (gr. *thauma, -atos,* prodige, et *ergon,* œuvre). Personne qui fait ou prétend faire des miracles.

thaumaturgie n. f. Pouvoir, action de thaumaturge.

thé [te] n. m. (du malais *teh*). Feuilles de théier torréfiées après la cueillette (thé vert) ou après avoir subi une légère fermentation (thé noir). ‖ Infusion que l'on en fait : *boire du thé.* ‖ Réception de l'après-midi, dans laquelle on sert du thé : *inviter quelqu'un à un thé.*
— ENCYCL. Introduit en Europe dans la seconde moitié du XVIIe s., le *thé* est consommé sous forme d'infusion. Il est digestif, excitant (il contient de la caféine, de la théobromine, de la théophylline) et diurétique; l'abus en peut être nuisible. Les neuf dixièmes de la production proviennent de l'Asie des moussons.

Théagène et Chariclée, sous-titre des *Ethiopiques,* roman grec en dix livres, par Héliodore d'Emèse (IIIe s. apr. J.-C.). Chariclée, fille du roi d'Ethiopie, et le jeune Thessalien Théagène finissent par s'épouser au terme d'aventures nombreuses et invraisemblables. Ecrit en prose poétique, cet ouvrage fut traduit par Amyot (1547) et très goûté de Boileau et de Racine.

théatin [teatɛ̃] n. m. Membre de l'ordre de ce nom.

Théatins *(ordre des)*, ordre de religieux établi en Italie en 1524 par Gaétan de Thiene et par Pietro Carafa, évêque de Chieti (lat. *Theatinus*), qui devint plus tard pape sous le nom de Paul IV.

théâtral, e, aux adj. Qui concerne le théâtre : *action théâtrale.* ‖ Qui vise à l'effet : *attitude théâtrale.*

théâtralement adv. De façon théâtrale.

théâtre [teɑtr] n. m. (lat. *theatrum,* empr. au gr.). Lieu où l'on représente des ouvrages dramatiques, où l'on donne des spectacles : *aller au théâtre.* ‖ La littérature dramatique : *les règles du théâtre.* ‖ Ensemble des pièces d'un pays ou d'un auteur : *le théâtre grec; le théâtre de Corneille.* ‖ Profession d'acteur : *se destiner au théâtre.* ‖ *Fig.* Lieu où se passent certains faits : *cette ville fut le théâtre d'un grand événement.* ● *Théâtre d'opérations,* zone présentant une unité géographique ou stratégique dans laquelle peuvent se dérouler des opérations militaires. ‖ *Théâtres d'opérations extérieures* (abrév. : T. O. E.), ceux qui sont situés en dehors de la France. ‖ *Théâtres subventionnés,* entreprises théâtrales qui reçoivent des subventions de l'Etat, du département ou de la commune : *l'Opéra, l'Opéra-Comique, la Comédie-Française sont des théâtres subventionnés.*
— ENCYCL. *Les tendances du théâtre contemporain.* L'expression dramatique a connu au cours des dernières décennies un profond bouleversement. Si le théâtre nouveau est en partie l'héritier d'un courant de pensée qui va de Kleist à Pirandello en passant par Büchner, Strindberg et Kafka, l'évolution décisive a surtout été le fait de metteurs en scène qui ont fait porter leur réflexion sur la spécificité de l'art théâtral : Stanislavski, dont le « réalisme intérieur », destiné à mettre toutes les facultés psychiques et physiques de l'acteur au service des intentions de l'auteur dramatique, est mis en pratique aux

Phot. Robillard, Almasy.

Etats-Unis par le Group Theatre (1931-1941), puis par l'Actors' Studio, dirigé par Lee Strasberg; Meyerhold, pour qui « les paroles ne sont que des dessins sur le canevas des mouvements »; Piscator, qui rejette les formes gratuites de l'art et dont les innovations techniques (scène tournante, décor à étage, projections de titres) seront reprises par Brecht.
Le théâtre se veut ainsi spectacle total, mais aussi modèle opératoire du monde. Il ne veut plus être une « boîte optique », une machine à illusions. Il se sait convention pure et, par-là, se permet toutes les libertés. Mais il s'affirme comme moyen de connaissance, proposant des situations « exemplaires » à un public qui est invité à participer au spectacle. Participation réfléchie, critique, qui prévient toute identification du spectateur avec les personnages et qui caractérise essentiellement le « théâtre épique » de Bertolt Brecht.
Cet appel au public reprend les tentatives déjà anciennes du théâtre « auto-actif », joué vers 1920 en U. R. S. S. par des acteurs improvisés, du théâtre d'*Agit-prop*, sous la république de Weimar, et des *Guerrillas del teatro*, compagnies ambulantes lors de la guerre d'Espagne. Surtout, il suppose une intervention permanente dans l'actualité, la volonté de prendre position sur les événements politiques et sociaux : c'est là, à la suite de Brecht et d'O'Casey, le propos d'Adamov, de Gatti et, d'une manière plus allégorique, de M. Frisch et de F. Dürrenmatt.
Cependant, alors que ce théâtre critique considère toujours la scène comme un lieu privilégié où le langage et les situations traduisent une vérité supérieure, celle des caractères, des passions et des rapports sociaux, un nouveau courant dramatique prend pour objet le langage et les situations mêmes qui « sécrètent » les personnages. Théâtre de dérision ou de l'absurde avec Beckett, Ionesco, Pinter, Gombrowicz, Arrabal et dont la forme extrême aboutit à proclamer non seulement l'absurdité du langage dramatique, mais celle même de la représentation théâtrale. A l'anti-théâtre succède alors l'a-théâtre, livré à l'improvisation des comédiens et du public, le happening, qui prétend faire atteindre aux spectateurs et aux acteurs mêlés un moment d'entière liberté et de création artistique spontanée.

Théâtre de l'Est parisien (T. E. P.). Sous ce nom et ce sigle fonctionne, depuis octobre 1963, la première maison de la culture fondée à Paris. Cette dénomination met l'accent sur les activités dramatiques de l'institution, la responsabilité du T. E. P. ayant été confiée à Guy Rétoré, fondateur et directeur depuis 1954 de la compagnie dramatique *la Guilde*.

Théâtre-Libre, théâtre créé en 1887 par André Antoine, afin de rénover le spectacle par une mise en scène réaliste et par l'interprétation de jeunes auteurs naturalistes (Zola, Curel, Brieux) et étrangers (Ibsen, Strindberg). En 1897, il prit le nom de *Théâtre-Antoine*.

Théâtre national populaire (T. N. P.), théâtre subventionné, fondé par l'Etat en 1920 à l'instigation du comédien Gémier, qui en fut le premier directeur. Installé au Trocadéro, puis au palais de Chaillot, le T. N. P. a connu une large audience sous la direction de Jean Vilar (1951-1963), puis sous celle de G. Wilson (jusqu'en 1972). Depuis lors, il a son siège à Villeurbanne.

théâtreuse n. f. Actrice sans talent.

thébaïde [tebaid] n. f. (de *Thébaïde*, contrée d'Egypte). Solitude profonde : *vivre dans une thébaïde.*

Thébaïde, une des trois divisions de l'Egypte ancienne, appelée aussi **Haute-Egypte.** Cap. *Thèbes*. Les premiers ermites chrétiens se retirèrent dans les déserts de cette région.

Thébaïde (*la*) *ou les Frères ennemis*, tragédie de Racine, son premier ouvrage dramatique (1664).

thébain [tebɛ̃], **e** [-ɛn] adj. et n. De Thèbes.

thébaïque [tebaik] adj. Relatif à l'opium. ● *Extrait thébaïque*, extrait d'opium.

thébaïsme n. m. (de *thébaïque*). Intoxication par l'opium.

Thèbes, v. de l'Egypte ancienne. Elle acquit son importance avec l'avènement au trône d'Egypte de princes locaux (XIe dynastie). Le dieu local Amon s'éleva au rang de dieu dynastique. Au Nouvel Empire, Thèbes avait l'aspect d'une grande et somptueuse capitale, la rive gauche du Nil formant une nécropole à l'échelle de la cité. Le déclin de la ville commença lorsque les Ramessides de la XIXe dynastie transférèrent leur capitale dans le Delta. Thèbes ne fut plus alors qu'une métropole religieuse. Actuellement, le grand temple de Louxor et les temples d'Amon, de Mout, de Khonsou et d'Opet, à Karnak, marquent l'emplacement de la cité. Médinet Habou, les colosses de Memnon, Gournah et Deir el-Bahari sont les vestiges grandioses de ce qui fut l'« Ouest de la ville ».

Thèbes, auj. **Thíva**, v. de Grèce; 15 900 h. Fondée par le Phénicien Cadmos, Thèbes est liée, dans ses premiers temps, à toute une série de légendes (Œdipe, Etéocle et Polynice, les Sept Argiens contre Thèbes). Pourvue d'une forteresse (la Cadmée), bien située au carrefour principal de la Béotie, elle parvint à présider la ligue béotienne. Ce fut une république oligarchique. Ennemie d'Athènes, elle s'allia aux Perses lors des guerres médiques. Epaminondas lui assura une hégémonie passagère en Grèce par sa victoire de Leuctres sur les Spartiates (371 av. J.-C.); Alexandre, puis les Romains la ruinèrent (336 et 146 av. J.-C.).

théier [teje] n. m. Arbrisseau originaire de la Chine méridionale et cultivé dans toute l'Asie du Sud-Est pour

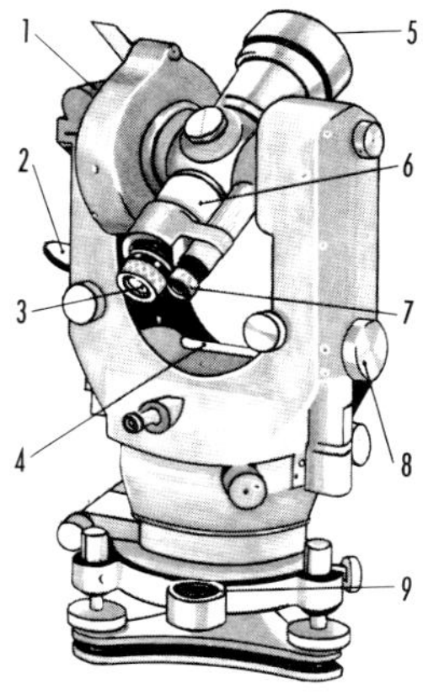

théodolite

1. Niveau du cercle vertical; 2. Miroir d'éclairage des cercles et du micromètre; 3. Oculaire de la lunette; 4. Niveau de verticalité; 5. Objectif de la lunette; 6. Molette de mise au point de la lunette; 7. Oculaire du microscope; 8. Bouton du micromètre optique; 9. Niveau sphérique

ses feuilles, qui donnent le thé. (Il peut atteindre 10 m à l'état sauvage, mais, en culture, on ne le laisse pas dépasser 3 m.)

théière n. f. Récipient pour faire infuser du thé.

Theil (LE) [61260], ch.-l. de c. de l'Orne (arr. de Mortagne-au-Perche); 1 207 h.

théisme [teism] n. m. (du gr. *theos*, dieu). Doctrine qui affirme l'existence personnelle de Dieu et son action providentielle dans le monde.

théisme n. m. Ensemble des accidents produits par l'abus des infusions de thé.

Theiss, nom allem. de la *Tisza*.

théiste adj. Relatif à la doctrine du théisme. ‖ — N. Partisan de la doctrine du théisme.

Thélème (*abbaye de*), sorte de communauté laïque imaginée par Rabelais dans son *Gargantua*. Elle est formée d'hommes et de femmes qui tiennent à cultiver toutes les formes du bonheur.

thématique adj. *Gramm.* Qui a rapport au thème des mots : *suffixe thématique.* ‖ *Mus.* Qui a rapport aux thèmes musicaux : *table thématique.*

thème [tɛm] n. m. (gr. *thema*, sujet posé). Sujet, matière que l'on se propose de développer : *traiter un thème ingrat.* ‖ Texte qu'un élève doit traduire de la langue qu'il parle dans une langue étrangère : *thème latin.* ‖ *Mus.* Fragment mélodique ou rythmique sur lequel est construite une œuvre musicale. ● *Fort en thème*, se dit d'un élève plus travailleur et plus savant qu'intelligent. ‖ *Thème tactique* (Mil.), sujet servant de cadre à une étude tactique.

Thémines (Pons DE LAUZIÈRES, *marquis* DE), maréchal de France (v. 1552-1627), un des lieutenants les plus fidèles d'Henri III, puis d'Henri IV.

Thémis. *Myth. gr.* Déesse de la Justice, fille d'Ouranos et de Gaia.

Thémistios, philosophe et rhéteur grec du IVe s. de notre ère.

Thémistocle, général et homme d'Etat athénien, né à Athènes (v. 525-v. 460 av. J.-C.). Chef du parti démocratique, il avait conseillé aux Athéniens de tourner toute leur activité vers la mer. Il avait alors rencontré l'opposition du chef du parti aristocratique, Aristide. Thémistocle le fit exiler, fit construire le port du Pirée et équiper une excellente flotte. Puis, lors de l'invasion de la Grèce par Xerxès, il obligea les Spartiates à accepter le combat sur mer, avant que l'armée grecque ne se retirât dans le Péloponnèse. Ce fut la victoire de Salamine (480). Malgré l'opposition de Sparte, jalouse d'Athènes, Thémistocle fit reconstruire les murailles de la ville et fortifier les ports du Pirée et de Mounychia, joints à Athènes par les Longs Murs. Mais, en butte à la malveillance des Spartiates, il fut accusé de péculat et exilé (471).

thénar [tenar] n. m. Saillie du côté externe de la paume de la main. (Le thénar, ou *éminence thénar*, est formé par les muscles courts du pouce.)

Thenard (Louis Jacques, *baron*), chimiste français, né à La Louptière, près de Nogent-sur-Seine (1777-1857). On lui doit une classification des métaux et la découverte de l'eau oxygénée (1818).

Thénezay (79390), ch.-l. de c. des Deux-Sèvres (arr. de Parthenay); 1 673 h. (849 aggl.).

Thenia, anc. **Ménerville**, comm. d'Algérie (Alger); 11 200 h.

Thenon (24210), ch.-l. de c. de la Dordogne (arr. de Périgueux); 1 096 h. (531 aggl.).

théobromine [teɔbrɔmin] n. f. (de *theobroma*, nom scientifique du cacaoyer). Alcaloïde contenu dans la fève de cacao et dans les feuilles du théier : *la théobromine est diurétique.*

théocratie [teɔkrasi] n. f. (gr. *theos*, dieu, et *kratos*, puissance). Gouvernement où l'autorité, regardée comme émanant de Dieu, est exercée par ses ministres.

théocratique adj. Relatif à la théocratie : *pouvoir théocratique.*

théocratiquement adv. De façon théocratique.

Théocrite, en grec **Theokritos**, poète grec, né peut-être en Sicile (v. 315-v. 250 av. J.-C.). Il vint à Alexandrie, à la cour de Ptolémée Philadelphe, et fut sans doute le disciple de Philétas. Il reste de lui un recueil qui groupe, sous le titre général d'*Idylles**, des poèmes d'inspiration et de formes variées (épigrammes, mimes dialogués, hymnes, etc.), et qui est probablement une anthologie constituée au Ier s. av. J.-C. Créateur de la poésie bucolique, il exprime, au milieu d'une civilisation raffinée, son regret de l'« état de nature ».

Théodat ou **Théodahat** (m. en 536), roi des Ostrogoths d'Italie (534-536). Neveu de Théodoric le Grand, il se débarrassa d'Amalasonte, fille de Théodoric, qui lui avait offert le partage du pouvoir en 534, en la faisant assassiner (535). Attaqué par Justinien, il fut pris et tué.

Théodebald ou **Thibaud** (m. en 555), roi de Metz (548-555). Il laissa son royaume à Clotaire Ier.

Théodelinde, reine des Lombards (m. v. 625). Epouse du roi des Lombards Authari (589), elle se remaria, à la mort de son mari (590), avec le duc de Turin Agilulf et gouverna le royaume lombard après la mort de ce dernier (616).

théodicée [teɔdise] n. f. (gr. *theos*, dieu, et *dikê*, justice). Doctrine, traité sur la justice de Dieu. ‖ Partie de la métaphysique qui traite de Dieu, de son existence, de ses attributs.

Théodicée, ouvrage de Leibniz (1710), où l'auteur développe sa théorie de l'optimisme.

théodolite [teɔdɔlit] n. m. Instrument de géodésie servant à mesurer les angles réduits à l'horizon, les distances zénithales et les azimuts.

Théodora, née à Constantinople (m. en 548), impératrice byzantine (527-548). Actrice à la vie tapageuse, elle devint la maîtresse de Justinien, qui l'épousa avant son avènement. Elle exerça une grande influence sur l'empereur, qui lui dut de conserver son trône lors de la sédition Nika (532).

Théodora (m. en 867), impératrice régente de Byzance (842-856) pendant la minorité de son fils Michel III. Elle convoqua un concile qui rétablit le culte des images (supprimé par son époux, l'empereur iconoclaste Théophile) [févr. 843]. Son frère Bardas, soutenu par Michel III, la fit enfermer dans un couvent (858).

Théodore (*saint*), soldat (IVe s.). Il est le patron des soldats. — Fête le 9 novembre.

Théodore de Canterbury (*saint*), prélat anglais d'origine grecque, né à Tarse (Cilicie) [602-690]. Moine grec en Campanie, il fut choisi comme métropolitain de Canterbury (668). Il fit beaucoup pour l'organisation de l'Eglise anglaise. — Fête le 19 septembre.

Théodore le Studite (*saint*), moine byzantin, né à Byzance (759-826). Au monastère du Stoudios, à Constantinople, il fut l'âme de la résistance à l'iconoclasme, ce qui lui valut plusieurs périodes d'exil.

Théodore Ier, né à Jérusalem (m. en 649), pape de 642 à 649. Il combattit les monothéistes. — THÉODORE II

Thémistocle
musée du Vatican

Théodora
(m. en 548)
détail d'une mosaïque de la basilique San Vitale à Ravenne

Phot. Anderson-Giraudon (2).

Grèce
théâtre d'Épidaure
IVe s. av. J.-C.

Angleterre
théâtre du Swan
(v. 1595)
reconstitution
de Richard Hosley (1963)

L'évolution de l'espace théâtral. Grèce antique. Les Grecs n'eurent longtemps que des théâtres très simples : une aire en terre battue, des gradins et une scène en planches. C'est seulement au IVe s. av. J.-C. qu'apparaissent les théâtres de pierre. Adossés à une pente de colline creusée en hémicycle, tournés vers la mer ou un horizon de montagnes, ils comprennent trois parties : l'enceinte ou *kôilon*, réservée aux spectateurs, occupant plus de la moitié d'un cercle, et fermée par un mur extérieur, l'*analêmma ;* les gradins, disposés en étages séparés par des promenoirs circulaires, sont coupés, en hauteur, par des escaliers; l'*orkhêstra*, espace circulaire au centre duquel se dresse l'autel de Dionysos et où évolue le chœur; la *scène*, plate-forme élevée de 1 ou 2 m, soutenue du côté des spectateurs par un mur ornementé, et sur laquelle jouent les acteurs. Les plus beaux théâtres grecs sont ceux d'Athènes (théâtre de Dionysos, 17 000 places), d'Épidaure (20 000 places), de Delphes.

Rome. Les premiers théâtres sont en bois jusqu'en 55 av. J.-C., date à laquelle Pompée bâtit le premier théâtre de pierre. Le théâtre romain se distingue du théâtre grec sur trois points : il n'est pas adossé d'ordinaire à une colline (les gradins sont soutenus par des murs décorés de colonnades ou de pilastres); l'emplacement de l'*orchestra* est occupé par des sièges réservés aux magistrats et aux sénateurs; l'enceinte des spectateurs est en demi-cercle. Au sommet des gradins s'élève un portique où l'on se tient debout.

Moyen Âge et XVIe siècle. Le caractère particulier des représentations théâtrales au Moyen Âge ne rendait pas nécessaire la construction de théâtres permanents. L'intérieur de l'église servait de cadre au drame liturgique, les mystères étaient joués sur le parvis. Quant aux spectacles comiques, ils se donnaient sur les tréteaux de la foire. Lors des fêtes comme celle des Basochiens, des représentations avaient lieu au palais de justice ou dans un jeu de paume.

Au XVIe s., les architectes italiens s'inspirèrent des théoriciens antiques (Vitruve) et des recherches en matière de perspective pour établir un type architectural du théâtre (en 1580, Palladio commence le théâtre de Vicence). En France, c'est sous Henri III que s'ouvrent les premières salles de

reconstitution de la représentation
d'un mystère du XVe s.
sur le parvis de Notre-Dame de Paris

Italie, scène du « théâtre olympique »
de Vicence (1580-1585), commencé
par Palladio, achevé par Scamozzi

Phot. Saloutros, C. N. R. S., Bernand, Alinari-Giraudon.

Empire romain
théâtre d'Orange
Ier s. apr. J.-C.

théâtre
du « mouvement total »
de Jacques Poliéri
maquette (1960)

représentations régulières (l'hôtel de Bourgogne, 1548-1599). En Angleterre, les créations du théâtre élisabéthain coïncident avec la construction de théâtres permanents (théâtres du Swan [v. 1595] et du Globe [1599]).

XVIIe et XVIIIe s. **Les salles de spectacles, encore peu nombreuses, évoluent vers la forme qu'elles ont aujourd'hui. Les décors simultanés font place aux décorations successives ou au décor unique de la tragédie classique. Les spectateurs sont groupés au parterre, où ils se tiennent debout. Vers 1650, l'usage s'établit de placer des fauteuils sur la scène, destinés aux personnes de qualité. Des galeries, puis des loges permettent aux spectatrices d'être assises. En 1759, le duc de Lauraguais rachète aux Comédiens-Français le droit de réserver une partie de la scène à des spectateurs, dont la présence est de plus en plus gênante. On commence alors à installer des sièges au parterre.**

Parmi les théâtres les plus célèbres construits au XVIIIe s. et qui subsistent encore aujourd'hui, on distingue, en Italie, le Teatro Farnese (Parme), la Fenice (Venise), la Scala (Milan) et, en France, l'Opéra de Versailles, le Grand-Théâtre de Bordeaux, la Comédie-Française.

Le théâtre moderne. **Depuis une quarantaine d'années, les architectes, sous l'influence de l'évolution de la mise en scène et aussi de certaines contingences économiques et sociales, se sont attachés à la recherche d'un dispositif théâtral qui permette un contact plus direct entre les acteurs et le public. La suppression du cadre de scène, l'abolition de la rampe, la construction d'avant-scènes latérales ont remplacé la vision axiale traditionnelle par une vision panoramique. Certains architectes cherchent à mettre au point une structure souple, capable de s'adapter à toutes les formes de théâtre : utilisation de praticables et d'éperons dans une structure circulaire, comme au théâtre de Stratford (1957), dans l'Ontario, au Canada; dépouillement absolu de la salle, comme dans certains théâtres d'université aux États-Unis; gradins reposant sur des rails circulaires permettant une rotation de 360° et l'exploitation du décor naturel, comme au théâtre d'été de Pyynikki (1959), à Tampere, en Finlande; théâtre « torique » de Poliéri et de Wogenscky, dans lequel l'architecture se déforme et se transforme selon les besoins du spectacle.**

la Comédie-Française
représentation en 1848

théâtre de la commune d'Aubervilliers
(1962-1965), aménagé par René Allio,
scénographe, et R. Boudier, architecte

Phot. Henrard-Richard, Larousse, Leni Iselin, Bernand.

(m. en 897), pape en 897. Il fit inhumer le cadavre du pape Formose.

Théodore Ier Lascaris (m. en 1222), premier empereur de Nicée (1208-1222). Après la prise de Constantinople par les Latins (1204), il s'installa à Nicée, où il se fit couronner empereur (1208). Il ne put reprendre Constantinople. — THÉODORE II DOUKAS LASCARIS (1222-1258), empereur byzantin de Nicée (1254-1258), fils de Jean III Doukas Vatatzès. Il lutta contre les Turcs, les Bulgares et le despote d'Epire.

Théodore Ange Doukas Comnène (m. apr. 1252), despote d'Epire (v. 1215-1230), empereur byzantin de Thessalonique (1224-1230), frère de Michel Ier Ange. Pour s'emparer de Constantinople, il voulut s'allier aux Bulgares, mais il échoua. Il mourut en prison.

Théodore de Mopsueste, théologien grec, né à Antioche (v. 350-428), évêque de Mopsueste (392). Son œuvre d'exégète est considérable. Après sa mort, le concile de Constantinople de 553 le condamna pour nestorianisme.

Théodoric Ier (m. en 451), roi des Wisigoths d'Espagne (418-451). Lié aux Romains, contre lesquels il se révolta, il fut tué en combattant Attila. — THÉODORIC II (m. en 466), roi des Wisigoths (453-466), fils de Théodoric Ier, fut assassiné par son frère Euric.

Théodoric le Grand (v. 454-526), roi des Ostrogoths (v. 474-526). Elevé à Constantinople, imprégné de culture gréco-romaine, il succéda à son père Théodomir comme roi des Ostrogoths. L'empereur Zénon l'envoya se débarrasser d'Odoacre (493). Théodoric fut, dès lors, maître de l'Italie et des côtes dalmates. Aidé par deux ministres de valeur, Cassiodore et Boèce, il tenta sans succès la fusion des Romains et des Goths. Sous son règne, Ravenne fut une brillante capitale.

Théodoros ou **Théodore II,** né à Sage (Kouara) [1818-1868], empereur d'Ethiopie (1855-1868). Vaincu par l'armée anglaise à Magdala, il se donna la mort.

Théodose Ier le Grand, né à Cauca (Espagne) [v. 347-395], empereur romain (379-395). *Magister militum,* puis auguste (379), il reçut le gouvernement de l'Orient. Il installa les Barbares dans l'Empire comme fédérés. Il prit parti pour la foi de Nicée, combattit les hérétiques et convoqua le deuxième concile œcuménique de Constantinople, qui acheva d'insérer la hiérarchie ecclésiastique dans les cadres civils (381). Il interdit les sacrifices païens et fit fermer les temples, mais il fut excommunié par saint Ambroise pour avoir massacré les habitants de Thessalonique à la suite d'une émeute (390). Il mourut après avoir partagé l'Empire romain entre ses deux fils, Honorius et Arcadius. — THÉODOSE II (401-450), empereur d'Orient (408-450), fils et successeur d'Arcadius. Il fit construire les remparts de Constantinople et rédiger le Code théodosien. Sa flotte fut battue par le Vandale Geiséric (431), et Attila le contraignit à lui payer tribut. — THÉODOSE III (m. en 722), empereur d'Orient (716-717). Il fut mis de force à la tête d'une sédition et porté au pouvoir, mais il fut renversé et remplacé par Léon l'Isaurien.

théodosien (*Code*), code rédigé sur l'ordre de Théodose II (435-438), et qui contient les constitutions impériales promulguées depuis Constantin.

Théodulf ou **Théodulfe,** né en Catalogne (v. 750-821), évêque d'Orléans et abbé de Fleury (plus tard Saint-Benoît-sur-Loire). Il érigea l'église de Germigny. Poète et théologien, il fut un des principaux représentants de la renaissance carolingienne.

Théognis de Mégare, poète grec du parti aristocratique (VIe s. av. J.-C.), auteur d'élégies d'inspiration polémique et morale.

théogonie [teɔgɔni] n. f. (gr. *theos,* dieu, et *gonos,* génération). Généalogie et filiation des dieux. ‖ Ensemble des divinités d'un peuple polythéiste.

Théogonie *ou Généalogie des dieux,* poème d'Hésiode (VIIIe s. av. J.-C.). Le poète raconte la filiation des dieux depuis l'origine des choses jusqu'à la constitution définitive du monde et s'efforce de trouver dans la volonté divine une justification des injustices et des malheurs humains.

théogonique adj. Relatif à la théogonie : *légendes théogoniques.*

théologal [-gal], **e, aux** [-go] adj. Qui a Dieu pour objet. ● *Vertus théologales,* la foi, l'espérance et la charité.

théologie [teɔlɔʒi] n. f. (gr. *theos,* dieu, et *logos,* science). Science de la religion, des choses divines : *la théologie catholique.* ‖ Doctrine théologique : *la théologie de Bossuet.* ‖ Traité théologique : *la « Théologie » de Barth.* ‖ Cours d'études théologiques : *faire sa théologie.*

théologien n. m. Personne qui sait la théologie ou qui écrit sur cette science : *saint Thomas reste le plus grand des théologiens catholiques du Moyen Age.* ‖ Elève de théologie.

théologique adj. Qui concerne la théologie : *discussion théologique.*

théologiquement adv. Selon les principes théologiques.

Théon d'Alexandrie, astronome et mathématicien grec du IVe s. de notre ère. Sa fille fut la célèbre Hypathie.

Theophano ou **Théophanie,** impératrice byzantine (Xe s.). D'humble origine, elle devint l'épouse de Romain II, puis de Nicéphore II, et la maîtresse de Jean Tzimiskès.

Théodose Ier d'après le « disque de Théodose » *Madrid*

théophilanthrope [teɔfilɑ̃trɔp] n. (gr. *theos,* dieu, *philos,* ami, et *anthrôpos,* homme). Partisan ou adepte de la théophilanthropie. ‖ Membre d'une société déiste fondée en France sous le Directoire, partisan du rôle nécessaire de la religion dans l'Etat.

théophilanthropie n. f. Sous le Directoire et le Consulat (1797-1801), doctrine déiste fondée sur la croyance en un Dieu puissant et bon. (Le culte théophilanthropique fut favorisé par certains hommes politiques — dont La Révellière-Lépeaux — qui y virent un moyen d'amoindrir le renouveau catholique.)

Théophile d'Antioche (*saint*) [m. apr. 180], évêque d'Antioche et l'un des Pères de l'Eglise, auteur d'une *Apologie.* — Fête le 13 octobre.

Théophile d'Adana (*saint*), clerc (m. v. 538). Ayant perdu sa charge d'économe, il voua son âme au diable, à qui la Vierge arracha l'annulation du marché. (V. RUTEBEUF.) — Fête le 4 février.

Théophile de Viau. V. VIAU (Théophile *de*).

Théophraste, philosophe grec, né dans l'île de Lesbos (v. 372-v. 287 av. J.-C.). Il succéda à Aristote dans la direction du Lycée. Il est l'auteur des *Caractères,* recueil d'études morales et de portraits pittoresques, que traduisit La Bruyère.

Théophraste-Renaudot (*prix*). V. RENAUDOT.

théophylline [teɔfilin] n. f. Un des alcaloïdes du thé. (La théophylline est stimulante du système nerveux ; elle accélère le rythme cardiaque, dilate les bronches, augmente la sécrétion urinaire et est employée dans le traitement des dyspnées, de certains troubles cardiaques et comme diurétique.)

Théopompe, orateur et historien grec, né à Chio (v. 378-apr. 323 av. J.-C.), auteur d'une *Histoire hellénique* et d'une *Histoire philippique.*

théorbe [teɔrb] n. m. V. TÉORBE.

théorématique adj. Qui concerne des théorèmes, des hypothèses : *sciences théorématiques.*

théorème [teɔrɛm] n. m. (gr. *theôrêma,* objet d'étude). Proposition scientifique qui peut être démontrée. ‖ Enoncé d'une proposition ou d'une propriété que l'on démontre par un raisonnement logique à partir de faits donnés ou d'hypothèses justifiables, inclus dans cet énoncé.

théorétique [teɔretik] adj. (gr. *theôrein,* examiner). Contemplatif : *l'activité théorétique de l'esprit.*

théoricien, enne n. Personne qui connaît les principes d'un art, d'une science.

théorie [teɔri] n. f. (gr. *theôria,* action d'observer). Connaissance spéculative, idéale, indépendante des applications. ‖ Ensemble de règles, de lois systématiquement organisées, qui servent de base à une science et qui donnent l'explication d'un grand nombre de faits. ‖ Ensemble systématisé d'opinions, d'idées sur un sujet déterminé : *théorie politique.* ‖ Leçon d'instruction militaire : *écouter une théorie.*

théorie n. f. (gr. *theôria,* procession). *Antiq. gr.* Ambassade solennelle envoyée par une ville. ‖ Auj., longue suite de personnes qui s'avancent en rangs : *une théorie de communiantes.*

théorique adj. Qui appartient à la théorie. ‖ Du domaine de la spéculation (par oppos. à *pratique*) : *discussion purement théorique.*

théoriquement adv. De façon théorique.

théosophe [teɔzɔf] n. Partisan de la théosophie ; sorte d'illuminé.

théosophie n. f. (gr. *theos,* dieu, et *sophia,* sagesse). Illuminisme ; doctrine religieuse qui a pour objet l'union avec la Divinité.

Théoule-sur-Mer (06590), comm. des Alpes-Maritimes (arr. de Grasse) ; 733 h. Station balnéaire.

Thérain (le), riv. de France, qui se jette dans l'Oise (r. dr.) près de Creil ; 86 km. Il arrose Beauvais.

Théramène, homme d'Etat athénien, né à Céos (av. 450-404 av. J.-C.). En 411, il contribua à renverser le régime démocratique à Athènes et fut au nombre des Trente.

Théramène, gouverneur d'Hippolyte dans *Phèdre* de Racine. Au cinquième acte, il fait le récit de la mort du héros.

thérapeute n. m. (du gr. *therapeuein,* soigner). Nom donné à des moines juifs répandus en Egypte, et qui se rattachaient vraisemblablement à la secte des esséniens. ‖ — N. Personne qui applique rationnellement les données de la thérapeutique ; médecin.

thérapeutique [terapøtik] adj. (du gr. *therapeuein,* soigner). Relatif au traitement des maladies : *agent thérapeutique.*

thérapeutique ou **thérapie** n. f. Partie de la médecine qui enseigne la manière de traiter les maladies.

Thérèse ou **Thérèse d'Ávila** (*sainte*), religieuse espagnole, née à Ávila (1515-1582). Carmélite, elle entreprit la réforme de l'ordre du Carmel avec l'aide de saint Jean de la Croix : elle rétablit la règle de 1209 et ouvrit une quinzaine de monastères réformés. Aujourd'hui, sa réforme a gagné l'ensemble de l'ordre. Thérèse fut aussi un grand écrivain mystique et un maître de la littérature espagnole du XVIe s. (*le Chemin de la perfection,* 1565 ; *le Château intérieur,* 1577). — Fête le 15 octobre.

Thérèse de l'Enfant-Jésus (*sainte*) [Thérèse MARTIN], religieuse française, née à Alençon (1873-1897). A quinze ans elle entra au carmel de Lisieux. Elle mourut d'une maladie de poitrine. Sa réputation de sainteté devint très vite universelle. Son *Histoire d'une âme* (1897) expose sa méthode de sanctification, fondée sur l'esprit d'enfance. Grâce à elle, Lisieux est devenu un grand centre de pèlerinage. Canonisée en 1925. — Fête le 3 octobre.

Thérèse Desqueyroux, roman de F. Mauriac (1927). Une femme, accusée d'avoir tenté d'empoisonner son mari, revit intérieurement les étapes de sa vie provinciale et finit par échapper à ce milieu qui l'étouffe.

Thérèse Raquin, roman d'Emile Zola (1867). Thérèse mène dans la petite boutique de mercerie de sa tante Raquin, dont elle a épousé le fils, Camille, une existence insipide, jusqu'au jour où elle fait la connaissance d'un collègue de son mari, Laurent, qui devient son amant. Laurent et Thérèse noient Camille pendant une partie de canot, puis s'épousent. Mais, ne pouvant se débarrasser du souvenir du crime, ils en viennent à se haïr, s'accusent mutuellement devant Mme Raquin, devenue paralytique, et s'empoisonnent sous les yeux de l'infirme. — De ce roman, dont la préface est un des premiers manifestes du naturalisme, Zola a tiré une pièce (1873). Feyder (1928) et M. Carné (1953) en ont fait une adaptation cinématographique.

théridion [teridjɔ̃] n. m. Araignée à couleurs vives, construisant des toiles irrégulières sur les buissons, les rochers. (Long. 5 mm.)

Thermaïque (*golfe*), nom antique du *golfe de Thessalonique.*

thermal [tɛrmal], **e, aux** [-o] adj. Se dit des eaux de source chaudes et des installations permettant leur emploi : *cure, station thermale.* ● *Eaux thermales,* eaux jaillissant du sol à une température élevée.

thermalisme n. m. Ensemble des questions se rapportant aux sources thermales, à leur industrie, à leur exploitation et à leur utilisation.

sainte Thérèse d'Ávila par Ph. de Champaigne *détail* *musée d'Aix-en-Provence*

sainte Thérèse de l'Enfant-Jésus en 1896

Phot. Wunderlich, Giraudon, Office central de Lisieux.

THERMODYNAMIQUE

La thermodynamique repose essentiellement sur deux principes : le principe de l'équivalence et le principe de Carnot.
1° Principe de l'équivalence. Lorsqu'un système, n'échangeant avec l'extérieur que de la chaleur et du travail, subit une transformation à la fin de laquelle il revient à son état initial (cycle), la somme du travail et de la chaleur qu'il a reçus, évalués avec la même unité, est nulle.
2° Principe de Carnot. Un système, subissant une transformation en cycle, ne peut fournir du travail à l'extérieur que s'il reçoit de la chaleur provenant d'une source chaude et en restitue à une source froide.
Les *moteurs thermiques* constituent l'application la plus importante de ces principes. Les plus courants sont la machine à vapeur et le moteur à explosion. Les *diagrammes* de ces moteurs (fig. 1 à 4) représentent les variations correspondantes du volume et de la pression du fluide au cours d'un cycle. L'aire de la courbe, parcourue dans le sens des aiguilles d'une montre, mesure le travail fourni par le fluide.

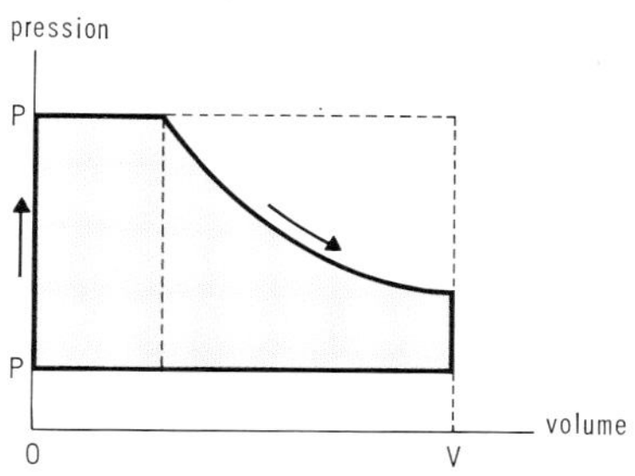

1. Diagramme théorique de la machine à vapeur avec détente.

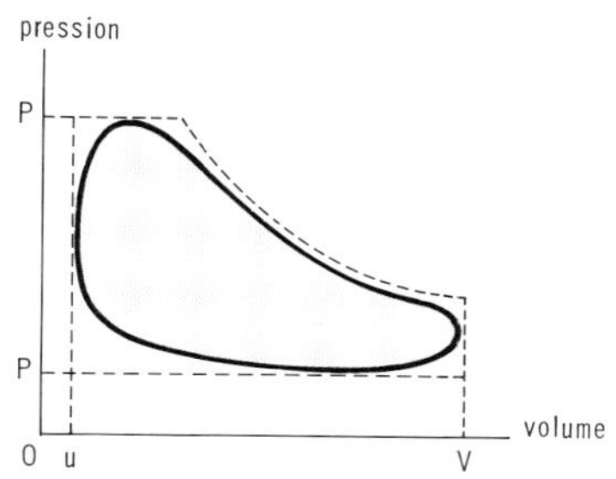

2. Diagramme réel d'une machine à vapeur avec détente.

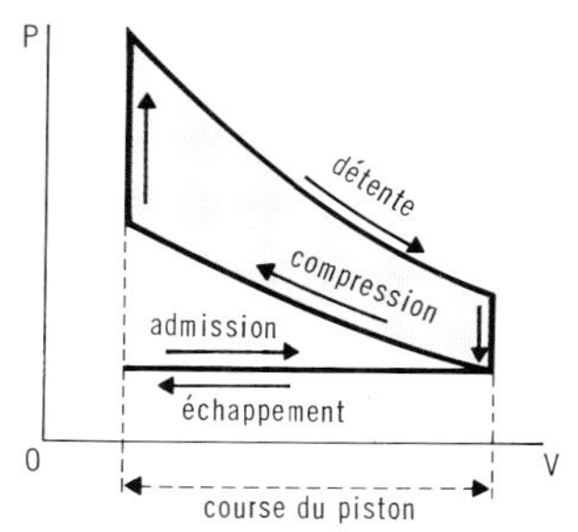

3. Diagramme théorique du moteur à explosion à quatre temps.

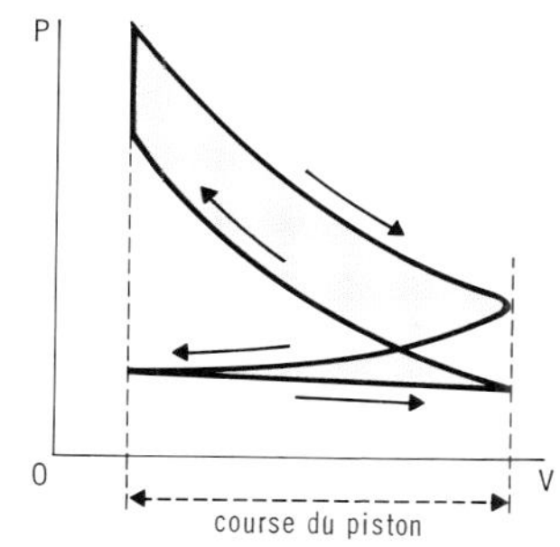

4. Diagramme réel du moteur à explosion à quatre temps.

thermalité n. f. Nature, qualité des eaux thermales.

thermes [tɛrm] n. m. pl. (du gr. *thermos*, chaud). Bains publics des Anciens. ‖ Établissement où l'on prend des bains d'eaux médicinales.

thermicité [tɛrmisite] n. f. Action, pour un système de corps subissant une transformation physico-chimique, d'échanger de la chaleur avec le milieu extérieur.

thermidor [tɛrmidɔr] n. m. (gr. *thermos*, chaud, et *dôron*, don). Onzième mois de l'année républicaine, en France (du 20 juillet au 18 août).

thermidor an II (*journées des 9 et 10*) [27-28 juillet 1794], journées révolutionnaires qui entraînèrent la chute de Robespierre. Celui-ci fut arrêté au cours de la séance de la Convention (9 thermidor) à l'instigation de Collot d'Herbois, de Tallien et de Billaud-Varenne. Il fut guillotiné le lendemain avec vingt et un compagnons, dont Saint-Just.

thermidorien, enne adj. Qui a rapport aux événements du 9 thermidor an II.

thermidoriens n. m. pl. Groupe de députés qui s'unirent pour mettre fin à la dictature de Robespierre, tels Tallien et Legendre.

thermie [tɛrmi] n. f. (gr. *thermos*, chaud). Unité de quantité de chaleur (symb. : th) équivalant à la quantité de chaleur nécessaire pour élever de 1 °C la température d'une tonne d'un corps dont la chaleur massique est égale à celle de l'eau à 15 °C, sous la pression atmosphérique normale : *une thermie vaut 1 million de calories.*

thermique adj. (du gr. *thermos*, chaud). Qui a rapport à la chaleur : *l'énergie thermique.* ● *Ascendance thermique*, ascension d'air chaud dans l'atmosphère, mise à profit dans le vol à voile. ‖ *Centrale thermique*, usine de production d'énergie électrique, à partir de l'énergie thermique de combustion.

thermistance [tɛrmistɑ̃s] n. f. Résistance électrique à coefficient de température élevé et négatif pour les températures normalement rencontrées.

thermite [tɛrmit] n. f. Mélange d'oxydes métalliques et d'aluminium, dégageant à l'allumage une chaleur intense : *la thermite a été très utilisée pour la soudure autogène.*

thermocautère n. m. (gr. *thermos*, chaud, et *kaiein*, brûler). Cautère de platine, maintenu incandescent par un courant d'air carburé.

thermochimie n. f. Partie de la chimie qui s'occupe des quantités de chaleur mises en jeu par les réactions chimiques.

thermocouple n. m. V. COUPLE.

thermodurcissable adj. Qui possède la propriété de durcir au-dessus d'une température donnée et de ne pouvoir reprendre sa forme primitive de manière réversible.

thermodynamique n. f. Partie de la physique qui traite des relations entre les phénomènes mécaniques et calorifiques.

thermo-électricité n. f. Ensemble des phénomènes électriques développés sous l'effet de variations de température.

thermo-électrique adj. De la nature de la thermo-électricité.

thermogène [tɛrmɔʒɛn] adj. Qui engendre la chaleur.

thermographe [tɛrmɔgraf] n. m. Instrument qui enregistre les variations de la température.

thermoïonique ou **thermoionique** [tɛrmɔjɔnik] adj. Se dit de l'émission d'électrons par un métal porté à haute température.

thermoluminescence n. f. Luminescence de certains corps, provoquée par un échauffement bien inférieur à celui qui produirait l'incandescence.

thermomètre n. m. (gr. *thermos*, chaud, et *metron*, mesure). Instrument qui sert à évaluer la température. ● *Thermomètre centésimal*, thermomètre qui comprend 100 divisions entre la division 0, qui correspond à la température de la glace fondante, et la division 100, qui correspond à la température de la vapeur d'eau bouillante sous la pression atmosphérique normale. ‖ *Thermomètre électrique*, appareil donnant l'indication de la température grâce à l'enregistrement des variations du courant qui traverse un corps dont la résistance varie avec la température. ‖ *Thermomètre enregistreur*, appareil qui marque sur une feuille de papier les variations thermométriques. ‖ *Thermomètre Fahrenheit*, thermomètre qui comprend 180 divisions entre la division 32, qui correspond à la température de la glace fondante, et la division 212, qui correspond à la température de la vapeur d'eau bouillante. ‖ *Thermomètre à liquide*, appareil qui donne l'indication de la température à l'aide des variations du volume d'un liquide (mercure, alcool) dans un tube gradué. ‖ *Thermomètre à maximum et à minimum*, thermomètre qui enregistre les températures maximale et minimale atteintes au cours d'une certaine période de temps. ‖ *Thermomètre médical*, thermomètre ordinairement à mercure, servant à prendre la température de l'homme et dont la graduation est échelonnée par dixièmes de degré, de 32 °C à 44 °C. (Il est à maximum, c'est-à-dire que la colonne de mercure se coupe et demeure fixe au point le plus élevé atteint.)

thermométrie n. f. Évaluation de la température.

thermométrique adj. Relatif au thermomètre : *échelle thermométrique.*

thermonucléaire adj. Se dit des réactions nucléaires entre éléments légers, rendues possibles par l'emploi de températures très élevées. ● *Bombe thermonucléaire* ou *bombe à hydrogène*, ou *bombe H*, type de projectile nucléaire mettant en jeu, grâce à l'obtention de très hautes températures, l'union de deux atomes légers pour former un noyau d'atome plus lourd, avec un dégagement considérable d'énergie. (La puissance des armes thermonucléaires s'exprime en mégatonnes de T. N. T.) [V. ATOMIQUE.]

thermoplastique adj. Qui a la propriété de se ramollir sous l'action de la chaleur et de se durcir en se refroidissant de manière réversible.

thermopompe n. f. Générateur de chaleur dont le fonctionnement est analogue à celui d'une machine frigorifique.

thermopropulsé, e adj. Qui est propulsé d'après le principe de la thermopropulsion.

thermopropulsif, ive adj. Qui assure la propulsion par la seule mise en œuvre de l'énergie thermique.

thermopropulsion n. f. Principe de propulsion fondé sur la seule mise en œuvre de l'énergie thermique.

Thermopyles (les) [les « portes chaudes »], défilé de Thessalie où Léonidas, avec 300 Spartiates, essaya d'arrêter l'armée de Xerxès (480 av. J.-C.).

thermorégulation n. f. Réglage automatique de la température interne chez certains animaux.
— ENCYCL. La *thermorégulation* permet aux animaux homéothermes de maintenir leur température à un degré constant. La combustion des aliments assure la production de chaleur animale, l'isolement thermique (vêtements, fourrure, etc.) évite sa déperdition, et le frisson, dû à des contractions musculaires légères, contribue à éviter le refroidissement. La transpiration, par contre, est un moyen de réfrigération, qui est d'autant plus efficace que la sueur peut plus facilement s'évaporer (un degré hygrométrique élevé gêne l'évaporation). La thermorégulation est contrôlée par un centre nerveux situé dans l'hypothalamus. Le dérèglement de ce centre entraîne de l'hypothermie (hibernation naturelle ou artificielle) ou de l'hyperthermie (fièvre).

thermomètres

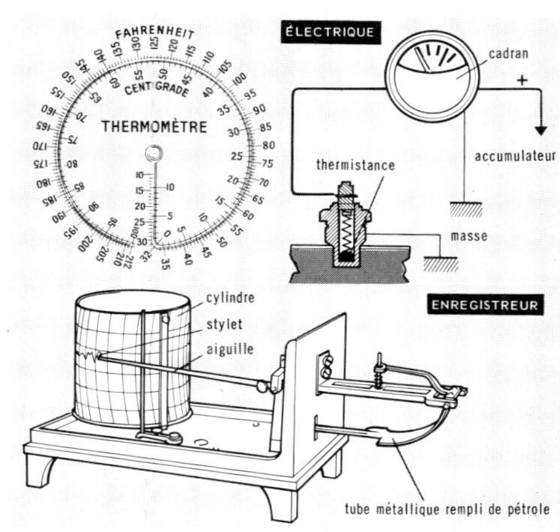

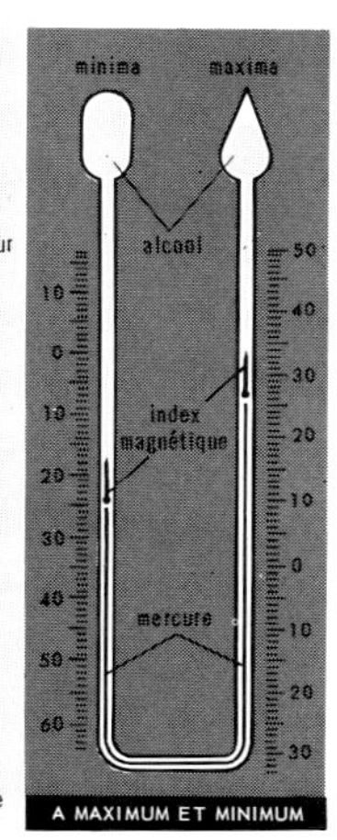

A liquide

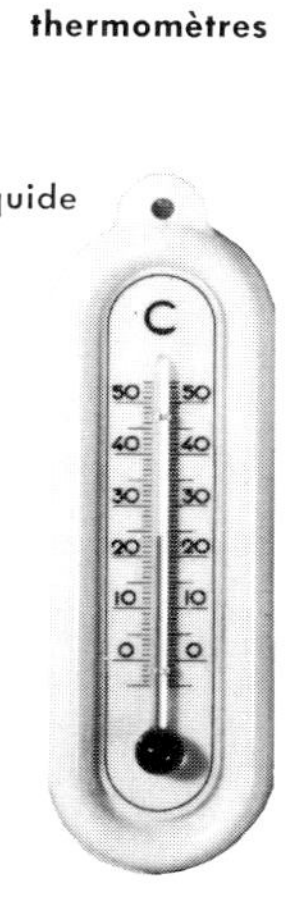

Phot. Lauros - Atlas-Photo.

Thermos [-mos] n. f. (nom déposé ; du gr. *thermos*, chaud). Marque commerciale d'une bouteille isolante.

thermoscope n. m. Sorte de thermomètre à air, servant à étudier les différences de température entre deux milieux.

thermosensibilité n. f. Sensibilité des organismes vivants à la chaleur rayonnée (rayons infrarouges) ou aux différences de température. (Selon le Dr Philip Callaghan, les papillons disposeraient d'un détecteur de rayonnement infrarouge extrêmement sensible, qui jouerait un rôle important dans le rapprochement des sexes, et même dans l'identification des plantes comestibles. Il est à signaler, par ailleurs, que la température interne d'un papillon se maintient entre 32 et 40 °C pendant toute la période de vol, quel que soit le temps ; il y a là une véritable régulation thermique, obtenue chaque matin, chez les sphingidés par exemple, par une sorte de frisson.)

thermosiphon n. m. Dispositif dans lequel une circulation d'eau est assurée par variation de la température.

thermosphère n. f. Couche atmosphérique s'étendant au-dessus de la mésosphère, et où la température croît régulièrement avec l'altitude.

thermostat [tεrmɔsta] n. m. Appareil servant à maintenir la température constante.

thermothérapie n. f. Traitement des maladies par la chaleur.

théropodes n. m. pl. Sous-ordre de reptiles dinosauriens, comprenant des formes carnivores.

Thérouanne (62129), comm. du Pas-de-Calais (arr. de Saint-Omer), sur la Lys ; 908 h. Autref. place forte, prise et détruite par Charles Quint en 1553.

Thersite, personnage de *l'Iliade*, lâche et insolent.

thésaurisation n. f. Action de thésauriser.

thésauriser [tezɔrize] v. i. (du gr. *thesauros*, trésor). Amasser de l'argent. (Syn. : ÉCONOMISER, ENTASSER, ÉPARGNER.)

thésauriseur, euse adj. et n. Qui thésaurise ; qui aime à thésauriser.

thèse [tεz] n. f. (gr. *thesis*, action de poser). Proposition qu'on énonce, qu'on soutient : *une pareille thèse ne peut se défendre*. ‖ Mémoire, ouvrage composé en vue de l'obtention du grade de docteur : *soutenance de thèse*. ‖ *Philos.* Premier terme d'un système dialectique, en particulier chez Hegel, le second terme étant l'*antithèse*, et le troisième la *synthèse*, qui concilie et dépasse les deux premiers. (Ex. : *thèse*, l'être ; *antithèse*, le non-être ; *synthèse*, le devenir.) ● *Pièce, roman à thèse*, œuvres destinées à démontrer la vérité d'une théorie.

Thésée. *Myth. gr.* Héros grec, fils d'Egée et roi d'Athènes. Guidé dans le labyrinthe de Crète par le fil que lui avait remis Ariane, fille de Minos, il tua le Minotaure, monstre qui se nourrissait de chair humaine. Les historiens grecs attribuaient à Thésée la première organisation de l'Attique et la législation primitive d'Athènes.

thesmophories [tεsmɔfɔri] n. f. pl. Fêtes célébrées par les femmes d'Athènes en l'honneur de Déméter et de sa fille Coré.

thesmothète [tεsmɔtεt] n. m. Magistrat gardien des lois à Athènes.

Thespies, anc. v. de Béotie, au pied de l'Hélicon. Restes de temples.

Thespis, poète tragique grec, né près de Marathon (VIe s. av. J.-C.). La tradition fait de lui le créateur de la tragédie. On lui attribue l'invention du prologue, la création de l'acteur et celle du masque. Il ne reste de lui aucun vers authentique.

Thessalie, région de la Grèce, au sud de l'Olympe, sur la mer Egée ; 695 400 h. V. pr. *Lárissa, Volo*, et, autref., *Pharsale, Phères*. (Hab. *Thessaliens*.) La Thessalie était un pays réputé pour ses terres fertiles et ses chevaux. Elle fut conquise par les Doriens, puis par la Macédoine. Après avoir fait partie des Empires romain, byzantin et turc, elle fut incorporée à la Grèce en 1881.

thessalien [tesaljε̃], **enne** [-εn] adj. et n. De Thessalie.

Thessalonique ou **Salonique,** en gr. **Thessalonikê,** port de Grèce (Macédoine), au fond du *golfe de Thessalonique*, formé par la mer Egée ; 377 000 h. Industries textiles et alimentaires. Métallurgie. Raffinerie de pétrole. Chimie. Fondée en 316 av. J.-C., la ville fut très prospère aux époques romaine et byzantine (celle-ci a laissé de nombreuses églises). La population fut massacrée en 390 sur l'ordre de Théodose Ier. De 1204 à 1224, Thessalonique fut la capitale d'un royaume latin qui comprenait le nord de la Thessalie et la Macédoine, puis la capitale du despotat d'Epire (1224-1246). Prise par les Turcs en 1430, elle fut alors appelée « Salonique ». Elle redevint grecque en 1913 et reprit son ancien nom après la Seconde Guerre mondiale. Le port de Thessalonique, autour duquel un vaste camp retranché fut établi, joua un grand rôle de 1915 à 1918 comme base de ravitaillement des forces alliées opérant en Macédoine pour soutenir la Serbie.

thêta [tεta] n. m. Huitième lettre de l'alphabet grec (θ), correspond à *th*.

Thetford Mines, v. du Canada (Québec), dans les cantons de l'Est ; 21 600 h. Amiante.

Thiers

Thétis. *Myth. gr.* Divinité marine, fille de Nérée et mère d'Achille. Elle plongea son fils dans le Styx, en le tenant par le talon, pour le rendre invulnérable.

théurgie [teyrʒi] n. f. (gr. *theourgia*, œuvre de Dieu). Magie fondée sur le commerce avec les esprits célestes.

théurgique adj. Qui a rapport à la théurgie : *pratiques théurgiques*.

Theuriet (André), écrivain français, né à Marly-le-Roi (1833-1907). Poète, auteur dramatique, il se fit dans ses romans le peintre de la famille et de la province (*Raymonde*, 1877 ; *Sauvageonne*, 1880). [Acad. fr.]

Thévenot (Jean DE), voyageur français, né à Paris (1633-1667). Il visita l'Asie occidentale et les Indes, et introduisit, dit-on, le café en France.

Thèze (64450), ch.-l. de c. des Pyrénées-Atlantiques (arr. de Pau) ; 345 h. (210 aggl.).

Thiais (94320), ch.-l. de c. du Val-de-Marne (arr. de L'Haÿ-les-Roses) ; 22 706 h. (*Thiaisiens*). Cimetière parisien.

thiamine [tjamin] n. f. Syn. de VITAMINE B1.

Thiard (PONTUS DE). V. TYARD.

Thiaucourt-Régniéville (54470), ch.-l. de c. de Meurthe-et-Moselle (arr. de Toul) ; 1 134 h.

Thibaud, roi de Metz. (V. THÉODEBALD.)

Thibaud, nom de plusieurs comtes de Champagne, dont THIBAUD IV, né à Troyes (1201-1253), roi de Navarre en 1234 sous le nom de Thibaud Ier, ennemi, puis allié de Blanche de Castille, auteur de *Jeux partis* et de *Chansons*.

Thibaud (Jacques), violoniste français, né à Bordeaux (1880-1953). Il contribua avec Marguerite Long à la fondation d'un concours international d'interprétation.

thibaude [tibɔd] n. f. (de *Thibaud*, nom de paysan). Tissu grossier de poils de vache, servant à doubler les tapis de pied fixés à demeure.

Thibaudeau (Antoine, *comte*), homme politique français, né à Poitiers (1765-1854). Il contribua à la rédaction du Code civil.

Thibaudet (Albert), critique littéraire français, né à Tournus (1874-1936). Influencé par le bergsonisme (*Trente Ans de vie française*, 3 vol., 1920-1924), il fut le critique le plus écouté entre les deux guerres mondiales (*Physiologie de la critique*, 1930 ; *Histoire de la littérature française de 1789 à nos jours*, 1936).

Thibault (*les*), roman de R. Martin du Gard. L'auteur peint la vie d'une famille française dans les vingt premières années du XXe s. à travers une suite romanesque qui oppose deux frères, Jacques, insurgé sentimental, et Antoine, médecin énergique, tous deux fils d'Oscar Thibault, grand bourgeois attaché à toutes les conventions religieuses et sociales (*le Cahier gris*, 1922 ; *le Pénitencier*, 1922 ; *la Belle Saison*, 1923 ; *la Consultation*, 1928 ; *la Sorellina*, 1928 ; *la Mort du père*, 1929 ; *l'Eté 1914*, 1936 ; *Epilogue*, 1940).

Thiberville (27230), ch.-l. de c. de l'Eure (arr. de Bernay) ; 1 411 h. (1 052 aggl.).

Thibet. V. TIBET.

Thiéblemont-Farémont (51300 Vitry le François), ch.-l. de c. de la Marne (arr. de Vitry-le-François) ; 405 h.

Thièle. V. ORBE.

Thielt, en néerl. **Tielt,** v. de Belgique (Flandre-Occidentale) ; 14 000 h. Textiles.

Thiérache, région formant l'extrémité nord-est du dép. de l'Aisne. V. pr. *Guise*.

Thierry ou **Thierri Ier** (m. en 534), roi de Reims (511-534), fils aîné de Clovis. Il étendit son domaine de l'Albigeois au Rhin. — THIERRY II (587-613), roi de Bourgogne (v. 595-613) et d'Austrasie (612-613), fils de Childebert II. Il battit et captura son frère Thibert près de Toul (612). — THIERRY III (m. en 690 ou 691), roi de Neustrie et de Bourgogne. Son règne fut dominé par la personnalité turbulente d'Ebroïn, qui le mit sur le trône, l'en chassa et l'y remplaça. Il fut vaincu à Tertry (687) par le maire du palais d'Austrasie Pépin de Herstal, qui le reconnut ensuite roi des Francs. — THIERRY IV (m. en 737), roi franc (721-737). Charles Martel gouverna en son nom.

Thierry (les), famille de facteurs d'orgues parisiens des XVIIe et XVIIIe s., dont les plus célèbres ont été PIERRE (1604-1665) et ALEXANDRE (1646-1699).

Thierry (Augustin), historien français, né à Blois (1795-1856). Journaliste, il donna des récits historiques avant de publier son *Histoire de la conquête de l'Angleterre par les Normands* (4 vol., 1825), exposé brillant, mais établi sur un faux. Sa doctrine de l'histoire fondée sur le document est contenue dans ses *Lettres sur l'histoire de France* (1827). Les *Récits des temps mérovingiens* (2 vol., 1835-1840), son chef-d'œuvre, lui valurent le poste de bibliothécaire du duc d'Orléans. On lui doit aussi un *Essai sur la formation et les progrès de l'histoire du tiers état* (1853). Son œuvre est dominée par la thèse de l'antagonisme entre les peuples ; elle appartient, par la couleur de son récit, à l'école romantique.

Thiers [tjεr] (63300), ch.-l. d'arr. du Puy-de-Dôme, sur la Durolle, affl. de la Dore ; 17 790 h. (14 430 aggl.) [*Thiernois*]. Grand centre français de la coutellerie. — L'arr. a 6 cant., 43 comm., 56 946 h.

Thiers (Adolphe), homme politique, journaliste et historien français, né à Marseille (1797-1877). Avocat à Aix, puis à Paris, il collabora au *Constitutionnel*, puis, après avoir publié une *Histoire de la Révolution* (10 vol. ; 1823-1827), fonda *le National*, qui joua un rôle de premier plan durant les journées de juillet 1830. Après avoir fait acclamer Louis-Philippe, il fut député et conseiller d'Etat, puis ministre de l'Intérieur (1832-1834). Sa rivalité avec Guizot amena l'éclatement du parti de la résistance ; Thiers dirigea le centre gauche. Chef du gouvernement et titulaire des Affaires étrangères (févr.-août 1836), il affronta les divergences dynastiques espagnoles, puis se retira. De nouveau au gouvernement (mars-oct. 1840), il fit face à la grave crise provoquée par les ambitions de Méhémet-Ali ; il accepta l'éventualité d'une guerre, mais, peu soutenu par Louis-Philippe, il se retira au profit de Guizot. Il commença alors son *Histoire du Consulat et de l'Empire* (20 vol., 1845-1862). Louis-Philippe le rappela, trop tard, en février 1848. Député durant la IIe République, il soutint l'élection de Louis Bonaparte (déc. 1848), joua un grand rôle dans l'élaboration des lois de 1850, mais fut proscrit au 2-Décembre. Rentré en 1852, il ne reparut qu'en 1863, comme député orléaniste ; il réclama alors les « libertés nécessaires ». En 1870, il s'éleva contre la mobilisation consécutive à la dépêche d'Ems ; l'Empire tombé et la France aux prises avec les Allemands, ses démarches auprès des Cours étrangères et de Bismarck furent vaines. Elu à l'Assemblée nationale, il fut désigné comme chef du pouvoir exécutif (févr. 1871), négocia et fit ratifier le traité de paix. En mars 1871, il put faire ajourner le choix d'un régime définitif ; après avoir, de Versailles, écrasé la Commune, il émit les emprunts qui permirent l'évacuation anticipée du territoire en 1873 et rétablit l'économie de la France tout en favorisant la bourgeoisie. Président de la République depuis août 1871, il annonça (nov. 1872) sa conversion à une République conservatrice et s'aliéna la majorité royaliste. Il dut démissionner (24 mai 1873). Député de la Seine (1876), il fut, jusqu'à sa mort soudaine, le chef de l'opposition républicaine. (Acad. fr. 1833.)

Thiès, v. du Sénégal, au nord-est de Dakar ; 69 100 h. Constructions mécaniques.

Thillot (LE) [88160], ch.-l. de c. des Vosges (arr. d'Epinal), sur la Moselle ; 4 583 h. (*Thillotins*). Textiles.

Thimerais. V. THYMERAIS.

Thimonnier (Barthélemy), inventeur français, né à L'Arbresle (Rhône) [1793-1857]. Etabli tailleur à Amplepuis, il réalisa la première machine à coudre qui, brevetée en 1830, donnait une couture continue à points de chaînette à un seul fil.

Thio, localité de la Nouvelle-Calédonie. Nickel.

thioalcool [tjɔalkɔl] ou **thiol** [tjɔl] n. m. Syn. de MERCAPTAN.

thionine [tjɔnin] n. f. Matière colorante bleue, dérivée du gaïacol, préconisée contre la phtisie.

thionique [tjɔnik] adj. (gr. *theion*, soufre). *Série thionique*, se dit d'une série d'acides oxygénés du soufre.

Thionville (57100), ch.-l. d'arr. de la Moselle, sur la Moselle ; 38 469 h. (*Thionvillois*). Important centre industriel (sidérurgie, métallurgie, chimie) en bordure du bassin ferrifère lorrain, principal centre d'une agglomération de 135 000 h. — L'arr. de *Thionville-Est* a 5 cant., 79 comm., 116 428 h. ; celui de *Thionville-Ouest* a 4 cant., 33 comm., 155 075 h.

thiosulfate n. m. Syn. de HYPOSULFITE.

thiosulfurique adj. Syn. de HYPOSULFUREUX.

Thiron (28480), ch.-l. de c. d'Eure-et-Loir (arr. de Nogent-le-Rotrou) ; 616 h. (522 aggl.) [*Thironais*].

Thiry (Marcel), écrivain belge d'expression française, né à Charleroi en 1897. Admirateur d'Apollinaire, il retrouve dans sa poésie, faite de dissonances rythmiques, les grands thèmes du lyrisme traditionnel (*Plongeantes Proues*, 1925 ; *Ages*, 1950 ; *le Festin d'attente*, 1963), tandis que ses nouvelles et ses romans témoignent de sa passion de l'insolite (*Echec au temps*, 1945 ; *Nouvelles du Grand Possible*, 1958 ; *Simul et autres cas*, 1963).

Thisbé. V. PYRAME.

Thiviers (24800), ch.-l. de c. de la Dordogne (arr. de Nontron) ; 4 042 h.

Phot. Coll. Sirot.

thixotropie [tiksɔtrɔpi] n. f. Liquéfaction de certains gels très visqueux, lorsqu'on les agite, mais qui reprennent leur viscosité première après repos.

Thizy (69240), ch.-l. de c. du Rhône (arr. de Villefranche-sur-Saône); 4 174 h. Textiles.

thlaspi [tlaspi] n. m. (mot gr.). Plante herbacée des lieux incultes. (Famille des crucifères.)

Thoiry (01710), comm. de l'Ain (arr. de Gex); 1 438 h. Entrevue entre Briand et Stresemann (1926).

Thoiry (78770), comm. des Yvelines (arr. de Rambouillet); 528 h. Réserve d'animaux sauvages.

Thoissey (01140), ch.-l. de c. de l'Ain (arr. de Bourg-en-Bresse); 1 445 h.

Thököly (Imre), comte de KÉSMÁRK, né à Késmárk (1657-1705), « prince de Hongrie ». Il chercha, avec le concours des Turcs, à soustraire sa patrie à la domination de l'Autriche.

Thomas (*saint*), surnommé **Didyme,** un des douze Apôtres, célèbre par l'incrédulité qu'il montra lors de la résurrection de son maître. Une tradition veut qu'il ait évangélisé les Indes. On lui attribue un évangile apocryphe. — Fête le 21 décembre.

Thomas d'Aquin (*saint*), théologien italien, né à Roccasecca (1225-1274). Etudiant à Naples, il entra chez les Dominicains (v. 1240). Bachelier, puis maître en théologie (1256) à Paris, il y enseigna jusqu'en 1259. A Rome, Albert le Grand l'incita à approfondir la doctrine d'Aristote, laquelle devait fournir un cadre à la doctrine exposée dans la grande *Somme théologique,* que Thomas commençait alors. En 1269, celui-ci reprenait possession de sa chaire parisienne et, tout en poursuivant la composition de la *Somme,* il prenait part à la lutte contre l'averroïsme. Convoqué au second concile de Lyon (1274), il mourut en chemin. Logicien, métaphysicien, théologien, Thomas d'Aquin a laissé des écrits sur les matières les plus diverses; son œuvre reste dominée par la *Summa theologiae* (1266-1273).
En un temps où il s'agissait d'éviter la coupure entre un corps de sagesse profane lié à des notions strictement helléniques et le dépôt de la foi chrétienne, Thomas d'Aquin a opposé à l'idée d'une « double vérité », inspirée d'Averroès, le thème central d'une harmonie entre la foi et la raison. Canonisé en 1323, il fut proclamé docteur de l'Eglise en 1567. — Fête le 7 mars.

Thomas Becket (*saint*), prélat anglais, né à Londres (1117 ou 1118-1170), chancelier d'Angleterre, puis archevêque de Canterbury. Défenseur du clergé contre le roi, il se brouilla avec Henri II. Déclaré félon, il fut assassiné à l'instigation du roi. — Fête le 29 décembre.

Thomas More ou **Morus** (*saint*), homme politique et humaniste anglais, né à Londres (1478-1535). Chancelier du royaume d'Angleterre (1529), il s'opposa à la politique religieuse d'Henri VIII et désavoua le roi à propos de son divorce. Il démissionna en 1532, fut emprisonné, puis exécuté comme traître. Dans son ouvrage *Utopie* (1516), il expose un système idéal de gouvernement. Canonisé en 1935. — Fête le 6 juillet.

Thomas de Villeneuve (*saint*), prélat espagnol, né à Fuenllana (Castille) [v. 1487-1555]. Ermite de Saint-Augustin, il devint archevêque de Valence. Canonisé en 1658. — Fête le 19 septembre.

Thomas a Kempis (Thomas HEMERKEN, dit), écrivain mystique allemand, né à Kempen (Rhénanie) [1379 ou 1380-1471]. On lui attribue l'*Imitation de Jésus-Christ.*

Thomas d'Angleterre, trouvère anglo-normand du XIIe s., auteur d'un roman de Tristan, qui contient le récit de la mort du héros.

Thomas (Ambroise), compositeur français, né à Metz (1811-1896), auteur de *Mignon* (1866).

Thomas (Sidney Gilchrist), métallurgiste britannique, né à Londres (1850-1885). En collaboration avec l'un de ses cousins, Percy Carlyle Gilchrist, il découvrit le moyen de déphosphorer la fonte obtenue à partir de minerais phosphoreux et de réaliser cette opération dans la proportion de 99,9 p. 100 (1876).

Thomas (Albert), homme politique français, né à Champigny-sur-Marne (1878-1932), socialiste, ministre de l'Armement (1916-1917), président du Bureau international du travail (1920-1932).

saint **Thomas d'Aquin** par Fra Angelico *détail* *Vatican*

saint **Thomas More** gravure anonyme *Bibliothèque nat.*

Thomas (Dylan Marlais), poète anglais, né à Swansea (1914-1953). Il a évoqué ses expériences littéraires et ses admirations de jeunesse (Freud, Hopkins, Joyce) dans son *Portrait de l'artiste en jeune chien* (1940). Avec la publication de *18 Poèmes* (1934), puis de *25 Poèmes* (1936), de *la Carte du Tendre* (1939) et de *Morts et Initiations* (1946), il étonne par la nouveauté de sa langue, dont les rythmes inhabituels s'ordonnent suivant une syntaxe spécifiquement poétique. Bohème, indépendant, mais reconnu comme un maître, il écrit des essais, des nouvelles et un drame radiophonique (*Au bois de lait,* 1953), et réunit en 1952 les éléments épars de son œuvre sous le titre *Poèmes choisis, 1934-1952.* Après sa mort, on a publié de lui un roman inachevé (*Aventures dans le commerce des peaux,* 1955) et deux recueils de récits (*De très bonne heure le matin,* 1954; *Vue sur la mer,* 1955). — I. Stravinski, pour qui Thomas devait écrire un livret d'opéra, a composé à sa mémoire *In memoriam Dylan Thomas,* canons funèbres sur des vers du poète (1955).

Thomassin, famille de graveurs français originaires de Troyes (fin XVIe-début XVIIIe s.).

thomise [tɔmiz] n. m. Araignée à abdomen très large, commune dans le midi de la France. (Long. 1 cm.)

thomisme [tɔmism] n. m. (de *Thomas*). Ensemble de doctrines théologiques et philosophiques particulières à saint Thomas d'Aquin.

thomiste adj. Qui a rapport au thomisme. ‖ — N. Partisan du thomisme.

Thompson, localité du Canada (Manitoba). Extraction et raffinage du nickel.

Thompson (Francis), écrivain anglais, né à Preston (1859-1907). Il est l'auteur de poèmes d'inspiration religieuse et mystique (*le Lévrier du ciel,* 1893).

Thomson (James), poète écossais, né à Ednam (Roxburghshire) [1700-1748]. Le naturalisme sentimental de ses *Saisons* (1726-1730) exerça une profonde influence sur le lyrisme préromantique.

Thomson (*sir* William), *lord* KELVIN, physicien anglais, né à Belfast (1824-1907). Il a découvert en 1852 le refroidissement provoqué par la détente des gaz et contribué à l'établissement d'une échelle théorique des températures. En électricité, il a imaginé le galvanomètre à aimant mobile (1851) et le siphon enregistreur, et donné la théorie des circuits oscillants. En 1876, il a construit le premier intégrateur mécanique pour résoudre les équations différentielles.

Thomson (James), poète écossais, né à Port-Glasgow (1834-1882). Il est l'auteur de recueils d'inspiration pathétique et pessimiste (*la Cité de la nuit mortelle,* 1880).

Thomson (Elihu), ingénieur américain d'origine britannique, né à Manchester (1853-1937). On lui doit de nombreuses inventions dans le domaine des applications industrielles de l'électricité, notamment la soudure électrique par la méthode des résistances, les moteurs à répulsion (1888), les alternateurs à haute fréquence, les compteurs d'énergie électrique, etc. Il fut l'un des fondateurs de la *Thomson-Houston Company.*

Thomson (*sir* Joseph John), physicien anglais, né à Cheetham Hill, près de Manchester (1856-1940). Il mesura la vitesse du rayonnement cathodique (1894), le quotient e/m de la charge par la masse de l'électron (1897), et inventa le spectrographe de masse. (Prix Nobel de physique, 1906.) — Son fils *sir* GEORGE PAGET, né à Cambridge en 1892, découvrit en 1927 la diffraction des électrons rapides dans les cristaux. (Prix Nobel de physique, 1937.)

Thomson (Virgil), compositeur et critique américain, né à Kansas City en 1896. Sa musique, expressive ou descriptive, est fréquemment de facture classique.

Thomyris. V. TOMYRIS.

thon [tɔ̃] n. m. (lat. *thunnus,* empr. au gr.). Poisson marin, excellent nageur, effectuant des migrations en

thon de l'Atlantique tropical

Méditerranée et dans l'Atlantique. (On le pêche de Saint-Jean-de-Luz à Concarneau, pour sa chair estimée. Le *thon blanc,* ou *germon,* atteint 1 m de long et un poids de 30 kg; le *thon rouge,* 2 à 3 m et 500 kg.)

thonaire ou **thonnaire** n. m. Grand filet employé pour la pêche du thon.

Thonburi, anc. cap. de la Thaïlande, auj. faubourg de Bangkok; 459 600 h.

Thônes (74230), ch.-l. de c. de la Haute-Savoie (arr. d'Annecy); 3 350 h. (2 941 aggl.) [*Thonains*].

thonier n. m. Bateau pour la pêche du thon.

thonine n. f. Thon propre à la Méditerranée. (Long. max. 1 m.)

Thonon-les-Bains (74200), anc. cap. du Chablais, ch.-l. d'arr. de la Haute-Savoie, sur le lac Léman; 22 287 h. (*Thononais*). Station hydrominérale aux eaux bicarbonatées et oligométalliques froides (11 °C), employées dans les affections des voies urinaires (calculs, colibacillose), les affections biliaires et la goutte. Electronique. — L'arr. a 6 cant., 68 comm., 67 283 h.

Thor ou **Tor.** *Myth. scandin.* Dieu du Tonnerre et des Eclairs, fils d'Odin.

Thora. V. TORAH.

thoracentèse [tɔrasɛ̃tɛz] n. f. (gr. *thôrax,* poitrine, et *kentein,* percer). Opération qui consiste à pratiquer une ouverture dans le thorax ou à le ponctionner pour laisser s'écouler un épanchement pleural.

thoracique adj. (du gr. *thôrax, thorakos,* cuirasse). Qui a rapport à la poitrine : *région thoracique.* ● *Canal thoracique,* principal tronc collecteur de la lymphe, longeant la colonne vertébrale et débouchant dans la veine sous-clavière gauche.

thoracoplastie [tɔrakɔplasti] n. f. *Chir.* Opération consistant à modifier la structure de la cage thoracique en réséquant une ou plusieurs côtes. (Elle a longtemps été employée pour le traitement des cavernes pulmonaires, mais le développement des antibiotiques et les progrès dans l'exérèse pulmonaire ont maintenant réduit ses indications.)

thorax [tɔraks] n. m. (gr. *thôrax*). Partie du corps propre aux insectes et à certains vertébrés, et qui prend place entre la tête et l'abdomen. (V. *encycl.*)
— ENCYCL. Ce sont les insectes adultes qui présentent le *thorax* le plus nettement séparé des autres parties, la

Dylan **Thomas,** par A. John

sir William **Thomson**

sir Joseph J. **Thomson**

Phot. British Council, Larousse, Alinari-Giraudon, X, Larousse, Lauros - Atlas-Photo.

taille et le cou pouvant être très étroits (guêpe). La constitution du thorax est remarquablement constante : trois anneaux portant chacun une paire de pattes, jamais d'ailes au premier anneau (prothorax), généralement des ailes ou des élytres au second anneau (mésothorax), des ailes ou des balanciers au troisième anneau (métathorax). Chez les arachnides et les crustacés, le thorax est soudé à la tête en un *céphalothorax,* qui porte notamment les pattes marcheuses.
Chez les vertébrés, le thorax n'est bien délimité que lorsque son squelette forme une *cage thoracique* (vertèbres dorsales, côtes, sternum) abritant le cœur et les poumons. C'est le cas chez une partie des amphibiens et des reptiles, et chez tous les homéothermes (oiseaux et mammifères). Chez les mammifères, un *diaphragme* musculo-tendineux sépare nettement le thorax de l'abdomen.

Thoré (le), riv. du sud du Massif central, affl. de l'Agout, (r. g.) ; 55 km.

Thoreau (Henry), écrivain américain, né à Concord (Massachusetts) [1817-1862]. Disciple d'Emerson, influencé par les mystiques hindous et les idéalistes allemands, il mit en pratique ses doctrines de « retour à la nature » et créa une prose savoureuse qui fait appel aux expressions populaires et au langage quotidien (*Walden ou la Vie dans les bois,* 1854).

Thorens-Glières [-rɑ̃-] (74570), ch.-l. de c. de la Haute-Savoie (arr. d'Annecy) ; 1 151 h. (331 aggl.).

Thorez (Maurice), homme politique français, né à Noyelles-Godault (Pas-de-Calais) [1900-1964]. Membre du parti communiste dès 1920, il en devint secrétaire général en 1930 et fut constamment réélu député d'Ivry à partir de 1932. Il fut ministre d'Etat (nov. 1945-janv. 1946), puis vice-président du Conseil jusqu'en mai 1947. Peu avant sa mort, il fut nommé président du parti communiste. Il est l'auteur de *Fils du peuple* (1937, 1960).

Thorez ou **Torez,** jusqu'en 1964 **Tchistiakovo,** v. de l'U. R. S. S. (Ukraine), dans le Donbass ; 130 000 h. Centre houiller.

Thorigny-sur-Marne (77400 Lagny sur Marne), comm. de Seine-et-Marne (arr. de Meaux) ; 5 877 h.

thorine n. f. Oxyde de thorium ThO_2.

thorite n. f. Silicate hydraté de thorium.

thorium [tɔrjɔm] n. m. (de *Thor,* dieu des anc. Scandinaves). Métal rare (Th), de numéro atomique 90, blanc, cristallin, de densité 12,1 et fondant vers 1 700 °C, extrait de la thorite.

Thorn. V. TORUŃ.

Thorndike (Edward Lee), psychologue américain, né à Williamsburg (Massachusetts) [1874-1949], auteur de travaux sur les problèmes de l'acquisition des connaissances.

Thornhill (*sir* James), peintre anglais, né à Melcombe Regis (1676-1734). Il décora la coupole de Saint Paul (Londres) et l'hôpital de Greenwich.

Thoronet (LE) [83970], comm. du Var (arr. de Draguignan) ; 522 h. Abbaye cistercienne (XIIe s.).

Thorshavn, cap. des Féroé*.

Thorvaldsen (Bertel), sculpteur danois, né à Copenhague (1768 ou 1770 - 1844). Il passa une grande partie de sa vie à Rome, subit l'influence de Winckelmann et fut un des chefs du néo-classicisme. Son œuvre principale est la décoration de la cathédrale de Copenhague.

Thot, divinité égyptienne, habituellement représentée comme un homme à tête d'ibis ou un cynocéphale. Sous les Lagides, les Grecs l'identifièrent avec leur dieu *Hermès.*

Thou (François DE), magistrat français, né à Paris (1607-1642), décapité avec son ami Cinq-Mars, dont il n'avait pas révélé le complot.

Thouarcé (49380), ch.-l. de c. de Maine-et-Loire (arr. d'Angers) ; 1 601 h. (767 aggl.).

Thouars (79100), ch.-l. de c. des Deux-Sèvres (arr. de Bressuire), au-dessus du Thouet ; 12 631 h. (*Thouarsais*). Fortifications (XIIe-XIIIe s.). Château élevé sous Louis XIII. Eglises Saint-Laon et Saint-Médard (XVe s.). Maisons anciennes. Machines agricoles.

Thouet (le), riv. de l'ouest de la France, qui passe à Parthenay et rejoint la Loire (r. g.) près de Saumur ; 140 km.

Thoune, en allem. **Thun,** v. de Suisse (Berne), près du *lac de Thoune,* formé par l'Aar ; 36 500 h. Ecole militaire. Châteaux.

Thourotte (60150), comm. de l'Oise (arr. de Compiègne) ; 3 161 h. Importante verrerie.

Thoutmès ou **Thoutmôsis,** nom de quatre rois d'Egypte de la XVIIIe dynastie : THOUTMÈS Ier, pharaon (v. 1530-1520 av. J.-C.), qui conquit une partie de la Nubie ; — THOUTMÈS II, pharaon (1520-v. 1504 av. J.-C.), qui éleva des constructions à Karnak ; — THOUTMÈS III (v. 1504-1450 av. J.-C.), pharaon (1483-1450), qui dirigea plusieurs expéditions en Asie antérieure et créa entre l'isthme et l'Euphrate un véritable empire ; — THOUTMÈS IV, pharaon (v. 1425-1405 av. J.-C.), qui lutta contre les Nubiens.

Thrace, région de l'Europe orientale, partagée entre la Grèce (*Thrace occidentale*), la Turquie (*Thrace orientale*) et la Bulgarie (*Thrace du Nord,* ou Roumélie orientale).
● *Histoire.* Les Grecs furent très tôt attirés par la richesse du territoire (or et argent) ; ils y recrutaient des mercenaires et ils y établirent des colonies côtières dès le VIIe s. av. J.-C. Occupée par les Perses à la fin du VIe s. et au début du Ve, la Thrace passa ensuite sous la domination économique d'Athènes. Au IVe s., la dynastie des Odryses tenta de l'unifier à son profit, mais fut vassalisée par la Macédoine (352-340), qui colonisa le pays. En 133, toute la Thrace dépendait de Rome, en partie au titre de protectorat. En 46 apr. J.-C. fut constituée la province romaine de Thrace, que Dioclétien incorpora à un plus vaste « diocèse de Thrace ». Elle prit une importance particulière au Bas-Empire en raison de sa position, proche à la fois de Constantinople et du Danube. Elle fut repeuplée par les Slaves (VIIe s.) et érigée en province militaire (« thème de Thrace »). Les Ottomans, qui s'y établirent à partir de 1360, en firent la province de Roumélie. Après le conflit balkanique de 1912-1913, on parla de nouveau de « Thrace » pour désigner la région côtière disputée entre la Grèce, la Bulgarie et la Turquie. Ces puissances se sont partagé la région par les traités de Neuilly (1919) et de Lausanne (1923).

Henry Thoreau

Thrasybule, général athénien (v. 445-388 av. J.-C.). Avec l'aide des Thébains, il chassa les Trente d'Athènes, puis s'efforça de reconstituer la Confédération athénienne.

thrène [trɛn] n. m. (gr. *thrênos*). Lamentation funèbre, complainte.

thridace [tridas] n. f. (gr. *thridax,* laitue). Extrait de suc de laitue, préconisé comme calmant.

thriller [θrilœr] n. m. (mot angl. signif. *qui fait frémir*). *Cin.* Film policier ou d'épouvante fertile en suspenses et en émotions.

thrips [trips] n. m. (mot gr.). Nom donné à diverses espèces d'insectes thysanoptères de très petite taille (de 0,5 à 1,5 mm) dont certains causent de grands ravages dans les céréales, le lin et diverses plantes potagères.

thrombine [trɔ̃bin] n. f. Enzyme provoquant la coagulation du sang par transformation du fibrinogène en fibrine.

thrombocyte n. m. Syn. de GLOBULIN et de PLAQUETTE* SANGUINE.

thrombolyse n. f. Méthode thérapeutique visant à dissoudre un caillot dans un vaisseau sanguin.

thrombose [trɔ̃boz] n. f. (du gr. *thrombos,* caillot). Formation de caillots dans un vaisseau sanguin pendant la vie. (La thrombose est favorisée par une trop grande vitesse de coagulation du sang, par une gêne à la circulation sanguine et par une altération de la paroi des vaisseaux. Elle peut être prévenue par l'administration de produits anticoagulants.)

thrombus [trɔ̃bys] n. m. Caillot sanguin formé dans un vaisseau (artère ou veine) pendant la vie et provoquant la *thrombose.*

Thucydide, historien grec, né à Athènes (v. 465-apr. 395 av. J.-C.). Elu stratège en 424, il eut pour mission de défendre la côte thrace. Ayant échoué, il fut condamné à l'exil et se fixa en Thrace, où il entreprit d'écrire son histoire de la guerre du Péloponnèse, qu'il poursuivit à Athènes après son amnistie (entre 406 et 403), mais qu'il ne put achever. Son œuvre se distingue par son impartialité, son indifférence aux détails merveilleux ou légendaires, par l'analyse consciencieuse des causes des événements et par la sobriété et le pathétique du style. Thucydide est le plus grand historien de l'Antiquité.

Thueyts [tɥɛts] (07330), ch.-l. de c. de l'Ardèche (arr. de Largentière) ; 1 013 h. (573 aggl.).

thug [tyg] n. m. Membre d'une association religieuse d'hindous qui pratiquaient des sacrifices humains en étranglant les étrangers.

Thuin, v. de Belgique (Hainaut) ; 5 900 h. Briqueterie.

Thuir (66300), ch.-l. de c. des Pyrénées-Orientales (arr. de Perpignan) ; 4 207 h. (*Thuirinois*). Vins. Apéritifs.

Thulé, nom donné par les Romains à une île du nord de l'Europe (l'Islande) ou à l'une des Shetland.

Thulé, station du nord-ouest du Groenland. Les Etats-Unis y ont aménagé depuis 1945, avec l'accord du Danemark, une base aérienne, dont les radars surveillent les bases soviétiques de la presqu'île de Kola.

thulium [tyljɔm] n. m. Métal (Tm) de numéro atomique 69, du groupe des terres rares.

Thun. V. THOUNE.

thune [tyn] n. f. *Arg.* Nom donné à l'anc. pièce d'argent de cinq francs.

Thur (la), riv. de Suisse, affl. du Rhin (r. g.) ; 130 km. — Riv. d'Alsace, affl. de l'Ill (r. g.), qui arrose Thann ; 60 km.

Thureau-Dangin (Paul), historien français, né à Paris (1837-1913), auteur d'une *Histoire de la monarchie de Juillet.* (Acad. fr.)

Thuret (Gustave Adolphe), botaniste français, né à Paris (1817-1875). Il a décrit, le premier, la fécondation chez les végétaux. On lui doit aussi de nombreux travaux sur les algues.

Thurgovie, en allem. **Thurgau,** cant. de Suisse, sur le lac de Constance ; 185 000 h. Ch.-l. *Frauenfeld.* Le canton s'étend sur l'extrémité septentrionale du moyen pays suisse, où les collines mollassiques, pays d'élevage, sont entaillées par la Thur, région de polyculture. Le textile (broderie), répandu sous l'influence de Saint-Gall, a aujourd'hui reculé. Les cultures fruitières se sont développées en bordure du lac de Constance.

thuriféraire [tyriferɛr] n. m. (lat. *thus, thuris,* encens, et *ferre,* porter). Clerc qui, dans les cérémonies de l'Eglise, porte l'encensoir. ‖ *Fig.* Flatteur : *les thuriféraires du pouvoir.*

Thuringe, en allem. **Thüringen,** pays de l'Allemagne orientale, s'étendant sur le *Thüringerwald* (« forêt de Thuringe ») et sur le *bassin de Thuringe.* Erigée en duché au IXe s., la Thuringe fut peu à peu morcelée en principautés transformées en républiques en 1918. Elle fut regroupée en un Etat en 1920. En 1952, le *land* de Thuringe fut supprimé.

Thurium ou **Thurii,** v. d'Italie (Lucanie), anc. colonie d'Athènes, près des ruines de Sybaris.

Thurrock, agglomération de la banlieue est de Londres, sur la rive nord de l'estuaire de la Tamise.

Thurstone (Louis Leon), psychologue américain, né à Chicago (1887-1955). Il est l'un des premiers à avoir utilisé les méthodes statistiques pour les tests de niveau.

Thury-Harcourt (14220), ch.-l. de c. du Calvados (arr. de Caen) ; 1 238 h. Château du XVIe s., incendié en 1944.

thuya [tɥija *ou* tyja] n. m. (gr. *thuia*). Arbre originaire d'Asie ou d'Amérique, souvent cultivé dans les parcs pour son feuillage ornemental. (Famille des cupressacées.)

Thyeste. *Myth. gr.* Fils de Pélops et frère d'Atrée.

thyiade [tijad] n. f. (gr. *thuias*). Bacchante.

thylacine [tilasin] n. m. Genre de mammifères marsupiaux carnivores, de la Tasmanie.

Thoutmès III sur son char
bas-relief de Karnak

Thucydide
buste de l'époque romaine

Phot. Harlingue, Tétrel, Alinari-Giraudon.

TIMBRES

Quelques-uns des premiers timbres émis dans le monde, et les commémoratifs de leur centenaire.

1840
Grande-Bretagne
Le « one penny » noir, le premier timbre du monde.

1843 Brésil

1850 Autriche

1852 Luxembourg

1853 Cap de Bonne-Espérance

1854 Australie occidentale

1843 Genève

1856 Finlande

1849 France
Les deux premiers timbres français émis le 1er janvier 1849.

1849-1949

1856
Uruguay

1856
Corrientes
(Argentine)

1860 Libéria

1849
Bavière

1860
Pologne

1849 Belgique

1863 Turquie

Cette planche a été réalisée avec le concours de M. Jean Varga.

TISSUS

TISSUS ANIMAUX
(coupes transversales)

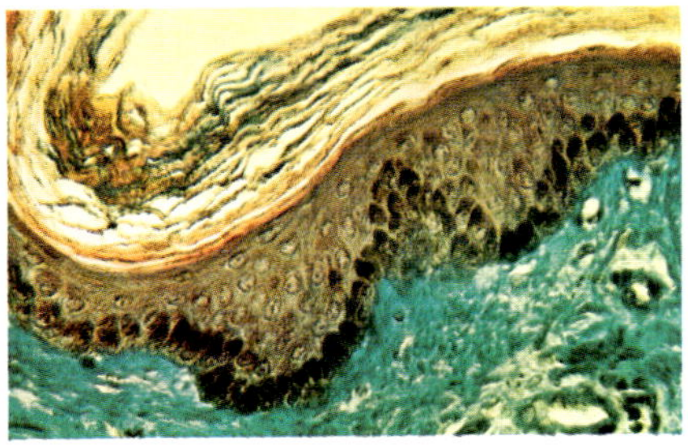

peau

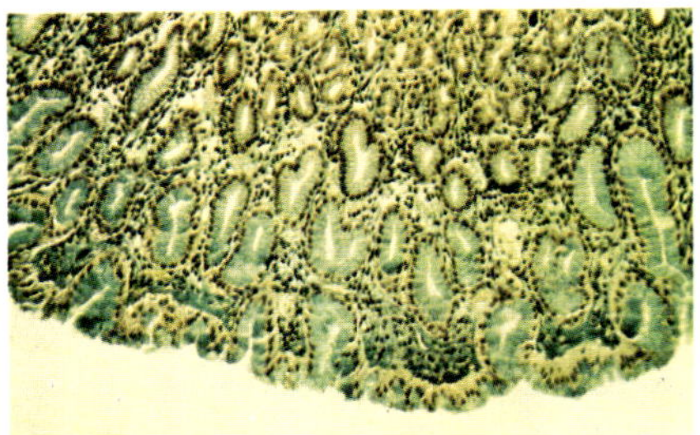

muqueuse gastrique

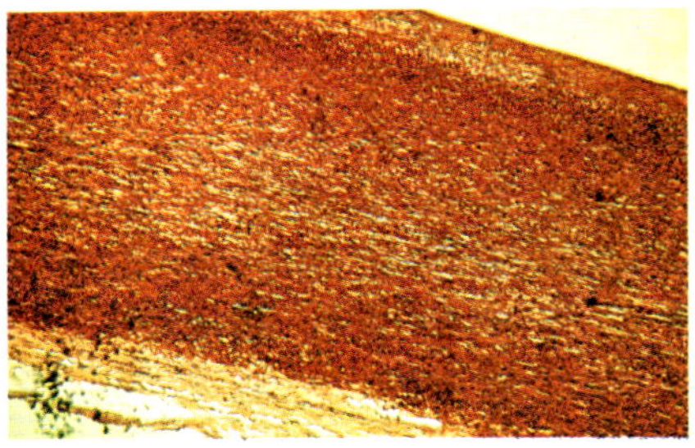

aorte

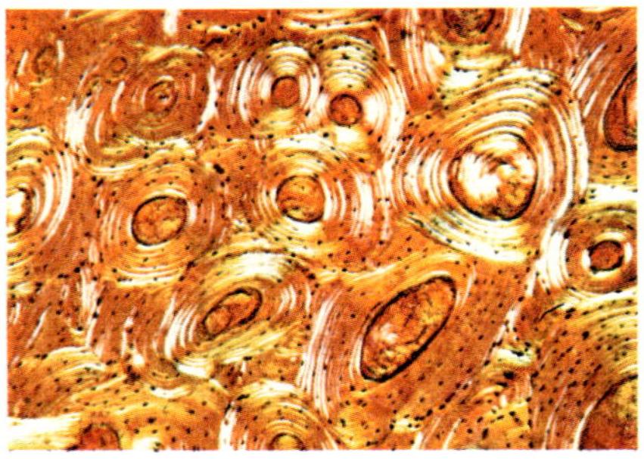

tissus osseux

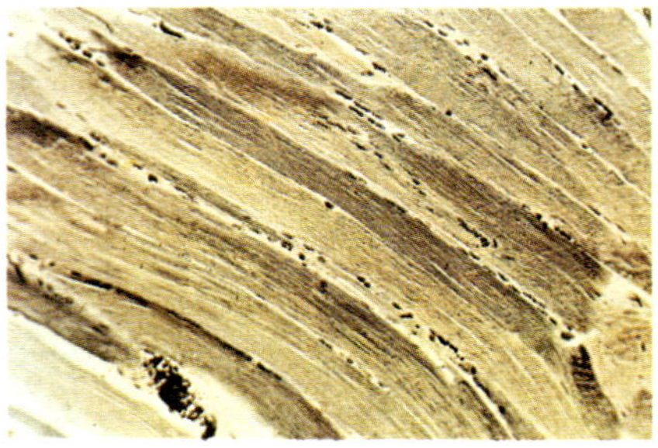

tissu musculaire strié

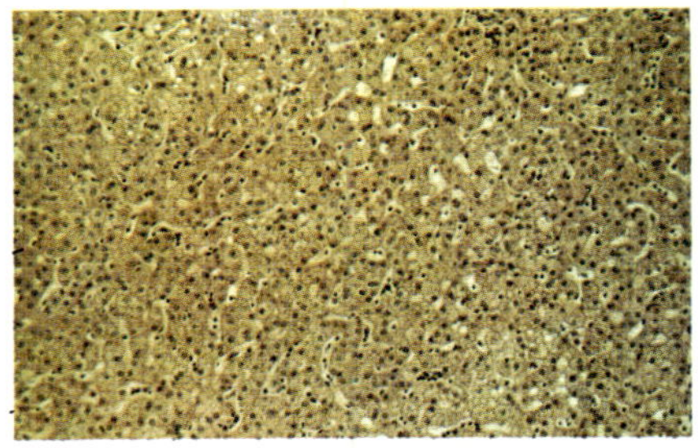

foie

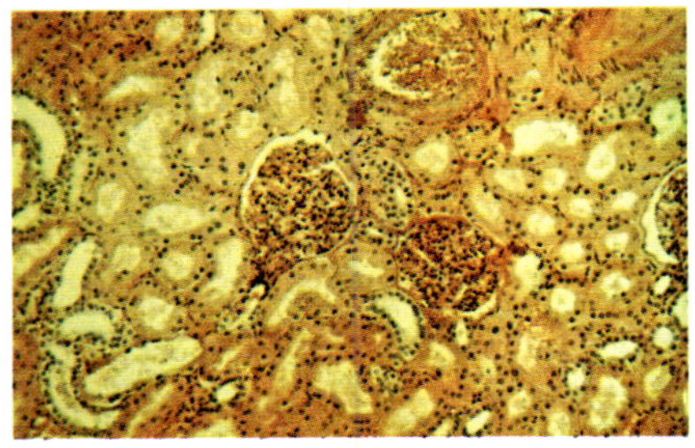

rein

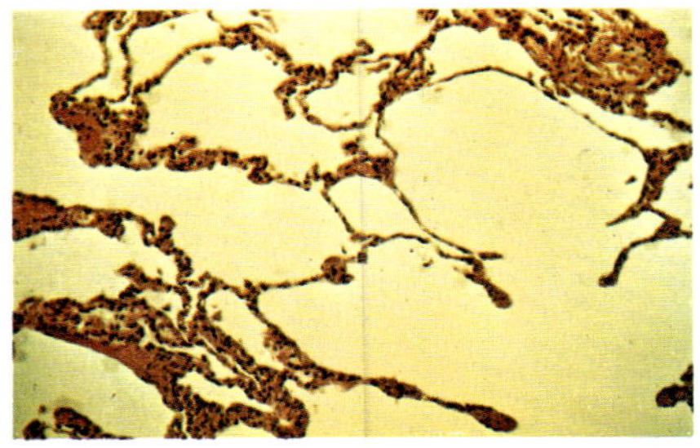

poumon

TISSUS VÉGÉTAUX
(coupes transversales)

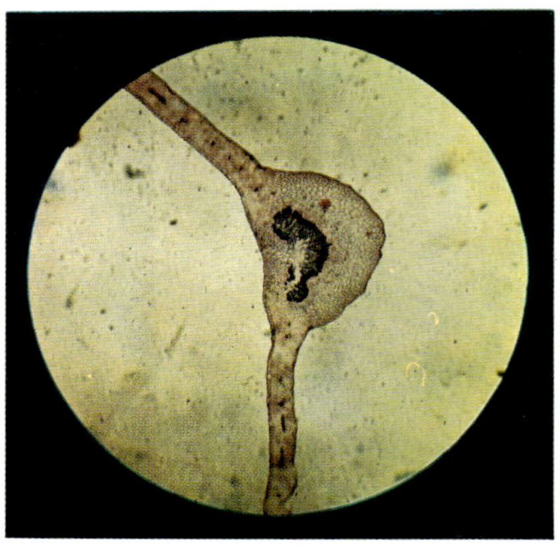

feuille de dicotylédone (syringa)

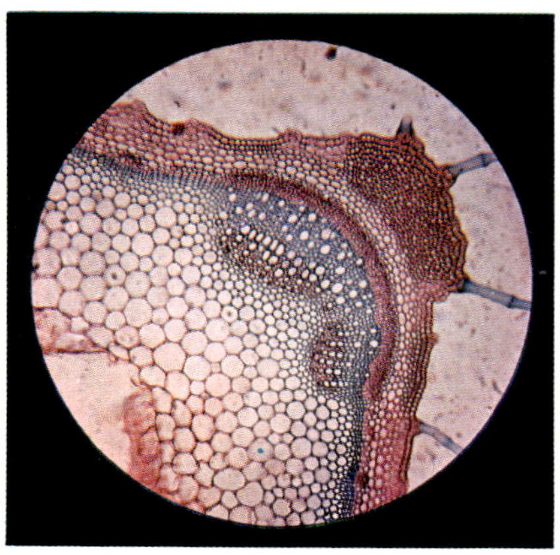

tige de labiacée
(Ballota nigra)

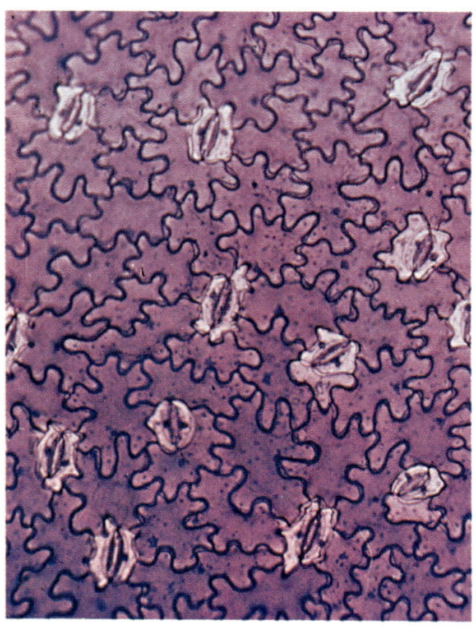

stomates

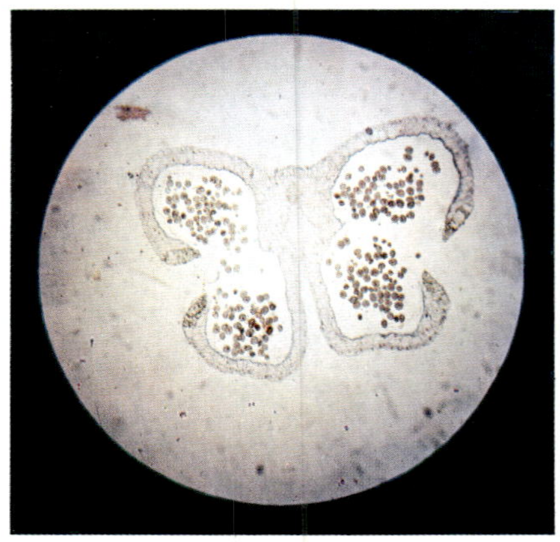

anthère de lis

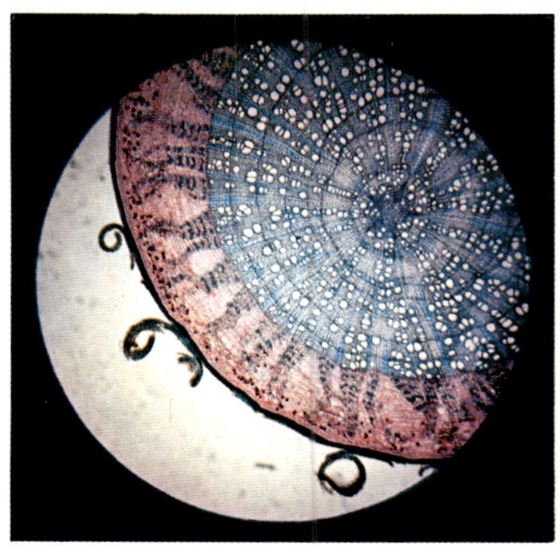

racine
de tilleul

Phot. Drs Laporte et Tourneur (3), Lauros - Atlas-Photo (2), Drs Laporte et Logelin, Dr Laporte (2), Drs Laporte et Tourneur (3), Lauros - Atlas-Photo (2).

thym [tɛ̃] n. m. (lat. *thymus*, empr. au gr.). *Bot.* Genre de labiacées odoriférantes, dont une espèce, le *serpolet*, est très répandue : *le thym croît surtout dans la région méditerranéenne.*

Thymerais ou **Thimerais,** extrémité nord-ouest du dép. d'Eure-et-Loir.

thymique adj. Qui appartient au thymus. ‖ Relatif à l'affectivité.

thymol [timɔl] n. m. Phénol retiré de l'essence de thym, à odeur aromatique.

thymus [timys] n. m. Glande située devant la trachée, et qui n'est développée que chez l'enfant et les jeunes animaux. (Le thymus du veau est communément appelé *ris de veau*. C'est un lieu de réserves de protides.)

thyratron [tiratrɔ̃] n. m. Tube à gaz, à cathode chaude, employé comme redresseur ou comme régulateur de courant.

thyroïde [tirɔid] adj. (gr. *thuroeidês*, qui a la forme d'un bouclier). *Cartilage thyroïde*, le plus développé des cartilages du larynx, formant chez l'homme la saillie appelée *pomme d'Adam*. ‖ *Corps* ou *glande thyroïde*, ou *thyroïde* n. f., glande située à la partie antérieure et inférieure du larynx.
— ENCYCL. La *glande thyroïde*, formée par deux lobes latéraux réunis par un isthme, a une sécrétion exclusivement endocrine. Elle agit sur la croissance des os et des organes génitaux, ainsi que sur le métabolisme. La glande thyroïde peut sécréter trop (hyperthyroïdie, maladie de Basedow), pas assez (hypothyroïdie, myxœdème) ou être augmentée de volume sans troubles endocriniens (goitre simple); elle peut être altérée par des lésions inflammatoires ou être le siège d'un kyste, d'un adénome ou même d'un cancer.

thyroïdectomie n. f. Ablation du corps thyroïde.

thyroïdien, enne adj. Relatif au corps thyroïde.

thyroxine n. f. Première hormone connue sécrétée par le corps thyroïde.

thyrse [tirs] n. m. (gr. *thursos*, bâton de Dionysos). Bâton terminé par une pomme de pin et entouré de pampres et de lierre, attribut de Dionysos et des Ménades. ‖ *Bot.* Sorte de grappe de fleurs de forme pyramidale (lilas, marronnier d'Inde).

thysanoures [tizanyr] n. m. pl. Ordre d'insectes primitifs sans ailes, à pièces buccales broyeuses et à trois appendices filiformes terminant l'abdomen, comme le *lépisme*.

Thyssen (August), industriel allemand, né à Eschweiler (1842-1926). En 1871, il constitua la Thyssen & Co. KG à Mülheim (Ruhr). Celle-ci fut à l'origine d'un important konzern, la August Thyssen-Hütte AG, intégrée en 1926 dans le groupe des Vereinigte Stahlwerke AG, puissante concentration industrielle de plusieurs grandes entreprises sidérurgiques et minières allemandes.

Ti, symbole chimique du *titane*.

Tiahuanaco, site de la rive bolivienne du lac Titicaca. Entre 1000 et 1300, il fut le centre d'une civilisation originale, qui s'étendit au Pérou, en Bolivie, en Argentine et au Chili.

Tian'-Chan'. V. T'IEN-CHAN.

tiare [tjar] n. f. (lat. *tiara*, empr. au persan). Ornement de tête des souverains, chez les Mèdes et chez les Perses. ‖ Mitre à trois couronnes, portée par le pape. ‖ Dignité papale.

Tiaret, v. d'Algérie, ch.-l. de dép., au pied sud de l'Ouarsenis; 37 000 h.

Tibère, né à Rome (v. 42 av. J.-C.-37 apr. J.-C.), empereur romain (14-37 apr. J.-C.). Sa mère, Livie, se remaria avec Octave, qui, devenu empereur, lui confia des commandements militaires. Il fut consul en 13 av. J.-C. Auguste le contraignit à répudier sa femme, Vipsania Agrippina, pour épouser Julie (11 av. J.-C.). Il fut adopté par Auguste en 4 apr. J.-C. et adopta à son tour Germanicus. En 14 apr. J.-C., ayant écarté Caius et Lucius, il succéda à Auguste et fit tuer Agrippa Postumus et Julie. Il donna au conseil du prince le caractère d'une institution stable et élargit les pouvoirs du sénat.
Cependant, la Gaule et l'Afrique furent troublées par des révoltes, tandis que Germanicus opérait en Germanie (14-16), puis en Orient (18). Mais l'opinion publique accusa Tibère d'avoir fait empoisonner Germanicus (19). Méfiant et misanthrope, l'empereur se retira à Capri (27) et abandonna une grande part des affaires à Séjan, qui projeta de le renverser. Séjan fut mis à mort (31), et Tibère multiplia déportations et exécutions.

Tibère II (m. en 582), empereur byzantin (578-582). Âgé, débonnaire, il réduisit les impôts, mais gaspilla l'argent. Ses généraux remportèrent des victoires sur les Perses, mais les Avars et les Slaves ravagèrent la péninsule balkanique.

Tibère III (m. en 705), empereur byzantin (698-705). Justinien II le renversa et le fit mettre à mort.

Tibériade ou **Génésareth** (*lac de*), lac de Palestine (Galilée), traversé par le Jourdain. Auj., le lac appartient entièrement à l'Etat d'Israël. — V. de l'Etat d'Israël (en arabe *Tabariyya*), sur la rive ouest du lac; 19 600 h.

Tibesti, massif montagneux (3 415 m) du Sahara, dans le nord du Tchad. (Hab. *Toubous*.)

Tibet, région autonome de l'ouest de la Chine, au nord de l'Himalaya, formée de hauts plateaux désertiques dominés par de puissantes chaînes ouest-est (Kouen-

thuya

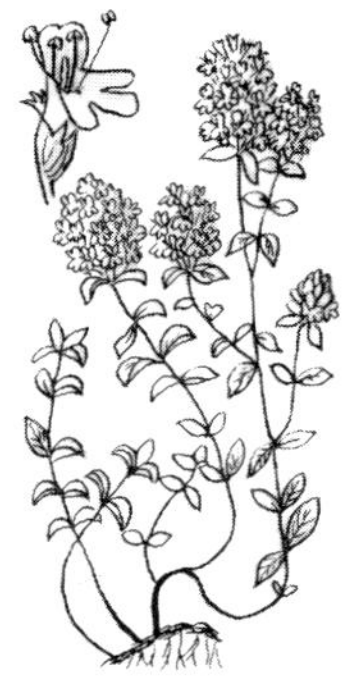

thym

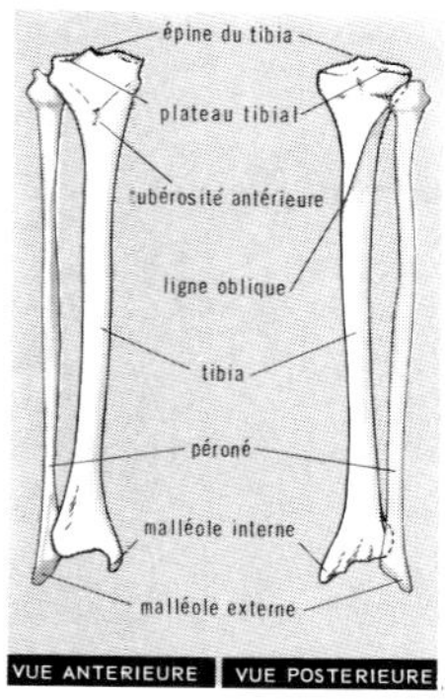

tibia

louen, Transhimalaya); 1 221 600 km^2; 1 270 000 h. (*Tibétains*). Cap. *Lhassa*. L'élevage fournit l'essentiel des ressources (moutons, chèvres, yacks).
● *Histoire.* C'est à la Chine que les rois du Tibet ont emprunté leur organisation politique; c'est à l'Inde qu'ils durent la culture et la religion (bouddhisme). A la fin du IXe s., la monarchie disparut, et le pouvoir passa aux nobles et aux monastères des différentes sectes, dirigés par les lamas; au XIVe s. triompha la secte jaune, dirigée par le *dalaï-lama* et le *panchen-lama*, disciple de Tsong Kapa, réformateur du bouddhisme. Le dalaï-lama s'installa à Lhassa au XVIIe s. Tandis que la Chine se donnait un droit de regard sur le Tibet, celui-ci se fermait aux étrangers. Au début du XXe s., les Anglais purent imposer une certaine influence. En 1929, le dalaï-lama dut reconnaître la position privilégiée de la Chine au Tibet. Quand les Tibétains eurent rejeté l'autorité du Kouo-min-tang (1949), la Chine fit entrer ses troupes au Tibet, auquel elle accorda l'autonomie dans le cadre de la République (1951). En fait, les Chinois occupèrent le pays, dont ils entreprirent la modernisation. Mais l'orientation politique de la Chine provoqua en 1959 une révolte qui fut écrasée : le dalaï-lama s'enfuit; la Chine s'appuya sur le panchen-lama, qui sera destitué en 1967.

tibétain [tibetɛ̃], **e** [-ɛn] adj. et n. Du Tibet. ‖ — N. m. Langue parlée au Tibet.

Tibéto-Birmans, population de la haute Birmanie et des régions avoisinantes.

tibia [tibja] n. m. (mot lat.). Os long qui s'étend du genou à la cheville.

Tibère *musée du Vatican*

— ENCYCL. Le *tibia* forme le squelette de la partie antérieure et interne de la jambe. Il s'articule en haut avec le fémur et en bas avec l'astragale. Son extrémité supérieure, volumineuse, est formée de deux tubérosités supportant un plateau horizontal et présente en avant une forte saillie (tubérosité antérieure); son extrémité inférieure se prolonge en bas par la malléole interne.

tibial, e, aux adj. Relatif au tibia : *nerfs tibiaux*.

Tibre (le), en lat. **Tiberis**, en ital. **Tevere,** fl. d'Italie; 396 km. Né dans l'Apennin, le Tibre traverse successivement la Toscane, l'Ombrie et le Latium, arrosant Rome avant de rejoindre la mer Tyrrhénienne près d'Ostie.

Tibulle, en lat. **Albius Tibullus,** poète latin (v. 50 - 19 ou 18 av. J.-C.). Attaché à Valerius Messala Corvinus, général et protecteur d'un cercle de poètes, il le suivit en Gaule et en Orient, mais, tombé malade à Corcyre (29), il se consacra à la poésie. Il eut pour amis Horace, Virgile, Properce et Ovide. Il composa trois livres d'*Elégies*.

Tibur, v. de l'Italie ancienne, dont les sites agréables, très fréquentés par les riches Romains, ont été chantés par Horace. (Auj. *Tivoli*.)

tic [tik] n. m. (onomat.). Contraction convulsive de certains muscles, surtout de ceux du visage. ‖ *Fig.* Habitude ridicule ou fâcheuse : *il a le tic de commencer ses phrases par « eh bien ! ».*

ticket [tikɛ] n. m. (mot angl.). Billet d'entrée, de chemin de fer, d'autobus, etc. ‖ Coupon d'une feuille de rationnement : *ticket de pain*.

tic tac [tiktak], onomat. exprimant le bruit occasionné par un mouvement réglé : *la pendule fait tic tac.* ‖ — N. m. inv. : *le tic-tac d'un moulin.*

tictaquer v. i. Faire tic tac.

Tidikelt, groupe d'oasis du Sahara algérien, au sud du Tademaït. Localité pr. *In-Salah*.

Tieck (Ludwig), écrivain allemand, né à Berlin (1773-1853). Ami de Wackenroder, puis de Novalis et des frères Schlegel, il publia des adaptations d'œuvres du Moyen Age français et allemand, des traductions de Cervantès et de Shakespeare, et orienta le romantisme vers la littérature fantastique avec ses comédies (*le Monde à l'envers*, 1798), ses drames (*Vie et mort de sainte Geneviève*, 1799), ses contes (*Phantasus*, 1812-1816). Après de nombreux voyages en Europe, il écrivit surtout des nouvelles (*le Jeune Maître ébéniste*, 1836), et ses derniers ouvrages témoignent de l'influence de W. Scott et de Manzoni (*Vittoria Accorombona*, 1840).

tiédasse adj. D'une tiédeur désagréable.

tiède [tjɛd] adj. (lat. *tepidus*). Qui est entre le chaud et le froid. ‖ — Adj. et n. *Fig.* Qui manque d'ardeur, de zèle, de ferveur : *amitié tiède*. ‖ — Adv. *Boire tiède*, prendre des boissons tièdes.

tièdement adv. Avec tiédeur.

tiédeur n. f. Etat de ce qui est tiède : *la tiédeur de l'eau*. ‖ *Fig.* Manque de ferveur, d'ardeur : *la tiédeur des sentiments.*

tiédir v. i. Devenir tiède. ‖ — V. t. Rendre tiède.

tiédissement n. m. Action de tiédir; résultat de cette action.

Tielt. V. THIELT.

tien [tjɛ̃], **tienne** [tjɛn] adj. poss. de la 2e pers. du sing. (lat. *tuus*). Qui est à toi. ‖ — Pr. poss. *Le tien, la tienne*, ce qui est à toi. ‖ — N. m. *Le tien*, ce qui t'appartient, ton bien. ‖ — N. m. pl. Tes parents, tes amis, ceux de ton parti : *toi et les tiens.*

T'ien-chan ou **Tian'-Chan',** chaîne montagneuse de Chine (Sin-kiang), débordant en U. R. S. S. (Kirghizistan); 7 439 m au pic Pobiedy*.

tiento [tjɛnto] n. m. Forme de la musique instrumentale espagnole des XVIe et XVIIe s., qui correspond à un prélude grave traité dans un esprit polyphonique.

T'ien-tsin, port de Chine, cap. du Ho-pei, sur le Hai-ho; 4 000 000 d'hab. Grand centre industriel (métallurgie, produits chimiques, textiles et alimentaires). Un traité signé à T'ien-tsin en 1858 ouvrait la Chine aux Européens. Par celui de 1885, la Chine renonçait, au profit de la France, à ses droits sur l'Annam et le Tonkin.

Tiepolo (Giambattista), peintre et graveur italien, né à Venise (1696-1770). Admirateur de Véronèse et dernier peintre important des grandes écoles italiennes, il fut un admirable décorateur et un coloriste clair, raffiné et somptueux, aimant le mouvement et la vie. Il a décoré de nombreux palais à Venise (palais Labia), en Vénétie (villa Contarini à Mira, dont les fresques furent transportées au musée Jacquemart-André, Paris), à Vicence (villa Valmarana), à Würzburg, où il séjourna (palais des princes-évêques), à Milan, à Madrid où il passa les dernières années de sa vie et devint peintre attitré de Charles III. (V. illustr. ITALIE.)

tierce [tjɛrs] n. f. (fém. de *tiers*). *Mus.* Intervalle de trois degrés. (La tierce peut être majeure [deux tons] ou mineure [un ton et demi], diminuée ou augmentée.) ‖ *Escr.* La troisième garde. ‖ *Arts graph.* Dernière épreuve avant le tirage ou le clichage. ‖ *Liturg.* Petite heure de l'office divin, qui se dit à la troisième heure, soit à 9 heures du matin. ‖ *Jeux.* Série de trois cartes consécutives de même couleur. ‖ *Astron.* et *Math.* Soixantième partie d'une seconde.

tiercé, e adj. *Hérald.* Se dit d'un écu divisé en trois parties égales. ● *Pari tiercé*, ou *tiercé* n. m., pari dans

Phot. Fuchs-coll. Truffaut, Anderson-Giraudon.

lequel il faut prévoir les trois premiers chevaux dans une course.

Tiercé (49140 Seiches sur le Loir), ch.-l. de c. de Maine-et-Loire (arr. d'Angers) ; 1 968 h.

tiercefeuille n. f. *Hérald.* Meuble représentant une fleur à trois pétales.

tiercelet [tjɛrsəlɛ] n. m. Mâle de plusieurs oiseaux de proie (plus petit d'un *tiers* que la femelle).

tiercement n. m. Action de tiercer.

tiercer v. t. (de *tiers*) [conj. 1]. *Agric.* Donner aux terres un troisième labour. (On dit aussi TERCER.)

tierceron [tjɛrsərɔ̃] n. m. *Archit.* Nervure supplémentaire dans une voûte d'ogives de style flamboyant.

tiers [tjɛr] n. m. Chaque partie d'un tout divisé en trois parties égales : *le tiers d'une pomme.* ‖ Troisième personne : *il survint un tiers.* ‖ Personne étrangère à une affaire : *déposer une somme entre les mains d'un tiers.* ● *Etre en tiers,* être troisième entre deux autres personnes. ‖ *Loi du tiers exclu* (Log.), dans le calcul des classes, loi selon laquelle, lorsque, à toute classe K, on ajoute la classe complémentaire K', constituée par tous les éléments n'appartenant pas à la classe K, on obtient la classe universelle de ces éléments, à l'exclusion de toute autre possibilité. ‖ *Tiers payant,* système de paiement des honoraires médicaux et des frais de pharmacie, de prothèse ou d'hospitalisation par l'assureur et non par le malade (pratiqué en France par l'assurance contre les accidents du travail). ‖ *Tiers provisionnel,* acompte obligatoirement versé en cours d'année par le contribuable, et qui est calculé sur la base de l'impôt sur le revenu payé l'année précédente.

tiers [tjɛr], **tierce** [tjɛrs] adj. (lat. *tertius,* troisième). Qui vient au troisième rang ; qui s'ajoute à deux autres : *une tierce personne ; un tiers parti.* ● *Tierce opposition,* voie par laquelle un tiers s'oppose à l'exécution d'un jugement intervenu à la suite d'un procès où il n'a pas été partie : *former une tierce opposition.* ‖ *Tiers état,* partie de la nation française qui, sous l'Ancien Régime, n'appartenait ni à la noblesse ni au clergé. ‖ *Tiers monde,* ensemble des pays peu développés économiquement, qui n'appartiennent ni au groupe des Etats industriels d'économie libérale ni au groupe des Etats de type socialiste. ‖ *Tiers opposant,* celui qui a formé une tierce opposition. ‖ *Tiers ordre* (Relig. cath.), association de fidèles qui, tout en vivant dans le monde, sont affiliés à un ordre religieux.

tiers-point n. m. *Technol.* Lime à section triangulaire. ● *Arc en tiers-point* (Archit.), arc brisé dans lequel s'inscrit un triangle équilatéral. ‖ Pl. des *tiers-points.*

tif n. m. *Pop.* Cheveu.

Tiffauges (85130 La Gaubretière), comm. de la Vendée (arr. de La Roche-sur-Yon) ; 1 052 h. (852 aggl.). Ruines du château de Gilles de Rais (XIIIe s.).

Tiflis. V. TBILISSI.

tige [tiʒ] n. f. (lat. *tibia,* flûte). Organe végétal à symétrie axiale, généralement allongé et portant des feuilles ou des ébauches foliaires. (V. *encycl.*) ‖ Partie mince et allongée de certains objets. ‖ Tube cylindrique de faible diamètre, permettant l'entraînement du trépan au fond d'un puits en forage. ● *Tige d'une chaussure,* partie qui enveloppe la cheville ou la jambe. ‖ *Vieille tige* (Fam., *Aéron.*), aviateur chevronné.
— ENCYCL. Chez les plantes terrestres, la *tige* est souvent un organe dressé verticalement (vert chez les herbes annuelles, ligneux chez les arbres et arbrisseaux), présentant des *nœuds* dont l'espacement obéit à des lois définies. Chaque nœud peut être simple (disposition *alterne :* une feuille et un rameau par nœud), double (disposition *opposée :* deux feuilles et deux rameaux par nœud) ou multiple (disposition *verticillée :* plus de deux feuilles et de deux rameaux par nœud). Lorsqu'une tige est couchée sur le sol ou grimpe le long d'une paroi, elle peut former des *racines adventives* du côté du support. Il existe des tiges *volubiles,* qui s'enroulent autour des supports (liseron, haricot). Les tiges souterraines sont horizontales (rhizomes) ou réduites à un plateau (bulbes) ; elles sont généralement vivaces, donnant chaque année des rameaux aériens ou directement des feuilles. Intérieurement, une tige se caractérise par la disposition superposée des vaisseaux (faisceaux libéro-ligneux primaires). Certaines tiges, telles que le tronc du séquoia ou de l'eucalyptus, peuvent atteindre 140 m de long et 5 m de diamètre, et subsister plus de 2 000 ans, les assises externes étant d'ailleurs seules vivantes autour d'un « bois de cœur » mort.

tigelle n. f. Partie de la plantule des graines qui fournira la tige de la plante.

tigette n. f. *Archit.* Tige, ornée de feuilles, d'où sortent les volutes, dans le chapiteau corinthien.

tignasse [tiɲas] n. f. (de *teigne*). *Fam.* Chevelure rude et mal peignée.

Tignes (73320), comm. de la Savoie (arr. d'Albertville), dans la haute vallée de l'Isère ; 901 h. (*Tignards*). En raison de l'aménagement hydro-électrique qui a formé le lac du Chevril, le village a été évacué en 1952 et reconstruit plus haut (station de sports d'hiver) [alt. 1 550-2 740 m].

Tigrane le Grand (v. 121-v. 54 av. J.-C.), roi d'Arménie (95-54 av. J.-C.). Il conquit la Syrie, la Mésopotamie et une partie de l'Asie Mineure. Il n'en fut pas moins réduit par Pompée à l'état de vassalité (66).

tigre [tigr] n. m. (lat. *tigris*). Mammifère carnassier, du genre *chat,* à peau rayée. [Femelle : *tigresse.*] (Long. 2 m ; poids 200 kg ; longévité 25 ans.) [Cri : le tigre *feule, rauque, râle.*] ‖ *Fig.* Personne très cruelle. ● *Jaloux comme un tigre,* extrêmement jaloux. ‖ *Tigre du poirier,* hémiptère qui vit sur les feuilles de cet arbre.
— ENCYCL. Le *tigre* habite l'Asie du Sud-Est. Sa livrée, d'un beau jaune orangé, blanchâtre au ventre, est marquée de zébrures noires. Le tigre est, avec le lion, le plus puissant des carnassiers ; il est nocturne, se tient dans les forêts marécageuses, au voisinage des cours d'eau. (V. illustr. CARNASSIERS.)

Tilden ▲

▼ tilleul

Tigre (le), fl. de l'Asie occidentale ; 1 950 km. Né en Turquie, dans le Taurus, le Tigre s'écoule vers le sud-est. Il pénètre en Iraq, arrose Mossoul, puis Bagdad avant de former avec l'Euphrate le Chatt* al-'Arab.

tigré, e adj. Moucheté, rayé comme la peau du tigre : *cheval, chat tigré.*

tigresse n. f. Femelle du tigre.

tigridie n. f. Plante bulbeuse originaire du Mexique, à belles fleurs. (Famille des iridacées.)

tigron ou **tiglon** n. m. Nom donné à l'hybride du tigre et du lion.

Ti-houa. V. OUROUMTSI.

Tijuana, v. du Mexique (Basse-Californie) ; 323 000 h.

Tilburg, v. des Pays-Bas (Brabant-Septentrional) ; 148 000 h. Industries mécaniques, électriques et textiles.

tilbury [tilbyri] n. m. (mot angl. ; du nom de l'inventeur). Cabriolet léger et découvert, à deux places.

Tilbury, avant-port de Londres.

tilde [tild] n. m. (mot esp. ; du lat. *titulus,* titre). Accent en forme d'*s* couché, qui se trouve sur la lettre *n* de l'alphabet espagnol, notant un son équivalant à *n* mouillé (ɲ) en français.

Tilden (William Tatem), joueur américain de tennis, né à Philadelphie (1893-1953). Joueur très complet, il domina le tennis mondial de 1920 à 1930, remportant notamment trois fois le tournoi de Wimbledon pendant cette période.

tiliacées [tiljase] n. f. pl. *Bot.* Famille de plantes dicotylédones, ayant pour type le genre *tilleul.*

tillac [tijak] n. m. (anc. scandin. *thilja*). *Mar.* Autref., pont supérieur d'un navire.

tillandsia [tilɑ̃tsja] n. m. Plante dont certaines espèces sont cultivées en serre pour leurs fleurs ornementales. (Famille des broméliacées.)

Tillemont (Sébastien LE NAIN DE). V. LE NAIN DE TILLEMONT.

tilleul [tijœl] n. m. (du lat. *tilia*). Arbre souvent planté dans les parcs et dans les avenues, fournissant un bois blanc, facile à travailler, et dont les fleurs odorantes donnent une infusion sudorifique et calmante. (Haut. 25 à 30 m ; famille des tiliacées.)

Tillich (Paul), théologien allemand, né à Starzeddel bei Guben (Prusse) [1886-1965]. Professeur à Marburg, puis à Francfort-sur-le-Main (1929), il émigra aux Etats-Unis en 1933. Sa théologie intègre certaines valeurs du socialisme et des aspects de l'existentialisme et de la psychanalyse (*Amour, puissance et justice,* 1954).

Tillier (Claude), écrivain français, né à Clamecy (1801-1844), auteur de *Mon oncle Benjamin* (1841).

Tilly (Jean T'SERCLAES, *comte* DE), général wallon au service du Saint Empire, né au château de Tilly (Brabant) [1559-1632]. Commandant l'armée de la Ligue catholique pendant la guerre de Trente Ans, il gagna les batailles de la Montagne Blanche (1620) et de Stadtlohn, prit Magdeburg, mais fut défait par Gustave-Adolphe à Breitenfeld et à la bataille du Lech, où il fut mortellement blessé.

Tilly-sur-Seulles (14250), ch.-l. de c. du Calvados (arr. de Caen) ; 979 h.

Tilsit, auj. **Sovietsk,** v. de l'U. R. S. S. (R. S. F. S. de Russie), sur le Niémen ; 50 000 h. Traités signés le 7 juillet 1807, entre Napoléon Ier et Alexandre Ier de Russie, instituant une alliance secrète contre l'Angleterre. Le 9 juillet, la Prusse dut accepter les conséquences de ce rapprochement : à Tilsit, elle perdit la moitié de son territoire.

tilt n. m. (mot angl. ; de *to tilt,* basculer). *Faire tilt,* pour un joueur de flipper, bloquer l'appareil en le secouant trop ; *fig.* et *fam.,* avoir une inspiration soudaine, comprendre brusquement.

Timanthe, peintre grec du VIe s. av. J.-C., auteur d'un *Sacrifice d'Iphigénie* qui fut très imité.

timbale [tɛ̃bal] n. f. (altér. de *tambale ;* de l'esp. *atabal*). Sorte de tambour formé d'un bassin demi-sphérique en cuivre, recouvert d'une peau tendue. (V. illustr. PERCUSSION.) ‖ Gobelet en métal. ‖ Moule rond et haut. ‖ Préparation culinaire cuite, enveloppée dans une croûte de pâte, dans une timbale. ● *Décrocher la timbale,* remporter le prix.

timbalier n. m. Celui qui bat des timbales.

timbrage n. m. Action de timbrer.

timbre [tɛ̃br] n. m. (gr. *tumbanon,* sorte de tambour). Disque métallique bombé et sonore, sur lequel frappe un marteau : *timbre d'une pendule.* ‖ Qualité qui distingue deux sons de même hauteur et de même intensité. ‖ Son spécial à chaque instrument. ‖ Motif mélodique de caractère populaire alimentant vaudevilles et chansons. ‖ Partie supérieure d'un casque. ‖ *Hérald.* Casque ou couronne surmontant l'écu. ‖ Syn. de TIMBRE-POSTE. ‖ Droit fiscal auquel sont soumis divers actes, et qui est perçu soit d'après la dimension du papier utilisé (*timbre de dimension*), soit en fonction du montant des sommes énoncées dans l'acte (*timbre proportionnel*). ‖ Vignette qui, depuis 1967, est utilisée pour le paiement de certaines amendes forfaitaires en matière de circulation automobile. ● *Avoir le timbre fêlé,* être un peu fou. ‖ *Timbre d'une chaudière,* pression maximale qu'elle peut admettre sans danger.

timbré, e adj. *Fam.* Un peu fou. ● *Papier timbré,* papier marqué d'une empreinte et d'un timbre à l'encre grasse, que vend l'Etat et qui doit être obligatoirement utilisé pour la rédaction de certains actes. ‖ *Voix timbrée,* voix qui résonne bien, qui rappelle l'éclat métallique d'un timbre.

timbre-poste n. m. Vignette adhésive, de valeur conventionnelle, émise par une administration postale et destinée à affranchir les envois confiés à la poste. ‖ Pl. des *timbres-poste.*
— ENCYCL. Depuis le Moyen Age, en raison de l'insécurité des chemins, le destinataire payait le prix du transport de la lettre, évalué selon le poids et la distance. En 1653, lors de la création de la petite poste à Paris, Renouard de Villayer eut l'idée d'« affranchir » le destinataire du paiement du port (d'où le terme d'« affranchissement »), en inventant le billet de port payé, sorte de préfiguration du *timbre-poste,* de facture différente, mais d'utilisation identique. Cet acquittement préalable du port par l'expéditeur fut peu usité en raison de l'obligation de le faire au bureau de poste. Le seul remède à cette situation consistait à simplifier les tarifs (taxation uniforme au poids, à l'exclusion de la distance) et à créer un mode de perception très simple. Après l'emploi, en Suède, en Grande-Bretagne et en France, d'enveloppes ou de feuilles munies de marques frappées ou imprimées (1823-1839), les essais de l'Anglais James Chalmers donnèrent sa forme définitive au timbre-poste (1834-1838), qui fut utilisé dès 1840 en Grande-Bretagne. En France, le premier timbre parut le 1er janvier 1849. Les timbres français sont, en principe, utilisables sans limite de durée. L'Administration française imprime elle-même ses timbres-poste, dont la contrefaçon est punie. Les procédés de fabrication sont la typographie, la taille-douce et l'héliogravure.

timbre-quittance n. m. Vignette ou marque apposée sur les quittances, les reçus et les décharges. ‖ Pl. des *timbres-quittances.*

timbrer v. t. Marquer, affranchir avec un timbre : *timbrer du papier, une lettre.*

Timée de Locres, philosophe pythagoricien du Ve s. av. J.-C. Son influence a été capitale sur le développement de la pensée de Platon.

Timée, dialogue inachevé de Platon, qui est une sorte de philosophie de la nature. C'est là que se trouve exposée la théorie des idées (IVe s. av. J.-C.).

Timgad, cité romaine d'Afrique du Nord (Algérie, dép. de Batna), fondée en 100 apr. J.-C., ruinée par les Maures au VIe s. Importants vestiges.

timide [timid] adj. (lat. *timidus ;* de *timere,* craindre). Qui manque de hardiesse, d'assurance : *enfant, air timide.*

timidement adv. Avec timidité.

Phot. A. F. P., Robin.

1. EUCALYPTUS
(tronc)
(sommet de l'arbre)

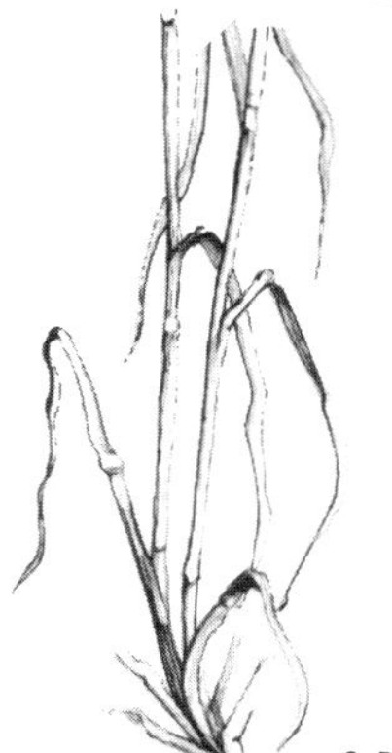

2. BLÉ
(chaume)

3. FRAISIER
(stolon)

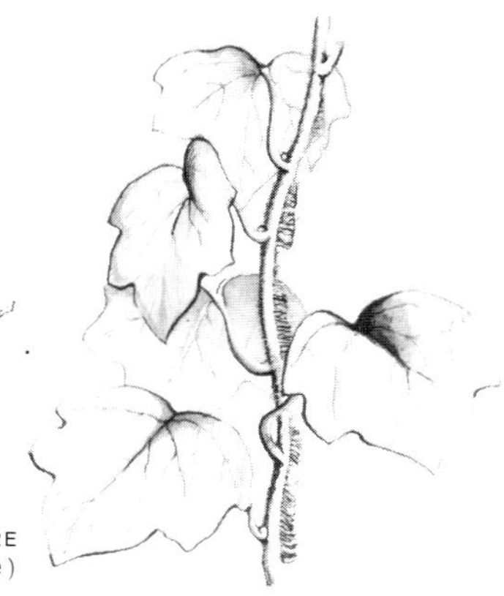

3bis. LIERRE
(tige grimpante)

4. HOUBLON 4. LISERON
(tige volubile)

5. IRIS
(rhizome)

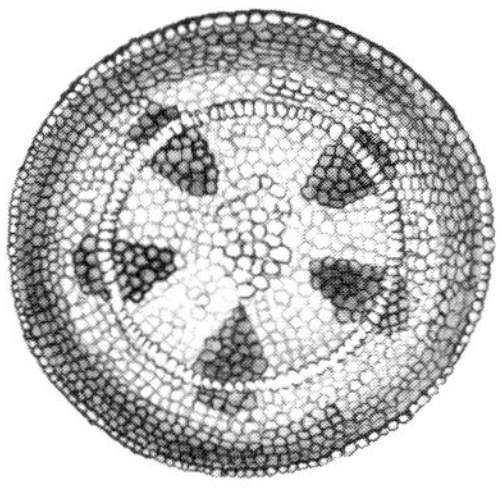

6. Coupe d'une tige
(structure primaire)

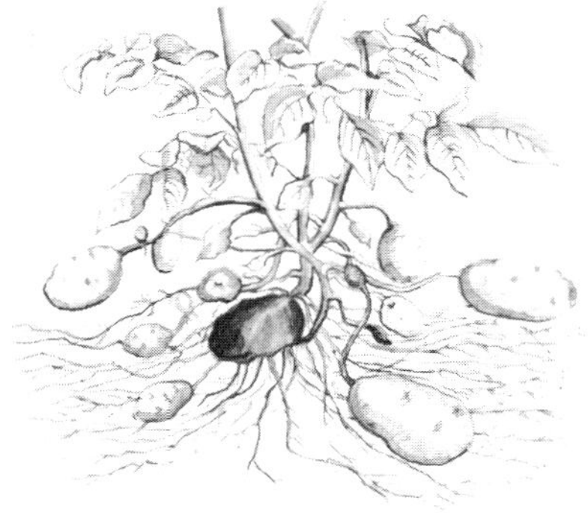

7. POMME DE TERRE
(tubercules)

Chez les plantes terrestres, la *tige* est souvent un organe dressé verticalement (vert chez les herbes annuelles, ligneux chez les arbres [1] et arbrisseaux), présentant des *nœuds* dont l'espacement obéit à des lois définies. Chaque nœud peut être simple (disposition *alterne :* une feuille et un rameau par nœud [2]), double (disposition *opposée :* deux feuilles et deux rameaux par nœud) ou multiple (disposition *verticillée :* plus de deux feuilles et de deux rameaux par nœud). Lorsqu'une tige est couchée sur le sol (3) ou grimpe le long d'une paroi, elle peut former des *racines adventives* (3 *bis*). Il existe des tiges *volubiles*, qui s'enroulent autour des supports (liseron, houblon [4]). Les tiges souterraines sont horizontales (rhizomes [5]) ou réduites à un plateau (bulbes); elles sont parfois renflées en tubercules (7), et donnent chaque année des rameaux aériens ou des feuilles. Intérieurement, une tige se caractérise par la disposition superposée des vaisseaux (faisceaux libéro-ligneux primaires [6]). Certaines tiges, telles que le tronc de l'eucalyptus (1), peuvent atteindre 140 m de long et 5 m de diamètre, et subsister plus de 2 000 ans, les assises externes étant d'ailleurs seules vivantes autour d'un « bois de cœur » mort.

TIGES ET RACINES

Le système des *racines* est issu de la *radicule*, dont la croissance est le premier effet de la germination des graines. Les racines sont guidées vers la profondeur du sol par un ensemble de *tropismes :* un phototropisme négatif les détourne de la lumière, un géotropisme positif les oriente vers le bas, un fort hygrotropisme positif les dirige vers les zones humides, etc. La racine primordiale porte des rameaux *(radicelles)* issus de sa partie centrale. Le système radiculaire est dit *pivotant* lorsque la racine primordiale est plus longue et plus épaisse que les autres, et s'enfonce verticalement (salsifis) [1]; il est dit *fasciculé* lorsque les racines sont égales et forment un chevelu (blé) [2]. Une tige, surtout lorsqu'elle est souterraine *(rhizome)*, peut engendrer latéralement des *racines adventives* (3). Le développement des racines est faible ou nul chez les plantes aquatiques (nénuphar, sagittaire); il est important chez certaines plantes des déserts chauds. Les racines portent d'innombrables *poils absorbants* microscopiques, qui sont le siège de l'absorption de l'eau; celle-ci est attirée à travers une écorce épaisse et un *endoderme* sélectif (filtrant) [4], jusque dans les gros vaisseaux du bois, où elle constitue la *sève brute* ou *ascendante*, qui monte vers les feuilles. En échange, la racine reçoit une *sève élaborée* ou *descendante*, véhiculée par les tubes du liber et qui lui apporte, dans de nombreuses espèces, assez de glucides pour la transformer en un *organe de réserve* charnu, capable de survivre à l'hiver (*racines tuberculeuses* de la carotte [5], de la betterave).
Les tissus de la racine élaborent des *sécrétions radiculaires* qui, en détruisant bactéries et champignons ou en empêchant de germer les graines des autres espèces, assurent à la plante le monopole de l'exploitation du sol qui l'entoure. Les modalités de cette fonction, très variables d'une espèce à l'autre, déterminent la composition biologique de la *rhizosphère*, qui entoure les racines.
Les racines, comme tous les tissus vivants, ont besoin de respirer, ce qui explique l'existence d'excroissances émergeantes *(pneumatophores)* [6] chez les arbres des marécages tels que le cyprès-chauve, ou le développement en surface des racines *traçantes* (7). Le rôle des racines dans la protection des sols contre l'érosion ou contre l'inondation est absolument décisif. Les racines des arbres vivent souvent en symbiose avec des champignons, ce qui forme des *mycorhizes* (ex. : chênes « truffiers »).

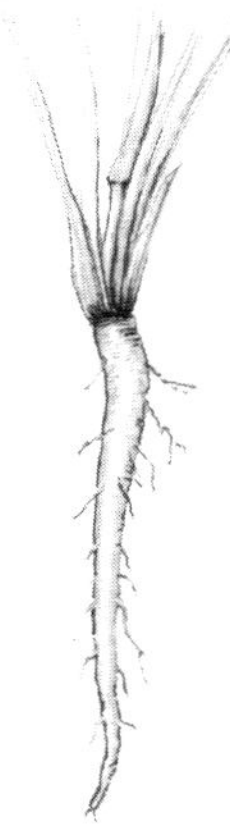

1. SALSIFIS
(racine pivotante)

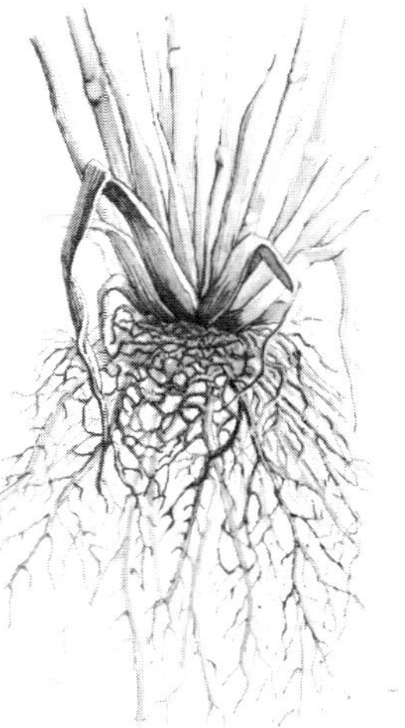

2. BLÉ
(racine fasciculée)

3. FOUGÈRES
(racines adventives sur rhizome)

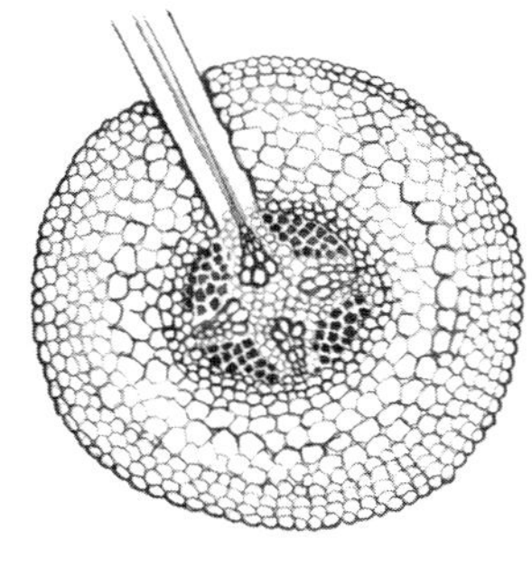

4. Coupe d'une racine
(structure primaire)
au niveau d'une radicelle

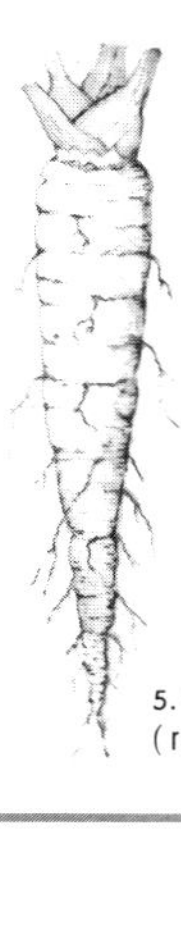

5. CAROTTE
(racine tuberculeuse)

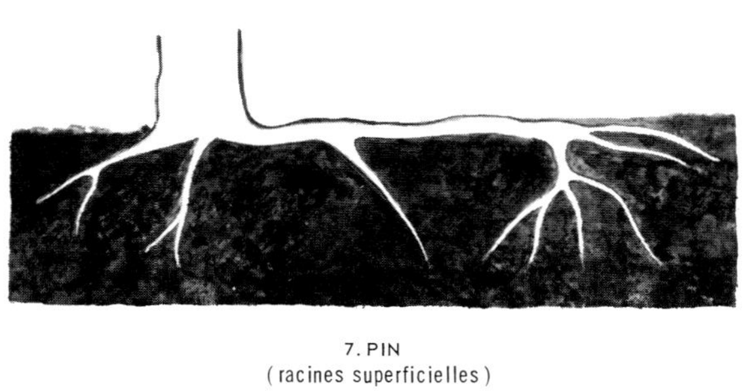

7. PIN
(racines superficielles)

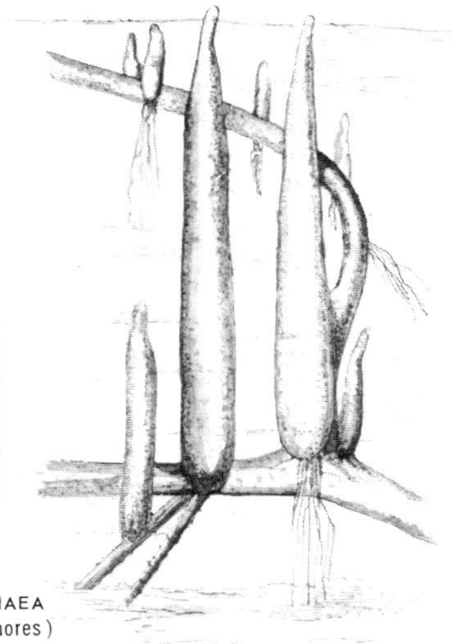

6. JUSSIAEA
(pneumatophores)

timidité n. f. Caractère de celui qui est timide ; manque d'assurance : *timidité d'une réponse*. (Syn. : EMBARRAS, GÊNE, PUDEUR. — Contr. : AUDACE, EFFRONTERIE, HARDIESSE.)

Timişoara, en hongr. **Temesvár,** v. de Roumanie (Banat) ; 189 300 h. Université. Textiles.

Timmermans (Félix), écrivain belge d'expression néerlandaise, né à Lierre (1886-1947). Poète, auteur de nouvelles, il fut salué comme « prince des conteurs flamands » pour son roman *Pallieter* (1916). Il écrivit de nombreux récits dont l'art s'apparente à celui des fabliaux du Moyen Age (*le Petit Jésus en Flandre,* 1917 ; *les Belles Heures de mademoiselle Symphorose, béguine,* 1918).

Timmins, v. du Canada (Ontario), au nord de Sudbury ; 29 300 h. Cuivre ; zinc.

Timochenko (Semion), maréchal soviétique, né à Fourmanka (1895-1970). Compagnon d'armes de Staline et de Vorochilov contre l'armée Wrangel (1919), il dirigea l'occupation de la Pologne orientale (1939) et devint commissaire à la Défense (1940). Après avoir commandé sur divers fronts, il coordonna les opérations qui aboutirent à la libération de la Crimée et de l'Ukraine, ainsi qu'à la conquête de la Roumanie et de la Hongrie (1943-1944). Il aida Mao Tsö-tong à réorganiser ses armées (1945-1947) et prit sa retraite en 1960.

Timoléon, homme d'Etat grec, né à Corinthe (v. 410-v. 336 av. J.-C.). Il rétablit la démocratie à Syracuse et développa la colonisation en Sicile.

timon [timɔ̃] n. m. (lat. *temo, temonis*). Pièce de bois de l'avant-train d'une voiture, de chaque côté de laquelle on attelle les chevaux. ‖ Syn. anc. de GOUVERNAIL.

Timon d'Athènes, drame en 5 actes, en vers et en prose, de Shakespeare (1607-1608).

Timon le Misanthrope, philosophe grec du Ve s. av. J.-C. Les malheurs de sa patrie et la perte de sa fortune lui inspirèrent une haine profonde contre le genre humain. Il a été raillé par de nombreux poètes satiriques.

timonerie n. f. *Mar.* Partie close et abritée de la passerelle de navigation d'un navire. ‖ Ensemble des éléments entrant dans la commande des freins ou dans la direction d'un véhicule.

timonier n. m. *Mar.* Matelot spécialiste chargé, à bord d'un navire de guerre, des signaux et de la veille sur la passerelle. ‖ Cheval qu'on met au timon d'une voiture.

Timor, île de la Sonde, à l'est de Flores, partagée entre l'Indonésie (partie ouest : 19 000 km² ; 500 000 h.) et le Portugal (partie est : 14 925 km² ; 593 000 h. ; ch.-l. *Dili*). Découverte par les Portugais (1520), l'île fut conquise en partie par eux, en partie par les Hollandais (XVIIe s.). La frontière fut fixée par les traités de 1859, de 1893 et de 1904 ; en 1946, la partie hollandaise fut englobée dans la République indonésienne.

timoré [timɔre], **e** adj. (du lat. *timor,* crainte). Qui n'ose pas agir par excès de scrupule. (Syn. : APEURÉ, CRAINTIF.)

Timoshenko (Stephen), ingénieur américain d'origine russe, né à Chpotovka, près de Kiev, en 1878. Eminent théoricien dans le domaine de la résistance des matériaux, il doit être considéré comme le plus illustre spécialiste des études sur l'élasticité.

Timothée (*saint*) [m. en 97], disciple de saint Paul, qui lui adressa deux de ses *Epîtres*. — Fête le 24 janvier.

Tīmūrides ou **Timourides,** dynastie issue de Tīmūr Lang, et qui régna en Perse et dans la Transoxiane de 1447 à 1517. Le règne des derniers Tīmūrides marque l'apogée de la civilisation persane.

Tīmūr Lang, dit **Tamerlan,** né à Kech, près de Samarkand (1336-1405), roi de Transoxiane (1370-1405). Membre de la noblesse turque, il s'empara du gouvernement de Kech, puis se proclama roi de Transoxiane (1370). A la fois guerrier intrépide, dévastateur sanguinaire, lettré, amateur d'art et musulman dévot, il s'acharna contre l'Iran et les contrées avoisinantes, ravageant les capitales, liquidant les dynasties et massacrant les populations. Il parcourut le sultanat de Delhi (1398-1399) et pénétra en Syrie (destruction d'Alep, de Damas et de Bagdad, 1400-1401). Il battit les Ottomans près d'Ancyre (Ankara) [1402]. A la veille de sa mort, il s'apprêtait à envahir la Chine.

tin [tɛ̃] n. m. (orig. obscure). *Mar.* Chacune des pièces de bois qui soutiennent un navire en construction ou en radoub.

tin n. m. (du lat. *tinus,* laurier-tin). V. LAURIER-TIN.

tinamou [tinamu] n. m. Oiseau assez primitif de l'Amérique du Sud, où on le chasse sous le nom de *perdrix*.

Tinbergen (Nikolas), zoologiste néerlandais, né à La Haye en 1907, promoteur avec Lorenz de l'école éthologique* positive. Son œuvre a apporté un renouveau dans la psychologie animale*. Il a écrit notamment *The Study of Instincts* (1951), *Social Behaviour in Animals* (1953).

tincal [tɛ̃kal] n. m. Borate naturel de sodium.

Tinchebray (61800), ch.-l. de c. de l'Orne (arr. d'Argentan) ; 3 300 h. (2 209 aggl.). Quincaillerie.

tinctorial [tɛ̃ktɔrjal], **e, aux** [-o] adj. (lat. *tinctorius ;* de *tingere,* teindre). Qui sert à teindre : *plante tinctoriale*. ‖ Relatif à la teinture.

Tindouf, poste du Sahara algérien, aux confins du Maroc méridional.

le Tintoret
« la Déploration »
Académie de Venise

Tinée (la), riv. des Alpes-Maritimes, affl. du Var (r. g.) ; 72 km.

Tinel (Edgar), compositeur belge, né à Sinaai (Flandre-Orientale) [1854-1912]. Directeur de l'école de musique de Malines, puis directeur du conservatoire de Bruxelles et maître de chapelle du roi, il a laissé des poèmes symphoniques, l'oratorio *Franciscus,* des partitions lyriques et un manuel de chant grégorien.

tinette [tinɛt] n. f. (de *tine,* baquet). Récipient pour la vidange.

Tinguely (Jean), sculpteur suisse, né à Fribourg en 1925, l'un des fondateurs du « nouveau réalisme ».

Tinos. V. TÊNOS.

Tinqueux (51100 Reims), comm. de la Marne (arr. de Reims) ; 7 394 h.

tintamarre [tɛ̃tamar] n. m. (de *tinter*). *Fam.* Grand bruit, accompagné de désordre.

tintement n. m. Sonnerie qui se fait à petits coups. ‖ Vibration prolongée du son d'une cloche. ● *Tintement d'oreilles,* bourdonnement d'oreilles analogue à celui d'une cloche qui tinte.

Tinténiac (35190), ch.-l. de c. d'Ille-et-Vilaine (arr. de Saint-Malo) ; 2 398 h.

tinter [tɛ̃te] v. t. (bas lat. *tinnitare,* sonner). Faire sonner lentement une cloche, de manière que le battant frappe d'un seul côté. ‖ — V. i. Résonner lentement par coups espacés : *la cloche tinte*. ‖ Bourdonner : *les oreilles me tintent*.

tintinnabuler [tɛ̃tinabyle] v. i. (du lat. *tintinnabulum,* clochette). Produire le son d'un grelot.

Tinto (*río*), fl. de l'Espagne méridionale, tributaire de l'Atlantique ; 100 km. Il a donné son nom à d'importantes mines de cuivre.

Tintoret (Jacopo ROBUSTI, dit **le**), peintre italien, né à Venise (1518-1594). Il fut inspiré par Titien pour la couleur, par Michel-Ange pour le dessin. Aimant couvrir de grandes surfaces, impétueux, usant de raccourcis audacieux, d'oppositions d'ombre et de lumière, doué du sens dramatique, il fut plus près de l'esprit baroque que de celui de la Renaissance. Sa carrière se déroula entièrement à Venise, et son œuvre est considérable. Outre de très nombreux portraits et des scènes religieuses, il a laissé trois grands cycles : celui des miracles de saint Marc (Académie, Venise ; Brera, Milan), les cinquante-six compositions de la Scuola di San Rocco, et celles du palais des Doges dont la série s'achève avec l'immense *Paradis* de 1588. Il a influencé le Greco et l'art maniériste. En France, il est représenté au Louvre et aux musées de Lyon, de Caen et de Nancy. (V. illustr. RENAISSANCE.)

tipule

tintouin [tɛ̃twɛ̃] n. m. (de *tinter*). *Fam.* Inquiétude, embarras, souci : *affaire qui donne beaucoup de tintouin*.

Tioumen', v. de l'U. R. S. S. (R. S. F. S. de Russie), en Sibérie ; 269 000 h. Industries du bois.

Tiouttchev (Fiodor Ivanovitch), homme politique et poète russe, né à Ovstoug, près de Briansk (1803-1873). Diplomate, puis fonctionnaire de la chancellerie impériale, il exposa un système politico-religieux mystique et panslaviste (*la Russie et la révolution,* 1849). Ses poèmes, parus dans des revues de 1836 à 1838 et ignorés malgré l'admiration de Pouchkine, furent réédités en 1854 sous le titre de *Poésies*. Influencé par les romantiques allemands, il est considéré comme le précurseur de la renaissance poétique russe de la fin du XIXe s.

Tipasa, comm. d'Algérie (dép. d'Alger) ; 9 300 h. Ruines romaines.

Tipperary, v. de la république d'Irlande (Munster) ; 5 400 h.

Tippett (Michael), compositeur anglais, né à Londres en 1905, auteur de ballets, de symphonies, d'ouvrages dramatiques (*A Child of our Time*).

Tippoo Sahib ou **Tippou-Saïb,** sultan du Mysore (v. 1749-1799). Avec l'appui des Français, il se débarrassa des Anglais, mais ceux-ci l'assiégèrent dans sa capitale et il fut tué. Bonaparte en Egypte avait songé à tirer parti de son influence en Orient.

tipule [tipyl] n. f. (lat. *tippula,* araignée d'eau). Grand moustique, inoffensif pour l'homme. (Ordre des diptères.)

tique [tik] n. f. (angl. *tick*). Parasite vivant sur la peau des ruminants, du chien et parfois de l'homme, où il puise le sang, et qui peut transmettre de nombreuses maladies. (Long. jusqu'à 1 cm ; nom scientifique : *ixode ;* ordre des acariens.) [V. illustr. ARACHNIDES.]

tiquer [tike] v. i. *Fam.* Manifester sa surprise, son mécontentement.

tiqueté [tikte], **e** adj. (mot picard ; de *tache*). Marqué de points colorés : *oiseau tiqueté*.

tiqueture n. f. Etat de ce qui est tiqueté : *les tiquetures d'un œillet*.

tiqueur, euse n. Personne qui a un tic.

tir [tir] n. m. Action de lancer un projectile vers un but au moyen d'une arme. (V. *encycl.*) ‖ Endroit où l'on s'exerce à tirer : *aller au tir*. ‖ *Sports.* Syn. de SHOOT. ● *Ligne de tir,* direction de l'axe du canon d'une arme à feu prête à tirer. ‖ *Plan de tir,* plan vertical passant par la ligne de tir. ‖ *Table de tir,* tableau donnant, pour une arme, et un projectile donnés, les renseignements théoriques nécessaires à l'exécution des tirs.

— ENCYCL. Le mot *tir* est utilisé dans de très nombreuses expressions militaires relatives à l'instruction du tir, à sa technique, à sa préparation, à son exécution, à ses différents genres, à ses emplois tactiques et à ses effets pratiques.

● *Instruction du tir.* Elle occupe une place primordiale dans la formation militaire et elle est dispensée à tous les soldats, qui doivent d'abord savoir tirer aux armes portatives (pistolet, pistolet mitrailleur, fusil, fusil mitrailleur, grenade, lance-roquettes) avant d'être formés au tir des matériels d'armement particuliers (terrestres, navals ou aériens), suivant la spécialité et l'arme dans lesquelles ils sont affectés (canons, lance-missiles, mitrailleuses lourdes, mortiers, obusiers de tout genre). Pour

Phot. Giraudon, Murray.

mener à bien cette instruction, les procédés les plus divers et les plus modernes sont utilisés, tels que le *tir photographique* par cinémitrailleuse* ou photomitrailleuse.

● *Technique du tir.* Le *tir précis* est celui dont les points d'impact forment un groupement serré. Le *tir réglé* ou *en place* est celui dont le point moyen du groupement coïncide avec le point visé. Le *tir juste* est celui qui est à la fois précis et réglé. Chaque tir, qu'il s'agisse du *tir aérien*, du *tir antiaérien*, du *tir antichar*, du tir sur des engins blindés ou du *tir nucléaire* (appelé aussi souvent *tir unitaire* parce qu'il n'y a qu'un seul projectile), a sa technique particulière.

● *Préparation du tir.* Selon la *mission de tir* impartie, qui permet d'établir les *consignes de tir* de la bouche à feu ou de l'ensemble de bouches à feu considéré, il est nécessaire, dans la plupart des cas, de préparer le tir avant de passer au *tir d'efficacité*, ou tir proprement dit. Cette préparation, dont les étapes sont différentes suivant qu'il s'agit de projectiles classiques, de roquettes ou de missiles, consiste à prendre toutes les dispositions nécessaires à la bonne exécution du tir. Elle comporte une *préparation théorique*, à l'aide des tables de tir, pour déterminer les *éléments de tir*, suivie généralement de *réglages** par *tirs d'essai* et *tirs d'amélioration*.

● *Exécution du tir.* Le tir *coup par coup** ou par *rafales** aux armes individuelles peut être exécuté, de jour comme de nuit, soit au *poser*, soit au *jeter*, suivant que le tireur épaule et vise avec ou sans appui. Il peut aussi être exécuté au *juger*, si le tireur actionne la détente sans épauler ni viser, en maintenant l'arme à la hanche. Les tirs au jeter et au juger sont appelés *tirs instinctifs*.

● *Genres de tir.* Le tir est *direct* ou *indirect* selon que le tireur voit ou ne voit pas l'objectif. La direction de la ligne de tir par rapport à l'objectif permet de distinguer le *tir de flanquement* du *tir de face*, le *tir de front* du *tir d'écharpe* et le *tir de flanc* du *tir de revers*. D'autres facteurs caractérisent le *tir d'enfilade**, le *tir fichant**, le *tir plongeant**, le *tir rasant** et le *tir tendu**. Dans la marine, le *tir en chasse* ou *dans l'axe*, le *tir de rapprochement*, le *tir par le travers*, le *tir en éloignement* et le *tir en retraite* sont des tirs dans lesquels la direction de tir fait par rapport à la route suivie par le navire respectivement un angle de 0°, de 45 à 60°, de 90°, de 120 à 135° et de 180°.

● *Emplois tactiques des tirs.* Dans l'offensive, on emploie : des *tirs de préparation*, avant une attaque ; des *tirs de protection*, pour couvrir cette attaque sur ses flancs (appelés souvent *tirs d'encagement*) ou pour battre les lignes de communication ennemies ; des *tirs de soutien*, pour appuyer au plus près les unités attaquantes. Dans la défensive, on utilise des *tirs de contre-préparation* ou *d'arrêt*, pour briser une attaque ennemie. Dans tous les cas, des *tirs de harcèlement* ou *d'interdiction* permettent de gêner l'ennemi ou de paralyser ses communications, tandis que des *tirs d'aveuglement* (généralement *fumigènes*) et de *contrebatterie* neutralisent ses observatoires et ses batteries.

● *Effets des tirs.* Selon les dommages recherchés, les tirs peuvent être des *tirs de destruction* ou de *démolition*, pour anéantir un objectif, ou des *tirs de neutralisation*, pour paralyser momentanément l'ennemi.

tirade [tirad] n. f. (ital. *tirata*, action de *tirer*). Développement oratoire ou écrit d'une certaine étendue, fait généralement de lieux communs. ‖ Ce qu'un personnage de théâtre débite d'un seul trait.

tirage n. m. Action de tirer. ‖ Action d'émettre une traite. ‖ Espace laissé libre au bord des rivières pour les tracteurs qui halent les bateaux. ‖ *Arts graph.* Passage des feuilles de papier sur les formes d'une presse pour les imprimer. ‖ Résultat de cette action. ‖ Ensemble des exemplaires d'un ouvrage imprimés en une seule fois. ‖ Reproduction sur positif d'un cliché photographique. ‖ Action de faire passer un métal précieux par la filière. ‖ *Fig.* Difficulté à surmonter : *il y aura du tirage.* ‖ Mouvement ascensionnel d'une colonne d'air chaud dans un conduit ou une cheminée. ● *Cordon de tirage*, cordon destiné à faire coulisser le long d'une tringle les cordons d'un rideau. ‖ *Tirage d'une loterie*, action d'en tirer les numéros. ‖ *Tirage de la soie*, action de la dévider. ‖ *Tirage au sort*, mode de recrutement qui servait autrefois à désigner les hommes d'un contingent astreints au service militaire.

tiraillement n. m. Action de tirailler. ‖ Sensation de contraction douloureuse de certaines parties intérieures du corps : *tiraillements d'estomac.* ‖ — Pl. *Fam.* Désaccord, désunion, conflit : *tiraillements à l'intérieur d'un parti.*

tirailler [tirɑje] v. t. Tirer fréquemment et de façon désordonnée. ‖ *Fig.* Solliciter de divers côtés d'une manière importune. ‖ — V. i. Tirer peu à la fois et souvent, avec une arme à feu.

tiraillerie n. f. Action de tirailler sans ordre, sans but.

tirailleur [tirɑjœr] n. m. Soldat détaché en avant comme éclaireur. ‖ Naguère, fantassin recruté parmi les autochtones des anciens territoires français d'outre-mer : *tirailleur nord-africain, sénégalais.* ● *Marcher en tirailleur*, progresser en ordre dispersé pour reconnaître un terrain.

— ENCYCL. L'appellation de *tirailleurs* apparut à la fin du XVIIIe s. pour désigner les fantassins opérant en ordre dispersé. Napoléon créa les premiers régiments de tirailleurs dans sa jeune garde en 1814, puis, progressivement, cette appellation fut réservée aux unités d'infanterie composées de soldats autochtones. Les régiments de tirailleurs algériens, tunisiens, marocains, sénégalais ou annamites participèrent aux deux guerres mondiales et à de nombreuses campagnes outre-mer, où ils eurent maintes fois l'occasion de se distinguer et de prouver leur valeur guerrière. Ils furent dissous quand les différents pays dans lesquels ils étaient recrutés devinrent indépendants.

Tiran (*détroit de*), détroit par lequel le golfe d'Aqaba rejoint la mer Rouge.

Tirana ou **Tiranë**, cap. de l'Albanie ; 157 000 h. Centre administratif. Textiles. Verrerie.

tirant [tirɑ̃] n. m. Cordon pour ouvrir et fermer une bourse. ‖ Chacun des morceaux de cuir placés des deux côtés du soulier, et dans lesquels passent les cordons. ‖ Forte ganse fixée à la tige d'une botte pour aider à la mettre. ‖ Tendon dans la viande de boucherie. ‖ *Constr.* Pièce chargée de soulager un système ou soumise à un effort de traction, sous l'action de charge pouvant détruire l'ensemble de ce système. ● *Tirant d'air*, hauteur libre sous un pont. ‖ *Tirant d'eau*, quantité dont un navire s'enfonce verticalement dans d'eau. (Syn. CALAISON.)

Tiraqueau (André), jurisconsulte français, né à Fontenay-le-Comte (vers 1480-1558), ami de Rabelais.

Tirard (Pierre), homme politique français, né à Genève (1827-1893). Président du Conseil (déc. 1887-mars 1888 ; févr. 1889-mars 1890), il réprima le boulangisme.

Tiraspol', v. de l'U. R. S. S. (Moldavie), sur le Dniestr ; 106 000 h.

tirasse [tiras] n. f. Filet pour prendre des cailles, des perdrix. ‖ Pédale que l'organiste abaisse afin d'accoupler les claviers entre eux, ou l'un des claviers manuels de l'orgue au pédalier.

tire n. f. Au Canada, friandise obtenue à partir d'une pâte de sucre. ‖ Substance comestible obtenue par épaississement de la sève d'érable et ayant la consistance du miel.

tire n. f. *Vol à la tire*, vol qui consiste à tirer des poches les objets qu'on dérobe.

tire n. f. *Arg.* Automobile.

tiré, e adj. Fatigué et amaigri : *figure tirée.* ● *Etre tiré à quatre épingles*, être vêtu avec recherche. ‖ *Quand le vin est tiré, il faut le boire*, quand on est engagé dans une affaire, il ne faut pas songer à reculer. ‖ *Tiré par les cheveux* (Fam.), peu naturel ; mal amené. ‖ — N. m. *Comm.* Celui sur lequel une lettre de change a été tirée. ‖ Gibier que l'on chasse au fusil. ‖ Taillis maintenu à hauteur d'homme, pour faciliter la chasse au fusil : *les tirés de la forêt de Rambouillet.*

tire-au-flanc n. m. inv. *Pop.* Paresseux ; simulateur.

tire-bonde n. m. Outil dont on se sert pour enlever la bonde d'un tonneau. ‖ Pl. *des tire-bondes.*

tire-botte n. m. Instrument de bois dans lequel on engage le pied pour ôter la botte. ‖ Crochet métallique qu'on passe dans le tirant d'une botte pour la chausser. ‖ Pl. des *tire-bottes.*

tire-bouchon n. m. Sorte de vis en métal, pourvue d'un manche ou d'un anneau, pour retirer le bouchon d'une bouteille. ● *En tire-bouchon*, en forme de spirale, d'hélice. ‖ Pl. des *tire-bouchons.*

tire-bouchonner v. t. Rouler en tire-bouchon.

tire-bouton n. m. Crochet qui servait à boutonner des souliers, des gants, etc. ‖ Pl. des *tire-boutons.*

tire-braise n. m. inv. Ringard à l'extrémité aplatie et recourbée, dont les boulangers se servent pour retirer la braise du four.

tire-clou n. m. Tige métallique, plate et dentée, qui sert à l'extraction des clous. ‖ Pl. des *tire-clous.*

tire-d'aile (à) loc. adv. En battant vigoureusement des ailes, en parlant d'un oiseau qui s'enfuit en volant : *canard qui s'enfuit à tire-d'aile.*

tire-fesses n. m. inv. *Fam.* Remonte-pente.

tire-feu n. m. inv. Instrument pour mettre le feu à la charge d'un canon par inflammation d'une étoupille.

tire-fond n. m. inv. *Ch. de f.* Grosse vis employée pour fixer un coussinet ou un rail à patin sur la traverse. ‖ Anneau qu'on fixe à un plafond pour y suspendre un lustre ou un ciel de lit.

tire-laine n. m. inv. Autref., rôdeur de nuit qui volait les manteaux : *le Pont-Neuf, à Paris, fut jadis le rendez-vous des tire-laine.*

tire-lait n. m. Instrument pour tirer par aspiration le lait du sein de la mère.

tire-larigot (à) [atirlarigo] loc. adv. *Fam.* Beaucoup : *boire à tire-larigot.*

tire-ligne n. m. Petit instrument de dessinateur, qui sert à tracer des lignes. ‖ Pl. des *tire-lignes.*

tirelire [tirlir] n. f. (ital. *tiralira*; de *tirare*, tirer, et *lira*, lire, monnaie). Récipient de formes diverses, muni d'une fente par laquelle on introduit l'argent qu'on veut économiser.

tire-pied n. m. Grande lanière de cuir dont se servent les bourreliers et les cordonniers pour maintenir leur ouvrage sur le genou. ‖ Pl. des *tire-pieds.*

tirer [tire] v. t. (abrév. de l'anc. fr. *martirier*, martyriser). Amener vers soi ou après soi : *cheval qui tire une voiture.* ‖ Faire sortir d'un endroit : *tirer de l'argent de sa poche ; tirer la langue.* ‖ Etendre, allonger, tendre : *tirer une courroie.* ‖ Tracer : *tirer une ligne.* ‖ Imprimer : *tirer une estampe.* ‖ Reproduire sur positif un cliché photographique : *tirer une épreuve.* ‖ Faire partir au moyen d'une arme : *tirer un coup de canon.* ‖ Recueillir : *tirer du profit.* ‖ Emprunter : *tirer un mot du latin.* ‖ *Fig.* Délivrer : *tirer quelqu'un d'embarras.* ‖ *Pop.* Faire, subir : *tirer un an de prison.* ‖ *Escr.* Faire des armes. ● *Navire qui tire six mètres d'eau*, navire qui s'enfonce dans l'eau de cette quantité. ‖ *Tirer de l'argent de quelqu'un*, en obtenir de lui. ‖ *Tirer de la boue*, faire sortir d'un état misérable. ‖ *Tirer une conséquence*, conclure. ‖ *Tirer l'horoscope, les cartes*, prédire la destinée. ‖ *Tirer les larmes des yeux*, faire pleurer. ‖ *Tirer une lettre de change sur quelqu'un*, désigner cette personne comme devant la solder. ‖ *Tirer une loterie*, faire sortir les numéros. ‖ *Tirer des marchandises d'un pays*, en faire venir. ‖ *Tirer parti*, utiliser. ‖ *Tirer les rois*, distribuer les parts d'un gâteau des rois. ‖ *Tirer sa révérence*, saluer, partir. ‖ *Tirer satisfaction d'une injure*, en obtenir réparation. ‖ *Tirer des sons d'un instrument*, lui faire rendre des sons. ‖ *Tirer au sort quelqu'un*, choisir en s'en remettant au sort. ‖ *Tirer vanité d'une chose*, s'en glorifier. ‖ — V. i. Exécuter un tir. ‖ *Sports.* Syn. de SHOOTER. ‖ Exercer une traction : *tirer sur une corde.* ‖ Avoir du tirage en parlant d'une cheminée. ‖ Avoir de la ressemblance, en parlant des couleurs : *cet habit tire sur le bleu.* ● *Tirer à sa fin*, être près de finir. ‖ **— Se tirer** v. pr. Se dégager, sortir avec succès d'une situation difficile (au *pr.* et au *fig.*) : *se tirer d'une situation délicate.* ● *S'en tirer*, sortir heureusement d'une maladie, d'une difficulté.

Tirésias. *Myth. gr.* Devin de Thèbes, qui fut le conseiller d'Œdipe.

tire-sou n. m. Homme avide de gains mesquins. ‖ Pl. des *tire-sous.*

tiret [tirɛ] n. m. Petit trait horizontal qui, dans un dialogue, indique le changement d'interlocuteur, ou qui, répété, sert de parenthèse dans un texte.

tiretaine [tirtɛn] n. f. (anc. fr. *tiret ;* du lat. *tyrius*, [étoffe] de Tyr). Nom de plusieurs étoffes anciennes en laine pure ou mélangée.

tirette n. f. Cordon, lacet pour tirer ou suspendre quelque chose. ‖ Petite tablette à glissière pouvant sortir d'un meuble et y rentrer. ‖ Dispositif de commande par traction d'un appareil mécanique ou électrique.

tireur, euse n. Personne qui tire avec une arme à feu. ‖ Ouvrier, ouvrière qui tire les fils, etc. ‖ Personne qui émet une traite. ● *Tireur, tireuse de cartes*, personne qui prétend prédire l'avenir d'après certaines combinaisons de cartes à jouer.

tireuse n. f. Machine photographique facilitant les tirages des positifs sur papier.

Tîrgoviște ou **Târgoviște**, v. de Roumanie (Munténie) ; 47 500 h. Eglises des XVIe et XVIIe s.

Tîrgu-Mureș ou **Târgu-Mureș**, v. de Roumanie (Transylvanie), sur le Mureș ; 92 200 h. Centre culturel. — A proximité, gisement de gaz naturel.

Tiridate (m. v. 73 apr. J.-C.), roi d'Arménie (v. 53-60 et 66-v. 73). Il fut protégé par Néron. — TIRIDATE II (m. en 324), roi d'Arménie (294-324). Il se convertit au christianisme.

Tirlemont, en néerl. **Tienen,** v. de Belgique (Brabant) ; 22 700 h. Raffineries de sucre.

Tirnovo. V. TĂRNOVO.

tiroir [tirwar] n. m. Petite caisse emboîtée dans une armoire, une table, etc., et qu'on peut tirer à volonté. ‖ *Technol.* Organe mécanique animé d'un mouvement de translation et assurant la distribution d'un fluide suivant une loi déterminée. ● *Pièce, roman à tiroirs*, œuvre littéraire dont les scènes ou les épisodes sont détachés et n'ont presque aucune relation entre eux, et peuvent donc être multipliés à volonté.

tiroir-caisse n. m. Tiroir contenant la caisse d'un commerçant. ‖ Pl. des *tiroirs-caisses.*

Tirol. V. TYROL.

Tiron. V. TULLIUS TIRO.

Tirpitz (Alfred VON), amiral allemand, né à Küstrin (1849-1930). Chef d'état-major (1892), puis ministre de la Marine (1898), il fut le créateur de la flotte de haute mer allemande, la deuxième flotte mondiale en 1914, et dirigea la guerre sous-marine contre les Alliés (1914-1916) avant de démissionner.

Tirso de Molina (Fray Gabriel TÉLLEZ, connu sous le pseudonyme de), auteur dramatique espagnol, né à Madrid (v. 1583-1648). Entré en 1601 dans l'ordre de la Merci, il se mêla aux polémiques littéraires de son temps et prit violemment parti contre le gongorisme. Il écrivit

Tirso de Molina

Phot. Garcia Pelayo.

des contes édifiants (*Amuser et être utile,* 1635), des récits imitant les nouvelles italiennes (*les Jardins de Tolède,* v. 1625), et créa le théâtre de mœurs espagnol en composant plus de trois cents pièces, parmi lesquelles des comédies d'intrigue (*Don Gil aux chausses vertes,* 1617) et des drames historiques (*la Sagesse d'une femme,* 1635), romanesques (*le Trompeur de Séville,* v. 1625; *les Amants de Teruel,* 1635) et religieux (*le Damné par manque de foi,* 1635).

Tiruchirapalli, anc. **Trichinopoly,** v. de l'Inde méridionale (Tamizhagam); 266 000 h. Textiles.

Tirynthe, anc. v. de l'Argolide, qui atteignit son apogée à l'époque créto-mycénienne.

tisane [tizan] n. f. (lat. *ptisana,* tisane d'orge). Liquide aqueux servant de boisson aux malades.

tisanerie n. f. Endroit d'un hôpital où se font les tisanes.

Tischbein, famille de peintres allemands du XVIIIe s., surtout portraitistes.

Tiselius (Arne), biochimiste suédois, né à Stockholm (1902-1971). Il a isolé diverses protéines du sang et du lait. (Prix Nobel de chimie, 1948.)

Tisi (Benvenuto). V. GAROFALO (*il*).

Tiso (Jozef), prélat et homme politique slovaque, né à Velká Bytča (1887-1947). Chef du gouvernement slovaque (sept. 1938), il obtint, après les accords de Munich, l'autonomie interne pour la Slovaquie (7 oct.). Il plaça son pays sous la protection allemande, déclara la guerre à la Pologne (sept. 1939) et fut président du Conseil (oct. 1939-avr. 1945). Il fut condamné à mort et exécuté après le départ des Allemands.

tison [tizɔ̃] n. m. (lat. *titio*). Morceau de bois brûlé en partie et encore en ignition : *éteindre un tison.* ‖ Allumette résistant au vent.

tisonné, e adj. Se dit du poil d'un cheval parsemé de taches noires.

tisonner v. i. et t. Attiser le feu.

tisonnier n. m. Tige métallique, droite ou recourbée, pour attiser le feu et en extraire les cendres.

tissage n. m. Art de fabriquer les différents tissus. ‖ Etablissement industriel où l'on tisse : *un tissage mécanique.*

Tissandier (Gaston), aéronaute et savant français, né à Paris (1843-1899). Il exécuta de nombreux voyages aériens pendant la guerre franco-allemande soit pour quitter Paris investi, soit pour y entrer. En 1875, dans le *Zénith* avec Crocé-Spinelli et Sivel, il atteignit l'altitude de 8 600 m, mais ses deux compagnons en moururent. Aidé par son frère ALBERT, il construisit le premier aérostat dirigeable à moteur électrique (1883), avec lequel ils parvinrent à remonter un courant aérien.

Tissapherne (m. en 395 av. J.-C.), satrape perse de Lydie v. 413 av. J.-C. Il commandait l'armée d'Artaxerxès Mnémon à Counaxa. Il fut destitué et mis à mort par Artaxerxès.

tisser [tise] v. t. (du lat. *texere*). Entrelacer, suivant une armure donnée, les fils de chaîne (en longueur) et les fils de trame (en largeur), pour faire un tissu : *tisser de la laine, du coton.*

tisserand [-rɑ̃], **e** [-ɑ̃d] n. Ouvrier, ouvrière qui tisse des fibres textiles.

Tisserand (Eugène), agronome français, né à Flavigny-sur-Moselle (1830-1925). Il contribua au développement de l'enseignement agricole.

Tisserand (Félix), astronome français, né à Nuits-Saint-Georges (1845-1896). Directeur de l'Observatoire de Paris (1892), il étudia plus particulièrement le système solaire. Il donna la solution de certains problèmes de mécanique céleste que n'avait pu résoudre Laplace.

Tisserant (Eugène), prélat français, né à Nancy (1884-1972), cardinal (1936), secrétaire de la Sacrée Congrégation pour l'Eglise orientale (1936-1959), doyen du Sacré Collège. (Acad. fr.)

tisserin [tisrɛ̃] n. m. Genre d'oiseaux passereaux des régions chaudes, ainsi nommés pour leur habileté à tisser leur nid suspendu.

tisseur n. et adj. m. Celui qui fait du tissage.

tissu [tisy] n. m. Surface obtenue par l'assemblage de fils entrelacés. (Les uns, étendus en longueur, forment la *chaîne;* les autres, en travers, constituent la *trame.*) ‖ Texture, manière dont les fils sont enchevêtrés : *étoffe d'un tissu lâche.* ‖ *Fig.* Enchaînement, suite de choses liées les unes aux autres : *tissu de mensonges.* ‖ *Histol.* Ensemble de cellules semblables par leur structure et leurs fonctions, voisines les unes des autres et de même origine embryologique. (V. *encycl.*) ● *Tissu urbain,* disposition de l'habitat et des activités dans une ville : *le tissu urbain est très dense au cœur des vieilles cités.*
— ENCYCL. Les animaux et les végétaux pluricellulaires présentent au cours de leur développement embryonnaire une *différenciation,* qui fait apparaître de nombreux types cellulaires. Le plus souvent, les cellules de même type restent groupées : elles forment alors un *tissu.* On distingue :
1° les tissus embryonnaires animaux et végétaux en voie de division rapide (*méristèmes* des points végétatifs des plantes);
2° les tissus végétaux adultes vivants (*parenchymes*), dont les cellules sont séparées par une paroi cellulosique;
3° les tissus végétaux partiellement morts (bois, liège...);

Titien : « la Belle de Titien »
palais Pitti, Florence
v. également Renaissance

4° les tissus animaux de type épithélial, entièrement formés de cellules jointives (cerveau, muscles, épiderme, glandes);
5° les tissus animaux de type conjonctif, aux cellules séparées par des substances interstitielles telles que l'os, le cartilage, la lymphe ou le plasma sanguin.
Chaque tissu présente des propriétés biochimiques particulières et réagit à l'action des hormones, des toxines microbiennes, etc. d'une façon qui lui est propre.
Culture de tissu. C'est Carrel qui, le premier, a réussi cette expérience en plaçant des fragments d'organes ou de tissus embryonnaires dans un milieu de culture convenable. Les cellules du tissu cultivé se multiplient par mitoses; certaines d'entre elles donnent presque indéfiniment de nouvelles cellules, mais n'arrivent jamais à former un organe.

tissu, e adj. (part. passé de l'anc. fr. *tistre,* tisser). *Fig.* Mêlé, formé.

tissu-éponge n. m. Tissu bouclé sur ses deux faces et spongieux. ‖ Pl. des *tissus-éponges.*

tissulaire [tisylɛr] adj. *Histol.* Relatif à un tissu.

tissure n. f. Entrecroisement de fils tissés. ‖ Liaison entre les fils de chaîne et les fils de trame, résultant de l'opération du tissage.

Tisza (la), en tchèque **Tisa,** en allem. **Theiss,** riv. de Hongrie, née en Ukraine subcarpatique et rejoignant le Danube (r. g.) en Yougoslavie; 1 300 km.

Tisza (Kálmán), homme d'Etat hongrois, né à Geszt (1830-1902). Chef du parti libéral hongrois, il gouverna le pays de 1875 à 1890. — Son fils ISTVÁN, né à Budapest (1861-1918), chef du gouvernement de 1903 à 1905 et de 1913 à 1917, défendit la prépondérance magyare contre les aspirations des nationalistes serbes. Il fut assassiné.

titan [titɑ̃] n. m. (du nom mythol.). Personne d'une puissance extraordinaire. ● *De titan,* démesuré, gigantesque : *un travail de titan.*

titane [titan] n. m. Métal (Ti) blanc, dur, de numéro atomique 22, de densité 4,5, fondant à 1 800 °C, qui, par ses propriétés, se rapproche du silicium et de l'étain.

Tito (*à droite*)
recevant Mikoian et Khrouchtchev

— ENCYCL. Très répandu dans la nature sous forme de composés oxydés, le *titane* a pour principaux minerais l'oxyde, ou *rutile,* et l'oxyde complexe de fer et de titane, ou *ilménite.* Il est préparé selon le procédé Kroll, dans lequel une opération de chloruration du minerai, à 800 °C, permet d'obtenir du tétrachlorure de titane après condensation et purification. Celui-ci est réduit à 900 °C à l'aide de magnésium. Le métal obtenu, qui se présente sous forme d'éponges, de poudre ou de flocons, doit être refondu dans un four à arc, sous atmosphère d'argon. En raison de sa densité relativement faible, de sa bonne tenue à divers agents de corrosion, le titane présente un très grand intérêt pour la fabrication d'éléments de turboréacteurs, d'avions, de missiles, etc. Il est très apprécié dans l'industrie chimique pour sa résistance à la corrosion et il intervient dans la composition d'un grand nombre d'alliages susceptibles de trempe et de revenu. Le carbure de titane constitue l'élément actif de divers alliages réfractaires pour ailettes de turbines ou outils de coupe. En peinture, le titane sert de pigment blanc.

titanesque ou **titanique** adj. Gigantesque : *effort titanesque.*

Titans. *Myth. gr.* Fils d'Ouranos et de Gaia. Révoltés contre les dieux, ils tentèrent d'escalader le ciel en entassant montagne sur montagne; mais ils furent foudroyés par Zeus.

Tite (*saint*), disciple de saint Paul (Ier s.). Il suivit saint Paul et fonda l'Eglise crétoise. Saint Paul lui adressa une épître pastorale. — Fête le 6 février.

Tite-Live, historien latin, né à Padoue (64 ou 59 av. J.-C.-17 apr. J.-C.), auteur d'une histoire romaine (des origines jusqu'à l'an 9 av. J.-C.) en 142 livres, dont 35 à peine sont conservés. Sincère, mais dépourvu d'esprit critique, il admire le passé de Rome et fait de l'histoire une œuvre patriotique.

Titelouze (Jehan), compositeur français, né à Saint-Omer (1563-1633), chanoine et organiste de la cathédrale de Rouen. Par ses versets et ses « recherches » sur des thèmes de plain-chant, il est le créateur de l'école d'orgue française classique.

titi n. m. *Pop.* Gamin de Paris.

Titicaca, grand lac des Andes (à 3 812 m d'alt.), entre la Bolivie et le Pérou; 6 900 km².

Titien (Tiziano VECELLIO, dit), peintre italien, né à Pieve di Cadore (v. 1490-1576). Il fut l'élève de Bellini puis le collaborateur de Giorgione, qui l'influença dans ses débuts. Il jouit rapidement d'une notoriété considérable, travaillant pour les princes italiens, les papes, François Ier et Charles Quint. Grand coloriste, il peint par masses équilibrées, aimant les effets de lumière et exaltant la beauté du monde. Réaliste, s'il s'inspire de la mythologie, il prend ses modèles dans la réalité, plaçant de beaux corps dans des paysages. Sensuel, il fut pourtant un grand peintre religieux. Son œuvre comprend de nombreux et admirables portraits. Vers la fin de sa vie, assombrie par des chagrins familiaux, son art se fit plus baroque. Parmi ses œuvres, on peut citer : *la Présentation de la Vierge au Temple* et *Pietà* (académie de Venise); *l'Amour sacré et l'Amour profane* (galerie Borghèse, Rome); *la Vénus d'Urbino* et *Flore* (Offices, Florence); portrait de *l'Arétin* (palais Pitti, Florence); *Offrande à Vénus* et *Bacchanale* (Prado, Madrid); *Mise au tombeau, l'Homme au gant* et *Jeune Femme à sa toilette* (Louvre).

titillation n. f. Chatouillement léger, agréable.

titiller [titile *ou* -je] v. t. (lat. *titillare*). Chatouiller légèrement : *ce vin titille agréablement le palais.* ‖ — V. i. Eprouver une sensation de titillation.

Titisee, lac de l'Allemagne occidentale, en Forêt-Noire.

Tito (Josip BROZ, dit), homme politique yougoslave, né à Kumrovec (Croatie) en 1892. L'un des fondateurs du parti communiste yougoslave, il en devint secrétaire général en 1937. A partir de 1941, à la tête d'un Comité de libération, il lutta contre l'occupation allemande et, après avoir éliminé Mihajlović, devint le chef d'un gouvernement révolutionnaire. Il fut créé maréchal en 1943 et fut nommé chef du gouvernement de la République populaire yougoslave et commandant en chef (mars 1945). A partir de 1948, il adopta une attitude d'indépendance à l'égard de l'U. R. S. S.; il a fait de la Yougoslavie le centre des pays non engagés. Président de la République depuis 1953, nommé président à vie en 1974, il est président de la Ligue des communistes de Yougoslavie depuis 1966.

Titograd, anc. **Podgorica,** v. de Yougoslavie, cap. du Monténégro; 42 000 h.

titrage n. m. Détermination des quantités de certaines matières contenues dans certains composés. ‖ Opération qui a pour objet d'indiquer la grosseur, ou titre, des fils textiles. (Le titrage des fils se fait soit en numérotage métrique, le titre exprimant la longueur du fil pesant 1 000 g, soit en deniers, le titre exprimant le poids en grammes de 9 000 m de fil, ou encore en tex, le titre exprimant le poids en grammes de 1 000 m de fil.)

titre [titr] n. m. (lat. *titulus*). Inscription placée en tête d'un livre, d'un chapitre. ‖ Nom de dignité, d'emploi : *titre de marquis.* ‖ Subdivision employée dans les recueils de lois : *le titre IV du Code civil.* ‖ Propriété d'une charge, d'un office : *recevoir son titre de notaire.* ‖ Qualification exprimant une relation sociale : *le titre de père.* ‖ Marque frappée sur un objet de platine, d'or, d'argent ou de vermeil, attestant la conformité de sa teneur en métal précieux à l'une des normes fixées par

Phot. Anderson-Giraudon, Comet-Rapho.

la loi. (V. *encycl.*) || Désignation indiquant la grosseur d'un fil textile. (On dit aussi NUMÉRO.) || Acte authentique établissant un droit : *titre de propriété.* || Certificat représentatif d'une valeur mobilière (rente sur l'Etat, action, obligation, part de fondateur), qui peut être nominatif, au porteur ou à ordre. || Qualité, capacité : *de tous les candidats, c'est lui qui a le plus de titres.* || Richesse d'un alliage, d'un minerai, d'un sel, en un métal ou en un corps déterminé. ● *En titre,* comme titulaire. || *Titre d'un alliage de métal précieux,* rapport, exprimé en millièmes, entre le poids de métal fin contenu dans cet alliage et le poids total de l'alliage. || *Titre d'une solution,* rapport de la masse du corps dissous à la masse de la solution. || **— A juste titre** loc. adv. Avec raison. || **— A titre de** loc. prép. En qualité de : *à titre d'ami.*
— ENCYCL. Suivant les usages anciens subsistant encore partiellement dans la bijouterie et l'orfèvrerie, le *titre* des alliages d'or s'exprimait en vingt-quatrièmes, le vingt-quatrième étant appelé « carat », et celui des alliages d'argent en douzièmes, cette unité étant appelée « denier ». Aujourd'hui, les titres s'expriment en millièmes. L'or à 22 carats est au titre de 916,6 millièmes, et celui à 18 carats au titre de 750 millièmes ; l'argent à 9 deniers est au titre de 750 millièmes. En France, la fabrication des objets en métaux précieux (bijouterie, orfèvrerie) est réglementée quant au titre.

titré, e adj. Qui possède un titre nobiliaire ou honorifique : *personnage titré.* || *Chim.* Se dit d'une solution dont le titre est connu.

titrer v. t. *Chim.* Déterminer le titre d'une solution, d'un alliage.

titrimétrie n. f. Mesure du titre d'une solution.

titubant, e adj. Chancelant.

titubation n. f. (de *tituber*). Action de tituber, de vaciller sur ses jambes.

tituber [titybe] v. i. (lat. *titubare*). Chanceler, vaciller sur ses jambes : *ivrogne qui titube.*

titulaire [titylɛr] adj. et n. Qui possède un emploi en vertu d'un titre. || Qui occupe un poste pour lequel il a été choisi ou nommé. ● *Evêque titulaire,* titre qui a remplacé celui d'évêque *in partibus.*

titularisation n. f. Action de rendre titulaire.

titulariser v. t. Rendre titulaire : *titulariser un fonctionnaire suppléant.*

Titulescu (Nicolae), homme d'Etat roumain, né à Craiova (1883-1941), ministre des Affaires étrangères, président de la S. D. N. (1930-1931).

titus (à la) [alatitys] loc. adv. Se dit de la manière de couper les cheveux aussi courts devant que derrière, comme on le voit dans certaines statues antiques de l'empereur Titus.

Titus, né à Rome (39-81), fils de Vespasien, empereur romain de 79 à 81. Sous le règne de son père, qui, dès 71, l'associa à la puissance tribunitienne, Titus prit et ruina Jérusalem (70). Sous le sien eut lieu la célèbre éruption du Vésuve (79), où disparurent en une nuit Herculanum et Pompéi. Il élargit les prérogatives du sénat et fit de grands travaux.

Tityre, nom de berger dans les églogues de Théocrite et de Virgile.

Tivoli, anc. **Tibur,** v. d'Italie (prov. de Rome) ; 34 100 h. Lieu de villégiature depuis l'Antiquité. Cascade de l'Aniene. Villa d'Este (célèbres jardins).

Tizi-Ouzou, v. d'Algérie, ch.-l. de dép., en Grande Kabylie ; 25 900 h. Centre commercial.

tjäle [tjɛl] n. m. (mot suédois signif. *sol gelé*). V. PERMAFROST.

Tjirebon, port d'Indonésie (Java) ; 136 000 h.

Tl, symbole chimique du *thallium.*

Tlemcen, v. d'Algérie, ch.-l. du dép. de ce nom, au pied des *monts de Tlemcen ;* 66 400 h. Important centre religieux. Grande mosquée des Almoravides (XIᵉ s.) ; mosquées du XIVᵉ s. Artisanat.

Tm, symbole chimique du *thulium.*

tmèse [tmɛz] n. f. (gr. *tmêsis,* action de couper). *Gramm.* Séparation de deux éléments d'un mot par l'intercalation d'un ou de plusieurs autres mots. (Ex. : LORS *même* QUE *vous auriez raison.*)

Tmolos, montagne et ville de l'anc. Lydie (Asie Mineure). Auj. *Boz Dağ.*

T. N. T., abrév. de *trinitrotoluène.*

toast [tost] n. m. (mot angl.). Proposition de boire à la santé de quelqu'un, au succès d'une entreprise : *porter un toast.* || Rôtie de pain beurré.

toasteur n. m. Petit ustensile de cuisine à résistance électrique pour griller les toasts.

Tobago ou **Tabago,** l'une des Petites Antilles, formant avec la Trinité un Etat membre du Commonwealth ; 40 000 h.

Tobie, Israélite de la tribu de Nephtali, célèbre par sa piété. Devenu aveugle dans sa vieillesse, il fut guéri par son fils sur les conseils de l'ange Raphaël. Le *livre de Tobie* a été écrit au IIIᵉ s. av. J.-C.

Tobie (*Livre de*), livre deutérocanonique de l'Ancien Testament, écrit peut-être au IVᵉ ou au IIIᵉ s. av. J.-C.

toboggan [tɔbɔgɑ̃] n. m. (mot angl., empr. à la langue des Algonquins). Sorte de traîneau bas, reposant sur

Titus, *Louvre*

Tocqueville

Rodolphe Toepffer

deux patins. || Glissière en bois, rectiligne ou hélicoïdale, pour les marchandises. || Piste glissante utilisée comme jeu dans les foires et les parcs d'attractions.

Tobrouk, port de Libye ; 15 900 h. Théâtre d'importants combats entre les troupes britanniques et celles de l'Axe, en 1941-1942.

toc [tɔk] (onomat.). Exprime un choc, un bruit sec : *faire toc toc.*

toc n. m. *Fam.* Imitation de métal précieux, d'objets anciens : *bijou en toc.* || *Mécan.* Organe d'un tour qui sert à maintenir et à entraîner la pièce à usiner.

tocante n. f. V. TOQUANTE.

Tocantins (le), fl. du Brésil, qui rejoint l'Atlantique en formant un estuaire commun avec un bras de l'Amazone ; 2 640 km.

tocard [tɔkar], **e** [-ard] adj. (du normand *toquart,* têtu). *Pop.* Laid ; mauvais. || — N. m. *Fam.* Cheval de course médiocre. (On écrit parfois aussi TOQUARD, E.)

toccata [tɔkata] n. f. (mot ital. signif. *touche*). Forme de musique instrumentale pour le clavecin, le piano ou l'orgue, souvent très libre ou obéissant à un mouvement perpétuel. (La toccata apparaît dans la musique de clavier du XVIᵉ s. sous forme d'une improvisation libre, avant de se soumettre, au XVIIIᵉ s., à une rythmique obstinée.) || Pl. des *toccate* ou *toccatas.*

Tocqué (Louis), peintre français, né à Paris (1696-1772). Gendre de Nattier, il fut comme lui portraitiste (*Marie Leszczyńska,* Louvre ; *Marquis de Marigny,* Versailles). Il se rendit en Russie, où il exécuta le portrait de la tsarine Elisabeth.

Tocqueville (Charles Alexis Henri CLÉREL DE), écrivain politique français, né à Paris (1805-1859). Après un séjour aux Etats-Unis (1831-1832), il publia *De la démocratie en Amérique* (1835-1840). Député en 1839, il fut ministre des Affaires étrangères en 1849. En 1856, il fit éditer *l'Ancien Régime et la Révolution.* L'œuvre historique de Tocqueville est à la fois solide, élégante et lucide. (Acad. fr.)

tocsin [tɔksɛ̃] n. m. (anc. provenç. *tocasenh ;* de *tocar,* toucher, et de *senh* [du lat. *signum*], cloche). Bruit d'une cloche qu'on tinte à coups redoublés pour donner l'alarme.

Todd-A.O. (nom déposé), procédé d'enregistrement sur film de grande largeur (70 mm), évitant les distorsions optiques du cinémascope.

Todi, v. d'Italie (Ombrie) ; 18 400 h. Anc. ville des Etrusques.

Tödi, sommet des Alpes suisses ; 3 623 m.

Todleben. V. TOTLEBEN.

Todt (Fritz), général et ingénieur allemand, né à Pforzheim (1891-1942). Son nom est resté attaché à l'organisation créée en 1933 pour utiliser à des fins économiques et stratégiques l'activité de nombreux ouvriers alors en chômage. Hitler lui confia d'abord la réalisation d'un vaste réseau d'autoroutes (1933-1938), et l'édification de la ligne Siegfried (1937-1940). Puis il devint ministre de l'Armement et des munitions (1940), et dirigea l'équipement des armées du front oriental (1941-1942). Il disparut dans un accident d'avion.

T. O. E., abrév. de *théâtres* d'opérations extérieurs.*

Toepffer (Rodolphe), dessinateur et écrivain suisse d'expression française, né à Genève (1799-1846), fils du peintre de genre W. A. Tœpffer. Ayant abandonné la peinture en raison de la faiblesse de sa vue, il fonda une maison d'éducation. Des voyages à pied qu'il faisait avec ses élèves dans les montagnes de la Suisse, il a tiré un récit, *Voyages en zigzag* (1845). Auteur d'albums comiques et de contes fantaisistes (*le Presbytère,* 1839-1846), il a célébré son pays dans les *Nouvelles genevoises* (1841).

toge [tɔʒ] n. f. (lat. *toga*). Manteau ample et long des Romains. || Robe de magistrat, d'avocat, de professeur.

Togliatti (Palmiro), homme politique italien, né à Gênes (1893-1964), un des fondateurs du parti communiste italien. Il fit preuve d'une activité idéologique très ferme en faveur de la déstalinisation et de l'ouverture vers les divers courants de la gauche.

Togo, république de l'Afrique occidentale, sur le golfe de Guinée ; 56 600 km² ; 2 millions d'h. (*Togolais*). Cap. *Lomé.* Langue officielle : *français.*

Géographie.

Allongé du nord au sud sur 600 km, le Togo juxtapose une partie méridionale basse et lagunaire (*lac Togo*), une partie orientale tabulaire, où l'altitude se relève légèrement, et une partie occidentale, la plus élevée (*monts du Togo*), qui domine au nord une région de plaines. L'étirement en latitude explique la diminution des précipitations vers le nord (cependant, le Sud-Est est très sec) et le passage progressif de la forêt à la savane.

La population, formée de groupes variés (Kabrés, Eoués, etc.), est concentrée dans le Sud (la « Région maritime » regroupe plus du tiers de la population totale sur un peu plus du dixième de la superficie du pays). L'agriculture est le fondement de l'économie du pays. Employant les quatre cinquièmes de la population active, elle fournit la moitié de la production intérieure brute. Les cultures vivrières dominent largement : manioc, maïs et palmiers à huile dans le Sud ; igname, arachide et mil-sorgho dans le Centre et le Nord. Parmi les cultures d'exportation émergent le cacao, le café, le coton, le tabac et le coco. L'élevage (ovins surtout), la pêche et

paysage agricole près de Kandé

Togo

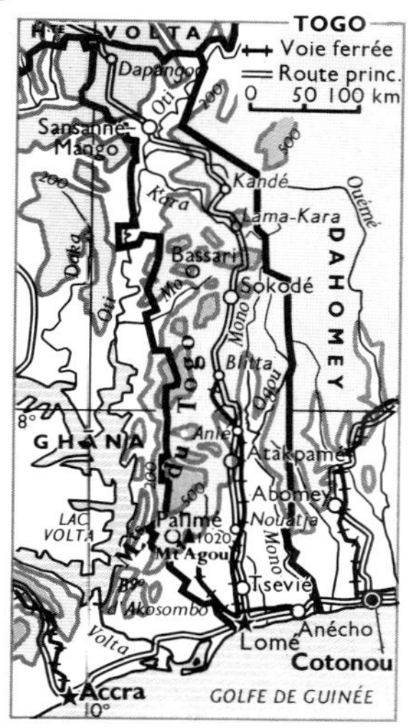

Phot. Giraudon, Almasy, Larousse, X.

Togo
vue de Lomé

l'exploitation fruitière sont plus développés. L'extraction des phosphates du lac Togo fournit le principal article d'exportation avant le cacao et le café. La balance du commerce extérieur (passant par Lomé) est cependant déficitaire. La valeur globale de la production reste très faible.

Histoire.

Les Portugais y pratiquèrent très tôt la traite des Noirs. A partir de 1850 s'installèrent au Togo des missionnaires allemands; l'explorateur Nachtigal plaça le roi d'Anécho sous protectorat allemand (1884); en même temps, des traités avec la France (1885) et la Grande-Bretagne délimitaient les frontières du pays. L'active politique économique et sociale menée par les colons allemands fut interrompue par la Première Guerre mondiale; dès août 1914, les Français occupèrent le Togo, qui, en 1922, fut attribué comme pays de mandat à la France (les deux tiers du pays à l'est et toute la côte) et à la Grande-Bretagne (le tiers du pays à l'ouest). Cette situation fut entérinée en 1946 par l'O. N. U., qui prit les deux territoires sous tutelle. En mai 1956, le Togo britannique, où dominaient les Eoués, séparés de leurs frères de la Côte-de-l'Or, se prononça par plébiscite pour l'intégration des Eoués à la Côte-de-l'Or, qui devint l'Etat indépendant du Ghana (1957). En même temps, le Togo français choisit de devenir une république autonome dans le sein de l'Union française (1956-1958). Le 27 avril 1960, le Togo devint indépendant.

Tōgō (Heihachiro), amiral japonais, né à Kagoshima (1847-1934). Pendant la guerre russo-japonaise, il commanda l'escadre qui bloqua Port-Arthur et il anéantit la flotte russe à Tsushima (1905).

togolais [tɔgɔlɛ], **e** [-ɛz] adj. et n. Du Togo.

tohu-bohu [tɔybɔy] n. m. (mot hébreu). *Fam.* Confusion, grand désordre.

toi pron. pers. V. TU.

toilage n. m. Fond sur lequel se détache le dessin d'une dentelle.

toile [twal] n. f. (lat. *tela*). Tissu de lin, de chanvre ou de coton : *de la toile fine; des draps de toile.* ‖ En couture, prototype d'un modèle exécuté dans une grosse étamine de coton. ‖ Toile tendue et préparée, sur laquelle on peint. ‖ Tableau : *des toiles de Rubens.* ● *Toile d'araignée,* ensemble de fils constitués par la soie que sécrètent les araignées et souvent disposés avec régularité. (Les toiles d'araignées sont des pièges pour les petits insectes.) ‖ *Toile de fond,* toile sur laquelle sont représentés les derniers plans d'un décor. ‖ — Pl. Filets pour prendre les bêtes fauves.

toilerie n. f. Fabrique, commerce, tissu de toile.

toilettage n. m. Ensemble des soins donnés à un chien, à un chat.

toilette [twalɛt] n. f. (de *toile*). Meuble garni de tous les objets destinés aux soins de la coiffure et de la propreté. ‖ Action de se laver, de se coiffer. ‖ Lavabo installé dans un endroit public, un train, etc. ‖ Ensemble des vêtements et des accessoires qui servent à une femme pour s'habiller, pour se parer : *aimer la toilette.* ‖ Tout costume féminin : *toilette d'été; toilette de mariée.* ‖ Toile noire dans laquelle les couturières, les tailleurs, etc., enveloppent les vêtements qu'ils vont livrer. ‖ — Pl. *Fam.* Cabinet d'aisances.

toise [twaz] n. f. (lat. *tensa,* tendue). Anc. mesure française de longueur, valant 1,949 m. ‖ Règle verticale graduée, le long de laquelle glisse un curseur servant à mesurer la taille des hommes.

toiser v. t. Mesurer avec la toise ou autrement. ‖ *Fam.* Regarder avec dédain.

toison [twazɔ̃] n. f. (lat. *tonsio,* action de tondre). Laine d'un mouton; pelage, poil d'autres animaux. ‖ *Fam.* Chevelure.

Toison d'or, toison du bélier ailé qui emporta dans les airs Phrixos et Hellê. Elle était gardée en Colchide par un dragon et fut enlevée par Jason et les Argonautes.

Toison d'or (*ordre de la*), ordre fondé en souvenir de la toison dorée de Jason, en 1429, par Philippe le Bon, duc de Bourgogne. Il était destiné à propager la foi catholique. Il passa à l'Autriche, après la mort de Charles le Téméraire, et à l'Espagne, avec Charles Quint. Conféré seulement aux nobles et aux chefs d'Etat, il s'éteignit avec la chute des monarchies autrichienne (1918) et espagnole (1931).

toit [twa] n. m. (lat. *tectum*). *Constr.* Couverture d'un bâtiment : *toit de chaume.* ‖ Maison, habitation : *le toit paternel.* ● *Crier sur les toits,* annoncer partout.

toiture n. f. *Constr.* Ensemble des pièces constituant la couverture d'un bâtiment.

Tōjō (Hideki), général et homme d'Etat japonais, né à Tōkyō (1884-1948). Ministre de la Guerre (1940), chef du gouvernement (1941-1944), il entraîna son pays dans la guerre contre les Alliés, mais dut démissionner à la suite des revers japonais. Condamné à mort par les Américains comme criminel de guerre, il fut exécuté.

tokai ou **tokay** [tɔkaj ou tɔkɛ] n. m. Vin de liqueur, jaune doré, récolté en Hongrie.

Tōkaimura, localité du Japon (Honshū). Centrale nucléaire.

Tokaj, bourg de la Hongrie septentrionale. Vignobles réputés.

tokharien [tɔkarjɛ̃], **enne** [-ɛn] adj. Se dit d'une langue parlée autrefois dans l'Asie centrale et notée dans une écriture d'origine indienne.

Tokimune (1256-1284), homme d'Etat japonais, de la famille Hōjō, qui repoussa les invasions des Mongols.

Tokugawa, famille japonaise de la branche des Minamoto. En 1603, un représentant de cette lignée s'empara du shōgunat, que sa famille conserva jusqu'en 1867.

Tokushima, v. du Japon (Shikoku); 225 000 h. Textiles.

Tōkyō, anc. **Edo** ou **Yedo,** cap. du Japon, sur la côte est de l'île de Honshū; 11 350 000 h. Dans le sud de la plus vaste plaine japonaise (Kwanto), Tōkyō est le centre d'une agglomération de plus de 15 millions de personnes (la plus peuplée du monde avec celle de New York), étirée sur 60 km, de Yokohama à Chiba, sur la *baie de Tōkyō* (formée par l'océan Pacifique). La ville elle-même centralise toutes les fonctions de capitale. Outre sa prépondérance politique évidente, Tōkyō domine aussi l'industrie et le commerce. Aux traditionnelles branches de consommation (alimentation, imprimerie, confection) se sont ajoutées massivement après 1945 les constructions électriques et mécaniques, l'électronique et la chimie. Le palais impérial (XIXe s.) est le centre de la ville. Immédiatement au sud, sur de basses terrasses, se localisent la gare centrale et les quartiers des affaires (Marunouchi) et du commerce de détail (Ginza). L'industrie est implantée immédiatement à l'est (plus généralement le long du port) et en bordure du canal maritime Keihin (vers Yokohama). La résidence progresse principalement vers l'ouest et le nord (le contraste est frappant entre les maisons individuelles japonaises et les buildings, pourtant modestes du quartier commercial). L'université est située au nord-est. Toutefois, l'ordonnance de la ville est de moins en moins schématique; elle se modifie avec la poursuite de l'immigration, qui explique en grande partie sa croissance.
● *Histoire.* En 1603, la bourgade de *Yedo* devint le siège du shōgunat des Tokugawa (c'est-à-dire, en fait, la capitale du Japon) et s'agrandit alors rapidement; elle dépassait le million d'hab. à la fin du XVIIIe s. Après la restauration du gouvernement impérial en 1868, Edo resta la capitale du pays sous le nom de « Tōkyō », et son essor se poursuivit avec l'avènement de l' « ère Meiji ». Un tremblement de terre ravagea la ville en 1923. Attaquée dès 1942 par les bombardiers américains, Tōkyō fut partiellement détruite en 1945. C'est en rade de Tōkyō que fut signée la capitulation du Japon le 2 septembre 1945. Siège des jeux Olympiques de 1964.

Tolain (Henri Louis), homme politique français, né à Paris (1828-1897). Ouvrier ciseleur, il se fit connaître par un article où il réclamait la liberté d'expression pour les ouvriers délégués à l'Exposition universelle de Londres (1861). Il dirigea le premier bureau parisien de l'Internationale des travailleurs (1864).

Tolbiac, v. de l'anc. Gaule, près de Cologne. (Auj. *Zülpich.*) Les Francs Ripuaires y remportèrent une victoire sur les Alamans à la fin du Ve s.

Tolboukhine (Fédor), maréchal soviétique, né à Andronikі (1894-1949). Capitaine de l'armée tsariste en 1917,

deux
aspects
de Tōkyō

Phot. Picou - Afrique Photo, Almasy (2).

Tolède

rallié à la révolution, il se distingua, pendant la Seconde Guerre mondiale, à Stalingrad (1942) et entra successivement à Bucarest, à Sofia (1944) et à Belgrade. Il participa ensuite à la conquête de la Hongrie et de l'Autriche (1945).

tôle [tol] n. f. (forme dialect. de *table*). Produit sidérurgique plat, laminé soit à chaud, soit à froid, à surface lisse ou présentant des saillies ou des ondulations.

tôle n. f. *Pop.* Prison. (On écrit aussi TAULE.)

Tolède, en esp. **Toledo,** v. d'Espagne (Nouvelle-Castille), sur le Tage ; 40 700 h. Archevêché.
● *Histoire.* La ville fut au VIe s. la véritable capitale religieuse des Wisigoths. Sous la domination omeyyade, elle connut un grand épanouissement économique (cuirs et aciers). Dès 1085, Alphonse VI de León et Castille entrait à Tolède, dont il faisait sa capitale et le bastion de la Reconquête. Pendant quatre siècles, la ville fut le centre culturel et religieux de l'Espagne chrétienne. Abandonnée comme capitale au profit de Madrid (1561), elle fut occupée par les Français de 1808 à 1813. La défense de l'alcazar de Tolède est un des hauts faits des nationalistes espagnols (21 juill.-27 sept. 1936) pendant la guerre civile.
● *Beaux-arts.* Par ses maisons anciennes, ses nombreux monuments, tant civils que religieux, musulmans ou chrétiens, Tolède est une des plus riches villes d'art de l'Espagne : portes monumentales, pont d'Alcántara (Xe s., remanié aux XIIe et XVe s.), mosquée, synagogue (devenue l'église Santa María la Blanca, XIIIe-XVe s.), cathédrale (XIIIe-XVe s.), églises Nuestra Señora del Transito (XIVe s.), Santo Tomé (avec *l'Enterrement du comte d'Orgaz,* du Greco) et San Juan de los Reyes (fin XVe s.), hôpital Santa Cruz (XVIe s.), maisons et palais (maison du Greco).

Toledo, v. des Etats-Unis (Ohio), sur le Maumee ; 389 000 h. Port fluvial. Métallurgie. Raffineries de pétrole. Verreries. Pétrochimie.

tôlée adj. f. Se dit d'une neige fondue et reglacée, dangereuse pour les skieurs.

Tolentino, v. d'Italie, dans les Marches ; 16 300 h. Traité de 1797 entre Bonaparte et le pape, consacrant la réunion d'Avignon à la France.

tolérable adj. Qu'on peut tolérer, supporter.

tolérance n. f. (du lat. *tolerare,* supporter). Disposition à admettre chez les autres des manières de penser, d'agir, des sentiments différents des nôtres : *dans la vie sociale, la vertu la plus utile est la tolérance.* ‖ Faveur accordée à quelqu'un en certaines circonstances : *ce n'est pas un droit, c'est une tolérance.* ‖ Propriété que possède l'organisme de supporter, sans en souffrir, certaines substances : *la tolérance aux barbituriques est très variable selon les sujets.* ‖ Excédent ou insuffisance d'une dimension ou de poids que l'on admet dans une fabrication : *la tolérance dans les monnaies est minime.* (V. *encycl.*)
● *Maison de tolérance,* établissement de prostitution dont l'existence était tolérée par l'Administration, mais que la loi a interdit après la Libération.
— ENCYCL. Une pièce mécanique ne pouvant être réalisée rigoureusement à une dimension fixée à l'avance, appelée cote nominale, il est nécessaire d'assigner à celle-ci deux limites, maximale et minimale, dont la différence constitue la *tolérance* admissible. Pour définir une pièce, il suffit théoriquement de situer ces deux limites par rapport à la cote nominale, c'est-à-dire par ses écarts, l'écart étant la différence algébrique entre la cote nominale et la limite maximale (ou minimale). La ligne zéro est celle qui correspond à la cote nominale ; elle se confond avec la ligne d'écart nul. Les tolérances s'expriment en microns ($1\ \mu = 1/1\,000$ mm). Il est prévu 16 tolérances, correspondant chacune à une qualité de précision.

tolérant, e adj. Indulgent dans les relations sociales, et surtout en matière de religion.

tolérer [tɔlere] v. t. (lat. *tolerare*) [conj. **5**]. Supporter avec indulgence : *tolérer quelqu'un chez soi.* ‖ Permettre

tomates

tacitement ; ne pas empêcher : *tolérer des abus.* ‖ — Syn. : ACCEPTER, ENDURER, SOUFFRIR.

tôlerie n. f. Fabrique de tôle. ‖ Objets faits en tôle.

tolet [tɔlɛ] n. m. (anc. scandin. *tholler*). Tourillon autour duquel pivote une pièce mobile : *tolet d'aviron.*

tôlier n. et adj. m. Ouvrier capable d'exécuter tous travaux de tôlerie.

tôlier, ère n. *Pop.* Patron, patronne d'un hôtel peu recommandable. (On écrit aussi TAULIER, ÈRE.)

Tolima, volcan des Andes de Colombie ; 5 620 m.

tolite [tɔlit] n. f. Explosif formé par un dérivé nitré du toluène.

tollé [tɔlle] n. m. (lat. *tolle,* enlève ! [cri que poussèrent les Juifs, d'après la Vulgate, quand Pilate leur présenta Jésus]). Cri d'indignation, réclamation pleine de colère : *soulever un tollé général.* ‖ Pl. des *tollés.*

Tolman (Edward Chace), psychologue américain, né à West Newton (Massachusetts) [1866-1959]. Rejetant un béhaviorisme trop étroit, il chercha à analyser ce qui sous-tend le comportement (*Purposive Behavior in Animals and Men,* 1932).

Tolstoï (Piotr, *comte*), diplomate russe (1645-1729), conseiller de Pierre le Grand.

Tolstoï (Lev [en franç. Léon] Nikolaïevitch, *comte*), écrivain russe, né à Iasnaïa Poliana (gouvernement de Toula) [1828-1910]. Fils de riches propriétaires terriens, il s'engage dans l'armée et participe à la défense de Sébastopol'. Il commence à publier des récits autobiographiques (*Etapes d'une vie,* 1856), puis entreprend un voyage en Europe. Il revient en Russie au moment où le tsar décide l'émancipation des serfs ; il participe aux réformes en fondant une école modèle pour paysans. Il épouse à cette époque Sofia Andreïevna Bers et publie *les Cosaques* (1863), *Récits de Sébastopol'* (1868) et *Guerre* et Paix* (1865-1869), qui lui apporte la célébrité. Mais il perçoit déjà les signes d'une angoisse qui s'empare bientôt de toute son existence et lui fait dénoncer l'absurdité de la vie et de la passion (*Anna* Karenine,* 1876-1877 ; *Confession,* 1882 ; *la Sonate à Kreutzer,* 1888). Hanté par la vie monastique, il veut renoncer à ses biens, s'habille et travaille comme un paysan, cherche à définir ses idées philosophiques et esthétiques (*En quoi consiste ma foi,* 1884 ; *Qu'est-ce que l'art ?,* 1898), et croit avoir trouvé la paix (*Résurrection,* 1899). Excommunié par le Saint-Synode, il incarne les aspirations de la jeunesse russe, et son domaine devient un lieu de pèlerinage. Excédé par cette gloire, désespéré de ne pouvoir accorder sa vie et sa pensée, il veut fuir le monde et quitte secrètement sa famille. Pris de malaise, il meurt dans la gare d'Astapovo.

Léon Tolstoï

Tolstoï (Alexeï Nikolaïevitch), écrivain soviétique, né à Nikolaïevsk (gouvernement de Samara) [1883-1945]. Poète, auteur de comédies et de nouvelles, il émigre en 1917 et vit à Berlin et à Paris. Il publie un récit autobiographique (*l'Enfance de Nikita,* 1922), puis se rallie au nouveau régime. Dans *le Chemin des tourments* (1927-1941), il expose le problème des intellectuels en face de la révolution et, dans *les Emigrés* (1938), peint la vie décevante des Russes à l'étranger. Publiant des récits fantastiques (*Ælita,* 1923), il s'oriente vers le roman historique, magnifiant aussi bien Staline (*le Pain,* 1935) que les tsars créateurs de la Russie (*Pierre Ier,* 1929-1945 ; *Ivan le Terrible,* 1943).

Toltèques, peuple indien qui occupa le Mexique à partir du Xe s. Leur centre était Tula. Ils créèrent une remarquable civilisation.

tolu [tɔly] n. m. (de *Tolú,* ville de Colombie). Baume produit par un arbre de l'Amérique du Sud.

Toluca ou **Toluca de Lerdo,** v. du Mexique, cap. de l'Etat de Mexico ; 80 000 h.

toluène [tɔlɥɛn] n. m. Hydrocarbure liquide C_7H_8, analogue au benzène, employé comme solvant et détachant, ainsi que dans la préparation de colorants, de médicaments, et du T. N. T.

toluidine n. f. Aniline dérivée du toluène.

toluol n. m. Toluène brut.

tomahawk [tɔmaok] n. m. (mot algonquin). Casse-tête, hache de guerre des Indiens d'Amérique.

tomaison n. f. Indication du tome auquel appartient chaque feuille d'un ouvrage composé de plusieurs volumes.

Tomar, v. du Portugal (Estrémadure) ; 14 100 h. Ce fut le chef-lieu de l'ordre des Templiers jusqu'en 1314. Eglise et couvent remarquables (XIIe-XVIe s.).

Tomás (Americo), homme politique portugais, né à Lisbonne en 1894. Amiral, il est président de la République portugaise depuis 1958.

Tomasi (Henri), compositeur français, né à Marseille (1901-1971). Grand prix de Rome, il est l'auteur de ballets, de partitions lyriques (*l'Atlantide, Don Juan de Mañara*) et de l'oratorio *Saint François d'Assise.*

tomate [tɔmat] n. f. (esp. *tomata,* empr. à l'aztèque). Plante d'origine américaine, cultivée pour ses fruits rouges et charnus, comestibles. (Famille des solanacées.) ‖ Ce fruit : *la tomate sert à faire des sauces.* (Syn. POMME D'AMOUR.) ‖ Apéritif anisé additionné de grenadine.

tombac [tɔ̃bak] n. m. Alliage de cuivre et de zinc.

Tombalbaye (N'garta), homme d'Etat tchadien, né à Bessaba (1918-1975). Président de la république du Tchad en 1960, il fut tué lors d'un coup d'Etat.

tombale adj. f. Qui a rapport à la tombe : *pierre tombale.*

tombant, e adj. Qui tombe : *cheveux tombants.* ● *A la nuit tombante,* à l'approche de la nuit.

tombe [tɔ̃b] n. f. (gr. *tumbos,* tumulus). Lieu où un mort est enterré ; fosse recouverte d'une dalle de pierre, de marbre, etc. ‖ *Fig.* et *poét.* Mort, trépas : *verser un pleur sur sa tombe.* ● *Avoir un pied dans la tombe,* être près de mourir.

tombeau [tɔ̃bo] n. m. Monument élevé sur les restes d'un mort. ‖ Lieu où l'on périt : *Cassino fut pendant la dernière guerre le tombeau de nombreux soldats.* ‖ *Mus.* Œuvre musicale destinée à évoquer la mémoire d'un artiste. ‖ *Fig.* La mort : *rester fidèle jusqu'au tombeau.* ● *Courir, rouler à tombeau ouvert,* à toute allure, sans prudence. ‖ *Mettre quelqu'un au tombeau,* causer sa mort. ‖ *Tirer du tombeau,* tirer de l'oubli ; rendre à la vie.

tombée n. f. *A la tombée de la nuit, à la tombée du jour,* au moment où la nuit arrive.

tombelle n. f. *Archéol.* Tombe formée d'une éminence de terre.

tomber [tɔ̃be] v. i. (lat. pop. **tumbare ;* d'orig. obscure) [prend ordinairement l'auxil. *être*]. **1°** En parlant des personnes, perdre l'équilibre, faire une chute : *il a voulu courir et il est tombé.* ‖ Se jeter : *tomber aux pieds de quelqu'un.* ‖ Se précipiter : *tomber sur les ennemis.* ‖ — *Fig.* Devenir : *tomber malade.* ‖ Etre subitement saisi par un mal : *tomber en syncope.* ‖ Se jeter, être pris à : *tomber dans un piège.* ‖ Rencontrer par

Phot. Bottin, Sougez, Larousse.

hasard : *tomber sur quelqu'un.* ‖ Succomber, périr : *il est tombé au champ d'honneur.* ‖ **2°** En parlant des choses, être entraîné de haut en bas par son propre poids : *la chaise tomba.* ‖ Etre pendant : *les cheveux lui tombent sur les épaules.* ‖ Se déverser : *la pluie tombe.* ‖ Se détacher : *cheveux qui tombent.* ‖ — *Fig.* Etre sur le point de finir; décliner : *la conversation tombe; le jour tombe.* ‖ Perdre de sa force, de son intensité : *le vent est tombé.* ‖ Se porter : *la conversation tomba sur lui.* ‖ Ne pas réussir : *cette pièce tombera.* ‖ Arriver : *cette fête tombe le jeudi.* ‖ Dégénérer : *tomber dans le trivial.* ‖ Parvenir par hasard : *cette lettre m'est tombée entre les mains.* ‖ — Syn. : S'ABATTRE, S'AFFAISSER, S'AFFALER, CHOIR, DÉGRINGOLER, S'ÉCROULER. ● *Bien tomber,* être bien servi par le hasard, arriver à propos. ‖ *Les bras m'en tombent,* j'en suis stupéfait. ‖ *Laisser tomber quelqu'un, quelque chose* (Fam.), ne plus s'en occuper. ‖ *Le sort est tombé sur lui,* l'a désigné. ‖ *Tomber d'accord,* s'accorder. ‖ *Tomber en disgrâce,* perdre la faveur. ‖ *Tomber dans l'oubli,* être oublié. ‖ *Tomber en ruine,* s'écrouler lentement. ‖ *Tomber sous le sens,* être clair, évident. ‖ *Tomber de sommeil,* avoir un besoin invincible de dormir. ‖ — V. t. *Pop.* Jeter à terre : *tomber un adversaire.*

tomber n. m. A la lutte, contact des épaules avec le sol : *gagner par tomber.*

tombereau [tɔ̃bro] n. m. Caisse montée sur deux roues, qui sert au transport des matériaux et qu'on décharge en la faisant basculer à l'arrière. ‖ Contenu de cette caisse : *tombereau de sable.* ‖ Wagon à bords hauts, pour le transport des marchandises en vrac.

tombeur n. et adj. m. *Fam.* Lutteur qui tombe ses adversaires.

Tomblaine (54510), comm. de Meurthe-et-Moselle (arr. de Nancy); 6 617 h. Faubourg de Nancy.

tombola [tɔ̃bɔla] n. f. (mot ital. signif. *culbute*). Espèce de loterie de société, où chaque gagnant reçoit un lot en nature.

tombolo [tɔ̃bɔlo] n. m. (mot ital.). Flèche de sable unissant une île à la côte. (Le tombolo peut être simple [Quiberon], double [Giens], ou même triple [Monte Argentario].) ‖ Pl. des *tombolos.*

Tombouctou, v. du Mali; 8 700 h. Centre commercial près du Niger. Visitée par René Caillié en 1828, occupée par les Français en 1894.

tome [tɔm] n. m. (gr. *tomos,* portion). *Arts graph.* Division d'un ouvrage, qui correspond le plus souvent à un volume complet.

tomenteux [tɔmɑ̃tø], **euse** [-øz] adj. (du lat. *tomentum,* bourre). *Bot.* Cotonneux, couvert d'un duvet.

tomer v. t. Diviser ou marquer par tomes.

Tomes ou **Tomi,** v. de la Mésie, sur le Pont-Euxin, où Ovide mourut. (C'est l'actuelle *Constanța**.)

Tom Jones, enfant trouvé (*Histoire de*), roman de H. Fielding (1749). Ce roman est l'histoire d'un enfant trouvé recueilli par le squire Allworthy, qui l'élève avec un de ses neveux, Blifil. Ce dernier perd Tom Jones dans l'esprit de son père adoptif, mais les aventures et les passions par lesquelles passe le héros auront une fin heureuse. — Tony Richardson a tiré de ce roman un film (1963).

Tommaso de Celano, franciscain, né à Celano (m. v. 1250). Il passe pour l'auteur du *Dies irae.*

tomme [tɔm] n. f. Fromage gras, fabriqué en Savoie et dans le Dauphiné.

tommette [tɔmɛt] n. f. Dans le Midi, brique très dure, utilisée comme carrelage. (On écrit aussi TOMETTE.)

tommy [tɔmi] n. m. Nom familier du simple soldat britannique. ‖ Pl. des *tommies.*

tomographie [tɔmɔgrafi] n. f. (gr. *tomê,* section, et *graphein,* décrire). Procédé de radiographie qui permet de faire des clichés sur un seul plan du volume observé, avec effacement des autres plans.
— ENCYCL. La *tomographie* donne une image en coupe de la région observée. Pour l'obtenir, un appareillage spécial fait déplacer simultanément et en sens inverse le tube producteur de rayons X et le film radiographique pendant la prise du cliché, le sujet restant fixe. Les déplacements peuvent être linéaires ou rotatifs. Pendant le déplacement, seuls les points situés sur le plan de symétrie des déplacements du tube et du film ont une image nette sur celui-ci. On fait des tomographies des poumons, des os et articulations (vertèbres), du larynx, etc.

tom-pouce [tɔmpus] n. m. inv. (du nom d'un nain célèbre). *Fam.* Parapluie pliable, très court.

Tomsk, v. de l'U. R. S. S. (R. S. F. S. de Russie), en Sibérie occidentale, sur le *Tom'* (840 km, affl. de droite de l'Ob'); 339 000 h. Université. Constructions mécaniques.

Tomyris ou **Thomyris,** reine des Massagètes (VIe s. av. J.-C.). Cyrus ayant pris et tué son fils, elle le captura, le fit décapiter et plongea sa tête dans une outre remplie de sang.

ton [tɔ̃], **ta** [ta], **tes** [te] adj. poss. de la deuxième personne, qui ajoute au nom une idée de possession.

ton n. m. (lat. *tonus,* empr. au gr.). Certain degré d'élévation ou d'abaissement de la voix ou du son d'un instrument : *jouer dans un ton grave, aigu.* ‖ Inflexion ou expression de la voix : *ton humble, hautain.* ‖ Caractère du style : *ton noble, soutenu.* ‖ Façon particulière de s'exprimer, de se présenter. ‖ Manière, conduite : *il faut changer de ton.* ‖ *Mus.* Gamme dans laquelle un air est composé. ‖ Intervalle de deux demi-tons. ‖ *Peint.* Degré d'éclat des teintes. ● *Bon ton,* langage, manières des personnes bien élevées. ‖ *Donner le ton,* régler la mode, les habitudes, les manières d'une société.

ton [tan] n. f. Unité anglo-saxonne (symb. : t ou ton) de masse. (La ton anglaise, ou *long ton* aux Etats-Unis, équivaut à 1 016,05 kg. La ton américaine, ou *short ton,* vaut 907,18 kg.)

tonal [tɔnal], **e, als** adj. *Mus.* Relatif à la tonalité, à une tonalité.

tonalité n. f. Ensemble des phénomènes mélodiques et harmoniques qui découlent d'une note privilégiée, la tonique, comme point de référence. (La tonalité moderne n'utilise qu'une échelle transposable, majeure, et son dérivé mineur [*ut* majeur, *ut* mineur]. La tonalité, qui a alimenté toute la musique au XVIIIe et au XIXe s., s'oppose à la modalité et à l'atonalité. La musique contemporaine s'est appliquée, depuis l'utilisation du dodécaphonisme, à substituer à la tonalité classique un système excluant toute note privilégiée dans une gamme chromatique.) ‖ Teinte, nuance. ‖ Qualité d'un récepteur radio-électrique qui restitue aussi fidèlement les tons graves que les tons aigus. ‖ Son que produit un téléphone qu'on décroche, indiquant qu'on peut composer un numéro.

tondage n. m. Action de tondre les draps.

tondaison n. f. V. TONTE.

tondeur, euse n. Celui, celle qui tond.

tondeuse n. f. Nom de divers instruments qu'on emploie pour faucher le gazon, couper les cheveux et la barbe de l'homme, ainsi que les poils ou la laine des animaux, raser les étoffes de laine, etc.

tondre [tɔ̃dr] v. t. (lat. *tondere*) [conj. **46**]. Couper de près la laine, les cheveux, le gazon, le poil d'une étoffe, etc. ‖ Tailler ras : *tondre les buis.* ‖ *Fig.* Frapper d'impôts excessifs : *tondre les contribuables.*

tondu, e adj. Dont on a coupé le poil, les cheveux. ● *Pré tondu,* dont on a fauché l'herbe récemment. ‖ — N. Personne tondue : *quel est cet affreux tondu?* ● *Le Petit Tondu,* surnom familier donné par ses soldats à Napoléon Ier.

Tonga ou **îles des Amis,** archipel d'Océanie (Polynésie), au sud des Samoa; 77 000 h. Cap. *Nukualofa.* Royaume indépendant, l'archipel devint protectorat britannique en 1900; le traité de 1959 a accru son autonomie.

T'ong-houa, v. de la Chine du Nord-Est (Ki-lin); 129 100 h. Centre minier.

Tongres, en néerl. **Tongeren,** v. de Belgique (Limbourg); 17 100 h. Anc. ville romaine.

tonicardiaque adj. et n. m. Se dit d'une substance qui renforce et régularise les contractions du cœur.
— ENCYCL. Les *tonicardiaques* les plus énergiques sont la digitale, le strophantus, actifs par les glucosides qu'ils contiennent, la digitaline et l'ouabaïne. Les tonicardiaques d'entretien sont représentés par l'adonis, la spartéine, la scille, le laurier-rose, etc.

tonicité n. f. Propriété qu'ont les muscles vivants de posséder un tonus.

tonie [tɔni] n. f. Caractère de la sensation auditive, lié à la fréquence des sons.

tonifiant, e adj. Qui tonifie.

tonifier [tɔnifje] v. t. Donner de la vigueur à : *les lotions froides tonifient la peau.*

tonique [tɔnik] adj. (gr. *tonikos,* qui se tend). Qui reçoit le ton ou l'accent : *syllabe tonique.* ● *Accent tonique,* intensité plus grande avec laquelle on prononce l'une des syllabes d'un mot : *l'accent tonique tombe en français sur la dernière syllabe à voyelle prononcée.* ‖ — N. f. *Mus.* Première note de la gamme du ton dans lequel est composé un morceau. ‖ — Adj. et n. m. Relatif au tonus : *contraction tonique.* ‖ — Adj. et n. m. Se dit d'un remède qui fortifie ou réveille l'activité des organes. ‖ Lotion astringente utilisée dans les soins du visage et du cou pour raffermir la peau.

tonitruant, e adj. Bruyant comme le tonnerre : *voix tonitruante.*

tonitruer [tɔnitrye] v. i. (du lat. *tonitrus,* tonnerre). Crier, hurler.

tonka [tɔ̃ka] n. f. Fève produite par un arbre de l'Amérique du Sud et dégageant une odeur de foin coupé, due à la coumarine qu'elle renferme.

Tonkin (le), région du Viêt-nam du Nord, sur la mer de Chine méridionale (*golfe du Tonkin*). On distingue le *bas Tonkin,* constitué par le delta du fleuve Rouge, entièrement mis en valeur (riz) et surpeuplé, et le *haut Tonkin,* fermé par les montagnes qui entourent le delta, où la population est clairsemée. V. pr. *Hanoi* et *Haiphong.* (V. VIÊT-NAM DU NORD.)
● *Histoire.* V. INDOCHINE FRANÇAISE et VIÊT-NAM.

Tonlé Sap, lac du Cambodge; 3 000 km². (Son émissaire, affl. du Mékong, porte aussi ce nom.) Importantes pêcheries.

tonlieu [tɔ̃ljø] n. m. (gr. *telônion*). *Féod.* Impôt payé par les marchands pour avoir le droit d'étaler dans les foires et marchés.

tonnage n. m. *Mar.* Capacité de transport d'un navire de commerce, évaluée par son volume intérieur exprimé en tonneaux de jauge de 2,83 m³, ou 100 pieds cubes britanniques.

tonnant, e adj. Qui tonne : *Jupiter tonnant.* ● *Voix tonnante,* éclatante.

Tonnay-Boutonne (17380), ch.-l. de c. de la Charente-Maritime (arr. de Saint-Jean-d'Angély), sur la *Boutonne;* 1 036 h. (660 aggl.) [*Boutonnais*].

Tonnay-Charente (17430), ch.-l. de c. de la Charente-Maritime (arr. de Rochefort); 6 377 h. (*Tonnacquois*). Port sur la Charente. Industries chimiques. Métallurgie.

tonne [tɔn] n. f. (empr. au celtique). Tonneau de grandes dimensions. ‖ Ce que contient une tonne pleine. ‖ Unité de mesure de masse (symb. : t) équivalant à 1 000 kg. (On dit aussi TONNE MÉTRIQUE.) ● *Tonne kilométrique,* unité de calcul du prix des transports par voie ferrée, et équivalant au prix du transport d'une tonne métrique de marchandises sur une distance d'un kilomètre.

tonneau [tɔno] n. m. Récipient en bois, formé de douves assemblées et retenues par des cercles, et ayant deux fonds plats. ‖ Son contenu : *un tonneau d'huile.* ‖ Unité internationale de volume pour le jaugeage des navires, équivalant à 100 pieds cubes britanniques, soit 2,83 m³. ‖ Culbute, action de rouler sur soi-même : *faire le tonneau.* ‖ *Aéron.* Figure de voltige aérienne, au cours de laquelle l'avion fait une sorte de vrille horizontale avec un moment de vol sur le dos.

Tonneins [-nɛ̃s] (47400), ch.-l. de c. de Lot-et-Garonne (arr. de Marmande), sur la Garonne; 8 590 h. (6 527 aggl.) [*Tonneinquais*]. Tabac.

tonnelage n. m. Ce qui concerne la tonnellerie. ● *Marchandises de tonnelage,* celles qu'on met en tonneaux.

tonnelet n. m. Petit tonneau. ‖ Haut-de-chausses d'apparat, court et renflé (XVIe et XVIIe s.).

tonnelier [tɔnəlje] n. m. Ouvrier qui fait ou répare les tonneaux.

tonnelle n. f. Berceau couvert de verdure. ‖ Voûte en plein cintre.

tonnellerie n. f. Profession du tonnelier. ‖ Lieu où il travaille.

tonner [tɔne] v. impers. (lat. *tonare*). Faire du bruit, en parlant du tonnerre. ‖ — V. i. Produire un bruit semblable à celui du tonnerre : *le canon tonne.* ‖ *Fig.* Parler avec véhémence.

tonnerre [tɔnɛr] n. m. (lat. *tonitrus*). Bruit accompagnant une décharge électrique (entre nuages ou avec le sol), dont l'éclair est la manifestation lumineuse. (Le temps séparant la vision de l'éclair de la perception du tonnerre indique la distance à laquelle s'est produite la décharge, le son se propageant à 340 m par seconde.) ‖ *Par ext.* La foudre elle-même : *le tonnerre tombe d'ordinaire sur les lieux élevés.* ‖ Grand bruit comparable à celui du tonnerre : *un tonnerre d'applaudissements.* ● *C'est du tonnerre* (Fam.), c'est merveilleux. ‖ *Coup de tonnerre,* événement fatal ou imprévu. ‖ *L'oiseau qui porte le tonnerre,* l'aigle. ‖ *Tonnerre!,* juron. ‖ *Voix de tonnerre,* voix forte et éclatante.

Tonnerre (89700), ch.-l. de c. de l'Yonne (arr. d'Avallon), sur l'Armançon; 5 965 h. (*Tonnerrois*). Eglises (XIIIe-XVIe s.). L'ancien hôpital (XIIIe s.) conserve une majestueuse salle des malades et un saint-sépulcre (1453), chef-d'œuvre de la sculpture bourguignonne. Vignobles.

Tönnies (Ferdinand), sociologue allemand, né à Riep bei Oldenwort (Schleswig) [1855-1936], auteur d'un ouvrage, *Gemeinschaft und Gesellschaft* (1887), où il distingue le lien social de type naturel (*communauté*) et celui qui est dirigé vers un objectif (*société*).

tonométrie n. f. Mesure de la pression de vapeur d'une solution.

tonsure [tɔ̃syr] n. f. (lat. *tonsura,* tonte). Cérémonie religieuse par laquelle on marque l'entrée d'un laïque dans l'état ecclésiastique en lui coupant des mèches de cheveux sur le sommet de la tête (autref., tous les cheveux). ‖ Espace circulaire dénudé par la tonsure.

tonsuré adj. et n. m. Qui a reçu la tonsure.

tonsurer v. t. Donner la tonsure.

tonte [tɔ̃t] ou **tondaison** [tɔ̃dɛzɔ̃] n. f. Action de tondre la laine des moutons. ‖ Laine qu'on retire en tondant. ‖ Epoque de la tonte.

tontine [tɔ̃tin] n. f. (de *Tonti,* banquier italien). Association d'épargnants d'âges différents, dans laquelle la part de ceux qui meurent profite aux survivants, soit qu'ils se partagent le capital constitué, soit qu'ils perçoivent une rente viagère constituée à l'aide de ce capital. ‖ Cette rente viagère elle-même.

tontine n. f. Paillon au moyen duquel on maintient une motte de terre autour des racines d'une plante que l'on doit transplanter.

tontisse adj. et n. f. (de *tondre*). Se dit de la bourre qui provient de la tonture des draps.

tonton [tɔ̃tɔ̃] n. m. *Fam.* Oncle.

tonture n. f. (bas lat. *tontura*). Action de tondre les draps. ‖ Poil que l'on tond ainsi. ‖ *Mar.* Courbure longitudinale donnée aux ponts d'un navire, en en relevant un peu les extrémités.

tonus [tɔnys] n. m. (mot lat.). Contraction partielle et permanente de certains muscles. (V. *encycl.*) ‖ *Fam.* Energie, dynamisme.
— ENCYCL. Le *tonus* est commandé par des voies motrices involontaires partant des noyaux gris centraux du cerveau, eux-mêmes constamment réglés par le cervelet, qui reçoit des influx de la périphérie et leur retransmet les influx nécessaires à la coordination des contractions pour maintenir l'équilibre du corps au repos.

Toowoomba, v. de l'Australie (Queensland); 52 000 h.

Dans la *topographie* dite « classique », encore utilisée pour certains levés à grande échelle, le canevas est constitué par un certain nombre de points géodésiques (de 1er, 2e, 3e, 4e ordre) ou de points obtenus par triangulation complémentaire à l'aide du théodolite (5e ordre) à partir des points géodésiques. L'opérateur reporte sur la « minute de levé » ces points de canevas par leurs coordonnées, place la minute sur une planchette et complète le canevas calculé par une « triangulation graphique » faisant appel au procédé de l'intersection; il continue par des relèvements graphiques ou des cheminements. À partir des points ainsi obtenus, il lève par visées d'enfilade ou par rayonnements les détails de la planimétrie (chemins, limites de bois ou de cultures, bâtiments, etc.) et de l'hydrographie (rivières, ruisseaux, mares, sources, etc.). À partir des cotes de ces points, le topographe représente le modelé du relief par tracé des courbes de niveau, soit par interpolation entre les points cotés situés de préférence sur les lignes caractéristiques du terrain (lignes de faîte, lignes de talweg), soit par détermination d'une série de points ayant la même cote. La minute est complétée par un calque de cotes, un calque d'écritures (noms et renseignements divers), un calque de cultures (végétation et hydrographie), un état justificatif des noms. L'ensemble est repris en atelier par « traçage sur couche » d'autant de « planches » séparées que la carte doit comporter de couleurs. A l'heure actuelle, le « levé direct » ou le « levé à la planchette » décrit ci-dessus est remplacé par le « levé photogrammétrique », qui utilise dans des appareils de « restitution » des clichés de vues aériennes à recouvrement stéréoscopique. Le levé photogrammétrique assure une plus grande précision planimétrique que le levé direct, mais une précision altimétrique moindre. Avant restitution des clichés, on procède sur le terrain à l'établissement du « canevas de restitution » (opération dite « de stéréopréparation »), qui fait la liaison entre le canevas géodésique et les photographies aériennes. Le levé photogrammétrique permet d'établir une « stéréominute » qui est contrôlée et complétée sur le terrain par un topographe expérimenté. Ce « complément » a pour but d'identifier un certain nombre de détails restitués, de lever à la planchette les détails non visibles sur les photographies aériennes, de mettre en place les limites administratives et de recueillir la toponymie. La stéréominute complétée est accompagnée des mêmes documents annexes que la minute de levé direct.

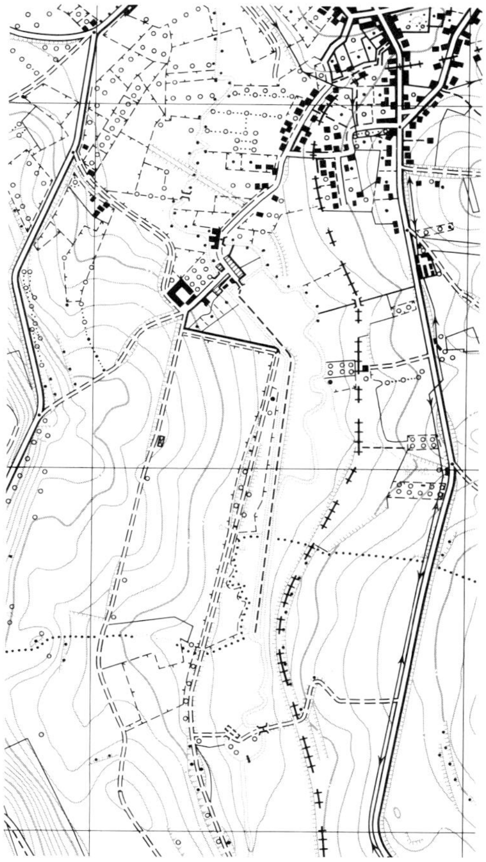

I. EXTRAIT DE MINUTE À L'ÉCHELLE DU 1/20 000

Après avoir levé au crayon sur le terrain les détails de la planimétrie et les courbes de niveau, le topographe procède à la « mise au net » à l'encre :
- « noire » des chemins, lignes électriques, limites de culture;
- « rouge » des bâtiments et des murs;
- « bleue » des détails relatifs à l'hydrographie;
- « bistre » des courbes de niveau et des talus.

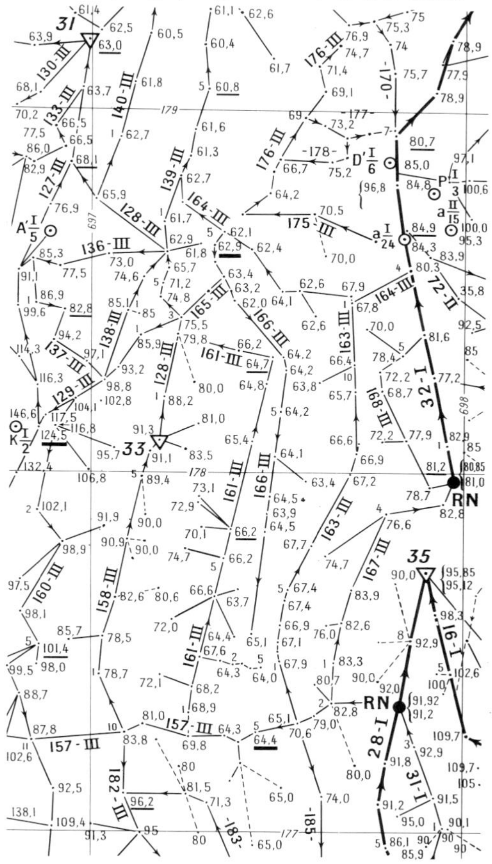

II. EXTRAIT DU CALQUE DES COTES DE LA MINUTE

31 ▽	point de triangulation calculée; chiffres marginaux relatifs au quadrillage kilométrique Lambert Nord.
RN	repère du nivellement général de la France.
D' I/6 ⊙	point de triangulation graphique par intersection.
a I/24 ⊙	point de relèvement graphique.
28-I	cheminements principaux — 28, n° du cheminement.
182-III	cheminements secondaires — III, n° du carnet de détail.
----	rayonnement de courbe.
79,0	cote par rapport au zéro du nivellement général.
<u>64,4</u>	cote devant figurer à l'édition.

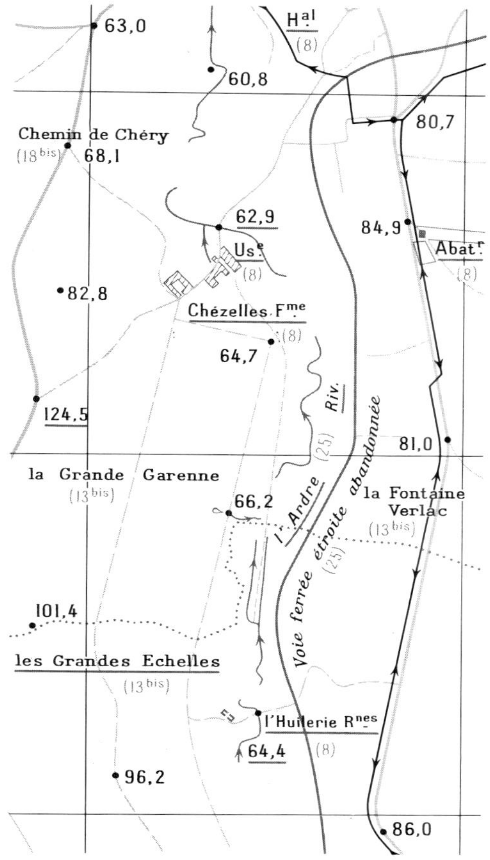

III. EXTRAIT DU CALQUE D'ÉCRITURES DE LA MINUTE

——	chemin de bonne viabilité de largeur comprise entre 4,50 m et 6 m.
——	chemin de bonne viabilité de largeur comprise entre 3 m et 4,50 m.
——	chemin irrégulièrement entretenu, de viabilité médiocre.
— —	chemin d'exploitation.
....	limite de commune.
La Fontaine Verlac	nom de lieu-dit pour l'édition au 1/20 000 seulement.
<u>*Chezelles Fme*</u>	nom devant figurer à l'édition au 1/50 000.
64,7	cote d'édition au 1/20 000.
<u>62,9</u>	cote d'édition au 1/50 000.
(13 *bis*)	n° du type d'écritures à utiliser par le cartographe.

top [tɔp] n. m. Signal bref pour noter une indication à un moment précis. ‖ En télévision, impulsion de courant de courte durée, servant à la synchronisation.

topaze [tɔpaz] n. f. (lat. *topazus*, empr. au gr.). Silicate fluoré d'aluminium, cristallisé, qui est une pierre fine jaune, transparente.

Topaze, titre et principal personnage d'une comédie de Marcel Pagnol (1928), qui raille la corruption politique.

Topeka, v. des Etats-Unis, cap. du Kansas, sur le Kansas; 120 000 h. Métallurgie.

Topelius (Zacharias ou Zachris), poète finlandais d'expression suédoise, né à Kuddnäs, près de Uusikaarlepyy (1818-1898). Romantique, il publia des contes, des nouvelles et des poésies (*Fleurs de bruyère*, 1860).

toper [tɔpe] v. i. (esp. *topar*). Se taper mutuellement dans la main, en signe d'accord. ● *Tope!* ou *tope là!*, j'accepte.

topette [tɔpɛt] n. f. Fiole longue et étroite; son contenu. ‖ Petit bidon plat d'un coureur cycliste.

tophus [tɔfys] n. m. Dépôt d'urates de sodium et de calcium qui se fait dans les articulations et dans les cartilages de l'oreille des goutteux.

topinambour [tɔpinɑ̃bur] n. m. (du nom d'une peuplade du Brésil). Plante originaire d'Amérique, cultivée pour ses tubercules alimentaires, riches en glucose et en inuline, et dont le goût s'apparente à celui de l'artichaut. (Famille des composées.)

topique [tɔpik] adj. et n. m. (du gr. *topos*, lieu). Se dit des médicaments qui agissent sur des points déterminés, à l'extérieur ou à l'intérieur du corps.

topo [tɔpo] n. m. *Fam.* Plan. ‖ Exposé.

topographe n. Personne qui s'occupe de topographie.

topographie [tɔpɔgrafi] n. f. (gr. *topos*, lieu, et *graphein*, décrire). Représentation sur un plan des formes du terrain. ‖ Description d'un lieu, de sa disposition.

topographique adj. Qui concerne la topographie.

topographiquement adv. Du point de vue topographique.

topologie [tɔpɔlɔʒi] n. f. Branche des mathématiques fondée sur l'étude des déformations continues en géométrie et sur les rapports entre la théorie des surfaces et l'analyse mathématique.

topologique adj. Relatif à la topologie.

toponyme n. m. Nom de lieu.

toponymie [tɔpɔnimi] n. f. (gr. *topos*, lieu, et *onuma*, nom). Etude linguistique ou historique de l'origine des noms de lieux.

toquade [tɔkad] n. f. *Fam.* Caprice, manie.

toquante ou **tocante** [tɔkɑ̃t] n. f. *Pop.* Montre.

toque [tɔk] n. f. Coiffure masculine ou féminine sans bords ou à bords très étroits.

toqué, e [tɔke] adj. *Fam.* Trop épris : *toqué de politique.* ‖ Un peu fou, maniaque.

toquer (se) [de] v. pr. *Fam.* S'éprendre.

Torah ou **Thora** (la), nom donné par les juifs à la loi mosaïque et au Pentateuque qui la contient.

Torcello, île de la lagune de Venise. Cathédrale du XIe s. (mosaïques byzantines). Eglise San Fosca, en rotonde (XIIe s.).

torche [tɔrʃ] n. f. (du lat. *torques,* chose tordue). Flambeau grossier, consistant en un bâton de sapin entouré de résine, de cire ou de suif. ‖ Bouchon de paille tortillée. ‖ Installation de brûlage, à l'atmosphère, de sous-produits gazeux, dans l'industrie du pétrole.

torcher [tɔrʃe] v. t. Essuyer avec un linge, du papier, etc., pour nettoyer. ‖ *Fam.* Exécuter à la hâte.

torchère [tɔrʃɛr] n. f. Vase métallique à jour, placé sur un pied et dans lequel on met des matières combustibles destinées à donner de la lumière. ‖ Candélabre porté par une tige ou une applique.

torchis [tɔrʃi] n. m. *Constr.* Mortier composé de terre grasse et de paille ou de foin hachés.

torchon [tɔrʃɔ̃] n. m. (de *torche*). Serviette de grosse toile pour essuyer la vaisselle, les meubles, etc. ● *Papier-torchon,* papier spécial pour la gouache ou l'aquarelle. ‖ *Le torchon brûle,* se dit lorsque deux amis ou deux parents se disputent.

torchonner v. t. *Fam.* Exécuter rapidement et sans soin.

torcol [tɔrkɔl] n. m. Oiseau grimpeur à cou très souple, qu'on rencontre en France pendant l'été. (Long. 18 cm.)

Torcy (Jean-Baptiste COLBERT, *marquis* DE), diplomate français, né à Paris (1665-1746), fils de Charles Colbert. Ministre des Affaires étrangères en titre en 1689 et, en fait, en 1699, il prit une grande part aux négociations qui précédèrent l'ouverture de la guerre de la Succession d'Espagne, puis à celles du traité d'Utrecht.

tordage n. m. *Industr.* Action de tordre en corde des fils textiles.

tordant, e adj. *Fam.* Drôle, amusant.

tord-boyaux [tɔrbwajo] n. m. inv. *Pop.* Eau-de-vie très forte ou de mauvaise qualité.

Tordesillas, v. d'Espagne (León), sur le Douro ; 5 000 h. Monastère. Traité (1494) signé, entre l'Espagne et le Portugal, pour fixer le méridien séparant les futures colonies des deux pays à 370 lieues à l'ouest des îles du Cap-Vert.

tordeuse n. f. Nom usuel de certaines chenilles nuisibles, qui enroulent et attachent les feuilles de diverses plantes (chêne, vigne, etc.).

tord-nez n. m. inv. Corde fixée au bout d'un bâton et avec laquelle on serre le nez des chevaux rétifs.

tordoir n. m. Bâton ou garrot pour tordre.

tordre [tɔrdr] v. t. (lat. *torquere*) [conj. **55**]. Tourner en sens contraire un corps par ses deux extrémités : *tordre du linge.* ‖ Tourner avec effort : *tordre le bras de quelqu'un.* ● *Tordre le cou,* faire mourir en tournant le cou. ‖ **— Se tordre** v. pr. Contourner son corps avec effort. ● *Se tordre de rire* (Fam.), rire convulsivement.

tore [tɔr] n. m. (lat. *torus,* brin de corde). *Archit.* Grosse moulure saillante et demi-cylindrique à la base d'une colonne ou sur un piédestal, appelée communément *boudin.* ‖ *Math.* Solide de révolution engendré par un cercle tournant autour d'une droite située dans son plan, mais ne passant pas par son centre.

toréador [tɔreadɔr] n. m. (mot esp.). Nom donné en France à ceux qui combattent les taureaux dans l'arène. (Le véritable terme espagnol est TORERO.)

toréer [tɔree] v. i. Exercer le métier de toréador.

Torelli (Giuseppe), violoniste et compositeur italien, né à Vérone (1658-1709), un des créateurs dans le domaine du concerto et de la sonate.

toreutique [tɔrøtik] n. f. (du gr. *toreuein,* ciseler). Art de ciseler sur bois, sur ivoire, sur métaux.

Torgau, v. de l'Allemagne orientale, sur l'Elbe ; 19 900 h. Château Renaissance. Point de jonction établi, le 25 avril 1945, entre les armées américaines (Patton) et les armées soviétiques (Koniev).

torgnole [tɔrɲɔl] n. f. *Pop.* Soufflet, coup de poing.

Torhout, v. de Belgique (Flandre-Occidentale); 14 600 h. Textiles.

tores

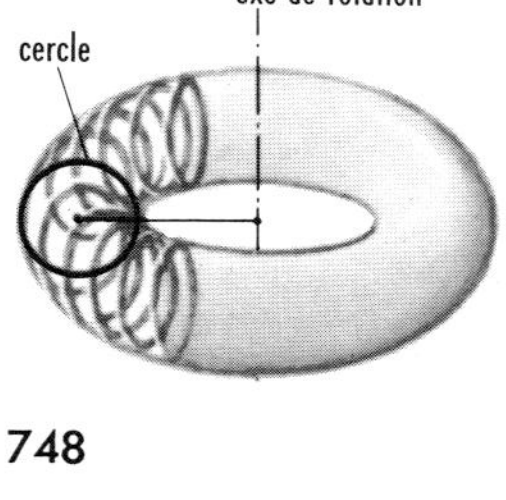

torpille ▶

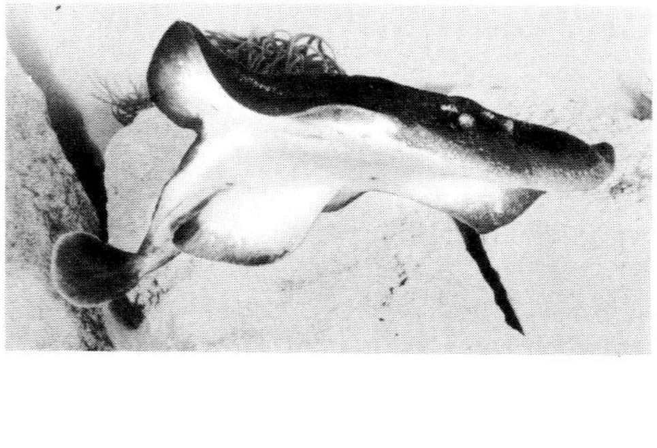

Toronto

Torigni-sur-Vire (50160), ch.-l. de c. de la Manche (arr. de Saint-Lô) ; 2 557 h.

torii [tɔrii] n. m. inv. Portique en pierre, en bois ou en bronze, précédant, au Japon, l'entrée des temples shintoïstes.

toril [tɔril] n. m. (mot esp.). Lieu où l'on tient les taureaux enfermés avant le combat.

torique adj. Qui a la forme d'un tore.

tornade [tɔrnad] n. f. (esp. *tornado*). Coup de vent très violent.

Torne (le), fl. de Laponie, qui rejoint le golfe de Botnie ; 400 km. Il sépare la Suède de la Finlande.

toron [tɔrɔ̃] n. m. (de *tore*). Assemblage de plusieurs gros fils tordus ensemble.

toronneuse n. f. Machine pour tordre les torons d'un câble.

Toronto, v. du Canada, cap. de la prov. de l'Ontario, sur le lac Ontario ; 664 600 h. (2 158 500 h. avec les banlieues). Archevêché. Université. Bâtie selon un plan en damier sur la rive nord du lac Ontario, la ville s'est considérablement développée à partir du milieu du XIXe s. (25 000 h. seulement vers 1850). C'est aujourd'hui la seconde ville du pays et une agglomération financière, commerciale et industrielle particulièrement dynamique (métallurgie de transformation, chimie, industries alimentaires et textiles, etc.), valorisée par l'ouverture de la voie maritime du Saint-Laurent (1959).

torpédo [tɔrpedo] n. f. (esp. *torpedo,* torpille). Automobile découverte, qui pouvait être fermée par une capote et par des rideaux de côté.

torpeur [tɔrpœr] n. f. (lat. *torpor;* de *torpere,* être engourdi). Engourdissement profond. (Syn. : ASSOUPISSEMENT, LÉTHARGIE, SOMNOLENCE.) ‖ *Fig.* Arrêt de l'activité mentale : *tirer un homme de sa torpeur.*

torpide adj. Qui est dans la torpeur. ‖ Se dit de lésions chroniques qui n'évoluent ni vers l'aggravation ni vers la guérison : *ulcère torpide.*

torpillage n. m. Action de torpiller.

torpille [tɔrpij] n. f. (ital. *torpiglia*). Poisson marin voisin de la raie, pouvant atteindre 1 m de long, possédant de chaque côté de la tête un organe électrique dont les décharges sont capables de paralyser des proies et de renverser un homme. ‖ Engin automoteur sous-marin, chargé d'explosif, utilisé contre des objectifs maritimes par des navires ou des aéronefs. (V. *encycl.*) ‖ Bombe aérienne de forme analogue à cet engin (en 1914-1918).
— ENCYCL. Créée à la fin du XVIIIe s., la *torpille* a été constamment perfectionnée : la propulsion électrique, la mise à feu électromagnétique au voisinage du but, le système d'autoguidage lui ont, notamment, conféré une très grande efficacité. Elle a joué un rôle très important au cours des deux guerres mondiales, et, de 1939 à 1945, par exemple, la part prise par elle dans les pertes subies par l'ensemble des marines belligérantes représente environ 30 p. 100 des navires de guerre et 60 p. 100 des navires de commerce coulés.
Principal moyen d'attaque et de défense contre tous les sous-marins et contre les sous-marins nucléaires lance-engins, en particulier, la torpille fait partie de l'armement de nombreux navires de surface comme les escorteurs et les frégates. Les vedettes lance-torpilles et certains avions de l'aéronavale sont spécialisés dans son emploi. Enfin, l'armement tactique de tous les sous-marins, qu'ils soient ou non nucléaires, est constitué de torpilles.

torpiller v. t. Attaquer à l'aide de torpilles : *torpiller un navire.* ‖ *Fig.* Faire échouer par des manœuvres secrètes : *torpiller un projet.*

torpillerie n. f. Sur un navire ou dans un arsenal, atelier affecté au service des torpilles.

torpilleur n. m. Bateau de guerre rapide, de petit tonnage, dont l'arme principale était la torpille. (V. *encycl.*) ‖ Marin spécialisé dans le service des torpilles.
— ENCYCL. Les *torpilleurs* n'ont plus été construits après la Seconde Guerre mondiale. Bien que très rapides, ils avaient en effet perdu sur les autres bâtiments leur avantage de vitesse nécessaire à l'utilisation de leurs torpilles. D'autre part, l'invention du radar ne leur permettait plus d'attaquer la nuit ou par temps bouché.

Torquatus (Manlius). V. MANLIUS TORQUATUS.

Torquay, v. de Grande-Bretagne (Devon) ; 53 200 h. Station balnéaire.

torque [tɔrk] n. m. (lat. *torques*). Collier gaulois.

torque n. f. Fil de fer, de laiton, roulé en cercle.

Torquemada (Tomás DE), dominicain, inquisiteur général en Espagne, né à Valladolid (1420-1498), connu pour la rigueur avec laquelle il appliqua les règles de l'Inquisition.

Torrance, v. des Etats-Unis (Californie) ; 101 000 h.

Torre Annunziata, v. d'Italie (Campanie), au sud du Vésuve, sur le golfe de Naples ; 62 000 h. Station thermale. Sidérurgie.

Torre del Greco, v. d'Italie (Campanie), au pied du Vésuve, sur le golfe de Naples ; 90 000 h. Vins.

torréfacteur n. m. Appareil de torréfaction : *torréfacteur à café.*

torréfaction n. f. Action de torréfier.

torréfier [tɔrefje] v. t. (du lat. *torrere,* griller). Griller, rôtir : *torréfier du café.*

Torremolinos, station balnéaire d'Espagne, sur la *Costa del Sol.*

torrent [tɔrɑ̃] n. m. (lat. *torrens, torrentis*). En montagne, cours d'eau violent, au régime irrégulier, qui a une forte puissance d'érosion et qui comprend, d'amont en aval, le bassin de réception, le chenal d'écoulement et le cône de déjections. ‖ *Fig.* Ecoulement violent : *torrent de larmes.* ● *A torrents,* en grande abondance (en parlant de la pluie).

torrentiel, elle adj. Qui appartient aux torrents : *des eaux torrentielles.* ‖ Qui tombe à torrents : *pluie torrentielle.*

torrentiellement adv. A la manière des torrents.

torrentueux, euse adj. Qui a l'impétuosité d'un torrent : *rivière torrentueuse.*

Torreón, v. du Mexique ; 235 000 h. Centre minier, industriel et commercial.

Torres (*détroit de*), bras de mer entre l'Australie et la Nouvelle-Guinée.

Torres (Luis VÁEZ DE), navigateur espagnol du XVIIe s., explorateur des mers australes.

Torres Quevedo (Leonardo), ingénieur et mathématicien espagnol, né à Santa Cruz (1852-1936). Véritable

Phot. ambassade du Canada, Jacques Six.

précurseur du calcul automatique, il construisit des machines capables de résoudre des équations algébriques quelconques et d'obtenir les modules et les arguments des racines imaginaires de ces équations. Il fut également l'un des premiers à réaliser des commandes à distance au moyen des ondes hertziennes.

Torres Vedras, v. du Portugal, au nord de Lisbonne ; 13 100 h. Clef des fortifications établies par Wellington pour couvrir Lisbonne en 1810.

Torricelli (Evangelista), physicien italien, né à Faenza (1608-1647), élève de Galilée. Dans une expérience de 1643, pour expliquer l'impossibilité d'élever l'eau de plus de 32 pieds avec une pompe aspirante, il mit en évidence l'existence de la pression atmosphérique. En 1644, il énonça la loi de l'écoulement des liquides.

torride [tɔrid] adj. (lat. *torridus ;* de *torrere,* brûler). Brûlant, excessivement chaud : *climat torride.*

tors [tɔr], **e** [tɔrs] adj. (du lat. *tortus,* tordu). Tordu en spirale : *fil tors.* ‖ Qui est contourné, difforme : *des jambes torses.* ● *Colonne torse* (Archit.), colonne dont le fût est contourné en hélice.

tors n. m. Action de tordre les fils.

torsade n. f. Frange tordue en spirale, dont on orne les tentures, les draperies. ‖ Motif d'ornement imitant un câble tordu.

torsader v. t. Disposer en torsade.

torse [tɔrs] n. m. (ital. *torso*). Partie du corps comprenant les épaules et la poitrine. ‖ Œuvre d'art représentant la partie supérieure du corps humain sans tête ni membres.

torseur n. m. *Math.* Système de vecteurs glissants. ‖ Ensemble d'un vecteur $\vec{R}$ et d'un couple de moment G dirigé suivant la ligne d'action de $\vec{R}$. (Le support de $\vec{R}$ est l'*axe central* du torseur, et le rapport $\frac{G}{R}$ — son *pas.*)

torsion n. f. (du lat. *tortus,* tordu). Action ou manière de tordre ; son résultat. ‖ *Math.* Qualité caractéristique des courbes gauches. ‖ *Mécan.* Déformation subie par un corps sous l'action de deux couples opposés agissant dans des plans parallèles, chaque section du corps subissant une rotation par rapport à la section infiniment voisine. ● *Barre de torsion,* genre de ressort mettant à profit la torsion d'une barre élastique.

Torstensson (Lennart), comte D'ORTALA, maréchal suédois, né au château de Torstena (1603-1651). Il s'illustra dans la guerre de Trente Ans (victoires de Breitenfeld [1642] et de Jankowitz [1645]).

tort [tɔr] n. m. (lat. *tortus,* tordu, contraire au droit). Action ou état contraire au droit, à la raison, à la vérité : *tous les torts sont de son côté.* ‖ Dommage, préjudice : *faire du tort à quelqu'un.* (Syn. DÉTRIMENT.) ● *Avoir tort,* soutenir une chose fausse ; agir contrairement à son devoir. ‖ *Donner tort à quelqu'un,* déclarer qu'il a tort. ‖ *Mettre quelqu'un dans son tort,* agir de telle manière qu'il commette une faute. ‖ — Loc. adv. **A tort,** injustement. ‖ **A tort et à travers,** sans discernement.

torticolis [tɔrtikɔli] n. m. Affection du cou caractérisée par une douleur, la limitation des mouvements et par suite une attitude vicieuse de la tête. (Le torticolis est dû le plus souvent à un rhumatisme de la colonne cervicale, retentissant sur les nerfs et sur les muscles du cou.)

tortil [tɔrtil] n. m. (de *tordre*). *Hérald.* Cercle d'or gemmé, rebordé plus fortement en haut qu'en bas, et autour duquel est passé en spirale un collier de perles. (C'est la couronne des barons.)

tortillage n. m. Action de tortiller. ‖ *Fam.* Façon de s'exprimer confuse et embarrassée.

tortillard [-jar] adj. m. *Orme tortillard,* orme à bois noueux.

tortillard n. m. *Fam.* Train qui suit un trajet sinueux et effectue de nombreux arrêts.

tortille n. f. Allée étroite et sinueuse, dans un parc, un jardin. (On dit aussi TORTILLÈRE.)

tortillement n. m. Action de tortiller ; état d'une chose tortillée.

tortiller [tɔrtije] v. t. (du lat. *tortus,* tordu). Tordre à plusieurs tours : *tortiller une corde.* ‖ — V. i. *Fam.* Chercher des détours, des subterfuges. ● *Tortiller des hanches,* faire un mouvement des hanches en marchant. ‖ **— Se tortiller** v. pr. Se tourner sur soi-même de différentes façons.

tortillon n. m. Bourrelet qu'on pose sur la tête pour porter un fardeau. ‖ Linge tortillé. ‖ Papier roulé pour estomper.

tortionnaire [tɔrsjɔnɛr] adj. (du lat. *tortio,* torture). Qui sert pour la torture : *appareil tortionnaire.* ‖ — N. m. Juge qui ordonnait, et bourreau qui appliquait la torture. ‖ Personne qui inflige des tourments.

tortricidés [tɔrtriside] n. m. pl. Famille de papillons de petite taille, dont les chenilles sont appelées *tordeuses.*

tortu [tɔrty], **e** adj. Contrefait ; qui n'est pas droit : *nez, arbre tortu.* ‖ *Fig.* Qui manque de justesse : *esprit tortu.*

tortue [tɔrty] n. f. (lat. *tartaruca,* bête infernale du Tartare). Nom commun à tous les reptiles de l'ordre des chéloniens, caractérisés par leurs membres courts, leur forme ovale, la carapace osseuse et écailleuse qui

Torricelli, gravure anonyme

recouvre leur tronc, enfin par leur bouche où un bec corné remplace la denture. (V. *encycl.*) ‖ Sorte de toit que les soldats romains formaient en unissant leurs boucliers au-dessus de leurs têtes. ● *A pas de tortue,* lentement.

— ENCYCL. On connaît des *tortues* terrestres, d'eau douce et marines. Les tortues terrestres, fortement bombées, ont des pattes courtes et tordues et peuvent rentrer entièrement dans leur carapace ; elles ont un régime végétarien. Les tortues d'eau douce sont plus plates, et leurs pattes sont palmées. Plusieurs d'entre elles sont carnivores et agressives. Les tortues marines ont de fortes nageoires et sont aussi rapides que les tortues terrestres sont lentes.

Tortue (*île de la*), île au nord d'Haïti, anc. base des boucaniers.

tortueusement adv. D'une manière tortueuse.

tortueux [tɔrtɥø], **euse** [-øz] adj. (lat. *tortuosus*). Qui fait plusieurs tours et retours ; sinueux : *sentier tortueux.* ‖ *Fig.* Qui manque de loyauté, de franchise : *conduite tortueuse.* ‖ — Contr. DROIT.

tortuosité n. f. Etat de ce qui est tortueux (au *pr.* et au *fig.*) [rare].

torturant, e adj. Qui torture.

torture [tɔrtyr] n. f. (lat. *tortura,* action de tordre). Supplice que l'on fait subir à quelqu'un : *les tortures des premiers chrétiens.* ‖ *Fig.* Souffrance morale très vive. ● *Mettre quelqu'un à la torture,* lui causer un embarras pénible ou une vive impatience. ‖ *Se mettre l'esprit à la torture,* s'occuper de quelque chose avec une grande contention d'esprit.

torturer v. t. Soumettre à des tortures : *torturer un accusé.* ‖ — *Fig.* Tourmenter vivement : *la jalousie torture l'homme.* ‖ Forcer, fausser violemment le sens de : *torturer un texte.*

Toruń, en allem. **Thorn,** v. de Pologne, sur la Vistule ; 129 000 h. Ville hanséatique fondée par les chevaliers Teutoniques. Foyer du mouvement de la Réforme en Pologne. Monuments (du XIIe s. à l'époque moderne).

torve [tɔrv] adj. (lat. *torvus*). Se dit d'un regard oblique et menaçant.

tory [tɔri] n. m. et adj. Dénomination ancienne des membres du parti conservateur anglais. ‖ Pl. des *tories.* — ENCYCL. Le parti *tory* apparut lors de la discussion du bill d'exclusion de Jacques d'York en 1679. Il avait pour but la défense de la prérogative royale et des privilèges de l'Eglise anglicane. Il fut le parti de l'opposition à partir de 1688 et pendant le XVIIIe s. Les tories occupèrent le pouvoir de 1807 à 1830. A partir de 1832, le parti tory fit place au nouveau parti conservateur.

Tory (Geoffroy), typographe, graveur et littérateur français, né à Bourges (v. 1480-v. 1533). Imprimeur du roi (1530), il s'attacha à réformer l'art typographique et la langue. Il dessina et grava un grand nombre de vignettes, de lettres ornées et de caractères d'imprimerie, notamment pour Robert Estienne.

torysme n. m. Opinion, parti des tories. ‖ Leur système politique.

Tosca (*la*), drame de V. Sardou (1887). Giacosa et Illica en ont tiré un livret d'opéra en 3 actes, musique de Giacomo Puccini (1900).

toscan [tɔskɑ̃], **e** [-an] adj. et n. De la Toscane. ● *Architecture toscane,* genre d'architecture caractérisé par des arcades à plein cintre et des bossages. ‖ *Ordre toscan,* ordre d'architecture romain, imité du dorique grec. ‖ — N. m. Dialecte parlé en Toscane.

Toscane (la), région de l'Italie centrale, formée des prov. d'Arezzo, de Florence, de Grosseto, de Livourne, de Lucques, de Massa et Carrare, de Pise, de Pistoia et de Sienne ; 3 415 000 h. (*Toscans*).

● *Géographie.* La Toscane est formée d'un amphithéâtre de montagnes (surtout élevées au nord : *Apennin toscan*) encadrant un paysage de collines et de bassins intérieurs. Au point de vue climatique, la Toscane se caractérise par une assez grande abondance des précipitations (800 mm), régulièrement réparties dans l'année (léger minimum estival), et par une amplitude thermique modérée (la moyenne de janvier à Florence est de 5 °C, et celle de juillet de 23 °C). Elle est encore à vocation largement agricole, juxtaposant cultures (céréales, olives, vignes) et élevage (bovins et ovins). L'exploitation agricole se fait souvent dans le cadre de grandes propriétés exploitées par des métayers. L'exploitation du sous-sol (houille rouge de Larderello, fer de l'île d'Elbe, marbre de Carrare) n'est pas à l'origine de l'industrie. Celle-ci, qui est modeste, est représentée notamment par le textile (Florence, Prato), les constructions navales (Livourne), la chimie (Pise) et l'industrie mécanique (Florence). Le tourisme assure d'importants revenus complémentaires, notamment dans les villes de Pise, de Sienne et, naturellement, de Florence, principale ville de la Toscane.

● *Histoire.* La Toscane, érigée en marquisat sous les Carolingiens, devint territoire pontifical au début du XIIe s. Au XVe s., les Médicis constituèrent un vaste Etat florentin, que le pape Pie V érigea en grand-duché en 1569. Après la mort du dernier Médicis (1737), la Toscane fut attribuée à François de Lorraine (François II de Toscane) et passa sous l'influence des Habsbourg. De 1765 à 1790, Léopold Ier gouverna la Toscane en despote éclairé. Bonaparte la transforma en royaume d'Etrurie ; devenu empereur, il l'annexa à la France et en confia le gouvernement à sa sœur Elisa. En 1814, les Habsbourg furent restaurés comme grands-ducs de Toscane. Léopold II s'enfuit en 1859 devant la poussée

tortues

éléphantine des îles Galápagos

terrestre, des jardins

marine ou caret

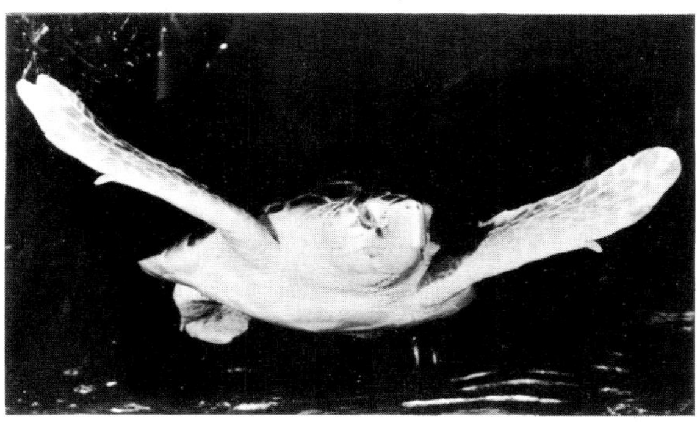

aquatique

Phot. Lauros-Giraudon, X, Jacques Six, Lauros - Atlas-Photo, Popper - Atlas-Photo.

nationaliste ; le plébiscite de mars 1860 confirma le rattachement de la Toscane au Piémont.

Toscanini (Arturo), chef d'orchestre italien, né à Parme (1867-1957). Il a dirigé l'orchestre de la Scala de Milan, du Metropolitan Opera de New York, et l'Orchestre philharmonique de cette ville.

tôt [to] adv. (emploi *fig.* du lat. *tostus*, grillé). De bonne heure : *se coucher tôt*. ● *Tôt ou tard*, un jour ou l'autre.

total [tɔtal], **e, aux** [-o] adj. (du lat. *totus*, tout). A quoi il ne manque rien ; complet : *ruine totale*. (Syn. : COMPLET, ENTIER.)

total n. m. Assemblage de plusieurs parties formant un tout. ‖ Somme obtenue par l'addition. ‖ **— Au total** loc. adv. Tout compté ; tout considéré : *au total, c'est une bonne affaire*.

totalement adv. Entièrement, tout à fait.

totalisateur ou **totaliseur** n. m. Appareil qui donne mécaniquement le total d'une série d'opérations.

totalisation n. f. Action de faire un total ; son résultat.

totaliser v. t. Réunir en total : *totaliser des chiffres*.

totalitaire adj. Se dit des régimes politiques non démocratiques dans lesquels les pouvoirs exécutif, législatif et judiciaire sont concentrés entre les mains d'un petit nombre de dirigeants, qui négligent les droits de la personne humaine au profit de la raison d'Etat.

totalitarisme n. m. Régime totalitaire.

totalité n. f. Le total, l'ensemble : *la presque totalité des hommes*. ● *En totalité*, complètement.

totem [tɔtɛm] n. m. (de l'algonquin *ototeman*, « il est de ma parenté »). Animal considéré comme ayant une affinité particulière avec un individu ou un groupe ethnique. ‖ Représentation de cet animal.

totémique adj. Relatif aux totems. ● *Clan totémique*, clan ou tribu fondé sur la croyance au totem.

totémisme n. m. Croyance aux totems. (Le totémisme est aujourd'hui considéré comme une notion ambiguë, recouvrant des types hétérogènes de relations entre l'individu ou le groupe d'une part, et un animal et une plante d'autre part, telles que classification de parenté, croyances propitiatoires, etc.)

Tôtes (76890), ch.-l. de c. de la Seine-Maritime (arr. de Dieppe) ; 819 h.

Totila ou **Baduila** (m. en 552), roi des Ostrogoths (541-552). Narsès le défit et il fut tué.

Totleben ou **Todleben** (Edouard Ivanovitch, *comte*), ingénieur et général russe, né à Mitau (1818-1884). Officier du génie, il dirigea la défense de Sébastopol' pendant la guerre de Crimée (1855) et se distingua dans l'attaque de Plevna pendant la guerre russo-turque (1877).

toto [toto] n. m. *Arg. mil.* Pou.

toton [tɔtɔ̃] n. m. (du lat. *totum*, tout [mot marqué sur une des faces des anciens totons]). Sorte de toupie marquée de différents signes ou lettres sur ses faces latérales et tournant sur un pivot. ‖ Nom donné à toutes les petites toupies qu'on fait tourner avec le pouce et l'index. ● *Faire tourner quelqu'un comme un toton*, le faire aller et venir, agir à sa volonté.

Tottenham, faubourg du nord-est de Londres ; 113 100 h.

Tottori, v. du Japon (Honshū) ; 117 000 h.

touage n. m. *Mar.* Action de touer. ‖ Prix payé par un bateau toué.

Touamotou. V. TUAMOTU.

Touaregs, peuple nomade du Sahara. Les Touaregs se partagent en un certain nombre de confédérations, dont les principales sont celles du *Hoggar*, de l'*Aïr* et des *Aouellimidens*. Leur nombre est estimé à environ 900 000 individus. Leur langue traditionnelle est le tamahek*. Leur organisation sociale est très hiérarchisée. (On écrit parfois *Targui* au sing. et *Touareg* au pl.)

Touat (le), groupe d'oasis du Sahara algérien ; 35 600 h. Ch.-l. *Adrar*.

toubib [tubib] n. m. (de l'arabe *tebib*, savant). *Pop.* Médecin.

Toubkal (*djebel*), sommet du Haut Atlas (Maroc), point culminant de l'Afrique du Nord ; 4 165 m.

Toubouaï. V. TUBUAÏ.

toucan [tukɑ̃] n. m. (empr. à une langue indigène du Brésil). Genre d'oiseaux grimpeurs de l'Amérique tropicale, à bec gros et très long.

Touchagues (Louis), peintre français, né à Saint-Cyr-au-Mont d'Or en 1893. Il est l'auteur de tableaux et de dessins de la vie élégante, de nus féminins, d'illustrations et de décors de théâtre.

touchant prép. Concernant ; au sujet de : *touchant vos intérêts*.

touchant, e adj. Qui touche, émeut le cœur : *discours touchant*.

touchau ou **toucheau** [tuʃo] n. m. Etoile d'or ou d'argent, dont chaque branche est à un titre déterminé et qui sert aux essais de ces métaux.

touche [tuʃ] n. f. Action de toucher. ‖ Long bâton dont on se sert pour faire avancer les bœufs. ‖ *Pop.* Aspect, allure, tournure : *une drôle de touche*. ‖ Chacune des petites pièces d'ébène ou d'ivoire qui composent le clavier d'un orgue, d'un clavecin, d'un piano. ‖ Partie en ébène du manche d'un instrument à cordes frottées ou pincées sur laquelle s'appuient les doigts de l'exécutant. ‖ Manière dont la couleur est appliquée par un peintre sur la toile : *touche légère* ; et, *par anal.*, manière dont un écrivain fait sentir le caractère de sa pensée. ‖ *Escr.* Coup ayant atteint l'adversaire. ‖ *Sports.* Au football, au rugby, etc., limite latérale d'un terrain. ‖ Sortie du ballon au-delà de cette ligne, et sa remise en jeu. ‖ Attaque, plus ou moins précise, d'un poisson sur l'hameçon. ● *Faire une touche* (Pop.), plaire à quelqu'un de l'autre sexe. ‖ *Pierre de touche*, variété de jaspe noir qui sert à éprouver l'or et l'argent ; moyen d'épreuve : *l'adversité est la pierre de touche de l'amitié*.

toucan

maréchal Toukhatchevski

touche-à-tout n. m. inv. *Fam.* Personne qui touche à tout, qui se mêle de tout.

toucher [tuʃe] v. t. (lat. pop. *toccare*, faire toc). Porter la main sur ; entrer en contact avec : *toucher un objet du doigt*. (Syn. : PALPER, TÂTER, TÂTONNER.) ‖ Etre proche de, contigu : *ma maison touche la vôtre*. ‖ Recevoir : *toucher de l'argent*. ‖ *— Fig.* Avoir rapport, regarder : *cela ne me touche en rien*. ‖ Intéresser ; émouvoir, attendrir : *son sort me touche*. (Syn. : BOULEVERSER, IMPRESSIONNER.) ‖ Etre parent : *il me touche de près*. ‖ *Fam.* Dire : *je lui en toucherai un mot*. ‖ *Escr.* Atteindre : *toucher son adversaire*. ● *Toucher les bœufs*, les stimuler avec la touche, pour les faire avancer. ‖ — V. t. ind. [**à**]. Porter la main sur ; être en contact avec : *cet enfant touche à tout ; toucher au plafond*. ‖ Etre sur le point d'atteindre : *toucher au port, à sa fin*. ‖ Etre proche de : *sa maison touche à la mienne*. ‖ Entamer : *il n'a pas touché à son déjeuner*. ‖ *Fig.* Apporter des changements, des modifications : *toucher à un règlement*. ● *N'avoir pas l'air d'y toucher*, n'avoir pas l'air de s'intéresser à une chose ; cacher son jeu. ‖ **— Se toucher** v. pr. Etre contigu : *des propriétés qui se touchent*.

toucher n. m. Celui des cinq sens à l'aide duquel on reconnaît, par le contact direct de certains organes, la forme et l'état extérieur des corps. (On distingue dans le toucher cinq sensations différentes : contact, pression, chaleur, froid, douleur ; les quatre premières sont perçues par des points précis de la peau. La douleur, selon certains travaux récents, n'aurait pas de récepteur particulier au niveau de la peau.) ‖ Manière de jouer de certains instruments. ‖ *Méd.* Méthode d'investigation des cavités naturelles : *toucher rectal*.

Touchet (Marie), dame de BELLEVILLE, née à Orléans (1549-1638). Favorite de Charles IX.

touchette n. f. Chacune des petites barres incrustées dans le manche d'une guitare, d'une mandoline, etc., qui permettent de donner les tons et les demi-tons.

toucheur n. m. Conducteur de bestiaux.

Toucouleurs, ethnie islamisée vivant au Sénégal (où elle comptait 250 000 individus en 1968) et en Guinée. Les Toucouleurs occupent traditionnellement le Fouta, au sud du fleuve Sénégal, mais émigrent de plus en plus vers Dakar. Leur société repose sur un système très hiérarchisé de castes, dont les inférieures se subdivisent en pêcheurs, artisans et classes serviles.

Toucy (89130), ch.-l. de c. de l'Yonne (arr. d'Auxerre) ; 2 739 h. (1 982 aggl.) [*Toucycois*]. Patrie de P. Larousse.

touée n. f. *Mar.* Longueur de la remorque qui sert à haler un navire. ‖ Longueur de la chaîne filée pour mouiller une ancre.

Touen-houang, v. de Chine (Kan-sou). Dans la région, grottes des Mille Bouddhas, ornées de peintures (vᵉ-xᵉ s.).

touer [twe] v. t. (empr. à l'anc. scandin.). *Mar.* En parlant d'un bateau, le haler à l'aide d'un remorqueur ou d'un navire quelconque.

toueur, euse adj. et n. Qui toue : *un bateau toueur*.

touffe [tuf] n. f. (empr. au francique). Ensemble de choses de même nature, minces, légères, rapprochées, et formant une sorte de bouquet : *une touffe d'herbe, de cheveux*.

touffeur [tufœr] n. f. Chaleur humide et malsaine. ‖ Vapeur chaude qui monte au visage lorsqu'on entre dans un lieu très chaud.

touffu, e adj. Epais, bien garni : *un bois, un arbre touffu*. ‖ *Fig.* Obscur, par suite de l'enchevêtrement des éléments : *discours touffu*.

Tou Fou, poète chinois, né à Tou-ling (Chen-si) [712-770]. Ami de Li Po, il a tiré de la peinture de la guerre et de sa misère personnelle une poésie originale (*Tou che king ts'iuan*).

Touggourt, oasis du Sahara algérien ; 83 800 h.

touillage n. m. Action de touiller.

touille [tuj] n. f. Autre nom de certains squales (roussette, lamie).

touiller [tuje] v. t. (du lat. *tudicula*, spatule). *Fam.* Mêler, agiter, remuer : *touiller la fécule*.

toujours [tuʒur] adv. (de *tous les jours*). Sans cesse ; sans fin ni interruption. ‖ En toute occasion : *il est toujours prêt à faire son devoir*. ‖ Encore à présent : *il l'aime toujours*. ‖ En attendant, néanmoins, du moins : *payez toujours, nous verrons après ; toujours est-il que...* ‖ **— Pour toujours** loc. adv. Sans retour, d'une façon définitive.

Toukhatchevski (Mikhaïl), maréchal soviétique (1893-1937). Officier de la garde impériale rallié à la révolution, il participa à la guerre civile contre Koltchak et Denikine, commanda le front ouest pendant la guerre avec la Pologne (1920) et réprima les révoltes de Kronchtadt et de la Volga (1921-1923). Il fut, après Trotski, le véritable créateur de l'armée rouge. Accusé de trahison, il fut fusillé sur ordre de Staline. Sa mémoire a été réhabilitée par Khrouchtchev en 1961.

Toul (54200), ch.-l. d'arr. de Meurthe-et-Moselle, sur la Moselle et le canal de la Marne au Rhin ; 15 199 h. (*Toulois*). Cathédrale du xvᵉ s. Anc. place forte. Toul fut autrefois l'un des *Trois-Evêchés* lorrains, indépendants du duc de Lorraine. En 1552, Henri II l'occupa grâce au duc de Guise, et le traité de Westphalie (1648) en confirma la possession à la France. — L'arr. a 5 cant., 116 comm., 55 509 h.

Toula, v. de l'U. R. S. S. (R. S. F. S. de Russie), au sud de Moscou ; 462 000 h. Matériel agricole.

Toulon, ch.-l. du dép. du Var, à 846 km au sud-est de Paris, sur la Méditerranée ; 179 489 h. (*Toulonnais*). [L'agglomération compte 340 021 h.] En basse Provence, au pied du mont Faron, la ville s'est développée comme port militaire sur la *rade de Toulon*. L'incertitude concernant l'avenir de la principale fonction de la ville (à la base des activités annexes de Toulon et de la périphérie : chantiers navals de La Seyne-sur-Mer) n'a pas empêché une rapide croissance de la population de l'agglomération (plus de 60 p. 100 entre 1954 et 1968). — L'arr. a 20 cant., 30 comm., 375 196 h.
● *Histoire*. En 1793, les royalistes livrèrent le port aux Anglais, mais Dugommier, aidé de Bonaparte, le leur reprit. En novembre 1942, la flotte française s'y saborda. La ville est le ch.-l. du Var depuis 1974.

Toulon-sur-Arroux (71320), ch.-l. de c. de Saône-et-Loire (arr. de Charolles) ; 1 953 h. (1 333 aggl.).

toulou ou **tulu** n. m. Langue dravidienne parlée au Kerala.

Toulous, ethnie dravidienne de l'Inde, comprenant moins d'un million de représentants (nord de l'Etat de Kerala).

Toulouse, ch.-l. du dép. de la Haute-Garonne, sur la Garonne, à 681 km au sud de Paris ; 380 340 h. (331 751 aggl.) [*Toulousains*]. Archevêché. Cour d'appel. Académie des jeux Floraux. Développée initialement sur les terrasses caillouteuses de la rive droite de la Garonne, comme carrefour entre le Midi méditerranéen et le bassin d'Aquitaine, les Pyrénées et le Massif central, Toulouse fut longtemps une ville-marché (commercialisant les céréales, les cuirs, la laine et le pastel). Elle devint le siège d'une université et d'un parlement. La fonction industrielle, en dehors des branches liées à l'agriculture et à l'élevage (minoterie, travail du cuir, textile), ne se développa qu'après la Seconde Guerre mondiale, pour des raisons stratégiques (éloignement de la frontière allemande). Aujourd'hui, la ville possède, à côté des activités traditionnelles, d'importantes industries chimiques (engrais azotés) et aéronautiques ; l'électronique s'y est

Phot. Baufle, S. A. F. R. A.

Toulon

récemment implantée. Toulouse a été promue métropole d'équilibre. La rapide croissance de la population de la ville a imposé la création d'une cité satellite, *Le Mirail.* — L'arr. a 18 cant., 226 comm., 530 655 h.
● *Histoire.* Toulouse fut une des villes principales des Wisigoths. A l'époque carolingienne, elle fut la capitale du royaume d'Aquitaine. Elle eut beaucoup à souffrir lors de la croisade contre les albigeois (XIIe s.), et Simon de Montfort fut tué en faisant le siège de la ville (1218). L'ordre des Dominicains et une université y furent fondés pour combattre l'hérésie. Le puissant comté de Toulouse fut incorporé au domaine royal en 1271.
● *Beaux-arts.* La ville possède d'importants monuments d'art : églises Saint-Sernin (romane, XIe-XIIe s.) et des Jacobins (à deux nefs, XIIIe s.), cathédrale Saint-Etienne (XIIe-XIIIe-XIVe s.), Notre-Dame-du-Taur (XIVe s.), Notre-Dame-de-la-Dalbade (XVIe s.), Capitole (hôtel de ville, XVIIIe s.), anc. couvent des Augustins (aujourd'hui l'un des plus riches musées de province [sculpture du Moyen Age ; peinture]), hôtels Renaissance. Les plans de l'architecte Georges Candilis pour la cité du *Mirail* sont un modèle du genre.

Toulouse (Louis Alexandre DE BOURBON, *comte* DE), fils légitimé de Louis XIV et de Mme de Montespan, né à Versailles (1678-1737), amiral de France.

Toulouse-Lautrec (Henri Marie Raymond DE TOULOUSE-LAUTREC-MONFA, dit), peintre français, né à Albi (1864-1901). Demeuré infirme à la suite de deux chutes qu'il fit à l'âge de quatorze ans, il reçut d'abord les conseils du peintre de genre Princeteau, puis étudia dans les ateliers de Bonnat et de Cormon. Il subit l'influence de Degas, mais affirma rapidement une originalité profonde. Fréquentant les music-halls, le cirque, les cabarets, les bals de Montmartre, les maisons closes, il prit pour sujet les gens du spectacle ou les filles. Menant une vie dissolue, mais travailleur acharné, il produisit une œuvre abondante et d'une facture audacieuse, peut-être la plus importante de la fin du XIXe s. Observateur féroce, dessinateur infaillible, aigu, il excella à révéler la personnalité de ses modèles. Il a composé de remarquables affiches et laissé de nombreuses lithographies. Il est abondamment représenté au musée d'Albi et au Louvre (galerie du Jeu de paume).

toundra [tundra] n. f. Dans les régions de climat très froid (généralement au nord du cercle polaire ou en haute montagne), formation végétale discontinue qui comprend quelques graminacées, des lichens et quelques arbres nains formant de petits buissons (bouleaux). [Syn. BARREN GROUNDS.] (La toundra occupe notamment la Sibérie septentrionale et le nord du bouclier canadien.)

Toungouses ou **Toungouzes,** ethnie altaïque de type mongolique, disséminée à travers toute la Sibérie orientale, de l'Ienisseï au Pacifique (U. R. S. S. et Chine du Nord-Est). Ils comprennent des subdivisions (Lamoutes, Orotches, Goldes, etc.). Leur civilisation traditionnelle comporte une religion chamanique très développée.

Toungouska, nom de trois riv. de la Sibérie, affl. de l'Ienisseï (r. dr.) : la *Toungouska Inférieure* (2 640 km), la *Toungouska Moyenne* (1 550 km), la *Toungouska Supérieure* ou Angara*.

toupet [tupɛ] n. m. (francique *top*). Petite touffe de poils, de crins et surtout de cheveux. ● *Avoir du toupet* (Fam.), avoir de l'audace, de l'effronterie.

Toulouse

toupie [tupi] n. f. (empr. au francique). Jouet de bois que font tourner les enfants. ‖ Machine pour le travail du bois, avec laquelle on exécute les moulures et les entailles les plus variées. (On dit parfois TOUPILLEUSE.) ● *Toupie d'Allemagne,* toupie métallique creuse et percée d'un trou, qui émet un son musical en tournant.

toupiller v. i. Tourner sur soi-même comme une toupie. ‖ — V. t. *Technol.* Travailler le bois à la toupie.

toupilleur n. m. Ouvrier du bois travaillant à la toupie.

toupilleuse n. f. Machine à toupiller. (On dit plutôt TOUPIE.)

toupillon [tupijɔ̃] n. m. Petite touffe de poils, de plumes, etc. : *toupillon de barbe.* ‖ Bouquet de branches mal disposées, sur un arbre.

touque [tuk] n. f. Récipient de fer-blanc, pour le conditionnement, et permettant le transport de divers produits : *une touque de pétrole.*

Touques (la), fl. côtier de Normandie, qui se jette dans la Manche à Trouville ; 108 km.

Touquet-Paris-Plage (LE) [62520], comm. du Pas-de-Calais (arr. de Montreuil) ; 4 403 h. Station balnéaire.

tour [tur] n. f. (lat. *turris*). Bâtiment très élevé, de forme ronde ou carrée. ‖ Immeuble d'habitation élevé. ‖ Pièce du jeu d'échecs. ● *Tour de contrôle,* bâtiment dominant l'aire d'un aérodrome, et dont émanent les ordres d'envol, de vol et d'atterrissage. ‖ *Tour de forage,* expression préconisée par l'Administration pour remplacer DERRICK. ‖ *Tour de fractionnement* (Industr.), appareil de forme généralement cylindrique, utilisé pour la séparation des différents corps contenus dans un mélange.

tour n. m. (lat. *tornus,* tour de potier). Mouvement circulaire : *tour de roue.* ‖ Action de parcourir la périphérie de : *faire le tour de la ville.* ‖ Promenade : *faire un tour.* ‖ Circuit, circonférence : *le tour des yeux.* ‖ Ornement, garniture qui enveloppe une partie du corps : *un tour de cou.* ‖ Toute action qui exige de l'agilité, de la force, de l'adresse, de la subtilité : *tour de bateleur.* ‖ *Fam.* Ruse malicieuse : *jouer un bon tour.* ‖ Apparence, manière dont se présente une entreprise : *cette affaire prend un mauvais tour.* ‖ Manière d'exprimer ses pensées : *tour original.* ‖ Rang successif : *parler à son tour.* ‖ Autref., armoire ronde et tournante, posée dans l'épaisseur du mur, dans les monastères et les hôpitaux, pour recevoir ce qu'on y déposait du dehors. ‖ Appareil analogue, placé autref. à l'entrée des hospices d'enfants trouvés, et destiné à recevoir les enfants qu'on voulait y introduire sans être vu. ‖ *Chorégr.* Syn. de PIROUETTE. ‖ *Mécan.* Machine-outil utilisée pour usiner en travail continu, par enlèvement de matière à l'aide d'un outil présentant une avance, une pièce animée d'un mouvement de rotation autour d'un axe. (V. *encycl.*) ‖ Unité d'angle plan (symb. : tr), équivalant à un angle de 2 π. ● *A tour de bras,* de toute la force du bras. ‖ *En un tour de main,* en un instant. ‖ *Faire son tour de France,* parcourir la France en exerçant son métier. ‖ *Fait au tour* (Fig.), très bien fait. ‖ *Tour de bâton,* profits illicites. ‖ *Tour de main,* grande habileté manuelle due à l'habitude. ‖ *Tour de potier,* machine rudimentaire, actionnée au pied et comprenant un plateau tournant sur lequel on dispose, pour être façonné à la main, un bloc de terre glaise. ‖ *Tour de reins,* rupture ou foulure dans la région lombaire. ‖ *Tour de vis,* action de serrer une vis. ‖ **— Tour à tour** loc. adv. Alternativement.
— ENCYCL. *Mécan.* Il existe deux grandes familles de *tours :* les tours parallèles et les tours à décolleter. Les *tours parallèles* permettent le *chariotage longitudinal,* dans lequel la pièce est placée soit entre pointes pour

Toulouse-Lautrec
« Jane Avril sortant du Moulin-Rouge », coll. part.

Phot. Durandaud - L. P. V. A., Alain Perceval, Giraudon.

usiner les surfaces extérieures, soit en l'air pour le travail des surfaces intérieures et pour les alésages, le *chariotage transversal*, le *filetage*, le *perçage* et le *taraudage*, compléments du travail en l'air, avec des outils dans l'axe de la broche. Les tours en l'air et les tours verticaux, utilisés pour usiner des pièces en général volumineuses, exécutent, en principe, les mêmes opérations que celles qui sont réalisées sur les tours parallèles disposés pour le travail en l'air. Le *tour revolver*, dans lequel, après chaque passage d'outil, le retour de la tourelle à sa position première fait tourner automatiquement cette tourelle pour qu'un nouvel outil se trouve placé en position de travail, et le *tour à copier* sont une extension du tour parallèle. Les *tours à décolleter* (ou décolleteuses), qui sont rendus semi-automatiques ou entièrement automatiques, sont utilisés pour la réalisation de grandes séries, car ils permettent un gain de temps appréciable sur la mise en place des pièces à usiner, prises directement dans une barre.

touraille [turɑj] n. f. Etuve où le brasseur sèche les grains d'orge pour en arrêter la germination. || Grains ainsi séchés.

touraillon n. m. Germe d'orge séchée à la touraille : *le touraillon s'emploie comme engrais et pour la nourriture du bétail.*

Touraine, région du sud-ouest du Bassin parisien, de part et d'autre de la vallée de la Loire, formant aujourd'hui le dép. d'Indre-et-Loire. (Hab. *Tourangeaux*.) La vallée de la Loire et les basses vallées de ses affluents (Cher, Indre, Vienne), riches secteurs agricoles, où la douceur du climat favorise les cultures des arbres fruitiers, de la vigne (Vouvray) et des primeurs, séparent des plateaux plus pauvres, parfois forestiers (Gâtine tourangelle, Champeigne, plateau de Sainte-Maure). La présence de magnifiques châteaux (Azay-le-Rideau, Chenonceaux, Langeais, etc.) fait du pays une grande région touristique.
● *Histoire*. La Touraine fit partie du royaume des Plantagenêts (XIIe s.) et fut rendue à la couronne de France en 1259 (traité de Paris). En 1332, elle fut érigée en duché-pairie.

Tourane. V. DA NANG.

tourangeau [turɑ̃ʒo], **elle** [-ɛl] adj. et n. De la Touraine ou de Tours.

touranien [turanjɛ̃], **enne** [-ɛn] adj. et n. m. Se dit d'un groupement hypothétique de langues constitué par le turc, le mongol.

tourbe [turb] n. f. (francique *turba*). Charbon fossile qui se forme dans les tourbières par décomposition partielle de végétaux (carex, sphaignes). [Contenant 60 p. 100 de carbone, la tourbe est un combustible médiocre, dégageant beaucoup de fumée et laissant des cendres.]

tourbe n. f. (lat. *turba*, foule). Foule de gens méprisables : *la tourbe des intrigants.*

tourbeux, euse adj. Qui contient de la tourbe : *marais tourbeux.*

tourbier n. m. Ouvrier qui fait sécher la tourbe après l'avoir extraite.

tourbière n. f. Marécage acide à sphaignes, hypnes, carex, drosera, etc., où se forme la tourbe.

tourbillon [turbijɔ̃] n. m. (du lat. *turbo, turbinis*). Vent impétueux qui souffle en tournoyant. || Masse d'eau qui tournoie rapidement en formant une sorte d'entonnoir. || Ce qui est ou peut être soulevé par le vent : *tourbillon de fumée.* || *Fig.* Ce qui entraîne l'homme : *le tourbillon des affaires.*

tourbillonnaire adj. Qui présente les caractéristiques d'écoulement d'un tourbillon ou d'un assemblage de tourbillons. || Se dit des filets de fluide ou des régions affectés par des tourbillons.

tourbillonnant, e adj. Qui tourbillonne.

tourbillonnement n. m. Mouvement en tourbillon. || *Fig.* Action impétueuse, entraînante.

tourbillonner v. i. Aller en tournoyant : *eau qui tourbillonne.* || *Fig.* S'agiter d'une manière qui évoque un tourbillon.

Tourcoing (59200), ch.-l. de c. du Nord (arr. de Lille); 99 369 h. (*Tourquennois*). Grand centre textile, formant avec Lille et Roubaix la première conurbation française.

tourd [tur] n. m. (du lat. *turdus*, grive). Poisson du genre *labre*, de la Méditerranée, à vives couleurs. (Long. 15 cm.) || Autre nom de la *grive musicienne*.

Tour-d'Auvergne (LA) [63680], anc. **Latour-d'Auvergne,** ch.-l. de c. du Puy-de-Dôme (arr. d'Issoire); 1 118 h. (521 aggl.).

tourdille [turdij] adj. (esp. *tordillo*). Se dit d'une couleur gris-jaune.

Tour-du-Pin (LA) [38110], ch.-l. d'arr. de l'Isère, sur la Bourbre, affl. du Rhône; 5 917 h. (*Turripinois*). Textiles. — L'arr. a 8 cant., 129 comm., 110 868 h.

Touré (Sékou), homme d'Etat guinéen, né à Faranah en 1922, président de la République depuis 1958.

tourelle [turɛl] n. f. Petite tour, généralement en encorbellement, qui flanque un édifice. || Abri orientable, généralement blindé, dans lequel sont disposées certaines armes d'un avion, d'un engin blindé, d'un navire de guerre ou d'un ouvrage fortifié. (V. *encycl.*) || *Technol.* Dans un tour automatique, bloc porte-outils.
— ENCYCL. La *tourelle* d'un engin blindé porte l'armement et ses moyens de pointage, ainsi qu'un certain nombre d'appareils d'observation (diascope*, épiscope*, fente de visée), de direction (boussole, compas) et de liaison (radio). Le poids de l'armement doit, le plus souvent, être équilibré par une masse additionnelle symétrique, afin que la tourelle puisse tourner facilement sur le chemin de roulement qui la relie à la caisse de l'engin. Le pointage horizontal en direction est assuré par la rotation manuelle, hydraulique ou électrique de la tourelle. Le pointage en hauteur est assuré soit par les armes, quand leur déplacement vertical est indépendant de celui de la tourelle (tourelle classique), soit par la tourelle elle-même, dont la coquille est alors articulée autour d'un axe horizontal (tourelle oscillante).
Dans certains chars modernes dépourvus de tourelle, c'est le véhicule entier qui assure les deux pointages et qui fait ainsi office de tourelle.

touret [turɛ] n. m. Machine-outil de petites dimensions, dont l'axe horizontal, commandé en rotation à sa partie centrale, porte à ses deux extrémités soit des meules, soit des disques en feutre, en coton, etc. || *Mar.* Dévidoir sur lequel on enroule des lignes, des câbles électriques, des aussières, etc. || Petit tour de graveur en pierres fines. ● *Touret de nez*, loup, masque en usage au XVIe s.

Tourgueniev (Ivan Sergheïevitch), écrivain russe, né à Orel (1818-1883). Il découvre la pensée hégélienne lors d'un séjour à l'université de Berlin et songe à la littérature tout en prenant un poste de fonctionnaire civil. Il écrit des poèmes, mais il est remarqué par Bielinski pour un recueil de nouvelles (*Andreï Kolossov*, 1844). Sa grande passion pour la cantatrice Pauline Viardot lui fait quitter l'administration et son domaine, dans lequel il est assigné à résidence pour avoir écrit à la mort de Gogol' (1852) une lettre que la censure impériale juge subversive. Il publie alors les *Récits d'un chasseur*, qui lui assurent la première place parmi les écrivains russes. Il obtient en 1856 la permission de quitter la Russie et vit le plus souvent en Allemagne et en France. Il écrit toujours des nouvelles (*Premier Amour*, 1860), mais aborde le roman (*Roudine*, 1856) et crée avec Bazarov de *Pères et fils* (1862) le premier héros nihiliste. Les critiques que font ses compatriotes de *Fumée* (1867) et de *Terres vierges* (1877) l'éloignent des préoccupations sociales et politiques (*les Eaux printanières*, 1871) et l'inclinent vers un agnosticisme pessimiste (*Poèmes en prose*). Mais la représentation de sa pièce *Un mois à la campagne* (1879) est un triomphe. Si son influence fut moindre que celle de Dostoïevski et de Tolstoï, son œuvre est, dans la littérature russe, la plus marquée par les influences occidentales.

tourie [turi] n. f. (orig. inconnue). Grosse bouteille de grès ou de verre, entourée d'osier, pour le transport de liquides caustiques.

tourier [turje], **ère** [-ɛr] adj. et n. Autref., préposé au tour, dans un couvent : *frère tourier.* ● *Sœur tourière*, religieuse non cloîtrée, chargée des relations avec l'extérieur.

tourillon [turijɔ̃] n. m. Pivot cylindrique autour duquel une pièce peut tourner. || Chacun des pivots fixés de part et d'autre du tube d'un canon, et grâce auxquels il repose sur l'affût et peut se déplacer dans un plan vertical.

Touring Club de France, association fondée en 1890 pour développer le tourisme.

tourisme [turism] n. m. (angl. *tourism*). Action de voyager pour son agrément : *le développement du tourisme international permet aux peuples de se mieux connaître.* || Ensemble des questions d'ordre technique, financier ou culturel, que soulève, dans chaque pays ou dans chaque région, l'importance du nombre des personnes qui font des voyages d'agrément.
— ENCYCL. La généralisation des vacances, la progression du niveau de vie, le besoin croissant d'évasion et de détente dans les pays industrialisés et urbanisés, la création d'organismes spécialisés expliquent le récent essor du *tourisme*, du tourisme international plus particulièrement (facilité encore par le développement des moyens de transport et la simplification des formalités administratives aux frontières). La « démocratisation » du tourisme international (suivant celle du tourisme national) a provoqué une modification des courants. Si les pays « historiques » (Italie et Grèce) et les Etats alpins (Suisse et Autriche) demeurent de hauts lieux touristiques, des Etats méditerranéens, au climat ensoleillé et au coût de la vie inférieur à celui des pays visiteurs, sont récemment devenus de grands pays d'accueil; c'est le cas du Portugal et surtout de l'Espagne et de la Yougoslavie (dans ces pays, le tourisme joue un rôle économique considérable : en Espagne, les revenus du tourisme égalent presque le montant global des exportations visibles). Le tourisme de masse explique aussi que les moyens d'hébergement complémentaires (terrains de camping, bungalows, auberges de jeunesse, colonies de vacances, etc.) dépassent dans de nombreux pays la capacité de l'industrie hôtelière. C'est le cas en France, en Italie, en Espagne, en Suisse, etc.

touriste n. Personne qui voyage pour son agrément. || — Adj. *Classe touriste*, tarif réduit, appliqué sur certains services de transports internationaux.

touristique adj. Relatif au tourisme : *voyages touristiques.* || Dont l'agrément ou le pittoresque attire les touristes : *villes touristiques.*

Tourlaville (50110), ch.-l. de c. de la Manche (arr. et banlieue de Cherbourg); 12 062 h.

Tourmalet (*col du*), passage des Pyrénées françaises, faisant communiquer la vallée de Campan avec celle de Gavarnie; 2 115 m.

tourmaline [turmalin] n. f. (empr. au cinghalais). Minéral de coloration variée, formant des prismes allongés qui s'électrisent par la chaleur ou le frottement. || Pierre fine rouge, bleue, brune, incolore ou noire.

tourment [turmɑ̃] n. m. (lat. *tormentum*). Violente douleur physique : *souffrir d'affreux tourments.* || *Fig.* Grande peine, grand souci : *cette affaire lui a donné bien du tourment.*

tourmentant, e adj. Qui tourmente; qui se plaît à faire souffrir.

tourmente n. f. Tempête, bourrasque violente. || *Fig.* Troubles : *tourmente révolutionnaire.*

tourmenté, e adj. Qui a des irrégularités brusques et nombreuses : *sol tourmenté.* || *Fig.* D'une recherche exagérée : *style tourmenté.*

tourmenter v. t. Causer une souffrance morale : *son procès le tourmente.* || Importuner fortement : *tourmenter quelqu'un et le mettre en colère.* || — SYN. : HARCELER, INQUIÉTER, OBSÉDER, PERSÉCUTER, PRÉOCCUPER, TENAILLER. || **— Se tourmenter** v. pr. Se donner beaucoup de soucis.

tourmenteur, euse adj. et n. Qui tourmente.

tourmentin [turmɑ̃tɛ̃] n. m. *Mar.* Petit foc en toile très résistante, pour le mauvais temps.

tournage n. m. Action d'usiner au tour. (V. *encycl.*) || *Cin.* Action d'enregistrer avec un appareil de prise de vues : *tournage d'un film.*
— ENCYCL. Le *tournage* est une des opérations les plus fréquentes dans l'usinage des pièces. Les principales opérations élémentaires de tournage sont : le *chariotage cylindrique*, pour le travail soit des surfaces extérieures, soit des surfaces intérieures; le *dressage*, ou *chariotage transversal* (dans lequel l'outil agit perpendiculairement à l'axe) pour l'usinage des surfaces planes et pour le tronçonnage; le *filetage*, ou façonnage de filets de vis, obtenu par déplacement de l'outil synchronisé avec la rotation de la pièce; le *perçage* (pour lequel le tour offre les mêmes possibilités que la perceuse) dans le cas d'une opération préliminaire ou complémentaire à d'autres travaux exécutés sur la même pièce déjà montée. Le travail de coupe dégage une grande quantité de chaleur néfaste non seulement pour l'outil, mais également pour la pièce qui s'échauffe, s'allonge et peut se déformer; aussi est-il nécessaire d'arroser abondamment pour les travaux à grand débit. Le tournage permet un travail de précision; cependant, on préfère souvent ébaucher seulement la pièce au tour et parachever par une rectification à la meule, rectification qui devient indispensable lorsqu'il s'agit de pièces en acier trempé.

Tournai, v. de Belgique (Hainaut); 33 500 h. Textiles. ● *Histoire*. Ancienne capitale des Nerviens, Tournai devint au Ve s. celle des rois mérovingiens. Son évêché, créé au VIe s., fut rattaché à celui de Noyon. La commune de Tournai, placée sous la souveraineté de la France en 1187, devint le principal point d'appui de la politique française en Flandre. La tapisserie de haute lisse assura au XVe s. une grande prospérité à la ville,

Sekou Touré, à gauche, et Kwame Nkrumah

Tourgueniev

Phot. Associated Press, Tissier.

que François Ier céda à Charles Quint en 1526. Elle fut reprise par Louis XIV en 1667. Par les traités d'Utrecht et de Rastatt (1713-1714), elle fut incorporée aux Pays-Bas autrichiens et suivit dès lors le sort de la Belgique.
● *Beaux-arts.* La ville possède une imposante cathédrale romane et gothique à cinq tours (XIIe-XIIIe s.). Des écoles de sculpture (XIIe s.) et de peinture (XVe s.), ainsi que de célèbres ateliers de tapisserie (XIVe-XVIe s.) se développèrent à Tournai. Une manufacture de porcelaine y fut fondée en 1751.

tournailler [turnɑje] v. i. *Fam.* Aller et venir sans but; rôder autour.

Tournan-en-Brie (77220), ch.-l. de c. de Seine-et-Marne (arr. de Melun); 3 582 h. (*Tournanais*).

tournant, e adj. Qui tourne : *pont tournant.* ● *Mouvement tournant,* opération par laquelle on tourne les positions de l'ennemi.

tournant [turnɑ̃] n. m. Coin de rue, de chemin; endroit où une route fait un coude. ‖ — *Fig.* Moment capital où les événements changent de direction : *les tournants de l'histoire.* ● *Tournant décisif,* nouvelle direction prise par les événements.

Tournay [-naj] (65190), ch.-l. de c. des Hautes-Pyrénées (arr. de Tarbes); 1 129 h. [*Tournayais*].

tourné, e adj. Fait d'une certaine façon : *bien, mal tourné.* ‖ Aigri, altéré, fermenté : *lait, vin tourné.*

tourne-à-gauche n. m. inv. *Technol.* Instrument servant à faire virer une tige sur elle-même. ‖ Outil manuel avec lequel on donne de la voie aux scies. ‖ Outil qui maintient le taraud pour faire des pas de vis.

tournebouler [turnəbule] v. t. *Fam.* Affoler, tourner la boule.

tournebroche n. m. Appareil servant à faire tourner une broche à rôtir. ‖ Marmiton qui tourne une broche.

tourne-disque n. m. Appareil permettant la lecture de sons enregistrés sur un disque. ‖ Pl. des *tourne-disques.*

tournedos n. m. Filet de bœuf accommodé en tranches épaisses.

tournée [turne] n. f. Voyage, à itinéraire déterminé, que fait un fonctionnaire, un commerçant, une troupe de théâtre, etc. ‖ *Fam.* Ensemble des boissons offertes et payées par un consommateur ou par le débitant.

Tournefort (Joseph PITTON DE), botaniste et voyageur français, né à Aix-en-Provence (1656-1708). Sa classification du règne végétal fait de lui le précurseur de Linné.

Tournelles (*hôtel des*), résidence royale démolie en 1565. Elle occupait une partie de l'actuelle place des Vosges à Paris. Là eut lieu le tournoi qui fut fatal à Henri II, blessé mortellement par Montgomery.

tournemain n. m. *En un tournemain,* en un instant.

Tournemine (René Joseph DE), savant jésuite français, né à Rennes (1661-1739), un des directeurs des *Mémoires de Trévoux.*

Tournemire (Charles), compositeur français, né à Bordeaux (1870-1939). Elève de Franck, il a laissé de la musique de chambre, huit symphonies et des paraphrases grégoriennes pour orgue (*Orgue mystique*). Organiste de Sainte-Clotilde, grand improvisateur, il a été professeur de musique de chambre au Conservatoire de Paris.

tourne-pierre n. m. Oiseau des côtes d'Europe, qui cherche sous les pierres les vers et les mollusques dont il se nourrit. (Long. 30 cm.) ‖ Pl. des *tourne-pierres.*

tourner [turne] v. t. (lat. *tornare,* façonner au tour). Mouvoir en rond : *tourner une roue.* ‖ Changer la position, la direction, par un mouvement de rotation : *tourner la tête.* ‖ Mettre une chose dans un sens opposé : *tourner les pages d'un livre.* ‖ Diriger : *tourner les yeux vers quelqu'un.* ‖ Faire le tour de quelque chose pour l'éviter : *tourner une montagne.* ‖ Usiner au tour : *tourner un pied de table.* ‖ — *Fig.* Donner un certain tour, exprimer d'une certaine façon ses pensées : *bien tourner une lettre.* ‖ Examiner : *tourner une affaire en tous sens.* ‖ Interpréter : *tourner en bien, en mal.* ‖ Eluder : *tourner une difficulté.* ‖ *Cin.* Enregistrer avec un appareil de prise de vues : *tourner un film.* ● *La tête lui tourne,* il a le vertige. ‖ *Tourner le dos à quelqu'un,* marcher en sens contraire; et, au *fig.,* le traiter avec mépris. ‖ *Tourner quelqu'un à son gré,* en faire ce qu'on veut. ‖ *Tourner en ridicule,* rendre ridicule. ‖ *Tourner le sang* (ou *les sens*) [Fam.], causer une vive émotion. ‖ *Tourner ses souliers,* les éculer d'un côté. ‖ *Tourner les talons,* s'éloigner. ‖ *Tourner la tête à quelqu'un,* lui inspirer une vive admiration, une vive affection. ‖ — V. i. Se mouvoir circulairement : *la Terre tourne autour du Soleil.* ‖ Passer : *le vent a tourné au nord.* ‖ Prendre une autre direction : *tourner à droite, à gauche.* ‖ Interpréter un rôle dans un film. ‖ S'altérer, aigrir : *le lait, le vin a tourné.* ‖ — *Fig.* Avoir une bonne ou une mauvaise issue : *l'affaire a mal tourné.* ‖ Changer en bien ou en mal : *ce jeune homme a mal tourné.* ‖ Aboutir : *cela tournera à sa honte, à sa gloire.* ● *La chance a tourné,* la chance en favorise d'autres. ‖ *Tourner à tout vent,* changer souvent d'opinion. ‖ *Tourner autour du pot,* ne pas aller directement au fait. ‖ *Tourner du côté de quelqu'un,* prendre son parti. ‖ *Tourner de l'œil* (Fam.), s'évanouir. ‖ *Tourner la page,* renoncer à demander raison à quelqu'un à la suite d'un affront, d'un conflit.

tournesol [turnəsɔl] n. m. (ital. *tornasole*). Nom usuel de l'*hélianthe,* ou *grand soleil.*
— ENCYCL. Le *tournesol* est une composée à très gros capitules jaunes qui s'orientent vers le soleil (d'où son nom). On le cultive pour ses graines, dont on extrait une huile appréciée, et le tourteau, résidu de l'extraction de cette huile, est utilisé pour l'alimentation du bétail. La culture du tournesol s'est étendue du Midi à la région parisienne grâce à l'introduction de variétés soviétiques. L'U. R. S. S. représente à elle seule 60 à 65 p. 100 de la production mondiale.
Le tournesol des teinturiers est la *maurelle,* ou *croton.* On extrait de sa tige, que l'on fait fermenter en présence d'urine, une teinture que les alcalis font virer au bleu et les acides au rouge.

tournette [turnɛt] n. f. Cage tournante d'un écureuil.

tourneur, euse n. et adj. Ouvrier, ouvrière spécialiste du travail au tour. ‖ Qui tourne sur lui-même : *derviche tourneur.*

Tourneur (Cyril), auteur dramatique anglais (v. 1575-1626). Il est célèbre pour deux pièces, *la Tragédie du vengeur* (imprimée en 1607) et *la Tragédie de l'athée* (imprimée en 1611), qui illustrent, sous la forme la plus violente, le goût de l'atrocité et de l'horreur de la période élisabéthaine.

tourne-vent n. m. inv. Tuyau coudé mobile, disposé au sommet d'une cheminée de manière à placer son orifice à l'opposé du vent.

tournevis [turnəvis] n. m. Outil en acier, dont l'une des extrémités est enfoncée dans un manche et dont l'autre est aplatie pour visser ou dévisser des vis.

tournicoter v. i. *Fam.* Aller de-ci de-là, rôder autour de quelqu'un.

tourniole [turnjɔl] n. f. Panaris autour de l'ongle.

tourniquer [turnike] v. i. *Fam.* Tournailler. (On dit aussi TOURNICHER.)

tourniquet [turnikɛ] n. m. (anc. fr. *turniquet,* vêtement de dessus, par influence de *tourner*). Croix mobile posée horizontalement sur un pivot, dans une rue, dans une entrée, pour ne laisser passer que les piétons ou qu'une personne à la fois. ‖ Lame métallique mobile en forme d'S et servant à maintenir un volet ouvert. ‖ Jeu de hasard qui consiste en un disque tournant, autour duquel sont marqués des numéros. ‖ *Chir.* Instrument pour comprimer les artères. ● *Passer au tourniquet* (Fam.), comparaître devant un tribunal militaire.

tournis [turni] n. m. (de *tourner*). Maladie des moutons et des bœufs, causée par la présence, dans l'encéphale, de la larve du ténia cénure, ce qui les fait tourner convulsivement.

tournisse [turnis] n. f. Poteau qu'on établit entre une sablière et une décharge de cloison, dans une armature à pans de bois.

tournoi [turnwa] n. m. (de *tournoyer*). Fête militaire du temps de la chevalerie. ‖ Compétition amicale, ne donnant pas lieu à l'attribution d'un titre : *tournoi de tennis, de bridge.*

tournoiement [turnwamɑ̃] n. m. Action de ce qui tournoie.

tournois [turnwa] adj. (de *Tours*). S'est dit de la monnaie frappée jusqu'au XIIIe s. à Tours, puis de la monnaie royale frappée sur le même modèle. (Elle était d'un quart moins forte que la monnaie parisis.)

Tournon (07300), ch.-l. d'arr. de l'Ardèche, sur le Rhône; 9 100 h. (*Tournonais*). Château (XVe-XVIe s.). Textiles. — L'arr. a 11 cant., 127 comm., 110 134 h.

Tournon (François DE), prélat français, né à Tournon (1489-1562), archevêque de Lyon (1551), puis gouverneur du Lyonnais.

Tournon-d'Agenais (47370), ch.-l. de c. de Lot-et-Garonne (arr. de Villeneuve-sur-Lot); 1 006 h. (544 aggl.).

Tournon-Saint-Martin (36220), ch.-l. de c. de l'Indre (arr. du Blanc); 1 610 h. (842 aggl.).

tournoyant, e adj. Qui tournoie.

tournoyer [turnwaje] v. i. (conj. **2**). Tourner en faisant plusieurs tours.

tournure [turnyr] n. f. Tour, disposition, forme du corps : *cette femme a une jolie tournure.* ‖ — *Fig.* Manière d'être, en parlant de l'esprit, de la pensée : *tournure d'esprit agréable.* ‖ Manière dont les mots sont agencés : *tournure d'une phrase.* (Syn. : EXPRESSION, FORMULE, IDIOTISME, LOCUTION.) ‖ Manière dont une chose se présente : *l'affaire prend une bonne tournure.* ‖ Coussinet bouffant que les femmes mettaient jadis par-derrière sous leur jupe. ‖ Déchet métallique détaché d'une pièce pendant le tournage.

Tournus [-ny] (71700), ch.-l. de c. de Saône-et-Loire (arr. de Mâcon), sur la Saône; 7 026 h. (*Tournusiens*). Ancienne abbatiale, l'église Saint-Philibert est un remarquable édifice roman (X[e]-XIIe s.), avec crypte et narthex à étage. Divers bâtiments de l'abbaye subsistent. Centre international d'études romanes (1953). Confection. Articles de ménage. (V. illustr. ARCHITECTURE ET SCULPTURE ROMANES*.)

Tourny (Louis, *marquis* DE), administrateur français, né à Paris (1690-1760). Intendant du Limousin, puis de la Guyenne, il a embelli Bordeaux.

touron [turɔ̃] n. m. (esp. *turron*). Confiserie faite avec des amandes pilées, des œufs, du sucre, etc.

Tourouvre (61190), ch.-l. de c. de l'Orne (arr. de Mortagne-au-Perche); 1 641 h. (862 aggl.).

Tours [tur], ch.-l. du dép. d'Indre-et-Loire, à 237 km au sud de Paris; 132 861 h. (*Tourangeaux*). Archevêché. Ecole militaire du train. Entre la Loire et le Cher, au cœur du Val de Loire, carrefour entre le Bassin parisien, l'Aquitaine et le littoral breton et vendéen, Tours a d'abord été un important centre commercial (vins de Touraine en particulier). Aux activités nées du commerce (travail du bois, de la faïence, imprimeries) se sont récemment ajoutées des branches modernes (métallurgie de transformation et chimie), cependant que la vocation universitaire de la ville s'est affirmée (faculté mixte de médecine et de pharmacie [1962], faculté des lettres et sciences humaines [1965]). Base aérienne. — L'arr. a 13 cant., 124 comm., 307 266 h.
● *Histoire.* Le rayonnement de saint Martin fit de Tours un des premiers centres religieux de la Gaule. Des états généraux y furent convoqués, notamment en 1484. En 1870, la ville fut le chef-lieu du gouvernement de la Défense nationale. Là se tint en 1920 le congrès qui marqua la scission entre les partisans de la IIe et ceux de la IIIe Internationale. Tours fut très endommagée en juin 1940. — Patrie de Fr. Clouet, J. Fouquet, H. de Balzac.
● *Beaux-arts.* La ville conserve de vieux hôtels et d'intéressantes églises, dont Saint-Julien (XIIIe s.) et la cathédrale Saint-Gatien, commencée au XIIIe s. et terminée au XVIe (remarquables vitraux). Riches musées.

tourte [turt] n. f. (bas lat. *torta*). Pâtisserie de forme circulaire, contenant un mets. ‖ *Fam.* Imbécile.

tourteau [turto] n. m. Gros pain de forme ronde. ‖ Masse formée d'un résidu de grains, de fruits, dont on a exprimé l'huile, le suc, et qu'on donne comme aliment aux bestiaux, ou qu'on emploie comme engrais : *un tourteau d'olive.* ‖ *Zool.* Gros crabe commun sur les

Tours

Phot. Alain Perceval.

côtes de l'Océan, à large carapace elliptique (jusqu'à 25 cm de large) et dont les pinces ont l'extrémité noire. (V. illustr. CRUSTACÉ.) ‖ *Hérald.* Figure circulaire, toujours en émail.

tourtereau n. m. Jeune tourterelle encore au nid. ‖ — Pl. *Fig.* Jeunes gens qui s'aiment tendrement.

tourterelle [turtərɛl] n. f. (du lat. *turtur,* tourterelle). Oiseau voisin du pigeon, mais plus petit. (On élève la *tourterelle à collier,* à plumage isabelle, originaire d'Egypte.) [Cri : la tourterelle *gémit, roucoule.*]

Tourteron (08130 Attigny), ch.-l. de c. des Ardennes (arr. de Vouziers); 245 h.

tourtière [turtjɛr] n. f. Ustensile de cuisine pour faire cuire des tourtes ou des tartes. ‖ Au Canada, tarte ou gros pâté généralement de petit gibier.

Tourville (Anne DE COTENTIN, *comte* DE), maréchal de France, né à Tourville (Normandie) [1642-1701]. Il fit la guerre contre les pirates barbaresques, servit sous Duquesne, vainquit près de Wight la flotte anglo-hollandaise (1690), essuya un échec près de La Hougue (1692) et remporta en 1693 la victoire du cap Saint-Vincent.

touselle [tuzɛl] n. f. (provenç. *tosela*). Blé dont l'épi est dépourvu de barbes.

Toussaines (*signal de*), point culminant de la Bretagne, dans les monts d'Arrée; 384 m.

Toussaint [tusɛ̃] n. f. (de *tous les saints*). Fête du 1er novembre, en l'honneur de tous les saints.

Toussaint Louverture, homme politique et général haïtien, né à Saint-Domingue (1743-1803). Gouverneur de Saint-Domingue de 1796 à 1802, libérateur des Noirs de cette colonie française, il entra en conflit avec Bonaparte, fut arrêté et mourut captif au fort de Joux.

tousser [tuse] v. i. (lat. *tussire ;* de *tussis,* toux). Faire l'effort et le bruit que cause la toux.

tousserie n. f. *Fam.* Action de tousser.

tousseur, euse n. *Fam.* Qui tousse souvent.

toussotement n. m. Action de toussoter.

toussoter v. i. Tousser souvent et faiblement.

Toussus-le-Noble, comm. de l'Essonne (arr. de Palaiseau); 380 h. Aérodrome.

tout [tu *devant une consonne,* tut *devant une voyelle ou un* h *muet*], **toute** [tut] ; pl. masc. **tous** [tu *ou* tus *suivant les cas : tous* (tu) *les hommes sont mortels ;* mais : *ils sont tous* (tus) *mortels*] adj. qualificatif (lat. *totus,* tout entier). Exprime la totalité (entier) : *veiller toute la nuit ; toute la ville.* ‖ — Adj. indéf. Chaque ; n'importe quel : *toute peine mérite salaire ; en toute occasion.* ● *Tout le monde,* l'ensemble des hommes : *tout le monde est mortel ;* n'importe qui : *s'habiller comme tout le monde.* ‖ — Pr. indéf. Tout le monde : *tous sont venus.* ‖ Toute chose : *tout est dit.* ● ***Après tout,*** en définitive. ‖ ***A tout prendre,*** en somme, en considérant toute chose. ‖ ***Comme tout,*** extrêmement. ‖ ***Pour tout aller,*** pour tous les usages, pour tous les jours. ‖ — **Somme toute** loc. adv. A tout prendre, en définitive, tout bien considéré.

tout [tu, tut] adv. Entièrement : *elle est tout heureuse.* ‖ Quelque, si : ***tout*** *aimable qu'est* (ou *que soit*) *la vertu.* ‖ Est aussi explétif : *tout doucement ; tout au plus.* ● ***Avoir tout de,*** présenter tous les caractères de. ‖ ***Pour tout de bon,*** sérieusement. ‖ ***Tout plein,*** beaucoup : *avoir tout plein de projets ;* et *fam.,* tout à fait : *c'est joli tout plein.* ‖ — Loc. adv. **Du tout,** nullement. ‖ **En tout,** tout compris. ‖ **Tout à fait,** entièrement.
— *Tout* adverbe varie devant un adj. fém. commençant par une consonne ou par un *h* aspiré (*elle était toute surprise, toute honteuse*), mais il reste inv. au fém. devant une voyelle ou un *h* muet : *elle est tout étonnée.* ‖ *Tout* suivi de *autre* varie lorsqu'il détermine le nom qui suit l'adjectif AUTRE : *je répondrai à* TOUTE AUTRE *question* (*à toute question autre que celle que vous me posez*). *Tout* est invariable s'il modifie l'adjectif AUTRE et quand il est accompagné de UN, UNE : *ceci est* TOUT AUTRE *chose, c'est* UNE TOUT AUTRE *chose* (*une chose tout à fait autre*).

tout n. m. La totalité : *le tout est plus grand que la partie.* (Dans ce sens, le pl. est *touts.*) ‖ *Fig.* L'important, le principal : *le tout est de réussir.* ● ***Risquer le tout pour le tout,*** hasarder de tout perdre pour tout gagner.

tout-à-l'égout n. m. inv. Mode de vidange qui consiste à envoyer directement à l'égout les matières fécales et les eaux usées.

Tout Ankh Amon, pharaon de la XVIIIe dynastie (v. 1354-v. 1346 av. J.-C.), qui rétablit le culte d'Amon à Thèbes. Son tombeau, contenant un magnifique mobilier funéraire (musée du Caire), a été découvert en 1922.

toute-épice n. f. Nom usuel de la *nigelle* cultivée, dont les graines sont utilisées en Europe orientale comme épice. ‖ Pl. des *toutes-épices.*

toutefois [tutfwa] adv. Marque une opposition : *si toutefois il veut venir.* (Syn. : CEPENDANT, EN REVANCHE, MAIS, NÉANMOINS.)

toute-puissance n. f. Pouvoir souverain : *aspirer à la toute-puissance.* ‖ *Théol.* Puissance infinie de Dieu.

toutou [tutu] n. m. Chien, dans le langage des enfants.

tout-puissant, toute-puissante adj. Qui a un pouvoir sans bornes ou très grand : *ministre tout-puissant.* ‖ Pl. *tout-puissants, toutes-puissantes.*

tout-puissant n. m. *Le Tout-Puissant,* Dieu.

tout-terrain adj. inv. Se dit d'un véhicule ou d'un engin capable de circuler sur route et en terrain varié. ● *Faire du tout-terrain,* circuler hors d'une voie de circulation, à travers champs.

tourterelle

tout-venant n. m. Charbon ou minerai tel qu'il est extrait, mélangé de stérile, en morceaux de toute taille. ‖ Ce qui n'a pas été soigneusement choisi.

Touva, anc. **Tannou-Touva,** république autonome de l'U. R. S. S. (R. S. F. S. de Russie), dans le bassin supérieur de l'Ienisseï ; 217 000 h. Ch.-l. *Kyzil.* Amiante.

Touvet (LE) [38660], ch.-l. de c. de l'Isère (arr. de Grenoble), au pied de la Grande-Chartreuse ; 1 278 h.

Touvre (la), riv. de France, affl. de la Charente (r. g.), résurgence d'une partie des eaux de la Tardoire et du Bandiat ; 10 km.

toux [tu] n. f. (lat. *tussis*). Expiration brusque et sonore de l'air contenu dans les poumons, provoquée par l'irritation des voies respiratoires. (La toux se produit isolément ou par accès, par quintes. La *toux grasse* est suivie d'expectoration, alors que la *toux sèche* ne l'est pas.)

Townsville, port d'Australie (Queensland), sur la mer de Corail ; 57 000 h. Exportation et raffinerie de cuivre.

toxémie [tɔksemi] n. f. (gr. *toxikon,* poison, et *haima,* sang). Ensemble des accidents provoqués par les toxines véhiculées par le sang. ● *Toxémie gravidique,* ensemble de manifestations observées chez la femme enceinte et attribuées à l'intolérance de substances provenant du fœtus. (Les vomissements incoercibles, l'albuminurie et l'éclampsie sont les troubles les plus fréquents.)

toxicité [tɔksisite] n. f. Caractère de ce qui est toxique : *la toxicité de l'arsenic.* ‖ Quotient de la quantité d'une substance nécessaire pour tuer un animal par le poids de cet animal exprimé en kilogrammes.

toxicologie [tɔksikɔlɔʒi] n. f. (gr. *toxikon,* poison, et *logos,* science). Partie de la médecine qui traite des poisons et de leurs actions.

toxicologique adj. Relatif à la toxicologie : *expertise toxicologique.*

toxicologue n. Spécialiste de toxicologie.

toxicomane [tɔksikɔman] adj. et n. Qui s'adonne à la toxicomanie.

toxicomanie n. f. (gr. *toxikon,* poison, et *mania,* folie). Habitude morbide d'absorber des doses croissantes de substances toxiques ou stupéfiantes (éther, morphine, cocaïne, opium).

toxicose [tɔksikoz] n. f. Altération profonde de toutes les fonctions vitales, provoquée par les toxines de certains germes microbiens.
— ENCYCL. Le terme de *toxicose* est surtout employé pour désigner l'atteinte grave de l'état général des nourrissons en rapport avec une infection intestinale aiguë accompagnée de diarrhée profuse. Une forte déshydratation, associée au passage dans le sang des toxines microbiennes, provoque un amaigrissement rapide, une somnolence, puis un coma et entraîne rapidement la mort en l'absence de traitement. Celui-ci comprend une réhydratation et une réanimation délicates, l'usage d'antibiotiques et d'analeptiques, ainsi qu'une surveillance constante.

statue de **Tout Ankh Amon**
provenant de son tombeau, *musée du Caire*

toxine n. f. Poison de nature protéique, produit par des bactéries, des parasites, certains champignons.
— ENCYCL. Les *toxines* formées par les bactéries sont divisées en *endotoxines,* qui restent dans le corps bactérien et ne sont libérées qu'au moment de sa destruction, et en *exotoxines,* qui sont éliminées en permanence pendant toute la durée de vie du germe. Les endotoxines sont formées par tous les germes pathogènes (pyogènes banals tels que les streptocoques, les staphylocoques, les entérocoques, le bacille typhique, etc.). Les exotoxines sont formées essentiellement par les bacilles diphtérique et tétanique, et sont véhiculées par le sang ; elles provoquent des troubles graves (surtout nerveux) à distance du foyer infectieux. C'est en les atténuant par le formol qu'on obtient les anatoxines utilisées pour les vaccinations correspondantes.

toxique [tɔksik] n. m. (gr. *toxikon,* poison). Nom générique des poisons. ‖ — Adj. Qui a la propriété d'empoisonner : *substance toxique ; gaz* toxique.*

Toyama, v. du Japon (Honshū), près de la *baie de Toyama* (mer du Japon) ; 264 000 h. Industries pharmaceutiques.

Toynbee (Arnold), historien britannique, né à Londres en 1889, auteur d'ouvrages sur les civilisations, dont il a établi une théorie cyclique.

Toyohashi, v. du Japon (Honshū) ; 253 000 h. Textiles.

Toyonaka, v. du Japon (Honshū) ; 334 000 h.

Toyota, v. du Japon (Honshū) ; 161 000 h. Automobiles.

Tozeur, v. de Tunisie, dans une oasis au bord du chott el-Djérid ; 12 500 h. Dattes.

tr, symbole du *tour,* unité d'angle.

traban [trabɑ̃] n. m. Hallebardier, dans la garde des princes scandinaves ou dans les armées suisses.

trabe [trab] n. f. (du lat. *trabs,* poutre). Hampe d'un drapeau.

trac [trak] n. m. (formation expressive). Peur que l'on éprouve au moment de paraître en public : *avoir le trac.* ‖ — **Tout à trac** loc. adv. Brusquement, sans réflexion.

traçage n. m. Action de tracer.

traçant, e adj. (de *tracer*). *Balle traçante,* balle munie d'une composition lumineuse qui rend visible une grande partie de sa trajectoire. ‖ *Racine traçante,* racine qui s'étend horizontalement et très près de la surface du sol.

tracas [traka] n. m. *Fam.* Souci, peine : *les tracas d'un père.* (Syn. : CONTRARIÉTÉ, ENNUI, OBSESSION, PRÉOCCUPATION, TOURMENT.)

tracasser v. t. (de *traquer*). Tourmenter, inquiéter : *sa santé me tracasse.*

tracasserie n. f. Action de tracasser ; chicane, ennui.

tracassier, ère adj. et n. Qui tracasse ; qui aime à faire des tracasseries.

tracassin n. m. *Fam.* Humeur inquiète.

trace [tras] n. f. (de *tracer*). Empreinte, vestige marquant le passage d'un corps, d'un homme ou d'un animal : *suivre une biche à la trace.* ‖ Cicatrice, marque physique qui reste de quelque coup, de quelque choc, etc. : *la trace d'une brûlure.* ‖ — *Fig.* Impression, marque faite par un événement : *cette aventure a laissé des traces profondes en lui.* ‖ Indice, marque, reste : *on ne trouve pas trace de cet événement chez les historiens.* ‖ Quantité minime : *les traces d'albumine dans les urines.* ● *Marcher sur les traces de quelqu'un,* suivre son exemple. ‖ *Trace d'une droite sur un plan* (Math.), point où la droite rencontre le plan. ‖ *Trace d'un plan sur un plan,* droite d'intersection de ces deux plans.

tracé n. m. *Technol.* Représentation, par des lignes, d'un dessin, d'un plan : *faire le tracé d'une figure.* ‖ Ligne parcourue : *le tracé du Métropolitain.*

tracement n. m. Action de tracer.

tracer [trase] v. t. (du lat. *tractus,* trait) [conj. **1**]. Tirer les lignes d'un dessin, d'un plan, etc. ‖ Marquer par des lignes les coupes à faire sur un morceau de métal, une pièce de bois ou un bloc de pierre. ‖ Ecrire : *tracer des lettres.* ‖ — *Fig.* Dépeindre : *tracer un tableau sinistre.* ‖ Donner un enseignement, un plan : *tracer à quelqu'un sa conduite.* ● *Tracer le chemin à quelqu'un,* lui donner l'exemple. ‖ — V. i. S'étaler horizontalement, en parlant de racines ou de tiges de plantes.

traceret n. m. *Technol.* Pointe à tracer d'ajusteur, de charpentier, de menuisier. (On dit aussi TRAÇOIR.)

traceur, euse adj. et n. Qui trace. ‖ — Adj. Se dit d'une substance radio-active dont on peut suivre le cheminement dans l'organisme avec des détecteurs spéciaux, à des fins médicales ou biologiques. ‖ Se dit de substances dont on peut suivre le cheminement, et qui sont utilisées en océanographie, en géologie, etc.

trachéal [trakeal], **e, aux** [-o] adj. Qui se rapporte à la trachée, aux trachées.

trachée [traʃe] n. f. (gr. *trakheia artêria,* artère raboteuse). Canal qui fait communiquer le larynx avec les bronches et qui permet le passage de l'air pendant la respiration. (On dit aussi TRACHÉE-ARTÈRE.) [V. *encycl.*] ‖ Chez les vertébrés à respiration aérienne, tube maintenu béant par des anneaux de cartilage, commençant au larynx et conduisant l'air aux bronches et aux poumons.

Phot. Baufle, Giraudon.

|| Chez les insectes, les arachnides, tube conduisant l'air des stigmates aux organes. || *Bot.* Un type de vaisseau du bois. (Syn. VAISSEAU PARFAIT.)
— ENCYCL. Chez l'homme, la *trachée* est un tube de 12 cm de long et de 10 à 15 mm de diamètre, aplati en arrière. Elle est formée d'une douzaine d'arcs cartilagineux, qui la maintiennent béante. Elle commence dans le cou, faisant suite au larynx, et se termine dans le haut du thorax, derrière le sternum, où elle se divise en deux bronches souches.

trachée-artère n. f. Syn. de TRACHÉE. || Pl. des *trachées-artères.*

trachéen [trakeɛ̃], **enne** [-ɛn] adj. Relatif à la trachée : *la respiration trachéenne des insectes.*

trachéite [trakeit] n. f. Inflammation de la trachée-artère.
— ENCYCL. La *trachéite* se manifeste par une toux persistante, souvent spasmodique; elle est le plus souvent associée à des affections des voies respiratoires sus-jacentes (coryza, rhinopharyngite, laryngite) ou sous-jacentes (bronchites).

trachéotomie [trakeɔtɔmi] n. f. (de *trachée,* et gr. *tomê,* section). Opération chirurgicale qui consiste à inciser, à ouvrir la trachée-artère.
— ENCYCL. La *trachéotomie* permet de faire respirer les sujets ayant une oblitération des voies respiratoires sus-jacentes (croup, faux croup, tumeurs du larynx). Elle précède certaines intubations de la trachée dans la réanimation des comateux (intoxications, paralysies, etc.).

Trachiniennes (*les*), tragédie de Sophocle (entre 420 et 410 av. J.-C.).

trachomateux, euse adj. Relatif au trachome.

trachome [trakom] n. m. (gr. *trakhôma,* rudesse). Conjonctivite granuleuse due à un virus spécifique, et qui est endémique dans certains pays chauds.
— ENCYCL. Le *trachome* se manifeste par une granulation de tissu conjonctif (le pannus trachomateux), qui s'étend progressivement sur toute la surface de la cornée et aboutit à la cécité.

trachyte [trakit] n. m. (gr. *trakhus,* rude). Roche volcanique souvent grisâtre. (Le trachyte du puy de Dôme s'appelle *dômite.*)

traçoir n. m. V. TRACERET.

tract [trakt] n. m. (mot angl., abrév. de *tractate, traité*). Feuille ou brochure de propagande politique, religieuse, publicitaire, etc.

tractation [traktasjɔ̃] n. f. Manière de traiter une affaire, un marché. (Souvent employé au pluriel et en mauvaise part.)

tracté, e adj. Tiré par un tracteur.

tracteur [traktœr] n. m. Véhicule automobile équipé pour traîner des remorques ou appareils sur routes (*tracteur routier*) ou sur terrains variés (*tracteur agricole*). [Les tracteurs agricoles sont soit remorqueurs de véhicules ou machines, soit autoporteurs de ces machines (charrue ou faucheuse, par exemple).]

tractif, ive adj. Qui exerce une traction : *force tractive.*

traction [traksjɔ̃] n. f. (lat. *tractio,* action de tirer). Action de tirer, de mouvoir quand la force est placée en avant de la résistance : *traction d'un wagon.* || *Ch. de f.* Service chargé des locomotives et du personnel de conduite. || *Mécan.* Mode de travail d'un corps soumis à l'action d'une force qui tend à l'allonger. ● *Traction avant* ou, mieux, *traction,* automobile dont les roues avant sont motrices. || *Traction rythmique de la langue,* manœuvre employée pour exciter la respiration chez les noyés ou les asphyxiés.

tractoriste n. m. Conducteur d'un tracteur.

tractus [traktys] n. m. (mot lat. signif. *traînée*). *Anat.* Suite d'éléments anatomiques reliés entre eux et qui viennent les uns après les autres quand on tire une extrémité. ● *Tractus fibreux,* formation conjonctive que l'on observe à la surface ou à l'intérieur des organes. || *Tractus gastro-intestinal,* appareil digestif. || *Tractus génital,* appareil génital mâle ou femelle.

tradescantia [tradɛskɑ̃sja] n. m. Plante originaire d'Amérique, à feuillage coloré, qu'on cultive en serre et en appartement. (Nom usuel : *misère.*)

trade-union ou **trade union** [trɛdjunjɔn] n. f. (angl. *trade,* métier, et *union,* union). Syndicat ouvrier en pays anglo-saxon. || Pl. des *trade-unions* ou *trade unions.*
— ENCYCL. Les *trade-unions* se multiplièrent après que furent abolies, en 1824, les lois de 1799-1800 interdisant les coalitions. La crise économique de 1845-1848 et l'effondrement du chartisme arrêtèrent leur essor. En accordant la personnalité morale aux associations (1871-1876), Disraeli favorisa l'expansion du mouvement, qui fut, d'autre part, progressivement influencé par les idées socialistes. Les trade-unions constituent depuis la formation du parti travailliste la force principale de ce parti.

traditeur [traditœr] n. et adj. m. (lat. *traditor,* qui livre). Nom donné aux chrétiens qui, pendant les persécutions de Dioclétien, avaient livré les livres sacrés aux païens pour échapper à la mort.

tradition [tradisjɔ̃] n. f. (lat. *traditio;* de *tradere,* livrer). Transmission de doctrines, de légendes, de coutumes, etc., pendant un long espace de temps, spécialement par la parole et par l'exemple : *la tradition est le lien du passé avec le présent ; il est de tradition chez eux de célébrer les anniversaires.* || Transmission orale, parfois consignée par écrit, des faits ou des doctrines religieuses. || Coutume transmise de génération à génération :

tracteur agricole

les traditions d'une province. || *Dr.* Remise matérielle d'un bien meuble faisant l'objet d'un transfert de propriété.

traditionalisme n. m. Système de croyances fondé sur la tradition. || Opinion philosophique qui diminue la part de la raison, dans la connaissance de la vérité, au profit de la Révélation.

traditionaliste n. et adj. Partisan du traditionalisme.

traditionnaire n. Juif qui fait appel à la tradition talmudique pour interpréter la Bible.

traditionnel, elle adj. Fondé sur la tradition, sur un long usage : *défilé traditionnel.* || Qui est passé dans les habitudes, dans l'usage.

traditionnellement adv. D'après la tradition.

traducteur, trice n. Personne qui traduit un ouvrage d'une langue dans une autre.

traduction n. f. Action de traduire, de transposer dans une autre langue : *la traduction d'un discours.* || Ouvrage traduit : *lire une traduction d'Homère.* || Interprétation : *traduction de la pensée de quelqu'un.* ● *Traduction automatique,* transfert entièrement automatique, par une machine, de la signification d'un énoncé d'une langue naturelle dans une autre. (V. *encycl.*)
— ENCYCL. La *traduction automatique* peut être écrite (traduction proprement dite) ou orale (interprétation). En représentant les unités de signification d'une langue naturelle (français, anglais, allemand) par des chiffres, on peut établir des correspondances biunivoques entre les unités de signification d'une langue A et des chiffres, d'une part, et entre ces chiffres et les unités de signification d'une langue B d'autre part. On crée ainsi une langue artificielle chiffrée, qui permet de traduire A en B ou B en A.
Une machine à traduire comprend essentiellement : 1° un « organe d'entrée », par lequel le texte à traduire est introduit sous une forme codée; 2° un « organe de calcul », capable de rechercher l'équivalence entre un élément reçu à l'entrée de la machine et un élément contenu dans une de ses mémoires; 3° des « mémoires permanentes » (dictionnaire bilingue, syntaxe, tables de formes et de relations syntaxiques, etc.), et des « mémoires temporaires », où s'inscrivent aux fins de comparaison les éléments du texte à traduire et les résultats provisoires; 4° un « programme », qui contient les instructions de travail données à la machine, également enregistré dans une mémoire avec son organe de contrôle, qui ordonne l'exécution du programme selon les problèmes rencontrés; 5° une « sortie », qui restitue le résultat du travail sous une forme utilisable par l'homme.

traduire [traduir] v. t. (lat. *traducere,* faire passer) [conj. **64**]. Faire passer un texte d'une langue dans une autre : *traduire du latin en français.* || Exprimer, reproduire, interpréter : *nos yeux traduisent nos sentiments.* ● *Traduire en justice,* citer, appeler devant un tribunal. ||
— Se traduire v. pr. Etre exprimé : *sa douleur se traduisait par des cris.*

traduisible adj. Qui peut être traduit.

Trafalgar, cap d'Espagne, au nord-ouest du détroit de Gibraltar. Victoire navale de Nelson, en 1805, sur les flottes réunies de la France et de l'Espagne. *Coup de Trafalgar* (Fam.), accident imprévu et désastreux.

Trafalgar Square, place de Londres, près de la Tamise, où a été érigée une colonne en l'honneur de Nelson.

trafic [trafik] n. m. (ital. *traffico*). Commerce clandestin et illégal; profit honteux que l'on en tire. || Importance et fréquence de la circulation des trains, des voitures, etc. : *trafic ferroviaire; trafic routier.* ● *Trafic d'influence,* infraction pénale commise par celui qui se fait rémunérer pour obtenir ou tenter de faire obtenir un avantage de l'autorité publique.

trafiquant, e n. Personne qui fait un trafic peu honnête.

trafiquer [trafike] v. i. Effectuer des opérations commerciales clandestines et illégales. || User de son influence pour faire obtenir de l'autorité publique un avantage quelconque moyennant rémunération.

tragédie [traʒedi] n. f. (lat. *tragoedia,* empr. au gr.). Poème dramatique, dont le sujet est le plus souvent emprunté à la légende ou à l'histoire, mettant en scène des personnages illustres et représentant une action destinée à provoquer la terreur ou la pitié par le spectacle des passions humaines et des catastrophes qui en sont la conséquence. (V. *encycl.*) || *Fig.* Evénement funeste : *sanglante tragédie.*
— ENCYCL. Née dans la Grèce antique, la *tragédie* est sortie du culte de Dionysos. Aux fêtes en l'honneur du dieu, des chœurs figuraient ses compagnons, les satyres, et exécutaient le dithyrambe, donnant la réplique à un chanteur, le coryphée. Ces « chants tragiques » furent surtout en honneur dans le Péloponnèse, et une tradition en attribua l'invention à Epigène de Sicyone. Vers le milieu du VIe s. av. J.-C., l'Athénien Thespis passe pour avoir créé définitivement la tragédie en remplaçant le coryphée par un véritable acteur qui jouait en face du chœur un rôle distinct. Puis Eschyle ajouta un acteur au protagoniste; Sophocle porta à trois le nombre des acteurs. Ainsi se développa l'action dramatique. Le chœur lui-même se composait non plus de satyres, mais de personnages mêlés au drame. Pisistrate, favorisant ces innovations, institua à Athènes des concours dramatiques. La tragédie fut donc incorporée aux fêtes dionysiaques, et particulièrement aux Grandes Dionysies, qui se célébraient au printemps. Les archontes organisaient les concours; les juges et les chorèges décernaient le prix après que trois poètes, préalablement admis à l'épreuve, avaient fourni chacun quatre pièces : une trilogie tragique accompagnée d'un drame satyrique. Ces pièces étaient achetées par l'Etat, et les frais de la représentation payés par un chorège. C'est au Ve s. av. J.-C. que la tragédie fut portée à sa perfection par trois poètes demeurés illustres : Eschyle, encore très proche des origines religieuses et rituelles de l'art tragique; Sophocle, qui enrichit la psychologie de ses personnages; Euripide, qui inspirera les classiques français. La décadence s'amorça dès le début du IVe s. av. J.-C. par l'abus de la déclamation, de la mise en scène et de la musique, qui substituèrent à un art austère et grandiose une sorte d'opéra. A l'époque hellénistique, la tragédie paraît avoir été en grande faveur; mais aucune pièce n'est parvenue jusqu'à nous.
A Rome, la grande époque tragique fut courte, et bien des œuvres ont disparu; toutefois, Cicéron célèbre la tragédie comme une gloire nationale et Quintilien la juge supérieure à la comédie. Le créateur de la tragédie romaine fut Livius Andronicus, qui se borna à traduire les originaux grecs, tout comme Naevius et Ennius; on connaît aussi les noms de Pacuvius et d'Accius, mais il ne reste de tous ces auteurs que de rares citations. A côté de ces tragédies imitées du grec, les *praetextae,* dont le nom évoque la toge des sénateurs romains, traitèrent des sujets nationaux. Ovide et surtout Sénèque représentent une tragédie littéraire qui ne possède ni le caractère populaire ni l'inspiration dionysiaque de la tragédie grecque.
● C'est à la fois à cette source originelle des Grecs et à cette source littéraire de Sénèque que le théâtre des pays d'Europe, nourri de tradition gréco-latine, a cherché l'une de ses premières inspirations au temps de la Renaissance, quand l'étude de la culture antique substitua un théâtre savant au théâtre chrétien du Moyen Age. (V. MYSTÈRE.) Dès le milieu du XVIe s., des poètes érudits comme Lazare de Baïf et Ronsard traduisent les antiques; on écrit des tragédies latines, qui sont jouées dans les collèges. En 1515, en Italie, Trissino a donné avec *Sofonisbe* la première tragédie moderne conforme aux règles des Anciens, mais, en 1552, Jodelle fait jouer *Cléopâtre captive,* première vraie tragédie profane, tandis que Théodore de Bèze écrit la première tragédie biblique avec *Abraham sacrifiant.* Les essais de tous ces auteurs, à la fin du XVIe s. et au début du XVIIe, témoignent de leur désir de donner à la tragédie une forme qui, sans renier la tradition antique, s'adapte au goût du public français. A côté de la tragédie, on voit même naître un genre qui semble, surtout de 1625 à 1650, devoir éclipser la tragédie pure : c'est la *tragi-comédie,* définie par Desmarets comme « une pièce dont les principaux personnages sont princes et les accidents graves et funestes, mais dont la fin est heureuse, encore qu'il n'y ait rien de comique qui y soit mêlé ». Mais des érudits et des critiques, rejetant ce genre hybride, s'efforcent de discipliner la tragédie et de lui donner des règles strictes : c'est ainsi qu'en invoquant Aristote on formule la règle des trois unités (lieu, temps, action), qu'on réclame le respect de la bienséance et de la vraisemblance, et qu'on exige un dénouement qui suscite la pitié ou la terreur. La *Sophonisbe* de Mairet (1634) passe pour la première tragédie régulière, mais c'est Corneille qui donne à la tragédie française ses premiers chefs-d'œuvre en faisant de ce spectacle une école de grandeur d'âme. Ensuite Racine insère son génie propre dans le cadre façonné par ses prédécesseurs, trouve une simplicité d'action et une profondeur d'analyse psychologique qui donnent à son œuvre autant de densité intérieure que d'élégance et d'harmonie dans la forme, et offre ainsi le modèle de la tragédie française. Mais la décadence du genre est rapide. Ni les tentatives de Crébillon pour user de l'horreur tragique, ni celles de Voltaire pour renouveler le genre par des sujets plus modernes et par la recherche d'une couleur locale, ni les tragédies de Ducis, inspirées des thèmes de Shakespeare, ni les tragédies politiques de M.-J. Chénier ne peuvent empêcher l'agonie du genre pendant tout le XVIIIe s. Au XIXe s., face à l'essor du drame romantique, les essais de Lebrun et de Casimir Delavigne, et surtout ceux de Ponsard, qui connaît avec *Lucrèce* (1843) un succès venu de la lassitude engendrée par les excès romantiques, ne peuvent ressusciter la tragédie traditionnelle.
● *En Allemagne.* Martin Opitz traduit *les Troyennes* de Sénèque et l'*Antigone* de Sophocle. Gryphius emprunte les trois unités aux Français et le chœur aux Grecs pour composer un théâtre lyrique déjà préromantique par ses sentiments. Lessing, puis A.-W. Schlegel considèrent que le classicisme français n'a pas compris Aristote et ils célèbrent à la fois les Grecs et Shakespeare. Quant à Gœthe, sans rien abdiquer de son génie personnel, il oscille de l'influence shakespearienne à celle des Grecs, qui lui inspire son *Iphigénie en Tauride.* Malgré le goût de l'Allemagne pour la tragédie et pour les controverses

Phot. Deschamps.

esthétiques, c'est le drame, shakespearien ou romantique, qui l'emporte sur la tragédie, à commencer par le théâtre de Schiller.
● *En Italie,* Alfieri donne à la tragédie son originalité : celui-ci revient à la simplicité grecque et, faisant de la tragédie une école d'énergie, donne à son œuvre un intérêt national autant que littéraire.
● *En Angleterre,* si *Gordobuc* de Thomas Sackville a commencé l'histoire du théâtre de ce pays par une tragédie imitant les formes antiques, il n'en est pas moins vrai que les sujets pris à l'Antiquité sont entrés dans le moule élisabéthain et que les « tragédies » historiques de Shakespeare sont les modèles de ce « drame » qui a dominé le théâtre anglais et dont l'influence a été universelle.

tragédie-ballet n. f. V. BALLET.

tragédien, enne n. Acteur, actrice qui se consacre à l'interprétation de la tragédie.

tragi-comédie n. f. Œuvre dramatique qui tient de la tragédie et de la comédie. || Au XVIIe s., tragédie adoucie, et dont le dénouement est heureux. || *Fig.* Mélange de choses sérieuses et de choses comiques. || Pl. des *tragi-comédies.*

tragi-comique adj. Qui tient du tragique et du comique.

tragique adj. Qui appartient, qui a rapport à la tragédie : *situation tragique.* || Terrible et sanglant : *fin tragique.* || — N. m. Le genre tragique. || Caractère de ce qui est terrible : *le tragique de certaines situations.* || Auteur de tragédies : *les tragiques grecs.* ● *Prendre au tragique,* s'alarmer de. || *Tourner au tragique,* prendre un tour menaçant.

tragiquement adv. De façon tragique : *aventure qui finira tragiquement.*

Tragiques (*les*), épopée satirique en 7 chants, d'Agrippa d'Aubigné (1616), où s'expriment la colère et la foi du militant huguenot pénétré de l'esprit biblique.

tragus [tragys] n. m. Petite saillie triangulaire de l'orifice externe du conduit auditif.

trahir [trair] v. t. (lat. *tradere,* livrer). Livrer, tromper perfidement : *trahir sa patrie.* || — *Fig.* Parler, agir contre : *trahir ses serments.* || Révéler : *trahir un secret.* || Déformer, ne pas traduire fidèlement : *trahir la pensée de quelqu'un.* || Ne pas seconder, abandonner : *ses forces l'ont trahi.* ● *Trahir les intérêts de quelqu'un,* lui nuire.

trahison n. f. Action de celui qui trahit. || Intelligence avec l'ennemi. (Syn. : DÉLOYAUTÉ, FÉLONIE, FORFAITURE, TRAÎTRISE.)

traille [trɑj] n. f. (lat. *tragula*). Bac solidaire d'un câble tendu d'une rive à l'autre d'un cours d'eau, et disposé pour se mouvoir sous l'action du courant. || Chalut.

train [trɛ̃] n. m. (de *traîner*). Allure d'une bête de somme ou de trait : *cheval qui va bon train.* || Allure en général : *marcher grand train.* || Suite de véhicules remorqués ou avançant en file : *un train de péniches.* || *Ch. de f.* Ensemble de véhicules ferroviaires traînés par une ou plusieurs machines attelées au même convoi. || Charronnage sur lequel porte le corps d'un véhicule. || *Mil.* Arme des transports automobiles et de la circulation routière dans l'armée de terre. (V. *encycl.*) ● *Etre en train,* être en bonne disposition. || *Etre en train de,* être occupé à. || *Mener bon train,* expédier rapidement. || *Mener grand train,* vivre luxueusement. || *Mener le train,* pendant une course, être le premier d'un peloton. || *Mettre une affaire en train,* la commencer. || *Mise en train* (Arts graph.), ensemble des opérations qui s'effectuent avant le tirage, en vue de donner à celui-ci toute la régularité désirable. || *Prendre le train en marche,* entreprendre de participer à une action lorsqu'elle est déjà en cours : *il a pris le train en marche pour collaborer à ce projet d'urbanisme.* || *Train d'atterrissage,* dispositif d'atterrissage d'un avion. || *Train avant, train arrière,* ensemble des éléments qui, sur les voitures modernes, remplacent l'essieu à l'avant, à l'arrière. || *Train de bois,* ensemble de pièces de bois réunies et flottant sur un cours d'eau. || *Train de combat, train régimentaire,* ensemble de véhicules transportant tout ce dont les unités ont besoin pour combattre et pour subsister. || *Train de devant, de derrière,* partie antérieure ou postérieure d'un cheval. || *Train d'engrenages* (Technol.), ensemble de roues dentées engrenant les unes avec les autres pour transmettre ou transformer un mouvement. || *Train express, train direct,* train qui ne s'arrête qu'aux stations principales. || *Train de laminoir* (Industr.), ensemble des différents cylindres d'un laminoir. || *Train de maison,* ensemble des services d'une maison. || *Train mixte,* train composé de voitures pour voyageurs et de wagons à marchandises. || *Train omnibus,* train de voyageurs qui s'arrête à toutes les stations. || *Train d'ondes,* groupe d'ondes successives. || *Train de pneus,* ensemble de pneumatiques équipant une voiture. || *Train rapide,* train de voyageurs qui met le moins de temps sur un parcours donné. || *Train de roulement,* ensemble des organes assurant la progression et la suspension des véhicules. || *Train routier,* ensemble de véhicules routiers comprenant un tracteur qui entraîne plusieurs remorques. || *Train de vie,* manière de vivre relativement aux dépenses que permet la situation.
— ENCYCL. Pendant longtemps, les transports aux armées furent assurés par des entreprises civiles. Pour remédier aux multiples inconvénients de ce système, Napoléon créa en 1807 le *train des équipages,* qui devint en 1928, par fusion avec le service automobile de l'armée, le train.
Essentiellement chargé des transports routiers et de la circulation routière, le train exécute aussi des missions de livraison par air, ainsi que certains transports amphibies et transbordements maritimes. Il doit, en outre, assurer le service général, le secrétariat et le transport des quartiers généraux. Son rôle est donc très important dans la manœuvre logistique* et, en cas de guerre nucléaire, il deviendrait essentiel. Les officiers du train sont formés à l'Ecole d'application du train, créée à Tours en 1945.

traînage n. m. Action de traîner. || Transport au moyen de traîneaux.

traînailler v. t. et i. Syn. de TRAÎNASSER.

traînant, e adj. Qui traîne à terre : *robe traînante.* || *Fig.* Languissant, monotone, sans vigueur : *parler d'une voix traînante.*

traînard [trɛnar], **e** [-ard] n. *Fam.* Personne qui reste en arrière, dans une marche. || Personne lente.

traînard n. m. Sur un tour, ensemble mécanique coulissant sur la glissière du banc et portant les organes destinés à maintenir les outils et à commander leur avance.

traînasser v. t. *Fam.* Traîner en longueur : *traînasser une affaire.* || — V. i. *Fam.* Rester longtemps à faire une chose. || Errer à l'aventure.

traîne [trɛn] n. f. Action de traîner, d'être traîné. || Queue d'une robe traînante. || Gros fagot de branchages, qu'on déplace en le traînant : *des ramasseurs de traînes.* || Au Canada, sorte de traîneau sans patins fait de longues lamelles de bois assemblées et recourbées à l'avant. ● *A la traîne* (Fam.), à l'abandon : *le désordonné laisse ses affaires à la traîne ;* se dit d'une personne en retard : *un écolier à la traîne.*

traîneau [trɛno] n. m. Véhicule muni de patins, que l'on fait glisser sur la glace et la neige. || Grand filet que l'on traîne dans les champs pour prendre des oiseaux, ou dans les rivières pour prendre du poisson. (V. SEINE.)

traînée n. f. Suite, en petites quantités, de choses répandues : *traînée de poudre, de sang.* || *Aéron.* Force qui s'oppose à l'avancement d'un mobile, par suite de la résistance de l'air : *la traînée est une force qu'on diminue en affinant les formes.* || *Pêch.* Ligne de fond utilisée en eau douce ou en mer. || *Fam.* Femme de mauvaise vie.

traîne-malheur ou **traîne-misère** n. m. inv. *Fam.* Celui qui vit dans la misère.

traînement n. m. Action de traîner.

traîner [trene] v. t. (du lat. *trahere,* tirer). Tirer après soi. || Amener avec soi : *il traîne avec lui toute sa famille.* || *Fig.* Mener sans énergie, sans dignité : *traîner une misérable existence.* ● *Traîner une affaire en longueur,* en différer la conclusion. || *Traîner les pieds,* marcher sans lever les pieds. || — V. i. Pendre jusqu'à terre : *son manteau traîne.* || Languir : *il traîne depuis longtemps.* || N'être pas à sa place : *tout traîne dans cette maison.* || Se promener sans but. || **— Se traîner** v. pr. Marcher avec difficulté. || Se glisser en rampant.

traînerie n. f. Action de traîner, de traînasser.

traîneur, euse n. Personne qui traîne. ● *Traîneur de sabre,* militaire qui affecte des airs fanfarons.

training [trɛniŋ] n. m. (mot angl.). Entraînement sportif, notamment en équitation. ● *Training autogène* (Psychol.), méthode psychothérapeutique visant à obtenir une relaxation de l'organisme, notamment de toute tension musculaire volontaire.

trainglot [trɛ̃glo] n. m. *Fam.* Militaire du train. (On écrit aussi TRINGLOT.)

train-train ou **traintrain** [trɛ̃trɛ̃] n. m. *Fam.* Répétition monotone d'un même train de vie. || Routine qu'on y suit. (On a dit aussi TRANTRAN.)

traire [trɛr] v. t. (lat. *trahere*) [conj. **73**]. Tirer le lait des vaches, des chèvres, etc. ● *Machine à traire,* V. TRAYEUSE.

trait [trɛ], **e** [trɛt] adj. *Technol.* Se dit d'un métal qui, par passage à la filière, a été transformé en fil très ténu : *de l'or trait.*

trait [trɛ] n. m. (lat. *tractus*). Action de tirer une voiture : *bêtes de trait.* || Longe de corde ou de cuir avec laquelle les chevaux tirent. || Toute arme de jet (dard, javelot, flèche, etc.). || Ligne qu'on trace avec le crayon, la plume. || Ligne d'un dessin qui n'est pas ombré : *dessiner au trait.* || *Mus.* Passage d'une œuvre vocale ou instrumentale qui exige de la virtuosité. || Psaume en forme de chant orné, interprété avant l'évangile. || *Linguist.* Dimension pertinente phonologique, syntaxique ou sémantique. || — *Fig.* Action qui marque une intention favorable où défavorable : *trait de satire, d'amitié.*

traîneau à cheval

|| Action, fait remarquable : *trait de vertu.* || Pensée vive : *trait d'esprit.* || Ce qui distingue, caractérise : *c'est un trait de notre époque.* || Rapport : *cela a trait à ce qu'on vient de dire.* ● *Avaler d'un trait,* d'un seul coup. || *Copier trait pour trait,* exactement. || *Partir comme un trait,* très vite. || *Trait de scie,* coupe faite avec la scie. || *Trait d'union* (Gramm.), petit tiret qui sert à lier les parties d'un mot composé. || — Pl. Linéaments du visage : *traits fins, grossiers.*

Trait (LE) [76580], comm. de la Seine-Maritime (arr. de Rouen) ; 6 408 h. (*Traitons*). Constructions navales.

traitable adj. Qu'on peut traiter, développer : *sujet facilement traitable.*

traitant, e adj. *Médecin traitant,* médecin qui suit l'évolution d'une maladie et en prescrit le traitement.

traite [trɛt] n. f. Action de traire. || Etendue de chemin qu'on parcourt sans s'arrêter : *longue traite.* || *Dr.* Syn. de LETTRE DE CHANGE*. ● *Tout d'une traite, d'une seule traite,* sans s'arrêter, sans s'interrompre. || *Traite des Blanches,* délit consistant à entraîner ou à détourner une femme en vue de la prostitution. || *Traite des Noirs* ou *des Nègres,* trafic des esclaves sur les côtes de l'Afrique, pratiqué par le Portugal, l'Espagne et l'Angleterre depuis les grandes découvertes jusqu'au XIXe s. (Le congrès de Vienne condamna la traite des Noirs en 1815, et diverses conventions s'appliquèrent par la suite à la prohiber.)

traité [trete] n. m. Ouvrage où l'on traite d'un art, d'une science : *traité de mathématiques.* || Convention écrite entre deux gouvernements : *conclure un traité de commerce.*

traitement n. m. Accueil ; manière d'agir envers quelqu'un. || Rémunération d'un fonctionnaire. || Manière de soigner un malade ou une maladie : *prescrire, ordonner un traitement.* || *Cin.* Développement d'un synopsis. || *Industr.* Ensemble d'opérations que l'on fait subir à des matières premières. ● *Traitement de l'information,* déroulement systématique d'un ensemble d'opérations sur des données alphabétiques ou numériques, en vue d'exploiter l'information qu'elle représente. || *Traitement thermique,* opération thermique avec chauffage ou refroidissement bien définis, que l'on effectue sur un métal ou un alliage à l'état solide, soit pour en homogénéiser la structure, soit pour en modifier la capacité de déformation ou la résistance à la déformation en l'abaissant ou en l'élevant. (V. *encycl.*) || *Traitement de surface,* traitement appliqué en surface sur une pièce métallique pour en modifier les propriétés superficielles ou pour la recouvrir d'une couche protectrice. (V. *encycl.*) || — Pl. *Mauvais traitements,* coups, voies de fait.
— ENCYCL. Les *traitements de surface* comprennent principalement : les revêtements métalliques par déplacement chimique (cuivrage, argentage), les revêtements électrolytiques (nickelage, chromage, etc.), les revêtements par immersion dans des métaux fondus (galvanisation, étamage), les métallisations soit par projection au pistolet de métaux (zinc, aluminium), soit par évaporation sous vide (aluminium), les cémentations, les revêtements non métalliques à base de peintures, de vernis, de matières plastiques, d'émaux, de laques, de caoutchouc ou de dépôts chimiques, etc. Parmi les *traitements thermiques* appliqués aux aciers et aux alliages, on distingue ceux qui recherchent l'état d'équilibre du matériau (recuit), ceux qui permettent d'obtenir un état hors d'équilibre instable (trempe) et ceux qui stabilisent un état d'équilibre déterminé (revenu, vieillissement). Les *traitements au froid,* à basse température (— 80 °C), permettent de parfaire la trempe de certains aciers. Enfin, des *traitements thermochimiques,* comme la cémentation, la nitruration, la calorisation, la chromatisation, etc., diffusent un élément à la surface d'une pièce et en modifient ainsi les caractéristiques superficielles.

traiter [trete] v. t. (lat. *tractare*). Agir bien ou mal avec quelqu'un : *traiter les vaincus avec humanité.* || Régaler, donner à manger : *il nous a traités splendidement.* || Exposer verbalement ou par écrit ; discuter sur : *traiter une question.* || Soigner : *traiter un malade.* || Qualifier : *traiter quelqu'un de voleur.* || Modifier au moyen de tel ou tel agent : *traiter un minerai.* || — V. t. ind. [**de**]. Ecrire sur, discourir : *traiter de la paix.*

traiteur n. m. Restaurateur qui prépare des repas sur commande et les porte à domicile.

traître [trɛtr], **esse** [-trɛs] adj. et n. (lat. *traditor*). Qui trahit. || Qui fait du mal à l'improviste ; sournois : *les chats sont traîtres.* ● *Ne pas dire un traître mot,* garder un silence absolu. || **— En traître** loc. adv. Par trahison.

traîtreusement adv. En traître.

traîtrise n. f. Action de trahir ; perfidie.

Trajan, né à Itálica (53-117), empereur romain (98-117). Nerva l'adopta et l'associa à l'Empire (97). Trajan, seul empereur à partir de 98, étendit les institutions alimentaires et fit faire de grands travaux publics (forum de Trajan, basilique Ulpia, marchés de Trajan, colonne Trajane, thermes de l'Esquilin, etc.). L'aliénation d'une partie du domaine impérial et la conquête de la Dacie, riche en mines, permirent de faire face aux lourdes dépenses. Des aménagements importants furent réalisés sur le *limes* qui séparait l'Empire de la Germanie. En Orient, Trajan combattit les Parthes et donna à l'Empire de nouvelles provinces : l'Arabie, l'Arménie (114), la Mésopotamie et l'Assyrie (116).

trajectoire [traʒɛktwar] n. f. (du lat. *trajectus,* traversé). Ligne décrite par un point matériel en mouvement, par un projectile, de son point de départ à son point d'arrivée.

Phot. Weiss-Rapho.

— ENCYCL. Les *trajectoires* des projectiles sont différentes suivant la nature de ces derniers.
Pour les *projectiles classiques* (obus), la *trajectoire* dite *balistique* est fonction d'un certain nombre de données angulaires initiales (angles au niveau*, de site*, de hausse*, d'arrivée, de chute ou d'impact, etc.). Elle ne peut être modifiée qu'au départ du coup en agissant soit sur l'angle au niveau, soit sur la vitesse initiale du projectile, ou bien enfin sur les deux simultanément.
Pour les *projectiles autopropulsés*, elle comporte une *trajectoire autopropulsée* déterminée par le préguidage de la rampe, suivie d'une *trajectoire balistique* semblable à celle d'un obus.
Pour les *missiles*, deux hypothèses sont à envisager suivant que le missile est balistique ou non. Dans le premier cas, la trajectoire se décompose en deux parties analogues à celles d'une roquette, le début de la phase propulsée et la fin de la phase balistique pouvant, toutefois, être guidés et donc corrigés. Dans le second cas, la trajectoire est dite *horizontale* ou *à paliers horizontaux*, car le missile demeure dans une atmosphère suffisamment dense pour pouvoir être guidé sur la quasi-totalité de son parcours.

trajet [traʒɛ] n. m. (ital. *tragetto*, traversée). Espace à parcourir pour aller d'un lieu à un autre. ‖ Action de traverser cet espace : *notre trajet fut difficile*.

Trakl (Georg), poète autrichien, né à Salzbourg (1887-1914). Il subit l'influence d'Hölderlin, de Baudelaire et de Rimbaud, et chercha dans la poésie la délivrance de son angoisse de la mort (*Poèmes*, parus en 1919).

tralala [tralala] n. m. (onomat.). *Fam.* Affectation de chercher un certain apparat : *faire du tralala*.

tram [tram] n. m. Abrév. de *tramway*.

tramail [tramaj] ou **trémail** [tre-] n. m. (lat. *tres*, trois, et *macula*, maille). Filet de pêche formé de trois rets superposés : *pêcher au tramail*.

Tramayes [-mɛ] (71630), ch.-l. de c. de Saône-et-Loire (arr. de Mâcon) ; 849 h. (481 aggl.).

trame [tram] n. f. (lat. *trama*, chaîne d'un tissu). Ensemble des fils passant transversalement avec la navette entre les fils tendus de la chaîne d'une étoffe que l'on tisse. ‖ Ecran quadrillé ou réticulé que l'on interpose entre l'original et la couche sensible dans les procédés de similigravure. ‖ *Télév.* Ensemble des lignes horizontales qui sont décrites au cours d'un balayage vertical unique. ● *Fréquence des trames* ou, plus couramment, *fréquence trames* (Télév.), nombre de balayages verticaux effectués en une seconde de temps. ‖ — *Fig.* Intrigue : *la trame d'une tragédie*. ‖ Ensemble enchevêtré : *la trame des événements*.

tramer v. t. *Technol.* Entrelacer la trame avec la chaîne. ‖ *Fig.* Machiner, comploter : *tramer une conspiration*. ‖ **— Se tramer** v. pr. Etre ourdi, en parlant d'une intrigue, d'une conspiration.

trameur, euse n. Celui, celle qui dispose sur des canettes les fils devant servir à la trame.

trameuse n. f. Appareil pour faire les fils de la trame.

traminot [tramino] n. m. Employé de tramway.

tramontane [tramɔ̃tan] n. f. (ital. *tramontana stella*, étoile d'au-delà des monts). Côté du nord, dans les régions méditerranéennes. ‖ L'étoile Polaire. ‖ Nom que l'on donne à un vent froid soufflant dans le Languedoc et le Roussillon. ● *Perdre la tramontane*, ne plus savoir s'orienter ; ne plus savoir ce qu'on fait ni ce qu'on dit.

tramp [tramp] n. m. (mot angl.). Navire de charge qui navigue au hasard des affrètements.

tramping [-piŋ] n. m. (mot angl.). *Mar.* Navigation à la demande, sans itinéraire fixe.

tramway [tramwɛ] ou, par abrév., **tram** n. m. (mot angl.). Chemin de fer urbain, établi au moyen de rails posés, sans saillie, sur le profil de la route ou de la rue. ‖ Voiture qui circule sur ces rails. ‖ Pl. des *tramways*.

Trajan
statue
d'Ostie

Phot. Chevallier.

tranchage n. m. Action de trancher. ‖ En ébénisterie, action de couper en tranches minces les bois de placage.

tranchant, e adj. Qui coupe : *épée tranchante*. ● *Couleurs tranchantes*, contrastées, fort vives. ‖ *Ton tranchant*, péremptoire, décisif.

tranchant n. m. Côté affilé d'un instrument coupant. ● *A double tranchant*, qui peut avoir deux effets opposés : *argument à double tranchant*.

tranche [trɑ̃ʃ] n. f. (de *trancher*). Morceau coupé mince : *tranche de jambon*. ‖ Surface que présente un corps vu dans le sens de l'épaisseur. ‖ Partie moyenne de la cuisse du bœuf. ‖ Ensemble de chiffres consécutifs, dans un même nombre. ‖ Dans un canon, section perpendiculaire à l'axe d'un élément cylindrique. ‖ Chacune des parties successives d'une émission financière, d'une loterie. ‖ Ensemble des revenus soumis à un même taux pour le calcul de l'impôt progressif. ‖ *Arts graph.* Surface unie que présente l'épaisseur de l'ensemble des feuillets d'un livre du côté où on les a rognés.

tranché, e adj. Bien marqué, net et distinct : *deux couleurs bien tranchées*. ‖ *Hérald.* Se dit de l'écu partagé par une ligne oblique allant de l'angle dextre du chef à l'angle senestre de la pointe.

tranchée [trɑ̃ʃe] n. f. Excavation à ciel ouvert, pour poser les fondations d'un mur, planter des arbres, etc. ‖ *Mil.* Fossé permettant, au combat, la circulation et le tir à couvert. ● *Guerre de tranchées*, guerre dans laquelle le front est jalonné par une ligne de tranchées continue. (V. *encycl.*) ‖ — Pl. *Méd.* Coliques violentes dues à des contractions de la musculature intestinale. ‖ Douleurs paroxystiques de l'utérus apparaissant chez l'accouchée après la délivrance.
— ENCYCL. Les *tranchées* ont d'abord été employées dans la guerre de siège* pour permettre aux assaillants de mener leurs opérations à couvert. Elles ont pris une très grande importance quand la puissance de feu des armes modernes contraignit tous les combattants à s'enterrer pour pouvoir subsister. C'est ainsi que la Première Guerre mondiale fut, de 1915 à 1918 en France, une guerre de tranchées. En cas d'opérations sur un front stabilisé, les tranchées sont aménagées et équipées de postes d'observation et de commandement, d'abris et de boyaux* les reliant entre elles et à l'arrière. Elles peuvent, le cas échéant, donner naissance à de véritables positions organisées, voire fortifiées.

Tranchée des baïonnettes (la), près de Douaumont, élément d'une tranchée française de la bataille de 1916 où seules émergèrent, après bombardement, les baïonnettes de ses défenseurs.

tranchefile [trɑ̃ʃfil] n. f. *Arts graph.* Petit rouleau de papier recouvert de soie ou de fil, et placé aux deux extrémités intérieures du dos d'un livre.

tranchefiler v. t. Poser une tranchefile.

tranche-montagne n. m. Fanfaron. ‖ Pl. des *tranche-montagnes*.

trancher [trɑ̃ʃe] v. t. (lat. *truncare*, tronquer). Séparer en coupant. (Syn. : COUPER, DÉCOUPER, SECTIONNER.) ‖ *Fig.* Décider, résoudre : *trancher une question, une difficulté*. ● *Trancher le mot*, parler catégoriquement. ‖ — V. i. Décider hardiment : *il tranche sur tout*. ‖ *Fig.* Ressortir par opposition ; former un contraste : *ces couleurs ne tranchent pas assez*.

Tranche-sur-Mer (LA) [85360], comm. de la Vendée (arr. des Sables-d'Olonne) ; 2 040 h. (1 277 aggl.). Station balnéaire. Cultures de tulipes.

tranchet [trɑ̃ʃɛ] n. m. Outil d'acier plat et affilé dont les cordonniers se servent pour couper le cuir.

trancheuse n. f. Engin de terrassement servant à creuser des tranchées.

tranchoir n. m. Poisson des récifs d'Indo-Malaisie à corps plat prolongé par d'amples nageoires. (Long. 20 cm.) ‖ Couteau pour trancher. ‖ Plateau de bois sur lequel on découpe la viande.

tranquille [trɑ̃kil] adj. (lat. *tranquillus*). Sans agitation : *eau tranquille ; rue tranquille*. ‖ Paisible, sans inquiétude : *avoir la conscience tranquille*.

tranquillement adv. De façon tranquille. ‖ Sans s'émouvoir : *répondre tranquillement*.

tranquillisant, e adj. Qui tranquillise : *nouvelle tranquillisante*.

tranquillisant n. m. Médicament propre à combattre l'angoisse, l'anxiété. (Les tranquillisants appartiennent à des groupes chimiques fort différents entre eux et sans rapport avec les barbituriques.)

tranquilliser v. t. Calmer ; rendre tranquille : *tranquilliser l'esprit*. (Contr. : ALARMER, TROUBLER.) ‖ **— Se tranquilliser** v. pr. N'être plus inquiet, ne plus se troubler : *il se tranquillise bien facilement*.

tranquillité n. f. Etat de ce qui est sans mouvement, sans agitation, sans inquiétude : *tranquillité de la mer, des esprits*. (Syn. : CALME, PAIX, QUIÉTUDE, SÉCURITÉ, SÉRÉNITÉ.)

transaction [trɑ̃zaksjɔ̃] n. f. (du lat. *transigere*, mener à bonne fin). Opération commerciale ou boursière : *un certain courant de transaction a été observé sur les valeurs du comptant*. ‖ Accord conclu sur la base de concessions réciproques : *une médiocre transaction est préférable à un bon procès*. ‖ Acte par lequel une administration fiscale consent à ne pas exercer de poursuites contre le contrevenant, moyennant le paiement d'une somme forfaitaire.

transactionnel, elle adj. Qui a le caractère d'une transaction : *proposition transactionnelle*.

transafricain [trɑ̃zafrikɛ̃], **e** [-ɛn] adj. Qui traverse l'Afrique : *ligne aérienne transafricaine*.

Transalaï, partie la plus élevée du Pamir*.

transalpin [trɑ̃zalpɛ̃], **e** [-in] adj. Qui est au-delà des Alpes. ● *Gaule transalpine* ou, substantiv., *la Transalpine*, nom donné par les Romains à la Gaule proprement dite, située pour eux au-delà des Alpes.

transandin, e adj. Qui traverse les Andes : *chemin de fer transandin*.

transat [trɑ̃zat] n. m. (abrév. de *transatlantique*). *Fam.* Chaise longue pliante recouverte de toile.

transatlantique [trɑ̃zatlɑ̃tik] adj. Au-delà de l'océan Atlantique. ‖ — N. m. Paquebot faisant le service entre l'Ancien et le Nouveau Continent.

transbahuter v. t. (de *bahut*, arg.). *Fam.* Transporter.

transbordement n. m. Action de transborder.

transborder [trɑ̃sbɔrde] v. t. Transporter la cargaison d'un bâtiment ou les voyageurs d'un véhicule dans un autre bâtiment ou un autre véhicule.

transbordeur n. et adj. m. Appareil servant à transborder. ‖ Mot préconisé par l'Administration pour remplacer CAR-FERRY et FERRY-BOAT. ● *Pont transbordeur*, plate-forme suspendue à un tablier élevé, pour le franchissement d'un fleuve ou d'une baie.

transcaspien [trɑ̃skaspjɛ̃], **enne** [-ɛn] adj. Qui est ou qui va au-delà de la mer Caspienne.

transcaspien n. m. Chemin de fer de l'Asie centrale soviétique, qui unit la Caspienne à Tachkent.

Transcaucasie, terme désignant parfois la partie de l'U. R. S. S. qui est au sud du Caucase*.

transcaucasien, enne adj. Au-delà du Caucase.

transcendance n. f. Qualité, caractère de ce qui est transcendant. ‖ *Philos.* Caractère de ce qui se situe hors d'atteinte de notre action ou même de notre pensée : *Kant affirme la transcendance de la chose en soi par rapport à la connaissance humaine*. (Contr. IMMANENCE.)

transcendant, e adj. (lat. *transcendens*, qui franchit). Qui excelle en son genre ; supérieur : *esprit transcendant*. ‖ *Philos.* Hors de portée de l'action ou de la connaissance : *selon certains philosophes, le réel est transcendant à la pensée*. (Contr. IMMANENT.) ‖ *Math.* Se dit de tout nombre qui n'est racine d'aucune équation algébrique à coefficients entiers : *π est un nombre transcendant*. ● *Courbe transcendante*, courbe dont l'équation n'est pas algébrique.

transcendantal, e, aux adj. (d'un mot allem. utilisé par Kant). *Philos.* Qui appartient à la raison pure, *a priori*, avant toute expérience, et qui constitue une condition préalable de cette expérience : *d'après Kant, l'espace et le temps sont deux intuitions transcendantales*. (Ce mot doit être soigneusement distingué du mot *transcendant*, pour lequel on l'emploie parfois à tort.)

transcendantalisme n. m. Ecole philosophique américaine, représentée par Emerson et caractérisée par un mysticisme panthéiste.

transcender [trɑ̃sɑ̃de] v. t. *Philos.* Dépasser (un domaine de la connaissance). ‖ — V. i. *Fam.* Etre supérieur à tous.

transcodage n. m. Traduction dans un code différent. ‖ Dans un calculateur électronique, traduction en code interne des instructions écrites par le programmeur.

transcoder v. t. Faire le transcodage.

transcodeur n. m. Appareil qui effectue le transcodage.

transcontinental, e, aux adj. Qui traverse un continent : *chemin de fer transcontinental*.

transcripteur n. m. Celui qui transcrit. ‖ Appareil qui transcrit.

transcription [trɑ̃skripsjɔ̃] n. f. Action de copier un écrit ; résultat de cette action. ‖ Action de transcrire une œuvre musicale. ‖ Copie officielle, à partir des registres de l'état civil, de certains actes ou de certains jugements relatifs à l'état des personnes. ‖ Dépôt, au bureau de la conservation des hypothèques, d'un exemplaire de tout acte constatant ou modifiant la propriété d'un immeuble ou d'un droit immobilier.

transcrire [trɑ̃skrir] v. t. (lat. *transcribere*) [conj. **65**]. Copier, reproduire par l'écriture. ‖ *Mus.* Ecrire pour un autre instrument ou un groupe d'instruments une musique composée à l'origine pour un instrument ou un groupe d'instruments différents.

transe [trɑ̃s] n. f. (de *transir*). Grande appréhension d'un mal qu'on croit prochain. (Syn. : AFFRES, ANGOISSE, ANXIÉTÉ.) ● *Entrer en transe* (Fam.), s'agiter sous l'effet d'une émotion, réelle ou simulée. ‖ *Transe médiumnique*, état de sensibilité particulière où certains médiums peuvent se trouver.

transept [trɑ̃sɛpt] n. m. (mot angl. ; du lat. *trans*, au-delà de, et *septum*, clôture). Nef transversale d'une église, généralement sans collatéraux, séparant le chœur de la grande nef et formant les bras de la croix.

transfèrement n. m. Action de transférer une personne d'un lieu dans un autre : *le transfèrement cellulaire*.

transférer [trɑ̃sfere] v. t. (lat. *transferre*) [conj. **5**]. Faire passer d'un lieu dans un autre : *transférer un prisonnier, une préfecture d'une ville dans une autre*. ‖ Transmettre d'une personne à une autre en observant les formalités requises : *transférer une inscription de rente.*

transfert [trɑ̃sfɛr] n. m. (de *transférer*). Acte par lequel un droit est transféré d'une personne à une autre : *transfert de propriété.* || Substitution, sur un registre, du nom d'une personne à celui d'une autre personne. || Translation, transport : *transfert de reliques; transfert d'une pellicule photographique, transfert de fonds.* || Mutation d'un joueur professionnel d'un club dans un autre. || *Psychanal.* Ensemble des réactions du patient en face de l'analyste, dans lesquelles il transpose ses fantasmes et ses conflits en les projetant sur l'analyste. || *Psychol.* Phénomène par lequel une activité intellectuelle ou manuelle modifie une autre activité qui la suit, soit en la rendant plus facile (transfert positif), soit en la troublant ou en la rendant impossible (transfert négatif). || — Pl. Ensemble des opérations financières réalisées dans le cadre du budget ou par l'intermédiaire de la Sécurité sociale, qui opèrent une redistribution des revenus.

transfiguration n. f. Changement d'une figure en une autre. || *Relig.* Etat glorieux dans lequel Jésus-Christ se montra à trois de ses disciples sur le mont Thabor. (En ce sens et le suiv. prend une majuscule.) || Fête catholique qui célèbre cet événement le 6 août. || Œuvre d'art inspirée de cet événement.

transfigurer [trɑ̃sfigyre] v. t. (lat. *transfigurare,* transformer). Donner au visage un éclat inaccoutumé : *la joie l'avait transfiguré.*

transfiler [trɑ̃sfile] v. t. *Mar.* Joindre deux morceaux de toile bord à bord au moyen d'un bout de ligne.

transfini, e adj. *Math.* Se dit d'un nombre imaginé pour évaluer la richesse en éléments d'un ensemble infini.

transfixion [trɑ̃sfiksjɔ̃] n. f. Procédé opératoire employé dans certaines amputations.

transformable adj. Qui peut être transformé.

transformateur, trice adj. Qui transforme.

transformateur n. m. Appareil statique à induction électromagnétique, qui transforme un système de courants variables en un ou plusieurs autres systèmes de courants variables de même fréquence, mais d'intensité ou de tension généralement différentes.
— ENCYCL. *Electr.* Un *transformateur* statique peut être élévateur ou abaisseur de tension. Pour chaque phase, il comporte deux ou plusieurs circuits enroulés sur un même noyau de fer doux, afin d'obtenir un coefficient d'induction mutuelle aussi élevé que possible. Les enroulements sont classés en haute, moyenne et basse tension, suivant la tension des circuits extérieurs auxquels ils doivent être connectés. Dans le cas où le sens d'énergie est fixé, on appelle *primaires* les enroulements qui reçoivent la puissance active, *secondaires* ceux qui sont destinés à être connectés aux circuits extérieurs sur lesquels sont branchés les appareils d'utilisation, et *tertiaires* ceux qui sont destinés aux circuits auxiliaires. Tout courant alternatif circulant dans le primaire produit dans le secondaire une force électromotrice périodique de même période, qui donne naissance à un courant alternatif dans ce circuit secondaire supposé fermé. Le rapport entre la tension aux bornes de l'enroulement haute tension et la tension aux bornes de l'enroulement basse tension est le *rapport de transformation.* Pour chaque enroulement, la tension à vide par spire est constante, quel que soit l'enroulement considéré. Le rapport de la puissance active utile à la puissance active absorbée s'appelle le *rendement vrai.*
— *Télév.* Les *transformateurs courant-lumière* sont le tube au néon et le tube à rayons cathodiques, presque exclusivement utilisé à l'heure actuelle. Les *transformateurs lumière-courant* comprennent les cellules photoconductrices, les cellules photovoltaïques et les cellules photo-émissives.

transformation n. f. Action de transformer. || Changement de forme. || Au rugby, conversion de l'essai en but. || *Math.* Passage d'une figure à une autre, d'un ensemble d'éléments à un autre par une mise en correspondance de leurs éléments respectifs : *certaines figures, certains ensembles d'éléments admettent des transformations en eux-mêmes.* ● *Rapport de transformation* (Electr.), rapport des tensions efficaces aux bornes du secondaire et du primaire d'un transformateur de courants alternatifs. (C'est aussi le rapport des nombres de spires de ces deux circuits.) || *Transformation conforme,* transformation qui conserve les angles. || *Transformation d'une équation,* passage d'une équation à une autre par une substitution opérée sur la ou les variables. || *Transformation linéaire,* transformation qui s'exprime par des équations linéaires.

transformer [trɑ̃sfɔrme] v. t. (lat. *trans,* au-delà de, et *formare,* former). Donner à une personne ou à une chose une autre forme que celle qu'elle avait précédemment : *Circé transforma les compagnons d'Ulysse en pourceaux.* (Syn. : CONVERTIR, MUER.) || Opérer le passage d'un ensemble à un autre, suivant une loi qu'on s'est fixée. || Améliorer : *ce séjour à la montagne l'a transformé.* || Au rugby, réussir la conversion d'un essai en but : *un essai transformé vaut cinq points.* ● *Transformer une équation* (Math.), la changer en une autre équivalente, mais de forme différente. || **— Se transformer** v. pr. Se métamorphoser : *la chenille se transforme en papillon.* || *Fig.* Changer son caractère en bien ou en mal : *cet enfant s'est bien transformé.*

transformisme n. m. Théorie biologique formulée au XIXe s. et maintenant adoptée par les biologistes, d'après laquelle les êtres vivants se sont transformés et diversifiés au cours des temps géologiques, de sorte que les espèces descendent les unes des autres par une filiation naturelle : *Lamarck et Darwin furent les principaux défenseurs du transformisme.* (V. également ÉVOLUTIONNISME.)

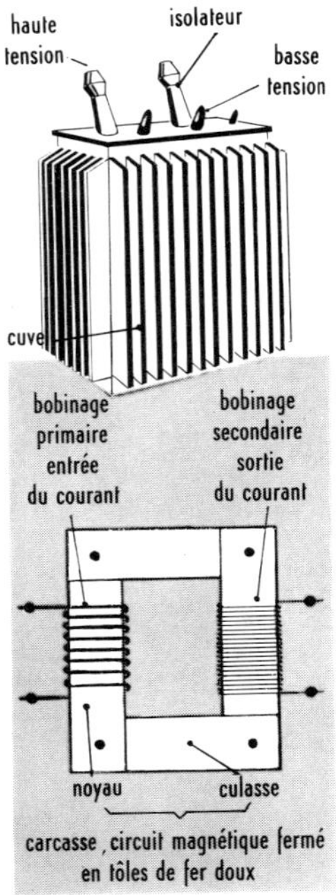

transformateur de très haute tension 300 MVA, 400 kV

◀ schéma d'un **transformateur**

schéma d'un **transistor** N-P-N *à gauche,* P-N-P *à droite*
les flèches indiquent le trajet suivi par les électrons

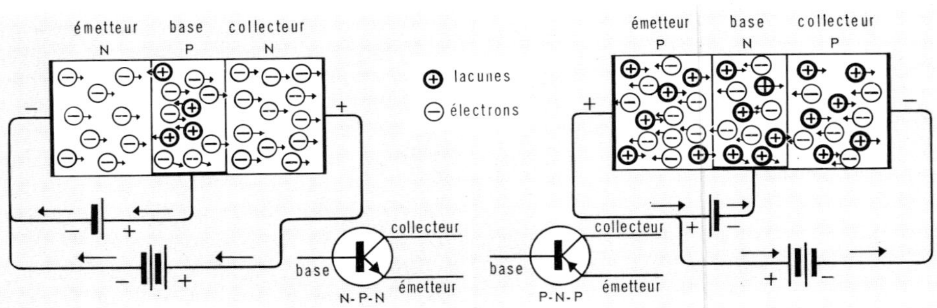

transformiste n. Partisan du transformisme. || — Adj. Relatif au transformisme : *théorie transformiste.*

transfuge [trɑ̃sfyʒ] n. m. (lat. *transfuga*). Celui qui déserte et passe à l'ennemi. || — N. Celui qui passe dans le parti adverse, qui adopte une idée opposée.

transfuser [trɑ̃sfyze] v. t. Faire passer un liquide d'un récipient dans un autre. || Opérer la transfusion du sang.

transfusion n. f. (de *transfuser*). Méthode qui consiste à injecter par voie intraveineuse le sang d'un sujet sain à un malade ou un blessé.
— ENCYCL. Tentée dès le XVIIe s., puis abandonnée en raison de ses risques, la *transfusion* ne fut à nouveau en faveur que vers 1910 grâce à la découverte des groupes sanguins par Landsteiner. Les transfusions se font entre sujets ayant des groupes sanguins identiques ou compatibles, ce qui évite l'agglutination par le plasma du receveur des hématies du donneur. Les transfusions ont transformé le pronostic des hémorragies graves et des opérations importantes, et sont également employées pour le traitement de certaines anémies. Dans des centres de transfusion, le sang est recueilli sur des donneurs et placé en chambre froide dans des flacons contenant une substance anticoagulante; il peut se conserver de 10 à 20 jours.

transgresser [trɑ̃sgrese] v. t. (du lat. *transgressus,* qui a traversé). Contrevenir à un ordre, à une loi. (Syn. : ENFREINDRE, VIOLER.)

transgresseur n. m. Celui qui transgresse.

transgressif, ive adj. Qui transgresse.

transgression n. f. Action de transgresser. (Contr. RÉGRESSION.) ● *Transgression marine,* submersion d'une partie du continent par la mer, qui résulte soit de l'affaissement du continent, soit de l'élévation du niveau de la mer.

Transhimalaya. V. HIMALAYA.

transhumance n. f. (lat. *trans,* au-delà de, et *humus,* terre). Déplacement du bétail utilisant alternativement et saisonnièrement deux zones de pâturages séparées par une région qu'il ne fait que traverser.

transhumant, e adj. Se dit des troupeaux qui sont soumis au régime de la transhumance.

transhumer [trɑ̃zyme] v. i. (préf. *trans,* et lat. *humus,* terre). Aller saisonnièrement paître dans les montagnes.

transi [trɑ̃si *ou* -zi], **e** adj. Saisi, engourdi : *transi de froid.* || — N. Se dit, en parlant des sculptures du Moyen Age et de la Renaissance, de l'effigie d'un mort à l'état de cadavre nu.

transiger [trɑ̃ziʒe] v. i. (lat. *transigere,* mener à bonne fin) [conj. 1]. Conclure un arrangement par des concessions réciproques : *il vaut mieux transiger que plaider.* (Syn. : S'ACCORDER, COMPOSER, S'ENTENDRE.) ● *Transiger avec son devoir, avec sa conscience,* manquer à ce qu'exigerait strictement le devoir, la conscience.

transir [trɑ̃sir *ou* -zir] v. t. (lat. *transire,* aller au-delà). Pénétrer et engourdir de froid : *le vent du nord nous transit.* || *Fig.* Faire frissonner de crainte ou autrement. || — V. i. Etre pénétré et engourdi de froid.

transistor [trɑ̃zistɔr] n. m. (mot angl.; contraction de *transfer resistor,* résistance de transfert). Dispositif à semi-conducteur, qui, au même titre qu'un tube électronique, peut amplifier des courants électriques, engendrer des oscillations électriques et assumer les fonctions de modulation et de détection. (V. *encycl.*) || Récepteur radiophonique équipé de transistors.
— ENCYCL. Le *transistor* fut inventé aux Etats-Unis en 1948 par Bardeen, Brattain et Shockley, qui reçurent à cette occasion le prix Nobel de physique (1956). Le transistor à jonctions, qui a remplacé le tube électronique dans un très grand nombre d'applications, tout en permettant d'en envisager d'autres auxquelles le tube ne pouvait se prêter, est essentiellement constitué par trois zones de semi-conducteurs qui contiennent des impuretés de types opposés et qui sont séparées par deux jonctions. Ces semi-conducteurs sont constitués par du germanium ou du silicium extrêmement pur et présentent une structure cristalline ordonnée, mais dont on a complètement modifié les propriétés électriques par l'introduction d'une infime dose d'un élément étranger, soit du type N ou négatif (arsenic, antimoine), soit du type P ou positif (aluminium, gallium, indium). Il existe ainsi, d'une part, les transistors N-P-N, dont les deux zones extérieures contiennent des impuretés du type N et la zone intérieure des impuretés du type P, et, d'autre part, les transistors P-N-P, dont les deux zones extérieures sont du type P et la zone intérieure du type N. L'une des zones extérieures porte le nom d'*émetteur,* l'autre, de surface plus grande, celui de *collecteur;* la zone intermédiaire s'appelle *base.* Normalement, quel que soit le sens d'une tension appliquée entre émetteur et collecteur, aucun courant ne peut s'établir, l'une des deux jonctions s'y opposant dans chaque cas. Mais si l'on applique, entre l'émetteur et la base, des tensions faibles, de polarités propres à établir un courant électrique entre ces deux zones, un courant beaucoup plus fort circule entre

Phot. Jeumont.

l'émetteur et le collecteur : de faibles variations de courant entre l'émetteur et la base entraînent de fortes variations de courant entre l'émetteur et le collecteur. C'est sur ce phénomène qu'est fondé le pouvoir amplificateur du transistor. On peut comparer le rôle de l'émetteur du transistor à celui de la cathode du tube électronique, la base étant alors assimilée à la grille et le collecteur à l'anode. D'un volume et d'un poids extraordinairement réduits, d'un rendement énergétique élevé, résistant aux chocs et aux vibrations, le transistor ne nécessite qu'une faible puissance d'alimentation, ne dégage pratiquement pas de chaleur (à l'exception, toutefois, des modèles de puissance), fonctionne dès sa mise sous tension et ne subit aucune usure. Le transistor au germanium est très sensible à l'élévation de température ; les modèles au silicium le sont beaucoup moins. Limité à ses débuts tant en fréquence qu'en puissance, le transistor est actuellement capable d'amplifier des tensions dont la fréquence s'exprime en gigahertz et peut délivrer des puissances de plusieurs dizaines de watts.

transistorisé, e adj. Se dit d'un appareil dans lequel on a substitué des transistors aux tubes électroniques.

transit [trɑ̃zit] n. m. (ital. *transito*, passage). Action de traverser ou de faire traverser à des marchandises une région ou un pays, au cours d'un voyage ou d'un transport vers d'autres régions ou d'autres pays : *les marchandises en transit sont dispensées du paiement des droits de douane.*

transitaire adj. Relatif au transit : *commerce transitaire.* ‖ Traversé par des denrées en transit : *la France est un pays transitaire.* ‖ — N. m. Commissionnaire en marchandises qui s'occupe de transit.

transiter [trɑ̃zite] v. t. et i. Passer en transit : *transiter des marchandises.*

transitif [trɑ̃zitif], **ive** [-iv] adj. (du lat. *transire*, passer). *Relation transitive* (Math.), relation entre un premier élément *a* et un second élément *b*, qui, lorsqu'elle est vérifiée pour *a* et *b*, ainsi que pour *b* et un troisième élément *c*, l'est aussi pour *a* et *c*. ‖ *Verbe transitif*, verbe marquant une action qui passe du sujet sur un objet (complément). ‖ *Verbe transitif direct*, verbe qui indique que l'action du sujet passe sur un objet sans l'intermédiaire d'une préposition. (Ex. : *j'aime mes parents.*) ‖ *Verbe transitif indirect*, verbe qui indique que l'action du sujet passe sur un objet par l'intermédiaire d'une préposition (*à, de*) comme *plaire* (*à*), *user* (*de*).

transition [trɑ̃zisjɔ̃] n. f. (lat. *transitio*, passage). Degré, stade intermédiaire : *passer sans transition de l'état féodal à la démocratie moderne.* ‖ Manière de passer d'un raisonnement à un autre, de lier les parties d'un discours : *habile transition.* ‖ Passage d'un état de choses à un autre : *une brusque transition.*

transitivement adv. *Gramm.* Avec le sens des verbes transitifs : *certains verbes intransitifs, comme « descendre », « monter », « sortir », etc., s'emploient transitivement.*

transitivité n. f. Caractère de ce qui est transitif.

transitoire [trɑ̃zitwar] adj. Qui dure peu de temps : *loi transitoire.* ‖ Qui remplit l'intervalle d'un état de choses à un autre : *règne transitoire.*

Transjordanie, anc. Etat du Proche-Orient. Occupée en 1917 par les Britanniques et confiée à l'émir Abdullah (1921), la Transjordanie demeura en 1922 sous mandat de la Grande-Bretagne. Dotée d'une solide armée locale (Légion arabe), elle s'érigea en royaume en 1946 et devint le royaume de Jordanie* le 24 janvier 1949.

Transkei (le), territoire autonome de la république d'Afrique du Sud, au sud du Lesotho, habité par des Bantous ; 41 400 km²; 1 751 000 h. Ch.-l. *Umtata.*

translatif, ive adj. Par lequel on transfère une chose à un autre : *acte translatif de propriété.*

translation [trɑ̃slasjɔ̃] n. f. (lat. *translatio*, transfert). Action de transférer : *la translation du siège d'une société.* ‖ *Math.* Mouvement d'un solide dont toutes les parties gardent une direction constante.

Transleithanie, partie de l'Empire austro-hongrois située à l'est de la *Leitha* (par oppos. à la *Cisleithanie*). Elle comprenait la Hongrie, la Transylvanie et la Croatie.

translitération ou **translittération** [trɑ̃sliterɑsjɔ̃] n. f. Transcription faite en transposant les lettres d'un alphabet par les lettres d'un autre alphabet.

translucide [trɑ̃slysid] adj. (lat. *translucidus*). Qui laisse passer la lumière, sans permettre toutefois de voir nettement les objets à travers son épaisseur : *les verres dépolis sont translucides.*

translucidité n. f. Etat, qualité, caractère de ce qui est translucide.

transmetteur n. m. Appareil expéditeur de signaux télégraphiques.

transmettre [trɑ̃smɛtr] v. t. (lat. *transmittere*) [conj. **49**]. Faire parvenir, communiquer : *transmettre un ordre.* ‖ *Dr.* Faire passer par mutation : *transmettre une propriété.* ‖ *Fig.* Faire passer : *transmettre ses vertus à son fils.* ‖ **— Se transmettre** v. pr. Se propager, passer d'un endroit à un autre.

transmigration n. f. Action d'un peuple qui passe d'un pays dans un autre. ● *Transmigration des âmes*, v. MÉTEMPSYCOSE.

transmigrer [trɑ̃smigre] v. i. (lat. *transmigrare*, changer de demeure). Passer d'un lieu à un autre.

transmissibilité n. f. Qualité, caractère de ce qui est transmissible.

transmissible adj. Qui peut être transmis : *tares transmissibles.*

transmission [trɑ̃misjɔ̃] n. f. (du lat. *transmissus*, transmis). Action de transmettre : *transmission d'un droit.* ‖ Communication du mouvement d'un organe à un autre. ‖ Organe servant à transmettre le mouvement. ‖ Ensemble des organes interposés, dans une automobile, entre le moteur et les roues motrices. ● *Agent de transmission*, soldat porteur d'un ordre ou d'un renseignement. ‖ *Transmission de pensée*, v. TÉLÉPATHIE. ‖ *Transmission des pouvoirs*, opération par laquelle les pouvoirs d'un chef d'Etat, d'un ministre, d'une assemblée, etc., sont transférés à son successeur.

transmissions n. f. pl. Arme ou service chargé de la mise en œuvre des moyens de liaison (téléphone, radio, etc.) à l'intérieur des forces armées.

— ENCYCL. Autrefois rattachées au génie, les *transmissions* de l'armée de terre ont acquis leur autonomie en 1942. A la fois arme et service, elles mettent sur pied des formations affectées aux grandes unités opérationnelles et aux états-majors territoriaux. Elles disposent de très nombreux matériels, sans cesse perfectionnés, qui bénéficient des progrès de la technique moderne (postes radio, postes de câbles hertziens, centraux téléphoniques, téléimprimeurs, transmetteurs d'images, radars, groupes électrogènes, etc.). Elles assurent en outre la distribution et la répartition de tous ceux de ces matériels qui sont utilisés par les autres armes pour leurs liaisons internes. Considérées comme l'arme du commandement, dont elles sont chargées de transmettre les ordres, elles ont acquis une importance que le morcellement des dispositifs en ambiance de guerre nucléaire ou subversive n'a fait qu'accroître. Les cadres sortent de l'*Ecole d'application des transmissions*, créée à Montargis en 1946. L'*Ecole supérieure technique des transmissions* de Pontoise, créée en 1956, assure la formation des personnels spécialisés dans les applications militaires de l'électronique.

transmodulation n. f. Déformation d'un signal radioélectrique, due à la superposition d'un autre signal dans un élément de liaison ou d'amplification non linéaire.

transmuable ou **transmutable** adj. Qui peut être transmué.

transmutabilité n. f. Propriété de ce qui est transmuable.

transmutation n. f. Changement d'un élément chimique en un autre : *transmutation des métaux.*

transmuter [trɑ̃smyte] ou **transmuer** [-mɥe] v. t. (lat. *transmutare*). Changer un élément chimique en un autre.

transocéanique adj. Qui traverse l'océan : *câbles transocéaniques.*

Transpadane (*république*), république italienne formée par Bonaparte avec le Milanais en décembre 1796, et qui, en juillet 1797, fut unie à la république Cispadane pour former la république Cisalpine.

transparaître v. i. (conj. **58**). Paraître à travers. ‖ *Fig.* Etre deviné : *laisser transparaître ses intentions.*

transparence n. f. Qualité de ce qui est transparent. ‖ Procédé cinématographique consistant à projeter un film sur un écran en verre dépoli servant de décor et devant lequel évoluent des personnages réels. (Par exemple, dans une scène d'automobile, le paysage est tourné en extérieurs, et les passagers sont filmés en studio.)

transparent [trɑ̃sparɑ̃], **e** [-ɑ̃t] adj. (lat. *trans*, au-delà de, et *parens*, apparaissant). Qui, se laissant aisément traverser par la lumière, permet de distinguer nettement les objets à travers son épaisseur : *le verre est transparent.* ‖ *Fig.* Dont le sens caché se laisse deviner : *allusion transparente.*

transparent n. m. Feuille où sont tracées des lignes noires et qui, mise sous un papier non réglé, sert à guider celui qui écrit.

transpercer v. t. (conj. **1**). Percer de part en part : *un tunnel transperce le mont Blanc.* ‖ Passer au travers : *la pluie ne peut transpercer un vêtement imperméable.*

transpiration n. f. (de *transpirer*). Sortie rapide de la sueur par les pores de la peau : *être en transpiration.* ‖ *Bot.* Emission de vapeur d'eau, réalisée surtout au niveau des feuilles.

— ENCYCL. *Bot.* Subalterne chez les animaux, la fonction de *transpiration* est vitale chez les végétaux terrestres ; les aliments minéraux ne peuvent, en effet, se répandre dans la plante que s'ils sont véhiculés par la sève* brute, et celle-ci est, dans une large mesure, aspirée par la transpiration de l'eau au niveau des feuilles. Toutefois, pour peu que la transpiration excède l'absorption d'eau par les racines, la plante se dessèche et meurt. Il existe donc une fonction régulatrice de la transpiration : les orifices foliaires (stomates) s'ouvrent à l'humidité et se referment par temps sec. En outre, les plantes des régions arides présentent des cavités, des poils et divers revêtements qui contribuent à ralentir la transpiration.

transpirer [trɑ̃spire] v. i. (lat. *transpirare*, exhaler). S'exhaler du corps par les pores. ‖ Exhaler de la sueur. ‖ *Fig.* Etre divulgué, commencer à être connu.

transplantable adj. Qui peut être transplanté.

transplantation n. f. Action de transplanter. (On dit aussi TRANSPLANTEMENT.)

transplanter v. t. Planter en un autre endroit : *transplanter des arbres.* ‖ *Fig.* Transférer, transporter : *transplanter une colonie.*

transpondeur n. m. Radiotechn. Appareil destiné à répondre à une impulsion radar.

transport [trɑ̃spɔr] n. m. Action de porter d'un lieu dans un autre : *transport de marchandises.* ‖ Navire propre à transporter des troupes ou du matériel de guerre. ‖ Transfert de droits incorporels. ‖ *Fig.* Sentiment vif, violent : *transport de joie.* ● *Avion de transport* (Mil.), avion servant au transport de matériel ou de personnel. (V. *encycl.*) ‖ *Transport au cerveau*, congestion cérébrale (vx). ‖ *Transport de force*, ligne aérienne électrique de grande puissance, pour la transmission d'énergie à longue distance. ‖ *Transport de justice*, déplacement de magistrats sur les lieux d'un crime, soit au cours d'une instruction, soit au cours d'un jugement. ‖ — Pl. Ensemble des divers modes de portage des marchandises ou des personnes : *la coordination des transports.* ‖ Matériaux solides déplacés par un cours d'eau.

— ENCYCL. *Mil.* Pour tenir compte des bouleversements que pourrait entraîner un conflit nucléaire, une *organisation générale des transports* a été mise sur pied, qui, sous l'autorité du ministre compétent, coordonne l'ensemble des moyens de transport civils et militaires. Ces derniers, qu'il s'agisse de transports par voie aérienne, ferrée, fluviale, maritime ou routière, conditionnent en grande partie la manœuvre logistique*. Le train* est particulièrement chargé des transports routiers, et, dans l'armée de l'air, un commandement des transports aériens militaires (C. O. T. A. M.) a été créé en 1962.

transportable adj. Qui peut être transporté : *blessé transportable.*

transportation n. f. Autref., régime d'exécution de certaines peines privatives de liberté dans les colonies : *en France, la transportation à la Guyane a été supprimée en 1938.*

transporter v. t. (lat. *transportare*). Porter d'un lieu dans un autre : *transporter des voyageurs.* ‖ Faire passer d'un milieu à un autre : *transporter sur la scène un fait historique.* ‖ Céder par un acte : *transporter une créance.* ‖ *Fig.* Exciter, mettre hors de soi : *la fureur le transporte.* ‖ **— Se transporter** v. pr. Se rendre en un lieu. ‖ *Fig.* Se porter par l'imagination ou par la pensée : *transportez-vous dans le passé.*

transporteur, euse adj. Qui transporte : *benne transporteuse.*

transporteur n. et adj. m. Appareil assurant mécaniquement le transport d'un objet d'un lieu dans un autre. ‖ Personne qui fait profession d'effectuer des transports : *un transporteur routier.*

transposable adj. *Mus.* Qui peut être mis d'un ton dans un autre.

transposer [trɑ̃spoze] v. t. Mettre une chose à une place autre que celle qu'elle occupe ou qu'elle doit occuper : *transposer un mot, une lettre.* ‖ *Mus.* Ecrire ou exécuter un morceau dans un ton différent de celui dans lequel il a été composé. ‖ Placer dans un autre décor, une autre époque, etc., un thème littéraire ou artistique.

transpositeur adj. *Instrument transpositeur*, tout instrument à vent (clarinette, cor anglais, cor, etc.) qui sonne dans un ton différent de celui qui est exprimé par la note écrite. ‖ — N. m. Dispositif qui peut être adapté au clavier d'un instrument de musique (à l'harmonium notamment). [Il permet de jouer dans un autre ton que celui du morceau noté.]

transposition n. f. (lat. *transpositio*). Action de transposer ; son résultat. ‖ *Mus.* Changement de tonalité d'un morceau.

transpyrénéen, enne adj. Situé au-delà des Pyrénées. ‖ Qui franchit les Pyrénées.

transsaharien, enne adj. Qui traverse le Sahara.

Transsaharien (le), chemin de fer en projet qui traverserait le Sahara.

Transsibérien (le), grande voie ferrée de l'U. R. S. S. reliant Tcheliabinsk, dans l'Oural, à Vladivostok, sur le Pacifique ; 7 500 km (9 000 km de Moscou à Vladivostok). La première ligne, construite entre 1891 et 1904, a été partiellement doublée ensuite, de nombreux embranchements venant ultérieurement s'y greffer. Electrifié aujourd'hui, le Transsibérien, facteur initial du peuplement, relie à la Russie d'Europe les grandes régions industrielles du Kouzbass et du lac Baïkal et l'Extrême-Orient soviétique.

transsonique adj. Se dit des vitesses voisines de celle du son (0,8 à 1,2 mach). ‖ Se dit des appareils et des installations servant à l'étude de ces vitesses.

transsubstantiation [trɑ̃ssypstɑ̃sjasjɔ̃] n. f. *Théol. cath.* Changement de la substance du pain et du vin en celle du corps et du sang de Jésus-Christ, dans l'eucharistie. (C'est un dogme qui a été défini par le concile de Trente.)

transsudation n. f. Action de transsuder : *la transsudation de l'eau.*

transsuder v. i. (lat. *transsudare*). Passer à travers la paroi du récipient qui le contient, en parlant d'un liquide.

transtévérin [trɑ̃steverɛ̃], **e** [-in] adj. Situé au-delà du Tibre, par rapport à Rome.

transuranien [trɑ̃zyranjɛ̃] adj. m. Se dit des éléments chimiques de numéro atomique supérieur à celui de l'uranium (92) : *les éléments transuraniens n'existent pas dans la nature.*

Transvaal, prov. de la république d'Afrique du Sud ; 286 053 km² ; 6 273 000 h. Cap. *Pretoria.* Constituant l'extrémité nord-est du pays, le Transvaal est la première région productrice d'or du monde (bien que la prépondérance du Witwatersrand même s'atténue) et fournit encore d'importantes quantités de charbon, de fer, de platine, de diamants, etc. Toutes les branches d'industrie y sont pratiquement représentées, sidérurgie en tête, à Pretoria, à Vereeniging et à Johannesburg (la plus grande ville d'Afrique, au sud du Sahara).
● *Histoire.* Fondé par des colons hollandais du Cap, fuyant les Anglais (le Grand Trek) à partir de 1835, le Transvaal fut reconnu comme territoire indépendant par la Grande-Bretagne en 1852 et devint la *République sud-africaine* en 1853. Annexé par le Natal en 1877, mais libéré par Kruger en 1881, le Transvaal obtint son autonomie. La découverte des mines d'or, en 1884, amena une immigration intense. Les exigences des nouveaux venus (*uitlanders*), soutenus par l'Angleterre, provoquèrent en 1895 le raid Jameson, qui échoua, puis obligèrent en 1899 le Transvaal, dirigé par Kruger et allié à l'Etat d'Orange, à déclarer la guerre à l'Angleterre. En 1902, le Transvaal dut accepter son annexion à l'Angleterre. En 1910, il entra dans l'Union sud-africaine.

transvasement n. m. Action de transporter les abeilles d'une ruche dans une autre.

transvaser [trɑ̃svɑze] v. t. (lat. *trans,* à travers, et *vas,* vase). Verser d'un vase dans un autre : *transvaser du vin.*

transversal [trɑ̃svɛrsal], **e, aux** [-o] adj. (du lat. *transversus ;* de *trans,* à travers, et *versus,* tourné). Qui est disposé en travers : *ligne transversale ; vallée transversale.*

transversale n. f. *Math.* Droite coupant un polygone ou une courbe. ‖ Ligne, barre horizontale.

transversalement adv. De façon transversale.

transverse adj. (lat. *transversus*). *Anat.* Placé dans une direction transversale par rapport à l'axe du corps : *artère transverse.*

transvider v. t. Verser le contenu d'un vase incomplètement plein dans un autre.

Transylvanie, en roumain **Transilvania,** en hongrois **Ardeal,** région de la Roumanie située à l'intérieur de l'arc formé par les Carpates. (Hab. *Transylvaniens.*) V. pr. : *Braşov, Cluj.* La Transylvanie, qui a fait partie, dès le XIe s., du royaume de Hongrie, a été principauté indépendante de 1526 à 1691 ; à cette date, elle dut reconnaître la domination des Habsbourg. En 1918, elle fut rattachée à la Roumanie.

Transylvanie (*Alpes de*), partie méridionale des Carpates roumaines ; 2 543 m au *Moldoveanul,* point culminant de la Roumanie.

Trapani, anc. **Drépane,** port de la Sicile ; 79 000 h.

trapèze [trapɛz] n. m. (gr. *trapezion,* petite table). *Math.* Quadrilatère dont deux côtés sont parallèles et inégaux. (L'aire d'un trapèze s'obtient en multipliant la demi-somme des bases par la hauteur. Les deux côtés parallèles sont les *bases* du trapèze ; leur distance est la *hauteur.*) ‖ Appareil de gymnastique formé de deux cordes verticales, réunies à leur base par une barre cylindrique. ● *Muscle trapèze* (Anat.), muscle large, aplati et superficiel, situé à la partie postérieure du cou et du dos. (Il s'étend de la partie cervicale et dorsale de la colonne vertébrale à l'épaule.) ‖ *Os trapèze* ou *trapèze,* os le plus long de la deuxième rangée du carpe.

trapéziste n. Gymnaste qui fait du trapèze.

trapézoïdal, e, aux adj. Qui est en forme de trapèze.

trappe [trap] n. f. (francique *trappa*). Porte qui ferme une ouverture horizontale au niveau du plancher. ‖ L'ouverture elle-même. ‖ Porte, fenêtre à coulisse. ‖ Piège à bascule qu'on place au-dessus d'une fosse.

Trappe (la), abbaye de l'ordre de Cîteaux, fondée en 1140 à Soligny (Orne) et réformée par l'abbé de Rancé (1664). C'est l'abbaye mère des cisterciens réformés de la stricte observance appelés *trappistes.* Ces religieux (3 770 en 1967) pratiquent des règles rigoureuses en ce qui concerne le silence. ‖ Couvent de trappistes.

Trappes (78190), ch.-l. de c. des Yvelines (arr. et près de Versailles) ; 16 799 h. (*Trappistes*). Gare de triage. La région de Trappes doit accueillir une « ville nouvelle », Saint-Quentin-en-Yvelines.

trappeur n. m. (mot anglo-amér.). Chasseur du nord de l'Amérique, qui se sert de trappes.

trappillon [-jɔ̃] n. m. Ce qui tient une trappe fermée. ‖ Ouverture dans le plancher de la scène, donnant passage aux fermes.

trappiste n. m. Religieux de l'ordre des Cisterciens réformés de la stricte observance, ou de la Trappe. (V. TRAPPE.)

trappistine n. f. Religieuse d'un monastère dépendant de la Trappe. ‖ Liqueur fabriquée par les trappistes.

trapu, e [trapy] adj. Gros et court : *un homme trapu.* ‖ *Fam.* Se dit d'une personne très forte dans une matière, ou d'une question ardue.

traque n. f. Action de traquer, de chasser le gibier vers la ligne des chasseurs.

traquenard [traknar] n. m. (mot gascon ; de *traquer*). Piège dont on se sert pour prendre les animaux nuisibles. ‖ *Fig.* Piège tendu à quelqu'un : *tomber dans un traquenard.*

traquet

traquer [trake] v. t. (de l'anc. fr. *trac,* piste des bêtes). Enfermer le gibier dans un cercle de chasseurs qui se resserre de plus en plus : *traquer un cerf.* ‖ *Fig.* Poursuivre, serrer de près : *traquer des voleurs.*

traquet [trakɛ] n. m. Oiseau passereau, à queue souvent blanche à la base, insectivore. (Long. 15 à 20 cm.)

traqueur, euse n. Personne qui traque.

Trasimène (*lac*), lac de l'anc. Etrurie. Victoire d'Hannibal (217 av. J.-C.) sur le consul romain Flaminius Nepos.

Trás-os-Montes, anc. prov. du Portugal septentrional.

Trastamare (*comte* DE), titre porté avant son avènement par Henri II le Magnifique, roi de Castille.

traumatique adj. (du gr. *trauma,* blessure). Qui concerne les plaies, les blessures : *hémorragie traumatique.*

traumatiser v. t. Provoquer un traumatisme.

traumatisme [tromatism] n. m. Ensemble des troubles occasionnés par une violence extérieure. (Les troubles locaux résultent de la lésion et des efforts de l'organisme pour la réparer ; les troubles généraux dépendent soit du choc traumatique lui-même, soit d'infections surajoutées.) ● *Traumatisme psychique,* violente contrariété entraînant un trouble psychique.

traumatologie [tromatɔlɔʒi] n. f. (gr. *trauma, -atos,* blessure, et *logos,* science). Partie de la chirurgie qui traite des blessures, des plaies.

travail [travaj], pl. **travaux** [-vo] n. m. (lat. *tripalium,* instrument de torture). Effort, application pour faire une chose : *travail manuel ; travail intellectuel.* ‖ Ouvrage qui est à faire : *distribuer le travail aux ouvriers.* ‖ Manière dont un objet est exécuté : *bijou d'un beau travail.* ‖ Occupation rétribuée : *vivre de son travail.* ‖ *Econ. polit.* L'un des facteurs de la production. ‖ Manière dont on travaille : *avoir le travail facile.* ‖ Phénomènes qui se produisent dans une substance et en changent la nature : *le travail de la fermentation.* ‖ Mouvement qui se produit dans les matériaux : *le travail des bois produit souvent des fentes.* ‖ *Mécan.* Produit de l'intensité d'une force par la projection, sur la direction de la force, du déplacement de son point d'application : *l'unité légale du travail est le joule.* ‖ *Obstétr.* Ensemble des phénomènes mécaniques qui préparent et produisent l'accouchement. ‖ Douleurs de l'accouchement : *femme en travail.* ● *Inspection du travail,* organisme chargé d'étudier la situation de l'emploi, de surveiller les infractions aux législations protectrices des travailleurs et d'en dresser procès-verbal. ‖ — Pl. Etude écrite sur une question : *il est l'auteur de nombreux travaux historiques.* ‖ Discussions et études collectives en vue de l'élaboration d'un texte (rapport, résolution, projet ou proposition de loi) : *les travaux préparatoires d'une loi.* ● *Travaux forcés,* peine afflictive et infamante, temporaire ou perpétuelle, qui a été remplacée par la réclusion criminelle. ‖ *Travaux publics,* ouvrage de construction, de réparation, d'entretien ou même de destruction effectué pour le compte d'une personne publique dans un but d'utilité générale.

travail n. m. Appareil pour maintenir de grands animaux domestiques dans différentes attitudes pendant qu'on les ferre, qu'on les soigne. ‖ Pl. des *travails.*

travaillé, e adj. Où l'on remarque la peine, le soin, le travail : *ouvrage travaillé ; style travaillé.*

travailler v. i. Faire un ouvrage ; exercer un métier : *travailler dans l'imprimerie.* ‖ Se donner de la peine pour faire, pour exécuter une chose : *travailler à perdre quelqu'un.* ‖ — *Fig.* Se gauchir : *le bois vert travaille.* ‖ Fonctionner activement : *son imagination travaille.* ‖ Produire un intérêt : *faire travailler son argent.* ‖ Fermenter : *le vin nouveau travaille.* ‖ — V. t. Façonner : *travailler le fer.* ‖ Remuer un liquide ou une pâte pour leur donner la consistance voulue dans une préparation culinaire. ‖ Soigner : *travailler son style.* ‖ — *Fig.* Causer de la souffrance : *la fièvre le travaille.* ‖ Obséder, troubler : *être travaillé par un désir.* ‖ Chercher à gagner ou à soulever : *travailler les esprits.*

travailleur, euse n. et adj. Personne qui travaille. ‖ Personne qui aime le travail. ● *Travailleuse familiale,* personne diplômée de l'Etat, assurant à domicile une aide aux mères de famille. ‖ — Pl. Ensemble des personnes qui travaillent pour le compte et sous l'autorité d'autrui : *les législations sociales ont pour objet de protéger les travailleurs.*

Travailleurs de la mer (*les*), roman de Victor Hugo (1866).

travailleuse n. f. Table à ouvrage à compartiments fermés par un couvercle.

travaillisme [travajism] n. m. Mouvement politique qui s'inspire des doctrines des socialistes anglais.

travailliste n. et adj. En Angleterre, membre du parti travailliste. ● *Parti travailliste,* v. LABOUR PARTY.

Travancore, région historique de l'Inde, dans le sud de l'Etat de Kerala.

Travaux et les jours (*les*), poème didactique d'Hésiode (VIIIe s. av. J.-C.), édictant des sentences morales et des préceptes d'économie domestique.

travée [trave] n. f. (de l'anc. fr. *tref,* poutre ; du lat. *trabs*). Espace compris entre deux points d'appui principaux d'un ouvrage de construction. ‖ Portion de voûte comprise entre deux supports. ‖ Rangée de bancs : *les travées d'une assemblée.* ● *Travée de pont,* partie d'un pont comprise entre deux piles.

travelage [travlaʒ] n. m. Ensemble des traverses d'une voie ferrée. ‖ Nombre de traverses placées dans un kilomètre de voie.

travelling [travliŋ] n. m. (mot angl.). Artifice de mise en scène cinématographique, qui consiste à fixer un plan avec un appareil mobile. ‖ L'appareil lui-même. ● *Travelling optique,* effet identique au travelling ordinaire, obtenu, avec une caméra immobile, par la variation de la distance focale.

travers [travɛr] n. m. (lat. *transversus,* oblique). Etendue d'un corps dans le sens qui coupe la longueur, la largeur, la profondeur : *un travers de doigt.* ‖ *Fig.* Bizarrerie, caprice : *travers d'esprit.* ‖ — Loc. adv. **A tort et à travers,** inconsidérément. ‖ **A travers,** par le milieu. ‖ **Au travers,** de part en part. ‖ **De travers,** obliquement. ● *Entendre de travers,* mal comprendre. ‖ **En travers,** d'un côté à l'autre, suivant la largeur. ‖ — Loc. prép. **A travers,** au milieu de ; par le milieu de : *à travers champs ;* au-delà de : *à travers sa bonhomie s'aperçoit son intransigeance.* ‖ **Au travers de,** par le milieu de ; de part en part de (lorsqu'il y a obstacle) : *au travers de l'ennemi.*

traversable adj. Qui peut être traversé : *rivière traversable.*

travers-banc n. m. Dans une mine, galerie horizontale dans le rocher, perpendiculaire aux lignes de niveau des couches. ‖ Pl. des *travers-bancs.*

traverse [travɛrs] n. f. (de *travers*). *Technol.* Sorte d'entretoise. ‖ *Ch. de f.* Pièce d'appui posée sur le ballast perpendiculairement aux rails d'une voie ferrée, qu'elle supporte et dont elle maintient l'écartement. ● *Chemin de traverse,* petit chemin, plus direct que la grand-route. ‖ *Se mettre à la traverse* (Fig.), apporter des obstacles. ‖ — Pl. Obstacles, afflictions : *rencontrer bien des traverses sur son chemin.*

traversée n. f. Action de traverser. ‖ Voyage par mer ou à travers un pays. ● *Traversée de voie* (Ch. de f.), point où deux voies se coupent.

traverser [travɛrse] v. t. (lat. *transversare*). Passer à travers, d'un côté à l'autre : *traverser une forêt, la rue.* ‖ Pénétrer de part en part : *la pluie a traversé mes vêtements.* ‖ Etre en travers de quelque chose : *des allées traversent le jardin.* ‖ *Fig.* Passer par ; vivre pendant : *traverser des temps malheureux.* ● *Traverser l'esprit,* se présenter rapidement à la pensée.

traversier, ère adj. Qui sert à traverser : *barque traversière.* ● *Flûte traversière,* flûte qui se tient parallèlement aux lèvres. (Elle existe, concurremment avec la flûte à bec, depuis le XIVe s.)

traversin [travɛrsɛ̃] n. m. Sorte d'oreiller long, qui occupe la largeur du lit. ‖ Chacune des pièces de bois qui forment le fond d'un tonneau.

traversine [travɛrsin] n. f. Traverse d'un grillage.

travertin [travɛrtɛ̃] n. m. (ital. *travertino ;* du lat. *Tiburtinus,* de Tibur). Pierre calcaire, d'origine chimique, de très belle qualité, employée en maçonnerie.

travesti n. m. Costume de travestissement. ‖ Rôle d'un acteur qui prend des travestissements : *jouer les travestis.* ‖ Personne atteinte de travestisme.

travestir [travɛstir] v. t. (ital. *travestire*). Déguiser avec les vêtements d'un autre sexe, d'une autre condition : *être travesti en Arlequin.* ‖ — *Fig.* Traduire un ouvrage sérieux en style burlesque : *Scarron a travesti « l'Enéide ».* ‖ Donner une fausse interprétation : *travestir une pensée.* ● *Bal travesti,* bal où les danseurs sont déguisés. ‖ **— Se travestir** v. pr. Revêtir un déguisement.

travestisme n. m. Perversion qui consiste à adopter les vêtements et les habitudes sociales du sexe opposé. (On dit aussi TRANSVESTISME.)

travestissement n. m. Action de travestir ou de se travestir ; son résultat.

Traviata (*la*), opéra de Verdi (1853), sur un livret de Piave, adaptation de *la Dame aux camélias* d'Alexandre Dumas fils.

traviole (de) [dətravjɔl] loc. adv. *Pop.* De travers.

Trawsfynydd, localité de Grande-Bretagne (pays de Galles, Merionethshire). Centrale nucléaire.

Trayas [trɛjas] (LE) [83113], station balnéaire du Var (comm. de Saint-Raphaël), sur la côte de l'Esterel.

trayeur [trɛjœr], **euse** [-øz] n. Personne qui trait les vaches.

Phot. Higham.

trayeuse n. f. Appareil pour traire les vaches. (Les machines à traire ou trayeuses ont pris un développement considérable. On distingue les installations à poste fixe dans l'étable ou dans une salle de traite spécialement aménagée et les installations mobiles permettant la traite au pâturage.)

trayon [trɛjɔ̃] n. m. (de *traire*). Extrémité du pis d'une vache, d'une chèvre, etc.

Trébeurden (22560), comm. des Côtes-du-Nord (arr. de Lannion); 2 686 h. Station balnéaire.

Trébie (la), en ital. **Trebbia,** riv. d'Italie, affl. du Pô (r. dr.); 115 km. Victoires d'Hannibal sur le consul romain Sempronius (218 av. J.-C.) et de Souvorov sur Macdonald (1799).

Trébizonde, en turc **Trabzon,** port de Turquie, sur la mer Noire; 81 500 h. Trébizonde fut au Moyen Age la capitale de l'empire grec de Trébizonde, fondé en 1204 par Alexis et David Comnène, et qui, grâce à la prospérité économique de la ville, parvint à résister jusqu'en 1461 aux assauts des Turcs. Eglises byzantines.

Tréboul, station balnéaire du Finistère (comm. de Douarnenez).

trébuchant, e adj. Se dit des monnaies d'or ou d'argent qui sont de poids, qui font pencher la balance : *espèces sonnantes et trébuchantes.*

trébucher [trebyʃe] v. i. Perdre l'équilibre en marchant : *trébucher sur une pierre.* || Faire pencher la balance : *quand on pèse une monnaie d'or, il faut qu'elle trébuche.* || *Fig.* Avoir des défaillances : *la raison humaine trébuche souvent.* || — V. t. Peser au trébuchet : *trébucher des pièces d'or.*

trébuchet [trebyʃɛ] n. m. (préf. *tré,* au-delà de, et anc. fr. *buc,* tronc du corps). Piège pour les petits oiseaux. || Petite balance de précision pour peser de très faibles quantités de matière. || Machine de jet utilisée au Moyen Age pour abattre les murailles.

Treffort (01370 St Etienne du Bois), ch.-l. de c. de l'Ain (arr. de Bourg-en-Bresse); 871 h. Château (XIIIe s.).

tréfilage n. m. Action de tréfiler.

tréfiler [trefile] v. t. (de *traire,* tirer, et *fil*). Convertir un métal en fils de diverses grosseurs par étirage à froid.

tréfilerie n. f. Etablissement industriel, atelier dans lequel s'effectue le tréfilage.

tréfileur n. m. Ouvrier qui tréfile. || Industriel qui exploite une tréfilerie.

trèfle [trɛfl] n. m. (lat. *tres,* trois, et *folium,* feuille). Plante herbacée à feuilles composées de trois folioles et à fleurs blanches, roses, pourpres ou violettes. (Les plus courants sont le trèfle violet et le trèfle blanc, qui interviennent dans la composition des prairies, sans oublier le trèfle incarnat [ou *farouch*], fourrage vert de printemps.) [Famille des papilionacées.] || Une des quatre couleurs du jeu de cartes. || *Archit.* Ornement composé de trois cercles qui se coupent et qui ont leur centre respectif à chacun des sommets d'un triangle équilatéral. ● *Croisement en trèfle,* croisement de routes à des niveaux différents, affectant la forme d'un trèfle à quatre feuilles. || *Trèfle d'eau,* v. MÉNYANTHE.

trèfle violet et trèfle blanc

trayeuse électrique

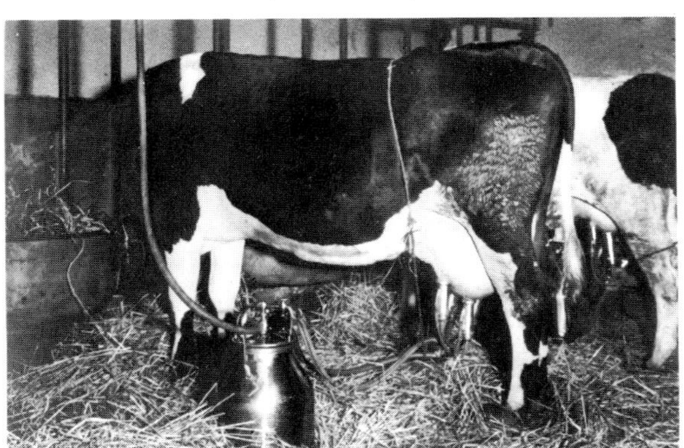

Tréguier
maison à pans de bois du XVIIe s. où naquit Renan

tréflière n. f. Champ de trèfle.

tréfonds n. m. (de *très* et *fonds*). Fonds qui est sous le sol et qu'on possède comme le sol lui-même. || *Fig.* Ce qu'il y a de plus secret : *savoir le fonds et le tréfonds d'une affaire.*

Tréfouël (Jacques), chimiste et bactériologiste français, né au Raincy en 1897. Ses travaux ont permis la découverte de nombreux corps bactériostatiques.

Trégastel (22730), comm. des Côtes-du-Nord (arr. de Lannion); 1 742 h. Station balnéaire. Eglise des XIIe-XIIIe s. avec ossuaire du XVIIe s.

trégorrois ou **trécorrois** [tregɔrwa *ou* trekɔrwa], **oise** [-az] adj. et n. de Tréguier.

Trégorrois, région de Bretagne (Côtes-du-Nord), à l'ouest de la baie de Saint-Brieuc.

Tréguier (22220), ch.-l. de c. des Côtes-du-Nord (arr. de Lannion), près de la mer; 3 600 h. (2 878 aggl.) [*Trégorrois* ou *Trécorrois*]. Cathédrale Saint-Tugdual (XIVe-XVe s.). Patrie de Renan.

Trégunc (29128), comm. du Finistère (Sud) [arr. de Quimper]; 4 836 h. (932 aggl.).

Treignac (19260), ch.-l. de c. de la Corrèze (arr. de Tulle); 1 893 h. (1 556 aggl.). [*Treignacois*]. Vieilles maisons.

Treilhard (Jean-Baptiste, *comte*), homme politique français, né à Brive-la-Gaillarde (1742-1810), un des rédacteurs du Code civil.

treillage [trɛjaʒ] n. m. Assemblage de lattes en treillis.

treillager v. t. Garnir de treillage : *treillager un mur.*

treillageur n. m. Celui qui fait des treillages.

trémie

treille [trɛj] n. f. (lat. *trichila,* berceau de verdure). Cep de vigne élevé contre un mur ou contre un treillage. ● *Le jus de la treille,* le vin.

treillis [treji] n. m. (lat. *trilix,* à trois fils). Ouvrage de bois, de fer, qui imite les mailles d'un filet et qui sert de clôture. || Toile de chanvre écru très grosse : *pantalon de treillis.* || Vêtement de travail ou d'exercice : *se mettre en treillis.* || *Math.* Ensemble d'éléments de nature quelconque dont la structure est définie par une certaine relation d'ordre. ● *En treillis,* se dit d'un ouvrage métallique formé de poutres entrecroisées et maintenues par des rivets, qui constitue un ensemble rigide.

treillisser v. t. Garnir de treillis.

treize [trɛz] adj. num. (lat. *tredecim*). Douze plus un. || Treizième : *Louis treize.* ● *Treize à la douzaine,* se dit, dans certains commerces, de la livraison de treize objets pour douze commandés et payés. || — N. m. Le treizième jour du mois.

treizième adj. num. ord. de *treize.* || — N. m. La treizième partie d'un tout.

treizièmement adv. En treizième lieu, dans une énumération.

Trek (le *Grand*), mouvement d'émigration des colons hollandais du Cap vers le Vaal et l'Orange (1834-1839), à la suite de l'arrivée des Anglais.

Trélazé (49800), comm. de Maine-et-Loire (arr. d'Angers); 11 858 h. (*Trélazéens*). Ardoisières les plus importantes de France.

Trélon (59132), ch.-l. de c. du Nord (arr. d'Avesnes-sur-Helpe); 3 319 h. Textiles.

tréma [trema] n. m. (gr. *trêma,* point). Double point qu'on met horizontalement sur les voyelles *e, i, u,* pour indiquer que la voyelle qui précède doit être prononcée séparément, comme dans *ciguë* [sigy], *naïf* [naif], *Saül* [sayl].

trémail n. m. V. TRAMAIL.

trématage n. m. Action de trémater. ● *Droit de trématage,* droit que possèdent certaines catégories de bateaux de passer les premiers aux écluses.

trémater [tremate] v. i. Dépasser un bateau, sur une voie d'eau navigable.

trématodes [trematɔd] n. m. pl. (du gr. *trêma,* point). Classe de vers plats, parasites de vertébrés, comme la douve du foie de mouton. || Sing. un *trématode.*

Tremblade (LA) [17390], ch.-l. de c. de la Charente-Maritime (arr. de Rochefort); 4 925 h. (4 377 aggl.) [*Trembladais*]. Parcs à huîtres.

tremblaie [trɑ̃blɛ] n. f. Lieu planté de trembles.

tremblant, e adj. Qui tremble : *main, voix tremblante.* || *Fig.* Saisi d'effroi : *il était tout tremblant.*

tremblante n. f. Maladie des moutons caractérisée par un tremblement musculaire.

Tremblay-lès-Gonesse (93290), ch.-l. de c. de la Seine-Saint-Denis (arr. du Raincy); 19 700 h. (*Tremblaysiens*).

tremble [trɑ̃bl] n. m. (lat. *tremulus,* tremblant). Espèce de peuplier dont la feuille tremble au moindre vent. (Le tremble atteint 20 mètres de haut. Son bois, mauvais pour le chauffage, fournit un excellent charbon à poudre.)

tremblé, e adj. *Ecriture tremblée,* tracée par une main tremblante. || *Sons tremblés,* sons qui varient rapidement d'intensité.

tremblement n. m. Agitation de ce qui tremble : *tremblement de main.* || *Mus.* Terme par lequel les Français des XVIIe et XVIIIe s. désignaient le trille. ● *Tout le tremblement* (Fam.), ensemble important de personnes ou de choses. || *Tremblement de terre,* secousse qui ébranle le sol sur une plus ou moins grande étendue.

trembler [trɑ̃ble] v. i. (lat. pop. *tremulare;* de *tremere,* trembler). Etre agité par de petits mouvements saccadés : *le plancher tremble.* || Eprouver de petits mouvements musculaires convulsifs : *trembler de froid.* (Syn. : FRÉMIR, FRISSONNER, GRELOTTER.) || *Fig.* Avoir peur, appréhender : *je tremble qu'il n'apprenne trop vite cette mauvaise nouvelle.*

trembleur, euse n. Personne craintive, timide à l'excès.

trembleur n. m. Appareil à lame flexible qui interrompt et rétablit le passage d'un courant électrique successivement et à de très courts intervalles.

trembleuse n. f. Tasse retenue dans sa soucoupe par une cavité.

tremblotant, e adj. *Fam.* Chevrotant : *voix tremblotante.* || Qui vacille : *lumière tremblotante.*

tremblote n. f. *Avoir la tremblote* (Pop.), trembler, avoir peur.

tremblotement n. m. *Fam.* Action de trembloter.

trembloter [trɑ̃blɔte] v. i. *Fam.* Trembler un peu, vaciller.

trémelle [tremɛl] n. f. Champignon gélatineux, doré ou orangé, apparaissant en hiver sur les branches mortes. (Classe des basidiomycètes.)

trémie [tremi] n. f. (lat. *trimodium,* vase de la contenance de trois muids). Sorte de réservoir en forme de pyramide quadrangulaire tronquée et renversée. || Espace réservé dans un plancher pour porter l'âtre d'une cheminée. || Mangeoire pour la volaille. || Assemblage de cristaux de sel marin.

Phot. Lauros - Atlas-Photo, Lauros-Giraudon, Lauros - Atlas-Photo.

trémière [tremjɛr] adj. f. (altér. de *rose d'outremer*). *Rose trémière*, v. ROSE.

trémolo [tremɔlo] n. m. (ital. *tremolo*). Répétition rapide d'un même son : *le trémolo est utilisé sur les instruments à archet.* || Tremblement intentionnel de la voix.

trémoussement n. m. Action de se trémousser : *trémoussement d'ailes.*

trémousser (se) [sətremuse] v. pr. S'agiter d'un mouvement rapide et irrégulier.

trempage n. m. Immersion dans un liquide, etc.

trempant adj. m. *Acier trempant*, acier qui peut recevoir la trempe.

trempe n. f. (de *tremper*). Opération de traitement thermique qui consiste, par le refroidissement rapide d'un produit métallurgique, à maintenir à température ambiante soit une structure stable à chaud, soit une structure dérivée de cette dernière. (V. *encycl.*) || Eau propre à faire fermenter le grain destiné à la fabrication de la bière. || *Fig.* Fermeté du caractère : *âme de forte trempe.* || *Fam.* Correction vigoureuse : *recevoir une trempe.*
— ENCYCL. Le produit ayant été chauffé au-delà du point de transformation correspondant à la modification structurale que l'on veut obtenir, la *trempe* se réalise par refroidissement brutal dans un milieu approprié. La dureté est la propriété que l'on cherche le plus couramment à modifier par la trempe : elle sera notablement augmentée dans le cas des aciers, mais, pour certains alliages cuivreux et pour certains alliages légers, elle diminue par rapport à l'état recuit. Les plus importants facteurs de trempe sont : la *température de trempe*, à laquelle doit être portée la pièce ; la *vitesse de refroidissement*, qui varie suivant la température et la nature des bains de trempe (eau, huile, pétrole, saumures, bains de sels, plomb fondu, air, etc.) ; la *composition chimique* de l'alliage à tremper. Il existe plusieurs procédés de trempe. Dans la *trempe banale*, la pièce, chauffée au préalable, est portée rapidement dans le bac de trempe et agitée durant son refroidissement. Dans la *trempe isotherme*, appelée également *trempe étagée, arrêtée* ou *interrompue*, qui se pratique pour l'acier, on porte la pièce à sa température de trempe, puis on la refroidit dans un bain dont la température est comprise entre 200 et 700 °C, avant de lui faire subir son refroidissement final à l'eau ou à l'air. Dans la *trempe au chalumeau*, la trempe est localisée par chauffage, à la flamme d'un chalumeau à gaz, de la partie de la pièce à traiter, suivi d'un refroidissement brutal par aspersion d'eau. Dans la *trempe avec chauffage par induction*, ou *trempe superficielle*, la pièce est introduite dans un inducteur parcouru par un courant d'induction à haute fréquence, qui échauffe les couches superficielles de la pièce, puis elle est refroidie au jet ou par immersion. Sauf dans certains modes de trempe isotherme, un traitement complémentaire de revenu doit généralement suivre la trempe, soit pour éliminer les tensions internes de trempe, soit pour atténuer et améliorer certaines caractéristiques mécaniques du produit trempé.

trempé, e adj. Se dit d'un alliage, d'un métal qui a subi l'opération de la trempe. || *Fam.* Très mouillé par la pluie, les embruns. ● *Caractère bien trempé*, se dit d'une personne formée aux difficultés de la vie, capable d'y résister. || *Trempé comme une soupe*, très mouillé.

tremper [trɑ̃pe] v. t. (lat. *temperare*, modérer). Mouiller en plongeant dans un liquide : *tremper sa plume dans l'encre.* || Imbiber, humecter : *tremper son mouchoir de larmes.* || Soumettre un produit métallurgique à la trempe. ● *Tremper ses mains dans le sang* (Littér.), commettre un meurtre ; le conseiller ; y consentir. || *Tremper la soupe*, verser le bouillon sur le pain. || *Tremper son vin*, y mettre beaucoup d'eau. || — V. i. Demeurer quelque temps dans un liquide. || *Fig.* Etre complice de ; participer à : *tremper dans un crime.*

trempette n. f. *Fam.* Bain rapide.

trempeur n. et adj. m. Ouvrier qui trempe : *trempeur d'acier, de papier.*

tremplin [trɑ̃plɛ̃] n. m. (ital. *trampolino* ; de *trampoli*, échasses). Planche inclinée et élastique, sur laquelle un sauteur ou un plongeur prend son élan. || *Fig.* Ce dont on se sert pour arriver à un résultat.

trémulation [tremylasjɔ̃] n. f. (du lat. *tremulare*, trembloter). Tremblement rapide que l'on observe à la suite d'une brusque contraction musculaire.

trench-coat [trɛnʃkot] n. m. (mot angl.). Manteau imperméable. || Pl. des *trench-coats.*

Trenet (Charles), auteur, compositeur et chanteur français, né à Narbonne en 1913. Il a créé un style de chanson qui unit la poésie, l'humour, la fantaisie et l'émotion.

Trengganu, l'un des Etats de la Malaysia ; 371 000 h. Cap. *Kuala Trengganu.*

Trent (la), riv. d'Angleterre, qui se réunit à l'Ouse pour former la Humber ; 270 km.

trentain n. m. *Trentain grégorien*, série de trente messes consécutives dites pour un défunt.

trentaine n. f. Nombre de trente ou environ. || Age de trente ans.

trente [trɑ̃t] adj. num. (lat. *triginta*). Trois fois dix. || Trentième : *page trente.* || — N. m. Nombre qui suit vingt-neuf dans la série naturelle des nombres entiers. || Trentième jour du mois : *le trente décembre.* || Au tennis, deuxième point que l'on peut marquer dans un jeu. ● *Se mettre sur son trente et un* (Fam.), être en grande toilette.

Trente (les), nom donné aux membres d'un conseil oligarchique imposé par les Spartiates aux Athéniens, après la prise de leur ville par Lysandre (404 av. J.-C.). Ils se signalèrent par leur despotisme et furent chassés par Thrasybule. Critias et Théramène sont les plus connus.

Trente (*combat des*), combat entre Français et Anglais lors de la guerre de succession de Bretagne, le 27 mars 1351, près de Ploërmel. Il opposa en une lutte singulière trente combattants désignés pour chaque armée. Les Français furent victorieux.

Trente Ans (*guerre de*), guerre religieuse et politique (1618-1648). Elle eut pour causes essentielles l'antagonisme des protestants et des catholiques et les inquiétudes nées en Europe des ambitions de la maison d'Autriche. C'est en Bohême que la lutte éclata, à la suite de la défenestration de Prague. La guerre de Trente Ans se divise en quatre périodes : 1° la *période palatine* (1618-1624), au cours de laquelle Frédéric, électeur palatin, élu roi de Bohême, fut vaincu à la Montagne Blanche (1620) et dépouillé de ses Etats ; — 2° la *période danoise* (1624-1629), pendant laquelle Christian IV de Danemark se mit à la tête des luthériens ; — 3° la *période suédoise* (1630-1635), au cours de laquelle Gustave-Adolphe, vainqueur à Breitenfeld et au Lech, fut tué à Lützen ; — 4° la *période française* (1635-1648), ainsi appelée parce que Richelieu, après avoir soutenu secrètement les adversaires de la maison d'Autriche, intervint directement contre elle. Les victoires françaises de Fribourg et de Nördlingen décidèrent l'Autriche à signer la paix de Westphalie. L'Allemagne devait sortir ruinée et dévastée de ces trente années de guerre.

Trente Tyrans (les), nom donné aux généraux romains qui prirent la pourpre dans les diverses provinces de l'Empire, sous les règnes de Valérien et de Gallien, entre 254 et 268 de notre ère.

Trente, v. d'Italie, ch.-l. du *Trentin* ; 87 000 h. Vestiges de l'enceinte de Théodoric. Eglises romanes. Palais de la Renaissance. Industries textiles. Un concile œcuménique y siégea entre 1545 et 1563. (V. art. suiv.)

Trente (*concile de*), concile œcuménique qui se tint de 1545 à 1549, de 1551 à 1552 et de 1562 à 1563.
Depuis longtemps, une réforme disciplinaire de l'Eglise romaine était nécessaire ; mais la papauté hésitait à convoquer un concile œcuménique pour la réaliser, car elle gardait le souvenir des difficultés des conciles précédents, notamment de celui de Latran, qui avait précédé l'avènement de la Réforme luthérienne. Paul III le réunit cependant à Trente le 13 décembre 1545. Au cours des huit premières sessions (1545-1547) furent abordés les grands problèmes du canon de l'Ecriture sainte, de la Tradition, de la justification, de la résidence des évêques, des sacrements, les questions doctrinales et les questions disciplinaires étant alternativement étudiées. En mars 1547, la majorité des Pères décida le transfert du concile à Bologne, où eurent lieu les 9e, 10e et 11e sessions (1547-1549), durant lesquelles furent particulièrement examinées les erreurs de Luther. En septembre 1549, sous la pression de Charles Quint, Paul III prorogeait le concile *sine die*. Le travail conciliaire ne reprit à Trente qu'en septembre 1551. La 13e session consacra le terme « transsubstantiation » ; la 14e adopta les canons concernant la pénitence, l'extrême-onction et l'ordre. Une nouvelle suspension du concile fut décidée en 1552 par Jules III, inquiet des succès protestants. Pie IV ne put réunir de nouveau les Pères à Trente qu'en janvier 1562. D'importants décrets furent pris en juillet et en novembre 1563 : institution des séminaires, organisation des synodes diocésains et de la visite des diocèses par l'évêque, réforme des ordres monastiques, etc. Les Pères quittèrent Trente le 6 décembre 1563. Un certain nombre d'initiatives pontificales (publication du catéchisme romain, édition de la Vulgate, réforme du bréviaire) vinrent compléter l'œuvre du concile de Trente, qui donna le branle au vaste mouvement de la Contre-Réforme*.

trente-et-quarante n. m. inv. Jeu de cartes et de hasard.

trentenaire adj. Qui dure trente ans : *la possession trentenaire opère la prescription.*

trench-coat

trentième adj. num. ord. de *trente*. Qui est contenu trente fois dans un tout. || — N. : *être le, la trentième.* || — N. m. Trentième partie d'un tout.

Trentin, en ital. **Trentino,** région de l'Italie continentale, correspondant à l'actuelle province de Trente et formant, avec le Haut-Adige (prov. de Bolzano), la région historique de la *Vénétie Tridentine*. Cet ensemble, qui fut attribué à l'Italie par le traité de Saint-Germain-en-Laye (1919), constitue aujourd'hui la région autonome du *Trentin-Haut-Adige*. (V. art. suiv.)

Trentin-Haut-Adige, région de l'Italie du Nord, formée des prov. de Trente (Trentin) et de Bolzano (Haut-Adige) ; 830 000 h. Correspondant au bassin supérieur de l'Adige entre les massifs de l'Ortler, de l'Adamello et les Dolomites, c'est une région montagneuse, où la population et les cultures se concentrent dans les vallées, site des principales villes (Bolzano et Merano au nord, Trente au sud). L'hydro-électricité produite est presque totalement exportée. Le tourisme ne revivifie que localement la région.

Trenton, v. des Etats-Unis, cap. du New Jersey, sur la Delaware ; 114 000 h. Constructions électriques.

trépan [trepɑ̃] n. m. (gr. *trupanon*, tarière). Instrument de chirurgie avec lequel on perce les os, surtout ceux du crâne. || Opération faite avec cet instrument. || Outil qui, dans un sondage, attaque par percussion ou rotation le terrain sur tout le fond du trou.

trépanation n. f. Opération du trépan.

trépaner v. t. Faire l'opération du trépan : *trépaner un blessé.*

trépang n. m. V. TRIPANG.

trépas [trepɑ] n. m. *Poét.* Décès, mort. ● *Passer de vie à trépas* (Fam.), mourir.

trépassé, e n. Personne décédée : *prier pour les trépassés.* ● *Le jour, la fête des trépassés*, le 2 novembre, jour des morts.

trépasser v. i. (anc. fr. *tres*, outre, et *passer*). Mourir.

Trépassés (*baie des*), baie de la côte atlantique du Finistère, entre les pointes du Raz et du Van.

trépidant, e adj. Agité de secousses brusques. ● *Allure trépidante*, allure saccadée.

trépidation n. f. (du lat. *trepidus*, agité). Tremblement des membres, des nerfs, etc. || Tremblement en général : *la trépidation des vitres.*

trépider [trepide] v. i. Etre agité de petites secousses rapides.

trépied [trepje] n. m. (lat. *tres*, trois, et *pes, pedis*, pied). Passoire à trois pieds. || Siège à trois pieds sur lequel la Pythie rendait ses oracles.

trépignement n. m. Action de trépigner.

trépigner [trepiɲe] v. i. (de l'anc. fr. *triper*, frapper du pied). Frapper vivement des pieds contre terre : *trépigner de colère.* (Syn. : PIAFFER, PIÉTINER.)

trépointe [trepwɛ̃t] n. f. *Technol.* Bande de cuir que les cordonniers, les bourreliers, etc., cousent entre deux cuirs plus épais.

tréponème [trepɔnɛm] n. m. Genre de protozoaire spiralé (classe des spirochètes), dont trois espèces sont responsables de maladies (syphilis, pian, carate).
— ENCYCL. Le *tréponème pâle* (*Treponema pallidum*), agent de la syphilis, est un spirochète cylindrique décrivant environ 10 spires et mesurant de 6 à 12 μ de long pour 0,25 μ de diamètre ; le *tréponème pertenue* (*Treponema pertenue*), agent du pian, a une morphologie très similaire à celle du tréponème pâle et possède de 8 à 20 spires ; le *Treponema carateum* est considéré comme l'agent causal du carate.

Tréport (LE) [76470], comm. de la Seine-Maritime (arr. de Dieppe), sur la Manche ; 6 328 h. (*Tréportais*). Vieilles maisons. Port et station balnéaire.

très [trɛ] adv. (lat. *trans*, au-delà). Se place devant un adjectif, un participe pris adjectivement ou un autre adverbe pour marquer le superlatif absolu. (L'emploi de *très* devant un nom appartient à la langue familière : *j'ai très faim ; j'ai très soif.*)

trésaille [trezɑj] n. f. Pièce horizontale de bois, qui maintient les ridelles d'une charrette.

trescheur ou **trêcheur** [trɛʃœr] n. m. *Hérald.* Pièce honorable constituée par un orle rétréci.

trésor [trezɔr] n. m. (lat. *thesaurus*). Amas d'or, d'argent, de choses précieuses mises en réserve : *découvrir un trésor caché.* || Lieu où l'on enferme ces choses. || Objet précieux, caché ou enfoui, découvert par hasard : *trouver un trésor.* (Le trésor découvert sur le fonds d'autrui appartient par moitié à l'inventeur et par moitié au propriétaire du fonds.) || Lieu d'une église où l'on garde les reliques, les ornements précieux : *le trésor de Sainte-Foy de Conques.* || — *Fig.* Tout ce qui est précieux, excellent, très utile : *la santé est un trésor.* || Personne ou chose pour laquelle on a un très grand attachement. ● *Le trésor public*, ou simplement *le Trésor*, service du ministère des Finances qui a pour rôle d'assurer à l'Etat les disponibilités financières dont il a besoin pour faire face à ses obligations.

trésorerie n. f. Administration du trésor public. || Lieu où l'on garde ou administre ce trésor. || Ensemble des capitaux liquides d'une entreprise (caisse, banques, effets négociables). || Bureau, fonction d'un trésorier-payeur général. || Finances de l'Etat. || Ministère des Finances en Grande-Bretagne : *les lords de la Trésorerie.*

Phot. Doc. Service de Presse Messages - Desaubas.

Grand Trianon, façade sur les jardins

trésorier, ère n. Personne qui détient et comptabilise les deniers d'une collectivité. ● *Trésorier-payeur général,* fonctionnaire supérieur chargé de gérer le Trésor dans le ressort d'un département. (Pl. des *trésoriers-payeurs généraux.*)

tressage n. m. Action de tresser.

tressaillement n. m. Brusque secousse de tout le corps, généralement à la suite d'une émotion vive.

tressaillir [trɛsajir] v. i. (de *saillir*) [conj. **11**]. Eprouver une agitation vive et passagère : *tressaillir de joie.*

tressauter [trɛsote] v. i. (de *sauter*). Sursauter, tressaillir vivement sous l'effet de la surprise, de la crainte : *tressauter devant un danger.*

tresse n. f. Galon, cordelière formés de trois brins entrelacés. ‖ Longue mèche de cheveux divisée en trois et entrelacée en forme de natte. ‖ Cordage plat. ‖ Ornement architectural formé de bandelettes entrelacées.

tresser [trɛse] v. t. Arranger en tresse : *tresser des cheveux.*

tresseur, euse n. Personne qui tresse des fils, des cheveux, etc.

tréteau [treto] n. m. (bas lat. *transtellum*). Pièce de bois longue et étroite, portée par quatre pieds, et servant à soutenir une table, une estrade, etc. ‖ — Pl. Théâtre de saltimbanques : *monter sur les tréteaux.*

Trets [trɛ] (13530), ch.-l. de c. des Bouches-du-Rhône (arr. d'Aix-en-Provence); 3 256 h. Château du XVe s.

treuil [trœj] n. m. (du gr. *trokhilia*). Cylindre horizontal, mobile autour de son axe, sur lequel s'enroule une corde ou un câble et qui sert à élever des fardeaux.

trêve [trɛv] n. f. (empr. au francique). Cessation temporaire de tout acte d'hostilité. ‖ — *Fig.* Suspension d'attaques quelconques. ‖ Relâche : *son mal ne lui donne point de trêve.* ● *N'avoir ni trêve ni repos,* n'avoir pas un moment de repos. ‖ *Trêve de cérémonies, de plaisanteries* (Fam.), assez de cérémonies, assez de plaisanteries. ‖ *Trêve des confiseurs,* période de calme social et politique correspondant aux fêtes de fin d'année.

Trêve de Dieu, mesures d'interdiction des guerres féodales pendant certains jours de la semaine, prescrites de façon répétée par les conciles aux Xe et XIe s.

Trèves, en allem. **Trier,** v. de l'Allemagne occidentale (Rhénanie-Palatinat), sur la Moselle; 103 400 h. Vins mousseux. Ruines romaines : *porta Nigra* (IVe s.), thermes, amphithéâtres. Cathédrale (IVe-XIIe s.). Eglise Notre-Dame (XIIIe s.). Du XIIIe s. à la Révolution française, Trèves fut le siège de princes électeurs.

Trèves (30750), ch.-l. de c. du Gard (arr. du Vigan); 151 h. (113 aggl.).

Trèves-Cunault (49350 Gennes), comm. de Maine-et-Loire (arr. de Saumur); 416 h. Eglise romane.

Trévières (14710), ch.-l. de c. du Calvados (arr. de Bayeux); 824 h. (601 aggl.).

trévire [trevir] n. f. (préf. *trans* et *virer*). *Mar.* Cordage frappé en double, au sommet d'un plan incliné.

trévirer v. t. Déplacer à l'aide de trévires.

Trévires, peuple gaulois établi dans la vallée inférieure de la Moselle; cap. *Augusta Treverorum* (Trèves).

Trévise, v. d'Italie (Vénétie); 87 000 h. Faïencerie.

Trévise (*duc* DE). V. MORTIER.

Trevithick (Richard), ingénieur britannique, né à Illogan (Cornwall) [1771-1833]. Après avoir fait breveter une locomotive à vapeur à haute pression (1802), il construisit et fit fonctionner en 1803 la première locomotive digne de ce nom, qui fut utilisée au pays de Galles. En 1808, il créa le tirage forcé par échappement de la vapeur dans la cheminée.

Petit Trianon, façade sur la cour

Trèves, la cathédrale, côté ouest

Trévoux (01600), anc. capitale de la principauté de Dombes, ch.-l. de c. de l'Ain (arr. de Bourg-en-Bresse), sur la Saône; 3 866 h. (*Trévoltiens*). Remparts du XIVe s. Constructions mécaniques. La ville fut renommée pour son imprimerie, qui publia à partir de 1701 le *Journal de Trévoux,* créé par les Jésuites pour combattre l'école philosophique, puis le *Dictionnaire de Trévoux.* Trévoux fut le siège d'un parlement de 1696 à 1771.

Trézène, v. de la Grèce ancienne (Argolide).

tri [tri] n. m. (de *trier*). Triage : *le tri des lettres.* ‖ Dans un calculateur électronique, mise en ordre des informations en vue de leur traitement.

triacide [triasid] n. m. Corps chimique qui possède trois fonctions acide.

triade [trijad] n. f. Groupe de trois unités, de trois personnes, etc. ‖ *Littér.* Nom donné dans la poésie chorale grecque à un groupe de trois couplets : la strophe*, l'antistrophe et l'épode, dont le rythme est le même, mais le schéma différent.

triage n. m. Action de trier : *le triage de la houille.* ‖ Choses triées. ● *Gare de triage,* ensemble de voies de garage où s'exécute le tri des wagons de marchandises suivant leur destination.

Trial (Antoine), chanteur français, né à Avignon (1736-1795). Il excella dans l'emploi des ténors comiques.

triangle [trijɑ̃gl] n. m. (lat. *triangulum;* de *tres,* trois, et *angulum,* angle). *Math.* Polygone à trois sommets, donc à trois côtés. (L'aire d'un triangle est égale au demi-produit de la mesure de sa base par la mesure de sa hauteur.) [V. illustr. SURFACES* ET VOLUMES.] ‖ *Mus.* Instrument formé d'une tige d'acier recourbée en triangle. ● *Elément d'un triangle,* toute grandeur élémentairement définissable dans un triangle. (Les trois angles et les trois côtés d'un triangle en sont les six éléments principaux; les trois hauteurs et les trois médianes sont des éléments secondaires.)

triangulaire adj. Qui est en forme de triangle : *lame triangulaire.* ‖ Dont la base est un triangle : *pyramide triangulaire.* ‖ *Fig.* Qui se fait entre trois groupes : *tournoi triangulaire de bridge; élection triangulaire.* ‖ *Anat.* Se dit de divers muscles qui ont la forme d'un triangle.

triangulairement adv. En triangle.

triangulation n. f. *Géod.* Ensemble des opérations géodésiques qui visent à fixer la position très précise d'un certain nombre de points par la détermination des triangles, dont ils sont les sommets, et par transport de coordonnées à partir des angles et des longueurs obtenus après résolution des triangles successifs. (V. *encycl.*) ● *Triangulation aérienne,* méthode qui permet de calculer les coordonnées d'un groupe de points d'où l'on vise de façon simultanée un satellite artificiel. (V. *encycl.*)
— ENCYCL. Inventée par Tycho Brahé à la fin du XVIe s., la *triangulation* repose sur le principe suivant : si, dans un triangle ABC, on connaît le côté AB et les angles A et B, les côtés BC et AC se calculent par la relation des sinus $\frac{BC}{\sin A} = \frac{AC}{\sin B} = \frac{AB}{\sin C}$.

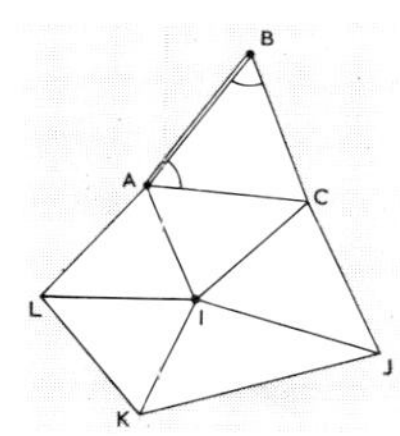

Les côtés BC et AC peuvent alors servir de côtés connus, et ainsi de suite. La position mutuelle des points C, I, J, K, L étant déterminée de proche en proche, ils peuvent servir de canevas d'ensemble. Le côté AB, mesuré directement, s'appelle la *base.* La précision des mesures et des calculs de triangulation est telle que l'on peut garantir une erreur relative de détermination de position d'un point géodésique inférieure à 20 cm.
Dans la *triangulation aérienne,* on utilise un satellite artificiel émettant des éclairs cadencés facilement identifiables. Les observations sont faites par photographies sur fond d'étoiles, qui sont de coordonnées connues. En comparant les coordonnées géodésiques issues de la triangulation et les coordonnées astronomiques correspondantes, on peut déterminer les dimensions de l'ellipsoïde terrestre (grand axe et aplatissement) et les irrégularités du géoïde.

Trianon (le *Grand* et le *Petit*), nom de deux châteaux bâtis dans le parc de Versailles, le premier par Jules Hardouin-Mansart (1687) à la demande de Louis XIV, l'autre (1762) par Jacques-Ange Gabriel pour Louis XV et Mme de Pompadour. Marie-Antoinette a séjourné fréquemment au Petit Trianon. Elle fit dessiner à côté un

Phot. Edit. Tel, Lauros-Giraudon, Arch. Foto Marburg.

jardin anglais où se trouvent le pavillon de Musique, le temple de l'Amour et le Hameau.

trias [trijɑs] n. m. (gr. *trias,* groupe de trois). Première période de l'ère secondaire, d'une durée approximative de 45 millions d'années, marquée en Europe occidentale par trois faciès caractéristiques (grès bigarrés, calcaires coquilliers, marnes irisées), correspondant à trois phases sédimentaires (d'où son nom). [Auj., on inclut parfois dans le trias le rhétien, ancien étage du jurassique inférieur.]

triasique adj. Relatif au trias.

triatomique [triatɔmik] adj. Se dit des corps dont la molécule est formée de trois atomes.

Triaucourt-en-Argonne (55250), ch.-l. de c. de la Meuse (arr. de Bar-le-Duc); 834 h.

tribal [tribal], **e** adj. Relatif à la tribu. ● *Organisation tribale,* qui a pour base la tribu.

tribalisme n. m. Organisation de type tribal.

tribasique [tribɑzik] adj. Se dit d'un corps chimique qui possède trois fonctions basiques.

tribo-électricité n. f. Electricité statique produite par frottement.

triboluminescence n. f. Luminescence provoquée par un choc.

Tribonien (m. v. 545), jurisconsulte et homme d'Etat byzantin, né en Pamphylie. Il présida à la rédaction du *Code Justinien,* du *Digeste* et des *Institutes.*

tribord [tribɔr] n. m. (empr. à l'anc. néerl.). *Mar.* Côté droit d'un navire, quand on regarde vers l'avant : *le feu de tribord est vert.* (Contr. BÂBORD.)

tribordais n. m. Homme de l'équipage faisant partie du quart de tribord.

triboulet [tribulɛ] n. m. Baguette de forme tronconique et calibrée qui sert au bijoutier pour déterminer le diamètre des bagues.

Triboulet (FEVRIAL ou LE FEURIAL, dit), né à Foix-lès-Blois (v. 1498-v. 1536), bouffon de Louis XII et de François Ier.

tribraque [tribrak] n. m. (du gr. *tri,* trois, et *brakhus,* étroit). *Métr. anc.* Pied formé de trois brèves.

tribu [triby] n. f. (lat. *tribus*). Groupement de familles sous l'autorité d'un même chef. || Une des divisions du peuple, chez les Romains : *il y avait à Rome trois tribus primitives.* || Chez les Hébreux, postérité de chacun des douze fils de Jacob. || *Hist. nat.* Subdivision de la famille dans la classification systématique. (Syn. SOUS-FAMILLE.)

tribulation [tribylasjɔ̃] n. f. (du lat. *tribulare,* tourmenter). Affliction, adversité, vive contrariété : *il a passé par de nombreuses tribulations.*

tribun [tribœ̃] n. m. (lat. *tribunus*). *Antiq. rom.* Magistrat chargé de défendre les droits et les intérêts du peuple. (Les tribuns du peuple, d'abord au nombre de deux, furent créés en 493 av. J.-C., à la suite de la retraite de la plèbe sur le mont Sacré.) || En France, membre de l'ancien Tribunat, sous le Consulat et l'Empire. || Orateur populaire. ● *Tribuns militaires,* magistrats romains qui jouirent pendant quelque temps de l'autorité des consuls.

tribunal [tribynal] n. m. (mot lat.). Juridiction d'un ou de plusieurs magistrats qui jugent ensemble : *comparaître devant le tribunal.* (V. *encycl.*) || Les magistrats qui composent le tribunal : *le tribunal se déclare suffisamment éclairé.* || Lieu où ils siègent. || Partie postérieure des basiliques, en forme d'hémicycle. || *Fig.* Ce que l'on considère comme pouvant prendre une décision quelconque : *le tribunal de la conscience.* ● *Le tribunal de la pénitence,* le confessionnal.

— ENCYCL. On distingue : les *tribunaux judiciaires,* chargés de régler les conflits entre les personnes morales ou physiques (tribunaux d'instance et tribunaux de grande instance), ou de réprimer les contraventions, délits et crimes (tribunaux de police, tribunaux correctionnels, cour d'assises), et les *tribunaux administratifs,* chargés de dire le droit dans les litiges lorsque l'Etat ou une collectivité publique est partie. Le *tribunal des conflits* a pour rôle de résoudre les difficultés de compétence qui peuvent surgir de cette dualité. A côté des *tribunaux de droit commun,* il faut signaler qu'existent de nombreux tribunaux à compétence étroite : tribunaux de commerce, conseils de prud'hommes, etc., en matière de droit civil, de droit commercial, de droit du travail ou de législation sociale; tribunaux militaires, en matière répressive; tribunal des pensions, tribunal des dommages de guerre, en matière administrative. Le principe de double juridiction, c'est-à-dire d'appel des décisions du tribunal inférieur devant le tribunal supérieur, est de droit pour les litiges d'une certaine importance. Il y a plusieurs *tribunaux d'instance* et, au moins, un *tribunal de grande instance* et un *tribunal correctionnel* par département. Des tribunaux suprêmes ont également été institués : Cour de cassation en matière civile et criminelle, Conseil d'Etat en matière administrative, Cour supérieure d'arbitrage en matière de conflits collectifs du travail. La Cour des Comptes juge les comptes des comptables publics.

La justice* militaire est rendue, sous le contrôle de la Cour de cassation, par les *tribunaux permanents des forces armées,* installés dès le temps de paix, par les *tribunaux militaires aux armées,* qui fonctionnent soit en temps de guerre, soit dès le temps de paix hors du territoire national et, enfin, par les *tribunaux prévôtaux,* qui ne sont établis que hors du territoire national.

Tribunal révolutionnaire, tribunal criminel d'exception, institué en mars-octobre 1793 pour juger tous les attentats contre la liberté, l'unité de la République, la sûreté intérieure et extérieure de l'Etat. Principal agent de la Terreur à Paris, il fut supprimé le 31 mai 1795.

tribunat [-na] n. m. Charge de tribun du peuple, à Rome. || Exercice de cette charge.

Tribunat, une des assemblées instituées par la Constitution de l'an VIII. Le Tribunat comprenait 100 membres nommés par le Sénat; il discutait les projets de loi contradictoirement avec les orateurs du gouvernement, en présence du Corps législatif. Considéré par Napoléon Ier comme un élément d'opposition, le Tribunat vit sa compétence réduite, avant de disparaître (1807).

tribune [tribyn] n. f. (ital. *tribuna*). Lieu élevé, sorte d'estrade où parlent les orateurs. || Galerie réservée à certaines personnes, dans les églises ou dans les grandes salles d'assemblée. || Espace muni de gradins, d'où l'on regarde une course de chevaux, une manifestation sportive, etc. ● *Eloquence de la tribune,* éloquence propre aux débats politiques. || *Tribune d'orgues,* lieu où est placé le buffet d'orgues, dans une église.

tribut [triby] n. m. (lat. *tributum;* de *tribuere,* attribuer). Ce qu'un Etat paie à un autre en signe de dépendance. || *Fig.* Ce qu'on est obligé d'accorder, de souffrir, de faire : *payer tribut à la tradition.*

tributaire adj. et n. Dépendant de : *être tributaire de l'étranger pour le charbon.* || Qui paie un tribut. || — Adj. et n. Se dit d'un cours d'eau qui se jette dans un autre ou dans la mer.

tribute adj. Chez les Romains, relatif à la tribu : *comices tributes.*

tricalcique adj. Qui renferme trois atomes de calcium : *phosphate tricalcique* $Ca_3(PO_4)_2$.

Tricastin, anc. pays du bas Dauphiné; cap. *Saint-Paul-Trois-Châteaux.*

tricennal [trisenal], **e, aux** [-o] adj. De trente ans.

tricentenaire n. m. Troisième centenaire.

tricéphale [trisefal] adj. (préf. *tri,* et gr. *kephalê,* tête). Qui a trois têtes : *monstre tricéphale.* || *Myth.* Surnom de certaines divinités (Hécate, Hermès, Cerbère).

triceps [trisɛps] n. m. (lat. *triceps,* à trois têtes). Nom des muscles ayant trois faisceaux à une de leurs extrémités.

— ENCYCL. Le *triceps brachial,* extenseur de l'avant-bras sur le bras, occupe la face postérieure du bras; le *triceps sural,* situé à la face postérieure du mollet, est formé par trois muscles (soléaire, jumeaux externe et interne) qui s'unissent en bas en un tendon commun, le tendon d'Achille.

tricératops [triseratɔps] n. m. Reptile fossile du crétacé des Etats-Unis, long de 8 m, dont la tête était pourvue de trois cornes.

triche n. f. *Fam.* Action de tricher : *obtenir quelque chose à la triche.*

tricher [triʃe] v. i. Tromper au jeu. || Tromper d'une manière quelconque. || Dissimuler un défaut de symétrie.

tricherie n. f. Tromperie.

tricheur, euse n. et adj. Personne qui triche.

trichine [triʃin *ou* -kin] n. f. (du gr. *thrix, trikhos,* cheveu). Ver parasite, vivant à l'état adulte dans l'intestin de l'homme et du porc, et à l'état larvaire dans leurs muscles. (Long. de 2 à 4 mm; classe des nématodes.)

Trichinopoly. V. TIRUCHIRAPALLI.

trichinose [trikinoz *ou* -ʃi-] n. f. Maladie grave provoquée par les trichines, et se manifestant par de la diarrhée, des douleurs musculaires et des œdèmes.

trichite [trikit] n. f. Groupe de fins cristaux réunis, ressemblant à des paquets de fils.

trichocéphale [trikɔsefal] n. m. Ver de la classe des nématodes, mesurant de 3 à 5 cm, parasite de l'intestin de l'homme et de quelques mammifères.

tricholome [trikɔlom] n. m. Champignon à lames, qui pousse dans les bois ou les prés. (Le *tricholome de la Saint-Georges* est aussi appelé *mousseron.*) [Famille des agaricacées.]

trichoma [trikɔma] ou **trichome** [-kɔm] n. m. (gr. *trikhôma*). Feutrage des cheveux, produit par l'accumulation de la poussière, de la sueur et des parasites.

trichomonas [trikɔmɔnas] n. m. Protozoaire flagellé, qui vit en parasite dans certaines cavités naturelles, où il peut déterminer une infection (*vaginite à trichomonas,* etc.).

trichophytie [trikɔfiti] n. m. Maladie cutanée causée par le développement d'un trichophyton.

— ENCYCL. La *trichophytie* de la peau glabre est caractérisée par des lésions arrondies, rosées et squameuses. La trichophytie du cuir chevelu (teigne trichophytique), très contagieuse et s'observant jusque vers l'âge de vingt ans, se manifeste par des plaques recouvertes de squames grisâtres et contenant des cheveux cassés s'arrachant facilement.

trichophytique adj. Relatif à la trichophytie.

trichophyton [trikɔfitɔ̃] n. m. Champignon parasite, agent des trichophyties de l'homme et des animaux.

trichrome [trikrom] adj. Se dit d'une image photographique ou photomécanique obtenue par la trichromie.

trichromie n. f. (préf. *tri,* trois, et gr. *khrôma,* couleur). Ensemble des procédés photographiques et photomécaniques en couleurs, dans lesquels toutes les teintes sont obtenues à l'aide des trois couleurs primaires ou des trois couleurs complémentaires.

trick [trik] ou **tri** [tri] n. m. Au bridge, tout pli suivant le sixième pli.

triclinique adj. Se dit des cristaux ne possédant aucun axe de symétrie.

triclinium [triklinjɔm] n. m. (mot lat.; du gr. *treis,* trois, et *klinê,* lit). Salle à manger des Romains, renfermant trois lits disposés autour d'une table.

tricoises [trikwaz] n. f. pl. (altér. de *tenailles turcoises,* tenailles turques). Sorte de tenailles des maréchaux-ferrants.

tricolore [trikɔlɔr] adj. (préf. *tri,* trois, et lat. *color,* couleur). De trois couleurs. ● *Le drapeau tricolore,* le drapeau français (bleu, blanc, rouge). [V. *encycl.*] || — N. *Fam.* Syn. de FRANÇAIS : *les tricolores ont remporté l'épreuve.*

— ENCYCL. L'origine du *drapeau tricolore* remonte à juillet 1789, quand Lafayette, pour symboliser l'union de la royauté et du peuple, proposa de réunir sur la cocarde de la garde nationale de Paris le blanc, couleur nationale, avec le bleu et le rouge, couleurs de Paris. Louis XVI décida ensuite que les tabliers des drapeaux seraient tricolores. L'ordre actuel des couleurs (bleu, blanc, rouge) ne fut définitivement adopté qu'à partir de 1812.

tricorne n. m. (lat. *tricornis,* à trois cornes). Chapeau à bords repliés en trois cornes.

Tricorne (*le*), ballet de L. Massine, musique de M. de Falla, créé en 1919 par les Ballets russes.

tricot [triko] n. m. Tissu à mailles tricotées. || Vêtement fait en tricot.

tricotage n. m. Action de tricoter.

tricoter [trikɔte] v. t. (du bas allem. *stüken,* faire des mouvements). Exécuter un tissu en mailles entrelacées avec des aiguilles spéciales : *tricoter des bas.* || — V. i. *Pop.* Marcher très vite.

tricoteur, euse n. Personne qui tricote.

tricoteuse n. m. Machine à tricoter.

tricoteuses n. f. pl. Nom donné aux femmes du peuple qui, pendant la Révolution, assistaient en tricotant aux séances de la Convention, des assemblées populaires et du Tribunal révolutionnaire.

Tricouni [trikuni] n. m. (marque déposée). Clou dont on se sert pour garnir les souliers des alpinistes.

trictrac [triktrak] n. m. (onomat.). Jeu qui se joue avec des dames et des dés sur un tableau spécial à deux compartiments.

tricuspide [trikyspid] adj. (préf. *tri,* trois, et lat. *cuspis,* pointe). Qui est muni de trois pointes : *valvule tricuspide du cœur.*

tricycle n. m. Petit véhicule très léger, à trois roues.

tridacne [tridakn] n. m. Mollusque bivalve des mers chaudes, appelé aussi *bénitier**.

tridactyle adj. Se dit d'un membre de vertébré terminé par trois doigts.

trident n. m. (lat. *tridens,* à trois dents). Fourche à trois pointes, ou dents. || Sceptre à trois dents, attribut de Neptune.

tridenté, e adj. Qui présente trois dents : *feuille tridentée.*

tridi [tridi] n. m. (préf. *tri,* trois, et lat. *dies,* jour). Troisième jour de la décade, dans le calendrier républicain.

tridimensionnel [tridimɑ̃sjɔnɛl], **elle** adj. Qui comporte trois dimensions.

trièdre [triɛdr] adj. (préf. *tri,* trois, et gr. *edra,* base). *Math.* Qui offre trois faces. || — N. m. Figure géométrique formée par trois demi-droites de même origine SA, SB, SC, mais non situées dans un même plan, et limitée par les trois angles ayant ces demi-droites pour côtés. (S est le *sommet;* SA, SB, SC sont les *arêtes;* les angles BSC, CSA, ASB, les *faces.*)

Triel-sur-Seine (78510), ch.-l. de c. des Yvelines (arr. de Saint-Germain-en-Laye), sur la Seine; 5 653 h. Eglise gothique et Renaissance.

triennal [trienal], **e, aux** [-o] adj. (préf. *tri,* trois, et lat. *annus,* année). Qui dure trois ans : *nos plans d'équipement et de modernisation sont triennaux.* || Qui revient tous les trois ans : *assolement triennal; renouvellement triennal du Sénat.*

trier [trije] v. t. Choisir parmi plusieurs, séparer du reste : *trier des graines.* (Syn. SÉLECTIONNER.)

triérarque n. m. (gr. *triêrês,* trière, et *arkhos,* chef). Commandant d'une trière. || A Athènes, citoyen riche, tenu d'équiper à ses frais une trière.

trière [triɛr] (gr. *triêrês*) ou **trirème** [trirɛm] n. f. *Antiq. gr.* Galère, vaisseau de guerre à trois rangs de rameurs superposés.

Trieste, port d'Italie, en Vénétie Julienne, sur l'Adriatique, dans le golfe du même nom; 280 700 h. Centre commercial actif. Sidérurgie. Raffinerie de pétrole. ● *Histoire.* Proclamée port libre (1719), Trieste devint le principal débouché maritime de l'Autriche. Irrédentiste, la ville fut donnée à l'Italie (1919-1920). Après avoir subi l'occupation allemande (1943), Trieste fut prise par les Yougoslaves de Tito (mai 1945). Le traité de paix avec l'Italie (1947) créa le *Territoire libre de Trieste*, et finalement Trieste revint à l'Italie avec le statut de port libre (5 oct. 1954).

Trie-sur-Baïse (65220), ch.-l. de c. des Hautes-Pyrénées (arr. de Tarbes); 1 175 h.

trieur, euse n. Personne qui opère un triage.

trieuse n. f. Machine de bureau permettant de classer à grande vitesse des cartes perforées. ‖ Instrument propre au nettoyage, à l'épuration de toutes sortes de grains ou de graines. ● *Trieuse-calibreuse*, appareil servant à trier les fruits, les pommes de terre, les œufs selon leur forme ou leur poids.

trifide [trifid] adj. *Hist. nat.* Partagé en trois divisions : *graine trifide*.

trifolié, e adj. A feuilles groupées par trois.

triforium [trifɔrjɔm] n. m. *Archit.* Ajourage de la galerie au-dessus des bas-côtés d'une église médiévale. ‖ La galerie elle-même (qui devient une *tribune* lorsqu'elle occupe toute la largeur des bas-côtés). [Dans le gothique primitif, le triforium est l'étage d'arcatures intermédiaire entre la tribune et les fenêtres hautes.]

trifouiller [trifuje] v. i. *Fam.* Fouiller sans méthode, en bouleversant.

trigémellaire adj. (préf. *tri*, et lat. *gemellus*, jumeau). Se dit d'une grossesse à trois fœtus.

trigéminé, e adj. Au nombre de six, disposés deux à deux.

trigle [trigl] n. m. (gr. *triglê*). Poisson osseux marin, dit aussi *grondin*.

triglyphe [triglif] n. m. (gr. *trigluphos*; de *treis*, trois, et *gluphê*, gravure). *Archit.* Ornement de la frise dorique, à trois rainures verticales (ou plutôt deux rainures et deux demi-rainures d'angle), alternant avec les métopes.

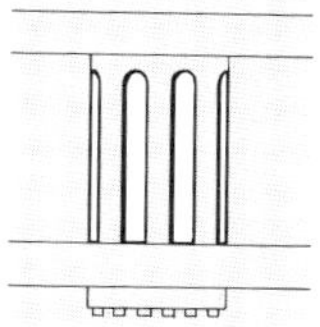
triglyphe

ci-dessous **triforium** de la cathédrale de Reims

Trignac (44570), comm. de la Loire-Atlantique (arr. de Saint-Nazaire); 7 076 h. (3 251 aggl.). Métallurgie.

trigone [trigon] adj. et n. m. Qui présente trois angles : *fontaine trigone*.

trigone [trigon] n. m. *Anat.* Lame de substance blanche placée au-dessous du corps calleux, au-dessus du troisième ventricule, dont elle constitue la voûte.

trigonelle [trigɔnɛl] n. f. Genre de papilionacées, voisin des trèfles et dont l'espèce la plus connue est le *fenugrec*.

trigonocéphale [trigɔnɔsefal] n. m. Serpent voisin du crotale, très venimeux, d'Asie et d'Amérique, appelé aussi *mocassin d'eau*.

trigonométrie [trigɔnɔmetri] n. f. *Math.* Branche des mathématiques qui a pour objet le calcul des éléments d'un triangle défini par des données numériques et l'application de ces fonctions à l'étude des figures géométriques. ● *Trigonométrie sphérique*, étude des relations entre les éléments des triangles sphériques.

trigonométrique adj. (gr. *trigônos*, triangle, et *metron*, mesure). Relatif à la trigonométrie. ● *Rapports trigonométriques*, sinus, cosinus, tangente.

trigonométriquement adv. Suivant les règles de la trigonométrie.

trijumeau adj. et n. m. *Anat.* Se dit du nerf crânien de la cinquième paire, qui, après avoir traversé le ganglion de Gasser, se divise en trois branches, qui sont le nerf ophtalmique et les nerfs maxillaires supérieur et inférieur.

trilatéral, e, aux adj. Qui a trois côtés.

trilingue [trilɛ̃g] adj. (préf. *tri*, trois, et lat. *lingua*, langue). Ecrit en trois langues : *inscription trilingue*. ‖ — Adj. et n. Qui parle trois langues.

TRIGONOMÉTRIE

Si à partir de l'origine A, sur le cercle trigonométrique, on porte l'arc α terminé en M, et que l'on projette M en P sur l'axe x'Ox et en Q sur l'axe y'Oy, les mesures des segments $\overrightarrow{OP}$ et $\overrightarrow{OQ}$ sont appelées respectivement cosinus et sinus de l'angle α : cos $\alpha = \overrightarrow{OP}$; sin $\alpha = \overrightarrow{OQ}$.
Si l'on trace la tangente Ay en A au cercle trigonométrique, parallèle à Oy et orientée dans le même sens, et la tangente Bx en B au même cercle, parallèle à Ox et orientée dans le même sens, la droite OM rencontre l'axe Ay en T et l'axe Bx en S. Les mesures des segments $\overrightarrow{AT}$ et $\overrightarrow{BS}$ sont appelées respectivement *tangente* et *cotangente* de l'angle α : tg $\alpha = \overrightarrow{AT}$; cotg $\alpha = \overrightarrow{BS}$.

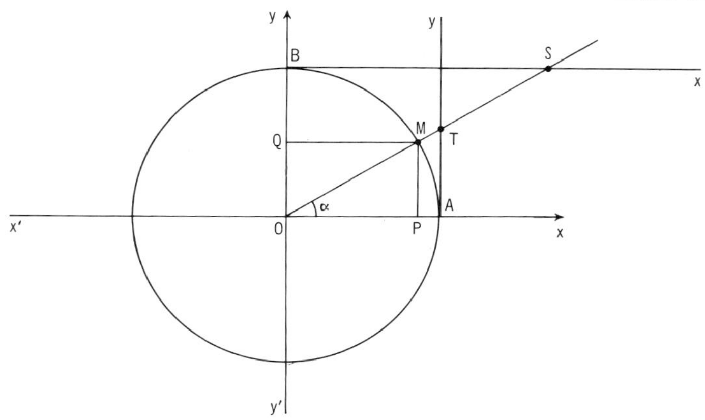

variations de la fonction cosinus

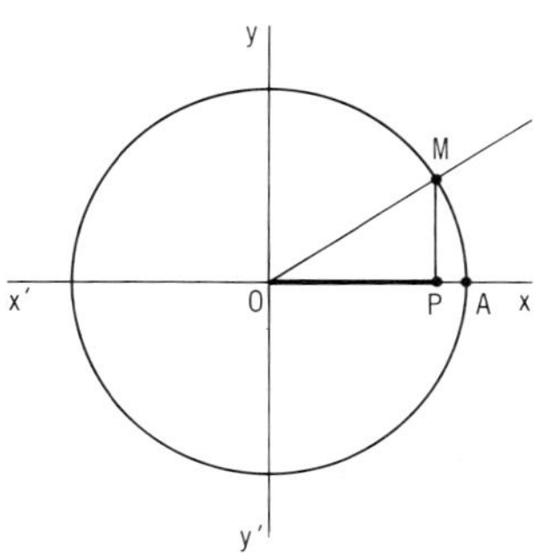

angle	cosinus
0	+1
	décroît
$\frac{\pi}{2}$	0
	décroît
π	−1
	croît
$\frac{3\pi}{2}$	0
	croît
2π	+1

variations de la fonction sinus

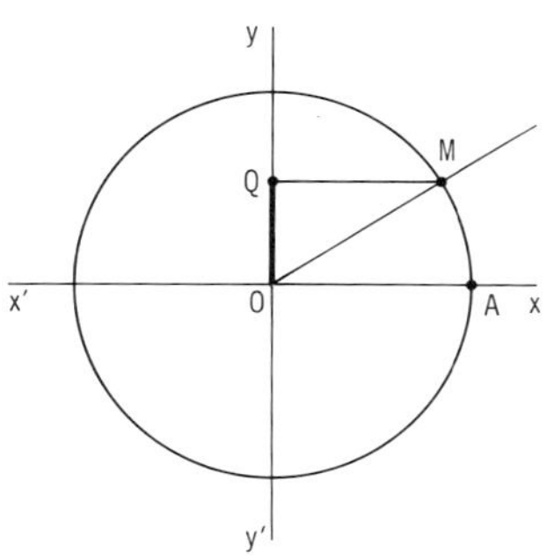

angle	sinus
0	0
	croît
$\frac{\pi}{2}$	+1
	décroît
π	0
	décroît
$\frac{3\pi}{2}$	−1
	croît
2π	0

variations de la fonction tangente

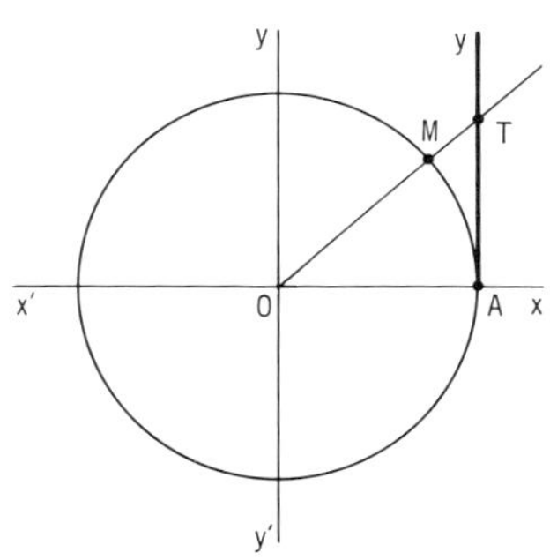

angle	tangente
0	0
	croît
$\frac{\pi}{2}$	$+\infty$ $-\infty$
	croît
π	0
	croît
$\frac{3\pi}{2}$	$+\infty$ $-\infty$
	croît
2π	0

variations de la fonction cotangente

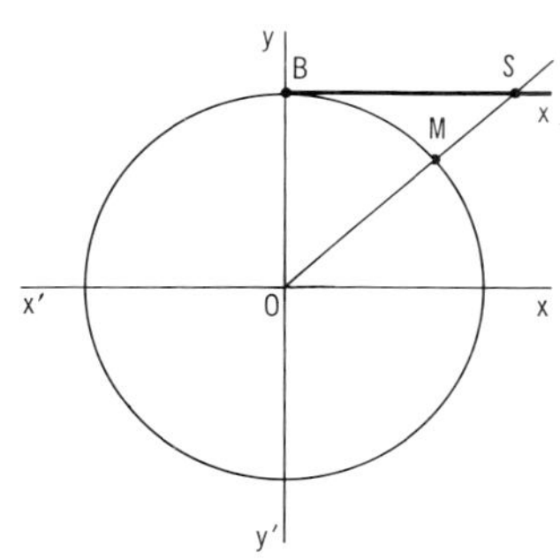

angle	cotangente
0	$+\infty$
	décroît
$\frac{\pi}{2}$	0
	décroît
π	$-\infty$ $+\infty$
	décroît
$\frac{3\pi}{2}$	0
	décroît
2π	$-\infty$

Phot. Giraudon - N. D.

Trinité
maison du XIXe s.

trilitère ou **trilittère** [trilitɛr] adj. (préf. *tri,* et lat. *littera,* lettre). *Gramm.* Composé de trois lettres (consonnes). ● *Langues trilitères,* langues sémitiques.

trille [trij] n. m. (ital. *trillo,* tremblement). *Mus.* Ornement qui consiste dans le battement très rapide et plus ou moins prolongé d'une note avec la note immédiatement supérieure.

triller v. i. Exécuter un trille.

trillion [triljɔ̃] n. m. (fait sur *million,* avec le préf. *tri,* trois). Un million de billions, soit 10^{18}.

trilobé, e adj. *Archit.* Qui a trois lobes.

trilobites [trilɔbit] n. m. pl. Classe d'arthropodes marins disparue, qui a été extrêmement répandue à l'ère primaire et dont les représentants avaient le corps nettement divisé en trois parties, tant d'avant en arrière que de droite à gauche.
— ENCYCL. Les *trilobites* présentaient : une *tête,* munie de gros yeux à facettes et d'une paire d'antennes; un *thorax,* ou corps, formé d'anneaux articulés et susceptible de s'enrouler; enfin un *pygidium,* formé d'anneaux soudés. Chaque anneau portait une paire de pattes bifurquées. Les trilobites, dont on a décrit 1 300 genres, sont connus depuis la base du cambrien jusqu'au milieu du permien. Leur bon état de conservation et leur évolution rapide font d'eux de bons fossiles caractéristiques.

triloculaire adj. Divisé en trois loges : *ovaire triloculaire de l'iris.*

trilogie [trilɔʒi] n. f. (préf. *tri,* et gr. *logos,* discours). Chez les Grecs, ensemble des trois tragédies que devait présenter chacun des concurrents dans les concours dramatiques. ‖ Série de trois œuvres dont les sujets font suite les uns aux autres.

trilogique adj. De la trilogie.

trilon n. m. Gaz de combat s'attaquant plus particulièrement au système nerveux et quelquefois appelé *gaz neurotoxique.*

trimard [trimar] n. m. *Arg.* La grand-route.

trimarder v. i. *Arg.* Vagabonder.

trimardeur n. m. *Arg.* Vagabond.

trimbalage ou **trimbalement** n. m. *Fam.* Action de trimbaler.

trimbaler [trɛ̃bale] v. t. *Fam.* Traîner partout avec soi : *trimbaler ses valises.*

trimer [trime] v. i. (mot d'argot). *Fam.* Travailler d'arrache-pied; se donner beaucoup de peine.

trimère [trimɛr] adj. (du préf. *tri,* trois, et gr. *meros,* partie). *Bot.* Qui est divisé en trois parties disposées en triangle équilatéral.

trimestre [trimɛstr] n. m. (lat. *trimestris,* qui dure trois mois). Espace de trois mois. ‖ Somme payée pour trois mois. ‖ Fonctions qui durent trois mois.

trimestriel, elle adj. Qui comprend trois mois. ‖ Qui revient tous les trois mois : *bulletin trimestriel.*

trimestriellement adv. Tous les trois mois : *revue qui paraît trimestriellement.*

trimètre n. m. et adj. *Métr. anc.* Vers composé de trois mètres. ‖ *Versif. fr.* Vers marqué de trois accents principaux.

trimmer [trimœr *ou* -mɛr] n. m. (mot angl.). Engin de pêche constitué par un gros flotteur plat circulaire, sur la tranche duquel s'enroule la ligne.

trimoteur adj. et n. m. Se dit d'un avion qui possède trois moteurs.

Trimouille (LA) [86290], ch.-l. de c. de la Vienne (arr. de Montmorillon); 1 275 h.

Trimurti, la triade hindoue composée de *Brahmā,* en qualité de dieu créateur, *Vishnu,* de dieu conservateur, *Çiva,* de dieu destructeur, et représentant les trois énergies éternelles de la nature.

Trinacrie, anc. nom de la *Sicile.*

trinervé [trinɛrve], **e** adj. A trois nervures.

tringle [trɛ̃gl] n. f. (néerl. *tingel,* cale). Barre métallique servant à soutenir un rideau, une draperie, etc. ‖ Verge métallique servant d'armature à un pneumatique. ‖ Moulure plate à la partie inférieure du triglyphe dorique.

tringlot [trɛ̃glo] n. m. V. TRAINGLOT.

Trinil, localité de Java, près de laquelle furent exhumés les vestiges du pithécanthrope (1889).

trinitaires n. pl. Membres de l'ordre religieux de la Sainte-Trinité, fondé en 1198 par Jean de Matha et Félix de Valois pour le rachat des captifs chrétiens chez les Barbaresques. (Ils portaient également le nom de MATHURINS, et l'ordre lui-même était appelé souvent ordre de la *Rédemption des captifs.*)

trinité [trinite] n. f. (du lat. *trinus,* répété trois fois). *Relig.* Union de trois personnes distinctes ne formant qu'un seul Dieu : *la Trinité chrétienne.* ‖ *Absol.* (avec une majuscule). La Trinité chrétienne (Père, Fils et Saint-Esprit). ‖ Fête en l'honneur de ce mystère, le dimanche qui suit la Pentecôte.
— ENCYCL. *Théol.* Selon le dogme catholique, il y a trois personnes en Dieu : le Père, le Fils et le Saint-Esprit. Elles sont distinctes, égales et consubstantielles en une seule et indivisible nature. Le Père n'a pas de principe. Le Fils est engendré par le Père de toute éternité; il en est le Verbe. Le Saint-Esprit procède du Père et du Fils; il est l'amour qui unit le Père et le Fils. Les principales hérésies concernant le dogme de la *Trinité* sont l'adoptianisme*, le monarchianisme* et l'arianisme*. La querelle du *filioque* s'y rattache.

Trinité, en angl. et en esp. **Trinidad,** île des Antilles, au nord du delta de l'Orénoque; 4 828 km²; 970 000 h. Cap. *Port of Spain.* La Trinité forme avec l'île voisine, Tobago, un Etat indépendant; 5 128 km²; 1 010 000 h. Cap. *Port of Spain.* Langues : *anglais et espagnol.*

Géographie.

Entre la cordillère des Andes et l'arc des Petites Antilles, la Trinité juxtapose une partie septentrionale montagneuse et une partie centrale et méridionale basse. La Trinité et Tobago ont un climat chaud (les températures se maintiennent constamment au-dessus de 25 °C) et humide (de 1 500 à plus de 2 000 mm). La forêt recouvre près de la moitié du territoire.
L'économie de l'Etat repose essentiellement sur l'extraction du pétrole (10 Mt), partiellement raffiné sur place, bien que certaines cultures (canne à sucre, notamment) tiennent une place notable. Les produits pétroliers représentent les trois quarts des exportations, à peu près égales aux importations. Parmi celles-ci augmente la part des denrées alimentaires, évolution expliquée par la rapide croissance démographique (au moins 3 p. 100 par an), qui pose le problème du surpeuplement. La densité moyenne dépasse 200 h. au kilomètre carré. La population, juxtaposant Noirs, Indiens, Pakistanais et métis, jouit d'un revenu théoriquement assez élevé, puisque la valeur de la production par habitant dépasse largement 700 dollars (chiffre lié au pétrole, dont la production et la commercialisation ne profitent que partiellement à l'Etat).

Histoire.

Découverte par Christophe Colomb en juillet 1498, la Trinité fut disputée par les grandes puissances avant d'être cédée à l'Angleterre à la paix d'Amiens (1802). En 1962, elle constitua avec Tobago un Etat du Commonwealth.

Trinité-Porhoët (LA) [56710], ch.-l. de c. du Morbihan (arr. de Vannes); 1 070 h. (498 aggl.).

Trinité-sur-Mer (LA) [56470], comm. du Morbihan (arr. de Lorient); 1 530 h. Port et station balnéaire.

trinitrotoluène [trinitrɔtɔlyɛn] n. m. Solide cristallisé produit par nitration du toluène, constituant un explosif particulièrement puissant, appelé *tolite.* (Abrév. : T. N. T.)

Trino, v. d'Italie (Piémont); 9 700 h. Centrale nucléaire.

trinôme [trinom] n. m. (préf. *tri,* trois, et gr. *nomos,* division). *Math.* Quantité algébrique composée de trois termes. ‖ — Adj. : *facteurs trinômes.*

trinquart [trɛ̃kar] n. m. Petit bâtiment de formes lourdes, destiné à la pêche du hareng.

trinqueballe [trɛ̃kbal] n. m. V. TRIQUEBALLE.

trinquer [trɛ̃ke] v. i. (de l'allem. *trinken,* boire). Choquer son verre contre celui d'un autre, avant de boire. ‖ *Fam.* Boire. ‖ *Pop.* Subir un dommage, un désagrément.

trinquet [trɛ̃kɛ] n. m. (ital. *trinchetto*). *Mar.* Mât de misaine, incliné un peu sur l'avant des bâtiments gréés en voiles latines. ‖ Salle où l'on joue à la pelote.

trinquette [trɛ̃kɛt] n. f. (ital. *trinchetto*). *Mar.* Foc le plus rapproché du grand mât ou du mât de misaine, avant le petit foc.

trinqueur n. m. Celui qui aime à trinquer, à boire : *un rude trinqueur.*

trio [trijɔ] n. m. (mot ital.). *Mus.* Composition musicale à trois parties. ‖ Ensemble de musiciens qui exécutent cette composition. ‖ En musique instrumentale, partie centrale des menuets ou des scherzos, autref. composée à trois voix, d'où son nom. ‖ Réunion de trois personnes ou de trois choses.

triode [trijɔd] n. f. et adj. *Electr.* Tube électronique à trois électrodes.
— ENCYCL. Inventée en 1906 par Lee de Forest, la *triode* comporte une cathode incandescente, émettrice d'électrons, une grille, qui règle l'intensité du flux électronique, et une anode, qui, portée à un potentiel élevé, attire les électrons émis par la cathode. L'essor de la radio-électricité et celui de l'électronique commença avec l'invention de la triode.

triolet [trijɔlɛ] n. m. Petite pièce de huit vers composée sur deux rimes, et dont trois vers (le premier, le quatrième et le septième) sont identiques. ‖ *Mus.* Groupe de trois notes d'égale valeur surmonté du chiffre 3, à exécuter dans le même temps que deux notes de même figure.

triomphal, e, aux adj. Relatif au triomphe : *char triomphal.* ‖ Qui se fait avec éclat; qui excite l'admiration, l'enthousiasme : *accueil triomphal.*

triomphalement adv. En triomphe : *entrer triomphalement dans une ville.* ‖ *Fam.* Avec pompe.

triomphant, e adj. Qui marque la joie et la fierté : *air triomphant.* ‖ Décisif; qui ne laisse rien à répliquer : *argument triomphant.*

triomphateur, trice adj et n. m. Qui a obtenu les honneurs du triomphe : *général triomphateur.* ‖ — Adj. et n. Qui a remporté la victoire : *nation triomphatrice.*

triomphe [trijɔ̃f] n. m. (lat. *triumphus*). Entrée solennelle d'un général d'armée romain qui avait remporté une grande victoire : *obtenir le triomphe.* ‖ Grand succès militaire; victoire : *les triomphes d'Alexandre.* ‖ Cérémonie de baptême d'une promotion de saint-cyriens. ‖ *Fig.* Succès brillant : *c'est un jour de triomphe pour lui.* ● *En triomphe,* triomphalement; avec de grandes démonstrations de joie. ‖ *Porter quelqu'un en triomphe,* le porter à bras d'homme pour lui faire honneur; et, au *fig.,* faire de lui les plus pompeux éloges.

Triomphe de l'Amour (*le*), ballet de Ch.-L. Beauchamp et L. Pécourt, musique de Lully. Créé en 1681. C'est le premier ballet interprété par des danseuses professionnelles.

Triomphes (*les*), poème de Pétrarque, composé sans doute entre 1356 et 1374, et publié avec le *Canzoniere* en 1470. C'est une œuvre allégorique qui développe en six parties (*l'Amour, la Chasteté, la Mort, la Renommée, le Temps, la Divinité*) un symbolisme d'inspiration chrétienne.

triompher v. i. (lat. *triumphare*). *Antiq.* Recevoir les honneurs du triomphe. ‖ *Fig.* Etre ravi de joie, de fierté : *le jeune vainqueur triomphait.* ‖ — V. t. ind. **[de]**. Remporter un avantage, l'emporter sur : *triompher d'un adversaire.* ‖ *Fig.* Surmonter, maîtriser : *triompher de ses passions.*

trionyx [trijɔniks] n. m. Tortue des cours d'eau des régions chaudes (Gange, Congo, Sénégal, Nil), atteignant 70 cm de long, très féroce.

tripaille [tripaj] n. f. *Chass.* Intestins des animaux. ‖ *Pop.* Amas de tripes, d'intestins.

tripale adj. Qui a trois pales : *hélice tripale.*

tripang [tripɑ̃] ou **trépang** [tre-] n. m. Holothurie comestible d'Extrême-Orient.

triparti [triparti], **e** ou **tripartite** [-tit] (des deux genres) adj. Divisé en trois parties : *feuille tripartite.* ‖ Constitué par l'association de trois partis : *gouvernement tripartite.* ‖ Réalisé entre trois : *accord tripartite.* ● *Commission tripartite,* commission comprenant des représentants de l'Etat, des employeurs et des employés, ou bien des producteurs, des consommateurs et des représentants de l'Etat.

tripartisme n. m. Coalition gouvernementale formée de trois partis politiques.

tripartition n. f. Action de diviser une quantité en trois parties égales.

tripatouillage n. m. *Fam.* Action de tripatouiller.

tripatouiller [tripatuje] v. t. *Fam.* Remanier, sans l'assentiment de l'auteur, une œuvre dramatique ou littéraire. ‖ *Fam.* Manier avec maladresse, avec indiscrétion.

tripe [trip] n. f. (ital. *trippa,* empr. à l'arabe). Boyau d'un animal de boucherie. ‖ *Fam.* Intestins de l'homme. ‖ Partie intérieure d'un cigare. ● *Tripe de velours,* étoffe veloutée, en fil et en laine. ‖ — Pl. Mets constitué par

Phot. Atlas-Photo.

l'estomac des ruminants diversement accommodé : *tripes à la mode de Caen.*

triperie n. f. Lieu où l'on vend des tripes. ‖ Commerce du tripier.

tripette [tripɛt] n. f. *Cela ne vaut pas tripette* (Pop.), cela ne vaut rien.

triphasé [trifɑze], **e** adj. *Electr.* Se dit d'un système de courants alternatifs constitué par trois courants monophasés décalés l'un par rapport à l'autre de 1/3 de période.

triphénylméthane [trifenilmetan] n. m. Composé dérivant du méthane et qui a une grande importance dans la chimie des matières colorantes.

triphtongue [triftɔ̃g] n. f. (préf. *tri*, et gr. *phthongos*, son). Syllabe composée de trois sons, qu'on fait entendre en une seule émission de voix.

tripier [tripje], **ère** [-ɛr] n. Commerçant qui vend des tripes, des abats.

triplace adj. A trois places.

triplan n. m. Avion à trois plans.

triple [tripl] adj. (lat. *triplex*). Qui contient trois fois une chose : *un bâtiment à triple étage.* ‖ Sert à marquer un haut degré : *triple idiot.* ‖ — N. m. Valeur trois fois aussi grande : *neuf est le triple de trois.*

triplement adv. Trois fois autant.

triplement n. m. Action de tripler. ‖ Augmentation jusqu'au triple.

tripler v. t. Multiplier par trois : *tripler un nombre.* ‖ — V. i. Devenir triple.

triplés, ées n. pl. Nom donné à trois enfants nés d'un même accouchement.

triplet [triplɛ] n. m. Objectif photographique composé de trois lentilles corrigées chacune isolément pour l'aberration. ‖ *Math.* Système de trois éléments d'un ensemble pris dans un ordre déterminé.

triplette [triplɛt] n. f. Bicyclette à trois places.

Triplex [triplɛks] (marque déposée). Verre de sécurité constitué par une feuille d'acétate de cellulose placée entre deux lames de verre.

triplicata [triplikata] n. m. inv. (mot lat.). Deuxième copie d'un acte.

Triplice. V. ALLIANCE (*Triple-*).

triplure [triplyr] n. f. Etoffe de coton très apprêtée, utilisée pour donner le maintien à d'autres tissus.

tripode [tripɔd] adj. *Mât tripode* (Mar.), mâture métallique en forme de trépied, de certains bâtiments modernes.

tripoli [tripɔli] n. m. (du nom de *Tripoli* du Liban). Roche siliceuse utilisée pour le polissage et comme absorbant de la nitroglycérine.

Tripoli, cap. de la Libye, sur la Méditerranée; 247 400 h. Centre administratif et commercial. Prise par les Italiens aux Turcs (1911), la ville fut occupée par les Anglais de Montgomery (1943).

Tripoli, port du nord du Liban; 145 000 h. Exportation et raffinage du pétrole.

Tripoli (*comté de*), un des Etats latins du Levant, fondé au début du XIIe s. par Raimond de Saint-Gilles, comte de Toulouse, et qui comprenait, avec la côte, la chaîne libanaise et son débouché dans la vallée du haut Oronte. Les hospitaliers (krak des Chevaliers), puis les templiers (Chastel-Blanc) y reçurent des domaines. En 1187, le comté passa à un cadet de la maison d'Antioche, qui réunit le comté à la principauté (1201), mais, dès 1289, l'ensemble du pays était entre les mains des Turcs. Les templiers gardèrent cependant Tortose jusqu'en 1291.

Tripolis ou **Tripolitsá,** v. de Grèce (Péloponnèse), ch.-l. de l'Arcadie; 18 500 h.

Tripolitaine, anc. province du nord-ouest de la Libye. V. pr. *Tripoli,* sur la Méditerranée. Conquise et mise en valeur par les Carthaginois, la Tripolitaine fut occupée par les Romains (106 av. J.-C.) et incorporée à la province d'Afrique. Christianisée, elle connut une grande prospérité. Dès le Ve s., elle subit l'occupation vandale, puis fut conquise par les Byzantins en 534. Placée sous la domination des Fāṭimides au Xe s., elle acquit son indépendance sous une dynastie berbère (999-1143). Après une courte occupation normande (1146-1158), elle passa sous la souveraineté almohade. Au début du XVIe s., les Espagnols (1510), puis les chevaliers de Malte (1530) occupèrent Tripoli, avant que le pays tombât aux mains des Ottomans. La Tripolitaine constitua alors un foyer actif de piraterie. En 1912, l'Italie, qui avait depuis longtemps des intérêts en Tripolitaine, se fit reconnaître la possession de ce territoire par les Turcs. Les Italiens poussèrent leur occupation vers l'intérieur (Fezzan). Après la Première Guerre mondiale, la Tripolitaine fut intégrée à la Libye (1934) et incorporée à la métropole (1939). Défendu par les troupes germano-italiennes de Rommel pendant la Seconde Guerre mondiale, le pays fut placé sous administration britannique en 1943 et, réuni à la Cyrénaïque, constitua le royaume de Libye*, dont l'indépendance fut proclamée le 24 décembre 1951.

triporteur [tripɔrtœr] n. m. Tricycle muni d'une caisse pour porter des marchandises.

tripot [tripo] n. m. Maison de jeu. ‖ Maison mal fréquentée.

tripotage n. m. *Fam.* Action de manier avec plus ou moins de soin, de propreté. ‖ *Fam.* Opération plus ou moins honnête : *des tripotages de Bourse.*

tripotée [tripɔte] n. f. *Pop.* Volée de coups. ‖ Grande quantité : *une tripotée d'enfants.*

tripoter [tripɔte] v. t. (de *tripot*). *Fam.* Toucher, manipuler avec plus ou moins de soin, de précaution : *tripoter de la viande.* ‖ Manier, toucher avec insistance, sans utilité : *tripoter sa chaîne de montre.* ‖ — V. i. *Fam.* Faire des opérations malhonnêtes.

tripoteur, euse n. et adj. *Fam.* Personne qui fait des tripotages.

Triptolème. *Myth.* Roi d'Eleusis. Il apprit de Déméter l'art de cultiver la terre et enseigna cet art aux habitants de l'Attique.

triptyque [triptik] n. m. (gr. *triptukhos,* plié en trois). Tableau sur trois panneaux, dont les deux extérieurs se replient sur celui du milieu. ‖ Document à trois volets, qui permettait à un automobiliste de franchir une frontière avec sa voiture sans avoir à verser un cautionnement. ‖ *Fig.* Ensemble composé de trois parties, de trois scènes.

Tripura, Etat du nord-est de l'Inde ; 1 339 000 h. Cap. *Agartala.*

trique [trik] n. f. (mot dialect. du Nord, empr. au néerl.). *Fam.* Gros bâton.

triqueballe [trikbal] n. m. Fardier à deux roues pour le transport de fardeaux longs et lourds que l'on suspend au-dessous de l'essieu. (On dit aussi TRINQUEBALLE.)

trique-madame n. f. *Bot.* Nom usuel de l'*orpin blanc.* (On dit parfois TRIPE-MADAME.)

triquer v. t. (néerl. *striker*). Battre à coups de trique : *triquer un âne.*

triquet [trikɛ] n. m. Battoir fort étroit, dont on se sert pour jouer à la paume. ‖ Espèce d'échelle double.

triquètre [trikɛtr] n. f. (gr. *trikhê,* triplement, et *edra,* base). *Numism.* Assemblage de trois jambes repliées en triangle, sur certaines médailles antiques. (Syn. TRISKÈLE.)

trirectangle adj. *Math.* Qui a trois angles droits : *trièdre trirectangle.*

trirème n. f. V. TRIÈRE.

trisaïeul [trizajœl], **e** n. Le père, la mère du bisaïeul et de la bisaïeule. ‖ Pl. des *trisaïeuls,* des *trisaïeules.*

trisannuel [-za-], **elle** adj. Qui a lieu tous les trois ans : *fête trisannuelle.*

trisecteur, trice adj. Qui réalise la trisection.

trisection [-sɛk-] n. f. *Math.* Division en trois parties égales : *la trisection d'un angle est un problème impossible à résoudre par le seul emploi de la règle et du compas.*

trismégiste [trismeʒist] adj. m. (du gr. *tris,* trois fois, et *megistos,* très grand). Trois fois grand. (Surnom que les Grecs donnaient à leur dieu Hermès ou au dieu Thot des Egyptiens.)

trismus [trismys] ou **trisme** [trism] n. m. (gr. *trismos*). Constriction des maxillaires, due à la contracture des muscles masticateurs : *le trismus est un des symptômes caractéristiques du tétanos.*

trisoc n. m. Charrue à trois socs.

trisser [trise] v. t. (fait sur *bisser,* avec préf. *tri,* trois). Faire répéter jusqu'à trois fois de suite. ‖ **— Se trisser** v. pr. *Pop.* S'en aller rapidement.

trisser v. i. Crier, en parlant de l'hirondelle.

Trissino (Gian Giorgio), en franç. **le Trissin,** écrivain italien, né à Vicence (1478-1550). Humaniste, protégé de trois papes (Léon X, Clément VII et Paul III), il exerça une grande influence sur la littérature de son temps par ses travaux linguistiques (*le Châtelain,* 1529) et ses éditions de Dante (*De vulgari eloquentia,* 1529). Il est l'auteur d'une comédie imitée de Plaute, d'une épopée bâtie selon les règles d'Aristote et de la première tragédie régulière (*Sophonisbe,* 1515).

Trissotin, personnage des *Femmes savantes* de Molière, type du bel esprit pédant et prétentieux.

Tristam ou **Tristaõ** (Nuño), navigateur portugais (m. en 1447). Il accomplit trois voyages en Afrique occidentale.

Tristan da Cunha, archipel britannique de l'Atlantique Sud. (L'île principale porte aussi le nom de *Tristan da Cunha.*)

Tristan l'Hermite ou **l'Ermite.** V. L'HERMITE.

Tristan l'Hermite (François, dit), écrivain français, né au château de Soliers (Marche) [v. 1601-1655]. Poète de l'amour et de la nature (*les Amours de Tristan,* 1638), il est l'auteur d'une biographie romanesque (*le Page disgracié,* 1642) et s'imposa au théâtre avec sa comédie *le Parasite* (1654) et ses tragédies (*Marianne,* 1636). [Acad. fr.]

Tristan et Iseut, légende du Moyen Age, représentée par de nombreuses versions françaises et étrangères, en vers ou en prose, aux XIIe et XIIIe s. Tristan de Léonois est élevé par son oncle Marc, roi de Cornouailles, qui l'envoie en Irlande demander pour lui la main d'Iseut la Blonde. Par une erreur fatale, il boit avec elle un philtre magique qui a la propriété d'allumer un amour irrésistible et éternel. Désespérés de tromper le roi Marc, qu'ils vénèrent, Iseut et Tristan se séparent. Tristan

triptyque-reliquaire, orfèvrerie mosane du XIIe s.
Petit Palais, Paris

s'enfuit en Petite Bretagne, où il épouse Iseut aux blanches mains, mais, lorsqu'une grave blessure met ses jours en danger, il envoie son fidèle Kaherdin chercher Iseut la Blonde. Le messager ramène Iseut dans une nef à voile blanche. Mais la femme de Tristan lui annonce que la voile est noire, signal convenu en cas d'échec de la mission. Tristan expire, et Iseut, arrivée trop tard, meurt de douleur aux côtés de son amant. Cette légende, née en pays celtique et développée par les poètes de la fin du XIIe s., Béroul* et Thomas*, inaugura en Europe le thème de la fatalité de la passion.

Tristan et Isolde, drame lyrique de Wagner, en 3 actes (1859). Poème de l'amour, du renoncement, de la souffrance et de la mort, cette partition fait appel à un chromatisme exacerbé et exploite un arioso continu, de caractère passionné.

triste [trist] adj. (lat. *tristis*). **1°** En parlant des personnes, qui est affligé, qui éprouve du chagrin : *il est triste de la mort de son ami.* ‖ Mélancolique : *il est triste de son naturel.* ‖ Méprisable, vil (l'adj. est placé avant le nom) : *c'est un triste personnage.* ‖ **2°** En parlant des choses, qui marque le chagrin : *un air triste.* ‖ Qui afflige, chagrine : *une triste nouvelle.* ‖ Malheureux, déplorable : *mener une triste existence.* ‖ Pénible, affligeant : *il est triste de se voir accuser quand on est innocent.* ‖ Obscur, sombre, sans éclat : *chambre, couleur triste.* ‖ — Syn. : FUNÈBRE, LUGUBRE, MORNE. ● *Avoir triste mine, triste figure,* avoir mauvaise mine. ‖ *Faire triste mine, triste figure,* avoir l'air chagrin, mécontent. ‖ *Faire triste mine à quelqu'un,* lui faire mauvais accueil.

Tristes (*les*), élégies d'Ovide, écrites pendant son exil à Tomes.

tristement adv. De façon triste.

tristesse n. f. Etat naturel ou accidentel de chagrin, de mélancolie : *sombrer dans la tristesse.*

Tristram Shandy (*la Vie et les opinions de*), roman de Sterne (1759-1767). D'une trame très ténue (la personne dont on parle le moins est le héros Tristram), ce livre est surtout pour son auteur l'occasion d'exprimer ses réflexions sur toutes sortes de sujets. Citant Montaigne et Cervantès, imitant Rabelais, parodiant Addison, Sterne passe de l'épisode audacieux à la scène sentimentale, sans jamais se départir de son humour.

trisyllabe adj. et n. m. Qui a trois syllabes.

trisyllabique adj. Qui appartient à un trisyllabe.

Trith-Saint-Léger [tri-] (59125), comm. du Nord (arr. de Valenciennes), sur l'Escaut ; 7 612 h. Sidérurgie.

tritium [tritjɔm] n. m. Isotope radio-actif de l'hydrogène, de nombre de masse 3. (Découvert vers 1937, le tritium se prépare par action des neutrons sur le lithium. Bombardé par des protons d'énergie suffisante, il peut subir une fusion nucléaire.)

triton [tritɔ̃] n. m. (lat. *triton,* empr. au gr.). Divinité marine descendant du dieu Triton. ‖ Vertébré amphibien urodèle des eaux douces, très commun en France et caractérisé par de belles teintes ventrales jaunes ou orangées. (V. *encycl.*) ‖ Mollusque gastropode marin, atteignant 30 cm de long et dont la coquille peut servir de trompe d'appel. (Type de la famille des tritonidés.)
— ENCYCL. Les *tritons* de nos sources et de nos étangs sont des animaux allongés, à quatre pattes égales, à queue natatoire aplatie latéralement et strictement amphibies, en ce sens qu'ils s'éloignent peu de la limite entre l'eau et les parties émergées. Leur larve porte des branchies externes très visibles. Le mâle acquiert des couleurs magnifiques lors de la reproduction. La longueur n'excède pas 10 cm. (Famille des salamandridés.) [V. illustr. AMPHIBIENS.]

triton n. m. (gr. *tritonon*). *Mus.* Intervalle mélodique ou harmonique de trois tons : *l'intervalle « fa » → « si » est un triton.* (Il a été prohibé de toute la musique ancienne sous le nom de *diabolus in musica.*) [Syn. QUARTE AUGMENTÉE.]

Triton. *Myth. gr.* Un des dieux de la Mer, fils de Poséidon et d'Amphitrite.

triturateur n. m. Appareil pour triturer.

trituration n. f. Action de réduire en poudre ou en pâte une substance.

triturer [trityre] v. t. (lat. *triturare*). Broyer, réduire en parties très menues : *les dents triturent les aliments.*

Phot. Lauros-Giraudon.

triumvir [trijɔmvir] n. m. (lat. *tres, trium,* trois, et *vir,* homme). Magistrat de Rome chargé, conjointement avec deux collègues, d'une branche de l'administration.

triumviral, e, aux adj. Qui appartient aux triumvirs.

triumvirat [-ra] n. m. Fonction de triumvir. ‖ Association de trois hommes politiques pour accaparer l'autorité.

trivalent [trivalɑ̃], **e** [-ɑ̃t] adj. *Chim.* Qui possède la valence 3. (V. VALENCE.)

Trivandrum, v. de l'Inde, cap. de l'Etat de Kerala, dans le sud-ouest du Deccan ; 336 800 h. Université. Textiles.

Trivelin, type de la comédie italienne, créé vers le milieu du XVIIe s., valet scélérat et bouffon.

trivial [trivjal], **e, aux** [-o] adj. (lat. *trivialis ;* de *trivium,* carrefour). Bas, grossier : *expression triviale.*

trivialement adv. De façon triviale.

trivialité n. f. Caractère de ce qui est trivial. ‖ — Pl. Pensées ou expressions triviales : *dire des trivialités.*

Trivulce, en ital. **Trivulzio,** nom de plusieurs seigneurs originaires de Milan qui prirent part, dans les rangs français, aux guerres d'Italie. L'un d'eux, GIANGIACOMO, né à Milan (1448-1518), maréchal de France, fut l'un des meilleurs généraux de Charles VII.

Trnka (Jiří), dessinateur et metteur en scène de cinéma tchèque, né à Plzeň (1912-1969). Il est l'auteur de nombreux films d'animation (marionnettes et dessins animés) : *le Rossignol de l'empereur de Chine* (1948), *Prince Bayaya* (1950), *Vieilles Légendes tchèques* (1953), *le Songe d'une nuit d'été* (1959), *la Main* (1965).

Troade, anc. contrée de l'Asie Mineure, arrosée par le Scamandre ; cap. *Troie.*

Troarn (14670), ch.-l. de c. du Calvados (arr. de Caen) ; 975 h. Violents combats en 1944.

troc [trɔk] n. m. (de *troquer*). Echange direct d'un objet contre un autre.

Trocadero, bourg fortifié de la baie de Cadix, pris d'assaut par l'armée française en 1823.

Trocadéro (*palais du*). V. CHAILLOT (*palais de*).

trocart [trɔkar] ou **trois-quarts** [trwakar] n. m. *Chir.* Instrument en forme de poinçon, monté sur un manche et contenu dans une canule propre à faire des ponctions : *ponctionner au trocart.*

trochaïque [trɔkaik] adj. et n. m. Se dit du rythme ou du vers où le pied fondamental est le trochée.

trochanter [trɔkɑ̃tɛr] n. m. (du gr. *trokhos,* rondelle). *Anat.* Nom de deux tubérosités du fémur où s'attachent les muscles qui font tourner la cuisse.

troche [trɔʃ] n. f. Espèce de coquillage en sabot. ‖ — N. f. pl. *Véner.* Excréments à demi formés des cerfs.

trochée [trɔʃe] n. m (gr. *trokhaios*). Pied de vers de la prosodie grecque ou latine, qui se compose d'une longue et d'une brève.

trochée [trɔʃe] n. f. Touffe de rameaux qui s'élève du tronc d'un arbre coupé un peu au-dessus de terre.

trochilidés [-ki] n. m. pl. Famille d'oiseaux comprenant les *oiseaux-mouches,* ou *colibris.*

trochisque [trɔʃisk] n. m. Médicament, etc., façonné en cône, dont on enflamme la pointe pour faire des fumigations (*pastilles du sérail,* etc.).

trochiter [trɔkitɛr] n. m. Grosse tubérosité de l'extrémité supérieure de l'humérus.

trochlée [trɔkle] n. f. (du gr. *trokhlea,* poulie). Jointure auriculaire dans laquelle un os roule sur une poulie que lui présente l'os adjacent.

trochophore [trɔkɔfɔr] ou **trochosphère** [-sfɛr] n. f. Forme larvaire primitive des annélides et des mollusques.

Trochu (Louis), général français, né au Palais (Belle-Ile-en-Mer) [1815-1896]. Gouverneur militaire de Paris (août 1870), il accepta la présidence du gouvernement de la Défense nationale après le 4 septembre. Ses Mémoires furent publiés en 1896.

trochure [trɔʃyr] n. f. Quatrième andouiller du cerf.

troène [trɔɛn] n. m. (francique **trugil*). Arbuste à fleurs blanches, odorantes, souvent cultivé en haies. (Haut. 2 à 3 m ; famille des oléacées.)

troglodyte [trɔglɔdit] n. m. (gr. *trôglodutês ;* de *trôglê,* trou, et *dunein,* pénétrer). Habitant des cavernes. ‖ Oiseau passereau insectivore, nichant dans les trous des murs et des arbres, dans les buissons. (Long. 10 cm.)

troglodytique adj. Relatif aux troglodytes. ● *Habitation troglodytique,* habitation souterraine, surtout fréquente dans les grottes des régions calcaires : *les villages troglodytiques du Cher.*

trogne [trɔɲ] n. f. (empr. au gaul.). *Fam.* Visage révélant l'usage de la bonne chère.

trognon [trɔɲɔ̃] n. m. (de *tronc*). Cœur d'un fruit ou d'un légume, dépouillé de la partie comestible : *un trognon de chou.*

Troie ou **Ilion,** v. de l'Asie Mineure. Selon la légende, elle soutint contre les Achéens un siège de dix ans, immortalisé par *l'Iliade* d'Homère. Sur l'emplacement présumé de Troie, près du village turc d'*Hissarlik* (anc. *Pergame*), les Allemands Schliemann et Dörpfeld ont retrouvé les traces de neuf établissements humains successifs, dont le plus ancien remonte à 3000 av. J.-C. Il semble que la « Troie VII », correspondant à la période 1500-1184 av. J.-C., soit celle qui fut prise par les Achéens.

Trnka
une image de « Prince Bayaya »

Troie (*cheval de*), gigantesque cheval de bois abandonné par les Grecs devant Troie. Les Troyens introduisirent avec lui dans leur ville les guerriers grecs qui s'y tenaient cachés, et qui purent ainsi s'emparer de la cité assiégée.

troïka [trɔika] n. f. En Russie, groupe de trois chevaux attelés de front. ‖ Ensemble des trois chevaux et du véhicule (landau, traîneau, etc.).

trois [trwa] adj. num. (lat. *tres*). Deux plus un : *trois hommes.* ‖ Troisième : *Henri trois.* ‖ — N. m. Nombre qui suit *deux* dans la série naturelle des nombres entiers : *le trois janvier.*

Trois Contes, par G. Flaubert (1877). C'est la dernière œuvre que publia Flaubert, qui la considérait comme un résumé des différents aspects de son art. Elle rassemble *Un cœur simple,* histoire d'une pauvre servante de province, *la Légende de saint Julien l'Hospitalier,* récit fantastique inspiré de la vie légendaire du saint, et *Hérodias,* qui évoque l'atmosphère des débuts du christianisme et la mort de saint Jean-Baptiste.

Trois Mousquetaires (*les*), roman d'A. Dumas père (1844). Les héros en sont Athos, Porthos et Aramis, auxquels se joint d'Artagnan. Ce roman a pour suite *Vingt Ans après,* que continue *le Vicomte de Bragelonne.*

trois-deux n. m. *Mus.* Dénomination d'une mesure à trois temps, peu usitée actuellement, qui a la blanche pour unité de temps.

trois-étoiles n. m. Ensemble de trois astérisques, employé pour désigner une personne qu'on ne veut pas nommer : *Monsieur *** ; Madame trois-étoiles.* ● *Hôtel, restaurant trois-étoiles,* hôtel, restaurant de grande réputation.

Trois-Évêchés (les), gouvernement de l'ancienne France, constitué en territoire lorrain par les trois villes de Verdun, Metz et Toul. Il était indépendant du duc de Lorraine ; il fut conquis sur Charles Quint par Henri II en 1552, mais sa réunion à la France ne fut officiellement entérinée qu'en 1648.

trois-huit n. m. *Mus.* Dénomination d'une mesure à trois temps qui a la croche pour unité de temps. ‖ Morceau dont la musique est à trois-huit.

troisième adj. num. ord. Qui suit le deuxième : *le troisième jour.* ‖ Qui est contenu trois fois dans le tout : *la troisième partie de 21 est 7.* ‖ — N. : *être le, la troisième.* ‖ — N. m. Le troisième étage. ‖ — N. f. Classe d'un lycée, d'un collège, qui termine le premier cycle de l'enseignement secondaire.

troisièmement adv. En troisième lieu, dans une énumération.

trois-mâts n. m. inv. Navire portant trois mâts : *trois-mâts goélette.*

Trois-Moûtiers (LES) [86120], ch.-l. de c. de la Vienne (arr. de Châtellerault) ; 1 005 h. Dolmens.

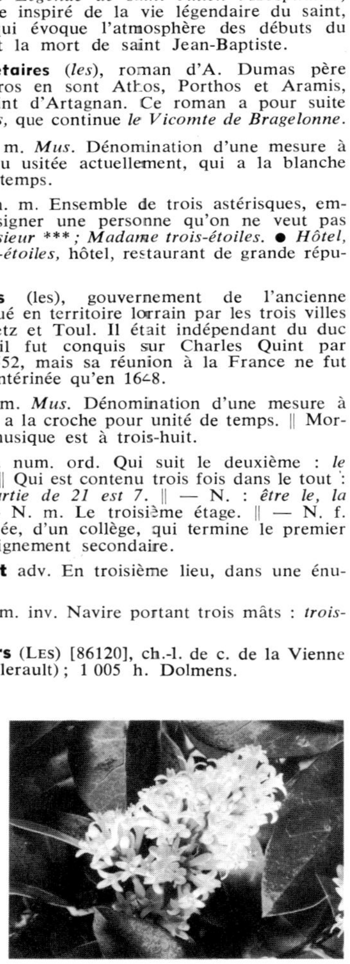

fleurs
de troène

trois-ponts n. m. inv. Navire à trois ponts, dans l'ancienne marine de guerre.

trois-quarts n. m. inv. Petit violon d'enfant. ‖ Manteau court. ‖ Au rugby, joueur de la ligne d'attaque.

trois-quatre n. m. *Mus.* Dénomination d'une mesure à trois temps qui a la noire pour unité de temps. ‖ Morceau dont la mesure est à trois-quatre.

Trois-Rivières, v. du Canada (Québec), au confluent du Saint-Laurent et du Saint-Maurice ; 57 500 h. Papier journal.

trois-six n. m. Autref., alcool de force telle qu'avec trois parties de cet alcool et trois parties d'eau on obtenait six parties d'eau-de-vie ordinaire.

Trois-Vallées, région de la Tarentaise (Savoie), possédant plusieurs stations de sports d'hiver (Courchevel, Méribel-les-Allues, Moriond, Le Praz, Saint-Martin-de-Belleville).

troll [trɔl] n. m. Espèce de gnome ou d'esprit follet, chez les peuples scandinaves.

trolle [trɔl] n. f. Manière de chasser au hasard du lancer, quand on n'a pas détourné le cerf avec le limier.

trolley [trɔlɛ] n. m. (mot angl. ; de *to troll,* rouler). Petit chariot le long d'un câble. ‖ *Electr.* Dispositif qui assure, par un contact roulant ou glissant, la liaison électrique entre un conducteur aérien et un récepteur mobile.

trolleybus [trɔlɛbys] n. m. Véhicule électrique de transport en commun, monté sur pneus, avec prise de courant par trolley et fils aériens.

Trollope (Anthony), écrivain anglais, né à Londres (1815-1882). Il doit sa célébrité à ses romans de « la Série du Barsetshire », qui peignent avec humour une petite ville et le monde ecclésiastique (*les Tours de Barchester,* 1857 ; *la Dernière Chronique de Barset,* 1867).

trombe [trɔ̃b] n. f. (ital. *tromba*). Colonne d'eau ou de vapeur, mue en tourbillon par le vent. ● *Arriver en trombe,* d'une manière rapide et imprévue.

trombidion [trɔ̃bidjɔ̃] n m. Petit animal rouge, dont la larve, appelée *aoûtat,* pique l'homme et les vertébrés à sang chaud. (Long. 1 mm ; ordre des acariens.)

trombidiose n. f. Phénomènes (rougeurs, démangeaisons, etc.) déterminés chez l'homme par le trombidion.

trombine [trɔ̃bin] n. f. *Pop.* Visage.

tromblon [trɔ̃blɔ̃] n. m. Espingole ou fusil court, à canon évasé. ‖ Cylindre creux qui s'adapte au bout du canon d'un fusil et permet le lancement de grenades, de fusées de signalisation, etc.

trombone [trɔ̃bɔn] n. m. (ital. *trombone*). Instrument à vent et à embouchure, de la catégorie des cuivres, dont on obtient les sons en en allongeant le corps grâce à la coulisse. ‖ Musicien qui joue de cet instrument. ‖ Petite agrafe en forme de trombone, servant à réunir des papiers. ● *Trombone à pistons,* trombone dans lequel des pistons remplacent le jeu de la coulisse. (V. illustr. INSTRUMENTS À VENT*.)

tromboniste n. m. Celui qui joue du trombone. (On dit plutôt TROMBONE.)

trommel [trɔmɛl] n. m. Crible cylindrique ou conique, légèrement incliné sur l'horizontale, servant à classer par grosseur des matériaux en morceaux.

Tromp (Maarten), amiral hollandais, né à Brielle (1598-1653). Il gagna en 1639, sur les Espagnols, la bataille des Dunes. — Son fils CORNELIS, né à Rotterdam (1629-1691), battit les Anglais à Dunkerque (1666) et les Danois à l'île d'Öland (1676).

trompe [trɔ̃p] n. f. (empr. au germ.). Sorte de corne ou de cor sans piston dont on se sert à la chasse à courre. ‖ Appareil avertisseur. ‖ Organe impair, allongé et creux, situé à l'avant de la tête chez certains animaux. (V. *encycl.*) ‖ *Anat.* Nom donné à deux conduits plus ou moins courbés et évasés : la *trompe d'Eustache* et la *trompe utérine* ou *de Fallope.* (V. *encycl.*) ‖ *Archit.* Portion de voûte tronquée insérée en porte à faux dans l'angle d'un bâtiment et permettant généralement de passer du plan carré à l'octogone pour construire une coupole. ● *Trompe à eau, à mercure,* appareil servant à faire le vide.
— ENCYCL. *Zool.* Les seuls mammifères ayant une *trompe* importante sont les éléphants, chez qui cet organe, formé par les narines, est souple et préhensile, son extrémité formant une sorte de pince. Les tapirs, les musaraignes, les desmans présentent une trompe beaucoup plus réduite.
Parmi les invertébrés, plusieurs groupes d'insectes ont un appareil buccal conformé en trompe, qu'il s'agisse de la trompe piqueuse et suceuse des punaises et des moustiques, de la trompe dissolvante et suceuse de la mouche domestique ou de la spiritrompe suceuse des papillons, caractérisée par son enroulement spiral au repos. Certains mollusques gastropodes carnivores tels que le buccin ont une trompe perforante ; on trouve aussi une trompe chez certaines annélides (néréides, sangsues marines).
— *Anat.* La *trompe d'Eustache* relie l'oreille moyenne (caisse du tympan contenant les osselets) au pharynx, où elle se termine par un orifice membraneux qui s'ouvre pendant la déglutition, ce qui permet la pénétration de l'air dans l'oreille moyenne et l'équilibration des pressions de chaque côté de la membrane du tympan. La *trompe utérine* ou *de Fallope* conduit l'ovule de l'ovaire à l'utérus ; elle comporte une partie évasée, le pavillon, appliquée sur l'ovaire, qui recueille les ovules

Phot. X, Lauros - Atlas-Photo.

au moment de l'ovulation, puis un canal, d'abord élargi (ampoule), puis rétréci à l'entrée dans l'utérus (isthme). C'est généralement au niveau de l'ampoule que se fait la fécondation, l'ovule continuant ensuite son trajet jusqu'à l'utérus, où il se fixe. Les inflammations des trompes (d'Eustache ou de Fallope) sont des salpingites.

trompe-la-mort n. inv. *Fam.* Personne qui revient d'une maladie désespérée ou qui, malgré sa vieillesse, semble résister à la mort.

trompe-l'œil n. m. inv. Peinture qui donne à distance l'illusion de la réalité. ‖ *Fig.* Apparence trompeuse.

tromper [trɔ̃pe] v. t. Induire en erreur : *marchand qui trompe un client.* (Syn. : ABUSER, BERNER, DÉCEVOIR, DUPER, MYSTIFIER, TRICHER.) ‖ Violer la loi conjugale : *tromper son mari.* ‖ Se soustraire à : *tromper la vigilance de ses gardes.* ‖ Agir contrairement à ce qui était attendu ; ne pas répondre à l'espérance : *on attendait beaucoup de lui, il nous a trompés.* ‖ Détourner, endormir par une diversion : *tromper la faim, l'ennui.* ‖ **— Se tromper** v. pr. Tomber dans l'erreur. ● *Se tromper de,* faire erreur sur : *elle s'est trompée de rue.*

tromperie n. f. Action faite pour tromper ; duperie.

trompeter [trɔ̃pəte] v. i. [conj. **4**]. Sonner de la trompette. ‖ Crier, en parlant de l'aigle. ‖ — V. t. *Fam.* Divulguer à grand bruit : *trompeter une nouvelle.*

trompeteur n. et adj. m. Chacun des muscles des joues, appelés plus souvent *buccinateurs.* ‖ *Fam.* Syn. de TROMPETTISTE.

trompette [trɔ̃pɛt] n. f. Instrument à vent et à embouchure, muni de pistons, de la catégorie des cuivres, comprenant un tube de perce cylindrique, replié sur lui-même et terminé par un pavillon. (On distingue les trompettes simples, sans piston, utilisées jusqu'au XVIIe s., des trompettes chromatiques, avec pistons. Il existe plusieurs tessitures de trompettes : la trompette en *si* bémol, en *la,* en *ut,* en *ré.*) ‖ *Mil.* Instrument de fanfare, sans pistons, employé dans les armes anciennement montées. ‖ *Autom.* Chacune des parties évasées du pont arrière d'un véhicule automobile, situées de part et d'autre du différentiel et renfermant les arbres de roues. ‖ *Zool.* Nom donné à divers animaux à cause de leur forme (trompette de mer ou bécasse, poisson), de leur cri (agami, oiseau échassier), de l'usage que l'on fait de leur coquille comme instrument sonore (triton, mollusque). ● *Nez en trompette,* nez relevé. ‖ *Trompette marine,* long instrument monocorde utilisé du XIIIe au XVIIIe s. ‖ — N. m. Celui qui sonne de la trompette.

trompette-des-morts n. f. Nom usuel de la *craterelle,* champignon comestible noir. ‖ Pl. des *trompettes-des-morts.*

trompettiste n. Personne qui joue de la trompette.

trompeur, euse adj. et n. Qui trompe volontairement : *discours trompeur.*

trompeusement adv. De façon trompeuse : *promettre trompeusement.*

trompillon [trɔ̃pijɔ̃] n. m. *Archit.* Petite trompe. ‖ Voussoir qui occupe l'angle d'une trompe.

Tromsø, port de la Norvège septentrionale ; 36 000 h.

tronc [trɔ̃] n. m. (lat. *truncus*). Partie d'un arbre depuis la naissance des racines jusqu'à celle des branches : *le tronc des sapins est très droit.* ‖ Le corps humain ou animal considéré sans la tête ni les membres. ‖ Fragment du fût d'une colonne. ‖ Boîte fermée servant à recevoir des offrandes et des aumônes. ‖ Souche d'une famille. ● *Tronc cérébral,* partie du cerveau formée par les pédoncules cérébraux, la protubérance annulaire et le bulbe rachidien. (C'est un lieu de passage pour les voies nerveuses sensitives et motrices, et le siège de nombreux centres nerveux vitaux.) ‖ *Tronc de cône,* solide compris entre la base d'un cône et une section plane qui rencontre toutes les génératrices de ce cône. ‖ *Tronc de prisme,* solide limité, dans une surface prismatique, par deux sections planes non parallèles. (Dans un tronc de prisme, les faces latérales sont des trapèzes.) ‖ *Tronc de pyramide,* solide compris entre la base d'une pyramide et une section plane qui rencontre toutes les arêtes latérales de cette pyramide.

Tronçais (*forêt de*), forêt de l'Allier, à l'est de la vallée du Cher ; 10 436 ha.

troncature [trɔ̃katyr] n. f. *Minér.* Remplacement d'une arête ou d'un sommet par une facette, dans un cristal.

tronche [trɔ̃ʃ] ou **tronce** [trɔ̃s] n. f. (de *tronc*). *Sylvic.* Pièce de bois dont les deux sections transversales sont parallèles. (Syn. BILLE.) ‖ *Pop.* Tête.

Tronche (La) [38700], comm. de l'Isère (arr. et faubourg de Grenoble), au nord de l'Isère ; 8 459 h.

tronchet [trɔ̃ʃɛ] n. m. Billot de bois à trois pieds.

Tronchet (François), juriste français, né à Paris (1726-1806), défenseur de Louis XVI devant la Convention. En 1800, il participa à la rédaction du Code civil.

Tronchiennes, en néerl. **Drongen,** comm. de Belgique (Flandre-Orientale) ; 8 500 h.

Tronchin (Jean Robert), homme politique suisse, né à Genève (1710-1793). Jurisconsulte, membre du Grand Conseil de Genève, il rédigea contre J.-J. Rousseau les *Lettres écrites de la campagne* (1764).

tronçon [trɔ̃sɔ̃] n. m. (du lat. *truncus,* tronc). Morceau coupé ou rompu de quelque objet plus long que large : *tronçon d'épée.* ‖ Partie d'un tout : *tronçon de route.*

tronconique [trɔ̃kɔnik] adj. En forme de tronc de cône.

tronçonnage n. m. Action de tronçonner ; son résultat.

tronçonner [trɔ̃sɔne] v. t. Couper par tronçons : *tronçonner une anguille.*

tronçonneuse n. f. Machine-outil servant à tronçonner.

Trondheim, anc. **Nidaros,** port de la Norvège centrale ; 121 000 h. Cathédrale (XIIe s.). Pêche. Métallurgie. Anc. cap. des rois de Norvège. Les Allemands y débarquèrent en avril 1940.

trône [tron] n. m. (lat. *thronus ;* du gr. *thrônos,* siège). Siège de cérémonie des rois, des empereurs, des souverains : *saint Eloi avait, dit-on, fabriqué pour Dagobert un trône d'or massif.* ‖ Siège sur lequel s'assied un évêque, dans les cérémonies religieuses. ‖ *Fig.* Puissance souveraine : *aspirer au trône.* ‖ — Pl. L'un des neuf chœurs des anges.

trôner v. i. Faire l'important dans une réunion, une assemblée : *trôner dans un salon.*

tronqué, e part. et adj. Dont on a retranché quelque partie essentielle : *ouvrage tronqué.* ● *Colonne tronquée,* fût de colonne dont on a retranché la partie supérieure.

tronquer [trɔ̃ke] v. t. (de *tronc*). Retrancher une partie essentielle de : *tronquer une statue, un texte.*

Tronson du Coudray (Guillaume), avocat et homme politique français, né à Reims (1750-1798), défenseur de Marie-Antoinette. Déporté par le Directoire à la Guyane, il y mourut.

Tronville-en-Barrois (55310), comm. de la Meuse (arr. de Bar-le-Duc) ; 2 229 h. Textiles synthétiques.

trop [tro] adv. (orig. germ.). Plus qu'il ne faudrait : *il est trop exigeant.* ‖ Accompagné de la négation, il signifie *guère : cela n'est pas trop sûr.* ● *De trop,* excessif, superflu, importun, déplacé. ‖ *En trop* (Fam.), en excès. ‖ *Par trop* (Fam.), réellement trop. ‖ *Trop peu,* pas assez. ‖ — N. m. L'excès : *en tout, le trop ne vaut rien.*

trope [trɔp] n. m. (gr. *tropos,* tour, manière). *Mus.* Amplification d'un chant liturgique au moyen d'additions ou de substitutions de notes. ‖ *Rhét.* Toute figure dans laquelle on emploie les mots avec un sens différent de leur sens habituel : *la métonymie, la métaphore sont des tropes.*

trophée [trɔfe] n. m. (lat. *trophaeum,* empr. au gr.). Dépouilles d'un ennemi vaincu : *les trophées de la victoire.* ‖ Ornement consistant en un groupe d'armes appendues à une colonne, à une muraille. ‖ Objets divers mis en faisceau : *trophée de drapeaux.* ‖ *Fig.* Marque, souvenir d'un succès, d'une victoire : *s'enorgueillir de ses trophées.*

Trophées (*les*), par J. M. de Heredia (1893). Ce recueil de sonnets, qui respecte scrupuleusement l'esthétique parnassienne par son souci d'exactitude historique et son culte de l'art, se divise en plusieurs groupes : *la Grèce et la Sicile, Rome et les Barbares, Moyen Age et Renaissance, Orient et Tropiques, la Nature et le Rêve.* Avec cette « légende des siècles en miniature », Heredia cherche à transposer les effets des bas-reliefs, de l'émail, des vitraux, de l'orfèvrerie dans le langage poétique.

trophique [trɔfik] adj. (du gr. *trophê,* nourriture). Qui est relatif à la nutrition. ● *Troubles trophiques,* troubles dus à une mauvaise irrigation sanguine ou à des lésions nerveuses, entraînant un apport et une utilisation insuffisants des métabolites.

Trophonios. *Mythol. gr.* Héros qui passait pour avoir un oracle souterrain en Béotie.

tropical, e, aux adj. Relatif aux tropiques : *climat tropical.* ● *Climat tropical,* v. CLIMAT. ‖ *Régions tropicales,* (anc. *régions intertropicales*), régions situées entre les tropiques.

tropicalisation n. f. Etude ou préparation d'un matériau ou d'un matériel pour le rendre pratiquement insensible ou peu sensible à l'action du climat tropical, et, en particulier, des moisissures.

tropicalisé, e adj. Qui a subi la tropicalisation.

tropique [trɔpik] adj. (gr. *tropikos,* qui tourne). Qui se réfère à la position exacte de l'équinoxe, laquelle définit le rythme et, par conséquent, l'instant des solstices où le Soleil, dans son mouvement propre, atteint l'un ou l'autre des tropiques. ● *Année tropique,* v. ANNÉE. ‖ — N. m. Chacun des deux parallèles de la sphère terrestre, de latitude + et — 23° 27′, limitant les régions du globe dans lesquelles le Soleil passe deux fois par an au zénith. (Celui de l'hémisphère Nord est le *tropique du Cancer,* et celui de l'hémisphère Sud, le *tropique du Capricorne.*)

Trotski, au centre
à une réunion plénière de la IIIe Internationale

tropisme [trɔpism] n. m. (du gr. *tropos,* tour). Sensibilité des plantes à certains agents physiques orientés (pesanteur, éclairement), se traduisant par une *courbure de croissance* lorsque l'un de ces agents exerce une action latérale.
— ENCYCL. Une tige en croissance, éclairée d'un seul côté, se tourne vers la lumière (phototropisme positif), tandis qu'une racine fuit la lumière (phototropisme négatif). Une tige que l'on couche expérimentalement se redresse (géotropisme négatif), alors qu'une racine s'enfonce dans le sol (géotropisme positif). Les racines subissent d'autres tropismes qui les orientent vers l'humidité (hygrotropisme), les détournent de certaines substances toxiques (chimiotropisme), etc. On explique ces phénomènes par une répartition inégale de l'hormone de croissance (*auxine*) le long des diverses génératrices des axes végétaux, ce qui détermine une croissance dissymétrique.
C'est à tort que l'on nomme *tropismes* les déplacements orientés des animaux : on doit les appeler des *tactismes.*

tropopause [trɔpopoz] n. f. Surface de séparation de la troposphère et de la stratosphère.

troposphère [trɔpɔsfɛr] n. f. (gr. *tropos,* tour, et *sphaira,* sphère). Couche atmosphérique la plus voisine de la Terre, dont l'épaisseur augmente du pôle (5 km) à l'équateur (18 km).

Troppau, nom allem. d'*Opava,* en Silésie. Le congrès de Troppau (1820), qui réunit les membres de la Sainte-Alliance, s'occupa en particulier du royaume des Deux-Siciles, révolté contre son souverain Ferdinand Ier.

trop-perçu n. m. Somme perçue en trop : *rembourser le trop-perçu.* ‖ Pl. des *trop-perçus.*

trop-plein n. m. Ce qui excède la capacité d'un récipient : *le trop-plein d'un réservoir.* ‖ Système de déversement d'un réservoir pour empêcher le niveau de dépasser une certaine limite. ‖ Pl. des *trop-pleins.*

troque [trɔk] n. f. (gr. *trokhos,* toupie). Mollusque à coquille conique, dont les exemplaires de grande taille de l'océan Indien sont utilisés pour leur nacre. (Classe des gastropodes.)

troquer [trɔke] v. t. (anc. fr. *trocher*). Echanger pour autre chose.

troquet n. m. *Pop.* Abrév. de *mastroquet.*

troqueur, euse n. *Fam.* Personne qui troque ; qui aime à troquer.

trot [tro] n. m. Allure du cheval et de certains quadrupèdes, intermédiaire entre le pas et le galop, et caractérisée par des battues également espacées, exécutées successivement par chaque bipède diagonal : *prendre le trot.* (V. illustr. CHEVAL.) ● *Au trot* (Fam.), vivement.

Trotski (Lev Davidovitch BRONSTEIN, dit), homme politique soviétique, né à Ianovka (Ukraine) [1879-1940]. Rentré à Petrograd après de longues années d'exil, il fut élu au Comité central bolcheviste (juill. 1917) et prit une part prépondérante à la révolution d'Octobre. Commissaire du peuple aux Affaires étrangères dans le premier gouvernement soviétique, il négocia avec l'Allemagne la paix de Brest-Litovsk (3 mars 1918), puis

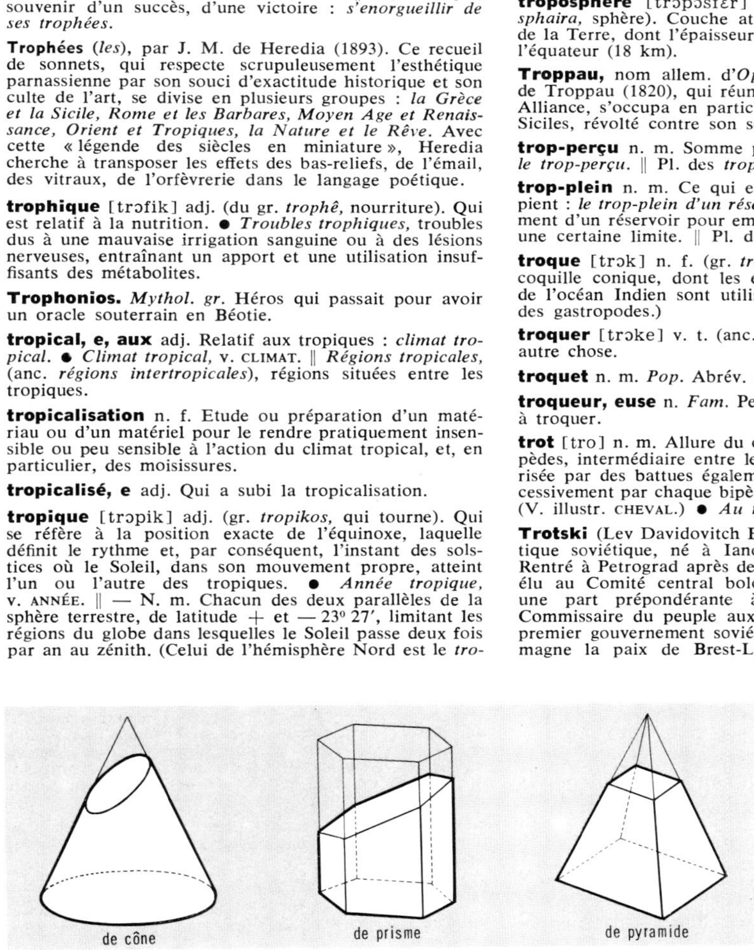

troncs

Phot. Roger-Viollet.

démissionna. Durant la guerre civile (1918-1920), commissaire à la Guerre, il créa l'armée rouge et fut l'artisan de la victoire des Soviets. Dès 1923, il se heurta au sein du Politburo à l'hostilité de la « troïka » Staline-Zinoviev-Kamenev, qui s'opposait à sa politique de dictature économique. Après la mort de Lénine (janv. 1924), il fut relevé de ses fonctions de commissaire du peuple à la Guerre (janv. 1925). S'opposant violemment à Staline, dont l'autoritarisme s'affermissait, il fut exclu du parti communiste (déc. 1927) et expulsé du territoire soviétique (févr. 1929). Il se réfugia successivement à Constantinople, en France (1933-1935), en Norvège, puis à Mexico. Il ne cessa de mener la lutte contre le stalinisme, prônant la nécessité de la « révolution permanente ». En 1938, il fonda la IVe Internationale, qui groupait seulement les trotskistes, ou bolchevistes-léninistes. Il fut mortellement blessé à Mexico par un agent probable de Staline (20 août 1940).

trotskiste [trɔtskist] n. et adj. Partisan des idées de Trotski et de la IVe Internationale.

trotte n. f. *Fam.* Distance à parcourir. ● *Tout d'une trotte,* sans s'arrêter.

trotte-menu adj. inv. Qui trotte à petits pas. ● *La gent trotte-menu,* nom donné par La Fontaine aux souris.

trotter [trɔte] v. i. (orig. germ.). Aller le trot : *cheval qui trotte bien.* ‖ *Fam.* Marcher vite et beaucoup : *trotter toute une journée.* ● *Trotter par* (ou *dans*) *la cervelle, la tête de quelqu'un,* faire chez lui l'objet d'une préoccupation constante. ‖ **— Se trotter** v. pr. *Pop.* Se sauver.

trotteur, euse n. et adj. Cheval dressé à trotter.

trotteuse n. f. Aiguille des secondes dans une montre, dans une pendule.

trottin n. m. *Fam.* Jeune ouvrière qui fait les courses.

trottinement n. m. Action de trottiner.

trottiner [trɔtine] v. i Avoir le trot très court. ‖ Marcher vite et à petits pas.

trottinette [trɔtinɛt] n. f. Jouet d'enfant, consistant en une planchette montée sur deux roues et munie d'une tige de direction articulée. (Syn. PATINETTE.)

trotting [trɔtiŋ] n. m. (mot angl.). Elevage des chevaux trotteurs.

trottoir [trɔtwar] n. m. Espace plus élevé que la chaussée, généralement bitumé ou dallé, et ménagé sur les côtés d'une rue pour la circulation des piétons.

trou [tru] n. m. (empr. au gaul.). Toute ouverture dans un corps. ‖ Cavité, naturelle ou non, dans laquelle se loge un animal : *un trou de souris.* ‖ *— Fam.* Petite localité. ‖ Lacune : *avoir un trou de mémoire.* ● *Boucher un trou,* payer une dette. ‖ *Faire un trou à la lune,* s'enfuir précipitamment sans payer ses dettes. ‖ *Trou d'air* (Aéron.), courant atmosphérique descendant, qui annule en partie la portance d'un avion ou d'un planeur. ‖ *Trou de conjugaison,* espace entre deux vertèbres, par lequel passe un nerf rachidien. ‖ *Trou individuel,* élément de tranchée pour un seul homme.

troubadour [trubadur] n. m. (anc. provenç. *trobador,* trouveur). Poète lyrique des XIIe et XIIIe s., qui composait ses œuvres dans une des langues d'oc. (V. *encycl.*) ‖ — Adj. *Genre troubadour,* mode qui se manifesta en France sous la Restauration dans les lettres et les arts, et caractérisée par le goût du Moyen Age.

— ENCYCL. Les *troubadours,* seigneurs ou roturiers, écrivent dans une langue hermétique (*trobar clus*) ou très recherchée (*trobar ric*) et traitent de l'amour courtois, de la croisade, de la dévotion à la Vierge et aux saints ou composent des chansons satiriques. Le type de composition adopté est en général la monodie soutenue par un instrument. Les formes littéraires et musicales les plus courantes sont la *canso,* le *sirventès,* le *partimen,* la *tenson**, l'*estampida,* le *planh*. Peu nombreuses sont les chansons notées qui ont été conservées dans des manuscrits du XIIIe et du XIVe s. Les *leys d'amors* (arts poétiques) du début du XIVe s. ont transmis quelques règles de construction littéraire de ces différentes formes lyriques et satiriques de la littérature de langue d'oc.

Troubetskoï, nom d'une ancienne famille princière de Russie.

Troubetskoï (Nikolaï Sergheïevitch), linguiste russe, né à Moscou (1890-1938), créateur de la phonologie.

troublant, e adj. Qui cause du trouble : *inquiétude troublante.*

trouble n. m. Agitation tumultueuse : *son arrivée causa quelque trouble dans l'assistance.* ‖ Mésintelligence, désunion : *mettre du trouble dans une famille.* ‖ Inquiétude, agitation produite par une émotion : *rougeur qui trahit le trouble.* ‖ Anomalie de fonctionnement d'un organe, d'un système : *trouble nerveux; trouble trophique, etc.* ‖ — Pl. Ensemble des particules en suspens dans les eaux d'une rivière, d'un torrent. ‖ Soulèvement populaire, émeute : *fomenter des troubles.*

trouble n. f. V. TRUBLE.

trouble adj. (du lat. *turbidus*). Qui n'est pas limpide, pas transparent : *vin trouble.* ‖ — *Fig.* Qui ne s'explique pas nettement : *tout ceci reste trouble.* ‖ Qui n'est pas pur : *joie trouble devant l'échec d'autrui.*

troubleau n. m. Syn. de TRUBLE.

trouble-fête n. inv. Personne importune, indiscrète, qui vient troubler la joie d'une réunion par sa présence : *cette femme est une trouble-fête.*

troubler [truble] v. t. Altérer la limpidité, la transparence de : *troubler de l'eau.* ‖ Altérer la clarté, la finesse de : *troubler la vue.* ‖ — *Fig.* Inquiéter, tourmenter : *cette pensée ne peut que le troubler.* ‖ Causer du désordre, de l'agitation : *troubler la paix publique.* ‖ Faire perdre le jugement : *troubler la raison.* ‖ Interrompre : *troubler un entretien.* ‖ Intimider : *votre présence le trouble.* ‖ — Syn. : BROUILLER, DÉRÉGLER, DÉSORGANISER, DÉTRAQUER, PERTURBER. ‖ **— Se troubler** v. pr. Devenir trouble. ‖ *Fig.* S'embarrasser, perdre son assurance : *l'orateur se troubla.*

trotteur

trouée [true] n. f. Ouverture naturelle ou artificielle dans une haie, dans un bois, etc. ‖ *Fig.* Rupture produite dans un dispositif ennemi par une action de feu (bombardement) ou de choc (blindés). [Syn. PERCÉE.]

trouer [true] v. t. Percer un trou dans.

troufion [trufjɔ̃] n. m. *Pop.* Simple soldat.

trouillard, e adj. et n. *Pop.* Qui a peur, poltron.

trouille [truj] n. f. *Pop.* Peur.

trou-madame n. m. Jeu qui consistait à faire passer de petites boules d'ivoire sous des arcades numérotées. ‖ Pl. des *trous-madame.*

Troumouse (*cirque de*), site des Pyrénées françaises (Hautes-Pyrénées), au pied du *pic de Troumouse* (3 086 m).

troupe [trup] n. f. (empr. au francique). Association d'hommes collaborant ensemble : *troupe de voleurs.* ‖ Groupe d'animaux : *troupe de frelons.* ‖ Société de comédiens. ‖ Groupe de militaires. ‖ Ensemble de tous les militaires qui ne sont ni officiers ni sous-officiers. ‖ Ensemble de plusieurs patrouilles de scouts.

troupeau [trupo] n. m. Réunion d'animaux domestiques de même espèce, qui sont élevés et nourris ensemble : *un troupeau de moutons.* ‖ — *Fig.* Multitude de personnes : *un misérable troupeau fuyant devant nous.* ‖ Réunion de personnes placées sous la direction d'un pasteur spirituel.

troupiale [trupjal] n. m. Oiseau passereau d'Amérique, bon chanteur, vivant en bandes dans les forêts.

troupier [trupje] n. m. *Fam.* Militaire.

troussage n. m. Action de trousser une volaille. ‖ *Technol.* Exécution des moules ou des pièces de révolution en fonderie.

trousse [trus] n. f. (de *trousser*). Sorte de portefeuille à compartiments, dans lequel on réunit les instruments ou les outils dont on se sert fréquemment : *trousse de chirurgien; trousse de toilette.* ‖ — Pl. Chausses bouffantes des pages. ● *Aux trousses de,* à la poursuite de : *avoir les gendarmes à ses trousses.*

troussé, e adj. *Fam.* Fait, exécuté : *compliment bien troussé.*

trousseau [truso] n. m. Linge, vêtements donnés à une jeune fille qui se marie ou se fait religieuse, à un enfant entrant en pension. ● *Trousseau de clefs,* série de clefs attachées ensemble.

Trousseau (Armand), médecin français, né à Tours (1801-1867). Considéré comme l'un des plus grands cliniciens de son époque, il a publié un *Traité de thérapeutique,* qu'il écrivit avec Pidoux, et trois volumes des *Cliniques médicales de l'Hôtel-Dieu.*

trousse-pied n. m. inv. Lanière qui tient plié le pied d'un animal domestique.

trousse-queue n. m. inv. Morceau de cuir rond qui, dans le harnachement du cheval, passe sous le tronçon de la queue de l'animal.

troussequin [truskɛ̃] n. m. Partie postérieure d'une selle. ‖ *Technol.* V. TRUSQUIN.

trousser [truse] v. t. Replier, relever pour empêcher de traîner : *trousser sa jupe.* ● *Trousser une affaire* (Fam.), l'expédier rapidement. ‖ *Trousser une femme,* relever ses vêtements. ‖ *Trousser une volaille,* la préparer pour la mettre à la broche. ‖ **— Se trousser** v. pr. Relever ses vêtements.

trou-trou [trutru] n. m. Ornement de lingerie composé d'une série de petits jours où l'on passe un ruban. ‖ — Pl. des *trou-trous.*

trouvable adj. Qu'on peut trouver.

trouvaille n. f. Découverte heureuse : *faire une bonne trouvaille.* ‖ Objet heureusement découvert : *une riche trouvaille.*

trouvé, e adj. *Enfant trouvé,* enfant abandonné dans un lieu public et recueilli par charité. ‖ *Tout trouvé,* qui se présente de soi-même.

trouver [truve] v. t. (lat. pop. *tropare;* de *tropus,* figure de rhétorique). Découvrir après recherche : *trouver un appartement.* ‖ Rencontrer par hasard : *trouver quelqu'un sur son passage; trouver un portefeuille.* ‖ Surprendre : *trouver en faute.* ‖ — *Fig.* Découvrir, inventer : *trouver un procédé.* ‖ Eprouver, sentir : *trouver du plaisir.* ‖ Remarquer, constater chez quelqu'un telle ou telle manière d'être : *je vous trouve bonne mine.* ‖ Estimer, juger : *trouver un ouvrage bien fait.* ● *Aller trouver quelqu'un,* se rendre auprès de lui. ‖ *La trouver mauvaise* (Fam.), juger mauvais un procédé. ‖ *Trouver bon, mauvais,* approuver, désapprouver. ‖ *Trouver à dire, à redire,* trouver des raisons de blâmer. ‖ *Trouver la mort,* être tué. ‖ *Trouver le temps long,* s'ennuyer, s'impatienter, s'inquiéter. ‖ **— Se trouver** v. pr. Se rencontrer. ‖ Etre, se rendre dans un lieu : *trouvez-vous ici demain.* ‖ Etre dans une certaine situation : *se trouver fort embarrassé.* ‖ Se sentir : *je me trouve mieux.* ● *Se trouver mal,* avoir une syncope, éprouver une faiblesse. ‖ — V. impers. *Il se trouve que,* il arrive que.

trouvère [truvɛr] n. m. (de **tropare,* composer des mélodies, d'où *inventer*). Poète lyrique des XIIe et XIIIe s., qui composait ses œuvres dans la langue du Nord de la France, dite « langue d'oïl ».

— ENCYCL. D'abord simples jongleurs*, les *trouvères* joignirent bientôt à l'art de réciter des vers celui de composer. Si certains continuèrent à mener une vie errante (Colin Muset), d'autres devinrent des ménestrels*, attachés à la personne d'un grand seigneur. Ils cultivaient une poésie raffinée et un art musical savant (chanson à refrain, ballade, rondeau, virelai, jeu parti, pastourelle, etc.). Les seigneurs eux-mêmes ne dédaignaient pas la gloire poétique : ainsi Conon de Béthune et Thibaud de Champagne. A l'inverse des chansons des troubadours, la majeure partie des chansons des trouvères (on en dénombre plus de deux mille) sont attribuées et notées.

Trouvère (*le*), opéra de Verdi (1853).

trouveur, euse n. Personne qui trouve, qui invente : *un heureux trouveur.*

Trouville-sur-Mer (14360), ch.-l. de c. du Calvados (arr. de Lisieux); 6 577 h. (*Trouvillais*). Station balnéaire.

Troy, v. des Etats-Unis (New York), sur l'Hudson; 67 500 h.

Troy (DE). V. DE TROY.

Troyat (Lev TARASSOV, dit **Henri**), écrivain français, né à Moscou en 1911. Prix Goncourt 1938 pour *l'Araigne,* il évoque l'histoire de la Russie contemporaine à travers de nombreux cycles romanesques (*les Semailles et les moissons,* 1953-1958; *les Eygletière,* 1965-1967; *les Héritiers de l'avenir,* depuis 1968). [Acad. fr., 1959.]

troyen [trwajɛ̃], **enne** [-ɛn] adj. et n. De Troie (Troade) ou de Troyes (Champagne).

Troyens (*les*), opéra en 5 actes d'Hector Berlioz, inspiré de *l'Enéide* de Virgile. Il comporte deux parties : *la Prise de Troie* et *les Troyens à Carthage* (1863).

Troyes (10000), ch.-l. du dép. de l'Aube, sur la Seine, à 158 km au sud-est de Paris; 77 009 h. (*Troyens*). Evêché. Ancienne ville de foire, Troyes est devenue au XIXe s. le premier centre français de bonneterie, place qu'elle occupe toujours (bas, sous-vêtements, maillots de bain). Les constructions mécaniques et le travail du caoutchouc s'y sont plus récemment implantés. La ville est le centre d'une agglomération de plus de 110 000 h. — L'arr. a 16 cant., 253 comm., 188 821 h.

● *Beaux-arts.* La ville possède de nombreux monuments du Moyen Age et de la Renaissance : cathédrale Saint-Pierre-et-Saint-Paul (v. 1208 - fin du XIVe s.; façade du XVIe s.); collégiale Saint-Urbain (XIIIe s., importants vitraux); églises Sainte-Madeleine (XIIe-XVIe s.), Saint-Jean-au-Marché (fin du XIVe s.), Saint-Nizier, Saint-Pantaléon, Saint-Nicolas (ces trois dernières de la Renaissance); hôtels des XVIe et XVIIe s.; maisons du XIIIe au XVIIe s. Musées.

Troyes (*traité de*), traité conclu entre le roi de France Charles VI et le roi d'Angleterre Henri V (21 mai 1420), et qui reconnaissait Henri V régent de France et successeur de Charles VI.

Troyon (Constant), peintre français, né à Sèvres (1810-1865). Paysagiste et animalier, il fut l'ami des peintres de Barbizon.

truand [tryɑ̃], **e** [-ɑ̃d] n. (empr. au gaul.). Au Moyen Age, vagabond, mendiant de profession. ‖ Auj., voyou.

truander v. t. *Pop.* Voler.

truanderie n. f. Métier de truand. ‖ Ensemble de truands.

truble [trybl] ou **trouble** [tru-] n. f. (du lat. *tribula,* herse). Poche de filet attachée à un cerceau auquel est ajusté un manche, et qui sert à prendre les poissons dans les viviers et en rivière. (On dit aussi TROUBLEAU.)

trublion [tryblijɔ̃] n. m. Individu qui sème le trouble.

truc [tryk] n. m. (mot provenç.). *Fam.* Savoir-faire, adresse, tour de main : *les trucs d'un métier.* ‖ Mot qui sert à désigner un objet et même une personne dont on n'arrive pas à se rappeler le nom. ‖ Objet, outil, etc., sans nom précis : *un truc pour ouvrir les boîtes.*

truc ou **truck** [truk] n. m. (mot angl.). Wagon en plate-forme pour le transport des objets encombrants et pesants. ‖ Sorte de petit chariot roulant sur rails et établi sur les cintres d'un grand pont en construction.

Phot. Bertrand.

trucage n. m. Ensemble des procédés à l'aide desquels on donne à des objets, à des marchandises l'apparence des qualités recherchées. ‖ Artifice cinématographique. ‖ Emploi de moyens adroits pour tromper.

truchement [tryʃmɑ̃] n. m. (de l'arabe *tourdjoumân*). Intermédiaire : *agir par le truchement de quelqu'un.*

Truchtersheim (67370), ch.-l. de c. du Bas-Rhin (arr. de Strasbourg-Campagne) ; 745 h.

Trucial States, anc. **Côte des Pirates,** fédération qui regroupait sept principautés de la côte du golfe Persique liées par traité à la Grande-Bretagne. En 1971 et 1972, elles ont constitué la fédération des Emirats arabes unis.

trucider [tryside] v. t. *Fam.* Massacrer, tuer (employé par plaisanterie).

truculence n. f. Caractère de ce qui est truculent.

truculent [trykylɑ̃], **e** [-ɑ̃t] adj. (lat. *truculentus*). Haut en couleur : *visage truculent.* ‖ Qui recherche les mots réalistes : *langage truculent.*

Trudaine (Daniel Charles), administrateur français, né à Paris (1703-1769). Appelé à la direction des Ponts et Chaussées (1743), il en créa l'Ecole (1747) et le corps d'ingénieurs (1750). On lui doit la création de nombreuses routes et de plusieurs ponts (Joigny, Saumur, Montereau, etc.).

Trudeau (Pierre Elliott), homme politique canadien, né à Montréal en 1921. Député libéral en 1965, ministre de la Justice et procureur général du Canada en 1967, président du parti libéral en 1968, il est devenu Premier ministre du Canada la même année.

trudgeon [trœdʒœn *ou* trydʒɔ̃] n. m. Nage caractérisée par un mouvement de traction alternatif des bras et par un coup de ciseau des jambes, le corps glissant toujours sur le même côté.

truelle [tryɛl] n. f. (lat. *trulla ;* de *trua,* cuiller à pot). Outil de maçon pour étendre le mortier sur les joints ou pour faire les enduits de plâtre. ‖ Spatule de métal pour servir le poisson.

truellée n. f. Quantité de mortier qui peut tenir sur une truelle.

Truffaut (François), metteur en scène de cinéma français, né à Paris en 1932. Il est l'auteur de : *les Quatre Cents Coups* (1959), *Jules et Jim* (1961), *la Peau douce* (1963), *Fahrenheit 451* (1966), *La mariée était en noir* (1967), *Baisers volés* (1968), *l'Enfant sauvage* (1969), *Deux Anglaises et le Continent* (1971), *la Nuit américaine* (1973).

truffe [tryf] n. f. (de l'anc. provenç. *trufa*). Champignon ascomycète noir, entièrement souterrain, excellent comestible, vivant en symbiose avec les racines des chênes dits *truffiers,* et dont les fructifications sont découvertes à la base des chênes à l'aide de porcs ou de chiens. (Les truffes du Périgord et celles de Provence se vendent assez cher pour justifier la culture du chêne truffier.) [V. illustr. CHAMPIGNONS.] ‖ Nez d'un chien. ● *Truffe en chocolat,* friandise à base de beurre et de chocolat.

truffer v. t. Garnir de truffes : *truffer une volaille.* ‖ *Fig.* Remplir, bourrer : *truffer un discours de citations.*

truffier, ère adj. Qui appartient, qui a rapport aux truffes. ‖ Où il y a des truffes : *région truffière.* ‖ Dressé à la recherche des truffes : *chien truffier.* ● *Chêne truffier,* variété de chêne blanc au pied duquel on trouve la truffe.

truffière n. f. Terrain dans lequel on trouve des truffes.

truie [trɥi] n. f. (lat. *porcus troianus,* porc farci). Femelle du porc.

truisme [tryism] n. m. (angl. *truism ;* de *true,* vrai). Vérité banale, toute simple, sans portée.

truite [trɥit] n. f. (bas lat. *tructa*). Poisson voisin du saumon, carnivore, à chair fine et estimée. (La truite de rivière préfère les eaux vives et aérées et atteint 50 cm de long ; la truite des lacs est un peu plus grande ; la truite arc-en-ciel, plus résistante, vient d'Amérique.) [V. illustr. POISSONS.]

truité, e adj. Marqueté, tacheté : *chien truité.* ‖ Se dit des poteries dont la glaçure se trouve, par suite d'un accident de fabrication, couverte de fentes disposées en réseaux.

Trujillo, v. du Pérou ; 99 800 h. Commerce du sucre.

Trujillo y Molina (Rafael), homme d'Etat dominicain, né à San Cristóbal (1891-1961). Elu président en 1930, il établit une dictature implacable. Il fut assassiné.

trullo [trullo] n. m. (mot ital.). Construction ronde et conique des Pouilles, servant de remise et, parfois, d'habitation. ‖ Pl. des *trulli.*

Truman (Harry S.), homme d'Etat américain, né à Lamar (Missouri) [1884-1972]. Vice-président démocrate de F. Roosevelt, il lui succéda à sa mort (avr. 1945) et fut réélu en 1948. En prenant la responsabilité de l'utilisation de la bombe atomique contre le Japon, il hâta la fin de la Seconde Guerre mondiale. Son action internationale a été marquée par une aide à l'Europe occidentale (plan Marshall) et par une politique de raidissement à l'égard de l'U. R. S. S. et de la Chine communiste. Il soutint la dure guerre de Corée (1950-1953), qui se termina par un compromis. En 1949, il jeta les bases de l'O. T. A. N.

trumeau [trymo] n. m. (empr. au francique). *Constr.* Partie d'un mur entre deux fenêtres ou deux baies. ‖ Panneau de glace occupant le dessus d'une cheminée ou l'espace entre deux fenêtres ; *par extens.,* peinture surmontant cette glace. ‖ Au Moyen Age, pilier central supportant le linteau d'un portail. ‖ Jarret de bœuf.

Trun (61160), ch.-l. de c. de l'Orne (arr. d'Argentan) ; 1 393 h.

truquage n. m. V. TRUCAGE.

truquer [tryke] v. t. Falsifier, modifier par fraude : *truquer un dossier.*

truqueur, euse n. Personne qui emploie des trucs, qui dénature des objets.

Truro, v. du Canada (Nouvelle-Ecosse) ; 13 000 h.

trusquin [tryskɛ̃] ou **troussequin** [truskɛ̃] n. m. (du wallon *cruskin*). Instrument servant, en mécanique et en menuiserie, à tracer des lignes parallèles à une surface dressée.

trusquiner v. t. Tracer au trusquin des lignes parallèles.

trust [trœst] n. m. (mot angl. ; de *to trust,* avoir confiance). Combinaison économique ou financière qui réunit sous un même contrôle un ensemble d'entreprises. ‖ Toute grande entreprise concentrée. ‖ En U. R. S. S., ensemble industriel placé sous direction unique.

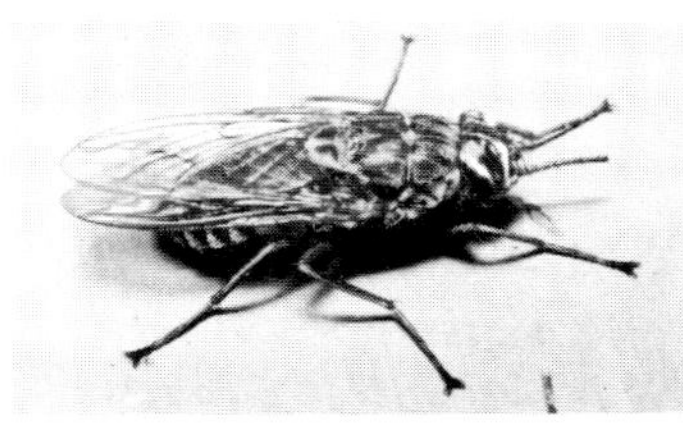

tsé-tsé

truste [tryst] ou **trustis** [trystis] n. f. Compagnonnage guerrier d'hommes libres, chez les Francs. (Ils constituaient, sous le nom d'*antrustions,* une garde d'honneur des chefs.)

truster v. t. Grouper en trust. ‖ Accaparer, monopoliser.

trusteur n. m. Personne qui organise un trust.

trutticulture n. f. Elevage des truites.

Truyère [tryjɛr] (la), riv. du Massif central, affl. du Lot (r. dr.) ; 160 km. Usines hydro-électriques.

trypanosome [tripanozom] n. m. Protozoaire flagellé, dont certaines espèces sont responsables d'affections parasitaires.
— ENCYCL. Les *trypanosomes* ont une forme allongée ; ils possèdent un noyau et un organite arrondi, le blépharoplaste, d'où part le flagelle. Celui-ci est le plus souvent relié sur presque toute sa longueur au corps par une membrane ondulante. Les trypanosomes sont responsables de la maladie du sommeil (*T. gambiense*), de la maladie de Chagas (*T. cruzi*).

trypanosomiase n. f. Maladie provoquée par un trypanosome.

trypsine [tripsin] n. f. Diastase du suc pancréatique, qui transforme les protides en acides aminés.

tryptophane [triptɔfan] n. m. Acide aminé indispensable à l'organisme.

Tsana (*lac*). V. TANA.

Ts'ao P'ei (IIIe s. apr. J.-C.), fils de Ts'ao Ts'ao et frère de Ts'ao Tche. Déposant le dernier Han (220), il devint l'empereur Wen de Wei (220-227). Il fut un mécène et un poète de talent.

Ts'ao Tche, poète chinois (192-232), frère cadet de Ts'ao P'ei. En butte à la jalousie de son frère, il écrivit des poèmes dans lesquels il exprime sa mélancolie.

Ts'ao Ts'ao, homme de guerre et poète chinois (155-220). Seigneur de la guerre, il occupa le nord de la Chine, mais ne put franchir le Yang-tseu-kiang (208). Il ouvrit la voie de l'inspiration personnelle à la poésie chinoise.

tsar [tsar] n. m. (mot russe ; du lat. *caesar*). Titre porté par les souverains de Russie et de Bulgarie.

tsarévitch [tsarevitʃ] n. m. Fils du tsar.

tsarine n. f. Femme du tsar.

tsarisme n. m. Régime politique de la Russie au temps des tsars.

tsariste adj. et n. Partisan du tsarisme.

Tsarskoïe Selo, auj. **Pouchkine** (de 1920 à 1937, **Detskoïe Selo**), v. de l'U. R. S. S. (R. S. F. S. de Russie), près de Leningrad ; 50 000 h. Anc. résidence d'été des tsars. Palais de style baroque.

Tschombé ou **Tshombé** (Moïse), homme politique congolais, né à Musumba (1919-1969). Il proclama l'indépendance du Katanga en 1960, s'opposa violemment à Lumumba, qui fut exécuté, et rompit avec l'O. N. U. en 1961 ; en 1963, il dut renoncer à la sécession du Katanga. En 1964, il forma un gouvernement central à Léopoldville et, aidé par des « mercenaires » blancs, entreprit de lutter contre les insurgés du Congo oriental. Mais en octobre 1965, il dut démissionner. A la suite du détournement de son avion, il est emprisonné en Algérie en 1967, où il mourra.

Tselinograd, anc. **Akmolinsk,** v. de l'U. R. S. S. (Kazakhstan) ; 180 000 h.

tsé-tsé [tsetse] n. f. Nom usuel d'une mouche africaine, du genre *glossine,* dont certaines espèces propagent la maladie du sommeil.

Ts'eu-hi (1834-1908), impératrice de Chine (1881-1908). Concubine de l'empereur Hien-fong (1851), elle fit proclamer son fils héritier du trône sous le nom de T'ong-tche. A son avènement, elle évinça les régents et s'assura le pouvoir de fait, en attendant d'être régente en droit (1881) sous le règne d'un de ses neveux, Kouang-siu. Elle pratiqua une politique de réformes prudentes et favorisa les sociétés secrètes (Boxers) et la xénophobie. Après la victoire des Européens et le traité de Pékin (1901), elle entreprit des réformes plus sérieuses.

Tseu-kong, v. de Chine (Sseu-tch'ouan) ; 291 300 h. Pétrole et gaz naturel.

Tseu-po, v. de Chine (Chan-tong) ; 184 200 h. Houille.

T. S. F., abrév. de *télégraphie* ou *téléphonie sans fil.*

Tshikapa, v. du Zaïre, sur le Kasaï. Grand centre mondial de production de diamants.

tsigane n. V. TZIGANE.

Tsi-nan, v. de Chine, cap. du Chan-tong ; 862 000 h. Industries textiles.

Ts'ing, dynastie mandchoue qui régna sur la Chine de 1644 à 1912.

Ts'ing-hai, prov. de la Chine occidentale, au nord-est du Tibet ; 2 050 000 h. Cap. *Si-ning.* Plus vaste que la France, la province est peu peuplée. Elle le doit à son relief (l'altitude dépasse fréquemment 4 000 m, surtout dans le Sud, occupé par les Kouen-louen) et à son climat aride, aux amplitudes thermiques marquées. Elle est parcourue par des Tibétains et des Mongols nomades ; sa mise en valeur par des Chinois proprement dits ne progresse que lentement.

Ts'ing-hai, autre nom du KOUKOU-NOR*.

Ts'ing-kiang, v. de Chine (Kiang-sou) ; 100 000 h.

Troyes

Phot. Alain Perceval, Ross.

Tsiolkovski

tubéreuse

Ts'ing-tao, port de Chine (Chan-tong), cap. de l'anc. territoire allemand de Kiao-tcheou ; 1 144 000 h. Centre industriel.

Ts'in-houang-tao, port de Chine (Ho-pei) ; 186 800 h.

Ts'in-ling (*monts*), massif de la Chine, entre les bassins du Houang-ho et du Yang-tseu-kiang ; 4 107 m.

Tsiolkovski (Konstantine Edouardovitch), ingénieur russe, né à Ijevskoe (gouvern. de Riazan') [1857-1935]. Auteur de très importants travaux sur la conception des dirigeables et sur l'aérodynamique de l'avion, il est surtout connu par ses recherches sur la propulsion par réaction, sur la construction des fusées et sur la possibilité d'appliquer celles-ci à l'exploration spatiale.

Tsiranana (Philibert), homme d'Etat malgache, né à Anahidrano en 1910, président de la république de Madagascar de 1959 à 1972.

Tsitsihar, v. de la Chine du Nord-Est (Hei-long-kiang) ; 700 000 h.

Ts'iuan-tcheou, port de Chine (Fou-kien) ; 107 700 h.

Tsu, v. du Japon (Honshū) ; 123 000 h.

Tsubouchi (Shōyō), écrivain japonais (1859-1935). Il exerça une grande influence sur les jeunes auteurs de la seconde partie de l'époque de Meiji en réclamant le respect des lois psychologiques et la constitution d'une littérature réaliste (*Shōsetsu Shinzui* [*l'Essence du roman*]). Traducteur et adaptateur de Shakespeare et d'Ibsen, il fit connaître au Japon le théâtre étranger, tout en réhabilitant le kabuki*. De son roman *Kirihito-ha* (*Une feuille de paulownia*), il tira une pièce en 1894.

tsuga n. m. Conifère américain et asiatique.

Tsugaru (*détroit de*), détroit séparant les îles japonaises d'Honshū et d'Hokkaidō.

tsunami [tsynami] n. m. (mot japon.). Raz de marée dans le Pacifique occidental, provoqué par un tremblement de terre ou une explosion volcanique.

Tsushima, archipel japonais, entre la Corée et le Japon, au nord-ouest du *détroit de Tsushima ;* 57 000 h. La flotte russe de Rojdestvenski y fut détruite en mai 1905 par la flotte japonaise de l'amiral Tōgō.

tu [ty], **toi** [twa], **te** [tə] (lat. *tu, te*). Pron. pers. sing. de la 2ᵉ pers. ● *Etre à tu et à toi avec quelqu'un* (Fam.), être avec lui en intime familiarité.

tuable adj. Qui peut être tué ; bon à tuer.

Tuamotu ou **Touamotou,** archipel de la Polynésie française, à l'est de Tahiti ; 880 km²; 7 100 h. (*Pomotus*). Découvert en 1606 par les Espagnols, l'archipel fut placé sous protectorat français en 1842, puis annexé en 1880.

tuant, e adj. *Fam.* Pénible, fatigant.

tub [tœb] n. m. (mot angl.). Large cuvette de métal, de caoutchouc ou de matière plastique, où se font des ablutions à grande eau. ‖ Bain qu'on y prend.

tuba [tyba] n. m. Instrument de musique en cuivre, de la famille des *saxhorns*. (V. illustr. INSTRUMENTS À VENT*.)

tubage n. m. Introduction d'un tube dans le larynx pour empêcher l'asphyxie, dans des cas de *croup*, ou par l'œsophage dans l'estomac, pour des analyses biologiques et bactériologiques. ‖ *Trav. publ.* Dans les sondages, action d'enfoncer des tubes de retenue pour prévenir l'éboulement de la terre.

tubaire [tybɛr] adj. Relatif à la trompe d'Eustache ou à la trompe de Fallope : *catarrhe tubaire.*

Tubalcaïn, personnage biblique, descendant de Caïn et ancêtre mythique des forgerons.

tube [tyb] n. m. (lat. *tubus*). Tuyau cylindrique : *tube de plomb.* (V. *encycl.*) ‖ Canal ou conduit naturel : *le tube digestif.* ‖ *Bot.* Partie inférieure et tubuleuse des calices ou des corolles gamopétales. ‖ *Pop.* Chapeau haut de forme. ● *Tube d'un canon,* la bouche à feu proprement dite. ‖ *Tube cathodique,* tube à vide dans lequel l'impact d'un faisceau d'électrons sur un écran fluorescent permet de visualiser la forme des tensions électriques. (V. *encycl.*) ‖ *Tube criblé,* vaisseau où circule la sève élaborée. ‖ *Tube de Crookes, de Coolidge,* appareils producteurs de rayons X. ‖ *Tube digestif,* partie de l'appareil digestif* comportant l'œsophage, l'estomac et l'intestin. ‖ *Tube lance-torpilles,* tube métallique servant à lancer une torpille dans la direction choisie. ‖ *Tubes de Malpighi,* principaux organes d'excrétion chez les insectes. ‖ *Tube de Pitot* ou *de Darcy,* instrument imaginé par Pitot, perfectionné par Darcy, et qui sert à mesurer le débit des cours d'eau. ‖ *Tube à vide électronique,* ou, par abrév., *tube,* syn. de LAMPE, lorsqu'il s'agit de tubes amplificateurs, détecteurs, redresseurs, oscillateurs et modulateurs, à plusieurs électrodes, utilisés en radio-électricité.
— ENCYCL. *Technol.* La fabrication des *tubes* fait appel à divers procédés suivant le type de produit recherché. Les *tubes à bords rapprochés* sont obtenus en courbant progressivement une tôle de grande longueur suivant son travers jusqu'à ce que les deux bords soient rapprochés. Les *tubes à bords soudés* sont réalisés par soudage des bords des tubes précédents. Les *tubes sans soudure* sont fabriqués en calibrant à une cote finale par étirage sur un mandrin une ébauche obtenue soit par électrolyse sur un mandrin formant cathode, soit par coulée verticale du métal liquide dans un moule approprié, ou par coulée centrifuge du métal liquide dans un moule cylindrique tournant horizontalement, ou encore par filage à la presse en utilisant une filière de sortie possédant un mandrin, ou enfin par laminage spécial à chaud d'une barre.
— *Electron.* Un *tube cathodique* est formé par une enceinte à vide composée d'un « col » cylindrique prolongé par une partie conique dont la base, intérieurement revêtue d'une couche fluorescente, constitue l'écran. En portant à l'incandescence une cathode ponctuelle placée dans le col, on crée un faisceau d'électrons qui, après avoir passé par un diaphragme jouant le rôle de grille d'une triode, est concentré et focalisé sous l'action des champs électriques créés par des anodes portées à des potentiels positifs élevés. Ce faisceau peut alors être dévié de sa trajectoire soit par des champs électriques, soit par des champs magnétiques. Généralement, les tubes cathodiques utilisés dans les oscilloscopes ou en télévision comportent à la fois des systèmes de déviation horizontale et de déviation verticale. Rendant lumineux son point d'impact sur l'écran, le faisceau peut ainsi décrire des tracés divers.

tube [tyb] n. m. Chanson à succès.

tuber [tybe] v. t. *Trav. publ.* Revêtir, garnir de tubes : *tuber un puits.*

tuber [tœbe] v. t. Laver dans un tub : *tuber un enfant.*

tubercule [tybɛrkyl] n. m. (lat. *tuberculum,* petite bosse). Toute excroissance d'une partie quelconque d'une plante, mais principalement d'une tige souterraine, comme la pomme de terre, l'igname, la patate, etc. ‖ *Anat.* Surface arrondie des molaires broyeuses. ‖ *Pathol.* Petite tumeur arrondie de l'intérieur des tissus, et qui est caractéristique de la tuberculose. ● *Tubercules bijumeaux, quadrijumeaux,* saillies de la face dorsale du mésencéphale.

tuberculeux, euse adj. Qui est de la nature du tubercule : *racine tuberculeuse.* ‖ *Pathol.* Qui concerne la tuberculose. ‖ — Adj. et n. Atteint de la tuberculose : *envoyer un tuberculeux dans un sanatorium.*

tuberculination ou **tuberculinisation** n. f. Action d'injecter de la tuberculine diluée aux animaux que l'on veut éprouver pour le diagnostic de la tuberculose.

tuberculine [tybɛrkylin] n. f. Liquide tiré d'une culture de bacilles de Koch, et renfermant leur toxine. (On l'emploie dans la cuti-réaction et la tuberculination.)

tuberculiner ou **tuberculiniser** v. t. Pratiquer la tuberculination sur : *tuberculiner une génisse.*

tuberculisation n. f. Formation du tubercule.

tuberculiser v. t. Produire des tubercules.

tuberculose [tybɛrkyloz] n. f. (de *tubercule*). Maladie infectieuse commune à l'homme et aux animaux, et due au bacille de Koch.
— ENCYCL. La *tuberculose* a été isolée des autres affections pulmonaires par Laennec dès 1819, grâce aux caractéristiques particulières de sa lésion élémentaire, le tubercule. Celui-ci se présente comme un noyau du volume d'un grain de mil (tuberculose miliaire) à celui d'un œuf de pigeon (tuberculose nodulaire), d'abord dur, puis se ramollissant en son centre, qui se transforme en caséum, matière blanchâtre visqueuse. Cette matière visqueuse se vide à l'extérieur ou dans les canaux de l'organe en cause lorsque le ramollissement atteint la surface. Une cavité, ou « caverne », est alors constituée. Des tubercules se forment successivement, aboutissant à des nodules multiples et à des cavernes de tailles diverses (tuberculose ulcéro-nodulaire). Si la réaction fibreuse de l'organisme est importante, les lésions ulcérées peuvent être évitées grâce à la limitation du processus infectieux (tuberculoses fibreuses).
Cliniquement, la tuberculose commence environ de 45 à 60 jours après la pénétration du bacille de Koch dans l'organisme par une lésion locale dite « de primo-infection ». Une phase de dispersion des bacilles par voie sanguine, dite « période secondaire », lui fait suite, provoquant de la fièvre, des réactions inflammatoires des séreuses ; puis le bacille de Koch se fixe dans un ou plusieurs organes, y déterminant les lésions caractéristiques. Les organes les plus touchés sont les poumons, les reins, les organes génitaux, les os et articulations, et les méninges. La tuberculose pulmonaire, forme majeure de dissémination de la maladie en raison de la présence des bacilles de Koch dans les crachats, a été un fléau social jusqu'à l'apparition de médicaments antituberculeux efficaces après la Seconde Guerre mondiale. Elle reste, ainsi que les atteintes des autres organes, une maladie grave. Le traitement, très efficace dans la presque totalité des cas, comporte l'emploi d'antibiotiques fongiques (streptomycine) et chimiques (isoniazide, P. A. S., etc.). La chirurgie d'exérèse est parfois nécessaire pour enlever des organes ou parties d'organes profondément atteints. Les cures climatiques (sanatoriums) conservent un rôle thérapeutique appréciable.

tubéreuse [tyberøz] n. f. Plante originaire du Mexique, cultivée pour ses belles grappes de fleurs blanches à odeur suave et pénétrante. (Famille des amaryllidacées.)

tubéreux, euse adj. (lat. *tuberosus,* plein de protubérances). Qui forme une masse charnue : *racine tubéreuse.*

tubériforme adj. Se dit d'une production animale ou végétale en forme de truffe : *racine tubériforme.*

tubérisation n. f. (du lat. *tuber, -eris,* tubercule). Accumulation de réserves alimentaires dans divers organes végétaux, généralement souterrains, donnant à ces organes une forme épaisse et courte.
— ENCYCL. La *tubérisation* peut affecter des organes très variés : rameaux souterrains de la pomme de terre, racine pivotante de la carotte, tige réduite et base des feuilles de l'oignon, rhizome de l'iris, voire tige aérienne du cactus. Dans tous les cas, elle permet à la plante de passer une mauvaise saison (hiver froid ou été sec) et de reprendre rapidement son développement dès le retour des conditions favorables. Souvent, la tubérisation est rendue possible par une élévation de pression osmotique des cellules, elle-même due à l'action d'un champignon symbiotique, par exemple.

tubérisé, e adj. Qui forme un tubercule : *racine tubérisée.*

tubérosité [tyberozite] n. f. (de *tubéreux*). Protubérance d'un os donnant attache à des muscles ou à des ligaments. ‖ Chacune des portions renflées des deux extrémités de l'estomac.

Tübingen, v. d'Allemagne occidentale (Bade-Wurtemberg), sur le Neckar ; 53 000 h. Université.

tubipore [tybipɔr] n. m. Genre de polypiers des mers chaudes, usuellement appelés *orgues de mer.*

tubiste [tybist] n. m. et adj. Ouvrier travaillant dans un caisson à air comprimé.

Tubize, comm. de Belgique (Brabant) ; 10 400 h.

Tubman (William), homme d'Etat libérien, né à Harper (1895-1971), président de la République de 1943 à sa mort.

Tubuaï, une des îles Australes (Polynésie française), qui donne parfois son nom à l'archipel ; 124 km² ; 1 000 h.

tubulaire [tybylɛr] adj. Qui a la forme d'un tube. ‖ Se dit d'une chaudière ou d'un échangeur de chaleur dans lesquels la circulation du fluide chaud ou de l'eau s'effectue dans des tubes qui offrent une grande surface aux échanges de chaleur. ● *Pont tubulaire,* pont formé d'une série de tubes métalliques ajoutés bout à bout et supportés par des piles en maçonnerie.

tubulé, e adj. Muni d'une ou de plusieurs tubulures : *cornue tubulée.*

tubuleux, euse adj. En forme de tube : *corolle tubuleuse.*

tubuliflore [tybyliflɔr] adj. A fleurs tubuleuses.

tubulure [tybylyr] n. f. (lat. *tubulus,* petit tube). Ouverture aménagée pour recevoir un tube. ‖ Ensemble des tubes d'une installation. ‖ Conduit naturel. ‖ Petit conduit, dans certaines productions naturelles.

Tuchan (11350), ch.-l. de c. de l'Aude (arr. de Narbonne) ; 862 h.

Tucquegnieux (54640), comm. de Meurthe-et-Moselle (arr. de Briey) ; 4 842 h. Mines de fer.

Tucson, v. des Etats-Unis (Arizona) ; 258 300 h. Electronique.

Tucumán, v. du nord-ouest de l'Argentine ; 287 000 h. Archevêché. Université.

tudesque [tydɛsk] adj. Se dit des Germains. ‖ *Fig.* Rude, grossier : *manières tudesques.*

Phot. A. P. N., Chiris.

tudieu! interj. (de *tue* et *Dieu*). Juron de l'ancienne comédie.

Tudor, famille anglaise, originaire, avec Owen Tudor, du pays de Galles, et qui, de 1485 à 1603, donna cinq souverains à l'Angleterre : Henri VII, Henri VIII, Edouard VI, Marie et Elisabeth Ire.

Tudor (Antony), danseur et chorégraphe anglais, né à Londres en 1909. Créateur très actif, il a d'abord travaillé à Londres (Ballet Club) avant de fonder, avec Agnes De Mille, sa propre compagnie, le London Ballet. Auteur de *Jardin aux lilas* (1936), *Dark Elegies* (1937), *Gala Performance* (1938), il collabore au Ballet Theatre, où il donne son œuvre maîtresse, *Pillar of Fire* (1942). Depuis 1959, il est directeur de l'école de ballet du Metropolitan Opera de New York. Il a encore composé *l'Echo des trompettes* (1964), *Concerning Oracles* (1966), *Shadowplay* (en collab. avec A. Dowell, 1967).

Tu Duc (Hoang Nham) [1830-1883], empereur d'Annam (1848-1883). Ses persécutions contre les missionnaires amenèrent l'intervention de la France en Cochinchine, puis l'expédition du Tonkin.

Tudy (*île*) [29157], île et comm. du Finistère (Sud) [arr. de Quimper], dans l'anse de Bénodet ; 701 h.

tue-chien n. m. inv. Nom usuel du *colchique d'automne* et de la *morelle noire*.

tue-diable n. m. inv. Leurre pour poissons carnassiers de rivière.

tue-mouches adj. inv. *Amanite tue-mouches,* autre nom de la *fausse oronge**. ‖ *Papier tue-mouches,* papier imprégné d'une substance vénéneuse et de colle, dont on se sert pour tuer les mouches.

tuer [tɥe] v. t. (bas lat. *tutare,* protéger, et, *par ext.,* étouffer). Oter la vie d'une manière violente. (Syn. : ABATTRE, ASSASSINER, ASSOMMER, DÉCIMER, EXTERMINER, MASSACRER, OCCIRE, SUPPRIMER.) ‖ Détruire : *la gelée tue les plantes.* ‖ — *Fig.* Altérer la santé : *ses excès le tuent.* ‖ Importuner extrêmement : *il me tue avec ses compliments.* ‖ *Absol.* Egorger les animaux de boucherie : *boucher qui tue deux fois par semaine.* ● *Tuer le temps,* s'amuser à des riens. ‖ — **Se tuer** v. pr. Se donner la mort. ‖ Altérer sa santé : *se tuer au travail.*

tuerie [tyri] n. f. Carnage, massacre.

tue-tête (à) loc. adv. *Crier à tue-tête,* de toute la force de sa voix.

tueur, euse n. Personne qui tue. ‖ — N. m. Celui qui tue les animaux dans les abattoirs.

tuf [tyf] n. m. (ital. *tufo*). Roche poreuse légère, formée de cendres volcaniques cimentées (cinérite) ou de concrétions calcaires déposées dans les sources ou dans les lacs.

Tuffé (72160 Connerré), ch.-l. de c. de la Sarthe (arr. de Mamers); 1 461 h. (835 aggl.).

tuffeau ou **tufeau** [tyfo] n. m. Craie micacée ou sableuse à constituants assez grossiers : *le tuffeau de Touraine est employé en construction.*

tufier, ère adj. De la nature du tuf.

Tugendbund (« *ligue de la Vertu* »), association patriotique que formèrent, en 1808, les étudiants de l'Allemagne pour l'expulsion des Français, et dont le rôle fut capital dans la préparation de l'insurrection de 1813.

tuile [tɥil] n. f. (lat. *tegula;* de *tegere,* couvrir). Carreau en terre cuite, de forme variable, pour couvrir les toits : *maison couverte en tuile.* ‖ *Fig.* et *fam.* Evénement imprévu et fâcheux.

tuilé, e adj. Qui est recouvert de tuiles. ‖ Se dit d'un vin dont la couleur orangée est due au vieillissement et à l'oxydation.

tuileau n. m. Fragment de tuile cassée.

tuilerie n. f. Industrie de la fabrication des tuiles. ‖ Etablissement industriel où se fait cette fabrication.

Tuileries (*palais des*), anc. résidence royale, à Paris. Commencé en 1564 par Philibert Delorme, pour Catherine de Médicis, le palais fut successivement continué, modifié et agrandi par Jean Bullant, Androuet Du Cerceau, Louis Le Vau et Fontaine. Abandonnées par Louis XIV, qui leur préférait Versailles, les Tuileries furent, pendant la Révolution, le siège du pouvoir exécutif, et depuis l'Empire la résidence des souverains. Partiellement incendié par la Commune en 1871, le palais fut démoli en 1882; une partie de l'actuel jardin des Tuileries s'étend sur son emplacement.

tuilier n. et adj. m. Qui fabrique ou vend des tuiles.

tularémie [tylaremi] n. f. (de *Tulare* [Californie]). Maladie infectieuse due à un microbe spécifique (*Pasteurella tularense*), épidémique chez le lièvre et transmissible à l'homme. (La tularémie, d'abord observée aux Etats-Unis, puis au Japon, se rencontre maintenant en Europe.)

Tuléar, port de Madagascar, sur la côte sud-ouest de l'île ; 34 000 h.

tulipe [tylip] n. f. (turc *tülbend* [*lâle*]). Genre de liliacées bulbeuses, à belles fleurs ornementales. (La culture de la tulipe est en honneur en Hollande, et les variétés de cette plante s'y comptent par milliers.) [V. illustr. FLEURS.] ‖ Objet ou ornement en forme de tulipe.

tulipier n. m. (de *tulipe,* par ressemblance de la fleur). Arbre originaire d'Amérique, cultivé dans les parcs et jardins. (Haut. 20 à 30 m ; famille des magnoliacées.)

tulle [tyl] n. m. (de *Tulle,* nom géogr.). Tissu mince, léger et transparent, de fils fins de coton ou de soie, formant un réseau de mailles rondes ou polygonales.

Tulle (19000) ,ch.-l. du dép. de la Corrèze, sur la Corrèze, à 464 km au sud de Paris; 21 324 h. (*Tullistes*). Evêché. Manufacture nationale d'armes. Ecole militaire préparatoire technique. Pour briser l'action de la Résistance, les Allemands y pendirent 99 otages (9 juin 1944). — L'arr. a 12 cant., 119 comm., 89 967 h.

tullerie n. f. Commerce ou fabrique de tulle.

Tullianum, prison de la Rome ancienne, dite aussi *prison Mamertine.* On y enfermait certains condamnés à mort.

tullier, ère adj. Qui se rapporte au tulle : *industrie tullière.*

Tullins (38210), ch.-l. de c. de l'Isère (arr. de Grenoble) ; 5 541 h. Papeterie. Chaussures.

tulliste n. Tisserand qui fabrique tulles et dentelles.

Tullius Tiro (Marcus) [v. 104-v. 4 av. J.-C.], affranchi et secrétaire de Cicéron, inventeur d'un système de tachygraphie qui porte son nom (*notae tironianae*).

Tullus Hostilius, troisième roi de Rome, que la tradition fait régner de 672 à 614 av. J.-C. Il aurait soumis Albe avec l'aide des Horaces.

Tulsa, v. des Etats-Unis (Oklahoma), sur l'Arkansas ; 328 200 h. Centre pétrolier.

Tulsīdās ou **Tulsī Dās,** poète mystique indien (v. 1532-v. 1623). Adorateur de Rāma, il est l'auteur d'un *Rāmāyana* en hindī.

tuméfaction n. f. *Méd.* Enflure, gonflement.

tuméfié, e adj. Qui porte des enflures, des marques de coups reçus : *visage tuméfié.*

tuméfier [tymefje] v. t. Causer de la tuméfaction.

tumescence n. f. Etat de ce qui est tumescent. ‖ Tuméfaction.

tumescent [tymɛsɑ̃], **e** [-ɑ̃t] adj. (lat. *tumescere,* s'enfler). Qui s'enfle, se gonfle.

tumeur [tymœr] n. f. (lat. *tumor*). Augmentation de volume d'une partie d'un tissu ou d'un organe, due à une multiplication des cellules. (V. *encycl.*) ● *Tumeur inflammatoire,* grosseur due à l'accumulation des leucocytes et à l'œdème, dans les inflammations (de l'ancienne signification de tumeur, qui désignait toute grosseur en général).

— ENCYCL. Les *tumeurs bénignes* (verrues, adénomes, fibromes) sont bien circonscrites, repoussent les tissus voisins sans les envahir, ne se généralisent jamais et ne récidivent pas après leur ablation; elles sont formées d'un tissu qui est très similaire au tissu normal. Les *tumeurs malignes* (cancer) envahissent les tissus voisins et donnent des localisations à distance, ou métastases, si elles ne sont pas extirpées précocement; elles sont constituées de cellules ayant des noyaux bourgeonnants et présentant des mitoses anormales.

tumulaire [tymylɛr] adj. (du lat. *tumulus,* tombeau). Qui a rapport aux tombeaux : *pierre tumulaire.*

tumulte [tymylt] n. m. (lat. *tumultus*). Grand mouvement accompagné de bruit, de désordre : *apaiser un tumulte.* ‖ *Fig.* Grande agitation : *le tumulte des affaires.* ‖ — **En tumulte** loc. adv. Dans la confusion : *se rassembler en tumulte.*

tumultueusement adv. En tumulte : *écoliers qui sortent de la classe tumultueusement.*

tumultueux, euse adj. Plein de tumulte : *assemblée tumultueuse.*

tumulus [tymylys] n. m. (mot lat.). Amas de terre ou construction de pierre, en forme de cône, que les Anciens élevaient au-dessus des sépultures.

tunage n. m., ou **tune** n. f. Couchis de fascines traversé de piquets et de clayons, et chargé d'un lit de gravier pour arrêter l'action des eaux.

tuner [prononc. angl. tjunər] n. m. (de l'angl. *to tune,* accorder). Amplificateur accordé de haute fréquence dans un récepteur de radio ou de télévision.

tungstate n. m. Sel dérivant de l'acide tungstique.

tungstène [tœkstɛn *ou* tɔ̃k-] n. m. (du suédois *tungsten,* pierre lourde). *Chim.* Métal (W) de densité 19,2, fondant à 3 410 °C, d'un gris presque noir, qui est utilisé pour fabriquer les filaments des lampes à incandescence. (Syn. WOLFRAM.)

— ENCYCL. A l'état pur, le *tungstène* est utilisé dans l'industrie électrique en raison de sa grande résistance électrique, de sa faible tension de vapeur à très haute température et de ses propriétés de corps hautement réfractaire. A l'état allié, il trouve son application la plus importante dans les aciers et alliages pour outils à coupe rapide en raison de l'extraordinaire dureté du carbure de tungstène. Celui-ci, qui est obtenu habituellement par frittage, est souvent additionné de carbure de titane et de carbure de tantale, le tout aggloméré par du cobalt. Il est toujours utilisé sous forme d'une plaquette rapportée et brasée sur un corps d'outil en acier ordinaire. On obtient ainsi un outil capable d'atteindre de très grandes vitesses de coupe et de travailler des matières très dures, qu'on ne pourrait attaquer un outil en acier rapide. Par sa très grande dureté, le carbure de tungstène est particulièrement indiqué pour la fabrication de filières, de fleurets de perforatrices et de marteaux pneumatiques, de matrices, etc. Enfin, le tungstène entre dans la composition de certains aciers à aimant.

tungstique adj. Se dit d'un oxyde et d'un acide dérivant du tungstène.

tuniciers [tynisje] n. m. Sous-embranchement de procordés, comprenant des animaux marins fixés ou flottants.

— ENCYCL. Les *tuniciers* doivent leur nom à la tunique cellulosique qui les enveloppe. Ils présentent deux orifices, l'un pour l'entrée de l'eau, l'autre pour la sortie, entre lesquels est interposé un grillage branchial complexe fréquenté par de nombreux parasites et commensaux. La larve est un têtard présentant une forte corde dorsale dans la région caudale, qui se résorbe lors de la métamorphose.
Les tuniciers sont divisés en trois groupes : ascidies, thaliacés et appendiculaires. Les ascidies sont des animaux fixés, les uns simples (microcosme), les autres groupés en colonies résultant d'une multiplication asexuée (botrylle). Les thaliacés sont des colonies nageuses ou flottantes (pyrosome, salpe, doliole). Enfin, les appendiculaires, animaux simples et nageurs, conservent pendant toute leur vie l'aspect du têtard.
Les tuniciers ont de nombreuses particularités physiologiques, embryologiques et biochimiques.

tunique [tynik] n. f. (lat. *tunica*). Vêtement de dessous que portaient les Anciens. ‖ Vêtement féminin droit et court, porté sur une jupe. ‖ Longue vareuse d'uniforme. (La tunique, qui avait, au XIXe s., remplacé peu à peu l'habit d'infanterie et de cavalerie, faisait encore partie de la grande tenue des officiers jusqu'à la Seconde Guerre mondiale. Elle n'est plus portée que par les saint-cyriens, les polytechniciens, les élèves du service de santé et la garde républicaine de Paris.) ‖ Ornement que le sous-diacre revêt par-dessus ses autres ornements pour les cérémonies. ‖ *Anat.* Nom de diverses membranes qui enveloppent les organes : *les tuniques de l'œil.* ‖ *Bot.* Enveloppe d'un bulbe. ● *Tuniques vasculaires,* couches superposées (élastique, musculaire, endothéliale) qui constituent les parois des vaisseaux.

tuniqué, e adj. *Anat.* Enveloppé d'une tunique.

Tunis, cap. de la Tunisie, au fond du *golfe de Tunis* (formé par la Méditerranée) ; 764 000 h. Dans un site à la fois continental et maritime, sur le détroit de Sicile, reliant les deux Méditerranées, Tunis est l'incontestable métropole politique et économique du pays, dont elle rassemble dans son agglomération le septième de la population totale. Avec son avant-port La Goulette, c'est le principal débouché commercial du pays et le seul port de voyageurs. L'agglomération concentre au moins la moitié du potentiel industriel du pays, possédant des usines alimentaires et textiles, une cimenterie et des constructions mécaniques. Au-delà de la ville indigène (la médina, considérablement transformée) et de la ville européenne (établie entre la médina et le port) progresse la résidence, de qualité inégale, surtout vers Ariana et Carthage, la banlieue industrielle s'étendant principalement en direction de Radès.
● *Histoire.* Cette ancienne place forte punique est rapidement éclipsée par sa voisine Carthage. Au

Tunis

Phot. Ray-Delvert.

XIIIe siècle, la ville donne son nom au royaume fondé par la dynastie ḥafṣide en 1229 (Tunisie) : elle en devient la capitale. Important foyer de civilisation musulmane, Tunis est aussi un grand centre artisanal. Saint Louis l'assiège en vain en 1270 et trouve la mort sous ses murs. Disputée par les Espagnols et les corsaires, la ville tombe, au XVIe siècle, sous l'autorité des Ottomans qui font d'elle la capitale de la Régence de Tunis. En 1881, elle est occupée par les troupes françaises. Les Allemands y débarquèrent en novembre 1942 et en furent chassés en mai 1943. Depuis 1956, elle est la capitale de l'Etat indépendant de Tunisie.

● *Beaux-arts.* Le plus ancien édifice musulman est la mosquée Al-Zaytūna, fondée en 732 et rebâtie au IXe s. La ville possède en outre de nombreuses mosquées de styles hispano-mauresque et ottoman.

Tunisie, république de l'Afrique du Nord, sur la Méditerranée ; 155 830 km² ; 5 027 000 h. (*Tunisiens*). Cap. *Tunis.*

Géographie.

● *Géographie régionale.* Partie orientale du Maghreb, dont elle est l'Etat le moins vaste et le moins peuplé, la Tunisie est formée de la juxtaposition de régions diversifiées par le relief et surtout le climat, qui ont largement conditionné le peuplement et les formes de l'économie. Au nord d'une ligne joignant le djebel Chambi à Nabeul (correspondant approximativement à la Dorsale tunisienne), le *Tell tunisien,* qui reçoit plus de 400 mm de précipitations annuelles, est constitué d'une partie montagneuse à l'ouest, de zones souvent effondrées à l'est, reliées par la vallée de la Medjerda. La moyenne vallée de la Medjerda, ou Dakhla, associe les cultures céréalières à l'élevage bovin ; la betterave sucrière apparaît vers Béja, qui en traite la production. L'agriculture (blé, primeurs, vigne, agrumes) doit être encore intensifiée dans la vaste plaine correspondant à la basse vallée de la Medjerda, en cours d'aménagement. Au nord, les monts des Kroumirs et des Mogods, fortement arrosés et souvent boisés (chêne-liège, chêne kermès), sont le domaine d'un élevage bovin et caprin. Les cultures (orge, sorgho) se réfugient dans les clairières. Au sud, les précipitations décroissent (de 400 à 600 mm), mais demeurent suffisantes pour permettre les cultures céréalières à côté de l'élevage ovin et bovin. L'extraction minière y est développée : phosphate à Kalaa-Djerda, fer à Djérissa, plomb, zinc, etc. Le littoral septentrional, inhospitalier, est dépeuplé. Il n'en est pas de même au sud du cap Blanc, où se succèdent Bizerte (raffinerie de pétrole), Menzel-Bourguiba (sidérurgie) et surtout Tunis*, métropole politique et économique du pays.

La *steppe* correspond à la région recevant entre 200 et 400 mm de précipitations annuelles (un peu moins près du littoral, bénéficiant de condensations occultes). Entre la Dorsale tunisienne et une ligne Redeyef-La Skhirra, elle est formée d'une partie occidentale où l'altitude oscille entre 300 et 800 m (*haute steppe*) et d'une partie orientale affaissée (*basse steppe*). L'alfa domine dans la haute steppe, où a progressé la sédentarisation, cependant que quelques cultures (céréales, plantations variées) sont apparues à côté de l'élevage ovin. L'armoise et la brousse à jujubiers remplacent l'alfa dans la basse steppe, où la sédentarisation est totale. Kairouan est devenu le centre d'une région céréalière, et Sfax celui de l'olivier (qui individualise encore une région géographique, le Sahel, entre Sousse et Mahdia). La pêche anime les ports du littoral (Sousse, Sfax, Monastir, Mahdia) et les îles Kerkenna ; des salines sont exploitées à Sousse, Monastir, Sfax.

Au sud, la steppe cède progressivement la place au *désert.* La culture sèche des céréales et la culture irriguée des fruits et légumes sont encore permises dans l'île de Djerba, qui reçoit plus de 200 mm de précipitations annuelles. Le littoral du golfe de Gabès est jalonné d'oasis où le palmier-dattier cède souvent la place aux vergers. A l'ouest s'étend la région des chotts (Djérid, Gharsa, Fedjedj), qui sont bordés d'oasis (Tozeur, Nefta) et au nord desquels sont exploités d'importants gisements de phosphates (Gafsa), exportés par Sfax. Les monts de Matmata limitent l'aride plaine côtière de la Djeffara et plongent à l'ouest (plateau du Dahar) sous les dunes du Grand Erg oriental.

● *Géographie humaine et économique.* La densité de la population, composée presque exclusivement d'Arabes et répartie très inégalement, avoisine 30 h. en moyenne au kilomètre carré. Elle dépasse 50 h. en bordure du littoral de Bizerte à Sfax, et est de l'ordre de 15 à 30 h. dans la haute steppe et sur le golfe de Gabès. Au sud des chotts, la Tunisie est pratiquement vide. Tunis est la seule grande ville, regroupant environ 15 p. 100 d'une population qui s'accroît à un rythme annuel voisin de 3 p. 100.

L'agriculture emploie encore plus de la moitié de la population active, mais fournit moins du quart de la production intérieure brute. Le tiers de la superficie est exploité, consacré surtout aux productions vivrières, céréales (blé, orge) en tête. L'alimentation est complétée par des légumes secs (fèves, lentilles, etc.). L'arboriculture est davantage orientée vers l'exportation : olivier, dattier, agrumes, vignoble. L'élevage est stagnant, ce qui n'est pas le cas de la pêche, dont la production a plus que doublé depuis l'indépendance. L'exploitation de la forêt de chênes et de la steppe à alfa fournit du liège et de la pâte à papier. Sur le plan structurel, surtout après 1960, sont apparus des « offices », organismes visant à aménager une région ou à accroître la production et à favoriser la commercialisation d'un produit. Des unités de production (sortes de coopératives) jouent un rôle pilote dans les campagnes, où se manifeste l'intervention de l'Etat.

Celle-ci est encore plus marquée dans l'industrie (où se retrouvent les « offices » par branche d'activité), qui fournit moins du cinquième de la production intérieure brute. Développées souvent pendant la colonisation, les activités extractives tiennent encore une large place : phosphates (quatrième rang mondial), fer, plomb, zinc. Du pétrole est extrait à la frontière algérienne (el-Borma). Les industries de transformation se sont toutefois développées, valorisant une part croissante des produits du sol et du sous-sol.

Cependant la balance commerciale est lourdement déficitaire, et sa structure est encore caractéristique du sous-développement. En 1965, le taux de couverture des importations était seulement de 50 p. 100 ; les machines et biens d'équipement représentaient plus de 30 p. 100 des importations (0,3 p. 100 des exportations). Parmi les exportations dominent les phosphates naturels et les engrais phosphatés. Les compléments alimentaires constituent de 15 à 20 p. 100 des importations. Le niveau de vie moyen est très bas ; le produit par habitant est seulement de 200 dollars (environ le dixième du produit français). La consommation individuelle d'électricité est inférieure à 150 kWh (plus de 2 000 kWh en France).

Histoire.

Primitivement habitée par des nomades berbères, la Tunisie voit, au cours des siècles, se superposer les apports ethniques. Dans le Sud, les Phéniciens, d'abord, fondent des comptoirs. Carthage, créée en 814 av. J.-C., impose son hégémonie aux autres colonies phéniciennes et entreprend une lutte à mort contre Rome. Celle-ci est aidée par le royaume numide de Masinissa, mais, après la chute de Carthage (146 av. J.-C.), ce royaume, maintenant conduit par Jugurtha, se retourne contre Rome. Après la capture de Jugurtha (105), Rome garde comme vassaux des Etats indigènes. La province proconsulaire d'Afrique (27) est le grenier de l'Italie ; patrie de Cyprien, de Tertullien et d'Augustin, elle devient par la suite un bastion du christianisme en Occident. Elle est conquise par les Vandales à partir de 429 ; reprise par Bélisaire (533), elle fait partie de l'Empire byzantin jusqu'à l'invasion arabe, qui commence en 647.

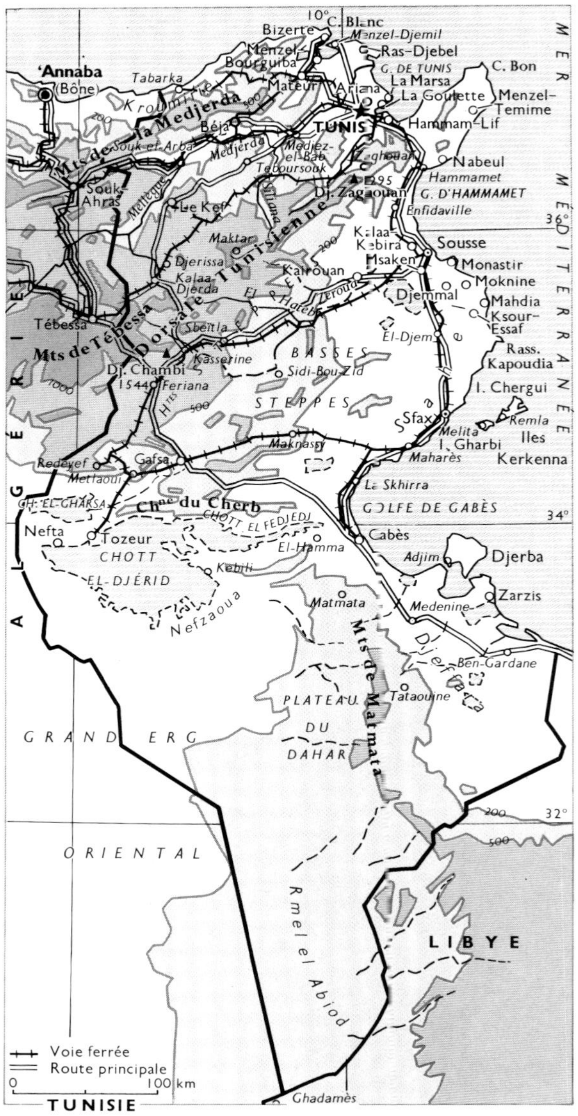

cap Blanc ▲ Tunisie ▼ une oliveraie

Phot. Naud - Afrique-Photo, Edouard - Afrique-Photo.

Kairouan, ville sainte et place d'armes de l'islām en Occident, est fondée en 670 et devient la capitale de l'Ifrīqiyya musulmane, nom arabe du pays. L'islamisation est rapide et profonde. Conservant leur particularisme, les Berbères adhèrent au khāridjisme, mais le sunnisme s'implante en profondeur et définitivement en Tunisie. Celle-ci est gouvernée par les Arhlabides, puis par les Fāṭimides, qui créent à Kairouan un califat chī'ite (910). La dynastie berbère des Zīrides rejette la suzeraineté de ces derniers (1048). Au XIIe s., les Normands prennent pied sur la côte, mais ils sont rejetés par les Almohades du Maroc, qui installent un gouverneur à Tunis : l'Ifrīqiyya devient la Tunisie (1160). En 1228-1229, la dynastie ḥafṣide issue des gouverneurs ou vice-rois, érige le pays en royaume indépendant. La période de 1270 à 1370 est troublée par les crises successorales, les attaques des nomades, notamment hilāliennes*, et l'intervention des Marīnides marocains. Après une brève occupation par Charles Quint, la Tunisie tombe définitivement entre les mains des Turcs (1574).
Jusqu'en 1612, le dey gouverne, secondé par le bey. Mais, à cette date, Murad Ier (1612-1631) écarte le dey du pouvoir et fonde la première dynastie beylicale. En 1705 débute la seconde et dernière dynastie de ce type. Jusqu'au XVIIIe s., le pays avait connu une longue série de guerres avec les ennemis les plus divers (nations chrétiennes, tribus de l'intérieur, Alger). Par la suite, la prospérité revient grâce à des accords commerciaux, avec la France en particulier, à un effort de modernisation technique (réseaux télégraphiques et ferroviaires au milieu du siècle dernier), mais les dépenses excessives provoquent une crise financière et un contrôle étranger. En 1878, la Grande-Bretagne, ayant obtenu Chypre au congrès de Berlin, reconnaît les intérêts particuliers de la France et de l'Italie en Tunisie. Prenant prétexte d'un incident de frontière avec l'Algérie, Jules Ferry décide une intervention militaire qui impose au bey un ministre résident français responsable de la diplomatie et de l'armée (traité du Bardo, 1881). Deux ans plus tard, la convention de La Marsa institue officiellement le protectorat. La France contrôle étroitement la vie administrative du pays, mais favorise l'essor économique. La montée du nationalisme s'incarne dans la création du parti des *Jeunes Tunisiens* (1907) et la fondation du parti *Destour** (1920). Le premier parti suscite des émeutes en 1911, qui sont violemment réprimées (état de siège jusqu'en 1921). Le second parti obtient quelques réformes (1922). En 1934, Bourguiba fonde le Néo-Destour, qui prend le pas sur le Vieux-Destour. Une espérance d'accord se fait jour en 1936 au moment du gouvernement Léon Blum, mais celui-ci tombe en juin 1937. Surviennent alors troubles, arrestations, émeutes et répressions. Le pays est occupé par les Allemands en 1942. Après le débarquement allié en Afrique du Nord, les forces germano-italiennes, débarquées ou refoulées de Libye, doivent refluer jusqu'au cap Bon, où elles capitulent (12 mai 1943). Cette campagne marque la rentrée dans la guerre de l'armée française d'Afrique.
C'est ensuite la marche lente, mais continue vers l'indépendance : arrestation de Bourguiba (1952) suivie de terrorisme et de représailles, promesse par Mendès France de reconnaître l'indépendance (1954), autonomie interne (1955), indépendance totale (1956). Bourguiba, devenu chef du gouvernement, écrase l'agitation extrémiste des partisans de Salah ben Youssef, interdit la polygamie (1956), abolit la monarchie et proclame la république (1957), promulguant une Constitution (1959) qui établit un régime libéral et moderne. La paix en Algérie (1962) favorise un rapprochement avec la France (évacuation de Bizerte en 1963). Les relations avec la R. A. U. sont parfois tendues, et la Tunisie se montre modérée dans le conflit avec Israël. Elle bénéficie du soutien des Etats-Unis.

tunisien [tynizjɛ̃], **enne** [-ɛn] adj. et n. De Tunisie : *bazar tunisien.* ‖ — N. m. Dialecte arabe parlé en Tunisie.

tunisois [tynizwa], **e** [-az] adj. et n. De Tunis.

tunnel [tynɛl] n. m. (mot angl.; du fr. *tonnelle*). Galerie souterraine de grande section, pratiquée pour donner passage à une voie de communication : *tunnel ferroviaire.* (V. *encycl.*) ● *Tunnel aérodynamique,* dispositif expérimental permettant de faire circuler de l'air à grande vitesse autour d'une maquette, pour étudier son comportement dans l'écoulement.
— ENCYCL. Les méthodes employées pour le percement des *tunnels* dépendent essentiellement de la nature du sol. Dans les procédés courants, ou procédés des galeries boisées, les déblais sont exécutés à section entière pour une section inférieure à 15 m². Pour une section supérieure, on applique les méthodes anglaise, belge-française, allemande ou autrichienne. Dans les procédés modernes, les éléments en bois sont remplacés, en terrain ordinaire, par des éléments en métal ou en béton armé, ceux-ci pouvant rester incorporés dans le revêtement. En terrain rocheux, on perfore dans la roche des trous de mines à l'aide de perforatrices placées sur un « jumbo ». Il existe également des procédés spéciaux, dont le plus important est celui du cheminement horizontal au bouclier. Dans les terrains aquifères, on procède à une congélation préalable, et l'excavation est réalisée comme dans du calcaire compact. Dans le cas d'un tunnel sous-fluvial, on peut soit foncer verticalement, à l'air comprimé, des caissons en métal ou en béton armé, qui ont la section du tunnel et qui comprennent une chambre de travail à la partie inférieure, soit amener par flottage des éléments préfabriqués à terre, que l'on échoue au fond de la fouille. Pour des ouvrages à faible profondeur, on épuise l'eau à l'intérieur d'une enceinte de palplanches ou à l'abri d'un batardeau, et on exécute l'ouvrage à sec et à ciel ouvert.

tupaïa ou **tupaja** [typaja] n. m. Genre de mammifères insectivores d'Asie, voisin des primates.

tupi [typi] n. m. Dialecte indien de l'Amérique du Sud, appartenant à la famille tupi-guarani.

tupi-guarani adj. et n. m. Se dit d'une importante famille linguistique et culturelle indienne d'Amérique du Sud. (Les Tupi-Guaranis se sont répandus principalement au sud de l'Amazone, ainsi que jusque dans les Andes boliviennes et au Chaco occidental.)

Tupinambas, ethnie indienne de la famille tupi-guarani, qui vivait sur le littoral atlantique du bas Amazone.

Tupolev ou **Toupolev** (Andreï Nikolaïevitch), ingénieur soviétique, né à Poustomazovo (1888-1972). Spécialiste d'aérodynamique, il créa avec Joukovski l'Institut central hydro-aérodynamique (Ts. A. G. I.). Il conçut de très nombreux appareils, dont le *Maxime-Gorki* (1933), qui fut le plus grand avion de l'époque. Puis, à partir de 1941, il se consacra à l'étude de la propulsion par réaction.

tunnels

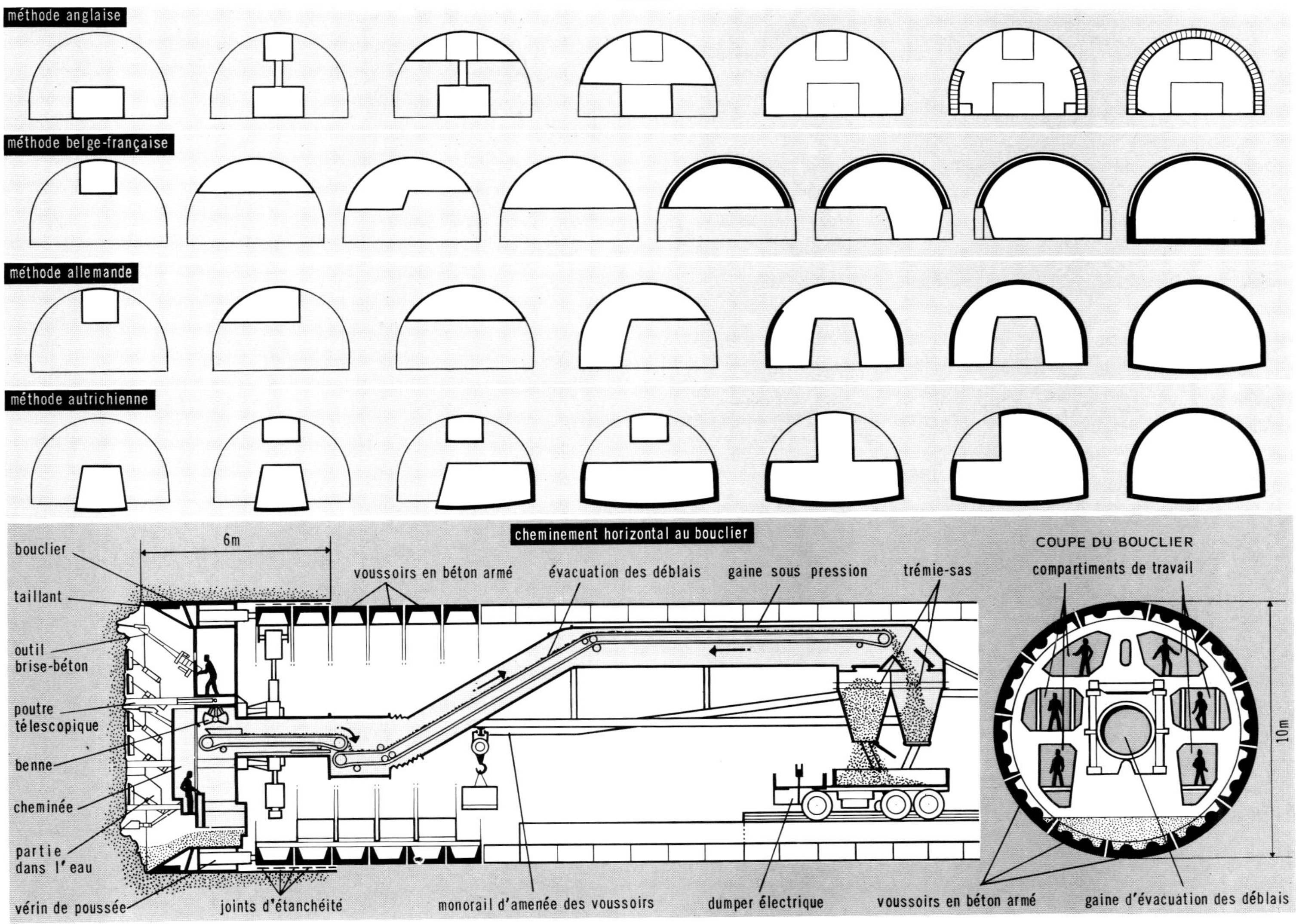

HYDRAULIQUE

TURBINE À ACTION ET À INJECTION PARTIELLE

L'eau possède à la sortie du distributeur la vitesse maximale qu'elle puisse prendre, et toute son énergie se trouve sous forme cinétique.

TURBINE PELTON

— Employée pour les très hautes chutes (de 200 m à 2 000 m).
— À axe généralement horizontal, mais quelquefois vertical.
— Les aubes de la roue, ou *augets*, sont formées de deux surfaces ovoïdes accolées, formant un ω ouvert.
— Le distributeur est composé d'une ou de plusieurs buses de section circulaire, dont chacune dirige un jet sur l'arête médiane de deux augets de la roue.
— Le vannage est constitué par une aiguille obturant plus ou moins l'orifice de chaque buse.
— Le débit du distributeur est réglé par un déflecteur qui dévie tout ou partie du jet. (Possibilité de régler très rapidement le débit utile, sans faire varier celui de la buse et, par conséquent, celui de la conduite qui l'alimente.)
— Aux faibles charges, rendement très bon (75 p. 100).

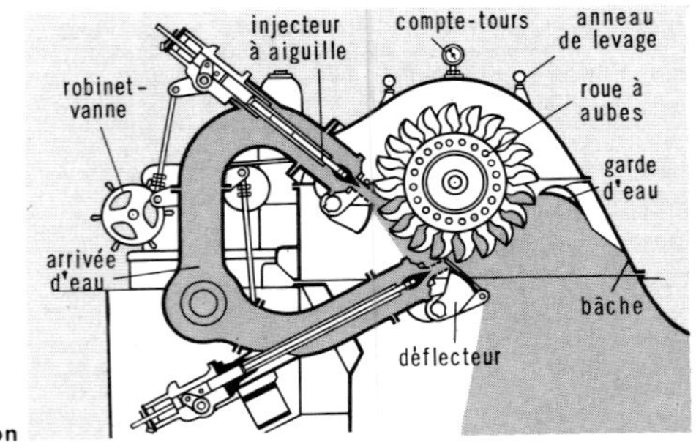

turbine Pelton

TURBINE À RÉACTION ET À INJECTION TOTALE

L'énergie de l'eau à la sortie du distributeur se trouve en partie seulement sous forme cinétique et en partie sous forme de pression. La vitesse de l'eau est donc inférieure à celle qu'elle peut prendre sous la hauteur de chute.

TURBINE FRANCIS

— Utilisée pour les hauteurs de chute moyenne (de 15 m à 200 m).
— Turbine centripète : l'eau arrive par le distributeur sur le pourtour de la roue et s'écoule en direction axiale.
— Le distributeur est formé par deux couronnes annulaires, entre lesquelles se trouvent les aubes directrices. Chacune de celles-ci, constituée par des surfaces cylindriques à génératrices parallèles à l'axe, est mobile autour d'un axe qui relie les deux anneaux limitant le distributeur et qui forme entretoise. On limite le débit de la turbine en faisant varier la section du distributeur, par le déplacement de toutes les aubes directrices, d'une même quantité.
— À puissance égale et pour une même hauteur de chute, une turbine Francis peut tourner plus vite qu'une turbine Pelton, et, partant, conduire à un groupe plus économique.
— Aux faibles charges, rendement médiocre (60 p. 100).

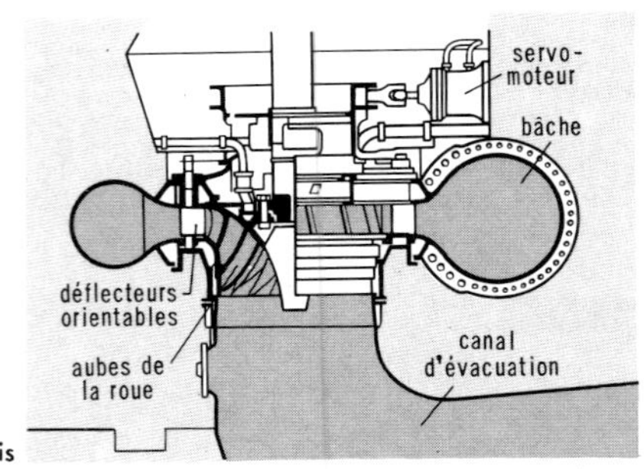

turbine Francis

TURBINE-HÉLICE

— Utilisée pour les faibles hauteurs de chute (de 5 m à 15 m).
— Constituée par une hélice, dans laquelle l'eau s'écoule parallèlement à l'axe; le distributeur est semblable à celui de la turbine Francis, avec des aubes directrices mobiles.
— Presque toujours à axe vertical pour pouvoir récupérer, à la sortie de la roue, l'énergie cinétique (qui peut atteindre 40 p. 100 de l'énergie totale), dans un diffuseur, entre la sortie de la roue et le niveau aval.
— Aux faibles charges, rendement très bas (45 p. 100).

TURBINE KAPLAN

— Turbine-hélice dans laquelle les pales peuvent être orientées, dans leur ensemble, de manière variable, par une rotation autour d'axes normaux à l'axe de la turbine.
— Distributeur à directrices mobiles.
— Possibilité d'action directe de la régulation sur les aubes directrices et sur les pales réceptrices.
— Excellent rendement aux faibles charges (80 p. 100) et lorsque la hauteur de chute varie.
— Construction plus difficile et, par conséquent, plus onéreuse.
— Fonctionnement mécanique plus délicat.

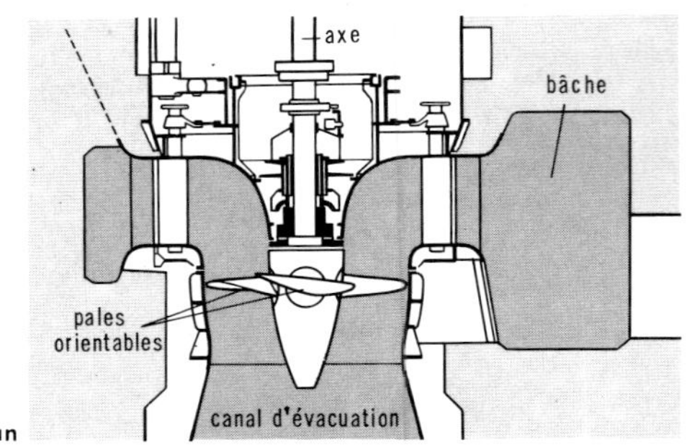

turbine Kaplan

tuque [tyk] n. f. Au Canada, bonnet de laine de forme conique, à bord généralement roulé et surmonté d'un pompon.

Tuque (LA), v. du Canada (Québec), sur le Saint-Maurice; 13 000 h.

Tura (Cosimo ou Cosmè), peintre italien, né à Ferrare (v. 1425-1495). Influencé par Mantegna et Donatello, il fut le chef de l'école ferraraise (Francesco Del Cossa, Ercole de' Roberti) et développa un style caractérisé à la fois par l'acuité originale du graphisme et la densité des volumes (*la Vierge avec sainte Madeleine et saint Jérôme*, Ajaccio).

Turballe (LA) [44420], comm. de la Loire-Atlantique (arr. de Saint-Nazaire); 3 084 h. (2 404 aggl.). Pêche.

turban [tyrbɑ̃] n. m. (du turc *tülbend*). Coiffure des Orientaux, formée d'une longue pièce d'étoffe enroulée autour de la tête. (Elle fut adoptée par des unités de l'armée française d'Afrique.) ‖ Coiffure de femme dérivée de celle des Orientaux.

turbellariés [tyrbelarje] n. m. pl. Classe de vers plats, qui vivent dans la terre humide, les eaux douces ou salées (*planaires*). ‖ Sing. un *turbellarié*.

turbidité [tyrbidite] n. f. Etat d'un liquide trouble. ‖ *Hydrol.* Teneur en troubles (matériaux transportés en suspension), en boues, d'un cours d'eau.

Turbie (LA) [06630], comm. des Alpes-Maritimes (arr. de Nice); 1 761 h. Monument romain en l'honneur d'Auguste (« trophée des Alpes »).

Turbigo, localité d'Italie (Lombardie), sur la rive gauche du Tessin; 6 400 h. Les Français y remportèrent deux victoires sur les Autrichiens, la première en 1800, la seconde en 1859. (V. ITALIE [*campagnes d'*].)

turbin [tyrbɛ̃] n. m. *Pop.* Travail.

turbine [tyrbin] n. f. (lat. *turbo, turbinis*, roue). Moteur composé d'une roue mobile sur laquelle est appliquée l'énergie d'un fluide moteur (eau, vapeur, gaz, etc.) : *les turbines à vapeur remplacent de plus en plus les anciennes machines à piston.* ‖ Essoreuse utilisée dans l'industrie, et dont le fonctionnement est fondé sur l'action de la force centrifuge. (V. *encycl.*) ● *Turbine de forage*, turbine actionnée par la circulation des boues dans le turboforage et assurant au fond du puits la rotation du trépan. ‖ *Turbine à gaz*, moteur comprenant essentiellement un compresseur et une turbine montés sur le même axe, mais séparés par une ou plusieurs chambres de combustion.

— ENCYCL. Toute *turbine* est constituée, en principe, par une partie fixe, le *distributeur*, qui dirige les courants du fluide moteur, et par une partie mobile motrice, la *roue*. L'une et l'autre possèdent un nombre plus ou moins grand d'aubes ou d'augets, qui s'appellent « aubes directrices », ou, plus simplement, « directrices », si elles font partie de la couronne fixe, et « aubes mobiles » si elles appartiennent à la roue. Une turbine peut être à axe horizontal ou à axe vertical. Suivant les positions relatives de la roue et du distributeur, elle est soit parallèle (on dit aussi « axiale » ou encore « hélicoïdale »), soit centrifuge ou centripète.

On améliore le rendement d'une turbine à vapeur en effectuant, au fur et à mesure de la détente, c'est-à-dire aux divers étages de la turbine, des soutirages de vapeur successifs, à des températures décroissantes, pour réchauffer l'eau d'alimentation jusqu'à la température de la chaudière. L'économie est d'autant plus grande que la pression est plus élevée.

TURBINE À ACTION

La vapeur agit uniquement par sa force vive sur les aubes de la roue mobile, sa détente s'effectuant uniquement dans le distributeur (aubage fixe) et la pression restant constante tout le long du récepteur (aubage mobile). Il y a deux manières de disposer les aubages fixes dans le stator et les aubages mobiles à la périphérie du rotor : le *montage multicellulaire* et le *montage en tambour*.

TURBINE À INJECTION PARTIELLE

— En sortant du générateur, la vapeur à haute pression se détend avant de venir en contact avec les aubes et les actionne sans qu'il y ait production de choc.
— Vitesse de rotation très élevée (de 10 000 à 30 000 tr/mn), d'où nécessité d'un réducteur de vitesse.

TURBINE À ÉTAGES DE PRESSION ET À ÉTAGES DE VITESSE

— Détentes multiples. (Dans chaque étage de pression, un certain nombre de roues motrices sont calées sur le même arbre et séparées par des aubages directeurs.)
— Rendement moins bon, vitesse moins élevée.

TURBINE MULTICELLULAIRE

— Fixation des aubes mobiles à la périphérie de roues individuellement calées sur l'arbre.
— Réduction des fuites.
— Suppression de toute poussée axiale.
— Augmentation des pertes par frottement.

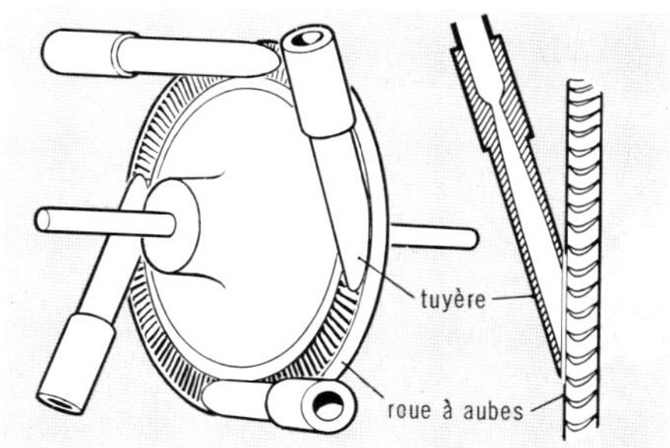

turbine de Laval

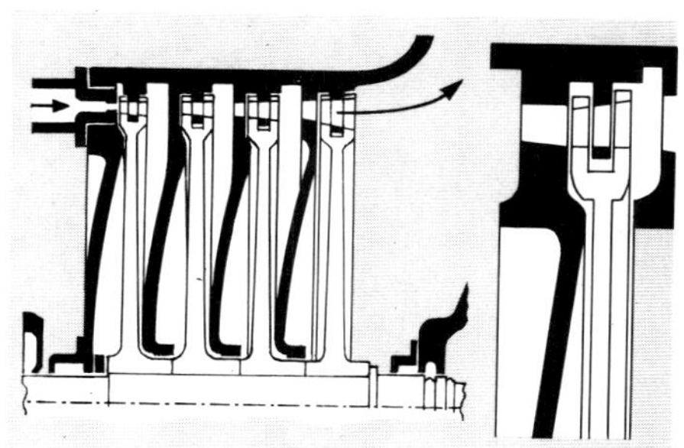
turbine Curtis

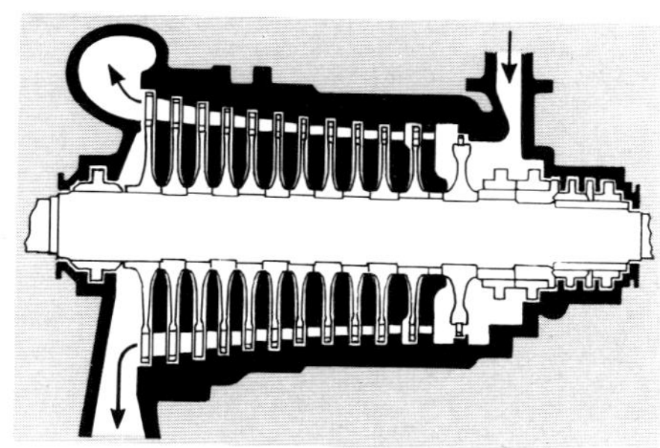
turbine Rateau

TURBINE À RÉACTION

La détente de la vapeur se réalise partie dans les aubages fixes et partie dans les aubages mobiles, sur lesquels elle agit tant par sa force vive que par la puissance de son expansion.

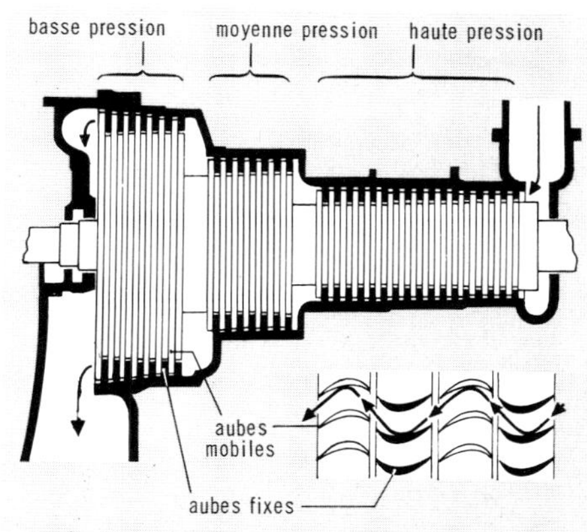

turbine Parsons

TURBINE LJUNGSTRÖM

— La vapeur, admise au centre de la turbine, traverse les différentes couronnes d'aubes portées alternativement par deux plateaux qui tournent en sens inverse.
— Aucune tuyère ni aucun aubage distributeur.
— Pertes par frottement très réduites.
— Fuites de vapeur très minimes.

TURBINE PARSONS

— Turbine à étages de pression, la détente de la vapeur se poursuivant sans discontinuité entre les aubages fixes et les aubages mobiles.
— Constituée par une succession de couronnes fixes munies d'aubages directeurs, alternant avec des couronnes mobiles à aubes et calées sur l'arbre.

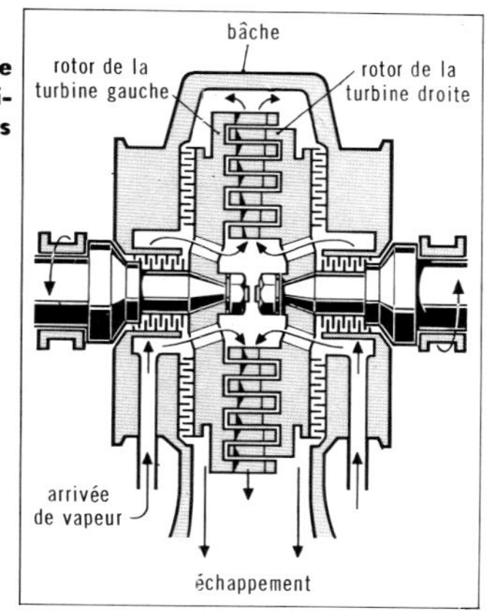

turbine Ljungström

TURBINE À GAZ

— Le fluide moteur est le gaz de combustion obtenu en brûlant, à pression constante et de façon continue, dans une chambre de combustion, une certaine quantité de combustible solide, liquide ou gazeux dans un flux d'air comprimé.
— La turbine entraîne :
— un compresseur, qui fournit l'air comburant comprimé;
— la machine réceptrice, qui ne reçoit que l'excès de la puissance fournie par la turbine sur celle qui est consommée par le compresseur.

GÉNÉRATEUR DIESEL-TURBINE À GAZ

— Ensemble constitué par un moteur à combustion interne, dont les gaz d'échappement se détendent dans une turbine à gaz.
— Avantages :
— poids moindre qu'un diesel seul de même puissance, la turbine à gaz se prêtant mieux que le cylindre d'un moteur à une détente plus complète des gaz à faible pression;
— meilleur rendement qu'une turbine à gaz seule.

turbiné [tyrbine], **e** adj. *Hist. nat.* En forme de toupie : *coquille turbinée.*

turbiner v. i. *Pop.* Travailler.

turbo-alternateur n. m. Groupe générateur d'électricité, composé d'une turbine et d'un alternateur montés sur le même axe. ‖ Pl. des *turbo-alternateurs.*

turbocompresseur n. m. Compresseur* rotatif centrifuge à haute pression, constitué par une ou plusieurs roues à aubes montées en série sur le même arbre, et destiné à l'alimentation d'un réseau ou d'une machine.

turboforage n. m. Procédé de forage dans lequel l'entraînement du trépan se fait par une turbine actionnée par la circulation des boues.

turbomachine n. f. Nom générique des appareils agissant dynamiquement sur un fluide à l'aide d'une roue cloisonnée, mobile autour d'un axe fixe.

turbomoteur n. m. Turbine mue par l'air comprimé et fonctionnant comme moteur.

turbopompe n. f. Pompe centrifuge accouplée directement à une turbine à vapeur.

turbopropulseur n. m. Propulseur aéronautique composé d'une turbine à gaz, entraînant une ou plusieurs hélices par l'intermédiaire d'un réducteur.
— ENCYCL. Un *turbopropulseur* comprend les mêmes éléments fondamentaux qu'un turboréacteur (compresseur, chambres de combustion et turbine), mais les gaz brûlés sortant des chambres de combustion se détendent au maximum sur les aubes de la turbine, qui entraîne à la fois le compresseur et l'hélice ou deux hélices coaxiales. Dans la tuyère d'éjection, les gaz subissent encore une détente, qui fournit, par réaction directe dans l'atmosphère, un appoint de propulsion de 10 à 15 p. 100 de la poussée totale. La principale difficulté d'utilisation du turbopropulseur réside dans la vitesse de rotation très élevée de la turbine à gaz, qui nécessite l'emploi de réducteurs pour faire tourner l'hélice à une vitesse moyenne compatible avec un bon rendement de propulsion. Le turbopropulseur est particulièrement indiqué pour les avions volant entre 600 et 800 km/h.

turboréacteur n. m. Turbine à gaz utilisée dans l'aéronautique et fonctionnant par réaction directe dans l'atmosphère.
— ENCYCL. Un *turboréacteur* se compose : d'un *compresseur,* qui porte à 7 ou 8 bars la pression de l'air qui pénètre dans l'appareil; d'une ou de plusieurs *chambres de combustion,* dans lesquelles est injecté le carburant, qui est brûlé par l'air et qui élève sa température jusqu'à 700 ou 800 °C; d'une *turbine,* sur les aubes de laquelle les gaz brûlés, à la sortie des chambres de combustion, perdent une partie de leur énergie pour entraîner le compresseur; d'une *tuyère terminale,* dans laquelle a lieu la majeure partie de la détente des gaz par réaction directe dans l'atmosphère. La poussée ainsi développée sert à la propulsion de l'avion. On augmente le rendement du turboréacteur en envoyant dans la tuyère terminale de l'air ayant subi une compression (double-flux) ou en effectuant une nouvelle combustion dans cette tuyère (postcombustion). Le régime ordinaire d'utilisation du turboréacteur se situe entre Mach 0,6 et Mach 2,5.

turbosoufflante n. f. Soufflante à grande vitesse de rotation. (V. COMPRESSEUR.)

turbot [tyrbo] n. m. (empr. à l'anc. scandin.). Genre de poissons plats répandus dans l'Atlantique et la Méditerranée, et très estimés pour leur chair. (Le turbot

turbot

est un grand poisson, rhomboïdal, qui atteint 80 cm de long.) [Famille des pleuronectidés.]

turbotière n. f. Récipient pour faire cuire des turbots, dont la forme ressemble à celle de ce poisson.

turbotrain n. m. Rame automotrice dont l'énergie est fournie par une ou plusieurs turbines à gaz.

turbulence n. f. Caractère, défaut d'une personne turbulente. ‖ Agitation désordonnée d'un fluide en écoulement turbulent.

turbulent [tyrbylɑ̃], **e** [-ɑ̃t] adj. (lat. *turbulentus;* de *turbare,* troubler). Porté à faire du bruit, du trouble : *enfant turbulent; esprit turbulent.* ‖ *Mécan.* Se dit d'un écoulement dans lequel les filets fluides, au lieu de conserver leur individualité, comme dans l'écoulement laminaire, échangent entre eux des particules fluides.

turc [tyrk], **turque** [tyrk] adj. et n. De Turquie. ● *A la turque,* se dit des cabinets d'aisances sans siège. ‖ *Fort comme un Turc,* très fort. ‖ *Grand Turc,* titre que les chrétiens donnaient autrefois aux empereurs ottomans. ‖ *Tête de Turc,* personne en butte aux critiques, aux railleries. ‖ — N. m. Groupe de langues de même origine, parlées en Turquie et dans certaines des républiques soviétiques d'Asie centrale.

Turin
vue prise
de Santa Maria del Monte

Turenne
par
Robert Nanteuil
Louvre

Turgot
école française
du XVIIIe s.
château
de Versailles

Turcaret, comédie en prose de Lesage (1709). Un ancien laquais, sans esprit ni probité, est parvenu à faire fortune, mais il est berné à son tour par des aventuriers pires que lui.

turcique [tyrsik] adj. *Selle turcique,* cavité de l'os sphénoïde où est logée l'hypophyse.

Turckheim (68230), comm. du Haut-Rhin (arr. de Colmar), sur la Fecht; 3 087 h. Victoire de Turenne sur les Impériaux (hiver de 1675).

turco [tyrco] n. m. (de *turc*). Nom familier donné jadis aux tirailleurs algériens depuis la campagne de Crimée (1854).

Turcomans. V. TURKMÈNES.

turdidés [tyrdide] n. m. pl. Famille d'oiseaux passereaux comprenant les merles, grives, rossignols, rouges-gorges, etc.

turelure n. f. (onomat.). Refrain de quelques chansons.

Turenne (Henri DE LA TOUR D'AUVERGNE, *vicomte* DE), maréchal de France, né à Sedan (1611-1675). Commandant de l'armée d'Allemagne pendant la guerre de Trente Ans, il occupa le Rhin de Philippsburg à Mayence; avec Condé, il remporta la victoire de Nördlingen (1645), et en 1648 il gagna la bataille de Zusmarshausen. Pendant la Fronde, il fut entraîné dans le parti hostile à Mazarin, mais, après avoir été battu à Rethel par l'armée royale (1650), il se rallia à la Cour et vainquit Condé au faubourg Saint-Antoine (1652). Il triompha des Espagnols à la bataille des Dunes (1658). Commandant l'armée française pendant les guerres de Dévolution (1667) et de Hollande (1672), il conquit l'Alsace durant l'hiver de 1675 et fut tué par un boulet près de Sasbach. Protestant, il avait été converti au catholicisme par Bossuet.

turf [tœrf *ou* tyrf] n. m. (mot angl. signif. *gazon*). Terrain sur lequel ont lieu les courses de chevaux. ‖ Sport chevalin; ce qui se rattache aux courses de chevaux.

turfiste n. Personne qui aime les courses de chevaux, qui y assiste souvent.

turgescence [tyrʒesɑ̃s] n. f. (de *turgescent*). *Méd.* Augmentation de volume d'un organe par rétention du sang veineux. ‖ Etat d'une cellule animale ou végétale dont la pression osmotique est plus élevée que celle du milieu où elle baigne, de sorte qu'elle retient fortement l'eau et s'en trouve gonflée.
— ENCYCL. La *turgescence* est l'état normal des plantes herbacées. Sa disparition entraîne la *plasmolyse,* c'est-à-dire la fanaison, assez rapidement mortelle. Dans le sang de l'homme et des animaux, un excès de turgescence des globules peut provoquer leur éclatement (*hémolyse*). C'est le cas lorsque le plasma sanguin devient trop hypotonique (injection d'eau distillée, venins de serpent hémolytiques).

turgescent, e adj. (du lat. *turgescere,* se gonfler). En état de turgescence.

Turgot (Anne Robert Jacques), baron DE L'AULNE, économiste et administrateur français, né à Paris (1727-1781). Intendant de la généralité de Limoges, il transforma le Limousin par des réformes économiques et financières. En 1774, il devint contrôleur général des Finances. Il entreprit alors de grandes réformes libérales en matière économique, inspirées par les doctrines des physiocrates : il supprima les douanes intérieures et voulut établir la liberté du commerce et de l'industrie par la suppression des maîtrises et des jurandes. Mais il se heurta aux privilégiés et fut disgracié en 1776. Il est l'auteur, notamment, de *Lettres sur la tolérance* (1754).

Turin, en ital. **Torino,** v. d'Italie (Piémont), au confluent du Pô et de la Doire Ripaire; 1 132 000 h. (*Turinois*). Archevêché. Université. Riches bibliothèques. Musées. Cathédrale (XVIe s.; chapelle baroque *du Saint-Suaire*). Eglises et palais baroques. Ville carrefour, au pied des Alpes, au débouché des grandes routes des tunnels du Mont-Blanc et du Grand-Saint-Bernard, du Mont-Genèvre et du Mont-Cenis, Turin s'est « reconvertie » en un siècle. Centre politique et historique (dont témoigne l'aspect monumental du centre) avant l'unité italienne, Turin est aujourd'hui la ville la plus industrialisée de l'Italie. Elle doit son nouveau caractère (et sa rapide croissance démographique) à l'essor de l'industrie automobile, dont elle est l'un des grands centres européens; elle possède aussi des activités annexes (caoutchouc, matières plastiques), la confection, l'industrie alimentaire, etc.
● *Histoire.* La ville fut longtemps autonome avant de devenir la capitale des Etats savoyards d'outremonts. Elle connut au XVIIe et au XVIIIe s. une grande prospérité. Bonaparte en fit le chef-lieu du département du Pô (1802). Capitale du royaume de Piémont-Sardaigne, Turin fut le centre principal du mouvement nationaliste qui aboutit à l'unité italienne.

Turina (Joaquín), pianiste et compositeur espagnol, né à Séville (1882-1949). Son œuvre, qui a recours à la

Phot. Lauros - Atlas-Photo, Roger-Viollet, Giraudon (2).

musique folklorique, comporte un opéra, des partitions orchestrales et de nombreuses pièces pour piano.

turion [tyrjɔ̃] n. m. (lat. *turio*, bourgeon). Bourgeon de certaines plantes, comme l'asperge, etc.

Turkestan, anc. dénomination administrative de l'Empire russe, désignant la cuvette aralo-caspienne et le rebord septentrional de la haute Asie. Le Turkestan correspond à l'actuelle Asie centrale ou Asie moyenne soviétique : Kazakhstan, Kirghizistan, Ouzbékistan, Tadjikistan et Turkménistan. Il est distinct du Turkestan chinois, actuel Sin-kiang*.

turkmène [tyrkmɛn] adj. et n. Relatif au Turkménistan. ‖ — N. m. Langue turque parlée entre la mer Caspienne et la mer d'Aral, dans le Turkménistan principalement.

Turkmènes ou **Turcomans,** peuple ouralo-altaïque apparenté aux Turcs, qui vit dans le Turkménistan, en Afghānistān et en Iran.

Turkménistan, république fédérée de l'U. R. S. S., sur la mer Caspienne ; 488 100 km²; 2 158 000 h. (*Turkmènes*). Cap. *Achkhabad*. En dehors de son extrémité méridionale, montagneuse, c'est un pays de plaines arides. L'agriculture, dominante, est étroitement liée à l'irrigation, développée récemment dans le Kara-Koum. Le Turkménistan produit surtout du coton, des fruits et des légumes. Les zones non irriguées sont le domaine d'un traditionnel élevage ovin (race karakul), qui alimente quelques activités artisanales. Le sous-sol fournit du pétrole.

Turks (*îles*), archipel, au nord d'Haïti, formant avec les îles Caicos une colonie britannique.

Turku, en suéd. **Åbo,** port de Finlande, sur la Baltique ; 154 700 h. Textiles. Métallurgie.

Turlupin (Henri LE GRAND, dit **Belleville** ou), acteur français (m. à Paris en 1637). Farceur sur les tréteaux de la Foire, il fit partie de la troupe de l'hôtel de Bourgogne.

turlupinade n. f. (de *Turlupin*). Mauvaise plaisanterie. ‖ Mauvais jeu de mots.

turlupiner [tyrlypine] v. t. *Fam.* Tracasser, tourmenter : *cette idée me turlupine.*

turlurette [tyrlyrɛt] n. f. Refrain de quelques chansons.

turlutaine [tyrlytɛn] n. f. *Fam.* Ce qu'on répète sans cesse. ‖ Lubie, manie.

turlutte [tyrlyt] n. f. Ustensile de pêche en mer, formé d'un morceau de plomb entouré d'hameçons.

turlututu [tyrlytyty] n. m. *Fam.* Flûte, mirliton. ‖ *Interjectiv.* S'emploie pour exprimer les sons de la flûte ou, par ironie, pour refuser, se moquer, etc.

turne [tyrn] n. f. (orig. germ.). *Pop.* Chambre.

Turnèbe (Adrien TOURNEBOUS, dit), humaniste français, né aux Andelys (1512-1565). — ODET, son fils, né à Paris (1552-1581), est l'auteur de la comédie *les Contents* (v. 1580).

Turner (William), peintre à l'huile, aquarelliste et graveur anglais, né à Londres (1775-1851). Admirateur de Claude Lorrain, il s'intéressa surtout à l'atmosphère et à la lumière, dans laquelle il finit par dissoudre les formes. Remarquable coloriste, il fut un précurseur des impressionnistes (*Didon construisant Carthage, Matinée de gel, le Pèlerinage de Childe Harold, la Tamise près de Windsor, le « Téméraire » remorqué à son dernier mouillage,* vues de *Venise, Pluie, vapeur, vitesse,* National Gallery).

Turner Valley, région de l'Alberta (Canada). Riches gisements pétrolifères.

Turquie : le mont Ararat

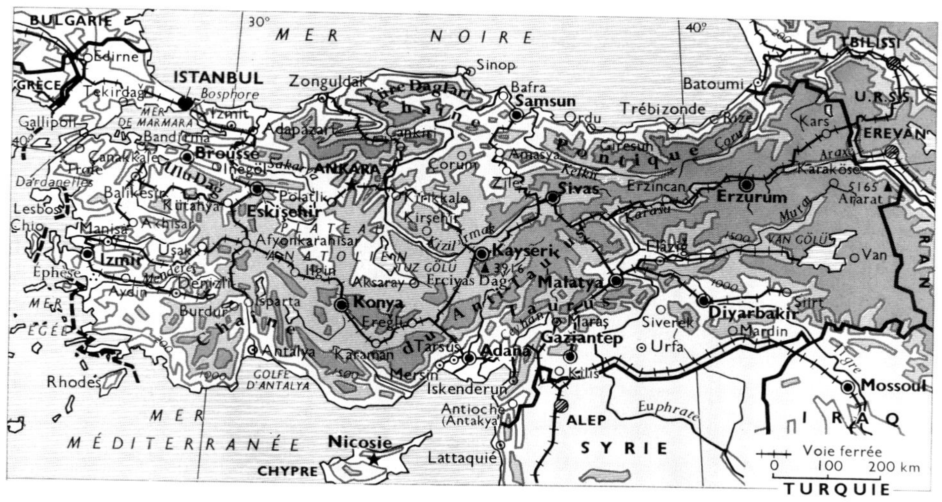

Turnhout, v. de Belgique (Anvers) ; 37 800 h. Industries mécaniques et chimiques.

Turnus, roi légendaire des Rutules, dans *l'Enéide.*

Turpin (Eugène), chimiste français, né à Paris (1848-1927). Il inventa les couleurs inoffensives (1877) et découvrit la mélinite (1885).

turpitude [tyrpityd] n. f. (lat. *turpitudo ;* de *turpis,* honteux). Ignominie d'une personne ou d'une chose : *la turpitude des traîtres.* ‖ Action honteuse : *commettre des turpitudes.*

turquerie [tyrkəri] n. f. (de *Turc*). Tableau, œuvre littéraire représentant des scènes turques.

turquette [tyrkɛt] n. f. Plante des lieux sablonneux, appelée aussi *herniaire,* parce qu'on l'utilisait pour guérir les hernies. (Famille des caryophyllacées.)

Turquie, en turc **Türkiye Cumhuriyeti,** Etat de l'Asie occidentale, englobant l'extrémité sud-est de la péninsule balkanique ; 780 000 km²; 36 160 000 h. (*Turcs*). Cap. *Ankara.* Langue : *turc.*

Géographie.

● *Géographie physique.* En dehors de sa partie européenne (Thrace), qui représente moins du trentième de sa superficie, la Turquie est un pays de hautes terres. La chaîne Pontique, au-dessus de la mer Noire, et le Taurus, dominant la Méditerranée, enserrent le lourd plateau anatolien, qui s'élève par gradins au-dessus de la mer Egée et cède la place, vers l'est, au massif arménien, socle cristallin affecté par le volcanisme (mont Ararat). Le littoral méridional et égéen a un climat méditerranéen. Les précipitations oscillent entre 600 et 1 000 mm avec une sécheresse estivale marquée, cependant que les moyennes thermiques mensuelles varient entre 10 °C (janv.) et 30 °C (juill.-août). Sur la mer Noire, les précipitations, aussi abondantes, sont plus également réparties, cependant que les hivers sont relativement plus rigoureux. L'intérieur, abrité, est beaucoup plus aride ; la continentalité accroît les contrastes thermiques entre hiver et été. Les précipitations sont inférieures à 500 mm. La moyenne thermique de janvier descend à 0 °C à Ankara, à — 3 °C à Van, tandis que les températures estivales dépassent largement 20 °C. Ces caractères se répercutent sur l'hydrographie. L'endoréisme est fréquent. La végétation de l'intérieur est steppique.

● *Géographie humaine et économique.* La densité de population est légèrement supérieure à 40 h. en moyenne au kilomètre carré. Mais elle dépasse 100 h. dans la partie européenne, 65 sur le littoral égéen et 60 en bordure de la mer Noire. Elle est de l'ordre de 35 h. seulement en Anatolie et inférieure à 25 h. dans le massif arménien. Cette population s'accroît à un rythme rapide, voisin de 3 p. 100 par an, en raison d'un fort taux de natalité, de l'ordre de 40 p. 1 000. Plus du tiers de la population est urbanisé. Parmi la quinzaine de villes dépassant chacune 100 000 h. émergent Ankara et surtout Istanbul.

L'agriculture est le fondement de l'économie. Employant environ 70 p. 100 de la population active, elle assure le tiers du produit intérieur net. Les céréales (orge et surtout blé) dominent sur le plateau anatolien ; le coton est cultivé sur le littoral méridional (plaine d'Adana), la

Turner, « le Pèlerinage de Childe Harold », *National Gallery, Londres*

Phot. Anderson-Giraudon, abbé de Vaumas.

village dans la région de Gaziantep

Turquie

barrage de Çubuk dans la région d'Ankara

vigne et les agrumes sur la côte égéenne, et le tabac sur les rives de la mer Noire. L'élevage occupe une place importante, surtout celui des ovins et des caprins (mohair), ressources essentielles des régions plus arides. L'industrie (avec la construction) n'emploie guère que le huitième de la population active, fournissant moins du cinquième du produit intérieur net. Le sous-sol fournit un peu de houille, de lignite et de pétrole, mais l'assise énergétique est bien réduite (la production d'électricité n'est que de 9 TWh). La Turquie produit encore divers minerais, mais en quantités réduites, en dehors du fer et surtout du chrome. La sidérurgie (Karabük, Ereğli) fournit 1 400 000 t d'acier, et la métallurgie de transformation est peu diversifiée. Les activités alimentaires et surtout textiles (travail du coton, tapis) dominent, symbole d'une industrialisation réduite.
La balance commerciale est toujours largement déficitaire (le taux de couverture des importations est souvent inférieur à 70 p. 100); le coton, le tabac, les fruits et les noix représentent les deux tiers des exportations, les biens d'équipement (avec le matériel de transport) 40 p. 100 des importations. Le solde est comblé par un afflux de capitaux étrangers (surtout publics) et les envois de nombreux travailleurs émigrés en Europe occidentale. Plus du tiers du commerce extérieur s'effectue avec les pays du Marché commun (Allemagne occidentale en tête), auquel la Turquie est associée depuis 1963, et plus de 20 p. 100 avec les Etats-Unis (qui fournissent notamment près du tiers des importations).
Comme la structure de l'économie l'indique clairement (part excessive de l'agriculture dans la production et, par contrecoup, faiblesse de l'industrie, lourd déficit commercial, nature des échanges), la Turquie n'est pas un pays développé. Le produit par habitant est seulement de l'ordre de 300 dollars (le septième du produit français), la moitié de la population adulte est analphabète. La consommation d'électricité par habitant est inférieure à 250 kWh (plus de 2 000 kWh en France); celle de l'acier est inférieure à 50 kg (400 kg en France). Il existe une voiture de tourisme pour 250 h. et un téléphone pour 70 h.

Histoire.

Mehmet VI, sultan de l'Empire ottoman*, accepte le démembrement de son pays par les Alliés et signe l'humiliant traité de Sèvres (1920). Le général Mustafa Kemal n'accepte pas cette politique d'abandon. Il forme un gouvernement que le Sultan déclare rebelle, bat les Grecs (1921-1922), qui veulent faire respecter le traité de Sèvres, récupère par des accords les districts cédés aux Soviétiques, supprime le sultanat (1922), signe le traité de Lausanne (1923), qui rend aux Turcs les territoires disputés par les Grecs. La même année, il proclame la république, dont il devient le premier président, Ismet Inönü étant Premier ministre de 1923 à 1937.
Il abolit le califat (1924) et transforme le pays en un Etat moderne et laïque : instruction obligatoire; dissolution des ordres religieux (derviches) en 1925; adoption, la même année, du calendrier grégorien et, en 1928, de l'alphabet latin; abolition de la polygamie par le code civil (1926); abrogation de l'article définissant l'islām comme religion d'Etat (1928). A l'extérieur, il mène une politique pacifique : il signe le pacte balkanique (1934) et celui de Saadabad (1937); il obtient à la conférence de Montreux (1936) l'autorisation de réarmer les Détroits. Depuis 1934, il s'appelle Kemal Atatürk; il meurt en 1938.
Ismet Inönü lui succède à la présidence de la République (1938-1950). Durant la Seconde Guerre mondiale, il maintient son pays dans la neutralité malgré une déclaration de principe à l'Allemagne (1945). L'aide financière américaine à partir de 1947 n'enraye pas une grave crise économique, qui favorise l'arrivée au pouvoir du parti démocrate. En 1950, Menderes, chef du parti démocrate, devient Premier ministre, et sa politique est marquée par un retour à l'islamisation (enseignement musulman obligatoire et construction de nombreuses mosquées). A l'intérieur, la Turquie adhère au pacte de l'Atlantique (1951-1952) et à celui de Bagdad (1955). L'affaire de Chypre détériore ses relations avec la Grèce et la Grande-Bretagne (1955-1959).
Le 27 mai 1960, un coup d'Etat militaire dirigé par le général Gürsel renverse Menderes (il sera exécuté l'année suivante). Une nouvelle Constitution est approuvée, et Gürsel devient président de la République (1961), pendant qu'Ismet Inönü dirige le gouvernement jusqu'au triomphe du parti de la Justice (1965); le président de ce parti, Demirel, assure la présidence du Conseil. En mai 1966, le général Sunay est élu chef de l'Etat. Le gouvernement Demirel met l'accent sur le développement de l'enseignement primaire et sur la liberté des pratiques religieuses. Mais, en 1971, l'armée contraint Demirel à démissionner et fait amender la Constitution dans un sens autoritaire. En 1973, Fahri Koruturk est porté à la présidence de la République. La crise de Chypre (1974) donne l'occasion aux forces turques d'occuper la partie nord de l'île.

turquin [tyrkɛ̃] adj. m. (ital. *turchino,* de Turquie). *Bleu turquin,* bleu foncé et mat. || — N. m. Variété de marbre bleu.

turquoise [tyrkwaz] n. f. (de *turc*). Pierre fine opaque, de couleur bleu ciel à bleu-vert, qui est une variété de phosphate d'aluminium naturel.

Turriers (04250 La Motte du Caire), ch.-l. de c. des Alpes-de-Haute-Provence (arr. de Forcalquier); 230 h.

turritelle [tyritɛl] n. f. (du lat. *turritus,* garni de tours). Mollusque gastropode à coquille très pointue, vivant dans le sable, sur les côtes d'Europe occidentale (où il atteint 5 cm de long), et dans les mers chaudes. (On en connaît de nombreuses espèces fossiles.) [V. illustr. MOLLUSQUES.]

Tusculum, v. de l'Italie ancienne (Latium), où Cicéron écrivit ses *Tusculanes* (45 av. J.-C.).

tussilage [tysilaʒ] n. m. (du lat. *tussis,* toux). Genre de composées dont une espèce aux capitules jaunes, aux très grandes feuilles polygonales, appelée aussi *pas-d'âne,* plante envahissante et très commune, possède des propriétés pectorales.

tussor [tysɔr] n. m. (mot angl. empr. à l'hindī). Foulard fabriqué avec une soie fournie par le ver à soie sauvage. (On dit aussi TUSSAH ou TUSSAU.) || Etoffe de soie légère, analogue à celle qui est tissée avec de la soie tussor.

tutélaire [tytelɛr] adj. (lat. *tutelaris*). Qui tient sous sa protection : *dieu tutélaire.* || *Par anal.* Favorable : *puissance tutélaire.* || *Dr.* Qui concerne la tutelle : *gestion tutélaire.*

tutelle [tytɛl] n. f. (lat. *tutela*). Institution établie en vue de protéger les incapables mineurs ou majeurs. || *Fig.* Protection : *la tutelle des lois.* || Surveillance, dépendance gênante : *se mettre en tutelle.* ● *Autorité de tutelle,* administration qui exerce ce contrôle. || *Territoire sous tutelle,* pays dont l'administration est confiée à un autre par l'O. N. U. || *Tutelle administrative,* contrôle exercé par une administration sur une collectivité locale ou un service public. || *Tutelle aux allocations familiales,* institution qui permet le versement des prestations familiales à une personne physique ou morale autre que les parents d'un enfant élevé dans des conditions défectueuses, ou lorsque le montant des allocations n'est pas utilisé dans l'intérêt des enfants.

tuteur [tytœr], **trice** [-tris] n. (lat. *tutor;* de *tueri,* protéger). Personne chargée de surveiller les intérêts d'un mineur non émancipé ou d'un interdit. ● *Tuteur « ad hoc »,* personne chargée de représenter le mineur pour toute opération juridique dans laquelle les intérêts de ce dernier risquent d'être opposés à ceux du tuteur ou du subrogé tuteur, ainsi que toute action en désaveu de paternité.

tuteur n. m. Perche, armature de bois ou de métal qui soutient une jeune plante.

tuteurage n. m. Action de munir une plante d'un tuteur.

tuteurer v. t. *Arbor.* Munir d'un tuteur.

tuthie ou **tutie** [tyti] n. f. (arabe *tuthia*). *Chim.* Oxyde de zinc qui se produit dans le travail de certains minerais de plomb.

Tuticorin, port de l'Inde (Tamilnād); 139 700 h.

tutoiement [tytwamɑ̃] n. m. Action de tutoyer.

tutoyer [tytwaje] v. t. (conj. **2**). User de la deuxième personne du singulier, en parlant à quelqu'un.

Tutsis ou **Batutsis,** ethnie du Ruanda.

tutti [tuti] n. m. (mot ital.). *Mus.* Ensemble des instruments de l'orchestre (par oppos. au *soliste* ou au *groupe de solistes*). || Passage musical indiquant cet ensemble. ● *Tutti quanti,* tous tant qu'ils sont, tous ces gens-là (emplois fam. ou iron.).

tutu [tyty] n. m. (onomat.). Costume de scène de la danseuse académique, composé de plusieurs jupes de gaze superposées.

tuyau [tɥijo] n. m. (empr. au francique). Elément à section constante d'un conduit, utilisé pour la circulation d'un fluide ou d'un produit pulvérulent : *tuyau d'orgue, de cheminée.* (V. *encycl.*) || Bout creux d'une plume d'oiseau. || Tige creuse du blé et de certaines

Phot. Lauros - Atlas-Photo, ambassade de Turquie.

plantes. || Pli cylindrique qu'on fait à du linge empesé. || *Fam.* Renseignement confidentiel. ● *Dire quelque chose dans le tuyau de l'oreille* (Fam.), dire quelque chose à voix basse et en secret. || *Tuyau acoustique,* long tuyau qui sert à porter le son à distance. || *Tuyau à ailettes,* élément de machine constitué par un tube métallique sur lequel sont fixées des ailettes rectangulaires ou circulaires. || *Tuyau d'arrosage,* tuyau (en cuir, en toile, en caoutchouc, etc.) destiné à amener à la lance d'arrosage l'eau prise à une canalisation ou à un réservoir. || *Tuyau sonore,* tube à parois lisses et rigides, rendant un son lorsque la masse d'air qu'il renferme entre en vibration. (Les tuyaux d'orgue, de métal ou de bois, sont de section carrée, conique ou cylindrique. On distingue les tuyaux à bouche, ouverts ou fermés, et les tuyaux à anche.)

— ENCYCL. Les *tuyaux* se distinguent des tubes par un diamètre plus important. Les *tuyaux en fonte,* pour la distribution d'eau, sont coulés horizontalement ou verticalement, ou obtenus par centrifugation. Les *tuyaux en acier* peuvent être fabriqués à partir d'un demi-produit rond, percé et laminé à chaud ou, pour les petits diamètres, étiré à froid. On peut également procéder par l'enroulement d'une tôle que l'on soude ensuite. Les *tuyaux en béton armé,* utilisés pour les diamètres supérieurs à 0,40 m, possèdent des armatures longitudinales, renforcées par des spires en acier. Les *tuyaux en plomb* sont obtenus à la presse hydraulique. Les *tuyaux en cuivre* sont formés par étirage du métal ou par brasage des bords en contact des feuilles de cuivre cintrées. Les *tuyaux en caoutchouc* possèdent une armature de coton avec un revêtement intérieur et extérieur de caoutchouc. Les *tuyaux en matière plastique,* souples, légers, peu fragiles, résistent aux corrosions et constituent un excellent isolant tant thermique qu'électrique.

tuyautage n. m. Action de tuyauter : *tuyautage du linge.*

tuyauté n. m. Manière dont le linge est tuyauté.

tuyauter v. t. Plisser en forme de tuyaux. || *Fam.* Renseigner.

tuyauterie n. f. Ensemble de canalisations, de conduites, assurant la circulation d'un fluide ou d'un produit pulvérulent dans une installation. || Ensemble des tuyaux d'un orgue.

Tuyên Quang, v. du Viêt-nam du Nord (Tonkin), sur la rivière Claire; 7 850 h. En 1884-1885, la garnison française, aux ordres du commandant Dominé et dans laquelle s'illustra le sergent Bobillot, soutint un siège de trois mois contre les Chinois.

tuyère [tɥijɛr] n. f. (de *tuyau*). Elément de canalisation profilé, destiné à imposer à un fluide en écoulement une augmentation de vitesse. || Conduit terminal d'une turbine à gaz, dans lequel se produit la détente fournissant l'énergie. || Ouverture pratiquée à la partie inférieure d'un four métallurgique pour le passage de l'air soufflé. || Buse qui passe par cette ouverture.

Tvardovski (Aleksandr Trifonovitch), poète soviétique, né à Zagore (gouvern. de Smolensk) [1910-1971]. Il fit l'éloge du système kolkhozien dans son poème *le Pays de Mouraviia* (1936), exalta l'héroïsme du soldat soviétique dans *Vassili Tiorkine* (1942-1945), puis célébra le retour de la paix (*la Maison au bord de la route,* 1946). Il est rédacteur en chef de la revue *Novy Mir* depuis 1958.

Tver'. V. KALININE.

Twain (Samuel Langhorne CLEMENS, dit **Mark**), écrivain américain, né à Florida (Missouri) [1835-1910]. Apprenti imprimeur, pilote sur le Mississippi, soldat, mineur, prospecteur et journaliste, il commence à écrire en adoptant le nom de MARK TWAIN (« Marque deux sondes »), terme technique des pilotes. Il voyage en Polynésie et en Europe, et publie *les Aventures de Tom Sawyer* (1876) et *les Aventures de Huckleberry Finn* (1884). Premier grand écrivain de l'ouest des Etats-Unis, écrivant une prose proche de la langue parlée, il est reconnu comme le maître des romanciers qui veulent « découvrir » l'Amérique à travers ses paysages et son folklore. La fin de sa vie, marquée par des revers financiers et des tragédies intimes, lui inspire des œuvres mystiques et pessimistes (*Ce qu'est l'homme,* 1906; *l'Etranger mystérieux,* 1916).

tweed [twid] n. m. (du nom d'une riv. d'Ecosse). Tissu de laine cardée, d'armure toile ou sergé, généralement établi en deux couleurs et utilisé pour la confection des vêtements genre sport.

Tweed (la), fl. tributaire de la mer du Nord, qui sépare l'Angleterre de l'Ecosse; 165 km.

Twickenham, agglomération de la banlieue sud-ouest de Londres. Stade de rugby.

twin-set [twinsɛt] n. m. (mot angl.). Ensemble composé d'un chandail et d'un cardigan de tricot assortis. || Pl. des *twin-sets.*

twist [twist] n. m. (angl. *to twist,* tordre). Danse apparue en 1961-1962.

Tyard ou **Thiard** (Pontus DE), poète français, né au château de Bissy (Mâconnais) [1521-1605]. Evêque de Chalon-sur-Saône, il fut chassé par les ligueurs et abandonna son évêché pour mener une vie épicurienne. Poète (*Erreurs amoureuses,* 1549-1555; *le Livre des vers lyriques,* 1555), il fit partie de la Pléiade.

Tycho Brahé. V. BRAHÉ.

tylenchus [tilɛ̃kys] n. m. Genre de vers nématodes vivant dans les matières végétales en décomposition.

Tyler (Wat ou Walter). V. WAT TYLER.

Tyler (John), homme d'Etat américain, né à Greenway (Virginie) [1790-1862], président des Etats-Unis de 1841 à 1845.

Tylor (Edward Burnett), ethnologue britannique, né à Camberwell (Londres) [1832-1917]. Il s'est notamment intéressé à la mythologie comparée et à la magie, et a étudié diverses ethnies mexicaines.

tympan [tɛ̃pɑ̃] n. m. (gr. *tumpanon,* tambour). *Archit.* Espace triangulaire compris entre le linteau et les deux rampants d'un fronton : *tympan d'un temple.* || Espace compris entre le linteau et l'arc d'une porte : *les tympans des églises médiévales étaient particulièrement ornés.* || *Mécan.* Pignon enté sur son arbre, et qui engrène dans les dents d'une roue. ● *Briser le tympan à quelqu'un* (Fig.), lui parler trop fort. || *Caisse du tympan,* cavité dans l'os temporal, où est logée l'oreille moyenne. || *Membrane du tympan,* ou *tympan* (Anat.), membrane située au fond du conduit auditif, qui transmet les vibrations de l'air aux osselets de l'oreille moyenne.

tympanique adj. Relatif au tympan.

tympaniser v. t. Critiquer publiquement (vx).

tympanisme n. m. (de *tympan*). Gonflement de l'abdomen, causé par l'accumulation des gaz dans l'intestin.

tympanon n. m. Instrument de musique monté avec des cordes de laiton, qu'on touche avec des petits maillets de bois.

Tyndall (John), physicien irlandais, né à Leighlin Bridge (1820-1893). Il découvrit le regel de la glace (1871), ainsi que la diffusion de la lumière par les suspensions colloïdales.

Tyndall (*effet*), diffusion de la lumière par des particules matérielles sur le trajet d'un rayon lumineux, qui rendent perceptible ce rayon.

tyndallisation [tɛ̃dalizasjɔ̃] n. f. (de l'inventeur *Tyndall*). Procédé de stérilisation par une série d'échauffements à une température variant entre 60 °C et 80 °C, et refroidissements successifs. (On admet que, pendant ces périodes de chauffage discontinu, les bactéries perdent leur aptitude à sporuler.)

Tyndare, roi légendaire de Sparte, époux de Léda.

Tyne (la), fl. d'Angleterre, qui arrose Newcastle et se jette dans la mer du Nord; 128 km.

Tynemouth, port d'Angleterre (Northumberland), sur l'estuaire de la Tyne; 72 000 h. Station balnéaire.

type [tip] n. m. (gr. *tupos,* empreinte). Empreinte servant à produire des empreintes semblables. || Modèle idéal, réunissant à un haut degré les traits essentiels de tous les êtres ou de tous les objets de même nature : *Harpagon est le type de l'avare.* (En ce sens, s'emploie aussi en apposition : *le Français type, une phrase type.*) || Ensemble de traits caractéristiques d'un groupe, d'une famille : *le type anglais.* || *Fam.* Personne d'une forte originalité : *c'est un type.* || *Pop.* Individu quelconque : *quel est ce type-là?* (Fait au fém. TYPESSE, dans ce sens.) || *Biol.* Forme générale autour de laquelle oscillent les variations d'une espèce, d'une race. (V. *encycl.*) || *Arts graph.* Caractère d'imprimerie.

— ENCYCL. *Biol.* La définition d'une nouvelle espèce est complétée par la référence à un *type,* individu matériellement conservé dans une collection. Les services de paléontologie du Muséum pour les fossiles et l'herbier de Kew (Grande-Bretagne) pour les plantes contiennent de nombreux « types ». Par ailleurs, une certaine espèce est considérée comme le *type* d'un genre, un certain genre comme le *type* d'une famille (à laquelle il donne souvent son nom), etc.

Enfin, en morphologie florale, on appelle couramment *type* l'ordre de répétition d'une symétrie axiale : on parle de fleurs du *type trois* (trimères), du *type cinq* (pentamères), etc.

typhacées n. f. pl. Famille de plantes monocotylédones du bord des eaux, comprenant la *massette,* ou *roseau-massue.*

typhique adj. Qui concerne le typhus ou la fièvre typhoïde : *affection typhique.* ● *Bacille typhique,* bacille d'Eberth, provoquant la fièvre typhoïde. || — N. et adj. Qui est atteint du typhus ou de la fièvre typhoïde.

typhlite [tiflit] n. f. (du gr. *tuphlon,* cæcum). Inflammation du cæcum.

typho-bacillose n. f. Tuberculose aiguë, d'apparence typhoïdique.

typhoïde [tifɔid] adj. (gr. *tuphos,* stupeur). Qui se manifeste par un état de prostration. ● *Fièvre typhoïde,* ou *typhoïde* n. f., maladie infectieuse provoquée par l'ingestion d'aliments contenant des bacilles d'Eberth, qui se multiplient dans l'intestin et agissent par des toxines. (V. *encycl.*)

— ENCYCL. La *fièvre typhoïde* se manifeste par une température qui atteint 40 °C vers le 4e jour, se maintient élevée pendant huit jours et revient progressivement à la normale en une semaine. Cette fièvre s'accompagne de prostration, de troubles digestifs (diarrhée ou constipation), d'une augmentation de volume de la rate et de la présence de taches rosées sur l'abdomen. L'hémoculture et le sérodiagnostic permettent d'affirmer le diagnostic de la maladie. La fièvre typhoïde a considérablement diminué de fréquence tant par la surveillance des eaux et des mollusques comestibles que par la vaccination (TAB); son évolution et son pronostic ont été totalement modifiés par l'emploi du chloramphénicol, qui permet une régression rapide des différents symptômes et même de certaines complications.

typhoïdique adj. Relatif à la fièvre typhoïde.

typhon [tifɔ̃] n. m. Dans les mers de Chine et du Japon, violente tempête qui provoque de terribles dévastations. (Syn. CYCLONE TROPICAL.)

typhose [tifoz] n. f. (du gr. *tuphos,* stupeur). Etat fébrile avec stupeur, ressemblant à la fièvre typhoïde et dans lequel on ne peut constater la présence du bacille d'Eberth. ● *Typhose aviaire,* maladie microbienne, contagieuse, des volailles.

typhus [tifys] n. m. (mot lat.; du gr. *tuphos,* torpeur). Nom qui désigne diverses affections contagieuses dues à des rickettsies (typhus exanthématique, typhus murin, fièvre boutonneuse méditerranéenne, etc.) ou à des spirochètes (typhus récurrent ou fièvre récurrente). [V. *encycl.*] ● *Typhus du chat,* nom donné à deux maladies infectieuses du chat (gastro-entérite et leucopénie infectieuse). || *Typhus du chien,* gastro-entérite hémorragique.

— ENCYCL. Le *typhus exanthématique,* dû à *Rickettsia prowazeki,* qui se transmet par le pou, est une maladie grave, endémique en Afrique et en Inde. Il a un début brutal et se manifeste par une fièvre élevée, du délire, des vomissements, de la conjonctivite et un exanthème (d'où le nom de *typhus exanthématique*), fait de taches rouges qui épargnent la face. La vaccination assure une bonne prévention. Le *typhus murin,* ou typhus endémique bénin, dû à *Rickettsia mooseri,* transmis par la puce, se traduit également par un exanthème généralisé épargnant la face, mais il évolue de manière bénigne et guérit en une dizaine de jours.

La *fièvre boutonneuse méditerranéenne,* due à une rickettsie transmise par la tique du chien, ressemble au typhus murin.

Le *typhus récurrent,* ou fièvre récurrente, est une maladie infectieuse due à un spirochète; il est transmis par la piqûre de tiques (octopodes) et se manifeste par plusieurs poussées de fièvre successives.

typique [tipik] adj. (gr. *tupikos*). Qui distingue une personne, une chose : *cas typique.* (Syn. CARACTÉRISTIQUE.)

typiquement adv. De façon typique.

typo n. m. Abrév. fam. de *typographe.* (Fém. une *typote.*) || — N. f. Abrév. de *typographie.*

typographe [tipɔgraf] n. et adj. (gr. *tupos,* caractère, et *graphein,* écrire). *Arts graph.* Ouvrier qui compose, à l'aide de caractères mobiles, les textes destinés à l'impression.

typographie n. f. (gr. *tupos,* caractère, et *graphein,* écrire). Procédé d'impression sur formes en relief (caractères mobiles, gravures, clichés).

typographique adj. Relatif à la typographie.

Tvardovski

Mark Twain

Tyndall

Phot. A. P. N., U. S. I. S., Elliot and Fry.

typologie [tipɔlɔʒi] n. f. Détermination des traits caractéristiques dans un ensemble de données en vue d'y déterminer des types, des systèmes : *une typologie des voies urbaines.* || Etude des caractères morphologiques de l'homme, communs aux différentes races. || *Psychol.* Etude systématique des traits de caractère en rapport avec les données somatiques. (V. *encycl.*)
— ENCYCL. *Psychol.* De nombreuses tentatives ont été faites pour systématiser les composantes du caractère et les mettre en rapport avec les données somatiques. On peut en retenir trois : 1° la *typologie de Kretschmer* (1921), qui distingue cinq types corporels (leptosome, pycnique, athlétique, dysplastique et atypique), auxquels correspondent les psychoses des schizophrènes, des maniaco-dépressifs et des épileptiques ; 2° la *typologie de Sheldon* (1927), qui divise en trois sortes les composantes corporelles (endomorphe, mésomorphe et ectomorphe) et en trois types l'échelle des tempéraments (viscérotonie, somatotonie et cérébrotonie) ; 3° la *typologie de Heymans et Wiersma,* popularisée en France par Le Senne (1957), qui axe ses distinctions sur les données psychologiques, et pour lesquelles on distingue trois propriétés fondamentales : l'émotivité, l'activité et le retentissement (lui-même pouvant être primaire ou secondaire), ce qui, par combinaisons, donne les huit types suivants : émotif actif primaire (= colérique) ; émotif actif secondaire (= passionné) ; émotif non actif primaire (= nerveux) ; émotif non actif secondaire (= sentimental) ; non émotif actif primaire (= sanguin) ; non émotif actif secondaire (= flegmatique) ; non émotif non actif primaire (= amorphe) ; non émotif non actif secondaire (= apathique).

typomètre n. m. Règle divisée en points typographiques, dont on se sert dans l'imprimerie.

typtologie [tiptɔlɔʒi] n. f. (gr. *tuptein,* frapper, et *logos,* discours). Dans le spiritisme, communication des esprits au moyen de coups frappés par les tables tournantes.

Tyr, auj. **Sour,** v. du Liban, au sud de Beyrouth ; 12 000 h. Archevêchés catholiques (rites maronite et grec). Très ancien port phénicien, célèbre par son commerce et dont la principale colonie fut Carthage. Il résista aux sièges de Nabuchodonosor (573) et d'Alexandre le Grand (332). Vestiges des époques phénicienne et romaine.

tyran [tirɑ̃] n. m. Oiseau passereau, appelé aussi *gobe-mouches américain,* insectivore et bon chanteur.

tyran n. m. (gr. *turannos*). *Antiq. gr.* Souverain investi d'un pouvoir absolu : *Polycrate fut tyran de Samos.* || Souverain despotique, injuste, cruel : *Néron fut un tyran.* || Personne qui abuse de son autorité.

tyranneau n. m. Petit tyran.

tyrannicide n. m. (lat. *tyrannus,* tyran, et *caedere,* tuer). Assassinat d'un tyran. || — N. Personne qui assassine un tyran.

tyrannie [tirani] n. f. (de *tyran*). *Antiq. gr.* Pouvoir souverain dû à la faveur populaire : *la tyrannie de Pisistrate à Athènes.* || Gouvernement autoritaire qui ne respecte pas les libertés individuelles et sur lequel les gouvernés n'ont aucun contrôle : *la tyrannie de Caligula.* || *Fig.* Pouvoir de certaines choses sur les hommes : *la tyrannie de l'usage, des passions.*

tyrannique adj. Qui a le caractère de la tyrannie : *loi, pouvoir tyrannique.* || *Fig.* Qui exerce une influence irrésistible : *le charme tyrannique de la beauté.*

tyranniser v. t. Traiter tyranniquement : *tyranniser ses sujets.* || Exercer une autorité oppressive sur : *tyranniser sa femme, ses enfants.* || *Fig.* Exercer un pouvoir moral absolu : *tyranniser les consciences.* || Syn. ASSERVIR, ASSUJETTIR, OPPRIMER, SOUMETTRE, SUBJUGUER.

tyrannosaure [tiranɔzɔr] n. m. Reptile fossile du crétacé d'Amérique, carnivore. (Long. 15 m.)

tyrien [tirjɛ̃], **enne** [-ɛn] adj. et n. De Tyr.

Tyrol ou **Tirol,** prov. alpestre de l'Autriche ; 12 647 km² ; 462 900 h. Cap. *Innsbruck.* Correspondant essentiellement au bassin supérieur de l'Inn, le Tyrol est une importante région touristique (Kitzbühel).

● *Histoire.* Détachés de la Bavière, les comtés tyroliens furent attribués au XIe s. aux évêques de Trente et de Brixen, qui laissèrent gouverner leurs avoués, les comtes de Tyrol. Enrichi par ses mines (sel, argent, cuivre) et par son industrie des armes, le Tyrol adopta la Réforme, puis revint au catholicisme après 1525. Il fut cédé à la Bavière au traité de Presbourg (1805), puis à l'Autriche en 1814. Le traité de Saint-Germain-en-Laye (1919) donna à l'Italie le Tyrol du Sud, où vivait une population de langue allemande, dont certains émigrèrent en Allemagne après l'accord germano-italien de 1939.

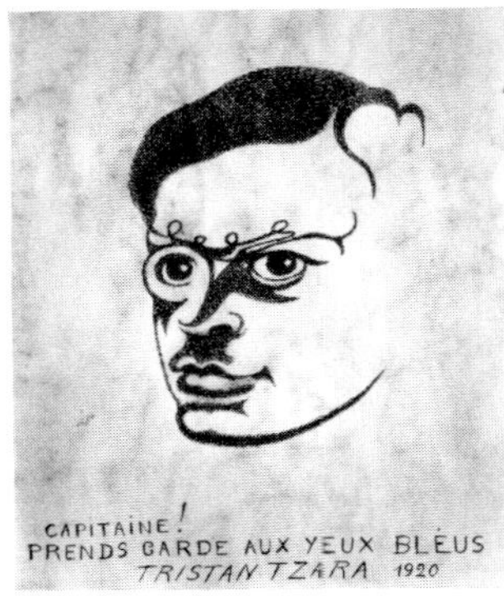

Tristan Tzara
par Valentine Hugo, *coll. part.*

tyrolien [tirɔljɛ̃], **enne** [-ɛn] adj. et n. Du Tyrol.

tyrolienne n. f. *Mus.* Air à trois temps, qui s'exécute en franchissant, à l'aide de certaines notes de poitrine et de tête qui se succèdent rapidement, d'assez grands intervalles mélodiques. || Danse du Tyrol.

tyrosine [tirozin] n. f. Acide aminé contenu dans plusieurs protides, dont l'oxydation fournit des pigments noirs, les *mélanines.*

tyrothricine [tirɔtrisin] n. f. Antibiotique extrait d'une culture de bacilles (*Bacillus brevis*). [La tyrothricine est à la fois bactériostatique et bactéricide contre les germes Gram positifs (staphylocoques, streptocoques). Elle est réservée à l'usage local.]

Tyrrhénienne (*mer*), partie de la Méditerranée occidentale comprise entre la péninsule italienne, la Corse, la Sardaigne et la Sicile.

Tyrtée, poète grec, né en Attique (VIIe s. av. J.-C.). Suivant la légende, c'était un maître d'école boiteux et contrefait que les Athéniens envoyèrent par dérision aux Lacédémoniens, qui leur demandaient un général, lors de la seconde guerre de Messénie. Mais le poète, par ses chants de guerre, releva le courage des Spartiates et les conduisit à la victoire.

tzar, tzarine, tzarévitch. V. TSAR, TSARINE, TSARÉVITCH.

Tzara (Tristan), écrivain français d'origine roumaine, né à Moineşti (Roumanie) [1896-1963]. L'un des fondateurs à Zurich, en 1916, du groupe dada*, il proclama sa volonté de détruire la société et le langage (*l'Homme approximatif,* 1931 ; *l'Antitête,* 1933 ; *le Cœur à gaz,* 1938). Il témoigna ensuite de préoccupations morales, soucieux de défendre l'homme contre toutes les puissances d'asservissement (*la Fuite,* 1947 ; *le Fruit permis,* 1957 ; *la Rose et le chien,* 1958).

tzigane ou **tsigane** [tsigan] n. et adj. Nom donné aux Bohémiens. || Nom donné aux musiciens bohémiens, ou portant le costume bohémien, qui jouent dans les cafés-concerts, etc.

Phot. Larousse.

U u

u n. m. Vingt et unième lettre de l'alphabet et la cinquième des voyelles. || — **U,** symbole chimique de l'*uranium.*

ubac [ybak] n. m. (du lat. *opacus,* sombre). Dans la montagne, versant à l'ombre. (Syn. : ENVERS, OMBRÉE. — Contr. : ADRET.)

Ubaye [ybaj], torrent des Alpes-de-Haute-Provence, qui rejoint la Durance (r. g.) dans le lac formé par le barrage de Serre-Ponçon ; 80 km.

Ube, port du Japon (Honshū) ; 159 000 h. Industries chimiques.

Úbeda, v. d'Espagne (Andalousie) ; 27 700 h. Eglises et palais des XVe et XVIe s.

Uberaba, v. du Brésil (Minas Gerais) ; 72 000 h. Archevêché.

ubiquiste [ybikɥist] n. et adj. (du lat. *ubique,* partout). *Fam.* Personne ou être qui paraît présent dans plusieurs lieux à la fois. || — N. Membre d'une secte de luthériens qui soutenaient que le corps de Jésus-Christ est présent dans l'eucharistie. (On dit aussi UBIQUITAIRE.)

ubiquité [ybikɥite] n. f. (lat. *ubiquitas ;* de *ubique,* partout). Faculté d'être présent en plusieurs lieux à la fois. ● *Je n'ai pas le don d'ubiquité,* je ne puis être partout en même temps.

Ubu roi, œuvre d'Alfred Jarry, jouée en 1888 dans un théâtre de marionnettes, puis représentée au théâtre de l'Œuvre en 1896. Le roi Ubu est l'incarnation non seulement du bourgeois enragé, mais aussi de toute la bêtise et de toute la sauvagerie humaines.

Ucayali, riv. du Pérou, née dans les Andes, une des branches mères de l'Amazone ; 1 600 km.

Uccello ou **Ucello** (Paolo DI DONO, dit), peintre, décorateur, mosaïste italien, né à Pratovecchio (Casentino, Toscane) [1397-1475]. Il travailla comme orfèvre près de Ghiberti, puis comme mosaïste à Saint-Marc de Venise. A Florence, il exécuta dans la cathédrale l'effigie équestre du condottiere *John Hawkwood,* traitée en trompe l'œil, de grandes compositions à Santa Maria Novella (« cloître vert ») et, pour les Médicis, les trois panneaux de la *Bataille de San Romano* (National Gallery, Londres ; Louvre ; Offices, Florence). Il poussa très loin l'étude de la perspective tout en manifestant un sens du pittoresque et une étrange poésie.

Uccle, en néerl. **Ukkel,** comm. de Belgique (Brabant) ; 77 500 h. Commune résidentielle.

Uckange (57270), comm. de la Moselle (arr. de Thionville-Ouest) ; 10 326 h. Sidérurgie.

Udaipur, v. de l'Inde (Rājasthān) ; 120 500 h. Nombreux monuments.

Udall (Nicholas), érudit et auteur dramatique anglais, né dans le Hampshire (1504-1556). Il écrivit, sur le modèle des pièces de Térence et de Plaute, la première comédie en vers anglais, dont le héros est une sorte de soldat fanfaron (*Ralph Roister Doister,* v. 1553).

Udet (Ernst), général aviateur allemand, né à Francfort-sur-le-Main (1896-1941). Titulaire de 62 victoires aériennes pendant la Première Guerre mondiale, il devint chef des services techniques de l'aviation allemande en 1937, mais, entré en conflit avec Göring, il se suicida.

Udine, v. d'Italie, anc. cap. du Frioul ; 92 700 h. Château médiéval. Métallurgie. Textiles.

Udine (Giovanni RICAMATORE, dit **Jean d'**). V. GIOVANNI DA UDINE.

Uélé ou **Ouellé,** affl. de l'Oubangui (r. g.) ; 1 300 km.

Ugarit. V. OUGARIT.

Ugine (73400), ch.-l. de c. de la Savoie (arr. d'Albertville) ; 7 994 h. Electrométallurgie.

Ugolin (Ugolino DELLA GHERARDESCA, dit). V. GHERARDESCA.

uhlan [ylɑ̃] n. m. (mot allem., empr. au tatar). Lancier, dans les anciennes armées allemande, autrichienne, polonaise et russe.

Uhland (Ludwig), poète allemand, né à Tübingen (1787-1862). Auteur de travaux sur la chanson populaire en Allemagne (*Etudes sur l'histoire de la poésie et de la légende,* 1865-1873), il adopta dans ses poésies le ton du lied et des légendes souabes (*le Château au bord de la mer,* 1805 ; *le Roi aveugle,* 1811 ; *la Malédiction du chanteur,* 1814). Il composa le poème célèbre *J'avais un camarade* (*Ich hatt'einen Kameraden*).

Uhuru (*pic*), nouveau nom du *Kilimandjaro**.

Uitlanders, nom qui fut donné, au Transvaal et dans l'Orange, aux immigrants anglais, par opposition aux *Boers,* anciens colons néerlandais.

Ujjain, v. de l'Inde (Madhya Pradesh) ; 150 400 h. L'une des villes saintes de l'Inde. Université.

ukase [ukaz] ou **oukase** n. m. (russe *ukaz ;* de *ukasati,* publier). Edit du tsar : *ukase impérial.* || Décision autoritaire et impérative.

Ukraine, une des républiques fédérées de l'U. R. S. S., sur la mer Noire et la mer d'Azov ; 601 000 km² ; 45 966 000 h. (*Ukrainiens*). Cap. *Kiev.*

● *Géographie.* Occupant le sud-ouest de la plaine russe, l'Ukraine s'étend en majeure partie dans la riche zone du tchernoziom*. C'est la plus grande région agricole de l'Union, produisant plus de blé et de betterave à sucre que la France, possédant un élevage bovin et ovin aussi développé que celui de notre pays. Mais, favorisée par la richesse du sous-sol, l'industrie est aussi

Uccello, « le Miracle de l'hostie profanée », *détail, palais ducal, Urbino*

moisson dans la région de Kharkov

Ukraine

complexe chimique de Lissitchansk, dans la région de Lougansk

Phot. A. P. N., Giraudon, A. P. N.

considérablement développée. Elle constitue même aujourd'hui le fondement de l'économie, puisque les gisements ukrainiens du Donbass fournissent autant de houille que le Marché commun et que ceux de Krivoï-Rog donnent le double de la production française de fer. Sur la houille et le fer s'est greffée une puissante métallurgie (la production d'acier est égale à celle de l'Allemagne occidentale). Le poids économique de l'Ukraine est égal pour certaines productions de base à celui des plus grandes puissances de l'Europe occidentale. Il s'accompagne d'une forte densité de population, de l'ordre de 80 h. au kilomètre carré, et d'une importante urbanisation qui intéresse la région minière et métallurgique du Sud-Est (Donetsk, Makeïevka, Gorlovka, etc.), le littoral (Odessa, Nikolaïev, Jdanov), parfois parsemé de stations balnéaires (notamment en Crimée : Yalta), et la bordure des fleuves (Kiev, Dniepropetrovsk, Zaporojie, sur le Dniepr; Kharkov, près du Donets; Krivoï-Rog, sur l'Ingoulets).

● *Histoire.* Issue de la principauté de Galicie-Volhynie, l'Ukraine passa sous la domination de la Pologne (XIVe s.), qui favorisa la pénétration de l'Eglise romaine, notamment chez les serfs ukrainiens ou « ruthènes ». Le démembrement de la Pologne répartit les Ruthènes entre l'Autriche et la Russie. La chute du tsarisme favorisa un mouvement autonomiste qui échoua (1918-1921). En 1922, l'Ukraine, amputée de plusieurs territoires par les Tchèques, les Polonais et les Roumains, devint république fédérée de l'U. R. S. S. Occupée par les Allemands en 1941 et 1942, elle fut agrandie en 1945.

Ukraine subcarpatique ou **Ruthénie,** anc. région orientale de la Tchécoslovaquie, annexée par la Hongrie en 1939 et cédée à l'U. R. S. S. (Ukraine) en 1945.

ukrainien [ykrɛnjɛ̃], **enne** [-ɛn] adj. et n. De l'Ukraine.

Ulbricht (Walter), homme politique allemand, né à Leipzig (1893-1973). Ouvrier ébéniste, il fut l'un des fondateurs du parti communiste allemand (1919). Il émigra en U. R. S. S. de 1933 à 1945. Rentré à Berlin, il assura la fusion des sociaux-démocrates et des communistes en un parti socialiste unifié (1946). Il a été premier secrétaire du parti socialiste unifié de 1950 à 1971. De 1960 à sa mort, il présida le Conseil d'Etat de la République démocratique allemande.

ulcératif, ive adj. Qui produit l'ulcération.

ulcération n. f. Formation d'ulcère. || L'ulcère lui-même.

ulcère [ylsɛr] n. m. (lat. *ulcus, ulceris*). Solution de continuité dans un tissu, avec perte de substance, déterminée par une cause locale : *ulcère variqueux.* (V. *encycl.*) || Plaie sur un arbre.

— ENCYCL. L'*ulcère variqueux* est dû à la stagnation du sang dans des veines dilatées (varices), les tissus correspondants n'étant plus suffisamment irrigués.

L'*ulcère à l'estomac* se manifeste par des crises douloureuses à type de torsions violentes à l'épigastre, survenant plusieurs heures après les repas et se répétant plusieurs jours de suite, des périodes de rémission plus ou moins longues alternant avec les périodes de crise. Le rôle du système nerveux est important, et le traitement comporte les sédatifs généraux et ceux du parasympathique, associés aux pansements gastriques et aux modificateurs des métabolismes (vitamine C, histidine, etc.).

ulcéré, e adj. *Conscience ulcérée,* pressée de remords. || *Cœur ulcéré,* qui garde un profond ressentiment.

ulcérer v. t. (conj. 5). Produire un ulcère. || *Fig.* Causer un profond et durable ressentiment : *vos critiques l'ont ulcéré.* (Syn. : BLESSER, CHOQUER, FROISSER, OFFENSER, OFFUSQUER, VEXER.)

ulcéreux, euse adj. De la nature de l'ulcère : *plaie ulcéreuse.* || Couvert d'ulcères.

ulcéroïde adj. Qui ressemble à un ulcère.

Uleåborg. V. OULU.

uléma [ulema] ou **ouléma** n. m. (arabe *'ulamā'*, plur. de *'ālim*, savant en matière de religion). Docteur de la loi, théologien, chez les musulmans.

Ulfilas, Ulfila ou **Wulfila,** évêque arien, apôtre des Goths (v. 311-v. 383), traducteur de la Bible en gotique.

Ulhasnagar, v. de l'Inde (Mahārāshtra); 218 000 h.

uliginaire [yliʒinɛr] ou **uligineux, euse** adj. Qui croît ou vit dans les lieux humides : *plantes uliginaires* ou *uligineuses.*

ulluco [uʎuko] n. m. Plante volubile de la cordillère des Andes, à tubercules comestibles.

Ulm, v. d'Allemagne occidentale (Bade-Wurtemberg), sur le Danube; 93 300 h. Cathédrale gothique du XIVe s., Cimenterie. L'armée autrichienne de Mack y capitula le 20 octobre 1805 devant Napoléon Ier.

ulmacées [ylmase] n. f. pl. Famille de plantes dicotylédones apétales, comprenant l'*orme,* le *micocoulier.*

ulmaire [ylmɛr] n. f. Autre nom de la *reine-des-prés,* ou *spirée.*

ulnaire [ylnɛr] adj. (du lat. *ulna,* os cubital). Qui a rapport à l'os cubital.

Ulpien, jurisconsulte romain, né à Tyr, m. en 228. Son opinion faisait loi chez les Romains.

ulster [ylstɛr *ou* œlstɛr] n. m. (du nom d'une province d'Irlande). Long pardessus d'hiver.

Ulster, la plus septentrionale des provinces de l'ancienne Irlande. Depuis 1920, la partie est de l'Ulster (13 567 km²; 1 485 000 h.) constitue l'Irlande du Nord

unau

(cap. *Belfast*), unie à la Grande-Bretagne. Les trois comtés de l'Ouest et du Sud, *Donegal, Cavan, Monaghan,* se sont unis à la république d'Irlande, formant la *province de l'Ulster* (8 007 km²; 208 300 h.).

● *Histoire.* En 1603 commença la colonisation massive de l'Ulster par des Anglais et des Ecossais, qui en firent une puissante enclave protestante. Celle-ci se dressa au XXe s. contre les projets d'autonomie irlandaise et obtint, lors du règlement anglo-irlandais de 1920-1922, que six des neuf comtés ulstériens soient détachés du nouvel Etat libre d'Irlande et maintenus à la Grande-Bretagne. Mais un violent antagonisme s'y est développé entre les catholiques et la majorité protestante.

ultérieur [ylterjœr], **e** adj. (du lat. *ultra,* au-delà). Qui arrive après (par oppos. à *antérieur*) : *nouvelle ultérieure.* (Syn. : CONSÉCUTIF, POSTÉRIEUR, SUIVANT.) || *Géogr. anc.* Qui est au-delà (par oppos. à *citérieur*) : *la Calabre ultérieure.*

ultérieurement adv. Plus tard : *nous examinerons cela ultérieurement.*

ultimatum [yltimatɔm] n. m. (mot lat. signif. *dernière chose*). Conditions définitives imposées à un Etat par un autre, et dont la non-acceptation entraîne la guerre. || Décision irrévocable, qui ne souffre pas de contestation.

ultime [yltim] adj. (lat. *ultimus*). Dernier, final : *ultime concession.*

ultimo [yltimo] adv. (mot lat.). En dernier lieu, lorsqu'on a compté par *primo, secundo,* etc.

ultra [yltra] n. m. Celui qui professe des opinions extrêmes. || Abrév. de *ultra-royaliste.*

ultracentrifugeuse n. f. Centrifugeuse à régime de rotation extrêmement élevé (plus de 60 000 tr/mn).

ultrafiltration n. f. Filtration à travers des membranes poreuses, permettant l'isolement des grosses molécules protéiques et des virus dits « filtrants » (parce qu'ils passent à travers les filtres ordinaires).

ultraïsme n. m. Mouvement littéraire créé en 1919 par des poètes espagnols et hispano-américains dans le but de réhabiliter la poésie pure. (Ses principaux représentants ont été Guillermo de Torre, Jorge Luis Borges, Eugenio Montes et Gerardo Diego.)

ultramicroscope n. m. Instrument permettant, grâce à son éclairement latéral, de déceler des objets invisibles au microscope ordinaire. (Avec l'ultramicroscope, les corps observés apparaissent comme des points brillants sur fond noir, par suite de l'éclairage réalisé.)

ultramicroscopie n. f. Procédé d'observation à l'ultramicroscope, permettant d'étudier des objets trop petits pour pouvoir être observés au microscope ordinaire.

ultramontain [yltramɔ̃tɛ̃], **e** [-ɛn] adj. et n. (préf. *ultra,* et lat. *mons, montis,* mont). Qui est au-delà des monts, au-delà des Alpes, par rapport à la France : *pays ultramontains.* || Qui appartient aux doctrines théologiques favorables à la cour de Rome. (Contr. GALLICAN, E.)

ultra-petita [yltrapetita] n. m. (mots lat. signif. *au-delà de ce qui a été demandé*). *Statuer ultra-petita,* se dit d'un tribunal qui décide sur les choses qui ne lui étaient pas soumises. (Les jugements entachés d'ultra-petita peuvent être rétractés par la voie de la requête civile.)

ultrapression n. f. Pression très élevée, atteignant plusieurs milliers d'atmosphères.

ultra-royaliste n. et adj. Partisan exalté des doctrines monarchiques. || Sous la Restauration, partisan du retour à l'Ancien Régime.

ultrason n. m. Vibration de même nature que le son, mais de fréquence trop élevée pour être perçue. (Les ultrasons ont des fréquences supérieures à environ 20 000 hertz; on les engendre et on les détecte grâce aux phénomènes de piézo-électricité et de magnétostriction. Ils se propagent en ligne droite et donnent des échos sur les obstacles, d'où leur emploi pour le sondage en mer, la détection des sous-marins, divers contrôles industriels, etc.) [On écrit aussi parfois ULTRA-SON.]

ultraviolet, ette adj. *Phys.* Se dit des radiations invisibles placées dans le spectre au-delà du violet, et dont la longueur d'onde est plus petite que celle du violet. (Les rayons ultraviolets ont une grande activité chimique, une action destructive sur les tissus vivants et un grand pouvoir bactéricide, d'où leur emploi en photothérapie et pour la stérilisation des eaux. On les produit habituellement à l'aide de lampes à vapeur de mercure.) || — N. m. : un *ultraviolet.*

ultravirus n. m. Virus filtrant.

ululation n. f., ou **ululement** n. m. (de *ululer*). Cri des oiseaux rapaces nocturnes.

ululer [ylyle] ou **hululer** v. i. (lat. *ululare*). Crier, en parlant des oiseaux rapaces nocturnes.

ulva [ylva] ou **ulve** [ylv] n. f. *Bot.* Algue verte marine, à thalle plat et mince, appelée aussi *laitue de mer.*

Ulysse, en gr. **Odusseus,** héros grec, roi légendaire d'Ithaque, fils de Laërte, époux de Pénélope, père de Télémaque, l'un des principaux acteurs du siège de Troie, où il se signala surtout par sa prudence et sa ruse. Ce fut lui qui proposa le stratagème du cheval de bois. Le retour d'Ulysse dans sa patrie fait le sujet de *l'Odyssée :* le mauvais sort le fait s'égarer de rivage en rivage et il n'arrive à destination qu'au bout de dix ans, pour massacrer les prétendants à sa succession.

Ulysse, roman de James Joyce (1922). C'est le récit d'une journée, le 16 juin 1904, du courtier de Dublin Léopold Bloom. Participant de la légende, de l'épopée, de l'histoire, du reportage, de la farce, du drame, de la symphonie, du traité scolastique, cette œuvre, version moderne et parodie de *l'Odyssée,* riche de symbolismes et de correspondances, tente d'unifier tous les procédés de style en un langage total.

'Umar Ier (Abū Ḥafṣa ibn al-Khaṭṭāb), né à La Mecque (v. 581-644), deuxième calife des musulmans (634-644). Il conquit la Syrie, la Perse, l'Egypte, la Mésopotamie et la Palestine.

Ume älv, fl. de Suède, qui se jette dans le golfe de Botnie, peu en aval d'*Umeå* (52 000 h.); 460 km.

un [œ̃], **une** [yn] adj. num. (lat. *unus*). Le premier nombre de la série naturelle des entiers : *un franc.* || Seul, qui n'est pas associé à d'autres : *travail fait en un jour.* ● *Ne faire ni une ni deux* (Fam.), ne pas hésiter. || *Ne faire qu'un,* être tout à fait semblable ou parfaitement uni. || *Pas un,* aucun, nul. || *Un à un,* l'un succédant à l'autre. || — Adj. ordin. Premier : *page un.* || — Adj. qualif. Qui n'admet pas de division : *Dieu est un; la vérité est une.* || Simple : *dans un poème, l'action doit être une.* || — Art. indéf. Quelque, certain : *un Ancien a dit.* || — Pr. indéf. *L'un,* un des deux nommés (par oppos. à *l'autre*). ● *L'un l'autre,* réciproquement.

un n. m. Une unité : *un et un font deux.* || Le chiffre qui exprime le nombre un : *un « un » mal tracé.*

Unamuno (Miguel DE), écrivain espagnol, né à Bilbao (1864-1936). Philologue, poète (*Poésies,* 1907), romancier (*De mon pays,* 1903), il est surtout un philosophe (*le Sentiment tragique de la vie,* 1913; *l'Agonie du christianisme,* 1924) et un essayiste passionné des problèmes de son temps. Recteur de l'université de Salamanque, il fut destitué en 1924, déporté aux Canaries, puis exilé en France. Il y écrivit le *Romancero de l'exil* (1928). Rentré en Espagne, il prit une part active à l'instauration de la république et mourut au début de la guerre civile.

unanime [ynanim] adj. (lat. *unus,* un seul, et *animus,* âme). Qui exprime un accord complet : *un consentement unanime.* || — Pl. Qui ont même avis, même sentiment : *nous avons été unanimes sur cette question.*

unanimement adv. A l'unanimité : *cette décision a été unanimement approuvée.*

unanimisme n. m. Ecole littéraire (XXe s.) qui se proposait de traduire les sentiments et les impressions de larges groupes humains. (Jules Romains, en France, et Dos Passos, aux Etats-Unis, sont parmi ses représentants.)

unanimiste adj. Qui concerne ou qui professe l'unanimisme.

unanimité n. f. Accord complet des opinions, des suffrages : *il fut élu à l'unanimité.*

unau [yno] n. m. Mammifère d'Amérique tropicale, arboricole, à mouvements lents. (Ordre des édentés; sous-ordre des paresseux.)

unciforme [ɔ̃sifɔrm] adj. En forme de crochet.

unciné [ɔ̃sine], **e** adj. Pourvu d'un crochet.

underground [œndərgraund] adj. inv. (mot angl.). *Cinéma underground,* se dit de certains films expérimentaux réalisés aux Etats-Unis en dehors des circuits commerciaux ordinaires. || Se dit de divers spectacles, d'œuvres littéraires d'avant-garde.

Unamuno

Phot. Devez - Lauros - Atlas-Photo, Manuel.

Undset (Sigrid), femme de lettres norvégienne, née à Kalundborg (Danemark) [1882-1949]. Fille d'un archéologue, passionnée très tôt par l'histoire, elle prit pour thème de ses romans l'éternelle confrontation de l'homme et de la femme (*le Printemps,* 1914; *Kristin Lavransdatter,* 1920-1922; *Olav Audunssön,* 1925-1927). Convertie au catholicisme en 1925, elle exprima dans ses œuvres ses convictions religieuses (*le Buisson ardent,* 1930), puis manifesta son opposition à l'Allemagne et au nazisme (*Jours heureux en Norvège,* 1942). Sa dernière œuvre, publiée après sa mort, est une biographie de *Catherine de Sienne* (1951). [Prix Nobel, 1928.]

une n. f. (de *un*). *La une* (Fam.), première page d'un journal.

Unesco, nom formé des initiales des mots anglais *United Nations Educational, Scientific and Cultural Organization,* institution de l'Organisation des Nations unies, constituée en 1946 pour protéger les libertés et développer la culture. La *maison de l'Unesco,* à Paris, est l'œuvre des architectes Bernard Zehrfuss (Français), Pier Luigi Nervi (Italien) et Marcel Breuer (Américain). Un jardin japonais (Noguchi), des sculptures (Moore, Calder), des murs de céramique (Miró et Artigas), des reliefs (Arp), une mosaïque (Bazaine), un panneau photographique (Brassai) et des peintures (Picasso, Tamayo, Appel, Matta, Afro) concourent à sa décoration.

Ungaretti (Giuseppe), poète italien, né à Alexandrie (Egypte) [1888-1970]. Considéré comme le chef de file de l'hermétisme, il retrouve la tradition de Pétrarque et de Leopardi, et utilise souvent l'hendécasyllabe. Son œuvre poétique a été traduite en français sous le titre *les Cinq Livres.* Elle comprend notamment *Allégresse* (1931), *Sentiment du temps* (1933), *la Douleur* (1947), *la Terre promise* (1950-1954), *Un cri et des paysages* (1952-1954). Ungaretti a publié également des recueils d'essais (*A partir du désert,* 1961).

Ungava, baie de la côte nord-est du Labrador (Canada). Elle donne parfois son nom à la région du *Nouveau-Québec,* partie nord de la province de Québec.

unguéal [ɔ̃geal], **e, aux** [-o] adj. (du lat. *unguis,* ongle). Qui a rapport à l'ongle. ● *Phalange unguéale,* celle qui porte l'ongle. ‖ *Plaque unguéale,* formation qui apparaît chez le fœtus au 4ᵉ mois et qui donnera l'ongle.

unguifère [ɔ̃gɥifɛr] adj. Qui porte un ongle.

unguis [ɔ̃gɥis] n. m. (mot lat. signif. *ongle*). Os en forme d'ongle, sur le côté interne de l'orbite. (Il contribue à former le canal lacrymo-nasal, qui conduit les larmes de l'angle interne de l'œil aux fosses nasales.)

uni, e [yni] adj. (de *unir*). Sans inégalités : *chemin uni.* ‖ Sans ornement : *linge uni.* ‖ *Fig.* Sans variétés : *vie unie.*

uni n. m. Etoffe unie, d'une seule couleur : *porter de l'uni.*

uniate [ynjat] n. m. (du lat. *unio,* union). Chrétien qui reconnaît la suprématie du pape tout en conservant sa liturgie nationale. (Ce terme s'applique proprement aux Ruthènes.)

uniaxe [yniaks] adj. *Minér.* Se dit d'un cristal biréfringent qui ne possède qu'un seul axe optique.

unicellulaire adj. Formé d'une seule cellule : *organisme unicellulaire.*

unicité [ynisite] n. f. Qualité de ce qui est unique.

unicolore [ynikɔlɔr] adj. Qui est d'une seule couleur.

unidirectionnel, elle adj. (lat. *unus,* un seul, et de *direction*). Qui n'a qu'un sens de déplacement : *courant unidirectionnel.* ‖ Se dit d'une antenne, d'un aérien, transmettant ou recevant une onde dans une direction bien déterminée.

unième [ynjɛm] adj. num. ord. de *un.* Ne s'emploie qu'à la suite des dizaines, des centaines, etc. : *le vingt et unième jour du mois.*

unièmement adv. Ne s'emploie qu'en composition : *vingt et unièmement* (en vingt et unième lieu).

Unieux (42240), comm. de la Loire (arr. de Saint-Etienne); 8 440 h. Métallurgie.

unificateur, trice adj. et n. Qui unifie.

unification n. f. Action d'unifier.

Sigrid Undset

Ungaretti

unifier [ynifje] v. t. Amener ou ramener à l'unité : *unifier un pays.* ‖ — **S'unifier** v. pr. Etre amené à l'unité.

unifilaire adj. Qui ne comprend qu'un seul fil.

uniforme [ynifɔrm] adj. (lat. *unus,* un seul, et *forma,* forme). Qui a la même forme; pareil : *des maisons uniformes.* ‖ Où l'on n'aperçoit aucune variété : *aspect, couleur, style uniforme.* ‖ Toujours égal : *allure uniforme.* ‖ Qui ne change pas, est toujours le même : *vie, conduite uniforme.* ‖ — Contr. : ACCIDENTÉ, CHANGEANT, DIVERS, NUANCÉ, VARIÉ.

uniforme n. m. (abrév. de *habit uniforme*). Costume qui est le même pour toute une catégorie de personnes. ‖ Habit militaire, v. TENUE. (En dehors du service, le port de l'uniforme n'est plus obligatoire pour les militaires de carrière ni pour les appelés bénéficiant d'une permission.) ● *Endosser l'uniforme,* devenir militaire. ‖ *Quitter l'uniforme,* rentrer dans la vie civile.

uniformément adv. D'une manière uniforme : *mouvement uniformément accéléré.*

uniformisation n. f. Action d'uniformiser; résultat de cette action.

uniformiser v. t. Rendre de même genre, de même nature, de même forme.

uniformité n. f. Etat de ce qui est uniforme, semblable dans ses parties.

Unigenitus (*bulle*), bulle par laquelle le pape Clément XI condamna le jansénisme en 1713. Plusieurs prélats français refusèrent de recevoir la bulle, qui fut l'objet de vives polémiques.

unijambiste [yniʒɑ̃bist] n. et adj. Qui n'a qu'une jambe.

unilatéral, e, aux adj. (lat. *unus,* un seul, et *latus, lateris,* côté). Situé d'un seul côté : *stationnement unilatéral; nectaire unilatéral.* ‖ Qui n'engage qu'une des parties contractantes : *engagement unilatéral.* ● *Décision unilatérale,* prise par une seule des parties en présence.

unilatéralement adv. De façon unilatérale.

unilinéaire adj. *Ethnol.* Se dit d'une filiation qui ne tient compte socialement que de l'une des deux ascendances. (Elle donne naissance aux systèmes matrilinéaire ou patrilinéaire.)

uniloculaire adj. *Bot.* Qui n'a qu'une loge : *ovaire uniloculaire.*

uniment adv. Sans inégalité : *toile travaillée uniment.* ● *Tout uniment* (Fig.), simplement, sans ambages : *voilà tout uniment ce que j'ai vu.*

uninominal, e, aux adj. (lat. *unus,* un seul, et *nomen, nominis,* nom). Qui ne contient qu'un nom; où l'on n'indique qu'un seul nom : *scrutin uninominal.*

union [ynjɔ̃] n. f. (du lat. *unus,* un seul). Association ou combinaison de différentes choses de manière qu'elles ne forment plus qu'un tout : *l'union de l'âme et du corps.* ‖ Mariage : *union bien assortie.* ‖ Liaison, conformité d'efforts et de pensées : *l'union fait la force.* ‖ Association ou syndicat formé par le groupement de plusieurs associations ou syndicats.

Union (*acte d'*), loi par laquelle le Parlement anglais supprima le Parlement de Dublin et plaça l'Irlande sous la domination anglaise (1800).

Union (*arrêt d'*), arrêt par lequel le parlement de Paris s'associa aux autres cours souveraines en 1648 pour faire échec aux mesures financières de Mazarin. Ce fut le prélude de la Fronde.

Union française, nom donné par la Constitution de 1946 à l'ensemble formé d'une part par la République française (France métropolitaine, Algérie, départements et territoires d'outre-mer), d'autre part par les territoires et Etats associés. Elle fit place en 1958 à la Communauté*.

Union Jack, drapeau du Royaume-Uni, unissant la croix de Saint-George anglaise (rouge sur fond blanc), la croix de Saint-André écossaise (blanche sur fond bleu) et la croix de Saint-Patrick irlandaise (rouge).

Union des républiques arabes, fédération formée en 1971 par l'Egypte, la Libye et la Syrie. Cap. *Le Caire.*

Union des républiques socialistes soviétiques ou **Union soviétique.** Voir U. R. S. S.

Union sud-africaine. V. AFRIQUE DU SUD (*république d'*).

unionisme n. m. Doctrine des unionistes.

unioniste n. Partisan du maintien de l'union dans un Etat confédéré. ‖ — Adj. *Eclaireur unioniste,* scout protestant. ‖ *Parti unioniste,* en Angleterre, parti qui, au XIXᵉ s., était adversaire de l'autonomie de l'Irlande.

uniovulé, e adj. *Bot.* Qui n'a qu'un ovule.

unipare [ynipar] adj. (lat. *unus,* un, et *parere,* enfanter). Qui, généralement, ne donne naissance qu'à un seul petit : *femelle unipare.*

unipolaire adj. Qui n'a qu'un pôle : *interrupteur unipolaire.* ‖ *Cytol.* Se dit d'un neurone dont le corps cellulaire ne porte qu'un seul prolongement, comme les neurones en T des ganglions spinaux.

unique [ynik] adj. (lat. *unicus*). Seul en son genre : *fils unique; son unique souci.* ‖ Infiniment au-dessus des autres; incomparable : *un talent unique.* ‖ Singulier, extravagant : *ah! vous êtes unique.*

uniquement adv. Exclusivement : *penser uniquement au devoir.*

unir [ynir] v. t. (lat. *unire*). Joindre l'un à l'autre : *unir deux communes.* ‖ *Fig.* Etablir un lien d'amitié, d'intérêt, de parenté : *unir deux familles par un mariage.* ‖ Aplanir : *unir une allée.* ‖ — **S'unir** v. pr. Se lier par les liens de l'amour, du mariage.

unisexe adj. Se dit, en matière de mode, de ce qui convient aussi bien aux hommes qu'aux femmes : *coiffure unisexe, pantalon unisexe.*

unisexué, e ou **unisexuel, elle** adj. *Bot.* Se dit des fleurs qui n'ont, les unes, que des étamines, les autres, qu'un pistil.

unisson [ynisɔ̃] n. m. (lat. *unus,* un, et *sonus,* son). Etat de deux sons ayant même hauteur et entendus simultanément. ‖ Conformité d'idées, de sentiments : *se mettre à l'unisson des circonstances.*

unitaire [ynitɛr] adj. Qui a rapport à l'unité. ‖ Se dit d'un vecteur porté par un axe, de sens positif et de longueur unité. ‖ Qui recherche l'unité sur le plan politique ou syndical : *une manifestation unitaire.* ● *Théorie du champ unitaire,* partie de la théorie de la relativité groupant les forces de la gravitation et les forces électromagnétiques dans une même interprétation, comme conséquences des propriétés de l'espace.

unitarien, enne n. et adj. Partisan de l'unité, de la centralisation politique. ‖ Membre d'une secte religieuse qui nie le dogme de la Trinité.

unitarisme n. m. Doctrine des partisans de l'unité, en politique ou en religion.

unité [ynite] n. f. (du lat. *unus,* un seul). Grandeur prise comme terme de comparaison avec des grandeurs de même espèce. (Les nombres qui résultent de ces comparaisons donnent les mesures de ces grandeurs.) [V. *encycl.*] ‖ Chacune des parties semblables qui composent un nombre. ‖ Qualité de ce qui est un (par oppos. à *pluralité*) : *l'unité du pouvoir.* ‖ Harmonie d'ensemble d'une œuvre artistique ou littéraire : *ce roman manque d'unité.* ‖ Accord, harmonie : *il n'y a pas d'unité entre eux.* ‖ *Industr.* Groupe d'appareils, dans une usine, capables de réaliser une opération industrielle indépendamment des autres installations de cette usine : *unité de cracking.* ‖ *Mil.* Formation militaire constituée de façon permanente. ● *Grande unité,* formation militaire d'importance supérieure à la brigade. ‖ *Grandeur unité,* étalon de grandeur. ‖ *Système d'unités,* ensemble cohérent d'unités choisies de façon à simplifier les formules reliant plusieurs grandeurs. ‖ *Unité d'action, de lieu, de temps,* dans la littérature classique française, règles dramatiques d'après lesquelles la pièce entière doit se développer : 1° en une seule action principale; 2° dans tout l'espace d'une journée; 3° dans le même édifice ou, au moins, dans la même ville. ‖ *Unité fourragère* (Agric.), point de comparaison entre les valeurs alimentaires de divers produits. (L'unité fourragère correspond à l'énergie utile d'un kilogramme de grains d'orge.) ‖ *Unité de valeur,* dans une université, enseignement correspondant à une discipline précise et sanctionné par un contrôle des connaissances.

— ENCYCL. Les *unités* de mesure sont définies par des conventions imposées par la loi, dans chaque Etat, dans l'intérêt de l'honnêteté des transactions commerciales. Jusqu'à la Révolution, on employa un certain nombre d'unités. En France, cette confusion ne prit fin qu'avec l'adoption du système décimal métrique. La loi du 2 avril 1919 définit un nouveau système : le système « M. T. S. », dont les unités principales sont le *mètre* (longueur), la *tonne* (masse) et la *seconde* (temps). En 1954, la 10ᵉ Conférence générale des poids et mesures adopta comme système pratique d'unités de mesure pour les relations internationales un système comprenant six unités de base : le *mètre* (longueur), le *kilogramme* (masse), la *seconde* (temps), l'*ampère* (intensité de courant électrique), le *kelvin* (température thermodynamique) et la *candela* (intensité lumineuse). En 1960, la 11ᵉ Conférence générale des poids et mesures a donné à ce système le nom de « système SI » et a adopté une liste d'unités dérivées. Le système SI est légal en France depuis le 1ᵉʳ janvier 1962 (décret du 3 mai 1961). V. TABLEAU p. suivante.

United States of America, nom angl. des *Etats-Unis d'Amérique,* abrégé souvent par les initiales *U. S. A.*

unitif, ive adj. Qui unit : *fibres unitives du cœur.* ● *Vie unitive,* vie de perpétuelle union avec Dieu.

univalent, e adj. Qui a pour valence 1. (Syn. MONOVALENT.)

univalve adj. Se dit des fruits capsulaires d'une seule pièce, et des mollusques qui n'ont qu'une valve.

Phot. X., Mondadori.

TABLEAU DES UNITÉS DE MESURE LÉGALES FRANÇAISES

(Décret du 3 mai 1961, modifié par le décret du 5 janvier 1966.)

Les unités de base du système SI sont écrites en **MAJUSCULES GRASSES.**
Les autres unités du système SI sont écrites en **minuscules grasses.**
Les multiples et sous-multiples des unités du système SI sont écrits en minuscules.
Les unités du système **C. G. S.** sont écrites en *italique.*
Les unités hors système sont écrites en PETITES CAPITALES.

MULTIPLES ET SOUS-MULTIPLES DÉCIMAUX

téra	T	1 000 000 000 000	d'unités
giga	G	1 000 000 000	—
méga	M	1 000 000	—
kilo	k	1 000	unités
hecto	h	100	—
déca	da	10	—
unité		1	

unité		1	unité
déci	d	0,1	—
centi	c	0,01	—
milli	m	0,001	—
micro	μ	0,000 001	—
nano	n	0,000 000 001	—
pico	p	0,000 000 000 001	—
femto	f	0,000 000 000 000 001	—
atto	a	0,000 000 000 000 000 001	—

I. UNITÉS GÉOMÉTRIQUES

longueur

MÈTRE	m		
centimètre	cm	0,01	m
micron	μ	0,000 001	—
MILLE		1 852	—

aire ou superficie

mètre carré	m^2		
are	a	100	m^2
centimètre carré	cm^2	0,000 1	—

volume

mètre cube	m^3		
stère	st	1	m^3
litre	l	0,001	—
centimètre cube	cm^3	0,000 001	—

angle plan

radian	rd	
TOUR	tr	2π
GRADE	gr	$\pi/200$
DEGRÉ	°	$\pi/180$
MINUTE	′	$\pi/10\,800$
SECONDE	″	$\pi/648\,000$

angle solide

stéradian . . . . sr

II. UNITÉS DE MASSE

masse

KILOGRAMME	kg		
tonne	t	1 000	kg
QUINTAL	q	100	—
gramme	g	0,001	—
CARAT MÉTRIQUE		0,000 2	—

masse volumique

kilogramme par mètre cube	kg/m^3	
gramme par centimètre cube	g/cm^3	1 000 kg/m^3

concentration

kilogramme par mètre cube	kg/m^3	
gramme par centimètre cube	g/cm^3	1 000 kg/m^3

III. UNITÉS DE TEMPS

temps

SECONDE	s		
MINUTE	mn	60	s
HEURE	h	3 600	—
JOUR	j	86 400	—

fréquence

hertz . . . . Hz

IV. UNITÉS MÉCANIQUES

vitesse

mètre par seconde	m/s		
centimètre par seconde	cm/s	0,01	m/s
NŒUD		1 852/3 600	—

accélération

mètre par seconde, par seconde	m/s^2		
gal	cm/s^2	0,01	m/s^2

force

newton	N		
dyne	dyn	0,000 01	N

énergie, travail ou quantité de chaleur

joule	J		
erg		0,000 000 1	J
WATT-HEURE	Wh	3 600	—
ÉLECTRON-VOLT	eV	$1{,}602.10^{-19}$	—
CALORIE	cal	4,185 5	—
THERMIE (ou MÉGACALORIE)	th	$4{,}185\,5.10^{6}$	—
FRIGORIE	fg	$-4{,}185\,5.10^{3}$	—

puissance

watt	W		
erg par seconde		0,000 000 1	W

contrainte et pression

pascal	Pa		
bar		100 000	Pa
barye	dyn/cm^2	0,1	—

viscosité dynamique

poiseuille	Pl		
poise	Po	0,1	Pl

viscosité cinématique

(L'unité SI n'a pas reçu de nom.)	m^2/s		
stokes	St	0,000 1	unité SI

V. UNITÉS ÉLECTRIQUES

intensité de courant électrique

AMPÈRE	A		
unité électromagnétique C. G. S.		10	A

force électromotrice et différence de potentiel (ou tension)

volt	V		
unité électromagnétique C. G. S.		0,000 000 01	V

résistance électrique

ohm	Ω		
unité électromagnétique C. G. S.		0,000 000 001	Ω

quantité d'électricité

coulomb	C		
unité électromagnétique C. G. S.		10	C
AMPÈRE-HEURE	Ah	3 600	—

capacité électrique

farad	F		
unité électromagnétique C. G. S.		1 000 000 000	F

inductance électrique

henry	H		
unité électromagnétique C. G. S.		0,000 000 001	H

flux magnétique

weber	Wb		
maxwell	M	0,000 000 01	Wb

induction magnétique

tesla	T		
gauss	G	0,000 1	T

VI. UNITÉS CALORIFIQUES

température

KELVIN . . . . . K
DEGRÉ CELSIUS . . °C

quantité de chaleur

Voir *unités mécaniques* (énergie).

VII. UNITÉS OPTIQUES

intensité lumineuse

CANDELA . . . . cd

flux lumineux

lumen . . . . . . lm

éclairement

lux	lx		
phot	ph	10 000	lx

luminance

candela par mètre carré . cd/m^2

vergence des systèmes optiques

dioptrie . . . δ

ÉQUIVALENCE ENTRE LES UNITÉS D'ÉNERGIE

unité	erg	calorie (cal)	joule (J)	watt-heure (Wh)	kilogrammètre (kgf.m)	cheval-heure (chh)	électron-volt (eV)
erg	1	$2{,}389.10^{-8}$	10^{-7}	$2{,}778.10^{-11}$	$1{,}020.10^{-8}$	$3{,}777.10^{-14}$	$0{,}624\,2.10^{12}$
calorie	$41{,}855.10^{6}$	1	4,185 5	$1{,}163.10^{-3}$	0,426 9	$1{,}581.10^{-6}$	$2{,}612.10^{19}$
joule	10^{7}	0,238 9	1	$2{,}778.10^{-4}$	$1{,}020.10^{-1}$	$3{,}777.10^{-7}$	$0{,}624\,2.10^{19}$
watt-heure	36.10^{9}	860,1	3 600	1	367,1	$1{,}360.10^{-3}$	$2{,}247.10^{22}$
kilogrammètre	$9{,}807.10^{7}$	2,343	9,807	$2{,}724.10^{-3}$	1	$3{,}704.10^{-6}$	$6{,}120.10^{19}$
cheval-heure	$2{,}648.10^{13}$	$6{,}325.10^{5}$	$2{,}648.10^{6}$	735,5	$2{,}700.10^{5}$	1	$1{,}653.10^{25}$
électron-volt	$1{,}602\,10.10^{-12}$	$0{,}382\,8.10^{-19}$	$1{,}602\,10.10^{-19}$	$0{,}445\,0.10^{-22}$	$0{,}163\,4.10^{-19}$	$6{,}051.10^{-26}$	1

VIII. UNITÉS DE LA RADIOACTIVITÉ

activité radionucléaire

(L'unité SI n'a pas reçu de nom.)	s^{-1}	
CURIE	Ci	$3{,}7.10^{10}\ s^{-1}$

quantité de rayonnements X ou γ

RÖNTGEN . . . . . R

IX. MONNAIE

FRANC . . . . . . F

PRINCIPALES UNITÉS DE MESURE ANGLO-SAXONNES

longueur

NOM ANGLAIS		NOM ET ÉQUIVALENT FRANÇAIS			OBSERVATIONS
inch	in ou ″	pouce	25,4	mm	
foot	ft ou ′	pied	0,304 8	m	vaut 12 inches
yard	yd	**yard**	0,914 4	m	vaut 3 feet
fathom	fm	brasse	1,828 8	m	vaut 2 yards
statute mile	m ou mile	mille terrestre	1,609 3	km	vaut 1 760 yards
nautical mile		mille marin britannique	1,853 2	km	vaut 6 080 feet
U.S. nautical mile		mille marin américain	1,852	km	

masse-avoirdupois (commerce)

NOM ANGLAIS		NOM ET ÉQUIVALENT FRANÇAIS			OBSERVATIONS
ounce	oz	once	28,349	g	
pound	lb	**livre**	453,592	g	vaut 16 ounces

capacité

NOM ANGLAIS		NOM ET ÉQUIVALENT FRANÇAIS			OBSERVATIONS
U.S. liquid pint	U.S. pt	pinte américaine	0,473	l	
pint	pt	pinte britannique	0,568	l	
U.S. gallon	U.S. gal	**gallon américain**	3,785	l	
imperial gallon	Imp. gal	**gallon britannique**	4,546	l	vaut 8 pints
U.S. bushel	U.S. bu	boisseau américain	35,239	l	
bushel	bu	boisseau britannique	36,369	l	vaut 8 gallons
U.S. barrel (petroleum)	U.S. bbl	baril américain	158,98	l	

force

NOM ANGLAIS		NOM ET ÉQUIVALENT FRANÇAIS	OBSERVATIONS
poundal	pdl	0,138 2 N	

puissance

NOM ANGLAIS		NOM ET ÉQUIVALENT FRANÇAIS	OBSERVATIONS
horse power	HP	cheval-vapeur britannique 0,745 7 kW équivaut à 1,013 ch	

température

degree Fahrenheit . . °F

degré Fahrenheit
une température de t degrés Fahrenheit correspond à $\frac{5}{9}(t - 32)$ degrés Celsius
212 °F correspond à 100 °C
32 °F correspond à 0 °C

chaleur, énergie, travail

british thermal unit . . . . B.T.U. . . . . . . 1 055,06 J

univers [ynivɛr] n. m. Le monde entier, l'ensemble de ce qui existe. ‖ La terre et ses habitants. ‖ Le milieu dans lequel on vit : *sa chambre est tout son univers.* ‖ *Fig.* Domaine matériel, intellectuel et moral : *faire de ses études tout son univers.*

universalisation n. f. Action d'universaliser ; son résultat.

universaliser v. t. Rendre universel ; répandre partout : *universaliser un principe.*

universalisme n. m. Opinion qui ne reconnaît d'autre autorité que le consentement universel. ‖ *Relig.* Doctrine d'après laquelle Dieu a voulu la rédemption de tous les hommes.

universaliste n. et adj. Partisan de l'universalisme.

universalité n. f. Généralité ; totalité : *l'universalité des êtres.* ‖ Caractère de ce qui embrasse toutes les connaissances : *universalité d'esprit.* ‖ *Log.* Qualité d'une proposition universelle. ‖ Ensemble des biens et des dettes ou même seulement des biens d'une personne considéré comme formant un tout.

universaux n. m. pl. *Log.* Concepts généraux.

universel [yniversɛl], **elle** adj. (du lat. *universus,* tout entier). Général ; qui s'étend à tout ou à tous : *remède universel.* ‖ Qui provient de tous : *consentement universel.* ‖ Qui a des aptitudes pour tout, des connaissances en tout : *homme, esprit universel.* ‖ Valable de façon totale et impérative : *selon Kant, les principes de la raison sont universels et nécessaires.* ‖ *Technol.* Se dit d'une machine-outil conçue pour exécuter les diverses opérations successives d'usinage d'une pièce, sans qu'il soit nécessaire de modifier son montage. ● *Légataire à titre universel* (Dr.), personne qui est désignée pour une fraction ou une catégorie donnée (un tiers, les meubles ou les immeubles, etc.), ou bien pour une quantité fixe des biens du testateur. ‖ *Légataire universel,* personne désignée dans un testament pour recueillir la totalité d'une succession. ‖ *Quantificateur universel* (Math. et Log.), symbole, noté ∀ (qui s'énonce *pour tout*), exprimant qu'une certaine propriété appartient à tous les éléments d'un ensemble.

universel n. m. *Philos.* Nom sous lequel les scolastiques désignaient les idées ou termes généraux qui servaient à classer les êtres et les idées. ‖ Pl. des *universaux.*

universellement adv. De façon universelle ; de tout l'univers : *universellement connu.*

universitaire adj. Qui appartient à l'université. ‖ — N. Professeur de l'université.

université [yniversite] n. f. Groupe d'écoles, nommées, suivant les pays, *facultés* ou *collèges,* qui dispensent l'enseignement supérieur : *l'université d'Oxford.* ‖ Bâtiments où réside une université. ● *Université de France* ou, *absol., l'Université,* v. art. suivant.

Université. Le troisième concile du Latran (1179) avait décidé que toute église cathédrale devrait entretenir un maître chargé d'instruire les clercs de l'Eglise. C'est de l'école épiscopale de Paris que naquit la plus ancienne université de France. Philippe Auguste (1200), puis le pape (1215) lui accordèrent les privilèges d'une corporation ecclésiastique. Elle obtint le droit exclusif de conférer les grades de bachelier, de licencié et de docteur aux étudiants répartis en quatre facultés (*arts libéraux, droit canon, médecine, théologie*). La période d'apogée de l'université de Paris s'étend du XIIIe au XVe s. Jusqu'à la fin du XVIIIe s., la Sorbonne, c'est-à-dire la faculté de théologie, garda une certaine importance. En province, des universités s'étaient créées à l'image de celle de Paris ; les plus anciennes étaient celles de Toulouse (1229-1230) et de Montpellier (1289). Supprimée en 1790, l'Université fut réorganisée en 1808 par Napoléon Ier, qui lui donna pour chef un grand maître et la plaça sous la surveillance directe de l'Etat. A partir de 1896, on a donné le nom d'*université* aux groupements régionaux des facultés d'enseignement supérieur dotés de la personnalité civile et administrés par le recteur assisté d'un conseil de l'université. En 1968, il existait en France 21 universités. Aujourd'hui, à la suite de la réforme de 1968, on compte 65 universités.

univitellin, ine adj. Se dit des vrais jumeaux, provenant d'un seul œuf.

univocité n. f. Caractère de ce qui est univoque.

univoque [ynivɔk] adj. *Philos.* Qui conserve le même sens dans des emplois différents (par oppos. à *équivoque*). ‖ *Math.* Se dit d'une correspondance entre deux ensembles qui, d'un élément du premier, conduit à un élément, et à un seul, du second.

Unkiar-Skelessi, village de Turquie, sur la rive asiatique du Bosphore. Un traité y fut signé en 1833 entre la Russie et la Porte ; il ouvrait les Détroits aux vaisseaux de guerre russes.

U. N. R., sigle de l'*Union pour la Nouvelle République,* groupement politique formé en 1958 pour le soutien de la politique du général de Gaulle. En 1962, il a formé avec l'Union démocratique du travail (fondée en 1959) l'*U. N. R.-U. D. T.* En 1967, le groupe parlementaire a pris le nom d'*Union des démocrates pour la Ve République.* En 1968 il adopte le sigle U. D. R. (Union pour la défense de la République).

Unruh (Fritz VON), poète allemand, né à Coblence (1885-1970). Officier de la garde, il se fit connaître par ses drames (*Louis-Ferdinand, prince de Prusse,* 1913), puis évolua vers le pacifisme dans ses poèmes (*Marche au sacrifice,* 1916), ses pièces (*Une famille,* 1916 ; *Orages,* 1922 ; *Heinrich aus Andernach,* 1925) et ses récits (*le Livre de la paix,* 1925), marqués par un lyrisme allégorique. Il quitta l'Allemagne sous le régime hitlérien, puis rentra dans son pays et donna au théâtre un drame historique (*Wilhelmus von Oranien,* 1953).

Urbain VIII
portrait à la plume
Bibl. Inguimbertine, Carpentras

untel [œ̃tɛl] n. m. Mot forgé pour désigner anonymement un individu. (S'écrit souvent avec une majuscule.) [Rem. : le fém. *unetelle* est parfois employé.]

Unter den Linden (« Sous les tilleuls »), avenue de Berlin-Est, qui part de la porte de Brandebourg.

Unterwald (c'est-à-dire « Sous les forêts »), canton de Suisse, au sud du lac des Quatre-Cantons, l'un des trois premiers de la Confédération. Il est divisé en deux demi-cantons : le *Haut* ou *Obwald,* à l'ouest (25 000 h., ch.-l. *Sarnen*), et le *Bas* ou *Nidwald,* à l'est (25 000 h., ch.-l. *Stans*). Aux confins des Alpes et du Mittelland (collines mollassiques), l'Unterwald, partiellement forestier, est surtout une région d'élevage laitier.

Unverdorben (Otto), chimiste allemand, né à Dahme, près de Potsdam (1806-1873). En 1826, il a découvert l'aniline.

Upanishad, nom générique de textes sacrés hindous, composés en sanskrit et qui mêlent, en vers et en prose, des exposés allégoriques, des mythes et des préceptes. Leur thème essentiel est la transposition, sur le plan philosophique et moral, des expériences mystiques.

upas [ypɑs] n. m. Arbre de Malaisie, dont le latex, toxique, est utilisé par les indigènes pour empoisonner les flèches. (Famille des moracées.)

Updike (John), écrivain américain, né à Shillington (Pennsylvanie) en 1932. Poète, nouvelliste à succès du *New Yorker* (*les Plumes du pigeon,* 1962), il adapte dans ses romans les mythes anciens à la peinture angoissée de la vie américaine (*Cœur de lièvre,* 1960 ; *le Centaure,* 1963 ; *la Ferme,* 1966 ; *Couples,* 1968).

Upolu, île des Samoa* occidentales.

uppercut [ypɛrkyt] n. m. (mot angl. ; de *upper,* supérieur, et *to cut,* couper). A la boxe, coup porté de bas en haut.

Uppsala, en franç. **Upsal,** v. de Suède, sur un tributaire du lac Mälar ; 127 400 h. L'une des anciennes capitales de la Scandinavie. Siège de l'archevêque primat du royaume ; cathédrale gothique. Château. Université.

upsilon [ypsilɔn] n. m. Vingtième lettre de l'alphabet grec (υ), correspondant à notre *u* et devenue *y* dans les mots français tirés du grec.

Ur. V. OUR.

uraète [yraɛt] n. m. Grand aigle d'Australie.

uræus [yreys] n. m. Représentation du serpent naja, qui ornait la coiffure des pharaons.

uranate n. m. *Chim.* Sel de l'acide uranique.

urane n. m. *Chim.* Oxyde d'uranium UO_2.

uranie [yrani] n. f. Genre d'insectes lépidoptères, comprenant de grands papillons de Madagascar, qui brillent des plus vives couleurs. (V. illustr. PAPILLONS.)

Uranie, muse de l'Astronomie et de la Géométrie, représentée avec un compas et un globe.

uranifère adj. Qui renferme de l'uranium : *terrain, roche uranifère.*

uraninite n. f. Syn. de PECHBLENDE.

uranique adj. Se dit d'un acide dérivé de l'uranium. ‖ Qui concerne l'uranium.

uranite n. f. Phosphate hydraté naturel d'uranium.

uranium [yranjɔm] n. m. *Chim.* Métal (U) de numéro atomique 92, de densité 18,7, extrait de l'urane.
— ENCYCL. Faiblement radio-actif, l'*uranium* naturel est un mélange de trois isotopes, dont U_{238}, le plus abondant, générateur de la famille du radium, et U_{235}, générateur de la famille de l'actinium. L'uranium naturel ou enrichi en U_{235} est utilisé dans les réacteurs nucléaires ; l'isotope 235 sert dans les bombes atomiques.

uranographe n. Savant qui s'occupe d'uranographie.

uranographie [yranɔgrafi] n. f. (gr. *ouranos,* ciel, et *graphê,* description). Description du ciel.

uranoplastie [yranɔplasti] n. f. Restauration du voile du palais.

uranoscope [yranɔskɔp] n. m. Poisson osseux voisin de la vive, vivant enfoui dans le sable des côtes méditerranéennes, et dont seul dépasse le dessus de la tête, qui porte les yeux. (C'est un des constituants de la bouillabaisse. Long. 25 cm.) [Syn. RASCASSE BLANCHE.]

Uranus. V. OURANOS.

Uranus, la septième des planètes principales du système solaire dans l'ordre croissant des distances au Soleil. Découverte par W. Herschel en 1781, cette planète présente à sa surface des bandes analogues à celles de Jupiter et de Saturne. Juste visible à l'œil nu, elle possède cinq satellites : Ariel, Umbriel, Titania, Obéron et Miranda.

urate [yrat] n. m. Sel de l'acide urique. (Peu solubles dans l'eau, les urates peuvent précipiter dans l'organisme, soit dans les articulations [goutte], soit dans les voies urinaires [calculs].)

Urawa, v. du Japon (Honshū) ; 250 000 h.

urbain [yrbɛ̃], **e** [-ɛn] adj. et n. (lat. *urbanus ; de urbs,* ville). De ville, de la ville (par oppos. à *rural*) : *les populations urbaines.*

Urbain Ier (*saint*) [m. en 230], pape de 222 à 230, sous Alexandre Sévère. On ignore presque tout de son pontificat. Fête le 25 mai. — URBAIN II (*bienheureux*) [Odon ou Eudes *de Lagery*], né à Châtillon-sur-Marne (v. 1042-1099), pape de 1088 à 1099. Moine de Cluny, évêque d'Ostie et cardinal (1078), il succéda à Victor III sur le trône pontifical et poursuivit l'œuvre grégorienne de réforme, luttant contre la simonie, le nicolaïsme et l'investiture laïque. Pour appliquer ces réformes en France, il se rendit à Clermont ; c'est là qu'il proclama la première croisade* (1095). Son culte a été confirmé en 1881. Fête le 29 juillet. — URBAIN III (Uberto *Crivelli*), né à Milan (v. 1120-1187), pape de 1185 à 1187. Durant son court pontificat, il poursuivit la lutte contre Frédéric Barberousse, qui occupait Rome. — URBAIN IV (Jacques *Pantaléon*), né à Troyes (v. 1200-1264), pape de 1261 à 1264. Patriarche de Jérusalem (1255), il succéda à Alexandre IV et négocia l'avènement de Charles d'Anjou en Sicile. Il institua la fête du Saint-Sacrement (11 août 1264). — URBAIN V (*bienheureux*) [Guillaume *de Grimoard*], né au château de Grisac (Languedoc) [1310-1370], pape de 1362 à 1370. Installé d'abord à Avignon, il rentra bientôt à Rome (1367). Une révolte des Romains l'obligea à regagner Avignon. Son culte a été confirmé en 1870. Fête le 19 décembre. — URBAIN VI (Bartolomeo *Prignano*), né à Naples (v. 1318-1389), pape de 1378 à 1389. Archevêque de Bari (1377), il fut élu pape ; mais son caractère agressif provoqua l'élection d'un rival, Robert de Genève (Clément VII) ; ce fut l'origine du schisme* d'Occident (1378). — URBAIN VII (Giovan Battista *Cestagna*), né à Rome (v. 1521-1590), pape en 1590. Ancien nonce à Madrid, il mourut avant son couronnement. — URBAIN VIII (Maffeo *Barberini*), né à Florence (1568-1644), pape de 1623 à 1644. Son règne fut marqué par la condamnation de Galilée (1633) et celle du livre de Jansénius, *l'Augustinus* (1642-1643).

Urbain (Georges), chimiste français, né à Paris (1872-1938). Spécialiste des terres rares, il est parvenu à en séparer les principaux éléments.

urbanisation n. f. Action d'urbaniser. ‖ Concentration de la population dans les villes.
— ENCYCL. L'*urbanisation* est le phénomène géographique majeur du dernier siècle. Liée à la révolution agricole et industrielle, à la croissance démographique presque générale, au développement des moyens de transports et des échanges, elle a touché pratiquement le monde entier, mais avec une ampleur régionale inégale. Aujourd'hui, le taux d'urbanisation (pourcentage de la population vivant dans les villes par rapport à la population totale) dépasse 60 en Europe occidentale et septentrionale, en Amérique du Nord, en Australie, en Nouvelle-Zélande et au Japon. Il est, en revanche, inférieur à 50 dans la quasi-totalité de l'Afrique, de l'Asie et de l'Amérique latine. Il apparaît comme l'un des critères du développement d'un pays. L'urbanisation du dernier siècle a favorisé l'essor de cités multifonctionnelles, peuplées de plusieurs millions d'hab. : grandes cités d'Europe (Paris, Londres, Moscou), de l'Amérique du Nord (New York, Chicago), d'Australie (Melbourne, Sydney) et du Japon (Tōkyō, Ōsaka), mais aussi métropoles souvent hypertrophiées du tiers monde (Calcutta, Bombay, Djakarta, Le Caire, Rio de Janeiro, Buenos Aires, Mexico), à côté desquelles il faut citer les villes chinoises (Chang-hai, Pékin).

urbaniser v. t. Donner le caractère citadin à : *urbaniser une région.*

urbanisme n. m. Ensemble des mesures techniques, administratives, économiques et sociales qui doivent permettre un développement harmonieux, rationnel et humain des agglomérations.

urbaniste n. m. Spécialiste de l'urbanisme, ayant ou non une formation d'architecte. ‖ — Adj. Relatif à l'aménagement des zones d'habitation.

urbanité [yrbanite] n. f. (lat. *urbanitas*). Politesse que donne l'usage du monde : *accueillir un visiteur avec urbanité.*

urbi et orbi (mots lat. signif. *à la ville et à l'univers*), paroles qui accompagnent la bénédiction solennelle donnée par le pape.

Phot. Giraudon.

Urbino
le palais ducal

Urbino, v. d'Italie, dans les Marches ; 17 100 h. Archevêché. Patrie de Raphaël. Anc. ch.-l. du *duché d'Urbino,* réuni en 1633 aux États de l'Église. Important foyer de la Renaissance du XVe s. (transformation du palais ducal et décoration intérieure). Grand centre de production de la majolique au XVIe s.

ure n. m. V. URUS.

urédinales [yredinal] n. f. pl. Ordre de champignons basidiomycètes, parasites des végétaux, sur lesquels ils produisent les rouilles.

urédospore [yredɔspɔr] n. f. Spore produite par la rouille du blé, et qui propage cette maladie.

urée [yre] n. f. (de *urine*). Déchet organique azoté présent dans le sang en petite quantité et éliminé par le rein.
— ENCYCL. L'*urée* a pour formule NH_2—CO—NH_2 (diamide carbonique). Elle résulte de la dégradation des acides aminés (donc des protides). On peut la doser par action de l'hypobromite de sodium, qui provoque le dégagement d'azote (dosage gazométrique), ou par combinaison avec le xanthydrol, donnant un précipité qu'on peut peser (dosage pondéral). Le taux normal d'urée dans le sang est généralement de 0,30 g par litre. Dans les urines, ce taux est de 20 g par litre, ce qui témoigne de la concentration des déchets réalisée par le rein (environ 60 fois plus concentrés dans l'urine que dans le sang). L'augmentation du taux de l'urée sanguine au-dessus de 0,50 g par litre témoigne d'une rétention azotée (hyperazotémie ou urémie) en rapport avec une maladie rénale ou une surproduction de déchets. Si l'urée n'est pas toxique en elle-même (elle est diurétique sur un rein normal), l'augmentation de son taux sanguin est proportionnelle à celle des autres déchets azotés (créatinine, créatine, etc.), qui, eux, sont toxiques.

uréide n. m. Composé dérivé de l'urée. (Parmi les uréides, il faut citer les barbituriques*, les hydantoïnes et de nombreux autres corps doués de propriétés thérapeutiques.)

urémie n. f. Augmentation pathologique du taux d'urée dans le sang.
— ENCYCL. L'*urémie,* ou *hyperazotémie,* est une intoxication interne due à un défaut d'élimination des déchets azotés par le rein, en cas de néphrite, de néphrose ou comme suite d'un obstacle à l'élimination de l'urine par les voies urinaires (rétention d'urine). En réalité, l'augmentation d'urée sanguine n'est que le témoin de celle d'autres corps plus toxiques. (V. URÉE.)

urémique adj. Relatif à l'urémie. ● *Coma urémique,* coma toxique dû à l'accumulation de déchets azotés et qui est l'aboutissement de l'insuffisance rénale grave. (V. URÉE.) ‖ — N. m. Atteint d'urémie.

urétéral, e, aux adj. Relatif aux uretères.

uretère [yrtɛr] n. m. (gr. *ourêtêr*). Chacun des deux canaux qui portent l'urine des reins dans la vessie.
— ENCYCL. L'*uretère* fait suite au bassinet au niveau de la deuxième vertèbre lombaire. Il descend derrière le péritoine jusqu'à la face postérieure de la vessie, où il se jette après un trajet d'environ 25 cm. D'un calibre intérieur de 3 mm, relativement extensible, il est le siège de contractions péristaltiques qui font progresser l'urine. En cas de calculs descendant du rein, ce sont ses contractions violentes qui provoquent les coliques néphrétiques.

urétérite n. f. Inflammation des uretères.

urétral, e, aux adj. Relatif à l'urètre.

urètre [yrɛtr] n. m. (gr. *ourêthra ;* de *ourein,* uriner). Canal qui conduit l'urine hors de la vessie.
— ENCYCL. Chez la femme, l'*urètre* a 3 cm de long et permet l'évacuation directe de l'urine par le méat urétral, situé à la partie antérieure de la vulve.
Chez l'homme, il a environ 16 cm et est divisé en urètre pelvien et en urètre spongieux. L'urètre pelvien traverse d'abord la prostate de haut en bas (urètre prostatique), où il reçoit les canaux excréteurs de cette glande et les canaux éjaculateurs (au nombre de deux, formés par la réunion de l'extrémité des canaux déférents et par les

Honoré d'**Urfé**
gravure
d'après
Van Dyck
Bibl. nat.

canaux des vésicules séminales) ; il traverse ensuite le plancher du périnée (urètre membraneux), puis pénètre dans la base de la verge. L'urètre spongieux fait suite au précédent et traverse la verge dans toute sa longueur, entouré par le corps spongieux (organe érectile) jusqu'au méat urinaire.

Urey (Harold Clayton), chimiste américain, né à Walkerton (Indiana) en 1893. Il a découvert en 1932 l'eau lourde et le deutérium, et étudié l'enrichissement de l'uranium en isotope 235 par diffusion de son fluorure gazeux. (Prix Nobel de chimie, 1934.)

Urfa, anc. **Édesse,** v. de Turquie, près de la frontière syrienne ; 100 200 h.

Urfé (Honoré D'), écrivain français, né à Marseille (1567-1625). Ligueur, il fut emprisonné et se retira en Savoie après la victoire d'Henri IV. Il y écrivit un poème pastoral (*Sireine,* 1596-1604) et des *Épîtres morales* (1598). Mais il doit sa célébrité à un roman mêlé de prose et de vers, *l'Astrée*,* dont l'influence fut considérable sur le goût de la société cultivée de la première moitié du XVIIe s.

Urgel. V. SEO DE URGEL.

urgence n. f. Qualité, caractère de ce qui est urgent. ‖ *Méd.* Ensemble des soins et interventions qui doivent être pratiqués sans délai. (On distingue la *première urgence,* qui désigne les soins qui doivent être donnés dans les minutes ou, au maximum, dans la première heure qui suivent ; la *deuxième urgence,* qui désigne les soins qui doivent être donnés dans les six heures ; et la *troisième urgence,* qui désigne les soins qui doivent être donnés dans les vingt-quatre heures.) ● *État d'urgence,* régime exceptionnel qui, en cas de troubles, renforce les pouvoirs de l'autorité administrative. ‖ *Trousse d'urgence,* ensemble des instruments et pansements nécessaires pour donner les premiers soins. ‖ — **D'urgence** loc. adv. Sur-le-champ : *prendre un parti d'urgence.*

urgent [yrʒɑ̃], **e** [-ɑ̃t] adj. Qui ne peut être différé : *une affaire urgente.* (Syn. : INSTANT, PRESSANT.)

urgonien [yrgɔnjɛ̃] adj. et n. m. Se dit du faciès calcaire du crétacé inférieur, formant, dans les Préalpes, de grands escarpements (Vercors).

Uri, canton de Suisse, au nord du Saint-Gothard ; 33 200 h. Ch.-l. *Altdorf.* Entièrement alpestre (entre l'Oberland et les Alpes de Glaris), correspondant approximativement au bassin de la Reuss supérieure (longée par la voie ferrée et la route du Saint-Gothard), Uri est l'un des trois cantons primitifs de la Confédération. L'élevage domine, et le tourisme est localement important (Andermatt, rives du lac des Quatre-Cantons).

Uriage (38410), hameau de la comm. de Saint-Martin-d'Uriage (Isère, arr. de Grenoble), sur un affl. de l'Isère. Station thermale aux eaux chlorurées sodiques sulfureuses, isotoniques au plasma sanguin. Ces eaux sont employées en bains, en douches, en instillations, en pulvérisations et en injections dans les affections de la peau et dans les affections des muqueuses (O. R. L., gynécologie), ainsi que dans certains rhumatismes.

uricémie [yrisemi] n. f. (de *urique,* et gr. *haima,* sang). Taux de l'acide urique dans le sang. ‖ Augmentation pathologique de ce taux (hyperuricémie), entraînant divers troubles.
— ENCYCL. L'*uricémie* ne doit pas dépasser 0,040 à 0,050 g par litre. Lorsqu'elle dépasse 0,060, on observe la formation de dépôts de cristaux d'acide urique dans les articulations (goutte) et dans les tissus (tophus). L'augmentation pathologique de ce taux s'accompagne d'une augmentation de l'élimination urinaire d'acide urique et de la formation de calculs d'urates, cause de coliques néphrétiques et de gravelle (sable dans les urines, calculs vésicaux).

Urie, officier dont le roi David séduisit la femme, Bethsabée, après l'avoir envoyé dans un poste dangereux, où il trouva la mort.

Uriel, ange dont les liturgies orientales font souvent mention.

urinaire adj. Relatif à l'urine. ● *Calcul urinaire,* petit caillou qui se forme dans les voies urinaires. (Ce sont des urates, des oxalates ou des phosphates de calcium.) ‖ *Fistule urinaire,* communication anormale entre les voies urinaires et un autre organe ou la peau. ‖ *Méat urinaire,* orifice externe de l'urètre, par où l'urine s'écoule à l'extérieur. ‖ *Voies urinaires,* ensemble des canaux qui, du rein, conduisent l'urine à l'extérieur. (Elles comportent les calices du rein, les bassinets, les uretères, la vessie et l'urètre.)

urinal n. m. Vase à col relevé, où les malades urinent. ‖ Pl. des *urinaux.*

urine [yrin] n. f. (lat. *urina*). Liquide extrait du sang par les reins et collecté par la vessie avant son évacuation au-dehors.
— ENCYCL. Deux mécanismes successifs entrent en jeu pour former l'*urine.* D'une part, il y a une filtration du plasma sanguin au niveau des glomérules du rein, laissant passer l'eau et les substances diffusibles, et, d'autre part, une réabsorption (partielle pour l'eau, les sels minéraux et l'urée [ce qui met l'urée dans l'urine à un taux de concentration supérieur à celui du sang] ; totale pour le sucre) au niveau des tubes contournés. L'homme sain élimine par vingt-quatre heures environ 1 500 g d'urines, qui contiennent en moyenne 24 g d'urée, 0,60 g d'acide urique, 12 g de chlorure de sodium (variable suivant le régime), 3 g de phosphates, ainsi que de la créatinine et des bases puriques.

uriner v. i. Évacuer son urine.

urineux, euse adj. De la nature de l'urine. ● *Abcès urineux,* abcès dû à l'infiltration d'urines dans le tissu cellulaire (dans le bassin).

urinifère adj. Qui transporte l'urine : *tubes urinifères des reins.*

urinoir n. m. Lieu spécialement aménagé pour les hommes afin de leur permettre d'uriner.

urique adj. *Acide urique,* acide organique $C_5H_4N_4O_3$, rencontré dans l'organisme et excrété par le rein. (V. *encycl.*) ‖ *Calcul urique,* calcul d'acide urique. ‖ *Diathèse urique,* disposition de l'organisme à produire une trop grande quantité d'acide urique.
— ENCYCL. L'*acide urique* dans l'organisme provient de la dégradation des nucléoprotéides ; normalement, le plasma en contient 0,05 g par litre et l'urine 0,5 g par litre. Une trop grande production d'acide urique cause la goutte*. La plupart des aliments animaux (surtout abats et viandes jeunes) et végétaux (sauf les fruits, le chou, le pain) contiennent des quantités appréciables de nucléoprotéides, dont les déchets aboutissent à l'acide urique.

urne [yrn] n. f. (lat. *urna*). Vase avec lequel les Anciens puisaient l'eau. ‖ Vase servant à conserver les cendres des morts. ‖ Boîte servant à recueillir les bulletins de vote. ‖ *Bot.* Sporange des mousses, en forme d'urne, recouvert d'un opercule et d'une coiffe.

urobiline [yrɔbilin] n. f. Pigment biliaire jaune rencontré dans l'urine et les matières fécales. (L'urobiline provient indirectement de la bilirubine et passe dans l'urine, qui normalement en contient une petite quantité.)

urochrome [yrɔkrom] n. m. Substance azotée jaune, le plus abondant des pigments urinaires.

urodèles [yrɔdɛl] n. m. pl. Vertébrés amphibiens d'un type très primitif, au corps allongé, pourvus d'une longue queue et de deux paires de courtes pattes, et chez qui les poumons n'assurent qu'une faible part de la respiration.
— ENCYCL. Les *urodèles* comptent moins de 500 espèces. On fait d'eux un ordre ou une sous-classe, parfois même une classe, à cause de nombreuses particularités : peau nue et respiratoire, deux paires de crosses aortiques, oreilles très simples, persistance fréquente des branchies chez l'adulte, fécondation par l'intermédiaire d'un spermatophore, etc. Citons le *protée,* serpentiforme, aveugle et décoloré, la *sirène,* sans pattes de derrière, qui conservent l'un et l'autre leurs branchies à l'âge adulte, la *grande salamandre* du Japon (1,60 m), l'*amphiume,* presque sans pattes, la *salamandre tachetée* et la *salamandre noire* européennes, les *tritons,* le *pleurodèle,* l'*axolotl* du Mexique, qui se reproduit à l'état larvaire et devient rarement adulte, et enfin l'*hydromante,* totalement dépourvue d'organes respiratoires spécialisés.

urogénital, e, aux adj. V. GÉNITO-URINAIRE.

Phot. Ph. de Beaupré, Lauros-Giraudon.

urographie [yrɔgrafi] n. f. Radiographie des voies urinaires après injection intraveineuse d'une substance opaque aux rayons X, qui, en s'éliminant, donne une image contrastée des cavités rénales, des uretères et de la vessie.

urologie [yrɔlɔʒi] n. f. Partie de la médecine qui a trait à l'étude des maladies des voies urinaires.

urologue [yrɔlɔg] n. Médecin spécialiste en urologie.

uropode [yrɔpɔd] n. m. Dernier appendice abdominal des crustacés, souvent aplati et servant de nageoire.

uropygial [yrɔpiʒjal], **e, aux** [-o] adj. (gr. *oura,* queue, et *pugê,* fesse). Qui appartient au croupion des oiseaux.

uropygienne [yrɔpiʒjɛn] adj. f. (gr. *oura,* queue, et *pugê,* fesse). Se dit d'une glande graisseuse qui se trouve au croupion des oiseaux, et dont la sécrétion leur sert à graisser leurs plumes.

Urquijo (Mariano Luis DE), homme d'Etat espagnol, né à Bilbao (1768-1817). Il signa avec Bonaparte le traité d'Aranjuez (1801).

Urraque, en esp. **Urraca** (1081-1126), reine de Castille et de León (1109-1122), fille d'Alphonse VI, épouse de Raimond de Bourgogne, dont elle eut Alphonse VII, puis d'Alphonse Ier d'Aragon. Elle entra en guerre contre ce dernier (1110), puis contre son fils.

Urseren (*val*), pays de Suisse (cant. d'Uri), dans la vallée supérieure de la Reuss.

ursidés [yrside] n. m. pl. Famille de mammifères carnassiers comprenant les *ours.*

— ENCYCL. Les pattes des *ursidés* se terminent par cinq longues griffes et possèdent une large sole permettant une marche plantigrade, parfois bipède, ce qui rend les bras disponibles pour saisir les proies. La denture comporte de fortes molaires broyeuses, qui permettent un régime alimentaire omnivore. L'ours blanc vit sur les terres arctiques, voire sur la banquise, se nourrit surtout de phoques et de poissons, et nage admirablement. L'ours brun vit dans les montagnes d'Europe et d'Asie, se nourrissant aussi bien de miel et de fruits que de poissons et de petits mammifères. Il passe l'hiver dans une sorte de sommeil. L'Amérique héberge le grizzly (dans ses parcs nationaux), l'Asie l'ours à collier, le petit ours des cocotiers et l'ours lippu (prochile), mangeur de fourmis.

Ursins (Marie-Anne DE LA TRÉMOILLE, *princesse* DES), née à Paris (1642-1722). Elle joua un grand rôle dans les intrigues de la cour de Philippe V, roi d'Espagne.

U. R. S. S. (*Union des républiques socialistes soviétiques*), en russe **S. S. S. R.** (*Soiouz sovietskikh sotsialistitcheskikh respoublik*), Etat fédératif d'Europe et d'Asie, constitué de 15 républiques socialistes soviétiques : Russie (R. S. F. S. R.), Ukraine, Biélorussie (Russie Blanche), Arménie, Azerbaïdjan, Géorgie, Turkménistan, Ouzbékistan, Tadjikistan, Kazakhstan, Kirghizistan, Estonie, Lituanie, Lettonie et Moldavie ; 22 400 000 km² ; 240 571 000 h. (*Soviétiques*). Cap. *Moscou.* Langue officielle : *russe.*

Géographie.

● *Géographie physique.* Etat le plus vaste et l'un des plus peuplés du monde, l'U. R. S. S. est surtout un pays de plaines et de plateaux. A l'ouest du massif primaire méridien de l'Oural se développe la *plaine russe,* où l'altitude ne dépasse qu'exceptionnellement 300 m et qui est ouverte à la fois sur la Baltique et l'océan Arctique, la Caspienne et la mer Noire. A l'est s'étend la *plaine de la Sibérie occidentale,* encore plus basse, marécageuse et malaisément drainée par l'Ob' et l'Irtych. Elle se prolonge au sud du seuil kazakh par la vaste dépression aralo-caspienne, qui constitue la majeure partie de l'*Asie centrale* (ou *Asie moyenne*) soviétique. Entre l'Ienisseï et la Lena, la Sibérie *centrale* ou *orientale* (selon les auteurs) est une région de plateaux dont l'altitude oscille généralement entre 300 et 1 000 m. Les montagnes n'occupent, en fait, qu'une position marginale. Elles dressent cependant une barrière presque continue de la mer Noire au détroit de Béring, connaissant leur plus grande extension, à l'est de la Lena, dans la *Sibérie orientale* (ou *Extrême-Orient soviétique,* expression désignant les rivages du Pacifique et le bassin de l'Amour). Entre la mer Noire et la Caspienne s'étire le *Caucase.* Le T'ien-chan (avec le Pamir, où l'altitude atteint 7 495 m au pic Communisme) se rattache aux Saïan par l'Altaï. A l'est du lac Baïkal, de part et d'autre des Iablonovyï et des Stanovoï, se développe un paysage de montagnes ouvertes par des vastes bassins : les monts de Verkhoïansk et des Tcherski, et les chaînes de la Kolyma, enserrant les bassins de l'Indighirka et de la Kolyma, au nord; les monts de la Boureïa et de Sikhote-Alin', de part et d'autre du bas Amour, au sud. Le volcanisme est fréquent dans la chaîne récente du Kamtchatka.

L'ensemble de l'U. R. S. S. a un climat continental, c'est-à-dire un climat caractérisé par de grands écarts de température entre les saisons, des hivers rigoureux et des précipitations assez modestes à dominante estivale. L'étendue du territoire explique les importantes différences régionales, qui proviennent souvent d'un accroissement de la continentalité vers l'est et le nord. La température moyenne de janvier est de — 3 °C à Kaliningrad, sur la Baltique ; elle est de — 10 °C à Moscou et descend au-dessous de — 20 °C en Sibérie (— 48 °C à Verkhoïansk, — 26 °C à Tchita), se relevant légèrement en bordure du Pacifique (— 10 °C à Petropavlovsk, dans le Kamtchatka). La moyenne de janvier n'est supérieure à 0 °C qu'en bordure de la mer Noire (4 °C à Yalta) et, généralement, qu'au sud du Caucase (1 °C à Tbilissi, 4 °C à Bakou). Une température moyenne inférieure à 0 °C dure trois mois à Kaliningrad, cinq mois à Moscou, sept mois à Tchita et huit mois à Verkhoïansk (ville dans laquelle la moitié de l'année a une température inférieure à — 20 °C). En contrepartie, l'été est relativement chaud. Les moyennes de juillet oscillent entre 15 et 20 °C à l'ouest de l'Oural (plus de 20 °C dans le Sud) ; elles sont encore supérieures à 10 °C en Sibérie (13 °C à Verkhoïansk, 18 °C à Tchita). Les précipitations sont dans l'ensemble peu abondantes. Elles ne dépassent largement 1 000 mm que dans l'ouest du Caucase ; elles sont inférieures à 800 mm en bordure de la Baltique, à 600 mm à Moscou, à 500 mm en Sibérie (en dehors du Kamtchatka) et sont extrêmement faibles (moins de 300 mm) dans la dépression aralo-caspienne, semi-désertique.

Les traits marquants du climat se répercutent directement sur l'hydrographie et la végétation. Les fleuves soviétiques sont gelés plusieurs mois l'hiver et, naturellement, plus longtemps vers l'est et le nord. Les grands fleuves sibériens (Ob', Ienisseï, Lena) coulent vers le nord ; le dégel, débutant au sud, provoque de vastes inondations. La végétation et les sols s'étagent en latitude, en rapport avec la température et le volume des précipitations. La toundra* borde l'océan Arctique sur une profondeur pouvant atteindre 500 km en Sibérie. Lui est associé un sol squelettique, gelé la plus grande partie de l'année. Au sud de la toundra, la taïga* occupe le nord de la plaine russe et la majeure partie de la Sibérie occidentale et centrale, cédant la place, au-delà de la Lena, aux forêts d'Extrême-Orient, partiellement peuplées de feuillus, qui apparaissent en Europe en deçà du 55e degré de latitude. Sous la forêt, le sol est souvent podzolisé. Au sud de la forêt, en Europe et en Sibérie occidentale, la steppe occupe une bande de 400 à 1 000 km, dont la partie septentrionale présente un aspect de prairie et la partie méridionale, beaucoup plus sèche, est semi-aride. A la steppe-prairie correspond le fertile tchernoziom, et à la steppe très ouverte des sols souvent salins, beaucoup moins fertiles. Enfin, entre la Caspienne et le T'ien-chan, s'étend un semi-désert, peuplé de plantes sans feuilles (saxaouls).

● *Géographie humaine et économique.* L'U. R. S. S. est un Etat multinational, en ce sens qu'elle est formée de peuples divers, dont rend compte d'ailleurs sa structure fédérative. Elle comprend une quarantaine de groupes ethniques recensés, d'importance très variable. En fait, l'élément slave représente au moins les trois quarts de cette population (environ 125 millions de Russes, 40 millions d'Ukrainiens, près de 10 millions de Biélorusses). Parmi les autres groupes émergent les peuples d'Asie centrale (Ouzbeks, Kazakhs) et du Caucase (Arméniens, Géorgiens, Turcs de l'Azerbaïdjan), et les Tatars de la moyenne Volga. La population, longtemps caractérisée par un grand dynamisme démographique, ne s'accroît plus qu'à un rythme réduit depuis 1960. En 1967, le taux de natalité était seulement de 18,2 p. 1 000 (29,6 p. 1 000 en 1955), et le taux de mortalité de 7,3 p. 1 000 (8,4 p. 1 000 en 1955). Plus de la moitié de la population vit aujourd'hui dans les villes, dont environ 200 dépassent 100 000 h., parmi lesquelles Moscou, Leningrad, Kiev, Tachkent, Bakou, Kharkov, Gorki, Novossibirsk ont chacune plus de 1 million d'hab. L'histoire et les conditions naturelles se combinent pour expliquer la répartition de la population. A l'ouest de l'Oural, sur le quart de la superficie totale se concentrent plus de 70 p. 100 de la population du pays. La densité est inférieure à 11 h. au kilomètre carré en moyenne. Elle dépasse 100 h. en Moldavie, approche 80 h. en Ukraine, dépasse largement 50 h. dans les trois républiques du Caucase et est de l'ordre de 35 h. dans les républiques baltes. 20 p. 100 de la population soviétique sont groupés dans un rayon de 500 km autour de Moscou. En revanche, la densité est inférieure à 5 h. dans les parties les plus arides de l'Asie centrale (Kazakhstan et Turkménistan) et surtout dans la quasi-totalité de la Sibérie, au peuplement encore ponctuel.

40 p. 100 de la population active (représentant elle-même plus de 50 p. 100 de la population totale, proportion extrêmement élevée) sont employés dans l'industrie, fondement de l'économie. Outre sa socialisation (acquise depuis environ un demi-siècle), l'industrie se caractérise par sa concentration géographique et par le développement de certaines branches (activités de production), contrastant avec l'insuffisance d'autres secteurs (biens de consommation). La région de Moscou, le Donbass, l'Oural, le Kouzbass sont les grands pôles industriels de l'Union, complétés par quelques régions de tradition industrielle (relativement) ancienne (Leningrad), parfois en difficulté (Bakou) ou en cours de développement (piémont du T'ien-chan et complexe Angara-Baïkal).

L'industrie soviétique est aujourd'hui la deuxième du monde. Elle bénéficie d'une assise énergétique qui s'élargit rapidement. La production énergétique dépasse 1,3 milliard de tonnes d'équivalent-charbon. Elle est assurée à 40 p. 100 par le charbon (Donbass, Kouzbass, bassins de Karaganda, de Tcheremkhovo, de la Petchora), à plus de 30 p. 100 par le pétrole (Préouralie occidentale, de la basse Petchora à l'Emba), à près de 20 p. 100 par le gaz naturel, parfois associé au pétrole (Ukraine, Saratov, Caucase, etc.). Malgré les gigantesques centrales, coupant notamment le cours de la Volga (Volgograd, Kouïbychev) et surtout ceux de l'Angara (Bratsk) et de l'Ienisseï (Krasnoïarsk), l'hydroélectricité (100 TWh) n'entre que pour une faible part dans le bilan énergétique. Il en est encore de même de l'électricité d'origine nucléaire. L'U. R. S. S. est ainsi le premier producteur mondial de charbon, à égalité avec les Etats-Unis et la Chine (450 Mt), et le deuxième de pétrole (310 Mt) et de gaz naturel (171 milliards de mètres cubes). Le sous-sol fournit pratiquement tous les minerais. L'U. R. S. S. est le premier producteur mondial de fer (100 Mt de métal, provenant surtout de Krivoï-Rog, de Magnitogorsk et de Koursk) et de manganèse (Tchiatoura, Nikopol'), et produit encore d'importantes quantités de bauxite (région de Leningrad et Oural), de cuivre et d'amiante (Oural), de nickel, d'uranium et de métaux précieux (or, platine). La sidérurgie fournit plus de 100 Mt d'acier, provenant surtout du Donbass, de l'Oural (Magnitogorsk) et du Kouzbass. La métallurgie primaire des non-ferreux est active, en particulier celle de l'aluminium (représentée à Bratsk, à Krasnoïarsk et à Pavlodar). La métallurgie de transformation est relativement plus dispersée, essaimant notamment autour de Moscou et dans le nord de l'Ukraine. La production de biens d'équipement (machines-outils) et la construction navale sont beaucoup plus développées que l'industrie automobile, qui est modeste. L'industrie chimique occupe une place croissante, fondée largement sur la carbochimie et surtout la pétrochimie, orientée vers la fourniture d'engrais, de produits pharmaceutiques, de caoutchouc synthétique et de fibres synthétiques (Moscou et les régions productrices d'Asie centrale sont des centres textiles plus classiques).

L'agriculture emploie moins du tiers de la population active et fournit seulement le cinquième du produit matériel net (60 p. 100 pour l'industrie, avec la construction). Sur le plan structurel, elle juxtapose sovkhozes* (10 000) et kolkhozes* (40 000), se partageant à peu près également les terres agricoles (environ 500 millions d'hectares). Kolkhoziens et sovkhoziens possèdent de petits lopins de terre (moins de 0,5 ha), dont ils commercialisent directement la production. L'étendue du territoire, plus qu'une productivité médiocre malgré l'essor de la mécanisation (près de 2 millions de tracteurs), explique l'ampleur et la variété des productions. L'U. R. S. S. est le premier producteur mondial de blé (de 60 à 100 Mt selon les années), cultivé surtout dans les riches terres noires de l'Ukraine (la betterave à sucre lui est souvent associée), et fournit d'importantes quantités d'orge et de maïs. Le coton provient de l'Asie centrale, le thé et le vin des pays du Caucase. L'élevage occupe une place croissante. L'U. R. S. S. possède le troisième troupeau bovin (97 millions de têtes) et le deuxième troupeau ovin (140 millions) du monde.

Dans les transports (dont l'importance est évidente, compte tenu de l'étendue du territoire et de l'éloignement des régions industrielles), le chemin de fer occupe la première place. La longueur du réseau, surtout dense à l'ouest de l'Oural, dépasse 125 000 km. La voie ferrée assure plus des trois quarts du trafic total de marchandises. Les transports maritimes effectuent seulement le dixième de ce trafic, malgré l'aménagement récent de la Grande Voie maritime du Nord, facilitant le cabotage dans l'Arctique. Les transports fluviaux jouent un rôle encore moins important (5 p. 100 du trafic), en grande partie en raison du long gel hivernal. Il en est de même pour les transports routiers (qui tiennent une plus grande place dans les transports de voyageurs). Une part croissante du trafic de marchandises s'effectue par oléoducs (150 milliards de tonnes kilométriques en 1965) ; la même évolution se manifeste dans le trafic des voyageurs, qui s'oriente vers les transports aériens, à vocation internationale cependant prédominante.

Le commerce extérieur joue un rôle limité ; l'ensemble importations-exportations représente en valeur moins de 10 p. 100 du produit national. La balance commerciale est équilibrée. Parmi les importations dominent les compléments alimentaires, d'autres biens de consommation (confection) et le matériel de transport (navires notamment). L'U. R. S. S. exporte principalement des matières premières, pétrole, coton, bois (provenant de l'exploitation de la forêt, qui recouvre près de 1 milliard d'hectares), et des machines-outils. La majeure partie du commerce s'effectue avec les autres Etats socialistes. L'Allemagne orientale est le principal partenaire commercial, précédant la Tchécoslovaquie, la Pologne, la Bulgarie, la Hongrie et la Roumanie.

L'U. R. S. S. est aujourd'hui la deuxième puissance économique mondiale. L'écart avec les Etats-Unis est mince pour de nombreuses productions de base (où l'U. R. S. S. vient d'ailleurs parfois en tête) [charbon, fer, acier, ciment], plus sensible pour d'autres (ensemble de la production énergétique, hydrocarbures, aluminium, grands acides). Il est marqué dans la quasi-totalité des biens dits « de consommation », voitures de tourisme en tête. Le développement s'est effectué à l'aide d'une planification centralisée (le plus souvent par l'intermédiaire de plans quinquennaux), efficace dans la réalisation de quelques objectifs déterminés, mais beaucoup moins dans le cadre d'une production diversifiée. Les industries de base étant en place, l'expansion de la production de consommation a conduit à un assouplissement de la planification centralisée et des principes qu'elle suppose. Une décentralisation régionale des décisions s'est fondée sur un découpage en régions économiques. Une certaine adaptation au marché s'est traduite plus récemment (à partir de 1965) par des réformes structurelles au sein même de l'entreprise, donnant notamment à celle-ci une autonomie de gestion accrue. Cette relative « libéralisation » de l'économie ne remet pas en cause les fondements socialistes de celle-ci. Elle correspond à une adaptation structurelle au niveau du développement atteint, à une ouverture plus grande sur le marché international (pour faible qu'il soit encore, le volume du commerce extérieur a doublé entre 1958 et 1965, alors que le revenu national a progressé seulement de 60 p. 100).

Histoire.

Ayant arraché le pouvoir à Kerenski (révolution d'octobre 1917), les bolchevistes constituent un nouveau gouvernement, le Conseil des commissaires du peuple,

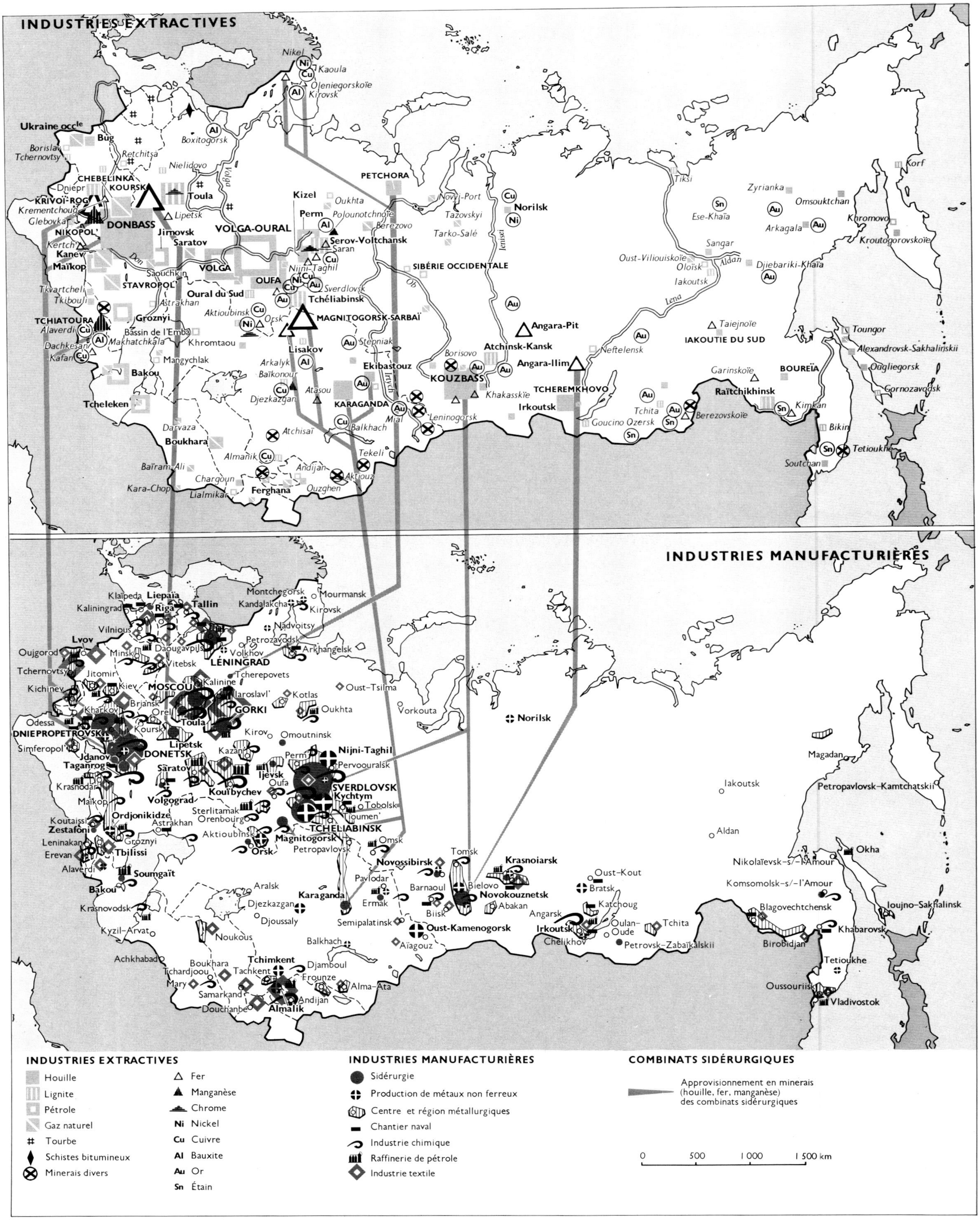
INDUSTRIES EXTRACTIVES
INDUSTRIES MANUFACTURIÈRES
INDUSTRIES EXTRACTIVES
Houille
Lignite
Pétrole
Gaz naturel
Tourbe
Schistes bitumineux
Minerais divers
Fer
Manganèse
Chrome
Ni Nickel
Cu Cuivre
Al Bauxite
Au Or
Sn Étain
INDUSTRIES MANUFACTURIÈRES
Sidérurgie
Production de métaux non ferreux
Centre et région métallurgiques
Chantier naval
Industrie chimique
Raffinerie de pétrole
Industrie textile
COMBINATS SIDÉRURGIQUES
Approvisionnement en minerais (houille, fer, manganèse) des combinats sidérurgiques
0 500 1 000 1 500 km

présidé par Lénine et qui définit son pouvoir comme une dictature du prolétariat. Le nouveau régime, appuyé sur l'armée rouge, triomphe des Blancs, des « constitutionnels-démocrates » (K. D.) et des mencheviks. Le 3 mars 1918, les Soviets signent avec les Allemands le traité de Brest-Litovsk. En juillet 1918, la Constitution est approuvée : elle confie le pouvoir au Congrès des soviets, élu au suffrage universel et qui délègue ses pouvoirs, entre les sessions, au Comité central exécutif, lequel choisit le Conseil des commissaires du peuple. Après l'exécution du tsar et de sa famille (juill. 1918), les Soviets, qui nationalisent industrie et commerce, luttent encore pendant deux ans contre les armées des Blancs; ceux-ci, en 1920, sont partout écrasés. En 1922 est proclamée l'Union des républiques socialistes soviétiques (U. R. S. S.). Lénine entame la lutte contre les koulaks, vient à bout de nombreuses crises intérieures, provoquées en partie par des famines; grâce à la N. E. P.*, le régime s'affermit.
En 1924, Lénine meurt, et Staline, après une courte lutte avec Trotski (1925-1927), devient le maître absolu. Il s'appuie sur la Guépéou et sur l'armée rouge. Il assure, en accord avec le Praesidium du Soviet suprême, l'application des plans quinquennaux successifs (1928, 1933, 1938, 1946, 1951), qui mettent en valeur les ressources nationales, mais négligent les biens de consommation. C'est la période des kolkhozes et de la collectivisation des campagnes. Par une série de « purges », Staline brise toutes les oppositions à son pouvoir personnel. La libéralisation du régime (1934-1936) est sans lendemain; de Zinoviev à Toukhatchevski, la plupart des anciens compagnons de Staline sont exécutés (1936-1938).
Après Munich (1938), l'U. R. S. S. signe un pacte de non-agression avec l'Allemagne (23 août 1939), ce qui lui permet, au début de la Seconde Guerre mondiale, d'occuper la partie orientale de la Pologne; grâce à une guerre avec la Finlande, elle développe et fortifie sa frontière baltique. Mais le 22 juin 1941, les armées allemandes l'envahissent et amorcent une campagne victorieuse qui les mène devant Moscou. Elles marchent ensuite sur la région des pétroles caucasiens, mais connaissent une grande défaite à Stalingrad (1943); cette bataille marque un tournant décisif dans l'histoire de la Seconde Guerre mondiale. La contre-offensive russe se poursuit en 1944, et, en 1945 les armées soviétiques entrent à Berlin. A l'entrevue de Yalta (1945), Staline s'efforce, avec Churchill et Roosevelt, de fixer l'organisation future du monde. Mais la politique soviétique de soutien à l'expansion communiste, arrêtée officiellement en 1943 par la dissolution du Komintern, reprend dès 1947 avec le Kominform. Des pactes de non-agression ou d'assistance mutuelle sont conclus avec les Etats voisins d'Occident, occupés et transformés en démocraties populaires, puis en républiques socialistes (Roumanie, Bulgarie, Albanie, Hongrie, Pologne, Yougoslavie, Tchécoslovaquie). A l'égard de l'Occident capitaliste, l'U. R. S. S. pratique rapidement la politique de la « guerre froide ». Le quatrième (1946), puis le cinquième plan quinquennal (1951) mettent encore l'accent sur l'industrie lourde.
La mort de Staline en 1953 et la « déstalinisation » provoquent d'importantes modifications dans la politique intérieure et extérieure. Après avoir partagé le pouvoir avec Boulganine (1955-1958), Khrouchtchev, déjà Premier secrétaire du parti, devient président du Conseil des ministres (1958). Il s'efforce de donner une nouvelle impulsion économique au pays (plan de 1959, décentralisation de l'économie). Il signe le traité de Moscou sur l'arrêt des expériences nucléaires (1963), qui marque une grande atténuation de la « guerre froide », mais se heurte aux difficultés nées du grave conflit idéologique avec la Chine populaire. Écarté en 1964, il laisse la place à une direction de caractère collégial (Brejnev et Kossyguine). La libéralisation du régime s'est accompagnée de l'amélioration du niveau de vie et de réalisations spectaculaires, comme celles de l'astronautique, qui commencèrent en 1957. En politique extérieure, la crainte de voir se désagréger la communauté socialiste a incité l'U. R. S. S. à intervenir militairement en Tchécoslovaquie (1968).

Littérature.

V. RUSSE.

Ursule (*sainte*), martyre (IIIe s.?). Une légende populaire veut qu'elle ait été massacrée par les Huns, à Cologne, en compagnie de onze mille vierges. — Fête le 21 octobre.

ursuline [yrsylin] n. f. Nom porté par une vingtaine de congrégations de religieuses. (La plus importante est celle des Ursulines de l'Union romaine, ou ordre de Sainte-Ursule, fondée à Brescia [1535] par sainte Angèle Merici.)

urticacées [yrtikase] n. f. pl. Famille de plantes dicotylédones apétales, comprenant les *orties*, la *ramie*, la *pariétaire*.

urticaire [yrtikɛr] n. f. (du lat. *urtica*, ortie). Eruption cutanée caractérisée par l'apparition de plaques ou de petites papules semblables à celles que produisent les piqûres d'ortie, et comme elles très prurigineuses.
— ENCYCL. L'*urticaire* peut être due à des piqûres d'insectes; elle est souvent en rapport avec une réaction allergique de l'organisme à certains médicaments ou aliments (moules, crustacés, poissons de mer, œufs, fraises); elle peut enfin survenir sans cause apparente. C'est une affection bénigne qui se manifeste par des démangeaisons et une sensation de cuisson. Les muqueuses (bouche, pharynx, larynx) sont parfois envahies. L'urticaire, dans les formes étendues, peut s'accompagner de fièvre, de maux de tête et de vomissements; elle est parfois suivie de douleurs articulaires.

urubu

L'*urticaire géante*, ou œdème de Quincke, est une infiltration œdémateuse qui apparaît brusquement en divers points du corps et principalement au visage; elle ne dure que quelques heures. Lorsque l'œdème atteint la muqueuse du larynx, il peut provoquer une gêne respiratoire intense.

urticales [yrtikal] n. f. pl. Ordre de plantes dicotylédones sans pétales, comprenant environ 1 600 espèces, réparties entre cinq familles : les ulmacées (orme), les urticacées (ortie), les moracées (mûrier), les ficacées (figuier), les cannabinacées (chanvre, houblon).

urticant [yrtikɑ̃], **e** [-ɑ̃t] adj. Se dit des animaux ou des végétaux qui produisent une piqûre analogue à celle de l'ortie.

urubu [yryby] n. m. Espèce de vautour de la taille d'un dindon, répandu dans toute l'Amérique chaude. (L'urubu est noir, avec les pieds rougeâtres, la face et le cou roux et bleuâtres. Il rend service en dévorant les charognes et les ordures.)

Uruguay, riv. de l'Amérique du Sud, séparant le Brésil et l'Uruguay de l'Argentine et formant avec le Paraná le Río de La Plata; 1 580 km.

Uruguay (*République orientale de l'*), république de l'Amérique du Sud, sur l'Atlantique, entre le Brésil et l'Argentine; 186 926 km²; 3 millions d'h. (*Uruguayens*). Cap. *Montevideo*. Langue : *espagnol*.

Géographie.

Entre les 30e et 36e degrés de lat. Sud, affectant la forme d'un quadrilatère, l'Uruguay est un pays de basses terres en bordure d'un littoral lagunaire à l'est, de collines granitiques d'altitude modeste dans sa partie centrale et de plateaux gréseux ou basaltiques, inclinés vers le río Uruguay, à l'ouest. Le climat est tempéré et humide. Les précipitations, assez également réparties sur l'ensemble de l'année (mais variant considérablement d'une année à l'autre), oscillent entre 900 et 1 300 mm. Les moyennes thermiques mensuelles passent de 10 °C en juillet (hiver austral) à 23 °C en janvier. La prairie est la formation végétale dominante. Pauvre en ressources minières et surtout à une latitude excluant les cultures tropicales, l'Uruguay a été une colonie de peuplement. Sa population est aujourd'hui presque entièrement blanche. Elle s'accroît peu actuellement par immigration, mais essentiellement par un excédent des naissances (taux de natalité supérieur à 20 p. 1 000) sur les décès (taux de mortalité de l'ordre de 8 p. 1 000). Montevideo regroupe la moitié de la population totale.
L'Uruguay est d'abord un grand pays d'élevage (plus de 20 millions d'ovins, 8,5 millions de bovins), pratiqué dans le cadre de grandes estancias. Les cultures (blé, vin, etc.) sont destinées au marché intérieur, en dehors des oléagineux, qui laissent quelques excédents exportables. Les ressources du sous-sol sont inexistantes, et l'industrie est presque exclusivement liée à la valorisation des produits de l'élevage (conserveries, frigorifiques, tanneries, travail de la laine).
La laine, brute ou travaillée, représente environ 40 p. 100 des exportations, et la viande plus de 20 p. 100. Parmi les importations dominent largement les produits industriels. Les Etats-Unis, la Grande-Bretagne et l'Allemagne occidentale sont les principaux partenaires commerciaux du pays. La balance commerciale de l'Uruguay était largement excédentaire avant la Seconde Guerre mondiale. Elle a été assez régulièrement déficitaire depuis 1954. Ce contraste est lié à la structure de l'économie. Le pays est importateur de produits industriels, dont les prix ont augmenté plus rapidement que ceux des produits agricoles (ou de première transformation), qu'il exporte. Il n'a pas profité de sa période de prospérité pour diversifier sa production. Depuis plus de dix ans, l'économie stagne. Le revenu par habitant est aujourd'hui voisin de 500 dollars, chiffre qui n'est plus guère supérieur aux revenus de plusieurs pays d'Amérique latine, où les inégalités sociales sont, il est vrai, beaucoup plus marquées.

Punta del Este, sur l'Atlantique

culture à bandes forestières dans la région de Maldonado

Phot. Terrasse, ambassade d'Uruguay, Irmer.

Histoire.

La côte est explorée en 1515-1516 par Díaz de Solís, mais les Indiens Charrúas y entravent longtemps la colonisation espagnole. La région dépend de la vice-royauté de Lima, puis de Buenos Aires (1776). Montevideo est fondée en 1726. L'élevage et les exportations de viande et de cuir constituent l'essentielle activité du pays. Malgré les efforts d'Artigas pour libérer le pays (1811-1820), l'Uruguay est annexé en 1821 par le Brésil. Après un soulèvement des patriotes (1825), les Anglais imposent à l'Argentine et au Brésil son indépendance (1828). La nouvelle République, constituée en 1830, est le théâtre d'une longue lutte entre les rouges, ou *colorados* (libéraux), et les blancs (conservateurs). Appuyé par le dictateur argentin Rosas, Oribe, le chef des blancs, chassé du pouvoir par Rivera (1838), mène la Grande Guerre (1839-1851), qui se termine par la réconciliation des partis. Soutenus à l'origine par le Brésil et l'Argentine, les *colorados* conserveront le pouvoir de 1865 à 1958. C'est de la présidence de José Batlle y Ordóñez (1903-1907; 1911-1915) que date la résurrection du pays, qui redevient un grand exportateur de viande et de laine. Des lois sociales et culturelles avancées accompagnent l'essor du pays. Mais, après la Seconde Guerre mondiale, les difficultés économiques ont engendré une crise sociale; des mouvements de guérilleros sont apparus et l'armée impose son contrôle au gouvernement en 1973.

Urundi. V. BURUNDI.

urus [yrys] ou **ure** [yr] n. m. Nom donné parfois à l'*aurochs.*

us [ys] n. m. pl. (lat. *usus*). ● *Us et coutumes,* les usages. (*Us* ne s'emploie plus aujourd'hui que dans cette locution.)

usage [yzaʒ] n. m. (de *user*). Emploi d'une chose : *le bon usage des richesses.* ‖ Coutume, pratique consacrée : *aller contre l'usage établi.* ‖ Emploi ordinaire des mots tel qu'il existe chez le plus grand nombre : *expression hors d'usage.* ‖ Droit de se servir d'une chose qui appartient à autrui; possession. ● *A l'usage de,* destiné à servir à : *livres à l'usage de la jeunesse.* ‖ *Faire usage de,* employer. ‖ *Faire de l'usage, faire un bon usage,* durer longtemps, en parlant d'une chose dont on se sert habituellement. ‖ *Usage du monde,* connaissance de ce qu'il faut faire et dire en société.

usagé, e adj. Qui a déjà servi : *vêtements usagés.*

usager [yzaʒe] n. m. Celui qui a un droit d'usage. ‖ Celui qui a recours à un service public : *les usagers du rail, de la route.*

usé, e adj. Qui a subi une certaine détérioration due à l'usure : *vêtement usé.* ‖ — *Fig.* Affaibli : *homme usé.* ‖ Banal, pour avoir été trop répété ou employé : *sujet usé.* ● *Eaux usées,* eaux polluées, qui ont déjà été utilisées pour l'industrie, les besoins domestiques, etc.

user [yze] **(de)** v. t. ind. Faire usage de quelque chose : *user d'une permission.* ‖ *Fig.* Avoir recours à : *user de finesse.* ‖ — V. t. Détériorer par l'usage : *user ses vêtements.* ‖ Diminuer, amincir par le frottement : *le grès use le fer.* ‖ *Fig.* Affaiblir, détruire progressivement : *user sa santé.* ‖ — **S'user** v. pr. Se détériorer par l'usage, par le temps : *cette étoffe s'use vite.*

Ushuaia, v. d'Argentine, ch.-l. de la Terre de Feu, agglomération la plus méridionale du monde; 3 400 h.

usinage n. m. *Industr.* Action d'usiner.
— ENCYCL. L'*usinage* d'une pièce peut se réaliser à l'aide d'ensembles mécaniques, appelés *machines-outils* et conçus pour façonner la matière par désagrégation de celle-ci en arrachant des copeaux à l'aide d'outils tranchants de formes diverses et interchangeables. L'énergie nécessaire au travail est presque toujours fournie par des moteurs électriques. Etablies pour pouvoir découper et cisailler la matière, les parties actives des outils montés sur ces ensembles mécaniques se présentent essentiellement sous forme d'arêtes tranchantes, formées par l'intersection de deux surfaces, l'une, appelée *face de coupe,* qui pousse le copeau, et l'autre, appelée *face de dépouille,* qui glisse sur la surface usinée. La machine force l'outil à pénétrer dans la matière tout en l'empêchant d'y plonger. Le premier outil d'usinage paraît avoir été le burin, sur lequel on frappe pour le pousser suivant son axe. Ensuite sont apparus les outils de tournage tenus à la main, puis les outils que l'on peut fixer à des supports, appelés *porte-outils,* pour les employer, sur des machines appropriées, aux opérations de rabotage, de brochage, de tournage, de fraisage, de perçage, d'alésage, de filetage, de taraudage, etc. En complément des méthodes traditionnelles avec outils de coupe, on utilise de nouveaux procédés, tels que l'usinage par électro-érosion, l'usinage par ultrasons, l'usinage par faisceau d'électrons, l'usinage chimique, l'usinage électrolytique, le meulage électrolytique, etc., qui provoquent l'enlèvement de matière sur la pièce à façonner sans que celle-ci soit soumise à des efforts mécaniques, et dans lesquels le taux d'enlèvement de matière est généralement indépendant de la dureté de la pièce usinée. Ces techniques permettent d'effectuer des travaux difficiles ou impossibles à réaliser par les procédés classiques. On les utilise notamment pour usiner les alliages réfractaires, les matériaux friables (céramiques, graphite, verre, etc.) et certains travaux de grande précision (forages dont les dimensions transversales sont de l'ordre de 1/100 de millimètre seulement).

usine [yzin] n. f. (lat. *officina,* atelier). Etablissement industriel où, à l'aide de machines, on transforme des matières premières ou semi-ouvrées en produits finis. ● *Usine pilote,* usine construite en vue de l'essai ou de l'étude de nouvelles fabrications industrielles.

Utamaro, « Pêcheuses d'Awali »
volet gauche d'un triptyque, *musée Guimet*

usiner v. t. *Industr.* Soumettre une matière brute ou dégrossie à l'action d'une machine-outil. ‖ Fabriquer dans une usine.

usinier, ère adj. Relatif à l'usine.

usinier n. m. Industriel.

usité, e [yzite] adj. (lat. *usitatus;* de *usus,* usage). Qui est en usage. (Se dit spécialement en parlant des mots, des locutions : *terme usité depuis peu.*)

Usküb. V. SKOPJE.

Üsküdar ou **Scutari,** faubourg asiatique d'Istanbul (Turquie), sur le Bosphore.

usnée [ysne] n. f. Lichen filamenteux poussant sur les vieux arbres.

Ussé (*château d'*), château des pays de la Loire, dominant l'Indre (XVe-XVIe s.), dans la comm. de Rigny (Indre-et-Loire, arr. de Chinon). Terrasses bâties par Vauban.

Ussel (19200), ch.-l. d'arr. de la Corrèze; 8 856 h. (*Ussellois*). Anc. cap. du duché de Ventadour. Eglise (XIIe-XVe s.). Hôtel des Ducs (XVIe s.). Fonderie d'aluminium. — L'arr. a 7 cant., 71 comm., 38 396 h.

Ustaritz [-rits] (64480), ch.-l. de c. des Pyrénées-Atlantiques (arr. de Bayonne); 3 015 h. (1 315 aggl.). Anc. cap. du Labourd.

ustensile [ystɑ̃sil] n. m. (lat. *utensilia;* de *uti,* se servir). Objet servant aux usages de la vie courante, et principalement à la cuisine.

Uster, comm. de Suisse (Zurich); 21 100 h. Constructions électriques.

ustilaginales [ystilaʒinal] n. f. pl. Ordre de champignons basidiomycètes parasites des végétaux, sur lesquels ils produisent le *charbon* et la *carie.* ‖ Sing. une *ustilaginale.*

Ústi Nad Labem, en allem. **Aussig,** v. de Tchécoslovaquie (Bohême), sur l'Elbe; 73 000 h. Industries chimiques.

usucapion [yzykapjɔ̃] n. f. *Dr.* Prescription acquisitive.

usuel [yzɥɛl], **elle** adj. Dont on se sert ordinairement : *termes, mots usuels.*

usuel n. m. Ouvrage d'un usage courant.

usuellement adv. D'une façon usuelle.

usufructuaire adj. Qui ne donne que l'usufruit.

usufruit [yzyfrɥi] n. m. (lat. *usus fructus,* droit d'usage et jouissance d'un bien). *Dr.* Jouissance des fruits, du revenu d'un bien dont la nue-propriété appartient à un autre. (La durée de l'usufruit ne peut excéder la durée de la vie de son bénéficiaire.)

usufruitier, ère n. Celui, celle qui fait usage de l'usufruit. ‖ — Adj. *Réparations usufrutières,* celles qui incombent à l'usufruitier.

Usumbura. V. BUJUMBURA.

usuraire adj. Entaché d'usure : *bénéfice usuraire.*

usurairement adv. Avec usure.

usure [yzyr] n. f. (lat. *usura,* intérêt de l'argent). Délit commis par celui qui prête de l'argent à un taux d'intérêt excessif. ● *Avec usure,* au-delà de ce qu'on a reçu.

usure n. f. (de *user*). Détérioration que produit l'usage : *l'usure des chaussures.* ‖ *Fig.* Affaiblissement, amoindrissement. ● *Avoir quelqu'un à l'usure* (Fam.), prendre sur lui l'avantage peu à peu en usant ses forces. ‖ *Guerre d'usure,* guerre où l'on cherche à épuiser à la longue les forces de l'adversaire.

usurier, ère n. Personne qui prête à usure.

usurpateur, trice adj. et n. Qui usurpe : *pouvoir usurpateur.* ‖ Qui s'empare, par des moyens injustes, de l'autorité souveraine.

usurpation n. f. Action d'usurper : *usurpation de fonctions publiques.* ‖ Etat qui en résulte. ‖ Objet usurpé.

usurpatoire adj. Qui a le caractère de l'usurpation.

usurper [yzyrpe] v. t. (lat. *usurpare,* faire usage de). S'emparer, par violence ou par ruse, d'un droit, de ce qui appartient à autrui, etc. : *usurper le pouvoir.* ‖ — V. i. Empiéter : *il usurpe sur mon domaine.*

ut [yt] n. m. inv. Note de musique. (Syn. DO.) ‖ Premier degré de la gamme de *do.* ‖ Signe qui le représente.

Utah, un des Etats unis d'Amérique, dans les Rocheuses; 1 015 000 h. Cap. *Salt Lake City.* Formé de hauts plateaux coupés par des chaînes de montagnes (monts Wasatch), l'Utah est une région aride parsemée de marécages salés (Grand Lac Salé, lac Utah). Peu peuplé (moins de 5 h. au kilomètre carré), patrie des Mormons, c'est une région d'élevage (ovins et bovins) possédant quelques cultures (céréales). La richesse du sous-sol (cuivre, charbon, fer, etc.) a permis un certain développement de l'industrie (sidérurgie à Provo, troisième ville de l'Etat, après la capitale et Ogden).
● *Histoire.* Les Mormons (qui représentent encore aujourd'hui près des trois quarts de la population) s'installèrent sur le territoire de l'Utah en 1847 et y créèrent un *Etat du désert* (1849), qui, en 1896, devint le 45e Etat de l'Union.

Utamaro ou **Outamaro** (Kitagawa), peintre et graveur japonais, né à Kawagoe (1753-1806). Un des maîtres de l'estampe, au dessin précis et synthétique, il puisa son inspiration notamment dans les scènes des maisons de thé. Ses bustes de jeunes élégantes imposèrent un type.

utérin, e adj. et n. (de *utérus*). Se dit des frères et sœurs nés de la même mère, mais non du même père. ‖ — Adj. Qui se rapporte à l'utérus : *muqueuse utérine.* ● *Artère utérine,* artère qui atteint l'utérus au niveau du col et se divise en de nombreux rameaux (son croisement avec l'uretère avant de pénétrer dans l'utérus est un rapport chirurgical important).

utérus [yterys] n. m. (mot lat. signif. *matrice*). Organe creux, situé sur les voies génitales femelles chez les mammifères, et à l'intérieur duquel se font la nidation et le développement embryonnaire et fœtal de l'œuf fécondé. (V. *encycl.*) ‖ Organe de la gestation chez la femme. (Syn. MATRICE.) [V. *encycl.*]
— ENCYCL. L'*utérus* est formé d'un tissu musculaire lisse (*myomètre*) entourant un tissu muqueux plissé et fortement vascularisé (*endomètre*); d'une part il s'ouvre dans le vagin par un *col* saillant, d'autre part il se prolonge par deux *trompes* en direction des ovaires. En cas de gestation, l'endomètre participe à l'édification du *placenta.* Ce sont les contractions de l'utérus qui assurent l'expulsion du produit à terme. Les rongeurs ont deux utérus entièrement distincts et symétriques, puis, au cours de l'évolution des mammifères, ces deux organes fusionnent de plus en plus complètement, au point d'aboutir chez les primates et chez l'homme à un utérus entièrement médian et ne présentant plus aucune trace de bipartition. La placentation, elle aussi, varie beaucoup selon les ordres de mammifères.
— Chez la femme, l'*utérus* est un organe en forme de poire de 6 à 7 cm de long, creusé d'une cavité et constitué par des fibres musculaires lisses disposées en plusieurs plans. Sa partie supérieure, large et aplatie d'avant en arrière, constitue le corps, et sa partie inférieure, cylindrique, forme le col. Les deux parties sont séparées par un étranglement appelé *isthme.* Le corps répond en avant à la vessie, en arrière au rectum et en haut à l'intestin; son fond reçoit de chaque côté le ligament rond (organe de fixation) et la trompe qui fait communiquer l'organe avec l'ovaire. Le col s'ouvre dans le vagin par le « museau de tanche ».
L'utérus peut être le siège de nombreuses affections : malformations congénitales (utérus cloisonné, absence de développement, etc.), infections (métrites du corps ou du col), tumeurs bénignes (polypes, fibromyomes) ou malignes (cancer), anomalies de position (prolapsus, rétroversion, etc.).

'Uthmān (ou **Othman**) **ibn 'Affān** (m. en 656), troisième calife (644-656). Il fut en butte à l'opposition des compagnons du Prophète et des partisans d''Alī.

Utica, v. des Etats-Unis (New York); 100 400 h. Electronique.

utile [ytil] adj. (lat. *utilis;* de *uti,* se servir). Qui rend service : *travaux utiles.* ● *En temps utile,* en temps opportun. ‖ — N. m. Ce qui sert : *joindre l'utile à l'agréable.*

utilement adv. De façon utile.

utilisable adj. Qui peut être utilisé.

utilisateur, trice n. et adj. Personne qui fait usage de : *les utilisateurs du gaz.*

utilisation n. f. Action d'utiliser.

utiliser v. t. Employer utilement; tirer parti de.

utilitaire adj. Qui se propose un but intéressé : *politique utilitaire.* ● *Véhicule utilitaire,* voiture, camion

Phot. Lauros-Giraudon.

Navigation sur la Volga.

Paysage de la Russie d'Europe.

Le versant nord du Caucase.

Le lac Ritsa, en Géorgie.

Nomades dans le Kyzylkoum.

Paysage du Tian'-Chan'.

Fermes sibériennes entre Irkoutsk et le lac Baïkal.

Komsomolsk-sur-l'Amour.

Phot. A. P. N., Cros, Burt Glinn-Magnum (2), A. P. N. (4).

U.R.S.S.
PHYSIQUE ET POLITIQUE
Svalbard (Spitzberg)
OCÉAN
Archipel François-Joseph
C. Nord
MER DE BARENTS
Nouvelle Zemble (Novaia Zemlia)
MER DE KARA
Pén^le de Kanin
Kolgouiev
DT DE LA PORTE DE KARA
Vaïgatch
Dikson
Pén^le Iamal
Pén^le Gydan
BAIE DE L'OB
Mourmansk
Petchenga
Péninsule de Kola
Kandalakcha
MER BLANCHE
Onega
Severodvinsk
Mezen
Arkhanghelsk
NORVÈGE
SUÈDE
FINLANDE
GOLFE DE BOTNIE
GOLFE DE FINLANDE
MER DU NORD
MER BALTIQUE
AMSTERDAM
PAYS-BAS
BONN
ALLEMAGNE
DANEMARK
COPENHAGUE
OSLO
STOCKHOLM
HELSINKI
BERLIN
PRAGUE
TCHÉCOSLOVAQUIE
POLOGNE
VARSOVIE
Gdańsk
Kaliningrad
Liepaja
Klaipeda
Chiaouliai
LITUANIE
Kaunas
RIGA
Tallin
ESTONIE
Narva
Pskov
LENINGRAD
Sortavala
L. LADOGA
Petrozavodsk
L. ONEGA
Novgorod
Velikie Louki
Hauteurs du Valdaï
Vilnious
MINSK
Vitebsk
BIÉLORUSSIE
Bobrouïsk
Moghilev
Smolensk
Gomel
Oujgorod
ROUMANIE
Carpates
LVOV
Tchernovtsy
Jitomir
Vinnitsa
MOLDAVIE
Kichinev
KIEV
Tchernigov
UKRAINE
Kirovograd
Krementchoug
Poltava
Soumy
ODESSA
Nikolaïev
Kherson
KRIVOÏ ROG
KHARKOV
DNIEPROPETROVSK
Dnieprodzerjinsk
ZAPOROJIE
Melitopol'
Gorlovka
Crimée
Sébastopol'
Simferopol
Yalta
DONETSK
Makeïevka
Jdanov
Vorochilovgrad
Chakhty
MER D'AZOV
MER NOIRE
Kertch'
Novorossiisk
Taganrog
ROSTOV S/-LE DON
Novotcherkassk
Krasnodar
Touapsé
Sotchi
Maïkop
Armavir
Stavropol'
Elista
Soukhoumi
Koutaissi
Batoumi
Tcherkessk
Naltchik
Caucase
Ordjonikidze
Groznyi
GÉORGIE
TBILISSI
Leninakan
TURQUIE
EREVAN
ARMÉNIE
Nakhitchevan
AZERBAÏDJAN
Kirovabad
Makhatchkala
BAKOU
IRAQ
IRAN
TÉHERAN
Mechhed
MOSCOU
Kalinine
Rybinsk
Iaroslavl'
Kostroma
Ivanovo
Kovrov
Vladimir
Dzerjinsk
GORKI
Podolsk
Serpoukhov
Kalouga
Toula
Briansk
Orel
Koursk
Riazan'
Lipetsk
VORONEJ
Tambov
Arzamas
Saransk
Penza
Tcheboksary
Iochkar-Ola
KAZAN'
Oulianovsk
Syzran
KOUÏBYCHEV
SARATOV
Engelsk
VOLGOGRAD
Tcherepovets
Vologda
Kotlas
Syktyvkar
Ouvaly septentr.
Kirov
Ijevsk
PERM'
Solikamsk
Berezniki
Serov
Nijni-Taghil
Pervooural'sk
SVERDLOVSK
Kamensk-Ouralski
OUFA
Almetievsk
Sterlitamak
Zlatooust
Kychtym
Miass
TCHELIABINSK
Kopeisk
Magnitogorsk
Orenbourg
Orsk
Beloretsk
Tioumen
Kourgan
Oural
Chaîne du Timan
Vorkouta
Inta
Petchora
Oukhta
Narian-Mar
Salekhard
Khalmer-Iou
Polounotchnoie
Plaine de Sibérie occidentale
Khanty-Mansiisk
Sourgout
Marais de la Vassiougan
Tobolsk
Igarka
Ienisseï
Ob
Irtych
Tomsk
Anjero-Soudjensk
Kemerovo
Belovo
NOVOSSIBIRSK
Leninsk-Kouznetski
Prokopievsk
Novo-kouznetsk
Steppe de la Baraba
Steppe de Koulounda
OMSK
Petropavlovsk
Barnaoul
Biisk
Roubtsovsk
Gorno-Altaïsk
Altaï
Zyrianovsk
Oust'-Kamenogorsk
Semipalatinsk
Pavlodar
Tselinograd
Temirtaou
Karaganda
HAUTEURS DU KAZAKHSTAN
KAZAKHSTAN
Koustanaï
Kokthetav
Steppe de l'Ichim
Djezkazgan
Balkhach
LAC BALKHACH
Bet-Pak-Dala
Tarbagataï
Aiagouz
Tekeli
ALMA-ATA
Frounze
Djamboul
T.chimkent
TACHKENT
Kzyl-Orda
Aralsk
Novokazalinsk
MER D'ARAL
Ouralsk
Gouriev
Aktioubinsk
Mts Mongodjary
Dépression Caspienne
Astrakhan'
MER CASPIENNE
PLATEAU DE L'OUST-OURT
Krasnovodsk
Nebit-Dag
Tachaouz
Noukous
OUZBÉKISTAN
Ourghentch
Désert de Kyzylkoum
TURKMÉNISTAN
Désert de Karakoum
Achkhabad
T.chardjoou
Mary
Boukhara
Samarkand
Kouchka
Termez
Douchanbe
TADJIKISTAN
Pamir
Leninabad
Namangan
Kokand
Andijan
KIRGHIZISTAN
L. ISSYK-KOUL
Rybatchie
Tian-Chan
CHINE
AFGHANISTAN
PAKISTAN
Piandj

ARCTIQUE
MER DES TCHOUKTCHES
DÉTROIT DE BÉRING
ALASKA
Vrangel
MER DE SIBÉRIE ORIENTALE
MER DE BÉRING
MER DES LAPTEV
Terre du Nord (Severnaïa Zemlia)
Iles Anjou
Nlle Sibérie
Kotelnyi
Is Liakhov
Presqu'île de Taïmyr
Mts Byrranga
Plaine de Sibérie septentrionale
PLATEAU DE SIBÉRIE ORIENTALE
PLATEAU DE L'ANADYR'
Monts Tcherskii
Mts de Verkhoiansk
PLATEAU IANA-OIMIAKON
Mts Sountar Khaita
Kamtchatka
MER D'OKHOTSK
PLATEAU DE L'ALDAN
Monts Stanovoï
Mts Djougdjour
Sakhaline
DÉTROIT DE TATARIE
Mts de la Boureïa
Sikhote Alin'
Mts Iablonovyi
Mts Borchtchovotchnyi
Saïan oriental
Petit Khingan
Gd Khingan
CHINE
MONGOLIE
JAPON
Norilsk
KRASNOIARSK
Irkoutsk
Oulan-Oude
Tchita
Iakoutsk
Magadan
Petropavlovsk-Kamtchatski
Nikolaïevsk-s/-l'Amour
Komsomolsk-s/-l'Amour
Khabarovsk
Oussouriisk
Vladivostok
Blagovechtchensk
TOKYO
Voies ferrées principales
500
1000 km

ART RUSSE

1

3

2

4

L'art russe, chrétien byzantin, débute en Ukraine avec la cathédrale Sainte-Sophie de Kiev (1017-1037), décorée de mosaïques. Les édifices de Novgorod et de Pskov trouvent des formes issues de l'architecture de bois (hautes coupoles bulbeuses, galerie close sur le pourtour de l'église); les fresques sont nombreuses, surtout au XIVe s. (décor, peut-être par *Theophane le Grec*, de la cathédrale de la Transfiguration à Novgorod). À Vladimir, les églises du XIIe s., en pierre, sont ornées extérieurement de sculptures figuratives (influence arménienne?).

Au XVe s., des Italiens élèvent l'enceinte du Kremlin de Moscou, deux de ses cathédrales et le *palais à Facettes* renaissant. Du XIVe s. datent les églises « en pyramide » (village impérial de Kolomenskoïe); Basile-le-Bienheureux, à Moscou, unit pyramide et coupoles (1).

Au XVIIe s., la tradition des églises à cinq coupoles l'emporte, mais le baroque européen exerce son influence; les grands centres sont Moscou (vaste monastère de Novodevitchi), Rostov, Iaroslavl' (fresques).

C'est au XVe s. que la vieille peinture des icônes (groupées sur les *iconostases*) atteint son apogée. Tour à tour l'emportent la suavité de *Roubliov*, l'ascétisme du maître *Dionysios* ou la sève populaire qui domine à Novgorod (Saint-Luc, XVIe s. [2]). Au XVIIe s., un *Simon Ouchakov* est déchiré entre la tradition et l'influence occidentale.

Avec Pierre le Grand, l'art officiel, mais non l'art et l'artisanat populaires, s'occidentalise. Le Français *Leblond* dresse le plan de Saint-Pétersbourg, l'Italien *Rastrelli* crée un somptueux baroque (palais d'Hiver, église du couvent Smolnyï). Puis s'instaure le néo-classicisme des *Cameron* et *Quarenghi*; au XIXe s., l'architecture russe vaut par ses développements du style Empire, à Moscou et surtout à Saint-Pétersbourg où travaillent *Voronikhine*, *Zakharov* (l'Amirauté, 1806-1823 [3]), *Thomas de Thomon*, *Ricard de Montferrand*, *Leo von Klenze*.

L'*Académie impériale des beaux-arts* est fondée en 1758. Les sculpteurs *Choubine* et *Ivan Martos* séjournent à Paris ou à Rome. *Borovikovski*, *Levitski* (Madame Popov [4]) reçoivent l'enseignement des Français *Leprince*, *Lagrenée*, *Vigée-Lebrun*. Au XIXe s. viennent les peintres *Chtchedrine*, *Venetsianov*, *Fedotov*, *Ivanov*.

Vers 1870-1890, les peintres « *ambulants* » (*Sourikov*; *Ilia Répine* : les Haleurs de la Volga [5]) aspirent à se rapprocher du peuple. À la fin du siècle, c'est « l'art pour l'art » qui l'emporte, avec *Vroubel'*, *Serov*, *Levitane*, suivis par le sculpteur *Troubetskoï*, par *Benois* et *Bakst*, les décorateurs des *Ballets russes*. *Larionov*, *Gontcharova*, *Archipenko*, *Zadkine*, *Kandinsky*, *Chagall* se mêlent aux avant-gardes européennes. À partir de 1914, la tendance dominante est celle de l'abstraction géométrique : *Malevitch*, *Tatline*, *Rodchenko*, *Gabo* et *Pevsner*, *Lissitski* (Composition, 1921 [6]); beaucoup de ces artistes restent en U. R. S. S., où leur activité va de la plastique pure à la propagande et au fonctionnalisme. Vers 1930, le *réalisme socialiste* l'emporte, renouant avec l'académisme; depuis 1945, l'architecture s'en est peu à peu affranchie.

6

5

Phot. Bottin, Lauros-Giraudon, Boudot-Lamotte, Larousse, B. S. I., Zuliani.

destinés au transport des marchandises ou au transport collectif des personnes. ‖ — N. Personne qui met l'utilité au-dessus de toute autre considération.

utilitarisme n. m. Système de morale qui place dans l'intérêt particulier ou général la règle de nos actions : *Stuart Mill a défendu l'utilitarisme.*

utilitariste adj. et n. Qui concerne ou qui professe l'utilitarisme.

utilité n. f. Service que rend une personne ou un objet. ‖ Emploi subalterne au théâtre : *jouer les utilités.* ‖ Personne qui le remplit.

Utique, anc. v. d'Afrique, près de Carthage. Ses habitants prirent parti pour les Romains.

utopie [ytɔpi] n. f. (du lat. *Utopia,* pays idéal imaginé par Th. More ; mot formé du gr. *ou,* non, et *topos,* lieu). Conception imaginaire d'un gouvernement idéal. ‖ Système ou projet qui paraît irréalisable.

Utopie, roman politique et social, en latin, de Thomas More (1516), traduit en anglais en 1551. L'auteur y fait un tableau critique de la société anglaise et européenne, et imagine une terre où est réalisée l'organisation idéale de l'Etat.

Utrecht : le centre de la ville

utopique adj. Qui tient de l'utopie. ● *Socialisme utopique,* doctrine socialiste systématique et abstraite (par oppos. à *socialisme scientifique*). ‖ — Adj. et n. Qui croit à une utopie.

utopiste adj. et n. Qui forme des projets irréalisables.

utraquistes [ytrakɥist] n. m. pl. Hussites de Bohême qui communiaient sous les deux espèces.

Utrecht, v. des Pays-Bas, ch.-l. de la *prov. d'Utrecht,* au sud du Zuiderzee ; 274 000 h. Université. Cathédrale gothique (XIIIe-XVIe s.) et cloître. Musées et bibliothèques.

Utrecht (*traités d'*), ensemble de traités qui mirent fin à la guerre de la Succession d'Espagne (1713-1715). Philippe V conservait la couronne d'Espagne. L'intégrité du territoire français était préservée. L'Angleterre recevait d'importantes bases maritimes (Gibraltar, Minorque, Terre-Neuve, Acadie).

Utrecht (*Union d'*), union des sept provinces protestantes des Pays-Bas (1579) contre l'Espagne.

utriculaire adj. *Bot.* En forme d'utricule. ‖ — N. f. Plante aquatique portant de petits utricules.

utricule [ytrikyl] n. m. (lat. *utriculus,* petite outre). *Anat.* Une des cavités du vestibule de l'oreille interne, contenant des éléments sensibles à la pesanteur et aux accélérations. ‖ *Bot.* Petite outre.

Utrillo (Maurice) peintre français, né à Paris (1883-1955), fils de Suzanne Valadon. A la fois naïf et raffiné, coloriste subtil, il a su exprimer la mélancolie des faubourgs et surtout l'atmosphère des petites rues de Montmartre. D'abord influencé par les impressionnistes, il acquit sa personnalité vers 1907 et, durant sa période blanche, qui va jusqu'en 1914, produisit intensément, atteignant alors les sommets de son art. Jouissant d'une réputation internationale, il est représenté dans les grandes collections publiques et privées.

Utsunomiya, v. du Japon (Honshū) ; 283 000 h.

Uttar Pradesh, Etat de l'Inde, le plus peuplé du pays, dans la plaine du Gange ; 82 995 000 h. Cap. *Lucknow.* Entre l'Himalaya (qu'il atteint au nord-ouest) et le Deccan, cet Etat est une importante région agricole, productrice de riz, de blé, de légumes, de sucre (de canne) et d'oléagineux. L'industrie valorise les produits de l'agriculture locale et le coton ; elle est implantée dans les grandes villes jalonnant le cours du Gange et de ses affluents (dont la Jamna) : Lucknow, Āgra, Kānpur, Allahābād. Bénarès (Varanasi) demeure surtout un grand centre de pèlerinage.

Uusikaupunki, nom finnois de *Nystad**.

uval [yval], **e, aux** [-o] adj. De raisin : *cure uvale.* ● *Station uvale,* station spécialisée dans la cure de raisin.

Uvéa ou **Ouvéa,** la principale des îles Wallis*.

uvée [yve] n. f. (du lat. *uva,* raisin). Couche pigmentaire de l'iris. ‖ Nom donné aussi à l'ensemble formé par la choroïde et l'iris.

uvéite n. f. Inflammation de l'uvée.

uvule [yvyl] n. f. Luette.

Uxellodunum, oppidum de la Gaule, dans le pays des Cadurques, pris par César en 51. Son site n'a pu être déterminé avec précision : on a proposé un méandre du Lot (Luzech), ou Uzerche, ou le plateau du Puy-d'Issolud (Lot).

Uylenspiegel, puis **Eulenspiegel** (Till) [textuellement : *Miroir aux chouettes*], personnage légendaire, d'origine allemande, dont les facéties sont célèbres. C'est le type du paysan qui exécute à la lettre les ordres qu'on lui donne sans en comprendre l'intention. Le livre qui raconte ses aventures (la première rédaction imprimée date de 1515) eut un très grand succès en Europe. Le nom d'Eulenspiegel donna au français le mot *espiègle.*

Uzbekistan. V. OUZBÉKISTAN.

Uzel (22460), ch.-l. de c. des Côtes-du-Nord (arr. de Saint-Brieuc) ; 889 h. (631 aggl.).

Uzerche (19140), ch.-l. de c. de la Corrèze (arr. de Tulle), sur la Vézère ; 3 512 h. (2 944 aggl.) [*Uzerchois*]. Eglise romane. Industries du bois.

Uzès (30700), ch.-l. de c. du Gard (arr. de Nîmes), sur l'Alzon ; 7 348 h. (6 201 aggl.) [*Uzétiens*]. Anc. évêché. Cité pittoresque. Château des ducs d'Uzès, XIe-XVIe s. ; anc. cathédrale (XVIIe s.) et tour Fenestrelle, romane.

Uzès : la tour Fenestrelle

Utrillo : « le Lapin agile sous la neige », *coll. part.*

Phot. KLM-Aerocarto - Doc. Office néerlandais de tourisme, Giraudon, Boudot-Lamotte.

v V

v [ve] n. m. Vingt-deuxième lettre de l'alphabet et la dix-septième des consonnes : *un grand* V; *des* v *minuscules*. (La consonne *v* est une fricative sonore.) ‖ — **V,** chiffre romain qui vaut cinq. ‖ Symbole chimique du *vanadium*. ‖ *Electr.* Symbole du *volt*.

V1, V2 n. m. (abrév. allem. de *Vergeltungswaffe,* arme de représailles). Bombes autopropulsées à grand rayon d'action, employées par les Allemands en 1944 et 1945. — ENCYCL. Les *V1* étaient des bombes volantes mues par pulsoréacteur et ayant les caractéristiques (sustentation et direction) de petits avions sans pilote. Nécessitant d'importantes rampes* de lancement et n'ayant qu'une portée et une vitesse réduites (300 km et 500 km/h), ils furent une proie facile pour l'aviation de chasse et la D. C. A. alliées.
Les *V2,* qui ont été les véritables précurseurs des missiles modernes, furent mis au point par von Braun à Peenemünde en 1944. Leur dispersion considérable au point de chute, en raison d'un guidage encore rudimentaire, et leur vitesse supérieure à celle du son en firent des engins beaucoup plus redoutables que les V1 et très difficiles à détecter et à détruire. Seuls les bombardements systématiques des bases de départ permirent aux Alliés de les combattre avec succès.

VA, symbole de *volt-ampère,* unité de puissance apparente dans les courants alternatifs.

va! [va] interj. (impér. du v. *aller*). S'emploie pour encourager, exciter, menacer, etc. ● *Va pour* (Fam.), j'accepte, je consens à : *va pour dix francs.*

Vaal (le), riv. de l'Afrique du Sud, affl. de l'Orange (r. dr.); 1 200 km.

Vabre (81330), ch.-l. de c. du Tarn (arr. de Castres); 1 285 h. (936 aggl.). Laine.

VACCINS

Notions générales.

Principe de la vaccination.

L'introduction dans l'organisme de l'antigène (atténué) responsable de la maladie envisagée provoque la formation durable d'anticorps et crée ainsi un état réfractaire à l'égard de cette maladie.
L'organisme « fabriquant » lui-même sa propre immunité, celle-ci n'est pas immédiate; elle est, en revanche, durable, alors que l'injection d'un sérum, qui apporte à l'organisme des anticorps « tout faits », permet d'obtenir une immunité immédiate, mais de courte durée.

VACCINS VIVANTS

NOM	NATURE DU VACCIN	TECHNIQUE DE VACCINATION	RÉSULTAT ET EFFICACITÉ	OBLIGATIONS LÉGALES ET INDICATIONS	INCIDENTS ET CONTRE-INDICATIONS
antivariolique	pulpe vaccinale obtenue par inoculation de la vaccine (maladie voisine de la variole) à une génisse, recueillie au 5e jour, glycérinée et conservée à −20 °C	scarifications au niveau de la face externe du bras	— la primovaccination : macule le 4e jour, papule ou vésicule le 5e, température pendant trois jours; croûte le 12e jour, chute de la croûte le 20e jour, cicatrice indélébile — revaccinations : mêmes réactions, mais atténuées et écourtées; apparition de l'immunité vers le 6e jour; elle dure de trois à dix ans	— obligatoire dans la 1re, 11e et 21e année — obligatoire en cas d'épidémie si elle n'a pas été pratiquée avec succès moins de cinq ans avant (loi du 15 févr. 1902) rappels conseillés tous les trois ans	— fortes réactions locales et générales possibles — vaccine généralisée disséminée par grattage — encéphalite postvaccinale exceptionnelle; ne se voit que chez les enfants vaccinés tardivement ● contre-indications : — affections aiguës graves — affections prurigineuses — leucoses
antipesteux	souche de bacilles pesteux atténués par repiquages successifs sur gélose à 20 °C pendant cinq ans	une injection sous-cutanée de 1 ml	— immunité d'un an, plus constante et plus durable que celle qu'on obtient avec des vaccins tués — immuniserait contre la peste pulmonaire	indiqué en cas d'épidémie	réactions un peu plus fortes qu'avec les vaccins tués
antirabique (contre la rage)	procédé de Pasteur : moelles de lapins contenant le virus atténué par de la soude caustique et par dessiccation	injections sous-cutanées de moelles de virulences croissantes; on débute par des moelles de cinq jours, on termine par des moelles de deux jours	bonne immunité	— indiqué en cas de morsure par un animal enragé — indiqué en cas de disparition de l'animal	accidents d'ordre neurologique possibles
antiamaril (contre la fièvre jaune)	● virus neurotrope atténué par 256 passages sur cerveau cinq jours après inoculation, le cerveau est prélevé, desséché, broyé, mis en tube, scellé, conservé à — 15 °C	— scarifications de 0,5 à 1 cm — une 2e scarification peut être pratiquée à dix jours d'intervalle en cas d'épidémie	immunité constante, qui apparaît le 10e jour et dure des années	la vaccination est considérée par le règlement sanitaire international comme étant valable six ans	— vers le 5e jour, épisode fébrile avec céphalée, nausées — rares accidents nerveux vers le 12e jour
	● virus viscérotrope atténué par des procédés différents		70 p. 100 d'immunité; moins actif	indiqué chez les femmes enceintes, les vieillards, les enfants	réactions beaucoup moins fortes
antityphique (contre le typhus)	vaccin vivant préparé à partir des rickettsies responsables du typhus murin	scarifications ou injection sous-cutanée	bonne immunité, assez constante		dans 1 p. 100 des cas, on provoque un typhus murin, très bénin chez l'homme
B. C. G. (bacille de Calmette et Guérin)	bacille tuberculeux vivant non pathogène, atténué par 231 repiquages sur pomme de terre biliée et glycérinée	— scarifications — injection intradermique — voie buccale — tatouage	donne une protection contre la tuberculose, notamment contre les formes aiguës (méningite, granulie)	— indiqué chez les sujets anergiques (dont les cuti-réactions sont négatives) — obligation légale (loi du 31 janv. 1952)	● contre-indiqué chez les grands malades — possibilités de réactions locales et ganglionnaires

vacance [vakɑ̃s] n. f. Etat d'une place, d'une charge non occupée : *vacance d'un siège épiscopal.* ● *Vacance du pouvoir,* temps pendant lequel l'autorité de l'Etat ne s'exerce plus. ‖ — Pl. Temps de repos accordé à ceux qui travaillent. ‖ *Dr.* Suspension légale annuelle des audiences.

vacancier n. m. Personne qui est en vacances dans un lieu de villégiature.

vacant [vakɑ̃], **e** [-ɑ̃t] adj. (lat. *vacans,* qui est vide). Non occupé : *appartement vacant.* ‖ Se dit d'un poste ou d'une dignité qui n'a pas de titulaire : *évêché vacant.* ‖ Syn. DISPONIBLE. ● *Succession vacante,* succession ouverte et non réclamée.

vacarme [vakarm] n. m. (de l'anc. néerl. *wach arme,* hélas !). Bruit tumultueux, clameur.

vacataire n. Personne employée pour un temps déterminé à une fonction précise.

vacation [vakasjɔ̃] n. f. (du lat. *vacare,* être vacant). Temps consacré à l'examen d'une affaire ou à l'accomplissement d'une fonction déterminée par la personne qui en a été chargée : *vacation d'un expert, d'un notaire.* ‖ *Par ext.* Honoraires dus à cette personne. ‖ — Pl. Vacances judiciaires.

Vaccarès (*étang de*), étang des Bouches-du-Rhône, en Camargue ; 6 000 ha. Réserve botanique et zoologique.

vaccin [vaksɛ̃] n. m. (du lat. *vacca,* vache). Substance d'origine microbienne (germes vivants, atténués ou tués ; toxines atténuées), employée pour provoquer l'apparition de l'immunité et protéger contre une maladie. ‖ Exsudat de pustule de la vaccine, employé pour provoquer l'immunité contre la variole.

vaccinable adj. Qu'on peut vacciner.

vaccinal, e, aux adj. Qui a rapport au vaccin ou à la vaccine : *affection vaccinale.*

vaccinateur n. et adj. m. Qui vaccine

vaccination n. f. Introduction dans l'organisme d'un vaccin, soit pour provoquer une immunité mettant le sujet à l'abri contre l'affection en cause, soit pour renforcer les défenses de l'organisme au cours d'une maladie déclarée.
— ENCYCL. En Europe, les principales *vaccinations* préventives, préconisées et obligatoires dans la plupart des Etats, sont celles contre la variole, la diphtérie, le tétanos, la poliomyélite et la tuberculose. La vaccination contre la fièvre typhoïde est obligatoire dans les collectivités exposées (armée, colonies de vacances, personnels sanitaires). Les vaccinations contre le typhus et la peste sont également effectuées en cas d'épidémies, notamment en temps de guerre.
En dehors de l'Europe, deux vaccinations sont nécessaires pour les voyageurs, en plus de celles qui sont citées ci-dessus : ce sont celles contre la fièvre jaune (Afrique occidentale, Amérique du Sud) et contre le choléra (Asie Mineure, Asie, Inde, Indonésie). En Europe, la liste des vaccinations obligatoires ou recommandées peut être résumée en un « calendrier ». (V. ci-contre.)

vaccine n. f. (du lat. *vacca,* vache). Maladie de la vache (*cow-pox*) ou du cheval (*horse-pox*), qui peut se transmettre à l'homme et lui assure l'immunité variolique. (Inversement, les sujets ayant eu la variole sont protégés contre la vaccine : on dit que les deux maladies ont une immunité croisée.)

vaccinelle n. f. Eruption vaccinale bénigne.

vacciner [vaksine] v. t. Administrer un vaccin à. ‖ *Fam.* Mettre à l'abri de.

CALENDRIER DES VACCINATIONS

(A de légères variantes près, ce calendrier est conseillé dans la plupart des pays d'Europe.)

- Entre 2 et 6 semaines après la naissance : B. C. G.
- Entre 6 semaines et 3 mois : vaccination antivariolique.
- Vers 3 mois : vaccination anticoquelucheuse.
- Vers 10 mois : vaccination antipoliomyélitique.
- Entre 12 et 18 mois : vaccinations antidiphtérique et antitétanique, associées sauf contre-indications exceptionnelles (allergie, maladies aiguës). On associe avantageusement cette vaccination antidiphtérique et antitétanique à la vaccination antipoliomyélitique (D. T. Polio), et même à la vaccination contre la coqueluche, si celle-ci n'a pas été faite dans les premiers mois (vaccin tétravalent). Rappels correspondants l'année suivante.
- Entre 3 et 7 ans : vaccination antityphoïdique et antiparatyphoïdique (T. A. B.), surtout en cas d'épidémie et avant les voyages, colonies de vacances, etc. Rappel l'année suivante.
- A 11 ans, 1re revaccination antivariolique obligatoire.
- A 21 ans, 2e revaccination antivariolique obligatoire.

N. B. — *Ce tableau, donné à titre indicatif et établi en conformité avec les obligations légales ou réglementaires, ne constitue qu'un minimum de sécurité. Il est notamment souhaitable de pratiquer des rappels tous les quatre ou cinq ans pour les vaccinations antivariolique, antitétanique et antidiphtérique, car l'immunité envers les affections correspondantes diminue rapidement passé trois ans après la dernière injection.*

VACCINS

Notions générales.

Les différents types de vaccins :

- **vaccins vivants.** Ils contiennent des germes vivants atténués, ou des germes très voisins de ceux qui sont responsables de la maladie envisagée, permettant d'induire la formation des anticorps spécifiques de la maladie (immunité croisée entre typhus exanthématique et typhus murin).
- **vaccins tués.** Ils contiennent des germes tués par différents procédés.
- **anatoxines.** Ce sont des vaccins contenant la toxine du germe inactivée par des procédés physico-chimiques.

NOM	NATURE DU VACCIN	TECHNIQUE DE VACCINATION	RÉSULTAT ET EFFICACITÉ	OBLIGATIONS LÉGALES ET INDICATIONS	INCIDENTS ET CONTRE-INDICATIONS
VACCINS TUÉS					
antityphoparatyphoïdique A et B = T.A.B.	suspension aqueuse de bacilles d'Eberth et de bacilles paratyphiques A et B tués	— injections sous-cutanées à sept jours d'intervalle, soit 4 de 0,25 à 0,75 ml chez l'enfant 3 de 0,50 à 1,50 ml chez l'adulte — rappel l'année suivante et tous les cinq ans	immunité discutable, les paratyphoïdes B se rencontrant de plus en plus souvent	obligatoire pour le personnel des hôpitaux, des crèches, dispensaires, ambulances, blanchisseries et pompes funèbres	— réactions légères, exceptionnellement fortes ● contre-indications : — tuberculose — maladies rénales — diabète — grandes affections allergiques — grossesse
anticholérique	suspension aqueuse de vibrions cholériques tués par la chaleur	2 injections sous-cutanées, de 1 ml et 2 ml, à sept jours d'intervalle	immunité temporaire ; elle décline après six mois et disparaît au bout d'un an	le certificat international est valable du 6e jour suivant la première injection au 6e mois	● contre-indications : grandes affections évolutives
antipesteux	émulsion de bacilles pesteux tués par le formol	2 injections sous-cutanées, de 2 ml, à cinq jours d'intervalle	inconstante, plus aléatoire qu'avec les vaccins vivants	indiqué en cas d'épidémie	● contre-indications : grandes affections évolutives
antityphique (contre le typhus)	suspension de rickettsies dans du sérum formolé à 2 p. 1 000	3 injections sous-cutanées, de 1 ml, à huit jours d'intervalle	l'immunité apparaît après la 3e injection ; elle est constante et dure six mois		réaction locale
antirabique (contre la rage)	vaccin phéniqué	injection sous-cutanée quotidienne de 3 à 5 ml de vaccin pendant vingt jours et plus	très efficace	— indiqué en cas de morsure par un animal enragé — indiqué en cas de disparition de l'animal	— 10 p. 100 d'incidents (œdème, abcès locaux) — rares accidents neurologiques
antipoliomyélitique (Salk-Lépine)	plusieurs souches du virus inactivé par le formol	— 3 injections sous-cutanées, de 1 ml, à un mois d'intervalle — rappels : 1,5 ml un an après, suivi d'un nouveau rappel deux ans après le premier, et d'un troisième rappel trois ans après le deuxième	95 p. 100 d'immunité	— indiqué à partir de l'âge de six mois — obligatoire pour les sujets de moins de trente ans (loi du 1er juillet 1964)	aucun accident
anticoquelucheux	bacilles formolés auxquels on a ajouté de l'hydroxyde d'alumine	— 3 injections sous-cutanées, de 1 ml, à un mois d'intervalle — rappel un an après	immunité favorisée par l'hydroxyde d'alumine employé comme adjuvant	indiqué vers le 3e mois	— réactions locales passagères — accès fébriles
ANATOXINES					
antidiphtérique	toxine diphtérique soumise à l'action conjuguée du formol et de la chaleur	— 3 injections sous-cutanées, de 2 ml, à quinze jours d'intervalle — rappel l'année suivante	95 p. 100 d'immunité	— obligatoire dans la première enfance, entre le 12e et le 18e mois, depuis le 7 sept. 1948 — obligatoire dans l'armée et certaines professions	— rares incidents locaux ● contre-indications : grandes affections évolutives
antitétanique	toxine tétanique soumise à l'action conjuguée du formol et de la chaleur	— 3 injections sous-cutanées, de 2 ml, à quinze jours d'intervalle — rappel de 2 ml l'année suivante et tous les trois ans	— très efficace — immunité totale trois semaines après la 3e injection	— obligatoire dans la première enfance depuis le 24 nov. 1940 — obligatoire dans l'armée et certaines professions	— rares incidents locaux ● contre-indications : — tuberculose — maladies rénales

vaccinifère [vaksinifɛr] adj. Se dit de la génisse dont la lymphe sert à la vaccination.

vaccinogène [vaksinɔʒɛn] adj. (de *vaccin*, et gr. *gennân*, engendrer). Qui produit le vaccin.

vaccinoïde [vaksinɔid] adj. Qui ressemble à la vaccine : *éruption vaccinoïde*. ‖ — N. f. Syn. de VACCINELLE.

vaccinostyle [vaksinɔstil] n. m. Lancette à vacciner, constituée par une plume métallique non fendue.

vaccinothérapie n. f. Traitement des maladies par les vaccins.

vache [vaʃ] n. f. (lat. *vacca*). Femelle de l'espèce bovine : *du lait de vache*. (V. *encycl*.) ‖ Sa chair : *manger de la vache*. ‖ Sa peau corroyée : *des souliers en vache*. ● *Vache à lait*, vache qu'on élève pour le lait qu'elle fournit; et, au *fig.*, personne ou chose dont on tire un profit continuel. ‖ — Adj. *Pop.* Dur, sévère : *se montrer vache*.
— ENCYCL. Une femelle de l'espèce bovine s'appelle *génisse* jusqu'à la première mise bas : elle prend alors le nom de *vache* et commence à donner du lait. Le premier vêlage a lieu en général entre 24 et 36 mois, mais varie selon les races et les régions. Par la suite, la vache donne un veau chaque année et produit du lait jusqu'au tarissement, qui intervient en général 2 mois environ avant le vêlage suivant. Chez les meilleures laitières, la production peut atteindre 8 000 kg de lait à 40 g de matière grasse par litre. En France, la production moyenne (plus de 3 000 kg) varie, selon les races, entre 2 000 et 4 000 kg. (V. illustr. BOVIDÉS.)

vachement adv. *Pop.* Beaucoup, très : *une course vachement disputée*.

vacher, ère n. Personne qui mène paître, qui soigne les vaches.

vacherie n. f. Etable à vaches. ‖ Etablissement pour l'élevage des vaches et la production laitière. ‖ *Pop.* Acte de méchanceté.

vacherin [vaʃrɛ̃] n. m. Gâteau meringué à base de blancs d'œufs et de sucre. ‖ Fromage de Suisse et du Jura français, à pâte onctueuse.

vachette n. f. Cuir de jeune vache.

vacillant, e adj. Qui vacille : *la flamme vacillante d'une bougie*. ‖ *Fig.* Irrésolu, mobile : *esprit vacillant*.

vacillation n. f. Mouvement de ce qui vacille : *vacillation d'une barque*. ‖ *Fig.* Irrésolution : *vacillation dans les opinions*.

vacillement n. m. Action de vaciller.

vaciller [vasije *ou* vasile] v. i. (lat. *vacillare*). Chanceler, n'être pas bien ferme : *vaciller sur ses jambes*. (Syn. : TITUBER, TREMBLER, TREMBLOTER.) ‖ Trembler légèrement : *la lumière vacille*. ‖ *Fig.* Hésiter; être irrésolu, incertain : *vaciller dans ses réponses*.

Vacquerie (Auguste), écrivain et journaliste français, né à Villequier (1819-1895). Son frère Charles épousa Léopoldine, la fille de Victor Hugo. Poète fidèle à l'idéal romantique (*les Demi-Teintes*, 1845), il écrivit également des drames (*les Funérailles de l'honneur*, 1861) et des recueils de souvenirs.

vacuité [vakɥite] n. f. (du lat. *vacuus*, vide). Etat d'une chose ou d'un organe vide.

vacuolaire adj. Relatif aux vacuoles : *suc vacuolaire*.

vacuole [vakɥɔl] n. f. (du lat. *vacuus*, vide). Cavité du cytoplasme des cellules, renfermant diverses substances en solution dans l'eau.

vacuum [vakɥɔm] n. m. (mot lat.). Le vide.

Vadé (Jean Joseph), chansonnier et auteur dramatique français, né à Ham (Somme) [1719-1757]. Auteur de vaudevilles et d'opéras-comiques (*le Bouquet du roi*, 1752; *le Mauvais Plaisant*, 1757), il créa la littérature « poissarde » consacrée à l'expression des mœurs et du langage des halles (*Catéchisme*, 1758).

vade-mecum [vademekɔm] n. m. inv. (mots lat. signif. *va avec moi*). Objet, livre qu'on porte ordinairement avec soi.

Vadimon (*lac*), auj. **lac de Bassano** (Toscane). Victoire des Romains sur les Gaulois (283 av. J.-C.).

Vadius, personnage des *Femmes savantes*, érudit pédant et ridicule.

vadrouille [vadruj] n. f. *Mar.* Tampon composé de déchets de laine ou de filasse et fixé à un manche pour servir au nettoyage. ‖ Au Canada, balai en tissu frangé. ‖ *Pop.* Promenade.

vadrouiller v. i. *Pop.* Aller en vadrouille.

vadrouilleur, euse n. *Pop.* Celui, celle qui aime à vadrouiller.

Vaduz, cap. du Liechtenstein; 4 000 h.

Vaenius ou **Van Veen** (Otto), peintre flamand, né à Leyde (1556-1629). Il assura la transition entre l'académisme italianisant du XVIᵉ s. et l'ère rubénienne. Il fut le maître de Rubens.

va-et-vient [vaevjɛ̃] n. m. inv. Mouvement alternatif d'un point à un autre : *le va-et-vient d'un balancier*. ‖ Gond à ressort, permettant l'ouverture d'une porte dans les deux sens. ‖ Cordage qui permet de faire passer des personnes ou des marchandises entre deux points dont l'accès de l'un à l'autre est très difficile : *établir un va-et-vient avec un navire échoué*. ‖ *Electr.* Dispositif permettant d'éteindre ou d'allumer une lampe de plusieurs endroits différents.

Agrippina Vaganova

vagabond [vagabɔ̃], **e** [-ɔ̃d] adj. (du lat. *vagari*, errer). Qui erre çà et là. ‖ *Fig.* Désordonné, déréglé : *imagination vagabonde*. ‖ — N. Personne qui n'a pas de domicile, pas de moyens de subsistance et pas de profession ou de métier.

vagabondage n. m. Etat de celui qui n'a ni domicile ni moyens de subsistance licites : *le vagabondage est un délit*.

vagabonder v. i. Errer çà et là. ‖ *Fig.* Passer d'une chose à une autre.

Vaganova (Agrippina Iakovlevna), danseuse et pédagogue russe, née à Saint-Pétersbourg (1879-1951). Danseuse étoile (1915) au théâtre Mariinski de Saint-Pétersbourg, elle se consacra à l'enseignement dès 1917. Professeur à l'école de ballet de Leningrad (1921), elle en devient directrice en 1934. Elève des plus célèbres professeurs de l'époque, elle fit à son tour autorité et elle forma dans la tradition de l'école russe les plus grandes étoiles soviétiques. Elle a publié un important traité sur *les Fondements de la danse classique* (1934).

vagin [vaʒɛ̃] n. m. (lat. *vagina*, gaine). Canal auquel aboutit le col de l'utérus et qui s'ouvre dans la vulve. (De forme cylindrique, aplati d'avant en arrière, le vagin est l'organe femelle de la copulation; il est situé entre la vessie et le rectum.)

vaginal, e, aux adj. Relatif au vagin : *muqueuse vaginale*. ● *Tunique vaginale*, ou *vaginale* n. f., se dit de l'enveloppe séreuse qui dérive du péritoine et entoure les testicules à l'intérieur du scrotum.

vaginisme n. m. Contraction spasmodique du muscle constricteur du vagin.

vaginite n. f. Inflammation du vagin.

vagir [vaʒir] v. i. (lat. *vagire*). Pousser des vagissements : *nouveau-né qui vagit*. ‖ Crier, en parlant du lièvre ou du crocodile.

vagissant, e adj. Qui vagit.

vagissement n. m. Cri des enfants nouveau-nés. ‖ *Par ext.* Cri du crocodile ou du lièvre.

vague [vag] adj. (lat. *vagus*, errant). Qui est sans précision, mal déterminé : *promesse vague*. (Syn. : FLOU, INCERTAIN, INDÉCIS, INDÉFINI, INDÉTERMINÉ, OBSCUR.) ‖ *Peint.* Qui manque de netteté : *couleur vague*. ● *Nerf vague* (Anat.), autre nom du *nerf pneumogastrique*. ‖ — N. m. Ce qui est imprécis, mal défini : *rester dans le vague*. ● *Le vague à l'âme*, la mélancolie.

vague adj. (lat. *vacuus*, vide). *Terrain vague*, terrain à proximité d'une agglomération, et qui n'est ni cultivé ni construit.

vague n. f. (empr. à l'anc. scandin.). Mouvement ondulatoire de l'eau, généralement dû à l'action du vent. ‖ *Par ext.* Ce qui rappelle ce mouvement : *une vague d'assaut, de chars, de bombardiers*. ‖ *Fig.* Afflux subit : *vague de protestations; vague de froid*. ● *La nouvelle vague*, la jeune génération d'avant-garde. — Dénomination arbitraire par laquelle on désigne un groupe de jeunes réalisateurs de cinéma français qui, vers 1958-1960, tournèrent leur premier long métrage (J.-L. Godard, F. Truffaut, C. Chabrol, J. Demy, etc.). [On rattache parfois à ce mouvement des cinéastes qui firent leur premier film quelques années auparavant (J.-P. Melville, A. Resnais, L. Malle, A. Astruc, R. Vadim).]

vairon

vaguelette n. f. Petite vague.

vaguement adv. D'une manière vague.

vaguemestre [vagmɛstr] n. m. (allem. *Wagenmeister*, maître des équipages). Sous-officier chargé du service postal dans un détachement.

vaguer [vage] v. i. (lat. *vagari*). Errer çà et là au hasard : *vaguer par les champs*. ‖ *Fig.* Se perdre dans des rêveries : *laisser vaguer son imagination*.

Váh (le), riv. de Tchécoslovaquie (Slovaquie), affl. du Danube (r. g.); 433 km. Centrales hydro-électriques.

vaiçya [vɛsja] n. m. inv. Membre de la troisième des castes de l'Inde, constituée par les commerçants, les éleveurs de bétail, les agriculteurs.

vaigrage n. m. *Mar.* Ensemble des vaigres d'un navire.

vaigre [vɛgr] n. f. (orig. scandin.). Bordage qui revêt le côté intérieur des membrures d'un navire.

vaillamment adv. Avec vaillance : *lutter vaillamment*.

vaillance n. f. Qualité de celui qui est brave dans la lutte. (Syn. : BRAVOURE, COURAGE, HARDIESSE.)

Vailland (Roger), écrivain français, né à Paris (1907-1965). Journaliste, il prit part à la Résistance, qui fait le sujet de son premier livre, *Drôle de jeu* (1945). Il s'affirma ensuite comme un moraliste ironique dans ses romans (*les Mauvais Coups*, 1948; *325 000 Francs*, 1955; *la Loi*, 1957; *la Truite*, 1964) et son théâtre (*Héloïse et Abélard*, 1947; *Monsieur Jean*, 1959).

vaillant [vajɑ̃], **e** [-ɑ̃t] adj. Qui a de la fermeté, du courage. (Contr. : LÂCHE, PEUREUX, POLTRON.) ● *N'avoir plus un sou vaillant*, n'avoir plus ni bien ni argent.

Vaillant (Sébastien), botaniste français, né à Vigny (1669-1722), auteur d'une Flore de la région parisienne.

Vaillant (Jean-Baptiste Philibert), maréchal de France, né à Dijon (1790-1872). Il fut ministre de la Guerre (1854), puis grand maréchal du Palais (1860-1870).

Vaillant (Edouard), homme politique français, né à Vierzon (1840-1915). Membre de la Commune de Paris (1871), député socialiste de Paris à partir de 1893, il s'opposa jusqu'en 1914 à toute collaboration avec les partis bourgeois.

Vaillant (Auguste), anarchiste français, né à Mézières (v. 1861-1894). En pleine séance de la Chambre des députés, il lança une bombe qui ne fit que quelques blessés (déc. 1893). Condamné à mort, il fut exécuté.

Vaillant-Couturier (Paul), homme politique français, né à Paris (1892-1937). Député communiste (1919-1928 et 1936), il fut rédacteur en chef de *l'Humanité* à partir de 1928.

Vailly-sur-Aisne (02370), ch.-l. de c. de l'Aisne (arr. de Soissons); 1 830 h. (*Vaillysiens*).

Vailly-sur-Sauldre (18260), ch.-l. de c. du Cher (arr. de Bourges); 759 h.

vain [vɛ̃], **e** [vɛn] adj. (lat. *vanus*). Qui est sans force, sans valeur, sans effet, inutile : *vains efforts; vaines excuses*. ‖ Chimérique, faux, illusoire : *vain espoir*. ‖ *Vaine pâture*, droit de faire paître son bétail sur les prairies naturelles et non closes des autres après la première fenaison. ‖ — **En vain** loc. adv. Inutilement.

vaincre [vɛ̃kr] v. t. (lat. *vincere*) [conj. **47**]. Remporter un avantage à la guerre. ‖ L'emporter sur : *vaincre ses rivaux*. ‖ Venir à bout de : *vaincre un obstacle; vaincre sa peur*. (Syn. : ANÉANTIR, BATTRE, CULBUTER, DÉFAIRE, ÉCRASER, SURMONTER.)

vaincu [vɛ̃ky], **e** n. Personne qui a subi une défaite : *les vaincus ont toujours tort*.

vainement adv. Inutilement : *vous alléguez vainement cent raisons*.

vainqueur [vɛ̃kœr] n. m. Celui qui remporte une victoire dans un combat. ‖ Celui qui remporte l'avantage sur ses concurrents. ‖ — Adj. Qui a vaincu. ● *Air vainqueur*, air de suffisance.

vair [vɛr] n. m. (lat. *varius*, varié). Nom ancien de la fourrure de petit-gris, blanc et gris. ‖ *Hérald.* L'une des fourrures de l'écu, faite de points blancs et bleus alternés.

Vair (Guillaume DU), homme politique, orateur et philosophe français, né à Paris (1556-1621). Après avoir soutenu la Ligue, il se rallia à Henri IV. Garde des Sceaux en 1615, évêque de Lisieux (1616), il fut un orateur estimé (*Exhortation à la paix*, 1592). Traducteur d'Epictète, de Démosthène et de Cicéron, il a exposé ses idées philosophiques dans son *Traité de la constance*.

Vaires-sur-Marne (77360), comm. de Seine-et-Marne (arr. de Meaux); 8 455 h. Château du XVIᵉ s.

vairon [vɛrɔ̃] adj. m. (du lat. *varius*, varié). Se dit des yeux quand ils sont de couleur différente.

vairon n. m. Genre de petits poissons très communs dans les ruisseaux, et dont la chair est peu estimée.

Vaison-la-Romaine (84110), ch.-l. de c. du Vaucluse (arr. de Carpentras); 4 402 h. (3 373 aggl.) [*Vaisonnais*]. Autref. ville gallo-romaine florissante. Des fouilles y ont mis au jour des quartiers anciens, le théâtre, des œuvres

Phot. Lido, Jacques Six.

d'art (musée). Cathédrale des XIe-XIIe s. (cloître). Chapelle (XIIe et XVIIe s.). Ruines d'un château féodal.

vaisseau [vεso] n. m. (dimin. du lat. *vas,* vase). Navire d'assez grandes dimensions. || Bâtiment de guerre de très fort tonnage. || *Archit.* Grand espace couvert dans un édifice. ● *Officier de vaisseau,* officier de marine. || *Vaisseau spatial,* véhicule astronautique interplanétaire.

Vaisseau fantôme (*le*), opéra, paroles et musique de R. Wagner (1843), sur la légende du *Hollandais volant.*

vaisseau n. m. (même étymologie qu'à l'art. précédent). Canal de circulation du sang ou de la lymphe chez les animaux, de la sève chez les végétaux. (V. *encycl.*) ● *Vaisseau parfait* (Bot.), syn. de TRACHÉE.

— ENCYCL. Chez l'homme et les animaux supérieurs, les *vaisseaux sanguins* présentent d'importantes différences de structure et de fonction selon leur position dans l'appareil circulatoire : à la sortie du cœur, les *grosses artères* (aorte, artère pulmonaire) sont avant tout *élastiques* et hébergent à l'issue de chaque systole un volume sanguin brusquement accru, sur lequel les parois exercent une *pression artérielle* qui provoque la circulation; à l'entrée de chaque organe, les *petites artères,* riches en muscles lisses et en nerfs vaso-moteurs, se dilatent ou se contractent, réglant ainsi le débit local du sang (rougeur, pâleur); dans les tissus eux-mêmes, les *capillaires* présentent une grande longueur (1,1 m par millimètre cube dans le cortex cérébral ou le rein) et une très faible épaisseur, qui favorisent les échanges (gazeux, alimentaires ou excrétoires); enfin, les *veines* ramènent passivement le sang au cœur, tandis que les *vaisseaux lymphatiques,* qui traversent des *ganglions,* rejettent dans les veines la lymphe, d'origine tissulaire.

— Chez les plantes vasculaires, on distingue deux appareils conducteurs : le *bois* et le *liber.* Le bois, formé de vaisseaux relativement gros associés à des fibres et à d'autres types de cellules, assure la circulation de la sève brute depuis les racines jusqu'aux feuilles; le liber, formé de tubes très fins coupés de filtres (*tubes criblés*), reprend la sève élaborée par les feuilles et la distribue dans l'organisme tout entier, mais une goutte de sève n'est pas ramenée à son point de départ comme une goutte de sang : la circulation, cyclique chez les animaux, est linéaire chez les plantes.

vaisselier n. m. Meuble qui sert à ranger la vaisselle.

vaisselle [vεsεl] n. f. (lat. *vascellum*). Tout ce qui sert à l'usage de la table, comme plats, assiettes, etc. ● *Vaisselle plate,* vaisselle d'or et d'argent, d'une seule pièce.

vaissellerie n. f. Industrie fabriquant des seaux, des écuelles, etc. || Objets ainsi fabriqués.

val [val] n. m. (lat. *vallis*). Vallée très large : *le Val de Loire.* || Dans le Jura, vallée correspondant à un synclinal. ● *Val perché,* dans le relief jurassien, vallée synclinale qui, par suite de l'action de l'érosion, se trouve à une altitude supérieure à celle des combes voisines. (Le plur. VAUX est ancien; la forme VALS semble prévaloir.)

valable [valabl] adj. Qui a les conditions requises pour produire son effet : *quittance valable.* || Acceptable, admissible, fondé : *excuse valable; interlocuteur valable.* || Qui a une certaine valeur : *œuvre valable.*

valablement adv. De façon valable : *alléguer valablement une excuse.*

Valachie, anc. principauté danubienne, créée à la fin du XIIIe s., vassale de la Turquie à partir de 1396 et qui devint indépendante en 1856. Son union avec la Moldavie, réalisée en 1858, créa la Roumanie. Elle a été divisée, historiquement par l'Olt, en *Munténie,* à l'est, et en *Olténie,* à l'ouest.

Valadon (Marie Clémentine, dite **Suzanne**), femme peintre française, née à Bessines-sur-Gartempe (1865-1938), mère de Maurice Utrillo. D'abord acrobate, puis modèle, posant pour Puvis de Chavannes, Toulouse-Lautrec et Renoir, elle se mit à dessiner, encouragée par Degas, puis à peindre. Elle pratiqua un art viril et direct, cernant les formes d'un trait précis et sûr, utilisant des couleurs vives, prenant pour modèles ses familiers, des gens du peuple, exécutant des paysages, des bouquets de fleurs et des natures mortes (musée d'Art moderne de la Ville de Paris; musée national d'Art moderne).

Valais, canton de la Suisse méridionale, aux frontières française et italienne; 206 600 h. (*Valaisans*). Ch.-l. *Sion.* Le Valais correspond approximativement au bassin supérieur du Rhône. L'élevage domine dans le Valais oriental, de langue alémanique. Dans le Valais central et occidental, de langue romande, les cultures (dont la vigne) prennent une plus grande extension. La vallée du Rhône est jalonnée de petits centres industriels (chimie à Viège, aluminium à Chippis). Le tourisme anime de nombreuses localités (Zermatt, Crans-sur-Sierre, Montana-Vermala, Verbier, etc.). Importantes centrales hydrauliques.

● *Histoire.* L'évêché de Sion, créé au IIIe s., et le monastère Saint-Maurice d'Agaune furent jusqu'à la Révolution les maîtres du Valais. Occupé par les Français en 1798, le Valais fut de 1802 à 1810 une république indépendante, puis fut réuni à l'Empire français (département du Simplon) jusqu'en 1813. En 1814, il forma le vingtième canton de la Confédération suisse.

Val-André (le), écart de la comm. de Pléneuf-Val-André*. Station balnéaire.

valaque adj. et n. De la Valachie.

Valberg (*col de*), col des Alpes-Maritimes; 1 669 m. Station de sports d'hiver (alt. 1 700-1 800 m).

Valbonnais (38740), ch.-l. de c. de l'Isère (arr. de Grenoble); 521 h. (318 aggl.).

Suzanne **Valadon** : « Nu à la couverture rayée »
musée d'Art moderne de la Ville de Paris

Valbonne (la), camp militaire situé sur la commune de Pérouges (Ain).

Valdahon (25800), comm. du Doubs (arr. de Besançon); 3 324 h. Camp militaire (3 600 ha).

Valdaï, plateau du nord-ouest de la Russie, où naît la Volga; alt. 321 m.

Val-d'Ajol (LE) [88340], comm. des Vosges (arr. d'Epinal); 5 847 h. (2 633 aggl.). Textiles.

Val d'Arly-Flumet, station de sports d'hiver de la Savoie (alt. 1 000-1 800 m), près de Megève.

Val-de-Grâce (le), hôpital et Ecole d'application du Service de santé militaire à Paris, rue Saint-Jacques, occupant un ancien couvent de bénédictines depuis 1793. Anne d'Autriche fit élever la chapelle à partir de 1645 sur un plan de Mansart. Un dôme imité de celui de Saint-Pierre de Rome enveloppe la coupole, décorée par Mignard. (V. illustr. ÉGLISE.) Les sculptures sont dues à Michel Anguier.

Val-de-Gris (52360), ch.-l. de c. de la Haute-Marne (arr. de Langres), constitué en 1972 par la fusion de diverses comm., dont Neuilly-l'Evêque; 2 563 h.

Val de Loire, partie de la vallée de la Loire entre sa sortie du Massif central et les confins du Massif armoricain (au sens étroit, l'expression désigne seulement la vallée de la Loire entre Briare et le confluent du Cher). Long de plus de 300 km, large de 3 à 12 km, fertilisé par les alluvions fluviales, c'est une riche région agricole (vigne, pépinières, primeurs).

Valdemar Ier le Grand, né dans le Slesvig (1131-1182), roi de Danemark (1157-1182). Il sut réaliser l'union du trône, des nobles et de l'Eglise réformiste. — VALDEMAR II *Sejr* (« le Victorieux ») [1170-1241], roi de Danemark (1202-1241), frère et successeur de Knud IV. Il conquit le Holstein et la région entre Eider et Elbe. Il codifia les lois et établit un inventaire fiscal du royaume. — VALDEMAR III *den Unge* (« le Jeune ») [v. 1314-1364], roi de Danemark (1326-1330). Il fut déposé au profit de Christophe II. — VALDEMAR IV *Atterdag* (v. 1320-1375), roi de Danemark (1340-1375), fils de Christophe II. Il céda l'Estonie à l'ordre Teutonique (1346).

Val-de-Marne (*dép. du*) [**94**], dép. de la région parisienne, créé en 1964, s'étendant sur le sud-est de l'ancien dép. de la Seine et quelques communes de l'anc. Seine-et-Oise; préf. *Créteil;* s.-préf. *L'Haÿ-les-Roses, Nogent-sur-Marne;* 2 arr., 33 cant., 47 comm.; 244 km²; 1 121 340 h. La vallée de la Seine, jalonnée de centres industriels (Villeneuve-Saint-Georges, Vitry-sur-Seine, Alfortville, Ivry-sur-Seine), sépare deux secteurs à caractère surtout résidentiel (Arcueil, Cachan, L'Haÿ-les-Roses à l'ouest, vallée de la Marne et communes limitrophes du bois de Vincennes à l'est). L'est et le sud-est du département, appartenant partiellement à la *Brie**, conservent un caractère rural malgré la prolifération des lotissements, notamment le long des axes de communication.

Val-de-Meuse (LE) [52140], ch.-l. de c. de la Haute-Marne, constitué en 1972 par la fusion de diverses comm., dont Montigny-le-Roi; 2 251 h.

Valderiès (81350), ch.-l. de c. du Tarn (arr. d'Albi); 680 h. (211 aggl.).

Valdés (Juan DE), humaniste espagnol, né à Cuenca (fin du XVe s.-1541). Auteur d'ouvrages théologiques (*l'Alphabet chrétien*), il composa un *Dialogue de la langue* (v. 1536), document précieux sur l'histoire de la langue littéraire castillane.

Valdés Leal (Juan DE), peintre espagnol, né à Séville (1622-1690). Bon coloriste, il peignit à Cordoue et à Séville de nombreux sujets religieux, ainsi que des compositions d'un naturalisme sombre et d'un baroque macabre (*Assomption de la Vierge,* Louvre).

Valdieu (*seuil de*), le point le plus bas de la trouée de Belfort, entre le Jura et les Vosges.

Val-d'Isère (73150), comm. de Savoie (arr. d'Albertville), en Tarentaise; 1 413 h. Station de sports d'hiver (alt. 1 850-3 249 m).

Valdivia, port du Chili méridional; 70 800 h. Métallurgie.

Valdivia (Pedro DE), compagnon de Pizarro (v. 1500-1553). Il acheva la conquête du Chili.

Valdo ou **Valdès** (Pierre), nom lat. de **Pierre de Vaux,** hérésiarque (v. 1140-v. 1217). Riche marchand lyonnais, il abandonna tout pour fonder la secte des « pauvres de Lyon », appelés *vaudois.*

Valdoie (90300), ch.-l. de c. du Territoire de Belfort, sur la Savoureuse; 4 013 h. Métallurgie.

Val-d'Oise (*dép. du*) [**95**], dép. de la région parisienne, s'étendant sur la partie nord de l'ancienne Seine-et-Oise; préf. *Pontoise;* s.-préf. *Argenteuil, Montmorency;* 3 arr., 27 cant., 189 comm.; 1 249 km²; 701 644 h. En dehors de son extrémité méridionale sur la Seine (Argenteuil) et de la vallée de l'Oise (Persan, Beaumont et Pontoise), secteurs correspondant à des axes de circulation qui ont favorisé le développement de l'industrie (métallurgie, chimie), le dép. a une vocation agricole. A l'ouest de l'Oise, les plateaux du *Vexin français* portent des cultures céréalières et betteravières. A l'est, au-delà des massifs forestiers (Montmorency, L'Isle-Adam), apparaissent les plateaux dénudés du *pays de France,* domaines de la grande culture. La proximité de Paris explique le rapide développement, dans le sud, des grands ensembles résidentiels (Sarcelles) et des lotissements.

Val-d'Or, v. du Canada (Québec), dans l'Abitibi; 12 100 h. Cuivre.

Valée (Sylvain Charles), maréchal de France, né à Brienne-le-Château (1773-1846). Il réorganisa l'artillerie

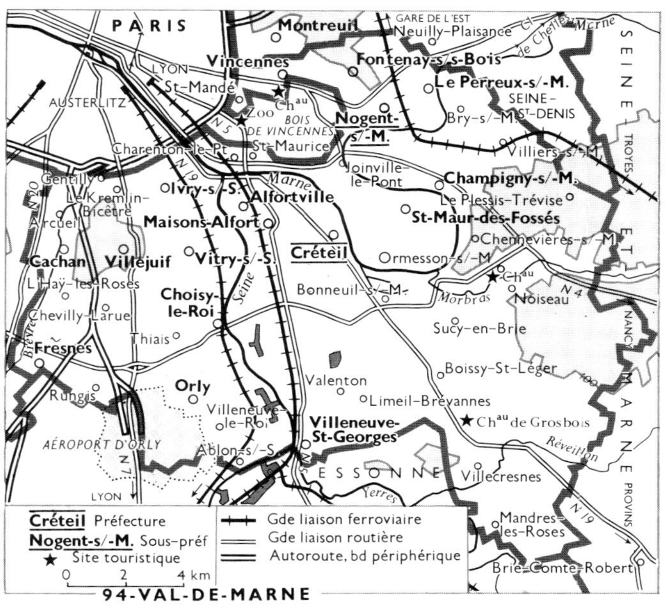

94-VAL-DE-MARNE

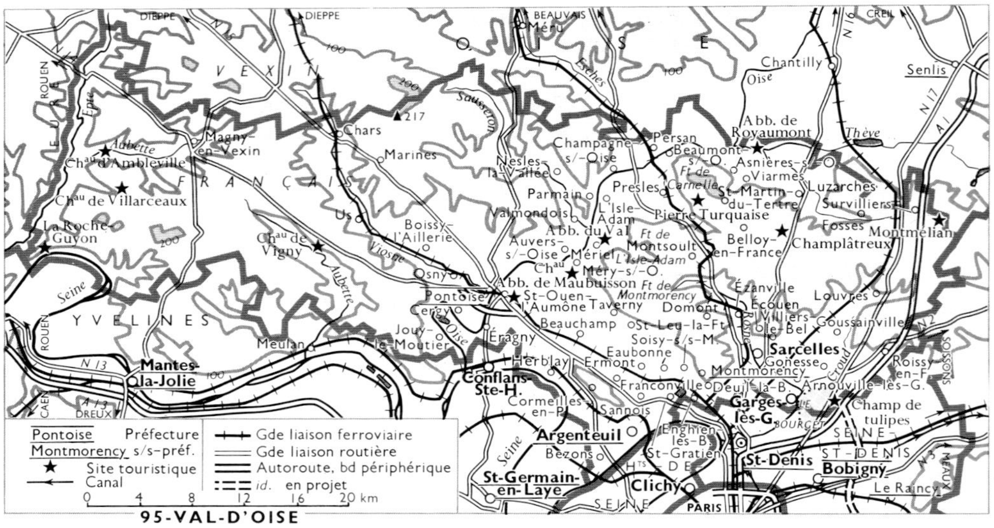

95-VAL-D'OISE

(1822), dirigea la prise de Constantine (1837) et devint gouverneur général de l'Algérie jusqu'en 1840.

Valençay (36600), ch.-l. de c. de l'Indre (arr. de Châteauroux) ; 2 754 h. (1 691 aggl.) [*Valencéens*]. Château Renaissance construit par Jacques (1540) et Dominique d'Estampes (v. 1650) ; l'aile du midi a été remaniée au XVIIIe s. Il a appartenu à Talleyrand.

valence n. f. Orange de Valence (Espagne).

valence [valɑ̃s] n. f. (du lat. *valere,* valoir). *Valence d'un élément* (Chim.), nombre maximal d'atomes d'hydrogène pouvant se combiner avec un atome de cet élément, ou auxquels peut se substituer un atome de cet élément. (V. *encycl.*) ‖ *Valence d'un objet, d'une situation,* désigne en psychologie expérimentale l'attirance ou la répulsion que l'être vivant éprouve à leur égard, et qui entraîne une description binaire de toute situation de conflit.
— ENCYCL. Le désir d'élucider la structure des molécules a conduit à distinguer plusieurs modes de liaison entre atomes. La liaison ionique résulte de l'attraction électrostatique entre ions de polarités opposées ; on la rencontre dans les électrolytes (par ex. Na^+ et Cl^- dans NaCl) ; l'*électrovalence* d'un ion est le nombre de charges élémentaires qu'il porte. Dans la liaison par *covalence,* deux atomes mettent en commun une ou plusieurs paires d'électrons.

Valence, en esp. **Valencia,** port d'Espagne, à l'embouchure du Guadalaviar, sur la Méditerranée ; 585 000 h. Archevêché. Université. Cap. de l'anc. royaume musulman de Valence (1021-1238). Portes fortifiées. Cathédrale (XIVe-XVIIIe s.). Lonja de la Seda (XVe s.). Palais de la Audiencia (XVIe s.). La ville se trouve au centre d'une riche *huerta* (oranges, vins, riz). Métallurgie.

Valence (26000), ch.-l. du dép. de la Drôme, sur le Rhône, à 554 km au sud-est de Paris ; 64 134 h. (*Valentinois*). Evêché. Cathédrale romane. Musée. Carrefour entre Lyon, Marseille et Grenoble, Valence est une ville dont l'essor industriel (métallurgie, chimie) s'accompagne d'une rapide croissance démographique. La population de la ville et celle de l'agglomération (qui regroupe plus de 90 000 h.) avaient augmenté de plus de 40 p. 100 entre 1954 et 1968. — L'arr. a 14 cant., 165 comm., 264 892 h.

Valence ou **Valence-d'Agen** (82400), ch.-l. de c. de Tarn-et-Garonne (arr. de Castelsarrasin) ; 4 020 h.

Valence-d'Albigeois (81340), ch.-l. de c. du Tarn (arr. d'Albi) ; 1 280 h. (676 aggl.).

Valence-sur-Baïse (32310), ch.-l. de c. du Gers (arr. de Condom) ; 1 229 h. (836 aggl.).

Valencia, v. du Venezuela, à l'ouest de Caracas ; 210 000 h.

valenciennes [valɑ̃sjɛn] n. f. Dentelle aux fuseaux à dessin floral sur fond de réseau à mailles régulières.

Valenciennes (59300), ch.-l. d'arr. du Nord, sur l'Escaut ; 47 463 h. (*Valenciennois*). Ancienne place forte (citadelle de Vauban), la ville, située dans l'est du bassin houiller, est aujourd'hui un important centre industriel (métallurgie, textiles), au cœur d'une agglomération groupant près de 230 000 h. Patrie de Froissart, de Watteau et de Carpeaux. Musée et bibliothèque remarquables. L'arr. a 8 cant., 82 comm., 372 501 h.
● *Histoire.* Capitale du comté de Hainaut (XIe s.), Valenciennes fut enlevée par les Espagnols en 1567. Louis XIV s'en empara en 1677 et en devint maître en 1678. Assiégée par les Autrichiens en 1793, la ville fut reprise par les Français en 1794. Les Prussiens la firent capituler en 1815. Valenciennes souffrit beaucoup au cours des deux guerres mondiales.

Valenciennes ou **Devalenciennes** (Pierre Henri), peintre français, né à Toulouse (1750-1819). Largement représenté au Louvre, il est considéré comme un des maîtres du « paysage historique ».

Valenciennes (Achille), zoologiste français, né à Paris (1794-1865). On lui doit notamment une *Histoire naturelle des poissons,* en 22 volumes.

Valens (Flavius), né à Cibalae (Pannonie) [v. 328-378], empereur romain (364-378). Associé à son frère Valentinien Ier, il eut les provinces orientales ; il se rallia à l'arianisme et disparut au cours d'une guerre contre les Goths.

Valensole (04210), ch.-l. de c. des Alpes-de-Haute-Provence (arr. de Digne), sur le *plateau de Valensole* (centre de la culture de la lavande) ; 1 817 h. (1 314 aggl.).

Valentia, île des côtes occidentales de l'Irlande. Tête de ligne de trois câbles transatlantiques. Station météorologique.

Valentigney (25700), comm. du Doubs (arr. de Montbéliard) ; 12 897 h. Cycles. Laminage.

valentin [valɑ̃tɛ̃] n. m. Prétendant que chaque jeune fille choisissait le jour de la fête des brandons (14 février) et qui était tenu de lui offrir des présents.

Valentin (*saint*), martyr, prêtre de Rome, décapité en 270. La *Saint-Valentin* (14 février) est une fête des garçons et des jeunes filles, et aussi des amoureux.

Valentin (m. en 827), pape en 827.

Valentin (m. en 161), chef gnostique d'origine égyptienne.

Valentin (Jean DE BOULLONGNE, dit **le**), peintre français, né à Coulommiers (1594-1632). Elève de Simon Vouet, il vint en Italie à l'âge de vingt ans. Sa peinture est profondément influencée par le Caravage (*Un concert dans un intérieur,* Louvre).

valentine n. f. Jeune fille qui choisissait un valentin.

Valentinien Ier, né à Cibalae (Pannonie) [321-375], empereur romain (364-375). Associé à Valens, il s'installa à Milan. Il fut un chrétien zélé et maintint les Barbares hors de l'Empire. Il limita les prérogatives de la bureaucratie romaine. — VALENTINIEN II (v. 371-392), fils du précédent, empereur romain (375-392), assassiné par ordre de son tuteur Arbogast. — VALENTINIEN III (419-455), empereur romain d'Occident (425-455). Il succéda à Honorius en Occident, mais il demeura dans la dépendance de Théodose II, empereur d'Orient.

valentinite [valɑ̃tinit] n. f. Oxyde naturel d'antimoine.

Valentino (Rodolfo GUGLIELMI, dit **Rudolph**), acteur de cinéma muet américain d'origine italienne, né à Castellaneta (1895-1926). Il connut une grande popularité en incarnant le type du séducteur dans quelques films des années 1920. ▶

Valentinois, anc. pays de France ; ch.-l. *Valence,* dans le dép. de la Drôme. Le titre ducal de Valentinois appartient à la famille de Monaco depuis le XVIIe s.

Valenton (94460), comm. du Val-de-Marne, au nord de Villeneuve-Saint-Georges ; 10 539 h.

Valera (Eamon DE). V. DE VALERA.

Valera y Alcalá Galiano (Juan), homme politique et écrivain espagnol, né à Cabra (Cordoue) [1824-1905]. Diplomate, ministre et conseiller d'Etat, il fut un critique écouté. Romancier, il évoque l'Andalousie ou se révèle un observateur ironique de la société moderne (*Pepita Jiménez,* 1874).

Valère Maxime, historien latin, contemporain de Tibère (Ier s.). Il a laissé neuf livres de *Faits et dits mémorables,* compilation sans grande valeur scientifique.

valérianacées n. f. pl. Famille de plantes dicotylédones gamopétales comprenant la *valériane,* la *valérianelle.*

château de Valençay

Valence (Drôme)

Phot. Giraudon, Geay-Lauros - Atlas-Photo.

valériane [valerjan] n. f. (du lat. *valere,* bien se porter). Plante à fleurs roses, blanches ou jaunâtres préférant les lieux humides. (La valériane officinale, utilisée comme antispasmodique et fébrifuge, est aussi appelée *herbe-aux-chats,* parce que ces animaux sont attirés par son odeur.) [Famille des valérianacées.]

valérianelle n. f. Plante dont une espèce est la mâche ou doucette. (Famille des valérianacées.)

Valérien (m. en 259 ou 260), empereur romain (253-259 ou 260). Il s'associa son fils Gallien pour l'Occident. Il persécuta les chrétiens et pratiqua contre les riches la confiscation systématique des biens. Fait prisonnier par le roi des Perses Châhpuhr Ier, il fut mis à mort.

Valérien (*mont*), butte de la banlieue ouest de Paris; 161 m. Fort dans lequel de nombreux Français furent fusillés par les Allemands lors de la Seconde Guerre mondiale. Mémorial.

Valerius Flaccus (Caius), poète latin (v. 45 apr. J.-C.-v. 90). Il est l'auteur d'un poème inachevé, les *Argonautiques,* inspiré de l'œuvre d'Apollonios de Rhodes.

Valerius Publicola (Publius) [m. en 503 av. J.-C.], l'un des fondateurs de la République romaine, selon la tradition.

Valéry (Paul Ambroise), écrivain français, né à Sète (1871-1945). Etudiant en droit, alors qu'il désirait être marin, il rencontre Pierre Louÿs, qui le présente à Mallarmé, puis à Gide. Ses premiers poèmes paraissent dans la revue *la Conque* (1891-1892), mais il décide brusquement d'abandonner la littérature, dans laquelle il voit une dangereuse idolâtrie. Il approfondit ses connaissances mathématiques, mais retrouve le goût de la création artistique en écrivant l'*Introduction à la méthode de Léonard de Vinci* (1895), dont il veut faire une « théorie de l'Instrument » qui lui permette d'établir l'unité créatrice de l'esprit. Se composant une éthique intellectuelle (*la Soirée avec M. Edmond Teste,* 1895), il se passionne pour la politique et les problèmes économiques. Son retour à la poésie se manifeste par la publication d'un long poème symboliste, *la Jeune Parque* (1917). Valéry poursuit dès lors ses réflexions sur la langue, la peinture, la musique et les sciences, qu'il expose dans des essais (*Variété,* 1924-1944; *Regards sur le monde actuel,* 1931; *Tel quel,* 1941-1943) et des dialogues de forme socratique (*Eupalinos ou l'Architecte,* 1923; *l'Ame et la Danse,* 1923), tout en illustrant par ses recueils (*Album de vers anciens,* 1920; *Charmes,* 1922) l'art poétique, qu'il enseigne à partir de 1937 au Collège de France. Il aborde le théâtre avec deux ballets mélodrames (*Amphion,* 1931; *Semiramis,* 1934) et écrit le livret de la *Cantate du Narcisse* (1942). Après sa mort ont paru *Mon Faust* (1946), *Histoires brisées* (1950), *Descartes* (1961) et les *Cahiers* (14 vol., publiés en 1965).

valet [valɛ] n. m. (empr. au celtique). Celui qui est au service de quelqu'un : *tel maître, tel valet.* ‖ Serviteur : *valet de ferme.* ‖ Homme d'une complaisance servile et intéressée. ‖ Figure du jeu de cartes. ‖ *Technol.* Outil coudé pour maintenir le bois sur l'établi. ● *Valet de chambre,* domestique attaché plus spécialement au service de son maître. ‖ *Valet de comédie,* rôle du valet au théâtre. ‖ *Valet de pied,* domestique qui suit habituellement son maître.

valériane ▲

Rudolph **Valentino**
dans une scène du « Fils du cheik »

Valéry

Valle Inclán

Jules **Vallès**

valetaille [valtɑj] n. f. *Péjor.* Troupe de valets.

Valette (LA), cap. et port de l'île de Malte, sur la côte est; 17 600 h. Base navale.

Valette-du-Var (LA) [83160], ch.-l. de c. du Var (arr. de Toulon); 11 250 h. (9 750 aggl.).

valétudinaire [valetydinɛr] adj. et n. (du lat. *valetudo, -dinis,* mauvaise santé). Qui a une santé chancelante; qui est maladif.

valeur [valœr] n. f. (lat. *valor*). Bravoure, vertu guerrière : *soldats d'une rare valeur.* ‖ Ce que vaut une personne, une chose : *homme de peu de valeur; mobilier de grande valeur.* ‖ Prix élevé : *un objet de valeur.* ‖ Estimation approximative : *il n'a pas bu la valeur d'un verre de vin.* ‖ Etat de production : *mettre une terre en valeur.* ‖ *Fig.* Importance : *attacher de la valeur à un propos.* ‖ *Gramm.* Nuance de sens que prend un mot dans la phrase considérée : *valeur d'un temps, d'un mode.* ‖ *Math.* L'une des déterminations possibles d'une grandeur ou d'une quantité variables. ‖ *Mus.* Durée d'une note. ‖ *Peint.* Proportion des lumières et des ombres, du clair et de l'obscur dans les tons. ● *Jugement de valeur* (Philos.), jugement qui énonce une appréciation (par oppos. au *jugement de réalité,* qui se borne à constater un fait). ‖ *Mettre en valeur, donner de la valeur,* faire ressortir, donner du relief à : *mettre ses talents en valeur.* ‖ *Théorie de la valeur* (Econ. polit.), explication de ce qui fait la valeur d'un bien : *marxistes et maximalistes ont énoncé des théories de la valeur.* ‖ *Valeur mobilière,* titre négociable émis par des personnes morales publiques ou privées, en vue de matérialiser certains droits. ‖ *Valeur numérique d'une grandeur,* mesure de cette grandeur.

Valeur militaire (*croix de la*), décoration militaire française, créée en 1956, à l'occasion des événements d'Algérie, pour récompenser les actions d'éclat dans les opérations de maintien de l'ordre. Ruban écarlate coupé dans la longueur de trois raies blanches. — Cette appellation a été donnée à plusieurs décorations étrangères, notamment en Italie (1833) et dans l'Etat d'Israël (1949).

valeureusement adv. Avec courage : *résister valeureusement.*

valeureux, euse adj. (de *valeur*). Qui a de la vaillance, du courage : *de valeureux soldats.* (Syn. : HARDI, HÉROÏQUE, INTRÉPIDE, VAILLANT.)

Valgorge (07110 Largentière), ch.-l. de c. de l'Ardèche (arr. de Largentière); 435 h. (140 aggl.).

valgus [valgys], fém. **valga** [valga] adj. (mot lat. signif. *bancal*). Qui est dévié en dehors, en parlant du pied ou de la jambe. (Contr. VARUS.)

Val-Hall ou **Walhalla.** *Myth. scandin.* Séjour des héros morts dans les combats.

validation n. f. Action de valider : *la validation d'une élection.*

valide [valid] adj. (lat. *validus*). Sain, vigoureux : *homme valide.* ‖ Qui satisfait aux conditions légales pour produire ses effets : *contrat valide.* ‖ *Psychol.* Se dit d'un test psychologique qui mesure effectivement ce qu'il est censé mesurer.

validement adv. De façon valide.

valider v. t. Rendre ou déclarer valide, valable : *valider une élection.* ‖ Vérifier la validité d'un test psychologique.

validité n. f. Qualité de ce qui est valide, valable. ‖ Durée pendant laquelle un document peut être utilisé valablement : *validité d'un billet de chemin de fer.* ‖ Qualité d'un test psychologique valide. (On mesure la validité empirique d'un test en comparant ses résultats à un critère extérieur.)

valine [valin] n. f. Acide aminé dont la carence dans la nutrition entraîne des troubles sensitifs et moteurs.

valise [valiz] n. f. (ital. *valigia*). Petite malle très légère, qui se porte à la main. ● *Valise diplomatique,* ensemble des colis transportés par un courrier diplomatique et dispensés de toute visite douanière.

Valjean (Jean), héros des *Misérables**, roman de V. Hugo.

Valkyrie ou **Walkyrie,** divinité scandinave du Destin des guerriers, messagère d'Odin.

Valladolid, v. d'Espagne (Vieille-Castille), sur le Pisuerga; 181 000 h. Archevêché. Université. Métallurgie (automobiles). La ville est riche en monuments gothiques, de la Renaissance et du Siècle d'or. La cathédrale (XVIe s.), inachevée, est un des plus beaux monuments de l'art de la Contre-Réforme en Espagne. Riche musée de sculptures polychromes.

Vallauris [-ris] (06220), comm. des Alpes-Maritimes (arr. de Grasse), non loin du golfe Juan; 13 174 h. (*Vallauriens*). Poteries et céramiques dont Picasso a contribué à rénover la production.

Valle-dAlesani (20234), comm. de Corse (arr. de Corte); 507 h. Neuhof y fut proclamé roi des Corses (1736).

vallée [vale] n. f. Dépression allongée, plus ou moins évasée, creusée par un cours d'eau (ou un glacier). [La vallée se compose d'un fond, souvent formé par les alluvions du cours d'eau, et de versants.]

Vallée Noire (la), nom donné au *Boischaut* par George Sand.

Valle Inclán (Ramón DEL), écrivain espagnol, né à Puebla de Caramiñal (Galice) [1869-1936]. Se rattachant d'abord au mouvement moderniste, il évoque dans ses *Sonates* (1902-1905) les aventures de son double, le marquis de Bradomín, qui apparaît également dans une comédie (*le Marquis de Bradomín,* 1907) et dans trois romans (*Comme un vol de gerfauts,* 1908-1909). Il évolue ensuite vers un art plus réaliste avec les *Comédies barbares* (1907-1922) et le cycle du *Tour ibérique* (*Tirano Banderas,* 1926). Son sentiment du tragique le pousse à faire la caricature du monde réel dans ses « esperpentos » (épouvantails), qui mettent en scène des personnages affligés de difformités physiques ou morales.

Valleraugue (30570), ch.-l. de c. du Gard (arr. du Vigan); 1 017 h. (405 aggl.).

Vallery-Radot (**Pasteur**). V. PASTEUR VALLERY-RADOT.

Vallerysthal (57870 Vallerysthal Fontaines), loc. de la Moselle (arr. de Sarrebourg, comm. de Trois-Fontaines). Verrerie.

Vallès (Jules), écrivain et journaliste français, né au Puy (1832-1885). Menant une existence bohème, défenseur des idées révolutionnaires, il écrit un livre-pamphlet (*l'Argent,* 1857) et se fait connaître par un article publié dans le *Figaro,* « Dimanche d'un jeune homme pauvre » (1861). Journaliste, il donne un recueil de chroniques (*la Rue,* 1867) et fonde un hebdomadaire. Emprisonné au début de la guerre de 1870, puis libéré, il fait paraître *le Cri du peuple.* Membre de la Commune, il se réfugie ensuite à Londres et ne rentre en France qu'en 1883. Il reste célèbre pour sa série de romans autobiographiques (*l'Enfant,* 1881, paru en 1879 sous le titre de *Jacques Vingtras; le Bachelier,* 1881; *l'Insurgé,* 1886).

Vallespir (le), région des Pyrénées orientales, parcourue par le Tech.

Vallet (44330), ch.-l. de c. de la Loire-Atlantique (arr. de Nantes); 4 603 h. (1 588 aggl.). Vins (muscadet).

valleuse [valøz] n. f. Petite vallée sèche, tronquée et suspendue au-dessus d'une falaise.

Valleyfield, v. du Canada (Québec), sur le Saint-Laurent; 29 100 h. Raffinerie de zinc.

Vallinot (LE) [52600 Chalindrey], ch.-l. de c. de la Haute-Marne (arr. de Langres); 410 h.

vallisnérie [valisneri] n. f. Plante des eaux stagnantes, dont la fécondation a lieu à la surface de l'eau et la fructification dans l'eau. (Famille des hydrocharidacées.)

Valloire (73450), comm. de Savoie (arr. de Saint-Jean-de-Maurienne); 1 077 h. (604 aggl.). Sports d'hiver.

vallon [valɔ̃] n. m. (ital. *vallone*). Petite vallée.

vallonné, e adj. Qui présente l'aspect de vallons : *région vallonnée.*

vallonnement n. m. Etat de ce qui est vallonné.

Vallon-Pont-d'Arc (07150), ch.-l. de c. de l'Ardèche (arr. de Largentière); 1 907 h. Tourisme important (site du pont d'Arc*).

Vallorbe, v. de Suisse (Vaud); 3 900 h. Gare internationale.

Vallorcine (74660), comm. de Haute-Savoie (arr. de Bonneville); 321 h. (107 aggl.). Centre touristique.

Vallot (Joseph), astronome et géographe français, né à Lodève (1854-1925). Il dressa une carte remarquable du massif du Mont-Blanc.

Vallotton (Félix), peintre et graveur français d'origine suisse, né à Lausanne (1865-1925). Lié avec les nabis, il se fit connaître par ses gravures mordantes. Dans sa peinture, il adopta un style réaliste, au dessin précis et un peu sec. On lui doit des scènes intimistes, de nombreux nus et des paysages stylisés (*Intérieur, Femme se coiffant,* musée national d'Art moderne).

Vallouise (05290), comm. des Hautes-Alpes (arr. de Briançon); 417 h. (230 aggl.). — A proximité, station de sports d'hiver *Vallouise-Pelvoux* (alt. 1 150-1 500 m).

Vālmīki, sage de l'Inde antique, à qui sont attribués le *Rāmāyana** et le *Yogavāshishtha.* Brigand converti, il aurait vécu au ve s. av. J.-C.

Valmont (76540), ch.-l. de c. de la Seine-Maritime (arr. du Havre); 818 h. Restes d'une abbaye bénédictine.

Valmy (51800 Ste Menehould), comm. de la Marne (arr. de Sainte-Menehould); 291 h. Victoire de Dumouriez et de Kellermann sur les Prussiens (20 septembre 1792).

Valognes (50700), ch.-l. de c. de la Manche (arr. de Cherbourg); 6 106 h. (*Valognais*). Confection.

valoir [valwar] v. i. (lat. *valere*) [conj. **34**]. Etre d'un certain prix : *montre qui vaut cinq cents francs.* ‖ Avoir la signification de; tenir lieu de : *une blanche, en musique, vaut deux noires.* ‖ — *Fig.* Avoir un certain mérite : *homme qui sait ce qu'il vaut.* ‖ Mériter : *ce paysage vaut une visite.* ● *A valoir,* à compte. ‖ *Cette liqueur ne vous vaut rien,* est nuisible à votre santé. ‖ *Faire valoir,* rendre productif; vanter, mettre en crédit. ‖ *Ne rien faire qui vaille,* ne rien faire de bon. ‖ *Se faire valoir,* faire ressortir ses qualités ou ses droits, se faire apprécier; en mauvaise part, s'attribuer des qualités que l'on n'a pas. ‖ *Valoir bien,* être digne. ‖ — V. t. Procurer, donner : *la gloire que ses exploits lui ont value.* ‖ — V. impers. *Il vaut mieux,* il est plus avantageux, il est préférable. ● *Autant vaudrait,* il serait aussi convenable. ‖ — **Vaille que vaille** loc. adv. Tant bien que mal.

Valois, pays de l'ancienne France, sur la rive gauche de l'Oise; ch.-l. *Crépy-en-Valois;* auj. dans les dép. de l'Aisne et de l'Oise.

Valois, branche des Capétiens qui régna sur la France de 1328 à 1589. On divise cette branche en *Valois directs,* qui commencèrent avec Philippe VI (1328) et finirent avec Charles VIII (1498), en *Valois-Orléans,* représentés par Louis XII (1498-1515), en *Valois-Angoulême,* qui commencèrent avec François Ier (1515) pour finir avec Henri III (1589).

Valois (Ninette DE). V. DE VALOIS.

valonia n. f. Algue verte constituée par un thalle aux cellules non distinctes.

valorem (ad) [advalɔrɛm] loc. lat. signif. *suivant la valeur.* ● *Droit « ad valorem »,* taxe calculée en fonction du prix de l'objet.

valorisation n. f. Action de valoriser. ‖ *Philos.* Fait de donner de la valeur à un objet ou à une représentation mentale.

valoriser [valɔrize] v. t. Donner une valeur à. ‖ *Fig.* Augmenter la valeur de.

Valparaíso, port du Chili central, sur le Pacifique; 280 200 h. Deuxième ville du Chili, centre industriel (conserveries alimentées par la pêche, métallurgie, chimie) et principal port commercial (importations surtout) du pays.

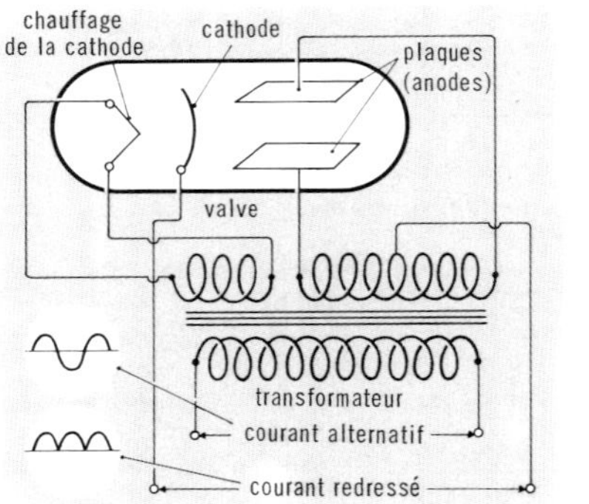

valve électrique

▼ van

Vancouver

Valréas [-as] (84600), ch.-l. de c. de Vaucluse (arr. d'Avignon), enclavé dans la Drôme; 8 007 h. (6 412 aggl.) [*Valréassiens*]. Métallurgie.

Valromey, anc. pays de France (dép. de l'Ain); cédé par la Savoie à la France (1601).

Val-Saint-Lambert, écart de la comm. belge de Seraing*. Cristallerie.

valse [vals] n. f. (de l'all. *Walzer*). Danse tournante à trois temps, dont le premier est toujours accentué : *les valses de Johann Strauss.* (Elle tire son origine des *Landler,* danses tyroliennes, et doit son succès à la diffusion que lui a assurée la bourgeoisie au cours du XIXe s. Vienne est devenu le foyer de la valse en Europe à partir de la fin du XVIIIe s.) ‖ Morceau musical du même type, mais non destiné à être dansé : *les valses de Chopin.*

valser v. i. Danser la valse. ● *Faire valser quelqu'un,* l'envoyer dans toutes les directions; le tourmenter. ‖ — V. t. Exécuter en valsant.

valseur, euse n. et adj. Personne qui valse.

Vals-les-Bains [vals-] (07600), comm. de l'Ardèche (arr. de Privas); 4 190 h. (3 275 aggl.). Station hydrominérale pour les affections digestives et le diabète. De nombreuses sources fournissent des eaux bicarbonatées sodiques, plus ou moins gazeuses, employées en cures de boissons, mais aussi en bains et douches. Les eaux stimulent les sécrétions digestives et biliaires, calment l'irritation des muqueuses et régularisent l'équilibre acido-basique de l'organisme. Hôpital thermal et centre de diabétologie.

Valteline, en ital. **Valtellina,** pays de l'Italie, formé par la haute vallée de l'Adda en amont du lac de Côme. V. pr. *Sondrio.* Pendant la guerre de Trente Ans, Richelieu empêcha l'Espagne d'occuper ce passage entre la Lombardie et l'Allemagne du Sud (1626).

value [valy] n. f. Ne s'emploie que dans les expressions PLUS-VALUE, MOINS-VALUE.

valvaire adj. Qui se rapporte aux valves.

valve [valv] n. f. (lat. *valva,* battant de porte). Chacune des deux parties d'une coquille bivalve. ‖ Appareil destiné à régler le mouvement d'un fluide dans une canalisation suivant les nécessités des organes d'utilisation. ‖ *Bot.* Chacune des parties d'un fruit sec qui s'ouvre pour laisser échapper les graines. ‖ *Electr.* Dispositif thermoïonique ou à semi-conducteur, présentant une conductibilité unilatérale et pouvant, de ce fait, servir de détecteur.

valvé, e adj. Qui est composé de valves.

valvulaire adj. Qui a des valvules. ‖ Relatif aux valvules.

valvule [valvyl] n. f. (lat. *valvula*). Petite valve. ‖ Lame élastique fixée sur la paroi interne du cœur ou d'un vaisseau, ayant un bord libre, empêchant le sang ou la lymphe de revenir en arrière : *valvule mitrale.*

Vamba. V. WAMBA.

vamp [vamp] n. f. (mot angl.). Etoile de cinéma qui joue les rôles de femme fatale.

vampire [vɑ̃pir] n. m. (allem. *Vampir*). Mort qui, suivant la superstition populaire, sort du tombeau pour sucer le sang des vivants. ‖ *Fig.* Personne qui s'enrichit aux dépens d'autrui. ‖ Chauve-souris d'Amérique tropicale, en général insectivore, mais pouvant mordre des mammifères endormis et absorber un peu de leur sang. (Envergure : environ 20 cm.) [V. illustr. CHAUVES-SOURIS.]

vampirisme n. m. Croyance aux vampires. ‖ Ravages des vampires. ‖ *Fig.* Avidité de ceux qui s'enrichissent du bien d'autrui.

van [vɑ̃] n. m. (lat. *vannus*). Instrument d'osier en forme de coquille, pour agiter le grain et en chasser les poussières.

van n. m. (mot angl. signif. *fourgon*). Remorque fermée, destinée au transport des chevaux de course.

Van, v. de la Turquie orientale, près du *lac de Van;* 31 000 h.

Van Acker (Achille), homme politique belge, né à Bruges en 1898. Socialiste, Premier ministre en 1945-1946 et de 1954 à 1958.

vanadinite [vanadinit] n. f. Chlorovanadate naturel de plomb.

vanadique adj. Se dit d'un acide dérivé du vanadium.

vanadium [vanadjɔm] m. m. Métal blanc (V), de numéro atomique 23, de densité 5,7, fusible vers 1 750 °C, qui existe en petite quantité dans un grand nombre de minerais.

Van Allen (*radiations de*), rayonnement de particules d'énergie considérable, situé dans une zone de la très haute atmosphère.

Van Artevelde (Jacob), brasseur et échevin de Gand, né à Gand (v. 1290-1345). Il donna le signal du soulèvement contre le comte de Flandre (1337); ayant obtenu la neutralité de la Flandre, il en assura la prospérité. Mais sa dure domination provoqua son assassinat par le peuple. — Son fils FILIPS, né à Gand (1340-1382), prit la tête de la révolte flamande de 1379. Il fut battu et tué à Rozebeke.

Van Beneden (Edouard), zoologiste belge, né à Louvain (1846-1910). Il a découvert la réduction chromatique, ou méiose, des cellules reproductrices.

Vancouver, port du Canada (Colombie britannique), sur le détroit de Géorgie, en face de l'*île Vancouver;* 410 400 h. (892 300 h. pour la zone métropolitaine). Archevêché. Université. Débouché canadien sur le Pacifique et important centre industriel (métallurgie, raffinage du pétrole, cimenterie, industries chimiques et alimentaires). Vancouver est la troisième ville du pays.

Vancouver (*île*), île canadienne de la côte de la Colombie britannique; 40 000 km². V. pr. *Victoria.*

Vancouver (George), navigateur anglais (1757-1798). Il assura la prise de possession anglaise sur le littoral ouest du Canada (1791-1795).

vanda [vɑ̃da] n. m. Genre d'orchidacées, originaires de l'Inde et de l'Océanie. (Ce sont des plantes épiphytes que l'on cultive fréquemment en serre chaude pour leurs fleurs superbes.)

vandale [vɑ̃dal] n. m. (de *Vandales,* n. de peuple). Personne qui détruit, mutile les œuvres d'art, les belles choses.

Vandales, peuple germanique, qui, mêlé à d'autres Barbares, envahit la Gaule, l'Espagne, puis, sous la conduite de Geiséric (428-477), l'Afrique, d'où il fut chassé en 534 par les Byzantins.

vandalisme n. m. Etat d'esprit qui porte à détruire les œuvres d'art, les belles choses.

Van de Graaff (Robert Jemison), physicien américain, né à Tuscaloosa (Alabama) [1901-1967]. Il a réalisé de grandes machines électrostatiques pour l'accélération des particules.

Van den Borren (Charles), musicologue belge, né à Ixelles (1874-1966). Professeur aux universités de Bruxelles et de Liège, membre de l'Académie royale de ▶

Phot. Lauros - Atlas-Photo, Office nat. du film du Canada.

Van der Goes
« Adoration
des bergers »
partie centrale
du retable
des Portinari
Offices, Florence

Van der Weyden
« Vierge et Enfant »
musée de Caen

Belgique, on lui doit quantité de travaux d'érudition sur la musique polyphonique des XVᵉ et XVIᵉ s., et sur la musique de clavier du XVIIᵉ s.

Van den Bosch (Johannes, *comte*), administrateur néerlandais, né à Herwijnen (Gueldre) [1780-1844]. Gouverneur des Indes néerlandaises (1830-1833), il y imposa un système de cultures forcées. Il fut ministre des Colonies de 1835 à 1839.

Van den Vondel (Joost), poète hollandais, né à Cologne (1587-1679). Traducteur des tragiques grecs, auteur d'œuvres lyriques et satiriques, il écrivit 24 tragédies avec chœurs, dont la plupart sont d'inspiration chrétienne (*Lucifer*, 1654; *Adam exilé*, 1664).

Van de Poele (Karel), technicien belge, né à Lichtervelde (1846-1892). On lui doit de nombreuses inventions, notamment la traction électrique par trolley.

Van der Goes (Hugo), peintre flamand, né à Gand (?) [v. 1440-1482]. Artiste puissant, aux effets parfois outrés. il imprima au réalisme flamand la marque de son âme angoissée. Il se retira en 1475 au monastère du Rouge Cloître à Auderghem et ne tarda pas à donner des signes de troubles mentaux. Son chef-d'œuvre est l'*Adoration des bergers* du musée des Offices, à Florence.

Van der Helst (Bartholomeus), peintre hollandais, né à Haarlem (1613-1670). Peintre officiel de la maison d'Orange, il fut un portraitiste en renom, exécutant surtout des portraits collectifs (*Banquet de la garde civique*, Amsterdam).

Van der Meer. V. VERMEER.

Van der Meulen (Adam Frans), peintre flamand, né à Bruxelles (1632-1690). Appelé à la cour de Louis XIV par Le Brun, il représenta les chasses, les voyages et les campagnes militaires du roi (Versailles).

Vandervelde (Emile), homme politique belge, né à Ixelles (1866-1938). Socialiste, président de la IIᵉ Internationale (1900), il fut ministre des Affaires étrangères (1925-1927).

Van der Waals (Johannes Diderik), physicien hollandais, né à Leyde (1837-1923). Il a donné une équation d'état des fluides, découvert la loi des états correspondants et étudié les forces d'attraction entre molécules. (Prix Nobel de physique, 1910.)

Van der Weyden (Rogier DE LA PASTURE, ou), peintre flamand, né à Tournai (début du XVᵉ s.-1464). Il fut l'élève du Maître de Flémalle et fit le voyage d'Italie (v. 1450). Célèbre, il reçut de nombreuses commandes. Mais nous ne connaissons que peu d'œuvres que l'on puisse lui attribuer avec certitude. Elles sont empreintes d'un caractère profondément religieux, de pathétique et de tendresse. Il fut avec Van Eyck le plus grand peintre flamand du XVᵉ s. et exerça une très forte influence (*Descente de Croix*, Prado; *Triptyque Braque*, Louvre; *Jugement dernier*, hospice de Beaune).

Van de Velde, nom de trois peintres hollandais du XVIIᵉ s. Le plus fameux, WILLEM *le Jeune*, né à Leyde (1663-1707), fut un peintre de marines.

Van de Woestijne (Karel), écrivain belge d'expression néerlandaise, né à Gand (1878-1929). Ses poèmes (*l'Ombre dorée*, 1910; *le Lac sur la montagne*, 1928) et ses récits (*Janus au double visage*, 1908) trahissent une lutte constante entre le mysticisme et la sensualité.

Van Diemen (Anthony), administrateur hollandais, né à Culemborg (1593-1645), gouverneur général de la Compagnie des Indes néerlandaises.

Van Dijk (Peter), danseur et chorégraphe allemand, né à Brême en 1929. Créateur des *Algues* (1953) de J. Charrat, il est danseur étoile à l'Opéra de Paris (1955), puis en représentation à l'Opéra de Hambourg (1960), où il devient directeur de la danse (1962). Très attaché à la tradition classique, il s'exprime avec une grande musicalité et des lignes pures (*Symphonie inachevée*, 1958; *Pièces chorégraphiques* et *Turangalîla*, 1960). Il remonte ou recrée des œuvres du répertoire en leur donnant une nouvelle vitalité ou en leur rendant leur poésie (*Roméo et Juliette*, 1961; *Giselle*, 1967). [V. illustr. DANSE.]

Vandœuvre-lès-Nancy (54500), ch.-l. de c. de Meurthe-et-Moselle (arr. de Nancy); 20 160 h.

vandoise [vɑ̃dwaz] n. f. (empr. au gaul.). Poisson des eaux douces limpides, voisin du gardon, à dos brun verdâtre et ventre argenté. (Long. 15 à 30 cm.)

Van Dongen (Kees), peintre français d'origine néerlandaise, né à Delfshaven (faubourg de Rotterdam) [1877-1968]. Il vint à Paris en 1900, habita un moment le « Bateau-lavoir », à Montmartre, où il se lia avec Picasso, puis connut un très grand succès comme portraitiste mondain. Pourtant, il n'abdiqua jamais sa personnalité, son amour des couleurs violentes et son nonconformisme. Il fut un authentique fauve et le demeura, peignant des nus sensuels, des paysages et des natures mortes. Son œuvre est un témoignage sur l'entre-deux-guerres (musée national d'Art moderne).

Van Dyck (Antoine), en néerl. **Antoon Van Dijck,** peintre flamand, né à Anvers (1599-1641). Sa carrière

Van der Helst
« Portrait de jeune homme »
musée Tessé, Le Mans

Van Dongen
« la Gitane », 1907
musée de l'Annonciade, Saint-Tropez

accélérateur **Van de Graaff**
de Saclay

Van de Woestijne

Phot. Giraudon, C. E. A., Archives municipales d'Anvers, Giraudon (3).

Van Dyck
portrait du 2e duc de Buckingham
et de son frère, *château de Windsor*

fut brève, mais extrêmement brillante. Elève de Rubens, faisant montre d'une grande précocité, il voyagea en Europe, séjourna en Italie et se fixa en Angleterre (1632), où il exécuta plusieurs centaines de portraits (*Charles Ier, Louvre*). Il peignit maints sujets religieux, mais se consacra assez tôt à son activité de portraitiste dans laquelle il fit preuve de goût, de distinction et d'une grande finesse de sentiment. Ses couleurs sont toujours très raffinées.

Vänern, le plus grand lac de Scandinavie (Suède), se déversant dans le Cattégat par le Göta älv; 5 546 km².

vanesse [vanɛs] n. f. Papillon diurne aux ailes vivement colorées et dont les principales espèces sont la *belle-dame,* le *vulcain,* le *paon-du-jour,* la *tortue,* le *morio.*

Van Eyck (Hubert), peintre flamand, né à Maaseik (?) [v. 1370 - v. 1426]. Il aurait collaboré avec son frère Jan (v. art. suiv.), mais son existence même a été contestée.

Van Eyck (Jan), peintre flamand (v. 1390-1441). Il travailla à Lille et surtout à Bruges, fut chargé de missions diplomatiques par Philippe le Bon en Espagne et au Portugal. Fondateur, avec le Maître de Flémalle, de la grande école flamande, il se dégagea du maniérisme gothique international, introduisant dans la peinture des techniques nouvelles. Il peignit scènes religieuses et portraits avec une précision de miniaturiste, mais aussi avec un sens merveilleux de la vie, faisant jouer la lumière dans l'espace, donnant à la couleur une fraîcheur et un éclat jusqu'alors inconnus. Son chef-d'œuvre est le retable de Saint-Bavon (Gand), *l'Agneau mystique.* Parmi ses autres œuvres, citons : *la Vierge du chanoine Van der Paele* (Bruges), *la Vierge du chancelier Rolin* (Louvre), *Arnolfini et sa femme* (Londres).

Van Gennep (Arnold), ethnologue français, né à Ludwigsburg (1873-1957), auteur des *Rites de passage* (1909) et d'un *Manuel du folklore français contemporain* (1943-1958).

Van Gogh (Vincent), peintre néerlandais, né à Groot-Zundert (1853-1890). Fils d'un modeste pasteur, il est employé dans une galerie de tableaux à La Haye, à Bruxelles, à Londres et à Paris. Il devient répétiteur dans une institution privée, échoue à l'examen d'entrée à l'école de théologie, séjourne néanmoins comme évangéliste dans le Borinage, commence à dessiner, encouragé par son frère, suit quelque temps des cours de dessin à Bruxelles et se met à la peinture (*les Mangeurs de pommes de terre,* musée Kröller-Müller). Il vient à Paris en février 1886, découvre les impressionnistes, la lumière et la couleur claire, part en 1888 pour Arles, où Gauguin le rejoint. Après avoir frappé son ami avec un canif et s'être mutilé, il est interné à l'asile de Saint-Paul-de-Mausole, près de Saint-Rémy, travaillant toujours (*Autoportrait à l'oreille coupée, les Blés jaunes, la Nuit étoilée, les Oliviers, le Pont de l'Anglais à Arles*). Il s'installe à Auvers-sur-Oise en 1890. Le 27 juillet, il se tire une balle de revolver. Son art, d'un lyrisme tragique, est celui d'un peintre parfaitement subjectif, qui cherche avant tout à provoquer des émotions en usant d'oppositions de couleurs violentes. Totalement incompris de son vivant, il a joui par la suite d'une audience considérable. Il est surtout représenté au musée Kröller-Müller, près d'Arnhem, et au Rijksmuseum, à Amsterdam. Le Louvre a bénéficié de la donation Gachet (*l'Eglise d'Auvers, Roses et anémones, les Chaumes à Cordeville, Portrait du docteur Gachet, Autoportrait*).

Van Goyen (Jan), peintre hollandais, né à Leyde (1596-1656). L'un des premiers parmi les grands paysagistes hollandais, il sut, avec une palette très sobre, mais délicate, traduire toute la poésie de la campagne hollandaise, de ses paysages aquatiques, souvent présentés sous une lumière de crépuscule.

Van Helmont (Jan Baptist), médecin et chimiste flamand, né à Bruxelles (1577-1644). Contrairement aux Anciens, il ne reconnaissait que deux éléments chimiques, l'eau et l'air. Il révéla le premier l'existence du suc gastrique (1640), isola le gaz carbonique, distingua les divers gaz (terme qu'il imagina) de l'air et inventa le thermomètre.

Vanier (Georges), général et diplomate canadien, né à Montréal (1888-1967). Il fut gouverneur général du Canada à partir de 1959.

Vanikoro, île anglaise de la Mélanésie, au nord des Nouvelles-Hébrides. En 1788, les deux navires de La Pérouse y sombrèrent sur des récifs.

vanille [vanij] n. f. (esp. *vainilla*). Fruit du vanillier, employé comme parfum en pâtisserie.

vanillé, e adj. Parfumé avec la vanille.

vanillier n. m. Genre d'orchidacées grimpantes, des régions tropicales, qui produisent la *vanille : le vanillier est cultivé aux Antilles.* (Le vanillier est une liane d'Amérique et d'Afrique. Son fruit, qui est une capsule ou gousse, atteint 0,25 m de long et la grosseur du petit doigt.)

vanilline [-li-] n. f. Principe odorant de la vanille, utilisé en parfumerie et en pâtisserie, et que l'on prépare maintenant par synthèse.

vanillisme [-li-] n. m. Ensemble des accidents provoqués chez les ouvriers qui manipulent la vanille.

vanillon n. m. Variété de vanille.

Vanini (Giulio Cesare Lucilio), philosophe italien, né à Taurisano (Lecce) [1585-1619], brûlé à Toulouse comme coupable d'athéisme et de magie.

Carle **Van Loo**
portrait de Soufflot
château de Versailles

vanisé [vanize], **e** adj. Se dit, en bonneterie, du fil mêlé de laine, de soie, de Nylon, etc. : *des bas vanisés.*

vanité [vanite] n. f. (lat. *vanitas*). Orgueil futile; désir de paraître, de produire de l'effet. || *Bx-arts.* Peinture évoquant les fins dernières de l'homme. ● *Tirer vanité de,* se glorifier de, s'enorgueillir de : *tirer vanité de sa fortune.*

vaniteusement adv. Avec vanité : *étaler vaniteusement sa richesse.*

vaniteux, euse adj. et n. Qui a de la vanité : *un vaniteux grotesque.*

Van Laar ou **Van Laer** (Pieter), dit **Bamboccio** ou **Bamboche,** peintre hollandais, né à Haarlem (v. 1599-1642). Il excella à représenter des scènes de la vie populaire (*bambochades*).

Van Leeuwenhoek (Antonie), naturaliste hollandais, né à Delft (1632-1723). Avec les microscopes qu'il fabriqua, il découvrit de nombreux êtres inférieurs.

Van Loo ou **Vanloo,** famille de peintres français d'origine hollandaise, dont les principaux représentants sont : JEAN-BAPTISTE, né à Aix-en-Provence (1684-1745). Il fut surtout, en Italie, en France et à Londres, un brillant portraitiste; — CHARLES ANDRÉ, dit *Carle,* frère du précédent, né à Nice (1705-1765). Auteur de compositions, il fut nommé premier peintre de Louis XV et connut un succès considérable. — On cite aussi MICHEL, né à Toulon (1707-1771), qui travailla à la Cour d'Espagne et à Paris, ainsi que CHARLES AMÉDÉE, né à Rivoli (1719-1795), actif à la cour de Prusse et à celle de Paris.

Van Musschenbroek (Petrus), physicien hollandais, né à Leyde (1692-1761). Il inventa en 1745 la « bouteille de Leyde ».

Van Gogh : « Rue à Auvers », *Ateneum d'Helsinki*

Van Eyck : « Saint François recevant les stigmates », *musée de Turin*

Phot. Anderson-Giraudon, Giraudon (2), Lauros-Giraudon.

vannage n. m. Ensemble des vannes d'une machine.

vannage n. m. Action de vanner.

vanne [van] n. f. Porte mobile autour d'un axe ou animée d'un mouvement de translation, et servant à régler l'écoulement d'un fluide. ● *Eaux-vannes,* v. à son ordre alphabétique.

Vanne (la), riv. du Bassin parisien, affl. de l'Yonne (r. dr.); 58 km. Une partie de ses eaux sert à l'alimentation de Paris.

vanneau [vano] n. m. (de *van*). Oiseau échassier, commun en Europe. (Le *vanneau huppé,* au dos vert cuivré et au ventre blanc, niche dans les plaines marécageuses; sa chair est estimée; long. 30 cm.)

vannelle [vanɛl] ou **vantelle** [vɑ̃tɛl] n. f. Petite vanne destinée à remplir ou à vider les sas des écluses, des canaux, ou les bassins des ports. ‖ Petite valve au moyen de laquelle on interrompt ou l'on rétablit l'écoulement de l'eau dans une conduite.

vanner v. t. *Technol.* Garnir de vannes.

vanner [vane] v. t. Secouer le grain au moyen d'un van, pour le nettoyer : *vanner du blé.* ‖ *Pop.* Fatiguer excessivement.

vannerie n. f. Art, industrie du vannier. ‖ Objets en osier (sièges, paniers, etc.).

Vannes (56000), ch.-l. du dép. du Morbihan, près de l'Atlantique, à 469 km à l'ouest de Paris; 40 724 h. [*Vannetais*]. Evêché. Ecole d'officiers et sous-officiers de réserve. Remparts. Cathédrale des XIIIe-XIVe s. Tréfilerie. — L'arr. a 16 cant., 123 comm., 184 942 h.

vanneur n. et adj. m. Celui qui vanne.

vannier n. m. Ouvrier qui confectionne divers objets (paniers, corbeilles, etc.) au moyen de fibres végétales entrelacées.

vannure ou **vannée** n. f. Poussières qui proviennent du vannage des grains.

Vanoise (*massif de la*), massif des Alpes, entre les vallées de l'Arc et de l'Isère; 3 852 m. Parc national (52 800 ha).

Van Orley (Bernard), peintre flamand, né à Bruxelles (v. 1488-1541). Il imposa le style italien à la peinture bruxelloise. Plus grand décorateur que peintre, il a donné des cartons de tapisserie, dont ceux des célèbres *Chasses de Maximilien* (Louvre).

Van Ostade (Adriaen), peintre hollandais, né à Haarlem (1610-1684). Influencé par Brouwer et Rembrandt, il peignit un millier de tableaux : tabagies, beuveries, scènes d'intérieur (*le Cabaret,* Louvre). — ISAAC, son frère, né à Haarlem (1621-1649), fut un paysagiste.

Van Ruusbroec ou **Van Ruysbroek** (le *bienheureux* Jan), dit **l'Admirable,** théologien et écrivain brabançon, né à Ruisbroek (1293-1381). Il fut l'initiateur de la *Devotio moderna;* ses écrits mystiques comptent parmi les premiers chefs-d'œuvre de la langue néerlandaise. — Fête le 2 décembre.

Vans (LES) [07140], ch.-l. de c. de l'Ardèche (arr. de Largentière); 2 169 h. (1 838 aggl.) [*Vanséens*].

Van Schendel (Arthur), écrivain hollandais, né à Batavia (1874-1946). Il s'est révélé dans ses romans un écrivain soucieux de style, tout en décrivant avec précision la vie et le paysage de la province hollandaise (*la Frégate « Jeanne-Marie »,* 1930; *Un drame hollandais,* 1935).

vantail [vɑ̃taj] n. m. (de *vent*). Partie mobile d'une porte. ‖ Châssis mobile des fenêtres ou des volets. ‖ Pl. des *vantaux.*

vantard [-ar], **e** [-ard] adj. et n. Qui a l'habitude de se vanter : *les chasseurs sont souvent vantards.*

vantardise n. f. Action de se vanter; propos de vantard.

vantelle n. f. V. VANNELLE.

vanter [vɑ̃te] v. t. (du lat. *vanus,* vide). Louer beaucoup : *vanter le temps passé.* ‖ — **Se vanter** v. pr. Exalter son propre mérite : *il n'y a que les sots pour se vanter sans cesse.* ● *Se vanter de,* tirer vanité de : *se vanter de sa force;* se faire fort de : *il se vante de réussir.*

vanterie n. f. Louange qu'on se donne à soi-même. ‖ Habitude du vantard (vx).

Van't Hoff (Jacobus Henricus), chimiste néerlandais, né à Rotterdam (1852-1911). Créateur, avec Le Bel, de la stéréochimie, il formula la théorie du carbone asymétrique. Il posa les fondements de la cinétique chimique et, observant les analogies des gaz et des corps dissous, établit une théorie de la pression osmotique. (Prix Nobel de chimie, 1901.)

va-nu-pieds [vanypje] n. inv. *Fam.* Gueux, misérable.

Van Veen (Otto). V. VAENIUS.

Vanves (92170), ch.-l. de c. des Hauts-de-Seine (arr. d'Antony), au sud de Paris; 25 499 h. Industries diverses.

Van Zeeland (Paul), homme politique belge, né à Soignies (1893-1973). Membre du parti catholique, il fut Premier ministre de 1935 à 1937, puis ministre des Affaires étrangères de 1949 à 1954.

Vaour (81460), ch.-l. de c. du Tarn (arr. d'Albi); 405 h. (271 aggl.).

vapeur [vapœr] n. f. (lat. *vapor*). Gaz provenant du changement d'état physique d'un liquide ou d'un solide : *vapeur d'eau.* (V. *encycl.*) ‖ Energie obtenue par la machine à vapeur : *l'électricité a souvent remplacé la vapeur.* (V. *encycl.*) ‖ Corps gazeux qui s'élève des objets humides, par l'effet de la chaleur. ● *A toute vapeur* (Fig.), à toute vitesse. ‖ *A la vapeur,* se dit de légumes cuits à la vapeur dans une marmite sous pression. ‖ *Avoir des vapeurs,* avoir des troubles vaso-moteurs (circulatoires). ‖ *Machine, bateau à vapeur,* machine, bateau qui fonctionnent à l'aide de la vapeur d'eau. ‖ *Vapeur surchauffée,* vapeur obtenue en chauffant de l'eau à une température supérieure à la température d'ébullition normale. ‖ *Les vapeurs du vin,* l'ivresse.
— ENCYCL. A la surface de la terre, une goutte d'eau transformée en *vapeur* occupe un volume 1 700 fois plus important qu'à l'état liquide; cette force d'expansion, qui, à 100 °C, permet à la vapeur d'eau de soulever la masse d'air pesant sur la surface du liquide et équivalant à 1,033 kg/cm^2, est utilisée comme force motrice dans l'industrie, la navigation, etc. Cette force élastique croît d'ailleurs rapidement avec la température.
La vapeur qui sert à l'alimentation d'une machine à vapeur est produite dans un générateur appelé *chaudière;* elle est ensuite utilisée soit directement dans les moteurs à piston à mouvement alternatif, soit indirectement dans les turbines à vapeur et s'échappe finalement dans l'atmosphère ou dans un condenseur. L'évolution des chaudières a permis la réalisation des machines à haute pression utilisant la vapeur à température élevée. Le rendement de l'opération a été considérablement augmenté par l'emploi, d'une part, des *économiseurs,* destinés à utiliser la chaleur des gaz sortant de la chaudière proprement dite, et, d'autre part, de *réchauffeurs d'air,* pour le soufflage d'air chaud sous les grilles. Les machines à vapeur à mouvement alternatif, qui ont été à l'origine des énormes progrès du XIXe s., ont été remplacées, dans les petites et moyennes industries, par les moteurs à combustion interne (diesels) et surtout par les moteurs électriques. Dans l'installation des centrales électriques, les grandes turbines à vapeur sont uniquement employées.

vapeur n. m. *Mar.* Navire d'un certain tonnage, mû par une machine à vapeur.

vaporeusement adv. De façon vaporeuse.

vaporeux, euse adj. Qui contient des vapeurs : *ciel vaporeux.* ‖ Dont l'éclat est voilé par la vapeur : *lumière vaporeuse.* ‖ *Fig.* Nébuleux, obscur, indécis : *style vaporeux.* ● *Tissu vaporeux,* tissu très fin, léger.

vannerie : travail de l'osier

vaporisage n. m. Action de soumettre à l'action de la vapeur des fils, des tissus pour donner l'apprêt, fixer les couleurs, etc.

vaporisateur n. m. Récipient dans lequel on opère la vaporisation. ‖ Instrument employé pour pulvériser un liquide, un parfum, etc.

vaporisation n. f. Transformation d'un liquide en gaz. ‖ Action de vaporiser.
— ENCYCL. La *vaporisation* d'un liquide peut se faire de façon irréversible, à toute température, par la surface libre du liquide; c'est l'*évaporation.* Elle peut aussi se produire réversiblement dans toute la masse du liquide; c'est alors l'*ébullition.*

vaporiser [vaporize] v. t. Faire passer de l'état liquide à l'état gazeux.

vaquer [vake] v. i. (lat. *vacare,* être vide). Cesser pour un temps ses fonctions : *les tribunaux vaquent.* ‖ — V. t. ind. [**à**]. S'appliquer à : *vaquer à ses affaires.*

var [var] n. m. (de VOLT-AMPÈRE-RÉACTIF). *Electr.* Unité de puissance réactive correspondant à un courant alternatif de 1 A sous une chute de tension déphasée de 1 V.

Var (le), fl. de la Provence orientale, qui s'écoule presque entièrement dans les Alpes-Maritimes et se jette dans la Méditerranée; 120 km.

Var (*dép. du*) [**83**], dép. du sud-est de la France, en Provence; préf. *Toulon;* s.-préf. *Brignoles, Draguignan;* 3 arr., 41 cant., 154 comm.; 5 999 km^2; 555 926 h. (*Varois*). Ce département ne devrait plus garder le nom de *Var,* ce torrent arrosant l'arrondissement de Grasse, réuni au dép. des Alpes-Maritimes (1860). Son ch.-l. est revenu à Toulon en 1974. Une dépression creusée dans les assises primaires, domaine des cultures fruitières et du vignoble, importante voie de passage, sépare le massif schisteux et gréseux des *Maures,* peu peuplé, des plateaux et chaînons calcaires du nord. Ici, l'irrigation (*canal de Provence*) doit combattre l'aridité et permettre les

machine à vapeur

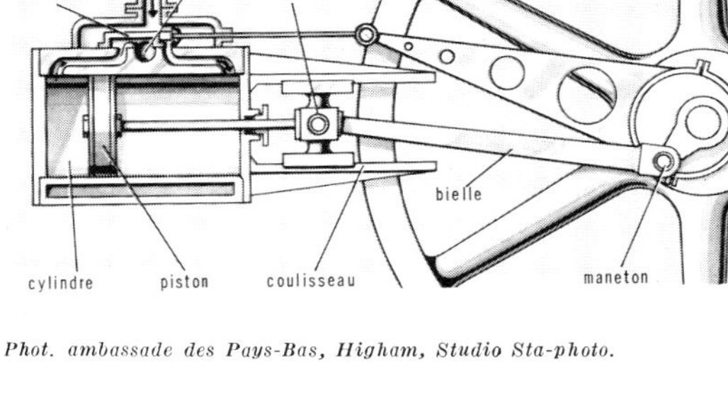

Van't Hoff

vanneau

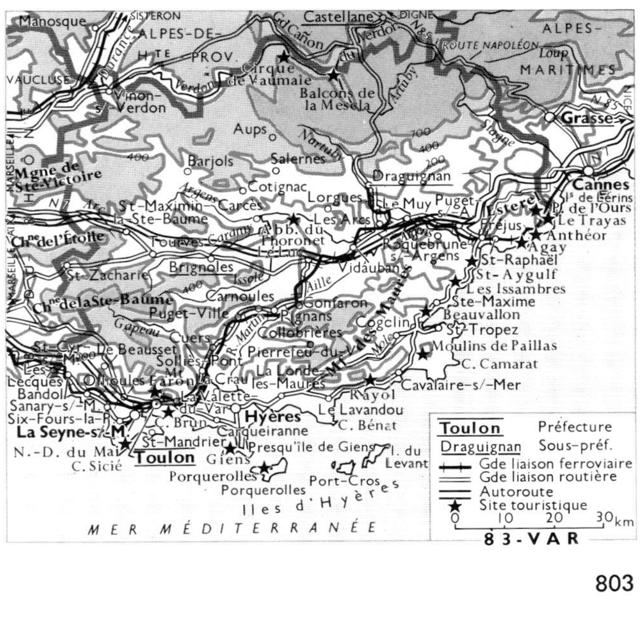

Phot. ambassade des Pays-Bas, Higham, Studio Sta-photo.

cultures fruitières et légumières, rénovant une économie fondée sur l'élevage ovin et, localement, sur la culture de la vigne. L'industrie emploie le tiers de la population active (le huitième pour l'agriculture). En dehors de l'extraction de la bauxite (importants gisements autour de Brignoles), elle est surtout représentée par la métallurgie (dans l'agglomération de Toulon, qui regroupe la moitié de la population totale du dép.). L'importance du secteur tertiaire (50 p. 100 de la population active) est partiellement liée à celle du tourisme estival, développé sur le littoral (à Saint-Tropez et dans les stations balnéaires situées au pied du massif de roches volcaniques anciennes de l'*Esterel*. Saint-Raphaël notamment).

Varades (44370), ch.-l. de c. de la Loire-Atlantique (arr. d'Ancenis); 2 860 h. (811 aggl.).

varaigne [varɛɲ] n. f. Ouverture par laquelle on introduit l'eau de la mer dans les marais salants.

varan [varɑ̃] n. m. Reptile lacertilien, carnivore, habitant l'Afrique, l'Asie et l'Australie, et atteignant de 2 à 3 m de long.

Varanasi, autre nom de BÉNARÈS*.

Varangéville (54110 Dombasle sur Meurthe), comm. de Meurthe-et-Moselle (arr. de Nancy), sur la Meurthe; 4 385 h. Eglise du XIVe s. Salines.

varangue [varɑ̃g] n. f. Sur un navire, pièce à deux branches formant la partie inférieure d'un couple.

varappe [varap] n. f. Escalade de parois rocheuses.

varappeur, euse n. Alpiniste spécialiste de la varappe.

Vardar (le), fl. des Balkans, qui arrose la Yougoslavie et la Macédoine grecque et se jette dans la mer Egée; 388 km. La vallée du Vardar fut, de 1915 à 1918, le théâtre d'importants combats entre les Bulgares et les Alliés.

varech [varɛk] n. m. (empr. à l'anc. angl.). Ensemble des algues rejetées sur les plages par les vagues; et, *par ext.*, ensemble des algues côtières qui découvrent à marée basse. (Le varech, ou *goémon*, est récolté par les ayants droit en vue d'engraisser les champs, de fournir des matières premières pharmaceutiques ou industrielles telles que l'iode, la potasse, etc.)

Varègues, tribu scandinave qui, pendant la seconde moitié du IXe s., pénétra en Russie et soumit les Finnois et les Slaves.

Varengeville-sur-Mer (76119), comm. de la Seine-Maritime (arr. de Dieppe); 984 h. Station balnéaire sur une falaise boisée. Eglise; chapelle avec vitraux de G. Braque. A proximité, *manoir Ango* (XVIe s.).

Varennes-en-Argonne (55270), ch.-l. de c. de la Meuse (arr. de Verdun), sur l'Aire; 635 h. C'est dans ce bourg que Louis XVI fut arrêté, le 22 juin 1791, au moment où il fuyait à l'étranger.

Varennes-Vauzelles (58000 Nevers), comm. de la Nièvre (arr. de Nevers); 8 061 h. (7 094 aggl.).

Varennes-sur-Allier (03150), ch.-l. de c. de l'Allier (arr. de Vichy); 5 046 h.

Varennes-sur-Amance, anc. ch.-l. de c. de la Haute-Marne. V. TERRE-NATALE.

Varese, v. d'Italie (Lombardie), près du *lac de Varese;* 78 000 h. Palais d'Este (XVIIIe s.). Constructions aéronautiques. Appareils ménagers.

Varese (Edgard), compositeur français naturalisé américain, né à Paris (1883-1965). Il s'est surtout consacré à la musique expérimentale et a renouvelé les problèmes du rythme, du timbre et du son, en se faisant le précurseur de l'école contemporaine (*Arcana*, 1927; *Intégrales* et *Ionisation*, 1931; *Métal*, 1932; *Déserts*, 1954; *Poème électronique*, 1958; *Nuit*, 1965).

vareuse [varøz] n. f. (de *varer*, forme dialect. de *garer*, protéger). Blouse de grosse toile que revêtent les marins pendant le service du bord. ‖ Veste ajustée d'uniforme. ‖ Veste très ample.

Edgard **Varese**

Vargas (Getúlio), homme politique brésilien, né à São Borja (Rio Grande do Sul) [1883-1954]. Président de la République en 1934, il promulgua une Constitution autoritaire, réalisa des réformes sociales et déclara la guerre à l'Axe (1942). Déposé en 1945, il fut réélu en 1950. Il se suicida en 1954.

varheure [varœr] n. m. (de *var* et *heure*). *Electr.* Unité d'énergie réactive correspondant à la mise en jeu d'une puissance réactive de 1 var pendant une heure.

varia [varja] n. m. pl. (mot lat. signif. *choses diverses*). Collection, recueil d'œuvres variées.

variabilité n. f. Disposition à varier : *variabilité du temps*. ‖ *Gramm.* Propriété qu'ont certains mots de changer de désinence suivant leur emploi.

variable [varjabl] adj. Sujet à varier. ‖ *Gramm.* Se dit des mots dont la terminaison varie. ‖ — N. m. Pression correspondant, sur un baromètre, à un temps incertain.

variable n. f. *Math.* et *Log.* Terme indéterminé qui, dans une relation ou une fonction, peut être remplacé par divers termes déterminés qui en sont les valeurs. ● *Variable individuelle* (Log.), terme abstrait sans signification, entrant dans une fonction propositionnelle, et qui est susceptible d'être remplacé par une constante.

variablement adv. De façon variable.

variance n. f. En statistique, carré de l'écart type.

variant [varjɑ̃], **e** [-ɑ̃t] adj. Qui change souvent.

variante n. f. Texte d'un auteur qui diffère de celui qui est communément admis : *étudier les variantes de « l'Iliade »*.

variateur n. m. *Variateur de vitesse* (Mécan.), appareil permettant de transmettre le mouvement d'un arbre à un autre arbre avec possibilité de modifier, de façon continue, la vitesse de rotation de ce dernier.

variation [varjasjɔ̃] n. f. Changement de la valeur d'une quantité ou d'une grandeur. ‖ *Biol.* Changement apparaissant chez certains individus d'une même espèce animale ou végétale. (V. *encycl.*) ‖ *Mus.* Opération musicale qui consiste à modifier un même thème au cours d'épisodes ou de couplets différents. (Elle peut affecter la mélodie, le rythme ou la mesure, le mode ou le ton, l'harmonisation; mais elle revient souvent à utiliser des « diminutions » du thème par la multiplication de notes brèves remplaçant les notes originales.) [V. *encycl.*] ‖ Enchaînement chorégraphique figurant dans un grand pas de deux. ‖ — Pl. Transformations : *les variations d'une doctrine*. ● *Calcul des variations*, branche de l'analyse mathématique dont le but est de déterminer les maximums et les minimums d'une intégrale dans certaines conditions.

— ENCYCL. *Biol.* On distingue deux types de *variations :* la somation et la mutation. La *somation* (ou accommodat) est un changement souvent adaptatif apparaissant au cours de la vie et nullement héréditaire (ex. : le hâle résultant de l'exposition au soleil). La *mutation* est un changement généralement non adaptatif, héréditaire, apparaissant dès la naissance (ex. : l'albinisme). Il arrive que le même caractère puisse être acquis par somation ou par mutation (pigment racial asiatique identique au hâle de l'Européen) : on dit alors qu'il y a *phénocopie*. L'étude scientifique et statistique des variations au sein des grandes populations animales ou végétales est de première importance pour établir les facteurs de l'évolution biologique.

— *Mus.* La *variation* apparaît dès le Moyen Age dans la polyphonie vocale. Elle se transmet au mode instrumental au XVIe s. avec les Espagnols et les Anglais (variations de clavecin, d'orgue et de luth). Les Italiens excellent dans la variation vocale ornementale, qui relève parfois du style de l'improvisation. La variation s'applique, au XVIIe s., à certaines danses comme la passacaille et la chacone, et devient une des sources essentielles de l'art classique au XVIIIe s., dans la musique de clavier et la musique de chambre. Les romantiques eux-mêmes ont sacrifié à ce genre (musique pour piano, pour orchestre, etc.).

varice [varis] n. f. (lat. *varix, varicis*). *Pathol.* Dilatation permanente d'une veine, particulièrement fréquente aux jambes.

— ENCYCL. Les *varices* siègent surtout aux membres inférieurs; elles sont soit consécutives à la thrombose d'une veine profonde (phlébite) ou à la compression des troncs veineux (grossesse, tumeur), soit dues à une insuffisance des valvules ou à une fragilité congénitale des veines. Lorsqu'elles sont importantes, elles favorisent la survenue d'ulcères au niveau de l'extrémité inférieure de la jambe. Le traitement consiste, suivant les cas, dans la prise de médicaments vaso-constricteurs, dans le port de bandes ou de bas élastiques, dans la pratique d'injections sclérosantes ou dans l'extirpation chirurgicale. Des varices peuvent apparaître également au niveau de l'œsophage, du pharynx notamment, à la suite de certaines maladies du foie (cirrhoses) et au niveau de la vulve et du vagin lors de la grossesse.

varicelle [varisɛl] n. f. (de *variole*). Maladie contagieuse, sans gravité, due à un virus, atteignant surtout les enfants, caractérisée par une éruption de taches rouges, puis de vésicules, qui disparaissent en une dizaine de jours.

varicocèle [varikɔsɛl] n. f. Tuméfaction molle formée par la dilatation variqueuse des veines du cordon spermatique et du scrotum.

varié, e adj. (lat. *varius*). Divers ou contenant des parties diverses : *couleurs variées*. ● *Air varié* ou *thème varié* (Mus.), mélodie utilisée dans un certain nombre de variations.

varier [varje] v. t. (lat. *variare*, de *varius*, varié). Soumettre à des changements : *varier son alimentation*. ‖ — V. i. Présenter des changements plus ou moins fréquents : *ses réponses varient*. ‖ Présenter des différences : *les mœurs varient d'un pays à l'autre*. ‖ Changer d'opinion. ‖ Etre d'un avis différent : *les auteurs varient sur ce point*. ‖ *Math.* Changer de valeur.

variété [varjete] n. f. Suite de changements : *la variété des occupations*. ‖ Différence entre des choses qui ont des traits communs : *une grande variété de plantes*. ‖ Diversité; caractère de choses qui ne se ressemblent pas : *la variété des opinions*. ‖ Etat de ce qui est composé de parties diverses : *la variété d'un paysage*. ‖ *Hist. nat.* Subdivision de l'espèce.

variétés n. f. pl. Spectacle composé de différents numéros sans lien entre eux (chansons, danses, etc.).

Varignon (Pierre), mathématicien français, né à Caen (1654-1722). Il fut le premier à exposer la règle de composition des forces concourantes et donna, dans toute sa généralité, le théorème des moments. Le premier également, il formula, de façon générale, le principe des vitesses virtuelles.

Varilhes [varij] (09120), ch.-l. de c. de l'Ariège (arr. de Pamiers); 1 938 h.

Varin ou **Warin** (Jean), sculpteur et médailleur français d'origine liégeoise (1604-1672). Il joua un rôle de premier plan, sous Louis XIII et sous Louis XIV, comme « conducteur général des monnaies et graveur des poinçons ».

variole [varjɔl] n. f. (du lat. *varius*, varié). Maladie éruptive grave, épidémique et très contagieuse, due à un virus filtrant. (Syn. PETITE VÉROLE.)

— ENCYCL. La *variole* dure de 10 à 15 jours. Après une phase d'incubation d'une dizaine de jours, la période d'invasion, d'une durée de 4 jours, est caractérisée par des signes généraux et fonctionnels intenses (fièvre élevée, frissons, céphalées, vomissements, douleurs lombaires). L'éruption apparaît ensuite, d'abord à la face, puis sur tout le corps, et dure environ 6 jours. Elle est faite de papules qui se transforment en vésicules, puis en pustules qui se dessèchent et laissent des cicatrices indélébiles. Des complications peuvent survenir : broncho-pneumonies, abcès cutanés, ophtalmies, hémorragies (variole noire), paraplégies. Le pronostic de la variole est grave, mortel dans 15 p. 100 des cas environ. La vaccination et la revaccination jennériennes assurent une protection efficace.

variolé, e n. et adj. Marqué de la variole.

varioleux, euse adj. Qui concerne la variole. ‖ — N. Personne atteinte de la variole.

variolique adj. Relatif à la variole : *pustule variolique*.

variolisation n. f. Méthode employée avant la vaccination jennérienne, et qui consistait à inoculer une variole bénigne pour éviter une variole grave.

varioloïde n. f. (de *variole*, et gr. *eidos*, aspect). Forme atténuée de la variole.

variqueux [varikø], **euse** [-øz] adj. Relatif aux varices : *ulcère variqueux*.

varlet [varlɛ] n. m. (autre forme de *valet*). Jeune noble placé auprès d'un seigneur pour faire l'apprentissage de chevalier. ‖ *Technol.* V. VALET.

varlope [varlɔp] n. f. (empr. au néerl.). Grand rabot muni d'une poignée pour unir et planer le bois.

varloper v. t. Travailler à la varlope.

Varna, port de Bulgarie, sur la mer Noire; 180 000 h. Défaite des Polonais et des Hongrois par les Turcs (1444). Chantiers navals.

varron [varɔ̃] n. m. Nom donné à la larve d'une mouche, l'hypoderme du bœuf (ordre des diptères). [Cette larve se localise sous la peau du bœuf et s'y transforme

varron

en pupe; pour en sortir, l'insecte parfait traverse la peau. Certaines peaux sont ainsi perforées de quantité de trous et le cuir est inutilisable.]

Varron, en lat. **Terentius Varro,** consul romain du IIIe s. av. J.-C., collègue de Paul Emile. Il livra et perdit la bataille de Cannes contre Hannibal, en 216 av. J.-C.

Varron, en lat. **Marcus Terentius Varro,** polygraphe latin, né à Reate (auj. Rieti) [116-27 av. J.-C.]. Avocat à Rome, il prit part à la guerre civile aux côtés de Pompée, mais se réconcilia avec César, qui le chargea d'organiser des bibliothèques publiques. De son œuvre encyclopédique, nous ne possédons que les trois livres d'un traité d'économie rurale, une partie d'un traité de philologie et des fragments d'ouvrages historiques.

Vars (*col de*), col des Alpes, au sud de Guillestre; 2 115 m. — A proximité, station de sports d'hiver (alt. 1 670-2 580 m).

Phot. Associated Press, I. N. A.

Varsovie, en pol. **Warszawa,** cap. de la Pologne, sur la Vistule; 1 308 100 h. Archevêché. Carrefour entre Berlin et Moscou, l'Ukraine et la Baltique, la ville s'est établie initialement sur la rive gauche (escarpée) de la Vistule, ne débordant guère sur la rive droite qu'au début du XXe s. Pratiquement détruite à la fin de la Seconde Guerre mondiale, elle a été reconstruite en respectant partiellement l'ancien ordonnancement (reconstitution fidèle du centre historique avec la place du Vieux-Marché) et en déterminant aussi plus rationnellement la localisation des grandes fonctions urbaines. L'Administration, l'Université et les théâtres sont localisés dans la vieille ville (Stare Miasto). Les quartiers résidentiels (où prédominent les grands ensembles) sont développés au nord (en partie sur l'emplacement de l'ancien ghetto) et sur la rive droite, au-delà des quartiers industriels. Ceux-ci bordent la Vistule (sur la rive droite) et les axes ferroviaires dirigés vers Łódź et la Silésie. La ville s'est fortement industrialisée depuis 1945 (métallurgie et chimie s'ajoutant aux traditionnelles usines de confection et aux industries alimentaires). ● *Histoire.* Après 1569, Varsovie devint la résidence favorite des rois de Pologne; elle fut embellie au XVIIIe s. par Stanislas II Poniatowski. Elle fut la capitale d'un grand duché créé par Napoléon (1807-1814), puis du royaume de Pologne dont le tsar de Russie était le souverain (1815-1915). Varsovie fut occupée par les Allemands de 1915 à 1918. Menacée par l'armée rouge en 1920, la capitale polonaise fut dégagée par Piłsudski. En 1939, elle fut assiégée et conquise par les Allemands, qui en firent le centre du gouvernement général de Pologne. L'insurrection du ghetto de Varsovie en 1943 fut réprimée très brutalement par les Allemands. La ville se souleva en août 1944, mais, faute d'être secourue par les Soviétiques, dut capituler (3 oct.), et l'armée rouge n'entra à Varsovie qu'en janvier 1945. — *L'ordre règne à Varsovie,* paroles du maréchal Sébastiani, ministre des Affaires étrangères, renseignant la Chambre (1831) sur la situation de Varsovie, noyée par les Russes dans des flots de sang.

Varsovie place des Trois-Croix

Varsovie (*pacte de*), accords militaires conclus pour vingt ans à Varsovie en 1955 entre l'Albanie, la Bulgarie, la Hongrie, la Pologne, la Roumanie, la Tchécoslovaquie et l'U. R. S. S. (puis l'Allemagne orientale en 1956). Les forces militaires des Etats membres sont placées sous le commandement unique d'un général soviétique. En 1968, des détachements bulgares, hongrois et polonais participèrent, dans le cadre du pacte de Varsovie, à l'occupation militaire de la Tchécoslovaquie conduite par les forces soviétiques. Mais l'Albanie, liée à la Chine populaire, dénonçait au même moment son appartenance au pacte.

varus [varys], fém. **vara** [vara] adj. (mot lat.). Cagneux, qui est tourné en dedans : *pied bot varus; coxa vara.* (Contr. VALGUS.) ‖ — N. m. *Varus équin,* v. ÉQUIN.

Varus. V. QUINTILIUS VARUS.

varve [varv] n. f. (du suédois *varvig,* rayé). *Sédiment, argile à varves,* dépôts qui se sont formés dans les eaux tranquilles en avant des grands glaciers quaternaires. (Ils permettent des évaluations assez précises de certaines périodes du quaternaire.)

Varzy (58210), ch.-l. de c. de la Nièvre (arr. de Clamecy); 1 624 h. (1 133 aggl.). Eglise gothique.

Vasa. V. GUSTAVE Ier VASA.

vasard [vazar], **e** [-ard] adj. Vaseux : *côte vasarde.* ‖ — N. m. Fond de vase molle.

Vasarely (Victor), peintre et plasticien français, d'origine hongroise, né à Pécs en 1908. Depuis 1930, il élabore un langage personnel que sa recherche de la « forme-couleur pure » oriente, à partir de 1947, vers les structures abstraites, puis cinétiques*. Fondées sur des combinaisons sérielles, ses œuvres se veulent autant de prototypes extensibles aux dimensions architecturales.

Vasari (Giorgio), peintre, architecte et historien d'art italien, né à Arezzo (1511-1574). Il exécuta d'importants travaux à Rome (fresques au Vatican) et à Florence (palais des Offices, fresques au Palazzo Vecchio), mais il est surtout l'auteur des *Vies des plus excellents peintres, sculpteurs et architectes.* Il fut le premier à faire collection de dessins.

Vasarely
« Relief noir blanc », 1964; bois peint, *coll. part.*

Vascons, peuple qui s'établit au VIIe s. au nord des Pyrénées. Ce nom est le même que celui de *Gascons* ou de *Basques.*

vasculaire [vaskylɛr] ou **vasculeux** [-lø], **euse** [-øz] adj. (du lat. *vasculum,* petit vase). Qui appartient aux vaisseaux : *membrane vasculaire.* ‖ Formé de vaisseaux : *tissu vasculeux.* ● *Plantes vasculaires* (Bot.), plantes supérieures, ayant des racines et des vaisseaux, ainsi qu'un habitat généralement terrestre. (On distingue deux embranchements de plantes vasculaires : les *ptéridophytes,* dont les fougères forment le type, et les *spermaphytes,* ou *phanérogames,* qui sont les plantes à graines.) ‖ *Troubles vasculaires,* troubles résultant d'un défaut d'irrigation des tissus (spasme, thrombose, etc.).

vascularisation n. f. Disposition des vaisseaux dans un organe : *la vascularisation du foie.* ‖ Formation de vaisseaux dans un tissu inflammatoire ou tumoral.

vascularisé, e adj. Pourvu de vaisseaux, en parlant d'un organe.

vase [vɑz] n. f. (empr. au néerl.). Boue qui se dépose au fond des eaux.

vase n. m. (lat. *vas*). Récipient de forme variable et servant à des usages divers. ● *Vases communicants,* vases qu'un tube fait communiquer et dans lesquels un même liquide s'élève au même niveau, quelle que soit la forme de chacun. ‖ *Vases sacrés,* vases réservés au culte.

vaseline [vazlin] n. f. (allem. *Wasser,* eau, et gr. *elaion,* huile). Graisse minérale, translucide, extraite du résidu de la distillation des pétroles, utilisée en pharmacie et en parfumerie.

vaseux, euse adj. Où il y a de la vase. ‖ Formé de vase : *fond vaseux.* ‖ — *Fam.* Fatigué, sans énergie. ‖ Obscur, difficile à comprendre : *un article vaseux.*

vasière n. f. Endroit vaseux. ‖ Réservoir disposé au point le plus haut d'un marais salant pour y stocker, entre deux grandes marées, les eaux destinées à son alimentation.

vasistas [vazistɑs] n. m. (de l'allem. *Was ist das?,* qu'est-ce que c'est?). Petit vantail mobile pratiqué dans une porte ou une fenêtre.

vaso-constricteur [vazo-] adj. m. Qui diminue le calibre des vaisseaux sanguins.

vaso-constriction n. f. Diminution du calibre des vaisseaux sanguins.

vaso-dilatateur adj. m. Qui augmente le calibre des vaisseaux sanguins.

vaso-dilatation n. f. Augmentation du calibre des vaisseaux sanguins.

vaso-moteur, trice adj. *Nerfs vaso-moteurs,* nerfs qui déterminent la contraction ou le relâchement des vaisseaux. (V. *encycl.*) ‖ *Troubles vaso-moteurs,* troubles circulatoires dus à un relâchement des vaisseaux (rougeur) ou à leur constriction (pâleur), en rapport avec des troubles fonctionnels du système nerveux végétatif. — ENCYCL. Les *nerfs vaso-moteurs* sont issus soit du système orthosympathique (vaso-constricteurs), soit du système parasympathique (vaso-dilatateurs).
Les *nerfs vaso-constricteurs,* en réduisant le calibre des vaisseaux, entraînent une forte diminution de l'irrigation sanguine. La vaso-constriction périphérique est surtout une défense contre le froid; elle entraîne de la pâleur, parfois des gelures (pieds, mains, oreilles). La vaso-constriction générale aide au maintien de la pression artérielle, après des hémorragies graves.
Les *nerfs vaso-dilatateurs,* en augmentant le calibre des vaisseaux, accroissent le flux sanguin, ce qui a pour conséquence une rougeur et une congestion. La vaso-dilatation est une réaction de défense contre la chaleur. C'est aussi la réponse normale à l'accroissement de l'activité des vaisseaux d'un organe.

vasouiller [vazuje] v. i. *Pop.* Hésiter, s'empêtrer : *vasouiller dans une explication.*

vasque [vask] n. f. (ital. *vasca*). Bassin rond, peu profond, qui reçoit et, parfois, laisse déborder les eaux d'une fontaine. ‖ Coupe large et peu profonde, servant à la décoration des tables.

vassal [vasal], **e, aux** [-o] n. et adj. (du lat. *vassus,* serviteur). Personne liée à un suzerain par l'obligation de foi et hommage, et lui devant des services personnels.

vassaliser v. t. Asservir, réduire à la condition de sujet.

vassalité [vasalite] n. f. ou **vasselage** [vaslaʒ] n. m. Condition de vassal. ‖ *Fig.* Etat de servilité, de sujétion. ‖ — Syn. : ASSUJETTISSEMENT, DÉPENDANCE, ESCLAVAGE, SERVITUDE, SUBORDINATION.

Vassieux-en-Vercors (26420 La Chapelle en Vercors), comm. de la Drôme (arr. de Die); 257 h. Le village fut incendié par les Allemands en 1944, et 75 de ses habitants furent massacrés.

Vassilevski ou **Vassilievski** (Aleksandr), maréchal et homme d'Etat soviétique, né à Novopokrovka en 1895. Compagnon de Staline, il fut chef d'état-major (1943-1947), puis ministre de la Défense (1949-1953).

vassiveau [vasivo] n. m. Agneau de moins de deux ans.

Vassy (14410), ch.-l. de c. du Calvados (arr. de Vire); 1 424 h. (515 aggl.) [*Vasséens*].

vaste [vast] adj. (lat. *vastus*). Qui est d'une grande étendue; qui s'étend au loin : *une vaste plaine.* ‖ *Fig.* De grande ampleur, de grande envergure : *une vaste entreprise, une vaste érudition, de vastes projets.*

vastement adv. D'une manière vaste.

Västerås, v. de Suède, près du lac Mälaren; 116 700 h. Electromécanique.

Vatan (36150), ch.-l. de c. de l'Indre (arr. d'Issoudun); 2 194 h. Eglise avec vitrail de la Renaissance.

Vaté, île de l'archipel des Nouvelles-Hébrides. Manganèse.

Vatel, maître d'hôtel du Grand Condé, dont la mort tragique a été rendue célèbre par Mme de Sévigné. Voyant que la marée allait manquer à un dîner que Condé offrait à Louis XIV à Chantilly, Vatel se crut déshonoré et se perça de son épée (1671).

Vathí, ch.-l. de l'île grecque de Samos; 9 000 h.

Vatican (*Etat de la cité du*), Etat dont la souveraineté temporelle a été reconnue au pape par le traité du Latran (1929); 1 000 h. env. Il se compose d'un territoire de 44 ha, qui comprend la place et la basilique Saint-Pierre, le palais du Vatican et ses annexes, les jardins du Vatican. S'ajoute à ce domaine la pleine propriété de douze bâtiments, à Rome et à Castel Gandolfo (droits extra-territoriaux). Le pape exerce ses pouvoirs par l'intermédiaire d'une Commission pontificale, présidée par un cardinal, et d'un gouverneur, chef de la gendarmerie pontificale, assisté d'un Conseil central.

v. carte et illustration p. suivante

Vatican (*palais du*), résidence des papes à Rome. C'est une réunion de constructions, dont le noyau primitif est dû à Nicolas III (1277-1280). Son ordonnance architecturale actuelle est l'œuvre de Bramante. Le Vatican abrite un très important musée, formé de collections de peintures, de sculptures et d'archéologie, ainsi qu'une célèbre bibliothèque, riche de 67 000 manuscrits et de quelque 500 000 imprimés. La chapelle Sixtine a été

Phot. Denise René, Doc. B. I. P.

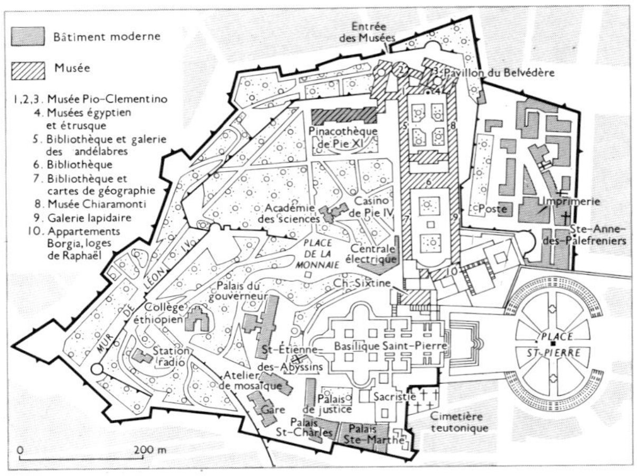

Cité du Vatican : au premier plan, la colonnade du Bernin, place Saint-Pierre, la basilique Saint-Pierre; à l'arrière-plan, les jardins du Vatican.

décorée notamment par Michel-Ange, et les galeries, ou *Loges,* qui dominent la cour Saint-Damase, ainsi que les *Chambres* l'ont été par Raphaël.

Vatican (*premier concile du*), concile œcuménique tenu à Rome du 8 décembre 1869 au 18 juillet 1870, sous Pie IX, et où fut proclamé le dogme de l'infaillibilité pontificale. Cette proclamation ne se fit pas sans l'intervention d'une minorité de Pères hostiles à son opportunité. L'action du concile fut limitée du fait de la place prise par le problème de l'infaillibilité papale et aussi parce que la guerre franco-allemande interrompit ses travaux.

Vatican (*deuxième concile du*), concile œcuménique tenu à Rome, en quatre sessions, d'octobre 1962 à décembre 1965, sous les pontificats de Jean XXIII et de Paul VI. Ce concile, réuni pour assurer le renouveau de l'Eglise face au monde moderne et pour préparer l'unité chrétienne, s'est déroulé en présence de nombreux observateurs non catholiques. Les principaux décrets votés par les Pères du concile ont trait aux *moyens de communication sociale,* à la réforme liturgique et à l'œcuménisme (non-catholiques et non-chrétiens). A l'ouverture de la 4e session, Paul VI annonça la création d'un synode épiscopal; avant de clôturer le concile, il annonça la réforme du Saint-Office.

vaticane [vatikan] adj. f. Qui se rapporte au Vatican : *politique vaticane; bibliothèque vaticane* ou, substantiv. (avec une majuscule), *la Vaticane.*

vaticinateur, trice n. (lat. *vaticinari,* prophétiser). Devin, devineresse.

vaticination n. f. (de *vaticiner*). Prédiction de l'avenir.

vaticiner [vatisine] v. i. (lat. *vaticinari*). Prophétiser, prédire l'avenir. (Se prend souvent en mauvaise part.)

va-tout n. m. inv. A certains jeux de cartes, mise de tout l'argent qu'on a devant soi. ● *Jouer son va-tout,* risquer sa dernière chance, tout hasarder.

Vattel (Emmer DE), diplomate et publiciste suisse, né à Couvet (1714-1767), un des fondateurs du droit international moderne.

Vättern, lac de Suède, se déversant dans la Baltique; 1 900 km².

vau [vo] n. m. Elément du cintre, destiné à supporter tout ou partie d'une voûte pendant sa construction.

Vauban (Sébastien LE PRESTRE DE), maréchal de France, né à Saint-Léger-Vauban (Nivernais) [1633-1707]. Ingénieur ordinaire du roi, il fut nommé commissaire général des fortifications (1678) : il renforça les frontières du royaume, perfectionna la défense des villes et dirigea lui-même de très nombreux sièges (notamment ceux de Lille [1667] et de Philippsburg [1688]). Mais il perdit la faveur du roi à la suite de ses critiques à l'égard de la politique générale. Un *Projet de dîme royale,* qu'il fit publier sans autorisation (1707), fut saisi peu avant sa mort.

Vaubecourt (55250 Triaucourt en Argonne), ch.-l. de c. de la Meuse (arr. de Bar-le-Duc); 280 h.

Vaucanson (Jacques DE), mécanicien français, né à Grenoble (1709-1782). Après avoir construit un certain nombre d'automates, dont le *Joueur de flûte traversière* (1737), le *Joueur de tambourin* et surtout le *Canard* (1738), qui comptent parmi les plus célèbres, il fut nommé inspecteur des manufactures de soie en 1741. Il chercha alors à améliorer les opérations de dévidage des cocons et de transformation de la soie grège en organsin, et imagina, dans ce domaine, de nombreuses machines, notamment le premier métier à tisser entièrement automatique (1745). La collection de ses chefs-d'œuvre, augmentée des machines les plus intéressantes de son époque, constitua en 1794 le premier fonds du Conservatoire national des arts et métiers.

vauchérie [voʃeri] n. f. Algue filamenteuse verte, vivant dans l'eau douce.

Vaucluse (*dép. de*) [**84**], dép. formé du comtat Venaissin, de la principauté d'Orange et d'une partie de la Provence; préf. *Avignon;* s.-préf. *Carpentras, Apt;* 3 arr., 24 cant., 151 comm.; 3 566 km²; 353 966 h. (*Vauclusiens*). L'ouest est formé par la *plaine du Comtat,* transformée par l'irrigation en une riche région maraîchère et fruitière (fraises, melons, pêches, abricots, tomates), portant localement des vignobles (Châteauneuf-du-Pape). Densément peuplé, il s'oppose à l'est, constitué de hauteurs calcaires arides (*Ventoux, monts de Vaucluse, Luberon*), domaines de l'élevage ovin et de la culture de la lavande, et en voie de dépeuplement. L'industrie, employant le tiers de la population active (le cinquième pour le secteur primaire), est surtout liée à l'agriculture (conserverie, engrais), en dehors de quelques usines textiles, des papeteries et de la grande centrale hydraulique de Bollène.

Vaucluse (*fontaine de*), source abondante, jaillissant à la comm. de Fontaine-de-Vaucluse, à 25 km d'Avignon, et donnant naissance à la Sorgue. Elle a été immortalisée par les vers de Pétrarque.

vauclusien [voklyzjɛ̃], **enne** [-ɛn] adj. Du Vaucluse. ● *Source vauclusienne,* apparition à l'air libre d'une rivière souterraine. (Syn. RÉSURGENCE.)

Vaucouleurs (55140), ch.-l. de c. de la Meuse (arr. de Commercy), sur la Meuse; 2 846 h. C'est au capitaine de Vaucouleurs, Robert de Baudricourt, que Jeanne d'Arc parla d'abord de son dessein de secourir Charles VII.

Vaucresson [vokrɛsɔ̃] (92420), comm. des Hauts-de-Seine (arr. de Nanterre), au nord-est de Versailles; 8 147 h.

Vaud, un des cantons suisses de langue française; 511 900 h. (*Vaudois*). Ch.-l. *Lausanne.* Terre savoyarde à partir du XIIIe s., le pays de Vaud échappa à la Savoie en 1617 et se proclama indépendant en 1798.

Vaudémont (54330 Vézelise), comm. de Meurthe-et-Moselle (arr. de Nancy), sur une butte, la « Colline inspirée » de Barrès (541 m d'alt.); 95 h.

vaudeville [vodvil] n. m. (du lat. *vadere,* aller, et de *virer,* tourner). Autref., chanson gaie, d'abord bachique, puis satirique. ‖ Auj., comédie légère, fondée sur l'intrigue et le quiproquo.

vaudevillesque adj. Qui convient à un vaudeville.

vaudevilliste n. Auteur de vaudevilles, de comédies légères.

vaudevire n. m. Forme sous laquelle on désigna au XVe s. les chansons satiriques appelées aussi *vaudevilles.*

vaudois [vodwa], **e** [-az] adj. et n. Du canton de Vaud.

vaudois, membres d'une secte chrétienne fondée à Lyon, v. 1179, par Pierre Valdo. Leur doctrine, fondée sur le « biblicisme » intégral, se confondit partiellement avec le calvinisme au XVIe s. Les vaudois ont la plupart de leurs paroisses dans des vallées alpines du Piémont (Pellice et Chisone).

vaudou [vodu] n. m. Culte des Noirs antillais, d'origine animiste et qui emprunte certains éléments au rituel catholique.

Vaudoyer (Léon), architecte français, né à Paris (1803-1872). Il a construit le Conservatoire des arts et métiers et donné les plans de la cathédrale de Marseille. — Son petit-fils JEAN-LOUIS, écrivain, né au Plessis-Robinson (1883-1963), s'intéressa à la critique d'art avant de se consacrer au roman (*l'Amour masqué,* 1908) et à la célébration de la Provence et de l'Italie (*l'Italie retrouvée,* 1950). Il fut administrateur de la Comédie-Française de 1941 à 1944. (Acad. fr.)

Vaudreuil (LE), ville nouvelle de la vallée de la Seine (Eure), au N.-E. de Louviers.

Vaudreuil (Philippe DE RIGAUD, *marquis* DE), administrateur français, né en Gascogne (1643-1725). Il fut gouverneur général du Canada de 1705 à 1725. — Son fils Pierre **de Rigaud de Cavagnal,** marquis **de Vaudreuil,** né à Québec (1698-1778), fut le dernier gouverneur du Canada français (1755-1760).

Vaugelas [-lɑ] (Claude FAVRE, *baron* DE PÉROUGES, *seigneur* DE), grammairien français, né à Meximieux (Bresse) [1585-1650], auteur des *Remarques sur la langue française* (1647), dans lesquelles il s'attache à fixer le bon usage. (Acad. fr.)

Vaughan Williams (Ralph), compositeur anglais, né à Down Ampney (Gloucestershire) [1872-1958]. Puisant son inspiration dans le folklore, il est à l'origine d'une école musicale authentiquement nationale (six opéras, neuf symphonies, de la musique religieuse, des ballets, des concertos).

Vaugirard, anc. comm. de la banlieue de Paris, annexée en 1860 (XVe arr.).

Vaugneray (69670), ch.-l. de c. du Rhône (arr. de Lyon); 2 556 h. (1 100 aggl.).

Vaujours (93410), comm. de la Seine-Saint-Denis (arr. du Raincy); 5 274 h. Centre nucléaire.

vau-l'eau (à) [avolo] loc. adv. Au gré du courant de l'eau : *barque qui s'en va à vau-l'eau.* ● *Aller à vau-l'eau,* ne pas réussir : *l'affaire est allée à vau-l'eau.*

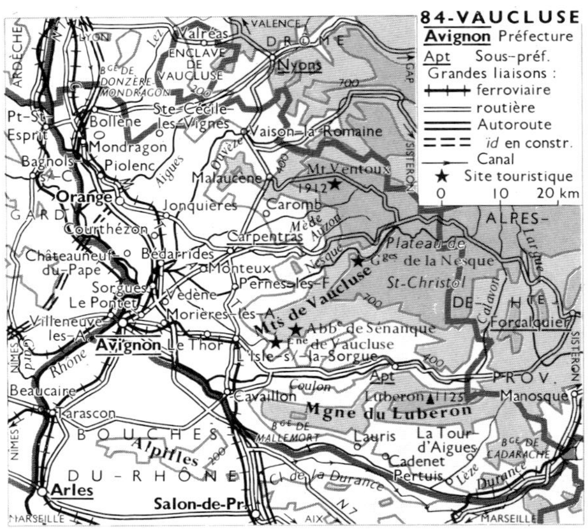

Vauban
par Charles Lebrun
Bibl. du Génie, Paris

Phot. Fotocielo, Giraudon.

Vaulx-en-Velin [vo-l] (69120), comm. du Rhône (arr. et banlieue nord-est de Lyon); 20 755 h. Verrerie.

Vauquelin (Nicolas), seigneur DES YVETEAUX, écrivain français, né à La Fresnaye-au-Sauvage, près de Falaise (1576-1649), fils de Vauquelin de La Fresnaye. Il fut lieutenant général de Caen. Devenu précepteur du duc de Vendôme, fils d'Henri IV et de Gabrielle d'Estrées, puis du Dauphin, il fut disgracié pour son indépendance d'esprit. Il vécut alors sans ambition et fut considéré comme le maître des « libertins ».

Vauquelin (Nicolas Louis), chimiste français, né à Saint-André-d'Hébertot, près de Pont-l'Evêque (1763-1829). Il a isolé le chrome (1797), découvert la glucine et étudié de nombreux produits d'origine animale ou végétale.

Vauquelin de La Fresnaye (Jean), poète français, né à La Fresnaye-au-Sauvage, près de Falaise (1536-1606). Magistrat provincial et poète érudit, il imita les églogues de Théocrite et de la Pléiade dans ses *Foresteries* (1555), où il mêle la prose aux vers. Moraliste, il publia cinq livres de *Satires* (1581-1585) et travailla trente ans à son *Art poétique français* (1574-1605), qui, tout en célébrant les réformes accomplies par Ronsard, rend à la poésie du Moyen Age un hommage inhabituel à cette époque.

Vauquois (55270 Varennes en Argonne), comm. de la Meuse (arr. de Verdun), en contrebas de la *butte de Vauquois*, dans la forêt de Hesse; 48 h. La *butte de Vauquois* fut occupée par les Allemands en 1914 et reprise en 1915 par les Français.

vaurien [vorjɛ̃], **enne** [-ɛn] n. et adj. (de *vaut* [valoir] et *rien*). Personne dénuée de toute valeur morale. ‖ Personne qui s'amuse malicieusement.

Vaurien, dériveur monotype, gréé en sloop.

vautour [votur] n. m. lat. *vultur*). Oiseau rapace diurne des montagnes de l'Ancien Monde, à tête et cou nus et colorés, se nourrissant de charognes. (Le vautour fauve, ou *griffon,* et le *vautour moine* peuvent se rencontrer dans les Pyrénées; ils atteignent 1,25 m de long.)

vautrer (se) [səvotre] v. pr. (du lat. *volvere,* se tourner). Se coucher, se rouler sur le sol, dans la boue : *se vautrer sur l'herbe.* ‖ S'enfoncer, se coucher : *se vautrer dans un fauteuil, sur un lit.*

Vautrin, personnage des romans d'H. de Balzac, *le Père Goriot, les Illusions perdues, Splendeurs et misères des courtisanes,* et du drame *Vautrin.* Forçat évadé, il cache sa véritable identité et mène contre la justice et la société une lutte gigantesque, réalisant ses rêves de puissance par l'intermédiaire de jeunes gens (Rastignac, Rubempré) qu'il domine et qu'il aime. Il finit par négocier sa conversion à l'ordre établi et devient chef de la Sûreté. L'histoire de Vidocq a en partie inspiré ce personnage au romancier.

Vauvenargues (Luc DE CLAPIERS, *marquis* DE), moraliste français, né à Aix-en-Provence (1715-1747). **La lecture de Plutarque, qui occupe son enfance maladive, encourage sa vocation militaire. Mais ayant eu les jambes gelées à la retraite de Prague (1742) et rendu presque aveugle par la petite vérole, il mène à Paris une existence misérable qu'adoucit l'amitié de Voltaire et de Marmontel. Il meurt un an après avoir fait paraître sans succès (1746) une *Introduction à la connaissance de l'esprit humain,* accompagnée de *Conseils à un jeune homme,* de *Réflexions,* ainsi que de plusieurs *Caractères* et *Dialogues.* Préférant Racine à Corneille, réhabilitant** l'homme contre La Rochefoucauld, réprouvant l'esprit de salon et la grandiloquence, il enseigne « qu'il faut avoir de l'âme pour avoir du goût ».

Vauvert (30600), ch.-l. de c. du Gard (arr. de Nîmes); 6 345 h. (4 924 aggl.). [*Vauverdois*]. Conserverie.

Vauvillers [-le] (70210), ch.-l. de c. de la Haute-Saône (arr. de Lure); 672 h.

vaux n. m. pl. Pl. anc. de VAL.

Vaux-devant-Damloup (55400 Etain), comm. de la Meuse (arr. de Verdun), sur les Hauts de Meuse; 8 h. Le *fort de Vaux,* couvrant Verdun, résista de mars à juin 1916 aux Allemands. Il fut repris en novembre.

Vaux-le-Vicomte, château de la comm. de Maincy, près de Melun, bâti par Le Vau pour le surintendant Fouquet et décoré par Le Brun et Mignard, avec des jardins dessinés par Le Nôtre. Il annonce l'art de Versailles. (V. illustr. ART CLASSIQUE*.)

vavassal [vavasal] ou **vavasseur** [-sœr] n. m. (lat. *vassus vassorum*). *Féod.* Celui qui occupait le degré inférieur dans la noblesse féodale.

Vavincourt (55000 Bar le Duc), ch.-l. de c. de la Meuse (arr. de Bar-le-Duc); 445 h.

Vayrac (46110), ch.-l. de c. du Lot (arr. de Gourdon); 1 231 h. (855 aggl.). Marché agricole.

Vazov (Ivan), écrivain bulgare, né à Sopot (auj. Vazovgrad) [1850-1921]. Admirateur de la littérature française, il célébra les beautés de son pays et les héros bulgares qui sacrifièrent leur vie pour la cause de l'indépendance nationale dans ses poèmes (*l'Epopée des oubliés,* 1881), ses nouvelles (*Sans feu ni lieu,* 1883), ses romans (*Sous le joug,* 1890) et ses drames historiques (*Borislav,* 1909).

veau [vo] n. m. (lat. *vitellus*). Le petit de la vache. (V. *encycl.*) ‖ Sa chair : *un rôti de veau.* ‖ Sa peau corroyée : *souliers en veau.* ‖ *Technol.* Levée d'une pièce de bois que l'on veut cintrer suivant une courbe donnée. ● *Adorer le veau d'or,* avoir le culte de la richesse (par allusion à l'idole que les Hébreux adorèrent au pied du Sinaï). ‖ *Faire le veau, s'étendre comme un veau,* se

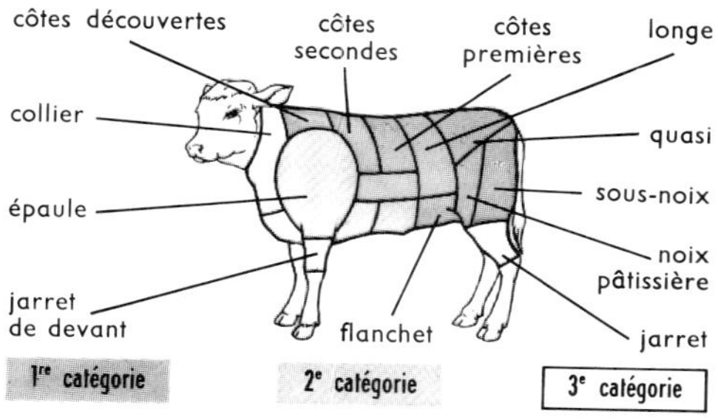

veau de boucherie

mettre lourdement dans une attitude d'abandon. ‖ *Tuer le veau gras,* faire de grandes réjouissances de table (allusion à la parabole de l'Enfant prodigue). ‖ *Veau marin,* phoque.

— ENCYCL. Le veau est élevé et alimenté dans des conditions différentes selon qu'on désire en faire un reproducteur (*veau d'élevage*), un bœuf, ou le livrer à la consommation (*veau de boucherie*). Parmi les veaux de boucherie, on doit faire une place spéciale au *veau blanc* sacrifié 8 à 12 semaines après sa naissance et alimenté exclusivement au lait, élevé le plus souvent dans un local exigu et obscur.

Vecchi (Orazio), compositeur italien, né à Modène (1550-1605). Moine, il a laissé de la musique polyphonique et un grand nombre de canzonettes et de madrigaux, ainsi qu'une comédie musicale célèbre, *Amfiparnaso.*

vecteur [vɛktœr] adj. m. (lat. *vector;* de *vehere,* conduire). *Rayon vecteur* (Math.), vecteur dont le point d'attache est à l'origine ou en un point fixe jouant le rôle d'une origine. ‖ — N. m. Segment de droite sur lequel on distingue une origine et une extrémité. ‖ Grandeur physique représentée par un vecteur. (V. *encycl.*) ‖ *Mil.* Véhicule capable de transporter une charge nucléaire. ● *Champ de vecteurs,* pour un domaine donné, ensemble de vecteurs associés à chacun des points de ce domaine. ‖ *Système de vecteurs,* ensemble composé d'un nombre fini de vecteurs mobiles sur leur ligne d'action. (La résultante générale d'un système de vecteurs est la somme géométrique des vecteurs libres équipollents aux vecteurs du système.) ‖ *Vecteur glissant,* vecteur de longueur et de sens constants pouvant glisser sur son support. (On dit aussi GLISSEUR.) ‖ *Vecteur libre,* chacune des classes déterminées dans l'ensemble des vecteurs, si on considère dans cet ensemble l'équipollence comme une relation d'équivalence. ‖ *Vecteur lié,* vecteur ayant un point d'application bien déterminé. ‖ — Adj. et n. m. Se dit d'animaux qui transmettent un parasite et constituent pour celui-ci un hôte temporaire où il peut subir une évolution. (Au fém. *vectrice.*)

— ENCYCL. *Math.* Un *vecteur* d'origine A et d'extrémité B est représenté par la notation $\overrightarrow{AB}$. Dans un espace R_n à n dimensions, l'ensemble des vecteurs est déterminé par l'ensemble des rayons vecteurs $\overrightarrow{OX}$, O étant l'origine et X un point quelconque de cet espace. Ces vecteurs peuvent être soumis à un certain nombre d'opérations dont les combinaisons forment le calcul vectoriel.

vectoriel, elle adj. *Math.* Qui a rapport aux vecteurs. ● *Analyse vectorielle,* application de l'analyse infinitésimale (calcul différentiel et calcul intégral) aux champs de vecteurs. ‖ *Calcul vectoriel,* mise en œuvre de certaines opérations algébriques applicables aux vecteurs. (V. *encycl.*) ‖ *Espace vectoriel,* structure d'un ensemble dont le modèle est fourni par les propriétés des vecteurs libres de l'espace. ‖ *Grandeur vectorielle,* grandeur physique dont la définition exige l'énoncé d'un nombre, d'une direction et d'un sens sur cette direction. ‖ *Produit vectoriel,* résultat de la multiplication gauche de deux vecteurs, qui, dans l'espace à trois dimensions, fait correspondre à ces deux vecteurs un troisième vecteur perpendiculaire aux deux premiers, formant avec eux un trièdre d'orientation positive et dont la longueur est égale à l'aire du parallélogramme qu'ils sous-tendent.

— ENCYCL. Les principales applications du *calcul vectoriel* sont la multiplication d'un vecteur quelconque $\vec{V}$ par un nombre c, l'addition et la soustraction. Le vecteur $\vec{V'} = c\vec{V}$ a, pour $c > 0$, même direction et même sens que V, mais sa longueur est c fois plus grande. Pour $c < 0$, le vecteur $\vec{V'}$ prend le sens opposé. En particulier, pour $c = -1$, le vecteur $\vec{V'}$ s'écrit $-\vec{V}$: c'est le vecteur opposé de $\vec{V}$. L'addition de deux vecteurs, ou addition géométrique, se fait par la règle du parallélogramme. L'introduction des vecteurs opposés ramène la soustraction à l'addition. Ces opérations permettent de décomposer un vecteur $\vec{V}$ quelconque suivant les n vecteurs linéairement indépendants $\vec{V}_1$, $\vec{V}_2$, ... $\vec{V}_n$ par la formule :

$$\vec{V} = \lambda_1 \vec{V}_1 + \lambda_2 \vec{V}_2 + \ldots + \lambda_n \vec{V}_n.$$

Le vecteur $\vec{V}$ est alors combinaison linéaire des vecteurs $\vec{V}_i$. On obtient ainsi un espace vectoriel. Les vecteurs $\vec{V}_i$ en forment la base; les coefficients λ_i sont les composantes du vecteur $\vec{V}$ suivant cette base.

Veda, livres sacrés de l'Inde, en langue sanskrite, au nombre de quatre, attribués à la révélation de Brahmā. Ce sont des recueils de prières, d'hymnes, de formules se rapportant au sacrifice et à l'entretien du feu sacré.

vedettariat [vədɛtarja] n. m. Fait de devenir une vedette. ‖ Ensemble des phénomènes sociaux qui accompagnent la promotion des vedettes : *le vedettariat joue un rôle essentiel dans l'industrie du spectacle.*

vedette [vədɛt] n. f. (ital. *vedetta,* lieu élevé où l'on place une sentinelle). Autref., sentinelle à cheval. ‖ *Mar.* Petite embarcation à moteur. ‖ *Fig.* Artiste en renom : *vedette de cinéma.* ● *En vedette* (Arts graph.), isolément, sur une seule ligne, ou en tête d'une ligne en caractères spéciaux. ‖ *Mettre en vedette,* mettre en évidence. ‖ *Vedette lance-missiles, lance-torpilles, vedette de combat,* petit bâtiment de guerre très rapide et puissamment armé. (V. *encycl.*)

— ENCYCL. La *vedette,* réalisable en grande série et à bon marché, a toujours été employée à de multiples fins dans les mers étroites, ainsi que pour la surveillance et la protection des côtes. Pendant les deux guerres mondiales, les Allemands et les Italiens, notamment, en ont utilisé un grand nombre avec succès. En modifiant les conditions du combat naval, l'apparition des missiles a redonné à ces petits bâtiments une puissance de feu considérable par rapport à leur tonnage et à leur prix de revient.

A la suite de l'U. R. S. S., qui en possédait déjà de nombreuses, les autres puissances navales ont mis en chantier des *vedettes lance-missiles* qui, à la condition de ne pas s'aventurer trop loin des côtes, constituent des moyens d'attaque et de défense d'une redoutable efficacité.

védique [vedik] adj. (de *Veda,* livres sacrés). Qui a rapport aux *Veda.* ‖ — N. m. Langue des *Veda.*

védisme n. m. Forme primitive de la religion brahmanique.

Védrines (Jules), aviateur français, né à Saint-Denis (1881-1919). Vainqueur de la « course Paris-Madrid » en 1911, il se signala pendant la Première Guerre mondiale en accomplissant de dangereuses missions sur son avion. En 1919, il réussit à atterrir sur le toit des Galeries Lafayette à Paris.

Véga, étoile de la constellation de la Lyre; la plus brillante du ciel boréal.

Végèce, en lat. **Flavius Vegetius Renatus,** écrivain latin (fin du IVe s. apr. J.-C. - début du Ve s.). Il vivait à Constantinople et appartenait aux milieux proches de la cour impériale. Soucieux de rétablir les anciennes institutions romaines, il entreprit de rendre à l'armée sa discipline antique et composa un *Traité de l'art militaire,* qui fut très apprécié jusqu'à la fin du Moyen Age.

végétal [veʒetal] n. m. (du lat. *vegetus,* vigoureux). Arbre, plante : *l'étude des végétaux est la botanique.* ‖ — N. m. pl. Etres vivants caractérisés par l'absence de toute bouche (ce qui rend impossible l'ingestion d'aliments solides), l'existence habituelle de *parois cellulosiques* entre les cellules, une vie ordinairement fixée, une reproduction comportant la dispersion de *spores,* et, très souvent, la possession de *chlorophylle* (plantes vertes).

végétal, e, aux adj. Qui appartient aux végétaux : *règne végétal.* ‖ Qui en est extrait : *rouge végétal.*

végétalisme n. m. Alimentation exclusive par les végétaux. (V. VÉGÉTARISME.)

végétarien, enne adj. et n. Se dit des personnes qui pratiquent le végétarisme. ‖ Relatif au végétarisme : *suivre un régime végétarien.*

végétarisme n. m. Système d'alimentation supprimant les viandes (végétarisme), ou même tous les produits d'origine animale (végétarisme pur ou *végétalisme*), dans un dessein soit prophylactique, soit curatif.

végétatif, ive adj. Qui assure l'entretien de la vie et de la croissance des animaux et des plantes, sans concerner les phénomènes de reproduction, ni les phénomènes contrôlés par le cortex, ni la vie psychique : *fonctions végétatives.* ‖ Diminué; qui se réduit à la satisfaction des besoins essentiels : *vie végétative.* ● *Appareil végétatif,* racines, tige et feuilles des plantes supérieures, thalle des végétaux inférieurs, qui assurent la nutrition. ‖ *Multiplication végétative,* celle qui se fait par un élément de l'appareil végétatif (marcottage, bouturage, greffage, etc.). ‖ *Système nerveux végétatif,* partie du système nerveux qui assure la régulation des fonctions végétatives : la digestion, la circulation, la respiration et l'excrétion. (Syn. SYSTÈME NERVEUX AUTONOME.) [Le système nerveux végétatif est constitué par le parasympathique*, le sympathique* et les centres nerveux étagés dans la substance réticulée* du tronc cérébral.]

végétation [veʒetasjɔ̃] n. f. Développement, accroissement progressif des parties constituantes des végétaux. ‖ Les végétaux : *la végétation des tropiques.* ‖ *Pathol.* Excroissance anormale qui se développe sur des animaux ou des végétaux. ● *Végétations adénoïdes,* prolifération du tissu lymphoïde du rhino-pharynx, qui gêne la respiration et favorise l'apparition des rhino-pharyngites et des otites. (Les végétations adénoïdes peuvent entraver le développement des enfants; leur ablation est souvent nécessaire dès le premier âge.)

végéter [veʒete] v. i. (du lat. *vegetus,* vigoureux) [conj. **5**]. Croître, en parlant des plantes. ‖ *Fig.* Vivre d'une vie obscure, diminuée ou précaire : *végéter dans un emploi subalterne.*

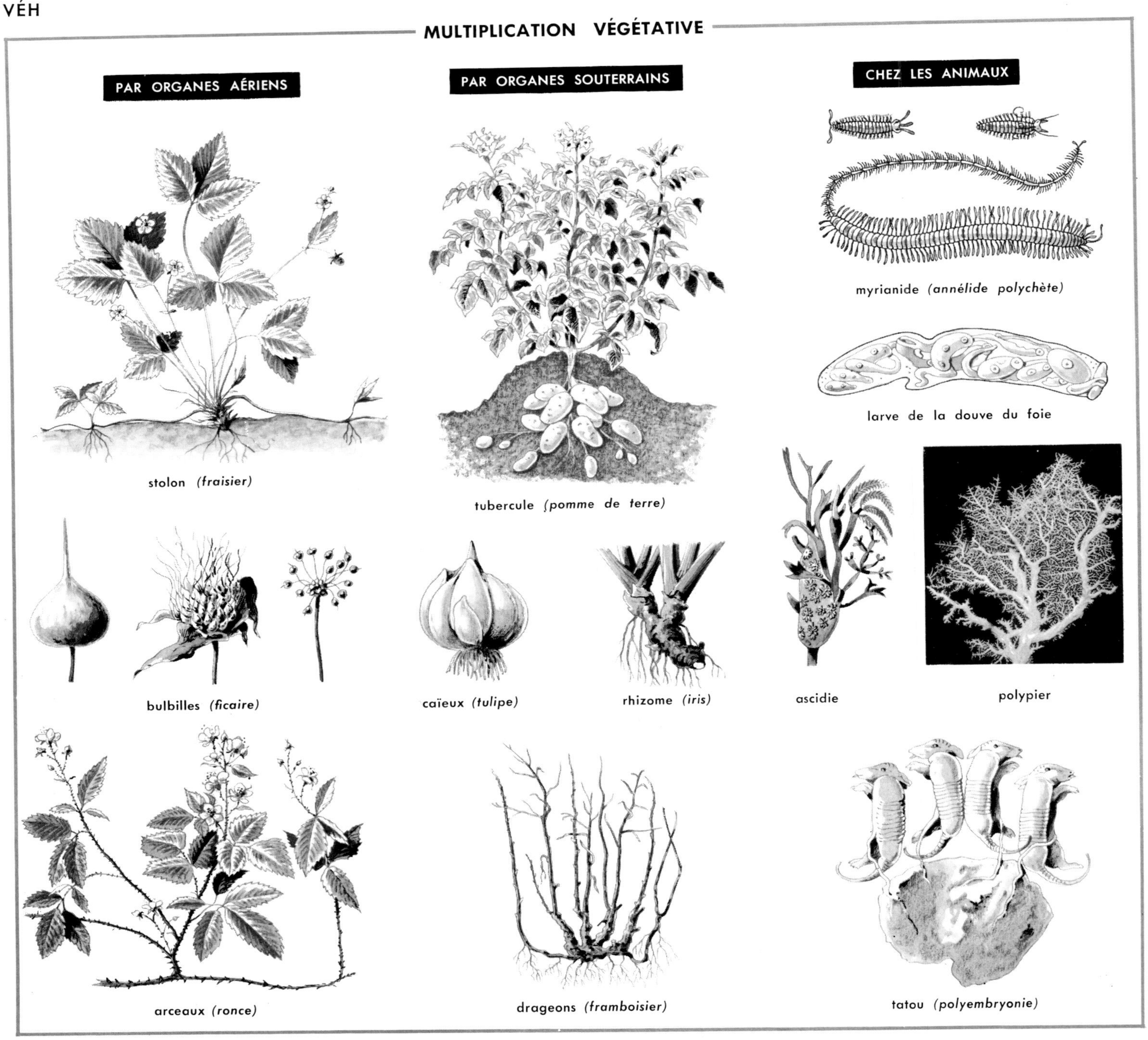

véhémence [veemɑ̃s] n. f. Mouvement violent et passionné : *parler avec véhémence.* (Syn. : IMPÉTUOSITÉ, VIOLENCE.)

véhément, e adj. Ardent, impétueux : *orateur véhément.*

véhémentement adv. Avec véhémence; très fort, beaucoup : *discourir véhémentement.*

véhiculaire adj. *Langue véhiculaire,* langue qui permet les rapports commerciaux, les échanges entre populations de langues maternelles différentes.

véhicule [veikyl] n. m. (lat. *vehiculum; de vehere,* porter). Tout ce qui sert à transmettre : *l'air est le véhicule du son.* || Moyen de transport par terre ou dans l'espace : *véhicules industriels; véhicule spatial.* || *Opt.* Système de lentilles ou de prismes redressant l'image dans une lunette d'observation terrestre. || *Fig.* Moyen de communiquer : *l'imprimerie est le véhicule de la pensée.*

véhiculer v. t. Transporter au moyen d'un véhicule. || *Fig.* Communiquer, transmettre.

Vehme ou **Sainte-Vehme,** organisation d'origine germanique, analogue aux tribunaux des francs-juges (XIIe-XVIe s.).

vehmique [vemik] adj. De la Sainte-Vehme.

Véies, puissante cité étrusque, dont l'apogée se situe aux VIIIe-VIe s. av. J.-C. Les Romains, établis tout à côté, en vinrent difficilement à bout (405-395 ou 396-386 av. J.-C.). Il en demeure des restes de maisons et d'un temple, ainsi que de nombreuses tombes.

veille [vɛj] n. f. (lat. *vigilia*). Privation volontaire ou involontaire de sommeil : *les longues veilles altèrent la santé.* || Etat de celui qui est éveillé. || Jour qui précède celui dont on parle : *la veille de Pâques.* ● *Etre à la veille de,* sur le point de. || — Pl. Travaux de nuit; application à l'étude : *c'est le fruit de ses veilles.*

veillée n. f. Temps qui s'écoule depuis le repas du soir jusqu'au coucher. || Réunion de personnes qui passent ce temps ensemble.

veiller [veje] v. i. (lat. *vigilare*). S'abstenir de dormir pendant le temps destiné au sommeil : *veiller jusqu'au jour.* || — V. t. ind. [**à, sur**]. *Fig.* Donner ses soins à : *veiller sur les jours de quelqu'un.* || — V. t. *Veiller un malade,* passer la nuit près de lui.

veilleur, euse n. Celui, celle qui ne dort pas.

veilleur n. m. Celui qui est de garde : *veilleur de nuit.*

veilleuse n. f. Petite lampe électrique ou petite bougie qu'on allume la nuit. || Petit bec brûlant en permanence près du foyer d'un appareil à gaz ou à mazout et servant à l'allumage de ce dernier. ● *Mettre en veilleuse,* diminuer beaucoup l'activité; atténuer.

veinard [-ar], **e** [-ard] adj. et n. Qui a de la veine : *un joueur veinard.*

veine [vɛn] n. f. (lat *vena*). Vaisseau ramenant le sang ou la lymphe vers le cœur. (V. *encycl.*) || *Technol.* Marque longue et étroite dans le bois et les pierres dures. || *Min.* Filon, couche de houille ou de minerai exploitable : *tomber sur une veine importante.* || *Fam.* Chance : *avoir de la veine au jeu; être en veine.* ● *Veine!,* interj. de contentement, de surprise agréable. || *Veine poétique,* le génie poétique.

— ENCYCL. Les *veines* sont formées de trois tuniques : un endothélium, une paroi musculaire (beaucoup plus fine que celle des artères) et une enveloppe conjonctive. Certaines d'entre elles comportent des valvules qui facilitent le retour du sang vers le cœur. Ce retour est provoqué par les contractions musculaires, par les pressions du sang venant des capillaires et par les pressions, négatives, produites dans l'oreillette droite pendant la diastole. Le sang de la moitié supérieure du corps est collecté par la veine cave supérieure, alors que celui de la moitié inférieure l'est par la veine cave inférieure. La veine porte recueille le sang de l'intestin et le redistribue dans le foie. Les veines lymphatiques collectent la lymphe venant des gros troncs lymphatiques du côté droit et la dirigent vers le système cave supérieur. (A gauche, c'est le canal thoracique qui collecte la lymphe et la dirige également dans le système cave.) Les dilatations des veines constituent les *varices,* leur inflammation les *phlébites,* dont les complications sont les *thromboses* et les *embolies pulmonaires,* devenues rares depuis l'emploi des anticoagulants. Les plaies des veines provoquent des hémorragies de sang veineux*.

veiné, e adj. Qui a des veines : *marbre veiné.* ‖ Qui porte des dessins imitant les veines du bois ou des pierres.

veiner v. t. Imiter par des couleurs les veines du marbre ou du bois.

veinette n. f. Brosse plate employée par les peintres pour imiter les veines du bois.

veineux, euse adj. Composé de veines : *système veineux.* ‖ Rempli de veines : *bois veineux.* ● *Sang veineux,* sang appauvri en oxygène et riche en gaz carbonique, qui circule dans les veines de la grande circulation et dans l'artère pulmonaire.

veinule n. f. (lat. *venula;* de *vena,* veine). Petite veine.

veinure n. f. Ensemble de veines dans certains matériaux (pierre, etc.).

Vela (Vincenzo), sculpteur suisse, né à Ligornetto (Tessin) [1822-1891]. Il est l'auteur de monuments d'un style réaliste et quelque peu déclamatoire (*Napoléon mourant,* musée de Versailles).

vêlage ou **vêlement** n. m. Action de mettre bas, de vêler, en parlant des vaches.

vélaire [velɛr] adj. et n. f. (du lat. *velum,* voile). Se dit des voyelles ou des consonnes articulées près du voile du palais.

vélani [velani] n. m. Espèce de chêne d'Asie Mineure, dont les cupules, ou *vélanèdes,* sont utilisées pour leur tanin.

vélar [velar] n. m. *Bot.* Autre nom du SISYMBRE.

vélarium [velarjɔm] n. m. Toile dont on couvrait les théâtres et les amphithéâtres romains, pour les mettre à l'abri du soleil et de la pluie.

Vélasquez (Diego VELÁZQUEZ DE SILVA, en franç.), peintre espagnol, né à Séville (1599-1660). Elève de Pacheco, dont il épouse la fille, il subit surtout, au début de sa carrière, l'influence de Ribera (*les Buveurs,* Prado). Nommé peintre du roi (1623), il exécute des portraits du souverain et de sa famille. Il fait un premier voyage en Italie (*la Forge de Vulcain,* Prado) et, revenu à Madrid, peint quelques sujets religieux qui ne constituent pas, d'ailleurs, le meilleur de son œuvre ; Vélasquez est le seul peintre vraiment profane du XVIIe s. espagnol. Il donne une série de portraits et une grande composition historique, la *Reddition de Breda* (Prado). Il part de nouveau pour l'Italie en 1649 (*Portrait du pape Innocent X,* galerie Doria, Rome). De retour en Espagne, il peint ses plus hauts chefs-d'œuvre, la *Vénus au miroir* (National Gallery, Londres), *les Menines* et *les Fileuses* (Prado). Merveilleux coloriste et prodigieux technicien de la peinture, il est parvenu à une étonnante légèreté, sachant traduire, avec une économie de moyens et une liberté extrêmes, la réalité de l'espace et les jeux de la lumière (*l'Infante Marie-Thérèse, l'Infante Marguerite, la Reine Mariana,* Louvre).

Velay, région du Massif central, entre l'Allier supérieur et le Vivarais. Elle est formée de massifs volcaniques (*monts du Velay,* entre Allier et Loire, Mézenc, Mégal), encadrant le riche bassin du Puy, dépression tertiaire drainée par la Loire.

Velbert, v. de l'Allemagne occidentale (Rhénanie-du-Nord-Westphalie) ; 55 000 h.

velche ou **welsch** [vɛlʃ] n. et adj. Mot que les Allemands appliquent par mépris à tout ce qui est étranger. ‖ Homme ignorant et sans goût.

veld [vɛlt] n. m. (mot néerl. signif. *champ*). Nom donné par les Boers aux plateaux dénudés de l'Afrique du Sud, au nord du Grand Karroo.

vêlement n. m. V. VÊLAGE.

vêler [vɛle] v. i. (de l'anc. fr. *veel,* veau). Mettre bas, en parlant d'une vache.

velet [vəlɛ] n. m. Doublure du voile de dessous des religieuses.

vêleuse n. f. Appareil destiné à faciliter le vêlage.

Vélez de Guevara (Luis), écrivain espagnol, né à Ecija (1579-1644). Il fut un des collaborateurs littéraires du roi Philippe IV. Dans ses pièces, perdues pour la plupart, il se révèle disciple de Lope de Vega par le choix des sujets, mais sa technique dramatique l'apparente plutôt à Calderón (*la Lune de la sierra ; Régner après la mort,* qui raconte l'histoire d'Inés de Castro). Il est surtout célèbre pour son roman satirique *le Diable boiteux* (1641), que Lesage imita.

vélie [veli] n. f. Punaise vivant sur l'eau et communément appelée *araignée de mer.* (Long. 2 cm.)

vélin [velɛ̃] n. m. (de l'anc. fr. *veel,* veau). *Arts graph.* Peau de mouton ou de veau, plus lisse et plus mince que le parchemin ordinaire, réservée à partir du XVIIIe s. aux manuscrits de luxe. ‖ Papier de qualité supérieure qui imite ce parchemin : *vélin teinté.* ‖ Ouvrage ancien, calligraphié, imprimé ou peint sur vélin : *les vélins du Muséum d'histoire naturelle.* ‖ — Adj. m. Se dit de ce papier.

Vélines (24230), ch.-l. de c. de la Dordogne (arr. de Bergerac) ; 937 h. (841 aggl.).

vélique [velik] adj. (du lat. *velum,* voile). *Mar.* Qui a rapport aux voiles. ● *Point vélique,* point où paraît être appliquée la résultante de toutes les actions du vent sur les voiles du navire.

vélite [velit] n. m. (lat. *veles, velitis*). Soldat d'infanterie légère, chez les Romains. ‖ — Pl. Corps de jeunes

Vélasquez
saint Thomas, musée d'Orléans
v. également ***Espagne***

gens sélectionnés, organisé par Napoléon dans sa garde pour former de futurs gradés.

vélivole [velivɔl] n. et adj. Amateur de vol à voile.

Vélizy-Villacoublay (78140), comm. des Yvelines (arr. de Versailles) ; 16 796 h. (*Véliziens*). Aérodrome.

vellave adj. Du Velay.

Velléda, prophétesse germaine au temps de Vespasien. Elle mena la lutte contre Rome après la soumission de Civilis, mais les chefs germains, las de la guerre, la livrèrent aux Romains. Elle figura dans le triomphe de Domitien. Le caractère prêté à Velléda par Tacite a inspiré à Chateaubriand un épisode des *Martyrs**.

velléitaire adj. et n. (du lat. *velle,* vouloir). Qui n'a que des intentions fugitives, non une volonté déterminée.

velléité [vɛlleite] n. f. (du lat. *velle,* vouloir). Volonté imparfaite ; intention fugitive : *avoir des velléités de résistance.*

Velleius Paterculus, historien latin (19 av. J.-C.-v. 31 apr. J.-C.), auteur d'une *Histoire,* abrégé de l'histoire universelle.

Vellur ou **Vellore,** v. du sud de l'Inde (Tamilnād) ; 130 000 h.

vélo [velo] n. m. (abrév. de *vélocipède*). *Fam.* Bicyclette.

véloce [velɔs] adj. (lat. *velox*). Agile, rapide.

vélocipède [velɔsipɛd] n. m. (lat. *velox,* rapide, et *pes, pedis,* pied). Appareil de locomotion comprenant deux roues et un siège, et dont la mise en marche était produite par un mécanisme mû par les pieds. (C'est l'ancêtre de la bicyclette.)

vélociste n. m. Spécialiste de la vente et de la réparation des cycles (bicyclettes, tandems, tricycles).

vélocité n. f. Grande vitesse. (Syn. : CÉLÉRITÉ, DILIGENCE, HÂTE, PRESTESSE, PROMPTITUDE, RAPIDITÉ.) ‖ Rapidité dans l'exécution d'une œuvre musicale.

vélodrome [velɔdrom] n. m. (de *vélocipède,* et gr. *dromos,* course). Piste pour les courses cyclistes.

vélomoteur n. m. Motocyclette légère ou bicyclette équipée d'un moteur auxiliaire dont la cylindrée ne peut excéder 125 cm^3.

velot [vəlo] n. m. Peau de veau mort-né, avec laquelle on fabrique le vélin.

velours [vəlur] n. m. (de l'anc. fr. *velos,* du lat. *villosus,* velu). Etoffe rase d'un côté et couverte de l'autre

vélocipède

de poils dressés, très serrés, maintenus par les fils du tissu. ‖ Objet extrêmement doux au toucher : *le velours d'une pêche.* ● *Faire patte de velours,* caresser ceux à qui l'on cherche à nuire. ‖ *Patte de velours,* patte d'un chat quand il rentre ses griffes. ‖ *Sur le velours* (Fam.), sans effort ; sans risque.

velouté, e adj. Qui a l'aspect du velours : *papier velouté.* ‖ Doux au toucher comme du velours : *peau veloutée.*

velouté n. m. Qualité de ce qui est velouté : *le velouté d'un fruit.* ‖ Potage lié aux jaunes d'œufs.

veloutement n. m. Action de velouter. ‖ Moelleux du velours.

velouter [vəlute] v. t. Donner l'apparence du velours. ‖ *Fig.* Adoucir.

veloutier n. m. Ouvrier qualifié qui tisse au métier mécanique des articles de velours.

veloutine n. f. Etoffe de soie du XVIIIe s. ‖ Tissu de coton gratté des deux côtés pour donner l'aspect du velours rasé.

Velpeau (Alfred), chirurgien français, né à Brèches (Indre-et-Loire) [1795-1867]. Remarquable professeur et clinicien, il a publié de nombreux ouvrages : *De l'opération du trépan dans les plaies de la tête* (1834), *Traité complet de l'art des accouchements* (1835), etc.

Velsen, v. des Pays-Bas (Hollande-Septentrionale) ; 68 500 h. Sidérurgie. Papeterie.

velte [vɛlt] n. f. Instrument qui sert à jauger les tonneaux.

velu [vəly], **e** adj. (du lat. *villus,* poil). Couvert de poils : *bras velus ; fruit velu.*

vélum [velɔm] n. m. (lat. *velum,* voile). Grand voile qui sert de toiture à un cirque, à un vestibule, etc.

Veluwe (la), région de collines boisées des Pays-Bas, au nord du Rhin. Parc national.

Venaco (20231), ch.-l. de c. de la Corse (arr. de Corte) ; 1 571 h.

venaison [vənɛzɔ̃] n. f. (lat. *venatio,* chasse). Chair de bête fauve (sanglier, cerf, etc.).

Venaissin (*comtat*). V. COMTAT VENAISSIN.

vénal [venal], **e, aux** [-o] adj. (lat. *venalis ;* de *venum,* vente). Qui se transmet à prix d'argent : *une charge vénale.* ‖ *Fig.* Qui fait tout pour de l'argent ; intéressé : *un homme vénal.*

vénalement adv. De façon vénale.

vénalité n. f. Etat de ce qui est vénal : *la vénalité des charges.* (V. *encycl.*) ‖ *Fig.* Caractère d'une personne vénale.
— ENCYCL. Sous l'Ancien Régime, la *vénalité des offices* consistait dans la mise en vente par l'Etat des fonctions publiques. Ceux qui les achetaient devenaient propriétaires de leur charge.

venant n. m. Celui qui vient : *les allants et les venants.* ● *A tout venant,* au premier venu. (V. TOUT-VENANT.)

Venarey-lès-Laumes (21150 Les Laumes), ch.-l. de c. de la Côte-d'Or (arr. de Montbard) ; 3 488 h.

Vence (06140), ch.-l. de c. des Alpes-Maritimes (arr. de Grasse) ; 9 727 h. (6 450 aggl.) [*Vençois*]. Vestiges d'enceinte. Anc. cathédrale en partie romane. Chapelle décorée par Matisse. Station climatique pour les affections respiratoires avec dyspnée.

Venceslas (*saint*) [v. 907-929], duc de Bohême (921-929), assassiné par son frère Boleslav Ier, chef du parti païen. Il est le patron de la Bohême. — Fête le 28 septembre.

Venceslas Ier (1205-1253), roi de Bohême (1230-1253). Il favorisa la germanisation de son royaume. — VENCESLAS II (1271-1305), roi de Bohême (1278-1305) et de Pologne (1300-1305). Il organisa l'Etat tchèque, puis rétablit à son profit la royauté polonaise. — VENCESLAS III (1289-1306), roi de Hongrie (1301-1305), de Pologne et de Bohême (1305-1306). Il renonça à la couronne de Hongrie pour faire valoir ses droits à celle de Pologne. — VENCESLAS IV, né à Nuremberg (1361-1419), de la maison de Luxembourg, roi de Bohême (1363-1419), empereur germanique (1378-1419). Il ne put imposer son autorité aux Tchèques et aux Allemands. Les hussites défenestrèrent ses conseillers catholiques (Prague, 1419).

vendable adj. Qui peut être vendu : *produit vendable.*

vendange [vɑ̃dɑ̃ʒ] n. f. (lat. *vindemia*). Récolte du raisin destiné à la vinification : *faire la vendange.* ‖ Les raisins eux-mêmes : *porter la vendange à la cuve.* ‖ Temps de la récolte du raisin : *se louer pour les vendanges.*

vendangeoir [-ʒwar] n. m. Hotte ou panier de vendangeur.

vendanger v. t. (conj. 1). Récolter le raisin de : *vendanger une vigne.* ‖ — V. i. Faire la vendange : *vendanger de bonne heure.*

vendangerot n. m. Panier d'osier dans lequel on récolte le raisin.

vendangette n. f. Autre nom de la GRIVE.

vendangeur, euse n. Celui, celle qui fait la vendange.

vendangeuse n. f. *Bot.* Autre nom de l'ASTER.

Vendée (la), riv. de l'ouest de la France, affl. de la Sèvre Niortaise (r. dr.) ; 70 km.

Phot. Giraudon, musée du Conservatoire des Arts et Métiers.

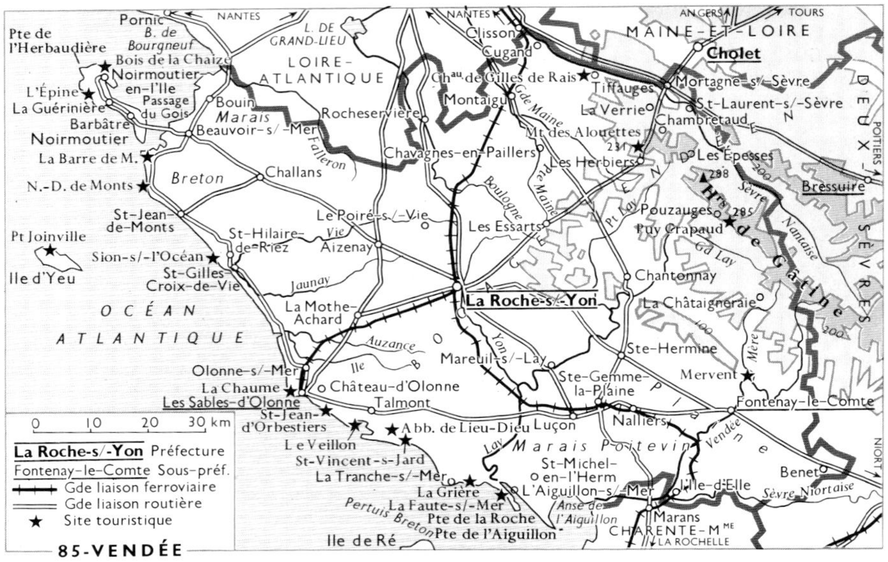

85-VENDÉE

Vendée (*dép. de la*) [**85**], dép. formé de l'anc. bas Poitou; préf. *La Roche-sur-Yon;* s.-préf. *Fontenay-le-Comte, Les Sables-d'Olonne;* 3 arr., 31 cant., 296 comm. : 6 721 km²; 421 250 h. (*Vendéens*). Le *Bocage vendéen* occupe la majeure partie du dép. Il est formé de hauteurs (285 m au mont Mercure) dominant des plateaux où les céréales reculent devant l'élevage et les plantes fourragères. Cette région sépare le *Marais breton,* transformé en polder (élevage de bovins et de volailles), du *Marais poitevin* (où se retrouve le même type d'économie, avec apparition de cultures sur les terres relativement hautes), qui est prolongé à l'est par la *Plaine,* où l'élevage bovin (pour le lait) progresse aussi aux dépens des cultures céréalières. Le littoral, régularisé, est animé par la pêche, l'ostréiculture, la mytiliculture et surtout le tourisme estival (Les Sables-d'Olonne, Saint-Jean-de-Monts, îles d'Yeu et de Noirmoutier). L'industrie, en dehors de l'extraction du minerai d'uranium autour de Mortagne-sur-Sèvre, joue un rôle peu important (conserveries, cuirs, textiles), en rapport avec la faiblesse de l'urbanisation (seule La Roche-sur-Yon dépasse 20 000 h.), et emploie seulement 30 p. 100 de la population active (plus du tiers dans le secteur primaire). L'émigration des ruraux vers les villes se poursuit.

Vendée (*guerre de*), insurrection contre-révolutionnaire provoquée en 1793, chez les paysans de Bretagne, du Poitou et de l'Anjou, par la Constitution civile du clergé et la levée en masse, et dont le point de départ se situa dans le Bocage vendéen. Cathelineau, Charette, Stofflet, Lescure, Bonchamps et La Rochejaquelein furent les principaux chefs de l' « armée catholique et royale ». Après quelques succès à Fontenay, à Cholet et à Saumur (mai-juin 1793), les « vendéens » furent refoulés sur la rive gauche de la Loire, après les défaites du Mans et de Savenay (déc. 1793). Des « colonnes infernales », brûlant tout systématiquement, affaiblirent la rébellion. En 1795, le général Hoche accorda la liberté du culte et réussit à pacifier presque entièrement le pays. Des essais de reprise de la guerre échouèrent en 1815 et en 1832.

vendéen [vɑ̃deɛ̃], **enne** [-ɛn] adj. et n. De Vendée. ‖ *Hist.* Nom donné pendant la Révolution aux insurgés royalistes de l'ouest de la France.

vendémiaire [vɑ̃demjɛr] n. m. (du lat. *vindemia,* vendange). Premier mois de l'année, dans le calendrier républicain (du 22 septembre au 21 octobre).

vendémiaire an IV (*journée du 13*) [1795], journée célèbre par la victoire remportée à Paris, sur les sections insurgées contre la Convention, par le général Bonaparte.

vendetta [vɑ̃- *ou* vɛ̃dɛta] n. f. (mot ital. signif. *vengeance*). En Corse, poursuite de la vengeance d'une offense ou d'un meurtre, qui se transmet à tous les parents de la victime.

vendeur, euse n. Personne dont la profession est de vendre : *une vendeuse de magasin.* ‖ *Dr.* Personne qui fait un acte de vente. (En ce sens, le fém. est VENDERESSE.)

Vendeuvre-sur-Barse (10140), ch.-l. de c. de l'Aube (arr. de Bar-sur-Aube): 1 866 h.

Vendin-le-Vieil (62880), comm. du Pas-de-Calais (arr. de Lens); 7 239 h. (4 318 aggl.). Cokerie. Traitement des goudrons.

Vendôme (41100), ch.-l. d'arr. de Loir-et-Cher, sur le Loir; 16 728 h. (*Vendômois*). Château en ruine (XIIe-XVe s.). Eglise abbatiale de la Trinité (XIIe-XVIe s.), avec clocher isolé (82 m; XIIe s.). Imprimerie. Ganterie. Chanzy livra devant la ville, le 15 décembre 1870, un combat au prince Frédéric-Charles. — L'arr. a 8 cant., 108 comm.; 65 160 h.

Vendôme (César DE BOURBON, *duc* DE), fils naturel d'Henri IV et de Gabrielle d'Estrées, né à Coucy-le-Château-Auffrique (1594-1665). Il joua un rôle dans la Fronde et battit la flotte espagnole devant Barcelone (1655). — Son petit-fils Louis Joseph **de Bourbon,** duc **de Vendôme,** duc **de Penthièvre,** né à Paris (1654-1712), se distingua en Flandre, en Catalogne, se signala en Italie, à Luzzara, Cassano d'Adda et, par la victoire de Villaviciosa (1710), consolida le trône de Philippe V. — Philippe **de Bourbon,** dit **le Prieur de Vendôme,** frère du précédent, né à Paris (1655-1727), fut grand prieur de France et lieutenant général.

Vendôme (*place*), place de Paris (plans de J. Hardouin-Mansart, 1699), au milieu de laquelle s'élève la colonne de la Grande Armée, haute de 44 mètres et dont le bronze provient de 1 200 canons pris à l'ennemi.

vendre [vɑ̃dr] v. t. (lat. *vendere*) [conj. **46**]. Céder moyennant un prix convenu : *vendre sa maison.* ‖ Faire le commerce de : *vendre des tissus.* ‖ — *Fig.* Sacrifier à prix d'argent ce qui ne doit pas être vénal : *vendre sa conscience.* ‖ Trahir, dénoncer par intérêt : *vendre ses complices.* ● *Vendre la peau de l'ours,* disposer d'une chose avant de la posséder; se flatter trop tôt du succès.

vendredi [vɑ̃drədi] n. m. (lat. *Veneris dies,* jour de Vénus). Sixième jour de la semaine. ● *Vendredi saint,* jour anniversaire de la mort de Jésus-Christ.

Vendredi, personnage du *Robinson Crusoé* de D. Defoe; jeune sauvage que Robinson sauve des mains des anthropophages et qui devient le compagnon de son existence solitaire.

vendu, e adj. et n. Gagné par l'appât de l'argent : *homme vendu à un pays étranger.*

venelle [vənɛl] n. f. (de *veine*). Petite rue.

vénéneux [venenø], **euse** -[øz] adj. (du lat. *venenum,* poison). Qui renferme du poison : *champignon vénéneux.* ● *Animaux vénéneux,* animaux qui, ingérés comme aliments, agissent à la manière des poisons (ne pas confondre avec les *animaux venimeux*) : *les moules sont parfois vénéneuses.*

vénérable adj. (du lat. *venerari,* vénérer). Digne de vénération. ‖ — N. m. Président de loge maçonnique. ‖ — N. *Relig. cath.* Titre que portait un serviteur de Dieu sur la voie de la béatification.

vénérablement adv. Avec vénération.

vénération n. f. Respect profond que l'on a pour certaines personnes : *il a beaucoup de vénération pour son père.* ‖ Respect pour les choses saintes.

vénérer [venere] v. t. (lat. *venerari*) [conj. **5**]. Avoir une estime respectueuse pour : *vénérer un bienfaiteur.* ‖ Respecter les choses saintes : *vénérer des reliques.* ‖ — Syn. : ADORER, HONORER, RÉVÉRER.

vénéricarde [venerikard] n. f. Mollusque bivalve de Méditerranée, à coquille en forme de cœur. (Long. 25 mm.)

vénerie [vɛnri] n. f. Art de chasser avec des chiens courants la bête fauve, noire ou carnassière.

vénérien [venerjɛ̃], **enne** [-ɛn] adj. (du lat. *Venus, Veneris,* Vénus). Relatif aux rapports des sexes : *maladies vénériennes.*

Vénètes, nom porté par divers peuples antérieurs à l'occupation romaine et qui occupèrent notamment les rives septentrionales de l'Adriatique et la région de Vannes.

Vénétie, région du nord-est de l'Italie. C'est un ancien territoire de la république de Venise, qui fut cédé à l'Autriche en 1797 et annexé à l'Italie en 1866. On y distingue la *Vénétie Euganéenne,* ou *Veneto* (prov. de Belluno, de Padoue, de Rovigo, de Trévise, de Venise, de Vérone et de Vicence; 18 377 km²; 4 029 000 h.) et la *Vénétie Julienne* (prov. de Gorizia et de Trieste; 684 km²; 448 500 h.). Celle-ci forme avec la province d'Udine la région autonome de *Frioul*-Vénétie Julienne.* La Vénétie Euganéenne s'étend au nord sur les Dolomites*, très localement animées par le tourisme (Cortina d'Ampezzo) et limitées au sud par une zone préalpine qui domine la partie orientale de la plaine du Pô, où la ligne des « fontanili », de Villafranca à Vittorio Veneto, sépare hautes et basses terrasses. La plaine du Pô, mise en valeur par drainage et irrigation, est ici une riche région agricole, où domine une exploitation intensive dans le cadre de petites exploitations. La Vénétie Euganéenne fournit d'importantes quantités de céréales (blé et surtout maïs), de vins et de fruits (pommes, pêches). Les villes, peu industrialisées, se sont établies à l'écart des plus basses terrasses et, en dehors de Venise (la plus peuplée), assez loin du littoral lagunaire.

venette [vənɛt] n. f. *Fam.* Peur, alarme.

veneur [vənœr] n. m. (lat. *venator,* chasseur). Celui qui, à la chasse, dirige les chiens courants. ● *Grand veneur,* chef de la vénerie d'un souverain.

Venezuela, république du nord de l'Amérique du Sud, sur la mer des Antilles; 912 050 km²; 11 290 000 h. (*Vénézuéliens*). Cap. *Caracas.* Langue : *espagnol.*

Géographie.

Le Venezuela juxtapose des régions physiquement et humainement très différentes, correspondant aux divers éléments structuraux constitutifs de l'Amérique du Sud : cordillère des Andes, plaines alluviales et deltaïques, boucliers orientaux. De Barquisimeto à la péninsule de Paria, la *cordillère côtière,* prolongement des Andes, étirée d'ouest en est sur plus de 1 000 km, est constituée de deux chaînes parallèles encadrant des bassins densément peuplés. La région, représentant 6 p. 100 de la superficie du pays, regroupe plus du tiers de la population totale. Elle doit son importance à la présence de Caracas* et d'autres centres urbains majeurs (Valencia, Maracay). L'agriculture est orientée vers les productions tropicales commercialisables (cacao, café, coton, canne à sucre). A l'ouest, la *cordillère de Mérida* forme l'extrémité septentrionale des Andes. Région élevée (souvent plus de 4 000 m), elle est relativement peuplée, puisqu'elle regroupe le huitième de la population vénézuélienne sur 5 p. 100 de sa superficie. L'agriculture, ressource presque exclusive des vallées, est caractérisée par la juxtaposition de latifundia et de très petites propriétés. Le café est la production dominante. San Cristóbal est la métropole régionale.

Au sud des régions montagneuses se développent les *llanos,* plaines faiblement ondulées, dont l'étagement en altitude oscille entre 100 et 500 m. Ce sont des zones où s'opposent une saison sèche (de novembre à avril) et une saison humide, d'égale longueur, domaines d'une savane souvent arborée. La chaleur est permanente : les températures se maintiennent constamment au-dessus de 25 °C. Peu peuplés (moins de 15 p. 100 de la population totale sur plus du tiers de la superficie), les Llanos vivent surtout de l'élevage, en dehors de l'Est, animé par l'extraction pétrolière autour de Maturín et d'El Tigre (le quart de la production vénézuélienne).

Le *delta de l'Orénoque,* chaud et humide, occupe près de 6 000 km², dont plus de 5 000 sont recouverts de marécages (peuplés de quelques milliers d'Indiens). Zone pratiquement vierge jusqu'après 1800, son intérêt s'est accru avec la découverte, à partir de 1880, de gisements d'asphalte et surtout de pétrole, qui sont à l'origine des principales villes (d'importance d'ailleurs médiocre), Caripito et Tucupita.

Entre la cordillère de Mérida et la sierra de Perija (à la frontière colombienne), le *bassin de Maracaibo,* dépression structurale dont le lac de Maracaibo occupe la partie la plus basse, constitue une région vitale, produisant annuellement plus de 150 Mt de pétrole, partiellement valorisé sur place. Le pétrole, extrait surtout sur la rive orientale du lac, a provoqué la création de centres urbains dont Cabimas et surtout Maracaibo sont les principaux. L'agriculture n'est pas totalement absente, surtout au sud-ouest. La région fournit des céréales, des fruits et des produits laitiers.

La *Guyane vénézuélienne* compte moins de 3 p. 100 de la population du pays, sur la moitié de sa superficie. Formée de lourds plateaux entaillés par des vallées profondes, elle est plus humide dans sa partie centrale et méridionale (plus proche de l'équateur) que dans le Nord, où s'est concentrée la population en bordure du moyen et du bas Orénoque. Son partiel aménagement hydro-électrique est en cours (centrales de Macagua et de Guri sur le Caroní). Du fer est extrait autour d'El Pao et de Cerro Bolívar. Le confluent de l'Orénoque et du Caroní doit constituer un important pôle de développement fondé sur la métallurgie (sidérurgie déjà implantée à Matanzas).

La population s'accroît à un rythme annuel très rapide, supérieur à 3 p. 100. 40 p. 100 de cette population sont urbanisés (l'agglomération de Caracas regroupe le cinquième de la population totale). L'agriculture emploie environ le tiers des actifs. Orientée vers la fourniture de maïs, de riz, de café et de sucre, ainsi que vers l'élevage bovin, et transformée très partiellement par une réforme agraire (2 p. 100 des propriétaires possèdent encore plus de la moitié des terres), elle ne fournit que 8 p. 100 de la production intérieure brute. Celle-ci est assurée à 40 p. 100 par l'industrie : extraction (secondairement, traitement) de pétrole en tête (185 Mt), accessoirement production de fer (17 Mt) et activités de transformation. Le commerce extérieur est dominé par le pétrole, qui représente 90 p. 100 des exportations (dirigées surtout vers les Etats-Unis) et entraîne le solde largement positif de la balance commerciale. Le pétrole (extrait et commercialisé principalement par des sociétés nord-américaines et anglo-néerlandaises) explique aussi la valeur de la production globale de l'ordre de 10 milliards de dollars. Le produit par tête est supérieur à 1 000 dollars,

paysage des environs de San Juan de los Morros

extraction du pétrole sur le lac Maracaibo

et le revenu individuel moyen, approche 800 dollars, chiffre très élevé (en Amérique latine), mais qui n'a qu'une valeur indicative. Les inégalités sociales sont telles que 1 p. 100 de la population s'approprie la moitié du revenu national.

Histoire.

Le pays fut appelé *Petite Venise* (Venezuela) par les premiers explorateurs espagnols. Le commerce fut monopolisé au XVIIIe s. par la Compagnie du Guipúzcoa. Unifié en une capitainerie générale (1777), le Venezuela fut dominé par une aristocratie de créoles éclairés, qui firent la révolution au début du XIXe s. En 1811, l'un d'eux, Miranda, proclama l'indépendance du Venezuela, mais il fut livré aux Espagnols.
En 1821, avec l'aide des Anglais et de la Nouvelle-Grenade, Bolívar remporta la victoire décisive de Carabobo (24 juin). Le Venezuela fit alors partie de la fédération de la Grande-Colombie. Ayant fait sécession en 1830, il devint — à la suite d'une longue guerre civile (1861-1870) — une république fédérale et laïque. Les Américains développèrent l'économie vénézuélienne, tandis que les dictatures se succédaient. Celle de Juan Vicente Gómez (1908-1935) coïncida avec l'essor pétrolier, qui allait faire du Venezuela le pays le plus évolué de l'Amérique latine. Le pays reste en fait très dépendant des Etats-Unis.

vénézuélien [venezɥeljɛ̃], **enne** [-ɛn] adj. et n. Du Venezuela.

vengeance [vɑ̃ʒɑ̃s] n. f. Action de se venger. || Mal que l'on fait à quelqu'un pour le châtier d'une injure, d'un dommage.

venger [vɑ̃ʒe] v. t. (lat. *vindicare*, revendiquer) [conj. **1**]. Tirer satisfaction, réparation de : *venger une offense.* ● *Venger quelqu'un*, châtier ceux qui lui ont fait du mal. || **— Se venger [de]** v. pr. Tirer réparation de.

vengeur, eresse adj. et n. Qui venge, qui châtie : *un bras vengeur.*

véniel [venjɛl], **elle** adj. (du lat. *venia*, pardon). Sans gravité : *faute vénielle.* ● *Péché véniel*, péché léger (par oppos. à *péché mortel*).

véniellement adv. D'une manière vénielle : *pécher véniellement.*

venimeux, euse adj. (de l'anc. fr. *venim*, venin). Se dit des animaux et des plantes qui peuvent inoculer un venin à l'aide d'un aiguillon ou d'un appareil analogue : *la guêpe, l'ortie sont des êtres venimeux.* (V. *encycl.*) || *Fig.* Méchant, malveillant : *critique venimeuse.*
— ENCYCL. Les principaux *animaux venimeux* sont les serpents solénoglyphes (vipère) et protéroglyphes (cobra), la vive, la pastenague, les araignées, les scorpions, les mille-pattes carnivores, les abeilles, les guêpes et les cœlentérés. L'organe venimeux est généralement situé dans la bouche ou près d'elle, mais il est à l'arrière du corps chez la pastenague, les scorpions et les insectes, et dorsal chez la vive. Il comprend toujours une glande qui sécrète le venin et une pointe creuse qui l'injecte à la victime.

venimosité n. f. Qualité de ce qui est venimeux.

venin [vənɛ̃] n. m. (du lat. *venenum*, poison). Liquide toxique, sécrété chez certains animaux et plantes par un organe spécial, et qui se communique par une piqûre ou une morsure : *le venin de la vipère.* (V. *encycl.*) || *Fig.* Malignité, malveillance : *le venin de la calomnie.*
— ENCYCL. De nombreuses espèces animales sécrètent des *venins* qu'elles inoculent par piqûre ou morsure (insectes, scorpions, araignées, serpents, poissons).
Les substances toxiques des venins sont des enzymes agissant sur le sang (coagulation ou au contraire hémorragie) et sur le système nerveux, entraînant des paralysies et souvent la mort ou provoquant des réactions allergiques. Absorbés par la bouche (en l'absence de plaies de celle-ci), les venins sont inoffensifs, car, formés d'enzymes (de protéines), ils sont détruits par les sucs digestifs.

Vening Meinesz (Felix), géophysicien et géodésien néerlandais, né à La Haye (1887-1966).

venir [vənir] v. i. (lat. *venire*) [conj. **16**]. Se rendre d'un lieu dans celui où se trouve la personne qui parle ou à qui l'on parle : *je vous demande de venir me voir.* || Arriver, survenir : *la mort vient sans qu'on s'en doute.* || Etre transmis : *cette maladie vient de famille.* || Parvenir, atteindre à : *il me vient à l'épaule.* || Atteindre à un but, à un résultat : *venir à maturité.* || Etre originaire, être apporté de : *ce thé vient de Ceylan.* || Sortir, couler : *ce vin vient goutte à goutte.* || Succéder à, arriver selon l'ordre du temps : *le printemps vient après l'hiver; quand viendra l'heure.* || Dériver : *ce mot vient du latin.* || Naître, se former : *il lui est venu une tumeur.* || Emaner, provenir de : *le pouvoir vient du peuple.* || Grandir, croître : *cet arbre vient bien.* ● *En venir aux mains*, se battre. || *Faire venir*, appeler : *faire venir le médecin;* faire apporter, commander : *faire venir des provisions de la campagne.* || *Laisser venir*, attendre sans se presser d'agir. || *Ne faire qu'aller et venir*, être toujours en mouvement; partir pour peu de temps. || *Savoir où quelqu'un veut en venir*, connaître ses objectifs. || *Venir à bien*, réussir. || *Venir de* (avec un inf.), avoir accompli à l'instant même : *il vient de partir.*

Venise, en ital. **Venezia**, v. de l'Italie (Vénétie), au milieu de la *lagune de Venise* (dépendance du *golfe de Venise*, formé par l'Adriatique); 367 000 h. (*Vénitiens*). Reliée à la terre ferme par un pont de 4 km, construite sur trois cents îlots au-dessus de la lagune, Venise est divisée en deux parties par le Grand Canal (long de 3 800 m), sur lequel se greffent de nombreuses voies secondaires. Cet ensemble constitue la ville touristique, prolongée à l'est par le Lido. Le port et les industries (métallurgie, raffinage de pétrole et pétrochimie) sont établis bien à l'écart sur le continent, dans les banlieues (Mestre, Porto Marghera). Festival annuel du cinéma. Biennale. Industries d'art (verrerie, dentelle).
● *Histoire.* La ville fut, à partir du Xe s., le centre d'une prospère république aristocratique, qui, sous le gouvernement des doges et du Conseil des dix, étendit sa puissance sur une partie de la Lombardie, sur la Dalmatie, l'Albanie, une partie de la Morée, de la Macédoine, et sur les îles de la mer Egée. L'apogée de la république de Venise se situe entre la prise de Constantinople par les croisés (1204) et l'installation des Turcs à Constantinople (1453); en effet, la prise de Constantinople par les Latins (1204) permit à Venise de posséder toutes les escales de la route du Levant; le *ducat*, ou sequin vénitien, devint l'une des principales monnaies internationales. Au XVe s., la formation d'Etats puissants en Italie obligea Venise à conquérir des possessions en terre ferme (le Frioul, Padoue). L'émigration des savants grecs à Venise fit de celle-ci un foyer de culture hellénique, dont l'école de peinture (XVIe s.) rayonna en Occident. L'Etat vénitien fut supprimé par Bonaparte en 1797 au profit de l'empire d'Autriche. La République libre, proclamée en 1848, fut éphémère, et Venise fut intégrée au royaume d'Italie en 1866.
● *Beaux-arts.* Venise, l'un des plus beaux ensembles urbains du monde, conserve de très nombreux palais, surtout des XVe et XVIe s., 90 églises, gothiques, Renaissance et baroques, les ponts de ses canaux et d'incom-

Venise : au premier plan, île de San Giorgio; à g., le canal de la Giudecca; au centre, le Grand Canal; à la pointe, Santa Maria de la Salute; à dr., la place Saint-Marc, le palais des Doges, le campanile, la basilique.

Phot. Marchand, X., Lauros - Atlas-Photo.

parables ensembles architecturaux, au premier rang desquels celui que forment, sur la place Saint-Marc et la Piazzetta, les Procuraties, la Libreria, le campanile, la tour de l'Horloge, le palais des Doges et la basilique Saint-Marc (XIe s.). Riches musées.

Vénissieux (69200), ch. l. de c. du Rhône (arr. et dans la banlieue sud de Lyon ; 47 693 h. (*Vénissians*). Véhicules lourds. Industries chimiques.

vénitien [venisjɛ̃], **enne** [-ɛn] adj. et n. De Venise.

Venizélos (Eleuthérios), homme d'Etat grec, né à La Canée (Crète) [1864-1936]. Il s'empara du pouvoir en 1910 et obtint la réunion de la Crète à la Grèce (1913). Il se retira en 1915, mais, en 1917, il força le roi Constantin à abdiquer et fit entrer la Grèce en guerre aux côtés des Alliés. Il obtint des gains territoriaux lors des traités de Neuilly et de Sèvres (1919-1920). Il fut encore président du Conseil de 1928 à 1932 et de 1933 à 1935.

Eleuthérios Venizélos

Venlo, v. des Pays-Bas (Limbourg), sur la Meuse ; 61 000 h. Anc. place forte.

vent [vɑ̃] n. m. (lat. *ventus*). Air en mouvement, qui se déplace d'une zone de hautes pressions vers une zone de basses pressions. ‖ Mouvement de l'air ainsi déplacé. ‖ Air agité par un moyen quelconque : *faire du vent avec un éventail.* ‖ Gaz contenus dans le corps de l'homme et de l'animal : *avoir des vents.* ‖ *Véner.* Odeur qu'une bête laisse dans les lieux où elle a passé. ● *Aller comme le vent* (Fig.), très vite. ‖ *Avoir bon vent,* avoir le vent favorable à la route. ‖ *Avoir vent de quelque chose,* en être informé. ‖ *Etre dans le vent* (Fam.), être au courant des dernières nouveautés qui intéressent les jeunes. ‖ *Etre sous le vent d'un navire* (Mar.), se trouver, par rapport à ce dernier dans la direction opposée à celle d'où le vent souffle. ‖ — Pl. *Vents* ou *instruments à vent* (Mus.), terme générique désignant les instruments dont le son est produit par le souffle, à l'aide soit d'une anche, soit d'une embouchure : *les vents comprennent les bois et les cuivres.*

Vent (*îles du*), partie orientale des Antilles, directement exposée au souffle de l'alizé, formant un chapelet d'îles entre Porto Rico et l'île de la Trinité, et comportant les Antilles françaises. Les Anglais appellent « îles du Vent » (*Windward Islands*) les États du Commonwealth qui forment la partie méridionale de cet archipel, comprenant l'île de Grenade et les Grenadines, Saint-Vincent et Sainte-Lucie, Dominique ; 341 000 h.

Vent (*îles* **Sous-le-**). V. Sous-le-Vent (*îles*).

ventage n. m. Séparation du grain et des matières étrangères, en faisant usage du van.

ventail [vɑ̃taj] n. m., ou **ventaille** n. f. (de *vent*). *Archéol.* Partie de la visière des casques clos par laquelle passait l'air.

vente [vɑ̃t] n. f. (du lat. *venditus,* vendu). Cession moyennant un prix convenu : *contrat de vente.* (V. *encycl.*) ‖ Débit : *marchandise de bonne vente.* ‖ Commerce de celui qui vend : *la vente du lait.* ‖ Partie d'une forêt qui vient d'être coupée. ● *Service après vente,* organisation d'une entreprise qui résout les problèmes posés à un acheteur par le fonctionnement d'un appareil, d'un véhicule. ‖ *Vente directe,* vente sans intermédiaire entre le producteur et le consommateur.
— Encycl. La *vente* est dite : *au comptant,* lorsque le prix est payé au moment de la délivrance de la chose vendue ; *à crédit,* lorsque le prix est payé postérieurement ; *à tempérament,* lorsque le prix est payé en versements successifs.

venté, e adj. Battu par le vent.

venter v. impers. Faire du vent.

venteux, euse adj. (lat. *ventosus*). Sujet aux vents : *pays venteux.* ‖ Qui cause des vents dans le corps : *légumes venteux.*

ventilateur n. m. (lat. *ventilator,* vanneur). Appareil transformant l'énergie cinétique qui lui est fournie par un moteur en un déplacement d'air ou d'un gaz quelconque sous une faible pression.

ventilation n. f. Action de ventiler. ● *Ventilation pulmonaire* (Physiol.), mouvements de l'air dans les poumons.

ventilation n. f. Action du comptable ou du statisticien qui répartit sur différents comptes les divers éléments d'une somme : *ventilation des frais généraux.*

ventiler [vɑ̃tile] v. t. (lat. *ventilare,* aérer). Aérer, renouveler l'air de : *ventiler un tunnel.*

ventiler v. t. (lat. *ventilare,* examiner une question). Evaluer la valeur respective d'objets vendus ensemble. ‖ Répartir entre différents comptes ou différentes personnes les divers éléments d'une somme.

ventileuse n. f. Nom donné aux abeilles qui, à l'entrée d'une ruche, battent des ailes constamment pour établir un courant d'air.

ventis [vɑ̃ti] n. m. pl. Arbres abattus par le vent.

ventôse [vɑ̃toz] n. m. (lat. *ventosus,* venteux). Sixième mois de l'année dans le calendrier républicain (du 19 février au 20 mars).

ventosité n. f. Accumulation de gaz dans l'intestin (vx).

ventouse [vɑ̃tuz] n. f. (lat. *ventosa cucurbita,* courge pleine de vent). Ampoule de verre appliquée sur la peau pour y produire une révulsion locale, en raréfiant l'air : *poser des ventouses.* ‖ Petite calotte de caoutchouc qui peut s'appliquer par la pression de l'air sur une surface plane. ‖ *Technol.* Ouverture pratiquée dans un conduit, un tunnel, pour l'aérer. ‖ *Zool.* Organe de fixation de la sangsue, de la pieuvre et de quelques autres animaux.

Ventoux (*mont*), montagne des Préalpes du Sud, près de Carpentras (Vaucluse) ; 1 912 m.

ventral, e, aux adj. Du ventre. ● *Face ventrale,* face antérieure ou inférieure du corps de l'homme et des animaux (par oppos. à *face dorsale*).

ventre [vɑ̃tr] n. m. (lat. *venter*). Partie inférieure et antérieure du tronc humain renfermant principalement les intestins. (Syn. abdomen.) ‖ Partie renflée d'un objet : *le ventre d'une bouteille.* ‖ Partie centrale d'un navire. ‖ *Phys.* Dans un système d'ondes stationnaires, point où l'élongation est maximale. ‖ *Fig.* Passion pour la bonne chère : *ne songer qu'à son ventre.* ● *A plat ventre,* tout de son long sur son ventre. ‖ *A ventre déboutonné* (Fam.), avec excès ; de toutes ses forces. ‖ *Avoir, donner du cœur au ventre à quelqu'un* (Fam.), avoir, donner du courage. ‖ *Avoir, prendre du ventre,* être, devenir obèse. ‖ *Avoir les yeux plus grands que le ventre,* prendre plus que l'on ne peut manger ; entreprendre plus que l'on ne peut mener à bien. ‖ *Passer sur le ventre,* terrasser. ‖ *Ventre affamé n'a point d'oreilles,* l'homme pressé par la faim est sourd à toute parole. ‖ *Ventre à terre,* très vite : *courir ventre à terre.*

ventrebleu! interj. Jurement familier.

ventre-de-biche adj. invar. Se dit d'une chose d'un blanc roussâtre.

ventrée n. f. *Pop.* Nourriture dont on s'emplit l'estomac.

ventre-saint-gris! [vɑ̃trəsɛ̃gri] interj. Juron familier d'Henri IV.

ventriculaire adj. Relatif aux ventricules. ● *Complexe ventriculaire,* partie du tracé de l'électrocardiogramme qui correspond à la contraction des ventricules. ‖ *Insuffisance ventriculaire,* défaut de fonctionnement de l'un des ventricules du cœur, l'autre restant normal. (L'insuffisance ventriculaire gauche provoque un œdème du poumon, car le ventricule droit continue à envoyer le sang vers celui-ci.)

ventricule [vɑ̃trikyl] n. m. (lat. *ventriculus* [*cordis*], petit ventre [du cœur]). Cavité du cœur, à parois musclées, dont les contractions envoient le sang dans les artères. (V. *encycl.*) ‖ L'une des quatre cavités de l'encéphale, contenant du liquide céphalo-rachidien. (V. *encycl.*)
— Encycl. *Ventricules du cœur.* Le ventricule droit reçoit le sang veineux de l'oreillette droite, où il est collecté, et l'envoie aux poumons ; le ventricule gauche reçoit le sang oxygéné revenant du poumon par les veines pulmonaires et l'oreillette gauche, et le renvoie dans tous les autres organes par l'aorte.
Ventricules du cerveau. Chaque hémisphère cérébral est creusé d'un ventricule ; chacun communique avec le troisième ventricule (situé au centre du diencéphale) par les trous de Monro ; le troisième ventricule communique avec le quatrième ventricule (situé entre le bulbe et le cervelet) par l'aqueduc de Sylvius, creusé dans les pédoncules cérébraux. Le quatrième ventricule se continue par un fin canal creusé dans la moelle épinière : l'épendyme.

ventrière n. f. Sangle que l'on passe sous le ventre d'un animal pour le soulever, dans un embarquement, etc.

ventriloque [vɑ̃trilɔk] n. et adj. (lat. *venter,* ventre, et *loqui,* parler). Personne qui a l'art de parler comme si sa voix venait du ventre.

ventriloquie [-ki] n. f. Art du ventriloque.

ventripotent [vɑ̃tripɔtɑ̃], **e** [-ɑ̃t] ou **ventru, e** adj. (lat. *venter,* ventre, et *potens,* puissant). *Fam.* Qui a un gros ventre.

ventru, e adj. *Fam.* V. ventripotent. ‖ *Fig.* De forme arrondie : *une potiche ventrue.*

venturi [vɑ̃tyri] n. m. Tube comportant un rétrécissement, utilisé pour la mesure du débit des fluides.

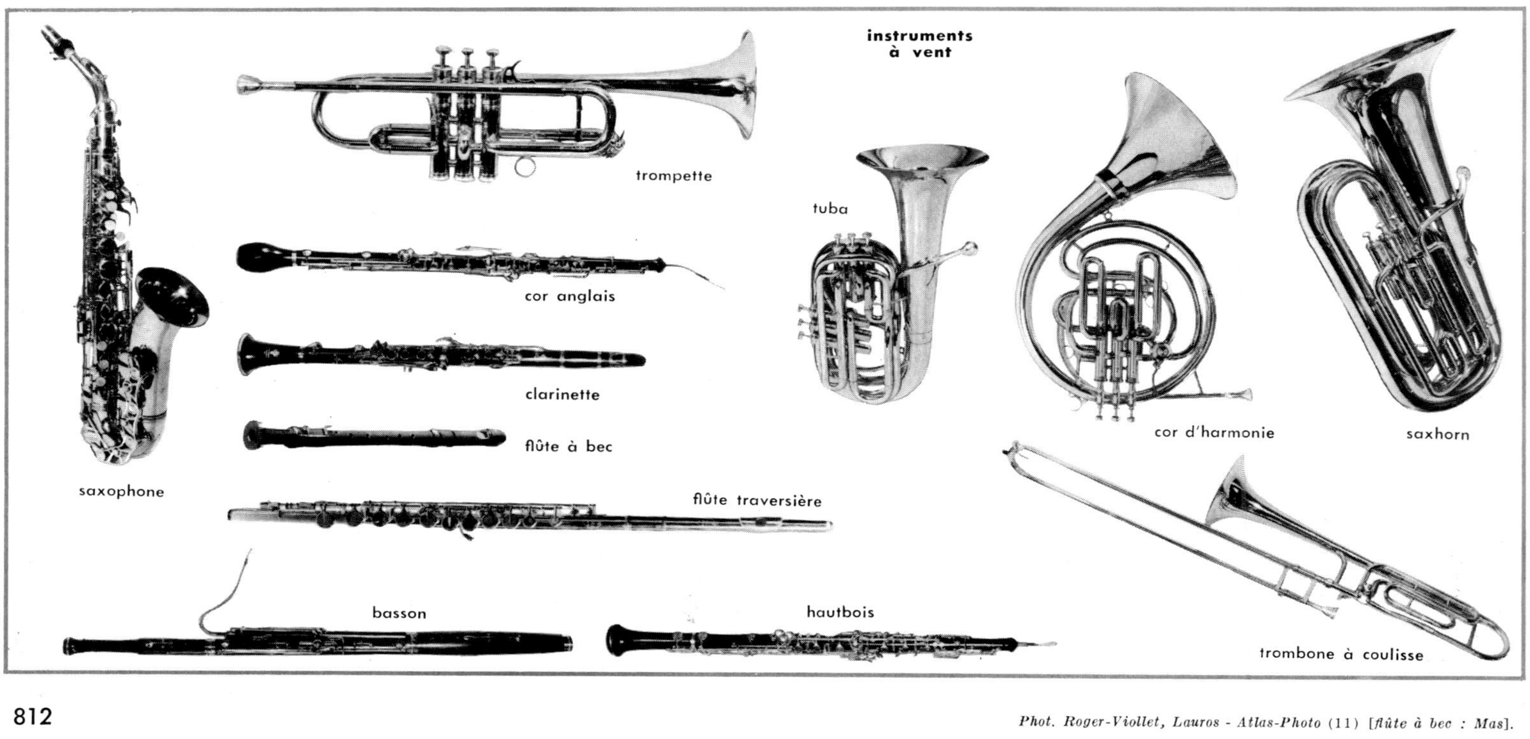

Phot. Roger-Viollet, Lauros - Atlas-Photo (11) [flûte à bec : Mas].

Venturi (Giovanni Battista), physicien italien, né à Bibiano, près de Reggio (1746-1822). Spécialiste d'hydraulique, il a construit la tuyère à cônes divergents qui porte son nom et étudié l'étendue des sons audibles.

venu, e adj. Réussi, exécuté : *estampe bien venue.* ● *Etre bien, mal venu* (ou, substantiv., *le bien, le mal venu* [en ce sens, on écrit aussi *bienvenu, malvenu* en un seul mot]), être bien, mal reçu. ‖ — N. *Le premier venu, la première venue,* une personne quelconque : *écouter le premier venu.* ‖ — N. et adj. *Nouveau venu, nouvelle venue,* personne récemment arrivée.

venue [vəny] n. f. Arrivée. ‖ *Fig.* Croissance : *arbre d'une belle venue.* ● *Tout d'une venue,* sans irrégularité dans sa longueur ; et, au *fig.*, sans détour. ‖ — Pl. *Allées et venues,* v. ALLÉE.

vénus [venys] n. f. Mollusque bivalve marin, dont une espèce comestible s'appelle la *praire.*

Vénus, divinité romaine, déesse de l'Amour, par assimilation à l'*Aphrodite* des Grecs.

Vénus, la deuxième des planètes principales du système solaire dans l'ordre croissant des distances au Soleil. Relativement proche du Soleil, cette planète s'aperçoit toujours dans son voisinage, se déplaçant sur son orbite vue en perspective : son mouvement apparent se traduit donc par une sorte de balancement qui la fait apparaître tantôt suivant le Soleil après son coucher, tantôt le précédant avant son lever. Elle présente des phases tout à fait semblables à celles de la Lune et, comme sa durée de rotation est très sensiblement égale à sa durée de révolution, elle tourne toujours la même face vers le Soleil.

vénusté [venyste] n. f. (lat. *venustas*). Grâce, élégance.

vêpres [vɛpr] n. f. pl. (lat. *vespera,* soir). *Relig. cath.* Partie de l'office divin qu'on célèbre l'après-midi, après none et avant complies. (Les vêpres comportent essentiellement le chant de psaumes, d'une hymne et du cantique *Magnificat.* Dans les paroisses, le chant des vêpres est de plus en plus remplacé par le chant des complies ou la messe du soir.)

Vêpres siciliennes, massacre général des Français en Sicile, en 1282. Le lundi de Pâques, au moment où les cloches appelèrent les fidèles aux *vêpres,* les Siciliens, révoltés contre Charles Ier d'Anjou et soutenus par Pierre III d'Aragon, massacrèrent les Français qui se trouvaient dans l'île. La maison d'Aragon devint maîtresse de la Sicile.

ver [vɛr] n. m. (lat. *vermis*). Nom donné aux animaux à corps mou et allongé, sans pattes, que l'on répartit en trois embranchements : *annélides,* ou vers annelés ; *plathelminthes,* ou vers plats ; *némathelminthes,* ou vers ronds. (V. *encycl.*) ‖ Nom donné à certains insectes vermiformes : *ver blanc,* larve du hanneton ; *ver à soie,* larve du bombyx du mûrier (v. SOIE) ; *ver de farine,* larve du ténébrion ; *ver fil de fer,* larve du taupin. ● *Avoir le ver solitaire* (Fam.), manger beaucoup. ‖ *Tirer les vers du nez à quelqu'un,* lui faire dire ce qu'on veut savoir. ‖ *Tuer le ver,* boire un petit verre d'eau-de-vie à jeun. ‖ *Ver luisant,* v. LUISANT. ‖ *Ver solitaire,* ténia. ‖ *Ver de terre,* lombric. (V. illustr. ANNÉLIDES.)

— ENCYCL. *Parasitol.* Divers genres de *vers* sont parasites de l'homme et des animaux. Parmi les plathelminthes (vers plats), il faut citer les douves (trématodes) et les ténias (cestodes) ; parmi les némathelminthes, citons les ascaris, les oxyures, les trichocéphales, les ankylostomes, les filaires et la trichine.

Veracini (Francesco Maria), violoniste italien, né à Florence (1690-v. 1750). Virtuose, il a laissé des sonates de violon riches d'originalité et de force émotive.

véracité [verasite] n. f. (du lat. *verax, veracis,* véridique). Attachement à la vérité ; habitude de dire vrai : *la véracité d'un historien.* ‖ Qualité de ce qui est conforme à la vérité : *la véracité d'un témoignage.* ‖ — Syn. : FRANCHISE, SINCÉRITÉ.

Veracruz, port du Mexique, sur le golfe du Mexique ; 193 000 h.

véraison [verɛzɔ̃] n. f. Etat des fruits, et surtout du raisin, qui commencent à prendre la couleur de leur maturité.

véranda [verɑ̃da] n. f. (mot portug.). Galerie légère, établie sur toute la longueur des habitations de l'Inde et de l'Extrême-Orient. ‖ Balcon couvert et fermé par des glaces.

vératre [veratr] n. m. Plante vénéneuse voisine du colchique, dont une espèce des prés humides est appelée *ellébore blanc.*

vératrine n. f. Alcaloïde toxique produit par l'ellébore blanc.

verbal, e, aux adj. (de verbe). Qui est fait de vive voix (par oppos. à *écrit*) : *promesse verbale.* ‖ *Gramm.* Propre au verbe : *forme verbale.* ● *Location verbale,* contrat de location d'un logement, écrit, à durée indéterminée, révocable par l'une ou l'autre partie sous la réserve d'un délai-congé de courte durée. ‖ *Note verbale,* note écrite, mais non signée, remise par un agent diplomatique à un gouvernement étranger.

verbalement adv. De vive voix.

verbalisation n. f. Action de verbaliser.

verbaliser [vɛrbalize] v. i. Dresser un procès-verbal : *verbaliser contre un chasseur sans permis.*

verbalisme n. m. Tendance à donner plus d'importance aux mots qu'aux idées.

verbe [vɛrb] n. m. (lat. *verbum,* parole). Parole, ton de voix (usité seulement dans cette expression : *avoir le verbe haut,* parler fort). ‖ *Gramm.* Mot qui, dans une proposition, exprime l'action ou l'état du sujet : *conjuguer un verbe.* (V. *encycl.*)

— ENCYCL. **Eléments du verbe.** — Il faut considérer, à propos du verbe, les *éléments* dont il se compose : les *personnes,* le *nombre,* les *formes,* les *modes,* les *temps,* la *conjugaison.*

Radical. Terminaison. — Tout verbe se compose de deux parties bien distinctes : le *radical* et la *terminaison.*

Le *radical* est la partie stable du verbe, qui en exprime le sens fondamental. En principe, il ne change pas.

La *terminaison* est la partie du verbe qui varie pour exprimer les relations de personne, de nombre, de temps, etc.

Ainsi, dans *je chant-e, tu chant-ais, vous chant-eriez,* CHANT- est le radical ; -E, -AIS, -ERIEZ sont les terminaisons.

Certains verbes, irréguliers, présentent des radicaux d'origine différente : *je* VAI*s, nous* ALL*ons, j'*IR*ai.*

Personnes. Nombre. — La *personne* est la forme particulière que prend la terminaison du verbe suivant que le sujet joue le premier, le second ou le troisième rôle dans le discours : *je vais, tu vas, il va.*

Le *nombre* est la forme particulière que prend la terminaison du verbe selon que le sujet est du singulier ou du pluriel : *tu aimes, vous aimez.*

Il y a trois personnes dans le verbe :

PERSONNES

La 1re est celle qui parle ;
La 2e est celle à qui l'on parle ;
La 3e est celle de qui l'on parle.

SINGULIER	PLURIEL
Je chante.	*Nous chantons.*
Tu chantes.	*Vous chantez.*
Il chante.	*Ils chantent.*

LA CONJUGAISON

On appelle *conjugaison* l'ensemble des formes que prend un verbe pour exprimer les différences de personne, de nombre, de mode et de temps.

On distingue : la conjugaison *vivante* et la conjugaison *morte.*

La conjugaison *vivante* est ainsi appelée parce qu'on l'emploie pour les verbes nouvellement créés. La conjugaison *morte* ne sert que pour les verbes appartenant à l'ancien fonds de la langue.

A la conjugaison vivante appartiennent :

1° Les verbes dont la première personne du singulier du présent de l'indicatif actif se termine par *e* et dont l'infinitif est en *er* (type *chanter*) ; ils forment le 1er groupe ;

2° Les verbes dont la première personne du singulier du présent de l'indicatif actif se termine par *s* (infinitif en *ir*) et dont le participe présent est en *-issant* (type *finir, finissant*) ; ils forment le 2e groupe.

A la conjugaison morte appartiennent tous les autres verbes. Leur radical, souvent variable, crée dans leur conjugaison d'apparentes irrégularités ; les terminaisons d'infinitif se ramènent à trois types, représentés par les désinences *-ir* (*cueillir*), *-oir* (*recevoir*), *-re* (*rendre*) ; ils forment le 3e groupe.

Verbes auxiliaires.

On appelle ainsi des verbes qui servent à former les temps composés d'autres verbes.

On distingue deux espèces de verbes auxiliaires :

1° Les uns : *être, avoir,* combinés avec le participe passé du verbe à conjuguer, servent à former un *temps ;* aussi les appelle-t-on parfois *auxiliaires de temps ;*

2° Les autres, joints à l'infinitif du verbe à conjuguer, forment avec lui des *périphrases verbales,* indiquant soit le *mode,* soit le *degré d'achèvement* de l'action verbale. Tels sont *aller, faire, devoir, vouloir, pouvoir, être en train de, venir de,* etc. : *je* VAIS *partir ; je* SUIS EN TRAIN DE *travailler.*

L'emploi de ces verbes auxiliaires permet de suppléer à l'insuffisance des formes de la conjugaison et d'exprimer des nuances délicates de la pensée.

Temps.

Les *temps* sont les formes particulières que prend le verbe pour indiquer à quelle époque se rapporte l'état ou l'action.

Aux trois divisions classiques du temps : *passé, présent, futur,* répondent trois séries de formes, représentées, si l'on veut, par *je chantai, je chante, je chanterai* (temps *principaux*).

En outre, grâce à d'autres séries de formes, dites *secondaires,* le verbe est susceptible de préciser encore la chronologie en marquant avec exactitude des nuances d'antériorité et de postériorité.

L'*indicatif* comprend : un *présent,* un *imparfait,* un *passé simple,* un *passé composé,* un *passé antérieur,* un *plus-que-parfait,* un *futur,* un *futur antérieur,* soit en tout *huit* temps.

L'*impératif* en comprend deux : un *présent-futur* et un *passé.*

Le *conditionnel* comprend deux temps : l'un à valeur *présente* ou *future,* l'autre à valeur *passée.*

Le *subjonctif* comprend : un *présent,* un *imparfait,* un *passé,* un *plus-que-parfait.*

L'*infinitif* comporte un *présent* et un *passé,* de même que le *participe.*

Temps simples et temps composés. — Les temps se divisent en temps *simples* et en temps *composés.*

Les temps *simples* sont ceux qui se conjuguent sans le secours du verbe *avoir* ou du verbe *être : je parle, je parlais, je parlerais,* etc.

Les temps simples sont : le *présent,* l'*imparfait,* le *passé simple,* le *futur de l'indicatif,* le *présent du conditionnel,* le *présent de l'impératif,* le *présent* et l'*imparfait du subjonctif,* le *présent de l'infinitif* et le *participe présent.*

Les temps *composés* sont ceux qui se conjuguent avec l'aide des auxiliaires *avoir* et *être : j'*AI *parlé, j'*AVAIS *parlé, je* SUIS *venu,* etc.

Les temps composés sont : le *passé composé,* le *passé antérieur,* le *plus-que-parfait,* le *futur antérieur de l'indicatif,* le *passé de l'impératif,* le *passé du conditionnel,* le *passé* et le *plus-que-parfait du subjonctif,* le *passé de l'infinitif* et le *participe passé.*

Formes du verbe.

Un verbe peut être à la forme *active,* à la forme *passive,* à la forme *pronominale.*

Forme active. Forme passive. — Un verbe est à la forme (ou à la voix) *active* lorsque l'action qu'il exprime est faite par le sujet : *le chat* MANGE *la souris.*

Un verbe est à la forme (ou à la voix) *passive* quand il exprime une action reçue, subie par le sujet : *la souris* EST MANGÉE *par le chat.*

Un verbe à la forme active est tantôt *transitif,* lorsque l'action faite par le sujet *passe* sur un complément d'objet direct ou indirect ; tantôt *intransitif,* quand l'action qu'il exprime *ne passe pas* du sujet sur un complément : *le Soleil éclaire la Terre* (tr.) ; *le poisson nage* (intr.).

Il n'existe pas de limite absolue entre les verbes *transitifs* et les verbes *intransitifs ;* un certain nombre de verbes intransitifs peuvent recevoir un complément d'objet et s'employer comme transitifs. Ainsi *monter, descendre, courir, passer, réfléchir,* etc., sont transitifs dans : *monter, descendre un escalier, courir un danger, passer une rivière, réfléchir la lumière du soleil ;* ils sont intransitifs dans : *monter sur une chaise, descendre à la cave, se mettre à courir, le temps passe, laissez-nous réfléchir.*

Verbe passif.

Le français ne forme pas son passif, comme le font certaines langues, à l'aide de terminaisons spéciales. Le verbe passif n'est autre chose que le verbe *être* suivi du participe passé d'un verbe transitif : *être aimé, elles sont averti*ES.

Le participe passé des verbes passifs est un attribut qui s'accorde toujours en genre et en nombre avec le sujet : *nous sommes aimés, elles sont averti*ES.

Tous les verbes *transitifs directs* peuvent s'employer à la forme passive.

Les verbes *intransitifs,* ne comportant pas de complément direct, ne peuvent évidemment pas avoir la forme passive.

Verbe pronominal.

Le verbe *pronominal* est celui qui se conjugue avec deux pronoms de la même personne, comme *je me, tu te, il se, nous nous, vous vous, ils se :* IL SE *flatte.* Le premier pronom est sujet, le deuxième complément.

Le pronom sujet peut être remplacé par un nom à la troisième personne : *l'*ORGUEILLEUX *se flatte ; les* ENNEMIS *s'avancent.*

NOTA. — Les verbes pronominaux forment leurs temps composés avec l'auxiliaire *être : l'orgueilleux s'*ÉTAIT *flatté ; les manifestants se* SONT *dispersés.*

Parmi les verbes pronominaux, il faut distinguer :

1° Les verbes pronominaux *réfléchis,* qui expriment que l'action faite par le sujet retombe sur lui : *il se regarde, il se nuit à lui-même ;*

2° Les verbes pronominaux *réciproques,* qui expriment une action mutuelle : *ils se sont battus ;*

3° Les pronominaux *faussement réfléchis : s'enorgueillir, se moquer, se repentir, s'enfuir, s'envoler,* etc., dans lesquels le pronom *se* (ou *me, te,* etc.) n'a aucune fonction grammaticale et ne doit pas être séparé du verbe dans l'analyse.

NOTA. — La forme pronominale a parfois le sens d'un passif : *cela* SE DIT *et cela* SE FAIT.

Verbe impersonnel.

Le verbe *impersonnel* ne s'emploie qu'à la troisième personne du singulier, avec le pronom *il* (sauf à l'infinitif et au participe) : IL *pleut,* IL *a neigé,* IL *faudrait,* etc. On l'appelle aussi *unipersonnel* (une seule personne).

Les verbes impersonnels sont tous intransitifs de leur nature.

Certains verbes personnels peuvent s'employer à la forme impersonnelle : IL *fait beau ;* IL *y a vingt ans ;* IL *nous arrive une bonne nouvelle ;* etc.

NOTA. — Dans les verbes impersonnels, le pronom *il,* sujet, est un pronom *neutre,* indéterminé.

Verbes défectifs.

On appelle verbes *défectifs* ceux qui ne s'emploient pas à certaines personnes, à certains temps ou à certains modes. Ainsi, *éclore* ne s'emploie pas à la 1re ni à la 2e personne, ni à l'imparfait, ni à l'impératif. C'est un verbe *défectif,* car sa conjugaison est *défectueuse,* incomplète.

Certains verbes défectifs complètent leur conjugaison en empruntant des formes à plusieurs radicaux différents. Par exemple, la conjugaison du verbe *aller* s'obtient à l'aide de trois radicaux : *all-, ir-, va- :* ALLER, *nous* ALLONS, *j'*ALLAIS, etc. ; *j'*IRAI, *j'*IRAIS, etc. ; *je* VAIS, VA.

Verbe n. m. (lat. *verbum,* parole). *Le Verbe* (Théol. cath.), la deuxième personne de la Sainte Trinité, incarnée en Jésus-Christ : *et le Verbe s'est fait chair.* (S'écrit avec une majuscule.)

verbénacées [vɛrbenase] n. f. pl. (du lat. *verbena,* verveine). Famille de plantes dicotylédones, dont le type est la *verveine.*

verbeux, euse adj. (lat. *verbosus,* de *verbum,* parole). Qui abonde en paroles inutiles : *orateur verbeux.*

verbiage n. m. (de l'anc. fr. *verbier,* parler). Abondance de paroles inutiles.

Verbier, station de sports d'hiver de Suisse (Valais), dominant la vallée d'Entremont (alt. 1 500-3 033 m).

verboquet [vɛrbɔkɛ] n. m. Cordage qui sert à diriger à partir du sol un fardeau que l'on hisse.

verbosité n. f. Défaut de celui, de ce qui est verbeux; superfluité de paroles.

Verceil, en ital. **Vercelli,** v. d'Italie (Piémont), sur la Sesia; 56 000 h. Basilique Sant'Andrea (XIIIe s.), église San Cristoforo (1526, fresques), cathédrale (1572). Victoire de Marius sur les Cimbres (101 av. J.-C.).

Vercel-Villedieu-le-Camp (25530), ch.-l. de c. du Doubs (arr. de Besançon); 1 108 h.

Verchères (Marie-Madeleine JARRET DE), héroïne canadienne, née à Verchères (Québec) [1678-1747]. En 1692, elle organisa une défense valeureuse contre une bande d'Iroquois.

Vercingétorix, général et chef gaulois, né dans le pays des Arvernes (v. 72 av. J.-C.-46 av. J.-C.). Il fut proclamé, en 52, chef de la coalition des peuples gaulois contre César. Il défendit avec succès Gergovie, mais fut enfermé par César dans Alésia. Une armée gauloise n'ayant pu le débloquer, il se livra à son vainqueur. Conduit à Rome, il fut exécuté au bout de six ans de captivité, après avoir figuré dans le triomphe de César.

Vercors (le), massif calcaire des Préalpes françaises du Nord, dans les dép. de la Drôme et de l'Isère. En 1944, 3 500 maquisards français y résistèrent pendant deux mois (juin et juill.) à deux divisions allemandes, qui se livrèrent ensuite à de sanglantes représailles, notamment à la grotte de la Luire et à Vassieux-en-Vercors.

Vercors (Jean BRULLER, dit), écrivain et dessinateur français, né à Paris en 1902, auteur du *Silence de la mer,* écrit dans la clandestinité (1942).

Verdaguer i Santaló (Jacint), poète catalan, né à Folgarolas, près de Vich (1845-1902). Curé de Viñolas de Oris, puis chapelain du marquis de Comillas (1875), il est l'auteur de deux grands poèmes épiques qui mêlent les mythes antiques, les légendes locales et le merveilleux chrétien (*l'Atlántida,* 1877; *le Canigou,* 1885).

verdâtre adj. Qui tire sur le vert.

verdelet, ette adj. N'est guère usité que dans l'expression *vin verdelet,* vin un peu vert, acide.

Verdelot (Philippe), compositeur, peut-être natif de Carpentras (m. vers 1540). Maître de chapelle à Saint-Jean-Baptiste de Florence, puis à Venise, il est l'un des créateurs du madrigal en Italie.

Verden an der Aller, v. de l'Allemagne occidentale (Basse-Saxe), sur l'Aller; 16 800 h. Massacre des Saxons par Charlemagne en 788.

verdet [vɛrdɛ] n. m. Nom donné à divers acétates de cuivre, à cause de leur couleur verte. (Le verdet est employé, en bouillies, au traitement des maladies cryptogamiques des plantes.)

verdeur [vɛrdœr] n. f. Etat du bois qui n'est pas encore sec. || Défaut de maturité des fruits. || Etat d'un vin vert. || — *Fig.* Vigueur, jeunesse : *la verdeur de l'âge.* || Crudité, âpreté : *la verdeur de ses propos.*

Verdi (Giuseppe), compositeur italien, né à Roncole (1813-1901). Il a écrit de nombreux opéras : *Rigoletto* (1851), *la Traviata* (1853), *le Trouvère* (1853), *Don Carlos* (1867), *Aïda* (1871), *Otello* (1887), *Falstaff* (1893), et un *Requiem* célèbre. Son génie dramatique a marqué une constante évolution. Ses recherches ont porté tant dans le domaine du récitatif, de l'arioso et de l'air à vocalises que dans le maniement des grands chœurs et l'efficacité de l'orchestration.

verdict [vɛrdik *ou* -dikt] n. m. (mot angl., du lat. *veredictum,* certificat). Réponse faite par le jury aux questions posées par la cour : *verdict d'acquittement.* || Jugement rendu en matière quelconque : *le verdict de l'opinion publique.*

verdier [vɛrdje] n. m. Oiseau passereau des bois et jardins, à plumage vert olive, granivore. (Long. 15 cm.)

verdier n. m. (du lat. *viridarius,* qui garde un verger). Ancienn., officier des eaux et forêts.

verdir [vɛrdir] v. t. Rendre vert : *la lumière verdit les feuilles.* || — V. i. Devenir vert.

verdissage n. m. Action de donner la teinte verte.

verdissement n. m. Action de verdir.

verdoiement [vɛrdwamɑ̃] n. m. Action de verdoyer.

Verdon (le), riv. de France, qui baigne Castellane et se jette dans la Durance (r. g.); 175 km. Gorges célèbres, longées par une route touristique. Aménagements hydroélectriques.

Verdon-sur-Mer (LE) [33123], comm. de la Gironde (arr. de Lesparre-Médoc), près de la pointe de Grave; 1 630 h. Port pétrolier.

verdoyant, e adj. Qui verdoie.

verdoyer [vɛrdwaje] v. i. (conj. **2**). Devenir vert : *la campagne verdoie.*

Verdun (55100), ch.-l. d'arr. de la Meuse, sur la Meuse; 24 716 h. (*Verdunois*). Evêché. Cathédrale (XIe-XIIIe s.). Anc. camp retranché. Industries chimiques. En 843, les trois fils de Louis le Pieux y signèrent un traité qui partageait l'Empire carolingien. En 1552, Henri II réunit

verdier

Verdi

Verga

à la Couronne cet évêché lorrain. — L'arr. a 13 cant., 277 comm., 93 853 h.

Verdun (*bataille de*), bataille qui opposa, de février à décembre 1916, les troupes françaises commandées par Pétain et Nivelle, défendant le camp retranché, aux armées allemandes, qui attaquèrent sans trêve et vainement sur les deux rives de la Meuse pour obtenir la victoire par l'épuisement des effectifs français. (Pertes : environ 360 000 Français et 340 000 Allemands.)

Verdun, v. du Canada (Québec), banlieue sud-est de Montréal; 76 800 h.

verdunisation [vɛrdynizasjɔ̃] n. f. (de la ville de *Verdun*). Addition d'eau de Javel en petite quantité, suivie d'un brassage convenable, à une eau que l'on veut rendre potable.

Verdun-sur-Garonne (82600), ch.-l. de c. de Tarn-et-Garonne (arr. de Montauban); 2 370 h. (1 475 aggl.).

Verdun-sur-le-Doubs (71350), ch.-l. de c. de Saône-et-Loire (arr. de Chalon-sur-Saône); 1 235 h.

verdure [vɛrdyr] n. f. Couleur verte des arbres, des plantes : *la verdure des prés.* || Herbe, feuillage verts : *se coucher sur, sous la verdure.* || Plantes potagères dont on mange les feuilles. || Tapisserie ayant des feuillages pour motif principal.

Vereeniging, v. de l'Afrique du Sud (Transvaal); 81 300 h. Sidérurgie et industries chimiques.

vérétille [veretij] n. m. Animal colonial fixé, formé de polypes insérés sur un axe commun fiché par sa base dans le sable près des côtes. (Haut. 30 cm; embranchement des cœlentérés, ordre des octocoralliaires.)

véreux [verø], **euse** [-øz] adj. Qui a des vers (plus précisément, des larves d'insectes) : *fruit véreux.* || — *Fig.* Suspect, mauvais : *affaire véreuse.* || Malhonnête : *banquier véreux.*

Verfeil (31590), ch.-l. de c. de la Haute-Garonne (arr. de Toulouse); 1 545 h. (648 aggl.).

Verga (Giovanni), écrivain italien, né à Catane (1840-1922). Ses premiers romans peignent des conflits passionnels dans la haute société (*Eva,* 1873; *Eros,* 1875), puis, sous l'influence de Flaubert et de Zola, il se consacre à la description de la vie rurale de sa Sicile natale (*Vie aux champs,* 1880, recueil où se trouve *Cavalleria rusticana,* dont on tira une pièce en 1884). Il devient le meilleur représentant du vérisme* et projette la composition d'un cycle de romans, *les Vaincus,* dont il n'écrira que les deux premiers volumes, *les Malavoglia* (1881) et *Maître Don Gesualdo* (1889), dans lesquels il étudie l'apparition de la vie moderne dans une Italie archaïque, récemment unifiée.

verge [vɛrʒ] n. f. (lat. *virga*). Tringle de métal. || Baguette garnie d'argent, insigne des bedeaux. || Organe de la copulation chez le mâle. (La verge, cylindrique, se termine par le gland, où s'ouvre le méat urinaire.) [Syn. PÉNIS.] || Instrument de correction formé d'une baguette flexible et, plus ordinairement, d'une poignée de brindilles : *être battu de verges.* || Anc. mesure agraire valant le quart d'un arpent. || Au Canada, unité de mesure valant trois pieds. || *Mar.* Partie droite d'une ancre, dans le sens de sa hauteur, qui réunit l'organe au point de jonction des pattes et qui est traversée par le jas.

vergé [vɛrʒe], **e** adj. *Etoffe vergée,* étoffe renfermant des fils plus gros ou plus teintés que le reste. || *Papier vergé,* papier où il y a des vergeures.

vergence [vɛrʒɑ̃s] n. f. Inverse de la distance focale d'un système optique centré.

Vergennes (Charles GRAVIER, *comte* DE), homme d'Etat français, né à Dijon (1719-1787). Ambassadeur en Turquie (1754-1768), il poussa cet Etat contre la Russie; il fut ambassadeur en Suède (1771-1774), puis remplaça d'Aiguillon aux Affaires étrangères. Il combattit l'influence autrichienne, soutint les Américains du Nord dans leur lutte pour l'indépendance, d'abord en leur fournissant des armes, puis en signant une alliance avec l'Espagne (févr. 1778), préface de l'intervention militaire de la France (1779). Il fut ainsi le principal artisan du traité de Versailles (1783). Il conclut (1786) avec l'Angleterre un traité de commerce abaissant les droits de douane sur les produits de ce pays.

verger [vɛrʒe] n. m. (lat. *viridarium*). Lieu planté d'arbres fruitiers.

vergeté [vɛrʒəte], **e** adj. *Hérald.* Se dit de l'écu partagé en vergettes. || Parsemé de raies, de taches : *peau, figure vergetée.*

vergette n. f. Petite verge. || *Hérald.* Pal diminué d'épaisseur.

vergetures [vɛrʒətyr] n. f. pl. Raies de la peau, dues à la distension ou à la rupture des fibres élastiques du derme pendant la grossesse ou certaines maladies.

vergeure [vɛrʒyr] n. f. Chacun des fils de laiton, très serrés et parallèles, dont l'ensemble constitue une sorte de toile métallique destinée à retenir la pâte dans la fabrication du papier à la main. || Chacune des marques laissées par ces fils.

Vergèze (30310), comm. du Gard (arr. de Nîmes); 2 062 h. Eau minérale gazeuse.

verglacé, e adj. Couvert de verglas : *route verglacée.*

verglacer v. impers. (conj. **1**). Faire du verglas.

verglas [vɛrgla] n. m. (de *glace* et *verre,* glace ressemblant à du verre). Couche de glace mince sur le sol, due à la congélation de l'eau, du brouillard.

vergne [vɛrɲ] n. m. (empr. au gaul.). Autre nom de l'espèce d'*aune* la plus courante.

Vergniaud (Pierre Victurnien), homme politique français, né à Limoges (1753-1793). Député girondin (1791), il présida l'Assemblée législative (oct. 1791). Au 10-Août, il prononça la sentence de suspension du roi et, en janvier 1793, vota sa mort sans sursis. Arrêté avec les chefs de la Gironde (2 juin), il fut exécuté.

vergobret [vɛrgɔbrɛt] n. m. (mot gaul.). Sorte de dictateur annuel des Eduens et de quelques autres peuples de la Gaule, élu par les druides, et qui, seul, pouvait prononcer une condamnation capitale.

vergogne [vɛrgɔɲ] n. f. (lat. *verecundia,* crainte respectueuse). *Sans vergogne,* sans retenue.

Vergt [vɛr] (24380), ch.-l. de c. de la Dordogne (arr. de Périgueux); 1 224 h. (799 aggl.) [*Vernois*].

vergue [vɛrg] n. f. (forme dialectale de *verge*). *Mar.* Espar cylindrique, effilé à ses extrémités et placé en travers d'un mât, pour soutenir et orienter la voile.

Verhaeren (Emile), poète belge d'expression française, né à Sint-Amands (1855-1916). Auteur de contes, d'articles critiques et de pièces de théâtre, il semble s'orienter d'abord vers le naturalisme avec *les Flamandes* (1883). Mais ses tendances mystiques l'emportent (*les Moines,* 1886), et il connaît une crise spirituelle qui lui inspire les poèmes désespérés des *Soirs* et des *Débâcles* (1888), puis des *Flambeaux noirs* (1890). Préoccupé par les problèmes de la civilisation moderne, il passe des visions de cauchemar (*les Villes tentaculaires,* 1895) à un lyrisme social qui célèbre la poésie de la foule, de l'effort, des cités industrielles (*les Forces tumultueuses,* 1902; *les Rythmes souverains,* 1910). Abandonnant en même temps le mètre classique pour une versification plus souple, il exalte la sérénité que lui apporte l'amour (*les Heures claires,* 1896) et l'union de l'âme des hommes et des paysages de son pays natal (*Toute la Flandre,* 1904-1911). La guerre ébranla sa foi dans l'apparition d'une humanité meilleure, et, malgré les appels de Romain Rolland, il s'engagea dans « la mêlée » (*les Ailes rouges de la guerre,* 1916). Il mourut à Rouen, écrasé par un train.

véridique [veridik] adj. (du lat. *verum,* vérité, et *dicere,* dire). Qui a l'habitude de dire la vérité : *homme véridique.* || Conforme à la vérité : *témoignage véridique.*

véridiquement adv. De façon véridique : *rapporter véridiquement un fait.*

vérifiable adj. Qui peut être vérifié.

vérificateur, trice n. et adj. Celui qui est commis pour faire des vérifications : *vérificateur des poids et mesures.*

vérificatif, ive adj. Qui sert de vérification : *contrôle vérificatif.*

vérification n. f. Action de vérifier : *vérification d'un compte.* || *Log.* Expérience ou observation qui confirme une loi énoncée par induction : *la vérification de l'hypothèse.* ● *Vérification d'écriture,* examen fait en justice d'un acte sous seing privé. || *Vérification des pouvoirs,* procédure préliminaire de toute assemblée délibérante, consistant à contrôler les pouvoirs des participants; en

Phot. Noailles, Delius, Mondadori.

France, depuis 1958, c'est le Conseil constitutionnel qui vérifie l'éligibilité et la régularité de l'élection des membres des assemblées parlementaires.

vérifier [verifje] v. t. (lat. *verificare*, de *verus*, vrai). S'assurer si une chose est telle qu'elle doit être ou telle qu'on l'a déclarée : *vérifier un compte, une citation*. ‖ Faire voir la vérité, l'exactitude d'une chose : *l'événement a vérifié sa prédiction*. ‖ — Syn. : CONFIRMER, CONTRÔLER, CORROBORER, JUSTIFIER.

vérin [verɛ̃] n. m. *Mécan.* Appareil qui, placé sous des charges, permet de les soulever sur une faible course.

vérisme [verism] n. m. Nom donné en Italie à l'école littéraire et musicale qui, comme l'école réaliste en France, revendique le droit de représenter la réalité tout entière sans en exclure laideur ou vulgarité.

vériste n. et adj. Partisan du vérisme.

véritable adj. Conforme à la vérité : *histoire véritable*. ‖ Réel : *or véritable*. ‖ Qui mérite pleinement le nom qu'on lui donne : *un ami véritable*.

véritablement adv. De fait, réellement : *être véritablement heureux*.

vérité [verite] n. f. (lat. *veritas*). Qualité de ce qui est vrai ; conformité de ce qu'on dit avec ce qui est ; chose vraie : *jurer de dire la vérité*. ‖ Principe certain, constant : *les vérités mathématiques*. ‖ Sincérité, bonne foi : *parler avec l'accent de la vérité*. ‖ *Peint.* et *Sculpt.* Expression fidèle de la nature : *portrait d'une grande vérité*. ● *Dire à quelqu'un ses vérités* (Fam.), lui reprocher ses fautes, ses défauts. ‖ — Loc. adv. **A la vérité,** j'en conviens, il est vrai : *à la vérité, je l'ai frappé, mais il m'avait provoqué*. ‖ **En vérité,** certainement, assurément : *en vérité, cela est étrange*.

verjus [vɛrʒy] n. m. (de *vert* et *jus*). Suc acide que l'on extrait du raisin cueilli vert.

verjuté, e adj. Préparé au verjus : *sauce verjutée*. ‖ Acide comme du verjus : *vin blanc verjuté*.

Verkhoïansk, v. de l'U. R. S. S. (R. S. F. S. de Russie), en Sibérie orientale, sur l'Iana ; 1 000 h. Un des points les plus froids du globe, où l'on a relevé des températures de — 69,8 °C.

Verlaine (Paul), poète français, né à Metz (1844-1896). Il débute par une carrière banale de « poète-fonctionnaire », fréquente les salons, collabore au *Parnasse contemporain*, mais fait profession d'athéisme et s'affirme républicain. L'amour malheureux pour sa cousine Elisa, morte en 1867, l'influence de Baudelaire et l'alcoolisme le plongent dans un désarroi moral que trahissent les *Poèmes saturniens* (1866) et les *Fêtes galantes* (1869). Mais son mariage en 1870 semble lui apporter la sérénité, qu'il célèbre dans *la Bonne Chanson* (1870). La guerre et la rencontre de Rimbaud bouleversent sa vie. Compromis politiquement, il perd son poste de fonctionnaire et, en compagnie de Rimbaud, s'enfuit en Belgique, puis à Londres. De retour à Bruxelles, il tire deux coups de revolver sur Rimbaud, qui veut se séparer de lui. Emprisonné, il retrouve la foi catholique et sent se réveiller son énergie créatrice (*Romances sans paroles*, 1874). Libéré, il mène une vie vagabonde, publie *Sagesse* (1881), recueil d'inspiration religieuse, puis *Jadis et naguère* (1884), contenant « l'Art poétique », dans lequel il réclame une poésie plastique et musicale. En même temps, il fait connaître dans *les Poètes maudits* (1884) les maîtres de l'esthétique nouvelle (Tristan Corbière, Rimbaud, Mallarmé). Devenu, malgré lui, le chef de l'école « décadente », il vit de travaux alimentaires en prose, errant de garnis en hôpitaux et donnant de petits recueils religieux, érotiques ou de circonstance (*Liturgies intimes*, 1892 ; *Parallèlement*, 1889 ; *Invectives*, 1896).

Vermand (02490), ch.-l. de c. de l'Aisne (arr. de Saint-Quentin) ; 1 135 h. (749 aggl.) [*Vermandois*].

Vermandois (le), anc. pays de la France du Nord ; ch.-l. *Saint-Quentin*.

Vermandois (Herbert, *comte* DE) [m. en 942], ennemi de Charles le Simple, qu'il enferma à Château-Thierry. — RAOUL Ier, comte **de Vermandois** (m. en 1152), petit-fils du roi Henri Ier, compagnon et ami de Louis VI.

vermée [vɛrme] n. f. Pêche faite en prenant comme appât des vers de terre enfilés dans un fil de laine.

Vermeer (Johannes), dit **Vermeer de Delft,** peintre hollandais, né à Delft (1632-1675). Longtemps oublié, il fut redécouvert au milieu du XIXe s. Il fut sans doute élève de Carel Fabritius, mais on ne connaît guère sa vie et il n'a laissé que peu d'œuvres, une quarantaine, dont deux seulement sont signées. Aujourd'hui, il est à juste titre considéré comme l'un des plus grands peintres hollandais. Il a peint surtout des scènes d'intérieur, quelques portraits, la *Vue de Delft* du musée de La Haye. Réaliste, précis, donnant aux objets et aux personnages leurs formes exactes et leur poids, il parvient à transfigurer des sujets quotidiens par la rigueur de la composition, le choix des accords de couleurs (bleu et jaune, en particulier) et la magie d'une lumière qui participe à la poésie délicate de ses tableaux (la *Dentellière*, Louvre).

vermeil [vɛrmɛj], **eille** adj. (lat. *vermiculus*, vermisseau). D'un rouge un peu plus foncé que l'incarnat : *lèvres vermeilles*.

vermeil n. m. Argent doré.

Vermelles (62980), comm. du Pas-de-Calais (arr. de Béthune) ; 4 518 h. Houille.

Vermenton (89270), ch.-l. de c. de l'Yonne (arr. d'Auxerre) ; 1 319 h. Eglise romano-gothique. Confection.

Verlaine, par Eugène Carrière, Louvre

vermet [vɛrmɛ] n. m. Genre de mollusques gastropodes, à coquille enroulée sans régularité, vivant fixés aux rochers littoraux.

vermicelle [vɛrmisɛl] n. m. Pâte à potage (semoule de blé dur), passée à la filière pour obtenir des fils très fins.

vermiculaire [vɛrmikylɛr] adj. (du lat. *vermiculus*, vermisseau). Qui ressemble à un ver. ● *Appendice vermiculaire*, diverticule creux, en doigt de gant, abouché au cæcum. ‖ *Mouvement vermiculaire*, contractions successives des différentes parties d'un canal musculeux.

vermiculé, e adj. (lat. *vermiculatus*, marqué de piqûres de vers). *Archit.* Dont les ornements imitent des traces de vers.

vermiculure n. f. Ornement en forme de traces de vers.

vermidiens [vɛrmidjɛ̃] n. m. pl. Embranchement d'animaux vermiformes appelés aussi *vers aberrants*. (Les brachiopodes, les bryozoaires, les rotifères sont les principales classes de vermidiens.)

vermiforme adj. (lat. *vermis*, ver, et *forme*). Qui est en forme de ver.

vermifuge [vɛrmifyʒ] adj. et n. m. (lat. *vermis*, ver, et *fugare*, chasser). Se dit des remèdes propres à détruire les vers intestinaux (*semencontra, santonine, violet de gentiane, pipérazine*, etc.).

vermille [vɛrmij] n. f. Syn. de LIGNE DE FOND et de TRAÎNÉE.

vermiller [vɛrmije] v. i. En parlant du sanglier et du cochon, fouiller la terre pour y trouver des vers, des racines.

vermillon [vɛrmijɔ̃] n. m. Sulfure de mercure pulvérisé, ou cinabre, d'un beau rouge vif. ‖ Couleur qu'on en tire. ‖ *Fig.* Couleur semblable au cinabre : *le vermillon des joues*.

vermillonner v. i. *Véner.* En parlant du blaireau, fouir la terre pour y trouver des tubercules, des racines.

vermine [vɛrmin] n. f. (lat. *vermis*, ver). Ensemble des insectes malpropres, nuisibles : *mendiant dévoré de vermine*. ‖ *Fig.* Gens de mauvaise vie, canaille : *toute la vermine du quartier*.

vermineux, euse adj. *Méd.* Se dit des maladies produites par les vers intestinaux. ‖ Pouilleux, couvert de vermine.

Vermeer de Delft
« *la Lettre* », *coll. part.*

vermis [vɛrmis] n. m. Région médiane du cervelet.

vermisseau [vɛrmiso] n. m. Petit ver de terre. ‖ *Fig.* Etre chétif et misérable : *l'homme n'est qu'un vermisseau en face de la nature*.

vermivore [vɛrmivɔr] adj. (lat. *vermis*, ver, et *vorare*, dévorer). Qui se nourrit de vers.

Vermont, un des Etats unis d'Amérique, en Nouvelle-Angleterre ; 417 000 h. Cap. *Montpelier*. S'étendant sur la région appalachienne, limité à l'est par la vallée du Connecticut et dépourvu de façade maritime, le Vermont est un pays d'élevage (bovins) et de forêts, et assez peu peuplé (moins de 20 h. en moyenne au kilomètre carré).

vermouler (se) v. pr. Commencer à devenir vermoulu.

vermoulu [vɛrmuly], **e** adj. (de *ver* et *moulu*). Se dit d'un bois miné par des larves d'insectes.

vermoulure n. f. (de *vermoulu*). Trace que laissent les vers dans ce qu'ils ont rongé. ‖ Poudre de bois qui sort des trous faits par les larves d'insectes, improprement appelées *vers*.

vermouth [vɛrmut] n. m. (de l'allem. *Wermut*, absinthe). Vin blanc dans lequel on a fait infuser différentes substances aromatiques.

vernaculaire [vɛrnakylɛr] adj. (du lat. *vernaculus*, indigène). Propre à un pays : *langue vernaculaire*.

vernal [vɛrnal], **e, aux** [-o] adj. (lat. *vernalis* ; de *ver*, printemps). Qui se rapporte au printemps : *équinoxe vernal*. ● *Point vernal*, point équinoxial de printemps.

vernalisation [vɛrnalizasjɔ̃] n. f. *Biol. végét.* Traitement par le froid de graines ou de jeunes plantes, provoquant une floraison plus précoce. (On transforme par vernalisation des blés d'hiver en blés de printemps.) [Syn. PRINTANISATION.]

Verne (Jules), écrivain français, né à Nantes (1828-1905). Après avoir commencé à écrire pour le théâtre (*les Pailles rompues*, 1850) et composé divers livrets d'opéras-comiques, il fit paraître dans *le Magasin d'éducation et de récréation* de Hetzel *Cinq Semaines en ballon, voyage de découvertes*, publié peu après en volume (1863). Il créait ainsi un genre nouveau, le roman scientifique d'anticipation, dans lequel il annonce les temps futurs, en mêlant l'étonnement à la crainte devant les expériences et les découvertes de l'humanité (*De la Terre à la Lune*, 1865 ; *les Enfants du capitaine Grant*, 1867-1868 ; *Vingt Mille Lieues sous les mers*, 1870 ; *le Tour du monde en quatre-vingts jours*, 1873 ; *Michel Strogoff*, 1876 ; *l'Ile à hélice*, 1895).

Verneau (Jean), général français, né à Vignot (Meuse) [1890-1944]. Chef d'état-major de l'armée de l'armistice en 1942, il succéda au général Frère à la tête de l'organisation de résistance de l'armée (O. R. A.). Arrêté en 1943, il fut déporté et mourut à Buchenwald.

Vernet (Joseph), peintre français, né à Avignon (1714-1789). Il a exécuté de nombreux paysages, et surtout des marines, admirés pour le classicisme de leur composition et la vérité de leur lumière. — Son fils ANTOINE CHARLES HORACE, dit **Carle Vernet,** né à Bordeaux (1758-1836), fut peintre et lithographe (scènes de chasse, de courses, de la vie élégante ou populaire). — HORACE, fils et petit-fils des précédents, né à Paris (1789-1863), fut peintre de batailles.

Vernet-les-Bains (66500 Prades), comm. des Pyrénées-Orientales (arr. de Prades) ; 1 366 h. Station thermale.

Verneuil (Aristide Auguste), chirurgien français, né à Paris (1823-1895), auteur de travaux remarquables sur le tétanos et la tuberculose.

Verneuil-sur-Avre (27130), ch.-l. de c. de l'Eure (arr. d'Evreux) ; 6 463 h. (*Vernoliens*). Eglises de la Madeleine (tour de style gothique flamboyant) et Notre-Dame (XIIe-XVIIIe s.). Donjon du XIIe s. Maisons anciennes. Produits alimentaires.

Verneuil-sur-Seine (78480), comm. des Yvelines (arr. de Saint-Germain-en-Laye), sur la Seine ; 7 678 h.

vernier [vɛrnje] n. m. (du nom de l'inventeur). *Technol.* Dispositif de mesure joint à une échelle rectiligne ou circulaire et dont l'emploi facilite la lecture des fractions de division.

Vernier (*marais*), marais compris entre la Seine et la Risle, en partie mis en valeur.

vernir v. t. Recouvrir de vernis. ● *Etre verni* (Pop.), avoir de la chance.

vernis [vɛrni] n. m. Enduit vitreux dont on couvre certains objets pour les protéger de l'action de l'air. ‖ Nom d'une espèce de sumac fournissant une laque. ‖ *Fig.* Apparence brillante : *un vernis d'élégance*. ● *Vernis isolant*, vernis utilisé comme isolant dans le bobinage. ‖ *Vernis du Japon*, nom usuel de l'*ailante*.

vernissage n. m. Action de vernir ; son résultat. ‖ *Peint.* Réception qui précède l'ouverture d'une exposition.

vernissé, e adj. Recouvert de vernis. ‖ Brillant comme un objet verni.

vernisser v. t. Vernir la poterie.

vernisseur, euse n. Personne qui fabrique ou applique des vernis.

vernix caseosa [vɛrnikskazeoza] n. m. Matière sébacée qui recouvre le corps des enfants à leur naissance.

Vernon (27200), ch.-l. de c. de l'Eure (arr. d'Evreux), sur la Seine ; 19 724 h. (*Vernonnais*). Eglise des XIIe, XIVe,

Phot. Giraudon (2).

xve s. Raffinerie de pétrole. Laboratoire de recherches balistiques et aérodynamiques.

Vernouillet (78540), comm. des Yvelines (arr. de Saint-Germain-en-Laye), sur la Seine ; 5 906 h.

Vernoux-en-Vivarais (07240), ch.-l. de c. de l'Ardèche (arr. de Tournon); 2 038 h. (1 114 aggl.).

Vern-sur-Seiche [vɛrn-] (35770), comm. d'Ille-et-Vilaine (arr. de Rennes); 1 686 h. Raffinerie de pétrole.

Verny (57420), ch.-l. de c. de la Moselle (arr. de Metz-Campagne); 257 h.

vérole [verɔl] n. f. Syn. de SYPHILIS. ● *Petite vérole,* syn. de VARIOLE.

Vérone, v. d'Italie (Vénétie), sur l'Adige; 252 000 h. Cour suprême de justice. Académies. Centre commercial et touristique.
● *Histoire.* En 1164, Vérone s'érigea en commune indépendante, dirigée, à partir de 1197, par un podestat. En 1387, la ville fut annexée à l'Etat milanais des Visconti, puis passa à Venise en 1405. En 1797, elle se révolta contre la destruction de l'Etat vénitien par Bonaparte (Pâques véronaises). Elle fut réunie au royaume d'Italie en 1866.
● *Beaux-arts.* La ville possède d'importants vestiges de son passé : cirque, pont et théâtre romains; nombreux monuments du Moyen Age, dont l'église San Zeno (IXe-XIIe s.), les tombeaux gothiques des Scaliger et le Castelvecchio (XIVe s.), qui abrite un riche musée.

Véronèse (Paolo CALIARI, dit **Paolo**), peintre italien, né à Vérone (1528-1588). Il vint de bonne heure à Venise, où il demeura et travailla à la décoration du palais ducal, prenant place parmi les plus grands peintres vénitiens. Il aime les coloris somptueux, le détail anecdotique, les compositions mouvementées et les architectures à la Palladio. Sous son pinceau, même des scènes religieuses, comme la série des repas évangéliques qu'il peignit pour des réfectoires de monastères, prennent des airs de fêtes brillantes (*les Noces de Cana,* Louvre; *le Repas chez Simon,* Versailles). [V. illustr. ART DE L'ITALIE*.]

véronique [verɔnik] n. f. (de *Véronique* n. pr.). Plante herbacée commune dans les bois et les prés. (La véronique officinale est aussi appelée *thé d'Europe.*) [Famille des scrofulariacées.]

véronique n. f. En tauromachie, passe au cours de laquelle le torero fait passer le taureau le long de son corps.

Véronique (*sainte*), femme juive qui, selon la tradition, essuya le visage de Jésus montant au Calvaire avec un linge, qui conserva les traits du Sauveur. — Fête le 12 juillet.

Verpillière (LA) [38290], ch.-l. de c. de l'Isère (arr. de Vienne); 2 440 h.

verrat [vɛra] n. m. (lat. *verres*). Mâle reproducteur de l'espèce porcine. (Dès l'âge de huit mois, le verrat peut être utilisé pour la reproduction.)

verre [vɛr] n. m. (lat. *vitrum*). Substance minérale solide, transparente et isotrope. (V. *encycl.*) ‖ Récipient en verre pour boire. ‖ Liqueur alcoolique, vin, liquide qu'il contient : *un verre de vin.* ‖ Objet fait de verre : *verre de montre.* ‖ Lentille pour corriger la vue. ● *Papier de verre,* papier enduit de poudre de verre, dont on se sert pour polir. ‖ *Petit verre,* liqueur alcoolique qu'on prend dans un verre de petite dimension : *boire un petit verre.* ‖ *Soie de verre,* fibre de verre d'un diamètre de 20 à 25 μ, d'une longueur de 2 m environ, présentée en écheveaux et employée pour l'isolation phonique. (On dit aussi LAINE DE VERRE.) ‖ *Verre armé,* verre obtenu en incorporant dans la masse un treillis en fil de fer, emprisonné entre deux feuilles laminées simultanément. ‖ *Verre cathédrale,* verre coulé auquel on a donné un aspect martelé. ‖ *Verre coulé,* glace mince et brute n'ayant pas reçu de travail de surfaçage. ‖ *Verre double,* verre très épais. ‖ *Verre de lampe,* protection transparente de la flamme des lampes à pétrole. ‖ *Verre moulé,* verre obtenu par coulage et façonnage dans un moule. ‖ *Verre d'optique,* verre caractérisé par sa parfaite transparence (absence de coloration), son homogénéité chimique et son absence de tension interne. ‖ *Verre organique,* matière plastique transparente, pouvant se substituer au verre dans certaines applications. ‖ *Verre sandwich,* verre composé de deux feuilles de verre collées sur une feuille en matière plastique, l'âme, qui a pour fonction de retenir énergiquement les fragments de verre en cas de bris. ‖ *Verre de sécurité,* verre qui ne doit pas provoquer de coupures graves en cas de bris. ‖ *Verre trempé,* type de verre brusquement refroidi à l'air à partir d'une température d'environ 750 °C.
— ENCYCL. Le *verre* résulte de la fusion d'un mélange complexe constitué d'éléments vitrifiants (silice ou anhydride borique), fondants (alcalis) et stabilisants (chaux). Cette fusion est suivie de l' « affinage », destiné à éliminer les bulles, et de la « braise », destinée à ramener le verre à la température du façonnage, qui se fait durant la phase de plasticité de ce matériau. Fonte, affinage et braise ont lieu dans des bassins (fabrication continue) ou dans des creusets successifs (fabrication discontinue). Industriellement, on distingue les *verres plats* (vitres, verres coulés et glaces) et les *verres creux* (gobeleterie, bouteillerie, flaconnage, ampoules, tubes, briques et pavés). Les premiers sont obtenus soit par simple étirage (vitres), soit par coulée, laminage et recuisson (verres coulés et glaces). Les glaces subissent en outre un traitement de surfaçage destiné à assurer la planéité et le parallélisme des faces. Pour les verres creux, on fait appel au moulage en opérant par pressage entre poinçon et matrice pour les briques et les pavés, par soufflage seul pour la bouteillerie, le flaconnage et la fabrication des ampoules, par pressage ou par soufflage ou encore par une technique réunissant pressage et soufflage pour la gobeleterie. Le tube est obtenu par soufflage et étirage simultanés. Les *verres d'optique,* qui comprennent les flints à l'oxyde de plomb, d'indice de réfraction élevé, et les crowns à base d'alcali et de chaux ou de silice, d'acide borique et de baryte, sont préparés dans un four à un seul pot, où ils restent enfermés pendant le refroidissement. Les *fibres de verre* sont fabriquées dans des fours à filières spéciaux. La recuisson supprime les tensions qui auraient pu naître au cours du refroidissement et qui rendaient les objets de verre exagérément fragiles. Enfin, la *trempe* augmente fortement la résistance à la flexion et aux chocs; de plus, elle confère aux glaces la propriété, en cas de bris sous un choc violent, de se fragmenter en petits morceaux aux arêtes émoussées, donc peu coupants.

Joseph **Vernet,** « la Tempête »
musée Calvet, Avignon

verré, e adj. Saupoudré de poudre de verre : *papier verré.*

verrerie n. f. Fabrication du verre. ‖ Usine où on le fabrique. ‖ Ouvrages de verre : *un magasin de verrerie.*

Verrès (Caius Licinius), homme politique romain, né à Rome (v. 119-43 av. J.-C.). Propréteur en Sicile (73-71), il s'y rendit odieux par ses déprédations; il fut accusé de concussion par Cicéron (*Verrines*).

verrier n. m. Celui qui fabrique des objets en verre, des vitraux. ‖ Panier pour mettre les verres à boire. ‖ — Adj. m. *Peintre verrier,* peintre sur verre.

verrière n. f. Cuvette où l'on place les verres. ‖ Baie garnie de verre ou de vitraux peints. ‖ *Aéron.* Sorte de dôme profilé, en matière plastique transparente, recouvrant l'habitacle du pilote sur les avions monoplaces rapides. ‖ *Archit.* Grand vitrail : *les verrières de Notre-Dame.*

Verrières-le-Buisson (91370), comm. de l'Essonne (arr. de Palaiseau); 9 852 h. (*Verriérois*).

Verrocchio (Andrea DI CIONE, dit **del**), sculpteur, peintre et orfèvre italien, né à Florence (1435-1488). Il fut avec Ghiberti et Donatello l'un des trois plus grands sculpteurs florentins du xve s. Son chef-d'œuvre est la statue équestre du condottiere B. Colleoni (Venise). Peintre, il eut pour élève et collaborateur Léonard de Vinci. (V. illustr. RENAISSANCE.)

verroterie n. f. Petits ouvrages de verre, coloriés et travaillés, dont on fait des colliers, des bracelets, etc.

verrou [vɛru] n. m. (du lat. *veruculum,* petite broche). *Technol.* Appareil de fermeture horizontale ou verticale, composé d'un pêne que l'on fait glisser pour l'engager dans une gâche. ‖ Pièce servant à fermer la chambre de la culasse d'une arme à feu. ‖ En football, système de jeu consistant surtout à replier les joueurs en défense. ● *Sous les verrous,* en prison. ‖ *Verrou glaciaire* (Géogr.), dans une vallée glaciaire, bosse de roches moutonnées qui barre la vallée et que le torrent scie en gorge.

verrouillage n. m. Action de verrouiller. ● *Verrouillage d'une arme,* opération qui, avant le départ du coup, rend au moyen d'un verrou la culasse solidaire de l'arrière du canon.

verrouiller [vɛruje] v. t. Fermer au verrou : *verrouiller sa porte.* ‖ Enfermer : *verrouiller un prisonnier.* ‖ **— Se verrouiller** v. pr. S'enfermer.

verrucosité n. f. Nom donné aux excroissances de petites dimensions groupées parfois en nombre considérable sur la peau.

verrue [very] n. f. (lat. *verruca*). Petite tumeur bénigne de la peau.
— ENCYCL. Les *verrues* sont dues à une prolifération des papilles du derme, qui aboutit à la formation de petites excroissances de chair; elles siègent principalement aux mains, à la plante des pieds et à la face. On distingue les *verrues planes* (verrues planes juvéniles) et les *verrues vulgaires,* mamelonnées et rugueuses, grosses comme une tête d'épingle ou un pois. Le traitement consiste à les détruire à l'aide du thermocautère ou, mieux, par l'électrocoagulation ou la radiothérapie. La disparition des verrues coïncide parfois avec la prise de médicaments internes (sels de magnésium, teinture de thuya, etc.).

verruqueux, euse adj. Rempli de verrues : *mains verruqueuses.* ‖ Qui présente l'aspect de verrues.

vers [vɛr] n. m. (lat. *versus*). Assemblage de mots mesurés selon certaines règles (coupe, rime, etc.), rythmés soit d'après la quantité des syllabes, comme en latin et en grec (*vers métriques*), soit d'après leur accentuation, comme en allemand ou en anglais (*vers rythmiques*), ou encore d'après leur nombre, comme en français (*vers syllabiques*).

vers [vɛr] prép. (lat. *versus;* de *vertere,* tourner). Indique : 1° la direction : *aller vers la fenêtre; il m'a envoyé vers vous;* 2° l'approximation : *vers la fin de l'Empire; vers midi.*

Versailles (78000), ch.-l. du dép. des Yvelines, à 23 km au sud-ouest de Paris; 94 915 h. (*Versaillais*). Evêché. Ecole supérieure technique du génie. Ecole nationale d'horticulture. — L'arr. a 6 cant., 17 comm., 218 061 h.
● *Histoire.* La ville se développa autour du château, où Louis XIV s'installa définitivement le 6 mai 1682; elle devint ainsi, en fait, la capitale du royaume. En 1815, elle ne retrouva pas son rôle de capitale. Louis-Philippe transforma le palais en musée (1837). C'est à Versailles que fut proclamé l'Empire allemand (18 janv. 1871) et que furent signés les préliminaires de paix (26 févr.). L'Assemblée nationale (1871-1875), puis les deux Chambres du Parlement (1875-1879) y siégèrent. Par la suite, jusqu'en 1953, le Congrès chargé d'élire le président de la République s'y réunit. — Patrie des rois Louis XV, Louis XVI, Louis XVIII et Charles X, ainsi que de plusieurs hommes célèbres : l'abbé de l'Epée, Hoche, Houdon, Ducis, Berthier, Gourgaud, Lesseps.
● *Beaux-arts.* Un rendez-vous de chasse, que Louis XIII fit construire par Philibert Le Roy, est à l'origine du château. Louis XIV décida de l'embellir et fit appel aux trois artistes qui venaient de s'illustrer à Vaux-le-Vicomte, Le Vau, Le Nôtre et Le Brun. D'Orbay, Mansart, J. Hardouin-Mansart, puis J. A. Gabriel (sous Louis XV) y travaillèrent également. D'innombrables artistes, parmi lesquels les peintres P. Mignard, C. Audran, N. et

Versailles

1. Le Palais; 2. Parterres d'eau; 3. Parterres du Midi; 4. Orangerie; 5. Les Cent Marches; 6. Parterres du Nord; 7. Bassin de la Pyramide; 8. Allée des Marmousets; 9. Bassin d'Apollon; 10. Bassin de Latone; 11. Grand Canal; 12. Colonnade; 13. Bassin de Flore; 14. Bassin de Cérès; 15. Bassin de Bacchus; 16. Bassin de Saturne; 17. Salle de bal.

v. également ***art classique*** *et* ***châteaux***

Phot. Giraudon.

A. Coypel, les sculpteurs G. et B. Marsy, Tuby, Coysevox et Girardon, collaborèrent à sa décoration. Le Nôtre aménagea le parc, qui s'orne de bassins, de fontaines et de sculptures, et où se trouvent le Grand et le Petit Trianon*. Le palais, avec ses appartements devenus musée, ses diverses dépendances et ses jardins, constitue le plus riche ensemble d'art français. (V. illustr. ART CLASSIQUE*.) En dehors du château, Versailles possède de beaux monuments (cathédrale Saint-Louis, église Notre-Dame, hôtel des Affaires étrangères).

Versailles (*traités de*), traités qui mirent fin à la guerre d'Indépendance américaine (1783) et reconnurent l'indépendance des treize Etats unis d'Amérique à la suite de la défaite des Anglais.

Versailles (*traité de*), traité de paix qui mit fin à la Première Guerre mondiale entre l'Allemagne et les puissances alliées et associées; il fut signé solennellement le 28 juin 1919 dans la galerie des Glaces. Les principales clauses territoriales avaient trait à la restitution de l'Alsace-Lorraine à la France, à l'administration de la Sarre, au Slesvig, à la Silésie et à Dantzig. L'Allemagne renonçait à toutes ses colonies. L'armée allemande était ramenée à 100 000 hommes, et la marine à 15 000. Une commission alliée des réparations était nommée, qui devait fixer leur montant au plus tard le 1er mai 1921; en attendant, l'Allemagne devait verser 20 milliards de mark-or. Pour garantir l'exécution des clauses du traité, la rive gauche du Rhin ainsi que trois têtes de pont sur la rive droite devaient être occupées pendant quinze ans au maximum par les Alliés; la Rhénanie était démilitarisée. L'Allemagne devait reconnaître sa responsabilité dans le fait de la guerre.
Ce traité rigoureux fut considéré par les Allemands comme un *diktat;* il contribua au réveil du nationalisme allemand. Il ne satisfit pas pour autant la France, car son rejet par le Sénat américain (20 nov. 1919) lui enlevait toute garantie en cas d'agression.

versant [vɛrsɑ̃] n. m. Une des deux pentes qui encadrent le fond d'une vallée. ‖ Chacune des pentes d'une chaîne de montagnes.

versatile [vɛrsatil] adj. (lat. *versatilis;* de *versare,* tourner). Qui change facilement d'opinion : *homme versatile.*

versatilité n. f. Etat de celui ou de ce qui est versatile : *versatilité des opinions.*

verse n. f. Action de verser. ‖ Accident par lequel les épis des céréales se couchent sur le sol. (La verse peut être due à un semis trop serré ou à un excès de fumure azotée, mais elle peut aussi résulter de l'attaque du collet des chaumes par un champignon : c'est alors le piétin-verse.)

verse (à) [avɛrs] loc. adv. Abondamment : *il pleut à verse.*

versé, e adj. (lat. *versatus*). Exercé, expérimenté : *versé dans les sciences.*

verseau [vɛrso] n. m. Pente du dessus d'un entablement.

Verseau, constellation zodiacale, dont les étoiles présentent la forme générale d'une espèce de courant. — Onzième signe du zodiaque, correspondant à la période du 20 janvier au 20 février.

versement n. m. Action de verser de l'argent, des valeurs à une caisse : *payer en plusieurs versements.*

verser [vɛrse] v. t. (lat. *versare,* faire tourner). Répandre un liquide; faire couler : *verser de l'eau sur les mains.* ‖ Faire passer d'un récipient dans un autre, transvaser : *verser du vin dans un verre.* ‖ Coucher à terre, en parlant des moissons : *l'orage a versé les blés.* ‖ Faire tomber, renverser une voiture ou ses occupants. ‖ Fournir en paiement : *verser une cotisation.* ● *Verser des larmes,* pleurer. ‖ *Verser son sang,* donner sa vie. ‖ — V. i. Tomber sur le côté, en parlant des voitures. ‖ Etre renversé par le vent ou par la pluie, en parlant des moissons.

verset n. m. (de *vers*). Chacun des petits paragraphes qu'il est d'usage de numéroter dans la Bible. ‖ A l'office et à la messe, paroles tirées de l'Ecriture et suivies presque toujours d'un répons. ‖ Signe typographique en forme de V barré (℣), que l'on emploie pour indiquer les versets. ‖ Brève pièce d'orgue destinée à s'intercaler entre deux périodes grégoriennes ou polyphoniques.

verseur adj. m. et n. m. Qui sert à verser : *bouchon verseur.*

verseuse n. f. Cafetière à poignée droite.

versicolore [vɛrsikɔlɔr] adj. (du lat. *versus,* changé, et *color,* couleur). Qui a plusieurs couleurs, ou dont la couleur est changeante : *ruban versicolore.*

versiculet n. m. Petit vers.

versificateur n. m. Personne qui fait des vers, mais qui est dépourvue d'inspiration poétique.

versification n. f. Art de faire des vers : *traité de versification.* ‖ Facture des vers : *versification élégante.*

versifier [vɛrsifje] v. i. (lat. *versificare*). Faire des vers. ‖ — V. t. Mettre en vers : *versifier une fable.*

version [vɛrsjɔ̃] n. f. (lat. *versio;* de *vertere,* tourner). Traduction d'une langue étrangère dans sa langue maternelle. ‖ Manière de raconter, d'interpréter un fait : *il y a sur cet accident différentes versions.* ● *En version originale,* se dit d'un film étranger distribué sans être doublé.

vers-libriste [vɛrlibrist] n. et adj. Qui compose des vers libres modernes. ‖ Pl. des *vers-libristes.*

verso [vɛrso] n. m. (du lat. *folio verso,* feuillet qui est à l'envers). Revers d'un feuillet (par oppos. à *recto*). ‖ Pl. des *versos.*

versoir [vɛrswar] n. m. Partie de la charrue qui rejette la terre de côté. (Syn. OREILLE.)

verste [vɛrst] n. f. Mesure itinéraire usitée autrefois en Russie et valant 1 067 m.

vert [vɛr], **e** [vɛrt] adj. (lat. *viridis*). D'une couleur que l'on peut produire par la combinaison du jaune et du bleu. ‖ Qui a encore de la sève, qui n'est pas encore sec : *du bois vert.* ‖ Frais, nouveau, en parlant des légumes : *des pois verts.* ‖ Qui n'est pas mûr : *du raisin vert.* ‖ — *Fig.* Resté vigoureux malgré l'âge avancé : *vieillard encore vert.* ‖ Apre, rude, vif : *une verte réprimande.* ‖ *Ellipt.* et *fam.* Leste, grivois : *en raconter des vertes.* ● *Café vert,* café non torréfié. ‖ *Donner le feu vert,* autoriser. ‖ *Langue verte,* argot. ‖ *Plantes vertes* (Bot.), nom usuel des plantes chlorophylliennes, seuls êtres vivants capables d'édifier leurs tissus par photosynthèse* à partir des éléments minéraux de l'air et du sol. (Les plantes vertes enrichissent l'air en oxygène et en eau, l'appauvrissent en gaz carbonique et procurent de façon directe ou indirecte la totalité de leur nourriture à l'homme, aux animaux et aux plantes non vertes.) ‖ *Roche verte,* faciès de roche basique, d'origine profonde, caractérisé par la présence de minéraux verts. ‖ *Vin vert,* vin qui n'est pas fait, qui a gardé une partie de son acidité. ‖ *Volée de bois vert,* volée de coups vigoureux.

vert n. m. Couleur verte : *aimer le vert.* ‖ Fourrage frais : *mettre un cheval au vert.* ● *Prendre sans vert,* prendre au dépourvu (vx). ‖ *Se mettre au vert* (Fam.), aller se reposer à la campagne.

Vert (*cap*), promontoire de la côte du Sénégal, le plus occidental de la côte d'Afrique.

Vertaizon (63910), ch.-l. de c. du Puy-de-Dôme (arr. de Clermont-Ferrand); 1 730 h.

vert-de-gris n. m. Hydrocarbonate de cuivre, dont le métal se recouvre au contact de l'air. ‖ Acétate basique de cuivre. (Syn. VERDET.)

vert-de-grisé, e adj. Couvert de vert-de-gris : *bronze vert-de-grisé.*

vertébral, e, aux adj. Relatif aux vertèbres : *la colonne vertébrale.* ● *Artère vertébrale,* branche de l'artère sous-clavière qui monte verticalement dans les trous des apophyses transverses des vertèbres cervicales et pénètre dans la cavité crânienne. ‖ *Disque vertébral* ou *intervertébral,* v. DISQUE. ‖ *Lames vertébrales,* parties postérieures des vertèbres qui s'unissent pour former l'apophyse épineuse. ‖ *Manipulations vertébrales,* méthode de traitement de diverses affections basée sur des mobilisations directes ou indirectes des vertèbres. (V. CHIROPRACTIE.) ‖ *Trou vertébral* ou *canal vertébral,* orifice situé au centre des vertèbres. (La superposition des trous vertébraux forme le canal rachidien, qui contient la moelle épinière.)

vertèbre [vɛrtɛbr] n. f. (lat. *vertebra;* de *vertere,* tourner). Chacun des os courts constituant la colonne vertébrale.
— ENCYCL. Il existe chez l'homme 24 *vertèbres* vraies, reliées par les disques intervertébraux. On distingue 7 vertèbres cervicales (les deux premières étant l'atlas et l'axis), 12 vertèbres dorsales, qui supportent les côtes, et 5 vertèbres lombaires, plus volumineuses que les autres. En outre, 5 vertèbres sacrées sont soudées entre elles pour former le sacrum, et 3 à 5 vertèbres coccygiennes constituent le coccyx. Les vertèbres comprennent : un corps; un arc osseux, formé, de chaque côté, par les pédicules en avant et les lames vertébrales en arrière (il circonscrit avec la face postérieure du corps vertébral le trou vertébral, par où passe la moelle); quatre saillies verticales (deux supérieures et deux inférieures), constituant les apophyses articulaires; et deux saillies horizontales, les apophyses transverses. La colonne vertébrale est souvent déviée (lordose, cyphose, scoliose); elle peut être atteinte par des manifestations rhumatismales (spondylarthrite, arthrose), par la tuberculose (mal de Pott), par des lésions cancéreuses (métastases d'un cancer situé sur un organe éloigné).
Les fractures et luxations complètes des vertèbres sont souvent graves et même mortelles, car une compression de la moelle peut en résulter; en revanche, les fractures parcellaires (apophyses épineuses, transverses) évoluent vers la guérison ou ne laissent que des séquelles limitées.

vertébré, e adj. Se dit des animaux qui ont des vertèbres.

vertébrés n. m. pl. Embranchement du règne animal, comprenant environ 70 000 espèces actuelles, caractérisées par la possession d'un squelette interne avec une colonne vertébrale, un crâne, des mâchoires et généralement deux paires de membres (pattes ou nageoires).
— ENCYCL. On partage les *vertébrés* en six classes : mammifères, oiseaux, reptiles, amphibiens, poissons et agnathes. Outre les caractères du squelette, ces animaux ont en commun un axe nerveux dorsal, un cœur ventral, une aorte où le sang circule d'avant en arrière, une symétrie bilatérale, etc. Chaque classe se reconnaît notamment à ses *phanères :* poils des mammifères, plumes des oiseaux, replis écailleux des reptiles, vraies écailles des poissons, peau nue des amphibiens et des agnathes.
Les vertébrés ont dans le monde vivant une importance sans rapport avec leur nombre, non seulement du fait qu'ils comprennent l'espèce humaine, mais encore à cause de certaines particularités : grandes dimensions de beaucoup d'entre eux (baleines, reptiles fossiles, requins), adaptations variées (vol, course, vie arboricole, vie aquatique), intense reproduction (morue, lapin), rapidité de leur rythme vital, enfin évolution rapide de beaucoup de groupes de vertébrés. C'est pourquoi on désigne parfois tout le reste du règne animal sous le nom d'*invertébrés.*

Verteillac (24320), ch.-l. de c. de la Dordogne (arr. de Périgueux); 1 907 h.

vertement adv. Avec énergie, vivacité : *relever vertement une inconvenance.*

Vertès (Marcel), peintre et graveur français, d'origine hongroise, né à Ujpest (1895-1961). [V. illustr. ESTAMPES.]

vertical [vɛrtikal], **e, aux** [-o] adj. (du lat. *vertex, verticis,* sommet). Qui a la direction du fil à plomb.

vertical n. m. *Astron.* Grand cercle de la sphère céleste, dont le plan contient la verticale du point d'observation.

verticale n. f. Ligne parallèle à la direction du fil à plomb : *en un même lieu, les verticales sont perpendiculaires à la surface d'un bain de mercure.*

verticalement adv. Perpendiculairement à l'horizon : *dresser verticalement un piquet.*

verticalité n. f. Etat de ce qui est vertical : *la verticalité d'un mur.*

verticille [vɛrtisil] n. m. (lat. *verticillus*). *Bot.* Ensemble de feuilles, de fleurs, de pièces florales partant toutes d'un même niveau de l'axe qui les porte.

verticillé, e adj. *Bot.* Disposé en verticilles : *feuilles verticillées.*

vertige [vɛrtiʒ] n. m. (lat. *vertigo,* tournoiement). Fausse sensation de déplacement des objets par rapport au corps ou du corps par rapport aux objets; étourdissement. ‖ *Fig.* Egarement d'esprit.
— ENCYCL. Les *vertiges* vrais peuvent être la conséquence de causes diverses. On distingue : des *vertiges d'origine réflexe,* provoqués par des troubles visuels ou viscéraux; des *vertiges d'origine centrale,* dus à une atteinte encéphalique (lésions des centres nerveux de l'équilibration situés dans le bulbe ou le cervelet ou des voies nerveuses centrales qui s'y rendent ou en partent); et des *vertiges d'origine périphérique* (les plus fréquents), en rapport avec une lésion de l'oreille interne (atteinte du labyrinthe ou du nerf vestibulaire). Les vertiges entraînent une sensation de déséquilibre pouvant causer la chute. Lorsqu'ils s'accompagnent unilatéralement de bourdonnements d'oreilles ou de surdité, ils constituent les vertiges de Ménière, d'origine périphérique, en rapport avec une atteinte de l'appareil vestibulaire.

vertigineux, euse adj. Qui donne le vertige : *hauteur vertigineuse.* ‖ De la nature du vertige : *affection vertigineuse.*

vertigo [vɛrtigo] n. m. (mot lat. signif. *tournoiement*). Maladie des chevaux, qui se manifeste par le désordre des mouvements.

Vertou (44120), ch.-l. de c. de la Loire-Atlantique (arr. de Nantes), sur la Sèvre Nantaise; 12 089 h. (8 699 aggl.) [*Vertaviens*].

Vertov (Denis KAUFMAN, dit **Dziga**), metteur en scène de cinéma soviétique, né à Białystok (1896-1954). Documentariste et directeur des Actualités soviétiques, il est l'un des premiers théoriciens du montage. Il fonde en 1922 le groupe Kino-Glaz (cinéma-œil).

vertu [vɛrty] n. f. (lat. *virtus, virtutis,* courage). Disposition constante qui porte à faire le bien et à éviter le mal : *pratiquer la vertu.* ‖ Qualité particulière : *il a tous les vices et aucune vertu.* ‖ Chasteté féminine. ‖ Qualité qui rend propre à produire certains effets : *vertu des plantes.* ‖ — **En vertu de** loc. prép. En conséquence de; par effet de : *en vertu d'un jugement.*

vertubleu! [vɛrtyblø], **vertudieu!** [-djø] ou **vertuchou!** [-ʃu] interj. Sorte de juron ancien.

vertueusement adv. De façon vertueuse.

vertueux, euse adj. Qui a de la vertu : *homme vertueux.* ‖ Inspiré par la vertu : *action vertueuse.*

vertugadin [vɛrtygadɛ̃] n. m. (esp. *verdugado*). Bourrelet que les femmes portaient par-dessous leur jupe pour la faire bouffer. ‖ Robe rendue bouffante par un de ces bourrelets. ‖ Pelouse de gazon, en glacis et en amphithéâtre.

Vertumne, divinité romaine d'origine étrusque, qui présidait aux saisons.

Vertus [-ty] (51130), ch.-l. de c. de la Marne (arr. de Châlons-sur-Marne); 2 692 h. Vins.

verve [vɛrv] n. f. (du lat. *verbum,* parole). Chaleur d'imagination qui anime le poète, l'orateur, l'artiste, le causeur : *être en verve.*

verveine [vɛrvɛn] n. f. (lat. *verbena*). Plante type de la famille des verbénacées, dont on cultive des formes

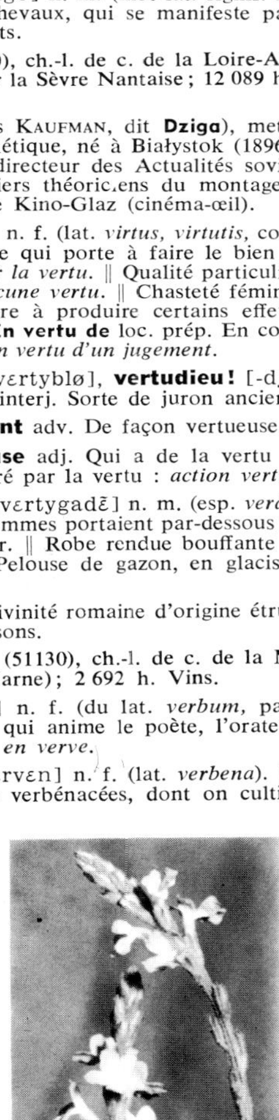

verveine

Phot. Noailles.

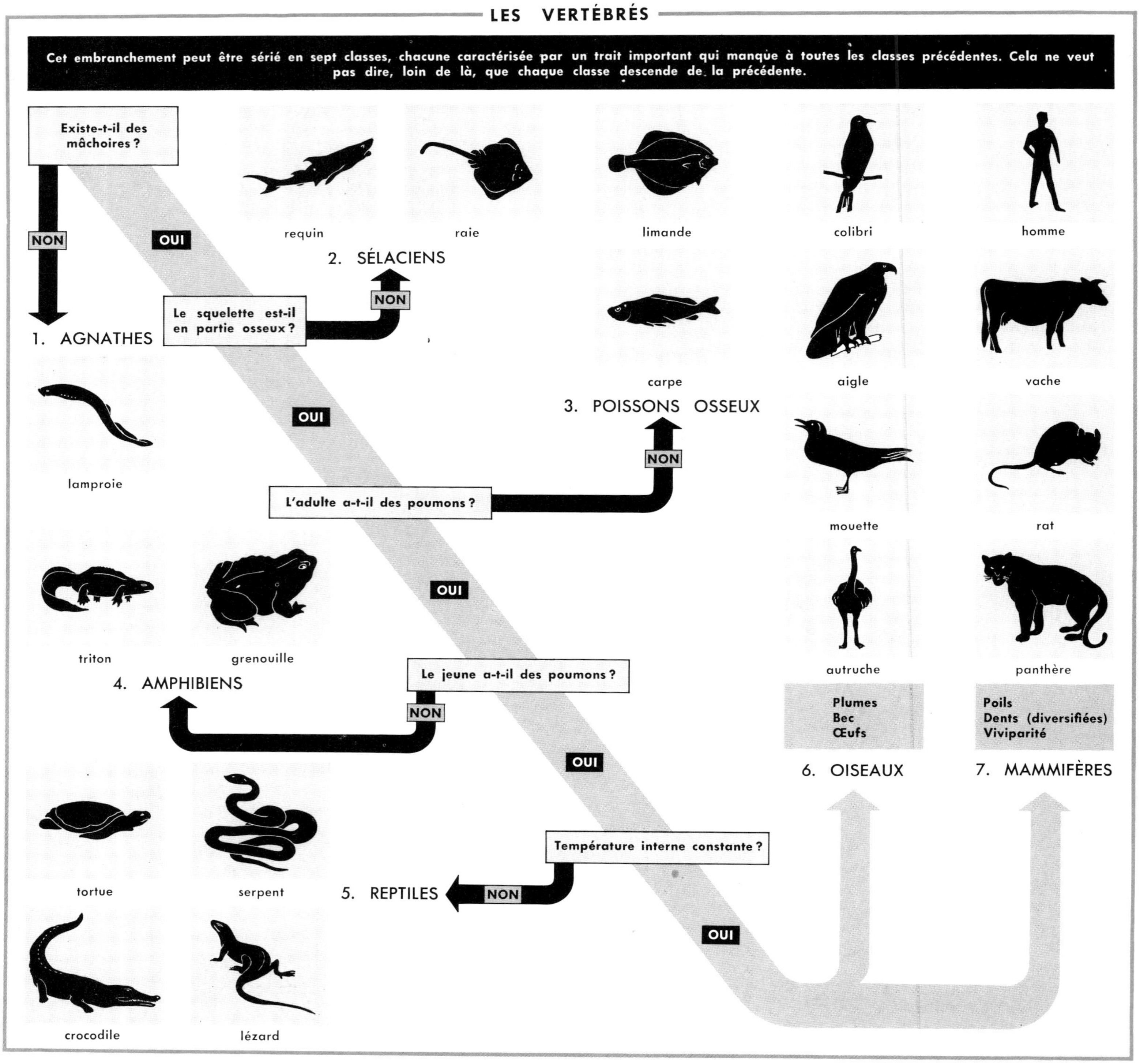

ornementales originaires d'Amérique et une variété médicinale.

verveux [vɛrvø] n. m. (du lat. *vertere,* tourner). Filet de pêche en forme d'entonnoir.

Verviers, v. de Belgique (Liège), sur la Vesdre; 35 300 h. (*Verviétois*). Grand centre textile (laine).

Vervins (02140), ch.-l. d'arr. de l'Aisne, anc. cap. de la Thiérache, au-dessus du Chertemps; 3 069 h. (*Vervinois*). En 1598, Henri IV et Philippe II y signèrent un traité qui mit fin à la guerre franco-espagnole. — L'arr. a 8 cant., 132 comm., 81 937 h.

Verwoerd (Hendrik Frensch), homme politique sud-africain, né à Amsterdam (1901-1966). Chef du parti nationaliste, Premier ministre à partir de 1958, il fut assassiné.

Verzy (51380), ch.-l. de c. de la Marne (arr. de Reims); 1 058 h. Vignobles.

Vesaas (Tarjei), écrivain norvégien, né à Ytre Vinje (1897-1970). Poète, auteur de pièces de théâtre, il se fait dans ses romans le peintre de la vie paysanne (*le Grand Jeu,* 1934), puis évolue vers un mysticisme allégorique (*Kimen,* 1940) et lyrique (*les Oiseaux,* 1957).

Vésale

vesce

Vésale (André), anatomiste flamand, né à Bruxelles (1514-1564). En 1539, il publia *Epistola docens venam axillarem dextri cubiti in dolore laterali secandam* et, en 1543, un ouvrage complet d'anatomie, *De corporis humani fabrica libri septem,* dans lequel les théories de Galien étaient bouleversées. Vers 1544, Charles Quint le prit pour médecin. Se livrant avec passion à la dissection du corps humain, il fut accusé de l'avoir fait sur un être vivant et condamné à la peine de mort par l'Inquisition (Madrid 1561). Philippe II obtint sa grâce, et sa peine fut commuée en un pèlerinage à Jérusalem. Au retour de ce voyage, son vaisseau fit naufrage à l'île de Zante, où il mourut de faim ou de fatigue.

vésanie [vezani] n. f. (lat. *vesania;* de *vesanus,* insensé). Nom donné anciennement aux différents troubles des facultés intellectuelles.

vesce [vɛs] n. f. (lat. *vicia*). Plante herbacée, généralement grimpante, de la famille des papilionacées. (V. *encycl.*) || Sa graine.
— ENCYCL. Parmi les nombreuses espèces de vesces, il faut citer les plus utilisées comme plantes fourragères : la *vesce commune,* avec ses deux variétés d'hiver et de printemps; la *vesce blanche,* ou lentille du Canada; la *vesce velue,* ou *vesce de Russie,* beaucoup plus grande.

Phot. Anderson-Giraudon.

Les vesces sont généralement cultivées comme fourrage vert en mélange avec une céréale dont les tiges leur servent de support.

Vescovato (20215), ch.-l. de c. de la Corse (arr. de Bastia); 1 261 h. (963 aggl.).

vésical [vezikal], **e, aux** [-o] adj. (du lat. *vesica,* vessie). Relatif à la vessie : *calcul vésical.*

vésicant [vezikɑ̃], **e** [-ɑ̃t] adj. (du lat. *vesica,* ampoule). *Méd.* Qui fait naître des ampoules sur la peau : *l'ortie est vésicante.*

vésication n. f. Action produite par un médicament vésicant.

vésicatoire [vezikatwar] adj. et n. m. (du lat. *vesica,* ampoule). Se dit d'un médicament externe qui fait venir des vésicules sur la peau : *topique vésicatoire.*

vésiculaire adj. Qui se produit dans les alvéoles pulmonaires : *murmure vésiculaire.*

vésicule [vezikyl] n. f. (lat. *vesicula,* petite ampoule). *Anat.* Sac membraneux semblable à une petite vessie. ‖ *Pathol.* Soulèvement hémisphérique ou conique de l'épiderme, plein de sérosité. ● *Vésicule biliaire,* v. BILIAIRE. ‖ *Vésicules cérébrales,* dilatations situées à l'extrémité antérieure du canal médullaire au stade embryonnaire. ‖ *Vésicules séminales,* glandes génitales masculines paires situées derrière la vessie, au-dessus de la prostate, et dont les canaux excréteurs s'unissent à l'extrémité des canaux déférents pour former les canaux éjaculateurs, qui se jettent dans l'urètre postérieur.

vésiculeux, euse adj. Qui a la forme d'une petite vessie, d'une vésicule.

Vésinet (LE) [78110], ch.-l. de c. des Yvelines (arr. et à l'est de Saint-Germain-en-Laye); 18 995 h. (*Vésinettois* ou *Vésigondins*).

Vesle [vɛl] (la), riv. de Champagne, qui passe à Reims et rejoint l'Aisne (r. g.); 143 km.

vesou [vəzu] n. m. (mot créole). Liquide qui sort de la canne à sucre quand on l'écrase.

Vesoul [vəzul *ou* -zu] (70000), ch.-l. du dép. de la Haute-Saône, sur le Durgeon, à 364 km au sud-est de Paris; 18 240 h. (*Vésuliens*). Métallurgie. Textiles. — L'arr. a 18 cant., 377 comm., 114 532 h.

Vespasien, né près de Reate (Rieti) [9-79], empereur romain (69-79). Fils d'un publicain, il fit une brillante carrière militaire et réprima la révolte de Judée. Quand l'armée d'Orient le désigna comme empereur, il abandonna à son fils Titus la poursuite du siège de Jérusalem. Malgré l'opposition du sénat, il favorisa les chevaliers et les provinciaux, distribuant largement le droit de cité, et ouvrit les portes du sénat aux Italiens. En Gaule, il dut réprimer les soulèvements de Civilis et de Sabinus (70). **Les finances furent restaurées, et l'exploitation du domaine impérial fut améliorée. La construction de l'amphithéâtre flavien (Colisée) fut entreprise.**

vespasienne [vɛspazjɛn] n. f. (de *Vespasien,* empereur romain qui avait établi des urinoirs à Rome). Urinoir public à l'usage exclusif des hommes.

vespéral [vɛsperal], **e, aux** [-o] adj. (du lat. *vespera,* soir). Relatif au soir : *clarté vespérale.*

vespéral n. m. Livre d'église contenant l'office des vêpres.

vespertilion [vɛspɛrtiljɔ̃] n. m. Chauve-souris commune en France. (Envergure : 15 cm.)

vespidés [vɛspide] n. m. pl. (lat. *vespa,* guêpe). Famille d'insectes hyménoptères, comprenant les guêpes, les frelons. ‖ Sing. un *vespidé.*

Vespucci (Amerigo), en franç. **Améric Vespuce,** navigateur florentin (1454-1512). Il fit plusieurs voyages au Nouveau Monde. Un cartographe de Saint-Dié utilisa son prénom pour désigner l'Amérique (1507).

vesse [vɛs] n. f. (de *vesser*). *Pop.* Emission de gaz fétides, faite sans bruit par l'anus.

vesse-de-loup n. f. Nom usuel du *lycoperdon* (champignon comestible à l'état jeune). [V. illustr. CHAMPIGNONS.] ‖ Pl. des *vesses-de-loup.*

vesser v. i. (lat. *vissire*). *Pop.* Lâcher une vesse.

vessie [vesi] n. f. (lat. *vesica*). Réservoir interposé entre les uretères et l'urètre, et où s'accumule l'urine dans l'intervalle des mictions. (V. *encycl.*) ‖ Vessie desséchée d'un animal et gonflée d'air : *des vessies de porc servaient autrefois d'enseignes aux charcutiers.* ● *Prendre des vessies pour des lanternes* (Fam.), se tromper grossièrement. ‖ *Vessie natatoire* (Zool.), poche gazeuse contenue dans l'abdomen de certains poissons osseux. (V. *encycl.*)
— ENCYCL. La *vessie,* située au-dessous du péritoine, est placée en avant du rectum chez l'homme et en avant de l'utérus chez la femme. Vide, elle est aplatie et a une forme triangulaire; pleine, elle s'arrondit. Elle s'ouvre en bas dans l'urètre par une partie amincie nommée « col de la vessie » et reçoit en arrière les uretères; sa paroi est constituée de trois tuniques : une tunique interne muqueuse, une tunique moyenne épaisse et musculaire, et une tunique externe conjonctive. La capacité physiologique de la vessie est d'environ 300 cl.
— *Zool.* La *vessie natatoire,* en augmentant le volume du poisson, ramène sa masse spécifique à égalité avec l'eau. **Mais, lorsque l'animal monte ou descend, la pression qui s'exerce sur lui se modifie, et la vessie est exposée à changer de volume, précipitant le poisson vers le fond ou vers la surface. Ce risque est évité par des dispositions qui assurent une résorption ou une production rapides de gaz à travers les parois de la vessie.**

Vespasien
musée des Thermes, Rome

Vésuve
le cratère

Auguste **Vestris**

vessigon [vesigɔ̃] n. m. (ital. *vessigone*). Tumeur molle qui se forme dans l'articulation du genou ou du jarret du cheval.

Vesta, déesse du Feu chez les Romains, correspondant à l'*Hestia* des Grecs. Elle était la déesse du Foyer.

vestale [vɛstal] n. f. A Rome, prêtresse de Vesta. ‖ *Fig.* Fille très chaste.

Vestdijk (Simon), écrivain néerlandais, né à Harlingen (1898-1971). Poète, auteur de nouvelles et d'essais, il est célèbre pour ses romans psychologiques (*Anton Wachter,* 1934-1960) et historiques (*le Cinquième Sceau,* 1937).

veste [vɛst] n. f. (ital. *vesta,* lat. *vestis*). Vêtement à manches, boutonné devant, qui couvre le buste jusqu'aux hanches. ‖ *Fam.* Echec, insuccès : *ramasser une veste.* ● *Retourner sa veste* (Fam.), changer d'opinion, de parti.

Vesterålen, archipel norvégien, au nord des Lofoten*.

vestiaire [vɛstjɛr] n. m. (lat. *vestiarium,* armoire à vêtements). Salle de dépôt pour les vêtements et autres objets que l'on ne veut pas ou qu'il ne faut pas garder avec soi dans certains établissements publics.

vestibulaire adj. *Anat.* Relatif au vestibule de l'oreille : *rampe vestibulaire.*

vestibule [vɛstibyl] n. m. (lat. *vestibulum*). Pièce par laquelle on passe pour entrer dans un édifice, une maison, et qui sert souvent de passage pour aller aux autres pièces. ‖ Cavité de l'oreille interne, reliée à l'oreille moyenne par les fenêtres ronde et ovale, se prolongeant par le limaçon et portant les canaux semi-circulaires. (Elle contient deux cavités : l'utricule et le saccule.) ● *Vestibule du larynx,* étage supérieur du larynx.

vestige [vɛstiʒ] n. m. (lat. *vestigium,* trace). Marque, reste du passé : *les vestiges d'une civilisation.*

vestimentaire [vɛstimɑ̃tɛr] adj. Relatif aux vêtements.

veston n. m. Veste croisée ou droite faisant partie du complet ou du costume masculin.

Vestris, famille de danseurs italiens d'origine florentine, dont les plus célèbres furent : GAÉTAN, né à Florence (1729-1808), élève de Dupré. Il fit une carrière à l'Académie royale de musique de Paris. Type du danseur noble, il fut surnommé « le Dieu de la danse ». Admirateur et disciple de Noverre, dont il présente le ballet *Médée et Jason* à Paris en 1765, il devint maître et compositeur de ballets à l'Opéra (1770); — AUGUSTE, son fils naturel, né à Paris (1760-1842) de sa liaison avec la danseuse Marie Allard, et qui fut son élève. Danseur très doué, il exécutait des sauts et pirouettes extraordinaires, et fit carrière à Londres et à Paris. Il dansa pour la dernière fois aux côtés de Maria Taglioni en 1835.

Vésubie (la), riv. des Alpes-Maritimes, affl. du Var (r. g.); 48 km. Gorges pittoresques.

Vésuve (le), volcan actif de 1 270 m de hauteur, à 8 km au sud-est de Naples. L'éruption de l'an 79 apr. J.-C. ensevelit Herculanum et Pompéi.

vêtement [vɛtmɑ̃] n. m. (lat. *vestimentum*). Tout ce qui sert à couvrir le corps. ‖ *Hérald.* Pièce honorable, formée par la réunion de quatre triangles qui occupent les coins de l'écu.

vétéran [veterɑ̃] n. m. (lat. *veteranus,* vieux soldat). Chez les Romains, soldat qui, après un certain temps de service, quittait l'armée en obtenant certains avantages. ‖ Vieux soldat. ‖ Homme qui a vieilli dans une profession ou dans une pratique. ‖ Aux Etats-Unis, ancien combattant.
— ENCYCL. Le titre de *vétéran,* qui était apparu dans l'armée française au XVIIIe s. et qui avait désigné successivement des soldats âgés ou blessés ne devant servir qu'à l'intérieur, puis des soldats libérés du service et astreints à certaines obligations, fut définitivement supprimé sous le second Empire.

vétérance n. f. Etat de vétéran. ● *Médaillon de vétérance,* distinction conférée de 1771 à 1791 aux soldats ayant vingt-quatre ans de service.

vétérinaire [veterinɛr] adj. (du lat. *veterina,* bêtes de somme). Relatif à l'art de guérir les animaux : *médecine vétérinaire.* ‖ — N. m. Celui qui pratique cet art.

Vétheuil (95510), comm. du Val-d'Oise (arr. de Pontoise), sur la Seine; 527 h. Eglise en partie du XIIe s. (façade Renaissance).

vétillard [-ar], **e** [-ard] ou **vétilleur, euse** adj. et n. Qui discute sur des vétilles.

vétille [vetij] n. f. Bagatelle, chose insignifiante, qui ne mérite pas qu'on s'y arrête.

vétiller v. i. (de l'anc. fr. *vette,* ruban). S'amuser à des vétilles; chicaner, critiquer sur des riens.

vétilleux, euse adj. Qui a l'habitude de s'attacher à des vétilles : *esprit vétilleux.*

vêtir [vetir] v. t. (lat. *vestire*) [conj. **20**]. Habiller; fournir des vêtements à : *vêtir les pauvres.* ‖ **— Se vêtir** v. pr. S'habiller.

vétiver [vetivɛr] n. m. (empr. à une langue de l'Inde). Plante cultivée dans l'Inde et aux Antilles pour ses racines, dont on retire un parfum. (Famille des graminacées.)

veto [veto] n. m. inv. (mot lat. signif. *je m'oppose*). Formule qu'employaient, à Rome, les tribuns du peuple, pour s'opposer à un décret du Sénat. ‖ Institution par laquelle une autorité peut s'opposer à l'entrée en vigueur d'une loi (*veto absolu* ou *suspensif* du chef de l'Etat) ou d'une résolution (veto du représentant d'une des cinq grandes puissances qui détiennent un siège permanent au conseil de l'O. N. U.). ‖ *Fam.* Opposition, refus : *père qui met son veto à un mariage.* ● *Veto suspensif,* ou simplement *veto,* droit que la Constitution de 1791 accordait au roi de s'opposer, pendant deux législatures, à la promulgation des lois votées par l'Assemblée des représentants.

vêture [vetyr] n. f. Cérémonie de la prise d'habit par un religieux, une religieuse.

vétuste [vetyst] adj. (lat. *vetustus*). Vieux, en parlant d'une chose; détérioré par l'usage : *mobilier vétuste.*

vétusté n. f. Etat de détérioration résultant de l'ancienneté : *dans la détermination de la surface corrigée d'un logement intervient notamment le coefficient de vétusté.*

Phot. Alinari-Giraudon, Lido, Air France.

veuf [vœf], **veuve** [vœv] adj. et n. (lat. *vidua,* vide). Qui a perdu sa femme ou son mari, et n'a pas contracté un nouveau mariage.

veuglaire [vøglɛr] n. f. Pièce d'artillerie des XIVe et XVe s., qui se chargeait par la culasse.

Veuillot (Louis), journaliste et écrivain français, né à Boynes (Loiret) [1813-1883]. Catholique militant, rédacteur (1843), puis directeur (1848-1874) de l'*Univers,* il défendit avec un exceptionnel talent de polémiste la cause de l'ultramontanisme; adversaire des catholiques libéraux, il s'attira l'hostilité du second Empire en stigmatisant sa politique italienne. Il publia surtout des pamphlets et des ouvrages de polémique (*Rome et Lorette,* 1841; *les Odeurs de Paris,* 1866).

veule [vøl] adj. *Fam.* Faible, mou, sans énergie.

veulerie n. f. Manque d'énergie.

veuvage n. m. Etat d'un veuf, d'une veuve. (Syn. VIDUITÉ [pour les femmes].)

veuve n. f. Passereau d'Afrique, à plumage en grande partie noir, recherché comme oiseau de cage et de volière.

veuve

Vevey, v. de Suisse (Vaud), sur le lac Léman; 17 800 h. Industries alimentaires. Tabac. Station touristique.

vexant, e adj. Qui contrarie, cause de la peine.

vexateur, trice adj. Qui commet, cause des vexations : *mesure vexatrice.*

vexation n. f. Action de vexer; son résultat.

vexatoire adj. Qui a le caractère de la vexation : *impôt vexatoire.*

vexer [vɛkse] v. t. (lat. *vexare,* tourmenter). Contrarier; faire de la peine à : *il ne faut vexer personne.* ‖ — **Se vexer** v. pr. Etre contrarié, se fâcher, se froisser : *les gens susceptibles se vexent facilement.*

vexillaire n. m. (lat. *vexillarius;* de *vexillum,* enseigne). Chez les Romains, celui qui portait un vexille.

vexille [vɛksil] n. m. (lat. *vexillum*). Etendard des armées romaines. ‖ Chacun des deux côtés d'une plume d'oiseau.

vexillologie n. f. (du lat. *vexillum,* étendard). Etude des drapeaux, des pavillons nationaux ou provinciaux.

Vexin, pays de l'ancienne France, entre le pays de Bray, la Seine et l'Oise, divisé par l'Epte en un *Vexin normand,* à l'ouest, et en un *Vexin français,* à l'est. Constitué de plateaux calcaires, souvent limoneux, le Vexin est une riche région agricole (blé, betterave à sucre, élevage bovin).

Veynes (05400), ch.-l. de c. des Hautes-Alpes (arr. de Gap), sur le Petit Buech; 3 722 h.

Veyre-Monton (63960), ch.-l. de c. du Puy-de-Dôme (arr. de Clermont-Ferrand); 1 227 h. (667 aggl.).

Vézelay (89540), ch.-l. de c. de l'Yonne (arr. d'Avallon); 513 h. (*Vézeliens*). L'église abbatiale de la Madeleine, commencée v. 1096, fut terminée avant la fin du XIIe s. Elle possède, notamment, un tympan qui est un des joyaux de la sculpture romane. Le chœur est gothique. (V. illustr. ÉGLISE.) C'est là, au monastère bénédictin, fondé au IXe s., que saint Bernard prêcha la deuxième croisade, en 1146. Patrie de Théodore de Bèze.

Vézelise (54330), ch.-l. de c. de Meurthe-et-Moselle (arr. de Nancy); 1 237 h. Eglise des XVe et XVIe s. Capitale de l'ancien comté de Vaudémont. Brasserie.

Vézénobres (30360), ch.-l. de c. du Gard (arr. d'Alès); 914 h. (400 aggl.).

Vézère (la), riv. de France, née sur le plateau de Millevaches, affl. de la Dordogne (r. dr.); 192 km. Sur ses bords, stations préhistoriques des Eyzies, de La Madeleine, etc. Gorges pittoresques.

Vézeronce (38124), comm. de l'Isère (arr. de La Tour-du-Pin); 689 h. (222 aggl.). Elle fut en 524 le théâtre d'une bataille entre Clodomir et le roi des Burgondes Gondemar; Clodomir y trouva la mort.

Vézins-de-Lévézou (12150 Sévérac le Château), ch.-l. de c. de l'Aveyron (arr. de Millau); 1 013 h.

Vezzani (20242), ch.-l. de c. de la Corse (arr. de Corte); 700 h.

via [vja] prép. (ablatif du lat. *via,* voie). Par la voie, en passant par : *train pour Milan, via le Simplon.*

viabilité [vjabilite] n. f. Aptitude à vivre d'un organisme.

viabilité n. f. (du lat. *via,* chemin). Bon état d'une route, permettant d'y circuler. ‖ Ensemble des travaux d'intérêt général (voirie, eau, gaz, électricité, égouts, téléphone) à exécuter sur un terrain avant toute construction. ● *Matériau de viabilité,* ensemble des roches utilisées pour la construction des routes.

viable [vjabl] adj. (de *vie*). Qui peut vivre : *enfant viable.* ‖ Où les conditions de vie sont possibles. ‖ *Fig.* Organisé pour aboutir, pour durer : *projet viable.*

Viadana (Ludovico GROSSI DA), compositeur italien, né à Viadana (1564-1645). Moine franciscain, il est l'auteur de *Concerti ecclesiastici* de 1 à 4 voix et l'un des premiers à utiliser la basse continue, permettant l'usage de la monodie dans le chant.

viaduc [vjadyk] n. m. (lat. *via,* voie, et *ducere,* conduire). Ouvrage d'art de grande longueur ou de grande hauteur, généralement à plusieurs arches en plein cintre, pour le passage d'une route ou d'une voie ferrée au-dessus d'une vallée.

viager [vjaʒe], **ère** [-ʒɛr] adj. (de l'anc. fr. *viage,* temps de vie). Dont on possède la jouissance durant toute sa vie : *rente viagère.*

viager [vjaʒe] n. m. Revenu qu'on perçoit sa vie durant. ‖ — **En viager** loc. adv. En échange d'une rente viagère : *vendre sa maison en viager.*

Viala (Joseph Agricol), jeune patriote français, né à Avignon (1780-1793), tué en défendant le passage de la Durance aux royalistes.

Vian (Boris), écrivain français, né à Ville-d'Avray (1920-1959), auteur de romans, de nouvelles et de poèmes d'un humour très personnel.

viande [vjɑ̃d] n. f. (lat. *vivenda,* ce qui sert à la vie). Chair des animaux terrestres, des oiseaux, des poissons, dont on se nourrit : *il ne faut pas s'alimenter exclusivement de viande.* ● *Viande blanche,* viande de veau, de lapin, de volaille. ‖ *Viande noire,* viande du gibier. ‖ *Viande rouge,* viande de bœuf, de mouton, de cheval.

Vianden, ch.-l. de c. du Luxembourg; 1 600 h. Centrale hydro-électrique sur l'Our.

viander v. i. Pâturer, en parlant des bêtes fauves (cerf, daim, chevreuil).

Vianney (Jean-Baptiste Marie), curé d'Ars. V. JEAN-BAPTISTE MARIE VIANNEY (*saint*).

Viardot-García (Pauline), cantatrice française, née à Paris (1821-1910), sœur de la Malibran.

Viareggio, v. d'Italie (Toscane), sur la côte tyrrhénienne; 54 000 h. Station balnéaire.

Viarmes (95270 Luzarches), ch.-l. de c. du Val-d'Oise (arr. de Montmorency); 2 625 h.

viatique [vjatik] n. m. (lat. *viaticum;* de *via,* route). Argent, provisions que l'on donne pour faire un voyage. ‖ *Fig.* Moyen de parvenir, soutien, secours. ‖ *Liturg.* Sacrement de l'eucharistie reçu par un malade en danger de mort.

Viatka (la), riv. de l'U. R. S. S., qui arrose Kirov* (anc. *Viatka*), affl. de la Kama (r. dr.); 1 367 km.

Viau (Théophile DE), poète français, né à Clairac (1590-1626). Huguenot de religion et libertin de goût, il est obligé de quitter son protecteur, le duc de Montmorency, à la suite de la publication du *Cabinet satirique.* Converti au catholicisme, il est à nouveau poursuivi lors de la parution du *Parnasse satyrique* (1623). Condamné à mort par contumace, il cherche à s'enfuir, est arrêté et voit la sentence de mort remplacée par un arrêt d'exil. Mais il meurt peu de temps après sa sortie de prison. Ses œuvres poétiques, où dominent les thèmes de la solitude, de la nature et du rêve, publiées en trois volumes (1623-1625) et contenant sa tragédie *Pyrame et Thisbé* (1621), ont été rééditées plusieurs fois au cours du XVIIe s., pendant lequel il exerça une grande influence.

Viaur (le), riv. du Massif central, affl. de l'Aveyron (r. g.). Il est franchi par un viaduc qui le domine de 120 m et sur lequel passe la voie ferrée de Rodez à Albi.

vibices [vibis] n. f. pl. Taches violacées de la peau.

Viborg. V. VYBORG.

Viborg, v. du Danemark, anc. cap. du Jylland; 36 100 h. Cathédrale (crypte du XIIe s.).

vibrage n. m. Transmission à un corps de chocs multiples et répétés à de très courts intervalles. ● *Vibrage du béton,* action de soumettre un béton, avant achèvement de la prise du liant, à des vibrations qui améliorent l'homogénéité et le tassement.

vibrant, e adj. Qui vibre : *lame vibrante.* ‖ *Fig.* Touchant, émouvant : *discours vibrant.*

vibrante n. f. Consonne que l'on articule en faisant vibrer la langue ou le gosier, comme *l* et *r.* ‖ — Adj. : *consonne vibrante.*

vibraphone [vibrafɔn] n. m. Instrument de musique composé d'une série de lames d'acier frappées à l'aide de baguettes et qui mettent en vibration l'air contenu dans chacun des tubes placés sous ces lames.

vibrateur n. m. Appareil qui permet le vibrage du béton d'une pièce en béton armé.

vibratile adj. Susceptible de vibrer. ● *Cil vibratile,* organite cellulaire filamenteux, assurant le déplacement de certains protozoaires (paramécie), le courant d'eau nutritif des mollusques lamellibranches, l'expulsion de particules solides dans la trachée-artère de l'homme, etc.

vibration n. f. Mouvement oscillatoire rapide. ‖ Mouvement périodique d'un système matériel autour de sa position d'équilibre.

vibrato n. m. *Mus.* Sorte de tremblement obtenu, sur les instruments à cordes, par un mouvement d'oscillation imprimé sur la corde. ‖ Pl. des *vibratos.*

vibratoire adj. Composé de vibrations : *mouvement vibratoire.*

Vibraye [vibrɛ] (72320), ch.-l. de c. de la Sarthe (arr. du Mans); 2 296 h. (*Vibraysiens*). Forêt.

vibré adj. m. Se dit d'un béton ayant subi le vibrage.

vibrer [vibre] v. i. (lat. *vibrare,* agiter). Effectuer des vibrations; entrer en vibration. ‖ *Fig.* Etre touché, être ému. ● *Faire vibrer,* émouvoir.

vibreur n. m. Appareil animé d'un mouvement vibratoire (à commande électrique, généralement).

vibrion [vibrijɔ̃] n. m. Bactérie en forme de bâtonnet incurvé, munie à son extrémité d'un ou de plusieurs cils qui lui confèrent sa mobilité. (Seuls quelques vibrions sont pathogènes : le vibrion septique, découvert par Pasteur et souvent responsable de la gangrène gazeuse; le vibrion cholérique, agent du choléra.)

vibrisse [vibris] n. f. (lat. *vibrissa*). Poil des narines de l'homme. ‖ Plume filiforme des oiseaux. ‖ Poil tactile de certains mammifères : *les moustaches des chats sont des vibrisses.*

vicaire [vikɛr] n. m. (lat. *vicarius,* remplaçant). Prêtre adjoint à un curé. ● *Grand vicaire* ou *vicaire général,* prêtre adjoint à un évêque pour l'administration d'un diocèse. ‖ *Vicaire apostolique,* prélat chargé de l'administration d'un pays de mission où n'existe pas de hiérarchie ecclésiastique. ‖ *Vicaire de Jésus-Christ,* le pape.

Vicaire de Wakefield (*le*), roman de Goldsmith (1766), épopée domestique, sentimentale et édifiante.

vicaire savoyard (*Profession de foi du*), un des épisodes remarquables de l'*Emile,* où J.-J. Rousseau s'efforce de démontrer la nécessité d'une religion toute personnelle, fondée à la fois sur la contemplation de la nature et sur le sentiment intérieur.

vicarial, e, aux adj. Qui a rapport au vicariat : *fonctions vicariales.*

vicariant [vikarjɑ̃], **e** [-ɑ̃t] adj. *Physiol.* Se dit de l'organe capable de suppléer à l'insuffisance d'un autre organe.

vicariat [-rja] n. m. Fonctions du vicaire : *solliciter un vicariat.* ● *Vicariat apostolique,* territoire ecclésiastique qui est sous la juridiction d'un vicaire apostolique.

Vicat (Louis), ingénieur français, né à Nevers (1786-1861). Spécialiste de l'étude des chaux de construction et des mortiers, il détermina la composition des ciments naturels, trouva le moyen d'en fabriquer d'artificiels et démontra que les propriétés des chaux hydrauliques naturelles dépendaient de leur argile.

Vicdessos (09220), ch.-l. de c. de l'Ariège (arr. de Foix), sur le *Vicdessos;* 585 h.

vice [vis] n. m. (lat. *vitium*). Défaut, imperfection grave : *vice de conformation.* ‖ Disposition habituelle au mal : *flétrir le vice.* ‖ Débauche, libertinage : *croupir dans le vice.* ‖ — Contr. VERTU. ● *Vice de construction,* faute commise dans la construction d'un édifice. ‖ *Vice de forme,* défaut qui rend nul un acte juridique lorsqu'une des formalités légales a été omise.

vice- (lat. *vice,* à la place de). Particule inv. qui entre dans la composition de plusieurs mots, pour indiquer des fonctions de suppléant ou d'adjoint du titulaire.

vice-amiral n. m. Officier général de la marine. (V. AMIRAL.) ‖ Pl. des *vice-amiraux.*

vice-chancelier n. m. Qui remplit les fonctions du chancelier en l'absence de celui-ci. ‖ Pl. des *vice-chanceliers.*

vice-consul n. m. Qui aide le consul, ou tient lieu de consul. ‖ Pl. des *vice-consuls.*

vice-consulat n. m. Emploi de vice-consul. ‖ Pl. des *vice-consulats.*

vice-légat n. m. Prélat établi par le pape pour remplacer le légat. ‖ Pl. des *vice-légats.*

vice-légation n. f. Emploi de vice-légat. ‖ Pl. des *vice-légations.*

Vic-en-Bigorre (65500), ch.-l. de c. des Hautes-Pyrénées (arr. de Tarbes), près de l'Adour; 5 069 h.

Vicence, v. d'Italie (Vénétie); 110 000 h. Cathédrale (XIIIe s.). Patrie de Palladio, qui construisit ou conçut pour elle de nombreux palais et villas, le théâtre Olympique et la « basilique ». Métallurgie.

vicennal [visenal], **e, aux** [-o] adj. (lat. *vicennalis*). Qui dure vingt ans.

Vicente (Gil), auteur dramatique et orfèvre portugais, né à Guimarães ou Lisbonne (v. 1470 - v. 1537). Ouvert à l'influence humaniste, son théâtre, parfois écrit en espagnol, offre un tableau précis de la société de son

Phot. Varin-Jacana.

temps. Ses pièces sont tantôt d'inspiration religieuse (*la Trilogie des barques,* 1516-1519), tantôt d'esprit aristocratique (*l'Exhortation à la guerre,* v. 1513), tantôt de caractère populaire (*Inês Pereira,* 1522).

Vicente López, agglomération de la banlieue de Buenos Aires ; 250 800 h.

vice-présidence n. f. Fonction, dignité de vice-président. ‖ Pl. des *vice-présidences.*

vice-président, e n. Personne qui exerce la fonction du président ou de la présidente, pendant leur absence. ‖ Pl. des *vice-présidents.*

vice-recteur n. m. Dans les facultés catholiques, titre que porte le dignitaire placé au-dessous du recteur et qui le supplée. ‖ Titre porté jusqu'en 1920 par le chef de l'université de Paris, dont le ministre de l'Instruction publique était officiellement recteur. ‖ Pl. des *vice-recteurs.*

vice-roi n. m. Gouverneur d'un royaume ou d'une grande province dépendant d'un autre Etat : *vice-roi des Indes.* ‖ Pl. des *vice-rois.*

vice-royauté n. f. Dignité de vice-roi. ‖ Pays qu'il gouverne. ‖ Pl. des *vice-royautés.*

vicésimal [visezimal], **e, aux** [-o] adj. (lat. *vicesimus,* vingtième). Qui a pour base le nombre *vingt.*

vice versa [viseversa] loc. adv. (mots lat. signif. *le tour étant retourné*). Réciproquement, inversement.

Vic-Fezensac (32190), ch.-l. de c. du Gers (arr. d'Auch) ; 4 025 h. (3 295 aggl.). Eaux-de-vie.

Vichnou. V. VISHNU.

vichy [viʃi] n. m. Etoffe de coton dont les effets d'ourdissage et de tramage forment des carreaux. (On dit aussi TOILE DE VICHY.)

Vichy (03200), ch.-l. d'arr. de l'Allier, sur l'Allier ; 33 898 h. (*Vichyssois*). [L'agglomération compte 57 756 h.] Importante station thermale pour les affections du foie, des voies biliaires et du tube digestif. De nombreuses sources fournissent des eaux bicarbonatées gazeuses (CO_2), radio-actives, dont la concentration et les températures sont variées (de 17 à 66 °C). On les emploie surtout en boissons, mais aussi en traitements externes (bains, douches, bains carbogazeux), dans les affections du foie (séquelles d'hépatites, insuffisance hépatique), des voies biliaires (calculs) et du tube digestif (dyspepsies, gastrites), ainsi que dans les maladies métaboliques (diabète, obésité). — L'arr. a 9 cant., 103 comm., 129 632 h.

Vichy (*gouvernement de*), gouvernement de l'Etat français, présidé par le maréchal Pétain et qui siégea à Vichy (1940-1944).
Président du Conseil (16 juin 1940), le maréchal Pétain, après l'armistice, s'installa à Vichy (2 juill.) et y obtint (10 juill.) de l'Assemblée nationale, par 569 voix contre 80 et 18 abstentions, le mandat de faire une nouvelle Constitution, à ratifier ultérieurement par la nation. Il se proclama chef de l'Etat français (11 juill.) et annonça l'instauration d'un « ordre nouveau ». Les sociétés secrètes furent dissoutes, les juifs soumis à un statut, et les syndicats supprimés ; une Cour suprême fit à Riom le procès des hommes de la IIIe République accusés d'être les responsables de la défaite. Poussé par Laval, Pétain rencontra Hitler à Montoire (24 oct.) en vue d'une collaboration dont les modalités restaient à préciser. Subissant de plus en plus l'influence allemande après l'invasion de la zone libre (11 nov. 1942), Laval, président du Conseil depuis le 18 avril 1942, accentua la collaboration (service du travail obligatoire en Allemagne [févr. 1943]), chargea Darnand de créer, au sein de la Légion des combattants, le Service d'ordre légionnaire qui donnera naissance à la Milice (janv. 1943), et procéda à de nombreux internements administratifs. Lors de la défaite allemande, il s'efforça en vain de convoquer l'Assemblée nationale (17 août 1944) ; les Allemands le contraignirent à partir pour Belfort (18 août). A Vichy, Pétain fut arrêté par les Allemands (20 août), transféré à Belfort, puis (9 sept.) à Sigmaringen.

vichyssois, e adj. et n. De Vichy. ‖ *Hist.* Partisan du régime de Vichy.

viciable adj. Qui peut être vicié.

viciateur, trice adj. Qui vicie.

viciation n. f. Action de vicier : *la respiration d'un grand nombre de personnes dans une salle close produit une rapide viciation de l'air.*

vicier [visje] v. t. Corrompre, gâter : *vicier le sang, le goût.* ‖ *Dr.* Rendre nul, défectueux : *erreur qui vicie un acte.*

vicieusement adv. De façon vicieuse : *parler vicieusement.*

vicieux, euse adj. (lat. *vitiosus ;* de *vitium,* vice). Relatif au vice : *inclination vicieuse.* ‖ Adonné au mal, au libertinage : *homme vicieux.* (Syn. : CORROMPU, DÉPRAVÉ, PERVERS, SADIQUE.) ‖ Rétif, en parlant des animaux : *mule vicieuse.* ‖ Qui a une défectuosité, une imperfection : *locution vicieuse.* ● *Cercle vicieux* (Log.), raisonnement défectueux qui consiste à tirer une conclusion (B) d'une autre proposition (A) qui est elle-même tirée de B. ‖ — N. Personne qui a du goût pour la dépravation des mœurs.

vicinal [visinal], **e, aux** [-o] adj. (du lat. *vicinus,* voisin). Se dit d'un chemin qui met en communication des communes entre elles.

vicinalité n. f. Qualité de chemin vicinal : *chemin de grande vicinalité.* ‖ Ensemble des chemins vicinaux.

Gil Vicente

Vico

Victor-Emmanuel III accompagné de Benito Mussolini

vicissitude [visisityd] n. f. (lat. *vicissitudo*). Changement par lequel des choses très différentes se succèdent (vieilli) : *vicissitudes des saisons.* ‖ Instabilité des choses humaines ; événements (le plus souvent au pluriel) heureux ou malheureux qui affectent l'existence humaine : *les vicissitudes de la fortune.*

Vicksburg, v. des Etats-Unis (Mississippi), sur le Mississippi ; 29 100 h. Fortifiée par les sudistes, la ville, assiégée par Sherman et Grant, capitula en 1863.

Vic-le-Comte (63270), ch.-l. de c. du Puy-de-Dôme (arr. de Clermont-Ferrand) ; 2 703 h. (1 833 aggl.). Sainte chapelle Renaissance.

Vico (20160), ch.-l. de c. de la Corse (arr. d'Ajaccio) ; 1 927 h. (1 278 aggl.).

Vico (Giambattista), historien et philosophe italien, né à Naples (1668-1744). Précepteur, puis professeur de rhétorique à l'université de Naples, il vécut pauvre et ignoré. S'inspirant de Platon et de Pythagore, il entreprit de réfuter les doctrines de Gassendi et de Descartes. Sa critique des origines des religions, sa théorie des cycles des civilisations (*âge divin, âge héroïque, âge humain*) et ses études historiques et esthétiques ont fondé la philosophie critique, notamment en Allemagne et en Italie. Ses *Principes d'une science nouvelle relative à la nature commune des nations* (1725) furent traduits par Michelet, qui publia également des *Œuvres choisies de Vico* (1835). Vico est également l'auteur d'une *Autobiographie* (1725-1731). Son œuvre a profondément influencé des philosophes comme Kant et Hegel, et des écrivains comme Joyce.

vicomtal, e, aux adj. Relatif à un vicomte, à une vicomté : *couronne vicomtale.*

vicomte [vikɔ̃t] n. m. (lat. *vicecomes*). Autref., seigneur d'une terre qui avait le titre de vicomté. ‖ Titre de noblesse immédiatement inférieur à celui de comte.

vicomté n. f. Titre de noblesse attaché autrefois à une terre. ‖ Juridiction d'un vicomte.

vicomtesse n. f. Femme d'un vicomte. ‖ Femme possédant une vicomté.

Vicq d'Azyr (Félix), médecin français, né à Valognes (1748-1794), auteur des premiers travaux d'anatomie comparée. (Acad. fr.)

Vic-sur-Aisne (02290), ch.-l. de c. de l'Aisne (arr. de Soissons) ; 1 414 h.

Vic-sur-Cère (15800), ch.-l. de c. du Cantal (arr. d'Aurillac) ; 1 878 h. Eaux minérales.

Vic-sur-Seille (57630), ch.-l. de c. de la Moselle (arr. de Château-Salins) ; 1 533 h.

victimaire n. m. Celui qui frappait les victimes dans les sacrifices.

victime [viktim] n. f. (lat. *victima*). Animal ou personne que les Anciens offraient en sacrifice à leurs dieux. ‖ — *Fig.* Personne qui sacrifie volontairement sa vie, son bonheur : *être victime de son dévouement.* ‖ Personne qui souffre par la faute d'autrui ou par sa propre faute : *être victime d'une intrigue ; être victime de sa témérité.*

victoire [viktwar] n. f. (lat. *victoria*). Avantage remporté à la guerre : *la victoire fut longtemps indécise.* ‖ Succès remporté sur un rival. ● *Chanter, crier victoire,* se glorifier d'un succès.

Victoire de France (Louise Marie Thérèse), princesse française, née à Versailles (1733-1799). Fille de Louis XV, elle n'eut qu'un rôle effacé et émigra avec Adélaïde (1791).

Victor Ier (*saint*) [m. en 199], pape de 189 à 199. Il ne subit probablement pas le martyre. Fête le 28 juillet. — VICTOR II (Gebhard, comte *de Dollnstein-Hirschberg*) [m. en 1057], pape de 1055 à 1057 ; il ne fut en fait que l'exécutant des volontés de l'empereur Henri III. — VICTOR III (*bienheureux*) [Desiderio *da Montecassino*], né à Bénévent (v. 1027-1087), pape en 1086 et 1087. Il poursuivit l'œuvre réformatrice de Grégoire VII. Son culte a été confirmé en 1887. — Fête le 16 octobre.

Victor (Claude PERRIN, dit), duc DE BELLUNE, maréchal de France, né à Lamarche (Lorraine) [1764-1841]. Maréchal en 1808, il se distingua à Friedland et pendant la campagne de France. Ministre de la Guerre de 1821 à 1823, il prépara l'expédition d'Espagne.

Victor-Amédée Ier, né à Turin (1587-1637), duc de Savoie (1630-1637), époux de Christine de France, fille d'Henri IV. Il dut céder Pignerol à la France. — VICTOR-AMÉDÉE II, né à Turin (1666-1732), duc de Savoie (1675), roi de Sicile (1713), puis de Sardaigne (1720). Le traité d'Utrecht (1713) lui valut le titre royal en Sicile : il échangea cette île contre la Sardaigne dès 1718, mais n'en prit possession que deux ans plus tard. — VICTOR-AMÉDÉE III, né à Turin (1726-1796), roi de Sardaigne (1773-1796). Il organisa son armée à la prussienne, fonda l'académie des sciences de Turin et lutta contre la Révolution française. Vainqueur de ses armées, Bonaparte lui imposa le traité de Paris (1796).

Victor-Emmanuel Ier, né à Turin (1759-1824), roi de Sardaigne (1802-1821). Les traités de 1815 lui restituèrent ses Etats continentaux, augmentés de Gênes. Réactionnaire, il dut abdiquer en faveur de son frère Charles-Félix, et confier la régence à Charles-Albert. — VICTOR-EMMANUEL II, né à Turin (1820-1878), roi de Sardaigne (1849), puis roi d'Italie (1861), fils de Charles-Albert. Il fut l'allié de la France contre l'Autriche (1859) et le véritable créateur, avec son ministre Cavour, de l'unité italienne. En 1860, il dut céder la Savoie et Nice à la France ; il acquit la Vénétie en 1866 et Rome en 1870, mais le pape Pie IX l'excommunia à la suite de cette spoliation. — VICTOR-EMMANUEL III, né à Naples (1869-1947), roi d'Italie (1900-1946), empereur d'Ethiopie (1936) et roi d'Albanie (1939). Fils de Humbert Ier. Il appuya le régime fasciste en confiant le pouvoir à Mussolini (1922). Il entra en guerre contre la France et la Grande-Bretagne (1940), mais, dès 1943, il écarta Mussolini. Il dut néanmoins abdiquer en 1946.

victoria [viktɔrja] n. m. Genre de nymphéacées originaires d'Amérique, dont les feuilles ont jusqu'à 2 m de diamètre : *le « Victoria regia » est cultivé pour l'ornement des pièces d'eau.* (On dit aussi MAÏS D'EAU.)

victoria n. f. (de *Victoria,* reine d'Angleterre). Voiture hippomobile découverte, à quatre roues. (V. illustr. VOITURES* HIPPOMOBILES.)

Victoria, cap. de la colonie britannique de Hongkong ; 675 000 h. Métallurgie et textiles.

Victoria, Etat du sud-est de l'Australie ; 3 218 000 h. Cap. *Melbourne.* S'étendant sur l'aride bassin du Murray (partiellement irrigué) au nord, sur la terminaison méridionale de la Cordillère australienne au sud, plus humide, l'Etat associe l'élevage (prédominant) des bovins et surtout celui des ovins à diverses cultures (fruits, pomme de terre). L'industrie est représentée surtout à Melbourne, qui regroupe plus des deux tiers de la population totale de l'Etat.

Victoria, grande île de l'archipel arctique canadien (Territoire du Nord-Ouest).

Victoria, port du Canada, cap. de la Colombie britannique, dans l'île de Vancouver ; 57 500 h. Université.

Victoria (*chutes*), chutes du Zambèze, hautes de 120 m, près de Livingstone (Zambie).

Victoria (*lac*), anc. **Victoria Nyanza,** lac de l'Afrique équatoriale, aux confins de l'Ouganda, du Kenya et de la Tanzanie ; 68 100 km². C'est le plus grand lac africain. La Kagera, branche mère du Nil, s'y jette. Il a été découvert par Speke en 1858.

Victoria Ire, née à Londres (1819-1901), reine de Grande-Bretagne et d'Irlande (1837-1901), et impératrice des Indes (1876-1901), petite-fille de George III. Elle succéda à son oncle Guillaume IV. Par la dignité de sa vie et la conscience aiguë de sa fonction, elle rétablit le prestige de la Couronne britannique, discréditée par ses prédécesseurs.
La mort du prince Albert de Saxe-Cobourg, son mari, en 1861, la frappa beaucoup et l'éloigna momentanément des affaires. Disraeli — qui la fit impératrice des Indes (1876) — l'y ramena peu à peu. Le règne de Victoria

Phot. ambassade du Portugal, Larousse, Delius.

— l'ère victorienne — correspond à la période la plus brillante de l'histoire britannique.

Victoria Cross, la plus haute distinction militaire britannique, créée en 1856 par la reine Victoria; ruban rouge.

Victoria (Tomás Luis DE), compositeur espagnol, né à Ávila (v. 1548 - v. 1611). Il vécut une grande partie de sa vie à Rome, où il professait au collège germanique. Il fut un des plus grands maîtres de la polyphonie dans la messe, le motet, la passion, etc. Son œuvre, strictement religieuse, utilise le vieux plain-chant mozarabe et frémit d'un lyrisme mystique spécifiquement espagnol.

victorien [viktɔrjɛ̃], **enne** [-ɛn] adj. Relatif à la reine d'Angleterre et à son époque : *l'ère victorienne.*

victorieusement adv. De façon victorieuse : *combattre victorieusement.*

victorieux, euse adj. Qui a remporté la victoire : *les troupes victorieuses.* ‖ — *Fig.* Qui détermine la victoire; décisif, sans réplique : *preuve victorieuse.* ‖ Qui exprime l'orgueil du succès obtenu : *avoir un air victorieux.*

victuailles [viktɥɑj] n. f. pl. (du lat. *victus,* nourriture). *Fam.* Vivres, provisions de bouche.

Vida (Marco Girolamo), prélat et humaniste italien, né à Crémone (1485-1566). Il participa au concile de Trente et rédigea les *Constitutiones synodales,* qui exposent les principes de la Contre-Réforme. Il est l'auteur d'un grand poème en hexamètres qui raconte l'histoire de Jésus (*la Christiade,* 1535).

vidage n. m. Action de vider.

Vidal de La Blache (Paul), géographe français, né à Pézenas (1845-1918). Véritable fondateur de l'école géographique française, il a étudié les rapports entre éléments physiques et humains. Il est l'auteur d'un *Tableau de la géographie de la France* (1903) et a conçu une grande *Géographie universelle.*

vidame [vidam] n. m. (lat. *vicedominus,* lieutenant d'un prince). Personnage qui, au Moyen Age, représentait l'évêque au temporel et commandait ses troupes.

vidange [vidɑ̃ʒ] n. f. (de *vider*). Action de vider pour nettoyer ou rendre de nouveau utilisable. ● *En vidange,* en cours d'épuisement, de vidage. ‖ — Pl. Ordures retirées des fosses d'aisances.

vidanger v. t. (conj. **1**). Effectuer la vidange (en parlant des fosses d'aisances, de réservoirs d'automobiles, etc.).

vidangeur n. m. Celui qui vide les fosses d'aisances.

vide [vid] adj. (du lat. *vacuus,* vide). Qui ne contient rien : *bourse vide.* ‖ Qui n'est rempli que d'air : *espace vide.* ‖ Qui n'a pas d'occupant : *salle vide.* ‖ D'où l'on a tout enlevé : *maison vide.* ‖ *Math.* Se dit d'un ensemble ne comportant aucun élément. ‖ — *Fig.* Qui manque de : *un esprit vide d'idées.* ‖ Qui est privé de : *mot vide de sens.* ● *Cœur vide,* dépourvu d'affection. ‖ *Tête vide,* sans idées. ‖ — N. m. *Constr.* Espace qui, dans un bâtiment, n'est pas occupé par les constructions. ‖ *Phys.* Espace ne contenant aucun corps matériel : *faire le vide.* ‖ Pratiquement, espace où les particules matérielles sont fortement raréfiées. ‖ Place, fonction sans titulaire : *combler les vides dans une administration.* ‖ — *Fig.* Sentiment pénible d'absence, de privation : *sa mort fait un grand vide.* ‖ Vanité, néant : *sentir le vide de toutes choses.* ● *Faire le vide autour de quelqu'un,* le fuir, le laisser seul. ‖ — **A vide** loc. adv. Sans rien contenir : *la voiture est partie à vide.* ‖ Sans effet produit : *moteur qui tourne à vide.*

vide-bouteille n. m. Siphon terminé en haut par un robinet et qui sert à vider une bouteille sans la déboucher. ‖ Pl. des *vide-bouteilles.*

vidéocassette n. f. Cassette constituée par une bande vidéo contenant l'image et le son, et qui, placée dans un appareil de lecture relié à un téléviseur, permet de voir ou de revoir un programme.

vide-cave n. m. inv. Pompe hydraulique dont les pompiers se servent pour évacuer l'eau d'un local inondé.

vidéo adj. inv. Dans un studio de prise de vues, se dit du signal qui contient à la fois le signal de vision et les signaux de synchronisation.

vidéofréquence n. f. Fréquence du signal fourni par le tube de prise de vues, dans la chaîne d'appareils constituant un émetteur de télévision.

vide-ordures n. m. inv. Conduit posé verticalement sur la hauteur d'un immeuble, et dans lequel les ordures ménagères à évacuer sont introduites par des vidoirs.

vide-poches n. m. inv. Petite coupe où l'on dépose les menus objets que l'on porte habituellement dans ses poches.

vide-pomme n. m. inv. Outil pour ôter le cœur des pommes sans les couper.

vider v. t. Rendre vide : *vider un tonneau.* ‖ Boire le contenu de : *vider une bouteille.* ‖ Sortir, quitter : *vider les lieux.* ‖ Faire évacuer : *vider une salle.* ‖ *Pop.* Faire sortir brutalement, renvoyer une personne d'un lieu quelconque. ● *Vider une querelle,* la terminer. ‖ *Vider une volaille,* en retirer les entrailles et le foie.

videur, euse n. Celui, celle qui vide : *un videur de volailles.*

vide-vite n. m. inv. Dispositif de vidange presque instantanée d'une installation, d'un réservoir, etc., utilisé en cas de danger.

Victoria Iʳᵉ

Vidie (Lucien), mécanicien français, né à Nantes (1805-1866). On lui doit l'invention d'un baromètre métallique (1844), qu'il appela « baromètre anéroïde » et dont le succès fut considérable.

vidimus [vidimys] n. m. (mot lat. signif. *nous avons vu*). Attestation commençant par le mot *vidimus* et certifiant qu'un acte a été collationné et trouvé conforme à l'original : *délivrer un vidimus.*

Vidocq (François), aventurier français, né à Arras (1775-1857). Ancien bagnard, il fut chef de la brigade de Sûreté. Il a laissé des *Mémoires.*

vidoir n. m. Orifice d'un vide-ordures, par lequel on introduit les ordures à évacuer. ‖ Cuvette dans laquelle on jette les eaux résiduaires.

Vidor (King), metteur en scène de cinéma d'origine hongroise, né à Galveston (Texas) en 1894. Il réalisa entre autres films : *la Grande Parade* (1925), *la Foule* (1928), *Hallelujah* (1929), *Notre pain quotidien* (1934), *Duel au soleil* (1945), *Guerre et paix* (1956), *Salomon et la reine de Saba* (1959).

Vidourle (le), fl. côtier du bas Languedoc; 85 km.

vidrecome [vidrəkɔm] n. m. (de l'allem. *wiederkommen,* revenir). Grand verre à boire allemand.

viduité [vidɥite] n. f. (du lat. *viduus,* veuf). Veuvage. (Ne se dit guère que des femmes.) ● *Délai de viduité,* période suivant le décès du mari ou l'ordonnance de domicile séparé, pendant laquelle la femme veuve ou divorcée ne peut contracter un nouveau mariage : *le délai de viduité qui, en principe, est de 300 jours, peut être abrégé.*

vidure n. f. Ce qu'on ôte en vidant.

vie [vi] n. f. (lat. *vita*). Ensemble des activités qui permettent à certains édifices complexes, les *êtres vivants,* de conserver longuement leurs structures en dépit de diverses causes de destruction, de grandir et de provoquer la formation d'êtres semblables à eux-mêmes. (V. *encycl.*) ‖ Espace de temps qui s'écoule depuis la naissance jusqu'à la mort : *vie courte.* ‖ Manière de se nourrir; aliments : *mendier sa vie.* ‖ Coût de la subsistance : *la vie est chère.* ‖ Manière de vivre : *mener joyeuse vie.* ‖ Biographie, histoire d'un homme : *les « Vies » de Plutarque.* ‖ Profession : *embrasser la vie religieuse.* ‖ Entrain, mouvement, chaleur : *style plein de vie.* ● *De la vie, de ma vie, etc.,* jamais. ‖ *Devoir la vie à quelqu'un,* être né de lui; avoir été sauvé par lui. ‖ *Faire la vie* (Fam.), se livrer au plaisir. ‖ *Gagner sa vie,* s'assurer de quoi vivre. ‖ *Redonner, rendre la vie à quelqu'un,* le ranimer, le rassurer. | *Vie éternelle,* bonheur éternel des élus. ‖ *La vie future,* existence de l'âme après la mort. ‖ — Loc. adv. **A vie,** pour toute la durée de la vie : *pension, bail à vie.* ‖ **A la vie, à la mort, pour la vie,** pour toujours.

— ENCYCL. La *vie* a pour support structural la *cellule vivante,* animale ou végétale, avec ses deux organites interdépendants : cytoplasme et noyau. Elle repose tout d'abord sur la *sensibilité* et la *réactivité* (fonctions de *relation*), qui permettent à l'être de s'adapter à des conditions sans cesse changeantes; elle implique des échanges matériels et énergétiques avec le milieu (fonctions de *nutrition*); elle se définit par l'aptitude à transformer en soi-même des aliments originellement différents (*assimilation*), ce qui entraîne les fonctions de *croissance* et de *reproduction.* Toutefois, les êtres pluricellulaires sont tous atteints par la vieillesse et la mort. La vie existe sur la terre depuis plusieurs milliards d'années et ne donne aucun signe de récession, mais elle passe d'un individu à l'autre (suite des générations) et d'une espèce à l'autre (évolution biologique), immobilisant sous forme de *biosphère* un nombre immense d'atomes de carbone, d'oxygène, d'hydrogène, d'azote, de phosphore, de soufre, etc., qui parcourent chacun un cycle éternel.
La durée de vie chez les êtres organisés est extrêmement variable. Certains insectes tels que les éphémères ne vivent que quelques heures sous leur forme ailée. Divers oiseaux, au contraire, tels que l'aigle, le corbeau et surtout le cygne, atteindraient une longévité remarquable. Parmi les animaux domestiques, le mouton passe rarement l'âge de 10 ans, la vache celui de 15 ans, et le cheval celui de 20 ans. Le chien vit parfois 20 ans, le chat un peu moins. Beaucoup plus longue paraît être la vie des animaux sauvages, surtout de grande taille : éléphant, rhinocéros. Les éléphants vivraient plus d'un siècle.
Si la moyenne de la durée de la vie humaine reste basse dans les pays sous-développés, elle a considérablement augmenté dans les pays présentant une expansion économique normale. La durée moyenne de vie en France, qui était de 47 ans en 1900 et de 59 ans vers 1935, est actuellement de 71 ans. 80 p. 100 des nouveau-nés de 1908 atteignent maintenant leur 60ᵉ anniversaire contre 50 p. 100 des natifs de 1840 au début du siècle.

voir tableau pp. 824 et 825

vie dévote (*Introduction à la*), ouvrage de saint François de Sales (1609), manuel d'ascétisme à l'usage des gens du monde.

vie est un songe (*La*), drame de Calderón (v. 1633). Sigismond est tenu enfermé dans une caverne par le roi son père, à qui un oracle a prédit que son enfant serait la ruine du trône. Pris de remords, le roi fait boire un narcotique à son fils et le fait conduire dans son palais. Mais les passions de Sigismond se font jour. Transporté de nouveau dans sa prison, il en est tiré par une révolte de soldats. Il s'amende dans la crainte perpétuelle où il est que le songe qu'est pour lui la vie royale ne s'évanouisse encore une fois.

Vie pour le tsar (*la*), ou **Ivan Soussanine,** opéra russe, livret du baron Rosen, musique de Glinka (1836).

Vie de saint Alexis, poème écrit vers 1040, l'un des plus anciens monuments de la langue française. Il raconte l'histoire du fils d'un grand seigneur de Rome, qui, persuadé de la vanité des biens terrestres, s'enfuit pour mener une vie de mendiant et d'ascète, et revient vivre, ignoré de tous, sous l'escalier de son propre palais.

Vie de saint Léger, l'un des plus anciens monuments de la langue française (Xᵉ s.). C'est une complainte (en strophes de six vers octosyllabiques, assonant deux à deux) sur la vie et le martyre de saint Léger, évêque d'Autun.

Vies des dames galantes, titre sous lequel fut publiée à Leyde (1665) une partie des Mémoires de Brantôme. Ces anecdotes, souvent scandaleuses, constituent un document utile et savoureux pour l'histoire des mœurs. La Fontaine y a puisé le sujet de plusieurs de ses *Contes.*

Vies parallèles (communément *Vies des hommes illustres*), par Plutarque, récits biographiques consacrés aux grands hommes de la Grèce et de Rome, et groupés deux par deux (Démosthène-Cicéron, Alexandre-César, etc.).

vieil [vjɛj] adj. m. Autre forme de *vieux,* que l'on emploie devant un mot commençant par une voyelle ou par un *h* muet : *mon vieil ami; mon vieil habit.* (V. VIEUX.)

Vieil-Armand (le). V. HARTMANNSWILLERKOPF.

vieillard [vjɛjar] n. m. Homme d'un âge avancé. ‖ — Pl. Ensemble des hommes et des femmes âgés.

vieille [vjɛj] n. f. Nom usuel du *labre* (poisson marin).

Vieille (Paul), ingénieur français, né à Paris (1854-1934). Après avoir découvert avec Berthelot l'onde explosive (1881), il imagina en 1884 les poudres B, qui assurèrent une supériorité considérable à l'armement français. Il fit également de nombreuses recherches sur les ondes de choc (1898-1899) et sur la stabilité des poudres à la nitrocellulose (1900-1907).

vieillerie n. f. Vieux vêtement, vieux meuble. ‖ *Fig.* Idées rebattues, choses surannées, banales : *ne dire que des vieilleries.*

vieillesse n. f. Le dernier âge de la vie. ‖ Les vieilles gens : *la vieillesse est impitoyable.* ‖ *Fig.* Ancienneté; état de ce qui existe depuis longtemps : *la vieillesse améliore le vin.* ● *Assurance vieillesse,* celle des assurances sociales qui a pour objet de verser une pension ou une rente aux personnes âgées qui ont suffisamment cotisé.

— ENCYCL. La *vieillesse* s'accompagne d'un certain nombre de modifications organiques. Tous les tissus et organes, notamment le système artériel, sont atteints de sclérose. Une décalcification se produit au niveau des os (elle peut entraîner des fractures spontanées du col du fémur), et l'involution des parenchymes glandulaires est constante. La chute des dents et la canitie sont habituelles. Une faiblesse musculaire et une diminution de la vue, de l'ouïe et des facultés mentales se manifestent presque toujours.

Vieilleville (François DE SCEPEAUX, *seigneur* DE), comte DE DURTAL, maréchal de France (1510-1571), un des négociateurs du traité du Cateau-Cambrésis.

vieilli, e adj. Qui porte les traces apparentes de la vieillesse : *retrouver bien vieilli un ami ancien.* ‖ Devenu ancien; qui existe depuis longtemps : *préjugé vieilli.* ‖ Suranné : *une mode vieillie.*

vieillir [vjɛjir] v. i. (Prend *avoir* ou *être,* selon qu'on veut exprimer l'action ou l'état.) Devenir vieux : *il est pénible de vieillir.* ‖ Paraître vieux : *il vieillit depuis quelque temps.* ‖ Passer une grande partie de sa vie dans : *vieillir dans l'Administration.* ‖ Perdre de sa force, de sa fraîcheur : *les femmes vieillissent souvent plus vite que les hommes.* ‖ *Fig.* Commencer à n'être plus d'usage, à n'être plus apprécié, goûté : *cette mode vieillit; ce roman a vieilli.* ‖ — V. t. Rendre ou faire paraître vieux avant le temps : *cette toilette vous vieillit.* ‖ —

Phot. British Council.

Se vieillir v. pr. Se faire paraître vieux. ‖ Se dire plus vieux qu'on ne l'est réellement.

vieillissant, e adj. Qui vieillit.

vieillissement n. m. Etat de ce qui vieillit. ‖ Action de faire vieillir. ‖ *Métall.* Augmentation notable de la dureté de certains alliages trempés ou écrouis, au cours d'un maintien prolongé à une température peu élevée. (V. *encycl.*) ● *Vieillissement d'une population* (Démogr.), accroissement de la proportion des personnes les plus âgées : *le vieillissement de la population est commun aux populations occidentales.* (V. *encycl.*)

— Encycl. *Métall.* Le *vieillissement* est dû à la décomposition lente d'une solution solide sursaturée et à la précipitation de l'élément dissous en excès sous forme d'un composé défini finement divisé. Le retour vers l'équilibre physico-chimique est accompagné d'un changement considérable des propriétés. Cette évolution, extrêmement lente à température inférieure à 0 °C, devient sensible à température ambiante (*vieillissement naturel* ou *revenu à l'ambiante*) et est accélérée (*vieillissement artificiel*) par maintien de l'alliage à une température de l'ordre de 100 à 175 °C. Elle est utilisée industriellement comme traitement thermique, notamment pour améliorer les propriétés de certains alliages d'aluminium, tels que le Duralumin, dont elle augmente beaucoup la dureté. Le vieillissement existe également dans les aciers à faible teneur en carbone et se manifeste, soit après trempe, soit après écrouissage, par une augmentation de la dureté, mais aussi par un abaissement de l'allongement et de la résilience, ce qui réduit l'aptitude de tels aciers à l'emboutissage.

— *Démogr.* Le *vieillissement* de la population en France est en nette progression. Le pourcentage de personnes ayant dépassé 60 ans était de 10,9 p. 100 en 1860, de 12,7 p. 100 en 1900 et de 17,6 p. 100 en 1967. Ce vieillissement n'est pas dû seulement à une diminution de la mortalité, car cette baisse est plus importante pour les jeunes classes d'âge que pour les classes adultes et âgées, mais il est la conséquence d'une faible natalité.

vieillot [vjɛjo], **otte** [-ɔt] adj. *Fam.* Assez vieux ou paraissant tel : *une femme vieillotte.* ‖ Flétri comme dans la vieillesse : *mine vieillotte.*

Vieira (António), écrivain et homme politique portugais, né à Lisbonne (1608-1697). Jésuite, évangélisateur et défenseur des Indiens, il fut incarcéré par l'Inquisition de Coimbra (1665-1667). Revenu en faveur, il fut envoyé à Rome auprès de Clément X et regagna le Brésil en 1681. Ses *Sermons* et sa *Correspondance* font de lui un des classiques de la prose portugaise.

Vieira da Silva (Maria Elena), peintre français d'origine portugaise, née à Lisbonne en 1908. Elle pratique un art sensible à la limite de l'abstraction.

vièle [vjɛl] n. f. Instrument de musique du Moyen Age, à archet, monté de cinq cordes. (Sa caisse à fond plat, tantôt ovale, tantôt rectangulaire, est légèrement échancrée. Sa table d'harmonie est percée de deux ouïes. La vièle compte parmi les ancêtres de la viole.)

Vielé-Griffin (Francis), poète français d'origine américaine, né à Norfolk (Virginie) [1863-1937]. Il pratiqua la métrique classique (*Cueille d'avril,* 1886), avant d'exposer la théorie du vers libre dans les *Entretiens politiques et littéraires* (1890-1892), qu'il rédigea avec P. Adam et B. Lazare. Unissant les influences anglo-saxonnes à l'enseignement de Mallarmé, il dédaigna la poésie d'école et de cénacle (*les Cygnes,* 1885-1886), et s'inspira dans ses poèmes dramatiques des légendes germaniques ou antiques (*Voix d'Ionie,* 1914).

Viella, v. d'Espagne (Catalogne), chef-lieu du Val d'Aran ; 1 100 h. Centre touristique. Tunnel routier long de 6 km sous le *col de Viella.*

vielle [vjɛl] n. f. (de l'anc. provenç. *viola*). *Vielle à roue,* instrument de musique ancien et populaire, à cordes et à touches, que l'on fait agir au moyen d'une roue mue par une manivelle, et qui fait entendre, en plus de l'air exécuté, une basse permanente.

Vielle-Aure (65520), ch.-l. de c. des Hautes-Pyrénées (arr. de Bagnères-de-Bigorre) ; 196 h.

vieller v. i. Jouer de la vielle.

vielleur, euse n. Qui joue de la vielle. (On dit aussi vielleux.)

Vielmur-sur-Agout (81420), ch.-l. de c. du Tarn (arr. de Castres) ; 910 h. (632 aggl.).

Vien (Joseph Marie), peintre français, né à Montpellier (1716-1809). Elève de Natoire, il travailla pour Mme de Pompadour et prépara le néo-classicisme par son enseignement. Il fut le professeur de David.

Vienne, en allem. **Wien,** cap. de l'Autriche, sur le Danube ; 1 640 000 h. (*Viennois*). Archevêché. Université. L'essor de la ville a été lié à sa situation, au contact de la plaine pannonienne et de l'extrémité orientale des Alpes, là où la voie du Danube, reliant l'Europe occidentale à l'Europe balkanique, coupe l'axe de circulation unissant par la porte de Moravie et le Semmering les pays de la Baltique à l'Europe méditerranéenne. La ville ne s'est pas établie initialement sur les rives marécageuses du Danube, mais au confluent d'un bras du fleuve (le Donaukanal) et d'une petite rivière, la Wien. Elle s'est développée surtout à partir du XVIIIe s. (après la défaite des Ottomans), comme centre politique, commercial, financier et aussi artistique d'un vaste empire. Son rôle économique s'affirma au XIXe s. avec l'essor de la navigation sur le Danube et l'apparition de la voie ferrée. **Aujourd'hui, Vienne possède de nombreuses industries. Regroupant près du quart de la population du pays, elle n'est, toutefois, plus adaptée aux dimensions de l'Autriche actuelle. La vieille ville médiévale est entourée par un long boulevard circulaire (le Ring) ; au-delà s'étendent les quartiers enfermés dans l'enceinte disparue (Gürtel) ; le centre de l'animation est la Mariahilferstrasse, qui mène au château de Schönbrunn. Entre le Donaukanal et le Danube se localise la promenade du Prater.**

● *Histoire.* La ville de Vienne apparaît au XIe s., après la reconquête de la marche bavaroise sur les Magyars. En 1237, l'empereur Frédéric II fit de Vienne une ville impériale. Capitale d'Otakar II Přemysl (1251), puis de Rodolphe Ier de Habsbourg (1276), la ville fut dotée d'une université (1365). Disputée entre les Habsbourg et les rois de Hongrie, elle fut soumise en 1522 par Ferdinand Ier, qui réprima le mouvement communal. Sa position stratégique importante attira les Turcs, qui, en 1683, furent repoussés par Charles de Lorraine et Jean III Sobieski. Centre culturel de renommée universelle, Vienne fut embellie par Marie-Thérèse et par Joseph II. Prise deux fois par Napoléon (1805 et 1809), elle devint en 1814-1815 le centre diplomatique de l'Europe. Le congrès de Vienne, animé surtout par Metternich, réorganisa l'Europe, au profit des rois, après la chute de Napoléon : faits dans le mépris du principe des nationalités, les accords qui consacrèrent ce congrès portèrent en eux le germe des révolutions nationales et libérales du XIXe s. La révolution de 1848 eut à Vienne un grand retentissement, mais l'insurrection, un moment victorieuse, finit par succomber sous les coups de Windischgraetz (31 oct.). Capitale hypertrophiée de la République autrichienne, fermée après la dislocation de l'empire des Habsbourg et réduite à 6 millions d'hab., la ville forma en 1920 un territoire fédéral particulier, fief socialiste jusqu'à la dictature de Dollfuss. Allemande de 1938 à 1945, elle souffrit beaucoup de la guerre. En 1945, elle redevint la capitale de l'Autriche indépendante, mais ne fut évacuée par les Alliés qu'en 1955.

● *Beaux-arts.* La ville possède d'importants monuments : cathédrale (XIVe-XVe s.), église Saint-Charles-Borromée (début du XVIIIe s.), château du Belvédère (1714-1723), nombreux hôtels baroques, musées et bibliothèques.

Vienne (*cercle de*), école de logiciens allemands, dits *néopositivistes,* dont l'objectif est la formalisation logique des énoncés scientifiques et leur vérifiabilité. Cette école fit paraître la revue *Erkenntnis* (« Connaissance »), à partir de 1930. Ses principaux représentants sont Schlick, Carnap, Kraft, Hahn, Neurath.

Vienne (la), riv. de France, née sur le plateau de Millevaches, qui arrose Limoges, Châtellerault, Chinon et se jette dans la Loire (r. g.) ; 372 km.

Vienne, ch.-l. d'arr. de l'Isère, sur le Rhône ; 30 276 h. (*Viennois*). Temple d'Auguste et de Livie (Ier s.). Théâtre romain. Cathédrale (XIIe-XVe s.). Eglise Saint-André-le-Bas (XIIe s.). Métallurgie. Textiles. — L'arr. a 9 cant., 112 comm., 132 481 h.

● *Histoire.* Capitale des Allobroges, la cité fut, sous Dioclétien, capitale de la province viennoise. Evêché, puis archevêché (IVe s.), elle fut attribuée à Lothaire (843), puis donnée à Boson (879), qui en fit la capitale de son royaume de Bourgogne et de Provence, devenu au XIe s. royaume d'Arles et de Vienne. Philippe le Bel y réunit un concile qui imposa la suppression des Templiers (1311). Réunie au royaume de France (1349), Vienne fut longtemps disputée entre les archevêques et les dauphins ; le futur Louis XI finit par l'emporter.

Vienne (*dép. de la*) [**86**], dép. de la partie orientale du Poitou ; préf. *Poitiers ;* s.-préf. *Châtellerault, Montmorillon ;* 3 arr., 35 cant., 297 comm. ; 6 985 km² ; 340 256 h. La majeure partie du dép. s'étend sur les plaines du *haut Poitou* (ou *seuil du Poitou*), où l'économie rurale varie avec la nature des sols : élevage (bovins, porcs) sur les terres de brandes, améliorées, du sud-est ; cultures céréalières et fourragères, localement vigne, à l'ouest du Clain, où affleurent les calcaires ; forêts, trouées de clairières portant des cultures maraîchères et fruitières dans l'extrémité nord, sur des sols souvent sableux. L'industrie emploie 30 p. 100 de la population active (un peu plus que l'agriculture), et tient une place peu importante. Elle est représentée par la petite métallurgie, quelques constructions électriques, le travail du bois, et se localise principalement dans les deux plus grandes villes (Châtellerault et surtout Poitiers), dont la croissance ne doit pas masquer l'importance de l'émigration, qui affecte une grande partie du département.

Vienne (Autriche) : une partie de la ville

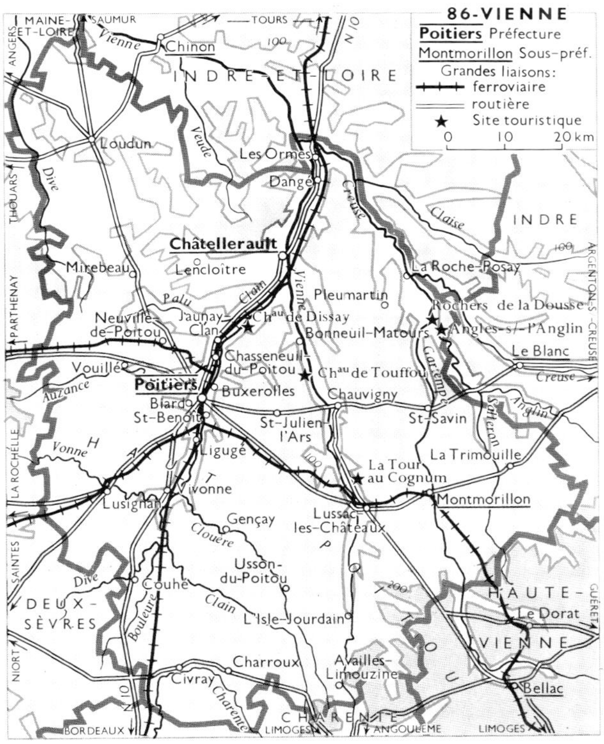

Phot. Office du tourisme de la ville de Vienne.

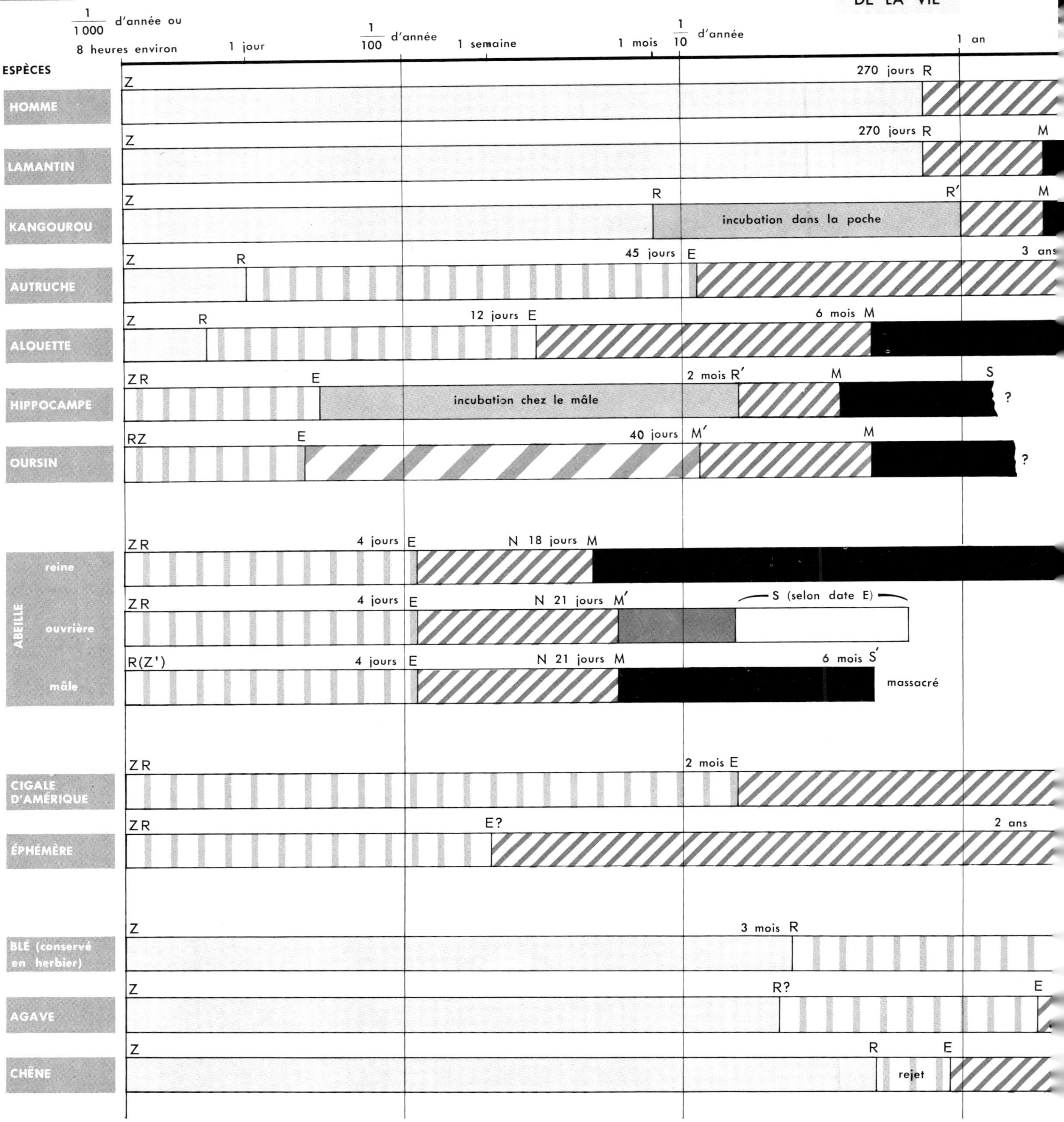

La vie d'un individu commence lors de l'union des deux noyaux sexuels ♂ et ♀ ; c'est alors un *zygote* (Z), sauf au cas exceptionnel où un œuf vierge entre en développement (Z′, *mâle d'abeille*). L'embryon peut être enveloppé dans un œuf ; une éclosion (E) est alors nécessaire. Le rejet (R) des œufs hors du corps maternel peut être légèrement antérieur à la fécondation *(poissons osseux)*, simultané avec celle-ci *(grenouille)* ou largement postérieur. Dans ce dernier cas, l'éclosion peut suivre de loin le rejet *(oiseaux)*, lui être simultanée *(vipère)* ou n'être pas nécessaire *(mammifères)*. L'incubation dans une cavité organique peut entraîner une sorte de seconde naissance *(kangourou, hippocampe)*. L'accès à la maturité sexuelle et à l'âge adulte (M) peut être précédé d'une vie larvaire et de métamorphoses, les unes (N) productrices d'adultes, les autres (M′) juvéniles. Enfin, la durée de la vie adulte est limitée par une sénilité mortelle (S), survenant à un âge généralement très mal connu. Chez les plantes supérieures, seules envisagées ici, la germination de la graine peut être comparée à l'éclosion de l'œuf et est notée (E).

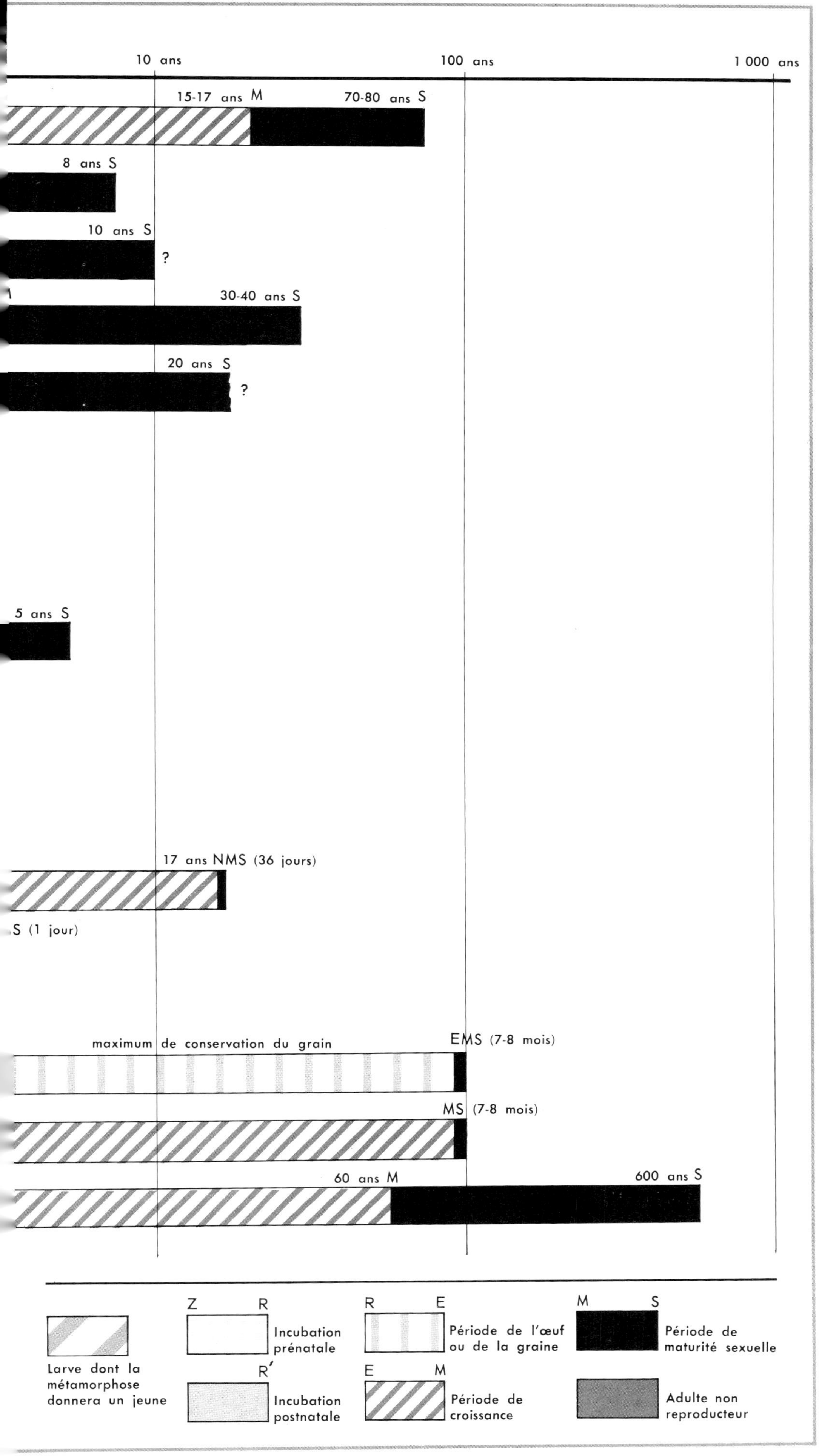

Vienne (*dép. de* la **Haute-**) [**87**], dép. du nord-ouest du Massif central; préf. *Limoges;* s.-préf. *Bellac, Rochechouart;* 3 arr., 37 cant., 205 comm.; 5 512 km²; 341 589 h. Le dép. s'étend sur la majeure partie du *Limousin**, formé ici de lourds plateaux cristallins, entaillés par des vallées profondes (Vienne, Gartempe). L'amélioration des communications de la région, longtemps isolée, a permis l'essor d'un important élevage bovin, pour la viande, favorisé par l'humidité du climat et l'extension des prairies naturelles. L'élevage a provoqué le recul de la polyculture vivrière au profit des cultures fourragères. En dehors des branches extractives (gisements d'uranium exploité et traité à Bessines-sur-Gartempe), l'industrie, qui emploie plus du tiers de la population active (soit nettement plus que l'agriculture), est représentée principalement par la porcelaine (née de la présence du kaolin à Saint-Yrieix), les constructions mécaniques, le travail du cuir, la papeterie. Elle se localise essentiellement à Limoges, dont l'agglomération groupe 43 p. 100 de la population totale du dép. (et dont la croissance limite l'émigration), accessoirement à Saint-Junien, centre de la ganterie. V. CARTE p. 825.

Vienne (Jean DE), amiral de France (v. 1341-1396). Il se signala pendant la guerre de Cent Ans et trouva la mort dans la bataille de Nicopolis.

Viennoise (la), prov. de la Gaule romaine, baignée par la Méditerranée; cap. *Vienne.*

Vientiane, cap. administrative du Laos, sur le Mékong; 132 300 h. Centre commercial.

vierge [vjɛrʒ] n. f. (lat. *virgo, virginis*). Fille qui a vécu dans une continence parfaite. ● *La Sainte Vierge,* la Vierge Marie. ‖ — Adj. Se dit des personnes qui ont vécu dans une continence parfaite : *un jeune homme vierge.* ‖ Se dit d'une chose qui n'a pas servi, qui est intacte : *page vierge; réputation vierge.* ● *Huile vierge,* huile extraite des olives écrasées à froid. ‖ *Terre vierge,* terre qui n'a jamais été cultivée.

Vierge, constellation zodiacale, située presque sur l'équateur et s'étendant un peu au sud, et dont l'étoile la plus brillante est l'*Epi.* Elle contient également l'une des premières étoiles doubles qui furent découvertes, ainsi qu'un remarquable groupement d'une centaine de galaxies, l'*Amas Virgo,* dont l'étude joue un grand rôle dans la connaissance d'ensemble de l'Univers. — Sixième signe du zodiaque, correspondant à la période du 22 août au 22 septembre.

Vierge (Daniel URRABIETA, dit **Daniel**), dessinateur espagnol, né à Madrid (1851-1904). Fixé à Paris (1869), il a illustré notamment les œuvres de Michelet.

Vierges (*îles*), archipel des Petites Antilles. Les unes appartiennent au Commonwealth (*Leeward Islands*); les autres (*Saint Thomas, Sainte-Croix* et *Saint John*) furent achetées au Danemark, en 1917, par les Etats-Unis et comptent 62 200 h.

Vierne (Louis), compositeur français, né à Poitiers (1870-1937). Organiste de Notre-Dame de Paris, il a laissé cinq symphonies et plusieurs recueils de pièces d'orgue.

Viernyï. V. ALMA-ATA.

Vierzon (18100), ch.-l. de c. du Cher (arr. de Bourges), sur le Cher; 34 421 h. (*Vierzonnais*). Eglise (XIIe et XVe s.). Centre ferroviaire et industriel (métallurgie).

Viêt-cong (du vietnamien *Viêt*-nam et *công*-san [communiste]), au Viêt-nam du Sud, nom donné par leurs adversaires aux membres du Front national de libération.

Viète (François), mathématicien français, né à Fontenay-le-Comte (1540-1603). Il fut le plus grand mathématicien de son temps. Il donna à la trigonométrie sa forme définitive. Mais son principal mérite est sinon d'avoir créé l'algèbre, du moins de l'avoir complètement transformée, introduisant l'usage des lettres pour représenter les valeurs numériques, donnant des procédés pour résoudre les équations par approximations successives et découvrant les relations entre les coefficients et les racines d'un polynôme. Il appliqua l'algèbre à la géométrie, traitant par l'algèbre des problèmes de géométrie et résolvant des problèmes algébriques par des constructions géométriques. Il présuma l'incommensurabilité du nombre π.

Viêt-minh (*Front de l'indépendance du Viêt-nam*), formation politique vietnamienne, formée en 1941 de la réunion du parti communiste indochinois et d'éléments

Viète

Phot. Larousse.

LES GRANDS TYPES D'ÊTRES VIVANTS

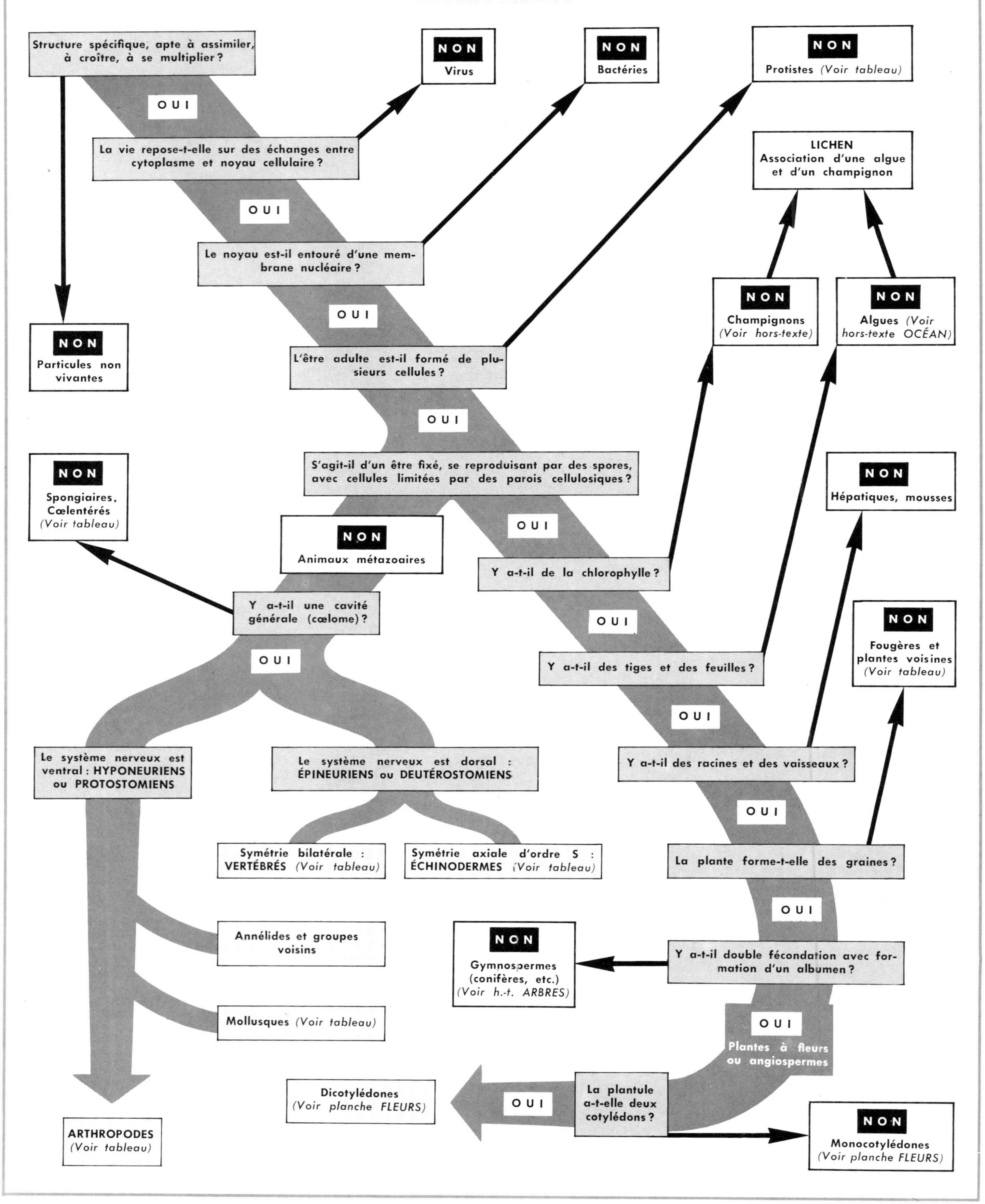

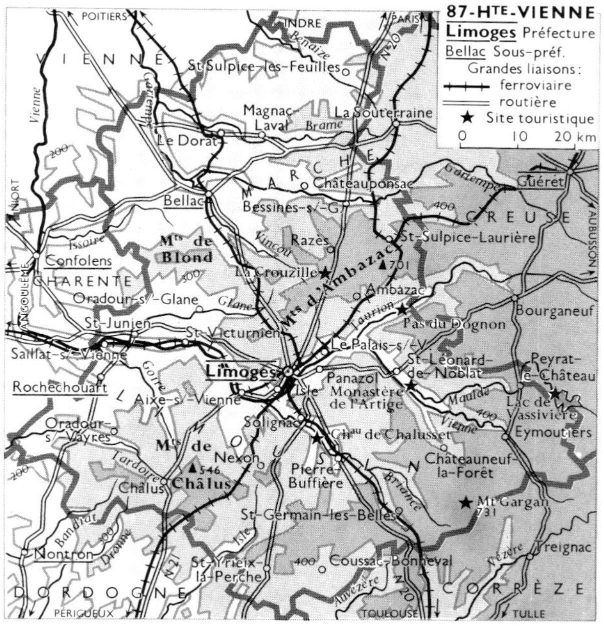

nationalistes. Le Viêt-minh dirigea le premier gouvernement vietnamien en 1945 et composa d'abord avec la France (1946), avant de prendre la tête de la lutte armée contre les forces françaises et leurs alliés vietnamiens. Il s'est imposé dans le Viêt-nam du Nord avec Hô Chi Minh.

Viêt-nam, région de l'Asie du Sud-Est, divisée traditionnellement entre le Tonkin, l'Annam et la Cochinchine.

● *Histoire.* Peuplé dès le paléolithique (civilisations de Hoa Binh et de Bac Son), le pays voit, durant le néolithique, la fusion de divers éléments ethniques (dont des Chinois), qui aboutit à la naissance du peuple vietnamien. Le royaume du Nam-Viêt, constitué en 208 av. J.-C., est conquis par la Chine (111 av. J.-C.). Le bouddhisme s'y implante au IIe s. apr. J.-C. La domination chinoise se termine en 939. Ngô Quyên regroupe le Tonkin et l'Annam, avec Co Loa pour capitale. La dynastie des Ly (1010-1225) organise l'Etat et choisit comme capitale Thang Long, sur le site de Hanoi. Celle des Trân (1225-1413) repousse les invasions mongoles et annexe la région de Huê (1306).

Un paysan, Lê Loi, chasse les Chinois (1428), qui avaient à nouveau occupé le pays durant vingt et un ans, et fonde la dynastie des Lê postérieurs (1428-1789), qui étend le royaume jusqu'à la Cochinchine (1471) et impose sa suzeraineté aux royaumes Lao du Mékong. Des luttes intestines sanglantes ont lieu, envenimées par l'intervention des étrangers. Après les usurpateurs Mac, les Nguyên et les Trinh se battent entre eux, mais étendent aussi les frontières du pays. En 1773 a lieu dans le Sud une révolte populaire dirigée par les trois frères Tây-son ; à la faveur de la prise de Huê par les Trinh (1775), ils occupent Saigon l'année suivante, éliminent les rois Lê en 1789 et se partagent le Dai-Viêt (Annam, Cochinchine, Tonkin). Nguyên Anh, avec l'aide de la France obtenue en 1787, reconquiert la Cochinchine (1788), Huê (1801), Hanoi (1802) et devient l'empereur Gia-long (1802-1820).

A la fois chef militaire, civil et religieux, il crée une administration centralisée, tout en maintenant la division historique du pays en trois régions ou *ky :* il entreprend de grands travaux, pratique une politique d'entente avec la France et fait une large part à l'influence de la Chine, qui le reconnaît comme empereur en 1803 et donne le nom de *Viêt-nam* à l'ancien Dai-Viêt (ainsi appelé depuis le Xe s.). Sous les règnes de Minh-Mang (1820-1841) et de Tu Duc (1848-1883), les Vietnamiens persécutent les missions chrétiennes et imposent un protectorat au Cambodge (1834). Les paysans, grevés par les impôts, se soulèvent. Pour protéger les missions chrétiennes, mais aussi pour s'assurer des comptoirs, les Français interviennent : prise de Saigon (1859), protectorat sur le Cambodge (1863) et achèvement de la conquête de la Cochinchine (1867). Après les expéditions de Garnier à Hanoi, de Rivière et de Courbet, le traité de Huê (1883) établit sur l'Annam et le Tonkin le protectorat français, que la Chine reconnaît deux ans plus tard. Les trois ky forment l'Union indochinoise en 1887. Après une étape d'administration indirecte, Paul Doumer applique des méthodes d'administration directe (1897-1902). Albert Sarraut (1911-1914 et 1916-1919) s'efforce d'appliquer « une politique de développement humain et d'éducation », et permet le retour progressif à l'indépendance, ce que commence à réaliser Alexandre Varenne (1925-1928). L'intervention française est favorable aux progrès économiques, mais contrecarre le développement culturel national. Des révoltes populaires ont lieu (1908 et 1930). Des partis politiques se fondent : parti national du Viêt-nam (Hanoi, 1927) et parti communiste, fondé en 1930 par Nguyên Ai Quoc (plus tard Hô Chi Minh). A la faveur de l'intervention japonaise (1940), ce dernier crée en 1941 le Viêt-minh (Front pour l'indépendance), qui force l'empereur Bao-Daï (qui règne depuis 1932) à abdiquer et constitue une république démocratique indépendante (1945).

Le nouvel Etat se donne Hô Chi Minh pour président (1946) ; il est reconnu par la France, mais celle-ci refuse d'y inclure la Cochinchine, ce qui déclenche la guerre (v. INDOCHINE FRANÇAISE [*campagne d'*]). En 1948, Bao-Daï est rappelé par la France, qui reconnaît l'unité et l'indépendance du Viêt-nam au sein de l'Union française. La Chine communiste reconnaît le gouvernement d'Hô Chi Minh, et Vô Nguyên Giap remporte la victoire de Cao Bang (1950). Une contre-offensive est menée par le haut-commissaire de Lattre de Tassigny (1951-1952), mais la prise de Diên Biên Phu provoque la fin de la guerre et la conférence de Genève, qui sanctionne la division du pays (1954).

Viêt-nam (*république démocratique du*) ou **Viêt-nam du Nord,** Etat de l'Asie du Sud-Est, occupant la partie du Viêt-nam située au nord de Huê, à partir du 17e parallèle environ ; 164 000 km²; 21 340 000 h. (*Vietnamiens*). Cap. *Hanoi*. Langue : *vietnamien*.

Géographie.

S'étendant sur le Tonkin et la moitié septentrionale de l'Annam, le Viêt-nam du Nord est caractérisé par l'opposition entre des régions littorales basses, correspondant généralement à des plaines deltaïques, et des régions intérieures formées de hauts plateaux et de moyennes montagnes. La moitié de la population est concentrée dans le delta du fleuve Rouge (bas Tonkin), qui occupe moins du dixième de la superficie totale. Atteint par la mousson d'été, le bas Tonkin est humide (plus de 1 700 mm à Hanoi) ; les moyennes thermiques oscillent entre 18 et 28 °C. Très anciennement mis en valeur, drainé et irrigué depuis deux siècles à certains endroits, le bas Tonkin est une grande région rizicole, où deux récoltes par an sont souvent fournies. Le même type d'économie se retrouve dans les plaines méridionales (autour de Thanh Hoa, de Vinh, de Ha Tinh, de Dong Hoi). Aéré au nord du fleuve Rouge, où l'altitude ne dépasse qu'exceptionnellement 2 000 m, le relief devient plus massif et élevé au sud (notamment dans le massif cristallin du Fan Si Pan [3 142 m]), ouvert seulement par quelques plaines d'effondrement (Diên Biên Phu). Le haut Tonkin ainsi que les plateaux de l'Annam ont un peuplement beaucoup plus clairsemé, composé essentiellement de minorités : Méos, Mâns, encore semi-nomades et se livrant à la culture itinérante sur brûlis (ray), qui explique la dégradation de la forêt ; Thaïs, sédentaires et localisés dans les vallées.

L'avènement du régime communiste a entraîné la socialisation quasi complète de l'économie, sur le triple plan agricole, industriel et commercial. Le riz, fondement de l'alimentation, est la principale culture, mais la généralisation de la seconde récolte et l'utilisation des levées de terre séparant les rizières expliquent l'importance non négligeable de quelques autres productions (canne à sucre, maïs notamment). La pêche apporte un complément alimentaire appréciable. L'industrialisation, accélérée depuis 1954, a été favorisée par la présence du charbon (Hon Gai) et du fer (Thai Nguyên), qui ont permis l'essor de la sidérurgie (Thai Nguyên). Nam Dinh est un centre textile ; la métallurgie, la chimie et les industries alimentaires sont surtout représentées dans les deux agglomérations majeures, la capitale Hanoi et le port Haiphong. La quasi-totalité du commerce extérieur s'effectue avec les autres Etats socialistes (et le Japon). Outre les difficultés politiques actuelles, l'avenir est hypothéqué par la croissance rapide de la population (de l'ordre de 3 p. 100), qui pose localement le problème de surpeuplement dans un pays où les plaines sont réduites. Outre une réduction de la natalité, ce problème, il est vrai, peut être résolu par le développement de l'industrie, puisque l'agriculture emploie encore environ la moitié de la population active.

paysage entre Lang Son et la frontière chinoise

Viêt-nam du Nord
rizière au Tonkin

Phot. Almasy (2).

village moï
sur les hauts plateaux

rizière près de Da Nang
Viêt-nam du Sud

Histoire.

La république démocratique du Viêt-nam (ou Viêt-nam du Nord) doit, à son installation, faire face à une situation économique délicate, le delta surpeuplé du fleuve Rouge étant traditionnellement tributaire des rizières de Cochinchine. Par son plan triennal de 1954-1957, elle pratique une politique de réforme agraire, de rationnement, de collectivisation et d'industrialisation. Depuis 1956, elle intensifie son soutien au Front national de libération. Violemment bombardé par les Américains à partir de 1965, le Viêt-nam du Nord a organisé sa vie en fonction des raids aériens. Le cessez-le-feu de janvier 1973 met fin à ces derniers.

Viêt-nam (*république du*) ou **Viêt-nam du Sud,** Etat de l'Asie du Sud-Est, occupant la partie méridionale du Viêt-nam, au sud du 17ᵉ parallèle ; 170 230 km²; 19 370 000 h. (*Vietnamiens*). Cap. *Saigon.* Langue : *vietnamien.*

Géographie.

L'Etat juxtapose une partie septentrionale élevée, formée de hauts plateaux et de moyennes montagnes, et correspondant à la moitié sud de l'Annam, et une partie méridionale (moins étendue) basse, correspondant essentiellement au delta du Mékong et constituant l'ancienne Cochinchine. Abondamment arrosée (plus de 2 000 mm à Saigon) pendant la mousson estivale et chaude (les températures se maintiennent constamment autour de 25 °C), la Cochinchine est une importante région rizicole. La population est toutefois moins dense que dans le bas Tonkin. Si la Cochinchine est le domaine des Vietnamiens proprement dits, l'Annam (en dehors des rares et étroites plaines littorales) est peuplé en grande partie par des montagnards moïs, dont le type d'économie (culture itinérante sur brûlis) a dégradé une forêt dont l'exubérance témoigne de l'abondance des précipitations (plus de 2 000 mm). Les plateaux, parsemés de quelques stations climatiques (Dalat), possèdent diverses plantations (caféiers, théiers et surtout hévéas).
La population, moins dense que dans le Viêt-nam du Nord, s'accroît aussi rapidement, à un rythme annuel de l'ordre de 3 p. 100. L'urbanisation est encore modeste. Si Saigon-Cho Lon groupe encore le huitième de la population totale, seuls Da Nang et Huê dépassent encore 100 000 h. D'ailleurs, plus des quatre cinquièmes de la population active sont employés dans l'agriculture, qui fournit le tiers de la production intérieure brute. Le riz est la base de l'alimentation ; le thé et surtout le caoutchouc sont les principales cultures commerciales. La pêche apporte un complément alimentaire important. L'industrie est peu développée, en dehors de quelques branches de consommation (alimentation et textile).
La balance commerciale est très lourdement déficitaire. Le taux de couverture des importations est généralement inférieur à 20 p. 100. Le caoutchouc représente les trois quarts des exportations. Les importations, à côté des produits industriels, comprennent des compléments alimentaires dont le montant dépasse le total des exportations. Près de la moitié des importations proviennent des Etats-Unis. Le tiers des exportations est dirigé vers la France (importatrice de caoutchouc produit par des sociétés françaises). L'économie a été profondément désorganisée par la guerre.

Histoire.

Dans la république du Viêt-nam (ou Viêt-nam du Sud), Ngô Dinh Diem devient chef du gouvernement (1954). L'année suivante, l'empereur est déposé et la république proclamée. En 1956, la république du Viêt-nam se retire de l'Union française et instaure un régime autoritaire soutenu par les Etats-Unis. Elle doit intégrer 850 000 réfugiés catholiques venus du nord et créer une industrie nationale, jusque-là localisée au-delà du 17ᵉ parallèle. Le gouvernement Diem liquide les sectes politico-religieuses, mais doit faire face non seulement au « Front national de libération », soutenu par le Viêt-nam du Nord, mais aussi aux nationalistes anti-américains (d'où

—VIÊT-NAM—

les coups d'Etat de 1960 et de 1962) et aux bouddhistes. L'opposition de ceux-ci prend un caractère violent en 1963, et, finalement, un coup d'Etat militaire provoque la même année la chute et l'assassinat de Diem. Après un temps d'instabilité politique, le gouvernement du général Nguyên Cao Ky s'installe (1965), pendant que les Américains intensifient leur effort de guerre. Celle-ci accroît la corruption, la misère et le nombre des réfugiés. En septembre 1967, le général Nguyên Van Thieu est élu président de la République. En janvier 1973, un cessez-le-feu intervient entre les diverses parties et les Etats-Unis mettent fin à leur intervention armée directe. Le pays est alors administré conjointement par le régime de Saigon et par le « Gouvernement révolutionnaire provisoire » (G. R. P.), issu du « Front national de libération ». En avril 1975, le G. R. P. établit son pouvoir sur tout le Viêt-nam du Sud à la suite de la débâcle militaire du régime de Saigon.

vietnamien [vjɛtnamjɛ̃], **enne** [-ɛn] adj. et n. Du Viêt-nam. ‖ — N. m. Langue monosyllabique à six tons, parlée au Viêt-nam.

vieux [vjø] ou **vieil, vieille** [vjɛj] adj. (lat. *vetus*). Avancé en âge : *un vieil homme ; les vieilles gens.* ‖ Agé par rapport à un autre : *je suis plus vieux que vous.* ‖ — Contr. JEUNE. ‖ Qui exerce une profession depuis longtemps : *un vieux professeur.* ‖ Qui est tel depuis longtemps : *vieil ami.* ‖ Qui existe depuis longtemps : *vieux meuble.* ‖ — Contr. NOUVEAU. ‖ Usé ; dont on se sert depuis longtemps : *un vieux chapeau.* ‖ Qui n'est plus en usage : *vieille expression.* ● *Ne pas faire de vieux os* (Fam.), ne pas vivre longtemps. ‖ *Se faire vieux,* vieillir. ‖ *Les vieux jours,* la vieillesse. ‖ — N. m. Ce qui est ancien : *le vieux vaut le neuf.* ● *Prendre un coup de vieux,* vieillir brutalement. ‖ — N. Personne âgée : *les jeunes et les vieux ; une pauvre vieille.* ● *Mon vieux, ma vieille,* termes d'amitié familiers.

vieux- (fém. **vieille-**) **catholique** adj. et n. Se dit particulièrement des catholiques d'Europe centrale qui refusèrent d'adhérer au dogme de l'infaillibilité pontificale en 1870 et constituèrent l'Eglise vieille-catholique. En 1889, par l'Union d'Utrecht, ils s'associèrent à l'Eglise janséniste hollandaise.

Vieux de la montagne, nom donné par les croisés et par les historiens occidentaux aux chefs des ismaéliens ou assassins. Les plus célèbres sont Ḥasan ibn al-Ṣabbāḥ et Aladin.

Vieux-Boucau-les-Bains (40480), comm. des Landes (arr. de Dax) ; 903 h. Station balnéaire.

Vieux-Condé (59690), comm. du Nord (arr. de Valenciennes) ; 11 970 h. (*Vieux-Condéens*). Métallurgie.

Vieuxtemps (Henry), violoniste belge, né à Verviers (1820-1881). Virtuose international, professeur au conservatoire de Bruxelles, on lui doit de célèbres concertos et une fantaisie-caprice pour son instrument.

vif [vif], **vive** [viv] adj. (lat. *vivus*). Qui est en vie : *être brûlé vif.* ‖ Qui a beaucoup de vigueur, d'activité : *enfant vif.* (Syn. : AGILE, LÉGER, LESTE, PRESTE.) ‖ Prompt à s'emporter : *vif comme la poudre.* ‖ — *Fig.* Qui conçoit promptement : *imagination vive.* ‖ Brillant, éclatant : *couleur vive.* ‖ Mené avec entrain : *attaque vive.* ‖ Animé : *œil vif.* ‖ Exprimé avec violence ou mordant : *vifs reproches.* ● *Arête vive,* angle saillant et non émoussé du bois, de la pierre, etc. ‖ *Eau vive,* qui coule de source. ‖ *Foi vive,* que rien ne peut ébranler. ‖ *Haie vive,* formée d'arbustes en pleine végétation. ‖ — Loc. adv. **De vive force,** en employant la violence. ‖ **De vive voix,** en parlant directement à la personne intéressée.

vif n. m. Chair vive : *trancher dans le vif.* ‖ *Dr.* Personne vivante : *donation entre vifs.* ‖ Petit poisson vivant qui sert d'appât. ‖ *Fig.* Ce qu'il y a de plus important : *le vif d'une question.* ● *Couper, trancher dans le vif,* jusque dans les parties essentielles, les inclinations les plus chères ; prendre des mesures énergiques. ‖ *Piquer au vif,* offenser. ‖ *Prendre sur le vif,* imiter avec beaucoup de vérité. ‖ *Toucher au vif,* au point le plus sensible. ‖ *Vif de l'eau,* époque des marées de nouvelle lune et de pleine lune.

Vif (38450), ch.-l. de c. de l'Isère (arr. de Grenoble) ; 3 301 h. (2 302 aggl.).

vif-argent n. m. Anc. nom du *mercure.* ● *Avoir du vif-argent dans les veines* (Fam.), avoir de la vivacité.

Vigan (LE) [30120], ch.-l. d'arr. du Gard, sur l'Arre ; 4 333 h. (*Viganais*). Bonneterie. Patrie du chevalier d'Assas. — L'arr. a 10 cant., 76 comm., 29 653 h.

Vigano (Salvatore), danseur et chorégraphe italien, né à Naples (1769-1821). Neveu du compositeur Boccherini, il subit l'influence de Dauberval, qu'il rencontre en Espagne. Après avoir épousé la danseuse Maria Medina,

Phot. Lajoux-Rapho, Rikli-Viollet.

il poursuit avec elle une carrière européenne. Beethoven compose pour lui la partition des *Créatures de Prométhée,* dont le ballet est créé en 1801 à Vienne. A travers l'œuvre musicale, Vigano s'attache à rendre les expressions réalistes et, par cette conception esthétique, il peut être considéré comme le précurseur du ballet moderne. Il est l'auteur de plus de quarante ballets, dont *Dédale* (1818), *la Vestale* (1818), *I Titani* (1819).

Vigée-Lebrun (Louise *Elisabeth* VIGÉE, *Mme*), peintre français, née à Paris (1755-1842). Elle peignit des paysages et surtout de gracieux portraits. Célèbre de bonne heure, elle devint le peintre attitré de Marie-Antoinette. Chassée de France par la Révolution, elle n'y revint que sous l'Empire, après avoir travaillé dans de nombreuses capitales. Elle a laissé des *Souvenirs* intéressants.

Vigeois (19410), ch.-l. de c. de la Corrèze (arr. de Brive-la-Gaillarde) ; 1 497 h. (768 aggl.).

Vigevano, v. d'Italie (Lombardie) ; 66 000 h. Industrie du caoutchouc.

vigie [viʒi] n. f. (portug. *vigia ;* de *vigiar,* veiller). *Mar.* Homme placé en observation à bord d'un navire. ‖ Homme chargé, à terre, de surveiller le large : *installer une vigie.*

vigilance [viʒilɑ̃s] n. f. Attention vive, surveillance soutenue : *redoubler de vigilance.* (Syn. : APPLICATION, DILIGENCE, SOIN.)

vigilant, e adj. Plein de vigilance : *gardien vigilant.*

vigile [viʒil] n. f. (lat. *vigilia,* veille). *Relig. cath.* Jour qui précède une fête religieuse importante.

vigile n. m. (lat. *vigil*) A Rome, surveillant de nuit. ‖ Surveillant effectuant des rondes nocturnes, en particulier pour prévenir des cambriolages de magasins.

Vigile (m. en 555), pape de 537 à 555.

vigne [viɲ] n. f. (lat. *vinea ;* de *vinum,* vin). Genre d'arbrisseaux de la famille des ampélidacées, cultivés depuis la préhistoire pour leurs baies sucrées, ou raisin, dont le suc fermenté fournit le vin. (V. *encycl.*) ‖ Terre plantée en ceps de vigne. ● *Etre dans les vignes du Seigneur,* être pris de vin. ‖ *Vigne vierge,* espèce de liane décorative, de la famille des ampélidacées.
— ENCYCL. La tige ligneuse de la *vigne,* ou cep, porte des rameaux feuillés, ou pampres, qui se lignifient ensuite et deviennent des sarments ; les pampres s'accrochent par des vrilles. On reproduit la vigne par bouturage, marcottage ou greffage. De nombreuses maladies cryptogamiques (oïdium, mildiou, black-rot) sont évitées par le soufrage, le sulfatage ; l'invasion du vignoble français par le phylloxéra, en 1868, a contraint à greffer des races indigènes sur des ceps américains. La vigne exige un climat chaud et assez sec.

vigneau ou **vignot** [viɲo] n. m. Autre nom du BIGORNEAU.

Vignemale (le), point culminant des Pyrénées françaises, au sud de Cauterets ; 3 298 m.

vigneron, onne n. Personne qui cultive la vigne.

vignette [viɲɛt] n. f. (de *vigne*). *Arts graph.* Petite gravure placée en tête ou à la fin d'un livre, d'un chapitre. ‖ Dessin servant à l'encadrement. ‖ Gravure entourée de cartouches. ‖ Ornement de la couverture d'un livre, d'un papier à lettres, autour d'un mouchoir. ‖ Petite gravure en forme d'étiquette, portant l'estampille de l'Etat et servant à certifier le paiement de certains droits. ‖ Timbre attaché à une spécialité pharmaceutique, que l'assuré social doit coller sur son ordonnance.

vignettiste n. Personne qui dessine des vignettes.

vigneture n. f. Ornement de feuilles de vigne, qui encadrait les miniatures.

Vigneulles-lès-Hattonchâtel (55210), ch.-l. de c. de la Meuse (arr. de Commercy) ; 526 h.

Vigneux-sur-Seine (91270), comm. de l'Essonne (arr. d'Evry), sur la Seine ; 22 677 h. (*Vigneusiens*).

vignoble n. m. (de *vigne*). Etendue de pays plantée de vignes : *le vignoble de Bourgogne.* ‖ Les vignes mêmes : *des coteaux couverts de vignobles.*

Vignola (Jacopo BAROZZI, dit **il**), architecte italien, né à Vignola (Modène) [1507-1573]. Il travailla à Bologne, où il construisit le palais des Banchi, et à Rome, où il éleva notamment le Gesù, type des églises de la Contre-Réforme (1568). Son *Traité des cinq ordres d'architecture,* inspiré de Vitruve, rompait avec le maniérisme ; il exerça une profonde et durable influence.

Salvatore **Vigano**

Alfred de **Vigny**

Mme **Vigée-Lebrun** « le Dauphin et Madame Royale » *château de Versailles*

Vignon (Claude), peintre français, né à Tours (1593-1670). Il passa une dizaine d'années à Rome, influencé par le Caravage et par le milieu romaniste italo-hollandais. Il enseigna à l'Académie royale de peinture après son retour à Paris. Son imagination et sa facilité font de lui un représentant brillant du baroque parisien des années 1625-1645.

Vignory (52320 Froncles), ch.-l. de c. de la Haute-Marne (arr. de Chaumont) ; 445 h. Eglise du XIe s.

Vigny (95450), ch.-l. de c. du Val-d'Oise (arr. de Pontoise) ; 711 h.

Vigny (Alfred, *comte* DE), écrivain français, né à Loches (1797-1863). Sous-lieutenant aux gendarmes rouges de la maison du roi en 1814, il quitte l'armée en 1827 avec le grade de capitaine. Il fréquente depuis 1820 les cénacles romantiques et a publié ses premiers *Poèmes* (1822), les *Poèmes* antiques et modernes* (1826), et un roman historique, *Cinq-Mars* (1826). Le succès de ce livre l'encourage dans la voie du récit en prose, et il écrit deux ouvrages à thèse : *Stello* (1832) et *Servitude* et grandeur militaires* (1835). En même temps, il est attiré par le théâtre, pour lequel il traduit en vers *Othello* (1829) et auquel il donne un drame en prose (*la Maréchale d'Ancre,* 1831), un proverbe (*Quitte pour la peur,* 1833) et surtout *Chatterton** (1835). Après 1837, la mort de sa mère, sa rupture avec l'actrice Marie Dorval, dont il était l'ami depuis 1831, et la maladie de sa femme le font s'éloigner de Paris et des milieux littéraires. Vigny vit dans la solitude de son manoir du Maine-Giraud, dans l'Angoumois, et publie quelques grands poèmes dans la *Revue des Deux Mondes* (*la Mort du loup,* 1843 ; *la Maison du berger* et *le Mont des Oliviers,* 1844 ; *la Bouteille à la mer,* 1854). Elu, après cinq échecs, à l'Académie française en 1845, il est blessé par la réponse du comte Molé à son discours de réception. Enthousiasmé d'abord par la révolution de 1848, il connaît une nouvelle déception aux élections en Charente et se rallie à l'Empire. Plein d'amertume, figé dans une attitude hautaine, il meurt après une longue maladie. Après sa mort ont paru *les Destinées* (1864), une suite de *Stello, Daphné* (1912) et le *Journal d'un poète* (1867 et 1948).

Vigo, port d'Espagne, en Galice, sur l'Atlantique ; 191 800 h. Automobiles. Défaite navale française par la flotte anglo-hollandaise (1702).

Vigo (Jean), metteur en scène de cinéma français, né à Paris (1905-1934). Il tourna quelques films très personnels et anticonformistes qui eurent une grande influence sur de nombreux cinéastes : *A propos de Nice* (1930), *Zéro de conduite* (1932), *l'Atalante* (1934).

vigogne [vigɔɲ] n. f. (esp. *vicuña,* empr. à une langue du Pérou). Lama des Andes, de la taille d'un mouton, au pelage laineux et propre. ‖ Tissu très fin fait avec le poil de cet animal.

vigoureusement adv. Avec vigueur.

vigoureux [vigurø], **euse** [-øz] adj. Qui a de la vigueur physique ou morale : *vieillard encore vigoureux.* ‖ Qui se fait avec vigueur : *attaque vigoureuse.* ‖ Fortement accusé, exprimé : *coloris vigoureux.*

viguerie [vigri] n. f. Fonction du viguier. ‖ Etendue de sa juridiction.

vigueur [vigœr] n. f. (lat. *vigor*). Force physique : *la vigueur de la jeunesse.* ‖ Energie physique ou morale avec laquelle on exécute quelque chose : *agir avec vigueur ; vigueur de l'imagination.* ● *Etre en vigueur,* être en application, en parlant des lois, des règlements, etc.

viguier [vigje] n. m. (mot d'anc. provenç. ; du lat. *vicarius*). Magistrat qui rendait la justice dans certaines provinces du midi de la France avant 1789. ‖ Magistrat et chef militaire d'Andorre.

Vigy (57640), ch.-l. de c. de la Moselle (arr. de Metz-Campagne) ; 930 h.

Vihiers [vije] (49310), ch.-l. de c. de Maine-et-Loire (arr. de Saumur) ; 3 579 h.

vihuela [viwela] n. f. (mot esp.). Instrument de musique espagnol à cordes pincées, au nombre de six, à caisse plate et à manche court recourbé en arrière.

Viipuri. V. VYBORG.

Vijayavada ou **Bezwada,** v. de l'Inde (Āndhra Pradesh), sur la Kistnā ; 312 800 h. Pèlerinage.

Vikings [vikiŋ]. Nom donné aux guerriers, navigateurs et marchands des pays scandinaves qui firent des expéditions maritimes de la fin du VIIIe s. au début du XIe s. Ils ont colonisé les Féroé, les Shetland, le nord de l'Ecosse, la côte du Yorkshire, la région de Dublin,

vigne

vigogne

Jean **Vigo**
une scène de « l'Atalante », avec Michel Simon

Phot. Lido, Nadar, Rapho, Giraudon, X.

l'Islande et le sud du Groenland. Ils ont été également connus sous le nom de *Normands* et de *Varègues*.

vil [vil], **e** adj. (lat. *vilis*, à bas prix). De peu de valeur ; peu élevé : *acheter à vil prix*. ‖ *Fig.* Méprisable, abject : *homme vil*.

Vila ou **Port-Vila,** ch.-l. des Nouvelles-Hébrides*, dans l'île Vaté ; 3 500 h.

vilain [vilɛ̃], **e** [-ɛn] adj. (bas lat. *villanus*, habitant d'une ferme). Malhonnête, méprisable : *vilaine action*. ‖ Méchant, infâme : *un vilain monsieur*. ‖ Désagréable, incommode : *vilain temps*. ‖ Qui déplaît à la vue : *vilain pays*.

vilain n. m. Autref., paysan. ‖ *Pop.* Scandale, dispute : *il y a eu du vilain*.

Vilaine (la), fl. de la Bretagne orientale, qui arrose Vitré, Rennes, Redon et se jette dans l'Atlantique ; 225 km. Barrage à Arzal, sur son cours inférieur.

vilainement adv. De façon vilaine, malpropre, grossière, honteuse.

Vilar (Jean), acteur et metteur en scène français de théâtre, né à Sète (1912-1971). Elève de Dullin, animateur depuis 1947 du festival d'Avignon, il a dirigé le Théâtre national populaire de 1951 à 1963. Il y a donné une vie nouvelle à des œuvres classiques françaises (*le Cid, Don Juan, Lorenzaccio*, etc.) ou étrangères (*le Prince de Hombourg*), tout en initiant le public français aux dramaturges contemporains (Brecht, O'Casey).

vilayet [vilajɛ] n. m. (mot turc). Division administrative en Turquie.

vilebrequin [vilbrəkɛ̃] n. m. (anc. néerl. *wimmelkijon*). Outil au moyen duquel on imprime un mouvement de rotation à une mèche pour percer des trous ou à une clef de serrage pour vis ou écrou. ‖ *Mécan.* Arbre qui transforme le mouvement rectiligne alternatif de l'ensemble piston-bielle d'un moteur thermique en mouvement circulaire.

vilement adv. De façon vile.

vilenie [vilni] n. f. (de *vilain*). Action basse et vile : *il est capable de toutes les vilenies*. ‖ Parole injurieuse : *dire toutes sortes de vilenies*.

vilipender [vilipɑ̃de] v. t. (lat. *vilis*, vil, et *pendere*, estimer). Déclarer vil, méprisable ; traiter avec mépris.

villa [villa] n. f. (lat., puis ital. *villa*). Domaine rural, dans la Gaule romaine et sous les Mérovingiens. ‖ Maison de campagne élégante.

Villa Cisneros, localité du Sahara espagnol, anc. ch.-l. du Rio de Oro ; 2 700 h.

Villacoublay. V. VÉLIZY-VILLACOUBLAY.

Villafranca, v. d'Italie (Vénétie) ; 19 200 h. En 1859, Napoléon III y signa les préliminaires qui mirent fin à la guerre d'Italie.

village [vilaʒ] n. m. (de *ville*). Agglomération dont les habitants vivent principalement du travail de la terre. ● *Village de toile*, organisation de vacances et de tourisme, mettant à la disposition des usagers des tentes, des installations sanitaires, etc.

villageois, e n. Habitant d'un village. — Adj. Propre aux gens du village : *manières villageoises*.

Villaines-la-Juhel (53700), ch.-l. de c. de la Mayenne (arr. de Mayenne) ; 2 323 h.

Villa-Lobos (Heitor), compositeur brésilien, né à Rio de Janeiro (1887-1959). Ses 12 symphonies (1916-1956), ses poèmes symphoniques (*Amazonas*, 1917 ; *Erosion*, 1950), ses *Bacchianas Brasileiras*, ses *Chôros*, d'inspiration folklorique, et ses opéras (*Zoé*, 1919 ; *Malazarte*, 1921) entendent évoquer l'âme brésilienne.

Villamblard (24140), ch.-l. de c. de la Dordogne (arr. de Bergerac) ; 799 h. Vignobles.

villancico [viʎansiko] n. m. (mot esp. ; de *villano*, rustique). Cantique populaire espagnol, monodique ou polyphonique, destiné notamment à la fête de Noël.

Villandraut (33730), ch.-l. de c. de la Gironde (arr. de Langon) ; 940 h. (*Villandrautais*).

Villandry (37300 Joué lès Tours), comm. d'Indre-et-Loire (arr. de Tours), sur le Cher ; 610 h. (241 aggl.). Château élevé vers le milieu du XVIe s., restauré et abritant un musée de peintures (surtout espagnoles). Célèbres jardins restitués à la manière du XVIe s. (parterres de broderie).

villanelle [vilanɛl] n. f. (ital. *vilanella*, chanson villageoise). Aux XVe et XVIe s., chanson polyphonique, pastorale ou populaire. ‖ Anc. danse, accompagnée de chant.

Villard de Honnecourt, architecte français du XIIIe s. Son carnet de croquis constitue une source inestimable pour la connaissance de l'architecture et de la sculpture du Moyen Age (Bibliothèque nationale).

Villard (Paul Ulrich), physicien français, né à Lyon (1860-1934). Il a découvert et identifié en 1900 le rayonnement gamma des corps radio-actifs.

Villard-Bonnot (38190 Brignoud), comm. de l'Isère (arr. de Grenoble), sur l'Isère ; 6 391 h. Electrochimie.

Villard-de-Lans [-lɑ̃s] (38250), ch.-l. de c. de l'Isère (arr. de Grenoble) ; 4 299 h. (2 480 aggl.) [*Villardiens*]. Station de sports d'hiver (alt. 1 050-1 095 m). Station climatique à l'air pur et sec, très ensoleillée, pour les enfants délicats, anémiques et convalescents, à l'exception des sujets ayant une atteinte tuberculeuse.

Jean Vilar

Villa-Lobos

maréchal de Villars
d'après Rigaud, *château de Versailles*

Villaret de Joyeuse (Louis Thomas), amiral français, né à Auch (1747-1812). Il livra contre l'amiral Howe la bataille navale du Finistère, où fut coulé le vaisseau *Vengeur*, et commanda une expédition contre Saint-Domingue (1801).

Villars (Claude Louis Hector, *duc* DE), maréchal de France, né à Moulins (1653-1734). Maréchal de camp en 1690, maréchal de France en 1702, il remporta les victoires de Friedlingen (1702) et de Höchstädt (1703), puis commanda l'armée de la Moselle en 1705-1706. Entre-temps (1703-1705), il avait pacifié les Cévennes, troublées par les luttes religieuses des camisards. Il résista vaillamment à Malplaquet, où il fut blessé (1709), et sauva la France à Denain en 1712. Il négocia ensuite la paix de Rastatt avec l'Autriche Il fut nommé maréchal général en 1733. (Acad. fr., 1714.)

Villars-les-Dombes (01330), ch.-l. de c. de l'Ain (arr. de Bourg-en-Bresse) ; 1 859 h.

Villars-sur-Var (06710), ch.-l. de c. des Alpes-Maritimes (arr. de Nice) ; 491 h.

Villat (Henri), mathématicien français, né à Paris (1879-1972). Spécialiste des questions de mécanique des fluides, il a contribué à l'élaboration de l'aérodynamique moderne, perfectionnant la théorie de la représentation conforme et mettant au point la théorie des tourbillons.

Villaviciosa de Tajuña, village d'Espagne (Nouvelle-Castille), où Vendôme vainquit les Impériaux en 1710.

ville [vil] n. f. (lat. *villa*, maison rurale). Agglomération où la majorité des habitants sont occupés par le commerce, l'industrie ou l'administration. (V. *encycl.*) ‖ Mœurs des villes (par oppos. à celles de la campagne) : *préférer la ville à la campagne*. ‖ Tous les habitants d'une ville : *la ville est en liesse*. ● *A la ville*, dans une ville (par oppos. à *à la campagne*). ‖ *En ville*, dans la ville (par oppos. à *chez soi*). ‖ *Ville-champignon*, ville dont la population double (au moins) en une décennie. ‖ *Ville-dortoir*, ville dont la fonction est strictement résidentielle. ‖ *La Ville éternelle*, Rome. ‖ *Ville nouvelle*, ville créée à proximité ou non d'une agglomération urbaine importante, dont le développement simultané des fonctions économiques et de résidence doit assurer l'autonomie. ‖ *La Ville sainte*, Jérusalem. ‖ *Ville-satellite*, ville séparée d'un centre urbain plus important, mais qui a des relations étroites avec lui, bien qu'administrativement autonome.

— ENCYCL. Le terme de *ville* recouvre des acceptions variables à la surface du globe. Il peut être précisé notamment par l'aspect de l'agglomération et par les fonctions qu'elle assure. Il existe des différences sensibles entre les villes d'Europe occidentale (au plan souvent hétérogène, juxtaposant des quartiers d'époques diverses), les villes neuves de l'Amérique du Nord ou de Sibérie (au plan plus régulier, généralement quadrillé) et les villes anciennes ou nouvelles des pays du tiers monde (où s'opposent quartiers luxueux et bidonvilles). La nature et le nombre des fonctions qu'elles remplissent permettent aussi d'expliquer le phénomène. Il est courant de définir des villes administratives (Washington, Ottawa, Canberra, Rome, Madrid, Brasília, etc.), industrielles (Turin, Barcelone, Ngan-chan, Volgograd), portuaires (Casablanca, Santos, Pusan, Le Havre), minières (Johannesburg, Kiruna), touristiques (Acapulco, Miami, Nice), religieuses (Lourdes, La Mecque, Benarès), etc. Mais les grandes villes juxtaposent en fait de nombreuses fonctions, et c'est le cas des grandes métropoles des pays développés. (V. URBANISATION.)

Villé (67220), ch.-l. de c. du Bas-Rhin (arr. de Sélestat) ; 1 422 h. Kirsch.

Villebois-Lavalette (16320), ch.-l. de c. de la Charente (arr. d'Angoulême) ; 663 h.

Villebrumier (82370 Labastide St Pierre), ch.-l. de c. de Tarn-et-Garonne (arr. de Montauban) ; 534 h.

Villecresnes (94440), ch.-l. de c. du Val-de-Marne (arr. de Créteil) ; 3 889 h.

Ville-d'Avray (92410), comm. des Hauts-de-Seine (arr. de Boulogne-Billancourt) ; 10 489 h. (*Ville-d'Avraysiens*). Eglise du XVIIIe s. (peintures de Corot).

Villedieu (Marie-Catherine, dite aussi **Hortense Desjardins,** *Mme* DE), femme de lettres française, née à Paris ou à Alençon (v. 1638-1683). Après une jeunesse aventureuse, elle mit à la mode les romans brefs, construits sur une intrigue amoureuse mêlée à une trame historique (*les Annales galantes*, 1677).

Villedieu-du-Clain (LA) [86340], ch.-l. de c. de la Vienne (arr. de Poitiers) ; 537 h.

Villedieu-les-Poêles (50800), ch.-l. de c. de la Manche (arr. de Saint-Lô) ; 4 445 h. Objets en cuivre et en aluminium.

Ville-en-Tardenois (51170 Fismes), ch.-l. de c. de la Marne (arr. de Reims) ; 363 h.

Ville-Evrard, écart de la comm. de Neuilly-sur-Marne (Seine-Saint-Denis). Hôpital psychiatrique.

Villefagnan (16240), ch.-l. de c. de la Charente (arr. d'Angoulême) ; 1 001 h.

Villefort (48800), ch.-l. de c. de la Lozère (arr. de Mende) ; 946 h.

Villefranche (06230), ch.-l. de c. des Alpes-Maritimes (arr. de Nice) ; 6 863 h. Rade sur la Méditerranée. Station balnéaire.

Villefranche-d'Albigeois (81430), ch.-l. de c. du Tarn (arr. d'Albi) ; 807 h. (441 aggl.).

Villefranche-de-Conflent (66500 Prades), comm. des Pyrénées-Orientales (arr. de Prades) ; 507 h. Anc. cap. du Conflent. Enceinte des XIIIe et XVe s.

Villefranche-de-Lauragais (31290), ch.-l. de c. de la Haute-Garonne (arr. de Toulouse), sur l'Hers et le canal du Midi ; 2 771 h. Bastide du XIIIe s. Matières plastiques.

Villefranche-de-Lonchat (24610), ch.-l. de c. de la Dordogne (arr. de Bergerac) ; 814 h. (564 aggl.).

Villefranche-de-Rouergue (12200), ch.-l. d'arr. de l'Aveyron, sur l'Aveyron ; 11 809 h. (9 382 aggl.). Chartreuse du XVe s., auj. hospice. Eglise Notre-Dame (XIVe-XVe s.). Place ancienne. Confection. Conserves. — L'arr. a 8 cant., 65 comm., 75 255 h.

Villefranche-du-Périgord (24550), ch.-l. de c. de la Dordogne (arr. de Sarlat-La Canéda) ; 814 h. (564 aggl.).

Villefranche-sur-Saône (69400), anc. cap. du Beaujolais, ch.-l. d'arr. du Rhône, près de la Saône ; 26 486 h. (*Caladois*). Industries métallurgiques, textiles et chimiques. — L'arr. a 10 cant., 134 comm., 141 040 h.

Villegaignon ou **Villegagnon** (Nicolas DURAND DE), marin français, né à Provins (v. 1510-1571). Chevalier de Malte (1531), il ramena en France Marie Stuart (1548) et fonda au Brésil une colonie qui fut prospère, mais éphémère (1555-1559).

villégiateur n. m. *Fam.* Celui qui est en villégiature. (Vieilli.)

villégiature [vileʒjatyr] n. f. (de l'ital. *villegiare*, aller à la campagne). Séjour en dehors de chez soi, à la campagne, à la mer, etc.

villégiaturer v. i. Etre en villégiature.

Villehardouin (Geoffroi DE), chroniqueur français, né au château de Villehardouin, près de Troyes (v. 1150-v. 1213). Maréchal de Champagne, il fut, lors de la formation de la quatrième croisade, envoyé pour traiter avec les Vénitiens des conditions de transport de l'armée des croisés en Syrie. Après la prise de Constantinople (1204), il reçut le titre de maréchal de Romanie et devint le principal conseiller du roi de Thessalonique, Boniface de Montferrat. Il écrivit une *Histoire de la conquête de Constantinople*, où il chercha à justifier le détournement de la croisade.

Villehardouin (Geoffroi DE), prince d'Achaïe. V. GEOFFROI DE VILLEHARDOUIN.

Villejuif (94800), ch.-l. de c. du Val-de-Marne (arr. de L'Haÿ-les-Roses) ; 51 179 h. (*Villejuifois*), Hôpital psychiatrique et hospice de vieillards. Institut du cancer.

Villèle (Jean-Baptiste Guillaume Joseph, *comte* DE), homme politique français, né à Toulouse (1773-1854).

Phot. X., Fournier, Giraudon.

Il participa en 1814 au soulèvement royaliste de Toulouse, dont il devint maire en juillet 1815. Député, il fut le plus écouté des ultras. Ministre sans portefeuille dans le cabinet du duc de Richelieu (1820-1821), il se montra hostile au modérantisme de ce dernier. Ministre des Finances (1821), puis président du Conseil (1822), il dut, sous la pression des ultras, faire voter la loi sur le milliard des émigrés (1825); mais les lois sur la presse et sur le rétablissement du droit d'aînesse ne furent pas votées (1826-1827). Il tenta alors de s'imposer après avoir dissous la garde nationale, puis la Chambre des députés; mais, battu aux élections, il démissionna (3 janv. 1828).

Villemain (Abel François), professeur et homme politique français, né à Paris (1790-1870). Professeur de littérature française à la Sorbonne (1816), pair de France (1832), il fit partie du ministère Soult (1839-1840), puis reçut de Guizot le ministère de l'Instruction publique (1840-1844). Il entreprit une réforme de l'enseignement secondaire. De tendances libérales en politique, il influença le mouvement romantique par ses études de critique historique et de littérature comparée (*Cours de littérature française,* 1828-1829; *Etudes de littérature ancienne et étrangère,* 1846).

Villemin (Jean Antoine), médecin français, né à Prey (Vosges) [1827-1892]. Il a révélé dès 1865 la contagiosité de la tuberculose et montré la possibilité de sa transmission expérimentale.

Villemomble (93250), ch.-l. de c. de la Seine-Saint-Denis, au sud du Raincy; 28 972 h. (*Villemomblois*).

Villemur-sur-Tarn (31340), ch.-l. de c. de la Haute-Garonne (arr. de Toulouse); 4 738 h. (3 784 aggl.). Constructions mécaniques. Pâtes.

Villena (Enrique DE ARAGÓN, dit **marquis de**), écrivain espagnol, né à Torralba (1384-1434). Descendant naturel du roi Henri II le Magnifique, il écrivit des *Coplas* (1414) pour les fêtes de Saragosse et donna des traductions de Virgile et de Dante.

Villenauxe-la-Grande (10370), ch.-l. de c. de l'Aube (arr. de Nogent-sur-Seine); 2 024 h.

Villenave-dOrnon (33140 Pont de la Maye), ch.-l. de c. de la Gironde (arr. de Bordeaux), dans les Graves; 21 464 h. Vins rouges.

Villeneuve (12660), ch.-l. de c. de l'Aveyron (arr. de Villefranche-de-Rouergue); 1 480 h. (589 aggl.).

Villeneuve (Pierre Charles DE), marin français, né à Valensole (1763-1806). Vice-amiral (1804), il fut chargé (1805) d'amener l'escadre de Toulon aux Antilles pour y attirer les Anglais et permettre à Napoléon de débarquer en Angleterre. A son retour, il se réfugia dans la rade de Cadix, puis fut obligé de livrer la bataille de Trafalgar* (21 oct. 1805). Libéré, il se suicida.

Villeneuve-d'Ascq (59650), comm. du Nord (arr. de Lille), formée en 1970 par la réunion d'Annappes, d'Ascq et de Flers-lez-Lille; 29 626 h.

Villeneuve-Bargemont (Jean-Paul Alban, *vicomte* DE), administrateur français, né à Saint-Alban (Provence) [1784-1850]. Préfet dans divers départements, député du Var (1830), puis du Nord (1840-1848), il appartint au groupe des premiers catholiques sociaux. Parmi ses ouvrages, on peut citer son *Economie politique chrétienne* (3 vol., 1834).

Villeneuve-de-Berg (07170), ch.-l. de c. de l'Ardèche (arr. de Privas); 1 576 h. Patrie d'O. de Serres.

Villeneuve-de-Marsan (40190), ch.-l. de c. des Landes (arr. de Mont-de-Marsan); 1 915 h. (1 402 aggl.).

Villeneuve-la-Garenne (92390), ch.-l. de c. des Hauts-de-Seine (arr. de Nanterre); 22 717 h.

Villeneuve-l'Archevêque (89190), ch.-l. de c. de l'Yonne (arr. de Sens); 1 345 h. Eglise (XIIIe s.).

Villeneuve-le-Roi (94290), ch.-l. de c. du Val-de-Marne (arr. de Créteil), près d'Orly; 23 074 h. (*Villeneuvois*).

Villeneuve-lès-Avignon (30400), ch.-l. de c. du Gard (arr. de Nîmes), sur le Rhône; 7 371 h. Résidence d'été des papes au XIVe s. Fort Saint-André. Chartreuse. Eglise Notre-Dame (XIVe s.). Musée (*Triomphe de la Vierge,* par Enguerrand Quarton).

Villeneuve-Saint-Georges (94190), ch.-l. de c. du Val-de-Marne (arr. de Créteil), sur la Seine; 31 004 h. (*Villeneuvois*). Grande gare de triage.

Villeneuve-sur-Lot (47300), ch.-l. d'arr. de Lot-et-Garonne, sur le Lot; 22 503 h. (*Villeneuvois*). Bastide du XIIIe s. — L'arr. a 10 cant., 92 comm., 84 623 h.

Villeneuve-sur-Yonne (89500), ch.-l. de c. de l'Yonne (arr. de Sens); 4 485 h. (*Villeneuviens*). Restes d'enceinte médiévale. Eglise Notre-Dame (XIIIe, XIVe, XVIe s.).

Villeparisis (77270), comm. de Seine-et-Marne (arr. de Meaux); 13 590 h. (*Villeparisiens*).

Villepinte (93420), comm. de la Seine-Saint-Denis, au nord-est d'Aulnay-sous-Bois; 12 996 h. (*Villepintois*).

Villepreux (78450), comm. des Yvelines (arr. de Saint-Germain-en-Laye); 6 988 h.

Villequier (76490 Caudebec en Caux), comm. de la Seine-Maritime (arr. de Rouen), sur la Seine; 773 h. Sépulture de Léopoldine Hugo et de son mari, noyés dans la Seine.

Villeréal (47210), ch.-l. de c. de Lot-et-Garonne (arr. de Villeneuve-sur-Lot); 1 540 h.

Villermé (Louis René), médecin et sociologue français, né à Paris (1782-1863). D'une vaste enquête à travers les régions industrielles, il tira son *Tableau de l'état physique et moral des ouvriers dans les fabriques de coton, de laine et de soie* (2 vol., 1840), ouvrage classique qui inspira la première en date des lois sociales du XIXe s., celle de 1841, portant limitation du travail des enfants.

Villeroi (Nicolas DE NEUFVILLE, *seigneur* DE), homme politique français, né à Paris (1542-1617). Secrétaire d'Etat, il négocia plusieurs fois avec les huguenots. — Son petit-fils NICOLAS, *duc* **de Villeroi**, né à Paris (1598-1685), commandant de la place de Pignerol, gouverneur de Louis XIV, fut fait maréchal (1646), puis duc et pair (1663). — FRANÇOIS, *duc* **de Villeroi**, né à Lyon (1644-1730), fils du précédent, maréchal en 1693, mais sans valeur militaire, laissa perdre Namur (1695); en Italie, il fut remplacé par Vendôme. Après sa défaite à Ramillies (1706), il n'exerça plus de commandement. Gouverneur de Louis XV (1717-1722), membre du Conseil de régence, il fut exilé par le Régent (1722-1724).

Villers-Bocage [vilɛr-] (14310), ch.-l. de c. du Calvados (arr. de Caen); 1 985 h.

Villers-Bocage (80260), ch.-l. de c. de la Somme (arr. d'Amiens); 750 h. Marché agricole.

Villers-Cotterêts (02600), ch.-l. de c. de l'Aisne (arr. de Soissons); 7 437 h. (*Cotteréziens*). Le château, reconstruit par François Ier, fut donné par Louis XIV aux Orléans, qui l'occupèrent jusqu'à la Révolution. Industries du bois. Ordonnance de François Ier en 1539, qui imposa le français dans les actes officiels et de justice. En mai-juin 1918, les Allemands furent bloqués dans leur avance sur Paris aux lisières de la forêt de Villers-Cotterêts, d'où débouchèrent, le 18 juillet, les contre-offensives de Mangin et de Degoutte.

Villers-Écalles (76360 Barentin), comm. de la Seine-Maritime (arr. de Rouen); 1 035 h. Electronique.

Villersexel (70110), ch.-l. de c. de la Haute-Saône (arr. de Lure); 1 293 h. Victoire de Bourbaki sur les Prussiens les 8 et 9 janvier 1871.

Villers-Farlay (39600 Arbois), ch.-l. de c. du Jura (arr. de Lons-le-Saunier); 436 h.

Villers-le-Lac (25130), comm. du Doubs (arr. de Pontarlier); 3 948 h. (2 869 aggl.). Horlogerie. Sanatorium.

Villers-lès-Nancy (54600), comm. de Meurthe-et-Moselle (arr. de Nancy); 7 900 h.

Villers-Saint-Paul (60470), comm. de l'Oise (arr. de Senlis); 3 935 h. Industries chimiques.

Villers-sur-Mer (14640), comm. du Calvados (arr. de Lisieux); 1 669 h. Station balnéaire.

Villerupt [-ry] (54190), ch.-l. de c. de Meurthe-et-Moselle (arr. de Briey); 14 797 h. (*Villeruptiens*). Métallurgie.

Ville-sous-la-Ferté (10310 Bayel), comm. de l'Aube (arr. de Bar-sur-Aube); 1 854 h. (422 aggl.). — A 3 km, anc. abbaye de Clairvaux.

Ville-sur-Tourbe (51800 Ste Menehould), ch.-l. de c. de la Marne (arr. de Sainte-Menehould); 238 h.

Villetaneuse (93430), comm. de la Seine-Saint-Denis (arr. de Bobigny), près de Saint-Denis; 7 405 h.

Villiers de L'Isle-Adam

ci-dessous, à gauche François **Villon** gravure de l'édition princeps, 1489

à droite, Jacques **Villon** l'Écuyère, 1951 *musée des Beaux-Arts, Lyon*

Villette (LA), anc. commune de la banlieue de Paris, auj. comprise dans le XIXe arrondissement. Abattoirs.

Villeurbanne (69100), ch.-l. de c. du Rhône (arr. de Lyon); 122 898 h. (*Villeurbannais*). Théâtre national populaire. Industries diverses.

villeux, euse adj. (lat. *villosus*). Couvert de longs poils touffus : *insecte villeux.*

Villiers-de-L'Isle-Adam (Philippe DE), grand maître de l'ordre de Saint-Jean-de-Jérusalem, né à Beauvais (1464-1534). Il soutint dans Rhodes (1522) un siège fameux contre Soliman. Charles Quint, en 1530, lui céda pour son ordre les îles de Malte et de Gozzo.

Villiers de L'Isle-Adam (Auguste, *comte* DE), écrivain français, né à Saint-Brieuc (1838-1889). Descendant d'une ancienne famille, il se croyait destiné à produire une œuvre capable de rénover la pensée littéraire. Influencé par Baudelaire et Edgar Poe, il donna d'abord des recueils de vers romantiques (*Premières Poésies,* 1859), avant d'exprimer son idéalisme mystique dans un roman (*Isis,* 1862) et une série de drames (*le Nouveau Monde,* 1875). Ami de Mallarmé, il ne fit cependant pas partie du mouvement symboliste, mais traduisit dans ses derniers contes son désir d'absolu et son dégoût de la vulgarité quotidienne (*Contes* cruels,* 1883; *l'Eve future,* 1886; *l'Amour suprême,* 1886; *Tribulat Bonhomet,* 1887; *Histoires insolites,* 1888; *Nouveaux Contes cruels,* 1888). Après sa mort parut, en plusieurs versions, le grand drame qui l'avait hanté toute sa vie (*Axel,* 1872, 1885-1886, 1890) et, en 1966, a été découverte une pièce inédite, *le Prétendant.*

Villiers-le-Bel (95400 Arnouville lès Gonesse), comm. du Val-d'Oise (arr. de Montmorency); 19 256 h. (*Beauvilérois* ou *Beauvilésois*). Centre hospitalier.

Villiers-Saint-Georges (77560), ch.-l. de c. de Seine-et-Marne (arr. de Provins); 1 127 h.

Villiers-sur-Marne (94350), comm. du Val-de-Marne (arr. de Nogent-sur-Marne), près de la Marne; 15 874 h.

Villoison (Jean-Baptiste Gaspard D'ANSSE DE), helléniste français, né à Corbeil (1750-1805). Ses travaux sur Homère ont rendu possibles les critiques de Wolf sur *l'Iliade* et *l'Odyssée.*

Villon [vijɔ̃ *ou* -lɔ̃] (François), poète français, né à Paris (1431-apr. 1463). De très humble famille, il fut adopté par un chapelain de Saint-Benoît-le-Bétourné, Guillaume de Villon, qui lui fit entreprendre des études et lui donna son nom. Ecolier indiscipliné, il s'affilia peut-être à une bande de malfaiteurs, les « Coquillards », dans le jargon desquels il a écrit quelques ballades. Licencié et maître ès arts en 1452, il est bientôt entraîné dans une rixe mortelle qui l'oblige à se cacher. Il obtient des lettres de rémission du roi Charles VII, mais participe peu après à un vol au collège de Navarre. Il écrit alors le *Lais,* ou *Petit Testament** (1456), et gagne la province, où il mène pendant plusieurs années une vie d'expédients et de rapines. En 1461, il est arrêté à Meung-sur-Loire et jeté dans les prisons de l'évêque d'Orléans, mais l'avènement de Louis XI le délivre. Il compose à cette date le *Testament**. Condamné à être pendu par le prévôt de Paris, il fait appel de la sentence et sa peine est commuée en celle du bannissement (janv. 1463). Dès lors, on perd sa trace. Villon était certainement mort quand parut, en 1489, la première édition de ses œuvres. Outre les genres à formes fixes (ballade, rondeau), il a pratiqué la strophe de huit vers octosyllabiques. En plus du *Lais* et du *Testament,* il a laissé une quinzaine de pièces, dont plusieurs se rapportent à son dernier procès (*Epitaphe,* dite *Ballade des pendus*). La force de son inspiration et la sincérité de ses accents font de lui le premier des grands lyriques français modernes.

Villon (Gaston DUCHAMP, dit **Jacques**), peintre et graveur français, né à Damville (Eure) [1875-1963]. Il ne connut le succès qu'assez tardivement. Il commença par donner des dessins dans les journaux, adhéra en 1912 au cubisme, participa à la création du Salon de la Section d'or, et pratiqua pour vivre la gravure de reproduction.

Phot. Nadar, Roger-Viollet, Giraudon.

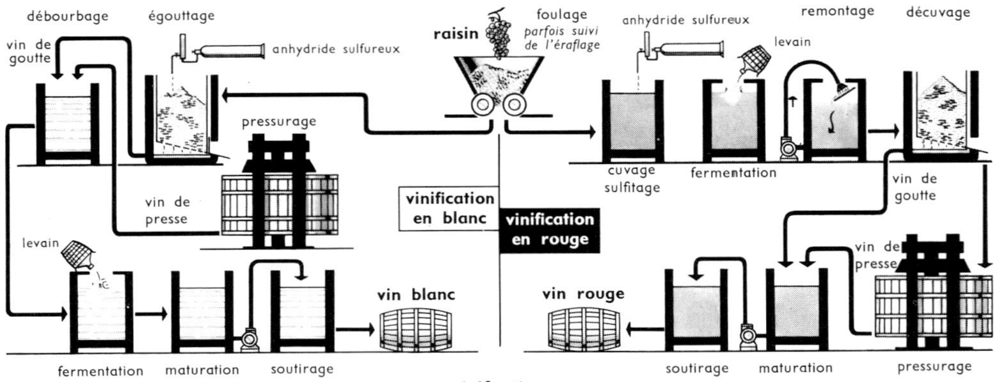

vinification

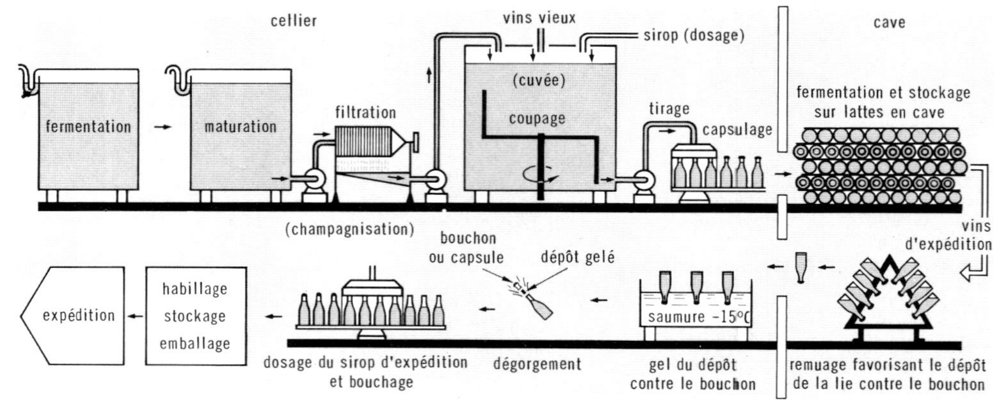

champagnisation

Son art, d'abord réaliste, tendit un moment, après le cubisme, vers l'abstraction, puis revint à un plus grand souci des formes du monde visible. Raffiné, Villon réalisa la synthèse du sentiment et de l'intelligence. Son œuvre de graveur est très important. Il partage avec La Fresnaye une salle du musée national d'Art moderne.

villosité [villozite] n. f. (lat. *villositas*; de *villus*, poil). Etat d'une surface velue; ensemble des poils qui recouvrent cette surface. ‖ *Anat.* Se dit des petites rugosités ou saillies qui couvrent certaines surfaces : *villosités intestinales.*

Vilnious, anc. **Vilna** ou **Wilno,** v. de l'U. R. S. S., cap. de la Lituanie; 372 000 h. Elle fit partie de la Pologne de 1920 à 1939.

Vilvorde, en néerl. **Vilvoorde,** comm. de Belgique (Brabant); 34 200 h. Métallurgie.

Vimeu (le), région de la Picardie, entre la Somme et la Bresle. Serrurerie et robinetterie.

Viminal (*mont*), colline de la Rome ancienne, à l'est. Il portait les thermes de Dioclétien.

Vimory (45200 Montargis), comm. du Loiret (arr. de Montargis); 696 h. (337 aggl.). Henri de Guise y vainquit les Allemands, alliés des calvinistes, en 1587.

Vimoutiers (61120), ch.-l. de c. de l'Orne (arr. d'Argentan); 4 638 h. (4 192 aggl.) [*Vimonastériens*].

Vimy (62580), ch.-l. de c. du Pas-de-Calais (arr. d'Arras); 3 272 h. La crête de Vimy fut le théâtre de violents combats en 1915, puis en 1917, année où s'illustrèrent les Canadiens.

vin [vɛ̃] n. m. (lat. *vinum*). Boisson résultant de la fermentation du raisin sous l'effet de certaines levures. (V. *encycl.*) ‖ Liqueur analogue extraite de certaines plantes : *vin de palme.* ‖ Préparation médicinale dans laquelle le vin sert d'excitant : *vin de quinquina.* ● *Etre entre deux vins,* un peu ivre. ‖ *Mettre de l'eau dans son vin* (Fig.), se radoucir, se modérer. ‖ *Vin d'honneur,* celui que des municipalités, des sociétés, etc., offrent en l'honneur de quelqu'un.
— ENCYCL. Le *vin* est obtenu par la fermentation du jus de raisin frais. Cette opération s'effectue dans de grandes cuves. Suivant qu'on a laissé ou non la grappe en présence du liquide, on obtient du *vin rouge* ou du *vin blanc.* Celui-ci peut d'ailleurs être rendu mousseux en l'emprisonnant dans des bouteilles avant l'achèvement complet de la fermentation. Les *vins de liqueur* sont obtenus en concentrant le sucre dans le moût soit par une dessiccation du raisin sur la souche ou sur des lits de paille (*vins de paille*), soit par évaporation à la chaudière. Pris en petite quantité, le vin constitue une boisson saine, mais son abus mène à l'alcoolisme.

Viña del Mar, v. du Chili, près de Valparaíso; 135 800 h. Station balnéaire. Industries diverses.

vinage n. m. Action de viner.

vinaigre [vinɛgr] n. m. (de *vin* et *aigre*). Produit résultant de la fermentation acétique du vin ou de solutions alcoolisées, et employé comme condiment. (V. *encycl.*) ● *Faire vinaigre* (Fam.), tourner très vite quand on saute à la corde; se dépêcher.
— ENCYCL. La fabrication du *vinaigre,* ou acétification, se fait en France à partir de vin, éventuellement ramené à 8 ou 9°, ou à partir d'alcools, mais, dans d'autres pays, on utilise du cidre, des grains, ou des pommes de terre dont l'amidon a été hydrolysé. L'alcool est transformé en vinaigre par le ferment acétique (*Mycoderma aceti*) en présence de l'air et à une température constante comprise entre 20 et 30 °C. Il existe trois méthodes de fabrication : la *méthode orléanaise* traditionnelle, la méthode allemande, utilisée pour la production de la plupart des vinaigres d'alcool, et la *méthode des cultures immergées,* plus récente.

vinaigrer v. t. Assaisonner avec du vinaigre : *vinaigrer une salade.*

vinaigrerie n. f. Etablissement où l'on fabrique du vinaigre.

vinaigrette n. f. Sauce faite avec du vinaigre, de l'huile, du sel, etc. ‖ Ancien véhicule à deux roues, en forme de chaise à porteurs, dans laquelle on se faisait tirer par un homme.

vinaigrier n. m. Qui fabrique et vend du vinaigre. ‖ Burette à vinaigre. ‖ *Entom.* Nom usuel du *carabe doré.*

vinaire adj. Relatif au vin : *matériel vinaire.*

vinasse n. f. *Fam.* Vin faible et fade. ‖ Résidu liquide de la distillation des liqueurs alcooliques.

saint
Vincent de Paul

Vinay (38470), ch.-l. de c. de l'Isère (arr. de Grenoble); 3 014 h. (2 258 aggl.).

Vinça (66320), ch.-l. de c. des Pyrénées-Orientales (arr. de Prades); 1 622 h. (*Vinçanais*).

Vincennes (94300), ch.-l. de c. du Val-de-Marne (arr. de Nogent-sur-Marne), à l'est de Paris, au nord du *bois de Vincennes* (qui est intégré dans la commune de Paris); 49 297 h. (*Vincennois*). Château fort commencé par Philippe VI et achevé par Charles V : donjon; sainte-chapelle, terminée au début du XVIe s.; pavillon du Roi et pavillon de la Reine, du XVIIe s., par Le Vau. Il servait de résidence aux rois de France, et c'est dans ses fossés que le duc d'Enghien fut fusillé; d'importants travaux de restauration y ont été menés; musée de la Guerre de 1914-1918. Centre universitaire.

Vincent (*saint*), diacre et martyr, né à Huesca, m. à Valence en 304. Diacre de Saragosse, il mourut sous les tortures. Son culte est très populaire en Espagne. — Fête le 22 janvier.

Vincent Ferrier (*saint*), religieux espagnol, né à Valence (v. 1355-1419). Dominicain, il travailla, bien que personnellement attaché à la cause de Benoît XIII, à éteindre le grand schisme d'Occident. Il parcourut ensuite l'Europe, attirant les foules par ses miracles et sa prédication. Canonisé en 1455. — Fête le 5 avril.

Vincent de Paul (*saint*), prêtre français, né à Pouy (auj. Saint-Vincent-de-Paul) [1581-1660]. Après avoir pris contact avec la misère comme curé (Clichy, Châtillon-sur-Chalaronne) et aumônier (notamment des galères), il fonda de nombreuses œuvres, telles que celle des Enfants trouvés; il est le créateur de l'institut missionnaire des Prêtres de la Mission, ou *Lazaristes.* Il s'occupa aussi de la formation de prêtres (conférences ecclésiastiques) et fit partie du Conseil de conscience. Mais son œuvre la plus prospère et la plus populaire reste la communauté des *Filles de la Charité,* qu'il fonda en 1633 avec Louise de Marillac. Il fut peut-être la plus haute figure chrétienne du XVIIe s. Canonisé en 1737. — Fête le 19 juillet.

Vincent de Beauvais, dominicain français (v. 1190-1264), auteur du *Speculum majus,* vaste compilation doctrinale et historique.

Vincent (Hyacinthe), médecin français, né à Bordeaux (1862-1950). Il a découvert l'infection fuso-spirillaire et l'angine dont elle est la cause (angine de Vincent). Il a mis au point un vaccin à l'éther contre la fièvre typhoïde, un sérum contre la gangrène gazeuse, etc.

Vincent (Clovis), médecin français, né à Ingré (1879-1948). Il a développé la neurochirurgie.

Vinci (Léonard DE). V. LÉONARD DE VINCI.

Vindex (Caius Julius), général romain d'origine gauloise (Ier s. apr. J.-C.). Propréteur en Gaule, il se souleva contre Néron en faveur de Galba; mais il échoua et se tua.

Vindhya, hauteurs de l'Inde continentale, au-dessus de la Narbada*.

vindicatif [vɛ̃dikatif], **ive** [-iv] adj. (du lat. *vindicare,* venger). Qui aime à se venger : *caractère vindicatif.*

vindicativement adv. De façon vindicative.

vindicte [vɛ̃dikt] n. f. (lat. *vindicta,* vengeance). Usité seulement dans l'expression *vindicte publique,* poursuite d'un crime au nom de la société.

vinée n. f. Récolte du vin : *une bonne vinée.* ‖ Branche à fruits dans la taille de la vigne.

viner v. t. Additionner d'alcool des vins ou des moûts pour remonter leur degré alcoolique.

Vinet (Alexandre), critique et théologien protestant suisse, né à Ouchy (1797-1847). Il se consacra à l'organisation des Eglises indépendantes.

vineux, euse adj. Se dit du vin qui a beaucoup de force. ‖ Qui a le goût, l'odeur du vin : *pêche vineuse.* ‖ Qui a la couleur du vin : *rouge vineux.* ‖ Fertile en vin : *la vineuse Bourgogne.*

vingt [vɛ̃ *et* vɛ̃t *devant un autre nombre*] adj. num. (lat. *viginti*). Deux fois dix : *vingt francs.* ‖ Vingtième : *page vingt.* ● *Vingt-quatre heures,* un jour entier. ‖ — N. m. Nombre qui suit dix-neuf dans la série naturelle des entiers. ‖ Le vingtième jour du mois. (Dites *vingt et un, vingt-deux,* etc.) ● *Vingt-et-un,* jeu de cartes.
— ENCYCL. *Vingt* prend un *s* quand il est précédé d'un adjectif de nombre qui le multiplie : *quatre-vingts hommes.* Il reste invariable : 1° s'il est suivi d'un autre adjectif de nombre : *quatre-vingt-deux francs;* 2° quand il est employé pour *vingtième : page quatre-vingt* (pour la page *quatre-vingtième*).

vingtaine n. f. Vingt environ.

vingtième [vɛ̃tjɛm] adj. num. ord. (de *vingt*). Qui est contenu *vingt* fois dans un tout. ‖ Qui occupe le rang marqué par le nombre *vingt.* ‖ — N. : *être le, la vingtième.* ‖ — N. m. Fraction de l'unité obtenue par division par *vingt : un vingtième.* ‖ *Hist.* Impôt institué par Machaut d'Arnouville (1749) et frappant de 5 p. 100 tous les revenus que les sujets devaient déclarer.

vingtièmement adv. En vingtième lieu.

Vinh, v. du Viêt-nam du Nord, près du golfe du Tonkin; 50 000 h.

vinicole adj. (lat. *vinum,* vin, et *colere,* cultiver). Relatif à la culture de la vigne, à la production du vin : *pays, société vinicole.* (Syn. VITICOLE.)

Phot. Larousse.

Tête de Christ provenant de Wissembourg, XIe s.
Musée de l'Œuvre Notre-Dame, Strasbourg.

Médaillon de la légende de saint Eustache : départ pour l'exil, v. 1215. *Église Saint-Pierre, Dreux.*

Vierge à l'Enfant, v. 1150. *Église de la Trinité, Vendôme.*

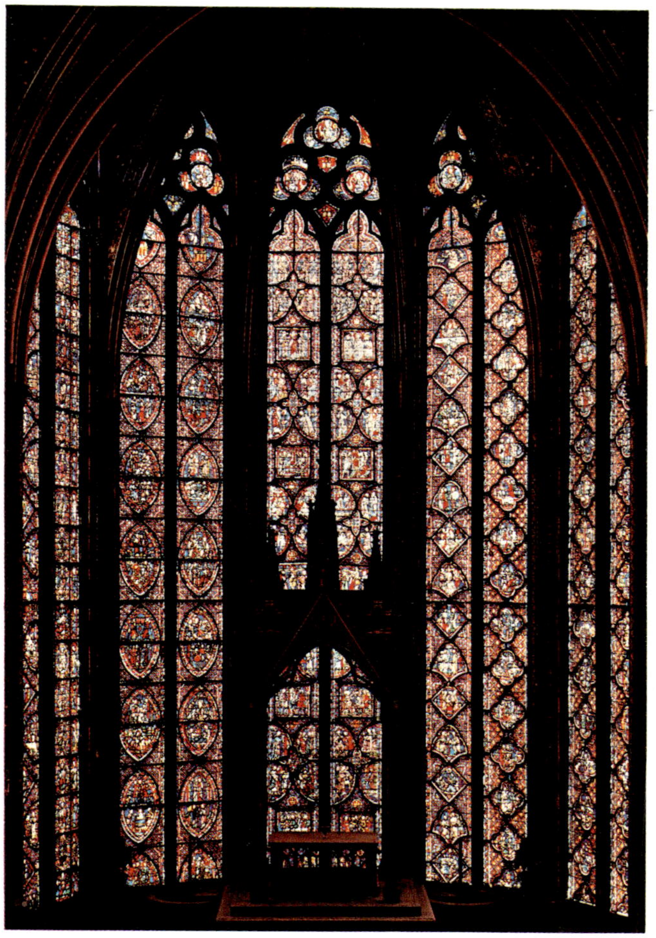

La Sainte-Chapelle, à Paris (1246-1248) : vitraux du chœur de la chapelle haute (nombreuses restaurations).

« Notre-Dame de la Belle-Verrière » (XIIe s. ; anges du XIIIe). *Cathédrale de Chartres.*

L'Antiquité connaissait le vitrail comme clôture translucide des fenêtres; Byzance a particulièrement développé cette technique. Les plus anciens vestiges de vitraux peints que nous possédons viennent d'Allemagne : de Lorsch et de Magdeburg (IXe ou Xe s.). Si nous savons que l'usage des vitraux était courant dès le Xe s. en France, ceux qui nous sont parvenus datent du XIIe s. et appartiennent à la cathédrale de Saint-Denis.
La technique du vitrail était fort complexe. Le verre, irrégulier et plein de bulles, était coloré dans la masse. Le maître verrier établissait un carton à grandeur d'exécution, choisissait les verres en harmonisant leurs teintes, les découpait au fer rouge et à la pince, dite grugeoir. Il montait les fragments ainsi obtenus en les réunissant au moyen d'un ruban de plomb à rainure, dans laquelle il insérait le bord du fragment. Ensuite, il procédait, sur le fond coloré, à la peinture en grisaille noire qui lui servait à modeler les formes, à préciser des détails. Les pièces, démontées, étaient ensuite cuites au four, puis de nouveau serties dans le réseau de plomb, qui était soudé.
La destination du vitrail était double. Il contribuait à la décoration de l'église, dans laquelle il entretenait, par ses jeux de lumière, une pénombre colorée propre au recueillement. Mais il était aussi, comme la fresque, un livre d'images pour ceux qui ne savaient pas lire, contribuant à l'enseignement des fidèles. Il devait donc être parfaitement lisible, si bien que les scènes à nombreux personnages étaient réservées aux fenêtres basses du chœur et des bas-côtés, cependant que les fenêtres hautes recevaient de grandes figures.
On possède d'assez nombreux vitraux du XIIe s., en Angleterre (York, Canterbury), en Allemagne (Augsbourg, Soest), en Autriche, en Suisse, et surtout en France (Le Mans, Poitiers, Angers, Châlons-sur-Marne, Strasbourg). Saint-Denis fut un centre important qui rayonna vers Chartres, dont la vitrerie, à son tour, servit de modèle à Bourges, Sens, Rouen. C'est à Chartres, au XIIIe s., que le vitrail atteint sa pleine maturité. À Paris se forment des ateliers novateurs d'où sortent les verrières de Saint-Germain-des-Prés, de la Sainte-Chapelle, de Notre-Dame de Paris, aux coloris plus sombres. Vers la seconde moitié du XIIIe s., et par réaction contre le luxe clunisien, Cîteaux impose l'usage de vitraux incolores décorés en grisaille (Saint-Urbain de Troyes, Sainte-Radegonde de Poitiers). Au début du XIVe s., l'invention du jaune d'argent introduit une teinte légère

Phot. Giraudon, Held, Giraudon (2), Lauros-Giraudon.

Glorification de la Vierge, milieu du XIIIe s. *Cathédrale de Chartres.*

Un montreur d'ours, v. 1350.
La Mailleraye, chapelle du château.

Annonciation de la chapelle de Jacques Cœur, v. 1448-1450. *Cathédrale de Bourges.*

Les Drapiers de Semur, v. 1460-1465.
Église Notre-Dame de Semur-en-Auxois.

et brillante dans le vitrail qui donne des œuvres raffinées. La série de portraits du chœur de la cathédrale d'Évreux est d'un réalisme saisissant. Le XVe s. fut une grande époque avec les verrières de la cathédrale de Bourges, celles de la Sainte-Chapelle de Riom, de la cathédrale de Moulins. L'influence de la peinture se fait plus évidente au XVIe s., où apparaît le décor à l'italienne (Beauvais, Rouen, Montmorency, Brou, Écouen). Le XVIIe s. produit encore quelques vitraux de qualité (Saint-Eustache de Paris, Saint-Pantaléon de Troyes), mais la décadence va s'accentuant.
À la fin du XIXe s., une renaissance commence, grâce à *Ruskin, W. Morris, Maurice Denis.* Les « ateliers d'art sacré », en France, en Allemagne, en Suisse, cherchent à créer une manière en accord avec l'esprit moderne. *Rouault* compose des verrières pour l'église d'Assy, *Chagall* une série destinée à la synagogue de l'hôpital de la Hadassah, à Jérusalem. Les artistes abstraits renouvellent cet art, notamment *Bazaine* et surtout *Manessier* (églises des Bréseux dans le Doubs, Saint-Pierre de Trinquetaille à Arles, de la Toussaint à Bâle).

Jean Bazaine, vitrail illustrant le thème du baptême (1966). *Église Saint-Séverin, Paris.*

Marc Chagall, l'un des vitraux pour Jérusalem (1961) : la Tribu d'Asher.

Phot. Giraudon, Lauros-Giraudon, Giraudon (4).

vinifère adj. (lat. *vinum,* vin, et *ferre,* porter). Qui produit du vin : *terrain vinifère.*

vinification n. f. (lat. *vinum,* vin, et *facere,* faire). Ensemble des procédés mis en œuvre pour transformer le jus de raisin en vin.
— ENCYCL. La *vinification* nécessite un traitement mécanique de la vendange comprenant le *foulage* (éclatement du grain), l'*égrappage* (séparation du grain et de la rafle), l'*égouttage* (séparation du jus qui s'écoule avant pressurage : jus ou vin de goutte), le *pressurage* (jus ou vin de presse). La fermentation alcoolique, qui transforme le sucre en alcool sous l'influence des levures, s'effectue soit après pressurage pour obtenir des vins blancs (quelle que soit la couleur des raisins), soit après foulage et avant pressurage de raisins noirs pour avoir du vin rouge. Les vins doux sont obtenus par arrêt de la fermentation avant transformation totale du sucre en alcool. Les soutirages, ainsi que divers traitements (ouillage, collage, etc.), ont pour but d'éliminer les lies et de clarifier le vin.

vinique adj. Qui provient du vin.

Vinland, le plus occidental des pays découverts par les Vikings vers 1000 apr. J.-C., situé sans doute en Amérique, entre la Nouvelle-Ecosse et l'Hudson.

Vinnitsa, v. de l'U. R. S. S. (Ukraine), sur le Boug ; 211 000 h.

Vinogradov (Ivan Matveïevitch), mathématicien soviétique, né à Milolioub en 1891. Il imagina une nouvelle méthode relative à la théorie analytique des nombres et résolut le fameux problème proposé en 1742 par Goldbach sur la décomposition de tout nombre entier supérieur à 6 en une somme de trois nombres premiers, problème qui n'avait jamais pu recevoir de démonstration.

vinosité n. f. Caractère des substances vineuses.

Vinoy (Joseph), général français, né à Saint-Etienne-de-Saint-Geoirs (Isère) [1800-1880]. Successeur de Trochu à la tête de l'armée de Paris (janv. 1871), il accepta l'armistice qui mit fin au siège de la capitale.

Vinson (*mont*), point culminant de l'Antarctique, dans la partie occidentale du continent ; 5 139 m.

Vintimille, en ital. **Ventimiglia,** v. d'Italie (Ligurie), sur le golfe de Gênes, à l'embouchure de la Roya ; 25 000 h. Gare internationale entre la France et l'Italie. Fleurs.

vinylique [vinilik] adj. Se dit d'une classe de résines synthétiques obtenues à partir de l'acétylène.

viol [vjɔl] n. m. (de *violer*). Crime commis par l'homme qui abuse par la violence d'une femme ou d'une fille. ‖ Action de porter atteinte à ce qu'on doit respecter : *viol de sépulture.*

violacé [vjɔlase], **e** adj. (du lat. *viola,* violette). D'une couleur tirant sur le violet : *des mains violacées.*

violacées n. f. pl. Famille de plantes dicotylédones dialypétales, à fleurs zygomorphes, à cinq pétales, dont le type est la violette.

violacer v. i. (conj. **1**). Se couvrir de taches violettes ; prendre une teinte violacée.

violat [vjɔla] adj. m. Où il entre de l'extrait de violette : *sirop, miel violat.*

violateur, trice n. Personne qui a commis un viol. ‖ Celui, celle qui viole les lois, les traités.

violation n. f. Action de violer un engagement, d'enfreindre une obligation, de profaner une chose sainte. ● *Violation du secret des lettres,* délit consistant à ouvrir ou à supprimer une correspondance adressée à un tiers.

violâtre adj. D'une couleur tirant sur le violet.

viole n. f. *Viole de bras,* anc. famille d'instruments à cordes au manche non muni de frettes, monté de 3 à 4 cordes, ancêtres des violons. ‖ *Viole de gambe,* anc. famille d'instruments à cordes au manche muni de frettes, monté de 5 à 6 cordes, et qui se jouent verticalement, serrés entre les genoux. (Les violes de gambe apparaissent à la fin du XVᵉ s. et disparaîtront devant le violoncelle au milieu du XVIIIᵉ s. De cette famille, c'est la basse qui a joué le rôle le plus important, étant l'instrument de la basse continue.) [V. illustr. INSTRUMENTS À CORDES*.]

violemment [vjɔlamɑ̃] adv. Avec violence : *repousser violemment.*

violence [vjɔlɑ̃s] n. f. (lat. *violentia*). Force intense, impétueuse : *la violence des vents, des passions.* (Syn. : BRUTALITÉ, EMPORTEMENT, FOUGUE, IMPÉTUOSITÉ, VÉHÉMENCE.) ‖ Abus de la force. ‖ Contrainte exercée sur une personne pour obtenir son acquiescement à un acte juridique : *la violence est une cause de nullité de contrat.* ‖ Sévices. ● *Faire violence à la loi,* lui donner un sens forcé. ‖ *Se faire violence,* se contraindre.

violent, e adj. (lat. *violens*). Qui agit avec force : *tempête violente.* ‖ Qui se livre à des violences : *homme violent.* (Syn. : EMPORTÉ, FOUGUEUX, IMPÉTUEUX.) ‖ — *Fig.* Intense : *sentiment violent.* ‖ Excessif : *c'est un peu violent de se voir ainsi traité.* ● *Mort violente,* mort causée par un accident, un meurtre, un suicide.

violenter [vjɔlɑ̃te] v. t. Contraindre, faire agir par force.

violer [vjɔle] v. t. Enfreindre ; porter atteinte à ce qu'on doit respecter : *violer la loi, un serment.* ‖ Abuser d'une femme par violence ou par ruse. ● *Violer le domicile de quelqu'un,* y pénétrer sans aucun droit.

violet, ette adj. De la couleur de la violette (mélange de bleu et de rouge).

violeter v. t. (conj. **4**). Teinter de violet.

violette [vjɔlɛt] n. f. (du lat. *viola,* violette). Plante des bois et des haies, à fleurs violettes très odorantes : *la violette est l'emblème de la modestie.* (Famille des violacées.)

violier [vjɔlje] n. m. Espèce cultivée de matthiole, appelée aussi *giroflée rouge.*

violine adj. D'une couleur violet pourpre.

violiste n. Joueur de viole.

Violle (Jules), physicien français, né à Langres (1841-1923). En 1875, il fit au mont Blanc les premières mesures de la constante solaire et, en 1881, il proposa un étalon d'intensité lumineuse.

Viollet-le-Duc (Eugène), architecte et écrivain français, né à Paris (1814-1879). Après avoir voyagé en Italie et en France, il entreprit sa carrière de restaurateur des monuments du Moyen Age en travaillant à la Sainte-Chapelle de Paris. Il eut à s'occuper d'un nombre fort important d'édifices ou d'ensembles architecturaux, parmi lesquels l'église de la Madeleine de Vézelay, Notre-Dame de Paris (d'abord avec Lassus), la basilique de Saint-Denis, la cathédrale d'Amiens, celle de Lausanne, la cité de Carcassonne et le château de Pierrefonds, qu'il reconstitua pour Napoléon III. Il a publié des ouvrages capitaux, tels que le *Dictionnaire du mobilier français jusqu'à la Renaissance* et le *Dictionnaire raisonné de l'architecture française du XIᵉ au XVIᵉ s.* Ses restaurations, pour critiquables qu'elles puissent être, ont néanmoins eu le mérite de sauver nombre de monuments de la ruine.

violon [vjɔlɔ̃] n. m. (de *viole*). Instrument de musique à quatre cordes accordées de quinte en quinte (*sol, ré, la, mi*), qu'on frotte avec un archet : *Stradivarius a construit d'admirables violons.* ‖ Personne qui joue du violon dans un orchestre. ‖ *Fam.* Prison contiguë à un corps de garde. ● *Aller plus vite que les violons,* aller trop vite par excès de zèle. ‖ *Violon d'Ingres,* occupation secondaire où l'on excelle.
— ENCYCL. Le *violon* est issu de la viole de bras. Une première mention en est faite en 1529. C'est surtout aux luthiers de Crémone que la facture du violon doit ses perfectionnements (XVIᵉ-XVIIᵉ s.). Sa caisse de résonance est formée de deux tables réunies par des éclisses ; celle de dessous et les éclisses sont en hêtre ou en érable ; celle de dessus est en sapin ou en cèdre. Les deux tables sont voûtées, pour résister à la tension des cordes (12 kg). L'étendue du violon est de trois octaves et une sixte. La famille des violons a comporté au XVIIᵉ s. plusieurs types, notamment le petit violon, ou pochette, le violon piccolo, le dessus de violon, la haute-contre, la taille de violon, la basse de violon. Seul a subsisté de nos jours le dessus de violon. (V. illustr. INSTRUMENTS À CORDES*.)

violoncelle [vjɔlɔ̃sɛl] n. m. (ital. *violoncello*). Instrument dérivé de la basse de violon et de la viole de gambe, et qui a tendu, depuis le début du XVIIIᵉ s., à remplacer cette dernière. (Il possède quatre cordes accordées : *do, sol, ré, la.* Son étendue dépasse trois octaves.) [V. illustr. INSTRUMENTS À CORDES*.] ‖ Musicien qui joue de cet instrument.

violoncelliste n. Joueur de violoncelle.

violoneux n. m. *Fam.* Mauvais joueur de violon. ‖ Ménétrier de campagne.

violoniste n. Personne qui joue du violon.

viorne [vjɔrn] n. f. (lat. *viburnum*). Arbrisseau de nos bois, de la famille des caprifoliacées, dont les espèces principales sont l'*obier,* ou *boule-de-neige,* et le *laurier-tin.*

Viotti (Giovanni Battista), violoniste et compositeur piémontais, né à Fontanetto Po (1755-1824). Il fut directeur de l'Opéra de Paris et l'un des créateurs, par ses concertos, de l'école moderne du violon.

vipère [vipɛr] n. f. (lat. *vipera*). Serpent venimeux, commun en France dans les endroits secs et chauds. (V. *encycl.*) ‖ *Fig.* Personne très méchante. ● *Langue de vipère,* personne très médisante. ‖ *Vipère à cornes,* V. CÉRASTE.
— ENCYCL. La *vipère* est caractérisée par son museau retroussé, ses pupilles en fente, ses écailles frontales petites et nombreuses, sa tête triangulaire, sa queue courte et commençant brusquement, sa taille généralement petite, sa reproduction ovovivipare et, enfin, son appareil venimeux relié à deux crochets inoculateurs pliants de la mâchoire supérieure. On distingue deux espèces : la péliade et l'aspic. (V. illustr. SERPENTS.)

violettes

Les morsures de vipère sont graves ; elles doivent être traitées par l'aspiration du sang au niveau de la plaie, avec la bouche, à condition que celle-ci ne présente pas la moindre écorchure ou lésion intérieure, et par l'injection de sérum antivenimeux.

vipereau [vipro], **vipéreau** [-pero] ou **vipériau** [-perjo] n. m. Petite vipère.

vipéridés n. m. pl. Famille de serpents venimeux comprenant les différentes espèces de vipères (*aspic, péliade, céraste*), le *crotale,* etc.

vipérin, e adj. Qui a rapport à la vipère. ● *Langue vipérine,* perfide comme la vipère.

vipérine n. f. Couleuvre qui, par sa forme et sa coloration, ressemble à la vipère : *la vipérine* (ou *couleuvre vipérine*) *est commune en France.* ‖ *Bot.* Plante des endroits incultes. (Famille des borraginacées.)

virage [viraʒ] n. m. Changement de direction d'un véhicule : *faire un virage à droite.* ‖ Partie courbe d'une route, d'une piste : *un virage relevé.* ‖ *Fig.* Changement de direction, de conduite : *politique qui prend un virage dangereux.* ‖ *Phot.* Opération qui consiste à modifier le ton des épreuves par le passage dans divers bains (sels d'or, de platine, etc.). ‖ Le bain lui-même. ● *Virage à la corde,* tournant pris le plus près du bord intérieur. ‖ *Virage de la cuti-réaction,* expression indiquant que la cuti-réaction, précédemment négative, est devenue positive.

virago [virago] n. f. (lat. *virago,* femme qui a le courage d'un homme). *Fam.* Fille ou femme qui a l'allure et les manières d'un homme.

viral, e adj. Relatif à un virus, et spécialement à un virus filtrant : *la grippe est une affection virale.*

Virchow (Rudolf), médecin et homme politique allemand, né à Schivelbein (Poméranie) [1821-1902]. Fondateur de la pathologie cellulaire, il affirmait que les lésions ont leur siège initial dans les cellules (théorie actuellement en partie infirmée). Député progressiste au Reichstag (1880-1893), il soutint Bismarck dans sa politique du « Kulturkampf ».

vire [vir] n. f. En montagne, terrasse étroite sur une paroi verticale.

Vire (la), fl. côtier du Bocage normand, qui arrose *Vire* et Saint-Lô, et se jette dans la Manche ; 118 km.

Vire (14500), ch.-l. d'arr. du Calvados, sur la *Vire ;* 12 107 h. (*Virois*). Marché agricole. Constructions électriques. La ville fut presque entièrement détruite pendant la bataille de Mortain (1944), lors de la Seconde Guerre mondiale. — L'arr. a 6 cant., 94 comm., 56 307 h.

virée [vire] n. f. *Fam.* Promenade : *faire une virée.*

virelai [virlɛ] n. m. Anc. poème français sur deux rimes et comptant quatre strophes, dont la première est reprise intégralement ou partiellement après chacune des trois autres.

virement n. m. Opération consistant à transférer des fonds d'un compte bancaire ou de chèque postal à un autre. ● *Virement budgétaire,* opération qui consiste à transporter à un chapitre du budget des crédits votés pour un autre.

virer [vire] v. i. (du lat. *vibrare,* agiter, et *gyrare,* tourner). Avancer en tournant. ‖ Changer de nuance, en parlant d'une étoffe teinte. ‖ Subir l'opération du virage photographique. ● *Virer de bord* (Mar.), changer de direction pour se diriger vers un point presque entièrement opposé ; et, au *fig.,* changer de parti. ‖ — V. t. ind. [**à**]. Tendre, tourner à : *le noir vire souvent au jaunâtre.*

virer v. t. Transporter d'un compte à un autre : *virer une somme.* ‖ Transformer la teinte d'une épreuve photographique.

virer v. t. *Virer quelqu'un* (Pop.), le mettre à la porte.

virescence [virɛsɑ̃s] n. f. Métamorphose des parties colorées des fleurs en feuilles vertes.

Viret (Pierre), réformateur suisse, né à Orbe (1511-1571), célèbre pour son austérité.

vireton [virtɔ̃] n. m. Flèche d'arbalète, armée d'un fer pyramidal, et à laquelle les lames obliques qui l'empennaient imprimaient un mouvement de rotation.

vireur n. m. Mécanisme permettant de modifier, à l'arrêt, la position de l'axe d'une machine tournante (turbine, alternateur, etc.).

vireux [virø], **euse** [-øz] adj. (du lat. *virus,* poison). Qui a des propriétés vénéneuses : *l'amanite vireuse, à chapeau blanc, est mortelle.* ‖ Nauséabond : *odeur vireuse.*

virevolte n. f. (ital. *giravolta,* tour en rond). *Manèg.* Tour et retour faits rapidement par un cheval.

virevolter [virvɔlte] v. i. Tourner rapidement sur soi.

Virgile, en lat. **Publius Virgilius Maro,** poète latin, né à Andes (auj. Pietole), près de Mantoue (v. 70-19 av. J.-C.). Ses parents, de condition modeste, lui font donner une solide instruction. Il étudie à Crémone, à Milan, puis à Rome. Vers 44 ou 43, il retourne dans sa patrie, où il brille dans le cercle cultivé qui entoure Asinius Pollio, gouverneur de la province, et compose les *Bucoliques** (42-39 av. J.-C.). En 40, Pollio est chassé par les Octaviens, et le domaine de Virgile est livré aux vétérans. Mais Virgile recouvre ses biens grâce à Octave, et de là date son dévouement au futur empereur. En même temps, il rencontre Mécène et devient l'ami d'Horace. Il s'établit à Rome, où il publie les *Géorgiques** (32-29 av. J.-C.), aidant Auguste à redonner

Phot. Noailles.

aux Romains le goût de l'agriculture. Enfin, il entreprend à partir de 29 av. J.-C. une grande épopée nationale, *l'Enéide**, que tout le monde attend avec passion et dont l'empereur se fait réciter des passages. Il y travaille dix ans, mais ne peut terminer son ouvrage : pour le compléter, il entreprend un voyage en Grèce et en Orient, mais meurt au retour, à Brindes. Ses amis publièrent le poème que Virgile jugeait imparfait et avait voulu détruire. Enterré près de Naples, Virgile fut entouré d'un véritable culte. Silius Italicus lui éleva un autel, et un cycle de légendes se forma autour de sa mémoire.

virginal [virʒinal], **e, aux** [-o] adj. (du lat. *virgo, virginis,* vierge). Qui appartient à une vierge.

virginal n. m. ou **virginale** n. f. Epinette en usage en Angleterre aux XVIe et XVIIe s.

virginaliste n. m. Qui joue du virginal. (L'école des virginalistes anglais, spécialistes de la variation, a connu son apogée de 1550 à 1650.)

Virginie, un des Etats unis d'Amérique, sur l'Atlantique ; 4 533 000 h. Cap. *Richmond.* L'Etat juxtapose une partie occidentale s'étendant sur les Appalaches, productrice de charbon, et une partie orientale correspondant à la plaine côtière, couverte de plantations de tabac (alimentant des manufactures de cigares et de cigarettes). En dehors de Richmond, les principales villes sont des ports établis sur la baie de Chesapeake (Norfolk, Portsmouth et Newport News).
● *Histoire.* En 1606, la Virginia Company de Londres obtint de Jacques Ier une charte d'établissement. En 1624, le territoire devint colonie royale ; mais, en 1776, la Virginie se donna une Constitution. Patrie du parti républicain, elle fournit aux Etats-Unis ses premiers hommes d'Etat : Washington, Jefferson, Madison, Monroe. S'étant rangée avec les sudistes (1861), la Virginie, vaincue, perdit ses comtés occidentaux, devenus l'Etat de Virginie-Occidentale (1863).

Virginie-Occidentale, un des Etats unis d'Amérique, à l'ouest de la Virginie ; 1 798 000 h. Cap. *Charleston.* S'étendant à l'est sur les Appalaches, à l'ouest (vers l'Ohio) sur l'extrémité orientale des Grandes Plaines, la Virginie-Occidentale est une région en partie forestière, dont l'importance est liée à la richesse en houille (bassin du Cumberland), qui explique le développement de la métallurgie de base et aussi de la chimie.
● *Histoire.* Favorables à la suppression de l'esclavage, les comtés occidentaux de la Virginie formèrent en 1861 la Virginie-Occidentale, qui devint Etat de l'Union en 1863.

virginité n. f. (lat. *virginitas ;* de *virgo,* vierge). Etat d'une personne vierge. ‖ Pureté, candeur.

virgule [virgyl] n. f. (lat. *virgula*). Petit signe de ponctuation (petit trait un peu courbé vers la gauche) servant à séparer les divers membres d'une phrase. ● *Bacille virgule,* vibrion du choléra.

virguler v. t. Marquer de virgules.

Viriathe, chef des Lusitains révoltés contre la domination romaine, assassiné à l'instigation des Romains en 139 av. J.-C.

Virieu (38730), ch.-l. de c. de l'Isère (arr. de La Tour-du-Pin), sur la Bourbre ; 765 h. (582 aggl.).

Virieu-le-Grand (01510), ch.-l. de c. de l'Ain (arr. de Belley) ; 879 h.

viril [viril], **e** adj. (lat. *virilis ;* de *vir,* homme). Qui appartient à l'homme, au sexe masculin. ‖ *Fig.* Digne d'un homme : *action virile.* (Syn. : COURAGEUX, ÉNERGIQUE, FERME.) ● *Age viril,* âge d'un homme fait. ‖ *Membre viril,* organe de la génération chez l'homme.

virilement adv. Avec une énergie virile.

viriliser v. t. Donner un caractère viril.

virilisme n. m. Affection de la femme, caractérisée par l'apparition de caractères sexuels du sexe opposé (moustache, voix grave, etc.) et en rapport avec des troubles endocriniens.

virilité n. f. Ce qui caractérise le sexe masculin. ‖ *Fig.* Caractère digne d'un homme ; mâle énergie : *faire preuve de virilité.*

Viroflay (78220), ch.-l. de c. des Yvelines (arr. de Versailles) ; 16 410 h. (*Viroflaysiens*).

virolage n. m. Action de viroler.

virole [virɔl] n. f. (lat. *viriola*). *Technol.* Anneau plat de métal qu'on met au bout de certains objets pour les empêcher de se fendre, de s'user, etc. ‖ Dans la frappe des monnaies, bague en acier dans laquelle se place le flan et qui porte en creux les dessins qui doivent être reproduits en relief sur la tranche. ‖ Anneau de tôle entrant dans la construction des chaudières et des réservoirs métalliques.

viroler v. t. Munir d'une virole un manche d'outil. ‖ Introduire les flans, destinés à produire des monnaies, dans la virole.

Virton, v. de Belgique (Luxembourg) ; 3 600 h. Théâtre d'un combat de rencontre en août 1914.

virtualité n. f. Qualité de ce qui est virtuel : *la virtualité, pour exister, doit être actualisée.*

virtuel [virtɥɛl], **elle** adj. (du lat. *virtus,* force). Qui n'est pas réalisé ; qui n'a pas d'effet actuel. ● *Objet, image virtuelle* (Phys.), dont les points se trouvent sur le prolongement des rayons lumineux.

virtuellement adv. De façon virtuelle : *armée virtuellement défaite.*

Virgile

virtuose [virtɥoz] n. (ital. *virtuoso*). Celui, celle qui a de grands talents dans l'exécution d'un art quelconque. ‖ Dans une interprétation musicale, celui qui est capable de résoudre les problèmes techniques les plus épineux avec une parfaite aisance.

virtuosité n. f. Talent de virtuose : *la virtuosité d'un pianiste.*

virulence n. f. (du lat. *virus,* poison). Etat de ce qui est virulent : *la virulence d'un microbe.* ‖ *Fig.* Caractère d'âpreté violente : *critique pleine de virulence.*

virulent [virylɑ̃], **e** [-ɑ̃t] adj. (lat. *virulentus*). Dont le pouvoir de multiplication est maximal : *microbe virulent.* ‖ Se dit d'une personne ou d'un comportement manifestant une âpreté violente : *satire virulente.*

virure [viryr] n. f. *Mar.* File de bordages s'étendant de l'avant à l'arrière d'un navire sur la carène.

virus [virys] n. m. (mot lat. signif. *poison*). Particule de dimension nettement inférieure au micron, présentant certaines des propriétés fondamentales des espèces vivantes (pouvoir de reproduction), mais tout à fait incapable de manifester des propriétés vitales lorsqu'elle n'est pas contenue dans une cellule vivante normale, aux dépens de laquelle elle vit en parasite. (V. *encycl.*) ‖ *Fig.* Source de contagion morale : *le virus de l'anarchie.*
— ENCYCL. Un *virus,* observé hors de sa cellule hôte, montre une enveloppe, ou *capside,* entourant un *matériel génétique* (une seule molécule d'acide nucléique ou un petit nombre de telles molécules, avec la structure d'un fragment de chromosome). Les virus introduisent dans la cellule hôte, parfois grâce à un organite perforant, leur matériel génétique, qui induit la cellule à lui fabriquer de nombreuses répliques identiques. Dans un second temps, chaque réplique se fait bâtir une capside, et, dans un troisième temps, la cellule éclate en libérant de nombreux *virions* (individus de virus), qui infecteront d'autres cellules. Les virus provoquent de nombreuses et graves maladies chez l'homme (grippe, variole, rage, poliomyélite, fièvre jaune, oreillons, rougeole), chez les animaux domestiques (fièvre aphteuse), chez les plantes (mosaïque du tabac, diverses maladies de la tomate, de la pomme de terre, etc.) et enfin chez les bactéries (*bactériophages,* plus souvent appelés *phages,* du colibacille, du vibrion du choléra, etc., utilisés en thérapeutique).

Viry-Châtillon (91170), ch.-l. de c. de l'Essonne (arr. d'Evry), sur la Seine ; 27 184 h. (*Viry-Châtillonnais*).

vis [vis] n. f. (lat. *vitis,* vrille de la vigne). Tige cylindrique métallique, dont la surface porte une saillie hélicoïdale destinée à s'enfoncer en tournant dans une matière où elle creuse son logement. (V. *encycl.*) ● *Escalier à vis,* escalier en spirale. ‖ *Pas de vis,* tour de spire d'une vis. ‖ *Serrer la vis* (Fig.), traiter sévèrement. ‖ *Vis Parker,* dénomination commerciale d'une vis d'assemblage conçue spécialement pour une utilisation sur les tôles minces. ‖ *Vis de pression,* vis servant à serrer un objet contre un autre. ‖ *Vis de rappel,* vis tournant entre deux points fixes et servant à amener ou à reculer un objet dont elle est solidaire. ‖ *Vis sans fin,* vis dont les filets agissent sur les dents d'une roue et lui impriment un mouvement de rotation dans un sens perpendiculaire à celui de la vis. (V. *encycl.*)
— ENCYCL. Une *vis* est caractérisée par son diamètre, par le profil de son filet, par la forme de sa tête et par son pas. La *vis d'assemblage,* employée comme élément d'assemblage pour des liaisons amovibles, est en général à profil triangulaire. Il existe plusieurs systèmes de pas différents, dont les principaux sont le pas international S. I., utilisé en mécanique, le pas Whitworth, pour

vis sans fin

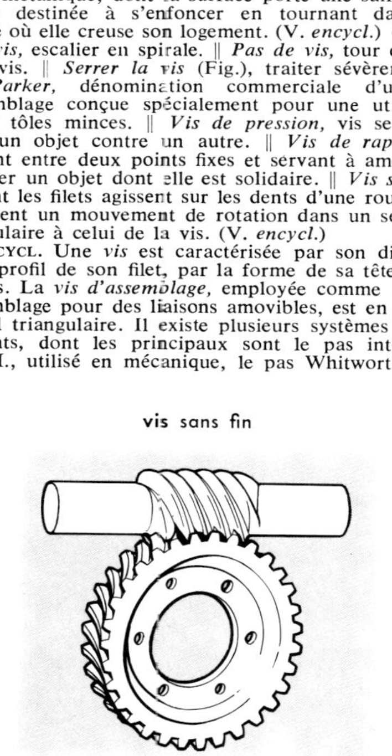

la mécanique et les tubes à gaz, le pas Briggs, employé en robinetterie, etc. La vis à bois, légèrement conique, possède un filet d'une forme caractéristique, tandis que la vis à métaux a un filetage à pas fin. La *vis de transformation de mouvement* est un mécanisme cinématique qui permet d'obtenir un mouvement rectiligne à partir d'un mouvement circulaire. De profil carré, trapézoïdal ou rond, la vis en acier manœuvre dans un écrou généralement en bronze. Le plus souvent, la vis tournante est immobilisée dans le sens axial ; l'écrou est alors entraîné en translation. Lorsque l'écrou tournant est immobilisé en translation, c'est la vis qui se déplace longitudinalement (vérin, presse à vis, etc.). La *vis sans fin,* qui s'accouple à une roue dentée, permet le renvoi transversal du mouvement, la suppression des jeux, une grande douceur de fonctionnement et une très grande démultiplication du mouvement.

visa [viza] n. m. (mot lat. signif. *choses vues*). Sceau, signature ou paraphe apposés sur un document soit pour le valider, soit pour attester le paiement d'un droit.

visage [vizaʒ] n. m. (du lat. *visus,* aspect). Face de l'homme, partie antérieure de la tête. ‖ Expression des traits de la face, physionomie : *visage riant.* ● *Trouver visage de bois,* ne pas rencontrer la personne qu'on venait voir. ‖ — **A visage découvert** loc. adv. Sans masque.

Visagiste n. (nom déposé). Spécialiste qui, dans un institut de beauté, est chargé des soins du visage.

Visākhapatnam, Vizāgapatnam ou **Vishakhapatnam,** v. de l'Inde (Āndhra Pradesh) ; 285 000 h. Chantiers navals.

vis-à-vis [vizavi] loc. adv. (lat. *visus,* aspect). En face, à l'opposite : *nous étions placés vis-à-vis.* ‖ — N. m. *Fam.* Personne qui se trouve en face d'une autre. ‖ Petit canapé pour favoriser le tête-à-tête de deux personnes. ‖ — **Vis-à-vis de** loc. prép. En face de ; à l'égard de.

Visayas ou **Bisayas,** groupe de populations des Philippines, d'origine malaise, qui a donné son nom à l'*archipel des Visayas* (entre Luçon et Mindanao), et qui habite également le S. de Luçon et une partie de Mindanao. C'est la plus importante ethnie des Philippines. Sa langue, le *visaya,* est apparentée au tagal* et possède une importante littérature écrite.

viscache [viskaʃ] n. f. Rongeur d'Amérique du Sud, voisin du chinchilla, recherché pour sa fourrure.

viscéral, e, aux adj. Relatif aux viscères : *cavité viscérale.* ‖ *Fam.* Ce qui provient du plus profond de l'être : *réaction viscérale de colère.* ● *Squelette viscéral,* squelette soutenant la bouche et les branchies, chez certains vertébrés.

viscère [visɛr] n. m. (lat. *viscus, visceris*). Organe en général, mais plus particulièrement organe creux, aux parois élastiques et musculeuses (muscles lisses), ne recevant aucune innervation cérébro-spinale, mais innervé par des rameaux sympathiques et parasympathiques qui exercent sur lui des actions antagonistes. (En ce sens restreint, l'estomac, l'intestin, la vessie, l'utérus, le cœur et les petites artères sont des viscères.)

Vischer, famille de fondeurs et de sculpteurs allemands originaires de Nuremberg. PETER (v. 1460-1529) exécuta divers monuments, deux figures du tombeau de Maximilien Ier à Innsbruck et, avec ses fils, la célèbre *Châsse de saint Sébald* (Nuremberg). — Son fils HANS (v. 1489-1550) dirigea l'atelier familial après sa mort et collabora avec Albrecht Dürer (retable Heller ; *Livre de prières* de Maximilien).

Visconti, famille d'Italie qui domina Milan de 1277 à 1447. Les plus célèbres de ses membres sont : MATHIEU Ier, né à Invorio (1250-1322), vicaire impérial de Lombardie ; — JEAN-GALÉAS (1351-1402), qui obtint de l'Empereur, en 1397, le titre de duc de Milan et de Lombardie, et dont la fille VALENTINE (1366-1408) épousa Louis d'Orléans, frère de Charles VI ; — JEAN-MARIE (1389-1412) et PHILIPPE-MARIE (1392-1447).

Visconti (Ennio Quirino), archéologue italien, né à Rome (1751-1818). Conservateur au Louvre et professeur d'archéologie, il est l'auteur d'une *Iconographie ancienne.* — Son fils LOUIS, architecte français, né à Rome (1791-1853), construisit des fontaines à Paris, ainsi que le tombeau de Napoléon Ier aux Invalides, et donna le plan du nouveau Louvre (achevé par Lefuel).

Visconti (Luchino), metteur en scène de cinéma et de théâtre italien, né à Milan en 1906. Au cinéma, il est l'auteur de : *La terre tremble* (1948), *Senso* (1954), *Rocco et ses frères* (1960), *le Guépard* (1963), *Sandra* (1964), *l'Etranger* (1967), *les Damnés* (1969), *Mort à Venise* (1970), *le Crépuscule des dieux* (1972), *Violence et passion* (1974).

viscose [viskoz] n. f. Cellulose sodique employée pour la fabrication de la rayonne, de la fibranne et de la pellicule cellulosique.

viscosimètre n. m. Appareil mesurant la viscosité.

viscosité [viskozite] n. f. (du lat. *viscum,* glu de gui). Résistance d'un liquide à l'écoulement uniforme et sans turbulence. ● *Viscosité de la main-d'œuvre,* répugnance des populations de certains pays développés à changer de profession ou de lieu d'exercice de la profession.

Visé, v. de Belgique (Liège) ; 6 700 h. Conserves.

Visé (DONNEAU DE). V. DONNEAU DE VISÉ.

visée n. f. Direction donnée au regard pour observer. ‖ Opération par laquelle on dirige un instrument d'optique, une arme vers un objectif : *faire une bonne visée.* ‖ — Pl. *Fig.* Ce que l'on cherche à atteindre : *des visées ambitieuses.* (Syn. : BUT, DESSEIN, INTENTION.)

Phot. Alinari-Giraudon.

viser [vize] v. t. et i. (lat. *visere,* voir). Pointer une arme, un appareil optique sur l'objectif. || *Fig.* Chercher à atteindre : *viser les honneurs.* || — V. t. ind. [**à**]. Diriger ses efforts vers : *viser à l'effet.*

viser v. t. (de *visa*). Marquer d'un visa : *viser un passeport.*

viseur n. m. Dispositif optique servant à viser : *viseur de bombardement, de tir aérien.*

Vishakhapatnam. V. VISĀKHAPATNAM.

Vishnu ou **Vichnou,** deuxième terme de la triade brahmanique, conservateur du monde. Il revêt parfois des formes humaines, ses *avātara.*

visibilité n. f. Qualité, caractère de ce qui est visible, discernable. || Possibilité de voir : *tournant sans visibilité.*

visible [vizibl] adj. (du lat. *visus,* vu). Qui peut être vu : *un objet visible à l'œil nu.* || *Fam.* Disposé à recevoir des visites. || *Fig.* Evident : *injustice visible.* || — Syn. : APPARENT, MANIFESTE, OSTENSIBLE, PERCEPTIBLE.

visiblement adv. De façon visible.

visière [vizjɛr] n. f. Pièce de casque qui se haussait et se baissait à volonté devant le visage. || Partie d'une casquette, d'un képi qui abrite le front et les yeux. ● *Rompre en visière,* attaquer, contredire violemment, en face.

Visigoths. V. WISIGOTHS.

vision [vizjɔ̃] n. f. (lat. *visio*). Fonction sensorielle fondamentale du règne animal, reposant sur l'analyse comparative des radiations lumineuses provenant des diverses directions dont l'ensemble constitue le *champ visuel.* (V. *encycl.*) || Perception imaginaire d'objets irréels : *avoir des visions.* || *Théol.* Chose que Dieu fait voir en esprit : *les visions des prophètes.*
— ENCYCL. *Physiol.* La *vision* comporte des phénomènes optiques et des phénomènes nerveux. Les *phénomènes optiques* consistent en la formation sur la rétine d'une image nette, ayant une intensité lumineuse suffisante. La netteté est obtenue par la mise au point exercée par le cristallin; l'intensité lumineuse est réglée par l'ouverture plus ou moins grande de la pupille, l'iris faisant fonction de diaphragme. Les *phénomènes nerveux* commencent à la rétine, où la lumière provoque la formation d'influx nerveux qui, par le nerf optique, se rend au chiasma optique et, de là, par les bandelettes optiques et les tubercules quadrijumeaux antérieurs, vers la région du lobe occipital dite « cunéus », qui est l'aire visuelle du cortex cérébral.
D'autres voies vont vers les centres des nerfs moteurs oculaires, qui agissent sur les muscles moteurs de l'œil pour l'orienter vers la zone à regarder. Les mouvements des deux yeux sont coordonnés pour diriger leur axe optique simultanément sur le même point et permettre la vision binoculaire. D'autres voies nerveuses règlent le cristallin, et des filets neurovégétatifs agissent sur l'iris. La vision des formes peut être perçue par un seul œil, mais celle des volumes et des distances n'est obtenue qu'en vision binoculaire. Le mouvement est perçu grâce à l'effacement de l'image en un point déclenchant des mouvements du globe oculaire, voire de toute la tête pour suivre l'objet en mouvement. En raison de la persistance rétinienne, certains mouvements rapides donnent à l'arrière de l'objet des contours flous : cette persistance est mise à profit dans le cinématographe, où ce sont des images fixes successives qui donnent une sensation de mouvement continu. La vision colorée, surtout précise dans la zone centrale du champ visuel, est possible grâce à la différence de sensibilité des quatre types de cellules sensorielles de la rétine aux différentes longueurs d'ondes, les excitations qu'elles reçoivent étant retransmises au cortex cérébral, qui les analyse. En lumière très réduite, les différences de couleur s'estompent, et tous les contours apparaissent grisâtres.

visionnaire adj. et n. Qui croit avoir des visions. || *Fig.* Qui a des idées extravagantes.

visionner v. t. Voir à la visionneuse. || Voir un film avant sa distribution : *le public va voir le film, mais après que le technicien l'aura visionné.*

visionneuse [vizjɔnøz] n. f. Appareil d'optique permettant d'agrandir et d'examiner des clichés photographiques de petit format. || Appareil servant à examiner les films pour en faire le montage.

Luchino Visconti : une scène du « Guépard »

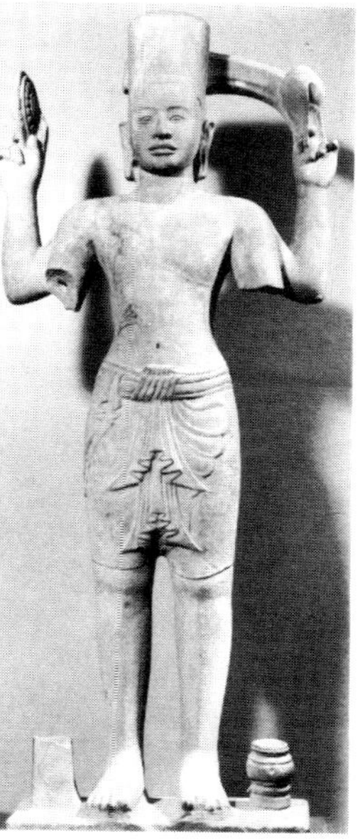

Vishnu art khmer grès du VIIIe s. musée Guimet

visitandine [vizitɑ̃din] n. f. Religieuse de la Visitation* Sainte-Marie.

Visitation [vizitasjɔ̃] n. f. Visite de la Sainte Vierge à sainte Elisabeth. || Fête que l'Eglise célèbre le 2 juillet en mémoire de cette visite. (En ces deux sens, prend une majuscule.)

Visitation Sainte-Marie (*ordre de la*), ordre de moniales, fondé à Annecy par saint François de Sales et par sainte Jeanne de Chantal en 1610.

visitatrice n. f. Religieuse chargée d'inspecter les monastères ou couvents de son ordre, de sa province.

visite [vizit] n. f. (de *visiter*). Action d'aller voir quelqu'un chez lui : *faire une visite de condoléances.* || Action d'aller voir avec attention quelque chose : *la visite d'un musée.* || Personne qui fait une visite. || Action d'un médecin qui va voir un malade. || Tournée des médecins et des élèves dans un hôpital pour examiner les malades. || Inspection d'un supérieur religieux ou ecclésiastique, ou de son délégué, aux lieux et aux personnes ressortissant à son autorité : *visite pastorale.* || Examen détaillé d'une nature quelconque : *faire la visite d'un navire.* ● *Rendre visite à quelqu'un,* aller le voir.

visiter v. t. (lat. *visitare*). Aller voir par curiosité, par devoir professionnel ou social : *visiter un monument, un malade.* || Parcourir en examinant : *visiter un pays.*

visiteur, euse n. et adj. Personne qui est en visite. || Personne chargée d'une inspection : *visiteurs de la douane.*

Viso (*mont*), montagne des Alpes occidentales, entre la France et l'Italie ; 3 841 m.

vison [vizɔ̃] n. m. Mammifère carnassier de la taille d'un putois, très recherché pour sa fourrure. (On le trouve en Europe, en Asie et en Amérique.)

visqueux [viskø], **euse** [-øz] adj. (du lat. *viscum,* glu de gui). Poisseux, gluant : *une peau visqueuse.* || Qui possède une viscosité élevée.

vissage n. m. Action de visser.

visser [vise] v. t. Fixer avec des vis. || Serrer en faisant tourner comme une vis : *visser un couvercle de boîte.* || *Fig.* et *fam.* Exercer une contrainte par la menace pour ramener l'ordre.

visserie n. f. Ensemble des articles tels que vis, écrous, boulons.

Vistule (la), en polon. **Wisła,** fl. de Pologne ; 1 090 km. Née dans les Carpates occidentales (Beskides), la Vistule traverse du sud au nord la Pologne, arrosant notamment Cracovie, puis Varsovie, avant de rejoindre la Baltique par un vaste delta dans le golfe de Gdánsk.

visualisation n. f. Mise en évidence d'un phénomène grâce à des procédés matériels, didactiques.

visualiser v. t. Rendre visible.

visuel [vizɥɛl], **elle** adj. (du lat. *visus,* vue). Qui appartient à la vue : *acuité visuelle.* ● *Mémoire visuelle,* mémoire qui garde le souvenir de ce qui est vu (par oppos. à *mémoire auditive*). || *Rayon visuel,* ligne droite allant de l'objet à l'œil de l'observateur.

visuellement adv. De façon visuelle.

vital [vital], **e, aux** [-o] adj. (du lat. *vita,* vie). Qui appartient, qui sert à la vie : *les fonctions vitales.* || *Fig.* Fondamental, nécessaire à l'action ou à la conservation : *forces vitales d'un pays; question vitale.* ● *Minimum vital,* revenu minimal nécessaire à la subsistance et à l'entretien d'une personne, d'une famille.

Vital (*saint*), martyr à Ravenne (Ier s.). L'église qui lui est consacrée à Ravenne est un des plus riches monuments de l'art byzantin. — Fête le 28 avril.

Vitali (Giovanni Battista), compositeur italien, né à Crémone (1644-1692), un des initiateurs dans le domaine de l'art instrumental classique, notamment dans celui de la sonate.

Vitalien (*saint*), né à Segni (v. 600-672), pape de 657 à 672. — Fête le 27 janvier.

vitalisme n. m. Doctrine biologique qui admet un principe vital, distinct à la fois de l'âme et de l'organisme, et qui fait dépendre de lui les actions organiques.

vitalité n. f. Force, persistance de la vie ou de la durée. || Intensité des forces vitales, énergie, dynamisme : *il est doué d'une grande vitalité.*

vitamine [vitamin] n. f. (lat. *vita,* vie, et *amine*). Substance nécessaire à la vie, agissant à très faible dose et qui doit être apportée régulièrement à l'organisme dans l'alimentation ou sous forme médicamenteuse.
— ENCYCL. Le terme de *vitamine* désigne des corps organiques très différents, mais ayant un caractère commun, qui est de jouer le rôle de catalyseur des différentes réactions de l'organisme.
Les vitamines jouent le plus souvent ce rôle en s'unissant à une protéine pour former une enzyme. De nombreuses vitamines sont actuellement connues : elles ont chacune un rôle précis dans la croissance, les métabolismes, les mécanismes de défense.
C'est la carence en vitamines (*avitaminose*) qui explique la plupart des cas de *malnutrition,* c'est-à-dire les troubles graves présentés par des populations dont la ration quotidienne est suffisante en quantité, mais insuffisamment variée. Certaines vitamines telles que le calciférol (vitamine D antirachitique) peuvent être synthétisées par l'organisme humain, mais seulement lorsque la peau est éclairée par le Soleil. Il dépend donc du climat et des conditions de vie que la présence de calciférol soit ou non indispensable dans la ration.

v. tableau p. suivante

vitaminé, e adj. Qui contient une ou plusieurs vitamines.

Vita nuova (*la Vie nouvelle*), œuvre de Dante, composée entre 1292 et 1295. C'est un livre allégorique, mélange de vers (vingt-cinq sonnets, quatre *canzoni,* une ballade, une stance), où Dante raconte son amour pour Béatrice, et de prose qui commente ces vers d'une manière toute scolastique.

vite [vit] adj. Qui se meut avec rapidité : *les coureurs les plus vites.* || — Adv. Avec vitesse : *parler vite.*

Vitebsk, v. de l'U. R. S. S. (Biélorussie), sur la Dvina occidentale ; 203 000 h. Napoléon y entra en 1812. Prise par les Allemands en juillet 1941, la ville fut libérée par les Russes au début de l'été 1944.

vitellin, ine adj. Qui concerne le vitellus.

Vitellius (Aulus) [15-69], empereur romain (69). Il ne régna que huit mois et se fit remarquer par sa gourmandise et ses cruautés. Il fut massacré par le peuple.

vitellus [vitɛlys] n. m. (mot lat. signif. *jaune d'œuf*). Ensemble des substances de réserve contenues dans l'ovule des animaux : *le jaune de l'œuf des oiseaux représente le vitellus.*

vitelotte [vitlɔt] n. f. Variété de pomme de terre rouge, longue et très estimée.

Viterbe, v. d'Italie (Latium); 51 400 h. Remparts. Cathédrale (XIIe-XVIe s.). Quartier médiéval. Palais des XIIIe-XVe s. Jardins et fontaines.

Viteric. V. WITTERIC.

vitesse [vitɛs] n. f. Qualité d'une personne ou d'une chose qui se déplace, agit beaucoup en peu de temps ; rapidité, promptitude. || Distance parcourue pendant l'unité de temps. || Chacune des combinaisons d'engrenages d'une boîte de vitesses. (V. *encycl.*) ● *Course de vitesse* (Sports), course très rapide, mais peu prolongée. || *Vecteur vitesse,* vecteur qui, dans le mouvement d'un point mobile, définit à un instant donné la rapidité du déplacement et sa direction. || *Vitesse angulaire,* nombre caractérisant la rapidité de rotation d'un axe ou d'une demi-droite tournant autour de l'un de ses points. || *Vitesse de croisière,* moyenne horaire qu'un véhicule est capable de soutenir sur un assez long parcours. || *Vitesse initiale,* vitesse d'un projectile au moment où il sort du canon d'une arme. (Abrév. : V_0.) || *Vitesse de libération,* vitesse que doit posséder nécessairement un mobile à la

vison d'élevage

Phot. Doc. Pilote Relation, Lauros-Giraudon, Fotogram.

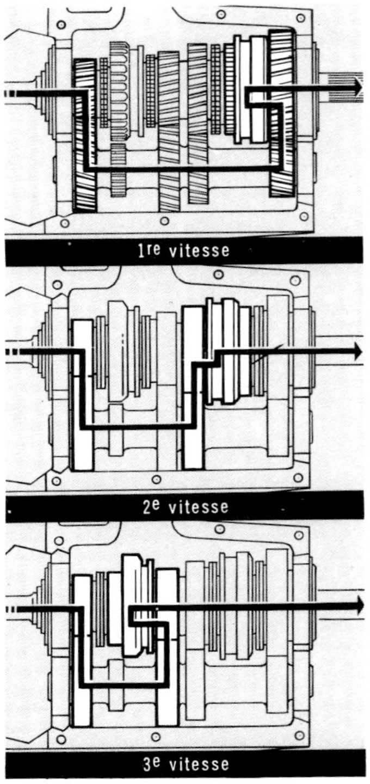

boîte de vitesses

sortie de l'atmosphère pour quitter le champ d'attraction terrestre. ‖ *Vitesse limite,* valeur vers laquelle tend la vitesse d'un corps qui se déplace dans un milieu résistant sous l'action d'une force constante. ‖ *Vitesse moyenne,* rapport du chemin parcouru au temps employé à le parcourir.
— ENCYCL. *Autom.* La puissance d'un moteur à explosion est fonction de sa vitesse de régime. Mais la plage de régimes dans laquelle il est utilisé au mieux du couple moteur maximal qu'il peut développer est restreinte. Aussi interpose-t-on entre l'arbre moteur et les arbres de roues un *changement de vitesse* capable de modifier à la demande la démultiplication de transmission pour rétablir l'équilibre des régimes. Ce mécanisme dispose en général de quatre rapports de marche avant, formant théoriquement entre eux une progression géométrique de raison 2/3, et d'un rapport de marche arrière. Le changement de vitesse mécanique est du type à baladeurs. Actuellement, on tend vers les solutions automatiques, soit hydrauliques, soit mécaniques.

viticole [vitikɔl] adj. (lat. *vitis,* vigne, et *colere,* cultiver). Relatif à la culture de la vigne : *congrès viticole.*

viticulteur n. m. Celui qui se livre à la culture de la vigne et à la fabrication du vin.

viticulture n. f. Culture de la vigne. (Elle comprend le choix des terrains [nature, exposition, climat], celui des variétés [cépages], de leur plantation, de leur multiplication [bouturage, greffage], le choix de la forme [échalas, palissage], des diverses tailles, les traitements contre les parasites animaux ou végétaux, les travaux du sol.)

Vitigès (m. en 542), roi des Ostrogoths d'Italie de 536 à 540, vaincu par Bélisaire.

Viti Levu, la plus grande des îles Fidji ; 177 000 h. V. pr. *Suva.*

vitiligo [vitiligo] n. m. (mot lat. signif. *tache blanche*). Disparition, par plaques limitées, de la pigmentation de la peau.
— ENCYCL. Les plaques de *vitiligo,* absolument blanches et ne prenant pas le bronzage au soleil, sont dépourvues de pigment. Elles font contraste avec la peau des régions voisines, généralement plus pigmentées qu'à l'état normal. On les observe au visage, aux membres, au thorax, aux organes génitaux.

Vitoria, v. d'Espagne, dans le Pays basque ; 92 000 h. Cathédrale du XIVe s. Automobiles. Victoire de Wellington sur les Français en 1813.

Vitória, v. du Brésil, sur l'*île Vitória,* cap. de l'Etat d'Espírito Santo ; 118 000 h. Exportation de fer.

vitrage n. m. Action de vitrer. ‖ *Constr.* Ensemble des parties vitrées d'un bâtiment. ‖ Clôture en verre séparant deux pièces. ‖ Petit rideau se fixant au vantail de la fenêtre.

vitrail [vitraj] n. m. Décoration transparente formée de panneaux de verres colorés. ‖ Pl. des *vitraux.*

vitre [vitr] n. f. (lat. *vitrum*). Panneau de verre translucide garnissant les châssis d'une fenêtre et empêchant l'introduction de l'air extérieur. (La vitre ne fut en usage dans les demeures privées qu'à partir du XVIe s.) ● *Casser les vitres* (Fam.), faire du scandale.

VITAMINES

NOM	CARACTÈRES PHYSIQUES	CARACTÈRES CHIMIQUES
VITAMINES LIPOSOLUBLES		
vitamine A		
— A1 : rétinol — A2 : déhydrorétinol	— cristaux jaune pâle — huile jaune foncé	— sensible à la lumière — dosée par colorimétrie
provitamine A		
β carotène	cristaux rouge foncé ; peut se scinder en deux molécules de vitamine A	
vitamine D		
— D1 : ergocalciférol + lumistérol — D2 : ergocalciférol — D3 : cholécalciférol	aiguilles cristallines incolores	dosage par photométrie
vitamine E		
α tocophérol	huile épaisse	— stable à la chaleur — dosage photométrique
vitamine K		
α phylloquinone	huile visqueuse	sensible à la lumière
VITAMINES HYDROSOLUBLES		
vitamine B1		
thiamine ou aneurine	cristaux blancs	sensible aux oxydants
vitamine B2		
riboflavine ou lactoflavine	cristaux jaune-orangé	— thermostable — sensible à la lumière
vitamine PP ou B3		
amide nicotinique	cristaux incolores	résiste à la chaleur et aux oxydants
acide pantothénique ou vit. B5		
	huile visqueuse	résiste à la lumière et à l'oxygène
vitamine B6		
pyridoxine	cristaux incolores	
vitamine B12		
cyanocobalamine	aiguilles cristallines rouges	sensible à la lumière
acide folique		
	cristaux jaune-orangé	peu soluble dans l'eau froide
vitamine C		
acide L. ascorbique	cristaux incolores acides	— sensible aux oxydants — stable à l'abri de la lumière
vitamine P ou C2		
	facteur vitaminique supporté par diverses substances : esculoside, rutine, flavones et flavonoïdes	

N. B. ● Il existe un certain nombre de substances,
● Il existe des antivitamines qui « court-circuitent » les

VITAMINES

ÉTAT NATUREL	RÔLE PHYSIOLOGIQUE	CARENCES	BESOINS QUOTIDIENS	UTILISATIONS EN THÉRAPEUTIQUE
— huile de foie de flétan, de morue, de thon — lait, beurre — végétaux	— stockée dans le foie — excrétée dans l'urine au cours de certaines maladies — intervient dans le métabolisme des lipides et des protides — nécessaire à la formation du pourpre rétinien — agirait sur les fonctions thyroïdienne et ovarienne	● carence d'apport ● carence d'utilisation en cas de troubles hépatiques Elles se caractérisent par : — la photophobie ; — la cécité crépusculaire ; — des atteintes endocriniennes ; — des troubles de la croissance.	5 000 unités internationales plus de 6 000 (grossesse)	— affections gynécologiques, dermatologiques, ophtalmologiques — affections relevant de la pédiatrie
— huile de foie de flétan, de morue, de thon — œuf — provitamine D cutanée transformée par la lumière solaire en vitamine D	— stockée dans le foie — régularise le métabolisme du phosphore et du calcium — favorise la fixation du calcium sur l'os	● carence d'apport ● carence solaire ● carence d'utilisation Elles se manifestent par : — le rachitisme ; — l'ostéomalacie.	de 400 à 800 unités internationales	— rachitisme, ostéopathies — tétanie — affections dermatologiques
— huile de germe — germes de céréales — huile d'arachide — huile d'olive	— stockée dans le foie et les muscles — vitamines de la fécondité — antistérile	● carence d'utilisation chez les hépatiques	de 10 à 25 mg	— affections gynécologiques — stérilité
— farine de poisson en voie de décomposition — légumes — fruits — muscles	— stockée dans le foie — excrétée par les fèces — favo. la synthèse hépatique de la prothrombine	● carence d'utilisation chez les hépatiques, se manifestant par une tendance hémorragique	4 mg	— hémorragies — troubles hépatiques
— grains de riz — levure — fruits — jaune d'œuf	— stockée dans le foie, le rein, le muscle — régularise le métabolisme glucidique — permet la synthèse de graisses à partir de glucides	● carence d'apport ● carence d'absorption Elles provoquent le béribéri (polynévrite, œdème, troubles cardio-vasculaires).	de 1 à 2 mg	— troubles neurologiques — syndromes douloureux — affections dermatologiques — maladies du foie
— levure — céréales — muscles	— stockée dans le foie — fait partie de différents ferments (par ex. : ferment jaune de Warburg)	● carence d'apport ● carence d'absorption Elles provoquent : — des troubles oculaires ; — des lésions muqueuses et cutanées.	de 1 à 2,5 mg	— troubles de la vision — affections cutanées et muqueuses — troubles digestifs
— levure — céréales — légumes secs — foie — muscles	— stockée dans le foie — fait partie de plusieurs ferments transporteurs d'hydrogène — rôle dans les oxydoréductions	● carence d'apport ● carence d'absorption Elles provoquent la pellagre (troubles cutanés, digestifs, psychiques).	de 10 à 20 mg	— troubles digestifs — affections cutanées et muqueuses
— levure — céréales — farine de soja	— fait partie des ferments permettant les réactions d'acétylation — rôle dans le cycle de Krebs	● carence d'apport (très rare) ● carence d'utilisation Elles provoquent des troubles cutanés, digestifs, nerveux.	10 mg	— troubles hépatiques — troubles respiratoires et dermatologiques
— levure — céréales — foie	— fait partie des ferments permettant la décarboxylation des acides aminés	● carence mal connue chez l'homme	de 2 à 6 mg	— troubles cutanés — troubles neurologiques — troubles cardio-vasculaires
— extraits de foie — extraits de reins	— action anabolisante — action hématopoïétique	● carence d'absorption des gastrectomisés	1 millième de milligramme	— anémies de Biermer, asthénies — anémies pernicieuses
— extraits de foie — légumes — levure	— catalyse la synthèse des nucléoprotéides — rôle hématopoïétique	● carence inconnue chez l'homme	de 0,1 à 0,2 mg	— anémies — troubles hépatiques
— légumes — fruits	— stockée dans les corticosurrénales, les testicules, le foie — agit sur les différents métabolismes — rôle hématopoïétique	● carence d'apport ● carence d'utilisation Elles provoquent le scorbut (œdème, hémorragies).	de 70 à 100 mg	— maladies infectieuses — affections hématologiques
— orange, pamplemousse, citron — tomate — rue — marron d'Inde	— augmente la résistance des capillaires — diminue leur perméabilité — écourte le temps de saignement — économise la vitamine C et renforce son action	● carence d'apport (il n'existe pas d'avitaminose P vraie chez l'homme).		— fragilité capillaire — hémorragies — hémogénie — purpura

analogues aux vitamines, dont l'étude est actuellement en cours (par ex., la vitamine F, ou acides gras non saturés).
vitamines en prenant leur place au niveau des récepteurs. Vitamines et antivitamines ont une analogie structurale chimique.

vitré, e adj. Transparent comme une vitre. ‖ Garni de vitres. ● *Humeur vitrée,* substance transparente de consistance gélatineuse, qui occupe la chambre postérieure de l'œil, en arrière du cristallin. (L'humeur vitrée n'est pas un liquide, mais un véritable tissu.)

Vitré (35500), ch.-l. de c. d'Ille-et-Vilaine (arr. de Rennes), sur la Vilaine; 11 903 h. (*Vitréens*). Château fort (XIVe-XVe s.), église Notre-Dame (XVe-XVIe s.). Chaussures.

vitrer v. t. Garnir de vitres.

vitrerie n. f. Fabrication, pose ou commerce des vitres. ‖ Marchandise du vitrier.

vitreux, euse adj. Qui a de la ressemblance avec le verre. ‖ Se dit des solides homogènes à structure non cristalline. ‖ Se dit de l'œil, du regard qui ne brille plus. ‖ *Minér.* Se dit de la texture de certaines roches éruptives constituées par du verre.

Vitrey-sur-Mance (70500 Jussey), ch.-l. de c. de la Haute-Saône (arr. de Vesoul); 446 h.

vitrier n. m. Personne qui fabrique, vend ou pose les vitres.

vitrifiable adj. Susceptible d'être changé en verre : *sable vitrifiable.*

vitrification n. f. Action de vitrifier. ‖ Résultat de cette action.

vitrifier [vitrifje] v. t. Fondre les matières qui offrent l'éclat, la transparence et la dureté du verre. ‖ Transformer en verre. ‖ Recouvrir un plancher d'une substance transparente, destinée à le protéger.

vitrine n. f. Devanture vitrée de boutique. ‖ Armoire, table munie d'un châssis vitré, afin de laisser voir les objets qui y sont placés.

vitriol [vitrijɔl] n. m. (du lat. *vitrum,* verre). Nom donné par les anciens chimistes aux sels appelés auj. *sulfates.* ● *Huile de vitriol* ou, simplem., *vitriol,* autre nom de l'*acide sulfurique concentré.* ‖ *Vitriol blanc,* sulfate de zinc. ‖ *Vitriol bleu,* sulfate de cuivre. ‖ *Vitriol vert,* sulfate de fer.

vitriolage n. m. *Industr.* Action de passer les toiles dans un bain d'acide sulfurique étendu pour détruire les matières ferrugineuses et calcaires.

vitriolé, e adj. Qui contient du vitriol. ‖ Arrosé de vitriol.

vitrioler v. t. Soumettre à l'action de l'acide sulfurique : *vitrioler des toiles.* ‖ Lancer du vitriol sur quelqu'un.

vitrioleur, euse n. Personne qui lance du vitriol sur quelqu'un pour le défigurer.

Vitrolles (13700 Marignane), comm. des Bouches-du-Rhône (arr. d'Aix-en-Provence), près de l'étang de Berre; 5 058 h. (*Vitrollais*).

Vitrolles (Eugène François D'ARNAULD, *baron* DE), homme politique français, né au château de Vitrolles (1774-1854), ministre sous Louis XVIII, ardent royaliste.

Vitruve, en lat. **Marcus Vitruvius Pollio,** architecte romain du Ier s. av. J.-C., né probablement à Formies (Campanie). On lui doit le traité *De architectura* dont les dix livres donnent l'état de l'architecture à cette époque et qui exerça une grande influence sur les théories architecturales de la Renaissance (1re édition en 1486).

Vitry (Jacques DE). V. JACQUES DE VITRY.

Vitry (Philippe DE). V. PHILIPPE DE VITRY.

Vitry (Nicolas DE L'HOSPITAL, *duc* DE), maréchal de France (1581-1644). Capitaine des gardes, il arrêta et tua Concini.

Vitry-en-Artois (62490), ch.-l. de c. du Pas-de-Calais (arr. d'Arras); 3 593 h.

Vitry-en-Perthois (51300 Vitry le François), anc. **Vitry-le-Brûlé,** comm. de la Marne (arr. de Vitry-le-François); 688 h. (500 aggl.). La ville fut détruite en 1544 par Charles Quint.

Vitry-le-François (51300), ch.-l. d'arr. de la Marne, sur la Marne; 17 562 h. (*Vitryats*). Eglise (XVIIe-XIXe s.). Faïences. Métallurgie. En 1545, François Ier bâtit cette ville pour les habitants de Vitry-en-Perthois, dit « Vitry-le-Brûlé ». Elle fut endommagée pendant la Seconde Guerre mondiale. — L'arr. a 5 cant., 117 comm., 50 316 h.

Vitry-sur-Seine (94400), ch.-l. de c. du Val-de-Marne (arr. de Créteil), sur la Seine; 79 242 h. (*Vitriots*). Eglise des XIIIe et XIVe s. Centrales thermiques.

Vitteaux (21350), ch.-l. de c. de la Côte-d'Or (arr. de Montbard); 1 089 h. Eglise (XIIe-XVIIe s.). Halles (XIIIe-XVIIe s.).

Vittel (88800), ch.-l. de c. des Vosges (arr. de Neufchâteau); 6 343 h. (*Vittellois*). Station hydrominérale aux eaux sulfatées calciques et magnésiennes froides (11 °C), employées en boissons dans le traitement des voies urinaires (calculs, coliques néphrétiques, néphrites), des voies biliaires et du foie, et des affections métaboliques (acide urique, cholestérol). Les installations et l'organisation de la station (bains et massages, promenades, distractions) en font un centre de choix pour la détente des fatigués et des surmenés.

Vittoria, v. de Sicile; 47 000 h.

Vittorio Veneto, v. d'Italie (Vénétie); 27 400 h. Eaux thermales. Victoire remportée par les Italiens sur les Austro-Hongrois (24-31 oct. 1918) et qui permit au général Diaz d'occuper Trente et Trieste.

Vivaldi, portrait anonyme du XVIIIe s.
Lycée municipal de Bologne

vitulaire [vitylɛr] adj. (du lat. *vitulus,* veau). Se dit d'une fièvre puerpérale des vaches.

vitupérateur, trice adj. Qui vitupère.

vitupération n. f. Action de vitupérer.

vitupérer [vitypere] v. t. ou t. ind. **[contre]** (lat. *vituperare*) [conj. **5**]. Blâmer vivement, désapprouver par des discours véhéments : *vitupérer quelqu'un.*

vivable [vivabl] adj. *Fam.* Où l'on peut vivre; avec qui l'on peut vivre. (S'emploie surtout négativement.)

vivace [vivas] adj. (lat. *vivax*). Qui peut vivre longtemps. ‖ *Fig.* Qui dure, persiste : *les préjugés sont vivaces.* ● *Plantes vivaces,* plantes qui vivent plusieurs années et qui fleurissent et fructifient plusieurs fois dans leur existence.
— ENCYCL. Dans les régions où il existe une « mauvaise saison » (été sec des tropiques, hiver froid des régions tempérées), la plupart des *plantes vivaces* perdent ou laissent mourir, à l'entrée de celle-ci, une partie plus ou moins importante de leur corps : les arbres (sauf les conifères) perdent leurs feuilles; les plantes herbacées perdent toute leur partie aérienne et ne conservent que des organes pérennants souterrains (rhizome, bulbe, tubercules), riches en matières de réserve, à partir desquelles elles édifieront de nouveaux organes au retour de la belle saison. Certaines plantes vivaces ne portent leurs premiers fruits qu'au bout de nombreuses années (soixante ans chez le chêne), mais, à partir de cette date, elles fructifient presque chaque année. L'agave n'est pas considéré comme une véritable plante vivace, parce qu'il meurt à l'issue de sa première floraison (vers l'âge de cent ans).

vivace [vivatʃe] adj. ou adv. (mot ital.). *Mus.* Vif, rapide, animé : *allegro vivace.*

vivacité [vivasite] n. f. Promptitude à agir, à se mouvoir : *la vivacité de la jeunesse.* ‖ — *Fig.* Promptitude à concevoir, à comprendre : *vivacité d'esprit.* ‖ Disposition à se mettre en colère; emportement léger : *il a eu un mouvement de vivacité.* ‖ Eclat vif : *vivacité des couleurs.*

Vivaldi (Antonio), violoniste, compositeur italien, né à Venise (1678-1741). Célèbre virtuose, auteur de musique religieuse, d'opéras, de sonates, de symphonies, il a notamment marqué de sa forte personnalité la forme du concerto en trois mouvements, dont il a laissé 454 exemplaires pour toutes sortes de combinaisons instrumentales. Ses recueils les plus célèbres portent les noms suivants : *Estro armonico* (1712), *La Stravaganza* (v. 1712), *Il Cimento dell'armonia* (v. 1725).

vivandier [vivɑ̃dje], **ère** [-ɛr] n. (du lat. *vivenda,* ce qui est nécessaire pour vivre). Personne qui vendait aux soldats des vivres, des boissons (XVIIe-XIXe s.).

vivant [vivɑ̃], **e** [-ɑ̃t] adj. Qui vit, qui est organisé pour vivre. (V. *encycl.*) ‖ — *Fig.* Qui donne l'impression de la vie : *roman vivant; scène vivante.* ‖ Qui est plein d'animation, de mouvement : *quartier vivant.* ● *Art vivant,* art non académique, imaginé par Courbet (1855). ‖ *Portrait vivant,* portrait très ressemblant.
— ENCYCL. On appelle *êtres vivants* les êtres ayant une structure cellulaire et capables d'assimiler, de croître et de se multiplier. Les *végétaux* ont de la cellulose; ils sont (dans leurs formes supérieures) chlorophylliens et fixés, et se reproduisent par des spores. Les *animaux* ont une bouche et ingèrent des proies organisées; leurs formes supérieures sont mobiles et ont un système nerveux et des organes des sens. Les *protistes* sont unicellulaires. *Bactéries* et *virus* sont les plus simples des êtres vivants, les virus n'ayant d'ailleurs pas tous les caractères du vivant.
Considéré dans son ensemble, le monde vivant, ou *biosphère,* occupe la masse des eaux océaniques et continentales, la terre végétale et une faible hauteur au-dessus des terres émergées, mais il est absent des déserts glacés (Antarctique), presque absent des déserts chauds (Sahara), présent de façon fugitive ou inerte dans les airs, totalement absent de la masse rocheuse planétaire. Le monde vivant hétérotrophe (animaux, plantes sans chlorophylle) dépend étroitement pour sa nourriture du monde vivant autotrophe (plantes vertes*), qui, lui-même, dépend de la lumière solaire et de l'eau liquide. En chaque *biotope* (lieu de vie), la population animale et végétale permanente résulte d'un équilibre particulier. Lorsque cet équilibre permet la meilleure utilisation possible de l'énergie solaire, on l'appelle le *climax* (ex. : sylve équatoriale).
Les atomes de certains éléments (carbone, phosphore) sont ou ont été anciennement engagés dans les circuits vitaux de façon presque totale. Tous les calcaires, par exemple, sont d'origine biologique. La biosphère, en dépit de ses faibles dimensions, a donc une influence considérable sur les autres grandes masses de notre planète.

vive

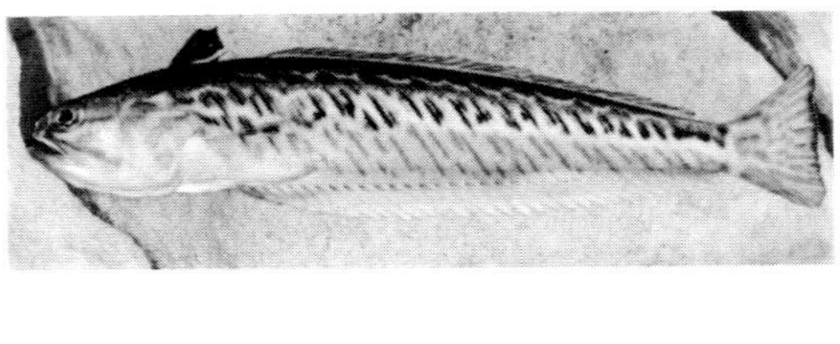

vivant n. m. Celui qui vit : *les vivants et les morts.* ● *Bon vivant,* homme d'humeur gaie et facile. ‖ **— Du vivant de** loc. prép. Pendant la vie de.

Vivarais, région de la bordure orientale du Massif central, entre la Loire et le Rhône, correspondant à l'actuel dép. de l'Ardèche.

Vivarini, nom d'une famille de peintres vénitiens originaires de Murano. Les plus connus sont : ANTONIO, né à Murano (v. 1415-entre 1476 et 1485). Il peignit sous l'influence de Mantegna, mais dans un style orné, minutieux et pas encore complètement détaché des traditions byzantines; — BARTOLOMEO, né à Murano (v. 1432-apr. 1491), frère du précédent. Il joua un rôle important dans l'évolution de la peinture vénitienne; — ALVISE, né à Venise (v. 1446-apr. 1503), fils d'Antonio. Disciple d'Antonello da Messina, il annonce la peinture du XVIe s.

vivarium [vivarjɔm] n. m. Etablissement aménagé en vue de la conservation dans leur milieu naturel de petits animaux vivants.

vivat [viva *ou* -vat] n. m. (mot lat. signif. *qu'il vive!*). Acclamation : *pousser de joyeux vivats.*

vive n. f. (du lat. *vipera,* vipère). Poisson vivant dans la mer ou enfoncé dans le sable des plages, comestible, mais redouté pour ses épines venimeuses. (Long. 20 à 50 cm.)

vive! interj. (du verbe *vivre*). Sert pour acclamer : *les soldats criaient : « Vive l'empereur! »* (Avant un nom pluriel, on écrit *vive les vacances!* ou *vivent les vacances!*)

vivement [vivmɑ̃] adv. Avec vivacité, ardeur : *marcher vivement.* ‖ Profondément : *vivement touché.* ‖ — Interj. *Fam.* Vienne bientôt le moment : *vivement les vacances!*

Viverols (63840), ch.-l. de c. du Puy-de-Dôme (arr. d'Ambert); 539 h. (291 aggl.).

viverridés [viveride] n. m. pl. Famille de mammifères carnassiers de petite taille, comprenant la *civette,* la *mangouste.*

Vives (Juan Luis), humaniste et philosophe espagnol, né à Valence (1492-1540).

viveur, euse n. et adj. Se dit d'une personne qui mène une vie dissipée et ne songe qu'aux plaisirs. (S'emploie surtout au masculin.)

Viviani (René), homme politique français, né à Sidi-bel-Abbès (Algérie) [1863-1925]. Député socialiste, l'un des fondateurs de *l'Humanité,* premier ministre du Travail (1906-1910), il attacha son nom à une importante législation sociale. Président du Conseil (1914-1915), il dirigea les affaires durant la première année de la Grande Guerre.

vividité [vividite] n. f. (lat. *vividus,* vif). Force avec laquelle les images s'imposent à notre esprit.

vivier [vivje] n. m. (lat. *vivarium;* de *vivus,* vivant). Pièce d'eau dans laquelle on conserve du poisson vivant.

Viviers (07220), ch.-l. de c. de l'Ardèche (arr. de Privas), près du Rhône; 3 440 h. (2 688 aggl.) [*Vivarois*]. Evêché. Cathédrale (XIIe-XVIe s.). Ciment.

Viviez (12110 Aubin), comm. de l'Aveyron (arr. de Villefranche-de-Rouergue); 2 650 h. Fonderie de zinc.

vivifiant, e adj. Qui vivifie : *air vivifiant.*

vivificateur, trice adj. Qui vivifie.

vivification n. f. Action de vivifier.

vivifier [vivifje] v. t. (lat. *vivificare;* de *vivus,* vivant, et *facere,* faire). Donner de la vigueur, animer : *le soleil vivifie la nature.*

Vivin (Louis), peintre français, né à Hadol (Vosges) [1861-1936]. Autodidacte, employé des postes, il fut un des meilleurs représentants de la peinture dite « naïve ».

vivipare [vivipar] adj. et n. (lat. *vivus,* vivant, et *parere,* mettre au monde). Se dit d'un animal dont les petits naissent déjà développés et sans enveloppe (par oppos. à *ovipare*).

Phot. Scala, Jacques Six.

viviparité n. f. Particularité des espèces animales, chez lesquelles l'œuf (fécondé ou parthénogénétique) n'est pas pondu, mais se développe dans l'organisme maternel, soit grâce à des échanges nutritifs mère-embryon (viviparité vraie), soit par simple incubation (ovoviviparité).
— ENCYCL. La *viviparité* proprement dite caractérise surtout les *mammifères placentaires* (euthériens), chez qui l'œuf n'a aucune réserve, de sorte que le développement est entièrement alimenté par les échanges placentaires. Les autres cas de viviparité sont disparates. Chez divers amphibiens et chez l'hippocampe, les œufs sont pondus dans une cavité incubatrice de l'un des parents, y sont nourris et y éclosent. Chez certains requins (émissole), il y a une sorte de placentation. Chez la vipère, les œufs éclosent peu avant la mise bas. Chez la salamandre des Alpes et le protée, il peut y avoir absorption de la plupart des œufs par les premiers éclos à l'intérieur de l'organisme maternel (viviparité « fratricide »). Enfin, de nombreux insectes fécondés (mouches « larvipares » et « pupipares ») ou parthénogénétiques (pucerons) sont vivipares.

vivisection [vivisɛksjɔ̃] n. f. (lat. *vivus,* vivant, et *sectio,* action de découper). Opération pratiquée sur un animal vivant, pour l'étude de phénomènes physiologiques.

vivoir n. m. Au Canada, salle de séjour, living-room.

Vivonne (86370), ch.-l. de c. de la Vienne (arr. de Poitiers); 2 362 h. (1 476 aggl.).

Vivonne (Louis Victor DE ROCHECHOUART, *duc* DE MORTEMART et DE), maréchal de France, né à Paris (1636-1688), frère de Mme de Montespan, vice-roi de Sicile en 1675.

vivoter [vivɔte] v. i. *Fam.* Vivre petitement.

vivre [vivr] v. i. (lat. *vivere*) [conj. **57**]. Etre en vie : *les corbeaux vivent très longtemps.* || Habiter : *vivre à la campagne.* || Passer sa vie de telle ou telle façon : *vivre seul.* || Se conduire, agir : *vivre saintement.* || Durer : *sa gloire vivra éternellement.* ● *Apprendre à vivre à quelqu'un* (Fam.), le punir de ses fautes, le corriger. || *Etre facile à vivre,* être d'un caractère accommodant. || *Ne pas vivre,* être dévoré d'inquiétude. || *Qui vive?,* cri d'une sentinelle à l'approche de quelqu'un; substantiv., *être sur le qui-vive,* être sur ses gardes. || *Savoir vivre,* avoir le sens des convenances sociales : *voilà une personne qui sait vivre.* || *Vivre au jour le jour,* vivre avec ce qu'on gagne chaque jour, sans s'inquiéter de l'avenir. || *Vivre de,* entretenir son existence au moyen de : *vivre de ses rentes.* || *Vivre pour,* faire le but de sa vie : *vivre pour l'art.* || — V. t. *Vivre sa vie,* suivre ses aspirations, jouir de l'existence.

vivre n. m. (du verbe *vivre*). Nourriture, aliment : *le vivre et le vêtement.* || — Pl. Tout ce dont l'homme se nourrit : *s'approvisionner en vivres.*

vivré [vivre], **e** adj. *Hérald.* Se dit d'une pièce dont les bords sont taillés en forme de grosses dents de scie.

vivrier, ère adj. Qui produit des substances alimentaires : *cultures vivrières.*

Vix (21400 Châtillon sur Seine), comm. de la Côte-d'Or (arr. de Montbard); 85 h. Site d'un important oppidum; une sépulture du Ve s. av. J.-C. a livré en 1953 un trésor comprenant des pièces d'origine grecque, étrusque ou gauloise, et dont la plus précieuse est un grand cratère de bronze orné (musée de Châtillon-sur-Seine).

Vizāgapatnam. V. VISĀKHAPATNAM.

Vizapour. V. BIJĀPUR.

Vizille (38220), ch.-l. de c. de l'Isère (arr. de Grenoble), sur la Romanche; 7 450 h. (*Vizillois*). Château de Lesdiguières (actuellement affecté au séjour d'été du président de la République), construit de 1611 à 1620 et où se tinrent en 1788 les états du Dauphiné. Tissage de la soie. Industries chimiques et métallurgiques.

vizir [vizir] n. m. (mot turc). Ministre d'un prince musulman. ● *Grand vizir,* premier ministre du sultan dans l'Empire ottoman.

vizirat [-ra] n. m. Dignité, fonction de vizir.

Vlaardingen, port des Pays-Bas (Hollande-Méridionale), sur la Meuse, près de Rotterdam; 79 100 h. Pêche. Raffinerie de pétrole.

Vladikavkaz ou **Vladicaucase.** V. ORDJONIKIDZE.

Vladimir, v. de l'U. R. S. S. (R. S. F. S. de Russie), au nord-est de Moscou; 234 000 h. Nombreuses églises médiévales. Constructions mécaniques.

Vladimir Ier le Saint *ou* **le Grand** (v. 956-1015), prince de Novgorod (970), grand-prince de Kiev (980-1015). Il se convertit avec son peuple au christianisme byzantin. Il est le créateur de la Russie kiévienne. Fête le 15 juin. — VLADIMIR II *Monomaque* (1053-1125), grand-prince de Kiev de 1113 à 1125. Il a laissé une instruction qui est l'une des premières œuvres de la littérature morale russe.

Vladislas. V. LADISLAS.

Vladivostok, port de l'U. R. S. S. (R. S. F. S. de Russie), dans l'Extrême-Orient, sur la mer du Japon, au débouché du Transsibérien; 442 000 h. Centre industriel. Russe depuis 1860, la ville fut occupée par les Japonais de 1918 à 1922.

Vlaminck (Maurice DE), peintre français, né à Paris (1876-1958). Ami de Derain, avec qui il travailla à Chatou en 1900, il fut, à partir de 1904, un des principaux initiateurs du fauvisme. Il traversa ensuite une période cézannienne, pour accéder à un style très personnel, violent, souvent tragique, peignant principalement des paysages, mais aussi des natures mortes et quelques portraits. Il a publié des romans et des pamphlets, et exécuté des lithographies. Il fut un des premiers à s'intéresser à l'art nègre. Une salle du musée national d'Art moderne lui est réservée.

Vlaminck
« les Peupliers »
musée nat. d'Art moderne

vlan! ou **v'lan!** [vlɑ̃] interj. Accompagne souvent le récit d'un coup porté brusquement, ou d'une action faite avec vivacité : *vlan! en plein visage.*

Vlassov (Andreï Andreïevitch), général russe, né à Lomakino (prov. de Nijni-Novgorod) [1900-1946]. Il participa à la défense de Kiev et de Moscou en 1941. Fait prisonnier par les Allemands en 1942, il passa à leur service, publia un manifeste à Smolensk et leva une armée dite « de libération russe ». Capturé par les Américains en 1945, il fut remis aux Soviétiques, condamné à mort et pendu.

Vlissingen. V. FLESSINGUE.

Vlorë, Vlora, Vlonë ou **Vlona,** port d'Albanie; 48 000 h.

Vltava (la), en allem. **Moldau,** riv. de Bohême, affl. du Labe (Elbe), passant à Prague; 430 km. Usines hydroélectriques.

vocable [vɔkabl] n. m. (lat. *vocabulum*). Mot : *tous les vocables d'une langue.* || *Liturg.* Nom du saint sous le patronage duquel une église est placée : *église sous le vocable de saint Jean.*

vocabulaire [vɔkabylɛr] n. m. Ensemble des mots qui appartiennent à une langue, à une science, à un art, à un milieu social, à un auteur. || Dictionnaire abrégé.

vocal [vɔkal], **e, aux** [-o] adj. (du lat. *vox, vocis,* voix). Relatif à la voix : *les cordes vocales.* || Qui s'exprime par la voix : *prière vocale.* ● *Musique vocale,* musique destinée à être chantée (par oppos. à *musique instrumentale*).

vocalement adv. Au moyen de la voix.

vocalique [vɔkalik] adj. Relatif aux voyelles : *les modifications vocaliques.*

vocalisateur, trice n. Personne qui vocalise, qui sait vocaliser.

vocalisation n. f. Changement d'une consonne en voyelle. || Action de vocaliser.

vocalise n. f. Terme qui désigne des formules mélodiques plus ou moins rapides, plus ou moins libres, chantées sur certaines syllabes appartenant à des mots déterminés, voire sur des voyelles, et de préférence sur *a.*

vocaliser [vɔkalize] v. i. (du lat. *vocalis,* voyelle). Exécuter des vocalises.

vocalisme n. m. Système des voyelles d'une langue.

vocatif [vɔkatif] n. m. Dans les langues à déclinaison, cas de l'interpellation.

vocation [vɔkasjɔ̃] n. f. (lat. *vocatio;* de *vocare,* appeler). Destination naturelle de l'homme. || *Théol.* Appel au sacerdoce ou à la vie religieuse. || Penchant, aptitude spéciale pour un état : *vocation littéraire.* (Syn. : GOÛT, INCLINATION, PROPENSION, TENDANCE.)

voceratrice [vɔtʃeratritʃe] n. f. (mot corse). Femme qui, en Corse, chante un *vocero.*

vocero [vɔtʃero] n. m. (mot corse). Chant funèbre improvisé, usité en Corse. || Pl. des *voceri.*

vociférateur, trice n. Personne qui a l'habitude de vociférer.

vociférations n. f. pl. Paroles dites en criant et avec colère : *les vociférations de la foule.*

vociférer [vɔsifere] v. i. ou t. ind. [**contre**] (lat. *vociferare*) [conj. **5**]. Parler en criant et avec colère : *vociférer contre quelqu'un.* || — V. t. Proférer en criant : *vociférer des injures.*

Voconces, peuple de la Gaule Narbonnaise, dont la capitale était Die.

vodka [vɔtka] n. f. (mot russe). Eau-de-vie de grain, aromatisée, consommée en U. R. S. S. et en Pologne.

vœu [vø] n. m. (lat. *votum*). Promesse faite à la divinité d'accomplir un acte si elle exauce la demande faite : *faire vœu d'aller en pèlerinage.* || Promesse faite à la divinité d'une chose qu'on croit lui être agréable : *vœu de pauvreté.* || Promesse faite à soi-même : *je fis vœu de toujours lui obéir.* || Volonté, intention : *le vœu de la nation.* || Résolution d'ordre politique adoptée par une assemblée à pouvoirs exclusivement administratifs. || Souhait, désir ardent : *former des vœux pour quelqu'un.* || — Pl. *Vœux de religion* ou *vœux monastiques,* engagement dans l'état religieux : *prononcer ses vœux.*

Vôge (la), petit pays de la Lorraine méridionale.

Vogelgrun (68600 Neuf Brisach), comm. du Haut-Rhin (arr. de Colmar); 155 h. Centrale hydraulique sur le grand canal d'Alsace.

Vogoules ou **Vogouls,** peuple de l'U. R. S. S., d'origine finno-ougrienne, établi en Sibérie occidentale.

Vogt (Karl), naturaliste allemand, né à Giessen (1817-1895), défenseur du transformisme.

vogue [vɔg] n. f. (ital. *voga,* crédit). Réputation, faveur dont bénéficie une personne ou une chose : *auteur, livre en vogue.*

Vogüé [vɔgɥe] (Melchior, *marquis* DE), archéologue et diplomate français, né à Paris (1829-1916). Il dirigea des fouilles en Palestine et en Syrie. (Acad. fr.) — Son cousin EUGÈNE MELCHIOR, vicomte **de Vogüé,** écrivain français, né à Nice (1848-1910), fut d'abord diplomate, puis se consacra à la littérature et, tout en publiant des romans (*Jean d'Agrève,* 1897), révéla au public français la littérature russe (*le Roman russe,* 1886; *Maxime Gorki,* 1905). [Acad. fr.]

voguer [vɔge] v. i. Etre poussé sur l'eau à force de rames ou de voiles. ● *Vogue la galère* (Fam.), arrive ce qui pourra.

voici [vwasi] prép. (de *vois* et *ci*). Désigne, de deux ou plusieurs objets, celui qui est le plus près ou présent, ou annonce ce que l'on va dire. (Considéré souvent comme adverbe.)

Void [vwa] (55190), ch.-l. de c. de la Meuse (arr. de Commercy); 1 061 h. (*Vidusiens*).

voie [vwa] n. f. (lat. *via*). Route, chemin par où l'on va d'un lieu à un autre : *les voies de communication.* || Mode de transport : *arriver par la voie des airs.* || Double ligne de rails parallèles, fixés à des traverses placées transversalement sur le ballast, servant à la circulation des trains. (V. *encycl.*) || Distance entre les roues d'un même essieu d'un véhicule. || *Anat.* Canal : *les voies urinaires.* || *Vêner.* Chemin parcouru par le gibier. || — *Fig.* Moyen dont on se sert : *la voie de la persuasion.* || Sens, caractère de la conduite : *suivre la voie de l'honneur.* ● *Etre en bonne voie,* être en train de réussir. || *Etre en voie de,* être sur le point de : *il est en voie de réussir.* || *Mettre quelqu'un sur la voie,* lui donner des indications pour le but qu'il se propose, le diriger pour qu'il trouve ce qu'il cherche. || *Voie de bois* (Technol.), unité de volume valant environ 2 stères. || *Voie de communication,* tout ce qui est parcouru pour aller d'un point à un autre sur terre, sur l'eau et dans les airs. || *Voies de Dieu,* ses desseins, impénétrables aux hommes. || *Voies de droit,* moyen légal dont on dispose pour se faire rendre justice. || *Voie d'eau* (Mar.), ouverture accidentelle dans la partie submergée d'un bateau et laissant passage à l'eau. || *Voie express,* route dont les deux sens de circulation sont le plus souvent séparés, mais où les croisements ne sont pas toujours, comme sur les autoroutes, à des niveaux différents. || *Voie de fait,* acte matériel violent, dommageable et volontaire, autre que des coups et blessures : *cracher au visage constitue une voie de fait;* acte d'un agent de l'Administration, qui n'est pas de sa compétence. || *Voie humide,* emploi de solvants liquides, dans une opération chimique. || *Voies et moyens,* ressources de l'Etat. || *Voie publique,* route, chemin, rue, ouverts à la circulation et appartenant au

Phot. Giraudon.

domaine public. || *Voie d'une scie,* inclinaison de ses dents alternativement à droite et à gauche de son plan médian. || *Voie sèche,* opération chimique conduite par chauffage, sans emploi de liquide.

— ENCYCL. La *voie ferrée* emploie, à l'heure actuelle, presque exclusivement le rail à patin, ou rail Vignole, fixé directement à l'aide de tirefonds ou de crampons sur des traverses maintenues en place par le ballast. Une selle en métal ou en caoutchouc est interposée entre le patin du rail et la traverse, et la fixation est complétée par un crapaud élastique en acier. On tend de plus en plus à poser les rails sous forme de barres soudées de grande longueur, les contraintes introduites par les changements de température étant absorbées sans déformation grâce à la grande rigidité de la voie, qui comporte un nombre élevé de traverses, jusqu'à 1 750 au kilomètre. L'intervalle, ou écartement, qui sépare les rails varie avec les contrées : en France, il est de 1,435 m pour la voie normale, de 1,06 m pour la voie métrique et de 0,60 m pour la voie étroite ; en Russie, il est de 1,52 m ; en Espagne, de 1,73 m ; aux Etats-Unis, il varie de 1,83 à 1,44 m. Dans les courbes, pour faciliter l'inscription des véhicules ayant un grand empattement, les rails reçoivent un surécartement qui dépend du rayon de courbure. Sur les voies électrifiées, le retour du courant par le rail impose un éclissage électrique à faible résistance. L'entretien de la voie s'effectue à l'aide d'opérations périodiques appelées « révisions », à l'occasion desquelles on rétablit le tracé et le nivellement. Les trains sur pneumatiques du chemin de fer métropolitain de Paris utilisent comme voie une bande de roulement en bois ou une route bétonnée, complétée par deux bordures rigides sur lesquelles s'appuient des roues de guidage. Les systèmes dits « monorails » comportent un rail central porteur, complété le plus souvent par des surfaces de guidage latérales.

Voie de la liberté, nom donné à l'itinéraire suivi en 1944 d'Avranches à Metz par les blindés américains de Patton.

Voie sacrée, nom donné pendant la Première Guerre mondiale à la route Bar-le-Duc-Verdun, seule voie de communication utilisable pour alimenter la défense de Verdun en 1916.

voilà [vwala] prép. (de *vois* et *là*). Indique ce que l'on vient de dire, ou désigne, de deux objets, celui qui est le plus éloigné.

voilage n. m. Grand rideau de voile. || Garniture d'étoffe transparente placée sur un vêtement.

voile [vwal] n. m. (lat. *velum*). Etoffe destinée à couvrir ou à protéger. || Pièce de toile, de dentelle, de soie, etc., qui couvre le visage des femmes, la tête des religieuses. || Etoffe très fine de soie ou de coton. || Trouble, souvent dû à une fermentation, se produisant sur un liquide. || Objet qui couvre, cache : *un voile de nuages.* || Type de charpente moderne formée d'une nappe de lamelles disposées en réseau. || — *Fig.* Apparence, prétexte dont on se sert pour cacher la réalité : *sous le voile de l'amitié.* || Ce qui nous dérobe la connaissance de quelque chose : *le voile de l'anonymat.* || *Phot.* Obscurcissement accidentel d'un cliché par excès de lumière. ● *Mettre un voile, jeter un voile,* cacher. || *Prendre le voile,* se faire religieuse. || *Voile noir,* perte passagère de la vue chez les aviateurs soumis à une accélération faisant déplacer le sang dans le sens tête-siège (cas des ressources*, des loopings à l'endroit et des virages rapides sur l'aile) et due à un défaut d'irrigation de la tête. || *Voile du palais,* cloison musculo-membraneuse qui prolonge en arrière le palais osseux et sépare la bouche du rhino-pharynx. (Le voile du palais a en son centre un prolongement, la luette ; son bord libre se divise en dehors pour former les piliers antérieur et postérieur de la loge de l'amygdale.) || *Voile du poumon,* opacité homogène et peu accentuée de l'image radiologique du poumon, pouvant traduire aussi bien un simple épaississement de la plèvre que le début d'un infiltrat tuberculeux. || *Voile rouge,* vision colorée en rouge chez les aviateurs soumis à une accélération faisant déplacer le sang dans le sens siège-tête (cas des loopings à l'envers) et due à un afflux de sang dans la choroïde.

voile n. f. (lat. *velum*). *Mar.* Assemblage de laizes de toile ou d'autres tissus cousues ensemble pour former une surface capable de recevoir l'action du vent et de servir ainsi à la propulsion et à la direction du navire. (V. *encycl.*) || Le bateau lui-même : *signaler une voile à l'horizon.* || Pratique sportive du bateau à voile. ● *Faire voile,* naviguer. || *Mettre à la voile,* s'embarquer. || *Mettre les voiles* (Pop.), s'en aller.

— ENCYCL. *Mar.* Les grandes *voiles* servent à la propulsion proprement dite du navire, tandis que les focs, à l'avant, et la brigantine, à l'arrière, sont utilisés pour favoriser ses évolutions. Sur les grands voiliers, chacune des voiles porte un nom qui l'individualise et qui, en général, se rapporte à celui du mât sur lequel elle appuie son effort. L'ensemble des voiles d'un mât constitue un phare. La *voile latine,* triangulaire, enverguée sur une antenne, était utilisée sur les voiliers de la Méditerranée : galères, felouques, galiotes ; la *voile aurique* a son angle supérieur relevé à la manière d'une oreille de cheval ; la *voile carrée,* qui prend le mieux le vent, était autrefois la plus utilisée sur les grands navires. Le développement rapide du yachting a entraîné une importante évolution des voilures, qui se traduit par l'emploi de voiles en fibres synthétiques de Nylon ou de Tergal, très solides, ne prenant pas l'humidité et imputrescibles, par l'adoption, pour les grandes voiles, de la forme Marconi, ou forme triangulaire, la voile coulissant jusqu'au haut du mât, et par l'utilisation d'un nouveau type de foc-ballon de grande surface, dit « spinnaker », qui sert à équilibrer la poussée de la grand-voile.

voilé [vwale], **e** adj. Gauchi, courbé : *planche, roue voilée.* ● *Regard voilé,* regard terne. || *Voix voilée,* voix dont le timbre n'est pas pur.

voilement n. m. *Technol.* Déformation d'une pièce de grande surface et de faible épaisseur sous l'action d'un effort supérieur à la charge admissible.

voiler v. t. Couvrir d'un voile. || Dérober à la vue : *la lune est voilée ce soir.* || Fausser, gauchir : *voiler une roue de bicyclette.* || *Phot.* Obscurcir un cliché. || *Fig.* Dissimuler : *voiler ses desseins.*

voilerie n. f. Atelier où l'on fabrique, répare ou conserve les voiles des bateaux.

voilette [vwalɛt] n. f. Petite pièce de tissu, en tulle uni ou moucheté, posée en garniture au bord d'un chapeau et recouvrant le visage.

voilier n. m. *Mar.* Ouvrier qui confectionne des voiles de navire. || Bâtiment qui ne marche qu'à la voile : *un fin voilier.* || Oiseau dont le vol est très étendu.

voilure n. f. Ensemble des voiles d'un navire ou d'un de ses mâts. || Ensemble de la surface portante d'un avion, d'un parachute. || *Mécan.* Courbure d'une planche, d'une feuille de métal, qui se déjette. ● *Voilure tournante,* surface en rotation permettant l'envol vertical et la descente verticale des giravions.

voir [vwar] v. t. (lat. *videre*) [conj. **36**]. Percevoir par le moyen des yeux : *je l'ai vu de mes propres yeux.* || Etre témoin de : *heureux celui qui n'a jamais vu la guerre.* || Examiner avec attention : *voyez ce tableau.* || Rendre visite : *aller voir un ami.* || Rencontrer : *je l'ai vu par hasard.* || Rencontrer, trouver en lisant : *on voit chez Proust de fines analyses.* || Consulter : *voir son médecin.* || S'informer, tâcher de savoir : *je vais voir s'il est rentré.* || Regarder avec attention : *voir au microscope.* || Parcourir, visiter : *voir du pays.* || Fréquenter, recevoir : *voir beaucoup de monde.* || Essayer : *voyez si ce vêtement vous va.* || — *Fig.* Remarquer : *voyez comme il est à plaindre.* || Connaître : *Dieu voit le fond des cœurs.* || Comprendre : *je vois sa ruse.* || Imaginer : *je ne vois pas quel parti prendre.* || Examiner, considérer avec soin : *c'est à vous de voir si... ; voir tout par soi-même.* || Juger, apprécier : *tout homme a sa manière de voir.* || — Syn. : APERCEVOIR, AVISER, ENTREVOIR, OBSERVER, SURPRENDRE. ● *Faire voir,* montrer. || *Laisser voir,* montrer, ne pas dissimuler. || *Voir de bon, de mauvais œil,* avoir des dispositions favorables ou défavorables, être content ou mécontent. || *Voir le jour,* exister, et, en parlant des ouvrages littéraires, être publié. || *Voir venir,* deviner les intentions de quelqu'un ; attendre avant d'agir. || *Voir venir quelqu'un,* pénétrer ses intentions. || — V. i. *Pour voir,* pour en faire l'expérience. || *Voir loin, voir de loin,* avoir de la perspicacité, prévoir. || *Voyons,* formule d'exhortation, d'encouragement, etc. : *voyons, parlez franchement.* || **— Se voir** v. pr. Se fréquenter. ● *Cela se voit tous les jours,* cela arrive fréquemment.

voire [vwar] adv. (lat. *vera,* choses vraies). Vraiment, oui (vx). || Et même : *Mazarin était habile, voire retors.* (On le joint souvent au mot *même ;* mais ce tour est condamné par certains grammairiens.)

voirie [vwari] n. f. Ensemble des voies de communication utilisées soit directement par le public, soit par les services publics de transport, et qui constitue un des éléments essentiels du domaine public, aux règles générales duquel il est soumis. || Partie de l'Administration qui a pour objet l'établissement, la conservation et l'entretien des voies publiques. || Lieu où l'on dépose les immondices, les débris animaux, etc.

Voiron (38500), ch.-l. de c. de l'Isère (arr. de Grenoble), sur la Morge ; 19 038 h. (15 693 aggl.) [*Voironnais*]. Métallurgie. Fabrique de skis. Papeteries.

Voisenon (Claude Henri DE FUZÉE, *abbé* DE), écrivain français, né à Voisenon, près de Melun (1708-1775). Son esprit fit de lui le modèle des abbés mondains du XVIIIe s. Il était l'ami de Voltaire. Il a composé des poésies galantes, des contes et des œuvres dramatiques (*la Coquette fixée,* 1746). [Acad. fr.]

voisin [vwazɛ̃], **e** [-in] adj. et n. (lat. *vicinus*). Proche : *pays voisin.* || Qui demeure auprès : *il est mon voisin.* || Rapproché par le temps : *voisin de la mort.* || Qui a de l'analogie avec : *son projet est très voisin du mien.*

Voisin (Catherine DESHAYES, femme MONVOISIN, dite **la**), aventurière française, née à Paris (v. 1640-1680), mêlée à l'Affaire des poisons (1679), décapitée, puis brûlée en place de Grève.

Voisin (les frères), ingénieurs et industriels français. GABRIEL, né à Belleville-sur-Saône (1880-1973), et CHARLES, né à Lyon (1882-1912), furent les premiers en France à construire industriellement des avions, dans un atelier à Billancourt (1908) ; la même année, le premier kilomètre en circuit fermé fut accompli par un appareil Voisin. En 1918, Gabriel se consacra à l'industrie automobile et compte parmi les pionniers de l'aérodynamique en matière de carrosserie.

voisinage n. m. Proximité des personnes qui habitent près les unes des autres : *le voisinage de ces gens est insupportable.* || Proximité des lieux : *il demeure dans le voisinage.* || Rapports entre voisins : *des relations de bon voisinage.* || Ensemble des voisins : *être détesté du voisinage.*

voisiner v. i. Etre voisin de : *sur sa table, les livres voisinaient avec un reste de repas.* || Fréquenter ses voisins : *à Paris on voisine très peu.*

Voiteur (39210), ch.-l. de c. du Jura (arr. de Lons-le-Saunier) ; 782 h.

voiturage n. m. Transport en voiture.

voiture [vwatyr] n. f. (lat. *vectura,* action de transporter). Véhicule servant au transport des personnes et des choses. || *Ch. de f.* Véhicule servant au transport des voyageurs. (V. *encycl.*) || Personnes qui sont ensemble dans un véhicule : *toute la voiture jeta les hauts cris.* || Choses transportées : *voiture de blé.*

— ENCYCL. *Ch. de f.* Une *voiture* de conception classique comprend : le *roulement,* constitué par les essieux, groupés en deux bogies à deux ou trois essieux chacun ; le *châssis,* qui repose sur les essieux par l'intermédiaire des ressorts de suspension ou sur les bogies par des pivots ou des lisoirs ; et la *caisse,* généralement solidaire du châssis dans les constructions modernes, surmontée d'un pavillon et terminée à ses extrémités par des boucliers. Sous la caisse sont disposés les appareils de frein, de chauffage et, éventuellement, de conditionnement d'air, la batterie d'accumulateurs, etc. L'aménagement des caisses peut être très divers : division en compartiments avec couloir latéral ; répartition, en une ou en deux grandes salles par voiture, de sièges inclinables, souvent pivotants (voitures fauteuils) ; distribution des sièges le long d'un couloir central ; équipement en couchettes ; installations spéciales pour les voitures-lits, les voitures-restaurants, les voitures-salons, etc. Les voitures de grandes lignes comportent des passerelles et des soufflets d'intercirculation, ainsi qu'une intercommunication pneumatique, constituée par le signal d'alarme, qui agit sur les freins de l'ensemble du train.

Voiture (Vincent), écrivain français, né à Amiens (1597-1648). Attaché à la personne de Gaston d'Orléans, il le suit dans ses disgrâces, mais retrouve la faveur de Richelieu par sa *Lettre sur la prise de Corbie* et devient maître d'hôtel du roi. Il mène alors une vie de poète et d'auteur mondain. Rival de Guez de Balzac auprès de la société qui se réunit à l'hôtel de Rambouillet, il soulève, par ses sonnets et ses madrigaux, de véritables querelles littéraires. Ses *Lettres* sont considérées comme des merveilles de goût. S'inspirant du badinage de Marot, imitant les raffinements de la poésie espagnole, il est l'expression même de la préciosité. Ses œuvres furent rassemblées et publiées après sa mort par son neveu Pinchesne (1650). [Acad. fr.]

voiture-bar n. f. Voiture de chemin de fer aménagée en bar pour permettre aux voyageurs de consommer durant le parcours. || Pl. des *voitures-bars.*

voiturée n. f. Contenu d'une voiture.

voiture-lit n. f. Voiture de chemin de fer aménagée pour permettre aux voyageurs de dormir dans un lit. || Pl. des *voitures-lits.*

voiturer v. t. Transporter par voiture. (S'emploie surtout en parlant des marchandises.)

voiture-restaurant n. f. Voiture de chemin de fer aménagée pour le service des repas. || Pl. des *voitures-restaurants.*

voiture-salon n. f. Voiture de chemin de fer disposée en salon. || Pl. des *voitures-salons.*

voiturette n. f. Petite voiture, et, en particulier, petite voiture automobile.

voiturier n. m. Conducteur de véhicule hippomobile destiné au transport des voyageurs ou des marchandises.

voïvode [vɔjvɔd] ou **voïévode** [vɔjevɔd] n. m. Dans les pays balkaniques et en Pologne, haut dignitaire civil ou militaire.

voïvodie ou **voïévodie** n. f. Division administrative en Pologne.

voix [vwa] n. f. (lat. *vox, vocis*). Ensemble des sons qui sortent de la bouche de l'homme : *voix harmonieuse.* (V. *encycl.*) || Sons émis en chantant : *avoir une voix de ténor.* (V. *encycl.*) || Partie vocale ou instrumentale d'une composition musicale : *Bach a écrit pour clavecin des*

voitures de chemin de fer

VOILIERS

Goélette
Ketch
Sloop
Cotre
Yawl
Lougre
Tartane
Catamaran
Finn
Vaurien
Trois-mâts carré
Pt CACATOIS
PETIT PERROQUET
PETIT
VOLANT
Pt HUNIER
MISAINE
Etai de FLÈCHE
Draille de Clinfoc
Etai de Petit Perroquet
CLINFOC
Draille de Grand Foc
GRAND FOC
Etai de Petit mât de hune
Bout-dehors de Foc
Pt FOC
Etai de Misaine
BEAUPRÉ
Mât de MISAINE
Haubans de hune
Haubans
Galhaubans
Etai de flèche de grd cacatois
VOILE d'étai de cacatois
Etai de grand perroquet
VOILE d'étai de perroquet
Etai du grand mât de hune
GRANDE VOILE d'étai
Grand étai
GRD CACATOIS
GRAND PERROQUET
GRAND VOLANT
GRAND HUNIER
GRAND VOILE (carguée)
GRD MÂT
Etai de cacatois de perruche
CACATOIS de perruche (cargué)
PERRUCHE
VOLANT d'ARTIMON
PERROQUET DE FOUGUE
Etai d'artimon
FOC d'artimon
Mât d'ARTIMON
BRIGANTINE
Mousse
420
Snipe
Caneton
5.O.5.
FD
Flying-Dutchman
Star
D
5,5
Requin
Dragon
5 m 50
Bélouga
Corsaire

VOITURES HIPPOMOBILES

maquette d'un carrosse Louis XIII

berline Napoléon III

fiacre

victoria

phaéton

calèche

cab anglais

diligence, XIXe s.

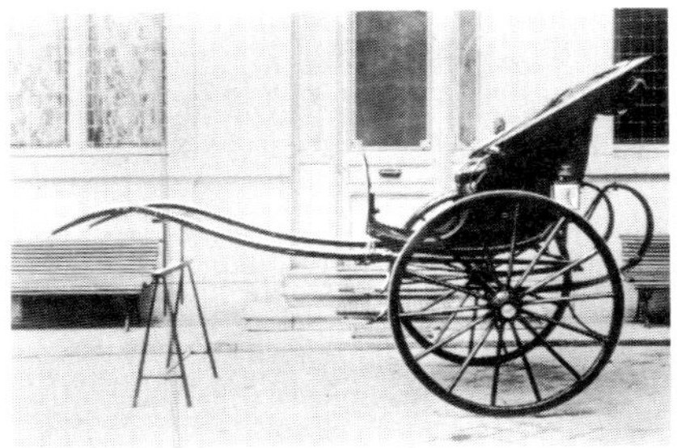
cabriolet

tonneau

landau

tilbury

mail-coach

omnibus
1900

duc

Phot. musée de Compiègne, Delton (2), Manuel, Rap, musée de Compiègne, Manuel, musée de Compiègne, Keystone, Meurisse, Larousse, Delton, Larousse, X., Larousse.

inventions à deux ou trois voix. ‖ — *Fig.* Conseil, avertissement, appel : *écouter la voix d'un ami.* ‖ Expression du sentiment de chacun ; suffrage, vote : *donner sa voix à tel candidat.* ‖ Impulsion, appel intérieur : *la voix du sang, de la conscience.* ‖ *Gramm.* Forme que prend le verbe suivant que l'action est faite ou subie par le sujet : *voix active, passive.* ● *Donner de la voix,* crier, en parlant des chiens de chasse ; parler très fort. ‖ *Sans voix,* sans parler, muet. ‖ *Voix du peuple,* opinion générale.
— ENCYCL. *Physiol.* L'organe de la *voix* est le larynx, dont deux replis musculo-membraneux, les cordes vocales, vibrent sous l'action de l'air expiré des poumons. Les sons produits sont modifiés par les cavités du pharynx, de la bouche et du nez, qui jouent comme des caisses de résonance. La plupart des animaux ont une voix, mais seul l'homme peut moduler sa voix pour produire la parole.
Les troubles de la voix sont les dysphonies (voix rauque, éteinte, bitonale, nasonnée, de fausset, blanche) et l'aphonie (perte de la voix). Ils sont dus soit à une lésion des organes de la phonation (larynx, pharynx, nez), soit à des paralysies des nerfs moteurs du larynx (nerfs récurrents).
— *Mus.* Les voix humaines se répartissent en deux catégories : les *voix d'homme,* qui sont les plus graves, et les *voix de femme,* dont le registre est plus élevé d'une octave. Les voix d'enfant sont rangées avec les voix de femme. Parmi les voix d'homme, on distingue le *ténor* (registre supérieur) et la *basse* (registre inférieur) ; parmi les voix de femme, le *soprano* et le *contralto.* Soprano et ténor, contralto et basse forment le quatuor vocal. Les voix de *baryton, ténor léger* et *mezzosoprano* sont caractérisées par des registres mixtes. Sauf d'heureuses exceptions, chacune de ces catégories de voix normales comprend de treize à quatorze notes.

Voix intérieures (*les*), recueil lyrique de V. Hugo (1837).

Voix du silence (*les*), par André Malraux (1951). C'est un inventaire des arts plastiques et une méditation sur leur évolution et leur signification historique, dans lequel l'auteur réunit, en les remaniant et les augmentant, les trois volumes de la *Psychologie de l'art,* précédemment parus sous les titres de : *le Musée imaginaire* (1947), *la Création artistique* (1948), *la Monnaie de l'absolu* (1950).

Vojvodine ou **Voïvodine,** en serbo-croate **Vojvodina,** province autonome de la république de Serbie (Yougoslavie), au nord du Danube ; 1 920 000 h. Ch.-l. *Novi Sad.*

vol [vɔl] n. m. (de *voler* v. i.). Déplacement actif des animaux au sein de la masse atmosphérique. (V. *encycl.*) ‖ Déplacement dans l'air à bord d'un aéronef. (On dit : *vol plané,* quand l'avion descend moteur arrêté ; *vol à voile,* pour désigner le mode de déplacement d'un planeur par l'utilisation des courants aériens.) [V. *encycl.*] ‖ Espace qu'un oiseau peut parcourir en volant sans se reposer. ‖ Groupe d'animaux qui volent ensemble : *un vol de perdrix.* ‖ Mouvement rapide d'un lieu dans un autre : *le vol des flèches.* ● *Au vol,* en l'air : *arrêter une balle au vol ;* en courant vite : *prendre l'autobus au vol.* ‖ *De haut vol* (Fig.), de grande envergure : *un escroc de haut vol.*
— ENCYCL. Le *vol* n'est le fait que de trois groupes actuels : les chauves-souris, les oiseaux et les insectes. A la fin du secondaire, certains reptiles (ptérodactyle, ptéranodonte) volaient. Les animaux surnommés « poisson volant », « écureuil volant », etc., ne pratiquent que le vol plané.
Les chauves-souris disposent d'une très vaste membrane alaire, tendue sur quatre doigts de la main, sur les flancs, les pattes de derrière et parfois la queue. Elles progressent par de rapides battements de cette membrane ; leur vol est d'une extrême précision et très silencieux.
Les oiseaux volent également en battant des bras, mais les doigts sont atrophiés, et ce sont les longues plumes des ailes (rémiges) qui forment la surface d'appui. Les insectes ont une ou deux paires d'ailes thoraciques dorsales, aux battements extrêmement rapides en général. Tout animal qui vole doit dépenser une énergie musculaire intense, appliquée à de puissantes surfaces d'insertion pour les muscles (bréchet des oiseaux) et soldée par une alimentation et une respiration intensives. Toutefois, la faible densité du corps (sacs aériens des oiseaux et des insectes) et l'accroissement des surfaces portantes (queue plumeuse des oiseaux) diminuent l'effort et améliorent le rendement de celles-ci. Certains oiseaux économisent beaucoup d'énergie en se faisant soulever par le vent ou par les courants ascendants et en redescendant ensuite en vol plané. Les rapaces et les oiseaux des rivages peuvent se laisser tomber en chute libre sur leur proie (fou de Bassan : 300 km/h). Seuls les animaux à vol bourdonnant (insectes, colibris) peuvent, pendant le vol, rester immobiles en l'air, se déplacer de côté ou reculer. Certaines formations adoptées pour le vol en groupe (V des canards) économisent près de la moitié de l'énergie qu'exigerait un vol solitaire. Les vols migratoires à longue distance, suivis d'un retour au point de départ, posent le problème de l'orientation, non encore totalement résolu.
— *Aéron.* En sécurité aérienne, on distingue le *vol à vue,* désigné par le symbole international V. F. R., et le *vol aux instruments,* désigné par le symbole international I. F. R. Avant le départ, un commandant de bord doit demander au service de contrôle d'approuver son plan* de vol.
● *Principe de la sustentation.* L'action de l'air sur une plaque inclinée et en mouvement de translation tend à soulever cette plaque avec d'autant plus de force que la vitesse est plus grande ou que la surface de la plaque est plus importante. Sur l'aile d'un avion, cette action de l'air se décompose d'une part en une force de résistance, ou *traînée,* dirigée vers l'arrière et que doit vaincre la force propulsive du moteur, d'autre part en une force de sustentation, ou *portance,* qui s'oppose en grandeur et en direction au poids de l'appareil. La résultante de ce système de forces est dirigée vers l'avant et assure le mouvement de translation de l'avion.
● *Vol à voile.* L'art du vol à voile réside essentiellement dans la recherche et l'utilisation des courants ascendants de l'atmosphère, ce qui le différencie du vol plané, simple descente sans utilisation du moteur. Les courants ascendants peuvent être répartis en trois groupes. Les *courants de pente,* ou ascendances orographiques, se forment lorsqu'un vent horizontal, butant contre une chaîne de collines ou de montagnes, en escalade la pente. La composante verticale de ce courant a pour contrepartie sur le versant opposé un courant rabattant généralement accompagné de remous. Les *courants ascendants d'origine thermique* sont provoqués soit simplement par le réchauffement de l'air au voisinage du sol (l'air chaud, plus léger, s'élève), soit au cours de phénomènes météorologiques plus complexes, parmi lesquels la présence des fronts froids et l'humidité de l'air jouent un rôle important. Les *courants d'onde,* dont les effets se font sentir très haut et jusqu'à des distances importantes, sont dus aux perturbations qu'entraîne la rencontre de masses d'air remontant le long d'une pente avec d'autres masses d'air s'écoulant horizontalement au-dessus de l'obstacle orographique. Avec certains régimes et certaines orientations de vent, les ondulations prennent un régime stationnaire. Pour obtenir de bonnes performances, le pilote doit rechercher les courants ascendants de l'atmosphère et s'y maintenir le plus longtemps possible afin d'augmenter son altitude de vol. Pour conserver une faible vitesse de descente en air calme, un planeur doit avoir une grande vitesse aérodynamique, une voilure à grand allongement et une construction légère, mais qui doit être également robuste pour résister aux efforts considérables auxquels elle est soumise dans les zones de très fortes turbulences atmosphériques. Comme le planeur ne peut acquérir seul une vitesse et une altitude suffisantes pour permettre les évolutions nécessaires dans une zone d'ascendance, on le fait décoller par remorquage par avion, le câble de remorque étant largué par le pilote du planeur.

Vol de nuit, roman de Saint-Exupéry (1931), témoignage sur l'héroïsme quotidien des pilotes de l'aviation civile.

vol n. m. Délit commis par celui qui prend indûment la chose d'autrui : *commettre un vol.* ‖ Produit du vol.

volable adj. Que l'on peut dérober. ‖ A qui l'on peut dérober quelque chose.

volage [vɔlaʒ] adj. (lat. *volaticus,* qui vole). Dont les sentiments, et plus particulièrement l'amour, changent souvent d'objet : *esprit, cœur volage.*

volaille [vɔlaj] n. f. (lat. *volatilia,* oiseaux). Nom collectif des oiseaux qu'on nourrit dans une basse-cour : *engraisser de la volaille.* ‖ Oiseau de basse-cour : *manger une volaille.*

volailler n. m. Marchand de volaille. (On dit quelquefois VOLAILLEUR.) ‖ Lieu où l'on élève la volaille.

volant [vɔlɑ̃], **e** [-ɑ̃t] adj. Qui a la faculté de s'élever en l'air : *poisson volant.* ‖ Qui se déplace facilement : *brigade volante.* ● *Feuille volante,* feuille écrite ou imprimée, qui n'est attachée à aucune autre. ‖ *Pont volant,* pont qui se monte et se déplace à volonté. ‖ *Table volante,* table légère qu'on déplace facilement.

volant [vɔlɑ̃] n. m. Morceau de liège, etc., garni de plumes, qu'on lance avec une raquette. ‖ Jeu auquel on se livre avec cet objet. ‖ *Mécan.* Roue très pesante, dont l'inertie régularise la vitesse de rotation de l'arbre sur lequel elle est calée. ‖ Organe de commande d'un mécanisme. ‖ Appareil de direction dans une automobile. ‖ Bande de tissu froncée sur un côté et servant de garniture dans l'habillement et l'ameublement. ‖ *Fig.* Réserve assurant la bonne marche d'une opération commerciale : *volant de sécurité.* ● *Volant magnétique,* volant qui, dans certains moteurs à explosion légers, sert à produire le courant d'allumage.

volant n. m. Dans l'aviation, membre du personnel navigant. (Contr. RAMPANT.)

volapük [vɔlapyk] n. m. (angl. *world,* univers, et *puk,* altér. de *speak,* parler). Langue universelle inventée en 1880 par l'Allemand Johann Martin Schleyer.

Volaterrae, cité très ancienne des Etrusques, puis des Romains. C'est l'actuelle *Volterra* (musée d'art étrusque).

volatil [vɔlatil], **e** adj. (lat. *volatilis,* léger). Qui se transforme aisément en vapeur.

volatile [vɔlatil] n. m. Animal qui vole. ‖ Oiseau domestique (quelquefois du fém.).

volatilisable adj. Susceptible de se volatiliser : *minéral volatilisable.*

volatilisation n. f. Action de volatiliser.

volatiliser v. t. Rendre volatil ; vaporiser : *volatiliser du soufre.* ‖ *Fam.* Faire disparaître et, en particulier, voler : *volatiliser un portefeuille.* ‖ — **Se volatiliser** v. pr. *Fam.* Disparaître.

volatilité n. f. Qualité de ce qui est volatil : *la volatilité de l'éther.*

vol-au-vent [vɔlovɑ̃] n. m. inv. (de *voler au vent*). Moule de pâte feuilletée, garni de viande ou de poisson, avec quenelles, champignons, etc.

volcan [vɔlkɑ̃] n. m. (ital. *vulcano,* de *Vulcain,* dieu du Feu). Relief édifié par les laves et les projections issues d'une fissure de l'intérieur du globe : *le Vésuve est un volcan.* (V. ÉRUPTION.) ‖ — *Fig.* Personne d'une nature ardente, impétueuse. ‖ Danger imminent, mais caché : *être sur un volcan.*

volcanique adj. Qui se rapporte aux volcans : *éruption volcanique.* ‖ *Fig.* Ardent, impétueux. ● *Relief volcanique,* relief résultant de l'action des volcans. (On distingue classiquement les formes de construction [coulées de lave, donnant naissance à des plateaux (planèzes) et à des dômes ; cônes de cendres et de scories] et les formes de destruction, ou formes en creux [cratère, caldeira, etc.].) ‖ *Roches volcaniques* (Géol.), roches éruptives d'épanchement, de texture microlitique ou vitreuse, produites par les volcans actuels ou anciens (*trachyte, basalte, obsidienne*).

volcaniser v. t. Rendre volcanique.

volcanisme n. m. Ensemble des manifestations volcaniques.
— ENCYCL. Le *volcanisme,* très répandu à la surface du globe, est toutefois pratiquement localisé dans quatre grandes régions : 1° la « ceinture de feu » du Pacifique, qui comprend le grand cercle circumpacifique (Aléoutiennes, système des Rocheuses, Amérique centrale [avec les Antilles], Andes, Nouvelle-Zélande, îles du Pacifique occidental, Japon, Kamtchatka) et le centre du Pacifique (îles Hawaii) ; 2° les régions méditerranéenne et transasiatique (du Moyen Atlas aux îles de la Sonde, en passant par les volcans tyrrhéniens [Vésuve, Etna], l'Asie Mineure [Ararat], le Caucase [Elbrouz]), auxquelles on peut rattacher les volcans de la zone alpine et des socles montagneux disloqués (Auvergne, Allemagne hercynienne, Deccan) ; 3° la dorsale méridienne de l'Atlantique (Arctique, Islande, Irlande et Ecosse, Açores, Canaries, volcans de l'Atlantique Sud, émergés [Ascension] ou immergés) ; 4° la région des grandes fractures de l'Afrique orientale et du Moyen-Orient (Arabie, Ethiopie, grands fossés africains [Kilimandjaro]).

volcanologie ou **vulcanologie** n. f. Etude des volcans et des phénomènes volcaniques.

volcanologue ou **vulcanologue** n. Spécialiste de volcanologie. (On dit aussi VOLCANOLOGISTE ou VULCANOLOGISTE.)

Volces ou **Volques,** peuple de la Gaule occupant la région entre le Rhône et la Garonne.

le Kilauea, **volcan** des îles Hawaii, en 1952

Phot. Paul Popper - Atlas-Photo.

vole [vɔl] n. f. Coup qui consiste à faire toutes les levées aux cartes : *faire la vole.*

volée [vɔle] n. f. Action de voler. ‖ Distance qu'un oiseau parcourt en volant, sans se poser : *une hirondelle traverse la Méditerranée d'une seule volée.* ‖ Bande d'oiseaux qui volent ensemble : *volée de moineaux.* ‖ Partie d'un canon entre la bouche et la partie frettée portant les tourillons. ‖ Ensemble de coups nombreux et consécutifs : *recevoir une volée.* ‖ Son d'une cloche mise en branle : *sonner à toute volée.* ‖ Partie d'escalier entre deux paliers successifs. ‖ Pièce transversale de chaque côté du timon, pour atteler les chevaux. ‖ Pièce d'une grue qui supporte à son extrémité la poulie recevant le câble. ‖ *Sports.* Reprise d'une balle avant qu'elle ait touché terre. ● *Demi-volée,* reprise de la balle immédiatement après son contact avec le sol. ‖ **— A la volée** loc. adv. En l'air : *saisir une balle à la volée.* ‖ *Fig.* Très promptement : *saisir une allusion à la volée.*

voler [vɔle] v. i. (lat. *volare*). Se mouvoir, se maintenir en l'air au moyen d'ailes. ‖ En parlant de l'homme, se déplacer dans l'air à l'aide d'appareils appropriés. ‖ En parlant d'un objet, être projeté dans l'air à grande vitesse : *il lui fit voler son épée.* ‖ *Fig.* Aller très vite : *ce cheval vole.* ● *Voler de ses propres ailes,* agir par soi-même. ‖ — V. t. Chasser, poursuivre, en parlant des oiseaux de vénerie : *autour volant un lièvre.*

voler v. t. et i. (lat. *volare*). Prendre par ruse ou par force le bien d'autrui. (Syn. : CAMBRIOLER, DÉPOSSÉDER, DÉPOUILLER, DÉROBER, DÉTOURNER, DÉVALISER, EXTORQUER, PILLER.) ● *Ne l'avoir pas volé* (Fam.), mériter ce qui nous arrive.

volerie n. f. *Fam.* Larcin : *il s'est enrichi par ses voleries.*

volerie n. f. Chasse qui se faisait avec les oiseaux de proie.

volet [vɔlɛ] n. m. Panneau de bois ou de tôle pour clore une baie de fenêtre ou de porte. ‖ Panneau quelconque pouvant se rabattre sur la pièce à laquelle il tient : *les volets d'une aile d'avion.* ‖ Partie plane d'un objet pouvant se rabattre sur celle à laquelle elle tient : *volet d'un permis de conduire.* ‖ Planchette servant à trier des choses menues, comme des graines, des lentilles (vx). ● *Trier sur le volet* (Fig.), choisir avec soin entre plusieurs personnes, plusieurs choses : *trier ses invités sur le volet.*

voleter v. i. (conj. **2**). Voler à petites distances.

volettement n. m. Action de voleter.

voleur, euse adj. et n. Se dit d'une personne qui a volé ou qui vole habituellement.

Volga (la), fl. de l'U. R. S. S., le plus long d'Europe ; 3 700 km. La Volga prend sa source au plateau du Valdaï, à 228 m d'alt. seulement. Elle arrose successivement Kalinine, Rybinsk, Iaroslavl', Gorki, Kazan', Ouliaпovsk, Kouïbychev, Syzran', Saratov, Volgograd et Astrakhan' (à la tête du delta sur la Caspienne), recevant notamment la Kama (r. g.). Importante artère navigable, reliée à la mer Blanche et à la Baltique (canal Volga-Baltique), à la mer d'Azov et à la mer Noire (canal Volga-Don), elle est coupée d'importants aménagements hydrauliques (Kouïbychev et Volgograd notamment) qui régularisent son régime (en créant de vastes retenues), sans empêcher toutefois le gel hivernal.

Volga (*république des Allemands de la*), anc. république autonome de la R. S. F. S. de Russie (U. R. S. S.), sur le cours inférieur de la Volga, groupant les descendants de colons allemands établis par Catherine II. Elle a été supprimée en 1946.

Volgograd, de 1925 à 1961 **Stalingrad,** v. de l'U. R. S. S. (R. S. F. S. de Russie), sur la rive droite de la Volga ; 818 000 h. Centre industriel (machines agricoles, camions). Aménagement hydro-électrique sur la Volga. (V. aussi STALINGRAD.)

● *Histoire.* La ville fut à l'origine un fort, créé en 1589 (*Tsaritsyne*). Devenue Stalingrad (1925), elle fut pendant la Seconde Guerre mondiale l'enjeu d'une grande bataille entre les Allemands et les Russes. (V. STALINGRAD [*bataille de*].)

Volhynie, en polon. **Wołyń,** région du nord-ouest de l'Ukraine. Elle fut colonisée au Moyen Age par les Polonais. La Russie s'en empara à la suite des partages de la Pologne à la fin du XVIIIe s. Occupée par les Empires centraux en 1915, la Volhynie fut de nouveau partagée entre la Russie et la Pologne (paix de Riga, 1921), dont la part fit retour à l'U. R. S. S. en 1945.

volière [vɔljɛr] n. f. Grande cage dans laquelle on élève des oiseaux.

volige [vɔliʒ] n. f. (de *voler*). Planche mince de bois blanc, employée pour fixer les ardoises.

voligeage [-ʒaʒ] n. m. Action de voliger. ‖ Ensemble des voliges d'une couverture ou d'un cloisonnage.

voliger v. t. (conj. **1**). Garnir de voliges.

volis [vɔli] n. m. Cime d'un arbre qui a été rompue et enlevée par le vent.

volitif, ive adj. Relatif à la volonté : *phénomènes volitifs.*

volition [vɔlisjɔ̃] n. f. (du lat. *volo,* je veux). Acte par lequel la volonté se détermine à quelque chose.

Völklingen, v. de l'Allemagne occidentale (Sarre) ; 42 100 h. Aciérie.

Volkova (Vera), danseuse et pédagogue russe, née à Saint-Pétersbourg en 1904. Elève, puis disciple d'Agrippina Vaganova, elle fonde une école à Londres (1943), où elle forme dans la tradition de l'école russe de ballet les plus grandes étoiles contemporaines (Margot Fonteyn).

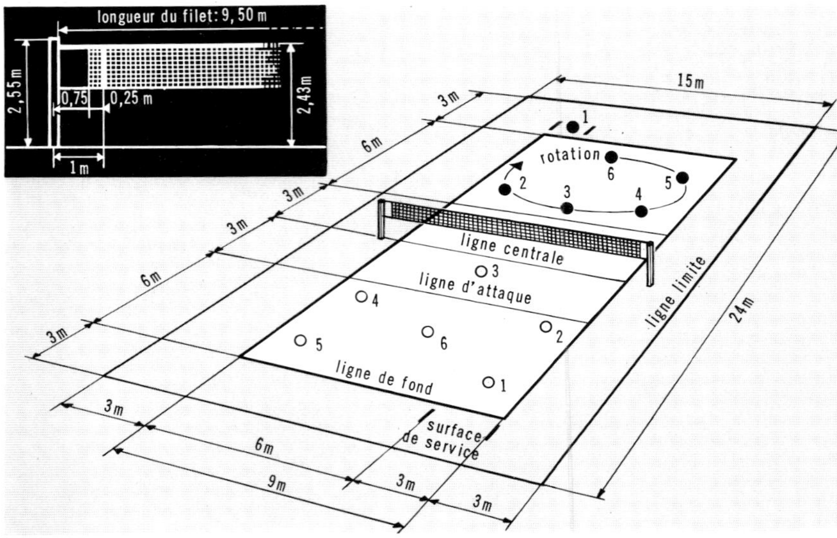

volley-ball

Volta d'après un dessin de Garavaglia

Volland (Louise Henriette, dite **Sophie**), correspondante de Diderot (v. 1725-1784).

Vollard (Ambroise), marchand de tableaux et écrivain français, né à Saint-Denis de la Réunion (1868-1939). Il a publié des souvenirs sur les artistes de son temps.

volley-ball [vɔlɛbol] n. m. (mot angl.). Sport qui se dispute entre deux équipes de six joueurs se renvoyant par-dessus un filet un ballon léger, sans que celui-ci touche le sol. (Il se dispute généralement en cinq sets. L'équipe victorieuse est celle qui marque la première 15 points avec une avance d'au moins 2 points [la partie est poursuivie éventuellement pour que cette avance soit obtenue]. Le volley-ball a été introduit aux jeux Olympiques en 1964.)

volleyeur [vɔlɛjœr], **euse** [-øz] n. Joueur, joueuse de volley-ball. ‖ Spécialiste de la volée, au tennis.

Volmunster (57720), ch.-l. de c. de la Moselle (arr. de Sarreguemines) ; 718 h. (438 aggl.).

Volnay (21190 Meursault), comm. de la Côte-d'Or (arr. de Beaune) ; 464 h. Vins renommés (côte de Beaune).

Volney (Constantin François DE CHASSEBŒUF, *comte* DE), érudit et philosophe français, né à Craon (1757-1820), auteur des *Ruines ou Méditations sur les révolutions des empires* (1791). [Acad. fr.]

Volo ou **Vólos,** v. de Grèce, sur le golfe du même nom, ancien golfe *Pélasgique ;* 49 200 h.

Vologda, v. de l'U. R. S. S. (R. S. F. S. de Russie) ; 178 000 h. Textiles (soie).

Vologèse, nom porté par cinq rois des Parthes.

Vologne (la), riv. de Lorraine, affl. de la Moselle (r. dr.), qui traverse les lacs de Retournemer et de Longemer ; 50 km.

Volonne (04290), ch.-l. de c. des Alpes-de-Haute-Provence (arr. de Forcalquier) ; 1 070 h.

volontaire [vɔlɔ̃tɛr] adj. (lat. *voluntarius*). Qui se fait sans contrainte et de pure volonté : *acte volontaire.* ‖ Qui ne veut faire que sa volonté : *enfant volontaire.* ‖ — N. m. Celui qui sert dans une armée, qui remplit une mission sans y être obligé : *bataillon de volontaires.*

volontairement adv. De sa propre volonté : *obéir volontairement.* ‖ Avec intention.

volontariat [-rja] n. m. Engagement, service des volontaires dans une armée.

volontarisme n. m. *Philos.* Théorie selon laquelle la volonté intervient dans tout jugement, et peut suspendre ce jugement. (Contr. INTELLECTUALISME.)

volontariste adj. et n. *Philos.* Qui concerne ou qui professe le volontarisme.

volonté [vɔlɔ̃te] n. f. (lat. *voluntas*). Faculté de se déterminer à certains actes. ‖ Intention déterminée d'accomplir ou de faire exécuter quelque chose : *agir contre la volonté de quelqu'un.* ‖ Energie, fermeté morale : *volonté inflexible.* ‖ Disposition à l'égard de quelqu'un, de quelque chose : *y mettre de la mauvaise volonté.* ● *Bonne volonté,* intention réelle de bien faire. ‖ — Pl. Fantaisies, caprices : *soumettre tout le monde à ses volontés.* ● *Dernières volontés,* intentions, désirs formels manifestés avant de mourir ; testament. ‖ *Faire ses quatre volontés* (Fam.), faire tout ce qui plaît. ‖ **— A volonté** loc. adv. A discrétion : *vous en aurez à volonté.* ‖ Quand on veut : *billet payable à volonté.*

volontiers [vɔlɔ̃tje] adv. (du lat. *voluntarius,* volontaire). De bon gré ; avec plaisir.

Volpone ou le Renard, comédie en 5 actes et en vers de Ben Jonson (1605). Volpone est un vieillard cynique, qui unit à l'avarice la ruse la plus subtile. — Jules Romains et Stefan Zweig ont donné sous le titre de *Volpone* (1928) une libre adaptation de cette œuvre.

Volsques, peuple de l'Italie ancienne, établi dans le sud du Latium, soumis par Rome (338 av. J.-C.).

volt [vɔlt] n. m. (du physicien *Volta*). *Electr.* Unité de mesure de force électromotrice et de différence de potentiel ou tension (symb. : V), équivalant à la différence de potentiel qui existe entre deux points d'un fil conducteur parcouru par un courant constant de 1 ampère, lorsque la puissance dissipée entre ces points est égale à 1 watt.

Volta (la), fl. du Ghāna, formé par la réunion de la *Volta Noire,* de la *Volta Blanche* et de la *Volta Rouge,* nées en Haute-Volta ; 1 600 km. Barrage d'Akosombo*, formant en amont le *lac Volta* (8 500 km²).

Volta (**Haute-**). V. HAUTE-VOLTA.

Volta (Alessandro, *comte*), physicien italien, né à Côme (1745-1827). Après avoir inventé l'électrophore et l'eudiomètre, il étudia vers 1792 l'expérience de Galvani, et cette étude le conduisit, en 1800, à l'invention de la pile électrique.

voltage n. m. Terme impropre pour désigner la différence de potentiel entre les extrémités d'un conducteur. (Il faut dire TENSION.)

voltaïque [vɔltaik] adj. *Electr.* Se dit de la pile de Volta, et, en général, de l'électricité développée par les piles. ● *Arc voltaïque,* syn. de ARC ÉLECTRIQUE.

voltaïque adj. De la Haute-Volta.

voltaïque (*République*). V. HAUTE-VOLTA.

voltaire [vɔltɛr] n. m. Grand fauteuil bas à dossier assez élevé, apparu sous la Restauration.

Voltaire (François Marie AROUET, dit), écrivain français, né à Paris (1694-1778). Fils d'un notaire parisien, il fait des études brillantes chez les jésuites du collège de Clermont, puis est introduit par son parrain, l'abbé de Châteauneuf, dans la société libertine du Temple, où il fait apprécier son esprit. Des vers irrévérencieux, principalement contre le Régent, le forcent à des séjours en province, puis à la Bastille (1717-1718), où il commence la tragédie d'*Œdipe* (1718) et le *Poème de la Ligue* (1723). Il connaît bientôt la célébrité et la richesse (il entreprend de fructueuses opérations financières dans les fournitures aux armées et le commerce avec l'Amérique grâce aux banquiers Pâris), mais une altercation avec le chevalier de Rohan-Chabot lui vaut une bastonnade et un nouvel emprisonnement à la Bastille. Il n'obtient sa libération que contre l'exil en Angleterre. Ce séjour, qui dure trois ans (1726-1729),

Phot. Giraudon.

oriente définitivement vers la philosophie réformatrice sa pensée et son œuvre. Voltaire célèbre la liberté dans une tragédie politique (*Brutus,* 1730), critique la guerre (*Histoire de Charles XII,* 1731), s'attaque aux dogmes chrétiens (*Epître à Uranie,* 1733), aux fausses gloires littéraires (*le Temple du goût,* 1733), au régime politique français (*Lettres* philosophiques,* 1734). Dans le domaine de la marquise du Châtelet, à Cirey, en Lorraine, il échappe aux poursuites et entreprend de rajeunir la tragédie (*Zaïre,* 1732), en évoquant le passé national, les pays exotiques, la Rome antique d'après Shakespeare (*la Mort de César,* 1735) et en supprimant le thème de l'amour (*Mérope,* 1743). Il réussit moins bien dans la comédie (*Nanine,* 1749), et Mme de Pompadour lui préfère Crébillon. Cependant, quelques poésies officielles (*Poème de Fontenoy,* 1745) lui ouvrent les portes de l'Académie (1746) et de la Cour. Voltaire devient historiographe du roi (1746). Peu satisfait de sa demi-faveur, il écrit le conte de *Zadig** (1747) et accepte l'invitation de Frédéric II. Pendant trois ans (1750-1754), à Potsdam, il corrige les vers de son hôte royal tout en composant *le Siècle* de Louis XIV* (1751) et un conte (*Micromégas,* 1752). En conflit avec un autre Français, Maupertuis, président de l'Académie de Berlin, il quitte la Prusse et, toujours indésirable à Paris, s'établit près de Genève (1755). Mais il choque les protestants par son *Essai* sur les mœurs* (1756), et les catholiques par sa *Pucelle* (1755), s'aliène Rousseau par le *Poème sur le désastre de Lisbonne* (1756). Cette expérience malheureuse lui inspire *Candide** (1759) et lui fait chercher une retraite sûre dans le pays de Gex, à Ferney. Pendant dix-huit ans, Voltaire y vit en souverain de l'esprit, reçoit l'élite européenne, joue ses tragédies (*Tancrède,* 1760) et multiplie les contes philosophiques contre les parvenus (*Jeannot et Colin,* 1764), les abus politiques (*l'Ingénu,* 1767), la corruption et l'inégalité des richesses (*l'Homme aux quarante écus,* 1767), les mœurs (*la Princesse de Babylone,* 1768). Il travaille par ses pamphlets à « écraser l'infâme » (le fanatisme clérical) et à dénoncer les insuffisances de la justice : il obtient la réhabilitation de Calas (1762), de Sirven (1764) et du chevalier de La Barre (1766). Il poursuit son apostolat pour le triomphe de la raison en publiant le *Traité sur la tolérance* (1763) et le *Dictionnaire philosophique* (1764). En 1778, il répond à l'appel de Paris : il est reçu triomphalement à l'Académie et à la Comédie-Française, où son buste est couronné sur la scène pendant la représentation d'*Irène.* Epuisé par les émotions et la fatigue, il meurt le 30 mai. Le clergé parisien lui refuse la sépulture chrétienne, et son neveu, l'abbé Mignot, transporte son corps à l'abbaye de Scellières, en Champagne. En mai 1791, la Constituante lui confère les honneurs du Panthéon. Critique littéraire trop attaché à la tradition classique, auteur d'un théâtre qui prépare la décadence du genre, il est un historien précis et vivant, et un conteur incomparable. Précurseur de la Révolution, dont il aurait sans doute désavoué les excès, idole de la bourgeoisie libérale, il reste un des maîtres de la prose française.

voltairianisme n. m. Philosophie et incrédulité de Voltaire.

voltairien [vɔltɛrjɛ̃], **enne** [-ɛn] adj. Qui concerne Voltaire, ses idées, sa philosophie. ‖ — Adj. et n. Qui partage les opinions de Voltaire.

voltaïsation n. f. Traitement médical au moyen de la pile voltaïque.

voltamètre n. m. *Electr.* Tout appareil où se produit une électrolyse.

voltampère n. m. Unité de puissance apparente (symb. : VA) en courant alternatif, équivalant à la puissance développée par un courant de 1 ampère sous une tension alternative de 1 volt.

Volta Redonda, v. du Brésil, au nord-ouest de Rio de Janeiro ; 84 000 h. Centre sidérurgique.

volte [vɔlt] n. f. (ital. *volta,* tour). Mouvement en rond, que l'on fait faire à un cheval.

volte-face n. f. inv. (ital. *volta faccia,* tourne face). Action de se retourner du côté opposé à celui qu'on regardait : *faire volte-face.* ‖ *Fig.* Changement subit d'opinion, de manière d'agir.

volter v. i. Tourner sur soi-même. ‖ *Manèg.* Exécuter une volte.

Volterra, v. d'Italie (Toscane) ; 17 000 h. Pittoresque cité médiévale. (V. VOLATERRAE.)

Volterra (Vito), mathématicien italien, né à Ancône (1860-1940). Il fut l'un des créateurs de l'analyse fonctionnelle, qui trouva de fécondes applications dans de nombreux secteurs de la physique et de la biologie. Il appliqua ainsi les ressources de l'analyse, notamment à l'étude de la croissance des organismes et à celle de l'hérédité mendélienne, secteurs pour lesquels on ne pensait pas jusqu'alors à utiliser les mathématiques. Il étudia également les fonctions permutables, les produits de composition, etc.

voltige [vɔltiʒ] n. f. Corde lâche sur laquelle les bateleurs font des tours. ‖ Exercices au trapèze volant : *exceller dans la voltige.* ‖ Exercice d'équitation qui consiste à sauter de diverses manières sur un cheval en marche ou arrêté. ‖ Ensemble des manœuvres inhabituelles dans le pilotage ordinaire d'un avion, et qui font l'objet d'un apprentissage particulier.

voltigement n. m. Mouvement de ce qui voltige.

voltiger v. i. (ital. *volteggiare ;* de *volta,* volte) [conj. 1]. Voler çà et là : *les abeilles voltigent de fleur en fleur.* ‖ Flotter au gré du vent.

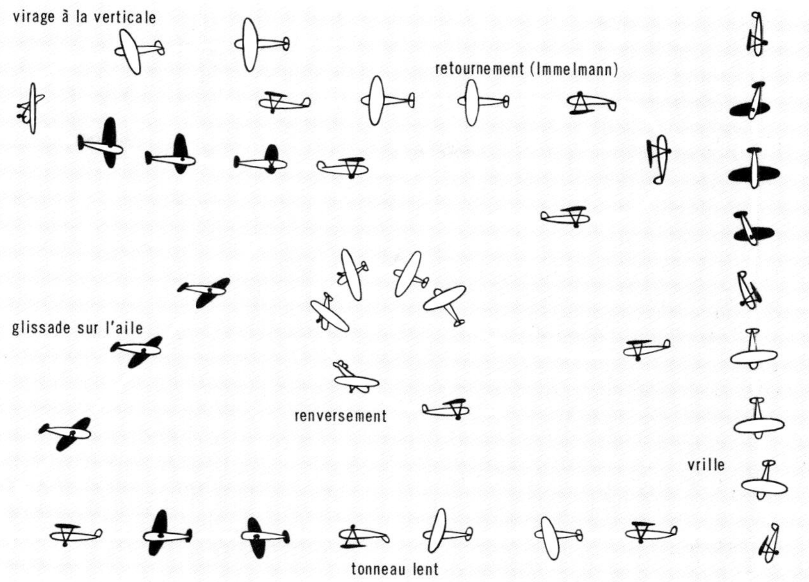

voltiges

voltigeur n. m. Qui fait des voltiges. ‖ De 1804 à 1870, soldat de certaines unités d'élite d'infanterie légère. ‖ Auj., fantassin chargé de mener le combat, principalement par le mouvement et le choc. (On dit aussi GRENADIER-VOLTIGEUR.)

voltmètre n. m. *Electr.* Appareil qui sert à mesurer une différence de potentiel en volts.

volubile [vɔlybil] adj. (lat. *volubilis,* qui tourne aisément). *Bot.* Se dit des tiges lorsqu'elles croissent en s'enroulant autour d'un support. (L'enroulement se fait toujours dans le même sens pour une espèce donnée : vers la gauche chez le houblon et le chèvrefeuille, vers la droite chez le haricot et le liseron ; la réaction de courbure de la tige, lorsque celle-ci rencontre un support, est appelée *haptotropisme.*) ‖ *Fig.* Qui parle avec abondance et rapidité.

volubilis [vɔlybilis] n. m. (mot lat. signif. *qui tourne aisément*). Autre nom du *liseron,* appliqué surtout aux espèces ornementales à fleurs colorées. ‖ Nom donné par erreur aux espèces ornementales du genre voisin ipomée.

Volubilis, site archéologique du Maroc, au nord de Meknès, au pied du djebel Zerhoun. C'est une ancienne cité berbère, qui prit, sous la domination romaine, un grand développement aux IIe-IIIe s. apr. J.-C. Importantes ruines (thermes, temple, arc de Caracalla, etc.).

volubilité n. f. Facilité et rapidité de la parole : *parler avec volubilité.*

volucelle [vɔlysɛl] n. f Mouche à aspect de bourdon, qui se pose sur les fleurs. (Long. 1 cm.)

Volucompteur [vɔlykɔ̃tœr] n. m. (marque déposée). Appareil de mesure installé sur un distributeur de fluide pour indiquer le débit et le prix du produit distribué.

volume [vɔlym] n. m. (lat. *volumen,* rouleau). Chez les Anciens, manuscrit enroulé autour d'un bâton. ‖ Livre relié ou broché : *ouvrage en deux volumes.* ‖ Grosseur d'un objet. ‖ Mesure de l'espace à trois dimensions occupé par un corps : *le volume d'un bloc de pierre.* ‖ Espace occupé par un corps. ‖ Masse d'eau que débite un fleuve, une fontaine, etc. ‖ Force, ampleur des sons. ‖ Etendue de la voix.

volumétrie n. f. Mesure des volumes.

volumétrique adj. Qui a rapport à la détermination des volumes : *analyse volumétrique.*

volumineux, euse adj. De grand volume.

volumique adj. Relatif à l'unité de volume. ● *Masse volumique,* masse de l'unité de volume.

volupté [vɔlypte] n. f. (lat. *voluptas*). Plaisir des sens : *boire avec volupté.* ‖ Grand plaisir en général : *les voluptés du travail, de l'étude.*

voluptueusement adv. Avec volupté.

voluptueux, euse adj. et n. Qui aime la volupté. ‖ Qui inspire ou exprime la volupté.

volute [vɔlyt] n. f. (ital. *voluta*). *Archit.* Enroulement en spirale décorant les angles du chapiteau ionique. ‖ Enroulement que forme le pied du limon d'un escalier. ‖ Ce qui est en forme de spirale : *des volutes de fumée.*

volvaire [vɔlvɛr] n. f. Champignon à lames et à volve, sans anneau, comestible, mais pouvant être confondu avec certaines amanites. (Classe des basidiomycètes ; famille des agaricacées.)

volve [vɔlv] n. f. (lat. *vulva*). *Bot.* Membrane épaisse qui entoure complètement le chapeau et le pied de certains champignons à l'état jeune (volvaires, amanites), et qui se déchire irrégulièrement quand le pied s'allonge.

Voltaire par Houdon
Comédie-Française

Volvic (63530), com. du Puy-de-Dôme (arr. de Riom) ; 3 287 h. (2 111 aggl.). Carrières. Eaux minérales.

volvocales [vɔlvɔkal] n. f. pl. Ordre de protistes chlorophylliens (plantes vertes unicellulaires) pouvant vivre en colonies avec une spécialisation qui les rapproche des algues pluricellulaires, tandis que d'autres caractères les rapprochent des éponges.
— ENCYCL. Les *volvocales* sont des cellules biflagellées, contenant un vaste grain de chlorophylle, de l'amidon, une paroi cellulosique et parfois un stigma photosensible. Le *volvox* vit dans les eaux douces, la *dunaliella* dans les eaux sursalées, et certains *chlamydomonas* sur la neige.

volvox [vɔlvɔks] n. m. Algue verte rudimentaire des eaux douces, constituant de petites colonies sphériques creuses, avec une certaine spécialisation des individus, ceux de l'avant étant photosensibles, ceux de l'arrière reproducteurs. (Les colonies sont unisexuées ; il existe aussi une multiplication par bouturage naturel.)

volvulus [vɔlvylys] n. m. Torsion d'un organe creux d'un canal, cause d'occlusion de l'organe atteint : *le volvulus du côlon entraîne une occlusion intestinale aiguë.*

Volynine (Alexandre), danseur et pédagogue d'origine russe, né à Moscou (1882-1955). Diplômé de l'Ecole impériale de Moscou, il fait partie de la compagnie du Bolchoï, puis des Ballets russes. Partenaire d'Anna Pavlova, il abandonne la scène pour se consacrer à l'enseignement. L'école qu'il ouvrit à Paris connut rapidement la renommée et forma les plus grandes étoiles du ballet français.

vomer [vɔmɛr] n. m. (lat. *vomer,* soc de charrue). Os qui forme la partie supérieure de la cloison des fosses nasales.

vomérien, enne adj. Relatif au vomer : *dents vomériennes.*

vomi n. m. Vomissement ; chose vomie.

vomique [vɔmik] adj. (du lat. *vomere,* vomir). *Noix vomique,* graine du vomiquier, contenant de la strychnine.

vomique n. f. Evacuation massive, par la bouche, de pus provenant des voies respiratoires : *la vomique est caractéristique de l'abcès du poumon.*

vomiquier n. m. Arbre de l'Asie tropicale, dont la graine est la noix vomique.

Phot. Giraudon.

vomir [vɔmir] v. t. (lat. *vomere*). Rejeter avec effort par la bouche ce qui était dans l'estomac : *vomir son déjeuner.* ‖ Lancer violemment hors de soi : *les canons vomissent le feu et la mort.* ‖ *Fig.* Proférer avec violence : *vomir des injures.*

vomissement n. m. Action de vomir.
— ENCYCL. Le *vomissement* a un mécanisme réflexe ; il est dû soit à une affection de l'estomac (indigestion, intolérance, gastrite) ou du tube digestif (appendicite, péritonite), soit à une affection nerveuse irritant les centres bulbaires (méningites). Son origine doit donc toujours être recherchée, et, dans certains cas, le diagnostic entraîne une action thérapeutique urgente.

vomissure n. f. Vomissement ; chose vomie.

vomitif, ive adj. et n. m. Se dit d'un médicament qui fait vomir : *l'émétique et l'ipécacuana sont vomitifs.*

vomito et, plus souvent, **vomito-negro** [vɔmitɔnegro] n. m. (mot esp.). Vomissement de sang noir observé dans la fièvre jaune et certaines formes d'appendicites graves.

vomitoire [vɔmitwar] n. m. (lat. *vomitorium*). Dans les amphithéâtres romains, issue par laquelle s'écoulait la foule.

Vô Nguyên-Giap, général vietnamien, né à An Xa (Viêt-nam du Nord) en 1911. Membre du parti communiste, il organise à partir de 1945 la résistance au régime français. Généralissime des forces viêt-minh en 1947, il remporte la victoire de 1954. Comme ministre de la Défense et vice-Premier ministre de la République démocratique du Viêt-nam, il anima la lutte contre les Américains.

Voorburg, v. des Pays-Bas (Hollande-Méridionale) ; 47 000 h. Industries alimentaires.

vorace [vɔras] adj. (lat. *vorax*). Qui dévore ; qui mange avec avidité : *le brochet est très vorace.* ‖ Qui exige une grande quantité de nourriture : *appétit vorace.*

voracement adj. De façon vorace.

voracité n. f. Avidité à manger : *la voracité des loups.* ‖ *Fig.* Avidité extrême.

Voragine. V. JACQUES DE VORAGINE.

Vorarlberg, prov. d'Autriche dans les Alpes, la plus occidentale du pays, à l'ouest du col de l'Arlberg ; 226 300 h. Ch.-l. *Bregenz.* V. pr. *Dornbirn.* Correspondant en majeure partie au bassin supérieur de l'Ill (en dehors des rives du lac de Constance), cette province est une région densément peuplée (90 h. en moyenne au kilomètre carré), associant cultures, élevage bovin, industrie (textile, travail du bois) et tourisme (surtout hivernal).

Voreppe (38340), comm. de l'Isère (arr. de Grenoble), dans la *cluse de Voreppe,* entre la Grande-Chartreuse et le Vercors ; 5 093 h. (4 055 aggl.). Cimenterie.

Vorey (43800), ch.-l. de c. de la Haute-Loire (arr. du Puy) ; 1 153 h. (708 aggl.).

Vorkouta, v. de l'U. R. S. S. (R. S. F. S. de Russie), dans le nord de l'Oural ; 55 000 h. Houille.

Vorochilov. V. OUSSOURIISK.

Vorochilov (Kliment Iefremovitch), maréchal soviétique, né à Verkhni (Ukraine) [1881-1969]. Ouvrier métallurgiste, il défendit Tsaritsyne en 1918. Commissaire du peuple à la Défense de 1925 à 1940, il dirigea ensuite la défense de Leningrad. Vice-président du Conseil des ministres de l'U. R. S. S. en 1947, il fut de 1953 à 1960 président du Praesidium du Conseil suprême.

Vorochilovgrad, anc. **Lougansk,** v. de l'U. R. S. S. (Ukraine), dans le Donbass ; 382 00 h. Sidérurgie.

Vorochilovsk. V. KOMMOUNARSK.

Vorochilovsk. V. STAVROPOL'.

Voronej, v. de l'U. R. S. S. (R. S. F. S. de Russie), près du Don ; 660 000 h. Centrale nucléaire. Métallurgie. Industries chimiques. Violente bataille en juillet 1942.

Vörösmarty (Mihály), poète hongrois, né à Kápolnásnyék (1800-1855). Auteur de tragédies et de drames d'inspiration romantique (*le Roi Sigismond,* 1823), il est par ses poèmes épiques (*la Fuite de Zalán,* 1825) et lyriques (*Appel,* 1837) l'un des créateurs de la poésie hongroise moderne.

vortex [vɔrtɛks] n. m. Tourbillon creux qui peut prendre naissance dans un liquide en écoulement.

vorticelle [vɔrtisɛl] n. f. (du lat. *vortex,* tourbillon). Protozoaire cilié d'eau douce, vivant fixé aux pierres ou aux plantes par un pédoncule contractile.

vos [vo] adj. poss. Pl. de VOTRE*.

Vos (Cornelis DE), peintre flamand, né à Hulst (v. 1584-1651). S'inspirant de Rubens et de Van Dyck, tout en s'opposant au courant baroque, il peignit surtout des portraits d'enfants et des groupes familiaux, charmants dans leur précision et leur sobriété.

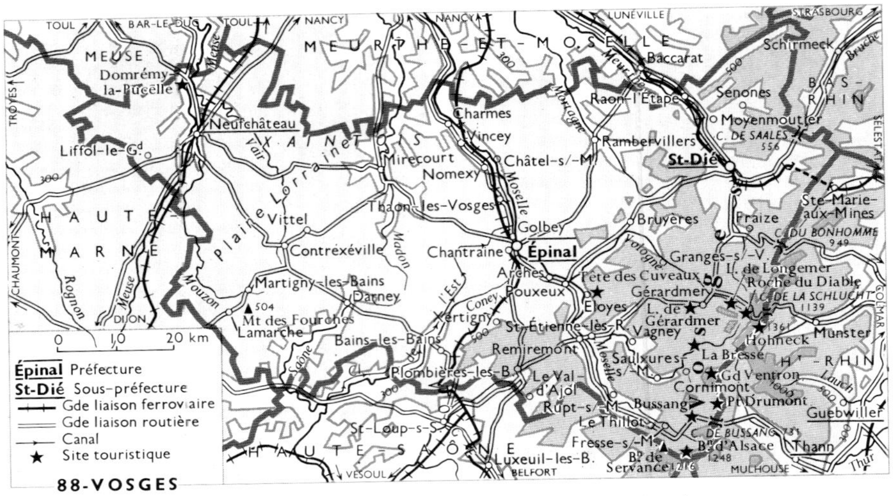

88-VOSGES

Vosges : les « hautes chaumes » vues du Hohneck

Vosges, région de l'est de la France, formée par un massif hercynien dissymétrique, dont le versant occidental, long et en pente douce, appartient à la Lorraine* et le versant oriental, court et abrupt, à l'Alsace* ; 1 424 m au *ballon de Guebwiller.* Primitivement unies à la Forêt-Noire, les Vosges en ont été séparées par la formation du fossé rhénan. Les *Vosges cristallines,* au sud, les plus hautes, aux sommets (« ballons ») parfois arrondis et aux cols élevés (Bussang, Schlucht), s'opposent aux *Vosges gréseuses,* au nord, aux formes tabulaires, plus aisément franchissables (col de Saverne). La population et les activités se concentrent dans les vallées (Meurthe, Moselle, Thur, Fecht, etc.), sites des principales villes (Saint-Dié, Remiremont, Thann). L'industrie textile (coton) anime les deux versants ; la cristallerie est implantée sur le versant lorrain (Baccarat) ; l'élevage bovin (fromages) et les cultures (céréales, arbres fruitiers, vigne) sont surtout développés sur le versant alsacien, au climat d'abri. L'élevage transhumant sur les pâturages d'altitude, ou « hautes chaumes », est en déclin. L'exploitation de la forêt, alimentant scieries et papeteries, constitue aujourd'hui la principale ressource de la montagne, qui bénéficie, en outre, de l'essor du tourisme et fournit un peu d'énergie hydro-électrique.

Vosges (*dép. des*) **[88]**, dép. de l'est de la France ; préf. *Epinal ;* s.-préf. *Neufchâteau, Saint-Dié ;* 3 arr., 29 cant., 522 comm. ; 5 871 km^2 ; 388 201 h. (*Vosgiens*). Le dép. s'étend principalement sur les *Vosges* cristallines à l'est, région d'élevage et d'exploitation forestière, sur le *Plateau lorrain,* gréseux et calcaire, à l'ouest, pays découvert, d'habitat groupé, où la polyculture à base céréalière recule devant l'élevage favorisé par l'humidité du climat. L'industrie tient une place importante, employant la moitié de la population active (le septième pour l'agriculture). Le textile (coton), développé après 1870 avec le repli d'Alsaciens et représenté dans les principales villes (Epinal, Saint-Dié, Remiremont), demeure la branche majeure, complétée par le travail du bois, la papeterie, la verrerie, le tourisme et le thermalisme (Vittel, Contrexéville, Plombières-les-Bains).

Vô Nguyên-Giap
maréchal Vorochilov

Vosges (*place des*), anc. place Royale, dans le quartier du Marais (Paris). Commencée en 1605 par Henri IV, elle fut achevée par Louis XIII. Carrée, elle est bordée par des maisons en brique à chaînages de pierre, à haut comble d'ardoise, élevées sur une galerie percée d'arcades. On y trouve un musée Victor-Hugo dans la maison que le poète habita. Au centre du jardin public qui occupe la plus grande partie de la place se dresse une statue de Louis XIII.

vosgien [voʒjɛ̃], **enne** [-ɛn] adj. et n. Des Vosges.

Voskhod, nom donné par les Soviétiques à une série de vaisseaux cosmiques multiplaces et pilotables. (Le « Voskhod I », qui avait à son bord trois passagers, a accompli en 1964 seize révolutions autour de la Terre avant d'atterrir.)

Vosne-Romanée [von-] (21670), comm. de la Côte-d'Or (arr. de Beaune) ; 654 h. Vins renommés.

Voss (Johann Heinrich), érudit et poète allemand, né à Sommersdorf bei Waren (Mecklembourg) [1751-1826]. Traducteur d'Homère et de Virgile, il connut le succès par son idylle en trois chants, *Louise* (1795), qui décrit la vie quotidienne des paysans et des petits bourgeois de l'Allemagne du Nord.

Vossius (Gerardus Johannis), humaniste hollandais, né à Heidelberg (1577-1649). Il a laissé des ouvrages pédagogiques pour l'étude du grec et du latin, des études sur l'histoire des religions, inspirées de ses convictions calvinistes (*De theologia gentili et physiologia christiana,* 1641, 1668), et des essais critiques, qui sont les premières études de ce genre faites sur les historiens de l'Antiquité (*De historicis graecis,* 1624, 1651 ; *De historicis latinis,* 1627, 1651). — Son fils et élève ISAÄCUS, né à Leyde (1618-1689), fut historiographe des états de Hollande, puis bibliothécaire de la reine Christine de Suède, avant de se fixer en Angleterre.

Vostok, nom donné par les Soviétiques à une série de vaisseaux cosmiques monoplaces et pilotables. (C'est à bord du « Vostok I » que Iouri Gagarine a effectué en 1961 le premier vol spatial d'un être humain.)

votant, e adj. et n. Qui vote ; qui a le droit de voter.

votation n. f. Action de voter : *mode de votation.*

vote [vɔt] n. m. (angl. *vote ;* du lat. *votum,* vœu). Suffrage donné par chacune des personnes appelées à émettre un avis : *compter les votes.* ‖ Décision prise par la voie des suffrages : *exécuter un vote.*

Phot. Jean Roubier, A. P. N., Parimage.

voter v. i. Donner sa voix dans une élection. ‖ — V. t. Décider ou demander par un vote : *voter une loi.*

Votiaks, ou **Votyaks,** peuple de l'U. R. S. S., habitant la république autonome des Oudmourtes, à l'ouest de l'Oural. Leur langue, le *votiak,* appartient à la famille finno-ougrienne.

votif [vɔtif], **ive** [-iv] adj. (du lat. *votum,* vœu). Fait ou offert en vertu d'un vœu : *autel votif.* ● *Fête votive,* fête célébrée en l'honneur du patron de la paroisse.

votre [vɔtr] adj. poss. sing. (lat. *voster*). Qui est à vous ; qui vous appartient : *votre patrie.* ‖ Pl. *vos.*

vôtre [votr] pr. poss. (s'emploie avec l'art. *le, la, les*). Ce qui est à vous : *mon père et le vôtre.* ‖ — N. m. *Le vôtre,* votre bien : *vous en serez du vôtre.* ‖ — S'emploie sans article, comme attribut : *considérez ma maison comme vôtre.* ‖ Tout dévoué à vous : *je suis tout vôtre.* ‖ — N. m. pl. *Les vôtres,* vos parents, vos amis, etc.

Vottem, comm. de Belgique (Liège) ; 8 100 h.

vouer [vwe] v. t. (du lat. *votum,* vœu). Consacrer, promettre par vœu : *vouer un temple à Dieu.* ‖ Mettre sous la protection d'un saint : *vouer son enfant à la Vierge.* ‖ Promettre, engager d'une manière particulière : *l'amitié que je lui ai vouée.* ‖ Destiner : *entreprise qui est vouée à l'échec.* ‖ **— Se vouer** v. pr. Se consacrer. ● *Ne savoir à quel saint se vouer,* ne savoir à qui recourir.

Vouet (Simon), peintre et graveur français, né à Paris (1590-1649). Il voyagea en Angleterre, alla à Constantinople, séjourna quinze ans en Italie et revint en France en 1627, appelé par Louis XIII. Il travailla pour le roi et pour Richelieu, ainsi que pour les grands seigneurs dont il décora les demeures. Son retour en France marqua une date dans la peinture française et son art, d'inspiration italienne, aimable et inventif, obtint un énorme succès (*Présentation de Jésus au Temple, Louis XIII, Allégorie de la Paix et de l'Abondance,* Louvre ; musées de province et d'Europe).

vouge [vuʒ] n. m. Du XIIIe au XVIe s., arme d'hast faite d'une lame tranchante et asymétrique. ‖ Croissant pour émonder les arbres.

Vougeot (21640), comm. de la Côte-d'Or (arr. de Beaune), renommée pour l'excellence de ses vins (*clos de Vougeot,* entre autres) ; 164 h.

Vouillé (86190), ch.-l. de c. de la Vienne (arr. de Poitiers), près de l'Auxance ; 1 662 h. (923 aggl.). Clovis y vainquit et tua Alaric II, roi des Wisigoths (507).

vouloir [vulwar] v. t. (lat. pop. *volere*) [conj. **33**]. Avoir l'intention de faire une chose, s'y déterminer : *partez si vous voulez.* ‖ Demander, exiger avec autorité : *je veux de meilleures copies.* ‖ Désirer, souhaiter : *vous aurez tout ce que vous voudrez.* ‖ Attendre quelque chose de quelqu'un : *que veut-il de moi ?* ‖ Réclamer comme prix : *vouloir tant de sa maison.* ‖ S'efforcer de : *enfant qui veut faire le grand garçon.* ‖ Affirmer, prétendre : *il veut que je sois paresseux.* ‖ En parlant des choses, pouvoir, se prêter à : *ce bois ne veut pas brûler.* ● *Sans le vouloir,* involontairement. ‖ *Savoir ce que parler veut dire,* comprendre le sens caché de certaines paroles. ‖ *Vouloir bien,* consentir. ‖ *Vouloir du bien, du mal à quelqu'un,* avoir de bonnes, de mauvaises intentions à son égard. ‖ *Vouloir dire,* avoir l'intention de dire : *avant de parler, il faut savoir ce qu'on veut dire* ; avoir un certain sens, signifier : *« virtus », en latin, veut dire « la force ».* ‖ — V. t. ind. **[de]**. Accepter, agréer : *ne t'impose pas à ceux qui ne veulent pas de ton amitié.* ‖ — V. i. *En vouloir à quelqu'un,* avoir contre lui un sentiment de malveillance, de rancune. ‖ *En vouloir* (Fam.), avoir de l'ambition, être très désireux de réussir dans une tâche exigeant de la combativité.

vouloir n. m. Acte de la volonté : *votre vouloir sera le mien.* ‖ Intention, disposition : *mauvais vouloir.*

Voulte-sur-Rhône (La) [07800], ch.-l. de c. de l'Ardèche (arr. de Privas), sur le Rhône ; 5 978 h. (*Voultains*). Textiles artificiels.

Vouneuil-sur-Vienne (86210 Bonneuil Matours), ch.-l. de c. de la Vienne (arr. de Châtellerault) ; 1 257 h. (368 aggl.). Châteaux du Fou et de Chitré.

vous [vu] pr. pers. Pluriel de TU.

voussoiement n. m. V. VOUVOIEMENT.

voussoir [vuswar] ou **vousseau** [-so] n. m. (du lat. *volutus,* enroulé). Chacune des pièces qui forment le cintre d'une voûte ou d'une arcade.

voussure [vusyr] n. f. (du lat. *volutus,* enroulé). Toute portion d'une voûte ou d'une arcade comprise entre la naissance de la courbe et un point quelconque en deçà du point le plus élevé de l'arc que cette courbe aurait à décrire pour former une voûte entière. ‖ Partie cintrée surmontant une baie, une porte ou une fenêtre.

voûtain n. m. Compartiment de voûte d'ogive.

voûte [vut] n. f. (du lat. *volutus,* enroulé). *Constr.* Ouvrage de maçonnerie cintré, formé d'un assemblage de pierres qui s'appuient les unes sur les autres : *les voûtes d'une cathédrale, d'un pont.* ‖ *Géogr.* Dans le relief jurassien, bombement correspondant au sommet d'un anticlinal. ‖ *Industr.* Partie supérieure d'un four à réverbère, qui est disposée en forme de coupole. ‖ *Mar.* Partie arrière de la coque d'un navire, située au-dessus du gouvernail. ● *Clef de voûte,* v. CLEF. ‖ *Voûte d'arête,* voûte formée par la pénétration à angle droit de deux berceaux de même cintre, dont les clefs sont dans le même plan. ‖ *Voûte azurée, étoilée* (Poét.), le ciel. ‖ *Voûte en berceau,* voûte engendrée par la translation d'un arc (en plein cintre, brisé, etc.). ‖ *Voûte du crâne* (Anat.), partie supérieure de la boîte osseuse du crâne. (Elle est formée par l'os frontal, les pariétaux, les écailles des temporaux et l'occipital.) ‖ *Voûte sur croisée d'ogives,* voûte d'arête soutenue par des branches d'ogives, caractéristique de l'architecture gothique. ‖ *Voûte du palais* ou *voûte palatine,* cloison qui forme la paroi supérieure de la bouche et la paroi inférieure des cavités nasales. (Elle est formée par la réunion des deux portions horizontales des os maxillaires supérieurs.)

Simon **Vouet**, « l'Amour qui se venge »
musée de Nancy

voûté, e adj. En forme de voûte : *une cave voûtée.* ‖ Courbé : *avoir le dos voûté.*

voûter v. t. Couvrir d'une voûte : *voûter un souterrain.* ‖ **— Se voûter** v. pr. Se courber.

vouvoiement [vuvwamɑ̃] ou **voussoiement** [-swamɑ̃] n. m. Action de vouvoyer.

vouvoyer [vuvwaje] v. t. (conj. **3**). Désigner par le pronom *vous* et non par *tu* : *vouvoyer ses parents.*

Vouvray (37210), ch.-l. de c. d'Indre-et-Loire (arr. de Tours), sur la Loire ; 2 802 h. (1 599 aggl.) [*Vouvrillons*]. Vins blancs et vins mousseux.

Vouziers (08400), ch.-l. d'arr. des Ardennes, sur l'Aisne ; 4 919 h. (*Vouzinois*). Marché agricole. — L'arr. a 8 cant., 130 comm., 28 156 h.

Voves (28150), ch.-l. de c. d'Eure-et-Loir (arr. de Chartres) ; 2 522 h. (2 089 aggl.).

voyage [vwajaʒ] n. m. (lat. *viaticum,* argent pour le voyage). Le fait d'aller d'un lieu dans un autre assez éloigné. ‖ *Fam.* Etat hallucinatoire provoqué par une drogue. ● *Les gens du voyage,* les artistes du cirque.

Voyage au bout de la nuit, roman de L.-F. Céline (1932). Cette histoire d'un médecin anarchiste et voyageur, Bardamu, satire de l'humanité, écrite dans un style disloqué, débordant d'inventions verbales, a profondément influencé la littérature française.

Voyage autour de ma chambre, de X. de Maistre (1795), libre causerie où se mêlent les confidences sentimentales et les observations humoristiques.

Voyage de Chapelle et Bachaumont (*le*), récit publié en 1663 et dû à la collaboration de Chapelle* et de François Le Coigneux de Bachaumont*. Il fut considéré comme le modèle du badinage élégant.

Voyage de M. Perrichon (*le*), comédie d'E. Labiche (1860). Au cours d'un voyage que M. Perrichon, bourgeois vaniteux, fait en Suisse avec sa femme, sa fille et les deux prétendants de celle-ci, il se prend à détester celui des jeunes gens qui lui a sauvé la vie au cours d'un accident, mais il accorde toute sa sympathie à l'autre, qui a feint d'être sauvé par lui.

voûte

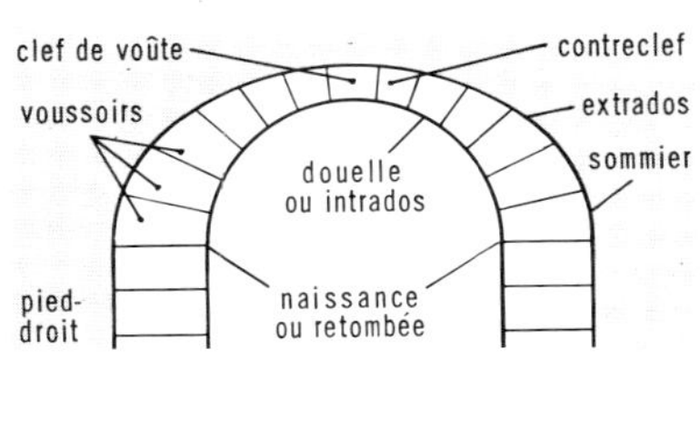

Voyage du pèlerin (*le*), allégorie mystique, par Bunyan (1679), qui exerça une influence considérable sur l'évolution de l'esprit religieux en Angleterre.

Voyage en Amérique, par Chateaubriand (publié en 1826). Rempli de descriptions pittoresques, il montre de nombreux emprunts à des récits de voyageurs.

Voyage sentimental (*le*), de Sterne (1768), suite de descriptions ou de réflexions, un des chefs-d'œuvre typiques de l'humour anglais.

Voyages de Gulliver. V. GULLIVER (*les Voyages de Samuel*).

Voyages en France, par Arthur Young (1792-1793), tableau de la France à la veille de la Révolution.

voyager v. i. (conj. **1**). Aller en pays éloigné ; se déplacer.

voyageur, euse n. Personne qui voyage ; qui a l'habitude de voyager. ‖ — Adj. m. *Commis voyageur,* personne qui voyage pour une maison de commerce.

voyance n. f. Don surnaturel que détiennent, selon certaines personnes, les individus appelés *voyants, voyantes,* et qui leur permet de « voir » le passé, l'avenir, les objets absents ou invisibles, etc.

voyant [vwajɑ̃], **e** [-ɑ̃t] adj. Qui attire l'œil : *couleur voyante.* ‖ — N. Personne qui dit posséder la vision surnaturelle des choses passées, futures, lointaines : *consulter une voyante.*

voyant n. m. Appareil, dispositif matérialisant quelque chose pour le rendre perceptible par la vue. ‖ Plaque de deux couleurs, mobile sur la tige d'une mire de nivellement. ‖ Partie caractéristique d'un signal. ‖ Sphère surmontant les mâts des bateaux-feux. ‖ Disque ou ampoule électrique d'avertissement de divers appareils de contrôle, de tableaux de sonnerie, etc.

voyelle [vwajɛl] n. f. (lat. *vocalis* ; de *vox,* voix). Son du langage produit par la vibration du larynx avec le concours de la bouche plus ou moins ouverte. ‖ Lettre représentant ce son. (L'alphabet français a six voyelles, qui sont : **a, e, i, o, u, y.**)

voyer [vwaje] n. m. (lat. *vicarius*). Fonctionnaire préposé à l'entretien des routes (vx). ‖ — Adj. m. *Agent voyer,* anc. appellation de l'*ingénieur du service vicinal.*

Voyer (Marc René DE), marquis D'ARGENSON, né à Venise (1652-1721), lieutenant général de police (1697), puis garde des Sceaux (1718). Il a laissé d'importants rapports de police. (Acad. fr., 1718.) — Son fils RENÉ LOUIS, *marquis* **d'Argenson,** né à Paris (1694-1757), chancelier du duc d'Orléans (1741), secrétaire d'Etat aux Affaires étrangères (1744-1747), a laissé des *Mémoires.* — MARC PIERRE, *comte* **d'Argenson,** né à Paris (1696-1764), frère du précédent, fut lieutenant général de police, conseiller d'Etat, puis secrétaire d'Etat à la Guerre. Il protégea les encyclopédistes.

voyeur n. m. Personne qui se plaît à regarder un spectacle obscène sans être vue.

voyeurisme n. m. Comportement du voyeur.

voyou [vwaju] n. m. (de *voie*). Individu de mœurs crapuleuses. ‖ Enfant mal élevé. (Fait parfois au fém. VOYOUTE.)

Voznessenski (Andreï Andreïevitch), écrivain soviétique, né à Moscou en 1933. Influencé par Maïakovski et Pasternak, fasciné et révolté à la fois par l'évolution du monde moderne, il entreprend dans ses poèmes une nouvelle recherche de l'homme (*Mosaïque,* 1960 ; *les Antimondes,* 1964 ; *le Cœur d'Achille,* 1966).

vrac (en) [ɑ̃vrak] loc. adv. (néerl. *wrac,* mauvais). Etat des marchandises mises pêle-mêle, ou sans emballage : *expédier en vrac.* ‖ En désordre.

vrai [vrɛ], **e** adj. (lat. *verus*). Conforme à la vérité, à la réalité : *rien n'est vrai dans ce qu'il dit.* ‖ Qui a les qualités essentielles à sa nature : *un vrai diamant.* ‖ Convenable : *voilà sa vraie place.* ‖ — Syn. : AUTHENTIQUE, AVÉRÉ, EFFECTIF, EXACT, JUSTE, POSITIF, RÉEL, TANGIBLE, VÉRIDIQUE, VÉRITABLE.

vrai n. m. La vérité : *aimer le vrai.* ● *Pour de vrai* (Fam.), pour de bon. ‖ **— A vrai dire, à dire vrai** loc. adv. Pour parler sans déguisement.

vraiment adv. Véritablement : *une aventure vraiment extraordinaire.* (S'emploie aussi pour affirmer avec plus de force, pour exprimer l'étonnement ou l'admiration ironique.)

vraisemblable [vrɛsɑ̃blabl] adj. et n. m. Qui a l'aspect de la vérité, qui est probable.

vraisemblablement adv. Avec vraisemblance ; selon la vraisemblance.

vraisemblance n. f. Qualité de ce qui a l'apparence de la vérité.

Vrangel' ou **Wrangel** (*île*), île soviétique, dans la mer de Sibérie orientale.

Vrangel' (Piotr). V. WRANGEL.

vraquier [vrakje] n. m. Navire transportant des produits en vrac.

Vries (Hugo DE). V. DE VRIES.

vrillage n. m. Défaut des matières textiles dans lesquelles la torsion des fils a été trop poussée. ‖ *Aéron.* Torsion donnée aux pales d'une hélice ou à une aile.

vrille [vrij] n. f. (lat. *viticula,* vrille de la vigne). *Bot.* Rameau ou foliole volubile* qui ajoute à son enroulement autour des supports un enroulement sur lui-même,

Phot. Giraudon.

ayant pour effet de haler la tige principale vers le support (vigne, bryone, vesce, etc.) || *Technol.* Outil à percer le bois, constitué par une tige métallique, usinée en forme de vis à bois à pas très allongé et se terminant par une pointe aiguë. || Défaut d'un fil qui se tortille sur lui-même. || *Aéron.* Figure de voltige aérienne dans laquelle le nez de l'avion suit sensiblement une verticale, tandis que l'extrémité des ailes décrit une hélice en descente rapide.

vrillé, e adj. *Bot.* Muni de vrilles : *tige vrillée.* || Enroulé comme une vrille : *ficelle vrillée par l'humidité.*

vriller v. t. Percer avec une vrille : *vriller une planche.* || — V. i. S'élever en décrivant une hélice. || Se tordre en se rétrécissant : *corde qui vrille.*

vrillette [vrijɛt] n. f. Insecte coléoptère dont la larve creuse des galeries dans les vieux bois.

vrombir [vrɔ̃bir] v. i. (onomat.). Produire un ronflement vibrant, caractéristique de certains objets en rotation rapide.

vrombissement n. m. Bruit de ce qui vrombit : *le vrombissement d'un moteur.*

VTOL, abrév. des mots angl. *vertical take off and landing,* signifiant « décollage et atterrissage verticaux » et désignant tous les aéronefs à décollage vertical. Ces avions peuvent décoller sans roulement et pratiquer le vol stationnaire. Il existe deux grandes catégories de ces avions : d'une part, l'avion VTOL *à assiette variable,* qui décolle et atterrit en position debout, le passage entre les phases de vol horizontal et vertical se faisant par basculement ; d'autre part, l'avion VTOL *à assiette constante,* qui décolle directement dans sa position de vol horizontal et passe d'une phase à l'autre du vol par modification du système moteur.

vu, e [vy] adj. (de *voir*). *Fig.* Considéré, accueilli : *être mal vu à cause de ses opinions.* || — Prép. Eu égard à : *vu la difficulté.* (V. EXCEPTÉ.)

vu n. m. Action de voir ; connaissance que l'on a d'une chose, parce qu'on l'a vue : *au vu et au su de tout le monde.* || **— Vu que** loc. conj. Attendu que.

vue [vy] n. f. (de *voir*). Faculté de voir ; celui des cinq sens par lequel on aperçoit les objets : *une vue perçante.* || L'organe même de la vue ; yeux, regards : *détourner la vue de...* || Action de regarder, d'examiner : *regardez ces merveilles, la vue n'en coûte rien.* || Aspect, présence : *à la vue de l'ennemi.* || Etendue de ce qu'on peut voir du lieu où l'on est : *cette maison a une belle vue.* || Tableau, photographie d'un lieu : *une vue de Rome.* || *Dr.* Ouverture qui, pratiquée dans un mur, permet d'avoir une vue sur la propriété d'autrui : *le code réglemente les vues sur les propriétés voisines.* ● *A perte de vue,* très loin. || *A première vue,* sans examen. || *A vue de nez* (Fam.), à peu près, sans préciser. || *A vue d'œil,* autant qu'on en peut juger par la seule vue ; et, *par exagér.,* très rapidement : *cet enfant grandit à vue d'œil.* || *Connaître de vue,* connaître seulement pour avoir vu, rencontré. || *Dessin à vue,* fait sans prendre de mesures, et sans le secours d'instruments. || *Etre en vue,* être à portée du regard ; et, au *fig.,* être dans une position brillante qui attire les regards. || *Garder quelqu'un à vue,* le surveiller étroitement, de manière à ne pas cesser de le voir. || *Payable à vue* (Comm.), sur présentation. || *Point de vue,* endroit d'où l'on voit le mieux un paysage, un édifice, etc. : *découvrir un beau point de vue ;* et, au *fig.,* manière de considérer les choses pour les juger : *examiner une question du point de vue de l'honneur.* || *Seconde, double vue,* faculté de voir par l'imagination des choses qui existent ou arrivent dans des lieux éloignés. || — Pl. Projets : *avoir des vues sur...* || **— En vue de** loc. prép. Dans l'intention de, en considération de.

Vuillard (Edouard), peintre français, né à Cuiseaux (Saône-et-Loire) [1868-1940]. Il fit partie du groupe des nabis* et pratiqua un art intimiste, s'attachant à rendre

vulpin

Vuillard, « la Cuisinière »
Bibl. nat., cabinet des Estampes

l'atmosphère tranquille d'appartements clos. Par le recours à des tons très rapprochés, ses œuvres, souvent à la colle sur carton, sont d'une sensibilité et d'une subtilité très grandes. Vuillard exécuta aussi des décorations, notamment pour le foyer de la Comédie des Champs-Elysées, des décors et des programmes pour le Théâtre-Libre et pour le théâtre de l'Œuvre. Il s'intéressa également aux arts décoratifs. Il est bien représenté au musée national d'Art moderne.

vulcain [vylkɛ̃] n. m. Papillon du genre *vanesse,* à ailes brun-noir portant une bande rouge, et dont la chenille vit sur l'ortie.

Vulcain, dieu romain du Feu et du Travail des métaux, fils de Jupiter et de Junon, époux de Vénus, identifié avec l'*Héphaïstos* de la mythologie grecque. La fête des « vulcanales », à Rome, était très ancienne et très populaire.

vulcanien [vylkanjɛ̃], **enne** [-ɛn] adj. (de *Vulcano,* volcan de Sicile). Se dit d'un type d'éruption volcanique caractérisé par l'émission de laves visqueuses et par de violentes explosions.

vulcanisation n. f. Opération qui consiste à améliorer le caoutchouc en le traitant par le soufre.

— ENCYCL. La *vulcanisation,* qui fut découverte fortuitement en 1839 par Charles Goodyear, consiste à chauffer le caoutchouc, auquel on a incorporé du soufre en fleur, une charge minérale convenable (chaux, magnésie, etc.) et certains produits qui agissent comme accélérateurs. La quantité de soufre mise en œuvre est environ de 0,5 à 3 p. 100 du poids du caoutchouc pour les articles souples et de 15 à 30 p. 100 pour les articles en caoutchouc durci ou en ébonite. Au cours de l'opération, le soufre se combine aux molécules du caoutchouc et les relie transversalement en formant un réseau tridimensionnel, auquel on attribue la modification des propriétés obtenues : moindre sensibilité aux solvants et aux variations de température, plus grande résistance à la rupture et à l'abrasion. Il est parfois remplacé par des métalloïdes voisins, sélénium et tellure, ou par des composés capables de libérer du soufre par dissociation thermique. On utilise également le chlorure de soufre. La plupart des élastomères de synthèse peuvent être vulcanisés par le soufre comme le caoutchouc, mais certains requièrent d'autres agents de transformation.

vulcanisé, e adj. Qui a subi la vulcanisation : *caoutchouc vulcanisé.*

vulcaniser [vylkanize] v. t (angl. *to vulcanize,* de *Vulcain*). Faire subir au caoutchouc la vulcanisation.

vulcanologie [vylkanɔlɔʒi] n. f. V. VOLCANOLOGIE.

vulcanologue n. V. VOLCANOLOGUE.

vulgaire [vylgɛr] adj. (lat. *vulgaris ;* de *vulgus,* multitude). Qui ne se distingue en rien du commun : *esprit vulgaire.* || Qui manque de délicatesse, d'élégance : *manières vulgaires.* ● *Latin vulgaire,* latin parlé dans l'Empire romain à basse époque (par oppos. à *latin classique, latin écrit*). || — N. m. Le commun des hommes : *l'opinion du vulgaire.*

vulgairement adv. Communément : *l'arum se nomme vulgairement « pied-de-veau ».* || De façon peu distinguée : *s'exprimer vulgairement.*

vulgarisateur, trice adj. et n Qui répand la connaissance, l'usage d'une chose.

vulgarisation n. f. Action de vulgariser ; son résultat : *une encyclopédie est un merveilleux instrument de vulgarisation.*

vulgariser [vylgarize] v. t. Mettre à la portée de tous, répandre : *vulgariser une science, un procédé.*

vulgarisme n. m. Chose, parole, pensée vulgaire.

vulgarité n. f. Défaut de celui ou de ce qui est vulgaire : *la vulgarité des manières.*

Vulgate, version latine des Livres saints, faite par saint Jérôme, en usage dans l'Eglise catholique, et qui fut déclarée authentique par le concile de Trente.

vulgo [vylgo] adv. (mot lat.). *Fam.* Vulgairement ; dans la langue vulgaire.

vulnérabilité n. f. Caractère vulnérable.

vulnérable [vylnerabl] adj. (du lat. *vulnerare,* blesser). Susceptible d'être blessé, d'être atteint (au *pr.* et au *fig.*) : *position vulnérable.*

vulnéraire [vylnerɛr] adj. et n. m. (lat. *vulnus, -eris,* blessure). Se dit d'une substance propre à la guérison des blessures.

vulnéraire n. f. *Bot.* Plante herbacée à fleurs jaunes, qui fut utilisée contre les blessures. (Famille des papilionacées ; genre *anthyllis.*)

Vulpian (Alfred), médecin français, né à Paris (1826-1887). Il fut doyen de la Faculté de médecine et écrivit de nombreux ouvrages : *Leçons sur la physiologie générale et comparée du système nerveux* (1866), *Leçons sur l'appareil vaso-moteur* (1875), *Maladies du système nerveux* (1879), etc. (Acad. de méd., 1860 ; Acad. des sc., 1876.)

vulpin [vylpɛ̃] n. m. (lat. *vulpinus,* de renard). Nom donné à diverses graminacées dont l'épi rappelle la forme d'une queue de renard. (Le *vulpin des prés,* commun dans les prairies humides, donne un fourrage d'excellente qualité. Le *vulpin des champs,* mauvaise herbe très envahissante, est particulièrement nuisible dans les cultures de céréales d'hiver et de colza.)

vultueux [vyltɥø], **euse** [-øz] adj. (du lat. *vultus,* visage). Rouge et gonflé, en parlant de la face.

vulvaire [vylvɛr] n. f. (du lat. *vulva,* vulve). Espèce de chénopode qui croît sur les décombres et dont les feuilles exhalent une odeur fétide. (On l'appelle aussi ARROCHE PUANTE.) || — Adj. Relatif à la vulve.

vulve [vylv] n. f. (lat. *vulva*). Ensemble des parties génitales externes chez la femme et chez les femelles des animaux supérieurs. (La vulve est formée de chaque côté par les grandes lèvres et les petites lèvres, au centre et d'avant en arrière par le clitoris, le méat urinaire et l'orifice du vagin, partiellement obturé chez les vierges par l'hymen ; elle est surmontée en avant et en haut par une éminence arrondie, le mont de Vénus.)

vulvite n. f. Inflammation de la vulve.

Vyāsa, anachorète hindou, compilateur légendaire des Veda.

Vyborg ou **Viborg,** en finnois **Viipuri,** v. de l'U. R. S. S. (R. S. F. S. de Russie), sur le golfe de Finlande ; 51 000 h. La ville a été cédée par la Finlande à l'U. R. S. S. en 1947.

Vychinski (Andreï Ianouarievitch), homme politique soviétique, né à Odessa (1883-1954), commissaire du peuple adjoint aux Affaires étrangères (1939), ministre des Affaires étrangères (1949-1953) et délégué à l'O. N. U.

Vyroubova (Nina), danseuse d'origine russe, née à Goursouf (Crimée) en 1921. Grande interprète des rôles romantiques (*la Sylphide, Giselle*), elle s'impose également comme danseuse de caractère, faisant de remarquables créations (*les Forains,* 1945 ; *les Noces fantastiques,* 1955) ou reprises (*l'Oiseau de feu,* 1954 ; *Abraxas,* 1965). Depuis 1966, elle a ouvert une école de danse à Paris.

Nina Vyroubova

Phot. Jacques Six, Giraudon, Studio Liseg.

W w

w [dubləve] n. m. Vingt-troisième lettre de l'alphabet et la dix-huitième des consonnes. ‖ **— W,** symbole du *watt.* ‖ Symbole chimique du *tungstène.* — Lettre propre aux langues du Nord, et qui n'est utilisée en français que dans les mots empruntés à ces langues avec leur orthographe. Dans les mots français empruntés à l'allemand, *w* a la valeur du *v* simple ; *Wagram* doit se lire *Vagram* [vagram]. Dans l'anglais et le néerlandais, *w* a le son de *ou ; Wellington* doit se lire *Ouellington* [wɛliŋtən]. *Wagon* se prononce exceptionnellement *vagon* [vagɔ̃].

Waage (Peter), chimiste norvégien, né à Flekkefjord (1833-1900). Avec Guldberg, il a donné une forme quantitative à la loi d'action de masse.

Waal (le), bras principal du delta du Rhin. Il passe à Nimègue, puis se confond avec la Meuse.

Waarschoot, comm. de Belgique (Flandre-Orientale) ; 7 900 h. Textiles.

Waas. V. WAES.

Wabush (*lac*), lac du Canada, dans le Labrador. — A proximité, importants gisements de fer.

Wace, poète anglo-normand, né à Jersey (v. 1100-1175). Protégé par Henri II Plantagenêt, il vécut en Normandie et fut chanoine de Bayeux. Il est l'auteur d'une histoire de la Normandie (*Roman de Rou,* entre 1155 et 1170) et de la première œuvre en langue vulgaire qui raconte les aventures du roi Arthur (*Roman de Brut,* 1155).

Wackenroder (Wilhelm Heinrich), poète allemand, né à Berlin (1773-1798). L'un des promoteurs du romantisme, il prêchait le retour au Moyen Age, à l'art de Dürer et à la religion catholique. Ses *Effusions sentimentales d'un moine ami des arts,* qu'il publia en 1797 avec la collaboration de L. Tieck, exercèrent une profonde influence sur les artistes allemands.

Waco, v. des Etats-Unis (Texas) ; 97 800 h.

Waddenzee ou **mer des Wadden,** partie de la mer du Nord comprise entre le continent et l'archipel de la Frise occidentale.

Waddington (William Henry), archéologue et homme politique français, né à Saint-Rémy-sur-Avre (1826-1894). Numismate de réputation universelle, il entra tard dans la politique. Il fut président du Conseil en 1879, ministre des Affaires étrangères à l'époque du congrès de Berlin (1877-1879) et représenta la France à Londres de 1883 à 1893. Sa collection a été acquise par le cabinet des Médailles. (Acad. des inscr., 1865.)

Wädenswil, v. de Suisse (Zurich) ; 14 600 h. Industries textiles, alimentaires et chimiques.

Waes ou **Waas** (*pays de*), région de Belgique (Flandre-Orientale), sur la rive gauche de l'Escaut, à la frontière néerlandaise.

wagage [wagaʒ] n. m. Limon de rivière, employé comme engrais.

Wageningen, v. des Pays-Bas (Gueldre) ; 23 700 h. Université d'agriculture.

Wagner (Richard), compositeur allemand, né à Leipzig (1813-1883), auteur de : *le Vaisseau fantôme* (1841), *Tannhaüser* (1843-1844), *Lohengrin* (1846-1848), *les Maîtres chanteurs de Nuremberg* (1862-1867), *l'Anneau du Nibelung* (1853-1874), *Tristan et Isolde* (1857-1859), *Parsifal* (1877-1882). Génie d'une rare puissance, il a écrit lui-même ses poèmes, puisés le plus souvent dans les légendes nationales de la Germanie, et modifié la conception de l'opéra traditionnel, en ne faisant aucune concession à la virtuosité proprement dite, pour lier étroitement la musique à la poésie et à la danse. Sa musique, remplie de symboles, obéit à une exploitation systématique d'idées musicales ou *leitmotive.* Son orchestre, un des principaux leviers de l'émotion dramatique, est abondant, coloré et d'une admirable poésie. Chef d'orchestre, Wagner a connu les plus grandes difficultés d'existence au début de sa carrière, séjournant en France, en Italie, en Suisse et en Allemagne. Acquis aux idées révolutionnaires de Bakounine, il dut s'exiler en 1848. Marié une première fois à Minna Planer, il eut une passion pour Mathilde Wesendonk en Suisse et devait épouser en secondes noces Cosima, fille de Liszt, divorcée d'Hans de Bülow. Dans des écrits célèbres, il a résumé ses théories artistiques et sociales (*l'Art et la Révolution,* 1849 ; *l'Œuvre d'art de l'avenir ;* 1850 ; *Opéra et drame,* 1851). Dans les dernières années de sa vie, il dut à Louis II de Bavière la création du théâtre de Bayreuth, spécialement édifié et conçu pour l'interprétation de ses œuvres lyriques.

wagnérien [vagnerjɛ̃], **enne** [-ɛn] adj. *Mus.* De Wagner : *thème wagnérien.* ‖ — N. Partisan ou admirateur de l'art de Wagner.

Wagner-Jauregg (Julius), médecin autrichien, né à Wels (Haute-Autriche) [1857-1940]. Il est le créateur du traitement biologique de la paralysie générale due à la syphilis par l'inoculation du paludisme. (Prix Nobel, 1927.)

wagon [vagɔ̃] n. m. (mot angl.). *Ch. de f.* Véhicule ferroviaire, employé au transport des marchandises et des animaux. (Pour les voyageurs, on emploie le mot de VOITURE.) ‖ *Constr.* Conduit de fumée, en terre cuite, inclus dans l'épaisseur des murs et dont la forme facilite l'assemblage.

— ENCYCL. Le terme de *wagon* s'applique en principe aux véhicules ferroviaires transportant des marchandises. Un wagon comprend trois parties : le *roulement,* constitué par les essieux, quelquefois groupés en bogies ; le *châssis,* formé par des profilés assemblés par des traverses ; la *caisse.* Sous le châssis sont groupés les organes des freins. En Europe, le bois sert encore largement pour la construction des caisses de wagon, sauf pour les tombereaux. Aux Etats-Unis, tous les wagons sont en acier. Certains wagons sont plus particulièrement aménagés pour le transport de marchandises déterminées, pour le chargement rapide des colis (wagons à faces ouvrantes), pour le transport des automobiles et pour celui des lourdes charges. L'entretien et l'échange des wagons en trafic international est réglé par le R. I. V. (Regolamento Internazionale Vagone).

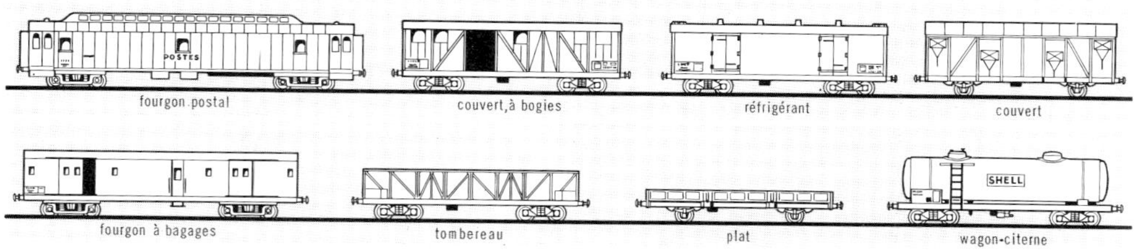

wagons de chemin de fer

wagon-citerne n. m. Wagon destiné au transport des liquides. ‖ Pl. des *wagons-citernes.*

wagon-foudre n. m. Wagon aménagé pour le transport des boissons. ‖ Pl. des *wagons-foudres.*

wagon-lit n. m. Anc. dénomination de la *voiture-lit.* ‖ Pl. des *wagons-lits.*

wagonnée n. f. Contenu d'un wagon.

wagonnet n. m. Petit wagon à caisse basculante, pour le transport des terres, du charbon.

wagonnier n. m. Homme d'équipe employé à la manœuvre des wagons.

wagon-poste n. m. Wagon réservé au service de la poste. ‖ Pl. des *wagons-poste.*

wagon-réservoir n. m. Syn. de WAGON-CITERNE. ‖ Pl. des *wagons-réservoirs.*

wagon-restaurant n. m. Anc. dénomination de la *voiture-restaurant.* ‖ Pl. des *wagons-restaurants.*

wagon-salon n. m. Anc. dénomination de la *voiture-salon.* ‖ Pl. des *wagons-salons.*

wagon-tombereau n. m. Wagon à bords élevés, que l'on charge par le haut et que l'on décharge par des portes latérales. ‖ Pl. des *wagons-tombereaux.*

wagon-trémie n. m. Wagon comportant une ou plusieurs trémies pour le transport et le déchargement rapide des matériaux en vrac. ‖ Pl. des *wagons-trémies.*

Wagram, anc. **Deutsch Wagram,** village d'Autriche, au nord-est de Vienne, où Napoléon Ier, d'abord arrêté par l'archiduc Charles, le vainquit le 6 juillet 1809.

Wahhābites ou **Ouahhabites,** secte musulmane fondée en Arabie (Nadjd), à la fin du XVIIIe s., par Muḥammad ibn 'Abd al-Wahhāb. Adversaire des innovations dans

Wagner
représentation de « Parsifal » au Festival de Bayreuth dans une mise en scène de Wieland Wagner

Phot. Festspiele Bayreuth-Wilhelm Rauh.

Wallenstein
par Van Dyck
Pinacothèque
de Munich

Robert **Walpole**
par J.-B. Van Loo
National Gallery
Londres

l'islām, le *wahhābisme* s'est renforcé avec la reprise du pouvoir par la famille d'Ibn Sa'ūd en 1902.

Waikiki, faubourg touristique d'Honolulu.

Wailly (Charles DE), architecte français, né à Paris (1729-1798). Il a construit à Paris le théâtre de l'Odéon, en collaboration avec Peyre.

Wajda (Andrzej), metteur en scène de cinéma polonais, né à Suwalki en 1926. Romantique et baroque, il réalisa *Kanal* (1957), *Cendres et diamant* (1958), *les Innocents charmeurs* (1960), *Samson* (1961), *Cendres* (1965), *Tout est à vendre* (1968), *les Noces* (1972).

Wakayama, port du Japon (Honshū) ; 353 000 h.

Wake (*île de*), atoll du Pacifique. Important relais aérien sur la transversale Hawaii-Philippines, l'île fut occupée par les Japonais de 1941 à 1945.

Wakefield, v. d'Angleterre (Yorkshire, West Riding) ; 61 600 h. Houille. Textiles.

Waksman (Selman Abraham), microbiologiste américain d'origine russe, né à Prilouki, près de Kiev (1888-1973). Il étudia à Odessa, puis émigra aux Etats-Unis. Sa découverte de la streptomycine l'a rendu célèbre dans le monde entier. (Prix Nobel de médecine, 1952.)

Wałbrzych, en allem. **Waldenburg,** v. de Pologne, en basse Silésie ; 127 000 h. Houille. Métallurgie. Chimie.

Walburge (*sainte*). V. WALPURGIS.

Walcheren, anc. île des Pays-Bas (Zélande), auj. rattachée au continent.

Waldeck, anc. principauté d'Allemagne, rattachée à la Prusse en 1929.

Waldeck-Rousseau (Pierre), homme politique français, né à Nantes (1846-1904). Avocat brillant, il fut député (1879-1889), puis sénateur (1894-1904) de l'Union républicaine. Il fut ministre de l'Intérieur en 1881-1882 et de 1883 à 1885. Président du Conseil de 1899 à 1902, il fit voter la loi sur les associations (1901). Il fit gracier le capitaine Alfred Dreyfus.

Waldemar ou **Woldemar** (v. 1281-1319), l'avant-dernier et le plus grand des margraves de Brandebourg de la dynastie ascanienne. Il régna de 1309 à 1319 et conquit la Poméralie.

Waldenburg. V. WAŁBRZYCH.

Waldersee (Alfred, *comte* VON), maréchal allemand, né à Potsdam (1832-1904). Succédant à Moltke, il devint chef d'état-major général (1888-1891) et commanda les troupes internationales envoyées en Chine pendant la guerre des Boxers (1900-1901).

Waldheim (Kurt), diplomate autrichien, né à Sankt Andrä vor dem Hagenthale (Basse-Autriche) en 1918. Secrétaire général de l'O. N. U. depuis 1972.

Walensee ou **Wallensee,** ou **lac de Wallenstadt,** lac de Suisse (canton de Saint-Gall et de Glaris) ; 24 km².

Wales, nom angl. du *pays de Galles*.

Walewska (Marie, *comtesse*), noble polonaise (1789-1817). Epouse (1804) du comte Walewski, elle devint, à Varsovie, la maîtresse de Napoléon, dont elle eut un fils, le comte Alexandre Joseph Walewski.

Walewski (Alexandre Joseph COLONNA, *comte*), homme politique français, né à Walewice (Pologne) [1810-1868], fils naturel de Napoléon Ier et de Marie Walewska. Ambassadeur à Florence (1849) et à Naples (1850), puis sénateur, il devint ministre des Affaires étrangères (mai 1855) et présida le congrès de Paris (1856). En 1865, il remplaça Morny à la présidence du Conseil législatif, mais il démissionna en 1867.

Walgau, région d'Autriche formée par la basse vallée de l'Ill.

Walhalla (le). V. VAL-HALL.

walk-over [walkɔvœr] n. m. (mot angl.). Course à laquelle ne prend part qu'un concurrent. ● *Gagner par walk-over* (abrév. *w.-o.*), gagner une compétition lorsque le ou les concurrents ont déclaré forfait ou ont été éliminés.

Walkyrie. V. VALKYRIE

wallace [valas] n. f. Chacune des petites fontaines données à Paris par le philanthrope Richard Wallace.

Wallace (*sir* William), héros de l'indépendance écossaise, né à Elderslie, près de Glasgow (1270-1305). A partir de 1297, il lutta contre Edouard Ier. Capturé en 1305, il fut décapité.

Wallace (*sir* Richard), philanthrope anglais, né à Londres (1818-1890). Il a doté Paris de cent fontaines publiques. Sa collection de tableaux, léguée à l'Angleterre, est célèbre.

Wallace (Alfred Russel), naturaliste anglais, né à Usk (Monmouthshire) [1823-1913], un des fondateurs de la biogéographie et de la doctrine de la sélection naturelle.

Wallasey, v. d'Angleterre (Cheshire), sur la Mersey ; 102 000 h.

Wallensee ou **lac de Wallenstadt.** V. WALENSEE.

Wallenstein (Albrecht Eusebius WENZEL VON) ou **Waldstein,** né à Hermanić (Bohême) [1583-1634], général d'origine tchèque au service du Saint Empire. Catholique, il leva des troupes qu'il mit au service de l'Empereur dans la guerre de Trente Ans. Ses ambitions et ses exactions le rendant suspect, il fut relevé de son commandement (1630). Rappelé par Ferdinand II à la mort de Tilly avec le titre de général en chef (1632), il trahit bientôt l'Empereur en négociant avec ses ennemis dans l'espoir d'obtenir la couronne de Bohême. Vaincu par Gustave-Adolphe à Lützen en novembre 1632, il s'entendit ensuite avec Bernard de Saxe-Weimar et fut disgracié par l'Empereur, qui le fit assassiner (févr. 1634).

Wallenstein, trilogie dramatique de Schiller, qui rassemble *le Camp de Wallenstein* (1798), *les Piccolomini* (1799) et *la Mort de Wallenstein* (1799). Mise en musique par V. d'Indy (1873-1881).

Waller (Thomas, dit **Fats**), pianiste, organiste, chanteur et compositeur de jazz noir américain, né à New York (1904-1943). Fils d'un ministre du culte, il apprend jeune à jouer de l'orgue, puis devient accompagnateur de chanteuses de blues (dont Bessie Smith). A partir de 1934, il est à la tête d'un petit sextette et enregistre de nombreux disques où son jeu souple des deux mains, son swing et son humour font merveille.

Wallers [walɛrs] (59135), comm. du Nord (arr. de Valenciennes) ; 7 508 h. Houille.

Wallis [walis], archipel de la Polynésie, formant depuis 1959 avec Futuna un territoire français d'outre-mer (*Wallis-et-Futuna*), au nord-est des Fidji ; 96 km² et 8 500 h. pour les Wallis ; 225 km² et 10 000 h. pour l'ensemble du territoire (ch.-l. *Mata-Utu*, sur l'île d'Uvéa). ● *Histoire*. Découvert par l'Anglais Samuel Wallis en 1767, l'archipel passa sous le protectorat français en 1886-1887.

Wallis (John), mathématicien britannique, né à Ashford (1616-1703). Il mit à la portée du public les principes de la géométrie cartésienne et fut un précurseur de la géométrie infinitésimale. On lui doit également l'utilisation des exposants négatifs et fractionnaires.

wallon [walɔ̃], **onne** [-ɔn] adj. et n. Qui se rapporte aux Wallons. ‖ — N. m. Dialecte roman de langue d'oïl, parlé en Belgique, dans le nord de la France, etc. ‖ Habitant de la Belgique parlant le français.

Wallon (Henri), historien et homme politique français, né à Valenciennes (1812-1904). Député, il fit adopter à une voix de majorité, le 30 janvier 1875, l'amendement qui provoqua l'adoption des lois constitutionnelles de la IIIe République. — Son petit-fils HENRI, né à Paris (1879-1962), docteur ès lettres et médecin, se spécialisa dans la psychologie de l'enfant, qu'il enseigna à la Sorbonne, puis au Collège de France. Son idée fondamentale fut de lier le développement mental de l'enfant avec le processus d'intégration à la société. Il créa un centre de consultation médico-pédagogique (1921) et dirigea le laboratoire de psychologie de l'Institut d'orientation professionnelle (1920-1949). D'abord membre de la S.F.I.O. (1931), il adhéra au parti communiste (1942) et devint secrétaire général à l'Education nationale (1944) et député communiste (1945-1946) ; il présida la commission de réforme de l'enseignement. On lui doit : *l'Enfant turbulent* (1925), *les Origines du caractère chez l'enfant* (1934-1949), *l'Evolution psychologique de l'enfant* (1941).

Wallonie [walɔni], partie sud et sud-est de la Belgique, où sont parlés le français et les dialectes romans, principalement le wallon.

Wallons, population de la Wallonie.

Wallsend, v. de Grande-Bretagne (Northumberland) ; 49 800 h. Houille.

Wall Street, rue de New York, dans le sud de Manhattan, où est située la Bourse.

Walpole (Robert), 1er comte D'ORFORD, homme d'Etat anglais, né à Houghton (1676-1745), l'un des chefs du parti whig, chancelier de l'Echiquier (1721) et principal ministre de George II jusqu'en 1742. Appuyé sur une majorité favorable grâce à la corruption, il jeta les bases du régime parlementaire britannique. A l'extérieur, il se montra partisan résolu de la paix, mais il fut entraîné à déclarer la guerre à la France. Il dut démissionner en 1742. — Son fils HORACE, né à Londres (1717-1797), abandonna très tôt la vie politique et fut un des initiateurs du « roman noir » (*le Château d'Otrante*, 1764).

Walpurgis ou **Walburge** (*sainte*), religieuse anglaise (v. 710-779). En Allemagne, elle fut abbesse d'Heidenheim ; les pèlerins se pressèrent sur son tombeau. Les souvenirs païens associèrent Walpurgis au retour du printemps. — Fête le 1er mai.

Walras (Léon), économiste français, né à Evreux (1834-1910). Il a introduit les mathématiques dans l'économie.

Walsall, v. d'Angleterre (Staffordshire) ; 120 300 h. Métallurgie. Cuir.

Walschap (Gerard), écrivain belge d'expression néerlandaise, né à Londerzeel (Flandre) en 1889. Il est l'auteur de contes (*la Mort au village*, 1930) et de romans qui analysent les conflits posés par la vie sociale et politique (*Révolte au Congo*, 1953).

Walsingham (*sir* Francis), homme d'Etat anglais, né à Chislehurst (Kent) [v. 1530-1590], un des conseillers les plus écoutés de la reine Elisabeth Ire.

Walsum, v. de l'Allemagne occidentale (Rhénanie-du-Nord-Westphalie) ; 49 000 h.

Walter (Bruno Walter SCHLESINGER, dit **Bruno**), chef d'orchestre américain d'origine allemande, né à Berlin (1876-1962). Il excellait dans l'interprétation de Mozart, de Brahms, de Bruckner et de Mahler.

Walter (Jean), architecte, collectionneur et philanthrope français, né à Montbéliard (1883-1957). Il a construit le nouvel hôpital Beaujon, administré les mines de Zellidja, fondé des bourses de voyage et continué la collection Paul-Guillaume.

Walther (Johann Gottfried), lexicographe et compositeur allemand, né à Erfurt (1684-1748). Organiste à Weimar, très lié avec Bach, il a laissé de nombreuses œuvres pour clavier et le premier dictionnaire de musique en langue allemande (*Musikalisches Lexicon*, 1732).

Walther von der Vogelweide, poète allemand (v. 1170-v. 1230). Au service du duc Frédéric en Autriche, de Philippe de Souabe, d'Otton IV, puis de Frédéric II, il fit de ses poésies une arme politique, prenant parti pour chacun de ses protecteurs successifs. L'un des grands poètes lyriques de l'époque médiévale, il accabla d'invectives, bien avant Luther, la papauté, qu'il accusait de dominer et de ruiner l'Allemagne.

Walton (Ernest Thomas), physicien britannique, né à Dungarvan (Irlande) en 1903. Avec Cockcroft, il a réalisé en 1932 la première transmutation utilisant des protons accélérés artificiellement. (Prix Nobel de physique, 1951.)

Walvis Bay ou **Walfish Bay,** territoire de la côte ouest de l'Afrique australe, rattaché à l'Afrique du Sud (prov. du Cap), mais englobé dans le Sud-Ouest africain, qui l'administre depuis 1922. Importante base de pêche.

Wamba (m. en 680 ou 681), roi des Wisigoths d'Espagne (672-680). Il lutta contre les Vascons et fut détrôné par Ervige.

Wambrechies [vɑ̃brəʃi] (59118), comm. du Nord (arr. et faubourg de Lille) ; 5 845 h. Textiles.

Wang Meng, peintre chinois, mort en 1385. Le plus jeune des quatre grands maîtres de la fin de la dynastie Yuan, il exécuta des paysages qui manifestent le sens de la construction et des valeurs spatiales.

Wan-hien, v. de Chine (Sseu-tch'ouan) ; 110 400 h.

Wanne-Eickel, v. de l'Allemagne occidentale (Rhénanie-du-Nord-Westphalie), dans la Ruhr ; 103 000 h. Industries métallurgiques et chimiques.

Wantzenau (LA) [67610], comm. du Bas-Rhin (arr. de Strasbourg-Campagne) ; 3 726 h. Caoutchouc.

wapiti [wapiti] n. m. Grand cerf d'Amérique du Nord et d'Asie. (Haut. au garrot : 1,70 m.)

Warangal, v. de l'Inde (Āndhra Pradesh) ; 178 600 h.

Warburg (Otto), physiologiste allemand, né à Fribourg-en-Brisgau (1883-1970). Il a fait des recherches sur les ferments respiratoires (enzymes des oxydations cellulaires) et a notamment écrit : *Changements de substance dans les tumeurs* (1926), *Action catalytique de la substance vivante* (1928). [Prix Nobel de physiologie, 1931.]

Waregem, comm. de Belgique (Flandre-Occidentale) ; 17 300 h. Textiles.

Waremme, comm. de Belgique (Liège) ; 7 800 h. Constructions mécaniques.

Warens [varɑ̃] (Louise Eléonore DE LA TOUR DU PIL, *baronne* DE), née à Vevey (Suisse) [1700-1762]. Elle accueillit J.-J. Rousseau aux Charmettes.

Warhol (Andy), artiste américain, né à Philadelphie en 1930, l'un des représentants les plus originaux du pop'art. Il a réalisé plusieurs films.

Phot. Hanfstaengl-Giraudon, Mansell.

Washington
au premier plan, la Maison-Blanche

George **Washington**
recevant La Fayette
dans sa maison de Mount Vernon

Warin (Jean). V. VARIN.

Warndt (la), région forestière à l'ouest de Forbach. Combats en 1939.

Warnemünde. V. ROSTOCK.

Waroquier (Henry DE), peintre, graveur et sculpteur français, né à Paris (1881-1970). Homme d'un esprit curieux et cultivé, il a produit une œuvre abondante, alliant la leçon du cubisme à un baroquisme tragique ou épique. Il est représenté au musée national d'Art moderne.

warrant [warɑ̃] n. m. (mot angl. signif. *garant*). Bulletin de gage, transmissible par endossement, attaché au récépissé qui constate le dépôt de marchandises ou de matières premières dans des magasins généraux.

warrantage n. m. Action de warranter.

warranté, e adj. Qui garantit un warrant.

warranter v. t. Donner un warrant en garantie à un créancier.

Warren, v. des Etats-Unis (Michigan); 89 200 h.

Warren (Robert Penn), écrivain américain, né à Guthrie (Kentucky) en 1905. Ses poèmes et ses romans (*le Cavalier de la nuit,* 1939; *le Grand Souffle,* 1950) posent le problème fondamental de la liberté humaine.

Warrington, v. d'Angleterre (Lancashire); 74 000 h. Métallurgie.

Warszawa. V. VARSOVIE.

Warta (la), riv. de Pologne, affl. de l'Odra (r. dr.); 762 km.

Wartburg (Walther VON), linguiste suisse, né à Riedholz (Soleure) [1888-1971], auteur d'un *Dictionnaire étymologique de la langue française.*

Wartburg (*château de la*), château fort de Saxe-Weimar, près d'Eisenach, où séjournèrent les *minnesänger,* sainte Elisabeth de Hongrie, puis Luther (1521).

Warwick (Richard NEVILLE DE). V. NEVILLE.

Warwickshire, comté du centre de l'Angleterre; 2 110 000 h.; ch.-l. *Warwick* (18 000 h.).

Wasatch, chaîne montagneuse de l'ouest des Etats-Unis (Utah); 3 750 m.

Wash (le), golfe sur la côte orientale de l'Angleterre; il reçoit le Welland et l'Ouse.

Washington, cap. fédérale des Etats-Unis d'Amérique, dans le district fédéral de Columbia; 810 000 h. Ville au plan régulier (dû à Pierre L'Enfant), établie sur la rive gauche du Potomac, Washington est la capitale politique de l'Union, fonction symbolisée par la présence de la Maison Blanche (résidence du président) et du Capitole, ou palais des Congrès (siège du pouvoir législatif). C'est encore la capitale militaire du pays (le Pentagone est établi toutefois sur la rive droite du Potomac, ainsi que le cimetière national d'Arlington) et un grand centre touristique (*National Gallery of Art*).

Washington, un des Etats unis d'Amérique, sur le Pacifique; 3 409 000 h. Cap. *Olympia.* Extrémité nord-ouest des Etats-Unis, cet Etat est une région en grande partie montagneuse (chaîne des Cascades), ouverte par la vallée de la Columbia et par la dépression tectonique du Puget Sound. Humide, c'est un pays forestier associant cultures (souvent irriguées), élevage (bovins), pêche (saumon), extraction minière (uranium, zinc) et industries variées (constructions aéronautiques à Seattle, aluminium à Bellingham, bois et dérivés, etc.).
● *Histoire.* Le territoire de Washington fut détaché de l'Etat de l'Oregon en 1853 et fut admis comme 42e Etat de l'Union en 1889.

Washington (George), général et homme politique américain, né dans le comté de Westmoreland (Virginie) [1732-1799], premier président des Etats-Unis (1789-1797). Il participe à la lutte contre les Français, au cours de laquelle il obtient le commandement en chef des troupes de Virginie (1755); il ne tarde pas à s'élever contre les injustices du gouvernement anglais à l'égard de ses colonies américaines et prend position en faveur de l'indépendance, proclamée le 4 juillet 1776. Nommé commandant en chef dès juin 1775, il organise les troupes de volontaires. Une alliance ayant été conclue avec la France (6 févr. 1778), il provoque, avec l'aide de Rochambeau, la capitulation de Yorktown (19 oct. 1781), qui entraîne la fin de la guerre de l'Indépendance. Après la paix, il démissionne (déc. 1783). Délégué par la Virginie à la Convention de Philadelphie (1787), il fait voter la Constitution de 1787. Elu président de la Fédération (4 mars 1789), il inaugure son premier mandat le 30 avril 1789 à New York et il est réélu en novembre 1792. A l'intérieur, il soutient la politique d'indépendance financière des Etats-Unis préconisée par Hamilton. A l'extérieur, il accepte de conclure en 1795 un traité avec la Grande-Bretagne. Il se retire en 1796.

James **Watt**

Wasmes, comm. de Belgique (Hainaut); 14 000 h. Métallurgie.

Wasquehal [waskal] (59290), comm. du Nord (arr. de Lille); 14 432 h. (*Wasquehaliens*). Industries chimiques.

Wasselonne (67310), ch.-l. de c. du Bas-Rhin (arr. de Molsheim); 3 838 h. Bonneterie.

Wasserbillig, v. du Luxembourg, sur la Moselle; 2 000 h. Port fluvial.

Wassermann (Auguste VON), médecin allemand, né à Bamberg (1866-1925), inventeur d'une réaction sérologique propre à déceler l'existence de certaines maladies infectieuses et, en particulier, de la syphilis.

Wassermann (*réaction de* **Bordet-**), réaction destinée à établir le diagnostic de la syphilis et consistant à mettre en évidence l'anticorps syphilitique au moyen d'un antigène approprié, en présence de complément. (Abrév. : B. W.)

Wassigny (02630), ch.-l. de c. de l'Aisne (arr. de Vervins); 1 036 h.

wassingue [vasɛ̃g] n. f. (mot flamand). Toile à laver.

Wassy (52130), ch.-l. de c. de la Haute-Marne (arr. de Saint-Dizier), sur la Blaise; 3 528 h. (*Vasséens*). En 1562, le massacre d'une soixantaine de protestants de cette ville par les gens du duc de Guise provoqua les guerres de Religion.

Wat ou **Walter Tyler,** rebelle anglais, qui dirigea la révolte des paysans en 1381 et fut tué par le lord-maire de Londres, Walworth, en présence de Richard II.

water-ballast [watɛrbalast] n. m. (mot angl.). *Mar.* Compartiment situé à la partie inférieure d'un navire pour le transport de l'eau douce, du mazout ou parfois de l'eau de mer servant de lest. ‖ Réservoir dont le remplissage permet à un sous-marin de plonger. ‖ Pl. des *water-ballasts.*

Waterbury, v. des Etats-Unis (Connecticut); 108 000 h.

water-closet [watɛrklɔzɛt] n. m. (de l'angl. *water,* eau, et *closet,* cabinet). Syn. de LIEUX D'AISANCES*. ‖ Pl. des *water-closets.*

Waterford, en gaélique **Port Láirge,** port de la république d'Irlande (Munster); 30 000 h. Verrerie.

watergang [watœrgaŋ] n. m. (néerl. *water,* eau, et *gang,* voie). Fossé ou canal qui borde un polder, dans les Pays-Bas.

Watergate (le), immeuble de Washington, utilisé par le parti démocrate pendant la campagne électorale de 1972. Un espionnage politique y eut lieu au profit des républicains. Le scandale qui en résulta contraignit le président Nixon à démissionner (1974).

wateringue [watərɛ̃g] n. f. En Flandre et dans les Pays-Bas, ensemble des travaux d'assèchement de terres situées au-dessous du niveau de la mer.

Waterloo, comm. de Belgique (Brabant), au sud de Bruxelles; 15 400 h. Automobiles.

Waterloo (*bataille de*), défaite de Napoléon Ier devant les Anglais et les Prussiens le 18 juin 1815. La pluie diluvienne ayant empêché Napoléon d'attaquer le 17 juin, la bataille s'engagea le lendemain à midi. Napoléon ne put déloger Wellington. Les troupes françaises, découragées par cet échec et par l'arrivée de Blücher, qui avait échappé à Grouchy, reculèrent. Seule, la vieille garde forma les carrés pour protéger la retraite française. Le désastre des Français provoqua la chute définitive de l'Empereur.

Waterloo, v. du Canada (Ontario); 29 900 h.

Waterloo, v. des Etats-Unis (Iowa); 71 800 h.

Watermael-Boitsfort, en néerl. **Watermaal-Bosvoorde,** comm. de Belgique (Brabant); 25 100 h.

water-polo [watɛrpɔlo] n. m. (angl. *water,* eau, et de *polo*). Jeu de ballon, qui se joue dans l'eau entre deux équipes de sept joueurs et qui consiste à faire pénétrer un ballon dans les buts adverses. (Il se dispute en quatre périodes de cinq minutes chacune de jeu effectif [arrêts décomptés].)

Watson (John Broadus), psychologue américain, né à Greenville (Saskatchewan) [1878-1958]. Professeur de psychologie expérimentale à l'université Johns Hopkins (1908-1920), il est à l'origine de la psychologie du comportement, ou *behaviorisme.* On lui doit notamment la *Psychologie telle que le behavioriste la conçoit* (1913).

Watson-Watt (*sir* Robert Alexander), physicien écossais, né à Brechin (Angus) en 1892. Il conçut un système de détection et de mesure de distance d'un obstacle par ondes radio-électriques, dont dériva le radar (1935).

watt [wat] n. m. (de *Watt* n. pr.). Unité de mesure de puissance (symb. : W), équivalant à une puissance de 1 joule par seconde : *le watt vaut* 10^7 *ergs par seconde.*

Watt (James), ingénieur et mécanicien écossais, né à Greenock (1736-1819). A la suite d'une série d'expériences sur la vaporisation de l'eau, il transforma la machine atmosphérique de Newcomen en une véritable machine à vapeur utilisable industriellement, en la dotant du *condenseur* (1769). Par la suite, il lui apporta de multiples améliorations, notamment en créant la *machine à double effet,* dans laquelle la vapeur agit sur les deux faces du piston (1780), puis en imaginant le *tiroir,* pour distribuer automatiquement la vapeur de chaque côté du piston et pour refouler dans le condenseur la vapeur usée (1785), le *parallélogramme déformable,* le *volant,* destiné à uniformiser le mouvement de la machine, et le *régulateur à boules,* pour parer aux inégalités de production de la vapeur.

Watteau (Antoine), peintre français, né à Valenciennes (1684-1721). Elève de Gillot, qui lui fit connaître le monde du théâtre, et d'Audran, il découvrit Rubens et les peintres vénitiens. Malgré sa courte carrière, il produisit une œuvre abondante, qui se répartit en scènes militaires, décrivant le pittoresque des bivouacs, en scènes de comédie et en fêtes galantes. Celles-ci font le meilleur de sa renommée. Merveilleux dessinateur, sa

Phot. Petit - Atlas-Photo, Larousse, U. S. I. S.

Watteau, « l'Enseigne de Gersaint », *palais de Charlottenburg, Berlin*

peinture enchante par une grâce et une poésie inimitables. Phtisique, revenu mourant d'Angleterre, où il était allé consulter un célèbre médecin, il peignit un de ses chefs-d'œuvre, *l'Enseigne de Gersaint* (Berlin). Son art marque une rupture définitive avec l'académisme de Le Brun et contient déjà tout le XVIIIe s. : *Pèlerinage à l'île de Cythère, Gilles, l'Assemblée dans un parc, Jupiter et Antiope* (Louvre).

Wattenscheid, v. de l'Allemagne occidentale (Rhénanie-du-Nord - Westphalie) ; 81 000 h.

watt-heure n. m. *Electr.* Unité de travail et d'énergie (symb. : Wh), équivalant au travail d'une machine d'une puissance de 1 watt pendant une heure. ‖ Pl. des *watts-heures.*

Wattignies [wa-] (59139), comm. du Nord (arr. de Lille), au sud de Lille ; 6 104 h. Confiserie.

Wattignies-la-Victoire (59680 Ferrière la Grande), comm. du Nord (arr. d'Avesnes-sur-Helpe) ; 238 h. Victoire de Jourdan sur les Autrichiens (1793).

wattman [watman] n. m. (de *watt,* et angl. *man,* homme). Mécanicien chargé de la conduite d'une locomotive ou d'un tramway électriques. ‖ Pl. des *wattmen.*

wattmètre n. m. *Electr.* Instrument de mesure de la puissance mise en jeu dans un circuit électrique.

Wattrelos [watrəlo] (59150), comm. du Nord (arr. de Lille), faubourg de Roubaix ; 43 754 h. (*Wattrelosiens*). Industries textiles et chimiques.

Wattwil, comm. de Suisse (Saint-Gall), sur la Thur ; 7 500 h. Tissage du coton.

Waugh (Evelyn), écrivain anglais, né à Londres (1903-1966). Critique littéraire, essayiste, auteur de biographies et de récits de voyages (*Waugh en Abyssinie,* 1936), il a fait dans ses romans une satire violente de l'humanité contemporaine (*Diablerie,* 1932 ; *l'Epreuve de Gilbert Pinfold,* 1957 ; *la Capitulation,* 1961).

Wavell (Archibald, *comte*), 1er comte DE CYRÉNAÏQUE et DE WINCHESTER, maréchal britannique, né à Colchester (1883-1950). Il commanda en 1939 les troupes du Moyen-Orient, stoppa l'avance italienne en Libye (1940), puis occupa Bardia, Tobrouk et Benghazi (1941). Commandant en chef aux Indes, il lutta contre les Japonais et devint vice-roi des Indes (1943-1947).

Waverley, le premier roman historique de Walter Scott (1814). C'est un épisode de la tentative de restauration jacobite en 1745.

Wavre, comm. de Belgique (Brabant) ; 11 300 h.

Wavre-Sainte-Catherine, en néerl. **Sint-Katelijne-Waver,** comm. de Belgique (Anvers) ; 12 800 h.

Wavrin [wa-] (59136), comm. du Nord (arr. de Lille) ; 5 819 h. (5 512 aggl.). Confection.

Wayne (Marion Michael MORRISON, dit **John**), acteur de cinéma américain, né à Winterset (Iowa) en 1907. Après avoir débuté sous la direction de Raoul Walsh dans *la Piste des géants* (1930), il tourna de très nombreux films (particulièrement des westerns) : *la Chevauchée fantastique* (1939), *la Rivière rouge* (1948), *l'Homme tranquille* (1952), *Rio Bravo* (1958), *El Dorado* (1966). Il réalisa lui-même *Alamo* (1959).

Waziers [wa-] (59119), comm. du Nord (arr. de Douai) ; 11 149 h. Houille. Industries chimiques.

Wazirīstān, région du Pākistān occidental.

Wb, symbole du *weber.*

W.-C., abrév. de *water-closet.*

Weald (le), région humide et boisée du sud-est de l'Angleterre, entre les escarpements des Downs.

Weaver (John), danseur, maître à danser et chorégraphe anglais, né à Shrewsbury (1673-1760). Auteur de très nombreux ballets d'action, il est considéré comme

Webern

Carl Maria von **Weber**

le créateur du ballet anglais et son premier théoricien. En 1706, il a publié un *Traité du tempo et de la cadence dans la danse* et la première traduction de la *Chorégraphie* de Feuillet sous le titre *Orchesography.*

Weaver (Warren), mathématicien américain, né à Reedsburg (Wisconsin) en 1894, auteur, avec Shannon, de la *Théorie mathématique de la communication* (1949).

Webb (Sidney), baron PASSFIELD, homme politique et économiste britannique, né à Londres (1859-1947). Fondateur de la Fabian Society (1889), il exerça une grande influence sur le jeune parti travailliste. Elu député (1922), il participa aux deux gouvernements MacDonald (1924, 1929-1931).

weber [vebɛr] n. m. *Electr.* Unité de mesure de flux magnétique (symb. : Wb), équivalant au flux magnétique qui, traversant un circuit d'une seule spire, y produit une force électromotrice de 1 volt si on l'amène à zéro en une seconde par décroissance uniforme.

Weber (Carl Maria VON), compositeur et chef d'orchestre allemand, né à Eutin (1786-1826). Auteur du *Freischütz* (1821), d'*Euryanthe* (1823), d'*Obéron* (1826), Weber doit être tenu pour l'un des créateurs de l'opéra national allemand. En utilisant la poésie des timbres et le pittoresque des instruments, il a su mettre l'orchestre au service du drame.

Weber (Wilhelm), physicien allemand, né à Wittenberg (1804-1891). Il réalisa en 1833, avec Gauss, un télégraphe électrique et construisit en 1846 le premier électrodynamomètre. Il mesura le rapport des unités d'intensité dans les systèmes électrostatique et électromagnétique.

Weber (Max), économiste, sociologue et philosophe allemand, né à Erfurt (1864-1920). Professeur aux universités de Fribourg-en-Brisgau (1894) et de Heidelberg (1897), il participa à l'élaboration de la Constitution de Weimar. Depuis 1904, il était un des directeurs de la revue de sociologie *Archiv für Sozialwissenschaft und Sozialpolitik.* Il est le promoteur d'une sociologie dite « compréhensive », dont le but est de saisir la « signification » des actes sociaux et de dégager des *types* de conduite sociale. Il a notamment écrit *Economie et société* (1922).

Webern (Anton VON), compositeur autrichien, né à Vienne (1883-1945), élève de Schönberg, un des pionniers de la musique dodécaphonique. Citons parmi ses œuvres une symphonie, *Concerto* pour 9 instruments, *Six Pièces* pour grand orchestre, *Bagatelles* pour quatuor à cordes, *Cinq Pièces* pour orchestre de chambre, des cantates et des variations pour piano. Il s'est montré partisan de la *Klangfarbenmelodie* (« mélodie des couleurs de timbre »).

Webster (John), auteur dramatique anglais, né à Londres (v. 1580-v. 1624). Ses tragédies, jalonnées d'épisodes atroces, font de lui un des plus vigoureux dramaturges du théâtre élisabéthain (*le Démon blanc,* publié en 1612 ; *la Duchesse de Malfy,* 1614).

Wedekind (Frank), auteur dramatique allemand, né à Hanovre (1864-1918). Mélange de réalisme mystique et de grotesque, son œuvre annonce l'expressionnisme au théâtre (*Eveil du printemps,* 1891 ; *l'Esprit de la terre,* 1895 ; *la Danse de mort,* 1906).

Wedgwood (Josiah), industriel britannique, né à Burslem (Staffordshire) [1730-1795]. Il fut l'un des meilleurs céramistes de son temps. Il inventa une faïence de couleur crème, rapidement célèbre, ainsi qu'une faïence fine, dite « pâte de la reine », et transforma la céramique en grande industrie. J. Flaxman lui fournit des décors.

week-end [wikɛnd] n. m. (mot angl. signif. *fin de semaine*). Congé de fin de semaine, du samedi au lundi. ‖ Pl. des *week-ends.*

Weenix (Jean-Baptiste), peintre hollandais, né à Amsterdam (1621-1663), auteur de paysages et de marines.

Wegener (Paul), acteur allemand, né à Bischdorf, (Prusse-Orientale) [1874-1948]. Il appartint au Deutsches Theater de Max Reinhardt et fut l'un des plus grands acteurs allemands des années 1910-1930 à la scène et à l'écran.

Wegener (Alfred), géophysicien et météorologiste allemand, né à Berlin (1880-1930). Il a précisé la théorie de la dérive des continents.

Wehnelt (Arthur), physicien allemand, né à Rio de Janeiro (1871-1944). Il découvrit l'émission thermo-électronique des oxydes alcalino-terreux et imagina l'électrode cylindrique, qui permet de régler le débit des tubes électroniques.

Wehrmacht (mot allem. signif. *puissance de défense*), nom donné à l'ensemble des forces allemandes de terre, de mer et de l'air, de 1935 à 1945.

Weiden, v. d'Allemagne (Bavière) ; 42 800 h.

Weidman (Charles), danseur, chorégraphe et pédagogue américain, né à Lincoln (Nebraska) en 1901. Collaborateur de Doris Humphrey, avec laquelle il fonde une école (1928), il est devenu l'un des principaux représentants de la danse moderne aux Etats-Unis.

Weierstrass (Karl), mathématicien allemand, né à Ostenfelde (1815-1897). Chef de file d'une brillante école d'analystes qui entreprirent la révision systématique des divers secteurs de l'analyse mathématique, il s'efforça de fonder les mathématiques avec le maximum de rigueur, en éliminant le plus possible l'appel à l'intuition. Son nom est resté attaché à la théorie des fonctions elliptiques fondée par Abel et Jacobi, complétée par Hermite, mais qu'il renouvela.

Wei-fang, v. de Chine (Chan-tong) ; 148 900 h.

Wei-hai, port de la côte du Chan-tong (Chine), à l'entrée du golfe du Petchili, cédé à bail à l'Angleterre en 1898, et restitué à la Chine en 1930 ; 222 000 h. Textiles.

Weil [vɛj] (Simone), philosophe français, née à Paris (1909-1943). Entrée à l'Ecole normale supérieure, agrégée de philosophie en 1931, elle commence par enseigner, puis travaille comme ouvrière chez Renault (1934-1935). En 1936, elle rejoint les républicains espagnols et, en 1942, la France libre. Sa réflexion philosophique, qui la pousse à s'intéresser à toutes les formes du mysticisme, l'amène peu à peu à un christianisme exigeant. Son œuvre se présente comme une recherche passionnée de justice sociale et de salut individuel. La pureté de son style, la rigueur de sa réflexion donnent une grande force à ses écrits. On lui doit : *la Pesanteur et la grâce* (1947), *la Connaissance surnaturelle* (1949), *l'Enracinement* (1950), *la Condition ouvrière* (1951), *la Source grecque* (1953), *les Ecrits de Londres,* etc.

Weill (Kurt), compositeur américain d'origine allemande, né à Dessau (1900-1950), auteur de la musique de *l'Opéra de quat' sous* (1928).

Weimar, v. de l'Allemagne orientale, en Thuringe ; 64 000 h. Constructions mécaniques. Elle fut, sous le règne de Charles-Auguste (1775-1828), un foyer intellectuel autour de Goethe. C'est à Weimar que fut rédigée la Constitution de 1919, qui donna à l'Allemagne le régime républicain (*république de Weimar*). V. ALLEMAGNE.

Weipa, port d'Australie (Queensland). Important gisement de bauxite.

Weismann (August), biologiste allemand, né à Francfort-sur-le-Main (1834-1914). Il a établi l'indépendance précoce de la lignée cellulaire germinale dans l'embryon.

Weiss (Pierre), physicien français, né à Mulhouse (1865-1940). Il a découvert le phénomène magnétocalorique et élaboré une théorie du magnétisme.

Weissenfels, v. de l'Allemagne orientale, sur la Saale ; 48 000 h. Constructions mécaniques.

Weissmuller (John, dit **Johnny**), nageur américain, né à Winbar (Pennsylvanie) en 1904. Premier homme à nager le 100 m nage libre en moins d'une minute (1922), il fut champion olympique sur cette distance en 1924 et en 1928, remportant encore, cette dernière année, le 400 m nage libre. Abandonnant en 1930 la natation pour le cinéma, il s'est illustré dans le rôle de Tarzan.

Weizmann (Chaïm), chimiste et homme d'Etat israélien, né à Motyl' (Biélorussie) [1874-1952]. Il fut le premier président de l'Etat d'Israël (1949-1952).

Weizsäcker (Carl, *baron* VON), astrophysicien allemand, né à Kiel en 1912. Il a formulé en 1944 une théorie sur la formation des planètes.

Phot. Giraudon, Roger-Viollet, Lauros-Giraudon.

Welhaven (Johan Sebastian), écrivain norvégien, né à Bergen (1807-1873). Il subit l'influence du romantisme allemand et entra en conflit contre le « norvégianisme » trop exclusif de Wergeland.

Welland, v. du Canada (Ontario), sur le *canal Welland* (44 km), qui relie les lacs Erié et Ontario en évitant à la navigation les chutes du Niagara ; 40 000 h. Electrométallurgie.

Welles (Orson), metteur en scène et acteur de cinéma américain, né à Kenosha (Wisconsin) en 1915. En 1941, il réalise son premier film, *Citizen Kane,* qui est rapidement considéré comme une des œuvres majeures du cinéma (en particulier par l'utilisation remarquable de la profondeur de champ à des fins expressives). Il donne ensuite *la Splendeur des Amberson* (1942), *la Dame de Shangaï* (1947), *Macbeth* (1947), *Othello* (1952), *la Soif du mal* (1957), *Falstaff* (1965).

Wellesley (Richard COLLEY WELLESLEY, 1er *marquis*), homme politique britannique, né au château de Dangan, près de Trim (Meath, Irlande) [1760-1842]. Pitt le fit nommer gouverneur général de l'Inde (1797-1805) : Wellesley s'appliqua à y réduire l'influence française et imposa son protectorat à l'Aoudh et au Hyderābād, ainsi qu'au gouvernement de Poona. Il détruisit la puissance du Mysore (1799) et annexa le Carnatic (1801). A la suite d'une révolte des Mahrāttes (1803), il démissionna. De retour en Angleterre, il devint ministre des Affaires étrangères (1809-1812), puis lord-lieutenant d'Irlande (1821-1828 et 1833-1834).

Wellington, cap. de la Nouvelle-Zélande, dans l'île du Nord ; 168 000 h. Port sur le détroit de Cook. Industries textiles et mécaniques.

Wellington (Arthur WELLESLEY, 1er *duc* DE), général et homme politique britannique, né à Dublin (1769-1852), frère de Richard Wellesley. Entré dans l'armée en 1787, il se distingua en Inde ; nommé commandant (1808) d'une division envoyée au Portugal, il remporta sur Junot la victoire de Vimeiro. Après la convention de Sintra et le rembarquement anglais à La Corogne, il retourna au Portugal comme commandant en chef des forces britanniques dans la péninsule Ibérique, où il tint en échec les troupes françaises. L'Espagne reconquise (Vitoria, 21 juin 1813), il franchit les Pyrénées et gagna la bataille de Toulouse. Ambassadeur à Paris après le premier traité de Paris, délégué au congrès de Vienne (1814-1815), il reçut, à la suite du retour de Napoléon, le commandement de l'armée alliée aux Pays-Bas et remporta, grâce à Blücher, la victoire décisive de Waterloo* (18 juin 1815). Chef des armées d'occupation en France (1815-1818), il devint Premier ministre britannique (1828-1830). Il mourut commandant en chef des troupes anglaises.

wellingtonia [weliŋtɔnja] n. m. Nom scientifique du *séquoia,* conifère gigantesque de l'Amérique du Nord.

Wells, v. d'Angleterre (Somerset) ; 6 700 h. Belle cathédrale (XIIe-XIIIe s.).

Wells (Herbert George), écrivain anglais, né à Bromley (Kent) [1866-1946]. Il débuta dans la littérature par un roman scientifique, *la Machine à explorer le temps* (1895), dont le succès l'encouragea à exploiter cette veine nouvelle. Prophète du rationalisme optimiste qui précéda la Première Guerre mondiale (*l'Homme invisible,* 1897 ; *la Guerre des mondes,* 1898), il écrivit des récits d'imagination, où la prophétie scientifique fait place aux visions et aux espérances du sociologue (*Une utopie moderne,* 1905). Révolté contre la morale chrétienne et la société bourgeoise, il a su peindre le monde des humbles avec vérité et humour (*l'Histoire de Mr. Polly,* 1910).

Wels, v. d'Autriche (Haute-Autriche) ; 41 000 h. Centre commercial.

welsch n. et adj. V. VELCHE.

Welser, famille de patriciens d'Augsbourg, dont les membres fondèrent, aux XVe et XVIe s., des sociétés commerciales et minières qui jouèrent un rôle important.

Weltanschauung [vɛltanʃawuŋ] n. f. (mot allem.). Conception du monde (en parlant de diverses doctrines de l'Allemagne romantique ou moderne).

welter [vɛltɛr] n. m. En boxe, syn de MI-MOYEN.

Welwyn Garden City, agglomération résidentielle de la région de Londres ; 40 000 h.

Wembley, agglomération de la banlieue nord-ouest de Londres. Stade de football.

Wemmel, comm. de Belgique (Brabant) ; 11 700 h.

Wemyss (Rosslyn Erskine, *lord* WESTER), amiral britannique, né à Wemyss Castle (comté de Fife) [1864-1933]. Chef d'état-major naval en 1918, il signa l'armistice de Rethondes au nom de la Grande-Bretagne.

Wendel (DE), famille d'industriels français. IGNACE (1741-1795) procéda dès 1769 à des essais de substitution du coke au charbon de bois. En 1781, avec Wilkinson, maître de forges anglais, il créa au lieu-dit *Le Creusot,* sur le territoire de Montcenis, une fonderie qui est à l'origine de la métallurgie du Creusot. Mais chassé par la Révolution en 1793, il dut émigrer en Allemagne. — Son fils FRANÇOIS (1778-1825) racheta en 1803 les forges d'Hayange et en 1811 les forges de Moyeuvre. — Les petits-fils de François HENRI et ROBERT, ainsi que leur cousin Théodore de Gargan, créèrent en 1871 la société « les Petits-Fils de François de Wendel et Cie », pour regrouper les intérêts de la maison en Lorraine annexée et y maintenir la présence française. Après avoir acquis en 1879 le procédé Thomas, nouvellement découvert et qui permet de traiter le minerai phosphoreux lorrain, les Wendel constituèrent en 1880 la société De Wendel et Cie en participation avec le groupe Schneider. — Les trois fils d'Henri, FRANÇOIS (1874-1949), HUMBERT (1876-1954) et MAURICE (1879-1961), donnèrent un essor considérable à la société De Wendel et Cie, qui, au lendemain de la Seconde Guerre mondiale, participa à la constitution des grands ensembles sidérurgiques français, parmi lesquels la Société lorraine de laminage continu Sollac. En 1950, les mines de fer et les usines de la société les Petits-Fils de François de Wendel et Cie furent transférées à la société De Wendel et Cie, qui devint en 1952 une société anonyme. En 1968, création du groupe Wendel-Sidelor.

Wendes, anc. nom donné par les Allemands aux *Sorabes* de Lusace.

Wengen, station de sports d'hiver de Suisse, dans l'Oberland bernois (alt. 1 300-3 454 m), au pied de la Jungfrau ; 1 200 h.

Wen-tcheou, v. de Chine (Tchö-kiang) ; 594 000 h.

Werfel (Franz), écrivain autrichien, né à Prague (1890-1945). Poète, il célèbre dans ses drames et ses romans le combat de l'homme contre les lois qui tuent l'esprit. Il est aussi l'auteur de biographies romancées (*le Chant de Bernadette,* 1941).

Wergeland (Henrik), poète norvégien, né à Kristiansand (1808-1845). Il se fit le champion d'une culture spécifiquement norvégienne, par son théâtre, ses récits et ses poèmes (*la Création, l'Homme et le Messie,* 1830).

wergeld [vɛrgɛld] n. m. Valeur d'un homme, dans le droit germanique médiéval. || Somme que devait donner l'assassin à la famille de sa victime. || Transaction entre le coupable et sa victime ou les parents de celle-ci.

Werner (Zacharias), dramaturge allemand, né à Königsberg (1768-1823), auteur de drames d'inspiration mystique (*le Vingt-Quatre Février*).

Werner (Alfred), chimiste suisse, né à Mulhouse (1866-1919). Il a étudié les complexes organiques du fer, du chrome et du cobalt, qu'il a représentés par des formules stéréochimiques, et défini la coordinence. (Prix Nobel de chimie, 1913.)

Wertheimer (Max), psychologue allemand, né à Prague (1880-1943). C'est l'un des promoteurs du gestaltisme.

Werther (*les Souffrances du jeune*), roman épistolaire de Goethe (1774). Le héros de ce récit s'éprend d'une jeune fille déjà fiancée et s'éloigne. Il revient après le mariage de celle-ci et vit dans l'intimité des deux époux. Mais incapable de résister à sa passion, il se tue. Cette œuvre de jeunesse, influencée par *la Nouvelle Héloïse* de Rousseau, contribua à créer l'image du héros romantique.

Werve (Claus DE), sculpteur hollandais, né à Haarlem (?) [v. 1380-1439]. Neveu de Claus Sluter, il travailla dans l'atelier de Champmol, dont il prit la direction à la mort de son oncle (1406). Il collabora à l'exécution du *Puits de Moïse* et termina les pleurants du tombeau de Philippe le Hardi (Dijon).

Wervik, comm. de Belgique (Flandre-Occidentale), sur la Lys ; 12 800 h.

Weser (la), fl. d'Allemagne, réunion de la Werra et de la Fulda. Elle passe à Minden, à Brême et se jette dans la mer du Nord ; 480 km.

Wesley (John), théologien et pasteur protestant anglais, né à Epworth (Lincoln) [1703-1791]. Etudiant à Oxford, il dirigea une société pieuse qui fut surnommée « méthodiste ». Revenant aux sources de la Réforme, il provoqua un important réveil religieux en Angleterre. (V. MÉTHODISME.)

wesleyen [wɛslejɛ̃], **enne** [-ɛn] n. et adj. Partisan de la réforme religieuse de Wesley.

Wessex, royaume anglo-saxon, fondé vers 495, et dont les souverains réalisèrent l'unité anglo-saxonne.

West (Benjamin), peintre américain, né à Springfield (1738-1829). Etabli en Angleterre, il y produisit des portraits d'apparat et des tableaux d'histoire.

West Bromwich, v. d'Angleterre (Staffordshire) ; 98 000 h. Métallurgie.

West End, quartiers de l'ouest de Londres, habités par l'aristocratie et la bourgeoisie. Commerces de luxe.

westerlies [westərliz] n. m. pl. (mot angl.). Vents d'ouest, surtout ceux de la zone tempérée.

Westermann (François Joseph), général français, né à Molsheim (1751-1794). Après avoir battu les vendéens, il fut arrêté et exécuté avec les dantonistes.

Westermarck (Edvard), sociologue finlandais, né à Helsinki (1862-1939). Il s'est notamment intéressé au développement historique des représentations collectives (*Ritual and Belief in Morocco,* 1926).

western [wɛstɛrn] n. m. (mot angl. signif. *de l'Ouest*). Film dont l'action se situe dans le Far-West américain.

Westerwald (le), partie du Massif schisteux rhénan ; 657 m.

West Ham, v. d'Angleterre, faubourg de Londres ; 157 100 h.

West Hartlepool, port d'Angleterre (Durnham) ; 80 000 h. Métallurgie.

Westinghouse (George), industriel et ingénieur américain, né à Central Bridge (New York) [1846-1914]. Il créa le frein à air comprimé, utilisé pour la première fois en 1872 sur un train de voyageurs, et fut l'un des premiers à préconiser l'électricité sur les voies ferrées tant pour la traction que pour la signalisation. Il introduisit aux Etats-Unis le système de transport de l'électricité par courant alternatif monophasé à haute tension.

West Kildonan, v. du Canada (Manitoba) ; 22 200 h.

Westminster, quartier de Londres, autour de *Westminster Abbey,* dont il subsiste l'église (XIIIe s.) renfermant les tombeaux des rois et des grands hommes de l'Angleterre. — Le *palais de Westminster* fut élevé à partir de 1836 par Ch. Barry et W. Pugin, dans le style néogothique, pour servir de siège au Parlement.

Westmount, v. du Canada (Québec), dans l'agglomération de Montréal ; 24 100 h. Cité résidentielle.

Westphalie, en allem. **Westfalen,** anc. prov. de l'ouest de l'Allemagne. Cap. *Münster.* La Westphalie fait partie, depuis 1946, du *Land* de Rhénanie*-du-Nord-Westphalie. En 1807, Napoléon Ier érigea la Westphalie, avec Kassel pour capitale, en royaume pour son frère Jérôme. Ce royaume disparut dès 1813.

Westphalie (*traités de*), traités conclus en 1648, à Münster et à Osnabrück, entre l'empereur germanique, la France et la Suède, pour mettre fin à la guerre de Trente Ans. Ils donnaient aux princes allemands du Nord, dont les territoires étaient agrandis, la liberté de religion, le droit d'alliance avec l'étranger, et marquaient l'échec des Habsbourg dans leur tentative d'unification de l'Allemagne. La France y gagnait l'Alsace et se voyait confirmer la possession des Trois-Evêchés.

West Point, terrain militaire situé sur l'Hudson, au nord de New York. Fondée en 1802, l'Académie militaire de West Point est destinée à la formation des officiers américains de terre et de l'air.

Wetteren, comm. de Belgique (Flandre-Orientale) ; 21 000 h.

Wetterhorn (le), un des sommets de l'Oberland bernois (Suisse) ; 3 703 m.

Wettingen, v. de Suisse (Argovie), près de Baden ; 20 000 h. Abbatiale du XIIIe s.

Wetzikon, v. de Suisse (Zurich) ; 13 000 h. Véhicules lourds.

Wetzlar, v. d'Allemagne (Hesse), sur la Lahn ; 36 500 h. Cour d'appel de la République fédérale. Métallurgie.

Wevelgem, comm. de Belgique (Flandre-Occidentale) ; 13 500 h. Textiles.

Weyden. V. VAN DER WEYDEN.

Weygand (Maxime), général français, né à Bruxelles (1867-1965). Chef d'état-major de Foch de 1914 à 1923, il anima la résistance polonaise à l'armée rouge en 1920. Haut-commissaire en Syrie et au Liban (1923), il fut chef d'état-major de l'armée de 1930 à 1935, date de sa

duc de **Wellington** par Th. Lawrence
Victoria and Albert Museum, Londres

le général **Weygand,**
Paul-Boncour et le général Gamelin
aux grandes manœuvres (sept. 1932)

Phot. Victoria and Albert Museum, Keystone.

mise à la retraite. Rappelé en 1939, il reçut le commandement suprême (mai 1940) en pleine bataille de France et dut se résoudre à recommander l'armistice. Ministre de la Défense nationale (juin-sept. 1940), puis délégué du gouvernement de Vichy en Afrique du Nord, il fut relevé de son poste à la demande de Hitler (nov. 1941); arrêté par la Gestapo (1942), interné en Allemagne, il fut libéré par les Alliés en 1945. Il est l'auteur de nombreux ouvrages. (Acad. fr., 1931.)

Weymouth and Melcombe Regis, v. d'Angleterre (Dorset); 41 000 h. Station balnéaire sur la Manche.

Wezembeek-Oppem, comm. de Belgique (Brabant); 10 800 h.

Wh, symbole du *watt-heure.*

wharf [warf] n. m. (mot angl.). *Mar.* Appontement perpendiculaire à la rive, auquel les navires peuvent accoster des deux côtés.

Wharton (Edith Newbold Jones, *Mrs.*), romancière américaine, née à New York (1862-1937). Ses œuvres s'attachent à étudier les mœurs de la haute société américaine (*l'Age de l'innocence,* 1920).

Wheatstone (*sir* Charles), physicien anglais, né à Gloucester (1802-1875). Il inventa le stéréoscope et imagina l'emploi des relais en télégraphie. On lui doit le « pont de Wheatstone » (1844), pour la mesure des résistances électriques.

Wheeling, v. des Etats-Unis (Virginie-Occidentale); 53 400 h. Sidérurgie.

whig [wig] n. m. et adj. En Angleterre, membre du parti libéral.
— Encycl. Les *whigs* étaient partisans des droits populaires en Angleterre, par opposition aux *tories,* partisans de l'autorité de la Couronne. A partir de 1832, on désigna le parti whig sous le nom de « parti libéral », et le parti tory sous celui de « parti conservateur ». Ils alternèrent au pouvoir au cours du XIXe s., avec des chefs comme Gladstone et Disraeli.

whipcord [wipkord] n. m. (mot angl. signif. *corde à fouet*). Etoffe anglaise à tissu très serré présentant un effet de côte oblique prononcé.

Whipple (George Hoyt), médecin américain, né à Ashland (New Hampshire) en 1878. Il fit des recherches sur le métabolisme du fer et des protéines plasmatiques. Ses travaux sur les anémies lui ont valu avec G. R. Minot et W. P. Murphy le prix Nobel de physiologie et de médecine en 1934.

whisky [wiski] n. m. (mot angl. empr. à l'irlandais). Eau-de-vie de grain que l'on fabrique surtout en Ecosse et aux Etats-Unis. ‖ Pl. des whiskies.

whist [wist] n. m. (mot angl. signif. *silence*). Jeu de cartes, ancêtre du bridge, qui se joue généralement entre quatre personnes, deux contre deux.

Whistler (James), peintre et graveur américain, né à Lowell (Massachusetts) [1834-1903]. Il vécut surtout en France et en Angleterre, subit l'influence des estampes japonaises et celle des impressionnistes, et pratiqua un art tout en nuances, peignant des portraits et des paysages aux harmonies délicates. Il a laissé de nombreuses eaux-fortes.

White (Pearl), actrice de cinéma américaine, née à Green Ridge (Missouri) [1889-1939]. Elle interpréta de 1914 à 1920 de nombreux sérials, dont le plus célèbre fut *les Mystères de New York* (1914).

Whitehall, large rue de Londres, percée sur l'emplacement d'un ancien palais dont il reste la grande salle (*Banqueting House,* par Inigo Jones).

Whitehead (Robert), industriel britannique, né à Bolton-Le-Moors (Lancashire) [1823-1905]. En 1867, il réalisa les premiers essais de la torpille sous-marine automobile, dont l'idée est due à un officier autrichien (1864), et perfectionna cette torpille en la dotant d'un servomoteur (1876).

Whitehead (Alfred North), philosophe et mathématicien anglais, né à Ramsgate (Kent) [1861-1947]. Il est l'un des fondateurs de la logique mathématique et aussi du néo-réalisme anglais. Mathématicien, physicien, logicien, métaphysicien, influencé par les philosophes classiques (Platon, Aristote, Spinoza, Leibniz, Kant), il critique les abstractions et recherche le concret. Sa métaphysique, essentiellement dynamiste, comme celle de Bergson, fait une grande place aux problèmes de la vie. On lui doit notamment *Traité d'algèbre universelle* (1898), *Principia mathematica* (en collaboration avec Bertrand Russell, 1910-1913), *le Concept de nature* (1920), *la Science et le monde moderne* (1925).

Whitehorse, v. du Canada, ch.-l. du Yukon; 4 800 h.

Whitman (Walt), poète américain, né à West Hills (Long Island, New York) [1819-1892]. Autodidacte, apprenti imprimeur, journaliste, il publie à ses frais, en 1855, un recueil de douze poèmes qui constitue la première édition des *Feuilles d'herbe* (*Leaves of Grass*). L'ouvrage, admiré par Emerson, est attaqué par la presse comme scandaleux, tant par sa forme — de longs versets libres où Whitman emploie les termes les plus directs de la langue populaire — que pour son fond — l'auteur exalte la sexualité d'une façon dionysiaque, ce qui choque l'Amérique puritaine. Dès lors, la vie de Whitman se confond avec les éditions successives de son livre, qu'il ne cesse d'augmenter et de remanier jusqu'à sa mort. (Il en publie neuf éditions, dont la dernière date de 1892.) Le lyrisme antilivresque, optimiste et violent de Whitman représente non seulement un moment caractéristique de la sensibilité américaine, mais aussi une des définitions les plus durables de cette sensibilité.

Walt Whitman

Oscar Wilde

Whitney (*mont*), point culminant des Etats-Unis (en dehors de l'Alaska), dans la sierra Nevada; 4 418 m.

Whittle (*sir* Frank), ingénieur britannique, né à Coventry en 1907. Les innombrables perfectionnements qu'il apporta à la turbine à gaz lui permirent de mettre au point le premier turboréacteur, qui fut réalisé en 1941 par Rolls Royce. Le premier vol d'un avion équipé d'un tel moteur eut lieu en mai 1941.

Whitworth (*sir* Joseph), ingénieur et industriel britannique, né à Stockport (1803-1887). On lui doit un système uniforme de filetage pour les vis, destiné à remplacer les multiples pas alors employés et auquel son nom est resté attaché (1841). En 1870, il remplaça le marteau par la presse hydraulique pour le forgeage de l'acier.

Whymper (Edward), alpiniste anglais, né à Londres (1840-1911). Il a été le premier vainqueur du Cervin (1865).

Whyte (Frederic Methven), ingénieur américain (1865-1941). On lui doit la classification des types de locomotives par nombre de roues. En Europe, on utilisa la même classification, mais fondée sur le nombre d'essieux.

Wichita, v. des Etats-Unis (Kansas); 274 500 h. Constructions aéronautiques.

Wichita Falls, v. des Etats-Unis (Texas); 101 700 h. Raffinerie de pétrole.

Wicksell (Knut), économiste suédois, né à Stockholm (1851-1926), un des chefs de l'école marginaliste.

Widal (Fernand), médecin français, né à Dellys (Algérie) [1862-1929]. Il fit avec Chantemesse la première vaccination contre la fièvre typhoïde, découvrit le sérodiagnostic de cette maladie, montra que les œdèmes provenaient du sel retenu dans l'organisme, établit l'utilité du régime déchloruré et révéla l'importance de la rétention de l'urée.

Widnes, v. d'Angleterre (Lancashire); 52 100 h. Industries chimiques. Cimenterie.

Widor (Charles Marie), organiste français, né à Lyon (1844-1937). Professeur d'orgue au Conservatoire de Paris, il a contribué à fixer la technique moderne de l'orgue. Toute son œuvre d'orgue relève d'une esthétique symphonique (*Symphonie gothique, Symphonie romane*).

Wiechert (Ernst), écrivain allemand, né à Kleinort (1887-1950), auteur de nouvelles et de récits marqués d'une inquiétude romantique (*les Enfants Jéromine,* 1945-1947).

Wieland (Christoph Martin), écrivain allemand, né à Oberholzheim (1733-1813). Influencé par la littérature française, il évolue du piétisme à l'esprit philosophique : il fonde *le Mercure allemand* et exerce par ses poèmes (*Obéron,* 1780-1781), ses essais et ses récits (*Agathon,* 1766-1773; *les Abdéritains,* 1774-1781), une influence profonde sur Goethe et les écrivains allemands.

Wieliczka, v. de Pologne (Galicie); 9 000 h. Mines de sel exploitées depuis le Moyen Age.

Wien (Wilhelm), physicien allemand, né à Gaffken (Prusse-Orientale) [1864-1928]. Il a donné la loi indiquant la répartition des radiations émises par le corps noir en fonction de la température. (Prix Nobel de physique, 1911.)

Wiene (Robert), metteur en scène de cinéma allemand d'origine tchèque, né en Saxe (1881-1938). Il est l'auteur du premier grand film expressionniste allemand : *le Cabinet du docteur Caligari* (1919).

Wiener (Norbert), savant américain, né à Columbia (Missouri) [1894-1964]. On doit le considérer comme le fondateur de la cybernétique. Son ouvrage sur le principe et les applications des systèmes à commande automatique, *Cybernetics* (1948), suscita un intérêt considérable parmi les savants de toute discipline.

Wieringen, anc. île hollandaise du Zuiderzee, auj. réunie au continent.

Wieringermeer (*polder du*) ou **polder du Nord-Ouest,** polder des Pays-Bas, conquis sur le Zuiderzee.

Wiertz (Antoine), peintre belge, né à Dinant (1806-1865). Admirateur passionné de Rubens, de tempérament fougueux et romantique, il est l'auteur de vastes compositions d'une inspiration en partie visionnaire, réunies à Bruxelles dans le *musée Wiertz.*

Wiesbaden, v. de l'Allemagne occidentale, cap. de la Hesse, anc. cap. du duché de Nassau; 259 000 h. Eaux thermales. Industries chimiques. Cimenterie. De 1940 à 1944, siège de la Commission franco-allemande d'armistice.

Wigan, v. d'Angleterre (Lancashire); 78 700 h. Textiles.

Wight (*île de*), île anglaise de la Manche; 381 km²; 95 600 h. V. pr. *Newport.* Château d'Osborne. Stations touristiques. Régates à Cowes.

Wigman (Mary), danseuse, chorégraphe et pédagogue allemande, née à Hanovre en 1886. Elève d'Emile Jaques-Dalcroze et de R. von Laban, elle tenta de libérer la danse de tout support musical et fut la première à utiliser les instruments à percussion. Ses théories eurent une large audience en Allemagne, en Suisse et aux Etats-Unis. En 1966, elle a publié *The Language of Dance.*

wigwam [wigwam] n. m. Hutte, chaumière des Indiens d'Amérique.

Wijnegem, comm. de Belgique (Anvers); 8 600 h.

Wil, v. de Suisse (Saint-Gall); 13 600 h. Textiles.

Wild (Henri), ingénieur suisse, né à Bilten (1877-1951). Il doit être regardé comme le créateur des instruments modernes de géodésie et de photogrammétrie de très grande précision.

Wilde (Oscar Fingall O'Flahertie Wills), écrivain anglais, né à Dublin (1854-1900). Jeune étudiant d'Oxford, remarqué pour son prix de poésie (1878), sa longue chevelure et ses habits originaux, il se déclare un adepte fervent de la théorie de « l'art pour l'art ». Il devient rapidement le chef des « esthètes » et fait en 1882 une tournée de conférences en Amérique, où il donne sa première pièce, *Vera.* Il a déjà publié un recueil de *Poèmes* (1881) à Paris, où il rencontre Verlaine et d'autres poètes symbolistes. A son retour en Angleterre, il donne plusieurs volumes de contes (*le Prince heureux,* 1888; *le Crime de lord Arthur Saville,* 1891; *Une maison de grenades,* 1891), des essais (*Intentions,* 1891) et son unique roman (*le Portrait de Dorian Gray,* 1891), qui lui attire de violentes critiques. Célèbre, recherché de toute l'aristocratie anglaise, il s'affirme comme l'un des grands auteurs dramatiques de l'époque (*l'Eventail de lady Windermere,* 1892; *Une femme sans importance,* 1893; *De l'importance d'être constant,* 1895). En 1893, *Salomé,* pièce écrite en français, est jouée à Paris par Sarah Bernhardt, mais interdite en Angleterre dans la traduction qu'en donne l'ami de Wilde, lord A. Douglas. Le père du jeune lord, le marquis de Queensberry, attaque alors violemment Wilde, dans la presse, pour ses mœurs homosexuelles. Wilde intente au marquis un procès, qu'il perd. Ruiné, abandonné de tous et condamné à deux ans de travaux forcés, il purge une partie de sa peine à la prison de Reading, où il écrit sa *Ballade de la geôle de Reading* (1898). Il se retire ensuite en France, près de Dieppe, puis à Paris. Après sa mort, on a publié sa lettre à lord Douglas, écrite en prison (*De profundis,* 1905) et sa *Correspondance* (1963).

Wilder (Thornton Niven), écrivain américain, né à Madison (Wisconsin) en 1897. Ecrivain élégant, auteur de pièces de théâtre (*Notre petite ville,* 1938), il reste dans ses romans à l'écart des grands courants actuels de la littérature américaine et encourt souvent le reproche d'esthétisme (*le Pont de San Luis Rey,* 1927; *En voiture pour le ciel,* 1934; *les Ides de mars,* 1948).

Wilder (Billy), metteur en scène de cinéma américain d'origine autrichienne, né à Vienne en 1906. Journaliste, puis scénariste, il passa en 1942 à la mise en scène : *Assurance sur la mort* (1944), *le Poison* (1945), *Boulevard du Crépuscule* (1950), *le Gouffre aux chimères* (1951), *Certains l'aiment chaud* (1959), *Irma la Douce* (1962), *la Grande Combine* (1966).

Wilfrid ou **Wilfrith** (*saint*), moine bénédictin anglo-saxon, né en Northumbrie (v. 634-709). Evêque d'York, il fit accepter les usages romains dans les royaumes anglo-saxons. — Fête le 29 avril.

Wilhelm Meister, roman de Goethe, en deux parties : *les Années d'apprentissage de Wilhelm Meister* (1796) et *les Années de voyage de Wilhelm Meister* (1821). C'est le modèle du roman éducatif (*Bildungsroman*).

Wilhelmine, reine des Pays-Bas de 1890 à 1948, fille de Guillaume III, née à La Haye (1880-1962). Elle épousa en 1901 le prince Henri de Mecklembourg-Schwerin. Elle dut se réfugier à Londres de 1940 à 1945. En 1948, elle abdiqua en faveur de sa fille Juliana.

Wilhelmshaven, port de l'Allemagne occidentale (Basse-Saxe), sur la mer du Nord; 102 000 h. Chantiers navals. Station balnéaire.

Wilhelmstrasse, rue de Berlin où se trouvait le ministère des Affaires étrangères.

Wilkes (John), homme politique britannique, né à Londres (1727-1797), célèbre par ses écrits contre le gouvernement.

Wilkes (Charles), officier de marine et explorateur américain, né à New York (1798-1877). Il explora notamment les côtes de l'Antarctique (1838-1842).

Wilkes Barre, v. des Etats-Unis (Pennsylvanie); 63 600 h. Houille. Métallurgie.

Wilkins (*sir* George Hubert), explorateur australien, né à Mount Bryan (1888-1958). Il a accompli des raids aériens sur les régions polaires.

Wilkinson (John), industriel britannique, né à Little Clifton (Cumberland) [1728-1808]. Considéré en Grande-Bretagne comme le père de l'industrie sidérurgique, il fut l'un des premiers maîtres de forge à utiliser les nouvelles techniques métallurgiques. En 1774, il imagina une

Phot. U. S. I. S., Elliott et Fry.

machine à forer et à aléser pour l'usinage de l'âme des canons, puis un tour à fileter. On lui doit également le premier navire en fer (1787).

Willaert (Adriaan), compositeur flamand, né à Bruges ou à Roulers (v. 1480-1562), maître de chapelle à Saint-Marc de Venise. On lui doit de grands motets à double chœur, des madrigaux expressifs. Il doit être tenu pour le fondateur de l'école vénitienne.

Willebroek, comm. de Belgique (Anvers); 15 700 h. Industries chimiques.

Willemstad, ch.-l. des Antilles néerlandaises, dans l'île de Curaçao; 45 000 h. Raffinerie de pétrole.

Willesden, agglomération de la banlieue nord-ouest de Londres; 170 800 h.

Willette (Adolphe), peintre et dessinateur français, né à Châlons-sur-Marne (1857-1926). Il est surtout connu par les dessins qu'il a donnés aux journaux, et dont beaucoup content les aventures de Pierrot et de Colombine. Son œuvre allie la poésie à l'esprit montmartrois.

Williams (Thomas Lanier, dit **Tennessee**), auteur dramatique américain, né à Columbus (Mississippi) en 1914. Poète, romancier (*le Printemps romain de Mrs. Stone,* 1950), il est l'auteur de pièces en un acte (*Soudain, l'été dernier,* 1958) et d'œuvres dramatiques d'inspiration pessimiste et d'un cynisme souvent cruel (*Un tramway nommé Désir,* 1947; *la Rose tatouée,* 1950; *la Chatte sur un toit brûlant,* 1955).

Williamson (Alexander William), chimiste anglais, né à Wandsworth (Londres) [1824-1904]. Il découvrit les éthers mixtes et exprima en 1850 la conception d'équilibre dynamique en chimie.

Willibrord ou **Willibrod** (*saint*), évêque, né en Northumbrie (658-739). Il évangélisa la Frise, la Flandre et le Luxembourg. Sa tombe, à Echternach, est le centre d'un pèlerinage célèbre. — Fête le 7 novembre.

Willoughby (*sir* Hugh), navigateur anglais du XVIe s., explorateur de l'océan Arctique.

Willstätter (Richard), chimiste allemand, né à Karlsruhe (1872-1942). Il est l'auteur de travaux sur les alcaloïdes et les pigments végétaux et animaux. (Prix Nobel de chimie, 1915.)

Wilmington, v. des Etats-Unis (Delaware); 95 800 h. Industries chimiques.

Wilno. V. VILNIOUS.

Wilrijk, comm. de Belgique (Anvers), au sud d'Anvers; 42 700 h.

Wilson (*mont*), sommet des Rocheuses, en Californie; 1 731 m. Observatoire.

Wilson (Thomas Woodrow), homme politique américain, né à Staunton (Virginie) [1856-1924]. Candidat démocrate à la présidence des Etats-Unis, il fut élu en 1912 et réélu en 1916. En avril 1917, il fit entrer les Etats-Unis en guerre aux côtés des Alliés. Voulant aboutir à une paix juste et durable, il annonça au Congrès ses « quatorze points », qui constituaient le résumé de ses principes et de ses objectifs en politique internationale. Il imposa ses vues à la Conférence de la paix de 1919. La fondation de la S. D. N., qui était issue de sa politique, inquiéta les isolationnistes américains. Le Sénat américain refusa de ratifier le traité de Versailles. (Prix Nobel de la paix, 1919.)

Wilson (*sir* Henry Hughes), maréchal britannique, né à Edgeworthstown (Irlande) [1864-1922]. Ami de Foch, représentant britannique au Conseil suprême de guerre de Versailles (1917), il devint en 1918 chef d'état-major impérial. Elu député de l'Irlande du Nord, il fut assassiné par des nationalistes irlandais.

Wilson (Charles Thomson Rees), physicien écossais, né à Glencorse (Midlothian) [1869-1959]. Il a inventé en 1912 la chambre à condensation, qui permet de matérialiser les trajectoires des particules électrisées. (Prix Nobel de physique, 1927.)

Wilson (Henry Maitland, *baron*), maréchal britannique, né à Stowlangtoft Hall (1881-1964). Commandant le corps expéditionnaire britannique en Grèce en 1941, il fut placé ensuite à la tête des forces de Palestine, de Syrie et d'Irak. En 1944, il remplaça Eisenhower comme commandant suprême allié en Méditerranée et dirigea les opérations d'Italie et de Provence.

Wilson (Angus Frank JOHNSTONE-WILSON, dit **Angus**), écrivain anglais, né à Bexhill-on-Sea en 1913. Dans son théâtre, ses nouvelles et ses romans, il fait une satire acerbe de la société anglaise contemporaine tout en témoignant d'un grand souci de la composition et de l'invention verbale (*la Ciguë et après,* 1954; *Attitudes anglo-saxones,* 1956; *les 40 Ans de Mrs. Eliot,* 1958; *Saturnales,* 1959; *la Girafe et les vieillards,* 1961; *Jouer le jeu,* 1968).

Wilson (Harold), homme politique anglais, né à Huddersfield en 1916. Dirigeant du Labour Party depuis 1963, il est devenu Premier ministre en 1964. Depuis lors, il a dû faire face à de graves problèmes : rapports difficiles avec certains membres du Commonwealth, obstacles à l'entrée de la Grande-Bretagne dans le Marché commun, dévaluation de la livre, etc. Après la défaite du parti travailliste (juin 1970), il abandonne le pouvoir aux conservateurs, mais le retrouve dès 1974.

Wilson (Colin), écrivain anglais, né à Leicester en 1931. Par ses essais et ses romans, il apparaît comme l'un des chefs du groupe des « Jeunes gens en colère », qui se révoltent contre le conformisme social et littéraire (*l'Homme en dehors,* 1956; *Soho à la dérive,* 1961; *le Sacre de la nuit,* 1960; *le Monde de la violence,* 1963).

Wiltshire, comté de l'Angleterre méridionale; 479 000 h. Ch.-l. *Trowbridge.*

Wiltz, ch.-l. de cant. du Luxembourg; 3 900 h. Industries du cuir.

Wimbledon, v. d'Angleterre, dans la banlieue sud-ouest de Londres; 57 000 h. Siège d'un championnat international de tennis.

Wimereux (62930), comm. du Pas-de-Calais (arr. de Boulogne-sur-Mer); 5 241 h. Station balnéaire.

Wimille (62126), comm. du Pas-de-Calais (arr. de Boulogne-sur-Mer); 4 826 h.

Wimpffen (Félix, *baron* DE), général français, né à Minfeld (1744-1814). En 1792, il défendit Thionville contre les Prussiens. — Son petit-fils EMMANUEL FÉLIX, général français, né à Laon (1811-1884), remplaça Ducrot comme commandant de l'armée de Sedan en 1870 et dut négocier la capitulation avec Bismarck.

Winchester, v. d'Angleterre, ch.-l. du Hampshire; 31 000 h. Cathédrale gothique.

Winckelmann (Johann Joachim), archéologue allemand, né à Stendal (Brandebourg) [1717-1768]. Il étudia les monuments de l'Antiquité et fut un des initiateurs du néo-classicisme.

Windaus (Adolf), chimiste allemand, né à Berlin (1876-1959). Il a isolé plusieurs vitamines. (Prix Nobel de chimie, 1928.)

Windhoek, cap. du Sud-Ouest africain; 36 000 h.

Windischgraetz (Alfred, *prince* ZU), général autrichien, né à Bruxelles (1787-1862). Après avoir réprimé les insurrections de Prague et de Vienne (1848), il fut battu par les Hongrois à Gödöllö (1849).

Windsor ou **New Windsor,** v. d'Angleterre (Berkshire), sur la Tamise; 27 100 h. Château royal construit sur l'ordre d'Edouard III. — La maison royale d'Angleterre (Hanovre-Saxe-Cobourg-Gotha) a pris en 1917 le nom de *maison de Windsor.*

Windsor, v. du Canada (Ontario), sur la rivière Detroit; 192 500 h. Port actif et centre de l'industrie automobile canadienne.

Windsor (*duc* DE). V. EDOUARD VIII.

Windthorst (Ludwig), homme politique allemand, né à Kaldenhof, près d'Osnabrück (1812-1891). Député et ministe hanovrien, il devint, après l'annexion du Hanovre par la Prusse (1866), le chef du centre (catholique) au Reichstag; il s'opposa à la politique religieuse (*Kulturkampf*) de Bismarck.

Windward Islands. V. VENT (*îles du*).

Wingles (62410), comm. du Pas-de-Calais (arr. de Lens); 8 952 h. (*Winglois*). [L'agglomération compte 22 247 h.] Houille. Industries chimiques.

Winnipeg (*lac*), lac du Canada (Manitoba), s'écoulant vers la baie d'Hudson par le Nelson; 24 600 km².

Winnipeg, v. du Canada, cap. du Manitoba; 257 000 h. (509 000 h. avec les banlieues). Commerce du blé. Industries alimentaires. Métallurgie. Raffinerie de pétrole.

Winnipegosis, lac du Canada (Manitoba), à l'ouest du lac Winnipeg; 5 430 km².

Winston-Salem, v. des Etats-Unis (Caroline du Nord); 111 500 h. Manufactures de tabac.

wintergreen [wintœrgrin] n. m. *Essence de wintergreen,* essence parfumée, à base de salicylate de méthyle, que l'on tire, aux Etats-Unis, des feuilles de la *gaultheria.*

Winterhalter (Franz Xaver), peintre allemand, né à Menzenschwand (Forêt-Noire) [1805-1873]. Venu en France en 1834, protégé par la reine Marie-Amélie sous le règne de Louis-Philippe, puis par l'impératrice Eugénie sous le second Empire, il fit une brillante carrière de portraitiste de cour (*l'Impératrice entourée des dames du palais, Mme Rimski-Korsakov,* château de Compiègne). [V. illustr. SECOND EMPIRE*.]

Winterthur, v. de Suisse (Zurich), sur un affl. du Rhin; 91 000 h. Importants musées. Matériel ferroviaire.

Wintzenheim (68000 Colmar), ch.-l. de c. du Haut-Rhin (arr. de Colmar); 6 183 h. Tissages.

Wisconsin (le), riv. des Etats-Unis, affl. du Mississippi (r. g.); 1 000 km.

Wisconsin, un des Etats unis d'Amérique, sur le lac Michigan; 4 188 000 h. Cap. *Madison.* Recouvert par les glaciations quaternaires, dont l'empreinte est partout visible (cuvettes lacustres, crêtes morainiques, buttes sableuses), le Wisconsin, au relief confus, est une grande région d'élevage bovin pour le lait, possédant aussi quelques cultures céréalières (maïs, avoine). Le sous-sol fournit du zinc. L'industrie s'est implantée en bordure du lac Michigan, à Milwaukee, dont l'agglomération regroupe plus du quart de la population de l'Etat.

● *Histoire.* Exploré à partir de 1634 par les Français, possession anglaise de 1763 à 1783, le Wisconsin est devenu un territoire autonome en 1836 et un Etat en 1848.

Wiseman (Nicholas Patrick), prélat catholique anglais, né à Séville (1802-1865). Il contribua au succès du mouvement d'Oxford. Il devint le premier archevêque de Westminster (1850); en même temps, il reçut le chapeau de cardinal. Il est l'auteur du roman historique *Fabiola* (1854).

wisigothique [vizigɔtik] adj. Relatif aux Wisigoths.

Wisigoths ou **Visigoths,** nom d'une branche des Goths (« Goths sages ») apparue au IVe s. dans la région danubienne et convertie à l'arianisme. En 410, les Wisigoths prirent Rome; installés comme fédérés dans le sud-ouest de la Gaule (v. 418), ils conquirent une bonne partie de l'Espagne (476). Si le roi Léovigild persécuta les catholiques (567 ou 568-586), son fils Reccared Ier (586-601) abjura l'arianisme, ce qui entraîna la conversion de toute l'Espagne. L'épiscopat s'assura dès lors une très forte influence. En 711, les Arabes triomphèrent facilement du royaume wisigothique d'Espagne.

Wismar, port de l'Allemagne orientale, sur la Baltique; 55 000 h. Constructions mécaniques et navales. Point de jonction, le 3 mai 1945, entre les forces britanniques (Dempsey) et soviétiques (Rokossovski).

Wissant [wisɑ̃] (62170), comm. du Pas-de-Calais (arr. de Boulogne-sur-Mer); 1 058 h. (950 aggl.). Station balnéaire.

Wissembourg (67160), ch.-l. d'arr. du Bas-Rhin, sur la Lauter; 5 732 h. (*Wissembourgeois*). Le 4 août 1870, une armée prussienne y surprit et contraignit à la retraite l'avant-garde de l'armée de Mac-Mahon. — L'arr. a 5 cant., 83 comm., 55 427 h.

witloof [witlɔf] n. f. Variété de chicorée, dite aussi *chicorée de Bruxelles,* et qui, par étiolement, fournit l'*endive.*

Witt (Cornelis DE), homme d'Etat hollandais, né à Dordrecht (1623-1672). Député aux états, il s'illustra contre les Anglais; il fut assassiné par les orangistes. — Son frère JOHAN, né à Dordrecht (1625-1672), devint conseiller-pensionnaire de Hollande en 1653. Il conclut la paix avec Cromwell et fit voter l'Acte d'exclusion

Johan de Witt
par Jan de Baen
Rijksmuseum, Amsterdam

ci-dessous, à gauche
Thomas W. **Wilson**
en décembre 1918
venu à Chaumont
visiter les troupes
américaines

Harold **Wilson**
en 1964

Phot. Chusseau, Rijksmuseum, Camera Press.

contre la maison d'Orange (1667). En 1668, il s'allia à l'Angleterre et à la Suède contre la France. Il favorisa les libertés urbaines, mais, quand Louis XIV menaça les Pays-Bas, il fut tué par les orangistes, en même temps que son frère.

Witte ou **Vitte** (Sergheï Ioulievitch, *comte*), homme d'Etat russe, né à Tiflis (1849-1915), ministre des Finances (1892) et président du Conseil (1905-1906).

Wittelsbach, famille princière de Bavière. Elle régna de 1180 à 1918 sur la Bavière, duché, puis royaume à partir de 1806.

Wittelsheim (68310), comm. du Haut-Rhin (arr. de Thann) ; 10 088 h. Potasse.

Witten, v. de l'Allemagne occidentale (Rhénanie-du-Nord-Westphalie) ; 95 000 h. Métallurgie.

Wittenberg, v. de l'Allemagne orientale, sur l'Elbe ; 45 700 h. Métallurgie. C'est sur les portes de l'église du château que Luther afficha, le 31 octobre 1517, ses propositions contre les indulgences.

Wittenheim (68270), ch.-l. de c. du Haut-Rhin (arr. de Mulhouse) ; 10 124 h. (9 923 aggl.). Potasse.

Witteric (m. v. 610), roi des Wisigoths (603-v. 610).

Wittgenstein (Ludwig), logicien autrichien, né à Vienne (1889-1951). Son *Tractatus logico-philosophicus* (1921) eut une grande influence sur le cercle de Vienne. En caractérisant les lois logiques comme des « tautologies », il est à l'origine des calculs non classiques*.

Witwatersrand (en abrégé **Rand**), bombement rocheux de l'Afrique du Sud, au Transvaal, séparant les bassins du Vaal et de l'Orange. Il recèle le plus important gisement d'or du monde (exploité depuis la fin du XIXe s.), à l'origine de la concentration de près de 2 millions de personnes à Johannesburg et dans les villes voisines (Springs, Germiston, Benoni, etc.).

Witz (Konrad), peintre souabe, né à Rottweil (?) [v. 1400-v. 1445]. Fixé à Bâle, où il a peint ses grandes œuvres, il s'est inspiré de la sculpture bourguignonne et de la peinture flamande, accusant le relief des volumes et usant de couleurs franches. Ses scènes religieuses (*la Pêche miraculeuse,* Genève ; *Sainte Madeleine et sainte Catherine,* Strasbourg) sont souvent une transposition de la réalité quotidienne.

Wlérick (Robert), sculpteur français, né à Mont-de-Marsan (1882-1944). Encouragé à ses débuts par Rodin, pratiquant un art mesuré et robuste, il a recherché, par-delà l'accidentel, les rythmes essentiels du corps humain et la vérité psychologique de ses modèles (*Statue équestre du maréchal Foch,* place du Trocadéro, Paris).

Włocławek, v. de Pologne, sur la Vistule ; 77 200 h. Cellulose.

Woerth (67360), ch.-l. de c. du Bas-Rhin (arr. de Wissembourg) ; 1 497 h.

Woëvre [vwavr] (la), région de la Lorraine, au pied des Côtes de Meuse.

Wöhler (Friedrich), chimiste allemand, né à Eschersheim, près de Francfort-sur-le-Main (1800-1882). Il a isolé l'aluminium (1827), réalisé en 1828 la première synthèse organique, celle de l'urée, et imaginé la préparation de l'acétylène par action de l'eau sur le carbure de calcium (1862).

Woippy (57140), ch.-l. de c. de la Moselle (arr. de Metz-Campagne) ; 9 142 h. Gare de triage.

Wolf (Christian VON). V. WOLFF.

Wolf (Friedrich August), philologue et érudit allemand, né à Hagenrode (Saxe) [1759-1824]. Il soutint que *l'Iliade* et *l'Odyssée* avaient été constituées par la juxtaposition de morceaux épiques d'époques différentes.

Wolf (Hugo), compositeur autrichien, né à Windischgrätz [auj. Slovenjgradec], en Slovénie (1860-1903), un des maîtres du lied. Réaliste et nerveux, son art, souvent pittoresque, exploite dans une forme très concise le récitatif et la strophe, et côtoie souvent le drame. On doit à Wolf encore un opéra (*le Corregidor*) et un opéra-comique (*Penthésilée*).

Wolfe (James), général anglais, né à Westerham (Kent) [1727-1759]. Il vainquit Montcalm devant Québec (bataille des plaines d'Abraham), mais périt au cours du combat.

Wolfe (Thomas Clayton), écrivain américain, né à Asheville (Caroline du Nord) [1900-1938]. Auteur de pièces de théâtre (*le Retour de Buck Gavin,* 1926), il eut l'ambition de décrire l'ensemble de la vie américaine dans de grands romans lyriques qui forment une des plus vastes autobiographies de la littérature des Etats-Unis (*Aux sources du fleuve,* 1929 ; *Au fil du temps,* 1935 ; *la Toile et le roc,* publiée en 1939 ; *Vous ne pouvez pas revenir,* publié en 1940).

Wolff ou **Wolf** (Christian, *baron* VON), philosophe allemand, né à Breslau (1679-1754), disciple de Leibniz.

wolfram [vɔlfram] n. m. Oxyde naturel de fer, de manganèse et de tungstène, dont c'est un minerai. ‖ Nom donné parfois au tungstène.

Wolfram von Eschenbach, poète allemand (v. 1170-v. 1220). Auteur de vers lyriques, il composa trois grands poèmes : *Parzival,* où, après Chrétien de Troyes, il traite de la légende du Graal ; *Willehalm,* qui relate la lutte de Guillaume d'Aquitaine contre les Sarrasins ; *Titurel,* dont il ne reste que 170 strophes qui content les amours du chevalier Schionatulander et de la belle Sigune.

Wolfsburg, v. de l'Allemagne occidentale (Basse-Saxe) ; 81 000 h. Importante usine automobile.

Witz, « Sainte Catherine et sainte Madeleine »
musée de l'Œuvre - Notre-Dame, Strasbourg

Wolgemut (Michael), peintre et graveur allemand, né à Nuremberg (1434-1519). Jouissant d'une grande réputation, il a formé de nombreux élèves, et notamment Albrecht Dürer.

Wolin, en allem. **Wollin,** île polonaise qui ferme le golfe de Szczecin.

Wollaston (William Hyde), chimiste anglais, né à East Dereham (Norfolk) [1766-1828]. Il découvrit la polarisation de la pile de Volta, signala l'existence de l'ultraviolet et la présence de raies noires dans le spectre solaire. On lui doit les découvertes du palladium et du rhodium.

Wolofs. V. OUOLOFS.

Wolseley (*sir* Joseph GARNET, *vicomte*), maréchal britannique, né à Golden Bridge (Irlande, comté de Dublin) [1833-1913]. Il se distingua dans de nombreuses campagnes coloniales, notamment à Khartoum, en Egypte (1884), puis commanda en chef l'armée britannique (1895-1901).

Wolsey (Thomas), prélat et homme politique anglais, né à Ipswich (v. 1473-1530). Chapelain d'Henri VII, puis d'Henri VIII (1509), membre du Conseil privé (1511), il devint archevêque d'York (1514), cardinal et lord chancelier (1515). L'échec de son intervention auprès du pape en faveur du divorce d'Henri VIII provoqua sa disgrâce et sa ruine.

Woluwe-Saint-Lambert, en néerl. **Sint-Lambrechts-Woluwe,** comm. de Belgique (Brabant), dans l'agglomération bruxelloise ; 45 000 h.

Woluwe-Saint-Pierre, en néerl. **Sint-Pieters-Woluwe,** comm. de Belgique (Brabant), dans l'agglomération bruxelloise ; 38 200 h.

Wolverhampton, v. d'Angleterre (Staffordshire) ; 267 000 h. Constructions mécaniques. Pneumatiques.

wombat [vɔ̃ba] ou **vombat** n. m. Nom usuel d'un marsupial australien, le phascolome. (C'est un végétarien fouisseur.)

Wommelgem, comm. de Belgique (Anvers) ; 8 100 h.

Wonsan, port de la Corée du Nord, sur la mer du Japon ; 113 000 h.

Worth
robe
d'après-midi
v. 1890

Wood (Robert Williams), physicien américain, né à Concord (1868-1955). Il imagina une source de radiations ultraviolettes qui, sous le nom de *lumière noire,* ont reçu de nombreuses applications, grâce aux fluorescences qu'elles déterminent.

Wood (*lumière de*). V. LUMIÈRE.

Woodstock, v. du Canada (Ontario) ; 24 000 h.

Woolf (Virginia), femme de lettres anglaise, née à Londres (1882-1941). Fille de sir Leslie Stephen, érudit, philosophe et éditeur anglais, elle épousa en 1912 Leonard Woolf et fonda avec lui la maison d'édition Hogarth Press. Elle révéla des écrivains comme Katherine Mansfield et T. S. Eliot. Elle-même se signala au public par deux romans (*la Traversée des apparences,* 1915 ; *Nuit et jour,* 1919) et un recueil de nouvelles (*Lundi ou mardi,* 1921). Influencée par Proust et Joyce, elle tenta de rendre sensible la vie mouvante de la conscience et de saisir les impressions fugitives et quotidiennes dans des romans où l'action et l'intrigue ne jouent presque aucun rôle (*la Chambre de Jacob,* 1922 ; *Mrs. Dalloway,* 1925 ; *la Promenade au phare,* 1927 ; *les Vagues,* 1931 ; *Années,* 1937). Ses principaux essais de critique ont été rassemblés dans les deux volumes du *Common Reader* (1925-1932). Après sa mort ont paru *Entre les actes* (1941), *The Moment and Other Essays* (1948) et son *Journal* (1953).

Woolwich, agglomération de la banlieue est de Londres, sur la Tamise ; 146 000 h. Constructions navales. Siège d'un arsenal de la marine depuis le XVIIe s. L'*Académie militaire royale,* fondée en 1741 à Woolwich et chargée de former les officiers d'artillerie et de génie, a fusionné en 1947 avec celle de Sandhurst.

Woomera, loc. d'Australie (Australie-Méridionale), à 500 km d'Adélaïde. Base, sous commandement britannique, utilisée depuis 1951 pour l'expérimentation des missiles, des armes nucléaires et des engins spatiaux.

Worcester, v. d'Angleterre, ch.-l. du *Worcestershire,* sur le Severn ; 70 000 h. Cathédrale du XIIIe s. (crypte du XIe s.). Charles II y fut battu par Cromwell (1651).

Worcester, v. des Etats-Unis (Massachusetts) ; 180 000 h. Métallurgie. Textiles.

Wordsworth (William), poète anglais, né à Cockermouth (Cumberland) [1770-1850]. Après des études à Cambridge, il voyage en France et se prend d'enthousiasme pour les idées de la Révolution. Il publie ses premiers poèmes (*la Promenade du soir, Croquis descriptifs,* 1793), mais, ami des Girondins, il manque d'être guillotiné et regagne l'Angleterre. La Terreur et les guerres révolutionnaires provoquent chez lui une crise de découragement et de pessimisme. Il s'installe à Alfoxden, près de son ami Coleridge, et publie avec lui *les Ballades lyriques* (1798), véritable manifeste du romantisme. Au retour d'un voyage en Allemagne, il écrit son long poème autobiographique, *le Prélude,* qui ne sera publié qu'après sa mort, en 1850. Il donne encore ses *Poésies dédiées à l'indépendance nationale et la liberté* (1802-1816), *l'Excursion* (1814) et *Peter Bell* (1819). Il est nommé poète-lauréat en 1843. Disciple de Rousseau, il a chanté son amour de la nature en rejetant la phraséologie des poètes du XVIIIe s. et en employant les termes concrets et pittoresques de la langue de tous les jours.

workhouse [wœrkaws] n. m. (mot angl. ; de *work* travail, et *house,* maison). En Angleterre et au pays de Galles, établissement officiel où l'on hébergeait et faisait travailler les pauvres et les vagabonds. (Créés en 1601, les workhouses, administrés par les paroisses, furent souvent de véritables prisons. L'organisation fut systématisée en 1834 et amendée en 1909 ; les workhouses n'ont plus guère joué ensuite que le rôle d'asiles de vieillards.)

Workshop (mot angl. signif. *laboratoire*), nom que prirent, aux Etats-Unis et en Angleterre, plusieurs écoles théâtrales qui se donnèrent pour but de rénover la mise en scène et la technique dramatique. Le plus ancien *Workshop* fut fondé par G. P. Baker à l'université Harvard et dura de 1905 à 1924. E. Piscator créa en 1940 le *Dramatic Workshop.* Le nom de *Theatre Workshop* a été adopté en 1945 par un théâtre londonien animé par J. Littlewood.

Wormhout (59470), ch.-l. de c. du Nord (arr. de Dunkerque) ; 3 004 h. (1 792 aggl.).

wormien [vɔrmjɛ̃] adj. m. (de *Worm,* médecin). *Anat.* Se dit de chacun des petits os surnuméraires délimités par des sutures supplémentaires, à la limite de l'occipital et des pariétaux.

Worms, v. de l'Allemagne occidentale (Rhénanie-Palatinat), sur le Rhin ; 63 000 h. Cathédrale romane et gothique. Textiles. Un concordat y fut conclu en 1122 entre Calixte II et l'empereur Henri V, mettant fin à la querelle des Investitures. Là se tint, en 1521, une diète qui mit Luther au ban de l'empire.

Worth (Charles Frédéric), couturier français, né à Bourn (Lincolnshire) [1825-1895]. Couturier de l'impératrice, il fut le premier couturier à présenter ses modèles sur des mannequins vivants.

Worthing, v. d'Angleterre (Sussex), sur la Manche ; 80 100 h. Station balnéaire.

Wotan. V. ODIN.

Wou-han, conurbation de la Chine centrale, formée par la réunion de Han-k'eou, de Han-yang (sur la rive gauche du Yang-tseu) et de Woutch'ang (sur la rive droite), et constituant la capitale du Hou-pei ; 2 226 000 h. Port fluvial sur le Yang-tseu. Important centre commercial et industriel (sidérurgie).

Phot. Arch. phot., Bulloz.

Wou-hou, v. de Chine (Ngan-houei), sur le Yang-tseu ; 242 000 h.

Wou-si, v. de Chine (Kiang-sou) ; 613 000 h. Textiles.

Wou-tch'ang, partie de la conurbation de Wou-han*.

Wou Tchen, peintre chinois (1280-1354). Il fut un des quatre grands maîtres du paysage de la fin de la dynastie Yuan, célèbre pour ses représentations de bambous et ses vues aquatiques.

Wou-tcheou, v. de Chine (Kouang-si), sur le Si-kiang ; 200 000 h.

Wouters (Rik), peintre et sculpteur belge, né à Malines (1882-1916). Influencé par Ensor et par les maîtres français, il n'en élabora pas moins un art très personnel et devint le principal représentant du fauvisme belge. Sa sculpture est empreinte d'un vif sentiment lyrique. Il est surtout représenté dans les musées belges.

Wou - t'ong - k'iao, v. de Chine (Sseu-tch'ouan) ; 200 000 h.

Wouwerman ou **Wouwermans** (Philips), peintre hollandais, né à Haarlem (1619-1668). Il représenta des chasses, des chevaux, des cours d'auberge, des marines.

Wozzeck, opéra d'Alban Berg (1925), d'après le drame de G. Büchner. Issue du drame wagnérien, auquel elle emprunte le leitmotiv, cette partition, écrite sur un sujet réaliste, superpose au drame vériste les formes classiques de la suite, de la symphonie ou de l'invention et exploite un récitatif accusé, accompagné par un orchestre coloré et souvent obsédant.

Wrangel (Carl Gustaf), général suédois, né à Skokloster (1613-1676). Il prit part à la guerre de Trente Ans et aux expéditions du règne de Charles X.

Wrangel ou **Vrangel'** (Piotr Nikolaïevitch, *baron* DE), général russe, né à Novo-Aleksandrovsk (1878-1928). Après s'être distingué pendant la Première Guerre mondiale, il combattit les Soviets, puis, en 1920, remplaça Denikine à la tête de l'armée blanche d'Ukraine. Battu, il fut évacué avec ses troupes sur Gallipoli, puis sur la Yougoslavie. En 1925, il se retira en Belgique.

Wray (John). V. RAY.

Wren (*sir* Christopher), mathématicien et architecte anglais, né à East Knoyle (1632-1723). Il dirigea la construction de Saint Paul et de nombreuses églises de Londres.

Wright (les frères), aviateurs et constructeurs américains d'aéroplanes. WILBUR, né à Millville (Indiana) [1867-1912], et ORVILLE, né à Dayton (1871-1948), se livrèrent à des essais de vol plané dès 1902. Le 17 décembre 1903, à bord d'un avion doté d'un moteur de 16 ch et de deux hélices, Orville exécuta, à Kitty Hawk, le premier vol mécanique digne de ce nom après l'expérience d'Ader. En 1908, Wilbur vint en France et exécuta, au camp d'Auvours, une démonstration qui eut un retentissement considérable.

Wright (Frank Lloyd), architecte américain, né à Richland Center (Wisconsin) [1869-1959]. Une des grandes figures de l'architecture moderne, il fut le créateur des « maisons des forêts et des prairies » intégrées à la nature (« maison sur la cascade », 1936-1939) et de constructions à la fois fonctionnelles et baroques par leur structure (musée Guggenheim, New York, 1945-1959). Il a publié plusieurs ouvrages et exercé une grande influence (*Mon autobiographie*, traduction, Paris, 1955). [V. illustr. ARCHITECTURE* CONTEMPORAINE.]

Wright (Richard), écrivain américain, né à Natchez (Mississippi) [1908-1960]. De race noire, il révèle ses qualités de conteur en décrivant sa jeunesse difficile dans les Etats du Sud (*les Enfants de l'oncle Tom,* 1938 ; *Un enfant du pays,* 1940). Ses préoccupations sociales ne cessent de s'affirmer (*Jeunesse noire,* 1945 ; *le Transfuge,* 1953), et ses derniers ouvrages reflètent l'espoir que lui inspire l'émancipation des hommes de couleur (*Puissance noire,* 1954 ; *Rideau de couleur,* 1955 ; *Fishbelly,* 1960).

Wrocław, en allem. **Breslau,** v. de Pologne, en basse Silésie, sur l'Odra ; 523 300 h. Nombreux monuments. Université. Industries métallurgiques et chimiques.

● *Histoire.* Polonaise à dater du Xe s., la ville fut activement colonisée par les Allemands à partir du XIIIe s. ; elle fut annexée par la Prusse en 1742. Devenue polonaise en 1945, après plusieurs semaines de résistance à l'armée soviétique, elle fut évacuée par les Allemands et repeuplée par les Polonais.

Wulfila. V. ULFILAS.

Wundt (Wilhelm), psychologue et physiologiste allemand, né à Neckarau (Bade) [1832-1920], fondateur de la psychologie expérimentale. On lui doit les *Eléments de psychologie physiologique* (1873-1874).

Wuppertal, v. de l'Allemagne occidentale (Rhénanie-du-Nord-Westphalie), dans la Ruhr, sur la *Wupper,* formée en 1930 par la réunion de *Barmen* et d'*Elberfeld ;* 422 900 h. Industries métallurgiques, textiles et chimiques.

würmien [vyrmjɛ̃], **enne** [-ɛn] adj. Relatif à la dernière grande glaciation quaternaire (glaciation de Würm) : *dépôts würmiens.*

Wurmser (Dagobert Siegmund, *comte* VON), général autrichien, né à Strasbourg (1724-1797), battu à Castiglione par Bonaparte, qui l'obligea à capituler dans Mantoue.

Wurtemberg, en allem. **Württemberg,** anc. Etat du sud-ouest de l'Allemagne, auj. réuni au pays de Bade. (V. BADE-WURTEMBERG.)
Le morcellement, au XIIIe s., du duché de Souabe permit aux seigneurs du Wurtemberg d'étendre leurs domaines. A la fin du XIVe s., le Wurtemberg avait acquis sa structure territoriale définitive avec Stuttgart comme capitale. Comté depuis 1135, il devint un duché en 1495. Ulrich Ier (1498-1550) y favorisa la Réforme. Le duc reçut le titre d'électeur au recez de 1803, et, en 1805, le duché fut érigé en royaume souverain et indépendant. Le nouveau royaume, agrandi par Napoléon en 1809, se rallia à la sixième coalition en 1813, après la bataille de Leipzig. En 1866, il combattit la Prusse. En 1871, il fut intégré à l'Empire allemand, mais conserva une partie de ses institutions. En 1918, le roi abdiqua, et le Wurtemberg devint une république. En 1934, il fut intégré au Reich. Depuis 1951, il fait partie de l'Etat fédéral de Bade-Wurtemberg.

wurtembergeois [vyrtɛ̃bɛrʒwa], **oise** [-waz] adj. et n. Du Wurtemberg.

Wurtz (Adolphe), chimiste français, né près de Strasbourg (1817-1884). Il découvrit les amines et le glycol, établit la constitution de la glycérine et fut l'un des créateurs de la notation atomique.

Würzburg, en franç. **Wurtzbourg,** v. de l'Allemagne occidentale (Bavière), sur le Main ; 122 000 h. Université. Eglises (XIIe-XIVe s.). Château (XVIIIe s.). Centre industriel.

Wuustwezel, comm. de Belgique (Anvers) ; 8 700 h.

wyandotte [vjɑ̃dɔt] n. et adj. Race américaine de poules, à chair de bonne qualité moyenne, excellente pondeuse, qui est à la base de bon nombre de croisements actuellement utilisés. (La variété blanche est la plus répandue.)

Wyat ou **Wyatt** (*sir* Thomas), poète et diplomate anglais, né à Allington Castle (Kent) [v. 1503-1542]. Chargé de missions diplomatiques à Paris et à Rome, il connut la disgrâce et la prison lors du procès d'Anne Boleyn. Ses poèmes, publiés dans le *Tottel's Miscellany* (1557), le montrent influencé par les œuvres françaises, espagnoles et italiennes, et le révèlent comme un des meilleurs poètes amoristes. Il introduisit le sonnet dans la poésie anglaise. — Son fils, *sir* THOMAS, dit *le Jeune* (v. 1521-1554), conspira contre Marie Tudor et fut décapité.

Wycherley (William), auteur dramatique anglais, né à Clive, près de Shrewsbury (1640-1716). Après avoir vécu en France, où il se convertit au catholicisme, il retourna en Angleterre et rentra dans le sein de l'Eglise anglicane. Son théâtre présente une satire pleine d'humour des mœurs de l'époque (*l'Amour dans un bois,* 1671 ; *le Gentleman maître à danser,* 1673 ; *la Femme de province,* 1674). Il imita *le Misanthrope* de Molière dans *l'Homme sans détours* (1674). Jeté en prison pour dettes, il fut délivré par le roi Jacques II, mais ne donna plus, avec l'aide de Pope, qu'un recueil de poèmes.

Wyclif ou **Wycliffe** (John), théologien anglais, né à Hipswell (Yorkshire) [v. 1320-1384]. Curé de Fillingham, docteur en théologie, il entra au service de la Couronne comme avocat ecclésiastique (1372) et devint l'un des chefs du courant antipapal et anticlérical. Curé de Lutterworth (1374), il enseigna la théologie à Oxford tout en protégeant les *poor priesters,* ou *lollards**, qui prêchaient la vie chrétienne fondée sur la seule Bible. Sa popularité lui permit de braver les citations du pape et de son évêque. Quand éclata le Grand Schisme (1378), il conçut la possibilité pour l'Eglise de se passer du pape. Adversaire des indulgences, il enseignait sur l'eucharistie une doctrine proche de celle qu'enseignera Luther. On peut le considérer comme un précurseur de l'anglicanisme.

Wyler (William), metteur en scène de cinéma américain d'origine suisse, né à Mulhouse en 1902. Il réalisa notamment *Rue sans issue* (1937), *l'Insoumise* (1938), *les Hauts de Hurlevent* (1939), *le Cavalier du désert* (1940), *les Plus Belles Années de notre vie* (1946), *l'Héritière* (1949), *Ben-Hur* (1959), *l'Obsédé* (1964), *Funny Girl* (1968).

Wylfa Head, centrale nucléaire de Grande-Bretagne, dans le pays de Galles (île d'Anglesey).

Wynants ou **Wijnants** (Jan), peintre hollandais, né à Haarlem (v. 1630-1684). Se plaçant dans la suite de Ruysdael, il a peint des paysages de dunes d'un sentiment parfois dramatique.

Wyoming, un des Etats unis d'Amérique ; 329 000 h. Cap. *Cheyenne.* L'Est s'étend sur l'extrémité occidentale des Grandes Plaines ; le Centre et l'Ouest appartiennent aux Rocheuses, ouvertes notamment par les affluents du Missouri. Région aride, peu peuplée (1 h. au kilomètre carré), le Wyoming vit surtout de l'élevage (ovins) ; cependant, le sous-sol fournit de grandes quantités de pétrole.

Wyspiański (Stanisław), auteur dramatique et peintre polonais, né à Cracovie (1869-1907). Célèbre pour un poème dramatique sur l'insurrection de 1830 (*la Varsovienne,* 1898), il s'affirma bientôt comme le plus grand tragique polonais, et son influence sur l'esprit national et la jeune génération littéraire fut immense (*les Noces,* 1901 ; *la Nuit de novembre,* 1904 ; *le Retour d'Ulysse,* 1907).

Wyss (Johann David), pasteur suisse, né à Berne (1743-1818). Il est l'auteur du *Robinson suisse,* publié en 1812-1827 par les soins de son fils Johann Rudolf.

Wyszyński (Stefan), prélat polonais, né à Zuzela (Mazovie) en 1901. Evêque de Lublin (1946), il devint en 1948 archevêque de Gniezno et (*ad personam*) de Varsovie, et fut créé cardinal en 1953. Depuis cette date, il personnifie l'Eglise dans son conflit permanent avec l'Etat communiste polonais.

Wilbur **Wright**

Orville **Wright**

William **Wyler**
une scène de « Ben-Hur »

Wyclif
British Museum

Wyspiański
autoportrait

Phot. Fleming, Branger, Keystone, X, X.

Xx

x [iks] n. m. Vingt-quatrième lettre de l'alphabet, et dix-neuvième des consonnes : *le « x » est une consonne double.* ‖ — **X,** chiffre romain, vaut dix. ‖ En algèbre, *x* représente l'inconnue ou une des inconnues. ‖ Sert à désigner une personne ou une chose qu'on ne veut ou ne peut désigner plus clairement : *Monsieur X ; en un temps x.* ‖ Objet en forme d'X. ‖ Tabouret à pieds croisés. ● *Rayons X,* radiations électromagnétiques de faible longueur d'onde, traversant plus ou moins facilement les corps matériels.

Xaintois [sɛ̃-] (le), région de la Lorraine méridionale, qui constitue un riche terroir agricole.

Xaintrailles [sɛ̃-] ou **Saintrailles** (Jean POTON DE), maréchal de France (v. 1400-1461). Compagnon de Jeanne d'Arc, notamment au siège d'Orléans, il continua la lutte contre les Anglais, mais échoua devant Rouen (1437). Il conquit par la suite la Guyenne.

Xanthe ou **Xanthos,** autre nom du SCAMANDRE.

Xanthi ou **Xante,** v. de Grèce (Thrace) ; 26 400 h. Tabac.

Xanthippe, femme de Socrate, connue pour son humeur acariâtre.

Xanthippos, général lacédémonien (IIIe s. av. J.-C.). Au service de Carthage, il captura Regulus.

xanthome [gzɑ̃tɔm] n. m. (gr. *xanthos,* jaune, et suffixe *ome,* signif. « tumeur »). Tumeur bénigne, cutanée ou sous-cutanée, de couleur jaune, et contenant essentiellement du cholestérol. (Le xanthome peut être seul ou multiple ; il constitue la *xanthomatose,* affection qui est souvent familiale.)

xanthophylle [gzɑ̃tɔfil] n. f. (gr. *xanthos,* jaune, et *phullon,* feuille). Pigment jaune des cellules végétales, accompagnant la chorophylle et habituellement masqué par elle.

Xe, symbole chimique du *xénon.*

Xenakis (Yannis), compositeur français d'origine grecque, né à Brăila (Roumanie) en 1922. Architecte et musicien, il a travaillé avec Le Corbusier et O. Messiaen. Sa musique, dite « stochastique », utilise des sons non traditionnels et proches du bruit. Mathématicien, il se réclame, dans ses partitions, d'un certain romantisme, qui s'exprime dans les œuvres suivantes : *Metastasis* (1954), *Pithoprakta* pour 50 instruments (1956), *Stratégie* pour 2 orchestres et 2 chefs (1962), *Terrêtektorh* pour 88 musiciens (1966).

Xénocrate, philosophe grec, né à Chalcédoine (v. 400-314 av. J.-C.). Il fut disciple de Platon, dont il s'efforça de concilier les doctrines avec le pythagorisme.

xénon [ksenɔ̃] n. m. Un des gaz rares de l'atmosphère, où il se trouve en quantités infimes (symb. : Xe).

Xénophane, philosophe grec, fondateur de l'école d'Elée, né à Colophon vers la fin du VIe s. av. J.-C., auteur d'un poème sur *la Nature* dont nous possédons quelques fragments.

monnaie perse achéménide à l'effigie de Xerxès Ier

xénophile [ksenɔfil] adj. et n. (gr. *xenos,* étranger, et *philos,* qui aime). Qui aime les étrangers.

xénophilie n. f. Sympathie pour les étrangers.

xénophobe [ksenɔfɔb] adj. et n. (gr. *xenos,* étranger, et *phobos,* effroi). Qui déteste les étrangers.

xénophobie n. f. Haine des étrangers.

Xénophon, philosophe et écrivain grec, né dans le dème d'Erkhia, près d'Athènes (v. 430 av. J.-C.-v. 355). Il suit d'abord les leçons de Prodicos, puis s'attache à Socrate. En 401, il part pour l'Asie Mineure avec un de ses amis, le Thébain Proxenos, et accompagne l'armée que Cyrus le Jeune conduit contre son frère Artaxerxès. Après l'échec de l'expédition et l'assassinat des chefs des mercenaires, il est élu général et dirige la retraite, qu'il raconte dans *l'Anabase.* Banni par les Athéniens, il passe au service de Sparte, combat à Coronée, puis s'installe à Scillonte, en Elide. C'est là qu'il compose la plupart de ses ouvrages. En 371, une guerre entre Sparte et Elis l'oblige à se retirer à Corinthe. Ses compatriotes rapportèrent vers 365 le décret d'exil qui l'avait frappé, mais on ne sait s'il retourna en Attique. Ses nombreux ouvrages nous sont presque tous parvenus. Deux sont d'authenticité suspecte, *la République d'Athènes* et le traité de *la Chasse.* Esprit curieux plus que profond, bon témoin des choses de son temps, Xénophon est l'auteur de traités relatifs à Socrate (*l'Apologie de Socrate ; les Mémorables*), de récits historiques (*les Helléniques*), d'ouvrages d'économie domestique et de politique (*l'Economique, la Constitution de Sparte, Hiéron, les Revenus*), d'essais techniques (*De l'équitation, l'Hipparque*), d'un roman historique et philosophique (*la Cyropédie*).

Xeres. V. JEREZ DE LA FRONTERA.

xérès [kerɛs *ou* xerɛs] n. m. Vin très estimé, récolté à Xérès (Jerez), en Andalousie.

Xérocopie n. f. (marque déposée). *Arts graph.* Procédé d'impression sans contact, fondé sur l'attraction électrique entre le support à imprimer et une poudre remplaçant l'encre.
— ENCYCL. Dans la *Xérocopie,* qui est une variante de la Xérographie, l'image à reproduire est projetée sur la surface d'une plaque enduite de sélénium et chargée positivement par passage sous des fils conducteurs d'électricité. La plaque se décharge dans les zones éclairées et conserve sa charge dans les zones non éclairées, correspondant à l'image. Une poudre chargée négativement adhère à l'image latente positive. On place alors au-dessus de la plaque une feuille de papier. Celle-ci reçoit une charge positive et attire la poudre, qui est fixée à la surface du papier par un rapide chauffage.

xérodermie [kserɔdɛrmi] n. f. Maladie congénitale, qui se traduit par un durcissement de la peau avec desquamation.

Xérographie n. f. (marque déposée). *Arts graph.* Procédé d'impression sans contact.
— ENCYCL. La *Xérographie* est fondée d'une part sur la photoconductivité, qui est la propriété de certaines matières, telles que le sélénium, de devenir conductrices sous l'action de la lumière, d'autre part sur l'attraction entre deux corps chargés d'électricité statique de signes différents. Elle permet de prendre des images, de reproduire des documents et d'imprimer à sec, avec des poudres spéciales.

xérophile [kserɔfil] adj. Se dit d'une plante adaptée aux climats secs, désertiques.

xérophtalmie [kserɔftalmi] n. f. (gr. *xeros,* dur, et *ophthalmos,* œil). Diminution de la transparence de la cornée, provoquée par la carence en vitamine A ou par une anomalie de sécrétion ou d'excrétion des larmes.

Xertigny (88220), ch.-l. de c. des Vosges (arr. d'Epinal) ; 3 224 h. (1 909 aggl.). Brasserie. Laiterie.

xérus [kserys] n. m. Rongeur d'Afrique voisin de l'écureuil, et appelé usuellement *rat palmiste.* (Long. 20 cm, sans la queue.)

Xerxès Ier (v. 519-465 av. J.-C.), roi de Perse de 486 à 465 av. J.-C., fils de Darios Ier. Après avoir soumis l'Egypte révoltée, il reprit contre les Grecs les projets de son père, envahit l'Attique, battit Léonidas aux Thermopyles et ruina Athènes ; mais il fut vaincu à Salamine et dut regagner l'Asie. Il fut assassiné par un de ses courtisans. — XERXÈS II, roi de Perse en 424 ; il régna quarante-cinq jours.

xi [ksi] n. m. Quatorzième lettre de l'alphabet grec (ξ), correspondant à l'*x.*

ximenia [ksimenja *ou* gzi-] n. m. Plante des régions tropicales, à fruits comestibles, appelée aussi *prunier de mer.*

Xingu (le), riv. du Brésil, affl. de l'Amazone (r. dr.) ; 1 980 km.

xiphoïde [ksifɔid] adj. m. (gr. *xiphos,* épée, et *eidos,* aspect). *Anat.* Se dit de l'appendice qui constitue la partie inférieure du sternum.

xiphoïdien, enne adj. Relatif à l'appendice xiphoïde.

xiphophore [ksifɔfɔr] ou **xipho** n. m. Poisson de coloration variée, atteignant de 6 à 10 cm de long, originaire du Mexique, très fécond et souvent élevé en aquarium à 20-24 °C. (Son autre nom de PORTE-GLAIVE est dû au lobe inférieur long et pointu de la queue du mâle.)

Xsosas, ethnie africaine appartenant au groupe ngoni*.

Xylander, nom hellénisé de **Wilhelm Holzmann,** humaniste allemand, né à Augsbourg (1532-1576). Il a publié de nombreuses éditions d'auteurs grecs et latins, ainsi que divers traités philosophiques et historiques (*Institutiones aphoristicae logicae Aristotelis,* 1577).

xylène [ksilɛn] n. m. (du gr. *xulon,* bois). Hydrocarbure benzénique extrait du goudron de houille.

xylidine n. f. Amine dérivée du xylène, utilisée dans la fabrication des colorants.

xylocope [ksilɔkɔp] n. m. (gr. *xulon,* bois, et *koptein,* couper). Insecte voisin de l'abeille, à corps noir et ailes bleutées, appelé aussi *abeille charpentière,* parce qu'il creuse son nid dans le bois. (Long. 3 cm ; ordre des hyménoptères ; famille des apidés.)

xylographe n. (gr. *xulon,* bois, et *graphein,* graver). Graveur sur bois.

xylographie [ksilɔgrafi] n. f. Art de graver sur bois. ‖ Impression à l'aide de caractères en bois ou de planches gravées. (V. *encycl.*)
— ENCYCL. La *xylographie,* appelée *impression tabellaire,* en usage en Chine depuis le VIe s., s'est développée en Europe à partir du XIIe s. Au XIVe s., elle fut régulièrement appliquée à la production de livres dans la plupart desquels le texte ne sert que de légende à l'image : on n'utilisait qu'un côté de la page et l'on collait ensemble les versos des deux pages. Par la suite les plus grands maîtres, entre autres Dürer et Holbein, pratiquèrent la gravure sur bois.

xylographique adj. Relatif à la xylographie.

xylol n. m. Xylène brut.

xylophage [ksilɔfaʒ] adj. et n. (gr. *xulon,* bois, et *phagein,* manger). Se dit des animaux qui se nourrissent de bois (vif, mort ou ouvré) et y creusent des galeries.
— ENCYCL. Les *xylophages* (termites, lucanes, bostryches, scolytes, vrillettes, parmi les insectes ; tarets parmi les mollusques) peuvent nuire gravement aux forêts, aux charpentes, aux installations portuaires ou aux meubles. Aucun d'entre eux n'est capable par lui-même de digérer la cellulose et la lignine ; tous hébergent dans leur tube digestif de gros protistes flagellés ou ciliés, qui, à leur tour, hébergent des bactéries. L'insecte fragmente et ingère le bois, le protiste amorce la digestion, et la bactérie l'achève.
Les protistes digèrent une partie de la population bactérienne, et l'insecte digère une partie de sa population de protistes. Seule cette triple symbiose (parfois remplacée par l'action d'une levure) permet l'utilisation nutritive du bois.

xylophone [ksilɔfɔn] n. m. (gr. *xulon,* bois, et *phônê,* voix). Instrument de musique composé de plaques de bois ou de métal d'inégale longueur, portées sur deux appuis, et sur lesquelles on frappe avec deux baguettes de bois. (V. illustr. PERCUSSION.)

xyste [ksist] n. m. Chez les Grecs, galerie couverte d'un gymnase, où les exercices avaient lieu en hiver.

xérus

Phot. B. N., Varin-Jacana.

y Y

y [igrɛk] n. m. Vingt-cinquième lettre de l'alphabet et sixième des voyelles. (L'*y* consonne commençant un mot n'entraîne pas l'élision de la voyelle finale dans le mot précéd., sauf pour l'*yèble*, l'*yeuse*, l'*Yonne*.) ‖ En algèbre, **y** désigne une fonction de la variable *x* ou une seconde inconnue. ‖ — **Y,** symbole chimique de l'*yttrium*.

y [i] adv. de lieu (lat. *ibi*). Dans cet endroit-là : *allez-y*. ● *Il y a,* il est, il existe. ‖ — Pr. pers. A cela, à cette personne-là : *ne vous y fiez pas*.

Y (*golfe de l'*). Voir IJ.

yacht [jak *ou* jakt ; *ou* jot] n. m. (mot néerl.). *Mar.* Navire de plaisance, à voiles ou à moteur, dont l'usage est venu des Pays-Bas.
— ENCYCL. Les *yachts* de croisière, de dimensions variables, sont des voiliers à moteur auxiliaire ou des navires à moteur. Le voilier de croisière possède un ou deux mâts, rarement trois, à gréement Marconi. Il doit avoir une tenue à la mer excellente et posséder des aménagements confortables pour permettre à son équipage de vivre à bord dans de bonnes conditions.
Les yachts à voiles de régate pure sont divisés en séries et font l'objet de réglementations très précises. Les séries monotypes englobent en général les petits yachts ; les plus grands constituent les séries à restriction et les séries handicap pour la course-croisière. Ce sont des bateaux spécialement dessinés pour la course, et la plupart ne comportent aucun aménagement.

yacht-club n. m. Association ayant pour objet la pratique des sports nautiques, en particulier du yachting. ‖ Pl. des *yacht-clubs*.

yachting [jaktiŋ ; *ou* jotiŋ] n. m. Pratique de la navigation de plaisance sous toutes ses formes. (On réserve parfois le terme de *yachting* à la seule navigation à voile, celui de *motonautisme* étant employé pour désigner la navigation de plaisance sur bateaux à moteur.) [V. MONOTYPE.]

yachtman ou **yachtsman** [jakman] n. m. Homme adonné au yachting. (Au fém. *yachtwoman* ou *yachtswoman*.) ‖ Pl. angl. des *yachtsmen ;* des *yachtswomen*.

yack ou **yak** [jak] n. m. (mot tibétain). Ruminant à long pelage, vivant au Tibet à 5 000 m d'altitude, et utilisé comme animal de bât.

Yafo. V. JAFFA.

Yahata ou **Yawata,** anc. v. du Japon, auj. intégrée à Kita Kyū shū. Centre sidérurgique.

Yahvé (« Celui qui est »), nom propre de Dieu dans la Bible.

Yakoutie. V. IAKOUTIE

Yale (*université*), université américaine, fondée en 1701 à New Haven. Elle doit son nom à Elihu *Yale,* l'un de ses principaux bienfaiteurs.

Ya-long-kiang (le), riv. de la Chine centrale, affl. du Yang-tseu (r. g.) ; 1 300 km.

Ya-lou (le) ou **Yalu,** fl. tributaire de la mer du Japon, qui sépare la Chine de la Corée du Nord ; 790 km. Aménagements hydroélectriques.

Yalta, v. de l'U. R. S. S. (Ukraine), en Crimée, sur la mer Noire ; 34 100 h. Station balnéaire. Une conférence s'y tint entre Churchill, Roosevelt et Staline (1945), afin de coordonner les efforts contre l'Allemagne et de prendre des décisions destinées aux règlements de la paix.

Yalu. V. YA-LOU.

Yamagata, v. du Japon (Honshū) ; 201 000 h. Textiles.

Yamagata (Aritomo), maréchal et homme politique japonais, né à Hagi (1838-1922). Après avoir participé à la campagne contre la Chine (1894), il devint chef du gouvernement (1898-1900), puis chef d'état-major général pendant la guerre russo-japonaise (1904-1905) et enfin président du Conseil secret d'Etat (1905-1913).

Yamaguchi, v. du Japon (Honshū) ; 99 000 h. Textiles artificiels.

Yamamoto (Isoroku), amiral japonais, né à Nagaoka (1884-1943). Commandant en chef de la flotte de combat en 1939, il dirigea en 1941 l'attaque contre Pearl Harbor, puis les opérations contre les Américains dans le Pacifique.

Yamunā. V. JAMNA.

Yanaon, auj. **Yanam,** un des anc. établissements français de l'Inde, sur la côte de Coromandel ; 6 800 h. Rattaché à l'Inde en 1954.

Yang-tcheou, v. de Chine (Kiang-sou) ; 180 000 h.

Yang-tseu-kiang (le), **Yang-tseu** ou **fleuve Bleu,** le plus long fleuve de Chine ; 5 500 km. Né au Tibet, le Yang-tseu traverse en gorges le Yun-nan et les Alpes du Sseu-tch'ouan, avant de déboucher dans le Bassin* rouge. S'encaissant de nouveau et coupé de rapides jusqu'à Yi-tch'ang, il devient, en aval, une grande artère navigable accessible aux navires de mer. Après avoir arrosé Wou-han et Nankin, il rejoint la mer de Chine orientale par un estuaire, au sud duquel est établi Chang-hai. Drainant un bassin de l'ordre de 2 millions de kilomètres carrés, peuplé par plus de 200 millions de personnes, le Yang-tseu est l'axe vital de la Chine centrale.

Yang-ts'iuan, v. de Chine (Chan-si) ; 177 400 h.

Yankees [jãki] n. pl. Nom donné par les Anglais aux colons révoltés de la Nouvelle-Angleterre, puis par les sudistes aux nordistes et, depuis, appliqué aux habitants anglo-saxons des Etats-Unis. ‖ — Adj. : *mœurs yankees*.

Yao, v. du Japon (Honshū) ; 197 000 h.

Yaoundé, cap. du Cameroun, reliée par chemin de fer à Douala ; 101 000 h. Archevêché.

yaourt [jaurt] n. m. V. YOGOURT.

yard [jard] n. m. (mot angl.). Unité de mesure de longueur anglo-saxonne, valant 0,914 m. (Il existe également le *square yard,* ou *yard carré,* valant 0,836 m², et le *cubic yard,* ou *yard cube,* valant 0,764 m³.)

Yarkand ou **So-tch'ö,** v. de Chine (Sin-kiang) ; 80 000 h. Oasis.

Yarmouth ou **Great Yarmouth,** port d'Angleterre (comté de Norfolk), sur la mer du Nord ; 52 900 h. Pêche.

yatagan [jatagã] n. m. (turc *yatağan*). Sabre incurvé en deux sens opposés, qui était en usage chez les Turcs et les Arabes.

Yatsushiro, port du Japon (Kyū shū) ; 103 000 h.

Yawata. V. YAHATA.

yawl [jɔl] n. m. (mot angl.). Cotre muni d'un tape-cul, portant une petite voile.

Yazd. V. YEZD.

Yazdgard, nom des trois sassanides de Perse (Vᵉ-VIIᵉ s.).

Yb, symbole chimique de l'*ytterbium*.

yearling [jœrliŋ] n. m. (mot angl. signif. *d'un an*). Cheval de pur sang, âgé d'un an.

Yeats (William Butler), écrivain irlandais, né à Sandymount, près de Dublin (1865-1939). Fils d'un portraitiste célèbre, il fonde à Londres une société littéraire irlandaise et publie des poèmes et des pièces en vers où il donne libre cours à ses tendances mystiques (*les Pérégrinations d'Oisin,* 1889 ; *la Comtesse Cathleen,* 1892 ; *le Pays du désir du cœur,* 1894). Rentré en Irlande en 1896, il prend part au mouvement de renaissance littéraire de son pays et en devient bientôt le chef. Avec lady Gregory, il fonde le « Théâtre littéraire irlandais », qui joue les pièces de Synge, de Moore, etc. Lui-même donne à la scène *Deirdre* (1907), tout en participant activement aux luttes politiques. Membre du Sénat de 1922 à 1928, il abandonne la vie publique en 1930 et se consacre entièrement à son art. Il publie des essais (*Pièces et controverses,* 1923) et des drames (*le Chat et la Lune,* 1924), tout en affirmant dans ses poèmes sa croyance à l'existence du monde surnaturel des légendes et des puissances occultes (*Sept Poèmes et un fragment,* 1927 ; *la Tour,* 1927 ; *l'Escalier tournant,* 1929). [Prix Nobel, 1923.]

yèble [jɛbl] n. f. *Bot.* V. HIÈBLE.

yacks

Yellowknife, localité du Canada (Territoires du Nord-Ouest), sur la rive nord du grand lac de l'Esclave. Anciennes exploitations d'or.

Yellowstone (le), riv. des Etats-Unis, affl. du Missouri (r. dr.), qui traverse le *parc national de Yellowstone* (Wyoming), aux nombreux geysers ; 1 600 km.

Yémen (*République arabe du*), Etat d'Asie, dans le sud de l'Arabie, sur la mer Rouge ; 195 000 km² ; 5 000 000 d'hab. (*Yéménites*). Cap. *Sana*. Langue : *arabe*.

Géographie.

Le pays juxtapose trois régions très différenciées. En retrait d'une côte basse, bordée de récifs coralliens, se développe la plaine de la Tihāma. Chaude et malsaine, elle est peu peuplée, mais elle porte cependant des cultures de riz, de tabac et de canne à sucre, ainsi que des plantations de palmiers-dattiers et de bananiers. Elle est dominée par un massif montagneux, partiellement volcanique, qui s'élève par gradins et correspond au soulèvement (et au basculement vers le nord-est) du socle arabique. A des latitudes sahariennes, l'altitude (3 760 m à l'ouest de Sana) assure des précipitations relativement abondantes. C'est la partie vitale du pays, qui associe productions vivrières (blé, patate) et commerciales (plantes stupéfiantes [qāt] et surtout café). A l'est, les plateaux, inclinés vers la cuvette du Rub 'al-Khālī sont franchement désertiques. En dehors de quelques oasis, ce sont des terres de parcours pour les ovins et les chameaux élevés par les tribus de Bédouins. L'industrie, à l'exception de l'artisanat (cotonnades), est inexistante. Le café assure la moitié des exportations. Il a été à la base de la prospérité de Moka, mais Hodeïda est aujourd'hui le principal port du pays et la seule ville importante en dehors des cités de la montagne (Sana, Ta'izz).

Histoire.

Le Yémen fit partie du royaume de Saba (IIIᵉ s. av. J.-C.) et bénéficia de l'essor commercial de ce pays. Au VIᵉ s. apr. J.-C., il fut conquis par le roi d'Ethiopie, puis par le roi de Perse. L'islām y fut introduit dès le VIIᵉ s. ; des dynasties locales s'y succédèrent. Bien qu'incorporé à l'Empire ottoman en 1570, le Yémen conserva une indépendance de fait, qu'il maintint après l'effondrement de l'Empire (1919). En 1945, il adhéra à la Ligue arabe. En 1962, un coup d'Etat militaire déposa l'imām et établit un gouvernement républicain. Mais, bien que soutenu par l'Egypte, celui-ci n'a pu venir à bout des royalistes, soutenus par l'Arabie Saoudite et la Grande-Bretagne. Un accord de cessez-le-feu entre les deux partis est intervenu en 1965 et la Constitution de 1970 confirme la forme républicaine de l'Etat.

Yémen : une vue de Sana

Phot. Basseau, Pingault.

Yémen : le port d'Aden

Yémen (*République démocratique et populaire du*), anc. **Yémen du Sud** et **Arabie du Sud**, Etat de l'Asie occidentale, dans le sud de l'Arabie, sur le golfe d'Aden ; 287 700 km² ; 1 470 000 h. Cap. *Al-Cha 'ab*.
Le nouvel État est formé d'une étroite plaine littorale dominée par des montagnes granitiques et calcaires, plus doucement inclinées vers la cuvette du Rub 'al-Khālī. Si les montagnes reçoivent quelques pluies de mousson, le reste du pays est désertique et torride. Aden reçoit seulement 40 mm de pluies en moyenne par an ; la moyenne thermique mensuelle la plus basse dépasse 25 °C, et la température se maintient au-dessus de 30 °C la moitié de l'année. La population se concentre sur le littoral, en particulier dans l'agglomération d'Aden, qui regroupe plus du quart du total. La pêche est la ressource essentielle des régions côtières, et l'élevage nomade des ovins et des chameaux celle de l'intérieur. Les cultures (mil, coton, blé, fruits) n'occupent que quelques oasis.
Indépendant en 1967 sous le nom de « République populaire du Yémen du Sud », l'Etat a pris son nom actuel en 1970. Il correspond aux anciens territoires sous tutelle britannique qui formaient la colonie et les protectorats d'Aden. Son régime est de type socialiste et il reçoit l'aide à la fois de l'U. R. S. S. et de la Chine.

yen [jɛn] n. m. Unité monétaire principale au Japon (symb. : Y), divisée en 100 sen.

Yenne (73170), ch.-l. de c. de la Savoie (arr. de Chambéry) ; 1 936 h. (1 029 aggl.).

Yen-t'ai, anc. **Tche-fou,** port de Chine (Chan-tong) ; 227 000 h.

yeoman [joman] n. m. En Angleterre, franc tenancier, petit propriétaire. ‖ Pl. des *yeomen*.

yeomanry n. f. (mot angl.). Anc. formation territoriale de l'armée anglaise.
— ENCYCL. Créée à la fin du XVIIIe s. pour la défense du territoire, la *yeomanry* se recrutait par engagements volontaires parmi les propriétaires et les fermiers possesseurs de chevaux, qu'ils amenaient au corps. Après avoir été utilisées comme infanterie montée lors de la guerre des Boers, ces unités formèrent, pendant la Première Guerre mondiale, des régiments qui servirent principalement sur le front d'Orient et en Palestine. Versés ensuite dans l'armée territoriale, ces régiments furent, en 1939, incorporés à l'armée régulière.

Yermak ou **Iermak,** hetman des Cosaques du Don (m. en 1585). Il étendit les possessions russes de l'Oural à l'Irtych.

Yerres (91330), comm. de l'Essonne (arr. d'Evry), sur l'*Yerres ;* 18 482 h. (*Yerrois*). Anc. abbaye.

Yersin (Alexandre), bactériologiste français d'origine suisse, né à Aubonne (Doubs) [1863-1943]. Collaborateur d'Emile Roux, il participa à la découverte de la toxine diphtérique. Parti pour Hongkong, il y découvrit le microbe de la peste, puis fabriqua le sérum antipesteux.

Yersin (*bacille de*), bacille de la peste découvert en 1894 à Hongkong par Alexandre Yersin.

Yerville (76760), ch.-l. de c. de la Seine-Maritime (arr. de Rouen) ; 1 381 h.

Yeso, anc. nom d'*Hokkaidō**.

Yeu (*île d'*), île de la côte française de l'Atlantique (Vendée), formant le canton de *L'Ile-d'Yeu* (arr. des Sables-d'Olonne) ; 4 739 h. V. pr. *Port-Joinville*. Pêche.

yeuse [jøz] n. f. (du provenç. *euze ;* du lat. *ilex*). Syn. de CHÊNE VERT.

yeux [jø] n. m. pl. Pl. de *œil*.

Yèvre, affl. du Cher, passant à Bourges (r. dr.) ; 67 km.

yé-yé [jeje] adj. et n. *Fam.* Nom donné à la jeunesse excentrique et tapageuse aux alentours des années 1964.

Yezd ou **Yazd,** v. de l'Iran, à l'est d'Ispahan ; 93 200 h.

yiddish [jidiʃ] adj. et n. m. Langue judéo-allemande.

Yi king, l'un des cinq livres « classiques » chinois, constituant essentiellement un manuel de divination.

Ying-k'eou, port de Chine (Leao-ning) ; 158 500 h.

Yin-tch'ouan, v. de Chine, cap. de la région autonome de Ning-hsia ; 120 000 h.

Yi-pin, v. de Chine (Sseu-tch'ouan) ; 177 500 h.

Yis ou **Lolos,** ethnie du sud de la Chine, dont la langue appartient au groupe tibéto-birman.

Yi-tch'ang, en angl. **Ichang,** v. de Chine (Hou-pei), sur le Yang-tseu-kiang, en aval des gorges qui interrompent la navigation ; 108 000 h.

Ymer ou **Ymir,** géant de la mythologie du Nord.

yod [jɔd] n. m. Nom donné en linguistique à la semi-voyelle [j], transcrite *i* ou *y*, dans les diphtongues *mien* [mjɛ̃], *lia* [lja], *myokinétique* [mjɔ].

Yof, village du Sénégal. Aéroport de Dakar.

yoga [jɔga] n. m. Système philosophique de l'Inde, qui fait consister l'état parfait dans la contemplation, l'immobilité absolue, l'extase, les pratiques ascétiques.

yogi [jɔgi] n. m. Ascète indien, parvenu à la sagesse par la pratique du yoga.

yogourt [jɔgurt] ou **yaourt** [jaurt] n. m. (mot bulgare). Lait caillé par le ferment lactique, mets national des montagnards bulgares.

Yokkaichi, port du Japon (Honshū) ; 230 000 h.

Yokohama, v. du Japon (Honshū), sur le Pacifique ; 2 047 000 h. Sur la baie de Tōkyō, à l'extrémité méridionale de la région urbaine de Tōkyō, Yokohama est l'un des principaux ports du Japon et un grand centre industriel (métallurgie, chimie, textile).

Yokosuka, port du Japon (Honshū), sur la baie de Tōkyō ; 340 000 h.

Yolande d'Aragon, reine de Sicile (XVe s.). Epouse de Louis II de Sicile, elle fut la mère de Louis III et de René Ier, rois de Sicile, et de Marie d'Anjou, reine de France.

yole [jɔl] n. f. (du danois *jolle*). *Mar.* Embarcation légère et allongée, d'un faible tirant d'eau, propulsée à l'aviron.

Yonkers, v. des Etats-Unis (New York), sur l'Hudson ; 190 600 h. Textiles.

Yonne, riv. du Bassin parisien, affl. de la Seine (r. g.), à Montereau ; 295 km. Issue du Morvan, l'Yonne coule en amont sur des terrains imperméables à forte pente et elle a des crues brutales ; c'est l'élément perturbateur du bassin de la Seine. Elle passe à Auxerre et Sens.

Yonne (*dép. de l'*) **[89]**, dép. du sud-est du Bassin parisien ; préf. *Auxerre ;* s.-préf. *Avallon, Sens ;* 3 arr., 36 cant., 482 comm. ; 7 425 km² ; 290 818 h. (*Yonnais*). Le dép. est formé de plateaux et de plaines calcaires (*Sénonais, Auxerrois, Tonnerrois*) voués surtout aux cultures céréalières, localement à la vigne (Chablis), ou argileux et marneux (*pays d'Othe, Puisaye, Terre Plaine*), région d'élevage bovin. La *vallée de l'Yonne,* voie de passage importante (ainsi que la vallée de l'Armançon), est jalonnée par les principales villes (Auxerre et Sens) et juxtapose peupleraies et prairies. L'industrie emploie plus du tiers de la population active (soit sensiblement plus que l'agriculture). Elle est représentée principalement par le travail du bois, des constructions mécaniques et électriques, des usines alimentaires. Sa faiblesse explique la persistance de l'émigration.

Yorck (Ludwig), comte DE WARTENBURG, feld-maréchal prussien d'origine anglaise, né à Potsdam (1759-1830). Il joua un rôle important dans la réorganisation de l'armée prussienne après Tilsit. Il commanda en 1812 le corps prussien qui prit part à la campagne française de Russie et prépara le changement de camp de l'armée (convention de Tauroggen avec les Russes, déc. 1812).

Yorick, bouffon du roi de Danemark. Dans la scène des fossoyeurs de l'*Hamlet* de Shakespeare, Hamlet retrouve le crâne de Yorick.

York, v. d'Angleterre, ch.-l. du *Yorkshire,* sur l'Ouse ; 105 500 h. Cathédrale des XIe-XIVe s. (parties en style *orné,* vitraux). Constructions mécaniques.

York, branche de la maison royale d'Angleterre (Plantagenêts), qui eut pour tige Edmond de Langley, duc d'York, cinquième fils d'Edouard III. Elle disputa le trône aux Lancastre (guerre des *Deux-Roses*), fournit trois rois à l'Angleterre (Edouard IV, Edouard V, Richard III) et fut supplantée par les Tudors. Le père d'Edouard IV, Richard, duc d'York (1411-1460), joua un rôle politique important sous le règne d'Henri VI. Depuis le XVIe s., le titre de *duc d'York* est donné aux seconds fils des rois d'Angleterre.

York (Frédéric, *duc* D'), né à Londres (1763-1827), général anglais, fils de George III. Commandant en chef des forces britanniques en 1798, il fut battu plusieurs fois par les Français.

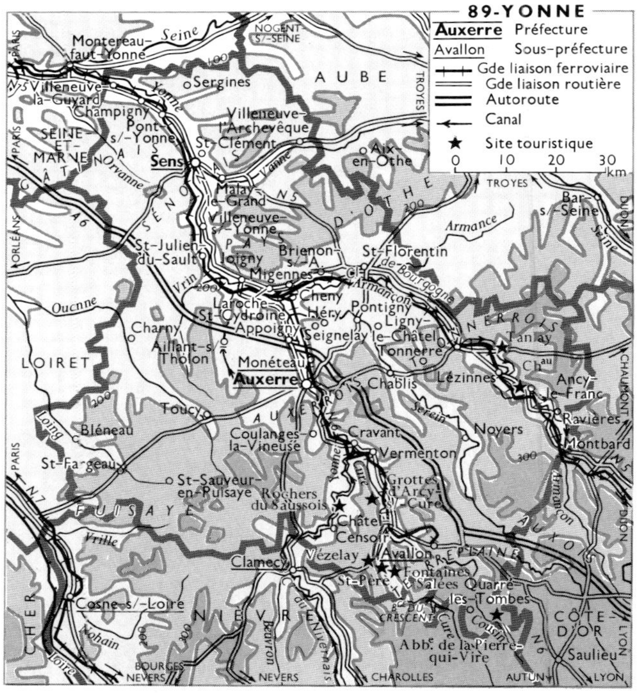

Phot. Roger-Viollet.

la cathédrale d'**York**

Yorkshire, comté du nord-est de l'Angleterre ; 4 917 000 h. Il est divisé en trois parties : *East Riding, North Riding* et *West Riding*. Houille.

Yorkshire (*races porcines du*), races anglaises de porcs blancs (*little-white, middle-white* et *large-white*) issues d'une race locale améliorée par croisements. Le porc large-white yorkshire, précoce, rustique et musclé, est très répandu en France.

Yorktown, village des Etats-Unis (Virginie), au sud-est de Richmond ; 400 h. En 1781, Washington et Rochambeau y cernèrent et firent prisonniers lord Cornwallis et son armée.

Yoroubas ou **Yorubas,** peuple de l'Afrique occidentale vivant dans le sud-ouest du Nigeria, au Dahomey et au Togo, et rattaché à l'islām. Ils possèdent une civilisation très ancienne (v. IFE). Ils comptent environ 5 millions de représentants au Nigeria, et 350 000 au Dahomey (1968). Leur opposition ethnique aux Ibos* est l'un des facteurs qui provoquèrent le conflit du Nigeria en 1968 (v. BIAFRA).

Yosemite Valley, vallée de Californie, sur le versant occidental de la Sierra Nevada, à l'intérieur du *Yosemite National Park*. Sites pittoresques.

Yoshitsune, le plus populaire des héros japonais (1159-1189), de la famille des Minamoto.

yougoslave [jugɔslav] adj. et n. De Yougoslavie.

Yougoslavie (*République socialiste fédérative de*), en serbo-croate **Jugoslavija,** Etat de l'Europe centrale et méridionale, formé de six républiques : *Bosnie-Herzégovine, Croatie, Macédoine, Monténégro, Serbie* (avec les régions autonomes de la *Vojvodine* et de *Kosovo-Metohija*) et *Slovénie* ; 255 800 km² ; 20 550 000 h. (*Yougoslaves*). Cap. *Belgrade*. Langues : *serbe, croate, macédonien, slovène*.

Géographie.

Hétérogène par la composition de sa population, juxtaposant des régions naturelles (et économiques) très diverses, la Yougoslavie constitue un Etat original dont le rayonnement politique et économique déborde largement le cadre de ses frontières.

● *Géographie physique*. La Yougoslavie est méditerranéenne par l'étroite façade littorale, parsemée d'îles (archipel dalmate) sur l'Adriatique. De l'Istrie au lac de Shkodër prédominent les étés chauds et secs, favorables au vignoble et aussi au tourisme estival (Dubrovnik, Split). Plus à l'est, les chaînes Dinariques dressent une barrière continue de moyennes montagnes peu pénétrables, ouvertes seulement par quelques vallées (Neretva, Drina) entre les Alpes slovènes au nord et les massifs appartenant aux systèmes du Pinde et du Rhodope (séparés par le couloir du Vardar) en Macédoine. Le climat est beaucoup plus rude dans cet ensemble montagneux, qui occupe plus de la moitié de la superficie du pays et imprime à celui-ci son caractère balkanique. Les moyennes thermiques de janvier sont inférieures à 0 °C à Ljubljana et à Sarajevo, à 1 °C à Skopje, plus au sud. En revanche, les étés sont relativement chauds ; les moyennes de juillet approchent 20 °C dans les deux premières villes et 25 °C à Skopje. Les précipitations décroissent vers le sud et vers l'intérieur, passant de 1 350 mm à Ljubljana à 900 mm à Sarajevo et à 520 mm à Skopje. La forêt est la forme de végétation dominante. Inégalement conservée, elle occupe tout de même encore au moins le tiers de la superficie totale du pays. Au nord de la Save, la Yougoslavie pannonienne se rattache à l'Europe centrale ; c'est une région de plaines moyennes, accidentées de quelques pointements cristallins (Papuk), et au climat continental accentué vers l'est. Les moyennes thermiques mensuelles oscillent entre 0 et 22 °C. Les précipitations, à dominante estivale, décroissent rapidement vers l'intérieur. Approchant 900 mm à Zagreb, elles sont inférieures à 700 mm à Belgrade.

● *Géographie humaine et économique*. La population est une mosaïque de nationalités qui explique la structure fédérale de l'ensemble. L'élément serbe (8 millions) domine largement devant le groupe croate (4,5 millions). A côté des ethnies correspondant aux diverses républiques subsistent encore d'importantes minorités (près de 1 million d'Albanais et plus de 500 000 Magyars). La population s'accroît d'environ 200 000 unités par an, différence résultant de l'écart entre taux de natalité (20 p. 1 000) et taux de mortalité (inférieur à 10 p. 1 000). Sa répartition varie en partie avec les conditions naturelles. La densité est de l'ordre de 80 h. au kilomètre carré en moyenne. Elle dépasse 90 h. dans la Serbie (Vojvodine incluse), formée en partie de plaines, mais est inférieure à 40 h. dans le Monténégro, entièrement montagneux. Le tiers de la population est urbanisé. Une dizaine de villes dépassent 100 000 h., parmi lesquelles cinq (sur six) capitales de républiques (Belgrade, Zagreb, Sarajevo, Skopje et Ljubljana).

L'agriculture emploie environ la moitié de la population active. Le secteur privé occupe 90 p. 100 des terres et comprend la même proportion d'exploitations. Il est pratiquement exclusif dans les régions montagneuses et les plateaux calcaires au nord de l'Istrie (Karst). Limité, le secteur socialisé (juxtaposant fermes d'Etat et diverses sortes de coopératives) assure une part importante de la production commercialisable (céréales principalement). Développé surtout dans les plaines, il bénéficie de la majeure partie de l'équipement moderne. Parmi les productions émergent nettement les céréales (blé et surtout maïs), provenant de la Yougoslavie pannonienne, et l'élevage, plus disséminé. Le vignoble est implanté sur le littoral dalmate et dans le Banat. Parmi les cultures industrielles, la betterave à sucre et le houblon sont souvent associés au blé dans la plaine pannonienne, où se maintient le chanvre. Le tabac est fourni par le Karst et la Macédoine. L'exploitation forestière est plus développée que la pêche.

L'industrie tend à constituer l'élément moteur de l'économie yougoslave. Socialisée, elle est caractérisée par l'autogestion* et par une certaine autonomie de l'entreprise dans une planification largement décentralisée. Elle s'est considérablement développée depuis 1945, favorisée par la richesse du sous-sol. La pauvreté en charbon (fourni surtout par l'Istrie) est compensée par l'abondance du lignite (provenant principalement de la Slovénie, de la Serbie et de la Bosnie). La production pétrolière (région de Zagreb) s'accroît rapidement. Une part notable de l'énergie consommée (plus de la moitié de la production globale d'électricité) est fournie par les aménagements hydro-électriques. La Yougoslavie est encore riche en fer (Bosnie), en bauxite (Dalmatie-Bosnie et Istrie), en cuivre (Bor, Majdanpek), en plomb (Trepča, Mezica), en zinc, en antimoine, en mercure, en molybdène, etc. Quelques industries clés émergent : la sidérurgie (Zenica, Jesenice, Skopje), l'aluminium (Kidričevo, en Slovénie) et le cuivre. Le raffinage du pétrole s'est implanté à Rijeka et à Sisak. L'industrie de transformation s'est rapidement diversifiée, notamment les constructions mécaniques (matériel de transport à Maribor et à Rakovica, tracteurs à Zemun), la chimie (plastiques à Split), et même le textile (Mostar).

La balance commerciale est assez sensiblement déficitaire (le taux de couverture des importations oscillant entre 70 et 80 p. 100). Parmi les exportations dominent les machines et les matériels de transport (près de 25 p. 100), ainsi que les produits alimentaires (viande surtout). Les importations sont caractérisées par une nette prépondérance des articles manufacturés, signe d'une industrialisation encore limitée. L'ouverture des échanges vers l'Ouest et l'Est est attestée par le fait que les Etats-Unis constituent le principal fournisseur et que l'U. R. S. S. est le premier client (l'Italie est cependant globalement le principal partenaire commercial du pays). Le déficit commercial est comblé par les revenus du tourisme (le nombre des visiteurs étrangers a doublé entre 1962 et 1965, dépassant 2,5 millions cette dernière année). La Yougoslavie n'est pas encore un pays économiquement très développé. Il n'en demeure pas moins que, par rapport au niveau d'avant-guerre (1939), le produit brut par tête a triplé (plus de 500 dollars), la production industrielle sextuplant. Le rythme d'accroissement du produit national brut depuis 1960, approchant 10 p. 100, autorise bien des espoirs.

Histoire.

Après la Première Guerre mondiale, les délégués de tous les pays slaves du Sud demandent leur réunion à la Serbie victorieuse. L'union est proclamée à Belgrade le 1er décembre 1918, et un royaume dit « des Serbes, Croates et Slovènes » est constitué au profit de Pierre Ier de Serbie. Les frontières du nouveau royaume sont délimitées par les traités de Neuilly (1919), de Saint-Germain (1919) et de Trianon (1920). Par celui de Rome (1924), l'Italie garde Fiume. En 1921 est votée une Constitution centraliste et parlementaire ; la même année,

Yougoslavie : vue de Dubrovnik

Phot. Wilson - Camera-Press, Stanimirovitch.

cultures près de Knin, en Croatie

village de Galičnik, en Macédoine

yucca

Alexandre Ier, qui exerçait déjà la régence, succède à son père, Pierre Ier. Suit une période troublée par les partis politiques et l'antagonisme entre Croates et Serbes. Pour réprimer les troubles, Alexandre Ier instaure un régime autoritaire (1929) et supprime le Parlement (1931). La même année, le royaume prend le nom de Yougoslavie. L'Entente balkanique, signée à Belgrade (1934), concrétise la politique de réconciliation de l'Etat avec ses voisins, mais le roi est assassiné à Marseille, et son fils Pierre II règne sous la régence du prince Paul. Celui-ci se rapproche des régimes totalitaires; il signe des pactes d'amitié avec la Bulgarie et l'Italie (1937), ainsi qu'un accord commercial avec l'Allemagne (1938). Un nouvel accord avec celle-ci (1941) provoque une révolution à Belgrade : Pierre II prend le pouvoir et signe un pacte avec Moscou, mais les Allemands envahissent la Yougoslavie, qui est contrainte de capituler. La résistance aux Allemands est dirigée par le nationaliste Mihajlović et par le communiste Tito. Ce dernier, après la libération de Belgrade par l'armée rouge (1944), triomphe aux élections de l'année suivante. La nouvelle Assemblée proclame la république, qui devient en 1946, par une Constitution nouvelle, la République populaire fédérative de Yougoslavie. Le parti communiste élimine ses adversaires (Mihajlović et Mgr Stepinac) et procède à de profondes réformes intérieures : nationalisations, réforme agraire, priorité à l'industrie. Elu président, Tito, tout en restant fidèle au marxisme, assure la marche de la Yougoslavie vers le socialisme par ses voies propres, en dehors de toute dépendance à l'égard de l'U. R. S. S. Celle-ci excommunie Tito et pratique le blocus du pays. Depuis 1955, les relations entre les deux Etats se sont normalisées. A l'intérieur, le gouvernement, pour encourager le développement économique, décide de créer une motivation plus forte en instituant à tous les échelons l'autogestion. Il décide également de développer l'économie avec l'aide de l'Occident. A l'extérieur, Tito pratique une politique de détente : Trieste abandonnée à l'Italie (1953); alliance avec la Grèce et la Turquie (1954); il se fait le champion des nations non engagées. En avril 1963, la Yougoslavie prend le nom de République socialiste fédérative de Yougoslavie. En 1967, Tito, élu président pour la cinquième fois, normalise ses relations avec le Vatican. En 1975, il devient président à vie.

Young (Edward), poète anglais, né à Upham, près de Winchester (1683-1765). D'abord poète courtisan (*le Jugement dernier,* 1713), auteur dramatique (*Busiris,* 1719; *Vengeance,* 1721), il est déçu dans ses ambitions politiques et ecclésiastiques. Entré dans les ordres vers 1725, il se marie et voyage en France. En 1740, il a le malheur de perdre sa femme, son gendre et probablement sa fille naturelle, la mystérieuse « Narcissa ». Il se compose alors un personnage de pasteur inspiré qui s'abîme dans des méditations nocturnes et écrit les *Plaintes ou Pensées nocturnes sur la vie, la mort et l'immortalité* (1742-1745), plus connues sous le nom de *Nuits**. Ce long poème de près de dix mille vers inaugurait le genre sombre et mélancolique dont le romantisme devait hériter.

Young (Arthur), agronome anglais, né à Londres (1741-1820). Son *Voyage en France* (1792) est plein d'intérêt.

Young (Thomas), médecin et physicien anglais, né à Milverton (Somerset) [1773-1829]. Il découvrit l'accommodation du cristallin et le phénomène des interférences en optique.

Young (Brigham), chef mormon, né à Whittingham (Vermont) [1801-1877]. Successeur de Smith, il fonda La Nouvelle-Sion en 1847 (auj. Salt Lake City).

Young (Lester), musicien de jazz américain, né à Woodville (Mississippi) [1909-1959], saxophoniste, clarinettiste et compositeur. Celui qu'on nomma le « Président » fut le premier saxophoniste-ténor qui échappa à l'influence de Coleman Hawkins. Il fut soliste dans l'orchestre de Count Basie et participa aux tournées du Jazz at the Philharmonic. Par la souplesse, la fluidité, la relaxation de son style et la nouvelle conception de son jeu swing, il peut être considéré comme le père spirituel du jazz cool.

Young (*plan*), plan élaboré en 1929, à Paris, par un comité d'experts présidé par le financier américain D. *Young,* et destiné à régler le paiement des réparations dues par l'Allemagne.

Youngstown, v. des Etats-Unis (Ohio), sur le Mahoning; 165 000 h. Métallurgie.

youpin [jupɛ̃], **e** [-in] adj. et n. *Péjor.* S'est dit injurieusement d'un juif.

yourte ou **iourte** [jurt] n. f. Tente en feutre chez les Mongols.

Yousouf (Joseph VANTINI ou VANINI, dit), général français d'origine italienne, né dans l'île d'Elbe (v. 1810-1866). Il s'illustra pendant la conquête de l'Algérie.

Youssoufia, anc. **Louis-Gentil,** v. du Maroc; 8 300 h. Phosphates.

youyou [juju] n. m. Petite embarcation courte, large, manœuvrant à la voile ou à l'aviron et employée à divers services du bord.

Yo-Yo [jojo] n. m. inv. (marque déposée). Jouet consistant en un disque évidé comme une navette, que l'on fait monter et descendre le long d'une ficelle.

ypérite [iperit] n. f. (de *Ypres,* où elle fut employée pour la première fois en 1917). Liquide huileux utilisé comme gaz de combat (sulfure d'éthyle dichloré), suffocant et vésicant.
— ENCYCL. L'*ypérite,* qui souille le terrain, la peau et les vêtements, doit être traitée avec des désinfectants à base de chlorure de chaux. En raison de son odeur proche de celle de la moutarde, elle est souvent appelée *gaz moutarde.*

yponomeute n. m. V. HYPONOMEUTE.

Yport (76111), comm. de la Seine-Maritime (arr. du Havre); 1 193 h. Station balnéaire.

ypréau [ipreo] n. m. (de *Ypres,* où il se trouve en abondance). Peuplier blanc.

Ypres, en néerl. **Ieper,** v. de Belgique (Flandre-Occidentale); 18 500 h. (*Yprois*). Monuments du Moyen Age (halles, collégiale) reconstruits. Textiles.
● *Histoire.* Fondée au xe s., Ypres devint très vite une grande ville drapière. Ensanglantée par les luttes sociales entre patriciens et artisans, elle se révolta contre le comte de Flandre et combattit Philippe le Bel (Courtrai, 1302). Le sac de ses faubourgs par les Gantois (1383), puis l'essor d'Anvers contribuèrent à sa décadence en entraînant l'émigration de nombreux ouvriers. Ypres ne fut dès lors qu'un point stratégique très disputé (notamment durant la Première Guerre mondiale, où elle fut dévastée par l'artillerie allemande) et une ville touristique.

Ypsilanti ou **Hypsilanti,** famille phanariote dont plusieurs membres se distinguèrent. CONSTANTIN, né à Constantinople (1760-1816), drogman de la Porte et hospodar de Moldavie (1799-1801), puis de Valachie (1802), travailla à la libération de la Grèce. — ALEXANDRE, né à Constantinople (1792-1828), fils du précédent, prépara la révolte grecque contre la Turquie; les Turcs le battirent à Drăgăşani (1821). — DÉMÉTRIOS, né à Constantinople (1793-1832), frère du précédent, fut le chef des insurgés grecs (1821) et mena les derniers combats de la guerre d'Indépendance (1828). — NICOLAS (1798-1834), frère des précédents, commanda le « bataillon sacré » durant la guerre d'Indépendance.

Ys, cité légendaire bretonne, qui aurait été engloutie par les flots au IVe ou au Ve s.

Ysaye [izai] (Eugène), violoniste belge, né à Liège (1858-1931). L'un des plus grands interprètes de son époque, il a laissé sonates et concertos.

Ysengrin. V. ISENGRIN.

Yser, fl. côtier, né en France, qui entre en Belgique et rejoint la mer du Nord; 78 km. Sa vallée fut le théâtre de violents combats où les troupes belges, secourues par les troupes alliées, arrêtèrent les Allemands en octobre et novembre 1914. Les inondations de Nieuport à Dixmude fixèrent ensuite le front jusqu'en octobre 1918.

ysopet [izɔpɛ] n. m. Nom donné, au Moyen Age, à des recueils de fables imitées ou non d'Esope : *les ysopets de Marie de France.*

Yssel. V. IJSEL.

Ysselmeer. V. IJSELMEER.

Yssingeaux (43200), ch.-l. d'arr. de la Haute-Loire; 6 085 h. (3 781 aggl.) [*Yssingealois* ou *Yssingeaviers*]. Textiles. — L'arr. a 7 cant., 44 comm., 61 357 h.

Ystradyfodwg. V. RHONDDA.

ytterbium [itɛrbjɔm] n. m. (de *Ytterby,* village suédois). Métal (Yb) de numéro atomique 70, du groupe des terres rares.

yttria n. m. Oxyde naturel d'yttrium.

yttrialite n. f. Silicate naturel d'yttrium, de thorium, etc.

yttrifère adj. Qui contient de l'yttrium.

yttrium [itrijɔm] n. m. Métal (Y) de numéro atomique 39, du groupe des terres rares, accompagnant le cérium dans la plupart de ses minerais.

Yuan Che-k'ai, homme d'Etat chinois, né à Hsiang-ching (prov. du Ho-nan) [1859-1916]. En 1898, il favorisa le coup d'Etat réactionnaire de Ts'eu-hi. Exilé à la mort de celle-ci, il fut rappelé en 1911 pour lutter contre l'insurrection républicaine. Il s'entendit avec les républicains et se fit nommer président de la République (1913). En 1915, il tenta sans succès de se faire reconnaître empereur.

Yūbari, v. du Japon (Hokkaidō); 102 000 h. Houille.

Yucatán (le), presqu'île du Mexique, entre le golfe du Mexique et la mer des Antilles. Elle est constituée de bas plateaux calcaires, forestiers, peu peuplés, qui furent le centre de la civilisation des Mayas.

yucca [juka] n. m. (d'une langue indigène d'Amérique). Liliacée arborescente ornementale à fleurs blanches ou violettes, au port élégant rappelant celui d'un palmier. (La pollinisation est assurée par un papillon du genre *pronuba.*)

Phot. Ariel-Temporal, Doc. New Mexico St. Bureau, Stanimirovitch-Giraudon.

Yukawa (Hideki), physicien japonais, né à Tōkyō en 1907. En 1935, il émit l'hypothèse du méson pour expliquer la cohésion du noyau de l'atome ; cette particule fut découverte par la suite dans les rayons cosmiques. (Prix Nobel de physique, 1949.)

Yukon, (le), fl. de l'Amérique du Nord, tributaire de la mer de Béring ; 3 290 km. Il donne son nom à une division administrative de l'Alaska et à un territoire du Canada qui a 16 000 h. (ch.-l. *Whitehorse*). Richesses minières : or, argent, plomb, tungstène.

Yümen, centre pétrolier de Chine (Kansou).

Yun-kang, monastère de la Chine, près de Ta-t'ong (Chan-si). Il est creusé dans la falaise ; ses grottes sont ornées de sculptures (milieu du ve s.-milieu du vi^e^ s.).

Yun-nan, prov. de la Chine méridionale, aux confins de la Birmanie, du Laos et du Viêt-nam du Nord ; 19 100 000 h. Cap. *Kouen-ming*. C'est une région au relief très accidenté (l'altitude y dépasse généralement 2 000 m), ouverte vers l'Indochine par les grandes vallées encaissées du Mékong et du fleuve Rouge, et vers la Chine orientale par les gorges du Yang-tseu. Peuplé en partie de minorités ethniques, le Yun-nan juxtapose les productions tropicales (thé, canne à sucre, riz) et l'extraction minière (houille, minerais non ferreux). Le *chemin de fer du Yun-nan,* construit par les Français au début du XXe s., relie Kouen-ming à Hanoï.

Yun-nan-fou. V. KOUEN-MING.

Yunus Emre, poète mystique turc du début du XIVe s. Inspirateur de la poésie turque moderne, il est le héros de légendes nombreuses.

Yuste, monastère d'Espagne (Estrémadure), où se retira Charles Quint en 1556 et où il mourut (1558).

Yutz (57110), comm. de la Moselle (arr. de Thionville-Est), formée en 1971 par la fusion de *Basse-Yutz* et de *Haute-Yutz ;* 16 615 h. Métallurgie ; brasserie.

Yvain (Maurice), compositeur français, né à Paris (1891-1965), auteur d'opérettes (*Ta bouche*) et du ballet *Blanche-Neige*.

Yvain ou le Chevalier au lion, roman courtois de Chrétien de Troyes (v. 1177) ; un chevalier qui a délaissé la prouesse pour l'amour se lance dans de folles aventures pour reconquérir l'estime de sa dame. Ce poème, où le merveilleux celtique se mêle à l'analyse psychologique, est le modèle parfait du roman arthurien.

Yvelines (*dép. des*) [**78**], département s'étendant sur la partie ouest de l'anc. dép. de Seine-et-Oise. Préf. *Versailles ;* s.-préf. *Mantes-la-Jolie, Rambouillet, Saint-Germain-en-Laye ;* 4 arr., 31 cant., 262 comm. ; 2 271 km² ; 871 743 h. La *forêt de Rambouillet* sépare l'extrémité nord-est de la *Beauce,* céréalière, au sud, de plateaux limoneux, également céréaliers, au nord, entaillés de vallons portant des vergers et limités par la vallée de la Seine. Celle-ci, moins industrialisée qu'en amont de Paris, est jalonnée de villes relativement peu importantes (Mantes-la-Jolie, Les Mureaux). Le nord-est du dép. est davantage urbanisé ; là encore l'industrie s'efface devant la fonction résidentielle (Versailles, Saint-Germain-en-Laye, Chevreuse), liée au maintien des forêts (Saint-Germain, Marly).

Hideki Yukawa

Yverdon, v. de Suisse (Vaud), sur le lac de Neuchâtel ; 19 900 h. Château du XIIIe s. Station thermale.

Yves (*saint*), prêtre, né à Kermartin (Bretagne) [1253-1303]. Official à Rennes (1280), il devint prêtre et curé de Trédrez (1284), puis de Louannec (1293). Il est le patron des gens de loi. — Fête le 19 mai.

Yves de Chartres (*saint*), né en Beauvaisis (v. 1040-1116), évêque de Chartres. Il fut un grand canoniste. — Fête le 20 mai.

Yvetot (76190), ch.-l. de c. de la Seine-Maritime (arr. de Rouen) ; 9 755 h. (*Yvetotais*). Marché agricole.

Yvette, riv. de l'Ile-de-France, affl. de l'Orge (r. g.), passant à Chevreuse ; 44 km.

Yvon (Adolphe), peintre militaire français, né à Eschviller (Bas-Rhin) [1817-1893].

Yvon Villarceau (Antoine), astronome et mathématicien français, né à Vendôme (1813-1883). On lui doit la construction de nombreux instruments d'astronomie, notamment un grand équatorial. En 1848, il découvrit un troisième système de sections circulaires du tore.

Yvré (Ambroise DE LORÉ, *baron* D'), homme de guerre français, né au château de Loré (Normandie) [1396-1446]. Il combattit à Patay (1429) et accompagna Jeanne d'Arc à Orléans.

Yzeure (03400), comm. de l'Allier (arr. de Moulins) ; 10 238 h. (7 856 aggl.) [*Yzeuriens*]. Electronique.

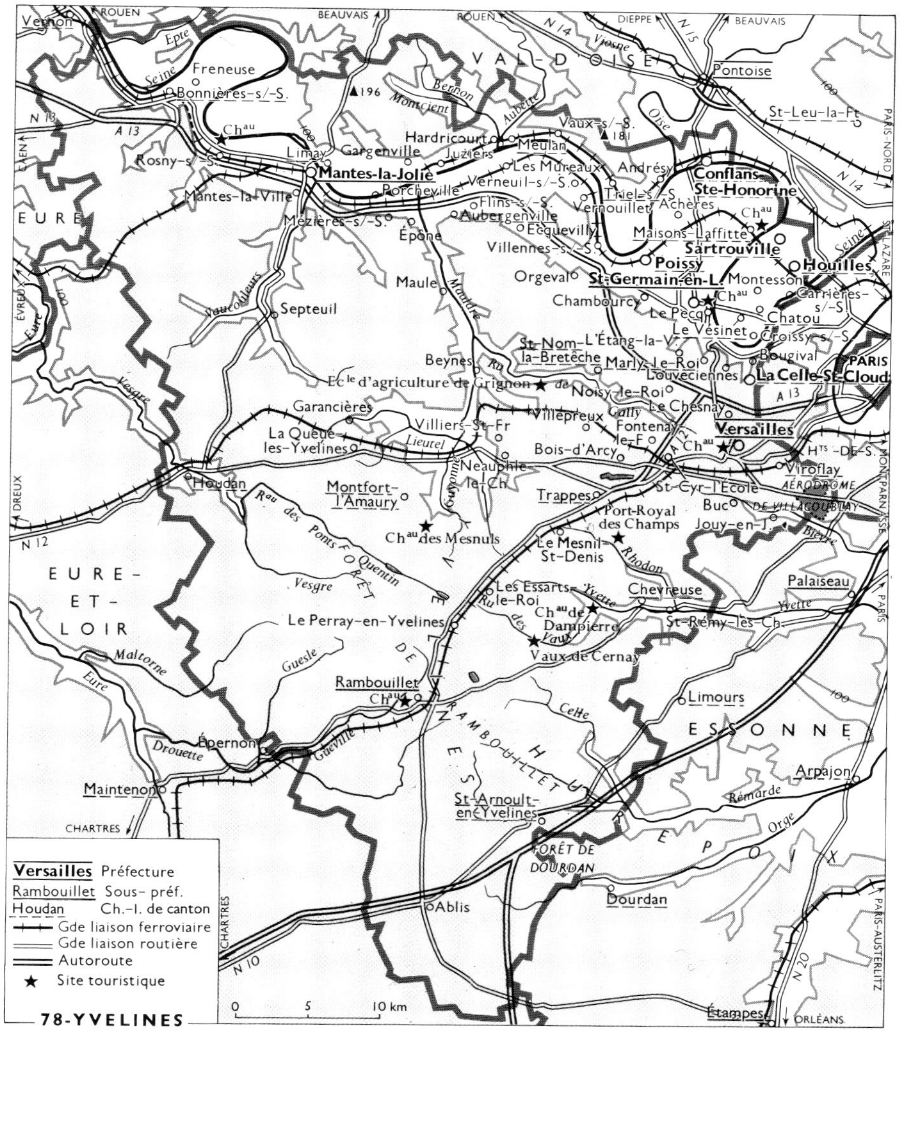

78-YVELINES

Z z

z [zɛd] n. m. Vingt-sixième lettre de l'alphabet et vingtième des consonnes. (La consonne *z* est une dentale sonore.) ‖ En algèbre, **z** désigne une fonction des deux variables *x* et *y* ou une troisième inconnue. ‖ — **Z** *Math.* Symbole de l'ensemble des nombres entiers relatifs (entiers positifs et négatifs). ‖ Appellation générique et conventionnelle employée, après la Première Guerre mondiale, pour désigner tout ce qui était relatif aux gaz de combat : *matériel Z.* (Après la Seconde Guerre mondiale, les gaz ont été classés dans les armes dites « spéciales » avec les armes nucléaires et les armes biologiques.)

Zaandam, v. des Pays-Bas (Hollande-Septentrionale); 57 000 h. Industrie du bois. Pierre le Grand de Russie y travailla comme charpentier.

Zab (*monts du*), massif de l'Atlas présaharien (Algérie), à l'ouest de Biskra ; 1 313 m.

Zāb (le *Grand* et le *Petit*), riv. de la Mésopotamie ; affl. du Tigre (r. g.).

zabre [zabr] n. m. Insecte coléoptère se nourrissant de grains de céréales, et dont la larve dévore les jeunes pousses de blé. (Long. 15 mm.)

Zabrze, anciennement en allem. **Hindenburg,** v. de Pologne, en haute Silésie ; 197 000 h. Centre industriel (houille, sidérurgie, industries chimiques).

Zabulon, fils de Jacob, qui donna son nom à l'une des tribus d'Israël.

Zaccaria (*saint* Antoine Marie), religieux italien, né à Crémone (v. 1502-1539), fondateur des clercs réguliers dits « barnabites ». — Fête le 5 juillet.

Zacharie, onzième des petits prophètes (VIe s. av. J.-C.).

Zacharie (*saint*), père de saint Jean-Baptiste le Précurseur (Ier s.). Prêtre juif au temps d'Hérode, il épousa Elisabeth, parente de Marie, mère de Jésus. Un ange lui ayant annoncé qu'Elisabeth, quoique stérile, aurait un fils, Zacharie se montra sceptique ; frappé de mutisme, il ne recouvra la voix qu'à la naissance de Jean, qu'il salua par le *Benedictus.* — Fête le 5 novembre.

Zacharie (*saint*) [m. en 752], pape de 741 à 752. Il obtint des concessions du roi lombard Liutprand et favorisa l'évangélisation de la Germanie. Il fit du roi franc Pépin le Bref son allié. — Fête le 15 mars.

Zachée, juif et publicain de Jéricho au temps du Christ. Il reçut Jésus sous son toit.

Zadar, en ital. **Zara,** port de Yougoslavie (Croatie), en Dalmatie, sur l'Adriatique ; 25 100 h.

Zadig *ou la Destinée,* conte de Voltaire (1747). Zadig, jeune Babylonien vertueux et savant, traverse des vicissitudes sans nombre et reçoit d'abord les plus étranges salaires de son intelligence et de sa vertu, avant de devenir roi. L'auteur illustre ainsi l'idée que l'homme doit s'attendre à tout dans un monde livré aux caprices de la Providence, mais où les folies et les misères participent à l'harmonie générale.

Zadkine (Ossip), sculpteur français d'origine russe, né à Vitebsk (1890-1967). Un des premiers à appliquer les théories du cubisme à la sculpture, il pratiqua un art où le lyrisme baroque se tempère de rigueur. Il a exécuté une statue monumentale pour Rotterdam, commémorant la destruction de la ville durant la Seconde Guerre mondiale. (Son *Orphée* est conservé, avec d'autres œuvres, au musée national d'Art moderne.)

Zaffarines (*îles*), en esp. **Chafarinas,** îles espagnoles de la côte méditerranéenne de l'Afrique du Nord.

zagaie n. f. V. SAGAIE.

Zagazig, v. d'Egypte, sur le delta du Nil ; 131 200 h. Textiles.

Zadkine
« **Homo sapiens** »
1934
musée national d'Art moderne

Zagreb, en allem. **Agram,** v. de Yougoslavie, cap. de la Croatie, sur la Save ; 491 100 h. Université. Monuments historiques. Centre commercial (foire internationale) et industriel (constructions mécaniques et électriques).

Zagros (le), chaîne de montagnes de l'Asie occidentale, dominant la Mésopotamie et le golfe Persique ; 4 270 m.

Zaïmis (Aléxandros), homme d'Etat grec, né à Athènes (1855-1936). Plusieurs fois chef du gouvernement, il fut le président de la République hellénique (1929-1935).

zain [zɛ̃] adj. m. (de l'esp. *zaino*). Se dit du cheval ou du chien qui n'a aucun poil blanc.

Zaïre, anc. nom du fl. *Congo.*

Zaïre (*république du*), nom porté depuis 1971 par l'ancienne république démocratique du Congo* (ou Congo-Kinshasa).

Zaïre, tragédie de Voltaire (1732).

Zakharov (Rostislav Vladimirovitch), chorégraphe soviétique, né à Astrakhan' en 1907. Directeur du ballet au théâtre Bolchoï (1936-1956), il est professeur à l'institut d'art théâtral Lounatcharski (1951), où il dirige la section chorégraphique. Il est l'auteur de nombreuses œuvres : *la Fontaine de Bakhtchissaraï* (1934), *le Prisonnier du Caucase* (1938), *le Cavalier de bronze* (1949) et une version du *Pavot rouge* (1946). Il a écrit *l'Art du chorégraphe* (1954).

Zakopane, v. de Pologne, dans les Tatras ; 26 000 h. Centre touristique.

zakouski [zakuski] n. f. pl. Mets variés qui précèdent le repas russe.

Zama, localité de Numidie, où Scipion l'Africain vainquit Hannibal (202 av. J.-C.).

Zamak n. m. (marque déposée). Dénomination commerciale d'alliages à base de zinc, additionnés d'aluminium, de cuivre et de magnésium (construction mécanique).

Zambelli (Carlotta), danseuse d'origine italienne, née à Milan (1877-1968). Dernière danseuse étoile italienne engagée à l'Opéra de Paris, elle a assumé la direction de l'école de danse de 1936 à 1955.

Zambèze (le), fl. de l'Afrique australe ; 2 260 km. Né sur les plateaux du Katanga, aux confins de la Zambie et du Zaïre, le Zambèze arrose successivement l'Angola et la Zambie (qu'il sépare du Sud-Ouest africain, puis de la Rhodésie), avant de pénétrer dans le Mozambique et de se jeter dans l'océan Indien (dont il est le principal tributaire africain) par un delta dans le canal de Mozambique. Son cours est coupé de rapides et de chutes, dont les chutes Victoria*, en aval desquelles est établi le barrage de Kariba*.

Zambie, anc. **Rhodésie du Nord,** Etat de l'Afrique australe, au sud du Zaïre ; 746 253 km² ; 4 208 000 h. Cap. *Lusaka.* Langue : *anglais.*

Géographie.

Le pays est formé de hautes surfaces granitiques (près de 2 000 m dans les monts Muchinga) ouvertes par des dépressions marécageuses (lac Bangweulu, plaine du Barotseland). Entre 8° et 18° de lat. Sud, la Zambie a un climat tropical, tempéré par l'altitude (qui dépasse généralement 1 000 m). Les températures descendent au-dessous de 20 °C en juillet-août, c'est-à-dire pendant l'hiver austral, saison sèche s'opposant à la période des pluies (d'octobre à mars), dont le volume diminue du nord (1 200 mm) au sud (600 mm). La forêt claire et la savane sont les formations végétales dominantes.

Sensiblement plus étendue que la France, la Zambie est peu peuplée (5 h. au kilomètre carré en moyenne). La population est formée en majeure partie de Bantous, mais comprend une minorité d'origine européenne (80 000 unités), prépondérante économiquement. L'agriculture emploie la majeure partie de la population active, mais n'assure que le dixième de la production intérieure brute. Le maïs et le manioc sont les principales cultures vivrières, et le tabac est la première culture commerciale. L'élevage bovin et la pêche lacustre et fluviale assurent d'importants compléments alimentaires. L'industrie constitue le fondement de l'économie, fournissant en valeur la moitié de la production intérieure brute. Il s'agit presque exclusivement de l'extraction et du traitement du cuivre, localisés dans la *Copper Belt,* au nord, prolongement des gisements du Shaba. Les mines (Kitwe, Chingola, Luanshya, Kalulushi, Ban-

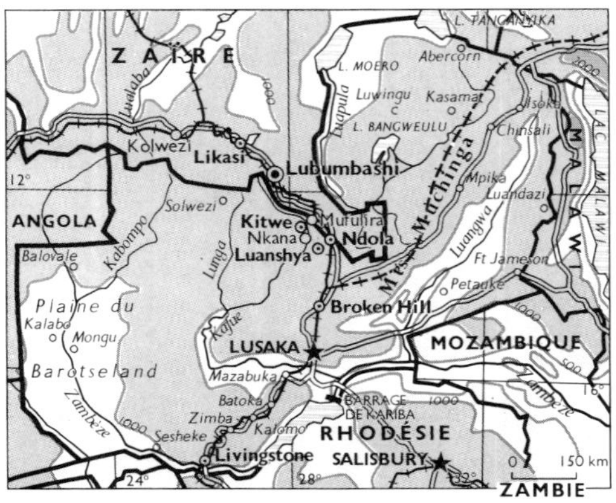

ZAMBIE

Zambie
les chutes Victoria sur le Zambèze près de Livingstone

Phot. Arch. phot., British Council.

croft, Mufulira) fournissent plus de 600 000 t de métal, faisant du pays le troisième producteur mondial. On trouve encore du plomb et du zinc (Broken Hill).
La richesse en cuivre (qui assure 90 p. 100 des exportations) explique le solde excédentaire de la balance commerciale. Les importations comprennent surtout des matières premières industrielles et des articles manufacturés. 35 p. 100 des exportations sont dirigées vers la Grande-Bretagne; une part égale des importations provient de Rhodésie. La prospérité (relative) de l'économie est hypothéquée par sa structure dépendant d'un produit unique, aux cours fluctuants, par la pauvreté en sources d'énergie (l'hydro-électricité de la grande centrale de Kariba* est fournie par la Rhodésie) et par la situation continentale (Beira est le débouché du cuivre zambien).

Histoire.

Après la dissolution de la fédération de Rhodésie et du Nyassaland (1963), l'ancienne Rhodésie du Nord devient une république indépendante, dont Kenneth Kaunda est le président (1964). La politique extérieure est marquée par la nécessité de ne pas rompre avec la Rhodésie, avec laquelle elle exploite en commun la centrale de Kariba.

Zamenhof (Lejzer Ludwik), médecin et linguiste polonais, né à Białystok (1859-1917). On lui doit l'invention de l'espéranto.

zamenis [zamenis] n. m. Genre de serpents non venimeux, comprenant une trentaine d'espèces.

Zamet (Sebastiano), financier, né à Lucques (v. 1549-1614). Il vécut dans l'intimité d'Henri IV et des grands.

zamia [zamja] n. m. Plante tropicale voisine du cycas, et dont certaines espèces fournissent une fécule alimentaire appelée *sagou*.

Zamora, v. d'Espagne (León), sur le Douro; 44 000 h. Cathédrale du XIIe s. (retable de Fernando Gallego, XVIe s.). Nombreuses églises romanes. Palais « de los Momos » (XVIe s.).

Zamoyski (Jan), homme politique polonais, né à Skokówka (1542-1605), chancelier et hetman de la couronne sous Etienne Ier Báthory et Sigismond III Vasa.

Zampieri. V. DOMINIQUIN (*le*).

zancle [zɑ̃kl] n. m. Poisson des mers chaudes, dont une espèce est le *tranchoir*.

Zangwill (Israel), écrivain anglais, né à Londres (1864-1926). Fils d'un israélite russe émigré, ardent propagandiste de la cause sioniste, il a écrit des romans (*le Creuset*, 1908), des nouvelles (*le Roi des schnorrers*, 1894) et des pièces de théâtre (*Nous, modernes*, 1925).

zanni ou **zani** [dzani] n. m. (altér. de *Giovanni* en dialecte lombardo-vénitien). Personnage bouffon de la comédie italienne. ‖ Pl. des *zanni*.

Zante, en gr. **Zakynthos,** une des îles Ioniennes (Grèce). Ch.-l. *Zante*.

zanzibar [zɑ̃zibar] ou **zanzi** n. m. Jeu de hasard, qui se joue au moyen de deux ou trois dés et d'un cornet.

Zanzibar, île de l'océan Indien, près de la côte de la Tanzanie; 170 500 h. Ch.-l. *Zanzibar*. Séparée du continent par le *chenal de Zanzibar*, l'île, basse et humide, porte des plantations de cotonniers, de canne à sucre et de cocotiers, dont l'importance s'efface devant la culture du giroflier (Zanzibar est, après l'île voisine de Pemba, le premier producteur de clous de girofle).
● *Histoire.* Le premier Etat organisé à Zanzibar fut le sultanat de Kilwa (fin du Xe s.), peuplé surtout de Persans et de Bantous. De 1503 à 1730, les Portugais firent de Zanzibar le centre de leur domination en Afrique orientale. En 1832, Sa'īd ibn Sultān, souverain d'Oman, transféra sa capitale à Zanzibar : de là il put contrôler la côte d'Afrique orientale, où il pratiqua le trafic des esclaves. Peu à peu, Zanzibar tomba sous le contrôle politique et militaire des Anglais, puis, après 1880, sous celui des Allemands. Anglais et Allemands se partagèrent (1886-1889) le domaine continental du sultan de Zanzibar. En 1890, celui-ci, dont le domaine était réduit aux îles de Zanzibar et de Pemba, accepta le protectorat britannique. Autonome en 1960, indépendant en 1963, le sultanat fut aboli en 1964 au profit d'une république, puis Zanzibar fusionna avec le Tanganyika pour constituer la *Tanzanie**.

zaouia [zauja] n. f. Etablissement d'enseignement musulman. ‖ Mosquée ayant droit d'asile.

Zapata (Emiliano), homme politique mexicain, né dans l'Etat de Morelos (1880-1919). Paysan indien, il souleva les péons (1910) et voulut réaliser une réforme agraire, mais fut assassiné.

zapateado [sapateado] n. m. (de l'esp. *zapata*, soulier). Danse espagnole caractérisée par les martèlements rythmés des talons du danseur.

Zápolya ou **Zapoly,** noble famille de Hongrie. Deux de ses membres devinrent rois de Hongrie : JEAN (1526-1540) et JEAN SIGISMOND (1540-1571).

Zaporogues, Cosaques de l'Ukraine, révoltés sous Mazeppa et transplantés par Catherine II sur les bords du Kouban' (mer d'Azov).

Zaporojie, v. de l'U. R. S. S. (Ukraine); 595 000 h. Métallurgie. Chimie.

Zapotèques, peuple amérindien qui occupa, à partir du IVe s., la région du Mexique comprise entre Tehuantepec et Acapulco et dont le centre était Monte Albán près d'Oaxaca. Ils ont développé l'une des civilisations les plus riches de l'époque précolombienne*.

Zara. V. ZADAR.

Zarathoustra ou **Zoroastre,** réformateur de la religion iranienne antique, né en Médie (VIIIe ou VIIe s. av. J.-C.). Il institua la caste des mages et enseigna une doctrine proche du dualisme iranien, qui influença profondément la religion de la Perse achéménide.

Zarathoustra (*Ainsi parlait*). V. AINSI PARLAIT ZARATHOUSTRA.

Zaria, v. du Nigeria; 166 200 h. Anc. cap. d'un royaume haoussa.

Zarlino (Gioseffo), compositeur et théoricien italien, né à Chioggia (v. 1517-1590).

Zarqālī (Al-), astronome et mathématicien arabe, qui vécut à Cordoue dans la première moitié du XIe s. On lui doit divers instruments d'observation, une clepsydre d'une dimension extraordinaire et surtout les premières tables astronomiques, dites « tables de Tolède ».

Zarzaïtine, exploitation de pétrole du Sahara algérien.

zarzuela [sarswela] n. f. Petit drame lyrique espagnol caractérisé par l'alternance de la déclamation et du chant. (La période d'apogée de la zarzuela se situe entre 1750 et 1850.)

Zatopek (Emil), athlète tchécoslovaque, né à Prague en 1922. Coureur de fond, il a été champion olympique du 10 000 m en 1948, remportant cette épreuve, le 5 000 m et le marathon aux jeux Olympiques d'Helsinki, en 1952. Il a été le premier coureur à pied à couvrir plus de 20 km dans l'heure (en 1951).

Zavattini (Cesare), scénariste de cinéma et romancier italien, né à Luzzara (Emilie) en 1902. Il fut l'un des principaux théoriciens du néo-réalisme. On lui doit de très nombreux scénarios écrits pour Vittorio De Sica, dont *Sciuscia* (1946), *le Voleur de bicyclette* (1948), *Miracle à Milan* (1950), *Umberto D* (1952), *le Toit* (1956).

Zaventem, comm. de Belgique (Brabant); 9 900 h.

Zay (Jean), homme politique français, né à Orléans (1904-1944), ministre de l'Education nationale (1936-1939), assassiné par la Milice.

Zayd ibn Hāritha, affranchi et fils adoptif de Mahomet (VIIe s.).

zazou [zazu] n. *Fam.* Surnom donné, à Paris, en 1942, à la jeunesse excentrique.

Zeami (Yūsaki Zaemon Dayū Motokiyo), acteur et écrivain japonais (1363-1443). Avec son père KANAMI (1333-1384), il fut acteur de nō*; il écrivit plus de la moitié des pièces du répertoire actuel et des traités de doctrine théâtrale, transmis de père en fils jusqu'à nos jours (*Kadenshō*).

zèbre [zɛbr] n. m. (portug. *zebro*). Mammifère ongulé d'Afrique, voisin du cheval, à pelage jaunâtre rayé de noir ou de brun. (Long. 1,90 m; longévité 30 ans.) ‖ *Pop.* Individu : *quel drôle de zèbre!* ● *Courir comme un zèbre* (Fam.), courir très vite.

zébré, e adj. Marqué de raies semblables à celles de la robe du zèbre : *étoffe zébrée*.

zébrer v. t. (conj. **5**). Marquer de raies semblables à celles de la robe du zèbre : *zébrer une couverture de voyage*. ‖ Marquer de raies quelconques : *les éclairs qui zèbrent un ciel d'orage*.

Zatopek

zébrure n. f. (de *zébrer*). Rayure sur la peau.

zébu [zeby] n. m. Espèce de bœuf, dit *bœuf à bosse*, domestiqué en Asie et à Madagascar, possédant une bosse adipeuse sur le garrot.

Zecca (Ferdinand), metteur en scène de cinéma français, né à Paris (1864-1947). Il fut l'un des premiers réalisateurs de films en France. Engagé par Charles Pathé, il dirigea de 1904 à 1910 la production d'une dizaine de metteurs en scène. On lui doit notamment : *Histoire d'un crime* (1901), *les Victimes de l'alcoolisme* (1902), *l'Affaire Dreyfus* (1908).

Zédé (Gustave), ingénieur naval français, né à Paris (1825-1891). Il établit les plans du bateau sous-marin français, le *Gymnote* (1887), qui fut le premier spécimen de la flottille française de sous-marins.

zée [ze] n. m. *Ichtyol.* Autre nom du SAINT-PIERRE.

Zeebrugge, port de Bruges, sur la mer du Nord et relié à Bruges par un canal de 10 km. Pendant la Première Guerre mondiale, les Allemands y aménagèrent une base de sous-marins contre les Britanniques, qui la paralysèrent par un raid audacieux (avr. 1918).

Zeeman (Pieter), physicien néerlandais, né à Zonnemaire (Zélande) [1865-1943]. Il découvrit en 1896 la décomposition des raies d'un spectre sous l'effet d'un champ magnétique et étudia la propagation de la lumière dans les milieux en mouvement. (Prix Nobel de physique, 1902.)

Zehrfuss (Bernard), architecte français, né à Angers en 1911. D'abord influencé par A. Perret et Le Corbusier, il a usé de matériaux divers. Il a construit les usines Renault de Flins et est un des auteurs du Centre national des industries et des techniques (C. N. I. T.) [v. illustr. ARCHITECTURE CONTEMPORAINE], ainsi que de la maison de l'Unesco à Paris.

Zeist, v. des Pays-Bas, près du delta du Rhin; 55 000 h.

Zeitz, v. de l'Allemagne orientale; 45 900 h. Métallurgie. Industries chimiques.

Zélande, en néerl. **Zeeland,** prov. des Pays-Bas, à l'embouchure de l'Escaut et de la Meuse; 215 000 h. (*Zélandais*). Ch.-l. *Middelburg*. La partie insulaire de la Zélande est en cours d'aménagement (*plan Delta*).

zélateur, trice n. et adj. (lat. *zelator, -trix*). Qui agit avec zèle : *les zélateurs de la foi*.

zèle [zɛl] n. m. (gr. *zêlos*, ardeur). Ardeur au service d'une personne ou d'une chose, inspirée par la foi, le dévouement, etc. (Syn. : APPLICATION, ARDEUR, ÉMULATION, ENTHOUSIASME, ENTRAIN.) ● *Faire du zèle* (Fam.), montrer un empressement excessif ou intempestif.

Zele, comm. de Belgique (Flandre-Orientale); 18 400 h.

zélé, e adj. et n. Qui a, qui montre du zèle.

Zeleński (Tadeusz), plus connu sous le pseudonyme de **Boy,** écrivain polonais, né à Varsovie (1874-1941). Traducteur de chefs-d'œuvre de la littérature française de Villon à Proust, il est également l'auteur d'ouvrages de critique et de monographies historiques (*Etudes et esquisses de littérature française*, 1920-1922; *Marysieńka Sobieska*, 1938).

Zell am See, v. d'Autriche, au pied du Kitzsteinhorn (3 250 m); 6 700 h. Station de sports d'hiver.

Zellidja, centre minier du Maroc oriental (plomb).

zélote [zelɔt] n. m. (gr. *zelôtês*). Nom donné aux patriotes juifs exaltés qui déchaînèrent la révolte de la Judée (70 apr. J.-C.).

Zelten ou **Bir Zelten,** localité de Libye, en Cyrénaïque. Exploitations de pétrole.

Zeeman

ci-dessous
à gauche, **zèbres**
à droite, **zébus**

Phot. Presse Sports, Fièvet, Bureau de presse des Pays-Bas, Vallée-Fotogram.

Zelzate, comm. de Belgique (Flandre-Orientale) ; 11 700 h. Sidérurgie. Industries chimiques.

zemstvo [zjɛmstvo] n. m. Autref., assemblée provinciale, dans les provinces russes.

zen n. m. et adj. (du sanskrit *dpana*, méditation). Secte bouddhique répandu au Japon depuis la fin du XIIe s.

zénana [zenana] n. f. Etoffe cloquée de soie ou de coton, utilisée pour la confection de robes d'intérieur.

zend [zɛ̃d], **e** adj. S'est dit improprement au XIXe s. de la langue indo-européenne dans laquelle sont écrits les textes sacrés de l'Avesta : *les livres zends.*

Zend-Avesta. V. AVESTA.

Zénètes, Berbères de l'Aurès et du Maroc oriental.

Zenica, v. de Yougoslavie (Bosnie) ; 52 000 h. Sidérurgie.

zénith [zenit] n. m. (de l'arabe *samt*, chemin). Point où la verticale ascendante d'un lieu (fil à plomb) rencontre la sphère céleste. (Contr. NADIR.) ‖ *Fig.* Degré le plus élevé : *sa gloire est au zénith.*

zénithal, e, aux adj. Relatif au zénith. ● *Distance zénithale*, angle d'une direction avec la verticale ascendante. ‖ *Distance zénithale d'une étoile*, angle que fait avec la verticale du lieu le rayon visuel allant de l'œil de l'observateur à l'étoile.

Zénobie (m. v. 274), reine de Palmyre (v. 266-272), qui fit de Palmyre une brillante capitale. Elle fut capturée par Aurélien.

Zénodore, mathématicien grec de la seconde moitié du IIe s. av. J.-C. Il démontra que, parmi les polygones réguliers de même périmètre, ceux qui ont un nombre plus grand de côtés occupent une aire plus grande. Il entrevit que, de tous les solides de même surface, la sphère est celui qui possède le volume maximal.

Zénon (v. 426-491), empereur d'Orient (474-491). Impopulaire, il mit deux ans à s'imposer à Constantinople, et il n'y parvint que grâce à l'aide des Ostrogoths.

Zénon de Citium, philosophe grec, fondateur du stoïcisme (v. 335-v. 264 av. J.-C.).

Zénon d'Élée, philosophe grec, né entre 490 et 485 av. J.-C. Disciple de Parménide, il niait la réalité du mouvement au moyen de l'argument de la *flèche qui vole* et de celui d'*Achille et la tortue.*

zéolite [zeɔlit] n. f. (gr. *zein*, bouillir, et *lithos*, pierre). *Minér.* Silicate naturel complexe, qu'on rencontre dans certaines roches volcaniques.

zéphyr [zefir] n. m. (gr. *zephuros*). *Poét.* Vent doux et agréable. ‖ Tissu de coton peigné, souple, fin et serré.

Zéphyr, nom du vent d'ouest, dans la mythologie grecque, et qui a passé dans la langue pour désigner un vent doux et léger.

zéphyrien, enne adj. Doux et léger comme un zéphyr : *danse zéphyrienne.*

Zéphyrin (*saint*) [m. en 217], pape de 199 à 217. — Fête le 26 août.

zeppelin [zeplɛ̃] n. m. (du nom de l'inventeur). Ballon dirigeable allemand, du type « rigide », à carcasse métallique.
— ENCYCL. Les *zeppelins*, réalisés en Allemagne à partir de 1900 par le comte Ferdinand von Zeppelin, furent utilisés pendant la Première Guerre mondiale pour effectuer des raids de bombardement sur Londres et sur Paris, au cours desquels un grand nombre furent détruits en raison de leur vulnérabilité. Mais, entre 1929 et 1931, l'exploitation commerciale des zeppelins par les Allemands se révéla très intéressante. Le *Graf Zeppelin* et le *Hindenburg*, notamment, accomplirent de nombreux vols commerciaux, en grande partie sur l'Atlantique Nord ou sur l'Atlantique Sud, et transportèrent plus de 15 000 passagers et plus de 120 tonnes de fret.

Zeppelin (Ferdinand, *comte* VON), officier, puis industriel allemand, né à Constance (1838-1917). Après avoir pris sa retraite en 1890, il se consacra à la construction des dirigeables rigides auxquels son nom est resté attaché, mais dont le principe est dû au Français Spiess, propriétaire d'un brevet déposé dès 1873. Le premier appareil fut essayé sur le lac de Constance en 1900.

Zeravchan, oasis de l'U. R. S. S. (Tadjikistan), dont les centres principaux sont Samarkand et Boukhara.

Zermatt, comm. de Suisse (Valais), au pied des massifs du Mont-Rose, du Cervin et du Weisshorn ; 2 700 h. Grand centre touristique.

Zermelo (Ernst), mathématicien et logicien allemand, né à Berlin (1871-1953). Il joua un rôle important dans le développement de la théorie des ensembles, énonçant en particulier l'*axiome de Zermelo*, ou *axiome du choix*, dont la validité acceptée par certains mathématiciens a été fortement contestée par d'autres.

Zernike (Frederik), physicien néerlandais, né à Amsterdam (1888-1966). Il a imaginé la méthode du contraste de phase dans les observations au microscope. (Prix Nobel de physique, 1953.)

zéro [zero] n. m. (de l'arabe *sifr*). Signe numérique représenté par le chiffre 0, et qui n'a pas de valeur par lui-même, mais qui, placé à la droite d'un autre, décuple celui-ci dans le système de numération décimale. ‖ Point de départ de l'échelle de graduation d'un instrument de mesure. ‖ Degré de température correspondant à la glace fondante dans les échelles Celsius et Réaumur. ‖ — *Fig.* Homme nul : *c'est un zéro.* ‖ Absolument rien : *fortune réduite à zéro.* ● *Appareil de zéro*, appareil de mesure dans lequel l'égalité de deux grandeurs est constatée par le retour d'une indication à la graduation zéro. ‖ *Point zéro* (abrév. : Pz), projection au sol du point d'éclatement d'un projectile nucléaire. (C'est à partir du *point zéro* que sont évalués les dommages causés par une explosion nucléaire. Ces dommages diminuent à mesure que l'on s'éloigne de ce point.) ‖ *Zéro absolu*, température de — 273,15 °C (la plus basse qu'il soit possible d'atteindre). ‖ — Adj. Aucun : *zéro faute ; zéro franc ; zéro centime.*

zéro-pâturage n. m. Méthode d'exploitation des fourrages consistant à alimenter les animaux en fourrages verts ou en fourrages conservés, sans jamais les mettre au pâturage, ce qui permet de régler leur alimentation.

Żeromski (Stefan), écrivain polonais, né à Strawczyn, près de Kielce (1864-1925). Auteur de nouvelles, de poèmes en prose, de récits historiques et de pièces de théâtre (*la Caille*, 1924), il dut sa gloire à ses romans, où il combat en un style lyrique les formes multiples du mal, les oppressions politiques et les injustices sociales (*les Cendres*, 1904 ; *Histoire d'un péché*, 1908 ; *l'Avant-printemps*, 1924).

zest [zɛst] n. m. (onomat.). *Entre le zist et le zest*, ni bien ni mal.

zeste [zɛst] n. m. (onomat.). Cloison membraneuse qui divise en quatre l'intérieur de la noix. ‖ Ecorce extérieure de l'orange, du citron : *les zestes du citron et de l'orange, riches en oxalates, ne doivent pas être consommés.* ‖ *Fig.* Chose de peu de valeur : *cela ne vaut pas un zeste.*

zester v. t. Séparer du zeste d'une orange ou d'un citron la partie blanche.

zêta [dzeta] n. m. Lettre de l'alphabet grec (ζ), équivalant à *dz.*

zététique [zetetik] adj. Se dit de la méthode employée pour découvrir la raison et la nature des choses.

Zéthos, roi et fondateur légendaire de Thèbes, fils de Zeus et d'Antiope.

Zetland. V. SHETLAND.

zeugma [zøgma] n. m. (mot gr. signif. *réunion*). Procédé qui consiste à rattacher grammaticalement deux ou plusieurs noms à un adjectif ou à un verbe qui, logiquement, ne se rapporte qu'à l'un des noms. (Ex. : *En achevant ces mots, Damoclès tira de sa poitrine un soupir et de sa redingote une enveloppe jaune et salie* [Gide].)

Zeus, dieu suprême des Grecs, fils de Cronos et de Rhéa. Dieu des phénomènes atmosphériques, Zeus est surtout le symbole de la pluie et de l'orage. Dieu de la foudre, il est honoré sur les cimes désertes qu'environnent souvent les éclairs, et notamment l'Olympe, où il est censé s'être installé, après avoir détrôné son père, pour devenir le nouveau maître de l'univers. Son sanctuaire le plus vénéré était celui de Dodone.

Zeuxis, peintre grec de la seconde moitié du Ve s. av. J.-C. L'un des artistes les plus illustres du monde antique, il passe pour avoir recherché un certain réalisme ainsi que les contrastes d'ombre et de lumière.

zeuzère [zøzɛr] n. f. Papillon nocturne à ailes blanches tachetées de noir, dont les chenilles creusent des galeries dans le bois de plusieurs arbres.

zézaiement [zezɛmɑ̃] n. m. Défaut d'une personne qui zézaye. (Syn. BLÉSITÉ.)

zézayer [zezeje] v. i. (onomat.) [conj. **4**]. Prononcer *z* les articulations *j* et *g*, et prononcer *s* le *ch* (par ex., *zuzube, pizon, sien,* pour *jujube, pigeon, chien*). [Syn. fam. ZOZOTER.]

Ziban (les), groupe d'oasis algériennes, au pied de l'Aurès.

zibeline [ziblin] n. f. (ital. *zibellino*, empr. au slave). Espèce de martre de Sibérie et du Japon, à poil très fin. ‖ Sa fourrure brune et noirâtre, très estimée : *une cravate de zibeline.*

Zicavo (20132), ch.-l. de c. de la Corse (arr. d'Ajaccio) ; 1 459 h.

Zielona Góra, en allem. **Grünberg,** v. de Pologne (Silésie) ; 65 000 h. Métallurgie. Textiles.

zieuter [zjøte] v. t. *Pop.* Regarder.

zig ou **zigue** [zig] n. m. *Pop.* Type, individu : *un bon zig.*

ziggourat [zigurat] n. f. Tour, à étages en retrait, de l'architecture religieuse mésopotamienne. (V. illustr. ORIENT* ANCIEN.)

zigouiller [ziguje] v. t. (du méridional *segalha*, scier). *Pop.* Tuer.

Ziguinchor, port du Sénégal, sur l'estuaire de la Casamance ; 29 000 h.

zigzag [zigzag] n. m. (mot allem., onomat.). Suite de lignes formant entre elles des angles alternativement saillants et rentrants.

zigzaguer [-ge] v. i. Faire des zigzags. ‖ Marcher, avancer en zigzag.

Zikawei ou **Siu-kia-houei,** agglomération de la banlieue sud-ouest de Chang-hai (Chine). Observatoire fondé par les jésuites.

Zimbabwe, site de Rhodésie. Importantes ruines de pierre d'une cité qui remonterait aux IXe-XIVe s. On y a trouvé des objets d'importation prouvant des échanges avec l'Asie, ainsi que des sculptures en pierre représentant des figures humaines et des oiseaux.

zinc [zɛ̃g] n. m. (allem. *Zink*). Corps simple métallique (Zn), de numéro atomique 30, d'un blanc bleuâtre. ‖ *Pop.* Comptoir d'un bar, d'un café.
— ENCYCL. Le *zinc*, de densité 7,1, fond à 419,4 °C et bout à 929 °C. Il est extrait de deux groupes de minerais : les minerais oxydés, type *calamine* (carbonate et silicate de zinc), et les minerais sulfurés, type *blende* (sulfure de zinc mêlé de sulfure de plomb). Après enrichissement du minerai par triage électromagnétique et flottation, le métal est préparé de deux façons. Dans le procédé par voie sèche, en décomposant la calamine par chauffage à température modérée ou en grillant la blende à 900 °C, on obtient de l'oxyde de zinc, que l'on réduit ensuite par le charbon à une température supérieure à celle de l'ébullition du zinc. Le métal recueilli liquide contient du cadmium, du plomb, du cuivre et du fer, et doit être raffiné par liquation dans un four à réverbère ou par distillation fractionnée. Dans le procédé par voie humide, on soumet à l'électrolyse une solution obtenue par action de l'acide sulfurique sur le minerai. Le métal recueilli sur une mince cathode d'aluminium est fondu dans un four à réverbère. Utilisé en plaques ou en feuilles pour le recouvrement des toitures, en raison de son inaltérabilité à l'air atmosphérique, le zinc est également employé en imprimerie, dans la constitution des piles sèches, dans les procédés de zingage, dans le moulage d'objets soumis ensuite à la galvanoplastie, etc. Il entre enfin dans la composition de nombreux alliages : laitons, bronzes spéciaux, maillechorts, alliages du type Zamak, etc.

zincage n. m. V. ZINGAGE.

zincifère [zɛ̃sifɛr] adj. Qui renferme du zinc : *minerai zincifère.*

zincographie [zɛ̃kɔgrafi] n. f. Confection de clichés typographiques par gravure au trait sur du zinc.

Zinder, v. du Niger ; 16 000 h. Centre commercial.

zingage ou **zincage** n. m. Action de recouvrir de zinc fondu une pièce métallique pour la protéger de la corrosion. ‖ Résultat de cette action.

zingaro [dzingaro] n. m. Nom italien des *tziganes*, ou bohémiens. ‖ Pl. des *zingari.*

zingibéracé [zɛ̃ʒiberase], **e** adj. Relatif au gingembre.

zingibéracées n. f. pl. Famille de plantes monocotylédones, comprenant le *gingembre*, le *curcuma.*

zinguer [zɛ̃ge] v. t. Recouvrir de zinc : *zinguer un toit.* ‖ Galvaniser avec du zinc : *zinguer du fer.*

zingueur n. et adj. m. Ouvrier qui travaille le zinc.

zinjanthrope [zɛ̃ʒɑ̃trɔp] n. m. Nom donné par le Dr L. B. S. Leakey à un australopithèque qu'il a découvert, en 1959, dans la région d'Olduvai (Tanzanie). [Son ancienneté serait comprise entre 1 600 000 et 1 900 000 ans.]

zinnia [zinja] n. m. (de *Zinn*, botaniste allemand). Plante originaire du Mexique, cultivée pour ses fleurs ornementales dont il existe de nombreuses variétés. (Famille des composées.)

Zinoviev (Grigori Ievseïevitch APFELBAUM, dit), homme politique soviétique, né à Ielisavetgrad (auj. Kirovograd) [1883-1936]. Il contribua à l'éviction de Trotski. Accusé de trahison, il fut exécuté.

Zinzendorf (Nikolaus Ludwig, *comte* VON), restaurateur de l'ordre des Frères moraves, né à Dresde (1700-1760).

zinzin [zɛ̃zɛ̃] adj. et n. *Fam.* Se dit d'un individu bizarre, un peu fou.

zircon [zirkɔ̃] n. m. Gemme naturelle transparente, constituée par du silicate de zirconium, jaune, verte, brune, rouge-orangé (variété dite *hyacinthe*, très recherchée), ou incolore, ou bleu-vert. (Son indice de réfraction élevé l'approche du diamant par l'éclat, mais sa dureté assez faible l'en éloigne.)

zircone n. f. Oxyde de zirconium.

zirconite n. f. Variété de zircon.

zirconium [zirkɔnjɔm] n. m. Métal gris (Zr), de numéro atomique 40, de densité 6,51, qui se rapproche du titane et du silicium.

Zīrides, nom d'une dynastie berbère qui régna dans l'est de l'Afrique du Nord de la fin du Xe s. au milieu du XIIe s.

zist n. m. V. ZEST.

Zistersdorf, bourg d'Autriche (Basse-Autriche), au nord-est de Vienne ; 3 100 h. Pétrole.

Zita de Bourbon-Parme, impératrice d'Autriche et reine de Hongrie (1916-1918), née à Villa Pianore, près de Viareggio, en 1892. Elle avait épousé Charles d'Autriche en 1911.

Zittau, v. de l'Allemagne orientale ; 43 000 h. Métallurgie.

zizanie [zizani] n. f. (gr. *zizania*, ivraie). Ivraie, dans la langue de la Bible. ‖ *Fig.* Désunion, discorde : *semer la zizanie.* (Syn. : BROUILLE, DÉSACCORD, MÉSENTENTE, MÉSINTELLIGENCE.)

zizi [zizi] n. m. Espèce de bruant.

Zizim. V. DJEM.

Žižka (Jan), patriote tchèque, né à Trocnov (v. 1360 ou 1370-1424), chef militaire des hussites.

zizyphe [zizif] n. m. *Bot.* Syn. de JUJUBIER.

Zlatooust, v. de l'U. R. S. S. (R. S. F. S. de Russie), dans l'Oural ; 181 000 h. Métallurgie.

Zlín. V. GOTTWALDOV.

złoty [zlɔti] n. m. Unité monétaire polonaise.

Zn, symbole chimique du *zinc.*

zoanthaires [zɔɑ̃tɛr] n. m. pl. Anc. sous-classe de cœlentérés, comprenant les actinies et les madrépores.

zodiaque [zɔdjak] n. m. (gr. *zôdiakos;* de *zôon,* être vivant). *Astron.* Zone de la sphère céleste qui s'étend de 8,5° de part et d'autre de l'écliptique et dans laquelle se meuvent le Soleil dans son mouvement apparent, la Lune, toutes les grosses planètes et une grande partie des petites. ● *Signe du zodiaque,* chacune des douze parties qui s'étalent sur 30° de longitude et en lesquelles le zodiaque est divisé à partir du point vernal. (V. *encycl.*)
— ENCYCL. Les *signes du zodiaque* ont reçu les noms des constellations en lesquelles a été divisée la zone écliptique du ciel et avec lesquelles ils étaient en coïncidence il y a environ 2 000 ans. A cette époque, le passage du Soleil par le point vernal (printemps) coïncidait avec son entrée dans le signe qui comprenait la constellation du Bélier, laquelle lui avait donné son nom. Par suite du phénomène de la précession des équinoxes, le point vernal rétrograde sur l'écliptique à raison de 50″,26 par an, soit de 30° (ou un signe du zodiaque) en 2 150 ans. Il existe donc, à l'heure actuelle, un décalage d'environ une unité entre les noms des signes du zodiaque et les noms des constellations de même appellation : les signes ont avancé d'un rang par rapport au passage du Soleil parmi les constellations. Il faut environ 25 790 ans pour rétablir la coïncidence des constellations et des signes. Les noms des douze signes du zodiaque sont : le *Bélier,* le *Taureau,* les *Gémeaux,* le *Cancer,* le *Lion,* la *Vierge,* la *Balance,* le *Scorpion,* le *Sagittaire,* le *Capricorne,* le *Verseau* et les *Poissons.* Groupés trois par trois, ces signes correspondent naturellement aux saisons de l'année, mais le temps que le Soleil emploie pour parcourir chacun d'eux n'est pas rigoureusement constant, par suite de la non-uniformité de son mouvement.

zoé [zɔe] n. f. Forme larvaire de certains crustacés.

zoécie [zɔesi] n. f. *Zool.* Loge contenant un individu, chez les bryozoaires.

Zog ou **Zogu Ier** (Ahmed Zogu), né à Burgajet (1895-1961), président de la République (1925), puis roi d'Albanie (1928-1939), détrôné par les Italiens.

Zoïle, sophiste grec (IVe s. av. J.-C.), adversaire d'Isocrate, célèbre par son traité en 9 livres où il dénonçait les absurdités et les contradictions d'Homère.

Zola (Emile), écrivain français, né à Paris (1840-1902). Il passe son enfance à Aix-en-Provence, où il noue une profonde amitié avec Paul Cézanne. Après deux années de bohème littéraire à Paris, il devient chef de la publicité à la Librairie Hachette (1862-1866), qu'il quitte pour faire carrière dans le journalisme. Dans ses études de critique littéraire qu'il donne à *l'Evénement,* au *Figaro* et au *Gaulois,* il exprime son admiration pour Balzac, Flaubert et les Goncourt, et souhaite le développement d'une littérature d'analyse inspirée des principes de la science. A la suite de Taine, il accorde une grande importance aux déterminations matérielles des passions humaines, le milieu et le tempérament, et compare volontiers le romancier à un « naturaliste » (*Mes haines,* 1866). Tout en défendant dans ses articles de critique d'art les peintres de l'école des Batignolles, les futurs « impressionnistes » (*Edouard Manet,* 1867), et en prenant parti dans ses *Causeries* contre le régime impérial, il se débarrasse progressivement de ses tendances romantiques (*Contes à Ninon,* 1864; *la Confession de Claude,* 1865; *le Vœu d'une morte,* 1866) et donne avec *Thérèse* Raquin* (1867) sa première « tranche de vie ». Influencé par les recherches des docteurs Prosper Lucas et Charles Letourneau sur les lois de l'hérédité et la physiologie des passions, il entreprend une grande œuvre cyclique, composée sur le modèle de *la Comédie humaine : les Rougon-Macquart*, histoire naturelle et sociale d'une famille sous le second Empire.* Le premier volume, *la Fortune des Rougon,* paraît en 1871, le vingtième et dernier, *le Docteur Pascal,* en 1893. Zola s'émancipe rapidement de son appareil scientifique. Chaque œuvre repose sur l'expérience vécue de l'écrivain, nourrie d'une minutieuse enquête préalable associant l'investigation sur place et les lectures, mais elle est animée par une intuition très personnelle du jeu des grandes forces naturelles qui gouvernent le destin des hommes. De là, le mouvement épique et lyrique des principaux romans, qui peignent le Paris populaire (*l'Assommoir,* 1877), le « demi-monde » des courtisanes (*Nana,* 1880), le pouvoir destructeur du capital anonyme (*Au Bonheur des dames,* 1883), la mine et les mineurs (*Germinal,* 1885), la paysannerie (*la Terre,* 1887). Certaines œuvres s'attachent à l'étude de drames plus intimes (*la Faute de l'abbé Mouret,* 1875). Cependant, Zola se montre de plus en plus attiré par les théories socialistes (de Fourier à Guesde), dont il retient moins les analyses économiques et la stratégie révolutionnaire que la confiance dans la science et les progrès de la société. Il évolue vers une vision messianique de l'avenir humain (*les Quatre Evangiles,* 1899-1903) et s'engage dans l'Affaire Dreyfus. Après son manifeste (*J'accuse,* 13 janv. 1898) lancé dans *l'Aurore* et un procès retentissant, Zola, condamné à un an de prison et à 3 000 F d'amende, s'exile en Angleterre. Rentré en France en juin 1899, il retrouve, outre son renom littéraire, un rôle de véritable directeur de conscience. Il meurt accidentellement trois ans plus tard. Ses cendres ont été transférées au Panthéon en 1908. Il faut joindre à son œuvre romanesque plusieurs volumes de contes, des livrets pour les scènes lyriques, des pièces inédites, les adaptations qu'il fit de ses romans (ses idées sur la diction et la mise en scène influencèrent le fondateur du Théâtre-Libre, André Antoine) et les recueils critiques où il expose l'esthétique naturaliste (*le Roman expérimental,* 1880).

Zola

Zollverein (*Deutscher*), association douanière entre les Etats de la Confédération germanique, qui préluda à l'unité allemande (1834-1867). En 1842, le Zollverein groupait vingt-cinq Etats, à l'exclusion de l'Autriche. Au lendemain de Sadowa, Bismarck créa un Parlement douanier à Berlin (1867).

Zomba, cap. du Malawi; 20 000 h.

zombie n. m. Dans le folklore antillais, mort sorti du tombeau, qu'un sorcier met à son service. ‖ *Fig.* et *fam.* Personne sans volonté, dépourvue de tout caractère.

zona [zɔna] n. m. (mot lat. signif. *ceinture*). Affection caractérisée par des éruptions vésiculeuses de la peau localisées sur le trajet des nerfs de la sensibilité.
— ENCYCL. Le *zona* est dû à un virus atteignant électivement les racines sensitives des nerfs rachidiens ou crâniens. Il est caractérisé par des lésions cutanées unilatérales à localisations radiculaires (en bandes horizontales ou obliques). L'éruption est formée de placards érythémateux, sur lesquels apparaissent par poussées successives des vésicules remplies de liquide clair qui se dessèchent en une semaine; elle est précédée et s'accompagne de douleurs vives, et dure au total une quinzaine de jours. Les douleurs, notamment chez les sujets âgés, persistent parfois assez longtemps après sa disparition. Le zona affecte surtout le tronc, les membres inférieurs et le visage. Le zona intercostal est la forme habituelle bénigne; le zona ophtalmique est la forme la plus grave en raison des complications oculaires possibles.

zonage n. m. ou **zoning** [zoniŋ] n. m. (mot angl.). Division d'une ville en zones réservées à certaines activités; répartition rationnelle de celles-ci.

zonal, e, aux adj. Relatif aux différentes zones de la planète. ‖ *Hist. nat.* Qui a des bandes transversales colorées : *spondyle zonal.*

zonard n. m. (de l'ancienne « zone » qui entourait Paris). *Fam.* Jeune désœuvré originaire de la banlieue, petit délinquant, voyou.

zone [zon] n. f. (lat. *zona,* ceinture). *Math.* Portion de la surface d'une sphère limitée par deux plans parallèles qui la coupent. (L'aire d'une zone a pour mesure le produit de la circonférence d'un cercle ayant même rayon que la sphère par la distance qui sépare les deux plans sécants parallèles, ou hauteur de cette zone.) ‖ *Géogr.* Espace qui s'allonge sensiblement dans le sens des parallèles. ‖ Chacune des cinq divisions de la Terre déterminées par les pôles, les cercles polaires et les tropiques, et à laquelle correspond approximativement un grand type de climat (*zones tropicale, tempérée, polaire*). ‖ Espace limité d'un pays : *zone frontière.* ‖ Espace, à la limite d'une ville, caractérisé par la misère de son habitat. ‖ *Fig.* Tout ce qui est comparable à un espace quelconque : *zone d'influence.* ● *Abattement de zone* (Dr.), pourcentage d'abattement applicable à chaque localité, en fonction de son classement dans telle ou telle zone, en matière de salaire minimum interprofessionnel garanti et de salaire de base servant au calcul des prestations familiales. (Les abattements de zone ont été supprimés en 1968.) ‖ *Zone d'action,* étendue de terrain à l'intérieur de laquelle une unité est appelée à agir. ‖ *Zone des armées, de l'intérieur,* en temps de guerre, nom donné autrefois aux portions de territoire placées respectivement sous le contrôle de l'autorité militaire ou civile. ‖ *Zone de défense,* subdivision du territoire national à l'intérieur de laquelle s'exercent la préparation et la conduite des efforts civils et militaires de défense. (La France est divisée en sept *zones de défense,* qui ont les mêmes limites territoriales que les régions* militaires et dont les sièges respectifs sont : Paris, Lille, Rennes, Bordeaux, Lyon, Metz et Marseille. Chacune de ces zones est placée sous l'autorité d'un *préfet de zone,* assisté d'un *secrétaire permanent de zone.*)

zoné, e adj. Qui présente des bandes concentriques : *colline zonée.*

Zonguldak, v. de Turquie, sur la mer Noire; 72 700 h. Centre houiller.

zoning n. m. V. ZONAGE.

zonure [zonyr] n. m. Reptile saurien d'Afrique du Sud, carnivore, pouvant atteindre 60 cm de long.

zoo [zɔo] n. m. Abrév. de *jardin zoologique.*

zoogéographie n. f. (gr. *zôon,* animal, et *géographie*). Etude de la répartition des animaux à la surface du globe.

zooglée [zɔɔgle] n. f. Réunion de microbes agglutinés par une substance visqueuse.

zooïde [zɔɔid] adj. Qui a la forme d'une figure d'animal, ou de quelqu'une des parties d'un animal.

zoolâtre n. Adorateur des animaux.

zoolâtrie [zɔɔlɑtri] n. f. (gr. *zôon,* animal, et *latreuein,* adorer). Adoration des animaux : *l'Egypte pratiquait la zoolâtrie.*

zoologie [zɔɔlɔʒi] n. f. (gr. *zôon,* animal, et *logos,* science). Etude scientifique des animaux.
— ENCYCL. Fondée en raison par Aristote, la *zoologie* ne prend un véritable essor qu'à la suite de l'immense intérêt suscité au XVIe s. par la découverte du Nouveau Monde. L'anatomie fine des animaux ne peut être abordée qu'à l'aide du microscope (Van Leeuwenhoek, Malpighi) au XVIIe s. Ce n'est qu'au XVIIIe s. que Réaumur fonde l'entomologie, tandis que Buffon dresse un tableau d'ensemble du règne animal. La fondation du Muséum national d'histoire naturelle favorise l'école zoologique française avec Etienne et Isidore Geoffroy Saint-Hilaire, Lamarck, Cuvier. Lamarck fut le premier théoricien de l'évolution, et Cuvier le fondateur de la paléontologie animale. La période suivante fut dominée par les travaux des auteurs britanniques : Owen et surtout Darwin, dont l'œuvre fait date dans l'histoire de la pensée humaine. Les spécialisations internes de la zoologie portent soit sur l'étude d'un groupe particulier (oiseaux : ornithologie; insectes : entomologie; mollusques : malacologie; etc.), soit sur l'étude comparative, dans tout le règne animal, d'objets homologues (cellules et tissus : histologie; squelette : ostéologie; fonctions vitales : physiologie; cycle reproductif : biologie; activité chimique : biochimie animale; relations avec le milieu : écologie; comportement : éthologie, psychologie animale; etc.).

zoologique adj. Relatif à la zoologie. ● *Jardin zoologique,* parc où se trouvent rassemblés des animaux sauvages en vue de leur présentation au public et de leur reproduction.

zoologiquement adv. Au point de vue zoologique.

zoologiste ou **zoologue** n. Spécialiste de zoologie.

zoom [zum] n. m. (mot d'origine amér.). Effet obtenu lorsqu'une scène est filmée à l'aide d'un objectif de distance focale continûment variable : *le zoom permet de donner l'impression que le sujet avance ou recule par rapport à l'appareil de prise de vues.* ‖ L'objectif lui-même.

zoomorphisme [zɔɔmɔrfism] n. m. Action de donner la forme d'un animal.

zoophobie n. f. (gr. *zôon,* animal, et *phobos,* crainte). Crainte morbide que l'on éprouve devant certains animaux.

zoophore [zɔɔfɔr] n. m. (gr. *zôon,* animal, et *phoros,* qui porte). Nom ancien de la frise de l'entablement, chargée autrefois de figures d'animaux.

zoophorique adj. Qui sert de support à une figure d'animal : *colonne zoophorique.*

zoophytes [zɔɔfit] n. m. pl. (gr. *zôon,* animal, et *phuton,* plante). Dans diverses classifications zoologiques anciennes, embranchement qui comprend les échinodermes, méduses, polypes, spongiaires, infusoires. (Syn. PHYTOZOAIRES.) ‖ Sing. un *zoophyte.*

zoopsie [zɔɔpsi] n. f. *Méd.* Vision hallucinatoire d'animaux : *les zoopsies sont fréquentes chez les alcooliques.*

zoosporange n. m. Sporange qui produit des zoospores.

zoospore n. f. Spore qui peut nager par des cils vibratiles et que produisent divers champignons et algues.

zootechnicien, enne n. Celui, celle qui s'occupe de zootechnie.

zootechnie [zɔɔtɛkni] n. f. (gr. *zôon,* animal, et *tekhnê,* art). Science de la production et de l'exploitation des animaux domestiques en vue d'objectifs définis : viande, lait, laine, travail, œufs.

zoothérapeutique adj. Relatif à la thérapeutique des animaux.

zoothérapie n. f. Thérapeutique animale.

Zopyros, satrape perse, célèbre par son dévouement envers Darios Ier (VIe s. av. J.-C.).

zorille [zɔrij] n. f. Mammifère carnassier d'Afrique, à fourrure noir et blanc. (Famille des mustélidés.)

Zorn (Anders), peintre et graveur suédois, né à Utmeland, près de Mora (1860-1920). Peintre mondain international, il est aussi l'auteur de nus manifestant un robuste sentiment de la vie. Ses eaux-fortes, nerveuses, forment sans doute le meilleur de son œuvre.

Zoroastre. V. ZARATHOUSTRA.

zoroastrien, enne adj. Relatif à Zoroastre ou à sa doctrine. ‖ — N. Partisan de la doctrine de Zoroastre.

zoroastrisme [zɔrɔastrism] n. m. Doctrine de Zoroastre : *le zoroastrisme est une religion dualiste.*

Zorobabel, prince de Juda qui ramena les Juifs dans leur pays après l'édit de Cyrus, au VIe s. av. J.-C.

Zorrilla y Moral (José), poète espagnol, né à Valladolid (1817-1893). D'inspiration nationale et romantique, il emprunte les sujets de ses poèmes (*les Chants du troubadour,* 1841) et de ses drames (*Don Juan Tenorio,* 1844) aux légendes et aux traditions populaires de l'Espagne.

Zosime (*saint*) [m. en 418], pape en 417 et 418. Il condamna le pélagianisme. — Fête le 26 décembre.

zostère [zɔstɛr] n. f. (gr. *zôstêr,* ceinture). Plante monocotylédone poussant dans la vase ou le sable en formant de véritables prairies sous-marines.

Phot. Parimage.

Zurich

zostérien [zɔsterjɛ̃], **enne** [-ɛn] adj. Relatif au zona : *douleurs zostériennes.*

zouave [zwav] n. m. (arabe *Zwâwa,* nom d'une tribu kabyle où furent recrutés les premiers zouaves). Soldat d'un corps d'infanterie française. (V. *encycl.*) ● *Faire le zouave* (Pop.), faire le fanfaron, le malin.
— Encycl. Créé en 1830, en Algérie, par le maréchal de Bourmont et organisé en 1831, le corps des *zouaves* fut, à l'origine, composé d'indigènes et d'étrangers encadrés par des Français.
Après la création des tirailleurs indigènes, les zouaves furent groupés en régiments ne comprenant que des Français. Ces régiments se distinguèrent pendant toutes les campagnes du second Empire, et particulièrement en Crimée (zouaves de l'Alma), au cours des deux guerres mondiales, puis en Indochine et en Algérie.

Zouérate ou **Zoueirat,** centre minier de la Mauritanie. Fer.

Zoug, en allem. **Zug,** v. de Suisse, ch.-l. du canton de même nom, sur le *lac de Zoug ;* 22 000 h. Constructions électriques. Vieille ville pittoresque.

Zoug, en allem. **Zug,** canton de Suisse, au sud de Zurich ; 62 500 h. Ch.-l. *Zoug.* En bordure du *lac de Zoug,* aux confins des Préalpes et des collines mollassiques du Mittelland, le canton associe cultures et élevage. L'industrie (constructions mécaniques, textiles) s'est développée sous l'influence de Zurich*, notamment dans le chef-lieu. Ce dernier est entré dans la Confédération suisse en 1352.

Zoug (*lac de*), lac de Suisse, entre les cantons de Zoug, de Lucerne et de Schwyz ; 38 km².

Zoulouland ou **Zululand,** région du nord-est de la prov. du Natal (Afrique du Sud). Elle constitue auj. en partie une « réserve » pour les indigènes.
● *Histoire.* Cet Etat s'est formé au début du XIXe s. par la réunion de diverses peuplades, qui prirent le nom de « Zoulous » au clan de leur chef Chaka. Celui-ci constitua une puissante armée. Un de ses successeurs, Cetewayo, fut battu et capturé par les Anglais (1879), et le pays fut transformé en protectorat, puis annexé au Natal et au Transvaal (1897).

Zoulous, peuple noir de l'Afrique australe, parlant une langue bantoue.

zozoter [zɔzɔte] v. i. (onomat.). *Fam.* Syn. de ZÉZAYER.

Zr, symbole chimique du *zirconium.*

Zrenjanin, anc. **Veliki Bečkerek,** v. de Yougoslavie (Vojvodine) ; 58 000 h. Raffinerie de pétrole.

Zsigmondy (Richard), chimiste autrichien, né à Vienne (1865-1929). Au cours de recherches sur les colloïdes, il a inventé en 1903, avec Siedentopf, l'ultramicroscope. (Prix Nobel de chimie, 1925.)

Zucchi (Virginia), danseuse italienne, née à Parme (1847-1930). Elle importa, la première, la technique et le style italiens en Russie.

Zugspitze, sommet des Alpes, à la frontière de l'Autriche et de l'Allemagne occidentale (dont il constitue le point culminant) ; 2 963 m.

Zuiderzee ou **Zuyderzee,** anc. golfe des Pays-Bas, fermé depuis 1932 par une digue longue d'une trentaine de kilomètres. Il constitue aujourd'hui un lac intérieur (*l'IJselmeer*) sur lequel doivent être reconquis 220 000 ha. Trois polders (Wieringermeer, Noordoostpolder [polder du Nord-Est], Oostelijk Flevoland [polder de l'Est]), qui totalisent 122 000 ha, sont déjà aménagés. Deux autres polders (Zuidelijk Flevoland [polder du Sud] et Markerwaard) sont en cours d'aménagement. — Le Zuiderzee est l'ancien *lac Flevo* des Romains, qu'un raz de marée réunit à la mer en 1282.

Zulia, Etat du Venezuela ; 1 293 000 h. Cap. *Maracaibo.* Pétrole.

Zuloaga y Zabaleta (Ignacio), peintre espagnol, né à Eibar (1870-1945). Venu jeune à Paris, il devint rapidement célèbre. Lié au milieu symboliste, poursuivant sa carrière en France et en Espagne, il renoua avec le XVIIe s. espagnol, peignant, outre des portraits, des personnages (*la Naine,* musée national d'Art moderne) et des scènes populaires de son pays. Il est l'auteur d'un portrait de Maurice Barrès devant Tolède.

Zwingli
école suisse
du XVIe s.
Bibl. centrale
de Zurich

Zülpich, localité d'Allemagne occidentale, à l'ouest de Bonn, considérée comme l'anc. *Tolbiac.*

Zuñis, ethnie indienne du Nouveau-Mexique, qui représente avec celle des Hopis les restes les plus importants de la civilisation des Pueblos*.

Z. U. P., abrév. de *zone à urbaniser en priorité.*

Żurawno, anc. v. de Pologne, auj. en Ukraine. Jean III Sobieski y tint en échec les Turcs et imposa à ses ennemis un traité avantageux (1676)

Zurbarán (Francisco DE), peintre espagnol, né à Fuente de Cantos (1598-1664). Une grande part de son œuvre se compose de cycles exécutés pour des monastères. Il fut influencé par le naturalisme caravagesque et par la sculpture polychrome, puis, au cours d'un séjour qu'il fit à Madrid, par son ami Vélasquez. Il peignit entre 1630 et 1640 ses œuvres maîtresses, qui le placent parmi les plus grands peintres du Siècle d'or espagnol. (Il est représenté au Louvre ; au musée de Grenoble, on trouve : *l'Annonciation, l'Adoration des bergers, l'Adoration des Mages, la Circoncision,* 1637-1639.)

Zurich, en allem. **Zürich,** v. de Suisse, ch.-l. du *canton de Zurich,* sur le *lac de Zurich ;* 437 800 h. (*Zurichois*). Valorisée par l'histoire et la situation (au sortir des Alpes et à proximité du Rhin), l'agglomération s'étend aujourd'hui sur les rives du lac (Thalwil, Küsnacht), progresse dans la vallée de l'émissaire du lac, la Limmat (Schlieren, Dietikon), et au-delà des hauteurs dominant le lac (Œrlikon, Kloten). Groupant avec ses banlieues plus d'un demi-million d'hab., Zurich est la métropole financière (banques, assurances) et industrielle (métallurgie, chimie) du pays, ainsi qu'un grand centre intellectuel (université, Ecole polytechnique, musées, édition).
● *Histoire.* Zurich fut érigée en ville libre en 1218 ; en 1351, elle entra dans la Confédération, dont elle devint la capitale effective. En 1519, Zwingli s'y établit et y implanta des habitudes d'austérité en même temps que la Réforme. L'activité commerciale et l'industrie textile furent favorisées par l'arrivée de protestants venus de France après 1685, puis, sous Napoléon Ier, par le Blocus continental.

Zurich, canton du nord de la Suisse, le plus peuplé du pays ; 1 057 000 h. S'étendant sur les collines molassiques du Mittelland, le canton est l'une des parties vitales de la Suisse, où l'agriculture s'efface devant l'industrie, développée essentiellement sous l'influence du chef-lieu, qui regroupe dans son agglomération plus de la moitié de la population du canton. Le textile (travail de la soie, coton) est aujourd'hui éclipsé par la métallurgie de transformation (Zurich, Winterthur), cependant que s'est aussi développée la chimie (Pfäffikon).
● *Histoire.* Le canton a été constitué par des acquisitions territoriales successives de la ville de Zurich, échelonnées surtout de 1350 à 1550. Devenu département en 1798, le canton retrouva sa souveraineté par l'Acte de médiation de 1803. En 1830, un mouvement révolutionnaire fit établir une constitution libérale.

Zurich (*lac de*), lac de Suisse, entre les cantons de Zurich, de Schwyz et de Saint-Gall ; 88 km².

zut! [zyt] interj. *Fam.* Exclamation qui exprime le dépit, le mépris, l'indifférence.

Zweibrücken. V. DEUX-PONTS.

Zweig (Stefan), écrivain autrichien, né à Vienne (1881-1942). Auteur, avec Jules Romains, d'une adaptation de *Volpone** (1927), de drames (*la Maison au bord de la mer,* 1911) ; de poésies et de romans (*la Pitié dangereuse,* 1938), il ne put supporter de voir sombrer l'Europe dans la Seconde Guerre mondiale et se suicida en compagnie de sa femme.

Zwevegem, comm. de Belgique (Flandre-Occidentale) ; 11 600 h. Textiles.

Zwickau, v. d'Allemagne orientale, sur la Mulde ; 128 000 h. Houille. Métallurgie. Chimie. Textiles.

Zwijndrecht, comm. de Belgique (Anvers) ; 9 300 h. Pétrochimie.

Zwijndrecht, v. des Pays-Bas (Hollande-Méridionale) ; 27 200 h.

Zwingli (Ulrich ou Huldrych), humaniste et réformateur suisse, né à Wildhaus (cant. de Saint-Gall) [1484-1531]. Curé de Glaris, humaniste, il présenta des thèses doctrinales qui exigeaient le recours exclusif à la Bible, l'usage de la langue allemande en liturgie, le rejet du magistère de Rome. Le zwinglianisme se distingue par un humanisme et un radicalisme étrangers au luthéranisme ; il s'oppose aux formes cultuelles et tend à confondre l'Eglise et l'Etat. S'étant heurté aux cantons catholiques, Zwingli fut tué au cours de la bataille de Kappel.

zwinglianisme [zvɛ̃gljanism] n. m. Doctrine de Zwingli, réformateur suisse du XVIe s.

zwinglien, enne adj. Relatif au zwinglianisme. ‖ — N. Partisan de cette doctrine.

Zwolle, v. des Pays-Bas, ch.-l. de la prov. d'Overijsel, sur l'IJsel ; 60 000 h. Constructions électriques.

Zworykin (Vladimir), ingénieur américain d'origine russe, né à Mourom en 1889. Il imagina l'iconoscope (1934), tube à rayons cathodiques qu'il ne cessa de perfectionner et qui permit les progrès considérables de la télévision. On lui doit également de nombreux travaux d'optique électronique qui aboutirent à la réalisation des multiplicateurs électroniques et au perfectionnement du microscope électronique.

zygène [ziʒɛn] n. f. Papillon à ailes noires tachetées de rouge, dont les chenilles vivent sur le trèfle, la vesce. (Long. 3 à 4 cm.)

zygoma [zigɔma] n. m. (gr. *sugôma,* jonction). Apophyse zygomatique.

zygomatique [zigɔmatik] adj. *Anat.* Se dit d'une apophyse de l'os temporal, qui s'articule avec le bord postérieur de l'os malaire de la pommette.

zygomorphe [zigɔmɔrf] adj. (gr. *zugos,* couple, et *morphê,* forme). *Bot.* Se dit des fleurs présentant une symétrie bilatérale, qui résulte de l'évolution d'une ancienne symétrie axiale, dont on retrouve les traces. (Les fleurs zygomorphes [violettes, labiacées, scrofulariacées, composées radiées, légumineuses, orchidacées, etc.] sont parfois dites, à tort, *irrégulières.*)

zygomycètes [zigɔmisɛt] n. m. pl. Groupe de champignons inférieurs comprenant des moisissures comme le *mucor.* (Les zygomycètes appartiennent à la classe des siphomycètes ; ils se reproduisent par isogamie.)

zygopétale [zigɔpetal] n. m. Genre d'orchidacées des régions chaudes de l'Amérique.

zygote [zigɔt] n. m. (du gr. *zugos,* couple). Résultat immédiat de la fusion des gamètes mâle et femelle. (Syn. ŒUF FÉCONDÉ.)
— Encycl. Le stade du *zygote* n'est pas encore atteint lorsque seuls les cytoplasmes ont fusionné, mais non les noyaux (mycélium secondaire des champignons supérieurs). Il est dépassé dès la première segmentation. Il ne dure donc, ordinairement, que quelques minutes, sauf lorsque l'œuf* est destiné à passer l'hiver.

zymase [zimaz] n. f. (du gr. *zumê,* ferment). Ferment soluble.
— Encycl. Le terme de *zymases* désignait à l'origine des substances qui, telles que les substances extraites de la levure de bière, gardaient le même pouvoir de faire fermenter que la levure d'origine. Les zymases étaient ainsi opposées aux *ferments figurés,* constitués par des cellules vivantes. En réalité, il n'y a pas de différence profonde entre les ferments figurés et les ferments non figurés, mais une distinction continue parfois à être faite entre les enzymes facilement séparables des cellules (zymases ou ferments solubles) et les enzymes qui ne peuvent être isolées de leur support (ferments insolubles).

zymotechnie [zimɔtɛkni] n. f. (gr. *zumê,* levain). Art de produire et de diriger la fermentation.

zymotique [zimɔtik] adj. Relatif aux ferments solubles.

Zyrianes ou **Komis,** peuple finno-ougrien de l'U.R.S.S. habitant la vallée de la Petchora. Eleveurs de rennes, ils sont aussi chasseurs et pêcheurs.

zythum [zitɔm] n. m. (du gr. *zuthos,* bière). Bière que les Egyptiens fabriquaient avec de l'orge fermentée.

Phot. O. N. S. T., Garanger.

INSTITUT DE FRANCE

L'Institut se compose de cinq classes : l'Académie française, l'Académie des inscriptions et belles-lettres, l'Académie des sciences, l'Académie des beaux-arts et l'Académie des sciences morales et politiques. Chaque Académie a son régime indépendant, c'est-à-dire que les candidats sont élus par les académiciens de la classe dont ils demandent à faire partie. A l'exception de l'Académie française, les diverses classes de l'Institut comprennent un certain nombre d'académiciens libres, d'associés étrangers et de correspondants, tant français qu'étrangers. Des prix, créés par l'Etat ou par des fondations privées, sont décernés par les Académies.

Chancelier de l'Institut : Jacques RUEFF.

académie française — *40 membres*

	né en	élu en
Jacques de LACRETELLE, romancier	1888	1936
Louis de BROGLIE, physicien	1892	1944
Etienne GILSON, philosophe	1884	1946
Maurice GENEVOIX, romancier	1890	1946
André FRANÇOIS-PONCET, diplomate	1887	1952
Pierre GAXOTTE, historien	1895	1953
Antoine de LÉVIS-MIREPOIX, homme de lettres	1888	1953
André CHAMSON, romancier	1900	1956
Jacques CHASTENET, historien	1893	1956
Jean ROSTAND, biologiste	1894	1959
Henri TROYAT, romancier	1911	1959
Jean DELAY, médecin	1907	1959
René HUYGHE, historien de l'art	1906	1960
René CLAIR, cinéaste	1898	1960
Jean GUITTON, philosophe	1901	1961
Jean GUÉHENNO, écrivain	1890	1962
Joseph KESSEL, romancier	1898	1962
Thierry MAULNIER, auteur dramatique	1909	1964
Marcel BRION, écrivain	1895	1964
Jacques RUEFF, économiste	1896	1964
Louis LEPRINCE-RINGUET, physicien	1901	1966
Jean MISTLER, écrivain	1897	1966
Maurice DRUON, écrivain	1918	1966
Pierre EMMANUEL, poète	1916	1968
Marcel ARLAND, écrivain	1899	1968
Paul MORAND, écrivain	1888	1968
Eugène IONESCO, auteur dramatique	1912	1970
Roger CAILLOIS	1913	1971
Julien GREEN, écrivain	1900	1971
Etienne WOLFF, biologiste	1904	1971
René de LA CROIX, duc de CASTRIES, écrivain	1908	1972
Jean-Jacques GAUTIER, écrivain	1908	1972
André ROUSSIN, auteur dramatique	1911	1973
Claude LÉVI-STRAUSS, ethnologue	1908	1973
Jean d'ORMESSON, écrivain	1925	1973
Maurice SCHUMANN, écrivain	1911	1974

Secrétaire perpétuel : Maurice GENEVOIX.

académie des inscriptions et belles-lettres — *45 membres*

Marcel BATAILLON, Edgar BAUTIER, Emile BENVENISTE, Pierre BOYANCÉ, Claude CAHEN, André CHASTEL, Emile COORNAERT, Pierre COURCELLE, Georges DAUX, Pierre DEMARGNE, Paul DEMIÉVILLE, Pierre DEVAMBEZ, Georges DUBY, Georges DUMÉZIL, André DUPONT-SOMMER, Paul-Marie DUVAL, R. P. FESTUGIÈRE, Jean FILLIOZAT, Robert FLACELIÈRE, Michel FRANÇOIS, Roman GHIRSHMAN, André GRABAR, Jacques HEURGON, Jean HUBERT, Raymond LANTIER, Henri LAOUST, Raymond LEBÈGUE, Jean LECLANT, Félix LECOY, Michel LEJEUNE, Paul LEMERLE, Robert MARICHAL, Pierre MAROT, Henri MARROU, André PARROT, André PÉZARD, Georges POSENER, Pierre PRADEL, Henri-Charles PUECH, Louis ROBERT, Jacqueline de ROMILLY, Charles SAMARAN, Claude SCHAEFFER, William SESTON, X***.

Secrétaire perpétuel : André DUPONT-SOMMER.

10 membres libres : Pierre AMANDRY, Michel de BOÜARD, Paul IMBS, Emmanuel LAROCHE, Paul OURLIAC, Jean PALANQUE, Jean SCHNEIDER, Marcel SIMON, Ernest WILL, Philippe WOLFF.

académie des beaux-arts

PEINTURE, *12 membres :* Jean BOUCHAUD, Yves BRAYER, Bernard BUFFET, Roger CHASTEL, Georges CHEYSSIAL, Jacques DESPIERRE, Félix LABISSE, Georges MATHIEU, André PLANSON, Georges ROHNER, Jean SOUVERBIE, X***.

SCULPTURE, *8 membres :* Paul BELMONDO, Jean CARTON, Louis DIDERON, ETIENNE-MARTIN, Georges HILBERT, Louis LEYGUE, Raymond MARTIN, Hubert YENCESSE.

ARCHITECTURE, *9 membres :* Eugène BEAUDOIN, Henry BERNARD, Jacques CARLU, Urbain CASSAN, Guillaume GILLET, Albert LAPRADE, Noël LE MARESQUIER, Jean de MAILLY, Marc SALTET.

GRAVURE, *4 membres :* Pierre-Eugène CLAIRIN, Raymond CORBIN, Albert DECARIS, Paul-Pierre LEMAGNY.

COMPOSITION MUSICALE, *7 membres :* Tony AUBIN, Georges AURIC, Emmanuel BONDEVILLE, Marcel LANDOWSKI, Olivier MESSIAEN, Paul PARAY, Henri SAUGUET.

Secrétaire perpétuel : Emmanuel BONDEVILLE.

10 membres libres : Germain BAZIN, André CORNU, Pierre DEHAYE, comte Arnault DORIA, Bernard GAVOTY, Charles KUNSTLER, Gaston PALEWSKI, Gérard VAN DER KEMP, Paul-Louis WEILLER, Daniel WILDENSTEIN.

académie des sciences

GÉOMÉTRIE, *6 membres :* Henri CARTAN, René GARNIER, Gaston JULIA, Szolem MANDELBROJT, X***, X***.

MÉCANIQUE, *6 membres :* Albert CAQUOT, Paul GERMAIN, Jean LERAY, André LICHNEROWICZ, Jacques LIONS, Maurice ROY.

ASTRONOMIE, *6 membres :* André COUDER, Jean COULOMB, François DENISSE, Charles FEHRENBACH, André LALLEMAND, Emile THELLIER.

GÉOGRAPHIE ET NAVIGATION, *6 membres :* Roger BRARD, Edmond BRUN, Bernard DECAUX, Henri LACOMBE, Robert LEGENDRE, X***.

PHYSIQUE, *6 membres :* Alfred KASTLER, Jean LAVAL, Jean LECOMTE, Louis LEPRINCE-RINGUET, Francis PERRIN, Jean-Jacques TRILLAT.

CHIMIE, *6 membres :* Georges CHAMPETIER, Gaston CHARLOT, Georges CHAUDRON, Maurice JANOT, Paul LAFFITTE, Jean ROCHE.

MINÉRALOGIE ET GÉOLOGIE, *6 membres :* Louis GLANGEAUD, André GUINIER, Jean ORCEL, Jean PIVETEAU, Jean WYART, X***.

BOTANIQUE, *6 membres :* André AUBREVILLE, Roger BUVAT, Roger GAUTHERET, Roger HEIM, Lucien PLANTEFOL, René WURMSER.

ZOOLOGIE, *6 membres :* Jean DORST, Louis GALLIEN, Pierre-Paul GRASSÉ, Jacques MILLOT, André THOMAS, Etienne WOLFF.

ÉCONOMIE RURALE, *6 membres :* Alfred BALACHOVSKY, Clément BRESSOU, Maurice FONTAINE, André-Romain PRÉVOT, René TRUHAUT, Constantin VAGO.

MÉDECINE ET CHIRURGIE, *6 membres :* Jean BERNARD, Robert DEBRÉ, Charles DUBOST, Jean HAMBURGER, Robert MERLE D'AUBIGNÉ, Raymond TURPIN.

Secrétaires perpétuels : *Sc. mathém. et phys. :* Louis, duc de BROGLIE.
Sc. chim. et nat. : Robert COURRIER.

14 membres libres : Anatole ABRAGAM, André BLANC-LAPIERRE, Jacques DUCLAUX, Albert FESSARD, Bernard HALPERN, Pierre JACQUINOT, Raymond LATARJET, Pierre LÉPINE, Auguste LOUBATIÈRES, René LUCAS, Théodore MONOD, Henri MOUREU, Henri NORMANT, Jacques TRÉFOUËL.

12 membres non résidents : Jean DIEUDONNÉ, Gaston DUPOUY, Léopold ESCANDE, Fernand GALLAIS, Serge GORODETZKY, Guy LAZORTHES, Henri MILLOUX, Louis NÉEL, Jean-Marie PÉRÈS, Pierre ROUARD, Albert VANDEL, Robert de VERNEJOUL.

Application de la science à l'industrie, 6 membres : Paul BASTIEN, Georges DARRIEUS, Pierre GRIVET, Ivan PEYCHES, Maurice PONTE, Léon VELLUZ.

académie des sciences morales et politiques

PHILOSOPHIE, *8 membres :* Ferdinand ALQUIÉ, Raymond ARON, Georges DAVY, Henri GOUHIER, Martial GUÉROULT, René POIRIER, Pierre Maxime SCHUHL, Etienne SOURIAU.

LÉGISLATION, DROIT PUBLIC ET JURISPRUDENCE, *8 membres :* Marc ANCEL, Paul ARRIGHI, Suzanne BASTID, René CASSIN, Jean-Jacques CHEVALIER, Henri MAZEAUD, Marcel ROUSSELET, Marcel WALINE.

HISTOIRE ET GÉOGRAPHIE, *8 membres :* Maurice BAUMONT, Jacques CHASTENET, Adrien DANSETTE, Marcel DUNAN, Jean-Baptiste DUROSELLE, Jean LALOY, Mgr LEFLON, X***.

MORALE ET SOCIOLOGIE, *8 membres :* Pierre-Georges CASTEX, Jean CAZENEUVE, Pierre CLARAC, Robert DEBRAY, Jean FOURASTIÉ, Jacob KAPLAN, François LHERMITTE, Louis MARTIN-CHAUFFIER, X***.

ÉCONOMIE POLITIQUE, STASTITIQUE ET FINANCES, *8 membres :* Edmond GISCARD D'ESTAING, Henri GUITTON, Emile JAMES, Gaston LEDUC, Olivier MOREAU-NÉRET, André PIETTRE, René ROY, Jacques RUEFF.

SECTION GÉNÉRALE, *10 membres :* Wilfrid BAUMGARTNER, Edouard BONNEFOUS, Oscar CULLMANN, André FRANÇOIS-PONCET, Louis GABRIEL-ROBINET, Fernand GAMBIEZ, Pierre-Olivier LAPIE, R. P. Henri de LUBAC,, Léon NOËL, Alexandre PARODI.

Secrétaire perpétuel : Pierre CLARAC.

Institut en juin 1975.

Liste des lauréats des PRIX NOBEL de 1901 à 1974

PHYSIQUE

1901	W. C. Röntgen (All.)
1902	H. A. Lorentz (P.-B.)
	P. Zeeman (P.-B.)
1903	H. Becquerel (Fr.)
	P. Curie (Fr.)
	M. Curie (Fr.)
1904	J. W. S. Rayleigh (G.-B.)
1905	P. Lenard (All.)
1906	J. J. Thomson (G.-B.)
1907	A. A. Michelson (E.-U.)
1908	G. Lippmann (Fr.)
1909	G. Marconi (It.)
	K. F. Braun (All.)
1910	J. D. Van der Waals (P.-B.)
1911	W. Wien (All.)
1912	G. Dalén (Suède)
1913	H. Kamerlingh-Onnes (P.-B.)
1914	M. von Laue (All.)
1915	W. H. Bragg (G.-B.)
	W. L. Bragg (G.-B.)
1916	Non attribué
1917	C. G. Barkla (G.-B.)
1918	M. Planck (All.)
1919	J. Stark (All.)
1920	C. E. Guillaume (Suisse)
1921	A. Einstein (All.)
1922	N. Bohr (Dan.)
1923	R. A. Millikan (E.-U.)
1924	K. M. G. Siegbahn (Suède)
1925	J. Franck (All.)
	G. Hertz (All.)
1926	J. Perrin (Fr.)
1927	A. H. Compton (E.-U.)
	C. T. R. Wilson (G.-B.)
1928	O. W. Richardson (G.-B.)
1929	L. V. de Broglie (Fr.)
1930	C. V. Raman (Inde)
1931	Non attribué
1932	W. Heisenberg (All.)
1933	E. Schrödinger (Autr.)
	P. A. M. Dirac (G.-B.)
1934	Non attribué
1935	J. Chadwick (G.-B.)
1936	V. F. Hess (Autr.)
	C. D. Anderson (E.-U.)
1937	C. J. Davisson (E.-U.)
	G. P. Thomson (G.-B.)
1938	E. Fermi (It.)
1939	E. O. Lawrence (E.-U.)
1940	Non attribué
1941	Non attribué
1942	Non attribué
1943	O. Stern (E.-U.)
1944	I. I. Rabi (E.-U.)
1945	W. Pauli (Suisse)
1946	P. W. Bridgman (E.-U.)
1947	E. V. Appleton (G.-B.)
1948	P. M. S. Blackett (G.-B.)
1949	H. Yukawa (Jap.)
1950	C. F. Powell (G.-B.)
1951	J. D. Cockcroft (G.-B.)
	E. T. S. Walton (Irl.)
1952	F. Bloch (E.-U.)
	E. M. Purcell (E.-U.)
1953	F. Zernike (P.-B.)
1954	M. Born (G.-B.)
	W. Bothe (All.)
1955	W. E. Lamb (E.-U.)
	P. Kusch (E.-U.)
1956	W. Shockley (E.-U.)
	J. Bardeen (E.-U.)
	W. H. Brattain (E.-U.)
1957	C. N. Yang (Chine)
	T. D. Lee (Chine)
1958	P. A. Tcherenkov (U. R. S. S.)
	I. M. Frank (U. R. S. S.)
	I. E. Tamm (U. R. S. S.)
1959	E. Segrè (E.-U.)
	O. Chamberlain (E.-U.)
1960	D. A. Glaser (E.-U.)
1961	R. Hofstadter (E.-U.)
	R. Mössbauer (All.)
1962	L. Landau (U. R. S. S.)
1963	E. Wigner (E.-U.)
	M. Göppert-Mayer (E.-U.)
	J. Hans D. Jensen (All.)
1964	Ch. H. Townes (E.-U.)
	N. G. Bassov (U. R. S. S.)
	A. M. Prokhorov (U. R. S. S.)
1965	S. Tomonaga (Jap.)
	J. Schwinger (E.-U.)
	R. Feyman (E.-U.)
1966	A. Kastler (Fr.)
1967	H. A. Bethe (E.-U.)
1968	L. Alvarez (E.-U.)
1969	M. Gell-Mann (E.-U.)
1970	H. Alfven (Suède)
	L. Néel (France)
1971	D. Gabor (G.-B.)
1972	J. Bardeen (E.-U.)
	L. Cooper (E.-U.)
	J. Schrieffer (E.-U.)
1973	L. Esaki (E.-U.)
	I. Giaever (E.-U.)
	B. D. Josephson (E.-U.)
1974	M. Ryle (G.-B.)
	A. Hewish (G.-B.)

CHIMIE

1901	J. H. Van t'Hoff (P.-B.)
1902	E. Fischer (All.)
1903	S. A. Arrhenius (Suède)
1904	W. Ramsay (G.-B.)
1905	A. von Baeyer (All.)
1906	H. Moissan (Fr.)
1907	E. Buchner (All.)
1908	E. Rutherford (G.-B.)
1909	W. Ostwald (All.)
1910	O. Wallach (All.)
1911	M. Curie (Fr.)
1912	G. Grignard (Fr.)
	P. Sabatier (Fr.)
1913	A. Werner (Suisse)
1914	T. W. Richards (E.-U.)
1915	R. M. Willstätter (All.)
1916	Non attribué
1917	Non attribué
1918	F. Haber (All.)
1919	Non attribué
1920	W. Nernst (All.)
1921	F. Soddy (G.-B.)
1922	F. W. Aston (G.-B.)
1923	F. Pregl (Autr.)
1924	Non attribué
1925	R. Zsigmondy (All.)
1926	T. Svedberg (Suède)
1927	H. Wieland (All.)
1928	A. Windaus (All.)
1929	A. Harden (G.-B.)
	H. K. A. S. von Euler-Chelpin (Suède)
1930	H. Fischer (All.)
1931	C. Bosch (All.)
	F. Bergius (All.)
1932	I. Langmuir (E.-U.)
1933	Non attribué
1934	H. C. Urey (E.-U.)
1935	F. Joliot-Curie (Fr.)
	I. Joliot-Curie (Fr.)
1936	P. J. W. Debye (P.-B.)
1937	W. N. Haworth (G.-B.)
	P. Karrer (Suisse)
1938	R. Kuhn (All.)
1939	A. F. J. Butenandt (All.)
	L. Ružička (Suisse)
1940	Non attribué
1941	Non attribué
1942	Non attribué
1943	G. Hevesy de Heves (Hongrie)
1944	O. Hahn (All.)
1945	A. I. Virtanen (Finl.)
1946	J. B. Sumner (E.-U.)
	J. H. Northrop (E.-U.)
	W. M. Stanley (E.-U.)
1947	R. Robinson (G.-B.)
1948	A. W. K. Tiselius (Suède)
1949	W. F. Giauque (E.-U.)
1950	O. Diels (All.)
	K. Alder (All.)
1951	E. M. McMillan (E.-U.)
	G. T. Seaborg (E.-U.)
1952	A. J. P. Martin (G.-B.)
	R. L. M. Synge (G.-B.)
1953	H. Staudinger (All.)
1954	L. C. Pauling (E.-U.)
1955	V. Du Vigneaud (E.-U.)
1956	C. N. Hinshelwood (G.-B.)
	N. N. Semionov (U. R. S. S.)
1957	A. R. Todd (G.-B.)
1958	F. Sanger (G.-B.)
1959	J. Heyrovský (Tchécosl.)
1960	W. F. Libby (E.-U.)
1961	M. Calvin (E.-U.)
1962	J. C. Kendrew et M. F. Perutz (G.-B.)
1963	G. Natta (It.)
	K. Ziegler (All.)
1964	D. Crowfoot Hodgkin (G.-B.)
1965	R. B. Woodmard (E.-U.)
1966	R. S. Mulliken (E.-U.)
1967	M. Eigen (All.)
	R. G. W. Norrish (G.-B.)
	G. Porter (G.-B.)
1968	L. Onsager (E.-U.)
1969	D. Barton (G.-B.)
	O. Hassel (Norv.)
1970	L. F. Leloir (Arg.)
1971	G. Herzberg (Canada)
1972	C. Anfinsen (E.-U.)
	S. Moore (E.-U.)
	W. Stein (E.-U.)
1973	E. O. Fisher (All.)
	G. Wilkinson (G.-B.)
1974	P. J. Flory (E.-U.)

PHYSIOLOGIE

1901	E. A. von Behring (All.)
1902	R. Ross (G.-B.)
1903	N. R. Finsen (Dan.)
1904	I. P. Pavlov (Russ.)
1905	R. Koch (All.)
1906	C. Golgi (It.)
	S. Ramón y Cajal (Esp.)
1907	C. L. A. Laveran (Fr.)
1908	P. Ehrlich (All.)
	I. Metchnikov (Russ.)
1909	T. Kocher (Suisse)
1910	A. Kossel (All.)
1911	A. Gullstrand (Suède)
1912	A. Carrel (Fr.)
1913	C. Richet (Fr.)
1914	R. Bárány (Autr.-Hongr.)
1915	Non attribué
1916	Non attribué
1917	Non attribué
1918	Non attribué
1919	J. Bordet (Belg.)
1920	A. Krogh (Dan.)
1921	Non attribué
1922	A. V. Hill (G.-B.)
	O. Meyerhof (All.)
1923	F. G. Banting (Canada)
	J. J. R. Macleod (Canada)
1924	W. Einthoven (P.-B.)
1925	Non attribué
1926	J. Fibiger (Dan.)
1927	J. Wagner von Jauregg (Autr.)
1928	C. Nicolle (Fr.)
1929	C. Eijkman (P.-B.)
	F. G. Hopkins (G.-B.)
1930	K. Landsteiner (Autr.)
1931	O. Warburg (All.)
1932	C. S. Sherrington (G.-B.)
	E. D. Adrian (G.-B.)
1933	T. H. Morgan (E.-U.)
1934	G. H. Whipple (E.-U.)
	W. P. Murphy (E.-U.)
	G. R. Minot (E.-U.)
1935	H. Spemann (All.)
1936	H. H. Dale (G.-B.)
	O. Loewi (Autr.)
1937	A. Szent-Györgyi von Nagyrapolt (Hongr.)
1938	C. Heymans (Belg.)
1939	G. Domagk (All.)
1940	Non attribué
1941	Non attribué
1942	Non attribué
1943	E. A. Doisy (E.-U.)
	H. Dam (Dan.)
1944	J. Erlanger (E.-U.)
	H. S. Gasser (E.-U.)
1945	A. Fleming (G.-B.)
	E. B. Chain (G.-B.)
	H. Florey (G.-B.)
1946	H. J. Muller (E.-U.)
1947	C. F. Cori (E.-U.)
	G. T. Cori (E.-U.)
	B. A. Houssay (Argent.)

Liste des lauréats des PRIX NOBEL de 1901 à 1974

LITTÉRATURE

1901 R. Sully Prudhomme (Fr.)
1902 T. Mommsen (All.)
1903 B. Bjørnson (Norv.)
1904 F. Mistral (Fr.)
J. Echegaray (Esp.)
1905 H. Sienkiewicz (Pol.)
1906 G. Carducci (It.)
1907 R. Kipling (G.-B.)
1908 R. Eucken (All.)
1909 S. Lagerlöf (Suède)
1910 P. von Heyse (All.)
1911 M. Maeterlinck (Belg.)
1912 G. Hauptmann (All.)
1913 Rabindranath Tagore (Inde)
1914 Non attribué
1915 Romain Rolland (Fr.)
1916 V. von Heidenstam (Suède)
1917 K. Gjellerup (Dan.)
H. Pontoppidan (Dan.)
1918 Non attribué
1919 C. Spitteler (Suisse)
1920 K. Hamsun (Norv.)
1921 A. France (Fr.)
1922 J. Benavente (Esp.)
1923 W. B. Yeats (Irl.)
1924 W. Reymont (Pol.)
1925 G. B. Shaw (G.-B.)
1926 G. Deledda (It.)
1927 H. Bergson (Fr.)
1928 S. Undset (Norv.)
1929 T. Mann (All.)
1930 S. Lewis (E.-U.)
1931 E. A. Karlfeldt (Suède)
1932 J. Galsworthy (G.-B.)
1933 I. A. Bounine (Russ.)
1934 L. Pirandello (It.)
1935 Non attribué
1936 E. O'Neill (E.-U.)
1937 R. Martin du Gard (Fr.)
1938 Pearl Buck (E.-U.)
1939 F. E. Sillanpää (Finl.)
1940 Non attribué
1941 Non attribué
1942 Non attribué
1943 Non attribué
1944 J. V. Jensen (Dan.)
1945 G. Mistral (Chili)
1946 H. Hesse (Suisse)
1947 A. Gide (Fr.)
1948 T. S. Eliot (G.-B.)
1949 W. Faulkner (E.-U.)
1950 B. Russell (G.-B.)
1951 Pär Lagerkvist (Suède)
1952 F. Mauriac (Fr.)
1953 W. L. S. Churchill (G.-B.)
1954 E. Hemingway (E.-U.)
1955 H. Laxness (Isl.)
1956 J. R. Jiménez (Esp.)
1957 A. Camus (Fr.)
1958 B. Pasternak (U. R. S. S.)
[décline le prix]
1959 S. Quasimodo (It.)
1960 Saint-John Perse (Fr.)
1961 Ivo Andrić (Yougosl.)
1962 J. Steinbeck (E.-U.)
1963 G. Séféris (Grèce)
1964 J.-P. Sartre (Fr.)
[décline le prix]
1965 M. A. Cholokhov (U. R. S. S.)
1966 S. J. Agnon (Israël)
N. Sachs (Suède)
1967 M. A. Asturias (Guatemala)
1968 Y. Kawabata (Jap.)
1969 S. Beckett (Irl.)
1970 A. Soljenitsyne (U. R. S. S.)
1971 P. Neruda (Chili)
1972 H. Böll (All.)
1973 P. White (Austr.)
1974 E. Johnson (Suède)
H. Martinson (Suède)

PAIX

1901 H. Dunant (Suisse)
F. Passy (Fr.)
1902 E. Ducommun (Suisse)
A. Gobat (Suisse)
1903 W. R. Cremer (G.-B.)
1904 Inst. de droit inter. de Gand
1905 B. von Suttner (Autr.)
1906 T. Roosevelt (E.-U.)
1907 E. T. Moneta (It.)
L. Renault (Fr.)
1908 K. P. Arnoldson (Suède)
F. Bajer (Dan.)
1909 A. M. F. Beernaert (Belg.)
P. H. B. Balluat d'Estournelles de Constant (Fr.)
1910 Bureau international de la paix, à Berne
1911 T. M. C. Asser (P.-B.)
A. H. Fried (Autr.)
1912 E. Root (E.-U.)
1913 H. La Fontaine (Belg.)
1914 Non attribué
1915 Non attribué
1916 Non attribué
1917 Comité international de la Croix-Rouge, à Genève
1918 Non attribué
1919 T. W. Wilson (E.-U.)
1920 L. Bourgeois (Fr.)
1921 K. H. Branting (Suède)
C. L. Lange (Norv.)
1922 F. Nansen (Norv.)
1923 Non attribué
1924 Non attribué
1925 J. A. Chamberlain (G.-B.)
C. G. Dawes (E.-U.)
1926 A. Briand (Fr.)
G. Stresemann (All.)
1927 F. Buisson (Fr.)
L. Quidde (All.)
1928 Non attribué
1929 F. B. Kellogg (E.-U.)
1930 Nathan Söderblom (Suède)
1931 J. Addams (E.-U.)
N. M. Butler (E.-U.)
1932 Non attribué
1933 N. Angell (G.-B.)
1934 A. Henderson (G.-B.)
1935 C. von Ossietzky (All.)
1936 C. Saavedra Lamas (Argent.)
1937 Vicomte E. Cecil of Chelwood (G.-B.)
1938 Comité Nansen
1939 Non attribué
1940 Non attribué
1941 Non attribué
1942 Non attribué
1943 Non attribué
1944 Comité international de la Croix-Rouge, à Genève
1945 C. Hull (E.-U.)
1946 E. G. Balch (E.-U.)
J. R. Mott (E.-U.)
1947 The Friends Service Council (G.-B.)
The American Friends Service Committee (E.-U.)
1948 Non attribué
1949 J. Boyd Orr (G.-B.)
1950 R. Bunche (E.-U.)
1951 L. Jouhaux (Fr.)
1952 A. Schweitzer (Fr.)
1953 G. C. Marshall (E.-U.)
1954 Haut-commissariat des Nations unies pour les réfugiés, à Genève
1955 Non attribué
1956 Non attribué
1957 L. B. Pearson (Canada)
1958 G. Pire (Belg.)
1959 P. Noel-Baker (G.-B.)
1960 A. Luthuli (Rép. sud-afr.)
1961 D. Hammarskjöld (Suède)
1962 Linus C. Pauling (E.-U.)
1963 Comité international de la Croix-Rouge
Ligue internationale des sociétés de la Croix-Rouge
1964 M. L. King (E.-U.)
1965 Fonds international de secours à l'enfance (F. I. S. E.)
1966 Non attribué
1967 Non attribué
1968 R. Cassin (Fr.)
1969 Organisation internationale du travail
1970 N. E. Borlaug (E.-U.)
1971 W. Brandt (All.)
1972 Non attribué
1973 H. Kissinger (E.-U.)
Le Duc Tho (Viêt-nam)
1974 E. Sato (Japon)
S. Mac Bride (Irl.)

ET MÉDECINE

1948 P. H. Müller (Suisse)
1949 A. C. de Abreu Freire Egas Moniz (Port.)
W. R. Hess (Suisse)
1950 P. S. Hench (E.-U.)
E. C. Kendall (E.-U.)
T. Reichstein (Suisse)
1951 M. Theiler (Un. sud-afr.)
1952 S. A. Waksman (E.-U.)
1953 H. A. Krebs (G.-B.)
F. A. Lipmann (E.-U.)
1954 J. F. Enders (E.-U.)
T. H. Weller (E.-U.)
F. C. Robbins (E.-U.)
1955 A. H. T. Theorell (Suède)
1956 A. F. Cournand (E.-U.)
W. Forssmann (All.)
D. W. Richards Jr. (E.-U.)
1957 D. Bovet (It.)
1958 G. W. Beadle (E.-U.)
E. L. Tatum (E.-U.)
J. Lederberg (E.-U.)
1959 S. Ochoa (E.-U.)
A. Kornberg (E.-U.)
1960 F. M. Burnet (Austr.)
P. B. Medawar (G.-B.)
1961 G. von Bekesy (E.-U.)
1962 M. H. F. Wilkins (G.-B.)
F. H. Compton Crick (G.-B.)
J. D. Watson (E.-U.)
1963 A. L. Hodgkin (G.-B.)
A. F. Huxley (G.-B.)
J. C. Eccles (Austr.)
1964 K. E. Bloch (E.-U.)
F. Lynen (All.)
1965 F. Jacob (Fr.)
A. Lwoff (Fr.)
J. Monod (Fr.)
1966 F. P. Rous (E.-U.)
C. B. Huggins (E.-U.)
1967 G. Wald (E.-U.)
H. R. Hartline (E.-U.)
R. Granit (Suède)
1968 R. Holley (E.-U.)
G. Khorana (E.-U.)
M. Nirenberg (E.-U.)
1969 M. Delbruck (E.-U.)
A. Hershey (E.-U.)
S. Luria (E.-U.)
1970 J. Axelrod (E.-U.)
B. Katz (G.-B.)
V. von Euler (Suède)
1971 E. Sutherland (E.-U.)
1972 G. Edelman (E.-U.)
R. Porter (G.-B.)
1973 K. Lorenz (Autr.)
K. von Frisch (Autr.)
N. Tinbergen (P.-B.)
1974 A. Claude (Belg.)
C. de Duve (Belg.)
G. Palade (E.-U.)

SCIENCES ÉCONOMIQUES

1969 J. Tinbergen (P.-B.)
R. Frisch (Norv.)
1970 P. Samuelson (E.-U.)
1971 S. Kuznetz (E.-U.)
1972 J. R. Hicks (G.-B.)
K. J. Arrow (E.-U.)
1973 V. Leontieff (E.-U.)
1974 F. von Hayek (G.-B.)
G. Myrdal (Suède)

– édition 1976 –

Imprimerie Hérissey - Évreux (Eure)
Septembre 1969. – Dépôt légal 1969-3e
N° de série Éditeur 7322
IMPRIMÉ EN FRANCE *(Printed in France)*. – 00620 F-1-76.